JN303177

2008（平成20年）

都政新報縮刷版

第5385号～第5481号

都政新報社

2008年縮刷版　総目次

都政

区市町村政

区政

市町村政

生活・文化欄

都政NOW

教育オンライン

コラム欄

各種講座

2008年の主な動き

行政特集・意見広告

都政

○公立大学法人首都大学東京

○行政改革・監理団体・組織改正

○労使関係・労働組合

■財務局

■環境局

■福祉保健局

■都議会・政党

区市町村政

■警視庁・消防庁

■区市町村共通の話題

区政

■視点

■新春座談会

■明日への布石　08年度特別区予算案

■沈黙の1年9カ月　検証・港区エレベーター圧死事故

■特別区08年度の組織・人員

■『長寿』と向き合う　後期高齢者医療制度の課題

■区長会・助役会・議長会・清掃一組・市区長会

○特別区人事委員会・特別区人事・厚生事務組合・研修所・特別区協議会・特別区競馬組合

○労使関係・労働組合

■千代田区

市町村政

■クローズアップ

■次世代を築く　26市08年度予算案

■復興のステージ　三宅島航路再開

■多摩26市の組織・人員

■容器リサイクル法　26市の選択

■市町村

■武蔵野市

■三鷹市

■青梅市

■府中市

■昭島市

■調布市

■町田市

■小金井市

生活・文化欄

■ひと

都政NOW

教育オンライン

コラム欄

■都政の東西

各種講座

2008年の主な動き

行政特集・意見広告

都政新報

発行所　都政新報社
〒160-0023 東京都新宿区
西新宿7-23-1 TSビル
〈総務・読者〉(03)5330-8781
〈企画広告〉(03)5330-8784
〈編　　集〉(03)5330-8786
〈出　　版〉(03)5330-8788
〈セミナー事業部〉(03)5330-9977
〈ファクス〉(03)5330-8808
郵便振替 00130-2-101470
購読料 月1,680円(税込)
毎週火・金曜日発行
但し、祝祭日は休刊
©都政新報社 2008

紙面から

顔のぞかせる激動の予兆

ときが流れ、新しい局面が日々刻々と展開する。2008年は、特に潮目の変化を予兆させる、そんな年になりそうだ。

参議院で与野党が逆転した国政の混迷に加え、都政では「ポスト石原」をにらんだ動きが加速する。「次」をどう描くか、駆け引きが活発化する中では、知事と都議会の力関係も、次第にイニシアチブが都議会に移るだろう。その前触れは、昨年末の都市と地方の税収格差是正問題で都議会、とりわけ与党議員が力を発揮し、着地の絵姿を描いたことに象徴的に表れている。新銀行東京をはじめ、都政の懸案課題への対応も待ったなしである。

さて、今年の干支は「ネズミ」。この1年に心したい「チュー」として、忠（忠義）、仲（仲間）、中（中庸）の三つを選んだ。

大義を見失った忠義が、非常にやっかいな事態を招くことは、すでに都政人なら経験済み。惨憺たる幕引きでなく、集大成を図るためにも、特に気をつけたい。

また、6月には2016年オリンピック立候補都市（5都市）が決まり、舞台はいよいよ国際社会に移る。勝ち負けの帰趨もさることながら、友好と信頼の絆を深め、仲間やネットワークを広げる年でありたい。これは、五輪招致に限った問題ではない。

この9年間の都政運営は、ときに行き過ぎや偏りが目に付くこともあった。ここは、やはり中庸を大切にしたいものである。

忠

大義を誤る封建領主の忠誠心

佐々淳行　元内閣安全保障室長

フランス語で「ノーブレス・オブリージュ」という言葉がある。身分の高い者には、重い義務があるという意味だ。知事選の時、権力に付随する利益や享楽を追い求めているのではないかということで、慎太郎もバッシングに遭った。心の緩みがあったことも事実だ。権力にある者は、ノーブレス・オブリージュを意識しなければいけない。

また、職員は「主在ルヲ知ッテ、主三主在ルヲ知ラズ」であってはならない。都知事の上位には、道義、国益、有権者という主人がいる。かつて私が内閣安全保障室長だった時、夜中に総理に緊急連絡しようとすると、秘書官が「主三主在ルヲ知ラズ」をやる。総理を大事にするあまり「今、お休みですから起こせません」と言う。これは封建領主の忠誠心で、これをやっていたら大義を誤る。

仲

五輪は人をつなぐ特別な場

有森裕子　東京オリンピック招致大使

マラソンは、一般道で沿道の応援を受けて走る。私は初の海外レースがバルセロナ五輪だったが、沿道の人が「アニモ、アニモ」と応援してくれた。スペイン語でがんばれという意味だが、私は当時のあだ名だった「アリモ」と声をかけてくれているのかと勘違いして、嬉しかった思い出がある。

よく沿道の人から「走りを見て感動した」と言われるが、そういう走りができるのは沿道の人に力をもらうからだ。オリンピックは、アスリートだけではなく、現地の人たちや会場の人など、すべてが五輪の名の下につながる特別な場だ。

東京で五輪が開ければ、大きな財産になる。同時に、現在ある施設を有効活用するなど、お金を使わない工夫が必要だ。そうやって、スポーツに関心が薄い人にも理解を得てこそ、機運が広がっていく。

中

得難い徳の高い中庸の人

渡辺日佐夫　生活文化スポーツ局長

論語の子路第13に、次の一節がある。

「中行（中庸）の道を行く人と出会えず、その人とともに歩むことができないならば、やむなく仲間に選ぶのは、狂者や狷者か。狂者には、（一つのことに専念するので）進取の気持ちがある。狷者には（孤高を守るので）汚れたことをしない気持ちがある。（そのどちらかを選ぶしかあるまい）」（加地伸行 論語全訳注、講談社）

徳の高い中庸の人は、得難い。仕事の進め方では進取の気持ちがあっても、日常生活の場面では保守的な人もいる。また、汚れたことをしない気持ちがあっても、その場の空気に流されて、境界を超えることもある。思っていることと、言うことと行動が一致しないこともある。人は単純ではない。固定観念に縛られず、先入観に囚われないように、自戒したい。

新春論壇

2008年都政への注文

「宴のあと」への備えを

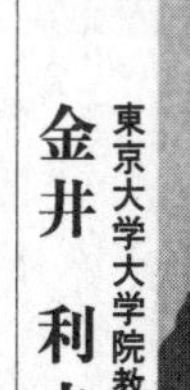

東京大学大学院教授　金井利之

東京マラソンや三宅島オートバイレース、さらには、東京オリンピック招致など、イベント行政に傾斜した感のある昨今の都政である。勿論、「政治」とは「まつりごと」であり、そもそも選挙キャンペーンを含めて"お祭り"の要素は否定できない。しかし、1990年代半ば以来の国・自治体に共通するイベントの時代は終わったように思われる。

振り返ってみれば、鈴木都政の「世界都市博」というイベント企画を、青島・ノック現象が「ちゃぶ台をひっくり返す」ことから、イベントの時代は始まった。「官を生きる」鈴木元知事の官製イベントが、まじめすぎて面白くないのは当然であるが、都知事を安易に選択することの帰結は重大である。

ところで、青島前知事自身は、そのイメージとは裏腹に、極めてまじめな人物であったようで、都民から飽きられてしまった。こうして、タレント・作家である石原都政がスタートしたのである。こうしたイベント化現象は、東京都に限られたことではなく、国政では小泉政権の「劇場政治」が典型であるし、田中・長野県政から、そのまんま東（東国原）・宮崎県政を経て、さらには、直近の大阪府知事候補者選考にも見られるところである。

さて、石原都政は、当初は各種のイベントを「隅田川（両国）花火大会」のごとく華々しく打ち上げることで、それなりの効果を上げた。ディーゼル車規制、銀行税、ビッグレスキューなどである。そして、そのような花火の陰では、色々な施策も多くの都民の目に触れることなく展開されてきた。

とはいえ、新銀行東京のように、打ち上げた花火の処理に困るようになり、都政は「宴のあと」を迎えつつあるようである。その最後のイベントが、2016年の東京オリンピック招致活動（オリンピック開催そのものではなく、招致活動することと自体がイベントである）であろう。当面の石原都政は、他のイベントに手を広げることなく、粛々と職務に専心して欲しいものである。

他方、都議会各党、都民および都庁官僚制は、来るべき「宴のあと」に今から備えておく必要があろう。

「太陽の季節」のあとは、地球温暖化の趨勢とは裏腹に厳しいものがあろう。「実感なき景気回復」は終わり「実感ある景気後退」に局面は転換しつつある。少子高齢化は東京都域では特に深刻であり、家庭・会社・地域・学校・雇用・医療・安心安全などの同時多発的な「崩壊」は、著しいものがある。

石原都政のイベントが終了すると、『10年後の東京』という現実が待っているのであろう。思えば、石原知事に代表される世代は、幸せな世代であったといえる。

このような状況のなかで、都政の担うべき責任は重い。しかし、それには、効果のすぐにはあがらない地道な作業を続けることが求められる。

都議会各党および都民（＝特に、知事より若い世代である大半の都民）はそのような現実を直視することができるのか、そして、都庁官僚制は、そのような事態に耐えうる政策の企画立案および執行能力を発揮できるのか。都政を取り巻く関係者には、このような現実から逃避することなく、真摯に立ち向かうことが求められよう。

2008年は、そのような準備の時期に当たるのではないかと思われる。そして、その準備が十分に整わない場合には、劇場型都政を続けざるを得ない。しかし、イベントは続けば飽きられ、ますます過激な演出をせざるを得なくなる。そして、それに伴う反動も大きなものになろう。都政や都知事そのものへの注文というよりは、次の都政を取り巻く関係者への注文こそが、肝要なのである。

◇

かない・としゆき＝1989年3月東京大学法学部卒業。都立大学法学部助教授などを経て、2002年4月より東京大学大学院法学政治学研究科助教授。06年4月より同教授。著書に『財政調整の一般理論』『自治制度』などがある。

今どき"政治家"の理由

かつて「政治家」と言えば「陰で何をしでかしているのか分からない」という悪人のイメージが強い時代があった。汚職事件、権力争い……国民の中には政治不信が渦巻いていて、昨年は参院選で与党が惨敗を喫した。でもそんな時代に政治の世界を目指す若い世代の議員が増えている。昨年4月の統一地方選挙では多くの新人議員が誕生した。今、区議会では、目を輝かせた若手議員がはつらつと活動している。2008年の新春、こんな時代によりにもよって議員という職を選んだ4人の新人に集まってもらい、現在の政治と議会について本音を語ってもらった。

（司会＝編集部）

出席者（敬称略）

田中　利周・文京区議（自民党）1968年1月27日生まれ　39歳
中塚　祥代・世田谷区議（民主党）1975年2月6日生まれ　32歳
平山　英明・中野区議（公明党）1968年5月1日生まれ　39歳
赤羽目民雄・江東区議（共産党）1977年7月13日生まれ　30歳

■自己紹介

司会　自己紹介からお願いします。

田中　出身は兵庫県宝塚市です。大学入学に際して上京しました。文京区は第2の故郷と思って、骨をうずめるつもりでいます。母校の東京大学と地元の文京区との教育的コラボレーションが私のライフワークだと思っておりまして、区議会でも文教委員を務めています。

赤羽目　江東区生まれの江東区育ちです。区議になる前は調理師をしていました。今回江東区議選で44人中44番目、次点と18票差という大接戦でした。区議会では厚生委員として1人でも多く保育園に入れるようにと、区民や他会派の皆さんと取り組んでいます。

平山　生まれは長崎県大村市です。教育関係の営業の仕事をしていたので、文教委員を務めています。私たちの会派では9人中4人が新人となり、会派の副幹事長として議会運営委員会に入り、まずは議会運営の勉強をさせていただいております。

中塚　北海道札幌市出身ですが、世田谷区内の大学院に進学しました。大学院時代に介護のボランティアをして、ヘルパーの免許を取得し、NPOや特別養護老人ホームの介護職員、シンクタンクの研究員を務めました。都市整備委員なので、福祉・医療・まちづくりに興味を持っています。

司会　今日は4人とも政党に所属する方に集まっていただきました。何故その政党を選んだのかを教えて下さい。

田中　私は中学校から国立の学校で学んだのですが、いわば国の実験校のような感じで、初めてゆとり教育を取り入れたところなんです。そのため教育というのはそんなにコロコロ変えるべきではないと実体験として思っていまして（笑）、変えるべきではないところをどう大事にするのかと考えたときに、それを施策として打ち出すならば、自民党しかないと考えました。

赤羽目　親が共産党の活動をしていたので、生まれたときから周りは党の活動をしている人ばかりで違和感はなかったです。職場や社会に出て同じ世代の若い人たちが大変な思いをして働いていて、どこに相談したらいいのかも分からない中で、働く若者が大事にされる社会でないといけないと考えて、共産党がそのことを一番考えてくれると思いました。

司会　親に反発しなかったですか？

赤羽目　ありましたよ、親にも、党にも（笑）。でも筋立てて真正面から疑問に答えてくれたのが共産党でしたね。

平山　私の場合、党員として公明党を支持する立場だったということはありますが、もともとこれっぽっちも政治家になろうとは思っていませんでした。声がかかったから、というのが理由ですね。

赤羽目　私もです（笑）。

司会　そんなもんですか？（笑）

平山　じゃあ、他の党から声がかかったら出るかと言ったら出ないと思うし、かからないと思いますが。

司会　両親は支持者なんですか？

平山　母はそうです。

中塚　直接のきっかけは小宮山洋子代議士から民主党が区議候補を公募していると声をかけていただき応募しました。大学院時代にボランティアをしていたNPOの職員になったのですが、そこに菅直人さんや視覚障害者の堀利和元参院議員などが会員になっていただいていて、民主党には、福祉や、私が携わっている在宅ケアに対して関心を持ってくれているという良いイメージがありました。

司会　無党派で出ようとは思わなかったですか？

中塚　思わなかったですね。もともと政治家志望ではなかったので、民主党にきっかけをいただき、福祉や年金などの政策にも共感しました。

■政治家になった理由

司会　政治不信とよく言われますが、若い世代の投票率が低いなど20・30代が最も政治不信が根強いです。そんな時代に皆さんはよりにもよって何故、政治家という道を選んだのでしょうか。

赤羽目　私は調理師をやっていて、町場のイタリアンレストランで働いていました。共産党の本部の食堂を建て替えるときに何人か募集するからやらないかと誘われて、共産党の職員になるんなら言われた任務はすべて引き受けようと思っていました。そんなとき地元の議員が、私の両親の仲人ということもあり、私に声がかかり、周りの若い人たちからも応援するぞ、1人くらいお前みたいなのがいてもおもしろいと励まされました。議会でも党派でも高年齢化が進んでいて、そんな中で若い力を、今の若い感覚を区議会に持ち込みたいという思いで立候補しました。

田中　自分たちの世代を若いというなら、確かに私たちの学生時代は学校内で政治的な活動をしている人たちがほとんど見当たらない時代でしたので、政治への期待は薄かったですよね。ただ私自身は若いという認識はあまりなくて、ずっと学習塾で教えていたので、教え子が成人して参政権を持つようになって、彼らと話をすると私たちとは違う感覚を持ち始めているのを実感します。今の日本をなんとかしようと議論する子どもたちが増えてきました。また、党の学生部の方々と話をする機会も多いのですが、最近は入部希望者が増えてきています。一昔前とは違う状況にあるというのを身近に感じています。

司会　なぜ区政を志したのですか？

田中　長らく学習塾の講師を務めていて、そこに通う親御さんや子どもたちが「公教育には期待しない」と言い放つわけです。塾教師として学校よりも塾が楽しいと言ってくれるのは教師冥利に尽きるんですが、私自身も子どもを区立の小学校に通わせる父親として、親が納得して通わせられるような義務教育のあり方を問い直してみたいと思いました。義務教育に現場で直接関わるのが区立学校であり、区の教育行政なので、それに対してものが言える立場を目指したいというのが直接の契機です。地元の深谷隆司代議士が自民党政経塾を設立されたのでさっそく入塾しました。

平山　ちょうど仕事が軌道に乗ってきておもしろかった時期でしたが、党の方から電話がかかってきて、モスバーガーで区議に立候補しないかと誘われました（笑）。ずっと支持してきた政党ということもありますし、議員に対してモノ申してきたこともあり、何より中野は第2の故郷と思っていたので、これも一つの使命かなと考えました。妻も、最後の最後に渋々認めてくれました。それからは腹を決めてやっています。

司会　奥さん、よく認めてくれましたね。

平山　反対するかと思いました。小さな子どももいて、稼ぎが悪かったわけじゃないのに何が悲しくてと私も悶々としていたこともありましたが、私が腹を固めたら賛成してくれました。

中塚　もともと政治家志望ではなくて福祉の道でやっていこうと思っていましたので、働きながら大学院で福祉の勉強をしていました。大学院時代に小宮山代議士のインターンシップに参加しました。ちょうど介護保険法の改定や障害者自立支援法の法案づくりをやっている時期で、国会にも高齢者や障害者の団体の方々がヒアリングに呼ばれるのですが、介護のヘルパーや介護福祉士といった職能団体は来ることもないし、呼ばれることすらないんです。介護のことなのに、呼ばれるのは医師会と看護協会なんです。現場の主戦力であるヘルパーや介護士が意見を言える場所すらなく、私は煮え湯を飲まされる気持ちでした。後に小宮山代議士から声をかけていただいたときに、そのときの気持ちがあって、思い切ってやってみようと思いました。

■若者の政治不信

司会　田中さんのお話にありましたが、若者の政治不信についてはどう思いますか？

中塚　正直言って私自身は選挙権が得られるくらいの年の頃は政治には関心がなかったです。父が新聞社に勤めているので政治の話は大好きで投票にも必ず行くよう促されたんですが、当時は福祉のボランティアもしていなかったし、関心なかったです。自分が福祉の現場で働いて、身につまされるようになって初めて政治に参加しなきゃと感じました。なかなか今は、切実な思いをする経験がないと、いくら投票率を上げようと言ったところでなかなか響かないと思います。

赤羽目　私も政治不信は感じます。同年代に選挙で投票を呼びかけると、選挙に行ったこともなくて、お前が出るなら行くけど選挙の仕方知らないから教えてくれって言われたことがあります。選挙権を得て10年経って初めて選挙に行ったという人がいました。政党って何？選挙って何？という素朴な疑問を投げかけられたことがありました。政治離れというか、政治が分からなくなっているなと感じました。そういう意味で自分が選挙に出たことで政治や選挙をちょっとは意識してくれたことが嬉しいし、自分が立候補した意義があると感じます。

平山　政治不信というか、もともと無関心だったんじゃないかと思うんです。今の世代というだけでなく昔から、学生運動の時代を除くと若い世代は政治に無関心だった。マスコミが政治不信を煽るから、今まで関心がなかった人が政治に関心を持つようになったけれど、政治に不信を持つような関心の持ち方になっているんじゃないかなという感じがします。若者が自分で政治から離れていったというわけではないんじゃないでしょうか。ニュースを見て関心は持ったけれど、好きにはなれないってことなのでは。

司会　同じ世代の政治不信に対してどうすべきだと思いますか？

田中　バブルの前を引きずっている世代は、政治で何かを変えられるという感覚があまりなかったですよね。ほうっといても経済は成長するし、日本の世界での地位は上がっていくというムードがあって、それが無責任な発言にもつながっていたと思います。けれど、それが終わって、不況が続く中で若い世代には自分たちで何とかしなきゃいけないという危機感を共有する人たちが増えているという感じを受けます。

平山　若い方の声は政治的にはなかなか反映されないというのが現実です。関心がないし、声が上がらないから。私にできることは、よく声を聞いていくことかなと思っています。

中塚　私は福祉や介護という狭いところでしか社会経験がないですが、若い人と政治という間にワンクッション必要だと思います。私の場合、福祉の現場で制度のすき間や矛盾で困っている人たちと直に接して話をした経験が政治に結びついているので、政治に無関心な方にいきなり政治に関心を持てというのは難しい。やはりいろいろな社会経験が必要なのではないでしょうか。

赤羽目　若い人たちに政治と暮らしを身近に感じてほしいです。同年代だと結婚して日が浅い人たちが多いんですが、保育園が足りないとか、安定した収入が得られないという人は多い。そういう人たちに、政治を変えれば暮らしは良くなるよとか、声を大きくすれば保育園だって増やすことができるという話をしています。政治は関係ないよと思っている人たちもいるが、政治を変えられると訴えれば、分かってくれると思っています。

（3面につづく）

田中利周・文京区議

赤羽目民雄・江東区議

初議会の失敗談

田中　初質問でのフリップに「待った」

中塚　本会議で礼を忘れ壇上に逆戻り

平山　初めての野次は同じ会派の先輩

赤羽目　「賛成」なのに着席、慌てて起立

新春座談会　若手区議に聞く

2008年の抱負

田中　わが党の教育改革の灯を消さない

中塚　掲げた政策に爪の先でも届きたい

平山　先輩のノウハウ学び勉強したい

赤羽目　住民が主人公の温かい政治を

（2面からつづく）

■初めての区議会

司会　初めて区議会を経験して、失敗談があれば聞かせてください。

平山　最初の臨時会で議長が番号順に呼ぶんです。1番、2番が自民党の新人の方で、3番、4番が公明党。私は4番なんです。先輩から、番号を呼ばれたら返事をするように言われていたんですが、あそこ（本会議場）に入ると独特の雰囲気で、ヘタに動いたらいけないみたいなのがあって（笑）、前の自民党の方が返事をしなかったんです。ああ、返事しなくていいのかなと思って、私の隣も返事をせず、私も返事をしなかったんですが、後ろから「返事くらいしろ！」と怒鳴られました。自分の会派の先輩でしたけどね（笑）。あれが議会で聞いた初めての野次でした。

赤羽目　昨日議会だったのですが、議案の賛否をとるときに私は次の議案が反対だと思っていたんですが、周りを見たらみんな立っているんです。あれ？と思っていたら後ろから突かれまして、慌てて立って、失笑を買いました（笑）。委員会の審議でも独特な雰囲気でどう話をしたらいいのか分からず、あとの陳情審議のことを先に言っちゃったりしました。初めて一般質問に立ったときは緊張して喉がカラカラで、前にある水をいつ飲もうか悩みましたが、まだ飲めないでいます（笑）。

司会　飲んでもいいんですよね。

赤羽目　私たち新人の間では誰が最初に飲むのかと話題に（笑）。

平山　つぐまでが手が震えたりして。

司会　あの間が気まずいですよね。

平山　あの時間はカウントされないんで心を落ち着かせるにはいい時間なんですけど、実際あそこに立ってもコップまで手が伸びない（笑）。

赤羽目　でも飲みたいんです。

中塚　私は前代未聞の大失敗をしました。6月の定例会で初めての一般質問に立たせていただいたとき、最後に「以上で一般質問を終わります」と壇上を降りるんですが、そこで傍聴席と議長に礼をしなければならないんです。ところが緊張しすぎて礼もせずにスタスタと降りてきてしまったんです。そしたらベテランの議員さんから「礼！」と指摘され、どうしようと焦ったんですが、また壇上に戻っていって（笑）、礼をしたんです。頭が真っ白になり、役所の答弁など全然頭に入りませんでした。会派の幹事長からこんなことは前代未聞だ、議場は神聖な場所なんだから礼をしなきゃだめなんだと怒られました。

田中　第4回定例会で初めて質問させていただいたんですが、議場で質問するときにフリップを用意したんです。質問の内容をグラフ化して提示して、「このようにグラフで示せば一目瞭然いびつな形が……」とやろうとしたら、議会事務局から「待った」がかかりました。要は発言の記録として議事録に残すので、「このように」としか残らない（笑）。フリップの内容自体が残らないですよと言われて、慌ててフリップの中身を文章にして口頭で述べるバージョンに差し替えました。

司会　フリップのこともそうですが、議会には変な慣例が多いと思います。初めて議会を経験して首を傾げてしまったことはありますか？

平山英明・中野区議

赤羽目　江東区では本会議をメディア（映像）では公開していないんです。「開かれた区政」を実現してほしいし、もっと早くケーブルテレビとかインターネットで配信できるんじゃないかと思っているんです。フリップを使えない理由も映像で公開していないから、傍聴者と議員さんにしか分からないということです。よく町でも言われるのは、一般質問しますというビラを配ると、見に行きたいけど足が悪いので行けないと。ケーブルテレビならビデオも撮れるので、後日でもみんなに見せることができます。議員だけでなく区民からも何とかしてくれという声が多いです。

平山　まだ分からないことが多くて議会改革と言っても難しいんですが、個人的には、たぶん今の時代って一般質問で仕事をする時代ではなくなってきているという感じはします。一般質問だけに精力を傾けても区政は変わらないと思うんです。むしろ日頃の活動とか理事者との調整とか、地道な活動を積み重ねていったり、会派の中でいろんなプランをつくるといったことをしたほうがいい。本会議で不誠実な答弁をされたりすることもあります。でも、それは一つの側面であって、議会のすべてではないと最近すごく感じています。良識ある議員さんなら、良い意味で水面下できちんと仕事をして形にしているんじゃないでしょうか。

中塚祥代・世田谷区議

田中　委員会での報告のことなんですが、理事者報告でどうしても会議録として文書管理されることを前提とした報告になっていて、読み上げが基本になっていますよね。せっかく差し向かいで議論するのに、違和感というほどでないですが、もっと工夫できることがあるんじゃないかと正直思います。例えば委員会室には立派なプロジェクターがあるんですが、使われた試しがない（笑）。

司会　もったいない（笑）。

田中　それを使うと先ほどのフリップの話同様に会議録として不都合が生じるのであえて使わないんでしょうね。パソコンを駆使してプレゼンに走るのがいいとは思わないですが、少なくとも理事者が区民への説明責任を積極的に果たす現場が委員会という意識があるなら、区民へのプレゼンテーションという感覚を持ってもらいたいです。

中塚　世田谷区の民主党の会派は11人のうち8人が今回当選した1期生なんです。平均年齢30代という、血気盛んな若い会派です（笑）。そこで私たちの会派では議会改革の要望をマニフェストというかたちで、4年間で議会費を1割削減するためのプランを作りました。紙をなるべく使わないようにしようという細かいものから、議員定数の見直し、費用弁償の見直しなども入っているんです。私の所属する都市整備委員会では議案や報告が非常に多くて、他の委員会より30分早く始めることがあるんですが、お昼までやって残りは別の日に回してしまうことがありました。長くやると集中力が続かないというのは分かるんですが、1日でやれば費用弁償が1回ですむわけで委員会開催のあり方を考えさせられました。

■一問一答形式

司会　先日、編集部で全区市町村の議会事務局を対象にアンケートをしたら、都内で13の議会が本会議の一般質問を一問一答形式で開いていることが分かりました。特に市部では一問一答形式の議会が多いですが、一問一答にした方が傍聴者には分かりやすいと思います。

平山　おもしろいのは一問一答だし、やるほうも詰めができるんでやりやすいと思います。ただ役所の人だって議会対応がメーンじゃなくて、もっとしっかりやってもらわなきゃいけないところがありますよね。費用弁償の話も、確かにさっきの話のような見方もあるけど、ずっと委員会を続けてしまったら本来の仕事ができないという矛盾もあると思う。一問一答も慎重に考えるべきです。中野区は昔、質問に時間制限がなかったので深夜までやることがありました。それにずっと理事者をつきあわせなきゃいけない。いろんな歴史の中で時間制というのを設けているんです。

赤羽目　一問一答形式だと大変だなと思います。この間の歴史の過程でルールがあって私たちはそれに従っていると思うんです。今、一問一答を進める理由はあまり見当たらないですね。質問時間の取り方もあると思うんですが、他の区ではいかがですか？

平山　中野区は1人15分で、それを会派に振り分けています。

赤羽目　うちは代表質問が20分、一般質問が15分、会派の人数で年間の回数が決まります。それも、この間の歴史の中で議会運営委員会で議論した到達点ですしね。

田中　代表・一般質問の役割を考えると、一問一答で理事者を追いつめるというのは別の場所もあって、それが委員会ですよね。そこで練り上げられたものを、会派を代表して区長にぶつけるのが本会議の役割だと思います。

中塚　今お話を聞いていて、自治体によって一般質問の持ち時間が違うので、一概に同じ土俵の議論ができないと思いました。再質問を含めて45分時間がとれるのなら再質問の時間をとって実りある議論ができるかもしれませんが、世田谷区の場合なるべく多くの人が質問に立つようにしているので、1人の時間が10分しかなく、一問一答の方が実のある議論ができるかなと思います。

平山　中野区は再質問が2回認められてますから、ここに勝負をかけられます。

中塚　世田谷でも再質問できるんですが、何せ全体が10分ですから時間が余っても短いです。

■ブログの効果

司会　皆さんブログを書いてらっしゃいますが、どんな効果を期待しているんですか？

赤羽目　私はマメじゃないんで（笑）。

田中　中塚さん、マメですよね。

中塚　いえいえ、全然マメじゃないですよ。区議が何をやっているのか分からないと言われるので、有権者の方に伝えるために書こうと思ったんですが、あまりマメじゃないほうなんですよ。

司会　1つの記事が長いですよね（笑）。

中塚　そうなんです。書くのが大変でやめたくなることがあります（笑）。あまり更新しない上に内容がマニアックになってしまって。頑張っている割にはアクセス数が上がらないんです。

赤羽目　ちなみに私は1日24件。

中塚　もっと下回ってます。

平山　私、自分のを10回くらい見てます（笑）。

中塚　テーマが福祉・医療とハッキリしているんで、障害者やお医者さんからメールをいただくこともあって嬉しいです。選挙中は更新できなかったんですが、終わったあとにたくさん書き込みがあって涙が出るほど嬉しかったです。ネットを通じて知らない人が応援してくれるというよりは、地元の活動をふだん見ている人が理解を深めるツールという形になるのかなと思っています。議会の質問前になると役所の方とか他会派の議員がよく読んでくださっているので、弊害もありますが、いっしょに仕事をする仲間として理解を深めるためには、自分も書くし、他人のブログを読んだりすることはいいことかなと思います。

平山　私は最近始めました。あまり必要性は感じていなかったんです。あまり見ないだろうと思っていたんですけど、いろんな人のホームページを見て、自分ではホームページが作れないんで、ブログなら自分で更新できると思いました。そこで2カ月くらい徹底的に研究して、私が決めたのは、毎日更新しよう、その内容は長い文章はやめようと思って、5行くらいにすれば絶対寝る前に書けるんじゃないかと。

中塚　それは正しい選択だと思います。

平山　ネタがなくなると今日の晩ご飯とかにしようと思ってます。中野区政の内容を皆さんにお伝えしますというのではなくて、私が何をしているのか日常的に知ってもらおうと決めています。

赤羽目　私はもっとマメに更新しないといけないと思ってるんですが、平山さんと同じで私の活動を紹介しています。娘の運動会に行ってきましたとか、身近な問題や、普段取り組んでいることをなるべく書こうとしています。選挙前からブログをやってるんですが、選挙期間中から若い人から「ブログ見ました」と声をかけてもらえるんです。パンフレットやお知らせにもブログのアドレスを載せていました。驚いたのは、2ちゃんねるで話題になったんです。江東区の共産党はいよいよ相撲取りを出したと（笑）。選挙が終わって、さあ、ブログを更新しようと思ったら異常なアクセス数なんですよ（笑）。1年以上が過ぎて、区民というよりも、普段連絡がなかった友人から連絡があったりということはありましたね。

田中　ブログはパソコンを駆使した広報活動というイメージがありますが、私はブログの持つ意味は街頭演説だと思っています。まったく関心のなかった聴衆が足を止めてくれる、それと同じ意味で書いています。見ず知らずの人から教育論についてメールをいただいたりしますが、そんなときにはやった甲斐があったと思えます。少なくとも誰かが読んでくれて関心を持ってくれるだけでも意味があるのではないかと。逆に訴えることがなければ書かなくていいと思います。街頭で言えば、名前の連呼のようなブログにはしたくないんですね。

（4面につづく）

(3面からつづく)

■先輩へひとこと

司会　先輩議員に言いたいことがあれば、どんどんぶちまけてください。

赤羽目　最初、このお話をいただいたときに先輩から「好きなことを話してこい」と言われたんですが(笑)、他会派の先輩議員さんも含めて本当に若手の議員を育てようということを強く感じています。共産党の議員団では一番若いですが、ちゃんと平等に扱っていただきますし、間違っていたら叱っていただけるし、いい環境でやらせていただいています。ひどい野次もまだありません。勉強することがいっぱいあって素晴らしい方が多いですよ。もっと怒られるのかなとか、生意気だと言われるかと覚悟していたんですが、キャラクターに救われているのかもしれません(笑)。

中塚　世田谷区は今回の区議選で民主党が大躍進して3人からいきなり11人に増えて議会の構成が変わったので、良い意味でも悪い意味でも私たちの会派が注目されているんです。そういう中で、3人の先輩方は何とか民主党の政策を反映させるために他の会派や事務局の方と調整する努力や苦労をされてきました。でもせっかくこれだけ増えたのだから、もっと独自色を出していったらいいのではないかと思うことがあります。私たちも勝手なことを言うので上の方は取りまとめに苦労されていると思うんですが、大きな方向性は一緒だと思っているので大きなリーダーシップを持って、ぶれずに引っ張っていただきたいです。他会派からも厳しい目で見られますが、同じ区民の負託を受けているわけですから助け合って世田谷を良くしていけたらと思っています。

平山　議会って喧々囂々とした場所かと思っていましたが、思ったよりそうじゃないと思いました。水面下でやりあって本音が見えにくく感じます。そういう意味では率直に厳しくやってもらってもいいかなと思います。でも思ったよりも中野区議会は、真面目です。もっと区議会って悪人が多いのかと思ってました(笑)。

田中　議員歴が長い先輩たちは、本当に地元のことを知り尽くしていらっしゃいます。言葉はミーハーになりますが、かっこいいですよ。先輩と町場を歩いていると支援者の方たちからどんどん声がかかります。それに先輩たちは、そこに街灯があるとか、町内掲示板があるとか、安全標識がどうとか、見ないでも分かる。文京区は江戸時代から続くような古い町が多いですので、私も町場に出て少しでも先輩に近づけるよう修行したいと思います。よろしくご指導願いたいです。

■これからの野望

司会　2008年の抱負を。

平山　今年はとにかくしっかり勉強する年にしたいです。1年目はまだ分からないことが多いですが、2年目は地に足をつけて勉強したい。先輩たちのノウハウはすごくて、区民相談を受けても解決するまで先輩より何倍も時間がかかってしまいますから、しっかりノウハウを引き継ぎ、力をつけたいです。党としては参院選で厳しい審判をいただいたので、もう1回現場に再度入って皆さんの声を反映させる作業を徹底的に行いたいです。

赤羽目　新人議員としてほんの少し分かってきたかなと思いますので、今年も引き続き痩せる思いで(笑)、頑張っていきたいです。議員活動の基本は、区民の皆さんの声をしっかり受け止め、区政に反映させることだと思います。区民の隅々までしっかり受け止めて、区政に反映させたい。住民が主人公の温かい政治の流れに切り替えていきたいなと思っています。

私も不勉強でスムーズに物事が進められないのですが、先輩議員のノウハウを少しでも盗んで、若い世代が江東区を担うわけなので若者の代表としてしっかり頑張っていきたいです。

中塚　議員になって8カ月でまだ未熟ですが、任期の6分の1が終わって早いものだなと感じます。議員になる前は介護の仕事をしていたのですが、技術的に一人前に上達して人に喜ばれ感謝されるようになるまで3年くらいかかったんです。議員として8カ月が過ぎて、人に喜ばれるような仕事ができたのかなと考えたときにまだまだと思います。逆に人に支えられて働けることに喜びを感じます。私自身が選挙に出るにあたり掲げてきた政策や目指すべき地域社会にはまだまだ手が届かないですが、現場で苦労して働いていた時期と比べるとちょっとは希望が見えてきた気がします。2008年は爪の先でも届くように前進してまいりますので、皆さんに押し上げていただきたいと思います。

田中　2008年は文科省から改訂学習指導要領が告示されるタイミングですので、これを受けて各自治体がそれぞれの地域の特性に合わせた義務教育の内容を具体的に議論することになります。私にとっては、ここからが腕の見せ所とワクワクしています。地方分権の時代、学校があり家庭があり地域があり、連携を深めたところで教育行政を進めていきたいというのが政治を志した原点ですから、いよいよ地方自治の現場で改革が始まるということで、今年は期待しています。昨年はいろいろありましたが、わが党の教育改革の灯を消すわけにはいきませんから、頑張っていきたいです。

司会　最後に質問を。都議や国会議員になる野望はありますか?

中塚　区議になって1年もたっていないのに、都議会とか国会とか言われても。私自身は政治に一生関わりたいと思っていても、選挙で落ちてしまうかもしれません。理想とする福祉や医療を実現していくフィールドは都とか国とか民間とかに限定されるものではないです。でも区議会はやりがいがありますから。

平山　区議以外はないです。またモスバーガーに連れていかれるかもしれませんが(笑)。もともと営業の仕事をしてきて、現場が好きなんです。公明党はネットワーク政党ですから都議会にも国会にも優秀なメンバーがいて、よくコミュニケーションが取れています。現場の問題も国や都で実現可能です。それに今度は妻が許さないでしょう(笑)。

赤羽目　私も考えていないです。組織がそういう決定をすれば、私もモスバーガーに連れていかれて考えるかもしれませんが、私としては30年江東区生まれの江東区育ちですし、自分の地元にしっかりと足をつけて頑張りたいと思っています。

田中　文京区は教育日本一の街を標榜しているんです。その代表として仕事をさせていただいていることに私は誇りを持っています。「教育日本一」をぜひ実現しようとライフワークとして選んだ道ですから、これが変わることはありません。

司会　今日はどうもありがとうございました。

C40ワークショップに参加して

～環境交通(低環境負荷、高効率、安全・快適空間の創出)の実現を目指して～

都環境局自動車公害対策部副参事(交通需要マネジメント担当)　村上章

■C40ワークショップ

12月初めにロンドンで開催された「C40ワークショップ」に参加しました。C40(大都市気候先導グループ)とは、国レベルではなく、世界の主要都市(City)で構成されている気候変動対策に関する会議体です。

地球上のCO_2の75%は、人、建物、自動車等が集中する「大都市」から排出されているといわれており、大都市自らが地球温暖化防止についてリーダーシップをとり、都市間で連携しながら様々な施策を実施・推進していくことを目的として、世界40都市で構成されています。今回は「交通と渋滞」をテーマとして3日間開かれました。

会議はロンドン中心部、大英博物館近くのビルの一室を使って行われました。ケン・リビングストン・ロンドン市長の「各都市において環境政策を導入することは、すでに決まっている。各都市はそれをどうやって実施するかを考えるべき」と、環境都市のリーダーにふさわしい発言で会議は始まりました。

会議の様子。環境への配慮からか、資料も配られないペーパーレス会議となった

■第1日(テーマ…自転車利用の促進や自動車使用のあり方)

各都市からは、成り立ちや置かれている状況などによって違いはあるものの、自動車に対する規制や誘導策のほか、まちづくりも一体となって環境政策に取り組んでいることが報告されました。

自転車利用の多いコペンハーゲンでも、自転車利用に関して、直接「環境のため」を理由としている人は1%に過ぎず、「運動のため」「便利」「経済的に安価」などの理由が大勢を占めた調査結果が示されました。駐車場や自転車道の整備はもちろんのこと、環境意識はあっても何らかのインセンティブを付与する仕組みもないと自転車の利用促進は進まない現状などが報告されました。

また、自動車交通量の調整策としては、課金制度を実施するロンドン、排ガスレベルに応じて3種類(緑、赤、黄)のシールを自動車に貼付し、シールごとに走行規制を行うベルリン、特定の日に自動車の運転を行わなかった場合(「ノー・ドライビングデー」)には、公共駐車場の料金が割り引かれるなどインセンティブを与えて交通量を削減するソウルなど、都市ごとに様々な手法を用いて取り組んでいることも報告されました。

■第2日(テーマ…環境にやさしい自動車技術や燃料対策)

ロンドンからは、燃料電池バスの市バスや清掃車への導入、ストックホルムからは、下水道処理場の汚泥等から生成するバイオガスの自動車燃料としての活用や、市内の全バス路線での環境燃料の使用事例等が紹介されました。

また当日は、スカニア、ボルボなど民間の自動車メーカーも参加し、エタノールの製造過程やバイオガス車使用時におけるCO_2削減の効果について報告がありました。

日本でも最近は街中でハイブリット車を見かけるようになりましたが、世界各都市での環境への取り組みがさらに進んでいる印象を受けました。

加速する温暖化を防止するためには、技術革新が重要な鍵となっており、その成果をいかに広く普及させていけるかにかかっていると思います。

会議休憩中の話題では、「環境にいい」ということで畑を焼き払い、ビジネスチャンスとばかりにサトウキビを植える国なども出てきていることに嘆いている参加者もおり、また、地熱や生活排水からの汚泥、ゴミなどを利用したエネルギーを活用する「地産地消」の考え方を真剣に考えるべきとの声も聞かれました。

■第3日(ロンドン交通管制センター視察)

最終日の3日目は、ロンドン交通管制センターの視察で終了となりました。ここでは市内6000機の信号機、1200機の路上監視カメラ、10機の交通情報表示盤を管理し、円滑な市内の自動車の流れの確保と、課金地域への自動車流入の監視を行っていました。

6000機のうち1800機は、センターの交通管制システムに常時管制されており、路上監視カメラにて得られた交通量の情報に応じて、即座に信号機の管制にフィードバックできるようになっていました。

■「環境にいい!」と主張する自転車道

3日間の滞在のうち、2日間は朝から晩まで1日中会議で「缶詰状態」でした。滞在中、会議以外でも、随所に温暖化防止に関して意識させられる体験をすることができたので、少し触れたいと思います。

宿泊したホテルから会議場へと向かう道すがら、イギリスのどこにでもあるレンガ造りの建物と建物との間に1本の自転車道を見かけました。自転車道といっても区画整理等で計画的に作られたものではなく、明らかに既設自動車道を改修して設置された自転車道です。

昔は対面方向だった自動車道でも、その一方向の車線をつぶして自動車道を一方通行にし、自転車道を確保しているケースが少なからずあるとのことでした。その後、実際に町のあちらこちらで同様の自転車道を見かけました。

対面通行の一車線をつぶし、威風堂々とまっすぐに伸びた自転車道に

何気ない街の風景ですが、環境の視点から意識してみると随分変わります。単なる1本の自転車道ですが、日本であれば、いずれは剥げ落ちてしまう白い分離線を引くか、再開発などの一環で自転車道を新しく設置するかが現実的なところだと思います。既設の自動車道をグッと押しのけて割って入り、まっすぐに力強く伸びた1本の自転車道が、堂々と、「環境にいい!」と主張しているようで、この都市の環境対策を推し進める意思の強さを感じました。

■幼稚園から"光合成"の授業!?

ロンドンへ向かう往路の飛行機で修学旅行の団体と一緒になり、自分の高校生時代の修学旅行が国内であったことと比較して、今の日本の高校生の修学旅行の行き先がヨーロッパになっていることに隔絶の感を抱いていました。

会議の休憩中、ロンドン在住の通訳さんとの雑談で、通訳の息子さんの学校で生徒たちが話し合った結果、学校の団体旅行が中止になった話を聞きました。理由は「自ら環境に悪い移動(旅行)はしない」との結論に至ったとのことでした。

旅行は見聞を広げることができる重要な機会であり、少し行き過ぎではないかと思いましたが、それを乗り越え地球温暖化を身近なものとして捉え、ロンドンの高校生が自主的に「中止」の判断をしたことに驚かされました。

またスウェーデンでは、内容は簡略化しているとはいえ、光合成について教育している幼稚園もあると聞き、さらに衝撃を受け、日本にいる我が愚息の無邪気な戯れを思い出し、環境に関する教育の質の高さを痛感しました。

■カーボンオフセットは世界の常識

また、この会議の事務局からは、私も含め、世界各都市から集まった参加者の出張行程にかかる飛行機燃料等から排出されるCO_2について、カーボンオフセットされていることも聞かされました。世界会議では、カーボンオフセットが当たり前になりつつあるようです。

東京でも近い将来、都内で開かれるイベントや会議へ参加するための交通利用に関し、そのCO_2排出量相当分の経費について、植樹活動への充当や基金への積立など、カーボンオフセットが当たり前の時代がくるのではないかと思いました。

■アジアなど世界各都市との連携を目指して

昨年12月にインドネシアのバリ島で開催されたCOP13(国連気候変動枠組み条約第13回締約国会議)において、目標数値は定められませんでしたが、アメリカ、中国などCO_2大量排出国の参加を得て合意に達したことは、次期協定の採択(COP15)に向けて前進したと思います。

ワークショップでの各都市の様々な手法を駆使した取り組み内容・状況と、それに伴う温暖化防止に向けた決意を聞いても、ロンドンで見た1本の力強い自転車道のように、世界全体の地球温暖化防止の流れは止めることができません。むしろ、加速させて優先的に取り組むべき課題です。

こうした中、昨年11月にマニラで開催されたアジア大都市ネットワーク21総会での知事の呼びかけにより、今年2月には東京で環境技術に関する実務担当者会議が開催されます。

東京からアジア各都市への環境技術の発信により、アジア全体の環境技術水準が向上し、温暖化防止に向けた取り組みが加速されることが期待されています。

世界各都市でも、様々な主体が積極的にCO_2削減の取り組みを実施しています。C40にご興味のある方は、ぜひ、アクセスしてみてください。(www.c40cities.org/)

謹賀新年

2008年 元旦

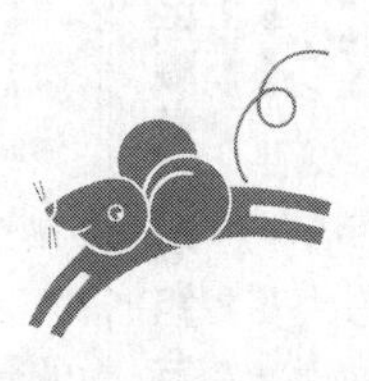

謹賀新年

2008年元旦

東京都労働組合連合会

執行委員長　増渕静雄
執行委員一同

特別区職員労働組合連合会

執行委員長　西川雅春
副執行委員長　酒入孝久
〃　渋川峰夫
書記長　中條貴仁
企画調査部長　増田雄一
賃金対策部長　西野実
組織部長　瀬下小太郎
教宣部長　富永誠治

東京都庁職員労働組合

執行委員長　河野正
副執行委員長　中山雅孝
副執行委員長　寺崎純
書記長　石井満
役職員一同

自治労東京都庁職員労働組合

執行委員長　宮本知樹
副執行委員長　中山雅孝
副執行委員長　古舘芳明
書記長　村山洋一郎

東京自治労連

中央執行委員長　堤敬
副中央執行委員長　石橋映二
〃　伊藤潤一
〃　桑原昭俊
〃　筑肱和雄
〃　長島芳昭
〃　増田重美
〃　矢吹義則
〃　米山隆史
書記長　荻原淳
書記次長　吉川貴夫
会計　高橋眞之

東京都教職員組合

執行委員長　中山伸
副執行委員長　山崎忠彦
〃　磯崎四郎
書記長　工藤芳弘
書記次長　児玉洋介
執行委員・書記一同

東京都高等学校教職員組合

執行委員長　若林泰直
副執行委員長　片山亨
〃　河合美喜夫
書記長　川上淳
書記次長　数本正男

東京交通労働組合

執行委員長　石山康夫
副執行委員長　長島和夫
〃　寺田和久
書記長　久保明
書記次長　福田秀智

全水道　東京水道労働組合

中央執行委員長　池田政一
副執行委員長　伊藤英一
〃　岡部俊文
書記長　上村時彦
書記次長　岩崎好道

自治労連・東京水道労働組合

中央執行委員長　石川友好
副執行委員長　安部陽二
〃　山川定正
書記長　片岡康夫

都庁職員労働組合本庁支部

支部長　小林高夫
副支部長　篠塚勝己
書記長　長谷部健治
書記次長　君島淳一
会計　濱岡稔

都庁職共済支部

支部長　松上真理
副支部長　工藤文子
書記長　小林マミ
会計　有場和憲

都庁職衛生局支部

支部長　小野塚洋行
副支部長　石井尚史
〃　森越初美
書記長　高柳京子
会計　松平清美
書記次長　石井ツタ代

都庁職病院支部

都立病院の地方独立行政法人化をやめさせよう

支部長　柳美智子
副支部長　渡辺暢子
〃　中田孝行
書記長　小林松治
会計　白幡悦子

都庁職建設支部

支部長　浅井幸男
副支部長　古舘芳明
〃　佐藤隆
書記長　前田信雄
会計　萩原雅夫

都庁職住宅支部

支部長　森成明

新宿区西新宿二―八―一 第二庁舎20階
電話（五三二〇）七四二二
FAX（三三四五）一六五二

都庁職経済支部

支部長　大谷建男
副支部長　城谷克司
〃　大嶋英行
書記長　平井恭二
会計　斉藤修二

東京清掃労働組合

安全、安心、安定的な清掃事業を確立しましょう！

中央執行委員長　西川卓吾
副中央執行委員長　金澤寿
〃　金子雄一
書記長　大島誠
書記次長　染裕之
ほか中央執行委員一同

都庁職中央市場支部

支部長　鈴木利明
副支部長　小滝茂実
〃　西村剛
書記長　今井克明
会計　野口純一

都庁職教育庁支部

支部長　伊東洋一
副支部長　岡部武夫
〃　乙幡考史
〃　神藤誠
書記長　春原智明
書記次長　風間隆行
会計　矢島一男

都庁職都立学校支部

都庁第二庁舎28F（三二四三）一七三二

支部長　内田浩一
副支部長　酒井幹夫
〃　五十嵐靖
書記長　桑原秀誉
書記次長　油原正英
会計　春山正夫

東京都区職員生活協同組合

〒170-0005 豊島区南大塚二―三三―一〇 東京労働会館内
電話〇三（五三九五）八六五六

理事長　西野護
副理事長　森成明
副理事長　梅田昇
専務理事　両角朗
理事・監事一同・職員一同

COOP

文京区職員労働組合

執行委員長　遠藤弘幸

台東区職員労働組合

執行委員長　高波二郎治

東京都台東区東上野四―五―六
電話（五二四六）一四六三
FAX（三八四四）一五七六

墨田区職員労働組合

執行委員長　篠碕勝幸

江東区職員労働組合

執行委員長　田村和男

江東区東陽四―一一―二八
電話（三六四七）一七一七

目黒区職員労働組合

執行委員長　高村重明
副執行委員長　木全繁太郎
〃　上野義昭
書記長　野間口勝彦
書記次長　平野猪佐司
会計　林徹

世田谷区職員労働組合

執行委員長　中村重美

世田谷区世田谷四―二一―二七 世田谷区役所内
電話（三四一三）二七六七（直通）
FAX（三四一三）五一二七

中野区職員労働組合

執行委員長　川嶋俊治

杉並区職員労働組合

杉並区阿佐谷南一―一五―一

豊島区職員労働組合

執行委員長　佐藤公一
副委員長　川上洋子
〃　山中學
書記長　市川康世
書記次長　玉手紀昭
会計　今秀子

北区職員労働組合

執行委員長　小林三喜男
副委員長　馬場潔
〃　小川陽造
書記長　児玉治
書記次長　沢崎淳
会計　粟野正芳

荒川区職員労働組合

執行委員長　田口幸夫
副執行委員長　浅見民雄
〃　高田巳喜男
書記長　白石孝
会計　谷口太一

板橋区職員労働組合

執行委員長　内田政男
副執行委員長　村木正弘
〃　横須賀順子
書記長　加藤哲夫
書記次長　大滝欣昌
会計　関谷重男

足立区職員労働組合

執行委員長　宮下武美

足立区中央本町一―一七―一
電話（三八八〇）五五六八

葛飾区職員労働組合

執行委員長　牧野梅三郎
副執行委員長　氏家常雄
〃　増村聡雄
〃　細谷正幸
書記長　簡野司
会計　渡辺昇

江戸川区職員労働組合

執行委員長　小久保隆一
副執行委員長　大谷貴志
〃　三井隆
〃　新木輝代
書記長　稲田祐一
書記次長　橋本昭一
会計　伊藤定夫

新春インタビュー

国を先導する東京の教育

新教育ビジョンの策定へ

中村教育長に聞く

国の施策を先取りする形で教育改革を進める東京都教育委員会。今年も新たな「教育ビジョン」を策定して、家庭教育の支援策や児童・生徒の学力向上、部活動の振興など様々な教育課題に挑戦する。そこで中村正彦教育長に、東京の教育が抱える主な課題について、インタビューした。

――この間の都と国の教育改革の流れについて説明してください。

まず、2006年12月に教育基本法が全面改正されました。また、昨年は、国の教育三法の改正、教育再生会議の報告、中央教育審議会の審議・答申など教育をめぐる大きな動きがありました。法改正の内容や中教審などで提言された内容を見ると、すでに東京都で実施しているものがいくつもあります。

例えば、家庭教育の支援では、「子どもの生活習慣確立プロジェクト」の取り組みを行っています。都立学校では、学校設定教科・科目として「日本の伝統・文化」を実施。学校の組織体制や指導体制の整備については、「主幹制度」の導入などです。このように、東京の教育は、社会情勢を的確にとらえ、国の動きを先導してきたと言うことができます。

都教育委員会では、04年4月に、東京のこれからの教育の取り組みを明らかにした「東京都教育ビジョン」を策定しました。策定から3年を経過した現在、ほとんどの提言について施策化が図られています。

しかし、現在の社会状況を見ると、社会全体で家庭教育や学校教育を支援する仕組みづくりや子供達に次代を担う力を育成することが、ますます必要になってきたと思います。このような状況の変化を的確にとらえて、更なる教育改革を進めるため、今後5年程度で取り組むべき方向や課題等を整理した「新・東京都教育ビジョン（仮称）」の策定が必要と考え、現在検討を進めています。

家庭教育の支援が課題に

――では具体的にうかがいます。まず家庭教育のあり方については。

これまで、教育というと学校教育が中心に考えられてきました。しかし、子供の教育の原点は家庭教育にあります。改正後の教育基本法でも、保護者が子供の教育について第一義的な責任があることが明文化されています。都では家庭の教育力の向上が重要と考え、06年度から「子どもの生活習慣確立プロジェクト」を推進して、家庭教育を支援してきました。

今年は、乳幼児期からの子供の教育を支援するための教材開発を行うとともに、地域で子供の育ちを支える取り組みを推進して、家庭の教育を一層支援していきます。

――児童・生徒の学力向上に向けた取り組みはいかがですか。

昨年暮れには、OECDの学習到達度調査結果（PISA2006）が公表されました。子供の学力向上について、都民や保護者の関心が高まっています。都では、全国に先駆けて03年度から「児童・生徒の学力向上を図るための調査」を開始しました。そして、その結果を踏まえた「授業改善推進プラン」を作成して、授業改善の取り組みを進めています。国も、昨年4月に「全国学力・学習状況調査」を行い、その結果が10月に公表されました。このような調査結果をもとに、何が課題であるかを的確に分析し、今後の授業改善に活かしていくことで、確かな学力の定着と伸長を図っていく必要があると考えております。

都では、これまでの問題解決能力等の調査に加えて、今年度から基礎的・基本的な事項に関する調査を行います。その結果を分析して、児童・生徒が最低限身に着けておくべき基礎的な学力についての都の指導基準を策定して、授業改善に活かしていきます。

――ものづくり教育の推進も大きな課題です。

ものづくり産業は東京の経済発展に大きく寄与してきました。日本の発展を支えてきた団塊の世代が大量に退職していく中で、優れた技術や技能を持っている人材の育成や確保が極めて大きな課題となっています。

まず、小・中学校段階からものづくりへの興味・関心をもてるような教育を展開していく取り組みが重要と考えています。工業高校では、企業OBを含めた優れた技術・技能を持つ人材を活用したり、企業での長期のインターンシップ等を実施するなど企業や関係機関と連携していきます。

教育内容では、金型技術など特定分野の技能・技術を、工業高校で集中的に学べる教育プログラムの開発に着手していきます。また、生徒が企業の一員として数カ月働いて、その訓練を授業の一部と認めていくデュアルシステムを推進していきます。併せて、高等専門学校に編入できる接続プログラムの開発を行っていきます。

――特別支援教育の推進については。

04年11月に、10年間の総合的な計画である「東京都特別支援教育推進計画」を策定し、04年度から07年度までを第一次実施計画期間として実施してきました。その後、国においては、発達障害者支援法の施行や、障害者自立支援法、学校教育法等の改正がありました。

さらに、都では、06年12月に「10年後の東京～東京が変わる」が公表され、その中で、東京の企業集積の強みを活かし、新たに3万人以上の障害者雇用を創出することが明示されました。

このような国の動向や都の取り組みを踏まえて、昨年11月には、08年度～10年度を計画期間とする「東京都特別支援教育推進計画 第二次実施計画」を策定しました。複数の障害教育部門を併設する特別支援学校の設置のほか、幼稚園・小学校・中学校における特別支援体制整備への支援、高等学校・中等教育学校で特別支援教育体制の整備や、障害のある児童・生徒の自立と社会参加に向けて、外部人材の活用を図りながら関係局と連携して、乳幼児期から学校卒業後までの一貫した支援ができる体制の整備を行うこととしています。第二次実施計画を着実に推進し、障害がある子供達一人一人の能力伸長と社会的自立に向けて、特別支援教育を一層充実していきます。

中核となる教員を養成

――ICT環境等の整備も今後の課題です。

都立学校におけるICT環境は、全国的に見て必ずしも十分といえる状況にありませんでした。そこで、児童・生徒の学力向上や校務の効率化を図るため、今後、ハード・ソフトの両面で、全国トップレベルとなれるICT環境を計画的に整備していきます。

また、学校の震災対策も大きな課題です。引き続き耐震化を進めるとともに緊急地震速報システム導入に着手した上で、それを取り入れた防災訓練を実施し、被害の軽減を図ります。さらに、災害時の帰宅困難者支援のため、都立学校の帰宅支援ステーション機能を充実させていきます。

――教員の資質の向上については。

06年7月の中教審答申で創設が提言された教員養成の専門職大学院「教職大学院」が、いよいよ今年4月に設置されます。都では、都内に設置される教職大学院と連携して、実践的な指導力・対応力のある新人教員を確保するとともに、現職教員を研修生として派遣して都の教育の中核となり得る教員の育成を図っていきます。さらに、04年度から開始した「東京教師養成塾」や06年度から開始した「東京教師道場」での教員の養成や育成とあわせて、教員の資質の向上を図ります。

また、昨年6月学校教育法が改正され、学校の組織運営体制や指導体制の確立を図るため、副校長、主幹教諭、指導教諭という新しい職を置くことができるようになりました。教育課題が多様化する中で、教員の職務の困難度・責任度にも差が生じています。このため、職の分化が必要であり、統括校長及び主任教諭・主任養護教諭の職を設置することとしました。今後、学校が組織的に機能し、教職員の力が一層発揮できるよう、メリハリのある給与制度を整えていきます。

――部活動振興とスポーツ理解にも力を入れていく必要がありますね。

昨年12月30日に、都立三鷹高校のサッカー部が全国高校サッカー選手権に出場しました。一昨年には都立久留米高校サッカー部が同大会に出場しています。このような各種全国大会、国体やオリンピックなど大きな大会で、東京出身の選手が活躍する姿は、都民の感動を呼ぶものです。14年に東京国体が開催されますが、中学校・高校段階での強化練習会やスーパーバイザーを活用するなどにより、競技力の向上を図っていきます。東京国体の成功は、都民スポーツ全体の活性化にも繋がることと思います。

スポーツへの理解を深める教育は、子供達の運動に親しむ態度を育成するとともに、オリンピック、パラリンピックなどの国際的なスポーツ大会の意義や役割を正しく理解していくこととなることから、力を入れていきたいと考えています。

今年も、東京都の教育を着実に推進していくことで、様々な教育課題に対応し、都民の教育に対する期待に応えていきたいと考えています。

論壇

学校評価のあり方

第三者評価システムの構築を

国立教育政策研究所
教育政策・評価研究部長
小松郁夫

■説明責任と学校評価

中央教育審議会答申の「新しい時代の義務教育を創造する」（2005年10月）は、義務教育制度の内容と方法に関し、インプット段階はこれまでと同様、国が法制度を整備し、国としての基本的な基準を提示すること、それをどう教育するのか、どのような学級編制や教職員配置などで実践するのかというプロセスの部分は、地方自治体や学校に権限を委譲するべきであると提言した。

その上で、目指した成果が保証されているかどうか、どのような手法が効果的で、どこをどのように改善するのがもっとも効果的かという、アウトカム（成果）の部分については、国が学力・学習状況調査や学校評価で検証をするという機能分担を提起した。すなわち、地方分権や学校の自主性・自律性の尊重と国―地方の連携が提案されている。

■組織改革と学校評価

学校評価の第二の理由は、組織一般に求められる組織マネジメント・サイクルによる組織改善、組織革新、組織進化の要求をあげることが出来る。PDCAのマネジメント・サイクルを活用した、不断の組織の改善や進化が求められている。

すなわち、各学校が自らの教育活動その他の学校運営について、目指すべき成果やそれに向けた取り組みについて目標を設定し、その達成状況の把握や取り組みの適切さ等について評価することにより、組織的・継続的に改善することが学校評価を実施する目的でもある。

■連携・協力と学校評価

学校評価は学校の様子を学校内外に公表し、その実態を解説する機能も併せ持つ。評価結果によって、保護者や地域住民等の学校関係者は学校の教育活動やその他の学校運営の状況を知り、当該学校がどのような成果を上げているか、どのような良さや課題があるかなどを知ることが出来る。

すなわち、学校と保護者や地域とが連携・協力することを奨励し、促進する機能を持っている。各学校は自らの教育活動その他の学校運営に対する理解と参画を得て、信頼される開かれた学校づくりを進めることがより可能となる。

■学校設置者等の支援と学校評価

学校裁量が拡大し、自主性・自律性が高まる上で、その教育活動等の成果を検証し、必要な支援・改善を行うことにより、児童生徒がより良い教育活動を享受できるよう学校運営の改善と発展を目指し、教育の水準の向上と保証を図ることが重要である。

そのため、学校設置者等が学校評価の結果に応じて、学校支援や条件整備等の必要な措置を講じることにより、一定水準の教育の質を保証し、その向上を図ることが重要である。学校評価は、設置者等から効果的で実効性のある支援を獲得するためにも、きわめて重要な機能を持つ。

■学校評価システムの相互関係

学校評価は自己評価、学校関係者評価、第三者評価という三要素によって構成される。自己評価だけでは、同質的な視野に限られたり、中立的に自らの取り組みを評価しにくい面があったりする。このことから、学校関係者評価が重要であり、これにより教職員とは異なる立場からの見方や意見を取り入れることができるとともに、学校と家庭・地域との情報共有により相互理解が深まり、その連携協力を深める良い機会となることが期待できる。

さらには、学校とは直接の関係のない専門家等が学校の状況を観察し、評価を行う第三者評価の実施は、客観的な立場からの新たな気づきを学校にもたらす良い機会となるとともに、専門的・客観的な立場からの評価ともなり、その結果に基づく支援や改善を講じることを促す効果が期待される。さらにこれらを通じて、全国的な教育水準の向上を図ることが可能となる。ただし、この第三者評価はコストや専門家の養成、専門的組織の整備など、課題も多く、整備するにはそれなりの時間と資源が必要である。

■専門的・客観的な評価

私は学校評価システムとして、教職員自身による自己評価を基軸として、その結果を踏まえながら、保護者や地域住民などの学校関係者が独自の観点から、主体的・能動的に学校関係者評価を行うこと、さらには、この二つの異なるタイプの学校評価を活用しながら、専門的・客観的な立場から学校にとっての第三者的な機関や評価者が第三者評価を実施するというシステムの構築が今後の課題になると考える。

◇

こまつ・いくお＝1947年生まれ。東京電機大学助教授、国立教育研究所学校経営研究室長、英国バーミンガム大学客員研究員、国立教育政策研究所高等教育研究部長などを歴任。「都立学校経営支援委員会」委員、日本教育行政学会常任理事、日本教育経営学会理事、三鷹市立小・中一貫教育校検証委員会委員などを務める。『これからの学校組織と学校経営』『学校マネジメント』など著書・論文多数。

教育オンライン

文明の流れ掌握し舵取りを

石原知事の新年あいさつ（要旨）

都庁のライン化・硬直化に苦言も

皆さん、明けましておめでとうございます。とは言いますが、世界全体の大きな流れを眺めて何を思い出すかというと、昔、一休さんという有名なお坊さんがいて、その人が詠んだ歌に「正月や、冥土の旅の一里塚、めでたくもあり、めでたくもなし」という有名な歌があるんです。頓知といえば頓知ですが、非常に皮肉な人間の存在を裏返しした痛烈な歌です。

環境問題がいろんな形で問題になっていますけども、昨年の暮れのバリ島での会議の成り行きを眺めても、アメリカは相変わらずごねて、数値の標準を構えることは反対。日本もなぜかその片棒を担いでヨーロッパからひんしゅく買って帰ってきた。

世界で起こっている現象を眺めますと、かなり際どい所まで人類の存在の舞台である地球がきたという感じがします。山本さんという東大教授が編集した『1秒の世界』という本があった。この地球で1秒間に何が起こってるかということを克明に調べて書いてあるんです。例えば1秒間にテニスコート20面分くらいの原生林がなくなっていく。1秒間に人間は2人増えている。ところが1秒間に0・4人の人が餓死している。ということは5秒間に2人の人間が餓死しているという状況が、天候の異変の結果、到来しているんです。

東京は東京なりに日本を預かる首都として業界にも協力してもらって皆さんも頑張って、他のセクターがやってない努力をしてきたし、空気もだいぶきれいになった。しかしやってみて非常に難しい、空しい気がしますね。一体どこまで食い止められるか。

この間、首都大学東京の西澤学長が日本の会長となっている工業の先端技術の国際会議がありました。あの会議が始まる前に、いまの経産省が、物々しすぎるからこの国際会議を環境問題にするなという茶々を入れてきた。一体誰に対する忠義立てなのか。しかも日本側の発表する論文内容を見せろと。見せたら「ここが行き過ぎだから困る」と言ってきた。一種の言論統制でしょ。こういうことを国家の官僚は、問題にかまけてやってくる。彼らにしてみればロイヤリティーかもしれないが、誰に対する誠意なんですか。

私は水俣の問題を思い出しました。あの時、国家の不作為というものがいかに悲劇を大きくするかをしみじみ感じた。これは本当に恐ろしいですよ。東京におけるぜん息の訴訟が続いていましたが、とにかく控訴しないことに決めて、当時、安倍総理大臣も説得して政府も態度を決めたんです。考えてみると我々がこういう大きな仕事を預かっているときに、大きな世の中の流れ、文明の流れというものを掌握していないと大きな舵取りを誤るんだなと感じました。

「CO2削減、つまり節電の義務化をすることで条例化すると企業が反対します。オリンピックに金出さなくなりますよ」と、そうかもしれない。それを覚悟でやるかやらないかの問題なんだ。経済界に立派な人もいるし、説得はします。そこで議論もします。けれど我々が考えている責任の所在がどこにあるか、責任を遂行するのは私たち自身だけど、何に対する、誰に対するどういう責任を負うかということを考えないと、結局、ちまちま自分の目の前5㍍しか考えないようになる。

オリンピックやって感じたけれど、ダメだね、都庁はまた本当にライン化しちゃった。隣の課、隣の局がやっていることに「うちは関係あるんじゃないですか」と話してもらいたい。ちょっと気付けば出来ることを、皆、知らん顔をしている。そういう点でまた硬直してきた。環境問題といくつか絡めてラッピングバスとかの問題があった。無駄なことを2回も3回もやって、一緒に重ねるともっと効果があるのに、三つまたいだ局なり部が「一緒にこれやりましょう」みたいなアイデアが出てこない。これは怠慢ですよ。自分の仕事だけ守っていけば良い訳ではないのだから。

「10年先の東京」というワンディケード先の東京のイメージづくりをし、実現していくため向こう3年間何をするのかという実行プログラムを作りました。こういった問題も、縦横無尽、前後左右に関わりがある。我々が作った東京のイメージが現実のものとなっていくため、自分の座っているイスをまたいで、隣の机まででかけていって話をするという習慣をつけてもらわないと。折角、これだけの人材が集まっているのだから。

私は東京都の役人は非常に優秀だと思う。国の役人よりもずっと利口な人がいる。私たちは、れっきとした現場を持っていますから、それが我々の強み。外環の凍結解除の時か、羽田の4番目の滑走路を作る時だったか、共同記者会見したいというので行きましたら、国の5、6人いる局長が書類積んでいた。「それがお前たちの現実だろう。お前らの現場はペーパーだろ。俺たちは肌で知っている。自分で歩いて知っているから紙1枚で済む。紙をそんなに積んで何になるんだ」と話したけれども、そういう点で国の役人よりはるかにアドバンテージ持っている。それを自覚してもらいたい。

猪瀬さんが言い出したことだが、夕張がピンチになり、惨憺な状況なので、東京のホットショット（積極的で有能な人）、昇任試験に合格したばかりの若い20代の職員が応募してくれたので送りました。彼らが素晴らしい体験をして帰ってくると思うけれど、それを皆さんがまた受け止めて、どうだったと聞きながら、咀嚼してやらないと、皆さんの仕事がふくらんでこない。そういう基本的スタンスを作り直していただかないといけない。

オリンピックは福岡に勝って、東京が日本の代表になって時間が経ちました。東京も今までやったことのない仕事ですから、皆、おたおたしているけれど、やりかけたからには今年もファイルを出すわけで、戦い進んで勝たなくちゃいけない。今までの推移の中で、どうしてこんなこと気が付かなかったのかということがたくさんあった。ちょっと聞き足してもらいたい。隣のテーブルで何をやっているのかのぞいてみて、それならうちと関係あると話をする。随分、物事の効率化が図れると思うから。新年からちょっと苦情になりますが、折角の年の初めですから、世界の厄介な動きの流れの中で、私たちどれだけ効率のいいことができるか考えてやろうじゃないですか。

ポーカーでは結局、現金を持っている人間が勝つ。チップが上がると、もっていない人間は降りる。今の世界の状況はそうです。アメリカが金を持っていて、その金融力に任せて、世界を牛耳っている。非常に悪いマネーゲームを世界も受け入れて、そういうものに日本中が慣れてないのでバタバタやられている。これは非常に不健全な悪い傾向だと思う。例えば新資本主義、市場原理主義というのは、もう統制の手を離れて勝手なことになってしまい、結局、キャッシュを持っていない人間はどんどん降りることになってしまった。

こういった傾向を東京は東京なりに受け止めてどうするか。色々問題が派生して出てきますが、自分の座っているイス、自分の担当している仕事だけではなく、その視点から周りを眺めてみると、また色々な新しい多岐にわたる発想が出てくる。

宇宙物理学者は、今の温暖化現象というのは、これからやってくる第5氷河期の前触れでしかないというけれど、宇宙物理学のサイクルから言って、氷河期がくるのは1万年先。1万年先のことを言い訳にして今を見逃したらとんでもないことになる。物事を長いスパンで考えないと、現実を取り逃がす。そういう時代になったということを皆さん考えて、お互いがんばりましょう。よろしくお願いします。

「自分の仕事だけ守っていけば良い訳ではない」。組織を跨いだ仕事を求める石原知事。

都総務局

OJT指針を策定

「受け手」の責務も明確化

都総務局は、職場での日常的な職務遂行を通じて行うOJT（On the Job Training）を強化するため、「東京都職員OJT指針」と「OJTハンドブック」を作成した。都では2006年3月に策定した「職員人材育成基本方針」で、OJTを人材育成の基本に位置づけている。指針は、OJTの実効性を高めるため、重要性や取り組み姿勢を職員一人ひとりに認識してもらうことがねらいだ。またハンドブックは、各職場でOJTを実践する際のガイドブックとなるもので、基本的な考え方や取り組み方法、ノウハウ、留意点などを記載。係長級以上の全職員に配布する。

ハンドブックでポイント解説

■□「受け手」の責務も

都では、06年12月に管理職候補者に対するOJT指針を策定したが、全職員を対象にした包括的な指針は初となる。指針の特徴の一つが、管理監督者などOJTを行う側のみならず、受ける側の責務も明確にした点だ。

「自ら成長する意識を持ち、成長目標の達成に向けて知識・ノウハウなどの修得に積極的に取り組むこと」を求めている。

また、行う側は「職員が潜在的に持つ能力を引き出し、その向上を図る」ことや、「各職員の能力や適性、意向等を十分に踏まえ、成長目標を見据えた計画的な育成」に取り組むことが責務となる。

都が05年度に行った職員アンケートでは、OJTの指導育成が定着しているかについて、半数が否定的な回答を寄せた。都総務局人事課は「OJTを根付かせるためには、行う側の意識とともに、受ける側にも積極的な姿勢で受けてもらうことが必要」と話す。

■□責任者を設置

もう一つの特徴が、責任者の設置だ。本庁各部および2級事業所単位にOJT推進のリーダーとなる「OJT推進責任者」を設置するとし、各部・事業所の人事担当課長が担うとした。

「これまでのOJTは、上司と部下の個々の関係に任せていた面があるが、実効性を高めるには責任者を置いて進行管理を行うことが必要」（総務局人事課）との考えだ。

加えて、職場内の役割も明確化。例えばOJT推進責任者は、OJTが継続的に実施される「風土づくり」に努めることとした。職場内のOJT実施状況を常に把握し、不足・不適切な状況にある職場の管理監督者に対して支援・アドバイスを行う。

また、管理者はOJTを行う当事者としてOJT推進のための環境づくりや監督者の指導を、監督者は、中核的当事者として管理者等と連携し、OJT推進の環境作りに努める。

さらに受け手の職員には、知識やノウハウの修得とともに、後輩にOJTを行う当事者としての取り組みも求めた。特に主任級の職員は係長候補でもあることから、OJTの担い手・受けて双方の立場から積極的な取り組みを求めている。

■□実施者を評価

OJTを効果的に行うには、実践を踏まえて次につなげることが重要となるため、実践状況の記録・確認にも言及。OJTを行う側は、現在も受け手の職員の取り組み状況を評定へ反映するなど行っているが、新たに受け手にも、所属課長や係長などの取り組み状況について、「自己申告書」に意見を記入するよう求めた。

「OJTをこう改善して欲しい」などの声を受け手側から吸い上げ、フィードバックする考えだ。

■□一つ上の目標設定

指針に基づいて策定したハンドブックでは、OJTの意義や重要性を示すとともに、効果的に進めるための留意点を提示した。

例えば、OJTを行う際は、業務に求められる能力と職員が持つ能力とのギャップを把握。目標は高すぎず低すぎず、「頑張ればできそうな」ワンランク上に設定し、達成感をさらなる向上心へとつなげるなどとした。

OJTを計画的に進める際のツールとなる「OJTシート」の参考例も掲載。異動時に引き継ぐことで継続的なOJTが可能になる。

また、職場で実践する際の留意点では、仕事の任せ方やほめ方、叱り方など指導方法のほか、年齢や経験、職員の性格、職場状況などに応じた留意点をポイントごとに示した。巻末には各局の先進的な取り組み事例なども載せている。

ハンドブックは、一つのテーマが長くならないよう、見開きを基本に構成し、OJTに関するマメ知識や民間企業での取り組みなどをつづったコラムを盛り込むなど工夫も凝らしている。

職員研修所では「報告書風ではなく、興味を持ってもらえるよう工夫した。手元においてOJTに役立てて欲しい」と話す。2月下旬には係長級以上の全職員に配布する予定だ。

1月1日から変わりました

休憩時間と子どもの看護休暇

休憩時間は12時開始

都職員の「休憩時間」と「子どもの看護休暇」がそれぞれ1月1日から変わった。休憩時間は昨年労使交渉で合意した休息・休憩時間見直しに伴うもので、原則45分とした。子どもの看護休暇では、対象年齢を小学校就学前から小学校3年生までに引き上げている。

休息時間の廃止により、休憩時間は原則45分、新宿本庁舎勤務の職員は例外で1時間となった。知事部局の場合、休憩時間は12時から開始され、新宿本庁舎は13時、それ以外の事業所は12時45分までとなる。

従来は12時から12時15分までが休息時間、12時15分から13時までが休憩時間であり、当初提案では12時15分からの休憩時間開始が打ち出されていたが、「民間企業の昼休みも12時スタートが一般的で、15分の遅れで昼食難民となる」など懸念もあり、12時開始で統一した。

新宿本庁舎では休憩時間が45分から1時間に延びたため、15分勤務時間が後ろにずれ込み、新宿本庁舎勤務のB班であれば、勤務時間は9時から18時となる。今回の見直しに併せて、庁舎1階正面出入り口の閉鎖時間も18時30分から18時45分に変更された。

また交替制勤務等職員は、今回の休息・休憩時間見直しの対象外だが、休憩の一斉付与を原則とするため、休憩時間は12時開始とし、休息時間を11時45分からと前倒しした。

さらに窓口型職員については、職場実態に応じ、原則の休憩時間に合わせて既存の午前休憩型に「12時から12時45分」「12時45分から13時30分」という午後休憩型を追加。事業所単位で午前型あるいは午後型を採用する仕組みとした。

休憩時間に関しては、新宿本庁舎勤務の場合でも、育児や看護等の事情がある場合には、業務に支障がない限り、申請により45分とすることができる。

具体的には小学校就学前の子の養育、小学校就学の子の送迎、要介護者の介護、妊娠中の女性職員、定期的な通院、出退勤時の交通機関の利用時間が30分以上短縮されるなどのケースが該当。また今年度限りの措置として、大学通学者でカリキュラム変更ができない場合も挙げている。

一方、子どもの看護休暇は、看護の対象となる子どもの年齢を「小学校就学の始期に達するまでの子」から「9歳に達する日以降の最初の3月31日までの間にある子」と見直した。「幼稚園児や保育園児と違わない小学校1年生を家で寝かしつけておけるか」など看護の実情に配慮し、「小学校3年生まで」で線引きした形だ。

国は従前の都と同様、「小学校就学前」を対象としているが、他団体を見ると、道府県レベルでは昨年8月時点で「小学校6年生まで」が25団体と最も多く、「中学校3年生まで」の自治体も複数あった。また政令市では、見直し後の都と同じく「小学校3年生まで」が最多の8団体に上っている。都では、こうした他団体の動向に加えて、「ワークライフバランス」の視点等も考慮しながら、対象年齢の引き上げを判断した。

勤務時間（B班のケース）

区分	9:00	12:00	12:15	12:45	13:00	17:45	18:00
従前	勤務	休息（12:00～12:15）	休憩（12:15～13:00）		勤務	休息 / 終業17:45	
見直し後 新宿本庁舎以外	勤務	休憩（12:00～12:45）		勤務		終業17:45	
見直し後 新宿本庁舎	勤務	休憩（12:00～13:00）			勤務		終業18:00

6年ぶりに組織率上昇

都内の労働組合

都産業労働局はこのほど「労働組合基礎調査」（国統計）の東京都分について結果を取りまとめた。調査結果によると、昨年6月30日現在の都内の労働組合数は、前年比47減の7881組合となったが、組合員数は2年連続増の205万5521人にのぼった。労働組合の組織率は26・3％で01年以来6年ぶりに上昇した。

また都は独自に「団塊世代の退職と労働組合に関する調査」も実施。同調査では、団塊世代が退職しても財政面や活動面で「変わらない」と回答した労働組合が全体の63・1％に達するなど、比較的影響が少ないと見ていることも明らかとなった。

都内の年男・年女は105万人

都総務局はこのほど08年の「東京都の年男・年女人口」（推計）を公表した。推計結果をみると、都内の子（ね）年生まれは105万人、うち年男が52万1000人、年女は52万9000人、総人口に占める割合は8・4％だった。十二支別でみると亥年、戌年、丑年に続き、未年と並んで4番目に多い。

あわせて発表した「新成人人口」（推計）によると、都内の新成人は12万4000人で93年から16年連続で減少傾向にあり、過去最少を更新した。

昇任試験対策のページ

今回も、前回に引き続き、憲法に関する問題と解説を掲載します。

憲法②

問題

【問題4】

憲法に定める精神的自由に関する記述として、妥当なのはどれか。

① 民法上の名誉回復処分として、加害者に謝罪広告の掲載を命ずることは、加害者の倫理的な意思・良心の自由を侵害するものである。

② 小学校の増改築のため、市が遺族会所有の忠魂碑を別の市有地に移転・再建し、市有地を無償使用させることは、目的が宗教的意義を持つことから、信教の自由に反する。

③ 仮処分による出版物の頒布等の事前差し止めは検閲に当たり、いかなる場合にも違憲であり認められない。

④ 信教の自由の保障は、他者の宗教上の行為に対し、それが自己の信教の自由を妨害するものでない限り、寛容であることを要請している。

⑤ 県が靖国神社と護国神社に玉串料を奉納することは、目的が宗教的意義を持つとはいえず、信教の自由に反しない。

【問題5】

憲法に定める経済的自由に関する記述として、妥当なのはどれか。

① 居住・移転の自由は、日本国民には当然に保障されるが、外国人には保障されない。

② 経済活動の自由は、一定の積極的な規制措置に服するが、小売市場の許可規制は、目的及び手段において合理性を欠き、憲法に違反する。

③ 薬事法による薬局等の適正配置規制は、よりゆるやかな手段によっては、その目的が達せられないと認められるため、憲法に違反しない。

④ 憲法で居住・移転の自由が定められているが、外国人の日本国への入国については保障されるものではなく、外国人の入国拒否については国家の自由裁量により決定しうる。

⑤ 公衆浴場の適正配置を経営許可条件の一つとして挙げることは、公共の福祉のために必要な限度を超え、憲法に違反する。

【問題6】

憲法に定める社会権に関する記述として、妥当なのはどれか。

① 教育を受ける権利が保障されていることから、国は教育制度を維持し、教育条件を整備する義務を負うが、教育内容を決定することまではできない。

② 義務教育を無償とする規定は国の政策目標を定めたものであり、具体的な無償の範囲は法律によって具体化されることから、立法措置により義務教育における教科書代や授業料を徴収することができる。

③ 憲法第28条で労働基本権が定められているが、これは、勤労者の労働基本権を保障・尊重する義務について、国に負わせるだけでなく、使用者にも負わせるものである。

④ 新しい人権として、健康で快適な生活を維持するため、大気、水、日照などの良い環境を享受するという「環境権」が憲法第13条及び第25条を根拠として提唱されており、最高裁において認められた例がある。

⑤ 憲法第25条第1項は、すべての国民が健康で文化的な最低限度の生活を営む具体的請求権を認めたものであるが、その具体的な内容については立法府の裁量に委ねられていると解される。

【問題7】

憲法に定める内閣に関する記述として、妥当なのはどれか。

① 内閣は、最高裁判所の長たる裁判官を任命するに当たっては、事前に国会の承認を得なければならない。

② 内閣は、予備費の支出に当たっては、事前に国会の承認を得なければならない。

③ 内閣は、条約の締結に当たっては、必ず事前に国会の承認を得なければならない。

④ 内閣は、憲法及び法律の規定を実施するため、法律の委任の有無に関わらず、罰則を含む政令を制定できる。

⑤ 総辞職をした内閣は、あらたに内閣総理大臣が任命されるまで、引き続きその職務を行う。

解説

【解説4】

① 誤り。謝罪広告が単に事態の真相を告白し陳謝の意を表明するにとどまる限り、意思・良心の自由を侵害するものではない。(最大判昭和31年7月4日)

② 誤り。忠魂碑は戦没者の慰霊・顕彰のための記念碑で宗教的施設ではなく、遺族会も憲法第20条第1項の「宗教団体」や第89条の「宗教上の組織若しくは団体」ではなく、違憲ではない。(最判平成5年2月16日)

③ 誤り。出版物の頒布等の事前差し止めは検閲には当たらず、事前抑制の一形態であり、厳格かつ明確な要件のもとにおいてのみ許容される。(最判昭和61年6月11日)

④ 正しい。(最大判昭和63年6月1日)

⑤ 誤り。玉串料の奉納は、社会的儀礼とはいえず、目的が宗教的意義を有することは免れないため、宗教的活動に当たる。(最大判平成9年4月2日)

正答④

【解説5】

① 誤り。居住・移転の自由は、日本国民の場合であっても、一定の場合に制限を受ける。例えば、伝染病予防法による強制隔離などの場合である。また、外国人にも、居住・移転の自由の保障は及ぶ。

② 誤り。小売市場の許可規制は、中小企業保護のための措置であり、目的及び手段に一応の合理性が認められることから、憲法第22条第1項に違反しない。(最大判昭和47年11月22日)

③ 誤り。薬局等の適正配置規制の目的は、よりゆるやかな手段によって達成できることから、憲法第22条第1項に違反する。(最大判昭和50年4月30日)

④ 正しい。国際法上、国家が自己の安全と福祉に危害を及ぼすおそれのある外国人の入国を拒否することは、当該国家の主権的権利に属する。(最大判昭和32年6月19日)

⑤ 誤り。国民保健・環境衛生の観点から、公衆浴場の適正配置を経営条件の一つとして挙げることは、憲法第22条第1項に違反しない。(最大判昭和30年1月26日)

正答④

【解説6】

① 誤り。全国的に一定の教育水準を確保すべき要請が強いことなどから、国は必要かつ相当と認められる範囲において教育内容を決定できる。(最大判昭和51年5月21日)

② 誤り。憲法第26条第2項の「無償」とは、授業料不徴収の意味であると解されており、法律によっても義務教育において授業料を徴収することはできない。(最大判昭和39年2月26日)

③ 正しい。労働基本権の保障は、使用者対勤労者という関係において勤労者の権利を保護することが目的であり、国との関係だけでなく私人間の関係でも直接適用される。使用者は勤労者の労働基本権を尊重すべき義務を負う。

④ 誤り。これまでに、環境権が具体的に最高裁で認められた例はない。

⑤ 誤り。憲法第25条第1項は、国民の生存を確保するように国政を運営すべきことを国の責務として宣言したにとどまり、個々の国民に具体的権利を付与したものではない。(最大判昭和42年5月24日)

正答③

【解説7】

① 誤り。最高裁判所の長たる裁判官は、内閣の指名に基づき、天皇が任命する。また、指名に当たって、国会の承認を得る必要はない。(憲法第6条第2項)

② 誤り。事後に国会の承諾を得なければならない。(憲法第87条第2項)

③ 誤り。条約締結についての国会の承認は、事前に得ることが必要だが、時宜によっては事後に得ることも許されている。(憲法第73条第3号)

④ 誤り。政令には、特に法律の委任がある場合を除いては、罰則を設けることができない。(憲法第73条第6号)

⑤ 正しい。具体的な職務としては、天皇による新内閣総理大臣任命についての助言と承認が挙げられる。(憲法第71条)

正答⑤

20年度 主任・係長 論文講座 ★14★

都主任選考

課題整理・職場③

はじめに

新年おめでとうございます。

年が改まって、試験まであと9カ月となりました。まだ時間はありますが、論文試験の準備は、日頃の仕事における課題解決にもつながっていくものですから、今の時期は、課題の整理に重点を置いて、計画的に準備を進めていきましょう。

前回は、四つの論点から、課題の整理方法について確認してきました。

今回は、課題整理の具体的な作業について、みていきます。

課題整理の参考例

課題整理の事例として、課題整理一覧表(別表)を作成しました。多くの職場に共通して当てはまりそうな一般的な問題点や解決策を挙げているため、抽象的な表現にとどまっていますが、課題整理のイメージとして参考にしてください。

たとえば、①では「非効率な事務の執行」を問題点に取り上げています。仕事がマンネリ化していて、経費の節減も進まず、都民からのさらなる依頼にも対応できない状況が職場にあると仮定します。

このような問題点を挙げたら、何が原因を考えてみます。たとえば、職場に一人一台PCが導入されても、それまでの仕事のやり方が全く変わっていなければ、ワープロがPCに替わっただけで、何の業務改善にもならずに、効率性は向上しません。また、これまで職場で対応してきた事例の蓄積がきちんとされていなければ、類似の案件が発生したときも、また同じ手間をかけることになってしまい、新たな課題に対応できる余裕がなくなってしまうでしょう。

次に、これに対する具体的な解決策を検討します。ITを活かして、日常の仕事のプロセスをもっと変えられないのか考えてみる必要があります。また、過去の対応事例を電子情報化して、職員誰もが容易に検索できるように管理しておくべきでしょう。

最後に、この解決策が初めに挙げた問題点にきちんと呼応しているかどうか確認しておきましょう。

こういった作業を、皆さんの職場の問題について、整理してみましょう。職場の実情に応じて、もっと具体的な原因や解決策が提示できるよう、じっくり考えてみてください。

問題点指摘のポイント

問題点を挙げる際には、出題に対して、的確な方向から問題をとらえなければなりません。たとえば、表の中では、「①非効率な事務の執行」と「③問題解決能力の向上が不十分」は、相互に関連性があります。個々の職員の問題解決能力が不足しているがゆえに事務が非効率になる場合や、逆に仕事のやり方に非効率な部分があるがゆえに多くの問題を解決できない場合があります。①は仕事の進め方からの切り口で、③は職員の意識からの切り口で、課題の解決策を展開していく違いがあります。

実際に職場の課題を解決するには、様々な面を考慮して、試行錯誤しながら取り組んでいるかもしれませんが、論文試験は、論理構成をしっかり組み立てて、筋道立てて解決策が導き出せるかをみるので、出題者の意図した方向に沿って、問題点をとらえるようにしましょう。

解決策提示のポイント

前々回、出題テーマに沿って、課題を三つ取り上げ、それぞれについて解決策を提示するのがオーソドックスであると紹介しました。その際、課題に対して、原因となる事象はさまざまありますが、解決策を提示するに当たっては、どの原因を克服する解決策なのかが、はっきり分かるようにしなければなりません。たとえば、表の事例では「②職場内での情報共有が不十分」の原因として、「情報共有の仕組みの未整備」「職員間のコミュニケーション不足」及び「縦割りの事務分担体制」を挙げておきましたが、それぞれの原因に即した解決策を指摘しなくてはなりません。

また、解決策を提示する際には、その解決策が荒唐無稽なものではなく、あなたが主任として取り組めること、または組織の一員として解決策に参画できることを掲げ、自ら進んで取り組んでいく決意があることを示すことが重要です。また、その解決策を講じることで、具体的にどのような効果があるかも、論文ではあわせて示していくべきです。なぜなら、あなたが主任となって、解決策を上司に提案するとき、「この方法をとると、具体的にこのような効果があります」と自分の案のメリットをあわせて示すはずです。試験で問われているのは、主任となってからの問題への対応能力です。現実性のある解決策を具体的に提示しましょう。

課題整理の使い方

以上のとおり課題の整理を行った上で、次に論文の構成であるレジュメを作成することになります。レジュメには整理した課題の中から、想定した出題に沿って三つの問題点を選んで、対応する解決策を盛り込むのが一般的です。

出題の予想は、過去の例を参考に行いますが、予想される主な論点は先に述べたとおり、①事務の効率化②職員の能力育成③職場の活性化④都民との関係、の4点です。これ以外の論点が出題されたとしても、①から④のいずれかに関係するものだと思います。関係の深い論点をもとにして、解決策までの軸を立て直せば、対応は可能です。

問題点を3点選択するにあたっては、できるだけ異なった視点からみた問題を選ぶようにしましょう。たとえば、「職場の活性化」という出題であれば、表で掲げた「①非効率的な事務の執行」「②職場内での情報共有が不十分」「③問題解決能力の向上が不十分」の三つを取り上げられますが、仕事の進め方、職場の体制、職員の意識、と多方面から問題解決のためのアプローチができます。ただし、出題が、職員の意識改革という面からのアプローチを求めているものであれば、意識改革ができない原因から、その根底にある問題点をあぶり出して、それを三つ取り上げるようにします。

課題整理一覧表を作って、弊害、原因、解決策を整理しておけば、出題に応じて、臨機応変に組み立て直すことが可能です。大事なことは、自分の職場の問題を考えて、自分の言葉で一覧表を作っていくことです。

おわりに

これまで3回にわたり、主任論文の課題整理について解説してきました。繰り返しになりますが、主任論文で問われているのは、単なる試験対策ではなく、職務への取り組みそのものです。日ごろの職務において、問題意識をきちんともって、それに対して理路整然とした解決策を出して、上司に提案していくことが、そのまま試験対策につながります。その上で、上司や先輩のアドバイスを受けながら文章表現能力を磨いていくようにしてください。

単に言葉を飾っただけの答案は、採点者にもはっきり分かります。ぜひ、試験勉強を通じて、単に合格切符を得るだけでなく、日ごろの職務に、より前向きになって、活気ある充実した職場づくりに積極的に取り組んでいってください。

課題整理一覧表(例)

問題点	弊害	原因	解決策
①非効率な事務の執行	・経費節減の限界 ・新たな課題への対応の限界	・IT導入にともなう業務プロセス改善の遅れ ・過去の対応事例の蓄積不備	・ITを活用した業務プロセスの見直し ・過去の対応事例を体系化して整理(検索が容易にできるよう電子化)
②職場内での情報共有が不十分	・組織的対応の遅れ ・職員が不在の際の対応ができていない ・重複した作業が発生	・職場内の情報を共有する仕組みの未整備 ・職員間のコミュニケーション不足 ・縦割りの事務分担体制	・職場内の情報を共有する仕組みの未整備 ・職員間のコミュニケーションの不足 ・係内ミーティングにおける進捗状況の確認 ・正担当のほか副担当の明確化 ・課題別の係横断チームでの対応
③問題解決能力の向上が不十分	・新たな課題への対応の限界 ・前例踏襲に陥りがち ・モラールの低下	・新たな課題に対する関心の低下 ・職員提案が活かされない職場環境	・研修受講・自己啓発活動の奨励 ・新任職員に対する先輩職員(主任)のフォロー ・係内ミーティングにおける改善提案の募集、発表会の実施

20年度 教育管理職への 道しるべ <18>

地方公務員法②

問題

【問題4】

地方公務員法に定める不服申し立てに関する記述として、正しいものはどれか。

① 不服申し立てをすることができる処分に関する取り消しの訴えは、不服申し立てに対する判定を経た後でなければならず、これを経なければ、いかなる場合も取り消しの訴えを提起することはできない。

② 不服申し立ては、職員が不利益処分を受けたことを知った日の翌日から起算して1年を経過したときはすることができない。

③ 不服申し立ての審査では、処分を受けた職員から請求があれば口頭審理を行う。

④ 不服申し立ての審査における口頭審理は、必ず公開して行わなければならない。

⑤ 定期昇給が行われなかった場合は不利益処分であり、不服申し立ての対象となる。

【問題5】

職員の勤務時間、休暇等に関する記述として、正しいものはどれか。

① 任命権者は、職員が年次有給休暇を請求した場合には、その請求された時季に与えなければならないが、職務遂行上支障がある場合には他の時季に変更することができる。

② 国民の祝日に関する法律に基づく休日は、労働基準法上必要な休日ではないから、この日に勤務を命じても休日勤務手当を支給する必要はない。

③ 職員の給与、勤務時間その他の勤務条件は条例で定めるが、給与以外の勤務条件は、条例の委任があれば、任命権者と職員団体との間の書面協定により定めることができる。

④ 1日の勤務時間が4時間を超え8時間以内のときは45分の休憩時間を一斉に与える必要がある。

⑤ 国民の祝日に関する法律に基づく休日に職員を勤務させる場合には、週休日の振り替えの措置を行う。

【問題6】

地方公務員の政治的行為の制限に関する記述として、正しいものはどれか。

① 職員団体が政治的目的を持つことは禁止されていないから、職員が職員団体の行動の一環として政治的行為を行うことは許される。

② 職員が地公法で禁止されている政治的行為を行った場合、刑罰が科される。

③ 職員の政治的行為が制限される理由の一つは、職員を政治的影響から保護して、その身分を保障することにある。

④ 公立学校の教育公務員は、地方公務員法の政治的行為の規定は適用されないが、制限されている行為は他の地方公務員と同内容である。

⑤ 政党に寄付金等を与える行為も、禁止される政治的行為の範囲に含まれる。

【問題7】

職員の義務に関する記述として、正しいものはどれか。

① 争議行為の禁止に反して争議行為を行うと、刑罰の対象となる。

② 職員団体がその主張を貫徹することを目的に宿日直・出張拒否を行うことは争議行為に当たる。

③ 職員が争議行為に参加したとしても、給与を請求する権利は奪われることはない。

④ 怠業的行為(サボタージュ)を行った職員は服務義務違反であり、分限処分の対象となる。

⑤ 正当な争議行為に伴って生じた賠償責任については、民間労働者と同様に民事上の免責を受ける。

【問題8】

地方公務員の任用に関する記述として、正しいものはどれか。

① 競争試験は成績主義の原則を厳格に達成する方法であるのに対し、選考はこれを緩和した方法である。

② 成績主義の原則は、任用のうち採用と昇任に適用されるが、公務員には身分保障があるから、降任には適用されない。

③ 任用の種類には、採用、昇任、後任、転任、兼職、兼務、併任、充て職、出向などがあり、必要に応じて適宜使うことができる。

④ 職員の任用は、受験成績、勤務成績その他の能力の実証に基づいて行うという成績主義によらなければならない。これは、行政の能率を確保するとともに、職員の身分を保障するものである。

⑤ 採用及び昇任は、いずれの職についても必ず競争試験により行わなければならない。

【問題9】

職員の給与に関する記述として、正しいものはどれか。

① 職員の給与は、委任状を持った受任者に一括して支払うことができる。

② 職員の給与には、給料のほか期末手当、勤勉手当などが含まれるが、扶養家族の存在を要件とする扶養手当や家賃支払の補てんを目的とする住居手当は含まれない。

③ 給与は通貨で、直接職員に、その全額を支払わなければならないが、一般の職員については、これらのすべてについて、法律または条例で定めることにより特例を認めることができる。

④ 給与は、毎月1回以上、一定の期日を定めて支払わなければならないが、法律または条例でその例外を定めることができる。

⑤ 職員の給与は、その職務と責任に応ずるものでなければならず、給与額の決定に当たっては生計費は考慮してはならない。

解説

【解説4】

① 誤り。地公法第51条の2は「訴願前置主義」をとるが、不服申し立てのあった日から3カ月を経過しても採決または決定のない場合等については、採決または決定を経ないで取り消しの訴えを提起することができる。

② 誤り。不服申し立ては、処分のあったことを知った日の翌日から起算して60日以内にしなければならず、処分のあった日の翌日から起算して1年を経過したときはすることができない。

③ 正しい。地公法第50条第1項。

④ 誤り。処分を受けた職員から請求があったとき公開により行われる。

⑤ 誤り。具体的な処分ではなく、対象とされない。昭29・7・19行政実例。

【解説5】

① 正しい。

② 誤り。労働基準法の休日ではないが、国家公務員法の一般職の場合に準拠して、休日勤務手当を支給する旨が定められている。

③ 誤り。職員の給与、勤務時間その他の勤務条件は条例で定めることとされており、例外はない。

④ 誤り。労働基準法、条例により休憩時間は6時間を超え8時間以内の場合45分与えることとされている。

⑤ 誤り。休日勤務には代休を指定する。学校職員勤務時間条例等の解釈・運用13。

【解説6】

① 誤り。職員団体が副次的に政治的目的を持つことは地公法の関与するところではないが、そうであっても職員がその行動の一環として政治的行為を行うことが許されるわけではない。

② 誤り。政治的行為の禁止(地公法第36条)は、罰則(第60、61条)の対象外。

③ 正しい。

④ 誤り。他の地方公務員よりも制限されている。

⑤ 誤り。単に寄付金を与える行為は含まれない。(昭26・3・19通知)。

【解説7】

① 誤り。争議行為そのものは罰則の対象ではなく、共謀、そそのかし等が罰せられる。

② 正しい。

③ 誤り。違反者は、「雇用上の権利をもって対抗することができなくなる」(地公法第37条)とされ、給与を請求できなくなる場合がある。

④ 誤り。法令等に従う義務、職務専念義務、争議行為等の禁止に反し、懲戒処分の対象である。

⑤ 誤り。争議行為が違法行為として禁止されている以上、これに違反して争議行為等を行った場合には民間労働者のような免責は受けない。

【解説8】

① 誤り。競争試験と選考は、対象が不特定多数か否かという点が異なるに過ぎず、成績主義の原則に基づく点では同じである。

② 誤り。成績主義の原則は、任用のすべてに適用される原則である。

③ 誤り。任用の種類は、採用、昇任、降任、転任の4種類で、他は運用の方法である。

④ 正しい。成績主義は、能力に基づく人事によって能率を確保するとともに、恣意や情実による人事を防ぐことにより職員の身分を保障する。(地公法第15条)

⑤ 誤り。競争試験か選考による。(地公法第17条第1項)

【解説9】

① 誤り。直接本人に全額支払うとされ(地公法第25条第2項)、できない。

② 誤り。記述している手当は、すべて給与の概念に含まれる。

③ 正しい。

④ 誤り。労働基準法の毎月1回以上一定期日払いの原則は、職員にも適用されるが、その例外は認められていない。なお、臨時に支払われる一定の給与は例外とされており、期末・勤勉手当がこれに該当する。

⑤ 誤り。地公法第24条第3項に、職員の給与は生計費を考慮せよと定められている。

緑の夢と現実

篠田　節子

プーケット、と言えば、豪華なホテルがビーチ沿いに並ぶ海のリゾート、というイメージがあるが、内部には意外なほど豊かな森が残されている。

欧米人向けの中級ホテルや安宿の多いカタビーチの一角に、そうした熱帯の森を売りにした宿がある。

森を切り開いて、ゴムや油ヤシのプランテーションが作られ、さらにそれが伐採されてホテルが建つ。そうした場所で、もう一度、ジャングルを再生させた宿だ。

雨期で気温がさほど上がらなかったということもあるが、滞在中、ほとんど冷房を必要としなかったのは、意外だった。

椰子、クワズイモ、フタバガキ、ジンジャー等々、若草色から深緑まで、トーンも質感も様々な緑が、重なり、ひしめき合って、太陽の熱と光を遮っているためだ。同じことはボルネオの熱帯雨林で経験したが、そちらは元は研究用として作られたコテージだ。しかしこちらはすぐ脇を車が通り、土産物屋やレストランが軒を連ね、半裸の観光客が行き来する騒々しい町の真ん中だ。そこに異世界のように熱帯雨林が出現することには驚かされる。

ホテルの敷地は、実感しているほど広くはない。しかし緑のフェンスというのは、石の要塞やコンクリート製の高い塀以上に、その内部を外界から隔て、広々と感じさせるものだ。石もコンクリートもブロックも、物理的な侵入を防ぐ他には、目隠しという機能しかないが、分厚い緑は視野を遮るだけでなく熱気や音、空気そのものも吸収して、その内側にも外側にも、外界とは明らかに質の違う、豊かな空間を作り出す。

実は出発前に、宮脇昭氏の『木を植えよ！』というすこぶるシンプルなタイトルの、示唆に富む本を読んでいた。その中にプーケットの大規模な津波の被害が、海岸部の木々の皆伐によってもたらされたという記述があった。確かに現地に行って、貧弱な並木や豪華ホテルの高い塀がどこまでも伸びる、焼け付くような海岸道路を歩いていると、確かにこれでは、迫り来る水の壁の威力を減衰させることはできなかったはずだ、と納得した。

プーケットのホテルを海側から見たところ（私が立っているところから、右側）

プーケットのホテルのコテージ前の茂み

私が今回滞在したホテルは、高台にあるために被害を受けずに、当時、各国からやってきた報道関係者の宿になったということだったが、建物によってはさほど高いところに建っているわけではない。むしろ海岸部の岩に根を張った木々に守られたのではなかったか、という感じを受けた。

南の島のリゾート地を襲った津波の話は他人事ではない。地震や大規模火災、集中豪雨の要素を付け加えれば、東京の現実に直結してくる。

大火災はコンクリートの構造物で本当に焼け止まるのか。地下遊水池だけで水は治められるのか。

とはいえ、それを自然環境の整備で解決しようとするには、時間も金もかかりすぎる。権利関係も税制も絡む。現実的ではない。

緑の管理は、ごく小さな生け垣一つとっても、金と手間がかかる。

プーケットのホテルの原生林はあくまで観光用だ。熱帯のジャングル体験のために高額の金を払うエコロジー指向の客がいるからこそ、成立する商売で、一都市の緑化事業はそれとは別次元のものだ。

緑化による災害防止は理想ではあるが非現実的だ、というのは、半ば常識になっているが、前述した本で、宮脇氏はこれにも異を唱える。

里山をも含めた緑を管理する手間は、実は人間の用途にしたがって、本来の自然林とは異なる種類の木が植えられているためで、元々の土地の木で構成される林の場合、それほど人手が入らなくても維持が可能になるというくだりには驚いた。

何も大げさなことはいらない。木の種類さえ選べば、建物と建物の隙間にも、マンションの周りにも、森は作れる。自分の庭からでも森造りは始められるという、実践の記録は、説得力に富む。

現実的には様々な問題が生じるだろうが、「問題」の中には人間の奇妙な美意識も含まれるのではなかろうか。

熱帯の島の海岸に、地中海リゾートを再現した木々を植えて「美しい並木」と悦にいる欧米人の感覚もどうかと思うが、暗く殺風景な針葉樹のプランテーションを「美林」と持ち上げ、せっかくの自然林を切り倒して、染井吉野ウン千本を誇る感覚もまた、不可解だ。

美意識といえば、プーケットのホテルで、藪の中からがさがさと音がするので、かき分けて入っていくと、体長2㍍をゆうに超える、細長い緑色の蛇が昼寝していた。思わず、ぎゃっ、と飛び退いたが、同じ宿泊客であるドイツ人のおじさんは、無造作にロープを投げ捨てたような格好で、枝の間にだらしなくひっかかっている蛇を見て、嘆息しながら言ったものだ。

「ああ、今朝ほども、レセプション付近の丘で見たよ。実に美しい」

美しい、って、あんたね、と呆れながら目を凝らせば、確かに緑の地に黒く繊細な縁取りのある細かな鱗がびっしり並ぶ様は、デザイン的にも色彩的にも極めて洗練されている。

「毒は？」

「ない。森の中の蛙や鼠を食べているんだ」

おじさんが、2、3枚写真を撮るうちに、人間の熱い視線に辟易としたように、蛇は再び騒々しい音を立ててどこかに去っていった。相手がハブならこうはいかないだろうが、自分の感覚を見直す良い経験になった。

北浅川の流れ　渓流のある岩場

豊かか貧弱かを問わず、緑あるところには、必ず危険や不快感はつきまとう。

ハブはともかく、マムシくらいなら、我が家の裏手にある北浅川の河川敷にもいる。

少しばかり上流に上った、小学校裏手の河川敷にも、「マムシに注意」の立て札があちこちに立っている。

「子供に注意しろって言ったって無理。ちゃんと駆除したらどうだ」と言う方もいるが、マムシとヤクザを一緒にしてもらっては困る。生態系の中でそれなりの役割を受け持っているものをむやみに駆除していいはずはない。

マムシのいる河原は、東京ではめずらしいくらい自然の水辺が残されているところだ。自然の岩がなかなか面白い景観を作り上げ、くるみやネコヤナギ、ハリエンジュの木が、あちこちに木陰を作っている。水も比較的きれいなので、都心から遊びに来るには絶好の場所だ（ガイドブックには載っていないが）。遊びの要素は無限にあるが、同時に、マムシ、岩場、深くなっている川底、と危険も多い。危険の要素を取り除いてやるより、その種の危険をどうやって避けるか身につけて成長する方が、子供にとっては大切なことのような気もするのだがどうだろう。

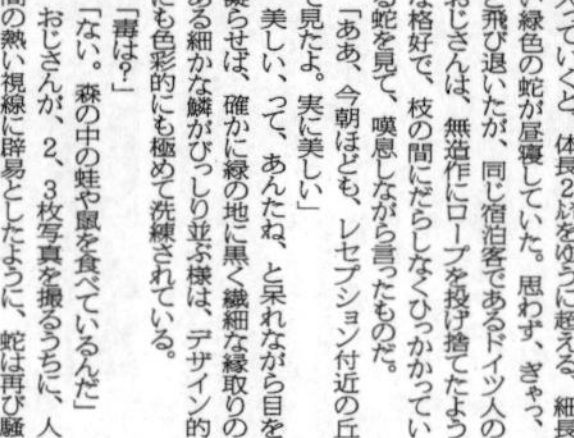
北浅川南側の空き地を横切る用水路

この川の堤防上の小道が、最近アスファルト舗装された。朝に夕に、お年寄りや犬が散歩し、昼間は運動部の生徒がランニングする場所だった。枯れ草を踏む感触は失われ、舗装面の足触りは硬く、夏場は焼けた鉄板のようになる。落ち葉やハリエンジュの白い落花も自然に砕けて地面に同化することがない。

表向きの理由は、駅伝か何かに使うため、というものらしいが、年から年中駅伝大会を行っているわけでもあるまいに、本当のところ目的は何だったのだろうか。

これ以上上流部まで舗装が進まないように、そしてこれ以上、不要な河川公園化工事が行われないように願うばかりだ。

しのだ・せつこ＝1955年東京都生まれ。東京学芸大学学校教育学科卒業。八王子市役所勤務の後、1990年『絹の変容』で集英社小説すばる新人賞受賞、1997年『ゴサインタン』で山本周五郎賞受賞、『女たちのジハード』で直木賞受賞。『弥勒』『秋の花火』『讃歌』など、著書多数。最新作は『純愛小説』（集英社刊）。日本経済新聞夕刊で『薄暮』連載中。

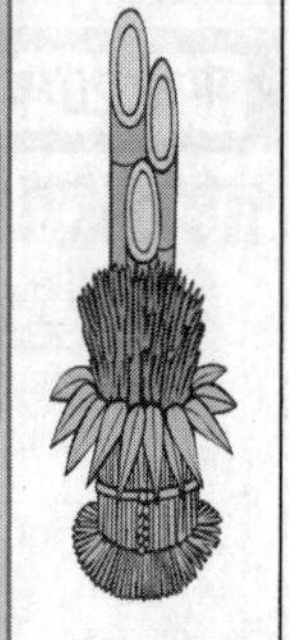

都政新報

発行所　都政新報社
〒160-0023 東京都新宿区西新宿7-23-1 TSビル
(総務・読者)(03)5330-8781
(企画広告)(03)5330-8784
(編集)(03)5330-8786
(出版)(03)5330-8788
(セミナー事業部)(03)5330-9977
(ファクス)(03)5330-8808
郵便振替 00130-2-101470
購読料 月1,680円(税込)
毎週火・金曜日発行
但し、祝祭日は休刊
©都政新報社 2008

紙面から

一般会計 6兆8600億円規模に

08予算・知事査定

都税収入は過去最高更新

攻めと備えのバランス重視

来年度予算編成は8日から10日まで知事査定が行われ、一般会計の予算規模を前年度比2600億円増の6兆8600億円程度とすることが固まった。都税収入は、日本経済の先行きに不透明感が増しているため、伸びが鈍化すると見込んでいる。「10年後の東京」への実行プログラムに基づいて積極的な施策を盛り込む一方、今年度の最終補正予算では法人事業税の見直しによる税収減への対応を重視し、財政運営のバランスをとった。今回の予算編成は新しい編成手法を採用した初年度で、その成果がどこまで出たかも課題となる。予算原案は18日に発表する。

都税収入は5兆5100億円程度を見込む。今年度に続き、来年度も過去最高の税収額を更新する。今年度の当初予算ベースからの伸びは、2000億円程度。今年度の最終補正予算後の税収は5兆4900億円程度で、そこからの伸びは100～200億円程度にとどまる。

米国のサブプライムローン問題の影響や、原油価格の高騰により、景気の先行きに悲観的な見方が広がっている。都税収入は企業業績からの影響が大きいため、今年度の最終的な見込み額からの伸びを慎重に見積もったという。

都財政の将来に対する不安要素として、国による法人事業税の見直しもある。大都市部の税収を地方に再配分することで、09年度分と10年度分を合わせて、6000億円程度の都税の減収につながると見られている。

こうした都財政をめぐる状況を踏まえて、来年度予算案は財政危機を脱した「攻めの予算」と位置づける一方で、今年度最終補正予算案を税収減などの状況変化に対する「備えを行う予算」として編成。両予算を一体で考えることで、攻めと備えのバランスを重視する考え方をとった。

予算規模の伸び率は4%で、4年連続の増加になる。一般歳出も3年連続の増加で、4兆4100億円程度を予定する。一般歳出は、国が横ばいとしているなかで2%程度の伸びとなり、都財政の好調さを印象付けた。特に、投資的経費は7年ぶりに7000億円台を回復し、7200億円程度を計上する。

来年度は昨年末に策定した「10年後の東京」への実行プログラムの初年度となる。同プログラムの事業費としては、一般会計分で3600億円、公営企業会計分で1100億円を充てる。財政再建の成果を都民に還元する観点から、プログラムの各事業を「攻めの予算」の中心に据えた。オリンピック招致に向けた開催準備基金には来年度も1000億円を積み立て、合計額は3000億円とする。

都税収入が伸びを鈍化させつつも堅調となるため、東京富裕論がさらに高まることも予想される。都では、「積み立てた基金なども将来の需要を考えたもので、財政にゆとりがあるわけではない」として、今後の財政需要への備えも重視した。

その一つが、大規模施設の改築・改修の経費で、来年度予算案では計画的な更新のスタートを切るため、620億円を計上する。このほかに、更新期を迎える施設の急増や、財政再建期に大規模な改修を控えていたことの影響を考え、社会資本等整備基金に2500億円を新たに積み立てる。

今回の予算編成は、管理事務費などを各局の「自律的経費」とするなど、新たな編成手法の初年度となった。

各局が自らの責任で歳出削減に努めるとともに、削減した経費を独自に活用できることなどを目指したもので、その成果がどこまで出たかも重要になる。

財政当局では、今回の取り組みについて、「財政危機の時代の感覚が、庁内にまだ強く残っており、新しい編成の考え方が浸透しきらなかった面も出た。ただ、初年度としては、良い経験ができた」と振り返っている。

また、各局の経理担当者からは、「制度的に支出が決まる義務的経費に関するやり取りがなくなったのは、大きな進歩だった。主計部も各局もまだ慣れておらず、従来どおりの編成作業になったところもあったが、自律的経費についても、来年度以降に各局が慣れてくればもっと変わってくるのではないか」という声が聞かれた。

■都財政の推移

予算規模　うち一般歳出

7兆円、6、5、4、3、2、1、0

都税収入

99　00　01　02　03　04　05　06　07　08（年度）

※予算規模、一般歳出はいずれも一般会計当初予算ベース
※都税収入は05年度までが決算額、06年度は決算見込み、07～08年度は当初予算見込み

来年度予算案の査定に臨む石原知事＝8日

「国税化」対策で新基金

最終補正を同時査定

都は8日の知事査定で、07年度の最終補正予算案をまとめ、法人事業税の国税化と地方への移転に備えるため、新たに「法人事業税国税化対策特別基金」を創設することを決めた。

通常の年の知事査定では、初日に新年度予算案のフレームを議論し、最終補正予算案は査定最終日に固めることが多い。今回は、来年度予算案と最終補正予算案を一体で考え、「攻め」と「備え」のバランスを取る観点から、同時に査定した。

法人事業税の国税化による都財政への影響は、09年度に2800億円、10年度に3200億円と見込まれている。先月の第4回定例都議会でも、税収減によって都民への施策に影響が出ないよう、対策を取ることを求める意見が各党から出ていた。

新基金には当面、2185億円を積む。当初予算からの税収増分1900億円のほか、歳出の見直しや歳入確保努力で捻出した。

将来的な税収減への備えという面では、年度間調整を行う財政調整基金と性格が似ている。しかし、「やってはならない不合理な見直し」と反対してきた法人事業税の国税化への考え方を都民にアピールし、一時的な措置で終わらせるためにも、基金を別枠にすることにした。

東京芸術劇場改修に着手

知事査定は2日目から各事業の査定を行い、このうち9日には、文化施設の大規模改修や、障害者雇用の支援策などを議論した。

都立学校の情報コミュニケーション技術（ICT）環境は現在、全国で下から10番目という低い位置にあるため、09年度までにトップレベルに改善する。普通教室へのLAN整備や、教員の研修などを進める。教師の力量向上のため、各大学が設置する教職大学院との連携を強めて中核を担う教員を育成する。

東京芸術劇場は、舞台装置などの老朽化が著しいため、大規模改修に着手する。総工事費は100億円強を予定する。バブル期に整備した文化施設が更新時期を迎えるため、計画的に大規模改修を進めていく。

中小企業振興公社による中小企業向けの支援ファンドを創設する。都の一般会計から180億円、国の独立行政法人からの無利子貸付金20億円を公社に貸し付け、運用益を助成する。地域支援を活用したビジネス開発を支援し、地ビールや地域の伝統野菜による製品開発などを想定している。

障害者雇用の推進のため、教育庁や福祉保健局、産業労働局など、各局が連携して支援を実施する。障害者が職場に定着できる環境整備を重視し、障害者を雇用した企業に国が行う1年間の助成を引き継ぎ、都が単独で2～3年目に補助を新規に実施する。

社説

都政の潮目が変わる中で

石原都政10年目が静かに明けた。知事は、時代をくくる単位として「ワンディケード」という表現を好んで使うが、この言を借りるまでもなく、2008年という年は節目となる。

都議選と2016年夏季オリンピック招致が決まるIOC総会の前年にあたり、それを過ぎたら、名実ともに石原都政は求心力を失う。また、3000億円を超える法人事業税の吸い上げは、2年間の暫定措置と見越して国税化対策特別基金を来年度に新設するが、与野党逆転の国会のもとで2年限りで終わるかどうかは疑問である。景気に陰りが見え、財政面でも厳しさが顕在化する年の始まりになるだろう。

こうした近未来の激動が予想される中で、都政がどう動くか、今年は特に重要な意味を持つ。松尾芭蕉は「不易流行」と言ったが、果敢に変えるべきことと時代を超えて守り抜くべきことがあり、足元を固める上ではこの見極めが大切になる。過去に目を閉ざせば、結局のところ、現在にも盲目になる。石原都政のこの9年間を踏まえて、08年を考えてみたい。

■知事の気力

都政に石原氏が登場してきた時は、強烈なインパクトがあった。国と対等以上という姿勢、そして都職員にはコストとスピードを要求し、施策面でも外形標準課税の導入、ディーゼル車排ガス規制など常に話題性があった。分かりやすい課題を取り上げ、一点突破・全面展開で解決を図る手法は、実行力を示すやり方としても有効だった。

ところが、この2～3年は、知事の気力が明らかに落ちている。発言にも切れがない。時折、事務方の用意したペーパーに対し「俺は、役人のパペットではない」と気位の高い一面を見せるが、人前で話すネタがいつも同じというのでは、仕える都職員の方もガッカリする。

石原都政の前半は、功の方が多い。今、思い起こすと、潮目が変わったのは、05年の都議会百条委員会の頃からだ。浜渦武生副知事がいなくなり、そのせいで知事の気力も減退したのか、それとも時期がたまたま同じだったのか――。考えてみれば「側近政治」というのは、側近がいなくなれば、停滞するのは必然だったのである。

政権の大事な機能が抜け、その後は1期目に見向きもしなかった長期ビジョンの実施をお題目に掲げる都政運営になり、政党との関係においても「存在価値が失われた」と言っていた時代がウソのように自民党に頼る手法になっている。

知事本人もそれに気づいてか、登庁日が少ない自分の片腕となり、分身となって働く「ポスト浜渦」を次期後継含みという触れ込みで民間から副知事に起用したのが3期目の最初の仕事だった。しかし、求心力の維持・回復とはいかず、焦りが伝わってくる。

■忠義立て

知事は仕事始めの4日、都職員への新年あいさつで、実に正しい問いかけをした。環境問題に関連して経済産業省を批判し、「誰に対する忠義立てなんですか」「誰に対する誠意なんですか」と語った。その通りである。自分の問題として置き換える発想があれば、なおもっと良かった。

現下の都政で深刻な課題、たとえば新銀行東京にしても、石原個人への忠誠を都幹部に求めたことが、泥沼に足を踏み入れていった背景にある。高い忠誠心を要求し、この間の知事の人事は実力主義になっていない。実力派を抱えられないのは、要するに石原氏がそういう器だったということだ。いずれにしろ、自民党が楽に都議選を戦えない情勢を考えれば、新銀行東京の処理は第2回定例会までである。これが難しいなら都議選後となる。

新年あいさつなどを聞くと、都政の仕上げとして知事が真価を出そうと、最後にひと頑張りするのは、環境と五輪招致の二つのようだ。CO_2削減の義務化は経済界の反発が強く、都庁内にも「ペナルティーを科すだけの違法性はあるか」と疑問が多い。しかし、かといって温暖化対策で代案が見当たらないのも事実。都民・国民に対する誠意という観点から、チャレンジしてみてはどうかと思う。

五輪招致に関しては「人を育て、緑を守り、都市を躍動させる五輪」というスローガンはもっともな内容だが、招致を実現できるかどうか難しい面がある。招致活動がヒートアップしていく中で、過剰な対応を行わない節度ある行動が重要だ。あとは、知事が北京に行くかどうかである。

都政の本質的な問題とはかけ離れるが、当面の火種は清水谷議員宿舎の建て替えである。参議院と東京都の問題のように見えるが、実相は猪瀬副知事と都議会自民党の話である。地雷を踏んでいないだろうか。

■都庁組織の力

石原都政の限界値も10年目で、かなり見えてきた。過去の潮目の変化が百条委員会なら、未来の潮目は来年夏にやってくる。課題をボトムアップで正していくのは、石原都政らしくないが、知事の個性に頼るだけでは、もはや無理がある。側近政治でも立ち行かない。そうなると、本来の都庁組織の力が問われることになる。課題の一挙解決とはいかないまでも、それなりに納得のいく結束を求めて努力する年でありたい。

ワンディケード

「招致に影響ない」招致委がコメント

IOCからの文書受け

東京オリンピック招致委員会（河野一郎事務総長）は7日、国際オリンピック委員会（IOC）から行動規範の順守を求める文書を受けたことについて、「厳粛に受け止め、従来同様、今後も行動規範の順守に努めつつ、東京招致の成功に向けて努力していきたい」とする河野事務総長のコメントを発表した。「東京招致への影響はないと考えている」としている。

同招致委によると、在リオデジャネイロ総領事館の関係者が昨年12月12月、ブラジルのオリンピック委員会を表敬訪問した際、2014年にブラジルで開かれるサッカーワールドカップについて話題にしたことが行動規範の精神に抵触していると指摘され、18日にIOCから行動規範の順守の徹底を求める文書を受け取った。外務省からは「訪問は友好に行われた」との報告を受けたという。

国民健康保険

収納率2年連続上昇

滞納件数は過去最悪

都福祉保健局は8日、06年度の国民健康保険料の収納率が86・7%となり、2年連続で上昇したと発表した。地域別では、福生市が87・4%で2・25ポイント増、清瀬市が91%で1・68ポイント増えた。主税局OBの徴収専門員による指導・助言などが奏功したとみられる。また、07年度に入り、多重債務者から消費者金融会社への「過払い金」を差し押さえ、回収して直接保険料に充てる取り組みも始めた。

一方、06年度の滞納件数は約5900件で、03年度の2倍近くに増加。区市町村全体で1400億円を超え、過去最悪となった。赤字補填のために一般会計から1230億円が繰り入れられている。同局では「保険者は努力しているが、滞納は少なくない。引き続き、徴収指導を積極的に行いたい」としている。

都福祉保健局

都有地に福祉施設

貸付料減額で整備

都福祉保健局はこのほど、都有地を安く貸し付け、特養老人ホームなどの福祉施設を整備する運営事業者を決めた。事業者は社会福祉法人三篠会（広島市）で、2010年度に特養老人ホームや認知症高齢者グループホームなどを牛込消防署の跡地（新宿区、約1500平方㍍）に開設する。貸付期間は50年で、貸付料の50%を減額する。

都有地を活用した福祉施設としては、「江東区高齢者医療センター」（02年）の例があるが、貸付条件を整えて開設するのは初めて。同局の担当者は「区市町村の意向も見ながら広げていきたい」と話しており、今後、公有地を活用した福祉施設の整備が加速しそうだ。

元旦ジョーク

日本一の税収部隊に支えられ、都の来年度予算編成は強気推移

主税局

「おまかせください、既に所得隠しの研究に着手しています」

23区仕事始め・年頭の訓示

新人区長、独自色で職員に檄

新タワー建設　台東、墨田が言及

2008年の仕事始めとなった1月4日、23区では区長が職員に対して年頭の訓示を行った。昨年4月の統一地方選で初当選した区のうち、文京区の成澤廣修区長は「人口20万人回復大作戦」を表明、江東区の山崎孝明区長は実施計画補正版素案を紹介し「バランス感覚や創造性、機動力や積極性を活かした区民本位の区政運営」を呼びかけるなど、さっそく独自色を打ち出した。また今夏着工となる新タワーの地元では、吉住弘台東区長、山﨑昇墨田区長が新タワー建設に言及した。

■初当選の5人

文京区の成澤区長は、2008年を「分権型社会を構築するための重要な年」と強調。「従来の発想にとらわれず、果敢に職務にチャレンジすることが望まれる。今後は組織の枠を越えた横断的な政策形成も必要とされる。常に社会の動きに敏感であり、適切な判断力を身につけることを期待している」と呼びかけた。

また「年頭にあたり『人口20万人回復大作戦』を新たなミッションに加えたい」と述べ、「すべての施策をこの視点から再検討し、中核都市への基盤を築き、安定した自治体経営を目指したい」と抱負を語った。

江東区の山崎区長は「区政のさらなる発展と区民福祉の向上のため『チーム江東』一体となって、持てる力を最大限に発揮するべく、決意を新たにしたい」と述べた。

また総合実施計画2007補正版素案について紹介し、「江東区政を取り巻く状況は変化を続けており、これらに対応する施策展開においては、実効性とともにバランス感覚や創造性、機動力や積極性を活かした区民本位の区政運営を推進していくことが強く求められている」と強調した。

大田区の松原忠義区長は「羽田空港の第4滑走路建設や京浜急行の連続立体交差事業などのハード面、少子高齢化などのソフト面で大きな変化の時代に直面している。この変化を大田区の飛躍のチャンスにするためには、積極的なチャレンジ精神が必要だ。特に今年は、区政の様々な分野で新しい種子が芽吹く年にしたい」と決意した。

また「大田区役所が変わろうとしているという区民の期待感を強く感じる。皆さんも区民の目線で仕事を見直し、改善すべき点、伸ばすべき点を見つけ、この1年を新たな芽吹きの年にしてほしい」と呼びかけた。

板橋区の坂本健区長は就任2年目の課題として、子育て、教育などの「あたたかい人づくり」、区民との協働による「元気なまちづくり」、公共施設の改築、改修などの「安心・安全」を掲げた。また昨年の職員による不正事件を受けて契約事務の改善も「喫緊の課題」と指摘した。

これらの課題の検討にあたっては、「これまでの既成概念にとらわれない柔軟な発想で幅広い議論をしていただきたい」と要望した。

足立区の近藤やよい区長は「恐れたり諦めたりせずに最高の創造力と想像力を駆使して、足立の新しい時代の担い手になってほしい。そのためにはやる気のある人、力のある人が報われる人事制度や職場環境を整え、風通しの良い、真に協働のパートナーとしてふさわしい自治体を目指していく」と述べた。

■新タワー着工

いよいよ夏に着工を迎える新タワー建設。山崎墨田区長は「タワーが建つことで、我々の仕事上、何が必要となってくるのかという『予見力』を持ってほしい。ハード・ソフトとも課題は山積しているが、新タワーが完成したとき、それぞれの担当職務で自分の業務にどういう関わりがあるのか、何が必要か考えてほしい」と語った。

吉住台東区長は「新タワーを見据えた浅草地域のまちづくり」を課題に掲げ、『にぎわい　いきいき　したまち台東』の実現を目指し、本区のさらなる発展につなげてまいりたい」と決意表明した。

08年、新区長は新たな施策を打ち出せるか（近藤やよい足立区長も年頭のあいさつ＝4日、庁舎ホールで）

千代田区

地球温暖化対策条例が施行

ポスト京都議定書を先取り　20年までにCO_2 25%削減

日本初のCO_2削減対策目標を盛り込んだ千代田区地球温暖化対策条例が昨年12月25日の第2回臨時区議会本会議で付帯決議をつけて可決され、別途定める推進計画を除き、今年1月1日から施行された。

条例は短期目標として、2012年までに京都議定書目標達成計画に定められた業務部門や家庭部門の水準を目指す。また中期目標として、2020年までに区内の二酸化炭素排出量を1990年比で25%の削減を掲げ、EUと同レベル、ポスト京都議定書を先取りした目標を盛り込んだ。

区は低炭素型社会の形成に関する指針を作成。一定規模以上の建物の新築や増改築を行う者に対し、指針に基づいて建物のエネルギー対策を求める。また地域の関係者と協議の上、より高い効果をあげるため集中的な温暖化対策を行う地域を促進地域として指定する。

条例の前文は区内の中学生が作成し、「住んでいる人よりも、仕事や勉強に来る人のほうが多いんだ。だから、区外から来る人にも地球温暖化防止を呼びかけなくてはならないよね」と昼間区民へも温暖化対策を呼びかけている。

同条例は昨年の9月議会に上程されたが、継続審議となり、特別委員会で審議をしていた。

議員提出の付帯決議では、条例の周知徹底や区民や事業者などの責務の十分な説明、国や都、周辺自治体との具体的な施策の連携・協議、条例に基づく推進制度や施策の具体的な内容を定めるにあたり区民や事業者、区議会と十分な協議をつくすこと、区民や事業者などの負担に関して十分な合意形成に努めることなどを求めている。

足　立　区

関係者10人を処分

学力テスト問題事前配布で

足立区は12月27日、04年実施の都の学力テスト問題用紙が事前配布された問題で、行政監察が出した措置意見書に伴い、10人の関係者に訓告などの処分を発表した。

3人を「訓告」、5人を「文書注意」、2人を「口頭注意」とする内容。

事前配布した当事者の前教育指導室長は現在、都の教職員として他の区立中学校校長のため、足立区に措置を行う権限はなく、事故報告に対する都教委の判断も「服務違反は認められない」として受理されなかったため、処分不問に。前教育長は、区が出資する企業に再就職しているが、9月21日以降自主的に出勤自粛を申し出て謹慎しており、区は「実質的に停職3カ月と同等」で「責任を果たしている」と判断。処分対象としなかった。

学力テストに関連する処分としては、すでに前教育委員会事務局次長が文書注意を受けて人事異動になったほか、現教育長は混乱の責任を取り、教育委員と同額（約12万円）程度の自主返上を申し出て決定している。

近藤やよい区長は「区長としての責任については、給与減額など明確にしていきたい」とし、他の不祥事も含めた「職員の不祥事根絶対策懇談会」の意見が年度内に出ることを受け「具体的な形で徹底した不祥事等の防止対策を講じていく」などコメントを出した。

記者席

編成手法の改革に納得!?

○……来年度予算案の知事査定が8日から始まり、記者にも冒頭のやり取りが公開された。査定の初めに、財務局が、今年度から各局の権限を強める新たな予算編成手法を導入したことを説明すると、知事からは、どういう風に変わったのかという趣旨の質問が出た。

財務局幹部の説明は、「これまでは、主計部の査定が非常に厳しいので、各局が本当はこの事業は必要ないと思っていても、とりあえず出しておくというようなこともあったのではないか。それを自分たちで考えられるようにしたい」というもの。なかなか率直で分かりやすい説明で、知事や副知事らも顔を見合わせて、笑みが見られた。

○……新宿区の中山弘子区長は4日の新年部課所長会のあいさつで、都が設置した自治制度懇談会と、区長会が設置した特別区制度調査会の報告に触れた。

中山区長は「私は、区が目指す自治体としての方向性について、この相反する二つの考え方をもとに、今後様々な機会を捉えて区民に自治のあり方について問いかけていきたい。そして特別区制度調査会の提言に対し、1人でも多くの区民に共感を示していただけるよう現実の施策を積み重ねるなかで、自治の能力と体力をさらに高めていきたい」と語った。

08年は都区双方がそれぞれの方向性を試される年。区にとっては都に何かを求めるだけではなく、自らを強い自治体に変革する必要がある。

○……豊島区は8日、巣鴨駅前商店街のアーケードの屋根にソーラーパネルが設置されると発表した。ソーラーアーケードの誕生は全国的にも珍しい。

同商店街振興組合は国の少子高齢化等対応中心商業活性化事業に申請し、認定された。総工費1億7000万円のうち、国と区から合わせて1億1200万円の補助金を受ける。

ソーラーアーケード化により商店街の街灯の電力は、約10%の削減が見込まれている。街灯の電気代の一部を補助している区にとってもありがたい事業だろう。

第4回区議会定例会・各臨時会の意見書と決議

区	意見書と決議
中　央	豊洲新市場予定地における土壌汚染調査等の徹底
港	リンパ浮腫治療の保険適用、石油価格高騰にかかわる緊急対策
新　宿	固定資産税における償却資産関連、小規模住宅用地の都市計画税の軽減措置の継続、小規模非住宅用地の固定資産税・都市計画税の減免措置の継続、負担水準が65%を超える商業地等の固定資産税・都市計画税の軽減措置の継続、民法772条の嫡出推定に関する運用見直し、取調べの可視化の実現、産科・小児科医療体制の充実強化
文　京	後期高齢者医療制度関連（国と都へ）小規模住宅用地に対する都市計画税の軽減措置の継続、小規模非住宅用地に対する固定資産税・都市計画税の減免措置の継続、負担水準が65%を超える商業地等の税額軽減措置の継続、固定資産税における償却資産関連
台　東	償却資産に対する固定資産税関連、固定資産税・都市計画税の軽減措置の継続
墨　田	原爆症認定制度の抜本的改善、シルバーパスの利用料見直し、後期高齢者医療制度、**法人住民税の税収の配分方法の見直し反対**
江　東	都市再生機構賃貸住宅居住者の居住安定、食の安全・安心の確保、民法第772条の嫡出推定に関する運用見直し、中小企業の事業継承円滑化のための税制改正、若年層の雇用と生活の確保
品　川	**法人二税の配分方法見直し等に反対**
目　黒	都市高速道路中央環状品川線中目黒換気所に低濃度脱硝装置の設置
大　田	都市再生機構住宅（旧公団住宅）の売却・削減関連
世田谷	都市部と地方の財政力格差問題への対応関連、**低所得者に対する負担軽減等**
中　野	中学三年生までの医療費無料化の速やかな実施
杉　並	割賦販売法の抜本的改正、原爆症認定制度の抜本改善、在日外国人無年金高齢者及び障害者に対する救済措置関連
豊　島	固定資産税・都市計画税の軽減措置及び減免措置の継続、固定資産税における償却資産関連
北	都市計画税・固定資産税の軽減措置の継続、償却資産に対する固定資産税関連、東京都区西北部保健医療圏の基準病床数確保、食の安全を確保する体制の徹底強化、民法772条の嫡出推定に関する運用見直し、東京北社会保険病院の機能拡充、後期高齢者医療制度関連、駐車禁止指定除外指定の改正の改善
荒　川	固定資産税の償却資産関連、都市計画税及び固定資産税の軽減措置等の継続関連、メディカルコントロール（救急医療）体制の充実、妊婦健診に係る費用の助成の拡大及び健診を受けられる医療機関の充実
板　橋	保険適用範囲を広げより良い歯科医療の実現、パーキンソン病・潰瘍性大腸炎患者への医療費助成の継続関連、都営前野町第二アパートの建替え関連、妊婦健診費用
練　馬	割賦販売法の抜本的改正関連、固定資産税・都市計画税の減免および軽減措置等の継続、国・地方を通じた税財政制度の見直し関連、後期高齢者医療制度関連
足　立	都営住宅建替えに伴う余剰地の有効活用関連、都市計画税及び固定資産税の軽減措置の継続、固定資産税における償却資産関連、原爆症認定制度の抜本的な改善、国勢調査の抜本的見直し、取り調べの可視化の実現、民法第772条の嫡出推定に関する運用の見直し、メディカルコントロール体制の充実、食品の偽装・不正問題についての抜本的対策、安心して出産できる条件の整備、薬害肝炎の被害者への早急な救済、**第31回オリンピック競技大会並びにパラリンピック競技大会の東京招致関連**
葛　飾	都市再生機構賃貸住宅の売却・削減関連、京成本線京成高砂駅～江戸川駅付近の鉄道立体化、民法第772条の嫡出推定に関する運用見直し、メディカルコントロール体制の充実、取調べの可視化の実現、地方税制関連、中学三年生までの医療費無料化の速やかな実施
江戸川	割賦販売法の抜本的改正、学校評価のための第三者機関の設置及び家庭教育支援の充実、メディカルコントロール体制の充実、民法772条の嫡出推定に関する運用見直し、肝炎問題の早期全面解決とウイルス性肝炎患者の早期救済

※表中の太字は決議

区　議　会

意見書78本、決議4本を可決

民法772条の運用見直しも

各区で開かれた第4回区議会定例会と各臨時会は、12月中に全日程を終了し、78本の意見書と4本の決議を可決した＝表。「離婚後300日以内の出産」について民法772条の運用見直しを求める意見書や、固定資産税・都市計画税の軽減措置継続などを求める意見書、裁判員制度を見据えた「取り調べの可視化」を求める意見書などが目立った。

民法772条の運用見直しを求める意見書は、6区が議決した。「婚姻の解消若しくは取り消しの日から300日以内に生まれた子は、婚姻中に懐胎したものと推定する」とした同法は、制定から100年以上が経過。DVや離婚協議の長期化など、離婚に至るまでの過程が多様になった時代背景とのズレが指摘されていたが、昨年2月、足立区が「人道的・福祉的配慮」として、出生届が受理されていない子どもの住民票を作成したことで大きくクローズアップされた。

法務省は昨年5月に「離婚後に妊娠した場合に限り、医師の証明を添付することで現在の夫の子として出生届を認める」特例救済措置を実施したが、やむを得ず離婚手続きに時間がかかり、離婚前に妊娠したケースは全体の9割にも上っており、意見書はこれらの人を救済することを求めている。

また「東京富裕論」からくる大都市と地方の税源格差の是正検討について、各区で「本来、地方財源の確保は国から自治体への税源移譲等によるべき」「地方分権改革の趣旨に逆行する」など国に対する反発が強まっている。それに関連するものとして3区が意見書を提出したほか、墨田区が「法人住民税の税収の配分方法の見直しに反対」、品川区で「法人二税の配分方法見直し等に反対」を決議。また、東京都に対しては、区民の負担感に配慮し、小規模住宅用地などに対する「都市計画税・固定資産税の軽減措置の継続」を求める意見書が相次いだ。

「取り調べの可視化」を求める意見書は、09年5月までに施行される裁判員制度を見据えたもの。自白の任意性や信用性を、専門家でない裁判員が判断する際のひとつの方策で、免罪事件の防止などにもつながるものとして、3区が国などに提出。ほかに、救急隊が行う応急措置の質の向上などを目的に「メディカルコントロール（MC）体制の充実」を求めた意見書も4区が提出している。

北区は、東十条病院の廃院で、都区西北部の基準病少数も下回ることから、基準病少数の確保を求める意見書を東京都に提出。

江戸川区は国などに対し、「家庭の教育力の向上を図るため『親学』本部を設置し、普及啓発を図る施策の推進に努めること」などの事項を盛り込んだ「学校評価のための第三者機関の設置及び家庭教育支援の充実を求める意見書」などを提出した。

板橋区

『生保自立支援プログラム構築』出版

「福祉行政の発展に」——板橋区はこのほど、首都大学東京と行った「生活保護受給者の自立支援に関する共同研究」の成果をまとめ、『生活保護自立支援プログラムの構築』を出版した。

区は05年度の厚生労働省の方針に基づき、全国に先駆けた総合的な生活保護自立支援プログラムの作成に着手。就労や高校進学、引きこもり改善など、様々なケースに対応する支援として「個別支援プログラム」を作成し、全国的な注目を集めていた。

首都大学東京の岡部卓教授が、この実践に注目。共同研究を行う中で、「個別支援実施要領」「区生活保護自律支援プログラム実施の手引き」が作成され、区内3カ所の福祉事務所で実施されている。

区の先駆的な生活保護自立支援事業は、現場実践を基本としながら首都大学東京の学術水準を背景に作成されているため、厚労省や都などからの評価も高い。各種会議や研修で紹介されたり、他の自治体からは研修講師の依頼や視察、資料提供を求められるなど、大きな反響を呼んでいた。

こうした状況もあり、書籍出版は、取り組みの成果を全国に発信し、福祉行政の発展に貢献しようというもの。

同書はB5版、296ページ。「生活保護自立支援システムをどのように構築するか」「区自立支援プログラム実施の手引き」など5編で構成されている。3200円。

世田谷区

工業統計調査の名簿を紛失

世田谷区は8日、07年工業統計調査の調査中に、調査用物品を紛失したと発表した。

紛失したのは、未記入の工業調査票、31事業所分の工業準備調査名簿の写しなど。名簿には事業所名、所在地、電話番号などが記載されているが、個人情報は含まれない。昨年12月26日に調査員が調査票配布のために原付バイクを運転中、足下にあった調査用物品を入れたバッグがなくなっていることに気づいた。

区は名簿に記載された事業所に謝罪。全調査員に文書で注意を促した。

後期高齢者医療広域連合議会補欠選挙

尾作・瑞穂町議が当選

東京都後期高齢者医療広域連合議会の議員補欠選挙が12月27日に行われ、尾作武夫・瑞穂町議が無投票で当選を決めた。今回選出された議員の任期は、前任議員の残任期間を引き継ぐため、07年12月27日から09年7月1日となる。

広域連合議会議員は、62区市町村の議会の議員の中から、区市町村議会の推薦のあった者を候補者として、区、市、町及び村の区分ごとに選挙を行い、決定する。

教育管理職等あり方検

選考・育成の改善策提言

Bの受験年齢5歳引下げ

都教育庁の「教育管理職等の任用・育成のあり方検討委員会」は10日、教育管理職と指導主事の選考・育成制度について提言した第1次報告をまとめた。教育課題が一層複雑化・多様化する中で、初任者段階からの職層に沿った計画的・体系的な人材育成の仕組みを整備する必要があるとし、管理職選考制度の見直しとともに人材育成の仕組みについて提言。具体的には、若手から管理職候補者を任用するとともに受験者を確保するため、B選考の受験資格年齢を5歳引き下げることを提案した。また、A選考合格者の指導主事任用を明確化する一方、教科指導に関する専門的能力の検証を加えた。さらに、指導主事候補者を計画的に育成するため、新たに「教育行政研修」(仮称)を導入し、一定の成績を修めた者にA選考の択一試験を免除することを検討するよう求めている。このうち資格の見直し等について、教育庁は5月公表予定の新教育管理職選考要綱に反映させるとしている。

Aは専門能力を検証

学校管理職(校長・副校長)の定年退職者数の推計

校種・退職年度	2007年度	2008年度	2009年度	定年退職者のピーク
小学校	262人	242人	223人	2007年度262人
中学校	100人	149人	144人	2008年度149人
高等学校	44人	37人	40人	2012年度56人
特別支援学校	10人	10人	12人	2017年度16人
全校種計	416人	438人	419人	2008年度438人

A選考の実施状況

	2000年度	2007年度	増減(▲は減)
有資格者数A	15,000人	9,076人	▲5,924人
受験者数B	833人	114人	▲719人
受験率(B/A)	5.6%	1.3%	▲4.3ポイント
合格者数C	107人	79人	▲28人
倍率(B/C)	7.8倍	1.4倍	▲6.4ポイント

B選考の実施状況

校種	2000年度					2007年度				
	有資格者数A	受験者数B	受験率(B/A)	合格者数C	倍率(B/C)	有資格者数A	受験者数B	受験率(B/A)	合格者数C	倍率(B/C)
小学校	11,525	520	4.5%	164	3.2	7,745	204	2.6%	147	1.4
中学校	4,850	373	7.7%	30	12.4	5,998	340	5.7%	175	1.9
高等学校	3,744	154	4.1%	36	4.3	4,445	142	3.2%	25	5.7
特別支援学校	1,024	37	3.6%	10	3.7	1,377	47	3.4%	20	2.4
合計	21,143	1,084	5.1%	240	4.5	19,565	733	3.7%	367	2.0

■選考・任用上の課題

団塊世代の大量退職によって、2007年度末の校長・副校長の定年退職者は、全校種あわせて400人を超える見込み。特に小学校では07年度末に260人程度、中学校では08年度末に150人程度と定年退職者数のピークを迎える。

一方、教育管理職選考(B選考)受験者の減少傾向が続いている。教員の年齢構成は大量採用した50歳代が多く、30歳代が少ないという「いびつな年齢構成」になっており、管理職選考を受験できる年齢層が少ない状況がしばらく続く。受験者数の減少は特に小学校で著しく、受験率は2000年度4・5%から07年度2・6%まで低下。現行の受験率で推移した場合、07年度末の管理職の退職状況によっては、08年度以降、欠員が生じる恐れがあり、管理職候補者数の確保が喫緊の課題となっている。

B選考の受験率低下の要因として、「副校長の多忙感」「給与など処遇の不満」などが挙げられる。

A選考についても有資格者数の大幅な減少と、合格倍率の低下で危機的状況にある。受験率低下の要因として、報告では①管理職候補期間の任用問題②指導主事の職の魅力低下③受験対象年齢となる教員の意識④指導主事を発掘・育成する仕組みや活動が不十分――の4点を挙げた。このうち管理職候補期間の任用については、ジョブ・ローテーション期間の配属先の見通しが立たないことへの不安感や、期間が長いことへの拒否感が主な要因となっている。

また、主幹・教諭アンケートで、約6割が指導主事の職に魅力がないと回答。その要因として「忙しい」「雑務が多い」などを挙げた。受験対象年齢の教員の多くが、教科指導の専門的能力の向上に強い関心を持っていることも、アンケート結果で明らかになった。

■新制度の基本的考え方

こうした点を踏まえ、新たな教育管理職等の選考・育成制度の基本的な考え方として、①学校管理職・指導主事の計画的育成②指導主事の力量形成③若年層からの学校管理職・指導主事の選抜・育成④現行制度の理念の継承――の4点を示した上で、「優秀な学校管理職(副校長)を確保するための選考・任用制度の改正」と「指導主事の確保と力量形成を図るための選考・任用制度の改正」を提言した。

■優秀な学校管理職の確保に向けた改善策

具体的には、若手教員から管理職候補者を任用するとともに、B選考受験者を確保するため、現行の受験年齢下限「満44歳以上」を「満39歳以上」に引き下げる。あわせて、受験要件となる教職経験年数を「国公私立教職経験14年以上」から「同12年以上」に短縮することを求めている。

主幹選考受験者の拡大策として、区分Aと区分B(推薦制)の受験年齢下限の引き下げを提言。

学校運営への参画意識を高める育成体制の整備としては、教諭、主任教諭、主幹ごとの職層に応じたOJTに関するガイドラインの策定と管理職研修の実施、B選考合格者の管理職期間中の育成のあり方の見直しでは、実践的なOJT指針の提示、長期社会体験研修生としての行政職場や民間企業等への派遣などを提案している。

■指導主事の確保と力量形成に向けた改善策

一方、A選考合格者については、指導主事への任用を明確化し、管理職候補期間の5年間を継続して任用していくことを求めた。受験年齢下限を「満32歳以上」に1歳引き下げ、主幹経験のない合格者は主幹に1年間任用後、継続して5年間、指導主事として任用するよう提案している。

さらに、現行のA選考で課せられている教育管理職としての資質・能力の検証に加え、教科指導に関する専門的能力について、その研究実績や今日的な教育課題に対する実際的な指導力の検証を実施するよう提言。選考において、教科指導等に関する専門性を問うことにより、若手教員が業務の延長上でA選考を意識し、挑戦することを期待している。

指導主事候補者の計画的な育成では、区市町村教育委員会等が指導主事としての資質・能力や将来性を認める教員を都教委が主催する「教育行政研修」(仮称)の受講者として推薦。その研修で一定の成績を修めた者は、A選考の第1次選考の択一試験免除を検討すべきであるとしている。

また若手人材の早期育成ルートを新設し、区市町村教委等の推薦で、A選考受験資格が発生する前の30歳(教職歴8年)程度から受験できるなどの特例措置を設けるよう提言。このほか「東京教師道場」修了者の継続的な育成、教職大学院修了者の指導主事候補者としての育成などを求めた。

■職務や給与のあり方を引き続き検討

副校長・主幹、指導主事の職務及び給与のあり方については、引き続き検討を進めるが、報告では副校長の給与については「職責に応じて見直しを図る」とし、主幹についても「職務の困難度や職責の度合いに見合った水準となるようにする必要がある」としている。

教育職員給料表については、昨年10月、都人事委員会から行政職給料表との対応を基本とする方向で検討を進めるとの方針が示された。報告では、副校長・主幹の給与のあり方の見直しについては、検討委員会とは別に、教員給与全体の見直しの中で、実現に向けて検討していくべきであるとしている。指導主事の給与についても、教員給与全体の見直しに合わせて、教職調整額との関係を整理した上で、勤務実態に即した処遇のあり方を別途検討することを求めている。

揺れる教育現場 27

一層シビアになる教育現場

毎年、年明けとともに新年の行方が気になる。各メディアは一斉に展望を占うが、生活者に元気が沸いてくるようなご託宣は見られなかった。せいぜい北京五輪関連の話に止まったのは、今年も多難を思わせる。

昨年の世相が「偽」と象徴されたように、「異常・非常識」きわまりない年であった。安倍前首相の政権投げ出しや各種商品の偽装と経済至上主義の横行、親族間・銃殺人の頻発と生命軽視風潮の高まりなど、常識では考えられない異常な法令無視の事象が相次いだ。

それだけに今年は、「景気浮揚と生活者の安心・安全」を願わずにはいられないが、その前に「常識を基本とした、法令に沿った普通の社会」となることを切望したい。そのためには大人が、それぞれ企業や団体・役職等の立場の前に「日本人としてのモラル」を回復し、法令順守の姿勢が重要だ。

この大人のモラルの回復・法令順守の姿勢は、「教育再生」の前提になる。教育再生会議は「社会総がかりで教育再生を」と呼び掛けているが、大人のモラル・社会がこうも乱れていたのでは、いかに大人(先生・親)が「学力が落ちているから、もっと勉強せよ」などと子供たちに求めても、ストンと胸に落ちないし、教育問題が深刻化している要因の一端があるといっても過言ではないと思う。

ところで、教育再生会議が年末の25日、第三次報告を福田首相に提出した。

現在の「6―3―3―4」制の弾力化や事実上のバウチャー制の導入、英語教育の改革、子供・親等への支援策を提言する一方、学力向上、徳育の教科化などこれまでの提言の具体策を提案している。

まず、注目されるのは、総論に当たる「基本的考え方」の部分。「自立と共生」を理念とする福田色が鮮明に出されている点だ。「自立して生きる力」と「共に生きる心」を育むことは、教育再生の重要な方向と強調、福田首相のスローガンをそのまま引用している。そして「立場を問わず大人たちの責務は極めて大きい」として社会総がかりでの取り組みを求めている。冒頭指摘した大人のモラルに加え、メディアの乱れが改めて問われる。

また、総論は「教育現場の尊重」や「教育格差を固定化させない」「子供の立場に立った教育再生」なども強調。この限りにおいては、何人も異論はないはずだ。

しかし、この総論と各論の間に矛盾が見られる。たとえば「共生」といいながら、「適正な競争原理の導入により学校の質を高める」として学校の選択制と児童生徒数により予算配分する方式を提言、事実上、子供たちを"商品化"しているからだ。

これまでの教育再生論の中で最大の論点は「教育に市場原理導入の是非」だ。1980年代からの市場原理を金科玉条とする新保守主義が世界的に蔓延する中で、あらゆる分野に持ち込まれようとしているものだが、それが真に「教育の救世主」となるのかどうか。百家争鳴だが、ノーといわざるを得ない。

教育格差も固定化させない、ナショナルミニマムを確保するとも提言しているが、市場原理を前提とする中で、それらができるのか、疑問だ。

今年からいよいよ改正教育基本法・改正教育3法が具体化され、人員確保が不十分だけに、教育現場は一層シビアになることが懸念される。(W)

論壇

教育改革とその課題

日本大学商学部准教授
天井勝海

改革推進で「学校力」向上を

東京都におけるこの10年間は、全国に先駆けフロントランナーとして教育改革・学校改革に取り組んできた、まさに教育改革推進の10年間であったといえる。

東京都では1997年度に都立高校改革推進計画第1次実施計画を策定したのに続き、99年度に第2次実施計画を、02年度には新たな実施計画を策定し、11年度までを視野に入れた都立高校のグランドデザインが示された。

■教育改革の成果

この10年間に着々とこの計画に基づいた教育改革・学校改革が進められ、チャレンジスクール、エンカレッジスクール、進学指導重点校、東京版デュアルシステム高校、リーデング・コマーシャル・ハイスクール、多部制定時制高校、中高一貫教育校などの新たなタイプの高校が計画的に設置されてきた。

また、教育改革・学校改革に欠かせない校長のリーダーシップの確立や教頭から副校長へと名称を変更し、その権限の拡大を図るなどの学校管理規則の改正、教員の能力開発や人事異動や昇給・昇任などと関連させた東京都独自の人事考課制度の導入、主幹制度などを導入し従来から指摘されていた「鍋蓋組織」とも言われたフラットな経営組織の改善を図るなど、校長のリーダーシップを発揮する上で必要な基盤も確実に整備されてきた。

さらには校長の学校づくりのミッションやビジョンを実現する上での欠かせない人事に関しては、全都からの公募による異動方式を導入するなど、人事異動に関して校長の意向が強く反映されるように人事異動要綱も改正された。

また、自立経営推進予算制度が導入され、経営資源として欠かせない「カネ」の面でも校長の学校経営方針の実現を目指した支援制度が確立した。

特筆すべきは、これらの改革やその推進状況が生徒や保護者は無論のこと地域や関係機関、広くは都民に極めてオープンな透明性の高いシステムの中で推進されてきた事である。

校長が作成する学校経営計画書とその報告書・学校の運営コストを示すバランスシート・年間を通した授業などの公開や学校経営や運営に対して外部からの意見や評価などに率直に耳を傾ける機会としての学校運営連絡協議会の設置などはその好例である。

この10年間に東京都が実施してきたこのような多面的で総合的な改革が相互に緊密な連関をもちつつ統一された全体としての改革の成果を築き上げ、それまで指摘されがちであった都立高校の画一性・硬直性・閉鎖性が打破され、画一ではない多様な、硬直ではない柔軟な、閉鎖的ではない開放性のある都立高校へとその装いを新たにした。

■「生きる力」の育成

「競争と選択の時代」といわれる今日、各都立高校は、学校の個性化・特色化を推進するとともに、さらには他校との区別化・優位化を図る改革の段階へと進展し、生徒や保護者は無論のこと地域や広くは都民の期待や信頼に応える学校へと更なる変貌を遂げつつある。

この成果は、最近の都立高校への指向が急速に高まっている事実などにもよく表れている。さらに、これまでに実施してきた一連の改革やその方向性が全国の道府県や政令指定都市などでも見られることは、東京都が実施してきた教育改革・学校改革の先見性や新規性はこれからのわが国の学校の在り方を示しているともいえる。

教育改革や学校改革にはゴールはない。新たな年を迎えた今年もこれまで以上に、生徒や保護者などの「多様な顧客ニーズ」に応える「学校力」(スクールパワー)をアップすることが求められる。

「学校力」を構成する要素には多様なものがあるが、学校が有する「教育力」「成果力」「経営力」「伝統力」「情報化力」「国際化力」「地域貢献力」などはその主要なものである。

この中で特に欠かせないことの一つは「教育力」と「成果力」である。「教育力」は大きくは「授業力」「指導力」にかかっているが、その結果としての「成果力」も今後は厳しく問われなければならない。すなわち「教育力」としての成果として、基礎的・基本的知識や技能の習得、思考力・判断力・表現力等の育成、確かな学力の確実な定着、多様な特性を有した生徒の自己実現を図る上での「生きる力」などが確実に育成されたかどうかといったことが求められるのである。

■教育は人なり

学校が提供する教育の水準や教育のクオリティーと生徒が達成した教育の水準が問われなければならないのである。各学校における教育改革・学校改革の成果がここに結集されることが必要なのである。このことを実現していくのは教員一人ひとりの資質や能力に大きくかかっている。古くからいわれてきたことではあるが、「教育は人なり」「最後は人で決まる」のである。

教員の資質や能力の向上を目指し、都ではすでに、授業研究ネットワーク「まなび」「東京教師道場」などを設置するとともに、教員一人ひとりはライフステージに応じたキャリアプラン(研修計画)を作成しているが、その成果が待たれるところである。

前述の「学校力」の構成要素の一つである「経営力」(スクールマネジメント)も、今後はこれまで以上に(P:計画↓D:実施↓C:評価↓A:新たな改善行動の循環)が求められる。特に学校の最高責任者である校長は、わが校のめざす学校のビジョンやミッションを明確にするとともにその実現に向けた具体的方策を明示する必要がある。

このことを実現させるためのラインとスタッフの役割を明らかにし、組織目標や一人ひとりの教員の目標を明確にさせ、教員の有する優れた力を学校のビジョンなどの実現に向け同一方向のベクトルに結集し、組織力・経営力を高めていくことが必要である。これには校長の強力なトップダウンと教員のモチベーションを高めるボトムアップのシステムを融合させ盤石な協働体制を確立していくことが求められる。

そして、常にP・D・C・Aといったマネジメントサイクルを機能させ、教育改革・学校改革を推進することである。

東京都では04年度から、都立学校の教育活動を評価・検証し、その結果得られた課題や問題点をもとに、個々の学校に対して、適切な助言や指導を行う「学校経営診断」を実施している。

この各学校への学校経営支援・教育活動支援・人事管理支援などをきめ細かく実施できるように06年度には「東京都学校経営支援センター」が支所を含めて6カ所設置された。今後は、これらの機関の役割を有効に機能させるとともに「第三者評価」などを導入し、より客観的な評価を基にした、更なる教育改革・学校改革を推進することが望まれる。

◇

てんじょう・かつみ=横浜国立大学卒、東京大学教養学部研究生修了。都立高校教諭、都教育委員会主任指導主事・教員研修担当副参事、東京学芸大学客員教授、都立城北高校・都立桐ヶ丘高校校長などを歴任。『夢・挑戦・感動ある楽校』『地理学習の旅』『現代実践教職入門』など著書多数。

教育オンライン

都の幹部人事春期異動方針

専門性高め「強み」を発揮

能力・業績主義の徹底　業績顕著者を早期選抜

都総務局は、8日に幹部人事担当課長会を開き、08年度の春期幹部異動方針を説明した。昨年に引き続き、「人材育成を基軸に据えた人事配置」と、「能力・業績主義の徹底」を基本的な考え方に据え、本人希望を尊重した配置や職群に基づく配置、スタッフ職等の見直しなどを求めた。年次管理では、昨年の夏期異動時と同様に、業績顕著者の早期選抜について明示した。局案の提出締め切りは21日で、各局ヒアリングを30日から2月7日に実施。3月下旬に内示する予定。退職発令は3月31日で、新任発令は4月1日となる。

◆人材育成を基軸に

今回の幹部人事異動方針は、前回のものと大きな変更点はない。「これまでに打ち出した方針をさらに徹底していくこと」（総務局人事部）が今回の課題と言える。

まず、人材育成を基軸に据えた人事配置を図るため、本人の希望を可能な限り尊重して配置するとともに、職群に基づく配置の徹底を求めた。

06年3月に策定した「都職員人材育成基本方針」では、少数精鋭の体制作りに向け、プロ職員の確保・育成の必要性を示している。異動時に本人希望を尊重することで、職務に対する意欲を引き出すとともに、強みを持つ分野に配置することで専門性を高め、力を発揮できる環境を整えることがねらいだ。

また、在職年次についても、これまで「概ね2年程度で異動」の傾向があったが、職務にじっくりと腰を据えて取り組んでもらうため、昨年の異動から事業の進捗状況などに応じた対応を図っている。今回も2年程度での一律異動や、必要のない玉突き人事などは行わず、むやみに異動規模を拡大させないよう求めた。

年次管理については、昨年の夏期に示した業績顕著者の早期選抜の考えのもと、標準年次を明示。本庁統括は「5A、9B、11C」に加え、業績が顕著な者の場合、総務課長などの枢要ポストに抜擢する場合のみ、例外的に6A、10Bも可能とした。

同様に本庁課長も「8A、12B、14C」に加え、組織上の本庁課長ポストに抜擢する場合のみ、9A、13Bの配置を可能としている。「業績顕著な者を枢要ポストに早期に配置し、じっくりと腰を据えて職務に取り組んでもらい、将来的に都庁の屋台骨を支える幹部職員を育成していく」（総務局人事部）考えだ。

◆職と配置を見直し

出先部長ポストについては、07年度から職の困難度と配置の関係の見直しを段階的に行っている。引き続き、職責に応じた処遇を徹底するため、2級事業所副所長等への統括課長の配置、3級事業所長への部長級配置の見直しなどを求めた。

スタッフ職等（担当部長・担当課長、参事・副参事）の積極的な見直しも、引き続き行う。当初は緊急な課題に対応するために設置が認められたポストが、その後、必要性が薄れたにもかかわらず、半ば常設化されている例も見受けられる。このため、スタッフ職等については、設置当初の背景や必要性にまでさかのぼり、現行組織との統合なども視野に入れたゼロベースでの見直しを進めていく。

勧奨退職については、例えば部長級では59歳になる年度の夏期に勧奨するといった慣例があるが、管理職の人材枯渇が深刻な現状においては、組織上の要請などがある場合には従来のルールに捉われない弾力的な対応を求めた。

◆希望者に評価を告知

職務記録については、人事考課制度の適正かつ円滑な運用に向け、随時改正しており、今回も数点の改正を行う。

このうち、幹部職員の職務記録については、業績・能力総合評価の一次評価及び業績評価の総合的な評価の開示は行われていなかったが、今後は、より納得性の高い評価を行い、効果的な人材育成につなげていくため、本人希望があった場合は告知するとした。

標準的な配置ポストと年次

区分	年次		
出先部長	3A	7B	
本庁統括	5A（6A）	9B（10B）	11C
本庁課長	8A（9A）	12B（13B）	14C
本庁副参事	12A	15B	17C
出先課長	14A	17B	19C

※（　）内は業績が顕著な者の場合の例外

CMS活用

ホームページ業務効率化に期待

福祉保健局や交通局で先行導入

都各局ホームページの作成・管理に向けて、CMS（コンテンツ・マネジメント・システム）の活用が検討されている。こうした中、福祉保健局では知事部局で初めてCMSを導入し、職員の負担軽減や局全体のページデザインの統一化を図り、今月4日からホームページをリニューアルした。

各局ホームページの作成にあたっては、担当者に専門言語（HTML）の知識やスキルが必要で、研修の労力や職員の負担が大きいなど課題が指摘されている。

また福祉保健局を巡っては、旧福祉局と旧健康局の統合という独自の問題もある。同局のホームページは、旧福祉局が外注、旧健康局では課や事業所が自前で作成してきた経過があり、統合の際に旧健康局の作成方式に統一したものの、担当職員のスキルレベルや好みでデザインや内容面に差が見られ、統一性が図られていなかったという。

さらに作成を受け持つ庶務担当者の異動により、継続性が保てず、埋もれたままのページも数多く存在。昨年3月末時点のページ数は1万2200ページに達するなど、ファイル数増につながっていた。

このため福祉保健局では、昨年度からCMS導入に向けた取り組みを開始。基本設計や開発等の契約を経て、9月には職員向けの研修を実施、12月までに新規ホームページへの移行を終えた。

CMS導入に伴い、作成作業は事業所や各課単位で担当者がTAIMS端末を使って行うことになる。具体的には表題や文章部分、日時、画像ファイル等を専用画面に従って入力することで、原稿内容が自動的にホームページ画面に変換される仕組み。読み上げ機能や検索機能にも機械的に対応するため、担当者の業務は入力作業と作成画面のチェックだけに軽減される。また、CMS導入で容易に情報更新ができるようになるほか、階層構造やコンテンツ・デザインの統一化が図られるなど、利用者のアクセシビリティー向上への効果も期待される。

CMS活用はIT・業務改革会議の検討テーマでもあり、全庁展開も視野に福祉保健局と同様、すでにCMSを導入してホームページ事務を改善した交通局の事例について効果検証が進められている。開発コストに加えて、既存ホームページの運営と新規ホームページ構築を並行して進めるための体制面も課題に挙がっているようだ。

福祉保健局のホームページリニューアルでは、トップページ上に読み上げソフトを設置、画面拡大機能やカラー変更、ひらがなやローマ字の送り仮名機能も追加した。また知りたい情報を検索しやすくするため、イメージ画像付きの「分野からのご案内」も開設している。またリニューアルに併せて、ファイル数も6000ページ程度に圧縮したという。

MEMO　CMS　専門的な知識やスキルがなくても、文書や画像等を入力していけば、一定のルールに従ったホームページを自動的に作成することができるシステムのこと。

ひと

夕張市に派遣が決まった

主税局総務部職員課人事係　百澤（ももさわ）俊平（しゅんぺい）さん

福祉保健局保健政策部疾病対策課疾病対策係　鈴木（すずき）直道（なおみち）さん

21日、この二人が財政再建中の夕張市に派遣される。知事の「余っている」発言が波紋を呼んだが、「職員は余ってはいないけど、夕張への心遣いから出た言葉だと思います。首都公務員として、その期待に応えられるようにしたい」と二人。

北海道出身の百澤さんは、ちょうど帰郷している時に派遣の新聞記事を目にした。「両親と誰が行くんだろうと話していて、まさかこんなことになるとは」と苦笑するが、せっかくの機会だと、打診を受諾。主税局で税の現場にはいたが、市民税を学ぶため、調布市で研修も終えた。

鈴木さんも打診され両親とは相談したが、「今までのルールではありえない。自治体の枠を超えて行くわけで勉強になると思い、是非行かせて下さいと返事をしました」と。

ところで二人共、主任試験に合格し、視野を広げたいと異動希望を考えているところでもあった。それと、独身寮に住む身軽さが選ばれる理由になったのだろうと自ら分析。

夕張市の職員数は、今年度末時点で約100人程度になることが予想され、財政再建団体認定前の約3分の1に。「小さい市なのでコミュニケーションを大事に、市民から求められるものをできるだけサポートしたい。都の経験を事務改善に活かせたらと思っています」と百澤さん。鈴木さんも「新しい人や風が組織に入ると、空気が循環すると思うんです。組織に馴染んで、自分にできることで切実な市民の要望に応えていきたい」と話す。

市税関係と医療保険に関する業務をそれぞれ支援するとなっているが、「できることは何かではなく、やれることは何でもやる。縦割りでなく、横断的に皆でやることが出てくるはずなので、積極的に参加していきたい」というスタンスだ。

ともあれ、雪も積もる氷点下の知らない土地に行くわけで、「不安はあります」。特に鈴木さんは「生きていく術を是非、教えていただきたい」と、百澤さんが頼りなのだと。

家の都合で進学を諦めたが、職場の理解で仕事と大学の両立を果たした。「その恩返しができたら」と鈴木さん。民間経験もある百澤さん。夕張派遣は、二人をさらに成長させることだろう。（門）

百澤さん（右）は都立大経卒。03年練馬都税。資産税部を経て昨年12月現職。趣味はスノーボード、ゴルフ。28歳。鈴木さんは埼玉県出身。法政大法卒。99年衛生局。北療育医療センターを経て04年現職。大学でボクシング部に。都代表選抜決勝に進出。26歳。

都労連旗開き

増渕委員長「正念場の1年に」

人間の尊厳取り戻す闘いの元年に

都労連の2008年新春旗開きが8日に開催され、増渕静雄委員長は昨年の確定闘争を振り返るとともに、引き続き協議となった現業や教員の人事制度に触れながら「今年が最大のヤマ場。都労連にとって正念場の1年になる」と訴え、各単組の団結と組織力の更なる強化を求めた。

都労連では昨年の最大の課題に現業賃金引き下げ阻止、教員に対する新たな職の導入及び給料表水準引き下げ阻止を挙げた。都労連組合員の概ね4割を教員が占める上、現業系組合員も「都労連の闘いの歴史を支えてきた」として早い時期から組織をかけた闘いを展開し、両課題とも引き続き協議として先に送る結果となった。

あいさつの中で増渕委員長は「骨太の方針2007で明確に現業賃金の削減の方向が触れられている」「教員についても行革推進法や教育3法の改悪に関わって打ち出された」と述べ、両課題とも「国策として進められた課題」と指摘。結果については「各単組の組合員の皆さんの闘いの成果」と総括した。

一方で「崩壊する一歩寸前までいった」と述べるなど、厳しい情勢となった労使関係にも言及。今年の交渉についても「労使合意によって自主的な決着を図っていくことが何よりも大事」と改めて強調した。

さらに日本の格差社会や新たな貧困層の拡大、非正規雇用や正規雇用を取り巻く状況を踏まえながら、これらの原因となる新自由主義に基づく国の施策を1日も早く止めさせ、「人間性の回復や人間の尊厳を取り戻す闘いの元年にしたい」と表明した。

新春旗開きには、急用のため出席は不可能との連絡があった石原知事に代わり、山口一久副知事があいさつに立った。

山口副知事は「昨年の交渉は都労連との信頼関係のなか、物事を自主的に決着させるという伝統で妥結に至った」と振り返りながらも、「年金問題やC型肝炎の問題にしろ、後手に回れば信頼が損なわれる。都民の信頼を勝ち取るため、首都公務員として働いていくことが労使関係の前提で、国に先んじて物事を進めることが我々の責務」との考えを述べた。

また「10年後の東京」への実行プログラムについても、「環境、ゆとり、福祉、労働に対する夢を持って、2016年の東京オリンピックに臨もうと職員一丸となってやろうとしている。職員であり、組合員の英知と力がどうしても必要」と協力を呼びかけた。

都労連常駐部の決意とともに、各単組の団結と組織力強化を訴えた

特区連旗開き

厳しい結果生かして奮起

区長会「十分協議し、解決を」

特区連の08年新春旗開きが8日、千代田区飯田橋のホテルメトロポリタン・エドモントで行われた。昨年の給与改定交渉では、平均9%の削減となる業務職給料表の提案を受けて交渉が激化。交渉期限を再三にわたり延期し、激しいやり取りが行われたが、最終的には当初提案の内容で妥結という苦渋の判断に迫られた。厳しい結果を踏まえながら、新たな年の労働運動に向けて奮闘を誓った。

あいさつに立った西川雅春委員長は、厳しい結果となった昨年の交渉経過について触れながら、「今後、皆さんとの議論を通じて総括を行い、これからの闘いにつなげたい。特区連の役割は、なんと言っても労使交渉で少しでも勤務条件を改善すること。今回の到達点は執行部として真摯に反省し、今後の闘いに生かしていかねばならない」などと述べ、引き続き全力で組合運動に取り組む決意を述べた。

併せて、構造改革政治の中で国民の生活、働くルールが破壊されていると訴えながら、「国民生活が政治によって改悪されているなら、その政治を正せば、国民の生活、我々の生活の質の向上が図られる」と述べ、今後の総選挙での抜本改革に向け、組合として取り組む考えを示した。

さらに、道州制や都区制度をめぐる議論、公務員改革などの動きについても言及。「今後の自治体のあり方が、特別区の労使関係を規定する。特区連がこのまま存在するとは断言できないが、新しい労使交渉形態に発展するならば、それにふさわしい準備をすることも特区連の大きな役割」との考えを示した。

また、区長会を代表して鎌形満征事務局長が、多田正見会長のメッセージを代読。特別区制度調査会が昨年12月、現行の都区制度を廃止し、23区が市となって財政や共同処理する事業を担う「基礎自治体連合」の創設を提唱した報告書をまとめたことに触れながら、「私たちは、基礎的自治体である特別区が、多くの事務を担うことで住民生活の向上に一層寄与できると考えている」と述べ、新しい自治の姿の構築に向け、決意を示した。

加えて、労使交渉についても、「今年は特別区が飛躍するために極めて大切な1年になり、諸課題に全力で取り組む。今年も皆さんとさまざまな課題について十分に協議し、解決を図っていきたい」と語った。

西川委員長、鎌形区長会事務局長らによる鏡開きで今年も幕を開けた

菅谷ちかさん（すがや・ちか＝菅谷眞一・元港区長の母）12月25日死去、93歳。

和田至さん（わだ・いたる＝都建設局第六建設事務所管理課占用係主任）12月30日死去、60歳。

菊地美智子さん（きくち・みちこ＝都病院経営本部経営企画部局務担当副参事）12月31日死去、54歳。

三澤正男さん（みつざわ・まさお＝三澤博章・都建設局第三建設事務所工事第二課工事係長の父）1日死去、92歳。

片岡富美さん（かたおか・ふみ＝片岡正造・都都市整備局都市基盤部施設計画課長の母）2日死去、84歳。

昇任試験対策のページ

20年度 職員教養講座 ≪27≫

会計に関する知識

はじめに

新年を迎え、管理職試験まで残り5カ月程度となり、合格に向けて決意を新たにされていることと思います。

さて、「会計に関する知識」の科目ですが、「会計の原則や財務諸表の読み方などの会計に関する基礎的・実務的な事項を出題する」とされています。

東京都では、石原知事が就任してから、平成11年度の「機能するバランスシート」に始まり、平成18年度は全国の自治体に先駆けて、本格的な「複式簿記・発生主義会計」による決算を行うなど、公会計制度の改革に先進的に取り組んでいます。

今後の都政を担っていくうえでは非常に重要な知識となることと思われますので、この機会に積極的に学んでいただきたいと思います。

出題傾向

本科目が新たに導入された平成16年度以降毎年2問出題されており、平成20年度試験も同じく2問出題されます。

過去の出題内容は次の通りです。

【平成16年度】
・定率法による減価償却
・貸借対照表

【平成17年度】
・企業の財政指標
・損益分岐点

【平成18年度】
・簿記
・財政指標

【平成19年度】
・キャッシュ・フロー計算書
・減損会計

例年、簿記・会計学に関する基本的な知識を問う問題が出題されておりますが、今年度試験では平成17年度に導入された減損会計に関する問題が出題されるなど、比較的新しいトピック的な知識を問う問題も今後出題されることが予想されます。

勉強方法

本科目は、出題数が少ないこともあり、全く勉強せずに臨まれる方も多いと聞きます。

しかし、基礎的な知識があれば十分に解ける問題ですので、薄く広く効率的に学習して、しっかり得点していただきたいと思います。

本科目は大きく分けて、①企業会計原則②簿記③財務分析――の三つの分野があり、それぞれの分野について基礎的な知識を習得することが必要です。

以下、各分野について勉強のポイントを記載します。

①企業会計原則

企業会計とは、営利を目的とする企業の経営活動について、一定の規則に従って貨幣額によって記録し、その情報を報告する会計のことを言います。

企業会計は会社が持っている財産の明細をあらわす貸借対照表と、会社が1年間でどれだけ財産を増減させたかをあらわす損益計算書を根幹とする財務諸表によって、利害関係者に有用な経済的情報を提供することを目的としています。

財務諸表を作成するための基準が企業会計原則であり、さらに一般会計原則、損益計算書原則、貸借対照表原則に分けられますので、それぞれの原則について理解することが必要となります。

また、企業会計は前述の減損会計のように、新たな原則が頻繁に適用されているので、新原則のポイントをおさえておきましょう。

②簿記

簿記とは、一定のルールに基づいて、企業の経済的取引を会計帳簿に記録することです。

企業会計の簿記は複式簿記・発生主義会計と呼ばれる方式で、官庁会計で採用されている単式簿記・現金主義会計とは異なります。

複式簿記は仕訳の基本的なポイントを習得すれば、案外簡単に理解が進むところです。仕訳のルールと主な勘定科目について理解し、練習問題を解いて習熟することで、十分試験問題に対応することができると思います。

なお、複式簿記の仕訳で最も基本的なことは、勘定科目が資産、負債、純資産、収益、費用という五つのグループに分けられ、その各グループの勘定科目が増加（減少）したときに左側（借方）に記帳するか右側（貸方）に記帳するかといったパターンを理解することです。合わせて、具体的にどのような勘定科目が五つのグループのうちどのグループに所属するかを覚えることも必要です。

この点が理解できると、意外と簡単に財務諸表の仕組みが分かりますので、初めて勉強される方はまず理解していただきたいポイントです。

③財務分析

財務分析とは、財務諸表の数値を用いて、会社の財政状態や経営成績を様々な角度から分析することです。

財務分析は、財務指標を用いて分析しますので、財務指標の計算方法と、その意味及び高い（低い）ほど良好かどうかということを暗記することが重要です。

財務指標は数多くありますが、各指標の関連性が強いので、基本となる指標をまず記憶して、類似の指標について相違点を理解するのが効率的です。問題を解きながら学習することが効果的でしょう。

参考図書等

問題の難易度を考えると、専門書などで勉強することは相当時間があるか、興味のある方を除いて、避けたほうが良いと思います。

経営や行政管理の科目とリンクする知識も多いので、試験対策としては、そのような科目と一緒になっている参考書などで勉強するのが効率的だと思います。

「実践シリーズ行政管理・経営・会計」（都政新報社）「行政管理・会計基本問題集300問」（公人の友社）などがテキスト、問題集として適していると思います。

会計に関する情報はインターネット上に非常に豊富に記載されています。監査法人や証券会社のホームページには、様々な解説や用語集などがありますので、活用すると良いと思います。

また、多くの方に馴染みの深い公会計（官庁会計）と、企業会計の違いについて理解するには、会計管理局のホームページにある「東京都の新たな公会計制度　解説書」の第一部入門編や、「とちょうーi」のクローズアップ都庁の中で昨年6月～7月に掲載されている「今さら聞けない!?財務諸表」のページが非常に初心者に分かりやすい内容となっておりますので、勉強を始める段階で参照してみてはいかがでしょうか。

時間のある方は、簿記3級程度の問題集を解いてみることや、自己啓発を兼ねて実際に簿記検定にチャレンジしてみることも非常に有益だと思います。

キーワード

出題が予想される分野ごとに、キーワードとポイントを整理します。

○企業会計原則

（1）一般原則
・真実性の原則
・正規の簿記の原則
・資本取引・損益取引区分の原則
・明瞭性の原則
・継続性の原則
・保守主義の原則
・単一性の原則

以上七つが一般原則で、それに準ずる原則として、注解に定められる「重要性の原則」があります。

（2）損益計算書原則

損益計算書の作成について定めた原則。収益や費用を、その収入や支出があった時ではなく、経済価値の増加又は減少の事実に基づいて計上する発生主義の原則や、費用・収益を発生源泉に従って明瞭に分類し、収益と関連する費用とを対応表示させる費用収益対応の原則等が定められています。

（3）貸借対照表原則

貸借対照表の作成について定めた原則。資産の評価原則（取得原価主義）や、資産の取得原価を各事業年度に費用配分する費用配分の原則等が定められています。

（4）近年導入された会計制度
・連結会計
・退職給付会計
・税効果会計
・金融商品会計（時価会計）
・減損会計

（5）財務諸表の種類

以下、財務諸表のうち、主なものを簡単に記載しますが、上場企業のホームページなどで、実際の財務諸表をご覧いただくと、イメージがわいて理解しやすいと思います。

①損益計算書（P／L）

1会計期間における企業の経営成績を明らかにしたもの。すべての収益と費用を表示し、企業活動の純成果となる利益を示す。

②貸借対照表（B／S）

決算時点での企業の財政状態を明らかにしたもの。すべての資産、負債、純資産の現在高を表示し、資産は調達資金の運用形態を表し、負債及び純資産は企業資金の調達源泉を表している。

③キャッシュ・フロー計算書

1会計期間における企業の資金の増減を明らかにしたもの。

現金だけではなく、普通預金や譲渡性預金、コマーシャルペーパーなどの現金同等物も含む増減が記載される。

営業活動、投資活動、財務活動の三つの活動別に区分されて表示される。

④株主資本等変動計算書

平成18年の会社法施行に伴い、新たに作成が義務付けられた計算書で、貸借対照表の純資産の部の前期末から当期末残高に至る異動の明細です。

株主資本等変動計算書には、資本金・資本剰余金・利益剰余金などの項目ごとに分類して、前期末残高・当期変動額・当期末残高を表示します。当期変動額は、「新株の発行」や「剰余金の配当」「当期純利益」などの変動事由ごとの増減が記載されます。

○簿記

勉強方法の項目で述べさせていただきましたが、仕訳のパターンと代表的な勘定科目を理解することが重要ですので、ここではその点に絞って記載いたします。

（1）仕訳のパターン

①左側（借方）に記帳
・資産の増加
・負債の減少
・純資産の減少
・収益の減少（取消）
・費用の発生

②右側（貸方）に記帳
・資産の減少
・負債の増加
・純資産の増加
・収益の発生
・費用の減少（取消）

（2）主な勘定科目の例

①資産

i流動資産
・現金・当座預金・受取手形・売掛金・未収金・たな卸資産（商品・原材料等）

ii固定資産

ア有形固定資産
・土地・建物・建設仮勘定

イ無形固定資産
・のれん・特許権

ウ投資その他の資産
・有価証券・長期貸付金（貸倒引当金）

iii繰延資産
・開業費・開発費・新株発行費・社債発行費

②負債

i流動負債
・支払手形・買掛金・未払金・預り金

ii固定負債
・社債・長期借入金・退職給付引当金

③純資産

i株主資本
・資本金・資本剰余金・利益剰余金

ii評価・換算差額等
・その他有価証券評価差額金

iii新株予約権
・新株予約権

④収益
・売上・受取利息・有価証券売却益・固定資産売却益

⑤費用
・仕入・給料・減価償却費・支払利息・有価証券売却損・固定資産売却損

○財務分析

以下、主な財務指標を記載します。

（1）収益性分析

①総資本（総資産）当期純利益率（ROA）
◇当期純利益÷総資産◇高いほど良好

②自己資本（純資産）当期純利益率（ROE）
◇当期純利益÷純資産◇高いほど良好

③総資本（総資産）回転率
◇売上高÷総資産◇高いほど良好

④固定資産回転率
◇売上高÷固定資産◇高いほど良好

⑤売上高当期純利益率
◇当期純利益÷売上高◇高いほど良好

（2）健全性分析

①流動比率
◇流動資産÷流動負債◇高いほど良好

②当座（酸性試験）比率
◇当座資産÷流動負債◇高いほど良好

③自己資本比率
◇純資産÷総資産◇高いほど良好

④負債比率（D／Eレシオ）
◇負債÷純資産◇低いほど良好

⑤固定比率
◇固定資産÷純資産◇低いほど良好

⑥固定長期適合率
◇固定資産÷（固定負債＋純資産）◇低いほど良好

20年度 都C論文講座【11】

平成16年度の選考で実際に出題された問題の全文を掲載します。

16年度出題事例

Aは、4月の人事異動で他局の課長補佐から、X局のY事業所の事業課長として昇任してきた。この事業所は、道路の建設と管理を行っており、庶務課、補修課、事業課の3課からなっている。事業課は、設計係、工事係、工務係からなり、職員は毎日忙しく働いていた。

Aは着任後間もないある日、現場の調査と地元へのあいさつ回りを兼ねて、設計係長と共に現場に出かけた。現場へ行く途中、Aは設計係長から「自治会長は注文が多いので、慎重に対応してください」と言われた。自治会長の家を訪ねたところ、「前任のP課長はいろいろとよくやってくれた。あなたもP課長から引き継いでいると思うが、うちの前の道路は3年前に整備されたのに、交通量が多くてもう舗装が傷んでいる。トラックが通ると、夜寝ていても振動で目が覚めることがある。早めに補修してもらいたい」との要望を受けた。Aは、「話は承ったので、補修課に伝えておきます」と言って、会長の家を出た。

Aと設計係長が会長の家の前の道路を見ていると、設計係長と面識のある自治会副会長が通りかかり、「また会長が何か言いましたか。あの人はわがままで困っています。昨年も、会長がもつ別の敷地の前に電柱を新設する際、会長は自分の敷地の側に電柱があっては不便だとのことで、道路の反対側に設置させました。地元では、前任のP課長が会長の意向を受けて、電柱の管理者に働きかけたとの評判です。これからはそのようなことのないように、公平にお願いしますよ」と言って帰っていった。

その後、Aは設計係長と一緒に現場をひととおり見て、夕方、事務所に戻った。早速、会長から要望のあった補修の件について補修課長に相談したところ、「道路の補修は、経過年数と傷み具合を総合的に判断しながら行っている。会長の家の前は、まだ補修が必要な段階ではない。A課長からきちんと断り、会長を納得させてもらいたい」と言われてしまった。事業課に戻って工務係長に相談すると、工務係長は、「あの自治会は時々もめます。会長の要望だからといって話を受けると、他の住民が反発するでしょう。第一、予算が厳しいので、新しい工事を行う余裕はありません。それよりも、今年のうちの課の本来の事業である道路建設については、会長も他の住民も完全には了解していないので、そちらの方が心配です」と言った。

その時、所長からAに電話があり、所長室に行くと、「さっきまで自治会長が来ていて、いろいろと話をしていた。今日、A課長は、会長の家の前の道路の補修を頼まれたそうだね。あの方の協力なくしては、うちの事業所の今年の事業は進まない。ここは補修課長と調整して、上手に対応してもらいたい」と頼まれてしまった。

この事例の場合、あなたがA課長であれば、これらの状況をどのように判断し、どのように対処するか、その理由も含めて具体的に述べてください。

事例整理の観点

平成19年度から平成17年度まで、過去の出題事例について見てきましたが、平成16年度の事例を読んで、戸惑われた方もいるのではないでしょうか。C選考試験の出題事例の多くは、新たな課題が発生したが、係長達が内部事情を優先して、新規課題解決の努力をしないという設定です。今回の事例をさっと読むと、悪役たる係長もいません。職員も毎日忙しく働いています。また、A課長が著しく困難な状況まで追い詰められていません。わがままな自治会長の存在だけが目立ちます。

そこで、レジュメの用意をしながら、事例に記載されている組織、登場人物を相関図に一覧にします。そして、事例を読みながら、メモ書きした登場人物に「仕事への取り組み姿勢やその人の課題」を簡単に加筆していくと論文作成時に役立ちます。そのとき、名称は正確に記録し、誤らないようにします。例えば、工事係、工務係の混同です。

また、事例に戸惑いを感じたときは、この事例の最後の文章を、もう一度読んでください。あなたがA課長であれば、これらの状況をどのように判断し、どのように対処するか、その理由も含めて具体的に述べなさいと書かれています。A課長になりきって、都の行政目的を実現するため、これらの状況をどのように判断し、どのように対処（行政目的を実現）するか、それぞれ、理由も含め、具体的に述べなさいとあります。

これは、A課長の権限が及ぶ範囲で、事例の設定状況の中で、行政目的を実現することを問われています。わがままな自治会長が主役になることはありません。

設定状況

それでは、事例の設定状況を確認しましょう。Y事業所は道路の建設と管理が業務です。庶務課、補修課、事業課の3課構成で、Aは事業課長です。事業課は設計係、工事係、工務係の3係構成です。

登場人物は、A事業課長、設計係長、工務係長と毎日忙しく働いている事業課の職員です。行政側が所長、補修課長、P課長の3人で、住民側からは自治会長、自治会副会長の2人となっています。

次に、場面を整理してみましょう。4月着任後間もない時に、現場調査とあいさつ回りを兼ねて出張しました。その途中に、設計係長から「自治会長は注文が多いので、慎重に対応してください」と言われました。そのとき、A課長からも、どのような注文が多いのか、慎重にすることはどのようなことか、などと質問をしませんでした。また、設計係長も、A課長への事前のレクチャーもなく、管理職を課題のある現場に案内しています。これは、絶対あってはならないことです。着任間もないので、あいさつのみと気楽に考えていたのが大きな誤りです。事例の後半を読むと、自治会長は事業進行のキーマンでもあり、課題を抱えている人物なので、訪問前にA課長と設計係長は十分な打ち合わせが必要でした。

次に、自治会長の家で、「前任のP課長はいろいろとよくやってくれた。あなたもP課長から引き継いでいると思うが、うちの前の道路は……早めに補修してもらいたい」との要望を受けます。そして、A課長は、「話は承ったので、補修課に伝えておきます」と応えます。これは、A課長が前任のP課長と事務引き継ぎが十分になされていないことを示しています。また、「P課長はいろいろとよくやってくれた」とは、P課長が通常の業務をてきぱきと行ったのか、自治会長の個人的要望を実現するため、特別に優遇していたのか、チェックを入れて後半を読みます。

そして、別れ際に、A課長が「話は承ったので、補修課に伝えておきます」と応じたことが、誤解を生じるきっかけになっています。自治会長は、P課長の後任の管理職に伝えたのだから、要望は成就したと思っています。

次の場面では、自治会副会長から「また会長が何か言いましたか。あの人はわがままで困っています。昨年も、会長がもつ別の敷地の前に電柱を新設する際、会長は自分の敷地の側に電柱があっては不便だとのことで、道路の反対側に設置させました。地元では、前任のP課長が会長の意向を受けて、電柱の管理者に働きかけたとの評判です。これからはそのようなことのないように、公平にお願いしますよ」と言われます。これは、役所に対する苦言です。既に公平感のない行政を進めていたことになります。自治会長の私利私欲のためにP課長が加担していたことです。地元で評判になるような公平感のないことを今後もしたら、行政に対する信頼は失われます。道路の建設もおぼつかなくなります。

ここで、A課長は危機意識をもたなければならないのに、補修課長に補修について相談します。補修課長は「道路の補修は、経過年数と傷み具合を……、まだ補修が必要な段階ではない。A課長からきちんと断り、会長を納得させてもらいたい」と回答します。これは、A課長が自治会長の話を伝えたのではなく、要望を仲介したことを意味しています。A課長は危機意識を持たないばかりか、第2のP課長になろうとしています。

補修課長に相談にのってもらえなかったAは、工務係長を頼ります。「あの自治会は時々もめます。会長の要望だからといって話を受けると、他の住民が反発するでしょう。第一、予算が厳しいので、新しい工事を行う余裕はありません。それよりも、今年のうちの課の本来の事業である道路建設については、会長も他の住民も完全には了解していないので、そちらの方が心配です」と工務係長が言います。この発言の後半こそ、事業課の真の課題です。事業課は本来の道路建設事業を着々と実行していくことが大切です。この発言だけで工務係長が傍観者的態度ともとれません。ノー天気なA課長に対して係長としてのぎりぎりの忠告ともとれます。ただ、心配するだけで給料をもらっているだけの係長なら強力な指導が必要です。また、住民の了解を得る努力をしていたか記載されていませんので、このことは指摘できます。今年の事業なので、早急に住民に説明し、賛同を得られるようにしなければなりません。

ここで、注意しなければならないのは、工務係長の発言です。この発言は、A課長に対する補修工事の回答で、前半は自治会内部の話、中程は補修課の話です。後半、「それよりも、今年のうちの課の……」以降が事業課の道路建設の話です。「第一、予算が……ありません」の直前に『補修課も』と入るはずです。それを工務係長は、予算がないからと言って、消極的な対応しかしていないと記述するのは誤りです。A課長に対して、『補修課の立場も考えずに相談するのは、どうかと思いますよ。それより、事業課の道路建設は、自治会長も、地域住民も了解していません。そちらの方が課題ですよ』と言いたかったのかもしれません。

最後の場面では、所長室で、「さっきまで自治会長が来ていて、いろいろと話をしていた。今日、A課長は、会長の家の前の道路の補修を頼まれたそうだね。あの方の協力なくしては、うちの事業所の今年の事業は進まない。ここは、補修課長と調整して、上手に対応してもらいたい」と指示されます。ここで判明するのは、自治会長がA課長に道路の補修を頼んだという気持ちになっていることです。また、それをトップまで伝えにきていることです。

所長は、自治会長の協力なくしては、今年の事業は進まないので、補修課長と調整しなさいと忠告しています。これをどのように理解するか、この選考試験で問われています。

まとめ

わがままな地域の実力者に不愉快な思いをさせずに、地域の行政課題に実力者の協力を得ていくという設定です。実力者のわがままを聞いてしまえば、地域住民からの信頼は失われます。地域の実力者を納得させる積極的手法が記述できれば、管理職として相応しいと思います。事例の場合、自治会長を説得するために補修工事を実施したら、地域の反発は高まり、遅れている道路建設そのものに支障がでるものと想像できます。常に納税者の視点、都民感覚で考えなくてなりません。所長は新米の課長を叱責することなく、補修課長と調整しろと言われます。補修を実行しろとは、言っていません。P課長の時代のことも含め、詳細な情報が所長に届いていないことも想定されます。補修課長等と調整後、自己方針を固めたら、早急に所長に相談し、自己方針に誤りがないか確認が必要です。

◇

さて、正月休みは、いかがでしたか。十分に事例に当たることができましたか。この論文講座も、あと3回です。

既に出題事例の解説は平成19年度分から始まり、今回で4回目です。そこで、だいぶ慣れたと思いますので、本日の平成16年度の事例を読んで、来週までに自分の論文を書いてみてください。来週、再来週と2回の論文例が掲載されます。その論文例と自分のオリジナルの論文を比較しながら、考えてください。修正すべき発見があるかもしれません。書き改めたら、職場の管理職に是非見てもらってください。それでも、指摘を受けることが多いと思います。恥ずかしがらずに自分のオリジナル論文を見てもらってください。きっと良い結果が待っています。

泣いても笑ってもC試験は、これが最後です。頑張ってください。

カレントトピックス 20年度 13

政治事情

■規制改革会議　2次答申（12月25日）

政府の規制改革会議は、25日第2次答申を決定した。同会議が全面解禁を求めていた焦点の混合診療は全面解禁を見送り、既存制度の拡充を求めるにとどまった。薬事法で未承認の医療機器や医薬品の使用について、希望する医療機関ごとに審査し、併用を認める枠組みを創設する形で厚生労働省と妥結。個別の実施件数や金額など情報公開も求めていく。また、医療分野では、他に医師の負担軽減のため、医師の指導に基づく看護師による投薬量の調整などを認める。教育分野では、保護者や児童による学校、教員評価の匿名性をより保証するものとなった。

■教育再生会議　3次報告（12月26日）

政府の教育再生会議は25日第3次報告を決定した。飛び級や大学への飛び入学を促すための「6・3・3・4制」の弾力化や、徳育の「教科化」を明記。学校の外部評価を巡っては1月の第1次報告に盛り込んだ専門機関の設置を見送り、「第三者評価のガイドラインの作成」を提言するにとどめた。

3次報告は「学力の向上に徹底的に取り組む」など7本柱。「教育再生の原点は、事なかれ主義や悪平等と批判される状況を排し、真に保護者、子供に信頼される公教育の確立にある」と指摘した。

■日中首脳会談（12月28日）

中国を訪問中の福田康夫首相は12月28日夜、北京の釣魚台迎賓館で胡錦濤国家主席と会談した。会談で、胡主席は「福田首相は就任後、中日善隣友好を強調し、戦略的互恵関係の発展を重視してきた」と歓迎し、環境問題やエネルギー、情報通信分野などで互恵関係を新たな局面に導きたい考えを表明。福田首相もこれに同意し、東シナ海ガス田開発問題を念頭に「（両国の主張の）違いは小さくなってきた」と述べ、中国側が解決への歩み寄り姿勢を見せたことを評価した。

これに先立つ温家宝首相との共同記者会見で、福田首相は台湾の国連加盟に関する住民投票について「（中台間の）一方的な現状変更につながっていくなら支持できない。『二つの中国』または『一つの中国、一つの台湾』という立場はとっていないし、台湾の独立は支持していない」と明言した。

がんばれ！公務員 1

文とカット　鈴木武征

お正月だ。お正月はめでたいものと相場がきまっている。

でも最近の情勢では、公務員諸氏にとって「めでたさも中位（ちゅうぐらい）なりおらが春」（小林一茶）が本音だと思う。

ともかく、こう公務員の不祥事、公務遂行上のミスが多発すると、人前で「公務員です」というのもはばかれる。

特に社会保険庁の職員はつらいと思う。

まじめに仕事をこなしてきた人でも、帰郷や同窓会出席などに悩むのではないかと余計な心配をしてしまう。

しかし、そういう時代だからこそ、国も地方も含め、多くの公務員に今こそ元気を出してもらいたい。

よく考えてほしい。

戦後の荒廃した日本を、現在の〝世界に冠たる日本〟にしたものは何だったんだろう。

その要因は複雑多岐で、人により選び方もそれぞれだと思う。

多摩職業能力開発センター生徒による都庁前門松

おめでたい公務員とお正月

しかし私は、国民の勤勉性、民主主義、公務員制度の三つに絞りたい。

国が繁栄するためには、国民が安心して暮らせる基盤が不可欠である。

朝起きると蛇口から水が出る、玄関を出ると道がある、学校がある、病院がある、という当たり前のようなことが大切なのだ。

この多くを整備し、先導し、支えてきたのは公務員にほかならない。

1988年頃から始まるバブル期を境に、公務員も含め日本人の道徳感、経済観念が変わってしまった。

しかし、それまでの公務員は黙々とよく働いてきた。

住民からもそれなりの信頼、尊敬を受けていた。

私が都庁職員となったのは1961年であるが、父母がことのほか喜んだのに驚いた。

肝心の私は意識していなかったが、当時の親たちにとって子供や知り合いが公務員になるのは「おめでたい!!」ことだったのだ。

それは、生活の安定ということもあるが、他人に「子供は都庁勤務です」「学校の先生です」と誇らしげにいえる喜びでもあった。

人間、どうせ働くなら自分にやりがいがあり、ひと様に信頼され、尊敬される仕事をやりたいものだ。

同窓会出席のコームイン

全国の公務員と呼ばれる人たちは、それが可能な環境にいる。

日々、マスコミなどで流れる公務員バッシングにびびってばかりいてはいけない。

悪いことは悪いで、もって他山の石とすればよい。

人の振り見て我が振り直せだ。

諸君と諸君の先輩たちが、ときにはズッコケながらも今の日本の繁栄を築いてきたのだ。

私が入都したころ、メーデー会場や歌声喫茶で「起て万国の労働者～」という歌声をよく聞いた。

いま必要なのは「起て全国の公務員～」の歌声だ。

それはなにも集団を作れということではない。

まず一人ひとりの胸の内で、公務員としての誇りと生きがいを求めて響かせて欲しい。

されど公務員といえども、一人の人間に変わりはない。

誇りも大切だが、面白おかしくも暮らしてみたい。

それなりの信頼は得られつつも、住民の目が現在ほど厳しくなかった私の現役時代。

ずいぶんいい加減なこともありました。

そんな良き時代を回顧しながら、これから折にふれ、厳しい時代を生きる皆さんに〝元気出せエール〟を送れれば嬉しいと思います。

起て!! 全国のコームイン

※今号から元都職員でおもに住宅・都市整備業務に従事してきた鈴木武征氏の連載を始めます。氏は職員報『週刊とちょう』に、一コマ漫画「感度」を1970年から廃刊までの約30年間にわたり一度の休みもなく連載。同時期から本紙1面の「冗句ジョーク」、互助組合誌（ゴジョゴジョ氏）、都政人などに作品を発表。行政に身を置いた者ならではの、ユーモアとペーソスのセンスには多くの隠れファンがいます。

年賀状の住所

若者はメールなんだそうだが、私の世代だとまだ年賀状がうれしい。ところがパラパラとめくっていると、結構「あっしまった」がある。そう、住所が違っているのである。

年賀状でしかやりとりしないご無沙汰の幼なじみも多い。書くときは昨年の年賀状の住所を書いている。ところが地方の友人は市町村合併の荒波を受け、ことごとく住所が変わっていた。まあ、実際の住居が転居したわけではないから、おそらくわが賀状も無事に先方には届いているわけだし、知らせない相手も相手だと思えばいいのだが、ちょっと恥ずかしい。

一方、こちらの住所は、もう20年以上全く変わらない。東京都何々市何々何丁目である。

一昔前は、街が発展すると住所が変わった。私が住み着いた頃は何多摩郡なんとか町と書いていた。すぐそれが市になった。しばらくして住居表示は何々何番地ではなく何々何丁目だと知らされた。周りの光景は見る見る変わり、畑の中に菓子屋と自転車預かり所だけがあった元の駅裏も、いまやこちらがメーンの駅出口、見事なビル群となった。

駅裏のマンションには昔の自転車預かりの店の苗字がついている。40年前に、あそこにあった小屋で婆さんに自転車を預けて、路切を渡り、時には古枕木の柵を飛び越えて通学していたのだ。

友人から来た住所には、[illegible]

[illegible]組なのであろうか。（子年）

千代田区富士見2の1の3、4。07年1月取材。新装なった千代田図書館に出かけ、当時の地図によりこの辺りが「先の戦争」（この表現、ずっと使いたいところです）で「焼けなかった」ことが推定できました（新編千代田区史）。描いた一角が当時のままか、までは調べていません。昨年秋に訪れた時は真ん中の建物が壊され、コインパーキングに変わっていました。

受け継いでいけるもの　受け継げないもの

（財）東京都私学財団融資部長代理　大瀧　安良

私の母は昭和3年生まれですが、極めて健康です。正確にいうと、昨年7月、自宅で転び大腿骨を骨折、手術前に医師から「最悪、車いす状態、リハビリと本人の努力次第」と説明され、先が思いやられた時期もあったのです。しかし、持ち前の負けん気と明るさで異例の回復を果たしつつあり、今では杖無しで逗子の自宅から横浜まで一人で志の輔の落語を聞きに出かけるまでになりました。

人生の終わりは早晩必ずやってくる、ましてや回復はしたもののあのような事故にあえば、本人の心中はいかばかりのものか……最近になって母から「暫くいじっていないから、金庫の中を見て整理してくれないか」との依頼がありました。金庫といっても家庭用のちっちゃな代物、しかも現金や知らない株券でもあれば整理のし甲斐があるものの、実際は祖父の時代からの書類ばかり、広告用紙の裏側が白いとそれで最早捨てられない（斯く言う私もそれに染まった）母の面目躍如といったところです。

話が少し横に逸れますが、この「大」整理のお陰で私自身二つ得をしました。

一つ、10年位ずーっと探していた年金手帳が見つかりました。都庁に入る前の会社の記録、退職後入庁までの3カ月間、国民年金を納めた記録、全部載っているヤツです。最近は物忘ればかり、「ものを利用するより探している時間が長い！」と妻に揶揄され続けの毎日です。そう、無理して探すことないんだ、果報は寝て待て、です。

もう一つ、祖父（明治38年生）が死ぬまで身に着けていた腕時計（バンドは外され丈夫な組紐で懐中時計のように使っていた）が出てきました。SEIKO LORD MARVEL 36000という製品で、竜頭を回すと普通の2倍はある速さでチッチッチッと時を刻みだし、数日様子を見ても止まる気配がありません。ヨドバシカメラで皮のバンドを新調したらとても格好よく、今では毎朝ネジを巻く2個目の時計となりました（1個目は父の形見のUniversal Geneve社製の腕時計）。私の後は息子が継いでくれるだろうか、無理だろうなぁ。

私の亡き父が育ったのは本郷弓町（現在本郷2丁目）、話に出てきた祖父と母が戦前暮らしていたのが神楽坂の本多横町、現在私が勤務している飯田橋庁舎からとても近い距離にあります。そのことが誘い水となり、勤務2年目、気持ちに少し余裕が出来てきたのか、昼休み天気の良い日は散歩に出かけワンコインの弁当を公園で広げる、ということを時折楽しんでいます。西は新宿区水道町から市谷左内町辺りまで、南は千代田区九段南から西神田まで、昼休みではこれ位が精一杯のところです（文京区は未開拓）。

何度も同じ道を通っているうちに、避けなければいけない欲望が湧き上がってきます。杉並を描くことだけで手一杯、分相応を守れ、という声が響いているのに、ついに手を染めてしまいました。酒の席とはいえ、「この付近の絵を何枚か描かなければ都庁に戻っちゃダメ！」という上司の一声がプレッシャーになっていることも付け加えておきましょう。

今回、カラー版を載せて頂けるとのことで、飯田橋駅西口から歩いて5分程の所で出会う町並みを選びました。

「建物は何とかなるけれど、木や草花が上手く描けない」というのが皆さんのお悩みのようです。風景画の中の植物を描くときに意識しているのは、まず形をとる段階では、ペンで線を「引く」というより「置く」という感じ、色を塗る段階では、筆で色を「塗る」というより「置く」という感じ。しかも乾いたら「置く」、また乾いたら「置く」という感じです。

話がずれるだけずれました。年明け目下の目標は、回復した母を神楽坂散歩に連れ出し、さわやさん（化粧品）、助六さん（履物）など昔馴染みの人と邂逅してもらうことです。

『旅先で出会った風景 人との出会い、再会』を毎月連載中

Art Infomation

☆開館15周年記念特別展「北斎―ヨーロッパを魅了した江戸の絵師―」▽1月27日（日）まで▽江戸東京博物館

☆「移りゆくくらしの歴史～いろりからDK（ダイニングキッチン）へ～」▽3月9日（日）まで▽江戸東京たてもの園展示室

☆「SPACE FOR YOUR FUTURE ―アートとデザインの遺伝子を組み替える」▽1月20日（日）まで▽東京都現代美術館

☆「土田ヒロミのニッポン」▽2月20日（水）まで▽東京都写真美術館3階展示室

☆日本の新進作家Vol.6「スティル／アライヴ」▽2月20日（水）まで▽東京都写真美術館2階展示室

☆「文学の触覚」▽2月17日（日）まで▽東京都写真美術館地下1階映像展示室

☆「山は招くよ 山水画から山岳風景画まで」▽1月20日（日）まで▽青梅市立美術館

☆「上海近代の美術」1月27日（日）まで▽渋谷区立松濤美術館

☆「パラオ―ふたつの人生 鬼才・中島敦と日本のゴーギャン・土方久功」▽1月27日（日）まで▽世田谷美術館

☆「林静一展 1967―2007」▽2月3日（日）まで▽八王子市夢美術館

☆「画家の眼差しと表現―季節を描く」▽2月17日（日）まで▽練馬区立美術館

都政新報

発行所　都政新報社
〒160-0023 東京都新宿区西新宿7-23-1 TSビル
〈総務・読者〉(03)5330-8781
〈企画広告〉(03)5330-8784
〈編　　集〉(03)5330-8786
〈出　　版〉(03)5330-8788
〈セミナー事業部〉(03)5330-9977
〈ファクス〉(03)5330-8808
郵便振替 00130-2-101470
購読料 月1,680円（税込）
毎週火・金曜日発行
但し、祝祭日は休刊
©都政新報社 2008

五輪招致　IOCに申請ファイル
6月に5都市へ絞り込み

東京オリンピック招致委員会は10日、スイス・ローザンヌのIOC本部に、2016年大会招致の申請ファイルを提出した。14日までの締め切りで、各都市が申請ファイルを提出する。今年6月にIOCが立候補都市を絞り込む際の資料になる。東京の開催計画では、前回の東京オリンピックの遺産を活用することや、環境問題への取り組みなどをアピールしている。来年2月には、より詳細な立候補ファイルを提出するため、都は計画の詰めを進める。都は同日、石原知事に対して、北京市からオリンピック開会式への招待状が届いたことも明らかにした。

石原知事「未来の扉、開く機会に」

申請ファイルは、IOCが示した25項目の質問に各都市が答えるもの。質問項目には、大会のコンセプトやレガシー（遺産）、政治的支援、財政、施設、セキュリティなどが含まれている。14日の締め切りまでに各都市の申請ファイルが出そろった後、東京のファイルの内容を15日に公表する予定としている。

昨年11月にまとめた開催基本計画をもとに、「人を育て、緑を守り、都市を躍動させるオリンピック」とした開催理念や、半径8キロメートル以内にほとんどの競技会場が入るコンパクトな会場配置などをアピールする。既存の鉄道インフラと、バスシステム、徒歩を組み合わせた交通、輸送など、環境問題への取り組みも都のPRポイントになる。

申請ファイルでは、このほか、IOCの質問に答えて、大会の運営経費の計画や、都内の宿泊施設の状況なども書き込んでいる。

石原知事は11日、申請ファイルの内容面について、「環境への影響を極力抑えて、大都市の中心で開催する。地球社会の未来のために新しい扉を開いていく絶好の機会だ」と述べた。今後の招致活動については、「国や経済界をはじめ日本が一丸となった招致活動で、立候補都市選定という第一関門を突破したい」と決意を語った。

2016年オリンピック招致には、東京のほかにシカゴ、リオデジャネイロ、マドリード、プラハ、ドーハ、バクーの計7都市が名乗りをあげている。IOCは今年6月の理事会で、各都市から5都市程度の立候補都市を選ぶ。立候補都市選定の参考にするため、申請ファイルをもとに、専門家によるワーキンググループがレポートを作成し、理事会に報告する。

立候補都市に選ばれると、国際的な招致活動ができるほか、来年2月にIOCに立候補ファイルを提出することになる。立候補ファイルには、より詳細な開催計画を書き込むため、2012年の開催が決まったロンドンの場合、17テーマ、575ページにわたるファイルを作成した。

09年10月の開催都市決定までにはこのほか、IOCの評価委員会による現地視察や、IOC総会当日の各都市によるプレゼンテーションなどが予定されている。

立候補ファイルの内容は、国際社会にアピールするよう、打ち出し方などで工夫が必要になる。また、開催計画の内容についても、関係機関との調整が求められる。このため、最終チェックまでの時間を考えて、今年秋くらいにはファイルの内容を詰める必要があるという。五輪招致本部の関係者は、「ファイル作成に必要な作業は膨大で、提出まで残り1年あまりといっても、残された時間はそれほど多くない」と話す。

■2016年東京五輪の開催計画

開催の意義
- スポーツを通じて、人々に夢と希望を与え、都市を躍動させる
- 新しい都市モデルを提案し、地球環境を再生する

開催期間
- 2016年7月29日（金）～8月14日（日）

会場配置
- メーンスタジアムを中心とした8キロメートル圏内に、射撃とサッカーを除くすべての競技会場を配置
- 発達した交通インフラや前回大会の会場を利用し、世界一コンパクトな五輪を目指す

交通、輸送
- 環境都市をアピールするため、バスシステムを活用
- 既存の鉄道インフラを利用
- メーンスタジアムへのアクセスで歩行空間を整備

北京市から知事に招待状

オリンピック大会開会式への石原知事に対する北京市からの招待状は、9日に中国大使館公使が谷川副知事を訪問し、手交した。石原知事は11日の会見で、北京市への訪問について「他に重要な案件が重なってなければ行きたい。いろいろと参考になる。行ってみないと分からないことは、たくさんあるから」と述べている。

北京市と都は友好都市の関係にあるが、アジア大都市ネットワークから05年9月に北京市が脱退するなどして、都市交流が途絶えていた。石原知事が就任後、中国批判の発言を繰り返してきたことも、友好関係に影響している。

ただ、五輪招致の成功には、国際社会で存在感を増す北京市との交流が不可欠とする意見は、以前から多かった。また、同市との間で友好交流団を隔年で送りあう都議会も、与党を中心に石原知事と北京市を橋渡しする動きを見せていた。

このなかで、石原知事も昨年12月に都議会の所信表明で、「オリンピック精神を具現化して大会を成功させることを祈念する」と、大会成功への期待を表した。市からの招待があれば、北京五輪に合わせて訪問する考えも、記者会見などで示していた。

08予算・知事査定
多摩都市モノレール支援に299億円
N2Oの削減施設を建設

08年度予算の知事査定は、10日に「環境」「福祉・保健・医療」「都市基盤」の各分野を行い、これですべて終了した。知事が政策の柱に掲げるCO_2削減では、都の先行的な取り組みとして、街路灯の省電力タイプへの交換、下水道事業で一酸化二窒素を削減する施設整備に着手する。また財務局は、当初計画と実績が大きく乖離しているにもかかわらず、これまで見直しが行われてこなかった懸案事業を「負の遺産」と位置づけ、多摩都市モノレールの経営支援で299億円を予算化した。これにより、残る巨大な負の遺産は、新銀行東京だけになった。

ネットカフェ難民対策　新宿にサポートセンター

■経営支援

多摩都市モノレールは98年11月の開業以来、乗降客数が計画を下回り、今年9月に資金ショートする見通しになっている。このため都は、八王子、立川、日野、東大和、多摩の沿線5市や金融機関と再建スキームの調整を続けていた。

営業努力により、04年度から営業利益は単年度黒字に転換したが、571億円の借入金の支払利息が経営を圧迫する要因だった。このため都が金銭出資で210億円を出すほか、無利子で多摩都市モノレールに貸し付けている275億円のうち89億円の債務を株式化し、トータルで299億円を支援する。

債務を株式化すると、都に返済しなければならない貸付金でなくなり、利益が出た時に株式の配当さえすれば良くなる。実質的には、出資と同じという。

299億円の考え方は「ゆりかもめ」など、他のモノレールでは車両基地用地を公共負担としているため、この原則を適用した。多摩都市モノレールの場合、立川市高松町の5・4ヘクタールの国有地を351億円で購入し、東京都住宅供給公社に地上権を52億円で売っている。この差し引きが299億円になる。

今回の再建スキームでは、出資金のほか、都と沿線5市、金融機関の貸付金の償還期間の延長なども実施する。

多摩都市モノレールに対しては、99年度に都が160億円、沿線5市が75億円を貸し付け、経営支援したことがある。しかし、計画で11・6万人と想定していた1日あたりの乗降客数は、00年度が約8万人。その後、増え続けているが、06年度実績で約11万人にとどまっている。

■生活再建

石原知事が公約した個人都民税の軽減案の撤回に伴い、その振替事業として低所得者対策97億円を予算化した。対象となるのは、資産や貯蓄がなく、働く意欲はあるが、収入が少ない約17万人。

若者だけでなく、高齢者や母子家庭なども低所得者対策の対象としてとらえ、各区市町村に相談窓口を設置。職業訓練などの就業支援や、生活資金などの無利子貸付を行う。子どもへの教育支援、ひとり親家庭へのホームヘルプサービスも実施する。

都内には、ネットカフェ難民が2000人程度いると言われ、新宿にサポートセンターを設置し、巡回相談、アパート入居のあっせん、就労相談などを行う。

■率先垂範

「10年後の東京」への実行プログラムでは、2020年までに2000年対比でCO_2排出量を25%削減（約1500万トン）する目標を掲げ、大規模事業所に対しては削減を義務化する方針。

このため、都としても率先垂範する観点から、都庁全体の4割の温暖化ガスを排出している下水道事業で一酸化二窒素を削減する施設をつくる。清瀬市にある水再生センター内に予定している。一酸化二窒素はCO_2の310倍の温暖化効果があるといい、施設が稼働すれば、CO_2換算で1万7000トンの削減になる。

また、車両用・歩行者用信号灯器のLED化を推進するほか、街路灯を高圧ナトリウムランプなど省電力タイプの電球に交換する。

校庭の芝生化では、75の公立小中学校で設計・工事に入り、都立学校でも13校で実施する。グリーンキーパーの派遣や専門業者による管理作業の経費の一部助成をスタートさせる。

制度開始3年で5人目
公募の成年後見人　区社協「道筋示して」

一般から公募した都民が身寄りのない高齢者の財産管理や福祉サービスとの契約を担う「社会貢献型後見人」がこのほど、品川・板橋の両区で誕生した。町田市（3人）に続く事例で、23区では初めて。都福祉保健局では「5人出たことで、家裁による選任の可能性が広がるのでは」と期待している。

身寄りのない高齢者や障害者の財産処分、福祉サービス契約は、弁護士や司法書士などの専門家が「後見人」として家庭裁判所に申し立て、担うケースが多い。だが、低所得者には経済的負担が重いほか、治療費の支払いや通帳の保管、本人の安否確認など専門的でない業務も増え、受け皿が不足している。

このため都では05年度、一般から後見人を公募する制度を始めた。東社協の研修を経て、各区市の社会福祉協議会で実習を積み、家裁に申し立てる仕組みで、現在、約120人が「支援員」として活動中だ。現在、45区市で推進機関を設置する動きがある。

ただ、課題として、後見人は年1回、家裁に書類で簡単な報告をするだけで、細かい監督が難しいことがある。「財産侵害は、やろうと思えばできる」（区幹部）状態という。

品川区の社協では、事前に後見人から活動の方針を聞き取り、3カ月～半年を目途に報告を受けつつ、活動が適切か判断する「後見監督」を担う方針を固めた。また、被後見人が被害を受けたときの救済策として、後見人に東社協の賠償責任保険に加入してもらい、保険料の全額助成も行っている。

品川区社協は66人の後見を「法人」として務めてきた実績があるが、ノウハウがない社協には負担は軽くない。ある区では「都の推薦があっても、大勢は受けられない。養成後も支援は続くわけだから」と話す。

また、実習先の確保も課題だ。ある区では当初、弁護士事務所で支援員を受け入れてもらう形を想定していたが、個人情報を漏らせないとして、弁護士側が難色を示した。担当者は、「インターンも含め、候補者に実力をつけてもらうという都の触れ込みで受け入れたが……」と困惑する。

都の制度は始まって3年目で、伸び悩んでいるのが現状。ある区の社協では「都には、後見人になるまでの道筋を提示してほしい」と話している。

都政の東西
施策の小粒化

年明け早々に仕事を終えて夜遅い時間に家に帰ると、子どもが高熱を出してグッタリとしていた。すぐに近くの病院に向かったが、当直医が脳神経外科の医師しかいないため、小児科の診療は難しいという。

近くに小児科の救急を診られるところがないか、その病院で探してくれたが、救急を受け付けている総合病院も、夜間の小児科には対応していないところばかりだった。結局、自治体による夜間急病センターまで、1時間ほどかけて向かった。

その日の急病センターは空いていたが、職員によると、急患の子どもを連れた親で、診療の受け付けを締め切る夜12時まで、混雑が続く日も多いようだ。都内の話ではないが、大都市部でも小児科医不足が深刻であることを改めて実感した。

医師不足に限らず、住民の生活環境を考えると、ここ近年、深刻な問題が急速に増えている。雇用環境の悪化、地域社会の希薄化、青少年をめぐる環境の変化……。本紙新年号で金井利之東大教授が、各分野における「同時多発的な『崩壊』」という言葉を使っていたが、まさに言い得て妙の状況だ。

本来、都政の本領は、こうした構造的な課題や、解決が難しい問題に切り込んでいくところで発揮されるべきだ。東京都発の施策が全国を引っ張ってきたのも、そのためだった。

しかし、ここ数年の都政を振り返ると、住民の抱える深刻な状況に比して、新規施策が小粒化している印象が強い。知事の都政に対する気力が低下しているなかで、構造的な問題を解決する新しい施策を編み出すエネルギーが、都庁全体で減っていないか、気になるところだ。

2008年が始まった。今年こそは、「さすが都政」と唸るような政策が、多く生まれる年であって欲しい。

1車線を自転車道に
幹線道路で社会実験　都と杉並区

都青少年・治安対策本部と杉並区は28日から、JR阿佐ヶ谷駅北側の中杉通り約350メートルで、自転車専用道路の社会実験を行う。片側2車線のうち、パーキングメーターが設置されている1車線をガードレールで区切り、自転車専用の道路にする。期間は2月6日までで、自転車の交通量や駐車の動向を検証する。

阿佐ヶ谷駅付近の自転車の交通量は12時間で約2500台と、杉並区内では荻窪駅に次ぐ規模となっている。都が幹線道路で自転車道の社会実験を行うのは初めて。

自転車道の社会実験を巡っては、02年にNPOが板橋区の不動通りで行い、04年から歩道拡幅による自転車道の整備につながった例がある。都交通安全課では、「地元を巻き込んだ事業化の手法として紹介できれば」としている。

冗句ジョーク

自治体、職員の酒酔い運転に厳罰方針

ある新成人の"短い青春"
12日（土）友人とパチンコ、夜、焼き鳥屋
13日（日）成人式出席、皆で居酒屋へ
14日（休）酒酔い運転で懲戒免職

産科・小児科専門医育成で4病院を指定
都福祉保健局

都福祉保健局は08年度から、賛育会病院（墨田区）など4病院を「東京シニアレジデント育成病院」に指定し、産科・小児科の専門医を育成する事業を始める。不足が顕著な産科・小児科の専門医を民間病院などで育成し、定着させることで、各医療圏での体制を充実させる狙いがある。

同事業では、医学部卒後の臨床研修（2年間）を終えた医師が対象で、08年度から3年間、専門医の資格取得に必要な研修を実施する。都は指導医の人件費の助成など、1病院につき年間1800万円を補助する。

指定を受けたのは賛育会病院のほか、産科では青梅市立総合病院（青梅市）、小児科では東京臨海病院（江戸川区）と立川病院（立川市）。救急医療の体制が比較的手薄で、専門医を必要としている地域で指定を受けた。医療人材課では、09年度以降も育成事業を広げていきたい考え。

新築住宅の減免廃止へ
都主税局

都主税局は、新築住宅に対する固定資産税・都市計画税の減免措置を1年間の経過措置を講じた上で廃止することを決めた。第1回定例都議会に条例改正案を提出する。

減免措置は「景気対策と良質な住宅ストックの形成」を目的に00年度から実施。06年度は36万件の実績があり、減免の影響額は210億円だった。09年1月1日新築分までで終了する。

その一方、商業地等に対する負担水準の上限引き下げ措置（影響額130億円）、小規模非住宅用地に対する減免措置（同210億円）、小規模住宅用地に対する軽減措置（同270億円）は、いずれも08年度も継続する。また、住宅の耐震化を促進するため、今後、税制の活用について検討を進める方針。

23区の耐震工事助成

06年度は3区が実績ゼロ

悩みの種は資金繰り

診断士が業者紹介も

2006年度の住宅耐震工事の助成事業で、3区が実績ゼロであることが本紙の調べでわかった。助成対象に地域限定などの制限が設けられているため、使い勝手が悪くなってしまったようだ。全体的な傾向として、倒壊リスクの高い木造住宅でも改修費が膨らむ分譲マンションでも資金繰りが難しく、耐震改修があまり進んでいない。耐震化を促すために知恵を絞る必要がある。いつどこで起きてもおかしくない地震を前に、区の耐震工事の助成制度はぐらついている。

06年度の住宅耐震工事の助成は、中野区と練馬区を除く21区で実施しており、そのうち3区の助成件数はゼロだった。木造住宅の密集地域2カ所を対象に助成している文京区では、地域限定という制限が影響したという。大田区では実施設計などに時間がかかり「結果としてゼロになった」と、今年度に持ち越す工事もあった。

江東区も助成件数はゼロで、評点の影響を指摘する。工事後に木造住宅の耐震性を採点した「評点」が1・0以上と、倒壊リスクが低くならないと助成対象にしていない。国の補助事業の対象になるためには、1・0以上に基準を設ける必要がある。そのため、改修前に評点が低ければ低いほど、1・0を超すには改修コストが膨らむため、低所得者には使い勝手が悪い制度になっている。

改修後に評点1・0に到達しなくても、木造住宅の耐震性が上がれば助成対象にするのは杉並、墨田両区。杉並区では助成制度の使いやすさ、毎月1回の耐震相談会などが手伝って、06年度の助成件数は60件と23区内で最多となった。それでも、区は「耐震改修の必要性のPRが足りない」と指摘する。

特に、分譲マンションではPRが必要だ。マンションの改修費は最低でも数千万円以上がかかり、管理組合の合意が得られにくい現状があるため、マンションの耐震改修助成はほぼ皆無に等しい。分譲マンションに2000万円を上限に助成する練馬区は「大口を何とかしないといけない」と懸念し、千代田区では約490棟のマンションの半数ほどが旧耐震基準の建築物であるため耐震化の必要性のPRに力を注ぐ考えだ。

一方、木造住宅の場合、年金を支えに暮らす高齢者もおり、改修費の自己負担は重く、耐震化の必要性をPRしても届きにくい。そのため、耐震診断をしても木造住宅の改修助成件数が低迷している。中野区ではこれまで約2000戸を耐震診断したが、その後、建て替えや補強工事を実施した住宅は220戸余りという。残りの住宅でも大半が補強工事などが必要であるため、着工してもらえるよう「プッシュしていかないといけない」と述べる。

助成金を増額すれば、改修に踏み切るのだろうか。渋谷区は昨年11月から、高齢者の木造住宅の助成上限を150万円に拡充し、23区内では最高額になった。「改修件数は増えると予測している」と分析する。

耐震改修の助成件数を増やそうと知恵を絞る区もある。豊島区では、耐震診断の際に診断士が結果のみを示していたが、今後は診断士が業者を紹介すれば「改修の件数は増えるのでは」と、診断士をコーディネート役にしたい考えだ。

加えて、区民の意識改革が必要だ。新潟県中越沖地震などが起きた時は、耐震診断などが急増するが、時間がたつにつれ震災の怖さは風化する。区民の防災意識を高める取り組みも考えていかなければ、耐震工事の助成は進まないだろう。

■各区の住宅耐震工事助成　※融資を除く

	現行の制度				06年度の助成実績
	木造		非木造		
	戸建て	共同住宅	戸建て	共同住宅	
千代田	○	○		○	26件
中央	○				2件
港	○				15件
新宿	○	○			5件
文京	○	○			0件
台東	○				8件
墨田	○				15件
江東	○				0件
品川	○	○			5件
目黒	○	○	○	○	14件
大田	○	○	○	○	0件
世田谷	○	○			43件
渋谷	○	○			8件
中野	○	○			―
杉並	○	○	○	○	60件
豊島	○				1件
北	○	○			10件
荒川	○				1件
板橋	○	○			4件
練馬	○	○	○	○	―
足立	○			○	27件
葛飾	○				12件
江戸川	○				4件

阪神・淡路大震災から13年

23区でイベントや防災訓練

目立つ帰宅困難者対策

6000人を超える犠牲者を出した阪神・淡路大震災から13年が過ぎる1月17日の前後に、23区では防災に関連する様々なイベントや訓練が行われる。目立つのは帰宅困難者対策関連。

千代田区は17日に、区内3地区の帰宅困難者対策地域協力会と共催で帰宅困難者避難訓練を実施する。帰宅歩行訓練では、帰宅困難者支援場所として指定された上智大真田堀グラウンドを出発地として、埼玉方面と神奈川方面の2ルートで実施。埼玉ルートは板橋区役所近くまでの約12㌔、神奈川ルートは港区芝公園までの約5㌔となる。

港区は15日から18日まで、帰宅困難者対策イベントとして帰宅支援マップ提供事業を実施する。イベントでは、歩いて自宅へ向かう被災者それぞれの帰宅ルートに基づいたオリジナルの地図をハンドブックにして提供する。ハンドブックには、ルート地図や詳細図のほかに、防災に役立つ情報を掲載している。通勤・通学者や、買い物等で来訪した人など、誰でも無料で参加することができる。場所は、JR新橋駅西口（日比谷口）SL広場特設テント。

足立区は22日、新宿区は25日に都と合同で駅周辺での滞留者対策訓練を行う予定。

職員対象の訓練では、杉並区が18日に防災訓練を行う。災対総務部を中心とした初動期の活動を図上訓練する。練馬区も17日に実施する。区長以下部長級が出席する災害対策本部の「審議訓練」を行い、地震発生時の当面の対応を議論する。

墨田区は17日に職員の参集訓練を実施。目黒区も同日、災対本部の初動対応訓練を行う予定。江東区も同日、職員の災対本部運営訓練を行う。この日は職員は全員防災服を着用する。

この他、板橋区は15日に大東文化大学の外国人留学生を対象とした防災訓練を実施する。

イベントものでは、大田区で19日に新潟県中越沖地震の現地に派遣された区職員4人が災害時要援護者の支援について講演する。

また、台東区、品川区が防災フェアを18・19日に開催、渋谷区が17日に防災セミナー、目黒区が20日に講演会を開くなど、各地で様々なイベントが予定されている。

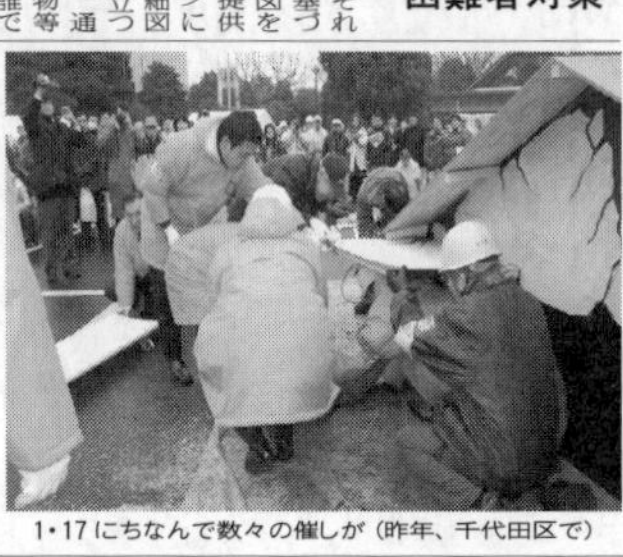

1・17にちなんで数々の催しが（昨年、千代田区で）

葛飾区

医師と看護師、チームで配置

医療救護所派遣の登録者を募集

「医療救護所、本当に機能する体制ですか?」――震度6弱以上の大規模な震災が起きた場合に設置される災害時医療救護所。救護所の医師がトリアージ（治療の優先順位の選別）を行った負傷者は、看護師が手当てや重症度によって病院への搬送依頼などを行うため、チームとしての機能が必要だ。しかし、各自治体では、医療関係団体と協定に基づく医師の確保はできていても、看護師を確保する仕組みを持っているところはほとんどない。こうした状況を背景に、葛飾区では迅速で機能的な医療救護所を目指し、医師に加え、看護師の登録制度を開始した。

震度6弱の大規模災害が発生すると、都内で医師会に登録しているクリニックは閉鎖され、あらかじめ指定された医療救護所に参集して医療に従事することが定められている。

葛飾区は、医師会など区内医療関係団体との協定により、医療救護所を区内14カ所に開設することになっており、救護所に近いクリニックの医師が配置される仕組みだ。

しかし、看護師については取り決めがない。実際に災害が起きれば、医師がその場にいる看護師に応援を依頼し、救護所に向かうことになる。クリニックが開いている昼間の時間帯などであればそれで対応できても、医師も看護師も自宅に戻っている夜間や休診時には、看護師の数を確保するのは困難だ。医師が電話などで看護師に応援を依頼しようとしても、災害時では不通の事態もある。看護師が不足すれば、患者への迅速な対応にも支障が出る。

そこで、葛飾区は、特に夜間や休日などに大規模災害が発生した場合、救護所の近くに住む区内在住者で、医師や看護師の資格を持つ区内外医療関係団体の会員をあらかじめ登録し、指定された災害時医療救護所で活動してもらおうと、登録制度を開始。

看護師については、各救護所に少なくとも10人配置できるよう、140人を募集。また、休日や夜間の場合、交通機関の麻痺や家屋の倒壊による道路封鎖、橋の崩壊などで、自宅に戻った医師が救護所に駆けつけられないこともあるため、医師についても登録者を募集し、1カ所最低5人の医師が配置できる万全な体制を構築する。

また、毎年9月には、葛飾区が医療救護所に配置される医師らと訓練を行ってきたが、これまで一般の看護師が参加する機会はなかった。そのため、医療用具の保管場所などについても共通認識がなく、災害時には、訓練や研修を受けた医師などでなければ、医療用具の準備もすぐに対応ができない状況だった。今後の訓練には、新たに登録した看護師も参加し、顔合わせとともに、チームとしての実践的な訓練を可能にする予定だ。

区保健所地域保健課の西野明課長は「医師一人に対して最低二人の看護師が必要。各救護所を拠点とした地域の看護師の確保や、災害時に人員の過不足がないよう、配置のバランスを考えた体制作りには区が入る必要がある。最悪の事態を念頭におきながら、実効性ある体制づくりを整えたい」などと語った。

品川区と中野区

2万円の優勝蹄鉄も登場

インターネット公売を開始

品川区と中野区は1月から、ヤフー株式会社が運営する「官公庁オークション」に参加して、インターネットを活用した公売を開始した。

住民税滞納者から差押えを行った動産や不動産のうち、インターネット公売を行うことでより効果的に換価できると見込まれた物件を対象として実施する。

ヤフー株式会社が運営する「官公庁オークション」に参加している自治体は、23区のうち杉並、世田谷、目黒、江戸川、練馬に続き、品川、中野を含めると7区。

品川区として最初の公売は、馬に関係した物件で、12点。一番高い物は1991年のオールカマーで優勝したジョージモナーク号の優勝蹄鉄（2万円）。

入札参加申込は21日17時まで。15日に区役所で下見もできる。

中野区は和製小物や茶道具、掛け軸など計30点、見積価額合計65万4500円。最も高いのは10万円の掛け軸。

入札申込は21日17時まで。17日に区役所で下見会を行う。

写真＝品川区が出品したメダル（1000円）

“世田谷みやげ”ネット展開

地域密着型モールが開設

(財)世田谷区産業振興公社は11日から、「世田谷みやげ」100品がインターネット上で購入できるインターネットモール「せたがや市 setagaya-1.com」を開設した。地域密着型のインターネットモールとしては、23区で足立区に次いで2番目。

同公社は「もらってうれしい」「ウチのいちおし」をキーワードに世田谷の逸品を集めた「世田谷みやげ」100品の選定に取り組んだ。この商品は実店舗でしか購入できないものや、個々の店舗のHPを検索する必要があった。「せたがや市」の開設で、「世田谷みやげ」をはじめ「世田谷」色にこだわった逸品が手軽に購入できる。

第一弾として、40年以上地元で愛されている栗最中や、世田谷区の花「さぎ草」を銘にもつ日本茶など14品目がモールに登場した。

開設段階で11店舗が参加する。1店舗で取り扱う商品の数に制限を設けていないので、取り扱う商品は和洋菓子から生活用品まで約300品目にのぼる。

08年度に開設予定の観光サイトとも連携する考え。

1月下旬には、世田谷区民健康村のある群馬県川場村が店舗を立ち上げるなど、今後は世田谷区と密接な関連のある交流都市などの出店も予定している。

モール内では、商品や店舗が写真付きで説明され、店舗のこだわりが伝わる商品説明コーナーも設けている。携帯電話からもQRコードでアクセスすることができる。

公社では「区外の方に世田谷を知っていただくだけでなく、区民でも世田谷を再発見する機会になれば」と話している。

アドレスは http://www.setagaya-1.com。

江東区政世論調査

依然9割近くが定住の意向

江東区は8日、区政世論調査の結果を発表した。定住意向は最も高かった前回調査より0・3ポイント下がったものの、87・5％と高ポイントをキープ。今回初めて調査した「食育」は、約70％が「関心がある」と回答するなど、食の乱れに対する危機感が感じられる結果となっている。

同調査は、1973年から隔年で実施しており、今回で18回目。20歳以上の区民1200人を対象に、戸別訪問で調査した。有効回収数は935人で、回収率は77・9％だった。調査は12項目49問で、そのうち今回初めて「生活安全」「食育」「こうとう区議会だより」を調査対象に盛り込んだ。

定住意向については、「ずっと住みたい」「当分は住みたい」を合わせ、1989年以降、80％半ば以上の高い数値を維持しており、転出意向は5・3％。定住意向の理由は「自分の家（土地）だから」が44・4％で、「日常生活に便利」38・6％、「住み慣れているから」38・4％だった。

食育については「関心がある」と「どちらかといえば関心がある」を合わせて69・1％で、20～60歳代女性のそれぞれの年代で7割超に。また、「治安対策」は「子どもなどに対する犯罪が起こりにくい環境整備」の要望が46・7％でトップだった。

防災対策では、大地震の際に特に力を入れてほしいこととして「非常用食料・水などの応急物資の確保」が50・7％と突出。区では備蓄増の対応をしているが、「06年に都が出した被害想定などもあり、身近に起こりうる災害への不安と関心の高さが、数字に表れたのでは」（防災課）などと分析している。

記者席

環境学習の名所に

○……都環境局の中央防波堤合同庁舎は、その周辺に風力発電施設などがあり、今も環境学習のため年間5万人の見学者が訪れる。その施設が1・6億円かけて、08年度にバージョンアップされることになった。環境問題について、子どもたちが現実感をもって体験できる施設にするというのが趣旨。

展示施設の苦い経験として思い起こされるのは、都庁本庁舎の1階・2階だ。91年4月の庁舎移転以来、猫の目のように施設が入れ替わり、定着しなかった。中央防波堤合同庁舎は、06年3月に刑事物ドラマ「天国の樹」のロケ地として使われ、埋立処分場は、いわば撮影の名所。ロケ地と同じくらい環境学習施設の方でも名所になれば、いいのだが。

○……今月4日にリニューアルしたばかりの福祉保健局のホームページだが、すでに苦情?も寄せられているとのこと。

以前は担当者が自前で作成していたため、デザインや内容面のレベルにバラツキがあった。逆に言えば非常に作りこまれたページもあった訳で、CMS活用で統一化し、レベルが下がったと見られることもあるようだ。

一番多いのは「お気に入り」からアクセスできなくなったとの声。なにしろ1万2000ページ強を半分に圧縮したのだから、見つからないページも随分と多いのだろう。

○……「率直に言って、こんなに長くかかるとは思っておりませんでした。当然の要求です」。清掃労組の旗開きに来賓として出席した東京都労働委員会の水谷研次委員は、自らが審査に携わる清掃労組の統一交渉をめぐる事件について、語気を強めて語った。

「審問は1回しかやっていない。たった1日ですべての審問を終えるのも、労働委員会史上、例がない」「労使が統一してやらなければならないという原則が、わかっていないということ自体、残念というより怒りを感じる」などと訴えた。

実は水谷氏は総務企画局長を務める連合東京を代表して出席したのだが、そちらの話は二の次。問題解決を願う熱い思いが伝わってきた。

今月、2市で市長選

八王子は一騎打ち

府中は3氏の争いに

多摩地域では1月中に八王子、府中の2市で市長選挙がある。いずれも20日が告示、27日が投票となる。府中は即日開票で、八王子は翌日開票だ。11日現在のそれぞれの顔ぶれは―。

◆八王子

3選を目指す現職の黒須隆一氏(65)=自民、公明推薦=に対し、自然保護団体「高尾山の自然をまもる市民の会」事務局長の橋本良仁氏(62)=共産、社民、生活者ネット推薦=が挑む。現市政の是非をめぐり、一騎打ちとなる見込みだ。

黒須氏は、昨年9月の第3回定例市議会で出馬表明。しかし、その後、市議会与党会派である自民党新政会の両角穣氏が立候補の動きをみせたため、同会の15人のうち黒須氏を推す13人は会派を離脱し、自民党八王子市議団を新たに結成した。最終的に両角氏は「選挙に向けた準備が整わない」として出馬を断念。保守分裂は避けられた格好だ。

黒須氏は前回選挙で推薦を受けた自公に加え、連合の推薦も得た。12月9日には選挙事務所を開き、1月10日には約1400人が集まって総決起大会を行い、着々と準備を進めてきた。自民の萩生田光一衆院議員をはじめ、自公の都議や市議らが集結。過去最低の29・56%だった前回投票率を受けて、「投票を呼びかけ、胸を張れる票数での勝利を」と誓い合っている。政策として、▽中学校給食の導入▽総合体育館の建設▽八王子駅南口の再開発、などを掲げる。陣営では「相手は、そこそこの票をとるだろう。気を引き締めてやっていく」と話す。

一方の橋本氏は、暮れも押し迫った12月27日になっての出馬表明。しかし、1月6日の選挙事務所開きには、自然保護や平和運動の関係者、都議、市議らのほか、上原公子・前国立市長も駆けつけ、「短期決戦だからこそ凝縮して頑張れる。国立もそうだった」とエールを送った。2期8年の実績を強調する黒須氏に対し、▽圏央道の高尾山トンネル工事を一時凍結し、環境影響評価のやり直し▽都立八王子小児病院の存続▽八王子駅南口再開発や川口町トラックターミナル構想の見直し、などを掲げる。陣営では「開発型から暮らしや環境を守る市政へ変わるチャンス」として取り組む。

橋本氏の事務所開きには上原公子・前国立市長も駆けつけた

◆府中

現職の野口忠直氏(72)=自民、公明、民主、社民推薦=は昨年10月の第3回定例市議会で、3選を目指しての出馬を表明した。ごみ処理問題、子育て支援の充実や高齢者の社会参加の推進などを3期目の課題として掲げる。懸案となっているごみ収集におけるダストボックス方式については、廃止の方向性は示したものの、議会や市民から慎重な意見も出ているため、実施は09年度以降にずれ込みそうだ。

それに対し、「ダストボックス存続」を掲げるのが、12月25日に出馬表明をした元出版社社員の桑島耕太郎氏(47)。同氏は、ごみの有料化反対も訴える。政党の推薦は受けない方針だ。

そのほか、今月9日には、共産党地区委員長の志摩和寿氏(55)が共産党の推薦で出馬を表明。「ごみの有料化は必要ない。ダストボックスについては、市民との合意のなかで存廃を決めていく」とする。

保守王国といわれる府中での選挙も、八王子と同様に、過去最低だった前回の投票率36・43%をどれだけ上回るかが注目される。

黒須氏の総決起大会

市議会

意見書110本、決議1本可決

メディカルコントロール体制の充実など

26市の市議会の第4回定例会が昨年12月26日までに終了した。5市議会を除く21市議会で、意見書110件、決議1件が可決された。

メディカルコントロール体制の充実は、8市議会が可決した。メディカルコントロールとは、医学的観点から救急隊員が行う応急処置などの質を保証すること。意見書は、▽都道府県メディカルコントロール協議会を統括する全国メディカルコントロール協議会連絡会を定期開催し、地域メディカルコントロール協議会との連携強化を図る▽オンラインメディカルコントロール体制の構築推進▽救急救命士の病院実習や再教育の充実、強化などを内閣総理大臣、総務大臣、厚生労働大臣などにあてて求めている。

民法772条の嫡出推定に関する運用見直しについても、8市議会が可決した。子どもの人権を守るため、離婚前妊娠であっても社会通念上やむをえないと考えられるものについては、現在の夫の子として出生届を認めるなど嫡出推定の救済対象の拡大を、内閣総理大臣、法務大臣などにあてて要望した。

そのほか、原爆症認定制度の抜本改善などについては7市議会が、また、薬害肝炎の被害者全員救済や問題の早期解決などについては6市議会が可決した。

各意見書、決議の可決状況一覧

件名	可決市議会
メディカルコントロール体制の充実	八王子、立川、三鷹、調布、町田、小金井、東久留米、多摩
地裁、家裁八王子支部機能の存置	八王子
生活保護基準の引き下げに反対	八王子、三鷹
沖縄戦「集団自決」に関する教科書検定の記述の復活など	八王子、小平、狛江、清瀬、西東京
原爆症認定制度の抜本改善など	立川、武蔵野、三鷹、調布、国立、東久留米、羽村
取り調べの可視化の実現	立川、三鷹、調布、東久留米、多摩
保険でよりよい歯科医療の実現	立川、武蔵野、日野、東大和、清瀬、武蔵村山
民法772条の嫡出推定に関する運用見直し	立川、三鷹、調布、小金井、日野、狛江、東久留米、多摩
薬害肝炎の被害者全員救済や問題の早期解決など	立川、武蔵野、三鷹、日野、東久留米、多摩
「非核日本宣言」を求める	三鷹
防衛省の軍事利権の全貌と政軍財癒着の解明など	三鷹、小金井、西東京
産科・救急医療体制の早期整備	三鷹、小金井
都知事公約の中3までの医療費無料化の早期実施など	三鷹、武蔵村山
地域で安心して出産できる助産所の存続など	三鷹、町田、小金井
テロ対策支援活動に関する特措法案の速やかな成立	調布
後期高齢者医療制度での都などの財政支援を求める	調布、町田、国立、東大和、多摩、羽村
介護保険制度の改正に関する	調布
地域における雇用・就業対策の拡充強化	調布
「知的財産立国」の推進	調布
「地球温暖化対策」の推進	調布
中小企業対策の充実・強化	調布
福祉人材の確保に向けた施策の充実	調布、羽村
国の私学助成の拡充	町田
東京都障害者グループホーム等の運営費補助の現行維持及びひとり親家庭総合支援事業等の充実	町田
高齢者の生活を守る健全な社会保障制度を求める	町田
揮発油税の暫定税率のゼロ凍結	町田
証人喚問を全会一致の原則で堅持するよう求める	小金井
新テロ特措法案に反対	小金井
労働者派遣法の抜本改正	小金井
「エコマイスター制度」の法整備	小金井
岩国市市庁舎建設補助金交付打ち切りの撤回	小金井
義務教育費国庫負担制度の堅持など	小金井
広域支援の早期解消に努める決議	小金井
産業廃棄物中間処理施設設置に関する	小平
在日無年金高齢者および障害者に対する救済措置	小平
今日の年金諸問題早期解決を求める	小平
後期高齢者医療制度の見直し	小平
高齢者医療制度の抜本的改革と見直し	小平
独立行政法人都市再生機構居住者の居住の安定など	東村山、福生
都立清瀬小児病院の存続	東村山
(仮称)ハンセン病問題基本法の早期制定	東村山
割賦販売法の抜本的改正	国分寺
国際園芸博覧会の多摩地域での開催	国分寺、福生、狛江
適正な「雇用・労働」の実現	国分寺
後期高齢者医療制度に関する	福生
都営住宅居住者の使用承継制度の見直し	狛江
柏崎刈羽原発の徹底的な安全確認	東大和
憲法9条を守り、憲法の平和主義を広める	清瀬
国民の生存権を保障する制度としての生活保護の拡充	清瀬
テレビ放送の地上デジタル化にあたって万全の対策	清瀬
児童扶養手当削減の中止	東久留米
ハンセン病問題基本法の制定を求める	東久留米
障害者福祉制度の充実	多摩
青年の雇用確保の促進	羽村
いじめ、不登校対策の充実	羽村
石油価格高騰にかかわる緊急対策	西東京

介護支援ボランティア

開始から4カ月、好評

稲城市

稲城市が昨年9月から行っている介護支援ボランティア制度が注目を集めている。元気な高齢者が介護施設などで入所者の話し相手などを行うとポイントとなり、年間最大で5000円が交付され、自分の介護保険料の支払いの一部にあてることができる。スタートから4カ月。関心を持つ自治体の視察は多く、これをきっかけに初めてボランティア活動を始めた人、「気持ちに張りが出た」という人もいるなど、ボランティアをする側の評判も上々だ。

●最高齢は93歳

介護支援ボランティア制度は、稲城市が全国に先駆けて昨年9月からモデル的事業としてスタートした。

団塊の世代が高齢化を迎える時期にあたって、高齢者の社会参加を政策として後押しする必要性から考案した。「ボランティアに参加しようとする高齢者のための施策であり、受け手のための施策ではない」と稲城市では注意を促す。65歳以上のボランティア参加者が地域でいきいきと過ごすためのサポートを目指している。元気な高齢者を増やすための介護予防の概念を取り入れているのが特徴だ。

開始から3カ月で同市が行った調査によると、介護支援ボランティア制度への登録者数は216人。そのうち、初めてボランティア活動に参加した人が49人いた。男女比は男性が40人、女性が176人。5歳ごとの区分でみると男女ともに65歳から69歳までが最も多く、それぞれ4割と5割を占めたが、一方で70歳以上も5割～6割を占めた。最高齢は93歳の女性だった。

視察も多く、北は青森から南は沖縄まですでに30件近くを受け入れた。自治体職員のほか、議員や民間、学生、政党関係者などの姿も見られた。神奈川県南足柄市からは、市長や部長らがこぞって訪れた。

都内自治体も導入に意欲をみせており、千代田区では昨年12月に制度を開始した。今年4月からは品川、足立区などが予定しているほか、来年度中の実施や実施を検討中というところも多い。

●なかには慎重論も

この制度は、国の介護保険制度の地域支援事業としての実施が認められている。だが、他団体などからは慎重論もあった。「ボランティア活動への対価的な性格があり、ボランティア本来の意義が薄れるのではないか」「実質的に保険料が軽減される分をボランティアに参加しない者に負担させるのは、不適当ではないか」などだ。前者に対して稲城市では「軽減額や方法からみて対価的性格を有するものではない」と回答。後者については「本事業の保険料負担の軽減は、地域支援事業の介護予防事業の地域支援事業交付金で行うので、参加しない者だけに負担を求めるものではない」と説明している。

そのほか、当初、同市が予定していた介護保険料を「控除」する考えに対しては、「社会保障制度の根幹にかかわる問題」とする意見もあったため、同市では厚生労働省と協議。活動ごとにポイントを付与して、保険料へのポイントの活用を申し出た者に対して「交付金」を出す手法をとることにした。

さまざまな議論を経てスタートした同制度。ボランティアを受け入れる側の施設からは「ボランティアより介護職員を増やしてほしい」など現場の窮状を訴える声がある一方で、「ボランティアをすることで少しでも生きがいと介護予防につながることを期待する」との声もある。現在、受け入れ先は13団体だが、ボランティア希望者が多いため、同市では今後、増やしていく方針だ。

ボランティア参加者からの評判はいい。独り暮らしのある高齢者は「買い物でスーパーに出かけても会話することもなく、ボランティアに参加するようになって、気持ちに張りが出た」と喜んでいるという。市が主催する介護予防教室の手伝いでポイントをもらったという稲村豊子さん(69)は、「ポイントが欲しくてやっているのではない。たまたま行った後に結果的につけてくれるのだが、楽しく充実感を持ってボランティアできている」と語る。

同市ではこの制度の導入により、要介護認定を減らす効果が5%程度あると見込んでいる。これは高齢者一人が要介護認定になるのを2週間遅らせる効果に相当するという。

また試算では、100人のボランティアで50万円の交付金が必要となると、一人あたりの介護給付費は0・8円上がる。しかし、一方で介護予防効果による介護給付費の削減が1・7円見込まれ、結果として0・9円の保険料軽減効果が上がるとみている。

同市高齢福祉課の石田光広課長は「今月中にもボランティア登録者にアンケートを行い、事業の効果を検証したい」と話している。

MEMO

介護支援ボランティア制度 稲城市が国に発案したのをきっかけに制度化された。登録の対象は65歳以上の高齢者。介護施設などで入所者へのお茶出しや話相手、レクリエーション指導などの手伝いを行うとポイントが付与される。同市の場合は稲城市社会福祉協議会がポイントの管理、換金を行う。年間で最大5000円が交付される。財源は、市から管理機関へ交付する、介護保険地域支援事業介護予防事業一般高齢者施策に係る地域支援事業交付金を活用する。

今期で引退を表明

野沢・福生市長

福生市の野沢久人市長(69)は10日、記者会見を行い、今年5月の市長選に出馬せず、引退することを表明した。

会見で野沢市長は引退を決めた理由について、年齢的な要素に加え、「あまりに長くやりすぎると役所も固定化してくる。私が発言するとほかの人が発言しなくなる。世代交代の時期に来ていると考えた」と話した。また、「この8年間で福生をどういう街にしていくかの土台はできた。地方分権の流れのなか、職員も大きく成長し、市民との協働を理解してくれている。次の基本構想は新しい人につくってほしい」と述べた。後継については、市議会最大与党会派の正和会が候補を絞り込んでおり、15日に発表される方向。

野沢市長は、1962年に社会教育主事として就職以来、20年にわたり社会教育に携わった。企画財政部長、助役を経て、2000年に市長に初当選し、現在2期目。

福生市の市域の3分の1を占める横田基地の軍民共用化問題については、「日米政府間協議の結果が出ていない現在は、具体性がみえてこない。メリット、デメリットが明らかになった段階で市民と話し合うことが重要」として、賛成、反対の態度は示していない。

記者会見で引退を表明する野沢久人市長

福生市

電子庁議がスタート

全職員と情報共有

福生市は昨年12月から電子庁議をスタートさせた。資料用紙削減につながるほか、資料の永年保存に向けた適正管理、全職員との情報共有の促進で効果が上がるとみている。

同市では毎月2回、庁議を実施している。出席メンバーは、理事者4人と部長級職員11人の計15人。従来は、紙で配られた資料を部長が持ち帰り、課長らがコピーするなどして情報の共有化をはかっていた。

これに対し、電子庁議では、パソコン研修用に市が保有しているパソコンを活用。会議室に設置したパソコンの電子データを見ながら庁議を行う。庁議で決定された内容は企画調整課がまとめ、数日後に庁内LANに掲載するため、全職員が読むことができる。

初めての電子庁議は昨年12月18日に行われた。「出席者は思った以上にパソコンを使い慣れており、滞りなく終わった」(企画調整課)という。1月11日に行われた2回目の電子庁議もスムーズに終了した。

電子庁議の実施により、資料用紙の削減は年間5万5000枚。永年保存するとされている庁議資料も紙でなく、ホストコンピューターのサーバーに保存していくことで適正管理が図られるという。

同課では「資料はパソコン画面上で見やすいように極力1枚の紙に収めてもらう方針で、簡潔な資料の作成能力向上にもつながる。将来的には、ほかの会議にも広げて紙による会議をなくしていきたい」と話している。

電子庁議は、多摩地域では小平市や羽村市などでも行われている。

福生市役所で始まった電子庁議

収用委が収用裁決

圏央道高尾山事件

東京都収用委員会(会長・内山忠明弁護士)は12月27日、圏央道の高尾山トンネル建設用地において未買収となっている5カ所の土地収用について、損失の補償や権利取得と明け渡しの時期などを示した収用裁決を行った。地権者らは反発し、訴訟を起こす構えだ。

該当する5カ所は、八王子市の裏高尾町、高尾町、南浅川町にまたがる約1370平方㍍。八王子ジャンクションから八王子南インターチェンジ(仮称)までの2・1㌔の区間内にあり、圏央道反対派住民らによる立ち木トラストや土地トラストが展開されている。土地所有者と借地権者・立ち木所有者ら関係人は計556人に上る。

今回の収用裁決は、土地に関する区域や損失の補償、権利取得と明け渡しの時期などを示すもので、地権者らは遅くとも3月25日までに、起業者である国土交通大臣と中日本高速道路株式会社に土地を明け渡さなければならない。しかし、地権者らは「トンネル工事は世界遺産にも匹敵する貴重な高尾山の自然を破壊する」などと反発しており、来月下旬にも裁決の取り消し請求訴訟を起こす方針だ。仮に期限内に看板撤去など土地の明け渡しが完了されない場合には、都知事による代執行の手続きが控えている。

高尾山トンネルは昨年5月に南側から掘削に着手し、2本あるトンネルのうち片側は140㍍掘り進んでいるが、もう一方は地権者の使用許可が出ていない部分にさしかかり、40㍍で中断している。この土地についても12月27日付で収用裁決が行われた。

国土交通省相武国道事務所では「事業者として一日も早い裁決を望んでいた。2009年度の供用開始を目指したい」と話している。

園児置き去りで職員8人を処分

西東京市

西東京市は12月21日、保育士が保育園児1人を引率し忘れた問題で、当該の保育士や管理職など職員8人に対して処分を行った。

今年10月3日、ひがし保育園の園外保育で、人数確認の不徹底で園児1人を引率し忘れた。園児は市民に保護され、無事だった。処分内容は、職員を管理する立場にある子育て支援部長ら4人が訓告、保育士ら4人を文書注意にした。

■人事異動

三鷹市

1月1日付

＜部長級＞▽総務部長兼土地対策課長(総務部長)萩原幸夫

＜課長級＞▽市民部市民税課長(総務部土地対策課長)目黒高明

水道局労使交渉

職員の退職派遣など妥結

新たな事業運営体制が今春始動

都水道局と組合の労使交渉が昨年末に決着した。最大の焦点となったのが、局の経営計画で示した新たな事業運営体制として行われる監理団体への業務移転と、それに伴う職員の退職派遣だ。支所の給水課給水管工事係の業務や、区部2カ所の給水管理所の維持保全業務について、今年4月から順次、監理団体に移転し、執行体制を見直す。これに対し、組合側は「安全性が担保できない」「技術継承が確保できない」と反発。激しい交渉が続いたが、最終的には、当初提案どおり業務移転を開始することで妥結した。これにより、局の経営計画に盛り込んだ監理団体との一体的事業運営体制が今春から始動することになる。

■派遣は管理運営事項

監理団体への業務移転に伴う執行体制の見直しは、水道管を新設する際などの受け付けや指導・監督を行う給水装置業務および、区部に4カ所ある直営の給水管理所のうち、江東、荒川の2カ所の維持保全業務等を、今年4月から3カ年で監理団体の東京水道サービス株式会社（TSS）に業務移転するもの。これに伴い、職員を退職派遣し、円滑に移転するという。水道局の監理団体への退職派遣は初となる。

これは07年から3カ年を計画期間にした「東京水道経営プラン2007」に盛り込んだ新たな局運営体制の考えによるもの。業務の一部（準コア業務）を監理団体に移転し、局と監理団体が一体的な事業運営体制を図る。今回の提案は、その皮切りとなるものだ。

こうした提案に対し、組合側は反発。監理団体との一体的な事業運営体制自体に激しく抵抗した。その上で、具体的な要求として派遣職員の不安を解消するための労使間協議を求めた。

だが当局は、組合の要望には誠意を持って対応する考えを明らかにするが、「派遣や人事は管理運営事項」として、組合との協議は行わない考えを固持。その一方で、派遣職員の勤務条件についての不安を解消するため、監理団体と局職員部に派遣職員を対象とする相談窓口を設置し、苦情・相談受付体制を整えるとした。

また、技術継承の問題については、当局が「監理団体との一体的事業運営体制の中で技術継承を図る」との考えを示し、最後まで平行線となった。

最終局面では、給水装置業務の執行体制の変更について、当初提案より1年延長して3年間で行うとしたほか、荒川給水管理所の業務移転も1年先延ばしして21年4月に実施するなど前進回答を得た。しかし、退職派遣や技術移転は当初提案どおりの決着となった。

このほか、三園浄水場の運転管理を監理団体に業務移転する見直しなども妥結する一方、朝霞浄水場の運転管理にかかわる企画・計画の補助業務を監理団体に移転する提案については跳ね除け、引き続き協議となった。

■運営状況を注視

「業務が直営で残せなかったのは、厳しい結果だ」。全労連東水労の上村時彦書記長は、監理団体への業務移転について、こう総括した。

他方、三園浄水場では「交替勤務に直営を残すことができ、細々ながら技術継承の道が残された」。また、朝霞浄水場の業務移転提案を引き続き協議に持ち込んだことなども判断して妥結した。

退職派遣については組合員から「業務量がどうなるか」等について不安の声が上がる。現在もぎりぎりの人員で行っている中、当局からは現在従事する職員の7～8割程度を派遣する考えが示された。現在の業務に加え、人材育成も行うことになる。上村書記長は、「業務量はどの程度の職員が派遣に同意するかにもよるが、少ない人数で業務だけが増えるのならば派遣は進まない。引き続き詳細協議で詰めていくことが必要」と話す。

これで新たな一体的な事業運営体制がスタートすることになるが、当局は10年間で技術を移転する考えを示しており、「運営状況を引き続き注視し、明らかになった課題については正していく」（上村書記長）考えだ。

自治労連東水労の片岡書記長も、「業務移転は厳しい結果だ」と受け止める。同じ労働条件での派遣となるが、異なる職場への異動や公務員の身分でなくなることに、組合員からは不安の声が上がる。そうした中、相談窓口を設置した点には、「一定の不安解消につながるのでは」と評価する。

他方、技術継承についての懸念は消えていない。他局の監理団体では、数年にわたり現職派遣している例もある。「技術を移転するには受け手の体制も重要。プロパーの職員が育つ環境にあるのか」と述べ、3年間での技術移転に不安をぬぐいきれない様子だ。

水道局職員部の鈴木浩三労務課長は「組合とのかい離は大きかったが、当局提案について理解頂いたと思っている」と述べた。

都庁職旗開き

「闘う中で展望切り開く」

構造改革路線への批判背景に闘いを

都庁職の2008年新春旗開きが10日に行われた。河野正委員長は休息時間や再雇用を巡る問題、確定闘争、来年度予算・人員要求など、闘いの連続となった昨年を振り返りながら「闘う中で展望を切り開いていくため、さらなる結集や知恵と力を」と訴えた。

あいさつの中で河野委員長は、参院選での与野党逆転、安倍政権の崩壊といった国政の情勢に触れ、「根本にある構造改革路線に対する国民の批判の声を確実に大きく確かな流れとしていくため、組織性格を踏まえつつ、取り組みを進めていきたい」と強調した。

宮部・氏家両顧問とともに鏡開きをする河野委員長

また3期目の石原都政については、昨年12月に出された「10年後の東京」への実行プログラムを「オリンピック招致を口実とした3環状をはじめとする東京の大規模再開発、破綻した臨海副都心開発を行うもの」と位置づけて批判。さらに4000人の職員定数削減を掲げた行財政改革実行プログラムが2年次目を迎える中、都立病院改革など行政のアウトソーシング、自治体の市場化の動きにも強い懸念を示した。

そのうえで「住民福祉の向上という自治体本来のあり方に立ち戻って、都民本位の都政を取り戻す粘り強い闘いに取り組み、都民に安心してサービスを提供できる私共の労働条件の確保についても奮闘していきたい」と抱負を語った。

当局側からは押元総務局長が代表してあいさつに立ち、オリンピック招致活動への理解や「10年後の東京」への実行プログラムに掲げた施策実現に向けた協力を求めた。

また昨年の交渉経過については「非常に厳しい交渉で、何度か『これは』という局面に立ち至ったことも事実」としながらも、労使の信頼関係に基づいて解決したことに「都庁職の皆さんのご英断であり、私自身も喜ばしいと思う」と述べ、「長年にわたって培われてきた労使の信頼関係に基づく話し合い、解決に向けた道筋を私どもも大切にしていきたい」と話した。

産技研

産総研と協力協定

ナノテク支援で設備の相互利用など

都立産業技術センター（産技研）と経済産業省が所管する独立行政法人産業技術総合研究所（産総研）は、ナノテクノロジー産業など、先端技術を活用した事業に取り組む中小企業の振興を目指し、協力協定を結んだ。産総研が公設の研究機関と協定を結ぶのは初。

具体的な連携策では、お互いの施設にある微細加工設備などを相互に利用して研究・開発を進めるほか、人材交流等を図る。また、両施設が主催する講座への相互講師派遣など人材育成面でも連携を図るという。

産総研は、産業技術の研究開発などを行う機関。昨年まで経済産業省の助成事業としてナノテク分野での人材育成に取り組んでおり、産技研も職員を派遣するなど協力してきた経緯がある。今回の協定締結は、この取り組みをさらに発展させることがねらいだ。

ナノテクは技術的に高度である上、設備的にも高額であり、中小企業にとっては参入しづらい分野となっている。しかし、ナノテクによる独創的な高付加価値製品の開発ができれば、独自技術によるオンリーワン企業として発展することが可能となる。

産技研の井上滉理事長（右）と産総研の吉川弘之理事長が協定書に調印

産技研のナノテクノロジーセンターが設置されている城南支所の田村和男支所長は、「今回の協定締結は、中小企業支援が目的。中小企業に近いところにいる産技研と国の研究機関である産総研が組むことで、お互いに補完し合って取り組みを進めたい」と話す。

「平家詞曲」全句を伝承する

ひと

平家琵琶伝承者（元都教育庁）

梅田（うめだ）　和子（かずこ）さん

諸行無常、盛者必衰の理――と日本人なら誰もが知っている平家物語の一節。だが、200句あるという「平家詞曲」全句を語れるのは、現在、全国でも10人ほどしかいない。その一人が、平家琵琶伝承者のこの人だ。

教育庁に勤めながら中大文学部に通い、近松以前の古浄瑠璃の世界に没頭。休日には全国を訪ね、村に一冊しかない木版本を手書きで写したり、カメラに収めた。語り物は、当時のオープンリールで録音したという。

「消えていったものも多いので、今となっては本当に貴重なものだと思いますね。卒論はAをもらいました」とにっこり。平家琵琶との出会いも、国立劇場の開場記念で、全国の貴重な民俗芸能が集まると聞き、出かけていった時のこと。

「昭和の時代に琵琶法師がいるとは思っていなかった。びっくりしました」。その後、仙台から人間国宝の館山甲午師を迎えて会ができるというので参加。館山師が亡くなった今でも、平家琵琶普及後援会として続いているという。

「休みが取れると、家族で仙台に行き、夫に子どもを見てもらって、師から琵琶を習ったんです。権威付けをしない新しい考えの方で、家元制度みたいなものに縛られず、口伝の秘事・秘曲まで惜しげもなく教えて下さるんです。家の宝のご本もお借りしました」

お金も受け取らず、1979年には平家詞曲の免状を授けてくれたのだと。盲人だけに伝えて晴眼者には教えない地域もあった中、東京音楽学校でバイオリンを専攻した晴眼者の館山師の存在は、平家琵琶の伝承に大きな力を果たした。

「口から口へ、相対で伝えなければ伝わっていかないんです」。今も師の後継者で、やはり仙台在住の後藤光樹師に師事。自身は弟子を取っていないが、小中高や大学、各種講座で活動。各地で奉納演奏も行っている。

平家琵琶を日本の音楽のルーツだと言い、「文化財としての基本の節は同じでも、時代の好みや語る人の工夫で印象が変わる。それが許される。こんな音楽はないのではないでしょうか」とも。

敦盛最後の笛を吹く場面では、ご主人に趣味の尺八を吹いてもらうという趣向も。「聞いて下さる方がいればどこでもボランティアに行きます」（門）

神奈川県生まれ。60年都教育庁に入り、翌年開館の文化会館へ。稲城・町田市の小学校を経て00年退職。薩摩派説教節も途絶えそうだったのを、伝承者として次代に伝えた。2男は独立し、夫と。

清掃労組旗開き

小回り利く活動を全力で

副区長会会長「都労委問題も真剣に取り組む」

東京清掃労組の新春団結旗開きが10日、千代田区飯田橋のホテルメトロポリタン・エドモントで行われた。単体の労働組合として2年目となった昨年の給与改定交渉では、業務職給料表の削減提案に苦渋の判断を迫られた。また、最大の課題となる事業執行にかかわる統一交渉についても、いまだ解決には至っていない。重い課題を抱えて新年を迎える中、西川卓吾委員長は、引き続き課題解決に向けて全力で取り組む決意を示した。

「都労委に不当労働行為の救済を申し立て、2月末で2年を迎えるが、いまだに解決のめどは立っていない」。冒頭、西川委員長は、語気を強めながら事業執行にかかわる統一交渉問題に触れた。

この日も清掃部長会と協議したが、進展はなかった。「清掃事業は各区で自己完結できない。サーマルリサイクルをはじめ、廃棄物行政が大きく変わる状況では、事業執行にかかわる23区共通基準は不可欠」と訴え、1日も早い解決に向けて取り組む決意を示した。

また、今年の活動について、干支にかけながら「文字通りネズミのように、小回りが利く活動を全力で取り組みたい」と語った。

区長会を代表して来賓のあいさつに立った鎌形満征事務局長は、多田正見会長のメッセージを代読。「清掃事業は区民の日常生活に密着した大変重要な行政サービスの一つ。事業の円滑な運営は、職務に対する皆さんの理解と尽力の賜物だ」と述べるとともに、来年度から全区で本格実施する廃プラスチックのサーマルリサイクルについて、あらためて理解と協力を求めた。

区長会側の交渉委員となる副区長会の水島正彦会長も、旗開きの来賓として初めて出席。「今日は生きて帰れないのではないかと思って来たが、実に温かく迎えていただいた」と冗談を交えてあいさつした。

また、正月の新聞各紙が環境問題をクローズアップしていた点に触れながら、「これはまさにリサイクルや清掃の仕事。重要視されており、皆様の力も借りながら一層、仕事を充実させていきたい」と述べるとともに、都労委問題について、「組合との協議・調整の場をどうするかが極めて重要。真剣に取り組んでいきたい」と決意を示した。

あいさつする西川委員長。都労委問題の年度内解決を目指し、引き続き取り組みを強める

特別区が新採合同説明会を開催

2月10日　国学院大で

来年度卒業する学生の就職活動が本格化することを受け、特別区人事委員会は2月10日、I類採用試験受験希望者を対象とする合同説明会を行う。

昨年12月には「特別区の職場」を知ってもらうため、技術職と事務職別に採用フォーラムを開催したが、今回は区ごとの概要や特色、求める人材像などを紹介。より具体的に職場のイメージをつかんでもらうのがねらいだ。

区や一部事務組合の担当者が40分程度説明会を実施。同じ内容の説明を1日で5回行うので、最大5団体の説明を聞くことができる。このほか、採用試験の概要説明や技術・専門職の個別相談も行う。

人事委では、これまで同様の説明会を4月に実施してきたが、学生の就職活動が年明けに本格化することを踏まえ、昨年から前倒しして実施。「昨年の参加者へのアンケートでも、この時期の開催は好評だった」（人事委員会任用課）という。

説明会は2月10日の午前10時30分から午後3時50分まで。渋谷区の国学院大学（渋谷区東4・10・28）で。事前の申し込み等は必要ない。

起業相談を夜間も実施

都中小企業振興公社

東京都中小企業振興公社は、起業や創業を予定している人たちへの相談を、1月16日から夜間にも実施する。

起業などに関するワンストップの相談窓口として、公社職員が利用可能な支援策を紹介するほか、必要な場合は、司法書士や社会保険労務士、中小企業診断士などの専門家への橋渡しを行う。

これまで昼間だけ相談を受け付けてきたが、1月からは奇数週の水曜日には17時半から19時半までの時間にも相談できるようにする。事前予約制で、1企業1時間、1日2社まで受け付ける。4月以降は、さらに夜間相談の回数を増やすことも検討している。

今春から地域別に飛散予報

とうきょう花粉ネット

都福祉保健局が募集していた花粉自動測定・予報システムの愛称が10日、「とうきょう花粉ネット」に決定した。応募総数は1319件だった。

福祉保健局では06年度から3年をかけて同システムの構築に取り組んでいる。07年春から自動測定機を使用してスギ・ヒノキ科花粉等の飛散情報を1時間単位で提供、今春からは島しょ部を除く都内全域について、48時間先までの花粉予報を1時間単位で地域別に提供する。さらに計画では09年春にシステムの本格運用を開始する予定となっている。

最優秀賞はじめ各賞の受賞者には、今月17日に都議会議事堂の都民ホールで開催される「花粉症予防・治療シンポジウム」で表彰式が行われる。

小林　春男さん（こばやし・はるお＝小林民男・台東区文化観光部文化振興課文化振興担当係長の父）9日死去、71歳。

昇任試験対策のページ

20年度 主任試験講座 ―15―

憲法 ③

今回も、引き続き憲法に関する問題と解説を掲載します。

問　題

【問題 8】
内閣に関する記述として、妥当なのはどれか。
① 内閣が、法律の規定を実施するために政令を制定する場合、連帯して責任を負うため、国務大臣は全員すべての政令に署名しなければならない。
② 内閣が大赦、特赦、減刑、刑執行の免除及び復権を決定する場合、事前に国会の承認を経なければならない。
③ 内閣が裁判官の懲戒処分を行う場合、事前に国会の承認を経なければならない。
④ 国務大臣は、裁判により心身の故障のために職務を執ることができないと決定された場合を除き、その在任中に罷免されることがない。
⑤ 内閣が予備費を支出する場合、事後に国会の承諾を得なければならない。

【問題 9】
国会の種類に関する記述として、妥当なのはどれか。
① 常会は、毎年1回、1月中に召集されるのが常例であり、会期は150日間と定められている。
② 臨時会の召集は、内閣が決定することができるが、いずれかの議院の総議員の3分の1以上の要求があれば、内閣はその召集を決定しなければならない。
③ 衆議院が解散されて特別会が召集されるまでの間に国に緊急の必要がある場合は、内閣は参議院の緊急集会の召集を決定することができるが、参議院の総議員の4分の1以上の要求があれば、内閣はその召集を決定しなければならない。
④ 衆議院解散や任期満了による衆議院議員総選挙の後には、選挙の日から30日以内に特別会が召集される。
⑤ 参議院の緊急集会において採られた処置については、次の国会開会後20日以内に衆議院の同意がない場合には、遡及してその効力を失う。

【問題 10】
国会における議決に関する記述として、妥当なのはどれか。
① 参議院が衆議院の可決した予算を受け取った後、60日以内に議決しないときは、衆議院の議決が国会の議決となる。
② 参議院の緊急集会においては、緊急性の要件を満たす限り、国会の権能である条約や予算に関する議決を行うことができる。
③ 条約の締結について、衆議院で承認し、参議院でこれと異なった議決をした場合に、衆議院で3分の2以上の多数で再び承認したときは、衆議院の議決が国会の議決となる。
④ 内閣不信任決議案について、衆議院で可決し、参議院でこれと異なった議決をした場合に、両議院の協議会を開いても意見が一致しないときは、衆議院の議決が国会の議決となる。
⑤ 法律案を衆議院が可決し、参議院が否決したとき、両議院の協議会を開いても意見が一致しない場合は、衆議院の議決が国会の議決とみなされ法律となる。

【問題 11】
国会議員の地位に関する記述として、妥当なのはどれか。
① 国会議員は、法律の定めるところにより相当額の歳費を受け取ることができるが、その職務の性質上実費弁償的な手当を受けることはできない。
② 国会議員は、議院で行った演説や討論について、院外で責任を問われることはなく、議院において、たとえ所属政党の方針に反する発言をしたとしても、それを理由として所属政党から制裁を受け、除名されるようなことは憲法上許されない。
③ 不逮捕特権は、法律に定める場合を除き、議員が国会の会期中逮捕されず、会期前に逮捕された議員は、その議院の要求があれば、会期中釈放されることをいい、議院規則制定権などとともに議院の自律権を構成する。
④ 議員の職務遂行の自由を保障するため、議員が院外で行った演説や討論によって、院内で懲罰を課すことはできない。
⑤ 国会の会期中、国会議員を所属議院の許諾なしに逮捕することができるのは、犯罪事実が明白であり、不当な政治的逮捕が行われる危険のない院内外における現行犯に限られる。

【問題 12】
憲法改正に関する記述として、妥当なのはどれか。
① 憲法の改正は、各議院の総議員の3分の2以上の賛成で国会が発議し、国民に提案して承認を得なければならない。
② 憲法改正案の国会への提出は、法律案と同様に、議員だけでなく内閣も行うことができる。
③ 憲法改正について、衆議院で可決し、参議院でこれと異なる議決をした場合に、衆議院で総議員の4分の3以上の賛成で再び可決したときは、衆議院の議決を国会の議決とする。
④ 憲法改正に当たっては、必ず特別の国民投票による3分の2以上の賛成が必要である。
⑤ 憲法改正について投票による国民の承認を経たときは、天皇は、自らの名で、現憲法と一体を成すものとして、直ちにこれを公布する。

解　説

【解説 8】
① 誤り。法律及び政令には、主任の国務大臣が署名し、内閣総理大臣が連署することが必要とされている（憲法第74条）。
② 誤り。国会の承認を経ることは必要ではない（憲法第73条第7号）。
③ 誤り。裁判官の懲戒処分は、行政機関が行うことはできない（憲法第78条）。
④ 誤り。内閣総理大臣は、任意に国務大臣を罷免することができる（憲法第68条第2項）。
⑤ 正しい。予備費は、予見し難い予算の不足に充てるため、国会の議決に基づいて設けられ、内閣の責任でこれを支出することができるが、すべての支出について、内閣は事後に国会の承諾を得なければならない（憲法第87条）。
正答 ⑤

【解説 9】
① 正しい。憲法では、毎年1回召集すると定められており（憲法第52条）、国会法において、1月中に召集するのを常例とし、会期は150日間と定められている（国会法第2条、第10条）。
② 誤り。いずれかの議院の総議員の4分の1以上の要求があれば、内閣は臨時会の招集を決定しなければならない（憲法第53条）。
③ 誤り。参議院の緊急集会は、国会の代行機能を果たすものであるが、国会そのものではないので、内閣が「召集」を決定し、天皇により「召集」されるものではない。また、参議院議員は、緊急集会を求める権能はない。国に緊急の必要があるときは、内閣が、参議院議長に対して参議院の緊急集会を求めることができるものである（憲法第54条第2項、国会法第99条）。
④ 誤り。解散による総選挙の後には特別会が招集されるが、任期満了による総選挙の後には、常会が招集された場合等を除き、臨時会が召集される（憲法第54条、国会法第2条の3）。
⑤ 誤り。参議院の緊急集会において採られた措置については、臨時のものであって、次の国会開会後10日以内に衆議院の同意がない場合には、将来に向かってその効力を失う（憲法第54条第3項）。
正答 ①

【解説 10】
① 誤り。両議院の協議会を開いても意見が一致しないときや、参議院が、衆議院の可決した予算を受け取ったあと30日以内に議決しないときは、衆議院の議決が国会の議決となる（憲法第60条第2項）。
② 正しい。参議院の緊急集会は、国会の代行機能を果たすものであるから、緊急性の要件を満たす限り、法律や予算、条約の議決を行うことができる。
③ 誤り。法律案については本肢のような規定があるが（憲法第59条第2項）、予算や条約については衆議院の優越が認められている。つまり予算や条約について参議院で衆議院と異なった議決をした場合に、両議院の協議会を開いても意見が一致しないときは、衆議院の議決が国会の議決となる（憲法第60条第2項、第61条）。
④ 誤り。内閣不信任決議は衆議院のみが行う。つまり、衆議院で不信任の決議案を可決し、または信任の決議案を否決したときは、10日以内に衆議院が解散されないかぎり、内閣は総辞職しなければならない（憲法第69条）。
⑤ 誤り。両議院の協議会を開いても意見が一致しない場合は、衆議院の出席議員の3分の2以上の多数で可決したときに法律となる。なお、予算・条約・内閣総理大臣指名等については、両院協議会の開催が義務づけられているが、法律案については、任意である（憲法第59条・60条・61条・67条）。
正答 ②

【解説 11】
① 誤り。国会議員は、法律の定めるところにより、国庫から相当額の歳費を受ける権利を持つ（憲法第49条）。歳費とは、議員の勤務に対する報酬を意味する。憲法は歳費のみについて規定しているが、議員活動に必要な他の名目の給付を禁止しているとは解されていない。「国会議員の歳費、旅費及び手当等に関する法律」により、旅費、通信費等の実費弁償的な手当が支給されている。
② 誤り。国会議員は、院外で民事上・刑事上の責任は問われない（憲法第51条）。しかし、所属政党から除名等の制裁を受けることは、憲法上許される。
③ 正しい。「両議院の議員は、法律の定める場合を除いては、国会の会期中逮捕されず、会期前に逮捕された議員は、その議院の要求があれば、会期中これを釈放しなければならない」（憲法第50条）。この規定は、議員の身体の自由を保障し、政治権力によって議員の職務遂行が妨げられないようにするとともに、議院の審議権を確保するため「不逮捕特権」を定めたものである。
④ 誤り。両議院は院内の秩序をみだした議員を懲罰することができるが（憲法第58条第2項）、たとえ議場外の行為であっても、院内の秩序をみだすことに相当因果関係のあるものは、懲罰の対象となる。なお、会議の運営と関係のない個人的行為は懲罰事由にはならない。
⑤ 誤り。現行犯逮捕できるのは、「院内外における現行犯」ではなく、「院外」における現行犯である（国会法第33条）。
正答 ③

【解説 12】
① 正しい（憲法第96条第1項）。
② 誤り。憲法改正案の提案権が内閣にも存するか否かについては、明文化されていないことから争いがあり、はっきりと断定することはできない。
③ 誤り。憲法改正については、そのような規定は設けられておらず、衆議院の優越は認められていない。
④ 誤り。特別の国民投票でなく、国会の定める選挙の際に行う投票でもよい。また、過半数の賛成でよい（憲法第96条第1項）。
⑤ 誤り。天皇は、国民の名で、この憲法と一体を成すものとして、これを公布する（憲法第96条第2項）。
正答 ①

20年度 主任・係長 論文講座 ★15★

論文添削 ①

新年のあいさつもひと段落して、新たな気持ちで仕事に取り組まれていることと思います。

さて、昨年の係長試験の発表も終わり、合格してほっとされている方、次回に向けて闘志を燃やしている方、そして、今年初めて係長試験の対象になって今からプレッシャーを感じている方もいると思います。

これまで、論文の基本や係長として認識しておかなければならない様々な課題、そして傾向と対策について勉強をしてきました。

今回からは、実際に書かれた論文を参考にして、ミスをしやすい点や表現などを中心に、具体的に添削をしてみましょう。

特別区係長選考

論文課題

「社会情勢の変化に対応する職場づくりと係長の役割」

課題について若干の説明がある場合は、その説明を良く読んで、自分なりにどこに焦点を当てるか的を絞ってください。課題のみの場合は、説明がない分、課題のとらえ方の自由度が広がりますので、比較的書き易くなるようです。

論文例

一　変化は時代の要請

わが国は、今、生産人口の減少化、急速な高齢化が進行しており、今後、様々な課題に対応していかなければならない。また、景気は回復基調にあるとはいえ、中小零細企業の多い本区にとっては、未だ景気の回復を実感するまでには至っておらず、今後、安定的に税収が確保できるかは予断を許さない状況にある。

さらに、今年度の税源移譲をはじめとする地方分権の推進により、本区を取り巻く社会経済情勢は大きく変化してきている。

こうした中で、区民の要望に的確に応えていくためには、この変化を冷静に分析し、これからの将来展望を見据えて臨機応変に対応できる職場が不可欠である。この職場づくりに取り組む係長の役割は、ますます重要になっている。

二　時代に取り残される職場

しかし、この変化をあまり感じないで旧態依然とした職場が見受けられる。その原因として3点述べる。

第一は、情報の理解不足である。区民の意識調査結果、都や23区の動向、庁議結果などさまざまな情報が提供されるが、それを職員が理解または周知されていないため、現状のままで何の疑問も感じない。

第二は、職員のモラールが低いことである。前向きの姿勢がなければ、前例を踏襲するばかりで改善する気持ちもなく、楽な方へと安易に妥協することになる。

第三は、職員の持つ能力開発が進んでいないことである。一人ひとりの能力が最大限に発揮されないと、職場全体としての問題解決能力も高まらない。

三　職場づくりと係長の役割

私は、係長として、次の3点を実行して職場を改善していきたい。

第一は、情報の伝達は、すぐに、その場で、口頭で行うことである。情報は生きている。後日、打ち合わせ会で話す時間などはないのである。文書は、あくまで補足手段に過ぎない。また、知り得た情報は、課長への報告、職員への周知を自分なりにルーチン化して情報を共有化する。さらに、日頃から情報の収集に努め、その情報を現行事務と結びつけて活用していくことも係長の重要な役割と考える。

第二は、職員のモラールが高まらない衛生要因を排除することである。これは、職員ごとに異なり、しかも係長としてできる範囲も限定されるが、動機づけを行う前の大切なステップとなる。動機づけは、欠点を直すことよりも、長所を更に伸ばしていくという考えのもとに、企画段階からの参画、権限委譲、経過や結果についての報告会などを通じて、「これは自分の仕事である」という認識を持たせることや職務拡大などを講じていく。

第三は、隠れた能力を発見するために、事務に支障のない範囲で思い切った配置転換をすることである。苦手と思っていたことが、思った以上に簡単に処理できることもある。さらに、能力開発の大きな力となる自己啓発の起爆剤となるべく、係長自ら積極的に自己啓発に取り組むことも必要である。

四　「山椒」のような職場を目指して

今後、ますます社会情勢の変化は大きくなっていくに違いない。私は、どんな状況にもすばやく対応できる職場、すなわち、「山椒」のように小粒でもピリッと引き締まった職場を目指して、区民福祉の向上に取り組んでいきたい。

論文添削と講評

さて、皆さんは、この論文を読んで、どう感じたでしょうか。なるほど、と頷かれましたか。きっと、説得力がなく、しかも何を言っているかよくわからないというのが正直なところではないでしょうか。

まず、全体の構成からみてみましょう。

係長論文は、区によって若干異なりますが、概ね1000字から1500字程度となっています。この論文は約1500字で、「起承転結」の四段構成となっています。しかし、文字数の制限のために論文全体の印象がかなりきつい感じを受けます。例えば、第二章の問題提起が作者の感じていることだけを述べるにとどまっており、具体例の記載がないので説得性に欠けています。

また、問題点の指摘のところでも、「情報の理解不足」や「職員のやる気が高まっていない」について、どうしてそう思うのか、どんなところにその現象が表れているのかを具体的に示していません。

このように、四段構成にすると全体のバランスの関係上、どうしても二段目と三段目、すなわち問題提起と解決策の掘り下げが甘くなってしまいます。ですから、よほど上手に表現できる自信のある方は別として、1500字程度の係長試験の場合は、一般的に三段構成をお勧めします。

では、具体的に、内容をみてみましょう。

最初の「変化は時代の要請」という見出しですが、今一つわかりにくいですね。それは、主語がないからです。「社会」に対してなのか、それとも私たちの「特別区」なのかがわかりません。特に、論文の最初の見出しは、その論文のイメージを決定するくらい重要な部分ですから、採点者にわかりやすく、しかもインパクトのある表現を使いましょう。

内容も、例えば、「日本の高度成長を支えてきた団塊の世代の人たちが社会の第一線から退く一方で、少子高齢化は益々伸展している。これは、財政的な視点からいえば、納税者が減少する一方で、老人医療費や生活扶助費などの社会保障費等が増大していくことを意味する。こうした社会経済情勢の変化に対応していくために、区では、経営改革宣言の下に、歳出を極力抑えるとともに、歳入を確保するために懸命な努力を行ってきた。しかしながら、……」などと、最近の話題や区が取り組んできた政策なども加えると良いと思います。

次に、変化を感じない旧態依然とした職場になっている問題点として、「情報の理解不足」「モラールの低下」「能力開発が進んでいない」という3点を指摘しています。第三章の解決策と併せて考えてみましょう。

1番目の問題点の「情報の理解不足」についてですが、これも主語がないために誰のことを言っているのかわかりません。問題点の2番目と3番目が職員に対しての指摘なので、おおよそこれも職員のことだろうと見当はつきますが、わかりにくい表現です。また、解決策では情報の伝達方法だけが述べられていて、問題点で指摘した職員の「情報の理解不足」を解消するためには何が必要かについての言及がありません。これは、問題点の3番目の「能力開発が進んでいない」という部分と重なる点がありますので、ここでは、「情報の伝達がうまくいっていない」ということに問題点を絞った方がよいでしょう。

問題点の二つ目の「モラールの低下」については、モラールが高まらない衛生要因をどうやって排除するかが具体的に述べられていません。衛生要因は、職場環境や給料など勤務するに当たって不満に感じる要因のことをいいますが、これが満たされたとしてもやる気にはつながりませんし、係長が解決できることは限られています。解決の難しい問題は、最初から指摘しない方が無難です。

問題点の3番目の「能力開発」についてですが、その解決策として職員の配置転換をあげています。しかし、これは課長の仕事であり、係長はそこまでの権限はありません。敢えて言うなら、「職員の能力に応じた適正な役割分担」となるでしょう。このように、係長の責務を誤解して論じてしまうと、採点者から、この人は係長の職責が本当にわかっているのかな？と思われて、高い評価は得られません。

最後に、第四章の締めの部分ですが、「山椒」という言葉が出てきます。この論文の作者は、山椒のイメージを小粒でピリッとしたものと表現していますが、このような比喩の使い方は、一般的に認識されている範囲でとどめてください。すなわち、「小粒」は、小さな区役所というイメージでわかりますが、「ピリッとした」という表現をどう捉えるかは人によって違うということです。このような比喩を使った論文は少なからず見受けられますが、使い方を誤ると、単なる自己満足に過ぎないものになってしまいますので注意が必要です。

また、最後の「区民福祉の向上に取り組んでいきたい」とありますが、ここは、やはり課題に沿って「……を通して、社会情勢の変化に対応する職場を目指していきたい」などとして、あくまで課題に沿った論文であるとの印象を採点者に与えるように締めくくりたいですね。

早めに取り掛かる

この論文は、ある職員が係長論文として私に添削を依頼してきたものです。もちろん、この論文のレベルは合格水準に達していません。今まで述べてきた点をはじめ、修正しなければならない箇所が数多くあります。しかし、論文は10人が書けば10人の考え方のものが出来ます。いくら上司に添削を受けても自分が本当に納得しなければ論文のレベルは上がっていきません。できるだけ早く自分の考えに近い添削者を見つけてください。

そして添削を受けて修正し、また添削を受ける、論文のレベルを上げるには、この地道な作業の繰り返ししかありません。これが論文の完成までに多くの時間を要する所以です。

次回も、論文添削を続けます。

20年度 教育管理職への 道しるべ <19>

地方公務員法 ③

問　題

【問題 10】
職員団体に関する記述として、正しいものはどれか。
① 職員が政治的行為を行うことは禁止されているから、職員団体は副次的な目的としても政治的目的を持つことはできない。
② 職員団体は職員が組織する団体であるから、懲戒免職を受けた者を除き、職員以外の者が加入することは許されない。
③ 職員団体は、勤務条件に関する事項であれば、たとえ管理運営事項と密接な関係を持つ場合であっても、それについて交渉することができる。
④ 職員団体は、適法な交渉であれば勤務時間中においても行うことができるが、これに参加する職員は、その時間について給与を受けることはできない。
⑤ 職員団体は、人事委員会または公平委員会に申請して登録を受けなければ、地公法上の職員団体として扱われない。

【問題 11】
地公法の、営利企業等への従事制限に関する規定として、正しいものはどれか。
① 職員が出版社の依頼を受けて講演会で講演を行い、その謝礼として講演料を受け取る場合には、任命権者の許可を受けなければならない。
② 職員が勤務時間以外の時間にだけ、父の経営する会社において無報酬で事務を手伝う場合には、任命権者の許可は不要である。
③ 刑事事件に関して起訴されたために休職処分を受けた職員が生活費を稼ぐためにアルバイトをする際には、任命権者の許可は不要である。
④ 職員が父の経営する株式会社の名目だけの監査役に就き、実際の業務にはいっさい従事せず、また報酬を受けない場合には任命権者の許可は不要である。
⑤ 職員が報酬を受けないで農協の役員となり、交通費等の実費を受け取る場合には任命権者の許可は必要である。

【問題 12】
地公法に定める不服申立てに関する記述として、正しいものはどれか。
① 不服申立ての対象となる処分は、職員の意に反すると認める不利益な処分であり、これは懲戒処分のことを意味する。
② 任命権者が不利益処分を行う場合は、その事由を記載した説明書を交付しなければならないが、その交付を受けない場合でも不服申立てをすることができる。
③ 不服申立ての審査機関は、審査を終了したときは、その結果に基づき、任命権者に対して当該処分の承認、修正または取消しの勧告を行わなければならない。
④ 職員は、免職処分を受けた場合、現に職員でなくなっているので、当該処分について不服申立てをすることができない。
⑤ 不服申立ての審査機関は、事案の審査に当たっては、審査の公平性を確保するため、必ず口頭審査を行わなければならない。

【問題 13】
勤務条件に関する措置要求に関する記述のうち、正しいものはどれか。
① 措置要求の制度は、職員団体が、職員の勤務条件に関し、地方公共団体の長に対して、地方公共団体の当局により適当な措置が執られるべきことを要求することができるとするものである。
② 措置要求の制度は、職員が、任命権者からその意に反すると認められる不利益処分を受けたと思う場合に、人事委員会または公平委員会に対してその救済措置を要求することができるとするものである。
③ 措置要求の審査は、職権に基づいて適当な方法で行えばよく、要求者から請求があった場合であっても、口頭審理を行う必要はない。
④ 職員は、措置要求に対する判定があった場合には、その職員は同じ事項について再度措置要求をすることはできない。
⑤ 措置要求の審査機関は、措置要求に対する判定の結果に基づいて必要な勧告を行うが、これには条例や規則の改正についての勧告は含まれない。

【問題 14】
職員の服務の宣誓に関する記述のうち、正しいものはどれか。
① 服務の宣誓は、単なる宣言であり、職員が自らの意思で宣誓を行わなかった場合においても、服務上の義務違反とはならない。
② 宣誓の拒絶は、地公法上の欠格条項に抵触し、当該職員は当然に失職する。
③ 服務の宣誓は、職員が服務上の義務を負うことを受諾する意思を表明する行為であり、宣誓を行うことによってその時から公務員としての服務上の義務に服することになる。
④ 服務の宣誓は、職員が服務上の義務を負うことを確認し、宣言する行為であり、職員の自覚を促すことを目的としている。
⑤ 服務の宣誓は、職員が職務に就く前に誠実かつ公正に職務を執行することを宣言する行為であるから、宣誓の内容はその職員本人に任されている。

【問題 15】
地公法に定める秘密を守る義務に関する記述のうち、正しいものはどれか。
① 職員が法令による証人となり、職務に関して知った秘密で職務上の秘密でないものを証言する場合は、任命権者の許可を要しない。
② 職員が守るべき秘密は公的な秘密であり、職務に関連して知った個人的な秘密は含まれない。
③ 職員が守るべき秘密とは、官公庁において秘密として指定されているとともに、実質的にも秘密に該当するものでなければならない。
④ 任命権者は、秘密の公表を求められた場合において、公の利益を害するおそれがあるときは許可をしないことができる。
⑤ 職員が秘密を漏らすとは、秘密を不特定または多数の人に知らせることをいい、特定の人だけに知らせることは含まれない。

解　説

【解説 10】
① 誤り。職員団体は副次的な目的としても、政治的目的を持つことは地公法の関知するところではない。
② 誤り。職員団体は職員が中心となって組織すればよく、若干の職員以外の者の加入を認めることができる。
③ 正しい。管理運営事項でない限り交渉の対象となる。
④ 誤り。条例に定めがある場合には、勤務時間中の交渉についても給与を受けることができる。
⑤ 誤り。登録を受けなくても、地公法の職員団体としての要件を充たしていれば、職員団体である。

【解説 11】
① 誤り。許可は不要。講演料、原稿料等の謝金は、労務、労働の対価ではないため、報酬に当たらないと解されている。
② 正しい。無報酬で事務に従事する場合は、営利企業であっても制限されない。
③ 誤り。許可は必要である。営利企業等への従事制限は、休職や停職中の職員や職務専念義務の免除を受けて研修中の職員にも適用される。
④ 誤り。許可は必要である。株式会社は営利企業であり、その役員の地位に就くことは、報酬の有無や業務への従事の有無を問わず、制限される。
⑤ 誤り。許可は不要である。農協は非営利団体である。また、実費弁償としての車代等は報酬に含まれないと解されている。

【解説 12】
① 誤り。不利益処分には、懲戒処分のほか分限処分も含まれる。
② 正しい。不利益処分の説明書は、その職員に処分の理由を理解させるとともに、不服がある場合の救済方法を教示するものであるから、その交付を受けなくても不服申立てをすることができる。
③ 誤り。審査の結果、承認、修正、取消しのいずれかの処分をし、同時に、必要な場合には不当取扱いの是正のための指示を行う。
④ 誤り。形式的には職員ではないが、不服申立て制度では処分を受けた職員に該当する。
⑤ 誤り。口頭審理は、処分を受けた職員から請求があった場合に、しなければならない。

【解説 13】
① 誤り。要求できるのは職員であり、職員団体ではない。また、要求先は、人事委員会・公平委員会である。
② 誤り。不利益処分に対する不服申立ての制度ではない。
③ 正しい。措置要求の審査方法については特に制限はなく、事案に応じて書面審理だけでも、口頭審理と書面審理を併用してもよい。
④ 誤り。同一職員が同一事項について再度の措置要求をすることを禁止する規定はない。
⑤ 誤り。措置要求の審査機関の行う勧告には法的拘束力はなく、条例や規則を改正すべき旨の勧告も行うことができる。

【解説 14】
① 誤り。宣誓義務がある以上、これも服務規律違反になる。
② 誤り。欠格条項（地公法第16条）に規定はない。分限処分等はあり得る。
③ 服務上の義務は宣誓により発生するわけではなく、職員の身分を取得することにより発生する。
④ 正しい。
⑤ 誤り。条例の定めるところにより行う。

【解説 15】
① 正しい。秘密を公表するに当たって許可を要するのは、職務上の秘密に属する事項に限られる。
② 誤り。秘密には、公的な秘密のほかに個人的秘密も含まれうる。また、職務に関連して知った秘密は漏らしてはならない。
③ 誤り。職員が守るべき秘密とは、実質的に秘密に該当するもの、すなわち実質的秘密でなければならないが、必ずしも官公庁が秘密に指定しているもの、すなわち、形式的秘密に該当する必要はない。
④ 誤り。秘密の公表を許可しないことができるのは、法律に特別の定めがある場合である。
⑤ 誤り。特定の人だけに秘密を開示する場合であっても、さらに伝達されるおそれがある場合は、秘密を漏らしたことになる。

トルコ歴史紀行

慶応義塾大学教授　前川燿男

我々がほとんど知らない国

小さな観光船の甲板を歩いていると、突然スピーカーから日本語の歌が流れた。「ウスクダラはるばる訪ねてみたら……」。これを街を歩いて驚いた　これでは男が可哀想……」。もう50年以上昔である、江利チエミが唄って大ヒットした歌だ。何で男が可哀想なのだろうと、子ども心に不思議であり、何となく妖しげな感じもしたが、何と目の前がそのウスクダラの街なのだという。嗚呼そうか、ここだったのか。

ボスポラス海峡をクルーズしていた早朝のことだ。昨年の9月下旬に友人達とトルコを旅した。最後の行程でアンカラから夜行列車に乗り朝8時にイスタンブール駅へ着くと、朝の陽光が燦めくなかにボスポラス海峡がパアッと開けた。「トルコの青」に染まった秋空が果てしなく広がる。アジアとヨーロッパを隔てる海峡には満々と潮が流れ、海を渡る風が爽やかで心地良い。

ウスクダラの歌を聴いたのはクルーズの帰途、海峡の入り口近くであった。右手ヨーロッパ側にコンスタンティノープル旧市街の丘が見え、ブルーモスクにアヤソフィア、トプカプ宮殿が壮麗な姿を見せている。その手前を右に入れば金角湾、1453年春にメフメット二世率いるオスマントルコ軍がビザンチン帝国と死闘を演じた場所だ。ウスクダラは歴史の壮大な舞台の直ぐ対岸にあったのだ。しかも、イスタンブールのアジア側の玄関口であり、市場や商店街で賑わう繁華な街だったとは。

ヨーロッパの戦いと近代化

我々はトルコの実像をほとんど知らない。ヨーロッパを通して、その目で見てきた。今でも同じである。船を降りて旧市街に入り、観光客でごった返すブルーモスク、トプカプ宮殿、アヤソフィアを見て回った。ビザンチンとオスマンの栄華を偲ばせる壮麗な史跡であるが、どうしてもヨーロッパから見たオリエントとして見てしまう。エキゾチックな巨大建築群、絨毯の上で祈るムスリムや華麗な宝物には、ヨーロッパ直輸入の物語が付きまとう。

ヨーロッパが畏れ、また見下したトルコ。イスラムへの敵意と重なったトルコへの偏見は根深い。アングルの『トルコ風呂』、ハーレムの大浴場に湯浴みする多数の美女の気怠い姿はヨーロッパが憧れた官能的なオリエントそのままである。あのドストエフスキーの小説にも、銃剣で赤ん坊を串刺しにする野蛮なトルコ兵の話があった。映画『アラビアのロレンス』のトルコ人も野卑そのものに描かれている。

近代への入り口に立ったヨーロッパの前に立ちはだかったのがオスマントルコであった。ビザンチン帝国を攻略した後、ギリシャから東欧へと侵攻し、あわやウィーン陥落の寸前まで追い詰めた。地中海はトルコの海となり、ヨーロッパは大航海時代へと転進せざるを得なくなった。だが、ヨーロッパが産業革命を果たすと歴史の歯車は逆に回った。ギリシャをはじめトルコ領は次々に奪還され、トルコは脅威から遅れたアジアへと転落した。

奇妙に日本と似ている。ヨーロッパの異国趣味の対象とされ、一方的に侵略され危うく植民地化されそうになり、ヨーロッパを手本として必死で近代化に取り組んだ。トルコもアタテュルク以来、トルコ帽や女性のチャドルを禁止し文字をローマ字化するなど、近代化の優等生たらんとした努力は涙ぐましいばかりである。だがしかし、それでも念願のEU加盟が叶うかどうか。自らの伝統を否定しなければ近代化出来ず、近代化しても西欧に受け入れてはもらえない。切ない事ながら日本とそっくりである。そういえばトルコには、日本人とトルコ人は中央アジアに住んでいた同じ民族だという「伝説」があるという。東へ進んだのが我々であり、西へ行ったのがトルコ人だそうだ。

エフェスにある古代ローマ劇場跡にて

カッパドキアにて

歴史のロマンと現代の人間臭さと

トルコの大地アナトリアには、オスマントルコだけでなく、紀元前18世紀のヒッタイト建国以来の歴史が幾層にも重なっている。今回の旅はダーダネルス海峡からスタートしたが、ここも同じである。紀元前5世紀初めペルシャの大軍がこの海峡を渡って侵攻し、迎え撃つアテナを中心とするギリシャ軍に敗れた。160年後、アレキサンダー大王がペルシャ征服へと再び帰らぬ東征に旅立ったのもこの海峡である。

我々はガリポリからアジア側へ30分で渡ったが、空晴れ海は碧く、対岸の、緑の樹々が点在する丘陵と赤い屋根・白壁の家並みが美しかった。渡って車で2時間程走るとトロイへ着く。トロイと言えばホメロスの『イリアス』、世界一の美女「白い腕（かいな）」のヘレネをめぐり神々と英雄達が戦った神話の舞台だ。アキレウスとヘクトルの一騎打ち、知将オデュッセウスの木馬の策略と連想は膨らむが、来てみれば遺跡に古典ギリシャを偲ぶよすがは無い。9層の遺跡は各時代の石組みが残るだけであり、周囲には一望の田園が広がっていた。小高い丘に登ると遠くかすかにエーゲ海が青く見え、強い日差しの下、ただ茫々と風が吹いていた。

トルコは歴史のロマンに満ちている。この後、ペルガモ、エフェス、パムッカレ、コンヤ、カッパドキアと周遊して、冒頭のイスタンブールへ至った。何処もギリシャ、ヘレニズム、古代ローマ、ビザンチン、オスマンの史跡が残り異趣は尽きなかったが、その間に垣間見た現在のトルコは人間臭さに溢れていた。水道水は飲むなと注意され、トイレットペーパーを流すと逆流し、一歩市街を出ればゴミは散乱している。イスタンブールのアパートは家賃が高く、若い人向けで月10万円を超す。そしてグランバザールのアジア的な喧噪。

メフメットという征服者スルタンと同じ名の30代のガイドが語るには、国土面積が日本の倍、人口がほぼ半分、GDPが約9%、近年は経済成長が著しく、年金制度や生活保護制度も整備されているという。クルド人問題について、武装組織はトルコからの投資で潤う一般のクルド人から孤立していると力説する彼には、愛国的な熱情が溢れていた。文字通り発展途上にある国であり、矛盾を多く抱えながら活力に満ちている。

旅の終わりに軍事博物館でイェニチェリ軍楽隊演奏を聴いた。往時の軍装に身を包んだ軍楽隊が、向田邦子の『阿修羅の如く』で聞き覚えたマーチを奏でながら行進して来た。ヨーロッパを震撼させた勇猛な軍団のマーチも、今ではなにやら玩具の兵隊めいてもの悲しい。歴史の辛酸を嘗め尽くし苦闘するこの国の行く手に幸多かれと願ったことであった。

（元都知事本局長）

協力：（財）日本ファッション協会

シネマ夢倶楽部 Japan Fashion Association　オススメシネマ

結婚しようよ

俺の夢は消えていない。
それは、家族のなかに生きている。

70年代からの30年、家族のために働き詰めで来た香取家の主人・卓（三宅裕司）は、平凡なサラリーマン。専業主婦の妻・幸子（真野響子）と、大学4年生の長女・詩織（藤澤恵麻）、スターを夢見てバンドを続けている次女・歌織（AYAKO）の香取家の4人は、毎日欠かさず揃って夕食を共にする珍しい家族である。だが娘たち2人の自立と、妻の思いがけない自立宣言で、毎日揃っての夕食を生きがいとしていたお父さんの思いに黄信号が点るのだが……。

70年代のフォークソング全盛期に青春を謳歌した〝団塊世代〟……R－45に贈る、吉田拓郎の名曲で彩られる、父と家族の物語。

© 2008「結婚しようよ」フィルムパートナーズ

◆推薦委員コメント

大黒昭（株式会社アスピカ会長）

「夫婦愛とは家族愛とはかくあらま欲し」を描きながらストーリーの展開はモダンで新鮮だ。全編に吉田拓郎のヒット曲が鏤められ、それも演出効果を高めている。松方弘樹、入江若菜が演ずる老夫婦の田園生活は効率一辺倒の現代文明への批判であろう。

笑いあり、涙あり、あっという間に2時間が経っていた。監督佐々部清のヒューマニズムが底流にあるだけに観客に一服の清涼剤を与えてくれる。

山形泰雄（元株式会社松屋副社長）

家族4人揃っての「夕食」がお父さんの夢。永く守られてきたルールも娘達が成長してくればなかなか難しくなる。そんな他愛のないストーリーなのだが、家族一人ひとりがお互いを愛し、尊重しあう姿が、吉田拓郎の名曲の数々にのって何とも楽しく、心地よいのだ。今の世の中の家族の姿に警鐘を鳴らしているようで、佐々部清監督、三宅裕司他のキャストの皆さんに拍手だ。家族皆で観て欲しい。

【2008年／日本／120分　配給：松竹　2月2日より、東劇ほか全国にてロードショー】

◇シネマ夢倶楽部◇　1月25日（金）午後6時30分～「ニッショーホール」で上映。※この上映会に10組20名様を抽選でご招待します。Eメールで件名「上映会招待希望」とし、住所・氏名を明記の上、henshu@toseishimpo.co.jp までお申し込み下さい（18日必着）＝招待状を郵送します。

（財）日本ファッション協会では、「シネマ夢倶楽部」の会員を募集しています。各界の著名な推薦委員がお薦めする映画の先行上映会に年18本ご招待など様々な特典があります。
詳しくは同事務局（☎3242・1674　http://www.cine-culture.jp/）まで。

公務員は人に先んじて休むべし

がんばれ！公務員 2

文とマンガ　鈴木武征

お正月休みも終わった。

現役の方々には、おそらくあっという間の休みだったと思う。

以前はこの年末年始の休みが年間を通じての最大の休みだった。

しかし最近では、使い方によってはゴールデン・ウイークのほうが長休みが可能で人気がある。

それに年末年始というのは、多くの人にそれなりの年越しや新年の行事があり、真に休んだという気がしない。

昔から公務員の良いところといえば、安定している、地方転勤がない、休みが多いことと相場が決まっていた。

それなのに、年末年始の休みは大掃除や帰郷、ゴールデン・ウイークは管試準備、夏休みは子供の宿題手伝いというのでは何とも切ない。

さらに有給休暇は余し放題というのでは、民間人に顔向けできない。

「休む」ということはより効率的に仕事をするために、より健康な一生を送るために欠かせない要素なのだ。

そのためには休日は多いに越したことはないし、いかに上手に消化するかが肝要である。

公務員が民間人より休みが多いか少ないかの話はさておき、公務員の休みには重大な意義がある。

我が国の制度やしきたりには、官主導あるいは官の影響によるものが少なくない。

休みもそうで、官が率先して休んでこそ民間も休めるというものである。

先日もある新聞に「仕事始めは従来正月2日の地方が多かったが、官庁が3日まで休みのため、いつの間にか官民通じて正月三が日は休みが多数派になった」とあった。

最近ではフレックス制など民が率先し官が追随する勤務体制などもあるが、こと休みに関しては「お役所が休みなんだから、俺たちも休ませろ!!」という構図で推移してきた。

そういう点から、最近の風潮である土日開庁というのは感心しない。

確かに公務員は、国民のため、住民のために仕事をし、その便宜を図るのは重要である。

しかし、休日である土日まで開庁しては「役所が開庁してるのに、民間が休めるか!!」なんてことにもなりかねない。

働き過ぎの日本人が、さらに働き過ぎに拍車をかけてどうしようっていうんだ。

大切なのは、民間の人も「住民票を取りに行きたいので、明日午前中休みます」と気楽にいえる社会、制度を定着させることだ。

以前、パリに行ったとき、日曜日は多くの商店が休みでシャッター街になっているのに驚いた。

日曜礼拝という伝統もあろうが、欧州の人たちの哲学のようなものを感じ、感心もした。

土日などに開庁の意義のある美術館や動物園等は別として、休みの日は官民ともにきちんと休む国の方が美しいと思う。

土台、休日開庁のきっかけは住民の強い要望というより、首長の人気取りというのも気に食わない。

昨年の企業の有給休暇は平均17・7日、平均取得日数は8・3日（46・6%）で、半分以上を捨てているという。

都庁職員の多くも、有給休暇に関しては似たようなものと思う。

有給休暇の取得に関しては、本人の取得意欲はもとより、取りやすい雰囲気が大切だ。

それには、何よりも上司、先輩が率先して休むことしかない。

「そう言われても、休んでもすることがないよ」「用事もないのに休めるか!!」という部課長の声が聞こえてくる。

こういう人たちには、「用事がなくとも休みなさい。それが部下への思いやりになります」としかいいようがない。

かくいう私も、55歳でがんの手術をするまでは、徹夜や土日出勤当たり前人間で、ホントは「休みのススメ」など語る資格はない。

ただ、都政人人生をやり直せるとしたら、休暇を取らないことを自慢するような愚かなことはしまいと強く感じている。

都～区トーク　嘘だろう！

帰省したのは誰にも言っていないのだが、やはり田舎は狭い。「アイツ帰って来てるんだって」と噂をききつけてくる旧友きわめて多し。連れ出されて飲んだくれ、昼は連日飲んでいるばかりの正月だった。

「オイッ名刺見せろよ。何、課長だって。へえ、お前がなあ。都庁で管理職試験があるんだろ？」「バカ、試験だからこんな生意気な奴が管理職になれるんだろう」全く遠慮のない友人たちであるが、それが楽しい。

しばらく他愛のない話で盛り上がるが、やがてグチのこぼしあいになる。地方の厳しさがわかるばかり。

「〇〇建設も年度末」「うちは総務課長だよ。合併されちゃったからな」「いや、それがね、ウチだって、来年課がなくなるんだ。俺の〇〇課長も今年度限り、人もどんどん減ってる。今出ているのは4000人様、ま、ウチの町の合併前の人口だな」

そこで言われたのが冒頭のタイトルである。「お前の仕事、大事じゃないか。都庁はいいよな、3000億円」「オリンピックなんて夢があっていいな」

そして必ず、「仕事楽しいだろう？」私もそう思うが、管理職でいる。[illegible]

都政新報

発行所　都政新報社
〒160-0023 東京都新宿区西新宿7-23-1 TSビル
〈総務・読者〉(03)5330-8781
〈企画広告〉(03)5330-8784
〈編　　集〉(03)5330-8786
〈出　　版〉(03)5330-8788
〈セミナー事業部〉(03)5330-9977
〈ファクス〉(03)5330-8808
郵便振替 00130-2-101470
購読料 月1,680円（税込）
毎週火・金曜日発行
但し、祝祭日は休刊
©都政新報社　2008

五輪申請ファイル出揃う

東京　都心に「五輪パーク」

都市と大会の共存掲げる　シカゴは湖岸に会場配置

2016年五輪招致は14日までに各都市がIOCに申請ファイルを提出し、6月の理事会に向けた選考作業がスタートした。東京は、大会期間中は都心全体が「オリンピック・パーク」になるとして、住民が生活する都市と大会の共存をコンセプトに掲げた。有力なライバルになると見られる都市のうち、シカゴは、ミシガン湖周辺のウォーターフロントに会場を配置することで、最高の環境で競技ができることを強調した。

申請ファイルの内容を説明する河野一郎五輪招致委員会事務総長＝15日、都庁会見室で

■主要3都市の申請ファイル	東京（日本）	シカゴ（アメリカ）	マドリード（スペイン）
開催日	7月29日～8月14日	7月22日～8月7日	8月5日～8月21日
会場配置	都心8㌔圏をオリンピックパークに。ヘリテッジゾーンと東京ベイゾーンに配置	ミシガン湖沿いに配置。91％の選手が、15分以内で競技場に移動可能	コアゾーンとリバーゾーンの2カ所に集中。25会場が都心から12㌔圏内
招致予算（申請段階＋立候補段階）	48百万米㌦（19＋29）	49.3百万米㌦（16.9＋32.4）	40.4百万米㌦（10.7＋29.7）
世論の支持	60％（全国62％）	76％	86.7％

東京の申請ファイルの内容は、五輪招致委員会が15日に発表した。招致を行う動機では、「高度な都市化、高齢化、成熟社会といった課題を、世界で最初に、大規模に経験している東京が、新しい未来に向けて生まれ変わる契機とする」という考えを示した。

大会のコンセプトは、「大会期間中、東京の都心全体がオリンピック・パークとなり、オリンピックの体験が都市の隅々まで行きわたる」というもの。これまでのオリンピックが、郊外に競技会場を置くことが多かったのに対して、東京は都心に会場を配置しつつ、コンパクトな大会を目指すとしている。

代々木公園や日本武道館などが含まれるヘリテッジ（遺産）ゾーンと、夢の島や海の森などの東京ベイゾーンの2エリアに、多くの施設を配置する。

招致委員会の河野一郎事務総長は会見で、3500万人が生活する首都圏の中心部で五輪を開くことについて、「従来の型を破るユニークなコンセプト」と繰り返し、東京の強みとして打ち出した。

五輪招致に名乗りを挙げた7都市も、それぞれ14日までに申請ファイルの提出を終えている。現時点では、東京の有力なライバルには、アメリカで20年ぶりの五輪開催を目指すシカゴと、2012年大会の招致で敗れて準備を整えてきたマドリードの2都市があげられている。

2都市の申請ファイルを見ると、会場配置の考え方で、東京と大きく異なるものとなった＝表。

シカゴは、ミシガン湖のウォーターフロントに施設を配置する計画を立てた。ほとんどの競技場と選手村が、15分以内で結ばれるコンパクトさが売りになる。ファイルでは、シカゴの歴史的な街並みや豊富な文化施設を示し、その中心でオリンピックを開くことで、選手や関係者が最高の環境でオリンピックに参加できることを強調。選手のための大会を前面にしている。

マドリードは、競技会場を、コアゾーンとリバーゾーンの二つに分けた。市の東側に置くコア部分は、15の競技会場と選手村などを設置する。リバーゾーンは、川沿いの長く伸びたエリア。川沿いの再生プロジェクトとして、緑や、家族で利用できる施設を増やす取り組みと一体のものとして位置づける。招致の動機でも、五輪開催をマドリードの都市環境の再生に結びつけ、将来の遺産とすることを打ち出した。

申請ファイルには、各都市が五輪招致に関して住民に行った世論調査の結果も添付している。

東京は都内2000人、全国6000人を対象に07年12月に行った調査で、都民の60%、国民の62%が招致に賛成した。

最有力と言われるシカゴは、07年4月の調査で76%の支持だった。ただ、サンプル数は809人と、東京より少ない。

2回目の挑戦となるマドリードは、招致活動の認知度も支持率も高く、市民1000人、全国3000人を対象にした調査で、市民の支持率86・7%、全国では89・1%だった。

肝炎インターフェロン治療

逆転国会で着地点見えず

都「制度変更、間に合わない」

薬害C型肝炎訴訟は15日、原告団と政府が和解の基本合意書を締結し、和解が成立する見通しとなった。その一方で、与党が昨秋にまとめ、インターフェロン治療費の助成を盛り込んだ「肝炎対策基本法案」に、地方が反発している。財源として、地方にも国と同等の負担を求めているからだ。昨年10月、独自の治療費助成を始めた都でも、規則改正は必至。国は制度開始を08年4月としているが、与野党案の隔たり、さらに国・地方の主張の対立が加わり、着地点は見えない状況となっている。

■地方にも温度差

与野党が昨秋に提示した肝炎対策は、地方に負担を求める与党と、全額を国の負担で賄うとしている民主党。低所得者に自己負担を求める与党と求めない野党の間で、隔たりがあり、着地点が見えない状況にある。

これに加えて、地方が強く反発しているのは、国と都道府県の負担割合を1対1と明示している与党案だ。全国知事会でも「地方に負担を押し付けている」などの反対論が相次ぎ、11日に再度、全額を国が賄うよう要求した。

では、東京都の負担は増えるのか。都は昨年10月、C型肝炎のインターフェロン治療の医療費助成を国に先駆けて開始。約1万人を治療に結びつける計画で、年間約6億円を計上した。

すでに全額を都の財源で賄っているため、地方に負担を求める与党案ベースに考えても、国庫補助で都の負担は軽減される公算が強い。

一方、インターフェロン治療で助成をしている自治体はごく一部。こうした事情から、全国知事会の中にも温度差があるのは事実だ。ただ、都幹部は全国知事会の申し入れを「国が勝手に制度を決め、自治体に押し付けるのは困るということを示す姿勢」と解説する。

■規則改正は必至

すでに国の08年度予算原案で127億円が計上されていて、与野党で内容に隔たりはあるものの、規則改正は必至だ。

都疾病対策課で扱う医療費助成は、人工透析も含むと7・7万人規模で、全体から見れば、肝炎の医療費助成は「規模としては影響は小さい」とみられている。

しかし何も影響がないのかというと、そうでもない。国は08年4月に制度を始める予定だが、「決着の時期が4月に近づくほど、システムの準備が大変。窓口業務を担う区市町村との調整や印刷物のデッドラインが迫っている」（同課）という。

■低所得者に負担増？

一方、低所得者の扱いも焦点となる。民主党案では住民税非課税世帯の自己負担はゼロだが、与党案では下位所得者（年間458万円程度）にも月額1万円の負担を求めている。

都の対策では、非課税世帯の負担を食事療養などに限るため、仮に与党案をそのまま採用すると、下位所得者の負担増につながるという。

ある都幹部は「下位所得者に、負担を強いていいのかというのはある。議会の意見も聞きながら、都独自の支援を考える必要もある」と話す。

ただ、この場合は近隣県との不公平感も生じかねず、バランスをとるのが難しい。

都の担当幹部は「肝炎の治療費助成が国制度に広がるのは、都が先駆けて始めた意義があったが、公平な制度を早く提示してほしい」としている。

築地市場移転

15日から「よろず相談」

専門家会議は7月ごろ提言

都中央卸売市場は、築地市場移転予定地の豊洲地区で環境基準を大幅に超える土壌汚染が見つかり、汚染問題や仲卸業の経営について不安の声が出ているため、水産仲卸業者を対象に15日から意見交換会を始めた。水産仲卸は約800業者あり、20業者程度の少人数単位で2月18日まで計22回開く。青果仲卸の110業者に対しても、意見交換会を検討している。

意見交換会では土壌汚染対策に限らず、幅広く経営問題や移転後の新市場の使い勝手など「よろず相談」とした。市場外流通が増え、水産物の取扱量は低下傾向にあるため「豊洲新市場ができても顧客が来て、営業を継続できるのか」「幹線道路によって新市場は三つに分断されるが、物流はどうなるのか」など具体的な話が出たという。

都では、昨年12月にも仲卸業者全体に対する説明会を7回開催。その時は、土壌汚染対策に話題が集中。東京ガスの工場が操業していた旧地盤面から地下2㍍を健全土に入れ替え、それより深い所は環境基準の10倍以下に対策を講じる一方、旧地盤面から2・5㍍の盛土とアスファルト舗装をして、対策に万全を期すと理解を求めた。

都が専門家会議を設置して地下水や土壌、表層土壌ガスについて調査したところ、地下水で環境基準の1000倍、土壌基準の1600倍という高濃度のベンゼンが検出されたため、再度、40㌶の敷地全域にわたって詳細調査することを決めた。

2月から4カ月間かけて10㍍メッシュで、ベンゼン、シアン化合物など7項目を対象に約4100カ所を調査。専門家会議は、7月頃に汚染対策の提言をまとめる予定。

その後、都ではPFI事業の手順に入り、09年5月に落札業者を決定。2013年3月に豊洲新市場の開場をめざす。

環境人材育成

首都大がプログラム1号に

「自然・文化ツーリズム」など2コース

都環境局は、自然環境分野で幅広い知識や専門性を持って行動できる人材を育成する「ECO-TOPプログラム」の第1号に、首都大学東京の2コースを認定することを発表した。認定するのは、来年度から新設する「自然・文化ツーリズムコース」（学部）と、「観光科学専修」（大学院）。

このうち自然・文化ツーリズムコースでは、従来の文科系の学問を中心とした観光学に、地理学や生態学などの新たな観点を加えて学ぶことで、観光分野のリーダーや環境問題に取り組む実践的な人材を育成していく。

同プログラムは、大学の課程を認定することで、自然環境分野のジェネラリストとして様々な団体と協働した取り組みを進められるような人材を育成するのがねらい。自然科学や社会科学など従来の枠組みにとらわれない幅広いカリキュラム編成とともに、企業やNPOなどと協力したインターンシップの実施を求めている。

大学から申請された課程を都が設置する審査会で検討し認定する。

プログラム修了者には、都知事名でシリアル番号を交付し、知識の更新などのフォローアップも行う。自然環境系の企業や行政のレンジャー、環境行政にかかわる公務員、NPOの自然分野などで活躍する人材となることを期待する。都では、今後、他の大学にもプログラムを広げていくよう取り組んでいく。

多重債務者無料相談

平均債務500万円　17社から借りる例も

都生活文化スポーツ局はこのほど、昨年末に実施した無料相談「多重債務110番」の結果を発表した。相談件数は117件で、年齢層は23歳～80歳。借り入れ状況を見ると、6社～10社から借りている人が全体の3割を占め、17社から借りているケースもあった。一人あたりの平均債務額は約500万円だった。

また、借り入れの理由としては「低収入・収入の減少」が3分の1を占め、生活費として10社以上から600万円を借り、自転車操業に陥っているケースや、医療費のために借り、債務額が300万円まで膨らんだケースが相談事例として報告された。

無料相談は昨年12月、飯田橋と立川の消費者生活センターで実施。同センターの相談員が弁護士や司法書士と同席して行った。都では今後、弁護士会・司法書士会とのホットラインの設置など、多重債務者を専門家につなぐ道筋を確立していきたい考え。

便乗値上げを防止へ　価格動向を緊急調査

都生活文化スポーツ局

ガソリンや灯油、食品などの値上げが相次いでいることから、都生活文化スポーツ局は16日、価格動向を緊急に調査することを決めた。2月から3回にわたり、168人の消費生活調査員による店頭訪問調査を実施する。調査の対象になるのは、ガソリン、トイレットペーパーなどの雑貨品や、マヨネーズ、食パン、醤油などの生活必需品など14品目。値上げを防止する狙いがある。

政調費の透明化策　22日に検討会開催

都議会

都議会が政務調査費の透明化策などを検討するために設置している「あり方検討委員会」は22日に第2回の会議を開く。

先月の第1回会議は、役員互選などを行っているため、第2回会議が実質的な議論をする場となる。自民、民主党、公明党の3会派が設置した協議の場での検討結果を、前回の会議で各会派に示している。ここで示された方向性に各会派がどのような姿勢を示すかなどが、議論の焦点になる。

PAC3の都立公園への配備拒否を

共産党が都に申し入れ

弾道ミサイルを迎撃する「地対空誘導弾パトリオット」（PAC3）を都立公園に配備する計画が進んでいるとして、共産党都議団は16日、配備計画の中止を国に求めるよう、都に申し入れた。同時に、都立施設での配備や調査について拒否するよう求めた。

PAC3配備を巡っては、防衛省が14日、新宿御苑で発射に適しているかどうか確認する実地調査を行ったほか、都立公園での実地調査について都に協力を依頼している。

都政の東西

改革の旗手

昨年末、郵便局に年賀状を買いに行くと、見なれないハガキが目にとまった。「カーボンオフセット年賀状」だ。企業活動で発生したCO2のうち、削減できなかったものをクリーンエネルギー事業への支援などに出資して打ち消すという。話には聞くが、具体的な取り組みを初めて身近に感じ、新鮮な思いだった。

だが、ヨーロッパ諸国では、こうした取り組みは常識になりつつある。

例えば、ロンドンに本社を置く金融グループのHSBCは、自社の活動で発生するCO2をゼロにした企業として知られる。全CO2排出量のうち2割を出張時の移動で排出していたため、テレビ会議を導入するなど改革し、それでも削減できない部分はカーボンオフセットにより相殺する。環境意識が高い風土だからこそ、企業のイメージ戦略になりえる。

転じて日本に目を向けると、クールビズやエコバッグ、空調の温度設定など「排出抑制」の意識は育ちつつあるが、「オフセット（相殺）」まで至っていないのが現状だ。都も08年度に環境確保条例を改正し、総量規制と排出量取引制度などを導入してCO2抑制を目指すが、経済界からは厳しい声が上がる。太陽光発電やエコカーなど環境技術で世界のトップを走る日本だが、意識面では途上国といえる。

そんな日本に今、求められるのは改革の旗手ではないだろうか。企業が及び腰なら自治体がその役目を担えばいい。例えばイベント開催時や職員の出張等で発生するCO2も含め、排出量をゼロにするなど「世界標準」のドラスティックな改革を率先して行うのだ。削減効果もさることながら、意識改革に与えるインパクトは大きいだろう。

地球環境が回復不可能な臨界点「ティッピングポイント」を迎えるまで猶予はない。

冗句ジョーク

再生紙はがきなど、古紙配合率でも偽装

庶務担当
「えー、ウチは現役が9人、再任用と再雇用が6人で合格です」

紙面から

- 2　区長会が08国保料率を了承
- 2　大田区　石綿健康調査の予約開始
- 3　教育の焦点　問われる魅力的な学校づくり
- 6　都下水道局　MBAで人材育成
- 6　災害時の外国人支援訓練を実施

加入者減で負担増に

区長会が08年度国保料率を了承

所得割 住民税の1.17倍　均等割 3万6900円

特別区長会は16日の総会で、2008年度国民健康保険料の基準保険料率を了承した。賦課割合は、所得割57、均等割43で、今年度と同じ。所得割額は住民税の1・17倍に下がる一方で限度額を引き上げる。均等割額は3万6900円で今年度よりも増える。定年退職者が加入する退職者医療制度が段階的に廃止され、国保に流れてくるはずだが、来年度は加入者が少ないことなどが影響し、一人当たりの国保料は増える。住民税のフラット化の影響を軽減するための救済措置は継続される。

08年度国保料は引き続き、住民税ベースで算定された。賦課割合は、所得割57、均等割43になる。今年度と同じ賦課割合であっても、一人当たりの国保料は8万5900円で今年度より3304円の値上げになる。

住民税に応じて負担額が決まる所得割は、今年度で住民税の1・24倍だったが、来年度で1・17倍に変更する。賦課限度額を53万円から59万円に引き上げたため、所得割料率が減少した。これは、高所得者の負担が増えることを示す。

加入者が等しく負担する均等割は、今年度より1800円増の3万6900円になる。

企業などの定年退職者が国保に加入すると、健康保険組合などの被用者保険が区市町村の国保に拠出する退職者医療制度で医療を受ける。この医療制度が段階的に廃止されることに伴い、退職者は国保の一般被保険者になる。だが、23区の退職者の国保加入者数は今年度で39万人余りだったが、来年度は約7万人にとどまる見通し。

加えて、今年4月から75歳以上の後期高齢者を国保などの医療保険制度から分離し、新医療制度に加入させるため、国保加入者は減る。これらが、来年度の均等割を増やす一因になった。

来年度の制度改正では、前期高齢者交付金が創設される。国保加入者は65～74歳の前期高齢者の占める割合が大きいため、国保加入者の負担が重くなる。このため、国保以外の被保険者も応分に負担することになった。

さらに、老人医療費拠出金に代わり後期高齢者支援金も創設される。これにより、国保被保険者の一人当たりの負担額は小さくなるという。

だが、国保の被保険者全体が負担する額は前年度より軽くなっているが、保険料を払う被保険者の数が大幅に減っているため、一人当たりの国保料負担は重くなった。

今年度から住民税のフラット化が始まり、国保料が増える低所得者の負担を軽減する措置が取られたが、来年度も継続することで決まった。

税制改正の影響を受けやすい住民税ベースの国保料算定を所得ベースに変えるには、低所得者の負担増にならないようクリアすべき課題が多いため、23区が現在検討を進めている。

港区「帰宅支援マップ」　初日に約80人が作成

港区が帰宅困難者対策イベントとして実施している「帰宅支援マップ」提供事業が15日からJR新橋駅西口のSL広場で行われている。

初日には約80人が参加し、自宅までの帰宅ルートの入ったオリジナル地図を作製した。参加者のうち約半数が港区在勤者で、3割程度がたまたま来た人、残りの2割は「帰宅支援マップ」作成を目的として訪れた。中には、茨城県の自宅まで60キロを超える地図を作製した人もいたという。

同事業は、歩いて自宅へ向かう被災者の帰宅ルートを示すオリジナル地図を、誰でも無料でハンドブックにして提供する。普段利用している駅名を入力すると駅周辺の地図が表示されるので、地図上から出発地と目的地を決定すれば、簡単に地図を作製することができる。ハンドブックには、ルート地図や詳細図のほかに、防災に役立つ情報を提供している。

イベントは18日まで、午前9時30分から午後4時30分まで行われる。今月21日から3月末までは芝地区総合支所地区活動推進課でも作成することができる。

法政大と連携し　ネットでエコ検定

千代田区

千代田区は17日から、法政大学と連携し、エコ検定「ちよだけんてい」をホームページに掲載した。

区は「魅力ある自分のまち千代田」を目標に、区の歴史や文化に親しみながら環境問題を学ぶエコ検定制度（一般・子ども用の2種類）を策定した。11日には区立昌平小学校で「冬休みの宿題」として実施し、法政大学のゼミの学生が小学生に回答や豆知識などを説明し、解答用紙を回収した。

この検定を区外も含めて広く一般に普及するため、法政大学CES研究ゼミのホームページに掲載した。今後、この検定制度を発展させ、認定基準を確立するなど、多くの協力者による環境対策を進める。

区は06年3月に法政大学と千代田エコシステム（CES）事業協力協定を締結し、地球温暖化対策に向け、法政大学人間環境学部学生と連携し、区民が楽しみながら継続的に環境活動を行う仕組み「CES（千代田区版簡易マネジメントシステム）」を実施している。

21日には区立麹町小学校5年生が授業の中で、法政大学CES研究ゼミ生の説明を受け、「ちよだけんてい」を実施。2月13日にはCESシンポジウムを開催する。

落語で男女共同参画考える催し

千代田区

千代田区は2月9日、ちよだ女性団体等連絡会と共催で、落語で男女共同参画の生き方を考える講演会「お噺男女平等」とシンポジウム「大江戸人生相談」を開催する。

講師は落語家の三遊亭若圓歌さん。シンポジウムでは、結婚や家族、職業に関し、明治や大正時代の新聞等に寄せられた相談と、現代人が抱えている相談とを比較し、その違いや共通性を見出す。講師のほか男女の回答者を交えてそれぞれの解決方法を考える。

時間は午後1時30分から4時まで。千代田区いきいきプラザ一番町カスケードホール。定員は先着150人。申し込みは千代田区国際平和・男女平等人権課まで。

足立区がコールセンターを開設

23区では5番目

足立区は21日から、専門のオペレーターが電話での疑問や質問に回答するコールセンター「お問い合わせコール　あだち」を開設する。区によると23区では5番目の開設になる。

区民から閉庁後の電話サービスへの需要が大きかったことや、地域の中で解決できない様々な問題が区に持ち込まれるようになったため、それらをコールセンターで吸収し、問題解決につなげることが目的。問い合わせが急増する3～4月にもスムーズな対応ができるよう、この時期の開設で区民の引っ越しの手続きや住民票の取り方など、質問に即応し、個別の詳細な情報については担当課に引き継ぐ。

電話は午前8時～午後7時、ファクスの場合は24時間受付し、翌開庁時間中に回答する。1月1～3日と本庁舎休業日を除き、年中無休。

板橋区

「板橋寮」から特養に

都有地活用で2例目

板橋区は16日に開かれた健康福祉委員会で、3月末で廃止になる路上生活者緊急一時保護センター板橋寮のあとを、特別養護老人ホームとして整備することを公表した。東京都の「都有地活用による地域の福祉インフラ整備事業」を活用するもので、特別養護老人ホームとして整備するのは23区で牛込消防署跡地（新宿区）に次いで2例目。区は地域説明会や事業者募集などを行い、2011年6月の運営開始を目指していく。

高齢者増で需要が増え続ける介護施設は、特に23区では用地確保が困難なことや、土地の価格が高いことなどから事業者の進出が少なく、施設を増やすことが難しくなっている。

板橋区の場合、区内11カ所（区立2カ所、都立1カ所、民間8カ所）の特養ホームがあるほか、今後2カ所で特養ホームの建て替えや新設する計画があり、新たに108人の受け入れが可能になる。しかし、現在の区内の特養ホーム待機者は3065人に上っており、待機者解消にはなお一層の受け皿が必要とされていた。

今回、都の事業の対象となったのは、都有地で運営していた路上生活者緊急一時保護センター板橋寮（板橋区舟渡）で、面積は約2275平方㍍。都が埋設物や施設などを撤去、土壌調査なども行った後に、土地が貸し付けられる。貸付料は通常に算定された額の2分の1で、貸付料月額の30カ月分が保証金。

同委員会では委員の質問に答えて、都財務局が出した昨年7月現在の参考価格が1平方㍍あたり530円だったとし、今回の土地面積で計算した場合には、約60万円が月額の貸付料となる見込みとした。

具体的な整備概要は事業者選定後となるが、区は特養ホームの定員70人程度以上、ショートステイの定員8人程度以上の受け入れが可能な施設になると見込んでいるほか、デイサービス等、地域の実情に合わせた施設併設も可能としている。

区は2月上旬から地域説明会を開催し、8月頃までに事業者を決定。2010年1月から着工、翌年6月に運営開始を予定している。

大田区

石綿健康調査の予約開始

29日に専門委　区外対象者にも会場確保

大田区内の一部地域で石綿による健康被害が出ている問題で、大田区は15日から石綿に関する健康調査の健診予約受付を開始した。初日には242件の予約があり、関心の高さが伺えた。

昨年11月上旬、区内医療機関から大田区保健所に対して石綿の環境曝露によると疑われる患者の発生について報告があった。区ではこれを受けて、12月に当該地域を含む3地点で大気中のアスベスト濃度の調査を実施。当該地域に88年以前に居住歴のある住民や、当該地域で石綿を暴露した可能性のある人を対象に健康調査を行うことを決めた。

区では、区外や遠方に住む対象者に対しても新たな検診会場を確保する。区外在住で東京労災病院での検診が困難な人を対象に、都立広尾病院で2月5日から3月4日まで毎週火曜日の午前中に検診を行う。また遠方の人については、全国23病院を紹介する。

また今月29日に専門家で構成するアスベスト健康調査専門委員会を設置する。健康調査に基づき胸部X線写真や生活背景を含めて検証し、環境曝露の地域的広がりや地域住民の健康への影響について協議・提言。今後区が行うべきアスベスト対策について専門的な立場からの助言を行う予定。

委員には、中島宏昭・昭和大横浜市北部病院副院長、戸島洋一・東京労災病院呼吸器内科部長など6人を選出した。

1月27日には、アスベスト講演会を開催する。石綿による健康被害の可能性について不安を抱く住民に対し、胸膜プラークなどアスベスト暴露の医学的所見について正確な情報を提供するのが目的。

息の長い取り組みを

【解説】アスベスト問題を解決する近道は、すべての情報を開示し、行政と企業が、住民や被害者とのリスクコミュニケーションを図ることに尽きる。とりわけ住民に最も身近な区レベルでは、正確な情報を行政と住民が共有できているかが重要な要素になる。

特に石綿に対して知識が希薄な住民に対して、石綿問題の正確な情報を与えることが必要だ。過去に石綿関連工場があることは分かっているのだから、区が健康不安を持つ住民にしっかり寄り添って、長い目で問題を解決する糸口を探るべきだろう。

兵庫県の石綿関連工場で周辺住民が石綿被害を訴えた〝クボタ・ショック〟から2年以上が経過し、この間に国や自治体レベルで様々なアスベスト対策が行われている。住民だけでなく自治体関係者の中でも「アスベスト対策は終わった」という思いこみがあるだろう。

今回の大田区での事例は、石綿問題がまだ始まったばかりなのだということを思い知らされる。アスベスト対策は息の長い取り組みだ。

文京区の保育園では99年園舎の改修工事中に園児が石綿に曝露した。このケースでは当時の園児全員に、石綿の曝露を記録した健康管理手帳を配った。石綿の潜伏期間からすると、園児は30代、40代まで長期間のリスク管理を強いられる。

都内は高度経済成長期に建設した建物が解体のピークを迎えつつある。今回のケースは石綿の発生源が明確だが、今後は発生源の特定が困難なケースに対して、現行の規制が有効に機能しているか慎重に見届ける必要がある。（地）

はじめまして　新副区長です

中野区　西岡誠治氏

改正地方自治法の施行により副区長が設置された半年後の昨年10月、中野区では3人目の副区長が選任された。国交省出身で、都市整備などに尽力してきた。「まちづくりの原点は住民との対話」と考え、住民に近い立場にいる区を「力が活かせる職場」という。

1987年、当時の建設省街路課の連続立体交差係長に就任した。石川県の金沢駅で在来線と、延伸が計画されていた北陸新幹線の高架化事業を担当。91年の石川県国民体育大会前に完成させる予定だったが、工事費の負担の問題があり、新幹線の高架化は進まなかった。それでも「大事なのは国の論理」と信じ、高架化の着工を主張した。

ところが、89年に石川県都市計画課に異動し、現場に入る立場に転じた。現場の意見を聞くうちに、最終的には将来の新幹線用地を残して、新幹線の高架化を見送ることになった。「国の論理で筋ばかりを通すだけでは、解決できなかった。ものごとが進むように仕事すべき」と改心し、「現場の意見を聞くことに努める」仕事観を培った。

これまで、北海道・帯広の道路や河川の整備、東京・大手町の再開発などにも携わってきた。区側からまちづくりの手腕を買われ、田中大輔区長の特命で警察大学跡地を含む中野駅周辺の整備なども担う。「思った通りの仕事ができ、よかった」と喜ぶ。

特別区では、現行の副区長3人制が中野区だけなので、与野党の一部の区議から批判も噴出した。中野駅周辺まちづくりはすぐ結果を出せないため、「10年経って国から来てよかったと（職員に）思われる」ためにも、「気長につきあってもらえれば」と話している。

◇　◇　◇

1959年6月生まれ。48歳。82年九州大工学部土木工学科卒業後、建設省に入省。国際課海外協力官、都市基盤整備公団専門官、都市基盤整備公団構築事業課長、国交省[illegible]画調整官などを歴任。趣味は水泳。肩こりがひどいときは遠泳し、「疲れるけど肩こりは取れる」という。副区長の任期は07年10月から11年9月まで。

写真は、昨年4月にウィーンで開催された国際会議の晩餐会（ウィーン市長主催）に出席したときのものです。会場となった市役所ホールは19世紀後半に造られたバロック様式の建造物ですが、建物の華やかさはもちろん、料理や会場の演出にも圧倒させられました。市役所は city hall（都市の広間）と呼ぶことにずっと違和感があったのですが、それが氷解した瞬間でした。中野区役所は、謙虚に city office（都市の事務室）という訳語を使っていますが、いつか国際レベルでサンプラザのような舞台となっています。

記者席

都立旋風で「売りこみ」も

○……高校サッカーで、都立旋風を巻き起こした三鷹高校。都議会自民党幹事長の吉野利明氏はOBで、同窓会長も務めている。

大会出場が決まったところから、議会関連の取材で自民党控室に行くと、吉野幹事長から「三鷹高校もぜひ取材してよ」と、逆に「売り込み」を受けることも。

藤枝東高校との試合では、吉野氏も競技場に足を運び、応援したという。後輩たちの大活躍は喜んだものの、同窓会でも合宿の費用などでカンパを集めたりしたため、現在は残務の整理に追われているそうだ。

○……都教育委員会が10日に開かれ、都生涯学習審議会が昨年12月にまとめた第1次答申が報告された。しかし、脚本家の内舘牧子委員は「ファシリテーターとか、アウトリーチとか、都民には分かりにくい、気持ち悪い言葉を使いすぎる」と表現上の問題で苦言を呈し、「もう少し日本語に書き換えてほしい」と注文を付けた。

この日初めて出席した元マラソン選手の瀬古利彦委員も「アウトリーチなんて言葉は初めて聞いた」と内舘委員の指摘に同調しつつ、「マージャンのリーチなら知っているけど」と付け足して委員全員苦笑い。「教育の基本は夫婦仲」と主張する瀬古氏が今後、どういう教育論を展開するのか楽しみである。

○……町田市役所の玄関ロビーに入れ歯回収ボックスなるものがお目見えした。町田市社会福祉協議会がNPO法人日本入れ歯リサイクル協会に協力して設置している。

入れ歯に用いられているパラジウム合金は、貴重な[illegible]てリサイクル[illegible]なる。ひとつの入れ歯に平均5㌘と500円相当。[illegible]と8枚、予防接種の注射針だと250[illegible]かなえるという。町田市では社会福祉協議会の窓口と市役所にボックスがあり、昨年11月、12月の2カ月間で計81個が回収された。収益金はユニセフと社会福祉協議会に配分される。同[illegible]か、23区では杉並区、荒川区、多摩地域では武蔵野、小金井市[illegible]町で設置されているという。

教育の焦点

今年の課題

問われる魅力的な学校作り

基礎学力で指導基準策定へ

都教育庁は今年も様々な分野で「教育改革」に取り組む。昨年11月にまとめた2008年度の事務事業予算見積もりでは、「10年後の東京」実行プログラム事業を中心に、都立学校ICT計画の推進、乳幼児期からの子供の教育支援プロジェクト、教職大学院を活用した教員の養成・育成などの新規事業を打ち出した。都の新年度予算原案はきょう18日に発表されるが、事務事業予算見積もりをベースに、教育庁の今年の課題と焦点を探ってみた。

教員の資質向上が課題に

教職大学院と連携

都民や保護者の関心が高まっている「児童・生徒の学力向上」の施策では、都が全国に先駆けて2003年度から「児童・生徒の学力向上を図るための調査」を開始し、その結果を踏まえた「授業改善推進プラン」により授業改善の取り組みを進めてきた。

教育庁では、これまでの問題解決能力等の調査に加え、基礎的・基本的な事項に関する調査を行い、その結果を分析。児童・生徒が身に着けておくべき基礎的な学力についての指導基準を策定して、授業改善に活かしていく考えだ。

児童・生徒の学力を高める上で欠かせないのが、教員の資質向上。06年7月の中教審答申で創設が提言された教員養成の専門職大学院「教職大学院」が、いよいよ今年4月に設置される。

都では、都内に設置される教職大学院と連携して、実践的な指導力・対応力のある新人教員を確保するとともに、現職の教育管理職候補者である教員を研修生として派遣し、都の教育の中核となり得る教員の育成を図る予定だ。また、04年度から開始した「東京教師養成塾」や06年度からスタートした「東京教師道場」により、引き続き教員の資質の向上を図っていく方針である。

ICT環境

全国的に見て都立学校におけるICT環境は、特に遅れている。一例を挙げると、校内LANの整備率は17・8%に過ぎない。教育庁は、児童・生徒の学力向上や校務の効率化を図るため、ハード・ソフトの両面で、全国トップレベルとなれるICT環境を計画的に整備することを目指す。都立学校の校内LANの整備率を2カ年で100%にするとともに、教員に対するパソコンの配備も計画している。

「児童生徒の健全育成等」に関係する施策では、問題行動対策事業として、24時間体制の電話相談の実施や問題行動解決のために専門家を派遣。また、今年度から都立高校で必修化した教科「奉仕」の充実を図るため、教育支援コーディネーターを都立高校に派遣し、地域や企業の理解や協力を得て、定着・発展させていく方針だ。

これまで都において配置していなかった栄養教諭を、モデル地区に配置するなど、食育の指導を更に推進していく。部活動については、中学校・高校段階での強化練習会や、文化・スポーツ特別推薦制度を実施している都立高校で、スーパーバイザーを導入するなど、競技力の向上に向けての施策を推進する。

都立学校では、07年度から学校設定教科・科目「日本の伝統・文化」を実施しているが、都立学校での拡大を図る支援を行う。あわせて、義務教育段階でも日本の伝統・文化教育を拡大するため、小・中学校のためのカリキュラムや推進モデル地域を指定する予定。

ものづくり教育

「子供の安全確保等」に関係する施策では、学校の震災対策は大きな課題であり、引き続き都立学校施設の耐震化を進める一方、緊急地震速報システムの導入に着手した上で、それを取り入れた防災訓練を実施し、被害の軽減を図る。さらに、災害時の帰宅困難者支援のため、都立学校の帰宅支援ステーション機能を充実させていく計画。

また、子供達の放課後の居場所づくりを行う放課後子供プラン（放課後子供教室）の拡大を図る。この事業が拡大することにより、放課後や週末に、小学校等で子供たちがスポーツ活動を行ったり、遊んだりすることが期待される。

ものづくり教育の推進では、工業高校でデュアルシステムの推進等を行うとともに、高等専門学校編入のための接続プログラムの開発、特定分野の技能・技術を集中的に学ぶ教育プログラムの開発に着手。小・中学校段階からものづくりへの興味・関心をもてる教育の展開や企業OBを含めた優れた技術・技能を持つ人材の活用、企業での長期のインターンシップ等によりものづくり教育を推進していくことが計画されている。

団塊の世代の大量退職に伴い、優れた技術・技能を持つ人材の確保が極めて大きな課題となっている。ものづくり人材を育成、確保していくための施策を着実に推進していくことが求められる。

障害のある児童・生徒の教育を推進するため、教育庁は昨年11月、「東京都特別支援教育推進計画第2次実施計画」を策定した。複数の障害教育部門を併設する特別支援学校の設置、幼稚園・小学校・中学校における特別支援体制整備への支援、高等学校・中等教育学校における特別支援教育体制の整備等に計画的に取り組むとしている。

さらに、障害のある児童・生徒の自立と社会参加に向けて、外部人材の活用を図りながら関係局と連携し、乳幼児期から学校卒業後までの一貫した支援ができる体制の整備を図る。また、増加傾向にある外国人の児童・生徒を対象にした日本語テキストや学校ガイドブックを、多言語で作成する予定である。

「子供の育ち」支援

「地域で担う教育の推進」では、乳幼児期からの子供の教育支援プロジェクトを実施する予定。具体的には、乳幼児期からの子供の発達に関する基礎知識を踏まえた教材の作成や、親・保護者の力量形成プログラムの開発、さらに地域で「子供の育ち」を支える取り組みを試行する。

また、地域で学校教育等を支援することに向けて地域教育活動を担う教育サポーターの養成を図るとしている。団塊の世代の退職者等が地域教育の支援者になることが期待されている。

「学校における環境都市づくり」も課題になる。予算要求では都立学校の芝生化について年度ごとの目標を示すとともに、都立学校の校舎の屋上、空きスペースを活用した緑化を推進し、併せて太陽光発電の整備も図る計画。環境負荷の少ない都市づくりに向けて都立学校の環境を計画的に整備していく施策が求められている。

このように、子供たちをめぐる様々な課題について、多角的な施策を展開しながら、魅力的な学校づくりをいかに進めていくか。それが今年の大きな課題になりそうだ。

教職員のキーワード 56

東京都における栄養教諭制度

食生活を取り巻く社会環境は大きく変化し、食生活の多様化が進む中で、「朝食をとらない」「好きなものばかりを食べる」など子供の食生活の乱れが指摘されるようになりました。将来にわたって健康に生活していけるようにするには、子供たちに、栄養や食事のとり方などについて正しい知識に基づいて自ら判断し、食をコントロールしていく能力や望ましい食習慣を身に着けさせていくことが必要です。

このため、2004年5月の学校教育法の改正により、食に関する指導（学校における食育）の推進に中核的な役割を担う「栄養教諭」制度が創設され、05年度から配置が開始されました。

しかし、すべての義務教育諸学校において給食を実施しているわけではないことや、地方分権の趣旨等から、栄養教諭の配置は地方公共団体や設置者の判断によることとされています。公立小中学校の栄養教諭については県費負担教職員であることから、都道府県教育委員会の判断によって配置されることになります。07年4月1日現在、都道府県における栄養教諭配置数は974人で、配置または配置予定がないのは東京都、静岡県のみとなっていました。

都教育委員会は、06年10月に、教育庁内に「食育指導体制における『栄養教諭』の検討プロジェクトチーム」を設置し、都における栄養教諭制度のあり方等、様々な課題について整理し、導入の方向で検討を進めてきました。そして、07年10月に、各学校で「食育推進チーム」を編成し、その中心的役割を担う「食育リーダー」を置くという、東京都公立学校の食育推進の枠組みを前提とした上で、栄養教諭を配置していくことにしました。

都における栄養教諭には、次の三つの職務があります。

（1）食育リーダーの支援に関すること
（2）学校給食の管理
（3）食に関する指導

（2）、（3）は、文部科学省が栄養教諭の職務として示すもので、（1）は、都が独自に課するものです。（1）の「食育リーダーの支援」には、①食に関する指導に係る教材・指導法の提供②食に関する指導に係る授業公開③食育に関する研修会における講師④地区内の食育リーダー及び教員に対する助言――等といった職務があります。

このため、都における栄養教諭には、栄養教諭としての免許を取得していることはもちろん、「食育リーダー」としての実績があることや、食に関する指導や指導資料作成等の実績があること、食に関する指導について、研修会講師等の実績や教職員を指導・助言できる能力を有することなどの能力要件が求められています。

都教育委員会では、08年度を目途として、複数のモデル地区を設置して栄養教諭を配置するとともに、計画的に全区市に導入をしていく予定です。

ティーボールに熱狂

谷沢氏が指導 合同授業「プロに学ぶ」

葛飾養護

「自分はイチローだと思う人」と聞かれ、一斉にハイ、ハイ、ハイと手が挙がる。「よし、イチローだぞ」と激励され、バッターボックスに立つ生徒。構えもすっかりイチローの真似で、大きな笑いが巻き起こった。

都立葛飾養護学校で9日、3学年合同授業「第1回プロフェッショナルから学ぼう」が行われ、元中日ドラゴンズの谷沢健一選手により、ティーボールの指導が行われた。

会場となった体育館で生徒たちが待つ中、『燃えよドラゴンズ』の歌が流れ、颯爽と谷沢氏が登場。「巨人が強くてね。悔しくて、勝つために沢山沢山努力して勝てるようになったんですよ」と語りかけ、初打席では足がガタガタ震えて止まらなかった体験談を披露。

「一塁には王さん、三塁には長島さんがいて、頭の中は真っ白。2回ストライクが続き、バッターボックスをはずれ、手に砂つけたりしてたら、長島さんの顔が目に入った。長島さんは選手になった時、4回続けて三振したんだ。長島さんだって4回も三振したんだから、1回位三振したっていいよな。そう思ったら楽になって膝の震えも止まった。そしたらいいボールが来たんだよ」

すかさず「ホームラン？」と声がかかり、「ヒットなんだよ」の答えに拍手が起こり、「ホームラン打ったことある？」「すぐ打ったよ」と、もう生徒たちは、谷沢氏の話にすっかり引き込まれてしまっている。

ティーボールとは、バッティングティーの上に置かれたボールを打つもので、ピッチャーのいない球技。TPOに合わせ誰もが楽しめると、谷沢氏はその普及に尽力する一人。谷沢野球コミュニティ千葉（YBCフェニーズ）にも所属する葛飾養護の久保田浩司教諭と共に、ティーボールの指導にも当たってきた。

体育館2階のギャラリーにボールを飛ばすとホームラン！

この日も、体に合わせてバッドを選び、握り方を教えてもらい、8組に分かれてボールを打ち合い、代表によるホームラン競争も。谷沢氏は「スポーツで体を鍛えることで、心も強くなり、何物にも負けない人間に育っていく」などと話し、最後に引間宗人校長も2本ヒットを飛ばして、生徒たちの歓声を浴びた。

「これだけ生徒たちが楽しんで、大成功。この子たちが社会に出てもスポーツを楽しめるような環境を作りたい」と校長。

谷沢氏は「今のプロ野球は表現力が足りない。ティーボールでも私はイチローや小笠原になって表現しろと言うんだ。それが、失敗したらどうしようと引っ込み思案になるのでなく、楽しむことにつながる」と話した。

自律的な改革へ ―評価を生かす― ＜4＞

全教員体制で課題に挑戦

今年度創立40周年を迎えた都立東村山高校は、学校改革の真っ只中です。ここ数年、低倍率が続いている状況から脱却しようと懸命に取り組んでいます。特に、「地域密着型中堅進学校」として06年度東京都重点支援校に指定され、改革の勢いが増しています。しかしながら、今年度の学校経営診断から見ても分かるように、十分な成果をあげるところまでは至らず、課題も多く残されているのが現状です。

■授業力向上の切り札

今年度の成果としては、課題解決にむけた組織固めができたこと、最近の新しい取り組みが軌道に乗りつつあるというところです。具体的には企画調整会議を中心にした学校運営を徹底し、職員会議を半減し、その分を教員悉皆の校内研修にしたことです。全体で話し合う場がなくなるなどの懸念する意見もありましたが、実施してみると当初の目論見どおり成果が出始めています。

一例を挙げると、今年度の「生徒による授業評価」の活用による研修です。全教員の名前が入った資料を基にした研修を実施することができました。教員間の遠慮もあり実現が難しい面もあるなかで、「授業力向上」の切り札と考え、実施に踏み切りました。互いに授業を見学する動きも出始め、学校の柱である授業力の向上につながると考えています。新しい取り組みについては次のような状況です。

■国際交流事業を開始

学習指導では、昨年度導入した朝読書を朝学習との併用で実施するとともに、「授業の心得」を徹底することにより落ち着いた学習環境作りに努めています。長期休業日中の補習の講座も倍増し、昨年度始めた勉強合宿も夏・冬の2回に増やしました。進路指導では、地域の有識者を活用した「進路を考える」の拡充と、大学教授の授業の実施で、生徒の進路意識の高揚を図りました。

また、3年間を見通した指導ができるように学年中心の進路指導を進路指導部主導の体制にしているところです。生活指導では、全校をあげた組織的な取り組みとし、遅刻指導、服装指導、頭髪指導を毎日、朝と昼に全教員当番制で実施しています。特別活動と部活動の活性化については、07年度から「文化・スポーツ特別推薦」を柔道・バドミントン・陸上競技で実施、08年度はさらに硬式野球・サッカーを加えます。

地域との連携では、小学校への英語の出前授業・グランド整備奉仕活動、中学生の本校での体験授業、部活動体験入部等を実施しました。さらに、今年度の新規事業として国際交流を始めます。全期間授業を受講し、全期間ホームステイするという計画です。今年度3月に米国ワシントン州に教師・生徒を派遣する予定で現在準備中です。さらに、今年度設置の「特別進学クラス」も楽しみです。

■補習・補講の充実へ

これらの取り組みに全教員体制で行えるようになって来たのは、大きな収穫です。ややトップダウンの傾向が強いものの、スピード感のあるものとなってきました。あとは成果をあせらずに、この姿勢を全教職員で貫くのみだと考えています。現在の教職員の能力、姿勢を持ってすれば必ず魅力ある学校になると確信しています。

今後の課題としては、基礎学力向上のための補習・補講の充実、生活指導のさらなる徹底、生徒一人ひとりの個を生かす取り組みの工夫があります。さらに、本校の取り組みと成果を伝える広報活動も重要になってきました。これらの課題に全校あげて取り組むことにより、地域に信頼される学校を目指します。

（都立東村山高等学校長 佐藤光一）

学校改革で「授業力」向上を＝東村山高の授業風景

教育オンライン

21日に実践発表会

講座で歌舞伎の体験も

日本の伝統・文化教育

都教育委員会は21日、「育て伝えよう、日本の伝統・文化」をテーマにした実践発表会を、都教職員研修センター・視聴覚ホールで開催する。実践事例の紹介などを通して、各学校への普及・啓発を図るとともに、日本の伝統・文化理解教育の意義や内容を広く都民に知らせることを狙いとしており、教育庁指導部では都内の教職員、保護者らの積極的な参加を呼びかけている。

都教委では日本の伝統・文化理解教育を推進しているが、実践発表会では、学校設定教科として「日本の伝統・文化」を開設した都立中央ろう学校と都立足立東高校、日本の伝統・文化理解教育推進モデル地域となっている武蔵村山市教委の小中学校の取り組みの成果を発表。

このあと、松竹が企画した歌舞伎の魅力を体験してもらうための講座「伝統を今に伝える、伝統から学ぶ」、建設中の新東京タワーをデザイン監修した東京芸術大学名誉教授の澄川喜一氏による講演「日本の伝統・文化理解教育への期待」が予定されている。

2016年、東京にオリンピック招致を!

主要団体に決意を聞く

運命を決する2009年10月まで1年9カ月。東京都が名乗りを上げている2016年の31回夏季オリンピック開催を招致できるか。昨年9月、IOCが発表した申請都市は東京のほか、バクー(アゼルバイジャン)やシカゴ(アメリカ)など7都市。招致レースは、この都市間で熾烈を極めることになるが、最終的にキメ手になるのは、開催都市市民・国民の支持と歓迎の盛り上がりといわれる。そこで、主要団体の決意と東京都の五輪招致に向けた準備状況を紹介する。

後悔なきよう全力で取り組む

東京都議会オリンピック招致議員連盟会長 高島 なおき

今年は北京オリンピックが8月に開催され、まさにオリンピックイヤーであります。都議会オリンピック招致議連といたしましても、2016年のオリンピック・パラリンピックの日本招致・東京開催へ向け、ますます気運を盛り上げていかなければならないと気持ちを新たにしております。

昨年、私共議連は、東京都・オリンピック招致委員会と協力しながら様々な招致に関する活動を行いました。その結果、全国都道府県議会議長会をはじめ、地方六団体のオリンピック招致支援の決議をいただき、国においても閣議了解を得、ナショナルイベントとしての位置づけとすることが出来ました。

さらに、オリンピック招致の署名活動に取り組み、30万人を超える署名を知事に渡すことが出来ました。オリンピック・パラリンピックを東京で開催したいという都民・国民の熱い思いを集約することにより、結果として、6割を超える賛同の声が世論調査に反映されました。

また、昨年11月には、2016年東京大会の開催基本計画が発表され、開催意義が明確に示されました。日本の国家復興の促進に寄与した1964年東京オリンピックのレガシーを踏まえ、新しい都市モデルを提案し、地球環境を再生する東京から地球社会の「贈り物」としています。今後は、このコンセプトを高く掲げ、都内のみならず広く国内・外にアピールしていかなければなりません。

今年6月には立候補都市が5都市程度度に絞り込まれます、これに残るのは当然のことでありますが、その後の国際招致レースを勝ち抜くためには、なんといっても国の全面的な支援、国を挙げた取り組みが必要です。このことが今年の重要な課題であると考えており、衆参両院での招致決議を得るための活動に力を入れていきたい。

そのためには、他道府県議会のご理解とご協力をいただくことがポイントであると思います。私共は、今月中にも全道府県議会に直接伺って、「オリンピックを日本に!」の幟旗をお渡しし、ご支援を訴え、有志や議会における招致決議をいただけるようお願いにまわろうと思っています。

6月以降は国際的な招致活動が解禁となります。洞爺湖サミットや国際競技大会、また北京オリンピックなどの機会を捉えて招致アピールを行い、2016年東京オリンピック・パラリンピックの目指す「人を育て、緑を守り、都市を躍動させるオリンピック」の開催意義を世界に浸透させ、都市間競争に勝ち抜いていかなければなりません。

来年の10月には、東京招致を願う多くの方々と一緒に美酒に酔いたいと思います。そのためには、後悔することのないよう、全力で取り組んでいきたいと考えています。

(都議会議員)

五輪が「結ぶ」都市と子どもたちの未来

東京オリンピック招致委員会 事務総長 河野 一郎

昨年12月には、オリンピック招致大使をお願いしている星野仙一氏率いる野球日本代表チームが、見事、北京オリンピックの切符を手中にいたしました。

私共、招致委員会といたしましても、2009年10月の開催都市決定に向け、まずは、本年6月のIOC理事会において、5都市程度に絞り込まれる候補都市の中に確実に選ばれるよう、招致活動を進めてまいります。

また、それと同時に国際キャンペーンが解禁となります。8月の北京オリンピックでの日本選手の活躍と機を一にしながら、東京への招致機運を国際的にも盛り上げていく所存です。

これらに加え、今後の招致レースを勝ち抜いていくためには、次の3点がポイントになると考えています。

1点目は、21世紀の東京で再びオリンピックを開催する意義や理念を、都民、国民の皆さんにわかりやすく伝えていくことです。10年後の東京は、競技会場の整備・開発とともに、環境負荷の少ない、水や緑と共生する都市づくりが進んでいます。また、障害の有無や年齢にかかわらず、スポーツや街歩きを楽しめるバリアフリーな都市生活を実現することが必要です。オリンピック・パラリンピックの開催は、東京の新しい都市モデルの創出を加速させることとなります。

2点目は、招致ロゴに込めた「結び」のコンセプトを、諸外国の方も含め、十分ご理解いただくということです。特に、スポーツを通じて次代を担う子どもたちが夢と希望を持って育つよう、オリンピアンとの交流を行う「みんなのオリンピック」事業などを展開していくことで、スポーツを介した人と人との「結びつき」が日本全体に、さらには世界中に広まることを目指していきます。

3点目は、オリンピック・パラリンピックが都市にもたらす有形無形のレガシー(遺産)を、これからの計画策定の中でしっかりと示していくことです。東京には国立代々木競技場や日本武道館など、前回のオリンピック会場が、21世紀を迎えた今回の計画でもなお会場予定地とされています。臨海部に建設予定のメーンスタジアムや馬術の会場となる「海の森」などと合わせ、オリンピック・パラリンピックは、後世の東京に再び大きな遺産をもたらすことになるでしょう。

また、スポーツの力は、失われがちな社会の紐帯を目に見えない形で結びなおすものと確信しています。

昨年はわずか2カ月の間に130万人もの方から東京招致を求める署名が集まりました。招致委員会のスタッフ一同、開催都市決定までの600日余を全力で駆け抜けてまいります。

皆様方からの熱い応援、ご協力を引き続きお願いいたします。

国家事業のオリンピック招致に全力

東京都東京オリンピック招致本部長 荒川 満

「栄光への道を求めて、厳しい試練に耐え抜き、今、堂々と胸を張って歩く日本の若者。思えば昭和15年、オリンピック東京誘致が決まりましたが、戦いの日々にその夢は流され、5年前東京大会が正式に決まり、それから5年。日本人の力は、きょう、この日のために払われた感じが致します。アジアで初めて開かれた世紀の祭典。平和と永遠の愛と勇気の第18回オリンピック東京大会。この日を迎えるその道は、誠に長く、本当に険しくさえあったのであります」——オリンピックマーチとともに行進する日本選手団を前にして、鈴木文弥アナウンサーが語った言葉だ。開会式の感動が甦る。

世界への復帰を念願して東京・日本にオリンピック・パラリンピックを招致してからほぼ半世紀が経った。2度目の招致を目指す職に就き、当時の関係者の心中に思いを致すところである。

今や東京・日本は、世界のリーダー格となった。世界最高水準の技術を有し、世界最高の長寿国となり、テロのない世界一安全な先進国となった。

人類共通の課題である地球環境の再生、安心安全の平和な社会づくり、希望の持てる高齢社会づくりに挑戦する東京・日本が、オリンピック・パラリンピックを好機として、新しい都市モデルを世界に発信し、次代を担う子供達にプレゼントすることは、日本人にとっても世界の人々にとっても大きな意義を持つ。また、地球社会に対する、世界有数の大都市東京の責務でもある。

2016(平成28)年の東京大会は、人間の健康、地球の健康のためのオリンピック・パラリンピック開催を目指す。

会場計画は、これまでの大会が行ってきた開発型でなく、環境調和型を目指す。環境への負荷を抑えるため、既存施設や公共空間を活用し、殆どの競技会場を8㌔㍍圏内に収め、東京の都心そのものをオリンピックパークにする。観客輸送も既存の鉄道・道路網を極力活用していく。

地球環境保全の根本は、人間だけでなく多くの生物の棲息を認めることだ。スポーツ大会も、トップアスリートの競技だけでなく、障害者、高齢者、子供たち、多くの国の人々が様々な形で参加し、楽しめることが大切である。地球環境にもスポーツ大会にも共に多様性の思想が流れている。

我が国は成熟社会を迎え、将来に不安をもつ若者の増加や、家族関係・人間関係の絆の希薄化など、新しい問題が生じている。

しかし、こうした問題に対しても、肉体と意志と知性の資質の向上とバランスのとれた結合というオリンピズムの哲学は、現代社会において失われた人間の本質を照らし、解決策を示唆してくれているように思う。

世代を超えて日本人の心を一つにし、共通目標となりうるのがオリンピック・パラリンピックである。日本社会全体に及ぼす影響は極めて大きく、国民挙げて、国家事業として取り組むべきである、と確信する

組織を挙げて五輪招致活動

東京都商工会議所連合会 会長 岡村 正

戦後の経済復興を経て、日本が先進国としての地位、存在感をアピールするナショナルイベントとなった1964年の東京オリンピックは、日本国民に強烈な印象と感動を与えた。各国でのオリンピック開催も、国や都市の発展に貢献しており、4年に1度のナショナルイベントとして世界で最も関心が高い。

その一方、21世紀の今日、急速にグローバル化が進展するなかで、オリンピックはますます世界中の衆目を集め、その開催の趣旨は、より複雑に、多様に、高度になり、立候補の段階では、開催地としての必然性をより個性的に訴えることが求められている。そして、それらを十分に兼ね備えたポテンシャルの高い都市(国)だけが最終的に開催地としての栄誉を勝ち取っているが、そこに至るまでのハードルは非常に高く、長い。

このような中で、2016年の候補地として東京も再び名乗りをあげた。今日の東京は、都市インフラ整備の再構築をはじめ、環境、安全、文化、観光、産業などさまざまな分野でのイノベーションが展開され、世界に誇れる先端都市へ邁進しているところであり、まさに今日のオリンピック開催地として相応しい。

本年は、2016年の東京オリンピック・パラリンピック開催の実現に向け、国民が「日本でオリンピックを開催したい」という気持ちを結集し、オリンピックムーブメントを興していかねばならない重要な年である。

東京都内の商工会議所は、開催地となる東京に存在し、地域経済の発展を普遍的な目的とする中で、東京へのオリンピック招致に大いに期待し、そのための支援活動を、組織を挙げて展開していきたい。

東京オリンピック招致ロゴを発表する石原知事ら(上)とロゴマーク

3万3千会員の総力結集し支援

東京都商工会連合会 会長 桂 教夫

オリンピックと聞いて43年前、東京オリンピックでのトップアスリートが繰りひろげた様々なドラマを想い浮かべている方も多いと思います。

極限まで鍛え抜かれた肉体から発せられるスポーツ競技の躍動感は私たちに言葉では言い表せない感動と情熱、そして人間の可能性と希望を与えてくれます。

2年前、石原都知事が「2016年東京五輪招致構想」を打ち出し、東京オリンピック招致委員会等による「招致運動」もいよいよ佳境に入ってきています。

前回開催された1964年から40年以上の時が流れ、当時の東京からは想像もつかないほどの変貌を遂げ大都市東京へと成長いたしました。

スポーツ分野の振興発展においても、産業技術とりわけ中小企業の匠の技が生かされており、大きなサポーターとなっています。

オリンピック招致を契機に更に首都東京が持つポテンシャリティーを最大限に生かし、世界各国に向けて情報を発信する絶好の機会ともなり、「10年後の東京」が目標とする21世紀の都市モデル実現への近道と確信しております。

2016年のオリンピックを東京に招致するためには、2009年秋に開催される国際オリンピック委員会総会において開催都市に選定されなければならず、今後ライバル都市との熾烈な競争が続きます。

「子供たちに夢と感動を」、そして「10年後の東京」実現に向け、2016年東京五輪招致に当商工会連合会3万3000会員の総力を結集し支援いたします。

地球規模の転換期に東京の先駆的モデルを示し環境再生の礎に

スポーツを通じ夢と希望を
地球環境の再生に大きく寄与

なぜいま、再び東京に招致するのか

1200万都市・東京は、あらゆる面で世界の先進都市と肩を並べ、文字通り世界都市といっても遜色はない。その意味ではアジアでは初めての2回目のオリンピック開催を主張しても違和感はない。

しかし、他方では東京が抱えている都市問題や都民生活の実情からみて、心底から都民が支持し、五輪招致を歓迎してくれるのかどうか、疑問なしとはいえない。しかも、すでに50年前に開催しており、2回もやる必要があるのかと……。

東京オリンピック招致委員会が昨年12月実施した全国世論調査では賛成が6割強であった。まだ情報不足があったにしても、燃えるようなムードが感じられないのは、そんな背景があるからではないだろうか。

そうした懐疑的・消極的な見方を払拭するのは、今後の「時間」かもしれないが、同時に都民の胸に落ちるような大義名分と分かりやすい説明の積み重ねが何よりも重要であろう。

東京オリンピック二つの大義名分

平成17年9月、都議会で石原都知事が初めて2016年・第31回「五輪招致」構想を表明したあと、開催基本計画（H19年11月）等の中で、東京開催の意義を繰り返し説明している。

昭和39年（1964年）の東京オリンピックは、日本の復興と東京の都市基盤整備に大きく寄与、その歴史的使命を果たしてから約半世紀。

東京と日本は今日、高度な都市化・高齢化・成熟社会の中で21世紀的課題（災害、テロ、環境汚染、交通渋滞など）を世界で初めて経験しつつあり、他方、地球規模では地球環境の危機が進行し、平和への脅威も強まっており、まさに歴史的転換点に直面している。

こうした中で2016年に東京オリンピック・パラリンピックを開催する意義が大きい。

それは次の2点に集約される。

①スポーツを通じて、人々に夢と希望を与え、都市を躍動させる。確かにトップアスリートの鍛え抜かれたワザ・肉体・精神力は人々に感動と勇気と夢をもたらす。主催都市・東京は都市基盤等まちづくりが進み、まさに躍動していく。

②新しい都市モデルを提案し、地球環境を再生する。東京は近代都市として100年以上の歴史を持ち、震災・戦災などさまざまな大都市問題を克服。近年では世界屈指の環境技術を活かし、時代をけん引する取り組みを展開しており、こうした多くの難問を乗り越えてきた東京の「姿・範」を示すことも新しい五輪の使命といえる。

こうした意義深い東京オリンピック・パラリンピックは「東京から地球社会への"贈りもの"」であり「人を育て、緑を守り、都市を躍動させる」オリンピックにする方針だ。

そしてスポーツ文化が生活に根付く健康な社会のほか、緑と水に囲まれた美しい都市、次世代交通、最先端セキュリティ、低環境負荷の機能的な都市。障害者・高齢者・子供・外国人のすべての人に優しい社会。世界とつながり、世界と創る、開かれた平和な社会——の礎ができると「オリンピック効果」が強調されている。

臨海・晴海に建設予定のオリンピックスタジアムのイメージ図

世界一コンパクトな会場
環境を最優先する大会に

東京オリンピックの特徴

2016年の東京オリンピックの基本コンセプトは、成熟した大都市の中心で開催するオリンピックであり、主な特徴は次の諸点が挙げられる。

①世界一コンパクトな大会。臨海・晴海に建設予定のオリンピックスタジアムを中心に半径8㌔圏内にサッカーと射撃を除く全競技会場を配置する。各種競技場と選手村を20分以内で結ぶ。東京の鉄道の駅数や路線密度は他都市の追随を許さず、IOCが推奨するコンパクトな会場配置となっている。

②大会期間中は、東京の都心全体がオリンピック"パーク"となる。このオリンピックスタジアムを中心とする半径8㌔のオリンピック"パーク"は、会場が二つの運営上のゾーン（ヘリテッジゾーンと東京ベイゾーン）に分けられ、五つのクラスター（会場群）及びプリシンクト（競技専用区域）で構成される。

③既存の競技施設を活用する大会。昭和39年の東京オリンピックで建設された主要会場を利用する。前回大会から以来50年余になるが、この間のメンテナンスと改修でこれらの会場を引き続き利用し、オリンピック・レガシーの素晴らしさを示していく。

④都市と環境との調和を目指した、アーバンオリンピック。環境への負荷を抑えるため、既存の競技施設を出来る限り活用するとともに、世界最高水準にある東京の交通インフラを最大限活用する。

また、最先端環境技術を活用し、省エネ技術や再生可能エネルギーを優先したカーボンマイナス・オリンピックを実現する。

このように会場のコンパクト化、前回大会のレガシーの活用、環境への配慮などを合わせて考えると、最も効率的・省エネ・ムダの少ない大会になる、といえそうである。

日程と輸送計画

歴史的には大会日程は多様だ。前回の東京大会は10月10日～24日までであった。

2016年大会については、IOCから7月15日から8月31日までの期間内に開催するよう求められており、これを踏まえ7月29日（金）～8月14日（日）と設定。この時期が気象的にベストで、夏休みで子供たちが観戦しやすい、などを考慮して設定された。

選手・関係者や観客を含め交通アクセスは、既存の交通インフラを活用し、環境負荷を抑えながら円滑・確実に行う、というのが基本だ。

メーン会場となるオリンピックスタジアムへのアクセスは、「環境都市東京」を世界にアピールする意味で、有楽町・有明方面から連接型バスシステム（BRT・バス高速輸送システム）の導入を予定している。

新設は主要な施設だけ
大半は既存施設を改修活用

競技会場計画と財政計画

競技会場の配置計画は別添下図の通りで、全体の26競技のうちサッカーと射撃を除く24競技会場はこの半径8㌔圏内に配置されている。

このうち大半は既存の施設を活用し、新設する大物施設は、①オリンピックスタジアム②選手村③メディアセンター——のほか代々木公園の一角にバレーボール会場などを建設する。

また、既存の施設については、競技用に改修を必要とする施設も少なくないが、用地買収の必要がないことが強味といえる。

それでもオリンピックスタジアムなど恒久施設費で2406億円、水泳会場など仮設整備費で843億円がそれぞれ見込まれる。大会運営費は当初、約2943億円が見込まれていたが、立候補ファイルまでに精査することとしている。

施設整備費は国庫補助や民間資金を活用し、東京都の負担は極力抑える方針だ。

BRT（バス高速輸送システム）。有楽町、有明方面から導入予定。

欧米都市に偏重
過去の開催実績

歴史的経緯と決定スケジュール

1896年4月、ギリシャのアテネで始まったオリンピック。今年夏の北京大会で29回目になるが、この間、3回（1916年予定の第6回・ベルリン大会、1940年予定の第12回・東京大会、1944年予定の第13回・ロンドン大会）が戦争のため、中止された。

これまでの開催都市・国を見ると、最多はアメリカの4回（セントルイス、ロサンゼルス2回、アトランタ）。続いてイギリスのロンドンが2012年大会を含め3回。あとはフランス（パリ）、ドイツ（ベルリン、ミュンヘン）、オーストラリア（メルボルン、シドニー）、ギリシャ（アテネ）が各2回で、他は東京など各1回となっている。

昨年9月、IOCから発表された2016年オリンピック申請都市は、バクー（アゼルバイジャン）、シカゴ（アメリカ）、ドーハ（カタール）、マドリード（スペイン）、プラハ（チェコ）リオデジャネイロ（ブラジル）と東京の7都市。

この7都市で招致レースが来年10月のIOC総会まで展開されるわけだが、これまでの経緯を見ると、確かに欧米に偏重している。かりに最も有力視されているシカゴに決まれば、アメリカで5回目となり格差が広がる。マドリードになれば都市は違うが、スペインでも2回目となる。

他の各都市・国は初めての招致となり"公平性"から軽視できないかもしれないが、東京が占める位置は欧米並みに重いはずだから、2回目の開催も不思議ではない。

運命のあと1年9カ月の主要日程

第31回オリンピック・パラリンピック開催都市決定までのスケジュールは、次の通り。

- 2008年1月　IOCに申請ファイルを提出
- 2008年6月　IOC理事会による立候補都市承認
- 2008年8月　北京オリンピック
- 2008年9月　北京パラリンピック
- 2009年2月　IOCに立候補ファイルを提出
- 2009年10月　IOC総会（コペンハーゲン）で2016年開催都市を選定

2016年東京オリンピック競技大会計画

～世界一コンパクトなオリンピックをめざして～

2016年7月29日（金）～8月14日（日）

日本全国の子供たちの夏休み期間や気象条件などを勘案して設定しました。

26競技

オリンピックスタジアム　陸上競技／サッカー
有明テニスの森公園　テニス
東京ビッグサイト　ホール1 フェンシング（予選）　ホール2 フェンシング（決勝）　ホール3 ハンドボール（予選）／テコンドー
お台場海浜公園　トライアスロン
潮風公園　ビーチバレーボール
日本武道館　柔道／レスリング
皇居外苑（都心周回コース）　自転車競技（ロード・レース）
東京国際フォーラム　ウエイトリフティング
東京体育館　新体操／卓球
国立霞ヶ丘競技場　サッカー
国立代々木競技場　バスケットボール（予選）／ハンドボール（決勝）
代々木公園　バレーボール
海の森　馬術（クロスカントリー）
中央防波堤外側東西水路　ボート／カヌー（フラットウォーター）／水泳（10kmマラソン）
中央防波堤外側埋立地　自転車競技（マウンテンバイク・クロスカントリー／BMX）
辰巳の森海浜公園　水泳（競泳／飛込／水球／シンクロナイズドスイミング）
夢の島競技場　馬術
ユース・プラザ（東京スポーツ文化館）　アリーナA バスケットボール（決勝）／体操／トランポリン　アリーナB バドミントン
夢の島公園　アーチェリー
葛西臨海公園　カヌー（スラローム）
若洲　セーリング
大井ふ頭中央海浜公園　ホッケー
大井競馬場　近代五種
東京ドーム　自転車競技（トラック・レース）
国技館　ボクシング
陸上自衛隊朝霞訓練場　射撃
東京スタジアム　サッカー
札幌ドーム　サッカー
埼玉スタジアム2○○2　サッカー
横浜国際総合競技場　サッカー
大阪長居スタジアム　サッカー

1：70,000

MBAで人材育成
民間との異文化交流も「刺激」に
都下水道局

都下水道局が行う「次世代経営人材育成研修」が3年目を迎えた。若手管理職などが悉皆でアセスメント研修を実施。その結果を踏まえて数人を選抜し、1年間にわたる民間のMBAプログラムを受講させるというもの。これまでに延べ22人が受講し、職員の能力や意識向上などの成果が見えてきたという。都庁全体で次世代を担う人材育成が課題となる中、先駆的な取り組みに注目が集まる。

◆全体の底上げ

次世代経営人材育成研修は、05年度からスタートした。少数精鋭時代を迎える中、リーダーとなる管理職を育成し、組織力を高めることがねらいだ。

「社会環境が変化する中、スピード化や説明責任など、公務職場へのニーズも変化している。的確に対応できるマネジメント能力を身につけることが目標だ」。職員部の齋藤邦夫研修担当副参事は、そう話す。

研修は2段構えで構成。まず30代から40代の全若手管理職および、管理職候補者を対象にアセスメント研修を実施する。この中で経営戦略や組織関連、論理的思考に関するテストを実施し、能力等を診断。自分の強み、弱みを把握した上で、2日間の派遣研修を実施する。今年度の研修には39人が受講した。

このアセスメント研修の結果を踏まえて、MBAプログラムの受講者を選抜する。今年度は7人が受講中だ。10月にスタートし、翌年の12月まで、1年以上にわたって行われる。

研修は、専門機関のプログラムを利用するため民間企業などからの参加者とともに受講。経営戦略や人材マネジメントを学ぶ。

他方、選抜から漏れた職員は、通信教育の能力開発研修で弱点を補強する。次年度以降もアセスメント研修を実施し、MBAプログラムの受講を目指すことになる。

「MBAプログラム受講者はもちろん、それ以外の職員も自己啓発を図ってもらい、職員全体の底上げを図る」(齋藤副参事)のがねらいだ。1度きりではなく、MBAプログラム受講機会を毎年与えることにより、全員にレベルアップを図ってもらうという。

◆事前準備も一苦労

では、MBAプログラムの受講者は、研修をどう捉えているのか。

「毎回の課題や修了レポートで、『イシュー(論点)をはずすな』『もれなくダブリなく』と繰り返し指摘されたことが痛かった……」。初年度に研修を受講した元下水道局総務課長の小山哲司・知事本局参事は、研修の様子をこう語る。

何を考えるべきか、今、何を議論しているのか、どういった手順で考えを進めていくのか——。ロジカルシンキングの初歩ではあるが、こうしたことに常に意識的であることが、いかに難しいかを痛感した。「意識的でないところに曖昧さと、その結果の非効率がはびこる」(小山参事)ことを心に刻んだという。

時間外に受講することも苦労の一つだが、研修はそれ以前から始まっている。昨年12月に修了した大場雄二郎・総務課課長補佐は、「事前準備を入念にしていないと、まともに討議に参加できなかった」とふり返る。

例えば経営戦略の講義では、各自がレポートを準備し、それに基づいてグループ討議が行われる。採点は討議への貢献度も加味されるため事前準備は不可欠だ。大変だったが、「事例検討を通じて、論理的思考法や分析の方法論などを学べた」という。

06年度の研修を受講した和田慎一・広報サービス課長は、「正直に言うと、1年以上にわたる勤務時間外の受講は気が進まなかった」と吐露するが、今は機会を与えられたことに感謝する。「論理的に物事を考えて、判断・行動するというプロセスを一貫して学べた」と自信を深めた様子だ。

◆研修後の刺激

多くの受講者が利点としてあげるのが、「民間人との交流」。初年度に受講した野村浩司・設備設計課長もその一人だ。「民間の人と議論を重ねることで、組織文化の違いを感じることができたのは新鮮だった」と話す。

平等なサービス提供を使命とする局事業に対し、民間は利益につながる部分を常に考えている。「経費節減など、厳しい経営環境の中で鍛えられた民間の組織運営の効率化手法は学ぶべき点も多かった」(野村課長)。

小山参事は、研修が終わる夜10時30分からの時間が思い出深いと語る。場所を変えて講師や研修生の懇談が始まる。ケーススタディーを深めたり、それぞれの仕事を語りながら夜がふけていった。

「否応なく仕事から切り離され、それこそイシューに集中しなければならない『時間』と、民間の考え方などを知る『刺激』が用意されている。行政しか知らないものには『目からウロコ』であり、民間の研修生との交流で、『やはりこれでよかった』という自己確認が得られる場だった」(小山参事)。

齋藤副参事は、外部機関で行う利点について、「局事業は『平等なサービス提供』が前提だが、その上で顧客満足度が求められる点では、民間と共通する部分も多い。知識ではわかるものの、直に接することで実感として得られる部分も多い」と話す。

今後は、受講者の意見なども踏まえ、より効果的な研修につなげていく考えだ。

夏に行われたアセスメント研修の講義風景。グループごとにディスカッションを行う

災害時の外国人支援訓練

「おなかが痛いです」——通訳を介した症状確認も行われた

語学ボランティアが問い合わせ対応
起震車による震災体験型訓練も実施

都生活文化スポーツ局は16日、東京芸術劇場など3会場で外国人災害時情報センター機能訓練を実施。外国人と語学ボランティアによる電話問い合わせ対応、起震車等を使った震災体験型訓練などが行われた。池袋会場の訓練には外国人60人と語学ボランティア50人、そのほか東京消防庁、8区1市の職員など全体で約170人が参加した。

訓練は3日前に東京湾北部を震源とする震度6弱の地震が発生したとの想定で実施。都庁会場では外国語登録職員が電話問い合わせ訓練、また多摩会場では、民間団体による多言語の翻訳訓練も行われた。東京芸術劇場には広域ボランティア拠点が開設され、英語、中国語など8言語の語学ボランティアが参集し、訓練を開始した。

語学ボランティアは、別室に控えた被災外国人からの問い合わせなどに対応。在留外国人のほとんどが通信手段として携帯電話を利用していることから、両者のやりとりも携帯電話で行われ、被災やケガの状況、避難の仕方、救護所の案内などが各言語で伝えられた。

ロールプレイによる救急通訳や自治体職員が加わった避難所通訳訓練も行われた。救急通訳訓練では、駆けつけた救急隊員と被災外国人との間に語学ボランティアが入って、搬送されるまでに症状や救急隊員の説明を通訳。また避難所を想定した訓練では、避難生活に関わる要望、義援金や仮設住宅の申し込みといった行政手続きが通訳を介して進められた。

このほか参加者らは、起震車や煙ハウスなど震災の疑似体験にも取り組んだ。多数の外国人が参加した体験型訓練は都で初めてという。

都には現在、約39万人が外国人登録をしており、外国人観光客数も481万人(06年)にのぼる。このため関係機関と連携しながら、被災した外国人への支援が重要となる。都では訓練を通じて外国人への情報提供や支援体制等が実際に機能するか検証するとともに、今後、災害時における情報の収集や提供、支援施策に反映させる考えだ。

情報セキュリティ対策

2月を強化月間に設定
全管理職向けに説明会 職場での研修や点検実施

都は2月を情報セキュリティ対策の強化月間に定め、職場での点検や教育研修、TAIMS端末を活用した職員の意識啓発、内部監査要員養成などに取り組む。これに先立って16日からは、全管理職を対象とした説明会もスタートさせた。都では個人情報を含むUSBメモリー等の紛失事故が数多く報告されており、職員の意識付けを含めた情報セキュリティ対策の徹底・強化が課題となっている。同期間はセキュリティ対策と併せて個人情報安全管理強化月間にも位置づけられる予定だ。

都では昨年9月、情報漏えいなどリスクへの対応や情報の取り扱い等に関して、現状に適合していない面があるとして、情報セキュリティポリシーを改定した。この中では、重要度別の情報分類や管理、都民の個人情報等の持ち出し禁止、認証機能付き外部記録媒体の使用やパスワード管理の徹底といった対策基準を策定。私物パソコンの持ち込み禁止やインターネット接続の制限など職員の順守事項も明記したうえで、不正アクセスや情報流出対策も盛り込んだ。

今回の強化月間は、知事部局の定める内容を基準に各任命権者でポリシー策定が進み、セキュリティ対策強化の機運が高まったとして設定された。国も2月を強化月間に定めている。

具体的な取り組みでは、すでに情報セキュリティ対策で重要な役割を担う部長以下全管理職を対象に説明会を開催。16日から延べ9回にわたり、都情報セキュリティポリシーの概要、情報セキュリティ責任者の役割と責任、職員の順守事項を確認、あわせて典型的な事故事例を教材に情報持ち出しの危険性や事故対応なども紹介する。

さらに管理職が講師となって、各職場での教育研修及び自己点検にもあたるなど、説明会の内容を生かす考えだ。

システムごとにセキュリティ順守事項の点検も実施する。セルフチェックシートに基づき、システム障害の報告記録等の施錠管理、不正プログラム対策ソフトの更新といった基本的な対策の実施状況を改めて調べることが検討されている。

また、情報セキュリティに関する職場環境や設備についても、執務室内への出入り状況、書類や外部記録媒体の施錠管理の実態、個人情報を含む資料がごみ箱やリサイクルボックスにそのまま捨てられていないかなどの観点から検査していく。

このほか内部監査要員の養成は、各局の情報セキュリティに関して、内部監査の中核となる情報化推進担当職員らを対象に実施される。システム所管以外の客観的な立場から情報セキュリティ監査を受け持つため、監査の目的、具体的方法や手順に加え、監査実施後の改善計画の立案方法などを学ぶ。2月中に2回、約80人を対象に実施する予定。内部監査要員の養成は従来から実施しているが、異動等による影響もあり、継続的な養成が不可欠という。

このほか強化月間中には、TAIMS端末を活用し、個々の職員への電子メールを送付することで意識啓発を図る取り組みも予定されている。

都の新採セミナー 技術職向けも設定
都人事委員会

2008年度の東京都職員採用セミナーが来月9日、都庁第一本庁舎大会議場で開催される。幹部職員が都の魅力や求める人材像について講演するほか、若手職員が入都動機等を語る予定。

今回のセミナーでは、技術職向けの回を設定し、民間を含めてより人材確保が難しくなっている技術職へのテコ入れを図ったほか、参加者のニーズを踏まえて、先輩職員への質問や相談の時間を延長した点が特徴となっている。

セミナーは1回目が技術職、2、3回目が事務職の希望者に向けて実施される。各回とも基調講演等(1時間)の終了後、個別の質問・相談が設けられている。対象となるのは08年度I類A・B受験希望者で、各回600人程度の参加を予定している。申し込みは都人事委員会のホームページから、今月28日午後5時まで受け付ける。

都響がクラシックコンサートを開催
プランヴェール那須

都職員共済組合の保養施設「プランヴェール那須」で来月2日、東京都交響楽団メンバーによる弦楽四重奏のミニ・クラシックコンサートが開催される。

同施設は97年4月にオープンし、10周年を迎えた。昨年から記念の宿泊プランを提供してきたが「冬場に宿泊プラン以外のイベントを…」ということで、新春を迎えるに相応しい企画としてクラシックコンサートを検討、都交響楽団側に依頼し、実現した。

ミニ・クラックコンサートは1回30分程度の予定で「16時半から」と「20時半から」の2ステージ、施設入り口付近のラウンジで行われる。当日の宿泊者が対象で、もちろん無料で参加可能。演奏される曲目は、エルガー「愛のあいさつ」、ヴィヴァルディ「四季」から『冬』、久石譲「となりのトトロ」ほか。

都共済組合によると、まだ「空室あり」とのこと、興味のある方は是非、どうぞ。

鈴木　しま子さん(すずき・しまこ＝鈴木茂・都建設局第五建設事務所工事課工務係長の母)10日死去、93歳。

我妻　澄子さん(あづま・すみこ＝我妻輝光・練馬都税事務所徴収課専門副参事の母)12日死去、81歳。

阿久津　あいさん(あくつ・あい＝阿久津重樹・品川区区民生活事業部税務課課税第一担当主査の母)12日死去、92歳。

水野　正子さん(みずの・まさこ＝水野淳・八王子市議の妻)13日死去、55歳。

赤星　三雄さん(あかぼし・みつお＝都下水道局南部管理事務所管路施設課管理施設係)13日死去、57歳。

島田　正信さん(しまだ・まさのぶ＝島田俊昭・中野都税事務所事業税課個人事業税係長の父)13日死去、87歳。

堀内　武照さん(ほりうち・たけてる＝元福祉局国民健康保険部長)15日死去、65歳。

訂正　15日号4面「水道局労使交渉」の記事中で、上村時彦書記長の肩書は全水道東水労書記長でした。お詫びして訂正いたします。

試合に負けた時は、「本当に悔しい」。でも今回初めて、藤枝東高校に負けても悔しくなかった。「やり切った感があったよね。よく頑張ったね。お前ら見直したよ、という気持ちだった」

昨年の久留米高校に続き、全国高校サッカー選手権大会に出場を果たすと、都立高校として56年ぶりという1勝を挙げ、次いで都立高校として初の2勝、遂にはベスト8に駒を進めるという快挙を成し遂げた三鷹高校。

「給料上がんないかな」と冗談を飛ばしながら、「始業式を終えて、いつもの生活に戻った。サッカー部すごいというけど、何もすごいことはない。同じことをやっていて、たまたま勝っちゃったということ。舞い上がったら、その瞬間に人生を駄目にしてしまうよね。最初に藤枝東に当たっていたら、おしまいだっただろう」

でも、運任せとは違う。チャンスが来た時に、それを生かすためには日頃の努力がなければいけないのだ。

「努力は必ず報われるわけではないが、無駄な努力にしてはいけない。努力も才能。ただ走るだけでも手を抜かないでやることが大切なんです」

前任の墨田工業高校でも17年間、サッカー部顧問を務めた。三鷹も11年目になり、当初24人の部員が約150人に膨れ上がった。

「皆、サッカーが好きなんだ。嫌いになったら退部するよね。残っていてもレギュラーは無理だとはっきり言うが、辞める子はいない。後輩に伝えたいことがあるからと、3年生がBチームにも大勢残っているんだけど、そういう子の方を評価するし、偉いと思う」

墨田では、自身も若く、行け行けだったと苦笑。「5点取られたら6点取れ、4点取られたら5点と言っていたけど、それじゃ駄目なんだよね。守備がしっかり出来ないと試合には勝てないんだ」

定時制があり、午後5時までという部活も「時計みて後10分だと思えば、辛い練習も頑張れる。私立だったら後1時間となるでしょう」。狭いグラウンドも「ヘルメット被り、硬球かわしながら教えてた。野球やラグビー部の練習見ながら、それはそれで楽しい」。

「都立、都立というけど。野球だってラグビーだって一回は勝っている。うまく風に乗れただけ」と笑い飛ばした。(門)

葛飾区生まれ。78年日体大卒。80年都立墨田工業に。96年から現職。両親も教師で、「うまく仕向けられた」と笑う。趣味はゴルフとパチンコ。妻と2人暮らし。51歳。

昇任試験対策のページ

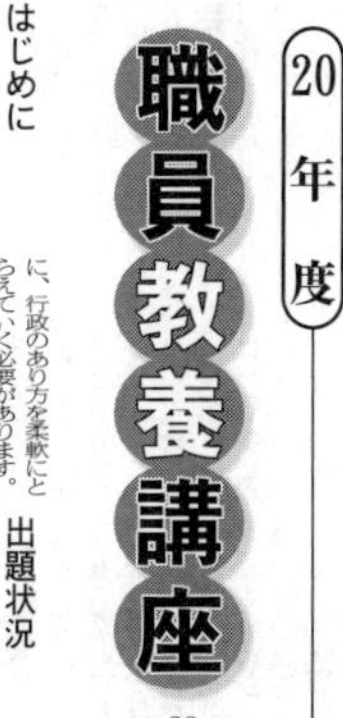

20年度 職員教養講座 ≪28≫

行政管理 ①

はじめに

行政管理は、平成16年度の管理職選考の改正により新たに導入されました。平成19年度の改正では、出題数が3題から6題と大幅に増え、試験問題におけるウエートが重くなりました。これは、これからの管理職には、法律の適切な運用や制度の着実な執行に加え、社会状況を速やかに把握・分析し、限られた経営資源を活用して社会のニーズに的確に応える積極的な行政運営を行うための力が求められていることの表れといえるでしょう。

都政を取り巻く環境が著しく変化する中で、全庁的な視野に立って政策の企画・立案を行うには、既存の組織体制や業務運営方法にとらわれずに、行政のあり方を柔軟にとらえていく必要があります。

12月に発表された「『10年後の東京』への実行プログラム2008」では、「第3章 10カ年プロジェクト」として都民、民間事業者、区市町村等と連携して実施する長期的取り組みについて取り組みの方向性を明示しています。また、「第5章 実行プログラムの推進」で、「10年後の東京」の確実な実現に向けて、計画のPDCAサイクルを強化・確立することの重要性について述べ、さらに目標達成に向けて着実に歩み続けるには、都民のさらなる参加・協力を得る必要があると述べています。行政運営に不可欠なマネジメント力の基礎を、この試験への準備を通じて養っていきましょう。

出題状況

行政管理の出題内容は、「行政改革（例=NPM、経営改革手法）や行政参加（例=情報公開制度、多様な主体との協働）の仕組みや動向を踏まえた、行政運営のあり方に関する事項を出題する」とされています（平成18年8月人事委員会事務局発表「管理職選考の改正について」より）。平成16年改正時と比較すると「行政評価」が出題内容として明示されていませんが、平成19年度選考で国の政策評価が出題されていることから考えても、今後も行政改革の出題範囲の一部と捉えて準備をしておいたほうがよいでしょう。

では、これまでどのような問題が出題されているのでしょうか。実際の出題は次のとおりです。

《平成16年度》
○ニュー・パブリック・マネジメント
□住民投票制度
○独立行政法人または地方独立行政法人

《平成17年度》
○公会計制度改革
○行政評価（総論）
□国または都における情報公開制度

《平成18年度》
○PPBS
□オンブズマン制度
○「経済財政運営と構造改革に関する基本方針」

《平成19年度》
○構造改革特区
○市場化テスト（官民競争入札）
○PFI
□個人情報保護制度
□行政手続法に定める意見公募手続
○国の政策評価

（○が行政改革分野（行政評価を含む）から、□が行政参加分野からの出題です）

制度の概要や仕組み、行政改革に関する国及び都における時事的な問題が出題されています。大まかに、行政改革の分野で3～4問、行政参加に2～3問とやや行政改革に重点を置いた出題がなされています。

勉強方法

行政管理は出題範囲の明確な基準がなく、受験生には非常に勉強しづらい分野です。過去問も4年分全15問に限られており、公務員試験や他の資格試験でも試験科目となっていないため、一冊ですべて網羅できる定番の参考書がないのが現状です。

私はまず、以下の資料を参考にしました。

○実戦シリーズ 行政管理・経営・会計（都政新報社）

行政管理の出題範囲が幅広く網羅されているので、範囲の把握や制度の概要、語句の定義など、基礎的な知識の確認に活用しました。なお、都や国の取り組み状況等がまとめられた部分は情報が古く、そのまま参考にはできません。最近の取り組み事例など細かい内容は、この本の視点を参考に、それぞれのホームページなどで補強してください。

○行政管理・会計基本問題集300問（公人の友社）

行政管理分野の問題数は50問程度とあまり多くありませんが、設問を解きながら基礎的な知識を蓄えられるので有用だと思います。

○最新時事用語&問題（新聞ダイジェスト社）

国や地方自治体における最新の行政改革の動向のポイントを把握するには、使い勝手のよいボリュームでした。

これらの本に目を通し、ざっと問題を解きながら、インターネット等を活用して、より詳しく最新の活用事例等について情報収集しました。国の行政改革に関する取り組みは、内閣官房の行政改革推進事務局のホームページをよく参照しました。情報収集の時間があまり取れない場合は、局での勉強会や各種セミナーの配布資料を入手し、それを足がかりに勉強を進めるのが効率的だと思います。なお、国や都の最新の取り組み事例に関する学習は、政治経済等事情分野の知識や論文の勉強とリンクさせながら進めていきましょう。

出題予想

以上を踏まえて、20年度に取り上げられる可能性がある項目を整理していきます。

《行政改革・行政評価》
指定管理者制度／公益法人制度改革／公務員制度改革／特殊法人改革／NPM／PPP／エージェンシー理論／アウトソーシング／ゼロベース予算／サンセット方式／ミニ市場公募債／行政改革推進法／都区制度改革／都監理団体改革／行財政改革実行プログラム（追加計画含む）／VFM／活動基準原価計算／アセットマネジメント／ベストプラクティス／ベンチマーキング／バウチャー制度／プログラム評価（PE）／施策評価／事務事業評価／大規模公共事業等の事前評価／PDCAサイクル／都における行政評価／包括外部監査／住民監査請求／バランススコアカード／業務棚卸表／公営企業独自の評価制度／国の施策評価

《行政参加》
市民との協働／PI（パブリックインボルブメント）／イニシアティブ／レファレンダム／行政手続制度／NPO法／住民投票制度／アカウンタビリティ／アドプトシステム／自治基本条例／タウンミーティング／モニター制度／行政CRM

ポイント解説

前にあげた項目のうち、一部について解説します。

○指定管理者制度
・平成15年9月の地方自治法改正により創設。
・地方自治体が条例に基づき指定した「指定管理者」に、使用許可を含む施設管理を行わせる制度
・従来、公の施設の管理委託先は公共団体、公共的団体、自治体が出資した第三セクター等に限定されていたが、同制度導入により民間企業やNPO法人などを含む法人その他の団体にも管理委託が可能になった
・地域再生推進プログラム（平成16年2月）の決定により、道路・河川・学校施設など個別法で管理主体が限定される施設についても実施可能になった
・民間の経営ノウハウの活用による住民ニーズへの的確な対応や財政負担軽減などが期待されている
・都での指定第一号は東部療育センター
・制度導入後初めて行われた平成18年度東京都指定管理者管理運営状況評価結果では、対象とした201施設は概ね適切に管理運営が行われていることが確認され、1施設のみ一部改善が必要と評価された

○行財政改革実行プログラム（計画期間：平成18～20年度）
①改革の柱
・多様な主体が関わる豊かな「公」の構築
・政策対応力の高い執行体制の確立
・スリムで効率的な行政運営の実現
②改革のポイント
・都政の継続的・長期的な懸念課題や新たな政策課題の解決に向けた体制整備
・多様な経営改革手法を積極的に導入
・公営企業改革や監理団体改革の一層の推進
・都民の安全・安心を確保する仕組みづくり
③実施状況と追加計画の策定
・プログラムに掲げた212の実施計画のうち、173項目が計画どおり実施、39項目が一部実施
・さらなる改革対象事業の洗い出しを行い、19年7月に追加実施計画として12件を選定

○公益法人制度改革
・「民間が担う公益」を国の社会・経済システムの中で積極的に位置づけ、その活動を促進する一方、これまで指摘されてきた諸問題に適切に対処する観点から制度を抜本的に見直すもの
・「公益法人制度の抜本的改革に関する基本方針」を平成15年6月に閣議決定
・平成16年12月の「今後の行政改革の方針」の中で「公益法人改革制度の基本的枠組み」を閣議決定
・公益法人設立にかかる許可主義を改め、法人格取得と公益性判断を分離して、公益性の有無に関わらず準則主義により簡便に設立できる一般的な非営利法人制度を創設
・主務官庁制を抜本的に見直し、民間有識者からなる委員会の意見に基づき一般的な非営利法人について目的、事業等の公益性を判断する仕組みを創設
・公益法人制度改革関連3法が平成18年5月に成立、平成20年度中に施行予定（5年間は移行期間）
・行政委託型公益法人等改革については、平成14年3月に閣議決定された「公益法人に対する行政の関与の在り方の改革実施計画」に基づき、421法人の事務・事業について廃止・登録制に移行するなどの措置がとられ、183法人に交付される補助金等について、廃止・縮減等の措置がなされている

◇

次回はポイント解説の続きと、問題を掲載します。

20年度 都C論文講座【12】

16年度論文例 ①

論文例

1 事業所管理者の責務

都政運営の基本は、多様化する住民や地域のニーズに即して、真に都民が必要とする施策を実践していく、職員のひたむきな意思と行動力である。

豊かで質の高い生活を都民に提供するため、我々には、スピードと成果を重視し、民間のコスト意識の導入や既定業務の大胆な見直しを行うなど意識改革が強く求められている。

しかし、事例のように職員が住民本位の道路行政という所の使命を認識せず、消極的姿勢に終始して迅速な対応が取れない職場では、都民の信頼は得られない。

都政の最前線にある事業所の管理者は、変化する住民要望に的確に対応し、真の住民サービスを提供することが求められている。そのためには、課題の早期発見に努めるとともに、職場の協働体制を確立しながら、組織目標達成に向け強力なリーダーシップを発揮することが管理者の重要な責務である。

2 協働意識に欠ける職場

以上の視点から本事例をみると、Y事業所には、住民との信頼関係を構築し道路建設を期限までにどう実現するか、また、職務遂行意欲に欠け協調性がない職場をどう改善するかという課題がある。

具体的な問題点を係長たちの言動からみると、設計係長は、課長を補佐し率先して事業を遂行する立場にありながら、事前に自治会の情報を課長に提供することなくあいさつ回りに同行している。工務係長は、所の本来事業である道路建設への住民の理解が得られていないことについて傍観者的に心配するだけで、職務遂行意欲に欠けている。

次に、この職場を組織的な面からみると、所の使命感が職場に浸透せず、係長たちに自己の役割の認識や問題意識が希薄である。また、職員が直面する課題に協力して真正面から取り組もうとする建設的な気風のない職場となっている。

こうした問題の背景には、課内の意思疎通不足に加え、住民本位の理念が職場に定着していないことがある。

特に重要なことは、管理者の問題意識が低く、問題発生の経緯を十分把握し、職員の資質や職場風土を踏まえたうえで解決方針を策定し、明確な指示を出すという適切な管理手法を発揮していないことである。

3 住民の理解を得ることを突破口にした協働体制の確立

これらの課題を解決し、住民サービスの向上に不可欠な道路建設を事業計画に基づき着実に実施するために、直ちに次の措置を講ずる。

まず、道路建設事業のこれまでの経緯、事業内容、所内での調整内容等について前任者や局の担当者から詳細な情報を得る。また、各係長に既定事業の進捗状況、道路建設実現のための問題点について報告を求める。こうしたうえで、道路建設実現に向けた自己方針を固め、所として方針をオーソライズする。

次に係長会で自己方針を示し、より質が高く住民が必要とするサービスを提供するため、また、所ひいては都政の使命達成のためにも、住民が納得する道路建設が必要不可欠であることを説明し、そのために全職員が一丸となって取り組む必要性を理解させる。補修課長と調整し所長の了解を得て自治会長を訪ね、今年度の補修が困難なことを理解していただき、合わせて道路建設への要望・意見を把握し、協力を依頼する。

そのうえで各係長を集め、各係が協力して道路建設事業の実施案を策定するよう期限を付して指示する。その際、創意工夫により現予算・人員の範囲内で効率的に行うことを理解させる。

常に検討の過程を把握し、道路建設実現のために不要不急の既定業務の凍結、関係機関との調整等に指導力を発揮する。まとまった実施案については、係長会で精査の上、課案として所長の了解を得て、係長を通じて全職員に周知し、自治会長及び自治会役員に報告する。

長期的には、地域からの信頼を得られる活気ある職場づくりのため、以下の策を講じる。

第一に、情報交換、課題協議、方針の徹底等、係長会を充実させ、課内のコミュニケーションを円滑にし、信頼関係を構築する。

次に、職員の意識改革・モラールアップを図るOJTを積極的に実施していく。

さらに、定期的な事務分担の見直し、適切な配置管理を行い、課内を活性化させる。

4 都民から信頼される職場づくりにむけて

都民から理解され信頼される都政を実現するためには、従前の「お役所仕事」から脱却し、より高い使命感とコスト感覚を持ち、都民の視点から職務を遂行する必要がある。

また、日々変化する都民ニーズの把握に努め、迅速かつ的確に対応できる職場づくりが急務である。

このため、事業所管理職は、常に時代の変化に対応できるよう研鑽を積み、職員の意識改革を進め、新しい発想で率先して職務に取り組む必要がある。

私は、都民サービスの向上を目指し、たゆまぬ自己啓発により、適切な判断力と指導力を涵養し、職員の先頭に立ってあらゆる課題に全力で取り組む決意である。

解説

平成16年度の事例を読んで、困惑された方も多いと思います。一見すると、事業所の管轄する地域の自治会の問題のみが強調されていて、皆さんが論文対策の柱とされている、管理職としての事業実現に向けた実施方針策定や職場風土の改善に直結する事例ではないように感じられるかもしれません。これは、事業がデッドロックに乗り上げている状況や、係長たちの明確な反発が見受けられないからだと思います。しかし、このような事例でも、文章の端々に皆さんの論文の土俵に乗せられる事象がちりばめられているはずです。あわてずに取り組むことが重要です。

1 「起」

「起」は論文全体の導入部として、事例の具体的解決策や管理職としての力強い決意表明に結び付けていくために、大変重要になります。ここで述べる都政における解決すべき課題や事業所管理者に求められる資質は、その後の論文展開のなかで一貫していなければなりません。事例の解決すべき問題点やその解決策については、パターン化されていて、誰が書いても同じようなものになるはずです。「起」で示す方針が、ある意味では論文全体の善し悪しを決定づけることにもなることに、十分注意してください。

今回の論文例では、「時代の変化に対応した真の住民サービスの提供」をコンセプトにし、そのために求められる管理職像という展開にしています。キーワードは「住民本位の姿勢」です。

2 「承」

「承」では、事例の職場における「起」で提起したコンセプトを阻害する問題点を整理し、最初にまとめて指摘します。係長たちの言動や上司（ここでは所長）の発言内容から、当面対応すべき課題や中長期的に解決していくべき課題を具体的に指摘します。

冒頭に申し上げたとおり、自治会のみに気をとられずに、この事業所の使命である円滑な道路建設の遂行の観点から、住民の理解を得られる事業計画が策定されていないこと、事業実施に当たっての基本的な取り組み姿勢が職場に浸透していないことなど、「転」につながっていくように記述します。

また、管理職としての管理手法や決意表明に結びつけるために、A課長の管理職としての問題点を指摘することが不可欠になります。本事例では、着任後間もない時期でもあり、係長たちの反発も記載されていないので、管理手法の問題点を顕在化させるのは困難です。しかし、所管事業の実施のために解決すべき課題を組織的・体系的に把握していない点や、係長や自治会役員の発言に対して自分の考えに基づく返事をしていない状況から、担当事業に対する情報収集が不足していることや、適切な管理手法（部下への指示）をとっていないことがうかがえます。

3 「転」

この章では、「承」で指摘した問題点を、適切な管理手法で解決していく具体的解決策を記述します。網羅的に列挙するのではなく、事業実現のために早急に取り組むべき具体的対策、中長期的に取り組むべき組織活性化のための対策等をきちんと整理する必要があるということです。その際、評論家風のコメントではなく、自分が当該管理職として具体的にどう行動するのかという視点で述べてください。あくまでも管理職の立場で、自分自身でやること、部下に指示してやらせること、上司（部長）の判断を仰ぐべきこと等をきちんと整理することが大切です。

この事例では、当面の対策を「事業実施計画の策定」にしても「住民説明会の開催」にしても、どちらでも良いと思います。限られた字数で難しいとは思いますが、所長からの指示もあるので、自治会長の要望への対応についても一言触れておいたほうがよいかもしれません。

4 「結」

「結」は、管理職としての決意を表明する章です。「やる気」を見せたいあまりに、論文全体の流れから浮き上がるような突飛な表現は、避けたほうが良いと思います。

「起」で決めたキーワードである「住民本位の姿勢」を貫き、コンセプトである「時代の変化に対応した真の住民サービスの提供」を実現するために、「承」で指摘した不適切な管理手法に陥らないよう、力強く宣言してください。

最後に

繰り返しになりますが、具体的な問題点やその解決策はパターン化しているので、ある程度は書けるかと思います。論文全体を一貫したコンセプトで通し、矛盾や重複の無いように流れを重視することが重要だと思います。お忙しい中、大変かと思いますが、まだ時間はありますので、自分自身のコンセプトを確立していってください。ご健闘をお祈りいたします。

カレントトピックス 20年度 14

経済事情

■金融庁、金融・資本市場競争力強化プラン策定（12月21日）

金融庁は21日、1996年の日本版ビッグバン以来約11年ぶりの包括的な金融改革案となる「金融・資本市場競争力強化プラン」を発表した。内外から資金・情報・人材が幅広く集積する、魅力ある質の高い金融・資本市場を構築し、日本経済の持続的成長への貢献を図る。

プランは、①信頼と活力ある市場の構築②金融サービス業の活力と競争を促すビジネス環境の整備③より良い規制環境の実現④市場をめぐる周辺環境の整備——の4分野にわたり方策を提示した。

具体的には、証券取引所と商品取引所を一体運営する総合取引所の実現、銀行・証券・保険間の業務隔壁（ファイアーウォール）緩和、行政当局と事業者・関係団体との対話充実、国際的に通用する金融・法務・会計の専門人材育成などを盛り込んでいる。

金融庁は今後、関連法改正案について2008年の通常国会に提出する方針で、プランの早期実現に取り組む。

■2007年版ODA白書（12月21日）

外務省は2007年版政府開発援助（ODA）白書を公表した。[illegible] 1982年以来[illegible]米国、英国に[illegible]下がった。[illegible]

■平成19年労働組合基礎調査（12月27日）

厚生労働省が発表した平成19年の労働組合基礎調査（平成19年6月30日現在）によると、全国の労働組合数は2万7226組合で前年に比べ[illegible]減、一方、組合員数は0.[illegible]減の1008万人で13年連続で減少した。

同時点の雇用者数は5[illegible]5万人で、推定組織率（雇用者数に占める組合員数の割合）は前年比0.1ポイント低下[illegible]

提言

不祥事の再発防止（上）

総務局行政監察室監察員　浅野秀治

昨年12月28日付の本紙『都政の東西』欄に「違和感」と題するコラムが掲載された。2007年は23区の公務員の不祥事が続き、その都度、「再発防止に努めます」という言葉を聞かされたが、殺人事件に対するコメントとしての「再発防止」には強烈な違和感を覚えたという趣旨であった。

不祥事続きという点では都庁職員についても例外ではなく、総務局監察員として非行事故の監察を進める立場の者としては、慙愧に堪えない。

「再発防止と言っても、結局は個人のモラルの問題」として、限界を語る管理者も多かったということだから、本音では対策は無理と思いながらも、型通りに再発防止を唱えることに、コラムの筆者は「違和感」を感じられたのだと思う。

しかし、不祥事に対する再発防止対策がないとはいえない。もとより、根絶できると断言するまでの自信はないが、不祥事の発生を少しでも減少させる努力は可能だ。具体的には、個々の事故原因を徹底究明し、その原因行為に対策を講じることである。そして、他の職場や他の職員についても、同様の非行に至る芽が隠されていないかを総点検し、事故防止を図ることだ。

事故の類型

ひと口に不祥事と言っても、大別すると二種類がある。第一は、なんらかの職務上の行為に関わって生じた「公務上の事故」であり、第二は、職務遂行とは全く関係がなく、勤務時間外に職場外で発生した「公務外の事故」である。公務上の事故の例としては、収賄、業務上横領、欠勤、通勤手当不正受給、個人情報の漏洩、公用車による交通事故などがあり、公務外の事故としては、電車内における痴漢、商店での万引き、私事旅行中の交通事故などである。

地方公務員法は、法令違反や職務命令違反など公務上の事故のみならず、公務外の非行行為についても、それが信用失墜行為にあたることから、懲戒処分の対象としている。そして、殺人、強盗、放火、強姦等の重大な非行行為であれば、禁錮刑以上の刑事処分が免れないところから、地方公務員法上の失職事由に該当し、懲戒処分としてはもっとも厳しい懲戒免職となる。

そこで、公務上の事故であれば、事故発生の経過を詳しく調べる中で、事故を発生させた原因なり、事故発覚が遅れた原因なりが判明することが多い。すなわち、管理監督者が印鑑まで預け、なにごとも事故者任せにしていた、審査は形式的なものに過ぎず、数字の突き合わせも原本との照合もされなかった、パスワードは誰もが知っており自由にシステムにアクセスできたなどである。これらの自己原因を究明すれば、多くの場合、事故は事故者の個人的な資質のみで発生したものではなく、事故を防止できなかったことについて、管理監督者や関係者についても、なんらかの職務怠慢があったことが判明するのが通例である。

「無許可のマイカー通勤を続け、結果として通勤手当を不正に受給していた」という事故では、事故者はマイカーを庁舎敷地内に無断で駐車させていたが、庁舎管理者は来客の車だと思って不審に思わなかったという例がある。無許可のマイカー通勤をしていた事故者が悪いことは当然だが、庁舎管理者も職員の車両を見逃しており、職務怠慢というしかない。したがって、公務上の事故では、事故者のみならず、管理監督者や関係者（前記の例でいえば、庁舎管理者）についても責任を問われ、懲戒処分が行われる場合が少なくない。

事故の4大原因

これに対し、公務外の事故については、事前に事故発生を察知することも、防止することもできなかったと判断せざるを得ない場合が多く、実際に、公務外の事故で管理監督者が責任を問われる例は極めて少ない。日頃、真面目に勤務している職員が痴漢行為で逮捕されたと聞けば、驚く管理監督者がほとんどだろう。「まさか、あの職員に限って」というのが偽らざる上司の本音であり、中には、「職員を信頼しなければ仕事ができません」とまでいう管理監督者もいる。

しかし、公務外の事故についても、事故防止対策がないかといえば、そうともいえない。第一義的には、たしかに職員個々の資質の問題である。したがって、職員のモラルアップを図り、公務員としての自覚を促すことになる。そのためには、懲戒処分の指針を定め、公務員に対する社会の厳しい見方も踏まえ、処分程度の厳罰化を図ることも有効である。

対策は、それだけに止まるものではない。公務外の非行行為がなぜ生じたのかという、事故者の動機を分析していけば、①性②借金③飲酒④ストレスが絡むことが多い。このうちの一つないし複数が事故の背景に潜んでいるケースが大半である。私は、これを事故の4大原因と呼んでいる。

【性】

強制わいせつ、痴漢、盗撮、児童買春などの性犯罪は、一般社会でも後を絶たない。民間人と比較して公務員の性犯罪が多いかどうかについては統計がないので何ともいえないが、公務員の犯罪は報道される確率が高いように思う。とくに性犯罪は破廉恥であることから、その分、信用失墜の度合いも高くなる。

事故監察の経験からみると、男性の事故者に共通しているのは、女性に対し人格を持った対等のパートナーとして接するのではなく、物として捉え、鑑賞の対象、あるいは「商品」としてみる見方である。痴漢をした動機を尋ねると、「その女子高生が可愛かったから」という答えが返ってくるなど、愛玩用の犬や猫と同列に捉えている。性犯罪を予防するためには、なによりも男女平等やセクハラ防止の研修を徹底し、女性は物ではないことを教え込むことである。

また、痴漢をする者には、過去にも同様の行為をしている者が少なくない。痴漢行為で処分歴がある職員を指導する管理監督者は、電車の乗り方まで指導すべきである。時差通勤をする、できるだけ座って乗車する、混雑するドア付近には立たない、車内では本を読んだり、音楽を聴いたりする、飲酒した帰りはとくに気をつけるなどである。「そんな細かいことまで指導できない」ということであれば、事故が生じたときに、「再発防止に努めます」とは到底言えないことになる。

がんばれ！公務員 ③

文とマンガ　鈴木武征

40年間もキチンとは出来ない

このところ寒い日が続く。

寒い日の朝の出勤はつらい。

出勤はもともとつらいものだが、寒く、暗いこの時期は特にイヤだ。

私は一時期、青梅線の福生から有楽町の都庁まで通勤していた。

冬の最中は暗いうちに家を出ることになる。

かなわぬ相談だが心のなかで、「今日は行くのやーめた!!」と思うことが何度もあった。

そんな心を奮い立たせ、満員電車の辛苦に耐えて執務室にたどりつくと5分の遅刻……

庶務担当から「鈴木さん、1時間休暇書いておいて」といわれ、朝からガクッとくる。

口では「はい、ハイ、わかりました」とはいうものの、「なんだよ朝から……こっちも苦労して来たんだ、おまけしてくれよ」とも言いたくなる。

新宿庁舎に移転してからのことだが、新宿駅を出たところで老婆から道を尋ねられたことがある。

こっちは毎朝ぎりぎりの計算で出勤している。とても道案内をしてあげられる余裕はない。

されど老婆の訪ね先は口で説明して分かるようなところではなかった。

やむを得ず訪ね先の建物の前まで案内してから入庁、完全な遅刻だ。

こんなこと庶務担に言ってもしょうがない。

1時間休暇を甘んじて受ける羽目となったが、ちょっといいことをしたという気持ちのほうが大きかった。

確かに時間に遅れずきちんと出勤することは、勤め人の基本だ。

どう理屈を並べても庶務担に対抗することはできない。

「そんなに遅れるのなら、一本前の電車に乗りなさいよ」「遅れちゃいけないと言ってんじゃないの、休暇届を出せばいいんだよ」といわれるとグーの音も出ない。

しかし、よく考えてみると、決められた出勤時間を守ることは大事だが、果たしてそれはたまの1、2分の遅れも容赦しないという過酷なものなのだろうか。

私はそうは思わない。

最も大切なのは「仕事をする」ということで、出勤時間、就業時間などのルールは、仕事を公正、効率的に遂行するための「一つの目安」にしか過ぎない。

日常的に窓口業務があるような職場は別として、すべての職場を同じルールで一律に処するというのは如何なものであろうか。

最近の都庁は、出勤時間や就業時間などの規則に特にやかましいと聞く。

本庁のシンクタンクから事業所の現場監督までが、勤務体制による時間差はあるものの、同じ時間に一斉に同じ方向を見て、同じ時間に仕事を終える。

まるで古いSF映画のロボットを見ているようだ。

管理する側には理想の形かもしれないが、生き物（人間）を大切にしようとする姿勢は感じられない。

せめて就業・終業時間にそれぞれ15分ほどの緩衝時間帯を設け、その間に仕事に就く、帰宅準備に入ればOKという余裕が欲しい。

何度も言うようだが、私とてルールや時間を守ることが大切だということは十分承知している。

されど、公務員人生をまっとうするにはおよそ40年間かかる。

40年間を通じてキチンと出勤できる人なぞ化け物、怪物としか言いようがない。

しかし、これを平然とこなす人がいるからやはり都庁は広い。

私の現役時代にも、それを生き甲斐としているような人がいた。

されど、その人の仕事ぶりが如何であったかは「いわぬが花……」である。

小さいけど見逃せない2つの展覧会

林静一展1967－2007　八王子市夢美術館

若い世代には、ロッテのキャンディー「小梅ちゃん」のパッケージやPR用イラストで広く知られているでしょう。ちょうど定年に差しかかった頃の人たちには『ガロ』に連載された『赤色エレジー』の記憶が残っているに違いありません。その作者、林静一の展覧会です。とても鮮烈です。とてもきれいです。特に近年取り組んでいるという日本画では、岩絵の具のくっきりとした発色に目が覚まされます。

15～17歳の微妙な年頃の少女が中心。ほっそりとした肢体、恥じらいを含んだ伏し目がちの表情が、横顔というよりもっと斜め後ろ方向から捉えられています。おなじみのポーズです。

漫画の製作過程を示す資料、『赤色エレジー』のメーンストーリーが分かる掲示、NHK「みんなのうた」のアニメーション、「小梅ちゃん」の秘話など、林静一ワールドに浸り切れる展示になっています。ファンならずとも見逃せない展覧会です。会期は2月3日までと残りわずかです。

「おてだま」©林静一

土門拳写真展　日本のこころ　武蔵野市立吉祥寺美術館

「るみえちゃん」1959年　土門拳記念館蔵

ちょうど『赤色エレジー』の世代が子どもだったころの、この巨匠のスナップ写真が強烈に迫ってきます。『古寺巡礼』とほぼ同じころ、これほど社会の現実に肉薄し、行動的な写真を撮っていたのかと驚かされます。

『筑豊のこどもたち』――見捨てられた石炭産業、見捨てられた街、見捨てられた親子、絶望という表情すら示せない子ども。あまりの貧しさに、これが日本かと衝撃を受けるに違いありません。今は嫌われ者ですが団塊の世代はここを通ってきたのかと思うと、言葉も湿ります。

代表的文化人を撮った『風貌』シリーズ、『女優と文化財』シリーズにも心ひかれますが、やはり『絶対非演出』の理念のもと、画面にこの写真家の激烈な思いがほとばしるスナップ群に引き戻されます。

それにしても、ゴム飛びをしたりチャンバラごっこに熱中している子どもたちを、速写機能もなかったカメラでどうやって連写したのか？ それ以上にレンズの前で屈託なく遊んでいる子どもたちを見ると、"鬼"と怖がられたこの巨匠がこのときどんな表情をしていたのかと気になります。

日本の写真を切り開いた土門拳の作品がまとめて見られる機会です。酒田市の記念館に行かなければ見られない写真群です。この展覧会の会期も2月11日までです。お急ぎください。（浜口陽三と萩原英雄の常設展示も貴重なものです）

みにがいど

◆第161回月例フォーラム ▽日時 1月25日（金）午後1時30分～4時15分▽テーマ 2008年度東京都予算原案の概要▽講師 田中慎一・東京都財務局主計部副参事（財政担当）▽参加費 1000円（会員は無料）▽会場 全労済東京会館3階会議室▽連絡先 東京自治研究センター ☎5338・9022

ともに生きる ⑲

共生の観点で街を見る

最近、街中の公衆電話の数が減少しています。多分その背景には携帯電話の大幅な普及があると思われます。耳の不自由な方々も、メールでの交信のために大いに携帯電話を活用しています。

かつて、今ほど携帯電話が普及していなかった頃、関係機関に公衆電話に代わる公衆ファクスの設置について打診したことがあります。

聞こえる人たちのためには街中に公衆電話があるのに、耳の不自由な人たちの利便に配慮した公衆電話に代わる設備がないのはおかしいと思ったからです。

初め、公衆電話に公衆ファクスが併設できないかを問い合わせました。公衆ファクスの場合、メンテナンスに莫大な経費がかかるという理由ですぐには設置できないということが分かりました。

ちょっと立ち寄ってファクスを使わせてもらえる所がないかと探していたところ、街の薬屋さんには処方箋をやりとりするために必ず店頭にファクスがあるということを知りました。

早速、地域の薬屋さんの組合にお伺いしたところ、きわめて好意的にご理解いただいて公衆電話並みの料金設定でご協力いただけることになりました。地域の耳の不自由な人達への周知も図りました。しかし、いざ始めてみると殆ど利用者がいないということで、残念ながら失敗に終わりました。

一々お店の方に声掛けしなければならない面倒があったり、プライバシーが守れないおそれがあったりが失敗の原因かと思われます。当初は、こうしたことが障害のある人とない人が触れ合ういい機会にもなるのではと期待した面もあったのですが、耳の不自由な方々の気持ちの汲み取り方が不十分であった、それが失敗の一番の原因だったかなと思い返しているところです。街中には、共生という観点で見回すと、障害のある人のために足りない施設設備がたくさんあることに気付くでしょう。

失敗はしましたが、障害の有無にかかわらず簡便に使える公衆ファクスがあればという発想はこれからも大事にしていきたいと考えています。

（元都立立川ろう学校長　小林明）

都政新報

発行所　都政新報社
〒160-0023 東京都新宿区西新宿7-23-1 TSビル
〈総務・読者〉(03)5330-8781
〈企画広告〉(03)5330-8784
〈編　集〉(03)5330-8786
〈出　版〉(03)5330-8788
〈セミナー事業部〉(03)5330-9977
〈ファクス〉(03)5330-8808
郵便振替 00130-2-101470
購読料 月1,680円(税込)
毎週火・金曜日発行
但し、祝祭日は休刊

紙面から

東京都予算原案を発表

一般会計3.8%増の6兆8560億円

税収追い風に4年連続増

景気暗雲で備えにも重点

都は18日、08年度の予算原案を発表した。一般会計の財政規模は3・8%増の6兆8560億円と、4年連続の増加となった。都税収入が2067億円増と堅調に伸びることが追い風となる。財政再建を達成したなかで、成果を都民に還元する時期に入ったことが鮮明になった。ただ、法人2税は、今年度の最終補正での見込み額に比べて減収になり、税収動向に黄信号がともった。景気動向に暗雲が立ち込めているため、基金の積み立てや大規模改修の準備など、今後の財政状況の悪化への備えにも重点を置いている。

特別会計と公営企業会計を加えた全会計の規模は、前年度比2・4%増の13兆3855億円。都税収入は、5兆5097億円を見込み、今年度当初予算から3・9%の増加となる。ただ、今年度の最終補正予算後の都税収入は5兆4928億円で、ここからの伸びは0・3%にとどまる。

都税収入の半分近くを占める法人2税は、来年度予算案の見込みが2兆5548億円。今年度最終補正後予算の税収に比べて419億円減になり、来年度から減少局面に入ると予想している。

予算編成では、都民に財政再建の成果を還元する「攻め」の部分と、今後の財政状況悪化にも対応できるよう「備え」を重視する面のバランスを重視した。国による法人事業税の見直しが実施されると、09年度と10年度を合わせて6000億円の減収が確実になるなど、都財政をめぐる状況に厳しさが増していることを考慮した。

特に、従来は別々に編成してきた来年度予算案と今年度最終補正予算案を一体のものとして考え、最終補正予算案を「備え」を中心に編成している。歳入確保や歳出の洗い直しで、2185億円の財源を捻出し、全額を「法人事業税国税化対策特別基金」に積み立てた。それでも国税化による影響額6000億円に比べると額が少なく、財務当局では「不合理な国税化の影響がいかに大きいかを示している」と述べる。

都債の発行は2666億円で、前年度より134億円の減となる。過去の都債の借り換えを抑制することで、基金残高を圧縮する。起債依存度は、来年度3・9%で、ここ近年で最高だった96年の11・7%から大きく減り、財政再建の達成が鮮明に表れている。

一般歳出は1・8%の伸びで、4兆4137億円となる。国の来年度予算案で一般歳出が0・7%増、地方財政計画は0・0%増にとどまり、都の予算増が際立つ。このうち投資的経費は、7199億円と7年ぶりに7000億円を超え、石原知事が最初に編成した00年度予算の水準を回復した。

今年度予算で積み立てた「環境」「福祉・医療」「スポーツ・文化」の3分野の基金は、204億円を取り崩して新型インフルエンザ対策や校庭芝生化などの施策にあてる。

来年度予算における今後への「備え」として、財政再建時代に積み残してきた課題を、財政状況が良いうちに解決する取り組みを盛り込んだ。

この間は控えてきた大規模改修で、来年度に620億円を予算化する。今後10年間で大規模改修に8000億円程度が必要になるとして、社会資本等整備基金への積み立ても行った。政策的な懸案課題でも、多摩都市モノレールの経営支援や、稲城大橋の無料化検討などの抜本対策を進める。

◇◆◇

石原知事は18日の会見で、来年度予算案を「山積する諸課題に真正面から取り組んで、都民の負託に応える。『10年後の東京』への実行プログラムの初年度として、積極的に施策展開を図る」ものと位置づけた。基金の積み立てが増える中、今後、東京富裕論が高まる可能性については、「これくらいの積立金では、行政需要に対応できない。都は不交付団体。どんな状況でも自前に対応しなくちゃならないのが都の宿命」と反論した。

来年度予算案は、都議会各党からの復活要望を受け、2月4日に200億円の復活財源を含めて確定する。都議会での予算審議では、知事選を控えた今年度予算審議で一般会計予算案に反対した民主党の動向が、一つの焦点になっていく。

予算原案の概要

【一般会計】（単位：億円、%）

区分	2008年度	2007年度	増減額	増減率
歳入	68,560	66,020	2,540	3.8
うち都税	55,097	53,030	2,067	3.9
歳出	68,560	66,020	2,540	3.8
うち一般歳出	44,137	43,366	771	1.8
特別会計（17会計）	43,318	44,020	△703	△1.6
公営企業会計（11会計）	21,978	20,679	1,299	6.3
全会計合計（29会計）	133,855	130,719	3,136	2.4

【歳入の状況】

区分	2008年度	2007年度	増減額	増減率
都税 (07年度最終補正後予算)	55,097	53,030 (54,928)	2,067 (169)	3.9 (0.3)
地方特例交付金	711	496	215	43.3
国庫支出金	3,492	3,489	3	0.1
繰入金	457	234	224	95.7
都債	2,666	2,799	△134	△4.8
その他の収入	6,137	5,972	165	2.8
合計	68,560	66,020	2,540	3.8

【歳出の状況】

区分	2008年度	2007年度	増減額	増減率
一般歳出	44,137	43,366	771	1.8
経常経費	36,737	36,458	279	0.8
給与関係費	16,880	17,059	△179	△1.0
その他の経常経費	19,857	19,399	458	2.4
投資的経費	7,199	6,908	292	4.2
うち単独事業	3,947	3,692	255	6.9
復活財源	200	――	200	皆増
公債費	6,680	6,281	398	6.3
税連動経費等	13,639	13,373	266	2.0
今後の集中的取組に活用する基金への積立	3,500	2,200	1,300	59.1
心身障害者扶養年金への対応	605	800	△195	△24.4
合計	68,560	66,020	2,540	3.8

売却する方針が決まった都知事公館

知事公館を売却へ

知事入居せず　貸付も困難に

東京都は18日、空き家になっている渋谷区松涛の知事公館を売却することを発表した。来年度予算案の知事査定の場で、方針を決めたという。

現在の知事公館は97年7月に、12億円の建築費用をかけて立て替えた。青島幸男前知事が同年9月に入居したが、石原知事は入居せず、活用方法が問題になった。

2000年から2003年3月までは、イタリア料理関係の民間団体に貸し付けていたが、同団体との契約期間が切れた後は、借り手がつかなかった。第一種低層住居専用地域で、住居やアパート以外の利用に厳しい制限が課せられていることも、民間への貸し出しが難しい理由となった。

敷地面積は2212平方メートルあり、売却すれば数十億円になると見られる。都は、売却の理由として、維持費だけがかかり有効に財産活用ができていないことや、他の知事が公館を希望した際は、別の都有地や民間からの借り上げで対応できることなどをあげる。

ただ、知事公館は震災時などにも迅速な対応が取れるように作られた経緯があり、石原知事が入居しないことに危機管理上の問題点を指摘する声も根強い。また、都財政は厳しい局面を抜けており、現時点で売却するよりも次の知事に判断を委ねるべきだとする意見も聞かれる。

知事公館の敷地は、旧公館の建物とともに1947年に購入した。売却時期や価格などは、今後、検討していく。

消えた石原色

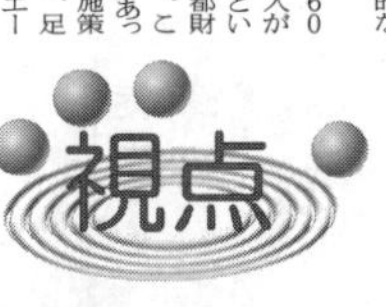

「備え」に積極的な予算

都財務局は、08年度予算原案について「攻めと守りの両面を見据えたバランスのとれた予算」と表現する。しかし、総体として言えば「攻め」よりも「備え」に積極的な予算である。

一般会計6兆8560億円のうち、都税収入が歳入の80%を超えるというのは、バブル期の都財政でも例がなかった。こうした好調な税収があっても、必要性の薄い施策などにカネを回さず、足元を固めることにウエートを置いた堅実な予算と言える。

二つの備え

備えには、表と裏の二つの世界がある。まず、表の意味で言えば、今後の税収減と行政需要増に対応するため、法人事業税国税化対策特別基金や社会資本等整備基金などに積み立てた。特定目的基金も合わせれば、08年度末の基金残高は計1・6兆円に達する。かつて3年間で税収が1兆円も落ちた経験や、すでに景気後退で法人2税に陰りが見える中では、将来に備えるという発想は分からないでもない。

予算発表資料で違和感があるのは、オリンピック招致推進活動経費である。3カ年で150億円つぎ込むという。簡潔明瞭を旨とする予算資料の中で、この部分だけはやたらと詳しく、東京都と民間資金の按分の考え方まで説明している。これが裏の備えだ。

06年6月のオリンピック開催概要計画書では、3カ年で55億円と発表し、内訳は都15億円、民間40億円だった。招致反対派から「なぜ総額が3倍に膨らんだのか」「実質の都負担は、当初計画の10倍の100億円」という批判が出るのは必至。また、シカゴなどに負けた後、知事やその周辺から「付けるべきカネを惜しんだからだ」という責任転嫁も、今の都政なら十分にあり得る。

オリンピック関連は聖域であり、石原都政ではいわば地雷。予算編成過程で財務局が理論武装をしっかり行い、様々なリスクに備えた結果が、この詳細な記述に表れている。目配りが最も効いているのが招致推進活動経費というのは、現在の都政の実情を象徴するような出来事である。

96年度とは雲泥の差

では、「攻め」という点ではどうか。

財政規模で見ると、12年前の96年度と同水準だ。この時は、一般歳出が5兆6440億円で、08年度予算より約1兆2300億円も多い。投資的経費は、1兆5000億円の大台にあり、ちょうど08年度予算の2倍である。基金の取り崩しで3200億円、他会計からの借り入れで1100億円をねん出し、苦しいやり繰りをしながら予算編成した。当時と比べると、健全な財務体質になり、質も兼ね備えた量という言い方はできるかもしれない。

しかし、石原色はすっかり影を潜めた。「10年後の東京への実行プログラム」にかかわる4700億円を予算化した点を挙げ、財務局が「攻め」と言っているに過ぎない。もともと知事は関心のある分野が限られ、予算編成などには興味がない。18日の予算発表の会見でも、事務方が用意したペーパーを読み上げるだけだった。

新銀行東京の創設のような中身で知事の個性を発揮されても都民が迷惑するだけだが、かといって新たな施策を率先して手がける気力が知事にないのも困りものだ。

予算都議会が2月20日から始まる。官僚出身の鈴木知事時代を連想させる実務的な予算案は、都議会にとっても攻めにくい予算である。（吉）

冗句ジョーク

08年度組織改正、数局の実績ある企画担当課を計理課に統合

統合阻止にがんばった担当職員「最後の仕事は〝企画倒れ〟だったよ」

主な新規事業

■都市・環境

テロ・組織犯罪対策では、顔画像を3次元顔形状としてデータベース化し、防犯カメラの画像と照合させるシステムを新たに構築する。

また、渋滞対策には101億円を計上。道路と車両を情報でネットワーク化するITSの導入や信号制御の最適化などの「ハイパースムーズ作戦」で、慢性的な交通渋滞の緩和を目指す。10年度までの対象路線は、環8など10路線。

環境対策では、大気汚染・廃棄物対策に34億円を見込んだ。ICタグを活用した廃棄物管理追跡システムで、病院から排出される感染症廃棄物の処理を適正化する。

■福祉・医療

知事公約の都民税減税の代替案として、低所得者生活安定化プログラムを開始。区市町村に相談窓口を設置し、生活資金の貸付や職業訓練を実施する。事業費は97億円。

また、母子・小児医療では、周産期の緊急搬送時の対応力を高めるため、1次～3次医療でネットワークグループを形成し、医療機関ごとに役割分担する。また、地域の診療所の小児医療体制を充実させるための研修を行う。21億円を計上した。がん対策では、都独自に「がん診療病院」を指定するほか、がん検診の受診率上昇を目指す。

■産業

地域資源を活用した中小企業の取り組みを支援するため、「地域中小企業応援ファンド」を創設。都の一般会計180億円と、国の中小企業基盤整備機構からの無利子貸付金20億円を㈶中小企業振興公社に貸し付け、運用益で中小企業のビジネス開発・事業化や、中小企業を支援する公益法人に助成する。

■教育・文化・スポーツ

都立学校の情報通信技術環境を全国トップレベルに改善するため、11億円を計上。08～09年度ですべての都立学校でLAN整備を目指す。また、教員の指導力を高めるため、教職大学院と連携し、都独自のカリキュラムで中核を担う教員を養成する。東京国体に向けて、強化部活動候補を指定する。

芸術文化の分野では、短期集中的に文化イベントを展開する。約16億円を見込んだ。

都政の東西

見殺しの制度

介護保険制度が始まって、今年4月で8年を迎える。8年が過ぎようとしているのに、いまだに放置されている問題がある。

介護保険料に限り、2年以上にわたり滞納すると介護サービスを受ける際は利用者負担が1割から3割に引き上げられる。例えば老人ホームに入所し、毎月30万円がかかる場合、本来であれば3万円だが、2年以上滞納すると9万円を払わないといけなくなる。未納期間に応じて3割負担の期限は決まるが、支払い能力がある滞納者には問題なくても、支払いたくても滞納せざるをえなかった高齢者にとって死活問題だ。

現行の介護保険法では、納期から2年をすぎた保険料を納付することは認められていない。2年間を滞納した時点で、保険料の3割負担が決まる。

現在、介護保険料を滞納し、3割負担に陥る高齢者が増加傾向にある。高齢者が3割負担により生活苦が強いられるとしても、自治体が保険料を減額することは許されない。ある区の担当者は目を潤ませながら「減額すれば違法行為になる」と、救済の手を差し伸べたくてもできない介護保険制度の理不尽さを嘆いた。

保険料の滞納者がいる限り、納付者との公平性が保てなくなるため、制裁を加えているようだ。制裁は、住民税、保育料などにはないのに、介護保険料にだけあるのは整合性が取れておらず、腑に落ちない。国が給付費を少しでも削減しようと、弱いものいじめをしているとしか思えない。

介護保険は、高齢者を見殺しにする制度であってはならない。約8年間も3割負担の問題が放置されているので、制度改正は一筋縄でいかないだろう。だが、国に要望書を提出するなど自治体が尽力することでしか打開できないと思う。

08年度都区財調協議が決着

包括的算定で論戦　都区で解釈の違いも

特別区長会は18日の臨時総会で、2008年度都区財調協議の結果を了承した。協議では、少子化対策など普通交付金の交付対象外の各区の取り組みなどを一括りにして交付対象にする「包括的算定」が最大の争点になった。区側が提案した包括的算定の5項目のうち2項目が交付対象になったが、都側は「包括的算定」と受け止めておらず、都区の解釈の違いが顕在化した。だが、都側は「全体的にお互い、ある程度納得できる線で折り合った」と協議を振り返った。

都「金余りと言われない算定」　区「評価するが今後に課題も」

08年度財調協議では、区財政課長らでつくる幹事会と、副区長らでつくる協議会が計6回開催され、協議がまとまった。区側の提案は、区長会が陣頭指揮を取って定めた方針を基にまとめられた。区に配分される財調交付金は自主財源であることに主眼を置き、区間配分で自立性を発揮するために、包括的算定などを求めた。

例えば、少子化対策で各区が展開している取り組みは、たとえ同じ目的であっても事業名や手法などが異なると普通交付金の交付対象外の事業もある。これらの事業を一括りにして普通交付金の対象にするため包括的算定を都側に求めた。

今回の協議結果では、区側が提案した包括的算定5項目のうち「外国人支援」「文化振興」の2項目が算定された。23区には、多種多様な外国人が生活しており、ほかの地域と比べるときめ細かく支援事業を展開する必要があるため、普通交付金の対象にしたという。

07年度協議で都の8補助事業を区の自主事業に転換し、財源を交付金に繰り入れた1%分（17億円）については、「ひとり親家庭等医療費助成」など10事業を算定することでまとまった。

08年度は国の減税政策で自治体の減収分を穴埋めするために発行する減税補てん債を前倒しで424億円を償還する。07年度協議では660億円分の償還を算定したが、区側から「多すぎる」と指摘され、08年度では額面を少なくした。

都側は「金余りと言われない算定ができた」と述べる一方、区側は「一定程度、23区の需要が算定されたので評価すべきだが、今後に課題を残した」と語った。来月4日の都区協議会で正式に合意される見通し。

求められる将来見据えた議論

【解説】08年度協議は当初、平穏な協議になるという見方が支配的だったが、協議が始まると普通交付金の算定方法をめぐり都区双方の解釈の相違が鮮明になった。

一般的に、特別交付金は災害、各地域の特殊事情に応じて配分される特定財源であるのに対し、普通交付金は使い道が限定されない一般財源だ。

今回の協議で最大の争点になった包括的算定では、5項目を普通交付金の交付対象にするよう区側が提案した。交付対象にならなかった「少子化対策」には、東京パッシングの矛先として向けられた「所得制限を撤廃した乳幼児医療費の無料化」が含まれている。

都側は包括的算定について、各区で実施していたり地方交付税の算定項目に入っていたりする普遍性、財源保障としてふさわしいのかなどを総合的に見る必要があるという。少子化対策では、乳幼児医療費が地方交付税の算定項目に入っていないことなどを理由に、「自主財源事業」と判断した。さらに、「国や地方の東京富裕論への視線を気にしつつ、算定を考えていく必要もある」と指摘する。

区側は「地方分権の中で、各区が特色を出して事業を展開している。紋切り型の事業をやっていればいいのか」と疑問を投げかける。所得制限を撤廃した乳幼児医療費の無料化は約1000自治体で展開しているため、「普遍性がある」と釘をさす。普通交付金の対象にならないと、「安定的な財政運営はできなくなるから、普通交付金で配分するのが筋」と主張する。

08年度協議では区側にとって不満が残る部分があるが決着した。普通交付金の算定方法では、都区が同じ土俵で議論できていないことが顕著になった。将来の都区のあるべき姿も見据えつつ、今後は議論を尽くすことが必要だろう。

（石）

交付金総額1兆円超え

当初フレーム　過去最高額を記録

都行政部は18日、2008年度都区財政調整当初フレームと07年度再調整を発表した。区に配分する財調交付金は初めて1兆円を超え、過去最高額を記録した。

財調交付金の財源となる調整税は前年度比3・5%増の1兆8368億円に上った。これは、市町村民税法人分が7943億円で、前年度より約520億円増となったのが追い風になった。

そのため、財調交付金総額は1兆166億円に達し、普通交付金が前年度比353億円増の9658億円、特別交付金が18億円増の508億円の見通し。区財政は、来年度も引き続き好調であることを示した。

基準財政需要額は、前年度比743億円増の1兆9895億円となった。新規算定は区立施設定期点検調査費、文化振興事業費、指定道路台帳整備事業費、放課後子ども教室推進事業費の4項目。算定改善は、耐震診断支援等事業費など19項目が算定された。その他の6項目では、今後の改築需要に備えた公共施設改築経費の臨時算定、将来の不景気に備えるため減債対策経費などが算定された。経常的経費は前年度比232億円増の1兆6579億円で、投資的経費は510億円増の3316億円になった。

基準財政収入額は、前年度比389億円増の1兆237億円。都心回帰の影響を受け区への人口流入が大きな要因となり、特別区民税が前年度比498億円増の7738億円に達した。利子割交付金は日銀のゼロ金利政策の解除により、前年度比82億円増の205億円になった。

07年度再調整では、調整税などの増収により460億円の財源超過になった。そのため、再調整後の交付金総額は1兆176億円で、普通交付金が9667億円、特別交付金が509億円になった。後期高齢者医療広域連合拠出金に13億円、小中学校改築等経費に387億円などが追加交付された。

2008年度都区財政調整＝フレーム対比（案）

（単位：百万円、%）

区分	08年度当初見込み	07年度当初見込み	差引増△減	増減率
交付金の総額／調整税等／固定資産税	1,025,490	1,006,501	18,989	1.9
市町村民税法人分	794,349	742,424	51,925	7.0
特別土地保有税	32	18	14	77.8
たばこ税調整額	1,524	1,443	81	5.6
交付金調整額	15,388	23,599	△8211	△34.8
計	1,836,783	1,773,985	62,798	3.5
条例で定める割合	55%		−	−
当年度分	1,010,231	975,692	34,539	3.5
精算分	6,384	3,747	2,637	−
計（A）	1,016,615	979,439	37,176	3.8
内訳／普通交付金分A×95%	965,784	930,467	35,317	3.8
内訳／特別交付金分A×5%	50,831	48,972	1,859	3.8
基準財政収入額（B）	1,023,723	984,782	38,941	4.0
特別区税／特別区民税	773,832	723,986	49,846	6.9
軽自動車税	2,392	2,359	33	1.4
特別区たばこ税	61,708	70,199	△8491	△12.1
鉱産税	0	0	0	0.0
小計	837,932	796,544	41,388	5.2
利子割交付金	20,579	12,334	8,245	66.8
配当割交付金	10,893	7,161	3,732	52.1
株式等譲渡所得割交付金	6,525	7,990	△1465	△18.3
地方消費税交付金	107,089	111,459	△4370	△3.9
ゴルフ場利用税交付金	50	47	3	6.4
自動車取得税交付金	15,555	18,111	△2556	△14.1
特別交付金	8,048	12,203	△4155	△34
計	1,006,671	965,849	40,822	4.2
地方特例交付金	2,721	2,291	430	18.8
地方道路譲与税	4,513	4,632	△119	△2.6
自動車重量譲与税	12,670	13,047	△377	△2.9
航空機燃料譲与税	881	813	68	8.4
交通安全対策特別交付金	1,415	1,602	△187	△11.7
合計	1,028,871	988,234	40,637	4.1
特例加減算額	△5148	△3452	△1696	−
基準財政需要額（C）	1,989,507	1,915,249	74,258	3.9
経常的経費	1,657,914	1,634,687	23,227	1.4
投資的経費	331,593	280,562	51,031	18.2
差引（C−B）	965,784	930,467	35,317	3.8
交付額／普通交付金	965,784	930,467	35,317	3.8
交付額／特別交付金	50,831	48,972	1,859	3.8
交付額／計	1,016,615	979,439	37,176	3.8

注）計数整理の結果、変動することがある

スポーツ実施率　区平均は35・5%

身近なスポーツ環境整備が鍵

子どもの体力低下や成人のメタボリック症候群、高齢者の介護予防など、国民の健康を維持するために、日常的なスポーツの必要性が高まっている。国のスポーツ振興計画では、成人が週1回以上スポーツを行う「スポーツ実施率」を50%にする目標を掲げ、自治体には身近な場所でスポーツができる環境整備などを促している。23区でも計画策定が進んでいるが、スポーツ実施率は国の平均を下回るところが多い。区民の健康に結びつくスポーツ実施率をどう高めていくか、計画や取り組みを聞いた。

国のスポーツ振興計画（2000年策定、06年改訂。01～10年度）では、03年度のスポーツ実施率全国平均は38・5%、06年度の全国平均は44・4%だった。目標の50%にするため、全国の自治体には、地域住民が主体的に運営する総合型地域スポーツクラブを2010年までに少なくとも一つは育成することを求めているほか、「同計画を考慮しながらスポーツ振興計画を策定すること」としている。

23区で「スポーツ振興計画」を策定した区は4区。策定中や策定予定のところも増えた。しかし、スポーツ実施率を出している区の3分の2が03年度の全国平均値を下回っており、その中で24%と最も低かった葛飾区はこのほど、来年度から10年間の計画を策定。区内には総合型地域スポーツクラブは設立されていないため、今後、住民主体の同クラブを7カ所に設立するなどし、スポーツを区民に身近なものにしていきたい考えだ。

08年度からの計画を策定中の世田谷区は、目標値を40%にする予定だ。国の目標値と同じにしなかった理由について「区内にはスポーツをする場が少なく、環境が整わなければ50%は厳しい」（スポーツ振興課）と話し、達成可能な目標を掲げたという。

スポーツ実施率の上昇に、環境整備が必要なことを裏付けているのは目黒区。04年に中央地区に総合型地域スポーツクラブを立ち上げた後、3年間で同地区のスポーツ実施率は10ポイントアップしたという。

一方、スポーツ実施率が全国平均を上回る墨田区は、総合型地域スポーツクラブを2カ所に設立しているほか、今後、区立最大規模の総合体育館も建設する予定で、スポーツ実施率50%は2010年の中間目標。2015年には53%にする目標を掲げた。また、すでに国の目標値を超えた千代田区は、2013年までに60%を目標値とした。「皇居周辺をランニングしたり、学校を地域に開放してスポーツ活動ができるなど身近な場の活用が、実施率が高い要因では」と分析。今後は「既存の場の活用や、総合型地域スポーツクラブの設立、スポーツに根ざした人材バンク制度などで、目標達成を目指したい」などと話している。

	計画策定状況	スポーツ実施率 基準値（年度）	スポーツ実施率 目標値（年度）
千代田	策定中（08～）	52.3%（07）	60%（13）
中央	※	44.0%（05）	50%（10）
台東	策定中（09～）	28.6%（06）	検討中
墨田	策定予定	44.6%（01）	53%（18）
目黒	※検討中	43.7%（03）	50%（12）
大田	※	35.4%（04）	50%（10）
世田谷	策定中（08～）	32.1%（07）	40%（14）
中野	—	28.2%（04）	40%（14）
杉並	策定中（08～）	—	—
豊島	○（05～14）	34.0%（02）	50%（14）
北	○（03策定）	—	—
荒川	※	26.0%（05）	18日現在非公表
練馬	策定予定	—	—
足立	○（02～08）	34.2%（03）	50%（08）
葛飾	○（08～17）	24.0%（05）	50%（17）

※…他の計画中にスポーツ関連計画として記載。
—…なし

都国民健康保険委員会

調整交付金は現状維持　経過措置を2年間延長

東京都国民健康保険委員会（会長＝中島元彦・東京市政調査会常務理事）は17日、08年度以降の都調整交付金の配分割合について現行の経過措置を2年間延長し、普通調整交付金6・3%、特別調整交付金0・7%とすることを石原知事に答申した。

国民健康保険の都道府県調整交付金は、都道府県が区市町村間の財政調整を行う目的で05年度に導入された。都では条例本則で普通調整交付金6%、特別調整交付金1%と規定しながらも、08年度医療制度改革を控えて各保険者の財政運営が不安定とならないよう、普通調整交付金6・3%、特別調整交付金0・7%とし、普通調整交付金の0・3%分は区市町村間の格差是正とする措置をとった。

08年度医療制度改革では、75歳以上の高齢者が加入する後期高齢者医療制度の創設、65歳以上75歳未満の前期高齢者の医療給付費に対する財政調整制度の導入、退職者医療制度の廃止、特定健康診査・特定保健指導の義務づけなど、国保財政にとって負担が増加する要素と減る要素が混在している。

17日の同委員会では熊本哲之世田谷区長が「医療制度改革の影響が不透明な現段階での配分率と配分額の変更は国保財政を不安定にする」と述べ、現在の枠組みの維持を要望。北川穣一昭島市長は「国保財政には一般会計からの多額の繰り入れをしている状況」と都側の配慮を求めた。

こうしたことを踏まえ同委員会は「経過措置」である現行の配分割合をさらに2年間延長し、09年度に医療制度改革後の実績数値を見ながら改めて見直しを検討することが妥当と結論づけた。

この他、国民健康保険組合が実施する特定健康診査・特定保健指導についても、同組合が区市町村国保を保管する役割を果たしていることから、都が区市町村国保と同様の支援を行うことも答申に盛り込んだ。

区独自に認証保育所を支援

世田谷区　待機児解消で誘導策

世田谷区は08年度から保育待機児の解消を目指し、認証保育所に対する区独自の支援を強化することを決めた。認証保育所で「保育に欠ける」利用者の割合を増加させた事業者に対して運営費の一部を補助する一方、利用者に対しては認証保育所利用者の保育料負担を軽減させる。

認可保育園では保護者の就労などの状況により、区が入所決定をするのに対し、認証保育所では、保護者の就労等の有無にかかわらず、直接施設に申し込み利用することができる。親がフルタイム勤務をしている場合など「保育に欠ける児童」の利用率は、概ね7割。今回、認証保育所が定員の9割以上「保育に欠ける児童」を受け入れた場合に補助金を交付する仕組みを創設する。

認証保育所を利用する保護者に対しては一定所得以下の場合は保育料の一部を区が助成する仕組みを創設する。認証保育所の保育料は事業者が施設ごとに料金を設定しており、認可保育園より負担が大きい。このため認証保育園が待機児解消の受け皿となるよう、保育料の負担を軽減する補助制度を設けることになった。

補助額は、認可保育園の保育料とのバランスを考慮し、利用者の所得に応じて、児童1人あたり月額5000円から2万円の範囲で段階的に設定している。

この他、駅前に認証保育所を建設する際の開設経費補助金の対象を、区独自に「最寄り駅改札口より徒歩5分以内」を「徒歩10分以内」へと緩和する。また住宅300戸以上の大規模集合住宅の開発で認証保育所を整備する場合には、必要経費の一部を補助する。

記者席

和解後も対策はこれから

○……15日、薬害肝炎訴訟の原告団と政府の間で、和解合意書が締結された。提訴から5年、全面解決に至る見込みだ。原告と舛添厚労相の握手は、印象的に見えた。

だが、和解案では、救済の対象者を投薬が証明できる人に限っている。これについて、都の幹部も「投与されたかどうか証拠がない人は、本当に気の毒だ」と言う。治療過程の説明もなく、患者は医師の治療を何でも受け入れていた時代。証明する手段がない人も相当数、いるはずだからだ。

都には「自分は対象になるのか」といった相談が少なくないという。「肝炎対策はまだこれから」ということを再認識させられた。

○……17日の都国民健康保険委員会で、「国民健康保険組合」という団体名を久しぶりに思い出した。自分が子どもの頃、親が加入していた健康保険は、食品関係の国保組合だったのだ。

都道府県内の同業同職の人たちが運営する国保組合は、都内で57万人の規模を持つ。零細業種を多く抱えて厳しい経済環境にある一方で、区市町村国保のように一般会計から財源を繰り入れて保険料負担を減らすようなことはできない。

厚労省は区市町村国保を原則と考えているようだが、国保組合の同業同職の連帯感のようなものは、被保険者が孤立した受け手でしかない区市町村国保にはない価値を感じた。

○……見学した荒川区の職員研修のゼミは、障害者福祉がテーマ。当日は「視覚障害者への接し方」について、アイマスクをつけた誘導体験などの実践が行われた。

そこにゲストとして招かれた職員は、視覚障害を持つ中村さん。困った経験として「声をかけても返事をしてくれずに黙っている」「店の入り口を通りがかりの人に尋ねて『そこよ！』と言われた」などがあげられた。

「見えて当然」の生活で、欠けてしまう思いやりに気付かされる。最も困るのは、突然の「危ない！」だそうだ。何がどう危ないのか分からずに立ち尽くす恐怖は、アイマスクで歩く体験で初めて実感できるのかもしれない。

2市で市長選告示

八王子 開発か環境・福祉か

府中 ごみ問題で三者三様

任期満了に伴う八王子市長選挙と府中市長選挙が20日、告示された。八王子は現新の一騎打ち、府中は現職と新人2氏による三つどもえとなった。いずれも27日投票で、府中は即日、八王子は翌日開票される。

八王子市長選

多摩地域では最大規模の人口54万人を抱える。古くは「桑の都」として繊維・織物中心に栄えた。1960年代から70年代にかけて複数の百貨店が進出したが地元要望で売り場面積は小さく、近年に至るまでに撤退が相次いだ。新たなまちづくりが求められるなか、中心市街地の活性化、圏央道インター周辺の物流拠点整備やJR八王子駅南口再開発などの課題を抱える。告示日には、新人で自然保護団体「高尾山の自然をまもる市民の会」事務局長の橋本良仁氏（62）＝共産、社民、生活者ネット推薦＝、現職で3期目を目指す黒須隆一氏（66）＝自民、公明推薦＝が、いずれも無所属で届け出た。19日現在の有権者数は44万4249人。

橋本良仁氏　黒須隆一氏

【橋本氏】

共産、社民、生活者ネットに加え、自主投票の民主の一部も含め、11市議が支援。第一声には上原公子・前国立市長、川田龍平参院議員の姿も。合言葉は「グッドバランスでいこう」。「今の市政で元気が出たのは一握りの人。再開発や物流拠点構想などは、市民生活にも環境にも大きな負担。自然を壊し、福祉を削る流れを転換すべき」と主張する。現在進行中の高尾山にトンネルを掘る圏央道計画には、環境影響評価のやり直しを提案。

圏央道反対派は1988年の市長選から5回の選挙を戦ってきたが、いずれも推進派の勝利に終わっている。「圏央道の是非はともかく、高尾山トンネルは将来に禍根を残す」と支持拡大を狙う。

【黒須氏】

自民、公明、連合系の26市議、国会議員や都議らが支援。第一声には石原伸晃自民党都連会長や町村信孝官房長官が駆けつけた。8年間の行財政改革、地域産業の活性化で「元気が出たぞ！八王子」とアピール。最大課題だった財政健全化では「3200億円の借金を2500億円台まで縮減した」。駅前の大型店舗の集客力では立川、町田に負けているといわれる八王子。「交通の結節点であることや大学の知的財産を生かし、八王子らしさを追求する」。圏央道八王子西インター周辺の物流拠点整備、JR八王子駅南口再開発の推進も目指す。陣営では投票を強く呼びかけ、「油断せず立派な成績で3期目を」と「攻めの市政」を期待する。

過去の八王子市長選結果

2004年1月25日(26日開票)		投票率29.56%
当黒須　隆一	無現(自民、公明推薦)	75970
伊沢　明	無新(共産推薦)	46383
2000年1月23日(24日開票)		**投票率44.17%**
当黒須　隆一	無新(自民推薦)	69302
波多野重雄	無現	31999
伊沢　明	無新(共産推薦)	28184
石渡　照久	無新	25645
沢本　宣男	無新(生ネ推薦)	21315

府中市長選

人口24万人の府中市は、大手企業が立地し、多摩地域のなかではほぼ武蔵野市に次ぐ財政力を有しているが、ごみの有料化、ダストボックスの廃止に向けた問題も浮上。現職で3期目を目指す野口忠直氏（72）＝自民、民主、公明、社民推薦＝、新人で共産党調布狛江府中地区委員長の志摩和寿氏（55）＝共産推薦＝、新人で元出版社社員の桑島耕太郎氏（48）の3氏がいずれも無所属で立候補を届け出た。19日現在の有権者数は19万4023人。

過去の府中市長選結果

2004年2月1日		投票率36.43％
当野口　忠直	無現(自民、民主、公明、社民推薦)	46762
金指　光恵	無新(共産、生ネ支持)	19364
2000年1月30日		**投票率48.92％**
当野口　忠直	無新(自民、民主、社民推薦)	35145
平田　嘉之	無新(公明推薦)	27635
吉岡　淳	無新(共産、生ネ、諸派推薦)	21390

桑島耕太郎氏　志摩和寿氏　野口忠直氏

【野口氏】

推薦4党、連合系の24市議が支援し、第一声には自民の土屋正忠衆院議員や都議、民主の菅直人代表代行も駆けつけた。実績として▽子ども家庭支援センター開設▽新中央図書館など複合施設の開館▽景観条例の制定などを挙げる。ごみ有料化、ダストボックス廃止は審議会で具体策を検討中。ごみ減量や中学生までの医療費無料化などを掲げる。陣営では「大差で勝ち抜き、野口市政の盤石の体制を」と意気込む。

【志摩氏】

共産党地区委員長として府中とかかわってきた。野口市政が目指す新庁舎建設には150億円、総合体育館改修には33億円がかかると主張。「旧態依然としてハコモノを続けていいのか」と批判する。第一声では前回、共産、生活者ネット支持で出馬した金指光恵氏も応援。▽国保料の値下げ▽保育園待機児3年でゼロなどを掲げ、ごみ問題は「有料化は撤回、ダストボックスは存廃を市民と協議すべき」との立場をとる。

【桑島氏】

桑島氏は、国民新党党員で党関係者の個人的な支援を受ける。第一声には友人の古坊知生・豊島区議が。現市政には「高齢、多選の弊害である癒着、おごりが出てきている」と批判。実施時期が確定されていないごみの有料化や戸別収集の問題については、現行のダストボックス方式の存続、ごみの有料化反対を掲げ、争点にしたい構え。議員定数の削減や女性副市長の登用、ハコモノへの出資の精査も挙げる。

投票率に選管やきもき

懸垂幕やバスで呼びかけ

前回の投票率がいずれも過去最低だった八王子、府中の両市。それぞれの選管では投票率アップに向けて、あの手この手で投票を呼びかけるキャンペーンを展開している。

府中市では19日、伊勢丹府中店が、幅1・8㍍、長さ19㍍の大懸垂幕を掲出した。「一票に夢を託して市長選」という下に期日が大きく書かれ、期日前投票も呼びかけている。同店が選挙についての懸垂幕を掲げるのは初めて。昨年のうちに選管から依頼があった。同店営業統括部では「CSR（企業の社会的責任）の一環として地域社会に応えるための協力」と話す。

また市内にある東京競馬場の協力で、24日に伊勢丹隣りのフォーリス前広場にポニー2頭を連れてきて選挙啓発グッズを配布するほか、競馬場の大型ビジョンで告知するなどのキャンペーンも展開中だ。

八王子市では、投票率がとくに低い若者の目を引くデザインの選挙啓発ポスターを作成。市内フリーペーパー2紙の裏表紙にポスターと同じデザインを掲載した。市内循環のコミュニティーバス「はちバス」では、15日から投票日の告知と期日前投票を呼びかける車内放送を初めて実施した。同バスの車内広告、車外広告のほか、JRや京王線の主要駅ではフロア広告、エスカレーター外側へのシールの張りつけなどで投票を呼びかけている。

伊勢丹府中店の前面に掲げられた市長選を告知する大懸垂幕＝京王線府中駅前で

武蔵野市　事務事業と補助金見直し

武蔵野市の「事務事業・補助金見直し委員会」は、1年かけた検討内容を報告書にまとめ、邑上守正市長に答申した。より一層の行政サービス向上のため、「2008年度から2年間の間に行政経営の仕組みを確立すべき」などと提言。53の事務事業について「至急見直しの検討が必要と考えられる」と例示した。

検討委員会は、佐々木信夫中央大教授など学識経験者4人、公募市民2人で構成。このうち4人の委員に、民間シンクタンクの2人を加えた6人で作業部会をつくり、事務事業と補助金の見直しについて検討を重ねてきた。

たたき台となったのは、06年度予算などをもとにした1216件の事務事業についての庁内各課での自己評価。「現状どおり（課題なし）」が783件、「評価対象外（新規事業などのため）」が260件、「ありかたの検討が必要」「見直しが必要」が合わせて173件あった。すでに各課で見直しの方向性が示されている173件は点検対象から除き、「現状どおり」「評価対象外」を中心に点検作業を行った。

その結果、浮かび上がった問題点を総括。▽行政経営に力を入れるべき▽経営感覚を持った職員の育成や市民意識の醸成を図るべき▽行財政改革を強力に推進するための体制を整備すべき▽市の統一的な方針・基準を策定し、厳格に運用すべき▽多様な市民ニーズを的確に事業に反映させる独自の仕組みを研究すべき――という五つを提言した。行政経営については、「08年度から2カ年以内に仕組みをしっかりと確立すべき」とした。

また、緊急提言として、06年度予算額で約37億円相当に上る53の事務事業を至急の見直しが必要と例示した。ただ、「個別の取り扱いについては委員会の中でもさまざまな議論があった。しかし、「あえて具体例の提示をしたことで市民と議会の間で議論となることを期待する」と検討の余地があることを示唆。

補助金については、「補助金支出の長期化に伴い、形骸化しているものがあるのではないか」と問題提起。補助率などの市としての基本的な考え方や統一基準を整備する必要性や補助金見直し基準の本格実施の必要性を指摘した。

市長会・町村会

都予算に復活要望

総合交付金など大幅増求める

08年度東京都予算原案が18日に発表されたのを受けて、東京都市長会と町村会は同日、石原知事あてに市町村関連予算の復活要望書を提出した。「10年後の東京」の実現や後期高齢者医療制度の創設に伴う財政負担増に対応するため、市町村総合交付金の大幅な復活などを求めている。

東京都予算原案は都税収入が過去最高を更新し、一般会計も4年連続で増加した。しかし、市町村関連の主要な内示額は07年度予算を下回り、各局の要求に遠かった。

要望書は市町村財政について「三位一体改革で十分な税源移譲がないまま、財政負担増大に苦慮している」と述べ、四つの柱で大幅復活を求めた。

ひとつは東京都市町村総合交付金。「10年後の東京」で掲げられた緑の創出や小中学校などの耐震化の実現、後期高齢者医療制度創設に伴う一般財源負担の補充のため求めた。総務局では360億円で要求したが内示額は340億円で07年度予算の据え置きだった。

2点目は東京都島しょ振興公社への貸付金。07年度は5億6000万円がついたが今回の内示ではゼロとされている。

3点目は福祉保健区市町村包括補助事業、子育て支援基盤整備包括補助金、ひとり親家庭支援区市町村包括補助事業。08年度新設の「ひとり親」の内示は07年度旧事業を合わせた額と同額で2億円。「子育て」は1億円減の29億円。「福祉保健」は32億円減の168億円だった。4点目は新・元気を出せ！商店街事業で、内示は07年度より10億円少ない15億円だった。

18日、都庁で開かれた市町村長合同会議で合意した復活要望書を山口副知事に手渡す尾又・市長会会長（中央）と青木・町村会会長（左）

三宅島空港4月に再開

東京都港湾局は18日、今年4月26日から三宅島空港への航空路線が再開されると発表した。2000年の噴火により運航を休止していたが、「航空機の安全な運航環境が整ってきた」として、今月末にも全日空が国に運航計画の許可申請をする。

運航計画は羽田空港との1日1往復で、三宅島空港の到着、出発時間はお昼ごろを予定している。欠航時は東海汽船の船便に乗船可能な時刻設定とする。運航予定機種はボンバルディアDHC8－Q300で56席。

全日空は都が提供する火山ガス情報をもとに当日の運航可否を判断。当面はガスの影響がない東側からの風で運航するが、今後は西側の風でのガスの影響を勘案し、噴火前の1日2往復を目指す。

船便だと都心から片道6時間半かかるが、飛行機だと45分で着くことができる。

二枚橋焼却場　焼却灰の埋め立て判明

調布、府中、小金井の3市の可燃ごみを処理していた二枚橋焼却場敷地内に、1950年代から60年代にかけて焼却灰が埋め立てられていたことが分かった。

建造物やアスファルト舗装で覆われているため飛散の心配はないが、同焼却場を管理する二枚橋衛生組合では、住民や組合議会に説明を行うと同時に地下水の水質分析調査を実施。敷地外への影響についても確認していく方針だ。

焼却灰の埋め立ては、老朽化した焼却場施設の解体に伴う敷地の利用状況調査の結果、昨年11月末に明らかになった。埋め立ての期間は、1958年から67年ごろにかけてとみられている。組合では、12月8日と9日の住民説明会で埋め立ての事実などを報告。同内容を盛り込んだ『広報にまいばし』臨時号を出し、施設の周囲500㍍範囲の3000世帯余りに戸別配布した。

組合議会の議事録などによると、水田だった土地をならすために焼却灰を埋めたらしい。埋め立ての量や範囲などは分かっていないが、組合敷地の大部分は焼却施設などの建造物やアスファルト舗装で覆われている。一部舗装がされていない部分も覆土されているため、焼却灰が飛散することはないという。しかし、組合では、敷地外への影響を確認するため昨年12月に地下水を採取。委託業者に分析を依頼している。結果が出次第、公表する。

二枚橋衛生組合は調布、府中、小金井の3市の一部事務組合として1957年に設立された。焼却が始まったのは58年4月からで当初は固定式バッチ炉1炉でスタート。その後、さらに1炉を増設した。しかし、人口増によるごみ量増加、公害対策などで新たな施設にする必要が生じた。そのため、67年には現在の全連続式焼却炉である1・2号炉、72年には3・4号炉を完成させたが、老朽化のため、昨年3月で施設を全面的に停止し、解体に向けた作業を進めている。一般に固定式バッチ炉は連続焼却処理に比べて一時的に焼却温度が低くなりやすく、ダイオキシンが発生しやすいとされている。

町田市　経営改革会議　これまでを総括

外部の有識者委員の意見を聞く町田市経営改革会議の5回目が15日、開かれた。過去4回を総括する初回。

「人材育成」「病院経営」「財産の管理・運用」の三つのテーマごとに、▽委員の指摘▽（市側が）受け止めたこと▽市の考え方――を改めて話し合った。

「人材育成」では、委員からの「健全な組織では個人の能力として対人能力が重要」などの指摘を受けて、市側は「効果的な対話をするため、コミュニケーションスキルを高めていくことがこれからの人材育成の核になる」「自分への気づきを深める研修が必要」と受け止めた。だが現状として、「業務に追われ十分話し合いの時間をとることができない」「研修はきっかけづくりにはなるが職員の意識を変えるところまで至っていない」などの問題点も挙げられた。

また、「病院経営」では「健全運営の自治体病院や民間病院の経営手法を取り入れては」との委員の指摘に対し、市側は「経営最優先でいけば民間手法の導入はあり得るが、小児や産科救急などを切り捨てることはできない」「医療職の確保が得られない」などの状況を説明した。

「財産の管理・運用」では、「部門をまたいだプロジェクトチームをつくる」「未利用財産の有効活用の検討を進めるべき」などの委員の指摘に、市として「プロジェクトチームをつくって全庁的に呼びかけ、財産の把握と有効活用をしていきたい」との答えがあった。最後に委員からは、3テーマ共通の課題として、職員の意識の問題が挙げられた。

次回は2月21日。総括の2回目で、一連の会議の最終回となる。

福生市長選　野沢氏後継に加藤市議

福生市の野沢久人市長が今期での引退を表明したことを受けて、福生市議の加藤育男氏（53）が15日、記者会見を開き、今年5月の市長選に野沢氏の後継として無所属で立候補する意向を表明した。自民、公明に推薦を要請する方針。

会見で加藤氏は、出馬の動機について「この街で生まれ、育ててもらった。住みやすい街にしたいという思いで出馬を決めた」と語った。現市政について「協働という形で市民が市政に入ってきて、職員の意識も改革された」と評価した上で、「自分は3代続いた商家の生まれなので、停滞気味の商工業界と連携を深めたい」と抱負を述べた。

横田基地対策については「合併問題も含めた5市1町の広域連携としてとらえ、国や都に積極的に働きかけていく」とし、現市政は賛否を示していなかった軍民共用化に対して推進の立場を表明。「基地には市の3割も提供している。商業界や周辺自治体と有効活用を考えていきたい。反対のところもあるが、広域連携を大事にしつつも、私自身は（軍民共用化を）積極的に進めたいと思っている」と話した。

加藤氏は早稲田大学卒。2003年に市議に初当選、現在2期目。市議会では、与党最大会派の正和会に所属している。

加藤育男氏

都08年度組織改正・職員定数

前年度比で1102人減

3カ年の削減目標 達成率は57％にとどまる

都は18日、2008年度の組織改正と職員定数を発表した。知事部局等、公営企業、学校職員、警視庁、東京消防庁を合わせた全任命権者の定数の総計は16万7032人となり、昨年度より1102人の減となった。「行財政改革実行プログラム」では、07年度から09年度までの3カ年で4000人の削減を打ち出していたが、2年目での削減数は2267人となり、計画達成率は約57％にとどまった。この結果に人事部は、危機感を一層強めている。

昨年10月の知事部局等の人員要求段階で各局から示された削減数は、合計でわずか差引84減。また、3カ年で4000人の削減目標を掲げた行財政改革実行プログラムの初年度となる07年度の削減数は1165減で、目標達成率は29％にとどまっていた。このため、査定では人事当局との厳しいやり取りが予想されたが、結果は昨年度の削減数より63人少ない規模となった。

任命権者別の内訳を見ると、知事部局等が471減、公営企業が600減となり、これらで全体の97％を占める。

他の任命権者のうち、学校職員は高専の独法化で減となるが、児童・生徒数が大幅増となるため、トータルでは27減にとどまった。消防庁もわずか4減だった。警視庁はここ数年、増員していたが、政令の増員計画が前年で終了したため、来年度は増減がゼロとなる。

知事部局等を見ると、東京オリンピックの招致や地球環境の改善に向けた取り組みなど、重要課題への対応に必要な体制・人員を措置する一方、執行体制の見直しや業務改革が行われた。

要求段階と同じ規模となったのは、知事本局（差引0）、青少年・治安対策本部（同0）、東京オリンピック招致本部（同20増）、選挙管理委員会（同0）、海区漁業調整委員会事務局（同0）で、逆に要求段階より伸ばしたのは議会局（0→19増）だった。それ以外は減となる。

議会局の増は、庁有車の配車事務のうち、都議にかかわる部分が財務局から移管されたためで、これ以外は差引0となる。

増員となったのも東京オリンピック招致本部と議会局の2局のみで、増減なしが4局。残りはすべて減員となった。

ただ、削減規模は近年と比べて小さく、三桁の削減も主税局（109減）のみだった。独法化や公社等への移管、大規模な組織改正がなかったことも一因で、各局で一つひとつ業務を見直した結果の数字といえる。

他方、公営企業は、交通局250減、水道局150減、下水道局200減と、軒並み三桁の削減となった。これは、それぞれの局で策定する経営計画で示した年度ごとの削減目標数をクリアした数字となる。

08年度 定数査定状況（知事部局等）

局	07年度定数	08年度査定			08年度定数（予定）
		増員	減員	差引	
知事本局	133	105	△105	0	133
総務局	3,990	166	△184	△18	3,972
財務局	423	70	△96	△26	397
主税局	3,311	342	△451	△109	3,202
生活文化スポーツ局	446	82	△94	△12	434
都市整備局	1,221	63	△89	△26	1,195
環境局	503	38	△53	△15	488
福祉保健局	4,974	525	△615	△90	4,884
産業労働局	1,261	90	△120	△30	1,231
建設局	2,243	153	△227	△74	2,169
港湾局	630	155	△185	△30	600
会計管理局	113	7	△11	△4	109
青少年・治安対策本部	44	1	△1	0	44
東京オリンピック招致本部	43	37	△17	20	63
病院経営本部	6,272	66	△111	△45	6,227
中央卸売市場	622	2	△11	△9	613
収用委員会事務局	24	4	△8	△4	20
労働委員会事務局	42	2	△4	△2	40
知事部局計	26,295	1,908	△2,382	△474	25,821
議会局	127	22	△3	19	146
人事委員会事務局	65	0	△1	△1	64
選挙管理委員会事務局	25	0	0	0	25
監査事務局	90	1	△2	△1	89
教育庁	727	219	△233	△14	713
海区漁業調整委員会事務局	5	0	0	0	5
行政委員会計	912	220	△236	△16	896
合計	27,334	2,150	△2,621	△471	26,863

任命権者別定数

（単位：人）

区分		08年度条例定数	07年度条例定数	差引
東京都職員定数条例		41,339	42,410	△ 1,071
	知事部局等	26,863	27,334	△ 471
公営企業	交通局	7,034	7,284	△ 250
公営企業	水道局	4,433	4,583	△ 150
公営企業	下水道局	3,009	3,209	△ 200
公営企業	小計	14,476	15,076	△ 600
学校職員定数条例		61,978	62,005	△ 27
警視庁設置条例		45,746	45,746	0
東京消防庁職員定数条例		17,969	17,973	△ 4
全任命権者総計		167,032	168,134	△ 1,102

＊知事部局等には、議会局・行政委員会を含む。

＊東京消防庁は、一般職員の減。

オリンピック招致本部は20増

局別の組織改正と定数状況を見ると、東京オリンピック招致本部の増は、09年2月の立候補ファイル提出に向けた業務量の増に伴うもの。企画部に参事（事業調整担当）と事業調整課を、招致推進部に参事（施設計画担当）と施設計画課を設置。それぞれPR・宣伝の強化や、主要3施設の計画策定などを行う。

これと同時に、生活文化スポーツ局のスポーツ振興部も現行の1課体制を再編。スポーツ計画課とスポーツ事業課の2課体制とすることで5増とした。オリンピック招致に併せて都民のスポーツムーブメントを向上させるため、広報機能等を強めていく。

知事本局では、現在の3部体制を6部体制に再編し、新たに総務部、地方分権推進室、外務部、基地対策室、政策部、計画調整部を置く。現在の企画調整部の管理スパンが広いため整理したものだが、現行定数内で見直すため増減はなく、管理職ポストの増減もない。

また、「10年後の東京」への実行プログラムの10カ年プロジェクトとして位置づけられたカーボンマイナスなど地球環境の改善に向け、都市整備、環境、建設、港湾、下水道の5局で執行体制を強化し、計12人を増員した。

建設局では、3環状道路をはじめとする道路ネットワークの整備のため、環状2号線関係で4人、中央環状品川線関係で3人を増員した。

福祉保健局の児童相談センターでは、相談件数の増や相談内容の複雑化・困難化に加え、児童福祉司の大量退職に伴う人材育成を行うため、専門副参事（児童福祉相談担当）を設置する。また、がん対策の推進で4増、重度心身障害児（者）通所事業の充実で18増、萩山実務学校休止寮の再開で5増などとしている。

このほか、総務局では国体等の準備に伴う体制強化で7増、財務局では債権管理制度の開始で3増、福祉保健局と産業労働局では低所得者生活安定化プログラムの体制整備で計8増、産業労働局では産業人材の確保・育成で2増、港湾局では港湾機能の強化で2増などとなった。

◆人事部、勤労部を統合

他方、減員のうち、内部管理部門の見直しでは、総務局の人事部と勤労部を統合して6減とした。給与制度関連や労働組合の窓口など、両部で類似業務があるため統合してスリム化を図る。併せて、人材育成に向けた取り組みを強化するため、人材育成担当副参事を新たに設置する。

また、福祉保健、産業労働、建設、港湾の4局では、企画担当課を計理課に統合し、計5減とした。人員計画策定時に調査課が各局に求めた見直しの一つに企画部門のスリム化があったが、これにより全局で再編が完了した。

削減数が最も多い主税局は、徴収初動業務のうち、電話や文書による納税の呼びかけなどを委託化することで39減としたほか、法人2税の所管を、現在の23都税事務所から9カ所に集約するなど執行体制を見直して31減とした。

下水道局では、類似業務を集約することで、3建設事務所と8管理事務所を再編し、1基幹施設再構築事務所と8下水道事務所を設置する。

このほか、生活文化スポーツ局では計量検定所で3減、都市整備局では定期検査業務の委託拡大国分寺市への建築基準業務の移管で3減、福祉保健局では老人医療センター調理業務の委託化で13減、高齢者施設居室改善等で22減、建設局では用地取得事務の委託拡大で12減、新交通建設事務所の廃止で17減、中央卸売市場では警備業務の委託拡大で4減、環境局では届け出受付業務等への非常勤職員の導入で6減、埋立管理業務の執行体制の見直しで5減、教育庁では都立中央図書館レファレンス体制の見直しで9減、病院経営本部では松沢病院病棟休止等で32減などとしている。

◇　◇　◇

目標達成率57％――。人事部は、この2年間の結果を厳しく受け止め、定数削減計画の最終年度となる来年度での目標達成に向け、着実に取り組む考えを示す。しかし、都政が新たな行政需要や重要課題に適切に対応していくためには、これまでの手法による定数削減が厳しくなってきていると認識しているのも事実だ。

今後は、多様な経営改革手法の積極的な導入を図るとともに、作業的業務や管理・建設業務について、民間や監理団体などへの移譲や移管、包括的な委託を行う方針を示す。

人口減少社会の到来により、働き手の確保が一層困難となる中で、どのようにマンパワーを確保し、都民の期待に応えていくか。09年度の査定は人事部の試練となるかもしれない。

「大規模開発を最優先」

都庁職が抗議声明

都庁職は18日、予算原案に対する抗議声明を発表した。要旨は以下の通り。

原案の内容は『『10年後の東京』への実行プログラム2008』が掲げる3環状道路をはじめとした都市基盤整備に莫大な予算を投入する上、オリンピック基金積み増しなど、オリンピック関連事業に大きくシフトしている。本来、行政が担うべき福祉・医療・教育・雇用など都民生活に直結する施策の配分は低く抑え、「受益者負担の適正化」を口実に使用料・手数料の「見直し」を行っている。

職員定数は1102人減（知事部局471人減）、おもな内訳は徴収初動業務の一部委託化・老人医療センターの調理業務委託等で、その一方、東京オリンピック招致推進体制には増員している。

監理団体所要人員は組織再編等の「事務事業見直し」で389人削減、新規事業等で335人増員され、総数で54人減とされた。

組織改正は東京オリンピック招致体制を強化する一方、都民サービス低下につながる23区都税事務所の法人2税にかかわるブロック化、総務局の人事部と勤労部統合等問題がある。

さらに都政の「構造改革」推進のため、都立高専の地方独立法人化、事業の指定管理者・民間委託などで切り捨て、行政の公的責任放棄などアウトソーシングが一層推進される。

これらは「行財政改革実行プログラム」と昨年の「追加実施計画」が掲げる都政リストラと少数精鋭の職員体制、3年間で4000人の職員削減など都政の構造改革を推進するもので容認できない。さらに『『10年後の東京』への実行プログラム2008』が掲げるオリンピック招致に向けた「都市戦略」を口実とする大企業のための大規模開発を最優先としたものである。

いま都政に必要なのは、予算をオリンピック関連事業やオリンピック招致を口実としたインフラ整備に優先させ、莫大な都税収入増を「基金」に貯め込むことではない。政府財界の進める構造改革路線で深刻化している「格差社会」に対して、福祉・医療・教育・雇用・住宅などの都民生活を支える施策や環境改善に大きく振り向け、都民サービス向上に積極的に取り組むことである。あわせて都民サービスの最前線で働く現業職員の補充、蓄積された技術や知識・技能の伝承や仕事量に見合う人員配置、職員が健康で安心して働き続けることができる職場環境の整備であるが、「原案」はこれら都民や都庁職の要求に全く応えていない。

都庁職は、都民の生活をかえりみず、都政の構造改革とリストラを推進し、一方的で大幅な職員定数削減の強行、オリンピック招致やこれを口実とした都市基盤の整備に傾斜した08年度東京都予算（原案）に、満身の怒りを込めて強く抗議する。都政を一層変質させる攻撃に対して、組織一丸となって反対するとともに、今後は復活予算や都議会第一回定例会に向け、ねばり強く闘いを継続し、都民のための施策の充実を求める決意である。

都民生活に直結した施策充実を

「10年後」で都庁職

都庁職は17日、都が昨年12月に発表した「10年後の東京」への実行プログラム2008に対するコメントを出した。

コメントでは、まず「さらなる成熟への三つの取り組み」のうち「20世紀の負の遺産解消」として挙げている3環状道路等の整備に対して「経済性を最優先させた政策展開」と指摘。「3環状道路や臨海部道路網の整備等に3年間で5766億円という他の事業とは比較にならないほどの予算を掲げる一方、批判をかわす道具としてオリンピック開催という『夢』の実現を語っている」と批判した。

そのうえでオリンピック招致を前提とするインフラ整備による成長ではなく、「格差社会の是正や安全・安心につながる秩序を備えた都市としての成熟」「福祉、教育、住宅、雇用などの都民生活に直結した『情緒や思いやり』による施策充実」などの必要性を強く訴えている。

監理団体所要人員計画

36団体で54人減の8689人

「10年後の東京」関連で51人増

2008年度の東京都監理団体所要人員計画が18日、発表された。行財政改革実行プログラムに基づき、組織の統廃合を進める一方、行政支援・補完機能を拡大。また「10年後の東京」への実行プログラムに関連した新規事業への対応も図った。この結果、団体職員数は07年度から54人減の8689人、うち都派遣職員は同118人減の3030人となった。石原都政がスタートした99年度からみると、団体職員数で9％減、都派遣職員数で34％減となる。

08年度の監理団体職員数は、東京臨海熱供給㈱と㈱建設資源広域利用センターの2団体が報告団体となったため、36団体で8689人だった。前年度と比較すると、事務事業の見直しで389人削減するとともに、新規事業や都からの移管事業等にかかる所要人員として335人を措置した。都派遣職員は前年度から118人減だが、内訳は事務事業の見直しで237人減、新規・移管事業で119人増となっている。

おもな減要因では、日暮里・舎人ライナーが完成し、都交通局直営となることから、東京都地下鉄建設㈱が残務処理だけを残して50人減（うち都派遣職員45人減）と最も多かった。また東京都住宅供給公社は「本社」「支社」「窓口センター」の組織階層を見直すほか、窓口業務を集約するなど、経営の迅速化や業務の効率化を図った。

増要因をみると335人中、新規事業で71人、移管事業等は264人だった。とりわけ新規事業に伴う増員のうち51人が「10年後の東京」への実行プログラム関連で措置されている。

具体的には、㈶東京都環境整備公社が地球温暖化防止活動の充実として8増。中小事業所や家庭部門にかかる温暖化対策の普及啓発推進組織の充実・強化を図る。

さらに都営住宅の耐震化の推進（東京都住宅供給公社）、低所得者対策など職業的自立・生活安定に向けた支援（㈶東京しごと財団）、無電柱化の推進（㈶東京都道路整備保全公社）、大規模文化プロジェクト（㈶東京都歴史文化財団）など「10年後の東京」関連は25事業にのぼっている。

移管事業等では、多摩地区水道施設管理業務の受託拡大により、東京水道サービス㈱が167人増（うち都派遣職員72人増）。また東京下水道サービス㈱は引き続き出張所業務の受託拡大等で46人増となっており、2団体だけで全体の6割強にあたる213人に達する計算だ。

監理団体に関しては、行財政改革実行プログラムで団体職員数及び都派遣職員数の削減見込みが示されている。08年度は最終年度にあたるが、今回の所要人員計画により、見込みを上回る削減を達成したことになる。

公金収納手数料

ゆうちょ銀の引き下げ案で合意へ

4月から 民間金融機関と同水準に

都会計管理局は18日、公金収納手数料の問題で「今年4月から民間金融機関の水準に合わせる」との㈱ゆうちょ銀行からの引き下げ提案に合意することを決めた。同問題を巡っては昨年9月、47都道府県が当時の日本郵政公社に対して、他の民間金融機関と同水準に手数料金額を引き下げるよう要求書を提出していた。

税金等の公金収納手数料は自治体側が負担する仕組みとなっているが、民間金融機関が金額にかかわらず、収納1件につき一律2円としているのに対して、旧郵政公社での手数料は収納金額を10000で割り、20円を加える独自の計算式に基づいて決定していた。

06年度実績でみると、郵便局窓口での収納1件あたりの平均手数料は65円で、民間金融機関の30倍以上と割高だった。会計管理局によると、郵便局窓口での収納件数は約68万件（06年度実績）に上っており、手数料総額で約4400万円、仮に民間金融機関と同水準の手数料であれば4284万円軽減できたと試算する。

このため47都道府県では、郵政民営化を控えた9月下旬、郵便局窓口での手数料の根拠となっていた郵便振替法が廃止されことに加え、業務を引き継ぐ㈱ゆうちょ銀行も銀行法に基づく銀行であることから、手数料を民間金融機関と同等の条件とするよう求めた。

これに対して、㈱ゆうちょ銀行側は11月中旬に「13年4月から民間金融機関に合わせる」と回答。都側がこれを拒否すると、12月上旬には「08年4月から12月までは現行の半額、09年1月から民間金融機関に合わせる」と再提案していた。

今回の提案内容では全国一律で「今年3月末まで旧郵政公社の料金、4月から民間金融機関に合わせる」とし、「最大限譲歩しても年度内が精一杯」としていた都側も合意の判断に至った。

外国人住民対策を充実へ

国際化推進担当課長を公募

港　区

増加する外国人住民や、国際化への対応を進めるため、港区は今年4月から国際推進担当を設ける。これに伴い、国際化推進担当課長（仮称）を一般から公募する。

同区では昨年12月の第4回定例会で、一般職の任期付職員の採用に関する条例を制定しており、これが初の採用となる。

港区内には75の大使館が存在するほか、外資系の企業も多く、住民の1割にあたる約2・2万人が外国人となる。新設する国際化推進担当は、こうした外国人住民のサービス充実や国際交流施策の推進がねらいだ。

現在でも、大使館への表敬訪問の手配や、住民からの生活相談を受ける部署はあるが、住民の交流等にまで視点を広げて対応する組織はなかった。

新設する国際化推進担当では、まず、外国人住民が、どのようなサービス等を求めているかなどニーズ調査を行うとともに、意見や施策ついてのアドバイスなどをもらうため、ネットワークなどを構築するという。

担当課長を公募するのは、「行政の視点のみではなく、ビジネスなどで外国人とかかわった経験が多い人のほうが、幅広い視点でアイデアを生み出せる」（地域振興課）との考えからだ。海外での仕事経験や、NPOや交流団体などで草の根的な活動の経験者などを求めているという。

受験資格は、語学力に優れた人や、国際化推進施策の実施に有益な知識経験を有する人など。地域振興課では「外国人とかかわりながら施策を推進するため、その点のノウハウや経験を重視したい」と話す。新組織には担当課長のほか、係長と相談担当の非常勤職員を配置する。

和田中「夜スペ」中止指導求める

民主党都議が申し入れ

杉並区立和田中学校が進学塾と連携して実施する有料の夜間授業「夜スペシャル」について、民主党の土屋敬之・馬場裕子の両都議と、東京教組の谷口滋委員長は17日、杉並区教育委員会に指導するよう、石原知事と中村正彦教育長に申し入れた。土屋氏は会見で、「本来の公立学校のあり方を大きく逸脱している」と批判した。

一方、石原知事は18日の会見で「最後は杉並区が決めること」としたうえで、「結構なこと」と述べ、改めて支持する考えを表明した。

被害状況を伝えるニュース番組が流れる中、緊迫感あふれる訓練となった

八都県市が合同で防災訓練

「12時間後、どう動くか」

八都県市は18日、東京湾北部を震源としたマグニチュード7・3の地震が発生し、多数の死傷者が出たことを想定した「図上防災訓練」を都庁第一本庁舎9階の東京都防災センターで行った。八都県市の担当者のほか、自衛隊や警視庁、消防庁、都内区市町村、インフラ関係などの都防災機関等から約450人が参加。また、外部での参加者を含めると、全体では1378人が取り組んだ。

訓練のテーマは「八都県市相互および国との広域連携」。各機関の連絡調整機能を検証し、相互応援協定や各都県市の地域防災計画へ反映することが目的だ。

過去2回の訓練は、発災時の初動対応を行ったが、今回は発災から12時間後を想定して実施。時間経過とともに発生する様々な問題には、複数の機関が連携しなければならない場面も多く、参加者らは情報収集や調整に追われていた。

また、本番さながらの訓練とするため、訓練用のニュース番組も放送するなど、より実践的な訓練とするための工夫も見られた。

訓練後の講評で、中村晶晴危機管理監は、初めて12時間後の訓練を行ったことについて「例えば、帰宅困難者を帰すのに道路を開通する場合も、警察や国土交通省などとの連携が必要になる。想定外のことが多く起こるということが実感できたのではないか。今日の結果が今後の始まりだ」などと語った。

また、都の志方俊之参与は「訓練は問題を見いだすためのもの。例えば、忙しい班とそうでない班が出る状況はあるが、手が空いたときには、他の部署が何をしているか見ることも重要な訓練になる」などとアドバイスした。

皆川　明益さん（みながわ・はるよし＝皆川重次・都教育庁生涯学習部長の父）16日死去、88歳。

原　志津子さん（はら・しずこ＝原孝彦・東京都臨床医学総合研究所副参事研究員の母）16日死去、73歳。

桑原　久子さん（くわばら・ひさこ＝㈶東京都中小企業振興公社総合支援部助成課特別助成担当係長）17日死去、58歳。

中村　喜美恵さん（なかむら・きみえ＝中村憲久・都福祉保健局健康安全室食品監視課長の母）17日死去、87歳。

半谷　高久さん（はんや・たかひさ＝東京都立大学名誉教授）17日死去、87歳。

昇任試験対策のページ

20年度 主任試験講座 —16—

地方自治制度 ①

はじめに

今回から、地方自治制度について勉強します。全部で7回ありますが、前半3回で地方自治法を中心に地方自治制度の確認を行い、5月下旬から6月にかけて掲載予定の残り4回で練習問題を解きながら理解を深めていきます。

平成18年度の主任級職選考改正により、地方自治制度は、都職員として特に必要な基礎知識と位置づけられ、AI類区分で出題数が増えました。事務I区分では18%を占める出題数であり、そのウエートは大きくなりました。

地方自治法等で規定された地方自治制度は、私たち地方公務員がさまざまな仕事をする上でのルールのようなものであり、その重要性は言うまでもありません。受験を機に、ぜひ、地方自治制度の知識を習得してください。そして、択一試験の得点源としてしまいましょう。

出題傾向

択一試験では、基本的には、地方自治法の内容について問われます。過去10年では、次の内容が出題されました(末尾の「※」は、19年度出題を示します)。なお、実際の問題は、過去問集を参照してください。

① 地方自治の意義など(憲法や地方自治の理論)
② 国、都道府県、市町村(第1条、第2条)
③ 地方公共団体の区域、合併(第5条~第10条)
④ 条例(第14条)
⑤ 長の定める規則(第15条)※
⑥ 直接請求(第74条~第88条)※
⑦ 議会(第89条~第138条)※(議決事項や調査権、委員会などの事項が19年度出題)
⑧ 長に関する事項、長の権限、事務分掌など(第139条~第180条の4の一部)※(会計管理者に関する事項が19年度出題)
⑨ 副知事(第161条~第167条)※
⑩ 長の再議・不信任(第176条~第178条)※
⑪ 長の専決処分(第179条、第180条)
⑫ 行政委員会(第180条の5~第202条の2)
⑬ 附属機関(第138条の4、第202条の3)
⑭ 会計年度、予算、収入、財産などの財務関連事項(第208条~第241条)
⑮ 職員の賠償責任(第243条)
⑯ 公の施設(第244条)※(指定管理者制度が19年度出題)
⑰ 地方公共団体相互間の協力(第252条の2~第252条の17)
⑱ 条例による事務処理の特例(第252条の17の2~第252条の17の4)
⑲ 指定都市、中核市、特例市(第252条の19~第252条の26の7)※
⑳ 外部監査(第252条の27~第252条の46)※
㉑ 特別地方公共団体(第281条~第314条)

過去の出題内容を見ると、大きく見れば、次の傾向があると思われます。

(一)特定の条項に絞った問題がある(直接請求=15年度第16問や指定管理者=19年度第19問など)。この場合、数字を含めた手続き上の細かな内容や行政実例が問われている。

(二)包括的な問題がある。(長の権限=18年度第18問や議会=18年度第22問など)。この場合、さまざまな条項から広く出題されている。

(三)長や議会に関する事項は、出題頻度が高い。

(四)団体自治や住民自治などの地方自治制度に関する知識が問われることがある。

(五)前述⑭の財務に関する事項は、職員ハンドブックの内容と併せて都政実務で問われている。

なお、19年度以降、管理職選考では地方自治制度の出題がなくなりました。したがって、これまで管理職選考で出題されていた内容(住民監査請求=第242条や国等の関与=第245条~第250条の6など)についても注意が必要です。

地方自治法の改正

地方自治法の一部が、19年度施行で改正されました。主な改正内容は、

○助役は副市町村長に
○出納長・収入役制度廃止(会計管理者の設置)
○議会制度の見直し(議長への臨時会招集請求権付与、議員の複数常任委員会への所属制限廃止、委員会への議案提出権付与など)
○中核市制度の見直し

などです。このうち、早速19年度選考で、会計管理者、議員の複数常任委員会への所属制限廃止、中核市制度の見直しが出題されました。その他の事項についても、総務省のホームページなどを参照して押さえておいてください。

勉強方法

地方自治法は、全321条と分量が多い上に、各手続きの要件などが数字で細かく規定されているなど、勉強するのは結構大変です。効率よく勉強するための工夫が必要になります。

(一)過去問を分析する

まず、どんな問題が出題されるのかを把握するために、過去問を分析してください。特徴や出題範囲を把握することで、勉強すべきポイントを絞ることができるようになります。

(二)基本書を少し読み進めては、練習問題を解く

勉強すべきポイントが見えてきたところで、基本書を少しずつ読み進めていきます。地方自治法に関する知識を習得するためでもありますが、実際の試験では、「団体自治」や「住民自治」「会議公開の原則」などの地方自治制度に関する知識が問われることがあり、それを習得するためでもあります。

しかし、一気に基本書を読んでも、なかなか身に着きません。そこで、少し読んでは関連する練習問題を解くとよいでしょう。

なお、基本書を読んだり問題を解いたりするときは、必ず関連条文を確認してください。基本書、練習問題、条文を何度も行き来することで、知識が少しずつ、確実に自分のものとなっていきます。

(三)練習問題を繰り返し解く

ある程度知識がついたところで、力試しに練習問題を繰り返し解きます。同じ問題を、できれば繰り返し3回は解いてみてください。

1回目は、正答を導くだけでなく、不正答肢はどこが間違っているのか、条文を参照しながら確認します。

2回目は、あまり時間をかけずに解いてみます。この時点で間違ってしまう問題は、苦手な問題ということになります。条文等を確認しながら知識を確実にし、苦手な問題をなくしましょう。

3回目になると、2回目で間違っていた問題も解けるようになり、正答率が高くなります。この時点で、地方自治制度の知識は自分のものとなっており、択一試験の得点源にもなっていることでしょう。

参考書

いくつかの参考書を次に掲載します。

(一)基本書
○地方自治法の要点(学陽書房)
(二)問題集
○地方自治法101問(学陽書房)
○地方自治法実戦150題(都政新報社)
(三)六法
○都政六法(学陽書房)
○地方自治ポケット六法(学陽書房)

その他、平成18年3月30日付総務局・人事委員会事務局資料には、主任級職選考に向けた自己啓発のための参考図書が掲載されています。併せて参照してください。

地方自治法の概要

以降、地方自治法の概要を説明していきます。

(一)地方自治の意義

憲法では、第8章に地方自治の1章を設け、第92条に「地方公共団体の組織及び運営に関する事項は、地方自治の本旨に基いて、法律でこれを定める」と規定されています。地方自治法は、これを受けて定められた法律です。地方自治制度は、「地方自治の本旨」に基づいて定められるものであり、その概念は住民自治及び団体自治から成るとされています。

(二)第一編 総則

1 地方公共団体の役割と国の配慮(第1条の2)

第1項で、地方公共団体は、住民の福祉の増進を図ることを基本として、地域における行政を自主的かつ総合的に実施する役割を広く担うものとされています。

第2項では、国の役割が記載されており、地方公共団体に関する制度の策定及び施策の実施に当たって、地方公共団体の自主性及び自立性が十分に発揮されるよう配慮が求められています。

2 地方公共団体の種類(第1条の3)

地方公共団体は、普通地方公共団体と特別地方公共団体に分けられ、前者は都道府県及び市町村、後者は特別区、地方公共団体の組合、財産区及び地方開発事業団と規定されています。

3 地方公共団体の法人格とその事務(第2条)

地方公共団体は法人とし(第1項)、市町村は、基礎的な地方公共団体として、都道府県が処理するものを除いた事務を(第3項)、都道府県は、市町村を包括する広域の地方公共団体として、①広域にわたるもの②市町村に関する連絡調整に関するもの及び③その規模または性質において一般の市町村が処理することが適当でないと認められる事務を処理するとされています(第5項)。

地方公共団体が処理する事務は、法定受託事務(第9項)とそれ以外の自治事務(第8項)とに分けられ、法定受託事務は、さらに、法律またはこれに基づく政令により都道府県、市町村または特別区が処理することとされる事務のうち、国が本来果たすべき役割に係るものであって、国においてその適正な処理を特に確保する必要があるものとして法律またはこれに基づく政令に特に定めるもの(第1号法定受託事務、第9項第1号)と、法律またはこれに基づく政令により市町村または特別区が処理することとされる事務のうち、都道府県が本来果たすべき役割に係るものであって、都道府県においてその適正な処理を特に確保する必要があるものとして法律またはこれに基づく政令に特に定めるもの(第2号法定受託事務、第9項第2号)とに分けられています。

自治事務と法定受託事務の違いですが、自治事務については、国は、地方公共団体が地域の特性に応じて当該事務を処理することができるよう特に配慮しなければならないとされています(第13項)。また、第245条に規定されている国等の関与は、自治事務か法定受託事務かでその度合いが異なります。

なお、地方公共団体は、法令に違反してその事務を処理してはならず、市町村及び特別区は、当該都道府県の条例に違反してその事務を処理してはならないと規定されています(第16項)。

(三)第二編 普通地方公共団体

1 通則(第5条~第9条の5)

普通地方公共団体の区域は、陸地だけでなく、その区域内の河川など水面及び陸地と接する海面、また、地表だけでなく上空や地下も含むとされています。なお、都道府県は市町村を包括するため(第5条第2項)、市町村の区域はすべて、その属する都道府県の区域となります。

普通地方公共団体の廃置分合及び境界変更の手続きや(第6条、第7条)、境界またはその変更に関する都道府県知事による調停や裁定の手続き(第9条~第9条の5)などが、細かく規定されています。これらは、都道府県と市町村の関係という視点も併せ、条文の記載をよく確認してください。

第8条には、市及び町の要件が規定されています。指定都市などの要件と併せて憶えるとよいでしょう。なお、市の人口要件(5万人以上、第8条第1項第1号)は、当該要件を欠いても町となる必要がない点も注意が必要です。

3 住民(第10条~第13条)

市町村の区域内を本拠とする者は、自然人、法人、外国人を問わず、当該市町村の住民となります。住民は、法律の定めるところにより、その属する普通地方公共団体の役務の提供をひとしく受ける権利を有し、その負担を分任する義務を負います(第10条第2項)。一方で、参政権や直接請求権など、日本国民であることが要件となる事項もあります(第11条~第13条)。

次回も地方自治制度の確認を行います。

寒い日が続きますが、かぜなどひかないよう、勉強をがんばってください。

20年度 主任・係長 論文講座 ★16★

特別区係長選考

論文添削 ②

今回は、前回に引き続き、係長論文の添削を行います。前回は、合格レベルに達するにはまだまだ課題の多い論文でした。さて、今回は、どうでしょうか。

論文課題

「職員の能力を生かすための係長の役割」

今回も、いわゆる「役割もの」といわれるジャンルです。区政の政策課題についての解決策を論じる「課題もの」といわれるジャンルは、予想がピタリと当たればかなりの高得点を期待できますが、外れたらお手上げです。一方、役割ものでは、当たりはずれがそれほどないだけに、高得点を狙うには、人とは違う「キラリ」と光るものが必要になります。

いずれにしても、いろいろな設問に対応できるように準備をしておくことが必要です。様々な視点から論文を作っておくことは、その後の係長試験の面接でも役に立ちますし、何よりも、係長として職務を遂行する上で必要不可欠の知識であり、また自らが解決していかなければならないことばかりですから。

論文例

1 求められる職員の能力開発

平成12年度特別区制度改革により基礎自治体となった区は、名実ともに区民に一番身近な自治体となった。清掃など新たな業務を実施し、これに関連した新しい課題も生まれつつ、さらに区民の要望は年々多様化している。

しかし、区の限られた「人・モノ・カネ」で区民の要望に的確に応え、新たな課題に対応するためには、職員の能力を最大限に引き出して、この貴重な資源を有効に活用して区民サービスの向上に努めていかなければならない。この組織の実施部隊のリーダーである係長の果たすべき役割は極めて大きい。

2 職員の能力を生かすためには

区の組織の中には、職員のモチベーションが低いことや職員の能力開発が進んでいないために、職員の能力が生かされず、事業目的を達成できないでいる職場が見受けられる。その理由として以下の3点が考えられる。

第一に、組織内のコミュニケーションが良好でない。組織内での情報伝達手段が機能していないため、職員に必要な情報が正確に伝わっていない。そこでは、職員が事業を実施する際、一つひとつ係長に確認しながら仕事をする姿も見られる。また、職員が現場で感じている意見が事業に反映されずに、事業が現場から離れた形で実施されていて、事業効果が十分に出ていないものも見受けられる。そこで、定例的に係会議を開き、情報の伝達、意見を収集する。この定例会議を利用し、職員の意見を吸い上げる。また、事業の企画段階においては、係会議で討論し職員の参画を得ることで、職員のモチベーションを高める。更に、情報伝達の方法も庁内メールなどのITを活用して、より早く正確な手段を常に研究し、これを導入していく。

第二に、職員の職務遂行能力が不足している。事業効果を十分に出すためには、ただ事業を実施するだけでは効果は上がらない。最小の経費で最大の効果を上げるための様々な技術や手法、あるいは専門知識が求められる。そこで、職員にOJTの目的を確認しながら計画を策定させる。また、OJTでは修得しにくい体系的学習が必要な場合は、外部研修を活用する。更に、時間や場所が比較的自由に活用できるeラーニングをOJTと併用していくことで、より効果的なOJTとしたい。

第三に、職員が仕事に対する達成感を感じられていない。職員が自分の実施した事業の評価が低く、納得がいかず、不満を持っているため、モチベーションを高く持つことができないでいる。また、職員に与えられた仕事が、自分の能力以下の仕事であるため、職員がその仕事を簡単に実行でき、そこからは何も得ることがないために達成感を感じることができない。そこで、事業評価の際は、まず係員が作成することとし、その事業について見直す機会とする。これにより、各職員の仕事の区目標へのつながりや仕事の結果が与える影響等を理解し、さらに自分の仕事の有用性を理解することができ、仕事の達成感へとつながる。

3 新たな区民要望に応えていくために

基礎自治体として区は、区民の多様な要望に応えながら、新たな課題に対応していくことが求められている。私は、係のリーダーとして職員の能力を最大限に活用し、事業達成に必要な能力を身につけさせ、限られた人・モノ・カネで与えられた事業を達成し、住民福祉の向上を全力で取り組んでいく所存である。

論文添削と講評

この論文は三段構成です。全体のバランスはこれで良いと思います。では、内容を一つずつ確認してみましょう。

まず論文の印象を決定づける序論の出だしが、「平成12年度特別区制度改革により」から始まっています。皆さんが係長試験を受験する年度は20年度です。この論文の作者は、基礎的自治体としての特別区の重責を述べたいのでしょうが、もう8年近く前の出来事を今更述べてみても、採点者に訴えるものはありません。三位一体改革、税源移譲、団塊世代の退職や人口減少、後期高齢者医療制度等、最近の特別区を取り巻く状況を表現するフレーズは他にもたくさんあります。旬な情報を取り入れるようにしましょう。

また、「区民要望は年々多様化している」と言っていますが、これも、前回に述べたように、「○○○などのように、区民要望は年々多様化している」と具体的な事例を加えないと説得力のある論文になりません。

次に、本論に入りましょう。問題点と課題を述べる部分ですが、モチベーションが低いことや能力開発がすすんでいないことが原因で、職員の能力が生かされていないと結論付けています。これでは、「モチベーション」と「能力開発」がその後に述べられている三つの問題点とどういう関係なのかわかりません。このように論点が明確でないのは、頭の中で整理されていない場合によく見受けられる現象です。課題に対する様々な問題点が考えられる中で、最も重要だと思う問題点を三つ選択し、それぞれの問題点に対する最も効果的な解決策を考える。それを頭の中だけで考えずに表などでレジュメにする。そうすることによって、論理の矛盾を防ぐことができますし、何よりも論文が作りやすくなります。この場合では、もっと単純に、「職員の能力が生かされず、事業目的を達成できない職場が見受けられる」として、問題点、解決策へと続けた方がスッキリします。

次に、一つ目の問題点と解決策ですが、「モチベーションを高め……」という表現が出てきます。これは、三つ目の問題点として指摘しているものであり、同じ表現を問題点と解決策で使うと採点者が混乱します。ですから、ここでは、あくまでコミュニケーションを良好にするための解決策に絞った方が良いでしょう。また、職員にすべての情報を伝えることはできません。その取捨選択する基準についても言及したいものです。

二つ目ですが、「職員にOJTの目的を確認しながら計画を策定させる」とありますが、OJTは手段であり目的ではありません。誤解を生む表現であり、作者が何を言いたいかわかりません。

三つ目の問題点の指摘も採点者から誤解を受けそうです。この論文の作者が第三者的、客観的に職員をみているだけのように感じられます。しかも、「自分の実施した事業の評価が低いからモチベーションが高まらない」とありますが、それは何を根拠にそう言えるのでしょうか。もしかして、そう思っているのはあなたでは?と受けとられてしまう恐れがあります。例えば、「事業の達成目標が明確でないため、その事業が成功したのか失敗なのかの判断が出来ず、自己評価につながらない。これが職員のモチベーションが向上しない原因の一つである」などとしたらどうでしょう。

論文の中には、よく「○○を実施していく。こうすることによって、△△が良くなる」という表現が見受けられます。この論文も、「これにより、各職員の仕事の区目標へのつながりや仕事の結果が与える影響等を理解し、さらに自分の仕事の有用性を理解することができ、仕事の達成感へとつながる」と書かれています。採点者は、「その対策で本当にそううまくいきますか?」と思わず聞き返したくなるような表現です。同じ意味でも、例えば、「今やっている仕事が区の目標にどう関係しているのか、そして仕事の結果がどのように施策にフィードバックさせていくべきかなどを職員同士で話し合い、自分の仕事の有用性を理解していくようにして、職員一人ひとりが仕事に対する達成感を感じるようにしていきたい」とすれば、自分が係長として積極的に取り組んでいく姿勢が感じられますよね。ここに、表現の工夫があるのです。

論文は表現力の勝負

論文の課題が「役割もの」であろうと「課題もの」であろうと、特効薬となる解決策はありません。ほとんどの解決策は、これまでの論文で言い尽くされています。しかし、その中であっても、「なるほど」と頷ける論文があるのも事実です。その違いは、実践に裏付けられた解決策に加え、それをさらに進めた自分のアイデアや考え方をいかに読み手にわかりやすく説得力のある言葉で表すかというところなのです。

そのためには、論理に矛盾がないようにレジュメを作り、そのレジュメに沿って誰でもわかる平易な言葉で書き、添削を受けて再度修正する、この繰り返しをすることによって論文の完成度を高め、説得力ある表現力を身につけることができるのです。

次回は、係長論文添削のまとめをします。

20年度 教育管理職への 道しるべ <20>

B論文(特別支援学校)

1 特別支援学校の使命と副校長の役割

特別支援学校は、校内の児童・生徒の教育はもちろん、小・中学校等に在籍する特別なニーズのある児童・生徒への特別支援教育にも役割を果たしていくこととなった。したがって、特別支援学校は、今まで以上に専門性を高め、教員一人ひとりの力を結集して、学校組織として特別支援教育の推進に全力を注いでいく必要がある。

そのような中、副校長は、その特別支援学校の使命を果たすため、校内の適正な学校運営を阻害する問題点をすばやく見抜き、学校を組織として適正に運営する具体的な方策を示していく大きな役割を担っている。

2 本事例の課題

しかし本事例では、校長の「組織全体として専門性の向上」の経営方針が示されているが、学校組織として教育の質の向上を遂げるまでには至っておらず、その背景に以下の3点の課題が考えられる。

(1)知的障害特別支援学校の児童・生徒の教育ニーズを踏まえた教員研修の具体的な改善点が示されていないこと。

(2)障害の多様化に伴う新しい課題に対応するための学校組織としての研修体制が確立されていないこと。

(3)障害に対する理解や配慮が欠如していることへの自覚のない教員や、研修に対して積極的でない教員などへの意識改革及びモラール向上が必要であること。

3 学校組織全体で改善していく具体的な方策

これらの課題等を踏まえて、以下のような具体的な方策で、学校組織全体で学校を改善していく。

(1)児童・生徒の教育ニーズを踏まえた教員研修の具体的な改善点の明示

本事例校では、校内研修を実施しているが、その研修課題等が児童・生徒の教育ニーズに基づくものでなく、また学校全体を変えていく具体的な改善課題でないため、校内研修等が学校全体の教育の資質向上になっていない。そのため副校長として、現在、特別支援学校が解決すべき課題等を教員に示すとともに、学校組織全体で取り組む改善方策を提示していく必要がある。

東京都は、平成19年11月、東京都特別支援教育推進計画第2次実施計画を策定し、今後の特別支援教育の推進に関する展望を示した。その中で、特別支援学校においては、自閉症の障害特性に応じた教育課程の実施や、小学部からのキャリア教育を含む職業教育の充実を示している。

私は副校長として、これらの第2次実施計画の内容を企画調整会議や職員会議等で教員に周知させ、第2次実施計画の実現に向けた教員研修の課題を設定するように指導していく。そして、自閉症の障害特性に応じた教育課程の実施や小学部からのキャリア教育の充実を、学校組織全体で取り組むべき課題としていく。そのことによって、学校全体で自閉症教育や児童・生徒の自立を目指したキャリア教育について専門性を誇れる学校としていく。

(2)学校組織としての研修体制の確立

第2次実施計画で示された自閉症の教育課程や小学部からのキャリア教育の充実等は、単なる指導内容・指導方法等の工夫ではなく、教育課程全体の改善である。そもそも校内研修は、学校の教育課程の改善に反映されるものでなくては、真の研修とは言えない。そのようなことから、副校長として、校内研修も、研究部のみの事業とするのではなく、教務部等も加えた、次年度の教育課程編成に向けたプロジェクト事業にしていく。

そのプロジェクト事業は、校長をリーダーとして、教務主幹等の各主幹、学部主任、研究主任等を加えた研修推進体制とする。各主幹には、研修の内容が確実に次年度の教育課程編成に反映するように指導していく。

(3)教員への意識改革及びモラール向上

校内研修等の成果を来年度の教育課程の編成に直結するために、すべての教員をプロジェクト事業の推進役として位置付けていく。そのために、自己申告の担当職務欄にプロジェクト事業の取り組み内容を具体的に設定するよう指導する。そのような取り組みを通して、学校改善に前向きでない教員も、プロジェクト事業の一員として役割を自覚させ、学校改善に向けた意識改革を図っていく。

また、平成19年6月、学校教育法の改正により、新たな職である主任教諭の配置や、教育活動やその他の学校運営の状況についての学校評価が導入されることになった。今後、副校長として、主任教諭が新任教員や課題を抱えている教員の指導者となるよう育成していく。さらに、外部評価や第三者評価等の学校評価制度を活用し、特別支援教育の推進の中心となる教員としての使命を自覚させ、意識改革及びモラールの向上に努めていく。

私は副校長として、校長の学校経営方針のもと、教員一人ひとりがもてる力を出し合い、特別支援教育推進計画第2次実施計画の実現をはじめ、特別支援教育の充実を目指した教員組織と学校運営を確立していく。

提言

不祥事の再発防止（下）

総務局行政監察室監察員　浅野秀治

【借金】

公務員は安定した収入が保障されており、消費者金融の利用者はそれほど多くはないと思う。しかし、容易に融資を受けられることから、消費者金融やクレジットで数百万円の多重債務を抱えている者も少なくない。公務上の事故でも、業務上横領や公金公物の窃取といった重大事故の背景には、多重債務がある場合がほとんどであり、窃盗、詐欺などの公務外の事故に繋がる恐れも多いことから、もっとも注意しなければならない。

多重債務者は通常、共済組合など職場関係の融資を使い切っているケースが多い。したがって、借入金額や種類の多い職員は、要チェックである。これらの職員に対しては、新たな借入金の申し込みがあれば、借り入れ条件の充足の有無だけで判断するのではなく、借入の必要性や返済計画についても十分ヒアリングしなければならない。

また日頃から、高級車やブランド物を買う、海外旅行が多い、飲食費の支出が多いなど、不相応に金遣いの荒い職員はいないか、携帯電話で頻繁に連絡をとっている職員はいないか、ギャンブルにのめり込んでいる職員はいないか、などにも注意を向けなければならない。いずれも、多重債務の兆候だからである。

すでに多重債務に陥っている職員には、一刻も早く職員相談室などを利用し、弁護士等の専門家による債務整理を進めさせる必要がある。債務整理中の職員に対しては、周りの職員にも事情を伝え、飲み会や旅行に誘わないなど、協力体制を敷くことも大切である。

【飲酒】

談論風発には酒が必須のアイテムである。職場の仲間と酒を酌み交わすことは、連帯感を醸成させ、明日へのエネルギーの源ともなる。一日の疲れを癒すとき、適度の飲酒はきわめて有効である。しかし、飲みすぎは健康を損ねるだけでなく、痴漢、暴行、占有離脱物横領、セクハラなど非行事故の温床ともなる。また、酒気を帯びた状態での車の運転は、絶対にしてはならない。

管理監督者としては、飲みすぎて自制心を失う職員には、そこまで飲ませてはいけない。「俺の注いだ酒を飲めないのか」「イッキ、イッキ」「今日は家には返さん」などと、大酒を強要することはもってのほかである。飲酒の上での事故は、ほろ酔いよりも深酒、泥酔状態となったときが多い。バスや電車がなくなり、放置自転車を横領したという事故も少なくない。管理監督者としては、飲み会参加者のメンバーの酔いの状況や帰宅の足等も考慮しつつ、適当なところで会をお開きとさせることにも気を使うべきである。

当日連絡による時間休を頻繁に取得する職員は、前夜の深酒が原因していることも少なくない。こうした職員には年休取得の理由をたださなければいけない。なかには、酒臭い息をして出勤してくる職員もいる。酒気帯び運転が禁止されているように、酒気帯びの勤務も禁止である。そのような職員がいたら、年休を取らせて帰らせるとともに、数日間、禁酒させる。アルコール依存症の疑いがあれば、専門病院を受診させ治療させる。昔から酒は飲むもので飲まれるものではないというが、酒に飲まれて、公務上の事故（欠勤など）、公務外の事故を起こす者が後を絶たない。

【ストレス】

精神疾患に罹患している職員も少なくない。そこまではいかなくとも、些細なことでキレやすい職員もいる。多かれ少なかれ誰もがストレスを抱えているが、上手に発散し、日々の生活を続けている。しかし、中には、精神疾患に罹患したり、ストレスが高じて暴行やわいせつ行為などの非行行為に走ったりもする。自殺や失踪という事故もある。

メンタルヘルス対策としては、なによりも超過勤務など長時間労働の解消を進めることである。連日、黙々と残業をこなしているので上司は安心していたが、ある日、休日出勤をした直後から、突然、失踪したという事例もあった。特定の職員だけに業務が偏っていることはないか、他の職員と協調しないで職場の中で孤立気味になっている職員はいないか、など注意すべきチェックポイントは沢山ある。年休の計画的な取得を勧めるとともに、人事異動や昇任時等において、過度の負担とならないよう、業務量を配慮するなどにも注意しなければならない。

職場の人間関係がストレスの原因となっている職員もいる。自己申告の際の面接などの機会を通じて、インフォーマル関係にも注視し、働きやすい環境づくりに配慮する。時には、職員相談室の利用を促したり、産業医と連携してクリニックを受診させるなどの必要もあるだろう。

不祥事の根絶に向けて

以上は職員のプライバシーに踏み込むことであり、管理監督者としても、そこまで私生活に干渉していいのかと躊躇する場合が多いだろう。しかし、現在はインターネット社会である。実名で事故が報道されると、ネット上には当該職員とその使用者である公共団体を非難する声が溢れ出す。事故者にとっては、針の筵に座らされた状況となり、時には離婚など、職場と家庭の両方を一度に失うことも少なくない。

これまで、多くの事故者と面接してきたが、大粒の涙を流し、真に自らの行為を悔やむ姿を多数みてきた。心境を尋ねると「初心を忘れていました」という事故者があった。公務員に任命されたとき、誰もが「全体の奉仕者として、公共の利益のために全力を挙げて勤務します」と宣誓する。そのときの高ぶった初心を忘れ、こんな恥ずべき行為をしてしまったという悔いであろう。部下が不祥事を起こし、社会から指弾され後悔する姿をみたくないのであれば、やはり、一歩踏み込むしかあるまい。

公務上の事故は当然であるが、公務外の非行行為であっても、当該地方公共団体の信用失墜行為である。職員が重大事故を犯したとき、法的責任は別にしても、道義的責任を問われることは少なくない。そうとなれば、非行行為を未然に防止することは、管理監督者にとって重大な任務の一つである。労働災害統計の分析結果であるハインリッヒの法則によれば、1件の重大事故（死亡、重傷）の背後には29件の軽傷事故と事故にはならなかったが300件のヒヤリとした体験があるといわれている。これを敷衍すると、懲戒免職相当である1件の重大事故の背後には、免職には至らないが29件の懲戒相当の事故と、300件の懲戒一歩手前の事故があることになる。再発防止に努めるということは、この300件の非行類似行為の芽を摘むことである。

なお、行政監察室では『非行防止の手引き』等を作成し、管理監督者の活用に供するとともに、サポートダイヤル☎03・5388・0490を設置するなど、職員やその家族への支援・相談体制を講じているので、是非利用して欲しい。

都〜区トーク

育てる度量、見渡す度量

5年ほど前、私が留学した大学に、当時はやったある基礎物理の分野で、文系の方でも一度は聞いたことがあるような研究をしている若手教授がおられた。仮にA先生としておく。

当時から、その研究ではアメリカの研究所や関西の国立大学の研究が進んでいるといわれていた。何よりもA先生自身が、俺は四番手くらいだなと言っていたのだ。

あるとき、戦略的研究費とかの学内公募をしたとき、A先生が実験室の増築をしたいと手をあげた。早速、教授会で審査が行われた。研究の達成見込みの説明で、彼はいつものように述べた。

「この研究では、米国の〇〇研が最先端を行っており、次はわが国〇〇大学の〇〇先生、そして……私は三、四番手だと思います。世間では、〇〇研が今後3年以内に解明する見通しといわれています」

「しかし、どうも〇〇研も〇〇大学も、苦労しているようです。私が先になる可能性も十分あると思います」

ケンケンガクガクの議論の末、彼の申請を教授会が推して審査会は終わったという。

当時、私はその話を指導教授から聞いたとき、最初納得できなかった。オンリーワンでもナンバーワンでもない研究への投資が、なぜ公然と許されるのか。学者の甘えも甚だしいと思った。そこで失礼とは思ったが、指導教授に申し上げた。そう、学園は世間の会社経営の感覚とズレていると。先生は笑いながら応えてくれた。

「あの研究が日本に、いや人類にとって大事なことだということはわかると思います。あなたはオンリーワンとかナンバーワンとか言ったが、まだ途上の話です。成果が大事な研究なら、何人がやってもいいでしょう。1番手だトップだというが、それに集中して、万が一討ち死にしたらどうしますか。人類の大損失です。何が何でも解明したい、可能性がある人が一人でも多くやってほしい。あれはその手の研究だと皆が思ったんです」

それからね……先生は続けた。

「実業の世界と一緒でね、学者も一人二人の勝ち組だけにすると怠けるんですよ。彼が追いかけているのは知っている、そして、うちが彼に研究費をつけたこともすぐわかる。だから、成果はおそらくアメリカから2年以内に出るだろうと、そんな話もありました」

私の指導教授は学部長を花道に退官された。A教授は第一人者として活躍されている。もちろん研究成果はアメリカから2年後に派手に出た。（種）

みにがいど

◆企画展示「鉄道とまち」▽期間　3月5日（水）まで▽場所　東京都立多摩図書館▽内容　高度経済成長の黎明期に誕生した新幹線などから今日までの鉄道と都市の移り変わりを当館所蔵の資料や写真などで辿る▽問い合わせ先　☎042・524・7186

女性と運転手さんを大切に

がんばれ！公務員　4

文とマンガ　鈴木武征

最長で約40年間に及ぶ公務員生活。人生の大半を占めるこの職場人生をいかに生きるかは大きな問題だ。

偉くなるのも良し、一生一係員で過ごすのも良し。

他人がとやかくいうことではない。

しかし人間だれでも、長い職場人生を出来れば「いい人」でまっとうしたい。

1960年代、私の最初の職場は都内4カ所（東西南北）に置かれた都営住宅管理事務所の一つだった。

所長が課長級の3級かい事業所で、職員は事務、技術系合わせて30人ほどの居心地の良い職場だった。

当時は今と違い、ことあるごとに所内で飲み会が開かれた。

暑いといっては飲み、寒いといっては飲むという日々だ。

その職場に公営住宅監理員という肩書のお爺さんがいた。

本庁を課長級で定年退職した人の再雇用ポストだ。

いざ自分が60代になってみるとさほど認識しないが、当時20代の私から見たその人はどう見ても「お爺さん」だった。

そのお爺さんがホロ酔い加減になると、決まって私に話してくる言葉があった。

「武ちゃん（当時からの私の愛称）、あんたは偉くなる!! だけど偉くなることより大事なことがある、女の人と運転手さんを大切にしなさいよ」というのだ。

当時の私は「またかよ……」と思いつつも「はい、はい」とお爺さんの聞き役をつとめた。

しかし今、自分が現役を終えてみると、この言葉の含蓄の深さに改めて感じ入る。

「女の人と〜」と安易に言うと今では女性蔑視にもつながりかねない恐れもあるが、お爺さんが言った「女の人」と「運転手さん」とは、職場内弱者の総称の意味だ。

当時は女性職員の割合も今より少なく、女性管理職などはまれのまれで、どうしても事務補助的な見方をされていた。

運転手さんも同様で、当時は局内の多くの課、事業所に専用の庁有車と運転手さんが配置されていたが、吏員より下がった位置で見られていた。

お爺さんが言わんとしたのは、職場内弱者に温かい気持ちで接すること、つまりはあらゆる人を蔑視しないということである。

さらには、長い公務員人生をまっとうするためには、こういった多くの人の下支えがあって自分があるということを知るということであった。

今では女性職員もまさに対等であり、職場内に運転手さんが常駐している例も激減した。

しかし、職場内弱者はいつの時代にも存在する。

身近にいえば、後輩や病弱者、広く捉えれば職場内の変わり者、キラワレ者なんかも入るかも知れない。

こういう人の多くは結構強気で、時として自分の方が「弱者」じゃないかと思うことさえある。

されどやはりあなたの方が一人前なのだ。

かかる人たちに意識して優しく接する、根気よく指導することが大切で、それがあなたが「いい人」となる条件なのだ。

お爺さんの予言に相違して私は偉くはならなかった。（なれなかった？）

しかし、あらゆる人に対等に接するということに関しては「マル」だったと思う。

『都庁俳句』作品抄

（1月1日発行）

己が影止石にあり咳ひとつ　間中恵美子
口中に浅田飴ありをとこ坂　横坂けんじ
大樽の並ぶ大原冬用意　岩井　恵子
鴫立庵の縁に薄ら日冬の蝶　植松　ふみ
けものめく匂ひ冬日の古着市　鈴木　翠嵐
平熱に戻り山茶花美しき朝　高野トミ子
冬薔薇の蕾に咲く気満ちてきし　土井　湧輔
八方に耳立ててゐるお燗番　上部　隆男
枯葉舞ふジョンレノンの忌なりけり　伊達　天
ボジョレヌーボ一箱届く神の留守　本田はじめ
墓持たぬ気楽さにをり枇杷の花　大熊　虚阿
木の葉降るこの近道はけもの道　高橋　弘
職退きて口数少な隙間風　中鉢　卓花
石蕗の黄や勝手口より声のあり　早津　満子
一人づつ会ふ心もて賀状書く　和田しずえ
地球儀の裏まで拭いて年詰まる　山崎三樹夫
寒く寝る破調の句碑の花崗岩　佐々木いつき

都政新報

発行所　都政新報社
〒160-0023 東京都新宿区西新宿7-23-1 TSビル
〈総務・読者〉(03)5330-8781
〈企画広告〉(03)5330-8784
〈編　　集〉(03)5330-8786
〈出　　版〉(03)5330-8788
〈セミナー事業部〉(03)5330-9977
〈ファクス〉(03)5330-8808
郵便振替 00130-2-101470
購読料 月1,680円(税込)
毎週火・金曜日発行
但し、祝祭日は休刊

紙面から

道路特財の暫定税率

廃止で1200億円超の歳入減

地方議員 堅持求めて決起大会

都建設局試算

道路特定財源の暫定税率が通常国会で最大の争点になっている中、44都道府県議らによる堅持を求める総決起大会が23日、憲政記念館で開かれた。伊吹自民党幹事長、冬柴国土交通大臣、石原知事らも出席し「民主党は3月末で廃止を言っているが、道路整備が遅れ、自治体財政に1・6兆円の穴が開く」と訴えた。民主党は、ガソリン代25円の値下げを前面に出して租税特別措置法の改正を阻止し、衆議院解散に持っていく考えだが、政府・与党もそれを逆手にとって、民主党を地方から追い込む戦術に出ている。

道路特定財源堅持を求める都道府県議会議員総決起大会は、東京、北海道、島根、佐賀など17都道県議が発起人になり、約450人が参加した。

都議会を代表して高橋和実自民党都議が意見発表し、「首都圏3環状道路の整備率は、いまだ4割だ。東アジア諸国と比べてもソウル96%、北京91%で、圧倒的に劣っている。92年に1位だった日本の国際競争力が02年に30位に低下したのも、これでは仕方がない。全国に開かずの踏切は611カ所あるが、その約半分の281カ所が東京にある」と実情を訴えた。

民主党は、暫定税率を3月末で廃止する方針だが、同党の大江康弘参議院議員は「生活とは道路だ。こんなことで国民に迷惑をかけるようでは、生活者優先の政党ではない。お詫びする」と総決起大会で謝った。

「油の値下がりを言って票を取ろうとすると、おかしくなる」と批判する伊吹文明自民党幹事長

政府の08年度予算案では、暫定税率を適用した道路特定財源が5・4兆円あり、内訳は国税3・3兆円、地方税2・1兆円となっている。暫定税率を廃止した場合、国税が1・7兆円マイナスになり、地方税では0・9兆円減。このほか国税から交付されている7000億円の地方道路整備臨時交付金もゼロになる。

都建設局によると、東京への影響は、都分で860億円、区市町村分で380億円、合計で1240億円の歳入減になるという。これは06年度決算をベースに試算したもの。国庫補助金として都に1000億円、区市町村に200億円きていたが、本則税率に戻ることで半分に減り、都500億円、区市町村100億円になる。

また税収では、都700億円、区市町村600億円だったのが、都340億円、区市町村320億円になるという。

「道路事業の予算は約3000億円あり、事業費ベースで1000億円程度の影響が出る」と建設局。この事業量を維持するには、他の施策から一般財源を振り向けて確保するか、基金を取り崩して充てることになる。しかし、年860億円の埋め合わせを租税特別措置法改正案と同じ10年間にわたって続けるのは難しく、「最終的には、道路整備のペースが落ちることになるだろう」（建設局）としている。

都議会では、昨年の第3回定例会で「道路特定財源の首都東京の道路整備への重点投資と首都圏の高速道路料金の引き下げに関する意見書」を自民、民主、公明の賛成多数で可決した。

民主党の田中良幹事長は「環状道路などの整備促進の趣旨は良いので、意見書に賛成した。しかし、暫定税率の継続うんぬんというのは、文案調整の過程で外してもらった。暫定税率を廃止すれば、地方にとって本当に必要な道路の絞り込みが行われる。ガソリン代が安くなることは、国民生活にいい影響がある」と話している。

営業車の使用控えます

CO2削減　製薬業界が都と協力

大手製薬会社13社が来月から、都内で営業車の使用抑制を試行的に始める。これまで製薬会社では、営業社員が乗用車で病院を回って医薬品の情報を説明するのが一般的だった。乗用車の使用を抑えることでCO_2を削減する狙いがある。日本製薬工業協会（製薬協）に加盟する13社の営業車2360台が対象で、これだけ大規模に自動車使用を見直すのは全国でも初めて。製薬業界の他にも、店舗の販売促進など乗用車を営業で使用する職種は多く、都は今回の試みを車中心の営業スタイルを転換する突破口にしたい考えだ。

製薬会社が病院に医薬品を販売する際、「MR」と呼ばれる営業社員が医薬品の情報を説明して回るが、一日で複数の病院を訪問するケースもあるため、自動車を使うのが一般的になっている。中でも、自家用車で病院を直接訪れるMRが少なくない。だが、実際に病院から注文を受けて納品するのは、卸会社の役割という。

製薬協が決めたのは、MRが営業に回るときの自動車使用を抑制する試み。取り組みは各社で異なるが、例えば週5日の営業活動のうち、数日を電車やバス、徒歩での移動に切り替えたり、複数の社員が一台に相乗りしたりする。これまでも、一部の営業所で自動車の使用を控える例はあったが、業界全体を巻き込んだ取り組みとしては、全国でも例がない。

環境局は、製薬協を通して各社に「電車・バスでの営業活動ができるか」などの計画書を事前に提出してもらい、6カ月後に成果を検証する方針。あわせて、健康面のメリットを探るため、MRの血圧・体重がどう変わったかを聞き取ることも検討中という。

同局では製薬協の取り組みを検証し、他の業種にも広げていきたい考え。販売促進や経営指導など、運搬以外で自動車を使い、訪問先が多い職種に注目している。

乗用車とバス・電車のCO_2排出量を比べると、バスなら3分の1、電車なら10分の1に抑えられる。都内では、運輸部門のCO_2排出量のうち、7割を自動車が占めていて、「山手線内なら徒歩10分で、いずれかの公共交通機関が見つかる世界一の交通網」（同局）を生かし、自動車使用を減らす狙いがある。

都自動車公害対策部が「必ずしも荷物を運搬せず、自動車を頻繁に使う」業種からMRに目をつけ、昨年6月から製薬協に働きかけてきた。当初、「来年度は営業に重点を置く予定」「すでに低公害車を導入済み」など、取り組みに消極的な企業もあったが、同局が協会幹部と話し合いを重ね、実現にこぎつけた。

同局は「業界全体で取り組み、他の業界へ広げることは社会的に意義が大きい。まずは課題を抽出したい」と話している。

都は2020年度までに、2000年比で25%のCO_2排出削減を目指していて、製薬協の6カ月間の取り組みは、自動車抑制を広げるための試金石と言える。今後は、試行結果を踏まえ、実効性を高めるために数値目標を盛り込めるかが課題になりそうだ。

政調費協議

会議内容公開で3党反発

使途拡大には共産が反対

都議会が政務調査費の透明化策などを協議するために設置したあり方検討委員会は、22日に第2回の会議を開いた。自民、民主、公明の3党が事前の協議でまとめた報告書について、共産党が見解を示した。同党は見解に基づく記者会見も予定していたため、各党が反発して協議は入り口の部分で難航した。

3党の合意文書は、前回の会議で各会派に示した。使途を透明化するために領収書添付を進めるとともに、政調費を支出する範囲を拡大しようというもの。会派だけではなく、議員個人も政務調査活動の一部を行っているとして、その費用にも政調費を支給する。

現在は会派に支給している政調費を、使途基準で個人にも支給できるよう明記するよう求めている。3党の議員には、議員秘書の人件費や、地元の事務所の賃料、新年会など各団体の会合に参加する際の会費などの一部に、政調費を充てられるようにすることへの期待が強い。

また、議員の私用や政党の活動での使用と、政務調査活動が混在しているものについては、按分の考え方で政調費を支給できる上限を決めることなども提起した。

共産党は、3党合意に対する見解をまとめて委員会で配布した。午後に見解に基づく記者会見も予定していたことから、各党から「前回の会議で会議内容は非公開と決めている。見解で3党の報告書の内容を一つひとつ挙げているのは、信頼関係に関わる」「報告書は決定ではなく、今後の議論で決めていくことだ。議論をする前から見解を公にするのはおかしい」など、反発する意見が出された。10時半に始まった協議は2時間半にわたり、休憩時間には午後の予定をキャンセルする議員の姿も見られた。

共産党の見解は、3党の報告書に対して、「現行基準では認められていない議員活動に大幅に使途を拡大しようとしている。都民の納得は得られない」などと反対する意見を述べている。

あり方検討委員会は、次回の協議を2月上旬にも開く。政務調査活動の定義と使途基準の問題についての議論を予定する。

杉並区教委

「夜スペは学校教育外」

都教委は容認を決定

杉並区立和田中学校（藤原和博校長）が大手進学塾と連携して始める有料の夜間塾「夜スペ」について、杉並区教委は23日、「学力向上を目指す学校教育外の試み」との位置づけを明確にし、「夜スペ」を認めることを都教委に文書で通知した。都教委は24日、容認することを決めた。

杉並区教委は23日、「夜スペ」は地域住民や保護者でつくる「学校支援本部」が主体となり、「学校の教育活動外」との位置づけを明示。また、教育機会の公平性については▽学力テストで選別しない▽申し出に応じて費用負担を軽減する――ことなどを説明した。

井出隆安・区教育長は、都教委から指導を受けた原因について、「（都が）いちばん理解不足だったのは、学校支援本部とは何かということ」との認識を示した。和田中は26日から「夜スペ」を開講する予定。

ただ、23日の区教委を傍聴したある区民は、「学校支援本部の実態が見えない」と不信感を募らせた。こうした指摘に対し、区教委は「今後、（学校支援本部の）要綱を作って、運営基準を示していきたい」と話している。

都政の東西

なぜ売り急ぐのか

石原知事は、08年度予算査定の中で渋谷区松濤にある旧知事公館の売却を決めた。借り手もなく、有効な活用方法がないから売り払い、そのカネを都財政に生かすという。一見、聞こえは良いが、旧知事公館への入居問題については、青島知事の当選直後から13年にわたる長い議論があった。「何のために造ったのか」という原点に立ち返って今回の売却方針を考えた時、無理が通れば、道理が引っ込むという話ではないか。

あの建物は、95年1月下旬、退任を3カ月後に控えた鈴木知事が「新たな知事となれば、すぐに知事公館を建て替えるのは無理だろう」という判断から、事務方に改築の検討を指示。1週間前に起きた阪神・淡路大震災の教訓を踏まえて免震構造を採用した。知事の住まいという観点だけでなく、執務、迎賓、災害時の初動対応という公務に必要な機能を持った施設とした。敷地は約2200平方㍍と必ずしも広くないが、都庁舎まで近いというメリットから現地での建て替えを決めた。

ところが、石原知事は入居を拒否し、私邸に住む。「次の知事が誰になるか知らないが、東京のどっかに住んでもらえばいい。置いておくのは無駄」と語った。維持管理費は年500万円である。なぜ、このタイミングで売却を打ち出すのか。あと3年で都政から身を引く人間が決めなくても、次の知事に判断を委ねてもいいわけで「早期に売却したがる別の理由があるのでは」と詮索する声もある。

この間の都議会の質疑は、知事は入居すべきという視点から「財源確保と危機管理の問題は一緒にしては駄目」というのが大方だった。06年の国民保護計画でも都庁が被災した場合、旧知事公館が代替施設になっている。災害対策などの議論抜きの売却方針には、危惧を感じる。

財産活用で緑化推進

都有地3カ所を貸付

都は21日、緑化推進を条件に、民間事業者に貸し付ける3カ所の都有地を発表した。賃貸するのは、▽練馬区豊玉南（約1400平方㍍）▽大田区東六郷（約560平方㍍）▽新宿区西新宿（約6000平方㍍）――の3カ所。条件を設けて民間に公有地を貸し付け、緑化を進める取り組みは全国初という。

練馬区の都営住宅跡地は、緑化率30%以上とすることが条件。ファミリーレストランやコンビニ、スーパー用地として20年間貸し付ける。緑化率30%は、都条例による緑化基準20%を上回る。

大田区の蒲田消防署跡地は、つる棚などによる緑化駐車場の運営を条件にした。コインパーキング事業者に3年間まで貸し付ける。環境局がモデルを検証したうえで、08年度に「駐車場緑化ガイドライン」を策定し、民間駐車場の緑化を普及させる方針だ。

新宿区の住宅展示場用地では、駐車場の緑化に加え、省エネルギー住宅や太陽光発電の設備などを条件にする。貸付期間は最長で5年6カ月。

猪瀬副知事

ダボス会議に出席へ

都の環境対策を紹介

都は23日、猪瀬直樹副知事が世界経済フォーラムに参加するため、スイスのダボスに出張することを発表した。

海外出張は24日から28日まで。石原知事が招聘を受けており、代理として猪瀬副知事が、都市問題に関するセッションのパネリストとして参加する。地球環境問題に取り組む都の姿勢などをアピールする。26日には、都知事主催のレセプション「東京ナイト」にも出席し、各国要人らと意見交換する。出張には猪瀬氏のほかに、環境局長や知事本局職員、環境局職員ら7人が同行する。

◆共産党は中止を要請

猪瀬氏のダボス会議参加について、共産党は23日に中止するよう要請を行った。石原知事らによる海外出張に多額の経費がかかっていることが、都知事選でも争点の一つになったことなどを指摘し、会議参加とレセプションの中止を求めた。

五輪グッズの販売を開始

招致委員会

東京オリンピック招致委員会は18日から、五輪招致のオフィシャルライセンスグッズの販売を開始した。

グッズには、Tシャツやハンドタオル、クリアファイル、ネックレスボールペンなどがある。それぞれ「結び」をテーマにした五輪招致のロゴマークや、TOKYO2016の文字が入っている。

都庁内では、第1庁舎1階のTOKYO地域特産店売店で販売している＝写真＝ほか、岸記念体育館などでも取り扱っている。今後は、五輪招致に関するイベント会場や、東京都関連施設などでの販売も行うという。

元旬ジョーク

〝初雪や二の字二の字のゲタの跡〟
止まらぬ定数削減に寒さ身にしむ

通勤途上の都職員
「気の毒にな、前を行く人の足跡見てみろ
減員マークだよ」

都区のあり方検討委幹事会

事務移管、具体論で紛糾

年度内の議論終了 上下水道が地雷に

都区のあり方検討委員会幹事会（山﨑昇・墨田区長）は22日、07年度最後の会合を開き、07年度の検討状況をとりまとめた。検討委の下命を受けた幹事会は昨年6月から実質的な論議を開始し、都から区へ移管すべき事務を選定するための基準、特別区の区域のあり方の視点などを議論してきたが、具体的な移管事務の選定や23区再編の必要性まで踏み込むことはできなかった。都区双方のスタンスの違いが如実に表れた結果で、今後は都区がお互いにどう歩み寄るかが課題となりそうだ。

今年4月に再開予定

07年度の幹事会は検討委員会の下命に基づき、都区の事務配分、特別区の区域のあり方について検討を行ってきた。

都区の事務配分については、都から区への事務移管の検討対象事務を選定するための基準を定め、これに基づき、都の事務の中から、444項目にわたる検討対象事務を選定した。また、移管すべき事務を選定するための基準を定め、444項目の事務について、「区へ移管する方向で検討する事務」「移管の是非を引き続き検討する事務」「都に残す方向で検討する事務」の三つの方向付けを行うことになった。

最初に具体的な事務配分の検討対象となったのは、上下水道。都側は「都に残す方向で検討する事務」と主張したのに対し、区側は「区へ移管する方向で検討する事務」と主張し、激しく対立した。最終的には全体を再度調整する際に整理することとし、結論を先送りした。

また都市計画決定に関する事務など7事務については、区側が「移管する方向で検討」との考え方を示したが、都側からは考え方の提示がされていない。

特別区の区域のあり方については、都側が、特別区の区域のあり方に係る検討の視点を示し、都区が議論。さらに都は、議論の内容を踏まえた論点メモを幹事会に提示した。一方、区側も区域のあり方について都側とは別の角度から考えた参考論点を示した。

幹事会は08年4月に議論を再開する。当初は2月に検討委を開き、幹事会の検討状況を報告する予定だったが、4月に延期する予定。2月の都区協議会への報告も行われない。

幹事会の議論では大きな成果をあげることができなかったが、「歩み寄れば一致する点は必ずある」との認識では都区が一致している。4月の議論再開までにどこまで歩み寄れるのかが課題となりそうだ。

2007年度に行った具体的な事務配分の検討状況

	事務名	検討状況
法令に基づく事務	①一般には市に属する事務で、法令により都が処理することとされている事務	
	都市計画決定に関する事務（特定街区で面積が1㌶超のものなど）	4月の幹事会で改めて検討することとした
	上水道の設置・管理に関する事務	検討の結果、全体を再度調整する際に整理を行うこととした
	公共下水道の設置・管理に関する事務	
	感染症の予防・まん延防止に関する事務	4月の幹事会で改めて検討することとした
	消防に関する事務	4月の幹事会で検討することとした
	固定資産税、市町村民税法人分、特別土地保有税、都市計画税及び事業所税の賦課徴収に関する事務	税財政制度を検討する際にあわせて検討することとした
	②建築主事設置市及び保健所設置市の事務で、法令により都が処理することとされている事務	
	延長1万平方㍍超の建築物に係る建築確認等の事務	4月の幹事会で改めて検討することとした
	食品衛生に関する事務（花き市場除く）	
	狂犬病予防員の設置、犬の登録、犬の捕獲などの事務	
	特定建築物に関する届出受理などの事務	
	と畜場の規制に関する事務	

まずは一歩前に進もう

【解説】上下水道の移管が地雷となった。幹事会での議論は、移管事務の選定基準を議論していた頃は順調だった。あとは444の検討対象事務を三つの方向付けに振り分けるだけと関係者の誰もが思っていた。

ところが11月に開かれた第7回幹事会で、上下水道の移管が議題にのぼると、一気に議論がヒートアップした。上下水道について区側が「移管する方向で検討」との考え方を示すと、都側は敏感に反応した。

上下水道は一般の市が行っている事務のため、区側としては「一体的に処理する必要がないなら、区に下ろすことができる」と移管を選択。これに対し都側は、あくまで現実論として「移管するメリットがない」と徹底抗戦した。

結局、444項目の事務のうち、上下水道はおろか、一つの事務も方向付けを行うことができないまま年度末を迎えた。

区側の担当者は「議論の出発点が区側の思いと違っていた」と振り返る。例えば上下水道の移管では「今すぐ下ろせなんて話はしていない。当初の議論の前提として、根本的かつ発展的に議論するのではなかったのか」と指摘する。

一方、都側の担当者も「拠って立つ基盤が違っていた」と総括する。「てっきり現実論でスムーズに進むと思っていた。まさか区が移管しろと言うとは……」と首を傾げる。

では「引き続き検討」ではダメなのか。都側は「それなりの理由が必要」と引かない。

区域のあり方については都区双方から資料が示され、議論が始まったのは一定の成果と言える。中身は薄く全体的に材料不足だったが、事務移管のメニューがある程度見えてくると、踏み込んだ議論も可能だろう。

印象的なのは、都区双方が「議論を進めれば必ず一致する点はある」とコメントしたことだ。一致しない点を保留しながら、まずは一歩前に進むことが大切だ。（地）

文京区

体育館移設先は旧四中に

元町公園を回避 跡地利用が課題

文京区民や有識者らでつくる「文京総合体育館建て替え地検討協議会」（会長＝市川宏雄・明治大公共政策大学院教授）は21日、体育館移転先を旧四中にする方向性を打ち出した。区がまとめる答申案を協議会が了承した後、答申が成澤廣修区長に提出される。区計審が元町公園に体育館を移転する区案を審議してから、1年半を経てようやく解決することになった。

湯島にある総合体育館は、天井の雨漏り、裏玄関外側の地盤沈下など老朽化が激しく、建て替えが急務だった。だが、現在地で建て替えるには都建築安全条例により正面玄関前の道路の幅が6㍍以上必要だが、約1㍍足りなかった。そこで、元町公園に体育館を移設する計画が浮上し、区計審が公園の都市計画変更を審議したが、最終的に区案を差し戻した。

その後、成澤区長の「区民や広範な方々の意見、要望をうかがう」という方針に沿って、協議会が設置された。建て替え候補地は元町公園や旧元町小のほか、廃校になった第四中、体育館の現在地も追加した。1回目の協議会では、委員から旧四中を望む声が聞こえてきた。

21日の協議会でも出席委員の過半数が旧四中を推した。総合体育館からすぐそばにある旧四中は、地下鉄やバス停から近く、アクセスがいいという利便性を理由に挙げた。元町公園、旧元町小を候補地として推す委員は、他の候補地より体育館の規模が大きくなるメリットを強調した。さらに、体育館のある現在地は、埋蔵文化財の調査も必要になり、完成まで3年間かかるため敬遠された。

傍聴していた野党区議は「元町公園と元町小学校が移転先になることは回避された」と安堵した。だが、元町公園などがけん制された理由を「移設先が元町公園では遠すぎる」などという委員もおり、区議は「文化財であることが浸透していなかった」と顔を曇らせた。さらに、「体育館の現地の活用はどうするのか」と疑問を呈した。

アジア全域の歴史資料などを置く図書館「東洋文庫」が、総合体育館の跡地に移転したいと区に要請していた。だが、区によると東洋文庫から昨年末、体育館の跡地ではなく現在地で建て替えると伝えてきたという。体育館の跡地利用、元町公園や元町小学校のあり方も今後の検討課題だ。

区計審の審議開始から体育館移設先が決まるまで1年半を費やした。区側が陣頭指揮を取って、体育館移設先を元町公園に固執したため、墓穴を掘る形になった。今後も協議会を設置したように、区民ニーズを把握した上で跡地利用などを進めていくことが必要だ。

暫定的に保育園として活用されている旧四中跡地

北千住駅の滞留者は、日光街道を経由して荒川河川敷の広域避難場所に誘導

震災、そのときターミナル駅は

全国初 滞留者訓練で課題洗い出し

震災時に駅の滞留者を速やかに広域避難所に移動させ、パニックによる二次災害などを防止しようと、都と足立区は22日、6路線が乗り入れる北千住駅で全国初の滞留者訓練を実施した。行政と連携しながら、鉄道会社と駅周辺の事業者で構成する「駅前滞留者対策推進協議会」の役割などを確認。都心ならではの震災被害について、課題を浮き彫りにした。

都心で大地震が起きれば、東京駅や渋谷、新宿、池袋各駅など都内八つの主要ターミナル駅で、合計約114万人の滞留者が出ると想定されている。混乱を防止するためには、行政の到着を待つ余裕はなく、その場にいる鉄道事業者と駅周辺の事業者が協力し、避難所への誘導など速やかに初動の混乱防止策を講じる必要がある。

北千住駅の乗降人数は1日163万人超。震災時の滞留者の想定は約2万人だ。訓練は、午前9時半、東京湾北部を震源地とするマグニチュード7・3、震度6弱以上の地震が都内で発生したという想定で実施された。

避難経路上の近隣商店などは、駅前に設置された情報センターに店舗周辺の安全を伝達。町会・自治会や区内の中高生など800人が100人ほどずつまとまって、広域避難所となる荒川河川敷までの約1・2㌔㍍を徒歩で移動した。

阪神・淡路大震災で、歩いて避難した経験があるという区内梅島地域から参加の男性(71)は「実際は車道がでこぼこになって水が噴き出していたりして、通常の倍くらい避難に時間がかかる。大人数ではなく、誘導は5～10人程度をまとめていくのがいい」。また、同地域の男性(79)は「避難所のあちこちで拡声マイクの声がして、どの情報で動けばいいのか混乱する。1カ所で情報を流してほしい」など、感想があがった。

参加者とともに区役所まで歩いた近藤区長は「実際の震災時には警察の誘導はない。防災リーダーが仕切れるような仕組みも必要」と話し、参加者には「どんな備えができるのか、考える一つのきっかけにしてほしい」などと呼びかけた。

区災害対策課災害対策係は「事業者が『役割を担わなければいけない』という意識ができたことや、連携や協力体制の基となる協議会ができたことは大きな収穫」などと話し、今後、参加者のアンケートなどをもとに、協議会の役割などについて検証し、訓練を重ねていきたいとしている。

駅前滞留者対策訓練は、25日にも新宿駅を中心に実施される。

制度調査会・大森会長が講演

「都区合同で国の説得を」

区議200人が参加

有識者らでつくる特別区制度調査会の大森彌会長が22日、区議を対象に講演した。メーンテーマは、昨年12月にまとめた第2次特別区制度調査会の報告。区議207人、参加希望した区長7人を前に、大森会長は「区の自治を確立すべきじゃないか」と呼びかけた。

特別区長会は、区のあり方の調査研究を同調査会に2回依頼した。05年10月にまとめた第1次報告では、区が本来すべき市の事務の一部を都が担う「行政の一体性」を基本に、都区制度を転換し区が市を目指すシナリオを描いた。大森会長は「行政の一体性に固執する限り都区制度を廃止できない。悩ましかった」と、1次報告の課題を振り返る。

都区制度の廃止を打ち出した2次報告をまとめる段階で、懸念があった。財源偏在が残ったままでは23区から都区制度の廃止の合意を得られない。だが、都区制度廃止後も、財調制度を残せば問題がないため、「23区が普通の市になることに固執することはない」と主張する。

区から転換した市は、基礎自治体連合を設立する。連合の意思決定機関として、議会を設置する。各市長が兼任する議員は、条例制定、予算議決などを担う。この連合構想を実現するためには、法改正などの難点がある。

大森会長は「総務省が都区制度に関心がない。国を説得するためには都区が合同でいかない限り、国は地方制度調査会に諮問しない」と指摘する。連合構想の実現に向け、「区が連携して働きかけられるかが課題。みなさんには積極的に取り組んでほしい」と協力を求めた。

区議らを前に制度調査会報告を解説する大森会長

記者席

次の知事宅が木造だったら

○……旧知事公館に関する都議会質疑を調べていたら、引退した懐かしい議員の名前や理事者が当時「こんな答弁をしていたのか」と苦笑する内容もあった。99年9月の財政委員会では、公明党の大木田守都議が「なぜ、知事公館を貸し付けるのか。知事がそこに入って指揮をとることが、24時間求められるはず」と激しく財務局に詰め寄っている。自民党もまだ与党になる前だけに、知事サイドとの緊張感が漂う。石原知事の私邸は、鉄筋コンクリートづくりで耐震性が高いことや、直下地震の被害想定で総合危険度が低い地域にあることなどを列挙し、知事公館に入らなくて良いという説明も、ちょっと苦しくないか。災害では、常に想定を超える事態が起きるからである。次の知事が木造住宅に住んでいる人だったら、都が新たに用意した知事公館に入ってくれと説得するのだろうか。

○……所有者が引き取りにこなかった放置自転車を再生し、途上国に寄贈する取り組みが今年で20年を迎え、このほどフォーラムが開催された。23区で初めて再生自転車を途上国に譲与したのは豊島区。水島正彦副区長が自転車対策課長だった89年、放置自転車を「スクラップにするのはもったいない」と、この取り組みを始めた。翌年から区に代わり財団法人ジョイセフが自転車を寄贈した。当時のスリランカでは自転車を武装して戦車にしていたため、寄贈の条件を設けた。今では助産婦が自転車で、出産する妊婦のもとに駆けつけている。

○……「新宿や千代田区で激しい揺れを感じ、都心部では震度6を記録……」。そんなニュースがテレビで流れた。18日に行われた八都県市の防災図上訓練のひとコマだ。訓練にリアリティーを出すための架空の番組で、訓練に大きな効果を出していたように感じた。阪神・淡路大震災時に救護活動にあたった医者が、『無傷な援助者』という大前提が崩れてしまった」と話していたのが印象に残る。被災者が被災者を救護する構図は避けられない。訓練時は、そうしたことも想定することが必要だろう。

工事関係者の個人情報紛失

台東区

台東区は22日、都市づくり道路交通課の男性職員が工事着手届等の個人情報を紛失したと発表した。

紛失したのは、狭隘道路拡幅整備工事に関連した、工事着手届や自費工事申請書、占用許可申請書などで、事業者の会社名や住所16件と、現場責任者などの個人情報7件が記載されていた。

同職員は、21日に工事現場（元浅草3）先で、周辺調査や工事施工者と打ち合わせを行った際、申請書などのほか、軍手、スプレーなどが入った白い布製のトートバッグを道路側溝脇に置いていた。目を離した隙にバッグがなくなり、同日午後2時頃、蔵前警察署に盗難届を提出。23日現在、発見されていない。

吉住区長は「個人情報の管理については、日ごろより徹底を図っていたが、事故が発生し大変遺憾。再度徹底を図っていく」とコメントを出した。

都教育庁予算と組織・定数

要求事業ほぼ予算化

予算総額は7908億円

「地域教育支援部」新設

都教育庁の2008年度・事務事業予算が18日にまとまった。予算総額は7908億円・対前年度比0・4%減だが、これは都立高等専門学校の独立行政法人化に伴うもの。これを除く実質的な歳出予算は前年度とほぼ同額となる。予算要求に盛り込んだ事業は100%近く予算化され、教職大学院派遣研修、都立学校ICT計画、災害時帰宅困難者支援など数多くの新規事業がスタートする。一方、4月の組織改正では、学務部の都立学校関連の業務を特化した「都立学校教育部」と、学務部の義務教育部門と生涯学習部を統合した「地域教育支援部」をそれぞれ設置する。

歳出予算は7908億7500万円で、対前年度比31億3000万円減(0・4%減)となった。予算見積もり段階では0・1%減と見込んでいたが、今年4月からの都立高専の独法化で総務局に移管されることから、この分、減額幅が大きくなった。

ただ、この総務局移管分を除くと、歳出予算は前年度に比べて1億8700万円増(伸び率0・0%)となる。また、事業費についても1・9%増から2・5%増と伸び率がアップする。

教職員定数は、学校定数6万1978人、事務局定数713人となった。その内訳は、小学校が161人増の3万126人、中学校が28増の1万4958人、高等学校が147人減の1万1527人、特別支援学校が142人増の5367人で、高等専門学校については独法化で211人減となっている。

小中と特別支援は児童・生徒数の増加に伴う定数増で、逆に高校は生徒数の減少が主な要因で定数減となった。いずれも厳しい定数査定が行われ、学校定数全体では見積もり段階の増減ゼロ要求から27人減と削られた。事務局定数についても2人減要求が14人減とカットされている。

主な新規事業としては、教職大学院派遣研修、都立学校ICT計画、栄養教諭を中心とした食育の推進、緊急地震速報システムの活用、災害時帰宅困難者支援、学校における安全教育の推進、ものづくり人材育成のための研修・教育プログラムの開発、外国人児童・生徒対応事業、乳幼児期からの子供の教育支援プロジェクト、地域教育活動を担う教育サポーターの養成、特別支援学校を支援する仕組みづくりなどがある。

また、「10年後の東京」への実行プログラム事業として、基礎的学力の指導基準「東京ミニマム」作成など児童・生徒の「確かな学力」の定着と伸長、サポートチーム推進モデル地区の指定や専門家派遣などに取り組む問題行動対策事業、680カ所を計画している放課後子供教室、都立学校の芝生化や太陽光発電など学校における環境都市づくり、特別支援学校における就労支援など多様な施策が予算化された。

一方、教育庁は4月1日付で組織改正を行う。教育基本法の改正や都全体の行財政改革・機構改編、教育庁組織の管理スパンなどを背景に踏み切るもので、現在の学務部と生涯学習部を廃止し、「都立学校教育部」と「地域教育支援部」を設置する。

「地域教育支援部」は従来の生涯学習の視点に加え、「学校・家庭・地域の連携のもと、地域参画による学校教育活動を支援するために設置する」(教育庁)もので、現在の学務部の義務教育部門と生涯学習部を統合。管理、義務教育、生涯学習の3課制とする。

また、現在の学務部は、都立学校設置者としての業務と区市町村教委に対する指導・助言・援助の業務の両方を行っているが、的確な管理スパンの体制で都立学校業務を担っていくため、学務部を「都立学校教育部」に改め、都立学校の関連事務に特化し、高等学校教育、特別支援教育、学校健康推進、営繕の4課を配置する。

歳入歳出予算　(単位：百万円)

区分		2008年度	2007年度	増減(△は減)	増減率(%)
歳出	教育費	790.875	793.978	△3.103	△0.4
	職員費	597.741	604.397	△6.656	△1.1
	事業費	193.134	189.581	3.553	1.9
歳入	歳入合計	136.816	136.903	△87	△0.1
	使用料及手数料	13.378	13.523	△145	△1.1
	国庫支出金	119.889	120.139	△250	△0.2
	その他歳入	3.549	3.241	308	9.5
差引一般財源充当額		654.059	657.075	△3.016	△0.5

教職員定数　(単位：人)

区分		2008年度	2007年度	増減(△は減)
学校定数	小学校	30.126	29.965	161
	中学校	14.958	14.930	28
	高等学校	11.527	11.674	△147
	高等専門学校	0	211	△211
	特別支援学校	5.367	5.225	142
合計		61.978	62.005	△27
事務局定数		713	727	△14

揺れる教育現場 28

「社会総がかり教育」のモデル

一昨年秋からスタートした「教育再生」施策がいよいよ2008年度から教育現場で徐々に具体化されてくるが、その中でのキーワードは「社会総がかり」での取り組みだ。

教育再生会議は昨年末まで三次にわたる報告をまとめているが、毎回、このフレーズをサブタイトルに掲げ、社会的取り組みを強く求めている。

その趣旨は家庭教育を第一義と強調した上で学校(教員)・自治体(教委)・地域・メディアを含む企業(団体)それぞれが「教育当事者」のつもりで協力・連携・参加してほしい、というものだ。

具体的には次の三つの方向が示されている。

①有害情報阻止や安全確保、ワーク・ライフ・バランスなどで子どもたちが安心して育つ環境づくりを進める。

②放課後や土日の子どもたちが健やかに育つ「学び場」「遊び場」をつくる。

③新しい時代に活躍できる子どもたちを育てる。

この三つの目標の具体化に向け、すでに各省庁で検討が進んでおり、この方向自体に何人も異論はないと思う。

しかし、問題は総論賛成でも各論・具体論でそれが担保できるのか。とくに地域(コミュニティー)が構造的に崩壊しつつある、というよりは崩壊させておきながら、教育再生への連携・参加が期待できるのか。

また、ネットや出版物・TV等による子どもたちへの有害情報が氾濫している中で「表現の自由」との兼ね合いで、どこまで規制できるか。

さらにサービス残業・有給未消化が問題になっている中で、ワーク・ライフ・バランスの確保ができるのか——なども疑問になる。

だが、課題が多いからといって、「社会的取り組み」を諦めるわけにはいかない。

そこで、提起したいのは、日本の戦後の復興・成長・発展と今日の繁栄の基礎を築いた人たちが育った時代の義務教育の環境・仕組みの中にこそ、そのヒントが秘められているのではないか、ということだ。

時代状況が違うから、画一的にはいかないが、教育の原点とされる家庭と地域・学校(教員)間の関係・仕組みは参考になるように思う。

当時と今日を比べ、最も顕著な違いは、学校(教員)に対する地域・保護者の見方・評価が、当時は学校(教員)が地域の中心で、教員に対する評価も畏敬の念をもって見られていたが、今日ではこれが逆転していることだ。最近、問題になっているモンスター・ペアレンツなどは、当時からすれば、全く想定外の事態だ。教育もこうした「市場原理で動くもの」といった誤った認識が教育問題を深刻化させている背景の一つにあるように思う。

当時はもちろんこうした風潮はなく、塾も家庭教師も少ないだけに補習を含め学校が教育の中心となり、校外授業がなくとも水準は保てたのだ。

地域では、子ども同士はもとより親・兄弟にいたるまで顔見知りとなり、いじめや非行の抑止力になっていた。

学校は地域の中心となり、運動会や祭り等さまざまなイベントの会場となった。

つまりこの3者の関係が学校(教員)を中心に固い信頼関係で結ばれ、良好なコミュニティーが根付いていたこと、この枠組みが戦後の復興から繁栄にいたる基礎を築いた人たちを育てたのではないかと思う。(W)

「国際交流の原動力に」

日本の伝統・文化　実践校が成果を発表

「日本の伝統・文化」教育の実践報告に聞き入る教育関係者ら

都教育委員会は21日、「日本の伝統・文化理解教育」の実践発表会を、都教職員研修センターで開催した。「育てよう、日本の伝統・文化」をテーマに、実践校の都立中央ろう学校と都立足立東高校、推進モデル地域の武蔵村山市教委が、この間の取り組みの成果を発表し、「日本の伝統・文化理解教育」の大切さを訴えた。

中高一貫型のろう学校として開校した中央ろう学校は、国際交流を進める上で「日本を知り紹介できる力が必要」とし、高等部に学校設定教科・科目「日本の伝統文化」を設定。手話狂言や和菓子づくりなど日本の伝統文化や季節を楽しむ授業に取り組んできた。

同校の教諭は「教えるよりも体験することで日本の伝統文化が身に着く。また、練習の繰り返しでコミュニケーションも生まれてくる。講師探しや予算、日程調整などが大変だが、学校経営計画の中に位置づけることが大事である」と述べた。

エンカレッジスクールの足立東高校では、週2回「体験学習」を設け、就業体験や資格取得につながる学習などを実施しているが、同校の教諭は、茶道や和太鼓など日本の文化的学習が「国際交流の原動力、裏付けになる」と強調した。

また、中国から引き揚げてきた生徒が中国語の通訳者として活躍し、自信をつけた事例も紹介。その上で、「身近な伝統文化に目を付けることが大きな力、可能性を引き出すことにつながる」と締めくくった。

武蔵村山教委は、研究主題「郷土を愛する心をはぐくむ」を受けて3年間の活動計画を策定。これをもとにモデル地域内の小学校3校と中学校1校で取り組んでいる具体的な事例を紹介した。たとえば、小学校では総合的な学習の時間を活用して、絵手紙や農業体験、相撲、菊づくりなどを実施。中学校では折り紙、合気道、陶芸など全21講座の「五中校区フェスティバル」、職場体験学習が行われている。

実践発表会のあと、松竹の演芸開発企画部の担当者が、小学生に歌舞伎を体験してもらおうと、二代目の中村吉右衛門が全国の小学校を回っているプロジェクトの取り組みを紹介。「伝統芸能は入り口を間違えなければ、きちんと伝わるもの。それを子どもたちと接触する中で感じた」と述べた。

最後は、新東京タワーをデザインした彫刻家で島根県立芸術文化センター長の澄川喜一氏が講演し、日本人が外国人に尊敬されないのは「文化力」が足りないからであるとし、感性教育の重要性を力説。物事を見抜く判断力、イメージを描く力、それらを総合した行動の仕組みの「読み・書き(描き)・そろばん」を身に着ける教育の必要性を訴えた。

自律的な改革へ —評価を生かす— <5>

「心優しき挑戦者」目指して

■いつでも進化中

武蔵は2回目の飛翔の準備をほぼ終えようとしています。1940年に東京府立第十三高等女学校として設立され、今年度で67年目を迎えています。その後、学制の改革に伴い、1950年に東京都立武蔵高等学校と改称され、男女共学となりました。

この間、2万3000余人の有為な人材を社会に輩出して参りました。東京都で活躍されている卒業生も多く、国内、海外を問わず多様な分野で卒業生は社会に貢献しています。67年間の時を刻んできた武蔵は、生徒の自由と自律を大切に育成しつつ、向上進取の精神で常に時代の最新の風を体一杯に受けて今も進化を続けています。

そして、2008年4月、都立の中高一貫6年制学校として、06年10月に設置されました東京都立武蔵高等学校附属中学校に中学生、120人(男女各60人)を迎えます。戦後の東京都教育委員会の学校改革の中でも極めて大きな改革としての6年制の導入に責任の重大さを感じるとともに、武蔵の新たな飛翔へのまたとない好機とも受け止めています。

■奉仕にも積極的

心優しき挑戦者を目指す本校では、4本の柱を立てて教育活動に取り組んでいます。①授業②学校行事③部活動④奉仕——この4本の柱は、2年前にパイロットスクールとして奉仕の授業に取り組んでいた際に講師として来てくれた卒業生の話の中に出てきた言葉を基に立てられました。

今年度の4月から始まった必修の教科「奉仕」に武蔵生は積極的に取り組んでいます。主幹を委員長とする奉仕企画委員会がサービスラーニングの考えに基づき、生徒の部活動等を地域社会で活用することを含む年間計画をきめ細かく企画したためです。昨年11月に実施した校内発表会では生き生きと活動した生徒の姿が受け入れてくださった施設などの方々に好感を与えました。主幹に集中してしまった仕事を委員全員と1学年の担任団との間で適切に分担することが来年度の課題です。

■変革の時を実感

武蔵では多くの生徒が国公立大学への進学を希望しています。しかし現状では必ずしも現役での生徒の希望が実現していません。生徒の第一志望校への現役合格を支援するためにいくつかの新しい取り組みを始めました。目玉の一つがウインターセミナーの実施です。

国語、数学、英語の自校作成問題での高校入試で入学してきた今年度の高校1年生に、昨年12月の下旬に4泊5日の勉強合宿を導入しました。数学、英語の高い学力の養成と自学自習の習慣の定着を主目的に50人の募集を行いました。ところが約5倍、1年生の約7割の230人近くの応募がありました。

今年度の1年生の高い勉学意欲を大切にするために希望者全員を引率することとしました。武蔵の大きな変革の時を実感し、責任の重さを痛感しています。夏季の補習の計画的な実施、生徒による授業評価に基づく授業力の向上と教科の達成目標の向上などが着実に進みつつあります。

進路実現を目指して新しい取り組みを始めた都立武蔵高校

■知的リーダーの育成

武蔵生の積極性と創造力を一層伸ばすために教員は一声、一行動し始めました。朝と放課後のショートホームルームの導入で生徒の安全確認、遅刻防止、校内の清掃美化が前進しています。行事の内容も見学者からの評価を高めています。社会貢献のできる知的なリーダーの育成は、4月入学の中学生を含めて全武蔵生に対する本校の大きな教育目標です。武蔵は今日も進化中です。

(都立武蔵高等学校長 井田良克)＝おわり

教育オンライン

取り除こう！学習不安

豊島区

短期集中土曜補習スタート

豊島区立中学校1・2年生を対象とした「土曜補習『としまアカデミー』」が、12日からスタートした。学習への課題や不安を抱える生徒らに集中的に補充学習を実施し、学習の基礎理解度を確実なものにするとともに、円滑な進級を支援することを目的としている。

アカデミーは区教育委員会が主催し、区立教育センター1カ所で集中的に実施する。また、忙しい教員の負担を避けるため、指導を外部の講師が行うとしている点が特徴となっている。

区立中学校から希望者を募り、昨年12月1日に実施したプレテストをもとに、グループ分けし、各学年5回、計10回の補習を行う。生徒の指導にあたるのは、指導補助員として区の少人数指導講師、教職をめざす学生など。指導主事や学習指導専門員(元校長)が指導補助員をフォローする。

アカデミーの期間は3月22日まで。1年生41人、37人の計78人の生徒が補習に参加する予定。授業料は無料。

問題解決能力調査　小5、中2全員対象

都教委

都教育委員会は17日、児童・生徒の学力向上を図るための調査の一つとして、都内公立小学校5年生と中学校2年生の全児童・生徒を対象とした「確かな学力」(問題解決能力等)の伸長を図るための調査を実施した。

対象は小学校1323校の児童9万2406人、中学校638校の生徒7万3231人。都教委は①学習にかかわりのある児童・生徒の意識や生活状況などを質問形式で調査する②各教科の学習で身に着けた知識や技能、思考能力や判断力等を活用して、問題解決を図るために必要な諸能力を観点に作成し、ペーパーテスト形式で調査する——の基本方針に基づき問題を作成した。

調査結果は、児童・生徒一人ひとりの学習状況の改善に役立てるとともに、各学校の授業改善や区市町村における学力向上のための施策の充実に役立てる。なお、都全体及び区市町村別の調査結果を公表する。

「健康」軸に事業再構築へ

都職員共済組合　共済事業プラン2008を策定

メタボ・メンタル対策へ重点

都職員共済組合は、10年先を見据えた共済事業全体の再構築の指針となる「共済事業プラン2008」を策定、22日の組合会に報告した。計画期間は10年度までの3カ年。共済事業を巡っては、年金一元化や新たな高齢者医療制度の創設など社会保障制度改革が進み、組合員の負担増が避けられない状況にあり、一方で組合員数の減少等による財源縮小も予想される。このため同プランでは、08年度から義務づけられる特定健診・特定保健指導の実施を契機に、「健康」を軸とした事業全体の再構築に向けた新たな取り組みや見直しを盛り込んでいる。

都職員共済組合の組合員数は13万3708人（07年4月1日時点）で、78度のピーク時の4分の3に落ち込んでいる。さらに団塊の世代の大量退職や採用抑制で減少傾向が続いており、今年度には年金受給者が組合員数を上回り、逆転するという状況にある。

こうした中、共済組合では年金給付事業、医療保険、福祉事業を実施。区分ごとに独立した経理を行っているが、長期経理、短期経理ともに組合員負担の増要因を抱えている。

たとえば年金給付を行う長期経理では、保険料率の高い厚生年金との一元化が予定され、財源率が引き上げられる見通し。また短期経理は新たな高齢者医療制度の創設に伴って、後期高齢者支援金や前期高齢者納付金といった拠出金が増加。これらの財源率の上昇は避けられない情勢だ。これるため財源率の上昇は避けられない情勢だ。単年度収支均衡を維持するため財源率の上昇は避けられない情勢だ。これら負担額は、10年度時点で長期と短期合わせて平均6万円程度アップするとの推計もある。

一方で保険者である共済組合には、新たにメタボリックシンドローム対策として、特定健診・特定保健指導が義務づけられ、来年度から実施される。同事業にかかる財政負担は10億円超と見られ、大きな課題となっていた。

プランでは特定健診・特定保健指導の実施に伴う財政負担について、福祉経理の財源率は現行水準を維持したまま、利用者負担や事業を抜本的に見直すことで捻出する考えを打ち出した。

利用者負担に関しては人間ドック利用助成を定額方式とし、民間や国共済と同水準に見直す。また、湯河原荘、箱根路開雲、ブランヴェール那須、アジュール竹芝と4施設ある保養・会館施設については、維持管理経費が4施設合わせて約5億5000万円にのぼり、施設の大規模改修期を迎えるなか、さらなる経営改善と抜本的なあり方の検討を進める。すでに湯河原荘は「遅くとも11年度末には廃止」の方針が決定している。

プランに掲げた「健康」を軸とした共済事業の再構築では、健康増進や疾病予防を基本とする事業展開が求められる。とりわけ40歳以上の組合員・被扶養者を対象とした特定健診・特定保健指導は中心的な事業に位置づけられる。同事業では12年度の目標達成状況によって後期高齢者支援金の額が±10％の範囲内で加算・減額されるため、目標クリアも大きな課題となる。

このため特定健診・特定保健指導に関連しては、法定部分を構築した上で30～35歳時の指導をモデル的に実施するなど、より若い世代の予備軍化を防ぐための仕掛けもプランに盛り込んでいる。

健康づくりへの関心を高めてもらうため、健康プログラムへの参加や健康診断の受診等にポイントを付与し、ポイント数に応じて施設利用券などと交換する「健康インセンティブポイントプログラム（仮称）」もその一つだ。

さらに福祉事業では、各任命権者へのメンタルヘルス対策支援（健康管理センター）、時間延長や専門外来の新設など診療体制の充実（シティ・ホール診療所）などの取り組みも進めていく。

このほか新たな取り組みとしては、長期給付事業で、年金一元化に対応するため年金記録の整備と相談・情報提供の充実を図る。また短期給付事業では、医療費抑制を図る観点から、20年度にレセプト（診療報酬明細書）を電子化し、医療費の分析などに活用、後発医薬品の利用促進にもあたっていく。

総務省「ながら条例」調査の都内自治体の状況（1月22日現在）

■ながら条例の規定に「適法な交渉」以外を含む団体
・府中市、調布市、小金井市、国立市

■「適法な交渉」以外にも有給の組合活動を認めている団体
・町田市、国立市、多摩市

■口頭承認等で勤務時間中の組合活動を認めている団体
・府中市、調布市

■組合休暇（職専免）が条例準則と異なる団体
・青梅市、府中市、昭島市、調布市、小金井市、狛江市

※調査以降に是正済み、是正を決定済みの団体は除く

総務省「ながら条例」調査

制度・運用の改善、「東高西低」

都や23区は見直し進む　条例未是正は4市

総務省は16日、地方公務員の職員団体や労働組合が勤務時間内に給与を受けながら組合活動を行うことを定めた「ながら条例」の運用状況等について、調査結果を公表した。「ながら条例」の規定や運用などは、東京都をはじめ、区部で「条例準則」に沿った見直しが進む一方、多摩地域では未是正の自治体が多く、改善を求められた。是正状況は「東高西低」の傾向が浮き彫りとなった形だ。

◆準備行為も有給で

総務省が調査結果を公表するのは今回で3回目。主な調査項目は、▽「ながら条例」の規定に「適法な交渉」以外のものを含んでいないか（＝制度面）▽「適法な交渉」以外にも有給の組合活動を認めていないか（＝運用面）▽組合休暇（職専免）が条例準則と異ならないか——など。

このうち、都内の自治体で、ながら条例に適法な交渉以外のものを含んでいたのは、府中、調布、小金井、国立の4市のみだった。昨年の同調査では、区部でも13区が条例に「準備行為」を含んでいたため改善を求められたが、この間、見直しを図った。この結果、多摩地域の一部の自治体が取り残された形だ。

国立市は、適法な交渉に加えて「準備行為」まで認めていた。ただ、運用は適法な交渉によるものがほとんどで、それ以外は、組合員が上部団体の会議に出席する際などに適用している程度という。職員課では「運用例が少ないので、条例上は文言として残ってしまった」と弁明する。しかし、見直しの必要性は示しており、今後、組合に見直しを提案する考えという。

また、府中、調布、小金井の各市は、すでに組合に見直しを提案しており、早い時期の是正を図りたい考えだ。

なお、全国的に見ても、前年度比28団体が見直し済みとなり、残りは多摩地域の4市を含めて36団体のみとなる。

◆3市が「適法な交渉外」

他方、「適法な交渉」以外にも有給で組合活動を認めていると指摘されたのは、東京都のほか、23の特別区および多摩地域の9市。

しかし、都や23区は調査後の昨年12月末までに運用を是正済み、もしくは是正することを決定している。また多摩地域でも八王子、武蔵野、三鷹、日野、東村山、東久留米の各市は見直しが完了している。このため、現時点で改善されていないのは町田、国立、多摩の3市のみとなる。

町田市は2年前から徐々に適用の範囲を狭める見直しを図っており、残る上部団体の機関会議出席時や執行委員会への適用も、年度内に撤廃したい考えで組合交渉を進めている。多摩市も4月から見直す考えで組合と協議中という。

さらに、府中と調布の2市は、勤務期間中の組合活動の承認について、書面での手続きをとらず、口頭承認等で認めているケースがあったと指摘を受けた。両市とも、執行委員会などの開催を口頭承認していたケースがあり、ながら条例の見直しとともに是正する考えだ。

◆条例未制定の市も

組合活動にかかわる無給職免や組合休暇の運用状況については、2区9市町が条例準則を超えて運用していた。このうち、区部では墨田区と足立区が指摘を受けたが、両区とも計上ミスで実際の運用はないという。

また、多摩地域で指摘を受けた団体のうち、八王子と日野市、日の出町が調査後に是正済みで、残る青梅、府中、昭島、調布、小金井、狛江の各市が未是正となっている。

このうち昭島市は、ながら条例を制定しておらず、大会や上部団体の役員会への参加など、条例準則を超える活動についても有給職免で認めていた。現在は条例の制定も含めて見直しを検討中で、できるだけ早い時期に組合へ提案したいという。

狛江市も、適法な交渉以外の活動を有給職免で認めていたり、休暇取得の上限を設けておらず、今後、見直しを組合に提案する考えだ。

総務省は、引き続き適正化に向けて取り組みを求めるとともに、08年度中に改めて調査を行う考えを示している。

MEMO

「ながら条例」の是正　地方公務員は、地方公務員法第35条により、勤務時間内の職務専念義務が課せられているが、例外的に、地公法55条の2第6項の規定により条例（職員団体のための職員の行為の制限の特例に関する条例＝いわゆる「ながら条例」）を定めた場合には、「給与を受けながら」職員団体のための業務や活動を行うことができる。

ただし、この活動の範囲が無限定にならないよう、66年の旧自治省行政局長通知では、「地公法第55条第8項の規定に基づき、適法な交渉を行う場合」としており、団体交渉や小委員会交渉、事務折衝などがこれにあたる。

しかし、各自治体の実態を見ると、適法な交渉以外にも、大会や執行委員会など組合の機関運営を含んで「適法な交渉」としている事例などが多くあり、総務省が改善を求めていた。

総務省の調査は06年1月から調査結果を公表しており今年で3回目。初回調査時は「ながら条例」に適法な交渉以外のものを含んでいた団体が98団体あったが、今回は36団体に減少するなど見直しが進んでいる。

遅れることのない是正を

【解説】　ながら条例を条例準則通りに是正する動きは、06年1月に総務省が調査結果を公表して以降、活発化している。これに伴い、東京都や区部では見直しが進み、これまでに総務省が求める水準をクリアしている。

しかし都内の39市町村では、ながら条例を制定していない自治体も4団体あるなど、対応が遅れているのが実態だ。「他の交渉事項もあり、優先順位をつけながら見直しを進めている」。未是正の自治体からは、こうした声も聞かれたが、状況は他の自治体も同じであり、市民の理解は得られないだろう。

見直しの動きは全国的にも広がっており、是正が遅れれば一層厳しい視線にさらされることになる。組合運営にとっては厳しい状況になるが、早急な改善が求められることに変わりはない。（貴）

精神保健相談員

一般任期付職員募集に23人申し込み

2月中旬に最終合格発表

都職員のメンタルヘルス確保に向け、総務局が実施していた一般任期付職員（精神保健相談員）の募集が21日に締め切られ、23人が申し込んだ。

精神保健相談員は06年度に新設された制度で、現在、非常勤職員8人が事業所等を多く抱える重点取り組み局を中心に担当制を敷き、本人や管理監督者からの相談対応や必要に応じて職場訪問等にあたっている。

しかし局人事担当との連携や職場の巡回状況に加えて、相談から休職中の対応、職場復帰や復帰後のフォローまで長期間にわたる職員への関与が求められるなか、短期間雇用の非常勤職員では困難な面もあり、今回、一般任期付職員の募集に踏み切った。来年度からは常勤と非常勤のペア体制を組むことになる。

採用予定は6人程度。任期は08年4月1日から11年3月末までの3年間。その後、2年を限度に更新する場合があり、最長では5年間勤務することが可能。

書類選考による1次合格者に対して、口述考査（個別面接）を実施、最終合格発表は来月中旬を予定している。

任期付職員制度は、都政に対するニーズの専門化・高度化に対応するため、専門的な知識や経験を有する人材を都庁外部から一定期間活用することを目的としている。

ひと

29日に朝日賞を受賞する

東京都老人総合研究所　老化ゲノム機能研究チーム　研究部長

遠藤（えんどう）　玉夫（たまお）さん

元日の朝日新聞1面に朝日賞に決まった5件8氏が紹介され、その中にこの人の顔も。東京都関係では、04年度に受賞した田中啓二臨床医学総合研究所所長代行に次ぐ快挙だ。

94年、老人研に糖鎖生物学部門研究室が誕生し初代室長に。『ネイチャー』や『サイエンス』などの科学誌が年に1回は糖鎖の特集を組むほど、遺伝子やたんぱく質のポストゲノムに続き、ポスト・ポストゲノム研究の柱となるのが、生体での糖鎖の機能の解明だ。

老化で筋肉が落ちるが、それと糖鎖の関わりを研究する中で、新しい糖鎖を発見。それがどうやって出来たかを解明すれば、病気との関係も分かるのではないかと、「福山型筋ジストロフィー」の原因遺伝子を解析していた戸田達史現大阪大教授に共同研究を呼びかけた。

今回の受賞は、脳障害を伴う筋ジストロフィーを発見した福山幸夫東京女子医大名誉教授。原因遺伝子を特定した戸田氏。糖鎖の合成に必要な酵素の遺伝子を解明し、その変異が糖鎖の異常を引き起こし、福山型や似た病気を発病させることを発見した遠藤氏。この3人に送られるもの。

「福山先生の50年前の病気の発見から、遺伝子の発見、糖鎖の機能異常というところまで、日本人が世代を超えて成し遂げたことに大きな意味がある」と言い、「糖鎖の重要さを分かりやすい例で示すことができた。糖鎖研究にも大きな転換が図られると思う」と。

02年度に、この発見で都職員表彰も受賞。「筋ジスは難病なんだろう。治す薬開発してくれよと、知事から声をかけられました」。

治療法の開発も是非、日本人の手でと、今も戸田氏と共に医学と薬学の両面からアプローチし、邁進する。

アルツハイマー型認知症にも糖鎖がからむことを発見し、さらに長寿にも糖鎖はからんでいるはずと夢を広げている。「今回の成果を基にさらなる飛躍をめざしたい」と、所内で筋肉の老化に伴う衰えの解明と克服法について、社会系も含めた広範な研究を計画中とのこと。

今や世界中で糖鎖研究競争が激化。今回の受賞も50年にわたる研究の積み重ねがあるとし、都にも人と予算でのハイレベルの支援を期待する。授賞式は29日に行われる。（門）

千葉県生まれ。82年東大大学院薬学系研究科博士課程修了。東大医科研から老人研へ。05年現職。大学生の2男に加え、奥様も4年前から学生に。今は考古学専攻の修士2年で「3人も学生がいて、大変」と笑う。53歳。

若者就職支援「グッJOB!」開催

東京しごとセンター多摩

東京しごとセンター多摩は、若者の就職応援イベント「グッJOB!〜仕事を理解し、自分にぴったりの会社をみつけよう」を2月7日に開催する。

通常の会社説明会と異なり、仕事を求める若者が、企業の採用担当者や同年代の若手社員とグループ単位で気軽にコミュニケーションできるもの。普段は聞けない「仕事のホンネ」を聞くことで、会社や仕事への理解を深めてもらうのがねらいだ。小売業や製造業など8社が参加する。

場所はJR八王子駅前の「サイバーシルクロード八王子」。対象は34歳以下の若者で、定員は30人（予約制）となる。問い合わせは☎042・329・4510。

都特別職報酬審

特別職の報酬　実質「据置き」

東京都特別職報酬等審議会は17日、来年度の特別職の報酬を基本的に据え置く答申を行った。都の指定職は今年度、地域手当の支給割合の引き上げに伴い給料月額が引き下げられた。地域手当の支給がある知事、副知事も同様に見直し、給与額が据え置きとなるよう、地域手当の支給割合の引き上げ（13％→14.5％）に伴い給料月額を1.25％引き下げる。地域手当の支給がない議長等は報酬月額を据え置く。4月からの報酬額は、知事155万1000円、副知事126万5000円、議長129万2000円、副議長116万5000円、委員長107万6000円、副委員長105万7000円、議員103万7000円となる。

今春の花粉予測

飛散花粉数は昨春の2〜3倍

飛散花粉数は昨春の2〜3倍——。都福祉保健局はこのほど08年春の花粉飛散予測を発表した。スギ・ヒノキ科の飛散開始日は2月5〜7日頃と見込まれ、飛散花粉数は過去10年平均とほぼ同程度、飛散花粉数が「多い日」は都内平均32日前後で過去10年平均を上回ると予測している。

訂正　22日号4面「監理団体所要人員計画」の記事中で「東京臨海熱供給㈱」は「東京熱供給㈱」の間違いでした。

20年度 職員教養講座 ≪29≫

行政管理②

ポイント解説

前回に引き続き、ポイント解説を行います。

○PPP

・官民のパートナーシップ（協働）による公共サービスの民間開放のこと

・行政の効率化、官から民への考え方に加え、公共サービスの重要性を再認識して、行政・住民・企業の役割と責任のパートナーシップの再構築に焦点を置き、公共サービスの質的な改善を図ろうとする取り組み

・英国ブレア政権下のPPP委員会最終報告では、80年代以降のNPM理論の実践により公共サービスが効率性等の面で大きく改善されたものの、質の面で国民の期待に応えるためには、今後10年間真のPPPを実現する取り組みを展開する必要があるとした

・日本では、平成13年6月に閣議決定した「骨太の方針」において、「公共サービスの提供について、市場メカニズムをできるだけ活用していくため、「民間でできることは、できるだけ民間に委ねる」という原則の下に、公共サービスの属性に応じて、民営化、民間委託、PFI、独立行政法人化等の方策の活用に関する検討を進める」との解決策が盛り込まれ、日本版PPPの推進が規定された

○都区制度改革

・平成17年に発表された「行財政改革の新たな指針」においては、都区制度の今後について、「大都市の一体性の確保という視点を踏まえ、『都区制度』の抜本的な見直しについて具体的な議論を深め、東京における新たな大都市自治制度のあり方を検討する」とした

・都区のあり方を根本的かつ発展的に検討するため、都区協議会の下に「都区のあり方検討委員会」を設置しており、都区の事務配分・特別区の区域のあり方（再編等）、都区の税財政制度等について平成20年度末を目途に基本的な方向を取りまとめる予定

・一方、東京自治制度懇談会（事務局：知事本局）は、19年11月に発表した「議論の整理」における、東京における大都市制度のあり方のなかで、「特別区の区域について、都民・区民の生活圏の拡大など社会経済状況の変化や、行財政基盤の強化、行政改革の推進など特別区を取り巻く様々な課題に対応していくためには区域の再編が必要」と提言

○ベンチマーキング

・民間企業においては、競争優位にある他社の特定の業務プロセスを具体的な目標となる値（ベンチマーク）として設定し、自社の実績値と比較及び評価する作業を通して、より効率的な手法を取り入れ、自社の経営改善につなげようとする取り組み

・公的部門では、政策評価の一つの手法として、政策目標を数値化し、その達成状況を公表することにより住民・議会等からの評価に役立てる取り組みで、さらに自治体間のサービス比較や経年比較も可能となる

・先進的な成功事例として有名な米国オレゴン州のオレゴン・シャインズ（地域活性化のための戦略計画）では、経済と職業訓練を中心に当初259ものベンチマークを設定し、「オレゴン・ベンチマーク」と呼ばれる成果指標群と組み合わせた行政評価システムを構築

・ゴア元副大統領が主導したNPRG（政府再生のための国家的パートナーシップ）では、官民問わず業績良好な組織をベンチマークとして政府の業績改善に活用

○行政評価

・総務省では、政策、施策、事務事業について、事前、事中、事後を問わず一定の基準、指標をもって、妥当性、達成度や成果を判定するものと定義

・行政評価を適切に実施することにより、行政におけるPDCAサイクルが確立するほか、行政の効率性・経済性の向上や、アカウンタビリティの実施、住民との対話の活発化など行財政改革が進むほか、職員の能力向上にも有用である

○アカウンタビリティ

・一般に「説明責任」と訳され、元々は資源を託された企業が、投資家やその他の利害関係者に対して資源の活用方法や活動の経緯、企業活動の成果について情報公開し、説明する責任を指すが、近年では幅広い分野で用いられる

・「行政のアカウンタビリティ」とは、行政機関が住民に対して政策の目標や意義、行政の関与の必要性や成果を事前もしくは事後に説明する義務があるとの意味で、単に説明をするだけでなく、住民の納得と理解を十分得ることが不可欠

・アカウンタビリティを果たすため、多くの自治体が行政評価制度の導入、審議会の議事録や財政状況の公開を実施、行政の透明化向上につながっている

・これらの動きは情報公開制度の活用、オンブズマン活動といった住民による行政参加をも刺激し、行政と住民との間のコミュニケーションを促進している

○PI（パブリックインボルブメント）

・公共事業の計画策定段階において、広く住民の意見等を聞き、計画に反映させる機会を設けるとともに、計画についての情報を公開し、策定過程を明らかにする試み

・主に道路行政等に際し、行政側が議論のたたき台となるキックオフレポートとしてまとめ、それに対する沿線住民の意見をボイスレポートとしてまとめた後、有識者意見を踏まえて新しい計画を公表するのが通常の流れ

・東京都では、東京外かく環状道路（関越道～東名高速）の建設について適用されており、今後東名ジャンクション周辺地域（世田谷区）で の課題検討会を予定

問題演習

ここからは、行政管理に関する問題の演習を行っていきます。

【問題 1】

PPPに関する記述について、次のうち妥当なものはどれか。

① PPPとは、公共と民間のパートナーシップにより、より質の高い行政サービスを効率的に提供する仕組みで、英国のサッチャー政権により提唱された。

② 日本型PPPは、平成17年に閣議決定された「骨太の方針2005」において、取り組みを推進する旨規定された。

③ 日本型PPPにおける主要な手法として、PFI、構造改革特区、指定管理者制度、市場化テストが挙げられる。

④ PFIとは、従来公共団体等が担ってきた公共施設等の設計・建設・維持管理及び運営を「最小のコストで最大の価値あるサービスを提供する」という考えに基づき、契約により民間に委ねる事業方式で、都では病院や学校の整備への導入事例がある。

⑤ 平成18年度東京都指定管理運営状況評価結果では、対象とした201施設のうち1カ所について不適切な状況にあると報告された。

【問題 2】

都が平成18年7月に策定した「行財政改革プログラム」に関する記述について、次のうち妥当なものはどれか。

① このプログラムは「行財政改革の新たな指針」を踏まえ、具体的な行財政システムの改革の内容を明らかにしたものであり、「第二次都庁アクションプラン」の内容で引き継がれているものはない。

② 計画期間は4年間で、289の実施計画として具体化されている。

③ 改革の柱として、「多様な主体が関わる豊かな「公」の構築」「政策対応力の高い執行体制の確立」「公営企業改革や監理団体改革の一層の推進」の三つが掲げられた。

④ 平成19年6月に発表された平成18年度の主な計画の実施状況において、「政策対応力の高い執行体制の確立」の取り組み例として、都立技術専門校での公共職業訓練業務における官民競争入札の実施が挙げられた。

⑤ また、平成19年6月には計画期間中の継続的な改革を推進するため、さらなる改革が必要な事業を追加実施計画として12件選定した。

解答

【問題 1】 正解 ③

① 誤り。PPPを提唱したのは、英国のブレア首相である。

② 誤り。平成13年に閣議決定された「骨太の方針」で、すでに日本型PPPの推進について規定されている。

③ そのとおり。

④ 誤り。病院についてはすでに3カ所導入されているが、学校の整備への導入事例はない。

⑤ 誤り。201施設のうち1施設のみが一部改善が必要な施設とされた。

【問題 2】 正解 ⑤

① 誤り。第二次都庁アクションプランのうち「一部実施」となった29施策については、行財政改革プログラムに引き継がれているものもある。

② 誤り。プログラムの計画期間は3年間で、212の実施計画として具体化されている。

③ 誤り。3番目の柱は「スリムで効率的な行政運営の実現」。設問にある内容は、改革の「ポイント」として掲げられた5項目の一つ。

④ 誤り。挙げられた取り組み例は「多様な主体が関わる豊かな『公』の構築」の具体例。「政策対応力の高い執行体制の確立」の例としては、職員定数の削減や中期財政フレームの公表、公営企業改革、消費生活条例の改正等による事業者規制の強化などが挙げられている。

⑤ そのとおり。

年始気分もすっかり抜け、年度末に向けてあわただしくなってきた人もいるかと思います。短い時間でも有効に使い、着々と知識を蓄えましょう。体調を崩さぬようにがんばってください。次回も問題演習を続けます。

昇任試験対策のページ

20年度 都C論文講座【13】

論文例

1 事業所管理者の責務

都政の原点は、良質な都民サービスの提供にある。将来にわたり財政需要が増大していく中にあって、真に行政が担うべきことは何かとの視点から施策を徹底して見直し、行うべきサービスを迅速に行うことが都民の信託に応える道である。そのため、地域住民と直接接する第一線事業所では、常に地域の視点に立って、住民ニーズを先取りし、住民が満足する施策を臨機応変に行うことが求められている。

しかし、事例の職場の職員のように、旧態依然とした考え方に終始し、課題に積極的に取り組めなければ、都民の理解を得ることはできない。

したがって、このような職場の管理者は、常に時代の動きを敏感に察知し、問題解決能力を磨くとともに、住民の要望に的確に対応できるよう職員一人ひとりを指導し、職務遂行能力を育成することが不可欠である。そして、職員の協働体制を確立し、組織目標の達成に向け、力強くリーダーシップを発揮することが重要な責務となっている。

2 所の使命を忘れた職場

このような視点から分析した事例の職場には、まず、今年の道路建設事業をどう円滑に実施するかという課題がある。あわせて、硬直化した職場をいかに活性化させるかという中長期的な課題がある。

具体的な問題点を各係長の言動からみると、設計係長は、自治会に関する事前の詳しい情報提供を怠るなど、課長を補佐すべき庶務担当係長としての職責を果たしていない。

工務係長は、自治会の対応を批判するような傍観者的発言に終始し、予算の制約を理由に、創意工夫して住民の要望を取り入れようとする積極性に欠ける。また、道路建設事業に対する住民の理解を得るための意欲を失っている。

次に、この職場を組織面からみると、各係長が所の使命と自己の役割を認識せず協働意欲に欠けるため、組織が硬直化し、相互に連携、協力して前向きに課題に取り組もうとする建設的な気風がない。

こうした問題の背景には、所内の意思疎通が不足していること、また、職員に住民サービスの充実こそ所の使命という基本理念が定着していないことがある。そして、特に重要なことは、管理者が職場の現況、職員の資質を十分に把握せず、問題意識に欠け、具体的な運営方針を示さないなど、適切な管理手腕を発揮していないことである。

3 住民のための道路建設に向けて

これらの課題のうち、地元自治会の理解を得て道路建設を実施することは、住民のための道路建設という所の使命の実現に不可欠であるから、直ちに次の措置を講じる。

まず、前任者から事業の経緯や自治会長との折衝経過について確認する。そして各係長から住民の要望内容、問題点について聴取し、補修課長に道路補修の実施状況、実施計画について聴く。このようにして、十分に状況を把握したうえで、今年の事業計画に基づいて円滑かつ公平な道路建設を実施するという自己方針を固め、所長と確認する。

補修工事の要望については、今年度は見送ることで補修課長と調整し、所長の了解を得る。

自治会長宅に補修課長と同行し、補修工事は優先度が低く、公平の観点から見送る旨を丁寧に説明し、理解を得る。

次に、係長会を開催し、道路建設の円滑な実施には住民の理解が不可欠であり、そのためには、全職員が一致協力して事業を行う必要があることを粘り強く説明して理解させる。その上で、自己の方針を明示し、工務係長を中心に他の係長も協力させ、実施案を早急に作成するよう指示する。その際、自治会長や役員と十分に連絡を取るよう付言する。作成過程では、進捗状況を報告させ、指導・助言する。

出来上がった案は、課長会に諮って所案とする。所案は係長から職員に周知させ、自らは自治会長に説明して、事業への協力を取り付ける。

次に、硬直化した職場を活性化させるため、以下の措置を継続的に実施する。

まず、係長会を充実し、活発な意見交換と所の重要事項の協議、運営方針の明示により、情報の共有化と協働意識の確立を図る。次に、所の課題をテーマに係長を講師とする職場内研修を行い、活発な討議を通して、職員の資質、職務遂行能力の向上を図る。

また、自己申告を活用して組織目標を徹底するとともに、職員のチャレンジ意欲を培う。

4 都民に信頼される都政

いま、都政を取り巻く社会経済情勢は激しく変化し、予測しがたい問題が次々に提起されている。これらの問題を迅速かつ的確に解決していく繰り返しこそが、真に都民から信頼される都政の実現につながると確信する。そのためには、職員が住民の視点に立って自主的に問題意識を持ち、協働して組織目標に取り組む活力ある職場の実現が不可欠である。その成否は、管理者の強力な統率力と決断力にかかっている。

私は、管理者として、幅広い視野に立った的確な判断力をより一層磨くため、さらに自己研鑽を重ね、あらゆる困難な課題に対しても、常に職員の先頭に立って挑戦していく決意である。

16年度論文例②

解説

論文例は、起承転結の四段構成を取り、全文で概ね2000字です。

各段落の字数配分の目安は、「起」が400字、「承」が600字、「転」が700字で「結」が300字ですが、論文例は「承」が若干短く、その分「転」が長くなっています。

1 「起」

「起」は書き出しから受け書きでの「都政の現状認識」と次の「事業所の使命」及び「事例職場の問題点の指摘」まで筋の通った展開にする必要があります。そして、最後に管理者論として、事例のような職場において行うべき「管理者の責務」を具体的に書きます。

「書き出し」部分は、一般に、採点者を引きつけ、読みたくなるような独創性豊かな書き出しを工夫する必要があるので、都政の最新情報や民間の事例等を引用し、インパクトのあるものにすべきであるとされています。しかし、あまり凝りすぎても上滑りの印象を与えてしまう場合がありますから、気をつけることが必要です。

大事なのは、出題された問題の事例に沿った書くべきテーマを明確に示し、事例の状況に適合した問題意識をしっかり持っていることを明らかにすることです。そして、この部分で示したテーマは、最後まで一貫することです。

論文例では、ごく当たり前のことを淡々と書いていますが、住民の視点に立った行政サービスというテーマを明示し、論文の最後まで一貫して論じています。

「起」は書き出しを決め、「管理者の責務」まである程度固めておきましょう。

2 「承」

「承」は、事例における課題を抽出する部分です。出題事例の趣旨を正確に理解していることを示すことと、「起」と合わせて早い段階から自分の姿勢を採点者に対して明らかにするものです。

ここでは、当面の課題と中長期的に解決すべき課題を抽出します。そして問題点を係長の言動から具体的に指摘し、組織の問題点とこれらの問題が生じた背景、管理者の責任について述べます。

本事例では、当面の課題として、自治会長の補修要望への対応が考えられますが、安易に補修工事を実施すると、他の住民からの反発が予想されます。そこで、論文例では、今年の道路建設事業の実施を当面の課題としましたが、正解は一つということではなく、取り組みの方法はいろいろありますから、自分の選んだ課題について自信を持って展開していく必要があります。

なお、論文例では「承」が520字とやや短いですが、これは、係長達の言動が例年に比べて少ないことによるものです。

係長達の問題点の指摘は、パターン化して整理しておくと、書きやすくなります。また、組織の問題点と背景、管理者の責任も、基本的なものを作成しておくとよいでしょう。

3 「転」

「転」は、「承」で指摘した問題の解決策を具体的に書きます。「承」で指摘したすべてについて必ず解決策を述べなければなりません。

まず、当面の課題解決の方針となぜ解決しなければならないか理由を述べ、情報の収集、解決のための自己方針の決定、自治会長への説明、係長の説得、道路建設事業実施案の作成指示、進行管理、所案の決定、周知というように、解決策の手順を述べます。

ここでは、解決策が具体的であること、受験者が事業課長になりきり、強力なリーダーシップを発揮して、解決策を展開することが重要です。

中長期的な組織的課題に対する解決策は、事前に基本的なものを作成できる部分ですので、用意しておくべきです。

4 「結」

「結」は、全体の締めくくりであり、「起」で述べた事業所の使命を実現できるような組織のあり方、管理職として積極的に取り組む心構え、姿勢、決意表明を格調高く、情熱を感じさせる表現で書きます。

なお、内容が事例とかけ離れないようにすることと、「起」で示したテーマが「結」まで一貫していることが重要な点です。

最後に

論文試験では、管理職としての積極性、問題意識、状況分析力、判断力及び実行力が問われます。

論文にこれらが表れるようにするには、日頃から管理職としての視点に立ち、常に管理職になりきって考えることが必要です。そのためには、数多くの論文を書くことが良いと思います。

ご健闘をお祈りいたします。

◇

カレント 20年度 トピックス 15

社会事情

■佐世保スポーツクラブ乱射事件（12月14日）

平成19年12月14日、長崎県佐世保市内のスポーツクラブに男が押し入り、散弾銃を乱射した。水泳インストラクターの女性と利用客の男性、計2人が撃たれて死亡し、他に5人が重軽傷を負った。発砲した男は逃走したが、翌日、自宅近くの教会敷地内で頭部を撃ち自殺しているのが発見された。被害者の女性に容疑者は好意を寄せていた模様であり、また、被害者の男性は容疑者の元同級生であった。

この事件を受け、警察庁は12月21日、全国の猟銃及び空気銃の所持者に対し、銃を民間業者に預けるよう促すことを決め、全国の都道府県警察本部に通達を出した。あわせて警察庁は、全国の猟銃所持者を対象に、所持状況や適格性についての一斉点検を実施することとした。

■沖縄戦「集団自決」高校教科書検定問題（12月26日）

平成20年度に使われる高校日本史教科書の検定において、太平洋戦争沖縄戦の「集団自決」で「日本軍の強制」があったとの記述が削除された問題で、渡海文部科学相は平成19年12月26日、教科書会社6社から出されていた訂正申請を承認した。「日本軍が強制した」という直接的な記述は避けつつ、「軍の関与」や「戦中の軍の教育」などにより住民が自決に追い込まれたとの記述に訂正された。ただし、「日本軍の強制」を認めなかった検定意見そのものは撤回しなかった。

これに対し、昨年9月に検定意見の撤回を求める沖縄県民大会を開いた実行委員会は平成20年1月15日、「日本軍による強制」の明記と検定意見の撤回を求める要請書を首相及び文部科学相あて提出した。

■薬害肝炎救済法成立（1月11日）

薬害C型肝炎被害者全員の一律救済を図る「感染被害者救済給付金支給法案」が平成20年1月11日、参院本会議で採決され、全会一致で可決、成立した。

同法は、薬害C型肝炎訴訟原告側が求めていた国の責任と謝罪に前文で触れ、被害者には症状に応じ1200万～4000万円を支給する内容である。同法成立を受け、薬害C型肝炎訴訟の全国原告団と政府は1月11日、和解の基本合意書を締結した。5カ所の高裁・地裁で係争中の同訴訟は、今後、順次国との和解が成立する見込みである。

なお、販売元である製薬企業三社との和解は、まだまとまっていない。

Gallery

旅先で出会った風景　人との出会い、再会

絵と文　大瀧安良

チェコ、スイス、と続いた旅ですが、今月からオランダに変わります。

アムステルダムに事務所を置き旅行ガイドとして活躍しているA・Sさんと会えるかな、と思い事前に連絡したところ、彼女は丁度仕事で国外とのこと、残念ですが再会を諦めました。今回はその代わり市内の快適・安全なホテルを紹介してもらいました。一定期間の旅となると荷物は増える、若い時のようにリュック姿という訳にはいかない、荷物を持って移動する手間を最小限に抑える、となると、交通の便が良い都市を基地に周辺の魅力的な小都市を日帰りで訪ねる、という形がスマートです。アムステルダムに3泊、その間部屋に荷物をぶちまけ、中二日は身軽な出で立ちで、ハーグ、デルフトに出かけました。

私がオランダを訪れる目的は明確です。フェルメールという画家の絵を見ること、そして彼が17世紀に暮らした地・デルフトに行くことです。近年彼に対する関心が高まっているので、絵画ファンでなくともご存知かもしれません。昨年は国立新美術館開館記念企画として『牛乳を注ぐ女』が来日し、続いて今年8月にはわが東京都美術館に一挙に6点（以上?）もやってくる、というから驚きです。世界に散らばっている30数点の作品を〝わざわざ所蔵先の美術館まで出かけて観る〟ことを楽しみにしてきた私にとっては、何とも興醒めな話です。これからの3カ月間、フェルメールに纏わる話にお付き合い下さい。

写真は、彼の風景画『デルフト眺望』です（1660年頃の制作）。絵は、彼が『デルフト眺望』を描いた（取材した）と思われる付近で、不肖私が現代のデルフトを描いたものです。時代を超えて共通して観察できる対象は、左右の後景に見られる旧教会（左）と新教会（右）の尖塔のみです。

東京のサカナたち　10

メスからオスへ性転換＝ハタ（羽太）

伊豆諸島から小笠原にかけての海では、様々な色や模様をもつハタの仲間が見られます。カンモンハタやアカハタは、大きなものでも30センチくらいの小型ハタ類。一方、マハタやクエは体長1メートル以上に達する大型のハタ類です。そしてタマカイという種類では、体長が3メートルにも達するものも知られています。

ハタ類はいずれも白身魚で、淡泊な中に上品な脂があり、鍋物の主役として最高の素材です。そしてもちろん、刺身や煮魚、フライなどでも美味しくいただけます。

ハタ類は海底に棲む底魚で、普通は釣りによって漁獲します。ところが底魚類は、一般にあまり移動しないので、同じ漁場で操業を繰り返していると、だんだんと魚体が小型化してきます。これに早めに気がついて、その漁場を何年か休漁にしてやればよいのですが、そうでないと、やがて魚は釣りきられ資源が枯渇してしまいます。

資源の枯渇を防ぐためには、このように休漁などの漁獲制限を行うのも一つの方法なのですが、もっと積極的に、養殖してしまおうという考え方もあります。つまり人工ふ化して育てようというやり方です。東京都小笠原水産センターでもアカハタの養殖研究に取り組み、成功をおさめることができました。

養殖をするには、まず産卵期を調べることから始めます。調査船の乗組員に頼んで、毎月魚を釣ってもらい、卵巣や精巣の成熟具合を調べるのです。1年を通して調査した結果、産卵期は初夏から盛夏にかけてであることがわかりました。また、メスの平均体長は27センチであったのに対して、オスの平均体長は32センチと5センチも大きかったのです。

ということは、アカハタではメスよりもオスの成長が速いのでしょうか。そうではありません。アカハタなどのハタ類は、小さいときはメスで、成長するにしたがってオスに性転換するのです。なぜなら、小型魚はすべてメスで、オスは大型魚にしか見られなかったからです。

このように魚類では、性転換するものが結構見られます。ハタ類のようにメスからオスへ性転換するものには、ベラやブダイの仲間が、逆にオスからメスへ転換するものにはクロダイやコチの仲間がよく知られています。

（東京都島しょ農林水産総合センター主任研究員　加藤憲司）

小笠原でとれた体長2メートルのタマカイ

公務員を辞めてはいけない

がんばれ！公務員　5

文とマンガ　鈴木武征

最近、30代の後輩から「もう役所辞めたいですよ、住民は勝手ばかり言うし、職場の雰囲気も悪いし……」とぼやかれた。

後輩の言うことがどこまで本気かは分からないが、私は即座に「辞めちゃいけないよ」と答えた。

自分で言うのも何だが、私はどちらかといえば柔軟思考の持ち主だ。

職業に関しても、人が何の職業に就こうと自由だし、いやなら転職し、いろんな職業を体験するのも良かろうと思っている。

だが、公務員生活も半ばを迎えかけた後輩から言われるとそうはいかない。

理由は、①公務員は広い意味での聖職者であること②こんな職場環境の良いところは滅多にないこと③まわりの人間（働く仲間）が良いこと――の三つだ。

まず聖職についてだが、公務員が聖職であるか否かについては異があるところだ。

広辞苑などによれば、聖職者とは僧侶、神官、牧師など人を導き教える聖職に従事している者をいう。

しかし広くは、小説『聖職の碑』に見られるように教師、医師、公務員など、他人に対し公平、思いやりの精神で臨む者に使われる。

私は公務員全体を聖職者に祭り上げるつもりはない。

ここで言う広い意味での聖職者とは、噛み砕いていえば「人のために働くか」（公平優先）、「金のために働くか」（利潤優先）だ。

私自身を含め、どうしても公務員になろうと思ってなった人は案外少なく、広い選択肢の中からたまたま「なっちゃった」というのが本音かもしれない。

されど、それはラッキーと受けとめなければいけない。

いろいろな職業があるなかで「人のために働く」ということは、本人が思う以上に素晴らしいことなのだ。

勝手なことを言う住民に真摯に対応する、それが公務員という職業だ。

それによってあんたもおまんまが食えるし、誇りも持てる。

職場の雰囲気が悪いというが、それは気の持ちようで乗り切って欲しい。

第三者的な目で見ても、労働条件、執務環境、福利厚生など、役所の職場環境は決して最悪なものではない。

人間、欲をいえば切りがないが、現在の環境でやっていけないようでは、他に行ってもおそらく不満は解消されないだろう。

雰囲気が悪いという原因の大半は人間関係だ。

上司が口うるさい、何もしない。同僚に意地悪な奴がいる。部下が働かない、反抗的だ。などの類いだ。

これに関しては、役所の人間は総じて「人がいい」と言いたい。

周りをもう一度見直して欲しい。

ことあるごとに人を押しのけようとする者、陥れようとする奴。機会あるごとに金儲けや役得を画策する者。

そういう人間は役所ではあまり見かけないし、ままいたとしてもやることのスケールが小さい。

この程度のことを乗り切る力は、どんな職業に就いても必要だ。

もともと人間社会は複雑怪奇だ。

縦と横の糸が複雑に織り込まれ、あちこちにコブタンがある。

弱音を吐く自分も、そのコブタンの一つだと思った方がよい。

気持ちを新たにして、「自分は人の役に立っている」「公務員人生は天職だ」と思い込むことが大切だ。

「さー、今日も働け、働け!!」

本屋のお勧め本

裁判員制度を考える

2009年、一般市民が刑事裁判に参加し、被告人の判決を裁判官と共に決める「裁判員制度」がスタートする。開始まであと1年を切った。

この制度が導入されたのは、無実の市民を守るためという趣が強い。あらゆる経験を持った市民が話し合い、決定的な証明がなされないかぎり、被告を罪に問えない。これは、裁判の絶対的な原則だが、今までこれが無視されがちであった。

そのため、法廷に立つ被告は、検察の圧倒的な情報量に屈服せざるをえなかった。それが無実の人でもだ。守ってくれる弁護士の捜査の権限は限られている。そのジレンマを解消するのに導入されたのが「裁判員制度」である。

一人の人間の一生を左右する責任を、我々が課されてしまったというわけだ。それなのに導入まで、あと1年しかない世間の希薄感がなんとも物悲しい。

しかし、今からでも裁判員制度を理解するのは間に合う。それを助けるのが、『裁判員になりました―疑惑と真実の間で―』『裁判員になりましたPART2―量刑のゆくえ』（日本弁護士連合会発行、原作＝毛利甚八、作画＝幡地英明）の2冊の本である。

裁判員制度について、これほど手に取りやすい本はない。理由として、まず専門用語を平易に説明している点、それが漫画であること、またページ数が少ない点、そしてその分、値段が安価である（定価100円）。内容も読み応えあるものになっている。

2冊とも、それぞれ違う社会に生きている裁判員が徹底的な話し合いの末、裁決を下している。一巻は無罪か有罪か。二巻は傷害事件か正当防衛か。

2冊に共通していえる点は、マスコミなどの情報を鵜呑みにし、先入観を抱いて事件を見るのがいかに危険であるかということ。今から我々がやらなければならないのは自分で物事を考えることだとこの本を読み思った。

そして、法律をそのまま紋切型で事件に当てはめてはならない。どの事件にも人の心が入り混じっている。それを考慮して法廷へ向かうべきだ。

反対意見もある裁判員制度だが、この本を読んで自分なりの考えを検討してみるのも良いのではないだろうか。

補足……裁判員制度については、50年前の米映画『12人の怒れる男』もお勧め。

（三省堂書店都庁店　飯田紀男）

みにがいど

◆シンポジウム「これからの社会教育はどう変わるか!～社会教育法、図書館法、博物館法の改正』を考える～」▽日時　2月10日（日）午後1時～4時30分▽場所　明治大学アカデミーコモン（駿河台キャンパス内）▽総論・問題提起　大串隆吉・社会教育推進全国協議会常任委員／首都大学教授▽長澤成次氏ら4氏によるシンポジウム▽参加費　500円（資料代含む）▽申込　2月3日まで、メール・FAX・郵便にて①名前②住所③電話番号を明記（当日は直接会場へ）▽問い合わせ・申し込み先　図書館問題研究会（〒101―0061千代田区三崎町2の17の9の201☎3222・5030、FAX3222・5034、tonken@jca.apc.org

都政新報

発行所 都政新報社
〒160-0023 東京都新宿区西新宿7-23-1 TSビル
〈総務・読者〉(03)5330-8781
〈企画広告〉(03)5330-8784
〈編集〉(03)5330-8786
〈出版〉(03)5330-8788
〈セミナー事業部〉(03)5330-9977
〈ファクス〉(03)5330-8808
郵便振替 00130-2-101470
購読料 月1,680円(税込)
毎週火・金曜日発行
但し、祝祭日は休刊
©都政新報社 2008

紙面から

古紙偽装に都庁も困惑

購入基準を暫定引き下げ

大手製紙会社が再生紙の古紙配合率を偽装していた問題は、都内自治体にも困惑を広げている。グリーン購入法の制定もあり、各自治体は再生紙の活用を積極的に推進してきた。偽装発覚は、その根幹を揺るがす事態になっている。都は22日、業務への影響を避けるため、暫定的な措置としてグリーン購入ガイドの基準を引き下げることを各局に通知した。今後の事態の推移によっては、購入基準の抜本的な見直しを検討する必要も出てきそうだ。

＝2面に関係記事

古紙パルプ配合率100％を求めていたコピー用紙の購入基準も緩和される＝都庁内で

「苦渋の決断」――環境局の担当者は、今回のグリーン購入ガイドの基準引き下げを、こう表現する。

購入ガイドは、再生紙の利用が考えられる分野だけでも、コピー用紙のほか、報告書やパンフレットなどの印刷物、封筒など文具・事務用品などで環境配慮の基準を定めている。文具・事務用品には、業務で使用するファイルや付箋紙といったものも含まれる。

環境局の購入ガイド担当には、偽装発覚直後から、各局の契約担当から問い合わせが殺到した。この時期は、各局が来年度の備品などの契約を準備するため、急ピッチで作業を進めている。そのうえ、年度末を迎えて、報告書などの印刷物や、都民に封筒で通知を郵送するといった業務も多くなる時期だった。

各局からは、当面の印刷物の仕様をどうするのかや、来年度の契約では規定を変えるのかなどの問い合わせが多かったという。紙が納入されなかったり、契約の規定が定まらなければ年度末の業務がストップしてしまうため、「一体どうしてくれるんだという感じだった」と、環境局の担当者は苦笑する。

グリーン購入を推進してきた環境局としては、できるだけ再生紙の利用基準は高いまま保ちたいのが本音。同時に、購入規定が各局の執務を遅らせる事態は避けなければならない。ジレンマのなかで、暫定措置による基準引き下げを決めた。

これまでの購入ガイドの規定では、コピー用紙やOA用紙には100％の古紙パルプ配合率を求め、パンフレットや報告書類などの印刷物は70％以上と規定している。

局の調査では、大手のほとんどのメーカーで、印刷用紙は70％の混合率をクリアしており、印刷物に関する規定は現行通りで可能と判断した。コピー用紙の場合は、ガイドが求める100％の配合率をクリアしていると発表したメーカーは1社のみで、他は配合率100％を掲げながら70％程度にとどまっていた。

用紙発注が100％の配合率を達成している1社に集中する事態になると、価格面や供給量で問題が発生することも考えられる。暫定措置では、コピー用紙は「再生紙であること」だけを求め、「配合率は100％が望ましい」とする規定に変えた。備品も封筒などでは100％の配合率を求めていたが、「仕様書への配合率の記載は必須としない」と基準を緩和する。

来年度の契約に影響も

基準の引き下げによって、都としては当面、現状に合わせた対応を取ることになった。同時に、今後に残る課題として、契約上の疑義がないのか指摘する声も出ている。

グリーン購入ガイドに基づき、各局の契約時の仕様書には古紙配合率が書かれている。結果として納入時には、この規定が守られていなかったケースも出ると考えられる。

ただ、財務局の契約調整担当では「紙や印刷物自体は納入されているため、損害をどう算定するのかが難しい。また、使用した紙の配合率が偽装されていたのか、証明することも困難になる」として、現時点では契約上の問題を指摘するのは難しく、事態の推移を見守る考えを示す。また、各局が直接に契約しているのは印刷業者や紙の納入業者で、製紙メーカーの言う配合率を信じて納入しているため、責任をどこまで問えるのかという問題もある。

環境局の職員は今回の偽装について、「グリーン購入の考え方自体が性善説でやってきたところがある。配合率を行政として検証する手段は難しく、法でも罰則といった考えを盛り込んでいない」と述べる。

都では、暫定措置をいつまで続けるかの期限は決めておらず、その後の購入基準をどうするかという課題も残っている。

購入ガイドは毎年度に改定を行っており、例年なら各局への聞き取りなどの改訂作業を本格的に進める時期になる。

環境局では、「できれば来年度の基準でも、100％の配合率を定めたい。製紙メーカーの社会的責任上、できるだけ早く100％の紙を供給して欲しい」と期待する。古紙関係の部分については、メーカーの動きや国のグリーン購入法見直しの検討など、事態の推移を見るために作業が進められない状況だ。

MEMO グリーン購入法 正式名称は、「国等による環境物品等の調達の推進等に関する法律」。2001年に施行された。国などの公的機関が、環境に配慮した物品を積極的に使用することで、環境負荷の少ない持続的発展が可能な社会を作ることを目的としている。第10条では自治体の努力義務として、環境負荷の少ない物品の調達方針を、毎年度、作成することを求めている。

環境、健康などを重点分野に

大都市課題 解決に向けた技術開発を奨励

産業科学技術振興指針を改定

都産業労働局は、04年2月に策定した「産業科学技術振興指針」を1年前倒しで改定し、24日に素案を発表した。「産業力の強化」と「大都市課題の解決」に資する産業科学技術の振興を基本目標に掲げ、08年度から12年度までの5年間、都が重点的に取り組む科学技術分野として「環境」「安全」「健康」「産業」の四つを定めた。今後、都民や企業などの意見を聞き、最終の取りまとめを行う。

改定のポイントは、指針が対象とする科学技術の範囲を拡大し、「大都市課題の解決」を振興の対象に加えたことだ。社会的なニーズは、まず大都市で顕著に表れるため、都が科学技術の力を借りて他に先駆けて対応することにした。産業労働局では「都民生活に密着した分野で技術が実用化されれば、都民生活に役立ち、産業としても伸びるはず」と話す。

都が目標実現に向けて役割を果たすため、▽大都市の課題解決に企業の力を活用する▽企業の技術力を強化する▽人材を確保・育成する▽都の科学技術基盤を強化する――という四つの指針を明らかにし、そのもとに内容を分かりやすくした取り組み事例を示した。

重点分野の「環境」では、温暖化対策を推進する技術として、第2世代バイオディーゼル燃料の実用化、ヒートアイランド現象緩和に向けた保水性・遮熱性舗装を推進する開発などを奨励する。

「安全」では、1960年代の高度成長期に集中的に整備された橋梁や施設などが、これから一斉に更新期を迎える。このため長寿命化を実現する技術開発を促す。災害や犯罪から都民を守る技術としては、テロリストや指名手配犯の検挙を可能にする3次元顔形状データ自動照合システムの開発などがある。また「健康」では、がんの早期診断法・病勢診断法の開発、認知症の早期診断・治療法の確立、ノロウイルスまん延予防対策の研究などを推進する。「産業」では、自動車エンジンの低燃費化、光化学オキシダントの発生を抑制するため、VOC（揮発性有機化合物）の排出削減の技術開発などがある。

すでに08年度から予算化された施策も多く、新規施策としては、都内に工場等を新設・増設する事業者に対し、長期に低利融資制度を創設する。多摩シリコンバレーの形成では、新たな産業拠点の整備を検討する。技術力はあるが、知的財産の活用戦略が十分でない中小企業には、特許取得を支援する。首都大学東京では、アジアの優秀な留学生受け入れのための基金や、産技高専から産技大に進学する若者を対象にした奨学金制度などを創設する。

景観法で規制の網かけ

小笠原・父島

色彩基準 珊瑚の砂浜、ロース石を基調に

東京都景観審議会は24日、将来の世界自然遺産登録を見すえて、小笠原（父島二見港周辺）景観形成特別地区の指定について審議した。2月7日の都市計画審議会やパブリックコメントなどを経て、5月以降に告示・施行する。

05年12月に小笠原村が「景観ガイドライン」を作り、建築物の高さは1階から3階を中心に街並みを維持していくことや、本土と異なる小笠原らしいランドスケープの形成をめざす方針を定めている。ガイドラインは罰則や変更命令などの強制力がないため、景観法の枠組みを使って、小笠原の景観づくりを進めることにした。

景観形成特別地区の案では、建築物の届け出規模を3階以上または300平方㍍以上、開発行為は500平方㍍以上としている。世界遺産に登録され、飛行場ができて交通アクセスなどが改善した場合、観光客が増え、ホテルなどが島に計画されることも予想される。こうした事態を今から先取りし、景観法で規制の網をかける。

都市計画法は、開発行為の届け出面積が3000平方㍍以上とされ、これが全国一律に適用されている。しかし、小笠原村でこのような規模の開発行為は考えらず、実態にあわせて500平方㍍以上とした。

建築や開発等を行う場合は、二見港や沿道、山からの眺望への配慮を求め、できる限り既存の緑の保全を求める。色彩基準は、港に隣接するゾーンでは、小笠原の珊瑚の砂浜の色を基調とし、高明度や低彩度の色彩とする。山沿いは、小笠原のロース石の色を基調とし、明度を抑えるようにする。屋根色は、ビロウ葺きの色とした。

自然公園区域を除き、現在は屋外広告物条例の対象外となっているが、今後は都条例の適用区域にする。観光地の雰囲気を妨げないように案内板の集約化を図り、自然素材や観光資源を意匠に活用するよう誘導する。

温暖化対策で国際会議

知事が今秋の開催を表明

石原知事は25日の記者会見で、地球温暖化対策について世界の大都市の代表が話し合う国際会議を、今年秋に東京で開くことを明らかにした。

会議は東京都も参加する世界大都市気候先導グループ（C40）の取り組みの一つとして開く。C40は、昨年5月にニューヨークで開いた気候変動サミットの際に、次のサミットをソウルで来年春頃に開くことを決めている。次回サミットの開催地には東京も立候補していたが、くじ引きでソウルでの開催が決まった。

その後、昨年末にC40の事務局を務めるロンドンから、東京で国際会議を開くことを打診された。ロンドンの提案は、今年秋に気候変動に対する適応策を話し合う実務者会議を開くというものだった。

今年に入って、石原知事にロンドンの提案を報告したところ、適応策にテーマを絞るのではなく、最先端の科学者の意見を聞くことで、各都市が危機感を共有する会議を開くべきだという方針が決まった。ニューヨークでのサミットの際も、各都市で取り組み状況にバラつきがあったため、共通の認識を持つ場を作るべきという判断と見られる。

ロンドンの提案とは趣旨が異なってくるため、都のイニシアチブで会議開催の準備を進めることになる。石原知事は会見で、国際会議の趣旨について、「（ニューヨークでの会議のように）首長が集まって大変だ、大変だっていってもしょうがない。私たちの責任で世界中の優秀な学者を集めるから、その人たちの意見を冷静に聞いて、その上で政治家としてその問題をどう受け止めるか考える会議じゃないと」と述べた。

国際会議の参加者や、会議の方法、日程などは今後、詰めていく。

冗句ジョーク

揺れた都教委の本音は？ 杉並区立和田中の「夜スペ」がスタート

最初の授業
「いいですか、知事は泣く子と地頭には勝てない。教育委員会は泣く子と地頭と知事には勝てない、ここがポイントですよ――」

都政の東西

水と油

都内のある私立学校では、土曜日に希望者を募り、英語の補講を行っている。有名進学塾の講師が教鞭をふるうのが売りで、時間割には塾講師の名前が並ぶ。

ところが、実際に講師が教壇に立つのは月1回だけ。残りは英語科の若手教師が教えているという。有名塾の講師の名前を前面に押し出し、生徒を呼んでいるのだ。実際、時間割に記された講師名で出席率が違ってくるらしく、生徒に「今日は○○先生じゃないんですか？」と聞かれることもあるという。授業を代行する若手教師は「悔しいが、塾講師の教え方はやはり違う」と兜を脱ぐ。

「きっと教員は大変だろう。生徒に塾講師と比較されるから」。ある教師は、有料の夜間授業「夜スペシャル」について、こんな感想を漏らした。「要点をピンポイントで突く塾の講義は、なかなか真似できない。学校では、英語でのコミュニケーションも授業に組み込まないといけない。文科省の懇談会委員も、塾と学校のやり方に隔たりがあるのを認めている」と言う。

杉並区立和田中学校が26日、大手進学塾と連携して「夜スペ」を開講した。都教委が再検討を促したが、同区教委は「学校教育外の試み」と位置づけ、公教育の枠から外すことで、都教委の理解を得た格好だ。港区教委や江東区教委が進学塾と連携して補講を行うなど、公立学校と塾の連携も広がっている。

「受験がある限り、学校と塾は水と油」。前述の教員は、こう言い切る。23日の杉並区教委では、委員の一人が「これを機会に、公教育のあり方についても討議したい」と話した。

「学外だから容認」で終わらせるのではなく、「公教育のあり方」まで踏み込んだ議論を期待したいと思う。

アスベストの再点検を実施

都有施設で

都環境局は25日、これまでに分析が済んでいないアスベスト（石綿）が使われている可能性がある都有施設について、再点検を行うと発表した。

対象となるのは約500施設。まず、使用頻度が高い教室や住宅、宿舎などのうち、劣化・損傷・剥離が見られる施設の分析を優先的に始める。続いて、会議室やトイレ、駐車場などにも順次、着手していく。早いものは07年度中に分析を行い、アスベストが含まれる吹き付け材の使用が判明した施設については、08年度中に除去、封じ込め、囲い込みなどの飛散防止対策に入る。出入りが少ない倉庫や機械室で損傷や劣化が軽微なものは、当面、現状を維持。定期的に点検を行い、直近の改修工事の際に対策を施す。

都は07年度から、都有施設のアスベストの使用状況を調査していて、主に建材に含まれるとされる青・茶・白石綿はほぼ分析済みだが、これまでに分析されていなかったその他3種類のアスベストについて、再点検を行うことにした。

物納オークション始まる

五輪女子ソフト・サインボールは2000円から

初の「東京型物納オークション」が29日から始まった。今回、出品されたのは50点。宝石、時計、絵画、ブランド品が多く、変わった出品物としては、薩摩焼燈籠（オークション開始価格35万円）、志賀直哉『留女』の初版本（同8万円）、シドニー五輪・女子ソフトボール日本代表のサイン入りボール（同2000円）など。

東京型物納システムは、納税者が持っている貴金属、美術品などをヤフーのネットオークションに出品し、売上代金を税金の支払いに充てる仕組み。東京都納税貯蓄組合総連合会が、都主税局と連携して仕組みを作った。納税目的なら誰でも出品でき、オークションの会場となる「東京型物納ストア」は、NPO法人が運営する。オークション期間は、2月5日までとなっている。

R100削除の区も

コピー用紙契約先探しが悩み

古紙偽装問題

製紙会社の再生紙偽装問題をめぐり、偽装を公表した製紙会社の再生紙を、調査中の2区を除く21区が広報紙で使っていることが本紙の調べでわかった。広報紙の再生紙の偽装は、25日現在で見つかっていないが、広報紙の「R100」というロゴを削除する区もある。コピー用紙などは、どの製紙会社と契約すればいいのか、相次ぐ偽装が発覚する中で区は困惑している。区が対応するには、グリーン購入法の問題点の改善、古紙配合率などの情報公開を待つしか手立てがなさそうだ。

＝1面参照

実態把握しきれず

古紙配合率100％の広報紙を16区が発行しており、「配合率に偽装がなかった」という区もある。だが、区は製紙会社に立ち入り調査したわけではなく、印刷会社に確認してもらったにすぎない。古紙配合率の偽装がなかったと断言できないが、25日現在、広報紙の古紙配合率の偽装は見つかっていない。

各区は広報紙を発行する際、印刷会社と古紙配合率などの契約を結んでいるが、どの会社の紙を使うかまで契約していない。そのため、印刷会社が各自の判断でどの会社の紙を使うか決めている。広報紙の再生紙は、王子製紙10区、日本製紙9区と、大手が過半数を占めている。

板橋区や北区などは、古紙配合率のラベルなどを2月の広報紙から削除する。

板橋区は、印刷会社から古紙配合率に偽装がないと確認したが、完全に疑いが晴れたわけではないので、再生紙を使用しているかわからないようにして古紙配合率の偽装の行方を注視する構えだ。

新宿区は「表示が正しくなければ区の信用失墜になる。印刷会社に契約通り古紙を使っているかどうか、確認できる方法を提示してもらうのが大事」と指摘する。

広報紙以外にも、コピー用紙、ノートなどの購入も問題だ。区では各所管がコピー用紙などを仕入れるため、区はどの会社の紙を使用しているのかなど実態を把握しきれていないのが実状だ。

コピー用紙などを年間契約する場合、今頃から発注しなければ新年度に間に合わなくなる。古紙配合率の偽装が相次ぐ中で、どの会社を信用して契約すればいいのかが悩みの種だ。古紙配合率の低い製品の購入を一時的に認めなければ、現時点では混迷を深めるだけだ。

現在、偽装が判明したコピー用紙などを区は廃棄するのか。区がコピー用紙を返品した場合、処分する製紙会社もあるため、環境負荷になる。世田谷区は「今あるものを使い切る」と現実的な対応を取る。

広報紙の再生紙に偽装がなければいいのだが

広報紙の製紙業者と古紙配合率

	製紙業者	配合率※
千代田	王子製紙	100％
中央	王子製紙	100％
港	日本製紙	100％
新宿	王子製紙	100％
文京	日本製紙	100％
台東	日本製紙	100％
墨田	日本製紙	30％
江東	日本製紙	70％
品川	王子製紙	70％
目黒	中越パルプ	80％
大田	王子製紙	100％
世田谷	日本製紙	70％
渋谷	調査中	100％
中野	日本製紙	70％
杉並	日本製紙	100％
豊島	王子製紙	100％
北	日本製紙	100％
荒川	王子製紙	100％
板橋	王子製紙	100％
練馬	王子製紙	75％
足立	丸住製紙	100％
葛飾	調査中	100％
江戸川	王子製紙	100％

※広報紙に表示している配合率

さらなる情報公開を

【解説】再生紙偽装問題を受け、自治体は再生紙の使用を続けるべきかという難題を突きつけられた。埼玉県は偽装再生紙の購入を取りやめると発表したが、23区では再生紙の購入を控える区はなかった。

もし自治体が再生紙使用を取りやめれば、森林伐採を防げず、環境保護と逆行することになる。京都議定書が発効し、先進国の二酸化炭素の削減が義務付けられた中で、再生紙の使用を続ける必然性がある。

だが、古紙100％配合の再生紙にこだわる必要はない。製造過程で薬剤を使用し、環境にやさしくないと指摘されたり、古紙100％の再生紙は偽装の温床になりやすいからだ。区は今後、印刷物などの古紙の配合率を落としていかざるをえなくなるだろう。

広報紙の古紙配合率を70％から30％に落としたのが墨田区。70％だと紙面が黄色っぽくなりすぎ、白色度を高めるため読みづらくなったが、30％だと紙面が適度に黄色くなり、読みやすくなったという。古紙配合率を落とすメリットはある。

国は月内にグリーン購入法の調達品目検討会を臨時開催し、古紙配合率の検証方法など同法の問題点を明らかにする。今後、国が方針を示すので、コピー用紙などの購入の際に古紙配合率の最低ラインを定めたガイドラインの見直しに区は迫られそうだ。

ガイドラインの見直しだけでは抜本的な改革にならない。江東区は「古紙配合率にうそがあってはいけない。製紙会社から早く情報をいただきたい」と釘をさすように、本当の古紙配合率がわからなければ区が対応を取れない。製紙会社の情報公開がなければ、区のガイドラインは〝白紙〟のままだ。

（石）

23区新年度予算

視点

先進的施策に理論武装を

23区の新年度当初予算案がまとまり、24日の台東区を皮切りに、2月中旬まで相次いで発表される。

空前の財政規模

08年度も引き続き23区の税収は好調だ。都区財政調整交付金も法人税収入の伸びにより、史上初の1兆円を超える見通し。区にとっては、過去に例のないほどの追い風の予算編成となったに違いない。

バブル経済で日本の景気がまだ高水準だった1992年度、一般会計総額は2兆7635億円を記録した。この年度を境に予算規模は一気に下降線をたどった。92年度の水準を取り戻したのは、2004年度だった。05年度にはいったん落ち込んだものの、07年度は都区財調の配分率アップの影響で、史上最高の2兆9179億円に達した。08年度もこの記録を更新し、過去にない空前の財政規模となることは間違いない情勢だ。

ただ、今後の財政運営も順風満帆と言えるかどうかは、慎重にならざるを得ない。豊富な財源をフルに活用して全国と比べて先進的な施策を打ち出してきた23区にとって、08年度は大きな曲がり角を迎えるかもしれないからだ。

東京富裕論

各区の08年度予算編成方針は、「東京富裕論」を根拠とした地方格差の是正を求める動きに危機感を表した。

今回の税制改正では、特別区の財政運営に直接の影響がある見直しは行われなかったが、税源配分の見直し論が静まったわけではない。国では解散総選挙も予想される中で、「ふるさと納税」や法人2税見直しのように、選挙目当てのなし崩し的な税制改正が行われないとも限らない。

特に市町村民税法人分の減収は、都だけでなく財調交付金も直撃する。一部の都心区を除けば、現在の特別区の財政力を支えているのは、豊富な財調財源だ。都区の財源配分問題が決着した中では、都に配分率のアップを求めるのは極めて厳しい。こうした緊急事態を想定した将来への備えを意識した財政運営が求められるだろう。

同時に「東京富裕論」の根拠になるような安易なバラマキ施策を徹底的に見直すべきだ。最近の「東京富裕論」の標的は、必ずしも東京都だけではない。むしろ地方の関心は、23区の先進的な施策へと集まっている。特に地方からすれば、よだれが出そうな充実した少子化対策については、一概に否定はできないが、やるならやるで、しっかりとした理論武装を怠らないでほしい。

膨大な需要

08年度以降には、いよいよ公共施設の改築という課題が表面化してくる。

とりわけ築後50年を超える小中学校が毎年度増える。子どもの数が多い周辺区にとっては、頭の痛い問題だ。23区では都心回帰で人口が増えている一方で、学校の統廃合という問題も残されており、将来の需要予測が難しい。

こうした義務教育関係施設も含めた公共施設全体の改築経費は今後増え続け、2024年度にはピークの2200億円に達すると言われる。

特に学校は戦後、子どもの数が急増したのに伴い一気に増やしたために、かなり改築の時期もいっせいにやってくる。

しかも公共施設の更新には区民の声を反映させるなど様々な手続きが必要だ。学校なら統廃合の問題にも関わる。

財政が豊かな時代にこうした需要への備えを、単に行財政改革や基金への積立だけでなく、手続きや住民の意見反映なども着実に準備していく必要がある。

また75歳以上を対象とした後期高齢者医療制度が4月にスタートし、暮らしと医療をめぐる環境が様変わりする。被保険者の暮らしへの影響は不透明だが、75歳以上のお年寄りの暮らしと医療がどう変わるのかを見極め、新しい施策を打ち出す必要がある。

予算発表で「23区で一番」「23区唯一」という言葉が踊る時代は終わった。都と区長会が都区のあり方を検討している中で、都区制度の将来を見据えた新たな自治体像を探ってもらいたい。

（森）

08年度予算案　特別区

台東区

国際映画祭で魅力を世界へ

普通建設事業費が大幅増

台東区は24日、23区のトップを切って、一般会計899億円、対前年度比7・2％増の08年度予算案を発表した。前年度は選挙前で政策的経費を計上しなかったため、その分を合わせた前年度比では4・9％増。新規事業には、国際映画祭開催や、区民が記録した貴重な写真や映像の収集・保存など、区ならではの取り組みを盛り込んだ。

今年度新設した後期高齢者医療会計など、七つの特別会計を合わせた予算総額は1395億8600万円で、対前年度比2・5％増。吉住区長は「行政計画改訂後の初年度。重点施策のまちづくり、健康、子育て分野に積極的に財源配分し、バランスを重視した」などと語った。

歳入では、特別区民税で5・5％増を見込んだほか、特別区交付金で12・1％増など。歳出のうち、義務的経費では、都の移行支援事業などで住所不定者が減り、生活保護費や医療扶助が減ったことから扶助費が前年度比1・5％減になった。

また、投資的経費のうち、今年度完成予定の上野広小路駐車場整備やリバーサイドスポーツセンター体育館改修などハード事業の増加で、普通建設事業費は対前年度54・1％増などとなった。

新規事業では、区の魅力を国内外に発信しようと、11月に上野、浅草両会場で邦画・洋画の上映や地元商店街とタイアップイベントなどを行う国際映画祭を開催するとして、8400万円を計上した。浅草地区については、六区地域を対象にした賑わい再生の整備計画の策定も予定されている。

また、医師不足が深刻な中核病院の産科・小児科を支援するため、運営費補助で1億円をつけた。継続事業では、23区初の区立病院（仮称）新台東病院等整備に64億6000万円を計上。来年4月の開設を目指す。

台東区の大衆文化の象徴、浅草・六区地域は、街並み整備計画を策定。賑わいを取り戻す将来像を描く

江戸川区

日本一の「エコタウン」へ

エネルギービジョンで答申

江戸川区が昨年7月に設立した「区地域エネルギービジョン策定委員会」（委員長＝岡島成行大妻大学教授・NPO法人えどがわエコセンター理事長）は24日、温室効果ガスの排出抑制目標などを示した答申書を区に提出した。

江戸川区の二酸化炭素排出量は、04年度241万7000㌧。答申書ではこれを基準値として、5年後の2012年には家庭から排出される二酸化炭素を年間16万㌧（6％）、10年後の2017年には年間34万㌧（14％）削減することを目標とした。

これらの数値を達成するには、区が提唱する「もったいない運動」の実行が不可欠。「主電源をこまめに切る」「冷暖房の設定」「浴槽のお湯で体を洗う」などで、5年後までに区民の45％、10年後までに区民の90％が運動に参加し「1人1日1㌔グラム」の二酸化炭素を削減すれば、達成できるという。

現在、「もったいない運動」の周知率は15％程度だが、地球温暖化防止策に取り組みたいと考えている区民は99％に上る。区は今後、広報やホームページなどで取り組み状況や実施効果などを公表し、区全体で二酸化炭素削減の取り組みを推進したい考えだ。

都民枠の倍率10倍超の人気

千代田区立中高一貫校

中高一貫校である千代田区立九段中等教育学校の出願受付が20日と21日の2日間行われた。

最終応募状況は、千代田区民を対象とした募集区分Aには募集人員80人に対し、140人が応募し、倍率は1・75倍となった。千代田区民以外の都民を対象とした募集区分Bには募集人員80人に対し、825人が応募し、倍率は10・31倍となった。特に区分Bの女子は倍率10・65倍と人気を集めた。

前年との比較では区民枠で9人減、都民枠で132人減。

今後は2月3日に適性検査を行い、同9日に合格発表を行う予定。

支援員がケースワーカーを助言

練馬区

精神障害者らを自立支援するため、練馬区は今年4月から「精神保健福祉支援員」（仮称）がケースワーカーらに助言する制度を始める。

現在、ケースワーカーが精神障害者らの自立を支援しているが、対応が難しいなど知識不足が問題になっている。そこで、保健師などの有資格者8人がケースワーカーに、精神保健福祉プログラムの見直しなどの助言を行う。

介護保険料徴収票33人分を紛失

新宿区

新宿区は24日、住所、氏名、生年月日などの個人情報が記された介護保険料徴収票33人分を紛失したと発表した。警察に遺失届を提出したが、25日現在、徴収票は見つかっていない。

介護保険料納付相談を務める女性の非常勤職員が今月22日、銀行のATMで徴収した介護保険料を入金後、介護保険料徴収票を挟んでいたバインダーが紛失していることに気づいた。被保険者宅を訪問してから銀行に向かった時、自転車の前かごにバインダーを入れていたという。近隣を探したり、警察に遺失届を提出したが、区への連絡は翌23日だった。

納付相談員は徴収票をかばんに入れて持ち歩くはずだった。区は「全職員に個人情報の保護及び管理について周知徹底を図り、再発防止に努める」と話している。

記者席

災害時用のケータイの機能設定

○……杉並区立和田中学校の「夜スペシャル」（私塾連携の夜間塾）がようやく決着し、26日から開講した。都教委は義務教育の機会均等や公共性などを問題視してきた。しかし、区教委が運営主体を地域本部とし、「学校教育外の活動」と位置づけたことから、都教委は「不適切ではない」とゴーサインを出した。

それにしても、区教委の回答をみると、事前に都教委と調整しておけばクリアできた内容ばかり。やはり都教委と区教委とのコミュニケーション不足は否めない。都教委でも「教育庁幹部が区に行っているのに、なぜ？」との疑問があったが、庁内には「区の自主性を尊重するあまり、調整不足が続くと、また無用な混乱を招く」と指摘する声も。

○……災害時の連絡手段は、やはり携帯電話である。今月16日の外国人支援訓練でも、同23日の会計管理局支払対応訓練でも、当然、携帯電話が使用された。

双方の訓練を見て、感じたこともある。外国人支援のケースでは語学ボランティアが問い合わせ等に応じていたが、年齢構成も様々で携帯の取り扱いに慣れ・不慣れもあった。操作ボタンに目を細める姿もあちこちで見られた。

また複数の携帯が同時に使用されるため、一方の着信音で通話中の相手の声が聞きづらいといった様子も両訓練で共通してあった。災害時用の携帯という観点からの機能設定・見直しがあってもいいのかも知れない。

○……2月からJR阿佐ケ谷駅付近で、都と杉並区による自転車道の社会実験が始まる。国も全国98カ所をモデル地区に指定。江東区亀戸や渋谷区幡ヶ谷などが選ばれた。

自転車文化では、日本はまだ途上国だ。欧州では、市街地でも自転車専用レーンや大規模な駐輪場が整備され、貸し自転車があちこちにある。自転車先進都市の名古屋でさえ自転車道のネットワークは、パリの1割程度という。自転車利用促進が期待されるが、都では道幅が狭く坂が多いなど課題もある。最大の難題は自分の体力かもしれないが…。

市長選 八王子、府中とも現職3選

黒須氏「12年の総仕上げに」
野口氏「初心に帰り務める」

任期満了に伴う八王子市長選は27日投票、翌28日開票が行われ、現職の黒須隆一氏(66)=自民、公明推薦=が、新人で自然保護団体事務局長の橋本良仁氏(62)=共産、社民、生活者ネット推薦=を破り、3選を果たした。投票率は前回を4・81ポイント上回る34・37%。当日有権者数は43万8392人だった。また、同じく任期満了に伴う府中市長選挙は27日投開票の結果、現職の野口忠直氏(72)=自民、民主、公明、社民推薦=が、元出版社社員の桑島耕太郎氏(48)、共産党地区委員長の志摩和寿氏(55)=共産推薦=の新人2氏を大差で破り3選した。投票率は前回を0・73ポイント上回る37・16%。当日有権者数は19万3324人だった。

八王子

黒須陣営では100人を超える支持者らが事務所に集合。午前10時過ぎ、2万票余りの差で勝利が伝わると「よーし」という声と拍手が沸き起こった。黒須氏は笑顔で登場、花束を受け取った。

関係者らは「八王子もどんどん変わってすばらしい未来があることを楽しみにしている」などと口々に祝いの言葉を述べた。地元選出の自民の萩生田光一衆院議員は「行財政健全化を訴えるのは市民には難しかったかも。どきどきする結果だったが気持ちのいい選挙だった」。

大きな拍手のなか壇上に登った黒須氏。「楽しい雰囲気でできた気持ちのよい選挙だった」と振り返ったが、得票については「投票率は上がったが、得票は比例して伸びない。選挙は難しい」。八王子にはものづくり産業が多いことを例に「石原知事は多摩シリコンバレーを打ち出した。その中核になるのが八王子。行政として支援に取り組む」と述べ、「自分は与えられた期間を全力疾走するタイプ。3期12年を完結する。最後の4年、きっちり花を咲かせたい」と黒須市政総仕上げに決意を語った。

橋本陣営では支持者30人ほどが事務所に集まり開票を見守った。橋本氏が10時過ぎに姿を見せると、「お疲れ様」という声とともに、拍手が起こった。

橋本氏は会見で、「(出馬から)1カ月あまりの選挙でよくここまで来た。街に出ると思いのほか黒須氏への批判が強かった。このままでは八王子がだめになるという思いを受け止めて欲しい」と、今後の市政への注文を付けた。

前回の野党候補より1万7000票余り伸ばした選挙結果については、「残念というより、頑張ったという気持ちが強い。一番嬉しかったのは、共同の運動が広がったことだ」と、党派を超えた選挙戦を評価。「これを続ければ4年後には八王子を変えられる」と、次回の市長選に向けた運動を続ける決意を述べた。

開票結果は次の通り。

当黒須隆一 84877
橋本良仁 63540

3期目を決め、万歳をする黒須氏(中央)

街の魅力をどう出すか

【解説】黒須氏の今回の選挙は信任をかけた勝負だった。

自公推薦で共産推薦候補に勝利した前回の投票率は29・56%と過去最低。陣営では「油断から投票に行かなかった向きがある」との教訓から、今回はとくに熱心に投票を呼びかけた。目標とした前回以上の票は得られ、市民から一定の信任を得たといえる。

連合が黒須氏推薦を年内から決め、民主は自主投票。民主の一部市議は橋本陣営に回り、衆院予定候補者、参院議員も橋本氏の応援に姿を見せた。が、結果的には、国政、都政、市政にまたがる自公の人脈、各種団体の組織力を生かした黒須氏が橋本氏を抑えた。

任期2期目の06年は行革推進で全国自治体ランキング1位、07年は教育・子育ての街として全国2位の評価を得た。「魅力ある街に変貌を遂げている」との主張も有権者の心に響いたのだろう。

だが「子育て2位と言っても若いお母さんたちは『本当かな』という顔をする」と黒須氏は選挙演説で語った。中央道インター付近への大型商業施設誘致より中心市街地優先の要望、圏央道高尾山トンネルの反対、市民が不安がる都立八王子小児病院の移転問題もある。

「八王子らしい魅力を実感してもらえるよう努力する」という黒須氏。「総仕上げ」とする3期目。八王子の将来像に向けて、さまざまな声を反映して取り組むべき課題が待っている。(糸)

府中

野口氏の選挙事務所には、開票前から支持者らが続々詰めかけた。いすは出さずに立ったままで部屋中に支持者があふれた。野口氏自身も午後7時30分に事務所入り。落ち着いた表情で連絡を待った。

9時を回り、開票が始まるころにはすでに事務所は勝利ムード。同30分、開票所から「野口氏が圧倒的リード」との当確の報が入ると一斉に拍手が沸いた。ただ他陣営の票の伸びには「何だ、それは」と不満の声も。

深々と頭を下げた野口氏は「市民から高い評価をいただいた。初心に帰って一生懸命3期目を務めていく」と決意表明。投票率は「1ポイントでも上がってよかった」。3期目では「保育園の待機児童対策を優先したい」とし、「新年度予算で新しい保育所をつくる予定であり、議会にも理解を求めていく」と述べた。

争点といわれたごみ収集のダストボックス廃止については「審議会や市民のアンケートも見ながら時間をかけて慎重にやっていきたい」と語った。

開票結果は次の通り。

当野口忠直 44154
桑島耕太郎 14125
志摩和寿 12533

支持者から花束を贈られる野口氏(左)

ごみ対策が課題に

【解説】「今回はまさに完璧な選挙活動をしたと思う」。最終日にそう野口氏が述べたほど、陣営の体制は盤石だった。自民と民主の相乗りは国政からすると考えられない。だが、地元の老舗酒造会社社長の出で保守系の野口氏は、元市収入役。民主、社民とのつながりも深く、過去2回の選挙もほぼ同様の体制で戦ってきた。今回、陣営の心残りは、ダストボックス存続を掲げた桑島氏にも一定の票が集まったことだろう。

府中は古い歴史を持つ。かつては武蔵国の国府であり、大国魂神社の祭礼を中心に伝統が息づく。一方では競艇事業や東京競馬場、大手企業からの歳入もあり、財政レベルは高い。「落ち着いた街で極端な方向には変わらない」というのが大方の地元の考えだ。

野口氏が市長に初当選した00年は恒久減税の影響などで市税収入が減った時期で市財政は厳しかった。それを、この8年で市債残高を119億円減少、経常収支比率も多摩地域上位へと回復させたと実績を訴えた。

とはいえ、市内には小中学校をはじめ老朽化した公共施設が多く、今後は建て替えや耐震工事に経費がかかる。また、ごみ収集でのダストボックスの廃止、戸別収集、有料化は与党からも慎重論が出て実施方法は未定。

「市民の声を聞いた上で最善策をとる」とする野口氏だが着地点をどこへ持っていくか、3期目での手腕が問われる。(信)

都市長会

道路特定財源の暫定税率
維持求め緊急決議

東京都市長会は25日の全体会で、道路特定財源の暫定税率の維持を求める緊急決議を行った。

緊急決議は「暫定税率による財源は、多摩26市にとって、多摩の南北道路や圏央道へのアクセス道路、踏切遮断による交通渋滞解消に向けたJR中央線などの連続立体交差事業の促進、歩道整備や通学路の安全対策などに不可欠」として、▽道路特定財源の暫定税率を維持する法案の年度内可決▽地方道路整備臨時交付金制度の維持▽道路特定財源を一般財源化することなく真に必要な道路整備が計画、実施できること──などを求めた。

全体会ではこのほか、都から「10年後の東京」への実行プログラム2008について説明があった。同プログラムの多摩地域での主な事業展開では、公立小中学校の校庭の芝生化において市町村の要望を反映。芝生の専門的維持管理について市町村へ財政支援を行うことが盛り込まれている。

また、都の07年度施策の見直しに関する市町村との協議事項では、「都障害者グループホーム等支援事業」が引き続き協議事項になった。補助率4分の3から2分の1への引き下げに市町村が反対して都と意見が一致していないため。「ひとり親家庭包括補助事業(仮称)」の創設は「07年度予算額を基本とする」などの条件付きで市長会として了承。「地域福祉振興事業」の将来的な廃止は「都の責任で団体の自主事業化を促す」などの条件付きで了承した。

柳泉園組合

小金井のごみ受託、困難も
新焼却場選定の進行が条件

小金井市の可燃ごみを受け入れている柳泉園組合(清瀬、東久留米、西東京市で構成)は17日、同市に対し、新ごみ焼却場場所選定の方向性が示されない場合、来年度からの受け入れが難しいことを改めて伝えた。

小金井市は調布、府中両市と運営していた二枚橋焼却場が老朽化し、昨年3月で閉鎖されたため、年間1万9000トンにのぼる可燃ごみの処理を周辺自治体やごみの一部事務組合に委託している。

柳泉園組合ではそのうち4899トンについて今年度の契約で引き受けている。しかし、4月以降については、組合議会や周辺自治会から「小金井市が進める新ごみ焼却場の建設地選定の方向性がみえない限り、これ以上の受け入れは認められない」との声が強く出されていた。小金井市からのごみの受け入れ協定は多摩地域ごみ処理広域支援体制実施要綱に基づくものだが、関係者の間では「協定が前提としているのは処理施設を有している場合などであり、計画さえ不透明な小金井市のケースは適用すべきでない」という解釈をする人も多い。

同組合は2月中旬ごろまでに周辺自治会との協議を行うほか、同月中旬以降には来年度の組合予算を決める組合議会も開催される。

このため、同組合管理者の野崎重弥東久留米市長が小金井市の稲葉孝彦市長に対し「2月中旬までに一定の方向性を示してほしい」と伝えた。

小金井市は昨年6月に市民検討委員会が発足。新焼却場について検討を重ねているが、処理方法の検討が先行し、場所の選定作業についてはこれからの議論となる。市民検討委員会による答申は今年6月の予定。

都営水道の受託事務

新たに5市で廃止へ
都への業務移行進む

多摩地域の25市町で行われている都営水道事業で、市町への事務委託を廃止し、都に業務を移行する流れが進んでいる。今年度末や来年度末を目途に八王子や町田など5市で徴収系、給水系の事務委託が廃止される。5市と都の間では、廃止、移行に向けた基本協定を締結済み。これにより、事務委託廃止済み、または基本協定締結済みの市町数は従来の15市町から20市町に増えた。

◆徴収系移行率8割に

都から市町への事務委託の対象とされてきたのは、水道料金の徴収や検針などの徴収系、宅地内への水道引き込み工事の審査などの給水装置系、漏水防止や浄水所の運転などの施設管理系の3業務。

今年度末で徴収系の事務委託が廃止されるのは八王子、立川、町田、国分寺、福生の5市。町田以外の4市では給水装置系業務も同時に廃止となる。町田市の同業務の廃止は2008年度末。また、施設管理系業務の廃止は立川、国分寺、福生が09年度末、八王子、町田が11年度末の予定。

5市と都は昨年8月に事務委託廃止に関する基本協定をそれぞれ締結した。これにより、事務委託が廃止され、都に業務が移行済み、基本協定締結済みの市町を合わせると20市町となった。

5市には人口規模が大きい八王子、町田の両市が含まれる。その結果、徴収系における移行状況を給水件数でみると、15市町の段階では48・7%だったのが20市町では81・2%になり、大幅に移行が進むことになる。

◆業務の効率化目指す

多摩地域での各市町村の水道事業は、区部や市町村間で比べた場合、水道の料金や普及状況に格差があった。そのため、市町村による協議会が1969年に都、都議会に格差是正の陳情書と請願書を提出。73年に、協議が整った市町から順次、都営一元化がスタートした。ただし、自治労の要望を受け入れ、住民に直接給水するために必要な事務については市町に委託することとし、市町職員の身分も都に切り替えずそのままとした。

その後、事務委託に伴い、▽料金徴収の権限が各市町ごとなので料金支払いなどが利用者の居住地の市町に限定される▽他市町に転居されると未納整理が困難▽浄水所などの維持点検業務が市町ごとなので、広域的、効率的な業務体制が確立されない、などの課題が生じた。都では「都営一元化のメリットが十分生かされていない」と、03年6月に多摩地区水道経営改善基本計画を策定。顧客サービスと給水安定性向上、効率化を目指して、各市町と協議の上、事務委託の解消を進めてきた。

経営改善策として、顧客の集中管理が可能な「多摩お客さまセンター」を開設。利用者にとっては市町域を超えた引っ越しの際の使用中止や開始などの届け出が一度で済むようになったほか、漏水などの緊急通報にも24時間対応している。

また各市町の水道事務所の廃止に伴い、料金支払いや給水装置に関連する窓口としてのサービスステーション設置も進め、08年度からは12カ所での対応が可能になる。

◆移行に伴い課題も

一方で、一元化や事務委託解消の過程でみえてきた課題もある。水道管の老朽化が進み、震災時などの危険が懸念される市域では、今後、水道管の取り替えが必要。市町によって管理方法がまちまちな図面や道路の占用許可の引き継ぎも作業に相当の時間を要する。ハードのほか、ソフト面では料金徴収の問題がある。料金未納に対する最終的な手段としては水を止めるが、止める手段をさほどとらず、料金徴収率が低い市町を引き継ぐ場合には、都のやり方をいかに浸透させていくかも求められている。

事務委託解消の未実施である三鷹、青梅、調布、国立、稲城の5市については、経営改善基本計画に定められた2011年度末が廃止目標。現在、都では個別に交渉を進めている。ある市では「これまでは市役所で対応していた。広域的な対応によってサービス低下にならないようにとお願いしている」と話す。

都水道局多摩水道改革推進本部では「経営の面で残る課題もあり、今後も効率、安全性に配慮して業務移行を進めたい」と話している。

MEMO 都営一元化 1972年2月、都と、多摩全域の市町村でつくる「三多摩水道問題協議会」との間で基本計画について総括協議を終了。その後、計画変更を経て、73年10月に都知事と都水道局長、自治労都本部委員長との間で一元化に関する確認書を締結。翌月、第1次として小平市ほか3市の水道事業を統合したのをはじめ、現在まで9次にわたり、計25市町を統合し、都直轄である多摩ニュータウン地区とともに都営水道として一元的に経営している。計画対象地域のうち、市として水道事業を行っている武蔵野、昭島、羽村の3市は未統合、奥多摩町、桧原村は計画対象に入っていない。

会計管理局

災害時の支出対応で訓練

優先順位や必要性から支出判断

都会計管理局は23日、災害時に財務会計システムがダウンしたとの想定で、各局から出される現金支払いに対応するための会計事務処理訓練を実施した。各局の参加による訓練は出納長室時代を含めて初めて。訓練では参加者に事前のシナリオを示さず、手持ちの資金総額の状況、支払いの優先順位や必要性等を判断しながら、各局の資金ニーズや問い合わせに対応した。この中で明らかになった課題等を含めて、今後、現行の局災害対策手引きや業務マニュアルの実効性の検証やブラッシュアップにつなげていく。

規則解釈迫られる場面も

訓練は震度6弱の首都直下地震が発生し、発災後2日目で出納部署をはじめとする現任職員の配備が完了。一方で財務会計システムがダウンし、使用できないものの、金融機関（みずほ銀行）のシステムは稼働、庁舎や内線、電話回線などは使用可能という前提で実施された。訓練には総務局、都市整備局、福祉保健局、港湾局、教育庁、議会局の6局が参加した。

訓練が開始されると、局長以下、幹部職員による本部審議が行われ、参集職員の配置態勢や現金の状況などを確認。都庁第一本庁舎1階の出納課倉庫に設けられた臨時窓口には、各局から携帯電話で支出予定が連絡され、これを受けて出納課では応急復旧活動や被災者支援など災害対策に必要な支払いかどうか、また支払い予定金額などの把握も進めた。

さらにシステムダウンの影響により、手書きで作成した支出命令書を各局の経理担当職員が持参。記入漏れや不備をチェックした上で、審査・決裁等を経て、仮設の銀行窓口で資金前渡を行った。

各局からは災害現場への職員派遣に伴う経費や簡易トイレの設置、倒木の除去、無線機や車の借り上げといった支出が次々と伝えられ、臨時窓口では資金総額をにらみながらの受け付けとなった。

訓練では通常12階にいる公金管理課の職員を出納課内に配置。追加の資金要請の状況も随時報告され、各局からの支出予定とあわせて「臨時窓口の職員全員が全体状況を見渡すことができ、情報を共有化することで意思決定の迅速化も図られた」（出納課）と話す。

臨時窓口での受け付けや審査では会計主監の職員も配置、非常時の対応として東京都会計事務規則の解釈が必要なケースなどの判断にあたった。

実際の訓練の中でも、経理課長など収支命令者の参集の見通しが立たず、押印できないため、その対処方法を求められた事例、システムが稼働していないことから予算残額が不明な場合でも支出の必要性がある事例、銀行窓口開設時間の延長を求める事例など、非常時特有の問い合わせも各局から寄せられた。

こうした事例の中には、会計管理局内部で予測していなかったものもあり、災害時の緊急性の観点から、今後、対応について整理が必要になると説明している。

今回の訓練に先立って昨年11月20日には、全庁の非常参集訓練にあわせて、局独自の非常配備総合訓練も初めて実施している。災害発生時に参集した職員態勢で、いち早く業務を立ち上げ、「支払い対応」と「用品供給」にあたった。

同局では、これらの訓練を通じて、浮かび上がった改善点等を踏まえて、今年度内を目途に局災害対策手引きを改訂する考えだ。

都建設局

道路特財暫定税率問題

パンフで現状維持呼びかけ

財源確保に危機感強める

道路特定財源の暫定税率の存廃が今通常国会で争点となる中、都建設局は、暫定税率廃止を求める動きに危機感を強め、暫定税率を延長するよう訴えるパンフレットを作成した。議員や国の関係省庁、区市町村などに配布し、「都の道路整備には道路特定財源が必要」と理解・協力を必死に呼びかけている。

「今が正念場。東京都の道路整備」――。パンフレットの表紙には、そんな言葉が踊り、局の危機意識がひしひしと伝わってくる。もし暫定税率が廃止されたら、建設局の事業にはどんな影響が出るのか。

道路特財に絡む東京都の歳入は、国庫補助金1200億円、地方（都と区市町村）の税収1300億円の合計2500億円となる（06年度決算ベース）。もし暫定税率が維持できなかった場合、国庫補助金は600億円減、地方税収は640億円減の計1240億円減となり、実に半減となる見通しだ。

しかも、影響はこれにとどまらない。国が地方の道路整備推進を目的に行う「地方道路整備臨時交付金制度」の財源には、1988年度から揮発油税収入額の4分の1が充当されているが、暫定税率同様に時限的な措置で、今年3月末に期限を迎える。道路特財と同じく揮発油税を税源としているため、暫定税率と同様に存廃の議論となっている。

仮にこれも廃止となる「最悪のシナリオ」を想定した場合、435億円（06年度決算ベース）が皆減することとなり、暫定税率の廃止と合わせた影響額は1675億円の減となる。06年度決算と比較し、実に67％の減収になる試算だ。

■　■

では、実際の事業への影響はどうか。

例えば、都は「開かずの踏切」解消に向けた連続立体交差事業を推進しており、鉄道の連続立体化を進める箇所の今年度の国庫補助対象事業費は、当初予算ベースで約450億円（国費244億円、都単独費206億円）となっている。

仮に暫定税率や地方道路整備臨時交付金制度が廃止された場合、国からの補助金は現在の244億円から20億円程度と10分の1以下になる見通しだ。都の単独費が07年度と同程度とした場合、事業費は約220億円と半減してしまう。

連続立体交差事業では、JR中央線（三鷹～立川）やJR南武線（稲田堤～府中本町）が2010年に、京急の蒲田駅付近も12年度に踏切を除却する予定だが、建設局は「暫定税率が廃止された場合、これらの事業も大幅な縮小は免れない。西武新宿線や京王線などの新たな事業化も断念せざるを得ないだろう」と危機感を強める。

他にも、区部の環状道路や多摩の南北道路、オリンピック関連の道路整備など、重要施策へのダメージは大きい。

暫定税率の存廃をめぐり、与野党の攻防が国会で激化する中、建設局ではパンフレットの配布のほか、関係機関や市区町村等への働きかけを強め、暫定税率維持に向けて広く協力を求めていく。

「開かずの踏切」整備の縮小は、救急医療活動にも障害となる

非常勤制度見直しに「待った」

港区が導入を先送り

「公務職場にある格差」としてクローズアップされる非常勤職員の処遇等の問題が、新たな局面を迎えている。経験年数等に応じた報酬額の導入を検討していた港区は、今年4月からの導入を見送る考えを明らかにした。他方、今月からの新制度導入を目指していた千代田区は、当初案を一部変更して移行を開始した。いずれも「法の趣旨に反し、継続雇用が前提とならないか」との疑問の声が上がる中、見直しを迫られたものだ。

港区が検討する非常勤職員制度の見直しは、優秀な人材確保とともに、職員の意欲向上を目指したもの。現在は職務内容に応じて報酬を定額支給しているが、経験年数や勤務成績等に応じて処遇の差を設けるという。

港区人事課は、「仕事への貢献度等にかかわらず、一律の待遇では意欲も下がる。常勤職員も勤務成績に応じた処遇を導入する中、それに準じた制度を目指した」という。

しかし、この動きに「待った」の声がかかった。都行政部が「継続雇用が前提と見なせるものは、法の趣旨からもそぐわない」として適切な制度設計を求めたのだ。

これを受けて、区も検討を続けてきたが、4月からの導入には時間的にも厳しく、先送りを決定した。ただし、引き続き導入に向けた検討は続けていくという。

行政部が、区に注意喚起を促す背景にあるのが、数区で進む非常勤職員制度の見直しの動きだ。荒川区は昨年4月から三つの職層を設け、経験や能力等を踏まえて任用する制度を導入。千代田区も、今月から5段階の報酬額を設定し、契約更新時に経験や専門性を評価して処遇に反映する制度を導入した。

だが、これらの見直しは「継続雇用が前提」と受け止められ、「（非常勤職員は）緊急の場合や臨時の職に関する場合に任用できる」とする地方公務員法の趣旨に照らして疑問を呈する声も少なくない。総務省からも事実確認が求められる中、行政部は各区へのヒアリングなどを行ってきた。

行政部では「非常勤職員の実態や、処遇改善については理解しているが、法制度の中で判断しなければならない」と述べる。

こうした中、見直しの動きも表れた。千代田区は当初案を一部変更。5段階の報酬額を設定する点は変わらないが、経験を踏まえて「原則1年ごとに上位の報酬額に昇給する」という点を改め、「上位級相当の技能等がある」と見なした場合に「採用」という形をとる。

千代田区職員課では、「再契約時に半自動的に上位級に上がるのではなく、級に見合った技能等の持ち主として処遇する」と説明する。行政部では、見直し後も引き続き運用実態を注視し、適切な運用を求めていくという。

文化財の消防訓練を実施

多摩西部消防署

26日の文化財防火デー前後に、都内の消防署では文化財施設の消防訓練が行われている。多摩西部消防署でも19日、20日の2日間、管内の文化財施設で訓練を行った＝写真。

20日は、都の指定有形文化財となる東大和市の豊鹿島神社本殿で実施した。参拝者のタバコの不始末により、神社内の可燃物に燃え移ったとの想定のもと、消防団や災害時支援ボランティア、宮司・氏子らが参加し、初期消火や文化財の搬送、一斉放水などの訓練を行った。

訓練を終えた神社関係者は、「毎年、寒い中で行っているが、消防隊や消防団の機敏な動きに力強さを改めて感じた。大事な文化財をしっかりと守って後世に伝えていきたい」と話した。

豊鹿島神社本殿は、室町時代の1466年に建立された。都内に現存する神社本殿では最も古く、都内唯一の室町時代建立の社殿となっている。

新潟中越沖地震から半年

柏崎市が水道局に感謝状

昨年7月16日に発生した新潟県中越沖地震から半年、被災した同県柏崎市の職員が17日、都水道局を訪れ、同局の支援に対し、若山正樹副市長が東岡創示水道局長に感謝状を手渡した＝写真。

水道施設の復旧を支援するため、同局は柏崎市に職員など延べ75人を派遣。若山副市長は「不慣れな土地で、困難を極める環境にも関わらず、長期間にわたり懸命にご尽力を頂いたおかげで、早期の復旧がかなった」と謝辞を述べた。東岡局長も「こういうときに働かないと」と応じた。

「都民の声」月例報告

知事発言や治安・防犯などに1003件

「都民の声」月例報告（07年12月分）が24日、公表された。12月に寄せられた都民からの意見は全体で1003件、内容別では参議院宿舎など知事発言等に関するものが134件と最も多く、治安・防犯（113件）、行財政（94件）、環境対策（64件）と続いた。

このほか、オリンピック招致など文化に関する意見（58件）、禁煙や路上喫煙など健康・病院に関する意見（50件）などが寄せられた。

■都人事異動

1月31日付

退職

【課長級】▽豊島病院麻酔科医長　中村尊子

訂正

25日号4面の「東京しごとセンター多摩　若者就職支援」の記事中で、「グッJOB!」の会場は八王子市学園都市センター（八王子スクエアビル11階）の誤りでした。

ひと

『川の地図辞典』を出版した

中央区京橋図書館地域資料室　菅原（すがわら）健二（けんじ）さん

「究極の"大人のぬり絵"本誕生」と惹句にあるが、昨今の脳トレ本などとは違う。今ある川や消えてしまった川、堀、用水、運河など約500をも網羅し、その解説も加えた『川の地図辞典　江戸・東京23区編』を上梓したのが、この人。

最初の近代測量図である明治初期の参謀本部地形図（迅速測図）と現代地図とを対比。各区ごとに計140枚に及ぶ地図を白地図としたのは、等高線や水路、道路など、利用目的に合わせて色付けをし、自分だけの地図を作って街を歩いて欲しいという思いからだ。

かつて東京は「水の都」と言われたが、実際に確認できる資料はなかった。03年の鈴木理生氏との共著『図説　江戸・東京の川と水辺の事典』では解説を担当。「川については鈴木氏が論を張っているので、地図を検証し、手軽に持ち運べるものがあったら便利だ」と思っていたところに、之潮（コレジオ）からフィールド・スタディ文庫の第1巻にという話が舞い込んだ。

基本的には、明治7年に東京府が編纂した『東京府志料』に依拠し、区史などを集め、明治期から現在までの川の流路を地図で辿ってみたが、「地図とにらめっこしながら時間だけが過ぎたこともあった」と笑う。同じ地域の地図を、昔と今とでそれぞれ解説するのにも苦労したとか。

しかし、楽しい作業には違いなく、「賞味期限はない本です。今も用水を調べています。水路が抜けているなどの情報を寄せてもらい、さらに良いものにしていきたい」。

約2万5000点の郷土資料を擁する京橋図書館。今や宝と言える貴重なものも多く、利用者も絶えない。その担当として、「江戸から現代まで中央区はつながっているので、変遷を追っかけるだけで面白い」と話す。

現存する最古の地図である寛永江戸図で、京橋図書館のある辺りは海の中だが、明治初期から変遷でも、臨海部は海だったことが見て取れる。海運の隆盛は張り巡らされた水路で、蛇行する自然河川が人工的な直線に変わっていく様子なども一目瞭然。「地図は[illegible]て、街を知って、街を歩[illegible]り、文字とは違った楽しみ方があるんです」[illegible]

北海道生まれ。75年東洋大法卒。中央区公害対策課、84年から現職。「郷土資料を死蔵させないために後継者が欲しい」のだとか。趣味はウオーキング。今回も河川を出来るだけ歩いてみた。55歳。

昇任試験対策のページ

20年度 主任試験講座 ―17―

前回に引き続き地方自治法をもとに地方自治制度の確認を行います。

3 条例及び規則（第14条、第15条）

普通地方公共団体は、法令に違反しない限りにおいて第2条第2項の事務に関し、条例を制定することができます（第14条第1項、議会同意必要）。また、普通地方公共団体の長は、法令に違反しない限りにおいて、その権限に属する事務に関し、規則を制定することができます（第15条第1項、議会同意不要）。法令に違反する場合、基本的に当該規定は無効となります（第2条第17項）。条例と規則を比較した場合は、形式的効力の点で条例が規則に優先します。

条例及び規則は、いずれも自治事務、法定受託事務に関して定めることができます。なお、義務及び権利に関する事項（第14条第2項）、内部組織（第158条）、公の施設（第244条）などについては条例で規定するとされています。一方、事務分掌や服務細則などの事項は規則で規定するとされています。また、条例による委任を受けて、細目等を規則で定めることは可能です。なお、刑罰規定については、条例による委任があっても、規則で当該規定を設けることはできません。罰則規定については、法令に特別の定めがあるものを除くほか、条例では、懲役や禁錮などの刑または過料を科する旨の規定を（第14条第3項）、規則では過料を科する旨の規定を設けることができます（第15条第2項）。

条例及び規則の効力範囲は基本的に属地主義とされ、当該地方公共団体の区域内であれば、住民か否かを問わず適用されます。なお、給与条例のように、属人的に適用されるものも例外的にあります。

また、条例及び規則は、公布されて施行日以降から効力が生じます。原則、公布前に施行されることはありませんが、適用対象者などに利益をもたらすなど、法的安定性の観点から、さかのぼって適用されることもあります。

4 選挙権・被選挙権（第18条、第19条）

普通地方公共団体の議会の議員及び長の選挙権については、年齢制限だけでなく、日本国民であることや3カ月以上在住していることなどの要件が定められています。なお、長の被選挙権については、在住要件はありません。

5 直接請求（第74条～第88条）

直接請求は、地方自治に認められた直接参政制度の一つで、間接民主主義の欠陥を補強するものです。①条例の制定・改廃請求（第12条第1項、第74条）②事務監査請求（第12条第2項、第75条）③議会の解散請求（第13条第1項、第76条）④議員、長の解職請求（第13条第2項、第80条、第81条）⑤主要公務員の解職請求（第13条第2項・第3項、第86条）があります。

直接請求については細かな要件が定められていますが、おおむね、請求に必要な連署の条件、請求先、請求内容の扱い、一部の制限事項の観点で整理するとよいでしょう。

具体的には、各請求に必要な連署の条件は、①条例の制定・改廃請求及び②事務監査請求については普通地方公共団体の議員及び長の選挙権を有する者（住民全般ではありません）の50分の1の連署により、その他は3分の1（選挙人数40万人を超える場合の緩和条件あり）の連署が必要となります。

請求先は、①条例の制定・改廃及び⑤主要公務員の解職請求が長に、②事務監査請求が監査委員に、③議会の解散請求及び④議員、長の解職請求は選挙管理委員会になります。

各請求内容の扱いは、①条例の制定・改廃については議会への付議を経て一般の条例制定手続きと同様になり、③議会の解散請求及び④議員、

地方自治制度 ②

長の解職請求については選挙人の投票において過半数の同意が、⑤主要公務員の解職請求については議会への付議を経て、在職議員数の3分の2以上の出席で4分の3以上の同意があれば解職となります。②事務監査請求については、請求があったときは、請求に係る事項を監査することになります。（ただし、単なる税額のみの公開請求など監査の請求とは解されない事項もあります）

一部の制限事項についてですが、①条例の制定・改廃請求は、地方税の賦課徴収や分担金、使用料などに関するものは対象となりません。また、③議会の解散や④⑤の議員等の解職請求は、請求のできない期間（選挙等から6カ月または1年間）があります。

そのほか、特別地方公共団体における直接請求や、事務監査請求と住民監査請求（第242条）との違い、署名の収集や証明等の手続きについても整理しておいてください。

6 議会（第89条～第138条）

① 定数（第90条、第91条）

普通地方公共団体の議員定数は、人口に応じて上限があり、その範囲内で条例で定めるとされています。

② 兼職・兼業の禁止（第92条、第92条の2）

議会の議員は、衆参両議院の議員、他の地方公共団体の議員、地方公共団体の常勤の職員（再任用短時間勤務職員を含む）（以上第92条）のほか、長（第141条）、副知事または副市町村長（第166条）、選挙管理委員（第182条）などとの兼職が禁止されています。また、当該地方公共団体に対する請負者及び請負をする法人の無限責任社員、取締役等との兼業が禁止されています（第92条の2）。

③ 議決事件（第96条）

普通地方公共団体の議会の議決事件は、第96条に制限列挙されています。具体的には、条例の制定・改廃、予算の議決、決算の認定、地方税の賦課徴収または分担金、使用料、加入金、手数料の徴収に関すること、契約の締結、財産の取得・処分・譲渡・貸し付けなどが列挙されています。なお、これら議決事件のほか、条例で普通地方公共団体に関する事件（法定受託事務に係るものを除く）につき議会の議決事件を定めることができます（第96条第2項）。

契約の締結や財産の取得・処分については、その種類及び金額について、議決の対象となる基準が政令（自治法施行令）で定められています。なお、条例で種類を増加し、または下回る金額を条件として定めることはできません。また、予算の議決とは違い、議会に修正権はなく、賛否を表明するのみとなります。

④ 予算の増額修正（第97条第2項）

予算の提出権は長のみが有しているものの、その修正については、増額して予算を議決することを妨げないと定められています。具体的には、減額には制限がない一方、増額については長の予算の提出の権限を侵さない範囲で認められています。修正の手続きは、修正の動議（第115条の2）によります。また、予算修正の議決に対し、長には再議（第176条、第177条）による対抗手段があります。

⑤ 検査及び監査の請求（第98条）

議会は、当該普通地方公共団体の事務（例外規定あり）に関する書類及び計算書を検閲し、長や行政委員会等の報告を請求して、当該事務の管理、議決の執行及び出納を検査することができます。また、監査委員に対し監査を求め、結果の報告を請求することができます。なお、当該検査では実地検査はできません。

⑥ 意見書の提出（第99条）

議会は、当該普通地方公共団体の公益に関する事件につき意見書を国会または関係行政庁に提出することができます。ここで、関係行政庁とは意見書の内容について権限を有する行政機関であり、裁判所は含まれません。

⑦ 調査権（第100条）

議会は、当該普通地方公共団体の事務（例外規定あり）に関する調査を行い、選挙人その他の関係人の出頭及び証言並びに記録の提出を請求することができます（第1項）。出頭または記録の提出の請求を受けた選挙人等は、正当な理由なく出頭等をしない場合、罰則が科されます（第3項）。

ここで、関係人とは関係のあるすべての者を指し、国の行政機関や当該地方公共団体の長も含まれます。議会は、調査のために必要があるときは、会議規則の定めるところにより、議員を派遣することができます（第12項）。通常、常任委員会や特別委員会に委任して行わせる場合が多いものの、一般的・包括的な委任はできないとされています。

⑧ 招集及び会期（第101条、第102条）

議会の招集は、長が行います。なお、議会運営委員会の議決を経て議長が（今回の自治法改正で追加）、または、議員定数の4分の1以上の者が、会議に付議すべき事件を示して臨時会の招集を請求することができ、この場合、長は20日以内に議会を招集しなければなりません（以上第101条）。

議会は定例会と臨時会があり、定例会の1年あたりの回数は条例で定められます。臨時会は、長による議決事件の事前告示のうえ、その事件に限り招集されますが、緊急を要する事件があるときは、直ちにそれを付議することができます。議会の会期、延長、開閉に関する事項は、議会が定めます（以上第102条）。

⑨ 委員会（第109条～第111条）

議会は、条例で常任委員会を置くことができます。以前は設置数の規定がありましたが、現在はありません。議員は、一つの常任委員になるとされていましたが、今回の自治法改正により、「少なくとも」一つの常任委員になると改められ、複数常任委員会への所属制限がなくなりました。常任委員会では、普通地方公共団体の事務に関する調査や議案、陳情等の審査を行うほか、利害関係者等からの意見聴取、参考人の出頭及び意見聴取を行うことができます。また、議会の議決により付議された特定の事件については、閉会中も審査することができます（継続審査、以上第109条）。また、今回の自治法改正により、常任委員会の議案提出権が認められるようになりました（議会運営委員会、特別委員会も同様）。

そのほか、議会は、条例で議会運営委員会及び特別委員会を置くことができます。議会運営委員会では、議会の運営に関する事項や議長の諮問に関する事項の調査及び議案、陳情等の審査を、特別委員会では、議会の議決により付議された事件を審査します。利害関係者等の意見聴取や参考人の出頭、継続審査等は、常任委員会の規定に準じます。特別委員会は付議された事件の審議の間だけ存在し、審議が終われば消滅します。

⑩ 議員の議案提出権（第112条）

議員は、議員定数の12分の1以上の者の賛成により、議会の議決すべき事件につき、議会に議案を提出することができます（予算に関する事項を除く）。議案の提出は、文書で行わなければなりません（以上第112条）。なお、契約や財産処分に関する事項など、議員には議案提出権がない事項や、一方で、市町村の議会事務局設置条例の発案権など議員に議案提出権が専属する事項もあります。

⑪ 定足数（第113条）

議会は、議員定数の半分以上の議員（議長を含む）が出席しなければ、会議を開くことができません。ただし、除斥により半数に達しないときなどの例外規定があります。

⑫ 議事の公開の原則及び秘密会（第115条）

議会の会議は、公開が原則とされています。ただし、議長または議員3人以上の発議により、出席議員の3分の2以上の多数で議決したときは、秘密会を開くことができます。なお、当該発議は、討論を行わないで可否を決することとされています。

⑬ 表決（第116条）

議事（議会の選挙以外の件）は、出席議員の過半数で決し（議長は議決に参加不可）、可否同数のときは議長が決します。なお、出席議員の3分の2以上の同意が必要な場合（事務所の設置変更＝第4条、秘密会の開会＝第115条、一部公の施設の廃止等＝第244条の2など）や、議員数の3分の2以上出席で、その4分の3以上同意が必要な場合（主要公務員の解職請求＝第87条、議員の除名＝第135条、長の不信任議決＝第178条）があり、特別多数議決とよばれます。特別多数議決の場合は議長も議決に参加できます。

⑭ 会議不継続の原則（第119条）

会期中に議決に至らなかった事件は、後会に継続しません。例外として、閉会中の委員会の継続審査があり、当該議案は、次の会期に新たに提案する必要はありません。

次回も地方自治制度について確認していきます。

◇

20年度 主任・係長 論文講座 ★17★

区によって係長選考の時期が若干異なりますが、秋に実施されるとして試験まであと8カ月前後です。マラソンと同じであまり早くスパートをかけても息切れしますが、本番の日を見据えてそれまでの期間を効果的に使う必要があります。

試験は山登りに似ています。いろいろな登り方があります。そこでまず、少なくとも5月の連休までに、いろいろな論文をかき集め、その中から、自分の登山（論文）のスタイルを早く見つけることが大事です。今回の講座もその一助にしてください。実際に書かれた論文を素材に解説していきます。

特別区係長選考

論文課題

「係の組織目標を達成するために、どのような組織運営を行えばよいか、あなたの考えを述べなさい」

論文例

1 今こそ求められる組織力の向上

区を取り巻く現状は、急速な少子高齢化、それに伴う人口構成の変化、IT技術等の高度情報化の進展といった状況下にある。経済的な状況では、一般的に景気の回復傾向の兆しが窺えるとはいうものの、楽観視できる状況にはまだないと言うことができる。

また、地方自治法等の改正により、各自治体には自らの判断と責任で地域の実情に合った施策の推進が求められている。

このような状況下であるからこそ、区政は、区民に最も身近な自治体として、多様で複雑化した区民ニーズに適応したより質の高いサービスを提供していかなければならない。そのためには、係長が的確なリーダーシップを発揮し、係員全員が一体となって、前向きな姿勢で仕事に取り組み、係の行政目標を達成していくことが不可欠になってくる。

2 係の組織目標を達成するための私の実践

私は、係長として、係の組織目標を達成するために、次のことを実践していく。

第一に、係としての組織目標を明確にすることである。係の達成目標が職員に明確に浸透していない職場では、職員は目的意識を持って、自主的に仕事を進めていくことに支障が生じやすい。私は係の達成目標への課題を設定し、係内会議の場などを通じ、係員全員に周知していく。

また、私は、係員に対して、係が取り組む仕事の意義、区政における自分の課、係の位置づけを十分に説明し、各係員が自分の担うべき役割を理解できるように促していく。このような係として進むべき方向を明確化することで、各係員の仕事への意欲を引き出していく。

第二に、係内のコミュニケーションを円滑にし、係に一体感を持たせることである。係内のコミュニケーション不足は、係員間における誤解や仕事上の無駄を生じさせる。その結果として、係の組織力の低下を招き、係として組織目標を達成しようという意欲の低下を生じさせる。私は、日頃から、職員の意見に耳を傾け、職員が仕事に対して、不安、疑問を抱いている場合には相談に応じる等、適切な助言指導を行っていく。

第三に、自ら、係のリーダーとしての資質を高めることに努めていくことである。係長として、係の組織目標を的確に設定し、また、各職員に、適宜、適切な助言等を行っていくためには、業務への正確な知識と的確な判断力が身に着いていることが必要である。日頃から、担当業務という枠にとらわれず、区政の目標や課題を正確に把握するとともに、国や他の自治体等の動向にも配慮し、必要な情報を積極的に収集する。それらに基づき、係の行政目標の達成に役立つように整理・検討し、職員に投げかけ、係全体で議論していく。このように自らが率先し、考え、行動していく姿勢を職員に示す事により、職員の仕事への意欲や問題意識の向上を喚起させる。

論文添削 ③

3 区民の望む区政の実現に向けて

職員の一人ひとりが自らの能力や意欲を最大限に発揮し、係員全員が一体となって、行政目標を達成していくことを継続していくことが、区民の満足度の高いサービスを提供していくことにつながっていく。

私は、係長として、課長の補佐を努めるとともに、係の組織目標を達成するべく、日々自己研鑽に努め、区民の望む区政の実現に向けて全力を尽くす決意である。

論文添削と講評

【出題意図の把握について】

試験は、出題者とのコミュニケーションです。出題者が何を訊いているのかを把握しなければ、的確に答えることができません。論文課題には、①「係の組織目標の達成」②そのための「組織運営」ということが書かれています。なぜこの二つが大事なのでしょうか。組織目標とは、区に対して区民が期待する政策の中で、自らの課に期待されている施策の方向性や役割であり、さらにその中で、自らの係に期待されている役回りのことです。とはいえ、「3年一昔」と言われるほど社会の変化が早く、また、急速な少子高齢化と人口減少の同時進行という未知の時代を迎えていることから、時代を先読みした効果的な政策や施策を展開することが困難になっています。組織運営の面でも、少子高齢・人口減少社会は、税収や人材面で、区政にダメージを与えていきます。このような中で、区としては、将来を見据えた経営体制を構築していく必要がありますが、そうした中で、区政の第一線職場の係として、どのような組織運営を行っていくのかが今問われているわけです。

【1について】

見出しは、間違ってはいませんが、ややインパクトに欠けます。例えば「社会の変化を見据え、求められる新たな組織運営」など、自分なりにオリジナルなものを考えてみてください。「少子高齢化」「人口構成の変化」「IT技術等の高度化の進展」の話を書くこと自体は悪くないが、なぜ、これを書くのでしょうか。区の試験なのだから、今・なぜ・我が区でこれらが問題になるのかという必然性の話を書いてほしい。少子高齢や人口減少の問題は、平たく言うと、社会的な支援を受ける人々の割合が増える一方で、国や社会を支える納税者や労働者、地域の人材が減っていくということです。

また、経済状況について、景気の動向を書くなら、区の財政状態との関係を書くべきです。区の財政が、少子高齢・人口減少が進む将来どのようになっていくのかも書いてほしい。景気は、米国発のサブプライム問題や世界的な原燃材料費の高騰を受けて先行きが不透明になっています。新聞等で景気動向や税制改革の動きを把握し、区税や特別区交付金への影響を考えてみてください。

そして、以上のような話を受けて、1の後半、さらに2へと繋げていかないと、論理性が高いとは評価されません。論文例では、残念ながら、1の前半→1の後半→2という流れがあまりよくありません。

また、最後の段落の前半も間違いではありませんが、区民ニーズのトレンドがありますから、それを書いてほしいと思います。「安全・安心・快適・活力」など区長が区議会のあいさつで使うような言葉を書くと、理解が示せると思います。試験は自己アピールですから、さりげなく自分の理解を示すべきです。同段落の後半は、少し平板です。ここは2へ繋がるいわば予告編ですので、2の話に期待を抱かせるような「さわりの話」を入れてほしいと思います。

【2について】

そこで、2を見ると、①「組織目標の明確化」②コミュニケーションの円滑化③自らのリーダーシップとしての資質の向上――という3本柱になっています。①はよい。②と③は、普遍的な内容でこれ自体重要なことですが、残念ながら、1の話とのリンクがやや弱い感じがします。また、この3本柱でも合格水準かもしれませんが、より高レベルの論文を目指すならば、「区民や民間事業者との協働」や「行政評価を活用した事務事業の見直し」「政策形成能力の向上」など組織運営に関する今風の話を是非入れてほしいと思います。そうしますと、話が戻りますが、1の最後の段落の後半も、こういう話の予告編を書くことが望ましいことになります。例えば、「そのためには、今こそ、簡素で効率的な区政運営を徹底するとともに、予算・人員、民間活力、情報技術等活用できるあらゆる経営資源を駆使して、組織目標を達成していくことが求められている」という書き方が考えられます。このように、2で書く話から逆算して、1を組み立てるという方法もありますので、1→2、2→1と絶えずチェックしてほしいと思います。

【3について】

3は、1を発展させたものです。ここでは、新しい課題は書かないで、ポジティブに明るい未来を熱く語ってほしいと思います。1で地方分権の話を書き、2で区民との協働の話を書くこととするならば、見出しは、例えば、「区民と共に築く活力に満ちた地域社会の創造」などは、どうでしょうか。内容的には、「日々の着実な取り組み→区民との信頼関係の向上→区民の理解・協力の促進→区民と共に創る地域社会」の好循環というような話を書くとよいと思います。このように、1と3、2と3のリンクにも十分に留意すると、論理の流れがよい骨太の論文になり、高い評価に繋がっていくことでしょう。

20年度 教育管理職への 道しるべ ＜21＞

地教行法 ①

はじめに

「地方教育行政の組織及び運営に関する法律」（以下「地教行法」という）は、教育委員会制度創設の拠り所となった「教育委員会法」（昭和23年制定）を全面的に改正して、昭和31年に制定されたものです。

地教行法は、教育委員会の設置、学校その他教育機関の職員の身分取り扱いのほか、地方公共団体における教育行政の組織及び運営の基本を定めた、地方教育行政の根幹となる法律です。

教育管理職にとって身に着けるべき最も基本的な法令の一つですので、これから教育行政を担おうと志している皆さんは、この機会に是非しっかりと地教行法を勉強して下さい。

特に今回は地教行法の一部改正が行われ、平成20年4月1日より改正法が施行となりますので十分注意して下さい。近年の主な法改正事項は、以下のとおりです。

平成11年には、地方分権推進計画や中教審答申に基づき、教育長任命承認制度の廃止（第16条）等の改正がなされました。

また、平成13年には、教育改革国民会議報告の提言等に基づき、指導の不適切な教員へのより適切な対応～指導の不適切な教員を教員以外の他の職に異動（第47条の2）、公立高等学校の通学区域に係る規定の削除（第50条）等の改正がなされました。

さらに、平成16年には、公立学校の管理運営の改善を図るため、教育委員会がその指定する学校の運営に関して協議する機関として、地域の住民、保護者等が学校運営に参画する学校運営協議会を設置できるようにするための所要の改正が行われました（第47条の5）。

今回の法改正の概要は、

○教育委員会の責任体制の明確化～①地方教育行政の基本理念の明確化（第1条の2）②教育長に委任することができない事務の明確化（第26条第2項、第37条第2項）③教育に関する事務の管理及び執行の状況の点検及び評価（第27条）

○教育委員会の体制の充実～①市町村の教育行政の体制の整備及び充実（第55条の2）②市町村教育委員会の指導主事の設置の努力義務化（第19条第2項）③教育委員の責務の明確化及び研修の推進（第11条第6項、第48条第2項第4号）

○教育における地方分権の推進～①教育委員の数の弾力化（第3条、第4条第3項、第7条第2項から第4項）②教育委員への保護者の選任の義務化（第4条第4項）③スポーツ及び文化に関する事務の所掌の弾力化（第24条の2第2項）④県費負担教職員の同一市町村内の転任（第38条第2項）

○教育における国の責任の果たし方～①是正の要求の方式（第49条）②文部科学大臣の指示（第50条）③文部科学大臣の地方公共団体の長及び議会に対する通知（第50条の2）

○私立学校に関する教育行政（第27条の2）

等の改正であり、平成20年4月1日から施行することとなっています。

傾向と対策

ここ数年は「教育委員会」に関する問題が中心で、問題数2問です。一昨年は「教育委員会の組織及び権限」と「指導力不足等教員」に関する問題の2題、昨年は「教育委員会の組織及び権限」と「県費負担教職員の任用等」に関するもので、いずれも基本的な知識を問う内容の問題でした。地教行法の基本的事項である、教育委員会の組織、教育委員・教育長の身分、教育委員会及び地方公共団体の長の職務権限、県費負担教職員制度等を中心に、前述の法改正のポイントについても十分理解しておきましょう。

勉強の方法

地教行法は全部で63条の短い法律ですから、全文をよく読んで重点的な部分は頭に入れてよく理解して下さい。

わかりやすい法律ですので、受験対策だけでしたら、専門書まで読む必要はありませんが、教育小六法などで条文をよくあたって下さい。

さらに、今回の改正事項については、その背景等についても勉強し、正確に理解しておくことが大切です。

問題

【問題 1】

教育委員会に関する記述として妥当なものは、次のうちどれか。

① 教育委員会は都道府県にあっては5人の委員、町村にあっては3人の委員をもって組織する。

② 教育委員会の委員の数は教育委員会規則で定めるところにより、都道府県にあっては6人以上の委員で組織することができる。

③ 教育委員会の委員の数は条例で定めれば、増減することができる。

④ 教育委員会は、都道府県及び区市町村に設置が義務づけられているが、一部事務組合や広域連合など地方公共団体の組合には必置ではない。

⑤ 市町村は近隣の市町村と協力して、教育委員会の共同設置その他の連携を進め、地域における教育行政の体制整備及び充実に努めなければならない。

【問題 2】

教育委員会の委員に関する記述として妥当なものは、次のうちどれか。

① 教育委員は人格が高潔で教育等に識見を有する者のうちから、地方公共団体の長が任命するが、議会の同意は必要としない。

② 教育委員のうち3人以上が同一政党に所属することとなってはならない。

③ 教育委員の年齢、性別、職業等に著しい偏りが生じないように配慮するとともに、委員のうちに保護者である者が含まれるよう努めなければならない。

④ 教育委員は地方公共団体の議会の議員と兼職できないが、常勤の職員と兼ねることはできる。

⑤ 教育委員の任期は4年であり、再任されることができる。

解説

【解説 1】 正答⑤

① 誤り。教育委員会は5人の委員をもって組織する。（地教行法第3条）

② 誤り。教育委員会規則ではなく条例で定める。（地教行法第3条）

③ 誤り。都道府県は6人以上、町村は3人以上の委員で組織することができる。

④ 誤り。地方公共団体の組合にも設置が義務づけられている。（地教行法第2条）

⑤ 正しい。（地教行法第55条）

【解説 2】 正答⑤

① 誤り。地方公共団体の長が議会の同意を得て任命する。（地教行法第4条）

② 誤り。委員の任命については、委員の定数の2分の1以上の者が同一の政党に所属することとなってはならない。（地教行法第4条）

③ 誤り。委員のうちに保護者である者が含まれるようにしなければならない。（地教行法第4条）

④ 誤り。常勤の職員と兼ねることはできないほか、短時間勤務の職員や執行機関として置かれる委員会の委員とも兼ねることはできない。

⑤ 正しい。（地教行法第4条）

区政潮流

特別区の新公会計制度
その使い方をよく学び戦略をもつべきとき

■BSやPLがわかりにくいのではない

特別区では、2000年3月の総務省「普通会計バランスシート作成基準」の前後から①「バランスシート（BS）」が導入されている（全区）。07年度末で都道府県と政令指定都市で100％、市区で8割が導入済みだが、町村では5割に満たない。同様に②「行政コスト計算書（PL）」では市区で6割、町村で2割という状況だ。

①BSは次世代に引き継ぐ資産はどれだけあるかの「ストック情報」を、②PLは、経常的な行政サービスを実施するのにどれだけのコストをかけているかの「コスト情報」をそれぞれ明らかにしようとする。また、③キャッシュフロー計算書（資金収支計算書：CFと略す）は、投資的経費がどの財源で賄われているかなど年間（期首と期末）の資金変動の状況、つまり「収支情報」を提供する。財政規模が大きくなればなるほどマクロの財務情報を示すことで財政の透明化に貢献することに意義がある。予算書あるいは決算書で自治体の財政運営の状況を明確かつ十分に説明できればこれら諸表は必要ない。しかし、決算書等で「わかる」というのもムリがある。外からは見えにくい投資や借金等の財政運営の結果について、ミクロ・マクロの両面から十分議論されることは少ない。それゆえマクロの財務情報としての財務諸表の意義は高い。

にもかかわらず、これまでBSやPLを使いながら決算やその後の予算で議論されることは少ない。行政評価同様になお実用化への課題を残しているのが実際だ。決算認定に付する際の成果報告書としてこれら財務諸表の提出を義務づけられるようになれば事情は一変しよう。財務諸表がわかりにくいのは、わかろうとする意欲がないだけのことでしかない。

公会計の透明性の確保

区長、最新のシステムです 手にとるように見えるでしょう

ウ〜ン こういうの弱いんだ キミの顔が見えるだけだよ…

■二つのモデルと新財務諸表（財務4表）

総務省は07年10月17日「新地方公会計制度実務研究会報告書」を発表した。

総務省方式改定モデルと基準モデルの二つが示され、人口3万人以上の都市には08年度決算から、つまり特別区は09年秋にはいずれかのモデルで財務諸表を作成しなければならない。もちろん拘束力のある義務ではない。しかし行革推進法（06年6月）や自治体財政健全化法（07年6月）を踏まえれば、事実上義務付けられたと同じだ。

総務省方式改定モデルは、売却可能資産は売却可能額（時価）で評価することを目玉とする。その他データは決算統計の数値を活用することができる。1968年以前の固定資産も売却可能資産から順次財産台帳を整備することを求めるいわば暫定モデルともいえる。

一方、基準モデルは、すべての資産評価のうえで開始貸借対照表を作成し、複式簿記の仕分けデータに変換する方法によるなど本格モデルといえるものだ。

これらふたつのモデルとも先述の①から③に加え④純資産変動書（NWMと略す。Net worth matrix）の作成が新たに求められる。当期に使った資源に対し利用可能な資源の増加額（税収等）および将来利用可能な資源の増加額との差を当期純資産変動額として明示する。純資産の減少は、将来世代にその分の負担が先送りされたことを意味する。これは処分・蓄積勘定といわれるものだが、税収の増減は損益外純資産増加原因として扱われる。民間の会計では税収という概念がないため、公会計としての新境地を拓くものといえよう。

■区はいずれのモデルを選ぶべき？

改定モデル、基準モデルのいずれを選ぶかは各区の判断である。特別区では杉並区や板橋区など既に台帳方式を採用している区があることから基準モデルを選ぶ区が多いと予想される。基準モデルを選ぶとすれば08年度中に準備、とりわけ固定資産台帳等の整備や複式変換情報をもつためのソフトを導入する準備を急がなくてはならない。08年度の予算にはどの区も新公会計関連予算を組んでいることだろう。

しかし、新公会計制度は自治体の行政経営システムを根本的に変えてしまう可能性をもつ。極端ない方をすれば、特別区のトップはこれら財務4表、特にNWMを使いながら予算編成の大綱を示すようになる。そうなるとこれまでの財政部門主導あるいはボトムアップによる予算編成のスタイルは大きく改められる可能性を孕む。会計課などのスタッフ組織、事業部編制など組織のあり方をよく検討する必要がある。システムの変更問題はイコール組織問題である。会計課主導で新公会計制度の実用化を検討することが必要だ。

また、第三の選択肢として「東京都モデル」を採用する途がある。06年4月から稼働した東京都の新たな公会計制度はリアルタイムで複式簿記への変換を行い、事業別・部局別財務諸表の作成が可能となっている。税は「収入」と扱い総務省が示す2つのモデルとは異なるものの会計システムとしては「優れもの」だ。都は都外の自治体にも自らのソフトの無償提供を呼びかけている。透明かつ合理的な経営システムへの転換を目指すのであれば、この際、都モデルの採用を検討してみてはどうか。都モデルで別段の不都合もない。何が何でも基準モデルというのも能がない。区の主体性が必要だ。

■会計基準の統一を議論しなくてよいか

公会計の必要が言われて久しい。にもかかわらず、特別区としては手を拱いてきたのが実際だ。専門家（公認会計士・税理士）の登用や内部の人材育成、専門研修の大幅拡充など対応が遅れたともいえる。次代の経営システムへの共同研究がない。「特別区のシンクタンク」こそ、いま、必要だ。管理会計の導入など特別区の経営システムを刷新していく取り組みを強化することが望まれる。

自区の問題を超え23区の行く末を考える「キング・ヒドラ」には、区間の比較が可能となる性能（共通の会計基準）を備えるべきではないか。

（特別区自治問題研究会）

さらば青春の名画たち
団塊退職世代に贈る ②

『突然炎のごとく』 フランソワ・トリュフォー

封切館で新作を見ることなどなかった。便所の臭いが客席に漏れ、どういうわけか場内に柱が立っていたりして、座れたら幸運ないすはガタガタ、100〜150席前後の名画座と呼ばれる小屋。2本立てで入場料は150〜180円だったか？

心の名作に再会してはならないとの前言を翻すようだが、やむを得ない場合もある。こんな条件で見ていたからだ。

格安2本立てだから、経営的採算というか……そのために作品は封切より短縮されていた。フィルムを切るのではなく、ある巻の冒頭を巻き込む、末尾を送り込む、すごい場合には1巻全体を飛ばすというような高等芸も行われたらしい。では、どこがどのくらい飛ばされていたのだ？ そのことが今になって気になるのである。

ゴダールの、たとえば『軽蔑』。眼球に着色されたギリシアの石像がどの神を模したものか推論するシーンがある。無駄のようだが、こういうところは端折って欲しくない！ DVDで確かめてみた。

短縮されていたと思えたのは、背中から足にかけて、ブリジッド・バルドーの裸身をなめるようにカメラが何度も移動するシーン（しつこい）。アメリカ帝国主義の化身＝ハリウッドの凶暴プロデューサーが持参した古代ローマ・エロ画集の図像（くどい）くらいだった。ホッとした。

ゴダールは、この作品に刺激を受けて『気狂いピエロ』を撮ったのだという。フランソワ・トリュフォー監督、『突然炎のごとく』。後に喧嘩状態になる二人だが、このころはとても仲が良かった。

トリュフォーの作品では画面の背後にある、性を媒介とした（ときには放縦な）人間関係が不意に露出して驚かされることがある。監督自身も女優を〝愛する〟人だったらしい。ということは……カトリーヌ・ドヌーヴは姉妹とも？……くそッ！

ともあれ、この作品ではジャンヌ・モローである。仏・独の国境を越えた男の友情と、そこに舞い降りた天使？ 魔女？ との三角関係である。

我がままなのか奔放なのか魔性なのか淫乱なのか。どうやら女は、いついかなるときも100％の男の愛を望んでいるらしい。男たちに相手にされないと、いきなり夜の河に飛び込んだりする。

ドイツ男の方と結婚。戦争をはさんでの再会。子どもが生まれていた。「あの子はジュールに似ていないね」の、女に向けた衝撃の言葉。フランス男を加えた同居生活。美しい自然の中でゆらぐ愛。第三の男を含めた、女の行ったり来たりと唐突な結末。

分からなかった……無理もない。20歳にも達していないころのションベン臭い映画体験である。生活も知らない、女も知らない（ずっとそうだけど……）。その年頃での、来るべき生への不安とおののき。それがこの作品を心の底に深く刻印させたのかも知れない。

（瀬満）

投稿

「練馬区立図書館貸し出し履歴保存」報道に関して

「東京の図書館をもっとよくする会」事務局　池沢昇

朝日新聞が1月11日、「図書館の貸し出し履歴保存」のタイトルで、練馬区立図書館がこの1月から本の貸し出し履歴を一定期間（その本を借りた直前の2人の利用者番号を返却後最長13週間）保存するシステムを導入したと報じた。「ここ数年貸し出した本が切り抜かれたり書き込みされたりして、誰が破損したかを巡り窓口で利用者とトラブルになるケースが増えているため」と同記事は述べている。続けて、日本図書館協会事務局長の「不必要な情報を残せば外部からの圧力などで目的外に使用される危険性もある」との指摘が載せられている。

「東京の図書館をもっとよくする会」に対しても、「会」としてどう見ているかを早急に公表せよとの声が寄せられた。私たちは、把握できた状況に基づき検討を行い、以下の見解に達した。

◇

「練馬区立図書館貸し出し履歴保存」問題にかかわる見解（1月13日）

1．朝日新聞記事は「貸し出し履歴は流出すれば借主の思想・信条を侵す恐れもあり」と述べている。私たちは外部に流出しなくとも、「貸し出し履歴」を残すことは、それ自体が思想・信条の自由、読書の自由を侵す恐れがあると考えている。

練馬区立図書館が導入した「貸し出し履歴」は貸出者全体の監視システムである。貸し出し記録が残れば、外部への流出や図書館内外の圧力による漏洩や目的外使用は起きてくると想定しなければならない。記録がなければ漏洩は起きようがない。返却後速やかに貸し出しの記録を消滅させるのはそのためである。

もっとも危惧するのは、当初の導入意図と異なる部分に抑止効果を生み出すことである。中心館の練馬区立光が丘図書館長は、同記事の中で「思想信条に触れてはいけないし、触れることはしない」と述べている。しかし、監視されている、あるいは、他人に知られたくないなど、不安を感じた利用者は図書館を利用しなくなったり、行政が快く思わない本を借りることを避けるということが当然に起きるだろう。「貸し出し履歴」の導入が何をもたらすのか、利用する側にも立って考えるべきである。

2．「貸し出し履歴」システムは、返却と同時に貸し出し記録を消すという大原則を逸脱するものである。その導入にあたっては、どのように使用するのか説明しなければならない。それによって、システム導入の是非が判断できる。しかし、その説明はない。

一般的な使用法として考えられるのは、本に切り取り等が見つかった場合その確認の連絡に使用するということである。しかし、それならば返却して書架に戻すまでが限度であろう。誰でも手に取り利用できる状態に戻してから書き込みや切り取りを発見しても、誰が破損させたのか分かるはずもない。返却される本を受け取ったときに、きちんとチェックし、問題があればそこで処理するのが原則である。破損して使用できない状態になっていることが確認できたら、弁償を求めなければならない。図書館ばかりでなく、社会的に物の貸借はそのように行われている。返却のときに受け取っておきながら、後で（最長13週間後）蒸し返すのは、反発と不信を招くだけである。このシステムを実際の事務処理に使用するのは困難である。

切り取り抑止効果としての導入ということも考えられる。「貸し出し履歴」を残し、必要があれば使用すると威圧して、破損を抑止・牽制しようということである。そうであるならば、切り取り対策に実効がないばかりか、図書館の姿勢として異常である。

本の切り取り対策として実効がなく、かつ、利用者全体を敵視するかのようなシステムは再考すべきと考える。

3．同記事は、練馬区立11図書館の貸し出し不能となった資料（老朽化も含む）が、02年1万9555点から06年3万6742点に増加したことを伝えている。本を利用してもらうには、きちんと本が整備された状態で維持されなければならない。そのためには、本を貸すときには破損していない本を貸し、本が返されたときはその場で異常がないかチェックして受け取るようにするという、原則的な窓口対応を行わなければならない。本は区民の財産である。破損していれば弁償してもらう。その当然のことができなければ、切り抜きや書き込みは増えるばかりである。図書館が行わなければならないのは、窓口対応の能力を向上させることである。

北区 内田康夫ミステリー文学賞を出版化

花川区長と内田氏と5人の大賞受賞者

ミステリーをジャンルに、内田康夫という冠もつけたユニークな賞で知られる「北区内田康夫ミステリー文学賞」が5周年を記念して、『はじめての小説（ミステリー）内田康夫&東京・北区が選んだ気鋭のミステリー』を出版。22日に北トピアで記者会見が行われた。

これまで5回の大賞受賞者5人を迎え、花川與惣太北区長と内田康夫氏が出席。区長は「このタイトルは内田先生が付けた。執筆者の方々には初の受賞作で、初めて多くの方に読まれ、初めて世評にさらされる小説となる。ベテランと違い初々しさと瑞々しさに溢れた作品で、願わくば多くの方に読んでもらいたい。これからも文学賞を区の誇りとして大事にして、内田先生に続く作家が生まれてくることを期待します」とあいさつ。

内田康夫氏は「果たして内田を冠にかぶせてうまくいくかと思ったが、次第に全国区になってきて、第6回では最終選考に残った7人全員が北区在住でないという意外な結果になった。全国区の色彩が濃くなったのは、北区のために喜んでいいのか忸怩たるものがあるが、北区の文化度を高く印象づけるという点では成功したのかなと喜んでいる」と言い、賞の特色を「自治体主催の文学賞として、人殺しがないような、どぎつくないものの方が相応しいと思っていたが、応募者がそれを察知してか、優しい心の持ち主が多いためか、結果的に『人に優しいミステリー』になっている」などとあいさつした。

本には大賞を受賞した5作品のほか、名探偵・浅見光彦が登場する初の短編『鏡の女』を収録。浅見が住むミステリータウン「北区」紹介やさんぽマップ。巻末には浅見の住民票まで綴じこまれている。内田氏の「不思議の街『北区』に生まれて」や浅見との特別対談「プロ作家になる！」も、ミステリーを書いてみたいという人には格好の手引書となっている。

実業之日本社刊。価格は1575円。

「がんばれ！公務員」は休みます。

とうきょうと川柳会

○●1月の宿題1「エステ」

美人ほどメンテナンスに金をかけ　斉藤　弘美

脂肪より先に財布のダイエット　田村　昭雄

家よりもエステの鏡よく写り　松尾タケコ

☆昔から母のエステは糠袋　伊藤嘉枝子

○●7月の宿題2「なびく」

不器用でなびかないのも自分流　菊池　順風

一人だけなびかぬ部下に教えられ　松隈　一寛

ペンライト演歌に合わせ調子とる　山城　隆

☆生きている味の本音に惚れていく　松尾　健二

（☆は選者の句）

とうきょうと川柳会のご協力で本紙読者からも川柳を募集します。2月の宿題は「庭」と「上目遣い」で、それぞれ2句を作句し、Eメールで、henshu@toseishimpo.co.jp あてか、ハガキで編集部あてにご応募下さい。2月18日必着。

都政新報

発行所　都政新報社
〒160-0023 東京都新宿区西新宿7-23-1 TSビル
〈総務・読者〉(03)5330-8781
〈企画広告〉(03)5330-8784
〈編　　集〉(03)5330-8786
〈出　　版〉(03)5330-8788
〈セミナー事業部〉(03)5330-9977
〈ファクス〉(03)5330-8808
郵便振替 00130-2-101470
購読料 月1,680円(税込)
毎週火・金曜日発行
但し、祝祭日は休刊

紙面から

忍び寄る税収の陰り

分岐点　●08年度東京都予算　①

最終補正と一体で編成

再建後に国が財源収奪

08年度の東京都予算案は、一般会計が前年度比3・8%増の6兆8560億円。そのうち、都民サービスに直接充当される一般歳出は4兆4137億円で、伸び率は半分の1・8%増にとどめた。都税収入が良かった割には、それに踊ることなく、手堅い予算となっている。基金への積み立てが目を引くが、これも背景には法人事業税の一部国税化に伴う減収見通しなどがある。「攻め」と「備え」と銘打つ石原知事3期目の予算を検証する。

08年度当初予算案は、積極型とも堅実型とも言える予算案だ。都庁内では、その理由として三つ指摘されている。

第一に、国や地方財政計画が0・2%程度の微増にとどまる中で、都は3・8%も財政規模が伸びた。この点だけを見れば積極予算で、税収見込みも約5兆5100億円と史上最高。ところが、かつてのバブル期のように「箱もの」の新規建設に走らず、財政規律と抑制が働いている。「現在も鈴木知事時代の反省と教訓が生きているのでは」と都幹部。

第二の理由は、都議会などで問題となりそうな課題がない反面、耳目を引く事業が見当たらないことだ。知事のトップダウンとも思える目新しい施策は、低所得者対策ぐらいしかない。知事本局が中心になって策定した長期ビジョン「10年後の東京」の具体化に4700億円が投じられたが、華々しい新規事業というよりは既存事業の拡大なども多く、地味な印象を与える。財務局では「行政としてやるべきことは、しっかり予算化した」という。

三つ目は、都の財政構造の問題だ。隠れ借金も07年度予算で解消し、税収が歳入の80%を占めている。起債依存度は3・9%と極めて低い。国が30・5%、地方財政計画が11・5%というレベルにある中で、ひときわ都の健全性が目立つ。あとは新銀行東京の処理さえ済めば、負の遺産も完全になくなり、いつでも次の知事にバトンタッチできるほど財政構造的には身ぎれいになった。

こうしたことから「無難で手堅い予算案」と、もっぱら評されている。

しかし、マクロの視点で俯瞰すると、都財政は分岐点に差し掛かっている。歳入の根幹をなす都税収入は先行き不透明になり、これに加え、09年度からは法人事業税の一部国税化により、税収の右肩下がりが濃厚になっているからだ。

比ゆ的に表現すれば、財政再建の長いトンネルを抜けて都政が新たなステージを歩き出そうとしたら税収に陰りが見え始め、そこにきて国による平年度で約3000億円の「ぼったくり」に遭遇したようなものである。08年度は、こうしたバックグラウンドを背負って編成された予算だった。

■乱高下

都税収入のトレンドを見ると、その昔は1975年度に一度税収が下がった以外、89年度までは毎年度伸び続けた。しかし、バブル崩壊後は、アップダウンが激しくなり、3年で税収が1兆円も落ちたり、反対に1兆円も増えるという乱高下の時代に入った。90年代は、税収が3年連続で前年度より増えることは一度もなく、それが当たり前の状況だった。

ところが、04年度から再び税収が好調に転じ、07年度まで4年連続で伸びた。この期間の増収分は、減債基金積立不足の解消や負の遺産処理に充てられ、都財政は立ち直ったが、その税収に目をつけたのが国だった。

このため3期目就任後、石原知事にとって最初の予算編成では、都税の減収等への対応と新たな施策展開という二律背反の問題をどう見せるかが最大のポイントになった。そこで編み出されたのが、07年度最終補正と08年度当初予算を一体的に編成し、それぞれに役割分担する考え方だ。当初予算を施策を積極的に展開する「攻め」、最終補正を攻めを支えるための「備え」とした。

都は、法人事業税国税化対策特別基金に2185億円を積み立てるが、もし当初予算で財源を捻出すれば、東京富裕論を助長することになる。

「最終補正で新設するところに都民サービスの水準を下げない姿勢を示し、影響の深刻さ、国の理不尽さの意思を込めた」(財務局)という。

08年度の税収は、最終補正後と比べて0・3%増(169億円)となっているが、その中身を見ると、個人都民税の税源移譲の平年度化による6・9%増(535億円)に助けられた部分が大きい。最大の基幹税目である法人2税は、1・6%減(419億円)となっている。都財政を支える潮の流れは、すでに変わっているのである。

都税収入の推移と伸び率

都立病院改革

独法化は当面見送り

制度変更も国に要望へ

都病院経営本部は1月31日、今後5年間の都立病院改革の方針を示す「第2次都立病院改革実行プログラム」を策定した。最大の焦点だった都立病院の独立行政法人化については、「メリット・デメリットについて、都立病院の運営実態を踏まえ検討していく」という表現にとどまり、当面の移行は見送られることになった。

都立病院の独法化を巡っては、「行財政改革実行プログラム」(06年7月)以降、都議会から反対論が相次ぎ、「都立病院経営委員会」(委員長=大道久・日大教授)が昨年11月にまとめた「独法化が最も柔軟な経営形態」とする報告書を、どう位置づけるかが注目されていた。

独法化の導入事例が自治体病院に少ないことから、「国の動向や自治体病院における地方独立行政法人の導入事例についての情報収集と検証を行う」とした。また、課題として、法人が独自に長期資金を調達できない点や、「医療監察法」により、精神医療センターのような「指定入院医療機関」の運営ができない点を指摘。「制度自体の変更を、必要に応じて、国に働きかける」という方針を示した。

都立病院再編では、大塚病院にNICU3床とM−FICU6床を増設し、「総合周産期母子医療センター」として整備するなど、周産期医療の充実を図る。

また、医療の質を向上させるため、「人」を重視。08年度から開講する「東京医師アカデミー」の研修環境を整えるため、病院の近くに職務住宅を確保するほか、全病院で院内保育室の24時間化を目指す。また、育児中の短時間勤務制度を挙げた。

患者サービスでは、看護や医療福祉などに分かれていた相談窓口を「患者相談センター」に一元化する。

このほか、昨年頻発した患者の個人情報の流出を防ぐため、情報セキュリティ水準を職員の自己点検や外部機関の評価で向上させる。

実現には法改正が前提

【解説】都立病院の経営形態については、経営委の報告書とほぼ同じ書きぶりにとどまった。都幹部が「5年間で経営形態を変えるという位置づけではない。さらに詳細な検討を進めたい」と話すように、計画期間内の独法化は、見送りがほぼ確実と言える。都議会から「拙速な移行は避けるべき」などの意見が相次いだが、都は今後、文字通り「時間をかけて」検討することになる。

「自主的運営が可能になる」という独法化のメリットを発揮するには、現行制度は課題が多い。例えば、都立病院の改築や医療機器の購入には、起債を充てているが、仮に現行制度下で独法化しても、一般会計からの借入や、都が債権を発行して法人に貸す「転貸債」で調達することになり、予算当局のコントロール下という意味では、実質的に変わらない。

また、国の独立行政法人では、運営費交付金が一律削減されるなど、独法化には「財政面での効率化」というネガティブなイメージも根強い。

本プログラムの「制度自体の変更」という文言の背景には、「制度面での不具合を解消すれば、独法化のメリットを生かせる」との思惑もあるとみられる。都幹部は「資金調達の縛りなど、未成熟な制度」と話す。「都庁版独法病院」の実現には、法改正が課題になる。(祐)

五輪招致

区市町村から事業募集へ

機運醸成に地域と連携

都オリンピック招致本部は1月30日、地域でオリンピックムーブメントを推進するための事業を、来年度に各区市町村から募集することを明らかにした。都議会の五輪招致特別委員会で、長橋桂一委員(公明)の質問に答えた。

自治体から事業を提案してもらうことで、地域に根ざした取り組みを行うねらい。来年度予算案で6億2000万円を計上しており、各自治体あたり1000万円を上限に補助する。

オリンピズムの理念を生かしたスポーツイベントや国際交流、国体と連携した地域振興事業などを想定し、区市町村が入った実行委員会による事業も対象とする。複数の自治体が連携したイベントなどにも補助を行いたい考えだ。

招致特別委は、1月に都がIOCに申請ファイルを提出して以降、初めて開かれた。各委員が申請ファイルに盛り込んだ招致経費や会場配置計画をめぐり、質疑を行った。

特に、世論調査の結果については、オリンピック招致への支持が都内で60%という結果に対する評価や、今後の世論盛り上げの方策など、多くの質問が出された。

招致本部によると、東京以外の各都市の世論調査の結果は、五輪招致への賛成や支持で、シカゴが79%、リオデジャネイロは78%、マドリード86・7%、ドーハ86%、プラハ50%、バクー91・9%だった。東京の60%という数字は、プラハに次ぐ低さにとどまる。

招致本部は、「昨年春の各新聞社による世論調査では、五輪招致に賛成という答えは3割ほどだった。この間の活動の成果が出ている」として、今後も東京マラソンなどの機会を通じて、招致機運を盛り上げていく考えを強調した。他方で、曽根肇委員(共産)は、インターネットを通じた今回の調査では、回答者に謝礼があるなど、客観性の点で問題があるという認識を示した。

都政の東西

歌舞伎を楽しむ

「日本の伝統・文化教育」と言うと、なにやら厳めしく、取っつきにくい。日本の伝統芸能の一つである歌舞伎となればなおさらで、多くの人が身構え、敬遠してしまうのではないだろうか。

歌舞伎俳優の中村吉右衛門さんらが、子どもたちに舞台の面白さを伝えようと、昨年、「本物の舞台芸術体験事業」をスタートさせた。文化庁と全国公立文化施設協会が主催するもので、子どもたちに歌舞伎の魅力を「体験」してもらいながら、日本の伝統・文化を学ぶきっかけを作ろうというものだ。

その取り組みの模様が、都教委が開催した「日本の伝統・文化理解教育」の実践発表会で、松竹の演芸開発企画部によって放映された。子どもたちは役者が演じる馬の背中に乗り、差し金で操る鳥や上演中に降らせる紙の雪など、自分たちで作った道具を実際に使って立ち回りに参加。中村さんが学校の先生に「隈取り」を施し、それを子どもたちが興味深そうに見守る。まさに「歌舞伎の世界で遊ぶ」体験である。

歴史教科書を勉強するように、「日本の伝統・文化」を知識として詰め込んでも、なかなか身に着くものではない。児童・生徒の側も、義務的な感覚で受け止める傾向が強くなり、効果は上がらないだろう。

「日本の伝統・文化理解教育」の実践校が発表会で報告していたように、児童・生徒自らが参加して楽しめる「日本の伝統・文化教育」のあり方を、地域を巻き込んで模索する必要がある。「入り口を間違えなければ、伝統芸能はきちんと伝わる」(松竹)。大上段に構えた「日本の伝統・文化教育」や押し付け的な教育ほど、逆効果になるものはない。歌舞伎を楽しむ子どもたちの笑顔を見ながら、そんな感じを持った。

都の新マーク募集

国際会議などにも使用

都は1日から、東京をPRするための新しい「東京キャンペーンマーク」の募集を始めた。都の紋章やシンボルマークとは異なり、オリンピック招致活動や国際会議、観光キャンペーン、スポーツ・文化イベントなどでも使用する「旗印」となるマークを募集する。

書類審査で最終審査に進む5者程度を選定。通過者にはマークを作成してもらい、最終審査を行う。コンセプトは、「オリジナリティ(都市の伝統と未来)」「エナジー(都市の活力)」「エコロジー(地球環境時代に適合した都市)」。最終審査に進んだ応募者には30万円、採用者には300万円が支払われる。締切は3月3日必着。

問い合わせは都生活文化スポーツ局広報課(☎5388・3113)まで。

地球温暖化防止をアピール

17日に開催の東京マラソンで

都は17日に開催される「東京マラソン2008」で、地球温暖化防止をアピールすると発表した。例えば、大会で使用する電力を下水道局水再生センターのバイオマス発電で賄ったり、イベント会場では太陽光発電車=写真=が電力を供給したりする。また、大会の運営を手伝うボランティアは、再生素材100%のコートと帽子を着用して、リサイクル素材の活用をアピール。ランナーには「緑の靴紐」を身につけてもらい、「グリーンプロジェクト」のシンボルにする。東京マラソンから、未来のシティマラソンのスタンダードモデルを発信する狙いだ。

運営面では、前大会で不足したコース沿道の仮設トイレ(約200基)を、41カ所・約350基に増設。また、4万2000本だった給食のバナナを、今年は6万本に増やす。

捨て看板を共同で除却　コース沿道で5日から

都市整備局は5日から10日間、警視庁などと協力して、東京マラソンのコース沿道に設置された捨て看板などの共同除却を行う。毎年10月に実施しているが、今回は東京マラソンの開催にあわせて特別に実施。千代田、中央、港、新宿、台東、江東の各区が参加する予定。

薬害肝炎訴訟で電話相談が殺到

10日間で約6千件

薬害C型肝炎訴訟の和解を受け、国は17日、問い合わせ先を記載した政府広報を全国紙などに掲載したが、同17〜28日にかけて、都福祉保健局に約6100件の電話相談が寄せられている。健康推進課では、以前は1日10件あれば多い方だったが、17、18日には約400件の電話があり、同課の約10人が交替で対応。「電話を切ったら、すぐにかかってくる状況」だったという。厚生労働省が設置した問い合わせ窓口がパンク状態で、都にも殺到したとみられる。

都では、①区市町村が基本健診で実施する肝炎ウイルス検診②保健所肝炎ウイルス検診——がある。同課では「血液製剤を使ってないから肝炎に感染していないとは言い切れない。ぜひ検診を」と呼びかけている。問い合わせは同課(http://www.fukushihoken.metro.tokyo.jp/kenkou/kenko_zukuri/kanen/)まで。

冗句ジョーク

五輪選考日韓ハンドボール戦で学んだこと
会議で関係ない発言をする職員に
「○○君、2分間退場!」

千代田区、介護施設に助成

人材確保に救いの手 パート時給を引き上げ

全国初

千代田区は4月から、24時間365日間営む介護保険施設の時給や職員の住宅手当などの一部を助成する。これまで介護施設などに支払われる介護報酬が2度引き下げられたため、職員が退職していく事態に歯止めがかからない。人材難により、職員の過重労働にとどまらず、サービスの質の低下も招きかねない深刻な状況だ。区が施設に救いの手を差し伸べることにより、人材の確保、定着、育成を狙う。区の資金援助が人材確保の決定打になるのか、全国的に類のない取り組みだけに注目を集めそうだ。

住居費の一部補助も

現行の介護保険制度で、事業者などに支払われる介護報酬は、3年ごとに1度改定されている。06年の報酬改定では、訪問介護などの在宅が1%、特別養護老人ホームなどの施設が食費と居住費が保険対象外になり、4%の減額になった。

介護施設で働く職員の報酬は減ったため、次々と辞めていく事態に歯止めがかからない。また、人材確保も困難という。報酬の減額分を利用者負担にしにくいため、施設の経営状況は悪化するばかりだ。

区は、区内の社会福祉法人にヒアリングしたところ、「夜間の宿直が必要」「資格を取らせたいが資金援助できない」など切迫した状況であることがわかった。09年になれば介護報酬が改定されるが、区高齢介護課は「来年4月まで待っていようと悠長なことは言っていられない」と切実だ。介護施設の人材を確保、定着、育成するために、資金援助を決めた。

支援対象は、24時間365日間サービスを提供している介護施設に限定し、区内に4カ所ある。

支援策は3点ある。労働環境の改善では、夜勤が数日間続く職員などの負担を減らす必要がある場合、パートを採用するために時給を引き上げた分を助成する。

職員の手当改善では、住居費などの一部を補助する。給料が安いため職員は家賃の高い区内マンションに住めず、緊急対応などが難しくなる。そのため、区内や近隣地域に居住してもらえるよう、住宅手当の一部を助成する。人材育成では、介護施設が職員のメンタルヘルス、資格取得の助成などが困難な場合、その一部を補助する。

これらの経費3550万円を盛り込んだ08年度当初予算案が区議会で可決後、区は支援策の詳細をまとめ、4月から助成する。

税投入で求められる「結果」

【解説】2000年の制度開始以来、膨らみ続けている給付費を抑制するため、03年、06年と2回にわたり介護報酬は引き下げられ、介護保険施設の職員に離職を促すきっかけとなった。

介護施設を窮地に陥れた国は、是正に乗り出そうとしない。自治体が施設に税金投入するしか救済の道が残されていない。区が、どのように資金援助すればいいのかという問題がある。

自治体が介護報酬を独自に決めることは不可能なため、千代田区は介護報酬の一部を助成するという苦肉の策を打ち出した。

一般的に、介護施設の時給がどこも同じなら、パートは自宅から近場を選択する。千代田区は人口が約4万5000人と少ないため、介護施設が人材不足に陥り、職員の過重労働にもなり、サービスの質の低下を招きやすい。だが、時給を引き上げると、施設の経営が成り立たなくなる。時給引き上げ分を区が助成することで、他区からのパートの確保、勤務ローテーションの改善を狙う。

千代田区の賃貸マンションで、1平方㍍あたりの家賃の平均は4200円に対し、江東区で3200円という。千代田区は家賃相場が高いため、千葉県在住などの職員が区内か近隣地域に引っ越す気になるかどうかは助成額次第だろう。区内と区外在住の補助に、区は差を設ける考えだ。施設ごとの住宅手当、職員の収入などがそれぞれ異なるため、いくら助成するかは個別に判断する必要がある。

区は「永久的に助成を続けるわけではない」と断言する。介護報酬の改定があり、増額になることも想定されるからだ。いつまで助成するかは定かでなくても、税金を投入する以上、人材確保という結果が求められるのは確かだ。（石）

港区エレベーター事故

関係者が事故調への出席拒否

シ社は逆提案「スイスに来い」

港区の「シティハイツ竹芝」で男子高校生がシンドラー社製エレベーターに挟まれて死亡した事故で、独自の事故原因究明を進めている港区の事故調査委員会が昨年、シンドラー社と、保守会社であるSECに対して同委員会への出席を求めたところ、両社とも拒否していたことが1月29日の区議会エレベーター事故対策特別委員会で明らかになった。

区によると昨年11月27日にシンドラー社とSECに対して、同委員会への出席を依頼。シンドラー社に対してはエレベーターの設計、ブレーキソレノイドなど技術的なことについて、SECに対してはブレーキ部品の点検状況、保守の体制などについて質問する旨を伝えていたという。

これに対してシンドラー社側は、「弊社と貴区間における未解決の法的案件および潜在する利益相反を鑑み、原則として貴区からの出席依頼を受諾しかねる」としながら、条件付きで区上層部との会談を逆提案してきた。

その条件は、参加者を区とシ社の上層部に限定すること、事故原因に関する質問には回答しないこと、マスコミ関係者への会談内容の非公開など。さらに区が事故原因の調査を委託している第三者機関の代表者に対して、「シンドラーグループの研究開発部門から直接情報を入手する」ためスイス訪問を提案した。

またSECも「警察当局の発表があるまでは、捜査に支障を来しかねない言動は控えさせていただく」と出席を辞退した。

区の担当者はシンドラー社の逆提案について、「大変理不尽なもの。当委員会の目的を果たすことができない」とし、受け入れない考え。スイス訪問についても「（第三者機関は）区の委託を受けて調査しているのに単独でスイスに行くことはあり得ない。懐柔策的な思惑があるのではないか」と警戒し、「強い怒りを感じる」とシンドラー社への怒りを露わにした。

昨年事故機と同型機で行われた再現実験の検証結果は当初、今月を目途にまとまる見通しだったが、実験を行った第三者機関がシ社の告訴を恐れたため、契約締結が遅れていた。区の説得に第三者機関が応じたため、年度末にも調査結果がまとまる見通しだ。

杉並区

「予算使いきり」の体質変革へ

減税自治体構想研究会 減税10％を数値で明示

「9割行政持続で減税は可能」――昨年7月に設置された杉並区減税自治体構想研究会（会長・黒川和美法政大学経済学部教授）は28日、2回目の会合を開き、シミュレーション上は10年後に10％の独自減税は可能という見解を示した。山田区長は「絵空事ではないことが数字的に明らかにされた」と話し、実現に期待を寄せている。研究会は今後、現行制度とすり合わせをしながら、運用とリスクについて研究を深め、08年度中に一定のまとめを出す予定だ。

「減税自治体」は、杉並区が絶えざる行財政改革を進め、支出の一定割合を毎年積み立てていくことで、将来はその利子によって区民税の減税を目指すというもの。当初の試算では、現在の区の一般会計約1500億円の1割にあたる150億円を積み立て、2％の福利で運用すると、33年後には140億円の運用益が生まれ、現在の区民税総額548億円の4分の1の減税が可能になる。

この構想が可能かどうかについて、上村敏之東洋大学経済学部准教授が「杉並区財政収支モデルと将来シミュレーション」で具体的に試算。区の人口や経済成長率、金利、職員数などの推移を歳入・歳出に加味。金利1・5％以上の積立金残高の収益率を確保し、9割行政を持続していくことを前提条件にすれば、10年後、現行の特別区民税（所得割り）の税率6％は5・4％、減税規模は約60億円で、10％減税は可能と判断した。過去のデータに基づく予測で、自然災害や極端な人口流出入は考慮されていないが、計算上は、さらに20年後に20％、50年後に40％の減税も可能と報告された。

区が独自減税を考える際、①都区財政調整交付金への影響②起債の制限③基金運用に関する規定と現状の運用――のそれぞれをクリアすることが大きな課題となる。都区財調では、基準財政収入額の算定基礎に標準税率が用いられているため、仮に区が10％減税すれば、その分の交付金は減額となる可能性が高いが、シミュレーション上は、その分を差し引いても10％減税は可能に。また、現在の区債残高は2011年にゼロになる。投資的経費が十分かについては議論する必要があるものの、2025年までの施設白書の見通しに立てば、起債はしない前提のため、起債の制限については影響はなしとした。基金運用についても10年ものの国債では2％程度の利回りを想定できるとして、独自減税に対して上がっていた課題は、シミュレーション上はすべてクリアされた。

この試算について委員からは、「区の構想は、使いきり予算への抵抗」「単年度会計から長期的な視野を入れることは正しい考え方」など評価する意見が相次いだ。一方で、「余裕があるなら今すぐ減税」という声がある懸念や、大規模災害に備えるという選択肢についても意見が及んだほか、減税による地価高騰や人口急増など不確定要素についても整理する必要があることを確認。次回研究会までに、課題をさらに整理し、減税自治体実現を目指していく。

08年度予算案 特別区

千代田区

省エネ型街灯でCO_2半減

子どもサミットを開催

千代田区は1月29日、08年度当初予算案を発表した。一般会計規模は、前年度比1・7％、7億円増の446億2300万円とした。石川雅己区長は、スローガンに掲げてきた「共生」の理念の具体化に向け、「積極、果敢に行動する予算として編成した」と、地球温暖化対策、次世代育成などに積極的に予算配分したという。

歳入では、特別区税が前年度比11・1％、14億円増の144億3700万円を見込んでいる。都心回帰により、区内の人口がここ最近では1000人規模で増加したのが原因だ。国の三位一体改革による減収は人口増により相殺された。

歳出では、義務的経費が前年度比4・8％、約8億円増の169億9800万円になった。団塊の世代の大量退職が本格化し退職手当が5億円に上るため、人件費は6・6％、8億円増の130億9700万円とした。

投資的経費が8・3％、7億円減の81億7300万円。これは、有楽町駅前周辺公共施設整備（24億円）などが終了したことが影響した。

新規事業では、省エネ型の街灯に取り替えるため、1億8600万円を計上した。区有施設、設備の中で、電気使用量が最も多いのは街灯。

区内すべての街灯のうち、200～400㍗の水銀灯を110㍗か180㍗のナトリウム灯に3年間で交換する。10年度の消費電力、二酸化炭素の排出量はいずれも、交換前と比べて46・1％とほぼ半減する。

北海道洞爺湖サミットの開催前の6月末、区内外の中学生計20人を対象にした「子どもサミット」を開く。中学生が、地球温暖化の研究発表、温暖化解決に向けた取り組みの討論会、まとめた提言を通して、全世界の大人にメッセージを発信することが狙い。

足立区

23区初の環境サミット開催

「区民との協働を本格化する年に」

足立区は1月28日、08年度当初予算案を発表した。一般会計規模は、前年度比1・3％、29億円減の2174億円とした。これは、3月末に開通する日暮里・舎人ライナー敷設関連事業の終了が影響した。

今回、初の予算発表を迎えた近藤やよい区長は、子ども、環境、治安の3本柱を重点施策と位置づけ、「区民との協働を本格化する年にしていきたい」と抱負を語った。

歳入では、特別区税が前年度比0・5％、2億円増の433億5600万円。特別区交付金は、好景気が続くとして、6・0％、57億円増の1003億円を見込む。

歳出では、義務的経費が1・7％、約21億円減の1174億4000万円になった。これは、生活保護世帯の増加が前年度と比べ鈍化し、生活扶助が27億円減になったのが影響した。投資的経費は、20・9％、約58億円減の219億1000万円。これは、舎人ライナー敷設関連などの大規模投資の終了に伴う。

新規事業では、「環境サミットin足立」（仮称）に1453万円を計上した。区独自で環境サミットを開催するのは23区初。

今年7月の北海道洞爺湖サミット開催に先立ち、5月か6月に環境大臣や、温暖化による水面上昇で最初に水没すると言われている南太平洋のツバルなどの政府関係者らを招く予定だ。区内にある東京芸術センターで講演会やシンポジウムを開催し、二酸化炭素の排出削減をまとめる「足立区サミット宣言」を採択する。

区の刑法犯認知件数は都内でワースト1で、そのうち自転車の窃盗が最も多い。そのため、自転車に乗る機会が多い主婦、若者を対象にカギ1個を配布する。二重ロックにより窃盗防止につなげ、ワースト1の汚名返上を狙う。5万個を用意し、570万円を計上した。

低所得者向けに保険料の軽減策

後期高齢者医療広域連合が条例改正案

東京都後期高齢者医療広域連合は、2月12日に開催される広域連合議会第1回定例会に、低所得者向けの保険料軽減対策を盛り込んだ条例改正案を提出した。

低所得者対策は旧ただし書き所得55万円（年金収入208万円）までの被保険者約9万1000人に対し、所得割を一定額減額する。減額にかかる費用の総額約6・9億円は区市町村負担とする。所得割の軽減割合は、旧ただし書き所得15万円以下が100％、15万円から20万円までが75％、20万円から40万円までが50％、40万円から55万円までが25％とする。

この結果、1人あたり軽減後の実質的な保険料は約8万9300円。厚生年金の平均的な収入額201万円の人の保険料で比較すると、低所得者対策を講じた後の保険料は5万3800円となり、全国で最も低い水準となる。

板橋区

清掃車もハイブリッド車を導入

板橋区は1月25日、23区で初めてハイブリッド型清掃車を導入し、出発式を行った。

同区は28台の直営清掃車を保有し、車両更新にあたる清掃車は5台。今回はそのうち2台をハイブリッド車で更新した。

23区では八都県市低公害車指定制度で低公害車両を導入しているが、ハイブリッド車はさらに二酸化炭素の排出量が少なく、一層の省エネ効果も期待できる。同区では来年度以降もハイブリッド型清掃車を積極的に導入する予定だ。

出発式では、坂本区長が「CO_2排出量が一番少ないハイブリッド型清掃車を導入することは地球温暖化防止の観点からも大いに意義があること。アイドリングストップなども実践し、区の清掃車がエコドライブの模範となるよう期待している」などと語った。

記者席

趣旨はもっともだが、比喩は？

○……「良い事ばかりでは、盛り上がらない。相撲も一緒です」30日の都議会オリンピック招致特別委員会で、ネットの大西都議は、五輪招致の情報開示をもっと進めるよう理事者側に求めた。

招致経費の増額や、民間資金の集まり具合など、都民から見えにくいことが多すぎるとの指摘だ。五輪開催がバラ色のものではないことは都民も知っているため、積極的に情報を示す方が成熟社会で世論を盛り上げるには有効だと訴えた。

発言の趣旨はもっともなのだが、朝青龍の復帰で盛り上がった先場所を意識したらしい相撲の比喩の方は、分かったような、分からないような…。

○……港区のシティハイツ竹芝のエレベーター事故から1年と8カ月が過ぎたが、警察はたった1人の立件もできず、事故原因の解明もできていない。

事故の犯人が逃亡して行方が分からないというならともかく、今回は当事者がすべてそろっている。関係者からの話を総合すれば一定の結論は出るはずだが、事故の1周年に保守会社を立件するという的外れな報道が一部されただけだ。

警視庁も国交省もマスコミも沈黙する。これは異常な事態ではないだろうか。遺族らが事故原因の究明を求める署名活動を始めた。区と議会をあげて取り組むべきだ。

○……府中市にPFI方式による新しい中央図書館ができた。蔵書数は110万冊。同市と図書館の相互利用を行っている隣接市に住んでいるので、早速、登録してカードを作ってもらった。

多摩地域の図書館の歴史は明治時代の町田や五日市などでの自由民権運動にその発端をみることができるという。戦後は都立図書館によるリヤカーや巡回車による移動図書館ももてはやされた。市立図書館が各地にでき、利用が盛んになったのは1960年代になってから。そして現在は、近隣自治体同士による図書館の相互利用連携が盛んになりつつある。

数ある行政サービスのなかでも無料で活用度が高いのが図書館だ。貴重な情報源として果たす役割は大きい。

第2次教育ビジョン中間まとめ
重点施策30を提示
家庭の教育力向上を支援

都教育庁は1月24日、第2次・東京都教育ビジョンの中間まとめを、同日開かれた都教育委員会に報告した。教育基本法の改正や都の「10年後の東京」の実現などを踏まえたもので、家庭や地域の教育力向上を支援する教育施策に力点を置いているのが特徴。また、団塊世代の大量退職をにらんで教員養成に力を入れる一方、児童・生徒の「確かな学力」向上に取り組むなど、12の取り組みの方向性と30の重点施策を示した。今後は1カ月間にわたってパブリックコメントを実施し、「推進計画」を作成。今年5月には第2次・東京都教育ビジョンを発表する予定である。同ビジョンは国が求める「教育振興基本計画」に位置づける。

「確かな学力」も重視

都教委は、国に先駆けて2004年に東京都教育ビジョンを策定し、都の教育改革の方向性として12の取り組みと33の重点施策を提示。具体的には、東京教師養成塾の開設や奉仕体験・勤労体験の必修化などに取り組んできた。

その後、東京オリンピック誘致とその都市戦略として「10年後の東京」を策定。その中で「次代を担う子どもたちを健全に育成する」ことの重要性が示された。また、約60年ぶりに教育基本法が改正され、「公共の精神」の尊重や「学校・家庭・地域住民等の相互の連携協力」などが新たに規定された。

こうした背景と社会の急速な変化の中で、学校教育を地域の社会資源で支える仕組みづくりや、社会全体で家庭教育や子育て、若者の自立を支援する仕組みづくりなど、新たな課題への対応が求められている。

このため、教育庁では都の教育をめぐる状況や課題を再整理し、新たな取り組みの方向と重点施策、5年程度を計画期間とした推進計画を盛り込んだ第2次・東京都教育ビジョンを策定する方針を決めた。

中間まとめでは、今後10年間は少子高齢化や情報化、グローバル化などを踏まえた社会変化が予想されるとし、それを踏まえて、東京都が目指すこれからの教育として、「社会全体で子供の教育に取り組む」「『生きる力』をはぐくむ教育を推進する」方向性を示した。その上で、教育をめぐる課題と教育施策の重点として、①家庭や地域の教育力向上を支援する②教育の質の向上・教育環境の整備を推進する③子供・若者の未来を応援する――三つの柱を立て、これにそった取り組みの方向と重点施策を示した。

乳幼児期からの子どもの発達も視野に

まず家庭や地域の教育力向上の支援では、▽家庭の教育力の向上▽幼稚園・保育所における教育的機能の向上▽すべての都民参加による地域教育力の向上の三つの取り組みの方向を示し、重点施策として「家庭教育を担う親への支援体制の充実」「小学校との連続性を踏まえた就学前教育の充実」などを提示。推進計画の事業例として、「乳幼児期からの子供の教育支援プロジェクト」「栄養教諭を中心とした食育の推進」「地域教育活動を担う教育サポートの養成」などを挙げた。

都教委では学校教育を中心に施策を展開してきたが、教育基本法の改正で家庭教育支援が重要な課題となってきた。このため、中間まとめでは、乳幼児期からの子供の発達に関する科学的な知見を踏まえ、地域で家庭教育を支援するためのネットワークの形成を掲げた。都教育委員会として家庭教育の分野に本格的に踏み込むのは初めて。

教育の質の向上・教育環境の整備では、▽教員の資質・能力の向上▽特色ある学校づくりの推進▽外部専門家の教育活動への積極的な活用▽特別な支援が必要な子供の教育の充実▽子供の安全・安心の確保――の5点を掲げている。

とりわけ団塊世代の大量退職で教員養成が急務なことから、重点施策では東京教師道場や教職大学院派遣などを念頭に、実践的な指導力の育成などに取り組む。理学療法士の導入など外部専門家を積極的に活用する施策も打ち出した。携帯電話やネットの有害情報問題を受け、児童・生徒に対する情報モラル教育とともに、保護者や通信事業者に対する啓発・連携にも乗り出す方針。

子供・若者の未来を応援する取り組みでは、①児童・生徒の「確かな学力」の向上②子供の心と体の健やかな成長③子供の社会的自立を支援する取り組みの推進④首都東京・国際社会で活躍する日本人の育成――の四つの方向を示した。

これにそった重点施策では、『確かな学力』を育成するための授業改善の一層の推進」「都立学校におけるICTを活用した授業力の向上」「規範意識や思いやりの心の育成」「キャリア教育の推進」「人間関係を築く基礎となる力の育成」などを挙げている。また、基礎的学力を身に着けさせるための指導基準「東京ミニマム」の策定、教育支援コーディネーターを活用した奉仕体験活動の推進などの取り組みも示している。

教育庁は今後、パブリックコメントを実施し、都民や有識者から意見を聞き、それを最終のまとめに生かしていく。と同時に「推進計画」を検討し、5月に推進計画も含めて第2次・東京都教育ビジョンを発表する。

都立学校の授業料改定へ
新年度から1・06%引き上げ

都教育庁は、13日から開会する第1回定例都議会に、都立学校の授業料等徴収条例の一部改正案を上程する。高校の授業料と通信教育受講料、聴講料を1・06%～1・07%引き上げるもので、いずれも国が示した地方交付税算定基準の改定額に加え、普通教室の冷房化に伴う受益者負担などを考慮して改定する。新料金は新年度の新入生から適用され、在校生は適用外となる。

都立高校の年間授業料は現在、全日制が11万5200円、定時制（単位制以外）が3万1200円、定時制（単位制・1単位）が1680円。これが今回の改定で、全日制が12万2400円、定時制（単位制以外）が3万3360円、定時制（単位制・1単位）が1800円となる。

また、通信教育受講料（1科目）は現行の840円が900円に、聴講料（1単位）は1680円が1800円にそれぞれ引き上げられる。

改定額の内訳は、全日制7200円の半分が地方交付税算定基準分で、残りの半分が冷房分。定時制（単位制以外）の場合は2160円のうち1200円、960円の割合になっている。改定による増収額は2億6351万円で、2011年度以降は7億9644万円（平年度）となる見込み。

授業料等の改定は3年に1回行われ、前回は05年4月に改定した。なお、経済的に困難な生徒については、①生活保護受給世帯及び同程度の世帯は全額免除②生活保護受給世帯に準ずる世帯は2分の1減額――の措置を引き続き行う。また都立高等専門学校の独立行政法人化に伴い条例の「高等専門学校（専攻科を含む）」を削除した。

校外持ち出し禁止を明示
2月末に各校が基準作成
個人情報紛失防止で新基準

都立学校で個人情報の紛失事故が相次いだことを受け、都教育庁は昨年末、紛失事故の再発防止を徹底するため、現行の「都立学校情報セキュリティ対策基準」を改定するとともに、新たに「個人情報の安全管理に関するモデル基準」を策定した。出席簿や生徒指導記録など、学校外への持ち出しを禁止する個人情報の具体的な内容や、持ち出す際に校長等の承認が必要な内容などを明示した。これらの基準を都立学校長に通知し、全教職員への周知徹底を要請した。各学校は基準を参考に、個人情報安全管理基準を作成し、2月末までに教育庁に提出する。

教員が個人情報の入ったUSBメモリを電話ボックスに置き忘れたり、生徒の成績表などを保存した個人用パソコンを電車内で紛失したりと、教職員による個人情報の紛失事故が今年度に6件も発生した。教育庁はこれまでも、「教職員の服務の厳正」と再発防止を呼びかけてきたが、改善の兆しがみえなかった。

このため、教育庁は昨年12月、情報セキュリティ対策関係の規定を整備した。都立学校には、文書など紙の情報とパソコンなど電子ファイルで保存する情報があるが、情報セキュリティ対策基準ではすべての電子情報を対象に機密性A、機密性B、機密性Cに分類。

機密性Aの情報は、学校外への持ち出しは原則禁止で、持ち出す場合は書面による校長の許可が必要。具体的には氏名・住所・電話番号などが入った住民に関する情報、任用・給与などの職員情報、予算見積もり、訴訟に関する情報、公的資格試験、採用・昇任選考の問題などが対象となる。

機密性Bの情報を校外へ持ち出す場合は校長の承認が必要となり、内部通達や通知、事務連絡などのファイル、事案決定手続きを経ていない企画・検討段階のファイルなどが対象となる。機密性Cの情報は、都の組織機構図や電話番号、条例、規則のファイルなどが対象となる。

教職員が私物のパソコンやUSBメモリを学校内に持ち込むことは原則禁止され、校長の許可を得て使用する場合は保管庫に保存するなど盗難防止対策が必要になる。また、機密性Aの情報を校長の許可を得て校外に車で運搬する場合、情報を暗号化し、パソコンやUSBメモリを鍵付きケースに収納するなど、持ち出し・持ち込みの具体的なケースを示している。

一方、安全管理モデル基準では、電子情報と紙情報のうち個人情報にかかわる部分を抜き出し、「持ち出し禁止」「校長承認」「包括的承認」の三つに分類。持ち出し禁止は、指導要録や出席簿、児童・生徒の異動報告書など学籍関係、評定一覧表や成績表のほか、進路希望調査や児童・生徒の顔写真、健康診断表などが対象となる。

持ち出す際に校長承認が必要な情報として、通知表や定期考査答案用紙など成績関係、指導カードや教育相談など指導関係、調査書や推薦書など進路関係などを提示。包括的承認では緊急連絡先を具体例として挙げた。

教職員のキーワード　57

「東京都教育ビジョン（第2次）」中間まとめ

1月24日、都教育委員会は「東京都教育ビジョン（第2次）」の中間まとめを発表しました。第1次にあたる「東京都教育ビジョン」は、2004年4月に策定され、家庭・学校・地域・社会の役割を明らかにするとともに、12の取り組みの方向と33の提言を示しました。教員を養成する大学と連携した「東京教師養成塾」の開設やすべての都立高校での教科「奉仕」の必修化などは、「東京都教育ビジョン」の提言に基づいて実施された事業です。

今回は、教育基本法の改正により「教育振興基本計画」の策定が努力義務として課せられたことや、「10年後の東京」の実現に向けた取り組みの推進をはじめ、新たな課題に対応するためには、更なる教育改革を展開していくことが必要であることなどから、「東京都教育ビジョン（第2次）」を策定することになりました。

今回発表された中間まとめでは、基本的な考え方と取り組みの方向・重点施策までが示されました。

第1章「基本的な考え方」では、これからの10年間に予想される社会の変化を想定しつつ、教育の果たす使命や東京都が目指すこれからの教育が示されています。家庭・学校・地域・社会の連携強化や外部人材の積極的な活用などにより、社会全体で子供の教育を支える仕組みづくりを推進していくことや、子供たちに次代を切り拓く力や確かな学力を育成する教育を重視していくことなどが強く打ち出されています。

第2章は、今後5年間における「取り組みの方向と重点施策」です。「I家庭や地域の教育力向上を支援する」「II教育の質の向上・教育環境の整備を推進する」「III子供・若者の未来を応援する」という三つの柱に、12の取り組みの方向と30の重要施策が示されています。

特徴的なものをいくつか紹介します。

取り組みの方向1は「家庭の教育力の向上」です。ここには、三つの重点施策が示されていますが、(1)「家庭教育を担う親への支援体制の充実」には、地域の人々によって家庭教育を支えるネットワークをつくることを通じて、乳幼児期からの子供の教育を支援していくことが施策として示されています。

取り組みの方向6は「外部専門家の教育活動への積極的な活用」です。特別支援教育ほか、学校の教育活動に外部専門家を積極的に活用する仕組みを構築していくとしており、この「東京都教育ビジョン（第2次）」の大きな特徴の一つとなっています。

取り組みの方向12は「首都東京・国際社会で活躍する日本人の育成」。重点施策(29)では、国際親善や世界平和に大きな役割を果たしているオリンピックや国際的なスポーツ大会の意義などを学ぶことにより、社会貢献の精神をはぐくむ教育を推進していくことなどが示されました。

今回は、中間まとめとして、取り組みの方向と重点施策までが示されましたが、今後は、広く都民や有識者等から意見を聴くとともに、5年程度を計画期間とした推進計画を作成し、5月には「東京都教育ビジョン（第2次）」として発表となる見通しです。なお、この「東京都教育ビジョン（第2次）」は、06年12月の教育基本法改正により新たに規定された教育振興基本計画としても位置付けられます。

教職員等の活動を表彰
ふれあい感謝状21

学校や地域で部活動や体験活動、社会貢献活動などを通して、子どもたちの生きる力の育成に努力し、成果をあげた教職員等を表彰する「ふれあい感謝状21」（主催・社団法人東京都教職員互助会、後援・東京都教育委員会）の贈呈式が1月18日、フロラシオン青山で行われ、12団体と個人7人に感謝状が贈呈された。

式典では、来賓の中村正彦教育長が「学校は子どもたちの人格形成を担う、大切な役割を担っている。学校教育の中で、子どもたちの成長のために、労苦を惜しまず奮闘している教職員や地域の皆様の努力に少しでも報いることができれば大変喜ばしい」と祝辞を述べた。

◇

受賞者は次のとおり。

【グループ】◎部活動・クラブ活動▽青梅市立第三中学校　吹奏楽部（吹奏楽コンクール金賞など受賞歴多数）▽世田谷区立千歳小学校　吹奏楽部（全国大会出場他受賞歴多数・保護者会、地域一体となった活動）▽小平市少年少女合唱団（市の催しなどに積極的に参加、定期演奏会を開催）▽都立科学技術高等学校　科学研究部（全国大会優勝、都大会優勝などの実績多数）▽世田谷区立北沢小学校　合唱団（少数の団員で活動、地域交流も多くNHK東京コンクールなど受賞歴多数）

◎体験活動・社会貢献活動▽狛江市立狛江第五小学校「夏祭り」実行委員会（夏祭りの企画、実行をとおしての地域交流）▽足立区西新井第一小学校「8・3運動」（地域安全ボランティア募集、安全作戦のイメージ発信）▽八王子市立第一小学校（花時計製作などを通じ地域と深く関わった特色ある教育活動の実践）▽板橋区立高島幼稚園（高島高校との交流をとおし高校生にボランティア活動、教育実践の場を提供）▽東大和市立東大和第三中学校（生徒会を中心に様々な地域貢献活動を継続的に行っている）▽八王子市立横川小学校　サタデースクール（学校施設を利用した体験活動、講座開設の企画実行など）▽三鷹市立第七中学校（学校教育目標～地域に進んで奉仕する生徒の達成・ほたるの里などに参加）

【個人】◎部活動・クラブ活動▽中田寿子（狛江市立緑野小学校　20年間にわたる管楽器指導、吹奏楽部活動）▽渡邉直実（昭島市立中神小学校　各歴任校での吹奏楽指導、地域交流、受賞歴多数）▽生野輝芳（八王子市立第一小学校　嘱託員としてドッジボールの指導、東京大会ベスト4など）▽桐山博文（八王子市立第一中学校　全国中学校バスケットボール選手権優勝など実績多数）▽齋藤義夫（小平市立小平第三中学校　全日本吹奏楽コンクール金賞など受賞歴多数、地域交流活動）▽磯部正則（調布市立第四中学校　菊栽培を通じての生徒育成、新聞で紹介される）▽田附松代（難聴教育取り組み、言語障害学級設立など特別支援教育への尽力）

ふれあい感謝状の贈呈式であいさつする中村教育長

絆づくりでフェスタ開催
特別支援学校10校
卒業生の女流棋士が指導

東京都東部学校経営支援センターは9日、障害のある児童・生徒が地域社会で自立するための絆づくりを目指した「キッズな（絆）フェスタinあやせ」を、足立区勤労福祉会館で開催する。

フェスタではセンター所管の文京盲学校や城北養護学校、葛飾ろう学校など特別支援学校10校が合同で、学校紹介や販売活動、作品展示などを計画している。

また、体験活動として、盲学校の専攻科生徒による「あんま実習体験」、点字しおり作成体験、ろう学校機械系によるCDホバー作成体験、車いす体験が行われる。

さらに、特別支援学校の卒業生で、プロの女流棋士となった第18期女流王位の石橋幸緒氏による指導対局、元中日ドラゴンズ選手で現在はプロ野球解説者を務める谷沢健一氏の特別講演「障害のある人たちと触れ合って」が予定されている。

職免の適正化で規則改正
経営企画室の関与明確に

一部の都立学校で時間内組合活動における職務専念義務免除などの事務処理が不適切に行われていたことから、都教育庁は職務専念義務免除についての事務取扱規則等を一部改正し、より適正に手続きが行われるよう様式を整備した。また、職免、給与減免それぞれの様式の改正とともに、統合の様式を定め、さらに承認手続きで事前承認と事後の確認を行うための区分表示を明確化した。改定規則は4月1日から施行する。

都立学校職員が時間内組合活動を行う場合、職務専念義務免除と給与減額免除の申請を事前に校長に提出し、校長がこれを承認。実際に職員が組合活動に参加した後、職員団体から都教委に参加票を提出し、再度校長が本承認を行うという手続きが必要になる。しかし、一部の都立高校では、校長の承認の押印がなされていないなど、不適切な事務処理があったことが、同庁総務部法務監察課が2007年度に実施した業務・服務監察で明らかになった。

このため、同庁は都立学校職員の職務専念義務免除の事務取扱規則と、学校職員の給与条例施行規則を改正し、①経営企画室の関与の明確化②職免及び給与減免の統合様式の導入③事前承認（仮承認）・確認（本承認）の明確化――の3点を新たに盛り込んだ。

具体的には、一連の承認手続きに給与取扱者や出勤簿整理担当など経営企画室が関与し、より適正に手続きが行われるよう様式を整備。また、一つの様式で事務処理ができるよう統合様式を定めるなど、手続きの簡素化・効率化を図る。さらに、承認手続きで、事前承認（仮承認）と確認（本承認）を行うため、その区分表示を明確化することにした。

教育オンライン

07年度都課長補佐選考・係長選考

引き続き厳しいものに

合格予定者数　課長補佐で233人、係長は476人

課補ポスト精査、任用数見直しへ

都総務局人事部は1月30日、各局人事担当係長会を開き、07年度課長補佐級職昇任選考と係長級職昇任選考の合格予定者数を提示した。課長補佐級職選考の合格予定者数は昨年度より27人増の233人、係長級職選考は10人増の476人で、いずれも引き続き厳しい選考となる見通しだ。課長補佐級職では指定ポストの精査や任用数の調整、また係長級職では次席の縮減・廃止が大きな課題となっている。

課長補佐級職昇任選考では、選考区分別の内訳で事務114人、土木40人、建築4人、機械13人、電気12人、その他職種33人となっている。また各局の事業執行上の必要性に応じた対応を図るため、人事部保留枠17人を設定している。

合格予定者数は、昨年度に引き続き、組織上必要な課長補佐ポストの充足を基本として、課長補佐級職員（指定外ポスト配置を除く）の退職者数及び管理職昇任者数の合計を基に、課長補佐級職員の欠過状況などを考慮して設定している。

ただし、課長補佐級職については、年齢構成の変化に加えて、課長補佐級職員で係長ポストに就いているケースや課長補佐ポストに係長級職員が就いているケースなど、組織と任用の実態に乖離も見られる。このため人事部では昨年7月、設置基準の見直しを中心とする改正に着手し、今年度からポスト精査を進めている。今後も引き続きポスト精査と任用数の調整を並行して行っていく考えだ。

さらに人事部では、各局に対して「課長補佐級職として組織上の重責を担うことができる職員の選抜、指定ポストへの配置などに留意しながら、今回提示された合格予定者数の範囲内で、業績評価や職員の能力、適性、職務経験等を総合的に判断して選考を実施する」ことを求めている。

一方、係長級職昇任選考については、選考対象者数が、事務で1029人、四大技術が821人、その他職種は964人で、合計で2814人。主任（長期）が多く抜けたことで昨年度と比べると494人減少した。これに対して合格予定者数は、事務が203人、四大技術が130人、その他職種が103人で、これに人事部保留枠の40人を加えて、合計476人となっている。

07年度選考に関しては、本人申込制が導入された02年度主任選考（短期）合格者が有資格者に加わり、本人申込制が本格実施される最初の選考となった。主任級職選考（短期）合格者の申込率は6割を超えたという。また退職者数増に伴って、昨年度よりも空きポスト数が増加したことも合格者数増の要因に挙げられる。

しかし有資格者の高齢層が激減することを背景に、次席の縮減・廃止に向けた取り組みを着実に推進するため、選考は引き続き厳しいものとなる見通しだ。人事部としては、受験率の動向なども見極めながら、選考の競争性を一定水準に保つことが来年以降の課題になるとしている。

次席を巡っては、係長級職でありながら、係長または主査を補佐するための職と位置づけられており、他の係長級職と比べて、監督職層としての職責が不明確となっている。このため04年度選考から次席の縮減・廃止に取り組んでおり、07年4月1日現在、次席数は2067人となっており、04年4月の2561人から減少している。

ただ、依然として、約1万9000人いる監督職（課長補佐・係長級職）に占める次席の割合は約2割に及ぶことから、人事部では「今年度から『団塊の世代』の職員の大量退職が始まり、これまで以上に係長空きポスト数の増加が見込まれる。これを契機に、次席の縮減・廃止をより一層促進する」と話している。

また選考区分や局間で次席の解消のアンバランスがあるとして、今回、人事部保留枠の中に、とくに局間の調整を伴うものを設け、局間異動と連携した次席の解消に力を入れていく。

今後は次席の廃止に向けて「主任後期の職員の育成をより重視するとともに、次席期間の短縮、更には主任級職から担当係長・ライン係長への直接任用をより積極的に行ってもらいたい」（人事部）と各局に呼びかけている。

ひと

「ばん座位体操」を開発した

荒川区福祉部
障害者福祉課相談支援係
中村(なかむら)　達男(たつお)さん

理学療法士として区に採用された時には、まだ視力が残っていたが、今は明暗が分かる程度。リハビリの現場で18年間過ごし、今の職場に来る際は何が出来るだろうと悩んだ。「電話は自分が出ることにして、対応できるようになりました。それとITの相談に乗るようにしたんです」

目が不自由でも点字が読めない人が大半という。自身も20歳の時に、いずれ失明すると宣告され、点字でなくパソコンを活用していこうと決めたという。「最初は途方に暮れたが、覚えてしまえばメールも買い物も出来る。情報が取れるし、こんな便利なものはない。目が見えないと情報障害と言われるが、それをクリアできるのがIT革命なんです」

今では窓口に専門職がいると重宝がられ、義足や車いすの相談を受けたり、ワーカーにも頼りにされている。

そんな中村さんに舞い込んだのが、障害者向け体操の開発。

「理学療法はマンツーマンだが、区民全体に還元できるものになる」と思えたし、高校で体操部に所属。得意の鉄棒で、都の大会で個人のベスト10位に入ったほどの経験も生かせることになった。

首都大とも連携、障害を持つ当事者がモニターとなって3年がかりで創り上げたのが、座ることが出来れば万人が参加できる『ばん座位体操』だ。

「リハビリでは動かすのは理学療法士や介助者が主体になるが、この体操の主体は本人です。動かない時は頭の中で動かすイメージを浮かべるだけで、筋肉に命令がいくんですよ」。音楽は、区民に馴染みの『ころばん体操』をスローにし、「曲が流れたら自然に体が動くようになってくれたらいいですね」

窓口にいると、次々と福祉サービスを要求する権利意識の強い人が目に付く。「その人だけが悪いのでなく、可愛そうだとお金をばら撒いてきた行政にも責任がある。何でもやってあげたら、出来ることすら出来なくなってしまう。足りないところは補い、働ける環境を整えるのが行政の役割だと思うんです」

糖尿病でやがて失明するという人には「体験しているだけに気持ちはよく分かります。見える間にやれることを話して、元気になってくれる人がいると嬉しいですね」（門）

東京都生まれ。83年筑波大付属盲学校理学療法卒。荒川区心身障害者福祉センターに。01年現職。2年前からポイストレーニングを受け、奥様作詞の曲など10曲位の持ち歌が。「音楽を通して心を育てるボランティア活動も」と夢は広がる。妻と1男。48歳。

都総務局

人材育成方針を策定

若手の民間派遣研修も実施

都庁各局で人材育成基本方針の策定が進む中、総務局も昨年末に方針を取りまとめた。基本的な考え方として「ヒューマン・リソース」から「ヒューマン・キャピタル」への転換を掲げ、人材をリソース（資源）として使うだけでなく、キャピタル（資本）として積極的に投資する考えを明確に打ち出した。全庁の総合調整など、事業局とは一線を画す官房機能を担う中、配置管理や研修などの取り組みを強めて育成を図るという。

具体的な取り組みの一つが配置管理の強化だ。特に若手に対しては、プロ職員の早期育成を目指した見直しを実施。局事業の6割を占める「企画・調整」「予算・財務」「人事・労務」「文書・法務」の4分野のいずれかを1、2級職のうちに経験させる。

全庁の人材育成方針では、これらの分野を係長級昇任時までに経験させるとしているが、総務局では、さらに早い段階で経験させ、自らの強みを発見してもらうという。

また、職員としての基本知識を早期に習得させるため、独自の到達度測定も実施する。採用の職員に対しては、すでに今年1月、職員ハンドブックの基礎的な事項を中心に計30題程度の試験を実施している。

他方、局研修でも、若手職員の育成をバックアップする。その目玉となるのが外部派遣研修の新設だ。意欲的な職員を選抜し、一定期間、民間企業などに派遣するという。初弾となる4月からの派遣に向け、具体的な準備が進んでいる。

さらに、局の一体感を生み出すため、組織横断型の研修も新設。各職層から職員を選抜し、日常の上司・部下と異なるメンバーが業務課題を共に調査・検討することで、互いに刺激を与え、能力を高め合う仕組みを作る。

このほか、各部の人事担当課長をメンバーとした局の人材育成推進会議も設置した。地道で多様な取り組みが求められるOJTやメンタルヘルス対策、超勤縮減などの個別課題について、相互に知恵を出しながら取り組む体制を作るという。

◆

マンパワーの減少や、在職期間の短期化、専門性の向上などの全庁的に見られる組織課題は、総務局も同じだ。これに加え、方針では、管理・監督職の力量や局の一体感についての問題にも言及している。

例えば管理・監督職に対しては「知識・経験不足から、個々の事案について、迅速・的確な判断ができる力量を身に着けているか、懸念がある」と指摘。また、企画・調整等の部門が多い中、「局としての一体感が薄くなり、局内の相互調整や連携が不十分」との問題意識を示すなど、危機感は高い。

人材育成方針の周知に向け、局では全管理職を対象にした説明会を1月28日から31日までの4日間にわたり開催。押元洋局長自らが30分程度、人材育成の取り組みについて体験談も含めながら語り、積極的な取り組みを求めた。方針は今後、局の全職員に配布し、共有化を図るという。

幹部向けの説明会では、押元局長自らが積極的な取り組みを求めた

都職員

12年ぶり　海外研修が復活

財政難のため1997年から休止していた都職員の海外研修が来年度、12年ぶりに復活する。若手職員や管理職・管理職候補者を対象に、最大3カ月間にわたる調査・研究や、米国の大学院プログラムへの派遣を行う。来年度の受講者は計26人を予定しており、管理職等を対象としたプログラムは4月から、若手職員対象は8月以降に出発するという。

若手　最大3カ月間の調査・研究

管理職　人事部指名で米国大学院へ

都職員の海外研修は、1957年にスタートした。76年度に一度、財政難で休止したが、翌年には規模を縮小して再開。96年度までに延べ1195人が受講している。今回は12年ぶりの再開となるが、内容は一新。かつては調査研究や視野の拡大、外国都市の理解増進などが主な目的だったが、「対外交渉力」や「政策形成能力」の修得など、より業務に直結する実践的な内容にシフトした。

まず、プログラムは若手職員を対象にした「政策課題プログラム」と、管理職・管理職候補者対象の「大学院派遣プログラム」の2本立てとなる。

政策課題プログラムは2級職以上歴3年以上、年齢40歳未満の職員が対象。都政の課題について、最大で3カ月間、国外の行政機関や研究機関等で単独調査・研究し、成果を施策に反映させる。自ら海外の行政機関等に調査のアポイントを取るなど、課題の解決策を組み立て、行動することで、海外交渉能力や調整能力を高めるという。

調査・研究テーマの設定は、各局から募集した上で研修所が決めるものと、職員自らが企画して審査を受ける2パターンを用意。対象者は各局の推薦者から企画書や面接により、研修所内の審査委員会で選考する。

来年度の受講者は20人を予定しており、4月初旬に公募を開始。6月に研修生を決定後、アポ取りなどの準備を進め、8月～12月の間に出発する。帰国後は報告書の提出とともに、報告セミナーも開催する。

一方の大学院派遣プログラムは、管理職および管候補の中から総務局人事部が指名して対象者を決定。米国ワシントンDCのジョージタウン大学公共政策大学院で3カ月間、学ぶ。公共政策の専門知識に加え、外国の自治体等と政策論争ができるコミュニケーション能力の向上を目指す。

同大学は、首都大学東京とも教育プログラムで連携している実績があるほか、英語教育にも定評があるという。プログラムは都の研修のためのオリジナルで、米国政府への訪問等も組まれている。

派遣期間は4月～6月の3カ月間で、来年度の研修は6人を予定。2月中に人事部が対象者を指名し、説明会等を経て4月5日に出発となる。

両プログラムとも、研修後の配置管理と連動させている点も特徴だ。終了後は定期の異動時に「研修成果を生かせる職場」（政策課題プログラム）、「外国の自治体等と折衝・調整を行う職場を中心」（大学院派遣プログラム）に配属するという。

7200万円は高いか安いか

研修の来年度予算は約7200万円。単純計算で1人あたり280万円になる。総務局がこれだけの費用をかけて再開する理由に掲げるのが「環境の変化」だ。

東京オリンピック招致やアジア大都市ネットワーク21、横田基地対策など、国際的な交渉力を強化する必要性が高まる一方、都政を取り巻く環境のグローバル化も進展。環境対策や都市政策、自治体経営、少子化対策など海外の情勢を視野に入れた高い政策立案能力を持った「首都公務員」が求められているという。

こうした具体的な現場での実践力に加え、研修に期待するのが人材育成面での効果だ。

大量退職や労働市場の縮小に伴い、少数精鋭の組織が求められる中、職員一人ひとりのレベルアップが喫緊の課題となる。研修後は成果を生かせる職場への配置につなげることで、意欲ある職員が、自らの手で道を切り開く展望を持つことにもつながるという。

7200万円が高いか安いか――その答えは数年後の都政で明らかになるだろう。

第3四半期の資金管理実績まとまる

前年同期比で利回り上昇

都会計管理局は1月30日、07年度第3四半期（10月1日から12月31日）の資金管理実績を取りまとめた。対前期比で歳計現金等、基金は平均残高が減少、準公営企業会計も微減となった。利回りは07年2月の政策金利引き上げの影響等で、対前年同期比で軒並み上昇している。

歳計現金等では、期中半ばまで大きな都税収入などがなかったため、平均残高は745億円の減少となった。利回りは運用期間の長期化や定期性預金の割合が増加したことで、前年同期を0・201%上回った。

基金の平均残高も減少となったが、これは減債基金の取り崩しなどの影響によるもの。前年同期比では、地球温暖化対策推進基金、福祉・健康安心基金、スポーツ・文化振興交流基金、東京オリンピック開催準備基金の新設で、平均残高が大きく増加しており、加えて定期性預金の金利上昇、比較的金利の高い債権の割合が増えたことなどで運用収入も伸びた。

準公営企業会計に関しては、臨海地域開発事業会計で企業債の償還などにより、平均残高が前期から4億円の微減となっている。

歴史文化財団が指定管理者候補

都美術館と芸術劇場

都生活文化スポーツ局はこのほど、東京都美術館と東京芸術劇場の09年度からの指定管理者候補者を現指定管理者の㈶東京都歴史文化財団とすることを決めた。2月の都議会定例会の議決を経た上で指定を行う予定。

決定理由では、両施設とも施設・設備の劣化が著しく、休館を伴う大規模改修工事が必要となる点を指摘。都美術館は10・11年度、芸術劇場は11年度にそれぞれ工事を計画しており、緊密な連携が不可欠と判断した。現指定管理者の特命期間を延長、指定期間は次期選定の準備期間も踏まえて、16年3月末までの8年間とする。

審査委員からの意見では、都美術館に関して「絵画や彫刻などに限定しない幅広い芸術ジャンルでの事業展開」「混雑緩和など鑑賞条件の確保の具体的方策」などリニューアル開館に向けた検討が挙げられた。

■杉並区人事異動

2月1日付

【課長級】▽土日開庁準備担当課長　森雅之　区民生活部区民課長兼務

20年度 職員教養講座 ≪30≫

行政管理 ③

問題演習

前回に引き続き、問題演習を行っていきましょう。

【問題 1】

ベンチマーキングに関する記述について、正しいものはどれか。

① ベンチマーキングとは、目標値（ベンチマーク）と実績値を比較してサービス等の評価を行うが、目標値はより抽象的であることが望ましい。

② 民間企業におけるベンチマーキングでは、同業種間に限定して業務手法の比較を行うことで、自社の手法の改革を進めていく。

③ 行政部門においては、ベンチマーキングの実施により他自治体との比較基準が得られるほか、指標選択段階で目標が絞り込まれること、指標の公開により行政の目標を住民に説明できることで、住民の意識喚起が出来るとのメリットがある。

④ 米国のゴア元副大統領が主導したNPRGにおいては、民間の業績良好な組織の例をベンチマークとして設定し、政府の業績改善に役立てた。

⑤ 英国の内閣府が行った公的部門比較プロジェクトにおける官民業績分析では、業績改善に取り組む平均的な民間企業と比べ、公的部門の実績が劣るとされた。

【問題 2】

PIに関する記述について、正しいものはどれか。

① 現在のようなPIが米国で盛んに行われるようになったのは、1950年に制定された連邦道路法において、高速道路が市や町を通過する際に公聴会を義務付けたことがきっかけである。

② PIは従来型の住民参加と同様、プロジェクトが事業化する段階で、沿道住民の意見を計画に反映させることを目的に行われている。

③ 具体的な個別事業が確定してから行うPIを事業段階のPIといい、事業全体の方向性を定め、市民の意識向上を図り、ニーズを把握するために行われる。

④ 東京外かく環状道路（関越道～東名高速間）について、計画の構想段階から幅広く意見を聴くPI方式で話し合うことを目的に、平成14年6月にPI外環沿線会議が設置された。

⑤ 東京外かく環状道路については、地域住民を対象として行うPIとして「意見を聴く会」や米国の公共事業等においても用いる手法である「オープンハウス」などが実施されている。

【問題 3】

NPO法及びNPO法人に関する記述について、正しいものはどれか。

① NPO法が施行されている現在、NPOを結成し、活動を行うためには、同法に基づく法人格を取得する必要がある。

② 非営利活動であれば、宗教活動や政治活動を主として行う団体もNPO法に基づく法人となれる。

③ NPO法人に対する税制の扱いは、公益法人に対するものとほぼ同等で、法人税は非課税である。

④ NPO法人を設立する際は、事務所を設置するすべての自治体の都道府県から認証を得て、設立登記をしなければならない。

⑤ NPO法人が解散した場合の残余財産は、法により定められた法人または行政機関に帰属し、個々人には分配されない。

【問題 4】

公益法人制度改革に関する記述について、正しいものはどれか。

① 今回の改革で、主務官庁による公益法人の設立許可制度が改められ、登記のみで法人が設立できるようになる。そのうち公的目的事業を行うことを主たる目的とする法人は、都道府県に置かれる公益目的判定委員会の決定により、公益法人に認定される。

② 一般社団法人、一般財団法人は、定款で社員や設立者に剰余金、残余財産の分配を受ける権利を与えることは出来ない。また、最低限必要な各種機関の設置や、ガバナンスに関係する事項は法律により規定されている。

③ 20年12月1日に関連3法が施行されるが、施行日以降現行制度により社団法人・財団法人である法人は、施行日以降移行手続が完了するまでの間、暫定的に特例民法法人（特例社団法人・特例財団法人）と名称変更しなくてはならない。

④ 新法施行後5年間を移行期間とする予定であるが、移行期間中に移行が認められないまたは移行の申請をしなかった公益法人は、一般社団法人、一般財団法人として存続することができる。

⑤ 公益法人から一般社団法人、一般財団法人に移行した後は、自ら定めた公益目的支出計画に基づき、公益の目的のために支出すべき額が0になるまで公益に関する事業のみについて支出しなくてはならない。

【問題 5】

全国における集中改革プランの主な取り組み状況（平成19年9月1日現在）及び18年指針への取り組み状況について、正しいものはどれか。

① 平成19年9月現在、集中改革プランを公表していない都道府県は1県で、島根県のみである。

② 給与の適正化のうち、定年退職時の特別昇給制度については目標どおり既に全都道府県・政令指定都市で廃止されている。

③ 全都道府県・政令指定都市で事務事業の再編・整備等を行う際、その過程において、事務事業の必要性等に関する仕分けをふまえた検討を行い、結果を公表した後、第三者の意見を取り入れている。

④ 18年指針では、公会計の整備について、貸借対照表・行政コスト計算書・資金収支計算書・純資産変動計算書の4表の整備を標準形としているが、19年度末現在、既に全都道府県で、一般会計及び公営企業会計の17年度の貸借対照表および行政コスト計算書が作成されている。

⑤ 監視機能を強化するため、平成18年度以降に外部監査制度を導入した団体は、包括外部監査については3団体、個別外部監査については9団体に上っている。

解答

【問題 1】　正解 ③

① 誤り。より具体的な業務プロセスを目標値として設定し、自社の手法と差異を解消すべく業務改革を進めるのが特徴である。

② 誤り。競業他社の事例をベンチマークとすることが多いが、必ずしも同業種には限らない。

③ 正しい。

④ 誤り。NPRGでは、官民問わず業績良好な組織をベンチマークとして政府の業績改善に活かした。

⑤ 誤り。同プロジェクトでの官民業績分析では、平均的な民間企業との比較では公的部門の業績は遜色がないが、有料事例との比較では見劣りするとの結果になった。

【問題 2】　正解 ⑤

① 誤り。現在のようなPIが盛んに行われるようになったのは、1991年に陸上交通効率化法が成立し、各州の交通省等が計画策定前に住民や各種関係団体等が計画に対して意見を述べる機会を与えることを定めてから後のことである。

② 誤り。PIでは、計画の初期段階では住民の関心を高めるため、プロジェクト整備段階では住民や各種団体の意見を計画に反映するために行政が実施する。

③ 誤り。事業段階のPIは、説明責任の達成や、透明性を確保することで事業を円滑に進めることを目的に行われる。

④ 誤り。平成14年6月には、PI外環沿線協議会が設置され、計42回の会議を開催した。その結果のとりまとめをふまえ、平成17年1月にPI外環沿線会議が設置された。

⑤ 正しい。

【問題 3】　正解 ⑤

① 誤り。法人格の有無を問わず、従来どおりボランティア団体やNPOを結成し、活動することは可能である。

② 誤り。NPO法人となるには、同法に基づく「特定非営利活動」を行うことを主目的とする必要がある。宗教活動・政治活動は特定非営利活動に含まれない。

③ 誤り。NPO法人に対する税制上の扱いは、現在「法人格のない社団等」とほぼ同等である。例えば、法人税は原則非課税であり、収益事業については一般の法人並みに課税される。

④ 誤り。法人の設立は、事務所が一つの都道府県内に所在するときは所在地を所管する都道府県知事から、複数都道府県内に所在するときは内閣総理大臣から認証を得て、設立登記を行うことが必要である。

⑤ 正しい。

【問題 4】　正解 ②

① 誤り。内閣総理大臣に認可申請した場合は公益認定等委員会に、都道府県知事に申請した場合は都道府県におかれる合議制の機関に諮問され、その答申を受けて認可するかどうか決定される。

② 正しい。

③ 誤り。特例民法法人は現在の公益法人の円滑な移行の観点から設けられた暫定措置であり、基本的には現行の公益法人と同様に取り扱われ、「財団法人」「社団法人」という名称を引き続き使用することが出来る。

④ 誤り。移行期間の満了の日に、移行が認められなかった法人や、移行申請をしなかった法人は、移行期間満了の日に解散したものとみなされる。

⑤ 誤り。公益事業の実施に関する支出のほか、公益的団体への寄付をしても同等に扱われる。

【問題 5】　正解 ②

① 誤り。プランを公表していない都道府県は鳥取県である。

② 正しい。

③ 誤り。第三者の意見を取り入れる仕組みを持っているのは44都道府県及び15市。結果公表は46都道府県と全市である。

④ 誤り。一般会計分の貸借対照表及び行政コスト計算書は全都道府県で既に作成されているが、公営企業分を含む地方公共団体全体についてのバランスシートは44団体、行政コスト計算書は5団体において作成されている。

⑤ 誤り。18年度以降個別外部監査を導入した団体は18年度は9団体、19年度に4団体の計13団体である。

おわりに

毎日多忙な中に試験準備も加わり、勉強時間の確保も難しいと感じるかも知れません。しかし、忙しい人ほど時間の使い方が上手だといわれます。仕事にも全力投球しながら、自分にあった時間と方法で、過不足のないよう常に科目全体の達成度とスケジュールを意識しながら、勉強に励んでください。皆さんのご健闘をお祈りしております。

昇任試験対策のページ

20年度 都C論文講座【14】

講座終了にあたって

平成20年度C論文対策講座は、前回までに計8本の模範論文の解説を終え、14回にわたった講座を今回で終了いたします。

今年度は、16年度から19年度までの4年間に出題された事例の解説と、各年度の模範論文を複数回にわたって掲載しました。

最終回の今回は、これまでのまとめとして、論文対策の主な留意点について整理します。

論文作成の留意点

論文試験では、管理職の立場での論述を求められており、表現力、理解力、判断力等について評定するとされています。したがって、これを念頭におき、自分がいかに管理職としての能力を持っているかを積極的にアピールすることが重要です。

具体的留意点について見ていきます。

1　管理職としての立場で

これまでの出題事例はすべて「あなたがA課長（所長）であれば……」となっており、管理者の立場で問題点を捉えた上で、解決策を示すよう求められています。したがって、出題事例の管理職になりきり、自らの問題として受け止め、書いていく必要があります。客観的な意見や第三者的な立場で評論家のように書いてはいけません。事業所の管理者としてどのように考え、対処するかを問われているのです。

具体的には、「……と思われる」とか「……すべきである」ではなく、「……である」「……する」と力強く言い切ることが必要です。

2　的確で具体的な解決策を

出題事例では、「この事例の場合、……どのように判断し、どのように対処するか、その理由も含めて具体的に述べること」を求められています。

したがって、ここで、管理職としての視点と能力を有しているか、即戦力として通用するかが評価されることになるのです。

解決策は、決して抽象的にならず、具体的なものにならなくてはなりません。そのためには、事例を十分に読みこなし、課題や問題点を正確に見つけ出し、優先順位を付けて、解決策を講じることが必要です。

具体的には、事業所が二級事業所なのか、三級事業所なのか、登場人物は誰でどんな言動をし何が問題なのか、住民や本庁との関係はどうなのか等に留意し、そこから当面の課題、中長期的課題を捉え、これらに対する解決策を考えることになります。

3　わかりやすい文章で

論文は、わかりやすい文章で書くことが大切です。そのためには、自分が最も主張したいことを明確に、簡潔に書くことです。

そして、一つの文章の長さを2行程度に心がけたり、脱字、誤字、略字はないか、改行や句読点は適切か、など基本的な部分にも注意をしなければなりません。また、論旨をはっきりさせ、文章を読みやすくするために段落をつけます。文体は、自己主張や断定を強めるために、「である体」を用います。

また、書き上げた論文は、必ず上司や合格者など第三者に添削をしてもらい、読み手を納得させ、理解を得る文章になっているかを確認することが大切です。

4　都政の動向を踏まえて

管理職選考は、言うまでもなく東京都の管理職として相応しいか否かをみるものです。したがって、今、都の管理職としてどうあらねばならないかが論述されていなければなりません。

そのためには、社会情勢と都政の動向を明確に捉え、それを踏まえた管理職像を意識して書くことが必要です。

具体的には、社会全体の流れから、行財政改革や住民福祉の向上等、都政が目指すものは何かを踏まえ、第一線事業所の管理職として何をしなければならないかを書くようにします。都政の動きに留意し、それを踏まえた視点で問題解決ができるよう、日頃から問題意識を研ぎ澄ましておくことが大事です。

論文の構成

具体的な論文の構成は、「起承転結」を基本とし、それぞれ400字、600字、700字、300字の2000字を目標に各章の配分を考えておくと良いでしょう。ここでは、各段で注意すべき点をもう一度みていくことにします。

1　「起」

この章では、問題提起、つまり、出題事例に対して自分が主張すべきことを述べます。このうち、特に重要なのが書き出しの部分と、事業所の使命、管理者としての責務の部分です。

書き出しは、読み手を引き付けるようなインパクトのあるものでなければなりません。また、管理者の責務は、与えられた事例において、自分が当事者になり、管理者としての考え方をきちんと述べることが大切です。

書き出しは、読み手の注意を引きつけ、読みたくなるような独創性豊かなものにする工夫が必要です。知事の念頭あいさつや議会の知事施政方針表明、新聞記事などから検討していくのは良いでしょう。「財政危機」や「行政改革」などは、多くの受験生が安易に使用しがちなので浅薄にとられる恐れがあります。むしろ、職場にある身近な事例や都政運営の基本などに関連し、自分の仕事に対する取り組み姿勢や信念などを表現する方がインパクトが強いでしょう。

この書き出しを受けて、第一線事業所としてのあるべき姿を記述します。事例問題にそって、住民要望の的確な把握とサービスの提供などを述べる「住民対応用」と組織整備と公正・迅速・効率的な執行を述べる「組織内部用」を用意しておく必要があります。

管理者の責務は、管理者として何をなすべきか、自己の管理者論を格調高く、力強く述べる必要があります。

2　「承」

「承」は「起」を受けて、出題事例の問題点とその原因を分析する部分です。問題文をよく読み、即応する課題と中期的課題を区分し指摘します。一般的には、まず、係長たちの言動からそれぞれの問題点を見つけ出します。消極的な姿勢や意欲の欠如、自己の役割や職責を果たしていないことなどを短くまとめ、課長の立場でいかに指摘するかがポイントです。ただし、出題事例の文章をそのまま引用するのではなく、きちんと整理をした表現をするようにし、表現方法は、多くの事例を勉強し、タイプ別に分類しておきましょう。

次に組織的な問題とその背景を書きます。係間の意思疎通不足、組織の一体感の欠如、硬直化などがあります。字数の関係もあり、予め簡潔な表現方法を準備しておきましょう。

最後に、主人公の課長の問題点を指摘します。よくある例としては、係長の責任は厳しく問いながら、肝心の課長に言及しない論文です。ここの記述は、リーダーシップの欠如など、「転」で解決策を論じるための基本スタンスとなります。

3　「転」

「承」で指摘した問題点の解決策を述べます。四段論法では、この部分が最も重要であり、自己の主張を明確に示して理解させる部分です。管理者の立場に立って問題点を発見し、解決策を述べるようになっています。そのため、「承」で指摘した事項について、自らの権限と責任において最善の策を見つけ、確信をもって解決策を論じなければなりません。

まず、直面する課題の解決を図ります。最近は、解決のスピード感が求められるケースが増えています。これを先に述べた上で、次に一般的な解決策をパターン化して覚えておくといいでしょう。

①情報収集

②自己方針の決定

③上司との方針確認

④係長たちの説得

⑤実施案作成の指示

⑥課案作成

⑦上司との最終確認

⑧職員や住民に周知

という流れで記述していきましょう。

次に、中長期的な課題の対応ですが、「承」で指摘した内容と対応するよう、事業所組織全体の問題点や背景について具体的に述べます。これも字数に応じたパターンを用意しておくと良いでしょう。

4　「結」

この部分は、論文の締めくくりであり、管理者として毅然と言い切ることが重要です。管理職になりきり、管理職のあるべき姿を力強く、格調高く、熱意ある表現で書きましょう。

内容は、「起」で掲げた管理者の責務と対応していなければなりませんが、事例や表現が重複しないよう気をつけなければなりません。

合格に向けて

論文は書く技術も大切ですが、最も重要なことは事例に対し、第一線事業所の管理者としてどう考え、行動するかという管理職としての当事者意識を論じることが必要です。そして、職員の先頭に立ってリーダーシップを発揮し、問題解決を図っていく姿勢がなければなりません。その姿勢がにじみ出るような文章を書くよう心がけましょう。

さらに、論文の中で、自らの主張が終始一貫しているかどうかに注意し、自分の信念を力強い文章表現で訴えていくことが大切です。また、採点者の関心を引くためには、独創的な表現も必要だと思います。

おわりに

試験まであと4カ月です。

最後に、試験本番の注意事項をおさらいしておきましょう。

①レジュメ作成は20分程度

・20分たったら途中でも書き出すこと。

②「見出し」は最初から

・書き忘れや時間がなくなる。

③文章は簡潔に、わかりやすく

・誤字、脱字に注意

④登場人物の名前を間違えないこと

⑤「である体」で統一

⑥見直し時間を用意

⑦練習も2時間で

・できれば時刻も9時40分に合わせて行う。

⑧事前に文章パターンを用意

⑨字は濃い目で

受験対策の基本はとにかく論文を繰り返し書くことです。過去の出題例から問題点と解決策をパターン化して準備しておけば、2000字の字数を埋めることは決して難しいことではありません。

そして、出来上がった論文は、必ず上司なりに見てもらい、添削をしていただき、自分なりに磨きをかけていくことが大切です。

2時間の間に2000字を書くという作業は、かなりの労力を要します。最近では、ワープロでの資料作りが日常的になっており、手書きによる文章作成の機会がなかなかありません。できるだけ、論文の勉強をする時は、鉛筆を持ち、時間を計ることを心がけましょう。

C選考は20年度をもって最後となります。「絶対合格する」という強い信念を持ち、頑張ってください。

最後になりますが、公私共にいろいろとお忙しい中、大変とは思いますが、これが最後の挑戦という気持ちで頑張ってください。

皆様方のご健闘を心よりお祈りしております。

カレントトピックス 20年度 16

都政事情

■『10年後の東京』への実行プログラム2008を策定（12月8日）

「10年後の東京」に掲げた、八つの目標の実現に向けた政策を着実かつ迅速に実施することを目的として、来年度から3カ年のアクションプランとして、3年後の到達目標、事業費総額、年次計画を明示。

新規性・先進性を持つ取り組みや今後3カ年で加速して進める取り組みを積極的にとりあげ、集中的・重点的に施策を展開する。「10年後の東京」策定後の東京を取り巻く社会状況の変化に迅速かつ的確に対応するため、新たな課題についても、対策を講じる。

事業数は39施策、3[illegible]事業で、このうち新規は[illegible]事業。事業費総額は3年間で1・7兆円、来年度の事業費は4700億円。

■IOCに申請ファイルを提出（1月10日）

東京オリンピック招致委員会は、スイス・ローザンヌの国際オリンピック招致委員会（IOC）本部に、2016年大会招致の申請ファイルを提出。申請ファイルは、IOCが示した「オリンピック競技大会開催計画の概要」に関する25項目の質問に対する回答書である。

東京都は、平成19年11月にまとめた開催基本計画をもとに「人を育て、緑を守り、都市を躍動させるオリンピック」とした開催理念や半径8キロ以内にほとんどの競技場が入るコンパクトな会場配置などをアピール。

立候補都市に選ばれると国際的な招致活動ができるほ[illegible]

■平成20年度予算案（1月18日）

[illegible]

中国・北京で見た 街づくりと人づくり

水道局水道特別作業隊　湯ノ口俊市郎

北京市街地から北京首都空港に向かう高速道路の両側は、林の中を走っているかのように街路樹が立ち並ぶ。前夜の雨で、排気ガスや砂ぼこりが洗い流されたこともあり、私は豊かな緑の空間に魅入った。

2時間40分の飛行時間で、北京から成田空港に着いた。東京都心に向かう道路の両側には、緑がない。都心に入ると道路がみすぼらしく見えた。歩道の狭いのは仕方ないとしても、街路樹が少ない。歩道のブロックは、波打っている。

◇

私は昨年10月、練馬区区民親善訪問団11人の1人として、中国の北京を訪ねた。

練馬区と北京市「海淀区」は姉妹都市として、1993年から交流を続けている。

北京市は日本の四国よりやや狭い面積で、16区2県の行政区から成っている。

その中の一つ、海淀区は区内に北京大学や清華大学、中国のシリコンバレーと呼ばれる中関村など、学術研究機関やIT企業が多く集積している。

5日間という短い滞在期間で限られた所しか見ていないが、ちょっと驚いたことを書いてみた。

とにかく北京の街は、緑が多かった。今年8月のオリンピックに向けて街の中を緑と花で埋めようとしているのだろうか。また、北京市街地の170㌔㍍まで砂漠化が迫ってきているからかもしれない。

昔から植樹には熱心に取り組んでいるのか、エンジュなどの古木を街のあちこちで多く見かけた。

おもしろかったのは、公衆トイレの男性小便器の前に書かれた標語だ。「もう一歩前へ…」と日本で見るのと同じようなことが、北京では「向前一小歩　文明一大歩」の漢字であった。「用を足すときに少し前に進めば、エチケットは大きく進歩する」という意味だろう。

北京市内にあるという地下防空都市の模型を公共安全館で見せてもらった。戦争の際、市民が避難して長期間にわたり生活できる地下空間である。

面積などは教えてもらえなかったが、地上と同じような壮大な街に驚嘆した。こんな地下空間が本当に実在するのか。私は今でも疑心暗鬼である。確かに、核戦争に備えて、中国が旧ソ連と敵対していた1960年代末から10年余りをかけて掘った、全長30㌔㍍、30万人収容可能な地下防空壕はある。

また、今は規模の大きい高層ビルには、地下に防空壕の設置が義務付けられているとも聞く。

◇

さて、北京に着いた翌日の夕方、海淀区人民政府の歓迎宴出席のため海淀区役所を訪ねた。豊かな樹木の広がる区役所庁舎の隣りには、10階建てほどの立派な建物があった。北京大学の学生寮だという。寮費は無料で、多くの企業が競って費用を提供しているそうだ。

この日は昼間、北京市内の聾唖学校を訪問した。50年前に創立された小中高一貫での寄宿制公立学校である。寄宿舎を見せてもらった。

私は、自分の高校時代の寄宿舎生活を思い出した。同じような蚕棚二段ベットの部屋である。違っていたのは、きれいに畳まれたフトン、揃えられた履き物であった。「いつも、こんなに整頓されているのですか」と聞くと、「そうです」との答えだった。

次に、20年前に創立された公立の幼稚園に行った。2歳半から6歳までの園児460人、教職員71人である。ここも寄宿制で、週末に自宅へ帰るという。

「一人っ子」政策で「小皇帝」と揶揄されることもあるが、幼いときから集団生活を通して協調性を身に着けながら、競争の中で学ぶのだろうか。英語教育はもとより30台のパソコン、それに水泳もあるとのこと。

両親と離れて24時間、幼稚園で過ごす子どもも大変だが、園児と起居を共にする先生方の苦労はいかばかりだろうか。

とはいえ、中国の人材育成にかける意気込みには、目を見張るものがある。

30年前から始まった毎年約3000人規模の海外への国費留学生は、今年は1万人に達したという。とりわけ科学技術には力を入れている。

これに対し、科学技術立国を標榜する日本の海外への国費留学生は、昨年739人。日本は先進国で、人口比からは中国と同じくらいと考えているのだろうか。

ところで、日本は「世界第2位の経済大国」とよく耳にする。これは市場の為替レートによるアメリカドルで換算した国内総生産GDP比較である。これに対して、同等の商品やサービスを受けるためにかかる費用で実態経済に即しているといわれる購買力平価換算では、かなり前に日本は中国に追い抜かれている。

世界銀行のホームページを見ると、現在では2倍以上の開きがある。世界第2位の経済大国は中国で、3位はインド、日本は4位である。今や、逆転している。

逆転しているのはGDPだけではない。かつての日本のように懸命に生きる人々、もっと豊かになりたいと願う国民の力強い息づかいでもあった。

写真上＝幼稚園児がバイオリン演奏で歓迎
写真下＝幼稚園の寄宿舎の室内

ともに生きる　20

「手話」と「指文字」

ある障害者団体の幹部の方が、「耳の不自由な人の点字に相当する手段として、耳の不自由な人には『手話』があります」と話されているのを聞いたことがあります。

これは間違いです。

点字は、六つの点の組み合わせで日本語の五十音や数字やアルファベットを記号化したものです。

同じように五十音を指先の形で示し記号化したのは、手話ではなく指文字です。

今、テレビの画面に添えられる手話は、日本語の語順に従って話し言葉に対応して使われているもので、日本語対応手話と言われています。その中で、人名や地名等固有名詞で置き換える手話がないものや助詞については指文字が使われます。

「きって」の「っ」（促音）や「きゃく」の「ゃ」（拗音）や濁音、半濁音も手の動きで表します。

せめて、ご自分の名前ぐらいは、指文字で表すことができるようにして初対面の自己紹介に役立てていただくと、耳の不自由な方との親密感がぐっと増すと思われます。

最近は、各地に手話サークルが生まれ、手話や指文字に関心をもって学ばれる方が増えていることとは、喜ばしいことと思います。手話は、耳の不自由な方々にとって大事なコミュニケーション手段です。耳の不自由な人とそうでない人が知り合い、同じ社会を構築する仲間として交流する以上、共通の交流手段をもたなければならないのは当然です。

その意味で、耳が不自由でない人が手話や指文字を学び、耳の不自由な人が口話（読話・発語・聴覚活用）を学ぶのは、どちらも大事にしなければならないでしょう。

私たちは日本で生活していますから、言語生活の基盤となる日本語をきちんと身に着けることが大前提であることは勿論です。

言語生活ばかりでなく日本の文化を支える数々の習慣やしきたりを尊重し合うこともないがしろにしてはいけないと思います。

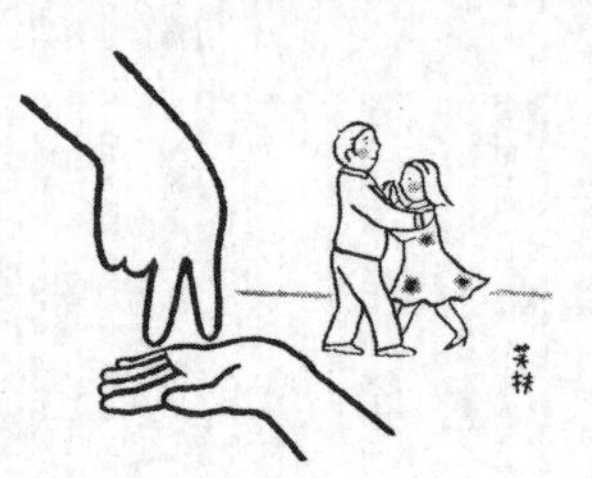

（元都立立川ろう学校長　小林明）

怒鳴るド・ダックが来た

がんばれ！公務員　6

文とマンガ　鈴木武征

住民や議員に怒鳴られ、悪口を浴びせかけられるのは公務員の宿命だ。

さしたるミスも無いのに、一方的に怒鳴られるのだからたまったもんじゃない。

怒鳴る相手には怒鳴り返せ、殴ってくる相手は取り押さえろとも言いたいところだが、ここは冷静にいこう。

今の今まで平穏に対応していた相手が突然怒り出す、怒鳴り散らす。

「えっ!?　なんで、何で……」と面食らうが、相手の怒りは収まる様子がない。

他の来庁者が一斉にこちらを見る。

同僚が伏し目がちに机上の書類を見るふりをしながら、「ハハハ……あいつやられたナ」なんて顔をしている。

その奥では上司が「まずいよ、まずいなー」という表情だ。

ともかくその場を収めようと、慌てていろんなことを言う。

その言葉がかえって火に油を注ぐこととなり、「おめーじゃ解らねー、課長だせ！」「おれの税金、いますぐ返せ！」と発展する。

相手が怒鳴る原因はさまざまある。

前回の処理と違う、時間がかかる、タライ回し、応接態度が気に食わない等々だ。

原因が多少とも自分にある場合は、早めにかつ誠意が伝わるように謝ることが肝要だ。

上位の者に手短にミスを報告し、ともに謝るのも効果的だ。

ここで言っておきたいことがある。

かかるシーンでいなくなってしまう上司がいることだ。

窓口がもめだすと、スーッと机を離れ、姿をくらます課長や部長。

これは職場放棄、敵前逃亡ともいうべき行為で許せない。

確かに応接態度の未熟な職員というのはいる。

しかし「もめるのはいつも彼だ、怒鳴られるのはいつもあいつだ」と、原因を個人の属性に押し付けてしまっては「明るい職場」は実現しない。

一職員が怒鳴られているのではなく、職場全体が怒鳴られているのだと受けとめる土壌が必要だ。

怒鳴られている職員の傍らに寄り、事の原因、推移を冷静に判断し的確な対応に切り替える。

それが上位の者の重要な仕事だ。

決して怒鳴られている職員を孤立させてはならない。

たとえ怒鳴られても、職場のみんながバックアップしてくれている。

そういう支えがなければ職員だって、「やってられねーヨ！」と怒鳴りたくもなる。

もう一つ注意が必要なのは、役所に来たら文句の一つでも言わないと気が済まない人たちの存在だ。

ミスとも言い難い些細なミスをほじくりだして怒る、普通の対応を横柄だと言っては怒鳴る。

まずいことには最近の「キレやすい」風潮がこの手の人を多くしていることだ。

かかる人種への対応はじっと耐えるしかない。

職員にも言いたいことは山ほどあろうが、この人たちに正論を吐いても聞く耳を持たないのだから致し方ない。

私はこういう人たちに応対した際、心のなかで「怒鳴るド・ダック」が来たと思うことにしていた。

ディズニー映画に出てくる、あの口やかましドナルドダックだ。

ミッキーやひよこたちを相手に、大きな口を開けて一しきり大声を張り上げて去っていくドナルドダック。

こういう時は自分に冷静に、冷静にと言い聞かせつつ、「怒鳴るド・ダック」が落ち着くのを待つ。

忠告が一つあります。

この間、本物のドナルドダックのひょうきんな仕草を思い出して、思わず吹き出したりしないようにしましょう。

みにがいど

◆第24回財政学校　日時　2月7日(木)午前9時半開場▽会場　中野サンプラザ8階研修室5▽講座　○第1講午前10時～11時45分「地域格差と法人二税問題～08年度国家予算を踏まえて」町田俊彦理事長（専修大学教授）○第2講午後1時～2時45分「住民税と寄付税制のあり方～公益法人改革、ふるさと納税などの議論を受けて」菅原敏夫理事（地方自治総合研究所研究員）○第3講午後3時～4時30分「08年度東京都予算を読む」末永幸雄・都議会民主党政調会事務局長▽参加費　1000円（会員は無料）※資料代2000円▽申込み・連絡先　東京自治研究センター☎5338・9022

◆第1回多摩六都ヤング・ダンスフェスティバル　▽日時　2月9日(土)午後2時30分開演▽会場　ルネこだいら大ホール▽入場無料▽ダンスのジャンルを超えたイベント▽出演校　10校24チーム（都立小平高校、都立小平南高校、白梅学園高校、都立東村山高校、都立東村山西高校、桜華女学院高校、都立久留米西高校、都立東久留米総合高校、都立田無高校、武蔵野女子学院高校）▽主催　多摩北部都市広域行政圏協議会▽問い合わせ先　小平市教育委員会生涯学習推進課☎042・346・9834

◆子育てと仕事の両立はそれほど容易でない！～働く親の声（子育ち・子育て支援へのねがい）を聞いてください～▽日時　2月16日(土)午後1時～5時▽会場　弘済会館4階会議室「萩」▽主催　東京都社会福祉協議会保育部会調査研究委員会▽基調報告「働く親たちの子育ち・子育て支援ニーズ～自由記述の分析を通して見えてきたこと～」諏訪きぬ・明星大学教授▽シンポジウム「子育てと仕事の両立を考える」▽定員130人（先着順）▽参加費　1000円（当日受付で。資料代含む）▽申込方法　参加申込書（東社協ホームページからダウンロード）に必要事項を記入し、FAX3268・0635まで▽問い合わせ先　福祉部児童・障害担当（高村）☎3268・7174

海外出張こぼれ話　18

東郷尚武

オリンピックを迎える北京と沿海都市アモイ①

今年は北京でオリンピックが開催される年である。そのこともあって、今回は北京について執筆をとのお話があって、筆者はプロジェクトとして参画したアモイ市（Xiamen）と広州市（Guangzhou）の二つの沿海都市のうちアモイの問題もあわせてお引き受けすることとした。

実は、これまで中国の話は書かないことにしていた。筆者が中国プロジェクトに参画したのは1993年から1995年のことであり、中国の状況の変化は、爾来、余りにも目まぐるしく、中国の経済、都市問題の現状はかくかく、しかじかと書くことが憚られたためである。

しかし、筆者が中国プロジェクトに参画して以来、10年余が経過し、少なくとも当時の状況と、現況をある程度切り離して書ける状態になったため、ここに駄文をまとめさせていただくこととしたのである。

前置きが長くなったが、筆者が中国の都市問題に手を染めるようになったのは、(財)東京市政調査会に籍をおくようになって、大正時代からの姉妹機関であるニューヨークの行政研究所（IPA）のマメン（D. Mammen）所長から「社会主義市場経済移行期における中国の都市計画の課題」について、一緒に共同プロジェクトを立ち上げないかとのお誘いがあったのが、その契機である。

ここに東京市政調査会とN・Yの行政研究所は、主として国際交流基金日米センターからの資金援助も得、中国側は北京の清華大学・建築学院が窓口となって、日米中―都市問題共同プロジェクトを立ち上げ、中国における今後の都市づくりの在りかたを模索・研究し、中国の都市政策に多少なりとも寄与していくこととしたのである。

硬い話でなかなか〝こぼれ話〟にならないが、大事な話なのでもう少しご容赦いただきたい。中国では、筆者が北京を訪れる直前の1993年11月、第14期中央委員会第3回全体会議（三中全会）において、これまで漠然としていた「社会主義市場経済」という概念を「社会主義の基本制度と結合し、国家の全体的調整のもとで、市場に効果的な資源配置の役割を持たせる」ことと定義し、公有制を今後も基礎としていくことを明らかにするとともに、国民総生産（GNP）を20世紀末までに1980年の4倍にすることと、社会主義市場経済の基本的確立を図ることを奮闘目標として掲げたのである。

このような背景のもとに、我々のプロジェクトはスタートしたのである。

1993年当時の北京の古い住宅街

（東郷氏は都庁退職後、(財)東京市制調査会常務理事を務め、現在、成城学校理事長）

都政新報

発行所　都政新報社
〒160-0023 東京都新宿区西新宿7-23-1 TSビル
〈総務・読者〉(03)5330-8781
〈企画広告〉(03)5330-8784
〈編　　集〉(03)5330-8786
〈出　　版〉(03)5330-8788
〈セミナー事業部〉(03)5330-9977
〈ファクス〉(03)5330-8808
郵便振替 00130-2-101470
購読料 月1,680円(税込)
毎週火・金曜日発行
但し、祝祭日は休刊

紙面から

冷凍ギョーザ中毒事件

対応に追われる都内自治体

食品衛生で計画発表の矢先に

兵庫県と千葉県で中国製の冷凍ギョーザによる中毒が発生した問題で、都内の自治体が対応に追われている。都では週末の2日と3日、都保健所と健康安全室に相談体制を敷いて対応。また、23区では、保健所職員が小売店の自主回収の確認に奔走した。都にとっては、08年度の「食品衛生監視指導計画」素案を発表した矢先に、食の安心が脅かされる事態となった。

中国製の冷凍ギョーザをめぐっては、兵庫県と千葉県で、冷凍ギョーザを食べた3グループ計10人が、有機リン中毒の症状を発した。冷凍ギョーザからは、有機リン系の薬物「メタミドホス」を検出。同一の工場で生産されたことが分かっている。両県から連絡を受けた都が1月30日に公表し、各区の衛生主管部に対し、該当商品の回収の確認を指示した。

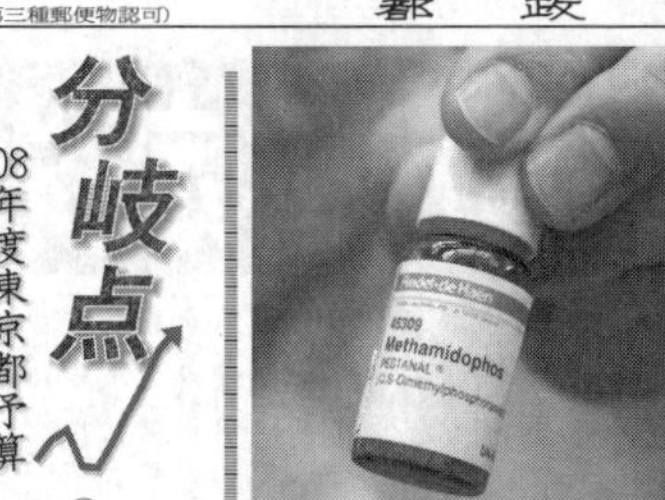

冷凍ギョーザから検出された「メタミドホス」サンプル＝1日、都健康安全研究センターで

都は1日、業者から集めた22検体で残留農薬の有無を調べたが、混入は確認されていない。

石原知事は1日の記者会見で、「製造元の中国の企業に責任があるわけでしょう。自分たちの信用のためにも、厳重に調査して、はっきりしてもらわないと」と語った。

◆　◆

一方、都食品監視課は1月31日、冷凍ギョーザの輸入元「ジェイティフーズ㈱」（品川区）の販売先リストをもとに、23区保健所に対して、スーパーやデパートなど小売店で、該当商品が自主回収されているか確認するよう文書で通知。各区では、保健所の職員が店頭を回り、商品が回収されているか確認に走った。

また、輸入元企業がある各区も、販売ルートの調査や販売自粛の指導など、対応に追われた。

毒物が検出されたギョーザと同じ工場で生産された商品を輸入していた「日協食品㈱」がある中央区は1月30日夜、同社に接触。販売自粛を指導するとともに、小売店がある都内自治体に販売ルートの情報提供を行っている。

また、特別区保健所生活衛生課長会の幹事長区である品川区では、区民から「この商品は安全か」といった問い合わせもあるといい、安全が疑われる商品については、購入先に返品するよう呼びかけている。同区でも週末の2日、3日に電話相談を実施した。

◆　◆

都では25日、輸入食品対策を重点監視指導に盛り込んだ08年度の「食品衛生監視指導計画」の素案を公表したばかりだった。計画では、輸入業や卸売市場などの流通拠点を中心にした監視指導や、調査を迅速に行うための「食中毒解析システム」を保健所に導入する方針を固めていた。

また、都議会も1月31日から2月1日、自民・公明・共産の各党が、▽関係自治体との情報共有・連携の強化▽輸入食品対策に重点を置く監視指導——などを求め、輸入食品の安全確保を進めるよう申し入れた。

3日現在、どの工程で毒物が混入したかは分かっておらず、人為的であれば、輸入食品の監視指導とは別問題になる可能性もある。

アピールそれぞれ

JR上野駅前で募金活動を行う都職員

緑の東京　休日返上で職員が募金

五輪招致　都議も行脚で協力要請

オリンピック招致と「10年後の東京」を実現するため、都と都議会がそれぞれ、様々なPR活動に取り組んでいる。都は2日、職員に協力を呼びかけて、1000人体制のボランティアを募り、緑の東京募金の街頭キャンペーンを行った。都議会も今日5日から、五輪招致への協力を要請するため、全国行脚を始める。

街頭キャンペーンは、2日12時から上野恩賜公園の野外ステージで、発案者である猪瀬直樹副知事が開始宣言をしてスタートした。JR駅周辺など都内30カ所で、募金活動やオリンピック招致のPRを行った。

参加する職員は、緑の東京募金に関係する局から募っている。募集の過程では、公務扱いとして超勤を出す方針だったが、知事の判断で支給しないこととなった。

石原知事は1日の会見で、「（超勤の額と募金が）どう考えても、逆ざやになる。滑稽なこと」と厳しく批判した。ただ、参加職員からは、「超勤支給の有無にかかわらず、協力したいという気持ちの職員も多いはず。知事には、それを汲んで欲しかった」という声も聞かれた。また、公務扱いから急きょ、変更されたことで連絡に追われる局もあった。

他方、都議らによる全国行脚は今日5日から始まる。全国の招致機運を盛り上げるために各道府県や議会の協力を得るためで、北海道と愛媛、香川を皮切りに、各都議が手分けをして全道府県をまわる。

議長の代理として訪問し、副知事やオリンピック招致本部の幹部職員も同行する。自治体によっては、各道府県出身のオリンピック経験者で作る「ふるさと特使」と一緒に要請を行う。

議会で招致決議を行っていない道府県には挙げるよう依頼するほか、「オリンピックを日本に」という旗も持参して庁舎内に置いてもらうなど、広報面での協力も要請する。

分岐点　08年度東京都予算 ②

バブル期の教訓

反省を踏まえ基金倍増

08年度予算編成の特徴は基金だ。主な七つを抜き出しただけで、07年度最終補正と08年度当初予算で計7000億円近くを積み立てる。08年度末の残高は、1・6兆円と過去最高。このほかに都債償還に備えた減債基金が9800億円ある。

「国・地方から見ると、また東京富裕論が首をもたげてくるのでは」と1月18日の記者会見で質問され、石原知事は「これぐらいの積立金で、とても行政需要に対応できない。都は不交付団体だから、どんな状況でも自前で対応しなければならない」と語った。

基金については、都議会でも従来から「積み立てるより、施策の充実に振り向けるべき」という指摘がある。1・6兆円と言えば、金額としては大きいが、これが本当に「備え」になっているかどうか。都税収入の先行きが不透明になり、少なくとも税制見直しによって09年度以降、平年度で3000億円程度の大幅な減収が想定される中では、都の財政規模に見合う水準にあるかどうかがポイントになる。

■指針の中間年

08年度というのは、06年7月に策定した3カ年スパンの「今後の財政運営の指針」の中間年にあたる。第2次財政再建推進プランが06年度で終わるため、指針はこれに代わる財政運営の方向性を明らかにしたものだ。

指針の中で中期財政フレームを示し、①07年度から09年度までの3年間は、予算要求枠はゼロシーリングを基本とする②負の遺産に対しても、問題の処理を先送りしない③指針での想定以上に都税収入が増加した場合は基金に積み立て、逆に都税収入が落ち込んでも基金の取り崩しで財源を確保し、安定的な行政サービスを展開する——という3点が基本方針となっている骨子。これを別の言い方で要約すると、過去の轍は踏まないという東京都の宣言だ。

都幹部は「バブル崩壊後も、高い歳出水準をすぐに削減できなかった結果、89年度末に1兆円を超えていた基金残高は、あっという間に底をついた」と振り返る。そのため税収が良かった08年度は、積極的に基金を積み立てたということだろう。ただ、今までと違うのは、基金についても発想として「攻め」と「備え」という位置づけをしたことだ。

たとえば、財政再建中は不急の経費ということで、大規模施設の改築・改修は先送りしてきた。しかし、いずれは行わなければならないことだ。財務局は、今後10年間に8000億円程度の更新経費がかかると試算し、まず620億円を予算化した。そして社会資本等整備基金にも2600億円を積み立てる。また、東京オリンピック開催準備基金には、当初方針どおり1000億円を計上。これらの積み立ては「施策を積極的に展開していくための攻め」（財務局）という。

これに対し、年度間調整で活用する基金は「備え」という考え方だ。財政調整基金がこれに該当し、法人事業税国税化対策特別基金も目の前の確実な税収減に対応するという意味では、こちらに分類できる。

基金のあり方については「漫然と積むのではなく、その使い道があるという財政需要を具体的に明示して積み立てるべきだ。法人事業税国税化対策特別基金は、一つの工夫」と評価する声が都庁内にある。また、局の予算担当者からは「過去の税収減を見れば、備えとして1兆円でも足りない」という指摘がある。

指針は、09年度予算までゼロシーリングの方針を打ち出したが、現在の景気動向から考えて、意外に早く基金を取り崩す事態がくるかもしれない。

バブル期には、財政規模を過大に維持しすぎた結果、破綻のピンチを招いた。これからは、実際に税収が落ち込んでいくもとで、基金や都債を活用して維持すべき適正な財政規模とはどの程度とするか、過去の反省を生かした財政のかじ取りが試されることになる。

■主な基金の積立額と取崩額　（単位＝億円）

	積立額		取崩額	08年度末残高
	07年度最終補正	08年度当初予算		
財政調整基金	1,124	14	—	5,844
社会資本等整備基金	32	2,581	—	3,982
東京オリンピック開催準備基金	—	1,000	—	3,061
スポーツ・文化振興交流基金	—	—	△30	174
地球温暖化対策推進基金	—	—	△93	366
福祉・健康安心基金	—	28	△82	494
法人事業税国税化対策特別基金	2,185	—	—	2,215
合　計	3,341	3,623	△204	16,136

市町村総合交付金 最高の380億円に

都復活予算

都は4日、一般会計200億円の復活予算案を発表した。三位一体改革で地方交付税が削減され、市町村財政が苦しくなっていることから、市町村総合交付金を40億円復活して380億円とした。この予算額は、これまでの最高。また特別区に対しては、都市計画交付金も25億円増額し、185億円とした。

福祉・保健・医療の充実では、社会福祉法人等の指導検査体制の強化、良質ながん医療を提供する体制の確保、福祉施設等の感染症発生を防止する事業を新規に予算化した。区市町村への包括補助事業は、32億3000万円の復活が認められ、231億3000万円とした。

地域力向上方策の展開では、町会・自治会などが実施する先駆的な取り組みに7000万円を助成する。

このほか私学助成に13億8800万円、道路の路面補修に17億9100万円、交差点の改良に18億1700万円などが復活で予算がついた。

1月31日の政党復活要望では、都議会の各会派が多摩・島しょの区市町村に対する財政支援、私学助成、福祉・医療、インフラ整備などの充実を求めた。

川柳ジョーク

内から外から？殺虫剤検出冷凍ギョーザの謎

ひとクセあるといわれている職員「いつもギョーザと同じ扱いです」

都政の東西

足元の道路特財

池袋～渋谷間で工事が進められている地下鉄副都心線が6月14日に開業する。あまり知られていないが、この地下鉄には03年度から道路特定財源が投入されている。02年11月に国の経済財政諮問会議が環境問題の解決や都市交通への活用等に向けた道路特定財源の使途拡大の答申を行い、政府・与党の合意を経て閣議決定されたものだ。

このため副都心線は、都の街路事業として、駅舎やトンネルなどのインフラ部の整備が行われている。地下鉄なのに「街路事業」というのは不思議な気もするが、道路特定財源によって建設されるから、インフラ部分は「道路の一部」なのだ。

道路特定財源というと、地方で見かける無駄にデラックスな道路や橋梁のイメージが強すぎて、地域密着の事業とは無縁に思える。しかし、意外に私たちの足元で道路特定財源が使われていることが知られていない。区市町村では道路や橋梁の建設だけでなく、区画整理、駐輪場や連続立体交差事業などに活用されている。

多田正見江戸川区長は1月31日の会見で「歴史的に古い税率で、当区でも道路特定財源を使って1200㌶近い区画整理事業を進めてきた。大変なことになる」と暫定税率の廃止に懸念を表明した。

道路特定財源の焦点は、その使途にある。ガソリンが安くなれば良いという問題ではなく、安かろうが高かろうが、国や地方が税金の使い方を改めなければ意味がない。

道路をつくってなんぼの時代は終わった。だからといって税率を下げてどうなるというのか。排気ガスをまき散らして自動車を運転するのなら、それ相応の税金を払って当然だ。国民そっちのけで場外乱闘をしている暇があったら、しっかり足元を見ろと言いたい。

柔道、バドミントンで ジュニアスポーツ大会

8月25日から

都は8月25日から9月1日、第2回目となる「2008ジュニアスポーツアジア交流大会」を開催する。大会の種目は昨年のバドミントンに加え、柔道も追加。バドミントンは駒沢オリンピック公園総合運動場の体育館、柔道は東京武道館が試合会場となる。大会では、ジュニア選手を対象とするメダリストによる公開指導や、一流指導者による研修会も行う。

石原知事は会見で、「今後、東京は豊かなスポーツ資源を活用して、アジア各国の将来を担う次の世代の育成を支援することで、スポーツだけでなく、アジアの発展全体に寄与していきたい」と語った。都は現在、バンコク、デリー、台北、北京など15都市に参加を打診中。2月中に実行委員会を設置する予定。

夏を目標に地域課題の対応方針

外環意見交換会

東京外かく環状道路の沿線区市長意見交換会が1月30日に都庁で開かれた。区市長は「地域の課題解決に向けたPIで、地域から出る提案については計画に反映し、市民と協働で進めて欲しい」「インターチェンジ周辺の交通対策、環境対策、まちづくり対策について具体性が乏しいので、具体的な検討を行うこと」などを求めた。

国と都は「関係区市と合同で地域ごとにPIなどを実施し、地域課題の対応方針を今年夏を目標にまとめる」とした。外環地上部街路についても必要性、整備のあり方などを早期に地元に示し、都としての方針をまとめるという。

建築物耐震改修推進本部を設置

都都市整備局

都都市整備局は、只腰局長を本部長とする民間建築物耐震改修推進本部を1日に設置した。

昨年12月に耐震化促進実施計画をつくり、今後3年間で緊急輸送道路沿道にある約400棟の建築物の耐震改修に着手することや、住宅の耐震化率6ポイントアップの82%にすることなどを目標に掲げた。しかし、事業実績をみると、なかなか執行面が難しいため、局内に推進本部を設置して取り組むこととした。区市町村と連携して建築物所有者への周知徹底を図ったり、広報誌やDVDなどの媒体を活用して広報戦略を強化していく。

花粉発生源で協議会を開催

林野庁と都

林野庁と関東周辺の1都8県は1月31日、「首都圏等スギ花粉発生源対策推進協議会」を設置し、都庁内で第1回会合を開いた。花粉の少ないスギへの植え替えなど計画的に発生源対策を進めるよう協力していく。

区長会が暫定税率維持を要望

23区で313億円の減収に

地域密着事業にも影響懸念

道路特定財源

特別区長会は1日に自民、公明両党、4日に民主党に道路特定財源の確保を求める要望書を提出した。国会の焦点の一つである道路特定財源の暫定税率が廃止されると、道路網の整備、開かずの踏み切り対策などが滞るため、区として暫定税率を存続させたい考えだ。今年3月末で期限切れとなる暫定税率を2カ月間延長する「つなぎ法案」を与党が衆議院に提出したが、その後、与野党が取り下げることで合意した。暫定税率の行方がどうなるのか予断を許さない状況が続く。

区長会が自公民の3党に提出した要望書は、暫定税率の廃止により道路整備、都市基盤整備に対応できなくなり、「特別区が実施しているさまざまな区民サービスに甚大な影響をもたらす」と指摘。「受益者負担という道路特定財源の趣旨に鑑み一般財源化することなく、大都市東京における真に必要な道路整備が計画的・確実に実施できるようにすること」と釘をさした。

道路特定財源の暫定税率が廃止されると、23区の地方税は2006年度決算をベースに試算すると、170億5918万円の減収になる。さらに、国税の揮発油税の一部から区市町村などに配分されている地方道路整備臨時交付金（臨交）も3月末で期限切れとなり、廃止された場合、国庫支出金の影響額も含めると、142億8079万円減るという。

道路特定財源は、道路や橋梁の維持や補修、区画整理、駐輪場整備、開かずの踏み切り対策など地域に密着した事業に使われている。23区の道路関係経費に占める特定財源の割合は06年度で38%。残りは、自主財源と地方債が充てられた。暫定税率が廃止されると、区内だけでも緊急対策が必要な272カ所の「開かずの踏み切り」対策などは遅れる。

財源の使い道を道路整備に限定しない一般財源化については、特定財源に余剰分が出た時一般財源に回すことに理解を示せても、完全に一般財源化するのは「とんでもない」（区幹部）という。受益者負担の原則で道路が整備される制度を撤廃し、道路整備とはまったく関係のない福祉などに投入するのは「自己矛盾」「一般財源化は非現実的な話」（同）と区側の見方は否定的だ。

区幹部は「道路特定財源が一般財源化された場合、道路に充てるお金をどこから持ってきて、財源を保障するのか。消費税などを増税するのか。そんなこと、できっこない」と、財源保障がないことに憤りを示す。区にとって、道路特定財源の暫定税率の廃止や一般財源化は百害あって一利なしだ。

多田正見区長会長（江戸川区長）の話　「いろいろ政党間の主張はあるが、事実として地方財政に相当な影響が出る。財政的な見地、それに伴う関連事業の進捗ということからも大変な問題になる」（1月31日の記者会見で）

23区の減収額（単位千円）

	地方税分	臨交分など
千代田	388.659	669.025
中央	506.757	36.700
港	581.207	599.050
新宿	609.914	180.825
文京	348.597	27.500
台東	435.496	1.650.900
墨田	444.099	413.434
江東	796.302	398.650
品川	701.578	384.650
目黒	474.016	69.709
大田	1.223.978	119.750
世田谷	1.528.234	1.743.130
渋谷	522.377	180.400
中野	517.405	92.799
杉並	931.650	5.750
豊島	534.043	649.150
北	581.204	275.238
荒川	333.535	877.974
板橋	951.867	160.523
練馬	1.283.600	669.675
足立	1.268.012	1.453.209
葛飾	821.258	1.367.357
江戸川	1.275.396	2.255.401
合計	17.059.184	14.280.799

※06年度決算をベースに試算
※地方税分は自動車取得税と重量税、地方道路譲与税
※臨交分などは国庫支出金も含む

MEMO　道路特定財源　揮発油税など税金の使い道を道路整備に限定した財源。揮発油税や自動車重量税など3種類の国税、地方道路譲与税や自動車取得税など5種類の地方税で構成されている。

自動車利用者の負担により戦後遅れていた道路整備を行うため、道路特定財源が1954年に創設。74年から道路整備を促進させる目的で本来の税率よりも高くした暫定税率が導入された。地方税のうち本来の税率より、自動車取得税が1・7倍、軽油引取税が2・1倍高い。ほぼ5年ごとに1度、暫定税率は延長されてきたが、3月末で期限切れになる。

杉並区が全土日開庁へ

準備担当課長を設置

23区初

杉並区は9月から、年末年始と祝日を除くすべての土日を開庁するため、1日付で土日開庁準備担当課長と同係長を設置した。隔週などで土日開庁する区はあるが、全日実施は23区初。国保や年金関連業務など22事務104事業を行うほか、一般区民相談窓口も開くことで、多くの区民に平日並みのサービスを提供できるようになる。全土日開庁は、区長公約の一つ。相談業務も合わせて行うことが目玉だ。

土日についてはこれまで、区内の主要な駅前に設置されている四つの駅前事務所（出張所）で、土曜日と第1、第3日曜日の午前8時半から午後7時まで開設。しかし、区民からは「分かりにくい」と指摘もあった隔週日曜日の利用については、利用率が2割程度にとどまっていた。そのため、本庁ですべての土日を開庁する9月からは、日曜の事務事業を本庁に一本化。区民サービス向上とともに、費用対効果についても考慮した。

区によると、「土日の本庁舎開庁は他の自治体でも例があるが、これだけの業務を毎週土日に行うのは全国的に珍しく、都内では初めて」と話す。区政相談については、今後、利用の状況などを見ながら、専門家相談の日を設けるなども検討する考えだ。

08年度予算案には、土日開庁に伴う庁舎改修費などで8600万円を計上。『五つ星のサービスを提供できる区役所づくり』に積極的に取り組んでいく」としている。

13館を紹介した美術館マップ発行

港区

港区は1日、区内にある美術館13館を紹介した『港区美術館マップ』を発行した。区内には、古典美術から現代アートまで、幅広いジャンルの美術館がある。これら区内の美術館で、様々なジャンルのアートにふれてもらうのが狙い。マップは、各美術館ごとに建物の外観や収蔵品の写真を使い、館のイメージ、展覧会のジャンルが一目で分かるように紹介している。その他にも、開館時間や入館料、アクセスなど、たくさんの美術館情報が盛り込まれている。

また港区全体の地図は、歩いて巡れるほどに近くに美術館がまとまっていたり、離れていても「ちぃばす」（港区コミュニティーバス）や地下鉄を使うと、短い時間で効率よく巡れる美術館がたくさんあることに気づいてもらえるよう、美術館の位置関係を分かりやすく表示した。

2月には区が主催で「アート・ミート・みなと月間」を開催しており、月間中に特別協力の美術館12館を訪ねると、チラシについているクーポン券と引き換えに、美術館のロゴがプリントされたオリジナルエコバッグがもらえたり、入館料の割引やポストカードプレゼントなどの特典が受けられる美術館もある。

同月間ではシンポジウム、ワークショップなども開催される。

災害時車両撤去で

事業者と協定締結

板橋区

阪神大震災では、事故車両や駐車車両が道を塞ぎ、救急活動に大きな支障が出た。大規模災害時にこのような事態がいたるところで発生すれば、公的な取り組みだけで対応しきれないとして、板橋区は1日、社団法人東京都自動車整備振興会板橋支部と「災害時における応急対策業務等に関する協定」を結んだ。

協定は、同支部に加盟する210の自動車整備事業者に、道路を塞ぐ車両の移動と、移動車両を自社の敷地に収容してもらおうというもの。

区では、121団体と103の災害時協定を締結しており、今回の協定について坂本区長は「区の防災力が強化される」と歓迎した。

同支部は今後、区の防災訓練にも参加し災害時に備える。

角田副区長が1月末で退職

足立区

足立区の角田公副区長は1月31日、「一身上の都合」により任期途中で退職した。1月11日に近藤区長に退職願を提出、受理された。後任は選任されていないため、西條直樹副区長が角田副区長の事務を担う。角田副区長の本来の任期は11年7月12日まで。

記者席

人を使うセンスに欠ける

○……知事は、緑の東京募金街頭キャンペーンに参加する都職員に超勤手当を出すことを猪瀬副知事から指摘され、支給を止めさせたと1日の記者会見で語った。「都の仕事にどれだけ情熱があるか、有無の問題だ。来たくなければ、来なくていい」と話した。

この会見を聞いた職員は「超勤稼ぎのために参加するわけではない」「やる気が半減」などブーイング。石原知事には、人を使うセンスが欠けるようだ。

○……区長が「職員の意見や提案を直接聞きたい」と希望する声が、よく聞こえてくる気がする。組織の風通しをよくしたいということはもちろん、現場の職員がどんなことを考えているのか、また現場からのアイデアを区政に活かしたいという思いからなのだろう。荒川区の西川区長もその一人。だが、その手法がユニークだ。

昼休みを利用して、区長室で「お茶の会」を開いているという。

会の約束事は三つ。「直訴はなし」「同僚、上司の悪口はなし」「提案はOK」で、役職は関係なく、職員のグループとお茶を飲みながら、世間話さながら、区のあれこれを話すという。そこでの提案を施策に取り入れたり、意見から施策を修正することもあるという。1日現在、「お茶の会」で区長室に足を運んだ職員は1017人になった。

○……「仕事のやりがいを持つには、その仕事がどんな役割を持っているか、知ることが大事だとわかった」──。新人職員の感想のような言葉だが、これを発したのが中学1年生だと聞いて驚く人も多いだろう。

職場体験学習で都庁の青少年・治安対策本部にきた中学生が、5日間の学習を終えた最終日に述べたのだ。他の参加者からも「時間を守る、約束を守る、あいさつをするという三つの大切さが分かった」「人のために働くことの大切さがわかった」──など、大人顔負けの言葉が続く。

社会に出たら誰もが感じたことのある言葉ではあるが、わずかの時間で感じられる感性に脱帽。この分では大人社会の負の部分も敏感に感じ取ったことだろう。

08年度予算案　特別区

区民の暮らし充実度アップへ

23区初 女性健康センターも開設

板橋区

板橋区は1月31日、一般会計1734億3300万円、対前年度比5・3%増の08年度予算案を発表した。4特別会計をあわせた予算総額は2699億2400万円で、対前年度比4・1%減。新規事業には、23区初の「女性健康支援センター」開設や、自治力アップのため「板橋区地方自治制度研究会」設置などを盛り込み、区民の暮らしの充実度アップを目指す。

初の予算を組んだ坂本健区長は、マニフェストに掲げた『あたたかい人づくり、元気なまちづくり、安全安心』の『3つのナンバーワン』実現に向けて予算を配分した」と話し、具体的に子育てや自治力アップなど「10のいたばし力アップ」を柱に事業展開する計画だ。

歳入では、納税義務者の増を見込む特別区民税で対前年度比4・0%増のほか、企業収益の拡大により財政調整交付金に大きな伸びが見込まれることなどから、特別交付金で675億円、対前年度比7・1%増を見込んだ。ほかに、区有地売却などによる財産収入なども、一般会計の伸びを押し上げた。

歳出では、中学3年生までの医療費無料化や生活保護者の対象者増などにより、福祉費が対前年度比3・7%増で、全体の49・6%を占めた。34・2%の大幅増となった土木費は、木造密集地域の整備費や公園や橋梁の整備費などが主な要因。

新規事業では、生涯を通じた女性の健康づくり支援のため、女性健康支援センター設置（6月運営開始）のほか、粗大ゴミの受付から収集完了までの状況をメールで知らせるサービスを開始。また、地方制度改革の議論が進む中で、専門家を委員に「地方自治制度研究会」を設置。区の立場を明確にしていく。

「子どもたちと高齢者への応援歌」

横断的施策にポスト設置も

文京区

文京区は31日、一般会計638億2800万円、対前年度比3・6%増の08年度予算案を発表した。4特別会計を含めた予算総額は重複控除を引いた純額で918億8800万円、対前年度比7・2%減。成澤廣修区長は、初めての予算編成について「マニフェスト実現に向けた思いを盛り込めた。特に子育て支援と高齢者の施策に重点を置いた」として、『子どもたちと高齢者への応援歌～新生文京の第一幕を奏でる予算』と位置づけた。

歳入では、納税義務者増で特別区税を対前年度比1・6%増としたほか、特別区交付金で調整3税の伸びを期待できるとし、対前年度比4・0%増と見込んだ。歳出では、扶助費が社会保障関連経費の増加などに伴い、対前年度比4・7%増で、6年連続の増となった。また、第五・第七中学校の統合に伴う整備費により、投資的経費が対前年度比49・8%の大幅増となっている。

08年度は「子育て支援」「高齢者・障害者福祉」「教育、健康づくり」「地域自治活動と地域産業活性化」「安全安心なまちづくり」の六つを柱に、施策を展開。

新規事業では、認証保育所の保育料軽減のための助成のほか、高齢者や障害者のみの世帯などを対象に「シルバーお助け隊事業」を開始し、蛍光灯の交換など日常の困りごとを援助する。シルバー人材センターの会員を派遣することで、事業費を約43万円に抑えた。また、障害のある中高生の放課後の居場所対策を、社会福祉法人「文京槐の会」に委託・実施するため、同会の施設改修工事に補助を行う。

組織改正では、企画政策部に「政策研究担当課長」を設置。自治体間競争が活発化する中、多くの政策課題や事例について組織横断的な発想で調査・研究し、実施へと結びつける核とする考えだ。

社宅跡地を大規模公園に

7公金の収納コーナーを新設

練馬区

練馬区は1月31日、08年度当初予算案を発表した。一般会計規模は、前年度比5・8%、115億円増の2108億8500万円とした。志村豊志郎区長は一般会計規模について「2000億円を超えたのは区政史上初」と述べ、持続可能な財政運営をするための予算に編成したという。

歳入では、特別区税が前年度比4・0%、約25億円増の643億8000万円。そのうち、特別区民税が28億円伸び、景気好調の恩恵を受けた。特別区交付金は、財源となる市町村民税法人分の増加などにより、前年度比で普通交付金約14億円、特別交付金6億8000万円増の768億4100万円を見込んでいる。

歳出では、義務的経費が前年度比0・4%、4億円減の1087億8400万円。これは、退職手当が増えるものの、生活保護費4億円、公債費3億円の減少が影響した。投資的経費は、36・8%、約75億円増の278億2000万円。生涯学習施設の建設、生活道路整備の拡充などが大幅増の要因となった。

新規事業では、NTT社宅跡地を取得し大規模公園を整備する。面積は約1万4000平方㍍。防災機能などを備えた公園には緑の空間も設ける。また、区、事業者、区民でつくる任意団体「練馬みどりの機構」を法人化する。法人格を取得後、民間の樹林地を借りる協定等を結べる緑地管理機構の指定を目指し、民有地の保全活動に従事する。

庁舎内に公金収納コーナーを新設する。平日は午後8時まで、土日祝日は午前9時～午後5時まで住民税、保育料、後期高齢者医療費など7の公金が収納可能になる。一つの窓口で7公金を収納可能にしたのは23区初。

窓口設置により1億円分が収納されると見込んでいる。区は、窓口業務を民間委託する。1273万円を計上した。

子ども未来館を建設

耐震化助成を全面見直し

江戸川区

江戸川区は1月31日、08年度当初予算案を発表した。一般会計規模は1977億2500万円で、前年度比0・5%増加した。特別会計も含めた総予算規模は、5・3%減の3039億6300万円となった。

歳入では特別区税が、課税者数の増や徴収率の増により前年度比5・3%増の504億1500万円を計上した。歳入に占める割合は24・3%から25・5%に増えている。特別区交付金は市町村民税法人分の伸びが影響して5・2%増の874億円となった。国・都支出金は補助対象事業が収束したため2・8%減少した。

歳出では区民生活費が22・0%増、教育費が4・2%減となった。これは組織改正により社会教育関連の予算約24億円分が区民生活費に移行したため。福祉費は子どもの医療費助成の対象を拡大したため3・2%増加。公債費が06・07年度に起債の繰り上げ償還を行った影響で、67・8%減少した。

新規事業では、（仮称）子ども未来館を建設する。子どもの想像力を培い、子どもの可能性を広げる場として、現篠崎図書館を建て直し、ポニーランド、中篠崎公園と一体で整備する。10年春の開設を予定し、6400万円を計上した。

拡充事業では、住宅等の耐震化助成制度を全面的に見直す。耐震改修工事で従来の非課税世帯に加え課税世帯も助成対象に加えるなど、対象建築物、補助内容などを拡充する。2億6900万円を計上した。

多田区長は「江戸川区は東京では最も軟弱地盤で、耐震化は緊急課題だ。国や都のレベルを超えた踏み込みをしていきたい」と語った。

この他、子ども医療費助成は中学3年生まで所得制限なしで拡大した。これは23区で最後。

「身の丈」で幸福実感都市へ

校長裁量100万円で 学校をパワーアップ

荒川区

荒川区は1日、一般会計802億2000万円、対前年度費3・1%減の08年度予算案を発表した。減額計上となった主な要因は、用地取得や再開発などの事業費減など。新規事業には、各校長の裁量権を拡大した「学校パワーアップ事業」や、23区で初めて学校の校門近くに児童安全推進員などの詰所を置く「スクール安全ステーション」などを盛り込んだ。

11月に任期満了となり、節目の予算編成となる西川太一郎区長は、減額計上とした予算に対し「繰り出しすれば増額できるが、3年連続で800億円を超える積極予算。身の丈にあった予算編成を心がけた。『幸福実感都市あらかわ』の着実な実現に向け、区民ニーズに迅速・的確に応えるべく、効果的に配分した」などと話した。

4特別会計を含めた予算総額は1222億2600万円で、対前年度比9・0%減。歳入では特別区税で0・6%増、特別区財政調整交付金が0・2%減で、ほぼ前年度並みだったほか、都市整備費減の影響で国庫支出金、都支出金などが減額計上となった。

歳出では、障害者施設に係る介護給付費や生活保護費の増などで扶助費が2・4%増、用地取得や日暮里・舎人ライナー整備促進関連事業費減などで普通建設事業費が34・9%の大幅減だった。

新規事業では、「学力向上マニフェスト」を各校で策定・公表したり、校長の予算執行上の裁量権を100万円拡大する「学校パワーアップ事業」に7200万円を計上。また、3歳未満の第3子以降の保育料無料化にも取り組む。ほかに、公衆トイレの清掃回数増やリニューアル等を行う「街なかぴかぴかトイレ」事業には1億3100万円を計上。街のイメージアップや治安対策も目指す。

校庭芝生化
多摩・島しょでも徐々に
「10年後の東京」実行プログラムが後押し
課題は専門的な維持管理

都の「10年後の東京」への実行プログラム2008では、3年後の到達目標として、公立小中学校2600校で50平方メートル以上の校庭芝生化が掲げられた。多摩・島しょ地域では、今年度までに計9校で芝生化が実施されている。すでに実施済みの小平市立第13小学校、現在取り組み中の狛江市立第5小学校での実績、期待や課題などを聞いた。

◆冬芝から夏芝へ

都環境局都市地球環境部計画調整課によると、校庭芝生化の狙いは、▽緑を増やすことによるヒートアイランド対策▽けがの減少▽情操教育▽保護者や子ども、地域ぐるみで維持管理に取り組むことによる地域コミュニティーの形成などが挙げられる。緑が多い多摩・島しょ地域では区部より は少ないものの、06年度までに4校、07年度には武蔵野、府中、東村山、稲城市の4校と御蔵島村で1校が実施済みだ。

05年度に施工した小平市立第13小学校は約2300平方メートルに芝生を植えている。校庭の約7割にあたる。芝は06年の夏の暑さで一度だめになり、07年夏に張り替えた。市教委では「芝生のおかげで砂ぼこりが立たないと隣接の住民の方たちが大変喜んでいる」と話す。「休み時間には芝生の上で輪になって座っておしゃべりするなど子どもたちにも親しまれている」という。

課題は専門的な維持管理。同小では冬芝が夏の暑さに耐えられず枯れたので昨夏からは夏芝を植えているが、冬場の休眠に備えて秋口に冬芝を追いまきする。再び夏芝が伸びてくるまで冬芝の勢いを調整する必要がある。

同小には学校管理者、PTA、地域関係者らによる芝生サポーターが約40人いて芝刈りはひととおり覚えてもらったが、専門的な維持管理についてはサポーターだけでは無理だと判断。造園業者と点検や補修などについて1平方メートルあたりの単価契約で結んでいる。07年度は植え替え作業などもあったので、芝生関連の予算は約800万円を計上した。

都は今年度から、地域などと協力して芝生化を進める場合には全額補助の制度を始めている。また「10年後」の実行プログラムでは、区市町村から要望の強かった専門的維持管理に対する財政支援が盛り込まれた。同市教委では「専門的維持管理への補助適用は造成から3年間の見込みと聞いている。そうなればうちは造成が05年なので、08年度までしか補助が受けられない。来年度、たとえ1年だけでも利用させてほしい」と語る。

◆関係者で委員会

狛江市立第5小学校は、校庭の約2割にあたる約1000平方メートルを芝生化する計画だ。学校、PTA、少年野球やサッカー、町会関係者ら16人でつくる校庭芝生化計画作成委員会は、昨年12月13日に第1回、次いで今年1月29日に2回目の会合を開いた。今後は芝生化の基本計画を作成する業者が、作成委員の意見を集約して、年度内には計画をまとめる。学校側は芝生の授業での活用事例として、「はだしで遊ぶ」「読み聞かせ」「芝刈り体験」などを挙げている。同市教委では「除草や芝刈りの体制などについては今後の話し合いの課題」と話す。

また、「維持管理経費がかかるということなので、どの程度必要なのか見すえていく。そのための補助の適用は、うちの場合は09年度以降となりそうだが、補助していただけるものは、申請して活用していきたい」としている。

芝生化された校庭はみんなの遊び場に＝小平市立第13小学校

いろいろな地域の顔生かす
黒須隆一八王子市長インタビュー

1月27日に行われた八王子市長選挙は、現職と新人の一騎打ちの結果、現職の黒須隆一氏（66）が2万票余りの差で3選を決めた。インターチェンジ付近の拠点整備や中心市街地活性化を含めた多面的なまちづくり、都立八王子小児病院移転などの課題を抱える市政にどう取り組むか。黒須市長に聞いた。

――ご自身の票は8万4877票。前回得票より9000票近く伸びているのに、「票が伸びなかった」とおっしゃいました。

「もう少し相手との差が開くものと考えられていた。この8年でのサービス向上を分かってくださっている古くからの市民は私の8年間を認めて票を入れてくれたと思う。だが、最近来た人は今までの経緯を知らない。その方たちにとっては現在の水準がスタンダードになってしまう。そうした人たちの票が、高尾山へのトンネル反対、小児病院の存続などを訴えた相手候補に行った部分があるのではないか」

――相手のとった6万3540票をどう受け止めますか。

「それで私の方針が変わるということはない。今まで通り、掲げた公約をきちんと実行する」

――3期目で真っ先に取り組みたいことは。

「ハード面ではJR八王子駅南口再開発、総合スポーツ公園、高尾の里などを仕上げたい。総合体育館建設にも取り組む。ソフト面では子育て支援として保育園の待機児解消を目指し、中学校給食を始める。これらを同時進行させる」

――まちづくりについてですが、基本計画では7拠点、都市計画マスタープランでは9拠点を産業や地域振興などの拠点として挙げています。

「八王子にはいろいろな顔があり、それぞれの地域特性を持っている。バランスを考えてやらなければならない。中心市街地では個々の店の活性化をいかに図るか、周辺地域では公共交通の確保をどうするかなど、それぞれの課題ごとにとらえていく必要がある」

――中央道八王子インターチェンジ周辺の都有地の将来像について。大規模商業施設がくると、中心市街地活性化に影響を与えると懸念する声があります。

「同地区は、ひよどり山有料道路の無料化で中心市街地と結ばれた。多方面に活用できる場所。来年度には都が土地を売却する予定だが、すでに進出したいという企業が市に何社も手を挙げている。既存の商店街と連携できるようなもの、八王子の地域の活性化に寄与できるようなものにという市の意向に沿ったものとなってほしい」

――圏央道の高尾山トンネル建設計画についての考えは。

「首都圏全体の南北交通が十分でないなか、トンネルで南北がつながることは大変期待している。圏央道計画の進展による経済効果は大きい。都市経営の視点からも欠かせない材料」

――地下水への影響が指摘されています。

「すでに開通した八王子城跡トンネル付近の滝は工事中に何回か涸れたというが今は復活している。（高尾山でも）粛々と工事を進めてほしい」

――府中への移転統合が2年後に迫る都立八王子小児病院の問題は。

「存続できるにこしたことはないが、存続できなくて代替案がなければ影響は大きい。責任者としては現実的な対応として、なくなった場合の穴をどう埋めるかが課題。小児科医が不足しているなかで、東京医科大八王子医療センターと東海大学八王子病院の二つの中核病院、市、都で、今後の2次救急をどう充実させるかを協議している」

――8年で市債残高が約700億円減ですが、一人あたり市債残高は約27万円で都内市町村平均約17万円より高い。

「都内市町村は状況によって違うので数値だけでとらえるのは適切でない。八王子は広いので、まだまだインフラ整備に投資していく必要がある。投資しつつ、市債残高はさらに減らす」

――今後、生かしたい八王子の魅力は。

「今後進める高尾の里づくりのほか、日本100名城に選ばれた八王子城など歴史・文化遺産はたっぷりある。集積しているものづくり産業、大学との連携などでさらに魅力を広げたい」

◇

座右の銘は「甘酸是人生」。政治信条は「夢と説得力」。「政治家は夢がないと資格がない。その実現のためには説得力が必要」と語る。趣味はドライブ、ゴルフのほか、海外旅行。昨年はベトナムへ。これまでに41カ国を回った。家族は現在、妻と2人暮らし。

福生市長選
無投票から混戦模様へ
商工会長と前市部長も出馬

任期満了に伴う今年5月の福生市長選に、福生市商工会会長の町田成司氏（58）が無所属で立候補することを表明した。同氏は自民党員。政党への推薦依頼は「今後考える」とする。また前市総務部長の田辺恒久氏（59）も無所属で出馬の意向を固めている。田辺氏は民主党に推薦を依頼。生活者ネット、連合などにも推薦を求めていく方針。同市長選には、すでに引退を表明した野沢久人市長の後継として自民系会派市議の加藤育男氏（53）が出馬を表明している。別に共産党系候補擁立を探る動きもあり、前回、無投票だった「基地のまち」の市長選は早くも混戦が予想される。

町田氏は1月25日に出馬会見した。「福生の街は衰退している。地域振興で働きかけたとき、行政の壁を感じた。これからは地方分権の時代。自主財源を確保して、市としての特徴を出していくことが必要と思い、出馬を決めた」と語る。政策として、公立福生病院の運営改善、小学校の統廃合などを挙げる。政党への推薦依頼は「商工会やライオンズクラブなどの有志の支援者らと考えていきたい」と話している。

田辺氏は1月31日付で市役所を退職。「福生では、自民党の一部の権力者が中心になって市長を選ぶ時代が40年以上も続いてきた。市民にほかの選択肢も問う必要がある」と出馬を決意した。「市はこれまで基地問題で市民の意見を聞いてこなかった」という。「米軍再編で横田がミサイル防衛での拠点となることで危険度が増す。国は市民への説明責任を果たし、市は市民の考えを国に伝えるべき」。今月中旬にも記者会見を開き、正式に出馬表明する。

日米政府間で協議中である横田基地の軍民共用化問題について、加藤氏と町田氏は推進の立場。町田氏は「基地をいかに活用するか、地元としてのスタンスを作り上げ、国に働きかける」と話す。一方、田辺氏は反対。「経済効果が上がるとは考えられない。ミサイル防衛拠点で民間機を飛ばすことは、米国も慎重ではないか」との考えを示す。3氏のほか、共産党が組織団体のひとつである「基地のまちから教育・福祉のまちに…みんなの会」も独自候補擁立の可能性を探っていくという。

田辺恒久氏　町田成司氏

省エネで金賞
調布市庁舎

(財)省エネルギーセンターによる第3回優良ESCO表彰制度で、「調布市庁舎および文化会館たづくりESCO事業」が金賞を受賞した。

ESCOとは、エネルギーサービスカンパニーの略。ESCO事業は、省エネルギー改善に必要な技術や設備、人材、資金などを包括的に提供する事業で、第1次石油危機以降、アメリカで成長した省エネルギービジネスを指す。施設改修などに要した費用はすべて省エネによる経費削減分でまかなわれる。契約期間終了後の経費削減分は顧客の利益となる。

金賞を受賞したのは調布市庁舎と、それに隣接する文化会館「たづくり」におけるESCO事業で、導入事業者は東京電力、日本ファシリティ・ソリューション、高砂熱学工業からなる東京電力グループ。

調布市は、同グループと06年度から10年度までの5年間の契約を結んでいる。市庁舎では、空調関連で夜間に建物地下に氷を貯める「氷蓄熱方式」の導入など、文化会館「たづくり」では温度に加え、湿度や送風量も微調整できる空調機温度制御の最適化などが評価された。

調布市管財課によると、2施設でのESCO事業により、06年度の1年間に省エネルギー削減量31万4522リットル（原油換算）、光熱水費削減額2257万8000円、CO_2排出削減量49万5607キログラムの効果があった。

1月30日には都内で表彰式が行われた。今回の表彰での自治体関係は調布市の金賞のほか、横浜市による「横浜市総合リハビリテーションセンター等ESCO事業」が銅賞を受賞した。

町田市
福祉人材育成を考える
施設と教育機関が連携

町田市内の福祉施設と同市周辺の教育機関とが連携して、福祉人材の育成について考える取り組みを始めている。昨年10月には初の懇談会を、また今年1月には「福祉実習」をテーマにした検討会を開催（写真）。横断的に意見を交わした。

同市は近隣大学と人的、知的資源を有効に活用し合うことを目的にした「町田市と大学との連携に関する協定」を結んでいる。これを受け、昨年10月、高齢者、障害者、子ども福祉施設と、大学、短大、福祉専門学校などが参加して、「大学連携と福祉人材育成懇談会」を開催した。背景には、福祉の仕事に対するイメージアップを図り、新しい仕組みづくりを始めないと、福祉がどんどん先細りしてしまうとの懸念がある。

とくに高齢者や障害者関連の福祉業界は事業所への報酬の切り下げで人件費が安くなり、深刻な人材不足に陥っている。大学では福祉関係学科の定員割れが起き、福祉を学んでも別の分野に就職したり、福祉施設に就職しても辞めてしまうケースも多い。

懇談会では、こうした悪循環を断ち切るためにどうすればよいかを話し合った。そのなかで、施設と教育機関との接点である福祉実習で、学校と施設側との連携が不足していることなどが挙げられた。そこでテーマを「福祉実習」に絞り、1月26日に福祉実習検討会を開催した。福祉施設側から5団体14人、大学、短大、専門学校側から8校11人、市から10人の計35人が参加。「互いの連携を密にする必要がある」（教育機関）、「職員が少ないので実習にかかわる時間が減っている」「グループホームは介護福祉士の実習施設になっていない。もっと知ってほしい」（いずれも施設）などと意見を出し合った。

今後は、各福祉施設、教育機関から委員を出し、福祉実習のあり方についての枠組みを作成していく。

村長・村議選きょう告示
三宅村

任期満了に伴う三宅村の村長選挙と村議選挙（定数10）は5日、告示される。

村長選には3日現在、現職で2期目を目指す平野祐康氏（59）のほかに立候補の動きがなく、無投票当選となる可能性が高い。

村議選には3日現在、11人が書類を持ち帰り、うち8人が事前審査の受付を終えた。

三宅村の4日現在の有権者数は2578人。村では、2000年に発生した噴火災害後も火山ガスの放出が続き、現在でも居住地に制限がある。住民の生活再建、災害による人口減で減少した村税などの財源を確保し、財政の健全化を図っていくことなどが課題となっている。

羽村の教諭逮捕で
市教委がコメント

羽村市立羽村西小学校の山本貴之教諭（26）が強盗傷害容疑で1月28日、昭島署に逮捕され、羽村市教育委員会は同日付でコメントを発表した。

山本教諭は1月28日夜、昭島市内で同市立中学1年男子8人に刃物を突きつけ、ズボンや下着、現金約5000円、携帯電話などを奪い、1人のあごに軽傷を負わせた疑いで逮捕された。

市教委では「現職教員がこのような事件を起こし、大変申し訳ない。今後、一層の服務の徹底をしていく。処分については、東京都教育委員会と協議し、厳正に対処したい」としている。

■人事異動

福生市

退職　1月31日付

【部長級】▽総務部長　田辺恒久

八王子市

2月1日付　◎印昇任

【課長級】▽財務部主幹＝庁舎改修担当（こども家庭部主幹＝次世代育成支援・こども福祉担当）玉木伸彦▽税務部主幹＝滞納解消対策担当＝兼市民部主幹担当（まちなみ整備部開発指導課課長補佐兼主査）◎廣瀬和宏▽こども家庭部主幹＝次世代育成支援・こども福祉担当（学校教育部教育支援課課長補佐兼主査）◎松岡秀俊

国分寺市

2月1日付　◎印昇任

【課長級】▽市民生活部市民課長兼市民課庶務係長（市民生活部市民課長）吉[illegible]▽市民生活部文化コミュニティ課長（市民生活部市民課庶務係長）小山順也▽都市建設部都市計画課長（市民生活部文化コミュニティ課長）[illegible]夫▽都市建設部[illegible]準備室長（都市建設部都市計画課長）中[illegible]

退職　1月31日付

【課長級】▽都市建設部建築指導準備室長　小峯秀雄

職場体験学習

受け入れ側も試行錯誤

「封筒詰めも貴重な体験」

中学生の職場体験「わく（work）わく（work）Week Tokyo」の体験発表会が先月26日、都庁で行われた。公立中の2年生が5日間程度、地域の商店や企業などの職場で働く体験を通じ、社会性や勤労観、職業観を身に着けてもらうもの。2005年度の事業開始以降、参加生徒数とともに地元商店や民間企業など、受け入れ側の協力も広がっているが、発表会では「5日間にわたる長期の受け入れは厳しい」といった苦労なども聞かれた。受け入れ職場の一つとなる行政の現場では、どのように対応しているのだろうか。

「こっちの方の色が濃いかな?」。先月、武蔵野市にある水道局境浄水場の水質試験室で、職場体験に訪れた地元中学の男子5人が真剣に試験管の中を覗く姿があった。原水やろ過水、浄水など、施設内の水の濁度や色度などを調べているのだ。

水は無色透明と考えがちだが、鉄分やマンガンなどの含有によって透明度が変わる。目視で確認する浄水場での作業に皆、興味を持った様子だ。

「自分たちに身近な水道水を知りたかった」。参加した中学生の一人は、体験職場に浄水場を選んだ理由をそう語る。

川の水をきれいにして飲み水ができる理屈は分かっても、具体的にどんな仕事をしているのか見えない。「実際に見ないと分からないことが多い」との感想が聞かれた。

「一番気を使うのは言葉です」。この日の午後、簡単な実験を通じて水道の仕組みを説明した水質係の青木茂さんは、そう話す。中学生に専門用語は使えない。説明だけでも飽きてしまう。興味を持ってもらうため、自ら体験する機会も大切という。「自分の家の水道水を持ち寄って実験するのもよかったな……」。青木さんの口からは、そんな反省点も漏れた。まだまだ手探りのようだ。

渡辺俊夫場長は「どういったレベルを学校が求めているのか、調整も必要」と話す。進路選択や職業観の醸成、社会経験など、職場体験が持つ効果のうち、何を重視するのか。施設でできることが限られる中、まずは学校側に現場を理解してもらうことが大切だという。

他方、浄水場の職員は、中学生の親より年配者も多く、触れ合うことも魅力の一つと考えている。渡辺場長は、「社会の仕組みを感じてもらい、将来の進路選択の際、この経験が何らかの役に立てば……」と期待を込める。

■　■

「わくわくWeek Tokyo」は今年度、延べ6・8万人の中学生が参加予定だ。受け入れ先の企業等も順調に増え、今年は4月から12月までで約2万カ所の協力をもらった。しかし十分な数ではない。

「最大の課題は職場開拓。子どもが職場を選択するには参加者の2～3倍は必要です」。教育庁とともに事業を主催する青少年・治安対策本部の前島正明青少年担当課長は、そう述べる。

良い事業だからといって皆が協力してくれるわけではない。「本当は5日間程度の期間が望ましいが、長期間は厳しいといった声も聞かれる」（前島課長）。今年度の実施状況も、2～3日が68％を占め、5日間は20％にとどまった。

「子どもが興味を持ってくれればいいが、そうでないと投げやりになる子もいる。5日間は正直、苦痛という声もある」。先月26日の発表会では、受け入れ側の企業から、そんな苦悩も聞かれた。長期間になれば、何をやらせたらいいかわからないという声もある。

これに対し、青少年・治安対策本部は「例えば封筒詰めのような単純作業でもよい」。実際の仕事はルーチンワークも多い。それを体験することで将来の仕事を考えるきっかけになるという。

同本部で受け入れる際は、データの打ち込みやテープ起こし、交通安全のポスター張りなどをさせる。中学生ができる仕事を用意しておく工夫があればよいというのだ。

子どもたちの視点も大切。「あいさつの大切さを学んだ」「単純作業を早くできるようになった」――。職場体験で嬉しかったことについて、こんな感想が多く聞かれた。

前島課長はこう語る。「単純作業中のコミュニケーション一つでも、子どもたちは多くのことを学ぶものです」

境浄水場で擬似試験を行う中学生。普段の学校生活では体験できないふれあいも魅力

都管試

B事務とCで合格予定者数減

Cは08年度選考を最後に廃止

都人事委員会は1日、08年度管理職選考及び運輸管理職選考の実施要綱を発表した。筆記考査の実施日は5月25日。実施場所は、4月18日にTAIMSの人事委員会掲示板で先行して公表する。申し込みの締め切りは2月29日、最終の合格発表は8月29日を予定している。

08年度管理職選考の合格予定者数は、管理職ポストの精査等を図った結果、種別Bの事務、種別Cの事務及び技術で昨年から減少した。種別Aは昨年同様、事務系30人、技術系は土木が3人、ほか若干名で計8人。種別Bは事務系が5人減の65人、技術系は昨年と同じく計30人。うち土木は18人、建築と医化学が3人、ほか若干名としている。

種別Cについては、06年8月の改正に伴う選考種別の区分の再編で、08年度選考が最後となる。有資格者数の減少などもあり、合格予定者数は事務系が15人減の35人、技術系は8人減の17人で計52人。このほか運輸管理職選考の合格予定者数は3人となっている。

受験資格、選考内容は07年度と同様で変更はない。種別Aの択一または記述（技術のみ）及び種別Bの記述は、一定以上の成績であれば翌年度以降3年間の免除となる。種別Bの記述については、係長歴2年目の職員から前倒しでの受験が可能、また育児休業中の有資格者についても記述のみ受験できる。

筆記考査を通過し、口頭試問を受験する職員への決定通知は7月16日午前を予定している。任命権者を通じて、個別に受験者本人に通知される。口頭試問の実施日は、種別Aと種別Bでは、1回目が8月6日から8日の間で指定する1日、2回目は8月18日及び19日で指定する1日。種別Cと運輸は8月6日から8日の間で指定する1日に口頭試問を行う。

主任級職選考

筆記考査は9月28日に

都人事委員会は1日、08年度の主任級職選考等の実施日程を発表した。主任級職選考（A・B）、運輸系主任級職選考（A・B）、准看護師3級職選考は、いずれも7月上旬に要綱を発表した上で筆記考査を9月28日に実施し、合格発表は11月中旬を予定している。

最優秀は「車いす固定」「百均ノロ対策」

都職員提案表彰

「現場つかんだ発想に期待」

07年度の東京都職員提案制度の表彰式が1日、都庁第一本庁舎7階ホールで行われ、最優秀賞2件、優秀賞8件の代表者に、石原知事から賞状が手渡された。今年度の職員提案には、総件数2197件の応募があり、提案者数では4804人に上った。

最優秀賞には、交通局自動車部車両課車いす固定方法改善チーム（代表・高見澤利幸さんほか7人）の「国内初！簡単固定で安全確保～都営バスへの車いす固定方法の改善～」、福祉保健局多摩府中保健所生活環境安全課食品衛生第二係（代表・中村冨士子さん、小澤悠作さんほか5人）の「百均でノロに勝つ！『安価にできるノロウィルス対策』」の2提案が選ばれた。

車いす固定方法に関しては、従来の前向き固定では、固定作業が複雑で時間が5分以上かかるうえ、ベルトによる圧迫感や一部車いすに対応できないなどの問題点があった。改善提案では、国内初となる都独自の「後ろ向き固定」方法対応バスを導入、背あて板や車輪止めを使用し、固定時間を1分に短縮した。また車いす用シートベルトが不要になり、圧迫感も除去された。国内初の次世代標準モデルとして、現在、国に提案中という。

またノロウィルス対策では、100円均一店で購入できる資材を活用し、安価な吐物処理セットや検便専用の搬送容器を考案した。既製品の高価な処理キットと比べて、経費は7分の1程度で済むという。社会福祉施設向け講習会で紹介し、今後、全都へ普及拡大を図る考えだ。

表彰式で知事は「人間社会にとって価値あるのは発想と思いつき。国の役人は継続と安定に固執して、現場を知らないから物事が変わらない。現場を手でとらえ、足で踏まえた皆さんの新しい発想に期待している」と話した。

展示された最優秀賞提案の解説パネルを見つめる知事と副知事ら＝第一本庁舎7階ホールで

57％の実態

08年度各局定数　▼▼▼1

2008年度の都の職員定数は、全任命権者（警察・消防含む）で総計16万7032人となり、前年度からの削減数は1102人だった。「行財政改革実行プログラム」では09年度までの3カ年で4000人の削減を打ち出しているが、2年目までの計画達成率は約57％にとどまっており、人事当局は危機感を示している。ただし公社化や民間移譲等という新たな手法による目立った削減がない中で、各局が積み上げた1102人減という数字は重い。来年度の各局定数の特徴をみてみた。

＝掲載は順不同

主税局

法人2税等の事務集約化

局定数3202（342増451減・差引109減）

知事部局で唯一、3ケタの削減となった主税局。08年度は職員の大量退職を迎える中、より簡素で効率的な執行体制を構築するため、法人2税等の事務のブロック化と徴収初動業務の一部委託化を中心とした定数減となった。

区部23都税事務所で行っている法人二税の課税事務の所管を変更し、事務処理等の内部事務を9所（千代田、中央、港、新宿、台東、品川、渋谷、豊島、荒川）に集約。事業所税の所管も7所から4所（千代田、中央、港、新宿）に再編した。

これら事務の集約化により事業税課を廃止、あわせて事務の見直し等で31人の減となっている。

ただし、申告受付等は従来の所管事務所でも可能で、納税者サービスの維持を図る考えだ。

また徴収部内に納税推進課を新設し、事務所で行っている徴収初動業務と口座振替業務を集中処理する。滞納から2カ月程度までの「うっかり忘れ」等に対し、電話や文書による納税の呼びかけなどを行う初動業務については、一部を委託化することで39人の減とした。

このほか使用料等滞納金回収対策で、各局への一定のノウハウ提供が図られたとして組織を含めた見直しを実施、さらに法改正による不動産の中間省略登記の実質廃止に伴う捕捉事務見直し、本庁の内部事務見直し、都税事務所の係体制見直しが、おもな減要因となっている。

川上組織定数担当副参事は「今年度から3年が大量退職のピークとなる。マンパワーの減少に対応するため、納税者サービスを維持しつつ、抜本的な事務の集約化を行った。さらに公権力の行使にあたらない事務を切り出すなど、一層の民間委託を推進した」と説明する。

中村税務連合支部委員長は「仮に従来手法でどう積み上げても、20前後しか出ないのが局の現状だ。それにもかかわらず、3カ年計画に基づく委託化・集中化で3ケタの削減が引き続く異常な事態と言える。ブロック化の組み合わせやシステムの問題に加え、初動業務の委託は知識・経験が必要で多くの問題点を抱えている」と指摘する。

来年度の定数査定では109人の減員のうち、ブロック化に伴う事業税課の管理職13人減が含まれる。差し引きでも管理職を加えて、3ケタの削減数を弾き出した格好で、こうした所にも人事当局との厳しいやり取りの跡がうかがえる。

09年度以降は、個人事業税のブロック化と初動業務に関わる他の税目の検討も予定されている。それでも「現行税制度下での効率化の余地は限られたものとなっている」（主税局）ことは間違いないようだ。

福祉保健局

積み上げの手法も限界に

局定数4884（525増615減・差引90減）

都庁全体でも屈指の職員数を抱える福祉保健局。来年度の定数では、「事業での積み上げも限界で、何とか必要最低限の体制を確保した結果」の90人の減となっている。

組織面で特徴となるのは総務部門を見直し、企画課を計理課に統合した点だ。人事部サイドから求められていた内部管理・企画部門のスリム化だが、総務部全体で5人の減となった。また国民健康保険課は医療費適正化に向けて予防の観点を重視し、生活福祉部から保健政策部に移管する。新設される健康安全部は、全庁的な室から部への見直しの一環。

減要因では、老人医療センターについて全庁的な現業業務の委託化の方針を受けて、調理業務の委託化により13人の減、昨年に引き続き高齢者施設の居室改善（小部屋化）に伴う利用者定員減で19人減、健康安全研究センターは研究部門が厳しく精査された結果、研究科の統廃合などで19人減となった。療育施設については、肢体不自由児の入園施設の規模を縮小する一方、重症心身障害児の通所事業を充実させ、差し引きでは2人減だった。

増員に関しては「10年後の東京」への実行プログラムにも盛り込まれた低所得者対策に絡んで、生活福祉部に生活支援課を新設する。多重債務者対策や中国からの帰国者対策のほか、保護課が受け持つ法定内の事業以外について芽だしを行っていく。さらにがん対策では医療政策課に係を新設する。

高柳衛生局支部書記長は「府中療育センターの非常勤化による看護技能の2人減は、非常勤が集まらず、実質的な欠員となっている現状を理解していないものだ。都の責任でやるべき所に定数がついていない。また、監察医務院が開始した多摩地域での事業拡大にも定数増がない」とコメント。

河原崎養育院支部書記長は「老人医療センター給食調理業務委託による病院施設調理、理学療法士、言語聴覚士の削減、高齢者福祉施設の職員定数削減が行われた。高齢社会が急速に進む中で都民要望に背を向けたもので断じて容認できない。09年度の老人医療センター地方独立行政法人化阻止と合わせて、都民の期待に応えられる福祉・医療の充実に引き続き奮闘していく」と話す。

高橋保健所支部書記長は「偽装問題等を背景に、食品の安全が言われる中、食品衛生に関わる保健所の衛生監視の削減に衝撃と怒りを感じる。衛生監視では、新たな感染症への対応や水質検査等にあたる環境衛生も削減された。仕事の中身を見ない削減ありきの査定」としている。冷凍ギョーザによる中毒問題もあり、批判を強めることも予想される。

小林病院支部長は「健康安全研究センターの試験研究部門で非常勤化や委託化、業務の見直しと称し、定年退職の定数をほぼそのまま削減しており認められない。専門的人材の育成も技術継承も現実的に無理」と強く訴える。

09年度には老人医療センターの独法化が計画されており、行財政改革実行プログラムの削減目標達成に〝大きな役割〟を果たすことが見込まれる。ただし、局事業は生活に密着した事業が中心で、スクラップアンドビルドも容易ではない。一方で少数職種が多く、人材確保の難しさもある。大局にとっても厳しい状況が続く。

メトロ副都心線 6月14日に開業

池袋～渋谷

池袋～渋谷間で工事を進めている東京メトロ副都心線が6月14日に開業する予定となった。池袋から渋谷までの8・9㌔に、雑司が谷や北参道など7駅を新設。同区間を急行運転で11分、各駅停車は16分程度で結ぶ予定だ。開業と同時に和光市駅で東武東上線、小竹向原駅で西武有楽町線と直通運転を行う。運行区間は和光市～渋谷間の20・2㌔。

和田中「夜スペ」中止求める声明

都教組

東京都教職員組合は1日、杉並区立和田中学校で行われている夜間塾「夜スペシャル」について、中止を求める声明を発表した。

都教組は『夜スペシャル』については、区民の間でも様々な意見があり、賛否も含めて一様ではない。杉並区民の声にじっくりと耳を傾けるなどの手続きを踏むことなく、強引に開始された『夜スペシャル』は、公教育のあり方として根本的に誤っている」などと述べている。

10・23通達撤回を要請

処分の教職員ら

国歌斉唱時の不起立等で処分された教職員らが1月28日、都教委に対し、「日の丸・君が代」の強制をしないよう求める要請行動を行った。この中では、国旗に向かって起立・斉唱することなどを求めた「10・23通達」の撤回や、同通達に基づく処分の撤回などを求めた。

■都人事異動

2月1日付

【課長級】▽教育庁学務部義務教育特別支援教育課長（教育庁学務部都立高校改革推進担当課長）松尾正純

◆退職　1月31日付

【統括課長級】▽教育庁学務部義務教育特別支援教育課長　小松悌厚

昇任試験対策のページ

地方自治制度③

今回も引き続き地方自治法をもとに地方自治制度の確認を行います。

7 執行機関（第138条の2～第202条の9）

① 長の地位・権限（第139条～第159条、第180条の2～第180条の4など）

長の任期は4年で、兼職・兼業の禁止規定があります。長は、当該地方公共団体を統括・代表し、事務を管理・執行します。担任事務は第149条に例示されていますが、そのほか、委員会の組織や定数、公有財産に関する総合調整権など、さまざまな権限を有しています。（第180条の2～4、第238条の2など）

② 副知事・副市町村長（第161条～第167条）

都道府県及び市町村に、それぞれ副知事及び副市町村長（本項目において以下「副知事等」という）を置くとされていますが、条例で置かないことができます。定数は、条例で定めるとされています（第161条）。選任には、長が議会の同意を得る必要があります（第162条）。任期は4年ですが、長は、任期中においても解職することができます（第163条）。なお、成年被後見人など、公職選挙法の規定により選挙権及び被選挙権を有しない者は副知事等になることはできず、該当した場合は失職します（第164条）。退職については、長の職務を代理する副知事等の場合は議会への申出が、その他の副知事等については長への申出が必要となります（第165条）。副知事等は、検察官や警察官などを兼ねることができず、また、長と同様の兼職・兼業禁止規定が準用されます（第166条第1項、第2項）。兼業規定に該当した場合は、長は当該副知事等を解職しなければなりません（第166条第3項）。副知事等は長を補佐・代理し、補助機関たる職員の担任する事務を監督します（第167条）。

③ 会計管理者（第168条～第171条）

今般の自治法改正で出納長・収入役が廃止され、長の補助機関の職員である会計管理者が設置されました。権限にほとんど変更はありませんが、選任の方法や兼職・兼業規定の一部に変更があります。条文等で確認してください。

④ 長の再議（第176条、第177条）

長の再議とは、長が議会の議決等に異議があるとき、それを拒否して再審議等を求める制度です。要件が細かいため、①議決の内容②再議が義務か任意か③再議の場合の扱い――の三つの視点で整理するとよいでしょう。

長には、①条例の制定若しくは改廃または予算に関する議決について異議があるとき（第176条第1項、否決は含まず）②議会の議決または選挙がその権限を超えまたは法令若しくは会議規則に違反すると認めるとき（第176条第4項、否決も対象）③議会の議決が収入または支出に関し執行することができないものがあると認めるとき（第177条第1項）④議会において法令により負担する経費その他普通地方公共団体の義務に属する経費を削除しまたは減額する議決をしたとき（第177条第2項第1号）⑤議会において非常の災害による応急若しくは復旧の施設のために必要な経費または感染症予防のために必要な経費を削除しまたは減額する議決をしたとき（第177条第2項第2号）――の5種類の場合に対して再議が認められています。

このうち、①の場合は、長は議決の送付を受けてから10日以内に理由を示して再議に付することができ、その他の場合は、長は理由を示して再議に付しまたは再選挙を行わせなければなりません。

再議に付した場合は、①の場合、出席議員の3分の2以上の同意で再議に付された議決と同じ議決であるときはその議決が確定します（第176条第2項、第3項）。②の場合は、再議決または再選挙になお越権が認められるときは、再議決等のあった日から21日以内に総務大臣等へ審査を申し立てることができます（第176条第5項）。さらに、当該審査の裁定に不服があるときは、議会または長は、裁定のあった日から60日以内に裁判所へ出訴することができます（第176条第7項）。③の場合は、通常の議決と同じ扱いになります。④の場合は、再議決でなお削除しまたは減額したときは、長は、その経費を支出することができます（第177条第3項）。⑤の場合は、再議決でなお削除しまたは減額したときは、長は、その議決を不信任の議決とみなすことができます（第177条第4項）。

⑤ 不信任議決と長の処置（第178条）

議会において、長の不信任の議決をしたときは、直ちに議長からその旨を長に通知しなければならず、この場合、長は、通知を受けた日から10日以内に議会を解散することができます（第178条第1項）。議会を解散しない場合、長は10日を経過した日に職を失います。解散した場合、長は、その後初めて招集された議会において再び不信任の議決があったとき、その旨の議長からの通知があった日に職を失います（第178条第2項、つまり再度議会を解散できない）。不信任議決は、議員数の3分の2以上の者が出席し、第1項の場合は4分の3以上の者の、第2項（解散後再度不信任）の場合は過半数の者の同意で成立します（第178条第3項）。

⑥ 専決処分（第179条、第180条）

専決処分とは、長が、議会の議決が必要な事件について、その議決がなくとも処分できる制度です。法定による処分（第179条）と、議会の委任による処分があります（第180条）。詳しくは、条文などを参照してください。

⑦ 行政委員会（第138条の4、第180条の5～第202条の2など）

行政委員会とは、長から独立した執行機関で、都道府県必置のものと市町村必置のものがあります。条例及び規則に違反しない限りにおいて、その権限に属する事務に関し、規則その他の規程を定めることができます（第138条の4）。行政委員会には、予算の調製や執行、議案の提出などの権限がありません（第180条の6）。また、組織や定数、公有財産などに関する事項について、長との協議を要し、また、長から勧告を受ける旨の事項も定められています（第180条の4、第238条の2）。

8 財務（第208条～第241条）

自治法の第9章には、予算や決算などの財務に関する規定が定められています。これまでの試験問題を見ると、この分野は都政実務の分野として出題されています。自治法の条文だけでは知識としては不足で、自治法施行令の内容まで問われています。

この分野の概略を見ると、会計年度とその区分（第208条、第209条）、予算の内容や予備費など（第210条～第222条）、分担金や使用料、手数料、地方債などの収入と督促（第223条～第231条の3）、資金前渡などの支出（第232条～第232条の6）、決算（第233条、第233条の2）、契約（第234条～第234条の3）、金融機関の指定や一時借入金、歳計現金などの現金及び有価証券の扱い（第235条～第235条の5）、金銭債権の時効（第236条）、公有財産（行政財産、普通財産）、物品、債権、基金などの財産（第237条～第241条）で構成されます。

この分野は、条文を参照しながら、都政実務の一環として職員ハンドブックの第Ⅲ編第3章「財務」を中心に勉強するとよいでしょう。

9 住民監査請求（第242条～第242条の3）

普通地方公共団体の住民は、長や委員会、職員の違法若しくは不当な公金の支出や財産の取得などがある（相当の確実さをもって予測される場合を含む）と認めるとき、または違法若しくは不当に財産の管理を怠る事実（本項目において以下「怠る事実」という）があると認めるときは、これらを証する書面を添え、監査委員に対し、監査を求め、当該行為を防止、是正し、若しくは怠る行為を改め、または普通地方公共団体がこうむった損害を補填するために必要な措置を講ずべきことを請求することができます（第242条第1項）。ここで、住民とは、事務監査請求と違い、法人たると個人たるとを問いません（1人で請求可能）。また、請求期間には制限（1年）がありますが、正当な理由があるときは、この限りではありません（第2項）。監査委員は、請求があったときは監査を行い、請求に理由があると認めるときは、議会や長、職員などに対し期間を示して必要な措置を講ずべきことを勧告し、当該内容を請求人に通知し、かつ、公表することとされています（4項）。通知及び公表は、請求に理由がないと認める場合も必要です。なお、監査委員は、当該行為が違法であると思料するに足りる相当の理由があって緊急の必要があり、当該行為の停止によって生命などに重大な危害の発生防止等を阻害するおそれがないと認めるときは、監査の手続きが終了するまでの間、当該行為を停止すべきことを勧告することができます（第3項）。監査及び勧告は、60日以内に行うこととされており（第5項）、監査を行うに当たっては、請求人に証拠の提出及び陳述の機会を与えなければなりません（第6項）。なお、監査及び勧告の決定は、監査委員の合議によるものとされ（第8項）、勧告を受けた議会、長等は示された期間内に必要な措置を講じ、その旨を監査委員に通知するものとされています（第9項）。

請求人は、監査委員の勧告や勧告を受けた議会、長等による措置に不服があるとき、または措置を講じないときなどは、裁判所に対し、違法な行為または怠る事実につき、訴えをもって各種の請求を行うことができます（第242条の2第1項）。当該請求の期間には制限があり（第2項）、当該期間は不変期間とされています（第3項）。損害賠償等の判決が確定した場合は、長は、当該賠償等を請求しなければならず、請求に係る賠償金等が支払われない場合は訴訟を提起しなければなりません（第242条の3）。

10 公の施設（第244条～第244条の4）

公の施設とは、住民の福祉を増進する目的をもってその利用に供するための施設です（第244条第1項）。住民の福祉の増進を目的としない競輪場や競馬場、また、住民の利用に供しない庁舎などは公の施設ではありません。公の施設の例としては、学校や体育館、移動図書館、道路、流域下水道などが挙げられます。

普通地方公共団体（指定管理者含む）は、正当な理由がない限り、住民が公の施設を利用することを拒んではならず（第2項）、また、利用することについて不当な差別的取り扱いをしてはならないとされています（第3項）。所得により使用料に差を設けるなどの合理的な理由がなく、利用者の人種や信条などの理由で使用料に差を設けることは差別的取り扱いとされます。一方、公の施設は当該普通地方公共団体の住民のためのものであるため、他地方公共団体の住民との間に使用料の差を設けるなどは差別的取り扱いに該当しません。

公の施設の設置及びその管理に関する事項は、法律等に特別の定めがあるものを除くほか、条例で定めるとされています（第244条の2第1項）。また、条例で定める重要な公の施設のうち条例で定める特に重要なものについて、廃止または長期かつ独占的利用をさせる場合は、議会で出席議員の3分の2以上の同意が必要となります（第244条の2第2項）。

公の施設の設置の目的を効果的に達成するために、普通地方公共団体は、条例の定めるところにより、法人などの指定する団体（指定管理者）に施設の管理を行わせることができます。この場合、指定の期間を定めるものとし、また、施設の利用に係る料金を当該指定管理者の収入として収受させることができます。当該料金は、公益上必要があると認める場合を除くほか、条例の定めるところにより、指定管理者が定めるとされています（第244条の2第8項～第9項）。なお、使用許可などの行政処分も含めて「管理」を行わせることができますが、使用料の強制徴収、不服申立への決定等は行わせることはできないとされています。

公の施設は、関係地方公共団体との協議により、地域外にも設置することができます。このとき、当該区域外に設置される地域の住民との間に使用関係が生じないときは、協議は要しません。また、他の地方公共団体との協議により、当該他の地方公共団体の公の施設を自己の住民の利用に供させることができます（第244条の3）。

◇

紙面の都合で紹介できなかった国等の関与、普通地方公共団体相互間の協力方式（第252条の2～第252条の17）、大都市制度（指定都市、中核市、特例市）、外部監査、特別地方公共団体についても必ず確認してください。これらは次回以降の練習問題でも確認します。皆さんのご健闘をお祈りいたします。

20年度 論文講座 主任・係長 ★18★

都主任選考

課題

○あなたの職務経験に関して、次の（一）、（二）に分けて述べてください。

（一）あなたが現在携わっている職務と職務上の課題について、簡潔に述べてください。（300～500字程度）

（二）（一）で述べた内容について、あなたの問題意識を述べ、あなたが努力していることに言及しながら解決策を具体的に述べてください。（1200～1500字程度）

論文例

（一）

私は、局の人事事務を担当しており、主な職務は、一般職員の人事異動や選考関係の事務を行っている。

現在、本格的な高齢化社会の到来や先行き不透明な経済状況により、都民の将来の暮らしへの不安が広がっており、行政への期待は高まっている。

一方で、都は都が担う仕事の範囲と進め方を徹底して見直し、「スリムで仕事ができる効率的な都庁」を実現するため、平成18年7月に「行財政改革実行プログラム」を策定し、平成19年度から21年度までの3年間で、4000人程度の職員定数の削減を目指している。

こうした状況下にあって、都は、簡素で効率的な執行体制の整備を行うとともに、限られた人材を有効活用し、増大化・複雑化していく行政課題に応えていく必要がある。

その中で、私が担当する人事部門では、限られた人員で事業を円滑に実施していくために、職員一人ひとりがその力を最大限に発揮できるよう、人事異動による適材適所の人事配置を実現していくことが求められている。

（二）

1 職員情報の詳細な把握

人事異動に当たっては職員情報の詳細な把握が重要となる。そのため、自己申告等により職員の情報収集に努めているが、それだけでは職員すべての情報を詳細に把握することは困難である。そのため、適切な時期に職員の適性に合った望ましい人事異動を行う機会を逸してしまう可能性があった。

そこで、私は、人事異動事務が本格化する秋以降からではなく、年度当初から、職員個人のデータを収集し、整理することとした。具体的には、平成18年度から運用が開始された「東京都e－人事システム」等を活用して経歴や業績評価、資格等の情報を把握するとともに、他係で収集している休暇の情報などのデータをまとめて活用できるよう整備した。また各所属と職員の状況について、意見・情報交換を積極的に行うようにした。

この取り組みにより、職員一人ひとりの適性を可能な限り見極め、各職場の活性化につながる人事異動を実施していく基礎を作ることが出来た。

2 人事異動実施後の検証

人事異動の事務は、次の異動期に向け職員や職場の状況等のデータを整理し異動案を組んでいくことがメインであり、過去の人事異動の結果が適当だったか否かの検証は殆どされてこなかった。そのため、職員の適性に合致しない配置を繰り返しかねない状況にあった。

そこで、私は、過去の異動状況をまとめることとした。具体的には、事業所間の異動の場合や昇任時の異動の場合、長期在職等で異動対象ではあったが結果として異動とならなかった場合などの分類別に、異動前後の評価や意欲の変化などの情報を確認した。

今後は、より多くの情報を把握してさらに詳しい検証を進めるとともに、その情報を蓄積させていくことで、どのような人事異動が、職員と職場の双方にとって望ましいものになるか、その傾向を見つけ、次期の人事異動に活用していく。

3 円滑な人事異動の実施に向けた体制づくり

私の所属する局は、様々な事業所を抱えており、事業所によって、求められる知識や能力、適性が異なっている。そのため、ある事業所で欠員が生じた場合でも、異なる分野の事業所からの補充がすぐには難しいことがあった。

そこで、私は、次期の人事異動に向け、円滑な人事異動が行えるよう、職員の適性の幅を広げていくことができる人事異動の体制づくりを検討している。具体的には、職員としての基礎を作っていく新任期から主任期までの間に分野の異なる事業所間の異動を計画的に行っていき、専門的技術や適性の幅を広げていく。

今後は、さらにOJTや研修との連携も視野に入れ、知識や技術の定着や向上を促進させていくことで、人材育成につながる人事異動を行っていく。

4 少数精鋭による行政運営の実現

社会経済状況が大きく変化する中、都政はその変化を的確に捉え、都民の期待に応えていくことが求められている。

その期待に対して、私たちは、単純に職員の定数を増加するのではなく、職員の意欲や能力の向上により対応していかなければならない。

私は、適材適所の人事異動を行うことにより、職員一人ひとりがその力を最大限発揮できる環境を整え、少数精鋭の行政運営の実現に向け、全力を尽くす決意である。

論文添削①

講評

本論文の構成は、（一）が411字、（二）が1307字と、配分と構成はバランスが取れており、全体として合格論文の体裁を整えることができていると評価できます。

制度改正前のかつての主任論文では、まず問題点を三つ提示した上で、解決策を対応させて論述するスタイルが一般的でしたが、改正後は、書き出しと論述に指定がありますので、本論文のように課題と対策を同時に論じる方法の方が、より具体的な論述が可能になると思われます。以下、具体的に内容を見ていきます。

（一）では、受験生の現在の職務とその課題を300～500字で記述する必要があり、その中で、都政とのかかわりに言及しつつ問題意識を述べる必要があります。

作成者の担当は人事事務であるため、都政とのかかわりや問題意識は、局を問わず共通のものとなると思われます。都政を取りまく状況→都政の状況→職務との関連と課題、という順番でよろしいと思いますが、課題の記述をもう少し厚くして、その前の記述との配分を若干変えるともっとよいと思います。

以下、具体的な添削です。

▼「本格的な高齢化社会～経済状況により」→限定しているように見えますので、「等により」の方がいいと思います。

▼「行政への期待は高まっている」→他方で、行政運営の効率性に対する厳しい目が向けられていることもありますので、その点にも言及したほうがよいでしょう。

▼「整備を行う」→これまでにも行革の取り組みは行ってきていますので、「整備に引き続き取り組んでいく」の方がベターです。

▼「人事異動による適材適所の人事配置を実現」→かかり受けを分かりやすくするため、順番を変えて、「適材適所の人事配置を人事異動により実現」

（二）では、（一）で述べた問題意識を具体的に述べた上で、それらの解決策と、自ら努力している点を述べていきます。

本論文でも、各問題点を1から3に見出しを付けてそれぞれ論じており、十分に分かりやすい構成と論述内容になっていると思います。ただ注文を付けるとすれば、それぞれの中の論述は、問題点の提示→解決の方向→自らの取り組み、というように、具体的取り組みの前に抽象的な解決の方向性を提示した方が、より分かりやすくなると思います。

人事担当者は、主として春期の異動期に向けて計画的に作業を進めていますが、各部各事業所のニーズを収集しながら、適材適所の配置に腐心しているのはどの局でも同様です。各局とも、本論文でも言及している「行財政改革実行プログラム」により、更なる人員削減と業務の効率化を求められています。一方、例えば、メンタル面で問題を抱える職員の対応等が最近増えているということがあり、その中で、情報収集や、個別の問題への対応等、大変な苦労をしながら作業をしているのが現状です。本論文は、その共通の「悩み」がよく論じられており、人事担当の苦労がよく分かります。

以下、具体的添削です。

▼「職員の情報収集」→同じ用語が繰り返されるので、前文を受けて「それらの収集」でよいでしょう。

▼「職員すべての情報を詳細に把握」→直後に「適切な時期に……」とあるので、「すべての情報を適時かつ詳細に把握」

▼「人事異動を行う機会を逸してしまう可能性」→表現として強すぎる感がありますので、「人事異動を行うことが時に困難となる可能性」としてはどうでしょう。

▼「また各所属と……」→「また、各所属と……」

▼「職員の適性に合致しない配置を繰り返しかねない状況」→ここも、少々表現が強すぎますので、「職員の適性に必ずしも合致しない配置が繰り返されかねない状況」としてはいかがでしょうか。

▼「事業所によって、求められる知識や能力……」→ここは、同一の職種を他の事業所から異動させることが必ずしも適さない場合があることを言っていると思われますので、「同一の職種でも、事業所によって……」と入れたほうが、イメージがわきやすいです。

▼「次期の人事異動に向け、円滑な人事異動が行えるよう」→次期の異動もそうですが、それ以降の異動にも対応した中長期的な観点からの取り組みと理解するならば、「次期以降の人事異動が円滑に行えるよう」

▼「人事異動の体制づくり」→ここでは人事異動に向けた準備だけではなく、いわゆるジョブローテーションと配置のあり方を言っていると思いますので、「配置のあり方」としてはいかがでしょうか。

▼「専門的技術や適性」→「個々の職員の専門的技術や適性」

▼「人材育成」→これまでに述べた取り組みが目指すところを受けるとすれば、「幅広い適性を有する人材の育成」になります。

▼「社会経済状況」「都政はその変化を……求められている」→好みの問題かも知れませんが、対応すべきは社会経済状況の変化だけではないと思いますので、筆者ならば「社会経済状況等」「都政にはそれらの変化を……求められている」としたいと思います。

▼「私たちは、単純に職員の定数を増加するのではなく」→これまでの論述の中にはキーワードとして出てきませんでしたが、人事異動担当者が目指すところは、「少数精鋭の体制」ですので、「私たち人事担当は、職員数の増による量的な対応ではなく」としてみてはどうでしょう。

▼「職員の意欲や能力の向上により対応していかなければ」→「職員の意欲や能力の向上等、質的な対応を図らなければ」

◇

最後になりますが、皆さんがどのような仕事をされているかにかかわらず、[illegible]

20年度 教育管理職への道しるべ ＜22＞

地教行法②

問題例

【問題 3】

教育長に関する記述として妥当なものは、次のうちどれか。

① 教育長は、教育委員会の会議を主宰し、教育委員会を代表する。

② 教育長は、当該教育委員会の委員である者のうちから、議会の同意を得て、当該地方公共団体の長が任命する。

③ 教育委員会の会議は教育長が召集する。

④ 教育長は、教育委員会の指揮監督の下に、教育委員会の権限に属するすべての事務をつかさどる。

⑤ 都道府県の教育委員会には、教育委員会の権限に属する事務をつかさどるため教育長が置かれるが、町村の教育委員会には、教育長を置かないことができる。

【問題 4】

教育委員会の会議に関する記述として妥当なものは、次のうちどれか。

① 教育委員は、自己、配偶者若しくは三親等以内の親族の一身上に関する事件について審議する場合には、会議に出席することができない。

② 教育委員会の会議の議事は、出席委員の過半数で決し、可否同数のときは、委員長の決するところによる。

③ 教育委員会の会議は公開する。ただし、委員長または委員の発議により、出席委員の2分の1以上の多数で議決したときは、これを公開しないことができる。

④ 教育委員会の会議は原則公開する。ただし、人事に関する事件については非公開とすることができる。

⑤ 教育委員会の会議その他教育委員会の議事の運営に関し必要な事項は、条例で定める。

【問題 5】

教育委員会の職務に関する記述として妥当なものは、次のうちどれか。

① 教育委員会は、教育財[illegible]

[illegible]る体育に関することを除く）について地方公共団体の長の職務権限とすることができる。

④ 地方公共団体は条例の定めるところにより、文化財の保護を含め文化に関することを地方公共団体の長の職務権限とすることができる。

⑤ 教育委員会は、教育委員会の所掌に係る事項に関するすべての契約を行うことができる。

【問題 6】

教育委員会の職務に関する記述として妥当なものは、次のうちどれか。

① 教育委員会は教育に係る歳入歳出予算を調製し、執行することができる職務権限を有している。

② 教育委員会は、教育委員会の所管に属する学校その他の教育機関の設置及び管理に関する権限を有するが、それらの廃止に関する権限は有しない。

③ 教育委員会は、所掌事務に係る教育行政に関する相談に関する事務を行う職員を指定し、公表しなければならない。

④ 教育委員会は、教育委員会規則で定めるところにより、職員の任免その他の人事に関することについて教育長に委任することができる。

⑤ [illegible]

【問題 7】

教育委員会の職務に関する記述として妥当なものは、次のうちどれか。

① 教育委員会は教育委員会規則で定めるところにより、その権限に属する事務の一部を教育長に委任することができるが、臨時に代理させることはできない。

② 教育委員会は、毎年、その権限に属する事務の管理及び執行の状況について点検及び評価を行い、その結果に関する報告書を作成し、議会に提出するとともに、公表しなければならない。

③ 教育委員会は、その権限に属する事務に関し教育委員会規則を制定し、その所管に属する条例を議会に提出することができる。

④ 地方公共団体の長は、教育財産を取得したときは、教育委員会の申し出を待って、教育委員会に引き継がなければならない。

⑤ 教育委員会は、大学や私立学校などの教育に関する事務を管理し、執行する職務権限を有する。

解説

【解説 3】 正答 ④

① 誤り。教育委員会の会議を主宰し、教育委員会を代表するのは委員長。（地教行法第12条）

② 誤り。当該教育委員会の委員である者のうちから、教育委員会が任命する。（地教行法第16条）

③ 誤り。教育委員会の会議は委員長が召集する。（地教行法第13条）

④ 正しい。（地教行法第17条）

⑤ 誤り。（平成13年にこの規定は削除された）

【解説 4】 正答 ②

① 誤り。議事に参与することはできないが、教育委員会の同意があるときは会議に出席し発言することができる。（地教行法第13条）

② 正しい。（地教行法第13条）

③ 誤り。出席委員の3分の2以上の多数で議決したときは、これを公開しないことができる。（地教行法第13条）

④ 誤り。（地教行法第13条）

⑤ 誤り。教育委員会規則で定める。（地教行法第15条）

【解説 5】 正答 ③

① 誤り。教育財産の取得及び処分は地方公共団体の長の職務権限である。教育委員会は教育財産の管理のみ権限を有する。（地教行法第23条、第24条）

② 誤り。ユネスコ活動に関することは教育委員会の職務権限である。（地教行法第23条）

③ 正しい。[illegible]

④ 誤り。文化財の保護に関することを除く文化に関することを地方公共団体の長の職務権限とすることができる。（地教行法第24条の2）

⑤ 誤り。[illegible]契約締結の職務権限は地方公共団体の長にある。（地教行法第24条）

【解説 6】 正答 ③

① 誤り。予算の調製、執行とも地方公共団体の長の職務権限である。（地教行法第24条）

② 誤り。教育委員会は、教育委員会の所管に属する学校その他の教育機関の設置、管理及び廃止に関する職務権限を有する。（地教行法第23条）

③ 正しい。[illegible]

④ 誤り。職員の任免その他の人事に関することについても教育長に委任することはできない。（地教行法第26条）

⑤ [illegible]

【解説 7】 正答 ②

① 誤り。一部を教育長に委任し、または臨時に代理させることができる。（地教行法第26条）

② 正しい。（地教行法第27条）

③ 誤り。教育委員会の所管に属する条例を提出する権限は地方公共団体の長にある。

④ 誤り。地方公共団体の長は、教育財産を取得したときは、すみやかに教育委員会に引き継がなければならない。

⑤ 誤り。大学や私立学校などの教育に関する事務の管理、執行は地方公共団体の長の職務権限である。

板橋区を心のふるさととして ～故櫻井徳太郎先生を偲ぶ～

板橋区福祉部長　松浦　勉

第5回櫻井賞授賞式での櫻井徳太郎先生＝平成19年1月

昨年8月に逝去された民俗学者櫻井徳太郎先生の没後初となる第6回櫻井賞授賞式が、1月26日に板橋区立グリーンホールで挙行され、坂本健区長をはじめ約70人の関係者が出席し、受賞者と共に先生の遺徳を偲んだ。

櫻井賞は、先生が板橋区に贈られた寄付金をもとにした基金（櫻井民俗学奨励基金）を活用して、広く全国の地域研究を振興し、地域づくりをすすめる人材を発掘・育成するため設けられた賞であり、一般の部、高校生の部、小中学生の部がある。

第6回を迎えた今年度の応募総数は、687編（うち一般の部は16編）と過去最高（第1回は351編）となり、応募者も板橋を中心に全国に広がっている。

これまでに大賞は3名に授与され、準大賞である奨励賞が2名。高校生、小中学生を合わせた総受賞者数は延べ64名である。

櫻井徳太郎先生は、大正6年新潟県生まれ。歴史・地理を学ぶ中で柳田国男の著作に惹かれるようになり、晩年の柳田に師事する。民俗宗教を中心に数多くの著作を発表し、民俗学、歴史学、宗教学に大きな影響を与えている。昭和21年から60年余を板橋区で過ごし、『板橋区史』編さんの統括、区文化財保護審議会の会長を務めるなど板橋とのゆかりは深い。先生の3万点余の蔵書・資料はすべて区に寄贈され、「櫻井徳太郎文庫」として区公文書館において広く公開されている。

先生は、櫻井賞の趣旨を次のように語っている。

「私の賞の対象は、地理であり、歴史であり、考古・民俗であるけれど、しかし、地理学や民俗学ではない。そこで生まれ、育ち、地域のために働いて、やがてその地に埋めてもらう。その地域をどのようにつくりあげたらよいかということ、つまり、あらゆる研究をすべてくるみながらまとまった課題にぶつかっていくことなのです。

そして、地域とか人間性をどう復権させていけば心のふるさとづくりができるのか、そういうことを子どものときから考えていき、やがてかくあるべしという回答が生まれ出るようになってほしい。それが櫻井賞のめざすところです」（平成18年1月　第4回櫻井賞受賞式あいさつより）

今回の選考にあたった真野俊和筑波大学教授は講評の中で、「櫻井先生の生涯貫かれた地域研究の手法すなわちフィールドワークを駆使した『現場に学ぶ視点』が広く理解されること、このことが6回の賞を重ねてきた中で浸透してきたことを実感している」と述べられた。

また坂本区長は、受賞者へのお祝いのことばとともに、「櫻井先生の大きな業績と板橋区への強い愛情に改めて敬意と感謝を申し上げます。先生亡き後、一層この賞が発展し地域研究を通し青少年の郷土愛が育まれる契機となるよう引き続き努力していきます」と力強く決意を述べた。

一般の部で、文化財保護と観光のあり方を歴史的に論じ、見事奨励賞に輝いた現役の高校生石田健君（18歳、練馬区在住）は、「大変うれしい。4月から大学の文学部に進みますが、世界史にも目を広げてさらに研究を深めていきたい」と喜びを語った。櫻井先生がご存命ならば、どれほどお喜びであっただろう。石田君はじめ若い力のさらなる成長・活躍を願わずにはいられない。

☆

授賞式にひき続き、かつて先生が会長を務めた板橋史談会（小林保男会長、会員約100名）などが中心になって、「故櫻井徳太郎先生のお話を聴く会」が常盤台の天祖神社で開かれ、先生とゆかりの深い約30人が先生の講演テープを聴いたあと、先生との思い出話を語り合った。

代表発起人をつとめた石塚輝雄前板橋区長はあいさつの中で、先生がいかに板橋を愛し区の文化行政に貢献されたか、またその高潔な人柄にふれ人間的に多くを学んだことを力説した。

参加者のスピーチの中では、街で出会った時に先生からやさしく声をかけてもらったり、校正原稿を毎回真っ赤になるほど真剣に見てもらったことや、職員の処遇にも心を砕いてくれたことなど思い出深い話がたくさん披露され、在りし日の先生を偲ぶ印象的な会になった。ちなみに筆者は、先生に区史編さんで9年間ご指導をいただいたご縁で、幹事（司会役）をつとめた。

先生の遺訓を、今後の地域文化振興に、先生流に言えば「心のふるさとづくり」にどう形づけていくことができるか。残されたわれわれに天国から先生が出された宿題ではないかと考えている。

第6回櫻井賞授賞式

坂本区長を囲む第6回櫻井賞受賞者たち

みにがいど

◆ともに生きる　みとめあい　わかちあい　ささえあう　▽日時　2月9日（土）12時30分開場▽場所　四谷区民ホール▽第一部対談（午後1時～2時30分）　歌手・ペギー葉山氏とNHKアナウンサー・内多勝康氏▽第二部アトラクション（午後2時50分～4時30分）　朗読、被爆報告、雑誌のつくり方など▽入場無料・定員450人（保育・手話通訳あり）※当日直接会場へ。先着順▽ウィズ新宿利用団体による活動パネル展も同時開催▽問い合わせ先　ウィズ新宿（新宿区男女共同参画推進センター）☎3341・0801

◆環境シンポジウム　▽日時　2月10日（日）午後1時30分▽場所　国分寺Lホール▽内容　石川英輔氏の講演「江戸時代はエコ時代」、環境家計簿モニター結果報告、意見交換▽問い合わせ先　国分寺市環境部環境計画課☎042・325・0111（内線353）

◆外国籍住民と多文化共生を考える　▽日時　2月17日（日）午前10時～午後4時30分▽場所　板橋区立グリーンホール▽内容　①多文化交流ひろば（11：30～14：30）※当日、直接会場へ②多文化共生社会づくり区民フォーラム（11：00～11：30）＝「外国人とともに生きるまちづくり」をテーマに、区内で活動する各分野の専門家が日頃の活動から見えてくる課題を話し合う③外国人による日本語スピーチ大会（14：00～16：30）▽②③については事前申込（定員150人・保育あり）＝はがき・FAX・メールで、希望講座名（②③のいずれか、または両方）、住所、氏名（ふりがな）、電話番号を明記の上、左記まで▽申込・問い合わせ先　㈶板橋区文化・国際交流財団交流課（〒173－8501、板橋区役所内）☎3579・2015、FAX3579・4211、kkouryu@city.itabashi.tokyo.jp

海外出張こぼれ話　19

東郷　尚武

オリンピックを迎える北京と沿海都市アモイ②

我々の中国プロジェクトは、具体的には1993年の中国諸都市の歴訪に始まり、1994年には、趙柄時・清華大学建築学院院長を団長とする中国側のメンバー6名が、日本ならびに米国の諸都市を歴訪し、日米の都市問題を実地に見聞すると同時に、日米の専門家との会議や討論の場を通して、今後の中国の都市政策や都市計画のあり方を考え、討議する手がかりとした。そして、1995年度には、中国において当プロジェクトの取りまとめが行われ、しめくくられたのである。

本プロジェクトの全体の流れは、おおよそ以上のようなものであったが、本稿では1993年12月に、日米の代表が北京、アモイ、広州などの大都市を歴訪し、視察を行った折のお話を中心に紹介してみたい。ちなみに、同行したメンバーは、マメンIPA所長を代表とする米国側5名と、伊藤滋東大名誉教授を代表とする日本側5名の計10名であった。

実際の具体的事業としては、各都市で中国側関係者との間で研究・検討会議を重ねると同時に、視察を行ったが、このほかに、北京では、中国側研究者の論文募集と優秀論文の表彰も行った。例によって、本稿は、会議の概要等を紹介するものではないので、これらの諸事業の個々については省略させていただく。

さて、いまさら述べるまでもないが、北京市は1949年10月1日、中華人民共和国の設立が宣言されて以来、その首都であるが、同時に、中国封建時代最後の四つの王朝、すなわち金、元、明、清（1115年～1911年）の王朝が前後650余年にわたり、相次いで首都としてきた古都でもある。

北京市は、総面積1万6808平方㌔㍍、1990年当時、市の人口は1082万人（1949年＝414万）で、市の行政区は当時、東城区、宣武区などの10区と、大興県、通県などの8県から成り立っていた。それが10年後の2000年の国勢調査では、東城、西城など中心4区で210万、朝陽、豊台など近郊4区で600万、他の郊外地域の10区で約500万の計1300万と、10年で約200万の人口増を招来し、さらに、ごく最近の北京市人口計画出産委員会の発表によれば市の人口が1740万人に達したという。しかも、現在、1990年以降に建設された住宅に住む人口が40％近いと聞くとき、北京のたたずまいの変化は著しいものがあると言えよう。

本稿は、そういう顕著な変化を遂げた北京等の大都市の10余年前の姿であることをお含みのうえ読んでいただければ幸甚である。

天安門の前で日本側メンバーと

職場は大きな遊び場だ

がんばれ！公務員　7

文とマンガ　鈴木武征

寒いなか出勤ご苦労様です。

私も現役時代、毎朝同じ道をたどりながら「私は何をしているんだろう？」なんて、しょっちゅう思ったもんです。

人間は欲望の生き物だ。

春夏秋冬、満員電車に揺られながら職場に向かうのも、そこが欲求実現の場所の一つにほかならないからだ。

職場で満たされる欲求は様々ある。

代表的なのは生活の糧、出世、やりがい・達成感、連帯感、少々ピントはずれで健康維持、恋愛なんて類いだ。

書き並べて「こんなもんかなー、これだけで何十年間も行くかなー？」と考えたところで大きな理由に気づいた。

「そうだ、遊びだ！私は職場に遊びに行ってたんだ、そうでなきゃ40年間も行かないよなー」

朝の職場、お茶を飲みながら同僚と昨夜の飲み会などの馬鹿話。

終わったら仕事と思いきや、隣の課の悪友が現れて喫茶店でモーニングサービス。

上司の目を少し気にしながらおもむろに机に向かうが、仕事の間も飛び交うダジャレ。

午後になると上級官庁（官房局）の人が来たので、「ここでは何ですので……」なんて言ってまたサテンへ。

夕方、仕事は残っているものの、「ヨォ、付き合いわりぃなー」なんて言われると、「なんだとー！」と雀荘へ。

終電1本前の電車のなかで麻雀の反省「ヨシ、今日は駄目だったけど明日は頑張るぞ！」

そうなんです。私が毎日、毎日職場へ通えたのは、仕事という主食とともに遊びというオカズがあったからこそなんです。

主食というのは大概決まった形をしていて誰が対峙してもさほど変わりはない。

それに引き替えオカズは人により千差万別、尽きない魅力がある。

仕事はもとより大事だが、その仕事を楽しくこなすためにも職場の内外に美味しいオカズを見出すこと、創りだすことが大切だ。

私の若かりし頃には、仕事も凄いが遊び心も半端じゃない大先輩が大勢いた。

残業の息抜きに廊下に消火器を並べ、ボーリング場からガメてきたボールでボーリングをやった先輩。

廊下を泡だらけにして当時の守衛さんにえらく怒られた話は、思い出すたびに笑える。

人気のない局長の現場視察コースに落とし穴を仕掛けた先輩もいた。

もとより、仕事が好き、遊ぶより仕事が楽しいという人もいる。

それはそれで結構なことで、そういう人もいないと我々凡人は困る。

神聖な職場を、それも公務の職場を遊び場とは許せないとお怒りの向きもいるかと思う。

されど、それも一面的な見方に過ぎない。

そもそも人間が集団のなかでサラリーマンとして働く仕組み自体が、作られた仕組みに過ぎない。

多くの人間がささやかな欲求実現のために、大人しく黙々と人生を送る仕組みなのだ。

管理する側からすれば「仕事場に遊びを持ち込むな」と言うだろうが、人間が働くのは欲求実現のための手段であり、本能とは言い難い。

それに引きかえ、「遊ぶ」というのは人間生来の立派な本能だ。

世の中には画家のように、生涯好きなことをしてそれが仕事としてもてはやされる人もいる。

もとより芸術家には他人にはうかがい知れない苦しみもあろう。

されどその芸術家は言う「人間、本能のままに生きよ!!」と。

都政新報

発行所 都政新報社
〒160-0023 東京都新宿区西新宿7-23-1 TSビル
〈総務・読者〉(03)5330-8781
〈企画広告〉(03)5330-8784
〈編　　集〉(03)5330-8786
〈出　　版〉(03)5330-8788
〈セミナー事業部〉(03)5330-9977
〈ファクス〉(03)5330-8808
郵便振替 00130-2-101470
購読料 月1,680円(税込)
毎週火・金曜日発行
但し、祝祭日は休刊

紙面から

参議院宿舎問題

猪瀬副知事 VS. 都議会自民党

協議の申請から9カ月

都幹部「身動き取れぬ」

「弁慶橋風致地区」の宮内庁宿舎跡地に新清水谷議員宿舎を建設する問題は、参議院が都知事あてに「協議」の申請を出して9カ月近く経った。この間、猪瀬副知事が先頭に立って反対し、石原知事も現在地建て替え案などを支持する発言を繰り返し行ってきた。しかし、都議会自民党からは、緑地率を高めた見直し案で当初方針どおり建て替えを求める声が一段と強まっている。政治構造としては、石原知事が猪瀬副知事の主張をとるか、自民党の意見を受け入れるかの二者択一の図式にあり、都の理事者は苦悩を深めている。20日開会の都議会に舞台を移すと、さらに事態がこじれることから、その前に軟着陸の道を探っている。

参議院宿舎の建設については、知事は「絶対の公共性があるとは思えない。あの素晴らしい森をつぶしてまで、あそこに建てるんだったら絶対反対」と昨年12月の記者会見で語った。

この時期は、ちょうど参議院の議運理事会メンバーでつくる「議員宿舎に関するプロジェクトチーム」が計画縮小案をまとめ、都に理解を求めようとしていた矢先だった。「あの都心に小さいけど、樹齢の古い木がたくさんある。公園にすべきだ」と会見で語り、宮内庁宿舎跡地に建設する代わりの案として、現在地で宿舎を建て替えたり、今でも300戸のうち96戸が空き室になっている衆議院赤坂議員宿舎に参議院が入居することなどを提案した。

参議院のプロジェクトチームとしては、今年3月を目途に検討を進め、高さ49㍍、地下2階・地上14階建てにして緑地率を高める施設配置などを検討中だ。そうした中で1月24日、西岡武夫参議院議運委員長名で紀尾井町地区計画について都がどのように考えるか、公文書で照会がきた。

照会の理由は、議員宿舎が建つ場所は「紀尾井町地区計画」の網がかかり、現在地で建て替えると、敷地が紀尾井町通りに面しているため、1階、2階に文化・交流施設や商業施設を入れることが定められているからだ。この規定には「区長が認めた場合は、この限りではない」と、ただし書きもある。

地区計画を定めた千代田区では「昔、紀尾井町通りは、ブランド街だった。バブル崩壊後、寂れてしまったので、地元では賑わいを取り戻したいと考えている。建て替え等をする場合は、文化・交流施設、商業施設を入れて欲しいと指導している。ただし書きが想定するのは、警察署、消防署など緊急車両を置くような施設」(まちづくり推進部)と話す。議員宿舎は、ただし書きの適用外という認識だ。

参議院プロジェクトチームの検討資料でも、現在地建て替えの問題点として、商業施設を導入した時のセキュリティーを指摘し、現在地案については否定的な考えだ。参議院事務局では「都との確認のため、公文書で照会した」(管理課)と話す。

宮内庁宿舎跡地は、紀尾井町通りの後背地に位置し、地区計画上のこうした規定はない。そのため参議院としては、主眼は宮内庁宿舎跡地に建て替えることにある。

■トップ会談

国や都が風致地区で建築、木竹の伐採等を行う行為は許可でなく、都知事と「協議」となっている。協議というのは、建築の差し止めを行うほどの強制力がなく、そうした中で中断した期間が現在まで続いた。都では猪瀬副知事が反対の論陣を張り、協議を門前払いにする状態となっている。

東京都と参議院の関係をマクロに見ると、07年5月に協議の申請が提出されたが、再考を求め、ボールは参議院に投げ返した状況にある。所管の建設局からすれば、見直し後の縮小計画案が正式に提示されなければ、自ら動けない立場にある。

その一方、知事と都議会自民党との関係では、有力都議が1月31日に知事とトップ会談し、緑地率が当初計画で52%だったが、60%程度まで高める努力をした点などを説明。「緑を残す計画案になっているので、宮内庁宿舎跡地に建て替えることを理解して欲しい」と話した。有力都議の感触では、知事は分かったはずという。

有力都議は、都側の出方次第では、予算特別委員会に自ら委員として入ることも視野に入れている。決着に向けた道筋としては、①石原知事自らが宮内庁宿舎跡地での建て替えを了承する発言を記者会見等で行う②予算特別委員会で参議院宿舎問題を取り上げ、知事の見解をただす③紀尾井町の地元から建設推進の請願を出し、都議会で採択する——という三つの選択肢があり、与党という立場上、知事自らが発言する方が傷が浅く済むという判断だ。

参議院、知事、自民党という三すくみの中で事務レベルとしては、ボールは参議院にも、知事側にもあるという状況。こう着状態で身動きが取れず、都議会開会日だけが刻一刻と迫っている。

参議院宿舎の建設が計画される宮内庁宿舎跡地。後ろは赤坂プリンスホテル

分岐点 08年度東京都予算 ③

数少ない石原色

施策の加速と定着化を

全体として手堅い施策が並んだ印象が強い来年度予算案のなかで、石原色が強く出ている分野をあげるとしたら、環境と五輪の二つになる。

オリンピック招致は、2009年10月のIOC総会での開催都市決定まで1年半余りとなり、急ピッチで招致活動を進める時期に入った。

今回の予算編成では、招致のために必要な経費を「招致推進活動経費」として算出し、開催都市決定までに150億円という枠組みや、都とNPO法人の五輪招致委員会との役割分担を決めている。

招致経費の考え方を整理した背景には、オリンピックムーブメントの推進や招致機運の盛り上げといった活動で、施策の効果や目指すゴールを見極めにくいことがある。

IOCに提出する申請ファイルに添付した世論調査では、招致への賛成が60%を超えた。街頭署名で都民の反応の鈍さを実感していた都議らは胸をなで下ろしたが、他の立候補都市に比べると、賛成は低い数字にとどまっている。

招致機運や五輪ムーブメントといった考え方自体が漠然としており、行政がどこまで取り組むのか判別が難しいうえに、国際的な制約も出てくる。今年度予算では、国際的な競技大会を東京に誘致して五輪招致につなげる事業が予算化されていたが、事前の国際活動を禁じるIOCとの関係から、一部を除いて執行できなかった。

■下げたハードル

施策の効果が見えにくいことは、温暖化対策や緑化といった環境分野も同じだ。

広範なムーブメントを起こすとした「緑の東京募金」は、幅広く都民を巻き込むまでに至っていない。また、学校の校庭芝生化でも、管理にかかる手間を考えて二の足を踏む学校が多いことが、今年度の事業で明らかになった。

来年度は、緑の東京とカーボンマイナスの10カ年プロジェクトが、2年目を迎える。財務局の幹部は、緑化事業について、「様々な事業を走らせ始めた1年目に対し、来年度は、施策を定着させる取り組みが重要になるのではないか」と見る。予算案では学校側のハードルを下げるため、芝生の管理に関する専門家を学校に派遣し、維持するためのノウハウを伝える施策を盛り込んだ。

他方、カーボンマイナスでは、大規模排出事業者への削減義務化が、メーンの施策となる。工場部門で削減義務化を課す例はEU諸国でもあるが、業務部門を中心とした削減義務化は、世界でも初めての取り組みだ。

環境局に各国から問い合わせがあるなど、国際的にも注目が高まるなかで、環境審議会が今年度末に条例改正に向けた答申をまとめる。依然として経済界からの反対は強いため、庁内からは、「経済界の反対が強いと、都議会で条例を可決しきれるのか。より具体的な条件を、経済界と詰めていく必要があるのではないか」という危惧も出ている。

■実効性が議論に

短期的な成果が望めない環境分野では、石原知事のトップダウンが、施策を引っ張ってきた意味は大きい。

ただ、予算編成の過程で財務局幹部からは、プロジェクトが年数を重ねるなかで、いずれは施策がどれだけ実効性を出しているのかという検証が必要になるとの意見もあったという。その意味ではプロジェクトの2年目に入る08年度は、施策の定着と加速化が重要な年になってくる。

都民のオリンピック招致機運は盛り上がっていくか=昨年11月19日のオリンピック招致の決起集会で

冗句ジョーク

08年度復活予算案、否めない区市町村補助、商店街活性化、道路整備の定番化

主計部
「貼り絵の好きな議員さんが多いからね—」

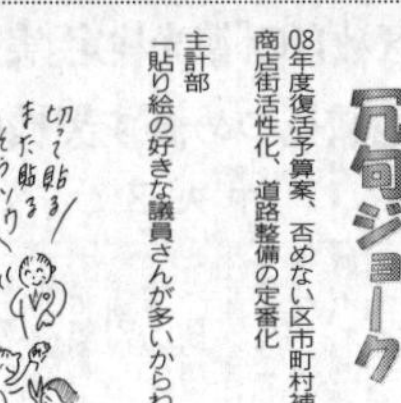

提出予定の主な議案

予算案　36件
【08年度当初予算】一般会計など29件
【07年度補正予算】一般会計など 7件

条例案　75件
☆新設
【東京都債権管理条例】
債権者の援用がないために欠損処理が進まなかった私債権の放棄を規定等
【法人事業税国税化対策特別基金条例】
法人事業税の減収に対応するため、基金(2185億円)を新設
【東京都公害健康被害予防基金条例】
東京大気汚染訴訟の和解を受け、国から拠出金を受け入れ、基金(60億円)を新設
☆一部改正
【東京都福祉保健局関係手数料条例】
薬事法改正で、一般用医薬品の登録販売者の手数料を新設する。これを含め、手数料関連　10件

事件案　13件
【八ッ場ダム建設基本計画の変更】
工期を2015年度までに変更する
【多摩都市モノレール㈱への出資】
債務超過を解消するため、210億円を出資し、債権89億円分を現物出資する

第1回定例都議会

130議案を提出へ

債権管理条例を新設

都は6日、第1回定例都議会に提出する130議案を各会派に説明した。条例案では、都の債権管理体制を整備するための債権管理条例案などを提出する。

債権管理条例では、強制執行や徴収停止などの規定を整備する。これまで時効を迎えた債権は、債務者の申し出がないと欠損処理できなかった。時効を迎えながら放棄できない債権がかなりの額にのぼるため、一定の条件で債権放棄できるよう規定を整備する。このほかに条例案では、住民基本台帳ネットワークで、知事が本人確認情報を利用できる事務を追加する条例案などが出される。

議案の内訳は、予算案36件、条例案75件、契約案6件、事件案13件。人事案はこのほかに4件を予定する。事件案には、多摩都市モノレールを支援するための現物出資や、八ッ場ダム建設の期間を延長することについて国に提出する意見などが含まれている。

議案のなかでは、予算案に対して、昨年度の議会で反対した民主党を中心に、各党がどういう態度を示すかが一つの焦点になる。ただ、税収の伸びがあるなかでも将来の減収に備えた堅実な編成を進めたことや、「10年後の東京」をもとに幅広く施策を盛り込んでいることから、「各党から見れば、論戦で反対意見を出しにくい予算ではないか」という見方も、庁内からは聞かれる。

議案にも、大きな争点になるようなものは見当たらず、本会議や予算特別委員会の論戦は、築地市場移転や参院宿舎問題、新銀行東京といった都政の抱える懸案課題を中心に行われそうだ。また、道路特定財源の問題や、民主党の土壌汚染対策法改正案など、参院での与野党逆転が都政に与える影響も注目される。

小笠原航空路協議会を設置

都と小笠原村

都と小笠原村は6日、小笠原諸島振興開発計画に基づき、小笠原諸島への航空路開設についての検討を行うため、小笠原航空路協議会を設置した。

協議会は都総務局長を会長とし、港湾局、環境局などの部長のほか、小笠原村長、同村議会議長ら計13人で構成。今後、住民が意見を表明するPI(パブリック・インボルブメント)に向けた手順やスケジュール、情報公開の方法などに関するPI実施計画を策定し、円滑なPIの実施を目指す。PIでは空港の複数候補地から1カ所への絞り込み、空港の施設計画などを検討する。

村が昨年12月から今年1月にかけて実施した村民アンケートでは航空路の開設を「必要」「必要であるが条件がある」が合わせて約7割を占め、概ね意向が確認されたため協議会の設置となった。

小笠原諸島への足は現在、片道25時間半かかる定期船のみ。都と国が進めていたTSL(テクノスーパーライナー)の就航は採算面から断念されたため、これまで2回頓挫していた航空路開設が三度浮上。PI実施に向けて協議会設置が課題となっていた。

若者のトラブル相談 架空料金請求で多く

合同特別相談

都消費生活総合センターは5日、都内の21区24市などと合同で1月24日と25日に実施した特別相談「若者のトラブル110番」の結果を発表した。

都が2日間に受けた相談は80件。そのうち、アダルトサイト利用料金の架空・不当請求に関する相談が3分の1を超えていた。契約金額では、10万円以下が30件と最も多いが、100万円以上も3件あった。都と区市消費生活センターが受けた相談は202件。そのうち、未成年も25件あった。

都政の東西

50年の歩み

2月1日、町田市が市制施行50周年を迎えた。1958年に人口6万人でスタートした同市は、いまや41万人を抱える一大商業都市に発展を遂げた。

このほか近いところでは調布市が2005年に、やはり市制施行50周年を迎えた。1955年に人口4万5000人で誕生し、現在は21万人を抱える生活文化都市に育っている。

両市の誕生の背景には、1953年に施行された町村合併促進法がある。これに基づいて行われたのがいわゆる「昭和の大合併」で、新制中学1校の設置に適した人口8000人以上が標準規模とされた。戦後、新制中学の設置管理や消防、社会福祉、保健衛生などが新たに市町村事務となったことに起因する。

調布、町田市ともすでに発足の段階で、標準規模をはるかに超える人口を有していたわけだが、その後も高度経済成長を経て、人口は飛躍的に増えていった。それは同時に基盤整備が大きな課題となった時期でもある。

そうした時代を経て、現在の両市が標榜するのは、市民を主体としたまちづくりだ。調布市は76年に「調布市民憲章」を定めた。憲章は「私たち市民は健康で快適な生活を目指し、あたたかい心で助けあい、幸せから取り残される人のいないまちをつくります」と高らかにうたっている。町田市は市民一丸となっての「交通安全都市」や「青少年健全育成都市」、「非核平和都市」「男女平等参画都市」を次々に宣言してきている。

50年の歩みの陰には、つらい歴史もあっただろう。町田市では1964年に米軍ジェット機墜落で死者4人、重軽傷32人の事故が起きている。だが苦しさを乗り越えて、いまがある。それぞれの市を形づくっているのは、一人ひとりの市民であることを忘れることなく、次の半世紀を刻んでいってほしい。

就労と子育ての両立支援

保育園入園、出生時に予約可
育休を1年間フル活用へ

品川区

品川区は新年度から、保護者の多様な働き方に対応した保育サービスの新たな仕組みをつくる。働く保護者が子育てと就労との両立ができるよう、妊娠期に一人ひとりのライフスタイルに適した子育てプランの作成を支援。育児休業明けの月から保育園での保育が受けられるよう、区立保育園で年度途中の入園枠を毎月一定程度確保する。親としては「子育てと就労の両立」が理想でも復職後の子育ての見通しを立てにくいのが現実で、切れ目のない新たな子育て支援として一石を投じそうだ。

働く保護者の就労と子育ての最初の関門は、職場復帰の前提となる育児休業後の保育園への入園。公立保育園では年度が替わる4月に定員枠のほとんどが埋まってしまうが、出産の時期は年度末とは限らない。待機児が多い都市部では4月の入園すら困難な状況で、年度途中の入園はなおさら厳しいのが現実だ。

これまでは年度途中に入園できなければ、入園しやすい4月まで待つか、認証保育所など他の施設を探すしかなかった。

こうしたことから、品川区は、入園できずに職場復帰を延期したり、職場復帰のため入園しやすい時期にあわせて育児休業を短縮したりしている保護者の先行きの不安感を解消する支援を行う。

具体的には介護保険のケースワーカー的な役割を持つ子育て相談員を配置する。相談員は保護者に対して、保育園などへの入園のほかに、子育てに利用できる各種の事業を紹介し、小学校入学までのオーダーメイドの子育てプラン作成を支援する。相談員は退職した保育士など2～3人を保育課に配置する予定。

また区立保育園で毎月一定数、年度途中入園の枠を確保し、出生児に育児休業明けの月の入園先を予約することを可能とする。定員枠は従来の定員を弾力化し、130人分を確保、入園に必要な点数は4月入園と同じとなる。

濱野区長は「保護者にとって理想としては育児休業をとって手元で子どもを育てるほうがいいと思う。その際のネックが4月の保育園入園。育児休業を1年間フルに活用できるよう、切れ目のない保育サービスを展開していきたい」と話した。

第一関門突破の手助けに

【解説】仕事と子育ての両立を目指す保護者にとっては、保育園の入園は第一関門だ。保育園の入園と職場復帰がタイミングよく重なるとは限らないが、公立保育園では4月にほとんどの定員が埋まってしまうという矛盾があった。こうした制度のすき間は従来から指摘されてきたことだ。

国の『「子どもと家族を応援する日本」重点戦略検討会議』は昨年12月の最終報告で、「親の就労と子どもの育成の両立を支援」として、出産前から3歳未満の時期、「それぞれの制度における弾力化による多様な選択を支える切れ目のない支援」を求めた。

こうした問題提起がありながらも、現在これに対応した保育制度の枠組みはない。自治体でも必要性を感じながらも、増え続ける待機児童の解消で精一杯の状況だ。

品川区も決して保育園の定員に余裕があるわけではない。濱野区長は「供給は需要を喚起するから待機児童がなくなることはないだろう。待機児童を何とかしてくれという批判は甘んじて受けとめる」と語る。

区はこれまでの定員を減らさずに弾力的に対応し、年度途中入園の枠を130人分確保する。従来、年度途中の入園は5月と10月しかチャンスがなかったが、新たな制度では定員枠が増え、毎月入園枠が確保される。

こうして見ると品川区の取り組みは難しいことではないが、それができないのが「お役所」の宿命。議会サイドからの風当たりも強い待機児童の解消という大命題を抱えつつ、多様な保育ニーズに細かく応えていくには、国を先頭とした行政サイドの意識改革が必要かもしれない。（地）

「親の情報交換も必要」
不登校シンポジウム開く

江東区

江東区は4日、不登校問題を地域全体の課題ととらえ、問題解決の糸口を探ろうと「不登校について考える区民のつどい」を開いた。保護者や教員など約300人が参加。不登校対策への関心の高さがうかがえた。

シンポジウムには、山﨑孝明区長、心に傷を負った人々の回復を描いた映画『風のダドゥ』の監督・中田新一氏、生徒の約7割が不登校経験者という都立大江戸高校の岡昇校長と保護者代表が、それぞれ不登校についてメッセージを送った。

子どもが中学から高校にかけて不登校だったという保護者代表は、親子でカウンセリングを受け、自分自身も気持ちにゆとりを持てたと話し、「疲れ切った心と体をゆっくり休ませる居場所を作ってあげることが大事では。親が子どもと一緒にパニックになってはダメ。再登校だけがすべてではなく、そのとき、その子どもにあった場所や道を見つけてあげ、『大切な存在』ということを言葉で伝えてあげてほしい」と会場に呼びかけた。

また、個別対応で実施している区の適応指導教室「ブリッジスクール」について、「子どもの動き始めの一歩となった」とし、「心身が回復する子どもの状況に合わせて授業数を増やしたり、少人数制の教室を選択できるなど、ステップアップできる仕組みを」、「世間体などを気にして、親もこもりがちになる。同じ境遇の親同士が情報交換できる場があれば」などの提案もあった。

岡校長は、「先生も支えられないほど、深い問題を抱えている生徒もいる。学校だけで支えられる問題ではなく、地域の協力を得ながらやっていく」と、地域の協力が欠かせないことも訴えた。

山﨑区長は「スピードアップして対応する」と来年度予算に不登校対策の拡充を盛り込んだことを報告。また、教育委員会指導室も「提案については早急に検討したい。親同士の情報交換の場はあるが、PRを工夫したい」などと語り、今後も地域全体を巻き込んだ不登校対策に力を入れていくとした。

区独自の「観光検定」実施
地域見つめ直す契機に

中央区

中央区は09年2月に、区独自の観光検定を実施する。区の文化・歴史に関する知識を得ることによって、区の魅力を区内外の人々に再認識してもらい、観光事業の拡大を狙う。都レベルでは江戸検定が行われているが、23区では初めて。

出題内容は、区の観光スポットや文化財、歴史など。区の観光協会が実施する。会場は区内の公共施設を予定しており、1000人が受験すると見込む。合格予定者数は300人で、合格者には合格証を発行し、オリジナルポスターカードをプレゼントする。合格者のうち希望者には観光特派員として観光協会のホームページに専用コーナーを設け、観光情報を発信することもできる。

受験者の勉強のために『中央区観光検定公式テキスト』も販売。検定の設問のうち8割程度は公式テキストから出題する予定という。

受験料は3150円の予定。また公式テキストは2100円で、1500冊を作成する。

区では「区民に地域に目を向けてほしい。地域の文化や歴史を再度見つめ直すことで、コミュニティーづくりや郷土を見直す契機につながる。広くご応募いただきたい」と話している。

区は、文明開化につながる明治維新から140年目となる08年度を区の文化振興推進のための『文化振興元年』と位置づけた。秋には、名所・旧跡、画廊・美術館、水辺などを巡る「中央区丸ごとミュージアム」を開催する。

6日の記者会見で矢田区長は「江戸開府400年、明治維新から140年、中央区は文化・商工業の発祥の地。歴史のある文化と観光の街をどんどんPRしていきたい」と意欲を語った。

記者席

中国製冷凍ギョーザの波紋

○……有機リン系薬物の「メタミドホス」とは別の農薬が検出された中国製冷凍ギョーザの中毒事件。都保健所には5日までに、約100件の健康被害が寄せられた。現在のところ、有機リン中毒が疑われる事例はないという。

これまで都が受理した健康被害の症状は、下痢や吐き気が多いようだ。ただ、中には「風呂場で倒れて意識をなくした」というような事例も。原因が不明なので農薬の影響でないとも言い切れないが、今まで健康被害がそれほど報告されていなかっただけに、風評とは恐ろしい…と思ってしまう。

○……冷凍ギョーザ中毒問題では、混入経路が特定されていないばかりか、新たな有機リン系薬物等も検出されるなど、問題が複雑化、健康被害の訴えも広がりをみせている。

こうした中、食品衛生の最前線である保健所を中心に、都はもちろん、都内自治体が対応に追われているが、㈶東京都福利厚生事業団も迅速な行動をとった。事業団では、同問題が大きく報じられた直後に、都庁内の職員食堂、議会棟の専門食堂、弁当を扱う各業者に対して調査を依頼。結果については、すでに張り紙等でご存知とは思うが、当該製品等の取り扱いはなかったとのことだった。

とは言え、近所のスーパーでも買い控えによる在庫の余剰が目に付くようになってきており、食堂メニュー等への影響も予想される。

○……豊島区は2日の区民向けイベントで、再利用可能な食器を貸し出し、ごみ減量化などを狙う事業を試行した。今回、使い捨て食器300～400枚（約1万円分）を削減したという。

今回、リユース食器を貸し出したのは、区民交流施設「区民ひろば清和」。貸し出し後にリユース食器を洗浄し、2000枚で約3000円と試算する。

今後は、他の区民ひろばにもこの取り組みを広めていく方針だ。イベントは大規模になるほど、ごみ排出量が多くなる。地球環境を悪化させないためにも、他区でも使い捨て食器の使用をやめ、リユース食器に切り替えるべきだろう。

08年度予算案　特別区

「いのちを育む」予算
都内初　小学校30人学級も推進

杉並区

杉並区は4日、一般会計1546億2700万円、対前年度比2・1%増の08年度予算案を発表した。4特別会計を合わせた予算総額は2505億5200万円で対前年度費8・4%減。教育課題に柔軟に対応するための少人数制学級実現や、災害時に迅速な対応ができるよう、防災高所カメラ設置、学校のエコスクール化などを行うほか、今後の「杉並区の百年」を見通した取り組みを推進するため、「まちづくり百年の計」の策定に着手する。

山田区長は冒頭、昨今の食品の安全性や地球環境悪化などの問題をあげ、「人や動植物の『いのち』を育める地域社会の実現を杉並区から」と新年度に向けた意欲を語り、「人のいのち」「地域のいのち」「環境―地球のいのち」などに重点を置いた「杉並のいのちを育む予算」と位置づけた。

歳入では、特別区税が納税義務者数増などで対前年度比5・3%増のほか、地方特例交付金で7・4%増、特別区財政交付金で1・3%減を見込んだ。

歳出では、職員100人の削減が嘱託員数増などで相殺されているものの、職員費で1・1%減、区民サービス向上、商店街振興対策、中小企業・団体支援などで生活経済費が42%増、保育園運営の充実や生活保護受給者増などで保健福祉費が6%増、環境清掃費14・8%増などとなった。

新規事業は、都内初の全区立小学校30人程度学級を4月からスタートさせる。教員増への対応は、区が小学校教師を独自採用するための教師養成塾「杉並師範館」出身の教員を充当。2億6300万円を計上した。

また、「教育基本条例」や減税自治体構想実現への取り組み、都市計画高井戸公園の整備など、区の繁栄の礎となる「杉並百年の計」の策定に着手。担当副区長を置いて、取り組みを推進する。

「9016顕彰」を創設
短時間就労者向け保育サービスも

品川区

品川区は5日、08年度当初予算案を発表した。一般会計規模は1376億1200万円で、対前年度比2・3%増のプラス予算だった。特別会計を含めた総予算規模は、7・4%減の1990億9900万円となった。

同区では現在、基本構想と長期計画の策定を進めており、基本構想は第1回定例議会で議決される見通し。濱野区長は「基本構想を策定している端境期にあり、少し先送った事業もある」と話した。

歳入では、特別区税が2・6%増の405億7300億円となった。納税義務者が増加したことが大きな要因。特別区交付金も市町村民税法人分が好調なため、3・9%増の395億円を見込んでいる。基金からの繰入金は、10・5%減の116億7700万円だった。

歳出では、経常的経費を圧縮し、政策的経費を対前年度比でプラス8・4%、51億4300万円増。投資的経費は、小中一貫校の建設、小中学校・区役所庁舎の耐震改修の推進などにより28・7%、86億7900万円増加した。

新規事業では、短時間就労に対する保育サービスを新設する。既存の保育園併設児童センターを活用し、保育園が運営。再任用と非常勤職員を追加配置する。パートタイムや自営業者で短時間の保育を継続的に必要とする人が対象となる。職員の配置など1000万円を計上した。

歯の顕彰「9016顕彰」を創設する。品川・荏原両歯科医師会と共催で「8020顕彰」「6024顕彰」に加えて、さらに次の目標として90歳で歯が16本以上を目指す顕彰を新たに設ける。28万円を計上した。

このほか、旧東海道沿いの品川宿におもてなしを目的とした観光案内所やお休み処などを整備する。7200万円を計上している。

認定こども園で高齢者と交流
「10年後の東京」とのリンク課題

江東区

江東区は5日、08年度当初予算案を発表した。一般会計と4特別会計を合わせた予算総額は2160億2200万円、前年度比4・9%のマイナス予算となった。ただ、一般会計は1394億1200万円、前年度比5・3%のプラス予算だった。就任して初の予算編成となった山﨑区長は「これからは、都の『10年後の東京』とどうリンクさせるかが重要。電線の地中化や校庭の芝生化など、うまくリンクさせたい」と語った。

歳入では、特別区税が人口増や景気回復の影響で、3・9%増の407億3900万円を見込んだ。繰入金は110億8500万円で、85・6%の大幅な増加。法人2税の見直しや道路特定財源問題など、今後の区財政に影響を及ぼす諸問題もあることから、減債基金を活用して減税補てん債の繰上償還を行うなど、将来に備えた財政負担の軽減化に努めた。

歳出では、扶助費が保育施設の新規開設などに伴い6・8%増加。公債費は、減税補てん債等の繰上償還に伴い95・2%増加した。物件費・補助費等は、妊婦健診の拡大、アウトソーシングの推進による委託料の増などにより8・6%増加している。

新規事業では、23区で初めて認定こども園と児童・高齢者総合施設を合築する。人口急増による幼稚園不足と保育所の待機児解消につながることに加え、子どもから高齢者まで世代を超えて交流ができる。07年度に用地を買収し、08年度は事業者募集と施設設計を行う。11年4月に臨海部にオープンする予定。新年度は、1億1100万円を計上した。

このほか、全小学校で貯水槽を経由せずに新鮮な水を飲むことができるよう、水飲栓を直結給水化する。2億9100万円を計上した。校庭芝生化は3校で行い、6810万円を予算化した。

私立にも防犯カメラ整備補助
緑化活動の基金創設

世田谷区

世田谷区は6日、08年度当初予算案を発表した。一般会計は前年度比4・0%、89億円増の2354億900万円とした。熊本哲之区長は「安全・安心の取り組みをさらに進めるとともに、緑豊かな住宅都市基盤をつくっていきたい」と、新年度当初予算を「みどり予算」と位置づけた。

歳入では、特別区税が前年度比3・0%、33億円増の1136億6500万円。これは、好調な景気回復を追い風に給与所得が増加することを見込んだ。特別区交付金は、市街地再開発などの大規模事業などを算定したため15・6%、64億円増の474億円とした。

歳出では、義務的経費のうち人件費が職員数の削減、職員給与費の減額などにより1・8%、9億円減の484億7700万円になった。投資的経費が前年度比20・8%、79億円増の464億1300万円。小中学校の改築や改修経費、公園用地取得費などが増額の要因になった。

新規事業では「世田谷みどり33」に109億8000万円を計上した。25年後の32年度に緑被率、池や川などの表面積、公園の緑地以外の部分を加えた「みどり率」33%の実現を目指し、公園緑地の取得などに活用する「みどりのトラスト基金」を創設する。さらに国の年金制度改革で売却される東京厚生年金スポーツセンターの用地を08、09年度の2カ年で公園用地として取得する。

防犯カメラの整備に2億9600万円を盛り込んだ。区立幼稚園と小学校にはすべて防犯カメラを設置したが、全51園の区立保育園には各4台、全31校の中学校には各3台の防犯カメラを整備する。さらに、私立保育園と幼稚園には160万円を上限に、商店街や町会などには現行より150万円増の750万円を上限に補助する。

子どもの事故を動向調査
特別区税、微増にとどまる

中央区

中央区は6日、新年度当初予算案を発表した。一般会計は614億2400万円で、前年度と比べて7・6%の減。市街地再開発事業助成費、子ども家庭支援センター等複合施設、本庁舎改修などの完了によって減少したのが要因で、「平年度の水準に戻った」という。同区では11年連続で人口が増加しているが、矢田区長は「万々歳かというと、そうではない。子育て世帯が増えており、支援策を増やさなければならない」と話している。

歳入では、特別区税が人口回復に伴う納税義務者数の増加が見込めるものの、住民税フラット化の影響を受けるため前年度と比べて1・2%の微増にとどまり、202億8300万円。特別区交付金は、市町村民税法人分の大幅な増収などを踏まえ、6・8%増の124億5900万円を見込んだ。繰入金は、区役所本庁舎の改修など主要基金からの繰り入れが減り、79・3%の減となった。

歳出では、総務費が区役所本庁舎の改修完了に伴い10・8%の減。地域振興費は、浜松集会施設（仮称）の整備や各種区民施設等の改修費の増加により、前年度と比べて11・1%の伸び。

新規事業では、区内医療機関の協力のもと都内初の「子どもの事故サーベイランス」の実施に58万円を計上した。子どもの事故防止対策を進めるためには実態把握が不可欠であるため。これに加えて1歳6カ月児健診時に「ひやりはっと調査」を実施し、保護者からの聞き取りや相談・指導を行う。44万円を計上した。

また多様な高齢者の就労ニーズに応じた就労相談、各種就労支援機関の情報提供などを包括的に行うワンストップサービス窓口を設置する。

「環境配慮10%枠」創設
文化と品格誇れるまちへ

豊島区

豊島区は6日、一般会計895億7800万円、対前年度比0・1%増の08年度予算案を発表した。5特別会計を含めた予算総額は1396億4600万円で、7・3%減。「文化と品格を誇れる価値あるまちづくり」と「環境に配慮した都市の創造」を目指し、低炭素社会対応型公共施設の建設や、「演劇のまち池袋」を世界に発信する事業などを盛り込んだ。

高野之夫区長は「特に環境と文化を最重点政策とした。持続可能な社会づくりへの変革を豊島区から進めていく」と、区長自らが本部長として環境都市づくりを推進するため「環境都市づくり推進本部」を立ち上げることも公表した。

新年度予算は2年連続の増となったが、増加率は89年度以降、最も低い伸び率。歳入では、定率減税廃止や課税人口増などで特別区税は対前年度比4・1%増。利子割交付金、配当割交付金、株式等譲渡所得割交付金は、景気回復を背景に25～55%の大幅増。

歳出は、福祉費で扶助費の大幅増により4・6%増。舞台芸術交流センターや新中央図書館の建設終了に伴い、文化商工費18・7%減、教育費17・2%減とした。

新規事業では、環境都市づくりとして「低炭素社会対応型」の公共施設を整備する際、建設費の10%分を環境配慮のための整備費としてプラスする「環境配慮のための10%枠」を創設。今後10年間で改築される区立学校6校の屋上芝生化などが対象になる。また、国際的な舞台芸術フェスティバルを開き、演劇のまち池袋を国内外にアピールするほか、池袋副都心の10年後を見据えたまちづくりガイドライン「新ルネサンス構想」にも着手。新庁舎整備については、08年度に新庁舎整備基本計画を策定し、都市計画決定を目指す。

安全教育プログラム

危険を予測、回避する能力を

生活・交通・災害分野を体系化

児童・生徒の生命を脅かす下校時の連れ去りや交通事故などが多発しているが、都教育委員会はこのほど、児童・生徒に自らの安全を守る能力を身に着けてもらおうと、総合的な「安全教育プログラム」を作成した。公立学校が個別に実施してきた「生活安全」「交通安全」「災害安全」の三つの分野を統合したもので、学校が必ず指導すべき基本的事項や3分野を組み合わせた年間指導計画例、日常的な安全指導のあり方などを示した。これをもとに、各学校で安全教育の年間指導計画を作成し、児童・生徒一人ひとりに「危険を予測し、回避する能力を育てる」取り組みを本格化させる。3分野を統合したプログラム開発は全国的にも例がなく、教育関係者の注目を集めそうだ。

年間指導計画の作成例も

下校時に連れ去られたり、交通事故や災害にあったりと、児童・生徒の生命を脅かす事故や事件が頻発し、様々な危険から児童・生徒の身を守るための教育が大きな課題となっている。

都教委では、これまでも防犯や防災、交通安全教育など課題ごとに指導資料を作成し、これをもとに各学校では安全教育の充実を図ってきた。しかし、生活安全や交通安全、災害安全の安全教育全般について、体系的に実施するための指導資料はなく、安全教育プログラムづくりが課題になっていた。

このため、都教委は一昨年、学識経験者や校長、教員らで構成する「2007年度安全教育プログラム開発委員会」を設置。昨年3月に『児童・生徒一人一人に、危険を予測し、回避する能力を育てるために』と題したリーフレットを作成し、安全教育プログラム開発の視点、年間指導計画例、安全教育プログラム開発事業推進校9校が取り組んだ指導事例などを提示した。

これをもとに都教委は生活安全、交通安全、災害安全の三つの分野を統合し、必ず指導する基本的事項を明確化したうえで、計画的に配置した総合的な「安全教育プログラム」を作成。2月4日には都内公立学校の教員を対象に、同プログラムについての説明会を足立区立千寿本町小学校で開催した。

説明会では、学校が生活、交通、災害の分野ごとに、必ず指導しなければならない基本的事項や、児童・生徒の発達段階に応じた年間を通しての意図的・計画的な指導、体験的な活動や自ら判断できる指導課程の導入など指導方法の工夫などについて説明した。

例えば、必ず指導する基本的事項の生活安全（防犯）では、登下校時、校内、家庭生活、地域や社会生活の四つに区分して、「防犯ブザーを鳴らして点検する」「非常階段や屋上など人目につきにくい場所の危険を知る」「『子ども110番の家』の場所を確認する」など具体的な取り組み内容を示している。

交通安全についても、▽道路の歩行と横断及び交通機関の利用▽自転車の安全な利用と点検・整備▽二輪車・自動車の特性と心得▽交通事故防止と安全な生活――の四つに区分して、「明るい服装や反射材の効果を知る」「自転車の基本的な交通法規を知る」「ヘルメットやシートベルトの効果を知る」などの指導内容を例示した。

これらの基本的事項を計画的に進めていくための年間指導計画の作成を求めており、その計画例を生活安全、交通安全、災害安全の3分野に分けて示した。例えば、生活安全では、小学校を低学年、中学年、高学年に区分し、日常的・定期的な安全指導と特設する安全学習とに分けて、4月から翌年3月までに取り組む内容を例示。中でも日常的な安全指導については、学級活動や帰りの会などで実施する「防犯ブザーの点検」「プールの約束」「エレベーターの安全な利用」など、具体例をあげて年間を通じた計画的な指導を求めている。

また、夏休みを挟んだ7月から10月までの期間は事故や事件が起こりやすいことから、詳細例として「犯罪の起こりやすい場所の確認」「通学路の危険箇所の確認」など具体的な指導内容を示した。さらに、日常的な安全指導と特設する安全学習については、日常的な一声の指導のポイントや実践例などを含めて、きめ細かな指導内容を盛り込んだ。実践例としては「災害発生直後のボランティア活動」（高等学校）「幼稚園・就学前の安全教育」「携帯電話の適切な使い方」（特別支援学校）を紹介している。

「交通安全を考える」をテーマにした授業
（安全教育プログラム開発事業推進校）

教育の未来を担う ◇上◇

――管理職等の任用・育成

都教育庁の「教育管理職等の任用・育成のあり方検討委員会」は1月10日、教育管理職及び指導主事の選考・育成制度について、その改革の方向性を第1次報告としてまとめた。今回から3回にわたり、第1次報告の基本的な考え方と提言された具体的な制度改正の方向性について解説する。第1回は「新たな教育管理職等の選考・育成制度の基本的な考え方」について、その背景となる現状の問題点に触れながら、その意図するところに迫りたい。

◆職層に応じた人材育成

今回の新たな教育管理職等の選考・育成の基本的な考え方の根底をなすものが、「職層に応じた計画的・体系的な人材育成」である。

第1次報告では、東京の教育を担う次代のリーダーを確保するためには、単に選考制度を改正し受験者を待つだけでなく、積極的な人材育成が不可欠であるとしている。

そこで本報告では、今後、東京都の教員組織が、管理職を除き、教諭、主任教諭（2009年度より任用予定）、主幹の3層構造になることから、教員の人材育成においても、これらの職層を踏まえた育成システムの構築を求めている。これまでの教職経験年数に基づく人材育成の考え方から、教諭、主任教諭、主幹、さらには教育管理職候補期間、管理職昇任後といった職層（任用）に応じた計画的・体系的な人材育成へと、人材育成の基本的な考え方をシフトする必要性を求めている。

職層に応じた計画的・体系的な人材育成は、今回の第1次報告の具体的な改正案の土台となるとともに、東京都の教員の任用・育成に関する重要なスタンスであると言える。

経験年数から職層へシフト

◆指導主事の力量形成

基本的な考え方の第2は、「指導主事としての力量形成」である。

指導主事の現状について、本報告では、現行のA選考において教科指導等に関する専門的能力が問われないこと、また指導主事としての任用期間が平均3年程度と短いことから、指導主事としての専門的能力の向上が十分図られないと指摘し、その改善を求めている。

今回の報告において、指導主事の力量形成を図る制度づくりが制度改正の基本的な考え方とされている。これは、指導行政の中核を担う指導主事の職務の重要性に鑑み、今後の東京都の教育の発展のために指導主事のより一層の力量形成が不可欠であるとする都教育委員会の認識の表れである。

◆若年層からの選抜・育成

基本的な考え方の第3は、「若年層からの選抜・育成」である。

東京都では、団塊世代の教員の退職により、大量採用の時代を迎え、学校における若手教員の割合が高まる一方、その若手教員を直接指導する30代後半から40代前半の教員が著しく少ない「いびつな年齢構成」となっている。（資料「東京都公立学校教員の年齢構成分布」参照）

東京都では、これまで初任研に引き続き、2・3年次授業研究、4年次授業観察、さらには東京教師道場と主に授業力に重点をおいた若手教員の育成を図ってきた。しかし、前述のような「いびつな年齢構成」のもとでは、今後、採用から10年程度までの間の人材育成が特に重要である。この時期に、授業力のみならず、生活指導や校務分掌においても主体的に組織の中で役割を果たすことができる教師としての総合的な力の形成が不可欠となる。

そこで、本報告では、このような「いびつな年齢構成」や教員の年齢構成の若年化に対応した人材育成システムの構築を求める一方、経験年数や年齢に関わらず、有為な人材を積極的に登用できる活力ある制度の構築を提言している。これは、体系的な人材育成のもと、成績主義に基づき実践力のある人材を積極的に登用していきたいとする都教育委員会の考えの表れである。

また、本報告は、東京教師道場修了者や教職大学院派遣経験者などの中から意欲溢れる若手教員を積極的に教育管理職として育成していく仕組みづくりを求めている。これは、東京都の教育を牽引するリーダーを積極的に発掘、育成することを意図するものであると言える。

■現行制度の理念の継承

基本的な考え方として最後にあげられたものが、「現行制度の理念の継承」である。

本報告では、管理職、主幹、教諭からのアンケート調査に基づき、現行の教育管理職選考制度の評価として、「学校の慣例・慣行にとらわれない広い視野をもつ管理職の育成」「学校現場と教育委員会など教育行政組織のより一層の相互理解の推進」について一定の成果があったとしている。

これらの成果に基づき、現行の教育管理職選考制度の理念として、「学校管理職と行政管理職の一元的任用管理」「教育委員会と学校間の人事交流」「A・B・C選考体系と管理職候補期間」「人物重視、成績主義に基づく選考」の四つを新たな制度づくりにおいても継承するとしている。

例えばこのうち、「教育委員会と学校間の人事交流」については、教育委員会と学校間の人事交流を積極的に行うことにより、一方においては学校の実情を踏まえて教育施策を立案できる行政管理職の育成を、他方においては教育施策の意図を理解して教育実践ができる学校管理職の育成を目指しており、この方針を堅持するとしている。

◇　◇

次回は、これらの基本的な考え方の上に立った「優れた学校管理職を確保するための選考・任用制度の改正」について取り上げる。

東京都公立学校教員の年齢構成分布

人数（人）：2,500／2,000／1,500／1,000／500／0
凡例：小学校　中学校　高等学校　特別支援学校　計
年齢（歳）：20　23　26　29　32　35　38　41　44　47　50　53　56　59

※公立学校統計調査より（2007年5月1日現在。ただし年齢は2007年4月1日現在。）

中核担う教員の育成を

都教委と4大学が協定

都教委と都内4大学が開講する「教職大学院」との連携内容がまとまり、合意事項についての協定締結式が1日、都庁第一庁舎の特別会議室で行われた。連携先は4月に教職大学院を開講する早稲田大学、創価大学、玉川大学、東京学芸大学の4大学で、中村教育長は「教育の中核的役割を果たせる教員を育成してほしい」などと要請した。

教職大学院は、教員の大量退職の時期を迎え、優秀な教員の確保や育成が大きな課題となっているなか、わが国初の教職にかかわる専門職大学院として創設した。優れた新人教員の養成や教育の中核を担う現職教員の育成などが目的で、都教委が提示した各教職大学院に共通科目に基づくカリキュラムの依頼、連携協力校（公立学校）の提供、現職教員の派遣、特例選考による採用について、4大学と合意した。

協定の締結式では、中村教育長が「時代の変化についていけない教員が増えている。リーダー的な役割を果たす教員も少なくなった。教職大学院では是非、中核的役割を果たせる教員やリーダーとしての教育管理職を育成し、送り出してほしい」とあいさつ。

各大学は「教育現場の知恵に学びながら、全力で期待に応えていきたい」「多様化する親の要望を受け、リーダーシップが発揮できる教員を養成したい」「これからは新しいタイプの教員が生み出せるよう努力していく」などと抱負を語った。

協定を締結して握手する中村教育長（右）と連携大学の代表者

揺れる教育現場 29

「教育再生会議」が残したもの

安倍前首相の肝入りで一昨年秋、スタートした「教育再生会議」（野依良治座長）が先月31日、最終報告を福田首相に提出し幕を閉じた。

約1年余の間に4次にわたる報告を出したが、安倍内閣の〃看板〃審議会として注目された同会議。未来の日本の教育界、とりわけ義務教育の行方にどのような成果や課題を残したのか、改めて振り返ってみたい。

端的にいえば、評価は二分するが、日本の教育史に大きな1ページを記し、未来の義務教育に拭えない不安を残した、とも見ることができる。

同会議の提言は広範囲に及ぶ。ポイントは、自民党内閣のかねてからの懸案だった「教育基本法」の改正にダメを押し、さらに教育3法（教職員免許法、学校教育法、地方教育行政法）改正を成立させたことである。

これによりまず、国の統制・介入の道が大きく開かれたことが特筆される。「徳育」の教科化など公教育の〃復古調〃が強まり、教育振興基本計画や法的な国の介入に道を開いた。自治体教委に対しては、文科相による是正・改善の指示・要求もできることになった。

学校現場・教員に対しては評価・管理・統制の〃嵐〃だ。教員免許が10年で更新制となり、研修等で振るいにかけられる一方、人事・給与面でも業績評価が厳しくなり、「メリハリのある人事・給与」として、この面からも淘汰されることが予想される。

さらに学校に株式会社並みの職階制導入が促進され、この面からも教員に対する管理・統制が強まることになる。加えて「学校選択制」と「教育バウチャー制」（児童・生徒数による予算配分システム）導入についても提言され、この面からも学校現場・教員に対するプレッシャーが強まることは、必至だ。

もう一つ、注目されるのは、「学力向上」を理由とした「ゆとり教育」を見直し、授業時間の約10％増が確実となったことである。

「ゆとり教育」はそれまでの「受験・詰め込み教育」の反省から1996年に学習指導要領が改正され、02年度から実施された。学校も週休5日制になり、授業時間数も約30％削減され、総合的学習時間も新設。評価は絶対評価が導入された。04年に発表されたOECD（PISA2003）の学習到達度調査で日本の点数が低下、「学力低下論」に火がつき、約10年ぶりに「ゆとり教育」見直しとなった。

問題は授業時間を10％程度増やせば学力が向上するかどうか。学力が世界№1のフィンランドは日本より授業時間が少ない、というから授業時間数を増やせば、学力向上につながるとは、言い切れないようだ。

以上が提言のポイントと予測される問題点だが、底流の思想は自治体（教委）と学校（教員）現場に対し強い不信が貫かれていることだ。このため、国の統制・介入の道を「抑制的」といいながら、しっかりつけているわけだ。

その上で市場・競争原理が「教育再生」の〃魔法の杖〃となるとばかり、強行に導入した。これは学校教育に不可欠の信頼・連携を根底から崩し、明らかに教育にはマイナスになる。

このように「教育再生会議」が残したものは、日本の未来を左右する重大事だ。日本の公教育（義務教育）の行方に不安が拭えないのは、筆者だけだろうか。（W）

「人間力向上」で報告会

多摩地区教育推進委員会

東京都多摩地区教育推進委員会（委員長・中村教育長）は15日、「子供の人間力の向上を図る学校教育の推進～学校におけるミドルマネジメントの確立」を研究テーマにした報告会を、多摩教育センターで開催する。

児童・生徒の人間力を高めるには、カリキュラム・マネジメントを生かした教育課程の充実が必要になる。そこで、推進委員会では、人間力の向上を図る指導の工夫として、シラバス（授業内容や学習方法などを記した計画書）を活用した指導の進め方と、それを支えるミドルマネジメントのあり方について、実践事例をもとに具体的な提言を行うことにした。

当日の報告会では、「豊かな心と健やかな体の育成」部会が、教科等を横断して取り組む教育課程を通して、社会的な自立の基礎を培う実践事例として、ガイダンスシラバスの作成段階（食育）、活用段階（情報教育）、評価段階（キャリア教育）それぞれのミドルマネジメントを報告。

また、「学力向上」部会では、学ぶ意欲を高め、主体的な学びの促進を図る実践事例として、児童・生徒の人間力を育成するための単元シラバスの作成・活用、ミドルマネジメントを担う主幹の能力育成について報告する。講評は、岐阜大学の有村久春教授が行う。

報告会には、公立・私立学校の管理職、主幹、主任、教諭、大学関係者、教職志望の学生、保護者などが参加する予定。

なお、同推進委員会は、多摩地区の教育課題に関する調査・研究を行う研究組織で、その成果を学校教育に還元することをねらっている。委員長は教育長、副委員長は室課長、部会長は副部会長は……は主幹または……されている。

07年度体験記事業

小学生60人が受賞

東京都青少年・治安対策本部と教育庁は2007年度の体験記事業として、「食事と家族のふれあい～心も体も温まる食事」をテーマに、都内の小学生の作文と絵を募集していたが、このほど知事賞や教育委員会賞など合計60人の受賞者を決定した。表彰式は3月1日、都議会1階の都民ホールで行われる。

今回は児童2916人（106校）から絵1839点、作文1077点の応募があった。審査の結果、知事賞は絵の部門で大田区立小池小4年生の東田優花さん、作文の部門で同糀谷小3年生の齋藤美里さんの2人が受賞した。また、教育委員会賞には絵で練馬区立石神井東小3年生の……のかさん、作文で江東区立東川小5年生の小林里緒菜さんが選ばれた。

このほか会長賞は絵と作文で各4人、ふれあい賞は絵と作文で各8人が受賞。会長特別賞は低学年と高学年を合わせて、絵と作文それぞれ16人が選ばれた。

5人の教職員処分

都教育庁

都教育庁は1月31日付で5人の教職員を処分した。

小学校の男性教員（33）は、電車内で女性に対するセクハラ行為で逮捕、起訴され、有罪判決が確定したため、1月5日付で失職。このうち江戸川区立小学校の男性主事（36）は、コンビニで2回にわたる万引で……し、論旨免職となった。

小学校の男性教員（43）は、児童にいやがらせを繰り返し、精神的苦痛を与えたとして、停職1カ月の処分となった。

このほか、中学校の男性教員（40）は、校長に許可を得ずに通勤手段を変更し、通勤手当を不正に受給していたため、減給10分の1・1カ月の処分を受けた。

教育オンライン

IT・業務改革会議

知の継承共有化へ　データベースに情報交換機能

都庁スタンダード　標準ルール定着へ仕掛けも

ITをツールに業務改革の方向性を検討している全庁横断的な戦略組織「IT・業務改革会議」(座長=山口一久副知事)は5日、第4回の全体会を開催した。この中では、TAIMSを活用したナレッジマネジメントの推進に向けて、既存データベースの再編整理や情報・意見交換機能の付加といった具体的取り組みを進めていくほか、会議運営や「業務の視える化」などで都庁スタンダードを確立するための標準ルールをまとめた。

都庁では団塊の世代の大量退職を控えて、ベテラン職員の知識やノウハウなど「知の継承」が必要となっている。一方、TAIMS掲示板上には様々な情報が混在しているものの、検索機能等の不便さに加えて、部署ごとにデータベースが維持管理されていることから、必要な情報の入手が困難な現状もある。

同会議ではナレッジマネジメントの推進に向けて、TAIMSの活用が不十分と指摘。改善に向けた具体的な取り組みとして、まず第1段階でTAIMS上にある約130のデータベースを種類や内容別に分類・整理し、さらに全庁横串的なテーマで大括り化することとした。新たなデータベースは08年4月から開設される予定。

テーマには人事管理や労務管理といった管理職のマネジメント、規程・通知類、事務の手引きなどの基本実務、成功・失敗事例などが想定される。

MEMO　ナレッジマネジメント　個人が持つ知識や情報を組織全体で共有化することで、組織全体の競争力強化を目指す経営手法のこと。文章やデータによる「形式知」だけでなく、経験則やノウハウといった「暗黙知」も含めた知識・情報を指し、共有化により業務プロセス全体の改善効果が期待される。

さらに第2段階では、再編したデータベースに情報・意見交換機能を付与することを検討課題に挙げる。その際、都が参考にしたのは、アサヒビールの「営業情報玉手箱」だ。

同社の事例では、最前線の担当者が現場で収集した情報を営業部門のポータルサイト上に集約し、情報を共有化。閲覧者がコメントを入力することで意見交換も可能とした。さらに必読やお勧めマークを付けたり、人気投票等により、情報の質を高め、現場での発見やニーズがリアルタイムで反映できる仕組みとなっている。

都では08年度にモデルフィールドを設定し、制度を所管する部署と担当職員等がデータベース上で自由に情報や意見を交換するための機能付加について検討を進めていく考え。

一方、都庁スタンダードに関しては、「会議運営」「業務の視える化」「執務環境改善」の3分野について、必要最低限のマネジメントノウハウにあたる標準ルールを規定、あわせてルール定着のための仕掛けも準備する。

会議運営の面では、会議を報告・合意の場ではなく、議論・審議の場とするため、「資料を会議の2日前までに事前配布」「資料説明はポイントのみ」「会議時間は1時間以内」などのルールを掲げ、会議室の予約時間の制限も視野に入れながら、会議時間の短縮を図っていく。

また「業務の視える化」では、最低限の引き継ぎ項目を明確化した事務引き継ぎ書や業務予定表のひな型を提示し、事務引き継ぎの標準化、引き継ぎ資料の共有化、職員個人・組織・事業単位での予定表の作成と共有を進める。

さらに情報管理を徹底する観点から、執務環境の改善にも取り組む。重要書類のコピーや配布を必要最小限とし、重要資料の施錠管理、定期的な資料の廃棄などのルールを定めた。その上で来年度からは、第2回都議会定例会終了後の6月末と12月末の引き継ぎ時期を利用してキャンペーンを展開、書類の削減・整理・収納に取り組む。

緑の東京街頭キャンペーン

成果は38万円也　費用対効果は「?」

「会見聞いて腐った」職員も

都民ムーブメントの前に、職員の心はつかめたか?=2日、上野公園で募金に立つ職員

寒風吹きすさぶ2日土曜日の正午、緑色のジャンパーに身を包んだ都職員1000人が上野恩賜公園に集結した。緑の東京募金の街頭キャンペーンに参加するためだ。これだけの規模で都職員が街頭で募金活動を行うのは初となる「歴史的」な試みだったが、前日には急きょ、職務命令での参加からボランティアへと大転換が図られるなど、「てんやわんや」の状況だった。

街頭キャンペーンは、猪瀬副知事の発案で、突如決定された。募金自体が都民に知られず、実態として「職員募金」になっていたため、取り組みを広く都民に知ってもらうのが目的だ。

参加者には時間外手当と出張旅費を支給することを庁内で決めた。ボランティアといいつつも、参加は職務命令という形をとるためだ。だが、これを前日に聞きつけた猪瀬副知事は「日当でやる発想は間違っている」と激怒。報告を受けた知事も1日の記者会見で「滑稽千万な話。こういう発想が出てくるところが官庁の特徴だ」と、こき下ろした。

当初、休日出勤扱いにしたことについて、環境局では「都の重要施策の一つであり、民間企業で言えば新製品をPRするのと同じ扱いと考えていた」と話す。会見後、各局では無償でも参加するかの意向を再確認するなど、対応に追われる姿が見られた。

◆

募金活動に参加したのは、緑の都市づくり推進本部の関係9局で計1000人。猪瀬副知事の開会宣言の後、職員は5人一組の班ごとに、上野公園と都内30カ所の駅に散らばった。

道行く人には、パンフとオリンピックのシール、ティッシュを入れたクリアファイルを配布。ノルマは1班150部だった。さらに募金者には、花の種と下水道局の「ダイエットレシピ」を手渡した。これらフルセットの費用は80円。さらに、そろいのジャンパーは1着900円で、支出総額は単純計算でも約3000万円となる。

これに対し、募金で集まったのは約38万円。一人あたり380円の計算だ。数字だけ見れば大赤字だが、環境局では「ジャンパーは局のイベントでも使う。今回の目的は募金してもらう狙いもあるが、取り組みを知ってもらうことが第一。前日の記者会見や新聞報道もあり、初めてのわりに注目度は高かった」と話す。

実際、道行く人からは「ニュースで見たけど頑張ってね」「ジャンパー代、稼がないとね」と、励ましの声を掛けられた職員もいたという。

参加した職員からは、「街頭での募金や事業のPRは初めてだったので良い経験だった」との声がある一方、「職務命令であれ、ボランティアであれ、参加することにかわりなかったが、知事の会見を聞いて腐った」というぼやきも聞かれた。

参加したはいいが募金が思うように集まらず、中には身銭を切ってカンパした職員もいた。

◆

「知事の思いは組合と同じだったんだね」。ある都庁職支部の幹部は、皮肉を込めてそう話した。組合も職務命令での実施に反対していたからだ。

事前に街頭キャンペーンの連絡を当局から受けた都庁職本部では、「本来、自治体が担うべき緑化事業を、募金活動として行うのは極めて問題」「募金である以上、強制されるべきものではない。職務命令での活動は、募金そのものの強制以上の意味合いを持つ」などと反発。仮に行う場合でも、有志の自発的なボランティアとすべきで、職務命令での参加を強要しないよう求めていた。

都庁職では、記者会見の後に抗議声明を発表する予定で身構えていたが、予想だにしなかったどんでん返しに怒り心頭。「だまし討ち以外の何物でもない。ボランティアといいながら、実際はタダ働きさせるだけ。ボランティアの名の下の強制だ」との声があがった。

◆

募金活動は昨年10月22日にスタート、これまで約5400万円が集まったという。猪瀬副知事は会見で「職員が1000円ずつ出しているだけで都民に広がらない」と話したが、環境局では「詳細は不明だが、(職員の寄付は)3割弱くらいでは……」と話している。

救急医療体制の改善へ

9月中に最終報告　病院選定の迅速化など検討

救急隊からの患者受け入れ要請に病院側が応えられないケースが相次ぐ中、都福祉保健局は1日、医療機関や東京消防庁、有識者などでつくる「救急医療対策協議会」(会長=島崎修次・杏林大教授)を設置し、病院選定の迅速化や救急患者の円滑な受け入れなど、救急医療体制の改善策について諮問した。

都内の救急搬送をめぐっては、02年に医療機関に救急搬送した患者数は約59万人だったが、06年には約63万人に増加。その一方、02年に374カ所あった救急医療機関は342カ所に減少した。病院選定にかかった時間も、02年に比べて約3分間伸びている。

また、医療資源が限られている一方で、都民の専門医療へのニーズが高まっていることや、救急医療を時間外診療として使う傾向が増えているという問題もある。

石原知事は1月25日の会見で「病院の連絡が1、2回でめどがついて運んだ数は、84%以上ある。あとの十数%をどうするか」と述べた。

同協議会は7月に中間報告を行い、9月に最終報告をまとめる予定。09年度の施策にも反映させる。

管理職の魅力をPR

都総務局と人事委

都総務局と人事委員会事務局は5日から「とちょう―i」のなかで「管理職の魅力～先輩職員からのメッセージ～」の掲載を始めた。管理職や管理職候補者へのインタビューを通じて、受験動機や現在の仕事を紹介し、有資格者の受験促進に向けたPRを展開するもので、昨年に続き2回目。

5日からの掲載分では、管理職候補者の2人(事務・技術)が登場。管理職選考受験の感想やローテーション期間中の経験、管理職を目指す職員へのメッセージなどを語っている。

また管理職選考に合格してから課長になるまでの流れや昇任モデル例、ローテーション期間中の種別ごとの配置なども併せて説明している。

今後、3週連続で12日からは課長級、18日からは部長級で各2人のインタビューが掲載される予定。それぞれ1週間程度掲載され、管理職の魅力を発信し続けることになる。なお08年度管理職選考の申し込み締め切り日は今月29日となっている。

08年度各局定数　57%の実態　2

用地取得体制を見直し

建設局

局定数2169人(153増227減差引74減)

総職員数に対する削減率は3・29%(知事部局等平均1・72%)で、1000人以上の大規模局では最も高い値となったが、重要課題には定数化を図るなどメリハリの利いた査定となった。

増員部分を見ると、「10年後の東京」への実行プログラムに掲げた環状道路ネットワークの整備では、トータルで11増4減の差引7増。このうち環状2号線の整備関連では、第一建設事務所工事課に環二設計係と環二工事係を設置。また、首都高速中央環状品川線関連では、第二建設事務所の品川線建設事務所に工務係と大井工事事務所を設置し、執行体制を強化した。

同じく水害対策では計3増。土砂災害対策の推進体制を強化するため、河川部に土砂災害対策担当課長を設置(1増)したほか、古川地下調節池整備が本格化するため、第一建設事務所工事課に古川地下調節池設計係を設置(2増)した。

また、無電柱化の推進に向け、道路管理部安全施設課に架空線地中化担当係長を新設(1増)、街路樹倍増と「緑の東京募金」等の推進で、公園緑地部計画課に街路樹担当係長を設置して1増としている。

他方、減員では、用地取得事務の委託を拡大して12減とした。地権者が多く、権利関係が複雑なマンション用地の取得等が懸案となる中、事務の一部を道路整備保全公社に委託して対応する。

大量退職時代を迎える中、効率的な執行体制に向けた見直しも進め、建設事務所等の工事・維持部門を担う構築定数を24減、道路巡回業務を委託化で10減とした。また、全庁的な企画部門のスリム化に合わせて企画調整課を計理課に統合(1減)する一方、計画担当課長を設置した。

このほか事業の進捗に合わせた執行体制の見直しでは、新交通建設事業で11減、環7地下調節池整備で6減としている。

佐藤敦職員課長は「事業動向を踏まえつつ、大量退職時代の到来に対応するため既存事業の執行体制を見直し、53減の要求を出したが、都庁全体の厳しい定数・現員状況の中、さらなる見直しと効率化を求められ厳しい査定だった。一方で、環状2号線や品川線、古川地下調節池整備事業など重要課題等については一定の強化を図ることができた」とふり返る。

これに対し、建設支部の浅井幸男支部長は「『10年後の東京』実現に向けた予算は目立って増加したが、定数は局要求さえも切り込む大幅減となった。査定は現場実態とますます乖離している。メンタルや過重な超勤は解消されない。円滑な事業執行体制を確保するため、実員配置を強く求める。特に専門的知識と経験を要する土地境界確定業務の事務所移管は問題で、業務の混乱と都民サービスの低下を招くだけだ」と話している。

豊島病院公社化へ準備も

病院経営本部

局定数6227(66増111減・差引45減)

『人即事業』である本部として十分とは言えないが、最低限の体制は確保できた」(高橋職員課長)という病院経営本部の08年度定数は、目立った増減の動きはなく、看護体制の見直しや業務系の委託化等で積み上げた45人減。ただし09年度には豊島病院の公社化を控え、福祉保健局と同様、行財政改革実行プログラムの削減目標数で大きな部分を担うこととなる。

豊島病院では公社移管準備で事務が1人増員された一方、看護師は20人の減となった。このうち12人は病床減、8人は外来看護師の非常勤化に伴うもの。公社病院では連携病院からの紹介を受けた入院等が中心となるため、外来看護師の非常勤化には移管準備の意味合いがうかがえる。

松沢病院は精神医療センター整備に向けて、07年度末まで時限措置されていた開設準備担当係長の再設置を含め、事務で2人増。病棟再編に伴う一部病棟の休止および再開で、看護師を56人減24人増とした。また医療機器操作等のスペシャリストである臨床工学技士を新規で1人配置している。

都道府県がん診療連携拠点病院の指定を目指している駒込病院は、がん・感染症医療センター整備で事務が1人増、がん医療対策での相談支援(事務、福祉)、緩和ケア(医師、看護師)に計4人をつけている。

このほか未承認医薬品等の新薬の臨床試験が可能な治験拠点病院に指定されている清瀬小児病院には、医師・薬剤師・看護師を各1人増員し、治験・臨床試験体制を整備する。府中病院は、需要増に伴う手術室運営体制の強化で看護師を1人増、一方で医薬品等共同購入に伴い、駒込、墨東、府中で用度事務を見直し、それぞれ1人減とした。

病院支部は「公社化準備の前倒しで削減され、病棟の運営体制に困難をきたした大久保・荏原病院の時とは異なるものの、豊島病院の看護師の定数削減は断じて許せない。技能系職員の退職不補充、医師や看護師の大幅増員がないことにも抗議する。一般会計からの繰入金が、医師アカデミー関連の増で、昨年に引き続き増額した点は評価するが、看護師確保対策での大幅増額はなく問題だ」(小林書記長)とする。

衛生局支部では「定数が切り尽くされた感がある。府中病院の業績見合いで看護師1増、清瀬小児病院でも医師・薬剤・看護が各1増された。減はないが、増があまりにも少ない。都立病院への都民の期待に応えない査定内容」(高柳書記長)と話している。

大学との連携で不当表示を収集

ネット上の広告

都生活文化スポーツ局と福祉保健局はこのほど、「大学との連携による不当表示・広告の収集調査」の結果報告書を取りまとめた。大学生がインターネット上の広告表示について「不当表示」と考えられる事例等を収集し、都に報告するもので、報告件数は263事業者、519件に上った。

調査は生活用品や食品、健康食品の3品目で、拓殖大学、首都大学東京、大妻女子大学の3大学が協力して行われた。具体的な報告事例では、ダイエット食品での「マイナス15㌔減量」の表示について「信じがたい。根拠が不明」と指摘。またバストアップ食品や痩身ジェルについても「効果が得られるか不明」などとして取り上げた。

また報告書では「最上級の表現を使用し、根拠のないままに消費者を過信させる表現を使用している」「『今回のみ特別価格』といった消費者が事実を確かめられないのに買い得だと思わせる」「『特許取得』や『医療界が注目』など消費者の信頼を得ようとしている」といった表示内容の特徴も例示している。

都では今回の調査結果等を踏まえて、景品表示法に違反するおそれのある表示を行った37事業者に改善を指導、違反とまでは認められなかった226事業者にも、法令順守の啓発メールを発信する。またショッピングサイト運営事業者等に対する表示適正化の要望なども行う。

さらに今月20日に都消費生活総合センターで行われる消費生活講座「ネット広告を検証」では、学生調査結果の着眼点や感想、表示の問題点などが発表される予定となっている。

自民党と公明党　使用承継で要望

都営住宅

都議会自民党と公明党は5日、都営住宅に住む高齢者、障害者などの使用承継について、もっときめ細かく対応するよう石原知事に申し入れた。使用承継できる対象者の範囲を拡大し、障害者を例にとると、3級まで認めるよう要望している。

政令が昨年12月に改正され、09年4月以降は入居収入基準が月収20万円から15万8000円に厳しくなる。既入居者には5年間の経過措置があるが、両党はこの期間の延長なども求めた。

入居名義人が亡くなった場合、使用承継できる同居者の範囲は、07年8月の見直しで原則として配偶者に限定し、息子、娘などは使用承継できなくなった。この点は「極めて有意義」と評価している。申し入れに対し菅原副知事は「実現する方向でただちに所管局に検討させる」と話した。

吉田　よしさん（よしだ・よし=吉田裕計・都主税局資産税部長の母）1日死去、95歳。

谷戸　克夫さん（やど・かつお=谷戸勇治・都下水道局職員部人事課人事制度担当係長の父）6日死去、80歳。

訂正　5日号4面「08年度各局定数シリーズ」の記事中、小林病院支部書記長の肩書は病院支部書記長の誤りでした。お詫びして訂正いたします。

20年度 職員教養講座 ≪31≫

技術（生物）記述・論文

はじめに

平成20年度管理職試験まで4カ月程度となりました。昨年度より試験制度が大きく変化し、種別Bについては、択一試験が廃止になり、職群の専門性や人物・実績を重視した能力実証を行うこととしています。

記述Bの試験については、一定の基準に達すると翌年度以降3年間記述試験が免除になることや、受験試験に定める基準を満たす前年から記述試験のみの受験を可能とするなど、一定のレベルを検証する位置づけとなっています。

今年の試験から、前年度記述試験免除者が、論文のみ受験が可能となるため、筆記考査に占める論文試験の位置づけが今まで以上に高くなるものと思われます。

そのため、試験対策は、論文対策を中心に進めることになります。種別Bの論文は、出題内容が組織の方針や課題、さらには技術系職員としての考え方等を論述するという形式が多いので、受験者にとってある意味くみしやすい、悪く言えば各受験者の論述内容に差が見られなくなるため、問題提起、論理性など他人を凌ぐ文章構成をいかに構築するかが合否を握る鍵と言っても過言ではないと思います。

常日頃から自分が携わっている業務の問題点や、プランや方針の動向をチェックしつつ、本番に向けて入念に準備することを心がけてください。

記述試験はかつて生物学を学んだ人にとっては、知識の再確認をするつもりで取り組めばよいと思います。問題内容は、高校生物で学んだ基礎的な知識を問うものが多く、高校教材の参考書は記述試験対策には有効かと思います。

いずれの対策にしろ、時間の使い方によっては、4カ月という期間は、まだまだ十分な準備ができる時間です。論文対策に記述の暗記など、やるべきことは多いですが、朝や夜の通勤時間、土休日をうまく活用して試験日まで計画的に準備を進めてください。

記述試験の対策

生物の記述試験は全部で10題設定されています。

A・B個別の基礎問題とA・B共通の問題各5題ずつに分けられており、それぞれ2題ずつ、計4題を解答するスタイルとなっています。

出題分野は、A・Bとも生物学（植物学、動物学、生態学）と気象学、農学的な分野である土壌学を中心に出題されます。

そのほかに、関連する業務に応じ、共通問題のなかに公園や農林水産行政に関する国や都の動向について問うものや、行政知識や専門用語に関する語句説明（6題中4題解答）が設定されています。

出題各分野については、過去の問題をアレンジした問題が多い傾向があります。そのため、過去問題の研究が得点アップのポイントになることは間違いありません。過去問題については、各試験実施年度の問題集も市販されているほか、TAIMSの人事委員会掲示板にも問題（平成18、19年）が掲載されていますので、うまく活用して準備を進めるとよいでしょう。

また、共通問題では、事情ものとして、関連行政分野の動向や法令、プラン、答申等の概要を問う出題がされています。このような問題は最近の国や都の動向、話題になった事象から出題されるため、植物学など出題が広範囲に及ぶ分野と比較すると、問題を予測することが可能であるといえます。事情ものや法律は不得手でちょっと……という人も多いでしょうが、事情問題は、20年度においても出題される可能性が高く、うまくいけば4問中1問は確実に正答できることになります。記述問題攻略の鍵となることは間違いないでしょう。

また、このような事情ものは、論文対策にも活用できます。苦手意識を持たず、とちょう―iや新聞など国や都の動向を把握し、資料収集に取り組んでください。

参考までに、過去3年間の主な出題内容を紹介します。○内の数字は出題年度です。また、出題の可能性が高い項目は、☆印で示しました。

【植物学】
⑲代償植生・潜在代償植生⑲樹木の衰退⑱植物の生活環⑱植物の耐陰性・耐乾性⑰水の吸収及び移動⑰花芽の形成誘導・光中断☆C3・C4・CAM植物☆帰化植物☆種子の発芽要因

【動物学】
⑲フェロモン⑲恒温動物の適応⑱動物の擬態⑱社会性昆虫⑰生存曲線⑰密度効果☆好気呼吸の仕組み☆神経の興奮と伝導☆動物の帰巣性と空間定位能力☆動物の排出方法と排泄器官

【生態学】
⑲植物季節及び動物季節⑱植物の生態的最適域・生理的最適域⑰共生・寄生☆植物群落の階層構造及び分散構造☆動物と植物の光周性☆生体濃縮☆生態系におけるエネルギーの循環

【気象学】
⑲エルニーニョ⑱雲の類型⑱豪雨⑰前線⑰高気圧☆気団☆温舌☆寒冷渦☆低気圧の一生☆大雪発生のしくみ

【土壌学】
⑲土壌生物⑲森林土壌⑱酸性土壌⑱土壌の団粒構造⑰水田土壌☆土壌水☆重粘土土壌☆脱窒作用

【共通問題・事情もの】
⑲東京都畜産振興プラン⑲10年後の東京⑱みどりの新戦略ガイドライン⑱食育基本法⑰パークマネジメントプラン⑰特定外来生物による生態系等に係る被害防止に関する法律☆環境軸ガイドライン☆緑の10年プロジェクト基本方針☆傷病野生鳥獣サポーター制度

B論文試験の対策

前述のとおり、前年度の記述試験免除者が論文試験に専念できるため、今年の管理職試験の合否判定は、勤務評定と論文試験が大きなウエートを占めることになります。

B論文では、都の技術職員として、当該分野の現状と課題、方向性などについて、2000字以内で自分の考えを具体的かつ論理的に示すことが求められています。

「生物」の論文では、農林水産分野と公園緑地分野の問題が出題され、どちらかを選択するパターンとなっています。いずれも職群の専門性を重視しつつも、できるだけわかりやすい一般的な用語で具体的な方策を論理的に表現することが何よりも大切です。

論文の核は、各行政分野の抱える課題について都として「どうあるべきか」を論じることが基本となります。この視点から、予算原案、重要施策などに再度目を通し、事前に想定論文を2～3題用意することが必要です。

論文試験の時間は2時間ですが、試験に臨むと2000字を書き上げるだけでも相当の時間がかかります。事前の準備なくしては書けないのが現状です。推敲、見直し時間を考えると、時間内に2000字の論文を書き上げるには、適切な時間配分を考えなければなりません。

合格ラインの論文に仕立てるためには、字数を1800から2000字以内、おおよそ1900字以上にするのがベストと言われています。字数を超えるのは論外ですが、だからと言って無理に2000字近くにもっていく必要もないと思います。1800字程度の論文でも過去に合格した事例がありますので、字数の帳尻を合わすために無理に作文して文章の構成を崩すよりは、論点を明確に、わかりやすい内容に整えることがポイントになると思います。

出題内容は、公園緑地分野が、⑲防災機能の確保と公園の整備のすすめ方⑱東京の緑をよみがえらせるための取り組み、農林水産分野が、⑲農林水産業の担い手の確保⑱農地の持つ多面的機能など、各分野がこれから進めようとしている重要な施策、課題などを中心に、問題点や解決策等を論じる内容になっていきます。

試験対策としては、やはり想定論文を事前に用意するのが一番です。論文問題は、過去問題からのリメイクや、各分野のタイムリーな話題、国や都の施策に関連したものを題材とする傾向があるので、過去の出題状況と国や都の動向を踏まえつつ、題材を設定していけばよいでしょう。

次に本番も含めた論文作成の際の注意点ですが、一般の人が読んでもすんなりと受け入れられる、わかりやすい文章構成にすることを心がけてください。

専門的知識を多用した独自の理論、考えによる論述を避け、誰が読んでもわかるよう簡潔明瞭に表現することが必要です。完成した論文は、必ず上司や管理職試験に合格した先輩等に見てもらうことはもちろんのこと、協力が得られるのであれば奥様や一般企業に勤めている友人等に見てもらうのも、第三者の視点から良いアドバイスが得られるかもしれません。

また、完成論文は、手書きで1度清書することも必要です。本番で慌てないよう、実際に要する記述時間や誤字になりやすい漢字を事前に把握しておいてください。

論文対策は面倒で後回しだと思っている方もいると思いますが、時間的にはまだ間に合いますので、遅くとも連休明けを目途に想定論文を完成させ、本番に備えるよう準備しておいてください。

おわりに

管理職試験の生物A・Bともに毎年合格者は1人で、大変狭き門となっています。非常に厳しい競争試験ですが、逆に受験者のレベルが拮抗しているため、勉強次第では、誰にでも合格のチャンスはあります。また、このような難関を自らの手で乗り越えることが、自分自身のキャリアアップにつながっていくことは間違いありません。

管理職試験まで残り4カ月となりましたが、まだまだ間に合います。すでに勉強を始めている人、これから始めようとする人も、仕事と勉強の両立を図りつつ体調管理に気をつけて効率的に準備を進めてください。

合格を目指す皆様のご健闘を心よりお祈りいたします。

20年度 特別区管理職試験講座 1

Ⅱ類論文 ①

勉強の仕方

はじめに

今年、管理職選考Ⅱ類を受験される方に私なりの勉強方法をご紹介します。

皆さんは、総括係長として職場では責任ある立場で忙しい日々を過ごし、家庭でも様々な役割を担っていられることと思います。管理職は本当に魅力のある仕事か、もしなったとしてもやっていけるかなどの迷いを持つ方もいらっしゃるでしょう。だれもがすべての条件を満たした上で管理職を目指しているわけではありません。

先輩から、「仕事が忙しい時ほど管理職選考に受かる」というジンクスを聞いたことがあります。新規事業やプロジェクトなどを抱えて忙しいときは、むしろ管理職としての問題意識や解決能力を育てる好機だ、ということでしょうか。優先順位をつけ、効率的に仕事を進めることや判断力も身に着き、そのことは、管理職になっても役に立ちます。

時間は、生まれてくるものではなく、生み出すものです。魅力ある先輩管理職は、仕事は精一杯やるけれども、自分の生活を楽しむゆとりも持っています。自分にあった勉強方法を見つけて、時間を無駄にせずに効率的に勉強しましょう。そして、必ず合格する決意で、最後まであきらめずに努力し、悔いのない数カ月を過ごしてください。

私の紹介する勉強方法は一般的ではないかもしれませんが、すこしでも皆さんの勉強のヒントになれば幸いです。

自分にあったスケジュール管理を

何を、どのように勉強したら良いかということですが、自分なりの論文を一本は試験までに仕上げます。そのために、仕事や家族の予定も考慮して、おおまかな予定をたてました。

管理職選考はご存知のとおり、まだ暑い9月上旬に行われます。夏に強い方には何でもないことですが、私は暑い季節が苦手で、気力も体力も下降気味になります。8月の暑い時期の勉強の追い込みは難しいと判断し、7月中には論文を完成させることにしました。毎日机に向かうことはしませんでした。土曜日か日曜日にまとまった時間をとって論文を書きました。

8月中は、体調管理に気をつけ、家族で旅行するなどいつもどおりの夏を過ごしました。8月の勉強は、論文を読み返して完成度を上げることと、今年出題されそうな2、3のテーマを想定して、これらにも対応できるようにレジュメを作成することにしぼりました。

ところで、管理職試験を目指していることは、早めに家族や職場の仲間にも伝えましょう。試験日に仕事や行事が入ることがあります。どうしても避けられない場合もありますが、あらかじめ準備できることは、試験日や前日などには重ならないように協力してもらうことも必要になります。そのためには、日頃から自分ができることは率先して協力するなど、良好な関係を築いておくことが大切です。

勉強のポイント

(一) 過去問を手に入れる

管理職の勉強の取り組みは、最初は、過去の問題を知ることです。

平成14年以降は「協働について」「リサイクルについて」などの特別区の今日的な課題について考えを述べることが求められます。都政新報のバックナンバーなどにあたり、過去3年分ぐらいの問題、問題分析と解答例を入手しました。読めばどこの区でも、現実にありそうな事例が問題です。何年分か見ていると、繰り返し出される問題の傾向にも気が付きます。まずは問題と、どのような論文が要求されているかを知ることです。

(二) 情報の収集

次に論文を書くことですが、日頃から書きなれている人は別として、いきなり2000字の論文はなかなか書けないと思います。

問題を前に、すぐにでも論文を書きたくなるでしょうが、まず情報の収集と整理が必要です。アウトプットするためには、10倍のインプットが必要だとの話を聞いたことがありますが、あせることはありません。総括係長として、日頃の仕事を通して読んだり考えたりしている情報が十分に蓄積されているはずです。これらの情報をうまく引き出して論理的に文章化すればよいのです。ただし自分が課長となった立場で論ずるというところがポイントです。

私は、職場に回ってくる様々な資料や都政新報などはまめに目を通し、自分の考えにぴったり来る表現や使えそうなところはコピーをとったり切り抜いたりして、とりあえず保存しました。この準備は無駄なようですが、論文の完成度を高めることに役に立ちました。

(三) 論文の組み立て方

論文には、形式の決めはありませんが、私は起承転結の4段構成にしました。特別区の今日的課題について論ずる「あり方」を最初の段落とした5段構成もあります。自分が書きやすい構成を選びます。

私は、4段構成のレジュメを作りました。このレジュメに沿って書くことで、自分なりの論文のパターンを決めます。そうすることで、予想外のテーマが出たときも、応用がきくようにします。

最近の合格者の論文が入手できれば、参考にしてください。ただし、同じように書こうとしないことです。文章には、その人の個性が出ます。無理に同じように書こうとしても、文章のつながりなどがうまくいきません。あくまで参考とします。

総括係長や係長選考などで、論文を書いた経験があると思います。テーマにもよりますが、管理職の立場でその時の論文の導入や結論部分を見直して活用しても良いと思います。

【レジュメの例】

1段目400～500字
◆導入
◆「○○」について述べる
◆課題に対応する管理職の役割

2段目
◆問題点として3点を指摘する（600字）
①……
②……
③……

3段目
◆2段目に指摘した問題点に対応した解決策（700字）
①……
②……
③……

4段目（200字）
◆結論（1段目を受けて）
◆管理職としての決意で締めくくる。

(四) 先輩や仲間に助言をもらう

論文は、先輩に添削してもらうことを薦めます。文章の癖やわかりにくい表現、評論家的な記述など、自分では気がつかない点を指摘してもらえます。指摘はありがたく受け、別の表現や言い換えなどを考え修正します。

もし管理職選考の勉強会などがあれば、ぜひ参加してください。管理職選考に関する様々な情報が得られ、論文の添削もやってもらえます。何より、仲間がいると自分に甘くなりがちな勉強にメリハリができます。周りに指導してくれる先輩や勉強会がないという場合は、身近な上司に相談してください。

(五) 手書きかパソコンか

管理職選考の論文は、原稿用紙に2時間で2000字を手書きします。いずれ論文もパソコンで書く時代が来るのかも知れませんが、当分は手書きで仕上げる練習が必要です。日頃はパソコンで文章を書いているので、手書きは不慣れです。漢字は読めるけれども、いざ手書きとなると書けないということもあります。

しかし、手書きのために時間をかけて練習するのも大変です。私は、論文の作成はパソコンを使いました。手書きよりも早く、修正が圧倒的に楽だからです。

そのかわり、職場では、1日のスケジュールや仕事のアイデアなどを手書きでメモしました。毎日数分でも、手書きすることになれるためです。考えを整理するのに手書きでメモしている先輩がいたので参考にしました。その後、手書きメモ派が結構多いことに気が付きました。

完成論文ができた後に、一度、2時間で手書きしてみました。2時間はあっというまです。

この時点で試験時間の時間配分を考えます。私は20分で平均400字を書くペースでしたので、時間配分は、問題を読む7～8分、構想7分、論文を書く100分、見直し5分としました。構想の時間が少ないので、問題を読みながらアンダーラインを引き、問題点をピックアップすることにしました。

おわりに

管理職選考論文では、受験者が、管理職として事例のような困難を切り開く適性があるか問われます。評論家的、第三者的な表現は当事者意識や積極性が欠けると判断されます。

合格する論文には、巧拙を超えて読んで引きつけるものがあります。勢いとか、熱意のようなものです。結局は、自分がなぜ管理職になるのか、管理職になって何をやりたいかということです。管理職となって実現したいことを考え、最後まであきらめずに取り組んでください。

ご健闘をお祈りします。

カレントトピックス 20年度 17

政治事情

■福田首相が施政演説（1月18日）

福田首相は1月18日午後、衆参両院の本会議で、就任後初の施政方針演説を行った。

演説では、政権の五つの基本方針として、①国民本位の行財政への転換②社会保障制度の確立と安全の確保③活力ある経済社会の構築④平和協力国家日本の実現⑤低炭素社会への転換――を示した。また、消費者行政では、「統一的・一元的に推進するための強い権限を持つ新組織を発足させる」と述べ、消費者行政担当相を置く方針も示した。

揮発油税の暫定税率維持などを盛り込んだ租税特別措置法改正案に関しては、今年度中に成立させる意欲を強調した。

憲法改正にも言及し、衆参両院の憲法審査会での議論を求めた。

■「環境モデル都市」10カ所選定（1月29日）

政府の地域活性化統合本部は1月29日の会合で、温室効果ガスの大幅削減などで先駆的な取り組みを進める「環境モデル都市」10カ所を6月中に選定し、予算の重点配分などで支援していく方針を決めた。今年度中に選定基準を策定し、募集要項を発表する。

モデル都市の取り組み例としては、生活様式も含む総合的なプランの策定や、大学・企業など地域の知的インフラの活用などを挙げた。一方、都市生活改善の指針である「都市と暮らしの発展プラン」を決定した。①密集市街地の解消など、安全・安心で豊かな都市生活の実現②省エネ性能の高い住宅・建築物の普及促進など、地球環境問題への対応③国際競争力の強化と国際交流の推進――の三つが柱となっている。

また、「地方連絡室」の設置や「地域活性化戦略チーム」を発足させ、地方の活性化策に助言を行うことなども決めた。

■公務員改革懇最終報告書（1月31日）

政府の「公務員制度の総合的な改革に関する懇談会」は1月31日午前、国家公務員の人事を一元管理する「内閣人事庁」の創設や、幹部を固定するキャリア制度の改革を柱とする最終報告書をまとめた。国家公務員法改正案などの関連法案を2011年の通常国会までに提出し、13年までに実現するよう求める。

政府は最終報告を踏まえ、3月上旬に改革の大枠を定める「国家公務員制度改革基本法案」（仮称）を国会に提出する方針。

提言の柱は各省縦割り主義からの脱却だ。内閣人事庁を創設し、総務省や人事院などに分散している人事関連機能を集約する。閣僚が実質的に、省庁幹部の人事を決められるような仕組みをつくる。国家的な視野で首相官邸の政策立案機能を補佐する「国家戦略スタッフ」の創設も求める。

ESSAY

キツネのチャランケ

市川点字図書館長　大窪謙一

「わしはアイヌモシリに生まれた年寄りじゃ。若い時分は高い山や深い森に分け入ってシカを捕りクマを捕ったものだが、今はもうすっかり年老いた。近頃は一日中炉端に座って弓を作り矢を作っては暮らしている。

ある晩床に入ると外で妙な声がした。起き出して外へ出てみると、川の向こうで一匹のキツネが大きな声でチャランケをしていたんだ。チャランケとは文句を言うとか抗議をするとかいうアイヌの言葉じゃ。キツネはこんなふうに言っていた」

「やいやい、アイヌの若造。昼間オレさまがサケを一匹と半分盗んだと言いおったな、オレはそこにサケがあったから食っただけのことだ。それなのに〝キツネが盗んだ〟〝ここから出ていけ〟と怒鳴った。オレは神さまが分けてくださったキツネの分を食ったまでのこと。泥棒呼ばわりするとはなにごとだ！」

「わしはキツネが怒っている相手が誰だかわかった。昼間、捕ったばかりのサケをキツネに盗まれたと大騒ぎしていた隣の息子だろう。

そこで、わしは次の日、その息子を呼んだ。

サケというものはアイヌがつくったものではない。キツネがつくったものでもない。2人の神さまがつくってくださったものだ。そして、これはアイヌの分、これはクマの分、これはキツネの分、これはカラスの分と、2人の神さまが石狩川の河口で数えながら分けて、みんなにくださったものだ。キツネにも食う権利はあるのだからキツネを怒ってはならぬ。アイヌもキツネもクマもカラスもみな同じなのだと、懇々と諭した。

それで息子は涙を流してキツネに謝った」

これは萱野茂氏の講演の中で語られた話を私なりにまとめてみたものだが、アイヌ文化の神髄を端的に表している民話だと思う。

アイヌ民族は周知の通り17世紀以降松前藩の過酷な収奪を受けていたが、明治に入ってさらに「北海道旧土人保護法」（1899年＝明治32年制定）により伝統文化の否定、破壊までもが行われた。この法律が廃止されたのは実に100年も後の平成9年（1997年）になってからである。

この間にアイヌの伝統的な生活地（アイヌモシリ）は奪われ、習慣や芸能、固有の言語すらも現在、風前の灯火となっている。

アイヌ新法（「アイヌ文化の振興並びにアイヌの伝統等に関する知識の普及及び啓発に関する法律」の通称）の成立は、アイヌで初の参議院議員となられた萱野茂氏の尽力によるところが大きい。惜しくも先年亡くなられたが、その生き方は、かつて15世紀半ば和人と勇猛に闘って戦死したコシャマインのようでもある。

アイヌの精神は常に自然とともにあり、人間はその自然の恵みによって生かされているのだという素朴で力強いものだ。萱野氏は二風谷アイヌ資料館も作られ、アイヌの伝統を必死で守ろうとなさっていたし、この精神に基づいての自然保護活動も活発になさっていた。ワシントンポスト紙記者の指摘を受けて、富士山の浄化活動（循環式トイレなど）も始められたという。

2007年9月の国連総会で「先住民族の権利に関する国連宣言」が採択された。しかし、アイヌ新法ができ、このような様々な活動にも関わらず日本においてはアイヌ民族が先住民とは認められていないという。

グローバル化の波で世界中から先住民族とその歴史が消え去りつつある。一方で、民族間の対立も国境を越えて激しさを増している。人類の文化は、多種多彩な民族の文化の蓄積、交錯によって成り立っていることを一人ひとりが思い起こさなければならないだろう。

また、人類の活動により地球環境が悪化の一途をたどっている今日、アイヌ民族の、人間も自然の一部に過ぎないのだという自然の力への素直な敬意と感謝の念を今こそ取り戻すべきだと思う。

（元都職員）

ヒマを大いに自慢しよう

がんばれ！公務員 8

文とマンガ　鈴木武征

職場にはいろんな人がいる。

私の若い頃の職場に、「あー忙しい、忙しい！」が口癖の先輩がいた。

席に着いては「忙しい、忙しい！」、隣の課へ行っては「忙しいなー、何でこんなに忙しいんだ」という具合だ。

いつも庶務的な仕事が多い人で、確かに仕事はよくやっていた。

ただ、その「忙しい忙しい」には皆が慣れっこになっていて、誰も本気に受け止めてはいなかった。

今思うに、先輩は「忙しい忙しい」を連発することで自分の仕事のリズムを作っていたのだと思う。

この人に限らず役人、サラリーマンには「忙しい忙しい」と言うことで自分の存在を確認し、絶えずアピールしていないと不安だという習性がある。

そうでも言わないと自分の存在価値を確認できず、自己PRも出来ないとはいささか悲しい習性だ。

これが昂じると自分が他人より忙しいことを自慢にする人が出てくる。

他の職員に「ホー、君たち暇でいいね、羨ましいなー」。よその課に「暇だね、○○課はいらないんじゃないの？」なんて悪態をつく。

余計なお世話も甚だしい。

そもそも仕事は「忙しい」のが建前だ。

忙しいからこそ、組織も人も存在する。

忙しくないのなら、本当に潰してしまった方が良い。

通常、職場にある忙しさとは、「常識の範囲内の忙しさ」だ。

それが季節や突発事項、あるいは上からの締め付け等により、常識外の忙しさになることは、ままあることだ。

そこは頑張りどころで、努力や創意工夫で乗り越えなければならない。

ピンチはチャンスで自分に自信がつくし評価も良くなる。

達人になると、それだけでは終わらない。

多忙な時期に培ったノウハウを発展させ、年間を通じ自分の仕事に暇を創り出す。

「どう？君の職場忙しくて大変だね」なんて言われて、「そうでもないですよ、どっちかっていうとヒマかな……」なんてかっこいい。

自分の努力で暇を創り出し、仕事に冷静に対応している職員を業績評価はどう捉えているのだろうか？

相変わらず、口先だけ「忙しい忙しい」職員の方がポイントが高いのではと心配してしまう。

「忙しい忙しい」が尊重される社会は心配だ。

成熟した社会とは官民を通じ、過労死や多忙によるうつ病などを未然に防ぐゆとりある社会だ。

国民だって、無理に公務員に忙しさを強いても何のメリットもない。

消防の忙しいは火災多発、警察の忙しいは悪事ばっこ、先生の忙しいは雑事繁多、フツーの公務員の忙しいは世相不安定ではどうしようもない。

昨今、世間には「ゆるゆる防衛」「やわらか戦車」「まったり恋愛」などのフレーズが流行っている。

それだけ世の中がギスギスしていて、ゆとりと潤いに飢えているのだ。

こんな世相だからこそ、公務員諸氏にはヒマ増産、ゆとり社会への先導役を果たしてもらいたい。

流行りのフレーズで言えば、役人と住民が窓口で「お互いヒマだねー、何かすることないの？」なんて会話が理想だ。

間違っても自衛隊がドンパチで忙しい国になってはならない。

音楽・芝居小屋のあるまち

調布市せんがわ劇場が完成

音楽・芝居小屋のあるまちづくりを進める調布市では、中核施設となる「せんがわ劇場」が完成し、2日に調布市グリーンホールでオープニングセレモニーを開催した。同劇場は仙川保育園、仙川ふれあいの家などとの複合施設で、仙川地域のシンボルとなるように、安藤忠雄氏に設計を依頼し、3カ年にわたって建設を進めてきたもの。

この日は、安藤氏と、演出家で地元の桐朋学園芸術短期大学長でもある蜷川幸雄氏、同大准教授でせんがわ劇場芸術監督のペーター・ゲスナー氏によるトークイベントが行われ、佐藤裕子氏のピアノ演奏が花を添えた。

安藤氏は基調講演の中で、「64年の東京オリンピック頃は日本は大変元気だった。しかし、経済大国と言われ、お金さえあれば豊かになれると誤解したまま走ってきて、楽しく個性的に生きようと考えずに想像力をなくしてしまった。外国からも日本の顔がはっきりしないと言われる。日本人は物を大切にする心を持ち、家族を愛し、地域社会や自然にも愛情深いと言われていたが、物はどんどん捨てるし、親殺しや子殺しもある。日本人だけはいて欲しいと言われていたのが、今は日本人だけはおって欲しくない民族になってしまった」などと話し、建物を造ることから活用する時代だとして、せんがわ劇場が、市民の好奇心を受け止める場として育って欲しいと期待を語った。

さらに、海の森構想についても、海と森と空が一体となって、地球は一つということを表現したいのだ。「やがて30万坪の海の森になり、それが皇居や明治神宮の緑と連なっていくことで、風が通っていく。電線地中化とか、小学校の芝生化とか、線路の傾斜地を緑地にする計画もあるが、そんな身近なものから大きなものへと環境を考えることも大切だ。人類の英知が地球を守るのか、このまま滅びていくのかの分岐点だ」と話した。

ペーター氏は「税金を使って、劇場よりももっと必要なものがあると言われるかもしれないが、15年日本に住んでいて、皆バラバラで関係が作れず、寂しいんだと思う。演劇でも祭りでもダンスでも音楽でも、人間の命をリフレッシュさせる。社会に必要なものです。色々な問題を話そうとしないで自分の中に閉じこもっている人が多い。それを開放するのが劇場ではないか。立派な劇場は多いが、貸し館になっていてハードが弱い。プロの芸術家を町から育ててみたいんです」と話し、こけら落とし公演で自身が演出する『時の物置』と『モバイル』は40年の時代の隔たりがあるが、「40年前のことと今のことを一緒に考えなくてはいけないと思っている。我らの芝居小屋なんだと、皆さんの愛を願っています」と続けた。

トークでは蜷川氏も加わって、「サブカルチャー全盛の時代だが、カルチャーをきちんと届けることも必要」と。自身の体験として「小さな空間でも、制約を逆手に取ることで、身体的なパフォーマンスが空間を凌駕することが出来る。圧倒的に観客に支持されるようになる」などと話した。

「せんがわ劇場でも蜷川さんに演出してもらえれば嬉しい」というペーター氏の発言に、「是非、機会があればやらしてもらいたい」と応じ、観客の拍手を浴びていた。

調布市せんがわ劇場では、4月のオープンまで様々なオープニングイベントが予定されている。問い合わせは、☎03・3300・0611。

左からペーター・ゲスナー、佐藤裕子、蜷川幸雄、安藤忠雄の各氏

都立図書館司書のお勧め本

創造を生む曖昧な記憶

『進化しすぎた脳―中高生と語る〔大脳生理学〕の最前線』（池谷裕二著 講談社ブルーバックス）

「脳トレ」ブームが続いている。ゲームソフトだけでなく本の世界でも「脳を鍛える」「脳の活性化」をうたうものが数多く出版されている。こうした現象が生まれるのは、記憶力の衰えに不安を覚える人が多いためか、それとも厳しい社会を生き抜くために頭の回転をよくしようと頑張る人が多いためか、はたまた純粋に面白いからか、いずれにしても「脳」に対する世の関心は高い。

この本は、気鋭の大脳生理学者が慶応義塾ニューヨーク学院で中高生を相手に行った講義の記録である。初めて出版されたのは04年。昨年新たな章を加えブルーバックスとして出版された。脳科学研究の最先端を若い人に活き活きと伝えたいという著者の強い思いが伝わってくる。脳はどこまで解明されているか、最新の知見を日常の言葉で伝えてほしい、そんな希望に答えてくれる本だ。

「心とは何か」など一言では言えないような著者の問いかけに真剣に答える中高生も頼もしい。

記憶の仕組みの話は刺激的だ。脳は見たものをどのように記憶するか。人の顔を写真のように見たとおり寸分違わず覚えたとしたら、横顔で本人と判断することは不可能になる。記憶というのは正確ではダメで、曖昧であることが絶対必要。下等な動物ほど見たままを記憶するが、人間の脳はゆっくり時間をかけて対象物の不変の共通項を記憶する。それこそが人間の臨機応変な適応力の源であり、記憶が曖昧だから思いもよらなかった別々の記憶がつながり、想像・創造を生む。正確な記憶が知性を育むと思っていたが、脳の細胞レベルではそうではないのだと納得した。

記憶を蓄える神経細胞の仕組みはイオンと神経伝達物質（多くはグルタミン酸）の働きで説明される。イオンとグルタミン酸で人間の複雑な記憶が説明できるの？と不思議な気がするが、著者は言う「神経細胞だけを見ていては脳の記憶全体はつかめない」。神経はシンプルな動きしか示さないが沢山集まったらどうなるか、思いもよらない様々な現象が起こりうることが分かりつつある。今の脳科学はまだそんな段階なのだ。

この講義がきっかけとなり研究者を志した学生もいるという。そんな純粋さはないけれど、今も脳の神経線維の中をイオンの波が伝わり、グルタミン酸がパッと出て記憶が蓄えられていく、そんな気がして楽しくなる本である。

（都立日比谷図書館　樋渡えみ子）

海外出張こぼれ話 20

東郷　尚武

オリンピックを迎える北京と沿海都市アモイ③

前置きが長くなってしまったが、我々は1993年12月1日、東京から4時間半のフライトを経て北京の土を踏んだ。寒いと聞かされていたが、東京より1～2度低い程度であった。

空港からは、清華大学のお迎えのマイクロバスに乗って、完成したばかりの一直線の高速道路をへて都心部に入り、中心部の北西部にある清華大学に向かった。高速道路のインターチェンジの場所では、まだ工事が真最中であった。実は、この高速道路は、中国が2000年の北京オリンピックの開催を目指して、威信をかけて、急ピッチで仕上げたものである。しかし、筆者らが北京を訪れた2カ月半前の1993年9月23日、北京市は残念ながら2000年のオリンピックの誘致競争に敗れ、オーストラリアのシドニーに席を譲ったばかりの時期であった。その後も、北京市は粘り強く2度目のチャレンジを行い、2001年7月13日、2008年オリンピックの主催権を獲得し、現在、本年8月8日の開会式にむけて最後の準備が進められているのである。

清華大学ゲストハウス食堂での歓迎夕食会。左が趙清華大建築学院長。中が筆者。右が伊藤滋東大教授

さて、話を本題に戻すが、この高速道路から環状4号線（四環北路）を経て宿泊先でもある清華大学に到着した。清華大学は北京大学とともに中国きっての全寮制の名門大学で、多くの政府要人を輩出している。大学の構内も広く、東西、南北ともに約2㌔㍍の広大なキャンパスが展開している。キャンパスでは、清華大学の前身で1911年に設立された清華学堂、清朝の皇太子の館跡で、後に大学の事務局になった清華園などの歴史的建造物のほか、今回の検討会議が開催された近代的図書館が我々の目を引いた。

我々は大学に併設されているゲストハウスで旅装を解いた。部屋はツインで質素な佇まいではあったが、清潔で、勉強机の隣にはTVもおかれていた。ただ、暖房が夜半前に切れたのにはいささか参った。筆者はたまたま前々年の1991年にオックスフォード大学（ナフィールド・カレッジ）のゲストハウスに滞在する機会を得たので、はからずも自ら比較対比することとなった。清華大学のゲストハウスが、一応ホテルの様式を備えていたのに対し、オックスフォード大のそれは、まさに頑丈で素朴な机といすとベッドといった感じで、共用のバスルームには裸のバスタブが無造作に置かれ、芝生に囲まれた重厚な建物に20世紀初頭の頑健な家具といったイメージであった。

都政新報

発行所　都政新報社
〒160-0023 東京都新宿区西新宿7-23-1 TSビル
〈総務・読者〉(03)5330-8781
〈企画広告〉(03)5330-8784
〈編　　集〉(03)5330-8786
〈出　　版〉(03)5330-8788
〈セミナー事業部〉(03)5330-9977
〈ファクス〉(03)5330-8808
郵便振替 00130-2-101470
購読料 月1,680円(税込)
毎週火・金曜日発行
但し、祝祭日は休刊
©都政新報社 2008

紙面から

障害者就労
助成拡充で企業を後押し
3年後に1万人増加へ

3年間で障害者雇用を1万人増やす目標達成に向けて、都は08年度に36億円を予算化し、企業などの取り組みを後押しする。その一つとして、「特例子会社」の設立支援と中小企業への賃金助成がある。99年設立の特例子会社「横河ファウンドリー」（武蔵野市）では、「納期短縮やグループ企業のトータルコストが削減できた」とメリットを話す。都では、障害者雇用を目指す企業の選択肢を充実させる考えだ。

特例子会社「コスト削減に貢献」の声も

10人ほどの社員がパソコンに向かうオフィス。一見、どこにでもある普通の会社だが、他社と異なるのは、知的障害者が主役となり、会社を支えている点だ。

横河電機㈱が99年に設立した特例子会社「横河ファウンドリー」では、19～40歳代の知的障害者21人が働いている。グループ企業から、名刺作成やメール集配、弁当販売などを請け負う。

担当者は「グループ企業の社員が残業でやっていた大量のデータ入力、発送作業を効率化できた。黒字経営なので、グループ連結決算でも貢献している」と胸を張る。

特に、知的障害者によるパソコン操作は、当時としては画期的だった。入社6年目のAさんが担当するのは、古い資料をスキャナで読み取り、データ化する業務だ。もちろん、最初からパソコンが得意だったわけではない。OJTで身につけ、作業の引き継ぎも健常者と変わらない。同社の志賀浪進社長は、「入社後に長所を伸ばしてあげることが大事。特別扱いしません」と話す。

◆障害者雇用で助成

特例子会社は、中小企業には設立しにくいという難点はあるものの、一定数の障害者をまとめて雇用できるメリットがある。現在、都内には57社があり、年間10社前後が誕生。「事務作業を集約する企業が多い」（厚労省）という。

都産業労働局は08年度から、特例子会社の設立経費助成を始める。3年間で45社に助成する計画で、夏にも募集を始める予定だ。また、障害者を雇用する中小企業には、離職の割合が高い当初3年間賃金を一部助成する。3カ年で障害者雇用1万人増という目標に対し、担当幹部は「ハードルは高いが、企業の選択肢を増やすことで雇用を後押ししたい」と話す。

都は1月31日、「障害者就労支援協議会」（会長＝今野浩一郎・学習院大教授）の第2回会合を開き、企業への取り組みについて議論した。「定年まで働ける人はいいが、福祉から就労、就労から福祉への道も考えてほしい」「企業が欲しいのは、即戦力ではない。『働くとはどういうことか』といった就職の準備性を求めている」などの意見が出た。

◆雇用したいが…

横河電機では特例子会社のほかにも、人財部が各事業部に働きかけ、50職種の募集にもこぎつけた。しかしニーズを募っても、採用に至らないケースも増えているという。担当者は「企業としては採用したいが、マッチングが難しい」と漏らす。

都では今後、中小企業での実習先の開拓や、雇用経験のない企業への働きかけにも力を入れる。また、職場定着を支援するジョブコーチを、都独自に3年間で880人養成する計画だ。ただ、企業側には「採用できる障害者のパイが減っている」との実感もある。企業に用意したメニューが空振りしないためにも、多方面からニーズを汲み取ることが必要になる。

パソコンを手際よく操作し、資料をデータ化する横河ファウンドリーの社員＝武蔵野市で

MEMO 特例子会社　障害者雇用を促進するために設立される子会社。法定雇用率を算出する際に、子会社が雇用した障害者を、親会社の雇用として算定できる。雇用障害者数が5人以上で、うち20％以上が重度身体障害者・知的障害者であることなどが要件になる。

君が代不起立
「不合格は違法」都に賠償命令
東京地裁　違憲の訴えは棄却

国歌斉唱時の不起立等を理由に再雇用を不合格としたのは違憲・違法として、教員らが東京都に損害賠償を求めていた裁判で、東京地裁（中西茂裁判長）は7日、都教委の不法行為を認め、都に対し損害賠償を支払うよう命じた。一方で、国歌斉唱時の起立・斉唱を求めた職務命令の違憲・違法性については「思想および良心を制約するものではない」として、違憲・違法にあたらないとの判断を示した。不起立をめぐる一連の裁判で、都に損害賠償の支払いを命じたのは、06年9月21日の「予防訴訟」東京地裁判決以来、2度目となる。＝4面に関係記事

裁判は、都立学校の卒業・入学式等で、国歌斉唱時に起立しなかった等のため処分された教職員ら13人が、処分を理由に退職後の再雇用が不合格となったのは不当として訴えていたもの。

判決では、都教委が原告らを不合格としたことについて、「客観的合理性や社会的相当性を著しく欠く」などとして違法行為と判断。都に対し、原告らが再雇用職員として働いた場合の賃金や裁判費用の相当額として、計2757万1000円の賠償を命じた。

他方、起立し国歌斉唱を求める通達や職務命令の違憲・違法性については、「目的および内容において合理性、必要性が認められる」などとして原告の訴えを退けた。

判決後の記者会見で、原告側は「判決が憲法19条違反や旧教育基本法10条違反の主張を退けたことは極めて不当だが、都教委の『日の丸・君が代』強制に司法が一定の歯止めをかけたもの」と評価した。

また、中村正彦教育長は同日、「東京都の主張が認められなかったことは大変遺憾。判決内容を詳細に確認し、今後の対応を検討したい」というコメントを発表した。石原知事は翌8日の記者会見で「都教委の姿勢は間違っていない」などと述べ、控訴する考えを示した。

温暖化対策
国際協力銀と連携の覚書
アジアに技術移転で融資

都は8日、国際協力銀行（JBIC）との間で、「気候変動対策に関する相互協力についての覚書」を締結した。金融機関との間で、地球温暖化の取り組みに関する相互協力の覚書を結ぶのは初めてのことになる。

都や都内企業の持つ環境対策に関する技術やノウハウを、アジア諸都市が活用できるよう協力を進める。具体的には、アジア大都市ネットワーク21が、今月13日と14日に都内で開く「アジア・エネルギー環境技術ワークショップ」に、JBICも参加する。

ワークショップは、昨年11月のマニラ総会での合意に基づき、環境技術に関する各国の実務者が集って開くもの。都の施策紹介のほかに、省エネ型ビルやバイオガス発電など、環境技術の活用例を現場視察する。

JBICはワークショップで、ブルガリアや中国で行っている風力発電建設などの環境関連の融資について、内容を説明する。参加した都市が、環境技術の導入に興味を持った際は、資金融資でJBICが協力する。

都としては、先端技術を紹介するだけではなく、導入の際の財政面でのツールも合わせて示すことで、アジア諸都市との連携を効果的に進めたい考えだ。

覚書ではこのほかに、世界各国に27あるJBICの駐在事務所が、現地で持っているネットワークを通じて、東京都の環境施策をPRすることなども、協力の一つに掲げた。都が最先端の環境施策を進めていることをアピールすることで、2016年五輪招致につなげていくことも視野に入れている。

都政の東西
2人乗せ

29年振りとなる交通教則改正の動きに、育児関連サイトでは「子どもの2人乗せができなくなる」などと困惑の声が広がっている。ただし、自転車に「6歳未満」の子ども1人を同乗させることは認められているものの、前後に子どもを乗せる、いわゆる「2人乗せ」は元々禁止となっている。

街中で、幼稚園や保育園の送り迎えで、「2人乗せ」の場面を数多く目にする。サイト上に発言が相次ぐ現状は、教則改正の検討内容が報じられる中、「2人乗せ」をしている多くの親の先行き不安を反映したものと言える。

1人を同乗させ、もう1人をオンブするのはOKだそうだ。しかし、双子の通園の場合や、下の子が2～3歳だと、さすがにオンブという重さではない。2人を乗せて、自転車を押して歩くのも「可」とのことだが、余計にバランスが悪く、時間もかかる。そもそも車という選択肢がないからこその自転車でもある。

とは言え「2人乗せ」の禁止徹底は、子どもの安全確保が目的で、この点については何の異論もない。それにも関わらず、反発や困惑の声が挙がっているのは、そこに子育て世代の姿が透けて見えてこないためではないか。子ども2人を連れて、荒天であっても毎日片道20～30分の道のりを通うのは、やはり子育てに優しい環境とは言えないだろう。

何も交通安全に子育て支援策を盛り込めと言うのではない。教則改正の動きがあれば、それに呼応した取り組みもあって然るべきではないのか。バス送迎の支援、育児時短の拡大、集団登・降園の体制確保、そうした動きが見られないことが、困惑の声の根っこにある。個人的には、オランダのバックフィッツという荷台付自転車の導入・普及を図ってもらいたいのだが。

分岐点
08年度東京都予算④
福祉の心
目配りは効かせたが…

石原都政は長期計画を持たず、知事の関心度から施策にムラがあると言われ続けて9年。久しぶりに長期ビジョン「10年後の東京」への実行プログラムを作り、08年度はそれに基づいた予算化が図られた。そのためハード事業・ソフト事業ともに全体として目配りがあり、基金残高の倍増といった形だけでなく、施策面でも堅実さを印象づけるものとなった。

都福祉保健局の幹部は「都民の信頼感が揺らぐ分野に、ストレートに予算配分した」と語り、母子・小児医療に21億円、新型インフルエンザ対策に15億円計上したことなどを例として挙げた。

ただ、福祉・保健・医療などのように都民生活に直接かかわる分野で他の自治体のモデルとなるような先導性を、もう少し都が予算案で発揮できなかったのかという指摘も庁内にある。

格差拡大がこれだけ大きな社会問題になっている中で「都政の対応は」と言うと、目につくのは知事のお粗末な選挙公約の代替事業とされた低所得者生活安定化プログラム97億円ぐらいだ。議会筋では、これを「福祉分野の石原色」と評価する声もあるが、知事の能動的な意思から施策化されたものではない。大事な点は、そこに思想（福祉の心）がないことだ。

また、内容にも疑問符がつく。97億円の大部分を占めるのは、一人最大110万円の貸付金だ。都の試算した対象者17万人に対し、融資を受けられるのは、予算ベースで年間6000人程度。融資期間中に何をしてもらうかは、十分に詰めきれていない。「融資後、継続的にフォローしていかないと、数十万円を貸しただけで終わりかねない」と都幹部。そうなっては、個人都民税の軽減措置と同程度の額を予算計上しただけの数字合わせになり、効果の薄いものとなる。

■執行率

福祉施策の決算審査で毎回議論になるのは、区市町村や民間が主体となる補助事業の執行率が低調なことだ。たとえば、認知症高齢者グループホームは06年度決算の執行率が40・5％、地域密着型サービスに至ってはわずか5％だ。地価の上昇などが主な原因とされるが、整備の遅れが続けば「介護難民」が出る恐れもある。

また、保育サービスで言えば、知事お気に入りの認証保育所の無利子融資や、マンション併設型保育所の助成を始める。選択肢のメニューを増やし、事業者の取り組みを促して3カ年で定員1万5000人分の器を拡充する考えだ。

ただ、都はこれまで、区市町村担当者を一堂に集め、補助制度の説明と方針を示して、あとは名乗りを待つことが多かった。しかし、これでは執行率の改善はあまり期待できない。都が自ら区市町村に足を運び、具体的な進め方について相談・協議するなど、一歩踏み出すことが必要になる。

■社会保障改革

08年度は、地方法人事業税5・2兆円のうち半分の2・6兆円を国税化され、都が平年度で約3200億円を吸い上げられる前の最後の年という意味合いがある。知事は「税制の抜本改革までの暫定措置」と語り、収奪される期間は2年という認識だ。

他方、国民年金法は、09年度までに国庫負担割合を3分の1から2分の1に引き上げることが04年に決定され、国の負担は3兆円近く増えることになる。その財源として消費税率アップなどが焦点になり、政府は1月に社会保障国民会議を立ち上げた。

都幹部は「今後の福祉・保健・医療を考えると、単に施策を国に要求するだけでなく、財源や制度のあり方を踏まえて提案・要求することが必要になる」と話す。

都財政的にも、社会保障制度においても、09年度以降の大きな見直しを前に、08年度というのはターニングポイントになる。国レベルでの改革に対する「攻めと備え」の年にしなければならない。

待機児童を解消するため、ニーズに合った保育サービスを拡充する必要がある＝都内の認定こども園で

都福祉保健局
乳幼児の事故防止
学習ソフトを作成

乳幼児にとって身近な危険はどこに――。周りの大人に子どもの年齢に応じた行動や特性を理解してもらい、乳幼児の事故を防ぐため、都福祉保健局は6日、事故防止学習ソフト＝写真＝を作成した。

ソフトでは、①お座りまで②ハイハイからつかまり立ちまで③つたい歩きからひとり歩きまで④走ったり、飛び跳ねたりする――の四つの時期で、日常生活で起こりやすい事故の例を3D動画で体験できるほか、家の中で危険箇所を探すメニューもある。例えば、指で物をつかむようになる頃に、タバコやボタン電池を誤って飲み込む恐れがあるため、子どもと大人の視界の違いを体験してもらい、「視界や手の届く範囲を意識することが大切」と注意を促している。

都内では06年度、約9000人の乳幼児が事故にあい、救急搬送されている。ソフトは、DVD1500部を区市町村へ配布。同局のホームページでも掲載する。

冗句ジョーク

寒い今年の冬、追い討ちをかける原油高で庁舎内冷え冷え

温暖化対策者会議
「あったかいのは資料だけ、思わず手をかざしています」

08年度予算案 特別区

新宿区

都外の自治体と排出権取引

23区初 伊那市で最大200ヘクタールを間伐

新宿区は10日、長野県伊那市と環境保全のための協定を締結した。その一環として、2009年度から区が同市で森林を整備する代わりに、区内の二酸化炭素排出を削減したとみなす「カーボンオフセット」も始める。23区が都外の自治体と手を組んで、カーボンオフセットに取り組むのは新宿区が初めて。京都議定書で定められた二酸化炭素の削減まで残り5年となり、待ったなしの状況だ。カーボンオフセットは、費用がかさむ一方で、効果が期待できる環境保全の切り札にもなりうる。

かさむ費用がネック

区が森林を整備するのは、伊那市高遠、長谷両地区。両地区の市有林は木々が密集しており、地面まで光が行き届かず、カラマツなどの幹がやせ細っている。区は、林間の日当たりをよくするために木を切り倒す「間伐」を行う。主に、40年生のカラマツなどを間伐し、やせ細った幹を太くするのが狙い。

細い幹のままでは二酸化炭素の吸収率が悪くなるため、樹齢40年のカラマツを間伐すると、残った樹木は5年後で二酸化炭素の吸収量が約3倍に増加するとされる。

区は09年度から年30～50ヘクタールを間伐し、約2000～3300トンの二酸化炭素を削減できると試算する。4年から5年間で、150～200ヘクタールの間伐を予定している。間伐により増えた二酸化炭素の吸収量は、区内の二酸化炭素の排出量と相殺されたとみなす。

さらに、伊那市の平地林でのアカマツやヒノキの枝打ちをはじめとした環境学習の実施、間伐材でつくった家具や用紙の区有施設への導入などを考えている。区は今後、伊那市以外との自治体ともカーボンオフセットに取り組むことに意欲を燃やしている。

23区では新宿区以外に、中央、港両区がカーボンオフセットに取り組んでいる。中央区は桧原村の約3・5ヘクタールの地区で、間伐、植林などを、港区はあきる野市の市有林20ヘクタールを借り、間伐、植林などを始めている。

環境保全の切り札に

【解説】財政状況が厳しい地方自治体では、間伐するコストを捻出できずにいるため、樹木の幹がやせ細り、森林が荒廃しても、ただ見守ることしかできないでいる。森林の手入れが行き届かず、日本の林業は苦境に立たされている。

特別区協議会の算定によると、04年の二酸化炭素排出量は、23区で4564万トン。企業などが集中している特別区は、二酸化炭素の排出量が多い。23区が二酸化炭素の排出を抑制するために、間伐に取り組むことは23区にとって意義のあることだ。

間伐後、木を切り倒した間伐材の搬出コストがネックだ。間伐材を放置したままだと、シロアリが集まり、成長中の木を傷つける被害も起きているため、間伐材を運び出さなければならない。安い木材が輸入されている中で、間伐した幹の細い木は搬出コスト程度にしかならないという。山間部から市場までの搬出にコストがかかるため、間伐が敬遠される要因の一つになっている。

各区では、間伐材を活用している。港区は環境学習施設の内装などに、中央区は散策路整備の資材やベンチなどに活用している。新宿区は間伐材を伊那市でチップにして用紙などに加工し、低コストの仕組みづくりを考えていく。

間伐により二酸化炭素の吸収量が増え、間伐材が製品に生まれ変わる。間伐をはじめとしたカーボンオフセットの取り組みがどこまで自治体に広がるかは未知数だが、環境保全の切り札になりそうだ。（石）

中野区

住と産業のバランスあるまちへ

「4つの戦略」を展開

中野区は7日、一般会計973億8800万円、対前年度比1・2%減の08年度予算案を発表した。07年度には警察大学校等跡地整備の用地取得費等の大きな臨時的経費があり、それらを除けば8・3%の大幅な伸び。5特別会計を合わせた予算総額は1551億5800万円で同9・2%減だった。中野駅地区整備や、開かずの踏切を多く抱える西武新宿線沿線の高架化など、将来を見据えたまちづくりのほか、「中野ブランド」を広く発信。区民主役の地域間交流などを推進していく。

田中大輔区長は「新しい中野をつくる10カ年計画」にある「まち活性化」「地球温暖化防止」「元気いっぱい子育て」「健康・生きがい」の四つの戦略と行政革新の成果をあげることを区政運営の中心にするとし、「23区で一番労働力が区外に出るなど、居住に重きが置かれすぎてきた。産業活性化などで、バランスのあるまちの発展を目指す」などと語った。

歳入では、特別区税で1・2%増のほか、特別区交付金で11・1%増、区立保育園の入園者自己負担金減などで分担金及び負担金で8・5%減などを見込んだ。

歳出では、人件費で退職手当増が職員数減で相殺され0・4%減、扶助費は保育委託や中学生以下の医療費無料化などで3・6%増、警察大学校跡地整備にかかわる用地購入費の元利償還開始などで、公債費は31・4%の大幅増となっている。

新規事業では、区民を中心とした地域間交流を実施。茨城県常陸太田市に区民風車を3基設置し、売電収入を太陽光発電の普及に利用するなど、CO^2削減にも寄与する交流を促進する。また、校長OBや臨床心理士などでつくる「学校サポートチーム」を派遣。学校では対応不可能な保護者とのトラブルなど、深刻な事例の解決を図る。

港区

父子家庭にも児童扶養手当

基本計画最終年度の予算

港区は7日、一般会計規模が前年度比1・1%増の1089億円となる新年度当初予算案を発表した。特別会計を含む5会計の総額は3・6%減の1451億6600万円を計上している。

08年度は基本計画の最終年度となるが、現計画に盛り込まれた施策は、ほぼ予算に盛り込んだという。武井区長は「都心における地域自治の先進的な取り組みであり、区役所・支所改革を今後もさらに推進するための予算であり、区民が地域の力を実感できる予算」と位置づけた。

歳入では、特別区税が人口増等に伴う増加傾向により、9・1%増の634億3500万円となった。大幅な増加だが、三位一体改革に伴う住民税フラット化の影響を受けており、改革前の06年度の水準には回復していない。繰入金は、公共施設等整備基金繰入金などの減により61・6%減少した。

歳出では、総務費が安全安心施設対策基金や文化芸術振興基金の積立金などの減により21・2%の減。衛生費は、妊産婦健康診査、成人歯科健康診査の増により23・9%増加した。

新規事業では、これまで母子家庭を対象にしてきた児童扶養手当を、区独自に父子家庭にも対象拡大する。対象者は30人と予測しており、毎月3万5000円を支給する。1300万円を計上した。全国的には例があるが、都内では初となる。

レベルアップ事業では、23区で初めて、小中学校の補助教材に公費負担を導入する。06年度から補助教材に2分の1補助しているが、全額に拡大。さらに理科実験や実技教科に使用する学習材料などを補助する。また、漢字検定、英語検定、数学検定などの検定受検費用の公費負担の回数を増やし、同一級再チャレンジ分にあてる。

目黒区

「本格予算は区政の責任」

住み続けたいまちの実現へ

目黒区は7日、一般会計967億3700万円、対前年度比7・9%増の08年度予算案を発表した。5特別会計を合わせた予算総額では、0・7%増。

4月に区長選挙を控えるが、再選出馬を表明している青木英二区長は「区政の責任」と本格予算で臨み、「住みたいまち、住み続けたいまち目黒」の実現に意欲を見せた。青木区長は「就任以来、世論調査では9割以上の区民が『住み続けたい』と回答していて、一定の評価をもらっているものと思っている」とし、「家庭の機能停滞や生活基盤の大きな構造的変化に的確に対応し、区民の要望に可能な限り応えたい」と語った。

歳入では、納税義務者増などで特別区税が対前年度比6・8%増、特別区交付金は市町村民税法人分が2年連続で大幅増となったことなどで、5・8%増など。

歳出では、人件費が退職手当の増などで1・2%増、扶助費で12・1%増、普通建設事業費で、東山公園拡張整備用地取得などが、用地会計から一般会計への買い戻しなどで40・9%の大幅増などとなっている。

「区民の安全安心」「少子高齢社会対応」「環境問題」「目黒らしさ」を重要課題に立ち上げた新規事業では、コンビニエンスストアのほか、マルチペイメントネットワーク対応のATM・ネットバンキングで住民税等を納められるシステム準備費として、7500万円を計上。また、民間事業者などを活用し、小さい子ども連れでも周囲に気を使わずに飲食や交流ができる「子育てカフェ」を開始。民間の店舗にベビーカー置き場やおむつ替えコーナーの設置や、子どもが座って遊べる床の張り替えなどにかかる施設整備費などを、1施設100万円を上限に3施設に補助する。ほかに、妊産婦健診では里帰り出産にも助成を開始し、安全な出産を支援する。

葛飾区

伝統工芸の弟子入り支援

特別区債がゼロに

葛飾区は7日、08年度当初予算案を発表した。一般会計規模は、前年度比2・9%、41億円増の1495億5000万円とした。子育て、健康、まちづくりなど5分野に重点を置き、約211億円を振り分けた。

歳入では、特別区税が前年度比2・3%、7億円増の328億6300万円。これは、納税者が伸びることを見込んだ。特別区交付金は財源となる調整税の増加が影響し、6・5%、41億円増の673億円とした。小学校の校庭拡張工事が終了したため、特別区債はゼロとなった。

歳出では、義務的経費が0・2%、1億円増の786億6500万円。団塊の世代の大量退職が本格化し、退職手当が5億8000万円増の42億7000万円に上るが、職員の定数削減などにより、人件費が0・6%、2億円減の352億7200万円とした。投資的経費のうち、普通建設事業費は、23区で5番目の校舎耐震化工事費などが含まれており、0・4%、5100万円増の140億6300万円。

新規事業では、伝統工芸に弟子入りした若者の居住費や給与を助成する。全国から19～25歳の若者を公募し、親方との面談後に採用された弟子が支援対象となる。居住費は一律で月3万円を支給する。給与は、弟子入り後3カ月をすぎれば6カ月間にわたり5万円を、弟子入り後15カ月をすぎれば5万円以上を支給する考えだ。伝統工芸を後世に残すために、こうした補助をするのは23区初。1700万円を計上した。

映画『男はつらいよ』の1作目の誕生から40年が経過するのを記念して、1作目を初公開した8月27日に合わせて、記念映画を柴又帝釈天題経寺で屋外上映する。寅さんを知らない若年層に知ってもらうのが狙い。

墨田区

新タワー主要事業費6億円

「一度は訪れてみたいまち」実現

墨田区は8日、一般会計956億9500万円、対前年度比5・7%増の08年度予算案を発表した。4特別会計を含めた予算総額は1433億3400万円で、同4・8%減。地域活性化の起爆剤として期待が高まる新タワーは着工を今夏に控え、関連の主要事業費は約6億800万円に上った。

山崎昇区長は、基本構想・基本計画を着実に推進していくと話し、まちづくりに関しては「新タワーを地域活性化の起爆剤に、国際観光都市すみだをめざす。下町の良さを残しつつ『住んで良く、働いて良く、一度は訪れてみたいまち』を実現していく」と語った。

歳入では、区民所得の伸びや納税義務者数の増により4・5%増、特別区交付金は0・5%減を見込んだ。歳出では、人件費で退職手当減や職員定数減などにより3・4%減のほか、扶助費では中学3年生までの医療費無料化の通年対応などで4・0%増。投資的経費は、タワー関連事業などで85・4%と大幅増となった。

新規事業では、在宅でリハビリを受けることができる支援システムを23区で初めて実施する。リハビリ指導や相談にかかる費用は、全額区が負担。約1000万円を計上した。また、一時的に児童の養育が困難になった家庭の保護者に対し、子どもショートステイを実施。区内には夜間などで対応できる施設がないため、区外の児童養護施設2カ所で対応する。

新タワー建設関連では、観光の玄関口となる観光プラザ（仮称）整備や、電柱の地中化など周辺道路の景観整備のほか、押上・業平橋地区に「（仮称）環境ふれあい館」を整備。タワー完成後は、同館を世界への環境情報発信基地と位置づけ、来外者にも生命と地球保全を学ぶ機会を提供する。

北区

飛鳥山に斜行昇降機

少子化対策に重点

北区は8日、08年度当初予算案を発表した。一般会計は1336億2000万円で、前年度比5・6%の増にとどまった。前年度に仮称自衛隊跡地公園用地を用地特別会計から一般会計が再取得するための経費約60億円を計上しており、その影響を除外すると10・8%の増となる。

花川区長は「北区は都内で極めて少子高齢化が進行しており、その対応には従来から力を入れてきた。子育てするには北区が一番と誇りを持ちたい」と述べ、少子化対策に重点を置いたことを強調した。

歳入では特別区税が264億2000万円で、当初予算比では1・7%の減。ただし、07年度最終補正予算と比較すると約1億円の増加を見込んでいる。特別区交付金は市町村民税法人分の順調な伸びなどにより、3・4%増の495億9300万円を計上した。

歳出では、教育費が小中学校改築、校地取得などにより51・3%の大幅増。土木費は07年度に計上していた用地再取得経費がなくなり、31・4%減少した。衛生費は、区民健康診査が特定健康診査に移行し、国保会計からの支出となるため、11・8%減った。

新規事業では、駅周辺や飛鳥山公園のバリアフリー化を進める。飛鳥山には四季折々に誰もが楽しく登頂して憩えるよう、斜行式の昇降機を設置する。王子駅近くの音無橋の脇にはエレベーターが設置され、区役所に至るバリアを解消する。合計7億7900万円を計上した。

レベルアップ事業では、学力パワーアップ事業を拡充する。小学校38校、中学校14校に非常勤講師138人を配置し、よりきめ細かな指導を行う。予算規模、人数ともに全国でも最高水準。前年度より1億円増額し2億2600万円を計上した。

兼業で懲戒処分

新宿区

新宿区は7日、地方公務員法で禁止されている兼業をした福祉部の男性職員（54）を10分の1の減給（2カ月間）の懲戒処分にしたと発表した。

男性職員は04年2月～08年1月まで、都内の老人保健施設で週1回働き、総額400万円超の報酬を得ていた。同施設で働く知人から依頼された男性職員は「営利企業ではないから大丈夫」と判断し、兼業を始めたという。

記者席

支所長が我が町自慢

○……大阪府知事に就任したばかりの橋下徹氏が、8日に都庁を訪れて石原知事と会談した。両者によると、石原知事が9年間の経験をもとに、知事としての心構えや教訓などを伝えたそうだ。

会談の取材には、大阪府の知事担当記者も多く駆けつけた。都庁の担当記者も合わせると、通常の2倍ほどの記者が押しかけたことになり、冒頭の様子が公開された特別応接室は、人垣を縫ってしか写真が撮れない状況に。

会談後の取材では、橋下府知事が、近いうちに石原知事の自宅を訪れて、もっとゆっくりと話し合いたいという意向も示した。会談の終わりまで待ちぼうけだった記者たちからは、「今度は、自宅前でずっと待つのか？」というボヤキも。

○……港区の予算記者発表は、他の区と比べてひと味違う。区長が概要を説明し、所管の担当者が事業の詳細を説明するというのは、どこにでもあるパターン。これに加えて、同区は五つの総合支所長が自分の支所地域の独自事業を紹介する。

各総合支所ごとに予算枠があり、区民と企画・立案した地域の特性に応じた事業を展開する。あまりにもローカルすぎて戸惑うこともあるが、会見のたびに「我が町自慢」とも言える施策の披露を目の当たりにすると、微笑ましいことがある。

○……東村山市は、市の自主財源の確保と地域経済活性化を図るため、来年度に使用する納税通知書用封筒に掲載する有料広告1社を募集する。全国的には横浜、平塚、松戸市などが導入しているが、都内では初の試み。

同市は厳しい財政状況を乗り切るために、緊急財政対策として職員定数や給与の削減、事務事業の見直しなど歳出削減を行ってきた。一方で歳入対策として市税などの徴収率の向上、受益者負担の適正化などにも取り組んでおり、今回の広告募集もその一環。

印刷予定は15万3000枚で、配布対象は個人市・都民税や軽自動車税などの納税義務者。広告掲載料は15万3000円以上。今月18日まで募集している。

八王子　初の保健所政令市に
国分寺　9市目の特定行政庁

クローズアップ

権限移譲の現場では

都が、区市町村への権限移譲の推進など盛り込んだ第2次東京都地方分権推進計画を定めてから7年余り。多摩地域では、建築主事を置く特定行政庁になった市は現在、8市あり、今年4月からは国分寺市が加わる。また、2007年4月には、八王子市が都内初の保健所政令市になった。より身近な自治体へ権限が移譲されるにあたって、そのメリットと課題は何か。両市の現状をみた。

人材・財政面で裏づけ必要

医師をどう確保

今年度から保健所政令市になった八王子市。東京都八王子保健所からの業務を引き継ぐと同時に、市の保健センターの一部業務も統合して八王子保健所がスタートした。JR八王子駅からほど近い場所にあり、現在の正規職員は53人。内訳は都からの派遣職員が28人、市職員が25人で半数を都職員が占めている。これら都職員は、東京都八王子保健所にいた職員がスライドしたほか、ほかの保健所からの職員も混在している。八王子市保健所では、移行後の5年間で徐々に市職員を増やし、2012年4月までに全体を市職員に切り替える方針だ。

ただ、医師については、市単独で採用するのは難しい。保健所の医師には、公衆衛生の専門知識が求められる。尾崎敏夫保健総務課長は「八王子市には病院はない。一度、市職員として医師を採用しても、ここ以外のほかの場所に異動することはできない。ひとつの仕事をずっとやることが、よいのかどうか」と話す。

また、市には栄養士や保健師はいるが、薬剤師や獣医師もいない。5年のうちに市職員に入れ替え、役職構成も整えるためには、経験者を採用したり、場合によっては「都から市職員への身分の切り替えもお願いする必要も出てくるのでは」。スムーズな移行のためには今後も都との協議が必要だ。

財政支援も5年間

財政面では、保健所の運営費には、嘱託も含めた60人を超える職員人件費も含め、ほぼ年間約10億円がかかる見込み。都からの激変緩和措置としての補助は初年度は3分の2だが、徐々に減って5年目は3分の1になり、6年目からは全額が市の負担となる。

それでも市が保健所を持つことは、どんなメリットがあるのか。八王子市には人口に比べて精神病院や墓地が多い。「市が地域保健を担うことで、市民にとっては相談しやすく、市としても地域住民へのフォローや墓地経営者との調整に入ることができる」と尾崎課長は話す。

組織条例改正は継続審査

国分寺市は、今年4月に建築主事を置く特定行政庁となる。昨年12月の第4回定例市議会は、この問題で大きく揺れた。建築審査会設置条例と事務手数料条例改正は13対10で可決されたが、組織条例改正については継続審査となっている。反対議員のなかには、新たな財政支出や、一度、事務移管を受けると都に戻すことができないなどを懸念する声がある。

国分寺市の人口は11万人余り。特定行政庁になったほかの8市に比べて規模は小さい。それでも、2002年度からの第3次長期総合計画の後期基本計画で特定行政庁の検討を位置づけた。根底には、総合的なまちづくりへの期待がある。

同市では、05年にまちづくり条例を施行。市民、事業者、市の相互協力によるまちづくりを進めている。市では、特定行政庁で権限移譲される効果として「まちづくりのルールとして市が自ら定めた地区計画に建築計画が沿っているかの適否を判断することができ、自己決定、自己責任のまちづくりができる」などを挙げる。

移行準備を進めるのは建築指導準備室。都からの派遣職員が2人、市職員が8人の体制をとっている。中村秀雄室長は「都からの人的支援は3年間。その間に現在、市にはいない建築主事を育てる必要がある」と話す。財政負担は、人件費で毎年約9000万円。建築基準行政事務経費などが最も多い年で7000万円の歳出が見込まれるなか、都からの交付金は5年間総額で1億4000万円で終わる。

都から市町村へ

2000年8月の第2次東京都地方分権推進計画は「都としては、区市町村の自主性・自立性向上の観点から、地域の住民ニーズにより的確にこたえられるように区市町村への権限委譲を進めていく」としている。

07年1月に都が発表した「多摩リーディングプロジェクト」改訂版では市町村への人的支援の具体例として「事務権限委譲への支援」が挙げられた。05年1月発表の改訂前の版に新たに加わった部分だ。「保健所政令市や特定行政庁への移行に合わせ、都は人的支援を通じて知識・経験を着実に継承し、移行後の事務の円滑化を図る」と書かれている。都総務局行政部振興企画課では「委譲される側が負担を負わないといけない部分もあるが、分権推進の大きな流れのなか、都と市町村相互に協議しながら進めることが大切」と話す。

市町村の側にとっては権限が手に入る半面、事務量や経費は増える。保健所政令市や特定行政庁になるには、市民に身近な基礎的自治体として新たなサービスを行うための人材、財政面での裏づけも要求されることになる。

MEMO

保健所政令市　保健所が設置される都道府県、政令指定都市、中核市、特別区以外に、人口30万人以上の市は政令により、地域保健法に基づいて保健所を設置できる。八王子市は現在、人口54万人余り。人口41万人を超える町田市も保健所政令市になる検討を進めている。

特定行政庁　建築基準法に基づいて建築確認などの許認可権を持つ地方自治体。政令で指定する人口25万人以上の市は、建築確認などの事務を司る建築主事を置く特定行政庁となる必要がある。それ以外の市町村も知事の同意などにより、特定行政庁になることができる。建築基準法以外にも都市計画法、土地区画整理法、都市再開発法など、まちづくりに関する権限が移譲される。都内では23区が特定行政庁。多摩地域では現在、八王子、町田、府中、調布、武蔵野、三鷹、日野、立川の8市。

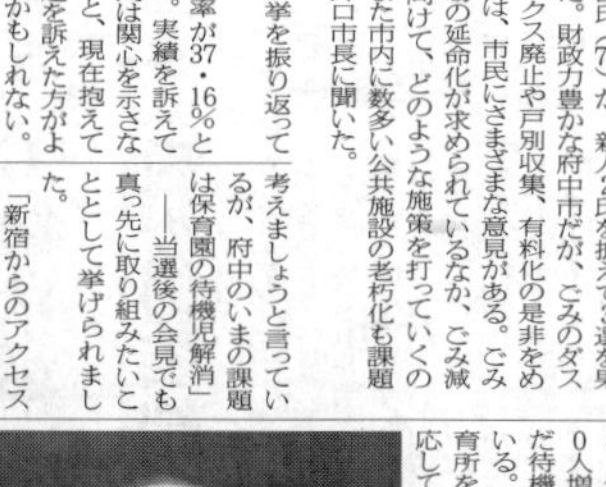

八王子市保健所の土地、建物は東京都八王子保健所から無償譲渡された＝八王子市旭町

美しく風格あるまちに
野口忠直府中市長インタビュー

1月27日に行われた府中市長選挙は現職の野口忠直氏（72）が、新人2氏を抑えて3選を果たした。財政力豊かな府中市だが、ごみのダストボックス廃止や戸別収集、有料化の是非をめぐっては、市民にさまざまな意見がある。ごみ処分場の延命化が求められているなか、ごみ減量に向けて、どのような施策を打っていくのか。また市内に数多い公共施設の老朽化も課題だ。野口市長に聞いた。

――選挙を振り返って感想を。

「投票率が37・16％と低かった。実績を訴えても新住民は関心を示さない。もっと、現在抱えている問題を訴えた方がよかったのかもしれない。ごみの問題は、ゆっくり考えましょうと言っているが、府中のいまの課題は保育園の待機児解消」

――当選後の会見でも真っ先に取り組みたいこととして挙げられました。

「新宿からのアクセスが30分ということで、人口がどんどん増えている。保育園定員枠は600人増やしてきたが、まだ待機児が200人以上いる。来年度に新しい保育所をつくるなどして対応していきたい」

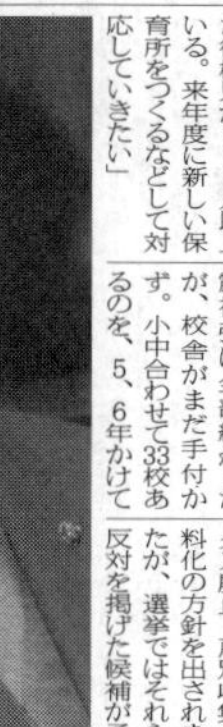

――公共施設の老朽化対策は。

「小中学校体育館の耐震補強は全部終わったが、校舎がまだ手付かず。小中合わせて33校あるのを、5、6年かけて計画的に終わらせたい」

――新市庁舎の計画は。

「新庁舎建設に向けて積み立てを始め、30億円くらいになった。50億円くらいになったところで具体的に考える。検討委員会などをつくっていくことになるだろう」

――昨年、ダストボックス廃止、戸別収集、有料化の方針を出されましたが、選挙ではそれらに反対を掲げた候補が予想を超える1万4000票余りを集めました。

「処分場延命化、ごみ減量は至上課題。有料化はどこでもやり始めている。戸別にすると有料袋を買ってもらうことになり、そうするとボックスはいらなくなる。だが、ボックスだと、いつでも捨てられて便利なので残してほしいという人もいる。市民アンケートなどで意見を聞きながら考えていきたい」

――1月から、景観法に基づいて景観施策を主体的に行うことができる景観行政団体になりました。

「都内では千代田区に次いで2番目。府中には多摩川や崖線など景色のいいところがたくさんある。何とかこれを残したい」

――国の天然記念物のケヤキ並木沿道にマンション建設の話が持ち上がっています。

「かなり高いものができると聞いている。景観計画ができる前に構想されてしまったのだが、指導することはできるので、今年4月から景観地区になるエリアであることを説明し、指導していきたい」

――競馬、競艇の年間収入はどの程度ですか。

「競馬は日本中央競馬会から寄附金として約10億円。競艇は一時期より落ち込んだが持ち直し、18億円くらい入るようになった。だが法人の収入が大きい。東芝や日本電気のほか、インテリジェントパークと呼ばれるエリアには、日本銀行の分館をはじめ金融機関や保険会社が集積していて市税を支えてくれている」

――市の基金約480億円はどう使っていきますか。

「昔、競艇で貯めた分がもとになっている。若干は再開発に使っていくが、なるべく後世に残していきたい。借金はせず、ツケ回しはしないということで」

――京王線府中駅前の再開発について。

「3カ所のうち、まだ1カ所が残っている。任期中になんとかしたい。現在、準備組合設立に向けて進められているところ。概ね飲食、商業ビルになるのではないかと思う」

――大国魂神社を中心に歴史を持つ府中の古さと新しさとの兼ね合いをどうお考えですか。

「古いまちには品格がある。これを大事にして、新しいまちにもそれを求めていきたい。だから、『美しい風格ある元気な府中』を掲げている。建物だけでなく、それを使う市民にも風格を持ってほしい。神社のお祭り、桜祭り、梅祭り。お祭りでわっと盛り上がるので市民に一体感がある。その感覚を大切に市民と一緒に仕事していきたいと思っている」

◇

座右の銘は「敬天愛人」。天を敬い、人を愛するという意味。自筆の書を市長室に飾っている。趣味は歌舞伎や能を演じること。歌舞伎では「助六」「菊畑」で出演歴も。実家は老舗の酒蔵で日本酒好き。カラオケでは「千の風になって」を歌う。子ども4人は独立し、現在は妻と犬と暮らす。

市制50周年記念祝う
町田市

町田市は3日、市制50周年記念式典を町田市民ホールで行った。

同市は1958年2月1日に町田町、鶴川村、忠生村、堺村が合併して誕生した。市としては東京都で9番目、当時の人口は6万人だった。

式典には市の内外から関係者ら約700人が集まった。石阪丈一市長は「この大きな節目の年に市長として市政を担当し、光栄であると同時に身の引き締まる思い」とあいさつ。「人口は当初の7倍近い41万人、商圏人口200万人の一大商業都市に発展した。学校や道路など公共施設整備が追いつかないことも体験したが、高齢者、障害者への生活支援や地域まちづくりなど市民の力で支えられ、成長してきた。先人に敬意を表し、次の世代が活躍でき、市民すべてが希望の持てるまちにしたい」と語った。

黒木一文議長は「市議会も市民代表として行政チェックを行い、希望の持てるまちを目指す」と話し、東京都からは山口一久副知事が「乱開発抑止、車いすで歩けるまちづくり、市街地再開発など一つひとつ課題を解決してこられた。東京国体ではサッカーやバレーボールの会場となる。今後ともご発展を願う」と祝辞を述べた。

地元選出の伊藤公介衆院議員や東京都市長会会長の尾又正則東大和市長らも祝いの言葉を贈った。

来賓紹介に続いて、F1ドライバーの佐藤琢磨氏に市民栄誉彰を贈呈。モナコ在住の佐藤氏に代わり両親が表彰状と記念品を受け取った。バレエ上演やお囃子、クラシック演奏なども行われ、和やかな雰囲気の中、50周年を祝った。

約700人が集まった町田市制50周年記念式典＝町田市民ホールで

村長選に2氏届け出　村議選は無投票当選
三宅村

三宅村の村長選挙と村議会議員選挙は5日、告示された。

村長選には再選を目指す現職の平野祐康氏（59）と新人でNPO法人代表の桑原稔氏（73）がいずれも無所属で立候補を届け出、10日の選挙となった。

村議選には定数の10人しか立候補の届け出がなく、無投票で当選が決まった。

当選者は次のとおり。

浅沼　昶　無新
平川大作　共新
寺沢晴男　無現
高松啓展　無現
福沢信哉　無現
長谷川崇　公新
佐久間達己　無現
谷　寿文　無現
平野辰昇　無現
浅沼徳広　無現

地下水調査で環境基準下回る
二枚橋焼却場

二枚橋衛生組合は7日、二枚橋焼却場がある組合敷地内に焼却残さが埋め立てられていたことを受けて、地下水調査を実施した結果を発表した。

昨年12月27日に観測井戸4カ所で地下水を採取。重金属類とダイオキシン類について調査した結果、すべての項目で環境基準を下回った。カドミウム、全シアン、鉛、六価クロムなど7項目はいずれも不検出、ほう素は1リットルあたり不検出～0・05ミリグラム（環境基準値は1ミリグラム）、ふっ素は1リットルあたり0・1～0・2ミリグラム（同0・8ミリグラム）だった。ダイオキシン類は、2378四塩化ジベンゾーパラージオキシンの毒性に換算して1リットルあたり0・018～0・036ピコグラム（同1ピコグラム）だった。組合では今後も一般市民の立ち入りができないよう管理するとともに、定期的な地下水調査実施など監視体制を継続する。

一方、都も昨年12月21日に敷地周辺の井戸2カ所、野川2カ所で調査を実施。重金属類は概ね不検出、ダイオキシン類は環境基準値1ピコグラムに対し、井戸2カ所が0・031～0・037ピコグラム、野川2カ所が0・59～0・62ピコグラム（いずれも2378四塩化ジベンゾーパラージオキシンの毒性換算で1リットルあたり）だった。

職員を懲戒免職
東村山市

東村山市は1日、住民票などの発行手数料を着服したとして、市民部市民課の主任（40）を懲戒免職処分にした。

市によると、主任は昨年6月から12月までの間、住民票などの手数料の収納に使うレジスターから総額約750万円を着服した。市民に返金した扱いにしていたため、発覚が遅れた。主任が担当していた課の親睦会の会計が合わないことから、市民課のレジスターも内部調査したところ、不正が判明した。本人は着服を認め、1月16日に全額を返済。市では同月21日、業務上横領の疑いで東村山署に刑事告発した。

市では、指導や監督が不適正であったとして、2月1日付で市民部長、市民部次長を減給20％の1カ月、市民部の課長ら3人を減給10％の1～3カ月とした。

嘱託不採用裁判

原告「不起立、やはり正しかった」
知事「教委の姿勢、間違ってない」

「原告らに対する本件不合格は、都教委による不法行為」——。国歌斉唱時の不起立等で処分された教員らが、退職後の再雇用職を不採用としたのは不当として訴えていた裁判で、都教委の違法性を明確に示した7日の東京地裁判決。しかし職務命令自体の違憲・違法性については、原告の訴えを退けた。今判決は、被告となる東京都はもちろん、原告にとっても厳しい結果を突き付けたものとなった。

◆満足感のない勝訴

「期待権侵害で計2527万1000円の損害賠償を都に命じました。原告勝訴の判決です」——。判決後、東京地裁の司法記者クラブで会見に臨んだ原告の弁護団は、声高に叫んで勝利を強調した。しかし、そんな訴えとは裏腹に原告側の表情に達成感や満足感は見られない。職務命令や通達が、憲法19条違反や旧教育基本法10条1項の「不当な支配」には当たらないとの判断が示されたからだ。

裁判の争点は①職務命令が、原告らの思想および良心の自由を侵害し、憲法19条に違反するか②10・23通達は旧教育基本法10条1項にいう「不当な支配」に該当するか③不合格について都教委に裁量の逸脱、濫用があるか——など。

このうち、命令の違憲性については「起立や斉唱拒否は、原告らの歴史観や信条に基づく行為と言えるが、これらと不可分に結びつくものとは言えない」「国歌斉唱は、指導要領の趣旨にかなうもので、卒業式等で全国的に広く実施されている」などとして、職務命令の合理性・必要性を認め、原告らの思想・良心の自由を制約するとは言えないと判断した。

同じく、旧教育基本法の「不当な支配」についても、「通達は、教育庁が定めた実施指針と異なる実施状況が見られたため改善・充実を図るもので、合理性・必要性がある」などとして原告の訴えを退けた。

他方、都教委が不合格とした点については「不起立と斉唱しなかった行為自体が、直ちに嘱託員としての採用を否定すべき程度の非違行為かは疑問」とした上で、不合格は、「従前の再雇用制度での判断と大きく異なり、職務命令違反を過大視する一方で、他の事情を考慮した形跡がなく、客観的合理性や社会的相当性を著しく欠く」と指摘。都教委が裁量を逸脱・乱用したものとして、都教委の不法行為と判断した。

これにより、不合格で生じた損害として、嘱託での1年分の賃金と弁護士費用の相当額を賠償するよう命じた。05年度の不採用者5人は各212万8600円、06年度の不採用者8人は各211万6000円となる。

◆教育長に聞いてくれ

「違法という判決を勝ち取ったことは、本当に嬉しい」。元英語教諭の新井史子さんは、判決後の会見でそう話した。

教科指導に専念できるため再雇用を楽しみにしていたが、04年3月の卒業式での不起立で処分され、05年度の再雇用で不合格となった。

電車の中で高校生を見かけると、「こんなことがなければ授業できたのに」と思い悩む日々。しかし「生徒には強い者や多数の判断に流されず自分で判断しましょうと伝えてきた。あの時、立っていれば、生徒の前に胸を張って出られなかった。教える場は奪われたが、不起立は正しかった」と力強く語った。

しかし、職務命令の違憲・違法性の訴えが退けられたことへの失望は強い。05年度に不採用となった清川久基さんは「嘱託不採用が違法という判決を勝ち取った点では非常に評価しているが、職務命令を出して一律に行動を強制させ、従わないと処分するという教育行政に歯止めがかからなかった点では不本意と言わざるを得ない」と強い憤りを示した。

他方、8日の記者会見で判決について聞かれた知事は「都教委の姿勢は間違っていない」と述べ、控訴する考えを示した。2回目の敗訴となったことの感想を聞かれると「ケース、ケースで違うこともある」としながらも、「あとは教育長に聞いてくれ」と記者の質問をかわし、いつもの「石原節」は影をひそめた。

判決後、千代田区内で行われた報告集会で、判決の感想を述べる新井さん（右から2人目）。300人近い支援者らが駆けつけた

原告にも厳しい判決

【解説】「別の裁判長の判断なら、今日の判決で良いのだが……」。報告集会で原告側から漏れた言葉は、この裁判を象徴している。

今裁判の焦点の一つが、中西裁判長の判断が示される点だった。中西裁判長は、再発防止研修の違憲・違法性が争われた昨年7月19日の地裁判決で、原告が懲戒処分自体の違憲・違法性を争っていなかったため、「研修の発令が違法となる余地はない」として、違憲・違法の判断を事実上、示していなかったのだ。

同裁判長の判断が注目されるのは、それが今後の裁判の行方を占う意味もあるからだ。

中西裁判長の民事19部は現在、「第1次、第2次東京『君が代』裁判」や「小・中学校や障害児学校の君が代裁判」など、懲戒処分の取り消しを求める9件の裁判を受け持っており、これらの前哨戦として、同裁判長が初めて示す今判決の意味は大きい。

職務命令そのものの不当性・無効性を争った、06年9月21日のいわゆる予防訴訟の原告勝訴判決（難波孝一裁判長）以降、一連の裁判は原告にとって厳しい判決が続いていた。そうした中、今回の判決は原告に光を当てるものとなったが、同時に、今後の厳しい道のりが透けて見えるものともなった。（貴）

ひと

『東京マラソン』を出版した

知事本局参事（政策担当）
遠藤（えんどう）　雅彦（まさひこ）さん

「東京マラソン」が今年も17日に開催される。昨年は雨の寒い日だった。そんな中を、何で3万人もの人が走るのかと思った人は、この本を読んで考えが変わるに違いない。

タイトルも『東京マラソン』＝ベースボール・マガジン社新書。「マラソンの運営について書いた本はないので、手伝ってくれないか」と請われ、自分が書くとは思わず応じてしまったが、本にすると分かって、皆でやったことだからと、ためらう気持ちになった。

後押ししたのは「記録として残しておきたかったし、飲み屋で話したりすると、案外、知らないで、へーと驚かれることが多かった。プロジェクトマネジメントについての講演要請もあったので、書いてもいいかなと思うようになった」と。

執筆中は「あれも、これもやりたかったと思う方が多かった」。人事異動は宿命だが、本音は「もう一回位やらせろよ」という気持ちだったのだ。「1年ごとのイベントだが、事業はずっと続いていくわけで、組織を考える必要があると思う」

参加費を払うんだからサービスは当然と考えるランナーには、この本で、多くの人の協力があるからこそ走れるということがよく分かるはず。「お互いに有り難うと言い合えるレースにしていくことを目指したが、実際に東京もバラバラじゃなかったんだ、あったかい街だったんだという声が多く聞こえた」

海外のマラソン大会では、完走メダルを自慢げに付けたままにしているとか。「東京でもそんな姿が見られ、シャイな日本人も結構やるじゃないかと嬉しかった」と笑う。

「しょうがないよ。祭りなんだから」と、受け入れる土壌もあった。「ランニングのためのイベントでなく、フェスタだというのを、都市という環境の中で見せたことが大きかった」

管理職昇任で、都市博が中止になった翌日にフロンティア協会に異動した。「もったいないと思った。6、7割は出来ていて、そこまで頑張ってきた残り火みたいなものは感じられていました」

本では、調整に苦労した本当の裏側には触れなかったが、「石原知事の影響力は大きかったですね」と。

台東区生まれ。慶応大法卒。82年都入り、05年教育庁マラソン担当参事、同組織委員会事務局長に。07年4月現職。「一回位は走ってみたい」と今マラソンに応募し、落選。昨年の開催翌日が47歳の誕生日で、打ち上げが祝いの席になったとか。浦和レッズの熱烈ファン。

08年度各局定数　57％の実態▼▼▼3

都市整備局
委託化も新たな領域へ

局定数1195人（63増89減・差引26減）

削減率は2・12％で、知事部局等の平均（1・72％）よりは高いものの、ハード局の中では決して大きい数字ではない。

そうした中、大きな減となったのが都営住宅建設の分野だ。工事監理業務の一部を東京都住宅供給公社に委託することで、東部住宅建設事務所の建設課などで10減とした。都営住宅関連の建設部門では、初の委託化となる。職員の大量退職時代を迎え、効率的な執行体制が求められる中、事業を円滑かつ安定的に行うための執行体制を整備したという。

また、国分寺市が特定行政庁となるため、建築基準業務の移管に伴い、多摩建築指導事務所指導第一課の指導係、構造設備係、監察係で計3減とした。建築確認や検査業務などが移管される。これにより、多摩地域の特定行政庁は八王子市や立川市など9市となる。

再開発事務所では、管理課と補償課を統合して14増17減の差引3減とした。北新宿地区の再開発事業が収束に向かうため、組織のスリム化を図ったという。

他方、増員では、カーボンマイナス関連で都市づくり政策部広域調整課都市政策係に1増した。緑化ムーブメントを醸成するため、民間都市開発事業者の緑化推進に取り組むとともに、CO_2削減に向け、都市開発制度の活用について検討する。

また都市基盤部では、「開かずの踏切」解消に向けた連続立体交差事業を推進するため、交通企画課企画係で1増した。新規着工の準備を行うとともに、区事業の技術支援を行う。

さらに、13年に開催する東京国体に向け、市街地整備部多摩ニュータウン事業室に国体施設準備担当係長を設置。味の素スタジアムに陸上トラック等を整備するため、技術的な調整等を行うという。

局はここ数年、事業のアウトソーシング化や再開発事業の推移に伴う削減などを進めてきた。08年度も基本的にその路線を引き継いだといえる。

職員課の佐々木秀之課長は「民間緑化やカーボンマイナス、連続立体交差事業などの施策に必要な人員配置については、一定程度の理解は得られた。一方で、市街地整備事業関連の減など、全体としては厳しい結果になった」とふり返る。

これに対し、都市整備環境支部の名執和博書記次長は「昨年に続き、地域住民と接している市街地整備事業の現場（再開発事務所の10減をはじめ、計14減）が大きく削減された。誰のためのまちづくりかという問題だ。『安全・安心』に対する期待が強まっているが、『まず、削減ありき』で建築・開発指導などの職場にストレスが生じている。知事以下は、都民の期待に応えようとしても、できない現場実態を直視すべきだ」と訴える。

また、住宅支部の伊東輝書記長は「事業関連では9年連続で都営住宅の新規建設が見送りとなった。しかしネットカフェ難民など住宅困窮者が社会問題となり、特別区議会議長会の来年度予算に関する要望書でも、都営住宅の整備が求められている中、都営住宅の果たす役割は大きく、新規建設の見送りは認められない。東部建設事務所の一部事業の委託化は、まさに『削減ありき』だ。安全・安心な住宅を供給するには、直営体制が必要」と話している。（貴）

産業労働局
「10年後の東京」関連に15増

局定数1231（90増120減・差引30減）

低所得者生活安定化プログラムの体制整備など「10年後の東京」関連で増員があった一方、職業能力開発センターや労働相談情報センターにかかる見直しで、差し引きでは30人の減となった。

減要因のうち、最も大きかったのは、中央・城北職業能力開発センターの有明分校の廃止及び訓練科目見直しで、全体で14人の減。有明分校については、06年度包括外部監査を踏まえて、改善計画で施設費の軽減等が挙げられていた。また訓練科目は市場化テストのモデル事業として実施されており、07年4月から対象7科目中6科目で民間事業者による訓練業務を開始。08年度はOAソフト管理の科目も追加して、民間事業者が実施することになる。

このほか労働相談情報センターでは、調査普及担当係長の廃止など、調査・セミナー実施体制等の見直しにより9人減。調査やセミナーの回数減、実施方法の一部委託化などを図っていく。

また全庁的な内部管理部門スリム化の一環で、総務部の政策企画課と計理課が統合され、企画計理課を設置。これに伴って1人減となった。商工部では経営革新計画業務について、相談窓口の一部委託等により、係体制を見直し計3人の減。さらに農業振興課の農業基盤整備関係2係の統合、現業職の退職不補充等に伴う減員も見られる。

一方、増員面では「10年後の東京」に関連して15人増。低所得者層安定的就業確保支援事業の実施に伴う体制整備では5人の純増となった。職業能力開発センターや民間専門校で職業訓練を実施し、就職に結び付けていくもので、中央・城北職業能力開発センター、多摩職業能力開発センターに各2人、本庁に1人が配置される。

このほか「10年後の東京」関連には、商工部の「産業人材の確保・育成事業」「創造的都市型産業集積創出事業」の実施に伴う係長ポストの設置、雇用就業部の「両立支援事業」「障害者雇用促進事業」の拡充にかかる係の新設や係長設置なども挙げられる。

東京フィルムコミッション事業については、生活文化スポーツ局から観光部に移管され、1人が配置されている。

平井経済支部書記長は「政策企画課と計理課の統合や係の統合など、強引に削減を作り出している。また現業系も退職不補充が機械的に実施されており、最初に削減ありきの査定と言える。一方、『10年後の東京』関連では増員が抑えられ、現場にしわ寄せがくることは明らか。実態を無視した査定結果だ」と話す。

40年の歴史に幕
青山病院で閉院式

東京都職員共済組合青山病院の閉院式が7日に行われ、40年に及ぶ歴史に幕を下ろした。閉院式は総合案内等のあった1階ロビーで行われ、来賓や同病院に関わった医師・看護師、職員らも、最近まで使用していた待合いすに着席して、式典に臨んだ。

閉院式では加賀谷寿一院長による経過報告に続き、押元洋共済組合事務局長が「40年の永きにわたり組合員の医療を担ってきた青山病院が閉院することは寂しい想い」など山口一久共済組合理事長のメッセージを代読。来賓からも同病院にまつわる様々な思い出やエピソードが紹介された＝写真。

大会議室に場所を移した歓談の席では、病院のハートフルコンサートをボランティアで行ってきたピアニスト・緑川容子さんが電子ピアノを演奏。最後は参加者全員で急きょ結成された〝青山病院混声合唱団〟が「ふるさと」を歌う場面も見られた。

◇　◇　◇

青山病院は1968年12月2日、東京都健康保険組合が経営していた明石病院、旧職員共済組合の飯田橋病院、都交通局病院の3病院を統合して開院。最先端医療設備を備えた職域病院として、診療科13科、病床数306床でスタートした。

当時の主要死因であった脳血管疾患、心臓疾患、がんなどに対応した診療体制に加え、その後もICUの設置、24時間看護に向けた看護宿舎建設、人間ドッグ病棟の開設、87年4月の社会保険医療機関の指定など、地域の医療ニーズにも応えた病院として役割を果たしてきたという。

02年には清瀬病院を統合し、一般病棟200床・神経科病棟30床の「新青山病院」として全面開設したが、度重なる医療法の大幅な改正等で病院を取り巻く環境が変化。利用率低下や建物の老朽化等も背景に、06年12月の「青山病院あり方検討委員会」報告を踏まえて、07年度末の閉院が決まった。

閉院にあたっては、診療体制を順次縮小し、07年7月に入院診療、また12月には外来診療を終了してきた。今後は共済組合事務局内に専用の窓口を新設し、必要とする人に対して、これまでの診療情報等の提供を図っていく考えだ。

また病院の機器や備品については、残存価格のあるCTスキャンなどは有償で、それ以外の備品は無償で譲渡する方向で、都や特別区、消防庁等との間で調整を進めている。

「強制的な勤労奉仕が実態だ」
都庁職が「募金」を批判

都が2日、職員のボランティアによる「東京募金」街頭キャンペーンを行ったことに対し、都庁職は7日、抗議の見解を発表した。

石原知事がキャンペーンの前日、職員の参加を「職務命令」から「ボランティア」に一転させたことについて、「職務命令を受けた職員を騙し討ちにしたもので、半強制的にキャンペーンに参加させたもの。行政の私物化以外の何物でもない」と批判した。さらに、ボランティアとは名ばかりで、強制的な勤労奉仕、タダ働きの『職務命令』というのが実態。職務命令で不利益を含む職員が迷惑を被る結果となった」と切り捨てた。

8日には押元洋総務局長に対して申し入れを行い、今後は事実上の職務命令による「ボランティア活動」を実施しないことなどを強く求めた。

大森　トクさん（おおもり・とく＝浦辻美知子・台東区障害福祉課松が谷福祉会館担当係長の母）7日死去、79歳。

冨田　信男さん（とみた・のぶお＝冨田昭・都水道局サービス推進部業務課長の父）7日死去。

昇任試験対策のページ

20年度 主任試験講座 ― 19 ―

はじめに

今回から、地方公務員法（以下「地公法」という）について、勉強します。全部で7回ありますが、前半3回で基礎知識の確認を行い、6月から7月に掲載予定の残り4回で練習問題を解きながら理解を深めていきます。

地公法は、地方公務員の任用や勤務条件、分限、服務等の基本事項を定めており、地方公務員にとって大変重要な法律です。皆さんの誰もが、研修などで一度は勉強したことがあると思いますし、日々あたりまえのように行っている仕事の根拠が地公法にあることも少なくありません。しかし、そんな身近な地公法（全62条）ですが、問題集などに取り組んでみると、意外と難しく、わかっているようでわからないことが多いのではないでしょうか。基礎知識を押さえたうえで、繰り返し問題集に取り組むことが勝利への近道です。

なお、地方公務員制度改革を進めるため、能力及び実績に基づく人事管理の徹底（職制上の段階の標準的な職と標準職務遂行能力の設定、職階制の廃止、新たな人事評価制度の構築、分限事由の明確化、等級別基準職務表制定、等級別に職名ごとの職員数を公表など）と退職管理の適正の確保（退職職員による現職職員への働きかけに対する規制など）を内容とする地公法改正案が平成19年5月に国会に提出され審議中ですので、動向に注意しておいてください。

第1章　総則

1　目的（第1条）

地公法は、①地方公共団体の人事機関②地方公務員の任用③職階制④給与、勤務時間その他の勤務条件⑤分限及び懲戒⑥服務⑦研修⑧勤務成績の評定⑨福祉及び利益の保護⑩団体等の人事行政に関する根本基準を確立することにより、地方行政の民主的かつ能率的な運営並びに特定地方独立行政法人の事務及び事業の確実な実施を保障し、地方自治の本旨の実現に資することを目的としています。

2　一般職と特別職（第3条）及び地公法の適用（第4条）

地公法では、地方公務員を一般職と特別職とに分類しています。一般職とは、特別職以外のすべての職をいい、地公法の適用を受ける職です。また、特別職は、行政実例では「恒久的でない職または常時勤務することを必要としない職であり、かつ、職業的公務員でない点において、一般職に属する職と異なるもの」と解されており、①成績主義の適用の有無（一般職は、受験成績、勤務成績など客観的な能力実証に基づいて採用、昇任などが行われ、特別職は、選挙、特定の知識・経験等によりその職に就く）②終身職としての性格の有無（一般職は原則として定年に達するまで任用されるが、特別職は一定の任期が定められている）、などが区分の要素として考えられています。特別職の具体的な職については、第3条第3項に限定列挙されており、①住民またはその代表の信任によって就任する職（ア　公選によるもの＝地方公共団体の長、議会の議員、農業委員会の一部の委員等、イ　議会の同意を得て選任され、または選挙されるもの＝副知事・副市町村長、監査委員、教育委員会の委員、選挙管理委員会の委員、人事委員会・公平委員会の委員等）②非専務職（諮問機関として設置する審議会の臨時または非常勤の委員、臨時または非常勤の顧問・参与・嘱託員、非常勤の消防団員・水防団員等）③自由任用職（地方公営企業の管理者及び企業団の企業長、特定地方独立行政法人の役員、地方公共団体の長・議会の議長等の秘書で条例で指定するもの等）に分類されます。

第2章　人事機関

地方公共団体の人事機関は、任命権者と人事委員会（または公平委員会）の2種類があります。

地方公務員制度 ①

1　任命権者（第6条）

任命権者とは、職員の任命、休職、免職、懲戒等の人事権を直接職員に対し行使する権限を有している者で、地方公共団体の長、議会の議長、選挙管理委員会、代表監査委員、教育委員会、人事委員会及び公平委員会、警視総監などが該当します。また任命権者は、その権限の一部をその補助機関たる上級の地方公務員に委任することができます。

2　人事委員会・公平委員会（第7～第12条）

人事委員会は、都道府県及び政令指定都市においては必置とされ、人口15万人以上の政令指定都市以外の市及び特別区は、人事委員会または公平委員会を設置することが義務付けられています。また、人口15万人未満の市、町、村、地方公共団体の組合は、公平委員会を置かなければなりません。

①　権限（第8条等）

人事委員会の権限は、性質別に次のように分類されます。

イ　準司法的権限　人事行政の専門的機関であり、任命権者と職員との間の中立的機関であることから、任命権者と職員との間の紛争に関し、これを裁定する機能（準司法的権限）を有しています。具体的には、勤務条件に関する措置要求の審査（第8条第1項第9号、第47条）、不利益処分についての不服申立ての審査（第8条第1項第10号、第49条の2第1項、第50条）、職員団体の登録の取り消しに関する口頭審理（第8条第1項第12号、第53条第7項）の三つです。

ロ　準立法的権限　人事委員会は独立した行政機関であり、人事委員会の事務のうち他機関等に委任する事務の範囲（第8条第3項）及び人事委員会の権限の事務（第8条第5項）についての人事委員会規則の制定、任命の方法に関する一般的基準の制定（第17条第2項）についての権限（準立法的権限）を有しています。

ハ　行政的権限　人事委員会は行政機関であるので、各種の行政的権限を行使します。具体的には、第8条第1項第1号から第8号まで及び第11号に定められているもののほか、職員に関する条例の制定・改廃に関し議会及び長に意見を申し出ること（第5条第2項）、人事委員会の事務局長その他の事務職員の任免（第12条第7項）、任用候補者名簿の作成（第21条第1項）、臨時的任用の承認（第22条第2項）、給料表に関する議会及び長に対する報告及び勧告（第26条）、研修計画の立案等に関する任命権者に対する勧告（第39条第4項）、勤務成績の評定に関する計画の立案等に関する任命権者に対する勧告（第40条第2項）、職員団体の登録・取り消し・解散の届け出の受理（第53条第5項・第6項・第10項）等を行います。なお、公平委員会の権限は、人事委員会と比較すると限定されているものの、準司法的権限、準立法的権限及び行政的権限を有しています。

②　委員（第9条の2）

人事委員会、公平委員会とも3人の委員で組織し、任期は4年です。人事委員会の委員は常勤または非常勤、公平委員会の委員は非常勤で、地方公共団体の長が、人格が高潔で地方自治の本旨及び民主的で能率的な事務の処理に理解があり、かつ、人事行政に関し識見を有する者のうちから、議会の同意を得て選任します。なお、①禁錮以上の刑に処せられ、その執行を終わるまでまたはその執行を受けることがなくなるまでの者（第16条第2号）②当該地方公共団体において懲戒免職の処分を受け、当該処分の日から2年を経過しない者（第16条第3号）③日本国憲法施行の日以後において、日本国憲法またはその下に成立した政府を暴力で破壊することを主張する政党その他の団体を結成し、またはこれに加入した者（第16条第5号）④地公法第5章に規定する罪を犯し刑に処せられた者――は委員となることができず、委員として在職中に①③④に該当することとなった場合は失職します。また、委員は、①2人以上が同一政党に属することとなった場合②心身の故障のため職務の遂行に堪えないと長が認める場合③職務上の義務違反その他委員たるに適しない非行があると長が認める場合、を除いて、その意に反して罷免されることはありません。

③　議事（第11条）

人事委員会または公平委員会は、原則、3人の委員が出席しなければ会議を開くことができませんが、公務の運営または職員の福祉若しくは利益の保護に著しい支障が認められる十分な理由があるときは、2人の委員が出席すれば会議を開くことができます。また、その議事は、過半数で決します。

④　事務局または事務職員（第12条第1項）

人事委員会には事務局（事務局長その他の事務職員）が置かれ（人口15万人以上の政令指定都市以外の市及び特別区は、事務局を設置せず事務職員のみを置くことも可）、公平委員会には事務職員が置かれます（競争試験等を行う公平委員会には事務局設置可）。

第3章　職員に適用される基準

1　任用の根本基準（第15条）

職員の任用は、受験成績、勤務成績その他の能力の実証に基づいて行わなければならないという「成績主義（メリットシステム）」が挙げられ、これに反して任用した者に対しては、罰則の適用があります。

2　欠格条項（第16条）

次の①から⑤に該当する者は、職員となることまたは競争試験・選考を受けることはできません。①成年被後見人または被保佐人②禁錮以上の刑に処せられ、その執行を終わるまでまたはその執行を受けることがなくなるまでの者③当該地方公共団体において懲戒免職の処分を受け、当該処分の日から2年を経過しない者④人事委員会または公平委員会の委員の職にあって、地公法第5章に規定する罪を犯し刑に処せられた者⑤日本国憲法施行の日以後において、日本国憲法またはその下に成立した政府を暴力で破壊することを主張する政党その他の団体を結成し、またはこれに加入した者。ただし、条例で適用除外の特例を定めることができます。

3　任命の方法（第17条）

任命権者は、職員の職に欠員が生じた場合において、採用、昇任、降任または転任のいずれかの方法で職員を任命することができます。採用及び昇任は、人事委員会（競争試験等を行う公平委員会を含む）を置く地方公共団体においては競争試験により（人事委員会の定める職について人事委員会の承認があった場合は選考によることができる）、人事委員会を置かない地方公共団体においては競争試験または選考によるものとされています。

4　競争試験及び選考（第18条）

競争試験とは、特定の職につけるため、その職務を遂行する能力があるかどうかを確認し、不特定多数の者の中から競争によって選抜する方法です。また、選考とは、特定の職につけるため、一定の基準により特定の者が適格であるか否かを判定する方法です。

5　条件附採用及び臨時的任用（第22条）

職員の採用は、臨時的任用または非常勤職員の任用を除き、すべて条件附とされ、採用後6カ月間良好な成績で職務を遂行し、はじめて正式に採用されます。なお、この期間に能力の実証が得られない客観的事情があるときは、人事委員会は、その期間を1年まで延長することができます。条件附採用期間中の職員は、正式採用された職員とは異なり、分限に関する規定（第27条第2項、第28条第1項から第3項まで）が適用されない（第29条の2第1項）ので、労働基準法に違反しない限り、法律で定める事由によることなく降任または免職を行うこと、法律または条例に定める事由によることなく休職にすること、条例に定める事由によることなく降給することができます。また、不利益処分に対する不服申立てが認められていない（第29条の2第1項）ので、[illegible]分または懲戒処分を受[illegible]きに人事委員会または[illegible]員会に救済を求めるこ[illegible]きません。

臨時的任用は、第17[illegible]る正式任用の特例であ[illegible]定の事由がある場合[illegible]て、例外的に任命権者[illegible]月を超えない期間で職[illegible]用することができま[illegible]た、必要な場合は、さ[illegible]カ月以内の期間に限り[illegible]だけ更新することが[illegible]す。臨時的任用がで[illegible]は、①第17条の正式任[illegible]続きをとるいとまが[illegible]急に職員を採用する必[illegible]る場合②その職自体の[illegible]間が暫定的である臨時[illegible]関する場合③任用候補[illegible]がない場合、に限られ[illegible]任用に際して、いかな[illegible]権も認められません。[illegible]員会（競争試験等を行[illegible]委員会を含む）を置く[illegible]共団体で任命権者が臨[illegible]用を行う場合は、これ[illegible]員会の規則で定めると[illegible]より、委員会の承認を[illegible]ればなりません。また[illegible]任用職員については、[illegible]採用期間中の職員と同[illegible]分限に関する規定の適[illegible]く、不利益処分に対す[illegible]申立ては認められませ[illegible]29条の2第1項）。

◇

次回も引き続き地方[illegible]法の基礎知識を確認し[illegible]ます。

20年度 主任・係長 論文講座 ★19★

都主任選考

はじめに

前回に引き続き、主任論文の添削と研究を行います。

課　題

（一）あなたが現在携わっている職務と職務上の課題について、簡潔に述べてください。

（二）（一）で述べた内容について、あなたの問題意識を述べ、あなたが努力していることに言及しながら解決策を具体的に述べてください。

論文例

（一）

私は、公営企業局において人事の職務を担当している。職務の主な内容は、退職動向の把握、職員の退職手続及び退職手当額の決定といった、退職に関わる事務である。①

現在、私の所属する局では団塊の世代の大量退職が始まり、以下のような課題が浮かび上がっている。②

第一に、技術・技能の継承や現場での人員確保が大きな課題となっている。優れた技術・技能を有する退職予定者を、再任用・再雇用職員として確保し、採用することが不可欠な状況である。そのため、職員の退職動向を的確に把握することが重要である。③

第二に、定年退職者の増加に伴い、退職金の支給に関する手続き、保険や年金に関する手続き等の事務も増加が見込まれる。従来にも増して正確かつ効率的な作業が要求されるものである。④

第三に、平成19年度から退職手当制度が大幅に改正された。初年度にあたる今年度は、退職手続及び退職手当額の決定を、改正された関係規程に基づき適正に行うべく、特に慎重を期す必要がある。⑤

これらの職務を遂行するため、私は、関係法令、規程等の理解及び計画的な事務の進行に努め、公正・適正な事務執行を心がけている。⑥

（二）

1　退職動向の的確な把握

職員の大量退職の時期を迎え、私の所属局でも、技術・技能の継承に対する取り組みが課題となっている。また一方では、当局の新たな経営計画は、更なる定数削減を掲げている。このような状況に対応するためには、職員一人ひとりが少数精鋭の自覚を持つ一方、ベテラン職員を再任用・再雇用職員として確保し、その能力を活かしていくことが重要となっている。⑦

そのため、私の部署では秋口の本格的な採用業務に入る前に、定年退職予定者に対し、再任用等の希望を事前に調査する意向調査を行っている。再任用や再雇用を希望する職員の数の見通しを年度当初に立てることで、退職動向を早期に把握し、人員の定数管理をより的確に行うためである。⑧

そして私は、この調査結果を再任用事務担当者等に迅速に提供するように心がけている。担当者の方では、退職予定者の意向を事前に把握することで、優れた技術・技能を有する職員に、再任用職員として残ってもらえるよう働きかけを行うための資料として活用してくれている。⑨

こうした組織をあげての取り組みにより、計画的な人材確保と人員配置が行えるようになり、ベテラン職員の有効な活用が実現している。⑩

2　計画的な事務執行

定年退職者の増加により、事務量は、今後3年間は増加が見込まれている。この事務は、年度末の短期間に集中して行われる。限られた期間に迅速かつ正確な処理を行うためには、計画的な事務の執行管理が不可欠である。⑪

そのため、私は、年度当初に今後10年間の定年退職者数について、各職種別に推計してみた。このデータは、定数管理の基礎データとして局内の関係部署に提供しているが、退職者数の動向を早期に把握することにより、事務量について把握する一助になっている。⑫

そして、該当者を把握し、退職手当計算をするにあたって必要な情報を収集し、データベース化する作業に、年間スケジュールを立てて取り組んでいる。⑬

以上のように、退職者の増加により、事務処理に混乱をきたすことなく年度末の退職手当計算が行われるよう、計画的な事務の進行を心がけている。⑭

3　退職手続及び退職手当計算の適正な実施

退職手続及び退職金計算は、法律及び規程に基づき適正に行われなければならない。⑮

特に今年度は、退職手当計算にあたって、在職期間中の職責等を反映させる退職手当の調整額や退職要件を個別に審査する個別勧奨といった制度が初めて施行されることとなり、その取り扱いには特に慎重を期す必要がある。⑯

私の所属局においては、局独自の給与システムを構築しているため、適正に退職手当を支給するためには、この新制度が正確に反映されたシステム化が必須である。⑰

私は、局のシステム担当者と連携し定期的に調整を重ねながら正確なプログラム構築を図っている。関係規程を読み込むことで理解を深め、相互に問題を確認しながら綿密な調整を重ねることにより、段階的にシステム化を行っている。⑱

個別勧奨については、勧奨条件の判断基準に不公平が生じてはならない。そのため、私はチェックリストにより必要要件を満たしているか確認しつつ判断材料である診断書等の疎明資料の審査に漏れがないよう心がけている。⑲

今年度行われる個別勧奨がすべて前例になることを念頭に、慎重な審査を行っている。⑳

4　課題への取り組み

当局では、昨年度新たな経営計画を策定し、お客様サービスの向上と経営基盤の強化を一層進めるために、職員一丸となって取り組んでいる。㉑

私は、そうした取り組みの中で、これからも職務の課題に真摯に取り組み、都民やお客様の信頼と期待に応える組織作りに貢献していく決意である。㉒

講　評

今回は、いわゆる「職場もの」と呼ばれる課題についての論文例です。

論文の構成は、（一）導入、（二）課題の指摘、解決策の提示、結論となっており、（一）で約560字、（二）で約1660字です。（一）、（二）ともに内容を精査し、制限字数までに収める必要があります。

ご承知のとおり、昨年度に主任試験論文の制度改正が行われていますが、新しい制度では、都政全体とのかかわりを意識して職場の課題を発見し、改善の提案をすることができること等が求められます。職務・職場の課題を踏まえ、主任の立場で問題解決に取り組む姿勢を論述することが大切です。

このような視点で論文例を検討・分析してみます。

論文添削 ②

論文添削

（一）は、都政全体とのかかわりを意識して問題点の整理がされているか等、論文の方向性を決定づける大切な部分です。

②の「団塊の世代の大量退職」は、一つの局だけに限った問題ではなく、都政全般に関わることですので、書き出しを工夫する必要があります。例えば、「私の所属する局も他の局と同様に」といった書き方にしてみてはどうでしょう。

⑤の「関係規程に基づき適正に行うべく、特に慎重を期す必要がある」との記述は少し抽象的ですので、何について慎重を期すのか、具体例を入れて説明した方がよいでしょう。

例えば、退職手当の計算方法が、職責ポイントを用いるものに変更されている点についてです。

（二）では、（一）で示した課題について、主任クラスの立場として、どのように対応していくのかを論じます。

⑦では「技能・技術」の継承に対する取り組みがなぜ課題であるのか、退職事務を所管する立場でさらに論じる必要があります。ベテラン職員が保有する技術・技能は目に見えるものだけではなく、いわゆる「暗黙知」と呼ばれるものもあり、容易に継承できるというものではありません。

退職事務担当としては、動向を把握し定数管理を的確に行うとともに、できるだけ早期に局内関係部署に情報提供して連携を継続していくこと等が必要になるでしょう。

しかし、⑩で「ベテラン職員の有効な活用が実現している」と、言い切るまでは至ってはいないと思います。

有能な職員については、再任用職員として活用することのほか、非常勤職員として雇用を継続する等の方法が可能かと思われます。

⑪～⑭で述べている、計画的な事務執行はもちろん大事なことですが、ある意味できわめて当然のことでもあります。ここは、計画的な事務執行以外に何か工夫をしたことを論じる展開にした方がよいように思います。

⑲の個別勧奨に関して、チェックリストを使うとありますが、どのような項目があるのか等、読み手に分かるように論じると良いと思います。

最後の章は論文の結びの部分であり、主任としての決意を述べます。㉑、㉒は特に問題ありませんが、ここで新たな課題等に話を広げないように留意してください。

各章の表題（見出し）は、簡潔にかつ読み手にインパクトを与えるような表現にできるとさらに良いと思います。今の表題は、読み手に訴えかけるという点では若干不十分です。

20年度 教育管理職への道しるべ ＜23＞

地教行法 ③

問題例

【問題 8】

県費負担教職員に関する記述として妥当なものは、次のうちどれか。

① 県費負担教職員の勤務成績の評定は、市町村教育委員会の内申に基づき都道府県教育委員会が行う。

② 県費負担教職員の定数は、都道府県の条例で定めることとなっており、臨時または非常勤の職員についても同様である。

③ 県費負担教職員の任命権は都道府県教育委員会に属するが、市町村教育委員会の内申をまって、任免その他の進退を行う。

④ 県費負担教職員の給与、勤務時間その他の勤務条件について、地方公務員法の規定により条例で定めるものとされている事項は、市町村の条例で定める。

⑤ 都道府県教育委員会は県費負担教職員の服務を監督する。

【問題 9】

学校運営協議会に関する記述として妥当なものは、次のうちどれか。

① 教育委員会は、学校運営協議会の運営が著しく適正を欠くことにより、当該指定学校の運営に著しい支障が生じ、または生じるおそれがあると認められる場合においては、その指定を取り消すことができる。

② 学校運営協議会の委員は、当該指定学校の所在する地域の住民、当該指定学校に在籍する生徒、児童または幼児の保護者その他教育委員会が必要と認める者について、教育長が任命する。

③ 学校運営協議会は、当該指定学校の運営、職員の採用その他の任用に関する事項について、教育委員会または校長に対して、意見を述べることができる。

④ 指定学校の校長は、当該指定学校の運営に関して、教育課程の編成その他教育委員会規則で定める事項について基本的な方針を作成し、当該指定学校の学校運営協議会の承認を得なければならない。

⑤ 教育委員会は、条例で定めるところにより、その所管に属する学校のうちその指定する学校の運営に関して協議する機関として、当該指定学校ごとに、学校運営協議会を置くことができる。

【問題 10】

指導が不適切な教員に関する記述として妥当なものは、次のうちどれか。

① 教科に関する専門的知識や技術的力量のみならず、児童または生徒とのコミュニケーション不全も指導が不適切である行為の対象となる。

② 児童または生徒に対する指導を適切に行うことができない原因が、精神疾患に基づく場合でも、指導力不足教員として配置転換を行うことができる。

③ 配置転換に必要な要件は、学校長が、児童または生徒に対する指導が不適切であって、かつ、研修等必要な措置が講じられたとしてもなお、児童または生徒に対する指導を適切に行うことができないと認めた場合である。

④ 指導が不適切な教員には、無断欠勤や飲酒運転などの服務違反行為を行った場合も含まれる。

⑤ 児童または生徒に対する指導が不適切な県費負担教職員は、当該市町村の教員以外の常時勤務を要する職に異動となる。

【問題 11】

都道府県教育委員会が行う市町村教育委員会に対する指導、助言及び援助等に関する記述として妥当でないものは、次のうちどれか。

① 指導主事、社会教育主事その他の職員を派遣すること。

② 教育委員会の組織及び運営に関し、指導及び助言を与えること。

③ 学校の組織編制、教育課程、学習指導、生徒指導、職業指導、教科書その他の教材の取り扱いその他学校運営に関し、指導及び助言を与えること。

④ 学校その他の教育機関の設置及び管理並びに整備に関し、指導及び助言を与えること。

⑤ 法令違反や事務の管理及び執行の怠りにより、児童、生徒等の生命または身体の保護のため、緊急の必要があるとき、当該違反の是正または当該怠る事務の管理及び執行を改めることを指示すること。

解　説

【解説 8】　正答 ③

① 誤り。都道府県教育委員会の計画の下に、市町村教育委員会が行う。（地教行法第46条）

② 誤り。県費負担教職員の定数は、都道府県の条例で定める。但し臨時または非常勤の職員はこの限りではない。（地教行法第41条）

③ 正しい。

④ 都道府県の条例で定める。（地教行法第42条）

⑤ 市町村教育委員会は県費負担教職員の服務を監督する。（地教行法第42条）

【解説 9】　正答 ④

① 誤り。その指定を取り消さなければならない。（地教行法第47条）

② 誤り。教育委員会が任命する。（地教行法第47条）

③ 誤り。当該指定学校の職員の採用その他の任用に関する事項について、当該職員の任命権者に対して意見を述べることはできる。指定学校の職員の任命権者は、当該職員の任用にあたって、学校運営協議会の意見を尊重するものとされている。（地教行法第47条）

④ 正しい。（地教行法第47条）

⑤ 誤り。教育委員会規則で定めるところにより。（地教行法第47条）

【解説 10】　正答 ①

① 正しい。

② 誤り。医学的観点に立った措置や分限処分等がとられるべきであり、指導力不足教員として配置転換の対象とはならない。

③ 誤り。都道府県教育委員会が、児童または生徒に対する指導が不適切であって、かつ、研修等必要な措置が講じられたとしてもなお、児童または生徒に対する指導を適切に行うことができないと認めた場合である。

④ 誤り。服務違反や非行行為は指導が不適切である要件の対象とはならず、懲戒処分の対象となる。

⑤ 誤り。当該都道府県の教員以外の常時勤務を要する職に異動となる。

【解説 11】　正答 ⑤

① 正しい。（地教行法第48条）

② 正しい。（地教行法第48条）

③ 正しい。（地教行法第48条）

④ 正しい。（地教行法第48条）

⑤ 誤り。文部科学大臣は、都道府県教育委員会または市町村教育委員会に対し、法令違反や事務の管理及び執行の怠りにより、児童、生徒等の生命または身体の保護のため、緊急の必要があるとき、当該違反の是正または当該怠る事務の管理及び執行を改めることを指示することができる。但し、他の措置によっては、その是正を図ることが困難である場合に限る。（地教行法第50条）

清澄庭園ひと廻り
――水運が運んだ「石」の庭

元清澄庭園サービスセンター長 松﨑嘉明

大阪市から来たお客さんが、事務所に飛び込んできたのは昨年の夏だった。彼は驚嘆した。「東京の下町にこんな庭があるのか!!」と。

清澄庭園は元々岩崎家の深川別邸となっていたものが、大正12年9月の関東大震災の後、当時の東京市へ寄付されたことに始まる。

庭づくりは三菱財閥の創始者「岩崎弥太郎」、次代「弥之助」、そして三代「久弥」による。明治初期の、ここ深川の土地約3万坪の取得に端を発する。江戸期には大名屋敷だったことから、庭づくりの基に「大名屋敷の庭」があったと思われる。

川が果たした役割

庭園の南側を流れる「仙台堀川」が庭づくりに果たした役割は大である。庭園内に現存する名石の数々。北は東北仙台の「井内石」、佐渡、伊豆、そして西は愛媛県の「伊予青石」におよぶ日本各地の名石や巨岩を明治初期に園内に搬入できたのは、東京湾を経て隅田川を通り、「仙台堀川」を越えて、舟による敷地内の池への重い石の導入があった。すなわち水運を活用して庭を造り、当時は隅田川に続く「汐入の池」として整備されたのである。今では鯉の泳ぐ池も、元は「ハゼやボラ」の泳ぐ世界だったといえる。

一方、関東大震災による庭園の被害は大きく、かつての「日本館」、およびジョサイア・コンドル設計の「西洋館」は焼け、修復も難しい状況となった。岩崎家では、比較的被害の少なかった庭園の東半分を東京市に寄付して、残った西半分に池水を残し、貯木場として利用し、「清住製材所」を設置して、東京の復興にあたった。

東京市では、半分となってしまった池の修復や施設整備等を行い、昭和7年7月に庭の開園にこぎつけた。大震災以降、池水の隅田川との縁は切れ、主として雨水に頼ることとなるのである。

磯渡りと涼亭

記念館前の飛石（攝津御影）

今では採掘不可の名石

現在でも、清澄庭園は石の庭として名高い。いくつかの名石の紹介をしよう。

入り口を入って、記念館前の「式根島石」の前を左に曲がると、突き当たりに鮮やかな赤い石が景石として据えられている。現在では、採掘不可能となった「佐渡赤玉石」の貴重なものである。

記念館を東側に回りこんだ所に、周囲より低めに蹲踞（つくばい）がある。日本館時代、北側茶室の囲い路地であったところで、周りを「生駒石」で囲まれ、京都の「保津川石」の水堀れ水鉢と「笠置御影」の組井筒を中心に構成されている。

ここから近い、樹林の中に11層の石塔が置かれている。トイレの脇でほとんど目立たないが、鎌倉時代の作品で基礎部分の四方に仏像が刻まれた貴重なもので、石材は「奈良御影」である。

富士山の裾に春日灯篭が置いてあるが、この石材は「讃岐御影」である。富士山を西に回りこんだ所に青石の枯滝石組がある。鏡石は、「紀州青石」の3メートル以上の最高品質のものである。手前には水受石として、「伊予青石」を大小2つ置いてある。また、右上の山腹から川底のように五郎太石が続き、太洋を模した池に流れ込む様子が表現されている。

命を救った日本庭園

深川の岩崎別邸や後の清澄庭園が我々に教えてくれる重要なことの一つは、災害時に果たした庭園の役割である。関東大震災時の火災の中で逃げ惑う東京市民の中で、「本所」の多くの人たちは清澄庭園から約5キロメートル北の「本所被服廠跡」に殺到して3万8000人以上が一瞬で命をおとした。一方、「深川地区」では、ここ岩崎別邸に約1万人が避難して難をまぬがれた。これは、種々の事情によるが、少なくとも日本庭園で1万人以上の命を救ったところは、他にないと思われる。また、東京大空襲時にも、この池庭は震災の時と同じように周辺住民の避難所として多くの人命を救った。

紅葉をライトアップ

昨年の11月28日から4日間、清澄庭園初の試みとして寒い時期ではあったが、夕方5時から9時まで4時間の時間延長を行い、多数のお客様に夜の庭園ライトアップをお楽しみいただいた。

庭園内は通常夜間利用のある入り口から涼亭までの間に足元を照らす若干の灯りしかないため、夜間開放するために電気設備の補充を行った。清澄庭園の魅力のひとつは池畔の磯渡りの体験にあるが、そこまではお客の導入は困難で、池畔に至る支園路の閉鎖を行わざるを得なかった。

ライトアップの主体は、池に迫り出した集会施設の「涼亭」を中心に涼亭南富士山の麓にある「枯滝石組」と同じく山麓の「黒松の雪吊り」、「春日灯篭」、そして記念館東の「蹲踞の石組」の景などである。

特に注目されたのは、中の島の「ハゼノキの紅葉」である。これは橋越えとなるため島へ渡ることはできなかったが、十分な紅葉をライトアップで満喫いただけたと思っている。

◇

さて、駆け足で庭園内の池を廻り、身体も冷えた。記念館内の「お汁粉」や「甘酒」でちょっと身体を温めて帰ることにしよう。

自然の恵み？役得

9

文とマンガ 鈴木武征

世の中には曖昧なことが多い。

役得なんかもその一例でどこまでが役得で、どこからが「悪い事」なのか判然としない。

仕事には役得が付き物で、総じていえば一般的なお役人の役得なんて些細なもんだ。

されど国民に範を示すお役所としては、「役得なんて一切認めません」という姿勢で臨む。

内にあれば紙一枚、鉛筆一本持ち帰ってはいけない。外に出れば直帰はだめ、喫茶店なんて論外といった具合だ。

最近、官民ともに何か不祥事が絶えない。必然、マスコミ等の真相究明の矛先は鋭い。

やむを得ないことだが中には度を越した追及も無いではない。

犯罪行為や信用失墜行為が厳しい追及、批判を受けるのは当然だが、些細な役得までがギスギス追及、批判される。

恐れをなすお役所側の対応は、「くれぐれも疑わしきことはしないように」の繰り返しだ。

しかし、現実には疑わしきことや判断に迷うことは山ほどある。

私が新規開発事業に従事していたころ、全国から多くの視察団、見学者が訪れた。

なかには郷土菓子などの手土産を持ってくる人もいて、当然固辞するのだが押し切られてしまうことも多い。

「貰ってはいけないよ!」という声が聞こえてきそうだが、相手も廊下の隅にそっと置いていくなど工夫をこらす。

またまた「丁寧な手紙を添えて送り返せ」という声が聞こえてくるが、現実には職場の仲間のおやつになることが多かった。（ゴメンネ!）

なかには、どう考えてもおやつにならないものもある。

ある日、私一人で現場案内をした時、別れ際に郷土名産ですと乾麺の小箱を押し付けられた。

時間も4時を過ぎていたので、職場へ視察の無事終了と直帰する旨の電話をしたが、乾麺を貰ったことは言いそびれてしまった。

帰りの電車の中で乾麺の重みを感じつつ、明日職場へ持っていく、上司へ報告する、送り返す等々正解を模索した。

結論からいうと直帰と乾麺は、その日の私の役得となってしまった。

日頃から汚職防止研修などで、お茶一杯、ティッシュ一枚貰ってはいけないと厳しく言われている。

私は後ろめたさは拭えぬものの、それほど不祥事をしでかしたとは思えなかった。

直行直帰が可能な仕事、給食担当の試食など、すべては仕事であるものの、その職にないと得られない余分の利得（役得）があるのも否めない。

役得はそのすべてを否定するより、むしろ働く上での楽しみ、喜びに変える視点、工夫も必要ではなかろうか。

夕方とはいえ、電車の窓ガラス越しの太陽はぽかぽかと暖かい。

皆がまだ机に向かっている時間に見る多摩丘陵の紅葉はひときわ美しい。

直帰の有り難さに感謝する。

太陽、紅葉、膝の上の乾麺の小箱、役得とは自然の恵みと同じようなもの、その場にいた者だけが得られるささやかな喜びだ。

決して良いこととは思わないが、「この喜びを奪う奴こそ、犯罪者だー!」と思う自分がいる。

されど自然が牙をむく時があるように、役得にも牙がある点はくれぐれも注意し、それを承知のうえで大いに楽しもう。

「ビバ役得!」

協力：（財）日本ファッション協会

シネマ夢倶楽部 Japan Fashion Association　オススメ シネマ

地上5センチの恋心

二人を結びつけたのは1通のファンレターだった

何かあればすぐにジョセフィン・ベイカーの歌を口ずさみながら踊りだし、いつでも地上から少し浮いているような主婦オデット（カトリーヌ・フロ）。寝る前にお気に入りのラブロマンス作家バルタザール（アルベール・デュポンテル）の本を読むのが至福の時。しかし、バルタザールはお金も名声も成功の証しをすべて手にしているのに幸せを感じることができないでいた。そんな時、オデットからのファンレターを読んだ彼は、突然彼女のもとを訪れるのだが…。

フランスを代表する劇作家であり、小説家であるエリック＝エマニュエル・シュミットが実体験を基に初監督した本作。あふれる色彩とファンタジックな世界で繰り広げられる大人のためのラブ・コメディー。

◆推薦委員コメント

秋山茂（元映倫外画審査員）

妻子ありの人気作家と読者で熱狂的ファンたる未亡人の奇なるラブ・ストーリー。メルヘンティックというか、ファンタジックというか、ミュージカルタッチというか、とにかく全篇が明るくケレンミのない大人向けの娯楽作品である。女性のお客さんは知らぬが男性の観客は、まず女主人公カトリーヌ・フロの魅力に釘づけ、虜となるに違いない。彼女が口ずさむ往年のジョセフィン・ベイカーが歌ったシャンソンの数々にうきうきであった。

瓜生孝（映像アナリスト）

たとえ世相はどうであれ、今年もへコんだ気持や心のイライラが見るだけで晴れていく、元気が湧き出る映画を大スクリーンで、さっそく楽しませてくれるのは有難い。

根はテレビ・ドラマ水準の話だけど、いいテンポの展開が気分よく楽しませてくれて、近頃ちょっと類のない面白さ。春うきうき、セミ・ミュージカル仕立ての描写がうれしい。いつでも地上からフワフワ浮いてるようなキャラクターのヒロインの、人を元気にし、自分も元気になるための極意とは? いまフランスでは「アガサ・クリスティーの奥さまは名探偵」などのコメディー演技で人気のカトリーヌ・フロが、巧い。これが一通りのおかしさではない。

【2006年／フランス、ベルギー／100分　配給：クレストインターナショナル、ヘキサゴン・ピクチャーズ　提供：ヘキサゴン・ピクチャーズ　3月1日より、シネスイッチ銀座ほか全国順次ロードショー】

◇

シネマ夢倶楽部　2月29日（金）午後6時30分～「東商ホール」で上映。

※この上映会に10組20名様を抽選でご招待します。Eメールで件名「上映会招待希望」とし、住所・氏名を明記の上、henshu@toseishimpo.co.jp までお申し込み下さい（19日必着）＝招待状を郵送します。

（財）日本ファッション協会では、「シネマ夢倶楽部」の会員を募集しています。各界の著名な推薦委員がお薦めする映画の先行上映会に年18本ご招待など様々な特典があります。
詳しくは同事務局（☎3242・1674　http://www.cine-culture.jp/）まで。

みにがいど

◆多摩の戦跡～写真パネル展　▽日時　2月16日（土）、17日（日）午前10時～午後4時▽場所　旧日立航空機㈱変電所（東大和市指定文化財・都立東大和南公園内）▽無料▽内容　多摩地域に今なお残る戦争の傷跡を、写真パネル等約70枚で紹介。会場は、1945年の2月と4月に米軍の大規模攻撃を受け、壁面に無数の弾痕が当時のまま残されているところ▽問い合わせ先　東大和市立郷土博物館☎042・567・4800

海外出張こぼれ話

東郷 尚武

21

オリンピックを迎える北京と沿海都市アモイ④

今回の検討会議は12月2日から3日間、清華大学の近代的図書館で開催され、筆者は、東京を中心とした日本の大都市の過密対策について1時間ばかりお話をした。急速に都市開発が進行する北京の都市づくりに多少なりともお役に立てればと考えたためである。

例によって、本稿で会議の詳細を語ることはしないが、北京の市内を視察して感じたこと、市側との意見のやり取りなど何点かお話してみたい。

当時の北京市は、社会主義市場経済への移行という大転換期を迎え、経済特別区を抱えた沿海部の都市には及ばないものの、2000年のオリンピック誘致を想定していたので、経済開発や都市開発はそれなりのピッチで進行しているのが伺えた。

このような状況の中で、筆者が、適切な対応が早急に求められていると感じたのは都市交通問題であった。主要幹線道路は3車線（一方向）で、更に、その外側に分離帯をはさんで自転車道が設定されている道路構造は、自転車交通の多い中国の都市にとって好ましいものであるが、交差点における交通管理が不十分なため、自動車、自転車、歩行者が完全に混合し、自転車の無灯火も加わって、危険な状況を現出していた。交通信号システムの改善、歩行者横断道路の改善を含め交通管理政策の早急な見直しが急務であると痛感した。なお、自転車の無灯火については、市側の関係者の言によれば、箱型のライト（我々の世代には懐かしいものであるが、若い世代の人達はご存じないかも……）を自転車に取り付けてもすぐ盗まれてしまうので、ほとんどの人がはずしてしまう、との返事が返ってきた。あれから十余年、交通管理政策が近代都市に相応しいものに転換されていることを心から祈念している。

もう一点、筆者が気になったものに、空港と都心を結ぶ都市高速道路の用地買収の問題がある。2000年のオリンピックを目指し、突貫工事で完成したばかりであったが、何キロにもわたって一直線に延びる高速道路の建設に当たって、住民の意向はどう反映されたのだろうかという点であった。この点についても市側の関係者に聞いてみたが、住民の意向は十分尊重しながら建設している、という模範的回答しか得られなかった。しかし、現場での立ち退き交渉の実態が、この回答とかなりかけ離れたところにあることは、昨年11月4日に放映されたNHKスペシャル〝激流中国〟の画面などからもうかがい知ることが出来た。

会議が開催された清華大学の図書館

都政新報

発行所　都政新報社
〒160-0023 東京都新宿区西新宿7-23-1 TSビル
〈総務・読者〉(03)5330-8781
〈企画広告〉(03)5330-8784
〈編集〉(03)5330-8786
〈出版〉(03)5330-8788
〈セミナー事業部〉(03)5330-9977
〈ファクス〉(03)5330-8808
郵便振替 00130-2-101470
購読料 月1,680円（税込）
毎週火・金曜日発行
但し、祝祭日は休刊
©都政新報社 2008

紙面から

新銀行東京に追加出資へ

「乱脈、非常識の結果」と知事

都議会 再建見通しに疑問の声

石原知事は13日、新銀行東京に対し、数百億円規模の追加出資に踏み切る考えを明らかにした。都議会第1回定例会に補正予算を追加提案する。破綻寸前の状況に陥った原因として乱脈経営を挙げ、「6カ月もつような会社だったら、つぶれても構わないから金貸せとか、そういう指導をすれば、こういう結果になる」と語った。07年9月中間決算で累積損失が936億円に拡大し、すでに資本金の8割を毀損。しかし、その後も石原知事や新銀行東京の経営陣は、追加出資の可能性を再三にわたって強く否定してきた。都議会からは「なぜ乱脈経営のツケに、都民の税金投入をしなければならないのか」「理解が得られない」といった指摘があり、石原知事の政治責任を問う声も出ている。

都議会の議運理事会が終わった後、石原知事は記者団の質問に答え、「（新銀行東京への追加出資について）まだ正式に聞いていません。これから報告、聞きますから、どういうふうに議会に諮るかもね。時間は、そんなにないと思います」と話した。

さらに新銀行東京の経営実態については「ずっと、いろいろ調べてきたら乱脈というか、非常識というか、6カ月もつような会社だったら、つぶれても構わないから金貸せとか、そういう指導をすれば、こういう結果になるわな。そういう意外な話は、たくさんあります。これからどうするかということですから、レジュメを聞いた上で結論を最終的に私が出します」とコメントした。

新銀行東京に勤めていた行員も旧経営陣のもとで行われた乱脈経営について「今まで、かつて体験したことがない程ひどかった。6カ月でデフォルトして良いから融資しろと強権的な命令が出ていた」と証言する。

産業労働局理事で、都派遣の岡田至執行役は「どうしてこうなったか、原因を明らかにしないといけない。旧経営者がどうだったかは、きちっと調べて実態を報告しなければいけない」と語る。ただ、追加出資に関しては、13日時点で取締役会に諮っていないし、組織決定もしていないという。

ずさんな経営に「今さら言ってもしょうがないけど」と話す知事

■空文の付帯決議

中小企業を対象に無担保融資を「売り」にする新銀行東京は、設立前から経営破綻を心配する意見が都議会にあった。そのため早い時期から予防線が張られ、03年の第4回定例会では、知事から「税の再投入はしない」という答弁を引き出す質疑があった。

また、1000億円の出資を可決した04年度予算では、付帯決議で「経営にあたっては、十分な健全性を確保する仕組みを構築すること」と注文がついている。しかし、この付帯決議は空文化し、都庁が手をこまねいていたことが、傷口を広げる一因となった。

知事は、記者会見などで追加出資を繰り返し否定。新銀行東京の経営陣も昨年11月の中間決算発表の際、資本増強しないで経営再建に取り組む方針を明らかにした。知事は「都には、都が持っているオプションがあり、そういったものの活用を積極的に考えてきて良かった」と述べたが、いまだにオプションは見当たらず、言葉だけになっている。

こうした流れの中で今回、数百億円規模の追加出資を求める補正予算案が都議会に提案される。与党議員からは「これで終わりにならない。さらに再出資の話が浮上するのではないか」「生き返るのなら良いが、死に金ならもったいない話。全体スキームについて理事者から説明を受けていないので、それを聞いてからの判断になる」「追加出資を認めて経営破綻したら、来年夏の都議選は戦えない」という声が出ている。

共産党は「いかなる追加出資も行わず、第三者機関を設置して破綻処理に踏み出すべき。知事の責任を明確にし、処理方針を都民、都議会に説明すべきだ」としている。

柿沢都議が議員辞職

飲酒で事故、民主に痛手

会見を開き、謝罪する柿沢氏＝12日、都庁会見室

民主党の柿沢未途都議は12日、飲酒運転で事故を起こしたことの責任をとって、議員辞職する考えを明らかにした。同日付で、議長が辞職を許可した。本人の会見や報道によると、柿沢氏は9日の午後11時頃に、板橋区内の首都高5号線で、中央分離帯に衝突する事故を起こした。警察による検査で、呼気から基準値を超えるアルコールが検出された。

柿沢氏は12日の会見で、「ウーロンハイを3〜4杯飲んだ。軽率な行動で迷惑をかけた。反省している」と述べた。議員辞職とともに、民主党の党籍も離脱を申し出るという。また、次回の衆院選で東京15区から出馬すると取り沙汰されていたことについても、「こういうことになって、論じるまでもない」と出馬を否定した。

柿沢氏は、01年の都議選で初当選。当初は無所属で活動していたが、民主党に移り、政調会長を務めるなど、若手議員のなかでは中心メンバーの一人だった。

民主党にとっては、今回の事件によって党内の未熟さが露呈する形になり、痛手となった。田中良幹事長は「飲酒運転の撲滅が叫ばれるなかで、範を示すべき議員がこのような事態を引き起こしたことは極めて遺憾」とのコメントを出している。

◇◆◇

都議会定例会直前の議員辞職に、議会関係者は対応に追われた。会派構成が変わることで、議会運営委員会や予算特別委員会の委員会の会派構成、各党の質問時間、常任委員会の役員ポストなどにも影響が出てくる。

13日の議会運営委員会では、柿沢氏の議員辞職が報告されるとともに、議会運営委員会の委員数は民主党委員が一人減り、共産党委員が3に増えることが了承された。公営企業委員長のポストも、民主党から自民党に移る。

議運に130議案を説明

あり方検めぐり議論も

都は13日、都議会の議会運営委員会に対し、第1回定例都議会に提出する議案130件を説明した。このうち条例案は75件で、都債権管理条例など新設7件のほかに、一部改正が67件、廃止が1件となっている。

アジア人材育成基金など四つの基金を新設する。アジア人材育成基金は、10年後の東京への実行プログラムで提起したもので、アジネットに参加する各都市の人材の受け入れや各都市との共同研究を進めていく。来年度当初予算で70億円を積む。

商業地における固定資産税と都市計画税の軽減措置を来年度も継続するための条例案を提案する。住民基本台帳ネットワークシステムの本人確認情報を利用できる事務として、水道料金の徴収と、戦没者等の遺族に対する特別弔慰金に関する事務の二つを加える。

議会運営委員会ではこのほかに、政務調査費の透明化策を話し合う「あり方検討委員会」についても議論が行われた。共産党が先月22日の委員会の直後に開いた会見について、各党から「会議に提出した資料を公開したことは、委員会での合意に反する」などの意見が出された。吉野利明委員長も遺憾だとして、同党に良識ある行動を求めたという。

都営住宅　使用承継の運用を改正

都都市整備局は、都営住宅の使用承継の運用を4月から改正することを13日に発表した。承継者が60歳以上の高齢者である時は、同居者の年齢を問わないように改める。現行は、同居者がいずれも60歳以上または18歳未満となっている。

障害者の場合も承継の範囲を拡大し、知的障害者は1度から4度、精神障害者と身体障害者は1級から3級までに広げる。

ネットカフェ難民対策　運営の社福法人を決定

「低所得者生活安定化プログラム」の一環のネットカフェ難民対策で、都福祉保健局は14日、巡回相談や相談、資金貸付などを担う民間事業者を「社会福祉法人やまて福祉会」（豊島区）に決定した。同法人は4月から、新宿区に設置するサポートセンターで事業を始める予定。

同法人は、路上生活者自立支援センター「杉並寮」などの運営実績があり、8法人から選定された。具体的には新宿や渋谷、池袋を重点地域に指定し、ネットカフェに出入りする夜間や早朝の時間帯に巡回相談することを提案。また、▽就労支援セミナー▽看護師による健康・医療相談▽弁護士、司法書士による無料相談――などを企画した。サポートセンターは、東京都健康プラザ「ハイジア」（新宿区歌舞伎町）の3階に設置する。

おことわり　「分岐点―08年度東京都予算」のシリーズは休みます。

債権管理条例案

回収促進に横断会議

全庁の統一ルール整備へ

都は20日に開会する第1回定例都議会に債権管理条例案を提出し、全庁で債権回収を進める統一的なルール作りを本格化する。これまでの債権回収は、各局がそれぞれの考え方で行ってきた面があり、全庁的な対応が弱かった。そのため、回収不能のまま蓄積されている債権も、数十億円規模にのぼると見られている。条例の制定により、債権を回収する体制を強化するとともに、時効を迎えた債権を放棄する手続きも明確化し、未回収債権を圧縮していく。

各局は、都民や企業から集める税金の未納分や、事業による貸付金の回収、公営企業における料金徴収などを通じて、債権を抱えている。こうした債権の回収については、局による取り組み方の違いが大きく、都庁全体の統一したルールが整備されていなかった。

都議会に提出する債権管理条例案では、「知事および公営企業管理者は、都の債権を適正に管理するための体制を整備する」と定め、全庁的な債権管理体制の整備を促す。具体的には、各局の担当者を集めて「債権管理調整会議」といった横断会議を設置することで、情報やノウハウの共有を進めることを予定している。

横断会議設置とともに、各局には債権管理者として責任者を置くよう求める。これまでも契約については、局長などが責任者となっており、債権管理でも体制を整備する。また、債権管理を各局が進める際にどういう手順で行うか、共通のマニュアルとして整備することも検討している。

各局が債権の回収を進める際には、福祉関連債権なのか、産業振興なのかなど、政策目的の違いによっても、扱い方を変えていく必要が出てくる。詳細なルールを作ると現場を縛るだけになる可能性もあり、各局が使いやすく、適正化も進められるルールをどう具体化するかが重要な課題になる。

回収不能分に放棄ルールも

債権管理条例案では、債権回収を強化することと合わせて、回収不能となった債権を放棄するルールも作っていく。

都が持っている債権には大きく分けて、税金などの公債権と、料金収入のように契約に基づく私債権の2種類がある。公債権では、法律などで回収できない際の放棄のルールが定められている場合が多いが、私債権では回収不能のものを放棄するルールがばらばらだった。

特に、相手方が死亡して債権を引き継ぐ親族もいなかったり、自己破産などで無資力になっている場合などには、回収不能の債権として蓄積されるままになっているものも多い。民法が適用される民間同士の契約では、時効によって債権が放棄できるのに対し、行政の場合は私債権を放棄する際も、相手の了承を得るか、都議会の議決を行う必要がある。

実際には回収が不可能で相手方との連絡もとれなくなっているにもかかわらず、議会で一つひとつを議決するのは煩雑なために、未回収債権として残っているだけのものもかなりの額になるという。条例案では、一定の手続きを尽くした上で回収不能になっているものは、基準を設けて放棄していくルールを整備する。

都によると、こうした債権管理条例は、区市町村レベルではいくつかの自治体が整備しているが、多くの債権を抱える都道府県の規模では、他に例がない。都が複式簿記による新たな公会計制度を導入するなかで、未回収債権の額が明らかになってきたことが、今回の取り組みを促した。

新たな公会計制度に基づいて都がまとめた最初の報告書では、未回収の債権の額は1300億円余りとしている。このうち、回収不能になる債権への備えとして、不能欠損の引当金を189億円と見込んだ。不能欠損の見込みのなかには、税金の徴収で年度をまたいだものなども入ってくるため、実際の回収不能分は圧縮される。実際の金額は今後の調査で明らかにしていくが、数十億円規模にはのぼると見られる。

都では、04年度から、各局の抱える回収が困難な債権を主税局に集めて回収するトライアルの取り組みも進めてきた。今年度でトライアルは終了する予定で、来年度以降の体制を整備する必要が出ていた。

冗句ジョーク

多くの協力で準備万端、第2回東京マラソン

バナナ保管者と都庁デザイン柱
「さすがに都庁、バナナの吊り下げ柱もでかいのが用意されていたよ！」

都政の東西

大人の食育

惣菜やレトルト食品、外食など、家庭で料理を作らなくても、いつでも好きなときに好きなだけ、安価に食事が取れるようになった昨今。栽培方法、輸送技術の進化は、豊かな四季を持つ日本の家庭から「食の旬」を奪い、24時間稼働し続ける労働の場の増加で、家庭の中の「個食」も珍しいことではなくなった。食に関する法律を必要とするほど、日本の食生活の乱れは深刻だ。

その食の乱れは、乳幼児の離乳食にも影響を与えている。

本来、離乳食は、大人の食事の一部を取り分け、それをすりつぶしたり、細かくすることで、乳幼児が食べられるようにするものだ。例えば、煮物を作るときなどはもちろん、ルーを入れる前のカレーの野菜や、味噌を入れる前の味噌汁の具をすりつぶすだけでいい。毎日の食事が家庭で作られていれば、離乳食は難しいものではない。

しかし、デリバリーや惣菜を並べることが習慣化している家庭では、乳幼児が食べる離乳食を別に作らなければならない。子どもの健康を考えるほど、一生懸命に『離乳食』を作ろう」という思いが立ち、子育てを難しいものにしてしまう。

板橋区は、栄養士が希望者の家庭を訪問し、離乳食を一緒に作りながらアドバイスする事業を新年度に予定している。「離乳食の量や与え方」「離乳食の具体的な料理」など、離乳食に関する多くの不安や相談に個別に応えるためだが、事業の目的の一つは、大人の食育だ。

「10年以上前からか『キレる』人が急増してきた。それ以前と何が変わったか考えると、中身もスタイルも大きく変化したのは食事」と担当者は話す。

「離乳食を作ることで食に関心を持ってもらい、自らの食生活を見直してもらえたら」。大人の食育の効果も期待される。

後期高齢者医療広域連合

保険料負担、低所得者を救済

初の予算議会開催　区市町村の独自財源で

東京都後期高齢者医療広域連合議会は12日、設立後初の予算議会となる08年度第1回定例会を開催し、低所得者対策を盛り込んだ保険料条例案と当初予算案を賛成多数で可決した。一般質問には市川稔（中野）、岩田康男（三鷹）、木下悦希（台東）の3氏が立ち、理事者側の見解をただした。全国でも例のない低所得者対策について、理事者側は「こういう取り組みに国は厳しい視線を寄せており、国や都に財政支援を求めるのは難しい」と述べ、区市町村の負担に理解を求めた。

「国や都の支援は困難」

広域連合や同議会ではこれまで低所得者の保険料負担を軽減するため国や都に財政支援を求めてきた。これに対して、都が広域連合の運営に一定の財政支出を行うことを決めたものの、低所得者対策には国も都も応じなかった。このため広域連合は、区市町村の負担で独自の低所得者対策を行うことを決めた。

市川氏は「被保険者の負担を軽減してほしいという要望は自然な声だと受け止める。少しでも被保険者の負担を軽減する余地がないのか、真剣に検討すべき」と理事者側の見解をただした。

理事者側は「一番の問題は調整交付金の交付調整。これにより東京だけ1人あたり2万円も保険料を上乗せしなければならなかった。引き続き粘り強く改善を求めていく」と述べた。

また東京には区と市町村という異なる自治・財政制度があり、「都には広域自治体として水平調整の機能を担ってほしい」と都にも支援を求めた。

岩田氏は、高齢者の生活と健康の実態について指摘した上で、「収入が少なくて医療費がかかる人たちを一つにまとめるのは無理がある。この制度は中止して全面見直しするよう国や都に求めるべき」と主張した。

理事者側は、高齢者の生活実態、健康状態などについては岩田氏の指摘を認めたものの、「すでに準備も終盤戦。着々と4月の制度発足に向けて準備を進めていきたい」と答弁した。

木下氏は、厳しい財政環境で常勤の副連合長の人件費について見直すよう求めたが、理事者側は「副区長、副市長の平均的な人件費を参考に決めた」と述べ、理解を求めた。

予定時間を越えて熱い議論が交わされた＝12日、区政会館で

車の両輪、課題は山積

【解説】広域連合は今回の低所得者対策で、年金収入208万円までの被保険者約9万1000人に対し、所得割を一定額減額する。減額にかかる費用は、全額区市町村負担となる。

軽減後の実質的な保険料は1人あたり約8万9300円。厚生年金の平均的な収入額201万円の保険料で比較した場合、低所得者対策を講じると5万3800円となり、全国で最も低い水準だ。

収入の低い高齢者にとっては痛い制度であることには変わりないが、持続可能な医療制度を築くために世代が共に支えようという趣旨を逸脱しない範囲としては、妥当な額といえるだろう。

東京の広域連合が行う保険料の負担軽減策は、全国でも例がない。これ以上、国に対して声を荒げることは、「東京富裕論」を主張する地方を刺激することにもなりかねない。

ただ、地方間の所得格差を「所得係数」で調整して所得割を算定する方法については、今後も課題として残る。これにより東京の保険料は、所得係数1の場合よりも2万円高く設定されている。これから、どのような形で国に働きかけていくのか模索する必要がある。

また広域連合にとって、重い負担を強いている被保険者の立場に立って、分かりやすく効率的な行政運営を心がけることも大きな課題だ。

今回、加えられた低所得者対策を含めた保険料の負担軽減策は、広域連合と議会が一丸となった取り組みの成果でもある。62区市町村が連携して新しい医療制度をお互いに支えていくには、車の両輪として議会の役割はこれからも大きくなるだろう。（地）

08年度予算案　特別区

広域連合

健診事業のあり方を検討　初の特別会計を設置

東京都後期高齢者医療広域連合の08年度予算案がまとまり、12日の広域連合議会第1回定例会で可決された。予算総額は8465億5400万円とした。

一般会計は47億5800万円。歳入では分担金及び負担金が4億4900万円、国庫支出金が2500万円、都支出金が2億2500万円。歳出では一般管理費が4億7000万円と最も多く、次いで情報政策費が2億7200万円だった。

08年度に初めて設置される特別会計は8417億9500万円を計上。

歳入では後期高齢者交付金が最も多く、3849億8600万円を見込んだ。保険料軽減措置などを盛り込んだ区市町村支出金は、1771億1200万円。国庫支出金は2092億1000万円、都支出金は627億7400万円だった。

歳出では療養給付費等が8257億3000万円を計上した。保健事業費は19億8500万円を計上したが、健診の実施に必要な区市町村への委託経費を盛り込んだ。

08年度の取り組みとしては、保健事業検討会を設置。後期高齢者にふさわしい健診事業のあり方や重複・頻回受診や重複投薬などの保健指導のあり方などについて、区市町村の保健師や学識経験者等により検討を行う。

電話やファクス、電子メールで被保険者等からの問い合わせに対応するため、広域連合に常時、相談窓口を開設するほか、今年3月から「お問い合わせセンター」を設置する。

渋谷区

在宅療養の体制整備を支援　3年ぶりのプラス予算

渋谷区は13日、08年度当初予算案を発表した。一般会計規模は、前年度比3・8％、27億円増の750億2200万円とした。旧大和田小跡地につくる複合施設などの建築工事費などにより、3年ぶりにプラス予算に転じた。

歳入では、好調な景気を受け特別区税が前年度比7・7％、32億円増の451億6500万円。特別区交付金は前年度と同じ40億円で、全額を特別交付金の交付として見込んだ。そのうち、三位一体改革の影響分が30億円。基金の繰り入れで施設整備などに対応できるため、特別区債はゼロにした。

歳出では、義務的経費が前年度比0・7％、2億円増の388億5900万円。そのうち、職員の定数削減などにより人件費が1・1％、2億円減の229億8900万円とした。扶助費が乳幼児医療費の助成額などの伸びなどにより、3・2％、3億円増の125億9300万円。

新規事業では、地域在宅療養支援事業に1100万円を計上した。国は医療費や介護給付費の抑制を進めているため、在宅医療などの需要が今後増えるのを視野に入れ、4月から支援を始める。

高齢者が在宅医療などを受けられなかった場合、地域包括支援センターが検査の必要性の有無などを調べる。在宅医療が必要な場合、ケアマネジャーがケアプランを作成し、訪問介護ステーションなどが支援する。高齢者が医療などを受けているかどうか、ボランティアらから情報をもらう。

区の調べで原油高騰の影響を受けているのがクリーニング業界だとわかり、洗いから仕上げまでを行っている区内クリーニング店に、前年度と比べコストが増加した分のうち2分の1（上限20万円）を助成する。包装ビニールなどの経常コストが倍増しているという。

大田区

公式大会可能な体育館を　空港跡地活用に80億円積立

大田区は13日、08年度当初予算案を発表した。一般会計規模は2187億8300万円で、前年度比1・9％増。04年度以降5年連続で前年度当初予算を上回り、過去最大の規模となった。松原区長は「昨年策定した緊急2カ年計画を盛り込み、区民の生の声も反映させている」と述べた。

歳入では、特別区税が、住宅借入金等特別税額控除の実施や07年度の定率減税廃止などの影響を勘案し、4・5％増の719億7100万円を見込んだ。特別区交付金は市町村民税法人分の増収が見込まれるため、2・2％増の711億1600万円を計上した。

歳出では、義務的経費全体では4・3％の減。このうち公債費は、区債の繰り上げ償還を行う予定がないため、42・3％の大幅減となった。投資的経費は、中学校の改築や京急線連続立体交差事業にかかる街路事業の用地購入費の増などに伴い、2・0％の増を計上した。

新規事業では、観客席約4000席の大田区総合体育館の建設に11億8900万円を計上している。開館から40年以上経過した区体育館を建て替える。トップレベルの公式大会の開催が可能となる予定。08年度に現体育館の解体工事、実施設計を行う。10億円は基金に積み立てる。11年度オープンを目指す。松原区長は「区だけでなく、東京の活性化につながるものにしたい」と語った。

羽田空港跡地活用については基金を80億円積み立てる。08年度末積立合計額は168億円に達する。また空港周辺や臨海部の将来像を描くための空港臨海部整備基本計画を策定する。781万円を計上した。

小規模企業健診助成には2億800万円を計上。従業員29人以下の小規模企業で働く区内在住の従業員の健診費用を助成する。

世田谷区

就職の仕方を個別レッスン　独自に求人を開拓

世田谷区は今年7月をめどに、求職者に就職活動の仕方などを個別指導し、職業紹介する取り組みを始める。一方、事業者には採用担当者向けの研修などを実施する。区民の就労支援、区内事業者の人材確保が狙い。求職者を個別指導する取り組みは23区初。

区は求職者らの支援窓口を区産業振興公社に設置し、専門スタッフらに求職者を支援してもらう。

区は若年層や中高年層、女性を合わせて約200人を支援対象と想定している。区外の住民、事業者も対象にしていく。

求職者の支援事業の一環として、キャリアカウンセリングでは応募書類の書き方、面接時の話し方、就職活動の仕方など相談を受けた専門スタッフが求職者に個別指導する。求職者の就職ノウハウを高めると同時に、雇用条件などのニーズも把握する。

一方、事業者支援では区内の約9割を占める中小企業を中心に人材定着のための合同研修会、採用担当者向けの研修などを行う。

さらに、専門スタッフが求職者のニーズを踏まえ、独自に求人を開拓し、求職者に紹介する。求人案内は、同公社、区のホームページで紹介される。

就職のあっ旋には、国から認可を受ける必要がある。区議会で予算が議決される3月末に、国に申請する。認可まで2～3カ月を要するので、7月をめどに支援窓口を開設する考えだ。

08年度当初予算案に1755万円を計上した。

働くきっかけづくりも

【解説】区が求職者を個別指導して職業紹介する制度を創設するのは画期的だが、ハローワークなどとは異なる支援策を打ち出さなければ、この制度の存在感が薄まってしまう。

民間の就職塾では高額な授業料を支払う必要があるが、区の職業支援は無料で受けられる。かえって、無料であることが指導力が悪かろうというイメージを与えかねない。区は専門スタッフを就職あっせん会社の人事相談担当などに依頼するため、民間の就職塾と引けを取らないようにするという。

ハローワークとは差別化を図る。求職者が希望する職場の下見に、専門スタッフが同行するという。求職者の不安を取り除く効果が期待でき、きめ細かな支援を打ち出していく。

だが、支援が手厚くても、若者のうち定職もなく職業訓練も受けていないニートなどに同公社の支援窓口まで来てもらえるかが課題という。区は「PRが一番」と、就職支援制度の告知に力を注ぐ。また、ニート対策などの情報を持つNPOと連携し、窓口までニートなどに足を運んでもらえるようにしたい考えだ。

もちろん、ニートには働く能力がないわけではない。区側が希望の職種の情報を提供することにとどまらず、職場で働かせるインターンシップの機会を与えるなど、働くきっかけをつくることも大切だと思う。（石）

子育て支援と食育推進に　板橋区が「お助け隊」

「離乳食の相談を家庭のキッチンで」――板橋区は、生後5カ月から18カ月頃の乳幼児を持つ保護者を対象に、離乳食の作り方や相談を家庭訪問してアドバイスする「離乳食訪問お助け隊」を9月から実施する。離乳食作りを保護者の自宅で行うことで、調理の工夫やアレルギー献立など、個々に応じて対応。離乳食作りを入り口に、子育てで家にこもりがちな保護者への対応や家庭の食育も支援していく。

板橋区の各健康福祉センターでは、「4カ月健診」「育児相談」などの際、栄養相談を実施している。06年度のアンケートでは、そのうちの63・1％が離乳食の進め方や与え方、料理の仕方など、離乳食に関する内容だったという。

区では、様々な機会に離乳食講習会を実施しているが、アレルギーを持つ子どもの保護者や、集団での受講に馴染まない保護者も増加。また、離乳食に関する相談も、集団の講習会などでは聞きにくい個々に応じた専門的な質問が多くなっており、「不安解消には個別の対応が必要」と職員提案で事業化された。

家庭訪問する「離乳食お助け隊」には、管理栄養士か栄養士の資格を持つ区民を募集。アドバイスがバラバラにならないよう、離乳食に関する講習を受けてから各家庭に派遣される。個別のほか、2～3人のグループでも利用でき、利用者負担は無料。

訪問した「お助け隊」は、離乳食を一緒に作りながら保護者の悩みなども聞き、既存の区の事業に誘導して社会的なつながりを持たせたり、大人の食事を取り分けることで離乳食作りが簡単になるため、毎日の家庭の食生活もアドバイス。大人の「食の乱れ」を改善して、将来にわたる子どもの食育につなげるなど、離乳食から、子育て全般にわたる悩みの解消や食育推進にも結び付けたい考えだ。

記者席

あの時も甘かったのでは

○……12日の辞職会見で「なぜ飲酒運転に及んでしまったのか」と記者から質問され、柿沢未途都議は「私の甘い考えですね」と釈明した。この人からこうした場面で、この言葉を聞くとは残念だ。柿沢氏とは、99年の都知事選に出馬した実父の柿沢弘治氏の選挙事務所で名刺交換したのが初めての出会いだった。以来、都議に当選し、来る総選挙では国政転出をめざすのだろうと期待していた。

一番印象に残っているのは、05年第2回定例会最終日の討論だ。「濱渦副知事を辞職に追い込んだことをもって、百条委員会はその幕を閉じようとしている。誠に本末転倒」と話し、議長席の内田茂都議から「柿沢さん、あんたは謹慎の身なんだよ。もう少し注意しなさいよ、発言」と怒られているシーンだ。「甘い考え」という反省の弁は、この時にあっても良かった。

○……児童・生徒の下校時の連れ去りや交通事故などが多発している。このため、児童・生徒自らに安全を守る能力を身に着けてもらおうと、都教育庁は、全国的にも珍しい「安全教育プログラム」を作成した。これをもとに公立学校には「危険を予測し、回避する能力を育てる」取り組みを求めていく。

公立学校ではこれまで「生活安全」「交通安全」「災害安全」の各分野を単独で指導してきた。今後は学習指導要領的な「やるべき基本的事項」を含めて、3分野を組み合わせた年間指導計画が策定されることから、「安全教育が確実にレベルアップする」（関係者）。その一方で、「小中を抱える区市町村教委の今後の取り組みがカギを握る」と指摘する声も。

○……「勝訴です。もっと喜びましょう」7日、国歌斉唱時の不起立に伴う嘱託不採用裁判判決後の報告集会で、浮かない顔の原告を前に、そんな声が上がった。命令の違憲性の訴えが棄却されたからだ。原告の一人は「『被告は…』で始まったので勝訴と思ったが、その後は最悪だった」と振り返る。弁護士からは「よく読めば低レベルな判決ではない。前向きに捉えましょう」と励ましの声も。

全国トップレベルへ

都立学校ICT計画

LANで校務を効率化

苦手教員に特別研修

都教育庁はこのほど、全国トップレベルのICT環境を目指した「都立学校ICT計画」の具体策をまとめ、都立学校校長などに説明した。それによると、来年度から2カ年で全都立学校に校内LANを整備する一方、すべての教員にTAIMS端末を配備。校務の効率化を図りながら、教材研究や授業準備に携わる時間を拡充していく方針である。また、全教員を対象にしたICT活用指導研修や苦手教員の特別研修などを実施し、ICTを活用して教科指導ができる教員のレベルをこれまで以上に高めていくとしている。

文部科学省の調査によると、都立学校の校内LANの整備率は17・8%で、全国45位。教育用のパソコンも生徒6・2人あたり1台という割合で、全国39位と低い水準にある。教育庁調べでは、教員のTAIMS配備率についても9・7%と低いことが分かった。

このため、昨年の第1回定例都議会の予算特別委員会で、自民党の小礒明議員が「IT関連の環境整備は非常に重要」と指摘、都立学校のIT関連の環境整備に力を入れるよう求めた。これに対し、中村教育長は「IT環境を一層充実させるための整備のあり方を早急に取りまとめ、具体化に向けて取り組む」と積極的な答弁を行った。

これを受け、教育庁は来年度の予算編成に向けて、都立学校ICT計画を取りまとめ、予算案では11億200万円を計上。校内LANの整備率100%（2カ年で実施）、持ち運び可能なパソコンを1校あたり高校で40台、特別支援学校で10台を整備、パソコンの教員1人1台配備などの計画を打ち出した。

都立学校ICT計画については、都立学校校長会や副校長会、課・室長会で説明され、この中で①全都立学校に授業等で使用する教育LANと校務処理を行う校内LANを整備する②高等学校には持ち運び可能なタブレット型パソコンを40台と電子情報ボード・プロジェクターを若干整備する③教育コンテンツ及び電子教材を格納するサーバとネットワークセンターを整備する④2009年度末に教員用TAIMS端末を配備する——などの具体策を示した。

教育庁では、ICT計画の実現で期待できる効果として、▽授業での活用と指導▽情報の共有化と校務の効率化▽セキュリティーの確保——の3点を挙げている。

例えば、ICTを活用して、化学式と構造図を化学変化に応じて視覚的に表示。また、代入する数字を代えてのグラフの描写など、関数を視覚的に理解させる取り組みも可能になるなど、効率的な授業や分かりやすい授業などに効果が期待できるとしている。

さらに、校長・副校長、主幹、事務職員と全教員とが、校務用LAN（TAIMS）で結ばれることから、会議の回数や時間が短縮されるだけでなく、成績管理業務の電子化も可能となり、校務の効率化が図られる。

校内LANの整備については、08年度と09年度に分けて工事を施工する計画である。

一方、ICT活用の指導力を向上させるには、教員に対する研修を強化する必要がある。このため、教育庁では、IT教育普及支援校20校と同推進校4校の中からメンバーを選定し、プロジェクトを設置。研修のプログラムやテキスト、活用計画の策定、講師派遣などを担って、教科別のリーダー養成（1800人）に取り組む。

また、文科省の05年度調査では、全体の4%の教員がITを苦手と答えているが、これをもとに教育庁では都立学校の苦手教員を600人と推定。小グループに分けて個別指導を行い、苦手意識の解消に取り組む。従来から実施しているeラーニング研修についても、拡充して引き続き取り組んでいく方針である。

このように全国トップレベルのICT環境の実現を目指して、都立学校ICT計画が具体的に動き出すが、区市町村立学校においてもICTの整備が求められている。

中央図書館 ワンストップサービスの導入

多摩図書館 公立初「マガジンバンク」整備

来年度に改修工事

都立中央図書館へのワンストップサービスの導入と、都立多摩図書館の「東京マガジンバンク」創設を目指した両館の改修工事が、いよいよ来年度に行われる。都教育庁が2006年度にまとめた都立図書館改革の目玉事業となるもので、中でも広範な雑誌を収集する「マガジンバンク」は公立図書館初の試み。生涯学習部では「都立図書館ならではのサービスで、魅力的な図書館づくりへの大きな一歩となる」と期待している。

中央図書館の改修工事は5月から12月までの期間で行われる。1階から5階までの閲覧室や開架スペース、書庫スペースを全面的に改修し、1階に総合レファレンスコーナーを新設。利用者は入り口で受け取る利用カードで、貸し出しや複写などの手続きを同コーナーで行うことができる。

また、開架・閲覧スペースを拡充し、自由に手にとって見ることができる開架図書を現在の25万冊から35万冊に増やすとともに、利用しやすい蔵書配置に再編成し利便性を高める。さらに、重点的情報サービスの充実として、ビジネス情報、健康・医療情報、法律情報などに加え、新たに「都市・東京情報サービス」を開始し、これらのコーナーを1階に集中配置する。

このほか、インターネット接続パソコンの増設、外部データベースの本格的な導入、東京の魅力や都の重点施策関連の資料などを展示する企画展示室、セミナールームの新設などを計画している。新年度予算案では改修工事にかかわる経費として6億1000万円を計上した。

一方、多摩図書館では1階の閲覧室などの改修工事を行い、「東京マガジンバンク」を整備する。同バンクは一般雑誌から学術雑誌まで、広範な雑誌約1万6000種を収集・提供するもので、具体的には現在発行している雑誌約6000誌の収集と、終刊・廃刊した雑誌約1万誌を保存する。

また、「創刊号コレクションコーナー」を新設し、各時代の様相を伝える展示を行う。雑誌記事を素早く検索できるよう、雑誌記事検索索引や各種のオンラインデータベースなども整備する。

利用の多い雑誌については、直接手にとって閲覧できるよう開架制（300種程度）とし、一定期間のバックナンバーを収納できる専用書庫も設ける計画である。

教育の未来を担う ◇中◇

——管理職等の任用・育成

優れた教育管理職の確保へ

■計画的なOJTの展開

「優れた学校教育管理職を確保するための選考・任用制度の改正」の土台をなすものは、「職層に応じた計画的・体系的な人材育成」である。学校現場では現在、人材育成方策の一つとして、OJTの概念が導入されている。

しかし、OJTの要諦となる意図的・計画的・体系的な指導・育成が、すべての学校現場で実現できているとは言いがたい。その要因の一つが、OJTを通して育てるべき人材像が明確にされていないことだ。

そこで報告では、「教諭、主任教諭、主幹ごとの職層に応じたOJTのガイドラインを策定」することで、学校現場でのOJTを意図的・計画的・体系的なものにすることを提言。さらに校長の役割の重要性に言及し、「人事管理・人材育成能力の向上を図るための研修を行うべき」としている。

学校現場では今後、OJTの展開を図り、例えば主幹の職にある者が、主幹としての資質・能力を伸ばすとともに、次のステップとして副校長の職務を意識し、副校長の目をもって職務に当たることが求められる。さらに、その中から副校長の職を担う高い意識と管理職としての将来性を備えた者を育成し、B選考受験者として数多く輩出することが期待される。

OFFJT（職場外研修）についても、「教務主任や生活指導主任などの主要な主任を兼務する主幹に対して、必要な力量形成を図るとともに、次のステップとして副校長の職務に目を向けさせる研修を実施する」とし、育成と任用の一体化により、優れた管理職が安定的に確保できる仕組みづくりの強化を求めた。

■B選考合格者の育成

08年度実施の管理職B選考より、受験要件として「主幹の職にある者」が適用となる。B選考合格者は合格後、主に学校主幹として任用されることから、報告では「学校経営への参画の度合をより高め、目前の副校長昇任への十分な備えができるよう、実践的なOJTの指針を示すべき」としている。今後、具体的な指針内容が検討されるが、副校長としての日常的な実務能力の修得にとどまらず、優れた管理職としての資質育成のために学校経営計画の策定への関与や校内人事における副校長の役割など、管理職としての識見と一段高い視野を養うOJTの展開が求められる。

さらに報告では、「B選考合格者を管理職候補期間中に長期社会体験研修生として行政職場や民間企業等に派遣し、より広い視野と豊かな経営感覚を身に着けられるようにすべき」と提言。「指導主事の確保と力量形成を図るための選考・育成制度の改正」の項では、学校主幹としての経験が必要なポストで、B選考合格者からも指導主事、学校経営支援主事に任用することを求めている。

これは、「教育委員会と学校間の人事交流」を実現するものとして、B選考合格者が副校長に任用された際に教育施策の意図を理解した教育実践のためにも、B選考合格者の管理職候補期間中の育成の強化として有効であるとの考えである。

■主幹の責任の明確化

主幹は、児童・生徒の健全育成、学習指導の充実、教員の人材育成、学校運営の適正化、家庭・地域との連携など、幅広いフィールドにおいて学校を支える大変重要な職である。報告では、副校長や指導主事、学校経営支援主事の職務を全うする上から、主幹としての職務経験の重要性を強調した。

「B選考受験者を確保するためには、主幹の任用数を安定的に確保する必要がある」とし、「主幹選考受験年齢下限をさらに引き下げるべき」としている。B選考受験の有資格者となる主幹を数の上から確保したいという意図とともに成績主義に基づき、優秀な人材を年功によらず積極的に任用できる道をさらに開いたもの。具体的には、09年度から任用予定の主任教諭との整理を含め、今後検討するとみられる。

さらに推薦制拡大の視点から、「推薦制に基づく選考（区分B）の受験年齢下限についても引き下げを行うべき」としている。これにより、学校現場や区市町村教委では、育成した人材を自校・自地区で積極的に活用できることとなり、人材育成のインセンティブとなることが見込まれる。

しかし、裏を返せば、自校・自地区で任用する主幹は、学校、区市町村教委自らが育成しなければならないという結果責任が明確になるものと考えることができる。

■職務、給与のあり方

報告では、優秀な学校管理職を確保するため、「副校長及び主幹への校務偏重を是正して職責に見合ったより魅力ある職に改めていくことが根本的に重要である」との認識を示した上で「最終報告において、校務縮減や職務明確化などの具体的改善策をまとめ、提言する」としている。

また、給与については「副校長に対する管理職手当の支給率及び期末・勤勉手当の管理職加算について、副校長の職責に応じて見直しを図る必要がある」としている。

今後、具体的な検討を重ね、学校を支える重要な職責を担う副校長、主幹が、処遇の面からも魅力ある職として多くの教員に映ることが期待されている。

優れた学校管理職の確保のための選考・任用制度の改正

	報告書の提言	現行制度	改正の方向性
1	B選考の受験要件の見直し	(1) 年齢－満44歳以上54歳未満 (2) 教職歴－14年以上（都教職歴3年以上）	(1) 年齢－満39歳以上54歳未満 (2) 教職歴－12年以上(同3年以上) (3) 主幹級職にあるもの
2	主幹選考受験者の拡大	(1) 区分A「満36歳以上58歳未満」 (2) 区分B「満48歳以上58歳未満」	(1) 区分Aの受験年齢下限の引下げ ※ 資質ある者を積極的に任用 (2) 区分Bの受験年齢下限の引下げ ※ 推薦制の拡大
3	学校運営への参画意識を高める育成体制の整備	○教職経験10年を単位とした育成計画	(1) 職層に応じた育成 (2) 職層に応じたOJTのガイドライン策定（意図的・計画的・継続的な育成）
4	B選考合格者の育成強化	○学校主幹としてのOJT	(1) 副校長としての資質を養うOJT (2) 長期社会体験研修生、指導主事等へ本人の適性、希望により任用
5	副校長等の職務及び給与のあり方の検討		(1) 校務縮減や職務明確化の検討等 (2) 管理職手当支給率、期末・勤勉手当管理職加算の検討など

教職員のキーワード 58

これからの教育管理職・指導主事の選考・育成制度について～第1次報告～

校長・副校長等の教育管理職は、都民の期待に応える学校づくりを進めるため、極めて重要な役割を担っています。しかし、いわゆる「団塊の世代」を中心とした多くのベテランの教育管理職が退職時期を迎えている現在、退職者に見合う教育管理職を質と量の両面で確保していくことは大きな課題となっています。また、教育委員会事務局等に勤務し、指導行政を担う指導主事についても任用・育成上の課題が指摘されています。

こうしたことから、都教育委員会は、東京都公立学校の教育管理職等の任用、育成のあり方を検討するため、2007年8月に「教育管理職等の任用・育成のあり方検討委員会」を設置し、検討を進めてきました。

本年1月にとりまとめられた第一次報告では、優れた学校管理職（校長・副校長）を確保するとともに、指導行政を担う指導主事の一層の力量形成を図るという観点から、教育管理職及び指導主事の選考・育成制度について、改革の方向性が示されました。概要は次のとおりです。

第1章では、都の教育管理職任用制度の沿革と現行制度の評価を示し、続く第2章では、選考・育成をめぐる現状の問題点を明らかにしています。ここでは、学校管理職の大量退職時期を迎え、現行制度における推計では、再任用校長を配置しない限り、08年度から小学校副校長に欠員が発生すること、有資格者数の減少に加えて、教育管理職選考の受験率が低下していることなどの問題点が挙げられています。

指導主事については、選考において教科指導等の専門性が考慮されていないことから、必要な資質・能力が十分とは言えない状況にあるという指摘があること、合格倍率の低下により競争性が失われてきており、選考制度として危機的状況にあることなどの問題点が挙げられています。

こうした問題点を踏まえ、第3章では、教育管理職等の選考・育成のあり方に関する課題を明らかにするとともに、第4章では、新たな選考・育成制度を構築するために、「1学校管理職・指導主事の計画的な育成」「2指導主事の力量形成」「3若年層からの学校管理職・指導主事の選抜・育成」「4現行制度の理念の継承」という四つの基本的な考え方を示しています。

さらに第5章では、四つの基本的な考え方を基に、選考・育成制度の改善策を多角的な視点から提示。例えば、優秀な学校管理職を確保するための改善策として、B選考（副校長）の受験年齢下限「満44歳以上」を「満39歳以上」に引き下げることや、副校長・主幹の職務及び給与のあり方について検討することなどが提言されています。

また、指導主事については、A選考が指導主事として任用するための選考であることを明確にすることや管理職候補期間の5年間を継続的に指導主事として任用すること、教科指導等に関する専門的能力の検証を行う選考内容に見直すことなどが提言されています。

これら具体的な改善策は、中期的な視点で取り組むべき内容も含まれていますが、管理職の大量退職期を迎えて現行の選考制度が危機的状況になっていることから、可能なものは早急に制度として具体化されていくことが期待されています。

教育オンライン

生徒が銀行業務を体験

九段中等教育学校 設立会社にアドバイスも

千代田区立九段中等教育学校は6日、みずほフィナンシャルグループの協力を得て、銀行訪問学習を実施した。生徒自らが立ち上げる「九段カンパニー」の最終段階として、金融機関の役割や働きなどを学習。訪問した生徒たちは「企業を支援する銀行業務も大変なのがわかった」などと感想を述べた。

同校では、3年生の総合的な学習の時間で、「九段カンパニー」という自分たちの会社を立ち上げ、自分たちの欲しかった新しい財やサービス、ビジネスモデルを追求するという学習に取り組んでいる。今回の銀行訪問は、企業の生産活動や経済活動を支える金融機関の役割や働きを学ぶ一方、実際に銀行業務に携わる人たちから、自分たちの会社について評価やアドバイスを受けた。

3年生（148人）のうち75人が2班に分かれ、区内にあるみずほ銀行本店と東京中央支店を訪問した。生徒は、今まで学習してきた九段カンパニーを発表するとともに、「頭髪化粧品の販売・製造会社」設立班がキャッチコピーや購買層、主力商品などを説明。銀行員からは、魅力ある企業や融資を行う場合のポイントなどについて解説があった。

実際にお金に触れる体験も行った。会議室には現金1億円が用意され、生徒は1億円の包みを興味深そうに手にとっていた。また、模造紙幣を使ってのお金の数え方も学んだ。銀行カウンターでの業務内容の説明も受け、貸金庫の中に入る体験も行った。訪問を終えた生徒は「新しい会社を設立するのは難しいと思った」「1億円は思っていたより小さかった。でも重かった」などと感想を述べた。

1億円の包みを手にして、「重かった」の感想も

緑の保全・創出で区・市長が共同アピール

第3回「都市のみどりを守る」フォーラム

8区市長らが緑の保全策など議論

主催 東京みどりの研究会

「都市のみどりを守る」と題したフォーラムが昨年11月18日、武蔵野市のむさしの市民公園で開催された。今回で3回目となるフォーラムには大田、中野、杉並、練馬の4区長のほか三鷹、武蔵野の両市長、それに国土交通省、東京都の各緑化担当者が出席。減少を続ける都市の緑をいかに守り増やすか、その方策について約2時間にわたり意見を交換し、自治体間の相互連携や財政支援の充実などを求める共同アピールを宣言した。

松田 フォーラム開催にあたり、まず3人の方から一言ずつお願いします。

邑上 都市の緑につきましては皆さん大変関心をお持ちだと思いますが、緑を守るには個人の努力だけでは限界がありますし、市や区だけの取り組みでも同様のことが言えます。周辺の区や市が連携して考え実行していくこと、それが都市の緑を守り育てていく上で不可欠だと考えます。

このフォーラムも今回で3回目を数えることとなりますが、緑をさらに増やすこと、守ることに繋がる第一歩となるよう期待しています。

小林 改めて申し上げるまでもなく、都市の中の緑はかけがいのないものです。今日は行政のトップの方々に緑について話していただける大変貴重な機会であり、いろんな話を伺って緑のために出来ることを皆さんと一緒に考えていきたいと思っています。

小口 私は5月まで西部公園緑地事務所の所長をしていましたが、そこでは市域を越えた「井の頭公園100年実行委員会」ができ、10年後には井の頭池の水を、底が見えるような綺麗な水にしようという運動が盛り上がって来ています。こうした取り組みは団体や個人を含めた連携がないと絶対できません。

池の水は、森があってそこに雨が滲み込み地下水になって湧いてくる、つまり全部が繋がっていることを象徴するものになっています。緑は空気を綺麗にして私たちの気持ちも豊かにしてくれますが、自然の基盤を作る大きな役割を持っています。今日は、しっかり勉強したいと思います。

松田輝雄（まつだ・てるお）＝東京農業大学客員教授。昭和15年生まれ。早大卒。昭和38年NHK入局。「おはよう日本」の総合司会など務める。現在フリー。樹木医。

各自治体の現状と課題

松田 それでは次に各自治体の責任者の方に発言をお願い致します。各自治体の緑の現状あるいは最近のできごとなどをご紹介下さい。

松原 本題に入る前に、大田区についてかいつまんで紹介します。区域の50%が工業地帯、30%が住宅地域で、人口は68万人です。緑被率は20・3%で23区では3～4番目に位置しますが、多摩川の河川敷や羽田空港の緑地を除くと9・5%に止まります。こうしたことから区では海辺を活用した12・5㌶の砂浜のある公園「大森のふるさと海辺公園」をつくり、うち5㌶を使って緑の創生をしている最中です。また田園調布地域では来年4月に4・3㌶の「せせらぎ公園」がオープンします。

一人当たり公園面積は、現在の4・03平方㍍を目標である6・0平方㍍に近づけるため各地域に合った対策を進めていきたいと考えています。

松原忠義（まつばら・ただよし）＝大田区長。昭和18年生まれ。早大卒。宇都宮徳馬氏の秘書を務める。大田区議3期。都議3期を経て平成19年区長に就任。現在1期目。

田中 中野区という街は緑の少ない所です。5月に区内の中学生とグリーンウォークラリーをし、先日は個人的にハーフマラソンに参加したのですが、場所はいずれも区外の善福寺公園であり、光が丘公園でした。中野区にはこうした所がなく行政また区民の暮らしとして大きな課題になっています。

では、それをどうしていくのかと言うことですが、去る4月には新規開園部分で4㌶ぐらいになりますが、江古田の森公園という自然の林を生かした公園がオープンしました。また中野駅前では公園1・5㌶と民間の公開空地1・5㌶を合わせた約3㌶の緑地を警察大学跡地の中に作っていく計画があります。

区ではもっと公園を作れるように空いた土地を虎視眈々と狙っているわけですが、例えばこのむさしの市民公園は0・5㌶ぐらいの広さかと思いますが、中野区でこれだけの土地を民間から買うとなると50億～100億円という大変なお金が必要となります。そのためには行政運営をしっかりやって基金を積み立てるとかして、20年、30年いや50年先の街に残せるものは何か、ということをしっかり考えながら着実な行政運営をしていくことが必要だと思います。

それ以外には学校の校庭緑化があります。全校の緑化は難しい面がありますが、5年以内には校庭・屋上・壁面の緑化、それから緑のカーテンを手がけるといった所までは進めていこうと考えています。また民間で緑を増やしていただくための手法について研究を行っています。

施策以外の話ですが、自動車が1万㌔㍍走りますと、それで発生したCO2を吸収するのに0・5㌶くらいの森林が必要だそうです。私は移動に自転車や公共交通を使い、公用車は使っていませんが、日々の取り組みから着実に進めるという意思を表明していくことが中野では大事だと思っています。

田中大輔（たなか・だいすけ）＝中野区長。昭和26年生まれ。中大卒。中野区交通対策課長、行政改革課長等を経て平成14年中野区長に就任。平成18年再任。現在2期目。

山田 杉並区は23区の中で唯一樹木の名のついている所ですが、緑被率はどんどん減ってきています。区では緑の半分が公共、残り半分が民間です。公共の部分については学校や道路、川の斜面の緑化といったことは今後も続けていけると思いますが、厳しいのは私有地です。

杉並区は樹林地の約4分の3が屋敷林、つまり私有地の木です。それを巡ってこんなことが度々起こります。下井草の駅前に大きな樹林地を持つ地主さんが居られるのですが、ある時行ったらケヤキの枝を全部切って丸裸にされていた。「木の葉っぱが落ちて汚いから何とかしろ」という苦情の電話が執拗にかかってきたためですが、その方は区役所にも同じような電話を入れ、それを受けた役所も「こんな話がありましたよ」と地主さんに伝えるものですから、「区役所も守ってくれんのか」と怒り、木の枝を全部切り落としてしまった。また相続の問題がからむと、宅地ということで相続税を払わなければならず樹木がどんどん切られていく。これが止まらない。20年も経つと私有地の木はなくなってしまうのではないかとさえ思うほどです。まさに危機的な状況です。

それと農地です。国の政策は農業をかなり痛めつけてきた。日本は世界の中で最大の食料輸入国で、農薬をかけられた物がどんどん入って来ている。アメリカ人は死ぬと土葬ですが、最近は腐食が進まないと聞きました。防腐剤の入った食べ物を沢山食べそれが蓄積されるからです。これからは輸入に頼らずできる限り自給率を高めて農業を守っていかないと、文化も食もおかしくなってきてしまう恐れがあります。

都市の農業もそうです。余りにも中途半端な方法を採ってきた。転換すべきだと思います。マンションなどではガーデニングをしていましたが、これからは「ファーミング」だと思います。花を植えるのではなくプランターでは大豆を植える。実のなる木を植え緑化をしていく。こうしたことを通じて命の連鎖を感じていかないと「誰かが緑を作ってくれるだろう」になる。これではダメです。

私は実のなる、食べられるものを植えることを奨励して、それを通じて食や緑に関心を持っていくという運動も絶対必要だと思います。それと川とか作る時にはコンクリートなどで固めないで、緑に変えられる所は意識して変えていくことが必要です。溶岩の研究をしている学生から聞いた話ですが、やがて苔が生え、いろんな植物や微生物が入ってきて魚などの復活にも繋がっていくと言います。

山田　宏（やまだ・ひろし）＝杉並区長。昭和33年生まれ。京大卒。松下政経塾第二期塾生。都議、衆議院議員を務めたのち平成11年杉並区長に就任。現在3期目。

松田 小口さん、今の話を受けてどう考えますか。

小口 私も世田谷区の市民緑地に指定されている屋敷林の一角に住んでいる一人です。山田区長さんの話された落ち葉や伐採の事ですが、私の父の方にも苦情はいっぱい来ていました。それで父は竹林から切り出した竹で箒を作り近所に配っていた。それで免じてもらっていたようで、何とか森は維持されています。話を伺っていて思い浮かんだのですが、屋敷林が高齢化してくると持ち主も処理に困るし、隣に住む高齢の方も雨樋の掃除ができず、かといってお金をかけるのも辛いということもある。それで〝雨どい掃除隊〟のようなものを街の緑を守るために結成してはどうかと。それによって緑を減らすのはやめようといった思いに繋がっていくのではないでしょうか。

父は税制がどうのこうのより緑をずっと守りたいという信念を持っていましたから、国土交通省が主催した都市緑化の表彰を受けた時、「大臣から賞状をもらった」と本当に喜んでいました。緑の守り手を勇気づけるこういった顕彰についても考えてみたらどうだろうかと思っています。

松田 今の話にあったように国や自治体が表彰といった形で意思表示をすることも大事ではないでしょうか。国土交通省の小林さん、いかがですか。

小林 毎年10月の「都市緑化月間」にそうしたキャンペーンをやっていますが、いろんな形での顕彰が少しでも役に立てばいいなと思っています。

志村 練馬区は江戸時代から農業の盛んな所で、野菜を多く生産しています。ですから非常に緑が濃い街ですが、その77%を占める畑などの民有地がどんどん減って住宅に変わってきています。

こうした現状を何とかしなければということで、区では平成18年12月に「みどり30推進計画」を策定しました。これは今後30年間で緑被率を30%に引き上げるというものです。具体的に言いますと5年間で58㌶、30年間で東京ドーム93個分に相当する437㌶の緑を確保する計画です。

計画達成に向け校庭の芝生化を始め、石神井川など河川への植栽にも取り組んでいます。公園面積は一人当たり6平方㍍を目標にしていますが人口が増え続けているため中々達成できず、いつまでたっても2・75平方㍍です。しかし公園面積全体ではかなり増やしてきています。

次に農地の減少ですが、これが大変な問題となっていて毎年3%ずつ減っています。これを1・5%に抑えるため多摩や他の都市などと一緒に運動を起こそうと、昨年に第1回目のフォーラムを開催しました。また練馬の風土を象徴する屋敷林では樹齢400年以上のケヤキを含む、古くから『けやきだいじん』と呼ばれていた屋敷の林を「特別緑地保全地区」に指定しました。また30万株のカタクリの咲く「清水山憩いの森」という全国で第1号の市民緑地があります。

志村豊志郎（しむら・としろう）＝練馬区長。昭和7年生まれ。青学大卒。練馬区企画部長、総務部長等を経て平成11年同区助役。同15年練馬区長に初当選し現在2期目。

邑上 今日の会場の東側の中央通りには、約1㌔㍍の区間に160本を超す桜があり有名な所です。しかし、かなり老木化しているため10本を伐採し新しい木に植え替えようと取り組んでいますが、都市の木というのは自然樹形で残していくことは難しい。やはり適切な維持管理をして、ある時には更新をして維持していくことが極めて大事だと思っています。

清原 三鷹市は市民の皆さんが様々な形で緑化に努めていただいている、緑と花が歓迎してくれる市です。緑と水を守るため市では具体的な計画であります「三鷹市緑と水の基本計画」に従いまして様々な事業を実施しています。そして、それは①守る②つくり育てる③生かす、そして④それらを市、事業者と協働し「支えていく、支えあっていく」といった四つのキーワードをもとに展開しています。

まず「守る」に関連した事業ですが、いま力を入れていますのは緑被率の6割を占める農地・生産緑地の確保であり、その重要性を検証していくことです。

平成16年4月に農業公園を開設し、18年度から19年度にかけましてはJAむさしと連携して「三鷹市都市農業研究会」を設置して具体的な農地保全の取り組みを検討しています。

「つくり育てる」分野では、都市計画の中に地区計画の事例を増やしてきています。学校が移転して新たな校舎が造られる、あるいはグランドとして使われていた所が住宅地として再開発されるなど、様々な機会を捉えながら質を維持する都市計画を定めています。その中で、具体的には緑化率を設け保って頂いていることがあります。

さらに嬉しいことに、小学生の参加を得ながら三つの里づくりを中心に公園づくりのワークショップなどの取り組みが進んでいることです。市内西部の「大沢の里」、東部の「新川丸池の里」「牟礼の里」は、いずれも市民のワークショップによるプランで作られただけでなく、それぞれの里を中心としたお祭りや子供たちが参加するツアーなどが実施されています。新川丸池の里では小学生が4枚の田んぼをつくり、昨年からは田植え、稲刈り、収穫の集いを小学生が中心になって進めています。

先ほどこうした取り組みの顕彰や表彰が大事ではないかという指摘がありました。市長になって様々な表彰制度があることに気付きましたが、緑や環境については不十分でしたので、「ガーデニングフェスタ」など新たなものを作りました。また保存樹木・生垣などを含めたガーデニングの表彰制度では、市民が市民の努力を認め、それを市に推薦し市が表彰する取り組みを進めています。

今後も緑と水を守り育て生かすまちづくりを進めながら、支える層を強めていきたいと思います。そのため市民の提案を受けつつ「花と緑のサポート組織」を恒久的に支える組織として作れないか検討を始めているところです。

清原慶子（きよはら・けいこ）＝三鷹市長。昭和26年生まれ。慶大卒。ルーテル学院大学教授、東京工科大学メディア学部長を経て平成15年市長に就任。現在2期目。

ブースでは緑化関係団体の活動を紹介

出席者

練馬区長 志村豊志郎氏
中野区長 田中大輔氏
大田区長 松原忠義氏
杉並区長 山田　宏氏
三鷹市長 清原慶子氏
武蔵野市長 邑上守正氏
東京都建設局参事（公園計画担当） 小口健藏氏
国土交通省都市・地域整備局公園緑地課長 小林　昭氏
司会・東京農業大学客員教授 松田輝雄氏

東京みどりの研究会

今日、我が国の都市のみどりは依然として減少傾向にあります。特に、東京都の周辺の比較的緑地が残されている地域においても、[illegible]われています。[illegible]開催された「都市のみどりを守る・緊急フォーラム」（平成16年8月）を契機に、東京みどりの研究会は、6区2市（大田区・世田谷区・杉並区・板橋区・練馬区・中野区・武蔵野市・三鷹市）と国土交通省、東京都のみどり関連担当者により、平成17年11月に発足しました。

都市のみどりを守り育てていくためには、[illegible]区市の関係機関[illegible]課題を共有し行政の枠を越えた協働（共同）の取り組みを研究しています。また、[illegible]フォーラムを毎年開催し共同声明として発信しています。

連続する緑の創出　自治体間の相互連携　財政支援の充実・強化

緑の保全・創出への処方箋

松田　自分たちの街、都市の緑に対して市民や区民には「満足している」「もう少しあった方が良い」といった様々な思いがあります。責任者である区長、市長あるいは国はどう対応していくのか、提言も含めお話し下さい。

住民の発想をベースに

松原　大田区の中でも蒲田、大森、羽田空港周辺はヒートアイランド現象を強く受ける地域です。緑のことを考える場合、エコ社会をどうやって作っていくかということも大きな課題であると思います。

そこで私どもは東京都の海の森構想と連動した海辺を活用した緑の創出をしたいというのが第一点です。また羽田空港に53㌶の跡地が出ますが、ここの整備も緑の視点を忘れずやっていきたい。また区内には木造密集地帯がかなりありますが、その解消・整備にも緑を確保する視点を入れて取り組んでいきたいと思っております。

これからの社会というのは行政主導の社会ではないと思います。より質の高い、人間にとって住みやすい環境を作り出すには、住民からの発想が大事だと思っています。区民や市民と協働する区政であり市政であることがこれからの地方自治に求められているし、市長や議会、区民の力量が、地方分権が進めば進むほど問われていると思いますので、そういった視点で緑の確保に努力していきたいと思います。

目標は数値化して推進

田中　私が区長になってから作りました10カ年計画には四つの重要戦略を盛り込んでいます。その戦略の一つが地球温暖化防止戦略です。自然と人間、人間と人間が共生できる社会を作っていく、そういう中できちんと緑を守り育てていくということを位置づけなければと思います。

行政というのは計画を作ったらそれに満足し安住しがちですが、私はその計画の目標を数値化し、その数値がどれだけ実現されているかを点検しながら取り組みを高めていく、そういった仕組みが必要だと思っています。

この防止戦略を受けて今年は環境基本計画を作っています。CO_2をどのくらい減らすかということを、数値とそれに対応する取り組みで示していこうと思います。またその中で緑については来年「緑の基本計画」を作っていきたいと思っています。

私は現金で補助金を給付してそれで何かをやって頂く事業については余り評価をしていません。公共の財源には限界がありますし、財源の限りと取り組みの限りが一致するようでは殆ど事業は進みません。民間の方が自分の屋敷や屋上を緑化するということに対して、規制と緩和によるインセンティブが与えられるような仕組みを考えていくということが必要だと思っています。例えば屋上や壁面を緑化すれば容積比率が緩和されますよとか、日陰の規制について取り扱いを緩和できますよ、というようなことによって取り組みを誘発することなどです。

国・自治体が一体となって

山田　いま皆さんの話を聞きながら思ったことですが、区や国や都の制度が本当に機能しているのかどうかを、今までやってきたお互いの経験と照らし合わせながら一度検証して見る必要があるのではないか。一生懸命やっているけど屋敷林の減少に歯止めがかからない。次の会までに「どこが駄目だった」「こうしたらどうだろう」といったことを発表できるようになるといいなと、自身の反省も含めて思います。

それと意識の問題です。どんな制度を作っても住民が他人事として受けとっている限り効果はあり得ませんから。

二つほど提案をします。私の発想ではありませんが、学校や公共施設を改築する時に一定面積の鎮守の森を作ることから始めてみてはと思います。鎮守の森には銀杏の木がありますが、この木は火事になった時に水を出すのだそうです。もう一つはファーミングです。自分で作った物を食べる、それにより意識改革に繋がると思います。

そうした意識付けをやりながら今の特別緑地保全地区制度や市民緑地制度のあり方を変えて、そこに緑が存在することに価値を見出した相続税対策というものを国で考えてほしいと思います。

志村　樹林地や農地は後世まで引き継いでいかなければならない重要なものです。制度上も国や東京都、区市が一体となった方策を打ち出す必要がある。そういった要請とあわせ、区独自で何ができるか模索しているところです。

それと先ほどの特別緑地保全地区ですが、名称は「早宮けやき特別緑地保全地区」です。そこには樹齢400年以上のケヤキが沢山ありますが、苦情が非常に多かった。しかし指定によって評価が高まり周辺の人が率先して掃除に関わるという動きが出てきています。

相互連携と協働が不可欠

清原　本日、四つの区と二つの市そして国土交通省の方と東京都の方が壇上に居ることの意味を改めて確認致しました。つまり私たちが都市の緑を守り増やしていくためには更なる連携と協働が必要だということです。今日も11月後半であるのに汗ばむほどですし、一昨年の9月には杉並、武蔵野、三鷹で集中豪雨があり大きな被害が発生しました。まさに自然からのメッセージだと思います。都市の緑を守るということは、自分の地域の中だけでは決して解決し得ないのです。

井の頭公園は今年90周年を迎えますが、これまで武蔵野市と三鷹市、東京都が連携しながら池の水の浄化について取り組んできました。地下水は繋がっていますので、三鷹市に設置した雨水浸透ますの効果が表れるのは他の市や区になります。そうしたことを市民の皆様にも理解して頂かなければならない。その上で都市の緑の象徴的な取り組みが意義あるものになると思います。

いまロハスやスローライフという生き方が推奨されています。高度成長期の中で緑が失われ、そして進めてしまった地球温暖化をいかにスローにしていくか、そうしたことが言われているわけです。そうであるならば、都市の緑の取り組みに、市民の暮らし・ライフスタイルの変化を求めながら連携していくことなくしては、私たちの責任は果たせません。

最後に、国には税制について更にご検討を頂くとともに、地方と都市を格差論で置いてしまわずに、都市もまた暮らしの場である、地域であるとした国土交通行政を行っていただきたい。東京都には、暮らしやすい都市、緑の都市であり続けるよう更に連携を頂くようお願いしたい。さらに本日出席された区長さん、市長さんには引き続き都内62の区市町村に呼びかけて頂きながら、この取り組みを深めていきたいと思います。よろしくお願い致します。

道路の緑化に向け連携を

邑上守正(むらかみ・もりまさ)＝武蔵野市長。昭和32年生まれ。早大卒。都市プランナーとして各地のまちづくりに関与。平成17年市長に就任。現在1期目。

邑上　様々な意見を伺いました。参考にさせていただきます。ところで、市内の成蹊学園では80年間にわたって地域の温度、気象観測を続けておりまして、その観測データを見せてもらいました。それによりますと武蔵野地域の温度は80年前が13・4度、現在が15・6度で、2・2度上昇しています。都市化の影響もありますが地球の温暖化とも影響があるのではと思います。

こうした温暖化に対し様々な取り組みをしていかなければと思いますが、緑を守り育てることは基本中の基本であり、市民の皆さん、市民団体の皆さん、あるいは事業者の皆さんと連携をしなければいけない。そして周辺の自治体の皆さんとは大いに力を合わせていかなければいけないとの思いを強くしております。

一つ提案をさせていただきます。都市の中における公園緑地の創出も必要ですが、道路にももっと注目すべきではないかと思っております。都市での道路面積は15%位になる。これを環境に優しい場所に変えていくことは極めて大切なことだと思っています。道路に降った雨を道路に滲みこませていく。緑化していく。道路は市境で途切れることなく繋がっています。貴重な環境の軸として各自治体が連携していければと思っています。

財政と施策の連携を

松田　最後に東京都、国土交通省のお二人からお願い致します。

小口　東京の公園緑地の整備は、この10年間は都の財政状況が厳しく冬の時代でした。そのため今まで公園の整備に100億円のお金があったとすると、それが20億円くらいになってしまった。また維持管理費も同様に大幅に縮小されてきた。予算がつかなくなると気持ちまでが小さくなって、公園の確保や緑の維持管理は大事だという主張が出来なくなるということがありました。

そういう時でも何とか知恵を絞って、公園のベンチを都民から寄付してもらうという制度を作った。「思い出ベンチ」がそれで、井の頭公園や日比谷公園で始めました。4年経って今では600基以上になっている。1基15万円～20万円しますので金額に換算すると1億円になります。何も公園は税金だけで作るものではない、皆で一緒になって苦境を訴えれば助けてくれる人はいっぱいいるんだと思いました。

緑も同様に、大切なんだということを市議会でも区議会でも、そして都議会でも国会でも必要なことは必要だと堂々と主張する。要は諦めてはいけないということが一つです。

小口健藏(おぐち・けんぞう)＝東京都建設局参事(公園計画担当)。昭和26年生まれ。千葉大卒。都建設局公園建設課長、西部公園緑地事務所長などを歴任。平成19年より現職。

それから区長さんも市長さんもそれぞれ目標を立てておられる。これは絶対必要なことです。東京都も去る6月「緑の東京10年プロジェクト」という方針を立てています。それから「緑の東京募金」ということも10月22日から始めました。都民みんなで緑あふれる東京を作っていこうというもので、そのために埋立地に88㌶の「海の森」を作り、そこからの風で東京を冷やそう。さらに校庭の芝生化を含め1000㌶以上の緑を作ろう、街路樹も今の48万本を100万本に倍増させよう。これをどうやって展開していこうかと様々なことを考えています。

連携については、二つの連携が必要だと思います。一つは隣同士の区市が、都が音頭を取りながら連携して、いい緑の街をつくる。それと施策も連携しないと駄目です。

「財政がしっかりしない限り緑はちゃんとつくれない」と田中区長さんが言われたことがまさにその通りです。財政と緑の施策を連結させないと絶対駄目です。そのことは東京都も経験ずみです。松原区長さんの「公園をつくる区民債・市民債を区民から募集したら多くの方が応募してくれ、それで公園がつくれるようになった」これも財政政策と緑施策を結合したことによるものです。

東京の農地は過去10年間で3000㌶なくなったと聞きました。一方で私ども公園を所管している部門は、130年かけてやっと1823㌶しか都立公園を作れていません。公園は1㌶を維持管理するのに250万円の税金が必要です。農地は維持管理のために税の支出はいりません。その農家の方が一生懸命農地を維持して下さるから緑が保全されています。農業が元気になるように施策の連携をしなければならないと思います。

有効な制度づくりに全力

小林　今日は行政のトップにおられる方の決意を伺って大変心強く思いました。公園や緑地を整備する法的な仕組みについて若干触れたいと思います。ちょうど3年前、国土交通省では景観法をつくり、同時に「都市緑地保全法」を改正して「都市緑地法」という都市の緑の主軸となるような法律を作りました。この法律にあわせて「特別緑地保全地区制度」を充実させ、屋敷林や敷地の中の大きな樹木であっても将来にわたってこれを保全し、場合によっては行政が買収に入るというようなものについては相当程度の相続税を軽減するという制度にしています。

ただ、この制度を使っている事例がまだ少ないのですが、市民が「こういう緑豊かな街でありたい」という声を上げていくことで行政は成り立っていきます。いろいろと話を伺って、国としても応援できる制度づくりに一生懸命がんばらなくてはと思います。

今日は大変具体的な行政の最前線の取り組みについて話を伺うことができましたし、何よりも区長さん、市長さんの決意が聞けたことは非常に有意義でした。

小林　昭(こばやし・あきら)＝国交省都市・地域整備局公園緑地課長。昭和29年生まれ。東大卒。建設省公園・緑化事業調整官、香川県土木部長などを歴任。平成19年より現職。

松田　今日は行政の責任者の方が直接お話をして下さいました。ただ話し合ったのではなく、実施する、行動する、行政だけではなく皆で一緒にという話でした。緑化を進める、それを新しい次の世代に残せるのは区長さんや市長さんの双肩にかかっています。期待を込めて、今日はこの辺で終わりたいと思います。

みどりのアピールIN武蔵野2007

大都市東京にあって、みどりは首都の良好な環境確保のために不可欠な存在です。しかし近年、都市の持つ様々な要因により、貴重な民有地のみどりは減少傾向にあります。

首都の外周部に位置する自治体に暮らす私たちにとって、みどりの保全と育成は共通の課題です。みどりという財産を次の世代に引き継ぐことは、私たちの世代が責任をもって果たすべき義務です。この責務を果たすため、私たちは次の取り組みを推進します。

❶公園緑地や街路樹、河川沿いのみどり、屋敷林や貴重な樹木、生垣、社寺林、農地、民間グラウンドなどのみどりを相互に結び、連続したみどりを保全・創出します。

❷「東京みどり研究会」においては、自治体間の連携をさらに強め、みどりを保全・創出するための協働の取り組みや施策の創設を目指します。

❸既存の法制度を有効に活用するとともに、相続税等に関する軽減措置ならびに緑地保全を図るための財政措置の一層の充実を引き続き関係機関に働きかけます。

私たちは、今日ここにお集まりの皆様方とともに、大都市東京におけるみどりの良さ、大切さに思いを馳せながら、都市のみどりを守り、みどり豊かな環境を次の世代に引き継ぐことを誓います。

平成19年11月18日
「都市のみどりを守る」フォーラム参加自治体

09年度都職員採用試験

PR活動を業務委託

年間戦略や早期働きかけに期待

都総務局と人事委員会事務局は、09年度の職員採用試験に向けたPR活動について民間事業者に業務委託することを決めた。「首都公務員」という考え方を踏まえた統一的なコンセプトの作成から、採用ホームページの作成や採用関連イベントへの参加といった一連のPR業務を一括して委託するもので、現在、応募を受け付けている。採用マーケットの変化により、民間を含めた人材獲得競争が激化する中、民間事業者の持つノウハウを活用し、年間を通じたPR活動を展開することで、都庁職員を目指す層のすそ野を広げ、受験を促すことが狙い。

希望者のすそ野拡大目指す

■"委託"で09年度試験

企画提案には、必ず実施すべき項目として、採用ホームページの作成・管理運営、職場案内パンフレット等冊子の作成・発送業務、都庁採用セミナーの開催支援、採用関連イベントへの参加、就職サイトへの掲載を盛り込むこととした。

採用ホームページに関しては、現在も都人事委員会事務局が開設しており、試験日程や実施状況等の報道資料、試験案内、事業や各局紹介等を掲載している。しかし近年、学生の就職活動はネットが中心となっており、民間企業が採用専用のHPを立ち上げて年々充実度を増す中、情報量や親しみやすさといった点で遅れをとっているとの指摘もある。

質問・相談コーナーで順番を待つ参加者＝都庁で9日に開催された採用セミナーで

ホームページ作成にあたっては、職場情報や先輩職員紹介、採用試験情報、インターンシップ情報など具体的なコンテンツに加えて、読みやすさやメッセージ性なども求めた。受験者だけでなく大学1・2年生にも、公務員や東京都という職場に興味を持ってもらうツールとしての役割を期待している。

職場案内パンフレット等の冊子作成・発送業務のうち、都庁概要案内や職場案内も希望者層の拡大を狙ったものだ。概要案内は数ページ程度のイメージ戦略用リーフレット、職場案内は従来の内定者向けの都庁案内に掲載されていた内容を拡充して60～70ページ程度の冊子とする見通しだ。このほか採用案内も発行する。

あわせてポスターやインターンシップ宣伝チラシ等も作成。いずれも大学等に発送することで、学生への早期働きかけや浸透を図りたい考えだ。

都庁採用セミナーに関しては、現在の2月開催に加えて、おもに大学生や第二新卒をターゲットに10～11月の実施も見込んだ。また就職サイト等が実施する合同説明会などの採用関連イベントにも参加することで、民間企業と同時期の動き出しを目指していく。

業務受託を希望する民間事業者は、これらPR活動の必須項目について、民間の採用動向や学生・転職希望者の動向等を踏まえながら、最も効果的な媒体や手法を企画提案することになる。さらに必須項目以外の独自のPR活動も提案可能だ。

■"自前"の08年度試験

08年度試験に向けたPR活動は、現在終盤に差し掛かっている。この中では07年度から実施した電車内広告を拡大、都営地下鉄に加えて、新たにJR（山手線、中央線、京浜東北線）、東京メトロに掲載する。またJR主要42駅に駅ばりポスターも掲示。都営地下鉄については3月上旬以降、その他は3月中旬以降から実施される。

新たな取り組みとしては、幅広い層に対して、都への受験の動機付けを図るため、知事からのメッセージを動画で配信する。3月上旬に人事委員会事務局のホームページに掲載予定としている。

このほか大学院修了者や民間企業経験者を対象としたI類Aの受験者層に向けて、引き続き転職サイトへの情報掲載を実施。技術職員採用相談会も来月21日に開催予定となっている。

こうした中、今月9日には08年度の都職員採用セミナーが都庁第一庁舎大会議場で開催された。

事務職向けの回では、山本隆港湾局監理団体改革担当部長が基調講演を行い、首都公務員に求められるもの、職場としての都庁の魅力などを語った。

また小川健一下水道局計画調整部長は、技術職向けの基調講演で、都における技術の特徴や魅力に触れながら「技術職員の基本は、東京、都政、各事業、専門技術に対する愛着。自信、気概、使命感を持って首都公務員を目指して欲しい」と訴えた。

セミナーでは、このほか先輩職員からのメッセージや個別に質問・相談に応じる機会も設けられ、参加者が疑問などをぶつける姿も見られた。

人事委員会事務局によると、今回の採用セミナーには1562人が申し込み、うち参加者は計1408人に上った。申込者数、参加者数、参加率とも前年度より上昇しており、手応えを感じているようだ。

08年度採用試験の日程は、I類A・Bともに1次試験を5月11日に実施。職種や採用予定者数等は3月19日に発表する予定となっている。

特別区新採説明会

参加者増は「公務員への回帰？」

合格辞退防止の取り組みも

特別区人事委員会は10日、来年度の採用試験受験者を対象とした23区の合同説明会を渋谷区の国学院大学で行った。参加者は昨年よりも約500人多い2500人。この結果に人事委員会任用課は「応募者増が期待できる」と手応えを得た様子だ。今後もネットでのPRを強めるほか、合格後の辞退者を防止する取り組みにも着手するという。

来年度試験の合同説明会としては第3ラウンドとなる今回のテーマは、「だから特別区を選ぶ」。これまで「特別区を知ってもらうこと」「数ある自治体から特別区を選んでもらうこと」をテーマに行ってきたが、さらに一歩踏み込んで、具体的に希望する区を選んでもらうことがねらいだ。

区ごとにブースを設置し、地域の魅力や取り組み、具体的な仕事内容などを説明。各区とも工夫を凝らし、今年度の新採職員が説明に立つ姿なども見られた。

また、人材確保が困難化している技術・専門職は個別にブースを設置した。これまでも、通り一遍の説明ではなく具体的な仕事内容を知りたいといった声が寄せられており、現場で働く各区の係長や主任主事が質問や相談に応じた。

参加者の増加は、PRの強化に加え、景気の先行き不透明感や採用者数の増傾向も一因と見られる。任用課からは「公務員への回帰が始まっているのかも」と期待する声も聞かれた。

内定を早める取り組みなど、人材の奪い合いが激化している＝10日、国学院大学で

今後はネットでのPRをさらに強化する。昨年度のIII類・経験者採用に加え、来年度の採用からはI類採用試験もネットでの申し込みが可能となる。各区のホームページとのリンクを強化し、受験者に希望区を知ってもらえる工夫を凝らすという。

また、内定者の辞退防止も課題の一つとなる。景気の上昇傾向を背景に、民間企業や他の自治体との人材確保競争が激化しているが、優秀な人材は民間や複数の自治体に合格していることも多い。

対策の一つとなるのが早期の内定提示だ。08年度の採用試験は、国のI種試験が昨年より遅くなるのに合わせて区も約1週間遅れるが、最終合格発表は同時期とした。他の自治体に先駆けて合格を示すことで内定者の定着を図る。I類の最終合格発表は8月4日で、その後、各区での選考を経て8月中には各区での内々定を出したい考えという。

◆区人事委は7日、08年度採用試験・選考の日程を発表した。I類は4月14日まで申し込みを受け付け、1次試験は5月11日に実施。最終合格発表は8月4日となる。III類と経験者採用は8月8日まで申し込みを受け付け、1次試験は9月15日に実施。最終合格発表はIII類が11月11日、経験者が12月5日となる。

暮らし関連に重点を

都庁職が08予算案で「見解と態度」

東京都庁職員労働組合はこのほど、「2008年度東京都予算案に対する見解と態度」を発表した。この中では、予算案や定数に関わる問題点を指摘しながら、都民要望に応える予算編成や職員定数配置等に向けた取り組み強化を打ち出している。

都庁職では、予算案について、オリンピック招致関連やオリンピック招致を口実とした都市開発や臨海部開発に莫大な財政を投入する一方、格差社会が広がる中、困窮する都民への生活改善、雇用・住宅・教育・福祉・医療などの施策には積極的な展開が見られないと批判。

数字を挙げながらオリンピック招致や「10年後の東京」実行プログラム2008が掲げる施策に多額の予算を投じている実態を訴えたほか、福祉関連での神経科学・精神医学・臨床医学の3総合研究所の統合整備や老人医療センターと老人総合研究所との再編整備に関わる予算計上、都営住宅の新規建設の見送りなどの問題を指摘した。

また大幅な定数削減に対しても、職場実態を無視した「削減ありき」の定数削減の強行であり、労働環境の悪化に拍車がかかると強調。貴重な知識や技術・技能の継承が途絶えるなど円滑な業務執行に重大な問題となり、都民サービスの低下につながるとした。

さらに組織改正に関連して、総務局人事部と勤労部の統合を取り上げ、「労働組合との交渉セクションであり、今後の労使の対応に注意をはらう必要がある」と警戒感を示した。そのほか新銀行東京については、「大きな赤字を抱え問題視されている。この責任や対応には触れておらず、追及していく必要がある」としている。

そのうえで「都民にさらなる『痛み』を押しつける『オリンピック』『都市基盤整備』中心の予算編成に反対し、福祉・医療・雇用・住宅など都民生活改善に向けた暮らし関連予算等に重点的に置く予算編成」「都民サービスに応え、業務量や職場実態に見合うゆとりある職員定数配置」などを求め、都庁職の取り組みを進めていく考えだ。

08年度各局定数 57%の実態 ▶▶▶4

人・勤統合 人材育成基軸に

総務局

局定数3972（166増184減・差引18減）

08年度組織・人員体制では、前年度の政策法務部門設置等による文書・法務の機能アップ、行革部門でのIT活用等と同様に、新しい時代の都庁マネジメントを支え、都庁改革を先導する視点からの見直しが行われた。

今回、特に注目されるのは、人事部と勤労部の統合だ。これまで人事管理は人事部、勤務条件の整備は勤労部という役割分担であったが、人材育成を基軸に据えた総合的な人事管理体制の構築に向け、伝統ある両部の統合に踏み切った。

統合後の「新」人事部には、労使交渉を所管する労務担当部長を新設し、課としては、人事課、制度企画課、調査課のほか、新たに職員支援課を設置する。

人事課には人材育成担当副参事を新設し、人材育成方針の全庁展開等、人材育成に向けた取り組みの強化にあたる。

制度企画課は、労務課とクロスオーバーする部分を統合する形で組織を見直し、人事考課と任用・給与諸制度の一体的な制度設計・運用を推進する。労使交渉の窓口機能も一本化する。

新設される職員支援課では、勤労部が中心に担ってきた職員の労働環境の整備の機能を更にアップし、勤務時間・休暇制度、メンタルヘルスケア、職員住宅、福利厚生を含め、トータルな視点から職員に対する必要な支援の企画・調整を担う。

このほか人事システム担当課長を新設し、人事給与システムの再構築、e人事システムの改善等を所管する。

人事管理関連以外でも、全庁的な再雇用制度見直しを機に、総務部の文書配送センターや庁内警備の直営部分等にも新たに非常勤職員を導入するなど、事業の特性を踏まえた効率的な人員体制構築に取り組んでいる。

このほか統計部では、国の経済活動全体を把握する統計として創設される「経済センサス」の準備事務で6増、部全体では各種調査の終了及び実施で差引3人の減となった。

人権部は差引で1減だが、新たに犯罪被害者等支援施策の企画・調整を担う担当課長を設置する。

国体推進部は、13年の東京国体開催に向けた準備体制の拡充に加え、同時期に開催される全国障害者スポーツ大会の開催準備業務を福祉保健局から移管し、差引7人の増員とし、名称も「国体・障害者スポーツ大会推進部」とする。

長谷部本庁支部書記長は「労使関係のセクションである人事部と勤労部の統合は、今後も注視する必要がある。統計に関しては、現行執行体制の維持を求めたが、削減が続いている」とコメントしている。

管理スパン見直し6部体制に

知事本局

局定数133人（105増105減・差引0）

知事本局は08年度の組織改正で現在の秘書部、政策部、企画調整部の3部体制を、総務部、地方分権推進室、外務部、基地対策室、政策部、計画調整部の6部体制（4部2室）とする。現行定数内での見直しで増減はない。

組織改正の背景に挙げるのは、企画調整部の管理スパンの問題だ。

現在は企画調整部長が総務部長の役割を兼ね、管理スパンが非常に広い状況となっている。組織見直しは、一極集中を避けながらも、より機動的で効率的な体制を構築し、引き続き意思決定の迅速性を確保する視点から行われている。

現行体制からの変更点でみると、総務部には秘書課のほか、調整総括が入る。また外務部には外務課、国際共同事業担当（アジア大都市ネットワーク21）のセクションが加わる。

新たに設置される計画調整部は、現在の計画調整と企画調整のラインで構成される。このほか地方分権推進室には国政広域連携・首都調査担当、自治制度改革推進担当が含まれ、また基地対策推進室は特命担当部長と横田基地共用化推進担当参事の所管分野を受け持つ。政策部は現行のままとなっている。

地方分権推進室と基地対策室の2室は、室長を置かない不置室となる。今回の知事本局のケースでは、担当部長や課長がおり、室長を置くまでもなく、業務遂行できると判断された。

都総務局

5事業で局職員表彰

政策法務ラインなど

都総務局はこのほど、07年度の局職員表彰を行い、5事業にかかわった計59人を表彰した。

このうち総務部文書課政策法務ラインと法務課民事訴訟ラインは、法務・文書機能を充実強化したことが評価された。政策法務ラインの設置により、各局の政策形成を法的側面から積極的にサポートするとともに、政策法務、法規審査、訴訟対応が相互に連携する体制構築に取り組んだ。また、東京大気汚染訴訟への10年以上にわたる着実な対応を積み重ね、和解に基づく医療費助成条例を第4回定例会で改正するなど、連携した取り組みが評価された。

このほか、行政部三宅島災害復興対策担当と三宅支庁土木港湾課は、昨年11月に開催された三宅島モーターサイクルフェスティバル開催への取り組みが、八丈支庁産業課林務係は、クロマツ林再生に向けて地元小学校と連携した植栽活動が、首都大学東京基礎教育センター事務室教務課教務係と総務部総務課人事係は、法人固有職員制度の導入と教職員一体の人材育成研修の実施が、(財)東京都福利厚生事業団管理部企画課企画係は、高齢社会に対応した実践的な介護技術講座の実施がそれぞれ評価された。

押元洋局長は、「表彰対象となった事業は、まさに現場からの発想で、少しでも現状を変えていこうという皆さんの強い気持ちが実を結んだもの。表彰を原動力に、今後も様々な工夫をしてください」などと功績を称えた。

保育サービスの充実を求む

子育て社会アンケート

子育て社会に必要な行政の取り組みは、保育施設や保育サービスの整備・充実……。都生活文化スポーツ局が「子育てに優しい社会」をテーマに都政モニターアンケートを行ったところ、こんな結果が明らかになった。

同設問は、子育てに優しい社会を実現するため、行政が取り組むべき施策を三つまでの選択で求めたもの。この結果、50・7%が保育施設・サービスの整備・充実と回答した。次いで「医療体制の整備」（44・1%）、「仕事と子育てを両立しやすい職場環境をつくる企業への支援」（36・3%）となった。

ただ、子育て世代の20代、30代をみると、30代の2位と20代の3位には「児童手当など経済的支援」が入り、若い層ほど経済的な支援を求める声が強かった。

また、子どもの外出で困ることについて五つまで選択で求めたところ、「ベビーカーで移動する際、道路に段差があり通行しにくい」（62・7%）、「安心して遊べる場所がない」（56・5%）といった施設面の整備に対する不満が高かった。その一方で「子どもが泣いたときの周囲の反応が冷たい」（44・5%）、「ベビーカーで電車・バスを利用すると周囲の目が冷たい」（28・2%）など、「社会の目」がバリアとなっているという意見も多かった。

田中 熊吉さん（たなか・くまきち＝元都議）7日死去、91歳。

小堤 勇さん（こつつみ・いさみ＝中野区議）10日死去、58歳。

20年度 職員教養講座 ≪32≫

B事務(都市づくり)記述

はじめに

前回に引き続き、今回は論文対策について解説します。

論文は苦手に感じている方も多いと思いますが、書き方のコツを掴むと一定レベルの論文を書くことが可能です。今からでも間に合いますので、少なくとも1本の完成論文を目指して、あきらめずに最後まで取り組んでください。

過去の出題と傾向

論文の課題は2題出題され、そのうち1題を選択し解答します。過去5年間の出題と傾向は次の通りです。(文末の「具体的に論じなさい」は共通のため省略しました)

(1) 過去問題

【平成15年度】

①活力ある都市づくりを進めていく上で、円滑な人と物の流れやまちのにぎわいを実現する都市施設の整備が求められています。東京の現状を踏まえ、あなたが重要と考える都市施設の課題とその方策について。

②首都東京は、政治・経済・文化の中心的役割を担う一方で、1200万都民の生活の場として、自然災害だけでなく、大都市特有の様々な災害の危険性に対しても、安全で安心して暮らせるまちづくりが求められています。東京の現状を踏まえ、都市づくりの観点から、安全なまちづくりを進めていくための課題と方策について。

【平成16年度】

①本格的な少子高齢社会を迎え、これまでの人口増加や経済の拡大を前提とした都市づくりの見直しが進められています。都市の活力や魅力を高めつつ、住み・働く場としての東京を再生するために、あなたが重要と考える都市づくりの課題と方策について。

②東京においては慢性的な交通渋滞による経済的損失や環境負荷の増大等の問題が生じており、都市の骨格となる道路ネットワークの形成が求められています。東京の活力を維持・発展させるための道路整備の課題と方策について。

【平成17年度】

①都財政は一時の危機的な状況を脱したものの、引き続き、財政構造改革を推進していく必要があり、民間が行えることは民間に委ね、真に行政が担うべきことは何かという視点が求められています。都市づくりにおいて、民間の活力をより一層活用するための課題と方策について。

②国内では新潟県中越地震や福岡県西方沖地震、海外ではスマトラ島西方沖地震など大規模な地震が頻発し、大きな被害をもたらしています。東京において、直下型地震の発生に備え、震災に強いまちづくりを進めるための課題と方策について。

【平成18年度】

①東京は他の追随を許さない都市機能の集中など、どの都市にも真似のできない魅力を備えていますが、解決すべき様々な都市基盤整備の課題があります。今後の厳しい財政状況を踏まえつつ、あなたが重要と考える都市基盤整備の課題と方策について。

②臨海副都心開発は、開発着手から18年目を迎えた現在、台場地区、青海地区南側及び有明南地区の既存の土地の約7割が処分され、また広域交通基盤も着実に整備が進んできています。臨海副都心開発の総仕上げに向けて、あなたが重要と考えるまちづくりの課題と方策について。

【平成19年度】

①戦後60年を経た現在、東京は、都市として成熟を遂げつつある一方で、都市構造に係る様々な問題を抱えています。東京を更に効率的な都市にしていく上で、あなたが重要と考える都市整備の課題と方策について。

②良好な景観は、都市の価値を高め、住む人にとって貴重な財産となるばかりでなく、国内外の人々の来訪を促し、交流を活発化させるものです。首都にふさわしい、東京の景観を形成していくための課題と方策について。

(2) 出題傾向

過去の出題を見ると、2題のうち1題は都市づくり全般の設問、もう1題は「震災に強いまちづくり」「道路整備」「臨海副都心開発」「景観形成」など特定の分野に特化した設問と分類できます。ともに社会状況等の視点を踏まえての論述を求めています。特定分野に特化した設問は、その時点で国政や都政のトピックとなっている事項を基にした出題が多いようです。

勉強方法

(1) 論文作成の方法

①注意事項

論文作成にあたっての注意事項を確認します。実施要綱によると、論文試験では問題意識、政策形成力、論理性、表現力等について評定するとなっています。評定要素ごとのポイントは次の通りです。

まず「問題意識」ですが、出題の意図を正しく理解しているか、的確に問題点の提起がなされているか、都の管理職の立場から論じられているか等です。東京の都市づくりの現状や背景を正しく認識しつつ、問題点を提起することが必要となります。

次に「政策形成力」ですが、これは問題点に対して如何に現実的かつ具体的な解決策を述べられるかを評価するものと考えられます。数値や指標等のデータも駆使して説得力ある方策を明瞭に展開できるよう勉強を進めましょう。

次に「論理性」ですが、問題点と解決策が整合しているか、解決策が具体的かつ実現可能なものか、誰でも理解できるよう明瞭に論述しているか等について評価されます。

最後に「表現力」ですが、読みやすい文章となっているか、誤字脱字はないか、読み手を飽きさせずに最後まで読ませる文章となっているか等について評価されます。

②論文作成の方法

論文作成にあたっての基本的な事項は次のとおりです。

実施要綱によると字数は1500字から2000字程度となっています。下限である1500字までは必ず書き込みましょう。1字でも少ないと採点の対象になりません。上限の2000字は、100字程度のオーバーは問題ないと思われます。ただし、解答用紙の表側に書くべきで、裏側まで書くことは厳禁です。

論文は、起承転結の4章で構成します。字数の配分は起350字程度、承650字程度、転650字程度、結350字程度が目安となります。

また、一つの文章はできるだけ短く、簡潔に書くように努めてください。1行20字として4行にわたる一文は読みにくいので避けた方が妥当です。また、採点者が都市づくりの職群の管理職とは限りません。都市づくりの知識のない人でも理解できる内容か、技術的専門用語の羅列になっていないか注意しましょう。

③各章論述の留意点

次に各章を論述する際の注意点を述べます。

第1章(起)では、課題に対する現状認識や問題意識を社会状況も踏まえつつ論述します。この起の書き出しの印象が採点結果に与える影響は大きいので、表現にも工夫が必要です。

また、起で述べた問題意識が、承で展開する問題点の提起に発展していくのが論理的に優れた論文となります。

第2章(承)では、起での問題意識を踏まえて、具体的な問題点を3点挙げます。具体的なデータを用いて問題点を述べられるよう、事前に最新の基本的な数値等を押さえておきましょう。

第3章(転)では、承で述べた問題点に対する解決策を具体的に述べます。ここでの内容が採点に大きく影響します。三つの問題点と三つの解決策が対応しているか、具体的で実現性ある解決策が述べられているか、他の受験者にないオリジナリティーがあるかなどに留意しましょう。

第4章(結)は、論文の締めとなります。これまでの論述を総括するとともに、課題に真摯に取り組み、都政の前進・都民生活の向上に貢献していく自らの決意をしっかりと表明します。

論文の作成

いきなり論文作成に着手しても効率的ではないので、まずレジュメを作成します。特に第2章の問題点と第3章の解決策は、左右で対比して関連が一目で分かるレジュメを作成します。問題点と解決策の検討に当たっては、事業概要や各種プランのほか、都が昨年末に策定した「10年後の東京」への実行プログラム2008の内容が参考になります。

第1章の書き出しについては、現在の社会経済状況、都財政の状況、都政の重要課題等について箇条書きでレジュメを用意しておき、設問に対応した論述ができるよう準備しておきましょう。議会での知事の所信表明等はこれらの要素がコンパクトに整理されており参考になります。

レジュメが用意できたら論文を実際に書きましょう。前後のつながりや問題点と解決策のバランス等に注意して何度も推敲してください。パソコンを用いると効率的です。

一本書けたら管理職に添削をお願いしましょう。管理職の指摘により、自分が気付かなかった欠点が明らかになります。指摘を基に、更に推敲して完成論文を仕上げましょう。時間に余裕があれば、2本目の論文作成にも取り組んでください。一度形を覚えると、次はかなり早く論文が仕上がると思います。

論文が完成したら、手書きで論文を再現してみましょう。2時間で2000字の論文を書くのは、かなり大変な作業です。読みやすい字で誤字脱字のない論文作成を目指しましょう。

本番では実際の出題に合わせて構成を再検討する時間も多少は必要となる場合もあります。レジュメ作成に当てる時間は30分以内が目安です。

おわりに

論文を作成する際の思考過程は、日常業務の遂行とも密接に関連しており、様々な資料に当たりながら論文を作成していく作業は自らの業務を幅広く見詰める良い機会ともなります。積極的に取り組んでいきましょう。皆さんのご健闘をお祈りしております。

20年度 特別区 管理職試験講座 2

Ⅱ類論文②

今回は、平成19年度出題の事例式論文問題の全文を掲載し、その分析をします。

P区Q部R課は、児童福祉を主な業務とし、保育園の人事を担当するS係、保育園の管理運営を担当するT係及び保育園の民間委託化を担当するU係とで構成されている。R課長は、この4月に着任した。

R課では、昨年度から保育園の民間委託化に向け、担当係を設置し、準備を進めてきた。今年度は委託化する保育園を選定し、来年度からの実施に向けた作業を行うことになっている。R課長は、進捗状況を把握するために各係長を集め、説明を求めた。

U係長：「来年度から民間委託を実施するためには、候補である3園の中から早急に委託化する保育園を選定する必要があります。本来なら昨年度のうちに選定を済ませて、年度当初から委託契約に関する作業に着手する予定でしたが、保護者への説明や組合対応などについて、他の係の協力が得られずに延び延びになっています」

S係長：「気に触る言い方だな、年度末に人事の仕事が忙しいのは見ていてわかっただろ。U係は民間委託化のために新設された組織だ。そっちで全部やるのが当然だよ」

T係長：「私の係も新年度からの入園に関する手続などの仕事が山ほどあり、こっちが手伝ってもらいたいくらいだったんですよ」

険悪な雰囲気になってしまったため、R課長はS係長とT係長にはできるだけU係長に協力するように伝え、U係長には選定作業を急ぐように言ってその場を収めた。

その後、R課長は新しい人事考課制度の導入に伴う職員との面談などに忙殺されていたため、民間委託化の件についてはU係長に任せきりにしていた。

R課長は、面談も一段落したので、U係長を呼んで進捗状況を聞くことにした。

U係長：「X保育園に決定したいと思います。協力的な保護者が多い保育園ですから、大丈夫ですよ。X保育園長とも既に調整済みです」

R課長は、他の係の協力も得られてスムーズに作業が進んでいるものと思い、引き続き作業を進めるよう指示をした。

ある日、S係長とT係長がU係長をともなって、課長席にやってきた。

T係長：「課長大変です。私の係にX保育園の保護者から抗議が殺到しています。X保育園長に聞いたところ、U係長から民間委託化はX保育園で決まりとの話を聞いたので園の職員に説明したとのことでした。保育士から情報が漏れたのでしょう」

S係長：「実は、職員団体が、民間委託化の件で団体交渉を申し入れてきました。書記長は、X保育園の保育士から相談があったようで、職員団体に何の情報提供もせずに委託園を決定するのは何事かとカンカンになっていました。交渉はかなり荒れますから、覚悟してください」

U係長：「保護者も職員団体も事前に説明すれば理解を得られたはずなのに。この状況ではX保育園の委託化は断念せざるを得ません。もう来年度からの実施は無理です」

このようなやり取りをしている最中に課長席の電話が鳴り、部長室に呼び出された。部長室に行くと、Q部長とY区議が怒りの表情で待ち構えていた。

Y区議：「X保育園の委託化の件で、私の支持者から猛烈な抗議を受けている。きちんと段階を踏めば、私は委託化を支援するつもりでいたが、私の知らない間に保護者に話すとは何事だ。このままではこの件に関する議案は通せないぞ」

Q部長：「君には失望したよ。来年度からの保育園の民間委託化は区長からの至上命令だ。遅れることは許されんぞ。どうするんだ」

R課長は、Y区議とQ部長の剣幕に気が遠くなる思いであった。

特別区における公共施設の民営化の進め方について、あなたの考えを述べたうえで、あなたがR課長であれば、この事例の状況において、どのように対処していくか、事例に即して論じてください。

19年度問題分析

論文の作成に当たって

言うまでもありませんが、Ⅱ類試験を受験される方は、課長補佐の職に就かれ、係長より一段高い視点に立ち、名実ともに課長を補佐し、日々多忙に業務を遂行していることと思います。

そうした方々が受験対象者ですから、これまでの職務経験を基に、第一線の管理職として直ちに活躍できる人材であるか否かが問われます。

ですから、机上の空論とならないよう、実践に即した記述が必要となります。

事例の背景

本事例では、「保育園の民間委託化」に向けた記述が求められています。

どのような視点で書くのかは個人個人の考え方によりますが、まずは社会状況などを念頭において、記述にあたってのポイントを整理してみます。

地方分権一括法が施行されて、その地域の自治は住民自らが決定し、その責任も負うという「自己決定・自己責任」の行政システムが構築されてきています。

北海道夕張市の財政破綻においては、行政サービスが著しく低下し、第一番に住民がその痛手を負う結果となりました。

そうしたことからも地方自治体では、真に必要な住民サービスを提供しつつ、効率的で効果的な行政運営に努めていく使命があります。

また、規制緩和による民間活力の積極的な導入を図るなど、区民サービスをさらに向上させるとともに、人件費など義務的な経費の削減に努めていくことも求められています。

事例の整理

まず、組織の構成ですが、この課は児童福祉を主業務としており、「保育園人事を担当するS係」、「保育園の管理運営を担当するT係」、そして、本事例のメーンとなる「保育園の民間委託化を担当するU係」の三つの係です。

登場人物は、R課長、S係長、T係長、U係長、X保育園長、X保育園保護者、職員団体書記長、Q部長、Y区議です。

次に、本事例の概要です。R課長は4月の着任早々、課の組織課題である保育園の民間委託化に向けた進捗状況について、係長会を開催しその把握に努めました。

係長会では、U係長から他の係の協力が得られず、保護者への説明や組合対応が延び延びになっている状況を聞きました。

そして、そのことについてS及びT係長は、担当する係の仕事が手一杯で協力するところではないと一蹴し、険悪な雰囲気となったため、R課長は両係長に対してU係への協力を要請するとともに、U係長には民間委託園の選定作業を急ぐよう伝え、その場を収めました。

その後、民間委託化の件については、U係長に任せきりになっていたので、その進捗状況について確認しました。

すると、X保育園は協力的な保護者が多く、同園の園長とも調整済みであるとの報告を受け、他の係との連携も得られ委託化に向け順調に推移しているものと勝手な思い込みをし、そのまま進めるよう指示しました。

ある日、X保育園の保護者から同園の民間委託化について抗議が殺到しました。その原因は、U係長がX保育園の民間委託化が区の決定であるかのようにX保育園長に伝えたことに端を発し、同園長が職員に対してそのことを説明したため、その話が保護者に漏れたのではと推測されました。

さらに、職員団体の書記長から抗議があり、そうしたやり取りをしている最中にQ部長から呼び出されました。

そして、部長室に居たY区議から、支持者からの猛烈な抗議があったこと、また、事前に話がなかったことに憤慨されており、このままでは議案は通せない旨を告げられ、R課長は窮地に立たされてしまいます。

事例の分析

本事例の問題点は以下のとおりです。

第一に、R課長は係長会を開催しつつも課の重要課題である保育園の民間委託化について、課全体の協力体制を確保していません。また、人事考課制度導入等を理由にこの民間委託化をU係長一人に任せきりにしています。

こうした課長の態度は、管理職として職務放棄をしているとしか言えません。

第二に、U係長は課長へ相談もせず、勝手にX保育園を委託園と決定し園長に話をするなど、区政情報の重要性を認識していません。また、T係長は民間委託化を他人事のように捉え、組織の中のリーダーであるのに、その役割を果たしていません。そして、S係長も全体調整を行うなど、課長を補佐するという自覚に欠けています。

第三に、組織が課題を解決するための体制づくりが構築されておらず、組織目標の明確化がなされていません。

こうした背景には、R課長自身が、民間委託化が区政運営上の重要課題であるという認識がなく、組織をまとめ上げ、課題解決を図っていくというリーダーシップが発揮されていないためです。

◇

次回は論文例と解説を掲載します。最初は見よう見まねで結構ですから、自分が使い慣れている言葉に置き換えるなど、オリジナルなものを作成してみてください。

何本か書いて、先輩や上司に見てもらっていくうちに、全体の流れが不自然、また、このことは唐突で繋がりがないなどが自然と見えるようになると思います。是非、頑張ってみてください。

カレントトピックス 20年度 18

経済事情

■平成19年度大学等卒業予定者就職内定状況調査　(1月16日)

厚生労働省及び文部科学省は共同で調査した平成19年度大学等卒業予定者の就職内定状況等(平成19年12月1日現在)を公表した。今春卒業予定の大学生の就職内定率は、81・6%と前年同期を2・0ポイント上回り、4年連続で上昇した。男子の内定率は81・8%(前年同期比0・9ポイント増)、女子は81・4%(同3・2ポイント増)。地域別では、近畿の84・3%が最も高く、関東(83・7%)、中部(79・7%)が続いた。

厚生労働省では、今後、未内定学生に対する各種就職関連情報(求人情報、イベント情報等)の提供、職業相談等の支援の実施、就職面接会等を通じたマッチングの促進等の取り組みにより、一人でも多くの就職決定に向けて支援を行うこととしている。

■毎月勤労統計調査平成19年分結果速報　(1月31日)

厚生労働省は31日、平成19年の労働者の賃金など勤労統計調査結果(速報)を公表した。賃金について、平均月間現金給与総額は、前年比0・7%減の33万212円となり、3年ぶりに減少した。このうち所定内給与(基本給等)とボーナスはそれぞれ同0・2%減、所定外給与(残業代等)は0・7%増。物価の変動を加味した実質賃金は同0・8%減で、2年連続の減少となった。労働時間について、平均月間総実労働時間のうち、所定内労働時間は前年比0・6%減の139・7時間と2年ぶりに減少したが、所定外労働時間は同0・8%増の11・0時間と6年連続で増加した。

また、常用雇用の動きをみると全体では前年比1・7%増の4426万3000人で4年連続の増加となった。このうち一般労働者は0・9%増、パートタイム労働者は4・0%増となった。

■先進7カ国財務相・中央銀行総裁会議東京で開催　(2月9日)

先進7カ国財務相・中央銀行総裁会議(G7)が9日東京で開かれた。共同声明では、世界経済がより不確実な環境に直面しているとし、経済の安定や成長確保のため、引き続き状況を監視し、個別あるいは協調して適切な行動を取ることを確認したが、金融・財政政策で具体的な協調策は示さなかった。

世界経済全体について「ファンダメンタルズ(基礎的条件)は引き続き堅固だ」としながら、減速をもたらすリスクとしては、米国住宅市場の更なる悪化、金融市場の混乱の長期化による金融機関の貸し出しの厳格化に加え、原油や一次産品の価格高騰などを挙げた。サブプライムローン問題を発端に混乱が続く金融市場の安定化策としては、各国の中央銀行が協調して流動性(資金)を供給、金融機関の損失の即時開示と必要に応じた資本増強措置などを明記した。

トットちゃん三題

玉川大学教育学部教授　河津英彦

誠明学園とタヌキ

かつて『話の特集』という雑誌を出していた同名の出版社があった。

私が、青梅市にある教護院（現・児童自立支援施設）、都立誠明学園の教護課長をしていたのは、昭和57年8月から60年12月である。

月曜の朝は、園長と交互に朝礼の講話と道徳の授業を担当していた。当時の週休は日曜だけであり、多忙な中での話のネタ探しは、ひそかに行う大変な努力であった。

『話の特集』に、昭和51年11月号から58年2月号まで連載されていた「黒柳徹子の動物劇場」の第一巻が刊行されたのは、昭和58年5月1日である。私が朝日新聞の書評欄で読んだのは、その直後であったろう。

毎回、徹子さんがカメラマンになって動物の写真を撮り、面白い話を添えるという趣向だが、書評欄には次のようなことが紹介されていた。上野動物園で徹子さんがカバの親子を撮ろうとすると、たった1回のシャッター音で母は娘を自分の体の陰に隠してしまう。

仕方なく徹子さんは、お母さんカバに頼んだ。「お母さん！　お嬢さんは今が一番可愛い時でしょう？　すぐ大きくなっちゃうじゃない？　やっぱり、この時期に撮っておくのがいいと思うの。絶対、危険なことしませんから。おねがい…？」

すると、お母さんカバは、ちょっと考えてから娘を自分の鼻で押し出すようにしてくれたというのである。

私はこの話を翌日の講話に活用した。当時、誠明学園は女子3カ寮、男子8カ寮であったが、昼は順番に各寮をまわり、子ども達と食事をしていた。

女子三寮に行った時のことである。中2になったばかりの美少女Aが、待ってましたとばかりに話しかけてきた。「先生の話を聞いて、私もタヌキに話しかけたら、私の手からパンをとって食べたよ！」。そして、K教母が、夕食時の証拠写真を十数枚見せてくれたのである。

その頃、誠明学園は、園内に民有林3カ所1万坪を抱え込んでおり、見た目には5万坪の敷地内にあった。タヌキも3家族棲んでいたのである。女子三寮には、毎夜出没し、サンダルを持っていったり、出しておいたエサを猫と取り合い、組み合ったまま池に落ちたりしていた。

今も園長室には、昭和60年3月、男子六寮の飼い犬に襲われショック死したタヌキの剥製が飾られている。

名古屋の九官鳥

徹子さんの本の第二巻には九官鳥の話がある。伊勢丹の動物売場にいた九官鳥が、ある日、突然「本日は三越デパートにようこそ、おいで下さいました！」と叫び出した。

この九官鳥、三越に引き取ってもらえず、どこかへ連れて行かれたそうである。

私の経験は、玉川大学の教員になってからのこと。平成16年10月21日の話である。全国保育養成協議会の大会が名古屋で開かれ、その夜、地元の知人に連れられて行ったのが、元漫才師、青空はるお氏が経営する鰻屋であった。

もとは庄屋であったという風格ある屋敷で舌つづみを打っていると、時折、庭先から「ホーホケキョ」と聞こえてくる。こんな時間に、しかも10月、と思いながら聞き惚れていたら隣室の籠にいる九官鳥と知らされた。

中日ドラゴンズの私設応援団長でもある当主が戻って顔を出す頃、今度は当主と奥様そっくりの声が隣室から。こんなにも見事に人の声を真似できるのかと感嘆した。

私の都庁時代、最後の3年は衛生行政であり、動物行政も担当した。カラス対策の時、カラスを番犬代わりに使えないかと考えたこともある。九官鳥はカラスより小さくスマートで嘴は赤い。当時、デパートで調べてみたら7万円であった。

泥棒が鍵を開けようとする時、玄関の中にいる九官鳥が「お帰りなさい！」と叫んでくれたら、立派な番鳥になると思うのだが。

トットちゃんは発達障害？

発達障害の本には、エジソン、アインシュタイン、ケネディ、ビル・ゲイツから窓ぎわのトットちゃんまで紹介されることがある。

当のご本人はどう思っているのか、気にかかっていたら、徹子さんの『小さい時から考えていたこと』（新潮文庫）という本の中に、「私ってLDだったの？」という章があった。

小学生の頃は、授業中にツバメの巣に話しかけたりして一年生で退学。ユニセフ親善大使でアフリカに行くと丸木橋を平気でスタスタ渡る。テレビの『徹子の部屋』では、暗算ができないためスタッフが素早く紙に書いて教えるなど、それらしい事はいろいろあるが、大人になってからは十分すぎるほどの社会適応である。

この本の中で徹子さんは、NHKからADHD（注意欠陥多動性障害）の番組出演を頼まれ、そのため『変わった子と言わないで』という同じく発達障害であり重複することも多いLD（学習障害）の子についてのVTRを見て、涙したことを書いている。

涙の一つは、かつての自分とそっくりの子ども達が、まわりから理解されず苦しんでいる姿であり、もう一つは自分が退学後に入学できたトモエ学園の小林宗作校長への感謝であった。

トモエ学園に入り、小林校長に出会わなかったら、自分はコンプレックスの強い、混乱したままの大人になったに違いないとまで書いている。

戦前のことである。発達障害の知見も言葉もない時代、小林先生は初対面のトットちゃんの話を4時間も聴き、「君は本当はいい子なんだよ」と語り続けていた。

今年1月、私も理事を務める子どもの虐待防止センターのセミナーでは、アメリカで開発されたADHDのためのペアレントトレーニングの講習を行った。

いつも叱られてばかりいる自尊心を持てない発達障害児のために、いいとこ見つけをして褒めながらルールと自信を身につけさせる行動療法である。有効な指導法を確認しながら、あらためて小林先生の教育に思いを馳せた。

小林先生は、玉川大学の創立者である小原國芳とともに成城学園の創設時に協力しており、戦後は、都立高等保母学院でリトミックの指導にあたられていた。

かつて東京都で保育学院の所管をし、今また玉川大学で教員や保育士の養成に当たる私にとっても、他人とは思えないのである。

ともに生きる　21

内耳は体のバランス機能も

今年の年明け早々、歌手の浜崎あゆみさんが突発性内耳障害で左耳の機能を完全に失ったというニュースが報じられました。

左耳が聞こえなくなったばかりでなく、体のバランスも保てず、公演の最中にステージから落下したこともあったとのことです。

内耳は、音を感じるのはもちろんですが、体のバランスや回転を感じる機能も司っている貴重な器官です。

また、盲児と聾児が同じ寄宿舎で生活していた時代に夜中に避難訓練をすると、何人かの聾児が暗い廊下でふらついて、結果的に盲児グループに比べ聾児たちの避難が遅れるということがしばしばあったのを思い出しました。また、聾学校と一般の中学校との交流運動会で障害物競走をした時に、バットを地面に立てて握りの先に額をあて、バットを中心に5回回ってからまた走るという場面で、一般校の生徒がほぼ全員ふらついてまっすぐ走れなくなるのに比べ、聾学校の生徒はほとんどふらつかないという様子に驚かされたこともありました。

聴覚障害者の中には、内耳の三半規管や耳石器という器官で、体の傾きや回転、バランスを保つといった面が害われている症例が見られます。

ですから、崖っぷちの細い道を歩く時とかプール指導で水中に潜るといった際には、注意が必要です。特に水中では上下を感知できずにパニックに陥る危険も付加されます。

急速に回転するフィギュアスケートの選手が回転した後、ふらつきもせずに見事に停止しポーズを決めることができるのを不思議に思われる方もいるでしょう。これは練習を繰り返す中で、視点をコントロールして可能としている例です。

耳の不自由な子供たちも小さい時平均台を渡るのが苦手であったものが、繰り返し経験する中で視覚の力を借りてバランスを保つことができるようになるのです。

（元都立立川ろう学校長　小林明）

おバカが一番、職場の人間関係

がんばれ！公務員　10

文とマンガ　鈴木武征

公務員に限らずサラリーマン生活で案外疲れるのが職場の人間関係だ。

自分の席からちょっと周りを見渡すと上司、同僚、部下の基本形が目に入る。

さらにその中身を見ると先輩、後輩、派遣、バイト等々、いろんな属性が付随する。

ここまでは公式サイトで何の問題もない。問題はそのなかに苦手な人、いやな人などがいる場合だ。

「当たり前だよ、そんなの何処へ行ってもいるよ」といえる人は正常、幸せ者だ。

ただ少し留意したいは、その当たり前のことで職場に行きたくない、仕事が続けられないと深刻に悩んでいる人が増えていることだ。

「行きたくない」で済んでいるうちは正常だが、昂じるとノイローゼやうつ病にいたる恐れもある。

うつ病などの怖い点は「自分は大丈夫だよ、そこまではいかないよ」と思っている人が、知らず知らずのうちになってしまうことだ。

とにかく真面目、几帳面、仕事熱心、責任感が強い人ほどなり易いというのだから始末に負えない。

公務員は全員が最強予備軍だ。

勿論、うつ病等の原因は仕事やその人間関係だけにある訳ではないが、少しでも要因があれば取り除くにこしたことはない。

幸い私は現役時代に職場の人間関係に悩んだことはない。

むしろ「今日、あいつに会ったらこう言ってやろう」「あいつが来たら、あのことでからかってやろう……」なんて、ほくそ笑みながら職場に行っていた。

裏返すとそんな私を、「嫌い」「いやな奴」と見ていた職員がいたのかも知れない。（怖い、コワイ……）

職場内のいやな奴、あいつさえいなければと思う相手は、一体どんな悪者なんだろう？

己は仕事を理解しようともせず命令だけは一人前の上司、事あるごとに給与や昇進などを比較して不平をいう同僚、屁理屈先行で仕事をしない部下……並べてみるとある意味、みんな普通の人間だ。

そうなんです。偏執的に意地悪を繰り返すような極悪人は別として、職場のイヤな奴のほとんどが自分と同じ公務員、凡人なのだ。

人間は悲しいもので、自分は正しい、自分は仕事をしている、あいつよりは利口だと考えてしまう習性がある。

自分が正しいと思い過ぎると、他人の言動や仕事ぶりが気に入らずイヤな奴を増やしてしまう。

そういう時は自分が馬鹿になるのが一番だ。

なにもいやな人と正面向き合って肩肘張りあう必要はない。

時に応じて「あーそうなんだ、私がバカだった、ごめんゴメン……」と言える勇気、柔軟性が必要だ。

あなた方もどこかで体験しているはずだ。

普段どうしようもないと思っていた上司が「そうか、それは知らなかった、ごめんゴメン」という姿に「あれ？　この人意外に可愛いとこあるじゃん」と思ったことが。

いやな人、苦手の人との関係はサラリと受け流して机に向かう。

あえて馬鹿を演じたあなたの頭の中に〝馬鹿を相手の時じゃな～し〟と、美空ひばりの『柔』の一節が流れる。

そしてそういう自分のおバカ加減をいとおしく思うことこそが、楽しく勤めるコツなのだ。

みにがいど

◆法政大学大学院政策創造研究科開設記念連続公開シンポジウム▽08年4月の独立大学院開設を記念▽参加費　無料○「地域再編と道州制、地方自治のゆくえ」▽2月16日（土）午後2時～5時▽場所　法政大学システムデザイン学科・研究科大教室▽講演「第2次分権改革と地域の再編・地域の自治」辻山幸宣・(財)地方自治総合研究所長、「地域再編の国際動向と道州制の可能性」鎌田司・共同通信論説委員、道州制ビジョン懇談会委員○国際シンポジウム「地域再生と産業クラスターの役割」▽2月26日（火）午前9時30分～午後4時▽場所　法政大学ボアソナード・タワー26Fスカイホール▽パネラー　hanuu Vesa・フィンランド地域コーディネーター、Gabi Dei otta・フィレンツェ大学、Dr.Jerke Moodysson・ルンダ大学▽コーディネーター　岡本義行・法政大学教授▽申込方法　氏名・電話番号・職業・参加希望のシンポジウム名を明記の上、FAX3264・9584まで▽問い合わせ先　設置準備室☎3264・9565

海外出張こぼれ話　22

東郷　尚武

オリンピックを迎える北京と沿海都市アモイ⑤

前回、早急な対応が求められる政策課題として交通問題を挙げたが、もう少し紙面を拝借することとしたい。

オリンピックを前に何とか改善して欲しいものだと思っているものに、交通騒音問題、とりわけ自動車のクラクションの使用制限の問題がある。

北京市政府は1984年に「北京市環境騒音管理規則」を制定し、市街地でのクラクションの使用を厳しく制限すると同時に、高音クラクションを交換させたはずである。しかし、なお実態は、北京に限らず、そのあと訪問した沿海都市のアモイ市や広州市においても、クラクションによる騒音、とりわけ渋滞に起因するとみられる一斉に鳴らすクラクション騒音は、耳を覆いたくなるような状況で、環境問題としても早急な措置が必要であると痛感した次第である。それは昔のお話ということになっていれば幸甚である。

当時、筆者の得た結論は、基本的交通政策として最も必要とされるのは、公共輸送政策の見直し、とりわけ早急な地下鉄の整備にほかならなかった。財政的負担の大きいことも理解できるが、1993年当時の北京の地下鉄は、西単（Xi Dan）から西部の蘋果園（Ping Guo Yuan）までの路線（1号線）と故宮の旧城壁の下を走る環状線（2号線）の2路線だけであった。

一号線　二号線　十三号線　八通線
車庫　蘋果園　西直門　東直門　復興門　西単　建国門　四恵

交通管理も不十分なまま、ハイペースで自動車の増加が続けば、渋滞の激化、自動車と自転車による事故の増加、そして排気ガスと騒音の激化は避けられず、バス、トロリーバス中心の公共輸送政策の早急な見直しの必要性が痛感された。

幸い、地下鉄整備については、その後、2号線の北側に13号線が、そして、1号線・四恵（Si Hui）駅から東へ延びる八通線の計4本の地下鉄が完成し、さらに、計画線も用意されているので、ある程度、交通渋滞も緩和されたのではないかと思っている（地下鉄路線図参照）。しかし、北京では、沿海地域ほどではないにせよ、オリンピックを目前に控え、経済開発と都市開発が急速に進み、基盤整備との整合性の確保という面で、なお課題を残しているのではないだろうか。

北京には、このほかまだ多くの都市問題が散在しているが、筆を走らせているうちに、本稿の趣旨のこぼれ話から次第に逸脱し、都市政策の論文まがいのものになってしまった。次回からは、少し仕事を離れて街中へ出てみることにしたい。

都政新報

発行所　都政新報社
〒160-0023 東京都新宿区西新宿7-23-1 TSビル
〈総務・読者〉(03)5330-8781
〈企画広告〉(03)5330-8784
〈編　　集〉(03)5330-8786
〈出　　版〉(03)5330-8788
〈セミナー事業部〉(03)5330-9977
〈ファクス〉(03)5330-8808
郵便振替 00130-2-101470
購読料 月1,680円（税込）
毎週火・金曜日発行
但し、祝祭日は休刊

紙面から

新銀行東京　役員人事の失敗
推薦した経団連にも責任

15日の記者会見で石原知事は、経営危機に陥る新銀行東京について、改めて旧経営陣の運営そのものに問題があったと指摘し、責任を追及していく考えがあることを明らかにした。「途中の報告が粉飾されていた。常識では考えられない唖然とするようなことがあった」という。しかし、その旧経営陣を任命したのは東京都で、昨年2月22日、当時の島田健一産業労働局長も「最終的に知事の了承を受けている」と都議会で答弁している。知事自身は、任命責任について「経団連の重鎮から推挽を受けた。私たちは、その人の能力・姿勢を審査する知識も能力もない」と語り、推薦した経団連に責任の一端があることを明言した。

再建スキーム「自信をもって提案」

05年4月に開業した新銀行東京は、最初の2年間、トヨタ自動車出身の仁司泰正氏が代表執行役を務めた。この役員人事では、経団連会長で、石原知事とは一橋大学で同窓だった奥田碩氏（トヨタ自動車会長）が知事からの推薦要請に対し、同じトヨタグループ内のOB人事で、仁司氏を出してきたと言われる。

金融界からの起用ではなく、自動車産業から持ってくるトップ人事に対しては、新銀行東京の発足当初から都庁や都議会内で経営手腕を危ぶむ声が強かった。

知事自身、今日の悲惨な事態を招いた最大の原因として「不慣れな仕事を、不慣れな人にさせた嫌いがある。自動車のセールスのように物を売ればいいという業務ではない。そこら辺のところに勘違いがあった」と総括し、昨年2月の都議会でこう答弁していた。

知事は、旧経営陣の責任追及を行う考えを表明

15日の会見では、さらに一歩踏み込んで推薦した側の責任にも初めて言及。「私たちは、その人の能力・姿勢を審査する知識も能力もない。日本を代表する経済界の推挽というもの、信用して引き受けざるを得ないじゃないですか」と責任を転嫁した。知事の任命責任に関する質問だったが、この点には一言も言及しなかった。

株主として乱脈経営の実態を調査し、旧経営陣を追及する考えがあることを表明。普通の常識では考えられない銀行経営の具体的な中身については、都議会質疑で明らかにするという。

早ければ20日にも、追加出資額と経営再建のスキームを都議会に示す予定。与党の自民党内からは、新銀行東京の先行きについて悲観的な見方も出ている。しかし、知事は、銀行業に手を出した失敗を一切認めず、「最初の第一段階の措置と、次のセカンドステージのことを考えている。それゆえに自信をもって議会に提案する」と会見で胸を張った。

昨年11月末、前港湾局長の津島隆一氏を急きょ代表執行役に送り込んだが、この人事は非常事態を乗り切るための「終戦処理」という。スタッフをそろえ直す考えも明らかにした。

すべて旧経営陣や経団連に責任を押し付ける姿勢には、都議会から批判の声が出ている。04年3月の付帯決議は、経営破綻を危惧する意見を背景に付された。新銀行東京に対しては「十分な健全性を確保する仕組みを構築すること」と要求し、執行機関の都に対しては「経営全般にわたり、適切な監視に努めること」と注文をつけた。

付帯決議の履行に向けてこの3年間、都がどのように取り組んだか、監視のあり方などに問題がなかったか、所管の産業労働局では、本紙の質問に「整理する時間が欲しい」としている。

参議院宿舎
知事、再協議に柔軟姿勢
「受け入れ」の見通しも

千代田区紀尾井町の参議院宿舎を建て替える問題で石原知事は15日、記者会見で「（参議院と）再協議しましょうということだけど、まだその機会を持っていない。やがて、折衷できるところは折衷したらいいと思うし、駄目なものは駄目だと思う」と語り、国との協議に柔軟な姿勢を明らかにした。

その上で知事は、移転予定地である宮内庁宿舎跡地について「あそこに素晴らしい森がある。あれを毀損するのは、もったいないと思っている」と述べ、移転によって緑が失われることには反対の構えも改めて示した。

他方、現在地で建て替える場合には、紀尾井町地区計画との関係で、1階と2階に文化・交流施設、商業施設を入れなければならない。この点については「参院の側は、商店街が下にあると治安が良くないと言うが、そんなこともないと思う。下から上に上がるルートを作らなければいいのだから」と語り、本来は現在地建て替えが望ましいという見解も示した。

議員宿舎問題では、都議会自民党の幹部が1月末、石原知事に対して宮内庁宿舎跡地で建て替える際に、60％まで緑地率を増やす縮小計画案を示していた。石原知事からは、受け入れに前向きな感触を得たという。同都議は、この日の記者会見を受け「近く参院側が石原知事を訪れ、改めて話し合いの場を持つ。宮内庁宿舎跡地の緑地を残す形で、参議院宿舎を建設する方向になるだろう」と見通しを語った。

法人事業税3000億円の国税化をめぐる国と都の協議でも、石原知事は「告訴する」と反対姿勢を見せ、最終的には福田首相とのトップ会談で「泣く子と地頭と政府には勝てぬ」と受け入れを決めた。

今回の建て替え問題でも、猪瀬副知事が反対の論陣を張ってきたことから、現在地建て替えが望ましいという姿勢を示した上で、再協議によって参議院側に押し切られる形を取るのではないかと見られている。

都政の東西
具体論を

都が進める地球温暖化対策をめぐって、都議会自民党が14日の総会で勉強会を開いた。受けとめは概ね良好だったが、有力議員の一部からは、「今後、技術発展などで状況は大きく変わっていく。上から規制をかけるという仕組みが、地方自治に合うのか」といった意見が聞かれた。焦点となっている大規模事業者への排出量削減義務化について、自民党幹部内には以前から、慎重に考えるべきという声がくすぶってきた。

石原知事は一貫して、削減義務化の実現に向け強い姿勢を見せている。都としては、日本の環境施策に注目が集まる夏のサミット前には、存在感を示す施策をまとめたいという思惑が強い。それが、環境重視を打ち出す五輪招致に有効というねらいもあるためだ。

CO_2排出量の抜本的な規制強化は、世界的な潮流になっている。それでも自民党内に慎重論が根強いのは、経済界の反発に加えて、都心の成長が日本全体の経済を引っ張るという発想で施策を打ち出してきた石原都政のなかで、CO_2排出への規制が東京の発展にマイナスになるという危惧があるからだ。

排出量の削減義務化には条例改正が必要で、地球温暖化対策は、今年前半の都政の大きな懸案課題に浮上しつつある。

東京が世界の諸都市を引っ張っていくには、温暖化対策における目玉施策は不可欠だ。そこを認識した上で、関係者の理解をどう得ていくか、具体論を考えるべき問題なのではないか。

例えば、何％のCO_2削減を義務として求めるかだけではなく、環境関連の優遇税制のあり方や、CO_2削減に向けた技術開発を促す方策など、トータルのメニューで施策を考えていく必要がある。都庁各局も都議会も、政策能力を発揮すべきところだ。

都税調
消費税の税源配分など検討

都主税局は15日、08年度東京都税制調査会（会長＝神野直彦・東大教授）の第1回会合を開き、地方税財源の充実や地方税体系のあり方について検討することを決めた。特に、消費税、地方消費税の税源配分や、軽減税率などについて検討を行う予定。また、寄付金税制や都独自の環境税制についても検討を行う。

冒頭、神野会長は「今年以来、世界経済は激動しており、国と地方の財政環境をはじめ、疾風怒濤の時代を迎えるかもしれない」とあいさつ。熊野主税局長は、法人事業税の再配分について触れ、「今後、地方の真の自律に向けた税財政制度の抜本的な改革を早期に実現することが必要」と述べた。

芸術文化評議会
ロンドン五輪の文化教育で意見交換

都生活文化スポーツ局は14日、東京芸術文化評議会（会長＝福原義春㈳企業メセナ協議会会長）を開き、オリンピック文化プログラムや都の文化政策の方向性について議論した＝写真。評議会では、2012年にオリンピックが開催されるロンドンの文化教育委員会最高責任者のジュード・ケリー氏を招き、意見を交換。ケリー氏は、オリンピック運動の中で、ファッションや音楽、映画、アニメなどの文化、アートの重要性が増していることなどを話したという。

このほか、文化政策を進める行政組織について検討部会から報告があり、都から一定の距離を保ち芸術表現の自由と独立性が担保された「東京型アーツカウンシル」の制度設計や、文化政策を総合政策と位置づける全庁的な仕組みづくりなどが、今後の検討課題として示された。

また、芸術文化支援については、資金的な支援だけでなく、制度的な支援も検討する必要があるとして、寄付金税制や芸術活動を支える税制の検討などが挙げられた。

都福祉保健局
緩和ケアの情報提供ホームページを開設

都福祉保健局は13日、都内の緩和ケア関連施設を検索できるホームページを開設した。検索できるのは、訪問看護ステーションやがん診療連携拠点病院など約3200施設。緩和ケアや症状に応じた薬についての情報も掲載している。アドレスは http://www.kanwacare.jp/。

分岐点　08年度東京都予算⑤
公約の手形落とし

昨年4月の都知事選でクローズアップされた都政の懸案課題は、東京オリンピック招致、新銀行東京、築地市場の豊洲移転の三つだった。そのうち、経営危機に陥る新銀行東京については、08年度当初予算案に追加出資の経費などが計上されていなかったため、都庁内では「第1回定例会は、例年にも増して静かな予算審議になるのでは」と見られていた。

ところが13日、新銀行東京が都に追加出資を要請し、石原知事もそれに応じる考えを表明したため、俄然、最大の争点に浮上した。「もう買い手がつかず、営業譲渡もできなくなった」と都議会や都庁内では、事態を深刻に受け止めている。

銀行経営陣や産業労働局では、一貫して営業譲渡の可能性について否定するが、売却先としてノンバンクなどの固有名詞が都幹部の間で噂されていた。しかし、商取引として純粋に考えた場合、買い手がつくような財務状況でないことは、素人の目にも一目瞭然だった。07年9月中間決算で累積損失が936億円に膨らみ、資本金の8割を毀損した上に、デフォルト率（貸し倒れ）が1割という高い水準で発生する中では、新銀行東京を買収するメリットがないからである。

新銀行
万策尽きて頼るは税金

都議会では「追加出資しても、経営が立ち行くのか」という疑問が与野党を超えて存在する。自民党都議も「その使命が終わった頃に新銀行東京は立ち上がった。一般の銀行や信金、信組が貸さない企業に融資し、予想された事態」と話す。しかし、かといって破綻処理もままならず、銀行創設に賛成した立場もある。引くも地獄、進むも地獄で、歯切れの悪い状況に立たされている。

「万策尽きて、最後に頼るは都民の税金」という構図の中で、新銀行東京の今後をどう描くのか、重大な岐路を決める予算審議になる。

■合意形成の道のり

もう一つの焦点は、土壌汚染問題で揺れる築地市場の豊洲移転だ。都では2013年3月の開場をめざし、670億円で土壌汚染対策を講じる。この額は、ちょうど都の一般会計予算の1％に相当する。08年度に使うのは調査費など26億円で、対策費の大半は09年度と10年度の執行になる。

中央卸売市場では「新市場予定地は、土壌汚染対策法の対象となる用地ではないが、調査方法においては法と同等」と説明。現行法と比べても、二重三重の手厚い対策を行うとしている。

しかし、高濃度の汚染があることもまた事実。環境基準の1000倍のベンゼンが検出されたことは、大きなインパクトだった。都幹部は「専門家会議を作って議論する目的は、都民のコンセンサスを得ることにある。このように対策を講じ、地下水の管理をしっかりやると説明しても、都民の理解が得られるかどうか」と話す。合意形成の難しさを心配する声は、都庁内に多い。

また、670億円のうち、汚染原因者である東京ガスに求める負担の協議も、08年度から本格化する。当面は、整備スケジュールの関係があり、都が立て替えて支出するが、相当、シビアな議論になると見られている。

今も移転反対の声が都議会や仲卸業者などにあるが、その一方、豊洲地区がダメと言われても、ほかに代わる候補地がないのも実情。築地市場の老朽化は深刻で、現在地再整備も困難。こうした中で、都が生鮮食料品を扱う市場の食の安全・安心を主体的に考えるという命題を突きつけられている。

×　×

08年度の一般歳出は約4兆4000億円で、8年前、石原知事が就任して初めて編成した00年度予算と同水準だ。あの頃は、第1次財政再建推進プランの初年度にあたり、給与カットで都職員に協力を求めるなど、財源対策を行わなければ予算が組めなかった。当時とは、財政構造的には隔世の感がある。

都税収入の増にも助けられ、知事は財政再建の公約はクリアした。しかし、新銀行東京や築地市場移転などは、これからが正念場になる。また、中学3年生までの医療費無料化のように、まだ予算として姿の見えない公約もいくつかある。手形を落とすのか、落とさないのか——08年度予算審議は、その図柄についてただす最初の舞台である。＝おわり

豊洲新市場予定地を視察する都議会関係者

冗句ジョーク

定着濃厚、多くの人が楽しんだ東京マラソン

ランナーを送った過疎地方
「定着だけは困る、必ず帰るよう指導されたい」

新宿区

被災者の居住費を支援

23区初　火災などに救いの手

新宿区は4月から、火災で家を焼失した被災者らを救済するため、居住費の一部支援を始める。被災後に居住支援するのは、23区初の取り組みだ。被災者が区内の賃貸マンションなどに住む場合、1日あたり単身世帯で2000円、複数世帯で3000円を助成する。現行の制度では職員防災住宅などで3泊しかできないが、新年度から始める事業では大幅に支援が拡充された。火事や水害などにより財産を失った被災者への支援は、路頭に迷うことを防ぐセーフティーネットになりそうだ。

複数世帯で最大18万円

助成対象は、火事や水害など小規模災害により住宅をなくしたり、家に住み続けられなくなった場合、引き続き区内の賃貸マンションやアパート、ホテルなどに引っ越した世帯。区内にある社宅、親族の自宅などに引っ越した場合は、助成を受けられない。

単身世帯には1日あたり2000円、複数世帯には1日3000円を助成する。区内ウイークリーマンションの家賃相場を基に助成額を算出したという。区はいずれも、60日間にわたり支援し、最大で単身世帯が12万円、複数世帯が18万円の助成を受ける。

区内建築物の火災発生件数は、06年で121件。そのうち見舞金を支給した世帯を基に、単身世帯も複数世帯も16世帯を助成対象とし、08年度予算案に484万円を計上した。

現行の支援制度では、本庁舎地下1階の休養室に1泊、職員防災住宅内の被災者用防災住宅などに3泊まで可能。現在、この制度はあまり利用されていないが、今後も続けていくという。

今回、区営住宅を無料で貸し出さず、民間の賃貸マンションやアパートなどの居住費の一部を助成するのはなぜなのか。

区営住宅は、もともと多く建設されていないため、空き物件もごく少数という。火事や水害などは、いつどこで起きるか分からないため、空き物件がある時とない時では、被災者の間に不公平が生じることになる。年間を通して、区営住宅の空き物件に余裕がなければ、区営住宅の貸し出しは困難になる。

被災後、都営住宅に引っ越す世帯もいる。だが、賃貸の期間は原則3カ月間という。一時的な避難場所でしかないため、3カ月後には引っ越しを余儀なくされる。被災者らが「区として、何かできないのか」と要望したことをきっかけに、賃貸マンションなどの居住支援を始めた。

1日あたり単身世帯2000円、複数世帯3000円の助成は被災者にとって、生活再建に役に立つ。だが、この制度が区民に知れわたらなければ、お蔵入りになってしまう。いざという時にこの制度を思い出せるよう、周知に力を入れる必要がある。

08年度予算案　特別区

新宿区

新宿駅東西自由通路の設計へ

「確かな一歩を踏み出す予算」

新宿区は14日、08年度当初予算案を発表した。

一般会計規模は、前年度比1・8％、22億円増の1208億2000万円とした。中山弘子区長は08年から始まる第1次実行計画の目標である「新宿力で創造するやすらぎとにぎわいのまち」の実現に向け、「確かな一歩を踏み出す予算」と位置づけた。

歳入では、特別区税が区民所得と人口の増加などにより、前年度比4・8％、約19億円増の405億8800万円。財調の当初フレームでは市町村民税法人分を7・0％の増としたため、特別区交付金は4・6％、12億円増の280億円を見込んだ。中学校の校舎建設などが終わり、特別区債は25・4％、約5億円減の13億7100万円としている。

歳出では、義務的経費が前年度比1800万円減の615億2300万円。人件費と公債費を合わせて約6億円減、扶助費が約6億円増だったため、義務的経費の増減率を0％とした。一方、投資的経費は10・2％、約15億円減の128億6900万円。これは公園用地の取得、中学校の校舎建設などが終わったのが要因。

新規事業では、JR新宿駅の東口と西口の改札を結ぶ通路を自由通路として整備するため、基本設計に1億6000万円を計上した。区、国、JRの3者が各35億5000万円の整備費を支出し、10年度に着工して16年度の完成を目指す。これにより、不便な東西の行き来をスムーズにする。

空き店舗活用支援には、409万円を盛り込んだ。区内全域の空き店舗を対象に商店街の活性化につながる事業を展開した場合、店舗改装費、備品購入費、PR経費などの初期費用の3分の2（上限400万円）を助成する。新年度は試行のため、助成は1件のみ。空き店舗に関する説明会を年3回予定している。

23区長が懸命PR

危機感あらわに「税率維持を」

道路特定財源

生活密着事業に影響

道路特定財源の暫定税率について、特別区長会が2月1日に自民、公明、4日に民主に、税率維持を求める要請活動を行った。また14日まで23区で行われた予算発表の席上でも、多くの区長がこの問題に言及し、メディアへの訴えにも力を入れ始めた。同財源をめぐっては道路利権をめぐる膨大な無駄遣いがマスコミでも指摘されており、世論の風当たりは良くない。それだけに、区では「生活道路や駐輪場の整備に支障が出る」と住民密着の事業を事例にあげて危機感をあらわにしている。

一般財源化には苦い記憶

■予算発表でも話題に

「いろいろ政党間の主張はあるが、事実として地方財政に相当な影響が出る」――区長会会長でもある多田正見江戸川区長は、1月31日の予算発表の際に具体例をあげながら暫定税率の維持を主張した。

江戸川区では、区画整理や駐輪場などにも道路財源が投入されており、「いずれも現在進めている事業で、財源が減れば停滞する」。

荒川沿いに走る首都高中央環状線には想定の2倍となる1日10万台の車が走っており、渋滞を引き起こしている。多田区長は、「（東京の）西のほうに早く環状道路をつくってほしい」と訴えた。

130の橋梁がある江東区は、老朽化による架け替えが課題だ。

2月5日の予算発表で、山﨑孝明区長は「昔地盤沈下が著しかったのでほとんどが太鼓橋になっている。安全対策を考えるとフラットに直したい」「道路や橋を補修したいときに財源がないと、福祉や教育から予算を回さなければならなくなる」などと暫定税率の廃止に反対した。

大田区の松原忠義区長も13日の記者会見で、京急線連続立体交差事業への影響、150余りの橋梁の耐震補強や架け替えなど区民サービスへの影響に懸念を示した。

同区では、01年に都内における放置自転車のワースト1という不名誉な記録を打ち立てた。その後、自転車駐輪場の確保や整備、指導員の配置や放置自転車撤去の強化などに取り組んだ結果、06年度は都内10位まで改善することができた。

「今のところ全額もらえる前提で予算を組んでいるが、減らされれば大変な影響が出る。（暫定税率の問題は）慎重にやってほしい」

23区の予算発表は14日ですべて終わったが、多くの区長が自ら道路財源の問題に言及したり、区政への影響を資料で説明するなど、暫定税率の維持を主張した。

■民主党の対応

自らも自民、公明への要請活動に参加した山﨑江東区長は「与党より民主党に行かないと」と焦りを見せた。

1日の自民党、公明党への要請では、「ガソリンの値段が下がればいいだろうと、あまりにも大衆迎合的なことで困ったものだ」（自民）、「メディアも、道路利権やガソリンが25円安くなるだけしか言わない」（公明）などと区長会の要望に賛同の声が上がった。問題は、今回「一般財源化」を主張し、参議院で過半数の議席を持つ民主党だ。

民主党への要請に参加した濱野健品川区長は、翌日の記者会見で「地方から声が出ているので、民主党も理論づけをしてきている。理論は理論で結構だが、大丈夫なのか」と首をかしげた。

4日の要請で、民主党は、「私たちは地方には一切迷惑をかけないという大前提で行っている」と述べた上で、地方6団体が国に要望している直轄事業負担金制度の廃止により、ほとんどの県が増収になると主張したという。が、直轄事業負担金の問題は、23区とは関係ないことだ。

応対した党幹部は「今後減収になった分の補正予算をきちんと作る。道路財源をやめて同額の自由財源をつくるといっているのだから、道路を作ればいい。特別区がどれだけ損があるか分からないが、それは都と区の中でやれるはず」と語った。

さらに「なぜ一般財源化をして地方の財源が増えることに反対されるのかが分からない」とまで息巻いた。

「一般財源化」という言葉には苦い記憶がある。かつて「三位一体の改革」などにより国庫補助金が廃止され、国からは地方へと税源が移譲された際に、「一般財源化」とは「地方交付税措置」であることが多かったからだ。23区はもちろんのこと、都内の市部には普通交付税の不交付団体が多い。

道路特定財源の関連法案は、今週にも衆院で実質的な審議が始まる見通し。区長会では一致して暫定税率の維持を確認したものの、各区議会では各政党の思惑もあって一枚岩とはいかない。政局をにらみながら関係者は固唾を呑んで行方を見守っている。

道路特定財源の内訳

道路特定財源の内訳
地方道路譲与税
交付基準：地方道路税の42/100について、1/2は区道の面積で、1/2は区道の延長に按分する
廃止された場合の税率　暫定 5.2円/㍑　本則 4.4/㍑
自動車重量譲与税
交付基準：自動車重量税の1/3について、1/2は区道の面積で、1/2は区道の延長で按分する
廃止された場合の税率　暫定 6300円/0.5t　本則 2500円/0.5t
自動車取得税交付金
交付基準：自動車取得税の7/10を、1/2は区道の面積で、1/2は区道の延長で按分する
廃止された場合の税率　暫定 取得価格の5%　本則 取得価格の3%
地方道路整備臨時交付金
交付基準：区道の整備に、揮発油税の1/4を地方道路整備臨時交付金（国庫補助金）として03～07年度の5年間交付
廃止された場合の税率　暫定 48.6円/㍑　本則 24.3円/㍑
道路関係経費充当国庫補助金
交付の原資：揮発油税
廃止された場合の税率　暫定 48.6円/㍑　本則 24.3円/㍑
ア「交通安全施設等整備事業の推進に関する法律」に基づく国庫補助金
イ「都市再生推進事業費補助交付要綱」に基づく国庫補助金
ウ「沿道環境改善事業実施要綱」に基づく国庫補助金

港区

支援物資を船舶輸送

職員の参集訓練を実施

港区は14日、徒歩による職員の参集訓練と初動期の対応訓練を実施した。

訓練の想定は、「午前6時30分に東京湾北部を震源とするM7・3の大地震が発生し、港区では震度6強を記録。区内全域で人的・物的被害が発生しており、公共交通機関は全線不通となっている」というもの。

参加したのは、災害対策住宅に居住する職員、区内に居住する職員、区役所から8㌔圏内の区外に居住する職員、管理職の総勢302人。災害が発生した場合に災害対策本部や災害対策地区本部となる本庁舎と5カ所の総合支所まで、実際の徒歩参集の経路や、時間の確認、徒歩による参集を体験した。

台場地域では、レインボーブリッジの閉鎖を想定し、港区の台場地域に船を活用して職員の派遣と支援物資を輸送する訓練を行った。また災害時における船舶による輸送に関する協定書に基づき、防災訓練のために船舶による輸送業務の協力を得た。

この他にも、学校等避難所の状況調査や備蓄倉庫内の物資確認、学校等の避難所に整備している防災無線機を用いた総合支所の災害対策地区本部との通信訓練などが行われた。

船で台場地域へ職員と物資を運ぶ

中央区

新基本計画を策定

10年後に人口13万人想定

中央区は、08年度から10年間を計画期間とした「基本計画2008」を策定した。

同区では、06年4月1日に、区が基本構想に掲げて目標としてきた「定住人口10万」を達成し、現在も人口が増加しており、08年1月1日現在では10万5230人に達している。新たな計画では、人口の想定を、計画の最終年度である18年1月1日に13万1900人としている。

計画は95の事業を位置づけ、10年間で1122億7000万円を投入する予定。

「区政運営の考え方」では、新しい形の「公共」をうたい、地域協働における担い手の育成や、地域の特徴に応じた様々な主体との多元的な連携、区民参画の促進などを求めた。

「10年後の中央区」では、「子どもが輝く子育て・教育のまちづくり」「すべての人々の健康と高齢者のいきがいのあるまちづくり」「歴史と先進性を生かした集いとにぎわいのあるまちづくり」「地球にやさしい水と緑のまちづくり」「地域ぐるみの安全・安心のまちづくり」の5項目を提示。それぞれについて、具体像を示し、実現に向けた施策の方向性と具体的な取り組みをあげている。

主な取り組みとしては、「『70歳就労社会』の実現」を掲げ、総合相談窓口の設置、区の仕事を含む職業紹介事業の充実などの就労支援、特徴を持った各敬老館の整備、高齢者による趣味講座など生きがい拠点の整備といった施策を示した。「区の特性を生かした文化振興と観光振興」では、文化特性を生かしたイベント等の推進、文化振興のプロデュースチームの設置・運営などの取り組みを紹介している。

品川区

パスモ・スイカでポイントをゲット

品川区の青物横丁商店街振興組合は、PASMOとSuicaの交通系ICカードをそのまま商店街のポイントカードとしても利用できる『あおよこポイントカード』を8日からスタートさせた。

利用客は、加盟店で買い物や飲食をすると、100円で1ポイントが貯まり、次回以降の買い物で1ポイントで1円の割引や、商店街が実施するイベント等で特典を受けることができる。加盟店は18店舗からスタートし、今後増やす予定。

事業にかかる経費の一部は、品川区と都が助成する。

記者席

「気まぐれ」の意味合いも？

○……都の08年度採用試験に向けて、来月上旬から都人事委員会事務局のホームページに、知事メッセージの掲載が予定されている。動画での配信は、もちろん初めての試みだ。

人事委事務局によると、そもそも第三者機関としての立場から一定の距離を置くとして、知事の登場自体、07年の職員採用案内パンフレットが最初だった。

動画での呼びかけは「首都公務員」となる人材獲得に向けた知事の意欲の表れなのだろう。申し込み受け付けは持参の場合で4月9日まで。申込者数にどんな変化が見られるか。知事効果が注目される。

○……14日、都庁で開かれた芸術文化評議会。評議員の中に猪瀬副知事の姿があった。メンバーではなかったが、並み居る芸術家たちの間でも存在感を発揮。積極的に発言した。

評議会終了後には、同じフロアで「緑の東京募金」の感謝状贈呈式が開催された。評議員の安藤忠雄さんはそのまま出席することになっていたが、猪瀬副知事も急きょ、飛び入り参加することに。登壇して受賞者にお礼のメッセージを送っていた。

「時間があったので、参加されたようだ」と都幹部。別の職員は「神出鬼没ですから」。そこには「気まぐれ」との意味合いもあるような、ないような…。

○……将来の医療費や介護費の抑制にもつながる区民の健康維持の取り組みが、各区でバラエティー豊かになっている。

杉並区では、メタボリックシンドローム予防に焦点を当てた「杉並ウエストサイズ物語」を展開。20日からは、メタボ予防に関する情報を入手できるサイトもオープンする。

年齢など対象別のメタボ解消法紹介などのほか、サイトを通じて区民からの食事や運動などの相談の受け付けや、「腹囲減少チャレンジャー」が取り組み状況をつづった日記を公開し、それを読んだサイト閲覧者が応援メッセージを書き込むこともできる。

1人で成功させるのが難しいダイエット。サイトを通じた相互のやりとりは、心強い味方になりそうだ。

三宅村

「観光の島」目指す

バイクフェスタも継続

2月10日に行われた三宅村長選挙は、現職の平野祐康氏（59）が再選を果たした。「復旧から復興へ」と掲げ、観光振興への意欲をみせての当選。火山ガスの噴出が続き、被災地の傷跡も残る三宅村だが、噴火からは7年余りがすぎた。4月26日には、待望の航空路が復活する。2回目のバイクイベントに観光施策――。島は、多くの課題を抱えながらも、新たな将来への一歩を踏み出しつつある。

高濃度地区対策など課題も

◆バイクは来年も

昨年11月16日から18日までの3日間、三宅島空港などを会場に「チャレンジ三宅島07モーターサイクルフェスティバル」が開かれた。石原知事の思い入れによるところが大きく、「本当の意味での復興につながるのか」と疑問の声もあった。だが、「帰島後、初めての大イベントを成功させたことは、村民にとっても大きな自信につながったのではないか」とみる関係者もいる。

来年度の2回目について、平野村長は実施する方向を示している。「昨年は初めての経験で、なかなかうまくいかないこともあった。次は反省点を踏まえて行いたい」と語る。問題は、財源とスポンサーだ。

復旧から復興へ――。新たな一歩を踏み出す三宅島だが、課題も多い＝チャレンジ三宅島07モーターサイクルフェスティバルで

◆なくなる災害特交

三宅村はこれまで都から、「三宅島災害復旧・復興特別交付金（災害特交）」として、02年度から07年度まで6年間、総額45億円の補助を受けていた。村が今年度当初予算で組んだバイクイベント関連の約3億円にも、ここから充当させることができる。

ところが、来年度からはこの災害特交がなくなることが決まった。都総務局行政部市町村課は「三宅村はソフト、ハードとも新たなまちづくりに向かおうとしており、災害復旧の考えにはあてはまらなくなってきたため」と説明する。その代わり、来年度からは、三宅村の場合には災害特交があるために交付を見合わせていた市町村総合交付金の「振興支援分」を交付する見込みだ。バイクイベントも振興支援の対象になる。

都の08年度予算案によると、市町村総合交付金は380億円。市町村課では「三宅村に対し、それなりの支援はできると思うが、他の38市町村との兼ね合い、三宅村自身が行う他の事業との兼ね合いもある」という。

◆攻めの姿勢で

村では、バイクイベント関連のNPOに出す補助金として、来年度の骨格予算案に2000万円を計上する。だが、どんなバイクイベントが行われるか、具体的な内容は固まっていない。昨年の第1回フェスタでは、航空路が休止中の三宅島空港でドラッグレースが行われたが、今年は4月に空港が再開するので、再び同じ内容での開催は難しい。このため村では、イベント内容がみえてきそうな6月ごろの補正で関連予算を組むことを想定している。

三宅村の財政力指数は06年度までの3カ年平均で0・214（都内市町村平均1・062）。06年度決算で地方債残高は31億円余り、ひとりあたり地方債残高は112万円と厳しい財政状況にある。噴火災害により村営住宅の家賃収入がなかったことなどで実質公債費比率も19・4%と高く、現在は公債費負担適正化計画の期間中でもある。

そうした財政下での予算配分には厳しい目が注がれるが、村としては、今年度のバイク予算3億円には都の支援があったため、「住民サービスの低下にはつながっていない」との考えだ。来年度も都に支援を依頼するほか、「さらに民間のスポンサーを探して、継続させていく」（平野村長）という。

一方で、バイクイベントだけに限らず、多彩なイベントを展開して、島の観光をアピールしていきたいという願いも現実味を増してきた。

今月1日には島の観光協会事務局長として、全国公募で選ばれた横山知己さんが就任した。平野村長は「トライアスロンや自転車レース、オペラなどの話もある。守りだけでなく、攻めの姿勢でさまざまなイベントに取り組んでいきたい」と抱負を語る。

居住が禁止されている火山ガスの高濃度地区対策、4月26日に再開される航空路の2便化、船便欠航を減らすための港の整備、高い高齢化率など、島の課題は数多い。今後は、まだ一部で取り残されている島民の生活再建を進めることと、島の活性化を高める各種のイベント立案とのバランスが求められてくる。

平野氏が再選

三宅村長選

任期満了に伴う三宅村長選挙は10日、投開票が行われ、無所属で現職の平野祐康氏（59）が、無所属の新人でNPO法人代表の桑原稔氏（73）を破り、再選を果たした。

当選を決めた平野氏は「復旧基盤づくりはしっかりやってきた。今後は観光を中心とした復興に取り組む」と抱負を語った。「公募により2月1日から就任した観光協会事務局長に期待している。イベントを数多くやっていければ」という。また、居住が禁止されている火山ガスの高濃度地域の対策については「将来どのようにしたいと考えているのか、住民に意向調査を行って方向性を出していきたい」と話した。

当日有権者数は2577人、投票率は63・06%（前回79・75%）だった。

開票結果は次のとおり。

当 平野祐康　1432
　 桑原　稔　　 80

小金井市 ごみ問題

市民検討委員会を開催

14カ所が検討対象地に

小金井市と国分寺市で計画しているごみ焼却場の建設について話し合う「小金井市新焼却施設建設場所選定等市民検討委員会」の18回目が9日、小金井市役所で開かれた（写真）。

同委員会は、これまで焼却のあり方などについて話し合ってきたが、議論の内容は建設場所の選定についての具体的な検討に入ってきた。

この日は市内にある5000平方㍍以上の国・都・市有地として挙げられた45カ所から、学校や霊園、集合住宅などを除くことを決定。市が建設候補地とした二枚橋焼却場用地、ジャノメ工場跡地の2カ所を含む公有地の計14カ所について、次回、検討の対象とすることで合意した。次回は2月23日に行われるが民有地の検討も入るので非公開となる。

新ごみ焼却場建設の候補地選定が進まないと、小金井市が各市などに依頼しているごみの受け入れの来年度以降の契約に影響が及ぶ可能性がある。

競技会場施設が決定

東京国体準備委　第2回常任委員会

2013年に多摩・島しょ地域を中心に開かれる第68回東京国体の東京都準備委員会の第2回常任委員会が18日、開かれた。正式競技37種目、公開競技3種目について、これまで発表されていた会場地となる区市町村名に加え、具体的な競技会場施設を決定した（一部検討中を除く）。

合わせて整備工期など定めた第1次競技施設整備計画、開催に至るまでのスケジュールを定めた大会開催準備総合計画も了承した。

新型インフルエンザ　南多摩で対応訓練

東京都南多摩保健所と多摩市健康福祉部健康課は14日、多摩市立総合体育館で、初めての新型インフルエンザ対応訓練を行った（写真）。

新型インフルエンザは、流行すると、都民の約30%の罹患で患者数は380万人、入院患者数29万人、死亡者数は1万4000人ともみられており、対策が急務とされている。

訓練には同保健所職員をはじめ、保健所が所管する日野、多摩、稲城市のほか、同じ南多摩保健医療圏に入る八王子市、東京都、医師会、歯科医師会等から55人が参加した。

新型インフルエンザについて保健所医師から講義を受けた後、患者の問診や診察に使用する陰圧テントを2張り設営。防護服の着脱訓練も行った。参加者からは「テントが狭い」「防護服での視野が狭い」「防護服が息苦しく、暑い」などの声が出された。

多摩市健康課では、訓練で分かったこととして「長時間の作業は難しい。時間で交替する必要がある」と語り、「各市とも国、都などの計画に基づき、連携して取り組んでいければ」と話している。

道路財源確保で緊急決議

町村会と町村議長会

東京都町村会と町村議会議長会は15日、道路財源の確保についての緊急決議をした。

現在、通常国会では道路特定財源の暫定税率の延長や廃止などが大きな争点となるなか、道路特定財源の暫定税率を維持するための法案が上程されている。

決議は、「西多摩・島しょ地域は山間、島しょ地域特有の急峻な地形ゆえに、住民にとって道路はいわば生命維持のための動脈に等しい」と説明。

「財政状況が極めて厳しい同地域の13町村にとって、地域住民の生活を守るためには道路、橋梁、トンネルといった交通網の維持管理と整備促進を支える道路特定財源の確保は必要不可欠である」として、道路特定財源の暫定税率を維持し、来年度の事業執行に影響が生じないよう、関連法案を年度内に成立させることを求めている。

08年度予算案　市町村

小児用AEDを配備

学童クラブ室の新設も

小平市

小平市は8日、08年度当初予算案を発表した。一般会計は前年度比1・9%増の494億6100万円で、6特別会計も合わせた総額は前年度比5・9%減の828億2300万円。小林正則市長は「市民参画や地域協働を進め、財政健全化の基盤を確かなものにしながら地方分権時代にふさわしい自治体を目指した予算」と話した。

歳入では、市税が前年度比3・9%増の306億5000万円。大手法人の増収見込みにより、法人市民税が前年度比6億9900万円増えた。市債は臨時財政対策債が3億4000万円の減、土木債が1億1300万円の減で全体で3億900万円、25・9%の減となった。

歳出では、道路整備や学童クラブ室の新設などにより、投資的経費が37・1%増の23億1800万円となる見込み。生活保護や児童手当などの民生費は約4割を占め、195億5300万円。

新規事業では、小児用AEDを公立保育園10園全園に導入する。2006年4月に小児用パッドが認可され、低体重の幼児でも使用が可能になった。320万円を計上した。また市内公共交通の充実を継続。コミュニティタクシーの実証実験運行経費を補助する。

これは前年度当初で見込んだほどには、実際の個人所得の伸びがみられなかったため。市債は普通建設事業に伴う起債増により、195・8%増の16億4400万円。

歳出では、教育費が第1小学校の用地取得や改築などで11・2%増の100億8600万円。性質別では老朽化した庁舎の増改築基金や緑化基金などの増により、積立金が60・5%増の3億8500万円。繰出金が22・6%増、普通建設事業費が第1小学校の改築などで32・0%増を見込む。

福祉と教育を充実

ニュータウン再生に1100万円

多摩市

多摩市は13日、08年度当初予算案を発表した。一般会計は前年度比3・8%増の484億5000万円、7特別会計も合わせた総額は前年度比1・8%減の744億8800万円となった。

渡辺幸子市長は「医療制度改革に伴う特別会計の対応のほか、福祉や教育の充実に努め、新たな環境政策の第一歩としてごみ手数料を改めて予算化した」と話した。

歳入では、市税が0・3%減の293億5600万円を見込んでいる。

新規事業では、国、都、都市機構、市によるニュータウン再生として、諏訪・永山地区での道路や公園施設リニューアルの整備計画策定に向け、1100万円を計上した。

近未来創造の積極型

魅力あふれる都市再生

八王子市

八王子市は13日、08年度当初予算案を発表した。一般会計は前年度比2・5%増の1713億円で、9特別会計も合わせた総額は前年度比5・2%減の3170億4400万円。黒須隆一市長は「9年ぶりの1700億円台。八王子近未来創造型と名づけた積極型予算。魅力あふれる都市の創造・再生や、要望が強い高齢者、子育て施策に力を入れた」と話した。

歳入では、市税が1・4%増の952億4200万円。国庫支出金は3・8%減の218億6700万円、都支出金は0・5%増の209億3300万円。財産収入が市有地売却を見込んで59・6%増、繰入金が財政調整基金や公共施設整備基金取り崩しで85・8%増。

歳出では、商工費が前年度比24・2%増の10億7700万円。「（仮称）高尾の里」施設設計料や企業立地促進関係の増などによる。民生費は6・2%増。性質別では扶助費が1・9%増、投資的経費が新市民会館内装工事などで3・5%増の210億4200万円。

新規事業では、高齢者世帯が火災警報器と地上デジタル放送視聴機器を設置した場合に補助をする。それぞれ3200万円、595万円を計上。

財調基金を緊急時の備えに

人件費1億6000万円減

東大和市

東大和市は14日、一般会計232億6300万円、前年度比4・5%減の08年度予算案を発表した。6特別会計も合わせた予算総額は407億3500万円で、同9・8%減。尾又正則市長は、「依然厳しい財政状況」とした上で「福祉、防災、教育に重点を置き、市民サービスの向上に努めていく」と語った。

歳入では、多摩都市モノレール周辺のマンション建設に伴い納税義務者が増加しており、市税が0・1%増。繰入金は、財調の取り崩し抑制などで、90・9%の大幅減。財調基金は今後も取り崩しを抑制し、緊急時に備えて4年間で5～6億円積み増しする考えだ。

歳出は、教育費を除いて概ね減額計上した。民生費は、市単独負担事業の見直しなどで2・2%減、各種団体への補助金見直しなどを要因に、商工費で4・8%減、農林業費で12・9%減など。特別職報酬や職員数の減で、人件費は計1億6000万円削減している。

新規事業では、成人健診に骨粗しょう症健診、前立腺がん検診を加えたほか、DV被害者の保護で利用される民間施設への補助、自主防災組織への防災器具の貸与などを盛り込んでいる。

元気の出るまちづくり

子どもや高齢者にも配慮

東村山市

東村山市は14日、08年度当初予算案を発表した。一般会計は前年度比4・1%増の443億1900万円、6特別会計も合わせた総額は前年度比4・6%減の745億8500万円。

渡部尚市長は初めて手がけた予算について、「三位一体で削られた地方交付税に依存してきた当市にとっては大変厳しい予算となったが、元気の出るまちづくりを目指し、再開発など大型プロジェクト、子どもや高齢者に配慮した予算配分とした」と話した。

歳入では、市税が前年度比1・3%増の207億8200万円、地方交付税が07年度の決算並みを見込んで8・7%減の22億5700万円。国庫支出金は10・9%増の59億8200万円、都支出金は5・2%増の54億9700万円。

歳出では、衛生費が従来の基本健診が国保特別会計に移るため6・9%減、農林業費が花き農家へのビニールハウス設置補助などで43・6%増。性質別では義務的経費の扶助費が5・1%増、投資的経費が西武線東村山駅西口再開発事業などで27・6%増の56億3200万円。新規事業では旧多摩東村山保健所内への（仮称）子育て総合支援センター開設に3900万円を計上した。

細心にして大胆に編成

「景観賞」実施を検討

府中市

府中市は14日、08年度当初予算案を発表した。一般会計は前年度比4・2%増の835億円、9特別会計も合わせた総額は前年度比6・0%増の2371億8000万円となっている。

野口忠直市長は「ここ10年間で最大規模。福祉や教育などに磨きをかけつつ、西府土地区画整理や水と緑の拠点整備などで府中らしさを伝えることにも配慮した。低所得者対策や小中学校耐震化など細心にして大胆な予算編成とした」と話した。

歳入は、市税が3・7%増の500億1700万円、国庫支出金が3・2%増の83億5900万円、都支出金が6・7%増の65億9000万円を見込んでいる。諸収入は競走事業特別会計繰入金の増などで50・6%増の35億6100万円、市債は20・6%増の29億3000万円。

歳出は、民生費が341億円。土木費が都市整備基金積立金や西府土地区画整理事業費補助金、水と緑の拠点整備の増などで56・2%増の94億6900万円。教育費では小中学校の校舎等整備事業費が増え、118億8100万円。

新規事業は、良好な景観を守るため、景観啓発事業として、景観賞実施の検討や募集に向けて、186万円を計上した。

最大規模の積極予算

保健師が新生児宅訪問

昭島市

昭島市は15日、08年度当初予算案を発表した。一般会計は前年度比2・7%増の375億3600万円、6特別会計も合わせた総額は前年度比4・4%減の602億5900万円となった。

北川穰一市長は「厳しい財政環境だが市制施行以来最大規模の積極予算。大規模建設事業や福祉、教育や環境などに重点配分し、臨財債借り入れは行わなかった」と語った。

歳入は、市税が1・5%増の204億800万円。個人市民税のほか、法人市民税が好調な企業収益を反映して増。また普通建設事業費の大幅増に伴い、財源である国庫支出金、都支出金がそれぞれ3・7%、7・0%増加。市債も1・8%増加した。

歳出は、総務費が退職手当などの減で9・4%減、土木費は昭和公園整備や崖線緑地保全公有化、都市計画道路整備費などで19・6%増を見込む。性質別では、普通建設事業費が昭和公園整備などで30・6%増、繰出金が精算に移行する老人保健医療特別会計で減があったが、新設の後期高齢者医療特別会計への増で10・4%増となった。

新規事業では、「こんにちは赤ちゃん事業」として新生児の家庭を保健師が訪問し、助言などをする。1000万円を計上した。

清掃労組 救済命令申し立てを取り下げ

清掃事業交渉の都労委問題

今後は副区長会が対応

東京清掃労組が「清掃事業にかかわる統一交渉拒否は不当」として、区長会長と23区長を相手に東京都労働委員会に救済命令を申し立てていた問題で、清掃労組は12日、申し立てを取り下げた。これまで清掃労組との協議・調整を行ってきた清掃部長会にかわり、今後は副区長会が担当することを前向きに捉えたもの。解決に向けた具体的な取り交わし等がない中での取り下げは異例の対応だ。副区長会会長の水島正彦・豊島区副区長も前向きに検討する意向を示しており、解決に向けた動きが注目される。

■「盾を降ろして」

「取り下げることが、今後の話し合いにプラスに働くと判断した」。清掃労組の大島誠書記長は、都労委への救済命令申し立てを取り下げた理由を、そう語った。

この間、事業関連11項目の交渉のあり方について清掃部長会と協議調整を行ってきたが、今日まで議論は平行線をたどっている。この打開に向け、今後は副区長会が窓口として対応する運びとなったことを評価したという。窓口の変更は15日の区長会総会で了承された。大島書記長は「解決に向け、申し立てを盾に迫るのではなく、円滑に進めたい」と話す。

統一交渉をめぐる協議・調整は、区長会が05年10月に示した「交渉の各区事項化」に端を発している。

清掃事業の区移管期は、年間作業日やごみ収集車の積載基準など事業関連の11項目について統一交渉で決めてきたが、区長会は職員の身分が完全に区に切り替わる06年4月以降は各区事項とすることを提案。これに反発する清掃労組との交渉が決裂した。区長会が当局責任での実施を通告したのに対し、清掃労組は「統一交渉の拒否は、労働組合の弱体化をもたらす不当労働行為だ」として都労委に救済命令を申し立てていた。

都労委の場でも労使の主張がぶつかり合う中で、労働委員は労使に「自己の立場・主張にこだわることなく、早期に現実的な対応」を図るよう協議調整の場を設けるなどの努力を要望。双方がこれに応じ、清掃部長会を窓口とする協議調整の場を設置したが、議論は平行線のまま今日に至っている。

■「一定の決着を」

「協議調整の場について両者の捉え方が異なっており、踏み込んだ協議が難しい状況だ」。1月28日の清掃部長会で、こんな結論が出された。事業関連項目の交渉のあり方をめぐり、1年以上、13回にわたり清掃労組と協議・調整を続けてきたが、まとめきれないというのだ。

交渉問題を話し合う場として設けられた協議・調整の場だったが、その捉え方は当初から清掃部長会と清掃労組との間で相違があった。清掃労組が統一交渉のルールを確立する場と捉えていたのに対し、部長会は「統一交渉はできない」との構えだったのだ。

ある関係者は「各区事項とする区長会決定がある中で、それを覆す判断は難しかったのだろう。清掃事業を独自に展開したい意向を持つ区もあり、踏み込めなかったのでは」と話す。

事態に変化が表われたのは、昨年11月21日の確定交渉のヤマ場のことだ。業務職給料表の平均9％の削減を提案した区長会に対し、清掃労組は苦渋の判断で受け入れる中で、統一交渉問題の対応を要望。これに対し、副区長会会長が「早期に適切な解決が図られるよう十分に努力する」と回答した。

「都労委の要望もある。ズルズル引きずるのではなく、一定の決着をつけることが必要」。水島副区長会長は、そう話す。

例えば、清掃労組は各区職労の連合体である特区連と異なり、単一の労働組合で、各区の労組は支部の位置付けとなる。支部に11項目の交渉権限は降ろしておらず、06年度以降も11項目については、本部が各区と個別に交渉を行っている経緯もある。水島会長は「清掃事業が23区にまたがって展開している中、職員に良い方向で活動してもらわなければならない」と思いを述べる。

今後の話し合いについて、水島会長は「まったくの白紙で臨む」とした上で、統一交渉を行うことを前提に、具体的な交渉項目を詰めていく考えを示す。労組側が申し立てを取り下げたことも重く受け止め、「既に長い間、協議・調整が続いているので、できるだけ早い段階で決着したい」という。

清掃事業の交渉をめぐる労使の動き

00年 5月16日	区長会と清掃労組が派遣期間の統一交渉に関する覚書を締結
05年10月12日	区長会が清掃労組に交渉の各区事項化を提案
12月21日	区長会と清掃労組の交渉が決裂
06年 3月 3日	清掃労組が都労委に救済命令を申し立て
4月 1日	清掃職員の身分が完全に区に切り替わる
6月30日	清掃労組が都労委に実行確保の措置を申し立て
7月26日	都労委が労使に「現実的な対応」求める要望書提出
10月16日	区長会が都労委要望の受諾を決定
11月 2日	清掃部長会と清掃労組との協議調整がスタート
12月15日	清掃労組が交渉項目を整理して逆提案
07年 6月19日	都労委が再度、労使に協議調整の場等の設置を要望
08年 1月28日	清掃部長会が「踏み込んだ協議が難しい」と判断
2月15日	区長会総会で副区長会が協議を行うことを確認

財産情報システム移行で多数の誤り

都包括外部監査　指摘14件・意見65件

07年度の都包括外部監査報告書が15日、公表された。監査のテーマとなったのは、都市整備局の「住宅政策に関する事業」「都営住宅等に関する事業」「多摩ニュータウン事業」の管理及び財務事務の執行のほか、「東京都住宅供給公社の経営管理」の4分野。件数は指摘14件、意見65件の計79件に上った。

住宅政策では、都住宅供給公社一般貸付住宅事業の資金スキームや貸付金が取り上げられた。

包括外部監査人は、公社一般賃貸住宅事業での家賃の算定基礎が、原価積み上げ方式から近傍同種家賃となり、無利子貸し付けなどの資金スキーム制定時とは前提が大きく変化したと説明。公社に相応の利子負担を求めることを含めて、契約見直しを図るべきとした。

また同事業にかかる都の貸付金は、事業開始後50年を経過したのち償還が開始される仕組みだが、公社は借入金返済に備えて06年度から特定目的積立金（土地債務償還積立金）を設置し、一方で事業から生じた資金について、有価証券等の運用により、同積立金の原資としている。このため公社に対して、繰り上げ償還を促すよう求める意見を述べている。

このほか公社に委託している都施行型都民住宅の空家募集業務については、公社施行型都民住宅の「競合商品」にあたり、公社施行型の空家率の改善が比較的進んでいる状況等から、都施行型の募集努力について経営感覚を伴って指導・監督する必要があるとした。

都営住宅等の事業に関しては、新公会計制度に移行する中で生じた様々な誤謬が取り上げられた。

都の公有財産台帳は、手書きの台帳から財産情報システムに順次移行し、05年度末に移行が完了。包括外部監査では、約2万件の公有財産台帳の中から、たとえば自転車置き場の取得単価が他と比較して2桁も違って高額なケース、バブル期以前の取得価格に対して現在価格が大きく下落しているケースなど異常値が疑われるもの55件、また「取得年月日と減価償却開始日である建築月日の大きなかい離」により誤謬の発生が疑われるもの1896件を抽出し、内容を検討した。

この結果、取得価格については、財産情報システム移行時のインプットミスや集計ミス、手書きの台帳の誤謬を引き継いだ等で誤りが生じていたことが判明。簡単なエクセル操作で抽出できることから、局の管理の不十分さを訴えた。

建築年月日では、建築年が一律に1969年となっているものが抽出件数のうち多数認められた。新たな公会計の行政コスト計算書で重要なコスト情報である減価償却費という発想が従来なく、引き継ぎの不備が原因と見られるが、「新公会計制度に移行した以上、チェックしていない数字が含まれるのは問題」（園マリ包括外部監査人）とし、修正を求めている。

多摩ニュータウン事業では、06年度貸借対照表により、1229億円の債務超過となっていることが明らかとなった。

ただしこの数字は、たとえば一般会計からの借入金の利息を、実勢金利とはかけ離れた当時の利率により算定し、毎年累積している点など、適当でないと説明。

土地の売却益を差し引いた最終的な債務超過額は、すでに充当した分も含めて1013億円に上ることから、債務超過額を都民に出す以上、局が分析し、説明する責任があると強調。また民間同様にプロジェクト事業の中長期の計画・実績管理が必要との見方を示した。

知事部局等で減速

超勤縮減　9～12月の繁忙期影響

都総務局はこのほど、昨年4月から全庁的に実施している新たな超勤縮減策の実績（4月～12月期）をまとめた。知事部局等の平均超勤時間は月18時間、公営企業平均は月17・4時間、全体では17・9時間となった。

06年度と比較した場合では、知事部局等で月0・5時間減、公営企業は月1・8時間減だが、9月～12月期に限定すると、知事部局等平均ではほぼ横ばいで、足踏み状態となっていることが分かった。

9月～12月期の超勤時間をみると、前年度比で公営企業平均が2・3時間、12・8％減だったものの、知事部局等は0・1時間、0・5％減と取り組み成果が減速。とくに知事部局等で半数近くの局が前年度比で増加しているという。総務局では予算・定数関連業務に加え、昨年は「10年後の東京」への実行プログラムなど、繁忙期が重なった部署もあったためとみている。

今回の超勤実績は今月7日の政策・総務担当部長会に報告。岳野尚代総務局総務部長は、今後、都議会第1回定例会が開会し、業務が輻輳する時期となることから、管理職のリーダーシップにより、目に見える形での縮減を実現させるため、より一層の業務の効率化に取り組むよう各局に求めた。

あわせて01年に策定した「超過勤務縮減のための基本指針」についても、年度内に改訂する考えを明らかにした。

仕事と子育て両立で講演会

都総務局

都総務局は「職員の仕事と子育ての両立支援月間」である来月4日、㈱東レ経営研究所の代表取締役社長の佐々木常夫氏を講師に招き、講演会「効率的な仕事の進め方～ワークライフバランスを確保するために～」を開催する。

講師の佐々木氏は自閉症の長男、肝臓病で入退院を繰り返してうつ病を併発した夫人、6度の転勤や激務といった状況のなか、同期トップで取締役となった人物。

講演では、仕事と家庭のバランスを取るための前提となる「時間の効率的な使い方」をテーマに、成果を上げるための仕事の進め方や管理職としてのタイムマネジメントのあり方などのアドバイスも盛り込みながら、行われる予定だ。

申し込み期限は2月25日。各所属の担当者まで申し込みを行い、申し込み多数の場合は抽選となる。妊娠出産休暇中や育児休業中の職員を含む全職員を対象とするが、総務局勤労部では「とりわけ管理職員必聴の内容でもあり、積極的な聴講をお願いしたい」と話している。

IT・業務改革会議 07年度報告書を作成

「質の行革」推進掲げる

都総務局は14日、「IT・業務改革会議」（座長＝山口副知事）の07年度報告書を作成した。報告書では、同会議による業務改革の取り組み内容と成果を明示。今後も「業務改革を通じた都民サービスの一層の向上」「業務改革を一時のキャンペーンで終わらせない」との観点から、「質の行革」を推進する考えを掲げている。

同会議はIT政策や業務改革の方向性を示すために全庁横断的な戦略組織として設置。「情報システムの見直し等」「都政情報の提供等の充実」「業務改善・マネジメント力の強化」の三つを検討課題に始動し、その後、全管理職を対象に募集した業務改善提案もテーマに加え、検討を進めてきた。

具体的な成果としては、情報システムの面で新たなIT化取り組み方針を策定したほか、都情報セキュリティポリシーも改定。都政情報の提供に関しても、ホームページを活用した戦略広報の視点から、作成の統一ルール策定や点検・修正を図ってきた。

このほか報告書では、超勤縮減等に向けた管理職の職場管理ツール整備、事業所長会の位置づけの転換をはじめとする業務改善やマネジメント力強化、TAIMSを活用したナレッジマネジメント推進や都庁スタンダードの確立など改善提案に基づく様々な取り組み成果が紹介されている。

都立神経病院がイヤーパッド考案

MRI検査でも乳幼児を起こしません——。都立神経病院放射線科のチームが考案した「イヤーパッドホルダ」が職員や患者の負担軽減に一役買っている。

大きな作業音を伴うMRI検査。乳幼児が動かないように、眠らせてから検査するのが一般的だ。乳幼児が目を覚まさないよう、検査の際はイヤーパッドを使っているが、これまではイヤーパッドやベルト、土台がバラバラで、セッティングに手間取り、乳幼児が目を覚ましてしまうケースもあったという。そこで同チームは、イヤーパッドやベルトなどを一体化。準備の時間が3分から1分に短縮され、「検査前のプレッシャーがなくなった」（放射線科）という。07年8月から、月間3～4回使っている。

「イヤーパッドホルダ」は、都職員提案表彰（07年度）の優秀賞も受賞。乳児のMRI検査は、都立清瀬小児病院では月7～8人、大塚・墨東・府中病院では年5人程度あるといい、都病院経営本部では「活用できる病院では、活用してもらえれば」と話している。

「日の丸反対」トレーナーで解雇の危機

根津さん「説明なく、納得できない」

トレーナーに書かれた文字をめぐり、懲戒免職の危機に立たされている教諭がいる。都立南大沢学園養護学校の根津公子教諭だ。日の丸・君が代に異論を唱えるトレーナーを校内で着用していたところ、都教委の事情聴取を受けたという。根津さんは国歌斉唱時の不起立で過去9回の懲戒処分を受けており、前回の処分は停職6月だった。これより重い停職処分はなく、次は懲戒免職になる見通しだ。衣類の着用が職務命令違反や職務専念義務に当たるのか。一教員の「クビ」がかかる中、都教委の判断が注目される。

「処分を出す前に説明する義務があるだろう！」「クビがかかってるんだぞ！」「教育長を出せ！」——。そんな怒声が14日、都庁第二本庁舎30階のエレベーター前に響き渡った。根津さんの処分を阻止しようとする支援者らが、詳しい説明を求めて教育長に直談判しようと訪れ、警備にあたっていた職員と衝突していたのだ。

根津さんと支援者らは連日、同様の要請行動を行っている。「次は免職となる。説明もないまま免職では、たまったものではない」。渦中の根津さんは語気を強めた。

根津さんは、07年の卒業式での不起立で「停職6月」の処分を受け、10月に職場復帰。その際に「OBJECTION HINOMARU KIMIGAYO」と書かれたトレーナーを着用していた。友人が作ったもので、全国で同じ思いを持つ教員らが着ているという。これまで8年間着ているが、注意を受けたことはなかった。

根津さんによると、服を見た校長らが「トレーナーを脱いで下さい」と注意。それは職務命令かと尋ねると、それについては答えず、「学習指導要領に異を唱えるものは、学校現場にふさわしくない」と伝えたという。説明に納得できず、その後も着用していた根津さんは10回程度、同様の注意を受けた。

それから数日後、「職務命令違反です。職務専念義務違反です」として、都教委に報告する旨を告げられたという。根津さんが「職務命令を受けた覚えがない」と抗議し、文章で出すよう求めたが、「答えません」と回答。再度、「職務命令ではないでしょう？」と確かめると、「職務専念義務違反です」と言い直したため、根津さんは職務命令違反ではないと認識した。しかし、今月1日に行われた都教委の事情聴取では「職務命令違反です。職務専念義務違反です」と理由を告げられたという。

「このまま処分を進められたら納得いかない。おかしい」。そう危機感を抱いた根津さんは、都教委に公開質問状を提出。職務命令がいつ出されたのかの確認などを求めたところ、「質問のすべてについて、回答することはできない」との返答があったという。

根津さんは「少なくとも、校長の報告と本人の認識が違う中、双方の主張を聞いて隔たりを埋めることが必要ではないか。処分するにしても公平性を確保するのは必要最低限のことだ」と訴える。

他方、教育庁職員課は取材に対し、一連の流れについては「個人情報に当たるので答えられない」と回答。その上で、何が職務命令に当たるかについては、「上司が部下に対し、業務上で命令すれば、職務命令にあたる」と述べ、文章等で示す必要性はないとの考えを示す。

また、南大沢学園養護学校の尾崎祐三校長は、取材に対し「（根津さんのことについては）お答えできません」と話した。

処分は15日現在、出されていない。根津さんは「教育長の意向に沿わない人は、門前払いにする対応だ。意見の違いはあっても、少なくとも都民や職員の声を聞く、誠実に対応するのは当たり前」と抗議している。

問題となったトレーナーと根津さん

大久保 仁一さん（おおくぼ・じんいち＝大久保達也・都病院経営本部墨東病院庶務課長の父）11日死去。

柚木 清さん（ゆぎ・きよし＝柚木紀雄・東京都下水道サービス㈱施設管理部保全管理課長補佐の父）12日死去。

西山 律さん（にしやま・りつ＝徳満早苗・多摩立川保健所保健対策課地域保健担当係長の母）13日死去。

宇田川 幸一郎さん（うだがわ・こういちろう＝宇田川孝之・都下水道局流域下水道本部技術部長の父）15日死去、86歳。

「57％の実態―08年度各局定数」は休みます。

昇任試験対策のページ

20年度 主任試験講座 —20—

地方公務員制度 ②

前回に引き続き、地方公務員法の基礎知識の確認をします。

6 平等取扱の原則及び情勢適応の原則

職員に適用される基準の通則として、平等取扱の原則と情勢適応の原則とが定められています。

① 平等取扱の原則（第13条）

すべての国民は、地公法の適用について、平等に取り扱われなければならず、人種、信条、性別、社会的身分若しくは門地によって、または政治的所属関係（日本国憲法施行の日以後において、日本国憲法またはその下に成立した政府を暴力で破壊することを主張する政党その他の団体を結成し、またはこれに加入した者の場合を除く）によって差別されてはなりません。

② 情勢適応の原則（第14条）

地方公共団体は、給与、勤務時間その他の勤務条件が社会一般の情勢に適応するように、随時、適当な措置を講じなければなりません。これは、労働基本権を制約されている等の代償措置としての保障規定と考えられています。

なお、平成16年の改正により、人事委員会は、講ずべき措置について議会及び長に対し勧告することができることとされました（第2項）。

7 職階制（第23条）

職員の職を一定の基準によって分類整理し、個々の職、個々の職員に割り当てられる職務の内容と責任を明確にする制度です。効用としては、①個々の職員の職務内容と責任が明確になること②職階制に従って採用・昇任・降任・転任を行うことにより、事務量の測定や定数管理を合理的に行うことができるようになること③職階制に基づき給与制度を定めることにより、職務と責任に応じた給与支給を行うことができ、職務給の原則が確立され任用と給与との結びつきが明確になること、の3点です。このように、職階制は、公務員制度にとって重要な意義を有するものですが、制度を導入した場合に人事上煩雑になることや、日本の労働慣行に適合していないことなどから、現在まで実施されていません。

こうしたことから、能力及び実績に基づく人事管理を徹底していくため、職階制を廃止し、職制上の段階の標準的な職と標準職務遂行能力を設定することなどを内容とする地公法改正案が平成19年5月に国会に提出され、審議中になっています。

8 給与、勤務時間その他の勤務条件（第24条ほか）

勤務条件とは、地公法上、労働関係法規において一般の雇用関係についていう「労働条件」に相当するもの、すなわち、給与、勤務時間のような、職員が地方公共団体に対し勤務を提供するについて存する諸条件で、職員が自己の勤務を提供し、またはその提供を継続するかどうかの決心をするに当たり、一般に当然に考慮の対象となる利害関係事項であるものを指すと解されています。

① 勤務条件に関する原則

イ 条例主義の原則（第24条第6項）

職員の給与、勤務時間、その他の勤務条件は条例で定めなければなりません。

ロ 情勢適応の原則（第14条）

ハ 平等取扱の原則（第13条）

前述6のとおり

② 給与決定の原則

イ 職務給の原則（第24条第1項）

職員の給与は職務と責任に応ずるものでなければなりません。現在、各給料表の級や管理職手当などによって実現されています。

ロ 均衡の原則（第24条第3項）

職員の給与は、生計費並びに国及び他の地方公共団体の職員並びに民間事業の従業者の給与その他の事情を考慮して定められなければなりません。現在、人事委員会勧告などによって実現されています。

ハ 条例主義の原則

前述①イのとおり

③ 給与支給の原則

イ 重複給与支給の禁止（第24条第4項）

職員は、他の職を兼ねる場合においても、これに対して給与を受けてはなりません。

ロ 通貨払・直接払・全額払の原則（第25条第2項）

職員の給与は、法律又は条例により特に認められた場合を除き、通貨で、直接職員に、その全額を支払わなければなりません。

9 給料表に関する報告及び勧告（第26条）

人事委員会は、毎年少なくとも1回、給料表が適当であるかどうかについて、地方公共団体の議会及び長に同時に報告しなければなりません。また、給与を決定する諸条件の変化により、給料表に定める給料額を増減することが適当であると認めるときは、あわせて適当な勧告をすることができます。

10 修学部分休業、高齢者部分休業及び自己啓発等休業

① 修学部分休業（第26条の2）

任命権者は、大学その他条例で定める教育施設における修学のため、職員が申請し、公務運営に支障がなく、かつ、当該職員の公務に関する能力の向上に資すると認めるときは、2年を超えない範囲内で条例で定める期間中、勤務時間の一部について勤務しないことを承認することができます。なお、勤務しない期間の給与は支給されません。

② 高齢者部分休業（第26条の3）

任命権者は、職員が申請し、公務運営に支障がないと認めるときは、定年退職日から5年を超えない範囲内で条例で定める期間さかのぼった日後の日で申請で示した日から定年退職日までの期間中、勤務時間の一部について勤務しないことを承認することができます。なお、修学部分休業と同様に、勤務しない期間の給与は支給されません。

③ 自己啓発等休業（第26条の5）

国家公務員への対応を踏まえ、平成19年改正で創設されました。

任命権者は、職員が申請し、公務運営に支障がなく、かつ、当該職員の公務に関する能力の向上に資すると認めるときは、3年を超えない範囲内において条例で定める期間、大学等課程の履修または条例で定める国際貢献活動のための休業を承認することができます。なお、勤務しない期間の給与は支給されません。

11 分限処分（第27条、第28条、第49条）

公務の能率の維持及びその適正な運営の確保という目的から、職員の身分保障を前提としつつ、職員がその職責を十分に果たすことができない場合に、職員の意に反する不利益な身分上の変動をもたらす処分を行うことができます。職員の行為に対しての道義的責任を追及する制裁処分ではありません。

① 種類

次の4種類があります。

イ 免職　職を失わせる処分です。身分を失わせる点では懲戒処分の免職と同じですが、処分の目的や退職手当の支給の有無などにおいて異なります。

ロ 休職　職員に職を保有させたまま、一定の期間職務に従事させない処分です。職務に従事させない点では懲戒処分の停職と同じですが、処分の目的や、停職の場合は給与が支給されないなどの点で異なります。

ハ 降任　職員が現に有している職よりも下位の職に任命する処分をいいます。

ニ 降給　職員が現に決定されている給料の額よりも低い額の給料に決定する処分です。なお、ハの降任処分により給料が下がることは、降給ではありません。また、条件附採用期間中の職員及び臨時的に任用された職員については、地公法上の分限に関する規定の適用がありません。これらの職員に関する分限は、条例で必要な事項を定めることができます（第29条の2）。

② 事由（第27条、第28条）

イ 降任・免職

地公法で定める次の事由（第28条第1項）に該当する場合に、処分を行うことができます（第27条第2項）。

・勤務実績が良くない場合
・心身の故障のため、職務の遂行に支障があり、またはこれに堪えない場合
・前述の場合のほか、その職に必要な適格性を欠く場合
・職制若しくは定数の改廃または予算の減少により廃職または過員を生じた場合

ロ 休職

地公法で定める次の事由（第28条第2項）または条例で定める事由に該当する場合に、処分を行うことができます（第27条第2項）。

・心身の故障のため、長期の休養を要する場合
・刑事事件に関し起訴された場合

ハ 降給

条例で定める事由に該当する場合に、処分を行うことができます。

③ 手続及び効果

手続及び効果は、法律に特別の定めがある場合のほか、条例で定めなければなりません（第28条第3項）。法律記載事項としては、職員に対する処分の事由を記載した説明書の交付義務、人事委員会または公平委員会に対する不服申立ができる旨及び不服申立期間の教示があります（第49条）。

12 懲戒処分（第27条、第29条、第49条）

懲戒処分とは、職員の職務上の義務違反、その他公務員としてふさわしくない非行がある場合などに、その責任を確認し、職員に道義的責任を問うための制裁として行う不利益処分をいい、職員の道義的責任を問うことにより、地方公共団体における規律と公務執行の秩序を維持することを目的としています。なお、職員に対する制裁として行われる不利益処分であることから、公正に行われなければなりません。また、地公法に定める事由がある場合に限り、行うことができます。

① 種類

次の4種類です。

イ 免職　職員としての身分を懲罰として失わせる処分です。前述の分限免職の説明でも触れましたが、身分を失わせる点においては、分限免職と同じですが、処分の目的や退職手当の支給の有無などにおいて異なります。また、懲戒免職処分の日から2年間は当該地方公共団体の職員になることはできません。

ロ 停職　職員を懲罰として職務に従事させない処分です。

ハ 減給　一定の期間、給料の一定割合を減額して支給する処分です。分限処分の降給は、給料額そのものの変更である点で異なります。

ニ 戒告　規律違反の責任について、将来を戒める処分です。なお、分限処分とは異なり、条件附採用期間中の職員及び臨時的任用職員も、他の一般職の職員と同様に懲戒処分に関する規定の適用があります。

② 事由

任命権者が懲戒処分を行うことができるのは、次の場合に限られます。

・地公法若しくは同法の特例を定めた法律（第57条）またはこれに基づく条例、地方公共団体の規則若しくは地方公共団体の機関の定める規程に違反した場合
・職務上の義務に違反し、または職務を怠った場合
・全体の奉仕者たるにふさわしくない非行があった場合

任命権者は、職員の行為がこれらの事由に該当する場合には、そのつど、故意または過失の度合いや職務上の責任程度などを総合的に勘案し、懲戒処分を行うかどうか、行う場合にどの処分を行うか（いずれか一つ）を、裁量により決定します。

③ 手続及び効果

分限処分と同様ですが、条件附採用期間中の職員及び臨時的任用職員に対する懲戒処分については、法律上、処分説明書の交付及び不服申立ての教示を行うこととはされておらず、行政不服審査法も適用されません。

13 定年による退職（第28条の2、第28条の3）

職員が定年に達したときは、その日以後の最初の3月31日までの間の条例で定める日に退職します。この退職は、定年に達し、条例で定める日が到来した事実のみに基づいて、自動的に離職します。なお、臨時的任用職員、任期付任用職員及び非常勤職員には適用されません。

14 定年退職者等の再任用（第28条の4～第28条の6）

任命権者は、定年退職者、定年延長の後退職した者及び定年退職日以前に退職した者のうち定年退職者に準ずるものとして条例で定める者を、1年を超えない任期で採用（再任用）することができます。この再任用制度には、常時勤務を要する職（第28条の4）と、短時間勤務の職（第28条の5）があり、前者は条例で定める定数に含まれ、後者は直接条例上の定数の対象とはならず、別途管理することとされています。また、任期は、1年を超えない範囲で更新することが可能です。なお、双方とも地公法上の一般職に該当します。

◇

次回も引き続き地方公務員法の基礎知識を確認していきます。

20年度 主任・係長 論文講座 ★20★

都主任選考

課題

あなたの職務について次の(一)(二)について述べてください。

(一) あなたが現在携わっている職務と職務上の課題について、簡潔に述べてください。(300～500字程度)

(二) (一)で述べた内容について、あなたの問題意識を述べ、あなたが努力していることに言及しながら具体的に述べてください（1200～1500字程度）。

論文例

(一)

私は、建設局の建設事務所で道路工事の施工及び監督業務を担っている。①

道路は、都市づくりの基盤として重要な役割を担っている。道路は膨大な交通需要に対応し、電話、ガス等の施設を収用するだけでなく、災害時には避難路として不可欠なものであり、都民生活と密接に関係している。

現在、都内の道路は平均交通量が全国平均の約3倍であり、慢性的な交通渋滞が発生している。道路を効率的に整備することは、現在の交通需要に円滑に対応するうえでも欠かせない。②

道路は不特定多数の人に利用されるものであるが、道路工事の際には、騒音、振動、交通規制、環境など沿道住民の生活との関わりが深く、住民の理解を得ずに円滑に工事を実施することは困難である。

そこで、道路工事を円滑に行うためには、住民との信頼関係を築くことが必要である。

住民から信頼されるような道路工事を施行するうえで、以下のような課題がある。

第一に、住民からみて効率的に道路工事が行われていないことである。

第二に、工事の安全対策が十分でない場合があることである。

第三に、土木技術の承継が十分でないことである。③

(二)

1 都民から信頼される道路整備

道路工事を円滑に行い、都の行う工事が都民から信頼されるものとなるために、私は、以下のように課題に取り組んでいる。

(1) 無駄のない効率的な道路整備

私は以前、工事現場の住民から、都の各組織やライフライン企業者が別々に道路、水道、電気等の工事のために何度も同じ場所を掘削する事は無駄ではないかとの指摘を受けた事がある。④

そこで関連する企業者との連絡を密にして工事の行程調整を図り、同時期に出来る工事は出来る限り一つにまとめた。また、工事請負者に対しては、施行手順の見直しを指示してコスト意識の徹底を指示した。

このように、常日頃からコストやスピード、都民サービスを意識して、都民の期待に⑦応えるような工事を行っている。⑤

(2) 工事現場における安全対策の徹底

工事は、現交通を確保しながら実施されることもあり、通行者の安全確保は絶対である。しかし、工事請負業者は、工期内に工事を終了することを優先して、通行者の安全確保が万全でなく、おろそかになる場合がある。⑥

そこで私は、チェックリストを作成して、現場責任者と工事現場内を歩いて、安全点検を行っている。危険な箇所や、交通規制状況、作業員の安全具着用などを点検して指導し、不備な場合には、写真付で改善報告書を提出させて、安全管理を徹底している。

また、工事中の振動や騒音について、近隣住民から苦情を受ける事がある。このような場合には、即座に住民の所に説明に行き、理解を求めるとともに、工事請負業者には、できるだけ騒音を出さないような配慮を求めている。

(3) 若手職員の技術力の向上

団塊の世代の退職もあり、10年後には、現在の建設局職員の4割以上が退職となる。土木技術においては、道路の設計、工事現場の工程管理や技術基準等、ベテラン職員が持つノウハウは多い。これらのノウハウを私達職員がきちんと伝承して次の世代に伝えることが必要である。⑧

私は、ベテラン職員の仕事の進め方を参考にし、先輩職員と積極的に意見交換を行い、疑問があれば、質問している。また、積極的に研修に参加し、専門誌を購読するなどして、常に新しい技術についても勉強をしている。⑨

2 信頼される都政を実現するために

信頼は一日にして確立されるものではなく、日々の積み重ねが重要である。一度信頼を失うと、その信頼を取り戻すためには、長い時間と多くの努力が必要となる。そのようなことが起きないためにも日々の職場に対する一つひとつの取り組みにより都民の信頼が得られ、使いやすい道路整備へとつながっていく。この努力の積み重ねが都民から信頼される都政の実現となる。⑩

私は、これからの都政の中核を担う主任として、常に都民から信頼される都政運営に努め、熱意を持って日々の職務に取り組む所存である。⑪

講評

この論文例では、(一)が序論、(二)が本論および結論とする「三段型」で構成されています。

(一)であげた三点の課題について、(二)「1 都民から信頼される道路整備」で問題意識と解決策を一挙に書き上げています。

課題は3点あげるのが最も一般的で書きやすい形だと思います。三段型は、問題意識（課題）と解決策を別に記述する四段型よりも短くまとめやすいので、制限字数が厳しい場合に有効です。しかし一方、問題意識と解決策とを混ぜて書きやすく、わかりにくくなる場合があります。

この論文例では、各問題意識の説明が不十分な点がありますので、問題意識をもう少していねいに記述したほうが良いでしょう。

筆者が「主任として問題意識を持って仕事をきちんと行っている」ことをアピールするための論文なので、論文のスタイルにこだわる必要はありませんが、自分の意見を伝えるには、論理的に整理されていることが必要です。皆さんは過去の合格論文を参考にしながら、いくつかのスタイルで書いてみて、自分にとって書きやすいスタイルを見つけてください。

また、論文例では、問題意識の第一で筆者の経験を盛り込んでいます。これによって筆者が職務の中で努力している姿が伝わります。このように具体的な経験や努力を問題意識や解決策として記述することで、論文がより説得性のあるものとなります。平成18年の主任試験の改正により、職場の課題を発見し改善の提案をすることが論文試験のねらいになっています。担任業務を行う上での課題（問題意識）やその対応策を簡潔に論文に取り入れる工夫をして下さい。

論文添削 ③

論文(一)は書き手の担任職務を紹介しながら、設問(二)の問題意識につながる部分ですので、非常に重要です。

①は現在の担任職務を簡潔に述べ、②では、道路の意義や役割を述べています。道路が交通だけでなくさまざまな都民生活との関わりを述べることで、現在の職務がいかに都民にとって重要であるかを論じています。流通から医療・災害対策などさまざまな面で、道路が果たしている役割について、「10年後の東京」の視点をいれながらもう少し簡潔に表記するとさらによいと思います。

③では、課題を3点あげています。各課題について、もう一歩説明したほうがわかりやすいでしょう。

設問(二)では、都民から信頼される道路工事を行うための具体的な方法を述べています。

課題(1)は「効率的な道路整備」です。④でこの問題意識を持った契機を述べていますが、このような具体的な事例は説得力があります。ただし、問題意識と解決策がこれだけでは不十分です。効率的に仕事を進めるためには、工事の行程調整以外にも、例えば、設計係と工事係との役割の見直しや交通管理者との調整など、さまざまな効率化が考えられますので、他の点も記述すると良いと思います。

課題(2)は「安全管理の徹底」です。ここでは、現場の問題点とその対応策が述べられています。⑥で問題意識を指摘していますが、「安全が何よりも優先」で大切なものであることをもう少し具体的に記述すると良いでしょう。また、低入札が増加している事情からさらに徹底した安全管理が必要であることなどに触れることも現場の問題を指摘することになります。

課題(3)は「若手職員の技術力の向上」です。団塊世代の退職は都として重要な問題ですが、これだけでは少し説得力に欠けます。諸先輩の技術やノウハウが伝承されていないことで、現場の道路工事を施工する上でどのような不都合や問題があるのかを具体的に書き加えると良いでしょう。

⑧では、土木技術が環境問題や福祉問題にも密接に関係しその対応が必要であるなどに触れると、都政への幅広い面から問題意識を提示することができます。

⑨では、技術力向上のために個人的に努力していることだけでなく、組織としてどう取り組んでいくべきかということを主任として提案する書き方にすると良いでしょう。

工事騒音やリサイクル等環境対策のために工夫していることなどを具体的に記述すると、さらに都民との関係が明確になり、わかりやすいと思います。

「2 信頼される都政を実現するために」は論文の結びであり、主任としての決意表明です。内容としては適切ですが抽象的なので、もう少し本論を踏まえた具体的な記述があっても良いでしょう。

20年度 教育管理職への道しるべ ＜24＞

学校教育法 ③

問題

【問題9】

中等教育学校に関する記述で妥当のものは、次のうちどれか。

① 中等教育学校において、前期課程の修了者には、高等学校入学資格が認められており、他の高等学校へ進学することも認められている。

② 中等教育学校は、小学校における基礎教育の上に、心身の発達に応じて、中等普通教育並びに高等普通教育を一貫して施すことを目的とし、専門教育は行わない。

③ 中等教育学校の教育課程については、中学校や高等学校の基準を準用せず、文部科学大臣が独自に定めている。

④ 中等教育学校制度の目的は、中等教育の多様化を一層推進し、生徒の個性をより重視した教育を実現することで、現行の義務教育制度とは全く異なる制度である。

⑤ 公立の中等教育学校の入学は、校長が許可するものであるが、学力検査によるものとされている。

【問題10】

入学等に関する記述で妥当なものは、次のうちどれか。

① 公立の高等学校に係る学力検査は、原則として教育委員会が、同一時期に同一問題によって実施するが、各学校の校長の権限と責任において実施することも認められている。

② 公立義務教育諸学校への入学については、学校という教育施設の利用関係を設定しなければならないために、一般的に入学許可の手続きがとられる。

③ いじめにより児童・生徒の心身の安全が脅かされるような深刻な悩みを持っている等の場合には、就学する学校の指定変更が相当と認められることがある。

④ 外国において学校教育における9年の課程を修了した者であっても、高等学校へ入学する場合は、中学校を卒業しなければならない。

⑤ 保護者は、児童・生徒が就学指定された学校の学区域外の学校に就学させようとするときは、速やかに指定された学校の校長に届け出なければならない。

【問題11】

学習指導要領に関する記述で妥当なものは、次のうちどれか。

① [illegible]念を児童・生徒に教え込まなければならないとしている。

② 小・中学校学習指導要領では、道徳は教科の中に位置づけられている。

③ 小学校教育課程は、学校教育法に定めるもののほか、教育課程の基準として文部科学大臣が政令で定める小学校学習指導要領による。

④ 平成11年の学習指導要領の全部改正に際しては、授業時数の増加及び総合的な学習の時間の新設等が盛り込まれた。

⑤ 学校教育法では、小・中・高等学校の目的や教育目標が定められるとともに、教科に関する事項は、文部科学大臣が定めるものと規定されている。

【問題12】

指導要録に関する記述で妥当のものは、次のうちどれか。

① 最高裁判決は、指導要録のうち、「各教科の学習の記録」の中の「所見」についても開示を要すると判断した。

② 文部科学省は、指導要録の公簿としての性格、指導の継続性などを考慮して、指導要録の様式を定めている。

③ 指導要録は、学籍に関する記録と指導に関する記録とを別葉に編成し、学籍に関する記録は30年、指導に関する記録は10年間保存することが必要とされている。

④ 指導要録は、法令に基づく児童・生徒の公簿であるので、教育委員会が作成するものである。

⑤ 登校拒否児童が、学校外の施設に通所または入所していた場合において、校長が指導要録上は出席扱いとすることができる場合もある。

【問題13】

校務運営に関する記述で妥当なものは、次のうちどれか。

① 学校評議員は、当該学校の職員以外の者で教育に関する理解及び識見を有するもののうちから、校長の推薦により、学校の設置者が委嘱す[illegible]って構成されるべきである。

④ 職員会議は学校の管理運営に関する校長の権限と責任を前提として、校長の職務の円滑な執行を補助するものとして位置づけられる。

⑤ 職員会議は、校長の命を受けた副校長が主宰する。

解説

【解説9】

① 正しい。中等教育学校の前期課程を修了した者は、中学校を卒業した者などと同様に、高等学校への入学資格を有する。（学校教育法第47条）

② 誤り。（同法第51条の2）

③ 誤り。中等教育学校の教育課程については、前期課程は中学校学習指導要領を、後期課程は高等学校学習指導要領をそれぞれ準用することとしている。（同法施行規則第65条の5）

④ 誤り。現行の義務教育制度を前提としつつ、中学校と高等学校の制度に加えて、中高一貫教育制度を選択的に導入したもので、学校教育法上、新たな学校種として創設されたものである。（初中局長、助成局長通知平10・6・26）

⑤ 誤り。公立の中等教育学校においては、学力検査を行わないものとされている。（同規則第65条の7）

【解説10】

① 誤り。学力検査は、当該学校を設置する都道府県または区市町村の教育委員会が行う。（学校教育法施行規則第59条）

② 誤り。義務教育諸学校については、教育委員会が、入学すべき公立学校を指定して、保護者に就学義務の履行を求めるものであって、一般的に入学許可の手続きはとられない。

③ 正しい。（学校教育法施行令第8条、昭60・6・29文初中201）

④ 誤り。外国において学校教育における9年の課程を修了した者には、高等学校への入学資格が与えられている。（学校教育法第47条、昭40・8・6国初42）

⑤ 誤り。児童・生徒の住所地の教育委員会に届け出なければならない。（同法施行令第9条）

【解説11】

① 誤り。最高裁判所は、いわゆる学力テスト旭川事件の判決で、学習指導要領の法的拘束力を肯定しているが、このような内容を教え込むことを強制することは含まれていないとしている。（最判51・5・21）

② 誤り。小・中学校学習指導要領においては、道徳は教科ではなく、特定の領域に位置づけられている。

③ 誤り。学習指導要領は文部科学大臣が公示する告示になっている。（学校教育法施行規則第25条）

④ 誤り。授業時数の削減が盛り込まれた。

⑤ 正しい。（学校教育法第17、18、20条等）

【解説12】

① 誤り。「所見」の[illegible]「特別活動の記録」及び「行動及び性格の記録」は開示を要しないと判断した。（[illegible]平15・11・11）

② 誤り。指導要録の[illegible]は、教育委員会が決定する。（地方教育行政法第23条、[illegible]36・5・29委初78）

③ 誤り。学籍に関する記録は20年、指導に関する記録は5年間保存しなければならない。（学校教育法施行規則第15条第2項）

④ 誤り。指導要録を[illegible]するのは、校長の義務である。（同施行規則第12条[illegible]）

⑤ 正しい。学校への[illegible]が前提とし、かつ登校拒否児童の自立を助けるうえで有効・適切と判断される場合には、出席扱いとすることができる。（平4・9・24[illegible]小124）

【解説13】

① 正しい。（学校教育法施行規則第23条の3）

② 誤り。校長の求めに応じ、意見を述べることができるに過ぎない。（同規則第23条の3）

③ 誤り。職員会議の[illegible]については、学校の実情に応じて学校のすべての職員が参加できるようその運営の在り方を見直すこととされている。（平12・1・21文教[illegible]44）

④ 正しい。職員会議の性格は補助機関とされている。（学校教育法施行規則第23条の2、平12・1・21次[illegible]）

⑤ 誤り。職員会議は、校長が主宰する。（同規則第23条の3）

2007年度シネマ夢倶楽部表彰式

「ベストシネマ賞」などを決定!

28日に授賞式と上映会

ベストシネマ賞第1位「君の涙 ドナウに流れ ハンガリー1956」

ベストシネマ賞受賞上映作品「それでもボクはやってない」
© 2007 フジテレビジョン・アルタミラピクチャーズ・東宝

本紙「オススメシネマ」でもお馴染みのシネマ夢倶楽部。「多くの人に、いい映画、上質な映画を見て感動してほしい」を目的に、財団法人日本ファッション協会が日々活動を続けている文化促進事業のひとつである。その年間の決算となる「2007年度シネマ夢倶楽部表彰式」を2月28日(木)午後5時から東商ホール(東京商工会議所ビル4F)において開催する。

この表彰式は2003年のシネマ事業開始以来、毎年行われているもので、今年は日本ファッション協会設立母体のひとつである東京商工会議所の130周年を記念し、「東京商工会議所130周年記念イベント」㈶日本ファッション協会主催)のひとつとして開催される。

この日は、07年の推薦作品となった邦画・洋画の中から、夢と感動を与えてくれた優れた作品に対して贈られる「ベストシネマ賞」と、推薦委員が選ぶ推薦映画を数多く配給した会社の功績に贈られる「シネマ夢倶楽部賞」、映画を通し文化や生活、社会の発展などに貢献のあった団体、地域、行政、企業などに贈る「シネマ文化賞」がそれぞれの受賞者に授与される。

◆東京商工会議所130周年記念イベント「シンポジウム」▽2月27日(水)午後6時30分から▽入場料 3000円▽テーマ 新ビジネス創造(第1部講演、第2部パネルディスカッション)※シンポジウムに参加ご希望の方は、シネマ夢倶楽部ホームページ(http://www.cine-culture.jp/)あるいはFAX03・3242・1673までお申し込みください。

◇

07年度シネマ夢倶楽部表彰式に25組50名様をご招待します。参加希望の方は、『07年度シネマ夢倶楽部表彰式 応募T』係まで、氏名・年齢・住所・連絡先・職業を明記の上、ハガキにて下記宛先までご応募ください。

なお、ハガキにご記入の個人情報については、表彰式チケットの発送のみに限ります。締切は2月22日(消印有効)

問い合わせ・申込先は㈶日本ファッション協会 シネマ夢倶楽部☎03・3242・1674(〒103―0022中央区日本橋室町1の5の3 福島ビル6F)

2007年度シネマ夢倶楽部表彰式
(授賞式および受賞作品の上映)

[ベストシネマ賞]
第1位「君の涙 ドナウに流れ ハンガリー1956」配給:シネカノン
第2位「それでもボクはやってない」配給:東宝
第3位「ボルベール<帰郷>」配給:ギャガ・コミュニケーションズ

[シネマ夢倶楽部賞]
有限会社 シネカノン
株式会社 ギャガ・コミュニケーションズ

[シネマ文化賞]
福岡アジア映画祭
かくのだてフィルムコミッション

[受賞作品上映]
ベストシネマ賞受賞作品「それでもボクはやってない」(配給:東宝)
開映:午後6時15分

本屋のお勧め本

毒入りジョーク集はいかが?

今夏に北京五輪を控えた中国は、全世界の注目を浴びている。もちろん、オリンピックだけが、あらゆる人々の視線をこの国に向けさせている訳ではない。この数年の目覚ましい経済発展が、ある国の脅威となり、別の国にとっては、羨望の的となっているからだ。

日本にとって、中国の躍進は、いささか僻みの対象となっている。それは最近のメディアによる過熱ぎみな中国バッシングから見てとれる。情報の正否は分からないが、中国=とんでもない国というイメージを受け手側に刷り込ませようとしているのは事実だ。

確かに、中国も自国民に反日ムードを煽ってきた。だからといって、自分がされて嫌な事を他人にするのはいかがなものか。まず、すべきは相手を理解する事ではないか。

『笑う中国人―毒入り中国ジョーク集』(相原茂著、文春新書)の帯に、こう書いてある。

「読んでから北京へいこう!」。他国を無視し、自国の考えが絶対と思い込んだ国が参加しては、世界の祭典である五輪は成功をみまい。先の言葉は、このような教訓を含むと拡大解釈できる。

この本で中国理解に使われている方法は、「ジョーク」。ジョークといっても侮るなかれ。表面的な笑いの奥に真理が潜んでいるのだ。最近、書店ではジョーク本が売れている。特に国民性に関するものほど人気がある。それは、ジョークが国民性を鮮やかに映し出す特質を持っているからだ。

「矛盾」や「漁夫の利」などのように、中国人は昔からジョークを作る才に長けている。著者によると中国人は、言葉で人を笑わせることが好きだという。その能力に優れている人は周囲から尊敬を集める。だから、言葉に関して中国人の思い入れは半端ではない。俳句や短歌に親しい日本人に相通じるものがある。

この本は、著者が中国の様々な書籍やインターネットから厳選したジョーク集である。中国の「今」を知るのに、最も笑えるし手軽だ。なかには反日ジョークというものがあるが、腹を立ててはならない。意外と真理をついているから(?)。

(三省堂書店都庁店 飯田紀男)

がんばれ! 公務員 11

偉くなるなら孤独も覚悟

文とマンガ 鈴木武征

受験シーズンだ。

大学、高校ならまだしも小学校、幼稚園から厳しい受験戦争に直面する子がいる。

そんなテレビの画面を面白おかしく見ているが他人ごとではない。

公務員にも昇任試験という試練が立ちはだかっている。

主任試験も管理職試験も、受ける受けないは本人の自由ということだが現実はそうでもない。

上司や先輩から「受けた方がいいよ」「受けなくちゃダメだよ」と諭される。

挙句、受けないということは、「(仕事を)やる気がない、責任ある仕事に取り組もうとする意欲に欠けると評価されるよ」と言われる。

昇任試験と仕事への意欲は直接には関係ないと思う。

しかし、あれこれ言われると合否はともかく、参加だけはしなければまずいかなとも思ってしまう。

でも行きたくない、偉くなろうとも思っていない、さーどうする。

私の考えでは、係長、課長補佐の前提となる主任試験まではクリアしておいた方が良い。(理由は簡単、生計のためです)

管理職試験の場合は、少しは「自分は管理職に向いているだろうか」「管理職の職務に耐えられるだろうか」などを考えてチャレンジすべきだと思う。(理由は簡単、誰が見てもどうしてなったのだろう?と思う人がいるから)

ま、中間管理職までは他人の評価は別として、首都公務員たる者、なってしまえば何とかこなせる。

問題はさらに上を目指す人で、そういう人たちは「ヒトに嫌われても職務を遂行する」覚悟が必要だ。

役人生活も終盤に入ると、同期や後輩で局長や枢要部長になる者も出てくる。

ある日、個室に入っているそんな友人を訪ねた。

「いやぁー、お久しぶり!」笑顔で迎えてくれる彼と昔を懐かしんで暫し雑談。

そのうち彼は「上になると孤独という話は聞いていたけどホントだね、気安く話しかけてくる人も少なく、寂しいもんだよ……」と言う。

その言葉の奥には、偉くなった者でしか言えない優越感的なものもあるのだろうが、まったくの嘘とも思えない。

彼とはザックバランに話せる間柄だったので、私は「そうじゃないだろー、偉くなったから孤独なんじゃなくて、孤独になるような事をやってきたから孤独なんだよ」と言った。

彼は人間的にも立派で、仕事以外では優しい人間だ。

しかし、彼がここに至る過程では、「そこまでやるか?」という組織潰し、定数削減、事業縮小などを主導してきたのも事実だ。

加えて、上の人や議員さんに良く見られようとする努力も相当なものだった。

「ま、そうだな、そうなんだけどね……」

そうつぶやく彼を、私は少し言い過ぎたかなと反省しつつ、「まあいいじゃないか、よくここまで頑張ってきたよ」と慰める。

しかし、時として必要な病院を廃止したり、議員の無茶な要求に奔走する上司の姿を職員はよく見ている。

口にこそ出さぬものの良くは思っていない。

あなたが妻あるいは夫に「いつ偉くなるの、こっちは待っているんだからね!」と言われたら、こう言おう。

「いつでもなれるんだけどサ、嫌われ者になりたくないんだよねー」と。

海外出張こぼれ話 23

東郷 尚武

オリンピックを迎える北京と沿海都市アモイ⑥

今回の北京の会議の日程が詰まっていたこと、真冬であったこともあって他の都市の場合に比べ、残念ながら、それほど広範囲には見てまわれなかった。清華大学側が万里の長城にお供しましょうかと言ってくれたが、それだけの時間的余裕もなく、結局、中心部だけの駆け足探訪となった。

12月2日の午後、まずは、都心部から少し離れた古い街並みの残った地域を訪ねた。当時、既に北京市内でも古い住宅街が次々と取り壊され、この地区では4階建ての住宅再開発が進行中であったが、周辺の道路は車がようやくすれ違える程度であった。翌12月3日午前中には、北京駅から数百㍍のところに位置する比較的大規模な再開発団地を訪ねた。団地内には幼稚園も設置され、1200世帯が住む6階建てのアパート群であったが、エレベーターは設置されていなかった。高所得者用の住宅という触れ込みで、分譲価格は平米あたり6000元(当時1元=20円)とのことであった。

北京駅近くの住宅再開発

面白いことに、この近代的団地と壁ひとつを境とした細道路には、所狭しとばかりに露天が立ち並び、食物や雑貨が売られており、まさに庶民の生活に溶け込んだひとときであった。寒さは厳しく、湯気が立ち込める一杯0・5元のワンタンに舌鼓をうったのが懐かしく思い出される。午後の会議で、筆者のプレゼンテーションが予定されていたので、あわただしく大学に戻った。

さて、折角、四つの王朝が650余年にわたって首都としてきた古都・北京であり、いくら時間が許さないとはいえ、最小限度の歴史探訪だけはしておきたかった。そこで、まずは歴史の宝庫でもある紫禁城に足を運んだ。紫禁城はもともと明・清両王朝の皇宮であり、昔の皇居を意味する故宮の名で呼ばれ、現在は故宮博物院となっている。この宮殿の造営を命じたのは明の第3代皇帝である永楽皇帝で、宮殿は1420年にほぼ完成し、翌21年、明の都は正式に南京から北京に移ったのである。紫禁城は東西750㍍、南北960㍍、周囲は高さ10㍍の城壁で囲まれ、総面積72万平方㍍の広大な宮殿であるが、両王朝の合わせて24代の皇帝が、かつて、ここに居を構えていたのである。

故宮の南端にある門が、かの有名な天安門であり、明・清朝の時代には、皇帝の詔書を発する儀式がここで行われたといい、また、1949年10月1日には、中華人民共和国の設立が宣言された由緒ある場所でもある。

都政新報

発行所 都政新報社
〒160-0023 東京都新宿区西新宿7-23-1 TSビル
(総務・読者)(03)5330-8781
(企画広告)(03)5330-8784
(編集)(03)5330-8786
(出版)(03)5330-8788
(セミナー事業部)(03)5330-9977
(ファクス)(03)5330-8808
郵便振替 00130-2-101470
購読料 月1,680円(税込)
毎週火・金曜日発行
但し、祝祭日は休刊
©都政新報社 2008

紙面から

新銀行東京 黒字化を11年度に先延ばし

07年度決算 累積損失1000億円程度に拡大

新銀行東京は20日、業務体制の見直しと400億円の都からの資本増強などを柱とする「再建計画」を発表した。予想を上回るペースで貸し倒れが発生し、昨年6月の新中期経営計画で掲げた09年度の黒字化を1年も経たずに断念。2011年度に総資産を現在の5分の1の1360億円まで圧縮し、預金・貸出ともに縮小して8億円の黒字を出すフレームに修正した。開業3年目で中期計画の見直しも今回で3回目となり、そのたびに数値目標を下げる事態が続いている。07年度は150億円程度の赤字になり、累積損失も1000億円程度に拡大する見込みだ。

再建計画は、08年度から11年度までの4カ年のプラン。行員数を段階的に450人から120人に削減し、店舗体制も来年度から6店舗を1店舗に集約する。

リストラと同時に事業も絞り込み、成長が期待されるニュービジネスへの重点的支援、既存顧客等への継続的な支援、都と連携した支援の3本を柱にする考えだ。ファンド投資、一般融資、ノンバンクと提携した小口融資、信金等と連携した新型保証など合計700億円の中小企業支援を実施するという。無担保・無保証をセールスポイントにしていたが、ここに軸足を置く融資のあり方は転換する。

当期純利益の黒字転換は、開業時は07年度と発表していたが、新中期経営計画では09年度に変更。今回の再建計画では、さらに2年延びて11年度を目標にする。また、07年度の総資産は6323億円で、今後、毎年度1000億円規模で縮小し、11年度には1360億円になる。

記者会見で津島隆一代表執行役は「財務体質の強化を図るため、都に400億円の追加出資を要請した」と話し、額の算出根拠として「700億円の事業モデルの積み上げや、これまでに毀損した資本の補てんといった意味合いを込め、十分、安心感のある資本として400億円が適当と考えた」と説明した。

将来的には「最新の金融ノウハウを持つ銀行等との連携を視野に入れ、安定した経営基盤を確立する」としている。「営業譲渡先を探すということか」という質問には「明確に一つの選択をするということではない。いろんな可能性を検討していくということだ」(津島代表執行役)と言葉を濁した。

旧経営陣の責任問題については「内部調査でデフォルトを容認するような業務執行や対策の遅れ、隠ぺい体質などが明らかになった」として、取締役、執行役のそれぞれの役割に応じた責任を追及していく方針。調査結果の公表は「考えていない」とした。

また、施政方針演説で石原知事は「金融環境の劇的な変化や旧経営陣の経営姿勢により、予想を超える多額の不良債権が発生するなど経営状況が悪化した」と述べ、増資で支援することを表明。財調基金から400億円を取り崩し、08年度補正予算案として都議会に提案した。

本会議終了後、知事は記者団に「債務超過になったら、信用の問題になってくる。店じまいしたら、どうだと言う人もいるが、そう簡単ではない。1000億以上の金がいる。ペイオフになったら、とんでもない引き金になる」と語った。これまで追加出資を全面否定しながら、今回、踏み切る理由について「うまくいっていると思っていた。つぶしたら都民にもっと迷惑をかける」と釈明した。調査委員会の結果に関しては「もうじき最終報告が出る。それを議会にも見せて、その上で議論、質問していただきたい」と話した。

「堅実な再建計画」と話す津島隆一代表執行役(中央)=20日、日銀記者クラブで

都議会各会派

徹底審議の要望相次ぐ

予特は審議時間を延長へ

新銀行東京への追加出資の議案が20日に提出されたことを受け、議会側の対応も相次いだ。

議案を提案した議会運営委員会の理事会には石原知事は出席せず、谷川副知事が説明した。理事会では、共産党が特別委員会を設置したり予算特別委員会で集中審議の日程を確保するなど、徹底審議を求めた。同党は、議運終了後にも議長室と各会派をまわり、同趣旨の申し入れをしている。

吉田幹事長は特別委員会の趣旨について、「追加出資の適否だけではなく、これまでの経緯なども議論すべきだ。場合によっては、第1回定例会の後も継続すべきだ」と主張する。同党は2月13日に「税金の再投入も、処理の先送りも認められない」とする申し入れを行っており、審議にも同様の立場で臨む。

徹底審議を求める立場は民主党も同様で、両党は本会議後の予算特別委員会の世話人協議会で、新銀行東京に関する審議のために、質問時間を延長することなどを求めた。

午後2時50分頃に始まった世話人協議会は、両党の提案の扱いを決めるために、休憩を挟んで7時すぎまで議論。3月11日から13日までの総括質問を、1日1時間ずつを目途に延長することを決めた。議運で決定した質問時間を予特が延長するのは、異例の事態となる。

民主党は、新銀行東京に関する議案提出を受けて、予算特別委員会のメンバーを差し替え、田中幹事長が入る。山下政調会長は「民主党が情報公開を求めてきた資料も、示されていない。それで400億は出資させてくれというのは通らない」と話す。会派総会では三役が「(議案には)強い姿勢で臨みたい」と報告し、他の議員からも異論は出なかったという。

◇調査チームを設置

石原与党の立場をとってきた自民党と公明党も「難しい判断が必要」(自民党執行部)、「議論がスタートした段階」(公明党執行部)など、議案への対応では慎重な姿勢を崩していない。

自民党は議運の直後に開いた会派総会で、補正予算案が提案されたことを報告した。都議からの質問や意見はなかったという。吉野幹事長は「新銀行の今後について、どういう選択肢があり、なぜこの方法をとったのか、これで新銀行がどうなるのかなど、本会議や予算特別委員会で浮かび上がらせる必要がある」と述べる。

同党内には、「行員を減らして、手足が減るなかで、どうやって利益を出していくのか、道筋を示してもらう必要がある」など、再建計画の今後を危惧する声もある。また、追加出資が今回の400億円で終わらない可能性について、同党幹部は、「これまでは、都側に経営実態の情報が入っていなかった。職員が参加することで、そういうやり方も変えていく必要がある」と話した。

公明党内からも、都民に追加出資への理解を得られるかを心配する声が上がる。同党は総会で藤井政調会長をトップに、「新銀行東京調査特別チーム」を設置した。銀行関係者への聞き取りなど、独自に追加出資に至った背景を調査する。中嶋幹事長は「追加出資の適否や、再建計画の妥当性について、きちんとした議論をしていきたい」と話している。

知事施政方針

「低炭素型都市への転換を」

第1回定例都議会が開会

都議会第1回定例会が20日に開会し、石原知事は施政方針演説で「生活様式や産業構造を省エネ型に転換して、環境との調和を図りながら危機を突破していかなければならない」と語り、環境政策から21世紀の都市モデルを世界に示していくとの考えを強調した。

京都議定書の第1約束期間が1月にスタートした中で、「低炭素型都市への転換を08年度から本格化させていく」と述べた。CO_2削減では、「社会の隅々に省エネ・節電を行き渡らせる仕組みを整えなければならない」として、経済界が強く反発するCO_2排出総量の削減義務化や、削減量取引制度の導入を目指す。

輸入冷凍食品に薬物の混入が相次いだことを受け、都内に流通する冷凍加工食品への農薬検査を緊急に実施することを表明した。また、8日の会見で明らかにした原材料の原産地表示についても、検討する姿勢を強調した。

高齢者が住み慣れた地域で生活するのを支えるため、08年度、見守り生活を支えるロボットの活用について研究会を設置する。中小企業の受注機会の確保や下請取引の適正化を目的として、中小企業振興公社に「下請取引紛争解決センター(仮称)」を設置する。

施政方針ではこのほか、国会で道路特定財源が争点となる中、「財源確保を国に強く求めたい」と述べた。道路整備が滞れば、渋滞が解消されず、快適な都市の実現やCO_2削減も進まないとした。

さらに、昨年12月の法人事業税の再配分にも触れ、羽田空港の国際化や認証保育所の承認、首都東京のインフラ整備など、都が要望した13項目の実現を改めて求めた。

社説

延命策でしかない400億円

再建フレームの思想

年始の頃、今年の第1回定例会は、参議院宿舎の建て替えをめぐり、3年ぶりに現職の副知事と都議会自民党のガチンコ勝負があるのでは、と都政関係者の間で注目が集まっていた。ところが、開会前にあっけなく終戦となり、当初方針どおり宮内庁宿舎跡地に建て替えることで、石原知事と自民党で話がついた。

反対してきた猪瀬副知事のメンツも立てるという気の利いたシナリオは、はたから見ても上々の出来である。あとは、役を演じるだけという時期になって、突如、降って湧いた定例会の焦点が新銀行東京の増資問題だ。こちらの方も、知事に傷がつかないよう都幹部が必死でシナリオを考案中だが、その内容はあまり芳しくない。もともと銀行業に手を出したこと自体、取り返しのつかない大きな誤りだったからである。

新銀行東京は、今ただちに追加出資しないと債務超過に陥る状況ではないが、このまま放置すれば、ちょうど来年夏の都議選直前にその危機がやってくる。その時点で都が補正予算案を提案すれば、石原与党が苦境に立たされるのは自明である。それを見越して早めに手を打ち、今議会での提案となった。

しかし、ことは400億円という巨額の税金再投入だ。当初出資額の1000億円と合わせると、普通の県の年間税収に匹敵する。たとえば、話題の東国原知事の宮崎県は、08年度県税収入が962億円でしかない。1400億円も無駄にする失政を行えば、当然、知事の引責辞任に値する問題である。

■本格処理への図柄

今回の追加出資の審議では、新銀行東京に将来展望があるのか、3年くらい先まで視野に入れた全体像の中で400億円の持つ意味をとらえ、議会本来のチェック機能を果たすべきである。その際、着眼のポイントは二つある。

一つ目は、今回の再建スキームの根底に流れる思想は、終わりの始まりという点である。近未来に訪れる本格的な破綻処理に向け、その第一ステップの「つなぎの資金」として400億円が存在する。本当は、処理にもっと大きな額が必要になるが、それでは都議会がもたない。そのため窮余の策として当面400億円で延命を図り、石原知事の任期が切れる2011年4月までに本格処理をめざすという2段階の図柄が透けて見える。

具体的に言うと、預金残高の大半は、開業時に「原則5年間は解約できない」という条件のもと、市場相場より高めの金利で集めた定期預金にある。この預金もあと2年で満期を迎え、2010年に一斉に引き下ろしが始まる。残る預金は、わずかとなる。

他方、貸出残高も現在は「慎重融資」の路線を歩んでいるため、不良債権処理は、この2年程度でかなり進む。そうすると銀行の総資産は、預金・貸出ともに信組クラスの小さな規模になり、本格処理に要するコストもおのずと縮小する。

こうした全体像の中で生命維持装置としての400億円を東京都が出資しようとしている。知事は、危機を救う当面の措置と今後の多角的な事業展開を考え、「自信をもって議会に提案する」と語ったが、これはまやかしである。

二つ目は、メガバンクでさえ悲鳴を上げる金融庁の検査に、アマチュアの銀行が持ちこたえられるかという問題だ。遅くとも2年以内に検査に入る。その結果、銀行の運営がいかにズサンか、白日の下にさらされる。金融市場からの撤退という最後通告も現実味を帯び、そんな中で新銀行東京の買い手が現れるだろうか。「商品価値は銀行権のみ」という窮地に立たされることが予想される。

今回は、早期処理も含めて真剣に考えるタイミングにきている。知事を擁護することが議会の使命ではないし、妙なかばい立てをすると、それこそ自殺行為である。議会人としてのプライドと良識が問われる定例会である。

■都政の信用失墜

最後に、知事に言わなければならないことは、もうこれ以上、都政の信用失墜を行うなということだ。他者を攻撃している時は強いが、守勢に回ると案外弱いというのが、石原慎太郎氏の特質である。9年間の都政を見てきて分かっているが、今回は特にひどい。

銀行創設の理念は崇高で正しかったが、その運営を任せた旧経営陣が悪かったから、こんな事態を招いたという論法だ。知事の任命責任を問われると、経団連批判まで飛び出した。しかし、自己保身と責任逃れをこのような形で続けていると、経済界としても今後、都政に協力するのは控えようという話になる。東京オリンピック招致やCO_2削減の義務化など、都政の様々な分野で影響が出ることが心配だ。

また、都民・国民の目からみても、1県の年間税収に相当する1400億円というお金は、あまりに莫大だ。にもかかわらず、政策決定者の責任が不問というのは、納得がいかないに違いない。

昨年4月の知事選で軍師を務めた佐々淳行氏は、知事に3期目の助言として「我に大力量あり、風吹かば即ち倒る」という禅宗の偈(げ)を贈った。失敗を認め、都民や都議会に謝罪することが、東京再起動の本旨だったはずである。

国際便の発着枠拡大に向け協議

羽田国際化

東京都、千葉県、神奈川県と国は15日、羽田空港の国際化に向けた協議を始めた。都は「成田と羽田が対立するわけじゃない。ウィン・ウィンの関係で国際的な航空需要に応えなければならない」(猪瀬副知事)として、羽田空港の国際線発着枠と就航距離の拡大を求めた。

羽田空港は、2010年に4本目の滑走路が完成し、年間の発着能力が現在の28・5万回から40・7万回に増える。一方、国交省は羽田空港の国内線需要を37・7万回と予測。その差が国際線発着枠3万回の根拠になっている。

また、運行距離を定めた「ペリメータ規制」は、成田空港から1947キロ以内にある都市への国際便数が、年間3万回弱だったことが根拠になっている。都側は、議論の前提を見直すよう求める構えだ。

他方、成田空港を抱える千葉県は、「(羽田空港の発着枠)3万回を前提に議論すべき」という姿勢を堅持。植田浩副知事は、「成田が国際線の基幹空港で、羽田がそれを補完する」という役割分担が「変わってはいけない」と主張した。

これに対し、猪瀬副知事は、空港レイアウトは首都圏全体で考えるべきとの認識を表明。また、「(新幹線で言えば)羽田と成田が両方機能して初めて、のぞみが止まってくれる。『日本の首都圏が、こだまの止まる駅になったら、大変なことだ』という認識を持ってもらわないと。国交省は国内的な差配をしているだけで、世界の動きが分からなくなっているところがある」と述べた。

都は、前提になっている「発着枠3万回」の見直しや、需要に合った航空路の検討が必要だとして、羽田空港の観光・ビジネス需要割合や、国内線ニーズなどの資料を要求した。次回会合は4月上中旬に開催される。

冗句ジョーク

先行き不透明、新銀行東京への追加融資提案

石野原男くんの担任

「お絵かきやマラソンはじょうずよ、でも算数はやりなおし！」

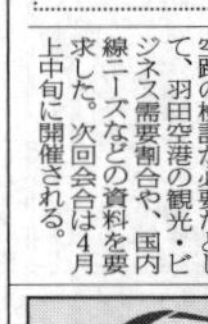

サーマルリサイクル　08年度全区で本格実施へ

時期「未定」も3区

廃プラのサーマルリサイクルが23区全域で本格実施される2008年度まで1カ月余りしか残されていない中で、3区の開始時期が「未定」であることが本紙の調べで分かった。清掃工場の完成の遅れ、モデル回収した廃プラの安全性の確認などが、「未定」の理由だという。23区が08年度から本格実施するのは区長会の決定事項であるため、始めないわけにはいかない。3区は08年度内に実施すると明言しており、23区の足並みが崩れることは回避されそうだ。

清掃工場完成延期などで

サーマルリサイクルの本格実施の時期が「未定」なのは、千代田、江東、世田谷の3区に上った。

世田谷区では、世田谷清掃工場の完成が昨年12月の予定だったが、ガス化溶融炉に不具合が見つかり3月に延期されたため、現時点では本格実施の時期が未定になった。工場の完成以降、モデル回収した廃プラを燃やし、排ガス中のダイオキシン類などを測定する。結果が出るのは、最短で6月になる見通し。安全という結果が出たら、住民説明会などを開催し、サーマルリサイクルの周知に3カ月間かけるという。区内全域で廃プラのモデル回収を実施するのは10月にずれ込む予定。

全国で最大規模の新江東清掃工場がある江東区。この工場には他区から持ち込まれるごみが23区内では最も多く、こうした不公平を是正するために同区が「負担の公平」を他区に求めている。この問題の結論が出ていないため、江東区は「様子を見守っている」としながらも、08年度中には本格実施する考えを示した。

清掃工場がない千代田区は、搬入先の廃プラの実証確認の結果が出た後、最終的に本格実施の時期を定める。また、「秋頃」と見通す渋谷区でも、渋谷清掃工場の実証確認の結果を見て、具体的に本格実施の時期を決めるという。

一方、本格実施が4月の区は中央、新宿、大田、杉並、北、荒川、板橋、足立、葛飾、江戸川の10区、10月の区は港、文京、台東、墨田、品川、目黒、中野、豊島、練馬の9区。

10月実施となる区では、昨年10月にモデル回収を始め本格実施の08年4月まで半年間しか期間がなかったことや、サーマルリサイクルと同時に始める廃プラの資源回収の時期が、資源ごみを分別、圧縮、梱包し、リサイクル業者に引き渡す中間処理施設の確保に苦戦して、遅れたことなどが要因。

各区が資源回収するペットボトル、プラスチックを除く廃プラのサーマルリサイクルは、05年10月の区長会総会で08年度から実施することを確認した。06年度から品川、大田、杉並、足立、江戸川の5区、07年度10月までに残りの区も廃プラを可燃ごみとしてモデル回収を始めた。

文京区　体育館は旧第四中跡に

検討協議会が答申へ

文京総合体育館の建て替え地について、成澤廣修区長からの諮問で昨年10月から検討を続けてきた「文京総合体育館建て替え検討協議会」（会長・市川宏雄明治大学公共政策大学院教授）は18日、第5回協議会を開き「建て替え地は、旧第四中学校跡地が適地」とする答申案を採択した。

同体育館については昨年、「元町公園を建て替え地に」とする区案があったが、区都市計画審議会は、「文化財的価値」などの理由から異例の差し戻し、再検討を要求。区は公募区民などを入れた協議会を立ち上げ、湯島での現地建て替え、元町公園、旧元町小学校、旧第四中学校跡地の4カ所を候補地に、改めて建て替え地を検討してきた。今回の答申案には、強制力はないものの「各候補地に関して様々な意見が出されたことを付記する」と、これまでの議論への配慮を促す一文も加えられている。

第四中跡地が選定された理由は、利用者の交通の利便性や災害時の緊急物資の輸送に支障のない広い道路幅に面していることのほか、建て替え先として旧第四中学校跡地を希望する意見が多かったことなど。近く、成澤区長に答申される。

区は今後、建て替え地が第四中跡地に決定し、建築基本構想を協議する際には、公募区民などを委員に含めた組織体を設置して円滑に協議を進めたいとしている。また、同地は、第一種中高層住居専用地域の指定があり、用途変更をしなければ体育館を建設できないため、区は建築基準法に基づく手続きを踏み、区長の許可を得る必要がある。法令上の手続きは、土地の利害関係者の意見聴取と建築審査会の同意が必要だが、利害関係者についても「できるだけ多くの意見を聴取する」考えだ。

湯島にある現体育館は、1967～68年にかけて体育館やプールなどが建設されたが、老朽化が著しく、雨漏りや設備の故障、地盤沈下など、耐震性の問題も大きい。0・6以上で安全とされる耐震強度指標「Is値」は、現体育館のプールの屋根で0・24という結果もあり、建て替えが急がれている。

08年度予算案　特別区

清掃一組

工場の稼働状況システムを構築

スラグの低コスト化の研究も

東京二十三区清掃一部事務組合は18日、08年度当初予算案を発表した。一般会計規模が前年度比2・8％、21億円減の736億1700万円とし、3年連続でマイナス予算になった。

歳入では、23区が負担する特別区分担金が前年度比1・1％、5億円増の440億7400万円。これは、清掃工場の建設工事が終えて運営費が増えることが一因となった。61億7600万円あった財政調整基金のすべての繰り入れなどにより、分担金を抑えたという。08年4月に改定される廃棄物手数料が、12・1％、約18億円増の166億2600万円を見込んだ。

歳出では、清掃工場の建設などに要する施設整備費は、世田谷清掃工場の建設工事の終了などが影響し、前年度比48・2％、約39億円減の422500万円。清掃工場などの維持管理、運営の経費である清掃費が0・6％、約3億円増の518億7600万円を見込んでいる。組合債の償還などにあてる公債費は、05年度発行分の償還が始まるため、19％、約19億円増の117億6400万円とした。

新規事業では、施設状況システムの構築に5257万円を計上した。いつ起きるかわからないトラブルを早期発見するために、全清掃工場、区政会館内の清掃一組がオンライン上で焼却炉の温度、クレーンのごみ投入量など稼働状況を常時確認できるシステムをつくる。新年度から3～4年間をかけて、完成させる予定という。

溶融処理技術対策に1800万円を盛り込んだ。現時点では8カ所ある灰溶融炉で、焼却灰を溶かして建築資材の原料「スラグ」に低コストで処理できるよう調査、研究する。昨年12月に新設された溶融処理技術対策室が行う。

新タワー経済波及効果は880億円

新タワー建設推進協

墨田区押上・業平橋地区に今夏、着工が予定されている新タワーについて、東武鉄道㈱や新東京タワー㈱は20日、施設概要や事業の進捗状況などを地元関係者で作る「新タワー建設推進協議会」に報告した。新タワー周辺のまちづくりのイメージパースが公開されたほか、「新・下町スタイル」をコンセプトに、商業ゾーンは、百貨店誘致などではなく、下町らしさのある専門店街で構築する考えを示唆。区は新タワー建設に伴う様々な経済効果の試算も発表、開業後の区内経済効果は880億円と見込んだ。

今回の協議会には、放送事業在京6社を代表し、日本放送協会とテレビ朝日から3人が初めて参加。テレビ朝日は「新タワー事業は、地域とさらに周辺区と一体とならなければ成功しない。地域の盛り上がりが不可欠。喜怒哀楽をともにしながら、地域の発展に皆さんと手を携えて取り組んでいきたい」などとあいさつした。

各事業者からは、新タワーの環境アセスメントの状況や、新タワーの名称決定のスケジュールなどの報告があったほか、墨田区は、新タワー建設に伴う周辺のまちづくりや事業内容、経済波及効果の推計などを報告。

区の経済波及効果は、建設時には建設投資1320億円に対し、総合効果は1497億円。雇用誘発効果として932人を生み出すとした。また開業後は、年間787億円の消費による経済効果は880億円。雇用誘発効果として436人を見込み、「受け皿の対応が求められる」など課題も提示した。

75歳以上の新医療制度

一般財源投入し保険料軽減

2年後に値上げの恐れも

75歳以上が加入する後期高齢者医療制度が4月からスタートする。広域連合の08年度予算もまとまり、保険料も決まった。東京の保険料は1人当たり平均で全国2位の高さだが、平均的な厚生年金受給者（年収201万円）で比較すると全国で最も安い。区市町村が多額の一般財源を投入した保険料軽減策のおかげだが、2年後の改定でもこの低水準を維持できるかどうかは微妙だ。「誰が得をしているのか?」——医療給付費の財源内訳から分かる今後の課題を追った。

■厚労省の想定外

19日の後期高齢者医療懇談会で話題にのぼったのは、医療給付費の財源内訳だ。

後期高齢者医療制度の財源は、国・都・区市町村の公費負担、74歳以下の現役世代からの支援金（後期高齢者交付金）、被保険者からの保険料で構成している。厚生労働省の当初の想定では、国・都・区市町村からの公費負担約50％、74歳以下からの支援金約40％、被保険者の保険料約10％だった。

東京の広域連合が08年度の予算を組んだところ、公費負担42・1％、後期高齢者交付金46・8％、保険料約11・1％となった。公費負担のうち、本来、全体の12分の4あるはずの国の負担は、25・6％にとどまる一方で、被保険者の保険料負担の割合が独自の軽減策を行った後でも、1・1ポイント高い。

広域連合では「国の調整交付金の交付調整の影響が大きい。所得水準の格差は、12分の4という国の負担金で埋めるべき。このままでは東京の被保険者がハンデを背負う」と指摘する。

国は調整交付金（医療給付費の12分の1）を算定する際に、地方間の所得格差を「調整」するため、各都道府県の所得割に「所得係数」をかけた。その結果、東京は被保険者の所得割の割合が増え、その分国の調整交付金の額が減った。

広域連合では割高になった保険料負担を軽減するため、本来、保険料で賄うべき審査支払手数料、財政安定化基金拠出金、保険料未収金補てん分を、区市町村の負担に切り替えた。また葬祭事業を広域連合では行わず、各団体の独自施策で対応した。区市町村の負担は58億5300万円にのぼる。

これに加えて低所得者対策として、約9万1000人に対して合計約6億9000万円の減額を行うことを決めた。

こうした保険料軽減策は、東京の広域連合のみが行っている。

■今後の課題

広域連合議会に提出された資料によると、都道府県で保険料を比較すると、1人当たりの平均額が全国で2番目に高いにもかかわらず、平均的な厚生年金受給者の保険料は、唯一5万円台と最低だった。高所得者が多いために全体では高くなるが、独自の軽減策によって所得の低い層の保険料負担が軽くなっている。

この保険料水準を2年後の改定でも維持できるかどうかは微妙だ。基金を取り崩すなどぎりぎりの財政運営を強いられている市町村では、2年後の改定でも今回同様に一般財源を投入することには疑問の声が強い。制度が見直されない限り、2年後には一定の負担増を避けられない見通しだ。

今回、区市町村に委託した健診事業も、自己負担の有無や健診項目が様々で、75歳以上の医療制度のもとでの健診のあり方が課題になる。本来、広域連合が行うべき葬祭事業については、市町村から広域連合での実施を求める声も強い。

最大の課題は、医療費の抑制策だ。

75歳以上の高齢者は、複数の疾患を抱えており、医療費がもともと高い世代だ。国は診療報酬の改定で医療給付費を抑えたい考えだが、高齢者が健康で元気であり続けることが第一だろう。そのための実効ある具体策が見えていない。

全国の保険料の比較

広域連合	均一保険料 均等割額（円）	均一保険料 所得割率（%）	保険料の1人当たり平均額	平均的な厚生年金受給者（201万円）
福岡	50,935	9.24	83,740	85,100
高知	48,569	8.88	63,367	81,500
香川	47,700	8.98	75,500	81,300
沖縄	48,440	8.80	61,805	81,000
北海道	43,143	9.63	73,876	80,700
佐賀	47,400	8.80	65,092	80,200
大分	47,100	8.78	60,509	79,800
大阪	47,415	8.68	88,066	79,600
山口	47,272	8.71	75,796	79,600
熊本	46,700	8.62	61,100	78,700
鹿児島	45,900	8.63	54,292	78,100
石川	45,480	8.33	71,724	76,400
京都	45,250	8.32	82,500	76,100
兵庫	43,924	8.07	81,400	73,900
福井	43,700	7.90	57,370	72,900
和歌山	43,375	7.92	61,623	72,700
岡山	43,500	7.89	67,152	72,700
宮崎	42,800	7.95	53,676	72,400
埼玉	42,530	7.96	84,020	72,200
長崎	42,400	7.80	58,638	71,400
愛媛	41,659	7.85	60,690	71,000
鳥取	41,592	7.75	59,507	70,500
富山	40,800	7.50	66,310	68,600
徳島	40,774	7.43	56,381	68,300
青森	40,514	7.41	46,374	68,000
奈良	39,900	7.50	72,800	67,900
福島	40,000	7.45	56,200	67,800
愛知	40,175	7.43	84,440	67,800
神奈川	39,860	7.45	92,750	67,600
群馬	39,600	7.36	62,016	67,000
島根	39,670	7.35	53,346	67,000
岐阜	39,310	7.39	65,850	66,900
広島	40,467	7.14	66,900	66,600
茨城	37,462	7.60	59,851	66,400
山梨	38,710	7.28	56,877	65,900
宮城	38,760	7.14	56,559	65,300
秋田	38,426	7.12	47,000	64,900
栃木	37,800	7.14	58,800	64,500
千葉	37,400	7.12	72,000	64,100
滋賀	38,175	6.85	63,833	63,400
山形	37,300	6.85	49,000	62,700
新潟	35,300	7.15	53,304	62,600
三重	36,758	6.79	55,882	62,000
静岡	36,000	6.84	67,581	61,600
岩手	35,800	6.62	47,733	60,400
長野	35,787	6.53	55,052	60,000
東京	37,800	6.56	91,100	53,800
全国平均	41,688	7.76	65,093	70,402

学力パワーアップ　全国でも最高水準

北区

北区は08年度から、学力の底上げや、個々に応じたきめ細かな学習をサポートしようと、非常勤講師の増員など「学力パワーアップ事業」に前年度比で1億円を増額し、全国でも最高水準の指導が行える体制を整える。同事業の予算規模は2億2600万円で、配置する非常勤講師は138人になる。

同区の学力パワーアップ事業は、学力の底上げを目的として02年度から開始した。その後、非常勤講師の配置を増やし、07年度は小学校1、4学年の30人を超える学級と、中学校では国語、数学、英語の3教科から学校の要請に基づき非常勤講師を配置してきた。

学力テストなど、数値で示せる成果は目に見えて表れてはいないが、「学級崩壊」と呼ばれる状況の報告はなく、小学校1年生では落ち着いた学習状況が早くから実現できている。保護者の満足度も高い」（教育委員会事務局指導室）と事業の評価は上々。新年度からさらに人員を増やすことで、「これまで非常勤講師が配置されていなかった学校にも最低1人の非常勤講師を配置し、教員の人数も少ない小規模校などで活性化も促したい」としている。

非常勤講師は、教員免許の有資格者を公募中。現場の経験がない人もいるため、採用後、区では非常勤講師のための研修を1年間で5回程度実施し、児童生徒の理解や教科の指導方法など、指導力の向上を図っていく。

記者席

出発点の混乱は行く末を暗示?

○……新銀行東京への追加出資議案が提案された20日は、各会派執行部も理事者も様々な対応に追われた。極め付けだったのが、予算特別委員会の世話人協議会。14時50分過ぎに始まり、10分ほどで休憩に入ったと思ったら、いつまで待っても再開されない。民主党と共産党が、質問時間の延長を求めたためで、世話協は休憩にしたまま、執行部らが断続的に妥協点を探って協議を続けた。この間、議会棟5階の各会派控室付近では、議会局の職員はもちろん、関連部署の幹部や副知事らが頻繁に出入りする姿も。方向性が決まり、世話協が再開するまで、休憩から3時間あまり。審議の出発点のこの混乱は、今期の議会の行く末を暗示している?

○……都住宅供給公社の住宅募集業務に関わる包括外部監査で、都民住宅の空家率が示されていた。都施行型が約22％、公社施工型が約4％、公社借上型が約11％。「そんなものか」「本当か」と思う一方、「本当か」と首を傾げたくなる。かつて入居していた公社住宅は30戸程度の物件で、現在10戸近い空家がある。増減はあったろうが、数年前に転居した時と同水準だ。「使用していた部屋は」と言うと、依然空室だった。駅近ではない〝不人気〟物件ではあるのだろうが、愛着もあり、少し寂しい気もする。

○……特別区議会議長会は18日、「自動車関係諸税の暫定税率の維持と道路整備財源の確保を求める決議」を行った。人口、企業が一極集中する23区は、開かずの踏み切り、放置自転車など課題を抱えており、これらの対策には道路特定財源が使われている。ガソリン税の暫定税率などが廃止されると、23区は総額310億円の減収になる見込み。暫定税率維持の「法案の年度内成立を図ること」を求めた。民主党は一般財源化を主張するが、道路特定財源に代わる財源が不明確だ。「道路整備財源を十分に確保すること」も必要だ。道路に関していろんな議論があるだろうが、このような決議を行ったことは23区が一枚岩であることを示した。

学校管理運営規則を改正

副校長、主幹教諭を新設

改正学校教育法を受けて

「指導教諭」のあり方検討

学校教育法の改正を受け、都教育委員会は14日、都立学校管理運営規則の改正を行った。今回の改正は、都立学校で現在、副校長と称している教頭と都独自の職として設置している主幹について、それぞれ改正学校教育法により新設された「副校長」と「主幹教諭」に改めるもの。また、法改正で新設された「指導教諭」については今後、教育庁内に設置している「検討委員会」で職務内容や任用数、選考方法などを検討しながら、都における指導教諭のあり方をまとめる予定である。

都立学校には現在、学校教育法上の職である校長、教頭（呼称「副校長」）、教諭等とともに都独自の職である主幹が置かれている。4月1日に施行される改正学校教育法では、学校の組織運営体制と指導体制の充実を図るため、学校に新たな職として副校長、主幹教諭、指導教諭の職を設置することができるとしている。

改正学校教育法に基づく副校長の職務は「校長を助け、命を受けて校務をつかさどる」とされ、職層としては校長と教頭との間に位置づけている。主幹教諭については「校長、副校長及び教頭を助け、命を受けて校務の一部を整理し、並びに児童（生徒）の教育をつかさどる」とされ、指導教諭は「児童（生徒）の教育をつかさどり、並びに教諭その他の職員に対して、教育指導の改善及び充実のために必要な指導及び助言を行う」とされている。

「地域教育」をめぐって活発な議論を展開

区市町村立学校を含めた都公立学校では、2003年度から学校の組織的課題解決能力の向上を図ることを目的に、都独自の職である主幹を設置し、教諭をもって充てている。また、04年度以降、教頭が学校経営の一翼を担うという立場を明確にすることなどを目的として、教頭を副校長と称している。

今回の学校教育法の改正は、このような都教委のこれまでの取り組みと軌を一にするものである。このため、都教委では、すべての副校長、主幹を学校教育法上の副校長、主幹教諭に改めることとし、学校管理運営規則を改正した。

学校教育法上の副校長の職務は、命を受けた範囲で校務の一部を自らの権限と責任で処理できるものであるとされている。今回の規則改正により都立学校では、教員の服務に関する事務の一部について、具体的には教員の休暇の承認や出張の命令などについては、今後、副校長が自らの権限と責任で処理することになる。

また、主幹教諭については、都が全国に先駆けて導入した主幹制度を国が取り入れたものであり、職務内容等については、これまでと変わるところはない。

一方、改正学校教育法で新設された「指導教諭」について、都では現在、該当する職を設けていない。このため、法改正を受けて、今後は区市町村教育委員会教育長、学校長、民間企業人事担当者などをメンバーとして庁内に設置している「教育管理職等の任用・育成のあり方検討委員会」で、指導教諭の職務内容や任用数、選考方法などを検討。今年夏に予定している最終報告までに指導教諭のあり方をまとめることにしている。

教育庁は、区市町村立学校にかかわる管理運営規則についても、都立学校と同様の改正を行うよう区市町村教育委員会に依頼し、都内の全公立学校で、4月1日から学校教育法上の副校長と主幹教諭としての任用を開始する予定である。

揺れる教育現場 30

60年ぶりの厳しい「教育改革」元年がスタート（上）

日本の公教育（義務教育）はどの方向へ？　これまでは国会等で論争が続いていたが、今年からはいよいよ実践する教育現場（学校・自治体教委・PTA・地域等）に〝舞台〟が移る。

これまでは法制度論議で、ある意味では机上の想定問答にとどまっていたが、今年からは実践の場に、これまで想定されていた課題等が具体的に出てくる。しかも、児童・生徒や父兄も巻き込む形になり、机上の議論と違って簡単に修正や逃げがきかないだけに、学校・教員・教委にとっては厳しい対応を迫られる。

一昨年末に成立した「教育基本法」の改正に続き、昨年の教育3法（教職員免許法等）改正法がいよいよ今年から実施される。そして3月には授業時間を約10％増やす改訂学習指導要領が告示され、5月には今後の公教育の指針となる教育振興基本計画が固まる―からである。

教育界でも「教育新時代」との受け止めが多く、「2008年度はまさに新しい教育の時代元年」（草野一紀全日本中学校長会会長・年頭あいさつより）と見ている。教育現場の関係者は今後の推移に身構え、対応に秘策を練っている、というのが実相であろう。

そうした中で注目されるのは、改訂教育基本法を受けて5月に策定される「教育振興基本計画」の行方である。

この計画は今後10年先を見通した教育施策の基本的方向と国が5年間に取り組むべき具体的方策について、国民・教育関係者に〝公約〟するものだ。

各自治体教委はこれを踏まえて同様の計画の策定を義務化されている。

その意味では、学習指導要領と並んで自治体教育をコントロールする重要な〝装置〟といえるものだ。

この教育振興基本計画については、昨年11月から文科省の要請で、中央教育審議会教育振興基本計画部会で策定作業を進めている。すでに「基本的考え方」や「重点事項」を示し、自治体や教育関係団体との意見交換も行われている。

「基本的考え方」「重点事項」は、多岐にわたっているが、この中で目を引くのは、国内外の諸状況の変化・未来の展望から見て「教育の使命」はますます重要と強調。

「いまこそわが国は〝教育立国〟を宣言し、国を挙げて教育に取り組むべき」と提起している点だ。まさに教育は「未来への先行投資」だけに何人も異論はないはずで、問題は施策の「プライオリティー」や「方向性」「手段・方法」に尽きるわけだ。

重点的に取り組むべき「重点事項」の中では4分野を提起し、関連施策を列挙している。

まず「社会全体で教育の向上に取り組む」。これは「教育再生会議」提言でも再三いわれていることだが、「言うは易いが、行い難し」の施策が目に付く。例えば家庭の教育力向上のため支援する、というが、具体的には至難だろう。学校・家庭・地域3者間の連携協力のための仕組みを作る、というが「学校選択制」とどうバランスをとるのか。

このほか断片的になるが、「子供たちの有害環境からの防衛」「いつでもどこでも学べる環境づくり」（図書館、公民館、博物館等の活用）「幼児期の教育の充実」など広範囲にわたるメニューが並んでいる。

これに対し全国都道府県教育長協議会等多数の団体が意見を開陳している。これが異論・辛口ありで面白い。（W）

「地域教育システム」構築へ

都生涯学習審　専門部会を設置

都生涯学習審議会は19日、子供から成人までを視野に入れた「地域教育システム」の構築に向けて、委員7人で構成する「専門部会」を設置した。従来の学校教育や家庭教育、社会教育の垣根を乗り越え、地域を基盤として教育力を総合的に高めていく仕組みづくりの具体策を検討する。

審議会は専門部会設置に先立ち、地域教育システムづくりの必要性について考え方を示した。ここでは「新しい公共」のあり方やエリア型（地縁型）とテーマ型のコミュニティーの融合、新しい公共を目指す取り組みと社会教育、「地域教育」概念の導入、地域教育システムの構築などについて、総論的な考え方を提示している。

例えば、「官」が作り上げてきた従来の行政システムでは、環境問題や少子高齢化、高度情報化など地域の諸課題への対応に限界があるとし、地域住民のニーズに対応した社会システムとして「新しい公共」のあり方を示した。また、自治会・町内会など地域の「地縁型団体」を核とした活動では、地域の課題を共有することが困難だとし、例えば市民活動団体を中心とするテーマ型コミュニティーと融合した取り組みを求めている。

さらに、住民が主体的に地域の課題に「社会貢献」「社会参画」する活動は、多様な「学び」が内包された活動であり、「社会教育」が目指す活動そのものであると指摘。その上で、今後の社会教育施策のあり方を検討するにあたっては、地域の多様なファクター（担い手）による協働という「新しい公共」の実現を、教育分野から担うという観点が重要になってくるとし、これを新たな概念として「地域教育」と呼ぶとしている。

こうした考え方をもとに、従来の学校・家庭・社会教育の垣根を越え、子供が成人して社会参画するまでの視点と学校、家庭、地域の全生活場面を見ながら、子供の成長や成人の地域活動への参画を考えていく視点を統合し、地域を基盤として教育力を総合的に高めていくための仕組みづくり（地域教育システム）が求められるとしている。

専門部会では、「新しい公共」の担い手の育成や、次代を担う子供・若者の育成と成人の社会貢献活動の融合などを含めて、地域教育システムを構築するための具体的方策を検討し、6月に部会報告をまとめる予定。

ICT計画など新規策盛り込む

08年度主要施策

都教育庁は14日、都教育委員会の基本方針に基づく2008年度の主要施策を決定し、児童・生徒に基礎的知識などを身に着けさせるための指導基準「東京ミニマム」の作成や都立学校ICT計画の推進、外国人児童・生徒の教育の充実などの新規施策を盛り込んだ。今後は区市町村教委と都立学校長に通知するとともに、昨年6月に改正された「地方教育行政法」を受けて、活動状況の点検・評価を有識者の意見を聞きながら実施。その結果を報告書としてまとめ、公表する。

主な新規施策では、児童・生徒の学力低下が懸念されるなか、学力向上策の一環として、すべての児童・生徒が身に着けておくべき内容を指導するための基準「東京ミニマム」を作成。基礎的・基本的な内容に関する指導を徹底する。ものづくり人材の発掘への取り組みでは、小中学生向けのものづくり教室を充実させて人材の早期発掘を図る一方、人材育成のための研修・教育プログラムの開発に乗り出す。

都立特別支援学校では、小学部からのキャリア教育と連動した職業教育を充実させるとともに、民間を活用し、障害の状態に応じた新たな職種・職域の開拓などに取り組む。また、公立学校における外国人児童・生徒の教育を充実するため、保護者が日本の学校生活について理解を深めるための資料や、日本語指導のための教材を作成するなど、日本語指導の充実を図る。

このほか、乳幼児期からの子供の教育支援プロジェクト、食育推進モデル地区への栄養教諭の配置、安全教育プログラムの作成、教職大学院への現職教員の派遣などの主要施策が盛り込まれた。

◇教育の未来を担う　下◇

――管理職等の任用・育成

指導主事の確保と力量形成

「指導主事の選考・育成をめぐる現状の問題点」で示された問題点の一つ目は指導主事を志す人材の不足である。

報告ではまず、A選考の有資格者数が教員の年齢構成の変動により、07年度は00年度に比べ3分の2程度まで大きく落ち込んでいるとし、絶対数における受験者数の減少を指摘。さらに07年度のA選考では、有資格者の1・3％しか応募しない現状を指摘し、そのデータとして、検討委員会が実施した主幹・教諭対象のアンケートで、およそ9割の主幹・教諭が指導主事任用を望んでいない深刻な現状を挙げている。

そこで報告では、現行の選考制度に対し「選考の競争性が大きく低下してきており、優秀な管理職候補者を選考するための制度として危機的状況にある」と結論付け、選考制度の改正のみならず、選考受験者を育成する段階からの抜本的な改革を求めている。

二つ目の問題点は、指導主事としての力量不足である。前述のアンケートで「現在の指導主事は必要な資質・能力を備えているか」との問いに現職指導主事の約7割が、校長等の管理職の約6割が「備えているとはいえない」と回答。これは学校を取り巻く課題が複雑化・多様化し、指導主事の職務がさらに広範で高度なものとなる中、指導主事に求められる資質・能力がますます高くなっている現状とその職務の重要性が再確認されているものと理解できる。

報告では、その育成を阻む現状として、①指導主事在職年数の短さ②候補期間の任用のあり方（ジョブローテーションのあり方）③選考において教科指導等の専門性が問われていない④学校現場での経験が不十分、の4点を挙げ、解決するための方策を提言している。

■任用を明確化

指導主事の職務が広範かつ高度なものとなる中、今後、指導主事には高い使命感と資質を備えた人材の登用がより一層望まれる。そこで報告では、A選考合格者の指導主事任用をより明確に打ち出し、「指導主事として自らの力量を発揮したいという明確な意思をもつ人材から指導主事候補者を選抜する」としている。これは、「ジョブローテーション期間の配置先が不明確」との声に応えるものでもある。

また、A選考合格者が、管理職候補期間に学校と教育行政の双方を経験する任用のあり方を改め、継続的に指導主事に任用することを求めている。これは、「継続して指導主事に任用し、職務経験を積み重ねる中で育成を図っていく」とする指導主事の力量形成の視点からの提言である。適切な年次管理のもと、計画的なOJTによる指導主事の力量形成がなされるものと考える。

■職務経験を重視

現在、指導主事の力量が不足している原因の一つは、指導主事任用前の段階で、教育課程の編成や学校運営について自身の経験が足りないことにあると指摘されている。そこで報告では、教育課程の編成や学校運営に主体的に関与する主幹としての職務経験を重視し、「主幹経験のないA選考合格者については、原則として1年間学校に主幹として配置した後に、5年間指導主事に任用すべき」と提言。指導主事が自身の主幹経験に基づき、学校が抱える様々な課題を十分理解した上で、適切に学校経営支援ができるようになることを期待する。

■選考内容の見直し

報告では、これまでのA選考に課されることがなかった教科指導等に関する専門的能力の検証を行うよう、選考内容の見直しを求めている。そこには二つの視点がある。

第1は、指導主事としての職務を遂行する上で教科指導等に関する専門性が不可欠であるとする視点である。報告では、指導主事に求められる職務として「教育施策の立案・調整」「学校経営の支援」「学習指導・生活指導に関する指導・助言」などを挙げている。それらのどの職務にも教科指導等に関する専門的能力が、職務遂行の土台となるとの認識を示している。A選考合格者の指導主事任用を明確化する中、教科指導等に関する専門的能力の検証が必須となったと言ってよい。

第2は、よりA選考受験有資格者の関心や意識にそった制度に改めるという視点である。A選考受験対象年齢にある若手教員が、日々の業務の中で自己の課題として捉えているものは、教科指導や生活指導に関する専門的能力を高めることである。その専門的能力を検証することにより、より的確にA選考受験者の資質・能力や将来性を見極めることができると期待される。A選考受験対象者にとっても「業務の延長上でA選考を意識し、挑戦すること」ができるようになる。

■推薦制の導入

報告では、区市町村教委等の指導主事の計画的な育成の方策として、「区市町村教委等が、指導主事としての資質・能力や将来性を認める管下の教員を都教委が開催する『教育行政研修』（仮称）の受講者として推薦」し、「研修を受講し、一定の成績を修めた者については、A選考の第一次選考の択一試験を免除する」ことを提言。「教育行政研修」については、教育行政課題や教育課程に対する理解、学校経営支援、教科指導における指導・助言力など指導主事として求められる資質・能力の基礎的素養を養い、研修受講者が指導主事任用に向けての意欲を高める内容となることを期待する。

さらに、区市町村教委の育成に対するインセンティブを高めるため、推薦による合格者には、「当該区市町村教育委員会等の意向を踏まえ」自地区の指導主事としての任用についても考慮していく必要があると指摘。また、自主的な研究会等と連携を図り、人材情報を収集する中で、有為な人材を指導主事候補者として計画的に育成していくことも求めており、学校現場や区市町村教委が人材育成において積極的な役割を果たすことが期待されている。

今日の教育管理職等をめぐる課題を克服するには、学校、区市町村教委及び都教委がそれぞれ当事者意識を持ち、これまで以上に緊密な連携を図ることが必要だ。明確な人材育成指針の下、新規採用段階から主任教諭、主幹、管理職候補、管理職昇任後とそれぞれの職層に応じた体系的な育成システムの構築が求められる。第1次報告の成否は、まさにここにある。

＝おわり

教育オンライン

■人事異動

2月16日付

副校長

▽練馬区立北町西小学校副校長　柳沢直也（西東京市立谷戸小学校主幹）▽足立区立西保木間小学校副校長　清水雅也（墨田区立第二寺島小学校主幹）

2008年度東京都予算案の概要

東京都の2008年度予算は、原案が1月18日に、都議会各会派からの要望を受けた復活予算案が2月4日に発表され、20日に開会した第1回定例会に予算案が提出された。08年度予算は、財政再建後の新たなステージにおける財政運営の中で、「10年後の東京」の具現化に向けた取り組みの初年度に当たる重要な予算となっている。しかし、都税収入の先行きは不透明となっており、さらに、国の不合理な法人事業税の国税化による税収の減がもたらされる中で、08年度予算が、「10年後の東京」の実現に向けた取り組みを加速させつつ、都民生活が直面する課題にいかに適切に対応するか、都議会本会議や予算特別委員会での議論が期待される。今回は、予算案の概要について、財務局の発表資料をもとに特集でお伝えする。

予算編成の基本的考え方

○編成方針

東京都の08年度予算は、『10年後の東京』の実現に向けた取り組みを加速させるとともに、いかなる状況変化の下でもその取り組みを支え得る持続可能な財政基盤を築き上げる予算」と位置づけ、次の点を基本に編成された。

1　「10年後の東京」の実現など将来の東京を見据えた施策を積極的に推進するとともに、都民生活が直面する課題に適切に対応するなど、山積する諸課題に真正面から取り組み、都民の負託に的確に応える。

2　将来にわたり財政需要が増大していく中にあって、施策の目的を確実に実現し、都民サービスを向上させるために、基金の充実などにより財政構造の弾力性を高め、強靭な財政基盤の構築を目指す。

予算のポイント

予算のポイントは、大きく次の2点となっている。

1　「10年後の東京」の実現に向けた質とスケールを備えた施策の本格的な展開

○都民生活の安全確保

治安や災害などに対する都民の不安を解消するため、テロ・組織犯罪対策をはじめとする治安対策や震災に対する備えなど、都民の生命・財産を守る取り組みを最優先に行う。

▼テロや組織犯罪への対策強化、子どもの安全を守る取り組みへの支援

▼初動態勢の強化や災害時帰宅困難者への支援など震災対策の強化

▼震災に強いまちづくり、浸水・土砂災害対策の推進

○快適な都市環境の実現

世界で最も環境負荷の少ない都市の実現や緑あふれる東京の再生に向けた都の先駆的な取り組みを「カーボンマイナス東京10年プロジェクト」「緑の東京10年プロジェクト」としてさらに推進させ、快適な都市環境の実現を目指す。

▼街路灯の省エネ照明への転換など「カーボンマイナス東京10年プロジェクト」の推進

▼校庭の芝生化や街路樹の充実など「緑の東京10年プロジェクト」の取り組み

▼大気汚染・廃棄物対策の推進

○都市機能の拡充

慢性的な交通渋滞や空港の処理能力不足によって低下した都市機能を回復し、首都東京の国際競争力と都民の利便性向上を図るため、成熟した都市にふさわしい幹線道路や空港などの都市基盤の整備を推進する。

▼区部環状道路や多摩南北道路など道路ネットワークの構築

▼鉄道の連続立体交差化の推進など交通渋滞の解消へ向けた取り組み

▼羽田空港の再拡張、東京港の物流機能強化

○福祉・保健・医療の充実

少子高齢社会の急速な進展を踏まえ、お年寄りや子育て家庭などが安心して暮らせるよう、地域の実情に応じた特色ある取り組みを支援するとともに大都市にふさわしい福祉・保健・医療のサービスを充実させる。

▼母子・小児医療体制の整備、子育てと仕事を両立できる環境づくりの推進

▼後期高齢者医療制度への対応、障害者に対する雇用就業支援

▼低所得者生活安定化プログラム、大気汚染健康障害者医療費の助成

○産業力の強化

産業力の強化に向けて、東京に集積する中小企業の優れた技術力をさらに伸ばし、意欲ある企業の発展を支援するとともに、東京の産業を担う多様な人材の育成を図る。

▼中小企業制度融資など中小企業への支援

▼創造的都市型産業の育成、地域中小企業応援ファンドなど地域産業の活性化支援

▼産学公連携による人材育成

○教育・文化・スポーツの振興

子どもを取り巻く環境が急激に変化する中、学校・家庭・地域が一体となって、東京の未来を担う次世代の力を総合的に育む。また、スポーツや文化を通じて東京の新しい可能性を世界に発信する。

▼都立学校ICT計画、学力向上への取り組み、特別支援教育の推進

▼芸術文化の創造・発信、文化施設の改修

▼オリンピック招致の推進、東京国体の開催推進、スポーツを通じた活力の創出

2　財政構造の弾力性を高め、持続可能な財政基盤の構築を目指す取り組み

今後、都税の減収要因や様々な歳出の増加要因の存在により、都財政を取り巻く状況が厳しさを増すおそれがある中にあっても、必要な行政サービスをしっかり確保できるように、歳入歳出両面から財政基盤の強化を進める。

○歳入歳出両面から厳しい舵取りを強いられる都財政

都財政は、今日健全性を回復することができたが、歳入面では、先行き不透明な景気動向により、都税収入にこれまでのような伸びが見込めないことに加え、08年度税制改正が実施されると、法人事業税の暫定措置により、09年度以降大幅な減収となる。

歳出面でも、少子高齢化の進展による社会保障費の増加や社会資本ストックの更新経費の増加などが見込まれ、都財政は歳入歳出両面から厳しい舵取りを強いられることが予想される。

○いかなる状況変化の下でも対応可能な財政基盤の構築

こうした中にあって、将来の東京を見据えた先進的な取り組みや都民生活を守り抜く取り組みを着実に進めなければならない。

そのため、08年度予算では07年度最終補正予算とあわせて、今後の財政需要の増加や税収減に対する財政上の備えを可能な限り行う。

○法人事業税の国税化による減収に備えた基金の積立

今後、法人事業税の減収によって行政サービスの低下を招くことがないよう、07年度最終補正予算において新たに「法人事業税国税化対策特別基金（仮称）」を創設し、税収増などによる財源に加え、歳入確保の徹底や歳出の洗い直しにより、積立額を最大限確保する。

＊集中的・重点的な施策展開を支える基金の活用

将来の東京を見据え、今後の集中的・重点的な財源投入により積極的な施策展開が見込まれる取り組みに対して積立を行う。また、「スポーツ・文化」「環境」「福祉・医療」の三つの分野の基金を取り崩し、施策を積極的に推進する。

＊将来の社会資本ストック更新需要に備えた基金の積立

「大規模施設等の改築・改修に関する実施方針」では、今後概ね10年間に生じる更新需要に係る経費を8000億円程度と見込んでいる。これら中長期にわたる需要に着実に対応するため、都債の活用を図るとともに、更新需要に備えて基金への積立を行うことで、世代間バランスと財政負担の平準化に配慮した安定的な財源の確保に努めていく必要がある。

そのため、08年度予算では、社会資本等整備基金に可能な限りの額として、2500億円の積立を行う。

＊長期にわたる年度間調整に資する基金の積立

長期的な視点から財政の健全な運営を図るため、07年度と08年度の増収分及び06年度決算剰余金の一定額を、法律及び条例に基づく義務積立として、財政調整基金に積み立てる。

＊将来の公債費負担を軽減

08年度も引き続き、過去に発行した都債の借り換えを抑制する。償還額を平準化するとともに、都債残高の圧縮に努めることにより、将来の都債償還で生じる財政負担の軽減を図る。

＊懸案課題への抜本的な対策

当初計画と実績が大きく乖離している事業である「多摩都市モノレール」及び「心身障害者扶養年金」に対して、時代状況の変化などを踏まえ抜本的な対策を講じる。

財政規模等

08年度の一般会計の予算規模は6兆8560億円で、前年度に比べて2540億円、3・8％の増となった。

一般歳出は、前年度に比べて1・8％増の4兆4137億円となり、3年連続で増となった。

○歳入の状況（一般会計）

＊都税

都税は、前年度当初予算と比べると、法人2税の増などにより2067億円、3・9％増の5兆5097億円となった。

しかし、07年度最終補正後予算と比べると、個人都民税は税源移譲の平年度化などにより535億円伸びるものの、法人2税は419億円の減となるため、都税全体では169億円、0・3％の増にとどまった。

＊都債

都債の発行は、前年度に比べて134億円、4・8％の減で、起債依存度、起債残高ともに国や地方財政計画と比べて極めて低い水準にとどまっており、健全な状態を維持している。

○歳出の状況（一般会計）

＊経常経費

給与関係費は、07年度から「団塊の世代」が退職を迎えていることにより、退職手当が引き続き高い水準となるものの、職員定数の削減などにより、前年度と比べて179億円の減少となった。

その他の経常経費については、施策の見直し・再構築に努める一方で、高齢社会対策や中小企業への支援など、都政が直面する課題に的確に対応した結果、前年度に比べて2・8％の増となった。

＊投資的経費

都市基盤の整備を確実に進めるため、骨格幹線道路などの投資効果の高い事業に財源を重点的に配分したことにより、前年度と比べ5・9％増の7319億円となり、7年ぶりに7000億円を超えた。

特に、単独事業費については、大規模施設等の改築・改修などに積極的に対応したことにより、前年度に比べて10・1％増の4066億円となった。

【一般会計】　（単位：億円、％）

区分	2008年度	2007年度	増減額	増減率
歳入	68.560	68.560	2.540	3.8
うち都税	55.097	53.030	2.067	3.9
歳出	68.560	66.020	2.540	3.8
うち一般歳出	44.137	43.366	771	1.8
特別会計　〔17会計〕	43.318	44.020	△ 703	△ 1.6
公営企業会計　〔11会計〕	21.978	20.679	1.299	6.3
全会計合計　〔29会計〕	133.855	130.719	3.136	2.4

＊　一般歳出とは、一般会計のうち公債費及び特別区財政調整会計繰出金、地方消費税交付金など税の一定割合を区市町村に交付する経費（税連動経費）などを除いた、いわゆる政策的経費のことをいいます。

【財政規模・一般歳出の推移（一般会計当初予算）】

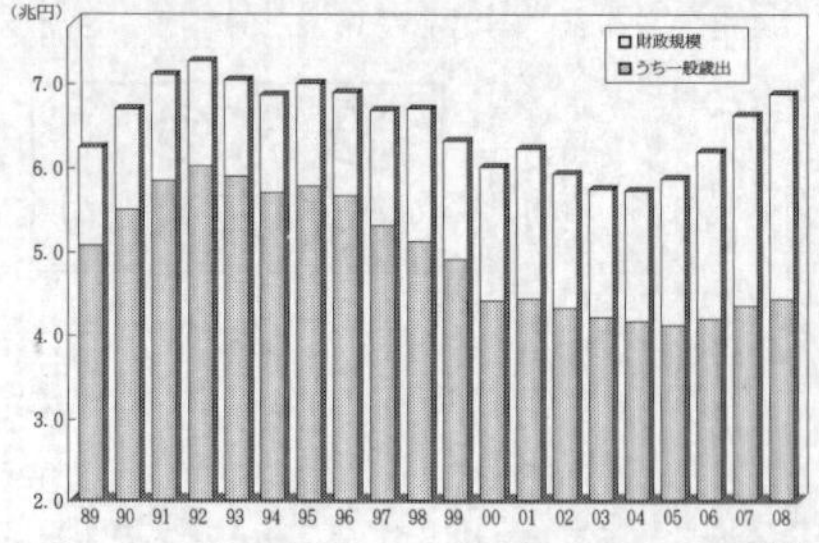

【暫定措置による都税収入等への影響（試算）】

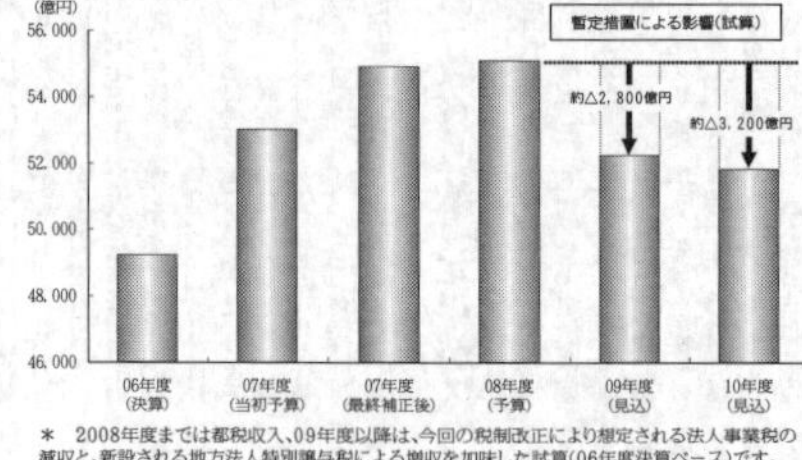

＊　2008年度までは都税収入、09年度以降は、今回の税制改正により想定される法人事業税の減収と、新設される地方法人特別譲与税による増収を加味した試算（06年度決算ベース）です。

（単位：億円）

区分	07年度最終補正予算 積立額（元金）	08年度当初予算 積立額（元金）	08年度末 残高（見込）
法人事業税国税化対策特別基金	2.185	―	2.215

【歳入の状況】　（単位：億円、％）

区分	2008年度	2007年度	増減額	増減率
都税（07年度最終補正後予算）	55.097	53.030（54.928）	2.067（169）	3.9（0.3）
地方特例交付金	711	496	215	43.3
国庫支出金	3.492	3.489	3	0.1
繰入金	457	234	224	95.7
都債	2.666	2.799	△ 134	△ 4.8
その他の収入	6.137	5.972	165	2.8
合計	68.560	66.020	2.540	3.8

【都税の内訳】　（単位：億円、％）

区分	2008年度	2007年度	増減額	増減率
都税（07年度最終補正後予算）	55.097	53.030（54.928）	2.067（169）	3.9（0.3）
法人2税（07年度最終補正後予算）	25.548	24.165（25.967）	1.383（△ 419）	5.7（△ 1.6）
個人都民税（07年度最終補正後予算）	8.331	7.866（7.796）	465（535）	5.9（6.9）
その他の税（07年度最終補正後予算）	21.218	20.999（21.165）	219（53）	1.0（0.3）

【国及び地方財政計画との比較】

区分	都（一般会計）	国（一般会計）	地方財政計画
起債依存度	3.9％	30.5％	11.5％（臨時財政対策債を含む）
起債残高（対税収比）	6.4兆円（1.2倍）	553兆円（10.3倍）	197兆円（4.9倍）

＊　起債残高は、2008度末の見込額です。

【歳出の状況】　（単位：億円、％）

区分	2008年度	2007年度	増減額	増減率
一般歳出	44.137	43.366	771	1.8
経常経費	36.818	36.458	360	1.0
給与関係費	16.880	17.059	△ 179	△ 1.0
その他の経常経費	19.938	19.399	539	2.8
投資的経費	7.319	6.908	411	5.9
うち単独事業	4.066	3.692	374	10.1
公債費	6.680	6.281	398	6.3
税連動経費等	13.639	13.373	266	2.0
今後の集中的取り組みに活用する基金への積立	3.500	2.200	1.300	59.1
心身障害者扶養年金への対応	605	800	△ 195	△ 24.4
合計	68.560	66.020	2.540	3.8

【「10年後の東京」の実現に向けた質とスケールを備えた施策の本格的な展開】

区分・事業	
(1) 都民生活の安全確保	
○治安対策	
＊地域の防犯力向上の取り組み	15
・防犯ボランティア活動支援事業、放課後子供教室	
＊テロ・組織犯罪対策の強化	5
・テロ対策に向けた官民パートナーシップの構築	
○救命・救急活動の充実	
＊救命・救急活動の充実	3
・救急相談センターの充実強化、ヘリコプター救急搬送体制整備事業	
○都市災害への備え	
＊震災対策の強化	4
・初動態勢の強化、災害時帰宅困難者支援	
＊震災に強いまちづくり	159
・緊急輸送道路沿道建築物耐震化促進事業、マンションの耐震化助成事業	
＊浸水・土砂災害対策の推進	260
・浸水被害対策緊急事業、中小河川整備、石積擁壁の安全対策	
(2) 快適な都市環境の実現	
○地球温暖化対策	
＊カーボンマイナス東京10年プロジェクト	203
・大規模CO_2排出事業所に対する削減義務と排出量(削減量)取引制度の導入	
○緑あふれる東京の再生を目指す取り組み	
＊緑の東京10年プロジェクト	389
・緑のムーブメントに係る普及啓発活動、民間による自主的緑化の促進	
○生活環境の改善	
＊大気汚染・廃棄物対策の推進	34
・大気中微小粒子状物質(PM2.5)に関する調査	
(3) 都市機能の拡充	
○道路の整備	
＊区部環状・多摩南北方向の道路の整備等	983
・環状第2号線、環状第5の1号線、調布保谷線、府中所沢・鎌倉街道線	
＊首都高速道路の整備	232
・晴海線、中央環状新宿線、中央環状品川線	
○東京港の物流機能強化	
＊東京港の物流機能強化	165
・中央防波堤外側埋立地における新たなコンテナふ頭の整備等	
○交通渋滞対策	
＊鉄道の連続立体交差化の推進	545
・京急本線・空港線（京急蒲田駅付近）など8路線9カ所	
＊渋滞解消に向けた取り組み	119
・ハイパースムーズ作戦、放置車両確認事務民間委託の拡大	
○都市の活力と魅力を高めるまちづくり	
＊魅力ある拠点の形成	128
・東京駅丸の内口周辺整備、渋谷駅周辺地区の再編整備、区部中心部の土地区画整理事業	
＊福祉のまちづくり	20
・鉄道駅エレベーター等整備事業、だれにも乗り降りしやすいバス整備事業	
○空港の整備	
＊羽田空港再拡張事業	186
(4) 福祉・保健・医療の充実	
○社会福祉法人の指導検査等	
＊社会福祉法人の指導検査等	3
・社会福祉法人の財務分析強化事業、区市町村指導検査支援事業	
○子どもと子育て家庭への支援	
＊母子・小児医療体制の整備	21
・周産期医療システムの整備、ネットワークグループの構築、地域における小児医療研修	
＊子育て環境の充実	12
・子育て応援戦略会議の取り組み、マンション等併設型保育所の設置促進事業	
＊社会的養護への取り組み	23
・一時保護所緊急整備、再チャレンジホームの設置	
○高齢者への支援	
＊認知症高齢者に対する総合的支援	25
・認知症高齢者グループホーム緊急整備、認知症地域医療推進事業	
＊後期高齢者医療制度への対応	725
○障害者施策の充実	
＊障害者に対する生活支援	108
・発達障害者支援開発事業、心身障害者扶養共済	
＊障害者に対する雇用就業支援	14
・特例子会社設立支援事業、区市町村障害者就労支援事業、東京ジョブコーチ支援事業	
○低所得者に対する支援	
＊低所得者生活安定化プログラム	97
・低所得者生活サポート事業、住居喪失不安定就労者サポート事業	
○直面する医療課題への対応	
＊感染症対策の強化	33
・新型インフルエンザ対策、ウイルス肝炎受療促進集中戦略	
＊がん対策の充実強化	9
・がん診療連携拠点病院事業、東京都認定がん診療病院事業、がん検診受診促進事業	
＊医療人材の確保	40
・医師勤務環境改善事業、医師確保事業(東京シニアレジデント)、東京医師アカデミーの開講	
＊大気汚染健康障害者医療費の助成	31
＊東京都医学系総合研究所(仮称)の整備	95
(5) 産業力の強化	
○中小企業への支援	
＊中小企業制度融資	1.860
・融資目標額　1兆7.500億円(前年度と同規模)	
＊中小企業への技術支援	54
・知的財産活用への支援、産業支援拠点の再整備(産業技術研究センター等の再編整備)	
○地域産業の活性化	
＊商店街の活性化支援	26
・新・元気を出せ!商店街事業、進め!若手商人育成事業	
＊地域における産業の活性化支援	203
・創造的都市型産業の育成、地域中小企業応援ファンド、産業立地情報収集・提供事業	
○産業を支える人材の育成	
＊産学公連携による人材育成	10
・実践ものづくり中核人材育成、ものづくり経営人材育成事業、産業技術大学院大学の運営	
＊少子高齢社会における就業支援	6
・「年長フリーター等」就職活動応援事業、女性再就職支援事業、高齢者の雇用就業支援	
○東京の魅力を世界に発信する取り組み	
＊観光産業の振興	30
・東京在住外国人リポーター事業、東アジアからの旅行者誘致事業、東京国際アニメフェア	
○農林水産業の振興	
＊農林水産業の振興	2
・都民の暮らしが潤う東京農業の推進、多摩産材の利用拡大、沖ノ鳥島漁業操業支援対策	
(6) 教育・文化・スポーツの振興	
○学校教育の充実	
＊都立学校ICT計画	11
＊学力向上への取り組み	2
・児童・生徒の「確かな学力」の定着と伸長、東京教師道場、教職大学院派遣研修	
＊都立高校改革の推進	14
＊特別支援教育の推進	82
・特別支援学校におけるセンター的機能の充実、特別支援教育推進計画に基づく大規模改修等	
○青少年健全育成	
＊若年者自立支援	2
・ひきこもり・ニート対策、ひきこもり等防止対策事業、非行少年の立ち直り支援策	
○芸術文化の振興	
＊芸術文化の創造・発信	16
・大規模文化プロジェクト、活動支援アートセンター(仮称)の開設準備	
＊文化施設の改修	8
○スポーツを通じた活力の創出	
＊スポーツ振興に向けた取り組み	20
・地域スポーツクラブの支援、総合的な競技力向上方策の推進	
＊オリンピック招致の推進	56
・オリンピック招致事業、オリンピックムーブメントの推進	
＊国民体育大会の開催推進	2

注）本表は「2008年度東京都予算案の概要(東京都)」による。
各区分における主な事業を列挙した。

都財政の基盤をより一層強固なものとするための取り組み

将来の東京を見据えた施策展開を本格化させる中で、都財政の基盤をより一層強固なものとするための改革を進めていく。

○事務事業評価

「10年後の東京」の実現等に資する施策の構築及び都政が直面する諸課題への対応を目的として、施策の充実・見直し・再構築を進め、予算に的確に反映させていくマネジメントサイクルを確立するために、事務事業評価を行っている。

〈事後検証の徹底〉

予算を編成する一環として、過年度の決算の状況を分析し、事業の実施結果に伴う課題の整理を十分に行った上で、事務事業について各局の評価を経て、財務局が最終評価を実施した。

〈新たな公会計制度の活用〉

事務事業の質的な見直しを進めるため、国に先駆けて発生主義の視点を導入し、行政サービスの質や量とコストとの適正性、また、将来にわたる都の財政負担とストックとのバランスも考慮した、きめ細かい事後検証を行った。

＊評価の実施例

（1）事業の拡大や充実を図るもの

〈周産期医療体制の充実強化〉

・周産期母子医療センターの機能強化を図る。

・08年度は、新たに搬送調整医師の配置やGCU（回復期治療室）等の強化に取り組む。

〈聴覚障害特別支援学校における教育相談〉

・08年度は、外部専門家を増員して指導相談体制のさらなる充実を図る。

・今後は保護者への情報提供を行うことで、これまで以上に早期相談を促していく。

〈集中的な渋滞対策〉

・08年度から「ハイパースムーズ作戦」を開始し、交差点を中心とした「点」の対策から、交通渋滞を路線単位で捉える「線」の対策へと新たな展開を図り、交通流の円滑化に努める。

（2）事業の見直しや新たな方向付け等を行うもの

①運営の方法や主体に着目

〈直営公園の指定管理者制移行〉

・対象の公園については、08年度から指定管理者制へ移行することとする。

・移行後は利用者サービスの向上が図られるよう、指定管理者を指導監督していく。

〈多摩教育センターの運営〉

・多摩社会教育会館についてはあり方の早急な検討が求められるが、その際には施設の効果的な活用の観点から、施設全体のあり方として検討することが必要になる。

・08年度に具体的な検討を行い、検討結果をまとめる。

②支援のあり方に着目

〈学生起業家育成支援事業〉

・08年度は当初計画による事業終了予定時期となっている。

・今後、モデル事業としての成果を踏まえ、支援の対象や方法などについて、現事業の継続にとらわれず、発展的な再構築を検討していく。

③施設・設備に着目

〈稲城大橋有料道路事業〉

・既存ストックをフル活用することにより、多摩川中流部におけるバランスの良い橋梁利用を促進するため、無料開放が必要になる。

・無料開放に向けた周辺部への影響把握のための調査・社会実験及び地元・国・関係機関との調整を08年度に行い、早期に無料化を実施する。

・08年度は、所要の調査費を計上するとともに、必要最小限の資金ショート対策費を措置する。

〈東京港の水門管理における遠方監視制御システムの再構築〉

・08年度は、システム再構築のための設計費を計上する。

・今後は、システム再構築に合わせ、管理体制の省力化を進めていく。

（3）効率性・効果性に留意しつつ事業を継続するもの

〈コンビニエンスストア収納事務〉

・引き続き利用率も順調に推移すると考えられることから、08年度以降も事業を継続する。

・今後は拡大の可能性のある電子納税の状況などを注視し、本事業の効果が継続しているか見極めていく。

○予算編成手法の見直し

施策を所管する各局の自律性を高め、創意工夫による取り組みを推進する観点から、経常的・定型的な経費について、各局が自主的に事業の見直し・再構築を行い、自らの裁量と責任に基づいて経費を見積もる仕組みを導入した。

○内部努力

＊職員定数の削減

08年度は、1102人の定数削減を行った。これにより、「行財政改革実行プログラム」に基づく4000人の定数削減目標（07年度～09年度）の達成に向けて、07年度から08年度までの2年間で2267人の定数が削減されたことになる。

＊給料・手当の見直し

給料月額について、公民較差の是正を図るための引き下げと、地域手当の支給割合の見直しに伴う引き下げを、合わせて行う。

給料表の改定に当たっては、年功的な給与の上昇を抑制するため、若年層及び若手管理職層の引き下げを抑制するとともに、高齢層の引き下げを強めることにより、昇給カーブのフラット化を行う。

＊都有財産の利活用

未利用財産を有効に活用していくため、緑化推進や省エネルギー対策など都の施策への貢献を条件とした貸付を実施し、収益を確保すると同時に施策の実現を図る。

地方自治法の改正により行政財産の貸付範囲が拡大したことから、庁舎等の敷地の余裕スペースについて、市場性・収益性を取り入れた利活用を推進していく。

○歳入の確保

＊徴税努力

引き続き、個々の納税者の事情にきめ細かく対応していくほか、区市町村と連携した個人都民税の確保などの取り組みにより、都税徴収率の向上に努める。

インターネット公売やオークションの活用、国や他の自治体との合同公売の実施などにより、滞納整理の促進を図り、より一層の税収確保に努める。

＊受益者負担の適正化

使用料・手数料については、住民間の負担の公平を図る観点から必要な見直しを行い、料額の改定及び新設を行う。

＊債権管理の適正化

滞納金などの未収債権については、所管局における債権管理の取り組みをより一層強化するとともに、所管局における取り組みを全庁的に支える体制を整備する。

また、債権放棄に関する基準を整備し、実質的に回収不能となった債権の欠損処理を適正に進めていく。

【集中的・重点的な施策展開を支える基金の残高推移】

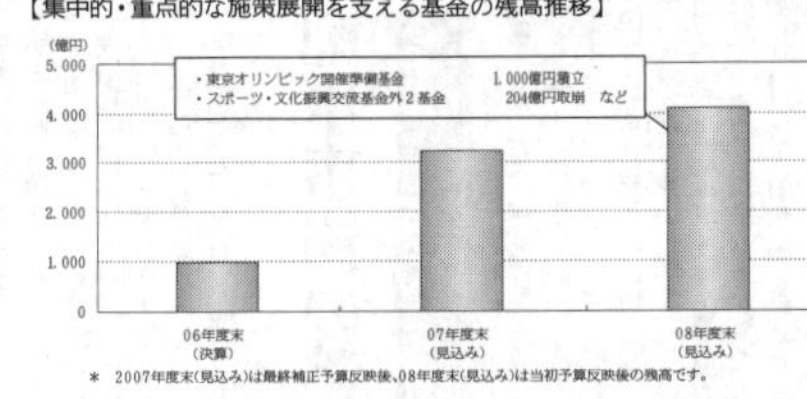

＊　2007年度末(見込み)は最終補正予算反映後、08年度末(見込み)は当初予算反映後の残高です。

(単位：億円)

区　分	08年度当初予算積立額(元金)	08年度当初予算取崩額	08年度末残高(見込)
東京オリンピック開催準備基金	1.000	—	3.061
スポーツ・文化振興交流基金	—	△　30	174
地球温暖化対策推進基金	—	△　93	366
福祉・健康安心基金	28	△　82	494
計	1.028	△　204	4.096

【基金の取崩と主な充当事業】

◇　スポーツ・文化振興交流基金　(08年度取崩額)30億円
〔主な充当事業〕　東京の新たな文化の創造・発信、競技力向上事業　など

◇　地球温暖化対策推進基金　(08年度取崩額)93億円
〔主な充当事業〕　環境CBO、公立小中学校運動場芝生化補助事業、街路樹の充実　など

◇　福祉・健康安心基金　(08年度取崩額)82億円
〔主な充当事業〕　新型インフルエンザ対策、ユニバーサルデザイン整備促進事業　など

【将来の社会資本ストック更新需要に備えた基金の残高推移】

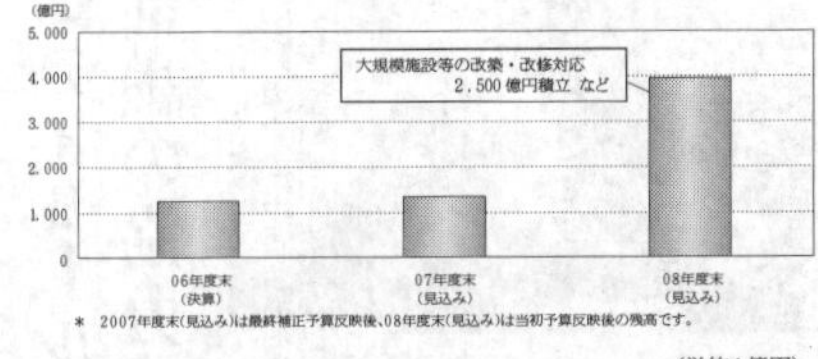

＊　2007年度末(見込み)は最終補正予算反映後、08年度末(見込み)は当初予算反映後の残高です。

(単位：億円)

区　分	07年度最終補正予算積立額(元金)	08年度当初予算積立額(元金)	08年度末残高(見込)
社会資本等整備基金	32	2.581	3.982

＊　本基金は、都市交通基盤整備、福祉基盤整備その他社会資本等の整備に要する資金に充てるものです。文中の金額(2,500億円)は、そのうち大規模施設等の改築・改修に対応する積立として予算計上した経費を記載しています。

(単位：億円)

区　分	07年度最終補正予算義務積立額(元金)	08年度当初予算義務積立額(元金)	08年度末残高(見込)
財政調整基金	1.124	14	5.844

【投資的経費の推移(当初予算)】

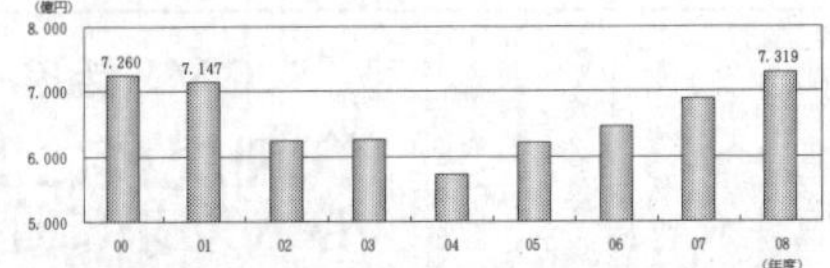

【一般歳出、経常経費、投資的経費の指数の推移(当初予算)】

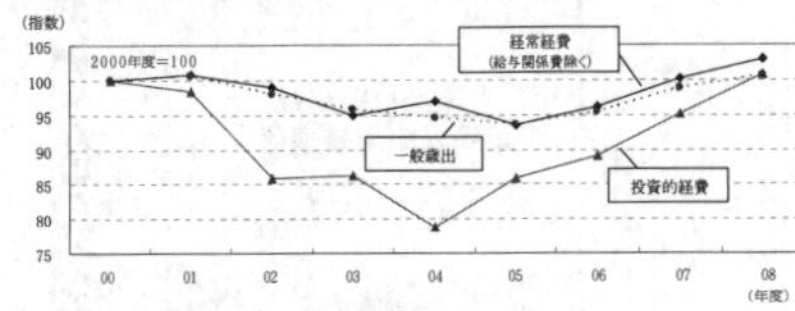

【改定条例等の数(一般会計)】

区　分	料額の改定	料額の新設	合　計
改定条例等の数	12	6	18

【使用料・手数料の主な改定項目】

(1) 料額を改定するもの

○一般埋蔵施設使用料
　多磨霊園　625.000円 → 882.000円（1㎡）
　小平霊園　537.000円 → 795.000円（1㎡）

○都立高校の授業料
　全日制（2008年度入学生から）
　年額　115.200円 → 122.400円

○食品衛生法に関する手数料
　喫茶店営業許可申請手数料　11.500円 → 15.800円
　うち、自動販売機に係る営業許可申請手数料　7.200円
　菓子製造業許可申請手数料　16.800円 → 21.600円

○精神障害者都営交通乗車証
　乗車証発行手数料　1.000円 → 無料

(2) 料額を新たに設けるもの

○一般用医薬品販売に係る登録販売者制度
　登録販売者試験手数料　13.600円
　販売従事登録申請手数料　7.300円

○先進医療に係る診察料
　末梢血単核球細胞移植による血管再生治療　216.700円（1回）

都監査報告

ゆりかもめ「厳しい経営状況」
適切な経営指導求める

多摩モノと比較 都保有部分と連結して検証

ゆりかもめの経営状況は、多摩都市モノレールより厳しい――。都の監査委員は20日に開会した第1回都議会定例会に、こんな監査結果を報告した。両社の会社単体の財務諸表をみると、多摩モノレールの方が経営状況は厳しいが、都が保有するインフラ部分を連結して検証すると逆転するという。多摩モノレール、ゆりかもめの方が経営状況は厳しいが、公共交通機関などをテーマに検証した行政監査で明らかになった。このほか監査委員は、工事監査や財政援助団体等監査の報告書を提出した。なお、第3回定例都議会に報告した定例監査などを含め、過去1年間の監査での指摘等は279件で、不経済支出などを指摘した金額は約10・2億円となる。

■資産の違いで逆転

行政監査の今年度のテーマは、▽指定管理者制度による公の施設の管理運営▽公共交通機関の整備・運営――の二つ。

このうち、公共交通機関については、東京地下鉄㈱、交通局、東京臨海高速鉄道㈱、㈱ゆりかもめ、多摩都市モノレールの5事業者を対象に、経営状況を検証。この中で、ゆりかもめと多摩モノレールは、インフラ部分を都が整備・所有しているため、会社単体の財務諸表に加え、都が保有するインフラ部の財務諸表を作成・連結して検証した。

両社の会社単体の財務諸表を見ると、ゆりかもめは経営状況、資金状況ともに大きな課題がないのに対し、多摩モノレールは経営状況、資金状況ともに課題が多く、コスト削減を進めているのが現状だ。ゆりかもめの06年度の経常損失は0・4億円だが、多摩モノレールは3・7億円だった。

しかし、インフラ部分と連結すると状況が逆転。06年度の経常損失は、多摩モノレールが35・6億円なのに対し、ゆりかもめは57・5億円に膨らむ。これは固定資産の状況の違いによるものだ。

両社の06年度末の有形固定資産簿価のうち、土地代は多摩モノレールが301億円なのに対し、ゆりかもめは0円となっている。多摩モノレールは車両基地等の土地を自前で購入したが、ゆりかもめは都が開発した土地を減額して借り受けており、車両基地敷地として借地権8億円のみを計上していた。

これら都が整備したインフラ部分も事業として捉えて検証すると、支払利息は、多摩モノレールが11・8億円から19億円に、ゆりかもめは8・7億円から38億円にそれぞれ増加し、ゆりかもめの方が重い負担になることがわかった。

監査結果を報告した倉林辰雄監査委員は「会社単体の財務諸表で経営状況を見た場合、多摩モノレールには課題が多く、ゆりかもめには大きな課題は認められなかったが、都の保有部分を連結すると、逆にゆりかもめの方が厳しい経営状況に置かれていることがわかった」と述べ、事業別財務諸表から得られるストック情報などを活用し、適切な経営指導を行うよう求めた。

このほか、公共交通機関関連では、駅での収入現金の管理など10件の指摘等を行った。

■指定管理者制度を検証

行政監査のもう一つのテーマとなる指定管理者制度については、制度の導入目的が達成されているか、導入初年度となる06年度の状況を検証。9局204施設を対象に監査した結果、36件の指摘、4件の意見・要望を行った。

指摘等が多かったのは「管理業務の内容や範囲が不明確なもの」および「年間事業計画の検証」の2点。このうち、管理業務の内容・範囲については、同一の法人が制度導入以前から長年にわたり受託者となっている場合が多く、受託内容が包括的・抽象的になる事例があった。

例えば、都市整備局が都営住宅の管理業務に制度を導入する際に示した対象施設には、住宅地や駐車場に加え、公の施設に該当しない未利用地なども含んでいた。また、団地名や所在地などが記載されているが、管理面積や建物の規模等が記載されておらず、管理業務の対象が不明確だったため改善を求めた。

他方、年間事業計画については、そのベースとなる事業計画書に基づいているか十分に検証しないまま承認している事例があると指摘した。

建設局は、霊園の管理運営業務を㈶東京都公園協会に特命したが、同協会が事業計画書に盛り込んだ「霊園接遇マニュアル」や「お客様サポートセンター」「著名人墓地マップの作成」などについて、年間事業計画に記載がなく、事業計画書どおり実施されたか把握・検証できない状況だったと指摘。年間事業計画書の承認や事業実施結果の検証を適切に行うよう求めた。

06年度連結損益計算書の比較（単位:百万円）

科目	ゆりかもめ		多摩モノレール	
	連結	会社単体	連結	会社単体
営業収益	8,277	8,277	7,266	7,266
営業費	10,270	7,493	8,896	6,491
うち減価償却費	6,055	3,294	5,835	3,452
営業利益	▲1,993	784	▲1,630	775
営業外収益	54	54	35	35
営業外費用	3,812	878	1,966	1,187
うち支払利息	3,808	874	1,965	1,186
経常損益	▲5,751	▲41	▲3,560	▲377

工事監査「事務のサポート体制必要」

今年度の工事監査は、重点事項に「工事事務に関するチェック体制」を掲げ、工事事務の誤りを未然に防ぐためのチェック状況について検証。多くの工事案件で何らかのチェック体制があり、誤りを事前に発見するなど効果を上げていた一方で、チェック者が専門外のため、誤りを見抜けない例もあった。

例えば、不備等の改善を指摘した案件では、担当者が工事業種の専門外だったケースが3割近くあり、専門外の職員が担当する場合にミスの発生率が高いことがわかった。

小規模な局や事業所では、専門職種がいないため事務職が担当するケースも多く、技術面で相談できる窓口が重要となる。しかし、指摘案件では窓口がないケースが35%となり、全体より10ポイントも高かった。このため報告では、工事事務に関する技術面のサポート体制構築など全庁的な取り組みの必要性を示した。

また、工事監査では、06年度に締結した1000万円以上の工事等のうち、1割強となる1835件を抽出して検証。15局に対し、指摘38件、意見・要望3件を行った。

水道局は設備工事に環境負荷が大きいケーブルを使用していたため、環境負荷の少ないものに転換するよう検討を求めた。都の環境物品等調達方針では、ハロゲンや鉛などを使用しないEMケーブルを重点的に使用するとしているが、水道局では、これらと従来型ケーブルを混用するとリサイクルが困難になるとして、159件の工事のうち83件で環境負荷の大きい従来型ケーブルを使用していた。

下水道局は、工事に使用するシールドマシンの積算を誤った上、割高な業者からの見積単価を用いたため、積算額約9248万円が過大だと指摘した。

財政援助団体等監査 補助金返還など56件の指摘等

財政援助団体等監査では、都が補助金等を交付している2467団体のうち、補助金が多い団体など198団体を対象に実施し48件の指摘、8件の意見・要望を行った。

福祉保健局の所管する社会福祉法人たま紫水会には、補助金約429万円を過大に交付していたとして返還を求めた。特養ホーム経営支援補助金では、99年度以前から視覚障害があるあん摩マッサージ指圧師を特養ホームが継続して常勤雇用している場合は補助金を加算しているが、同法人は00年以降に採用した指圧師も対象としていた。

東京都下水道サービス㈱には、労働者の派遣契約手続きの改善を求めた。下水道局から受託している汚泥処理の運転管理などについて、派遣事業者と派遣契約を結んでいるが、特定の事業者と特定の人員を特命で契約する際の理由を明らかにしていなかった。

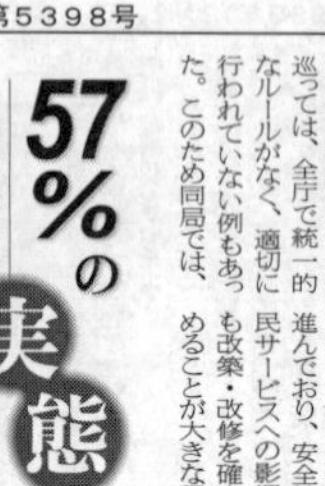

財務局 債権管理の適正化に重点

局定数397(70増96減・差引26減)

財務局では08年度の重点要求として、「債務管理の適正化」「大規模都有施設等の改築・改修」「新たな財産利活用の推進」の3点を掲げた。

都が有する施設使用料や貸付金等の債権管理を巡っては、全庁で統一的なルールがなく、適切に行われていない例もあった。このため同局では、債権管理に関する条例や規則を定め、実際に債権を管理する各局への運用支援を図る。この債権管理に伴う体制整備として主計部で3人を増員している。

都が整備した大規模施設等に関しては、都庁舎を含めて急速に老朽化が進んでおり、安全性や都民サービスへの影響からも改築・改修を確実に進めることが大きな課題となっている。財政再建が達成されるなか、08年度は改築・改修の取り組みをより強化し、建築保全部に技術職を5人増員した。

財産利活用の観点からは、昨年6月に指針を策定し、行政目的を終えたものについては売却するなど都財政に貢献してきた。ただし、大規模な土地・建物など、一度売却すると同程度の条件での再取得が難しいケースもある。

このため未利用財産の貸付による収益確保に加え、環境など都の施策に連動して民間の知恵や力を活用する新たな貸付を開始。今後、取り組みを推進するため、財産運用部で組織改正を行っている。同事業では、すでに今年1月に第1弾として「緑地創造」「駐車場緑化」「環境配慮型住宅展示」をテーマに、貸付条件を示した財産利活用を打ち出している。

一方、減員面で最も大きかったのは、庁有車の運行にかかる19人の減員だ。庁有車の管理業務では、財務局が一括管理していたが、都議会議員が利用する庁有車について議会局へ移管、分散管理する。

若林人事担当副参事は「局から重点的に要求した事項については、一定の理解が得られたものと考えている。しかし行財政改革実行プログラムによる定数削減計画の2年目ということもあり、局全体で差し引き26減と厳しい結果になった」と話している。

長谷部本庁支部書記長は「庁有車の運行では、財務局と議会局との分散管理問題が大きい。今後の職場のあり方や運行管理はどうなっていくのか、不安を持っている。議会局と分かれることになってもノウハウを継承し、安心して働けるようにしてもらいたい。大規模都有施設等の改修では、建築保全部で技術職の定数増はあるものの、工事量が増えるため、より一層の人員確保が必要だ」としている。

議会局 配車事務の移管で19増

局定数146(22増3減・差引19増)

東京オリンピック招致本部に次いで多い19増となった議会局だが、その内訳は、庁有車の配車事務のうち、議会にかかわる部分を財務局から業務移管したことによるもの。

管理部経理課に輸送係を新設し、事務職3人、運転手16人を配置した。議員活動を補佐する配車事務について、執行機関ではなく議決機関が自ら管理することでサポート体制を強化するという。

このほか、調査情報課では情報企画担当係長を設置。会議録や蔵書の検索システムなど、局独自のLANの管理等を行うとともに、09年度のLANシステム更新に向けて準備を進める。他方、総務課庶務係では内部管理事務を見直して1減した。

議事課では、速記職の退職に伴い、事務職を定数化して2増2減とした。議事録の最終的な校閲業務などを行う。速記職は06年度から退職不補充としており、定数9のうち専門職は6人となる。

山中康正総務課長は「この間、少しずつ効率化すべき部分は効率化を図ってきた。一方で、地方分権の流れが加速し、議会への期待が高まる中、今後も議会と議員を十分サポートできる体制を整備していきたい」と話す。

五輪議連総会 シティセールスなど都議の協力を要請

都議会オリンピック招致議員連盟の総会が20日に開かれた。冒頭、高島直樹会長が「(都議による署名活動、各自治体への訪問が)大きな成果を見出していると確信している」と威勢よくあいさつ＝写真。荒川満オリンピック招致本部長は、「明るい話題を都民だけでなく、日本全国に提供するという意味では、五輪招致は大きな意義がある」と述べた。

都議が五輪招致機運を盛り上げるため、各道府県を回っているが、20日時点で埼玉、神奈川、千葉の3県が残っている。比留間敏夫議長は「私も体調が戻ったので、高島会長と伺いたい」と話した。

また、河野一郎オリンピック招致委員会事務総長が、招致活動の近況を報告。今後提出する立候補ファイルを「東京、日本の強みを十分に前に出した形で、味付けをしっかりして訴えるものにする必要がある」と強調した。

今後はシティセールスが重要になるとして、都議らに一層の協力を要請した。

ひと

車いすでも安全・快適乗車を

交通局自動車部車両課車両管理係　高見澤（たかみざわ）利幸（としゆき）さん

車いすのお客様が安全・快適にバスを利用できるようにと考えた「国内初！簡単固定で安全確保～都営バスへの車いす固定方法の改善～」が、今年度の最優秀提案に輝いた。

国内での一般的な固定方式は、進行方向の前向きに4本のベルトで固定する方法だが、固定作業の複雑さやベルトによる圧迫感などの問題があった。お客様からは「早く簡単に固定できるようにしてほしい」などの改善要望も多かった。今回の提案は、こうした声に"何とか応えたい"という思いから実現したものだ。

着目したのは国のガイドラインにもある後ろ向き固定方式。06年にガイドラインに盛り込まれたが、導入する事業者はいなかった。「ガイドラインにあるのに、なぜ誰もやらないのだろう」と手を挙げたところ、職場の後押しもあって、すぐに話が進んだという。

「楽しかった」と笑うが、参考例がないなか、衝撃を受け止める背もたれ板の形状や安全性など検討を重ねていった。直営で改造作業を行うべく、局の自動車工場とチームを編成。関係各所と協力した結果、構想から半年足らずで実現した。

後ろ向き固定の必須アイテムは、背もたれ板と横転倒防止ベルトだけ。東京都独自の工夫として、車輪止めを設け、車いすスペース内を防滑床とした。この方式でほとんどの車いすに対応できる。

前向き固定は5分以上の時間を要するため、「本当は固定して欲しいが、周りに遠慮して断るお客様もいる。いざという時に安全を確保できないのが一番の問題だった」と話す。

それがわずか1分ですむ画期的なものだが、「日本人は向かい合わせが苦手。心理的なバリアはあるかも。後ろ向きは車酔いするという声もあり、お客様には選択していただきたい」と。車いすスペースは、従来の方式にも対応可能だ。

しかし、今回の賞は「本格導入に向けて、これ以上ない強い後押しになると思う」と。国と共同でさらに実験も進めており、09年度の新車から導入できればと期待を込める。

パスモ導入の時期と重なり、多忙な中だったが、「正義感で仕事が出来る」と志した公務員。「公営企業の役割として、事業者の手本となれる導入を図れた」。今後の自分自身の大きな励みにもなるはずだ。（門）

山梨県生まれ。千葉大大学院自然科学研究科修了。機械職として99年水道局に。交通局建設部を経て04年から現職。趣味は、テレビゲーム。33歳。

CMS活用 管理規模により導入効果に違い

都はホームページ運営管理等の見直しに向けてCMS活用を検討しているが、CMS（コンテンツ・マネジメント・システム）について、ページ規模に応じて各局で導入を検討する考えを固めた。また具体的な手順や検討事項等を整理したCMS活用指針（仮称）も5月を目途に提示していく。

CMSの活用に関して都は、先行導入した交通局や福祉保健局の事例を踏まえて、代替手段との比較検証を実施。職員のスキルアップや専門業者への委託の場合と比べて「初期費用は高いが、運営費用や研修費用は中程度」「情報の即時性、品質確保、管理の容易性で優れる」といった有効性がみられた。

ただし、ホームページの管理規模により、導入効果が異なることも分かった。1000ページ以上の大規模では、元々運営管理の負荷が重いため、CMS導入効果が大きいが、逆に100ページ以下の小規模では効果が縮小するという。都庁全体では、ページ規模が大規模な局は14局、小規模な局は4局にのぼる。このほか中規模のケースも10局あり、これらは更新頻度などに応じた検討が必要と指摘した。

都の基本的な考え方では、CMS活用指針を示し、そのうえで各局の事業特性や利用者ニーズ、ホームページの規模等を踏まえながら局ごとに導入を検討するとした。指針には、具体的な検討事項として、利用者ニーズの分析や現ホームページの課題、構成やデザイン、費用対効果の検証、コンテンツの移行計画、導入後の運営管理体制などが盛り込まれる見通しとなっている。

原告、被告とも判決不服と控訴

不起立嘱託不合格裁判

国歌斉唱時の不起立を理由に、再雇用を不合格の違憲・違法性が争われた裁判で、被告の東京都は18日、東京地裁が損害賠償命令を命じたことを不服として東京高裁へ控訴した。また、原告側も、都の控訴を受けて翌19日に控訴の手続きを行った。

石原知事は判決翌日の記者会見で「教育委員会の姿勢は間違っていない」と述べ、控訴する方針を表明。14日の教育委員会で正式に控訴方針を決定した。

他方、原告側も、地裁が都教委の不法行為を認めたものの、国歌斉唱時の起立斉唱を命じる職務命令が憲法19条に違反するとの訴えを棄却したことなどを不服として控訴を決めた。

柿沼　元彦さん（かきぬま・もとひこ＝柿沼浩一・台東区企画財政部財政課担当係長の父）10日死去、75歳。

山田　千代さん（やまだ・ちよ＝山田秀明・北療育医療センター薬剤検査科長の母）16日死去、84歳。

久故　武司さん（きゅうこ・たけし＝久故雅幸・都知事本局政策部副参事の父）17日死去。

古越　しめ子さん（ふるこし・しめこ＝古越勝彦・都財務局財産運用部管理課管理係長の母）18日死去、90歳。

鈴木　君子さん（すずき・きみこ＝鈴木正久・都総務局小笠原支庁総務課行政係長の妻）19日死去、58歳。

飯田　孝一さん（いいだ・こういち＝飯田実・都下水道局中部建設事務所庶務課経理係長の父）19日死去。

荒川　千代さん（あらかわ・ちよ＝荒川悦子・青山病院医事課長の母）19日死去。

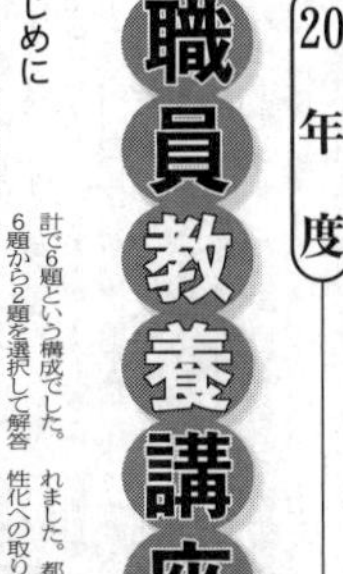

20年度 職員教養講座 ≪33≫

B事務（都市づくり）記述

はじめに

5月に行われる管理職選考の筆記考査まで、あと2カ月余りとなりました。受験生の皆さんは公私共に忙しい中、試験勉強に取り組まれていることと思います。

今年度から、改正された管理職選考が実施されており、種別Bでは択一試験が廃止されました。また、記述試験だけを受験することが可能となり、記述が一定の基準に達すれば、翌年度の受験では記述試験を免除されるなどの改正が行われました。再度、「管理職選考実施要綱」を確認しておいてください。

試験科目が記述と論文だけになり、受験生の負担が緩和された反面、各科目の解答レベルも高まることが予想され、気を抜くことはできません。仕事の合間を縫って勉強を進めるには効率的な学習が必要であり、本稿がそのための手掛かりとなれば幸いです。

出題傾向

過去の出題を分類すると、都市計画法1題、地方公営企業法1題、時事問題4題、合計で6題という構成でした。6題から2題を選択して解答します。各分野の出題と傾向をまとめておきます。

①都市計画法

〈過去問題〉

【平成7年】促進地域
【平成8年】都市施設
【平成9年】開発許可制度
【平成10年】「都道府県知事が定める都市計画」と「市町村が定める都市計画」
【平成11年】市街化区域及び市街化調整区域
【平成12年】都市計画中央審議会二次答申に基づく都市計画法の改正
【平成13年】地域地区
【平成14年】開発許可制度
【平成15年】地区計画
【平成16年】促進区域
【平成17年】市街化区域及び市街化調整区域
【平成18年】地域地区
【平成19年】都市計画の提案制度

〈出題傾向〉

過去に出題された問題が繰り返し出される傾向があります。しかし、今年度は、平成14年の法改正により創設された「都市計画提案制度（法第21条の2）」が初めて出題されました。都市再生や地域活性化への取り組みの中で都市計画法など関連法令が改正されており、こうした動きが出題にも反映していると言えます。

②地方公営企業法

〈過去問題〉

【平成7年】管理者の地位及び権限
【平成8年】一般会計と比較して予算の特色
【平成9年】企業債
【平成10年】経営の基本原則
【平成11年】企業管理規程
【平成12年】経費負担の原則
【平成13年】余剰金、欠損金の処理
【平成14年】弾力条項
【平成15年】付帯事業
【平成16年】管理者の地位及び権限
【平成17年】地方公営企業法の適用
【平成18年】企業債
【平成19年】経費負担の原則

〈出題傾向〉

ここ数年は、過去に出題された事項が繰り返し出題されています。主に、総則、組織、財務に関する章から出題されています。直近2年は財務の規定からの出題で、その前2年は総則と組織の規定からの出題です。

③時事問題

〈過去問題〉

【平成10年】副都心整備計画、幹線道路の沿道環境整備、生活都市東京の創造重点計画
【平成11年】東京都市白書、多摩地域における交通基盤の整備、東京都住宅白書、都市公園の定義と都における整備の状況
【平成12年】都広告物審議会中間答申「東京における車体利用広告規制のあり方」、震災時における昼間都民対策推進計画、都における都心居住の推進、PFI法
【平成13年】緑の東京計画、東京構想2000、東京ベイエリア21、東京都住宅白書
【平成14年】東京の新しい都市づくりビジョン、都海上公園審議会答申「今後の海上公園のあり方」、東京都住宅マスタープラン、土地収用法の改正
【平成15年】八王子立川多摩業務核都市基本構想、東京のしゃれた街並みづくり条例、東京都の分譲マンション施策の総合的な推進、定期借地権制度
【平成16年】防災都市づくり推進計画の主な改正点、高齢者・身体障害者等が利用しやすい建築物の整備に関する条例の概要、都港湾審議会答申「東京港第七次改訂港湾計画の基本方針について」概要、PFIの意義・手法及び効果
【平成17年】スーパー中枢港湾、「賃貸住宅トラブル防止ガイドライン」、「収用制度活用プラン」の概要、東京都屋外広告物条例の主な改正点
【平成18年】パブリック・インボルブメント（PI）の概要と外環道での取り組み、「東京港第七次改訂港湾計画」の概要、「東京における新たな住宅政策の展開について（中間のまとめ）」概要、都景観審議会答申「東京における今後の景観施策のあり方について」概要
【平成19年】連続立体交差事業の概要と小田急線事業認可取消訴訟、民設公園制度の概要と都の支援策、「中心市街地における市街地の整備改善及び商業等の活性化の一体的推進に関する法律の一部を改正する等の法律」の概要、「東京都住宅マスタープラン」の概要

〈出題傾向〉

計画やビジョン、審議会答申（中間のまとめ含む）、事業に関わる訴訟などの都政の動きのほか、法律・条例の制定・改正、新たな仕組み等からの出題もあり、直近2年では、今年度に「中心市街地の活性化に関する法律の改正」、昨年度に「パブリック・インボルブメント」が出題されています。

勉強方法

(1) 都市計画法

出題傾向でも述べた通り、今年度は初出の事項が出題されたものの、昨年度以前は概ね基本的な事項が繰り返し出題されています。そこで、まずは基礎固めとして過去に出題された基本事項を中心に覚えることが必要と思います。

その上で、国土交通省のホームページ等で法改正の動向を押さえてください。最近では、「大規模集客施設の立地に関して地域の判断を反映した適切な立地の確保」「準都市計画区域の指定権者を都道府県に変更」「都市計画提案者の範囲を一定の開発事業者まで拡大」等の改正が行われていますので確認しておく必要があります。

参考図書としては、「都市計画用語事典（ぎょうせい刊）」等があります。また、宅地建物取引主任者試験の参考書も法の基礎知識を理解し、覚えるのに有効です。

(2) 地方公営企業法

条文数もそれ程多くなく、法改正も殆どありません。記述用の参考図書は殆どないようですが、択一試験用の問題集の中に、基本事項を整理したものがあり、参考になると思います。過去の出題を分析し、基本事項を押さえれば、法律自体も理解しやすいので得点源にできると思います。

(3) 時事問題

都政分野では、関係各局の事業動向を押さえる必要があります。特に条例や計画、審議会答申の概要をはじめ、「10年後の東京」等の都政全体の計画も確認しましょう。

都政以外では、都市づくりに関わる関連法令の改正、制度の創設や改正等に留意が必要です。過去には、土地収用法の改正や定期借地権制度等が出題されています。インターネットを活用し、とちょう―iや各省庁のホームページ等を確認しておきましょう。

出題時期の範囲を見極めるのは困難ですが、概ね7月から翌年3月にかけて発表、公布、施行等された事項は押さえておきましょう。今年度の出題では、一昨年6月に公布された「中心市街地の活性化に関する法律の改正」が出題されました。

焦ることなく出来るところから手を付けていき、徐々に範囲を広げてください。

(4) 模範解答の作成

1時間で2問解答ですので、1問を30分程度で書く必要があり、時間的な余裕はあまりありません。模範解答をいかに効率的に再現できるかがポイントになります。解答は、700～800字程度で作成し、箇条書きを基本とします。「意義」「概要（内容）」「効果」等の見出しを付けて、キーワードや数値等の基本的事項を記述します。

最終的には、模範解答を暗記して再現できるようにします。

忙しい業務の中、暗記することはかなり大変と思います。毎日、少しでも作成した模範解答に目を通し、理解と暗記を繰り返して記憶を定着させましょう。

おわりに

健康に留意され、絶対に合格するという強い信念と目的意識を持って最後まで頑張ってください。皆さんのご健闘をお祈りしております。

訂正　2月15日号「職員教養講座」の表題が「都市づくり（記述）」となっていましたが、（論文）の誤りでした。

カレントトピックス 20年度 19

社会事情

■中国産ギョーザ中毒事件（1月22日）

千葉県市川市で1月22日、中国産の冷凍ギョーザを食べた一家5人が、下痢や嘔吐の中毒症状を訴えて入院し、うち5歳の女児は一時重体になった。ギョーザから、有機リン酸系の農薬成分「メタミドホス」が検出された。

このギョーザは中国の「天洋食品」が製造し、日本たばこ産業（JT）の子会社が輸入したもので、全国のスーパーや生活協同組合等に卸されていた。被害は大きく拡大し、2月4日現在の厚生労働省によるまとめで、健康被害が疑われる発生報告が1986人に達した。

兵庫県警察本部は2月7日、「密封状態の袋の内側からメタミドホスを検出した」と発表した。一方、中国側は2月13日、「生産から輸出までの過程でメタミドホスが人為的に混入された可能性はほとんどない」との見解を発表した。

■「原田ウイルス」亜種による著作権法違反事件（1月24日）

京都府警察本部は1月24日、大阪府内などの大学院生ら3人がアニメ画像を無断使用してコンピューターウイルスを作成した疑いにより、著作権法違反容疑で逮捕した。ウイルスの作成者が摘発されるのは国内初という。

ウイルスの作成そのものを処罰する法律がないため、府警はウイルスに使われていたアニメ画像を無断で使用した著作権法違反容疑を適用した。

調べによると、3人はウイルス「Antinny（アンチニー）」の一種で、破壊型とされる通称「原田ウイルス」の亜種を作成した疑いが持たれている。感染するとアニメの画像を表示する間に、パソコンに保存されている動画や音楽などのファイルをこの画像に置き換える。

■神世界霊感商法事件（2月7日）

神奈川県警察本部は2月7日、同県警の前警備課長の吉田警視が関与したとされる「神世界」グループの霊感商法事件で、地方公務員法違反（営利企業への従事制限等）にあたる行為を繰り返したとして、同警視を懲戒免職処分とし、上司だった稲森外事課長を戒告とした。また警察庁は、監督責任があったとして田端本部長を含む歴代3人の本部長ら計5人を戒告や訓戒、口頭厳重注意とした。

県警によると、吉田警視は「神世界」系列のサロン運営会社で会計業務を手伝い、平成17年から19年にかけ計400万円の報酬を受け取るなどしていた。さらに捜査車両の所有者情報を漏らしていたことも分かった。

20年度 特別区 管理職試験講座 3

II類論文 ③

19年度論文解説

今回は、平成19年度課題の論文例を掲載し、論文作成のポイントを解説します。

論文例

一　民活活力の導入と行政

地方分権一括法が施行され、地域の自治は区民自らが決定し、自らがその責任も負う、自己決定、自己責任の行政システムが構築されてきている。区民と行政の強力なパートナーシップのもと、画一的ではなく、その地域にふさわしい地域自治を作り上げていくことは特別区にとって重要な課題の一つである。

また、区民に一番身近な政府である地方自治体には、簡素でスリムな行政運営が求められており、規制緩和による民間活力の導入など、官ができることは官が、民ができることは民が行うという事務事業のすみわけを行っていくことが必要である。

こうした社会ニーズに的確に応えていくためには、不断の事務事業の見直しはもとより、職員一人ひとりが知恵を絞り、創意工夫のもとに限りある財源を効率的かつ効果的に執行していかなければならない。

そのため管理職は、組織目標の明確化と共有化を徹底し、部下を指導育成しつつ、その先導役として強いリーダシップを発揮していかなければならない。

二　区民不在の組織運営

以上のような観点から、本事例をみると次のような問題点がある。

第一に、R課長自身が、保育園の運営を直営から民間委託に変えるという区政にとって重要な課題であることを認識していない。また、係長会を開きながら、その中で組織としての協力体制が整っていないにもかかわらず、U係長一人にこのことを任せ、その後も進行管理を怠るなど、管理職としての職務を放棄している。

第二に、各係長にもそれぞれ問題がある。まず、U係長は、勝手にX保育園を民間委託化すると決めて、園長と調整を図るなど、物事を決めるプロセスをまったく踏んでおらず、独善的であり、課長に報告することもなく、区政運営情報を外部に流すなど、情報管理の重要性をまったく認識していない。次に、T係長は、担当事務だけで手が一杯という理由だけで、組織の重要課題である保育園の民間委託化を他人事のように捉えており、組織の中軸である係長本来の役割を果たしていない。最後にS係長は、課の筆頭係の長であり、課全体にかかる課題に対して、他の係長よりも一段高い視点で他の係を調整すべき立場にありながら、その職務を怠っており、新任課長を強力に補佐していこうとする意欲がまったくみられない。

第三に、課の組織全体が一体となって、区民のための行政課題を解決する体制が構築されていない。また、組織目標の明確化がなされていないため、各係が単体で機能しているだけで、組織といえる状況になっていない。このため、各係間の共通認識も乏しく、組織目標達成の道標を失っている。

三　区民に信頼される区政運営

私がR課長であれば、こうした自体を招いたことを深く反省し、次のように事態の収拾を図る。

第一に、民間委託化へのこれまでの経過と問題点等について、前任課長等から庁内合意などを含めた情報収集を幅広く行い、民間委託化の必要性を十分認識し、事業完遂までの道筋を立てる。そして、ここに至ってしまった原因分析等を行うとともに、組合への対策を職員課と協議して、部長に報告し了承を得る。

第二に、Y区議のもとに向かい、これまでの経過について説明し、多くの区民に迷惑をかけてしまったことを詫び、すぐに民間委託化へのやり方等について再検討し、ご報告する旨を告げ、今後とも、区政にご協力をいただくよう要請する。

第三に、緊急の係長会を開き、民間委託化が区政運営上いかに重要事項であるかを納得させ、方向性をきっちりと示し、U係長には期限を区切って委託化のプロセスをまとめさせ、S係長とT係長には、全面的にバックアップをするよう指示し、場合によっては保護者説明会の段取りなど、U係長の手の回らない所をその都度指示する旨を申し渡す。そして、今回の事を契機に、係長会を定期的に開き、組織目標の共有化を図るとともに全課が一枚岩となるよう組織作りをしていく。

四　選ばれる自治体目指して

特別区を取り巻く環境は刻々と変化している。旧態依然とした区政運営を行っている暇はない。少子高齢化対策、環境対策、防災対策など、優先度の高い課題が山積している。

こうした課題を解決していくためには、全職員が区民の目線で物事を考え、区民満足度の高い行政運営を常に意識して、区民の信頼を積み重ねていく必要がある。

そして管理職は、組織目標の明確化を図り、事業の計画段階から職員を参画させ、やる気を引き出すとともに、OJTにより職員の資質向上を図りつつ、目標を見失わないよう進行管理を行い、どんな社会状況の変化にも柔軟に対応できる組織を作り上げていく必要がある。

私は管理職として、区政を担うリーダーとしての責任を自覚し、部下の指導育成に努め、地元区民はもとより、他自治体の区民からも「あの街で暮らしてみたい」といわれるような、選ばれる自治体を目指して全力を傾注する所存である。

解説

II類試験はこの講座の各年度の分析・解説を読んでいただければおわかりのように、パターン化がされています。

端的に言えば、新任課長が着任し大きな組織課題がありながら、課のまとまりがなく係長も課長の補佐役という任務を果たしていません。そして、組織目標もはっきりしないまま日々の業務を行い、その結果、区議、地元有力者などから苦情や叱責を受けて途方にくれるというものです。加えて今年度は、職員団体（組合）との関係も出ていますので、その対応も管理職の仕事ですから、しっかりと記述するように心がけてください。

そうしたことを念頭におき、事前に論文を用意することになりますが、これから説明させていただく起承転結の「起と結」の部分は、おおよそどんな課題の論文であっても使えるように、何本か論文を用意しておくことをお勧めします。

言うまでもありませんが全体で2000字ですから、第一章は400字、第二章は600字、第三章は700字、第四章は300字を目安にまとめ上げましょう。また、各章の頭には見出しを付け、採点者の興味を引くようインパクトのあるものを準備しましょう。

各章の記述のポイントは次のとおりです。

第一章（起）では、今年度の事例でいえば、なぜ民間委託化が必要なのかについて、国や都の動向を踏まえ区がおかれている社会状況等を総合的に勘案して、自分がこれまでに用意した論文の中で、最も当てはめやすいものを切り口にしてください。

例えば、「民間委託といえば、行政サービスの向上と事務事業の効率化」というようにセットで用意をしておき、事例に対応するように若干のアレンジを加え、あるべき姿と管理職の役割を記していきます。以前この解説をなされた方々すべてが記されていますが、ここで管理職の役割として述べたことは、終始一貫することが大切です。そうでないと、焦点がぼけてしまい何をどうしていくのか、それに向かってどのように管理職としてやっていくのかなど、採点者にとって印象の悪いものとなってしまいます。

第二章（承）では、第一章で述べた視点を踏まえ、事例における課長の問題点、各係長の問題点、組織全体としての問題点を順次記述していきます。

まず、課長の委託化という区政運営上重要な課題に対する安易な姿勢等について、具体的に事例を何点かあげて指摘していきます。過去の事例を見ると、方針があいまい、担当係長に任せきり、そして進行管理を怠るといったパターンが多いようです。

次に、各係長の問題点の指摘です。おおよそ2～3人の係長が登場してきます。そして、事業そのものを担当する係長、庶務担当の係長、そしてその他の係長といった具合です。各係長の指摘についても、事例を挙げ本来係長がなすべき他の係との連携、課長への報告・相談、部下への指導、課長の前さばきなどの役割について怠っている部分を記述していきます。

続いて、課全体に係る組織的な問題とその背景を記述します。ここは字数全体の関係もありますので、簡単かつ明瞭な表現を考えておくと本番で役に立ちます。

第三章（転）では、事態収拾を図るための道筋を立てます。もちろん、このような事態を招いたお詫びと今後の方針について上司の了承を得ます。課題の解決にあたって時間的な制約がありますので、即対応を要するもので対外的なことから順次記述します。

次に、緊急係長会を開き課題解決に向けた道筋を示[illegible]ともに具体的な指示を行[illegible]す。そして、このことを[illegible]に、目標達成を行える組[illegible]くりについて記述します[illegible]

第四章は、自分自身が[illegible]職となっての決意表明で[illegible]論文全体の締めくくり部[illegible]すので、第一章であげた[illegible]の課題に対応するように[illegible]し、表現などが重複しな[illegible]うにしてください。なお[illegible]際の試験では想像以上に[illegible]章と第三章で時間を費や[illegible]すので、繰り返しになり[illegible]が、第一章と第四章は対[illegible]ターン化しておくことを[illegible]めします

最後に、よく「試験ま[illegible]何本か論文を書くといい[illegible]よう」と言われますが、[illegible]仕事に追われていると、ま[illegible]した時間が取れません。[illegible]場合は3カ月程度をかけ[illegible]通勤時間を利用してこの[illegible]講座に掲載されている過[illegible]問題の分析・解説を何度[illegible]度も読み返し、パターン[illegible]かみました。その後、試[illegible]1カ月前に論文を1本書[illegible]2週間前にもう1本を書[illegible]それぞれ上司に見てもら[illegible]した。そんなに焦ること[illegible]りません。いざ書くと[illegible]は、これまでの経験がも[illegible]いいます。自分のペース[illegible]で頑張ってみてください。

Gallery

旅先で出会った風景 人との出会い、再会

絵と文　大瀧安良

絵に全く興味のない人でも、レオナルド・ダ・ヴィンチ、ルノアール、ピカソぐらいは名前だけでも知っているでしょう。

では、カラバッジョ、ラ・トゥール、これからご紹介するフェルメール、と言ったら？　高校時代に美術を選択した人ならば作品の1点位は思い出す、そういった程度に知られている画家「です」、正確にいうと「でした」。というのは、近年、彼らの作品展が日本で開催され、マスコミを巻き込んだ今流の宣伝攻勢で、普段美術館に行かない人にまで急激に「名前」が認知されるようになった画家たちです。

さて、私が最初にフェルメールに出会ったのは中学校1年の美術の時間です。当日の課題は泰西名画（死語?）の複写、先生が複製画をランダムに我々生徒に配ったのですが、たまたま私の所に来たのが彼の作品『真珠の耳飾りの少女』でした。数カ月経ち、木版画の授業、今度は自分の判断でしたが、美術全集を見て「これを下絵に使おう」と選択したのが、先日来日した『牛乳を注ぐ女』でした。それまではオランダ絵画といえばレンブラントしか無かった私の頭に、この二つの絵で彼の名がインプットされた次第です。

爾来、高校から大学にかけて「いつか彼の作品を全部みてやろう」という気持を持ち続け、78年、都庁に入る直前の欧州行きを皮切りに、フェルメール行脚の旅が始まりました。

フェルメールは終生デルフトを離れることがなかったようですが、市内では何度も引っ越しをしていました。画中左の建物の下部に、かつて彼がここに住んでいたと説明するプレートがあります。小さい方の絵は、本文中に登場する中学1年生当時の模写です。

「お先に失礼！」という快感

がんばれ！公務員 12

文とマンガ　鈴木武征

毎日が忙しい。目の前の仕事に追われながら、あれも着手しなければそれも片づけなければと気ばかりあせる。間もなく人事異動の時節だが、忙しさに取り紛れて行き先を考える余裕もない。

一方、さほど忙しくもないのに、更に暇な職場を求めて異動希望を出し続ける人がいる。

仕事や職場はもともと不公平さに溢れたところだ。

業務配分や能力均等などの理屈はさておき、忙しい職場と暇な職場、忙しい職員とそれほどでもない職員というのは厳然として存在する。

この差は何からくるのだろう？

職場のそれは、やはり仕事の性質によるところが大きい。

企画部門などは忙しいのは忙しいのだが、即実績を求められる職場ではない。

いつもボーっとしている職員に「とっとと仕事しろ」といったところ、「いま考え中です」と言われたことがあった。

ひきかえ、徴収の仕事は日々実績をあげることに、パスポートなどの窓口業務では応対に追いまくられる。

一方、人のそれは仕事の内容によるところも大きいが、最大の原因は本人の仕事ぶりにある。

忙しい人というのは、平均的に見て仕事が出来る人に多い。

仕事が早く仕上がりも良い。前向き、まじめ、几帳面で少々のことでは音をあげない。

昔から「仕事は忙しい人に頼め」という言葉があるが、必然、上司も周りも当てにする。

本人もそれが生き甲斐なのか、「うーん、いま忙しいんですが……」なんて言いながら、何でも引き受けてしまう。

皆が退庁していくなか今夜も残業だ。

こういう人もいないと職場は困る。しかし、ものには必ず裏表があり弊害もある。

一つに、本来なら組織・グループとして受けとめなければならない課題が、個人の資質に吸収され見えにくくなってしまう。

二つに、上の人が「みんな、彼（彼女）ぐらい働けば問題ないんだよなー」と誤った基準が生まれる。

三つめは、やはり本人の健康だ。身体も仕事もメタボは良くない。

もしあなたがこういうタイプだったら、今日から体質改善に取り掛かろう。

新たな仕事がふってきたら安請け合いする前に、係や課全体でどう受け止めるかを考える。

仕事は皆でやるから後輩、若い職員も育つ。

忙しい人には仕事を引き受けるのは上手だが、人に任せることが下手という人が多い。

私は以前登場の「武ちゃん、女の人と運転手さんを大切に」と教えてくれた公営住宅監理員のお爺さんに、「頼み上手より頼まれ上手」ということも教わった。

若い頃はそれで良かったのだが、40年が過ぎてみると頼み上手の人の方が出世もするしイキイキしていることを知った。

「要領がいい人は軽薄でキライ」という人もいるかも知れない。

しかし仕事には要領がいいというのは大切な要素で、そこに働く人にも同じことが求められる。

植木等の要領よく仕事をこなし、美女もゲットするサラリーマン出世映画は、多くのサラリーマンの叶わぬ夢を具現化して人気を得た。

せめてあなたも「スイマセーン、用事があるからお先に失礼、後はお願い！」ぐらいは言ってみよう。

たまに使う人には少し後ろめたい快感が、しょっちゅう使っている人には仲間が増えたという安心感が生まれるはずだ。

（次回は3月4日号に掲載します）

「職場体験学習」について

5日付の4面にあったように、私の子供も中学2年時に職場体験に行きました。その際に、私自身もPTA広報委員会に在籍していたので記事にすべく、取材に行きました。

取材先は、ホテルと私立保育園、それに交通局の地下鉄駅でした。

取材するまでは、受け入れ先のご苦労が心配で「迷惑しているのだろうな」と危惧していましたが、いずれの受け入れ先も、大変好意的でした。

「準備等、受け入れる側のご苦労が大変かと思いますが」の問いに、「苦労より、受け入れる側も勉強できるし、『働くこと』（特に裏方の仕事）とは、ということを少しでも体験してくれたら有り難い」とのお言葉を頂いたのを嬉しく思いました。

私もホテルのベッドメイキングや保育園での子供達の様子、改札口の裏側等、ほんの数分でしたが現場が見られて、とても興味深い体験でした。

自分が知らない「職業」があると、この年で感じたのですから、子供達にも大変貴重な経験だったと思います。記事にあるとおり受け入れ期間が長くなること等で試行錯誤もあるようですが、是非「職場体験」事業を続けて欲しいと願っています。

（春野ゆき）

東京のサカナたち 11

ジョーズを食べる＝サメ（鮫）

サメというと、映画『ジョーズ』の影響もあって、どう猛な人食いザメという印象があります。ですから、一般の人に「サメを食べる」と言うと、「えっ、本当ですか」という反応が返ってきます。しかし、漁師さんなど海辺で暮らす人々にとっては、サメもあまたある魚の一種にすぎません。サメを食べるのは、ごく普通のことなのです。

海の暮らしは、風や波、あるいは潮を読むところから始まります。いったん海が時化れば、何日も漁に出ることができません。また、潮時を誤れば魚をとらえることはできません。大変な苦労の末に漁獲するのですから、かれらは魚をとても大切に扱います。どんな種類の魚でも、どんな小魚でも、様々な工夫をこらして食卓にのせるのです。

フカヒレは高級中華料理の食材としてあまりに有名ですが、サメの利用はこれだけではありません。また、ある種のサメ類には、身にアンモニア臭があって、食べにくいものがあります。しかし、種類によってはアンモニア臭がほとんどなく、サカタザメのように刺身で美味しく食べられるものもあります。

漁獲されたサメ

東北地方の食堂に入って煮魚定食を頼むと、ネズミザメ類の切身が煮魚になって出てきます。たぶん、多くの人はメカジキの煮付けだと思って食べているのではないでしょうか。さっぱりとした白身で、とても美味しい魚です。このほか、すり身にしてカマボコにも加工するのも日本人ならではの知恵です。読者の皆さんの中には、イギリスやオーストラリアなどの港街で、庶民の食べ物であるフィッシュ・アンド・チップスを召し上がった方もいらっしゃるかもしれません。あの原料にはツノザメの仲間が使われていることがあります。

サメ類は世界に400種あまりがいて、ツラナガコビトザメのように体長20㌢足らずの小型種もあれば、10㍍を超すジンベエザメのような大物もいます。

かれらの多くは海の生態系の頂点にあり、増えすぎても減りすぎても、そのバランスが崩れてしまいます。21世紀は地球人口がさらに増え、食糧危機も懸念されています。海に囲まれて暮らす私たち日本人は、サメに対して偏見を抱くことなく、上手にこれを利用していきたいものです。

（東京都島しょ農林水産総合センター主任研究員　加藤憲司）

『都庁俳句』作品抄

（2月1日発行）

質蔵の忍び返しや秋入り日　染谷栄都子
木枯一号時計の日付ずれてゐる　横坂けんじ
花八手老いに抗ふ医者通ひ　和田しずえ
太陽の目つぶしに会ふ冬の池　間中恵美子
冬用意親子で受けし呆け封じ　阿部つとむ
狐火についてがやがや話し会ふ　小林しげと
飯食へば顔中うごく老の春　大熊虚阿
別院の鐘の一打や冬に入る　片野信子
庭師来て雪吊の縄切りはじむ　伊達天
ポインセチア絹裂くやうな声のして　山崎三樹夫
冬ざれや鴉のにらむ停留所　神谷邦男
ゆるゆると日の底入れす冬至かな　澤田信一
雲間より日矢の降り来る冬の海　神山俶江
寒薔薇一輪天に捧げゐて　足立和子
境内にまづ水を撒き餅を搗く　鈴木征子
玉の井の路地の名残りの花八つ手　内田香晴
弓鳴りに蟹の集落冬の雷　佐々木いつき

みにがいど

◆第8回清掃一部事務組合職員技術発表会　▽日時　3月4日（火）午前8時50分～午後5時▽場所　東京区政会館20階会議室▽内容　清掃局時代から通算33回目。清掃工場等の第一線で活躍するメンバーが18項目の技術発表を行う▽問い合わせ先　東京二十三区清掃一部事務組合総務部職員　☎6238・0646

◆多摩地区障がい者支援シンポジウム　▽日時　3月2日（日）午前10時～午後4時30分▽CS K多摩センターWEST　▽対象　福祉に関心のある方どなたでも▽費用　500円※資料代▽内容　①ポスター展示②特別講演「地域で共に生きるとは　障がい者のニーズと支援」炭谷茂・厚生省社会・援護局長③シンポ「結ぼうみんなの手を、育もう支える力を！」提案者＝渡邊和弘・竹早教員保育士養成所、北沢清司・高崎健康福祉大学、岡孝介・東京グリーンシステムズ㈱、野原恵・都立高島養護学校PTA▽主催　同シンポ実行委員会▽問い合わせ先　多摩市障害福祉課☎042・338・6847

海外出張こぼれ話 24

東郷尚武

オリンピックを迎える北京と沿海都市アモイ⑦

さて、天安門から北に向かって歩を進め、午門をくぐり、太和門に立つと、前面に広々とした広場が広がり、その先に紫禁城の正殿である太和殿（写真参照）が見えてくる。太和殿は辺りを威圧するように、石造りの壇の上に立っていた。

龍などの装飾が施された豪華絢爛な殿内の中央には玉座があり、ここで皇帝即位の詔書の発布など、重要な儀式が行われ、我々の年代の者にとっては身近な宣統帝・溥儀も、3歳の折、この玉座で即位の礼を挙げたという。清朝の〝ラスト・エンペラー〟として知られる愛新覚羅溥儀が清朝第12代皇帝・宣統帝として即位したのは1908年12月のことである。1911年12月に、孫文が中華民国臨時大統領に選出された結果、翌12年2月、宣統帝は退位し、ここに清朝は滅亡したのである。

皇帝退位後、1934年から1945年まで満州国皇帝に在位、誠に波乱に満ちた人生を送られた方であった。思いを昔に馳せると、感動というか、身の引き締まる思いがし、歴史の重みをひしひしと感じるひとときであった。

紫禁城・太和殿の前で

太和殿からさらに北上し乾清門をくぐると、そこは、いわゆる内廷であり、坤寧宮、交泰殿、乾清宮などの宮殿があり、主に、皇帝や皇后の生活の場として使われていたところである。

このほか、紫禁城の東北部には、皇帝が退位したあと余生を過ごした養性殿、光緒帝の愛妾・珍妃が西太后の逆鱗にふれて押し込められた珍妃井戸、長さ31㍍にも及ぶ巨大な瑠璃装飾の九龍壁画など見所に事欠かない。なお、この九龍壁は、色鮮やかな9匹の龍が宝玉と戯れる様子を描いたもので、270個の瑠璃片が嵌め込まれている。

このように、紫禁城には無数の貴重な遺物が遺されているが、なにせ9000室近い部屋があるといわれる。勿論、筆者はくまなく見ているわけではない。しかし、筆者の目から見ても各部屋に残されている遺物の量と質は千差万別である。いろいろな理由があろうかとは思うが、何と言っても、その原因は、1949年12月、中華民国総統の蒋介石が中国本土を離れ、台北に移るに当たって北京・故宮博物院と南京の中央博物院にあった国宝級美術品70万点を台北郊外に移したことに起因するものといえよう。

筆者は、この会議後の1996年4月、台湾政府に招かれて台北に行った折、台北・故宮博物院を訪れたが、その美術品の質の高さに、さすがにと納得したのを覚えている。

都政新報

発行所　都政新報社
〒160-0023 東京都新宿区西新宿7-23-1 TSビル
〈総務・読者〉(03)5330-8781
〈企画広告〉(03)5330-8784
〈編　　集〉(03)5330-8786
〈出　　版〉(03)5330-8788
〈セミナー事業部〉(03)5330-9977
〈ファクス〉(03)5330-8808
郵便振替 00130-2-101470
購読料 月1,680円(税込)
毎週火・金曜日発行
但し、祝祭日は休刊
©都政新報社　2008

紙面から

食の安全で独自規制へ

知事発言が先行 真意をめぐり右往左往

中国製の冷凍ギョーザによる食中毒事件を受け、石原知事は22日、都独自に食品の安全確保策を推進する考えを改めて表明した。原材料の原産地表示という手法のほか、食品衛生法に基づく規制なども検討する。消費者からすれば規制の強化は大歓迎だが、事業者の負担はかえって重くなり、仕組みの実効性など課題も多い。石原知事がアドリブ発言で条例改正にまで踏み込んだことで、関係局はどう具体化するか、手探りで出口を探っているのが実態だ。

原産地表示で条例改正も

「例の食品の有害性の問題ですが、二つの法律が絡んでいる」。22日の記者会見で石原知事は、新銀行東京の追加出資に関する質問だったにもかかわらず、唐突にこう切り出した。知事の言う二つの法律とは、食料表示を規定する「JAS法」と、食品の安全性を確保するための「食品衛生法」だ。

このうち、食品衛生法について知事は「国じゃなしに、地方自治体の権限であるなら、強く考えなくちゃいけない問題と思います」と述べ、都が国に先駆けて加工食品の安全確保で手を打つことを強調した。ただ、現場レベルでは、食品衛生法に基づく規制強化の具体策が見えているわけではない。都幹部に知事発言の真意を聞くと、「こちらが聞きたいくらいだ」と頭を抱える。

混乱の出発点は、石原知事が最初に原材料の原産地表示を条例で規定する考えを表明した8日の記者会見だった。事務レベルで準備した知事発言用のメモは、「原産地表示の充実について検討するよう指示した」という趣旨だったという。ところが「検討を指示」が一気に飛躍して、「条例ででも、原産地の表示をすべてに及ぶような形で」と知事がアドリブで付け加えた。

漠然とした「原産地表示の検討」という範囲内であれば、法改正を国に要望するなど、いくつも逃げの着地点を用意できたが、知事に条例改正という方向性を示されたことで、退路を断たれる形になった。

■　■

条例化発言を受け、庁内ではJAS法を補完する規定を持つ消費生活条例の改正案などが浮上した。JAS法では、国産の加工食品のうち、冷凍キノコ類やフライ用に衣をつけた食肉など、20品目の食品群について原産地の表示を義務づけている。ただ、その対象は、総重量の50%以上を占める「主な原材料」に限られており、都条例を改正すればJAS法の「穴」を埋めることになる。

しかし、いざ実施するとなると、難しい課題もある。原産地は、季節や流通状況によって日ごとに変わるため「原産地が変わるたびに、パッケージを頻繁に変えなければならなくなる」（食品監視課）という。また「狭い表示スペースに文字を詰め込むことになり、読みにくくなる」という指摘もある。

農水省の白須敏朗事務次官も記者会見で「原材料のたどる経路は複雑。トレース（追跡）することは難しい。すべての原料の原産地を確認するとなると、膨大なコストがかかる」と述べ、「現実的でない」との見方を示している。また、原産地表示の規制強化は、そもそも中国製冷凍ギョーザ事件のような健康被害問題を解決する方策ではない。

■　■

22日の記者会見で知事が言及した食品衛生法は、食中毒や残留農薬などの問題で、国や都道府県の果たす役割を定めているもの。そういう意味では、食の安全・安心に直接かかわる。この法令が基準を定めていないケースで、健康への悪影響が予想される場合には、都が独自に制定した食品安全条例で、立ち入り検査や食品の提出が要求できる。

ただ、この間、原産地表示の問題を中心に動いてきた福祉保健局や生活文化スポーツ局にとっては「寝耳に水」で、具体的な規制強化の検討はこれからだ。

知事が都独自の取り組みにこだわるのは、大消費地の東京で食の安全・安心に関する規制を強めれば、結果的に全国に流通する加工食品でも同じように網がかかり、突破口になるという読みがある。こうした政治判断が先行する中、仕組みの具体化と有効性、事業者との合意形成、都議会説明など越えなければならないハードルがあり、今後も二転三転ありそうだ。

冷凍食品コーナーでは、現在も該当食品の回収を呼びかけるチラシが張り出されている＝都内のスーパーで

大規模施設等の改築・改修

10年スパンで計画策定

施設の集約化などを推進

都財務局は「大規模施設等の改築・改修に関する実施方針」を策定し、25日に各局の企画担当課長に示した。全庁的に施設の現況調査に入り、その上で今後10年間の主要施設の改築・改修計画を来年1月に公表する。施設建設は、老朽化したから建て替えるという発想で、これまでは各局がバラバラに検討し、建て替えてきた。その結果、同じ地区内に都の事務所があちこちにあったり、容積率に余裕があるのに、それを最大活用しないで施設が建築されてきた。今後は、都庁全体を見渡して施設を集約化するなど局間調整の機能を強め、土地・建物の効率的な活用を図る考えだ。

改築・改修計画の策定にあたっては、①財産の効率的・効果的な活用②環境、福祉、防災、都市景観などの視点を入れた機能更新——の二つが柱になる。維持管理経費まで含めた施設のライフサイクルコストを最小化する改築・改修にすることや、同一地区内での施設の集約化、都有地の容積率の最大活用などを基本的考え方とする。

現在は、各局が縦割りで施設計画を立てることにより、都有地の使い方が非効率になっている面がある。特に1975年以前の施設は、都市開発の進展にあわせて各地に建てられ、その後、行革の中で職員数の削減、民間委託や区市町村への事務移管などが進んで、従来の施設規模がいらなくなっているケースがある。このため09年度から10年スパンの計画を作る中で、建て替えのタイムスケジュールも含めて総合調整し、土地の効果的な活用を図る。

また、建てる時点からCO_2排出量を削減する建築仕様にしたり、ユニバーサルデザインの実現、都市景観と街並みへの配慮などを行う。公共施設は、災害時には緊急対応が必要になるため、防災上、重要な施設については100%耐震化する方針。

都施設は、整備時期で見ると二つの大きな山がある。一つは、1970年前後の5年間に建てられたもので、都立高校、警察・消防署、監察医務院など、一斉に改築時期を迎えている。もう一つは、90年代の10年間に建てられた施設で、設備関係の改修時期となっている。財政難の時は「不急の経費」ということで改築・改修が先送りされてきたが、財政再建を達成した現在、中長期的な視点から施設の更新に着手することにした。

改築・改修計画で対象になるのは、①築35年以上で、延べ床面積3000平方㍍以上②築10年以上で、延べ床面積1万平方㍍以上③防災上、重要な施設——となっている。計画期間中に想定する経費は、概算で8000億円程度という。

一般会計で管理する施設は、延べ床面積で見ると計910万平方㍍あり、その45%が改築・改修の対象となる。取得価額は約4兆円で、そのうち約1・3兆円が減価償却している。都庁本庁舎については、今回の改修計画とは別に検討している。

都議会あり方検

政調活動を5項目で定義

人件費めぐり議論も

都議会が設置している「あり方検討委員会」は21日、第4回会議を開いて政務調査活動の定義や使途基準について議論を行った。領収書添付などの透明化実現に向けて、実質的な議論が始まった。

定義については、事前に自民党と民主党、公明党がまとめている合意文書に基づき、▽調査研究▽情報収集▽政策立案▽広報広聴▽その他の政調活動——の五つを政務調査活動とすることを、各党が了承した。

続いて使途基準の議論に移り、▽人件費▽事務所費▽事務費▽交通費——の4項目を取り上げた。このうち人件費については、「調査研究活動などのために雇用する職員に要する経費」に支出できるという考え方を3党合意で示している。ただ、支出できる範囲として議員秘書を含めるかどうかなどで、会派間に意見の相違があり、検討委員会でも議論があったという。

政調費の使途をめぐっては、従来どおり会派による活動に限定するべきとする共産党の主張に対して、他党には議員個人の活動などこれまでより使途を広げるべきという議員が多く、議論は曲折も予想される。川井委員長は、「議論では、いろいろと意見を出してもらいたい。そのうえで、委員会で最終確認していく」と話す。

委員会では、共産党が前回の会議で示した見解について、各党から質疑も行われた。次回の会議では、使途基準の他の項目に関する議論を行う。

低所得者対象に家賃助成条例案

共産党

共産党都議団は20日、議運理事会で、今回の議会に「東京都生活応援家賃助成条例」を提案する考えを示した。

生活保護の対象となる程度の収入で、現在は保護を受けていない世帯を対象とする。民間の賃貸住宅に住む場合に限り、一人世帯には月1万円、二人以上の世帯に月1万5000円を助成する。対象世帯数は、共産党の試算で約30万世帯になる。申請の状況にもよるが、ほぼ全員が申請すれば予算は480億円規模になるという。

同党の吉田信夫幹事長は、家賃助成とした理由について、「低所得者にとっては、生活費のなかでも家賃が特に重い負担になる。そこを助成することで、一番困っている層への手助けになる」と話す。

「画一的な運営を強制」などと告発

共産党は21日、都教育委員会が06年4月に設立した学校経営支援センターに関する情報公開の結果を発表し、職員会議の実施状況を3段階で評価するなど、「学校に画一的な運営を強制している」などと告発した。

すべての都立学校について、学校側が支援センター設立を前に作成した「学校経営自己点検表」と、その後に支援センターが学校を訪問するなどして作成した「学校経営改善状況表」の内容を、情報公開請求した。

このうち、経営改善状況表では、「校長が、司会者・記録者を指定し選任しているか」「職員会議の案件について、挙手等により職員の意向を確認していないか」などの項目について、○、△、×などの評価を支援センターが行っている。

同党は、「一方的な評価を行い、運営方法が都教委から見て適正になるまで、しつこく強制している」として、学校経営支援センターの廃止を求めた。

石原知事「当然、発表」

新銀行の内部調査結果

石原知事は22日の会見で、新銀行東京が行ってきた内部調査の結果について、「当然、発表されないといけない」として公表する考えを改めて示した。

会見では、「どうしてこういう結果になったか、議員も強い感心を持たれているだろう。それを晴らすために、調査をつまびらかにするのは、当然だ」として、議会審議の日程に合わせて公表するとした。調査結果の公表について、新銀行東京の津島隆一代表執行役は20日、「考えていない」と述べている。

知事会見では、仁司泰正氏を最初の代表執行役に任命した経緯についても質問が出され、「何人かの候補者の推挽を経済界から受けて、最終的には取締役会が人事を決めたと聞いている」と語った。15日の会見では、自身の任命責任について、「経団連の重鎮から推挽を受けた。私たちは、その人の能力・姿勢を審査する知識も能力もない」と述べていた。この発言に経済界の反発が出ているなか、一部を修正した。

冗句ジョーク

議案もりだくさん、都議会本番スタート

新年度予算案
「急に現れた大型船に巻きこまれないように必死です」

新銀行追加出資議案
あぶない アブナイ

三つの危険度5段階に分類

地域危険度測定調査

都都市整備局は19日、概ね5年ごとに実施している「地震に関する地域危険度測定調査」の結果を明らかにした。「建物倒壊」「火災」「総合」の三つの危険度で都内5099町丁目ごとに測定し、5段階のランクに分けている。危険度ランクが最も高い「5」は84町丁目あり、全体の1・6%。最も低い「1」の地域は、45%の2301町丁目だった。

建物倒壊危険度の高い地域は、荒川、隅田川沿いの下町地域一帯などに分布。火災危険度の高い所は、区部の環状7号線の内側を中心にドーナツ状に広がり、JR中央線沿線（区部）にもある。総合危険度の高い地域は、下町地域一帯のほか、品川区南西部、北区北部から豊島区北西部に分布している。

ひきこもりの若者は2万5千人以上

青少年・治安対策本部

都青少年・治安対策本部は22日、都内のひきこもりの若者が推計2万5000人以上に上るという実態調査の結果を発表した。このうち、男性が7割を占め、30～34歳が42・9%と最も多かった。また、1年以上の長期にわたってひきこもり状態が続いている事例が全体の75%を占めていることが分かった。

調査によると、「家族と仲がいい」と思う割合は、一般群が64・4%だったのに対し、ひきこもり群は28・6%。「家族とよく話す」という割合は、一般群の65・6%に対し、ひきこもり群は32・1%で、希薄な家族関係がうかがえた。また、ひきこもり群の36%が不登校、39%がいじめられた経験を持つなどの傾向も見られた。

ひきこもりになるきっかけとしては、職場不適応・就職活動不調（39%）、病気（25%）などが挙がった。また、82%が相談の意向を持っていた。同本部では、今後、面接調査の分析などを通して対処方針を検討する。

都政の東西

教え子たちの涙

教え子たちが、ある教師についての思いを語るドキュメント映像「Paideia」を見た。印象的だったのが、教え子の多くが涙を流す姿だ。踏切事故で親を目の前で亡くしたこと、荒れて少年院に送られた若い日の自分、在日という理由でいじめられた経験——。そんな辛い過去を思い出しての涙だった。そしてその先生は、彼らに向き合い、支え続けてきた。

先生の名は申谷雄二さん。昨年3月末で定年を迎えた。申谷先生が30年以上勤めた都立南葛飾高校定時制は、入学を希望するすべての子どもに入学を許可し、退学処分をしない「全入無退学」の教育方針を掲げる。その中で先生は、在日朝鮮人や身体障害者など、様々な背景を持つ子たちとかかわってきた。「俺は生徒に命をかける」。何のためらいもなく言い切り、実践する姿に寄せられる信頼は、想像に難くない。教え子たちの涙は、申谷先生への深い感謝の表れでもあった。

そんな先生が今、苦境に立たされている。03年度の卒業式での不起立で処分を受け、再任用が不合格となったのだ。再び教壇に立つことを目指して提訴し、21日から公判が始まった。求めるのは違憲・違法の判断や損害賠償ではなく、現場復帰の1点のみ。そのため、同じ不合格で訴訟を起こす原告団には加わらず、一人で裁判に臨む。

不起立について、申谷先生は「思想的なことではない。日の丸・君が代に辛い思いを抱く在日の生徒も少なくないこの学校（南葛）には、相応しくないと思った」と話す。事実、次の赴任校では不起立しなかった。

常に生徒の目線で教育を実践してきた姿。そんな実態を見ずに、画一的な「職務命令」に従ったか否かだけで一刀両断する都教委に、教え子たちの涙はどう映るのだろうか。

休日開庁 効果あるの？

品川区 大雪でも親子連れ来庁 千代田区 単身者中心に概ね好評

千代田区が昨年5月から毎週土曜日、品川区が今年1月から毎週日曜日、休日の窓口開庁を行っている。今年9月からは杉並区が土日開庁に踏み切る予定。3月前後の繁忙期や月に1～2回に限定して休日開庁を行う区は多いものの、毎週定期的に行っている例はまだ少ない。住民票などの自動交付機も普及し、夜間でも簡単に証明書が発行できる時代に、わざわざ人を配置して窓口を開ける理由は何か？どのくらいの人が訪れているのか？　先行した千代田区と品川区を取材した。

自動交付機に賛否両論

■忙しい子育て世代

「大雪の日にまさかこんなに訪れるとは思わなかった」――東京に大雪が降った2月3日の日曜日、品川区役所には248人の区民が訪れた。

区役所前では休日出勤の職員が総出で雪かきをしたが、降り続く雪にお手上げ状態。庁舎の窓から副区長がお客様には屋根のある1階下のフロアに回ってもらうよう指示を飛ばした。

「子どもさんを連れたお父さんもいた。雪で外出できないから、平日には行けない区役所に用事に来ていただいたのかも」（戸籍住民課）

品川区は今年1月から日曜日に本庁舎の窓口を開けている。国・都や他の自治体と連絡が必要な業務などは取り扱えないが、戸籍・住民票・印鑑登録・外国人登録などの届け出、証明書の交付、国民健康保険の届け出などを受け付ける。

来客数は1月だけで1237人、平均すると300人強。来客層は30歳台を中心とする若い層が多い。子育てや仕事に最も忙しい世代だ。来客者にアンケートを行ったところ、日曜開庁を知ったのは、区のホームページが多かった。

平日に窓口に来ることができないファミリー層の要望に応えた。同区では火曜日の夜間に午後7時まで窓口を開けているが、多くの区民が訪れて午後8時過ぎまで区民が待たなければならないこともあるという。

■何でも受け付ける

「ご用件をお伺いします」――真新しい総合庁舎のエスカレーターを2階に上ると、間髪いれずに女性が声をかける。

千代田区役所では昨年5月に新庁舎に移転してから、総合窓口をスタートさせた。平日は夜7時まで、土曜日も午後5時まで開けている。

入り口で声をかけてきたのはサービスマネージャーで、窓口やエレベーターへの案内・誘導を行っている。総合窓口では昨年5月7日から12月末までに5万3319件を扱ったが、このうち土曜日は1423件（受付案内数）。1日30～50件くらいだという。

同区でも土曜日に取り扱えない業務があるが、窓口でそれらを断ることはなく、書類を「一時預かり」して後日処理している。

総合窓口課では「社宅や公務員宿舎にお住まいの単身者が目立つ。働いている人に便利で、区民からも概ね好評」と話している。

■区長の公約

両区に共通しているのは、住民票や印鑑登録証明書などを発行する自動交付機を設置していないこと。あえて人の配置が必要な休日開庁を選んだのは何故か。

品川区戸籍住民課では「証明書発行1枚当たりの単価が高く、費用対効果を考えて設置していない。人を配置したほうが高齢者や障害者にも優しい」と話す。千代田区はこれに加えて、区民の数が少ないこともある。

一方、今年9月から本庁舎の土日開庁を始める杉並区は、区内の16施設に自動交付機を設置している。土日開庁は区長の公約でもあった。

区民課では「24時間365日の区役所サービスをいろんな局面で目指す。区民にとって安全・安心とは何かを考えた上の判断だ」と話している。

新庁舎で始まった総合窓口は土曜も開庁＝千代田区役所で

大田区 石綿調査対象に6種類指定 民間の解体工事で指導強化

大田区は3月1日から、民間建築物解体工事でのアスベスト事前調査の指導を強化する。

区は06年8月1日から、床面積80平方メートル以上の民間建築物を解体する場合には、「建築物の解体工事計画の事前周知と紛争予防に関する要綱」で「お知らせ看板」の事前設置などによる近隣紛争の予防措置に加え、アスベスト建材の使用状況調査報告書を工事着手7日前までに区に提出することを義務づけていた。

今回、この要綱の提出書類関係を見直し、事前調査対象であるアスベストの種類を、クロシドライト、アモサイト、クリソタイル、トレモライト、アンソフィライト、アクチノライトの6種類と定め、このすべてについて、使用状況の確認、第三者専門機関による分析調査とその結果報告書の提出を求める。

以前の要綱では、事前調査の対象は「アスベスト」としか記載がなかった。同区建築審査課では「これまでアスベストは青、茶、白の3種類というのが一般的だったが、最近はそれ以外のアスベストも発見されているため、今後は6種類調べることにした」と話している。

同区はアスベストを含有している疑いのある吹き付け材の分析調査に要した経費の半分（最大10万円）を助成する制度もある。対象は区内にある96年度以前に建築された建築物で、アスベストを0・1重量％含有している疑いのある吹き付け建材。区が実施したアスベスト講習会を受講した一級建築士、特定化学物質取扱資格者等をアスベスト相談員と認定し、申請者の代理とすることができる。

不動産をネット公売 大田区

大田区は、現行の大田区役所内会議室で実施している不動産公売の他に、インターネット公売を始めた。

ヤフーが運営するインターネット公売システムを活用し、入札・開札等は公売用オークション画面で行われる。公売参加希望者は、システム上で参加申し込みの登録をする。登録後、公売保証金を納付の上、入札またはせり売りに参加する。

今回の公売対象物件は、北海道厚岸郡厚岸町の土地300平方メートルで、見積価格は71万円。3月4日から10日まで入札が行われる。

町会長のマイカーに青色回転灯を搭載 品川区

品川区にある池田山町会の町会長ら3人の自家用車に青色回転灯を搭載することになり、22日に町会の防犯パトロール隊、大崎警察署、品川区地域活動課、生活安全パトロール隊などが見守る中、出発式が行われた。

同町会は、昨年4月に発足したばかりの新しい町会。東五反田5丁目の交番が廃止されることになり、安全なまちづくりのために署名集めなどの活動をきっかけに立ち上がった。

町会では昨年4月から防犯パトロール隊を組織し、パトロールを開始した。池田山周辺は閑静な住宅街で、人通りは少ない。昨年は、管内でひったくりが2件あったが、町会がパトロールを始めてからは、街頭犯罪はまったく起こっていない。さらに安全にパトロールができ、機動力も増すようにと、大崎警察署に相談したところ、青色回転灯のアドバイスを受けた。

青色回転灯は、自主防犯パトロールに使用する自動車への装備が認められている。1月末に警視庁から認可を受け、町会長、副会長、広報部長の自家用車3台に回転灯を取り付けた。

品川区では、大井警察署の防犯協会が1台保有しているが、町会として許可されたのは初めて。走行が許可されるのは町会の管内のみだが、1週間に1回程度はパトロールする予定。

港区長選 武井氏が再選出馬表明

任期満了に伴う港区長選挙（6月8日告示・15日投票）について、現職の武井雅昭区長は21日の第1回定例区議会本会議の所信表明で、再選に向けて出馬する意向を明らかにした。

武井区長は、就任以来4年間を振り返った上で、「今、私は改めて、常に区民の目線から地域社会を考え、区民とともに汗をかき、区民の気持ちが分かる区政運営に全身全霊で取り組み、確かな成果として結実させていきたいとの思いを新たにしている」と述べた。

その上で「この4年間じめ、多くの皆様のご協力に感謝するとともに、私は再び区民の審判を仰ぎ、港区政に責任を持つ決意」と再選に向けた意欲を見せた。

武井氏は1953年1月1日生まれ。早大政経卒。区議会事務局次長、区民生活部長などを歴任し、04年の区長選で初当選した。選挙戦では自民、民主、公明、社民の推薦を受け、他の3新人を振り切った。

温暖化防止に自然エネルギー 中野区 常陸太田市に風車建設

世界規模で地球温暖化の問題が緊急に取り組む課題となる中、各区の08年度予算には、バラエティーに富んだ環境への施策が並んだ。そのうち中野区は、茨城県常陸太田市に発電用の風車を設置。売電収入で得た利益を太陽光発電の普及に活用するなど、環境事業に充てる取り組みを開始する。区は区民参加の仕組みを作って風車を運営し、「地球温暖化防止のシンボル」とする考え。区民の環境への意識を高め、売電収入によるさらなる環境事業の波及などで、区のCO_2削減目標達成を目指す。

自治体が他の自治体に発電用の風車を設置するのは、全国で初めて。風車は2017年度までに3基設置する計画で、安定的な風を受ける場所を選定するため、08～09年度にかけて風況調査を実施、2010年度から基本設計に入り、5年後の稼働を目指す。建設費は1基で5億円。

出力2000キロワットの風車を設置した場合、年間約350万キロワットの発電が可能で、年間平均約20％程度の稼働率があれば、収支バランスが見込めるという。既存の風力発電の実績などからの推計では、20％稼働した場合の売電収入は、3500万円から3600万円程度。風車の耐用年数は17年で、その間、事業収益を単独でみた場合、12～13年程度で減価償却を含めて、売電収入が運用コストを上回る計算だ。

風力発電事業に最も重要なのは、安定的な風。設置場所として予定されている「里美牧場」には、すでに常陸太田市の風車が1基と民間事業者の風車が6基設置されている。同市の風力発電の稼働実績は、06年度20・8％、05年度16・3％、04年度23％で、ほぼ安定して発電。06年度決算ベースでは売電収入が1090万円、経費を除いた収益は730万円で、「ほぼ見込みどおりの収益が上がっている」（常陸太田市企画課）状況だという。

また、風車は1基5億円と設備投資が大きいが、風力発電で見込まれる年間約350万キロワットの発電量を太陽光発電で得ようとすると、設備投資は風車の30～40倍。安定した風が吹けば、風車の自然エネルギー活用の効率性は高い。さらに区は、自然エネルギーの利用を促進するため、太陽光発電機器などを今後10年間で区内約4000戸に設置する目標もあるが、この取り組みには風力発電で得た売電収入をあてて、普及を促進。風車事業の収益を他の自然エネルギー活用事業へと循環させ、「2017年度までに04年度比10％削減」という区の二酸化炭素削減目標に寄与していく。

区環境と暮らし担当課は「地球温暖化防止の取り組みの中で、「風車は『区民主役のシンボル』としたい」と話しており、区民から寄付を募り、風車にネームプレートを設置するなどのアイデアもある。また「事業に区民が参加できる仕組みを作ることで、地球温暖化防止への意識が高まり、具体的な行動につながれば」と期待。常陸太田市とは、農業体験や農産物供給など、区民が主役の地域間連携や交流も行っていく予定だ。

豊島区 若手職員が区政のPR本

豊島区の若手職員が区政などを取材してまとめたPR本『探す！わがまちの魅力』（ぎょうせい）が23日に発売された。企画から発売まで約2年間に及んだ。

本は、区政情報、区民の取り組みなどを紹介した3章からなる。放置自転車税の話では、導入から廃止まで現場の苦労話を織り交ぜるなど、わかりやすくまとめた。

今回の出版は、版元のぎょうせいが独自性のある区の取り組みを取り上げたいと2006年春に区に企画を持ちかけたのが始まり。

一般的に自治体の出版物は、専門用語がずらりと並び、表現も硬いため、一般市民に読みづらい。そこで、区は若手職員の柔軟な発想や表現に着目し、主査以下の若手を公募したところ、12人が名乗り出た。

若手職員は取材のテーマを決め、区の係長らに取材した。昨年夏ごろに一通り原稿をまとめたが、区幹部の指示により、一から取材し、原稿の書き直しを余儀なくされた。そのため、昨年7月の新中央図書館の開館に合わせて出版する予定が大幅にずれたという。

初版は2000部を発行、区内の全書店で発売し、今後は全国販売もしていくという。1部1800円。

システム障害で国保料を誤賦課 中央区

中央区は18日、電算システム障害により国民健康保険料等を誤って賦課していたことを明らかにした。

06年1月に住民税電算システムの更新を行った際、総合譲渡所得のあった場合など特殊な事例について、国民健康保険料等の電算プログラムのミスが原因で、正規の保険料に対し過大または過少に賦課するなど、延べ95件について誤って処理していた。該当した世帯に対しては、職員が戸別訪問し説明・お詫びするとともに、手続きを行う。

区では「今後、このようなことがないよう区と受託事業者間の情報提供・意思疎通をより緊密にし、これらをすべて文書により記録するとともに、十分なテストを実施するなど検証を徹底して行う」としている。

時間外受付で届け出を紛失 大田区

大田区は20日、戸籍届け出受付業務で関係書類を紛失したことを明らかにした。区役所本庁舎宿直室受付で16日午後5時から午後7時頃までに受け付けた死亡届、死体火葬許可証交付申請書、戸籍謄本が宿直室内の保管場所からなくなっていることが、同日午後8時45分に判明した。紛失が判明して以降、職員が調査しているが、発見できていない。

区は盗難の可能性も否定できないため、19日に蒲田警察署に被害届を提出した。また関係する人には連絡し、面談にて謝罪した。

再発防止策として他と区分する専用の保管庫を設置、執務中の宿直室からの一時退出や執務時間外の離席を極力行わない体制を整える。

記者席

3副知事の名はあるのだが

○……「大塚さんの責任は」と聞くと、新銀行東京の行員は「大塚さんって？」と問い返す場面がある。石原知事も、津島隆一代表執行役も、旧経営陣の責任追及を口にするが、王子信金出身で開業当初から現在もいる大塚宗一執行役と、取締役会議長として昨年6月から君臨する大塚俊郎氏（元副知事）の二人がいるからだ。

大塚宗一執行役は、いわゆる旧経営陣の範疇に入り、理屈としては責任追及を受ける側にいる。もう一方の大塚俊郎議長は、それこそ都庁、都議会その他いろんなところから、「責任を取れ」と大合唱が起きている立場である。都庁時代は、津島代表執行役の上司でもあった。新銀行東京の行員も、責任論の取材で「大塚さんは」と聞かれると、大塚議長の顔が真っ先に思い浮かぶのかもしれない。

○……2月2日の都職員1000人による街頭募金活動を取材したこともあり、「緑の東京募金」ホームページに公表してある募金者一覧を興味深く見ている。懐かしい職員OBの名前を見つけたりすると、「こんなところに」と感心したりする。逆に、現役職員は職場でまとめたせいか、名簿上は多くない。

ところで、都職員による街頭募金活動の「発案者」氏の名前は、いまのところリストに見受けられないようだ。知事や議員は公選法上、募金をできないが、副知事は可能だ。実際、谷川、菅原、山口の3副知事の名前はある。リストは掲載に同意した人だけなので、奥ゆかしく匿名ということなのか。果たして真相は？

○……春の陽気が訪れた22日、東久留米市の予算発表記者会見に出席した野崎市長は、「いかにも飛んでそうだよね。花粉症、大丈夫？」と窓の外を見た。野崎市長自身は就任してから花粉症になったという。「市長になってストレスがたまったんでしょうか」という記者の質問には「いやいや、今まで溜まっていたのが出てきただけでしょ」と苦笑した。「今冬は寒い日が続いたが、当市の財政も同様に厳しい」と、季節の変わり目とあって天気の話題が多かった。

京王沿線7市

図書館相互利用を開始へ

利用者10%増見込む

八王子、府中、調布、町田、日野、多摩、稲城の京王線沿線7市は、4月1日から図書館の相互利用をスタートさせる。06年の東京都市長会の政策提言「広域連携」を受けての事業。7市の蔵書数を合わせると、多摩26市の約4割をカバーする。市境などに住む住民にとっても朗報で、全体で約10%の利用増が見込まれている。

蔵書数は約658万冊

06年11月、東京都市長会は、多摩地域の自治体間での広域連携を促す政策提言を発表。そのひとつとして「多様な図書館連携」を挙げ、相互利用の拡大、蔵書の特色化、古蔵書の共同保管などでの協力を例示していた。

これを受け、すでに府中、多摩の両市と図書館の相互利用を行っていた稲城市では、さらに連携を広げたいと、石川良一市長が京王沿線の他の6市の市長に呼びかけた。

7市をとりまとめた稲城市立中央図書館によると、全体での利用は約10%増が見込まれる。7市の蔵書数を合わせると約658万冊で、多摩26市の蔵書数の40・2%をカバーすることになる。

7市では昨年10月、インターネットで2000人、図書館利用者1800人の計3800人を対象に、図書館相互利用に向けた意向調査を行った。その結果、7市のうち、他市からの利用の方が多いと思われるのが、府中、調布、日野、多摩市で、他市への利用の方が多いと思われるのが、八王子、町田、稲城市という傾向がうかがえた。

調布市立中央図書館によると、調布では「府中に行きたい」という人が多かった。一方、稲城、府中からは「調布に行きたい」という声が多いという。

人口54万人を抱え、市域も広大な八王子市は、他市へ借りに行く利用者の方が多くなる。八王子市南大沢図書館では「市境などで市の図書館空白地域の住民にとってよい話」と話す。同市の蔵書数は、約141万6000冊と7市で最も多い。

「借りに来てくれる他市の人にも、充実したサービスを提供したい。貸し出し冊数や予約など、八王子市民とすべて同じ条件で貸し出す」という。

ほかの市では、他市の市民に対する貸し出しのサービス内容に制限がつくことが多い。予約やリクエストにも市民同様に応えていけるかは、今後の課題となる。また、今回の連携では、利用の多い少ないによる各市の費用負担は伴わずにスタートするが、利用実績に顕著な偏りがみられた場合には、実績に応じた負担の検討などもありうるという。

4月1日からは、広域を対象にしたサービスを提供することになる＝八王子市と隣接する日野市立中央図書館で

冷凍ギョーザで注意喚起

八王子市保健所 児童生徒の家庭にチラシ

八王子市保健所は、中国から輸入した冷凍ギョーザで健康被害が発生した事件を受けて22日までに、家庭の冷凍庫にある当該品を食べないよう記したチラシを公共施設のほか、市立小中学校の児童、生徒の家庭あてに配布した。 ＝1面参照

同保健所では、問題発覚後、1月31日から市のホームページで市民に注意を喚起。市内幼稚園や保育園、小学校、高齢者施設を管轄する市担当部課や市内救急医療機関、給食施設などに情報提供を行った。

同日から保健所窓口と電話で相談に応じた結果、15日現在で、今回の事件に関連した相談17件のほか、回収対象ギョーザに関する有症苦情が8件あった。胃のむかつき、動悸、吐き気やめまいなどを訴える内容だった。

有症苦情者から回収した問題の中国産ギョーザの食べ残し4品目と包材1品目については、メタミドホス、ジクロルボスの含有を調べたが、いずれも検出されなかった。

また、流通拠点やスーパー、デパートなど10カ所を立ち入り調査した。

同保健所では、問題となっている商品名や被害発生場所、販売者などの情報のほか、「当該製品がお手元にある場合は絶対に食べないでください」などと書いたチラシを、13日から市民部事務所や図書館、市民センターなどの施設で、また21日からは市立小中学校を通じて全児童、生徒の家庭に配布。さらなる注意喚起を図っている。

立川市 国民保護協議会設置へ

立川市は28日に開会する定例市議会に、国民保護計画策定に向けた国民保護協議会設置の条例案を上程する。

国民保護計画策定が各自治体で進むなか、同市では「見直し作業中の地域防災計画を優先する」としていた。電気やガスなどライフライン関係機関、病院、行政などでつくる立川市防災会議は、昨年9月に新しい地域防災計画を策定した。

同市では、国民保護協議会設置条例案のほか、防災会議に自衛隊の参加を加える条例改正案も上程する。

団塊サロンを開催

東久留米市

東久留米市の団塊世代らでつくる「団塊クルネット」(東久留米の団塊世代ネットワーク)は、3月15日、東久留米市役所1階ロビーで団塊サロンを開催する。午後2時から5時まで。

定年退職を迎え、地域に戻ってくる団塊世代を対象に、地域のことを知ってもらおうというのが狙い。

東久留米に関するパネル展示や情報提供、クイズなどを行う。地元産のお茶や名物の柳久保かりんとうも、無料で用意。「散歩や買い物のついでに、ぶらりとのぞいてみてほしい」と気軽な参加を呼びかけている。問い合わせは、東久留米市生活文化課☎042・470・7738。

東久留米市 職員を懲戒処分

東久留米市は20日、業務委託契約の解除に伴い不適正があったとして、都市建設部の課長と課長補佐を減給10分の1(それぞれ3カ月と2カ月)とする懲戒処分を行った。

いずれも東久留米市南沢地区地区計画策定業務委託契約を解除するにあたって、仕様書に定められた成果品に一部未納があったにもかかわらず、すべて受領したものとして不適正な事務処理を行った。地方自治法や東久留米市会計事務規則、地方公務員法などに違反する行為とされた。

また、同日、野崎重弥市長は、市長、副市長の責任の面から、市長を減給10の3(2カ月)、[illegible]川彰夫副市長を減給10の3(3カ月)とする条例案を臨時市議会に提出、可決された。

福生市長選 田辺氏が出馬会見

任期満了に伴う今年5月の福生市長選で18日、前市総務部長の田辺恒久氏(59)が立候補を正式に表明した。無所属での出馬とし、民主、生活者ネットに推薦を依頼している。

記者会見で田辺氏は、出馬の動機について「この48年間というもの、限られた人により首長候補者が決められ、対立候補を出させなかった。自分が出ることで市民に選択肢を示したい。現市政が取り組んできた市民参加と協働のまちづくりを評価し、一段階上の成長を目指す」と述べた。

米軍横田基地の軍民共用化については「個人的には反対だが、5市1町でコンセンサスを得る必要がある」とした上で、「このような世界情勢のもとで、(基地に)民間機が飛ぶようになればテロの危険性が高まる。[illegible]間機は飛ばないだろう」との見方を示した。また、「市民に基地につい[illegible]

■人事異動

多摩市

3月1日付

【部長級】▽市民部長・資産税担当課長事務取扱(市民部課税課長)中村満

【課長級】▽市民部課税課長(市民部市民課長)持田[illegible]

退職

2月29日付

【課長級】市民部長 奥住高正

08年度予算案 市町村

あきる野市 地域産業を活性化 秋川駅北口など調査

あきる野市は18日、08年度当初予算案を発表した。一般会計は前年度比5・7%増の256億1500万円、7特別会計も合わせた総額は前年度比4・3%増の470億9600万円となっている。

臼井孝市長は「一般会計は前年度比で伸びているが、後期高齢者医療制度創設などに伴う特別会計繰出金増や起債の元利償還金もあるなど余裕のある予算ではない。基金を取り崩して対応したが、地域産業の活性化を盛り込むなど将来の発展に向け踏み出す予算とした」と話した。

歳入は、市税が1・1%減の115億7500万円、地方交付税が旧地域総合整備事業債の元利償還金、後期高齢者医療制度創設による基準財政需要額の増加などで23・8%増加し、32億8000万円を見込んでいる。市債も32・8%増加して11億1600万円。

歳出は、衛生費が阿伎留病院の施設改築に伴う負担金などで7・1%増。教育費が小中学校の耐震補強などで11・5%増。

新規事業は地域産業活性化に1000万円を計上した。市職員38人のプロジェクトチームで秋川駅北口、五日市、養沢の3地域を調査、検討する。市民や事業者も交えて取り組んでいく。

小金井市 市制50周年の節目 中東紛争遺児を招待

小金井市は19日、08年度当初予算案を発表した。一般会計は土木費の増などを受け、前年度比8・3%増の369億7100万円、6特別会計も合わせた総額は前年度比2・3%減の567億7500万円。

稲葉孝彦市長は「市制50周年の節目の年として関連予算を計上した。課題であるまちづくり、財政再建は道半ばだが一定のめどが立ち、大きな問題である地球温暖化防止対策や平和事業なども盛り込んだ」と話した。

歳入は、市税が2・2%増で過去最高額の201億500万円。個人市民税が給与所得増で3・8%の伸びを見込んでいる。国庫支出金は27・7%増の38億5500万円、都支出金は29・2%増の47億6400万円。繰入金は39・3%増の12億9500万円。

歳出は、総務費が人件費削減などで6・3%減の44億8400万円、民生費が義務教育就学児医療費助成増などで7・5%増の117億9000万円、土木費がJR武蔵小金井駅南口再開発などで53・1%増の68億8200万円。新規事業では、イスラエル・パレスチナ紛争地域の遺児を招き、市民との交流を図る中東和平プロジェクトに200万円を計上する。

国分寺市 地域バスで特別会計 木造住宅の耐震に補助

国分寺市は19日、08年度当初予算案を発表した。一般会計は前年度比6・9%減の361億9700万円、9特別会計も合わせた総額は前年度比9・4%減の610億5900万円となった。

今春から市内に4ルートとなる地域バスの運行経費を明確化するため、新たな特別会計を設けた。

星野信夫市長は「経常経費2億3000万円の削減を図り、後世に負担を残す赤字地方債の借り入れは行わなかった。国分寺駅北口再開発のほか、本庁舎や保育園、住宅などの耐震化に取り組んでいく」と話した。

歳入では、市税が1・7%増の221億7000万円。国庫支出金が1・9%増の30億円、都支出金が8・9%増の32億5500万円。繰入金が18・5%減の25億6100万円、市債が恋ヶ窪保育園園舎建設事業債の皆増などで78・4%増の6億8400万円。

歳出は、義務的経費の人件費が職員数の減や退職手当の減で7・0%減、扶助費が民設民営保育所の開園に伴う運営委託料の増などで2・4%増、公債費は2・0%減。

新規事業では、木造住宅耐震診断・耐震改修等補助事業に2480万円を計上。福祉センターや児童館、保育所、公民館などの耐震診断も行う。

武蔵野市 民間の耐震補強を助成 認知症の見守り支援

武蔵野市は20日、一般会計規模が前年度比2・9%、約17億円減の552億8000万円とする08年度当初予算案を発表した。今回の予算編成では「活力あるまちづくり」に重点的に配分したという。

歳入では、市税が前年度比1・1%、4億円減の362億6800万円。マンション建設により転入者が増加し、個人市民税は1・2%増の157億9300万円としたが、景気の減速により不動産、金融などの企業の業績が悪化し、法人市民税は20・6%減の29億8800万円を見込んだ。

歳出では、義務的経費が1・5%、約3億円減の222億1700万円、投資的経費が24・6%、約27億円減の82億2000万円とした。

新規事業では、1981年以前に建てられた店舗や事務所などが新耐震基準を満たしていない場合、耐震診断後に改修工事や建て替えの一部(約300万円が上限)を助成する。3000平方㍍以下の店舗などの建て替えの場合は、市が独自に固定資産税を2分の1軽減する。

認知症の知識を持つホームヘルパーの有識者が家族などに代わり、在宅の認知症高齢者の見守り、話し相手などを行う。介護する家族などの負担軽減が狙い。

町田市 小中学校新設へ投資 福祉人材の海外研修補助

町田市は20日、08年度当初予算案を発表した。一般会計は前年度比2・1%増の1201億4800万円、10特別会計も合わせた総額は8・0%減の2192億4300万円。石阪丈一市長は「市民すべてが希望の持てるまちを目指し、中期経営計画を具体化し、都市ブランドの確立、市民協働の推進を図る」と話した。

歳入は、市税が0・6%増の690億7900万円。個人市民税は0・5%減、法人市民税は4・2%増を見込む。国庫支出金は扶助費や小学校建設に伴う負担金の増で10・2%増の139億3300万円、都支出金は市町村総合交付金の増などで8・4%増の123億4600万円。市債は小中学校新設に伴い13・1%増の52億6700万円。

歳出は、約4割を占める民生費が後期高齢者医療事業会計繰出金の皆増などで6・6%増。次いで多い教育費が17・4%増。性質別では義務的経費の人件費が職員給与費の減などで1・8%減、公債費が高金利時代の返済が進み4・3%減、投資的経費が小学校新設整備や新設中学校用地購入などで13・1%増。新規事業では、福祉施設職員の北欧など福祉先進諸国への研修費補助に3[illegible]0万円を計上。市が企画を募集、書類選考する。

武蔵村山市 校舎一体型一貫校を整備 しゃれたマイバッグも製作

武蔵村山市は20日、一般会計221億8300万円、前年度比0・6%増の08年度当初予算案を発表した。6特別会計を含めた予算総額は365億100万円で前年度比3・9%減。荒井三男市長は「厳しい社会経済情勢下にあっても、『市民が安心と希望の持てる元気な市』となるよう、市民とともに『創造する市政』に取り組む」などと語った。

歳入では、市税が5・8%増、地方交付税は法人市民税の伸びがあったものの、需要額の伸びが上回り21・6%減など。

歳出では、人件費減を主要因に農業費が14・4%減、商工費が30・6%減のほか、小中一貫校整備などを主要因に教育費で5・5%増など。

主な新規事業は、隣接する市立第四小学校と第二中学校を統合した小中一貫校整備事業で3億2400万円を計上。2010年4月開校を予定し、08年度は共用型職員室と小、中各校舎をつなぐ接続棟増築などを予定している。また、ごみ減量への啓発を図るため、マイバッグ作製に75[illegible]万円を計上。ファッションデザイナーの花井幸子氏にデザインを依頼し、「持ち歩きたくなるおしゃれなバッグ」を2000個作製、2000円で販売する予定だ。

清瀬市 緑、水、農地を保全 野菜の種をブランド化へ

清瀬市は21日、08年度当初予算案を発表した。一般会計は前年度比4・5%増の235億7400万円、7特別会計も合わせた総額は前年度比[illegible]・5%減の389億2200万円となっている。

星野繁市長は「郊外都市として、緑、水、農地をどう残していくか、大小の病院が多いまちの[illegible]

若手全員に心の健康診断

都安全衛生委員会

入都3年目職員を対象　チェックリストで自己点検

ストレス耐性の把握や対処法も

07年度の第3回東京都安全衛生委員会がこのほど開かれ、来年度の安全衛生管理に関する基本計画と事業計画を決定した。08年度については、予防的見地から若手職員全員を対象に、チェックリストによる心の健康診断実施を盛り込んだ。また精神保健相談員制度の充実を図るなど、メンタルヘルス対策をより強化する点が特徴となっている。

都では精神障害を理由とする30日以上の病気休暇者が06年度で357人にのぼり、とくに入都10年以上15年未満の職員の割合が約26%と高く、また入都後10年未満の職員も20%に迫っている。

新たな心の健康相談は、入都3年目の若手職員全員に対して、チェックリスト（問診票）により実施する。ここではストレスの要因や対処能力、心身の不調といった反応などを自ら点検。チェックリストを基に専門機関が分析・作成する個人別のアドバイスシートを参考にしながら、早期に自分の心の特性やストレス耐性などを認識し、対処法等を会得してもらうことを狙いとする。

あわせてチェックリストの分析結果から、うかがい知ることができる職場の問題点等についても、専門機関が職場解析報告書として作成する予定となっている。

さらに希望者については、精神科医等による面接指導も行う。健康な職員には日常生活でのストレス対処法を指導するほか、注意や医療が必要な職員の発見やスクリーニングのうえ、カウンセリングや治療の指導にもつなげる。

対象者を入都3年目の職員とした理由について、都総務局は「採用直後は職場に適応するためのストレスという別要因があり、通常ストレスの判定が難しい。職場に慣れてきた入都3年目を対象とすることが適当と判断した」と説明する。

一方、精神保健相談員の充実は、現行の非常勤職員8人体制から、08年度以降は常勤6人、非常勤11人と増員するもの。常勤職員である一般任期付職員は、すでに合格者を決定している。

常勤職員が局人事担当者や管理監督者と連携し、人事管理や労務管理と関わる組織的対応が必要な相談を担当。非常勤職員は、心の健康づくり支援と職員個人の相談にあたっていく。

基本的には、常勤職員1人と非常勤職員1人のペア制を敷き、局を受け持つ予定だが、局の事情等に応じて、非常勤職員の部分を厚くすることも想定される。

島しょ勤務職員に対しては、07年度に引き続いて精神科医や心理職による訪問相談を実施する。08年度は、大島支庁及び小笠原支庁を対象に行われる。

このほか来年度については、新宿本庁舎での屋外排気型の喫煙室整備に向けて、実施設計と設置工事を進めるほか、喫煙マナーの徹底も図る。また知事部局と交通局が共同して再構築した新健康管理システムも稼働することから、健康診断受診率の向上や健診結果の有効活用に取り組むこととしている。

自己啓発等休業を導入へ

区労使交渉

区長会が提案　任用・給与上の扱い示す

区長会は19日、自己啓発等休業と修学部分休業の導入に向け、任用・給与上の取り扱いを特区連および東京清掃労組に提案した。4月1日の施行を目指す。

自己啓発等休業は07年8月1日の地方公務員法改正で盛り込まれたもので、職員に自己啓発や国際協力の機会を提供することが目的。3年以内の期間で大学課程の履修や国際貢献活動への参加が可能となる。導入する区は条例を制定する。

また、修学部分休業は、条例で定める2年以内の期間で、週20時間まで大学等の修学のために取得できる制度。04年度に地方公務員法に盛り込まれたが、特別区では未導入だった。

今回、一部の区から自己啓発等休業の導入希望が示されたため、修学部分休業と併せて、統一交渉事項となる任用や給与上の扱いを提案した。

自己啓発等休業の任用上の取り扱いは育児休業と同様とし、例えば管理職選考などの受験資格の期間を計算する際には休業期間を除算しないなどとした。休業期間中は給与等を支給しない。昇給は、休業目的が職務に有用と認められる場合は抑制しない。退職手当も職務に有用な場合は休業期間の2分の1を在職期間から除算し、それ以外の場合は全期間を除算する。

ただし、正当な理由なく大学等を退学し、休業の承認が取り消された場合などには期間中の昇給を抑制し、退職手当も在職期間から除算する。

他方、修学部分休業の任用については、特段の取り扱いは設けず、週40時間勤務の職員と同様とし、給与は勤務1時間あたりの給与額を減額支給する。昇給抑制は行わず、退職手当も在職期間から除算しない。

これに対し、特区連は、「提案自体は前向きに受け止める」とした上で、基本的に国の制度を横引いた制度設計について、「特別区としての自主性・主体性を考慮した制度が必要」と述べ、十分活用されるような制度構築を求めた。

清掃労組は「これまであった諸制度の活用との関係や、区によって取り扱いが異なることが懸念される」と指摘。十分な協議を求めた。

自己啓発等休業は、大阪市が4月1日付の導入を予定しており、特別区で導入が決まれば同市と並び政令指定都市では全国初となる。また、都での導入については現在のところ未定となっているが、他県では佐賀県が昨年11月に導入したほか、4月1日付で施行する自治体も多い。佐賀県では、「時期的にも4月頃の取得が見込まれ、これまでに取得実績はない」という。

公益法人改革に対応

生活文化スポーツ局

局定数434（82増94減・差引12減）

前年度にスポーツ関連組織を移管・新設し、生活文化スポーツ局に衣替えした同局。08年度もスポーツ絡みで組織に動きがある。

体制強化を図ったスポーツ振興部では、現在の1部1課体制から、事業拡大に伴って管理部門を担うスポーツ計画課、事業にあたるスポーツ事業課の2課体制とする。またオリンピックムーブメントやスポーツ全体への理解を深める観点から、普及宣伝担当係長を新設する。具体的な事業面では、今年度も実施したジュニアスポーツアジア交流大会で、バドミントンのほか08年度は柔道も種目に追加。また4月下旬には国際ユースサッカー大会を開催し、関連事業なども行う。

来年度のポイントとなるのが公益法人制度改革だろう。公益法人制度改革では、認定基準を定めた上で、団体からの申請を踏まえて、12月以降に審議会で公益認定を行う仕組みとなっている。都内には現在、財団や社団合わせて560を超える団体があり、この対応が大きな課題となる。このため業務増に伴って4人が増員されたが、このうち2人は教育庁所管団体の担当を移管するもの。同局では認定に関わる業務の二元化も視野に置く。

減要因をみると、計量検定所で実施している定期検査について「小型はかり」にかかる一部業務委託で3人の減員とした。定期検査の委託化は、これまで「大型」「中型」のはかりで順次進められており、検査委託化がすべて終了することになる。

計量検定所では、全庁的に進められている管理スパンを見直し、従来の庶務課に事業者指導的な業務の一部も加えて管理指導課とするほか、検定課、検査課の3課体制とする。

また都民芸術フェスティバルを㈶東京都歴史文化財団との共同実施とすることで2人の減員。この事業移管に関わって、文化振興部は現在の3課体制から企画調整課、文化事業課の2課体制とする。このほか事業移管では、ロケーションボックスを産業労働局に移管し、1人減員となる。

経済支部では「計量検定所の組織統合が一方的に行われた。本来、現場から積み上げて結論を出すべきだ。また消費生活部の削減や消費総合センターの一部非常勤化は、国でも消費者行政が重きを増している中、都民生活の方を向いていない削減で非常に問題だ」（平井書記長）とコメントしている。

本庁支部は、同局が所管する㈶東京都歴史文化財団等に働く非常勤職員等の処遇改善を課題として挙げている。

重要施策に重点配置

環境局

局定数488（38増53減・差引15減）

「10年後の東京」への実行プログラムに掲げられたカーボンマイナスや緑の東京プロジェクトの施策推進に向けて組織再編・強化を図る一方、委託拡大や業務量の減に伴う見直しを図った。

まず、都市地球環境部では低 CO_2 型都市づくりの推進に向け、計画調整課で2増した。産業部門に比べて対策が遅れている業務・家庭部門の温暖化対策を強力に進めるため、建物の建築や大規模な都市開発に関する対策を強化する。

具体的には、建築物環境計画書制度を見直し、対象施設の拡大や省エネ性能の最低基準の設定を行うほか、地域でのエネルギーの有効利用に関する計画制度を導入する。これら施策は2009年度に施行する予定で、来年度はその準備を進める。

一方で同部では、ヒートアイランド補助の件数減や、環境影響評価の審査体制の効率化、市街地緑化事業の自然環境部への移管等により、部全体では差引2減となる。

自然環境部では「緑の東京プロジェクト」の実施体制を整備するなどして差引5増とした。都市地球環境部から市街地緑化事業や校庭芝生化事業を移管して推進体制を一元化。緑施策担当副参事の設置や計画課に「募金担当係長」を設置して計3増、緑環境課に校庭芝生化担当係長を設置するなどして2増とした。また、緑環境課には「指導係」および「指導担当係長」を設置した。

環境改善部では、土壌汚染等への対応を図るため、時限措置していた副参事（土壌地下水汚染対策担当）が常設となる一方、収納業務の減、土壌汚染対策支援プログラムの策定業務の時限終了等により差引5減とした。

このほか、自動車公害対策部では事務の効率化や委託化で3減、廃棄物対策部ではスーパーエコタウン事業の業務減などで2減、廃棄物埋立管理事務所では執行体制を見直して5減などとした。また、環境改善部や自然環境部、廃棄物対策部、多摩環境事務所で監視業務や免状交付事務などへの非常勤職員導入を拡大して計6減としている。

局は前年度、環境科学研究所の移管などで59減としたが、今回は各部で細かい見直しを図り、15減を積み上げた。菊田裕司副参事は、「『10年後の東京』への実行プログラムの施策をはじめ、多岐にわたる新たな施策を構築・迅速に展開することを考えると厳しい査定結果だが、今回整備された低 CO_2 型都市づくりのための制度構築や、『緑の東京募金』、校庭芝生化など緑施策の推進体制を最大限に生かし、少数精鋭の組織で効果的・効率的な展開を図りたい」と話す。

これに対し、都市整備環境支部の安藤和雄書記長は、「局は『10年後の東京』で水と緑の回廊計画、CO_2 排出削減計画など多くの施策を掲げ、予算で26・9%の伸びを示しているにもかかわらず、定数は局全体で3%の削減率で差引15減となった。事業・予算増や慢性的な深夜に及ぶ超勤が続いている職場の実情を踏まえた定数査定とは、到底考えられない」と述べた。

08年度各局定数　57%の実態▼▼▼6

公募制人事を実施

墨田区

新タワー推進事業など4分野

墨田区は、新タワー建設事業など主要プロジェクトの人材を確保するため、公募制人事を行っている。管理職を除く職員であれば、年齢や経験年数、職種などは問わずに誰でも応募できるもので同区では初。公募はすでに締め切っており、計14人が応募。現在は面接などを実施中で、2月中には結果を本人に通知するという。

公募制人事は、公募する分野に職員自らが直接手を挙げて申し込むもので、通常の人事異動と別枠で任用する制度。今回募集したのは、北斎館建設推進事業、観光事業、新タワー推進事業、ガバナンス推進事業の4事業で、募集人員は計6人。公募分の人員は純増となる。

このうち新タワー推進事業は、タワーが今年の夏に着工し、関連事業が本格化することを受けたもの。募集人員は1人で、新タワー建設推進にかかわる関係機関との調整事務や、周辺住民との調整などを行うという。

観光事業は、両国・向島・吾妻橋などの観光拠点エリアと周遊軸、タワービュー軸の整備などを進める。同区では観光課を昨年4月に設置しており、1人を増員して体制を強化する。

ガバナンス推進事業も、昨年4月に地域振興部区民活動推進課を新設して協働の仕組みづくり等を進めているが、2人を増員して体制を強化。区民への普及のためのガイドブック作成や職員向けマニュアルの整備などを進めるという。

防災士養成講座を開催

特別区職員研修所が初の試み

特別区職員研修所は、職員を対象とした防災士養成講座を開催している。区民に対する講座を行う例はあるが、職員を対象に研修所が行うのは初めての試みだ。

首都直下型地震は、今後10年以内に30%、30年以内には70%の確率で発生すると言われている。こうした中、職員が防災士の資格を持つことで、いつ災害が発生しても率先して実践的な活動に取り組めるようにするのがねらいだ。今月7日から28日までの間の4日で実施しており、最終日にはテストを実施。合格すれば日本防災士機構に申請し、防災士として登録される。

50人の定員で募集したところ、防災にかかわる職場などから76人の応募があり、全員が受講している。研修所では、好評のため来年度も同様に実施する予定という。

都の完全失業率　0・7ポの低下

3・7%に

都総務局は21日、労働力調査の東京都分について、07年10～12月期平均の集計結果を公表した。都の完全失業率は3・7%で、昨年同期から0・7ポイント、3期連続の低下となった。男女別では、男性が1・4ポイント減の3・1%、逆に女性は0・3ポイント増の4・6%だった。

このほか都の完全失業者数は26万1000人で、前年同期と比べて3万9000人減少。就業者数は前年同期から30万4000人増の676万7000人となっている。

平井　恵美さん（ひらい・えみ＝港都税事務所徴収課徴収係）22日死去、61歳。

百均でノロ予防が最優秀提案

多摩府中保健所生活環境安全課食品衛生第二係

中村冨士子（なかむら ふじこ）さん

小澤　悠作（おざわ ゆうさく）さん

「百均でノロに勝つ！」と、安価にできるノロウイルス対策で、今年度職員提案制度の最優秀賞を受賞した。

ノロウイルスによる食中毒は近年、発生件数、患者数ともに1位を記録。「一般に感染者の吐物や便を介して広がるので、それらを迅速に処理することが感染拡大の防止につながる。すぐ処理出来るよう準備しておくことを福祉保健局でもパンフなどで指導しているんです」と小澤さん。

その処理用セットが市販され、待ってましたと思ったのもつかの間、その値段を知って「私の逆鱗に触れたのよね」と中村さん。

「1セット525円もして、買えるわけないでしょう。大した物が入っているわけではなく、ペーパータオルも全然足りなかった」

その日の帰宅途中に100円均一店に直行するや、使い捨て手袋やエプロン、マスクとビニール袋、ペーパータオルを買い求めた。マニュアルカードは、局作製の既存パンフを配布し、1セット当たり約78円と、市販品の約7分の1の価格に抑えることができた。

「使い捨ては安くなければ、洗って使おうとするかも。現場での動きをシミュレーションしてみて、自慢はジョウロ。実験では1㍍の高さからの吐物は半径2㍍も飛ぶ。君子危うきに近寄らずで、これで塩素を撒くんです。それから窓クリーナーもスポンジが付いているので、モップ代わりに便利なんです」

より安いものを求めて10件は回った。予算もなかったが「安いから出来たんですね」。塩素はハイターで十分だし、薬局でそろえてと言っても難しいが、百均なら身近だとも。

「何かで形に残しておかないと、一人のアイデアで終わってしまうのは勿体ない」と、食品衛生監視員の発表会で報告したり、職員提案に応募したのが、以前から普及啓発に興味があった小澤さん。

受賞を「びっくりした」と二人。「他に比べて地味ですよね。でも、自分たちのためというより、施設で働く人たちがやりやすいようにという提案の方向が良かったのかも」

犬の仕事が長かった中村さんは、都庁HPで評判の「犬を飼うってステキですーか？」の作者。「相手に届くように語ること」の難しさを痛感してきたが今回は「百均を媒介にしたことで伝わりました」と笑った。

中村さんは71年に入都。動物愛護相談センターなどを経て06年現職。趣味は虫眼鏡を持って公園散策。長女は独立し義母と夫と。小澤さんは01年入都。食品Gメンを経て、06年現職。料理が趣味で、都職員の妻と。（門）

昇任試験対策のページ

前回に引き続き、地方公務員法の基礎知識の確認をします。

15 服務（第30条～第38条）

すべての職員は、全体の奉仕者として公共の利益のために勤務し、かつ、職務の遂行に当たっては、全力を挙げてこれに専念しなければなりません（第30条）。この根本基準のもと、地公法では、次のとおり具体的な義務・制限を課しています。

① 法令等及び上司の職務上の命令に従う義務（第32条）

職員が職務を遂行するに当たっては、法令、条例、地方公共団体の規則等に従い、かつ、上司の職務上の命令に忠実に従わなければなりません。

この職務命令は、

・権限のある上司から発せられたこと

・職員の職務に関する命令であること

・法律上または事実上、実行可能な命令であること

の3要件を満たすことが必要です。なお、職務命令に重大かつ明白な瑕疵がある場合には、その職務命令は無効となり、これに従う義務はありません。しかし、取り消しうべき瑕疵がある職務命令は、有効であるとの推定を受け、取り消されるまでは従わなければなりません。

② 信用失墜行為の禁止（第33条）

職員は、その職の信用を傷つけ、または職員の職全体の不名誉となる行為をしてはなりません。信用失墜行為は、職員がその職務に関連して非行を行った場合のみならず、職務とは関係のない行為や勤務時間外・職場外の個人的な行為であっても、職員の職全体の不名誉となるような行為であれば該当します。例えば、収賄などの職務に関する犯罪や、職務の執行とは直接関係のない飲酒運転などの犯罪行為の場合に限らず、社会通念に基づき非行であると判断されるものは、信用失墜行為に該当する可能性があります。

③ 秘密を守る義務（第34条）

職員は、職務上知り得た秘密を漏らしてはなりません。また、職員がその職を退いた後も同様です。「秘密」には、「職務上知り得た秘密」と「職務上の秘密」がありますが、後者は前者の一部であり、法令による証人、鑑定人等となり、任命権者の許可を受けて発表できるのは、「職務上の秘密」です。職員が守秘義務違反となった場合は、懲戒処分の対象となるとともに、1年以下の懲役または3万円以下の罰金に処せられます（第60条第2号）。

④ 職務に専念する義務（第35条）

職員は、法律または条例に特別の定めがある場合を除くほか、その勤務時間及び職務上の注意力のすべてをその職責遂行のために用い、当該地方公共団体がなすべき責を有する職務のみに従事しなければなりません。職務専念義務が要求されるのは勤務時間中ですが、時間外勤務、週休日の勤務等、正規の勤務時間外に勤務を命じられた時間も含まれます。職務専念義務に違反した場合、懲戒事由には該当しますが、罰則の定めはありません。

⑤ 政治的行為の制限（第36条）

公務員の政治的中立性を確保することを目的に、次の政治的行為を制限することです。

・政党その他の政治的団体の結成に関与し、若しくはこれらの団体の役員となること及び政党その他の政治的団体の構成員となるように、若しくはならないように勧誘運動をすること

地方公務員制度 ③

・特定の政党その他の政治団体等を支持し、または反対する目的をもって、あるいは公の選挙または投票において特定の人または事件を支持し、またはこれに反対する目的をもって、

イ 公の選挙または投票において投票するように、またはしないように勧誘運動をすること

ロ 署名運動の企画、主宰等、積極的に関与すること

ハ 寄付金その他の金品の募集に関与すること

ニ 文書、図画の掲示等について、地方公共団体等の庁舎、施設、資材または資金を利用し、または利用させること

ホ その他条例で定める政治的行為

ただし、ニ以外は、当該職員の属する地方公共団体の区域以外では制限されません。

⑥ 争議行為等の禁止（第37条）

職員は、地方公共団体の機関が代表する使用者としての住民に対して、同盟罷業、怠業その他の争議行為をし、または地方公共団体の機関の活動能率を低下させる怠業的行為をしてはなりません。また、何人もこのような違法な行為を企て、またはその遂行を共謀し、そそのかし、若しくはあおってはいけません。なお、争議行為等の禁止に違反した場合は懲戒処分の対象となります。また、争議行為を実行した者について罰則は定められていませんが、争議行為等の遂行を共謀し、そそのかし、若しくはあおり、またはこれらの行為を企てた者については、3年以下の懲役または10万円以下の罰金に処せられます（第61条第4号）。

⑦ 営利企業等の従事制限（第38条）

職員は、任命権者の許可を受けなければ、

・営利を目的とする私企業を営むことを目的とする会社その他の団体の役員等を兼ねること

・自ら営利を目的とする私企業を営むこと

・報酬を得て事業・事務に従事すること

はできません。これに違反した場合、懲戒の事由には該当しますが、罰則の定めはありません。なお、勤務時間中に営利企業等に従事する場合には、職務専念義務の免除の許可を別に受けなければなりません。

16 勤務条件に関する措置の要求（第46条～第48条）

勤務条件に関する措置の要求は、職員の勤務条件が労働契約や団体交渉の結果に基づく労働協約によって定められないなど、職員の労働基本権が制限されていることの代償措置として、職員の勤務条件を維持し、改善し、その適正化を図ることを目的とする制度です。

① 措置要求権者（第46条）

勤務条件に関する措置要求ができる者は、条件附採用期間中の職員や臨時的任用職員も含めた一般職の職員ですが、地方公営企業の職員や単純労務職員などは、勤務条件の決定方式が異なること等から、措置要求をすることができません。また、職員団体は職員でないことから措置要求をすることはできませんが、職員が共同で措置要求をしたり、第三者に委任して措置要求を行うことは可能です。

② 措置要求の対象となる内容（第46条）

措置要求の対象となる内容は、給与、勤務時間その他の勤務条件に関してであり、職員定数や予算の増減などの管理運営事項については、対象となりません。

③ 審査及び審査の結果執るべき措置（第47条）

人事委員会または公平委員会は、措置要求があった場合は、事案について口頭審理その他の方法により審査を行い、判定をします。事案の判定結果に基づいて、人事委員会または公平委員会の権限に属する事項については自らこれを実行し、その他の事項については、その事項に関し権限を有する地方公共団体の機関に対し、必要な勧告をしなければなりません。勧告を受けた機関は、これを可能な限り尊重すべき義務を負います。なお、措置要求の手続き等に関し必要な事項は、人事委員会または公平委員会の規則で定めなければなりません（第48条）。

17 不利益処分に関する不服申立て（第49条～第51条）

職員の身分保障を実効あるものとするため、救済手続きとして、職員がその意に反して不利益な処分を受けた場合に人事委員会または公平委員会に対して行政不服審査法による不服申立てをすることができます。

① 不利益処分に関する説明書の交付（第49条）

任命権者は、職員に対し、懲戒その他その意に反すると認める不利益な処分を行う場合は、その職員に対し、処分事由を記載した説明書を交付しなければなりません。また、職員は、意に反して不利益な処分を受けたと思うときは、任命権者に対し説明書の交付を請求することができ、請求を受けた任命権者は、その日から15日以内に交付しなければなりません。

② 不服申立権者（第49条の2）

不服申立てができるのは、懲戒その他その意に反する不利益な処分（以下「不利益処分」という）を受けた職員です。しかし、条件附採用期間中の職員、臨時的任用職員（第29条の2）、単純労務職員など（地方公営企業法第39条等）は除外されます。

③ 不服申立期間（第49条の3）

不服申立ては、処分があったことを知った日の翌日から起算して60日以内にしなければなりません。また、処分があったことを知らなかった場合でも、処分の日の翌日から1年を経過したときは、これを行うことができません。

④ 審査及び審査の結果執るべき措置（第50条）

人事委員会または公平委員会は、不利益処分に関する不服申立てを受理したときは、直ちにその事案を審査しなければなりません。この場合、処分を受けた職員から請求があったときは口頭審理を行わなければならず、さらに、その職員から請求があったときは公開で行わなければなりません。また、人事委員会または公平委員会は、審査が終了したときは、裁決または決定の判定を行いますが、その結果、承認、修正、取り消しの判定をそれぞれ行い、必要がある場合には、任命権者に必要かつ適切な措置を行うよう指示します。これに故意に従わない場合は、罰せられます（第60条第3号）。なお、不服申立ての手続き等は、人事委員会または公平委員会規則で定めなければなりません（第51条）。

⑤ 不服申立てと訴訟との関係（第51条の2）

不利益処分を受けた職員は、人事委員会または公平委員会に対し不服申立てを行い、その裁決または決定を経た後でなければ、原則として処分の取り消し訴訟を提起することができません。

18 職員団体（第52条～第56条）

職員団体とは、職員の勤務条件の維持改善を図ることを目的として組織する団体またはその連合体をいいます。職員は、職員団体を結成し、若しくは結成せず、またはこれに加入し、若しくは加入しないことができます。管理職員等も職員団体を結成することはできますが、管理職員等と管理職員等以外の職員とは同一の職員団体を組織することができず、管理職員等と管理職員等以外の職員とが組織する団体は、地公法上の職員団体ではありません。また、警察職員及び消防職員は、職員団体の結成及び加入はできません（第52条）。

① 職員団体の登録（第53条、第54条）

職員団体は、役員の氏名及び条例で定める事項を記載した申請書に規約を添えて、人事委員会または公平委員会に登録を申請することができます。登録の効果としては、

・当局は登録を受けた職員団体からの適法な交渉の申し入れに対してこれに応じるべき地位に立つこと

・登録を受けた職員団体の役員は、任命権者の許可を得て、専らその業務に従事すること（在籍専従）ができること（第55条の2）

・法人格を取得できること（第54条）

があります。なお、一般社団法人及び一般財団法人に関する法律の施行に伴い、法人格取得制度はなくなります（平成20年12月までに施行）。

② 交渉（第55条）

交渉事項は、給与、勤務時間その他の勤務条件です。また、これらに附帯して、社交的または厚生的活動を含む適法な活動に係る事項に関しても議題とすることができますが、施策の立案、定数、予算等の管理運営に関する事項は、交渉事項とすることはできません。また、交渉は職員団体と地方公共団体の当局が議題等必要な事項をあらかじめ取り決めて（予備交渉）行います。予備交渉を経ないで本交渉の申し入れがあった場合等は、当局は交渉を拒否できます。

③ 不利益取扱の禁止（第56条）

職員は、職員団体の構成員であること、職員団体を結成しようとしたこと、若しくはこれに加入しようとしたこと、または職員団体のために正当な行為をしたことの故をもって不利益な取り扱いを受けることはありません。

◇

これで基礎知識の確認を終わります。全部を説明できませんでしたが、このほかの条文にもあたり、確認しておきましょう。

20年度 主任・係長 論文講座 ★21★

特別区係長選考

前回（1月29日号）までの3回は、実際に書かれた論文を基に、添削をしてきました。論文の書き方については、前回も若干触れましたが、今回はもう少し突っ込んで説明していくことにします。前回の講座の続きとしてお読みいただければと思います。

問いに答える

前回（1月29日号）の講座でも述べましたが、論文は、出題者とのコミュニケーションですから、問われていることに答えることが何よりも大切です。そのためには、まず、出題者が何を聞いているか（出題意図）を的確に把握することが欠かせません。すなわち、今の時代に本区でなぜそれが問題になっているのかという現状や背景を把握することです。そのためには、日頃から新聞等を丹念に読み、ニュースと区政との関係を考える癖を身に着けることが王道ですが、手っ取り早く区政が抱える課題の現状や背景を知る方法として、区議会定例会の区長あいさつを過去1～2年分読むことをお勧めします。

骨組みを作る

係長選考の論文では、字数制限が1200～1500字程度までだと思われますので、「1（序論）・2（本論）・3（結語）」の3段構成にすべきでしょう。4段構成では、限られた字数を効率的・効果的に利用できないので、この点は、他の多数の受験者と同じ構成にした方が得策です。試験一般に言われていることですが、大きく外さないためには、内容面や形式面で、まず多数の受験者が採る考え方にのることが大事です。自分なりの独自性を出すことは、その上でのことだと思います。ということで、それぞれのパートに書くべき内容や順序について説明していきます。

【1の序論に書くこと】

ここには、前半で、前述した出題テーマについての現状や背景を書きます。ここで区の行財政の現況を書く場合は、具体的な数字を必ず書いてください。次に、それを受けて、後半で、解決策の方向性を示します。すなわち、区政に期待されている役割をざっくりと示すことです。この解決策の方向性が、2の本論での解決策へと繋がっていきます。

なお、1の冒頭で、エピソードを書くということも有効です。うまく書ければ、他の受験者と差を付けることができます。エピソードを書く際の留意点は三つあります。①新鮮なネタであること②1で書く課題の現状・背景や2で書く解決策とリンクした内容であること③エピソードが物語る社会的意味や区政との関係を自分なりに分析していること、です。刑事裁判などでよく「真実は一つ」と言われていますが、事実の持つ社会的な意味については様々な見方があります。論文の採点者に「なるほど、こういう見方をしているのか」と思わせるような分析をしてみてください。逆に言うと、このような分析までできる自信がない場合は、冗長になるリスクがありますので、エピソードはやめた方がよいと思います。書き出しの部分で失敗すると、その後の印象がとても悪くなります。なお、エピソードのネタについては、自分の仕事や私生活で体験した身近な内容が一番ですが、ネタに困った場合は、過去1～2年分の広報誌や庁内報に当たってみてください。

【2の本論に書くこと】

ここでは、解決策を三つ示します。上司への説明や職員への周知等の場合においても同様ですが、受け手の立場からすると、一時に頭に入る情報としては3種類が限界のような気がします。また、限られた字数の中で、解決策をしっかり説明するには、三つが効果的だと思います。

論文の書き方

ところで、解決策は、どのような視点で書くのがよいのでしょうか。出題テーマによって、解決策の書き方もおのずと変わってきますが、ここでは、前回（1月29日号）の講座でも取り扱った内部管理をテーマとした出題を前提に、極めてオーソドックスな書き方についてお話しします。

係長選考は、係長としての適格性を審査することが目的ですので、2の解決策も、係長の一般的な役割と絡めて書くことが効果的だと思います。試験は、アピール合戦です。いくら係長の役割を理解し、実際に係長となる能力があっても、それをきちんと紙の上でアピールしないと評価されないのです。

では、係長の一般的な役割とは何でしょうか。重要なものと一般に言われているのは、①仕事の管理②組織の管理③職員の育成、の三つです。この三つの役割ごとに三つの解決策を書いていくことになります。三つの役割について、少し詳しくみていきましょう。

まず、仕事の管理には、日常業務の管理と業務改革があります。係長としては、まず、日常業務を正常に管理することが最低限の条件です。その上で、自ら業務改革を先導していくことが求められます。日常業務については、徹底したマニュアル化と絶えざる改善を続けていくためにどうするか。業務改革については、新たな発想と方法をどのように生み出し、コスト削減やサービス向上を進めていくか。ともに、係長にリーダーシップが求められています。改善や改革に当たっては、行政評価を活用し、また、区民との協働や民間事業者の活用を進めること等が考えられますが、係長の権限を越える場合があります。その際には、「課長の指導を受けながら」というようなフレーズを書くとよいと思います。

次に、仕事の管理は係長の役割とはいえ、係長一人ですべてのことはできません。係の力を結集して課題の解決に当たる必要があります。これが組織の管理の話です。すなわち、組織目標を明確にして、適切な役割分担をし、コミュニケーションを活発にすることで、職員の知恵やエネルギーを相乗的に高めていくことです。そのための基本は話し合いです。「報・連・相」を始め、打ち合わせ、係会議などを活用した意思疎通が鍵になります。

最後に、職員の育成です。とかく目先の成果目標の達成にエネルギーを奪われがちですが、職員を育成し、意欲や能力を高めなければ、質の高い業務改善や改革を継続させることはできません。他方で、職員は、自分を高めてくれる職場、達成感を味わえる職場に魅力を感じるといわれます。民間経営では「ES（従業員満足度）なくして、CS（消費者満足度）なし」といわれていますが、サービス業である公務においても同じではないでしょうか。ここでは、職員への権限委譲と職員への適切なサポートなどが鍵になると思います。

内容面での留意点は以上のとおりですが、形式面では、三つの解決策それぞれについて、「解決策」→「根拠」→「具体的内容」→「期待される効果」の順に書くとよいと思います。ただ、字数の関係がありますので、解決策の具体的内容と関係で、根拠や効果が比較的明白なものは、あっさり目に書くか、場合より省略することも検討してみてください。

【3の結語に書くこと】

3の結語は、1の序論を発展させたものです。未来志向の明るく、力強い話を書いてください。まず、前半では、2で述べたような解決策に着実に取り組んでいくことにより1で述べた区政に求められている役割が果たされていく、という流れの話を書くとよいと思います。そして、後半では、課長の片腕となり、区民や職員とともに、区民サービス向上にまい進していくという決意を書いてほしいと思います。

【字数配分、見出し】

全体の中での割合は、1が25％程度、2が60％程度、3が15％程度が適当と思います。2はあまり差が付かないので、1を充実することが得策だと考えます。また、各章の見出しには、その部分の内容を象徴的に表す印象的なタイトルを付けます。描写的表現の方が躍動感があり、ベターです。この点で、新聞の見出しはとても良くできていますので、言い回しの参考にするとよいと思います。

戦術を立てる

試験に合格するためには、平均的な論文から一歩抜きん出る必要があります。そのための戦術として、①1の序論と2の解決策の中でキラリと光るオリジナルな内容を2～3カ所書くこと②1・2・3それぞれの中での論理の繋がりや1・2・3相互間の繋がりを良くすること、などが考えられます。また、読み手に分かりやすい表現にすることは当然です。1文が長くなりすぎると、主語・述語や修飾語・被修飾語の関係が分かりにくくなります。1文は3行が限界だと思います。

以上いろいろと述べてきましたが、いきなり論文を書くのは大変だと思います。まずは、最近の合格者から実際に書いた論文を見せてもらい、その中で、自分と相性のよい合格論文を見つけてください。合格論文を見ることは、合格水準を知る上でも、また、論文の書き方を知る上でも、とても有益なことです。ただし、同じ出題でも、3年前、2年前、1年前と今とでは社会状況が変化していますので、再構成する必要があります。「学ぶ」は「まねぶ」が語源だともいわれます。まねした上で、自分なりのスタイルを作っていってください。

20年度 教育管理職への道しるべ ＜25＞

学校教育法 ④

問題

【問題14】

児童生徒の懲戒に関する記述で妥当なものは、次のうちどれか。

① 懲戒の制度は、学校の秩序を維持し、他の児童生徒の教育を受ける権利を保障するという観点から設けられている。

② 授業中、学習を怠り、喧嘩その他、ほかの児童の妨げになるような行為をした児童であっても、教室外に退去させることはできない。

③ 学童に対する懲戒の方法として、掃除当番等の学校当番を特に多く割り当てることは、いかなる場合であっても認められない。

④ 懲戒としての退学は、公立の小中学校及び特別支援学校に在学する学齢児童または学齢生徒に対しては、行うことはできない。

⑤ 学力劣等で成業の見込みがないからといって、退学処分にすることはできない。

【問題15】

出席停止に関する記述で妥当なものは、次のうちどれか。

① 出席停止は、懲戒という観点から、設けられた制度である。

② 児童生徒の性行不良に対して、学校が最大限の努力を行っても解決せず、他の児童生徒の教育が妨げられている場合に出席停止は講じられる。

③ 校長は、教育委員会の許可を得て、児童生徒の出席停止を命ずることができる。

④ 出席停止を命ずる場合は、理由及び期間を記載した文書を交付しなければならないが、あらかじめ保護者の意見を聴取する必要はない。

⑤ 児童生徒が、施設または設備を損壊する行為を繰り返し行う場合には、他の児童生徒の教育に妨げがない場合であっても、出席停止を命ずることができる。

【問題16】

学校の設置基準に関する記述で妥当なものは、次のうちどれか。

① 小学校、中学校及び高等学校の設置基準は、学校教育法制定の翌年の昭和23年に、文部省令として制定された。

② 小学校、中学校設置基準は、学校を設置するに必要な学級編成基準や教員定数基準等を定めているが、これは最低基準である。

③ 小学校設置基準は、児童数の減少の傾向を踏まえ、私立学校も視野に入れた、学校統廃合を促進する観点から制定された。

④ 小学校、中学校の教諭は、特別な事情があり、教育上支障がない場合であっても、校長が兼ねることはできない。

⑤ 小学校、中学校は、教育活動その他の学校運営の状況について自ら点検評価を行い、その結果を公表しなければならない。

【問題17】

学年・学期・休業日に関する記述で妥当なものは、次のうちどれか。

① 区市町村の教育委員会は、都道府県の教育委員会の承認を得て、学期を定めることができる。

② 公立学校を管理する教育委員会は、風水害、地震、津波など、急迫の事情があるときは、臨時休業にすることができる。

③ 学年の始期と終期は、都道府県の教育委員会が定める。

④ 区市町村が作成する学齢簿に記載する入学年月日は、各学校の入学式が行われた年月日である。

⑤ 特別の必要がある場合には、国民の祝日に規定する日、日曜日及び土曜日に授業を行うことができる。

【問題18】

学校保健法に関する記述で妥当なものは、次のうちどれか。

① 校長は伝染病予防上必要があるときは、臨時に、学校を休業させることができる。

② 校長は、当該学区内に住所を有するものの就学に当たって、その健康診断を行わなければならない。

③ 学校の設置者は、毎学年定期に、児童生徒等及び学校の職員の健康診断を行わなければならない。

④ 学校においては、児童、生徒等及び職員の健康診断、安全点検その他の保健または安全に関する事項について、計画を立て、実施しなければならない。

⑤ 学校には、学校医及び学校歯科医は必ず置かなければならないが、学校薬剤師は必ずしも置かなくてもよい。

解説

【解説14】

① 誤り。懲戒は、学校の秩序の維持または本人に対する教育上の必要から、一定の義務違反に対して制裁を科すものである。（学校教育法第11条）

② 誤り。義務教育においては、児童に授業を受けさせないという処置は許されないが、他の方法によって制し得ないときは、教室の秩序を維持し、ほかの児童の学習上の妨害を排除する意味においては、そうした行為の止むまでの間、教室外に退去させることは許される。（昭23・12・22法務庁調査2発18）

③ 誤り。学校の当番を特に多く割り当てることは、懲戒権の行使として合理的限度内であれば差し支えない。（同）

④ 正しい。（学校教育法施行規則第13条）

⑤ 誤り。認められる。（同規則第13条）

【解説15】

① 誤り。学校の秩序を維持し、他の児童生徒の義務教育を受ける権利を保障する観点から設けられたものである。（平13・11・6文科初725）

② 正しい。対応については日ごろからの生徒指導を充実することがまずもって必要である。（同）

③ 誤り。教育委員会の権限と責任において命ずることができる。（学校教育法第26条第1項）

④ 誤り。あらかじめ保護者の意見を聴取するとともに、理由及び期間を記載した文書を交付しなければならない。（同条第2項）

⑤ 誤り。他の児童の教育に妨げがあると認められるときのみ、命ずることができる。（同条第1項）

【解説16】

① 誤り。小学校及び中学校設置基準は、平成14年になって、文部科学省令として制定された。（平14・3・29文科令14、15）

② 正しい。設置基準より低下した状態にならないようにすることはもとより、これらの水準の向上に努めなければならない。（小学校、中学校設置基準第1条第2、第3項）

③ 誤り。私立学校の設置促進を含めて多様な小学校の設置を促進する観点から制定された。（平14・3・28初中局通知）

④ 誤り。校長若しくは教頭が兼ねることができる。（同設置基準第6条第2項）

⑤ 誤り。自己評価の実施と結果の公表については努力規定であり、義務付けられているものではない。（同設置基準第2条）

【解説17】

① 誤り。公立学校の学期については、当該学校を設置する区市町村または都道府県の教育委員会が定める。（学校教育法施行令第29条）

② 誤り。非常変災等による臨時休業は、校長の権限で行い、この旨を教育委員会に報告しなければならない。（同法施行規則第48条）

③ 誤り。「4月1日に始まり、翌年3月31日に終わる」と学校教育法施行規則で定められている。（同規則第44条）

④ 誤り。学齢簿は、区市町村教育委員会が編製し、入学年月日は、4月1日とすることが適切である。（同法施行令第1、第3条、昭29・8・12委初289）

⑤ 正しい。（同令第47条、昭36・10・20委初80）

【解説18】

① 誤り。伝染病予防上必要があるときに学校を臨時に休業させることができるのは、学校の設置者である。（学校保健法第13条）

② 誤り。就学時健康診断を行うのは、区市町村教育委員会であり、当該区市町村に住所を有するものの就学に当たって行う。（同法第4条）

③ 誤り。児童生徒等の健康診断は、学校において行わなければならない。（同法第6条）

④ 正しい。（同法第2条）

⑤ 誤り。大学以外の学校には、学校歯科医及び学校薬剤師を置くものとされている。（同法18条）

虚構の王朝―落日の時

都政潮流

何と21世紀の今になって、この東京にいつの間にか古めかしい王朝が出現しているということです。王様が君臨し統治するその内部は謎に包まれていますが、マスコミの一部で使われている取材用語のメモが手に入りました。王様と彼に選ばれた幹部の実態が垣間見えて面白いので、「さわり」の部分を抜き書きしてみました。

【意見】①トップが部下に求めているように見せながら実は最も嫌うもの。重視されるのはトップの顔色を読む能力である。とはいえ、あるように見せないと評価して貰えない。この辺の微妙な機微を勘違いして墓穴を掘った幹部は多い。

②これを無くすと人間性を失い、まともな相手からは軽蔑されることになるもの

【老い】①自分の老いを自覚出来なくなること。饒舌にもなりがち。若い時に老人を侮辱したことを忘れ、自分だけは他の老人と違うと思い込むようになれば付ける薬もない。

②健康オタクになること。

【諫言】かってはトップの暴走を諫める意味で使われたが、今では「甘言」と同音同義語、追従の別名となった。ただこれにも技術レベルがあって、初心者は「尊敬する人物はトップ」などと公言するミスを犯しがちである。これがベテランともなれば、「お言葉ですが……」と前置きして如何にも自分の意見を述べているように見せながら擦り寄るテクニックを身に着ける。ところが最近は、その見せかけの意見さえも聞かれなくなったと嘆く声が多い。

【気骨】以前はあることが良しとされていたが、今では無い方が有利だとされる人体の組織。これを持っていると上手く立ち回ることが困難になるため、最近では若いうちに切除することが勧められている。切除すると、仕える相手が誰に変わっても生き延びることが出来るが、それでも出世までは保証されないというのが難点。

【公益】①トップに盲目的に仕えること。何年か前に「トップのためにだけ生きてきた。これからもそうする」と某最高幹部が公言して以来、今では王朝の常識となった。古参幹部の中には、少数ながら、トップの利益と民の利益を一致させようと努力する者もいるが、その行く末が案じられている。

②トップにとって家族、特に子どものこと。

【指導力】①語る言葉に根拠が無くても、とにかく断定し断言し続けること、また断行する振りをすること。成功した場合は自分が決断したと見せ、失敗した場合は他人のせいにすることになる。類義語は「責任（別掲）」。

②「役人は創造性がない」「コスト意識がない」などと罵倒すること。

【人事】①トップが嫌う人間を左遷し、お気に入りの人間を昇進させる内部手続きのこと。難しいのは、トップの気分で人の好みが常に変わることであり、人材が次々に使い捨てにされ、その結果、毎月のように異動が行われることになる。

②生え抜き幹部が、我が身を庇って部下を見殺しにすること。

【信念】①世論の風向きを読んでトップが演じるパフォーマンス。成功し続けるには才能と幸運が必要であるが、マスコミの協力も欠かせない。果たして一生演じ切ることができるのか、今後に注目が集まっている。

②かっては仕事の必需品であったが、王朝では死語となりつつあるもの。

【責任】①上手くいった事は自分の手柄とし、失敗した事は他人、特に部下のせいにすること。悪びれずに堂々と振る舞うのが肝要。類義語は「指導力（別掲）」。

②自分の過去の言動に知らぬ顔を決め込むこと。例えば、王朝内の反対を押し切って銀行を作ったことが明白であっても、他人事のように言う。何故かこれまではマスコミも許してきた。

【側近】①トップの下僕のこと（宦官と言う向きもある）。執事という意味で使われた時期もあったが、執事はもっと上等だという指摘があり使われなくなった。下僕生活に耐えて高額の退職金を貰った実例があるため、ひたすら耐えることになる。

②資格の無い人間がトップとの親分子分関係だけで任命されるポスト。

【匿名】王朝で真実が語られる数少ない機会。多くは適応できなかった者の繰り言であるが、生き残った者で真実を語れる才能の持ち主は今や絶滅危惧種化している。

【募金】①「使用人」を休日に強制的に動員して寄付を集めさせること。これだけでも堪らないが、鶴の一声でボランティアとされるからご用心。何故募金を行うのか全く説得力に欠けるため、「末期（別掲）」の象徴と受け取られている。

②給与の高い「使用人」を大量動員して僅かな額の寄付を集める精神訓練のこと。

【誇り】「意見（別掲）」と一言一句同じ意味を有する。

【ポピュリズム】その権化である当人が他人を批判する時に使う言葉。「彼等はポピュリストだから」と、自分は無縁であるかのように堂々と言い放つのがコツ。

【末期】「まっき」または「まつご」と読む。王朝の現状を評するのにどちらの読みを採るべきかが争われている。まあ、どちらを採っても大差はないが。

【勇気】勝てる相手には居丈高になり、強い相手には沈黙すること。特にマスコミが絡んだ場合には繊細な演技が要求される。時には、自分より強大な相手に「お前が悪い」「悪い」と居丈高に連呼することが有効。ただし、演技だと理解してくれる相手でないと藪蛇になる危険があり、最近藪から出る蛇が増えている兆しがある。

（破れ障子）

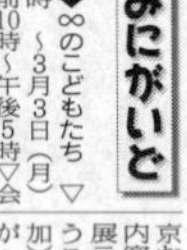

生活保護自立支援プログラムの構築

板橋区・首都大学東京共著　ぎょうせい刊

今、生活保護制度を担う福祉事務所では、被保護者と直接接している地方自治体が被保護世帯の現状や地域の社会資源を踏まえ、自主性、独自性を生かして自立・就労支援のために活用すべき『自立支援プログラム』を策定することを求められています。

しかし、多くの福祉事務所では「就労自立プログラム」は策定したものの、「日常自立プログラム」「社会自立プログラム」には手付かずの状態ではないでしょうか。その理由には、「プログラム」がイメージ化されず、どんなものを作りあげていいのか分からないことや、ケースワーカーの担当世帯数が多く十分に動けない現実の中で、「プログラム」を活用した支援を行うことがますます仕事量を増やすことになるのではという不安があるのだと思います。

本書はそんな不安を見事に払拭させてくれました。第1編で「生活保護の役割」から、なぜ今自立支援プログラムが必要なのか、そして支援活動のプロセスへと展開されていきます。生活保護制度そのものが凝縮されて書かれており、改めて生活保護の存在と意義、本来の目的が分かってきます。第2編では、板橋区福祉事務所の全ケースワーカーの意見を集約させた現場職員による「自立支援プログラム策定」の経過が書かれ、策定が一担当の仕事ではなく、福祉事務所全体で取り組む姿勢が大切であることを痛切に感じました。行間からは策定当時の熱い思いが伝わり、福祉事務所が一丸となって進めていく中で、この仕事のやりがいや楽しさが実感できたのではないかと羨ましく思いました。第3編で具体的なプログラムの内容を提示し、プログラムの作り方が分かります。

このプログラムをワーカーが活用し支援を続けていく中で、生活保護制度で出来ること、他法・他施策の利用、具体的な関係機関との連携方法が分かる仕組みになっていることは画期的なことです。まさしく待たれていた本の出現です。「プログラムの実施の手引き」、資料も掲載されています。まだ未策定の福祉事務所には「板橋プログラム」を参考に、独自性を盛り込んで策定すればボトムアップ間違いなしでしょう。ぜひ一読をお薦めします。

（練馬区大泉総合福祉事務所　佐藤正子）

さらば青春の名画たち

団塊退職世代に贈る　③

『二十四時間の情事（ヒロシマ、私の恋人）』アラン・レネ

アートシアターの完訳つきパンフが垂涎のまとだった。フィルムライブラリーのフランス映画特集資料は、バイブル扱いだった。情報が極端に不足していた。知りたかった。知らねばならなかった。その欲求がオーバーランして暴走することもあった。たとえばタバコ。

ゴダール、トリュフォーの作品には、よくタバコを吸うシーンが出てくる。日本のよりかなり太い。キャラメルのような紙箱に入ったものもある。あれは何だ？　吸ってみたい！　吸わねばならない！　映画理解のためにはあれが必要なのだ！　欲望はふくらみ、ひとり歩きし、偏執的になっていく。だが街にフランスタバコなんてない。

やがて……あきらめかけたころに、何と現物を手にして現れる人物がいた。ゴロワーズ！（キャラメル箱ジターヌとの対面は後のことになる）。勇んで吸ってみた。長い夢の呪縛から解放してくれるような、強烈な臭いがした。

用紙にキザミをパラパラ乗せ、くるっと巻いて唾でくっつけて吸う手巻きタバコのシーンにもひきつけられた……がこの話は後にしよう。

同じヌーベル・ヴァーグでも、この人の作品にタバコの記憶はない。端正な作風とモノクロ画面の美しさ。戦争を題材にした作品も多い。この作品も、死の灰降る交接シーンから始まる。タイトル、セリフの訳などに違和感が残るけど、好きだ。『二十四時間の情事』（ヒロシマ、私の恋人）。忘れない。

第二次大戦末期の占領下フランス地方都市、ヌヴェール。狙撃され、のたうつ若い兵士のロングショット。許されるはずもないドイツ人との恋、その結末。終戦。祖国裏切り者に対する制裁、地下室への幽閉。錯乱、狂気。街からの脱出。

この恋は、固い沈黙の中に封印しなければならない。けれども絶対に忘れない、忘れたくない、忘れるはずがない。恋を与え、恋を奪い、私を殺した街・ヌヴェールとともに。だが記憶は時の経過につれて薄れていく。人間であることの残酷。「ヌヴェール！」「ヌヴェール！」

――そしてヒロシマ。封じ込めた記憶は、灰燼に帰した都市の男との、一夜の情交を通じてよみがえるのか？　ふたりは沈黙の意味を理解しあえるのか？　「私はそこにいた」「いや、君はそこにはいなかった」「君はヒロシマで何も見なかった」

ヴェズレイに向かっているとき、ヌヴェールが近いことに気づいた。立ち寄ってみる？　だがそうして何になる？　映画を知るために？　そんなはずはない。そもそも脚本のマルグリッド・デュラスが作ったのは、深く固い沈黙と相接した言葉の世界ではなかったのか。「あなたを忘れた私を見て」――それが生きることなのだと、彼女は記していたのではなかったのか。

（瀬満）

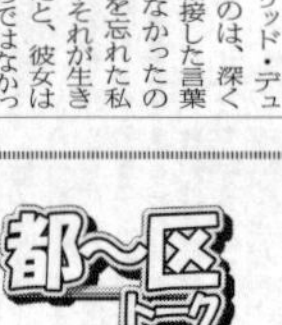

都～区トーク

セーフティーネットではなかったのか

都立学校の改革とやらが盛んだ。優秀な人材の育成、産学協働、数値目標の達成、成果の公表、経営戦略。いろいろ批判はあるが、総じて見ると、ぐっとレベルが上がり、いい学校ばかりになったことは事実である。なるほど都立学校改革万々歳である。

学校は一生懸命に努力をします。だから、一緒になって、一生懸命努力して、頑張る君たちが欲しいのです。なるほど、これまた全くそのとおり。

ところが世の中、あんまり努力をしない人間、やる気のない人間も、残念ながら相当の割合で生じるのである。アタマがいいのに努力しないあの子、やさしいんだけど根気の続かない彼。世の中、素直ないい子、一生懸命な子だけではない。じゃあ彼らは、自己研鑽や努力をしない悪いやつだから、その報いとして教育から閉ざしていいのか。

学業優秀で性格も良く、今でも恩師を慕いあいさつを欠かさない財界人の彼も、辛い障害を持ちながらも懸命に生きているあの子も思い出である。だが、それだけではない。

「昨日、Kの奴に会ったよ」

「Kって、ああ、あのやっと卒業させたKか、まだ髪長くしてあの格好か」

「そうさ、でも、後ろに子供と奥さんがいた」

「えっ、あいつが所帯持てたのか、仕事は？」

「なんだかんだ言って、役所にもぐりこんだらしい。職場結婚だそうだ」

「で、今日は年休で買い物だと」

「この忙しい年度末に、職場に迷惑かけてないだろうな」

「さあ、かけているかもな、でも、まあ、ペコッと向こうからアタマ下げてきたよ」

「そうかい、俺たちにあいさつするようになったかよ、いやあのKがなあ」

そんな生徒との付き合いやその後の動静が、意外と嬉しかったりするのがこの稼業なのだ。そういう感動、いや、そうした努力は、もう求めてはいけないのだろうか。

（落ちこぼれ）

みにがいど

◆∞のこどもたち▽日時　～3月3日（月）午前10時～午後5時▽会場　日本科学未来館（東京お台場）▽入場無料▽内容　①展示＝1階企画展示ゾーン「図工室へようこそ」（都内29校が参加）「子ども主義宣言&がんばれ！図工の時間！」応援メッセージ②ワークショップ「カラフル星座で遊ぼう」「地球の仲間」「実物大・立体着せ替えハウス」など※詳細はhttp://www.miraikan.jst.go.jp ③シンポジウム「『教える』から『学ぶ』へ、さらにその先に来るもの」3月2日午後2時～4時、7階会議室3※事前申込不要、直接会場へ▽問い合わせ先　日本科学未来館☎3570・9151

海外出張こぼれ話　25

オリンピックを迎える北京と沿海都市アモイ⑧

東郷　尚武

前回、紫禁城の内廷のところまで話を進めたが、この内廷をさらに北上すると紫禁城の北門にあたる神武門のところに出る。道路一本隔てたところにあるのが景山公園である。

今回は、紫禁城の北側に位置するこの景山公園のお話から始めよう。この公園は小高い丘になってはいるが、もともとは掘られた土を積み上げたものである。

筆者がこの公園を取り上げたのには二つの理由がある。その一つは、この公園からの眺望である。市内も一望出来るし、ある意味で紫禁城も鳥瞰でき、甍が美しい。これから北京を訪れる方に、この場所からの景観を楽しまれることをお薦めする。

二つ目の理由は、いささか陰惨な感じを持たれるかもしれないが、明朝の歴史の最後を示す象徴的な場所だからである。1844年、農民反乱指導者の李自成の軍隊が紫禁城に乱入して来た際、ときの皇帝・崇禎帝の命令によって周皇后が首を吊って自殺するといった、紫禁城の内廷でも血なまぐさい事件が発生しているが、明朝最後の皇帝となった崇禎帝は、紫禁城をあとに景山の丘にのぼり、城の崩壊を目の当たりにし、もはやこれまでと、えん樹の木で自ら首を吊って命を絶った。こうして明朝は滅亡し、時代は明から清へと移り変わっていったのである。

景山公園から紫禁城（故宮）を望む

さて、限られた短い北京滞在の、会議の合間を縫っての歴史的探訪は容易なことではないが、あと天壇公園と頤和園だけは訪ねておきたいと、まずは、紫禁城の南側に位置する天壇公園に足を運んだ。

天壇公園というのは承知していたが、勉強不足で、紫禁城を中心にして東西南北に日壇、月壇、天壇、地壇が対称の位置にあるというのは知らなかった。それぞれの神が祀ってあるが、天壇には天の神が祀られ、明朝、清朝を通して、皇帝が五穀豊穣を天に祈ったところといわれている。明の時代に建てられ、清の乾隆帝の時代に現在のような形に改築されたという。

現在は、周囲6㌔㍍に及ぶ公園で、広さは紫禁城の約3倍、北から南へ、皇帝が正月に五穀豊穣を祈った場所と言われる祈年殿、皇帝の先祖の位牌を収めた皇穹宇といった主要な建物が一直線に並んでいるが、残念ながら丹念に見てまわる時間がないまま天壇公園をあとにした。そして最後に頤和園であるが、紙面が尽きたので次回のお楽しみとしよう。

都政新報

発行所 都政新報社
〒160-0023 東京都新宿区西新宿7-23-1 TSビル
〈総務・読者〉(03)5330-8781
〈企画広告〉(03)5330-8784
〈編集〉(03)5330-8786
〈出版〉(03)5330-8788
〈セミナー事業部〉(03)5330-9977
〈ファクス〉(03)5330-8808
郵便振替 00130-2-101470
購読料 月1,680円(税込)
毎週火・金曜日発行
但し、祝祭日は休刊

紙面から

新銀行東京への追加出資
石原知事「もろもろの責任を痛感」
民主 旧経営陣に弁明の機会を提案

都議会は、26日から代表・一般質問が始まり、経営危機に陥る新銀行東京への追加出資400億円をめぐる論戦がスタートした。最大会派の自民党は「なぜ、こうした事態を招いたか、来る予算特別委員会で原因を明らかにする」と述べ、それ以上、深く踏み込まなかったが、民主、公明、共産の各党は、石原知事の責任と再建計画の実効性、400億円の根拠などをただした。知事は「発案した者として、もろもろの責任を痛感している。不退転の決意で、この銀行を必ず再建させる」と答えた。代表質問に立ったのは、吉野利明氏（自民）、田中良氏（民主）、中嶋義雄氏（公明）、松村友昭氏（共産）の4人。

＝3面に関係記事

都議会代表質問

新銀行東京については各党が代表質問の冒頭に持ってくるなど、この問題に対する姿勢と力の入れようを示した。

自民党は「知事は、現状をどのように受け止めているのか」（吉野氏）と話し、さらりと言及するのにとどめたのに対し、同じ石原与党でも公明党の中嶋氏は「間違っても一時しのぎや先延ばし、責任転嫁などに終始してはならない。現状では、追加出資を安易に認めるわけにはいかない」と厳しい口調でただした。認めるための最低限の条件として、再建計画の信頼性、手順とスキーム、中長期の展望を納得できる形で提示することを求めた。

自民・吉野氏

民主・田中氏

公明・中嶋氏

共産・松村氏

田中氏は「失敗の責任について知事自らの言及がなければ、追加出資の提案は政策論議する以前の問題で、都民の理解を得られない」と批判。発案当時のビジネスモデルが破綻していたことや、何度も追加出資を議会で否定しながら今回提案してきた「答弁の軽さ」、400億円の算出根拠、旧経営陣の任命責任など13点にわたって具体的に問うた。

知事は、一貫して「旧経営陣の非常識な事業運営に問題があった」という姿勢でいる。このため田中氏は「その根拠が新銀行内部の調査委員会報告にあり、調査が東京都の元幹部のもとで作成されているのであれば、その内容を鵜呑みにできない」と指摘。旧経営陣に弁明の機会を与えるべきだとした。

答弁する石原知事

松村氏は、追加出資の撤回を要求。「知事は、店じまいしたら1000億円以上の資金が必要となると言っているが、その根拠を示すべきだ」と迫った。「破綻の一番の責任は、石原知事と当時の大塚出納長による密室協議で策定したデタラメな制度設計にある」と語り、二人は私財を投げ打ってでも責任を取るべきという声があるとした。

こうした質問に対し、知事は「経営不振を極め、資本金の約8割を失うまでになった。残念、無念、歯ぎしりする思いだ。ざんきに耐えない。新銀行東京を発案した者として、もろもろの責任を痛感している。立て直して都民の役に立つ銀行とするのが、私の最大の責任」と自民党の代表質問に答えた。田中氏は、この答弁を踏まえて「もろもろの責任とは何か」と畳み掛けたが、「もろもろの責任とは、まさにもろもろだ」と自身の具体的な責任論に踏み込むのを避けた。

知事は、経営危機の原因として「融資拡大路線に固執し、スコアリングモデルに過度に依存した融資を実施したこと、営業担当に融資実績に応じた成果手当を支給し、デフォルトを不問とするなど、質より量を優先した業務運営を行ったことにある」と答弁。トヨタ自動車出身の仁司泰正氏を代表執行役に起用した理由については「事業者の目線で中小企業を見つめ、中小企業の役に立つ業務運営が行われることを期待した」という。

再建スキームでは、都の単独出資という形になったが、追加出資、事業清算、破綻処理の三つの選択肢の中で、都民・事業者への影響を考えて追加出資を選択したという。佐藤広産業労働局長は、400億円の根拠について「銀行の自己資本比率に関する新しい国際合意の新BIS規制で、リスクに対応する資本を確保することが求められるため」と説明した。

銀行設立時の付帯決議では「適切な監視」を求められ、都は株主として経営改善を求める立場にある。この点については「銀行法で会計帳簿や資料の閲覧が制限されている。経営の大枠を監視してきた」と弁明した。

旧経営陣への批判が強まっているが、仁司氏は06年度決算を発表した昨年6月1日の記者会見で「私はデフォルトを出してもいいから、融資しろと言った覚えはない」と日銀記者クラブで話している。

10年ぶりに凍結解除
武蔵野の森総合スポーツ施設を整備

石原知事は、財政難から10年間凍結されてきた「武蔵野の森総合スポーツ施設建設基本計画」を見直した上で、2013年開催の東京国体や東京オリンピック招致を見据えて整備していく考えを明らかにした。吉野氏の質問に答えた。

この計画は95年7月に策定され、調布基地跡地の南端に位置する甲州街道に面した都有地6・7㌶に、メーンアリーナ、サブアリーナ、武道場、アイスアリーナ、屋内水泳場を建設するもの。いわゆる「5館構想」と呼ばれてきた。97年8月の財政健全化計画実施案で代表的な見直し30項目の一つにあげられ、それ以降は計画がストップしていた。当時、見込まれた事業費は、498億円となっている。

都総務局では、いったん「5館構想」を白紙に戻し、その上で地元3市（三鷹、府中、調布）の意向なども参考にしながら、スポーツ施設全体の整備構想を策定する。

10年前の施設配置の考え方では、味の素スタジアムに日本陸連の第1種公認陸上競技場を整備し、東ブロックに陸上の補助競技場をつくるプランだった。

今後、東京国体を念頭に置いて味の素スタジアムを陸上競技場に改修するが、東ブロックはアミノバイタルフィールドがアメリカンフットボールの試合などに利用しているため、陸上の補助競技場として整備しない方針。その代わりに西ブロックの6・7㌶に補助競技場を整備する。

財政健全化計画実施案では、5館構想の問題点として建設費が巨額で、どの程度の利用があるか不確実な中で、ランニングコストなどの後年度負担が大きくなる点が指摘された。財政再建が達成された現在においても、この指摘の趣旨は生かして、新たな整備計画を作ることになる。整備手法や運営方法などを含めて検討する。都は、地元3市に「武蔵野の森総合スポーツ施設建設基本計画」の見直しを提案し、協議する考えだ。

金大中事件解明に前向き姿勢
「答弁は1面トップ級」!?

警視庁の矢代隆義警視総監は26日、金大中事件について「鋭意捜査を推進する」と都議会本会議で答弁し、事件の解明に前向きな姿勢を示した。民主党の田中良幹事長の代表質問に答えた。

新銀行東京をめぐる質疑に注目が集まる今回の都議会だが、田中幹事長に代表質問後に感想を聞くと、真っ先に答弁の意味合いを説明されたのが、この問題だった。

1973年に九段のホテルグランドパレスから金大中氏が拉致された事件のころ、60年生まれの田中氏は13歳前後。以前から興味を持って自分なりに調べてきたと言い、関連資料は分厚いファイルになっている。田中氏は、「見る人が見ると、新聞の1面トップになるような重要な答弁」と満足げだった。

都政の東西
実現可能な安心

中国製冷凍ギョーザによる中毒事件を受け、都は日本国内で製造された食品に限り原材料の産地表示の強化を検討している。産地がすべて明らかになれば、消費者には朗報だろう。だが、食品の包装に産地を全表示することは、本当に消費者にも業者にも意味があることなのか。

今回の食中毒事件では、意図的に有機リン系農薬「メタミドホス」が混入された疑いが強いため、中国製食品が毒物だという見方は正しくない。だが、商品から農薬が検出された中で残留農薬の疑いのある食品もあるため、消費者は中国産の食材を一層敬遠している。風評被害を収束させるには情報公開しかない。

そばアレルギーなどの場合、たとえ微量であっても、そば粉などの原材料の表示がなければ生死に関わるため、表示の厳格化は欠かせない。原材料の産地は安心材料にしかならないため、どこまで表示の強化が必要なのか、議論の余地はある。

もし、食品の包装に原材料が記載された場合、文字は読みづらくなる。現在でも、食品パッケージの産地表示など「文字が小さい」と都に苦情を訴える高齢者もいるので、文字の縮小化はタブーだ。

食材の仕入先は、めまぐるしく変化する。例えば、かぼちゃでは鹿児島、北海道、メキシコ、オーストラリアなど年間を通して使用しており、他の食材も同じように入れ替わる。包装と違う産地の食材を使えば、偽装表示になるため、業者が産地の全表示に反対している。

産地の全表示で得られる安心も大きいが、その代償も大きい。店頭で商品を説明するポップ、食品会社のホームページなどで産地を公開させるのはどうか。都は産地表示の方法を「検討中」だが、消費者も業者も混乱することなく、実現可能な方法を模索する必要がある。

道路特財めぐり論戦
都議会代表質問 介護人材育成で総合支援

【オリンピック招致】

全国にオリンピック招致を呼びかけるため都議らが行った道府県行脚について、荒川満東京五輪招致本部長は「日本招致に対する大きな期待が寄せられ、具体的な協力の申し出があった」と成果を示した。今後、各道府県と協力して、「各地のイベントとの連携を強化し、全国挙げてのPR活動に取り組む」と述べた。

8月に開催される北京オリンピック開会式の出席については、石原知事が「日程の調整がつけば、ぜひ出席したい」と従来の答弁を繰り返した。

【道路特定財源】

国会で焦点となっている道路特定財源の一般財源化をめぐり、各党が代表質問で論戦を展開した。吉野氏は、「東京の渋滞解消は、日本の喫緊の課題」と強調。中嶋氏も「都内には、開かずの踏み切りが約280カ所ある」として、道路特定財源の確保を要求した。

他方、田中氏は「一般財源化を積極的に働きかけるべき」と主張した。

各代表の質問に対して、石原知事は、3環状道路や幹線道路ネットワーク、連続立体交差などの早期整備が必要だとして、「関連法案の年度内可決を強く訴える」と答弁した。「道路特定財源の意義は現在もまったく薄れておらず、一般財源化は絶対にやるべきではない」と強調している。

【国との協議】

吉野氏は、昨年12月の法人事業税の国税化の見返りとして合意した国との協議の枠組みについて、協議の進め方をただした。大原正行知事本局長は、「道路整備や規制緩和など、施策ごとに関係省庁と個別の協議を開始している」と答弁。「国の予算に関する事項については、まず、夏の09年度概算要求に盛り込む」との目標を表明した。

【耐震化】

都は来年度、耐震改修助成制度を創設し、旧耐震基準で建築された分譲マンションのうち、耐震診断で改修が必要とされたものに補助する。また、区分所有者間の合意を形成するため、改修を管理組合に対して働きかける。さらに、都独自の税制で耐震化を促すことも検討する。

【介護人材】

介護現場の人材不足について、吉野氏、田中氏、中嶋氏が質問した。安藤立美福祉保健局長は、「08年度から、就労定着も視野に入れた総合的な育成・確保策を講じる」と答えた。介護福祉士などの修学資金の償還免除に必要な就労期間を7年から5年に短縮するほか、民間会社のキャリアカウンセリングによる再就職支援などを行う。また、アンケートで介護サービス事業者の運営状況を聞き取り、より詳細な実態把握に努める。

【食の安全】

中国産輸入ギョーザによる薬物中毒事件を受けて、安藤福祉保健局長は、「現在、食品の原料原産地表示のあり方について、関係各局による食品安全対策推進調整会議で検討を進めている」と答弁した。石原知事は記者会見で、原産地表示の規制を強化するため、条例改正を行うことを示唆している。

また、来年度の取り組みとして、農薬検査の拡充など輸入食品対策の強化や、食品表示に関する重点的な監視を行っていく考えも示した。

【温暖化対策】

代表質問に立った4氏がそれぞれ、地球温暖化対策の強化を求めた。石原知事は、「都市レベルでは世界初となる大規模事業所への CO_2 排出総量の削減義務化などの先進的施策で、21世紀の新しい都市モデルを提起していきたい」と述べ、経済会から反発の声もある排出削減義務化を進める考えを強調した。

中小企業向けの対策では、吉川和夫環境局長が、「中小企業が取り組むことのできる任意の報告書制度を構築する」として、新たな仕組みづくりを提起した。中小企業制度融資や省エネ型ボイラーの普及などの誘導策も実施する。

【産業振興】

ものづくり産業に携わる中小企業を支援するため、都は「基盤技術産業グループ支援事業」を来年度から進める。グループによる共同受注や技術力強化に取り組む中小企業を支援する。佐藤広産業労働局長が明らかにした。

改正建築基準法による建築確認の遅れで、都内の住宅着工戸数が減少している問題で、制度融資の特別措置を数カ月程度延長する。建築関連中小企業の資金繰り悪化に備えるため、最優遇金利を適用している。

都によると、07年12月の都内の住宅着工戸数の減少率は、前年同月比43・3%に及ぶ。全国平均の19・2%を大きく上回っているという。

【がん対策】

安藤福祉保健局長は、がん検診の受診率を向上させるため、職域での取り組みを強化する考えを示した。

来年度、各企業でがん検診がどういう主体でやられているかや、どれくらいの人が受けているかなどの実態調査を行う。受診率が高く効果的な取り組みを行っている事例を集め、紹介していく。特に乳がんについては、職場で検診が受けやすくなるよう、マンモグラフィー検診車を検診機関が持つ際の整備補助を進める。

がん患者の診断や治療結果をデータとして蓄積し、統計的に分析していく「がん登録」について都全域で進める体制づくりを検討する。協力する医療機関の拡大や、患者の生存状況を調査する仕組みづくりが必要になるため、新たな検討組織を設ける。

新たな時代に向けて、どんな布石を打ったのか

明日への布石
08年度特別区予算案

史上最大の規模で迎えた08年度予算。かつてバブル経済の時代に増収を大規模建設に費やし、その後の財政を破綻寸前まで追い込んだ教訓もあって、23区は将来への備えとして基金に積み立てたり、起債の発行を抑制するなど、慎重な予算を組んでいる。来るべき新たな時代に向けて、08年度予算はどのような布石を打っているのか。5回シリーズで追う。

2面で連載開始

冗句ジョーク

ロス疑惑の三浦容疑者、27年ぶりの逮捕

久しぶりに旧職場へ行った職員
「タノム、家に遅くなるって電話するから
ちょっと保釈して！」

今夜は帰さないぞ！

一般会計 3兆円目前で過去最高

明日への布石　08年度特別区予算案　1

特別区が14日までに発表した08年度当初予算案で、23区の一般会計規模が2兆9925億円と過去最高額を記録した。23区の一般会計は4年連続の増加で、90年代のバブル期を超える規模になった。好景気、人口増加などが追い風となり特別区民税、財調交付金の伸びなどがプラス予算の下支えになっている。過去最高の一般会計を記録する中で、区の財政構造はどのように様変わりしたのだろうか。シリーズで23区全体の予算案の特徴を分析する。

歳入

23区全体の一般会計規模は前年度比2・6%、746億4600万円増の2兆9925億9200万円で、3兆円に迫った。区側の財調交付金の配分割合が52%から55%と3ポイント上昇し、過去最高規模を記録した07年度の2兆9179億円をさらに上回った。

プラス予算は19区。前年度に引き続き、好調な景気、納税義務者の増加などの恩恵を受け、特別区民税、財調交付金の伸びなどが、プラス予算を下支えした。

中でも、世田谷区、練馬区などでは、一般会計が過去最高を記録。練馬区は、「新年度以降も公園用地の取得があるので、これがピークとは言えないのでは」とみている。

一方、中央、中野、荒川、足立の4区がマイナス予算とした。これは、本庁舎の改修(中央区)、警察大跡地の用地取得(中野区)など投資的経費の減額が影響した。

特別区民税では、22区が増収の見込みだ。千代田区は前年度比15・1%、港区は13・1%と、いずれも10%台の伸びを予想しており、都心回帰による人口増加が依然として続く模様だ。

特別区税の減収を見込んだのは北区のみ。新年度の住民税額の算定ベースとなる07年所得の伸びが当初の見込みよりも鈍化したためだという。

財調交付金が前年度よりもマイナスと見込んだのは、千代田、墨田、江東、杉並、荒川の5区。千代田区は、まちづくり事業費の減額、納税義務者数の増加が要因になった。江東区は、計画中の事業費を計上していないので減額になった。だが、新年度途中で盛り込むため、07年度よりも増額になる見通し。荒川区は07年度の交付額をベースに算定した結果、前年度とほぼ横ばいとなった。

一方、足立区では好調な景気を追い風に財調交付金が初の1000億円超を計上した。世田谷区は、二子玉川の市街地再開発などを算定し、財調交付金の伸び率が23区でトップの15・6%とした。

普通交付金の不交付区の港、渋谷両区は、住民税のフラット化の減収を穴埋めする救済措置として、07年度に引き続き特別交付金を計上した。06年度の決算額の住民税を上回った時点で救済措置はなくなるが、人口増などを見込んでも06年度の水準まで回復しないという見通しだ。

08年度当初財調フレームでは、財調交付金の財源の一つである市町村民税法人分が前年度比7・0%の増加を見込んだ。市部では、法人市民税ががた落ちの市もある中で、市町村民税法人分の伸びも鈍化しており、財調交付金の伸びにも不安要素が残されている。

■23区の一般会計規模の推移

(十億円)　3000　2900　2800　2700

04　05　06　07　08　(年度)

2008年度特別区当初予算案(歳入)

(単位:千円、%)

	一般会計		特別区税		特別区民税		財調交付金	
	額	前年度比	額	前年度比	額	前年度比	額	前年度比
千代田	44,622,672	1.7	14,436,672	11.1	11,227,478	15.1	4,859,249	▲2.3
中央	61,424,040	▲7.6	20,283,128	1.2	17,409,280	2.3	12,459,000	6.8
港	108,900,000	1.1	63,434,956	9.1	58,170,031	13.1	7,700,000	0.0
新宿	120,819,574	1.8	40,587,621	4.8	35,821,149	5.4	28,000,000	4.6
文京	63,828,000	3.6	28,178,671	1.6	26,794,949	1.8	15,600,000	4.0
台東	89,900,000	7.2	18,212,821	3.4	14,842,452	5.5	33,400,000	12.1
墨田	95,695,000	5.7	19,946,000	4.5	17,813,000	5.3	40,152,000	▲0.5
江東	139,412,000	5.3	40,738,703	3.9	36,878,090	5.0	45,326,018	▲1.3
品川	137,612,098	2.3	40,572,500	2.6	37,399,200	3.7	39,500,000	3.9
目黒	96,738,672	7.9	42,407,742	6.8	39,842,000	7.4	20,759,750	5.8
大田	218,783,208	1.9	71,971,405	4.5	66,284,691	5.1	71,115,694	2.2
世田谷	235,409,034	4.0	113,665,000	3.0	109,361,000	3.3	47,400,000	15.6
渋谷	75,022,000	3.8	45,165,075	7.7	41,219,903	9.4	4,000,000	0.0
中野	97,388,000	▲1.2	30,716,274	1.2	28,824,790	2.0	35,155,000	11.1
杉並	154,627,000	2.1	60,802,780	5.3	57,969,075	5.9	38,200,000	▲1.3
豊島	89,578,128	0.1	28,127,806	4.1	24,687,788	5.5	30,800,000	4.8
北	133,620,000	5.6	25,956,000	▲1.7	23,839,000	▲1.1	51,255,393	3.4
荒川	80,220,000	▲3.1	14,300,458	0.6	12,978,024	2.2	38,100,509	▲0.2
板橋	173,433,000	5.3	43,829,230	3.3	40,466,136	4.0	67,500,000	7.1
練馬	210,884,703	5.8	64,307,534	4.0	60,845,329	4.8	76,840,704	2.8
足立	217,400,000	▲1.3	43,356,171	0.5	38,528,114	1.0	100,300,000	6.0
葛飾	149,550,000	2.9	32,862,950	2.3	29,708,000	2.6	67,300,000	6.5
江戸川	197,724,893	0.5	50,414,771	5.3	45,777,996	5.8	87,400,000	5.2
合計	2,992,592,022	2.6	954,274,268	4.1	876,687,475	5.0	963,123,317	4.6

江東区　小学5年生がエコな夏休み　CO₂削減を自己評価

江東区は新年度から、区内全小学校の5年生約2800人を対象として、夏休み期間中にCO_2削減につながる行動を実行したかどうかを自己評価・記録する「カーボンマイナス子どもアクション」を始める。

山﨑孝明区長は「日本一大きな清掃工場を持つ区として、CO_2削減による地球温暖化対策を行動で示していきたい。5年生が毎年続けてくれれば、大人になっても習慣や知識が身につく。大人たちもいっしょに行動してほしい」と語った。

区では、環境学習の一環として、区内全小学校の5年生児童が「環境に配慮した行動」の実行の有無を○×形式で、保護者といっしょに自己評価し、記録する。記録は、○の数によりCO_2削減量が分かる簡易なシート形式とする。

優秀な取り組み結果に対しては、学校・クラス単位で表彰する。優秀な取り組み結果を報告・発表するかたちで、区長と子どもたちが話し合えるような機会を設ける予定。

また家庭向けには毎月の電気、ガス、水道使用量等をネット上で入力するとCO_2排出量が自動的に計算される「環境家計簿(Web版)」を区のHP内に新たに設ける。

今後は、事業効果・方法を検証の上、学校での取り組み対象を広げるなど、事業の充実を図る。

社会科などの授業で行っている小学校4年生の環境学習により「気づき」を促し、小学校5年生で「カーボンマイナス子どもアクション」を実践。小学校6年生では、都内62市区町村共同で実施予定の「省エネチャレンジ」に参加するなど、環境教育の取り組みを広げていく考え。

「カーボンマイナス子どもアクション」「環境家計簿(Web版)」の集計結果はHPで公表し、環境基本計画改定を含めた今後の環境施策に活かす。

山﨑区長は「できれば都に呼びかけて、東京中に広げたい」と意気込んでいる。

取り壊し中の住宅で訓練
板橋区　応急危険度を判定

板橋区は26日、東京都と共催で、災害時応急危険度判定訓練を実施した。判定は、余震などによる二次災害を防止するため、建物の被災状況を調査して、当面の間、使用できる状態か否かを示すために行うもの。区内の防災街区整備事業に指定された地域を活用して行われ、取り壊し中で半壊状態になった木造住宅を前に、参加者からは本番さながらの緊張感も漂った。

応急危険度判定士は、都が養成して防災ボランティアの登録制度などで管理している。そのため、今回の実地訓練については板橋区が都に相談。「訓練用の家屋が確保できるのであれば」と急きょ都が都内各自治体に参加を呼びかけ実現した。訓練には24区市から53人の参加があった。

実際の家屋を使用した判定訓練が行われたのは、防災上危険な密集市街地改善のための「防災街区整備事業」を実施している板橋三丁目地区。同地区には商店など45棟の建物があり、今月から空き家の取り壊しが始まっていた。「震災で損傷した」という想定を作るため、3棟の木造2階建てと1棟の鉄骨2階建ての4棟については区が解体業者に要請し、屋根や外壁を破壊した半壊状態で残していた。

参加者は瓦礫の中、2人1組で建物の外観を観察し、「下げ振り」と呼ばれる器具で家屋の傾きを測定したり、基礎部分の損傷などを調査した。結果は、赤色の「危険」、黄色の「要注意」、緑色の「調査済」というステッカーを家屋に張り付けて表示。4棟のうち3棟は黄色と赤色の紙が張られるなど結果が分かれ、判定の難しさを表していた。

板橋区建築指導課長は「机上の訓練とは違い、現場の訓練で判定の難しさを体験したのは、貴重だったのでは。この成果を、個人としても、また行政の判定業務にも生かしてもらえたら」などと語った。

都は応急危険度判定士について、1万人を養成することを目標としているが、家屋を使った判定訓練を経験している人はまだ少ない。都市整備局建築企画課建築防災係の担当者は「自治体の街区整備事業等で家屋の取り壊しがある場合、訓練に使用できるのであれば、都に連絡をもらえたら」などと話し、地震災害時の備えに協力を求めている。

取り壊し中の家屋を調査し、赤紙のステッカーで「危険」を表示する参加者

あらかわ遊園　突風で遊具事故
運用マニュアル作成へ

荒川区が設置し、地域振興公社(ACC)が指定管理者で運営している「あらかわ遊園」で23日、大型の風船状の遊具「ファファア・ぱっくんシャークスライダー」が突風で飛ばされ、遊んでいた女児(4)が遊具から放り出されて大怪我を負う事故があった。区は再発防止のため「事故調査委員会」を設置。原因究明に努めるとともに、遊具運営のマニュアル作りに着手する。

園内には事故のあったものと同様の遊具が6基あり、土、日、祝日に営業していた。事故当日の午後に風が強まったため、園内のファファアを順次停止。女児が遊んでいたファファアを最後に停止しようとしていたが、午後2時半頃の突風で同基が浮き上がり、管理棟の階段に激突、女児が放り出された。女児は、顎の骨折や歯の欠損など重傷を負った。同基は通常は25㌔の重り12個とロープで固定されており、事故当時は3人の係員が抑えようとしたが、抑えきれなかったという。

27日現在、同園は休園を続けており、連日開かれている区事故調査委員会で、ハード面、ソフト面での安全管理対策の見直しを早急に進めている。ファファアについては、これから運用マニュアルを作成するため再開のめどが立っていないが、それ以外の遊具については「ACCとの連携や遊具運用などの課題を整理し、安全確保ができれば、3月1日から営業を再開したいと考えている」(土木部公園緑地課)と話している。

大田区立小　教諭がUSBメモリを紛失

大田区教委は25日、区立開桜小学校でUSBメモリの紛失事故が発生したと発表した。

2月19日午後8時50分頃、同校の4年生の担任をしている教諭が教員室内の共用コンピューターで作業中の文書を保存しようとしたところ、装着してあるはずのUSBメモリの紛失に気づいた。

USBメモリは個人所有のもので、クラス名簿や通知表所見控え、緊急連絡網、校内研究に関する資料、道徳学習指導案などが保存されている。

今後は、区立学校におけるUSBメモリ等記録媒体の使用と管理と運用に関する基準を作成し、校長会等で徹底する。

記者席

和田中の敵は都議会で討つ?

○……都議会代表質問では新銀行東京への追加出資をめぐる論戦でヤジの応酬があったが、中村教育長の答弁に対しても珍しく激しいヤジが飛び交った。

答弁そのものは「家庭・学校・地域・社会の連携・協力」など総論的なものが中心で、とりたてて目くじらを立てるような内容ではない。しかし、民主党席から「全くよくなっていないじゃないか」「少子化は誰の責任だ」とヤジが切れ目なく続き、「外部人材の活用」の答弁では「藤原みたいのが出て来るじゃないか」「内部の人材が悪いのか」と語気を強める場面も。

教育庁では「民主党は杉並区立和田中の『夜スペ』中止を求めているので、これからも風当たりが強くなりそうだ」と予特をにらんで複雑な表情。

○……「春一番」と聞けば、心も弾むような響きがあるが、語源は1859年に長崎県でおきた突風。漁師53人が死亡した風を「春一番」と呼び、恐れたことからだという。

区立あらかわ遊園では、春一番で遊具が吹き飛び、女児が重症を負う事故があった。遊具の利用を順次停止している最中に起きた事故。危険な風と判断できていながら、遊具の一斉停止に至らなかったことが悔やまれる。「春一番」に込められた「危険」という教訓。現代の私たちが生かすには、余りに遠い出来事になっていた。

○……京王線の沿線7市が4月から図書館の相互利用をスタートさせる。7市長が集まった調印式での一コマ。記念撮影をするため、それぞれが体の前で腕を交差して左右の市長と手をつなぐポーズをとった。ところが横断幕と7人の位置がずれていて、7人が手をつないだまま、ひょこひょこと横に移動。ユーモラスな動作に関係者一同、思わず笑顔になった。

思い出したのは、バレエ「白鳥の湖」に登場する「四羽の白鳥」の踊り。やはり手を交差してつないだままで踊るのだが、いかに一糸乱れず的確な動きをするかがポイント。

市長会の政策提言「広域連携の勧め」から生まれた広域での図書館の相互利用。7市の連携が楽しみだ。

公教育「一枚岩ではいかぬ」

「夜スペ」開始から1カ月

「公と私の境目、壊された」の声も

教育の焦点

杉並区立和田中学校で、有料の夜間塾「夜スペシャル」が始まって1カ月。都教委から「待った」がかかり、開講日が延期されるなど、容認までに紆余曲折があったが、最終的に「学校教育外」と位置づけることで、問題をクリアする形となった。石原知事は「夜スペ」について、「結構だと思う。日本の教養水準が落ちてきているんだから」と賛意を示したが、関係者の間でも判断は分かれ、「都民の声」でも賛否は真っ二つに割れている。「夜スペ」が投じた一石とは何だったのか。

手作りの夕飯を食べる生徒。2人の塾講師も一緒にテーブルを囲んだ＝2月25日、杉並区立和田中で

「いい匂い！」

この日の夕飯は、お手製のビーフシチュー。試験1週間前ということで、校内の調理室で、保護者らが腕をふるった。16人の生徒は嬉しそうにシチューを平らげると、午後7時、急いで教室に駆け込んでいった。

大手進学塾の講師が補講を行う「夜スペ」。裏方で授業を支えるのは、保護者やボランティアでつくる「地域本部」だ。準備室の高木弘子さんは、「子ども達もやっと落ち着いてきた。始めた以上、ゴール（受験）まで一緒に付き合わないと」と手応えを感じている。

「講師の指導力に問題がある場合、代えることを要請できる」。地域本部が進学塾と交わした「覚書」には、こんな規定もある。両者の契約には、和田中は絡まない。「学校教育外」の根拠はここにある。

疑問符

「本来の公立学校のあり方を大きく逸脱している」。1月17日、民主党の土屋敬之都議らが、報道陣を前に「夜スペ」をこう批判した。

都内ではすでに、港区や江東区で、私塾との連携の事例がある。にもかかわらず「夜スペ」が問題視されたのは、主に①受講料を徴収する②教員が教材作成に参加する③特定私塾に委託する――の3点だった。

1月7日に「待った」をかけた都教委でも、当初から賛否が割れていたという。昨年12月9日に報道で「夜スペ」を確認してから数回にわたり、都教委は「普段の授業との関係は」などを質問。最終的に、3点に疑義があるとして、再考を指導した。

都教委は1月24日、「夜スペ」の容認を決めたが、その後も庁内には違和感が残った。ある幹部は「都内のどの学校でも、学力向上のために地道な努力をしている。いきなり塾で、というのは……」と口ごもる。

内か外か

そもそも「夜スペ」のきっかけは、大手進学塾からのダイレクトメールだった。連絡を受けた和田中の藤原和博校長が塾の担当者と条件を交渉。企画を地域本部に提案した。

実施主体を巡っては、16日に開会した杉並区議会でも質問があり、区教委は「主体は地域本部。学校の教育活動外であることを明確にし、教育基本法との関係は整理した」と答弁した。都教委も「『発案が校長だから、すべて学内』とも言い切れない」と理解を示す。だが、区教委関係者は「（公教育と社会教育の）両方に絡む話で、グレーの中身。正直、曖昧だった」と認める。

塾との連携は公か私か。公教育のあり方は――。本質的な議論がなされない中で、「夜スペ」は「学校教育外」を理由にスタートした。都幹部の一人は、「公と私の境目を壊されたという印象だ」と漏らす。

第2の「夜スペ」

では、第2、第3の「夜スペ」は生まれるのだろうか。

杉並区幹部は「和田中の試行は、教育の分権の一つ。（塾からの売り込みが）エスカレートすれば、子ども達にもいい選択肢が増える」と期待する。また、「地域本部から塾への働きかけも考えられる」としている。

藤原校長は「家庭環境の違いや生徒の個人差があり、『公教育も一枚岩で』というのは難しい」と語り、地域住民による支援が不可欠と訴える。

一方で、都内の公立校には、抵抗感も漂う。

「ショックでした」――。ある区立中校長は複雑な胸の内を明かす。PTA会長らが和田中で開かれた「夜スペ」の説明会に参加し、大満足の様子で帰ってきたからだ。「（公教育は）そういうところまで来たのか」と衝撃を受けたという。

また、「和田中だから、『試行』という言葉が使えたと思う。頭が固いと言われるかもしれないが、学校の授業を充実させるのが先では」と疑問を投げかけた。

「夜スペ」が始まる前日の1月25日。石原知事は会見で次のように語った。

「効果があったら日本中、敷衍（ふえん）していくんじゃないの。ということは、学校というものの沽券から考えれば、情けない話だよね」

「夜スペ」の背景には、家族や地域が子どもを支えられず、学校の教員に過度の負担が押し付けられている側面もある。公教育とはどうあるべきか。議論を本格化させる転換点に来ている。

中村教育長（右端）に指導を求める民主党の土屋都議（同2人目）ら＝1月17日、都庁第二庁舎で

藤原和博校長インタビュー
「進学指導の弱さを補完」

――「夜スペ」の狙いは。

「吹きこぼれ」対策。受験を煽るという指摘があるが、実際には約6割が塾へ行き、高校はみんな受験する。進学重点校や上位校への進路指導で公立校は弱い面があるので、それを補完する。

和田中では「下支え」もしているので、上を引っ張りあげることで、教室で教え合いが始まる。そうなると、真ん中と下位の成績も上がる。

――「教員への信頼が揺らぐ」との批判もある。

もし教師がそう思って教えているなら、アウトですよ。うちの先生は自信を持っているから、いい刺激になる。互いの授業を見て、教務部の交流もしている。

――今後は。

生徒を見ながら、試行錯誤していく段階。週4回がいいのか、生徒に負荷をかけていいのか。ここから先は、実行委のお母さん達が定例会を開き、授業を見ながら少しずつ修正する。

MEMO 夜スペシャル　杉並区立和田中学校で1月26日に始まった有料の夜間補習授業。大手進学塾が講師を派遣し、月・水・金の夜間と土曜日に、成績上位者向けの補講を行う。授業料は1カ月1万8000～2万4000円で、経済的事情に応じて減免措置もある。同中では、「土曜寺子屋」「英語Aコース」という補講も実施している。

教職員のキーワード　59

都教育委員会の基本方針に基づく2008年度主要施策

都教育委員会の基本方針に基づく08年度の主要施策が発表されました。

主要施策は、都教育委員会の教育目標、基本方針を具現化するため、教育庁所管予算をもとに、08年度に実施する施策を明示すること、「10年後の東京」への実行プログラム事業をはじめとして都教育委員会の重要課題に対応した施策を進めることを基本に策定されています。

08年度の重点的な施策について主なものを紹介します。

【基本方針2「豊かな個性」と「創造力」の伸長】

◆すべての児童・生徒が身に着けておくべき内容を指導するための基準「東京ミニマム」を作成し、基礎的・基本的な指導を徹底する。

◆ものづくり人材育成のための研修・教育プログラムの開発を行う。

◆都立学校のICT計画により、校内LANの整備や持ち運び可能なパーソナルコンピューターの教室への配備などを推進する。

また新たに、公立学校における外国人児童・生徒の教育の充実のための施策や、オリンピックの役割を学ぶことなどを通じて、進んで平和な社会の実現に貢献することができるよう、スポーツ教育を推進していくための施策も示されています。

【基本方針3「総合的な教育力」と「生涯学習」の充実】

◆特別支援学校の児童・生徒等の社会参加と自立を促進するため、外部の教育資源を効果的に活用し、学校教育活動や土・日曜日、放課後等における体験・交流活動を支援する仕組みづくりを行う。

◆乳幼児期からの一貫した教育支援の取り組みを推進するため、教材開発や人材養成などを通して地域のネットワークづくりを支援する「乳幼児期からの子供の教育支援プロジェクト」を実施する。

◆公立学校における食育を一層推進するため、モデル地区に栄養教諭を配置し、食育推進に効果的な教材・指導方法の開発を行うとともに、家庭・地域と連携した取り組み等を推進していく。

【基本方針4「都民の教育参加」と「学校経営の改革」の推進】

◆児童・生徒が、犯罪、交通事故、自然災害等、学校の内外における危険を予測し、回避する能力を身に着けるため、安全教育プログラムの作成やセーフティー教室の実施など、学校の教育活動全体で総合的な安全教育を推進する。

◆地震発生時の児童・生徒の安全を確保するため、都立学校において緊急地震速報システムの活用を図るとともに、災害時の帰宅困難者支援のため、帰宅支援ステーションである都立学校の機能を強化する。

◆学校運営及び「授業力」向上の中核となるリーダーの育成を目指し、教職大学院への派遣や、「東京教師道場」などの教員研修の充実を図る。

都教育委員会では、主要施策に基づき、08年度の主要事務事業を展開していきます。

また、07年6月改正の地方教育行政の組織及び運営に関する法律において、08年度より教育委員会はその活動状況の点検・評価を行うこととされました。都教委では、この活動状況の点検・評価について、毎年度定める主要施策の成果を検証することを通じて行っていくこととしています。

都議会代表質問

都独自の非常勤教員制度を
外部人材活用の分野拡大へ

26日の都議会代表質問で、中村教育長は、教育活動への外部人材活用について、今後は給食指導の補助や介助、医療的支援への専門家の導入など対象分野を広げていく考えを示した。都立高校の特別支援教育では、来年度中に全校で特別支援教育コーディネーターを指名するとともに、校内に組織的な取り組みを進める委員会を設置。また、退職教員等の人材活用では、来年度から学習教科指導や教育相談など多様な職務を担う非常勤教員制度を都独自に導入する考えを明らかにした。

吉野利明氏（自）は「昨今、学校においては教員の多忙感や理不尽な親の要求など困難な課題が指摘されており、学校だけですべて解決することは限界」と指摘した上で、保護者や地域など外部人材の教育活動への積極的な活用を求めた。

教育庁ではこれまで退職教員の活用をはじめ、教科「奉仕」等のための都立高校の教育支援コーディネーター、部活動の指導員など、外部人材の活用を図ってきた。中村教育長は今後、外部人材活用の場を広げて、例えば年度当初の小学校1年生の集団生活への適応や給食指導の補助など、必ずしも教員でなくても対応可能な分野、介助や医療的支援などの専門家を導入することがより効果的な分野へも外部人材の活用を図っていくことを明らかにした。

中嶋義雄氏（公）は都立学校の特別支援教育の体制整備を取り上げ、発達障害のある生徒の不登校、学習意欲の低下など2次的な障害は深刻化していると指摘。第2次実施計画で示された全都立高校での特別支援教育コーディネーター指名・配置の5年計画を前倒しするよう求めた。中村教育長は、来年度中にすべての都立高校で特別支援教育コーディネーターを指名し、その資質や専門性の向上を図る研修を実施すると答弁。さらに、校内に組織的な取り組みを進めるための委員会を設置するなど、特別支援教育の体制を早急に整備していく考えを示した。

また、中嶋氏は教員の大量退職に伴う教育の質の低下を懸念。退職ベテラン教員など人材の積極的な活用と新たな補助制度（国の外部人材活用事業補助金）の活用を求めた。中村教育長は、退職教員の豊富な知識と経験を活用するため、来年度から学習教科指導のほか、校務分掌、教育相談、昇任者対応、小一問題対応など、多様な職務を担う非常勤教員制度を都独自に導入する考えを明らかにした。

代表質問で答弁する中村教育長

2010年度開校へ基本計画
町田地区総合学科高校

「町田地区総合学科高校基本計画検討委員会」（委員長・森口純教育庁参事）はこのほど、最終報告をまとめた。都立町田高校家庭科と都立忠生高校全日制課程を統合するもので、教育庁では来年度に開発準備室を設置して実施設計に入り、2010年度の開校を目指す。これで都の総合学科高校は今年4月に開校する世田谷総合高校を含めて9校となる。

町田地区総合学科高校は全日制課程の総合学科で、前期・後期の2学期制。学級数は18学級（720人）で、忠生高校の敷地に設置する。学校像としては「多様な体験や実習を通して自己の生き方を探求する」など3本柱を掲げ、家庭・生活、福祉・社会、都市・経済、自然・環境、その他の四つの系列を設定した。

これに沿った目標では、例えば家庭・生活で「食物・調理、被服製作など手づくりの素晴らしさを体験させる」、また都市・経済で「商業活動を体験するとともに、店舗経営等の基礎知識を学ぶ」などを掲げている。

さらに、系列ごとの選択科目としては、フードデザイン（料理形式と献立、食品選択と調理など）とファッションデザイン（色彩、材質感、デザイン発想など）、ビジネス基礎（ビジネスの役割、経済活動と流通など）とマーケティング（現代市場の特徴、市場調査、広告活動など）など特色ある科目を提示した。

また、すべての生徒に履修させる総合学科「産業社会と人間」（原則単位制）では、礼儀・作法等の社会ルール、職業と生活、進路と自己実現、科目及び進路選択のガイダンスなどの内容を示している。

都教委では総合学科を原則として各学区に1校程度、全体で10校程度設置する計画。すでに7校が設置され、晴海、つばさ、杉並の3校では卒業生を輩出している。

劇場づくりや朝顔市など
専門高等の学習成果発表会

都立専門高校等の2007年度・学習成果発表会がこのほど、東京都教職員研修センターで開かれた。農産（定時制）、蔵前工業、町田、荒川商業、上野忍岡、科学技術、葛飾商業（定時制）、つばさ総合の8校の生徒が、この間の活動状況と成果を発表したほか、講演やビデオ上映、生徒の作品展示などが行われた。

農産高校は、昨年12月に実施した介護老人保健施設「お花茶屋ロイヤルケアセンター」の人たちとの交流活動を中心にした取り組みを報告した。ユニークな架構技術研究を進める蔵前工業高校では、曲面を使った骨組みなどの技術・シェル構法を木造で作ることに挑戦。世界に一つしかない屋外、屋内両用のオープンな劇場づくりに挑んだ。この作品は東京都工高生成果発表で最優秀賞を獲得している。

葛飾商業高校では、「地産地消運動」をテーマに様々な活動を展開しているが、これを継続・発展させて、伝統ある工芸品や技術を地域にPRするため、「かつしか伝統産業PRプロジェクト」を開始。今戸焼きの植木鉢で朝顔を育て、朝顔市を開いて販売するという新たな取り組みを行った。

このほか、町田高校の家庭科の取り組みや荒川商業高校の模擬株式会社「レガロ工房」、上野忍岡高校の「パン研究～めざせ100種類のパン」、科学技術高校の枯葉を利用した吸着の研究、つばさ総合高校の環境マネジメントシステムに関する規格ISO14001の認証を受けた様々な実践活動について、それぞれの生徒がその成果などを報告した。

続いて、荒川工業高校を卒業した㈱協和エクシオの山口雄基氏を講師に招き、「技能五輪国際大会～金メダルへの道」と題した講演が行われた。また、被服・服飾デザイン全国大会出場校の農業高校によるファッションショーがビデオ上映され、最後に学習成果発表に対する講評・表彰が行われた。

学習成果発表会で壇上に立つ生徒たち

教育オンライン

再任用・再雇用選考

制度改正後、初の実施

再任用 倍増の1210人が申込み

都総務局人事部は28日、07年度再任用職員・再雇用職員採用選考（知事部局等）の実施結果を発表した。昨年の確定交渉で妥結した再雇用制度の見直し後、初めての選考となったが、申込率は73・1%で前年度から1・2ポイント増加。ただし、再雇用から再任用となった制度間異動を除くと、例年並みの水準だった。採用予定率は、辞退者数を除くと、再任用、再雇用とも約98%となっている。

特例措置の13日再雇用 申請者の約2割

再雇用制度の見直しでは、07年度末以降の退職者について、定年退職後の継続雇用を再任用制度のみとし、再任用可能期間終了後、満65歳に達する年度末までの間に限り16日再雇用で任用可能とした。一方、勧奨退職者は、満60歳に達する年度末までに限って16日再雇用が可能で、それ以降は再任用のみとなる。

制度改正を受けて行われた初めての選考では、新規の選考対象者数が1726人、うち定年退職が1379人、勧奨退職が214人、制度間異動となる再雇用から再任用への切り替えが133人だった。定年退職は前年度の974人から1379人と大幅に増えた。

また申込者数は計1262人で、再任用選考が前年度からほぼ倍増の1210人だった。勧奨退職者のみ可能となった再雇用選考の申込者は52人で、前年度の281人から減少している。

制度改正に伴って、07年度選考では、すでに退職した職員の一部で、再雇用から「再任用」「16日再雇用」のいずれかの選択が可能となる区分がある。対象者は370人程度だが、うち再任用への切り替えは3割程度、再雇用のままが7割程度だったという。

採用予定率をみると、再任用は87・5%で、前年度の84・9%から2・6ポイント増加した。辞退者を除いた数字で比較すると、前年度が約95%、今回が約98%となる。

13日再雇用を巡っては、現に13日再雇用で「真にやむを得ない事由のある職員」に限って任用可能とする特例措置を講じられた。今回の選考では、07年度に再雇用で引き続き再雇用となる職員794人のうち、約1割の74人が申請した。うち承認は申請の約2割にあたる19人で、対象者の約2%と極めて少ない結果となっている。

具体的に「真にやむを得ない事由」としては、介護や疾病に関わるものが想定されていたが、「介護のため週3日だけは出勤可能」といったケースや、「人工透析等で「週2日通院しなければならない」といった理由について、介護サービスの利用状況や診断書といった客観的に事由を証明できる書類や出勤簿等を含めた判断が行われた模様だ。

このほか昨年度に引き続き、局間交流で学校事務職員に再任用職員を活用するとともに、教育庁側でも研修の充実を図り、受け入れ体制を整備している。

再任用のうちフルタイム勤務職員は、新規で前年度の12人からほぼ4倍増の45人となった。人事部では、今後もより選考の枠を広げ、戦力として活用を図っていく考えだ。

08予算・事業計画を決定

都福利厚生事業団 相談事例集を作成・配布

(財)東京都福利厚生事業団の理事会が21日に開催され、08年度の当初予算と事業計画が決定された。一般会計と収益事業、融資事業、退職会員事業の3事業会計を合わせた全体の予算規模は、前年度比9・2%減の117億1119万9000円。08年度会員数は、正会員が1・4%減の11万6500人、全体でも1・4%減の15万9441人となっている。

08年度事業計画では、06年にまとめた会員需要基本調査の分析結果を踏まえて、既存事業を見直す一方、公益法人制度改革への対応として、事業団のあり方を明確にした上で、経営的視点からの事業運営と実現に向けた取り組みの計画化を図る。ただし、公益法人制度改革関連法にかかる国のガイドラインが、3月から4月に明らかになる予定であり、税制面や資産の範囲などフレームが示されていない状況だ。

一般会計の新規事業では、金融機関が企業等向けに無料で提供するサービスを利用し、「WEBいぶき」上で会員がいつでも簡単に作成・見直しできるよう、ファイナンシャルプランの作成支援サービスを検討する。

また団塊の世代の大量退職を背景に、仕事・人間関係等に関する悩みなどの職場内の問題解決に活用できる相談事例集を作成、配布する。部数は2万2000部を予定している。あっせん事業でのサービス分野は、子育てや介護支援の観点から、新たに育児用品の販売・レンタル、ハウスクリーニングに拡充する。

収益事業では、東京都専務的非常勤職員設置要綱の改正（定年65歳廃止）に伴って、会員向け生命保険の加入対象年齢を65歳から70歳に引き上げる。

融資事業のうち育児休暇中に申し込むことができる特別生活資金貸付C（育児）については、返還月数を緩和し、月額返済額を減額するなど、経済的な負担軽減を目指す。

このほか退職会員事業では、会報「きずな」の事業団あっせんに関して、発行のない偶数月にも情報が得られるよう、FAX情報BOXサービスの導入及び「WEBきずな」での情報提供も行っていく。

患者の円滑な受け入れ依頼

都福祉保健局長ら

救急隊の患者受け入れ要請に医療機関が対応できず、患者が死亡するケースが今年になって都内で2件発生したことを受け、安藤立美福祉保健局長と東京都医師会の鈴木聰男会長は26日、連名で都の指定2次救急医療機関264施設に対し、円滑な受け入れの協力を求めた。

1月8日に自宅で体調を崩した清瀬市の女性(95)は11病院で受け入れを断られ、また2月14日に体調を崩した女性(61)も15病院で受け入れを断られ、いずれも死亡している。

都労連第2回中央委員会

「激突せざるを得ない」――増渕委員長は厳しい見通しを示し、闘争強化を訴えた

当面の闘争方針を決定

都労連中央委員会

増渕委員長「課題は現業と教員」

都労連は27日、07年度第2回中央委員会を開催し、当面の闘争方針のほか、都側に提出する2008年賃金・労働条件改善に関する要求、都人事委員会の勧告作業に関する要請書を決定した。

増渕委員長は07確定闘争について「組織をかけた闘いを展開し、現業と教員の二つの課題に限れば、人事委員会勧告の段階や確定闘争の中で阻止した」とし、「都労連統一闘争への総結集がしっかりできた」と総括した。そのうえで「課題は現業と教員。今年こそ正念場で激突せざるを得ない」と話し、闘争強化と広範な展開に向けた意思統一を訴えた。

当面の闘争方針は、井口副委員長が提起。賃金要求では、都職員の生活維持・改善を基本に、公民較差是正を含め平均1万9000円以上の引き上げを掲げた。また賃金・労働条件など高齢者雇用制度の拡充を図るとし、再雇用制度見直しという新たな状況下で、要求を練り上げる考えを示した。

都人事委員会の勧告作業に向けては、第三者機関として「中立・公正」の役割を果たすよう強く要請。比較対象企業規模を100人以上に戻すよう求めたほか、現業賃金に介入しないこと、教員賃金について新たな職の分化に伴う新給料表を勧告しないこと、地域手当の本給繰り入れ、1日あたりの勤務時間を7時間45分とする勧告実施などを挙げた。

質疑・討論では、各単組が方針に賛成する立場から意見等を表明。東交は現場実態を踏まえ、今年から見直された休息・休憩時間の是正を訴えた。都大教組は入試での解答用紙の配り忘れというミスを取り上げ、法人化の問題を指摘するとともに、非常勤等の労働条件改善の取り組みを求めた。

都高教は主任教諭の設置阻止と教員給与の大幅削減を許さない取り組みを再構築し、闘いを強化する決意を表明した。都教組は導入後5年を経過した主幹制度に破綻がみられると指摘、主幹に続く新たな職設置の阻止の姿勢を強く打ち出した。

全水道東水労は労使関係や現業問題、人事考課、産休代替など幅広く問題意識を述べた。都庁職は一定程度の交渉ルールの必要性など労使交渉のあり方、13日再雇用の特例、現業賃金・任用島しょ関連などを取り上げた。

57%の実態 08年度各局定数 ▼▼▼ 7

圏央道収用の収束で減

収用委員会事務局

局定数20（4増8減・差引4減）

削減数は4人だが、全職員数に対する削減率は16%で、小規模の組織ながら、知事部局等（平均1・7人減）の中でも突出した数字となる。

減員となったのは審理室で、圏央道の土地収用にかかわる部門。高尾山トンネルの建設を予定している八王子ジャンクションから八王子南インターチェンジ（仮称）の2・1キロ区間を対象とする収用事件が昨年12月に裁決したため6減となった。その一方、環状2号線の整備や京急の連続立体交差事業、首都高中央環状品川線などにかかわる収用案件が増えるため2増し、差引では4減となった。

圏央道に関する収用事件は2000年度から取り扱っており、収用自体は一段落となる。しかし、すでに供用を開始している日の出インターチェンジ～八王子ジャンクション間では、収用裁決の取り消しを求める訴訟が起こされており、今回の高尾山トンネル区間も収用を不服とする地権者らから同様の提訴が見込まれる。要求段階では訴訟対応の人員を求めたが、収用事件の処理件数が減少していることなどから認められなかったという。

山内和久総務課長は、「圏央道の土地収用自体は区切りがついたが、それ以外にも大規模な収用事件や訴訟などが短期間に集中する中、人員を要求したが認められなかった。収用事件処理は公正な手続きを大前提としており、効率化できる部分がなく大変厳しい状況だが、公共性の高い事業の進捗に支障をきたさないよう工夫して乗り切りたい」と話した。

審査調整室にも削減の波

労働委員会事務局

局定数40（2増4減・差引2減）

都庁全体で組織のスリム化が進む中、その流れは小規模の行政委員会にも押し寄せている。労働委員会事務局もその例外ではない。

まず、審査調整室のうち、労使紛争のあっ旋等を行う調整担当で1減した。ピーク時には年間200件程度あった事件数が減少し、昨年は100件程度にまで落ち込んだことに伴い減となった。

また、管理部門でもスリム化を図り、総務課経理係を廃止する一方、経理担当係長を設置して2減1増の差引1減とした。

過去5年間の削減数は計4人で、減員となったのは今回と06年度のみ。しかし06年度は、総務部門で3減とする一方、審査調整室は1増した経緯があり、今回は「聖域」に踏み込んだといえる。

市毛良之総務課長は「扱う事件数は減っているが、質的には複雑化しており、審査調整室の1減は厳しい。少数精鋭の中で、職員の専門性を高め、業務を遂行していきたい」と話した。

七生養護元校長処分

地裁、懲戒処分の取り消しを命令

「不適切な性教育があった」として、2003年の都議会第2回定例会で問題視された都立七生養護学校の金崎満・元校長が、都教委から受けた停職1月の懲戒処分と、校長から教諭への降格処分は不当と訴えていた裁判で、東京地裁（渡辺弘裁判長）は25日、処分を「合理性を持つ判断として許容される限度を超えた不当なもの」として、「違法な行政処分」と判断。原告の訴えを認め、処分を取り消すよう命じた。しかし、「都議会で問題視された性教育のあり方を理由に別件で処分した」という原告の主張については、判断を示さなかった。

都教委は金崎元校長に対し、①学級編制時に決定通知を受けた重度・重複学級を編制せず、教員を定数以上に普通学級に配置した②勤務時間を切り上げて職員と飲酒するなど不正な調整をした③長期休業中の職員の研修申請を不適正に承認した――などとして、03年9月11日に停職1月の懲戒処分および校長から教諭への降格となる分限処分を行っていた。

これに対し、判決では、飲酒と研修承認については都教委の主張通り違反事実などを認めたものの、都教委が「最も違法性が高い」とした教員配置については、「個別の指導が必要な情緒障害児について、都教委とも協議し、必要に応じて普通学級との合同の学習時間を設定するなど、生徒の状態に即した流動性ある学級運営を立案し、それに対して都教委から重度・重複学級の設置が認められた経緯に照らせば、都教委の評価は適切ではない」などと述べ、都教委に事実誤認があると判断。

飲酒や研修承認の事実が認められることを前提としても「処分は重く、裁量権濫用と言わざるを得ない」と述べ、処分の取り消しを命じた。他方、原告側が主張した別件での処分については、判断を示さなかった。

原告側は判決について「都教委の乱暴な処分の不当性を認めたもの」と評価する一方、「別件処分の部分にまで踏み込んで判断してほしかった」と不満も漏らした。

他方、教育庁の江藤巧職員課長は「判決については大変遺憾。判決内容を確認して今後の対応を検討したい」とコメントした。

「当然の判決」と評価

都障教組が声明

金満元校長に対する都教委の処分を取り消すよう命じる地裁判決が出たことに対し、東京都障害児学校教職員組合（都障教組）は26日、「処分の不当性を認める当然の判決」と評価し、都教委に対し、判決に従うよう求める声明を発表した。

■都退職

2月29日付

【課長級】▽福祉保健局総務部副参事＝(財)東京都医学研究機構派遣　原田慶恵▽広尾病院歯科医長　淺井浩

3月18日付

【部長級】▽品川都税事務所副所長兼総務課長　安立裕幸

上垣　長治さん（うえがき・ちょうじ＝永尾文子・品川区福祉高齢事業部高齢福祉課社会福祉協議会派遣、品川介護福祉専門学校事務長の父）23日死去、86歳。

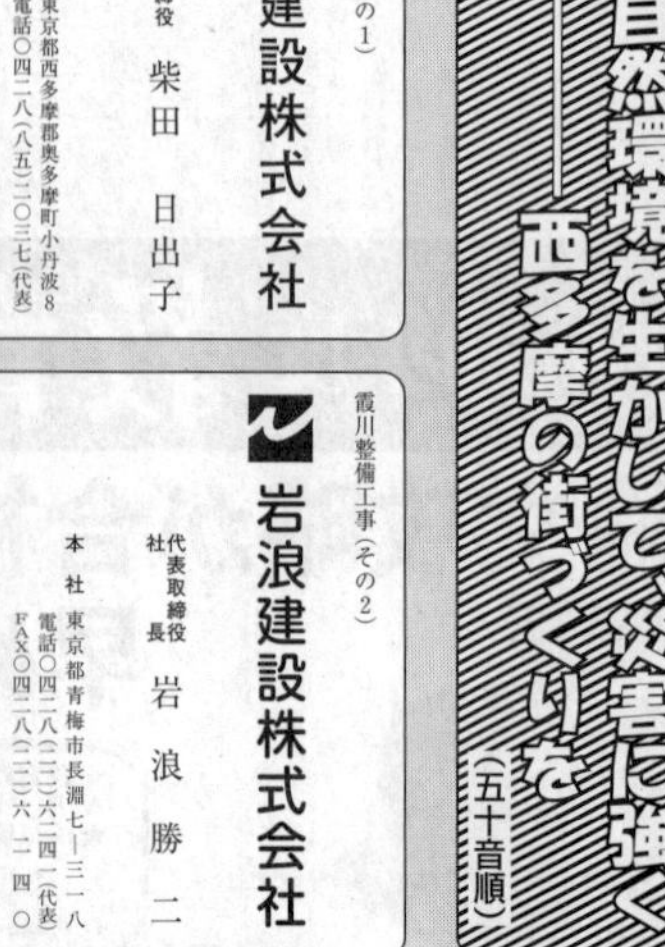

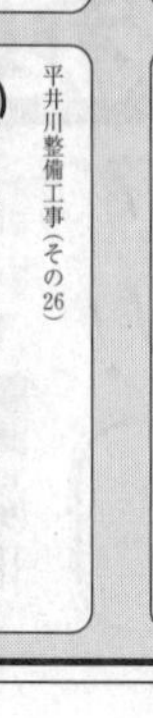

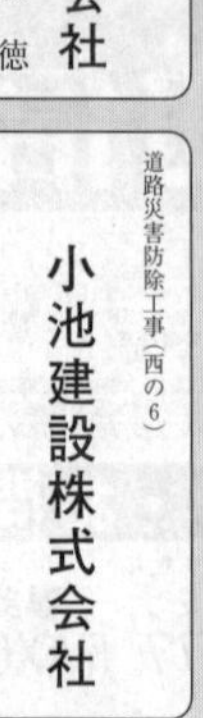

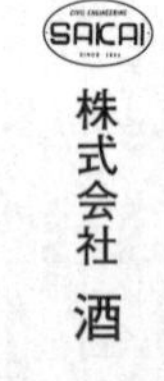

活力のある安全、安心で快適な西多摩を目指して

西多摩建設事務所

西多摩建設事務所は23区に匹敵する、青梅市、福生市、羽村市、あきる野市、瑞穂町、日の出町、奥多摩町、檜原村の8自治体の区域を所管している。管内の東部地域は市街化の進んだ平坦地であり、まちづくりの進展に伴う交通量の増加により交通対策や安全対策が求められている。一方、西部地域は秩父多摩甲斐国立公園に含まれ、良好な自然環境で都民の憩いの地域となっているが、急峻な山岳地であり、たびたび斜面崩落が発生して地域の生活が脅かされている。当事務所では、各地域の課題を踏まえながら都民や地域住民の皆さんの安全と生活を守るべく道路、河川などのインフラ整備に努めている。

秋川南岸道路一部開通
国道411号を着実に重点整備

道路

◆国道411号

滝山街道、吉野街道、青梅街道と地域により通称名が変わるが、昔から西多摩地域の主要な幹線道路として多摩地域の生活をささえてきた。国道であるが、知事が管理する道路（指定区間外国道）であり、道路改修事業、交通安全施設事業（交差点改良、歩道設置など）により重点的に整備を進めている。

現在、あきる野市内の瀬戸岡・菅生では拡幅整備、青梅市内の友田町では視距改良、長渕地区では歩道設置、駒木町では拡幅整備を施工中である。

また、奥多摩町では、昨年発生した斜面崩落の復旧工事を施工中である。

◆多摩川南岸道路

奥多摩町の国道411号では、斜面崩壊等の災害が発生すると地域の生活に多大な影響が生じることから、奥多摩町の丹三郎地区から小留浦地区までの約7・2キロメートルのバイパス整備を進めている。

既に、小留浦地区から約2・3キロメートルの整備が完了し、青梅街道のバイパスとして機能している。引き続き、青梅に向かって城山工区約2・8キロメートルの着手に向けた準備を進めている。

◆秋川南岸道路

あきる野市、檜原村でも、奥多摩町の国道411号と同様な状況にあり、秋川南岸に約14・5キロメートルのバイパス整備を進めている。

現在、あきる野市内の約2キロメートルが完成しており、更に、あきる野市留原地区約0・4キロメートルが整備中で、今年度末に完了する予定である。引き続き、檜原村などで事業化に向けた検討を進めている。

秋川南岸道路＝新天王橋・前山トンネル

◆鉄道との立体化事業

管内の鉄道（JR線）では、踏切が交通のボトルネックとなっている。

このため、現在、あきる野市雨間、福生市志茂、瑞穂町箱根ヶ崎で立体化に向け用地買収を進めている。今後、準備の整った箇所から順次立体化工事を進める予定である。

◆交差点すいすいプラン

平成17年度から、「第二次交差点すいすいプラン」として16カ所の交差点改良を計画し、順次事業化を図っている。

その内、羽村大橋東詰交差点は平成18年9月に完了し、交通の円滑化を図った。今年度は、早期の工事着手に向け、五日市街道の山田交差点などで用地買収を進めている。

◆青梅3・4・4号線（天ヶ瀬バイパス）

当路線は、東京都の主要な東西幹線道路である新青梅街道の一部として整備を進めており、残る青梅市滝ノ上町から日向和田一丁目間の約1・3キロメートルの用地買収を進めている。現在の青梅街道は、幅員も狭く、交通量の増大と商店街の活性化に対応が困難なため、通過交通の転換を図る目的としての天ヶ瀬バイパスの早期整備が強く求められている。

◆秋多3・3・9及び3・4・6号線

あきる野市周辺地域では、圏央道の開通によるイオンの出店などで地域の活性化が進んでいる。

秋多3・4・6号線は、圏央道のアクセス道路として整備を図ってきた路線であり、残りの福生市境の永田橋とその取付道路の整備を進めている。

秋多3・3・9号線は、あきる台地の東側の南北道路であり、五日市街道から瑞穂町の新青梅街道間約6・4キロメートルの主要な幹線道路の一部である。

今年度は、秋多3・4・6号線から約300メートルの完成を予定しており、引き続き、南に向かって、五日市街道までの整備促進を図っていく。

◆福生3・3・30号線（産業道路）

当路線は、福生市、羽村市、青梅市を結ぶ広幅員の幹線道路であり、沿道には大規模な工場が進出するなど、西多摩地域の活性化に不可欠な道路である。

現在、青梅市から福生駅付近まで整備されているが、志茂立体との一体整備に伴い、JR青梅線による地域分断が解消され、円滑な交通の確保が図れるよう、整備が急がれている。

今年度は、平成20年度の事業化に向け約600メートル区間の用地測量を進めている。

土砂災害防止に積極的な対応

河川

◆中小河川

所管する一級河川は、多摩川、平井川、残堀川など多摩川水系14河川、霞川、成木川など荒川水系5河川の19河川であり、総延長は165キロメートルである。

平井川では、流域連絡会を設置し、関係市町や地域住民との意見交換を行いながら、水害の危険性が高い箇所から順次整備を進めている。

残堀川は、平成19年度最上流部区間の護岸整備や旧川整備工事を施工しており、今年度末で概成する。

霞川は、霞川調節池が平成18年度に完成し、平成19年度は、上流の天神橋架替及び観音橋上流の護岸整備を施工している。

◆河川防災及び河川維持

護岸の老朽箇所や洗掘箇所の補修、河川内の除草や河川管理用通路、魚道等の維持管理に努めている。中でも秋川では、平成19年9月の台風9号により被災した護岸等の災害復旧工事を施工している。

多摩川の白丸ダムに設置した「白丸ダム魚道」は観光シーズンに一般公開している。

新矢柄橋上部仕上げ工事

◆土砂災害の防止

管内面積の7%が砂防指定地であり、また土石流危険渓流218カ所、急傾斜地崩壊危険箇所690カ所、地すべり危険箇所23カ所と多くの土砂災害危険箇所を抱えている。

平成19年9月の台風9号では、被災した檜原村藤原地区で災害関連緊急急傾斜地崩壊防止工事を施工している。

また、日の出町大久野細尾地区では急傾斜地崩壊防止工事、峰入川支川や水根沢では砂防工事、奥多摩町登計地区では地すべり防止工事を施工している。

一方、土砂災害防止法に基づく土砂災害警戒区域を平成18年度までに355カ所指定し、平成19年度は、青梅市や奥多摩町、あきる野市の一部において、約320カ所の指定を予定している。

◆橋梁

所管する橋梁は309橋で、建設局が管理する橋の25%に相当する。

多摩川の永田橋架替工事は、仮橋設置工事を施工し、新設橋の形式は、4径間連続複合トラス橋である。また、道路線形改良を目的とした国道411号の二俣尾大橋（仮称）では、下部及び上部工事を施工している。

秋川の東秋留橋架替工事は、現在、上部仕上げ工事等を施工中で、年度内に完成する予定である。新矢柄橋・新乙津橋の2橋については、上部仕上げ工事を施工している。

奥多摩周遊道路
災害防止と美しい景観の創出

奥多摩周遊道路（延長約20キロメートル）は、昭和48年「奥多摩有料道路」として開通し、平成2年4月の無料化とともに名称を「奥多摩周遊道路」と改めた。奥多摩町と檜原村を結ぶ唯一の道路であり、地域の発展に必要な道路として、また秩父多摩甲斐国立公園の観光道路として利用されている。

周遊道路は、急峻な地形を縫って走り、最高地点の標高は1146メートルと都道中で最も高い場所を通過する典型的な山岳道路である。落石等の危険度が高い急峻な斜面が多く、また、冬季には積雪や路面凍結が頻発している。このため、危険度の高い斜面についてはランク付けを行い、斜面の補強を行う道路災害防除事業を計画的に実施している。また、日々道路巡回を行い、斜面状況の把握に努め、危険箇所の補修工事等を迅速に行って安全確保に努めている。

奥多摩周遊道路災害防除工事

冬季の積雪等の対策では、気象情報の収集や現地パトロール、さらにはテレビカメラによる路面情報の収集を行い、通行止め、除雪作業、凍結防止対策など適切な判断による道路管理を行っている。なお、当所では建設事務所で唯一、除雪車を所有しており、機動力のある対応を行っている。

また、周遊道路は、四季折々の変化に富んだ風景が随所に見られることから多数の観光客が訪れている。そこで、より多くの方が楽しく利用出来るよう地元町村等と協力して駐車場周辺の樹木の整理や植栽等を行い、景観の向上に取り組んでいる。

今後とも、災害防止に最善を尽くしながら、奥多摩湖を眼下に周遊する山岳道路の美しい景観を創出して、安全で快適な道路を提供出来るよう努めていく。

石積擁壁重点事業3カ年計画

補修

当所で管理する道路385キロメートルの43%は山岳道路であり、斜面数は2128カ所を数える。

これらの斜面は、豪雨や雪解け時に落石や斜面崩壊が多く発生するため、道路巡回・斜面点検による管理が重要な課題となっている。

このため、斜面からの災害を未然に防ぐ道路災害防除工事を進めてきたが、平成18年5月に国道411号・奥多摩町境地内において、高さ約11メートルの石積擁壁が幅40メートルにわたり崩壊した。そこで、石積擁壁約400カ所の緊急点検を実施し、緊急に対策が必要とされる擁壁27カ所の補強工事を完了した。

さらに、対策が必要とされる67カ所について、平成19年度から重点事業3カ年計画を作成し、擁壁付近の斜面も含めた17カ所の補強工事を施工中で、残りの50カ所については、平成21年度までに施工する予定である。

平成15年度から設置を進めているITS（高速道路交通システム）道路監視カメラは、リアルタイムで現地の状況が事務所内で確認でき、非常時には、これまで以上の迅速な対応が可能となった。平成19年度は、一般都道206号・奥多摩町川野から檜原村上川乗間に15基と、国道411号・奥多摩町境から小丹波間に10基を施工中である。今後、一般都道204号（日原街道）の事業化に向けて調整中である。

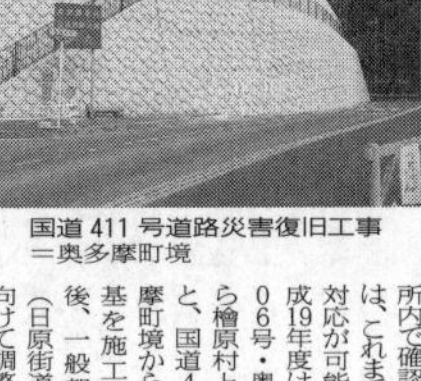

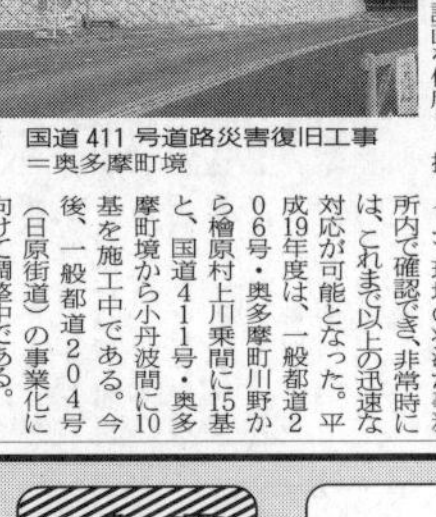
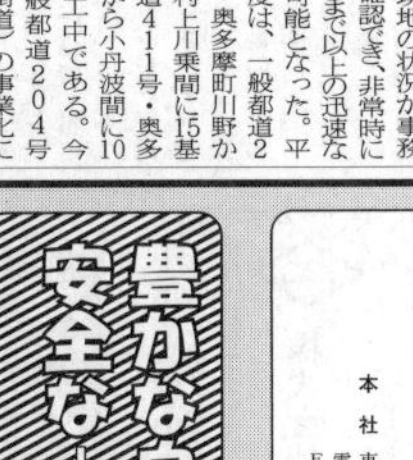

国道411号道路災害復旧工事＝奥多摩町境

多種多様な事業を着実に執行

西多摩建設事務所長　柴田賢次

西多摩建設事務所は、東京都の西端に位置する8市町村（青梅市、福生市、羽村市、あきる野市の4市と瑞穂町、日の出町、奥多摩町の3町及び檜原村）に及ぶ、面積572平方キロメートルの地域を所管しています。

この地域の特徴としては、3割が市街地部で、残り7割が山岳部であり、管内には、羽村草花丘陵や秋川丘陵の自然公園をはじめ、西部の地域は、海抜1000メートルを超える山々が連なり、秩父多摩甲斐国立公園の一部を形成しています。

こうした自然豊かで風光明媚な地域であり、多くの観光客等を魅了する一方で、台風や集中豪雨などの襲来時には、土砂崩壊などによる道路の寸断などが懸念される箇所も見受けられます。

このため、地元市町村や住民などから、「活力ある西多摩地域の創造と、災害に強い安全、安心、快適な都市基盤整備」を早期に実現してほしいとの要望が一段と高まっています。

そこで、当所では、道路、橋梁、歩道などの整備、管理をはじめ、河川、砂防の整備、管理のほか、特に、山岳道路斜面等の保全管理など、多種多様な事務事業を推進するため、道路、河川などの財源確保やコスト面に配慮しつつ、効果的、効率的な事業展開を心がけています。

活力・安全・豊かな自然を活かした北多摩の実現を

北多摩北部建設事務所

北多摩北部建設事務所は、北多摩北西部の10市（立川、昭島、小平、東村山、国分寺、国立、東大和、清瀬、東久留米、武蔵村山）を所管区域としている。総面積は約151平方㌔㍍で、東京都全体の約7％を占める。管内には、道路39路線、河川8河川があり、地域の生活にかかわりのある道路、河川の整備、管理を行っている。事務所の発足は昭和48年であり、今年で35年目を迎える。この間、社会経済情勢は著しく変化したが、依然として都市基盤整備の遅れが、この地域の魅力を高める上での大きな政策課題となっている

多摩南北道路の事業促進
第二次交差点すいすいプランの推進も

南北道路の整備

当所では、都が重点整備を進めている多摩南北道路5路線のうち調布保谷線を除く4路線を所管している。

府中所沢線は、多摩北部地域の中央部を縦断する路線である。

そのうち国分寺区間は、「多喜窪通り」から「五日市街道」に至る延長約2・5㌔㍍の4車線道路で、幅員は車道部16㍍の両側に10㍍ずつの環境施設帯を設けた36㍍を標準とした沿道環境に配慮した質の高い道路を整備するものである。この区間は、平成16年に道路事業として初めて東京都環境影響評価条例の計画段階アセスメント手続きを行ったもので、平成18年7月に環境影響評価書を提出し、併せて8月に都市計画変更の手続きを完了した。こうした手続きを踏まえて現況測量及び用地測量を完了させ、平成19年12月に事業認可を取得し、現在用地買収に着手したところである。

小平市区間では、ブリヂストン東京工場西側の街路築造を引き続き進めるとともに、青梅街道以南については現在早期の事業化に向け地元調整を行っている。

府中清瀬線（新小金井街道）は、小金井街道のバイパスとして機能するもので、現在は西武池袋線とのアンダー交差部を中心に鋭意事業を進めており、全線が21年度末には完成する予定である。

八王子村山線は、平成19年10月に新しい多摩大橋の交通開放を行い、現在は旧橋の補強及び歩道設置の工事を進めている。

また、JR青梅線とのアンダー交差は平成20年春の車道部完成を目指し工事を進めている。このアンダー工事が完成すると、八王子市大和田町から武蔵村山市本町まで、南北道路では初めての全線の開通を迎えることになる。

36m
10m　16m　10m
環境施設帯（歩道・植樹帯等）　車道　環境施設帯（歩道・植樹帯等）
平面部（標準横断図）

国分寺3・2・8号線。車道の両側に10㍍の環境施設帯を設けた標準横断図

平成19年10月27日に交通開放した新しい多摩大橋

第二次交差点すいすいプラン

東京都では、交差点での右折待ちの車両による渋滞緩和等を図るため、平成6年度より「（第一次）交差点すいすいプラン100」を実施してきた。

しかし、いまだ発生している渋滞の緩和や、交通流の変化により新たに発生した渋滞に対応するため、平成16年度に「第二次交差点すいすいプラン（平成17年度～26年度）」を策定し、円滑な交通の実現を目指し、渋滞緩和の効果をより実感できるように、「点の効果」から「線の効果」への拡大を進めている。

当所では21カ所の交差点改良を実施する計画になっており、現時点で「西東京病院入口」及び「堀向北」の交差点改良を完了させ、平成19年度は「三ツ木」「恋ヶ窪」「北野中」「けやき台小西」等で測量及び設計等を進めているところである。

都民とともに 安全で魅力ある川づくり

概要

北多摩北部建設事務所が管理する一級河川は、多摩川水系2河川（残堀川、野川延長約13㌔㍍）、荒川水系6河川（柳瀬川、空堀川、奈良橋川、黒目川、落合川、石神井川延長34㌔㍍）の合計8河川（約47㌔㍍）である。

このうち、空堀川、落合川、柳瀬川の3河川について1時間50㍉の降雨に対応する改修を重点的に実施している。また、河川環境の整備と保全のため、都民、地元市と連携し、豊かな自然の保全と創出をめざした川づくりを進めている。

落合川地蔵橋付近の改修工事

河川の整備

空堀川は最下流部である柳瀬川合流点より上流の東大和市内までの約11㌔㍍区間が整備済みである。護岸の改修率は約80%となり、水害常襲箇所の解消を着実に進めている。

落合川は黒目川合流点から東久留米市八幡町の一級河川終点までの3・43㌔㍍について事業着手しており、約94%について護岸整備済みである。

整備にあたっては、自然豊かな川であるため、地元市や地域の市民団体と意見交換を行いながら自然環境の保全に配慮しながら進めている。

柳瀬川は埼玉県との都県境にあり、工事は埼玉県と協定を締結して実施しており、都施工区間では36%の護岸が整備済みである。今後、整備が必要な空堀川との合流点付近は、自然豊かな河川であり、治水機能の向上に加えて自然環境の保全に対する要望も強い。このため地域の方々や市民団体、埼玉県、清瀬市、所沢市との懇談会により昨年10月に整備案がまとまったので、今年度から工事に着手し、5カ年で整備を進めていく予定である。

計画的で的確な 道路・河川の維持管理

計画的な維持補修

施設の維持補修は、多くが道路に対するものである。

道路を構成する舗装、排水施設、街路樹、街路灯、防護柵等は、その機能が低下しないよう、直営による道路巡回作業等の日常点検を行っており、点検結果に基づいた維持工事を毎年計画的に実施している。

今年度の路面補修工事（歩道改善事業を含む）については、新青梅街道や奥多摩街道を中心に総延長10・6㌔㍍、27カ所において実施または計画中である。補修工事の選定に当たっては、機能回復にとどまらず、可能な限り改良を加えることとし、特に沿道環境対策として、夜間の交通騒音が、環境基準を超える管内幹線道路については騒音低減や排水性に優れる低騒音舗装（排水性舗装）を敷設するなど舗装構造の質的向上を図っている。

また、路面補修に併せ現道内において歩道の設置・拡幅、歩道勾配の改善や段差解消、電柱の路外への移設、側溝の暗渠化などを行い、歩行空間の確保・改良とバリアフリー化を目的とした歩道改善事業について、青梅街道を中心に総延長2・8㌔㍍、8カ所において実施または計画中である。

青梅街道の歩道改善

緊急対応

災害時の住民生活を支えるうえで、都市インフラの果たす役割は極めて大きなものがある。このため、行政として災害時には関係機関と連携した態勢を速やかに整えるとともに、雪害については地元建設業者32社の協力による応急態勢を整えている。

東京における大震災発生の危険度の高まりが叫ばれて久しいが、震災時における緊急輸送路を確保する緊急道路障害物除去作業については、㈶北多摩建設業協会等と連携して管内の45社と協力体制を確保している。

また、9月1日には、昭島市、武蔵村山市など四市一町と東京都が合同で防災訓練を実施し、震災時における近隣市町との連携を構築し、災害対応能力の向上を図った。管内の武蔵村山市会場では、土砂崩落に伴う道路障害物除去訓練を当事務所及び㈶北多摩建設業協会等と実施し、日頃の連携と協力体制を確保することができた。

防災訓練での道路障害物除去作業

住民との協働・地域との連携

道路では、NPO、自治会、教育・福祉機関など地域の皆さんと連携し、歩道清掃や花の植え付け、街路樹・植栽の手入れなどの協働事業に取り組んでいる。

河川においては次のような多様な協働事業に取り組んでいる。

①空堀川では、地域の自治会、商店会、自然保護団体、自治体とともに「川祭り」の開催。毎年1万5000人余りが参加。

②柳瀬川金山調節池では、湿地性生態系及び河川環境の保全に向けて、市民ボランティア、地元自治体と協働して維持管理を実施。

③落合川では、7月に河川愛護月間にあわせて、地域の皆さんと環境保護団体などが「わくわく川遊び」を毎年開催。

④残堀川では、流域の皆さんと自治体とともに、「残堀川クリーンアップ作戦」を実施。

地域と連携して効果的な整備を

北多摩北部建設事務所長　池田　繁敏

北多摩北部地域は、区部に近接していることから利便性の向上と人、物、情報の結び目として、一層の発展と個性の発揮とともに、豊かな自然を再生し、活かすことが期待されています。

このため、道路においては、交通渋滞の解消及び歩行者の安全確保を目指し、府中所沢線など南北4路線の整備、「第二次交差点すいすいプラン」の21カ所の整備などを鋭意進めています。

また、河川においては、都民の命と安全を守り、環境に配慮した護岸整備による河道改修を実施するとともに、洪水調節池の設置により治水安全度の向上に努めています。

さらには、既設橋梁の耐震補強や路面改修に併せ歩道の段差・勾配の改良、拡幅、カラー化など人に優しい歩行空間の確保にも努めています。

当所では、今後とも活力と安心を高め、豊かな自然を活かした多摩の実現を図るため、地域と密接に連携して道路・河川の効果的な整備と適正な維持管理を実施いたします。

昇任試験対策のページ

20年度 職員教養講座 ≪34≫

医化学(記述・論文)

はじめに

5月25日の試験日まで、残すところ2カ月となりました。資料の収集、論文の準備などに慌ただしく取り組まれていることと思います。

試験まで残された時間は短いですが、ポイントを絞って、集中して取り組むことで、合格することは十分可能だと思います。私自身の経験からも、これからの期間に集中して取り組むことが、試験の合格には不可欠だと思います。みなさんも、最後まで気を緩めることなく頑張って下さい。

記述の傾向と対策

20年度の要綱によると、記述の出題は、A・Bともに公衆衛生学（化学を含む）、医化学に関する技術情勢、技術判断の各分野であり、出題数はAでは6題、Bでは10題で、A・Bともに4題を回答することになっています。なお、試験時間は1時間50分で、いずれも昨年度と同様です。

記述は、問題1題につきA4の罫線紙1枚に回答します（目安は700字程度）。1題にかけることができる時間は30分弱です。これを念頭に、試験当日は全体の時間配分を考えて、解答用紙を埋めていきます。

記述の解答は、「目的・意義」「現状・説明」「取り組み・課題」に分け、箇条書きにするのが一般です。しかし、技術系の出題では、「アスベストについて、アスベストが健康に与える影響に言及して説明せよ（平成19年度B出題）」のように、ショートアンサー形式のものも頻出されています。

記述の解答に決まった形式はありません。キーワードを外さずに、基本的数値、年度などを押さえて簡潔にまとめることが基本です。出題内容に合わせて評定者に読みやすく解答を作成することも重要です。私の場合は、重要なキーワードを書き出し、それらがきちんと繋がり、かつ採点者がスムーズに読めるように回答を作成しました。

時間に余裕のある方は、出題範囲が一部重複する「B事務（環境）」の記述問題に目を通すことをお勧めします。

（○内の数字は出題年度）

【公衆衛生】

〈過去の出題〉

⑲東京都における今後のウイルス肝炎対策（基本的な考え方、今後の対策）、東京都動物愛護管理推進計画（計画の基本方針と主な課題五つ、主な課題一つについて具体的取り組み）、花粉症（体内での反応、予防及び治療対策に関する都の取り組み）、薬物（覚せい剤、大麻、ヘロイン）、アスベスト（健康に与える影響）

⑱東京都新型インフルエンザ対策行動計画（発生段階別の対策）、東京都結核予防計画（現状、基本的な考え方、目標）、東京都ねずみ防除指針（概要）

⑰変異型クロイツフェルト・ヤコブ病（特徴、「感染症法」における類型・対応・措置）、化学物質の変異原性または発癌物質（変異原性試験の分類、一次・二次発癌物質）、東京都感染症予防計画（基本的考え方、事前対策）、脱法ドラッグ（背景、都の取り組み）、東京都化学物質の子どもガイドライン食事編（概要）、食物アレルギー（症状の特徴・治療法・予防法・アレルゲン）

⑯重症急性呼吸器症候群（特徴、都の取り組み）、遺伝子利用（PCR法の原理、応用、ゲノム創薬）

〈出題傾向〉

当該年度に都で策定された計画や指針などを問うものが多く、例年2～6題が出題されます。

【食品衛生】

〈過去の出題〉

⑲ノロウイルス（感染経路、食中毒の予防対策・感染の予防対策）、カビ毒（食品を汚染するカビ毒3種類の毒性等）

⑱食品添加物（指定の基本的考え方、成分規格、使用基準）、カンピロバクター食中毒（カンピロバクターの特徴、カンピロバクター食中毒の特徴・予防法）

⑰東京都食品安全推進計画の考え方（基本的プラン、戦略的プラン）

⑯植物性自然毒と動物性自然毒による食中毒（原因生物ごとの毒性・症状）

〈出題傾向〉

食品衛生法や食品衛生学における基本的知識を問うものが多く出題されます。それ以外は、当該年度に国や都が行った制度改正や新たな施策などからの出題が多く見られます。なお、この分野は、例年1～2題が出題されます。

【環境保全】

〈過去の出題〉

⑲東京都廃棄物処理計画（計画目標、三つの「施策の柱」）

⑱地球温暖化対策都庁プラン（削減目標、戦略的取り組み）、都のVOC排出量削減対策（背景、削減目標、対策）、水質汚濁（「水質汚濁防止法」による公共用水域の定義、赤潮・青潮）

⑰固定発生源から排出される窒素酸化物（生成過程の分類、生成抑制・除去）

⑯エコマテリアル（注目される理由、特徴）、環境に配慮した消費行動（グリーンコンシューマリズム、「国等による環境物品等の調達の推進等に関する法律」の概要）、大気環境中の窒素酸化物の測定法、特定家庭用機器再商品化法（対象機器、製造者等の責務）

〈出題傾向〉

時事的な問題に対する国や都の対策を問うものが多く出題されます。このため、出題数はその時々の情勢により異なります。なお、平成19年度はA・Bそれぞれ1題の出題でした。

知事の施政方針表明や所信表明、国や都の動き、新聞等で話題になった事項は必ず押さえましょう。

【上下水道】

〈過去の出題〉

⑲安全でおいしい水プロジェクト蛇口回帰推進計画（計画のコンセプト、重点施策）、ビルピットの悪臭（悪臭発生のメカニズム、都の「ビルピット対策指導要領」）

⑱上水道（二つのろ過方法の特徴、硬度の定義・生活への影響）、下水道（二つの排除方式の特徴、BOD SS負荷・SVI）

⑰上水道（水質基準の体系、都水質検査計画）、下水道（下水処理における消毒方法）

⑯上水道（トリハロメタンの性質、低減方法）、下水道（汚泥の嫌気性消化法の特徴・利点）

〈出題傾向〉

上水・下水の処理方法、それに関連する用語説明などが出題されます。出題数は例年Aでは1題、Bでは2題です。

【分析方法】

〈過去の出題〉

⑲質量分析法（原理、特徴）

⑱ICP発光分析法（測定原理、分析法の特徴）

⑰クロマトグラフィー（原理、特徴、定性・定量分析方法）

〈出題傾向〉

分析方法の原理や特徴など、基礎的な知識を問うものが出題されます。なお、この分野は、例年Aのみで1題が出題されます。

【語句説明】

〈過去の出題〉

Bでは例年10題目の問題が6題中4題を選択し解答するショートアンサー形式になっています。

⑲エイズウイルス、高次脳機能障害、ポジティブリスト制度、観光バスの環境ラベリング、COD、抱水クロラール

⑱日本脳炎、うつ病、クリニカルパス、土壌汚染処理技術フォーラム、ISO/IEC17025、ディスポーザ排水処理システム

⑰ノロウイルス、東京DMAT、生物学的半減期、K値規制、公害等調整委員会、逆浸透法

⑯ウエストナイル熱、鳥インフルエンザ、トレーサビリティシステム、環境共生住宅、コージェネレーションシステム、次亜塩素酸ナトリウム

〈出題傾向〉

時事的に注目を集めた問題が多く出題されます。国や都の動き、新聞等で話題になった事項を押さえましょう。

B論文の傾向と対策

論文の課題は2題出題され、1題を選択して解答します。字数は2000字程度で、時間は2時間です。問題意識、政策形成力、論理性、表現力等について評定されます。この限られた時間の中で論文を書き上げるには、事前に最低でも1本は完成論文を用意するべきです。

事前に論文を書く上でのポイントは、「都民の健康を守る」という視点です。論文の課題は衛生行政と環境行政との2分野から出題されますが、この視点で書いていれば、本番の課題が事前に用意したものと異なっていても十分に対応できると思います。

実際に論文を書く際には、各分野が今の都政の中でどのように語られているかを技術系職員として正確に認識していなければなりません。知事の施政方針演説や予算原案、重要施策などは必ず目を通して下さい。

なお、論文の評定者は必ずしも技術系の管理職ばかりではありません。論文の内容は専門性を重視しつつ、分かりやすい言葉で書くことを心がけましょう。

（○内の数字は出題年度）

【衛生行政】

⑲「今日、都民一人ひとりの健康への関心が高まる中、生活習慣病を予防することが大きな課題となっています。今後、都は、生活習慣病の予防にどのように取り組んでいくべきか、専門技術者の立場から、あなたの考えを論じなさい」

⑱「今日、食品の安全の確保について、あらゆる関係者の相互の理解と協力を得るため、リスクコミュニケーションの社会的な定着が求められています。今後、都は、食品の安全に関するリスクコミュニケーションの充実をどのように図っていくべきか、あなたの考えを論じなさい」

⑰「人生80年時代が現実のものとなった今日、都民一人ひとりが健康でいきいきと暮らせることが重要になっています。都民の健康づくりを進めていくため、都はどのような取り組みを行うべきか、専門技術者の立場から、あなたの考えを論じなさい」

【環境行政】

⑲「エネルギーを多量に消費している東京では、環境負荷の少ない持続可能な都市の実現に向けて率先した取り組みが求められています。二酸化炭素の排出削減やヒートアイランド現象の緩和を図り、安心して住み続けることが可能な都市東京を実現するため、今後、都はどのように取り組んでいくべきか、あなたの考えを論じなさい」

⑱「今日、東京の都市活動から大量の産業廃棄物が排出されている中、都の責任を果たすため、有害廃棄物の処理や不法投棄対策に先導的に取り組むことが求められます。今後、都はどのような取り組みを進めるべきか、具体的な方策をあげて、あなたの考えを論じなさい」

⑰「今日、豊かな生活を支えるため、化学物質が様々な用途に使用される一方で、有害化学物質による環境汚染が問題となっています。都民の健康と生活の安全を確保していくためには、都はどのように取り組むべきか、具体的な方策をあげて、あなたの考えを論じなさい」

おわりに

医化学Aの合格者は例年1人、Bでは平成17年度以降3人です。

管理職試験の受験を考えている職員のみなさんは、仕事に家庭に多忙な日々を過ごされていると思います。通勤時間や昼休みなども活用し試験の準備を進め、筆記試験に臨んで頂きたいと思います。筆記試験後には、面接試験も待っています。受験者のみなさん、気を抜かずに頑張って下さい。

みなさんのご健闘を心よりお祈りいたします。

20年度 管理職試験講座 特別区 4

Ⅱ類論文 ④

今回は、平成18年度出題の事例式論文問題の全文を掲載し、その分析をします。

P区Q部R課は、公園整備を主な業務とし、公園計画と調整業務を担当するS係と設計及び工事を担当するT係とで構成されている。R課長は、この4月に着任した。

ようやく引き継ぎも終わった4月中旬、R課長はQ部長に呼ばれた。

Q部長：「A中央公園の新規整備事業は、区の重点事業だ。今年度は早急に設計を仕上げて工事に着手してくれ。この計画については地元A町会長が何年もかけて、隣接するB町会も含めて地元を取りまとめてきた。それから、X区議もこの事業の推進に力を注いでいることを忘れないように」

R課長は早速、S係長とT係長を呼んで部長の指示を伝え、進ちょく状況を確認した。

T係長：「設計は順調ですが、地元NPOが一部住民の意向を受けて計画修正の要望を出してきています。区の計画と違う部分もあるのですが、意外にいいプランかもしれません。意見を採り入れたらどうかと考えています」

S係長：「それはやめたほうがいいよ。もう何年もかけて町会と話し合い、回覧板で周知したりして、ようやく固まった計画なんだから」

T係長：「確かに今の計画でも、地元の声を十分反映していると思いますが、住民ニーズは刻一刻と変化するものです。柔軟な対応が必要だと思います」

S係長：「どこかで区切りをつけないといけないから、見直しは必要ないんじゃないですか。T係は設計に専念していればいいんだよ」

気まずい雰囲気を感じたR課長は、S係長の意見も気になったが、T係長のやる気を頼もしく思い、見直し作業を進めながら設計を急ぐことを指示して話を打ち切った。

4月下旬のある日、R課長が会議から戻ってきたところに、T係長がやってきた。

T係長：「先ほど例のNPOのY代表が来て、先日の要望の件はどうなったかと聞いてきたので、見直しを進めていますと答えておきました」

R課長は、見直しの内容が気になったが、次の会議の時間が迫っていたので、S係長へも情報として伝えておくように指示し、出かけていった。

5月中旬、A町会長から電話がかかってきた。

A町会長：「A中央公園の計画見直しが決まったと聞いたぞ。これは本当か。何年も話し合ってようやく決めた計画をそんなに簡単に変えていいのか。かつてB町会に要望をあきらめてもらうなどしてきた手前もある。今さらどういうつもりだ」

R課長は、A町会長の剣幕に驚き、詳細を確認して連絡すると伝えて電話を切り、早速、S係長とT係長を呼んで説明を求めた。

S係長：「別件でA町会長に会ったのですが、A中央公園はどうなったのかと聞かれましたので、NPOの申し入れがあったので見直しているようです、と答えました」

T係長：「ええ、課長の指示のとおり進めました。だいぶ大きく変わりましたが、係員に頑張ってもらって、間もなく工事を発注できるところまで仕上がっています」

S係長：「そういえば課長、例のNPOのホームページにも『A中央公園の整備計画：区が見直し決定』という記事がありました。NPOの案も載っていますよ」

R課長がいつの間にそこまで話が進んだのかと驚いていると、Q部長から呼び出しの電話がかかってきた。慌てて部長室に行くと、Q部長の横にはX区議が座っていた。

X区議：「区が地元の了解なしに計画を見直していると、A町会長が激怒している。どうやらB町会はNPOの案に乗り気で、計画見直しに大賛成と言い出しているらしい。ここで地元が分裂したら、とても計画は進められない。この計画の推進は区議会で報告もされているし、多くの住民の悲願だ。私にとっても寝耳に水だ」

Q部長：「マスコミからも広報課に取材の申し込みがあったそうだ。計画の見直しなど何も聞いていないぞ。いったいどうなっているのか、きちんと説明したまえ」

R課長は、思わぬ事態の展開に、呆然と宙を見つめるだけであった。

特別区における住民参加のまちづくりについて、あなたの考えを述べたうえで、あなたがR課長であれば、この事例の状況において、どのように対処していくか、この事例に即して論じてください。

18年度問題分析

論文の作成にあたって

本事例では、まず、「特別区における住民参加のまちづくりについて」の記述が求められています。記述にあたっての注意点を整理してみます。

国から地方への税源移譲が実施され、特別区においても税収の確保から施策の実現まで、自治体経営者としての責任と権限が強化されましたが、財政状況は厳しさを増しています。

地方分権は個性ある地域と豊かな暮らしを目指し、画一から多様化への流れは自治意識を高め、地域を反映した区民主体のまちづくりの必要性を強めています。

まちづくりとは地域住民との共同、地方自治体との協力によって、自らが住み、生活している場を、地域にあった住み良い魅力あるものにしていくことです。

また、自治体の自己決定権の拡大によって、自治体の自治（まちづくり）の方針と基本的なルールを定める「自治基本条例」を制定する自治体が増えています。これによって住民との情報共有や住民参加・住民協働の原則を規定しています。

特別区における地域活動は自発的参加型のNPO活動と地縁型の自治会・町会活動に大きく分けられます。近年活発化するのはボランティア的な機能的集団であるNPO活動ですが、特に自治会・町会はコミュニティーを維持する貴重な社会的資源です。

区民の力を活かすためには、区と自治会・町会やNPOが相互に自立した関係の主体として対等・平等の相手と認めることです。

事例の整理

ここで設定された組織は、P区Q部R課で、主たる業務の公園整備、公園計画と調整業務を担当するS係と設計及び工事を担当するT係とで構成されています。登場人物は、4月に着任したR課長、Q部長、S係長、T係長、A町会長、X区議、そしてNPOのY代表です。

次に事例の概要です。4月中旬、R課長はQ部長に呼ばれ、A中央公園の新規整備事業は、P区の重点事業であり、整備計画についてはA町会長が何年もかけて、地元をとりまとめてきたこと、X区議もこの事業の推進に力を注いでいることを忘れずに今年度中に設計を仕上げて工事に着手するように指示を受けました。

R課長は早速係長会を開き、部長の指示を伝え、進ちょく状況を確認しました。ここで地元NPOから計画修正の要望が出ていること、その意見を採り入れたらどうかと考えているとの報告をT係長から受けます。しかし、S係長は町会と何年もかけて話し合い固まった計画なので、修正することに反対します。また、住民ニーズは変化するので、柔軟な対応が必要だとT係長は考え、どこかで区切りをつけるべきなので見直しは必要ないとS係長は考えています。R課長はS係長の意見も気になりましたが、T係長のやる気を頼もしく思い、見直し作業を進めながら設計を急ぐことを指示しました。

4月下旬に、R課長はT係長からNPOのY代表が来て、要望の件を聞かれたので見直しを進めていると回答したとの報告を受けます。R課長は見直しの内容が気になりましたが、会議で時間がなかったため内容の確認を行いませんでした。

5月中旬にA町会長から電話があり、A中央公園の計画が見直しされたことの苦情を受けます。R課長は詳細を確認して連絡することにして、直ちに両係長から説明を受けます。S係長からは別件でA町会長に会った際NPOの申し入れがあったので見直していると答えたこと、NPOのホームページに「整備計画の見直しが決定」と載っていることを、T係長からは計画が大きく変わったことの報告を受けます。その時にQ部長から呼ばれます。

部長室にはX区議が同席していて区の計画の見直しにA町会長が激怒しているが、B町会は計画の見直しに大賛成のようで、ここで地元が分裂したら計画は進められないと言われます。Q部長からは計画の見直しは聞いていないので、どうなっているのかと説明を求められます。

事例の分析

この事例の問題点は以下のとおりです。まず、R課長が管理職としての役割を果たしていない点です。係長会で、両係長の異なる意見の調整を行っていません。公園計画及び調整業務はS係の業務であるにもかかわらず、T係長に見直し作業を進めながら設計を急ぐことを指示します。また、その後の進ちょく状況を確認していません。見直し内容が気になった時も会議を理由に確認していません。

次に、両係長の問題点ですが、T係長はこれまでの地元町会との積み上げを軽視して、町会等との調整を行わずに、NPOの意見を採り入れた計画の見直しを進めています。さらに、NPOのY代表に区で決定されていない情報を提供しています。S係長は、係長間での意見相違を調整して課内を取りまとめようともせず、着任して間もないR課長の補佐役としての自覚がありません。

最後に、R課が組織としての一体感に欠けている点です。A中央公園の新規整備事業の重要性の認識が低く、住民参加によるまちづくりに対する意見統一ができていません。

この背景には、着任早々とはいえR課長が適切なリーダーシップを発揮していないことが挙げられます。

これらの結果、A町会長やX区議から批判を受け、区政への信頼を損なう事態を招いてしまいました。

◇

次回は、論文例と解説を掲載します。皆さんもこの出題事例に基づき論文を作成してみてください。

カレントトピックス 20年度 20

都政事情

■「第二次都立病院改革実行プログラム」を策定（1月31日）

病院経営本部は、医療をめぐる環境の変化やこれまでの成果を踏まえ、都立病院改革を次のステージへ推し進めていくために「第二次都立病院改革実行プログラム」を策定した。このプログラムは「都立病院改革マスタープラン」の事業計画として策定した「都立病院改革実行プログラム」に続く、後期5カ年の事業計画である。計画期間は、平成20年度から24年度まで。

最大の焦点だった都立病院の独立行政法人化については「メリット・デメリットについて、都立病院の運営実態を踏まえ検討していく」という表現にとどまり、当面の移行は見送られることになった。

■平成20年度都区財政調整（1月18日）

市町村民税法人分の大幅な増収等により、交付金の総額は1兆166億円となり、はじめて1兆円を超え、過去最高となった。普通交付金は、前年度比353億円増の9658億円、特別交付金は18億円増の508億円となった。

基準財政需要額は、前年度比743億円増の1兆9895億円、基準財政収入額は、前年度比389億円増の1兆2337億円となった。

都区財調協議では、少子化対策など普通交付金の交付対象外の取り組み等を一括りにして交付対象にする「包括的算定」が最大の争点になったが、都区において「包括的算定」の解釈の違いが顕在化した。

■再雇用等選考不合格訴訟の地裁判決（2月7日）

卒業式等において、国歌斉唱時の不起立等を理由に再雇用を不合格としたのは違憲・違法として、元教職員らが東京都に損害賠償を求めていた裁判で、東京地裁は、東京都教育委員会の不法行為を認め、東京都に対し損害賠償を支払うよう命じた。

一方、国歌斉唱時の起立・斉唱を求めた職務命令の違憲・違法性については「思想・良心を制約するものではない」として、違憲・違法にあたらないとした。

不起立をめぐる一連の裁判で、東京都に損害賠償の支払いを命じたのは、平成18年9月の「予防訴訟」東京地裁判決以来、2度目となる。

区政潮流

行政評価を使いこなすシステムをどうつくるか
10年を要する評価制度の課題と展望

■行政評価とはそもそも

行政評価とは、行政が目的・目標に沿って行われたかどうかを判断するためのツール(道具)としての評価をいう。管理手法としての政策のPDCAサイクル「政策立案(Plan)―事業執行(Do)―検証・評価(Check)―改善・見直し(Action)」のうち、検証・評価(Check)の部分を指す。

評価には、事務事業評価システム(三重県)、業務棚卸表による目的指向型施策評価(静岡県)などいろいろあるが、政策→施策→事務事業の政策体系を前提に、より上位の政策目的を達成する手段・手法(施策・事務事業)を評価するものであることから「政策評価」とも呼ばれる。

評価は1995年の三重県の事務事業評価を嚆矢としてバブル経済崩壊後(1993)各自治体が、行政改革の手法として導入を競った経緯がある。しかし、事務事業をカットするのにそもそも評価など必要ない。トップの明確な決断と議会の理解があれば足りる。評価はむしろ「見えにくい行政の活動」、とりわけ「新規事業の決定」「組織編制活動」、そして「予算編成活動」の透明性と合理性を確保することに有用だ。評価の実用化には評価を使う人の技量、あるいはシステムとして評価をどう位置づけるかにかかっている。

■評価の実用化を妨げる諸課題

第一に官僚制におけるセクショナリズムの問題がある。所管の担当者は予算を減らされないよう防衛しようとして評価書を作成する。自ら担当する事業を「必要性は薄い」とは決して評価しない。部ごとの予算、課ごとの予算にしても、各管理職は「所管の立場」からものを見る。そうである限り事業の「廃止・縮小」の評価には否定的だ。ときおり立場を超えて行動する視野の広い管理職もいる。しかし「村」とか「シマ」(縄張りのこと)の論理を振り回すのが中間管理職の常だ。そのため、もともと甘い自己評価、立場に固執する評価に立ち向かうには、改めて再評価(二次評価)を行うことになる。

また、評価を経営全体の改善に反映させようとするスタッフ部でもセクショナリズムはある。予算査定ですべて解決できた時代には、財政万能だった。起債及び償還、基金の管理等との関係で次年度の予算不足額を財政は握る。しかし、枠配分予算方式を採用するなかで財政課のコンロールが効かなくなる。スクラップとビルドの関係を明確にしないまま新規事業が増えれば財政に不満が出る。互いに納得しながら予算を練り上げていくプロセスがスタッフ部門には不可欠だ。そのためにも評価を使いながらコミュニケーションを密にしておく仕組みが必要だ。

しかし、元来財政は評価を嫌い、企画や行革担当は評価を必要とする。財政規模が大きい特別区では、大田区、品川区、渋谷区のように財政課と企画課を統合することも考えなくてはならない。統合課(企画財政課)が評価をあわせて所管すれば、評価を活用した政策見直しや予算編成には効果がありそうだ。

■評価は政策のプロになるための一里塚

評価は区民との対話に有用だといわれるが、実際はそうではない。区民の評価への関心は低調だ。むしろ評価を作成する職員の間で評価を使いこなし、政策手法の理解を深めることに腐心すべきかもしれない。事業の民営化を進めるのか、部をまたがる類似事業の統合をどうするのか。区の諸課題を分析し再構築しなければならないときに、現状を説明してくれる評価書は便利だ。記録として評価は役にたつ。評価をもとにバラバラな組織を繋いでいくチャンスはいつも開かれている。

評価の改善には各区が取り組んでいる。中野区の外部評価のように、区民と行政がディベートを通して政策の質を高めようとする姿勢は立派だ。また、評価が独りよがりにならぬよう行政評価委員会を置いている区も増えてきた。評価をもとに行政自らが反省し襟を正す姿勢をもつことが職員の質を高め、組織文化を高めていくともいえる。

評価を活用した資源配分の手続き・ルールを確立していかなければ評価それ単体では意味がない。評価のバージョンアップと民営化事業の評価や施設の評価など多様な評価への対応が必要だ。もちろん政策のプロになるには評価制度の理解は必須である。

■自治に貢献する評価の今後

マニフェストによりその区のまちづくりの方向は見えてくる。何をいつまで、どのような手法でどれだけのお金を投入するかといった政策綱領が選挙で明らかになるからだ。しかし、マニフェストがPlan段階での約束事(佐々木信夫2006)であるとするならば、今後その中身についても評価は避けられない。

どの分野に重点を置き、どの分野の力点を下げたのかについては、マニフェストに沿った評価によって説明が求められよう。それゆえ特別区も施策評価から政策評価にステップアップしていく時機にあるともいえる。また、トップの任期にあわせて基本計画を改定することや、4年目の秋には施策・政策評価を実施する区が増えてくるだろう。

特別区が先進的な自治体といわれるためには、第一に、評価制度を理解する政策マンを育成すること、第二に、評価を組み込んだ経営システムを構築すること、第三に、政策官庁としての自主自立の組織風土へと転換していくことが必要と考えられる。(特別区自治問題研究会)

さらば青春の名画たち
団塊退職世代に贈る ④

『シェルブールの雨傘』ジャック・ドゥミ

見ていない映画というものがある。見なければと思い、そのうちにと思い続けてきたのに、見ないまま今日まで来てしまった作品である。

酒席で昔の映画の話が出たりするのは嬉しいけれど、話題がそっちへ行きそうになるとドキドキする。宿題をして来なかった子どもの頃を思い出す。こちらは別にエラソーにするつもりはないんだけど、相手がエラソーにする。悔しい。

思い切って告白してしまおう。パラジャーノフの『ざくろの色』を見ていない。だが、これについては居直れる。日本での彼の初公開作品『火の馬』を見ている。自慢できるのではないか。

パラジャーノフから小出しにして見たのだが、実はもっと重大な……ゴダールの『ウイークエンド』を見ていないのである。かなりまずい。これを見ていないとゴダールは語れないらしい。だから語らない。

決定的ことだが、何とトリフォーの『大人は分かってくれない』を見ていないのである。恥ずかしい。だから、トリュフォーの話になるとうつむいてしまう。本当はもっと大物があるんだけど……。

恥ずかしい。だから言えない。ずっと隠し続けてきた。――何度も見た映画のことである。

人に知られたくない。だから一人で見に行った。知人に会いたくないので遠くまで足を運んだ。エロ映画ではない。『シェルブールの雨傘』(ジャック・ドゥミ監督)である、あのカトリーヌ・ドヌーヴの。大好き!

何の先入観もなかったから、初めて見たとき一撃でやられてしまった。何という美女! 何という美声! こんなことがあっていいのか? あの曲が何日も頭の中で響き、美しく切なく哀しいドヌーヴの表情が眼前に蘇って来た。夢遊状態になった。

『アルジェの戦い』が話題だった時代である。甘いと言われても仕方がない。現実遊離の陶酔だとも言われる。それでも良い。酔うために飲む酒だってあるじゃないか。

これだって、背景はアルジェリア戦争だ。戦争に引き裂かれた男女の物語だ。カラフルな傘の行き交う雨の街路。愛の誓い。戦地で音信不通になった男とその子どもをみごもった女。逼迫する生活環境。すべてを受け容れるという新しい男の出現。恋人の帰還。だが女はいない。それぞれの、離ればなれの生活。雪降りしきるガソリンスタンドでの偶然の再会。子どもを連れているドヌーヴ。「あなたに似ているわ……」

この女優のもっとも美しい作品だろう(ポランスキーの『反撥』は異様だったし、ブニュエルの『昼顔』は妖しい)。

セリフがすべて歌、歌で統一されている作品。歌ったのは有名な歌手だという。口パクだった。ドヌーヴ自身にもすでに子どもがいたらしい。それでも良い!

彼女の姉は美人女優のフランソワーズ・ドルレアック。この姉妹がそろって出ている同じ監督の『ロシュフォールの恋人たち』……実は見ていないのです。 (瀬満)

世田谷文学館

永井荷風のシングル・シンプルライフ
荷風のすべてを展示して新しい像を提示

偏奇館にて

展示室の奥に進むと、荷風がいつも使っていたこうもり傘と下駄が目に入ってくる。その生々しさにドキッとさせられる。古びてはいるが、乾ききった展示品になってしまわずに、使っていた人の存在感を伝えている。さらに買い物籠も、火鉢も、鍋釜、食器類が雑然と散った調理卓も―。荷風を模した人形もあって、その日常の姿を再現している。

そのあいだには、手紙、手稿、作品類が陳列されているが、中でも鮮烈なのは、死の場にあった森鷗外の『渋江抽斎』の本と、彼自身の日記『断腸亭日乗』原本である。展示空間は大きくないが、必要にして十分。拡大も縮小もされないままに、濃密な荷風空間を形作っている。

「荷風のシングル・シンプルライフ」のテーマのもとに、新しい荷風像を提示する企画である。老い、独居、性、マネー術、自炊、ガーデニングなど、現代的諸テーマに、自立的、先駆的に取り組んだ人でもあったというのである。

言うまでもないことだが、永井荷風という人ほど、評価に乱高下のあった作家は珍しい。フランス近代詩の名訳者、日本語散文の洗練の極に達した名文家、慶応大学教授だったこともある。

だがその陰では、ひそかに読み継がれたエロ小説の作者であり、家族・家庭からの離脱者であり、独居生活を貫いた人であった。人を容易に近づけない人間嫌い、花柳界の遊行者、性の秘儀者、江戸趣味・四畳半趣味、医療・健康マニア、ドケチと、人間性への評判は良くない。

下駄履き、小さなバッグとこうもり傘持参。毎日同じ散歩コースをたどり、同じ時間に同じ食堂に入り、同じ席に座り、同じメニューを注文し、ストリップ小屋で踊り子と交歓し、街娼と交わり――という生活を続けながら、文化勲章はすんなり受章している。

衝撃的だったのは1959年、市川の自宅で孤独死したときに2000万円以上の金を所持していたことである(今で言えば3億円以上?)。最後まで、常識の焦点上に像を結ばせない、狷介孤高の人生だった。

彼への認識を改めさせたのは、『断腸亭日乗』だった。手弱女風かと思わせたが、実は剛直な文明批評家であることが明らかになった。独特の漢文スタイルで書かれたのは、日常からの、苛烈なばかりの浮薄文明化批判と軍国主義への嫌悪である。

決して日記ではなく、推敲に推敲を重ね、ひとつの完成作品として書き記したものと言われている。戦火の中も肌身離さず持ち歩き、もしも官憲の目に触れるようなことがあったら、ただでは済まない危険物でもあった。そのリアルと真実が、和とじ本のかたちでここにある。

時代情勢に合わせ売文を重ねた文筆家ではない。破滅型と見せて、女、酒、薬で自滅した田舎出文士とも一線を画している。散歩ばかりしていたようで、実は真の思索者であり、時代のずっと先まで行った人でもあった。

新しい荷風像―荷風ファンでなくても、得るところの多い展覧会である。

【読者プレゼント】
4月6日(日)まで開催のこの企画展の招待券を読者10組20名様にプレゼントします。Eメールで件名を「荷風展希望」とし、住所、氏名を明記の上、henshu@toseishimpo.co.jpまでお申し込み下さい(7日必着)。

みにがいど

◆ラ・フォル・ジュルネ・オ・ジャポン「熱狂の日」音楽祭2008 ▽4月29日～5月6日に開催の公演プログラムが発表された。詳細は、http://www.t-i-forum.co.jp/lfj ▽問い合わせ先☎5221・9035

とうきょうと川柳会

○●2月の宿題1「庭」

坪庭を心の中に持つゆとり　加藤富清
お帰りと言ってくれます福寿草　谷村洋一
庭付きの住まいが欲しいかたつむり　伊藤嘉枝子
☆校庭に来て自分史を巻き戻す　大戸和興

○●2月の宿題2「上目遣い」

合図する上目遣いがよめてない　本田宣之
針仕事振り向く母の鼻眼鏡　荒川育子
負けないぞ上目遣いの羽生にらみ　加藤　勇
☆心電図ゼリーぬられて目をあける　松尾健二

(☆は選者の句)

とうきょうと川柳会のご協力で本紙読者からも川柳を募集します。2月の宿題は「ささやく」と「雑巾」で、それぞれ2句を作句し、Eメールで、henshu@toseishimpo.co.jpあてか、ハガキで編集部あてにご応募下さい。3月10日必着。

海外出張こぼれ話 26
東郷 尚武

オリンピックを迎える北京と沿海都市アモイ⑨

北京の最終回は頤和園のお話である。紫禁城から北西へ約12～13キロメートルといったところに位置するが、筆者が滞在した清華大学とは目と鼻の先である。北京にある主要観光スポットのひとつで世界遺産にも登録されているが、筆者の探訪理由は、いささか不純だったかもしれないが、一般の方とは違った関心があった。

頤和園は、西太后(1835～1908)が海軍の白銀3000万両を投じて再建した皇室庭園であると、かねて聞かされていた。西太后が、本来、清国の軍艦建造に当てるべき資金の大半を頤和園につぎ込み、そのために日本海軍に敗北を喫したといった話も聞いていたので、一体、どの程度の規模の庭園が造成されたのか、かねてから興味を持っていたのである。当時、筆者の祖父も、祖父の兄の平八郎も海軍の軍人として艦隊に乗り組み、日清戦争に参画し、子供の頃からいろいろ聞かされていたので、頤和園にも興味を持ったのである。

個人的関心はそのくらいにして、少し頤和園そのものについて触れてみよう。そもそも頤和園は、清の乾隆帝が明代の寺院を改築し、その周囲に殿閣庭園を造営したもので、中国最大級の皇室庭園である。公園全体の約4分の3は昆明湖で占められ、[illegible]や楼閣が織り成す美観は、まさに風光明媚の一語に尽きる。[illegible]々とした美しい景観が広がっている。

さて、乾隆帝により造営された皇室庭園は、1860年、英仏連合軍の侵略により一旦は荒廃した。先にも述べたように、西太后が巨費を投じて仏香閣や排雲殿等も建造され、美しい庭園として復活した。[illegible]落ち着きある美しさを今日に伝えている。

筆者らは、乾隆時代に作られた[illegible]をへて、さらに万寿山上への通路となっている長い階段を上って頤和園の中心的な建造物である八面体の仏香閣を上り、眼下に広がる昆明湖の眺望に心を奪われた。

以上、会議を縫っての誠にあわただしい北京の旅であったが、翌12月1日、旅装を改めて、次の訪問都市・アモイ(厦門)に向けて旅立ったのである。

頤和園の中心的建造物である仏香閣

都政新報

発行所　都政新報社
〒160-0023 東京都新宿区
西新宿7-23-1 TSビル
〈総務・読者〉(03)5330-8781
〈企画広告〉(03)5330-8784
〈編　　集〉(03)5330-8786
〈出　　版〉(03)5330-8788
〈セミナー事業部〉(03)5330-9977
〈ファクス〉(03)5330-8808
郵便振替 00130-2-101470
購読料 月1,680円(税込)
毎週火・金曜日発行
但し、祝祭日は休刊
©都政新報社　2008

紙面から

ものづくり産業

共同受注に支援事業

基盤産業をグループ化

発注方法の変化やアジア台頭で苦戦

ものづくり分野の中小企業を支援するため、都は来年度から、共同受注などに取り組む中小企業グループを支援する新事業を実施する。大企業の下請けとして、ものづくりを支える基盤技術分野の企業を対象とする。中国などアジア諸国の台頭や、大企業の発注方法の変化で、下請け企業は苦戦を強いられている。企業グループで仕事を受注することで、スケールメリットを発揮して収益力を向上させていきたい考えだ。

支援事業では、3年間で5000万円を限度に、中小企業グループが取り組む共同受注の仕組みづくりなどを支援する。グループで共同して使う作業所の整備や、共同受注のためのシステムと事務所を設置する費用などを想定している。

資金面だけではなく、グループの運営方法をアドバイスしたり、実務面でサポートするため、都が持つ人材ストックからプロジェクトマネージャーも派遣する。

従来、行政による中小企業グループへの支援では、異業種交流による製品開発に取り組む場合が多かった。異業種交流には、技術開発を活発化させる面では効果があるが、開発した製品を販売するなど実際に収益に結びつける面では、弱さを抱えている。

今回の支援事業では、受注体制の強化を目的にグループ化を進めることで、参加企業の収益力向上につなげていくことを目指す。

基盤産業分野の中小企業が、ここ近年、苦戦を強いられている背景には、「メッシュ化」などと表現される大手企業と下請け企業との関係の変化がある。かつては系列で受注関係が決まり、ある程度の仕事が入っていたが、現在は、発注企業は系列を超えて網の目のように仕事を依頼し、コストが安く技術力がある企業を探す傾向が強まっている。

このため、ブランド力や技術のある数社に、仕事の難易度に関わらず多くの仕事が集中し、他の中小企業は受注がほとんどできない実態があるという。

発注方法についても、ネジや鉄板など一つの部品を作るだけではなく、部品を組み合わせた形での納入を求める「ユニット発注」や「一括発注」が増えている。優れた技術を持っていても、1分野の技術だけでは対応できないため、下請けの基盤産業が生き残るのが難しくなる。

都の支援事業では、基盤分野の中小企業がグループを作ることで、それぞれの技術を持ち寄って、より大きな仕事を受注できるようにする。グループのなかに、技術力の高い中核企業が入ることで、ブランド力を活かして多くの仕事を受注できるメリットがある。また、中核企業の技術を学ぶことで、グループ全体の技術力を底上げする。

中核企業にとっても、技術力が低くてもできる部品や加工は、他の企業に任せることで、高い技術力が必要な仕事に集中できる。グループ全体として、スケールメリットを生み、多くの仕事を受注したり、さらに高い技術開発を進められることを目指す。

都では、「10年後の東京」などで、「創造的都市型産業」の育成を掲げ、環境や健康など最先端分野での技術開発を促す方向性を示している。こうした先端技術の開発も、従来型のものづくり分野の高い技術に支えられて初めて成り立つため、都として基盤技術産業の育成を強化していく。

民間でも、中小企業グループを作る取り組みはあるが、それほど数は多くない。技術水準や求める仕事の違いによって、グループから企業が出入りすることも予想され、そうした試行錯誤を経てグループを定着させられるかどうかが施策の鍵を握る。

知事「責任、取るつもり」

新銀行の経営不振　取り方は明言せず

07年度決算で累積損失が1000億円程度に膨らむ新銀行東京について石原知事は、2月29日の記者会見で「私は取るべき責任、取るつもりでいる」と語った。都議会では「もろもろの責任を痛感している」と述べ、知事自身、どのあたりに責任を感じているのか、具体的な中身などについては、言葉を濁していた。この日の会見でもこの点を質問され、釈明を交えながら責任を取る意思があることだけは明らかにした。責任の取り方までは話していない。

知事は「今は、最終報告を待っているわけだから、それが明かされれば、どういう人間に、どういう責任があったか、つまびらかにされる。それでそれぞれの責任が追及されるべき。発想した人間としては、その責任、痛感している」と語った。

これまで知事は、都議会との関係など一切しんしゃくしないで記者会見で発表してきたが、新銀行東京の問題に関しては「議会があるので答えられない。議会を傍聴してください」の一点張りになっている。400億円の算出根拠についても、「予算委員会を傍聴してください」と語った。

都によると、400億円の根拠は「07年度から適用になった新BIS規制で、リスク計測の精緻化などが図られたため」という。再建計画に基づく事業を行おうとすると、リスク資本の確保が求められるとしている。

視点

新銀行東京への追加出資問題

ひときわ目立つ自己保身

調査委報告は「切り札」か

新銀行東京への追加出資問題は、代表・一般質問が2月28日で終わり、まず序盤戦終了というところだ。都庁に寄せられた「都民の声」やメディアの論調が「石原銀行は幕を閉じるべき」という大合唱の中で、補正予算を提案された都議会、とりわけ与党の自民、公明は、苦しい判断を迫られている。知事側に納得のいく説明を求め、ボールを投げ返したというのが現時点の状況だ。

では「石原知事は」と言うと、新銀行東京の調査委員会報告を公表すると述べ、あたかも都民合意の「切り札」のように喧伝している。しかし、この対応は、実は自分で自分のクビを締めていることにしかならない。序盤戦で浮き彫りになった論点を見る。

■悪循環の源泉

知事も自民党も戦略として11日から始まる「予特勝負」に出た。この頃には調査委員会報告により、「どうして破綻の危機に陥ったか、責任の所在も含めて明らかになるはずだ」というのである。知事が想定する結論は「400億円の出資に議会の理解が得られる」というものだが、そう短絡的な話ではない。

本会議で鮮明になったのは、ひたすら自己保身に走る知事の姿である。答弁のコンセプトは「旧経営陣の運営に問題があった。知事を守るには、この論法しかない」というものだが、庁内や都議会では、この理屈を真に受ける人は少ない。

銀行設立に深く関与し、現在、新銀行東京の取締役や執行役になっている元都幹部が、裏で懸命に自分の責任回避に動く姿が透けて見えるからである。自分の責任回避の理屈として「知事を守るためには…と言っているだけではないか」というのが、一般的な受け止め方だ。密室で政策決定した過ちの大きさを考えると、知事よりも責任が重いという指摘が、ちまたにあふれている。

ここで大事なことは、元都幹部が責任回避で都合のいい情報を知事にレクチャーしたとしても、それを受けて知事という立場にある者が、同じスタンスで振る舞って良いのかという点である。知事には、政治家として、あるいは出資した自治体の長としての責任があり、別の視点が入っても良い。大局判断とバランス感覚が重要だ。ところが、現在は、元都幹部と知事が全く同じレベルで自己保身にまい進している。都庁の事務方が「今のスタンスは、まずいですよ」と諫言できないのが大きな問題だ。

そして、二つ目の問題は、知事が「調査委員会の最終報告が明らかになれば、あ然としたものが出てくる」と言えば言うほど、信用を売り物とする新銀行東京が、都民や中小企業から見放されていくということだ。

調査報告が切れ味鋭く、惨憺たる実態をレポートすれば、信用低下を加速させるだろう。都の指導監督責任も一段と問われ、金融庁が黙っていられなくなる。逆に、なまくらな内容であれば、旧経営陣のせいにしてきた知事自身に火の粉が直接ふりかかる。自分一人だけ逃げようと保身に走ったことが、すべての悪循環の源泉である。

■もろもろの中身

知事は、自民党の代表質問に「もろもろの責任を痛感している」と語った。そこまでは良かったが、その後がいけない。民主党から「もろもろの責任とは何か」と突っ込まれ、「もろもろの責任とは、まさにもろもろだ」では、結局、何の反省もしていないと言っているに等しい。知事も作家なら、ここでは、もろもろの中身を具体的に説明しないと収まらないことに気づくべきだった。

この間、旧経営陣に一方的に責任をかぶせてきたが、予特でもこれに終始するなら都民の理解は得られない。対応が遅れた原因と責任の明確化は不可避である。また、民主党は「旧経営陣にも弁明の機会を与えるべき」と提案したが、これは正論だ。自民、民主、公明の各党は、6日に新銀行東京の津島隆一代表執行役を呼んで経緯等を聞くが、旧経営陣の言い分にも耳を傾ける度量の広さを見せて欲しい。

庁内には「不良債権化した融資の中には、都議の口利きによるものが多く含まれている」という指摘がある。口利きを暴露されるのが怖くて、弁明の機会を封じ込めることはないと信じたい。各会派とも一方を聞いて沙汰する予算審議にしてはならない。

余談だが、旧経営陣と言った場合、その範囲には執行役のみならず、取締役も含まれる。鳥海巌氏をはじめ、石原知事が推薦した友人も、責任を問われるポジションにいたことを指摘しておく。

■銀行の看板に傷

新銀行東京をめぐる一連の騒動は、企業活動の上ではボディーブローのように効く。「400億円で延命できるのは1年か2年、補正予算案を否決されたら年内にも危ない」とささやかれるのは、石原知事が広告塔になって銀行の看板に傷をつけてきたからだ。

「不退転の決意で再建するのが、私の責任」と知事は言い切った。不退転の決意の責任を問われる時期が、そう遠くないことを自覚しながら予特勝負に臨むべきである。（吉）

都議会本会議で代表質問を聞きながら顔をしかめる石原知事＝26日

都政の東西

いのちの相談

2月20日、自殺を考える人の相談に応じるための「東京ネットワーク」が発足した。保健所やNPOなど50機関が参加。いじめ、過労、健康、心の悩みなどの相談を、最適な機関につなぐのが狙い。他機関の専門分野を深く理解する必要があるなど課題は残るが、交通事故死の9倍に上る2500人以上が1年間に自殺する中、全都を挙げての取り組みとして期待される。

対策のカギを握るのが、自殺のサインをいち早く読み取る「ゲートキーパー」だ。都では来年度、指導者を400人養成する計画で、「落ち込んだとき眠れない」「人と会うのが億劫だ」といった言葉の端々から、心の悩みをキャッチし、自殺の芽を摘み取る考えだ。

都では、保健所職員を対象にした養成研修も実施。うつの症状や話の聞き方について講義があったほか、遺族からのメッセージも紹介された。担当者は、「将来的に住民が気付ける環境になれば」と期待を込める。

ただ、相談に臨む職員からは課題も挙がる。「明日の新聞、楽しみにしてろよ。死んでやるから」。保健所で勤務した経験を持つ都職員は、相談中、こんな言葉を浴びせられたという。

「これは『脅し』です」。普段から、メンタル的な病気の相談を多く受けている担当者は、そう分かる。「話を聞いて欲しいというメッセージ。辛い言葉でしか、自分の気持ちを表現できないのです」と言う。

だが、相談業務に慣れていない職員にとっては、心の重荷にもなる。「自分の一言で死なれてしまったらどうしよう」。こんな不安感が、次の相談を躊躇させるという。都の担当者は「第三者が話を聞き、一緒に考え直すフォロー体制が必要」と話す。「心と命の相談」の受け手が安心して活動を続けるためにも、細かいケアが欠かせない。

都議会質問戦

国際会議誘致で実務講座

東京マラソン参加者増「真剣に検討」

【救急医療】吉野利明氏（自）は、都内でも救急患者のたらい回しが報道されているとして、「救急医療対策協議会」の検討の方向性について質問した。安藤立美福祉保健局長は、医療現場の実態を調べるとともに、「病院選定の迅速化に向けた救急医療情報システムの強化や、患者の円滑な受け入れを行うための地域の医療機関の連携などを早急に検討する」と答弁した。

【感染症対策】新型インフルエンザなどの感染症対策で、中嶋義雄氏（公）は「大都市東京の特性を踏まえた独自の体制強化を進めるべきだ」と提起した。都は現在の健康安全研究センターを、2012年までに健康危機管理センター（仮称）として整備し、関係機関の総合調整機能などの危機管理体制を強化する。国境を越えて感染症が爆発的に広がる可能性が高いため、アジア大都市ネットワーク21でも感染症専門家の交流を進め、各都市とのネットワークを強化する。

【低所得者支援】吉野氏は「低所得者の安定就業に向け、さらに踏み込んだ対策を講じるべきだ」と求めた。これに対し、佐藤広産業労働局長は、「新たに都内4カ所に専用の就業支援窓口を設置する」と答弁した。現在、企業訪問によるニーズ調査を行っており、結果に基づいた実践的な職業訓練を進めていく。また、企業側のインセンティブとして、訓練修了生を正社員として6カ月間以上継続雇用した場合、採用の負担軽減のための助成金を支給する。

【国際コンベンション】宇田川聡史氏（自）は、国際コンベンション誘致のために、国際会議本部や企業系会議のプランナーに働きかける人材を育成するべきだと主張した。佐藤産業労働局長は「来年度から会議施設やホテルなどの実務担当者を対象に、成功事例を通した誘致戦略や実践的な交渉のノウハウを付与する講座を開催する」と答弁。海外企業の会議や報償旅行の誘致も促進する。

【東京マラソン】東京マラソンの参加者を増やす見通しについて、門脇文良氏（民）が質問した。石原知事は「参加定員の増加は、まさに同じ考え。この場を借りて、（協力を）警視総監に陳情する」と答弁。また、渡辺日佐夫生活文化スポーツ局長は「参加定員拡大については難しい課題もあるが、知事の発言の趣旨を踏まえ、関係機関と真剣に検討する」と答弁した。

【豊洲移転】約4200カ所で土壌・地下水調査が行われている豊洲新市場予定地について、比留間英人中央卸売市場長は「5月末に専門家会議が対策の提案を公表する」ことを明らかにした。提言を受け、08年度中に土壌汚染対策工事に着手し、13年3月開業を目指す。現在地再整備については「現実的な対応ではない」との認識を改めて示した。立石晴康氏（自）の質問に答えた。

【レアメタル】高倉良生氏（公）は、レアメタルを含む電子機器のリサイクルが重要だと指摘。吉川和夫環境局長は、「不要になった製品からレアメタルを回収し、資源として活用すれば、世界でも有数の埋蔵量を有する『都市鉱山』になり得る」とし、特に携帯電話の回収システムを運用している事業者団体や処理事業者を担い手とした協議の場を立ち上げ、回収率を上げる」と答弁した。

【携帯フィルタリング】鈴木晶雅氏（自）は携帯電話による有害情報の防止について質問。久我英一青少年治安対策本部長は、「インターネット環境に対する幅広い知識を持った人材を『ファシリテーター』として養成し、講座の実施体制の充実を図る」と答えた。1月に実施したアンケートによると、子どもが携帯電話を利用する際の契約時に、フィルタリングの告知が「なかった」という回答が67％に上った。

＝4面につづく

冗句ジョーク

暖かさチラホラ、桃の節句
新銀行東京のヒナ飾り
「早めにしまわないと婚期が遅れるといわれていますので、即日片付けました」

良い嫁ぎ先お願い致します

23区の06年度国保料

収納率が2年連続改善

部署を新設する区も

23区の国民健康保険料の収納率が2年連続で改善し、06年度で85・21％に上った。全国平均の収納率よりも高い都内の市町村を合わせても、東京の収納率は10年連続で全国最下位だが、ワースト2位の大阪府とは0・52ポイントの僅差となった。現在、電話で早期支払いを促したり、部署を新設して収納の仕組みを変えたりしていて、各区は独自の対策を展開しており、汚名返上に本腰を入れ始めたようだ。区の対策の強化が東京全体の収納率アップのカギを握っている。

約891億円の税投入

都の安藤立美・福祉保健局長が2月の区長会総会で、06年度国保料収納率の現状などを説明した。東京の収納率は97年度から10年連続で全国最下位。23区の06年度国保加入者は約337万人で東京全体の約7割を占めているため、収納率が23区で低ければ東京全体でも低迷することになる。

だが、23区が収納対策に尽力し、05、06年度の収納率はそれぞれ84・73％、85・21％と2年度連続で上昇した。そのため、06年度で東京は86・71％にアップし、全国ワースト2位の大阪府の87・23％にも肉薄した。

06年度国保料の現状

	収納率	前年度比
千代田	91.03	▲0.42
中央	85.31	▲0.36
港	84.43	0.64
新宿	82.71	0.48
文京	88.41	0.68
台東	85.74	0.67
墨田	84.51	0.12
江東	85.51	0.63
品川	85.07	0.13
目黒	87.09	▲0.16
大田	85.26	0.39
世田谷	86.25	1.18
渋谷	83.20	▲0.08
中野	84.93	0.02
杉並	86.75	0.38
豊島	84.96	0.78
北	84.91	0.31
荒川	85.22	▲0.51
板橋	83.20	0.10
練馬	86.06	1.20
足立	82.75	▲0.07
葛飾	83.58	0.57
江戸川	87.18	0.99

都の区長会総会の訪問は、さらなる対策強化を求め、全国最下位の汚名返上が狙いだった。

23区国保年金課長会の入澤幸会長（江東区）は「都の訪問は、近年にない取り組みだったので異例。都が打ち出した方向性に向けて努力していきたい」と話している。

23区で、06年度の国保料収納率の伸びが最も高かったのは練馬区。収納プランを作成し、収納目標の達成度を毎月確認し、問題があれば打つ手を検討している。さらに、口座振替の加入者には入金を、納付を忘れている加入者には支払いを職員らが電話で呼びかけている。区は「一つひとつの取り組みは他の区でもやっている」としながらも、きめ細かい督促の成果とみている。

世田谷区は06年度、保険料収納課を新設し、収納の仕組みを変更した。徴収員が詐欺と間違われたり、現金を持ち歩くリスクがあることなどから、滞納者宅への徴収訪問を廃止。口座振替と納付書による支払いの二本立てにした。徴収員を納付相談の内勤にして、相談員が増員されたことなどが収納率の向上につながった。

転出の激しい新宿区では、区外に引っ越した未納者に督促しても接触が難しいのが、23区で収納率が最下位の一因という。だが、「一番の原因がわかれば、対策を取れるのだが」と困り顔だ。

収納率は千代田区が23区でトップだが、前年度よりも下落した。収入が高くても滞納する国保加入者が増え、「収納対策に王道はないので、地道にやっていくしかない」と苦慮している。

いかに底上げを図れるかが課題

【解説】国保料の未納分があるため、23区は一般会計から税金を投入し、国民健康保険特別会計の赤字を補てんしている。06年度の税投入額は890億8100万円に上る。収納率が下落すれば、投入する税金が膨らむため、保険制度の崩壊につながりかねない。

23区の収納率は05、06年度と2年度連続でアップしたが、今後は下がる懸念がある。

今年4月から75歳以上の後期高齢者を国保などの医療保険制度から分離し、新医療制度に加入させるため、国保加入者は減る。収納率は、若者が低く、高齢者が高いという傾向があるため、75歳以上が国保から抜けることとは、収納率の低下になりかねない。

後期高齢者が抜ける08年度から一人当たりの国保料が、今年度より3304円増の8万5900円になる。さらに、景気が減速している中で、国保料の支払いに手が回らなくなる加入者も出ることが予想され、収納率の伸びに期待できないという区もある。

都福祉保健局国民健康保険課は「後期高齢者が抜ける以前に、収納率が低い状態が続いている。収入が高いのに納めない加入者には、毅然とした態度を取っていく必要がある」と指摘する。都は実現可能な収納方法を区に個別指導したり、効果的な取り組みをした区に財政支援しており、都との連携が欠かせないだろう。

23区の収納率では、トップと最下位の落差が8・32ポイントある。90％台は1区にとどまる。今後は、いかに底上げを図れるかが、全国最下位から浮上するカギとなる。（石）

75歳以上の医療制度

区市町村担当者向けに説明会

「積み残した課題」も指摘

東京都後期高齢者医療広域連合は2月29日、今年4月にスタートする75歳以上を対象とした医療制度について、区市町村の実務担当者向けに説明会を開いた。同制度では、広域連合と62区市町村が事務を分担しており、区市町村が実質的な窓口を担うことになる。

説明会で川嶋幸夫保険部長は、制度開始時に積み残した課題について指摘した。

第1に、75歳以上を対象とした特定健診のあり方。08年度から2年間は、国保の必須項目を区市町村に委託して実施する。「75歳以上にメタボ対策中心の健診をして意味があるのかとの指摘もあった」とし、2年後に向けてあり方を検討することを表明した。

第2に、医療費通知のあり方が未定であること。75歳以上は複数疾患を抱えて月1、2回受診しており、個々人に毎月医療費通知を送ると、年間10億円を新たに区市町村が負担することになる。

第3に、葬祭費の支給。今回の保険料では葬祭事業を区市町村の政策判断に任せているが、全国で葬祭事業を実施していない広域連合は東京だけ。これも2年後までに検討することになる。

この他、調整交付金の所得格差調整や、23区と市町村との財政制度の違いなどを指摘した。

また川嶋部長はマニュアルについて「これで最後まで突っ走るつもりはない。区市町村の指摘を受けて修正したい」と語った。

この後、広域連合の実施計画にあたる「保健医療事業計画」の素案、区市町村担当者向けのマニュアルについて広域連合からの解説があった。

事業計画では、今後の保険料の推移について、1人あたり平均保険料が08・09年度に10万2200円なのが、12・13年度には1人あたり平均保険料が13万1400円になると試算。区市町村の公費負担も大幅に増えると見込んでいる。このため医療費を抑制する取り組みを掲げている。

中長期的な取り組みとしては、様々な世代への意識改革など、短期的な取り組みとしては、レセプト2次点検の実施などを掲げた。また、医療費適正化の具体的な目標を掲げることは今後の課題とした。

明日への布石　08年度特別区予算案　2

「未来への備え」に基金増額

基金・起債

23区は、学校をはじめとする公共施設や道路、橋など、老朽化した建築物の本格的な更新時期を迎える時代に突入する。今後、長期にわたり、社会基盤の再整備に膨大な費用が必要となるほか、少子高齢化など増大する行政需要、大規模災害への対応に備え、各区とも[illegible]立て、財政基盤のさらなる強化を図っている。

■基金

昨年度、財政調整基金、特定目的基金、減債基金を合わせた23区の[illegible]。バブル時代の大規模建設が財政を破綻寸前まで追い込んだ教訓と、中長期的な見通しから、08年度は、さらに1000億円程度積み増しされる見込みだ。

財調基金の残高見込みは3663億3785万7000円。同基金を取り崩さずに予算を組んだ区は14区あり、そのうち11区は昨年度に引き続き[illegible]った。一方、同基金を取[illegible]

特定目的基金は、23区全体で442億736万6000円を積み立て、537億3248万4000円を取り崩す。減債基金は、同基金を今年度末で廃止する港区と設置していない渋谷区、ゼロ計上の千代田区を除く20区で146億1099万7000円を積み立て、12区で199億888万2000円を取り崩す。財調、特目、減債を合計した基金全体の積立額が08年度最も多いのは大田区で164億1643万円。羽田空港関連の特定目的基金が大きく影響[illegible]残高見込みが最も多いのは港区で、1185億8000万円超になった。

基金の新設があるのは世田谷区。災害応急対策や災害復旧に必要な業務を迅速に行えるよう、「災害対策基金」を設置し、10億円を積んだ。

また北区の庁舎は六つの建物に分散しており、第一庁舎については建設から40年で老朽化や耐震性の問題を抱えている。そのため、新設ではないものの、「施設建設基金」に将来の庁舎改築のための積立額を08年度から10億円ずつ積み立てていく計画だ。

■起債

08年度の特別区債（減税補てん債などを除く）は298億7400万円で、前年度比26・6％減った。

起債については、負担軽減のために抑制し、限度額を設けるところがあるほか、堅調な歳入を背景に発行しない区も増えている。

起債ゼロは07年度5区だったが、08年度は千代田、中央、港、台東、品川、渋谷、杉並、葛飾の8区に増加。千代田区は00年度から8年連続、港区は03年度から6年連続で起債ゼロを続けている。渋谷区は37年ぶりに起債ゼロとなった。

起債抑制に努める板橋区は08年度から新規起債の限度額を30億円未満とした。基本計画のシミュレーションでは、2015年までに起債残高が300億円台まで減少する見通しを立てている。単年度発行限度額を06年度から30億円にした世田谷区は「残高はかなり減っている」と効果を語った。杉並区は第4次行財政改革実施プランで2020年度までに区債残高ゼロにする計画だ。

2008年度特別区当初予算案（基金・起債）　（単位：千円、％）

	財調基金			特定目的基金			減債基金			特別区債	前年度比
	積立額	取崩額	残高見込	積立額	取崩額	残高見込	積立額	取崩額	残高見込		
千代田	245,920	409,636	22,898,087	361,466	3,106,672	26,997,227	0	838,000	4,686,897	0	0.0
中央	86,929	0	9,886,531	312,984	499,855	7,849,742	110,100	0	150,100	0	皆減
港	454,516	0	40,563,932	1,131,346	2,864,493	78,016,282	—	—	—	0	0.0
新宿	1,097,009	3,359,780	19,275,345	2,436,674	1,615,509	24,724,935	228,855	1,000,000	6,630,864	1,371,000	▲25.4
文京	110,887	0	18,092,542	296,274	2,220,544	20,061,913	191,571	30,000	421,864	400,000	皆増
台東	17,835	936	7,821,274	125,451	2,427,000	14,722,668	250,596	0	5,115,691	0	0.0
墨田	28,790	1,000,000	4,313,794	43,213	1,537,500	6,575,551	77,690	200,000	569,621	1,984,500	131.2
江東	996,177	0	20,816,602	1,245,336	7,310,819	31,208,751	4,689,332	3,773,400	8,013,384	1,065,000	▲21.2
品川	487,769	0	5,543,486	3,409,693	10,300,000	42,494,059	69,930	1,377,528	12,728,473	0	0.0
目黒	82,639	0	4,829,064	1,475,530	18,298	9,024,332	2,138,964	1,588,835	12,087,696	3,713,000	120.0
大田	110,000	0	32,013,303	15,147,431	500,000	44,873,224	1,159,000	0	17,742,644	700,000	▲23.3
世田谷	103,154	0	17,212,135	1,326,348	3,446,251	39,036,470	33,627	0	6,103,714	1,000,000	▲75.6
渋谷	320,926	900,000	36,664,652	306,889	0	29,332,649	—	—	—	0	皆減
中野	500,001	1,097,771	18,131,069	828,102	1,491,541	11,872,568	2,434,491	1,269,455	6,269,144	1,523,000	36.0
杉並	153,954	3,000,000	19,147,254	319,644	4,864,630	20,457,454	52,376	6,562,859	1,709,699	0	皆減
豊島	42,641	0	7,470,857	1,620,682	492,144	8,038,392	759,524	484,805	3,571,550	499,500	▲85.8
北	27,791	4,450,000	6,694,749	2,178,054	3,154,850	15,750,502	24,825	1,560,000	6,774,825	7,348,000	15.3
荒川	45,241	0	7,534,716	132,676	2,571,000	12,012,607	23,082	0	3,634,398	588,000	▲49.4
板橋	0	0	10,731,212	3,907,914	27,893	29,842,819	142,052	0	2,959,254	2,978,000	▲5.2
練馬	85,975	2,000,000	18,810,731	392,100	2,921,250	29,208,595	703,682	0	9,398,568	2,295,000	37.1
足立	111,800	0	9,351,351	625,212	1,204,007	49,379,606	962,960	0	26,505,206	2,909,000	▲36.7
葛飾	76,501	0	7,707,430	6,255,341	1,120,000	55,398,735	556,340	1,224,000	7,791,123	0	皆減
江戸川	120,000	0	20,827,741	329,006	38,228	69,185,037	2,000	0	2,019,774	1,500,000	0.0
23区計	5,306,455	16,218,123	366,337,857	44,207,366	53,732,484	676,064,118	14,610,997	19,908,882	144,884,489	29,874,000	▲26.6

※港区と渋谷区は減債基金を設置していない

荒川区

あらかわ遊園再開

区民の見守り組織も設置へ

荒川区立あらかわ遊園の風船型遊具「ふあふあ」が2月23日、強風で吹き飛ばされて遊んでいた女児が重症を負った事故で、荒川区の事故調査委員会は2月29日、同園の運営を1日から再開すると発表した。事故原因となった「ふあふあ」6基は、新たに策定した小型遊具の運用マニュアルで安全が確認されるまで、運営を休止する。

今回、事故調査委員会が打ち出した安全対策は、運用マニュアルがなかった小型遊具のマニュアルの作成や、園長に加えて安全管理の専門職員を配置することなど。また、これまで観覧車だけについていた風速計を「ふあふあ」のあるエリアにも設置。緊急時の事故防止措置を講じる場合は、責任者の指示で一斉に中止等の対応ができるように徹底し、園内放送で利用者への周知・協力を求める。

ほかに、1日以降、実際に遊園を利用する区民の目から園の安全チェックを行う区民ボランティア「（仮）あらかわ遊園見守り隊」を[illegible]。

板橋区

収賄事件で関係職員3人を処分

板橋区は2月28日、区教育委員会事務局の元職員（07年11月27日付懲戒免職）の詐欺・収賄事件で、関係職員3人を停職や減給などの懲戒処分にしたと発表した。

減給10分の1（3カ月）は、大迫俊一教育委員会事務局次長と、当時の教育委員会事務局次長の久保田直子健康いきがい部長。停職10日間は、教育委員会事務局の上原修平庶務課長。

今回の処分にあわせ、坂本健区長、安井賢光副区長、北川容子教育長が、管理監督者責任として、給料月額の10分の1（2カ月分）をそれぞれ辞退している。

坂本区長は、「区政始まって以来の不祥事。組織全体が危機意識を持って契約制度や組織体制を徹底的に見直し、職員一人ひとりが信頼回復に向けて真剣に取り組むほか、区民の信頼を取り戻す術はない」とコメントした。

板橋区

戸籍謄本を別人に送付

板橋区は2月26日、戸籍謄本を、請求者とは別人に誤って送付していたと発表した。

誤送付は、同20日、埼玉県内に[illegible]

区戸籍[illegible]書の発行[illegible]徹底する」としている。

記者席

時間短縮への"意気込み"

○……杉並区立和田中の「夜スペ」を取材した2月某日。藤原校長に連れられて、20人近くの背広姿の一行が、生徒達の集う調理室に登場した。区外からの視察なのか、熱心に校長の説明に耳を傾けている。

ところが生徒達は、一旦は振り返ったものの、「いつものこと」と言わんばかりに気にかけない様子。地域本部のボランティアも、「子ども達も、もう慣れていますから」。

確かに、あれだけメディアや視察が殺到すれば「またか」と思うのかも。自戒を込めつつ、勉強に集中できるよう願うばかり。

○……2月27日に開催された都労連の中央委員会は時間内組合活動見直しの影響で、午後3時開会で実質3時間という短いものとなった。このため発言の端々に時間短縮に向けた"意気込み"が感じられた。

まず選出された議長団のあいさつでは「議長が長く話してもプラスにはならない」と話し、会場内がどっと沸くと、経過報告や質疑・討論でも、与えられた時間を気にかける発言が相次いだ。その効果あってか、この日の中央委員会は無事、時間内に終了することとなった。

○……06年度に国保加入者の財産を差し押さえた件数が、23区全体で2088件に上った。前年度と比べると、511件も増加した。23区には、国保料を払えるのに滞納している加入者がいかに多いかを示している。

23区で差し押さえが最も多いのは大田区。収納課が税だけではなく国保料の滞納者からも財産差し押さえを行う。中には、税を払っても医療機関を利用していないため、国保料を払わない滞納者もいる。

差し押さえは、悪質な滞納者のモラルハザードへの制裁といえる。この強権を発動すれば、区側は滞納のストッパーになることを期待していると思う。

差し押さえを決めた時点の滞納額は膨れ上がっているため、滞納者は払いたくなくなる。納付期限から50日後に督促状を出しているのに加え、滞納額を支払うよう電話などで何度も督促することで収納率を上げる努力も必要だろう。

清瀬市

「地域療育の核」に
発達支援・交流センター開設へ

清瀬市は、発達に遅れや障害のある就学前の子どもなどを対象にした「(仮称)清瀬市子どもの発達支援・交流センター」を同市竹丘に建設する。既存の市立竹丘学園を発展的に解消するもので、09年度中のオープンを目指す。同市では「地域療育の核となってほしい」と話している。

市立竹丘学園は、心身障害児の機能訓練や生活指導を目的とした施設として1970年代から続いているが、現在は指導員1人、嘱託保育士1人、嘱託用務員1人の3人体制。施設も手狭で、受け入れには限度があるため、最近10年間の通園児数は2、3人程度にとどまっていた。

しかし、近年、これまでは十分な施策の対象にならなかったような広汎性発達障害、学習障害などのいわゆるADHD、発達障害の子どもたちへの対応も課題となってきている。療育が必要な子どもたちのため、職員の複数配置で対応する幼稚園や保育所も出てきているが、清瀬市では、市内にある日本社会事業大学付属子ども学園のほか、東大和市や武蔵村山市といった市外の療育センターなどへ子どもを預けるケースも多く、地域療育の核となる施設が求められていた。

同市では、昨年2月に識者や小児神経学専門医、臨床心理士や公募市民、竹丘学園の父母の会代表者ら10人からなる同センター整備検討委員会を設置。9回にわたって会議を重ね、望ましいセンターのあり方を検討してきた。検討会では、昨年12月に最終答申を星野繁市長に提出。市では現在、答申に沿った形で開設への準備作業を進めている。

新しくつくるセンターの整備費は約2億5300万円。敷地面積1040平方メートル、建築面積414平方メートル、延べ床面積は766平方メートルで鉄筋コンクリート2階建て。事務室やスタッフルーム、通常通園などに使用するグループ支援室、多目的室、相談室、プレイルームなどを備える。

相談部門、発達支援部門、通園部門の3部門に分かれ、相談部門では、一般相談（0歳から18歳）や専門相談（0歳から就学前）、巡回相談や母子保健事業、学校教育との連携などを担う。発達支援部門では、身体機能訓練や言語聴覚訓練、社会性訓練などを実施。通園部門は、障害者自立支援法の「児童デイサービス」にあたる。3歳から就学前までの子どもを対象にした通常通園のほか、幼稚園や保育所在籍児も対象にした教室なども予定されている。

通常通園の利用者は、20人前後を見込んでいる。センターは、医療、福祉面での高い専門性が求められる。そのため、センター検討委員会では、センターの運営について「民間のフットワークのよさ、多様なサービス展開」に期待を寄せ、市では現在、指定管理者制度などの公設民営とする方向で検討している。

センターは、子どもの育てにくさに不安を持つ保護者全般が気軽に利用できる施設を目指す。また、市内にある日本社会事業大学や国立看護大学校、明治薬科大学などの教育機関と連携し、学生の実習やボランティアの場として活用してもらうことも考えているという。

発達障害児などの療育を目的とするセンターは、清瀬市のほか、調布市も、市立あゆみ学園を発展、拡充させた「(仮称)調布市子ども発達センター」を同じく09年度に開設予定。日野市でも市立希望の家を発展再編した「(仮称)すこやか子どもセンター」を開設する方向で、08年度は、市民、関係機関などを交えた開設準備委員会で検討する。

09年度中の開設を目指す「(仮称)清瀬市子どもの発達支援・交流センター」の完成予想図

小金井のごみ受託継続
柳泉園組合議会　条件付き2年間了承

小金井市が可燃ごみの処理を多摩地域の他自治体や一部事務組合に委託している問題で、委託先の一つである柳泉園組合（清瀬、東久留米、西東京市で構成）の組合議会が2月27日、開かれ、小金井市のごみを条件付きで2010年3月まで継続しての受託を了承した。

同組合では、昨年4月27日に小金井市と可燃ごみの処理委託契約を締結。その後、5月1日から07年度末までの受け入れを開始した。

今年2月12日、小金井市の稲葉孝彦市長が08、09、10年度の向こう3カ年の支援を改めて要請。これを受けて、同組合では、2月中旬に相次いで行われた東久留米、東村山両市の周辺自治会との第1回臨時協議会、組合正副管理者会議で今後の支援について協議した。

小金井市の市民検討委員会による新ごみ焼却場の候補地選定は大きな進展がみられず、東久留米、東村山両市の周辺住民からは「計画も定かでないなか、支援するのは止めるべき」との意見も出たという。

その後、組合側は打開策として「今年3月末までに市民検討委員会で建設候補地を数カ所に絞り込む」「09年2月までに新焼却施設の建設場所決定ができない場合は、支援を打ち切る」「支援期間は、10年3月までとする」という三つの条件を小金井市側に提示。小金井市側は、条件をほぼ受け入れた。

2月26日に開かれた周辺自治会の2回目の臨時協議会には、稲葉市長も出席して継続支援を要請。協議会は全会一致で条件付き支援を了承した。翌27日の組合議会でも、組合管理者の野崎重弥東久留米市長が管理者報告を行い、了承された。

昨年1月に小金井市が柳泉園組合に正式に支援要請を行ったときは、向こう「10年間」の支援を求めていた。今年に入っての要請は「3年間」。長期にわたる支援については住民の反発も強かった。柳泉園組合側が期間を「2年」に限ったことで打開の道が開けた。しかし、同組合が抜けた後の穴をどう埋めるかは課題として残る。また、ことは柳泉園だけに限らない。支援にあたっている他の自治体や一部事務組合も多くの周辺住民を抱えている事情から、受け入れを「とりあえず単年度」とするところがほとんどで、長期支援を確約するにはいたっていない。

小金井市は「市民検討委員会の答申は当初のスケジュールから2カ月前倒しで6月とする」としている。ごみ処理委託を円滑に進めるためには、来年2月の建設場所の最終決定に向けて、着実な進捗が求められている。

図書館相互利用
京王沿線7市長が調印式

京王沿線7市が今年4月1日から図書館の相互利用を始めるのを前に2月25日、東京自治会館で、7市長による調印式が行われた。

連携を呼びかけた稲城市の石川良一市長があいさつ。「合併が進まなかった多摩地域でも、市民の立場に立って広域的利便を供していく必要があるのではないかというところからスタートした。市長会から調査研究費をいただき、54の図書館、658万冊の図書を相互に利用できることとなった」と述べた。

続いて八王子、府中、調布、町田、日野、多摩、稲城の7市長が協定書に署名。「多摩ニュータウンのあたりは入り組んでおり、そういった地域の方の利便性が高まるのはよいこと」（八王子）、「調布の位置はいわば扇の要にあたる。相互利用が活発にみられるのでは」（調布）、「合併よりも、こうした幅広い連携を数多くやっていくことが大事。各市の得手、不得手も補いあえる」（日野）などの感想が述べられた。

利用度が異なることで各市の負担にアンバランスが生じた場合、都の市町村総合交付金の中で調整できないか、都と協議することも考えられている。

4月から図書館相互利用を始める（左から）八王子、府中、調布、町田、日野、多摩、稲城の各市長＝東京自治会館で

伊藤氏が出馬表明
狛江市長選

任期満了に伴い6月22日に行われる狛江市長選に2月29日、映画プロデューサーの伊藤正昭氏（41）が無所属で出馬を表明した。「狛江初の無党派市長」を目指すが、「政策への共感から応援いただくのは、やぶさかではない」と共産党を除く市議会各会派に協力の要請は行った。同市長選での出馬表明は初。

出馬会見で伊藤氏は、出馬の動機を「狛江の市長選は政党間の争い。一般市民の手に市政をとり戻したい」と述べた。また、「現市政は厳しい財政状況を顧みず、市民ジャッジの機会を考えない行政手法。3期12年間で空気がよどんでいる」と指摘した。

政策として、現在、214億円規模の一般会計を20年後を見越して200億円規模にする▽市長給与30％カット、職員給与2％カットを継続▽2期8年を限度とする市長多選自粛条例の提案▽市民にオープンな市政のシンボルとして市長室をガラス張りにするなどを挙げている。

伊藤氏は日本映画学校研究科卒。ホリプロなどを経て、現在、フリーの映画プロデューサー。狛江市在住で、04年度から06年度まで狛江第三小学校PTA会長。

次期市長会会長に　黒須八王子市長

東京都市長会（会長＝尾又正則・東大和市長）は2月25日、次期会長に黒須隆一・八王子市長を選んだ。任期は今年5月1日から2年間。また、副会長には北川穰一・昭島市長、馬場弘融・日野市長が新任、星野繁・清瀬市長が再任された。監事は矢野裕・狛江市長、竹内俊夫・青梅市長でいずれも新任。

■人事異動

東大和市　2月25日付

【部長級】▽福祉部長・福祉推進課長事務取扱（福祉部長）榎本豊

【課長級】▽総務部副参事（選挙管理委員会事務局長）高杉春行▽選挙管理委員会事務局長（福祉部福祉推進課長）塚原健彦

08年度予算案
市町村

三鷹市
ケータイで税支払い
「未来への投資の年度」

三鷹市は2月21日、一般会計規模が前年度比2・2％、約13億円増の578億5000万円とする08年度当初予算案を発表した。清原慶子市長は「都市の更新、再生プロジェクト」を最重視し、「未来への投資の年度にしたい」と抱負を語った。

歳入では、市税が1・1％、約4億円増の351億1000万円。納税義務者の伸びなどにより個人市民税が2・2％増の169億2000万円としたが、企業の市外への移転、業績の低迷などにより法人市民税が14・6％減の15億9400万円を見込んだ。

歳出では、義務的経費が前年度比2・1％、約5億円増の266億8200万円で、そのうち扶助費が生活保護費や児童手当の増などにより7・1％、109億2600万円。投資的経費が8・9％、約5億円減の51億4700万円とした。

新規事業では、市民が個人市民税などを支払う際、携帯電話などから支払える取り組みを始める。自治体などと金融機関を結ぶマルチペイメントネットワークに対応したATM、ネットバンキングなどから、いつでもどこでも支払いが可能になる。市内で暮らしていた太宰治は、今年で没後60年を迎えるため、記念事業を展開する。

国立市
命と尊厳を大切に
公立保育園で耐震診断

国立市は2月21日、08年度当初予算案を発表した。一般会計は前年度比6・1％減の238億5500万円、6特別会計も合わせた総額は前年度比8・4％減の392億6000万円となっている。

初めての予算を手がけた関口博市長は「選挙公約で掲げた、一人ひとりの命と尊厳が大切にされるまちづくりを心がけた。保育園の耐震診断、小中学校の耐震補強など盛り込んだ」と話した。

歳入では、市税が2・4％増の141億7200万円。個人市民税や固定資産税の増を見込む。国庫支出金は18億9800万円、都支出金は25億8800万円。市債はごみ処理施設だった清化園用地取得事業債の減などで54・2％減の12億9700万円。

歳出では、人件費が退職手当の増で5・7％増、公債費が臨時財政対策債元利償還金や減税補てん債元利償還金の増で5・4％増。繰出金も後期高齢者医療特別会計への増などで6・5％増。商工費が「くにたちカード」Reスタート事業補助金増などで22・6％増。

新規事業では、公立保育園3園の耐震診断実施に向け、790万円を計上した。国立駅周辺まちづくり整備計画策定にはJRなど関係機関と協議も進める。

日野市
美しいふるさと次世代に
市民とCO_2削減協定

日野市は2月22日、08年度当初予算案を発表した。一般会計は前年度比4・1％減の494億1000万円、8特別会計も合わせた総額は前年度比8・7％減の939億9000万円となっている。

馬場弘融市長は「次の世代に美しいふるさとを渡そうをスローガンにやってきた。市民や事業者と『ふだん着でCO_2を減らそう』という協定を結ぶほか、病院経営改善、子育て、高齢者施策、格差是正などについても取り組んでいく」と述べた。

歳入は、市税が1・1％減の295億2200万円、国庫支出金が学校の耐震補強が一段落し、11・5％減の45億7000万円、都支出金が1・2％増の49億7700万円。繰入金は将来に備えて貯金の取り崩しを控えたため43・3％減の10億3800万円。

歳出は、総務費が人件費の削減などで14・6％減、民生費が0・8％減、土木費が事業の先送りや見直しを反映して5・1％減を見込む。

新規事業では、地球温暖化対策として、市民、団体、事業者と「ふだん着でCO_2を減らそう」という協定を結ぶ。そのほか市内17小学校に定年退職教員などによる非常勤教員を1人ずつ配置し、多忙な教員をサポートしていく。

青梅市
新庁舎建設始まる
ごみ情報誌を発行へ

青梅市は2月22日、08年度当初予算案を発表した。一般会計規模は、前年度比2・3％、10億円減の434億円。投資的経費を11億円減としたため、マイナス予算になった。

歳入では、市税が前年度比2・4％、約5億円減の232億3200万円。ほとんど人口が変動しないとして個人市民税が前年度とほぼ同じ86億6000万円、一部企業の好調な業績により法人市民税が22・8％、約5億円増の25億9400万円を見込んだ。

歳出では、義務的経費が前年度比0・7％、約1億円減の201億4600万円、投資的経費が23・9％、11億円減の35億8800万円とした。

新規事業では、現庁舎の東側にある駐車場跡地に、新庁舎建設を始める。46億6800万円を計上した。地上7階と4階（1階と地下1階は兼用）の2棟を整備し、10年5月末に完成の予定。3月に建設会社の入札を行う。現庁舎跡地は駐車場、広場として活用する。

ごみ情報誌発行に173万円を盛り込んだ。ごみの分別方法、市からのお願い、生ごみの堆肥のモニター募集、スペースの問題で広報紙には載せられない情報などを掲載する予定。年3回、新聞折り込みで各4万6000部を発行する。

東久留米市
新産業の立地誘導調査
一般財源は10億円超減

東久留米市は2月22日、08年度当初予算案を発表した。一般会計は336億7100万円で、前年度比8200万円、0・2％の減となった。

野崎重弥市長は「長期総合計画策定への礎となる改革を実行する年度、持続可能な財政基盤を構築する年度と位置づけた」と語った。

歳入では、景気の動向が個人に反映されていないことから、個人市民税が減少し、市税は1・0％減の167億2400万円を計上した。07年度当初と比較して10億円を超える一般財源の減少が見込まれることから、06年度決算額を参考に08年度の変動要因を加味し、経常的事業に一般財源を傾斜配分した。臨時的事業や政策的事業にかかる財源には、4億円の財調基金を繰り入れるなど別途財源配分した。財調基金の08年度末残高は、9億7900万円となる見通し。

歳出では、土木費が5・5％減、教育費が4・8％減を計上している。

主な事業としては、「新たな産業のあり方」調査事業に350万円を計上した。新産業の立地誘導に向けた庁内体制の整備を含め、具体的な産業ビジョンを調査する。

妊婦健康診査は2回から5回に拡充する。2900万円を計上した。

立川市
生活重視のまちづくり
清掃工場建設に新基金

立川市は2月22日、08年度当初予算案を発表した。一般会計は前年度比6・1％増の627億9600万円、8特別会計も合わせた総額は前年度比11・3％減の1218億6800万円。競輪事業はグランプリの開催がないため、37・1％減。

初めての予算を手がけた清水庄平市長は「生活重視のまちづくりを基本に編成した。財調の取り崩しは行わなかった」と言い、08年度末の財調基金残高見込みは36億6900万円となる。

歳入は、市税が納税義務者増や法人市民税での企業収益反映で1・7％増の375億2700万円、国庫支出金が9・4％増の95億8000万円、都支出金が11・8％増の56億5800万円。

歳出は総務費が庁舎建設事業などで28・6％増、土木費が25・1％増。性質別では人件費が退職手当の増などで4・2％増の133億4000万円。投資的経費が30・9％増の73億6900万円。

新規事業では、清掃工場の移転建設費として当面10億円を目標に、まず1億円を積み立てる。現庁舎の跡地周辺利用のグランドデザイン策定に向けた基礎調査を実施する。

都監理団体 契約総点検

競争契約は全体の約33％

契約情報公表で透明性確保

都・監理団体OBの再就職状況も

都総務局はこのほど、監理団体38団体が実施した契約事務の総点検の結果をまとめ、あわせて今後の指導監督方針を定めた。総点検の結果によると、監理団体が06年度に締結した全契約3万4795件のうち、競争入札と競争性が確保されている契約はあわせて約33％、少額契約が約47％、その他の契約が約20％だった。一方、指導監督方針では、一定金額以上の契約について、件名・契約方法・相手方のほか、契約相手方への都管理職OB等再就職者数を公表することで、透明性や適正性の確保を図ることが打ち出されている。

監理団体の契約を巡っては、本来、地方自治法の規定が適用されないものの、これまで都に準拠する形で一般競争入札、指名競争入札、随意契約（特命随意契約含む）、せり売りに契約が分類されてきた。そのため競争性がある契約でも、自治法上の随意契約に該当し、結果として随意契約の割合を高めてきた側面がある。

しかし随意契約に関しては、国や独立行政法人等で不透明さが指摘される中、都民に誤解を生む懸念もあるとして、都総務局は昨年12月、公共性と民間並みの経済性の両面を確保する観点から、監理団体の契約総点検を実施していた。

06年度に監理団体が締結した「委託」「工事」「物品その他」の全契約件数のうち、従来の分類では競争入札が約7％、残る約93％は随意契約となっていた。契約総点検では、随意契約の分類をなくし、監理団体の特性にあった新たな契約類型に再分類。この結果、競争入札と企画コンペや複数見積もりなど競争性が確保されている契約を合わせた「競争契約」は全体の33・6％、事務の簡素効率化のため、単数見積もりで契約可能な30万円～50万円程度の「少額契約」が46・6％、「その他の契約」は19・8％となった。

「その他の契約」は、都市ガスや水道、特許や著作権等の関係で契約相手方が唯一である「独占契約」、緊急補修などの「緊急契約」、保守メンテナンスなど特定の契約相手方と行う契約やいずれにも該当しない契約である「特定契約」に分類される。

すでに総点検の結果、特定契約から競争契約への見直し等も現時点で約600件にのぼっており、この中では給食調理、団体ホームページや広報紙作成などについて、従来の特命随意契約から競争契約への見直しが検討されている。

今後の指導監督方針では、まず特定契約について業務の専門性や安定性等を理由としている案件を中心に、特定の相手方と契約を締結する妥当性を検証し、必要な見直しを実施することを求めていく。

さらにすべての契約類型について、契約情報等を公表することで、透明性の確保に努める。具体的には、一定金額以上の契約の件名、契約方法、契約相手方を公表するとしており、行政改革推進部では1億円程度の高額案件を公表するよう指導していく方針を示している。

ただし、経営上の理由等から、件名や契約方法、契約相手方のいずれか、またはすべてを公表できないケースも想定される。この場合には、公表できない具体的な理由を明らかにするよう団体側に求めることになる。

さらに一定金額以上の特定契約に関しては、契約相手方への都管理職OB等についても再就職者数を公表する。OBの再就職者数については、2月27日の都議会本会議で押元総務局長が「高い透明性を確保する必要から、今後、都や監理団体の幹部職員OBの再就職状況の公表について検討していく」と答弁している。

都福利厚生事業団

Webいぶきをリニューアル

カテゴリー別に検索機能拡充

㈶東京都福利厚生事業団の会員専用サイト「Webいぶき」が3日からリニューアルされた。デザインやレイアウトを大幅に変更したほか、カテゴリー別の検索機能も追加、さらにページの拡大・縮小やカラー変更、音声読み上げといった機能を設け、利用しやすさを向上させた点が特徴だ。

同事業団のホームページには、都民向けホームページのほか、現職会員専用の「Webいぶき」、退職会員専用の「Webきずな」がある。このうち「Webいぶき」は03年に開設され、今回が初めてのリニューアルとなる。

デザイン・レイアウトに関しては、まずエントランスページを変更。自然をイメージしたグリーン系中心のデザインとし、現職と退職のそれぞれの会員別に入り口のバナーを置いた。

「Webいぶき」のトップページには、新着情報のほか、検索機能についても「目的で探す」「対象で探す」というカテゴリーを追加。さらにWebあっせんや優待割引といった人気コンテンツのバナーもトップページ上に集めている。

アクセシビリティーの点からは、ソフトをインストールする形で50％～300％までページの拡大・縮小、読み上げ、ふりがな、コントラストをはっきりさせるためのカラー変更などを可能とした。

このほかIDやパスワードを忘れた場合、これまで月1回の初期化を待たなければならなかったが、4月以降、毎日対応するという。

管理部総務課では「目的別や対象別のページにポイント利用や優待割引などの情報も合わせて掲載するなど、会員の立場で利便性を考えた。今後もコンテンツの充実を図っていくので、数多く利用してほしい」と話している。

都電の新型車両デザインを決定

荒川線

都交通局は2月28日、09年春に導入する都電荒川線の新型車両のデザインを発表した。丸みのあるスタイルで、優しさと親しみやすさをイメージしたという。1月にデザイン投票を実施し、3案の中から選ばれた。新車2両を導入する予定。

都議会質問戦

1面からつづく

【グループホーム】

整備が伸び悩む認知症高齢者グループホームについて、民間企業などの参入を促進するため、都は08年度、民間企業や土地所有者に対する補助額を増額し、従来は補助対象としていなかった増築についても対象にする。さらに、整備状況が不十分な地域を「重点的緊急整備地域」とし、補助単価を1・5倍に加算する。

【多摩動物公園】

多摩動物公園が今年で開園50周年を迎える記念として、5月に新施設「アジアの沼地」をオープンする。水浴びする水牛やインドサイを見られるほか、アジアの水辺に住む鳥が入る「バードケージ」を作る。巨大なゲージを作ることで、オリの外からだけではなく、ゲージのなかからも、来場者が鳥の飛び交う姿を見られるようにする。

【子育て支援】

親同士が気軽に交流し、育児の相談が受けられる「子育てひろば事業」の機能を充実させるため、都は08年度から、区市町村が同事業の職員を増やすための人件費を補助する。同事業では、ひろばの職員が保育所や幼稚園を訪問し、育児に悩む親についての情報交換や、子育て支援サービスに関する助言を行っている。

【児童虐待】

児童虐待のリスクを早期に発見するため、都は▽母子保健手帳交付時の保健師による面接▽乳幼児健診におけるチェックリスト▽南多摩保健所が開発した虐待リスクの診断手法――などを活用し、区市町村を支援する。

【地域防災】

都は08年度、「地域の底力再生事業助成」の対象に、婦人部や女性部の活動を中心とする「地域ふれあい・たすけあい強化事業」を加える。防災では、災害時要援護者を支援するための講習会などが対象になる。

【地域ボランティア】

団塊の世代や高齢者の力を地域社会に生かすため、都は08年度に検討会を設置し、ボランティア活動の核となる人材の育成や、ボランティアのマッチングなどを検討する。

文京区

「政策創生塾」を新設

次世代担う職員育成へ

文京区は、管理職候補者や新採職員などを対象にした研修プログラム「政策創生塾」を5月からスタートする。今後の区政を担う職員を対象に年間を通じて研修を行い、政策法務能力や政策企画力の向上を図るもの。今後は同研修を基盤に、先進的な施策を提案・展開していくという。

受講対象となるのは、管理職候補・係長昇任者（30人）、主任主事昇任者（30人）、新規採用者（70人）の130人程度。研修は、それぞれの段階にあったプログラムで構成している。

例えば、管理職候補や係長昇任者には、これまで単発で政策法務の研修などを行ってきたが、これを月1回程度に定期化するとともに、別途、大学院教授の講義や、各課長からの政策説明、区民講師の講義などを取り入れて強化する。また、年度後半にはグループごとに演習も実施。先進的な施策に取り組む他の自治体と自区を比較し、より良い施策にするための方策等を検討する。

同様に、主任昇任者や新採職員に対しても、レベルに応じた政策課題演習を実施。年度後半には、これら研究成果の年間最優秀賞などを選定し、優秀なテーマは次年度の実現を目指すという。

政策創生塾は、職員育成の指針として今年1月に改定した「職員育成基本方針」に盛り込んだもの。団塊世代の大量退職で係長級職員などが一線を退き、組織力の低下が懸念される中、総合的な人事管理対策の一環として位置づけた。

「自治体間競争が激しくなる中で、住民に『選ばれる』自治体となるには、住民が期待する以上の政策を実現することが重要だ」。職員課の山本育男課長は、研修のねらいをそう話す。

職員育成基本方針の中で職員に求める姿勢として掲げた一つが「顧客感動志向」。期待通りのサービス（顧客満足）にとどまらず、独自性のある施策を展開するなど「期待以上のサービス」を目指す。政策創生塾は、その基盤づくりとなる位置付けだ。

このほか方針では、これまで総花的に実施していた研修を三つのステージに分類し、どの段階でどのような能力・スキルを身につければよいか、研修目的を明確化した。

例えば、公務員としての基本的な能力修得を目指す「コア・ステージ」では、文書や予算、会計など複数のメニューの中から入区後5年間で五つ以上を受講する。その後、発展的な応用研修に進み、修了者を認定する仕組みも設けて、当該分野で力を発揮してもらうという。

さらに方針では、人事制度や職場環境づくりなども盛り込んだ。このうち人事制度では、先輩職員が新人職員のチューターとなる制度の導入や、経験者採用の拡大、長期民間派遣制度の導入などを図るほか、キャリアカウンセラー養成や定期異動方針の見直し、総括係長昇任選考の改正などを検討していく。

教育庁

組織再編で2部を新設

局定数7113（219増233減・差引14減）

組織の見直しでは、学務部と生涯学習部を再編し、地域教育支援部と都立学校教育部を新設する。地域全体で学校を支える重要性が高まる一方、本庁6部の中では学務部の管理スパンが最大だったため、再編して専門業務を特化するという。

地域教育支援部は、生涯学習部と学務部の義務教育部門を統合したもの。従来の生涯学習の視点に加え、地域参画によって学校教育活動を支援する。管理課、義務教育課、生涯学習課の3課体制で、このうち義務教育課では、現在の学務部の義務教育特別支援教育課と学校健康推進課の義務教育にかかわる業務を担う。

他方、都立学校教育部は、学務部から都立学校関連業務を特化したもので、高等学校教育課、特別支援教育課、学校健康推進課、営繕課の4課を置く。これら再編にかかわる定数は、義務教育課長の設置で1増となるが、学務部で参事を1減したため差引での増減はない。

定数の増減では、中央図書館のレファレンス体制を見直して差引9減とした。フロアごとに設置していたレファレンスを1階に集約する「ワンストップサービス化」により効率化を図る。

また公益法人制度改革に伴い、教育に関する公営法人の業務が生活文化スポーツ局に移管されたため、総務部総務課で2減した。

増員では、都立学校ICT計画を推進するため、総務部教育情報課と都立学校教育部高等学校教育課で計4増した。現在は主幹以上に配置しているTAIMS端末を、都立学校の全教員に08年度から2カ年で配置する。

このほか、09年度からスタートする免許更新制度に対応するため、人事部選考課で1増、産業教育の推進に向け、都立学校教育部高等学校教育課で1増している。

教育庁総務部教育政策室の浅野直樹副参事は、「組織改正により、地域と連携した学校づくりや都立学校の諸課題への対応など、重要施策を円滑に執行できる体制を整えた。一方で、中央図書館レファレンス体制の見直しや非常勤職員の活用など、効率的な執行体制の構築も着実に進めた」と話す。

これに対し、教育庁支部の伊東洋一支部長は「中央図書館はワンストップというが、司書には専門分野があり、利用者が求める専門的な回答などにワンストップで対応できるか疑問だ。閉架図書の閲覧受付も1カ所に集約となれば利便性も悪くなる。2部の新設も、都立と区市町村立学校の所管分割は、共通事務や連携すべき点も多い中、弊害が懸念される。逆に、生涯学習と義務教育は異質なもので統合は疑問」と話した。

都立学校支部の桑原秀誉書記長は「用務委託校が12校拡大されるが、委託校では様々な問題が生じており、委託化のしわ寄せは教職員が背負わされている。都教委は現状を認識していないと言わざるを得ない。用務委託は撤廃し、教育環境の維持向上には正規職員を配置すべきである」と訴えている。

前年度は、スポーツ関連組織を生活文化スポーツ局と総務局に移管したことで大きな減（24減）が発生した。それ以外では、図書館業務の委託拡大、執行体制の効率化、06年4月に設置した学校経営支援センターへの業務移譲などで減員が進んだ。他方、都立図書館改革に盛り込まれた取り組みでは、日比谷図書館の千代田区への移管が残されており、次年度以降この動きも注目される。

東京オリンピック招致本部

立候補ファイル策定へ増員

局定数63（37増17減・差引20増）

08年度定数で実質的に唯一の増員となった東京オリンピック招致本部。樋口総務課長は「期限がある事業で、これまで手探りの部分もあり、職員の超過勤務も非常に多い状況だったが、申請ファイル策定で業務量がみえてきた。こうした背景での定数要求となったが、人事当局には十二分の配慮をいただいた」と説明する。

組織面では連絡調整と計画策定の部門を明確化した。とくに連絡調整窓口については、ロゴマークを例にとっても、問い合わせ先が必ずしも明確でなく、委員会と本部で対応が異なるなどの面もみられたという。このため新たに事業調整課を設置。招致委員会や各局、区市町村との連絡調整などにあたることとする。

一方、これまで連絡調整を担ってきた招致推進部調整課は、計画策定部門となり、計画調整課として純化・特化される。中心となるのは、09年2月締め切りの立候補ファイルだ。今年1月に提出した申請ファイルと比べて、非常にボリュームがあり、ロンドンの場合では575ページにも及んでいる。

新設される施設計画課に加えて、競技計画課、運営計画課の計画3課が、それぞれ担任する項目を計画化し、計画調整課が立候補ファイルとしての取りまとめなどを受け持つ。

今年6月にはIOCが立候補都市を5都市程度に絞り込む予定だが、ここで承認されれば国際招致活動も本格化する。国内では7月にサミットがあり、関係閣僚会議も開かれるため、同本部では東京オリンピックの開催意義やコンセプト、盛り上がりなどをアピールする絶好の機会とみている。また8月の北京オリンピックでも招致を強く訴える考えだ。

道路特定財源確保 緊急アピール発表

八都県市

八都県市は2月29日、道路特定財源の確保を求める緊急アピールを発表した。首都圏の道路整備が遅れれば、全国の経済的ロスにつながるとして、道路整備の財源が確保されるよう、租税特別措置法改正案などの関連法案が年度内に可決成立することを強く求めている。

石原知事は記者会見で、「人・モノ・情報が高度に集積する首都圏は、日本経済の牽引役を果たしている。首都圏の慢性的な交通渋滞は、日本経済全体の損失につながり、国際競争力の低下にもつながる」と述べた。首都圏3環状道路の整備率は約4割で、世界の大都市圏に比べ低い水準にあるとしている。

道路特定財源を巡っては、暫定税率の延長の是非が争点になっているが、石原知事は「日本の社会発展のために、本当に必要な道路をどう整備するかということが全く議論されていない」と批判した。また、「道路建設に従事している労働力が阻害され、下手をすると10年間で100万人くらい失業者が出る」と述べた。

芸術文化の発進事業に支援助成

都生活文化スポーツ局

都生活文化スポーツ局は、東京の芸術文化の魅力を世界に発信する活動を支援する助成事業を募集する。採択数は20件程度を予定。

対象となるのは、音楽や演劇、舞踊、美術、映像等の分野で、都内で開催する公演・展示等の活動や、海外での活動など。助成は04年度から実施しているが、今回は限度額を従来の200万円から400万円に増額する。また、従来は事業終了後に助成金を支払っていたが、事業者に資金がないと借金することが前提となってしまうため、一部を先払いするなどの見直しも行った。昨年度は76件の応募があり、29件を採択している。

齋藤　清さん（さいとう・きよし＝元都交通局長）2月24日死去、88歳。

安藤　光恵さん（あんどう・みつえ＝安藤和幸・都総務局行政部副参事〈三宅島災害復興対策担当〉の母）2月24日死去、82歳。

粟津原今朝義さん（あわつはら・けさよし＝粟津原隆・北都税事務所徴収課納税係担当係長の父）2月25日死去。

沢辺　房さん（さわべ・ふさ＝沢辺満・駒込病院庶務課会計係長の母）2月27日死去、91歳。

大熊　弘さん（おおくま・ひろし＝東大和市農業委員会委員）54歳。

20年度 主任試験講座 ―22―

都政実務①

はじめに

今回から、前半・後半の9回にわたって「都政実務」について勉強します。

18年度から、筆記考査では、都職員として特に必要な基礎知識として行政法等とともに都政実務の出題数が増えました。全体の問題数も増えていますが、都政実務も10題から15題へと大幅に増えており、都政の動きや自分の職務に合わせて、広く実務の知識を身に着けることが求められています。範囲が広く、試験対策には多くの時間と労力を必要としますが、全体に占めるウエートが高い分野でもあります。この分野で確実に得点することが合格への必須条件であるといえます。出題内容は、都の職員として仕事をする上で重要な事柄ばかりですので、過去の出題傾向を良く理解して、しっかりと準備をしましょう。

出題傾向

過去12年間の出題分野は下表のとおりです（例年、このほかにIT化関係で1題出題）。18年度以降出題の増えた分野は「都行財政」「人事」「文書」「組織広報その他」であり、17年度までは出題数が1題から2題であったものです。表からわかるように、これまでウエートの低かった分野にも満遍なく出題がなされたものと思われます。

このように都政実務の出題は『職員ハンドブック』の中から広く出題されていますので、必ず最新のハンドブックを用意して勉強を進めてください。

勉強の進め方

都政実務の勉強は過去問や問題集を解くことから始めると効率的です。問題を解いた後、ハンドブックの該当部分を精読し、五つの選択肢の一つひとつについて、正しい内容を確認し、これを覚えてください。こうすることでより多くの知識を着実に得ることができます。

実際の試験で「5択を2択に絞ることができたのに、正解にたどりつかなかった」ということがないよう、誤っている箇所はどこか、正しい内容は何かをおさえながら問題を解き、知識を定着させましょう。

答え合わせの際には、「地方自治小六法」なども併せて用意すると便利です。

なお、出題傾向の把握や問題演習には『主任試験精選問題集』や『主任試験ハンドブック』が便利です。

また、出題分野の関連項目の中では、直近の実績や取り組み状況が東京都ホームページに掲載されるものもあります。これらについてはその内容も確認しておきましょう。

それでは、出題分野に沿って実際に例題を解いてみましょう。今回は「都行財政」関係の問題です。

問題

【問題 1】

都と市町村との関係に関する記述として妥当なのは、次のどれか。

① 都の市町村に対する関与は、法定主義の原則、一般法主義の原則、公平・中立の原則にのっとり行わなければならない。

② 都は、条例で定めることにより、知事の権限に属する事務の一部を市町村が処理することとすることができるが、市町村長が、議会の議決を経て、都知事に対しその権限に属する事務の一部を市町村が処理することとするよう要請することもできる。

③ 都及び市町村の連絡調整を図るため、都及び市町村をもって協議会を設けているが、これは自治法により必ず設置することとされている。

④ 都は基礎的な地方公共団体である市町村との関係において、広域事務・統一処理事務・連絡調整事務・補完事務を行っている。

⑤ 市町村が法定外普通税を新設するに当たっては、あらかじめ都知事に協議し、同意を得なければならない。

【問題 2】

東京の市町村に関する記述として、妥当なのはどれか。

① 都の市町村区域は多摩地域と島しょ地域とに分けられるが、多摩地域では地域経済の停滞、若年層の地域外への流出等、地域の活性化について様々な問題を抱えている。

② 地方税の歳入総額に占める割合は、市と町村でほぼ同程度であり、市と町村の財政力には大きな格差はみられない。

③ 多摩地域においては産業集積が進むなど地域発展の可能性が生じてきており、都市化が著しいことから、過疎化の問題はない。

④ 島しょ地域では海洋資源等の地域特性を活かした産業振興が重要な課題であり、これまでの離島振興事業実績では産業基盤への振興事業が最も多い。

⑤ 小笠原諸島は戦後アメリカの統治下にあったが、1968年に日本に返還された後、様々な事業により道路、港湾等のインフラ整備を進めてきた。

解説

【解説 1】

① 誤り。市町村に対する関与は、法定主義の原則、一般法主義の原則、公平・透明の原則の3原則にのっとり行わなければならない。（職員ハンドブック190頁）

② 正しい。自治法の規定に基づき、条例（「市町村における東京都の事務処理の特例に関する条例」）により、都は市町村に事務の一部を処理させている。一方、市町村長は、議会の議決を経て、都知事に対し、その権限に属する事務の一部を市町村が処理することとするよう要請することができるとされ、この場合には知事は速やかに市町村長と協議をしなければならないとされた。（地自法第252条の17の2第3項・第4項、職員ハンドブック190頁）

③ 誤り。都と区から構成される都区協議会の設置は法定されているが、都道府県と市町村の間には自治法で法定設置される（必置）協議会はない。（職員ハンドブック167頁、184頁）

④ 誤り。都道府県と市町村は対等・協力という関係とするため、平成11年の自治法改正により、統一処理事務は都道府県の事務から廃止された。都道府県は、①広域にわたるもの②連絡調整に関するもの③規模・性質において一般の市町村が処理することが適当でないと認められるもの――を処理することとなった。（自治法第2条第5項、職員ハンドブック182頁）

⑤ 誤り。法定外普通税・目的税については、その新設または変更に当たっては、あらかじめ総務大臣に協議し、同意を得なければならないものとされている。（地税法第669条、731条、職員ハンドブック186頁）

正解 ②

【解説 2】

多摩地域と島しょ地域については、それぞれの地域特性から、抱える課題についても異なっている。

① 地域経済の停滞、都市部への若年層の流出は、島しょ地域が抱える問題である。（職員ハンドブック191頁）

② 地方税の歳入総額に占める割合は、市平均約53%、町村平均約22%であり、市と町村の財政力には大きな格差がある。（職員ハンドブック191頁）

③ 檜原村や奥多摩町のように西多摩の山村地域では、今なお人口流出による過疎化が進行している。（職員ハンドブック192頁）

④ 東京の島しょ地域は太平洋上に孤立して点在する外海孤立型離島であるため、本土及び島しょ間を結ぶ交通体系の充実も重要な課題である。このため離島振興事業実績でも交通体系での実績が最も多くなっている。（職員ハンドブック194頁）

⑤ 小笠原諸島には特別措置法が制定され、港湾、道路、住宅等の各種基盤整備事業が実施されたことにより、相応の成果が図られた（職員ハンドブック195頁）。今年で返還40周年であり、村では式典や様々な事業の実施を予定している。

正解 ⑤

過去12年間の出題分野

	8年度	9年度	10年度	11年度	12年度	13年度	14年度	15年度	16年度	17年度	18年度	19年度
都行財政	都と特別区	都と市町村	都税	都区財調	都と特別区	都と市町村	歳入と都税	顧問・参与 専門委員	都税	都と市町村	都と特別区	行政委員会
											地方財政（国庫支出金等）	都財政（都税等）
人事	手当	勤務時間	旅費	給与	勤務時間	休日休暇	給与	勤務時間	給与	介護休暇 育児休業	公益法人への派遣等	旅費
	安全衛生管理	厚生福利	休日休暇	介護休暇 育児休業	安全衛生管理	公務災害	旅費	手当	安全衛生管理	公務災害	手当	休日休暇
											安全衛生管理	公務災害補償
											職員団体	在籍専従
文書	印刷物規程 図書類規程	事案決定	文書整理 保存と廃棄	提案と供覧	公文書作成基準	起案	文書整理 保存と廃棄	印刷物規程 図書類規程	事案決定	公文書作成基準	起案と供覧	公告
											文書整理 保存と廃棄	秘密文書の処理
財務	（都区財調）	予算	出納機関	決算	予算	予算	決算	予算	決算	予算	予算	決算
	収入手続	都の支出	検査	特定調達契約	収入手続	会計年度	契約	繰越明許費 債務負担行為	収入手続	一般競争入札	都の支出	一般競争入札の手続
	契約締結	決算	物品	財産	指名競争入札	物品	会計制度改革	債権	財産	物品	債権	行政財産
組織広報その他	敬語	行政手続条例	広報広聴	情報公開条例	広聴	住民面談	広報と広聴	電話応対	電子メール応対	住民面談	組織原則	来客への応対
	組織原則	事務の統制	PERT	ラインとスタッフ	政策形成	仕事と問題解決	組織原則	KJ法	組織原則	官僚制組織	文書応対	組織形態
											問題解決	パレート図

20年度 主任・係長 論文講座 ★22★

特別区主任主事選考

課題整理②

はじめに

今回は基礎となる課題について「背景と課題」と「視点と方向」とに分けて整理していきたいと思います。

主任主事は、職場の中堅職員として、係長を補佐するとともに、係の推進役として事業を率先して遂行する立場にあります。そのため、実務に精通していることは勿論、現在の社会状況を把握し、そのうえで区政の課題について十分認識することが必要です。

特別区を取り巻く状況は、地方分権や特別区制度の進捗等によって今も大きく変化しています。区の職員が周囲の変化を認識していないと、区政運営が円滑に進みません。

今号では、区政の最も基本的な課題についておさえておきますので、十分に理解をしてください。

1 区政をとりまく厳しい状況

〈背景と課題〉

高齢化の一層の進展により、医療、福祉、介護等の費用が増大する一方で、景気の回復により一息ついたものの経済は成熟化し、大幅な自然増収は見込めない状況です。やがて到来する人口減少社会は、経済成長を難しくすると思われます。

また、区政を円滑に機能させ、区民に対して、常に質の高いサービスを提供するためには、財政基盤の整備だけでなく、人的資源も重要な要素となります。「2007年問題」と称される、昭和22年から24年生まれの、いわゆる団塊の世代の大量退職は、現場を知り尽くした職員が一斉に定年退職を迎えることによる職場への影響が危惧されています。

〈視点と方向〉

こうした厳しい状況の中で、区は少子高齢化対策等の重点施策をはじめ、新たな施策を展開していかなければなりません。さらに、社会情勢の変化に伴い区民ニーズは変化し、従来の枠組みを超えた複合的で付加価値の高いサービスが期待されています。時代の変化に的確に対応した施策を展開するためには、より一層簡素で効率的な区政運営を行い、限られた予算や人材の有効活用により、最大の効果をあげることが重要です。

次の3点は、このような背景の中で主任主事の役割を実践するための重要なポイントであると同時に、行財政改革の推進にもつながります。

（1）事務事業見直しの推進

実際に区で行われている仕事には、見直しが行われず、前例踏襲により進められているものも見受けられます。そのため、残念ながら、真に区民にとって必要な施策が行われていないという状況が生じています。このようなことを避けるためには、区政の課題を正確に理解し、係に求められているものを十分に認識する必要があります。そのうえで上司の意向に沿って、自ら主体的に事務事業を推進していくことが重要です。

地域との協働体制の確立や民間活力の導入等多角的な視点から十分に検討を加え、自ら現実的かつ効果的な代替案を提案し、その案に対する問題点を一つひとつ着実に解決していきます。さらに事務事業の問題点や課題について、日頃から係員と活発に意見交換し、問題意識を育て、見直しの機運を高めていきます。

（2）係活性化の推進

係員が能力を発揮しやすい係の環境づくりが活性化の重要なポイントとなります。係の一体感を育てることが活性化に欠かせない条件です。常日頃から声を掛け、また、係員の問い掛けに丁寧に応じて、お互いの仕事の状況の把握や情報の共有化を図るとともに、何でも言い合える職場の雰囲気をつくっていきます。

これらにより、係員相互の信頼関係や協働意識を育て、協力体制とともに係の活性化が推進されます。

（3）係長補佐の充実

主任主事は係長を補佐する立場にあります。第一に、係長と意思統一を図ることが必要であり、日頃の業務報告の場を利用して、係の目標や事務事業の内容等を確認します。次に、係長の意向を係員に十分に浸透させるため、ミーティング等あらゆる機会を利用します。さらに、実務の進捗に必要な連絡調整を関係者と確実に行い、係長が意思決定する際に、そこで得た情報を即座に提供できるようにすることが大切です。

以上のことを踏まえ、常に広い視野に立って係長を補佐し、係が持てる能力を最大限に発揮できるよう最善を尽くすことが重要です。

2 地方分権・都区制度改革と区政

〈背景と課題〉

平成12年4月、地方分権一括法が施行され、国と地方公共団体の関係が対等・協力関係へと大きく転換しました。それとともに都と区の関係も、都区制度改革が実現し特別区は「基礎的自治体」として新たなスタートを切りました。この流れは、地方自治体の自主性と自立性を高め、個性豊かで活力に満ちた地域社会を実現することを目的とするものです。都区制度改革は、都の内部団体と位置づけられてきた特別区を、基礎的な地方公共団体として位置づけ、清掃事業をはじめとする住民に身近な事務を、都から区へ移管し、特別区の自主性・主体性を拡充するものです。これにより、区は消防や上下水道などを除き、他の自治体と同じ権限を持つことになりました。

〈視点と方向〉

都区制度改革が実現し、各区は基礎的自治体となりましたが、都区間で解決すべき大きな課題（主要5課題）が残されました。引き続き協議され、平成18年2月に、合意に至り、「都区の役割分担を踏まえた財源配分」については次のとおりとなりました。

①今後の都区のあり方について、事務配分、特別区のあり方、特別区の区域のあり方（再編等）、税財政制度などを根本的かつ発展的に検討することとし、協議が整い次第、このための検討組織を都区共同で設置する。（平成18年5月に「都区のあり方に関する検討会」が発足）

②都区の大都市事務の役割分担を踏まえた財源配分のあり方については、この検討を行う中で、その結論に従い整理する。

財源の独立なくして、基礎的自治体としての23区の自立は困難です。地方分権の流れの中で、真の基礎的自治体としての財政自主権の確立は最重要課題です。さらに、少子高齢化という未曾有の社会を迎える中で、住民生活を支えるという視点で必要な施策を展開することも基礎的自治体として、重要さを増しています。自主性・自立性をもって自らの判断と責任のもとに地域の実情に沿った行政を行っていくことが望まれます。

3 自治体における情報の保護及び管理

〈背景と課題〉

区民生活全般にわたる様々なサービスを提供する自治体が保有する情報は、プライバシーを含むなど重要なものが多く、情報の適正な管理・運用が求められます。

情報の適正管理・運用は、自治体にとって重要課題の一つですが、新聞等で報じられているとおり、情報の流失や紛失等の事故・事件の発生は、住民の信頼を大きく損ない、ひとたび失われた信頼を取り戻すことは容易なことではなく、大変な労力を必要とすることを強く自覚する必要があります。

〈視点と方向〉

情報の管理は、まず、現場で仕事をする職員一人ひとりの意識が重要です。そのうえで、情報を保護するためのシステムやルール構築が必要となります。ただし、これまでの個人情報を含む文書の紛失などの事件は、故意に流失されたものを除けば、①職員や業者による持ち出しに代表される「内部管理情報の運営ルール不徹底」②メールアドレスの誤入力等による「ITサービス利用上のミス」③廃棄物に情報が残存しているため漏洩する「廃棄物処理による流出」――等、その多くが、情報管理上の初歩的なミスが原因で起きています。

つまり、一番注意を要するのは人間（の意識）なのです。したがって、日常業務のなかで、情報保護に十分配慮した業務遂行ができるような体制づくりをすること、さらに、職員一人ひとりが点検にかかわることで、情報の保護の必要性と重要性を認識し、それを確実に実行することが求められています。

また、個人情報の保護に関しては、プライバシー保護5原則

①収集制限の原則
②利用制限の原則
③個人参加の原則
④適正管理の原則
⑤責任明確化の原則

を適用するため、ルールを定め、その順守の徹底を図らなければなりません。

これらの取り組みを一過性のものとせず、職場内研修等で継続的に意識醸成を図り、情報管理の継続改善を定着させることが重要です。

おわりに

課題の整理にあたっては、日頃から区のホームページや広報紙などを注意して読み、情報を整理しておくとともに、新聞やニュースなど社会情勢も十分に把握しておきましょう。

日常の業務の中で、区民感覚を忘れず、コスト意識や改善意識を常に持ち、より効率的な方策を考えながら仕事に取り組むことが大切です。区民の状況が変われば、改善すべき点も変わってきます。意識を持って仕事をしていれば、おのずから改善の糸口が見えてくるはずです。組織に対して主任主事として何をすべきかを整理してみましょう。

20年度 教育管理職への 道しるべ ＜26＞

その他法令①

はじめに

19年度の選考実施要綱では、「教育に関する基礎的法令」分野については、20問程度出題するとされています。この「教育に関する基礎的法令」分野は、17年度までは15問程度となっていました。このことと19年度から択一試験問題数が減少されたことを考え合わせますと、この分野での試験における比重が一層高まったといえます。

この教育管理職選考制度が改正された12年度以降の「教育に関する基礎的法令」の分野における出題については、日本国憲法、教育基本法、学校教育法、地方公務員法、地方公務員特例法、地方教育行政の組織及び運営に関する法律といった主要な教育法令から取り上げられていました。

しかし、選考実施要綱上は、これら法令に限定されるという表現になっておらず、現に、16年度、18年度、19年度において、これら以外の法令分野から出題されました。このような過去の出題例や、「教育に関する基礎的法令」分野が18年度から5問増えたことも考え合わせると、教育に関わる前記主要法令以外に対する対策が必要となります。そこで、今回は、次回とあわせ、その他法令について取り上げます。

傾向と対策

従前より範囲が拡大した出題傾向からは、勉強の範囲が広がりすぎて対応できないとの不安があるかと思いますが、昨年度の教育庁人事部試験室長の説明にもあるように、出題内容は基礎的・常識的なものとなっており、仮に法律に当たったことがなくても、問題を丁寧に読むことによって正答に達することのできるものとなっておりますので、焦らず、常識感覚をもって対応して下さい。とはいえ、現時点では対応が必要です。

この「その他法令」として取り上げられた出題を具体的に挙げれば、16年度は、国家賠償法、児童の人権保護に関する法令、児童の健全育成に関する法令が、18年度では、少年法、学校給食法、国家賠償法、労働基準法が、19年度では、国家賠償法、学校保健法でした。

内容的には、これらも、「教育に関する基礎的法令」の範囲として出題されているわけですから、当然、日ごろの教育実践で経験するところの条項に関する事項が取り上げられているところとなっています。

対策としては、過去の出題に実際にあたり、自分なりに、出題レベル等を確認するとともに、教育に関係する「その他法令」の条文をチェックします。その際、条文規定の意味合いが分からなければ解説書で確認することが肝要です。

問題

【問題 1】

国家賠償法に関する記述として妥当なものは、次のうちのどれか。

① 国家賠償法第1条に基づく国または地方公共団体の責任は無過失責任で、同法第2条の責任は過失責任とされている。

② 国または公共団体が、公権力の行使にあたる公務員の選任や職務執行上の監督に際し、使用者として相当の注意をした場合には、国家賠償法に基づく損害賠償請求をすることができない。

③ 地方公共団体の設置する学校において発生した事故については、教育活動は、「公権力の行使」とはいえないから、国家賠償法第1条は適用されない。

④ 国または公共団体が、国家賠償法に基づく損害賠償を行った場合、公務員に故意または重大な過失があったときは、当該公務員に対して求償することができるが、軽過失のときにこの求償権を行使することはできない。

⑤ 学校における予防接種における事故については、国家賠償法により、いかなる場合でも、責任を負う。

【問題 2】

国家賠償法に関する記述として妥当なものは、次のうちのどれか。

① 国家賠償法第2条の「公の営造物」には、道路、河川などの公の目的のために供される不動産は含まれるが、自動車などの動産は含まれない。

② 国家賠償法第2条の「公の営造物」の設置・管理の瑕疵によって損害を受けた者とは、当該営造物の利用者に限られるのであって、周辺居住者など利用関係にない者は含まれない。

③ 国家賠償法第2条は無過失責任とされており、したがって、損害が発生した以上、いかなる場合でもその責任を負うこととなる。

④ 国家賠償法第2条に基づく損害賠償については、営造物の設置管理に責任をもつ公共団体と営造物の設置管理の費用を負担する主体が異なる場合には、被害者は、費用を負担する団体に対してのみ損害賠償の請求ができる。

⑤ 国家賠償法上の責任は、不法行為責任であり、消滅時効の規定がないことから、その消滅時効期間は、民法の規定により、損害および加害者を知ったときから3年ないし不法行為より20年となる。

【問題 3】

児童・生徒の人権の保障に関する記述として妥当でないものは、次のうちどれか。

① 国際人権規約のうちの「経済的、社会的及び文化的権利に関する国際規約」によれば、中等教育は、すべての適当な方法により、特に、無償教育の漸進的な導入により、一般的に利用可能であり、かつ、すべてのものに対して機会が与えられるものであるとすることとされているが、日本は、「特に、無償教育の漸進的な導入により」部分については拘束されない権利を留保している。

② 国際人権規約のうちの「経済的、社会的及び文化的権利に関する国際規約」によれば、初等教育は、義務的なものとし、すべての者に対し無償のものとするとしているが、日本は、この規定に拘束されない権利を留保するとしている。

③ 「児童の権利に関する条約」は、こどもの権利条約ともいわれ、日本は、平成6年に批准したが、この条約で児童とは、18歳未満の者をいう。

④ 「児童の権利に関する条約」は、精神的または身体的な障害を有する児童が、その尊厳を確保し、自立を促進し及び社会への積極的な参加を容易にする条件の下で十分かつ相応な生活を享受すべきであることを認めるとしている。

⑤ 「児童の権利に関する条約」は、すべての児童に対し、教育及び職業に関する情報及び指導が利用可能であり、かつ、これらを利用する機会が与えられるものとするとしている。

解説

【解説 1】

① 誤り。説明が逆である。

② 誤り。国家賠償法は、使用者の免責規定はない。

③ 誤り。教育活動は、「公権力の行使」とされている（最判昭62・2・6）。

④ 正しい。国家賠償法第1条第2項。

⑤ 誤り。国家賠償法は、不法行為責任を定めたものであり、そして、1条責任は過失責任であるから、接種に注意義務違反がなければ責任を負わない。

正解 ④

【解説 2】

① 誤り。動産も含まれる。

② 誤り。利用者に限られない。

③ 誤り。不可抗力の場合は、責任を負わないとされている。

④ 誤り。国家賠償法第3条第1項。

⑤ 正しい。

正解 ⑤

【解説 3】

① 正しい。「経済的、社会的及び文化的権利に関する国際規約」第13条第2項。日本国による批准等に関する件（外務省告示）

② 誤り。日本は、この規定について、留保していない。「経済的、社会的及び文化的権利に関する国際規約」第13条2項。

③ 正しい。児童の権利に関する条約第1条。

④ 正しい。児童の権利に関する条約第23条第1項。

⑤ 正しい。児童の権利に関する条約第28条第1項（d）

正解 ②

カタールの今と五輪招致

駐カタール国大使　北爪由紀夫

東京都には1993年から96年まで通産省から出向し、信用組合の破綻処理等を担当させていただきました。今般、2016年のオリンピック招致で東京と争っているカタールの大使として着任いたしましたのも何かの縁ではないかと思います。

さて、カタールはLNGの重要な供給国であり、また、日本はカタールの最大の貿易相手国である等、経済関係では緊密なものがありますが、一般の日本人のカタールに対するイメージは依然としてサッカーでの「ドーハの悲劇」という枠を超えていないようです。勿論、最近では、一昨年冬のアジア大会の開催、欧州及びアフリカへの旅行客向けの低運賃のカタール航空によるサービUAEのドバイに比較するとまだまだという感じです。従って、この報告ではカタールの今の姿を皆様に紹介するとともに、併せてオリンピック招致の動向についても触れてみたいと思います。

ドーハは建設中のお台場、汐留?

最近の原油・ガス価格の高騰を背景とする豊富な資金により、ドーハは建設ラッシュといっても大げさではありません。街中いたるところが工事中のため、街並みがまだ定まっていないという感じですが、高度成長期の日本のような力強さを感じます。

また、市内の交通体系は英国流のラウンドアバウト（環状の交差点）に頼っているためか、街中、車（ランドクルーザーを始めとする日本車がほとんどです）が溢れ、朝夕の交通渋滞は東京にも引けはとりません。このため信号機や厳しい交通反則金の導入等の対策がここ半年の間に急速に採られています。

街中で見かけるオリンピックのPR

カタール人は20%程度

統計の公表がないのでカタール人が何人いるのかを言うのは難しいのですが、通説として25万人くらいと言われています。一方、外国からの労働者はインド人の30万人強を始めとして、100万人を超えています。インドのほか、フィリピン、パキスタン、スリランカ等は10万人を超えています。軍や警察では、今でもパキスタン人が活躍しています。

また、日本の千代田化工が建設しているLNG基地では合計で5万人もの外国人労働者が建設に従事しています。

治安には問題なし

中東というとテロを思い出す人が多いと思いますが、カタールの治安は非常に良く、1000人を数える日本人社会で昨年、犯罪の被害者になった例はありません。勿論、近年、凶悪犯罪はともかく、窃盗、ひったくりなどの事犯が増加していることは確かで、この点、今後、注意することが必要です。

カタールの外交は全方位

カタールは小国ですので、国際政治の中で「力の外交」ではなく、筋論を中心に外交を展開しています。現に、米国から色々言われているシリヤ、ハマス、ヒズボラとの緊密な関係を保っていますし、サダム・フセインの妻子の亡命も受け入れています。米国やサウジから見れば、このようなカタールの書生じみた対応を時々、恨めしく思うのでしょうが、一方、1万人近くの米軍がカタールに駐留し、イラクやアフガニスタンでの米軍機の活動の管制を担当しています。

このようなカタールの外交を身近に見ていると、非常に興味深いものがあります。また、カタールには有名なアルジャジーラ放送があります。保守的な中東世界で、いろいろな見方があると思いますが、自由に自分の見解を放送するアルジャジーラの姿勢にはたくましいものがあります。

2016年のオリンピックの行方は?

カタールは国威発揮の場として、積極的に国際会議やスポーツ大会を誘致しています。昨年、カタールは大小200近くの国際会議を開催しましたが、これはウィーンに次ぐ数といわれています。オリンピックについては、タミーム皇太子が招致委員会の委員長となるとともに、誘致活動の実務は2012年のロンドン・オリンピック誘致を成功させたエージェントにアウトソーシングし、準備を進めています。

カタールの売り文句は「中東、イスラム諸国で始めてのオリンピック」です。昨年12月の湾岸諸国（GCC）サミットで湾岸6カ国はカタールを支援することで一致しましたし、また、他の国からも、なぜ東京で2回目なのかとか、なぜ先進国ばかりなのかということに対するアンチ・テーゼとして、結構、支持を受ける可能性があるのではないかと思います。

また、灼熱の中東でオリンピックができるのかという声もありますが、カタールが提案しているように、かっての東京オリンピックと同じような時期（10月半ば）なら日中は日差しが強いものの、夜間は気温も下がって屋外の競技も可能です。今後、カタールの招致運動も注意深く見ていく必要があると思います。

☆

カタールの魅力は来てみないと分かりません。どこかのガイドブックに世界中で一番退屈な地と書かれていましたが、先般も東京都で一緒に仕事をした二人の女性にカタールを訪問していただきました。このお二人には十分、カタールを楽しんでいただけたと思っています。是非、皆様にもカタールお出でいただき、急速に変わりつつある、カタールを楽しんでいただきたいと思います。

（元都労働経済局商工計画部長）

天皇誕生日のレセプションで

公僕と呼ばれるほどのボクじゃなし

がんばれ！公務員 13

文とマンガ　鈴木武征

最近の公務員は何かと肩身が狭い。

不祥事続きで全く関係のない公務員までが「フン、公務員か……」なんて白い眼で見られる。

賃金が上がらないなかで、食品や日用雑貨など生活必需品の価格が上がる。

さらに健康保険料など税金類が家計に重くのしかかる。

物の値段は上がったとはいえ、商品が手に残るからまだ納得がいく。

税金類は払うだけで、その場では領収印以外何も残らないから取られ損の感が強い。

その重圧は公務員なら、まだ我慢もできるが、国民の多くは「お前らの給料に消えてんだろう！」くらいにしか思っていない。

挙句の果ては窓口で、「公僕が生意気言うな！」「お前、公僕だろ？　俺の言うとおりやればいいんだよ」なんて鬱憤をぶちまける人も出てくる。

どうやら世の中には、「公僕」を単なる「しもべ」としか解釈していないご主人様が多いようだ。

広辞苑では、公僕を「（public servant）（公衆に奉仕する者の意）公務員などの称」としている。

ちなみにサーバントは同じく広辞苑で、「めしつかい。下男・下女」としているから、公務員をしもべと思う土壌が皆無とは言えない。

しかし今どき公務員を公僕と思う人も古い。

確かに公務員には全体の奉仕者という崇高な使命がある。

されどそれは公務を遂行するにあたっての精神的な支えであり、公務員そのものの呼び名ではない。

ましてや、しもべでもなければ下男、下女でもない。

日々、住民を思い、住民に良かれと思う仕事を公平に遂行するのが現代の公務員だ。

住民との立場は対等、ご主人さまでもしもべでもない。

税金のことを言われるとちょっと辛いが、公務員だって税金を免除されている訳ではない。むしろ律義に払っている最右翼であろう。

土台、奉仕なんてものはある程度の精神的、経済的余裕がなければ出来るものではない。

貰うものは貰う、払うものは払う、それで多くの人のお役に立つ仕事を淡々とこなす。

公僕上等、公僕と呼ばれたら、「公僕？　昔いたらしいですねー、今は公務員っていうんですよ」と言ってやれ。

考えてみれば、会社でも家庭でも威張れない人が、全体に穏やかで暴力が返ってくる恐れがないお役所でしか怒鳴れないのも哀れだ。

世の中はこの辺に敏感で、秋葉原近辺では「ご主人さま〜、ニャンニャン」なんていって、がっぽり稼ぐ「しもべ」もいるという。

そういえば我々の近辺にも、知事や局長、あるいは夫や妻のしもべに生きがいを感じている人もいるようだ。

それはそれで勝手にしなさいとしか言いようがない。

もしもあなたが今度「公僕！」と呼ばれた日は、気分直しに一句詠んでみよう。

「公僕と我が名呼ばれし冬木立ち」では何ともうら寂しい。

もっと胸を張って「公僕と呼ばれるほどのボクじゃなし」で、つぎ行ってみよー！

みにがいど

◆さくら花だより　▽情報提供期間　3月14日（金）〜4月17日（木）▽提供方法①ホームページ　東京都建設局http://www.kensetsu.metro.tokyo.jp/ ㈶東京都公園協会http://www.tokyo-park.or.jp/ ②電話　公園緑地部計画課緑化推進担当☎5320・5372※土・日・祝日除く午前9時〜午後5時▽未開花・開花・3分咲・5分咲・7分咲・満開・散り始め・葉桜の8段階を基準に提供▽提供施設　都立公園13カ所、都立庭園8カ所、自然公園3カ所、国2カ所、区4カ所、街路樹1カ所▽問い合わせ先☎5320・5372、☎3232・3038

◆第7回東京農業フェア　▽日時　3月7日（金）午前10時〜午後4時▽場所　新宿駅西口広場イベントコーナー▽内容　東京農業の紹介、動物とのふれあいコーナー、東京産農畜産物の即売（約50品目7000点）※売り切れ次第終了▽問い合わせ先　産業労働局農林水産部農業振興課☎5320・4830

◆シーラカンスがやってくる　▽期間　3月8日（土）〜23日（日）▽葛西臨海水族園▽インドネシアシーラカンスの標本（メス＝体長127・3㌢、重さ51㌔）を展示▽問い合わせ先☎3869・0284

海外出張こぼれ話 27

東郷　尚武

オリンピックを迎える北京と沿海都市アモイ⑩

本稿の冒頭で、今回のプロジェクトによる訪問都市が北京のほか、廈門（アモイ）や広州等の沿海都市であったと述べたが、廈門、昆明、海口の3都市については3班に分かれて訪問、各市で開催された研究会議において中国側研究者に日米双方の都市計画の理論と実務を紹介すると同時に、在り方を議論し、合わせて諸都市の視察を行ったのである。

我々が沿海都市に焦点を絞ったのには、それなりの理由がある。1978年以前、つまり改革・開放以前の中国の地域政策は社会主義の平等の理念に沿って、ある意味で、国土の均衡ある発展が図られてきた。しかし、改革以降、外資の積極的導入、地方の権限の拡大といった政策的配慮によって、沿海地域優先の開発戦略が推進されるにいたった。沿海地域は、その点、経済成長の条件が揃っており、中国政府としては、これらの先進地域を発展させることによって、内陸部の後進地域に、その波及効果を及ぼそうとしたのである。

具体的には、1979年より広東省の深圳、珠海、汕頭および福建省の廈門の4都市が「経済特別区」に指定され、さらに1984年には、天津、上海、広州など14の「沿海開放都市」が指定され、沿海地域優先の開発が推進された。しかし、この政策が多くの問題を内包していたこともまた事実である。

このような背景の下、我々は手分けして沿海諸都市を訪問したわけであるが、筆者は、廈門調査チームのリーダーを仰せつかり、清華大学・大学院生のナン・ジュン君も含め4人で廈門行きの機上の人となったのである。

北京と廈門間の距離は約1800㌔あるが、2時間20分ばかりで廈門本島に置かれている空港に着いた。どんよりとした寒い北京から、空が抜けるように青い廈門、さすがに台湾とほぼ同緯度の廈門は暖かく、気温は17度。厚手のオーバーからコートなしの生活へ。空港に着いた途端、北京とは違うある種の活気を感じ取ったが、迎えに来られた市の建設委員会副主任は、早速、携帯電話を取り出し、大声で我々の到着を役所に知らせると同時に、いろいろ指示を下していたのが印象的であった。

今の時点であれば、何も感じなかったであろうが、1993年の時点では、廈門の携帯電話の普及は、東京より一歩先行しているように見えた。少なくとも沿海部では公衆電話の時代を一つ飛び越えて携帯の時代に突入していたのである。

都政新報

発行所　都政新報社
〒160-0023 東京都新宿区西新宿7-23-1 TSビル
〈総務・読者〉(03)5330-8781
〈企画広告〉(03)5330-8784
〈編　集〉(03)5330-8786
〈出　版〉(03)5330-8788
〈セミナー事業部〉(03)5330-9977
〈ファクス〉(03)5330-8808
郵便振替 00130-2-101470
購読料 月1,680円(税込)
毎週火・金曜日発行
但し、祝祭日は休刊

紙面から

新銀行東京の格付け

スタンダード&プアーズ主席アナリスト　吉澤亮二氏に聞く

都のサポート要因を上乗せ

新銀行東京の累積損失が1000億円程度に膨らんだため、石原知事は「再建に向けて手を尽くしたが、事ここに至り、追加出資をお願いすることにした」と述べ、400億円の補正予算を都議会に提案した。庁内からは「そもそも開業した時、すでに経済環境が変わり、賞味期限切れだった」という指摘も聞かれる。格付け機関の「スタンダード&プアーズ」は04年12月、新銀行東京の長期発行体格付けはシングルAフラット、アウトルックは「安定的」と発表。その後、累積損失が849億円になった07年6月には、トリプルBプラスと格付けを下げた。アウトルックは「ネガティブ」としている。格付け機関は、新銀行東京の現状をどう見ているのか。「スタンダード&プアーズ」の金融機関格付部長で、主席アナリストの吉澤亮二氏に聞いた。

よしざわ・りょうじ＝1964年生まれ、横浜国大卒、ボストン大学経営大学院修了。銀行を経て01年にスタンダード&プアーズ入社。

――実体経済の中で、新銀行東京に存在価値はあるとお考えですか。

「純粋な金融機関として見た場合、ニッチ(すき間)な存在というのは間違いなく、収益で苦戦している。ただ、設立趣旨が中小企業金融の円滑化なので、赤字だから単純に駄目とはならない。存在価値というのは、都の政策の中で位置づけを測っていくものだから、その点が重要なポイントになる。どの自治体でも制度融資などに予算を投入している。新銀行東京という入れ物を使って資金ニーズに対応するのも一つの方法で、仮に都政全体の支出を最小化できるのなら存在意義はある」

――05年4月の開業の頃、メガバンクも中小企業に無担保融資を始めていました。格付けが甘くありませんでしたか。

「開業前、どういうビジネスプランで行い、都がどういうサポート姿勢でいるのか、調査した。純粋な金融機関というより政策実施金融機関なので、都の存在は信用力を考える上で欠かせない。04年12月に格付けした当時から、新しいビジネスモデルの不確実性や信用リスクが他の銀行に比べて高い点は、格付け上の制約要因となっているという問題意識を持っていた。その一方、都から受けている強力な支援、自己資本の厚さ、低リスクでの余資運用方針、低コスト運営も反映させて格付けした。結果的にスコアリングモデルに基づく貸し出しが成功しなかったのは事実だが、05年の頃はこのモデルが成功するかどうか、他の銀行でも分からない時期だった」

――その後、格付けを1度下げました。理由は何ですか。

「政策実施金融機関なので、一定の損が出ることは織り込み済みだったが、その額が当初考えていたより大きなものだった。存続することを選挙民や都議会が認めるのか、銀行の決算状況を踏まえて都のサポートスタンスが変化する可能性が高まってきたと考えた」

――他の金融機関に出資や提携を申し入れましたが、すべて断られ、都単独の追加出資になりました。今後、格付けする場合、こうした事態は影響しますか。

再建計画　かなりの行動力必要

「400億円の追加出資は、すでに格付けに織り込み済みだ。銀行を見る時の視点は、収益性、資産の質、資本の状況など、まず政府サポートを除いた部分で、銀行の財務の強さを見る。その上で、国や都の政府サポート要因がどの程度織り込まれる可能性があるのか、それを上乗せして最終的な格付けを出す。銀行単体での財務状況は、かなり厳しいので、都によるサポート要因を上乗せしなかったら、トリプルBプラスより、もっと低くなる。都のサポートスタンスに大きな変化がないか、サポート要因を除く銀行の財務状況がさらに悪化しない限り、格付けも変わらない可能性が高い」

――新銀行東京の再建計画をどう見ますか。

「一言で言うと、挑戦的な計画だ。実現するには、かなりの行動力が必要になる。資産を縮小する一方、収益は増えていく計画になっている。よほど利益率を上げないと、計画を達成できない。利益率を上げるには、トップライン、すなわち一番上に上がってくる収入を上げるか、経費を削るしかない。銀行の場合、トップラインを上げることは、手数料収入を除けば金利を上げることだから、今よりハイリスクの客にいくということ。そういう顧客に金を貸して、採算が合うかは難しい問題だ。また、経費の方も削減する計画になっているが、ビジネスをする上で一定のコストは必要。縮小均衡を図りつつ、収益を上げるのは、相当、難しい計画だと見ている」

MEMO　発行体格付け　債務者が債務を履行する総合的な能力(信用力)について意見を示すもの。スタンダード&プアーズの場合、新銀行東京の長期発行体格付け「トリプルBプラス」は、21段階中、上から8番目になる。中・長期的に見て、信用度がどちらの方向に向かう可能性があるかを示す「アウトルック」は「ネガティブ」である。

スタンダード&プアーズは、ムーディーズ、フィッチ・レーティングスと並ぶ世界3大格付け機関の一つ。

都政の東西

日本語の動詞には、五段活用の変化があるが、石原知事にも独特の五段変化がある。今回の新銀行東京の経営不振では「慚愧」「無念」「歯ぎしり」「もろもろの責任」ときて、2月29日の記者会見で「取るべき責任、取るつもりでいる」と変わった。都知事四男問題の公私混同が指弾された時も同じように追い込まれて発言の変化をみせたが、最初から素直に非を認めて謝罪と責任を明確にしていれば、着地すべきところにすんなり落ち着いたのにと思う。

知事は「運営そのものに粉飾があった」と述べ、第一の責任を旧経営陣にあるとしている。粉飾とは何を指すのか、予算特別委員会の質疑でも焦点の一つになる。実は、いまだに不思議に思っている点がある。

一蓮托生の責任

新銀行東京は昨年6月、09年度に当期純利益10億円の黒字を出すという新中期経営計画を発表した。この計画では、07年度上期が90億円の赤字、下期は10億円の黒字、通期で80億円の赤字となっている。07年度下期で黒字転換するのなら、08年度も黒字基調でいくはずと思うのだが、計画を見ると43億円の赤字となっていた。

「なぜ、07年度下期が黒字なのか」と新銀行東京に何度も説明を求めたが、最後まで理解できなかった。この時「数字合わせでは」と内心思ったが、計画公表にあたっては、金融庁や大株主の東京都のお墨付きをもらっていると言われ、引き下がった経験がある。いざ、ふたを開けてみると、やはり07年度下期も60億円程度の赤字だった。

都は、代表質問で新中期経営計画が行き詰まった原因について「計画を大幅に上回るデフォルトが発生したため」と答えた。しかし、素人の目にも分かる不思議な計画を「了」とした東京都の指導監督にも重大な責任がある。一蓮托生である。

経済・港湾委

新銀行で空転9時間

知事出席動議を否決

新銀行東京への400億円の追加出資議案をめぐり、3日の都議会経済・港湾委員会は理事会の協議が整わず、委員会を開けないまま9時間にわたり空転した。野党が、委員会への知事の出席や参考人招致を要求したのに対し、与党側が必要ないと反対した。午後10時過ぎに開いた委員会は、知事出席を求める動議を民主党が提出し、賛成少数で否決した。来週の予算特別委員会の前哨戦として、与野党の対決ムードが高まっている。

予特前哨戦で対決高まる

■記録

3日の経済・港湾委員会では、追加出資議案について理事者側の説明を聴取する予定だった。午後1時に始まり、10分ほどで終わるはずだったが、委員会自体を開けないまま夜10時過ぎまで調整が続いた。

野党側が理事会で要求したのは、石原知事の委員会への出席と、関係者の参考人招致などだった。民主党の増子博樹委員長は当初、委員会を1時から開いたうえで、委員会終了後に知事出席などの扱いを理事会で協議すると判断。産業労働局など関係する理事者も委員会室に集まっていた。

ところが、委員会開始時間が過ぎたところに、自民党理事から「委員会を開くのは、理事会で整理をつけてからにすべきだ」という意見が出された。このため、増子委員長が委員会の開会を延期し、各党の政調会長や経済・港湾委員会理事が控室を行き交って、調整を進めた。

協議が平行線をたどるなか、「一度、理事会を開かないと、話が進まない」(民主党執行部)として、各党が折り合いを見せたのは、午後9時前後。9時20分ごろに理事会を再開し、民主党が知事等の出席を要求する動議を出したうえで、否決することが決まった。与党側は当初、採決することにも難色を示していたが、野党側が知事出席を求めたことを記録に残す形で、妥協した。

■自覚

「追加出資は大変なことだという自覚が、知事に足りない」――与野党間の協議が続く8時ごろ、民主党幹部はこう吐き捨てた。同議員は、「新銀行設立の過程で何があったのか、知事しか答えられないことも多い。委員会に出るのが当然だ。知事の面子にこだわっている場合ではない。どこにでも出てきて経緯を説明するというのが、本来ではないか」と続ける。

他方、与党側の経済・港湾委員は、「予算特別委員会で、知事出席のもとで質疑をやる。なぜ、それでは駄目なのか」と話す。「委員長ポストの配分など、話し合って議会運営を進めている。民主党は、そのことを配慮して妥協すべきだ」として、知事出席を拒否する姿勢を貫いた。

膠着した協議に議会局幹部は、「どちらも、折り合おうと思っていない。まいったよ」と嘆いた。知事出席の要求といった委員会運営のあり方は、できるだけ全会派が一致するところを探って進めるべきところだ。しかし、各党とも妥協の姿勢を見せず、採決もやむなしという雰囲気が生まれた。

経済・港湾委員会は、知事らの出席を求める動議を民主、共産、ネットの賛成少数で否決した＝3日、午後10時20分ごろ

■7対7

協議が長引いた背景には、経済・港湾委員会の構成が、自民と公明で7人、民主党、共産党、ネットで7人と拮抗していることもある。自民党内には、委員長を自公で解任すべきという意見も出たが、委員長は採決に加われないため、自公から委員長を出すと票が6になり、賛否がひっくり返ってしまう。

他方、民主党関係者も含めて、経済・港湾委員会での与野党対決は、17日の委員会が本番と思っていた委員も多かった。1時過ぎに終わるはずだった委員会がズルズルと延びるなか、各委員は、午後や夜の予定をキャンセルするため、慌しく支持者らに電話をかけた。

対決ムードが高まったなかで、予算特別委員会をにらみ、新銀行東京をめぐる各党の動きが相次いでいる。

自民党と民主党、公明党の3党は6日、議事堂内で新銀行東京の津島隆一代表執行役を呼んで、勉強会を開いた。400億円の追加出資に合わせて、新銀行東京がまとめた再建計画の実現性などをめぐり、新銀行からの聞き取りを行った。民主党などからは当初、津島氏の参考人招致を求める声もあったが、聞き取りの場を持つ形で落ち着いた経緯がある。

また、共産党は3日、新宿駅西口前で、追加出資の賛否を問うシール投票を行った。433人の投票で、賛成は31人、どちらでもないが4人、反対398人と9割以上が反対を占めた。

冗句ジョーク

合格発表、都立高校の人気復活
改革で苦労した教師
「ところで校長、ボクは合格したんでしょうか?」

公益法人制度改革

移行条件　公益事業比率50%「難しい」が4割弱

事業見直しの法人続出も

08年12月に始まる公益法人制度改革で、都が所管する公益法人のうち、公益法人への移行条件になる「公益目的事業比率が50%以上」という基準を4割弱が難しいと考えていることが、都の調査で分かった。また、「遊休財産額が1年間の公益目的事業経費を超えない」基準を難しいと認識する法人は2割を占め、事業の見直しを迫られる法人が続出しそうだ。都生活文化スポーツ局が、07年10月に実施し、都所管の844の公益法人のうち、404法人から回答があった。

また、「団体の性格や社会的要請もきめ細かく評価してほしい」「共済事業のみで公益認定されるか不安」という声も出ている。

新公益法人への寄付金には税制の優遇措置があるほか、「信頼性」を担保できるのも大きなメリット。ただ、▽公益目的事業比率が50%以上▽遊休財産額が一定額を超えない――などの要件があり、それを満たさない法人は、公益事業を増やすなど、事業の見直しが必要になる。公益の認定を取り消されると、公益目的で取得した財産を、類似の事業を目的とする公益法人などに贈与しなければならなくなる。

都の監理団体22法人は、08年度に民営化する㈶東京港埠頭公社を除き、公益法人に移行する可能性が高いという。他方、都職員などの「会員」に対する福利厚生の業務を主に行う㈶東京都福利厚生事業団は、公益性が認定されるか不明だ。

公益法人制度改革では、すべての公益法人が、一般法人か公益法人に移ることになる。内閣府が4月にガイドラインを策定する予定で、都管理法人課も「公益認定等審議会」(会長＝中田裕康・一橋大学院教授)で認定の考え方を検討中。法人の多くが6～7月頃に総会・理事会を開いて移行の方針を決める。同課も早期に認定の考え方をまとめる方針だ。

新銀行東京の評価

6割「役に立たぬ」

中小企業家

都が400億円の増資を打ち出している新銀行東京に対し、都内の約2200社が加盟する東京中小企業家同友会のアンケートでは「役立っている」と答えた企業が、わずか1割にとどまることが分かった。6割は「役立っていない」と回答。「金融庁とも相談して早急に整理した方が良い」と答えた。回答したのは約160社。

自由意見欄では、役立ったと答えた企業からも「しっかりした査定ができたかに問題があったのではないか」という指摘がされた。「400億円を都の融資制度の財源に回した方が役立つ」「損切りした方が、今後の損失を減らせる。その上で失敗の責任を追及すべき」という意見もあった。

議員報酬の引き上げ

議長会が区長会に要望

多忙を極め兼業困難に

条例提案を見送る区も

「報酬等の経済的基盤を中心とした基盤整備を早急に」――特別区議会議長会が昨年12月、議員報酬の引き上げを特別区長会に要望した。一方、議員報酬などを話し合う各区の特別職報酬等審議会は、昨年末から今年2月にかけて5区で議員報酬、期末手当の引き上げを答申した。練馬区では、各会派の意見の把握が困難だったため、報酬引き上げの条例案の提出を見送った。江東、世田谷、板橋の3区では、議員の期末手当の引き上げの条例改正案が5日までに委員会で可決された。所得格差が広がる中で、議員報酬が高いと批判の矢面に立たされているが、本当に高いと言えるのか。

「議員報酬を引き上げてほしい」

ある区の議長が特別区議会議長会にこう切り出すと、他の議長も「わが意を得たり」といった思いを胸に、賛同したという。

昨年夏ごろから、引き上げの是非の議論を始めていたが、12月に報酬などの経済的基盤が「不安定」であれば、「議員として有為な人材が得られなくなる恐れがある」ことを理由の一つに挙げ、「真の地方分権を支えるための議員活動が円滑に行えるよう報酬等の経済的基盤を中心とした基盤整備を早急に行うこと」を特別区長会に要望した。

議員報酬の改定には手続きが必要だ。各区長から諮問された特別職報酬等審議会が答申をまとめる。その後、区長が議員報酬の条例改正案を区議会に提出する。07年度に、特別職報酬等審議会は19区で開催され、そのうち5区の審議会が議員報酬、期末手当の引き上げを答申した。

議員報酬の引き上げで先陣を切ったのは練馬区だ。今月3日の本会議に、現行の61万5000円の報酬を3万3000円引き上げる条例改正案が追加上程されるはずだった。だが、区総務課は「各会派の意見を把握するのが困難だった」ため、提出を見送らざるを得なかったという。

共産党練馬区議団の武藤昭夫区議によると、区長が条例案を提出することは「あまりいい発想ではない」とし、「議員の立場で審議しなければ、区民に報告できない」と話している。オンブズマン練馬の土屋俊測区議は「議員がお互いに意見を交わすならよかったが、密室で議論をするからいけない」と指摘する。

現時点では、区が条例案を提出する見通しは立っていない。

江東、世田谷、板橋の3区の委員会で、議員の期末手当を0・05カ月引き上げる条例案が可決された。大田区では5日現在、報酬引き上げの条例案は提出されていない。

各区の議員報酬と報酬審議会の答申

	報酬(※)	議員報酬の答申
千代田	623,000	―(※※)
中央	609,000	据え置き
港	613,000	継続審議中
新宿	619,000	答申なし
文京	597,000	―
台東	599,000	答申なし
墨田	615,000	答申なし
江東	613,000	期末手当0.05カ月増
品川	610,000	答申なし
目黒	600,000	―
大田	614,000	621000円(7000円増)
世田谷	619,000	期末手当0.05カ月増
渋谷	605,000	―
中野	588,200	据え置き
杉並	599,000	据え置き
豊島	598,000	据え置き
北	614,200	据え置き
荒川	601,000	継続審議中
板橋	600,000	期末手当0.05カ月増
練馬	615,000	648000円(33000円増)
足立	619,000	―
葛飾	618,000	据え置き
江戸川	621,000	答申なし

※現行の議員報酬額(単位:円)
※※審議会が07年度に開かれていない

雨宮会長「退職金の支払いを」

【解説】23区平均の毎月の議員報酬は60万9104円だが、これが高いと言えるのか。

サラリーマンの月収と比べると、多いという意見が支配的だ。だが、区議は住民税、所得税、国民健康保険料、国民年金、議員年金共済掛金を毎月支払っており、ある区の議員の平均報酬はこれらの税などを差し引くと、手取りで37万6000円余りしかない。

4年に1度の選挙に向け、活動資金の蓄えが必要になる。1回当たりの選挙で、個人差はあるが数百万円はかかるという。

区議、都議、国会議員の順で報酬が多くなる現状について、ある区の議員は「支持者がすぐそばに密着している区議会の活動の方が大変なのに、なぜ同じ議員間で報酬に格差があるんだ」と憤る。

支持者との付き合い、自分自身の生活費、場合によっては育児費もある。特別区議会議長会の雨宮正弘会長（目黒区）は「議員が生活をやっていけるのかという現実論がある。議員報酬は妥当なのか」と疑問を投げかける。さらに、条例づくりなどの際に調査研究にあてる政務調査、「届いた封筒が開いていたから、郵便局に問い合わせてほしい」などのご用聞きもあるなど多忙で、議員が他に仕事を兼業するのは難しくなっている傾向がある。雨宮会長は「報酬の引き上げは政務調査費の削減と別問題」とした上で、議員報酬の1割の増額、4年に1回の退職金の支払いなどを求めている。

区議は報酬が安いと言えば、区民から「議員を辞めれば」などと非難を浴びるだけだ。サラリーマンが家庭を支える世帯が多い中で、「サラリーマンとは仕事が違う」と、月収の格差が生じるのは仕方がないと思う区議もいる。

議員報酬の引き上げは、区民から袋たたきに遭うかもしれないが、区民に議員活動の中身を説明し、報酬に見合った活動をしていることを理解してもらうことが避けられない。（石）

明日への布石 08年度特別区予算案 3

歳出

スリム化で投資的経費に弾み

義務的経費は12区がマイナスとなり、23区全体でも前年度比1・2%減の1兆4607億9126万1000円を計上した。構成比は48・8%に下がり、初めて5割を切った。

大きな特徴としては、扶助費が増加する一方で、人件費、公債費が減少している。

扶助費は台東、練馬の2区を除いて増加した。自立支援医療費や中国残留邦人の支援などが生活保護から別制度へと移行し、生活保護費の負担は減っているが、ほとんどの区は生活保護者の対象者が増えるなどして、扶助費は増加傾向にある。

台東区は、住所不定者の数が減り、生活保護費が減少したのが要因。財政課では「山谷地域で行っている都の自立支援により生活保護の対象者は減ると予想した。本区特有の問題ではないか」と説明する。

練馬区も、生活保護費の減が影響した。「景気の回復により対象者数が減ったことが要因」（財政課）という。

人件費が増加した区は千代田、台東、目黒、大田、板橋、練馬の6区のみ。職員定数の削減により給与費は減っているものの、退職手当などが増要因となっている。千代田区は職員数の削減など総人件費を削減して約3億6000万円を節減したが、団塊世代の大量退職による退職手当が大きく響いた。

投資的経費は7区がマイナスで、23区全体では前年度比9・8%増の4022億6998万円だった。これは05年度当初以来4年連続の増加。構成比は13・4%に達した。

最後に投資的経費がマイナスとなった04年度と比べると、投資的経費は1000億円以上増加しているが、義務的経費は逆に1000億円以上減少している。04年度を含めた5年間で景気の好調により区税収入は順調に上昇し、投資的事業を増やす下支えとなった。

一方で、義務的経費については、生活保護者数の増加などにより扶助費の負担が増えているにもかかわらず、全体としては減らし、区政のスリム化が進んでいることが分かる。

また投資的経費の中身も、バブル期に目立ったような豪華施設は影を潜めており、公共施設や義務教育施設の建て替えなど、地味なものが目立つ。北区は前年度比91・1%増加しているが、学校改築や校地取得など教育施設建設の影響。各区では老朽化した公共施設の更新という課題が迫りつつあり、区財政の懸念材料となっている。

2008年度特別区当初予算案（歳出） （単位:千円、%）

	一般会計規模		義務的経費			投資的経費			その他経費		
	額	前年度比	額	構成比	前年度比	額	構成比	前年度比	額	構成比	前年度比
千代田	44,622,672	1.7	17,000,898	38.1	4.8	8,324,793	18.7	▲6.6	19,296,981	43.2	3.0
中央	61,424,040	▲7.6	24,641,027	40.1	▲0.2	8,956,161	14.6	▲47.0	27,826,852	45.3	11.8
港	108,900,000	1.1	35,272,690	32.4	▲1.8	29,140,732	26.8	40.8	44,486,578	40.9	▲12.9
新宿	120,819,574	1.8	61,523,219	50.9	0.0	12,868,667	10.7	▲10.2	46,427,688	38.4	8.6
文京	63,828,000	3.6	33,122,684	51.9	▲0.9	6,271,753	9.8	49.8	24,433,563	38.3	1.8
台東	89,900,000	7.2	47,259,623	52.6	▲0.8	9,126,840	10.1	54.1	33,513,537	37.3	10.4
墨田	95,695,000	5.7	48,749,288	50.9	0.1	9,750,422	10.2	85.4	37,195,290	38.8	1.7
江東	139,412,000	5.3	73,038,976	52.4	8.1	14,741,605	10.6	▲4.0	51,631,419	37.0	4.5
品川	137,612,098	2.3	52,356,172	38.0	▲4.2	38,918,696	28.3	28.7	46,337,230	33.7	▲6.6
目黒	96,738,672	7.9	45,702,156	47.2	0.3	13,316,169	13.8	40.9	37,720,347	39.0	8.9
大田	218,783,208	1.9	105,905,008	48.4	▲4.3	19,160,998	8.8	2.0	93,717,202	42.8	9.9
世田谷	235,409,034	4.0	95,978,344	40.8	▲1.9	46,412,617	19.7	20.8	93,018,073	39.5	3.1
渋谷	75,022,000	3.8	38,859,423	51.8	0.7	7,901,982	10.5	25.5	28,260,595	37.7	3.1
中野	97,388,000	▲1.2	54,621,618	56.0	4.5	6,184,133	6.3	51.7	36,582,249	37.7	9.3
杉並	154,627,000	2.1	77,941,874	50.4	▲5.3	19,578,027	12.7	20.8	57,107,099	36.9	7.9
豊島	89,578,128	0.1	48,935,419	54.6	3.5	10,101,392	11.3	▲1.9	30,541,317	34.1	2.8
北	133,620,000	5.6	62,881,825	47.0	▲9.6	23,350,924	17.5	91.1	47,387,251	35.5	5.8
荒川	80,220,000	▲3.1	40,815,270	50.9	0.0	8,902,341	11.1	▲34.9	30,502,389	38.0	7.7
板橋	173,433,000	5.3	96,177,076	55.5	1.1	19,122,919	11.0	14.4	58,133,005	33.5	9.9
練馬	210,884,703	5.8	108,784,048	51.6	▲0.4	27,819,872	13.2	36.8	74,280,783	35.2	6.6
足立	217,400,000	▲1.3	117,439,910	54.0	▲1.7	21,909,840	10.1	▲20.9	78,050,250	35.9	6.8
葛飾	149,550,000	2.9	77,783,730	52.0	0.2	14,063,235	9.4	0.4	57,703,035	38.6	7.4
江戸川	197,724,893	0.5	96,000,983	48.6	▲4.6	26,345,862	13.3	3.7	75,378,048	38.1	6.6
23区計	2,992,592,022	2.6	1,460,791,261	48.8	▲1.2	402,269,980	13.4	9.8	1,129,530,781	37.8	5.2

板橋区

目標は年間1000社開業

創業支援で協定締結

創業支援で13団体と協定を締結＝右から3番目が坂本区長

板橋区は4日、創業支援に協力を得ている金融機関や各種団体との関係をより強固にしようと、「区創業支援ネットワークに関する協定」を13団体と締結した。区が05年に策定した「産業振興構想」の新規事業所開業数の達成目標は、5年間で5000社（年間1000社）。協定締結を足がかりに目標を達成し、区内産業の活性化を目指していく。

創業支援については、行政や金融機関、産業団体などが、それぞれに豊富な支援メニューを提供している。しかし、「支援の流れ」が必要な起業者や、経営につまずいている事業者は「どこに相談していいか分からない」という状況もあり、創業が困難になっているケースも多数あるという。

産業活性化の方策のひとつとして「創業の促進は区が取り組むべき重要な施策」としてきた板橋区は、「創業」や経営革新を含む「第2創業」を支援するためには「支援メニューを持つ各団体のネットワークが必要」と、全国でも珍しい「創業支援ネットワーク」を昨年3月に発足した。

事務局は区立企業活性化センター。東京税理士会板橋支部や板橋区中小企業診断士会、都宅地建物取引業協会板橋区支部、中小企業基盤整備機構、都中小企業振興公社などのほか、区内にキャンパスを持つ大学や、金融機関など28機関が協力機関となり、さらに、弁護士や公認会計士、大手企業の財務担当部長経験者やアパレル関係者など、67人が「専門員」として登録。実務経験のあるプロが的確なアドバイスをすることも可能にし、創業から一般企業に成長するまでの指導・助言、必要な団体やメニューの紹介などを通して「流れのある支援体制」を構築してきた。

一方で、区や各団体の担当者が人事異動などで変わった場合に、協力関係が薄れることを危惧。構築してきた関係が途切れることなく続くよう、今回の協定となった。

協定締結にあたり坂本健区長は「区内の新規事業所開業数は、現在年間平均800社程度。年間1000社の目標まで、あと200社増を目指していく。きめ細かな創業支援で成功事例が増え、産業活性化、地域活性化の起爆剤になれば」とあいさつ。区は、今回協定を結ばなかった協力機関とも順次協定締結を働きかけ、幅広い創業を後押ししていく考えだ。

杉並区

小学校で通知表盗難

区立浜田山小 金庫から39人分

杉並区は4日夜、区立浜田山小学校の金庫に保管してあった6年生の通知表1学級分（39人分）が盗まれたと発表した。

通知表は校長室内の金庫に施錠して保管されていたが、2日、通知表事務処理のために出勤した担任教諭がなくなっていることに気付いた。同校は6年生4学級を含め、全24学級あるが、他の通知表はそのまま残っていたという。

教育委員会職員立ち会いの下、同校の全教員31人への事情聴取を行ったところ、2月21日午後5時半まで通知表が金庫内に保管されていることが確認された。その後、いつ盗まれたかは分からないという。金庫の鍵はふだん、施錠していない副校長の机の引き出しにしまわれ、副校長が不在のときに必要であれば、誰でも持ち出せるようになっていた。

同校は盗難発覚から3日までの間、通知表の探索を行ったが見つからなかったため、4日に警察に被害届を提出。同日夜には臨時保護者会で説明を行った。担任教諭は、通知表の復元作業に入っているという。

区は今後、児童に対する心理的なケアや、個人情報管理の徹底など対策に取り組むほか、区内全校に対しても、校長会などを通じて、適正な管理の徹底周知を行っていく。井出隆安教育長は「事件の早期解決とともに、子どもたちへの影響を最小限に抑えるよう、学校と一体となって対策を講じていく」などと語った。

江戸川区

CO_2削減に向け推進計画を策定

江戸川区は、CO_2削減に向けた取り組みをまとめた「エコタウンえどがわ推進計画書」を策定した。計画は5年後の2012年に家庭から出る二酸化炭素の年間16トン、10年後の17年には年間34万トンの削減を記した。区民には1人1日1キロ削減をテーマとした二酸化炭素の削減を強調し、「電気をこまめに消す」などの取り組みを掲げた。

また、今後検討する取り組みとして、事業者が省エネ改修をする際にかかる費用を地域の人が少額出資してする"コミュニティーファンド"が投資し、その後事業者が省エネをすることで得た収益を回収し出資者に配当していくシステムや、太陽光発電や風力発電を利用し、散水やミストの発生ができるシステム設計計画などがあげられた。

記者席

弾はどこへ飛んでいったの?

○……3日の経済港湾委員会が知事出席の扱いで空転するなか、自民党控室で幹部らに話を聞くと、「ボールは民主党に投げてある。あっちを取材した方が良いよ」という答えが返ってきた。

他方、民主党控室で三役に取材すると、今度は、「弾は自民党に投げ返した。あっちで、どうするのか聞いてよ」とのこと。

与党の委員が全員そろわなかったうえ、どちらも立場を譲ろうとせず、誰が事態を収拾する役割を担っているのか、はっきりしないままに、ずるずると時間が過ぎていく。各党の控室の間をうろうろとする議会関係者らは、顔を合わせるたびに「結局、弾は今どこに飛んでいったの?」と嘆いていた。

○……先日、新銀行東京の口座を持つ私のもとに「重要なお知らせ」が届いた。JRのSUICA機能がついたキャッシュカードが使えなくなるというのだ。しかも期限は6月末という切羽詰った状況。昨今の状況を見れば事情はわかるが、手紙には何の説明もなく、JRのカードへの切り換え案内が同封されているのみ。

電話してみると、オペレーターは「経営の効率化です」とひと言。さらに詳しい説明を求めると、誰が対応すればよいかドタバタしている様子が電話越しに伺える。しばらくして現れた人は「迷惑をかけまして…」と申し訳なさそうに丁寧な説明をしてくれた。現場での苦労が透けて見えた。

○……港区シティハイツ竹芝のエレベーター死亡事故から1年8カ月が過ぎた。10日午後6時から全国婦人会館で、地元の住民団体などの主催で「経過報告と課題を考える会」が開かれる。

当時、現地の会見を取材しに連日深夜まで足を運んだ覚えがある。当時の記憶はだんだん薄れつつあるが、シンドラー社の技術者が薄笑いを浮かべながら発した「ありえない」という一言だけが耳にこびりついている。

保守管理会社のメンテナンスを評価した一言だが、今振り返ると薄気味悪い。自社の製品が、扉が開いたまま上昇したのだ。「ありえない」のは、お互い様だったはずだが。

焦点

専用レーンの実験相次ぐ

都内4カ所でモデル事業

自転車道ネットワーク

自転車の専用レーンを検証する動きが都内自治体で相次いでいる。都でも3月下旬から、国土交通省が指定した都内4カ所で、自転車道整備のモデル事業に着手する。今年6月の道交法改正で、自転車走行の指導が厳格化されることもあり、自転車の走行環境を整える狙いだ。日本では、欧州に比べて自転車道の整備が遅れているのが現状。自転車はエコや健康、渋滞緩和にも効果が期待される乗り物だが、都心部ではハードルも多い。利用拡大は進むのか。

区市との連絡会設置へ

JR阿佐ヶ谷駅の高架下を走る都道「中杉通り」（杉並区）。同駅北側の約350㍍でこのほど、自転車専用道路の社会実験が行われた。同駅は区内でも、荻窪駅に次いで自転車の乗り入れ台数が多く、1日あたり約4000台の自転車が駐輪している。

実験では、片側2車線の車道のうち、東側1車線をガードレールで区切り、専用道にした。都や杉並区によると、概ね好意的な声が多いという。

ただ、停車中のバスを追い越せない乗用車から不満も出ている。目立った渋滞はなかったが、朝夕の通勤時間帯はバスの本数が増えるため、交通が滞る状況もあったという。

警備員を配置していたため、接触事故は起きなかったが、直進する自転車と、横断歩道を横切る歩行者が、交錯しそうになったケースも見られたという。

近隣の学校や商店に理解を求めていたため、苦情などはなかった。ただ、多くの商用車が荷捌きする同駅南側では、「実験もできないほど」（都幹部）の状態にあるという。

社会実験の評判は上々だが、ドライバーからは不満の声も＝杉並区で

■　■

都内の自転車保有台数は増加傾向にあり、約840万台（05年）。自転車と歩行者の接触事故は、年間1000件近く発生し、都政アンケートでも、6割以上が「歩道上の過剰なスピード走行」を問題視している。

今年6月、道交法が改正され、自転車の車道走行の指導が厳格化されるため、行政側にとっても自転車道の整備は課題になる。

都建設局と警視庁は3月下旬から、国交省がモデル地区に指定した渋谷区幡ヶ谷や江東区亀戸で、自転車専用レーンの整備を始める。

また、歩道と車道の両方に専用通行帯を設置して検証を行っている世田谷区は、駅から1㌔圏内の自転車の動きを調べながら、ネットワークを作る上でどんな移動ルートが有効なのか検討を始める予定だ。「自転車が通行しやすい道路は自然と決まってくる」（土木計画課）ためだ。

ただ、「区、都、国と、道路管理者は異なる。つながりがないと、ぶつ切りの走行帯になりかねない」との指摘もある。都環境局は、社会実験などの先進事例を各自治体に参考にしてもらうため、区市との連絡会を立ち上げる方針だ。

狭い道幅、都心部がハードル

「10年後の東京」への実行プログラムでは、隅田川周辺の浅草通り・国際通り、多摩地域の調布・保谷線などで、自転車道ネットワークを整備する計画を示している。

国際通りでは、歩道に通行帯を設ける計画だが、建設局は「駐車の需要や、沿道で商店を営む方もいる。地元区との調整は必要」。また、臨海副都心のプロムナード内に自転車専用レーンの設置を検討する港湾局は、「交通法規との整理が必要」と課題を話す。地元区との調整や、歩道の走行で安全をどう担保するかが、ハードルになる。

都の「自転車の安全利用推進総合プラン」（07年）では、自転車道ネットワークの形成を行うエリアとして、山手線とほぼ重なる「都心8区」が有望との認識を示している。とは言え、現時点では「全体の設計をするというよりは、可能な地域から着手し、ネットワークを広げていきたい」（建設局）という。

新宿駅周辺には5000台以上の自転車が放置されているが、「それでも減った方」という＝新宿区で

日本の自転車道は全道路の0・6％で、オランダ（8・6％）やドイツ（4・7％）など、欧州に比べて遅れている。ベルリンやアムステルダムでは、市街地でも自転車専用レーンや大規模な駐輪場が整備されているほどだ。

ただ欧州では、貸し自転車屋や、自転車を交通機関で運べる環境など、「使いやすさ」も利用が進む一因になっている。

国交省の調査では、自転車利用の理由は「自由度が高い」（67％）、「短時間で目的地に到着できる」（61％）が上位を占め、5㌔圏内の移動には肯定的な意見が多い。目的地別の利用促進策など、ソフト面の充実も欠かせない。

都政NOW

論壇

社会的自立を考える

自らが決定・選択した自律へ

首都大学東京
都市教養学部教授
岡部　卓

■自己責任と社会的責任

近年の社会風潮を反映してか、「自立」「自己責任」が今まで以上に強調されるようになってきています。しかし、そこで言われている「自立」とは何を指すのか、また「自己責任」と「社会的責任」の境界をどこに設定したらよいかについては、多くの論者が言及していますが、よって立つ考え方や置かれている立場・状態によっていろいろな意見があり、これが正解であるとは一様に答えられない「問い」となっています。

私の専門とする社会福祉・社会保障の領域でも以前から「自立」を制度・政策やソシャルワーク実践の目的・目標としており、また「自己責任」はどこまでか、またそれを超えた「社会的責任」でどこまで行うのかについての議論があります。

近年においては、この議論に拍車をかけるような法律にも、「自立」という名称のつく「ホームレスの自立の支援等に関する特別措置法」（2002年）や「障害者自立支援法」（2005年）が出されてきています。「自立」を援助／支援することの中身が、福祉サービスを利用する人たちやそれを援助／支援する者等に問われてきていると考えます。

■社会的な自立へ

「自立（independence）」は、これまで他人の力を借りずに生活をするという考え方が一般的には支配的でした。今日でも非常に強い、支配的な考え方ではないかと考えます。これは、自分が働いて得た収入で生活するという「経済的自立」、そしてその前提として自分の身の回りのことができるという「身辺自立（身体的自立）」などを指していました。言葉を換えれば、公的な制度による支援を受けない、あるいは家族、親族の援助を受けずに生活をすることを求める考え方といってよいでしょう。社会福祉行政においては、このような考え方に基づいて給付の支給や相談援助が展開されたといってもよいでしょう。

しかし、自立概念のとらえ方を、社会福祉制度の中でいち早く位置づけてきた生活保護制度では、上に述べた自立の考え方を主張してはいませんでした。現行法制定時の保護課長が著した生活保護法のコンメンタールである『生活保護法の解釈の運用』（小山進次郎著『改訂増補　生活保護法の解釈と運用』復刻版、全国社会福祉協議会、1975年、92頁～93頁）の中では、その人の内在的な可能性を発見して、それを助長育成する、それが自立であり、経済的な自立と狭く捉えるべきではない、と書いています。また、「惰民防止」ということを目的として、「自立の助長」を謳ったわけではない、とも強調されています。

このように、生活保護における「自立」の趣旨は、経済的自立を超えて広く社会的な自立というものを考える必要があると、制度当初から言われてきたと考えてよいでしょう。

■自立をとらえ返す

また、今日では、他の社会福祉領域のなかで、「自立」の考え方は大きく変わってきています。たとえば、障がい者の自立や高齢者の自立をどう考えるか、そういった議論の中で、「自立」の考え方の方向性として、「広く、自分の置かれた地域の中で様々な社会資源を活用して、自分が選び取って自分の生活を実現していく」という意味で使われるようになってきています。このように考えなければ、例えば、就職の可能性が低い、身辺自立を図ることが十分でない状態にある重度の障がい者や高齢者の人たちにとっての「自立」について、答えが出ない、すなわち、経済的あるいは身体的支援を受けている彼ら／彼女たちは、経済的自立、身辺自立というゴールにたどりつけない存在としてとらえることになってしまいます。

そこで、地域の中で経済給付や対人サービスを受けながら自己決定・自己選択に基づき生活を営む「精神的自立」「援助／支援付自立」という考え方で、自立をとらえ返す必要が出てきます。

さらに、社会福祉の基本法である社会福祉法では、『個人の尊厳の保持』が、まず福祉サービスにおいて第一に考えなければならない旨を明らかにし」、次いで「福祉サービスの『利用者』は自らの意思と選択により『自立』していく主体としてとらえることとなり、福祉サービスは、利用者の自己決定による『自立』を『支援』するものでなければならない。自己決定による自立とは、自らの意思に基づいて本人らしい生き方を選択するものといえる」としています（社会福祉法令研究会『社会福祉法の解説』中央法規出版、2000年、109―110頁）。

このような考え方は、「主体的、自律的に自分が選び取る」という「自律（autonomy）」の考え方に立つものであるといえます。

■援助／支援のあり方を模索

このような新しい自律・自立の考え方は、生活保護制度のなかで始まった自立支援プログラムでも反映されています。具体的には、まず『生活保護制度の在り方に関する専門委員会』（2004年）の中で、自立概念は自分が働いて得た収入で生活するという「経済的自立」、自分の身の回りのことができるという「身体的自立」、社会的なつながりの回復・維持を図る「社会的自立」の三つに整理されました。

三つの自立は、就労自立、日常生活自立、社会生活自立それぞれ並列の関係にあります。就労自立のために日常生活自立、社会生活自立があるのではありません。また、就労自立が進んだとしても、日常生活自立、社会生活自立が果たされているかどうかは別の問題になります。それぞれの人が置かれている状況の中で、日常生活レベル、社会生活レベル、就労レベルで自分の可能性を追求していくこと、利用者が決定・選択し自ら切り開くことを支援していくことが大切であると考えます。

現在、板橋区が実践している生活保護自立支援プログラム（詳細については、『生活保護自立支援プログラムの構築―官学連携による個別支援プログラムのPlan・Do・See』・ぎょうせい刊）は、このような考え方に基づいて進められています。これまでの考え方に縛られない援助／支援のあり方を模索する先駆的な取り組みになります。

◇

おかべ・たく＝人文・社会系社会学コース社会福祉学分野教授。社会保障・公的扶助論専攻。貧困・低所得問題を中心に研究・社会的活動。「地域福祉計画」策定起草委員（社会保障審議会福祉部会）や「ホームレスへの市民福祉活動の開発に関する実践研究委員会」（委員長・全国社会福祉協議会）、「生活保護制度に関する専門委員会」（起草委員・社会保障審議会社会福祉部会）等に関わる。著書に『改訂・福祉事務所ソーシャルワーカー必携・生活保護における社会福祉実践』（全国社会福祉協議会）、『公的扶助論』（編著、ミネルヴァ書房）、『貧困問題とソーシャルワーク』（編著、有斐閣）等。

このページは随時掲載です

この人

山谷俳句会の事務局を担った

NPO法人玉川保育の会理事長（元都住宅局理事）

篠原（しのはら）　勝一（かついち）さん

昨年3月に記念句集『みなせん』を刊行して、30年間の活動に終止符を打った山谷俳句会。その事務局を担っていたのが「伊達天」（いだてん）こと、この人。

「山谷の地名もなくなり、労働者もいなくなり、昔の山谷俳句会の夢を追いかけても俳句としても伸びない。この辺でけりを付けようと思った」と話す。

他に発表の機会がない人もいて、今も毎月句会を開いている。

広島県生まれ。58年中大法卒。世田谷区保育課長、清掃局総務部長などを経て、92年都を退職。鉄鋼埠頭を経て現職。健診にひっかかり、酒飲みながら暮らす方法をと40歳からジョギング。「俳句を作りながら走っています。酒は360日飲んでいる」。1男1女は独立。妻と。74歳。

40年以上も前、民生局OBを中心とした句会に、「楽しくお酒が飲めるもんだから」と通い始めた。「花鳥諷詠の夢みたいな句ばかり作っていましたね」

それが城北福祉センター所長に異動し、発足して10年ほどの山谷俳句会に出会う。「ギラギラした句があった。一つの方向なのかなと興味を持ちました」。俳句は主張を持たない文学と言われるなか、山谷の俳句は異質と思われ、俳人の中には邪道だと言う人もいたという。

しかし、「良い句を作ろうとか、世の中に認められようというのではなく、彼らは俳句に命をかけ、それを生きがいにしていたんです。俳句の形で何かを訴えたかったんです」

10年経つんなら記念句集をと音頭を取り、『車座』を刊行。その後も『泪橋』『やまわらふ25』と続刊。各界から反響を呼んだ。

俳号は、住んでいた白金の職員住宅が旧宇和島藩伊達家の屋敷だったことと、30数年走り続けていることから文字ったもの。フルマラソンではハワイ、カナダと海外にも飛び、「韋駄天そのものと本人は思っていますが、走れなくなったらどうしましょう」と笑う。

すっかり山谷風の句になってしまい、「どんどん主流から外れていっている感じ」と苦笑しながらも、「俳句は本来、単なる遊びでなく、何らかの主張もあるべきでは。ものを言わないものだと端から決めてしまうのもどうかと思う」とも。

自分の句を「枯れていないのではないかと思う。もっと新しいもの、違った切り口はないかと考えているが、成功したためしがないんです」。個人句集を出さないのも、「選んでいくうちに満足いく句がなくて、途中で投げ出してしまうのではないか」と話す。

都庁俳句や港湾局OBの句会にも所属。毎日、最低5句は作る。「趣味は持った方がいい。20年を尺度にやっていけば、どなたでも人並みのところにいけると思います」（門）

風見鶏

頭でっかち企画屋ばかり

とにかく組織のスリム化、人員の縮減は至上命題なんだそうである。そして「民間でできることは民間で」、できるかできないかわからないことは「市場化テスト」なんだそうである。かくして、気が付いてみると都庁の事業局、いずれも出先は総崩れである。委託だ公社だ3セクだは、モノが残るからまだましな方、移管だ廃止だ統合だとなると、都民も救われない。

わが局でも、第一庁舎の下の階から降ってきた局幹部いわく「大組織で動きの鈍い事業局から、スリムで機動性のある政策局への大転換」なのだそうだ。

まあ本当に政策が出てくるのなら、それでもいい。ところがそうでもないのである。アイデアの枯渇いちじるしい。企画屋の課長が和菓子屋の若旦那のごとく、いいアンはないかと探しまわっているらしいが、出てこないらしい。

そりゃあ現場がなくなった以上、実体験からくる珠玉のアイデアが出てこないのはあたりまえだ。だが、それだけではない。昇任したばかりの事業所の課長がなにやら提案を送りつけたが、こっぴどくやられたらしい。彼が消沈していわく、「10年後の東京を読んでいるのか」と一蹴されたとのこと。現場の率直な実情からくる提案ではなく、上から降ってきた計画にピタリ合っていなければダメらしい。わかった、もう誰も何も出さないであろう。指示を待ち、言われたことをやればよい。

ところが都庁の企画屋のアイデアなどタカが知れている。連中もさすがに自分の実力くらいはわかっているようだ。どうやら学識経験者とやらの助けを借りるらしい。確かにそれが恥をかかない良い方法だろう。

しかし、学識経験者からは「現場の発想」は出てこない。かくして、現場の感覚がすっぽり抜け落ちた、絵面だけが美しいプランが繰り返される。儲かるのは誰だろう。（鮎子）

お断り　教育オンラインは休みます。

自動車保険加入促進で損保11社が共同歩調

保険新時代　スケールメリットの仕組み

共済企画センターの成り立ち

昭和56年9月の特別区長会は、特別区職員互助組合が組合員の福利厚生の充実を図るため、団体損害保険を導入することを了承しました。このことにより、事故報告受付などの職務を担う損害保険代理店（幹事代理店）の設立も決定されました。

当社の概要

設立された当社は、特別区職員互助組合の団体損害保険の幹事代理店として、特別区職員互助組合の保険制度の変遷に呼応し、事業を展開してまいりました。

平成18年5月1日の会社法施行により株式会社となりました。

（「会社法の施行に伴う関係法律の整備等に関する法律」にいう「特例有限会社」）

当社の事業内容

・損害保険の販売業務

・生命保険の募集業務

・東京都及び特別区等の職員並びに退職者の互助共済事業にかかわる事務受託業務

・旅行の斡旋業務

○実際の仕事の内容

「損害保険会社の代理店として保険商品の販売」及び「生命保険会社の代理店として保険商品の募集」であり、特別区職員互助組合の団体損害保険の幹事代理店業務、特別区職員互助組合の団体扱損害保険の精算等事務担当代理店業務など及びアフラック商品の募集。

共同広告の意図

損害保険会社11社（広告掲載欄及び別表参照）との共同広告を実施することとなった今回は、損害保険関係についてのみ説明します。

損害保険は、①団体契約、②団体扱契約、③区の事業及び個人向けの一般契約――の三つに区分でき、その内容は次のとおりです。

団体損害保険の仕組み

団体損害保険を事業として行うためには、事業運営主体（契約主体）と、団体損害保険引受の保険会社、幹事損保会社などを定める必要があります。現行契約主体である特別区職員互助組合は、組合員、準組合員の皆様一人ひとりを加入者とし、とりまとめたうえで保険会社と契約しています。別表（○印）に掲げる6社が共同引受会社となっており、その中で幹事会社を㈱損害保険ジャパンとしています。

また、あらかじめ共同引受6社の引受割合（シェア）が定められており、団体損害保険に加入されている組合員、準組合員の皆様から保険金請求があった場合の責任分担は、シェアに応じた引受責任となります。

団体損害保険の特徴

○保険料が割安

団体保険の大きな特徴は、保険料が割安な点です。保険料の支払方法が、特定の部署（職員担当課等）で取りまとめ給与から天引きされ、一括して保険会社に納める仕組みにより、募集及び保険料徴収事務コストが安くなるためです。

○年1回一斉募集

募集は年1回の一斉加入です。保険期間は7月1日から翌年7月1日までです。今年の申込期間は既に2月1日に終了いたしました。

年1回の一括募集のため、途中で保険内容を変更できない仕組みです。

○補償内容の吟味（支払われる保険金が異なる）

「まさか」のときにお役立ていただける最適な保険となるよう、加入の際には補償内容をご確認いただき、組合員、準組合員様とご家族の状況に応じたお申込みを吟味、選択してください。

現行の団体損害保険

○現団体保険の種目

現在の団体損害保険の保険種類と内容は特別区職員互助組合の発行する「団体契約保険制度募集のご案内」でご確認ください。

○準組合員の保険料支払方法

現役の組合員の皆様と異なり、準組合員（＊）の皆様は年1回口座振替（7月初旬一括払い）となっています。

＊特別区職員互助組合は、「準組合員」を「定年退職または勧奨退職された方」あるいは「普通退職された方で退職前の勤務期間が20年以上の方」と定めています。

○割安な団体扱自動車保険への準組合員の加入制限

組合員時代から自動車保険にご加入いただいている準組合員資格のある方は、継続加入が可能となっています。

また、退職後（準組合員となってから）1年以内の方であれば新規にご加入できます。

なお、準組合員の皆様は自動車保険以外の団体扱保険には加入できません。

○ケガをしたときなどの事故報告

ご加入者がケガなどの災難に遭われ、保険金を請求することとなった場合は、当社にご連絡ください。設立以来、ご加入者が保険金を請求する最初の受付窓口として、支払保険会社との連絡窓口として、その任を果たしてきております。

○FAX、ホームページ

保険金請求件数の最も多い「傷害保険」については、FAXでのご連絡も受け付けています。詳しくは「共済企画センター」と入力し、当社のホームページをご覧ください。

団体扱損害保険

○団体扱契約は便利有利

団体扱損害保険は、組合員の皆様が個人でご契約された損害保険の保険料を、給与天引きで支払うことができる便利で有利な制度です。

付言すれば、この制度は、第一線で職員の皆様との窓口となる各社募集代理店の永く途切れのない努力の上にあると、精算等事務担当代理店としても認識しています。

○現金不要、12分割

団体扱損害保険のメリットは、何といってもご契約いただくときに現金が要らないことです。

ご契約後の保険料の支払い方法は、組合員の方は給与から天引きされ、12回払いか一括払いを選択できます。

準組合員の方は、年一括口座振替払いとなっています。

なお、一括払いはさらに割引されます。

○取扱損保11社の商品

別表記載の取扱損保11社が、自動車保険、火災保険、地震保険など各社それぞれ自信の商品を提供しています。

保険商品の補償内容及び保険料は保険会社によって異なりますので、各社または団体扱損害保険の精算等事務担当代理店である当社へお問合せください。

○随時加入

年1回募集の団体損害保険（前述）と異なり、個別に随時ご加入いただけます。

別表　【団体扱取扱損害保険会社11社】　（順不同）

	会社名	担当部署	電話番号
○	株式会社損害保険ジャパン	東京公務開発部営業開発課	03-3349-6018
○	東京海上日動火災保険株式会社	東京公務部公務課	03-5339-0586
○	三井住友海上火災保険株式会社	東京法人部東京公務室	03-6202-6629
○	あいおい損害保険株式会社	東京法人営業部営業第一課	03-3299-8580
○	日本興亜損害保険株式会社	公務部第二課	03-3231-7529
○	ニッセイ同和損害保険株式会社	公務部公務営業第2課	03-5550-6411
	富士火災海上保険株式会社	公務部公務営業課	03-3544-0074
	朝日火災海上保険株式会社	公共法人部	03-3294-2161
	日新火災海上保険株式会社	本店営業第1部公務課	03-5282-5547
	共栄火災海上保険株式会社	系統市場開発部公務推進室	03-3504-0466
	AIU保険会社	首都圏第三営業部	03-5473-3667

○印は特別区職員互助組合団体契約損害保険共同引受会社

◆◆お問合せはこちらへ◆◆

有限会社　共済企画センター

〒102-0072
千代田区飯田橋3-5-1　東京区政会館15階

損害保険	03-3263-1093
アフラック	03-3239-7448
庶務経理	03-3263-0950
自動車保険フリーダイヤル	0120-881-973
FAX	03-3263-3188

ホームページ　http://www.kyousai-kikaku.co.jp/

共済企画センターは、23区及び職員の皆様のための代理店です。収益の一部を、区行政などにお役立ていただく活動を行っています。

団体扱自動車保険

団体扱損害保険の中でも最も大きなウエートを占めているのが自動車保険です。この制度は昭和56年（当社設立年度）から導入されています。

○大口団体割引適用

現在の他の団体扱保険にはない、保険料の大口団体割引が適用されます（割引率は損害率等により変動します）。

○等級引継ぎ

団体扱自動車保険は、他社へ契約変更する場合、契約等級を引き継ぐことができるなど、一般契約と同じ効果があります。

○加入方法

組合員、準組合員（前掲加入制限有）の皆様は、取扱保険会社とご契約を取り交わしますが、ご加入いただくには、まず、各社の募集代理店で手続きを行っていただきます。

なお、精算等事務担当代理店である当社にもご用命ください。

○募集代理店

各社のすべての代理店が団体扱を所掌しているとは限りません。募集代理店については損保各社または精算等事務担当代理店である当社までお問合せください。

なお現在、募集代理店は約400社となっています。

○自動車保険の現況

現在、約1万4800台のご契約をいただいております。組合員の方が1万2300台、準組合員2500台です。

○昨今の状況

少子化の中での「若者の自動車離れ」と言われている昨今、一般的に自動車保険加入台数は減少傾向にあり、さらに、郵便局や銀行での窓販、インターネットによる契約募集など、激動する環境にあります。

○販売拡大のための共同作業

団体扱自動車保険制度は、相対的に有利な制度となっております。

精算等事務担当代理店である当社は、法令に遵守した円滑なる運営を期するとともに、各社間手数料精算代理店として団体扱の仕組みなどをご理解いただくことが、今回の企画広告のねらいです。

その他火災保険・地震保険など

18年4月からは自動車保険に加え、組合員の皆様向けに火災保険・地震保険などが団体扱に加わりました。

○地震保険

地震発生時の被災者の生活安定に寄与することを目的に、昭和41年に「地震保険に関する法律」が制定され、これに基づき、政府と損害保険会社が共同で運営している公共性の高い保険です。

○火災保険とセットで

地震保険は単独での契約ではなく、火災保険とセットでご加入いただきます。地震による火災は、火災保険では補償されません。地震に備えるには地震保険に加入することが必要です。

○地震保険の政府保証

前述のとおり地震保険は政府と損害保険会社が共同で運営しているため、高額な保険料とはなっていないのです。

地震保険では、巨額の保険金支払いに備えて、政府が損害保険会社をバックアップし、保険金支払の一部を担っています。

組合員、準組合員の皆様へ

特別区職員互助組合の事業である団体損害保険及び団体扱損害保険は、スケールメリットを活かした事業であり、加入者が増えれば増えるほどメリットがあります。

組合員、準組合員の皆様、この際、今一度これらの保険事業に一歩踏み込んで関心を寄せてください。そして、団体扱損害保険など既に契約されている方は、お知り合いの方などを各社代理店にご紹介ください。

区契約及び個人契約など

各区及び区関連団体が実施する個々の事業に対する傷害保険や組合員、準組合員様の旅行などにかかる個人契約の保険です。

○医師賠償責任保険

区が実施する保健衛生事業や医療施設での業務に関し、実施主体である区に法律上の損害賠償責任が発生した場合に保険金をお支払するものです。現在、13区でご契約いただいております。

○公金動産総合保険

区の公金、準公金、預り金の保管及び運送中における火災による現金、小切手の焼失、金庫保管現金の盗難にあった場合などを補償します。

○公金運送保険

区が保管、運送する貨紙幣類、有価証券を保証するもので、前述の公金動産総合保険では対応できない預貯金通帳も対象としています。

公金動産総合保険と併せて22区でご契約いただいております。

○貸付保険

各区互助会の事業で、債権者となる一般貸付及び住宅貸付が債務不履行となった場合の資金を補償する保険です。現在12区（13団体）でご契約いただいております。

○行事参加者の傷害保険

レクリエーション行事参加者の、集合から解散までの傷害事故を補償します。

○自治体賠償

区の施設や業務に起因する事故について、区の法律上の賠償責任負担に対し保険金を支払う「賠償責任保険」と、区の施設で住民等第三者がケガをした場合に支払う見舞金に対する保険金「補償保険」の2本立てとなっています。

○地方職員賠償責任保険

地方公共団体の職員や首長が、公務に起因して訴訟（住民訴訟、民事訴訟）が提起され、損害賠償請求などがなされた場合に個人が負担する法律上の損害賠償と訴訟費用について保険金を支払うものです。現在、4区でご契約いただいております。

地域、文化等貢献事業

○特別区協議会事業への支援

地球温暖化防止事業や23区を紹介する事業を実施している財団法人特別区協議会の事業に協賛し、経費の一部を支援しています。

東京都交響楽団協賛等

当社では、東京都交響楽団演奏会に協賛し、組合員に向けた演奏会ご招待事業を実施しております。今年の企画内容は、本ページ下欄をご参照ください。応募方法など詳しくは特別区職員互助組合回報「ライフアップ23」5月号に広告掲載いたします。

このほか、アフラックがん遺児奨学基金への寄付を行っております。

今後の課題

金融自由化を契機に、保険業界も大きな変革の時代に入っています。郵便局や銀行でも保険商品の販売が始まりました。団塊世代の大量退職などによる特別区職員の減少傾向と併せ、大きな課題として立ち向かっています。

事業主体であり契約主体であります特別区職員互助組合の考え方を踏まえて、期待され求められる損害保険各社の代理店として事業展開していく所存です。

コンプライアンス（法令遵守）

お客様からの事故報告や保険金請求手続への支援依頼の折々に、ごく自然に法令遵守を身に着けた業務運営を励行いたします。また、保険契約約款、関係法令等々の徹底を図ります。

23区等への収益還元事業

会社設立以来、その趣旨に則り、当社の収益の一部を各区に寄付しております。また、過去には職員の皆様へのキャラクターの配布なども行ってまいりました。

今後も収益還元の事業のあり方を、皆様のご意見をいただきながら事業展開してまいります。

なお、今回は損保11社のご協力を得て共同広告を実施しました。

一人ひとり一つひとつを 大切に。

三井住友海上

特別区職員互助組合会員の皆様へ

安全運転でトクをします!
保険料がもどります!

もどリッチ のご案内

3年後に満期払戻金が最大
約40%※1もどります!

※1　3年間無事故の場合の総払込保険料に対する払戻率です。3年間無事故の場合の払戻率はご契約毎に異なり、ノンフリート等級、保険期間およびご契約条件により、約10%から約40%がもどります。

お得度がアップ!
3年間無事故なら実質保険料が約5%おトク※2です!

※2　弊社1年契約を無事故で3年間継続した場合の保険料総額との比較です。

NEW!
MOST・家庭用もどリッチなら、すべてのご契約で
◇レッカーQQサービス
◇故障・トラブルQQサービス
をご利用いただけます!

●このチラシは、MOST・家庭用もどリッチ(満期精算型払戻金特約を付帯した家庭用自動車総合保険)の特徴をご説明したものです。なお、SAIもどリッチ(満期精算型払戻金特約を付帯した一般自動車総合保険)、MOST・事業用もどリッチ(満期精算型払戻金特約を付帯した事業用自動車総合保険)もご契約いただけます。詳しくはパンフレット、ご契約のしおりをご覧ください。なお、ご不明の点につきましては、取扱代理店または弊社までご照会ください。

(引受保険会社)
三井住友海上火災保険株式会社　TEL:03-6202-6629

●ご相談・お申込先(取扱代理店)
共済企画センター　TEL:0120-881-973(フリーダイアル)　2008.02/AEK61/B

「マルごと守る」自動車保険

Total assist

トータルアシスト by 東京海上日動!

お問い合わせ:〒100-8965 東京都千代田区霞が関3-7-3　03-3593-3111(代)　[www.nipponkoa.co.jp]　日本興亜損害保険株式会社

わたしたちは、「共感・共創・共生」の精神を事業活動の原点に置き、「リスクと安心を担う総合サービス企業」として、社会の安定と経済の発展、豊かな生活の実現に貢献する企業をめざします。

わたしたちは、常にお客様一人ひとりの声を大切にするとともに、時代の変化に迅速に対応し、絶えず新たな価値の創造に挑戦して、成長しつづける企業をめざします。

わたしたちは、堅実かつ健全な経営により、企業価値の向上に努め、広く社会から信頼される最優の企業をめざします。

わたしたちは、一人ひとりの個性と能力を活かし育てる経営により、革新的で創造性溢れ、活力みなぎる企業をめざします。

あいおい損害保険株式会社

(お問い合わせ先)東京法人営業部営業第一課
〒151-8530 東京都渋谷区代々木3-25-3　あいおい損保新宿ビル19F
TEL:03-3299-8580　FAX:03-3299-7243

あなたに「ちょうどいい」が見つかります
家庭総合保険

自動車保険の一歩先へ。
トップラン

一歩先から「生きる」を応援する 健康総合保険

「お客さまの視点に立った
サービスの提供」
それが、私たちの使命です。

ニッセイグループの中核を担う損害保険会社として、皆さまの安心と幸せのために尽力してまいります。

ニッセイ同和損害保険

●お客さま重視のカスタマーサービス●
お問い合わせ窓口「カスタマーセンター」では、フリーダイヤルを通じて「事故連絡の受付」「ご契約に関するご照会・ご相談」などのサービスを提供しています。

●ニッセイ保険口座で総合保険サービス●
ニッセイ同和損害保険では、ニッセイ保険口座を開設されているお客さまに対し、損害保険料割引サービス「口座で割引」を提供しています。

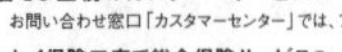

ニッセイ同和損害保険(株) お問い合わせ・詳しい資料の請求は 0120-95-0055　http://www.nissaydowa.co.jp　0707企画50125

富士火災海上保険株式会社

問い合わせ
03(3544)0074

すべてにおいてベストを目指すお客さまのための自動車保険

火災を中心に多くの災害の補償と満期の楽しみ

朝日火災の積立型火災保険

スーパージャンプ

(満期戻総合保険)

※商品の詳細につきましては、「パンフレット」・「ご契約のしおり」・「重要事項説明書(契約概要・注意喚起情報)」・「約款」等をご覧ください。

朝日火災海上保険株式会社
本社　〒101-8655 東京都千代田区神田美土代町7番地　http://www.asahikasai.co.jp/

ひと回り大きな安心へ
ナビゲート

日新火災

VAP

日新火災の総合自動車保険

●お客さまのニーズに合ったご契約条件をお選びいただけます。
●賠償事故(対人・対物)には、示談交渉サービスがセットされ、万一の事故のときにも安心です。
●「ドライビングサポート24」では、事故やお車のトラブルを24時間・365日サポートします。
＊無料サービスの対象となるご契約は人身傷害補償保険がセットされている場合などです。

日新火災海上保険株式会社　本店営業第一部公務課　03(5282)5547

愛称「i・セキュア(アイ・セキュア)」

個人情報等の不正使用被害を補償する個人向け保険　発売中!

現代社会で急増する個人情報や支払用カードの不正使用による金銭的被害などを補償する日本初の個人向け保険、
「支払用カード・個人情報不正使用被害等担保特約」

AIUの自動車保険“USAプレミア”
またはAIUの住宅向け火災保険
“スイートホームプロテクション”に特約付帯できます。

AIU保険会社
エイアイユー インシュアランス カンパニー

お問合せ先:首都圏第三営業部　03−5473−3667(成木)

共栄火災

ずっと心に残る歌を歌っていたい。
ずっと楽しい仲間と一緒にいたい。
ずっと走り続けていきたい。

しかし、人生という長い時間の流れの中には
誰かに守ってもらわなければならないときがある。

僕には、ずっととなりで支えてくれる人たちがいる。
だから、前に進んでいける。

あなたのとなりに。
あしたのとなりに。
共栄火災

ロングで安心。
最長5年契約が可能な自動車保険プラン　ちょうき安泰

共栄火災海上保険株式会社
【農林水産営業部 公務推進室】〒105-8604 港区新橋1-18-6 TEL.03-3504-0466
【東京支店 新宿直販支社】〒160-0023 新宿区西新宿6-14-1 TEL.03-5323-2260
http://www.kyoeikasai.co.jp

都の春期幹部異動作業大詰め

統括課長 標準配置は5A、9Bへ

在職2年の総務課長は10局

定年退職増でも勧退は抑制基調

定年等退職者の補充や総務課長、計理課長など枢要課長の異動が中心となる都の春期異動作業が大詰めを迎えている。今春の定年退職者数は、昨年に比べてほぼ倍の数となる一方、人事当局からは勧奨退職を抑制する方針が示されている。内示は27日前後と見込まれ、退職発令は3月31日、新任発令は4月1日となる。一方、夏の幹部異動は、昨年のように知事選などがないため、例年通りのスケジュールが予定され、7月中旬頃の発令となる見通しだ。

■異動規模

過去5年間の春期異動規模を見ると、知事選を控えた昨年が856人と最も少ない。04年と06年が1000人以上となったが、これは大規模な組織改正等があったためで、平年度ベースでは900人前後となる。

今年度の状況を見ると、まず今年3月末の管理職の定年退職者数は121人（行政系115人、医師・研究・特別選考職6人）となる。昨年度の定年退職者数58人（行政系54人、医師・研究・特別選考職4人）と比べ、ほぼ倍の数だ。

仮に勧奨退職者数が昨年と同程度となった場合、全体の退職者数は昨年度の188人（行政系128人、医師・研究・特別選考職60人）と比べて60人程度多くなる見通しだ。

ただ、勧奨退職については、人材不足が深刻化する中で抑制の基調。本庁部長級は、かつては59歳の夏期に勧奨退職するのが通例だったが、総務局人事部は昨年の春期から勧奨退職年齢の弾力化を打ち出し、組織上の要請などがある場合には、従来のルールにとらわれない対応を求めた。この結果、昨年も退職を60歳まで延長するケースが出ている。管理職の人材不足傾向が続く中、人事部は今春の異動でも、より徹底した弾力化を求めている。

総務課長と主な枢要課長

（年齢は平成21年3月末時点）

年次	名前	所属	現職就任	年齢
1A	福田 良行	水道局参事	18. 7.16	50
2A	熊谷 克三	選挙管理委員会事務局参事	18. 7.16	48
3A	河内 豊	知事本局総務課長	19. 6. 1	46
3A	内藤 淳	総務局総務課長	18. 4. 1	47
3A	石井 玲	財務局総務課長	18. 4. 1	52
3A	西海 哲洋	主税局総務課長	19. 4. 1	49
3A	横山 英樹	産業労働局総務課長	18. 4. 1	46
3A	浜 佳葉子	港湾局総務課長	19. 4. 1	46
3A	榎本 雅人	青少年・治安対策本部総務課長	19. 4. 1	47
3A	野口 一紀	中央卸売市場総務課長	18. 4. 1	50
3A	山内 和久	収用委員会事務局総務課長	19. 6. 1	48
3A	山岸 徳男	人事委員会事務局総務課長	19. 4. 1	49
4A	中澤 基行	総務局調査課長	19. 4. 1	47
4A	武市 玲子	生活文化スポーツ局総務課長	19.11. 1	46
4A	岩瀬 和春	都市整備局総務課長	19. 4. 1	45
4A	杉崎智恵子	建設局総務課長	19. 4. 1	45
4A	野口 毅水	会計管理局総務課長	19. 4. 1	47
4A	砥出 欣典	福祉保健局総務課長	19. 4. 1	47
4A	山宮 永稔	監査事務局総務課長	19. 6. 1	46
5A	澤 章	総務局人事課長	19. 6. 1	50
5A	笹沼 正一	環境局総務課長	19. 4. 1	44
8A	中村 倫治	総務局文書課長	19. 6. 1	44
5B	藤森 教悦	教育庁参事	18. 4. 1	55
6B	飯野 和雄	職員共済組合事務局参事	18. 4. 1	57
7B	中川原米俊	病院経営本部総務課長	18. 4. 1	54
7B	市毛 良之	労働委員会事務局総務課長	18. 4. 1	56
7B	山中 康正	議会局総務課長	19. 4. 1	48
8B	潮田 勉	財務局財政課長	19. 4. 1	47
8B	新美 大作	交通局総務課長	19. 4. 1	48
9B	小山 明子	下水道局総務課長	19. 4. 1	45
10B	樋口 正勝	東京オリンピック招致本部総務課長	19.10. 9	53

■総務課長・枢要課長

春期異動は総務課長や企画課長、計理課長など、局の枢要課長の異動が中心となる。

各局総務課長の管試種別を見ると、A19人、B8人となる。年次はAが1A～5Aで、メーンは3A10人と4A6人。またBは5B～10Bで、7B3人が最も多い。

標準的な配置ポストと年次

区分	年次		
出先部長	3A	7B	
本庁統括	5A(6A)	9B(10B)	11C
本庁課長	8A(9A)	12B(13B)	14C
本庁副参事	12A	15B	17C
出先課長	14A	17B	19C

※( )内は業績が顕著な者の場合の例外

春期異動での本庁統括課長の標準年次は、5A、9B、11Cとなる。また、例外として業績顕著者で総務課長などの枢要ポストに抜擢する場合のみ、6A、10Bも可能としている。

昨年4月の異動では、総務局の澤人事課長と環境局の笹沼総務課長が、ともに5Aで統括課長級に昇任しており、今年は6Aからの昇任にも注目が集まる。

また、Bでは昨年4月に下水道局の小山総務課長が9Bで昇任したほか、10Bからも昨年10月にオリンピック招致本部の樋口総務課長が昇任している。続く10Bからの昇任も注目される。

各局の総務課長で在職が約2年となるのは、総務局、職員共済組合、財務局、産業労働局、病院経営本部、中央卸売市場、労働委員会事務局、水道局、教育庁、選挙管理委員会事務局の10局。このうち職員共済組合、水道局、教育庁、選挙管理委員会事務局は在籍参事となっている。

総務課長以外の枢要課長では、総務局調査課長、財務局の財政課長などが1年となる。

さらに、各局の企画・計理部門の課長で在職が約2年となるのは、福祉保健局計理課長（10B）、建設局企画調整課長（3A）、建設局計理課長（10B）、病院経営本部財務課長（10B）、中央卸売市場市場政策課長（5A）、中央卸売市場財務課長（4A）、交通局財務課長（5A）、水道局主計課長（7B）、下水道局理財課長（9B）、教育庁予算担当課長（10B）などとなっている。

なお、福祉保健、産業労働、建設、港湾の4局の企画部門は計理課に統合となり、ポストが廃止されるため、それに伴う異動も注目される。

■局長級

昨年は会計管理局の設置に伴う局長級異動が焦点となったが、今年は大きな組織再編等はない。こうした中で注目されるのが、教育庁次長と職員共済組合事務局長だ。

教育庁次長ポストは、松田前次長が昨年11月に東京オリンピック招致本部の次長に異動となったため空席となっている。

また共済組合も、津島前港湾局長の新銀行東京代表執行役就任に伴い、斉藤事務局長が港湾局長へ異動したため、現在は押元総務局長が兼務している状況だ。

どちらも不定期な異動で後任人事が注目されるが、春期に配置すると異動規模が大きくなるため、都庁内では、「夏期で通常の局長級の異動と併せて行うのでは」との見方も多い。

また、条例局長は60歳に到達した年度の夏期に勧奨退職するのが通例で、来年度に該当するのは、渡辺生活文化スポーツ局長と前田下水道局長の2人と少ない。

さらに、中村教育長が、前教育長の横山副知事の残任期を引き継いでいるため、7月に任期を迎えることになり、その後任人事も注目される。

都内全域でアスベスト工場を再調査

都環境局

大田区で国の調査リストに載っていないアスベスト関連工場が見つかったことを受け、都環境局は5日、都内全域でアスベスト製品の製造事業所があるかについて改めて調査すると発表した。今年度末までを目途に、区市が工場の有無や、所在地、操業期間などを調べる予定。ただ、廃業から時間が経過した工場も相当数あるとみられ、調査が難航する可能性もある。

国のリストは、①大気汚染防止法の届け出情報（環境省）②製造企業への実態調査（経済産業省）③労災認定事業場一覧表（厚生労働省）――の三つ。都内では32施設が把握されていたが、大田区で今年1月、リストにない施設が3カ所見つかった。

輸入冷凍食品で農薬検出されず

健康安全研究センター

中国製の冷凍ギョーザから有機リン系農薬が検出された事件に関連して、都福祉保健局は5日、2月8～29日にかけて市販の輸入冷凍加工食品を検査した結果を発表した。

東京都健康安全研究センターが、中国製の77品目を含む計120品目の惣菜、野菜・魚介類加工品、菓子類を検査したが、いずれの食品からも農薬物は検出されなかった。

08年度各局定数 57％の実態 9

2年越しの組織再編

港湾局

局定数600（155増185減・差引30減）

事務所の再編等で30減となり、削減率も4・76%と知事部局では財務局に次ぐ高さとなる。ただ、07年度の査定では差引14減と小規模にとどまっており、今査定は2年越しの結果といえる。

組織再編では、2級事務所の東京港管理事務所と同防災事務所、同建設事務所の3組織を機能別に再編・統合し、管理・補修を担う東京港管理事務所および、整備を担う東京港建設事務所の2組織に改めた。管理部門の統合などで16減とした。

これらの事務所は港南庁舎（品川区）に集約し、事務所間の連携強化を図る。また、防災事務所がある江東区辰巳地区には、引き続き高潮対策センター1を設置し、従前通りの高潮対策機能を維持する。

増員となった分野では、海の森整備事業の推進に向け、臨海開発部に副参事（海上公園計画担当）と協働推進担当係長を設置して2増した。「10年後の東京」実行プログラムでは、海の森公園に今後3年で7・2万本の植樹を行う計画で、都民や企業、NPOなどへの普及啓発や協働体制づくりに取り組む。

港湾整備部門では、時限設置していた計画課の施設保全計画担当係長など3人を、保全計画係として恒常設置した。高度経済成長期をピークに整備した港湾施設や海岸保全施設が一斉に更新時期を迎えるため、計画的な維持管理を図る。

また、貨物量の増大や船舶の大型化などに対応するため、東京港建設事務所港湾整備課の設計要員を2増した。中央防波堤外側コンテナターミナル整備や第一航路増深などを進め、東京港の国際競争力強化を図る。

さらに、東京港建設事務所埋立海岸整備課に設計・工事監督要員を2増した。外郭防潮堤と水門の耐震対策を優先的に行い、2015年度には耐震・老朽化対策を完了させる予定だ。

他方、減員では、東京港建設事務所の浚渫工事課で、浚渫作業時の警戒業務を委託して4減とした。3隻の警戒船のうち、07年度に1隻分を委託しており、今回は残る2隻を委託する。

また、企画課と計理課を統合して企画経理課に再編するとともに、企画担当課長を設置。その中で執行体制を見直して1減とした。港湾経営部も監理課を経営課に統合して2課体制とし、経営課に監理担当課長を設置した。このほか、東京港建設事務所の工事部門で、事業動向の推移に伴い7減としている。

山崎太郎人事担当副参事は「海の森やふ頭、海岸保全施設の整備推進に向けた増員が認められるなど、一定の理解は得られたが、事務所の再編もあり、全体として大変厳しい査定となった」と話す。

これに対し、港湾支部の下拂章一組織部長は「組織再編で大幅減となったが、なぜ今、再編が必要か疑問だ。包括外部監査では空部屋の無駄使いを指摘されたが、沖合埋立整備課が入るフロンティアビルには手をつけていない。港区海岸の東京港管理事務所の跡地利用は何も示しておらず、今後も注視する。警戒船業務を委託化したが、安全面の確保が懸念される。沖合埋立整備課が5減となったが、事業規模が縮小されない中、20%以上の人員減はおかしい」などと反発している。

局はこの2年間、組織再編や業務の委託化などを進めてきた。今後について、局では「事業動向に伴う削減は限界」で、委託化も「工事の品質確保に加え、大前提として受け手がいるかの問題もある」と頭を悩ます。けっして大きくない組織で、さらに効率化できる部分はどこか。最終年度の査定に向け、苦悩が続きそうだ。

市場警備業務の委託拡大

中央卸売市場

局定数613（2増11減・差引9減）

豊洲新市場への移転や築地市場のアスベスト対策や既存市場の大規模工事の集中等で増員があった一方、市場警備の関係では巡視の退職不補充による警備業務の民間委託拡大、執行体制の見直し等の減員で、差し引き9減と相変わらず厳しい査定状況が続く。

移転関連では、本庁管理部に移転調整担当の副参事を新設。移転に向けた支援調整にあたる。また事業部施設課建築係には、築地市場の駐車場の一部や店舗上部等のアスベスト対策等で新たに1人を配置した。

新市場建設に向けては、事業執行体制を強化、すでに1月1日付で建設調整担当課長及び副参事、土壌汚染で係長を設置している。また今後の設計・基盤工事等で必要となる土木職も2人置いた。

減要因では、築地市場の警備衛生係で巡視を退職不補充に伴って4人減とした。築地市場の巡視職場は06年度から財務局契約で警備業務委託を実施しているが、07年度の警備業務委託では、年度当初に受託業者の一部契約不履行が生じる事態となった。来年度の警備業務について、中央卸売市場では業者選定方法などの改善を財務局に申し入れている。

このほかの減要因では、退職不補充に伴う民間委託の推進として、築地市場の電話交換で1人減。退職不補充による業務見直しによるものとして食肉市場設備課では機械係、給配水係でそれぞれ1人減とした。

また築地市場と大田市場の各農産品係、足立市場の業務管理係、都内唯一の分場である松原分場の世田谷市場統合に伴う係長級の減など、組織・事業の見直しによる減員も行われている。

今井中央市場支部書記長は「築地や大田の農産、足立の取引指導の削減は、他市場との比較ということで、市場の実態を無視した不当なものだ。食肉市場の設備管理の削減は『安全・安心』な食肉供給に対する不安を残す。現業退職不補充、民間委託の拡大という都当局の一方的な見解や判断の結果、築地市場巡視職場・電気職場での業務を民間委託し、契約不履行や場内業者とのトラブル等、市場運営に支障が起きている実態もある」と話している。

特区連中央委

「失ったもの取り返す闘い」

春闘期の活動方針 現業系人事制度の改善求める

特区連の第94回中央委員会が4日、文京区本郷の全水道会館で行われ、平均1万9000円の賃上げなどを求める08年度春闘期の活動計画などを確認した。

冒頭、酒入孝久副委員長があいさつ。業務職給料表の平均9％の水準引き下げとなった昨年の確定交渉を振り返り、「失ったものの大きさを踏まえ、今後の技能・業務系人事制度の要求をどうするか、賃金要求をどう再構築していくか、各職場から要望が寄せられている。こうした声に基づく具体的な要求をつくりたい」などと述べ、引き続き、技能・業務系人事制度等の改善に全力で取り組む決意を述べた。

また、業務職給料表については先日、総務省が都を通じ、引き続き見直しを求めてきた点に言及。「総務省の『指導』は憲法をも否定する許されないもので、地方自治の侵害だ」などと強く批判し、昨年に続く厳しい闘いに全組合員の奮闘を求めた。

07確定闘争の総括は中条貴仁書記長が提起。業務職給料表が引き下げられ、行（一）横引き水準から引き離されたことに触れながら、「業務職給料表は勧告事項でなく、労使協議で確定する性格を踏まえ、保障額表の運用・改善を求めていく。また、昇格メリットの確保や任用制度の改善など、失ったものを取り返す観点からの闘いが必要」などと闘争課題を示した。

一方で、人員構成や業務範囲など、技能・業務系職員の置かれた状況が各区で異なることから、「統一交渉で行う部分と、各区で交渉する部分を整理する必要がある」との考えも示した。

今後の活動計画は酒入副委員長が提起。今年の給与改定交渉期までの検討課題となる昇任・昇格時の号給決定方法の見直し協議を早期に着手し、最高号給を超える者も含め、昇格メリットが得られるよう改善を求めていく。

また、現業系人事制度については、技能主任や技能長の設置基準や職責の改善とともに、昨年の要求で実現できなかった技能主任職選考の昇任体系の複線化などを求める。2011年で廃止となる特別昇格についても、引き続き延長を求めるほか、技能・業務系で3級到達できるよう昇格率の改善も要求する。

各区職労からは、「組合員が高齢化しており、昇給・昇格メリットを早急に確保することが必要」「技能主任昇任の資格要件まで遠すぎて希望がもてない」といった意見が寄せられ、強力な取り組みが求められた。

都労連

賃金・労働条件改善で要求

人勧作業に関する要請も

都労連は5日に開かれた団体交渉で「2008年賃金・労働条件改善に関する要求」を提出した。また同日は、都人事委員会に対して勧告作業に関する要請も行った。

賃金・労働条件の改善に関しては、基本賃金の平均1万9000円以上引き上げ、行（一）給料表水準を基本とした現業賃金水準、教員賃金の現行水準及び体系の維持などを求めている。

団体交渉では、増渕委員長が、今年の最大の課題となる現業及び教員賃金に触れ、08年度から廃止される級格付制度について年度内の解決を強く求めたほか、教員に関しても「新たな職の導入や賃金切り下げは到底認められるものではない」と強調した。

また高齢者雇用制度のあり方では別途要求提出する考えを明らかにし、このほか「都独自の判断で労働時間の短縮の解決を図る」「人事考課制度を労使協議事項とする」などを申し入れた。さらに昨年の交渉等を踏まえて、当局の姿勢に強く抗議するなど、労使関係にも言及している。

これに対して山口副知事は、今春闘の状況について「年明け以降、景気減速懸念が急速に強まっており、各企業は賃上げに大変厳しい姿勢を示している」と説明。公務運営を巡っても「公務員の勤務条件への国民の視線が一層厳しくなっており、とりわけ地方公務員の給与については適正化が強く求められている」と主張した。その上で現業系職員及び教員にかかる諸課題について「次期給与改定交渉期までに何としても解決を図っていきたい」と述べた。

一方、08年人事委員会勧告作業に関する要請書では、公民比較方式の比較対象企業を100人規模に戻すこと、勤務時間を7時間45分とする勧告を行うこと、地域手当を本給に繰り入れることなどを盛り込んだ。また人事委に対し、第三者機関としての重い責任と役割を果たし、自主性を発揮するよう申し入れている。

仕事と子育て両立支援

苦境乗り切った実体験を講演

都総務局は4日、都職員次世代育成支援プランの一環として「仕事と子育ての両立支援のための講演会」を開催した＝写真。申込者が会場の定員の倍近い583人にのぼる人気ぶりで、積極的な参加を呼びかけた管理職も申込全体の約2割に達したという。

講演会では、㈱東レ経営研究所代表取締役社長の佐々木常男氏が「効率的な仕事の進め方～ワークライフバランスを確保するために～」をテーマに、仕事上や家庭での自らの経験を紹介、あわせて仕事の進め方やタイムマネジメントなどのアドバイスを行った。

とくに家庭面については、自閉症である長男、肝臓の病気に加え、うつ病を併発して入退院を繰り返す夫人との関わりを中心に、その間、自らが計画的戦略的に行った仕事や家事の様子や心情などを語った。

そのうえで仕事のタイムマネジメントはプロの基本と訴え、スケジューリングのほか、発生したその場で仕事を片付ける「現場主義」等による時間節約、人の力を借りることで時間を増大させることなどの重要性を挙げた。

さらに「社員の満足度を高めることが企業の競争力につながる」「頭を使って限られた時間で仕事をこなす知恵を出すことは生産性向上への近道となる」など、経営者としての立場からワークライフバランスの必要についても強調していた。

20年度 職員教養講座 ≪35≫

政治経済等事情 ①

はじめに

政治経済等事情は平成19年の管理職選考より、出題分野の見直しと出題数の変更が図られました。A事務では全出題数の4分の1、A技術では3分の1を占める最も比重の高い分野となり、この科目の出来不出来が合否を大きく左右します。

平成18年3月に出された「東京都職員人材育成基本方針」では、管理職のイメージとして、「国や民間団体と伍して政策論争でき、都庁内外に影響力のある人材」と述べられています。普段から広く政治経済の動きに興味を持ち、必要な知識を吸収しているかが問われています。

政治経済等事情は日々の情報収集の積み重ねが得点に結びつく分野ではありますが、効率よく情報を収集・整理することで試験直前期に知識を大幅に向上させることも可能です。本講座や「学習方法」に掲げる資料などを活用し、高得点を獲得されることを期待しています。

出題傾向

1　出題数と出題傾向

昨年はA事務、A技術とも10問出題されました。本年も出題数は同じと思われます。

本分野の頻出事項として、法律の制定や改正、各省庁の白書や調査結果、各種審議会・調査会等の答申や報告、最高裁判所の判決、国際会議や各国の動向などが挙げられます。

加えて、道州制や地方税財政制度など、都政に大きな影響を及ぼす事項や、国内外の経済・金融情勢など新聞紙上を賑わすトピックは広く押さえておく必要があります。

過去の出題では、7月から2月までの事項が多くなっています。しかし時事問題は、過去からの経緯や他のトピックとのつながりを確認しながら学習することが、結果的にその理解を深めることにつながります。対象時期はあまり絞り込まない方がよいと言えます。

出題形式を見ると、一つの事項について問うものだけでなく、経済や労働など、特定のテーマに基づき複数の事項に関する知識を問う問題も例年出題されています。トピックを点ではなく線で押さえることも意識して学習して下さい。

2　過去の出題

過去5年間の出題傾向は以下のとおりです。なお、以前は「経済一般」として出題されていた「経済・財政事情」も含んでいます。

◎平成15年度
○厚生労働白書
○地方分権改革推進会議
○最近の郵政事業改革
○構造改革特区推進プログラム
○最近の最高裁判所の判決
○環境開発サミット
○ASEAN首脳会議
○総合デフレ対策

◎平成16年度
○最近のわが国の労働事情
○わが国の国家的な事業をめぐる最近の動向
○地方制度調査会答申
○最近の最高裁判所の判決
○APEC首脳会議
○最近の日本とアジア諸国との関係
○最近のEU情勢
○国の当初予算
○経済財政白書

◎平成17年度
○郵政民営化基本方針
○税制改正の要綱及び地方税制改正
○新行政改革大綱
○最近の最高裁判所の判決
○国連防災世界会議
○7カ国財務相・中央銀行総裁会議（G7）
○APEC首脳会議及びASEAN首脳会議
○国の当初予算
○経済財政白書

◎平成18年度
○国民生活白書
○最近のわが国の労働事情
○預金者保護法
○中央環境審議会意見具申「今後の容器包装リサイクル制度の在り方について」
○電子政府及び電子自治体
○最近のアジア情勢
○日米・日露首脳会談
○7カ国財務相・中央銀行総裁会議（G7）
○最近のわが国の経済事情

◎平成19年度
○サンクトペテルブルク・サミット
○経済財政白書
○警察白書
○平成18年都道府県地価調査
○APEC首脳会議
○政府税調「平成19年度税制改正答申」
○「新しい地方財政再生制度研究会」報告書
○規制改革・民間開放推進会議最終答申
○労働政策審議会の答申・報告書
○最近の最高裁判所の判決

学習方法

「政治経済等事情」の基本的な学習方法は、出題傾向やポイントを意識しつつ日々の新聞記事等に目をとおし、情報を蓄積・整理することに尽きます。日頃より新聞やニュース番組等により世の中の動きを把握するだけでなく、各省庁のHP等で情報の原典にあたることで、知識を一層深めることが可能となります。また、世の中の動きやトピックについて自分なりの問題意識や考え方を持ち、整理しておくことは、択一問題だけでなく論文対策としてもとても有効です。とはいえ、仕事や家庭、人付き合いなど多忙な日々を過ごしながらこれらの作業を継続的に行うことは容易ではありません。また、論文対策等に追われ、当分野にほとんど手をつけていない受験生の方も多いと思います。

しかし試験直前期においても、市販されている資料等を活用して効率的に知識を深めることも可能です。

以下に参考となる資料等を掲げます。

○都政新報「カレントトピックス」
毎週金曜日号に掲載（都政事情も含む）。重要なニュースの要点をコンパクトにまとめており、わかりやすいです。

○月間新聞ダイジェスト（新聞ダイジェスト社）
月々の新聞記事を分野別に編集し、社会の動きを月単位で捉えることができます。特に冒頭の「今月の重要ニュース」は、要点がコンパクトにまとまっており利用価値が高いです。バックナンバーも入手可能です。

○試験対策セミナーの資料
例年、試験対策講座を開いている数社が試験直前期に市販します。試験に出そうな新聞記事や原典等をピックアップして掲載しています。出題傾向を踏まえて編集されており、効率的に勉強することができます。

○首相官邸HP
「主な報告書・答申等」には、試験に出そうな報告書・答申等がまとまって掲載されています。

○あらたにす（日経・朝日・読売新聞社）（ウェブサイト）
直前期というよりは普段のニュースを効率的に把握できるサイトです。日経・朝日・読売の各紙の内容、論調を比べることが出来ます。論文等にも役立つと思います。

問題

【問題 1】
昨年12月に署名されたEU新基本条約（リスボン条約）に関する記述として、妥当なのはどれか。
① 署名直後に、欧州統合へ積極的なイギリスが、新条約の批准手続きに入る方針を表明した。
② 欧州統合を目指す象徴として、ベートーヴェンの「交響曲第9番」をEU歌として規定した。
③ 従来輪番制だったEU議長国に変わり、EU大統領（欧州理事会常任議長）を創設するとともに、外交力を強化するため、外相に相当するEU外交・安全保障上級代表を設置することとした。
④ 大国主導を避けるため、加盟国数とEU総人口の双方を基準とする「二重多数決方式」の全面導入を目指したが、一部の加盟国の反対により、削除された。
⑤ EUの政治統合を深めるため、欧州委員の定数及び欧州議会の議席数を増加した。

【問題 2】
本年2月に文部科学省より公表された小中学校の学習指導要領案に関する記述として、妥当なのはどれか。
① 現在の学習指導要領が知識偏重の詰め込み型教育に陥っている反省を踏まえ、「生きる力」の育成を目指し、教科横断的な指導を行う総合学習を新設した。
② ゆとり教育を推進するため、学習内容を厳選して授業時間を削減するとともに、指導内容を制約するいわゆる「歯止め規定」を新設した。
③ 地方分権を推進するとともに現場の裁量を増やすため、原則として中学校が自由に内容を決められる選択教科を大幅に増やした。
④ 小学校低学年から規範意識を身につけさせるため、道徳を正式教科に変更した。
⑤ 小学校5・6年において「外国語活動」を必修化した。

解説

【解説 1】　正答 ③
① 誤り。イギリスは欧州統合への慎重論が強い。新条約の批准手続きに入る方針を表明しているのはフランス。
② 誤り。EU新基本条約では、EU合衆国のような一国体制を一部加盟国が嫌ったため、欧州憲法では規定されていたEU旗やEU歌を規定しなかった。
③ 正しい。
④ 誤り。「二重多数決方式」を2017年までに全面導入するとした。
⑤ 誤り。欧州委員の定数及び欧州議会の議席数は削減されることとなった。

【解説 2】　正答 ⑤
①② 誤り。今回の学習指導要領案は、日本の子どもの学力が低下している現実を踏まえ、従来進められてきた「ゆとり教育」からの脱却を鮮明にしたもの。国語や理科など主要教科の授業時間数を平均で約1割増やすほか、学習内容も上積みした。授業時間数は40年ぶりの増。総合学習は週1時間程度削減される。いわゆる「歯止め規定」は一部を除いて廃止される。
③ 誤り。中学校の選択教科は全廃して通常の授業に振り替え、国主導で基礎基本を徹底させる姿勢を鮮明にした。
④ 誤り。検定教科書の作成や人間性の数量的な評価は難しい、として道徳の正式教科化は見送ったが、代わりに各学校に道徳教育推進教師を置くことを規定した。
⑤ 正しい。

カレントトピックス 20年度 21

政治事情

■普天間移設協議会　政府と沖縄県など合意（2月7日）

米軍普天間飛行場（沖縄県宜野湾市）移設に関する政府と地元関係自治体による協議会の第6回会合が2月7日首相官邸で開かれ、移設先となる名護市のキャンプ・シュワブ沿岸部の環境影響評価（アセスメント）調査を月内に開始することで双方が基本的に合意した。

アセス調査は、日米政府が合意したV字形滑走路の建設に不可欠な要件の一つ。防衛省は、昨年8月に調査項目や方法書を沖縄県に提出していた。今後は、地元側が要求するV字形滑走路の沖合移動が認められるかが焦点となる。

■中央防災会議報告（2月18日）

国の中央防災会議は2月18日、中部・近畿圏で震度6強以上の直下型地震が起きた場合、被災想定地域に国宝を含む重要文化財指定の建造物約580件があり、倒壊や焼失の恐れがあると発表した。

京都市中心の直下を通る花折断層帯でマグニチュード7・4を想定した場合、京都、滋賀、大阪の重文255件が損壊や焼失の可能性があるとした。51件が国宝で、清水寺本堂、二条城二の丸御殿、平等院鳳凰堂などが含まれる。また、奈良と大阪の境界近くを走る生駒断層帯でマグニチュード7・5の地震が起きた場合は、重文222件が被災する恐れがあり、中部圏では猿投―高浜断層帯でM7・6の地震が起きれば、名古屋城二之丸大手二之門など国宝1件を含む重文18件が被災する恐れがあると分析した。

■中央教育審議会答申（2月19日）

文部科学相の諮問機関・中央教育審議会は2月19日、教育基本法改正を受けた生涯学習や社会教育の新たな振興策をまとめ、文科相に答申した。答申では、民間事業者が実施している「検定試験」の信頼性を確保するためのガイドライン（指針）作成などを求めた。

文科省は答申を受け、有識者による協力者会議を設置し、指針を作成する。英検や漢検など全国的に行われている検定試験は現在、数百にも上るとされる一方、質や評価手法がバラバラな実態もある。このため答申は、生涯学習振興の一環として「（検定試験の）客観性や公平性を確保し、民間事業者の取り組みを支援する必要がある」と提言した。

20年度 特別区 管理職試験講座 5

Ⅱ類論文 ⑤

今回は、平成18年度課題の論文例を掲載し、論文作成のポイントを解説します。

論文例

一　区民参加によるまちづくり

三位一体改革で国から地方への税源移譲が実施され、特別区においても税収の確保から施策の実現まで、責任と権限を持った自治体経営が求められるようになった。

このような状況下で区民の信頼を得た区政改革を進めて、住民満足度の高い区政運営に取り組んでいる。

まず、特別区のまちづくりは地域住民の参加、協力によって、区民が日々生活する地域を魅力あるものにしていくことを支援することにある。従前の行政による画一的なものから区民による多様化への流れは、自治意識を高めさせると共に、地域の要望に基づく区民主体のまちづくりの実現が図られる。

区民満足度が高いまちづくりを行うためには区民に積極的に情報を提供し、計画段階から区民の参加を求め、さらに、実施・運営に至るまで対等なパートナーとして共に取り組むことが肝要である。

そのために、管理職は時代の要請に応えた区政実現に向けて一丸となって取り組む組織を構築しなければならない。

二　目標達成をはばむ職場

このような観点から、本事例を見ると次のような問題点が指摘できる。

第1に、公園整備に対するR課長の認識不足である。

この事業は区の重点事業に位置づけられ地元及び隣接町会、さらにはX区議が長年にわたって調整をしてきたものであることの認識がR課長には全く欠如している。そのため、係長会を開催しても課の方針を明確に示していない。

第2に、R課長の管理職としてのリーダーシップの欠如である。

開催した係長会では、十分な議論もせず、意見が異なるS・T係長間の調整も行っていない。また、明確な指示を出さずに公園計画の見直しを業務担当外のT係長に命じている。その後、見直し内容の確認もせずにT係長に任せきりで、進行管理を怠っている。

第3に、R課が組織として機能しておらず、区民参加型事業の重要性の認識や組織目標が共有化されていないことである。そのため、両係長が協力して計画の見直し作業に取り組む職場の協働体制が構築されていない。

T係長は、公園計画の見直しを進める上で、町会との連携の重要性を軽視している。また、見直し内容を課長に報告していない。S係長も、仕事への取り組みが消極的であり、庶務担当係長として、係長会での議論を深めようとせず、課長の補佐役という役割を果たしていない。

さらに、両係長は、組織決定前の情報を地域団体に提供してしまい、情報管理の重要性を理解していない

三　課題解決型の職場づくり

このような問題点を踏まえ私がR課長ならばこの状況に次のように対応する。

第1に、Q部長及びX区議に、A中央公園の設計は見直しも含めて未決定であり、今後、地元町会とも十分協議を行いながら進めることを説明し、理解を得る。次に、係長会を開催し、課の方針を明確に示して、区民参加型事業の重要性を認識させる。さらに、A・B町会やNPO法人との意見調整を図りながら、両係長が連携して最善策を出すように期限を付して命じる。

これらを指示した後、Q部長にこれまでの経過報告と、今後の進め方を説明し、必要な指示を受ける。その後S係長を同行してA町会長宅を訪れ、計画の見直しは未決定であることを説明し、作業の進め方の不手際を詫びる。今後早急に各地域団体との意見調整を行ってから事業を進めることを約束して理解と今後の協力を得る。

第2に、T係長には、区政への区民参加は、区民との協働の第一歩であることを納得させる。また、適時適切な報告は、課長を補佐する係長の重要な役割であることを説明し、理解させる。S係長には、区民ニーズに応え、区民の視点に立つことで区民との信頼関係を築けることを認識させる。また、係長会の運営を任せる中で庶務担当係長として役割と責任を身に着けさせていく。

さらに、係長会を通して、両係長に組織決定前の情報管理の重要性を認識させて徹底させる。

第3に、今回の事態を契機に、定期的な係長会を開き、課の組織目標の確認や情報の共有化を図り、区民ニーズに適切に対応できる態勢を築く。さらに職員の意識改革と組織の変革を行うため、職場での課題を明らかにしながら、解決策について係長同士が議論し易い職場土壌を築き、組織力の向上に努める。

四　区民とともに築く住みよいまちづくり

区民の区政への参加意欲が高まる中、事業の運営・管理を区民との協働で実施する体制が構築されてきている。

区民の区政参加においては、区と区民との信頼関係が不可欠である。

私は管理職として、社会情勢や区民のニーズを的確に捉え、地域の様々な課題の解決に向け、意見の相違や対立を調整し、区民との協働に率先して取り組んでいく覚悟である。このため、職員が持てる能力を十分に発揮できるよう、情報の共有化を進めるとともに、活発に議論ができ、一体感のある職場づくりを進めていく決意である。

18年度論文解説

解説

まず、問題文の最後部に書かれている「特別区における区民参加のまちづくりについて」という部分を確認し、これを踏まえて問題文を読みます。読みながら、登場人物や組織の問題点について、しるしをつけておくと分かり易くなります。

なお、平成15年度には「特別区における区民との協働のあり方について」の問題が出ています。今や区政のあらゆる場面で協働が求められています。協働についての考えを整理しておくと良いでしょう。

今回の論文構成ですが、起承転結の4章でまとめました。

各章の論述のポイントは次のようになります。

第1章（起）では、まず論文全体の出だしとして特別区の全般的な課題をいくつか述べます。これに対して区としての対応、目指すものを述べます。試験の直前まで国や東京都、特別区長会などの動きをとらえ、事前に準備しておくとよいでしょう。

次に課題として与えられている「特別区における住民参加のまちづくり」についてあなたの考えを述べます。課題についての自分の考えや主張を自分の言葉で論じることが重要です。

この部分については、過去の事例を参考にしながら数本準備しておきます。予想していなかった内容の場合は、落ち着いて課題から関連する事業や対策・用語などを思い浮かべ、それを文章に並べていきます。

最後にここまで述べてきたことに対応するための管理者としての責務やリーダーシップについて記述すると、次の章につなげ易くなります。この章は400字程度でまとめます。

第2章（承）では、第1章の視点を踏まえ、事例における課題を挙げていきます。

まず、何が原因であり、問題であったのかを、分析して述べます。管理職の問題点や、係長たちの問題点、組織全体の問題点に分けて指摘するとまとめ易くなります。

まず、第1に課長のどのような点に問題があったのか、何が不足していたのかということを記述します。事例をいくつかあげ、その背景にふれることが必要です。

ここでは、第2に課長としてのリーダーシップの欠如を指摘しました。課長は管理職として係長に明確な指示を出し、事業の進ちょく状況について常に報告、連絡、相談を受ける体勢を築かなければなりません。その責務の欠如は大きな問題点となります。

最後に組織としての問題やその背景などを記述します。

T係長の取り組みに対する考え方の問題点や、S係長の庶務担当係長としての取り組みの不足などを列挙し、評価を加えていきます。

この章の問題点の指摘も、ある程度パターン化しておくと、論文を書くのが楽になります。字数の目安は600字です。

第3章（転）では、第2章で指摘した問題点に対する解決策を述べます。

第1に、R課長として自らがどのように対処していくか、緊急なものから時系列に解決策を具体的に述べていきます。自分自身が管理者になりきり、強力なリーダーシップを発揮して解決策を展開することが大切です。

本事例では、部長に呼ばれたところで終わっていますので、その場でQ部長やX区議にどう答えるかから書き始めます。次に当面の課題について係長会を開催し、両係長に方針や具体的な指示を示し、期限を定めて検討を命じます。課としての対応策や今後の方針を決めた後、部長に報告を行い、必要があれば指導を受けます。その後、A町会長宅への訪問・説明と続きます。

次に、各係長に対する指導について記述します。

最後に組織の課題についての対応策を記述します。この項目では中長期的な組織としての取り組みについて記述します。この項目も事前にある程度用意しておくことが有効です。字数の目安は700字です。

第4章（結）では、第1章で述べた組織の使命を実現できるような組織のあり方、管理者として積極的に取り組む姿勢や心構えを格調高く、情熱が感じられるように表現していきます。この章も事前に準備が可能です。あらかじめ準備したものを課題の事例に合わせ、書き換えていきます。字数の目安は300字です。

限られた時間で、決められた字数にまとめるためには、ある程度の練習が必要です。まずは完成論文を一つ作りましょう。本番まではまだ時間があります。

読者の方々のご健闘をお祈りします。

ユーモア川柳を楽しむ

とちょう川柳会・東葛川柳会顧問 大戸和興

川柳は人間諷詠とも言われ、人間の喜怒哀楽を詠む文芸だと言われています。

元々、五七五で自然を詠む俳句とは兄弟の関係にありますが、俳句のように季語や切れ字と言った約束ごとは何もなく、また、口語体で読めますので、それだけに誰でも取り付きやすい文芸と言われています。

しかし、人間を対象とするだけに色々な感情を表したり、時にはウソをついたり、内面の奥深いところのドラマも数多くあります。

表面的には何事もなくても人間の心の奥底にはさまざまな感情のやりとりがあります。

と言うわけで、俳句よりもうんと奥の深い文芸であると言うことが出来ます。

川柳には詩性川柳、抒情川柳や時事川柳などさまざまなジャンルがありますが、何と言っても面白いのはユーモア川柳です。

私も都庁在職中に友達から勧められ、48歳の時に川柳を始めてからその奥深さと面白さにはまっており、川柳の虜になっていると言っても過言ではありません。

そこで今回は、第一生命が行っているサラリーマン川柳と私が関わっている東葛川柳会の今川乱魚ユーモア川柳大賞、それに僭越ながらこの度刊行しました私の川柳句集『わかさ』のそれぞれさわりの部分を紹介して、川柳の楽しさ面白さを楽しんでいただきたいと思います。

サラリーマン川柳から

未だ寝てる帰って見ればもう寝てる
一戸建て手が出る土地は熊も出る

どちらの句も今や古典的とも言える有名なサラリーマン川柳です。いずれも遠距離通勤で苦労したサラリーマンの悲哀を詠んだものですが、特に団塊の世代の人々には大きな共感を呼びました。

今年のサラリーマン川柳の傑作をいくつか挙げてみます。

温暖化おなかの肉は段々化
夫婦仲鈍感力がものを言う
「空気読め!!」それより部下の気持ち詠め!!
クビになり「独立した!」と言いふらす
お給料毎年あがるは控除額
ゴミ出し日すでにいかねばすてられる
年金は賭けるつもりで掛けている
社長業今や問われる謝罪力
メタボまで2センチあるわと食べる妻

サラリーマン川柳はセールスレディーの販売促進の一環として募集されるもので、本格的な川柳からみると荒削りな面がありますが、時事的な要素を含め発想がとてもユニークで、毎年マスコミを賑わしています。

今川乱魚ユーモア川柳大賞から

今川乱魚さんは全日本川柳協会の会長であり、ユーモア川柳の第一人者です。私の所属する東葛川柳会の創立者でもあります。この会は柏市で活動していますが、現在、会員は400名を超え、東日本で最大の川柳結社となっています。毎年全国からユーモア川柳を募集していますが、16回を経過した大賞の中から主なものをご紹介します。

本当に百まで生きていいですか
子育ての失敗猫でやり直す
宇宙では亭主を尻に敷けません
長生きの秘訣元気で医者通い
ピンク着て賞味期限をまたのばす
そのうちに長生き税を取られそう
パソコンに笑われ子には叱られる
アイラブユーくらいは入歯でも言える
ヘソクリがたまり長生きしたくなる
猫は手で妻は障子を足で開け
それだけで賞をあげたい子沢山

川柳句集『わかさ』から

若いねと言えば誰もが丸くなる
聴診器金はあるかと聞いている
欲の皮はがすと次も欲の皮
ネクタイが先にスープを味見する
証言台誠心誠意ウソをつく
教養があって敬語でケンカする
頭にも欲しいと思う二毛作
沈黙は金オシャベリは金メッキ
裸の写真こっそり見れば相撲取り
病歴を互いに自慢する広場
お隣りの監視カメラがこちら向き
犬と猫どちらも吠えてついて来る
養毛剤生えて来ました心臓に
化けて出る予定の人をチェックする
血が通う言葉が死語になっている
飲み込んだ言葉お尻から出ない
黙ってる人が一番恐ろしい
人材を妻がそれほど評価せず
貧しさは耐えるが寂しさが辛い
和解するビール冷たく温かい
死ぬ時がポッカリ抜ける予定表
霊柩車「ではお先に!」と書いてある
ロボットも時々忘れたフリをする
地球より重いいのちを何故捨てる

ユーモア川柳で楽しい人生を!

在職中の57歳の時、私は胃癌で内臓を四つも全摘するという大手術を受けました。しかし、現在は全く健康でいくつかのボランティアの仕事に携わっています。

また、川柳の師匠、今川乱魚も4回も癌の大手術を行っていますが、この度、癌が完治しました。二人ともユーモア川柳が大好きです。川柳の持つユーモアが免疫に旨く作用したのではないかとも思っています。

現役時代、私は用地買収など極めて困難な仕事に従事しましたが、休日には頭を切り換えて川柳の句会に参加し、月曜からまた新しい気持ちで仕事に向かっていました。つまり右脳と左脳を使い分けていたのです。

私はこれを「複線のライフスタイル」と名付けておりました。

川柳は脳の活性化に役立ち、ひいては健康に良い影響を与えてくれるものと考えています。川柳を終生の趣味として余生を楽しく過ごしたいと思っています。

ともに生きる 22

まず心の通い合いを

現在、都内の区や市では、社会福祉協議会等が委託を受けて手話講座が開講されています。最近は大変人気があり、抽選で受講者を決定しなければならないところもあるようです。

経費は教材費だけとはいえ、勤め帰りや家事の合間の貴重な時間を割いて教室に通う方が多いということは、手話についての、ひいては耳の不自由な方たちに対する社会的な関心の高まりを示すこととして喜ばしいと思います。

講座は概ね、初級、中級、上級に分かれ、その上に手話通訳士を目指すコースをおいている区市もあるようです。

耳の不自由な方が、社会参加しやすいために手話通訳士は活躍します。しかし、心が通い合うコミュニケーションは、あくまでも通訳を介さずに行われるのが望ましいことは言うまでもありません。

一般の学校から聾学校に転勤してきた先生方はまず、手話の力を身に着けようとします。子供たちと直接意思を通わせようという考えで、それはそれで極めて大事ですが、多くの場合それだけでは授業も心の通い合いも成立しないことに気づきます。伝達手段だけ追っても、基になる日本語の力が豊かでないと内容が思うように深まらないことを知るようになるわけです。

子供たちがどの程度の概念化されたことばを有し、置かれている環境や心の動きはどうかといった点を把握する不断の努力があって、初めて心を通わせる共感関係も成立するのです。

現在、都内在住の聴覚障害者が求めた場合、公費で手話通訳士を派遣する制度ができています。しかし、まだ交通費の一部や私的な用事の場合に経費の自己負担が必要なところもあると聞いています。通訳が必要なのは耳の不自由な人とそうでない人双方ですので、共生の観点から言えば、もし自己負担が生じる場合は双方で負担する考え方を持たなければならないのではないでしょうか。

(元都立立川ろう学校長 小林明)

今日も素直、正直者で行こう

がんばれ!公務員 14

文とマンガ 鈴木武征

イージス艦と漁船の衝突事故で、「報告があった、無かった」「言った、聞いてない」などの情けない話が飛び交っている。

新年度予算を審議する大切な国会でも、予算案そっちのけでこの論議に終始していた。

真実を知るというのは何にもまして重要だが、それが党利党略を加え論議されるのは誠にむなしい。

事件の経緯を見聞きするなかで、単純に皆がもっと素直、正直に対応できないものかと思わざるを得ない。

関係者には今日まで築いてきた地位、機密保持など職務上の立場、組織や仲間のかばいあいなど種々事情があるのは推測できる。

だが難事に遭遇した時こそ、人間、素直さと正直さが大切だ。

このごく簡単な処世術を間違えると、嘘が嘘を呼び、小細工がとんだ大事件に発展しかねない。

私は一時期研修担当の職にあり、担当期間はもとよりその後も局やオール都庁の新採職員の研修に関係する機会を得た。

カリキュラムに基づき事業概要、都政事情などを私なりに工夫して話したつもりだが、研修生の反応が年々鈍くなるのが気がかりだった。

そんなある時、研修生の一人に「新採に必要な心掛けは何でしょう?」と聞かれた。

私は自分や同僚などの経験も踏まえ、「人間、素直で正直が一番」と答えた。

職場の人間関係は複雑だ。

気の合う人、合わない人、何をやっても良く見られる人、することなすこと人の反感を買ってしまう人……。

そんな職場に新人がスムーズに溶け込むために必要な処世術。

それは第一に、相手の話や質問、仕事の指示などに「はい」「いいえ」などとはっきり反応すること。

第二に、変な先入観や独りよがりの解釈を排し、話の内容の理解に努めること。

第三に、解らないのに解ったふりなどをしないで、何事にも正直に対応することだと思う。

人間、仕事をしていく上では正確、迅速、効率化など種々の要素が要求される。

しかし、これがいろんな理由で結構難しい。

これに比べると素直、正直に対応するというのはそれほど難しいことではない。

心がけ次第ですぐ実行できる。

もとよりこれも度が過ぎると、「うるさい」、「いい加減にしろ」「自分で考えろ」などとお叱りを頂くこともある。

しかし、「あいつはひねくれている」「奴のいうことは信用できない」と評されるよりはずっとましだ。

子供を持つ人なら、自分の子供が素直で正直だったらこんなに嬉しいことはない。

役人生活も年を重ねるとそうそう素直、正直だけでは渡りきれないことに遭遇する。

上からの無理難題、組織や予算の確保、己の実績などのために権謀術策を駆使する。

時として自分を欺くシーンも避けられない。

されど、そういう重要な仕事を任されるということは、あなたの根底に素直、正直者という評価があるからこそなのだ。

新採時代から退職までを素直、正直と評されて過ごせればこれに勝る幸せはない。

最後にもう一つ、以上は長い役人生活を冗談と大ボラで過ごしてきた私が言うんだから間違いない。

入都当初は最高のスナオ、正直男だったのですがね

今年度のベストシネマ賞など表彰

日本ファッション協会

㈶日本ファッション協会では、シネマ夢倶楽部で推薦委員が選んだ映画の情報発信と上映会を行っているが、今年度のベストシネマ賞、シネマ夢倶楽部賞、シネマ文化賞の表彰式が2月28日、東商ホールで開催された。

推薦映画を数多く配給した会社に贈られる「シネマ夢倶楽部賞」には、有限会社シネカノンと㈱ギャガ・コミュニケーションズが受賞。それぞれが配給した『君の涙、ドナウに流れ、ハンガリー1956』と『ボルベール〈帰郷〉』が、ベストシネマ賞の1位と3位を分け合った。

シネカノンの李鳳宇代表は、「ビリー・ワイルダーは不幸が幸運になる瞬間があると言ったが、これもベルリン映画祭で違う映画の試写に入ってしまい、最後まで見てしまったもの。不幸が幸運につながったわけで、映画ではこういうことがよくある」と、『君の涙』との出会いを語った。

ギャガ・コミュニケーションズの星野有香取締役執行役員も「発見の喜びに満ちた作品を今後も届けていきたい」と語った。

この日は、ベストシネマ賞2位に輝いた『それでもボクはやってない』の上映会も行われ、関口大輔氏が、「興行的に成功しなくても、現状を知ってもらわなくてはいけないという思いで制作した」とあいさつ。

また、シネマ文化賞には、福岡アジア映画祭とかくのだてフィルムコミッションが受賞した。

海外出張こぼれ話 28

東郷 尚武

オリンピックを迎える北京と沿海都市アモイ⑪

前回、北京から廈門(アモイ)の空港に着いた時点で感じ取った、廈門のある種の活気について触れたが、空港ビルも工事の音が響いていた。廈門市が迎えの車を差し向けてくれたが、すばらしい外車のドアがサッと開かれて車中の人となったものの、雰囲気の相違にいささかの戸惑いを感じた。空港を出ると、早速、建設工事現場が次から次と姿を現し、ここでは砂ほこりが立ちこめて、空の青さもかき消されていた。

廈門到着直後の筆者の印象はそれぐらいにして、少し廈門の概要についてお話しておこう。廈門市は中国の東南沿海にある美しい海浜観光都市、福建省第2の都市で、省の東南部に位置している。歴史的に中国の対外貿易の窓口であると同時に、海外の華僑の故郷としても有名である。1842年、南京条約により開港され、廈門港沖の「鼓浪嶼」(Gulangyu)島には外国租界が置かれ、廈門はもともと島であったが、中国開放後の1956年、廈門海堤が完成し、本土と陸続きとなった。

廈門の中心市街地

廈門の総面積は1510平方㌔㍍で、1988年時点の市の人口は106万人(現在は127万人)であった。福建省の直轄市となっており、省レベルの経済管理権限を付与されている。その行政区は開元区、湖里区など6区と同安県からなっていた。

1980年10月に湖里区の2・5平方㌔㍍の地域が、中国政府により初めて経済特区に指定されたあと、84年には、鼓浪嶼を含む廈門島本島全域(131平方㌔㍍)が経済特区として指定され、廈門はフリーポートに向かって、種々の政策展開が次第に可能となり、さらに1988年には、中国政府と福建省政府が、廈門市を経済開放に向けての総合的試験地域として決定した。このようにして廈門は、二重、三重の経済開放地域としての恩恵をバックに目覚ましい経済発展を続けているのである。

これらの特区の指定を受けて以来、廈門の都市建設は急速な勢いで進められ、旧市街地(廈門本島)における開発を軸にしながらも、北部地域に向けて展開され、蓮花新村、杏林工業区等の開発が進行中であった。市側の説明によれば、「廈門の開発は廈門本島を月に例えると、月とこれを取り囲む八つの星(新村等)の開発という形で進められている」のである。

都政新報

発行所　都政新報社
〒160-0023 東京都新宿区西新宿7-23-1 TSビル
（総務・読者）(03)5330-8781
（企画広告）(03)5330-8784
（編集）(03)5330-8786
（出版）(03)5330-8788
（セミナー事業部）(03)5330-9977
（ファクス）(03)5330-8808
郵便振替 00130-2-101470
購読料 月1,680円（税込）
毎週火・金曜日発行
但し、祝祭日は休刊

紙面から

新銀行東京　調査委報告

旧経営陣の隠ぺい体質を批判

累積損失1016億円に

新銀行東京は10日、銀行内に設置していた調査委員会の報告を公表し、開業した05年4月から今年1月末までのデフォルト（債務不履行）の合計が約285億円に上ることを明らかにした。経営の執行と監督を分離する「委員会設置会社」の形態をとっているが、執行役が取締役会に対し、デフォルトの実態が分かりにくい形で報告していたという。また6日には、津島隆一代表執行役らが2011年度に黒字転換を掲げる「再建計画」を自民、民主、公明の3会派に説明し、追加出資に理解を求めた。民主党と公明党は「400億円の根拠が明確でない」などと不満を明らかにした。今日11日からの都議会予算特別委員会で本格論戦がスタートする。

＝4面に関係記事

自民は再建計画を評価

調査委員会によると、融資先のうち約2300社が破綻し、焦げ付いた額は約285億円に上る。経営悪化の原因として、①デフォルト発生を容認するかのような業務執行②甘い状況認識から致命的に遅れたデフォルト対策③取締役会への不適切な報告④仁司泰正代表執行役による反対意見を抑え込む経営――という四つを指摘している。

具体的には、営業担当の契約社員に融資実績に応じた成果手当を最大で年間200万円支給し、デフォルト発生を不問とした。その一方、仁司代表執行役は、朝礼などで「リスクをとるというのは、貸倒引当金をしっかり使い込むことだ」という趣旨の発言を繰り返し行い、スコアリングモデルに依拠した審査を奨励した。甘い審査で融資を強化した時期は、デフォルト率も高く、06年3月は23%だったという。

また、05年度の第4四半期には、デフォルト発生額が利息収入を上回る状況に陥ったが、取締役会への報告は、膨大な資料の中に数値を添付しただけで十分に説明しなかった。その後も楽観的な見通しを報告し、取締役会の判断を誤らせたとしている。

開業時、他の金融機関で経験の豊富な人を執行役に起用したが、次々と退任していった。仁司代表執行役は「私が解任したわけではない」と述べているが、銀行運営をめぐって意見の対立があり、人材が去っていたという。経営の意思決定や人事等に関する権限が集中し、独善的な体制が確立したという。こうした業務運営と隠ぺい体質が経営悪化を招いたと指摘。「代表執行役には、相応の責任を求めることが適当」と結論づけた。

■3会派で温度差

新銀行東京は、都に400億円の追加出資を要請するにあたり、都議会3会派に再建計画の中身を説明した。計画では、公共工事代金債権信託を拡充する一方、回収率向上のため、今後は担保・保証付を原則とする考えなどを打ち出した。

都庁の工事を受注すると、契約時に4割が支払われ、残金は工事完了時となっている。工事期間中、業者にとって資金繰りが苦しい場合があり、現在は請負額の4割程度を工事進捗率8割の時点で、新銀行東京が立て替え払いする制度がある。この仕組みを拡充し、工事進捗率4割の時点で信託受益権売買を行えるようにするという。

また、企業の財務データを機械的に入力するスコアリングモデルを過信して融資したことが、巨額の貸し倒れの発生につながった。このため審査・与信管理体制を見直し、無担保融資は顧客の実態把握と返済履歴を考慮する方針。

新銀行東京から説明を受けた自民党の川井重勇政調会長は「予算特別委員会で十分議論し、都民に理解していただける材料を並べていかなければいけない。都との連携などで新たな商品を出してきた。支店を閉鎖して1カ所にするが、中小企業振興公社の窓口を利用するなど、初めて聞く具体例が出た」と評価。

これに対し、公明党の藤井一政調会長は「特に目新しいものはない。再建計画の実現性、再建する可能性があるのか、経営責任はどこにあるのか、本当に400億円が生きたものになるのかが焦点になる」と話した。旧経営陣の責任追及は、「当然必要」という認識を改めて示した。

民主党の山下太郎政調会長は「我々が知りたい情報は出てこなかった。知事の責任を回避するために旧経営陣に押し付けているように見えた」と厳しい感想を述べた。

共産党やネット、一人会派には説明を行わなかったため、共産党の吉田信夫幹事長は「不当な態度であり、断じて容認できない」とコメントを出した。

■167億円の赤字

07年度決算は、昨年6月に策定した「新中期経営計画」で80億円の赤字と見込んでいたが、その2倍の167億円になる見通し。この結果、累積損失も都出資の1000億円を超え、開業3年間で1016億円に拡大した。資本金1189億円の約85%を毀損したことになる。

金融機関の財務状況を見る場合、預金と貸出の比率が重要なメルクマールになる。新銀行東京は預金が4007億円あるのに対し、融資・保証は2300億円と少ない。貸出先のない預金は、低利の短期国債の購入などに回っている。こうした財政構造が本業の赤字要因になっている。

再建計画を都議会3会派に説明する津島隆一代表執行役（右）ら＝6日、議会棟第1会議室で

知事「監視体制に問題」

言い出した者の責任で再建

新銀行東京の経営不振で都民から「私財を投じるべき」という意見が出ていることに対し、石原知事は7日の記者会見で「言い出した者の責任として損害を少なく食い止め、当初の目的に作業できるものに再建し、さらに銀行として力をつけ直していく努力を私なりにしなくてはいけない」と語った。

また、社外取締役として都幹部OBも複数入っていた委員会設置会社という形態については「風通しがよくなかった。取締役会に的確な情報が伝わっていなかった」と総括し、監視体制、チェック・アンド・バランス、コミュニケーションの点で問題があったという認識を示した。

運営形態に関しては、設立する際にセールスポイントの一つにあげ、本会議や委員会答弁で「りそな銀行、東京スター銀行は、社外取締役が過半数を若干超える程度であるのに対し、新銀行東京では9割の圧倒的多数を配置する。経営の監督と業務執行の分離を徹底させ、幅広い視点から経営の監視を行う」とメリットを強調していた。この日の知事発言は、委員会設置会社が机上の空論で失敗だったことを認めたことになる。

調査結果で乱脈経営の実態が明らかになり、この結果、かえって新銀行東京への400億円増資を行うべきでないという意見が強まる可能性については「スタッフが変わった。経験を踏まえてやっている。まず、それを信頼するしかない。プラスアルファで私たちができることがあったら、努力したいと思っている」と述べた。

都議会

中途議決で17議案可決

国税化対策で基金設立

都議会は6日、本会議で中途議決を行い、今年度最終補正予算など17議案を可決した。補正予算は、都税収入の先行きが不透明となるなか、法人事業税国税化に備えた基金を新設するなど、将来への備えを重視した。自民、民主、公明、ネットの各会派は賛成し、共産は反対した。共産党が提案していた低所得者向けの家賃助成条例案は、所管委員会に付託した。第1回定例都議会は折り返し点を過ぎ、今日11日から始まる予算特別委員会へと焦点が移る。

今年度の最終補正予算の規模は、4280億円。都税収入の増収分や、歳出の見直しによって捻出した財源を使い、2185億円で法人事業税国税化対策特別基金を新設する。

補正予算案の編成の考え方について、村松美枝子氏（共）は討論で、「4000億円規模の補正予算を都民のために使わず、基金の貯め込みに使っている。基金の金額は2兆9000億円にもなる」と批判した。

他方、松下玲子氏（民）は、備えを重視した補正予算だと指摘したうえで、歳出見直しで財源を捻出した背景として、「決算の執行率低下も見る必要がある。職員の定数を増やせないなかで、質をあげていく必要がある」と指摘した。

鈴木章浩氏（自）と高倉良生氏（公）は、「急速な環境の変化で、景気の先行きに楽観論が消えている」（鈴木氏）など、都の予算編成の考え方を評価した。

討論では法人事業税国税化の決定過程について、各党の立場の違いが出た。松下氏は、国税化が地方分権に逆行し、地方の自律にもつながらないとして、「民主党の取り組みにより法人事業税の一部国税化関連法案が否決、廃案となるまでの措置として本案に賛成する」と述べた。村松氏も、国と妥協した知事の姿勢を批判した。

与党側では高倉氏が、「国による国税化を防ぐ手がないなかで、都の重要施策への協力を取り付け、暫定措置とすることも約束させた」として、都の取り組みを評価した。鈴木氏も、知事の決断に賛意を示した。

補正予算には、7億円のオリンピック招致委員会への事業費補助も入っている。生活者ネットの山口文江氏は、「国内立候補都市に決まっても、都民に歓迎ムードはない。生活者ネットは、2回目の五輪招致には反対の立場だ」などと意見を述べた。民主、共産の両党も、都民の五輪招致への機運が盛り上がっていないと指摘した。

中途議決で可決された議案の内訳は、予算案7件、条例案2件、契約案6件、事件案7件。このほか、共産党が提案した低所得者に対する「生活応援家賃助成条例案」は、都市整備委員会に付託することを決めた。

都議会は中途議決によって折り返し点を過ぎ、今日11日からは予算特別委員会が始まる。

今回の予算特別委員会では新銀行東京への400億円追加出資が最大の焦点となるほか、10年後の東京実行プログラムの取り組みや、地球温暖化対策、救急医療、子育て支援などで、各党が都の考え方をただす姿勢を見せている。

認知症対策

一部の医療機関に集中

地域との連携不足も

都福祉保健局は7日、「東京都認知症対策推進会議」（議長＝長嶋紀一・日大教授）で、認知症専門の医療機関に関する調査結果を報告した。1カ月の延べ患者数は、1医療機関あたり平均76・1人だったが、1000人以上も5カ所あった。また、最も多い病院は約3700人で、一部の医療機関に患者が集中している実態が浮かんだ。

また、認知症患者に対応している医療機関408カ所のうち、「かかりつけ医からの確定診断の依頼に応じている」は31・1%、かかりつけ医に「定期的な処方や経過観察を依頼している」は15・9%にとどまり、連携を「行っていない」が37・7%を占めた。

認知症を診療するのは、精神科（約36%）よりも内科（41・7%）が多いことも分かった。その一方、精神科では1カ月に50人以上の患者を診療する医療機関が4割を占めたのに対し、内科では2人未満が11%あることなど、診療科ごとの偏在も明らかになった。

都政の東西

「鉱山都市」へ

資源のない日本が実は「金属資源大国」だったと言われてもピンと来ないだろう。しかし、パソコンや携帯電話など電子機器に使われている希少金属（レアメタル）の量は、世界有数の資源国の埋蔵量に匹敵する。中でも液晶ディスプレイなどに使われているインジウムという金属は、世界の埋蔵量の約6割に相当するというから驚く。

この大都市東京で、不要になった製品からレアメタルを回収し、それを資源として再生すれば、間違いなく世界有数の「鉱山都市」になる。とはいえ、使用済み携帯電話の回収が思うように進まず、貴重なレアメタルの多くが眠ったままの状態にある。そこで、都環境局は区市町村と事業者団体で「協議会」を立ち上げ、使用済み携帯電話の回収促進に乗り出すことを決めた。都では「夏までに一定の回収促進策をまとめ、それを全国に発信していきたい」（環境局）と意欲的である。

事業者はリサイクルを共同で行うMRN（モバイル・リサイクル・ネットワーク）を01年4月から開始。通信事業社やメーカーに関係なく、すべての使用済み携帯端末を無償で回収・リサイクルしている。しかし、思い出の写真やメールが入った使用済み携帯を手元におく人が多い。個人情報が漏れることを心配する人もいる。携帯電話を一般ごみとして捨ててしまう人も少なくない。

協議会では、販売員によるリサイクル情報提供の徹底、個人情報保護の端末機器破砕機の設置、大手量販店や公共施設への回収ボックスの設置、データ移行・バックアップ対応などを検討する予定。都道府県では初めての試みで、事業者側も歓迎ムードだが、利用者の不安を取り除きながら、リサイクル意識をいかに高めていくか。それが回収促進の重要な鍵となる。

都技術会議

安藤忠雄氏が特別講演

予定超え630人が参加

東京都技術会議と東京都建設技術協会は6日、建築家の安藤忠雄氏を講師に、特別講演会「魅力ある都市づくり」を開いた。都の「10年後の東京」や緑の都市づくりにも関わる安藤氏が、五輪招致にふさわしい都市の実現について講演した。

特別講演会は今回で15回目だが、安藤氏が講師ということもあり、技術職員だけではなく都や区市町村の事務職員にも呼びかけて、予定の300人を大きく超える630人が参加した＝写真。講演で安藤氏は、魅力[illegible]

首都大教授を講師に

都監理団体に経営改革研修

都総務局は首都大学東京の協力を得て、東京都監理団体「経営改革研修」を実施する。場所は文京区小日向にある都社会福祉保健医療研修センター。研修では、首都大学東京大学院の長瀬勝彦教授が「経営改革リーダーの意思決定」と題して講演、第1部でデータ収集・分析や未来予測などの分析やリスク管理、第2部ではシナリオ・シンキングの技法で論理的な計画策定法を学ぶ予定。

川句ジョーク

都議会予特開会、お金もかかるが時間もかかる新銀行追加出資問題

超勤手当が足りなくなった局
「追加配当をいただきたいフンイキだね」

災害時参集訓練

「抜き打ち」で危機意識高揚

携帯メール活用　連絡体制見直しも

大規模な災害が起きたとき、まず自治体がやらなければならないことは人員の確保。人員の確保は、災害対策本部の設置をはじめ、関係機関への連絡・応援要請など、すばやい初動態勢の要となる。阪神大震災後、想定される様々なパターンで防災訓練が行われる中、自治体では早朝や夜間などの勤務時間外に「抜き打ち参集訓練」を行い、参集や連絡体制の課題を探るところも増えてきた。抜き打ちの訓練を実施した区では、様々な課題が浮き彫りになり、参集体制の見直しをかけるところも出ている。

■緊迫の「抜き打ち」

「18時30分頃に大地震発生という想定で、只今より抜き打ちで参集訓練を開始します。管理職員は直ちに防災センターに参集」――2月29日午後6時半、板橋区の管理職の携帯電話に、こんなメールが送信された。区が初めて実施した夜間の抜き打ち参集訓練。訓練実施の予告は、期間も含めて一切なかった。

対象者は77人。連絡は、危機管理室職員が全部長あてに電話で自宅に伝達し、同時に緊急メールシステムで内容を配信。帰宅途中に家族から連絡を受けたり、金曜日で定年退職者などの送別会に出席していた管理職もいたが、連絡から30分後には13人、訓練予定時間の午後8時までには40人が参集した。

集まった本部員で午後7時半には災害対策本部を立ち上げ、区長の坂本健本部長に震災の状況や参集状況を報告、各部ごとの対応を確認した。ある課長は「とにかくびっくりした。使命感だけで駆けつけたが、訓練に間に合ってよかった」と胸をなでおろした。

■課題浮き彫りに

このときの参集率は51・9％。訓練時間内に参集できなかった管理職は、帰路の電車内で携帯電話が圏外だったり、メールの着信に気付かなかったケースもあった。

訓練を通して区防災課は「区内在住者は5割弱。計画はフルメンバーで作られているが、参集率が5割を切るようなときにどう動くか、初動態勢などの計画を見直す必要がある」と語り、来年度改訂時期にある地域防災計画に、訓練結果を反映させたいと話した。

また、原則震度5強以上で自動参集という決まりがあるものの、地震に限らず、局地的な災害や鳥インフルエンザ、テロなど国民保護に関する事件でも、緊急参集が必要な事態はある。「携帯電話を持っていない人もいる。またメールアドレスの登録は任意で、登録していた管理職は59人。訓練で意識が高まっている今、登録を強く呼びかけたい」などと語った。

参集した本部員で災害対策本部を設置。メンバーが欠けた時の初動態勢等が課題になった＝板橋区

■訓練の必要性

過去に、事前予告を一切せずに管理職等の参集訓練を実施した区は、千代田、港、杉並、練馬の4区。板橋区と同様、訓練を通して、連絡体制や初動態勢について、より実践的に整理してきた。

そのうち千代田区では、職員住宅入居者には非常時に電話も自動送信できるシステムを導入。より短時間に緊急参集の伝達ができるようにしている。

また、緊急時の連絡に携帯電話や携帯メールが欠かせないものになる中、墨田、大田、荒川、練馬、江戸川の各区では管理職などに携帯電話を貸与し、「携帯電話がない」「個人のアドレス登録をしたくない」という状況を回避。足立区は、自分の携帯電話から直接システムにアクセスして登録する仕組みで、登録しても誰のメールアドレスなのか、本人以外は分からないようにした。

そのほか、文京区では、参集訓練を一歩進めた新たな課題に取り組んでいる。参集途中に目撃した被害状況を画像や文字で送信しながら参集する訓練を実施。「メールを打つのに立ち止まった分だけ時間がかかり、想定以上に参集に時間がかかった。参集経路を地図上に落とし、複数の職員が同じ経路だった場合には、とにかく参集する人と、被害状況を報告しながら参集する人と、役割分担が必要」など、訓練で初めてわかる実態を把握した。

抜き打ちの参集訓練については「職員に全く知らせないのは、業務に差し支えが出る」「自動参集の基準があるので、抜き打ちはそれほど必要ではない」と回答した区があったほか、参集の仕組みが「各部から自宅への電話連絡網」だけのため、「抜き打ち訓練自体が難しい」という回答もあった。だが「様々な災害時を想定すれば、勤務時間外・予告なしの訓練に意味がある」など「抜き打ち訓練の必要性を感じる」と回答した区は、3分の2を超えている。

世界遺産登録で推進会議発足へ

西洋美術館で台東区

国立西洋美術館の世界遺産登録を目指し、台東区や区議会、国や都の関係機関、各町会連合会、鉄道事業者など37団体は11日、「台東区国立西洋美術館世界遺産登録推進会議」を発足する。

同館は近代建築の巨匠と言われるフランスの建築家、ル・コルビュジエ氏が設計し、1959年に完成。2月1日には、世界遺産条約に基づく世界遺産一覧表への記載物件に推薦されたほか、昨年12月には国の重要文化財に指定するなど、世界遺産への推薦に向けた準備が進められてきた。

同会議では、関係機関への働きかけやPR活動などで、登録に向けた機運を盛り上げていく。

杉並区

サーマル直前、廃プラで激論

市民団体「プラスチック税導入を」

廃プラの処理のあり方を考えるシンポジウムが8日、杉並区の方南会館で開催され、パネリストとして山田宏区長、環境省や都幹部ら8人が参加した。今年4月から10区が廃プラのサーマルリサイクルを本格実施する直前とあって、約200人の参加者が会場をほぼ埋め尽くした。

区民や区議らが会場をほぼ埋め尽くした＝杉並区方南会館で

23区は73年度から、廃プラを不燃ごみとしてきた。焼却してしまうと有害物質の除去が不十分だったり、ごみの発熱量が高くなりすぎたり、焼却炉に問題があったためだ。

焼却炉が技術的に進歩する中で、埋め立て処分場がひっ迫してきた。都、環境省が汚れていて再生利用が困難な廃プラは焼却が適当と判断したのを受け、区長会は05年10月に廃プラのサーマルリサイクルを決めた。

廃プラのサーマルリサイクルの実施について、環境省の西村淳・リサイクル推進室長は埋め立て処分から「一歩進んだ」と評価した。現在、23区でペットボトルなどを除く容器包装プラスチックを分別収集するのは10区だが、残りの13区はすべて焼却する方針という。

自治体が実施する収集のコストが高すぎるという問題がある。山田区長は、生産者が使用済み製品の回収やリサイクル、廃棄の費用を負担する「拡大生産者責任」の必要性に触れた。

これを受け、市民団体は「末端で右往左往していても限界がある」と指摘し、プラスチックを使う企業に課税する「プラスチック税の導入」を求めた。

拡大生産者責任の導入により、財調交付金から容器包装プラをきちんとリサイクルする区に多く配分する仕組みを提案する市民団体もあった。

容器包装プラのリサイクルが進まない背景は、区が廃プラの梱包圧縮などを行う中継所の確保ができないという問題もある。一部の区は、江東区の中防不燃ごみ処理センター第一プラントの停止に伴い、中継所として跡地利用することを求めている。

ジャーナリストの杉本裕明氏は[illegible]「住民エゴ」と釘をさし、汚れた廃プラを自区内の清掃工場で余分に引き受ける「互助」の「覚悟」が必要だと指摘した。

明日への布石　08年度特別区予算案　4

学校改築

今後20年で需要ピークに

都区財調協議の「主要5課題」の1つにもなった区立小中学校の大規模改築が、現実の課題としてじわじわと予算上の数字にも表れてきている。

08年度当初予算案では15区が学校改築経費を計上した。総額では299億円にも及ぶ。その内訳は、小学校が17校、中学校が14校、小中一貫校が5校。

国の省令によれば、学校施設の法定耐用年数は47年となっている。実際の耐用年数は、途中で大規模な改修や耐震化を行ったり、使用・管理状況も異なることから、一概に区切ることはできないが、築50年が一つの指標となる。

08年度から20年間で築後50年を過ぎる区立学校は、小学校850校中670校、中学校389校中289校と、全体の7割近くを占めている。

これらを丸ごと改築するのではなく、学校の適正配置（統廃合）に合わせて校舎をリニューアルする場合も多い。例えば08年度予算案では、新宿区の中学校1校、文京区の中学校1校、墨田区の小学校1校、江東区の小学校1校、杉並区の小学校1校、北区の5校が統廃合に伴う改築となる。

また小中一貫校の建設にあたり校舎を新築するケースも、品川区の4校、足立区の1校がある。

08年度予算で6校もの改築経費を計上した北区では、統廃合と合わせて老朽化の進む学校施設の改築を進める。05年度から14年度までの10年間で11校の改築を行う計画。「校舎の鉄筋化を早い段階で行ったため、この時期に重なった」（学校改築担当）という。財源は基金と起債を活用した。

江戸川区は08年度予算案に実際の改築経費は計上されていないが、毎年度基金に積み立てている。昨年9月に検討会がまとめた第一次報告では、1校あたりの改築経費を33億円と想定した場合、毎年度33億円を基金に積み立てる必要があると試算している。

豊島区も、前期・中期・後期の3期に区分した改築計画の策定を進めている。08年度に行う中学校1校の改築では、地域・行政・学校が参加した「考える会」が構想を練り、地域との協働による改築を行っている。

東京では戦後、都市化による子どもの急増に対応するために一気に学校を増やしたために、学校改築のピークは、全国よりも早く訪れる。23区全体のピークは2024年と見込まれる。景気に左右されやすい財調交付金の見通しが不透明な中、財源の裏打ちがある改築計画を立てることが、明日への布石になる。

23区の学校改築の状況　（単位：校、千円）

	区全体の区立学校数			08年度から20年間で築後50年を過ぎる学校数			08年度予算に改築経費を盛り込んだ学校数			08年度予算計上額
	小学校	中学校	その他	小学校	中学校	その他	小学校	中学校	その他	
千代田	8	2	0	3	0	0	0	1	0	432,632
中央	16	4	0	9	1	0	0	0	0	0
港	19	10	0	7	4	0	2	2	0	2,625,369
新宿	29	11	0	6	3	0	0	1	0	663,055
文京	20	11	0	13	10	0	0	1	0	2,140,126
台東	19	7	0	6	3	0	0	0	0	0
墨田	26	12	0	19	10	0	1	0	0	1,319,765
江東	43	22	0	29	11	0	2	0	0	2,246,126
品川	35	14	3	33	12	0	3	0	4	5,613,050
目黒	22	10	0	20	9	0	0	0	0	0
大田	59	28	0	52	23	0	0	1	0	364,616
世田谷	64	31	0	57	26	0	6	1	0	2,717,141
渋谷	20	8	0	19	7	0	0	0	0	0
中野	27	13	0	22	10	0	0	0	0	0
杉並	43	23	0	35	15	0	1	0	0	777,184
豊島	23	8	0	22	6	0	0	1	0	300,783
北	38	14	0	38	14	0	2	4	0	9,345,436
荒川	23	10	0	18	5	0	0	0	0	0
板橋	53	23	0	49	21	0	0	1	0	35,940
練馬	69	34	0	56	28	0	0	1	0	422,101
足立	72	37	0	63	27	1	0	0	1	897,624
葛飾	49	24	0	46	21	0	0	0	0	0
江戸川	73	33	0	48	23	0	0	0	0	0
23区計	850	389	3	670	289	1	17	14	5	29,900,948

※「改築」は老朽化した校舎を建て替えることで、「改修」「耐震化」を含まない。統廃合に伴う校舎の新築を含む。「その他」は、小中一貫校等。

文京区

基準厳格化でワンルーム規制

条例可決、7月施行

文京区議会は7日、区議会定例会本会議で「ワンルームマンション等の建築及び管理に関する条例」を全会一致で可決した。マンションの専用面積や管理人配置基準など、「23区でも非常に厳しい基準」を義務化。7月1日から施行する。

条例は、対象を「階数3以上で専用面積40平方㍍未満の住戸が10戸以上」「住戸総数が15戸を超える場合は、超えた数の2分の1以上の住戸で40平方㍍以上」など、専用面積を拡大。また、管理人の配置基準では、原則的に「30戸以上は常駐」を義務付けるなどしている。

施行にあたって条例の対象外となるのは、①要綱により協議が行われている事業②条例施行日前に建築確認申請されたもの。駆け込み申請の懸念について都市計画部指導課は「『お手つき』がないよう、明らかにアパートな計画については、申請の受付時に精査したい」と話した。

区内では、投資目的のマンション建築などで近隣住民から管理について懸念する声があり、建設時の紛争の要因の一つになっていた。また、区内年少人口の増加で保育所不足になっている状況のため、婚姻後も居住可能な面積を確保することで、年少人口の増加につながることを期待している。

問い合わせにセンター常設

広域連合

東京都後期高齢者医療広域連合は10日から、制度全般を気軽に問い合わせることができる「広域連合お問い合わせセンター」を開設した。

お問い合わせセンターの開設時間は平日の午前9時から午後5時まで。問い合わせは、電話、ファクス、メールで受け付ける。今年4月からスタートする75歳以上を対象とした新たな医療制度全般について専門のオペレーターが疑問に答えるが、具体的な保険料額などの個人情報を含む内容には答えることができない。業務は民間委託している。

この時期、各区市町村から新制度の保険証が被保険者に届く予定。保険証とともに制度全般を説明した冊子も封入してお[illegible]

電話は、0570・086・519。PHS・IP電話は、[illegible]ファクスは、0570・086・[illegible]。メールは、call@tokyo-kouki[illegible]center.jpまで。

記者席

今回は密室でとはいかない

○……「津島さん、どうして話さないんですか」「説明しないで400億円出資というのは、かなり無理だと思うんですが…」「津島さん！」。6日午後5時過ぎ、都議会の自民、民主、公明に新銀行東京の再建計画等を説明した後、コメントを求められた津島隆一代表執行役は、無言で記者団を振り切って車に乗り込んだ。

自民党の川井政調会長が「都民に理解できるような議論をしていかなければならない。そして、それを都民に予特の議論を通して見せていく」と話していただけに、津島代表執行役の態度には、記者団からブーイングがあがった。戦略的にはマイナスだと思うが、不可解な行動だった。銀行をつくる時は庁内に密室で進めたが、今回はそうはいかないと思うのだが。

○……ネットによる出会い系サイトやわいせつ画像などの有害情報が問題となり、都は条例改正して携帯電話の販売店などにフィルタリングの告知・奨励を求める規定を盛り込んだ。しかし、利用している人は17％程度にとどまり、契約時に「告知がなかった」と答えた人が67％にのぼった。

都では保護者向け講座を充実するなど対策を本格化させる。親が勝手にブロックして、家庭内バトルが起きることも。やはり「親子の対話が大前提」とか。

○……東京都広報コンクールで、[illegible]八王子市の広報「はちおうじ」表紙写真は「子育て・子育ち支援事業いろいろ」。[illegible]表彰式は13日に行われる。

一般会計18市でプラス予算

個人市民税は17市で増

次世代を築く　26市08年度予算案 [1]

08年度当初予算案が多摩地域の26市で出そろった。一般会計は18市でプラス予算。前年度、全市で伸びた個人市民税は、08年度は17市での増にとどまった。法人市民税では、業績好調と低迷が混在。原油高など不安要素もあり、見通しが悪くなっている。扶助費が大半の市で増加するなか、義務的経費全体が伸びたのが約半数。市債も26市総額で伸びたが、財政調整基金取り崩しを手控えるところは前年度より増えた。3回シリーズで26市の予算案の特徴を分析する。

歳入

26市全体の一般会計規模は前年度比で1・6%増の1兆2721億1000万円。プラス予算となったのは18市。8・3%増を見込む小金井市では「1992年度に次ぐ規模」と話す。JR武蔵小金井駅南口再開発に進展がみられ、それに伴い国や都の補助金も大きく伸びた。市が掲げる「小金井100年のまちづくり」が大きく動き出している。小金井に次ぐ伸びの立川では、新庁舎建設、学校耐震化などが増加要因となっている。

一方、武蔵野、青梅、日野、国分寺、国立、福生、東大和、東久留米の8市はマイナス予算となった。「新庁舎建設事業費の減」（福生）、「旧第四小学校用地売却の減」（国分寺）など前年度の大型事業の減が影響する。

個人市民税は、9市が減少とみている。「景気回復の波及が個人まで至らず、所得の伸びがみられない」（多摩、あきる野）などとする。伸びた市でも「今回は、前年度が税源移譲で読みにくくて手堅く見積もったために生じた差異」（小金井）と話す。所得税から住民税への税源移譲初年度で、定率減税廃止もあいまって全市で個人市民税が伸びた前年度とは様子が異なっている。

法人市民税では、業績が好調なところ、低迷しているところが混在する形となった。青梅では、金属関係の大手法人の業績が好調で22・6%増を見込む。「今年度も決算見込みで伸びている」という。小平では大手タイヤメーカーのブリジストンが06年度並みの収入見込み。武蔵村山では一昨年オープンした大型商業施設「イオンモール（旧ダイヤモンドシティ）」の法人税が初めて丸1年間分入るため、61・1%と大幅な増を見込んでいる。一方で三鷹では製造業や金融保険業で企業業績が低迷。武蔵野でも不動産、銀行、証券、電力会社などで景気減速による減を予想する。今回は増加を見込んだ小平でも「原油高、円高ドル安傾向などもあることから、今後は予断を許さない状況」と話す。

地方交付税は、特別交付税が激変緩和措置の過程にある。従来、普通交付税の不交付団体にも交付されていた環境や公害救済、公債費負担対策などが減額の対象となっている。70・0%減を見込んだ府中は「前年度の段階では減額のルールがみえていなかったが今回、明確になったので05年度の25%の額として計上した」と話す。青梅の減は法人市民税が伸びた分の減。20%台の伸びとなった狛江とあきる野は、「前年度は株式売却した社が高額を納税し、地方交付税が低くなっていた」（狛江）、「公立阿伎留医療センター新築や新市建設計画で合併に伴う借り入れの償還金のプラス」（あきる野）などの特殊要因が反映している。

2008年度市町村当初予算案（歳入）　（単位：千円、%）

	一般会計		個人市民税		法人市民税		地方交付税	
	予算額	前年度比	税額	前年度比	税額	前年度比	税額	前年度比
八王子	171.300.000	2.5	38.502.275	▲2.6	10.097.470	12.5	230.000	0.0
立川	62.796.000	6.1	12.662.485	1.7	5.867.722	3.0	30.000	0.0
武蔵野	55.280.000	▲2.9	15.793.000	1.2	2.907.900	▲20.6	10.500	▲72.4
三鷹	57.850.000	2.2	16.901.872	2.2	1.594.007	▲14.6	33.000	▲45.0
青梅	43.400.000	▲2.3	8.840.245	0.2	2.597.238	22.6	255.000	▲70.0
府中	83.500.000	4.2	19.606.766	2.4	5.088.998	20.4	17.762	▲74.6
昭島	37.536.000	2.7	7.452.600	1.4	2.146.900	6.6	44.000	▲56.0
調布	74.140.000	2.4	19.580.679	1.3	4.605.242	0.7	45.000	▲65.4
町田	120.148.346	2.1	32.044.984	▲0.5	4.140.890	4.2	50.000	▲25.4
小金井	36.971.000	8.3	10.795.171	3.7	690.788	4.4	36.001	▲58.6
小平	49.461.000	1.9	13.746.279	0.8	2.097.951	49.9	28.000	▲72.0
日野	49.410.000	▲4.1	13.065.038	▲0.2	2.529.432	▲10.5	61.000	22.0
東村山	44.318.859	4.1	9.764.066	3.4	1.018.359	▲3.3	2.257.000	▲8.7
国分寺	36.197.000	▲6.9	10.877.816	2.9	1.102.907	▲8.2	65.000	▲14.5
国立	23.855.000	▲6.1	6.751.185	0.8	789.395	2.9	75.000	▲21.9
福生	20.190.000	▲10.6	3.678.032	▲2.6	488.396	▲0.9	2.172.000	▲1.4
狛江	21.484.000	1.5	6.489.531	0.0	322.898	0.6	1.085.000	24.6
東大和	23.263.000	▲4.5	5.386.370	1.7	988.157	▲7.8	420.000	5.0
清瀬	23.574.000	4.5	4.535.980	▲0.0	330.585	▲10.8	2.773.000	▲6.6
東久留米	33.671.000	▲0.2	8.099.646	▲3.3	595.934	11.2	2.065.000	4.8
武蔵村山	22.182.620	0.6	3.898.913	0.3	894.069	61.1	1.259.000	▲21.6
多摩	48.450.000	3.8	11.471.090	▲6.2	2.867.783	7.4	51.010	▲57.5
稲城	26.308.000	5.5	6.270.780	▲0.2	645.649	8.5	212.000	▲66.0
羽村	20.070.000	2.9	3.775.661	2.8	1.500.277	3.5	25.000	▲72.2
あきる野	25.614.830	5.7	5.043.198	▲3.4	511.710	▲11.1	3.207.683	23.8
西東京	61.130.000	4.4	14.837.543	1.0	1.535.689	▲8.2	2.480.000	15.9
計	1.272.100.655	1.6	309.871.205	0.2	57.956.346	4.8	18.986.956	▲5.2

調布市　職員給与2.3%引き下げへ　ラスパイレス指数を抑制

調布市は3日開会の第1回定例市議会に、基本給を平均2・3%引き下げる条例改正案を上程した。改定により、3年連続して全国1だったラスパイレス指数の抑制につながるという。

ラスパイレス指数は、国家公務員の基本給を100とした場合の地方公務員の基本給の指数。学歴別、経験年数別にラスパイレス方式により対比させて算出される。調布市は07年4月1日現在、104・7で、05年から3年連続で全国1位だった。

今回、基本給を平均2・3%引き下げると、平均で約8000円余りの引き下げになる。基本給から算出するラスパイレス指数も下がることになる。ただ、その一方で、地域手当については、基本給月額、管理職手当、扶養手当を足したものに12%をかけていたのを2・5%アップして14・5%とする。そのため、地域手当は約8000円相当の引き上げとなり、結果的に受け取る給与の額は、ほぼ変わらない。

ラスパイレス指数によらず、単純に一般行政職一人あたりの平均給料月額でみると、調布市は07年4月現在で36万7100円。26市平均は36万9500円で、同市は高い方から15番目となる。

今回の基本給、地域手当の配分変更は、いずれも東京都に準拠した形。

これらの変更のほか、今回の改定では給料表の4分割も合わせて盛り込んでいる。

同市人事課では「成績が良い人は、従来の昇給幅を上回ることもあり、芳しくないと抑制されることもある。成績、実績を反映したきめ細かな給与構造に変える」と話す。

また、55歳で勤続年数25年以上に該当すると1号給特別昇給の制度があったが、年功的な制度であるとして規則を改正して廃止する。この制度廃止もラスパイレス指数の抑制につながる。

小学校主事を免職処分に　調布市

調布市教育委員会は2月29日、市内の公立小学校の技能主事（31）を同日付で免職にしたと発表した。また、上司の管理監督責任として、教育部長、教育部次長、教育総務課長を口頭注意した。

技能主事は、昨年1月4日に、面識のあった未成年者を自宅に誘い、胸を触るなどの強制わいせつを行った。今年1月26日に自宅で逮捕され、2月15日に起訴されていた。

がん検診結果誤送付　稲城市

稲城市は2月29日、個人情報に関する事故があったと発表した。27日に健康課職員が5人のがん検診の結果票を送付する際、封筒の宛名と検診結果票の宛名を合わせず、誤って封入した。市民からの通報で判明し、市では陳謝するとともに、検診結果票の差し替えを行った。市では「今後は二重チェックを徹底し、窓あき封筒の採用などを検討する」としている。

08年度予算案　市町村

西東京市　NPOと協働推進　保谷庁舎敷地整備も

西東京市は2月22日、一般会計611億3000万円、前年度比4・4%増の08年度予算案を発表した。9特別会計を合わせた予算総額は1025億9700万円で、前年度比4・1%減。来年1月の選挙を踏まえ、坂口光治市長は「総合計画前期5年間の節目で、任期総仕上げの年。計画の後期5年間に向け、市民ニーズを把握し、過不足なくサービス提供できるよう努めたい」などと語った。

歳入は、市税は0・1%の微増だったほか、地方交付税は合併特例債や臨時財政対策債償還費など公債費の増、地方再生対策費増などを要因に15・9%増など。

歳出は、扶助費増加などがあったが、定年退職者減で人件費が4・2%減となり、義務的経費は0・2%減。保谷庁舎敷地整備事業や（仮称）ひばりヶ丘駅南口出張所整備事業など普通建設事業費の伸びで、投資的経費は28・0%増などとなった。

主な新規事業は、NPO等との協働の推進のため、空き店舗を活用した「（仮称）市民協働推進センター」の整備や、保谷庁舎周辺の敷地整備と緑化計画の実現に向けた整備事業にも着手。

このほかに、今年3月に竣工予定の「エコプラザ西東京」を開設する。運営管理費等関連費として5500万円を計上した。

狛江市　市民参加と協働心がけ　福祉バスをコミバスに

狛江市は2月25日、08年度当初予算案を発表した。一般会計は前年度比1・5%増の214億8400万円、7特別会計も合わせた総額は前年度比6・0%減の373億7500万円。

矢野裕市長は「緊急行動計画の結果、久しぶりに財政調整基金を投入せずに編成できた。行革を最優先にしたが、まちづくりが後退しないために市民の参加と協働を心がけた」と話した。

歳入では、市税が0・1%増の118億2500万円。地方交付税が24・6%増の10億8500万円。国庫支出金は9・4%増の19億7100万円、都支出金は3・5%減の24億7900万円。市債は5・9%増の11億1100万円。

歳出では、款別で約4割を占める民生費が3・3%増の84億1900万円。性質別では人件費が0・1%増の51億4200万円、公債費が4・8%減の26億1800万円。普通建設事業費は市道整備や小学校改修などで26・8%増の10億8300万円。

新規事業では、これまでの交通弱者に特化した福祉バスを、交通不便地域解消などの市の総合的なコミュニティ交通として再構築する。コミュニティバス関係費として、1440万円を計上した。

調布市　まちづくり果敢に継続　中心市街地をデザイン

調布市は2月26日、08年度当初予算案を発表した。一般会計は前年度比2・4%増の741億4000万円、7特別会計も合わせた総額は4・7%減の1183億9400万円。

長友貴樹市長は「市税収入など一般財源の大幅な収入が見込めないなか、大事なまちづくりの時期が継続している。将来世代につなぐ夢のあるまちづくりに果敢に取り組む思いを託した」と述べた。

歳入は、市税が0・8%増と小幅な伸びを見込み、433億5500万円。繰入金が団塊世代の大量退職に伴う職員退職手当基金繰入金増などで112・5%増の25億4700万円。市債が土地公社経営健全化促進、小中学校耐震化やスポーツ施設整備などで25・6%増の48億4400万円。

歳出では、目的別で民生費が後期高齢者会計繰出金や生活保護費、（仮称）子ども発達センター整備の増などで4・5%増の278億7700万円。土木費は、京王線連続立体交差事業などで増があるものの、全体では9・1%減の105億4800万円。

新規事業では、京王線連続立体交差事業で南北一体となる中心市街地の都市空間を、駅前広場や鉄道敷地など含め、一体的なデザインとするコンセプトづくりを検討する。

小金井ごみ問題

受け入れ慎重な各団体　「ごみ戦争」回避へ最終調整

二枚橋焼却場の閉鎖により、現在、小金井市から出るすべての可燃ごみは、多摩地域の他市やごみの一部事務組合の計8団体で委託処理されている。しかし、4月以降の受け入れも公に了承しているのは、今のところ、一部条件付きで2団体のみ。各団体が受け入れを慎重に進める背景には、それぞれの地域が背負わなければならなかった歴史がある。

◆重い経費負担

昨年3月の二枚橋焼却場閉鎖により、調布、府中、小金井の3市は、可燃ごみ処理委託を他団体に依頼することになった。多摩地域ごみ処理広域支援体制に基づくもので、3市への支援は、遠隔地である奥多摩町と西秋川衛生組合を除いて、ほぼ「オール三多摩」の様相を呈している。

3市のなかでも、委託先が8団体と多岐にわたるのが小金井市。同市の可燃ごみは現在、市内10地区ごとに週2回ずつ、計週20回の収集が行われている。委託業者はごみ収集後、会社から携帯電話で指示を受け、その日の運搬先の焼却場へと向かう。年間総量2万㌧弱のごみの受け入れ先の契約量はさまざまで、老朽化が進み、一番少ない武蔵野市で年間300㌧、最も多い西多摩衛生組合（所在地は羽村市）は年間1万㌧。

広域支援に伴う小金井市の経費を07年度当初予算でみると、可燃ごみ・古紙の収集・運搬委託で2億7000万円、可燃ごみ焼却処理委託で8億2300万円。二枚橋焼却場の稼働時には、それぞれ1億7000万円と4億円台で済んでいたのが、ぐんと跳ね上がった格好だ。

◆柳泉園組合では

事務的にも財政的にも厳しい小金井市に対して、4月以降の受け入れも公に了承しているのは、今のところ、国分寺市と柳泉園組合（清瀬、東久留米、西東京市で構成）の2団体。今年度はそれぞれ年間6000㌧、489㌧を受託している。

国分寺市は将来、小金井市と新ごみ焼却場をつくるパートナー関係にあり、小金井市の市民検討委員会が建設地の答申を出すとしていた今年8月まで契約済み。

一方、柳泉園組合は、広域支援体制において、小金井市と同じ第2ブロックの構成員として受け入れているが、4月以降の受託をめぐっては住民の強い反発があった。その裏にはさまざまな背景がある。

同組合の焼却場は東久留米市にある。敷地は3分の2が東久留米市だが、3分の1は構成市でない東村山市にまたがっている。同組合の施設は、当初はごみ焼却場としてスタートしたが、1962年に同じ場所にし尿処理場を建設する計画が持ち上がると、住民の反対運動が起きた。「清瀬市に」との案もあったが、紆余曲折を経て現在地で建設が合意されたのは2年半後だった。80年代にはごみ処理施設の建て替えのため、一時、東村山市域に第2工場を建設した。「使用期間は15年間」という協定書を地元と結んでこぎつけた。

そうした過去の経緯が、他市からのごみを簡単には受け入れにくい空気を生んできた。4月以降の受託も「3月末までに新ごみ焼却施設の建設候補地を数カ所に絞る」「受託期間は2年間に限る」などの条件付きだ。

◆西多摩衛生組合では

西多摩衛生組合（青梅、福生、羽村市と瑞穂町で構成）も苦い歴史を抱える。74年、一部業者が羽村、瑞穂両町で、砂利採取後の穴にごみを投棄するという、「ごみ戦争」が起きた。影響は同組合にも波及して、残灰投入用地の敷地境界の侵略、それに対する攻防などが20年余り続いた。当時、多摩地域の多くの市は、最終処分地を羽村などに求め、そのなかには小金井市も含まれていた。

西多摩衛生組合は広域支援体制で第3ブロック。広域支援は基本的に所属ブロック内での支援が先決だ。小金井市のごみは、所属する第2ブロックの支援だけでは間に合わないため、第1と第3にも4月以降の支援要請が出ている。第3ブロック代表の日の出町は「受け入れ可能な団体は来年度も受託を継続することになった」と話す。

これを受けて西多摩衛生組合では、11日に正副管理者会議を開き、広域支援の可否について改めて一定の方針を固める。その後、周辺住民協議会の役員に説明、組合議会の全員協議会に報告を行い、20日に周辺住民に対して説明会を実施する方向だ。

問題を引き起こした二枚橋焼却場そのものも、20年前、現在地での建て替え案が浮上したが、近隣地への移転案も含めて周辺住民の理解が得られなかった。その後、調布、府中は、それぞれ別の団体と別の場所での共同処理の道をたどりつつある。小金井だけは、二枚橋の現在地を含めた新ごみ焼却場建設場所の検討を市民参加で行っている。

ごみの受け入れには各団体とも、慎重さをみせる。小金井市と関係各団体との処理委託契約の大半は年度末で切れる。

多摩地域ごみ処理広域支援体制

ブロック	構成
第1ブロック	八王子、立川、昭島、町田、小平、日野、東大和、武蔵村山、多摩の各市
	小平・村山・大和衛生組合（小平、武蔵村山、東大和市で構成）
	多摩ニュータウン環境組合（八王子、町田、多摩市で構成）
第2ブロック	武蔵野、三鷹、府中、調布、小金井、東村山、国分寺、国立、狛江、清瀬、東久留米、稲城、西東京の各市
	二枚橋衛生組合（府中、調布、小金井市で構成）
	ふじみ衛生組合（三鷹、調布市で構成）
	柳泉園組合（清瀬、東久留米、西東京市で構成）
	多摩川衛生組合（稲城、狛江、府中、国立市で構成）
第3ブロック	青梅、福生、あきる野、羽村の各市、瑞穂、日の出、奥多摩の各町、桧原村
	西多摩衛生組合（青梅、福生、羽村市と瑞穂町で構成）
	西秋川衛生組合（あきる野市、日の出町、桧原村で構成）

小金井市の可燃ごみ処理の広域支援状況（07年度）

支援先	処理委託契約量（トン）
国分寺市	6.000
柳泉園組合	489
東村山市	420
武蔵野市	300
小平・村山・大和衛生組合	2.024
西多摩衛生組合	10.000
昭島市	800
日野市	900

職員の声

新銀行東京への追加出資問題

真相は？責任は？未来は？

新銀行東京の追加出資をめぐる予算特別委員会の論戦が、本日から始まる。285億円の融資が焦げ付くなどの経営実態が徐々に明らかになり、都民や識者、メディアなどから厳しい声が上がるなか、都庁の職員は、この問題についてどう受け止めているのか。これまでの知事答弁や経営陣の責任問題、予算特別委員会に期待することを聞いた。

都庁幹部の勇気と良識信じたい

中小企業救済という設立理念を理由に、名誉ある撤退ができるのは今しかない。新聞紙上に融資先破綻企業の詳細情報が漏れるようでは、信用を旨とする金融機関としてのコンプライアンスに重大な欠陥があり、その点だけでも経営責任が問われるべき事態だ。

追加出資額についても、多摩都市モノレール支援策とのバランスで決まったとの話が出るようでは小手先の延命策に過ぎず、早晩追加出資が繰り返されるだけだろう。そうなった場合、旧経営陣にも責任転嫁はできず、経営継続を決めた知事の責任は免れない。

全国紙が社説でそろって追加支援に反対し、中小企業団体でさえも破綻整理を望む声が多数を占めるなど、世論の支持がないことは明らかだ。知事の晩節を汚し、都政への都民の信頼を失う前に撤退する決断をして、破綻処理にカネと知恵を使うべきだ。現在の都庁幹部には過ちを繰り返さない勇気と良識があると信じたい。（本庁課長）

世界に恥をさらした東京

結論は見えている。都の職員や新銀行の行員が真実を伝えなかったから、知事が間違ってしまった、本当に公務員と銀行員はけしからん、で終わりだろう。

「知事は真実を知らなかった」説。嘘をつけという人もいるだろう。だが、都政人なら皆がうなずくはずだ。彼が自分の気持ちのいいことしか聞かない、そして、気持ちが良くないことを言う者を容赦しない人間であるということを、我々は嫌というほど知っているからだ。彼には絶対に気持ちのいいことしか伝わっていない。無論、これからもそうであろう。

ただ、この事件は例の副知事問題など比べ物にならないくらいの痛手だ。日本の財界と世界の投機筋は、客も融資も存在しない銀行を知っていながら黙って見ていた。もはや東京都は、世界の金融界で大人としての相手をされない笑いものだ。いくら予算規模があろうとも、なめられた素人はファンドの草刈場が関の山だろう。財務の諸君がこれから嫌というほど恥をかかされることは、覚悟した方がいい。（本庁課長）

「今後の道筋」明らかに

今回の新銀行の問題への対応は、経営状況がその都度公開されてきたことを考えると、あまりに遅きに失した感がある。このような事態を招いた責任について何かと議論されているが、株式会社である以上、旧経営陣に第一に責任があるのは当然のことだ。また、都は大株主として出資しているのだから、経営状況をチェックし、必要な措置をとってこなかった知事の責任は免れないと思う。

とはいえ、事ここに至った以上、新銀行発の金融不安など引き起こしては笑い話にもならない。知事の責任の取り方というのは、都民に理解される新銀行の今後のあり方を明確に示すことによって、出資についての議会の同意を得ることである。

今回の予特では、責任の所在など「ためにする」議論に終始することなく、新銀行を今後どうするか具体的な道筋が明らかになることを期待している。（出先課長）

夕張の赤字以上の出資額

新聞が伝える融資の実態が真実なら、旧経営陣は今日の事態をかなり早い時期から予測できていたはず。銀行経営には不慣れであったというが、厳しい企業競争の世界を生き抜いてきたビジネスエリート達は、なぜ、背任も云々されかねない、また自身の経歴を傷つけかねない、このようなずさん融資に踏み込んだのだろうか。

責任問題に対するこの間の知事発言に首を傾げるむきも多いだろう。財政破綻した夕張市は、約353億円の赤字を18年かけて解消するという。都が新銀行へ出資している1000億円や今回の追加出資400億円の大きさを考えると、知事の政治責任は重いと言わざるをえない。

予算特別委員会で都民は、知事と同時に都議会の動きも見ている。都議会には本腰を入れた真相の究明と、追加出資の妥当性、新銀行の今後についての十分な審議を期待している。

オリンピック招致をはじめとする重要な政策課題に、知事はこれまでのような強い指導力を発揮できるのか。この問題が今後の都政運営に与える影響も心配である。（出先部長）

執行機関として機能不全

人事当局が職員に人材育成方針など示しても、「密室」で政策決定がされているこの現実をどう説明するのか。責任をとるべき人がとらず、今の現職だけに、今度は「組織」で対応させるというのは、非常に不可解である。今や執行機関としての機能は、完全に停止している。とすれば、期待するは議決機関としての都議会だけである。

しかし、その都議会側にも今のところ、現在の実力者がかってそうして今日の地位を築いたようなクーデターを起こすエネルギーは感じられない。来年は選挙である。選挙は個人の努力である。（本庁副参事）

民間の引き際に学べ

新銀行そのものは、都議会に承認されて営業を開始したのだから、その必要性を否定するものではない。しかし、その経営が当初の目論見からはずれてきた時点で撤退の時期を検討すべきだったのだろう。

問題を先送りしたいという気持ちはわかるが、経営者は決断すべきである。新世代DVDからの東芝の鮮やかな撤退を見るとそう感じる。東芝の株価は上昇したそうなので、世間も勇気ある撤退を支持するのではないだろうか。

知事の発言を聞いていると、これからは仕事で失敗しても、責任をとる必要はないのではないか、とすら思えてくる。職員の倫理観の崩壊につながらないことを祈るのみである。（本庁部長）

最適解は何か

新銀行東京の設立は知事の公約である。経営陣の責任はもちろんあると思うが、発案者として、また首長としての責任は感じて欲しい。

その上で、もう一度、都の中小企業への金融支援策として、何が求められているのか、現在の最適な解は何なのかを考え、その中で新銀行継続の是非を決めてもらいたい。（出先課長）

マイナスイメージ懸念

新銀行の経営状況は、ショッキングな内容だった。400億円を追加出資する議案に対して、マスコミ論調は予想を超える程厳しい。例えば読売社説は「もはや『撤退』するしかない」と断じている。都議会の批判も極めて厳しいと報道されている。

事業局で、上層部の動きはうかがい知れない立場にあるが、予特の審議は不安だ。旧経営陣の責任だけの問題で乗り切れるのだろうか。新銀行の問題で都政に様々な分野に影響が出ることが心配だ。新銀行の問題に引きずられ、都民の都政に対するマイナスイメージが広がることが懸念される。

新銀行に関わった都職員が、訳もなくスケープゴートにされるようなことはないだろうか。新銀行設立を目指した当時は、それなりの意義があったはずだ。たとえ都が銀行業に手を出したことに甘さがあったとしても、状況が変わり、存続が困難となったなら、面子でなく、名誉ある撤退はできないだろうか。（出先部長）

08年度各局定数

57%の実態 ▼▼▼ 10

駅業務、バス支所の委託拡大

交通局

局定数7034人（76増326減・差引250減）

交通局では、07年度から3年間の経営計画で600人の削減を盛り込んでいる。その初年度となる08年度期首（08年4月）は、計画どおり250人の削減を行う。

まず地下鉄事業では、飯田橋や練馬春日町など、4駅の業務を委託し、電車部で55人を削減する。これにより、都営地下鉄の全101駅中、44駅が外注となる。

保守部門では、車両整備の委託を拡大して削減する一方で、大江戸線へのホーム柵導入など、新たな課題に対応するため、車両電気部に1増した。

バス事業では、品川自動車営業所の港南支所を管理委託し、90人を削減した。支所の委託化は杉並、江戸川、青戸に続き4支所目となる。また、3月30日に開業する日暮里・舎人ライナーに伴い、競合バス路線の見直しを図るほか、6月14日の地下鉄副都心線開業に向けて営業所を再編し、大塚自動車営業所を縮小するなど55減とした。

また、局の管理部門でも情報システムの再構築が完了したため、情報システム課の専門副参事（情報処理担当）を廃止する。

なお、日暮里・舎人ライナーの運営に必要な組織・人員体制は、07年度期中に整備しており、08年度期首は、こうした増減要素を差し引いた上で250人の削減を積み上げた。引き続き経営計画では、09年度期首に250人、10年度期首に100人の削減を予定している。

坂田直明経営管理課長は、「新線開業への対応など、経営計画の着実な実施を図った。都営交通事業は、大江戸線の乗客数の伸びなどに支えられ、06年度決算では全事業で単年度黒字を達成できたが、景気減速の懸念が広まるなど、経営環境の厳しさは予断を許さない。今後とも都営交通のプレゼンスを高めるとともに、経営効率化を着実に推進し、経営基盤強化を図っていきたい」と話す。

これに対し、東京交通労働組合の久保秀明書記長は、「今回も駅業務やバスの支所業務の委託化が進んだ。駅業務はターミナル駅を含めて約半数が委託となるなど歯止めがかからず、現場では不満と心配の声が上がっている。また、バスや7年ぶりとなった地下鉄の新規採用は評価できるが、安全な運行体制の確保や技術継承等の面でも十分ではない。日暮里・舎人ライナーの開業に向けた運行体制についても新規採用は行わず、駅の委託化などで人員を確保してきた。継続的に採用し、職員の平準化を図ることが必要だ」と話した。

新公会計推進で体制整備

会計管理局

局定数109（7増11減・差引4減）

会計管理局では、公会計改革に関連して、全国知事会のワーキンググループのリーダーを務めているほか、新たに全国自治体へのコンサル業務を開始しており、協力・支援を進めている。また庁内では、平準化に伴って運用や制度面での定着・推進体制の整備が求められている。

こうした中、新公会計制度の推進体制整備に向けては、08年度は会計企画課に新公会計制度担当課長、新公会計制度係、新公会計制度担当係長を置く。これまでの会計制度改革担当課長、会計制度改革係、担当係長の時限措置終了に伴うもので、人員面での増減はない。

審査担当に関しては、警察出納課と消防出納課で、会計機関としての連携を図りながら、審査機能を強化する観点から、一般職員を審査担当係長に振り分けた。また出納課、消防出納課では、業務量の見直しや減を受けて、それぞれ1人減員している。

区春闘団交

組合、08年度の要求書を提出

区長会 能力・業績主義に問題意識

特別区の08年度第1回目となる団体交渉が6日に行われ、特区連と東京清掃労組が08年度の賃金・労働条件改善要求などを示した。特区連は現業系人事制度の改善など、8課題46項目の要求書を提出。団交では、技能・業務系職員の課題などを強調して訴えた。

特区連は、昨年の業務職給料表の見直しで、現給保障されたが、10年近く昇給が見込めなくなったと指摘。「職員のプライドは傷つけられ、職場には無念さと無力感が漂っている」と述べ、昇給のメリットが得られるような改善や、技能長等の設置基準の見直しなどを求めた。

また、総務省が給与構造改革を迫る「指導」を行っていると指摘。「自治法上、国は地方自治体に『助言』できるが『指導』はできない」とけん制し、基礎的自治体として毅然と臨むよう求めた。このほか、国に先駆けた勤務時間短縮などを求めた。

これに対し、区長会側は、08年度の交渉課題として「能力・業績主義」と「人材の有効活用」の2点に触れた。

まず、06年度に導入した一般職員の勤勉手当の成績率について、「一律拠出の適用は係長級以上に限られ、成績率による配分原資も国等に比較して小さい」との問題意識を示し、さらなる勤務成績反映の必要性を示した。

また、人材活用については幼稚園教諭と保育士の人事制度に言及。認定子ども園や幼保一元化施設の設置が進む中、「幼稚園教諭と保育士の人事交流を可能とする制度が必要」との考えを示した。また、技能系についても、継続協議となる職務間異動の弾力化について、早期に解決すると述べた。

他方、清掃労組は、任用制度や賃金制度の改善を要求。現在は「概ね四人に一人」となる技能主任職の設置基準について、「二人一組で収集作業を行う清掃業務の実態にそぐわない」として改善を求めるとともに、技能長を補佐する「技能長補佐職」の新設を求めた。

また、技能長の退職等による欠員を補充できていない区への対応や、各区選考となる技能長を、23区統一的な対応とすることなどを求めた。

これに対し、区長会は技能主任等の設置基準について、「現在、職場実態調査の準備を進めており、必要があれば見直す」と述べ、清掃労組も現実的な対応を求めた。

育休の経験を公園づくりに

三鷹市都市整備部
緑と公園課公園係
角間（かくま）　裕（ゆたか）さん

どんどん成長していく長男を前に、自身が育休を取った当時のことを記録に残しておきたいと綴った文が、こども未来財団が募集した「少子社会を生きる！」エッセーコンテストに入選した。

「男親と子どもだと地域に行き場がない。妻を介して他のお母さんに連絡してもらったり、児童館に入りにくいなど、小さな障害が一杯ある。息子は今年小学生になるが、今は世代が分離されてしまっていて、小中学校に接点がなく、イメージも湧かないんです」

『子育て前後の暮らしの断絶解消にディスカバー地元！』と題したエッセーでは、育休の間、社会や地域に居場所がないように感じたが、地域につながりのある生活をし、地域で果たすべき仕事や役割があり、人間関係を持っていたら、大きなギャップは抱かなかっただろうと分析。

それには地域の公園の活用がカギになると提案したが、今まさに公園づくりの現場に。

「地元に密着した暮らしを発信していくのも地方公務員の一つの仕事だと思うんです」

育休取得や異動を考えてくれた上司に感謝と。さらに昨年4月から市民が主体となるプレイパークを担当。2月25日に初の運営委員会を開いたばかりだ。

「30～40代の子育て真っ最中の方々が集まってくれました。ハードでもない、ソフトでもない、まさにハートの部分を考えてもらうことになるんです」。これまでは子どもの視点が欠けていたのではという反省も踏まえ、それを考える良いきっかけになるのではと。

また、「公園で遊ぶ子どもに対する苦情が多いが、世代が分離しているからだと思う。会ったこともない子どもが騒げば、うるさく感じますよね。例えば高齢者が昔の遊びを教えるなど、普段から交流を図っていけるよう知恵を出し合って、夢を広げていきたい」。

公園ボランティアも市内に33団体が組織されている。「自分たちの公園と思い、たむろする少年たちも、見守ってくれている大人がいると感じられれば、良い関係を作っていけるはずです」。少子化対策には、地域との暮らしを取り戻すことだと協調した。（門）

東京都生まれ。93年ICU卒。外資コンサルを経て、98年東工大修士修了。土木職で三鷹市都市計画課に。04年現職。本庁で初の育休取得だったが、今は続く父親たちと会を結成。趣味は合唱。長男のアレルギーで、シビアな部分を担う妻には感謝だと。「僕は遊び担当。収入は減ったが、時間が一番の財産なんです」と。38歳。

昇任試験対策のページ

20年度 主任試験講座 ― 23 ―

今回は「都行財政」「人事」の問題演習を行います。

都財政との関連では、地方税に関する最近の動きとして、20年度税制改正によって法人事業税の暫定措置が行われることにより、21年度以降大幅な減収になります。こうしたことから、20年度予算案では、今後の財政需要の増加や税収減に対する財政上の備えを可能な限り行っています。

こうした直近の内容についても確認しておきましょう。

都政実務②

問題

【問題 1】

地方財政に関する記述として、妥当なのはどれか。

① 地方税には道府県税と市町村税があり、都は道府県税のみを都税として徴収している。

② 都では、地方交付税収入がないことから、都道府県合計と比べて、歳入に占める地方税と地方債の割合が高くなっている。

③ 地方交付税は財源の不均衡を調整するために財政力の弱い地方公共団体へ交付されるものであるが、18年度は都道府県では東京都のみが普通交付税の不交付団体となった。

④ 国庫支出金については、地方行政に対する国の関与を縮小し、国と地方の役割分担等に即したものとするため、真に国が責任を持つべき国庫補助負担金以外については原則として廃止するよう、都は国に求めている。

⑤ 地方債の発行については、事前に総務大臣または都道府県知事に協議することが必要であり、同意が得られなかった場合はその地方債は発行することはできない。

【問題 2】

都における職員の勤務時間に関する記述として、妥当なのはどれか。

① 職員の正規の勤務時間は1週間について40時間であるが、これには休憩時間を含むものであり、いかなる職務によっても例外はない。

② 再任用短時間勤務職員の正規の勤務時間は、1週間について20時間から36時間までの範囲内で任命権者が定めることとなっている。

③ 休憩時間とは一定時間の勤務を続けた場合の疲労回復などのための時間であり、都では4時間につき15分与えられる。

④ 超過勤務とは、任命権者が公務のため臨時または緊急の必要がある場合に、職員に対し正規の勤務時間以外の時間に勤務を命ずるものである。

⑤ 週休日は本来職員が勤務する義務を課されていない日であるが、この日が休日に当たる場合はその日を休日とする。

【問題 3】

都における職員の手当に関する記述として、妥当なのはどれか。

① 初任給調整手当は、国家公務員の初任給との水準調整を図るとともに、公務に人材を広く誘致確保するために支給される手当であり、支給期間は10年である。

② 扶養手当は、扶養親族のある職員に対して生計費の一助として支給される手当であり、要件や範囲は所得税法上の扶養親族と同じである。

③ 住居手当は、住民票上の世帯主である職員が、都の公舎や民間の社宅等に居住している場合には支給されない。

④ 通勤手当は、通勤のため交通機関等を利用し、運賃等を負担することを常例とする職員に対して実費弁償として支給される手当であるため、自転車により通勤する職員には支給されない。

⑤ 特殊勤務手当は、離島その他生活の著しく不便な地に所在する公署に勤務する職員に対して支給される手当である。

【問題 4】

都における安全衛生管理制度に関する記述として、妥当なのはどれか。

① 事業場における労働者の安全と健康を確保するためには、作業環境管理、作業管理、健康管理の三つが基本であり、これらが有機的に結合した総合的な対策を行っている。

② 労働安全衛生法は、地方公務員には適用されないため、都は、独自に東京都安全衛生管理者等設置規程を設け、安全衛生管理体制を整備している。

③ 安全衛生管理組織には、充て職とされているものと、法令上の資格を有する者等から選任するものとがあり、前者の例として、安全衛生推進者がある。

④ 調査審議機関には、安全委員会や衛生委員会があるが、安全と衛生はいずれも重要であることから、都では都、局、事業所の3段階それぞれに、安全委員会と衛生委員会を個別に設置することとしている。

⑤ 健康診断には、一般健康診断と特別健康診断とがあり、後者の例として、粉じん業務従事者検診やVDT作業従事者検診がある。

【問題 5】

都における給与に関する記述として、妥当なのはどれか。

① 職員の給与は、職員の勤務に対する報酬として支給される金品であり、給料、諸手当のほか、実費弁償としての旅費及び共済制度に基づく給付を含む。

② 昇給は、原則として毎年4月1日を昇給日として、職員が1年間勤務したとき、勤務成績にかかわらず一律の号給数で実施されるものである。

③ 職員の給与については、通貨で全額を支払わなければならないことが法律に規定されているが、毎月1回以上、一定の期日を定めて支払わなければならないことは、法律ではなく、給与条例に規定されている。

④ 職員の給与は、国及び他の地方公共団体の職員並びに民間従業員の給与その他の事情を考慮して定められなければならないとされ、人事委員会による給与勧告制度が設けられている。

⑤ 休職中の職員については、ノーワーク・ノーペイの原則により、給与を支給することはできないが、在籍専従の許可を受けて休職中の職員には、給与条例の規定により、給与を支給することができる。

解説

【解説 1】

① 誤り。都は、大都市事務の一部を行っているため、道府県税だけではなく、特別区の区域においては市町村税の一部を賦課徴収している。都税と地方税の体系（職員ハンドブック221ページ）を確認しておくこと。

② 誤り。地方税のウエートが非常に高く、国庫支出金や地方債の収入が少ないことが特徴となっている。（職員ハンドブック222ページ）

③ 誤り。地方税収入の大きい都は地方交付税の不交付団体であるが、このほかに自動車産業の盛んな愛知県が不交付団体となった。（職員ハンドブック211ページ）

④ 正しい。（職員ハンドブック213ページ）

⑤ 誤り。許可制から協議制になったことから、事前に同意が得られなくても地方債を発行することができる。ただし、その場合は原則としてあらかじめ議会に報告しなければならず、公的資金の借り入れや元利償還金の地方財政計画算入は認められない。（職員ハンドブック213ページ）

正解 ④

【解説 2】

① 誤り。職員の正規の勤務時間には休憩時間は含まれない。また、病院等、職務の性質によっては、4週間を超えない期間につき1週間当たり40時間とする。（勤務時間等条例第2条第3項、職員ハンドブック291ページ）

② 誤り。再任用短時間勤務職員の正規の勤務時間は16時間から32時間までの範囲内で、任命権者が定めることとなっている。（勤務時間等条例第2条第2項、職員ハンドブック291ページ）

③ 誤り。休息時間の説明となっている（職員ハンドブック294ページ）。なお、都では、休息時間は平成20年1月に廃止されている。

④ 正しい。任命権者は原則として職員に対して事前に超過勤務を命じ、事後に勤務の状況を確認しなければならない。（勤務時間条例第10条、職員ハンドブック293ページ）

⑤ 誤り。週休日と休日が同日になった場合には、その日は週休日とする。（勤務時間条例第12条、職員ハンドブック296ページ）

正解 ④

【解説 3】

① 誤り。民間企業の初任給との水準調整を図るものであり、医師、歯科医師の場合は支給期間40年である。（給与条例第9条の3、職員ハンドブック277ページ）

② 誤り。民法上の親族や所得税法上の扶養親族とは範囲等が異なっている。（職員ハンドブック277ページ）

③ 正しい。（職員ハンドブック278ページ）

④ 誤り。自転車等の交通用具を使用することを常例とする職員に対しても、支給される。（給与条例第12条、職員ハンドブック278ページ）

⑤ 誤り。特地勤務手当の説明になっている。（職員ハンドブック281ページ）

正解 ③

【解説 4】

① 正しい。（職員ハンドブック314ページ）

② 誤り。非現業の職員について一部適用除外される規定はあるものの、労働安全衛生法は、当然に地方公務員にも原則として適用される。（職員ハンドブック313ページ）

③ 誤り。安全管理者、衛生管理者、安全衛生推進者、各種作業主任者、産業医は、法令上の有資格者等の中から選任すべきものである。（職員ハンドブック314ページ）

④ 誤り。安全と衛生は密接に関連することから、すべて「安全衛生委員会」として設置している。（職員ハンドブック314ページ）

⑤ 誤り。VDT作業従事者検診は、一般健康診断である。（職員ハンドブック315ページ）

正解 ①

【解説 5】

① 誤り。前半は正しいが、実費弁償としての旅費や共済制度に基づく給付は、勤務に対する報酬ではないので給与には含まない。（職員ハンドブック270ページ）

② 誤り。昇給の号給数は、勤務成績、欠勤等の日数、処分の三つの要素に基づき、決定される。また、これとは別に、隔遠地勤務を事由とする昇給加算措置などもある。（職員ハンドブック275ページ）

③ 誤り。給与を毎月1回以上、一定の期日を定めて支払わなければならないことは、労働基準法第24条第2項に定められている。（職員ハンドブック271ページ）

④ 正しい。前半部分は、給与均衡の原則である（地公法第24条第3項）。人事委員会による給与勧告制度は地公法第26条に定められている。（職員ハンドブック272ページ）

⑤ 誤り。病気休職・刑事休職について、休職者の生活を保障するための特例措置として、給与条例第19条の2で給与を支給できる旨規定しているが、在籍専従の許可を受けて休職している職員には、いかなる給与も支給されない（地公法第55条の2第5項）。（職員ハンドブック356ページ）

正解 ④

20年度 主任・係長 論文講座 ★23★

都主任選考

課題整理・都政①

今回から3回にわたり、主任級職選考A試験における論文対策として、都政の課題を整理します。

まず、本題に入る前に出題の概要について説明します。

出題形式（昨年度）

①都政の課題
（2題中1題を選択）
②職務上の課題

①②のいずれかを解答します。

いずれも、テーマに関する課題を300～500字程度で述べたうえで、その内容について自身の問題意識、解決策を1200字～1500字程度で述べるというものです。

試験時間は2時間30分です。

出題内容

「都政の課題」については、平成18年度から出題形式が変更され、2題中から1題を選択するようになりました。直近5年間に出題された「都政の課題」は次のとおりです。

◎平成15年度
「近隣の自治体と連携した対応が必要な課題をあげ、その解決に向けた取り組みについて」

◎平成16年度
「東京の活力を高めていくために、都が取り組むべき課題をあげ、その解決に向けた方策について」

◎平成17年度
「少子高齢化が急速に進展する中、都が取り組むべき課題をあげ、その解決に向けた方策について」

◎平成18年度
「都民生活の安全・安心の確保について」
「職員の人材育成について」

◎平成19年度
「環境負荷の少ない都市の実現について」
「効率的な行政運営について」

出題傾向

都政の課題については、その時々の都政を取り巻く状況を背景に出題されています。17年度までは出題テーマに関連した局の受験者に有利になりがちでしたが、18年度から2題中1題選択になりました。1題は個別の政策に関するもの（都民の安全確保、環境負荷の低減）、もう一題は行財政管理に関するもの（職員の人材育成、効率的な行政運営）が出題されています。

試験対策

論文対策ですが、詳細な計画や施策をすべて把握する必要はありません。それよりも、大局的に都政を取り巻く社会的背景、及び都の政策の方向性を押さえることが重要です。その上で、所属する局の施策や自らの職務と関連付けて具体的な解決策を記述できれば十分だと思います。

まず、行財政管理に関して、押さえておくべき全庁的な指針等を整理します。大枠となるものは、17年11月に策定された「行財政改革の新たな指針」です。本指針を踏まえて、「職員人材育成基本方針（18年3月）」、及び「今後の財政運営の指針（18年7月）」がそれぞれ策定されています。そして、これら二つの内容を含めた実施計画として「行財政改革実行プログラム（18年7月）」が策定されました。論文に出題されるテーマは、何らかの形でこれらの資料に関連すると考えられます。可能であればすべての資料を一読することをお勧めしますが、時間が無い場合は実行プログラムだけでも一読しておきましょう。

個別の政策に関して、押さえておくべき全庁的な指針等としては、18年12月に発表された「10年後の東京」が重要です。19年12月には、今後3カ年で展開する具体策を示した「10年後の東京への実行プログラム」が策定されています。現在の都政における重要課題はこの中に列挙されていますので、論文のテーマも「10年後の東京」に掲げられた政策から出題される可能性が非常に高いと考えられます。

指針等の他に押さえておくべきものとして、都議会定例会における知事の所信表明・施政方針があります。議会における知事発言は、都民の代表である都議会及び都民に対する知事の政治メッセージであり、その時々の都政における課題や取り組みの方向性が凝縮されています。知事の所信表明・施政方針を精読し、今現在、何が都政において課題となっているか、課題解決に向けてどう政策展開しようとしているかを把握しておきましょう。最低限、昨年の四定から今年の二定までの発言は目を通しておく必要があります。

これらの資料に目を通すことで、現在の都政において重要とされる政策が何か、見えてくるはずです。その上で、直近数年間に出題されたテーマを除外すれば、今年の試験に出題されるテーマがある程度絞れるのではないでしょうか。

課題整理

今回は、「行財政改革実行プログラム」について、課題整理をしていきたいと思います。

○行財政改革実行プログラム

【策定の背景】

都では、東京の再生と都民サービスの充実に向けて、ディーゼル車排出ガス規制をはじめとする独自の取り組みを国に先駆けて実践するとともに、財政再建や職員定数の大幅削減、監理団体改革など、様々な改革を推進してきました。

しかし、急速な少子高齢化や都民ニーズの多様化など社会経済状況の構造的変化とともに、東京への人口や諸機能の集積が見込まれる中、わが国における東京の役割はさらに重要性を増すと予想されます。

今後とも東京の活力を維持し、発展させていくためには、限られた資源を最大限効率的に活用し、行財政運営を推進する必要があります。

このような状況を踏まえ、「行財政改革の新たな指針」が策定されました。本プログラムは、この指針に基づき、平成20年度までの3カ年を計画期間とした行財政改革の具体的な取り組み内容を明らかにしたものです。

【改革の3本の柱】

（一）多様な主体が関わる豊かな「公」の構築

都民サービスの一層の充実と社会資源の最適配分の観点から、民間で出来ることは民間に委ね、行政サービスの責任と効率性を徹底して追求し、行政サービスの提供や公共的な課題の解決に多様な主体が関わる豊かな「公」を築いていく。

①都が担う範囲の再構築
▼環境問題、防犯・防災など、行政サービスの提供や公共的課題の解決に向け、都民、地域、企業、NPOなどとの協働を積極的に行い、豊かな「公」を構築
▼都市の潜在力を発揮できる新たな自治制度への改革の推進
▼東京における自治の拡充や効率的な都市経営の実現を目指し、都区制度を抜本的に見直し
▼区市町村の自主性・自立性の向上を目指し、区市町村との役割分担を見直し

②多様な経営改革手法の導入
▼地方独立行政法人制度の活用
▼都立病院などの新たな経営形態の検討
▼東京都版市場化テストの導入
▼指定管理者制度のさらなる拡大
▼PFIなど民間活力の導入、民間移譲
▼民間委託の拡大、人材派遣の活用

③監理団体のあり方及び事業の見直しの推進

（二）政策対応力の高い執行体制の確立

国に先んじて日本再生の先導役を果たすため、現場感覚を活かした政策対応力の高い執行体制を確立する。

①効率的・効果的な事業執行
▼新たな体制整備などによる継続的・長期的課題などへの的確な対応
▼組織体制の不断の見直しによる簡素で効率的な執行体制の構築
▼中長期的な視点を重視した財政運営による、強固で弾力的な財政基盤の確立
▼さらなる定数削減への取り組み

②公営企業改革の推進
▼効率性と公共性を追求した新たな経営計画等の策定

③都民の安全・安心の確保
▼都のチェック機能を高め、都民の安全・安心を確保するための取り組みを強化

④人材育成を基軸に据えた人事制度改革
▼採用制度の抜本的見直しや新たなジョブローテーション方針の策定による、都庁を支えるプロ職員の確保・養成
▼育成を柱とする管理職制度の構築

⑤公務能率の向上のための職場の活性化などの推進
▼職員が「働きがい」を実感できる制度・仕組みの充実
▼庁内分権の推進による各局の自立性、機動性の向上

（三）スリムで効率的な行政運営の実現

「団塊の世代」大量退職後の限られた人的資源・財源の中においても、都民の負託に十分応えうる、簡素で無駄のない新しい都庁マネジメントの確立を目指す。

①業務運営の効率化
▼民間企業の様々な経営管理手法や民間専門家の能力を積極的に導入
▼現行システム総点検の実施、及び民間専門家を活用したIT執行体制の見直し
▼民間企業などの取り組みを参考にした内部管理コストの見直し

②都有財産の利活用の推進
▼実地調査を行い、行政財産の弾力的な活用、事業残地等の積極的な処分、事業予定地の暫定活用等を推進

③入札・契約制度の改善
▼民間の技術力を一層活用する観点から、入札・契約制度を改善
▼談合など不正行為防止のため、入札監視委員会を強化

④行政のアクセシビリティの向上
▼都民の利便性向上のため、手続きの簡素・効率化を一層進め、窓口事務の処理期間の短縮や電子化などの取り組みを推進

以上、実行プログラムの要点をまとめましたが、説得力のある論文に仕上げるには、より具体的に、自分の言葉で書く必要があります。これらの要点を踏まえた上で、自分の職務や自局の施策にからめて、課題に対する提案を展開してみて下さい。

※参考資料
行財政改革実行プログラム
（平成18年7月・総務局）

◇

次回は、「今後の財政運営の指針」及び「10年後の東京」について、要点整理をしていきます。

20年度 教育管理職への道しるべ ＜27＞

その他法令②

問題

【問題 4】

児童の健全育成に関する記述として妥当でないものは、次のうちのどれか。

① 児童福祉法では、児童委員は、市町村の区域におかれ、その職務に関し、都道府県知事の指揮監督を受ける。

② 児童福祉法では、都道府県は、児童相談所を設置しなければならないとされている。

③ 刑法によれば、14歳未満の者は刑事責任能力がないとされているが、この者が刑罰法規に触れる行為をした場合は、少年法によって、必ず、家庭裁判所の審判に付される。

④ 少年法によれば、14歳未満の要保護児童は、児童福祉法上の児童自立支援施設への送致や、場合によっては、少年院送致という保護処分がなされる（ただし、おおむね12歳以上）。

⑤ 少年法によって、触法事件の調査について、捜査機関による押収、捜索等の権限が認められている。

【問題 5】

学校給食法に関する記述として妥当でないものは、次のうちのどれか。

① 学校給食法は、学校給食の意義として、児童・生徒の心身の健全な発達及び国民の食生活の改善への寄与を掲げている。

② 学校給食法は、学校給食の目標として、日常生活における食事について、正しい理解と望ましい習慣を養うこととしている。

③ 食育推進基本計画（平成18年3月31日）によれば、子どもの望ましい食習慣の形成や食に関する理解の促進のため、学校給食の一層の普及や献立内容の充実を促進することとされている。

④ 学校給食法では、二つ以上の学校の学校給食の実施に必要な施設（共同調理場）を設けることができないとしている。

⑤ 私立の義務教育諸学校の設置者においても、学校給食が実施されるよう努めなければならないとされている。

【問題 6】

学校保健法に関する記述として妥当なものは、次のうちのどれか。

① 学校保健法は、児童・生徒の健康の保持増進を図り、学校教育の円滑な実施とその成果の確保を目的とするもので、職員の健康診断については規定されていない。

② 学校の設置者は、伝染病にかかっている児童・生徒の出席を停止させることができる。

③ 校長は、伝染病予防上必要があるときは、臨時に学校全部または一部の休業を行うことができる。

④ 大学以外の学校では、学校医を置かなければならないが、学校歯科医及び学校薬剤師は必ずしも置かなくてもよいとされている。

⑤ 児童・生徒の健康に関し、健康相談は、学校医の業務とされている。

【問題 7】

年少者の労働法上の保護に関わる記述として妥当なものは、次のうちのどれか。

① 労働基準法によれば、使用者は、児童が満15歳に達した日以後の最初の3月31日が終了するまでは、これを使用してはならないとし、例外的に許される場合を一切認めていない。

② 親権者は、親権の効力として未成年者に代わって労働契約を締結することができる。

③ 親権者は、親権の効力として未成年者の賃金を代わって受け取ることができる。

④ 18歳未満の年少者については、修学に差し支えのないことの学校長の証明が必要とされている。

⑤ 使用者は、満18歳に満たない者であっても、一定の配慮をすれば、危険有害業務に就かせることができるとしている。

【問題 8】

学校における災害共済給付制度に関する記述として妥当なものは、次のうちのどれか。

① 独立行政法人日本スポーツ振興センター法の定める災害共済給付は、保護者とセンターとの間の契約により行うものである。

② 独立行政法人日本スポーツ振興センター法の定める災害共済給付における共済掛金は、すべて保護者が負担することとされている。

③ 災害共済給付における共済掛金については、経済的理由により徴収しないことができるとされている。

④ 学校管理下における災害共済給付にかかる災害の範囲は、児童・生徒等の休憩時間中のものは含まれない。

⑤ 独立行政法人日本スポーツ振興センター法の定める災害共済給付を受けた場合、一切、加害者に対し、賠償金等を請求できない。

解説

【解説 4】

① 正しい。児童福祉法第16条第1項。

② 正しい。児童福祉法第12条第1項。

③ 誤り。少年法第3条第2項の児童福祉機関先議により、必ず家庭裁判所に送致という点が誤り。

④ 正しい。今般、少年法（第24条第1項但書）、少年院法（第2条第2項・5項）が改正され、14歳未満でも、少年院送致が可能となった。

⑤ 正しい。今般の少年法の改正（少年法第6条の5第1項）により、捜査機関の強制処分が可能となった。

正解 ③

【解説 5】

① 正しい。同法第1条。

② 正しい。同法第2条

③ 正しい。

④ 誤り。同法第5条の2。

⑤ 正しい。同法第4条。

正解 ④

【解説 6】

①誤り。同法第1条。

②誤り。同法第12条により、校長の権限とされている。

③ 誤り。同法第13条により、学校の設置者の権限とされている。

④ 誤り。同法第16条。

⑤ 正しい。同法第11条。同法施行規則第23条第1項第5号

正解 ⑤

【解説 7】

① 誤り。同法第56条第2項。

② 誤り。同法第58条第1項。

③ 誤り。同法第59条。

④ 正しい。同法第57条第2項。

⑤ 誤り。同法第62条。

正解 ④

【解説 8】

① 誤り。同法第16条第1項。

② 誤り。同法第17条第4項。

③ 正しい。同法第17条第4項但書。

④ 誤り。独立行政法人日本スポーツ振興センター法施行令第5条第2項第5号。

⑤ 誤り。別途不法行為に基づく賠償請求は可能である。但し、給付金との損益相殺がされることになる。

正解 ③

隅田川と支川

すみだがわアレコレ

東武鉄橋と隅田公園を望む。右に北十間川（昭和30年頃）＝墨田区立緑図書館提供

現在、隅田川とは河川法の改正により、荒川の岩淵の水門から下流を呼んでいるもので、その上流は荒川と川越等から流れ込む新河岸川である。荒川の本流は、明治43年（1910）の下流一帯の大水により、荒川放水路の開削が計画された。大正2年（1913）工事が開始され、10年かかって大正12年8月25日、千住・西新井間の旧堤防爆破により、放水路は開通したものである。

隅田川は王子で、石神井公園の池等から流れる石神井川を合流し、尾久・千住を流れて、堀切で旧綾瀬川を合わせ、現在の水神大橋のすぐ上手で、かつての貨物線隅田川駅への入堀が、船との貨物の積み込み場所としてあった。また、対岸の鐘紡のあった南端には、「梅若堀」が今の堤通りまで入り込んでいた。そのすぐ下流の住友ベークライト工場の北側には流れがあり、隅田川に流れ、その名残りが「奴堀」としてもあった。

その下流となると、現在の東向島の地蔵坂の土手向こうに「地蔵堀」があり、更に南の「西村勝三」の銅像があった手前に「銅像堀」が、北十間川に通じる川のあかしとして残っていた。浅草側には山谷堀が三ノ輪の方から、吉原堤・待乳山聖天下を今戸橋で隅田川に入っていた。

北十間川は江戸時代、本所開拓時の外郭としての北十間川・横十間川として開削されたものであった。蔵前橋東岸少し北には、「石原の埋堀」といわれる堀割もあった。江戸幕府の浅草御蔵は隅田川からの直接の入堀が幾本かあり、対岸の本所御蔵は入堀は一つで、御蔵地内で幾つかの堀割に分かれていた。浅草御蔵の南側沿いには、菊屋橋方面からの流れがあり、隅田川に流れ込んでいた。

神田川は江戸城の外濠として開削されたもので、柳橋で隅田川に入り、対岸本所には竪川・小名木川があり、また西岸南には日本橋川がつながっていた。更に南に下ると深川には仙台堀があり、京橋には八丁堀があった。永代橋を下ると越中島・佃島・月島と続き、東京湾へと流れ込んでいる。

（元墨田区立緑図書館長　小島惟孝）

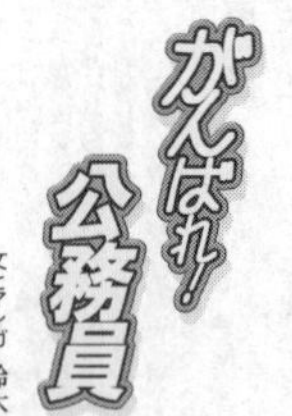

誰でもいいの？局の企画事務

文とマンガ　鈴木武征　15

最近の都政、都の組織を見ていると、いつの間にか頭でっかちになっているのが気になる。

多くの計画、統制機能が知事周辺に集中し、他局はただ働くのみのように見える。

正直言って、私は石原都政を嫌いではない。

政治家としてのセンス、博識、実行力に基づく都政運営には賛同する点も多い。

難を言えば一度言い出したらなかなか自分の考えを変えない。自分がやることはすべて良しで他人のやることは気に食わないという親父根性だ。

これは少年時代から青年時代を、戦争、敗戦という過酷な環境で過ごした年齢層の人達に見かける特徴だ。

私の近くにも同年代の人がいるが、笑っちゃうほどよく似ている。

信ずる者は自分だけ、出世・金儲けのきっかけは死んでも離さない、利用できるものは徹底的に利用する、自分を攻撃する者には容赦のない艦砲射撃、火焔放射を浴びせかける。

おそらく米軍の圧倒的な物量作戦、それに続く占領軍の飴と鞭政策がトラウマとなり、これを跳ね返すために同じ手法を取っているのだろう。

かかる特徴を持つ人が権力の座に着いた場合、その有りようは大方想像できる。

情報はまず俺に。俺の許可なく余計なことを言うな、するな。成功は俺の手柄、失敗は他人のせい。てな具合だ。

されど、これは権力者なら誰もが欲するところで、もし私がそういう立場になれば同じことを言いかねない。

問題はこの長の欲するところをより強く実現しようと、その足許にいる人達が余計なことを間断なく実行するところにある。

お金は大事だから直接やります、計画もそうだ、人事もそうですよね！なんて調子で各局の主要事務を次々と吸い上げる。

取り巻き同士の中でも競争は熾烈だから、目ぼしい戦利品が無くなると取り上げる必要のないものまで俎上にあげ直接統治を強化する。

今回の4局企画部門の廃止縮小などもその被害者だ。

10年後の東京プランで散々苦労して企画案を提出した。

提出が終えれば「はい結構、あとはうちで管理しますから。ああそうだ、あなた方10年間やること無いでしょうから縮小ね」では泣けてくる。

東京都といえば一国をしのぐ規模の自治体で、それを構成する各局の仕事だって相応のボリュームがある。

そのボリュームに応じた企画事務は、他の誰かがすぐにこなせるというものではない。

局の所掌事務に精通した職員が、現場の声や進捗状況を身近に捉えつつ、過去の実績や反省を踏まえて次なる施策に日々活かしていくことが肝要だ。

そこに局企画部門の存在価値がある。

歴史が証明しているが、過度の権力集中に良いことは何も無い。

ピラミッドが数千年の歳月を経て今あるのは、頂点は軽く基盤は重厚にの原理に沿っているからだ。

この摂理に基づけば、知事本局はより身軽にフットワークで勝負し、各局はより緻密重厚に施策展開を進める構造にすべきだ。

この際、各局の企画担当者は知事本局に出向いて、「いきなりかい、誰でもいいんかい」と問うべきだ。

そこで知事本局から仲間由紀恵ばりのキレイなネエチャンが出てきて、「誰でもいいんです！」と言われたら、しばらく雌伏するしかないか……。

あの空をおぼえてる

© 2008「あの空をおぼえてる」フィルムパートナーズ

いつか、心が壊れても

写真館を営む深澤雅仁（竹野内豊）とリトミック教室で働く慶子（水野美紀）は、ふたりの子供に恵まれ幸せに暮らしていた。慶子のお腹には新しい命が宿っており、家族みんなが赤ちゃんの誕生を心待ちにしていた。だが、そんな毎日が楽しく、笑い声の絶えなかった家族に思いもよらない不幸が襲い掛かる。娘の絵里奈（吉田里琴）を交通事故で亡くし、自責の念に苛まれる父・雅仁。そして、ひとり奇跡的に助かった息子の英治（広田亮平）は、ひとり生き残ってしまったトラウマを抱えながらも健気にふるまう。だが、あの事故から亡くなった妹に手紙を書き綴っていた英治には、どうしても言葉にできない心の奥にしまっていた思いがあった…。

それぞれに重すぎる苦しみを背負わされてしまった彼らが、ゆっくりと再生へと向かい絆を深めながら懸命に生きていく感動作。

◆推薦委員コメント

櫻井修（映倫管理委員会管理委員）

幸福に溢れる一家を突然襲った悲劇。そのあとさきが10歳の少年の目線で語られてゆく。それまで子供の世界だけに浸っていたのに、少しずつ大人たちの感情や思惑がわかりかける。その心象風景はおそらく誰もがもっているセピア色の記憶だろう。暮れかかる雑木林の道を走り去る幼い兄妹。写真家の父親がとらえたその一瞬のスナップはこの映画を貫くキー・イメージだが、不慮の事故に出会った妹の天衣無縫の明るさ、少しシャイでひたすら妹思いの兄。この子役たちが何ともすばらしく、見事に全篇を支えている。

白鳥哲（俳優／声優、映画監督）

娘の死をきっかけに崩壊しかけた家族が、息子の思いによって『絆』を取り戻していく。そんな家族の心の軌跡に深く感動した。何物にもかえがたい、『絆』が脆くもあり強くかけがえのないものである事をこの映画は伝えている。

7年ぶりの映画出演となる竹野内豊が無器用な父親を好演、その妻、慶子を水野美紀が内面を巧く表現していた。純粋な家族の思いに満ちた感動作品である。

【2008年／日本／115分　配給：ソニー・ピクチャーズ エンタテインメント　4月26日より、新宿バルト9ほか全国にてロードショー】

◇

シネマ夢倶楽部　3月19日（水）午後6時30分～「ニッショーホール」で上映。※この上映会に10組20名様を抽選でご招待します。Eメールで件名「上映会招待希望」とし、住所・氏名を明記の上、henshu@toseishimpo.co.jp までお申し込み下さい（14日正午必着）＝招待状を郵送します。

大雪の中で熱戦

第56回都職員スキー大会

昨年の暖冬・雪不足から一変して、大雪に見舞われた新潟県南魚沼市五日町スキー場。2月16日から17日にかけて、第56回東京都職員冬季体育大会スキー大会が行われました。大会3日前から降り出した雪は会期中も間断なく降り続き、参加の選手達を悩ませました。

視界が悪い、スキーが滑らない、身体が冷える——様々な悪条件が重なりましたが、様々な職場から76名が参加して、昨年行えなかった距離競技も含めた4種目に熱戦が繰り広げられました。

初日の大回転競技では急斜面で転倒者が続出。スピードよりも確実な滑りを求めた選手が入賞しました。昨年、回転・大回転競技で1・2位を分け合った中央卸売市場の大野さんと下水道局の相馬さんの戦いは、相馬さんが仕事の関係で不参加となったため再現はなりませんでした。リレー競技は、今年も建設局チームが実力を遺憾なく発揮して優勝しました。

その結果、建設局チームが4年ぶりに総合優勝を果たし、都政新報杯を手にしました。エースを欠いた下水道局チームは得点を伸ばすことができず、連勝は3でストップ、準優勝となりました。3位は福祉局チームとなり、少人数ながら中央卸売市場チームの健闘が光りました。

（都庁スキー部　中村晃）

みにがいど

◆大瀧安良風景個展「記憶に残らない、けれど だから しかし 記録したい身近な風景」▽通算200枚突破と杉並区内全36町踏破を記念して開催。新作50点展示▽16日（日）まで午前12時～午後7時（15日は11時～8時、16日は6時まで）▽会場 かん芸館（荻窪駅南口より徒歩7分、区立中央図書館手前）☎5347・2668

◆春のカリヨンコンサート～またひとつ、夢をえがいて～ ▽日時 3月20日（木・祝）▽会場 文京シビック小ホール▽入場無料・全席自由▽内容 カリヨン子どもセンター紹介ビデオ上映、声楽・室内楽の調べなど▽主催・問い合わせ先 NPO法人カリヨン子どもセンター☎3818・7400

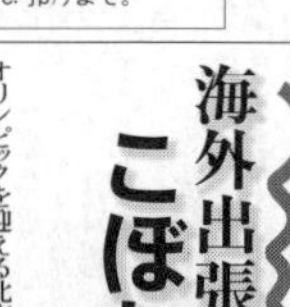

29

オリンピックを迎える北京と沿海都市アモイ⑫

東郷　尚武

今回も、もう少し廈門（アモイ）の都市づくりのお話をさせていただきたい。二重、三重の経済開放地域の指定が、アモイにどのようなインパクトを与え、都市政策として何が求められているのかといった問題である。論文めくがお許し願いたい。

廈門の場合、北京などと異なり、もともと廈門島に旧市街地があるため、あまり広幅員の道路が建設されず、一方、経済開発の進展により、自動車交通の増大による渋滞も激化の一途をたどり、自動車のクラクションによる騒音は、北京の比ではなく激しいものとなっていた。

本来、経済開発と都市の整備は、車の両輪のようにバランスがとれていなければならないが、率直なところ、廈門の場合、前者の規制が効かないままに、後者が追いつかず、とりわけ都市交通問題の解決が焦眉の急との感を強くした。

当時、廈門市の公共交通は、大型の市営バスと、路線内ならどこでも乗降できるイエローバスとで成り立っており、筆者も市の都市計画局長と公共輸送重視の問題を議論したが、局長は「地下鉄は建設経費の問題もあり、ライト・レール・システムの導入も含めて検討したい」と、答えるにとどまった。地下鉄建設計画がない以上、円滑なバスの運行が確保される道路の整備、交通管理政策による交通流の円滑化、自動車、自転車、歩行者の混合交通に起因する交通事故の低減化が、緊急な対応として必要であろう。

また、1991年に本土と廈門島を結ぶ往復4車線の連絡橋が完成したが、本来であれば、土地利用の面からも適切な措置（歯止め）を講じない限り、この連絡橋も機能麻痺に陥るのではないかと懸念している。その後、適切な政策が講じられていることを心から願うものである。

次に、当時、廈門で進行していた最大のプロジェクト・蓮花新村の建設について多少触れておきたい。市の北部に1985年から建設が進められてきた大規模住宅団地で、中国建設部認可の廈門市東区連合開発公司（XEDCC）が31平方㌔に及ぶ団地開発に取り組んでいた。同公司は年間約30万平方㍍の住宅建設能力を有し、3万人の居住人口を想定し、投資総額は3・2億元とされていた。開発公司は香港やシンガポールの企業体と共同で住宅建設とその販売を行い、国内・国外の顧客に分譲されていた。訪ねてみて経済開発の実態については理解できたが、低・中所得者用の公共住宅政策について十分な説明を得られなかったのは、なんとも残念であった。

蓮花新村

都政新報

発行所 都政新報社
〒160-0023 東京都新宿区西新宿7-23-1 TSビル
（総務・読者）(03)5330-8781
（企画広告）(03)5330-8784
（編集）(03)5330-8786
（出版）(03)5330-8788
（セミナー事業部）(03)5330-9977
（ファクス）(03)5330-8808
郵便振替 00130-2-101470
購読料 月1,680円（税込）
毎週火・金曜日発行
但し、祝祭日は休刊
©都政新報社 2008

紙面から

追加出資ダメなら08年度に業務停止

新銀行東京

懸命にかばう自民　民主「知事は馬耳東風」

新銀行東京への追加出資が最大の対決議案となっている都議会第1回定例会は、舞台を予算特別委員会に移し、「経営不振に陥った原因と責任」「なぜ400億円なのか」「再建の見通しはあるのか」などを論点に質疑が行われている。開業3年目で単年度黒字を出す目算でスタートした新銀行東京だったが、400億円の追加出資がなければ、08年度中に業務停止に追い込まれるほど悪化していることが明らかになった。また、知事や東京都の責任を不問とする調査委員会報告に対し、野党からは「責任回避」という批判が出ている。11日の総括質疑では、高橋和実氏（自民）、山下太郎氏（民主）、藤井一氏（公明）、吉田信夫氏（共産）が会派を代表して質問に立った。自民党では、新銀行東京に関しては川井重勇政調会長が知事の見解をただした。

＝3、4面に予算特別委員会質疑関連記事

野党からの責任追及に答弁の相談をする石原知事
＝11日、予算特別委で

■責任の所在

川井氏は「経営者の任命責任をおっしゃる人もいるが、結果論だ。誰も非常識な経営を行うとは考えていなかった」と知事をかばった。

藤井氏も「旧経営陣に相応の責任を求めていくべき」と主張。デフォルト累計額285億円のうち、06年12月までに発生したものが96％、275億円に上ることや、06年9月中間決算時に想定デフォルト率で一般貸倒引当金113億円を積んでいるが、会計監査人の指摘どおり実績デフォルト率であれば、約450億円必要だったことなどを問題視した。

これに対し、山下氏は「旧経営陣は、雇われマダム。知事が定めた経営方針にしたがって会社を運営していたのではないか」と指摘。こうした発案者としての責任に加え、早期に対策を講じなかった「不作為の責任もある」と追及した。

というのも、調査委員会報告によると、06年3月は、デフォルト率が23％と突出して高いが、この当時、すでに民主党は都議会で「売却などを含めた検討をすべきだ」と提案していた。「この時、本気で融資の状況などを監督していれば、これほど焦げ付くことはなかった。知事は、馬耳東風だった」（山下氏）と批判した。

また、吉田氏は「全国銀行協会が04年2月に意見書を提出し、自己資本の毀損などが懸念されると指摘している。この通りの事態になった」と指摘。「知事は旧経営陣のせいにするが、都が作った新銀行マスタープランのレールの上を走らざるを得なかったのではないか」と話した。

しかし、知事は「私のとるべき道は、都民のお役に立つ銀行に再生すること。新銀行設立の志は間違っていなかった」と非を認めなかった。

■選択肢

1016億円の累積損失を抱える新銀行東京をどうするのか、選択肢は追加出資、事業清算、預金保険法に基づく破綻処理の三つの中で「追加出資しかない」（知事）としている。このため、本当に別の選択肢がないのか、400億円の根拠や、単独出資になった理由、再投入された税金は「生きた金」になるのかなどが論点になった。

佐藤広産業労働局長は「400億円の追加出資がなければ、自己資本比率は国内行の基準4％を下回り、金融庁から早期是正措置が発動されることになる」と答弁。もし破綻処理となれば、顧客が無担保融資が中心であることや1万3000社の融資・保証のうち43％が赤字・債務超過企業のため、整理回収機構に移管されて事業継続が困難になると語った。

新BIS規制をもとにした400億円の内訳は、自己資本の維持に80億円、リスク対応で280億円、新規業務や風評などのリスクへの備えで40億円という。

昨年夏以降、他の金融機関等との統合や資本提携も念頭に置きながら、国内銀行5行、外国銀行を含む外資系6社と交渉したが、いずれも不調に終わったと説明。民間資本と東京都との共同出資も模索したが、すべて断られたという。

再建計画は、2011年度に8億円の単年度黒字を出す目標だが、今後4年間で預金を4000億円から200億円に20分の1に縮小し、貸出も2300億円から700億円に減らすフレームになっている。その一方で業務粗利益は、2倍強の34億円に増えるプランだ。民主の酒井大史氏は「今回の再建計画は事業縮小を図り、事業精算の道を歩んでいるように見える。精算への延命策ではないのか」とただした。しかし、都側は「収益計画の実現性は高い」（佐藤産業労働局長）と述べ、延命策という指摘を退けた。

スタンス鮮明に

民主・共産、知事責任を追及　公明は事業清算を提起

予算特別委員会の11日から13日の総括質疑では、新銀行東京への追加出資に関する各会派のスタンスの違いがはっきりと表れた。

自民党は、代表質問の関連質疑に立った川井重勇氏が議案に賛成する立場をにじませた。川井氏は、400億円出資以外の選択肢では、中小企業に大きな影響が出ることを指摘し、「再建に向けて新銀行東京が歩む道は、険しい茨の道だ。しかし、万難を排して再建をやり遂げないと、大変なことになる」と述べた。

そのうえで、新銀行設立の際に都議会自民党が、信用金庫との連携が不可欠と求めていたのに実現しなかったとして、今後の経営には都が積極的に関わるよう求めた。

同じ知事与党の公明党は、議案への慎重姿勢を崩さず、事業清算の道を探るべきだと提起した。都は「事業清算すれば、払い戻しへの対応で約1000億円の貸付金、その後、融資返済の滞りから約1000億円の損失が発生する」としている。藤井一氏は、「このように多額の資金が必要なのか。事業清算が最も現実的な選択肢ではないか」との認識を示し、[illegible]として引き続き研究す[illegible]と述べた。

民主党は、知事の責任追及に時間を割いた。山下太郎氏が「最も大きな知事の責任は、全庁的な議論もないままトップダウンで銀行設立を決め[illegible]

都議会予算特別委

五輪　民間資金は31億円調達

契約不調に新方式検討

【オリンピック招致】

オリンピック招致委員会が集める民間からの資金について、現時点で約31億円を調達していると明らかにした。招致委員会は、75億円の歳出に対し、民間から50億円を調達するとしていた。荒川満東京オリンピック招致本部長は「予定の民間資金は十分調達できると確信している」と自信を示した。高橋氏の質問に答えた。

【アジア人材育成】

留学生や専門家の人材情報を登録・管理する「アジア人材バンク」の登録者に対して、ウェブマガジンで、アジア諸都市が抱える課題や施策の最新情報を定期的に発信する。また、人材情報を蓄積することで、専門分野ごとのメーリングリストによる情報交換や、専門家の紹介に役立てる。

【低所得者対策】

08年度に開始する「低所得者生活安定化プログラム」について、都は民間教育機関などを活用した3カ月程度の訓練を実施するとともに、「職業能力開発センター」の訓練に優先枠を設置することを明らかにした。カリキュラムには、現職従事者との意見交換や模擬実習を取り入れる。

訓練生の就職意欲を高めるため、平日夜間や土曜日にも個別カウンセリングを受けられるようにする。さらに、訓練終了後は、就職に向けたセミナーや合同就職面接会も開催する。藤井氏の質問に答えた。

【温暖化対策】

高橋氏は、カーボンマイナス東京10年プロジェクトの取り組みで、どれだけのCO_2削減が可能なのか質問した。都は2020年までにCO_2排出量を25％（00年比）削減する目標を掲げており、プロジェクトのうち大規模事業所のCO_2削減義務化を除き、太陽エネルギーの導入拡大や白熱球の一掃作戦など、試算が可能な取り組みについて見積もると、削減量は目標の5割弱になるとの見込みを発表した。

【救急医療】

都内の救急医療機関数は338施設で、5年前に比べて43カ所減少した。一方、救急搬送先を見つけるまでに6カ所以上に連絡したケースは、07年4月1日から12月31日までで、約1万8000件、全体の4・1％を占めた。都は現在、「救急医療対策協議会」で、救急医療情報システムのリアルタイム入力や救急搬送の調整のあり方について検討を行っている。

【八ッ場ダム】

山下氏は、八ッ場ダムの必要性を検証するため、最新データで水需要予測をやり直すべきだと主張した。これに対し、東岡創示水道局長は「現在の水道需要予測は、長期的な将来を見据えて03年度に行ったもので、現時点で基礎指標に大きな変化はなく、一日平均使用水量は、実績との間に大きな乖離は認められない」と答弁。予測を見直す必要はないとの考えを示した。石原知事は、「将来の水需要や渇水に対する安全性などを総合的に検証した上で、必要不可欠なダム。折角、やりかけた仕事ですから、早くやった方がいい」と述べた。

【設計単価】

公共工事の契約で不調が多発している問題で、道家孝行建設局長は「不調が度重なる場合は、対象とする施行業者から見積もりを取り、審査した上でその見積もりを採用するといった対策を検討していきたい」と述べた。都市特有の複雑な条件から、標準の設計単価では施行ができない事情も、契約が不調になる原因としてあるためだ。また、財務局は資材のうち鋼材が価格高騰しているため、4月から設計単価を市場価格にあわせて改正することも明らかにした。

【ホーム柵】

都営大江戸線に整備するホーム柵について、都は08年度、整備に関する技術的検証を行う。その後、53編成分の車両改造や、38駅のホーム柵設置を順次行い、大江戸線全駅の整備が完了するには、約5年程度かかるとの見通しを示した。

【土壌汚染対策】

土壌汚染対策で高橋氏と藤井氏が、都内で発生した汚染土壌は域内で処理を検討すべきだと主張した。汚染土壌が都外に運搬されると、処理価格が高額になることを理由に挙げた。吉川和夫環境局長は、「土壌汚染に係る総合支援対策検討委員会」の最終報告を踏まえ、検討する方針を示した。

【肝炎対策】

国は08年度、肝炎インターフェロン治療の医療費助成制度を創設し、都も国に準拠した制度に移

知事答弁めぐり紛糾も

都議会予算特別委員会が11日から13日まで行った質疑では、新銀行東京への追加出資の問題を各党が取り上げた。

知事の責任や再建計画の妥当性をめぐり、厳しい質問も相次ぎ、議場は何度も野次で騒然となった。山下太郎氏（民主）がトップダウンで銀行設立を決めたとただしたのに対し、石原知事は質問の趣旨が分からないとして答弁に立たなかった。大沢昇副委員長が質問時間の計測をストップし、自民党の川井重勇副委員長が委員長席に詰め寄って抗議する一幕もあった。

元旬ジョーク

知事、新銀行のトップダウンに関し「私はシーザーでもアレクサンダー大王でもない」

花粉症の主治医「本当はハクション大魔王なんです」

都政の東西

第三の当事者

港区の区民向け住宅でシンドラー社製エレベーターが起こした圧死事故から、1年9カ月という歳月が過ぎた。

例えば交通事故で1人の尊い命が失われたとして、1年9カ月にわたり警察が誰も立件できず、責任の所在が明らかでないなどということがあるだろうか。ひき逃げというならともかく、今回の件では当事者がすべてそろっているというのに。

3月10日、現地の住民や市民団体などが主催で、「経過報告と課題について考える会」が開かれた。会を取材して、改めて感じたのは、マスメディアの責任ということだった。

新聞やテレビは、事件があったときは大々的に報道するが、時間が過ぎると後追いをしなくなる。この事故のことを覚えている人は多いが、今もまだ事故の原因も責任も分からないままでいることを知る人は少ない。

ほとんどの人にとっては過去に終わってしまった事故なのだ。事故の当事者を除いては。

事故後も現地のエレベーターは不具合を連発した。根拠のない「安全宣言」により住民は、いつ事故が起こるか分からないエレベーターを使うモルモット

[illegible]

地球温暖化対策

CO_2削減の取り組み多様に

費用対効果でISOから転換も

地球温暖化が世界規模で進む中、各種団体・組織の環境への取り組みが社会的に高く評価される時代になった。取り組みが外部に見えにくいため、環境に関する国際規格の環境マネジメントシステム「ISO14001（環境ISO）」がステータスとして認知され、23区でもこれまでに13区が庁舎などで取得している。しかし、ISOに関連するコストや、繁雑な書類の準備などを負担に感じていたり、中小企業を巻き込んだ取り組みにするには見直しが必要と考える区も出ており、効果的なCO_2削減に向けて自治体がどう取り組むべきか、岐路に差し掛かろうとしている。

千代田、北は脱却

環境ISOは、1996年に国際標準化機構が定めた環境マネジメントシステム規格。自治体や企業、各種団体などは、CO_2排出削減など環境保全のために取る計画を作成して実行し、その内容についての点検、評価を第三者機関が行うというものだ。

毎年の外部審査や3年ごとに認証の更新が必要で、規格取得時に数百万円、コンサルタント料や審査料などで、毎年100万~300万円程度の経費が必要だ。

23区で環境ISOを取得しているのは、千代田、中央、港、新宿、台東、品川、目黒、世田谷、中野、杉並、北、板橋、練馬の13区。各区とも「ISOのシステム導入による効果は大きかった」とし、CO_2削減目標の達成にも寄与していると話す。

しかし、環境ISOを運用していくためのコストや、そのために「部署が必要なほど書類作りに手間がかかる」こと、「コストや手間で中小企業が参加しにくく、全区的な取り組みとして広げにくい」などの理由から、千代田、北の各区では、来年度以降、環境ISOから脱却することを決めた。

底上げ効果を期待

そのうち北区では、今年12月に更新時期を迎える環境ISOを更新せず、中小企業が取り組みやすいように環境省が開発した「エコアクション21」を導入。「区が旗振り役となって効果を示しながら、CO_2削減の取り組みを全区的に広げていく」と話している。

エコアクション21は、取り組み手順が具体的なガイドラインで示されている。事業活動に伴う環境負荷の把握方法や環境への取り組みに対するチェックリストで現在の状況と必要な取り組みが分かるため、実行するための計画作りも簡易。また、登録料は2年分で従業員数によって5万~10万円、登録1年後の中間審査も10万~30万円程度と、経済的な負担も軽く、ISOと同様、認証登録制度として社会から評価されるシステム。環境への取り組みが取引にも影響を与える昨今、事業者にとって導入するメリットも大きいため、区も推進しやすく、全区的な取り組みの底上げ効果を期待している。

千代田区は、来年度でこれまでの取り組みを活かした区独自の「千代田エコシステム」に切り替える方針。社会的な信用度を保つために、評価や審査を第三者機関に委任する考えだ。また、中央区も区内事業所にまで環境保全の取り組みを広めるため、来年度に中央区独自のISOの簡易版を作る予定で、「区に当てはめても効率的なら、環境ISOからの移行も検討する」と、見直しを示唆。台東区や世田谷区では「次の更新までに情報収集し、見直しも含めて検討していきたい」としている。

選択する理由

環境ISOについては、「認証にこだわるわけではないが、システム化されているものを活用するのは効率的。別のシステムに移行しても、新たな課題もあり大変」（新宿区）、「世界的に通用する信頼度の高い国際規格であり、第三者が評価するため客観性がある」（品川区、目黒区、練馬区）、「中小企業などへ取り組みを普及させるには、区が率先してやっていく必要がある」（中野区、板橋区）などの声がある。

また、社会的な評価を得られる認証登録制度の必要性が増す中、北区が転換するエコアクション21の導入を検討する区も増加。荒川区は、すでに05年度から全国に先駆けて導入しているほか、豊島、葛飾の両区が、導入を検討中だ。

環境ISOのネームバリューは大きいが、CO_2削減のシステムに新たな選択肢が加わっている今、区全体の取り組みを牽引する自治体として何を選ぶか。その理由付けを改めて検討する時期が来ている。

遺族は悔しさや怒りをにじませた＝10日・渋谷区内で

港区エレベーター圧死事故

一日も早く原因究明を

住民らが「考える会」開催

06年6月3日に港区の区民向け住宅シティハイツ竹芝で男子高校生・市川大輔さんがシンドラー社製エレベーターに挟まれて死亡した事故から、1年9カ月。3月10日に「経過報告と課題について考える会」が開催された。主催は、被害者が通う高校の保護者の集まり「赤とんぼの会」、シティハイツ竹芝住民の安全を守る会、全国地域婦人団体連絡協議会、日本青年団協議会。

亡くなった大輔さんの両親の代理人である前川雄司弁護士は、「一番中心の課題は、原因の究明。事故が起こってから、いまだに事故原因について日本の公的な機関がまったく発表していない。1年9カ月、日本国民は、人が死亡するかもしれない危険なエレベーターを、事故原因も分からないまま使用している」と述べ、早期の事故原因の究明を求めた。

シティハイツ竹芝では死亡事故の後も隣接するエレベーターで不具合が頻発し、住民は長期間恐怖に陥れられた。「安全を守る会」の北村和明さんは、車いすを電動に変える住民から、電動車いすではモーターのノイズでまた事故が起きるのではないかと不安を訴えていたことを紹介。「日本全国、世界の安全安心に関わる問題」と述べ、安全対策について法的整備を求めた。

同じ「守る会」の塩田剛太郎さんは、「強い憤りを感じている。事故の日と何も変わっていない。日本という国でエレベーターで命を損なわれ、いまだに原因が究明されていない。こうしている間にも事故は起きるかもしれない」と不安を訴えた。

大輔さんの母親・市川正子さんは、「あの事故までエレベーターは安全だと信じてきた。しかし扉が開いたまま上昇し、大事な息子の命を奪ってしまった。何故本当の原因を調査していただけないのか。何故シンドラー社は、無条件で家族に事故の説明と謝罪をしないのか」と憤りをあらわにした。

前川弁護士は、この日集まった参加者と報道陣に対して、「事故原因に関する調査は非常に貴重。もう一度、今までどういうことが分かってきたのか整理して、広く国民に伝えていただきたい」と呼びかけた。

足立区

選管主催で子ども議会

将来の投票率増加が狙い

足立区選挙管理委員会事務局は、2008年度から子ども議会を開催する。教育委員会などが子ども議会を開く区はあっても、選管が主催するのは全国的に珍しいという。

区内の公立、私立の中学2年生を対象に、区議の定数と同じ50人を"議員"として公募する。子ども議会では、文教委員会などの設置を議員に決めてもらう。委員会では議会の提案を具体化し、その提案を議会が議案にまとめて可決し、近藤やよい区長に提出する。夏休み前後に開催される予定という。

区選管の子ども議会の主催は、07年6月の足立区長選の投票率が33・59％と過去3番目の低さで、前回の47・07％を大きく下回ったことが契機となった。

選管の定野司事務局長は「選挙に行ってくださいと言っても、有権者は選挙に行ってくれない。成人になる前に政治の仕組みを暗記させるだけではなく政治に参加させることで、選挙権を持った時に生きてくる」と、子ども議会の開催によって将来の投票率の上昇を狙う。

現在、成人の年齢を20歳か18歳にすべきか、法務相の諮問機関・法制審議会の部会が11日から議論を始めた。18歳に引き下げられれば有権者は増えるが、引き下げただけで政治に無関心な若者が関心を高めるとは言えないため、投票率は現在よりも下がるとされる。

定野事務局長は「投票率の低下は、民主主義の崩壊になるため、選管として危機感がある。若者には、自分の将来を自分で考えさせる能力をつけさせないといけない。子ども議会のように啓発活動に力を入れていけば、効果は上がると思う」と語った。

唯我独尊の姿勢はどっち

○……「旧経営陣をことさら非難をするつもりはございませんが、聞く耳を持たぬ唯我独尊という姿勢では、私はやっぱりダメだと思います」。11日の都議会予算特別委員会。与党からの質問に石原知事がこう発言すると、野党側から「自分のことだろう」と野次が飛んだ。

翌12日の委員会では、野党都議に「（8割以上が追加出資に反対しているという）都民の声をどう受け止めるのか」と詰問されると、石原知事は『一部の』都民の声は真摯に承ります」と返した。

「聞く耳を持たぬ唯我独尊という姿勢では、ダメ」――。この発言から、わずか一日後のことである。

○……先週、都民ホールで開催された佐々木常夫氏（東レ経営研究所代表取締役社長）の講演会で「なるほど」と感じたこと。

身体障害者、精神障害者、要介護父母、引きこもりなどを家族に抱える人は、ざっと計算して5～6人に1人。「周りには、重荷を背負った人は案外多い」「誰でもリスクを持っている」

同氏の課長就任時メモから「人間の使い方・やり方は同じ」「女性差別をする人は女性に限らず差別する」

甲子園での駒大苫小牧や早稲田実業の強さを例に、「優秀な所には優秀な教師がいる」

「現場での教育が大事。入ってきた人に叩き込んでいるか」

○……災害時などの職員参集の仕組みを聞いたときのこと。「日時をまったく予告せず、就業時間外に訓練を実施したことがある」と回答した練馬区にその内容を聞くと、05年度、早朝5時前に庶務担当課長への連絡で、訓練を開始。午前7時半までに95％の管理職が参集できたと話した。

「予告なしの訓練は難しい」と回答した区も多い中、訓練は「参集意識の向上のために必要」と強調。

「今後も年に一度などで、予告なしの訓練を実施しますか？」の質問にも、「それも言えません」と受話器の向こうで含み笑い。

徹底した「予告なし」の訓練。職員の参集意識は、否が応でも高まるに違いない。

明日への布石 08年度特別区予算案 5

記者座談会

全体的に小粒な目玉事業

過去最大の一般会計規模となった特別区の新年度当初予算案。「東京富裕論」を根拠とした財源の狙い撃ちが近い将来に予想される中で、23区は明日に向けた布石をどう打ったのか。予算発表に出席した記者が座談会を行い、23区の予算案を振り返った。

■空前の財政規模

A 一般会計規模が3兆円に迫った。09年度も同じ伸び率だと間違いなく大台を突破する。空前の財政規模を反映した予算だっただろうか。

B その割には、目玉事業が全体的に小粒だった。バブル時代のような華やかさがなくて、今ひとつインパクトに欠けていた。

C 財源に余裕が出た分は、将来の備えとして基金に貯めておくという慎重派の区がほとんどだった。ハコモノに投資してバブル崩壊後に財政危機を招いた教訓が生きているということだろう。

A かつては都心区、中間区、周辺区という財政の格差があったが、その格差は変わらないのか。

B 今でも格差が埋まったわけではないが、23区全体で人口が増え、区民税収入も財調財源も好調な中で、いわゆる「貧乏区」も底上げがされているといえる。

■環境対策で独自色

A 環境の分野では、各区が独自色を出していたと思うがどうか。

B 北区は民間の省エネ・新エネルギー対策に対する助成事業を始める。アイドリングストップ装置の助成は都内初だ。

C 中野区が発電用の風車を茨城県に設置するという取り組みは、区の環境問題に対する姿勢を区民に示すものだった。

A 新宿区は長野県伊那市と排出権取引を始める。都外の自治体を相手にするというのは、23区でも初めてだ。

B 江東区が小学5年生に家庭でのCO_2削減の取り組みを毎日チェックさせる。やっていることは地味だが、区民に分かりやすい施策として好感が持てた。

C 23区はCO_2を排出する立場だから、京都議定書を意識して効果のある施策はないかと頭をひねっている。一部には本当に意味があるのか首をかしげるものもあるが、環境対策の効果は目に見えないだけに、区民にとって分かりやすい施策が求められている。

■施策の意味

A 妊産婦健診はほとんどの区が回数を大幅に増やした。要望が強いということだろうが、財政が豊かな23区だからこそできたことで、市部では真似できない。

B 江戸川区がついに子どもの医療費無料化を中3まで拡大した。多田区長は会見で「状況に対するバランス」と説明していた。22区が中3までで横並びしている中で、やむなく踏み切ったというムードだった。

予算発表も工夫次第でアピール度が変わる＝2月5日・品川区の会見

C 23区には財政的に豊かだからこそできる施策のレベルがある。区民からすれば充実するにこしたことはないが、施策の効果は本当にあるのか。

A 子どもの医療費無料化は、親の経済的負担の緩和という意味では確かに効果がある。ただ一般に言われるように、「少子化社会だから」という論立てには疑問がある。

B 選挙になると党派が競って公約に掲げる。行政当局がそれに応えるのはやむを得ないかもしれないが、施策の効果を検証しているのだろうか。

C 「東京富裕論」をけん制するためにも、23区が飛びぬけた施策については、「大都市特有の需要」というだけでなく、具体的にどんな効果が出ているか示す必要があるのではないか。

A 明らかにバラマキでしかない施策は見直すべきだ。例えば子育て世帯に商品券を配るだけという施策が本当に意味があるのか。地元の商店街は潤うかもしれないが、それが果たして「子育てしやすい町」なのか。

■プレス発表

B 今年から品川区の濱野区長は、プロジェクターを使って予算発表を行った。区の予算発表というより、新年度にあたっての区長のプレゼンテーションの場だった。

C 区長が前面に出るプレス発表は増えている。杉並区の山田区長、中野区の田中区長など、施策に対する思い入れが伝わる。

A 都議出身の新区長も、初めての予算発表だが、自ら前に出て施策をアピールしていた。

B ありがちな予算発表として、事務方が施策を棒読みする区もある。区にとって施策はすべて大切なのかもしれないが、取材している立場からすると何が力点なのかさっぱり分からない。

C 予算の資料にも工夫のある区とない区がある。今回は、江東区がカラー刷りで分かりやすい予算書になっていた。アピールする工夫をもっと競ってもいいと思う。

A 区長自ら語る言葉には重みを感じる。逆に事務方に任せてしまうと、その程度かと落胆する。ちょっとした対応の違いで、アピール度がまったく変わってしまうという緊張感を持ってほしい。

（おわり）

国立西洋美術館

世界遺産登録推進会議発足式

世界6カ国が共同で進めている「ル・コルビュジエの建築と都市計画」の構成資産の一つとして、2月1日にフランス政府から世界遺産一覧表への記載物件に推薦されていた国立西洋美術館で11日、「台東区国立西洋美術館世界遺産登録推進会議」の発足式が開かれた。

台東区や区議会、都、国、地域からの関係団体など40団体が参加。会長には吉住弘台東区長が選出され、「登録でシンボルになるだけでなく、区の文化を生かしたまちづくりの実現につながる。世界の人々に価値を知ってもらい、世界遺産に登録されるよう努力したい」などとあいさつ。国立西洋美術館やル・コルビュジエ氏を描いたシンボルマーク3点が披露されたほか、「国立西洋美術館を世界遺産として将来にわたり守り続け、後世に伝えていく努力を惜しまない」などとする決議文も朗読された。

推進会議は今後、関係機関への働きかけや、区役所での世界遺産写真展、登録推進シンポジウムのほか、庁舎懸垂幕掲示、商店街フラッグ掲出などで機運を盛り上げていく。区は登録に向けた取り組みに1000万円程度の予算付けをする見込み。

今後、夏から秋にかけて諮問機関による現地調査が行われ、来年7月ごろには世界遺産登録の可否が決定する予定だ。

特別支援教育

4月に「推進室」設置

人材バンク的な機能を

中村教育長は、11日開かれた都議会予算特別委員会の代表質問で、メディア・リテラシー教育に関連して、新たに指導事例集を作成する一方、教員の実践的な研修を計画的に実施していく方針を明らかにした。

また、特別支援教育への支援員の確保策について、「人材バンク的」機能をもった「東京都特別支援教育推進室（仮称）」を4月に設置し、区市町村を支援していく考えを示した。

山下太郎氏（民）は、裏サイトや掲示板などネット上での誹謗中傷がいじめにつながっているとし、メディア・リテラシー教育についての具体的な取り組みと、教員の実践的な研修を行うよう求めた。

これに対し、中村教育長は、メディア・リテラシーに関する指導資料を都内の全公立高校に配布し、発達段階や各学校の実態に応じた指導を進めているとした上で、今後は多様なメディアを対象とした指導事例集を作成し、各学校が教科や総合的な学習の時間などで活用できるようにしていくと答弁。

さらに、「教員のメディア・リテラシーの育成が大切」との認識を示し、今後は都立学校のICT環境の整備とともに、従来の研修の中にメディア・リテラシーに関する実践的な研修を体系的に組み込み、計画的に実施していくと述べた。

藤井一氏（公）は、特別支援教育を取り上げ、「発達障害のある生徒自体への対応だけでなく、周りの級友たちへの理解の普及も大事」とした上で、周囲の生徒たちへの理解啓発の取り組みについてただした。

また、藤井氏は、特別支援教育の現場で欠かせない支援員の確保策について、「円滑に人材が確保できない地域では、支援員になる人材不足の放置は、公立の小中学校における障害児教育の円滑な進展を実質上、阻むことになる」と指摘。都として区市町村を支援する具体的な対策を求めた。

発達障害のある生徒への支援について、教育庁はリーフレットの配布などで教員の理解啓発を進めてきたが、中村教育長は今後、新たに全都立高校の特別支援教育コーディネーターを対象とした研修を実施するとともに、来年度新たに教員向けの指導資料を作成・配布する方針を明らかにした。

区市町村への支援策については、現在の「東京都就学相談室」の機能を拡大し、全都の特別支援教育を推進する中核的な役割を担うことを目指して、4月に「東京都特別支援教育推進室（仮称）」を設置。支援員として学生の募集に協力できる大学や特別支援教育の経験のある退職教員、校内研修の講師の紹介など、同推進室に「人材バンク」的な機能をもたせる考えを示した。

揺れる教育現場 31

ミゾが大きい「教育改革元年」の行方㊦

新たな教育基本法を受けて策定することになった「教育振興基本計画」。

5月策定を目指して中教審特別部会が検討作業を進めているが、同部会が示している「基本的考え方」や「重点事項」に対する自治体等の教育関係団体の意見をみると、自治体側と文科省・中教審間のミゾの大きさが改めて知らされる。

同部会の照会に対し昨年末、全国都道府県教育長協議会や全日本中学校長会、全国高等学校長協会、全国町村教育長会など十数団体が意見を出している。

内容は多岐にわたり、絞りきれないが、共通してまず目に付くのは、計画に盛り込まれる各施策の実行を担保する財政と人員の確保を切望していることである。

「学校・教員は過重負担にあえいでいる。学校教育本来の目標達成のための体制づくりが今切実に求められている。そのためには財政及び人的措置を保障し、学校・教員が意欲と余力をもって取り組める実行可能な計画にしてほしい」（全日本中学校長会）と体制整備を強く求めている。

全国高等学校長会も「定数改善・加配は学校にとっても、子ども達の未来に向けても緊急課題」と強調。全国都道府県教育長協議会はこの計画の「基本的課題」として、「学校などの現場の実態を十分踏まえ、必要な財源保障が必要」とやはり実効性の担保を求めている。

この計画は法定計画であり、自治体の教育計画も「この計画を参酌して作る」こととされ、一定の〝強制力〟が伴う。実行するのは各自治体だけに、カネ・ヒトの面で危惧しているわけだ。

第2は「教育再生会議」の「社会総がかりで教育再生を」というキーワードを受け、学校・家庭・地域・企業がそれぞれ教育主体としての取り組みが「重点事項」の中で提案されているが、これに対しても異論が相次いでいる。

この4者間の連携・取り組みは総論的には異論はないと見られるが、この間の役割・責任分担の明確化を求めている。

「青少年を有害環境から守るため、企業責任を明確化し、法的規制を含め検討すべきだ」（全国都道府県教育長協議会）と主張。全日本中学校長会は、それぞれの役割と責任を明確化した上で「優先順位と目標達成までの過程までも示してほしい」と注文している。

全国高等学校長協会もこの課題を取り上げ「異論はない」としながらも、「この施策は従前から実施されているはずなのに、なぜ機能しないか、分析と対策がなく、単なるスローガンだ」と手厳しい。

しかも、「小学校から学区域が撤廃されれば、学校と地域の結びつきが薄弱化し、子どもの地元への愛着や帰属意識が薄れ、住民は他人の子どもに関心を失いつつある」とその矛盾を突いている。

全国町村教育長会の見解も厳しい。「文科省の意気込みが感じられない」とした上で、「地方の市区町村が抱える問題が全く記述されていない」「この計画を実現するためには、〝基本振興財政計画〟がないと、計画は絵に描いた餅に終わる」とも指摘している。

今後、5月の計画策定に向け中教審・文科省と自治体側との間で調整が行われるが、この間のミゾがどこまで埋まるか。60年ぶりの「教育改革元年」の行方がかかっているだけに推移が注目される。

(W)

体力テスト

小学生の運動能力低下

生活習慣との関連性も

10年前に比べて中高生の運動能力は差がなかったが、小学生は低下傾向にあることが、都教育庁が実施した「児童・生徒の体力テスト調査」で明らかになった。テレビやゲームなど室内で過ごす時間が増えていることが要因で、同庁では「新学習指導要領の体づくり運動や部活動の振興などに取り組み、児童・生徒の体力の向上を目指したい」としている。

調査対象は、小学校48校（1万934人）、中学校46校（1万5253人）、高等学校22校（1万2900人）で、身長、体重、座高の体格面と、握力、持久走、立ち幅とび、ソフトボール投げなど体力面を調査した。

体格面では全年齢で全国平均を下回る調査項目はなく、中学生女子の座高は13歳が83・7㌢、14歳が84・8㌢で全国を上回った。また、高校生女子の身長についても15歳が157・8㌢、17歳が158・8㌢で全国平均を上回っている。10年前の都平均値と比べると、小学校女子と中学校男子の体重が減少し、高等学校男女の体重は上回っていた。

一方、体力・運動能力の調査では、小学校男女の長座体前屈、中学校女子の長座体前屈および高等学校の20㍍シャトルラン、50㍍走が全国平均値と同程度だったが、それ以外は全般的に全国平均値を下回った。

具体的には、小学生の場合は反復横とび、20㍍シャトルラン、立ち幅とび、ソフトボール投げが全般的に全国平均を下回り、中学生は女子の長座体前屈以外、高校生は20㍍シャトルラン、50㍍走以外すべて全国平均を下回っている。10年前の都平均値と比較すると、小学校男女の反復横とび、中学校男子の持久走、高等学校女子の握力と50㍍走はそれぞれ上回った。しかし、小学校女子の50㍍走と男女の立ち幅とびは下回っている。

調査では運動・生活習慣と体力テストとの関連性も調べており、①朝食を毎日食べる者の方が食べない者より合計得点が高い②睡眠時間6時間以上の者は体力テストの合計得点が高い③男子のテレビ視聴時間で一時間未満の者が3時間以上の者より合計得点が高く、年齢とともにその差が拡大する——などの特徴点が浮き彫りになった。

今回の調査結果について、調査運営委員会の森司朗・鹿屋体育大学教授は「運動能力の二極化現象の低年齢化が確認され、特に10年前よりも小学生の低・中学年の運動能力が低下している傾向にあった。これは基本的な動きが獲得できていない子供や自己有能感が感じられない子供たちが増えてきていることを示している」と分析。今後は動きとしての体と自己有能感など心の両側面を育てるための運動経験が小学校の低学年から必要になってくるとしている。

部活動推進

墨田川など30校を指定

都教委が経費など支援へ

都教育委員会は、特色ある学校づくりなどを目的に、06年度から都立高等学校に部活動推進指定校を設置しているが、08・09年度は墨田川やつばさ総合、府中西など30校を部活動推進指定校に指定した。都教委は指定校に対し、部活動推進にかかわる経費を予算の範囲内で配布するほか、部活動推進や活性化への指導・助言、取り組み状況の調査研究等の支援を行う。

新たに指定された高校は東部、中部、西部の各地区10校で、東部地区では墨田川、本所、竹台、足立新田、江北、葛西工業などが部活動推進指定校になった。墨田川高校の場合は、水泳部のインターハイ出場や吹奏楽部の全国大会最優秀賞などさらなる発展が期待できるとして指定された。

竹台高校は、吹奏楽部が東京都のコンクールで連続して金賞を受賞するとともに、荒川区の「社会を明るくする運動」に積極的に参加するなど地域貢献を実施。足立新田高校は相撲部、陸上競技部、野球部などで顕著な活躍をするなど、部活動の充実を通じて学校改革が進んでいるとして指定された。

中部地区では駒場、雪谷、総合工科、杉並総合、光丘などの高校が指定校となった。駒場高校は運動部活動では全国レベルの競技水準を維持しており、今後も競技力の向上と指導者育成の一つのモデルとなるとの理由から指定された。

パソコンロボット部というユニークな部活動がある総合工科高校は、部活動を通じて生徒の人間力を身につける教育を実践。杉並総合高校の場合は、外部指導員を導入し、茶道部や和太鼓部など日本の伝統文化を紹介するなど国際交流に取り組んでいることなどが指定理由となった。

西部地区では片倉、府中工業、武蔵村山、田無などが部活動推進指定校となった。片倉高校は吹奏楽部の全国大会での連続金賞、陸上競技部のインターハイ出場など全国レベルの活動が学校全体に好影響を与えていると指定校に。田無高校は今後、活動実績が低調な文化系部活動の活性化に取り組み、地域交流や地域貢献を進める点などが指定理由となった。

21世紀を拓く　1

教育ビジョン中間まとめ

家庭の教育力向上

地域の多様な人材を活用

今年1月24日に公表された「東京都教育ビジョン（第2次）中間まとめ」では、以下の三つの柱から、教育を巡る課題や東京都における今後の取り組みの方向、重点施策を整理している。

次代を担う子供たちを育成するためには、子供の教育の第一義的責任を担う家庭と、子供が成長していく舞台となる地域社会の教育力向上を支援する必要があることから、第一の柱を「家庭や地域の教育力向上を支援する」とした。

また、学校教育について、質の高い教育を推進し、そのための環境整備が急務の課題となっているため、「教育の質の向上・教育環境の整備を推進する」を第二の柱としている。

さらに、子供たちには「確かな学力」や人間関係を築く力の育成をはじめ、たくましく未来を切り拓いていくための基礎となる力をはぐくんでいく必要があることから、第三の柱として「子供・若者の未来を応援する」を立てている。

今回は、第一の柱の概要を解説する。

■学校支える仕組み

子供の健やかな成長は、学校の取り組みだけで成り立つものではない。家庭が本来の使命を十分果たしていないことや、地域社会も豊かな人間性や社会におけるルールを身に着ける場となっていないとの指摘があり、それぞれの教育力向上に向けた支援の必要性が高まっている。

家庭・学校・地域・社会が、教育に対する責任を自覚し、地域の多様な人材で学校を支える仕組みを整えていく必要があるとしている。

6歳未満の子供がいる子育て家族のうち92・1%は、核家族世帯であり、子育てに関する経験が世代間で受け継がれづらくなっている。

また、子供たちの生活習慣の乱れ、人間関係を築く力や規範意識の低下などの問題が指摘されている。社会的に孤立した親への対応やきめ細かい支援は、必ずしも十分でない。一方、仕事を持つ親の子供の教育へのかかわり方のバランスも課題となっている。

■仕事と生活の調和

子供の基本的な生活習慣確立のための普及・啓発活動を全都的に展開していくとともに、地域における様々な人々による子供の教育を支援するためのネットワークを形成し、乳幼児期からの子供の教育を支援していく。

企業におけるワーク・ライフ・バランスの取り組みを推進していくとともに、社会全体の機運の醸成を促進していく。仕事をしている親が学校行事等に参加しやすくなるよう、企業等においても雇用環境を改善するように働きかけていく。

栄養教諭や食育リーダー等を活用し、学校や家庭において健全な食習慣の形成を推進していく。

また、子供たちが学校教育の中で乳幼児等の保育を直接的に体験できる機会を確保していく。

小学校1年生の教室における、学習に集中できない、教員の話を聞けずに授業が成立しない等の「小1問題」は依然として課題として残っている。

また、就学前の子供に関する教育・保育のニーズの多様化に十分に対応できていない。「認定こども園」も少数にとどまっている。幼稚園・保育所のそれぞれの関係者との連携・協力が欠かせない。

就学前教育に関する総合的なプログラムやカリキュラムを研究・開発し、就学前の子供たちの教育の充実を図る。さらに、教員等の研修について工夫・改善し、就学前教育と小学校教育との連続性を踏まえた教育を推進できるよう支援していく。

「認定こども園」の設置を促進していく。幼稚園の教員と保育所の保育士が合同で研修を行う機会を促進していく。

■団塊世代への支援も

学校教育においては、高度な実技・技能を必要とする部活動の指導など、教員だけの対応では限界がある場合がある。また、教員の行う仕事は多岐にわたって行われており、それらが教員の多忙感につながっている。一方、団塊の世代等の人材が自己実現を果たしていけるよう支援していく必要がある。ボランティアや企業との連携体制づくりも課題となっている。

さらに、家庭や地域の意向を学校運営に生かすとともに、保護者や地域に学校の考えを説明し協力を得られる仕組みは、十分に整えられていない。

地域への貢献意欲を有している団塊の世代を中心に、教育を支援したいという都民の希望を実現していく。

企業の理解と協力を得ながら、職場体験やインターンシップをさらに充実させていく。また、企業、NPO、大学等が持つ社会的資源を教育活動に生かしていく「地域教育推進ネットワーク」の取り組みを充実していく考えである。

「地域教育プラットフォーム」の設置の促進により、様々な教育活動に多様な地域の人材の活用を促進していく。さらに、地域や保護者の意見を的確に反映させるとともに、地域全体で支援する学校運営を推進していく方針を打ち出している。

高齢者が学校を拠点にリフォーム活動。地域講座の講師としての役割も担うという＝板橋区高島2中の地域開放教室で

地場産野菜を使い江戸前雑煮づくり

葛飾区立堀切小

葛飾区立堀切小学校はこのほど、地場産野菜（小松菜）を使った江戸前雑煮をつくり、試食するというユニークな食育授業を行った。東京都中央卸売市場が今月から公開する「いちば食育応援隊」の養成講習会の一環で、同校の3年生67人と保護者らが参加した。

いちば食育応援隊（食育講師派遣事業）は、依頼のあった都内の学校や地域活動に、食育推進の講師役として登録してある市場関係者を派遣するもので、全国の卸売市場では初めての試み。

講師は、都青果物商業協同組合北足立支所理事の杉本晃章さんが務め、授業には児童をはじめ、保護者や市場関係者が参加。児童たちは真剣なまなざしで杉本さんの「小松菜は東京の代表的な野菜」などという説明を聞きながら、熱心にメモを取っていた。

このあと、保護者が準備していた江戸前雑煮の試食が行われ、児童から「素材が新鮮」「シンプルでとても美味しかった」などの感想が聞かれた。

校長が教員の個人情報紛失

町田工業高校

都教育庁はこのほど、都立町田工業高校で教員54人の個人情報が紛失した事件を受け、校長連絡会と副校長連絡会を開き、個人情報の管理について改めて周知するとともに、学校での個人情報管理をさらに徹底するよう要請した。

同校校長（57）は2月27日、西部学校経営支援センターで教員の業績評価のヒアリングを行ったあと、病院に入院している教員と面談。その後、教育庁に出向き、帰りに一人で酒を飲み、電車に乗ったが、品川駅で下車したとき網棚にカバンを置き忘れたことに気づき、すぐに駅に紛失届を提出した。

紛失した個人情報は、2007年度の教育職員業績評価書（51人分・2セット）と業績評価一覧などが入ったフロッピー2枚、嘱託員の再雇用申込書コピー、教諭の診断書で、校長は紛失2日後から教員に謝罪と状況を説明した。教育庁では「業績評価を持ち出した場合は必ず、学校に戻るように指導を徹底する」としている。

毎週金曜3面は 教育オンライン

都等への長期派遣研修を制度化

監理団体固有職員育成へ

団体側の負担にも配慮

都は来年度から、監理団体の固有職員育成支援に向けて、都等への長期派遣研修を制度化することを決めた。11日の都議会予算特別委員会で押元洋総務局長が答弁した。監理団体では、固有職員が高齢化する一方、都派遣職の引き揚げが進み、団体固有の人材確保や育成が急務となっている。08年度は㈶東京都歴史文化財団、㈶東京都道路整備保全公社、㈶東京都環境整備公社の3団体で実施する予定。

監理団体については、団体の統廃合や都派遣職員数の削減等が進んでおり、石原知事が就任した99年度と今年4月時点を比較すると、団体数は64団体から36団体に削減されるほか、団体職員数は現員ベースで9552人から8330人（13%減）、都派遣職員数は4590人から3104人（32%減）となっている。

こうした中、多くの団体でこの間、新規採用を中止・抑制したため、団体固有職員の高齢化が進行。固有職員の平均年齢でみると、たとえば㈶東京都スポーツ文化事業団は51歳、㈶東京都環境整備公社は46歳、㈶東京都歴史文化財団も45歳で、5年前と比べて3～5歳上昇しており、ほとんど採用がない状況がうかがえる。また20歳代～30歳代前半の職員がいない団体もいくつかあるという。

今後、団体の中核を担う若手固有職員のスキルアップが不可欠となるため、都でも01年度から都職員研修所の職員向け研修へ監理団体固有職員を受け入れてきたほか、05年度からは首都大学東京との共同による固有職員向け研修も実施している。

今回、制度化が打ち出された都等への長期派遣研修は、監理団体固有職員のうち若手職員を対象に、都事業所管局や団体事業に関連する現場等で実施する。幅広い視野で仕事を行うほか、都の人脈が広がるといった効果も期待される。

具体的には、都歴史文化財団は生活スポーツ文化局を派遣先に人事・計理・文書管理事務等にあたる。無電柱化の推進に取り組んでいる道路整備保全公社は、建設局で架空線地中化事業の知識・技術等を学ぶ。環境整備公社は東京23区清掃一部事務組合の大田清掃工場でごみ焼却施設運転実務・関係技術に携わる予定となっている。

長期派遣研修の実施にあたっては、職員を送り出す監理団体側の負担軽減を図った点も特徴となっている。監理団体にとっては、職員1人を派遣した場合、人員がマイナス1のまま、現状の業務を消化しなくてはならず、大きな負担となる。このため新制度では、団体が整備する「固有職員の人材育成計画」や「都派遣職員の解消計画」を前提に、派遣研修を実施する場合、翌年度の調整人員を1人上乗せする仕組みとした。

同日の答弁では、このほか監理団体の透明性向上についても説明。外部監査の導入促進や団体ホームページ等を活用した事業PRなど広報活動の展開も行うこととした。外部監査に関しては、38団体のうち24団体が導入済みで、小規模な2団体が導入予定なし、3団体が検討中、残る9団体が導入予定としている。

区幹部異動

昇任規模は拡大基調

定年退職、昇任可能者とも増

部課長級の退職補充や組織改正への対応などが中心となる特別区の4月幹部異動は、07年度末の定年退職者が、昨年（82人）に比べて37%増の112人となる一方、各区の昇任可能者数も同様の規模で46人増の181人となり、昇任規模は昨年度より拡大する見通しだ。

今年度末の定年退職数は、医師を除き、部長級が68人（昨年度45人）、統括課長が23人（同22人）、課長級が21人（同15人）の計112人（同82人）となり、いずれの職層でも増となる。

区別に見ると、定年退職者数が最も多いのは世田谷の9人で、次いで目黒と足立の8人、清掃一部事務組合の7人となる。一方で、江戸川と特別区競馬組合では定年退職者がいない。定年退職者が前年度より減ったのは千代田（4↓1）、港（5↓3）、江戸川（5↓0）、特人厚（5↓0）、特競馬（3↓0）となる。

また、昨年度の定年退職者に勧奨退職や普通退職を加えた特別区の全退職者数は計101人だった。今年度末の勧奨退職者等は現時点で確定していないが、仮に昨年度と同規模となった場合、退職者総数は130～140人前後となる見込みだ。

他方、今年4月期の昇任可能者数も増加している。定年退職者の増に伴い、各区で管理職の需要が高まり、管理職選考の合格者数が増えているためで、特別区全体では前年度比46人増の181人となる。

中心となる管試年次は、事務が06年Ⅰ類と07年Ⅱ類となり、技術は05年・06年Ⅰ類、07年Ⅱ類となる。

区別の需給関係をみると、多くの区が定年退職者数よりも昇任可能者数の方が多く、自区内の昇任可能者数で定年退職者を補充できないのは中野と清掃一部事務組合のみとなる。

昇任可能者数が定年退職者数を最も上回ったのは世田谷で、定年退職者より8人多い。次いで江東の6人、港、墨田、大田の各5人、新宿、板橋、練馬、江戸川の各4人と続く。

今年度の4月異動時は、全体の退職者数が06年度に比べて25人増の101人（約33%増）となったため、昇任者数も約17%増の317人となった。定年退職者数の増加率が同程度となる今年度も同様の昇任規模となると仮定した場合、昇任者数は370人前後の規模となる見通しだ。

（単位：人）

区名等	07年度末定年退職予定者数				08年度昇任可能者数
	部長級	統括課長	課長級	合計	
千代田	1(3)	0(1)	0(0)	1(4)	3(4)
中央	3(2)	0(0)	1(0)	4(2)	5(2)
港	1(4)	1(1)	1(0)	3(5)	8(5)
新宿	2(1)	1(0)	1(0)	4(1)	8(5)
文京	4(2)	0(0)	1(2)	5(4)	7(5)
台東	1(1)	2(0)	0(1)	3(2)	6(5)
墨田	2(0)	2(2)	0(0)	4(2)	9(8)
江東	4(0)	1(2)	1(2)	6(4)	12(6)
品川	4(1)	1(0)	1(0)	6(1)	8(6)
目黒	4(3)	2(1)	2(0)	8(4)	8(7)
大田	0(1)	5(1)	0(1)	5(3)	10(5)
世田谷	6(6)	0(0)	3(2)	9(8)	17(7)
渋谷	2(1)	0(0)	1(2)	3(3)	5(5)
中野	3(0)	1(0)	1(1)	5(1)	4(6)
杉並	3(2)	0(1)	2(0)	5(3)	8(6)
豊島	2(2)	1(1)	1(0)	4(3)	7(5)
北	2(0)	0(2)	2(0)	4(2)	6(8)
荒川	2(1)	0(0)	0(0)	2(1)	5(5)
板橋	3(1)	1(1)	0(0)	4(2)	8(3)
練馬	5(2)	1(1)	0(0)	6(3)	10(10)
足立	5(4)	2(3)	1(1)	8(8)	9(7)
葛飾	4(0)	0(3)	0(0)	4(3)	7(5)
江戸川	0(3)	0(0)	0(2)	0(5)	4(5)
特人厚	1(4)	1(0)	0(1)	2(5)	2(3)
特競馬	0(1)	0(0)	0(0)	0(1)	1(1)
清掃	4(0)	1(2)	2(0)	7(2)	4(1)
合計	68(45)	23(22)	21(15)	112(82)	181(135)

※( )は前年度の数値

08年度各局定数　57%の実態　▼▼▼　11

監理団体に業務移管

水道局

局定数4434人（50増200減・差引150減）

07年度から3カ年の経営計画「東京水道経営プラン2007」の2年目となる来年度は、計画通り150人を削減する。

まず、組織面の見直しでは、多摩水道改革推進本部を再編し、新たに2級事業所の立川給水管理事務所と多摩給水管理事務所を設置する。多摩地域での事務委託廃止に伴う業務量増に対応するもので、多摩水道改革推進本部にある営業課や施設管理課、設備管理課、多摩ニュータウン水道事務所を廃止し、その機能を担う。

多摩地域では、水道料金の徴収や小規模な水道施設工事等を各市町に事務委託してきたが、サービス向上などを目指して順次、都への業務移行を進めている。今月末には八王子や立川など5市の事務委託を廃止し、計20市町の業務が移行される。

また、事務の効率化を図るため、2級事業所の玉川浄水管理事務所を廃止し、東村山浄水管理事務所に統合する。

さらに、応急給水業務などを行う水道特別作業隊を改編し、水道緊急隊を新設する。首都直下型地震などが課題となる中、災害時の首都機能や医療機関の機能確保など、復旧対応に役割をシフトする。実働部隊の規模に変更はないが、2級事業所を3級事業所に見直し、部長級・課長級のポストが各1減となる。

150減の内訳を見ると、最も大きいのは監理団体への業務移転によるもの。経営計画では局の基幹業務の一部を監理団体に移転し、局と一体的に事業運営する新体制を打ち出していた。これに向け、業務を円滑に移転するために職員を監理団体に退職派遣するなどして120減とした。

退職派遣者は、いずれ都に戻ることになるが、その間に団塊世代の大量退職などに伴うスリム化を図るため、戻りがそのまま増とはならない。

このほか、営業所の徴収整理業務のうち、未納者の督促業務の委託を拡大するなど執行体制を見直して54減としたほか、簡易作業の請負化等で10減などとしている。

石井正明主計課長は「経営計画の2年目として計画で予定した150人の削減を着実に実施した」と話す。局では経営計画に沿って07年度にも250人を削減しており、引き続き最終年度となる09年度は250人の削減を打ち出している。

来年度の組織体制をめぐる労使交渉では、監理団体への業務移転と職員の退職派遣が最大の争点となった。全水道東水労の上村時彦書記長は「運営状況を引き続き注視し、明らかになった課題については正していく」との姿勢を示し、自治労連東水労の片岡康夫書記長は「技術移転は受け手の体制も必要。職員が育つ環境なのか疑問」などと問題意識を表した。＝おわり

路上生活者対策

緊急一時保護センター開設

「板橋」から「練馬」に

路上生活者緊急一時保護センター「練馬寮」が17日に開設される。ホームレス問題に関して、都と特別区では協定書を締結し、自立支援システムの構築に取り組んでおり、センター設置もその一環。

都と特別区では、23区を5ブロックに分け、今後の処遇方針等を決定する「緊急一時保護センター」と、就労自立を支援するための「自立支援センター」を各ブロックに整備することを決めている。各施設とも設置期間は5年間で、ブロック内の各区で順番に設置していく仕組みだ。

今回の新設される練馬寮は、練馬区大泉学園町にあった旧都立高校の場所に、同校舎の一部を改修・活用して整備された。同じブロック内にある板橋寮が開設後5年を経過したため、運営を終了し、その業務を引き継ぐ形での開設となる。

路上生活者緊急一時保護センターでは、原則1カ月の入所期間でホームレスを一時的に保護し、食事の提供や健康相談等を通じて、自立支援センターへの入所等につなげるもの。都と特別区が実施主体となり、特別区人事厚生事務組合が社会福祉法人東京救護協会に委託して運営している。

七生養護の元校長処分裁判

都が控訴、原告側は抗議

都立七生養護学校の金崎満元校長に対する停職処分等の適否が争われた裁判で、処分を取り消すよう命じた先月25日の東京地裁判決に対し、都は7日、控訴した。

金崎元校長は、学級編成時に決定通知を受けた重度・重複学級を編制せず、教員を定数以上に普通学級に配置したなどの理由で、都教委から停職1月の懲戒処分と、校長から教諭への降格処分を受けた。

これを不服とする原告が処分の取り消しを求めた裁判で、東京地裁の渡辺弘裁判長は「都教委に事実誤認がある」と判断。「裁量権濫用と言わざるを得ない」として処分の取り消しを命じていた。

都の控訴に対し、原告側は抗議声明を発表。「処分理由とされた学級編制や勤務問題、研修問題すべてが事実に反することであり、『処分を取り消す』という判決は当然の結果」などとして控訴の取り下げを求めた。

また、都障教組も「控訴は真実に目を向けず、いたずらに事件の解決を遅らせるもので、教育行政として許されない行為であり、障害児教育の現場で日々、奮闘している教職員と都民に対する背信行為だ」との抗議声明を発表した。

指導力不足教員

9人を「不適切」と決定

都教育庁

都教育庁は12日、指導力不足等教員の措置後の状況を発表した。

今年度、指導力不足等教員として、指導力ステップアップ研修を受講した13人のうち、1人は改善が見られたため、来年度から現場復帰となったが、3人は十分改善が図られなかったとして翌年度以降も研修を継続することとなった。また、残る9人は改善が図られないとして「教員として不適切」と決定。今後は本人の希望を踏まえ、自主退職か行政職への転職選考を受験することになる。

転職選考は、来春行われる通常の採用選考と同じ内容で実施する。現行の制度となった01年度以降、8人が受験しているが、合格者は出ていない。

指導力不足等教員は「専門性」「指導法」「児童・生徒理解」の三つの観点から判定。校長だけでは改善に向けた育成が図れない場合に任命権者が行う指導力ステップアップ研修を受講する。今年度、研修を受講していた13人のうち、9人は今年新たに指導力不足等と決定された教員だった。

職種ごとに質問ブース

技術職員の採用相談会

都人事委員会は21日、都庁第二本庁舎1階の2庁ホールで、08年度の技術職種採用に向けて、東京都技術職員採用相談会を実施する。対象となるのは08年度Ⅰ類A・B技術職、専門職種の受験希望者。

相談会では、各職種や試験課のブースが設置される。各職種のブースでは、自由相談形式で当該職種の先輩職員が仕事内容などの質問に答えるほか、試験課のブースでは採用試験に関する質問を受け付ける予定となっている。申し込みや事前予約等は必要なく、開催時間（午後2時から5時）中であれば自由に参加できるという。

都庁の展望室でプラネタリウム

科学技術週間イベント

都は、4月18日の「発明の日」を含む1週間の科学技術週間に、首都大学東京と共催でイベントや試験研究機関の施設公開などを行う。

4月16日の19時30分からは、都庁第一本庁舎の南展望室で1日限定のプラネタリウムを開催。500万個の星を投影する「メガスターⅡ」を開発した大平貴之さんを迎え、都庁展望室からの夜景を背景に、「メガスターⅡ」による星空の下、開発秘話や星空の生解説を行う。受付は19時から。

また、4月19日には日本科学未来館で「科学技術が支える未来の地球」と題した記念シンポジウムを開催。同館館長の毛利衛氏や、俳優で気象予報士の石原良純氏、首都大の奥真美教授を招き、地球環境と科学について語ってもらう。受付は13時から。

両イベントとも事前申し込みが必要。首都大学東京オープンユニバーシティ事務室☎042・677・2362まで。

中田　とくさん（なかた・とく＝中田保夫・台東区文化観光部観光課観光担当係長の母）2日死去、87歳。

金井　治夫さん（かない・はるお＝元東大和市議会議員）9日死去、80歳。

都議会予特質疑

1面からつづく

【商店街】

商店街にチェーン店などが加盟せず、加盟率が落ちている問題で、都は区市町村の商店街連合組織が行う取り組みへの支援制度を創設する。加入促進マニュアルの策定やチェーン店本部への働きかけなどで、商店街の組織力を強めていく。

地域連携型モデル商店街に選ばれた商店街が継続して事業に取り組めるよう、フォローアップ事業も始める。中小企業診断士を派遣するなどして、継続的にモデル的な取り組みができるようにする。

【医師確保】

産科などで医師不足が深刻な都立病院での医師確保策について、秋山俊行病院経営本部長は「一定の目途が立ちつつある」と答弁した。分娩を休止している豊島病院産婦人科で今年2月に女性医師1人を確保したほか、来年度に大学から2人の医師派遣が見込まれるという。また、荏原病院に産科医が派遣され、09年度から分娩を再開するという。

【インフルエンザ対策】

都は、今年度中に改定する「感染症予防計画」に、新型インフルエンザの早期発見、検査、防疫医療体制整備などを位置づける。また、感染症指定医療機関や保健所職員の感染予防のため、マスクや手袋、フード付きガウンなどの防護具を、08年度に約50万着購入し、翌年度以降も計画的に備蓄する。

【がん対策】

首都大学東京は来年度、大学院でがん医療を担う高度な放射線技術者の育成を始める。同大学を含む8大学が国内外の医療機関と連携して取り組む「先端的がん専門家の育成」プログラムで、首都大は医学物理士養成の役割を担っている。大学院に養成コースを新設する。藤井氏の質問に答えた。

【母子医療】

都は09年度、大塚病院に、母体や胎児の集中治療管理を行うMFICUを6床、新生児の集中治療を行うNICUを3床増床し、合計15床にする。また、墨東病院では08年度、NICUを3床増床し、合計15床とする。多摩メディカル・キャンパスでもNICUを9床増床し、都内全体のNICU病床の4分の1、多摩地域では5割以上を都立病院が保有することになる。

【非行少年対策】

都は来年度、非行少年の立ち直りのために必要な支援を1カ所で受けられるよう、「非行少年立ち直り支援ワンストップサービス事業」を始める。具体的には、就労・就学や生活の悩みについてのカウンセリングや、スポーツ・文化活動や社会参加活動の機会を提供し、少年の居場所づくりを行う。

【子育て支援】

仕事と育児が両立できる雇用環境を整備するための中小企業への助成制度で、来年度の助成規模を450社に拡充する。初年度だった今年は、試行として54社への支援を行った。助成対象も、社内ルールの整備を行うコンサルタントや、育児休業取得者の代替要員の経費に拡大する。

【介護サービス】

小規模多機能型の居宅介護事業所の整備を進めるため、新たなモデル事業を実施する。用地確保の難しさが整備の進まない原因となっているため、08年度から区市町村が事業者に所有地を貸し付けて整備する場合、通常の補助に1500万円を加算する事業を行う。

20年度 職員教養講座 ≪36≫

政治経済等事情 ②

前回に引き続き、演習問題を掲載します。

問題

【問題3】

昨年12月に開催された温暖化防止バリ会議に関する記述として、妥当なのはどれか。

① 先進国は温暖化ガスを2020年までに1990年比で25%~40%削減するという数値目標を掲げた。

② 2013年以降の新たな温暖化ガス削減の枠組み(ポスト京都議定書)について、具体的な交渉期限を設けることはできなかった。

③ 「すべての国が参加する枠組み」を目指したが、米国は行程表に合意したものの、経済成長を優先する中国やインドなど途上国とは、最終合意に至らなかった。

④ 京都議定書では、産業分野別に削減目標を掲げる「セクターアプローチ」を検討することを明記していたが、今回は各国の反対から記述を見送った。

⑤ 森林を保護する仕組みに初めて言及し、今後、森林保護基金を設置したり伐採を防いだりすることで排出権を取得できる仕組みを設けることとした。

【問題4】

本年2月に行われたG7財務相・中央銀行総裁会議に関する記述として、妥当なのはどれか。

① 共同声明では、ファンダメンタルズ(経済の基礎的要件)は引き続き堅固とし、「7カ国のすべてにおいて成長が今後加速する」との認識を示した。

② 共同声明では、金融不安に対し、世界経済を安定軌道に戻すため国別の具体策を明記した上、「各国が一致団結して行動する」と表現した。

③ 共同声明では、サブプライム問題への対応策として、「財務基盤が弱まっている欧米金融機関に資本増強を促すとともに、早急に各国が公的資金の注入を行う」ことを明記した。

④ 会合では、風力や波力、太陽光などの発電技術を途上国に普及させるため、日本・イギリス・ドイツを軸とする地球温暖化対策のための新基金の発足について合意した。

⑤ 本会合に続き、中国、ロシア、韓国、インドネシアの4カ国を加えた拡大会合(アウトリーチ)を開き、世界経済の減速懸念を共有し、緊密連携の方針を確認した。

【問題5】

裁判員制度に関する記述として、妥当なのはどれか。

① 裁判員制度の対象は、原則として裁判所で扱う全刑事事件であるが、殺人や強盗致死傷のような凶悪事件は、厳格な審理を行う必要があることから、除外されている。

② 有罪・無罪の決定及び量刑の判断は、裁判官と裁判員の合議体の過半数の意見による。

③ 裁判員には守秘義務が課せられるが、裁判員の仕事をする上で知った、事件関係者のプライバシーなどの秘密も守らなければならない。

④ 裁判員には、衆議院議員の選挙権を有する人であって、裁判員適性検査により基礎的な法律知識を有すると認められる人が選ばれる。

⑤ 裁判員となることを辞退できる事由としては、同居の親族の介護・養育が挙げられるが、事業に著しい損害が生じる恐れがあったとしても、辞退事由とは認めていない。

【問題6】

最近の最高裁判所の判決・決定に関する記述として、妥当なのはどれか。

① 使用済みインクカートリッジにインクを再注入して販売するのは特許権の侵害だとして、インクメーカーがリサイクル業者に販売差し止めなどを求めた訴訟で、再生の工程は修理の範囲内なので特許権の侵害ではないとした。

② 戦時中に強制連行され広島で被爆した韓国人の元徴用工が、被爆者援護法の適用外とされ健康管理手当を支給されなかったことの違法性が争われた訴訟で、国が援護法の解釈を誤り「被爆者が出国したら適用外」としたのは違法と判断し、国に対し、慰謝料等の支払いを命じた。

③ 裁判所から民事訴訟の当事者の口座記録の開示を求められた金融機関が、それを拒否できるかどうかが争われた訴訟で、金融機関には顧客の秘密を守る義務があり、提出を拒否できる、とした。

④ 警察官の取り調べメモが、刑事裁判で証拠開示の対象になるかが争われた訴訟で、警察官の取り調べメモは検察官の手元になく、開示の対象外とした。

⑤ JRの資産となる新幹線走行用の仮線路の関連工事費用を、市道拡幅の関連工事という理由で市債で賄うのは違法として、住民が市長を相手に起債差し止めを求めた訴訟で、市の資産とならない仮線路であっても、広く地域住民の用に供する施設である限り起債対象となる、と判断した。

解説

【解説3】 正答⑤

① 誤り。「国連の気候変動に関する政府間パネル(IPCC)がまとめた第4次報告書が示す目標を設ける」と言及したものの、具体的な数値目標までは言及しなかった。

② 誤り。行程表「バリ・ロードマップ」を採択し、2009年末までを交渉期限とした。

③ 誤り。ポスト京都議定書が現在の京都議定書と最も大きく異なるのは「すべての国が参加する枠組み」である点。中国やインドなど温暖化ガス削減に難色を示してきた途上国も一部の文言を修正することで削減努力を受け入れた。

④ 誤り。京都議定書にはなかった、産業分野別に目標を定める「セクターアプローチ」を検討することとした。

⑤ 正しい。

【解説4】 正答⑤

① 誤り。ファンダメンタルズは引き続き堅固としつつも、世界はより不確実な環境に直面しており、7カ国すべてで成長は短期的にはいくぶん減速するとの認識を示した。

② 誤り。今後の対応について声明は「必要な改革を通じて成長力を高める努力を強化する」としたが国別の具体策には踏み込まなかった。特に財政・金融政策は、各国の景気実態や財政事情が異なるため、各国の判断に委ねるべきだとの見解を示した。

③ 誤り。日本は、バブル経済崩壊後の金融機関の不良債権処理に公的資金を注入した経緯を説明し、米国等に「対策を早急に強く推し進めるべきだ」と要請したが、合意までは得られなかった。なお、前段は正しい。

④ 誤り。新基金の軸となるのは、日本、イギリスとアメリカ。しかしながら米国主導の基金創設に対し、欧州では、アメリカが温暖化ガスの削減目標の受け入れをかわすための方便ではないかと警戒感を有している。

⑤ 正しい。

【解説5】 正答③

① 誤り。裁判員制度は、殺人や強盗致死傷など、いわゆる凶悪事件を対象としている。それらの事件の審理に、一般国民の感覚を取り入れることが目的の一つである。

② 誤り。裁判官と裁判員の合議体の過半数であり、かつ、裁判官及び裁判員のそれぞれ1人以上が賛成する意見による。

③ 正しい。

④ 誤り。衆議院議員の選挙権を有する人の中から、1年ごとに無作為抽出で裁判員候補者名簿を作成し、その中から事件ごとに裁判員を無作為抽出する。なお、裁判員適性検査は存在しない。

⑤ 誤り。自営業者など、その人が裁判員として出頭することにより事業に著しい損害が生じる恐れがある場合は辞退事由に認めている。前段は正しい。

【解説6】 正答②

① 誤り。「加工して新たな特許製品が製造されたとみなせる場合は、特許権侵害に当たる」とし、リサイクル業者によるインクカートリッジの再生工程は、本体を変形させ、発明の効果を再現するなど、「新たな特許製品の製造」と言えるので、インクメーカーの特許権を侵害した、と判断した。

② 正しい。

③ 誤り。金融機関の顧客が民事訴訟の当事者となり、訴訟上、口座記録などを開示する義務があると判断された場合は、守秘義務を理由に開示を拒むことはできないとし、金融機関側に開示を命じた。

④ 誤り。証拠開示制度の趣旨に基づき、検察官の手元になくても、容易に入手できる文書は開示対象になりうるとして、警察官の取り調べメモの開示を命じた。

⑤ 誤り。仮線路は新駅建設のためと認め、その工事費に充てるための起債は地方財政法に違反すると判断し、市の起債差し止めを命じた。

◇

来週も、演習問題を続けます。

カレントトピックス 20年度 22

経済事情

■平成19年国際収支状況(速報)(2月13日)

財務省が2月13日に発表した平成19年の国際収支速報によると、海外とのモノやサービスの取引を示す経常収支の黒字額は前年比26・0%増の25兆12億円となり、現行統計に移行した昭和60年以来、2年連続で過去最高額を更新した。

貿易収支の黒字額は前年比30・8%増の12兆3791億円で、3年ぶりに黒字幅が拡大し、輸出額、輸入額ともに過去最高額となった。

地域別では、米国向けは減少し、欧州、アジア向けは増加した。

日本企業や投資家が海外から受け取った利子や配当額などから、海外に支払った額を差し引いた所得収支の黒字額は、前年比18・4%増の16兆2730億円で、5年連続で黒字幅が拡大した。

■東芝HD—DVD事業からの撤退を決定(2月19日)

㈱東芝は2月19日、HD—DVD規格に基づくプレーヤー及びレコーダーの新製品の開発、生産を中止し、製品販売も3月末を目途に終了する方向として、HD—DVD事業からの撤退を表明した。

これにより、二つの規格が争った新世代DVD市場はソニーなどが推すブルーレイ・ディスク(BD)に一本化されることとなった。

西田厚聰社長は、「技術的にも利便性でもHD—DVDへの自信は変わっていないが、現在の市場環境を直視し速やかに終息するのが正しいと判断した」と話す。1月上旬、HD—DVDとBDの両規格にソフトを供給してきた米映画大手ワーナー・ブラザースがBD単独支持を表明、2月15日には小売大手ウォルマートもBD支持を表明し市場の流れが一気にBDへと傾いた。

今後、東芝はHD—DVDの現行ユーザーに対し、サポート体制の強化や8年間のアフターサービスの継続等を行うとしている。

■厚生労働省、「雇用政策基本方針」公表(2月29日)

厚生労働省は、本格的な人口減少社会の到来、グローバル化や技術革新等がもたらした課題を乗り越え、経済社会の持続的な発展を強固なものとするとともに、人々の「雇用・生活の安定」の確保を目指し、当面5年程度の間、我が国が取り組むべき雇用政策の方向性を示した雇用政策基本方針を発表した。

具体的には、①誰もが意欲と能力に応じて安心して働くことのできる社会の実現②働く人すべての職業キャリア形成の促進③多様性を尊重する「仕事と生活の調和が可能な働き方」への見直し——の三つを柱に、雇用政策を迅速かつ着実に展開していくこととしている。

20年度 特別区 管理職試験講座 6

II類論文⑥

今回は、平成17年度に出題された事例式論文問題を掲載し、分析します。

問題事例

P区Q部R課は、課の庶務や地域振興を担当するS係、公会堂の管理運営や建て替えを担当するT係で構成されており、R課長は、この4月に着任した。

P区では、老朽化が進んだ公会堂をコンサートホールや集会室を備えた区のシンボル的な文化交流施設に建て替えることが決まっている。

着任早々、R課長は、Q部長から呼ばれた。

Q部長:「公会堂の建て替えについては、民間企業の資金やノウハウを生かした方法で行うようにと、先ほど区長から指示があった。各種の方法を検討のうえ、6月上旬までに方針をまとめて欲しい。地元との関係も十分留意するように」

R課長は、早速、S、T両係長を呼んでQ部長の指示を伝え意見を求めた。

T係長:「民間活力を導入するのであれば、効率性や経費節減から考えるとPFI事業で実施し、しかも建設から管理運営まで一括して行う方が良いですよ」

S係長:「T係長の言うやり方だと、地元の意向が反映されないんじゃないか。公会堂のあるX町会長からは、新しい施設の中に設置するレストランや売店を地元商店街に任せて欲しいという要望が出されているんだ」

T係長:「何を言っているのですか。区の厳しい財政状況では、PFI方式でやるのが当然ですよ。区民全体の利益を考えれば、地元町会の意向だけを受け入れる訳にはいきませんよ」

S係長:「X町会長には、公会堂の建て替えについて地元住民や商店街の調整などいろいろと協力してもらうのだから、もっと配慮しないといけないよ」

R課長は、S係長の意見も気になったが、T係長の意見がもっともだと思い、T係長に方針案を作成するよう指示してその場を終わらせた。

その後、R課長は、あいさつ回りや会議に追われ、方針案の作成についてはT係長に任せきりにしていた。

5月中旬、R課長が新聞を読んでいると、P区の公会堂の建て替えをPFI方式により実施し、建設から管理運営までを一括して実績のある大手民間企業に委ねるとの記事があった。R課長は驚いて、S、T両係長を呼んで事情を問いただした。

T係長:「課長が先日出張していたとき、新聞記者が公会堂の建て替え計画についての取材に来たので、PFI方式に関する私の考え方を話しただけです」

R課長:「まだ区の案も決まっていないうちに勝手な話をしてもらっては困る」

R課長が、憤然としていると、Q部長から電話があった。

Q部長:「今、地域の会合でX町会長に会ったが、X町会長は、新しい公会堂の管理運営を大手民間企業に委ねるという新聞記事を見て、レストランや売店を地元商店街に任せて欲しいという要望を無視するのなら、もう区の事業には協力しないと怒っていたぞ。あれほど、地元との関係に気をつけるように言っておいたのに、君は何をしていたんだ」

R課長は返答に困ったが、X会長には自ら説明する旨を伝え、受話器を置いた。そこへ険しい表情でY区議が入って来た。

Y区議:「今度の公会堂の建て替えや運営を大手民間企業に委ねると聞いたが本当か。それでは区内業者が入る余地がないではないか。区内業者の育成についてはどう考えているんだ。この件は議会で問題にする」

R課長は、思わぬ事態の展開に目の前が暗くなっていく感じがした。

特別区における公共施設の整備・運営のあり方について、あなたの考えを述べた上で、あなたがR課長であれば、この事例の状況についてどのように対処していくかこの事例に即して論じてください。

17年度問題分析

事例整理の観点

II類の事例式問題の類型は、次のようなものです。着任早々の課長が部長から指示を受けて方針を決めようとするが、係長たちの意見は対立しています。地域や議会の要望もあって、調整が必要となります。区の厳しい財政状況などの条件も考慮して方針をまとめなければなりません。課長の姿勢や係長たちの問題、組織運営のあり方などが横糸となって絡んできます。

論文では、まず部長からの指示に関係する「特別区の課題」についての考え方を問われます。その上で、事例への対応について論ずることになります。

事例式の論文では、部長から指示された課の方針そのものや、事態への細かな対応策の記述に終始しないよう気をつけてください。求められているのは、目標を予定通り遂行するためには、何が、なぜ問題で、課長としてどのように対応するべきかの考え方です。

事例の整理

それでは事例の状況を確認してみましょう。

P区では、老朽化が進んだ公会堂を区のシンボル的な文化交流施設に建て替えることが決まっています。

R課長は、4月の着任早々Q部長から公会堂の建て替えについて、①区長の指示は、民間企業の資金やノウハウを活かした方法で行うように②各種手法を検討し6月上旬までに方針案をまとめる③地元との関係に十分留意すること——という指示を受けます。

R課長は、両係長を呼んで、Q部長の指示を伝え意見を求めます。T係長は、経費を抑えるために民間の資本による「PFI方式」での施設建設・運営を提案します。S係長は、地域のX町会長から新施設の運営にかかわりたいという要望が出されており、地元の意向も聞くべきであると問題提起します。T係長は、地元町会の意向だけを受け入れることには問題があるとの意見です。

R課長は、S係長の意見が気になりましたが、T係長の意見を採用し、T係長に方針案の作成を指示します。その後は、T係長に任せきりにしています。

R課長は、5月中旬に新聞で、公会堂の建て替えをPFI方式で実施し、建て替えから、管理運営までを一括して大手企業に委ねるという記事を読み、係長たちを呼んで事情をただします。するとR課長の不在時に、T係長が取材に応じ、自分の考えを述べていたことが分かります。R課長はT係長に新聞記者との対応について注意します。

そこにQ部長から電話があり、地域の会合で、新聞を読んだX町会長から地元の要望を無視するのなら、区の事業には協力しないといわれたことを聞かされます。また、地元との関係を悪化させたことを叱責されます。R課長は、自らX会長に事情を説明する旨をQ部長に話します。

Y区議からは、区内事業者育成の観点から議会で問題にすると言われてしまいます。

事例の分析

部長からの指示は「公会堂を区民のシンボル的な文化交流施設に建て替える方針を6月までにまとめる」というものです。条件としては、民間活力を導入すること、地元と調整することの2点です。

本事例のR課の組織構成は、課の庶務と地域振興を担当するS係と公会堂の管理運営や建て替えを担当のT係です。登場人物は、この4月に着任したR課長、上司はQ部長です。部下はS係長とT係長で、係員は直接登場していません。住民はX町会長とY区議です。

事例を読みながら、登場人物やその人の問題点などを、簡単に相関図などを書いてみることも有効です。

本事例では、まず、「特別区における公共施設の整備・運営のあり方について」の記述が求められています。17年度の事例となった施設の建設や運営に関するテーマは繰り返し出題されています。

特別区は、人口の増加や区民ニーズの多様化等に対応して、様々な施設を整備してきました。これらの施設の中には老朽化が進み、改築が必要になっているものも少なくありません。人口構成や区民ニーズが変化し、施設の機能を見直し、統廃合することも検討しなければなりません。公共施設は建設や維持管理に多額の費用が必要であり、どのように進めるかは財政運営上大きな課題となります。区の財政には一部明るさもみえますが、景気の動向や、三位一体改革の影響、人口構成の変化に伴う行政需要の増大傾向など、決して楽観できるものではありません。

施設は、地域住民との信頼関係なくしては円滑に建設し運営することが難しい状況です。公共施設は行政のものではなく、区民共有の財産です。整備計画や運営のあり方について、背景や課題、経緯などについて説明責任を果たし、区民の理解と協力を求め、ともに協働していくことが求められます。

次に「区民サービスの向上」です。指定管理者制度などにより、施設の管理運営に関しては民間事業者に門戸を開き、事業者が競い合うことで、サービスの向上と経費の節減が求められています。

どのような視点で論文を作成するか、さまざまな切り口があると思います。出だしの部分は、一番印象に残るところでもあり、論文の評価を左右する箇所でもあります。

本事例で、R課長が解決すべきは、2カ月程度で公会堂の建て替え方針案を作成するという大きな課題です。短期間で目標を達成するためには、部長の指示を踏まえて、R課長のリーダーシップのもと、課が一丸となって取り組む必要があります。しかし、R課長や係長達の姿勢や行動には問題があり、目標の達成が危ぶまれる事態です。

R課長の行動の点から本事例を考えて見ましょう。

Q部長からの指示を受けた後、自らの方針もなく係長たちを集めて意見を聞いています。このため係長間の意見の相違を調整できず、放置しています。

また、Q部長の指示やS係長の問題提起を軽視し、判断を誤って、安易にT係長の意見を採り入れています。T係長に方針案づくりを指示した後も、T係長に任せきりにし、適切な進行管理を怠っています。

T係長は、区の方針になっていないPFI事業の情報を新聞記者に話し、課長への報告も怠っています。意思形成過程の情報管理の重要性を認識していません。課長の職員の指導にも問題がありそうです。その結果、X町会長やY区議から批判を受け、Q部長や区政への信頼を損なう事態を招いています。

◇

次回は、論文例と解説を掲載します。皆さんも出題事例の論文を作成してみてください。

Gallery

旅先で出会った風景 人との出会い、再会

絵と文　大瀧安良

一般に外国の画家とその作品について情報を入手する手段は、ついこの間までは美術展で実物に接することや美術全集などの出版物を見ることだったわけですが、最近は何といってもインターネットです。これまで彼に関する切り抜き情報などこまめに集めファイルに綴じてきましたが、今では少し熱が冷めてきました。何しろ「フェルメール画家」で検索すると、瞬時に12万2000件もヒットするのですから。苦労してやっとのことでたどり着く喜び、「価値」は最早過去のものなのでしょうか。果たしてそれで知的欲求というものが満たされるのかどうか、疑問です。

海外の実物に接することだって今では簡単、新聞の広告欄を開けば個別のお気に入り旅がごまんと用意されています。まだベルリンの壁があった頃、東西ドイツを個人で旅行し、西ベルリンにある彼の作品を見た、なんて話はもう見向きもされません。ただ一つだけ新参者には出来ないことを経験しています。彼の作品中、1990年の盗難以来所在不明のボストンの作品を私はそれ以前に現地で見ているのです。近年フェルメールに関する著作物のある朽木ゆり子さん、有吉玉青さん、ボストン留学経験のある福岡伸一さんたちはかわいそうに見ていないんです……歪んではいますが密かな自慢の一つです。

フェルメールのことを書き出すと止まりません。4月からは内容を改める予定です。

絵は、デルフトの旧教会です。フェルメールが埋葬されているとのことで、堂内の石畳には「ここに眠る」の標識が刻まれています（後世のもの）。写真は、市内至る所に設置のフェルメールに関する案内板の一つです。以前はデルフト陶器が「売り」でしたが、今では挙げてフェルメールを前面に押し出しています。

かんばれ！公務員 16

タコ壺から這い出そう

文とマンガ　鈴木武征

最近のお役所で少々気がかりなことがある。

都庁や区役所などを訪ねると、職員が脇目もふらず仕事をしている。以前は室内で談笑する職員や手持ち無沙汰風の職員を見かけたが、最近はとんと見かけない。

ある日、都庁執務室を訪れる。皆忙しそうに仕事をしているが、こちらに気づいてくれた人がいたので「ちょっと……」と手を挙げる。

しかし、すぐに知らんふりで机上に目を戻されてしまう。

まるで仕事以外の余計なことには関わりたくないという感じだ。

気がかりというのは、その人達の表情がイマイチ冴えない、活き活きしてないという点だ。たとえ仕事は忙しくともそれを楽しむ余裕のある人と、否応なしにそういう状況に追い込まれてしまった人との表情はおのずと違う。

追い込まれる大きな要因はやはり定数削減と人事管理の強化であろう。

削減する側は事務量が減ったから人も減らすという。

されど職員の日常は、不意の仕事や問題発生等々、必ずしも数値化される事務ばかりではない。

そこへ追い打ちをかけるように業績評価や公務員としての品格指導だ。

必然、「自分に与えられた仕事だけしていれば良い」「余計な事には関わらない」「上に睨まれたくない」という人が増える。

しかし、これは自らタコ壺に入るタコの如く、管理する側の思う壺にはまってしまっているのだ。

周りに壁を作り、外の世界を見ない。

一見安全そうだが、知らぬ間に引き上げられてしまう恐れがある。

相手は強大だ。口では首都公務員などとおだてておきながら、多くの職員を戦場の一兵卒としか思っていない。

壺から追い出されると、新しい職場は警察や税関だったなど、今後思わぬこともあるやも知れない。

これを防ぐには壺に落ち込まないのが大事だが、たとえ壺に入ってしまっても時折顔を出し、周りの世界を正しく観察することが大切だ。

職員一人ひとりの仕事は大きな地方自治のほんの一かけらだが、それが課や局の中、都政の中でどういう位置づけにあるのかを把握しておくことが肝要だ。

国や都政の動向、他局の仕事、他人の仕事と自分の仕事との相関関係などを正しく認識してこそ首都公務員だ。

その点、人事部や主計部の職員はさすがに見識が広い。その人達の前で自分たちの事情のみで説明しても、「問題ありません、よそではこう対処していますよ」と言われてしまえばお終いだ。

お酒やカラオケも必要だが、自分への投資にも配慮しなければならない時代なのだ。

テレビを見る、新聞を読むという簡単なことを欠かしてはならない。

その気になれば本紙（都政新報）など教材はいくらでもある。

管理職試験の勉強の期間だけ読み、合格してしまったら隣の人のを見ればいいなどという人がいたが勿体ない。

酒席を一回辞しても自分に投資し、部下に「これ読んでご覧」というのが上に立つ人の品格だと思うが如何なものであろうか。

目先の仕事だけに忙殺されるのは止めてタコ壺から這い出そう。

海は広いな、大きいなだ。

そういえば、もう異動のうわさが流れる時期だが、廊下トンビまでが絶滅の危機にあるようだ。

忙しい皆さんに替わって私が暫しその辺を飛び回ってきます。

集めたネタをサカナにまたお会いできる日まで「シー・アゲイン！」

（次回は5月2日号からシリーズを再開します）

さらば 青春の名画たち 団塊退職世代に贈る ⑤

3人の美女たち

J・モロー、M・ヴィッティ、M・メルクーリ

フランソワーズ・ドルレアック……カトリーヌ・ドヌーヴの姉の、フランソワ・トリュフォー『柔らかい肌』の、そして若くして事故死した……が一番美しい女優だと固く信じてきた。心の奥底に秘めて来た。再見してそのイメージが崩壊した。何の感興も起きなかった。衝撃だった。そこから、心の名作を今見てはならないとの戒めの言葉が生まれた。

だが、原因は何だ。神経の経年変化か？ 鈍磨か？ 要するにボケが進行しているのか……その溶融力は、ひそかな心の支えすら忘却の大河に押し流していくのか。

けれどもテレビで見ることのあった『ひまわり』のソフィア・ローレンは変わらなかった。恋人、妻、母としての想いが画面に広がっていた。底光りする迫力だった。……そのかわり〝太陽〟とたたえられた美女時代の彼女の影が薄くなっていた。よく思い出せないのである。

……ということは、美女の記憶の方が経年劣化が激しいのか？

では、名作に不動の地位を保っているジャンヌ・モロー、モニカ・ヴィッティ、メリナ・メルクーリは美人か？ 見解は四分五裂に違いない。

ジャンヌ・モロー……年齢不詳である。『突然炎のごとく』の彼女はいったい何歳？ 若いはずだがそうは見えない。唇の端がきりっと下がって結ばれ、眼に強い力がある。笑顔に凄みがあってゾクっとさせられる。その迫力に、共演している男たちがふにゃふにゃして見える。

タイトルの訳がユルイけど『雨のしのびあい』の彼女は良い。女が恋人に殺されるシーンを目撃して、羨ましいと思う。あのように、殺されるほど愛されたいと願う。

監督はピーター・ブルック。原作はマルグリット・デュラス。狂気と背中合わせになって、極限まで行く孤独の表現が、この女優にふさわしい。

ミケランジェロ・アントニオーニがしきりに起用したモニカ・ヴィッティも鮮烈な記憶を残している。『夜』から『太陽はひとりぼっち』『赤い砂漠』へと凄みが増していく。切れ長の目、しわがれた声。笑うとそれがいっそう強調され、魂の抜けた身体を風が通っていくみたいだった。

最後はメリナ・メルクーリ。後にギリシアの文化大臣になった女優だ。

『夏の夜の10時30分』。この作品は立ち見で見た。混んでいて画面全体が見えなかった。愛の危機に立つ女の孤独が、妻とその愛人を殺した若い男の純粋さに感応する。だが男は自殺、彼女に戻る場はない。メリナ・メルクーリが、豊満な肉体をよじってする苦悩の表現に圧倒された。

どの女優も、かわいい、美しい、セクシーなどという次元を超越していた。女の生の深みをかいま見せているようだった。怖いほどだった。

……それだから、ときには美人女優の甘いストーリーでひと息つきたいと思ったのかも知れない。

（瀬満）

『太陽はひとりぼっち』のモニカ・ヴィッティ

都職員蘭友会

都政新報社賞に上原氏

ひと足早い春の訪れを告げるように、今年も第41回を迎えた東京都職員蘭友会の春蘭展示会が7日、都庁第二本庁舎10階の会議室で開催された。庁舎1階で開催していた頃は、都民が立ち寄る姿も見られたが、昨年から場所が移動に。それでもお昼休みには、大勢の職員が訪れ、蘭談義に花を咲かせていた。

今年は、会長賞に伊部秀夫さんの「簪蝶」、蘭友会賞に中井成也さんの「華厳」、都政新報社賞に上原俊和さんの「老文団素」がそれぞれ入賞。

蘭歴約30年になる上原さんは、都政新報の紹介記事を目にして仲間に入ったとかで、その頃は140〜150人の会員を擁していたという。「父親が戦前やっていたのを覚えていて、憧れでしたね。中国春蘭の素心は、花弁が真っ白で、香りが高い。端整で高貴な上品な花で、思わず襟を正したくなります」と、自身の手がけた花を前に話してくれた。実際、大事に育てていく間は、子どもや孫のように可愛くて楽しいものだという。

次第に奥様も興味を持つようになり、蘭の花を見ながら語り明かしたりもするそうで、夫婦円満の秘訣でもあるとか。また、部屋に蘭を20鉢ほど置いて、それを愛でながら銘酒を飲みつつ、仲間と蘭談義をするのも至福のひとときだと話してくれた。

難しいと思いがちな蘭だが、慣れてしまえば、育てるのは意外に楽なのだとか。興味をお持ちの方は是非トライしてみてはいかがだろうか。

みにがいど

◆講演会「成熟社会か衰退社会か　そのとき日本は〜少子化と団塊世代の大量退職をめぐって〜」▽日時　3月17日(月)午後6時〜8時▽すみだ女性センター▽費用　会員及び同居家族は無料。非会員300円※先着50人▽申込・問い合わせ先　墨田区勤労者福祉サービスセンター☎3626・3723

◆「ヤミの北九州方式」の実状から学ぶ―住民の生命を大切にする生活保護現場を守り続けるために▽日時　3月28日(金)午後6時30分〜▽場所　文京シビックセンター地下1階学習室▽参加費　800円▽講演「北九州市での生活保護改善の取り組みの実状を語る」藤藪貴治・北九州市元生活保護ケースワーカー・北九州市立大学非常勤講師▽主催・問い合わせ先　東京生活保護福祉研究会☎090・8302・1021斉藤まで

海外出張こぼれ話 30

東郷尚武

オリンピックを迎える北京と沿海都市アモイ⑬

前回は、廈門（アモイ）で進行していた大規模プロジェクト蓮花新村のお話をしたが、廈門に来た以上、当地随一の名門・廈門大学について触れないわけにはいくまい。先に、廈門は歴史的に中国対外貿易の窓口であると同時に、海外の華僑の故郷としても有名と述べたが、廈門大学の構内を散策すると、まさにその感を深くする。

廈門大学は、廈門島南端近くに、まさに海外に向かって雄飛するような形で立地している。廈門港に面したすばらしい環境のもと、広大な敷地の中に、思い思いのデザインを駆使した素敵な建物が、互いに競り合うような形で建っている。

筆者らは建築部長の案内で構内を視察したが、普通の大学であれば大体似たような建物が立ち並んでいるのに対し、この大学では、一つひとつの建物が個性豊かに、色彩も豊かで、我々の目を楽しませてくれるのである。

本校は1921年に創設されたので、創立以来90年近くが経過しているが、これらの建物は、そのほとんどが、この福建省から海外に飛び立ち、海外で成功を収めた人達の寄贈によるものなのである。したがって、優美さを競っているこれらの建物には、皆その寄贈者の思いが込められ、その思いがこういう形で表現されているのである。

廈門大学の正門──構内には個性豊かな校舎が立ち並ぶ

廈門は教育熱心で、約1割の人達が大学に行くという。海外との窓口ということもあり、フィリピン、台湾等との交流も盛んで、この大学には海外留学生のための立派な寄宿舎も用意され、東洋医学の研究者も多いという。学生数は1万1000人で、うち2000人が院生であるという。福建省は華僑の故郷とはかねて聞いていたが、これを肌で感じた1日であった。

筆者らは12月5日から廈門本島・旧市街地の東海大廈酒店（East Ocean Hotel）に滞在していたが、中国のホテルとしては一流で、欧米のホテルと比べ殆ど遜色がなかった。部屋は海に面し、窓越しの景色は美しく、島内の開発事業の喧騒さはここまでは達しなかったが、朝の目覚まし時計が自動車のクラクションというのはいただけなかった。瞬く間に日付が変わり、早、12月7日の朝を迎えていた。午前中は市役所の建物で、我がチームの3人が約100人の聴衆を前に、一人約1時間のプレゼンテーションを行い、当地での主な職務はほぼ終了した。

午後は、廈門本島をあとに、市側の案内で高速艇を駆って、本島南東部沖に位置する鼓浪嶼を訪れた。次回はこの島のお話をしよう。

都政新報
発行所 都政新報社
〒160-0023 東京都新宿区西新宿7-23-1 TSビル
〈総務・読者〉(03)5330-8781
〈企画広告〉(03)5330-8784
〈編　　集〉(03)5330-8786
〈出　　版〉(03)5330-8788
〈セミナー事業部〉(03)5330-9977
〈ファクス〉(03)5330-8808
郵便振替 00130-2-101470
購読料 月1,680円（税込）
毎週火・金曜日発行
但し、祝祭日は休刊
©都政新報社 2008

紙面から

新銀行東京への400億円の追加出資

論議に深まり見えず

都議会予算特別委員会が11日から行った総括質疑は、13日に最終日を終え、審議の場を常任委員会に移した。焦点の新銀行東京への追加出資問題では、13日の予特が参考人招致や調査委員会報告書全文の扱いをめぐり、会派間の調整がなかなかつかなかった。このため開会が7時間遅れ、終了が朝4時過ぎまでずれ込んだ。各党の対立ムードが高まる一方で、論議の深まりには欠けているという認識が、各党幹部から共通して聞かれる。常任委員会審査や予特締めくくり総括質疑に向けて、どう議論を実質的に深めていくかが重要になる。

報告書の全文公開で対立

13日の予算特別委員会理事会で民主党、共産党、生活者ネットの3会派は、▽新銀行東京が行った内部調査報告書全文の公開▽関係者の参考人招致▽25日の予特締めくくり総括質疑の時間延長——の3点を求めた。

これに対し自民党などは「参考人招致や質疑時間の問題は、すでに決着済み」という考えを示し、予定通り行うべきと主張。

紛糾し予特質疑は朝4時まで

大山とも子都議（手前左）が提出した動議をめぐり、紛糾する予算特別委員会＝13日

三宅委員長は、質疑時間をいったんは当初通りとする取りまとめを行った。民主党の理事3人は、委員長の決定に納得せず、理事会を退席した。

午後1時には予算特別委員会を開けるよう、知事をはじめ理事者側が集まったが、理事会決定の扱いについて各党の協議が始まり、委員会が開会できなかった。

水面下の調整を経て、理事会は午後2時半に改めて開会された。新銀行の調査委員会報告書本文の扱いが焦点になり、自民党は公開を求めることに反対していたが、他の全会派は、公明も含めて出すべきという立場を明らかにした。

各会派の意向を受け、三宅委員長が産業労働局に全文を公開できるか問い合わせ、調整することを決めた。関係者によると、非公式の協議で局や副知事らに対し、自民、民主、公明の3党幹部が公開を要請したという。

この過程では、自民党と公明党の最高幹部のトップ会談も午後4時過ぎに行われ、400億円の追加出資に関する補正予算案の扱いを話し合った。今議会の開会前に知事から追加出資に関する説明を聞き、了承した経緯を踏まえて自民党が議案を通すよう要請。公明党側も「議案については、当初方針通りで、変わらない」と答えたという。

◇質疑を1時間延長

調査委員会報告書の全文については、午後7時50分に開会した委員会で、冒頭に佐藤広産業労働局長が「新銀行がこれから提起する可能性のある訴訟には、損害賠償請求が含まれる。本報告書は訴訟に勝つために極めて重要な資料で、公表することは、その有利さを失うことになる」と、公開できない理由を説明した。

民主党幹部は、この説明について「工夫すれば本文の内容をもっと出せるし、出すべきだという思いはある。ただ、局の言い分も理解はできる」と語る。

他方、共産党は、産業労働局の説明に納得せず、委員会に参考人招致を求める動議と、調査委員会報告書全文の公開を求める動議を提出した。このうち、参考人招致については採決したものの、報告書公開の動議は「局から公開できないという説明があった」として採決しなかった。共産党委員は、採決すべきだとして委員長席に詰め寄り、予算特別委員会は開会後も混乱が続いた。

また、三つ目の論点だった締めくくり総括質疑の時間延長については、委員会終了後の理事会で1時間延長が決まった。自民党は他の会派に時間を譲り、共産党には時間を配分しなかったことから、民主42分、公明15分、ネット3分が各会派の持ち時間に加わる。

共産党に時間を配分しなかったことについて、民主党幹部は「参考人招致の要求を取り下げることと、質疑時間の延長はセットで話し合ってきた。それを破るなら、延長時間は配分できない」と話す。他方、共産党は「民主党も含めて、13日の理事会で参考人招致を求めた。動議を提出する権利は、否定されていない」とする。また、生活者ネットは「400億円の追加出資について十分に真実を明らかにするだけの情報も、参考人招致もない。そのなかで、審議時間の延長だけで手を打つのはおかしい」と述べている。

営業経費で500億円損失

過大な制度設計を追及

13日の予特質疑では、新銀行東京の累積損失1016億円のうち、デフォルト総額285億円以外の損失について、営業経費によるものが約500億円、資金調達費用約100億円、特別損失約150億円などの内訳が示された。

累積損失が1016億円まで拡大した原因として調査委員会報告では、旧経営陣らの融資審査の甘さを指摘するが、焦げ付き分は285億円にとどまる。大半の損失はマスタープランの制度設計が過大だったことに伴うため、都の判断の誤りだという指摘が民主、共産両党から出された。

4日間の予算特別委員会を振り返って、自民党の吉野利明幹事長は「質疑が責任問題に集中している。追加出資を否定したらどうなるのかという将来の問題をもっと議論する必要がある。400億円というのは困惑する数字だったが、金融不安を避けなければならないという気持ちが固まりつつある」と話す。公明党の中嶋義雄幹事長も「責任問題は重要だが、それに終始してはならない。責任論は必要条件だが、十分条件ではない。400億円支出の適否の判断は、再建計画の妥当性と実現性にある」と述べる。

責任問題以外の議論が不十分とする与党側に対し、新銀行存続に批判的なスタンスをとっている民主党は、局側の不誠実さを指摘する。田中良幹事長は「党として様々な調査を進めており、材料がそろってきた。再建計画の作成に関わったコンサルタントが、これまでの計画のコンサルタントと同じなのか、別なのかといった基本的な情報も理事者側が出さない」と指摘する。

吉田信夫共産党幹事長も「いろいろな具体的事実を示し、知事の責任を明らかにした。しかし、知事は居直[illegible]いる。400億円の根拠も示されていない」と述べている。

石原知事は14日の会見で、予算特別委員会を通して「（質疑で）都民の理解が得られるのはなかなか難しい。専門的な質問が多く、逆に選択肢が三つしかないという本質的な状況認識につながらなかった」と振り返っている。

説明責任に欠けた新銀行

知事も都議会も不誠実

記者座談会

新銀行東京への追加出資の是非が最大の焦点の都議会第1回定例会は、予算特別委員会の総括質疑が終わり、前半戦が終了した。新銀行東京を設立した政策判断の妥当性、旧経営陣の任命責任、経営再建の見通しなどが論点になり、質疑が行われた。2月20日の再建計画の発表から3月10日の調査委員会報告、それを受けての議会審議を担当記者で振り返った。

■新銀行の対応

A　現経営陣は、税金から400億円の追加出資を求めることの重みを口にしたが、都民、都議会に理解を求める姿勢に欠けていたと思う。その端的な例が3月6日の再建計画の議会説明だ。勉強会という名目で行うことを是としたとしても、対象を自民、民主、公明の3会派に限定する必要はない。会派との調整でいろいろなことがあったと聞くが、それとは別の視点で、世間からどう映るかも考えるべきだった。税金で作った銀行がこれだけ都政に迷惑をかけているのに、社会的責任をどう考えているのか。謙虚さと配慮が足りないと思う。

B　知事は、早い段階から公表すると発言していたのに、調査委員会の概要発表は、予特前日の10日と遅かった。「後出しジャンケンの方が有利と考えて、時期を引き延ばした」というのが、庁内のもっぱらの見方だ。仮にそうだとしたら、姑息な戦術だ。10日の記者会見は糾弾調の厳しい内容になり、2時間あまりに及んだ。最後は、津島隆一代表執行役が「エンドレスにやるんですか」とキレた。

C　都民への説明責任を果たそうという姿勢が新銀行東京に薄かったのだから、報道陣のフラストレーションが爆発するのも、ある面で仕方がない。調査委員会報告は、石原知事に都合のいい中身になると思っていたが、あそこまで仁司泰正代表執行役にすべての責任を押し付け、知事や東京都の責任を不問にするとは、予想外だった。知事の友人の社外取締役に対しても甘い内容だ。

B　3会派の勉強会の話が出たが、400億円の補正予算を通すには、自民、公明の賛成があれば足りる。しかし、それでは石原与党が都議選を戦いにくい。与党の選挙リスクを軽くするため、民主党にも賛成してもらおうという思惑が根底にあると思う。

■都議会の質疑

A　参考人招致は、全会派一致を原則とするため、今回実現しなかったが、これだけの問題なんだから行うべきだった。一方的に悪者を作り上げ、臭いものにふたをした印象が現在もぬぐえない。その上、調査委員会報告の全文も非公開というのでは、都民も得心がいかないと思う。

B　自民党は、代表質問で「予特勝負」と言っていたのに、肝心の予特で勝負せず、知事をかばう姿勢だけが目立った。累積損失が1016億円に拡大した一因は、都側の対応が後手に回ったことにある。調査委員会でも「05年度末の時点で抜本的な対策が実行されていたならば、経営状況は一変していた」と認めている。その当時、知事は「開業して間もないから見守って欲しい」と悠長な姿勢だった。今後のためにも、自民党は責任政党として指摘すべきことは、きちんと指摘すべきだった。

未明にまで及んだ質疑で疲れを見せる石原知事＝13日

C　都議会は、何となく、もう決着がついたという雰囲気が漂う。自民党は、早々に賛成の方向を固め、公明党も最終的には消去法で「追加出資やむなし」という結論を導き出そうとしているように見える。そのための前段の議論として、事業縮小による清算ができないか、400億円を都が全額出すのは再検討すべきではないか、という指摘をしている。しかし、これで終わってしまったら、知事も議会も都政運営に不誠実だ。

A　民主党は、25日の締めくくり総括質疑に向けて「材料が集まってきている」と自信をみせる。期待したいところだが、与野党ともにこの間の質疑は突っ込み不足だ。400億円の根拠でも、都側の説明に不思議な点があり、なぜ問いたださないのかと思う。都によると、追加出資がなかったら自己資本比率が4%を下回り、08年度中に業務停止になるという。しかし、新BIS規制に対応するため、自己資本の維持に必要な額は80億円のはず。百歩譲って、新規業務や風評被害などのリスクへの備えが40億円必要という点までは理解しよう。しかし、残り280億円は根拠があいまいで、本当に支出しなければいけないのか、精査が必要だ。

B　事実の不整合を一つひとつ問いただすことが重要だ。知事は、乱脈経営の象徴的な例として「旧経営陣が6カ月もつ会社だったら、どんどん貸せと指示していた」と語っているが、新銀行東京の内部調査では、そういう発言は確認できていない。では、知事は誰かからレクチャーされて、あのような発言を記者会見で繰り返し行っていたのか。こうした不整合を具体的にただしていけば、ボロが出るのに、議会側は本気で攻めていない。追加出資の賛否は、各党で態度が違うだろうが、400億円という巨額の税金の行方なんだから、もっと踏み込んだ議論をして欲しい。

冗句ジョーク

新銀行問題が最大の焦点となった都議会
懸念される他の予算案の審議

救急車を要求している消防庁
「タライ回しにされていないか心配です」

冷凍食品の原産地表示 消費生活条例で規制へ

審議会に諮問

中国製の冷凍ギョーザによる食中毒事件を受け、石原知事は14日の定例記者会見で「消費生活条例」で原料の原産地表示について定める方針を明らかにした。まず、都民の関心が集まっている調理冷凍食品について、表示の規定を検討する。

表示制度を実効性のあるものにするため、27日に開催される都消費生活対策審議会に諮問し、生産・流通事業者や消費者、専門家の意見を聞く。具体的な表示方法については、パッケージに印刷する以外に、店頭で必要な情報が得られるような工夫や、ホームページの活用などのアイデアも含め、検討される。

石原知事は「本来、食品表示のような制度は国が全国的な規制として検討すべきだが、国においても国民のニーズを察知して速やかに取り組むよう提案していきたい」と述べた。

都政の東西

ごみ戦争の教訓

自分の手から離れた途端に、その存在をきれいに忘れてしまうのが「ごみ」である。捨てるにあたって、その処理の過程で生じるさまざまな影響にまで思いを至すことができる人は、どれだけいるだろうか。

1974年、羽村町（当時）と瑞穂町を舞台にして起きた多摩地域における「ごみ戦争」は、他者への迷惑を顧みなかったことによる顕著な例だ。72年前後に江東区と杉並区で、すでに「ごみ戦争」が起きていたことからも分かるように、大量消費時代の到来で、当時の東京はごみ量が大幅に増加して処理に困り、切迫した状況にあった。

多摩におけるごみ戦争は、多摩地域の21市がごみ処理を委託していた業者が、両町の陸砂利採取後の穴にごみを不法投棄していたことに起因する。雑多なごみは、悪臭や害虫を発生させ、カラスの集団やごみ運搬車の通行による被害なども住民を悩ませた。ところが捨てている側の意識は薄かった。当時の「広報はむら」によると、現地を視察した関係市の議長や代表者らは「自分の市のごみがこのように処理されていることを初めて知った」という人が大半だったという。ごみ投棄許可権を持つ都の指導監督が不十分との指摘もあるなか、両町の住民は地主を相手にごみ差止めの仮処分申請を行い、「投棄しない」あるいは「投棄には消毒装置を備え、覆土する」などの条件で和解を勝ち取り、計画的な最終処分への道筋をつけた。

いま、二枚橋焼却場の[illegible]を受けて、調布、府中、小金井市が多摩地域の各団体に可燃ごみの焼却処理を委託しており、自区内処理を超えた場合、預ける側の自治体には一層厳しい分別・減量などのマナーが求められるのは道理。30余年前の教訓を生かすときにきている。

職場でご購読されている皆さまへ

4月人事異動は、課長級以上の方は異動表に基づいて手続き（新職場への切り替え）をします。係長級の方は多数になるため異動表の入手次第、局・区より、順次行います。例年ですと、その手続きにほぼ1カ月を要する場合がありますので、早期配達をご希望の方には、暫定措置として約1カ月間、職場送りから自宅郵送に切り替えさせていただきます。その旨本社に電話かFAXでお申し付け下さい。

また、主任、一般職員の方につきましては、大変お手数ですが、異動先をご連絡下さい。異動手続きのために大変ご迷惑をおかけしますが、何卒ご理解とご協力のほどをお願い申し上げます。

平成20年3月 都政新報社読者部
電話 03・5330・8781
FAX 03・5330・8808

ごみ処理負担金　1トン1500円で決着
区長会が合意　「負担の公平」に道筋

大規模な清掃工場を持つ区に清掃車が集中するなど、偏った負荷を分散させるために長年議論されてきた「負担の公平」に、道が開けた。特別区長会は14日、23区が共同で行うごみの中間処理について、副区長会役員会で取りまとめた「金銭による負担の調整の枠組み」の案を了承。清掃工場の有無にかかわらず、受け入れ基準量からはずれたごみ量に対して、各区とも1㌧あたり1500円の負担金を支払う仕組みで合意した。今後、搬入調整やごみ減量を推進して工場の負荷の平準化を図りながら、財源の問題や導入時期などについて、下命する副区長会で詳細を詰めていく。

全区が負担の対象に

区長会が了承した「金銭負担の枠組み」は、清掃工場のある17区（渋谷、中央、港、墨田、江東、品川、目黒、大田、世田谷、杉並、豊島、北、板橋、練馬、足立、葛飾、江戸川）のうち、区のごみの受け入れが可能な16区（渋谷区以外）に、一定の処理基準を設定。基準を超えてごみを受け入れた場合、1㌧あたり1500円の負担金を受けるというものだ。

同時に16区は、割り当てられた処理基準を下回った場合、基準に達しなかったごみ量に応じて負担金を支払う仕組み。

処理基準は、16区の自区内で出るごみ（区収集＋持ち込み）の合計の15%を、他区からのごみの受け入れ量とし、それを16区で均等割り。自区内で出るごみ量に、均等割りした受け入れ量を加算したものとした。

減量化で負担金ゼロも

06年度焼却実績の試算では、16区の自区内発生ごみの合計は205万1284㌧で、その15%は30万7696㌧。それを16区で均等割りすると、1万9231㌧となり、16区の処理基準は「自区内で発生したごみ量＋1万9231㌧」だ。

ここから06年度の負担金を試算すると、工場のない区では、最も少ない荒川区が2800万円、最も多い新宿区で8900万円を負担。工場のある16区のうち、処理基準を超えてごみを受け入れた9区は負担金を受け、最も多い江東区は2億5000万円を受ける。工場があっても処理基準に達していない7区は、達しなかった量に応じて負担金が発生し、最も多い江戸川区で3200万円を負担する計算だ。

現在は、23区全体の効率性から、収集エリアに近い工場にごみを搬入しているが、工場があっても負担金が発生する区の場合、自区内ごみのすべてを自らの工場に搬入すれば、負担金をゼロにすることができる。

また、ごみ減量化が進めば、将来的には工場のない区も、負担金をゼロにすることが可能だ。人口が変わらない前提で、07年度から区民1人あたり20%のごみを削減できれば、2016年度には23区のごみ総量が、16区の処理基準を下回るという予測もある。

実際には搬入先の変更でかかる経費や、景気上昇によるごみの増加など課題はあるが、負担金は「ごみ処理の平準化が図られるまでの暫定的な導入」が原則。負担金解消に向けた努力が、全区に求められることになる。

23区一体の取り組み

「負担の公平」は、清掃工場の有無と、200㌧から1800㌧の焼却能力の差から生じる負荷で議論されてきた。特に江東区には、国内最大級の工場を持つ、処理するごみの74%が他区から搬入され、清掃車の搬入台数は年間100万台超。03年には区長会も「負担の不公平を極力平準化する仕組みが必要」との方針を確認していた。

今回の決定に江東区の山崎孝明区長は「ごみ戦争以来、区が40年間願ってきた負担の公平が一定の形になった。東京のごみ減量を考えれば、この合意は大きな前進」と話し、負担金は「環境対策などで区民に還元したい」と話した。副区長会では、工場のない6区の取りまとめを行ってきた新宿区の中山弘子区長が「妥当な決着では。23区が一体となって環境保全型社会を作っていくための、一つのやり方だと思う」と理解を示した。

また、これまで「負担の公平」の実現を強く求め、超党派で活動してきた「江東区議会　東京23区のごみ問題を考える会」は、17日の区議会港湾清掃特別委員会を経て、「考える会」を開催。両会とともに、区長会の合意を了承した。会長を務める佐藤信夫区議（自民）は、「各区の理解に感謝している。今後は会として、ごみ問題を区民一人ひとりに周知し、ごみの減量化やリサイクルなどを積極的に進めていきたい」などと語った。

全国初　産後ケア施設を開設
幼児虐待の防止が狙い
世田谷区

世田谷区は、産後間もない母子を対象に健康状態のチェックなどが受けられる産後ケア事業を今月から始めた。自治体が産後間もない母子をケアする施設を開設するのは全国初。

産後間もない母親は外出が難しく、育児ストレスがたまりやすい。また、核家族化、地域の人間関係の希薄化が進み、子育ての悩みを相談できない母親は多い。生後4カ月までに母親が乳児を虐待し、死亡させる率が全国的に高いという。

区子ども家庭支援課は「母親が孤立すると、悩みが深くなり、産後うつが発症しやすくなる。産後間もない母親は心身ともに不安定のため、早期に手を打つことで、児童虐待の防止になる」と、産後ケア事業の狙いを話す。

この事業の対象は、生後4カ月未満の子ども、産後に育児不安や体調不良があり、家族から支援が受けられない母親。年間で700人近くの赤ん坊が区内で生まれており、そのうち育児の悩みを抱える300人の母親が年間で利用すると想定。

区内にある「武蔵野大学附属産後ケアセンター桜新町」で、最大7日間利用可能な宿泊か、最大14日間利用できる日帰りのどちらかのサービスを、1日15組の母子が受けられる。臨床心理士が週2日、子育ての悩み相談やカウンセリング、24時間常駐している助産師が母親や乳児のケアなどを行う。そのほか、エステ、乳房マッサージなども受けられる。区は施設の運営を武蔵野大学に委託した。

区に施設利用を申請し、受理された場合、1日の利用料は宿泊で2800円、日帰りで1600円。

産後ケアセンターの與倉良平シニアマネジャーは「利用料の値打ち感は十分にある。母親などの関心が高いので、相当の利用は考えられる」と話している。

助産師がミーティング＝武蔵野大学附属産後ケアセンター桜新町で

目黒区長選　前区議・野沢氏が出馬表明

任期満了に伴う目黒区長選挙（4月13日告示・20日投開票）で、前区議で元保育所園長の野沢満理子氏（61）が14日に会見し、無所属での出馬を表明した。

「目黒区政を変えよう区民の会」が擁立し、政党としては共産党が推薦する。

野沢氏は1946年5月生まれ、都立戸山高卒。共同保育所コロちゃんの家園長、目黒保育問題協議会会長を経て、目黒区議に初当選し、昨年4月まで連続6期務めた。

会見で野沢氏は「自治体が最優先で取り組むべきは、健康と福祉の増進」と述べ、国民健康保険料や介護保険料の値下げ、緊急かけこみ融資制度の創設などの政策を掲げた。

同区長選をめぐっては、現職の青木英二氏が再選を目指し出馬表明しているほか、立候補予定者説明会には前区議の安久美与子氏も出席している。

温暖化対策でパンフ全戸配布
目黒区

目黒区は13日から、家庭から始める地球温暖化対策のパンフレットを、区民に全戸配布している。

パンフレットは、家庭でできる具体的な取り組みを、1年間実行した場合のCO_2削減量と節約額の目安とともに紹介している。例えば、電気ポットの保温を止め、必要なときに必要なだけコンロで沸かした場合は、CO_2を196・1㌔削減、5140円節約できる。3人世帯でシャワーの時間を1回1分短くした場合は、CO_2を69㌔削減、7100円節約することができる。

さらに、取り組みの効果を調べる「我が家のCO_2チェックシート」の他、参考になるホームページも掲載した。

区の担当者は「地球温暖化というと、話を難しく考えてしまいがちだが、誰もが日常生活の中でできることがあることをまず知って、できることから実際の行動に移してほしい」と話している。

パスモで「めぐも」稼働
目黒区

目黒区商店街連合会がシステム構築を進めてきた「めぐも・ポイントシステム」が11日から稼働を始めた。

「めぐも」は、PASMO・Suicaの交通系ICカードをポイントカードとして利用する。

端末機の設置された店舗では、PASMO・Suicaを利用し、電子マネーで決済でき、区内商店街共通ポイントのサービスを受けることができる。

また電子マネーの決済だけでなく、現金・クレジットカードで商品等を購入する場合でも、PASMOとSuicaをポイントカードとして利用できる。

同連合会では、将来的な展望として、同システムのオンラインシステムという特徴を生かし、安全・安心の取り組みや、行政サービスとの連携など、社会貢献度の高い事業の展開を目指していきたいとしている。

副区長に菊池氏
杉並区

杉並区議会は14日、都市整備部長の菊池律氏（59）を2人目の副区長に選任した。街づくり担当副区長として、4月1日に就任する。

菊池氏は、1949年1月8日生まれ。1971年に東京農業大学農学部卒業。同年東京都建設局に入都。杉並区公園課長、公園緑地課長、まちづくり推進課長、都市計画課長などを経て、06年から都市整備部長。

区は災害に強く、みどりや水辺などの自然環境に配慮したまちづくりの基盤整備を築くため、「100年後の杉並」を見据えた取り組みを強化する考えで、菊池氏は専属的に取り組みを行っていく。

沈黙の1年9カ月
検証・港区エレベーター圧死事故
▼1 2 3 4▲

再現

港区の区民向け住宅「シティハイツ竹芝」で男子高校生の市川大輔さん（当時16）がシンドラー社製のエレベーターに挟まれて圧死した事件から、1年9カ月の歳月が過ぎた。現在も事故原因や責任の所在は明らかになっておらず、警察はまだ1人も立件できていない。3月10日、現地の住民や大輔さんの同級生の保護者らが「考える会」を開催し、一日も早い原因究明を求めた。本紙では、これまでに何が明らかになっているのか再度整理して、今後の課題を提起したい。

■焦点の8日間

事故から1年が経とうとした07年のある日、新聞各紙の1面をこんな見出しが躍った。

「業者ミス強まる」「管理会社の立件検討」——

警察の捜査資料、公開が必要

事故は06年6月3日、シティハイツ竹芝の12階で起きた。亡くなった大輔さんが自転車とともにエレベーターから降りようとしたところ、扉を開けたままかごが上昇、大輔さんはかごと天井の間に挟まれた。

原因は、ブレーキの異常と報道されている。何らかの原因でブレーキがかかったまま通常運転を繰り返し、ブレーキパッドが磨耗し、ブレーキが利かなくなった。

問題は、ブレーキの異常を月2回の法定点検を行っているはずの保守管理会社が見落としたのか、それとも通常の点検では発見できないほど早く、ブレーキパッドの磨耗が進んだのか。

警察は事故の再現実験を行った結果、保守管理会社がブレーキを見落としたのが原因と断定したらしい。

当時、保守点検業務を請け負っていたのは、「エス・イー・シーエレベーター」（以下SEC）という独立系のメンテナンス会社だった。

シティハイツ竹芝のエレベーターの保守をSECが受託したのは、事故が起きた06年の4月1日からだ。競争入札で業務を落札したSECの担当者は、3月30日に初めて現地調査を行った。

現地でエレベーターの不具合が多いという噂を聞いていたSECの担当者は、区の住宅公社に点検報告書を提出するよう求めたが、4月6日に手書きのメモを受け取っただけで、結局、事故が起きた6月3日まで入手できなかったという。

同社は、事故が起きるまで4回の定期点検を行ったが、1度も異常を確認していない。

最後の定期点検は、事故の8日前の5月25日だった。

8日間でブレーキパッドが磨耗し、扉が開いたままエレベーターが上昇することなどあり得るのか、ここが責任追及の焦点となったのだ。

■港区独自の調査

港区は事故が起きた直後に調査委員会を設置。独自に事故原因を解明するため、第三者の調査機関（有）タクラム・デザイン・エンジニアリングに調査を委託した。

当時、シティハイツ竹芝では2基のエレベーターがあった。事故を起こした5号機と、〝双子〟の4号機は、事故の前から不具合が頻発していた。4号機は事故後も不具合がなくならず、住民の不安が募っていた。

不具合と事故とは関連があるのではないか。区は、5号機をシンドラー社製から三菱製へと切り替えたのを機に、4号機の使用を止め、事故再現実験を行うことを決めた。実験は07年7月から8月にかけて行われた。

ブレーキがかかったまま、通常の運転を繰り返すと、どのくらいでブレーキパッドが磨耗し、扉を開けたままかごが上昇する〝すべり〟が起こるか。

実験では、通常の運転を真似た形で、1日目に10時間半、2日目に12時間運転。磨耗して滑るような事象が起きるまで、22時間31分という時間がかかった。

SECが最後のメンテナンスを行ったのが5月25日。仮に区の再現実験が現実に近いと仮定した場合、通常のメンテナンスではブレーキの磨耗を発見できない。

港区は現在、再現実験の報告書をまとめる作業に入っている。

警察が行った再現実験の内容は、報道でしか明らかになっていない。警察の捜査はあくまで刑事責任を追及するためのもので、数々の証拠は裁判でしか明らかにされない。これが原因究明のネックになっている。

遺族の代理人である前川雄司弁護士は、「客観的な事故原因、どういうメカニズムで事故が起きたかは、早期に公開して、専門家や利用者の立場で議論される必要がある。現在のように警察の捜査が先行する現行制度でも、もう少し工夫できるのではないか。決して刑事捜査に支障になるとは限らない」と指摘する。

事故から1年9カ月。今も事故原因が分からないまま、私たちはエレベーターを何のためらいもなく使い続けている。扉を開けたまま走行する、いわゆる「戸開走行」は、この事故以外にも全国で確認されている。「まさか」を繰り返さないためにも、なぜ事故が起きたのか、解明しなければならない。

原因究明を訴える市川大輔さんの母・正子さん（左端）＝3月10日渋谷区内で

記者席
政治家のパワーに脱帽

○……開始が7時間もずれ込んだ都議会予算特別委員会。自民党幹部が「方向性が見えた」と話し始めたのが夕方の4時半過ぎで、日付を超えるのは確実な状況だった。

しかし、各党控室のボルテージはどんどん上がっていく。ある控室では、「変に2時や3時に終わると電車がない。明け方なら、始発が動き始めてちょうど良い」という発言まで飛び出した。

多くの議員が徹夜明けとなった14日も、三つの常任委員会が開かれた。このうち、一番長かった総務委員会の終了は5時半ごろ。委員会を覗いてみると、さすがに眠そうな委員も多いなか、予特メンバーでもある総務委員が野次を飛ばす姿も。政治家たちのパワーには脱帽するしかない。

○……「悪い話にも触れなければならない……」。14日に行われた東交の定期大会で、冒頭あいさつに立った石山委員長が、最後にこう切り出した。10日に後藤雄一都議が提出した住民監査請求についてだ。

昨年の8月に組合の幹部11人が、勤務時間内に休暇等を取らずにボーリング大会を行っていた可能性が高いとして調査を求め、違法行為があれば、給与返還とともに局長等に厳正な処分を求めているのだ。石山委員長は「正すところは正したい」と述べた。

○……練馬区が区立プールの運営を委託した指定管理者が別の業者に再委託していたことがわかった。

区が指定管理者に委託した業務は、区立光が丘体育館の温水プールの安全管理業務など。再委託は事故の元になりかねない。2006年7月、埼玉県ふじみ野市の市営プールで起きた女児死亡事故でも、受託業者が運営を別の業者に運営していたのが事故の要因の一つになった。

業者のずさんな管理があったにもかかわらず、市教委体育課長などが逮捕された。事業者に対し、点検を怠り業務上過失致死罪に問われたためだ。「厳しい」という区職員もいるが、指定管理者に委託した自治体の責任は重大といえる。練馬区は、再委託を放置せず、監督責任を果たしてほしいと思う。

日野市立病院の経営改革

クローズアップ

医師不足響き累積赤字44億円
医師の給与体系見直しも

総務省は昨年12月、公立病院改革ガイドラインについて全国の自治体に通知した。苦しい経営を迫られている公立病院を立て直すため、08年度中の改革プラン策定を求めている。建て替え問題や医師不足に悩む都内市町村でも公立病院の経営改革は待ったなし。その先例である日野市立病院の現状と取り組みをみた。

累積赤字44億円を抱え、経営改善に取り組む日野市立病院

◆建て替え決断

日野市立病院の玄関を入ると、明るい木目調のフロアが出迎える。ソファでは、順番待ちの患者や家族が一息つく姿も。安心感ある光景が広がるが、現在、病院が抱える累積赤字は44億円。一般会計から病院特別会計への繰り入れは毎年3億円程度だったのが、ここ数年は5億円から6億円規模に膨らんでいる。今後、財政健全化法に基づき、病院会計も含めた連結決算になると、市の財政運営上のマイナス要因となることが予想される。

同病院は、2002年に通りをはさんで隣接する土地から移転し、新しくなった。さまざまな負担を伴う建て替えは、当時、議論を呼んだ。馬場弘融市長は「大災害の際に日野市民を守る拠点としても病院は必要」との観点のもと、最終的に建て替えを決断した。

◆新研修制度が影響

病院の赤字決算は、移転した02年度から始まった。旧建物の取り壊しや医療機器の処分に伴う費用計上などにより、同年度末で14億5000万円の赤字が出たのを皮切りに、06年度の8億6500万円まで毎年の赤字が続き、累積赤字は06年度末で44億円になった。

経営悪化をもたらした移転以外の要因は、医師や看護師不足による病床利用率の低下にある。新病院のベッド数は300床。移転当初の病床利用率は02年度69・9%、04年度83・7%と徐々に上がってきていたが、04年4月から新医師臨床研修制度がスタート。研修医が研修先を選べるようになり、影響を受けた大学医局が医師確保のため、公立病院に派遣していた医師を引き揚げた。

日野市立病院でも医師が減り、丁寧で安定した診療を維持するためにはベッドが空いていても断らざるをえない状況が生じた。病床利用率は06年度には71・2%に下がり、07年度は66%台まで下がりそうな気配だ。入院が1人減ると年間1500万円が減る。病床利用率が1%減ると4500万円の減。入院患者の受け入れ態勢が整わない限り、経営改善は進まない。

◆改革プラン策定へ

こうした厳しい経営状況下にある公立病院は多い。総務省は昨年12月24日、公立病院改革ガイドラインを通知。経営の効率化や再編・ネットワーク化、経営形態の見直しを掲げ、08年度中の改革プランの策定を求めた。

経営効率化では、経常収支比率や職員給与比率、病床利用率などで改善目標を盛り込む必要がある。日野市立病院は、現在、08年度からの第4次健全化計画を策定中で、このなかに改革プランの数値目標を盛り込んでいく方向だ。

特別損失や特別利益を除き、収入を支出で割った経常収支比率についてみると、日野市立病院は06年度末で87・9%だが、ガイドラインによると、これを収支均衡の99%台まで高める必要がある。また、病床利用率は3年連続して70%をクリアしないと、病院の存続についても検討されることになる。そのため同病院では、単年度黒字が可能となる85%以上を目指している。

◆改善への取り組み

日野市立病院の経営改善のための解決策は、第一に医師の確保。昨年7月に病院長に就任した熊井浩一郎氏は慶應義塾大学病院の出身。そのルートからの医師確保の方策を探るほか、人材紹介業者にも依頼している。家庭に入ってしまった女性医師の職場復帰をしやすくするため、24時間保育を用意。医師の給与体系も見直し、きつい勤務をこなす医師の頑張りに報いることができるよう、時間外患者の数や入院患者の受け持ち数に応じて手当を上乗せする仕組みを新設している。

第二には地域の医院や診療所との連携強化。現在、外来患者が多いために、救急や時間外の急患を診察しにくい現状がある。そのため、軽度の外来患者は、かかりつけ医で診てもらい、必要な場合には市立病院を紹介するという機能分担と紹介受診のシステム推進を目指す。

1961年に日野町立国民健康保険病院として開院して46年。06年度の入院患者は延べ約7万8000人、外来は延べ約21万人に上る。産科、小児科といった不採算部門や特殊部門に関わる医療の提供など役割は大きい。建て替えを決断した馬場市長は「何としても病院を守りたい」と話す。建て替え中の病院も行き着く課題は同じだ。

06年度都内市町村の公立病院の経営状況　(単位:千円)

病院名	累積黒字	累積赤字
青梅市立総合病院	404,492	—
町田市民病院　=5月1日新病棟オープン	730,283	—
日野市立病院	—	4,401,435
稲城市立病院	98,383	—
奥多摩町国民健康保険奥多摩病院	1,603	—
町立八丈病院	—	159,569
公立阿伎留医療センター(あきる野市、日の出町、桧原村)	—	723,493
公立昭和病院(小金井、小平、東村山、東久留米、清瀬、東大和、武蔵村山、西東京市)=建て替え中	729,462	—
公立福生病院(福生、羽村市、瑞穂町)=建て替え中	285,990	—

再編交付金どう使う？
5市1町　妊婦健診や福祉バスに

在日米軍再編に伴い、今年度関係自治体には、今年度から10年間の予定で再編交付金が交付される。都内では、米軍横田基地を抱える5市1町が該当する。各市町では、妊婦健診や福祉バスなど、住民の健康や生活の利便性向上などの事業にあてる予定だ。

5市1町はこれまで、防音や民生安定への補助金のほか、幅広く使える特定防衛施設周辺整備調整交付金の支給を受けてきた。それらに加えて創設された今回の再編交付金は、再編に伴う施設整備の進捗状況や人員の増減、訓練内容の影響の変化などに応じて交付される。

再編に伴い、横田基地では、府中に所在する約600人規模の航空自衛隊航空総隊司令部が同基地に移転してくる「軍軍共用化」が図られる。国は、再編を受け入れない自治体への交付は見合わせたが、横田の関係5市1町は「軍軍共用化」について、ほぼ「容認やむなし」の姿勢をとっており、昨年11月、各市町に国から07年度の内示額が通知された。

内示額は基地に提供する面積で違いがある。5市1町で最も多いのが福生市で5191万7000円。次が瑞穂町の3893万3000円。立川、昭島、武蔵村山、羽村の各市は2595万8000円。10年間の総額は、福生市は15億5700万円、瑞穂町は11億円、そのほかは6億円から7億円程度を見込んでいる。

交付金をあてる事業は、いわゆるハコモノ事業のほか、「地元の防犯対策や環境育成、住民生活の利便性向上、産業振興に寄与するようなソフト事業も対象とする」とされている。政令では、住民に対する広報や防災、情報通信の高度化、教育・スポーツ文化の振興、福祉、環境衛生など13項目のほか、「生活環境の整備」への適用も例示されている。

2年以上にまたがるソフト事業などを予定している福生、羽村市、瑞穂町は交付金を積み立てる基金を設ける。それぞれ「再編交付金事業基金」「健康で安心して暮らせるまちづくり基金」「健康づくり基金」と名前をつけた。08年度に交付金を充当する事業として、3団体とも考えているのが回数を拡充する妊婦健診。そのほか、福生市は▽福祉バスの試行運行▽中学1年生を対象にした宿泊学習教室▽市制40周年記念映画の制作、羽村市は▽特定健診を補足する市の独自健診、瑞穂町は▽特定健診の補足としての健診▽麻疹・風疹の予防接種にあてる意向だ。

一方、基金を設けない3団体は、立川はホームページの再構築、昭島は崖線緑地の整備、武蔵村山は体育館耐震工事などを予定している。

内示が出たのが昨年11月と遅かったため、各市町とも新年度予算との関連づけを探りながら、国への申請作業に追われた。

財調取り崩しゼロ増加
次世代を築く　26市08年度予算案　2

基金・起債

■基金

26市の財政調整基金の08年度末残高見込みは総額で509億2106万円。前年度比にして4・1%伸びた。取崩額の大きさでは、人口、予算規模の大きな八王子と町田が目立つ。両市の残高見込みはそれぞれ約21億円と約23億円。両市よりも規模の小さい武蔵野、府中、調布がそれぞれ62億円、43億円、45億円を見込んでいるのに比べると低い金額になっている。

財調取崩額をゼロとしたのは、立川、日野、福生、狛江、東大和の5市。前年度は立川と福生のみで、それよりも3市増えた。なかでも福生は3年連続の取り崩しゼロ。市長方針で、不測の事態に備えて、残高の最低ライン10億円を心がけている。立川は類似団体の平均レベルである39億円並みを目指している。日野は「最近、基金への依存度が高かった」といい、安易に基金を取り崩すことのない財政運営を目指し、ゼロとした。東大和は今後4年間で5億から6億円の積み増しを掲げる。狛江は12年ぶりの取り崩しゼロ。同市では04年度末に財調残高が4331万6000円まで底をついた。その後、残高は増えてはきたが、214億円の一般会計規模からすると「十分とはいえない」という。

取崩額を積立額が上回ったのは、武蔵野、稲城。武蔵野では「利子分の積み立てによる。残高が多いといっても、今後、学校の建て替えや下水道施設の更新があるので油断はできない」と話す。稲城では利息に加え、「多摩川衛生組合に府中市が加盟したので、負担金が返ってきたことによる積み立て」という。「都市基盤整備で必要な分は、公共施設建設基金の取り崩しを優先した。人口が急増しており、次の時代に備えるために、財調は積めるときに積んで、できるだけ使わない」方針だ。

特定目的基金の新設は、立川が清掃工場建設等基金として1億円を積み立て。あきる野はウオーキング普及や退職者向け農園事業などにあてる「健康づくり応援基金」を新たに設ける。

■市債

市債総額は、593億1200万円。前年度に比べて10・8%増加した。23区の特別区債が前年度比26・6%減、堅調な歳入を背景に起債ゼロの区も8区あるのとは対象的だ。

195・8%と高かった多摩では、第一小学校改築事業債など普通建設事業に伴う起債増のため。国分寺も、恋ヶ窪保育園園舎建設事業債の皆増などによる。

一方、70%近い減とした福生は、新庁舎建設事業債の皆減、拝島駅自由通路整備事業債の減額に加え、前年度3億円を見込んだ臨時財政対策債をゼロにしたのが大きな減要因となっている。同市でのゼロ計上は、臨財債の制度が01年度に始まって以来、初めてのこと。

同市の予算編成は、現在負担すべき負担を後世代に残さないように長期的視野に立ち、財調の取り崩しや臨財債借入額を可能な限り圧縮するという方針に立っている。

臨財債は地方交付税の振り替えにあたり、後に全額が普通交付税で措置されることが前提となっている。そのため、普通交付税の交付団体は、後の交付税措置を頼りに起債を続ける傾向がある。そのなかで、交付団体の一つである福生が起債を控えたことは注目される。

2008年度市町村当初予算案（基金・起債）　(単位:千円、%)

	財政調整基金			特定目的基金			市債	
	積立額	取崩額	残高見込み	積立額	取崩額	残高見込み	額	前年度比
八王子	298,343	2,000,000	2,149,164	318,234	1,120,350	6,471,651	9,207,500	31.1
立川	3,250	0	3,669,464	114,110	2,177,742	6,825,391	1,359,200	27.9
武蔵野	19,639	4,999	6,239,081	105,421	2,829,159	18,785,828	1,420,500	▲29.7
三鷹	9,769	352,298	1,360,647	29,161	1,211,791	5,275,631	2,450,000	▲2.0
青梅	1	900,000	1,360,479	1,209,027	1,252,213	16,065,490	1,476,900	▲21.3
府中	32,000	752,723	4,282,939	1,908,807	2,331,515	42,461,684	2,930,000	20.6
昭島	16,100	590,000	3,035,581	21,035	369,000	2,932,074	1,714,700	1.8
調布	18,647	290,000	4,474,944	191,111	2,188,486	6,522,923	4,844,000	25.6
町田	7,000	3,206,089	2,283,274	8,935	1,723,806	11,439,320	5,267,400	13.1
小金井	4,628	300,000	1,632,995	289,822	995,049	2,664,817	2,764,600	▲1.5
小平	405,747	600,000	3,028,051	678,755	1,086,425	5,882,424	882,700	▲25.9
日野	8,504	0	2,357,515	189,896	1,395,441	8,557,143	2,975,000	▲8.9
東村山	270	300,000	376,885	113,082	611,997	1,957,151	4,005,500	14.1
国分寺	6,244	1,652,000	1,513,938	323,413	887,000	5,078,587	684,300	78.4
国立	51,973	400,000	500,776	33,998	683,687	1,941,070	1,296,500	45.8
福生	2,327	0	1,666,036	70,795	1,784,854	4,693,337	231,900	▲68.7
狛江	321	0	133,428	33,123	94,655	1,032,008	1,110,800	5.9
東大和	226	0	294,937	213	40,205	175,036	934,382	▲37.3
清瀬	10	360,000	170,417	3,115	263,000	421,121	1,380,000	31.3
東久留米	5,622	400,000	979,927	9,951	129,000	1,207,024	1,598,700	▲2.2
武蔵村山	1,678	1	1,087,701	22,886	315,215	4,442,747	773,800	10.2
多摩	4,613	640,000	1,086,893	379,966	723,762	7,592,704	1,644,200	195.8
稲城	93,023	10,500	3,036,027	249,270	1,399,838	7,096,738	1,257,400	36.3
羽村	497,414	599,634	2,401,084	41,946	349,476	2,717,168	602,000	▲29.8
あきる野	89	380,000	265,448	10,056	9,203	302,119	1,116,385	32.8
西東京	10,238	1,580,000	1,533,435	1,180,047	2,320,624	3,579,168	5,383,200	49.7
計	1,497,676	15,318,244	50,921,066	7,536,175	28,293,493	176,120,354	59,311,567	10.8

河村町長が再選出馬表明
奥多摩町長選

任期満了に伴い5月18日に行われる奥多摩町長選に14日、現職の河村文夫氏(63)が再選を目指して立候補する意向を表明した。定例町議会で、沢本章議員(新政会)の一般質問に答えた。

河村氏は「4年間で少子高齢化対策や森林セラピーなど事務事業が進展した。都営水道事業一元化も目途が見えてきた。長年の行政経験で培ってきた都との信頼関係を、より強固にしたい」とし、「引き続き町政を担当し、奥多摩町進展に邁進するため町民の審判をあおぐ決意」と意欲をみせた。

河村氏は64年に同町役場に就職。保健福祉課長、企画財政課長などを経て、97年から収入役、2000年に助役。04年5月に町長に初当選した。

裁決取消を追加で提訴
高尾山トンネル地権者ら

圏央道高尾山トンネル工事に反対する地権者らは13日、都を相手取り、東京都収用委員会による土地収用・明け渡し裁決の取り消しを求める訴えを東京地裁に起こした。

高尾山を含む圏央道の八王子地域をめぐっては現在、3件の裁判が係争中。今回の提訴は、東京地裁で係争中の「圏央道高尾山トンネル・南浅川インターチェンジ事業認定取消請求訴訟」と同一の区間について訴えるもので、同訴訟に併合される見込み。

提訴後、記者会見した地権者らは「事業認定そのものが違法であり、収用も違法。収用する土地の区域にも間違いがある」と話した。東京都収用委員会では「訴状を見ていないのでコメントできない」と話している。

土地の収用・明け渡し期限は今月25日まで。

記者会見する地権者ら=東京・霞ヶ関の司法記者クラブで

児童の個人情報紛失か
稲城市

稲城市教育委員会は12日、同市の小学校教諭が今月3日に帰宅途中、USBメモリを紛失した疑いがあると発表した。中には5・6年生児童の氏名と家庭科の成績に関する個人情報が入っていた。

5日朝に紛失した可能性に気付き、管理職に報告。警察や鉄道会社などに確認したが14日現在、見つかっていない。同市教委は再発防止のため、各学校への指導を改めて徹底する。

08年度予算案　市町村

福生市　骨格でなく通常予算に
市制40周年で映画制作

福生市は2月27日、08年度当初予算案を発表した。一般会計は前年度比10・6%減の201億9300万円、4特別会計と下水道事業会計、受託水道事業会計も合わせた総額は11・0%減の322億1100万円。野沢久人市長は「私は(5月に)辞めるので骨格という選択肢もあったのだが、まちづくりが進むなか、事業計画を組んでいるものも多く、通常予算とした」と話した。

歳入は、市税が0・4%減の84億6700万円。地方交付税は1・4%減の21億7200万円。国庫支出金は新庁舎建設事業費補助金の減などで8・2%減の29億4300万円、都支出金は2・9%増の23億8800万円。市債は臨時財政対策債の借り入れを行わず、68・7%減の2億3200万円。

歳出は、扶助費が乳幼児医療費助成事業の減などで1・6%減、公債費は市民会館等冷暖房改良事業などの償還終了で0・5%減。普通建設事業費は新庁舎建設事業、拝島駅自由通路整備事業の減などで52・3%減。

新規事業では、2010年度に市制40周年を迎えるにあたり、記念映画を制作する。市制記念日に上映するほか、小中学校の行事で活用する。

稲城市　がん検診定員数を拡大
過去最大の積極型予算

稲城市は2月27日、新年度当初予算案を発表した。一般会計規模は263億8000万円で、前年度比5・5%増となった。当初予算ベースでは過去最大の規模で、石川良一市長は「継続事業をしっかり仕上げ、引き続き積極型の予算を組んだ」と語った。

歳入では、市税が前年度比3・1%増の138億9400万円を計上。個人市民税は0・2%減にとどまったが、法人市民税が8・4%増と大幅に増加した。このため地方交付税は66・0%減。市債は、国有地の買い取りなどにより、36・3%増の12億5700万円だった。

歳出では、民生費が国保会計、後期高齢者医療会計への繰り出しの影響で11・5%増。土木費は、南武線連続立体交差事業負担金の減により1・5%減った。

新規事業では、生ごみ減量対策として、市民まつり、くらしフェスタ等のイベントに来場した人に、水きりネットを配布し、ごみ減量には水切りが効果的であることを訴え、家庭での実践を呼びかける。58万円を計上している。

レベルアップ事業では、がん検診の定員数を拡大し、一部負担金を導入する。増え続ける検診受診希望者に対応するため。

羽村市　計画事業の推進目指す
青少年の稲作体験実施

羽村市は2月29日、08年度当初予算案を発表した。一般会計は前年度比2・9%増の200億7000万円、6特別会計と公営企業(水道)会計も合わせた総額は、前年度比4・0%減の327億8800万円。並木心市長は「来年度は第四次長期総合計画の後期基本計画の2カ年目。計画事業を着実に推進していきたい」と語った。

歳入は、市税が個人市民税や法人市民税などの増で1・9%増の113億3800万円、国庫支出金が、第三中学校防音機能復旧事業費や市道改修補助金、生活保護費の増などで8・4%増の20億2800万円、都支出金が後期高齢者保険基盤安定負担金などの増で0・6%増の21億9200万円。市債は29・8%減。08年度末の市債残高は114億6400万円で公債費比率は7・2%を見込んでいる。

歳出は、民生費が後期高齢者医療会計繰出金の増などで5・4%増。衛生費が福生病院組合負担金の増などで6・9%増。土木費は都市計画道路立体交差事業の減などで14・8%減。

新規事業では、青少年の健全育成や食育の場として水田用地を購入、整備し、稲作体験事業を実施する。3160万円を計上した。

運政審答申以来、23年ぶりに30日開業へ

見沼代親水公園 日暮里駅間を 約20分で結ぶ
朝夕ラッシュ時は5～6分間隔で

平成9年から建設工事を進めていた新交通システム「日暮里・舎人ライナー」が11年ぶりに竣工、30日から全線開業する。そこで、この間の経緯を振り返りながら、同線開業の意義や駅・設備等の特徴、運営する交通局営業対策等について、紹介する。

運賃

○普通運賃

初乗り運賃については、熊野前駅で接続する都電荒川線と同額の160円と新交通システムとしては比較的安く設定し、短距離のお客様が気軽に利用できるよう配慮した。

なお、日暮里・舎人ライナーの運賃は別表のとおりである。

○乗継割引

都営交通間の乗継割引として、都営バスまたは都電荒川線との乗継により、双方の運賃が10％割引となる連絡定期券を発売する。

○お得な乗車券

都営地下鉄、都電、都営バスに乗れる一日乗車券が従前の700円のままで、日暮里・舎人ライナーにも使えるようになる。

運行計画

○主な駅間の所要時間

日暮里駅～見沼代親水公園駅20分

日暮里駅～江北駅11分

日暮里駅～熊野前駅5分

○運行ダイヤ

既存のバス路線の利便性を損なわないように設定した。

▼始発

見沼代親水公園駅発日暮里駅行き

5時47分発（平日、土休日とも）

日暮里駅発見沼代親水公園駅行き

6時12分発（平日、土休日とも）

▼終電

日暮里駅発見沼代親水公園駅行き

0時38分発（平日）

0時00分発（土休日）

▼運行間隔

早朝7～15分

朝ラッシュ時5分

日中7・5分

夕方ラッシュ時6分

深夜7～20分（いずれも平日ダイヤ）

車両

○主要諸元

車両長：9㍍（1編成5両）

車体：ステンレス鋼製（無塗装）

電気方式：三相交流600V

運転方式：ATO（自動列車運転装置）を用いた自動運転

定員：1編成あたり257人

○車両デザイン

直線を多用したシンプルなデザインで、アクセントとして「自然」と「町の活性化」をイメージした緑と桃色のラインを入れている。

○車内レイアウト

座席はクロスシートを主体に配置し、間隔を広くとることにより、離着席がスムーズになり、高齢の方等にも利用しやすくなっている。

バリアフリー

すべてのお客様が利用しやすいよう、駅や車両はバリアフリー設備を充実させている。

○車両のバリアフリー

編成中2カ所の車いすスペースや文字による案内装置を設ける等障害者の方へ配慮している。

○駅のバリアフリー

主なものとしては、各駅の地上からホームまでの主要な導線にはエスカレーター、エレベーターを設置している。また、改札口には幅の広い改札機を設置し、車いすや大きな荷物を持ったお客様もスムーズに利用できるよう配慮している。

安全対策

○ホームドア

ホームには車両と連動して開閉するホームドアを設け、お客様の軌道上への転落や車両との接触を防止している。

○その他の安全対策

各駅ホーム階やコンコース階には監視カメラを備え、中央指令室にて常時モニタリングすることができ、万一の際にはホームや改札口、列車内にあるインターホンにより中央指令室にいる係員と通話することができる。

乗り換え利便性

日暮里駅、西日暮里駅ではJR線など乗り換えることが出来るが、エスカレーター、エレベーターなどにより乗り換え利便性を確保している。

○日暮里駅

3階にある日暮里・舎人ライナーのホーム階からエレベーター、エスカレーター、階段でJR線、京成線のコンコース階へ直接出ることができる。

○西日暮里駅

2階にある日暮里・舎人ライナーのコンコース階からエレベーターで、地下1階にある千代田線の改札階へ直接出ることができる。

安全最優先に愛される路線に

東京都交通局長　島田　健一

3月30日、いよいよ日暮里・舎人ライナーが開業いたします。

日暮里・舎人ライナーは、これまで朝ラッシュ時に約1時間を要していた区部北東部と日暮里駅の間を専用の高架軌道により約20分で結ぶ、安全で快適な新交通システムです。

また、都電荒川線や都営バスと接続することにより、都営交通ネットワークが拡充し、利用者の皆様にご利用しやすいサービスが提供できることとなります。

この開業が、沿線のまちづくりの契機となり、地域の活性化と発展につながればと考えております。

これまで、ご協力をいただいた地域の皆様並びに関係者の皆様に御礼を申し上げます。

開業まで残りわずかとなりましたが、関係機関と連携し、お客様を迎えるための準備を着実にすすめております。

開業後は安全を最優先に、多くの皆様に愛される路線となるよう、全力をあげ取り組んで参りますので、ご支援のほどよろしくお願いいたします。

荒川にかかる橋をわたる日暮里・舎人ライナー

開業を待つばかりの日暮里駅のホーム

日暮里・舎人ライナー建設の経緯

○昭和60年7月	足立区西部を含む区部北東部の交通不便地域の解消と沿線地域の発展を狙いとして、国の運輸政策審議会が「新交通システム導入」を答申
○平成2年11月	第三次東京都長期計画に「日暮里・舎人間を結ぶ新交通システム整備」を計画化
○平成6年8月	都市計画素案、地元説明会を開催
○平成7年12月	軌道法に基づく軌道事業特許免許を取得（東京都地下鉄建設㈱）
○平成8年8月	都市計画決定・告示
○平成9年10月～12月	工事施行認可取得、起工式挙行、支柱基礎杭工事に着手、用地買収に着手
○平成16年2月	車両基地工事着手
○平成17年6月	都市計画変更・告示（車両基地）
○平成20年3月	開業

日暮里・舎人ライナー路線図

日暮里（にっぽり）、西日暮里（にしにっぽり）、赤土小学校前（あかどしょうがっこうまえ）、熊野前（くまのまえ）、足立小台（あだちおだい）、扇大橋（おうぎおおはし）、高野（こうや）、江北（こうほく）、西新井大師西（にしあらいだいしにし）、谷在家（やざいけ）、舎人公園（とねりこうえん）、舎人（とねり）、見沼代親水公園（みぬまだいしんすいこうえん）

JR山手線　JR京浜東北線　明治通り　都電荒川線　あらかわ遊園　江北六丁目団地　足立流通センター　舎人公園　西新井大師　環状七号線　東京メトロ千代田線　京成線　JR常磐線　首都大学東京荒川キャンパス　町屋　西日暮里　日暮里　京成上野　上野　隅田川　荒川　首都高

日暮里・舎人ライナー運賃表

【営業距離（km）＼普通旅客運賃（円）】

日暮里	160	160	220	220	270	270	270	270	270	320	320	320
0.7	西日暮里	160	160	220	220	220	270	270	270	270	320	320
1.7	1.0	赤土小学校前	160	160	220	220	220	270	270	270	270	320
2.4	1.7	0.7	熊野前	160	160	220	220	220	270	270	270	320
3.0	2.3	1.3	0.6	足立小台	160	160	220	220	220	270	270	270
4.1	3.4	2.4	1.7	1.1	扇大橋	160	160	160	220	220	270	270
4.6	3.9	2.9	2.2	1.6	0.5	高野	160	160	220	220	270	270
5.2	4.5	3.5	2.8	2.2	1.1	0.6	江北	160	160	220	220	270
6.0	5.3	4.3	3.6	3.0	1.9	1.4	0.8	西新井大師西	160	160	220	220
6.8	6.1	5.1	4.4	3.8	2.7	2.2	1.6	0.8	谷在家	160	160	220
7.7	7.0	6.0	5.3	4.7	3.6	3.1	2.5	1.7	0.9	舎人公園	160	160
8.7	8.0	7.0	6.3	5.7	4.6	4.1	3.5	2.7	1.9	1.0	舎人	160
9.7	9.0	8.0	7.3	6.7	5.6	5.1	4.5	3.7	2.9	2.0	1.0	見沼代親水公園

（縦：営業距離、横：普通旅客運賃）

日暮里・舎人ライナー　待望の区北東部発展の夢を乗せて

軌道は全長約9.8キロ、幅員7.5メートル
2河川、4鉄道等交差する難工事

インフラ工事

新交通日暮里・舎人ライナーは、基礎、支柱、けた及び停留場等のいわゆるインフラ部を、幹線街路放射第11号線の上空に、都市計画道路（特殊街路新交通専用第2号）として整備することとなり、道路特定財源をもとに国土交通省の国庫補助を受け、東京都の都市計画事業として施行された。全線、高架形式で、軌道部の標準幅員は7・5メートルである。

基礎

工事は構造物を支える基礎工事から始め、平成9年12月、舎人公園付近で、初めて基礎工事に着手した。

基礎形式は、場所打ち杭を基本としたが、地盤条件、荷重条件や地下埋設物等の違いにより、深礎杭、オープンケーソン、河川渡河部では、鋼管矢板井筒杭、ニューマチックケーソンを採用した。基礎杭の総数は、2212本に及ぶ。

既成市街地内の日交通量4万台を超える幹線道路上での工事となり、安全な道路交通の確保や、沿線住民への騒音・振動に細心の注意を払い進められた。

けた・支柱

延長約9・8キロメートルの鋼けたを支える支柱は、2338基。これらのうち1787基が鋼支柱であり、551基がコンクリート支柱である。軌道部は、すべて多径間連続の鋼箱けた形式である。鋼けたの総重量は約3万3600トン、鋼支柱は約1万9000トンとなった。

隅田川と荒川は、新たに架設した専用橋で渡河する。このうち荒川横断橋りょうは、橋長612メートルの4径間連続鋼床版箱けた橋である。地上から約29メートルの高さで首都高の上空を越え、新線のランドマーク的存在となっている。首都高速を跨ぐ側径間部は、手延べ式送り出し工法で架設し、首都高を4夜通行止めとした大規模工事となった。

この他、JR常磐線、京成本線、常磐貨物線、都電荒川線の四つの鉄道や、道灌山通り、明治通り、環状7号線等の幹線道路とも交差する困難工事が続いた。

駅舎

駅は原則として、道路上空の駅舎と、地上と駅舎を結ぶ連絡通路とで構成され、プラットホームのあるホーム階と、改札のあるコンコース階の2層構造となっている。コンコース階の床面は地上約6・5メートル。プラットホーム階はコンコース階から約8メートル上空となる。

駅舎の構造は、大きく標準駅と特殊駅に分けられる。標準駅は、主な中間駅と終点の「見沼代親水公園駅」の9駅。JRや地下鉄等への乗換駅となる「日暮里駅」「西日暮里駅」、荒川と隅田川に挟まれた唯一の地上駅となる「足立小台駅」、車両基地に隣接し上下線の中央に引き込み線を持つ「舎人公園駅」の4駅が特殊駅となる。

駅舎は既成市街地の道路上に構築するため、軽快で圧迫感が少ない外観を重視した。外装材は明るい無彩色系とし、コンコースの外壁には駅ごとに選定されたシンボルカラーのラインを入れ、アクセントとした。

西日暮里5丁目付近の夜間の鋼けた架設工事

コンコース階までのアクセスは、地上とコンコース階を連絡する施設（階段、エスカレーター、エレベーター）で行う。玄関口となる日暮里駅では、JR・京成日暮里駅と直結する他、ひぐらしの里再開発ビルとペデストリアンデッキで接続する。西日暮里駅は、道灌山通り交差点までの軌道下に広い連絡通路を設置し、JR、東京メトロとの接続の利便性を図っている。また全駅にエレベーター、エスカレーターを設置し、各階層間の移動は、完全なバリアフリーとなっている。

床版・走行路

鋼けたの架設が完了すると、最後は上部仕上げ工事である。車両のゴムタイヤが乗る走行路や床版、側壁、点検通路を構築する。一部床版区間を除き、現場でコンクリートを打設するRC床版を標準とした。

快適な乗り心地を提供するため、橋けたの自重による上下左右の変位を数ミリ単位で設定し、コンクリートの仕上がりに高い精度を求めた。幹線道路上の高所におけるコンクリート工事であり、特に飛散、落下事故の防止が重要となった。開業時期から逆算し、厳しい工程で工事が進められたが、すべての工区が無事工期内に完了した。

関連街路

このようなインフラ工事を円滑に進めるためには、沿線住民や道路利用者の理解と協力が不可欠である。情報誌『新交通がやってくる』の各戸配布、沿道関係者との「車座会議」や「安全対策協議会」の開催など、正しい情報の提供と心を開いた話し合いを続けてきた。

関連街路となった放射第11号線では、駅周辺を優先して、電線類の地中化工事と街路整備を進めている。関連街路の整備完了は、平成22年度を予定している。

安全対策でホームドアを設置
バリアフリー対策も万全に

首都高の上を走る日暮里・舎人ライナー

インフラ外工事

案内軌条や駅舎内装、電気設備、車両製作等のインフラ外部及び車両基地は、東京都地下鉄建設㈱が施工した。

軌道の工事

①案内軌条工事

案内軌条工事はインフラの上部仕上げ工事に引き続いて施工する工事であり、本線ではインフラ外工事で最初に着手した工事である。

・案内軌条

案内軌条は新交通の車両を安全、円滑に誘導するためのガイドレールである。（左図参照）案内軌条はH型鋼材（H－150×150×7×10）を所定の間隔で締結装置により支持する構造である。標準長は運搬、搬入、取付作業の容易性等を考慮して10メートル（定尺長）とした。車両は走行路の左右にある案内軌条の内側に沿って走行するため、乗り心地に密接に関連する。そのため曲線部では案内軌条に精度の高い曲げ加工を行った。また、表面処理には溶融亜鉛メッキを採用して腐食防止を図った。

・ロードヒーター

ロードヒーターは降雪時や低温時の走行路面凍結防止のための施設である。走行路コンクリート内の鉄筋に沿わせて設置した電熱線と温度・水分センサーで構成され、大気温が2度かつ水分を感知すると自動的に作動する。

日暮里・舎人ライナーでは、30‰以上の上り勾配部、40‰以上の下り勾配部、渡河部の上り勾配部及び分岐部に設置した。

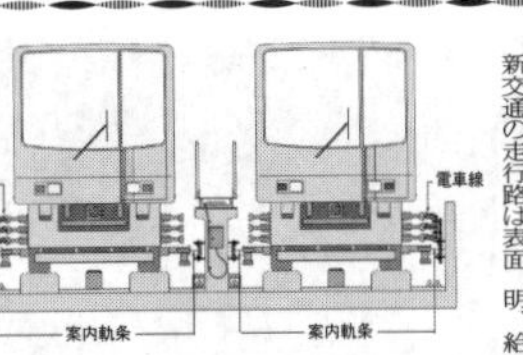

②走行路整正工事

新交通の走行路は表面の状態が乗り心地に与える影響が大きい。走行路の表面を平坦に近づけて乗り心地を向上させるため、列車動揺試験の結果を見ながら走行路整正工事を実施した。

駅舎関連工事

・駅舎建築工事

駅舎建築工事については、インフラ施設とインフラ外施設が複雑に入り組んでいることから、円滑な施工管理、工程遵守、コスト削減等の観点から、原則としてインフラ建築工事の受注業者にインフラ外建築工事を発注する方式を採用した。

主な内容は、間仕切壁、内装仕上げ（床、壁、天井）、空調、照明、給排水設備等である。工事途中に施行されたバリアフリー新法（旧：交通バリアフリー法）をはじめとするバリアフリー関連法令を順守することはもとより、努力目標とされる新ガイドラインの「標準的な整備内容」を達成できるよう配慮して設計・施工を行った。

・ホームドア設備工事

駅舎にはお客様の列車への接触防止、軌道への転落防止対策としてホームドア及びホームスクリーンを設置した。

戸挟み検知を6ミリまで向上させるとともに、車両ドアとホームドアの間の取り残し防止対策として補助板を設置し、安全の確保に努めた。

システム建設工事

新交通の建設のうち、車両部門、電力部門、信号・通信部門に関して、設計から工事までの各段階において少数の人員配置で実施すること、工事価格の低減、最適施設の導入、請負者の責任施工体制の徹底を図ることなどから、部門別プロポーザル方式を採用した。

契約範囲は、各部門の監督官庁申請書作成、実施設計、機器製作、機器搬入、据え付け、試験・調整及びこれらに必要なすべての業務とした。

車両、電力、信号・通信部門は、相互に密接に関係するため、プロポーザルで選定した各担当システムメーカーを一つの共同企業体（JV）とし、そのJVとシステム全体を契約する方式を採用した。

各部門の主な整備内容は以下のとおりである。

車両部門

日暮里・舎人ライナーの300形車両は、新交通システムの設計標準化仕様に基づく、5両固定編成の全電動車である。開業時の編成は12編成であり自動運転にて、日暮里駅から見沼代親水公園駅間9・7キロメートルを約20分で結ぶ。（別表　主要諸元）

車体は直線・平面を主体とし、外観もステンレス無塗装でラインカラーを帯状にシール貼りするなど、維持コストの低廉化を図った。

電力部門

電力部門は変電設備（受電変電所：車庫内の変電所で66kV2回線受電）、電路設備（電車線：銅トロリ・アルミ架台複合剛体電車線［この電車線については実用新案登録を取得している］）等を整備した。

信号・通信部門

信号・通信部門は、信号保安設備（連動装置、列車検知装置、自動列車制御装置等）、その他信号設備（自動列車運転装置、運行管理装置）、通信設備（列車無線と非常発報装置、電話装置等）、駅務機器（自動券売機、ITV、インターホン等）等を整備した。

以上の電気設備は、既に運行している様々な新交通を調査・研究し、安全性、信頼性の確保を第一に、建設費と保守運営費の低減が図れる設備を目指した。

［主要諸元］

項目	諸元
構成(定員)	5両編成(定員約260人)
車両最大寸法	(長)9,000×(幅)2,490×(高)3,340(㎜)
電気方式	三相交流600V
最高運転速度	60km／h
保安・運転装置	ATC、ATOによる自動運転

車両基地

車両基地は、路線に近接し、広大な空間を必要とするため、足立区にある都立舎人公園の北東部に位置する公園予定地に整備した。

地表面とほぼ同じ高さに長さ約530メートル、幅約85メートルの1層のコンクリート構造物を築造し、全体を土で覆い、上部は公園として整備する覆土式の車両基地である。

車両基地の整備にあたり、東京都地下鉄建設㈱は契約の透明性、公正性を確保するとともに、民間の優れた技術の導入を促進し、品質の向上を確保するため、アットリスクCM（コンストラクションマネジメント）方式を採用して整備を進めた。

この方式は大規模土木工事としては日本で初めての採用である。

地域とともに発展を祈念

東京都建設局長　道家　孝行

本紙をご覧の皆様方には、平素より建設局事業の推進にご協力いただき、心から感謝申し上げます。

さて、大都市東京における交通渋滞の緩和や交通不便地域の解消、沿線地域の開発・活性化などに大きな効果が期待できる公共交通の整備として、新交通システム「日暮里・舎人ライナー」の建設を平成9年から進めてまいりましたが、このほど、平成20年3月30日開業の運びとなり、一言ご挨拶申し上げます。

東京都では、「10年後の東京への実行プログラム」を昨年12月に策定しました。東京は、世界を代表する成熟を遂げた大都市として、その地位を確立してきましたが、都市機能の集積にともなう慢性的な交通渋滞や、都市型水害、緑やオープンスペースの不足などの課題がいまだに残されています。

建設局では、都市の骨格を形成する幹線道路、JR中央線などの連続立体交差事業、安全で親しみのある河川、ゆとりと潤いを創出する公園の整備などに戦略的に取り組んでおります。この度の日暮里・舎人ライナーの開業は、取り組みが目に見える形となった成果の一つです。

皆様方におかれましては、ライナーに乗って舎人公園や隅田川などを散策いただくなど、皆様に愛され、地域とともに発展するライナーとなっていくことを祈念しご挨拶とさせていただきます。

生活文化スポーツ局都民の声課

現場最前線

都民と都政とのつなぎ役
時には苦情の矛先にも

行政への不満や施策の要望、知事発言への意見など、都民が日常生活で感じる都政への思いを受けとめる都民の声課。最近では、追加出資問題に揺れる新銀行東京に関する声が多数、寄せられているという。時には都民の苦情の矛先にもなる現場では、どのような苦労があるのだろうか。

■覚悟して待つ

「400億円を追加出資しても問題を先送りし、悪い結果をもたらすだけ」「都民が納める税金を軽く考えないで」「銀行は閉鎖すべき。知事も当然、経営の責任を負うべきだ」――。新銀行東京への追加出資問題が争点となる都議会第1回定例会で、銀行の経営実態が明らかになるにつれ、都民の声課には、こんな苦情や意見が連日寄せられている。

知事が「旧経営陣の運営に問題があった」などと発言した2月15日の記者会見以降、3月10日までに同課に寄せられた意見等は357件。このうち8割以上となる293件が反対する意見だ。賛成の声は31件だった。

「昨年4月の知事選以降では、もっとも大きな反響です」と話すのは、都民の声課の大野金司課長。知事選時は、ワンダーサイトの運営や交際費・海外出張費問題が浮上し、知事への意見等が1000件以上寄せられた。新銀行問題もこれに匹敵する勢いで、収束する気配はない。

同課では常時、知事の発言や都政に関する新聞記事を注視し、都民の反感を買いそうな発言や問題が出たときには「苦情が来るな……」と覚悟する。今回は、まさにそのパターンだった。

■浅くても広く

8時30分に来庁後、まず職員たちが行うのは新聞のチェックだ。都の事業や知事の発言等がどのように扱われているか一通り目を通し、どんな声が寄せられるか、あらかじめ予想するという。都民が目にした情報を把握していないと、対応するにもピントがずれてしまうからだ。

都民から寄せられる声は月平均で1000件程度。これに対応するのが、都民の声係にある「窓口ライン」と「提言・要望ライン」だ。

「窓口ライン」は、主に電話やメールで都政や日常生活の問い合わせを受け付ける部門。専門分野の質問などは担当局に回すが、簡単な問い合わせはその場での回答が求められる。そのため、中心となるスタッフ5人は都庁に詳しいOBで構成している。

「相手が何を話しているのか、じっくり聞くことが最も大切です」。電話対応で気をつける点について、こう話すのは小俣遊子係長。相手が何を問題としているのか、何を知りたいのか、的確に回答するには交通整理が重要だ。

中には「知事を出せ！」「担当者を出せ！」と激高する人もいるが、そんな気持ちもわからなくはないという。例えば、担当部署に苦情を言ったが求めた回答が得られず、最終手段として電話する人も少なくない。「よく話を聞き、相手が納得するようになだめるのも使命です」（小俣係長）。

他方、「提言・要望ライン」には、主にEメールやファクスで声が寄せられる。時間の制約がないため、金曜日の知事記者会見時に物議を醸すようなコメントが飛び出した場合は、月曜日にどっと寄せられることもある。

メールでは、膨大な資料を添付したり、長文を送りつける人もいるが、的確に回答するためには一通り目を通すことが大切。回答を求める声には迅速に対応しなければならず、「仕分け作業」にかける時間はない。浅くても広い知識が求められる。

これら寄せられた声を集約し、月例報告などを作成するのが「統括ライン」だ。報道発表する「都民の声」報告に掲載する内容は、どのような基準で選ぶのだろうか。

「話題性やトピック性があるもの、小さな意見でも都の政策に広がるようなものは掲載するようにしています」と大野課長。掲載する場合には、各局と課題への取り組み状況などを調整し、対応状況などを含めて掲載する。また、賛否両論をバランスよく掲載することにも気を使うという。

■「声」で改善に

都民の声総合窓口は95年度に事業を開始した。ここ数年に見られる変化は、Eメールでの意見の多さだ。06年度は前年度比で4ポイント増の約28%となった。

寄せられる声にも変化はあるのか。「最近は、クレーマーのような人も増えた。同じ内容で連日電話を掛けてくるような人もいる」と小俣さん。その場合も、聞くことで納得してもらうしかなく、根競べとなることも多い。最近は提案型の声に比べ、苦情的なものが多くなっている点も気になるという。

また、職員の接遇に関する苦情は、常に多く寄せられる。「同じような苦情が複数寄せられることも多い。初期対応のまずさから、尾を引いてしまっているケースもあるようだ。組織の風土改善が必要だろう」（大野課長）と指摘する。

厳しい苦情や意見などの声も含め、都民の声がダイレクトに寄せられる同課。なんともストレスが溜まりそうな職場だが、醍醐味はどこにあるのか。小俣さんは「この制度を通じて、都民の声が事業局に届く。それがきっかけで改善につながると嬉しい」と話す。

例えば昨年10月の報告に、ごみの不法投棄について改善を求める声を掲載した。これを担当局に伝えたところ、看板の設置や重点的に監視する取り組みがスタートしたという。「少しでも都政が良くなるよう、期待を込めて担当部局に投げます」と小俣さん。

また、大野課長は「声を真摯に受け止め、都民の立場に立って改善してほしい。そんな思いで局に働きかけを強めることも課題です」と話した。

都庁第一本庁舎3階にある都民の声課。電話やメールだけではなく、来訪者にも対応する

都版市場化テスト

民間4科目で就職率70%以上
職業訓練業務モニタリング　高齢者向け2科目は低迷

都総務局はこのほど、東京都版市場化テストのモデル事業に関するモニタリング結果をまとめた。都では07年度から、公共職業訓練業務でモデル事業を展開しており、今回、前期訓練が終了したことを受けて、モニタリング結果が公表された。この中では対象事業の実施状況のほか、修了後3カ月の就職状況などが明らかにされている。

東京都版市場化テストでは、06年度に公共職業訓練業務で7科目について官民競争入札を行い、技術点と価格点の総合評価により、6科目で民間事業者を選定、今年度から訓練業務を開始した。1科目は都多摩職業能力開発センター八王子校が実施している。

モニタリング調査は、対象事業が適切に実施されたかを判断するため、事業計画書や目標就職率の達成状況、訓練内容や就職支援に関する受講生の評価、アンケート等を基に行われた。

公共職業訓練業務では、訓練期間が前期（4月～9月）と後期（10月～3月）に分かれることから、今回の調査は、前期訓練の修了3カ月までの就職状況を把握した上で、取りまとめられた。今年8月には後期訓練についてのモニタリング結果もまとめ、9月までに前期・後期合わせた事業実施後の評価を公表する流れとなっている。

調査結果によると、民間事業者が実施している6科目のうち、ネットワーク構築科、貿易実務科、医療事務科、ビジネス経理科の4科目は、いずれも70%以上の就職率を達成した。なかでも医療事務科は89・3%の就職率だった。06年度前期との比較では、就職率はすべて伸びており、06年度前期・後期の平均と比較した場合でも、貿易実務を除いて概ね上昇した。

このほか、モニタリング結果には、放課後の自習への対応、希望者に対する職場体験の実施、面接対策としてのスピーチ実施など、事業計画書に記載した内容以上のレベルアップに向けた各事業者の取り組みも盛り込んでいる。

一方、経営管理実務科は、中央・城北センター高年齢者校（47・6%）、多摩センター府中校（44%）と就職率が低迷した。この点については「高年齢者が対象で求人が集まりにくい」といった理由が挙げられており、学識経験者等を含む「東京都版市場化テスト管理委員会」でも、同様の見方が示されている。

モニタリング結果では、同2科目に関する改善指導の状況も記載。「科目の特性を踏まえたきめ細かい就職指導や、より幅広い求人開拓等が必要」として、就職支援方法の見直し等を指導したことも明らかにされている。

今回の市場化テストモデル事業で唯一、都が実施した多摩職業能力開発センター八王子校の医療事務科については、退校者があったため、修了率が82・5%となったものの、就職率は全体で最も高い93・9%だった。

東交定期大会

「都労連闘争の原点」
現業系人事・給与制度交渉　今年最大の課題に意思統一

東京交通労働組合（東交）の第80回定期大会が、14日と15日の両日、港区の田町交通ビルホールで行われた。昨年12月から組合の機関活動が無給職免となったため、2日目は土曜日に設定。08年度の運動方針などを確認した。

あいさつに立った石山康夫委員長＝写真＝は、組合の今年最大の課題として、現業系人事制度の見直し交渉を掲げた。昨年の都労連交渉では、具体的な見直し提案に至らず、次年度の交渉期までに引き続き協議することで妥結した。石山委員長は「昨年の特区連の妥結を受けて、今年の確定闘争で最大の争点であり、避けて通れない課題。行（一）水準での給料表作成は、都労連統一闘争の原点で、結論いかんによっては、都労連組織の断絶にかかわる基本的な問題となる」などと述べ、08年度の最重要課題として取り組む決意を述べた。

また、交通当局との交渉では、局の経営計画「チャレンジ07」が今年2年目を迎える中、今後の局事業のあり方協議も大きな課題となる。石山委員長は「現経営計画では、7年ぶりに全職種で新規採用120人を勝ち取ることができた」と述べる一方、「外注化・管理委託に対する歯止め、継続的な新規採用の実施、外注職員の待遇改善・正規雇用化なども課題だが、最大の課題は、各事業とも経常収支が黒字となった実態を踏まえ、今後の健全化策をどうするかだ」などと述べ、当局と精力的に協議を進める考えを示した。

さらに、現経営計画の交渉時には、都営交通としての維持発展のために合理化策を受け入れたと述べ、「都営地下鉄の民営化などの考えが出れば、交渉を打ち切って民営化反対の運動に入る」との姿勢も示した。

パワーアップ基金 3事業追加決定
「神楽坂未来計画」など

都産業労働局と㈶東京都中小企業振興公社は13日、「商店街パワーアップ基金事業」の追加募集分として3事業を決定した。

同基金事業は、商店街による会社設立や商店街活性化のためのプロジェクト等に、事業費助成や専門家を派遣することで支援を行うもの。役員の高齢化や後継者不足による商店街活動の停滞や空き店舗問題の解決を目的に、06年度から事業が開始された。

今回、追加募集分として決定された対象事業のうち、会社等設立や活性化プロジェクトの「神楽坂未来計画」では、地域資源のPRと商店街の集客力向上を目指したイベント開催による地域活性化を目指す。また商店街活性化プロジェクトでは、三軒茶屋商店街でのポータルサイトの構築、NPO法人による商店街の空き店舗を活用した地域サロン運営が選ばれた。

84%が健康状態「良い」
健康に関する世論調査

都生活文化スポーツ局は14日、健康に関する世論調査の結果をまとめた。心身の健康づくり、喫煙や生活習慣病など、都民の健康に関する意識のほか、予防接種や新型インフルエンザ、エイズなど感染症対策でも質問を設けた。前回調査以来、3年ぶりの実施となる。

調査結果によると、健康状態の自己評価では「よい」と感じる人が84%にのぼり、前回調査から伸びた一方、イライラやストレスの有無では「感じる」人が70%となった。とりわけ男性・女性ともに30歳代がストレス等を感じていることも分かった。

このほかメタボリックシンドロームの認知度は78%と高いものの、特定健康検査・特定保健指導の開始は61%が「知らなかった」と答えるなど、制度スタートへの不安を感じさせた。感染症対策については、新型インフルエンザやエイズに関する知識のほか、エイズへの関心度なども明らかとなった。

メディア連絡会

視察船で東京湾内視察
エスニックメディアが参加

都生活文化スポーツ局は13日、「東京都在住外国人向けメディア連絡会」を開催した。同連絡会は、在住外国人メディアを通じた都の施策情報の提供、意見交換や連絡調整を目的に05年3月に設置された。

同日の連絡会では、エスニックメディアなど8社、ほか関係者ら20人が港湾局の視察船「新東京丸」に乗り込み、東京湾内の視察を行うとともに、行政側からの情報提供などが行われた＝写真。

視察船は竹芝小型船ターミナルを出発、レインボーブリッジをくぐり、大井埠頭、廃棄物処分場、台場付近などを巡った。情報提供では、同局が今年1月に実施した外国人向けの防災訓練の結果のほか、外国人に対応した都の相談窓口なども紹介。また都以外では足立区、東久留米市からも情報提供があった。

ひと

人命救助で消防総監感謝状

都立墨東病院看護師
鈴木（すずき）　麻美（あさみ）さん
中井（なかい）　澄恵（すみえ）さん

救命救急センターとNICUという、病院の中でも激務を担う二人。その合間を縫って先月20日、京都への一泊小旅行を計画し、東京駅でお弁当を物色中に、隣の店先で男性が倒れたのを目にした中井さん。「私は新生児担当で、大人の判断がつかないので、彼女に声をかけたんです」

すぐに仰向けにしたが、呼吸が止まってしまい、気道を確保して心臓マッサージを行いながら、「AEDを持ってきて下さい」と叫んだという鈴木さん。AEDが到着し、その指示で電気ショックを与え、致死的不整脈が治まった。ちょうど到着した救急隊に施した一連の処置を説明し、猛ダッシュで新幹線に飛び乗ったという。

その間、20分ほど。中井さんは身元が分かるものをと荷物を調べていて、「旅行が好きな人らしく、頑張ってまた遊びに行ってよと思いが入りました」。男性のことはずっと気がかりだったが、そんな旅先の鈴木さんに、「お前何かやったか」と上司から電話が。「出来ることしかやってないのに、報告なんてしませんよね」と苦笑するが、29日には消防総監感謝状が授与されるという事態に。「その方が助かったことだけで良いのに、大ごとになってしまって申し訳ありません」とペコリと頭を下げる。

折悪しく会えなかったが、男性の家族が訪れ、手紙を預けていったとかで、搬送先の病院で低体温療法を施されるなど危機的な状態にあったが、回復してかかりつけ医の病院に転院できたという。

「できる限りのことをやらせてもらって、元気になられて良かったと本当に思います」

中井さんはNICUに11年。「成長が見れて楽しい」と言うと、「受け持ちの子を可愛いでしょうと自慢するものね」と鈴木さん。鈴木さんも新生児を希望し、「面白くなってきたところで追い出された」と笑い、増設されるNICUに戻りたいなど目を輝かす。

職員は減り、求められることは多くなっているが、辞めようとは思わない。「自分が相手の立場だったらと常に考えます」と中井さん。「突然の事故に遭ったご家族を含めて、看護したいといつも考えています」と鈴木さん。楽しく仕事をしていきたいと。（門）

鈴木さん（左）は都立板橋看護卒。99年豊島病院に。03年から現職。中井さんは都立大塚看護卒。97年母子保健院。03年から現職。中井さんは幼稚園、鈴木さんは小学生の時から看護師になりたかったのだと。同い年で意気投合するもう一人とのトリオで「井戸端会議」が趣味だと笑う。

昇任試験対策のページ

20年度 主任試験講座 ―24―

都政実務 ③

今回は、「人事」の出題分野について問題を解いてみましょう。

問題を解いた後は、職員ハンドブックに照らし合わせて、それぞれの選択肢のどの部分が間違っているか、正しい内容は何かを一つずつ確認しながら演習を進めていきましょう。

問　題

【問題 1】

都における介護休暇または育児休業等に関する記述として、妥当なのはどれか。

① 介護休暇は、連続する1年の期間内において必要と認められる期間及び回数について承認することができるが、期間経過後に更新することはできない。

② 介護休暇は、承認された期間内において、日または時間を単位として、利用することができ、時間を単位とする介護休暇は、正規の勤務時間の始めまたは終わりのいずれかにおいて、1日2時間を限度として利用することができる。

③ 育児休業の対象となる職員は、一般職の男女職員であるが、非常勤職員及び臨時的に任用される職員は育児休業をすることができない。

④ 育児休業中の職員に対しては、育児休業の期間中は、給与は一切支給されないが、当該育児休業に係る子が2歳に達する日まで共済組合から育児休業手当金が支給される。

⑤ 職員は、公務に支障のない範囲内で、3歳に満たない子を養育するため、部分休業の制度を利用することができ、育児時間を取得している職員は、育児時間とは別に、1日を通じて2時間を限度として部分休業をすることができる。

【問題 2】

公益法人等への東京都職員の派遣等に関する記述として、妥当なのはどれか。

① 公益法人等への一般職の地方公務員の派遣等に関する法律に基づき職員を派遣する団体は、任命権者が任意に定めることができ、条例で規定する必要はない。

② 公益法人等への一般職の地方公務員の派遣等に関する法律に基づき職員を派遣できる団体には、特定地方独立行政法人や区市町村がある。

③ 公益法人等への一般職の地方公務員の派遣等に関する法律の施行に伴い、現在は営利法人に派遣される場合、職員は、都を退職する必要はない。

④ 営利法人に派遣される職員の派遣期間は3年以内とされており、延長することはできない。

⑤ 公益法人に職員を派遣する場合、派遣先での従事業務や派遣期間について、派遣する職員本人の同意を得る必要はない。

【問題 3】

地方公務員法に定める職員団体との交渉に関する記述として、妥当なのはどれか。

① 職員団体は、職員の勤務条件に関して、地方公共団体の当局と交渉し、書面協定を締結することができるが、これは法規範性を有するものではない。

② 管理運営事項は、一切交渉の対象とすることはできないため、管理運営事項の処理の結果影響を受ける勤務条件についても交渉の対象とはならない。

③ 職員団体との交渉に応ずる地方公共団体の当局は、任命権者に限られ、職員の勤務条件に関する権限を委任されている者は含まない。

④ 職員団体の交渉担当者は、必ず当該職員団体の上部団体の役員でなければならない。

⑤ 職員団体は、適法な交渉であっても、地方公共団体の当局との交渉を、勤務時間中に行うことはできない。

【問題 4】

都における厚生福利制度に関する記述として、妥当なのはどれか。

① 東京都職員共済組合は、条例に基づき、都職員及びその遺族の生活の安定と福祉の向上に寄与するとともに公務の能率的運営に資する目的で設立された組織である。

② 東京都職員共済組合の行う事業は、組合員などの福祉の向上を目的とする短期給付及び退職共済年金等の長期給付の2事業である。

③ 東京都職員共済組合が行う事業に要する費用や組合の事務に要する費用は、組合員と地方公共団体で折半して負担している。

④ 東京都福利厚生事業団は、地方公務員等互助組合法に基づき、都職員の福利厚生事業を実施する目的で設立された組織である。

⑤ 東京都福利厚生事業団の会員は、都の一般職の職員等である正会員のほか、監理団体等の固有職員（準会員）、都の定年退職者・勧奨退職者のうちの希望者（退職会員）などであり、事業団が行う事業の主な財源は会員が負担する掛金と都の交付金である。

【問題 5】

職員の服務に関する記述として、妥当なのはどれか。

① 職員には、職務に専念する義務が課せられているが、この義務は、法律に特別の定めがある場合に限り免除することができる。

② 勤務時間中の兼業許可が事前に認められている場合には、改めて職務に専念する義務の免除に係る承認は必要としない。

③ 営利企業等の従事制限は、勤務時間中のみに適用され、勤務時間外は職務に専念する義務がないので制限されない。

④ 職場におけるセクシュアル・ハラスメントを防止するため、職員への啓発活動を行うだけでなく、都では職員服務規程のなかでセクシュアル・ハラスメントの禁止を明記している。

⑤ 都の「利害関係者との接触に関する指針」では、職務上の必要性があれば、上司の承認がなくても、利害関係者と会食することができるとされている。

解　説

【解説 1】

① 誤り。介護休暇は連続する6月の期間内において必要と認められる期間及び回数について承認することができ、期間経過後であっても介護休暇の初日から2年間に限り、通算180日を限度として、2回まで更新することができる。（勤務時間等規則第27条第1項、職員ハンドブック298ページ）

② 誤り。前半は正しい（勤務時間等規則第27条第2項）。時間を単位とする介護休暇は、1日を通じて4時間を限度として承認する。（勤務時間等規則第27条第3項、職員ハンドブック298ページ）

③ 正しい。（育児休業条例第2条、職員ハンドブック299ページ）

④ 誤り。前半は正しい（育児休業法第4条第2項）。共済組合から育児休業手当金が支給されるのは、当該育児休業に係る子が1歳に達する日までである。（職員ハンドブック299ページ）

⑤ 誤り。前半は正しい。育児時間を取得している職員は、2時間から育児時間を減じた時間を限度として部分休業を利用することができる。（育児休業条例第7条、職員ハンドブック299ページ）

正答 ③

【解説 2】

「公益法人等への一般職の地方公務員の派遣等に関する法律」の内容については、ひととおり押さえておきましょう。

① 誤り。条例で定めなければならず（同法第2条第1項）、「公益法人等への東京都職員の派遣に関する条例」を定めている。（職員ハンドブック265ページ）

② 誤り。公益法人のほか、一般地方独立行政法人、特殊法人、地方6団体、営利法人がある。（職員ハンドブック265ページ）

③ 誤り。株式会社については、退職して派遣されることになる。（同法第10条第1項）

④ 正しい。公益法人や一般地方独立行政法人等に派遣される期間は5年まで延長できるが、株式会社での従事期間については、3年以内で延長できない。（同法第3条第2項、第10条第4項）

⑤ 誤り。あらかじめ、勤務条件や従事業務などに関する派遣先団体との取り決めの内容を当該職員に明示し、同意を得なければならない。（同法第2条第2項、第3項）

正答 ④

【解説 3】

① 正しい。職員団体は、労働協約を締結する権利は有しない。書面協定を締結する権利は有するが、書面協定は法規範性を有しない。（職員ハンドブック361ページ）

② 誤り。管理運営事項の処理の結果、影響の出る勤務条件は交渉の対象となりうる。例えば、行政組織の改廃や予算編成の結果、影響を受ける給与や勤務時間などである。（職員ハンドブック359ページ）

③ 誤り。交渉事項について適法に管理し、または決定できる者が当局であり、権限を委任された者もその限りで当局となる。（職員ハンドブック360ページ）

④ 誤り。原則として当該団体の役員でなければならない。なお、特別の事情があるときには、役員以外の者でもよいとされている。（職員ハンドブック360ページ）

⑤ 誤り。適法な交渉については、給与を受けながら勤務時間内に行うことができる。（職員ハンドブック357ページ）

正答 ①

【解説 4】

① 誤り。東京都職員共済組合は、地方公務員法第43条に規定する共済制度として、地方公務員等共済組合法に基づき設置されている。（職員ハンドブック308ページ）

② 誤り。療養費、出産手当金や休業手当金などの給付を行う短期給付、退職共済年金等の長期給付の他に組合員などの福祉の向上を目的とする福祉事業の3事業がある。（職員ハンドブック309ページ）

③ 誤り。事業に必要な経費は、短期給付、長期給付及び福祉事業の各事業別に定められ、組合員の掛金と地方公共団体の負担金によって賄われている。その負担割合は、短期給付事業に係る育児・介護休業者の公的負担分及び長期給付事業の公的負担分を除き、組合員と地方公共団体で折半となっている。組合の事務に要する費用については、福祉事業に関わる費用を除き地方公共団体が負担している。（職員ハンドブック311ページ）

④ 誤り。地方公務員等互助組合法という法律はない。東京都福利厚生事業団は民法に基づく財団法人として設立されており、東京都職員互助組合に関する条例の規定により設置された職員互助組合とみなされている。（職員ハンドブック306ページ）

⑤ 正しい。（職員ハンドブック306、307ページ）

正答 ⑤

【解説 5】

① 誤り。職務専念義務は、法律または条例に特別の規定がある場合に限り免除される。（地公法第35条、職員ハンドブック319ページ）

② 誤り。勤務時間内に従事する場合には、別に職務専念義務の免除または年次有給休暇の承認が必要である。（職員ハンドブック323ページ）

③ 誤り。営利企業等の従事制限は、勤務時間中、勤務時間外を問わず、公務員の身分を有している以上、適用される。（職員ハンドブック323ページ）

④ 正しい。（職員ハンドブック328ページ）

⑤ 誤り。職務上の必要性があるだけでは、会食することはできない。利害関係者との会食については、正当な対価の支払いがあるか、利害関係者が主催する公式的行事で社会通念上許される範囲の飲食であるか等を勘案して、上司の承認がある場合に限り許される。（職員ハンドブック328ページ）

正答 ④

20年度 主任・係長 論文講座 ★24★

都主任選考

前回に引き続き、都政の課題整理を行います。

今回は、「今後の財政運営の指針」及び「10年後の東京」について、課題整理をしていきます。

財政運営が試験のテーマとして出題されることは考えにくいですが、論文の導入部で出題テーマの背景や課題を記述する際に、都財政の現状と今後の方向性を押さえておくことは必須です。例えば、書き出しに「財政再建が喫緊の課題で……」などと書くと、現状認識ができていないと採点されるでしょう。財政状況は都政運営全般に関わるものです。

本指針のほか、財務局が年初に発表する予算原案にも必ず目を通し、財政運営の現状と方向性を把握しておきましょう。

○今後の財政運営の指針

【策定の背景】

都財政は、平成10年度決算において、過去最高となる1000億円強の赤字を計上し、財政再建団体への転落が現実視される未曽有の危機に直面していました。このような状況を踏まえ、二次にわたる「財政再建推進プラン」を策定し、財政再建に全力で取り組んできました。その結果、平成17年度決算で実質収支が黒字に転換するなど、財政再建に一つの区切りをつけることができました。

しかし、財政改革が本来目指すべきところは、単に財源不足を解消することではなく、社会状況が大きく変化する中においても、新たな財政需要に対応できる強固で弾力的な財政基盤を確立することにあるはずです。その目的に照らせば、現段階はあくまで通過点に過ぎず、将来にわたって健全な財政を維持するための質的転換を進めるべき新たなステージに移ったといえます。

「今後の財政運営の指針」は、これまでの財政再建という目標の達成ではなく、財政の構造的な改革をさらに加速させることを目的に策定されています。

【現状認識】

（需要の増加）

▼今後、社会資本ストックの更新経費や社会保障費など、需要の増加が見込まれる。

▼東京の将来を見据えた先進的な施策にも積極的に取り組まなければならない。

（税収のリスク）

▼一方で、都税収入はそもそも景気変動を受けやすい不安定な財源である上に、国による法人事業税の見直しが行われるなど、減少リスクを抱えている。

【今後の視点】

（中長期的な視点の重視）

▼年度の収支均衡という短期的視点だけでなく、中期財政フレームの作成や、基金等による年度間財源調整の仕組みの強化など、より中長期的な視点を重視する。

（各局の主体的取り組みの推進）

▼予算編成等における財務局の権限の一部を各局に移譲するなどにより、各局が責任を持って自主的・自発的な改革を進める。

以上が「今後の財政運営の指針」の骨子です。また、本指針策定後の予算編成方針については次のとおりです。方針に込められた財政運営の方向性を把握しておきましょう。

（平成19年度）

「東京の魅力のさらなる向上を目指し、新たなステージにおいて力強い第一歩を踏み出す予算」

（平成20年度）

「10年後の東京の実現に向けた取り組みを加速させるとともに、いかなる状況変化の下でもその取り組みを支え得る持続可能な財政基盤を築き上げる予算」

（参考資料）

今後の財政運営の指針（平成18年7月）

課題整理・都政 ②

○10年後の東京

次に政策面における課題整理として、「10年後の東京」を取り上げます。

平成18年12月に策定された「10年後の東京」は、オリンピックが開催される2016年の東京が目指すべき姿と、それに向けた政策展開の方向性を示す「都市戦略」と位置づけられています。その中で掲げられた八つの目標は、現在の都政において軸となる重要な政策です。

また、直近の都議会定例会において、知事の所信表明及び施政方針表明に掲げられた都政の課題は次のとおりです。

（平成19年第4回定例会）

▼都市機能の充実強化

▼都民が安心できる仕組みの構築

▼次代を担う子供の育成

（平成20年第1回定例会）

▼低炭素型都市への転換

▼安心安全な都市の実現

▼都市の魅力や産業力の向上

▼次代を担う人材育成

これらを踏まえ、大枠として共通する事項について、今回と次回の2回にわたって「10年後の東京」をベースに整理していきたいと思います。ただし、昨年出題された環境政策については、紙面の都合上、今回は説明を省略します。必要に応じて、各自で情報を整理して下さい。

○都市再生

東京は、江戸開府以来、400年の歴史と伝統の上に築かれた都市です。しかし、東京の高度成長の過程で水辺空間や緑などのオープンエリアは失われ、コンクリート護岸や河川に背を向けた建物等は、まちと水辺を分断する状況を造り出してしまいました。

また、放射方向に比べ、環状方向の道路整備が著しく遅れたことによる慢性的な道路渋滞は、都市機能の最大の弱点ともなっています。さらに近年、国際競争が激化する中、特にアジア諸国との熾烈な競争に勝ち抜くためには、空港や港湾施設など、都市基盤施設の機能強化が求められています。

「10年後の東京」に掲げられた施策は次のとおりです。

①緑に囲まれ、水辺と共存した都市空間の創出

▼都内の街路樹を百万本に倍増し、臨海部に整備予定の「海の森」から都心部の緑の拠点を街路樹で結ぶ「グリーン・ネットワーク」を形成

▼全公立小中学校の校庭を芝生化し、元気な子供を育成

▼都民や企業と連携し、新たに1000㌶の緑を創出（校庭芝生化、屋上緑化等）

▼新たな募金を創設し、都民や企業を巻き込んだ緑のムーブメントを展開

②無電柱化を緑のネットワークと連携して推進

▼臨海地域、外国人が多く訪れる六本木地域や秋葉原地域などを中心に、区と連携して面的な無電柱化を推進

▼センター・コア・エリア内の都道について、10年間で無電柱化を完了

③美しい都市景観を創出し、東京の価値を高める

▼市街地の更新や公共施設整備等の機会を捉え、周囲と調和した落ち着きと風格のある景観を創出

▼歴史的建造物・景観を保全・復元し、国内外からの来訪者を引きつける観光資源として活用

④3環状道路等の整備

▼3環状道路の整備率を現在の35%から90%に高め、東京の弱点である渋滞を解消

▼区部環状道路や多摩南北道路の整備を10年後に概ね完了させ、高速道路と連携した幹線道路ネットワークを形成

⑤空港・港湾機能の向上

▼陸・海・空の交通、物流ネットワークを強化し、物流コストの低減や、速達性を向上させ、東京及び首都圏の国際競争力を強化

▼圏央道等の整備や横田基地の軍民共用化を推進し、多摩地域を首都圏の中核拠点として発展

⑥社会資本の維持・更新

▼都が管理する主要な社会基盤施設について、予防保全型管理を導入する等により、ライフサイクルコストを最小化

○安心・安全対策

都民が安心して日常の生活を暮らしていくためにも、大都市特有の弱点を克服し、未然に防止する体制を構築することは、喫緊の課題です。

そこで、東京の宿命的な課題である震災対策に集中的に取り組むとともに、最先端技術によるテロ対策を進め、首都東京の国際的な評価や信用力を大幅に向上させ、危機に強い都市を将来に継承していくことが求められています。

「10年後の東京」に掲げられた施策は次のとおりです。

（一）震災対策

①都市構造物の耐震化

▼木造住宅やマンションの耐震化を強力に促進し、都内住宅の耐震化率を90%以上に引き上げ

▼倒壊して道路閉塞を起こすと避難・救助活動等の障害となる緊急輸送道路沿いの建物、及び震災時の拠点となる防災上重要な建築物（病院、消防署、警察署、学校等）については、100%耐震化

▼延焼遮断帯の整備、老朽木造建築物の建て替え・共同化、防火規制の活用等により、木造住宅密集地域における建物の耐震化、不燃化を加速

▼外郭堤防に続き、水門等の耐震対策を100%完了させ、大地震と高潮が重なる最悪の事態にも耐えられるよう、ゼロメートル地帯の安全性を確保

▼大規模公園等にヘリポート、備蓄倉庫、貯水槽を整備するなど、未利用地、公園など様々な空間を活用して、防災ネットワークを構築

▼緊急輸送道路や鉄橋等の耐震化を完了し、震災時の輸送・避難ルートを確保

②浸水対策、土砂災害対策

▼河川、下水道、貯留施設等の整備を着実に進め、時間雨量50㍉に対応する浸水防止対策を推進

▼大規模地下街や、地下鉄駅等を有する地域において下水道施設を重点的に整備

▼避難所周辺の土砂災害対策を100%実施

③都市機能の早期復旧

▼災害の前兆を的確に察知して瞬時に警報を発するシステムの整備

▼発災後3日間を重視した緊急・応急対策の推進

▼災害発生時における迅速な復旧を可能とし、必要とされる都市機能を確保するために、都庁や企業においてBCP（事業継続計画）を策定

（二）テロ対策

▼IC旅券やICチケットなど、最先端技術の研究・開発を促進し、精度の高いテロ対策を実現

※参考資料

10年後の東京（平成18年12月）、同実行プログラム（平成19年12月）

20年度 教育管理職への道しるべ <28>

学校管理 ①

はじめに

教育に関する法律について、平成18年12月15日に「新教育基本法」が成立し、同月22日に公布・施行されました。また、「地方教育行政の組織及び運営に関する法律」、「学校教育法」、「教育職員免許法」及び「教育公務員特例法」の改正が昨年、平成19年6月20日に成立し、同月27日に公布されました。この公布された、いわゆる教育3法の多くの内容は本年、平成20年4月1日から施行されることとなり、教育行政に関しては新しい様々な動きが見られます。これに伴い学校管理についてもいろいろな変革が想定されます。

しかし、東京都からみると、これらの法律改正に関することの多くのものが、これまで東京都が教育改革として、国に先駆けて行ってきたものです。

その特長的なものとしては、平成15年度に、東京都公立学校に先生のリーダーとする職を新たに配置した「主幹制度」が誕生しました。また、翌年には、全国で初めて県レベルで、「教頭」の名称を「副校長」に変更し、続いて区市町村においても管理運営規則を改正して、全都の公立学校で教頭の名称が「副校長」になる改革を実施しました。平成15年度には、さらに、学校の運営方針や指導方法について外部の評価を取り入れる改革、学校経営計画が策定され、平成16年に都立学校評価システムの確立検討がなされ、同年に都立学校全校で生徒による授業評価も実施しています。

今回の学校教育法の改正の中にも「副校長、主幹教諭等」を置くことができることや学校評価についての規定がなされています。

さて、そこで学校経営にかかわる東京都における主な教育改革等を再度、振り返ってみます。

【15年度】

主幹制度の導入、学校経営計画の策定、自律経営推進予算制度の導入、国旗国歌適正実施通達

【16年度】

都立学校バランスシートの作成、都立学校の自己評価指針の策定、副校長に名称変更、教育管理職降任制度の導入

【17年度】

校長選考の改正、業績評価結果の一部開示

【18年度】

東京都学校経営支援センターの設置、経営企画室に名称変更、懲戒処分基準の見直し、東京都教師道場の設置

【19年度】

教育管理職等の任用・育成に係る検討組織の設置、東京都立学校管理運営に関する規則の改正、東京都特別支援教育推進計画第二次実施計画、災害時等緊急連絡システムの導入、東京都教育ビジョン（第2次）中間まとめ

学習のポイント

こうした改革を踏まえ、学校管理については、組織運営、人事等の理解が不可欠です。組織運営面では、職員会議の位置付け、企画調整会議の機能、校長、副校長、主幹、主任、指導教諭、教諭の役割など学校の管理運営の適正化にかかわる理解のほか、学校事故への対応等についての理解が必要です。人事面では、勤務時間、休暇、給与、セクシュアル・ハラスメントの防止等に関する知識が求められています。

また、法改正に鑑み、学校のマネージメント・サイクルを適切にまわしていくための学校経営計画に基づいた学校の自己評価についての見識も不可欠です。

具体的には、次のようなことがポイントになります。

① 学校管理に関する事項としては、高校教科用図書使用の特例、児童・生徒への教科書の支給事務、非常災害時の臨時休校の決定・報告、学校基本調査規則等

② 人事管理に関する事項としては、校長の職務代理、研修承認、労働基準法、免許外教科担任の申請

③ 児童・生徒の管理に関する事項としては、児童・生徒の懲戒、出席簿の作成、区市町村教育委員会への届け出、休学・退学・転学、高校の入学許可、就学奨励事務等

④ 施設等の管理に関する事項としては、目的外使用の同意、防火管理者の決定、消防計画の作成と実施、消防施設等の設置管理等

⑤ その他としては、平成20年度に導入される栄養教諭の職務内容、新非常勤教員制度、個人情報紛失事故防止対策としての情報セキュリティー等

このような知識を身に着けるためには、職務を通じて関係法規、条例や管理運営の規則など基礎的な法令の条文にあたる習慣を身に着けるとともに、新たに制定される法令、要綱などに注意して、常的に目を通すことが有効です。

傾向と対策

学校管理に関する問題は、平成18年度までは択一問題40問のうち、例年3問程度出題されています。管理職試験の変更により平成19年度は30問となり、変更後の要綱をみると問題の内容としては、「公立学校の管理運営や教育に関する基礎的事項、法令及び社会の状況等に関する理解や関心をもっていることを見いだす」としています。学校管理の出題は、他の分野と密接な関連があり、出題の切り口によっては分類が難しいところがあります。そのため、分類方法によっては、出題の数の捉え方に違いがみられますが、平成19年度は、複合的なその他の法令を含めると、6問出題されています。

これまでの出題は、以下のとおりです。

【15年度】

服務、勤務時間、人権（3題）

【16年度】

休暇（1題）

【17年度】

学校事故、健全育成、社会教育、人権教育（4題）

【18年度】

健全育成、学校給食、学校事故、児童・生徒の就労（4題）

平成19年度については、職員会議と企画調整会議、学校運営協議会制度、休業日、主幹制度、人事考課制度について出題されました。

出題傾向の対策としては、基本的な法令としての学校教育法と学校の管理運営規則（都立学校については東京都立学校の管理運営に関する規則、小中学校については区市町村教育委員会が定める管理運営に関する規則）をよく読んでください。その上で学校職員の勤務時間、休日、休暇等に関する条例及び施行規則、さらに同条例、規則の解釈及び運用について、また学校職員の給与に関する条例、昇給欠格基準などにあたってください。

学校管理の勉強にあたっては、単なる知識や理論として整理するだけでなく、日々の学校教育の中で、いかに管理運営を行っていくかを考えながら勉強することをお勧めします。

さらに、細かいことになりますが、平成19年度内あるいは平成20・21年度に向け、制度や業務関係などの変更・予定などの事項は、チェックをしておきましょう。

50周年を迎える牧野標本館

～日本の植物学の祖・牧野富太郎博士

首都大学東京「牧野標本館」教授 村上哲明

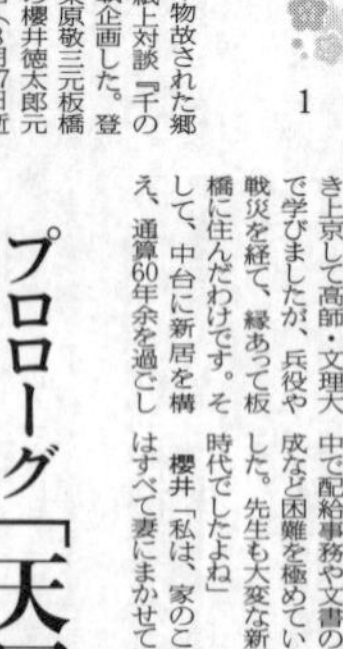

牧野富太郎博士は、江戸時代末期の文久2年(1862年)に土佐藩・高岡郡佐川村(現・高知県佐川町)の非常に裕福な商家の長男として生まれました。正式な学歴では、小学校中退ということになりますが、明治維新の時代に西洋から入ってきたばかりの近代科学を私塾や独学で学んでいました。その中に西洋の植物学も含まれていました。そして、自身で地元の植物の調査・採集を始めます。

その後、明治17年、22歳になった牧野博士は上京し、東京帝国大学理科大学(現・東京大学理学部)の植物学教室に出入りを許されます。そして同26年には、東京帝国大学の助手(教員)に任ぜられ、名実ともに植物学者の道を歩み出します。

この頃の日本の植物学界では、未知の植物が発見されると、西洋の植物学者に標本を送って、新種の学名をつけてもらっていました。牧野博士は、自分の手で日本の植物に学名をつけ、日本にどのような植物があるかを自らの力で明らかにしたいという大志を抱くようになりました。そして、日本で初めてヤマトグサに学名をつけて、自らが創刊した学術雑誌『植物学雑誌』に発表したのです。その後も、多数の日本産植物の新種を発表していきました。博士が発表した新種の数は、1500を超えました。

そして、牧野博士の大志は、昭和15年に3000を超える日本産植物種の一つ一つの線画の入った『牧野日本植物図鑑』を出版するという形で成就しました。戦前にこのような図鑑を出版できたことは、日本の文化程度が高いことを世界に示す画期的な事業でした。

牧野博士は、東京帝国大学では上司である教授達と良好な人間関係を築くことができず、大学内で高く評価されることはありませんでした。博士の身分は、昭和14年に77歳で東京帝国大学を辞職する時点でも講師でした。しかし、大学の外では、文化功労者第1号や名誉都民第1号などに選ばれるなど、その業績は高く評価されました。

一方で、牧野博士は日本中で植物採集を行った際には、各地にある植物同好会の指導を熱心に行いました。それゆえに、博士はアマチュアの植物愛好家からは非常に慕われました。日本各地で熱心な植物愛好家を育成したことも博士の大きな功績の一つです。そして、94歳でなくなる直前まで、日本全国をまわって膨大な数の植物標本を作製し、熱心に日本産植物の研究を続けました。植物標本は、博士が個人的に所蔵していた分だけでも40万枚に及びました。

これらの植物標本(以後、牧野標本)は、牧野博士の没後、博士の遺族から東京都に寄贈されました。実は、当初、博士がかつて所属していた東京大学や国立科学博物館に牧野標本を受け入れてもらおうとしたのですが、断られたのでした。博士が名誉都民第1号だったこともあって、首都大学東京の前身である東京都立大学が最終的に牧野標本を引き受けることになりました。そして、牧野標本を整理し、教育・研究の学術資料として活用できるようにする目的で、昭和33年(1958年)に牧野標本館が都立大学理学部の附置施設として設立されました。

牧野標本は、寄贈された段階では、乾燥植物標本(押し葉標本)が古新聞紙の間に挟まれ、その新聞紙上に採集地などの標本データが断片的に記入されただけの未整理の状態でした。そこで牧野標本館では、個々の標本の植物名が何かを明らかにし、採集者、採集地、採集日などの必須情報がすべて記載された標本ラベルを新たに作り、標本をラベルと共に台紙に貼付するという整理作業を長年にわたって行ってきました。この作業には、膨大な労力を要しましたが、現在までに牧野標本のほとんどが整理され、重複標本(同一採集者による同一場所、同一日付、同一種類の複数標本)を除いた約16万点の牧野標本が標本館の標本庫に収納されています。

この中には牧野博士が発表した新種の植物の学名をつけるための基準になった標本(タイプ標本といいます)が約800点含まれており、日本産植物の研究をする上で欠くことのできない資料となっています。また、博士自身やその研究協力者により、明治から昭和にかけて全国からまんべんなく収集された標本には、現在では絶滅したり、絶滅に瀕したりして、ほとんど見ることができなくなった植物種の標本も多数含まれています。日本産植物の自然分布の証拠標本としても非常に貴重なものといえます。

また、牧野標本の重複標本は、国内外の機関の植物標本庫との標本交換に利用され、現在までに10万点以上もの貴重な海外の植物標本を入手するのに役立ってきました。

現在の牧野標本館には、これらの標本以外にも、標本館の教員スタッフが小笠原諸島、南米、ヒマラヤなどで採集した標本、学外の研究者や採集家から寄贈された植物標本(例えば、ロシアのコマロフ植物研究所から交換標本として贈られた、シーボルトが江戸時代に日本で採集した標本など)も含めて約50万点の植物標本が所蔵され、国際的にも認知された主要な植物標本館の一つとなっています。

牧野標本館は、今年、設立50周年を迎え、記念事業の一環として都内各所で牧野標本の展示会や記念講演会を開催します。牧野博士が自ら熱意を込めて作成した驚くほど美しい植物標本や、既に都内からは絶滅してしまった植物の標本を多くの方にご覧になっていただければ幸いです。

日本で初めて牧野博士が学名を付けたヤマトグサのタイプ標本

■牧野富太郎からの贈りもの－植物標本が伝えるサイエンスのこころ－

▽牧野標本館50周年を記念し、首都大学東京と神代植物公園が主催▽記念事業 ①記念誌『牧野標本館50年史』発行②公開シンポジウム「牧野富太郎博士の植物研究とその継承」＝3月23日(日)午後1時30分～、首都大学東京南大沢キャンパス6号館1階110番教室、入場無料(事前予約不要)③牧野植物標本展示会＝4月・7月・8月・11月④荒俣宏氏らによる記念講演＝11月2日(日)午後1時～、会場は②と同じ、入場無料(事前予約不要)▽問い合わせ先 首都大学東京経営企画室広報担当☎5320・7080

みにがいど

◆第162回月例フォーラム▽日時 3月27日(木)午後1時30分～4時15分▽テーマ 生活保護制度の論点と課題▽講師 大友信勝・龍谷大学社会科学部教授▽参加費 1000円(会員は無料)▽会場 中野サンプラザ8階研修室6▽問い合わせ先 東京自治研究センター☎5338・9022

◆水再生センター～春のイベント～ ▽下水道局では、さくらやつつじの開花時期にあわせて、センターを公開▽情報提供 3月中旬以降、下水道HP(http://www.gesui.metro.tokyo.jp/)で確認するか、☎5320・6515まで

千の風になって

―いたばし編 1

「彼岸の入り」にあわせ、昨年物故された郷土(東京・板橋)の恩人を偲ぶ紙上対談『千の風になって・いたばし編』を連載企画した。登場してもらうのは、享年94歳の栗原敬三元板橋区長(3月30日逝去)と同90歳の櫻井徳太郎元駒沢大学学長・板橋区史監修者(8月27日逝去)のお二人。筆者は、板橋区職員。

プロローグ「天国での再会」

栗原「櫻井先生、どうも。お久しぶりですね。板橋区史の編さんや文化財保護では大変お世話になりました」

櫻井「こちらこそ。栗原元区長さんには、地域文化の掘り起こしと保存に深い理解とご支援をいただき、心から感謝しています。また、大正・昭和・平成を通じた90年余をともに生きた同志として大変親しみも感じていました」

栗原「先生が板橋に来られたのは昭和21年でしたね」

櫻井「そうです。29歳で結婚して麹町区(現千代田区)から、勤務先の東京高等師範寄宿舎があった常盤台に来ました。新潟から青雲の志をいだき上京して高師・文理大で学びましたが、兵役や戦災を経て、縁あって板橋に住んだわけです。そして、中台に新居を構え、通算60年余を過ごした板橋は、私のかけがえのない心のふるさとです。元区長は、生粋の板橋っ子ですよね」

栗原「上板橋村で代々農業を営む家に生まれました。父は村会や区会の議員などをやっていました。私は、日大を出てから東京市に勤めていましたが、一時海軍に入隊し、終戦後板橋区に奉職したのがちょうど、先生の板橋に来られた年なんですね。戦後の物不足の中で配給事務や文書の作成など困難を極めていました。先生も大変な新婚時代でしたよね」

櫻井「私は、家のことはすべて妻にまかせていました。やりくりは大変だったとおもいますが、本と鉛筆・ノートそして調査のための旅費は最優先で工面してくれました。私の研究活動を支えてくれた妻には心から感謝しています」

栗原「先生は、本当に全国津々浦々を民俗の研究に歩いておられますね。先生をそこに導いた、あるいは駆り立てたものは何だったのですか」

櫻井「新潟の山奥からあこがれの東京に出てきて、すばらしい中央文化など大都会の魅力やエネルギーに圧倒された私でしたが、しばらくして自分の中で、これが本当に日本の民族を代表する文化と言いうるのかという懐疑が頭をもたげ、むしろそれまであまり顧みられなかった土臭い僻地の田舎風の文化、伝承文化を発掘したいと考えたのです。それから、民間に伝承する資料をもとめての旅から旅へのあゆみが始まりました」

栗原「たしか、柳田国男さんに師事されたのもその頃でしたね」

櫻井「昭和22年のことでした。文理大の助手として和歌森先生から誘われ柳田家を訪問しましたら、新潟の彼岸の風習が話題になり、それが私の民俗学の最初のテーマになりました」

栗原「先生が板橋に来られた昭和21年は、私が板橋区で役人生活をスタートした年でもあるのです。先生と私の接点はずっとあとになるわけですが、今さらながら奇遇を感じます。どうでしょう。お互いに時間はたっぷりありますから、お茶でも飲みながら少し板橋の思い出話をしませんか」

櫻井「いいですね。石神井川の桜でも見ながらよもやま話といきましょう」

(山浦純之介)

コラージュは、櫻井(左)、栗原(右)両氏。背景は戦後板橋の風景(写真提供＝板橋区公文書館)

海外出張こぼれ話 31

東郷 尚武

オリンピックを迎える北京と沿海都市アモイ⑭

廈門(アモイ)の旅も大分大詰めに近づいたが、今回は、1984年に廈門島と共に経済特区に指定された鼓浪嶼(Gulangyu)のお話である。鼓浪嶼島は、本島からフェリーで10分程度の距離にあり、100年程前には、西欧諸国の租界が置かれていたところである。

廈門本島にも万石植物公園、南普陀寺といった観光資源はあるが、風光明媚で観光資源に富んでいるといえば、むしろ、この鼓浪嶼の方であろう。この1・8平方㌔㍍の小さな島に2万3000人が住み、観光客は年間1000万人に上ると聞いたが、この数はにわかには信じがたい。ただ、本島と異なり、原則として自動車も2輪オートバイも無いため、静かで比較的よい環境が保たれ、観光政策をひとつのセールスポイントと考えている市当局も、この島の環境保全には配慮しているように見受けられた。

筆者は、市の鐘局長から、この島の観光行政に対する助言をと、所見を求められたので、次の数点について申し上げた。第1点目は屋外広告物の規制である。フェリー乗り場周辺に幾つかの大きな屋外広告板が見受けられたので、島の景観を損なわないよう規制措置が必要ではないかと申し上げた。第2点目は、観光資源としての旧租界の建物の修復である。海岸線から内陸部にかけ南欧風の旧住居が立ち並んでいるが、放置されたままの旧住居も多く、寂しさを誘っていた。今後、観光政策を重点策のひとつにするのであれば、これらの建造物の修復を行い、観光資源として役立てていくべきではないか、と日本の長崎の例を挙げて助言した。第3に、出店規制の問題である。今後、廈門の経済開発が進めば、同島の観光客も増加し、飲食・みやげ物を中心とした出店問題が大きな課題となろう。節度ある出店により、観光客の便を図ると共に、島の環境の保全に留意すべきであろう、と申し上げた。そして最後に、今後、島内を史跡等に沿って回遊させるのであれば、少なくとも中国語、英語ぐらいの言語を用いた案内標識、誘導標識を設置し、観光客が自由に島内を散策できるよう配慮すべきではないかと申し上げたのである。鐘局長の真摯な取り組みの姿勢は今でも筆者の脳裏に焼き付いている。

鼓浪嶼では、砂浜をまわって租界地域に入り、往時の租界の繁栄ぶりを偲んだあと、巨大な岩の登り場や巨大な仏像のある日光岩寺を訪ね、さらに鄭成功の史跡を訪れた。次回は少し鄭成功のお話をしよう。

鼓浪嶼の砂浜からの眺望

都政新報

発行所 都政新報社
〒160-0023 東京都新宿区西新宿7-23-1 TSビル
〈総務・読者〉(03)5330-8781
〈企画広告〉(03)5330-8784
〈編集〉(03)5330-8786
〈出版〉(03)5330-8788
〈セミナー事業部〉(03)5330-9977
〈ファクス〉(03)5330-8808
郵便振替 00130-2-101470
購読料 月1,680円(税込)
毎週火・金曜日発行
但し、祝祭日は休刊

紙面から

都議会経済・港湾委

都の経営監視に批判

自民 都との連携推進を求める

新銀行問題

都議会経済・港湾委員会は17日、今定例会で最大の懸案となっている新銀行東京への追加出資問題を質疑した。累積損失が1016億円に達し、都出資の1000億円を食いつぶすまで改善の手立てを打てなかったことに対し、都の経営監視のあり方を批判する意見が民主、共産、生活者ネットの委員から相次いだ。「重要な営業情報にかかわるので、明らかにできない」という答弁も多かった。自民党は、制度融資だけでは対応できない領域を埋めるため、都と新銀行東京の連携を推進するよう意見を述べた。

■アームズ・レングス・ルール

引くも地獄、進むも地獄の状態となり、石原知事は再建策として「都との連携」を言い出した。しかし銀行法は、株主と銀行との利益相反取引により、銀行経営の健全性が損なわれることを未然に防ぐ目的で「アームズ・レングス・ルール」を定めている。

このルールに沿って、昨年6月の新銀行東京の新中期経営計画では「東京都との取り引きについては、独立性・中立性を確保する」と、わざわざ明記していたが、今年2月に策定した再建計画では、この記述が消えている。このため民主党の山口拓氏は、都との連携の考え方やメニューなどをただした。

産業労働局は「新中期経営計画では、都出身の人材の受け入れを表明したことから、あえて記述した。考え方が変更になったわけではない」と説明。公共工事代金債権信託の拡充のほか、顧客との接点を強化するため、㈶東京都中小企業振興公社の4事業所などに新銀行東京の相談窓口を設置するという。

現在は千代田区大手町に本店を置き、6店舗体制となっているが、新宿1店舗に集約してコスト削減を図る。支店を配置しても訪れる客がほとんどおらず、3年間、開店休業状態だった。しかし、中小企業振興公社の事業所等には、企業関係者が訪れるため、そこに相談窓口を設置した方が経済的にも、実態的にも合理的と判断した。

■確実性

旧経営陣の運営に問題があって、今日の事態を招いたとしても、追加出資の是非でポイントになるのは、400億円が生きたカネになるかどうかだ。自民党の神林茂氏は「都民の貴重な税金を投じなければいけない追加出資案を選択するのは、まさに苦渋の選択。責任与党として大きな政治的決断を下すことを迫られている」と述べ、都に再建計画の実現性、債権の回収などをただした。

産業労働局は、ビジネスモデルの確実性について「ベンチャー企業に対する融資で一定の収益が期待できる。これまでの事業実績で収益を上げているファンド投資は、今後も着実に収益を期待できる」と答弁。1割という高いデフォルト率に対しても審査・与信管理体制を改革し、提携金融機関などの審査力の活用、新銀行独自の審査マニュアルの策定などに取り組むとした。

佐藤広局長は「金融庁とも十分な連携を図り、適切な経営監視を行う。採り得るすべての手段を講じて、この銀行を必ず再建させる」と話した。

■指導監督

清水秀子氏（共産）は「旧経営陣は、石原知事が言うようにメチャクチャなことをやってきたのではない。知事が敷いたレールの上を猛スピードで走ったということだ」と指摘。「融資・保証残高9300億円という目標を設定した新銀行マスタープランに沿って高利で預金を集め、ひたすら融資を拡大した結果が、285億円の不良債権だ」と話した。

清水氏によると、新銀行東京は、06年9月期決算で金融庁から「報告徴求命令」を受け、国の監視が強まったという。さらに07年2月には、日銀考査も入った。

金融庁にどう報告し、日銀からどういう指摘を受けたかを質問したが、産業労働局は「聞いていない」と答えた。清水氏は「最大株主に報告があってしかるべき。都民の税金で運営されているのに、聞いていないとしたら、それが大問題だ」と批判した。

産業労働局は「聞いていない」としたが、日銀考査が入っていた時期、07年2月22日の予特で知事は「先般も日銀と定期的な話をした。日銀なりに評価し、（新銀行東京に）期待もしているようだ」と自画自賛した。

生活者ネットの大西由紀子氏も都による経営監視を取り上げ、「これまで何をしてきたのか」と追及した。産業労働局は「銀行に対する指導監督は金融庁の権限。株主としても、銀行法で会計帳簿等の閲覧が制限されている」と釈明した。

400億円の税金再投入で、厳しい意見が相次いだ経済・港湾委員会

民主は幹事長に一任

同党内は反対論強まる

都議会民主党は18日の総会で、新銀行東京に400億円を追加出資する補正予算案への態度について、田中良幹事長に態度決定を一任することを決めた。

関係者によると、同党内では、ほとんどの議員が現状のままでは補正予算案に賛成できないとの立場に傾いているという。総会では、そうした党内の意見の状況を確認した上で、執行機関側や他党との最終盤の折衝に備えて、幹事長に議案への態度決定を一任した。

都民のなかに追加出資に反対する意見が高まっていることで、執行機関側が400億円という出資額を引き下げる修正を行うなど、事態の急変も考えられるとして、事前に幹事長一任を取ったと見られる。

補正予算案について審議した同日の財政委員会では、民主党委員は「この間の質疑を通じて、自治体が銀行経営を行うことの難しさを強く感じた。新銀行東京の経営状況や、再建計画について、今後もさらに解明していきたい」などと発言した。都議会第2党の民主党のなかに反対論が強まっていることで、このまま議案を通すのは難しいとの見方も出始めている。

欧州・米国と意見交換へ

CO2排出量取引制度

ICAP参加の意義を強調

石原知事が16日に「国際炭素行動パートナーシップ」（ICAP）に参加する方針を表明したことについて、17日に開かれた環境・建設委員会で質疑があり、環境局は国際的な枠組みに参加する意義を強調した。都独自の試みを国内外にアピールし、海外の都市の経験を生かす目的もある。また、今年度中に改定される「東京都環境基本計画」について、各会派から「都民が真に求める施策を」（自民）、「事業者がメリットを受ける仕組みに」（公明）などの意見が出された。

石原知事は16日、都内で開かれたシンポジウムで、欧州諸国や米国の主要州が参加するICAPに加わる方針を表明した。吉川和夫環境局長は17日の委員会で、「都独自の考え方を前提に、そういった場で意見交換するのは、世界に通用するようなグローバル・ルールを都が作っていくという意味で、大きな効果がある」と意義を強調した。

都が検討している制度は、EU域内排出権取引制度（EU−ETS）に比べ、①中小企業の排出能力を評価する②5年間のデータ蓄積がある③削減した「実績」に基づいて取引する――という点で異なると説明。「世界の国・都市が、いろんな議論をしていい」と述べ、積極的な姿勢を改めて示した。

■　■

同委員会では、今年度中に改定される「環境基本計画」についても質疑があった。

東京都環境審議会（会長＝小早川光郎・東大院教授）の答申では、大規模事業所のCO2削減義務化とは別に、①産業②業務③家庭④運輸――の4分野で、CO2排出量の削減目標を盛り込んでいる。この目標について、高橋和実氏（自）は、「施策の構築や効果の測定をする上での『目安』という位置づけにすべき」と主張した。

また友利春久氏（公）は、「義務づけで一定量の削減を行ってもらうだけでなく、より多くの削減を行った事業者がメリットを受ける仕組みを作ることが大事」と述べた。

一方、村松美枝子氏（共）は、道路を造れば交通量が増えるとして、道路建設にばかり資金を配分していると批判した。

MEMO 国際炭素行動パートナーシップ（ICAP） 温室効果ガスの排出量取引の国際的市場を作るための、専門家による意見交換の場。07年10月、欧州諸国、米カリフォルニア州、ニューヨーク州などが参加し創設された。

■　■

中小企業や家庭の取り組みについては、高橋氏が新銀行東京の環境金融商品「環境CSR応援団」を引き合いに、「中小企業の対策を加速させるには、環境金融を充実させることが求められる」と主張。民間金融機関にも働きかけ、環境金融を充実させるよう求めた。

また、都は来年度、省エネ診断を希望する中小企業500件を無償で診断する予定だが、都内の中小企業約70万件に波及させるため、友利氏はメリットをPRすべきだと話した。

原田恭子氏（ネット）は、自然エネルギー利用拡大のため、太陽光パネルを戸建て住宅だけでなく、マンションなどの集合住宅にも設置するよう要望した。

水道検針

無線方式で実証試験

集中検針も拡大を検討

水道の検針を効率的に行うため、都水道局は08年度、モバイル型の検針システムをモデル的に導入する。戸建て住宅にある水道メータに無線子機を設置し、検針員がハンディターミナルに接続した無線親機で、指針値を受信できるようにするというもの。水道メータが家屋の裏側にあったり、荷物が山積みになっていたりして、検針に手間取るケースも少なくないことから、検針の業務を効率化するのが目的だ。

都内では、1976年に多摩ニュータウンで自動検針が導入され、06年度末では約4万7000件で利用されていたが、システムの老朽化により07年10月に廃止。現在は、臨海副都心や工業用水道など、約5000件で導入されている。

同局はまた、マンションなどの集合住宅で、各部屋の水道メータを1カ所で検針できるようにする「集中検針方式」の拡大についても検討を始める予定。オートロックのマンションも増えているが、外側から一度に検針できるようにするのが狙い。業務時間も短縮できる。

同局では、建設されるマンションに、集中検針機器の設置や維持管理方法などの基準を設け、ガイドラインを示すなどして導入を進めたい考えだ。

現在、マンションや商店街など、都内68カ所で導入している。だが、配線の経費などは施工主が負担することになり、規模によっては数百万円かかることもあるという。

両方式とも、最大のネックはコストだ。他都市では、さいたま市が約6万件で自動検針を導入するなどしているが、札幌市のように通信方式の多様化にできず、廃止した例もある。ただ、将来的に検針員の担い手が少なくなれば、現実味を帯びる可能性もありそうだ。

同局サービス推進部では、「導入できれば、検針が効率化するはず。広げる手法を考えたい」と話している。

冗句ジョーク

春のお彼岸、先祖供養
何かにつけ前倒しを要求されている職員
「大おばあさんに一本、お爺さんに一本、経営にご苦労している銀行に一本……」

職場でご購読されている皆さまへ

4月人事異動は、課長級以上の方は異動表に基づいて手続き（新職場への切り替え）をしますが、係長級の方は多数になるため異動表の入手次第、局・区より、順次行います。例年ですと、その手続きにほぼ1カ月を要する場合がありますので、早期配達をご希望の方には、暫定措置として約1カ月間、職場送りから自宅郵送に切り替えさせていただきます。その旨本社に電話かFAXでお申し付け下さい。

また、主任、一般職員の方につきましては、大変お手数ですが、異動先をご連絡下さい。異動手続きのために大変ご迷惑をおかけしますが、何卒ご理解とご協力のほどをお願い申し上げます。

平成20年3月　都政新報社読者部
電話03・5330・8781
FAX03・5330・8808

都政の東西

自らの足元で

東京都の08年度組織・定数の取材を進める中で、各局担当者の間からは、査定結果について「相変わらずの厳しさ」というフレーズが繰り返された。「削減」と言うよりも、行財政改革実行プログラムへの貢献を競う「数合わせ」に近いものになってきているのではないかとすら感じる。なかでも今回は、都庁の現場を巡る査定状況が目を引いた。

食品衛生に関わる保健所での衛生監視の削減は、いまだ謎に包まれたままの冷凍ギョーザによる食中毒事件が発生した時期と重なったこともあって、一段と批判の声が強まった。

各局でも徴収初動業務の一部委託化、用地取得業務や警備業務の委託拡大などが盛り込まれた。地方独立行政法人化や民間移譲、委託拡大等についても、すでに実施されたもの、これから予定されているものと幾つか挙げられる。そこから想像されるのは、いわゆる現場との距離感ではないだろうか。

「東京都の役人は非常に優秀。私たちはれっきとした現場を持っていますから、それが我々の強み。そういう点で国の役人よりはるかにアドバンテージを持っている」と知事は新年あいさつで強調した。

「国の役人が継続と安定に固執して、現場を知らないから物事が変わらない。現場を手でとらえ、足で踏まえた新しい発想に期待している」。職員表彰の席でもそう語った。国との比較論で同じ趣旨のことは繰り返し述べられている。

「数字で判断するのではなく、業務の面からもっと見てほしい」という声は、組合サイドだけでなく、各局からも聞かれる。気が付けば「スリムで効率的な都庁」「多様な主体」の指向で、自らの足元が批判の矛先を向ける国の役人と同じ状況にはなってはいないだろうか。

ユビキタス情報提供 都庁展望台で08年度

都都市整備局

都都市整備局は08年度、都庁展望台でユビキタス技術を用いた情報提供をモデル的に始める。観光客に専用の情報端末を貸し出し、展望台から見えるランドマークの情報などにアクセスできるようにする。例えば、展望台から東京タワーを見ながら、歴史・設計コンセプトを確認できるようになる可能性もある。

ユビキタス技術を用いた情報提供の例としては、銀座で今年1月20日から3月1日、ショッピング案内や観光スポット、経路案内を専用端末で見られる実証実験が行われた。

都は、▽新宿・神宮▽六本木・赤坂▽秋葉原▽臨海など、10のエリアでユビキタス技術などを活用したユニバーサルデザインのまちづくりを推進する方針。東京の魅力を情報発信する狙いがある。

しごとセンター多摩が サービスを2時間延長

08年度から

東京しごとセンター多摩（国分寺市）は08年度から、カウンセリングの利用時間を午前9時から午後8時に2時間延長する。また、土曜日も窓口を午前9時から午後5時まで開き、昼間や平日にアルバイト等でサービスが受けられない人のニーズに対応する。

プログラムでは、夜間ゼミナールを新設。「面接の予定が入っていて、シミュレーションをしたい」など、ピンポイントの要望に応える。結婚や育児で離職した女性の再就職を支援するため、職場体験を組み合わせたプログラムも実施する。

昨年8月に開設した同センターでは、2月末までに1800人以上が登録、約400人が就職している。セミナーやカウンセリングの延べ利用者数は約5600人で、利用者の9割以上が多摩地域の在住者という。

民主区議がまた不祥事

わいせつ容疑で書類送検

世田谷区

起訴なら辞職勧告？

昨年4月の世田谷区議選を手伝っていた30代女性にわいせつな行為をしたとして、警視庁捜査1課などは17日、阿部力也区議（45）を強制わいせつ傷害容疑で東京地検に捜査結果の書類を送付した。区議会の各会派は「びっくりした」「残念」と衝撃を受けている。今後は議員辞職勧告決議の採決が焦点になるが、書類送検だけでは辞職勧告は時期尚早という見方が強い。東京地検が阿部区議を起訴すれば、「議員バッジをつけていて、いいのか」と指摘する野党議員もおり、辞職勧告は避けられそうにない。

阿部区議は1989年から91年まで、民主党の小沢一郎代表の秘書を務めた。99年に世田谷区議選に民主党から立候補、初当選した。現在3期目。東京電力のグループ会社にも勤めている。

昨年4月末、阿部区議は世田谷区内の事務所で、選挙運動員の女性の体を触り、けがを負わせたとされる。被害に遭った女性は昨年5月、ストレスで食欲不振、左耳が難聴になったという。この女性は、本紙の取材に「書類送検までが長かった。だけど、本当の闘いはこれから。本人は（わいせつ行為を）やっている」とコメントした。

阿部区議は先月、民主党・無所属連合の稲垣雅由幹事長と面談した。阿部区議は、わいせつ行為を「していない」と否定したが、「会派に迷惑をかけたくない」と、同会派を離れた。一人会派の区民の会を立ち上げたものの、今も民主党を離党していない。

その後、阿部区議は「休業、加療が必要」という医師の診断書を大場康宣議長に提出し、2月26日から始まった区議会定例会を欠席している。

公明党区議団の諸星養一幹事長は「議員として反する行動をしていないのなら、堂々と証明して議員活動をしてほしい。それをしないのは、一連の事実を認めたということになる」と指摘した。

議員の不祥事をめぐっては、昨年4月の世田谷区議選でトップ当選を果たした元民主党区議の森学氏が経歴を詐称した問題で、区議会が辞職勧告を行った。ポスターなどで「在ルクセンブルク大使館1等書記官」という肩書だったが、実は「3等書記官」だったという明らかな虚偽の事実があったためだ。

だが、阿部区議は、各会派にわいせつ行為したかどうかの説明をしていない。事実が判明しない段階で辞職勧告決議に慎重にならざるをえないが、諸星幹事長は「見極めるのは、もう少し時間がほしい。結論を出す時期は、そう遠くない」と私的見解を述べた。さらに、共産党の里吉ゆみ幹事長は「民主党が処分などをできないなら、辞職勧告決議をやらざるをえない」という構えだ。

民主の稲垣幹事長は「起訴されるかがヤマ場」と見ている。阿部区議が起訴された場合、せたがや政策会議の大庭正明区議は「こんな大きな騒ぎを起こして議会として動かざるを得ないだろう。起訴後、議員がバッジをつけていいのかな」と辞職勧告決議は避けられそうにない見方を示している。加えて、大庭区議は「勤務している東電のグループ会社側の処分が気になる」と話した。

杉並区

区民意識をエコに

全国初レジ袋条例可決

レジ袋削減を促進するため、杉並区が提案していた「杉並区レジ袋有料化等の取り組みの推進に関する条例」が14日の区議会本会議で可決され、区は即日公布した。

事業者にはレジ袋の削減計画の提出を義務付け、著しく取り組みが不十分な事業者の公表なども行えるもの。条例を適用することで、区は今後2年間でマイバッグ持参率を60％、年間1億2000万枚使われているレジ袋を半減させたい考えだ。

レジ袋に関する条例の制定は、杉並区が全国で初めて。条例の対象となるのは、①前年度のレジ袋の使用枚数が20万枚以上②マイバッグ等持参率60％以上の目標が未達成③食料品等販売業の許可を得ている――に当てはまる事業者。区内295店舗が対象となる。

事業者は09年度までに目標を達成するため、「レジ袋有料化等計画書」を店舗ごとに作成して、6月30日までに区長に提出することが義務付けられ、この目標達成のための取り組みを実施。計画書を提出しなかったり、虚偽の記載をしたり、立ち入り調査を拒んだりした事業者と、取り組みが著しく不十分な事業者には区が勧告を行い、勧告に従わない事業者の公表もできるとしている。

計画目標を達成するなどの優良事業者に対しても、その内容を区の広報紙やホームページなどで公表。PRにつなげるなど、取り組みをバックアップする。

杉並区は、区内の年間の二酸化炭素排出量を、90年度1423キロトンから2010年度1394キロトンに削減するという目標がある。レジ袋1枚分をCO_2に換算すると61グラムで、今回の条例制定でレジ袋半減（6000万枚）を達成できた場合、3660トンのCO_2が削減できる計算だ。

今回制定された条例は食料品を扱う事業者に限定されているが、区は段階的に、レジ袋を扱う区内の全店舗に、条例適用範囲を広げていく考え。

環境清掃部の遠藤雅晴部長は、「幅広い環境への取り組みにつなげるため、区民の意識やライフスタイルを変えることも条例の目的のひとつ。レジ袋条例はその象徴で、区民の環境配慮行動のきっかけにしたい」などと話している。

区は4月以降、レジ袋条例の対象となる事業者に説明会も実施。4月1日には大丸ピーコック阿佐谷店の代表者が、条例適用第一号となる「レジ袋有料化等計画書」を区長に提出する予定だ。

特殊性

沈黙の1年9カ月

検証・港区エレベーター圧死事故 ▼1 2 3 4▲

シ社製同型機で同現象の危険

ブレーキの不具合を通常のメンテナンスで発見できたか否か。これは、事故の直接的な原因を解明するには、手がかりのほんの一つに過ぎない。

仮に保守会社が定期点検時にブレーキパッドの磨耗を見落としていたとしても、なぜブレーキパッドが磨耗したのかという次の疑問が沸いてくる。この間明らかになったのは、シンドラー社製エレベーターのブレーキ構造の特殊性だった。

■日本にない構造

事故機のブレーキは、ロープを巻き上げるドラムを、スプリングに挟まれたブレーキアームが抱え込む構造となっている。ブレーキアームの内側に取り付けられたパッドがドラムを固定している。

ブレーキアームをコントロールするのは、ドラムの上部にある電磁コイル。かごが上昇・下降するときは電磁コイルから発する電磁力で、ブレーキのスイッチを入れたり切ったりするブレーキ部品の一部（アクチュエーター）が作動し、ブレーキアームが広がり、ドラムが回転する。電磁コイルに制御盤から「動け」と指令が出ていない状態では、ブレーキが利いていてドラムは動かない。

ここから分かることは、エレベーターのブレーキは、動いているものを止めるのではなく、止まっているものを、そのまま止めておく役割を持つ。このためブレーキパッドが短期間で磨耗することは、正常ならあり得ない。

ブレーキの異常は、コイルの抵抗値が新製時の2分の1程度の値に減少したのがきっかけだと言われている。このためコイルがレアショートし、電磁力が低下。ブレーキがかかったままドラムが回転し、ブレーキパッドが異常磨耗した。

日本のエレベーターが通常採用しているブレーキ部品では、ブレーキパッドが磨耗したとしてもアクチュエーターはアームがドラムを挟み込むよう動作し続け、ブレーキが利く。

ところが、シンドラー社製のエレベーターでは、ブレーキパッドが一定量以上に磨耗すると、アクチュエーターの先端がブレーキアームと接触し、ストッパーの役割を果たし、アームがそれ以上閉まらず、パッドとドラムの間に隙間が生じてしまうというのだ。

保守会社のSECは、警察に提出した見解書で、「同一仕様の他のエレベーターにおいても、ブレーキコイルで今回のような不具合が発生した場合、今回と同様な現象が起こりうる」と警告を発した。

■保護回路作動せず

「コンポーネントの組み合わせが同じということで話をすると、巻き上げ機、制御装置、ドアの安全装置の三つが同じものを同型機としている。こちらの5台を含め、全国に13台ある」（06年6月14日・住民説明会でのシンドラー社の発言）

「こちらの5台」というのは、シティハイツ竹芝にある4、5号機（事故機）、隣接している港区障害保健福祉センターの1～3号機のことである。港区の5機はすべて他社製へ切り替えが終わっている。つまり現在も八つの同型機が全国で稼働していることになる。

エレベーターは、ブレーキパッドが異常磨耗したり、ドラムが異常に過熱すると、モーターに過電流が流れるため安全装置が働きストップする。ところが、事故機はそれが備わっていたにもかかわらず作動していない。

「設定値が多分低いのか、設定が合っていないのか、利いていないのは事実だった」（06年12月26日・港区議会でのSECの証言）

「（同じ事故が）いつ起こってもおかしくない」と証言するSEC幹部＝06年12月26日、港区議会

事故機と同型の4号機で再現実験した区の委託会社は、過電流が流れると電流を止める保護回路の設定値が、出荷当時と同じ「デフォルト」になっていたのを確認している。シンドラー社側が初期設定を怠っていた可能性がある。

事故から1年半前の04年11月6日、事故機はブレーキの故障で止まっている。港区がまとめた資料には「ブレーキ異常により、5号機停止」と記載がある。翌日4号機も扉を開けたまま止まったため、4、5号機の点検作業を行った。

このときの記載は「ブレーキ作動状況を再度確認」とある。

当時の保守点検は、シンドラー社が請け負っていた。

この不具合と1年半後の死亡事故との因果関係も解明することも、事故原因の究明にとって重要となっている。

港区

明治学院大と連携協定

推進委員会を設置へ

港区は15日、明治学院大学と連携協力に関する協定を締結した。

区と大学は、「チャレンジコミュニティー大学」をはじめ、様々な事業で連携協力を行ってきた。協定を締結することで、さらに連携協力を拡充・強化し、これらの取り組みをさらに発展させていく考え。

また、互いに有する資源を活用し、教育・文化・防災等、新たな事業を検討する。

今後は「港区・明治学院大学連携推進委員会」を設け、新たな連携事業を計画的・積極的に検討していく。

08年度については、チャレンジコミュニティー大学、障害者就労支援事業、法律相談・講演会事業、子育て懇談会、エイズ・性感染症普及啓発活動、教員研修大学講座を予定している。

この日は、チャレンジコミュニティー大学の第1期生が修了式を迎えた。同大学は、区と明治学院大が連携し、区民がこれまで培ってきた知識や経験を地域に生かしてもらうことを支援するため、60歳以上の区民や民生・児童委員を対象に開設した。

第1期生59人は、今後、地域コミュニティーの育成や地域の活性化など各種の取り組みに参加・推進する「チャレンジコミュニティー・クラブ」を結成し、活動を展開していく。

板橋区

環境教育 ハンドブック作成

独自プログラム満載

板橋区はこのほど、環境教育を行う際に、指導者がすぐに実践できるプログラムを盛り込んだ「環境教育ハンドブック～未来に引き継ごう 板橋の環境」を作成した。学習のねらいや対象学年のほか、プログラムの進め方や指導上の留意点などを具体的に例示。主眼は小中学校の授業での活用だが、区民や各種団体が環境教育を行う場合にも取り入れられる内容で、区は、広く環境教育の推進に役立てたいとしている。

各自治体では、環境基本計画などに基づき、環境問題を積極的に教育に取り入れるよう推進しているところが増えている。しかし、環境教育の内容については、現場の指導者に任されていることがほとんど。授業への取り入れ方に悩む声も少なくない。

ハンドブックは、5章立て。これまで様々な場で実践・紹介されているプログラムを参考に、地域特性等を踏まえて板橋区が独自に開発した環境教育プログラムを中心に構成されている。

板橋区が開発したプログラムは第2章で紹介され、「空気の汚れを調べてみよう」「ごみはどうやったら減るんだろう」「ヤゴ救出作戦」など、子どもたちが取り組む内容について12事例を例示。実施にあたっての準備や使用するもの、事前学習の内容や参考となるデータなどを紹介し、具体的に授業を進めていけるようにした。

さらに、すでに様々な場で実践されている体験型で活用しやすい環境プログラム25事例を選定し、概要を掲載。教員だけでなく、環境教育を行う各種団体がそれぞれアレンジして活用できるようにしている。

区は、ハンドブックの活用によって子どもたちの環境への意識が高まり、持続可能な社会の構築に寄与することを期待。ハンドブックを活用した際の意見や感想なども募っており、プログラムの改善などにつなげていきたいとしている。

中央区

ネット上で戦災資料公開

中央区は15日から、都内で初めて、ホームページ上に平和祈念バーチャルミュージアムを開設した。

今年は区が平和都市宣言を行って20周年を迎える。これを機に、今まで以上に多くの人に日頃から平和について考えるきっかけの場を提供するため、区における戦争の記録や戦災資料をいつでも見ることのできるホームページを立ち上げた。

内容は、平和都市宣言文を日本語と英語で紹介している他、平和モニュメントの紹介、戦争に関する写真や戦災資料、戦災体験者の体験記など。

「戦争の記録」では、空襲被害の状況を時系列に表示するとともに、地図を活用して分かりやすく見せている。「過去と現代」では、区内の空襲被害の場所が現在の写真と比較できるとともに、場所を地図上で確認できる。映像ライブラリーでは、平和特別展で上映した戦災体験者のインタビューを動画で紹介する。

（アドレス）http://www.city.chuo.lg.jp/heiwa

練馬区・練馬区議会

アスベスト対策強化を要望

練馬区と区議会は17日、政府や関係省庁に対して、アスベストへの規制強化、財政的支援など総合的な対策の強化を緊急要望した。国内で使用されていないとされていた新3種（トレモライト、アンソフィライト、アクチノライト）のうち、トレモライトが他自治体の一部の施設で含有されていることが明らかになったためだ。

緊急要望では、アスベスト対策をめぐる国の対応に自治体が振り回されてきた経緯を指摘し、「国の基準が必ずしも明確であるとは言い難い」「アスベスト対策への関係省庁の見解に一貫性がない」などと批判。抜本的にアスベストの飛散防止対策の強化を図るため、国に対し積極的な措置を求めた。

具体的には、関係省庁の緊密な連携のもと、新3種を含めたアスベスト対策を早急に提示するとともに、アスベスト製品の使用実態等についても、統一的かつ一貫性のある情報を住民に分かりやすく公表すること、公共施設や民間建築物等のアスベスト調査、除去等に対し、財政支援等の支援を講ずることなどを求めた。

区と区議会の要望に対し、国土交通省は「国としても情報が不足しているので、区のアスベスト対策の状況について情報をいただきたい」とコメントした。

記者席

不透明な〝武士の商法〟

○……「重要な営業情報にかかわるものであり、お示しすることはできない」。産業労働局は、17日の都議会経済・港湾委員会でこの答弁を繰り返した。たとえば、山口拓都議（民主）が新銀行東京の再建計画の中身を聞いた時のことである。計画では「顧客の実態把握、返済履歴を勘案して無担保融資を継続する」となっているため、どの程度の件数や融資実績、デフォルト率を見込んでいるのかと質問した。

この時「他行との競争上、著しく不利になるため」という理由で数字を明らかにしなかった。何も知らない人が聞くと、都側の答弁は、もっともらしく聞こえるのだが、計画倒れが続く新銀行東京である。「武士の商法、手の内を明かせず」というのが、本当のところではないか。

○……17日の夜、帰宅すると「ねんきん特別便」が届いていた。

テレビや新聞で年金記録の漏れが問題になっているが、まさか自分が5000万件のうちの1件だとは想像しなかった。年金記録に問題がなければ「訂正はない」に○をつけて葉書を送り返せばいいが、調べてみると、国民年金に加入していた時期に支払った47カ月分の記録が抜け落ちているのだ。

学生やフリーター時代、国民年金の保険料を支払うのがどれだけ大変だったか。心ならずも親に負担させた月もある。考えれば考えるほど怒りがこみ上げてくる。

○……新銀行東京が05年秋に、「トーキョーワンダーサイト」で発表された作家2人の絵画3点を、「店舗の環境整備」（同行）のために購入していたことが分かった。同行の「常に新しい」というキャッチフレーズと、新進・若手作家ということが合っていたという。安価だったことも理由の一つ。価格は6万～約36万円だった。

作家の一人を扱うギャラリーなどによると、その作家の価格帯はその後、上昇。100万円以上する作品もあるという。購入時では、かなりお買い得だったということになる。目利き能力が疑問視される同行だが、芸術品を見る目はあったということか。

都教委　法教育のあり方を検討

6月に協議会設置　裁判員制度の理解求める

新たな裁判員制度への対応などを踏まえ、都教育委員会は、学校教育での「法教育」のあり方やカリキュラム開発などを検討するため、学校教育関係者や裁判所関係者らで構成する「法教育研究推進協議会」（事務局・教育庁指導部）を新年度に立ち上げる。協議会は、都公立小中学校教育研究会などと連携しながら、教科・領域における法教育の体系づくりや裁判員制度の理解、規範意識の育成に向けた啓発活動策などを検討する予定。これを踏まえて、都教委は「法教育」を指導する学習指導資料や啓発リーフレットの作成、公開授業、シンポジウムの開催などを盛り込んだ活動計画を策定し、区市町村教委と公立学校への普及啓発に取り組む。

公開授業などで普及啓発

学校教育では現在、児童生徒の発達段階に応じて、社会科や公民科、生活科、道徳、総合的な学習の時間などで「法や決まりの意義、司法の仕組みなどを理解させ、社会の形成に主体的、積極的にかかわろうとする態度などを育成する」取り組みを行っている。

例えば、社会科や公民科では、社会生活における取り決めの重要性や日本国憲法の基本的原則、法の支配、権利と義務の関係、裁判制度の概要など、法や司法について幅広く学習している。

しかし、規制緩和による国民の自由な活動が広がるその一方で、様々な紛争が生じることが予想され、紛争や交渉に対する透明なルールや法による公正な解決が求められている。また、09年5月までには、国民が一定の刑事裁判に参加する裁判員制度がスタートする。

こうした背景を踏まえ、法務省は、学校関係者や学識経験者らで構成する「法教育研究会」を設置。研究会は04年11月、「我が国における法教育の普及・発展を目指して」と題する報告書をまとめ、目指すべき法教育を具体化した教材として①法やルールの基本となる考え方を学ぶ「ルールづくり」②契約を通して私的自治の考え方を学ぶ「私法と消費者保護」③憲法及び立憲主義の意義を生活に関連付けて学ぶ「憲法の意義」④裁判が果たす役割を学ぶ「司法」――の四つを提言した。

これを受け、都教委は法教育の普及促進に向けて、学校教育関係者や大学関係者、法務省、司法法制部・裁判所関係者、都青少年治安対策本部関係者で構成する「法教育研究推進協議会」を、早ければ6月に設置する方針を決めた。国や弁護士会、司法書士会など関係団体、都公立小中学校教育研究会との連携を視野に入れた「学校教育における法教育のあり方やカリキュラム開発等の検討・協議」を行う。

具体的には、教科・領域における法教育の体系づくりとカリキュラム開発、裁判員制度の理解に向けた啓発活動、規範意識の育成に向けた啓発活動などを検討し、これを踏まえて、都教委では来年度から3カ年の活動計画を策定。学習指導案などの指導資料や啓発用リーフレットの作成、法務省と連携した公開授業、裁判員制度と規範意識の育成を中心としたシンポジウムの開催などを計画するとともに、「心の東京革命」の行動目標と法教育の関連についての協議を行う予定。

教育庁指導部では「現在は社会科や公民科で法教育を行っているが、法や司法制度を体系的に学べる形にはなっていない。今後は裁判員制度も始まるので、法教育を体系化して、教材開発、普及啓発に取り組んでいきたい」と話している。

新学習指導要領　都独自の指導資料を作成

各学校に今月末配布へ

都議会予算特別委員会の質疑の中で、中村教育長は、国が定める重要文化財の保存管理計画を簡略化した都独自の「文化財保存活用計画」を策定していく考えを明らかにした。また、2011年度の新学習指導要領の完全実施に向け、改訂の背景や今後の都における学習指導のあり方などについて、全国に先駆けて都独自の指導資料を年度内に作成していくとの方針を示した。

都が指定している有形文化財（建造物）全59件のうち、保存活用計画を定めているのは、都建設局所管の「旧日比谷公園事務所」と財団法人和敬塾が所有する「旧細川侯爵邸」の2件にすぎない。計画策定は所有者の判断によるもので強制できず、しかも専門家の助言や費用負担が必要。また、文化財は様々な部位にわたって意匠的・歴史的な価値が認められているため、一律的な基準に基づいて保存活用計画を策定することが難しい状況にある。

このため遠藤守氏（公）は、都教委が都独自のガイドラインを定めて、計画策定を促すべきだと質問。さらに、区市町村教委との連携、文化財保護行政を進めていくための財政、人員双方から体制を強化すべきであると主張した。

これを受け、中村教育長は「国の定める計画のすべてではなく、まずは保存管理計画と防災計画のみを策定するなど、簡略化した『文化財保存活用計画』の策定も可能なものにしていくことで対応していく」と答弁。体制については、経験豊富な即戦力の人材を採用し、多様な専門性を確保するため、来年度から「非常勤学芸員制度」を導入する考えを明らかにした。

一方、米沢正和氏（自）は、新学習指導要領の完全実施に向けての対応をただした。

これに対し、中村教育長は、年度内に学習指導要領改訂の背景や今後の都における学習指導のあり方などについて、都独自の指導資料を作成。あわせて、教育目標や教育内容、授業時間数などを明確にした教育課程を編成するための指針となる資料を作成していく考えも示した。さらに、3年後の完全実施を待つことなく、各学校が先取りして教育指導が行えるよう指導資料を作成していくと述べた。

21世紀を拓く　2

教育ビジョン中間まとめ

教育の質の向上

都立高の特色化を促進

教員の資質・能力の向上がますます重要となる。しかし、都内の公立学校では、今後10年間で教員全体の3分の1に当たる約2万人が退職期を迎えるため、若手教員の役割がこれまで以上に増大するとともに、学校経営を支える人材の不足等が懸念されている。教員の職責、能力、業績を重視した任用や給与制度を構築していくことも課題になっている。

■実践的な指導力

そこで、優秀な新人教員を養成・確保するため、東京教師養成塾をはじめ、教職大学院の活用など、大学との連携により学生段階から実践的な指導力を育成。また、教員の採用選考に当たって、大学在学中のスポーツや文化活動などを評価し、優秀な新人教員を確保していく。さらに、教員採用選考合格者を対象とした任用前からの支援を行う。

初任者研修後も引き続き2・3年次研修等を実施し、東京教師道場への接続を図るなど、教員の指導力向上に取り組む。また、教職大学院へ現職教員を派遣し、高い専門性と優れた行政感覚を持つ指導主事、都の教育の中核を担い得る教員などを計画的に育成する。

職務の困難度及び責任の度合いの違いに基づいて職を分化し、新たに統括校長、主任教諭及び主任養護教諭の職を設置するとともに、職に応じた適切な処遇を実施。優秀な管理職等を育成・確保する任用制度の在り方や職務内容・権限等について検討・見直しを行う。

■外部専門家を活用

多様な生徒を受け入れている普通科高校では、生徒一人ひとりの将来を見据え、適性に応じたきめ細かい指導に十分対応できていない学校もある。ものづくり人材の育成をはじめ、専門高校（職業学科）における社会のニーズを踏まえた人材育成も課題である。

このため、都立高校における教育活動の取り組み状況の把握や課題解決を図る方策を開発し、都立高校の特色化を進める。区市町村立学校における学校評価の推進及び評価者の育成を図るための研修プログラムを実施する。

小・中学校との連携により、ものづくり人材の早期発掘とともに、工業高校と職業訓練機関との連携などでものづくり教育を推進する。また、高等専門学校、産業技術大学院大学への接続などの仕組みづくりを推進する。商業や農業など他の専門高校について、関係諸機関との連携も視野に入れ、今後の方向性を示すための検討も行う。

総合的な学習時間をはじめ、特色ある教育活動などの指導では外部の専門家等を活用することにより、児童・生徒の多様なニーズにこたえることができ、学習効果が高まることが期待される。

肢体不自由特別支援学校の教員は、学習指導や生活指導のほか、自立活動にかかわる業務が多数ある。このため、専門的な指導の充実を図るとともに、学校の実態や児童・生徒のニーズに応じて、様々な専門性を有する外部人材を積極的に活用するための仕組みを構築。また、理学療法士等の専門家等を計画的に導入し、個に応じた指導の充実を図る。

■特別支援教育を充実

都立特別支援学校と特別支援学級に在籍または通級している児童・生徒はここ数年来、急増している。現在、視覚障害特別支援学校では半数程度、肢体不自由特別支援学校では90％以上が重複障害の児童・生徒である。

このため、自閉症の教育課程など障害特性に応じた教育課程の研究・開発を行うとともに、複数の障害部門を併置する学校を設置する。また、「就学支援シート」や「個別の移行支援計画」をさらに充実させ、発達段階に沿った円滑な移行を支援していく。特別支援学校が地域のセンター的役割を発揮するなど、区市町村における特別支援教育の充実への支援を行う。

外国人の子供への教育では、区市町村教育委員会と連携し、日本語指導体制と相談体制の充実を図る。また、就学年齢に達した外国人の子供が確実に就学できるようにするため、区市町村等と連携し、就学に関する情報を広く提供していく。

子供の安全に対する懸念が広がっている。ブログや電子掲示板等の書き込みサイトを悪用した、新たなタイプのいじめや学校に対する中傷などが発生。携帯電話やインターネットによって、子供が被害に巻き込まれる事件が相次いでいる。

そこで、地域全体で子供を見守る取り組みや子供の安全を守るボランティアの養成を進めるほか、放課後など子供の安全な活動拠点を確保する取り組みを推進。児童・生徒が自らの身を自分で守り、将来、社会的弱者を守る側として成長するよう、安全教育にも力を入れる。

■有害情報から守る

児童・生徒の情報モラル教育の推進とともに、携帯電話等に関する家庭でのルールづくりやフィルタリングの普及啓発を行う。いじめ等につながるサイトへの対応やフィルタリング機能の普及を図るため、通信事業者等への連携・協力を要請する。

震災対策では、全都立学校に緊急地震速報を活用するための仕組みを導入。施設の耐震化も推進する。さらに、都立学校が、停電時にも、災害に伴う断水・帰宅支援ステーションとしての役割を適切に果たすことができるよう、必要な物資・設備の充実を図っていく。

携帯電話のネットで被害を受ける子どもも多い

教職員のキーワード　60

07年度東京都児童・生徒の体力テスト調査報告

2007年度の東京都児童・生徒の体力テスト調査結果が都教育委員会より報告されました。

この調査は、子供たちの体力の状況を明らかにし、学校体育と指導行政上の基礎資料とすること、子供たちの体力づくり等の施策に活用することを目的に、1966年以来実施されているものです。

調査対象は、都内公立小学校48校1万9634人、中学校46校1万5253人、高等学校22校1万2900人、合計116校4万7787人。調査項目は、「体格」については、身長、体重、座高、「体力」については、握力、上体起こし、長座体前屈、反復横とび、20シャトルラン（小学校）、20シャトルランと持久走から選択（中学校・高等学校）、50走、立ち幅とび、ソフトボール投げ（小学校）、ハンドボール投げ（中学校・高等学校）となっています。

また、調査結果（平均値）については、06年度の全国平均値、1997年度（10年前）の都平均値及び1977、78年度（30年前）の都平均値と比較・分析されています。

それによると、東京都の子供たちの「体格」は、全体的には、中学校女子の座高と高等学校女子の身長が全国平均値を上回る以外は、全国平均とほぼ同じ結果となっています。

06年度の全国平均値との比較では、中学校女子の座高が上回っていること、高等学校女子の身長が上回っていること、それ以外は、全国平均値とほぼ同じであることが具体的な特徴となっています。

「体力」については、全体的には、小学校男女、中学校女子の長座体前屈と高等学校の20シャトルラン、50走が全国平均値と同程度である以外は、全般的に全国平均値を下回る結果となっています。

06年度の全国平均値との比較から具体的に見てみると、小学校では男女の反復横とび、20シャトルラン、立ち幅とび及びソフトボール投げが全般的に下回り、長座体前屈は全国平均値と同じか、上回る結果となっています。中学校女子は長座体前屈以外の項目で、高等学校では男女の20シャトルランと50走以外の項目で、全国平均を下回る結果となっています。

調査結果からは、東京都の子供たちの運動能力が低下傾向のまま推移し、体格については、全国とほぼ同じものの、体力・運動能力は依然として全国より低い傾向にあることが分かります。

また、積極的に運動をしている者とそうでない者との二極化傾向が進むとともに、年齢が上がるにつれて運動を行う頻度や時間が短くなる者の割合が増える傾向も見られます。

日ごろの基本的習慣との関係からは、朝食を食べない、睡眠時間が短い、テレビの視聴時間が長い子供たちの体力テストの合計点が低くなる傾向も明らかになっています。

体力は、人間が活動を行う上での源であり、意欲や気力の充実にも深く関係するものです。都教育委員会は、調査報告書のホームページへの掲載や関係機関への配布を行うとともに、引き続き、子供たちの健康の保持増進と体力の向上をめざし、主体的・継続的に運動・スポーツに励む子供たちの育成を図る施策に取り組むとしています。

英語の表現力を競う

都立橘高校　橘杯コンテストを開催

都立橘高校は12日、キング牧師のスピーチ「I Have a Dream」の一節を暗記して、発音と表現力を競う第1回「橘杯レシテーションコンテスト」を開催。各クラスから選抜された13人の生徒が出場し、4人が優勝、準優勝、優秀（2人）を受賞した。

同校は、わが国で初めて産業科を置く新しいタイプの都立高校として07年4月に開校。ものづくりやビジネスの学習に加え、生産、流通、消費の関連性を学び、経営の分かる技術者、技術力と経営感覚を備えた人材育成を目指している。また、複合的な能力や産業全体を見渡せる力を身に着け、将来の起業家や地域産業の後継者も目標としている。

こうした課題の解決に向け、同校は05年4月に産業界、地域、行政、学校関係者等をメンバーとするパートナーシップ協議会を設置。カリキュラム編成等について広く意見を求めてきた。その協議会で、将来の産業人として、ビジネス教育の基礎として「使える英語力」を身に着けることの重要性が確認された。

そこで英語の授業に加えて、毎朝、「エンジョイリスニング」を実施。また年1回、レシテーションコンテストを行って使える英語力の育成に努めることとし、この第1回レシテーションコンテストが、各クラスからの予選を経た生徒によって行われた。

出場者は前日まで、発音や感情の込め方を中心に、くり返し練習。当日は全員が、参観した生徒や保護者、教職員から温かい励ましを受けて、予定どおりスピーチを終了し、同校AETを含む2人の審査員によって優勝、準優勝、優秀（2人）の合計4人を表彰して、その努力と成果を称えた。

出場した生徒からは「練習してきた日々を誇れるように、キング牧師本人になりきり、自分のすべてを出し切った」「練習は難しかったが、同時にとても楽しい時を過ごせた」などの感想が寄せられた。同校AETは講評の中で「本日のコンテストで負けた人は一人もいない」と出場者全員を賞賛した。

非行事例ごとの処分量定を示す

都教育庁

教職員による体罰やわいせつ行為など非行が増加しているため、都教育庁は14日、非行の事例に応じた「処分量定」を示すとともに、それを決定・加重する際の考え方を明らかにした。

例えば、体罰で「悪質・危険な暴力行為」「傷害の程度が重い」などの場合は免職または停職にするなど、いじめ、性的行為・セクハラ、勤務態度不良、秘密の漏洩など17項目にわたって処分の量定を提示。

また、処分量定を決定する際の考え方として「社会的重大性の程度」「信用失墜の度合い」などを示し、「過去に非違行為を行い懲戒処分を受けた」場合などは量定を加重するとしている。

毎週金曜3面は　教育オンライン

区管理職制度

技術系の任用待機を見直し

「総括係長1年以上」で即任用対象に

自治法派遣交流も活用

特別区は、今年4月の任用から技術系のI類管理職選考合格者の任用待機制度を見直す。現在は「総括係長1年以上」の任用基準を満たした者のうち、一定数を1年間、任用待機としていたが、これを改め、資格基準を満たす者全員を任用可能とする。また、区間交流制度も見直し、新たに自治法派遣での交流を活用して、人事交流の活性化を図る。団塊世代の大量退職期に入る中、各区の需要に対応できるよう、昇任者を確保することがねらいだ。

	従来	改正
合格者数算出方法	【需要数の算出】過去5年間の平均から組織需要と東京都との転出入を算出	過去5年間の平均値に加え、各区の後年度需要数の予測を調査し、全体の予測に反映
	【供給数の算出】I類合格者のうち、任用待機者を23区全体で選定（昇任者を安定確保するため、係長2年以上の者を対象に任用待機者を選定）	I類合格者のうち、任用待機者を各区で選定（任用資格基準を満たす者全員を任用することを前提）
区間交流制度	退職再採用方式で交流	従来の退職再採用方式に加え、新たに自治法派遣での交流を活用
		任用可能者名簿を作成し、一括管理

■任用待機

特別区の管試の種別は、I類（主任主事以上の在職期間6年以上）とII類（総括係長歴1年以上）があり、このうちI類は合格後、総括係長歴1年の資格基準を満たした段階で任用可能となる。

しかし、各区で需要数を決定している事務系と異なり、技術系は23区全体で決定しているため、基準を満たした者すべてを任用すると、年度ごとの需要増減に対応できなくなる恐れがある。このため、任用基準を満たした者の一定数を任用待機させ、合格者数の平準化を図っている。

今回の見直しでは、この待機制度を改め、任用資格基準を満たした段階で任用可能とする。これまで任用待機者の選定は、23区全体で行っていたが、07年度の管試合格者以降については各区で選定する。供給数の算出は、任用資格基準を満たす者全員が任用されることを前提とする。

また、すでに任用待機者に選定されている06年度のI類技術合格者の場合は、09年4月1日からの任用を可能としていたが、この任用待機を解除し、08年4月1日から任用を可能とする。

さらに、管理職の需要数の算出も、大量退職や組織の見直し等による管理職需要に的確に対応するため、より精緻な調査を実施。現在は、過去5年間の平均から、組織需要や都との転出入をもとに算出しているが、今後は過去5年間の平均値に加え、各区の後年度需要の予測を調査し、全体の予測に反映する。

■区間交流

他方、区間交流方法も改善。管理職の交流は、所属区を一度退職し、交流先で採用する「退職再採用方式」で行っているが、08年4月の任用からは、これに加えて新たに自治法派遣による交流も活用する。

「一方通行」の退職再採用に比べ、派遣方式では自区に戻ることが前提となるため、人事交流が行いやすくなる。待機者が多い区は、交流によって、知識や経験を蓄えるなど人材育成が図れる一方、管理職が不足する区は、需要を満たすことが可能になる。

この派遣交流の活用は事務系管理職も含めて実施するが、特に23区全体で任用可能者を活用している技術系では、交流を活発化させる仕組みとして任用可能者の情報を集めた「任用可能者名簿」を作成する。各区にどのような任用可能者がいるかを一括管理し、円滑な交流を図る。

■管理職不足

任用待機制度の見直しの背景にあるのが、団塊世代の大量退職に伴う管理職の需要の高まりだ。

特別区の07年度当初の技術系の管理職数は計376人。このうち、2011年度までの5年間で、42%にあたる159人が定年退職となる。さらに16年度までの10年間では、実に75%にあたる282人が定年退職することになり、管理職の確保が喫緊の課題となっている。

管理職の大量退職は事務系も同じだが、事務系は、各区で管理職の需要数を決定しており、ある程度の対応が可能だ。これに対し、技術系は事務系に比べて総数が少なく、各区で需要数を管理すると、ゼロとなる区が多数出るため、23区統一で需要数を決定しており、各区で管試の合格状況にばらつきがある中では、管理職の需要の高まりに的確に対応することは難しく、見直しを図った。

任用待機の決定を各区事項化するとともに、人事交流をこれまで以上に活性化させるため、需要数の算出にあたっては、係長歴2年以上の合格者の2年後の昇任を合格時に見込むことは困難となる。このため、任用資格基準を満たした段階で、全員が任用されるものとして算出するよう改めた。

08都管試

申込率は横ばいに

有資格者・申込者ともに減少

2008年度管理職選考受験申込状況（速報値）

（単位：人）

		2008年度（速報値）				2007年度（速報値）			
		有資格者	合格予定者	申込者	申込率(%)	有資格者	合格予定者	申込者	申込率(%)
A	事務	1418	30	327	23.1	1467	30	335	22.8
	土木	263	3	85	32.3	273	3	96	35.2
	建築	42	若干名	8	19.0	44	若干名	10	22.7
	機械	91	若干名	33	36.3	102	若干名	31	30.4
	電気	95	若干名	30	31.6	105	若干名	38	36.2
	生物	424	若干名	6	4.2	493	若干名	7	4.9
	医化学		若干名	12			若干名	17	
	技術小計	915	8	174	19.0	1017	8	199	19.6
	計	2333	38	501	21.5	2484	38	534	21.5
B	事務	3485	65	452	13.0	3831	70	510	13.3
	土木	881	18	239	27.1	966	20	255	26.4
	建築	125	3	22	17.6	141	3	17	12.1
	機械	232	若干名	56	24.1	243	若干名	58	23.9
	電気	274	若干名	66	24.1	286	若干名	76	26.6
	生物	1641	若干名	25	2.8	1965	若干名	31	3.0
	医化学		3	21			3	27	
	技術小計	3153	30	429	13.6	3601	30	464	12.9
	計	6638	95	881	13.3	7432	100	974	13.1
C	事務	745	35	227	30.5	843	50	258	30.6
	技術	352	17	111	31.5	401	25	126	31.4
	計	1097	52	338	30.8	1244	75	384	30.9
ABC合計		10068	185	1720	17.1	11160	213	1892	17.0
運輸	鉄道事務	56		14	25.0	45		14	31.1
	運輸事務	21	3	11	52.4	18	若干名	8	44.4
	交通技術	4		0	0.0	3		0	0.0
	計	81	3	25	30.9	66	若干名	22	33.3

※2008年度有資格者数は、2008年1月現在の数値
※2007年度有資格者数は、2007年1月現在の数値
※B及びCの受験資格を有する者はB、C両方の有資格者数に含めた

◇申込状況（記述のみ受験）

（単位：人）

		2008年度			2007年度	
		申込者	うち前倒し受験	対前年度増減（申込者）	申込者	うち前倒し受験
B	事務	63	50	3	60	47
	土木	31	23	9	22	15
	建築	1	1	0	1	1
	機械	6	5	4	2	2
	電気	6	4	-3	9	7
	生物	1	0	-1	2	2
	医化学	1	1	0	1	0
	技術小計	46	34	9	37	27
	計	109	84	12	97	74
運輸	鉄道事務	2		1	1	
	運輸事務	0		0	0	
	交通技術	1		1	0	
	計	3		2	1	

都人事委員会は18日、2008年度管理職選考受験申込状況（速報値）を公表した。種別A、B、Cの申込者数は合計1720人で、前年度から172人減少したが、有資格者そのものの減少に伴って、申込率は0・1ポイント増の17・1%と、ほぼ横ばいだった。

08年度管理職選考に関しては、団塊の世代層を中心とする退職者の増加が続く一方、新たに管理職選考の有資格者となる若手職員も、採用抑制期の世代が中心となり、有資格者をみると種別A、B、C全体で前年度同期と比較して約1100人減少。申込者数も同様に減少に転じている。

種別ごとでみると、Aが事務で8人減、技術全体で25人減となった。ただし、有資格者数も151人減少しているため、対有資格者申込率は前年度と同じ21・5%だった。

種別Bでは、申込者数が事務で58人と大きく減少。申込率も0・3ポイントと若干下げた。技術については、建築の区分を除き、申込者数が減っているが、申込率でみると、技術全体で0・7ポイント増の13・6%となっている。

06年8月の改正に伴う選考種別の区分再編により、08年度選考が最後となる種別Cは、有資格者数が事務・技術合わせて147人減少、申込率は事務30・5%、技術31・5%とほぼ前年度と同水準だった。運輸管理職選考は有資格者数の増加もあって、申込者数が3人増の25人、合格予定者数も1人増となっている。

種別Bでは、07年度から新たに導入された「記述のみ受験」に109人が申し込んだ。前年度よりも12人伸びている。このうち係長級職2年目で受験可能な「前倒し受験」は84人にのぼった。

今後の日程では、4月18日にTAIMS人事委員会掲示板上で筆記考査会場を発表。各局への受験票の交付は5月8日、筆記考査は5月25日としている。その後、口頭試問受験者の決定通知を7月16日、口頭試問を経て、最終の合格発表は8月29日を予定している。

都人事委

I類A、専門人材（主任）で増

採用予定者数を発表

都人事委員会は18日、2008年度東京都職員I類A・B、II類、III類、専門人材（主任）の採用予定者数等を発表した。全体の採用予定者数は731人程度で、前年度よりも68人増えた。内訳では事務が420人、4大技術で155人、その他職種で156人となっている。

今回、採用予定者数を引き上げた要因には、大量退職期を迎え、計画的な採用を図る中、とくにI類A事務・技術、専門人材（主任）、II類「栄養士」の区分での増加が挙げられる。

各種別の採用予定者数をみると、I類Aの事務が前年度から15人増の60人程度、技術は土木で8人増、建築が1人増の計53人程度、全体では前年度比24人増の113人程度を予定している。

I類Aは大学院修了者や民間企業経験者等を対象とするもので07年度から開始したが、倍率が高く、優秀な人材が集まったことから、08年度はより厚めに採用する考えだ。

またI類Bでは「造園」で02年度以来となる採用試験を予定しており、16区分での試験実施となる。これは「造園」職種の職員の年齢構成にアンバランスがあることに加え、「10年後の東京」関連で、緑施策が打ち出されたことも影響している。

I類Aと同様に、07年度から始まった専門人材（主任）採用試験についても、採用予定者数を前年度から18人増の44人程度として実施する。同試験についても、07年度の実績から倍率が高く、質の高い人材が確保できるとして採用予定者数増となった。

試験区分では、事務で資金運用が4人程度、財務が15人程度、システムが10人程度、不動産が1人程度で、不動産を除き、前年度からそれぞれほぼ倍増となった。技術では土木が前年度比2人増の12人程度、建築構造は1人増の2人程度とした。

このほかII類の「栄養士」の区分は、退職見合いで07年度より採用予定者数を20人増やして試験を実施する。

I類A・Bの採用試験では、19日から試験案内と申込書を配布、4月1日から9日まで申込を受け付けた上で、1次試験日は5月11日、最終合格発表は8月8日を予定している。II類・III類・専門人材（主任）については、6月17日から試験案内を配布し、9月15日に1次試験を実施、最終合格発表はII類・III類が11月7日、専門人材（主任）が11月28日としている。

イヤホン使用で事故の危険

生活文化スポーツ局が調査結果

都生活文化スポーツ局は17日、イヤホン使用による聴覚への影響に関して調査結果をまとめた。屋外で歩行中にイヤホンを使用した場合、自転車のベル等が聞こえずに事故の危険性が高まるなどとしている。同局では危害・危険の未然防止を図るため、業界団体への要望等を実施、あわせて消費者への注意喚起も行う考えだ。

調査結果によると、屋外でのイヤホン使用者では「自動車や自転車と接触しそうになった」など危険な状況に遭遇した例がみられた。また実際にイヤホンを使って70デシベル程度で音楽を聴くと、周囲の音に対する聴覚感度が30デシベル以上低下。特に遮音性の高い挿入型などのイヤホンでは、最大65デシベル低下したという。さらにイヤホン使用に起因すると考えられる死亡事故等も取り上げ、危険性を訴えている。

調査結果を受けて都では、イヤホン使用に伴って生じる危険性の周知や取扱説明書等での警告表示や注意表示の統一、安全使用に向けた機器の改良などを製造事業者団体に要望。このほか経済産業省にはポータブルオーディオの出力音量規制等の検討を提案、㈶全日本交通安全協会等を通じた指導・啓発も求めた。

消費者への注意喚起として、事故防止の観点から屋外でのイヤホン使用を控えること、使用する際は常に音量に気を配ることなどを挙げている。

予定者数は過去最大の884人

区I類採用試験

特別区の08年度I類採用予定者数は、前年度比44人増の884人で過去最大となる。また、08年度からはインターネットによる申込受付も開始する。

試験区分ごとの採用予定数は、事務が前年度比30人増の640人程度となったほか、土木が同14人増の65人、建築が同14人増の56人となるなど技術系の伸びが目立つ。他方、減となったのは保健師（32人・同24人減）、衛生（31人・同12人減）などとなる。

08年度の試験日程は、4月14日まで申し込みを受け付け、1次試験が5月11日、最終合格発表が8月4日となる。また例年、合格者が辞退するケースが多いため、今年は新たな試みとして8月に合格者向けの説明会も開催する。

なお、III類および経験者採用試験は6月10日から申し込みを開始し、9月15日に実施する予定だ。

稲垣　智子さん（いながき・ともこ＝高須文子・品川区区民生活事業部税務課整理第一主査の母）14日死去、72歳。

小飯塚　誠一さん（こいづか・せいいち＝小飯塚謙一・東大和市副市長の父）16日死去、86歳。

ひと

本で豊島区をアピール

豊島区総務部人材育成課人材育成担当係長　梅津（うめづ）　なみえさん

総務部総務課　澤田（さわだ）　健司（けんじ）さん

放置自転車税とワンルームマンション税をぶち上げるなど、独自性のある取り組みに目をつけた㈱ぎょうせいから、本を作らないかとオファーを受けた豊島区。幹部会議で、若手にやらせてみようと意見が一致した。

初ミーティングに臨むと、既にキャプテンとマネージャーに決められていた二人。さらに驚いたのは、「方針も何もなくて、全く白紙からのスタートだったんです」と笑う。

集まった12人は初対面に近く、まずはお互いを取材することから始めた。「それぞれの思いがあって、やりたいこともバラバラで、最初は集約の仕様もなかった」と梅津さん。

「ぎょうせいと豊島区という二つの看板を背負って出すわけで、『生協の白石さん』の軽い乗りが流行った時でしたが、浅い内容でいいんだろうかという思いもありました」

06年8月に開始し、昨年1月には入稿したが、初校に目を通した副区長から、やんわりとダメ出しが。「何を伝えたいのか、読み手の心を打つものが欠けていたんですね」。さらに1年間、取材を深め、ついに2月21日、『探す！わがまちの魅力　若手職員によるとしま区のススメ』のお披露目に漕ぎ着けた。

「途中で無理かなと思った時もあったが、諦めずに頑張ってきて形になったのが本当に嬉しい」と澤田さん。

「二人でも欠けたら寂しい。いかに皆がゴールできるかに心を砕いた」とキャプテンの梅津さん。それには、雲をつかむような会議でも、澤田さんが「今日の本のチームのまとめ」として、メール発信してくれ、「まさにマネージャー役として皆の心を一つにしてくれたんです」と話す。

また、若手に任せっ放しでなく、組織として、監修を務めてくれた課長達の存在は非常に大きかったと強調。

「繁華街・池袋だけでない、実際に住んでいる人たちの街を良くしたいという生の声を取材できたことが価値があると思う」と。実際、区民からは「最近変わったと思っていたけど、決定的に変わったね」という声も。

本作りを通じて、自分自身も仕事も再発見できたメンバー。財政難で萎縮した時期もあったが、ビタミン色の黄色を基調にしたこの本で、「豊島区をアピールしたい」という思いは真剣だ。（門）

梅津さんは78年入区し、保育士を経て、04年に子育て支援課に。『パパマニュアル』を作成。趣味はアカペラ合唱。澤田さんは95年入区。広報やリサイクル推進で情報発信を。趣味はスキー。共に06年から現職。

20年度 職員教養講座 ≪37≫

前回に引き続き、演習問題を掲載します。

問題

【問題7】

昨年12月にまとめられた与党税制改正大綱に関する記述として、妥当なのはどれか。

① 消費税を「社会保障給付や少子化対策費をまかなう主要な財源」として位置づけ、3年後の平成23年度に税率を10%に引き上げることとした。

② 都市と地方の格差の是正では、法人事業税（地方税）のうち約2・6兆円を新設の地方法人特別税（国税）に移し、事業所数などを基準に、各都道府県に地方法人特別譲与税として再配分することとした。

③ 「ふるさと納税」を導入し、個人住民税の半額を、納税者が希望する自治体へ納めることとした。

④ 証券税制については、平成21年から株式譲渡損益と配当所得を合わせて課税する「損益通算制度」を導入し、証券投資で損失を出した場合には配当所得から差し引いて税額を減らすことができることとした。

⑤ 平成21年度までの基礎年金国庫負担割合の2分の1への引き上げをふまえ、大幅な増税方針が記された。

【問題8】

最近のわが国の政治事情に関する記述として、妥当なのはどれか。

① 昨年12月に政府の規制改革会議が決定した第2次答申では、混合診療の全面解禁を決めるとともに、利用者が保育所を直接選ぶ直接契約方式を平成21年度までに導入することとした。

② 昨年11月に政府の地方分権改革推進委員会が策定した「中間的な取りまとめ」では、国が法令で自治体の活動を制約する「義務付け・枠付け」に見直しの共通基準を設け、該当しないものは原則廃止を求めることとした。

③ 昨年10月に会計検査院が国会に報告した「各府省等が締結している随意契約に関する会計検査の結果についての報告書」では、国の全機関の契約状況における競争契約の割合について、契約相手が民間企業の場合、金額ベースで55%であったが、契約先が公益法人の場合は35%にとどまり、随意契約が約3分の2を占めていることが明らかにされた。

④ 薬害C型肝炎訴訟では、昨年12月、大阪高裁が提示した血液製剤の投与時期で患者を区分した和解骨子案につき、政府は受け入れを表明するとともに、和解骨子案で救済対象外とされた患者を支援する30億円拠出の修正案を発表し、患者側も受け入れを決めた。

⑤ インド洋での海上自衛隊の給油活動を継続する新テロ対策特別措置法案は、衆参両院で否決され、旧テロ対策特別措置法の期限切れに伴い、給油部隊は撤収した。

政治経済等事情 ③

【問題9】

昨年8月に発表された「経済財政白書」に関する記述として、妥当なのはどれか。

① 景気について、企業部門では、売上高の増加に伴って収益の改善が続き、その企業業績の好調さを反映して、平均賃金も上昇に転じている、としている。

② 銀行貸出は緩やかな増加傾向を示しているものの、中小企業向けの貸出は依然として厳しい状況にあり、貸出市場の動向を注視していく必要がある、としている。

③ 企業単位で人員削減などの取り組みを積極的に行い、企業の資本効率を高めることで、労働生産性を向上させていく必要がある、としている。

④ 今後のイノベーションを担う若年層の理数系離れが懸念されており、理工系の高等専門知識を持った人材の確保や産学官の連携の重要性が増してきている、としている。

⑤ 2006年においては、景気回復を背景に正規雇用者が増加に転じるとともに、非正規雇用者は減少に転じた。中でも「正社員として働ける先がなかった」理由により、非正規雇用者となった人は全体の1割にまで減少した。

【問題10】

国の平成20年度予算案に関する記述として、妥当なのはどれか。

① 好景気による税収増を反映して、新規国債発行額は4年連続で減額するとともに、普通国債発行残高もわずかながら減少に転じた。

② 基礎的財政収支（プライマリーバランス）は、一般会計ベースで前年度の約5兆2000億円の赤字から、今年度は約4兆4000億円の赤字へ改善した。

③ 公共事業関係費は、完成が近い整備新幹線の路線への集中配分や、関西国際空港整備費の増等により、平成19年度比3・1%の増となった。

④ 高齢者の医療費自己負担の増額改定と診療報酬のマイナス改定により、社会保障関係費は約20兆円と、平成19年度比で3・0%の減となった。

⑤ 都市と地方の格差を是正するため、「地方再生対策費」に約4000億円を計上し、地方交付税交付金も平成19年度比4・6%増の約15兆6000億円となった。

解説

【解説7】　正答④

① 誤り。消費税を「社会保障の主要な財源」と位置付けたものの、引き上げの幅や時期には触れず、抜本改革は先送りとなった。

② 誤り。地方法人特別譲与税の配分は、人口と従業員数を基準とする。現行の法人事業税が事業所数等を基に配分されていたため、企業の多い都市部に税収が偏っているという批判を受けていた。

③ 誤り。「ふるさと納税」という名称ではあるが、自治体への寄付金の優遇税制の見直しという形で決着した。個人住民税の1割を上限に、自治体への寄付金の5000円を超える部分が税額控除される。

④ 正しい。

⑤ 誤り。初年度は国と地方を合わせ、ほぼ増減税均衡の大綱となった。

【解説8】　正答②

① 誤り。混合診療とは、患者が医療費の一部を負担する保険診療と、医療費の全額を負担する保険外診療を併用する診療のこと。現在は、併用すると、保険診療分についても保険外診療と同じく全額患者の自己負担となる。規制改革会議は混合診療の全面解禁を求めていたが、厚生労働省との調整が難航し、結局、混合診療の対象となる国内未承認の薬剤・機械器具の対象を拡大するにとどまった。保育所選びに関する直接契約制度についても、期限などが明記されずに終わった。

② 正しい。なお、税財政対策では、地方税財源に占める地方税の割合を引き上げることが不可欠とし、当面、国と地方の税源配分について、5：5を念頭におくことが現実的な選択肢であるとした。

③ 誤り。契約先が公益法人の場合の競争契約の割合は3・5%にとどまり、割高になりやすい随意契約が96・5%を占めた（なお、この内には企画競争を経た随意契約が15・8%含まれている）。また、省庁などと随意契約を結んでいる公益法人のうち、79%の法人が所管府省からOBを受け入れていることも分かった。ちなみに本年3月、国土交通省は、所管の公益法人との間で随意契約の割合が高いことや、職員の天下りが多いことなどに批判が高まっていることを受けて、50ある道路関係の公益法人を廃止や民営化することなどで半分に減らすことを決めている。

④ 誤り。原告側は大阪高裁の和解骨子案を基にした政府修正案について、「全員一律救済の理念が果たされていない」と拒否し、和解協議は決裂した。しかしその3日後、福田首相は議員立法によって患者を一律で救済する方針を表明し、これを受け「薬害肝炎被害者救済特別措置法」が提案され、国会で可決、成立した。

⑤ 誤り。新テロ対策特別措置法案は衆議院で可決されたものの、参議院では否決された。しかしその後衆議院で3分の2以上の多数で再可決され、成立した。衆議院の再可決は57年ぶり。なお、新法の成立（本年1月）以前に旧法の期限が到来したため、給油部隊は一旦インド洋から撤収した。

【解説9】　正答④

① 誤り。企業業績が好調にもかかわらず、2006年後半から賃金が伸び悩んでいる。その背景には、フルタイム非正規労働者割合の増加、団塊世代の退職、賃金の低い産業への労働移動等が挙げられる。

② 誤り。企業金融は総じて緩和的な状態が継続しており、銀行貸出は、中小企業向けの資金需要を中心に、緩やかな増加傾向を示している、としている。

③ 誤り。労働生産性を高めるためには適切な資本蓄積を実現することで技術革新の停滞や金融市場の資金配分の歪みを回避し、経済全体の生産性を長期的に向上させることを目指すべきである、としている。

④ 正しい。

⑤ 誤り。2006年には正規雇用者が増加に転じたが、引き続き非正規雇用者も増加し続けている。増加する非正規雇用者の理由には、「正社員として働ける先がなかった」という消極的な理由が2割程度みられている。

【解説10】　正答⑤

① 誤り。普通国債発行残高は、平成20年度末で過去最高の約553兆3000億円となり、公債依存度は30・5%となる。なお前段は正しい。

② 誤り。「骨太方針2006」では、プライマリーバランスについて、平成23年度の黒字化を目標に掲げていたが、実際は前年度の約4兆4000億円の赤字から、今年度は約5兆2000億円の赤字となり、赤字幅は拡大した。

③ 誤り。公共事業関係費は平成19年度比3・1%の削減となった。

④ 誤り。小泉政権時代の医療費抑制路線を転換し、高齢者の医療費自己負担の増を凍結し、診療報酬も引き上げられることとなった結果、社会保障関係費は約21兆8000億円となり、平成19年度比で3・0%の増となった。

⑤ 正しい。なお、平成20年度の地方財政計画において、赤字の多い公立病院の財政支援の一環で、新たな特例債を認めることとした。

20年度 特別区管理職試験講座 7

Ⅱ類論文 ⑦

論文例

1　区民と協働する管理職

分権改革が理論から実践に移行し、区民が主体的に魅力ある地域社会を築いていく時代となった。特別区は区民の視点に立ち、区民とともに地域の特性を活かした施策を創造していくことが求められている。区民やNPO、事業者等と区はそれぞれの役割を明確にして協働でまちづくりを進めることが不可欠である。公共施設は区民共有の財産であり、魅力と価値を高めることが求められている。施設整備や運営にあたっては、区民の多様なニーズに柔軟、的確に対応するとともに、人的・物的に限られた行政資源を最大限活用し、区民満足度の向上を目指していくことが必要である。

管理職は、職員一人ひとりの意識改革と能力開発に取り組み、リーダーシップを発揮して組織を活性化し、目標を達成していくことが求められる。また、区民の多様な価値観と意見を調整するコーディネーターとしての役割を担い、区民との協働により地域を経営していくことが強く求められている。

2　マネジメントの欠如した管理職

以上の視点から本事例を見ると、次のような問題がある。

第一に、R課長は、自らの方針もなく係長会を開き、T係長だけに任せて施設の整備方針案を決定しようとしている。区民とともにあるべき基礎自治体の管理職として、住民の意向や地域情報の重要性を認識していない。進行管理も怠っており、仕事に取り組む姿勢に問題がある。

第二に、係長たちの問題である。T係長は、PFIの導入を進めるなど積極性と意欲は見られるが、区民全体の利益や、地元との関係への配慮が欠けている。政策形成過程の情報を安易に報道機関に流し、情報管理に問題がある。S係長は、地元との調整の必要性を課長に進言するなど、責任感を持ちながらも、その後は課長を補佐し、課内を調整する庶務係長の役割を十分には果たしていない。

第三に組織の体制である。区のシンボル的な文化施設建設という大きな課題にもかかわらず、課として組織目標を共通認識していない。係長はもとより、係同士の連携、協力が不十分であり組織力が生かされていない。

これらの問題は、R課長が適切なリーダーシップを発揮せず、基本的な組織運営のマネジメントを怠ったためであり、その結果、区民の信頼を損ねている。

3　魅力ある区民共有の財産を目指して

区民の信頼を回復し、区のシンボル的な文化交流施設を整備するために、私がR課長であれば次のように対応する。

第一に、前任者などから情報を収集し、自らの方針を持って係長会を開催する。明確な方針を示していなかったことや進行管理不足などのこれまでの不手際を侘びる。そのうえで、区のシンボルである文化施設の整備方針案は、説明会の開催など、区民が参画する手法で検討するよう指示する。運営に関しては、指定管理者などの検討も行う。S係長には地元意向を把握する方策を検討し、T係長と協力して方針案をまとめるよう指示する。

第二に、X町会長を訪ねPFI方式による公会堂の整備方針は区の決定事項ではなく、今後、地元の意向も踏まえて施設の整備や運営を検討することを誠意を持って説明し、理解と協力を求める。Y区議には、誤った情報が新聞報道されたことについて謝り、今後このようなことのないよう、情報管理を徹底する旨を話す。地域の資源を活かした文化施設の整備・運営を検討することを説明し、理解を得る。

第三に、職場の目標を明確にして課の協働体制を構築する。係長会を定期的に開催し、情報を共有する。また、職員一人ひとりの育成目標を立て、区民の目線で仕事に取り組む意識と課題遂行能力を高め、活力ある職場づくりに取り組む。両係長から方針案作成の進捗状況については適切に報告を求め、必要な助言や指示を行う。部長には適宜報告し、指示を仰ぐ。

4　地域への貢献を使命に

魅力ある地域社会は、このまちに暮らして良かったと実感できるまちである。区民満足度の高いまちづくりを行うためには、区政は、区民に開かれ、区民と職員が本音で議論できる信頼関係を築くことが欠かせない。真に区民に必要な施策を創造するために、区民とともに汗をかくことが必要である。

管理職には、職員の潜在能力を開発し、やる気を伸ばして地域に社会に貢献する使命感を持つ職員を育成する責務がある。私は、地方自治を担う自覚と責任を持ち、職員の先頭に立って地域への貢献に力を尽くしていく。

17年度論文解説

解説

論文作成のポイントを解説します。本事例の問題点等については前回分析したとおりです。

構成は、起承転結の四段構成としました。各段落の字数などは、これまでの講座を参考にしてください。

(1) 見出しを大切に

見出しはあらかじめいくつか想定しておくと良いでしょう。見出しだけで論点が推測されるように、いわば、読み手をひきつけるキャッチコピーです。採点者は、現役の部長と聞いています。

仕事のプレゼンテーションをするつもりで、センスのよい見出しを考えてみてください。実際は、書いた後に見出しを考えることもありますが、当日は、書き忘れないよう注意してください。

(2) 大切な導入部分—論点の視点を明確に—

「起」の部分ですが、導入部分に引き続き、「公共施設の整備運営のあり方について」考えを記述することが求められています。切り口は人によって様々ですが、論文全体を貫く背骨となります。

自分はどのような視点で論ずるかを明確にすることで、論文のその後の流れが決まってきます。よく、「書き出し3行」といわれますが、ここが、受験者の問題意識が端的に表れる箇所だからです。論点を絞り込まないと散漫になってしまう危険性があります。

ここでは、次の視点でこの論文を書いています。これからは、公共＝官ではなく、様々な主体が公共を担っていく時代です。住民はサービスの受け手というだけではなく、地域経営の主体でもあります。NPOや事業者などの多様な主体との協働によって地域を経営していかなければ、人口減少や少子高齢社会に対応し、区民の暮らしを支えていくことは困難です。参加と協働がこれからの特別区のキーワードになっていくが、これらを根付かせ実効あるものとするためには、区民との情報の共有化を図り、説明責任を果たしていかなければなりません。

また、対等なパートナーとして地域の課題を解決していくには、区民も職員も双方の意識改革が必要です。基礎自治体の管理職は、この認識のもと、職員の先頭に立って区民とともに歩む覚悟が必要です。

(3) 問題点は課長の視点で

「承」の部分は、どのようなことが原因で問題が起きているかの分析です。第一段落で論じた視点、管理職のあるべき姿から見て問題点を分析します。事例の現象面だけでなく、その原因を探ることが必要です。

事例によって異なりますが、課長の考え、行動にはどのような点が欠けていたのかを中心に、職員、組織の問題点などを指摘します。係長が問題を起こした場合でも、職員を指導・育成しなければならない課長としてどのような問題があったのかを考えることが基本です。この部分は、過去問から、ある程度予測が付きますので、前もって準備しておくことができます。

(4) 危機管理と打開策

「転」の部分です。「承」の問題を踏まえて、事態の打開策について論ずるところで重要な部分です。

管理職として現実にこのような場面に向き合ったときの対応が、問われています。

なぜその手を打つのか、あなたが「起」で述べた公共施設整備のあり方に即して、有効で具体的な解決策を述べてください。区民本位の視点と、現場の感覚も大切です。

緊急対応、中長期的な対応などいくつかある中で、緊急度、重要度を考えて打つ手の優先順位を考えます。細かな行動プランの記述に終始しないように気をつけてください。第一段落で述べた公共施設の整備と運営のあり方に照らして、今後、とるべき策を考え、強い決意で望むことが求められます。

(5) 終段落は結論と決意

最後に「結」の部分です。ここも「起」で提起した論点とつながっていることが大切です。「区民との協働で区民共有の財産の魅力を高める」という考え方と、「区民とともに汗を流す」管理職のあるべき姿から導いた結論としました。締めくくりに管理職としての決意を簡潔に述べます。

以上論文例を掲げて解説をしました。

(6) ストーリーのある論文

繰り返しになりますが、事例式論文とはいえ、答えはひとつではありません。最初に述べた自分の考えに沿って論旨が一貫していること、流れがあって読みやすいことが大切です。

(7) 旬の情報を活かして

論文には旬の情報が必要です。総括係長として、区政の最前線で得た旬な情報や、仕事を通して考えたことを是非論文に活かしてください。

年度末から年度初めは、公私共に忙しい時期ですが、管理職の選考までには、まだ十分時間があります。志を持ち続けて頑張ってください。

カレントトピックス 20年度 23

社会事情

■学習指導要領改定案（2月15日）

文部科学省は2月15日、小中学校の学習指導要領の改訂案を発表した。改訂案によると、国語、算数・数学、社会、理科、外国語、体育・保健体育で、それぞれ授業を増やす一方、「総合的な学習の時間」は減らし、中学校の選択教科も原則としてなくす。この結果、総授業時間は小学校で約5%、中学校で約4%増える。総授業時間と学習内容が増えるのは昭和43年～44年の改訂以来40年ぶりである。なお、道徳の教科化は見送った。

この改訂の全面実施は、小学校が平成23年春、中学校が24年春の予定だが、平成21年春から段階的に移行する計画である。

■イージス艦衝突事故（2月19日）

千葉県野島崎沖約40㌔の太平洋上で2月19日未明、海上自衛隊のイージス護衛艦「あたご」が、千葉県新勝浦市漁協所属の漁船「清徳丸」と衝突した。漁船は沈没し、乗組員の父子2人が行方不明となった。

海上保安庁は同日から「あたご」の家宅捜索を行った。同庁の調べでは、「清徳丸」の左舷に「あたご」の艦首が衝突しており、「あたご」側に海上衝突予防法による衝突回避義務があった可能性が高い。また「あたご」の見張りが遅くとも衝突12分前に漁船の灯火を発見していたにもかかわらず継続的な監視を怠ったなど、適切な回避措置がとられなかった可能性がある。

■出会い系サイト規正法改正案（2月29日）

政府は2月29日、業者の届け出を義務付けることなどを柱とする出会い系サイト規制法改正案を閣議決定した。第169回国会での成立を目指す。

改正法案では、サイトの運営業者に対し、都道府県公安委員会への届け出を罰則付きで義務づける。また、大人が児童を誘ったり、児童が異性を誘ったりする書き込みの削除を義務づけ、違反を繰り返した場合には是正命令、事業停止命令の行政処分を科す。

このほか改正案では、①暴力団などの欠格事由を設ける②保護者や携帯電話事業者に対し有害サイトへのアクセスを制限する「フィルタリングソフト」の積極的な利用を努力義務化する。

「星と森と絵本の家」ワークショップ・レポート

市民ボランティア　若山修

東京の郊外、三鷹。その三鷹の中でも奥まった、のんびりした地域に「国立天文台」はあります。近くには野川、ICUの広いキャンパス、神代植物園など、自然はけっこう身近な存在。国立天文台ももちろん豊かな自然に囲まれています。そんな自然の中に、3月の日曜日、市民が60人以上集まって、「星と森と絵本の家」ワークショップが開催されました。

「自然とふれあうゲームはどう?」

「天文台の方々と星空について語り合う機会も欲しい」

「絵本は科学絵本を中心にそろえたらいいんじゃない?」

立地を生かしたコンセプトが語られます。

市民による自由な議論はときに飛躍も。

「焼き芋ができたらいいね」

「それなら、芋を育てるところから参加できるようなプログラムも!」

また、市民活動の経験を積んだ方々からは示唆に富んだ意見も。

「交通手段の確保が必要だ」

「バリアフリーは建物だけでなく、展示内容やワークショップにも取り入れるべき」

「運営サイドへの負担を大きくしすぎないために市民ボランティアのあり方も考えよう」

議論そのものは正味にして50分。模造紙16枚が埋まるくらいの知恵出しが行われたのでした!

☆

三鷹市の「絵本館構想」のひとつとして、国立天文台の中の古い官舎を改築して、2008年夏オープン予定の「星と森と絵本の家（仮称）」活動プランを考えるはじめてのワークショップ（WS）風景です。担当のコミュニティ文化室の二人の職員は、昨年から今年にかけて開催した三鷹市在住の児童文学の大家、神沢利子さん（『くまの子ウーフ』など）をテーマにした展覧会担当者でもありました。200名以上の市民の自発的参加を得て、本格的な展覧会を市民ボランティアだけでつくり上げる体験は、特別な感動を呼び、期間中、数千人が展覧会を訪れました。

今回始まった「星と森と絵本の家」プロジェクトには、そんな「神沢プロジェクト」からの参加者もたくさんいます。かくいう私も神沢プロジェクトからの流れで参加しました。また「天文台」や「星」というキーワードで新たに参加された方々、「森」や「自然」に惹かれての参加者もいます。さまざまな立場の方々が自由に意見を出し、他人の意見を聴くことでまた新たな発想へとつながっていく。三鷹流の市民ネットワークの在り方は、ひとつの理想形だと思います。

役所という「中心」があるわけではなく、市内のあちらこちらに点在するコミュニティセンターやNPOや各種ボランティア、それぞれの活躍場所から人が集まってくるという「中心のないネットワーク」。それを陰に日向に支える市の職員の方々には本当に頭が下がります。

多種多様な市民を集めて、市民と市役所との協働作業を進めるにはたくさんの困難も伴うことでしょう。方向性が定まらずに、ものごとが進まなかったり、考え方の違いから仲たがいだって起こるでしょう。そんなときに絶対に大切だと言われる「フラットな関係での議論」だって、言葉で言うほど楽ではありません。

今回のWS、初対面にもかかわらずクリエイティブな楽しい議論になりましたが、市の職員と天文台の方々のたくさんの配慮があってのことでした。実際に改築される古い官舎の中まで見せてくださったり、改築工事の細かい図面までの公開、天文台の中を丁寧に案内してくださり、議論のための道具もしっかりそろえておいてくださいました。

子どもに絵本を、子どもに星を、子どもに自然を、子どもに伝統的な家や生活を。素敵な雰囲気づくりのおかげで、そんなピュアな（青臭い?）議論を楽しく交わし、そして最後にこんな本音も飛び出したりします。

「子どもを中心にしたこんな活動やプロジェクトをやっているとね、じつは私たち大人がいちばん楽しいのよね。子どもたちのために自分たち自身が楽しむ――、たぶんこれがいちばん大切なの」

☆

星と森と絵本の家。子どもと、そして大人が楽しむ手づくりの絵本館プロジェクトのスタートです……。

大勢の市民が集った9日のワークショップ

千の風になって ―いたばし編 2

練馬の独立をめぐって

前号より開始した「天国対談」。登場しているのは、享年94歳の栗原敬三元板橋区長と同90歳の櫻井徳太郎元駒沢大学学長・板橋区史監修者のお二人。

櫻井「石神井川の桜もそろそろ蕾がふくらんで、今月末には見頃になるでしょうかね。この川は、練馬区の石神井、板橋区の桜川や中板橋・加賀などを通り、北区の飛鳥山に流れています。ところで、昨年は練馬区独立60周年でしたね」

栗原「そうですね。昭和22年3月15日に、東京の区は35から22に再編されます。そして、8月1日に板橋から練馬が独立して今の23区になったというわけです」

櫻井「練馬の独立には色々なドラマがあったと聞いています。板橋区史にも触れていますが、やはり練馬区史や独立記念誌が詳しいです。『ねりま60』の中では、区議会議員だったお父上の栗原佐吉氏を『賛成派の旗頭として調整に尽くした人物』と練馬独立の立役者の一人に挙げています。元区長も当時若き職員として舞台裏を見守ったわけですね」

栗原「私も結婚して実家から『独立』していたわけですが、父の動きや苦労話などはときどき耳にしていました。母も祖母も練馬がふるさとで、私自身練馬に縁が深く、よく行き来していて、練馬の人たちが区役所に来る大変さも実感していました。職員としてもあの広すぎる区内一円を回るのは難儀なことでしたから、独立は本当に皆が待ちに待った願いでしたね」

櫻井「独立への動きは、昭和7年10月の市郡併合による板橋区の成立時にその端緒があったと言います」

栗原「当時の大泉村助役であった加藤隆太郎氏が中心になり、練馬町・大泉村・石神井村などの農業地域の町村で一区独立を目指す動きが起き、陳情書も出されましたが、実らなかったのです。それが第一歩でした。加藤氏は、その後板橋区議・東京府議・市議・都議を経て22年3月の総選挙で国会議員に当選されていますが、一貫して郷土練馬の発展を考え、昭和19年から再燃した独立運動の先頭に立ったのです。独立祝賀会で加藤氏は『悪戦久しく　苦闘は実り　凱歌は上り　声涙下る』と祝意と感謝を述べています」

櫻井「加藤氏の盟友でもあったお父様は、区議会の節目節目で練馬の独立実現のため熱弁をふるっています。佐吉氏はお酒が強く豪快な人柄だったと言われていますが、一方、郷土芸能の『神田流弥生囃子』ではその繊細な笛の音を教え継ぎ、また日本画や演芸にも造詣が深いなど文化人の面もあわせ持っていたようですね。板橋の公文書館には佐吉氏の区議・監査・民生委員としての貴重な資料が寄贈されていますが、几帳面でマメな方だったという印象も強いですね」

栗原「60年を振り返ると、練馬区は人口11万が70万（23区中最大の伸び）、板橋区は17万が53万と共に著しい発展をしましたが、練馬のそれは板橋を凌いでいます。一方、練馬と板橋は、農業が盛んだったことや大規模団地の開発（高島平と光が丘）など共通点も多く、区民も職員も『隣人』として交流したいという意識が強いと思います」

櫻井「ともに、武蔵野台地に育まれた緑豊かな土地柄で、歴史的・文化的にルーツを同じくする点でも、相通ずるふるさと意識があるといえるでしょうね。両区の発展をこれからも一緒に見守っていきましょう」

（山浦純之介）

人物画は『ねりま60』から転載

『都庁俳句』作品抄（3月1日発行）

途切れなきものを区切りて除夜の鐘　土井　湧輔
数へ日の新聞痩せて届きけり　大熊　虚岡
美少年枯れ葉の匂ひ残しけり　葛西美枝子
幸せの端にゐるらし初座敷　奥田　弘學
浄土まで雲ひとつなき初御空　丸山　了
マフラーの少女は長き素足して　岸本　規生
箱枕ほどの高さに初便り　伊達　天
「翁」先ずとうたらりと謡初　木曽　一阿
犬の舌桃色なりし初氷　間中恵美子
志ん生に似たる笑顔のかざり売り　小林しげと
銀紙に包み初夢捨てにゆく　横坂けんじ
日の囁く落葉浄土や誰も来ず　谷口しとみ
縫ひ初めの軽きリズムの花雑巾　片野　信子
生涯の一句は未だお元日　和田しずえ
採血の絆創膏や冬の月　鈴木　翠嵐
名を変えて流るる川や鳥雲に　山崎三樹夫
鳥雲に入る夕富士を海に置き　佐々木いつき

みにがいど

◆都営地下鉄「春」のワンデーパス発売　▽発売期間　4月27日（日）までの土曜、日曜と4月28日（月）～5月6日（火）の毎日※前売はなし▽発売額　大人500円、小児250円▽内容　発売当日に限り、都営地下鉄全線を自由に乗り降りできる▽発売場所　都営地下鉄各駅（押上、目黒、白金台、白金高輪、新宿線新宿を除く）▽利用特典　沿線の施設や店舗で提示すると、割引やプレゼントの特典あり▽問い合わせ先　交通局電車部営業課☎5320・6076

◆企画展示「映画とその時代」▽会期　～4月30日（水）▽都立川図書館▽内容　①日本映画の黄金時代②名監督たちの仕事③市川崑と「東京オリンピック」④映画の中の東京⑤文学の映像▽特別上映会「東京オリンピック」＝3月27日（木）午後1時30分～4時20分、多摩教育センター2階鑑賞室※入場無料、先着順80席▽問い合わせ先　☎042・524・7186

◆日暮里・舎人ライナー開業記念「オリジナルチョロQ」発売　▽発売開始日　3月30日（日）▽発売金額　1300円▽発売個数　限定600個▽問い合わせ先　交通局電車部営業課☎5320・6076

協力：（財）日本ファッション協会

シネマ夢倶楽部 Japan Fashion Association　オススメシネマ

ランジェ公爵夫人

ふたりの魂が織りなす愛の深淵

1823年、ナポレオン軍の英雄であるモンリヴォー将軍（ギヨーム・ドパルデュー）は、スペインのマヨルカ島の修道院で、長い間探し続けたランジェ公爵夫人（ジャンヌ・バリバール）と再会する。5年前、舞踏会で出会い激しい恋心を抱いたモンリヴォー。しかし彼の心は、思わせぶりな公爵夫人の振る舞いに翻弄され続け、追い詰められた彼は誘拐という手段に打って出る。それを機に恋に目覚めた公爵夫人は熱烈な手紙を送りはじめるのだが…。

ジャック・リヴェット監督が、19世紀フランスの貴族や市民の生活を生き生きと描いた偉大な作家、オノレ・ド・バルザックの名作を忠実に、完璧なまでの美しさで完全映画化。その徹底した細部へのこだわりと、冷静な眼差しは、恋に身を焦がす男女の甘美で幻想的な世界へ誘っていく。

◆推薦委員コメント

藤原作弥（元日本銀行副総裁）

ラクロ、スタンダール、ラディゲなどフランスの恋愛小説には不倫の心理葛藤を描いた作品が多いが、バルザックの原作に基づくこの映画もその伝統を受け継いで貴族社会の男女の駆け引きをスリリングに綴っている。しかし、ヌーヴェル・ヴァーグの旗手も老境に入ればきわめて古典的な法に到達、タピストリーのように丁寧にストーリーを織りなしている。無声映画のような字幕による説明が絵物語のような効果を上げている。ギヨーム・ドパルデューは適役、無器用な男の恋心を器用に演じている。

三沢秀介（俳人）

19世紀初頭のフランス貴族社会の恋の物語を描いたこの映画は、バルザックに傾倒するジャック・リヴェット監督のコスチュームプレイ。なによりも男と女の恋愛感情を、はじめは遊戯として、そして遂には生死を分ける陶酔として描き切った正統的手法に驚く。おそらくそれはバルザックの思いを映画技法としていかに表現するかという、かたくななまでの執念なくしてはできなかったことであろう。ひかりと翳の映像が鮮やかに呼応してドラマを高揚させたウィリアム・リュプチャンスキーのカメラが見事。80歳になんなんとする、ヌーヴェル・ヴァーグの先駆けでもあったリヴェット監督の瑞々しい感覚に讃嘆する。

【2006年／フランス、イタリア／137分　配給：セテラ・インターナショナル　4月5日より、岩波ホールにてロードショー】

◇

シネマ夢倶楽部　3月28日（金）午後6時15分～「ニッショーホール」で上映。※この上映会に10組20名様を抽選でご招待します。Eメールで件名「上映会招待希望」とし、住所・氏名を明記の上、henshu@toseishimpo.co.jp までお申し込み下さい（24日必着）＝招待状を郵送します。

ともに生きる 23

死角は視覚の大敵

耳の不自由なお子さんの障害に最初に気付くのは、概ね一番身近にいるお母さんです。呼び掛けたのに振り向かないとか周りの音に無反応といったことで、あるいは聞こえていないのではと疑いつつも疑問のままに時を過ごしてしまうケースもあります。

その大きな理由はお母さんが後ろから近付いた時にタイミング良く振り向いたりすることもあり、耳が不自由であってほしくない、家の子に限ってというお母さんの気持ちも手伝って障害の発見が遅れるというケースです。耳が不自由な子は近付いてくる床の振動をとらえたり、気配を感じたりして、あたかも音に反応しているかのような立ち居をする場合があるのです。

小学部の低学年を受け持っていた時に、開け放しの教室の後ろドアから参観者が入ってくると必ず子ども達が振り向くので不思議に思って理由を聞いたことがあります。先生の目が動くからということでした。指導者である私の一挙手一投足に常に注意を集中していることを改めて知らされた思いをしたものです。

聴覚障害の幼児が、積み木遊びなどをしている時に突然立ち上がってキョロキョロあたりを見回すことがあります。落ち着きがないと誤解されることもあるようですが、本当は、お母さんの存在や周囲の状況を視覚で確認しているのです。

聞こえる子の場合は、視覚の範囲にお母さんの姿がなくても、台所での水道の音や物干し場でのお母さんの鼻歌に常にお母さんの存在を確認しながら安心して過ごしているのです。

耳の不自由な子の場合、聞こえる子の何倍も聴覚を補う視覚での確認が必要であると言えると思います。

日常生活の中では、しばしば視覚では補えない死角が生じます。街の騒音の中では、後ろから近付く車や人の気配が感じ取れないために、危険な思いをしたり、突然肩をたたかれていらぬ驚きをすることにもなったりします。死角が視覚の大敵と言えるかもしれません。

（元都立立川ろう学校長　小林明）

海外出張こぼれ話 32

オリンピックを迎える北京と沿海都市アモイ⑮

東郷　尚武

今日は、鼓浪嶼島とえにし（縁）の深い鄭成功のお話から始めたい。島内の観光資源となるスポットを案内してもらっている道すがら、市の担当者から「日本の方ならツェン・チェン・コン（Zhen Cheng Gong）をご存知でしょう」と言われた。筆者は残念ながら漢字の中国語読みがわからないので、「漢字で書いてください」と申し上げたら、「鄭成功」と書いてくれたので、すぐに理解できた。海岸線近くに案内されると、そこには馬に跨った鄭成功と彼の幕僚の大きなレリーフが建てられていた。

筆者は子供の頃、絵本か何かで「国性爺合戦」の物語を読んで感銘を受けた記憶があったので大変印象深かった。ちなみに、鄭成功（1624～1662）は、日本人の母を持つ明朝末期の武将で、清朝の降伏勧告を拒絶して、廈門、金門島さらには台湾に拠って最後まで清国軍と戦い、明朝の回復に尽力した。しかし、志なかばにして病を得て他界、彼の明朝回復の夢は遂にかなえられなかったのである。彼のレリーフを前に、若い頃の記憶がよみがえり、感無量のものがあった。

馬上の鄭成功と幕僚のレリーフ

鄭成功のお話はそれぐらいにして、これこそ、こぼれ話の名に値する食べ物の話をさせていただくこととしたい。まず、筆者の印象では北京滞在中の食事は比較的淡白で、いずれも美味しく敬遠するような食材はなかったと記憶している。訪中の前から、漠然とは、中国は南に行くほど何が出てくるかわかりませんよと聞いていた。最後に、アモイ本島南端からさらに南の鼓浪嶼島でのアモイ滞在最後の晩餐会についてお話しておきたいと思う。

この宴会は市の鐘局長等の幹部による招宴で、冒頭、開会に当たって司会者から「今日の料理は"Distinguished Guest"のために特に用意されたものである」と説明があった。お皿の数はちょっと数え切れないほどで、味もこれまでのマイルドなものと比べればホットな感じであった。

そして、来るべきものが出てきた。蛇料理である。中国の宴会では何遍も乾杯をするが、筆者はチーム・リーダーを仰せつかっていた関係もあり、乾杯の音頭もとらなければならず、また、相手の方に合わせなければならなかった。残念ながら紙面が尽きてしまったので、次回は、この蛇料理のお話から始めよう。

都政新報

発行所　都政新報社
〒160-0023 東京都新宿区西新宿7-23-1 TSビル
〈総務・読者〉(03)5330-8781
〈企画広告〉(03)5330-8784
〈編集〉(03)5330-8786
〈出版〉(03)5330-8788
〈セミナー事業部〉(03)5330-9977
〈ファクス〉(03)5330-8808
郵便振替 00130-2-101470
購読料 月1,680円(税込)
毎週火・金曜日発行　但し、祝祭日は休刊
©都政新報社 2008

紙面から

新銀行への400億円追加出資
予算特別委、26日に可決へ
都の指導監督責任　付帯決議で注文

新銀行東京への400億円の追加出資問題は、今日、都議会予算特別委員会で締めくくり総括質疑を行い、明日26日に討論・採決となる。すでに自民党は賛成、共産党と生活者ネットが反対を表明し、民主党と公明党の出方に注目が集まっている。公明党は、追加出資に代わる選択肢として事業清算の可能性をギリギリまで追求し、最終的には付帯決議をつけて賛成に回ると見られる。民主党は会派内に反対論が強いが、賛成の余地を残して幹事長一任を取り付け、納得のいく説明を都側に求めてきたが、具体的な進展は見られないままとなっている。締めくくり総括質疑では、400億円の内容と根拠、再建計画の信頼性、経営監視のあり方、知事の失政の責任などが論点になる見通し。

予算特別委員会の徹夜審議の途中、天を仰ぐ石原知事＝14日、深夜2時頃

19日の都議会経済・港湾委員会では、民主党の山口拓都議が「都民に一番負担の少ない形で、新銀行東京から撤退すること」と述べ、追加出資に反対とは言わなかった。深読みすると、400億円の額の引き下げや将来撤退する可能性が都側から示されれば、追加出資に賛成する余地があるともとれる。

この点について田中良幹事長は「民主党に賛成して欲しいのなら、納得できる説明を持ってこい」と理事者に言った。誠意を期待して待っているが、なぜ事業清算ができないのかなど、説明が十分でない」と話す。また「誰もが今回の追加出資で終わりとは思っていない。まず全体像を見せて、その中で400億円の位置づけを明らかにすべきだ。追加出資の理由がこの再建計画以外のところにあるとしたら、都民、都議会に対する背任的な行為」と語る。

26日の討論・採決に向けて、今後、水面下の折衝などが活発化すると見られるが、都議会内では「400億円は、来年夏の都議選後まで新銀行東京をもたせるためのカンフル剤」という見方が多く、もともと400億円で新銀行東京が立ち直るという意見の方が少ない。このため妥協点として出資額を引き下げる考え方については「それによって都民の理解が進むわけではない。下手に数字を動かせば、都議会が数字に責任を負うことになる」という指摘が出ている。

また、都庁内からは、「世論に逆らって議案を自民、公明の賛成だけで通したら、自公がかなり傷つく」と心配する声がある。「民主党まで巻き込んで可決したら、都議選で争点にならない。知事サイドは、そういう配慮をもってアプローチしても不思議でないのだが、今回はそれが見えない」(都幹部)という。

■計画の信頼性

これまでの質疑では、400億円のうち、280億円について「説明が不十分」という声が議会内に多い。都の説明によると、400億円の内訳は、80億円が最低自己資本比率の確保に必要なお金、40億円は風評被害等へのリスク対応、280億円は「銀行業務を行う上で必要な資本」としている。

新銀行東京の資本金は1189億円あるが、07年度末の累積損失が1016億円に達し、再建計画でも08年度に126億円の赤字を見込む。この結果、残るのは47億円となり、追加出資がなければ08年度中に業務停止になる実態だ。監査法人からも「事業継続するならば増資を行わないと、07年度決算に適正意見を付けられない」と指摘されている。

こうした状況は分かりつつも、280億円に対しては「デフォルトのリスクは、貸倒引当金で十分に積んでいるはず。デフォルト以外に、どんなリスクがあるのか」という疑問が多い。

また知事は、21日の記者会見で「追加出資後のセカンドステージでどういう業務展開をするか、手の内を今から明かせない」とする一方、新銀行東京の単独での再建は、「難しい」とも語った。これは、他の金融機関と提携等を行わなければ、追加出資しても再建が困難ということで、再建計画の実効性ともからむ。公明党は「再建計画の収益率が高くなっている。計画の信頼性を分かりやすく示すべきだ」(中嶋義雄幹事長)と都側にただしていく考え。

付帯決議は、自民党と公明党で文案を調整するが、「追加出資しないと言ってきたのに出してきたわけだから、2度とこんなことがあってはならない。都が指導監督を行い、主体的に責任を果たせと求める」(中嶋幹事長)という。自民党も400億円は毀損させないという考え方で、再建計画の実現を求める。

都政の東西
自治体の面目

「独立した1自治体」としての23区と、「特別区」としての共同体でもある23区。複雑な組織構造の中で1自治体としての主張を貫きながら、特別区として足並みをそろえるべき事柄を解決していくのは、並大抵のことではない。

だが、先日、「特別区」としての一つの大きな宿題に目途がついた。ごみ問題における「負担の公平」だ。

全国の自治体では、いくつかの自治体間で、ごみ処理における金銭負担をごく一般的に行っている。しかし、23区で「負担の公平」を論じる背景には様々な歴史的な経緯があり、特に「金銭負担」については、水面下での議論はあっても具体的な方向性を出せないままだった。

なぜなら、ごみ問題については70年代半ばに「自区内処理の原則」が掲げられ、1区・1清掃工場を目指したが、その後、「ごみの中間処理は23区共同で」と03年に区長会が方針転換した。同時に「清掃工場のある区に過度の負荷がかからないよう、アンバランスを是正する必要がある」としたが、工場の有無に加え、清掃工場の処理能力は200㌧から1800㌧。すでに大きな負担のアンバランスがあり、「金銭負担」以外の解決策は難しい状況だった。一方で住民を説得し、用地確保までしながら、区長会の方針転換で清掃工場を作れなかった区もある。「工場のある区が金銭負担する」という仕組みに、納得できないとする声も強かった。

今回、金銭負担の枠組みで負担の公平に一定の目途がたったのは、工場の有無にかかわらず、全区に金銭負担の責任が発生し、実際にはごみ減量で金銭負担がなくなるという仕組みを構築できたからだ。特別区としての体面はもちろん、区民に対しても説明がつく1自治体としての面目が立ったことが決着の決め手だった。

認証保育所
初の認証取り消し
保育士数を虚偽申請

架空の保育士の名前を使って虚偽の申請をしていたとして、都福祉保健局は21日、㈱日本保育支援協会(三谷忠士社長)が経営する認証保育所「じゃんぐる保育園」(荒川区)の認証を取消処分にすると発表した。児童の受け入れ先を用意した上で、今月末に認証を取り消す。あわせて、同保育所が虚偽申請で受けた補助金約3800万円の返還を求める。認証保育所の認証が取り消されるのは、01年度の制度創設以降初めて。

石原知事は、記者会見で「認証保育所だろうと認可保育所だろうと、手続きの上で違法性、問題点があれば、厳正に対処すべき。認証保育所の質の向上を図りながら、設置促進に努めたい」と述べた。

同局によると、じゃんぐる保育園では、必要な職員数が7人だったのに対し、実際に勤務していたのは当初2人だけだった。申請書類には、面接を受けたものの採用に至らなかった保育士も含まれ、履歴書や保育士登録書の写しなどが添付されていたという。

同局は今後、虚偽申請を防ぐため、保育士の勤務の意思を示す書類を添付させるなど、確認の徹底を図る方針。また、認証保育所の設置者を対象にした指導も検討中という。認証取り消しを受け、自民党と公明党が同日、児童の受け入れ先の確保や指導監査の徹底を要望。共産党は、認可保育所の増設と拡充を求めている。

食材費調査で専門家を派遣　「1日36円」の指摘で

他方、都議会の予算特別委員会で、給食の食材費が1日あたり36円の認証保育所があると共産党が指摘したことについて、石原知事は現場に専門家を派遣し、精査する方針を示した。

同党によると、経営者が担当者に月額2万円を手渡し、その中でやりくりするため、食材が100㌘10円の鶏肉や見切り品の野菜になっているという。ただ、食事回数を児童数と日数だけで単純に割って算出する価格を疑問視する向きもある。

石原知事は「食費の価格を聞いて、びっくりした」とした上で「現場を確かめて、勧告すべきものは勧告し、いい条件を整えたい」と述べ、認証保育所の給食が適切かどうか確かめるのは都の責任との認識を示した。

東京の緑をキャンパスに
緑地保全で大学と連携

都環境局は21日、大学との協定をもとに学生に緑地保全の実践活動の場を提供する「東京グリーン・キャンパス・プログラム」を開始することを発表した。第1号として桜美林大学との間で27日に協定を締結する。

グリーン・キャンパス・プログラムは、保全地域でNPOなどが行う緑地保全の活動に学生が参加するもの。大学と連携することで、緑の保全に関心を持つ人材を育成し、社会の様々な分野に輩出することを目指す。保全活動に参加した学生のうち、その後も活動を希望する学生には、都から活動機会や情報を提供するなど継続した人材育成を進める。

桜美林大学との提携では、大学に近い七国山保全地域で、学生が講義の一環で保全活動に取り組む。前期と後期にそれぞれ2回ずつ、25人程度の学生が雑木林での下草刈りや間伐、自然観察などを行うという。

論壇
新銀行東京問題
追加出資は公金の浪費 ——問われる都議会の議決責任

東京大学大学院教授　醍醐 聡

存在価値を失った新銀行東京

新銀行東京に対する400億円の追加出資を盛り込んだ都の08年度補正予算案の採決が目前に迫った。新銀行東京は、そこまでして存続させる価値のある銀行なのか?近い将来、この追加出資まで毀損した時、都民の税金を無為に浪費した第一次的責任が提案者である石原都知事に帰すのは当然であるが、予算案に賛成した議員の議決責任は、不問にされてよいのか?これらの問題を考えてみたい。

「別表」は、新銀行東京と地方銀行の預貸率の推移を比較したものである。

(期中平均:%)	地方銀行	地方銀行Ⅱ	新銀行東京	
	預貸率	預貸率	預貸率	融資先に占める中小企業の割合
04年度	71.6	74.4	84.8	100.0
05年度	71.6	74.4	26.1	62.5
06年度	72.2	75.8	38.9	51.5
07年度中間	73.0	75.4	38.0	47.2

(出所)地方銀行、地方銀行Ⅱについては『全国銀行財務諸表分析』による。2007年度中間の数値は期末残高。新銀行東京については、同行『ディスクロージャー誌』による。

「預貸率」とは、銀行が預金、譲渡性預金、債券で調達した資金のうち、貸出に回した資金の割合を表す指標である。新銀行東京は、設立初年度こそ85%近い水準であったが、その後は30%台まで急落し、地方銀行の平均値よりも30ポイントから35ポイントも低い水準で推移している。

金融機関本来の活動のバロメーターといえる預貸率がこれほど低いということは、新銀行東京が調達した資金の融資先を確保するのもままならない状況にあることを示している。

また、新銀行東京の融資先に占める中小企業の割合は、直近の決算では50%を割り込んでいる。これでは、同行は中小企業支援行としての役割も、一個の金融機関としての体もなしていないことになる。

なお、新銀行東京は、2月に発表した再建計画のなかで預金を2000億円まで、融資残高を700億円まで縮小するとしている。ということは、預金に加え、都の追加出資も貸出に回すという算段である。それなら、初めから都が直接、制度融資をすればよいわけで、新銀行東京を存続させる必要がないことを認めたのも同然である。

現に、新銀行東京を設立する以前から都は、毎年1・5兆円から2兆円の中小企業制度融資を行っている。これと対比すれば、年間700億円程度なら都自身の財政から容易に賄える。

議員の免責特権は訴追の盾か

新銀行東京は、石原知事自らが選挙公約に掲げて設立し、東京都が84%の出資をしている事実上の都の公設銀行である。にもかかわらず、このところ石原都知事は新銀行東京の経営破たんの責任を旧経営陣に、あげくはその経営陣を自分に推挽した経団連幹部に転嫁するなど、自己保身に躍起になっている。その有様は実に見苦しく、あさましい。

また、これに呼応するかのように新銀行東京の現経営陣はもっぱら旧経営陣に対し、損害賠償の責任追及を検討しているという。損害賠償というなら、誰よりも石原知事の責任が問われるべきは当然であるが、追加出資が都議会で可決されるとなれば、議案に賛成した議員の責任を不問にして済むのか?

翻っていうと、国会議員には憲法第51条により、議会内での言動の責任を議会外で問われない免責特権が与えられている。そして、その免責には、刑事・民事上の責任も含まれているというのが定説である。しかし、明文上、地方議会議員には、同様の免責特権は付与されていない。

そもそも、1689年のイギリスの権利章典に起源を持つといわれる議員の免責特権は、議会での法案提出や発言を理由として、しばしば議員が国王から刑事上の訴追を受け、投獄されたという事件を経て、国王からの議会の自律権を確保するために生まれた制度である。そのような沿革を持つ議員の免責特権を住民からの訴追の盾にするのは時代錯誤である。

むしろ、今回の都の追加出資のように、無謀無益な支出で終わることを十分予見できるような公金支出は、それを提案した首長のみならず、その提案の可決に加わった議員も責任当事者として住民から訴追を受ける被告適格者とすることが喫緊の課題である。それによって議会と行政の間に健全な緊張関係を育み、財政規律の維持、向上に議会が十分な機能を果たすよう動機づけることが期待できるのである。◆

だいご・さとし＝1946年生まれ、京大経済学部卒。京大、東大助教授などを経て、96年から東京大学大学院経済学研究科教授。専攻は財務会計論。物価安定政策会議委員、情報通信審議会委員などの公職を歴任。主な著書に『公企業会計の研究』『日本の企業会計』『自治体財政の会計学』『労使交渉と会計情報』など。

元旬ジョーク

がん医療体制整備、ドクターヘリ協力病院追加、暮らしの中の医療情報ナビ新設など健康施策の対策強化

今月末で閉鎖の共済青山病院
「私だって長生きしたかったのにナー」

いま助けるぞ
新銀行

職場でご購読されている皆さまへ

4月人事異動は、課長級以上の方は異動表に基づいて手続き(新職場への切り替え)をしますが、係長級の方は多数になるため異動表の入手次第、局・区より、順次行います。例年ですと、その手続きにほぼ1カ月を要する場合がありますので、早期配達をご希望の方には、暫定措置として約1カ月間、職場送りから自宅郵送に切り替えさせていただきます。その旨本社に電話かFAXでお申し付け下さい。

また、主任、一般職員の方につきましては、大変お手数ですが、異動先をご連絡下さい。異動手続きのために大変ご迷惑をおかけしますが、何卒ご理解とご協力のほどをお願い申し上げます。

平成20年3月　都政新報社読者部
電話03・5330・8781
FAX03・5330・8808

低所得者生活安定化プログラム

実施主体は東京都

今年8月までに開始

収入が生活保護並みの低所得者を対象に、都が就労支援する生活安定化プログラムが今年8月1日までにスタートする。実施期間は3カ年。予定通り3年間で事業を打ち切った場合、実施主体が低所得者に説明責任を果たす必要があるため、都、区市町村でつくる検討会で、都が実施主体になることで合意した。大学受験料助成などの低所得世帯児童育成支援事業は継続協議になった。区市町村が同時実施しなければ利用者間に不公平が生じたり、資金貸付の返済に課題が残っている

モラルハザードの懸念も

都が昨年、収入が生活保護並みの低所得者を対象に個人都民税の減額措置を表明した。だが、減額効果が少なかったり、資産を所有する低所得者もいたため、方針を撤回。代替案として、低所得者は都から資金貸付、職業訓練などの支援を受けながら、正社員雇用を目指すプログラムに転換した。

対象者は、課税所得、預貯金などの条件をクリアし、就労意欲があるひとり親家庭、若者ら。対象者は、上限60万円の生活資金を無利子で借り入れられ、利用者の希望に沿った職業訓練の紹介を受けられる。

就職先が決まれば、利用者は上限50万円の一時金を無利子で借り入れられ、正社員を雇用した企業に1人あたり60万円が給付される。

都は当初、実施期間を3年とし、区市町村に実施主体を依頼してきた。だが、区側から「3年でやめた場合、理由を説明できない」などの問題点を指摘。昨年12月末に都、区市町村でつくる検討会が設置され、開始時期、実施主体などを協議した。

検討会では、今年8月1日までにこのプログラムをスタートし、都が実施主体になることで合意した。大学受験料助成などの支援事業は継続協議となった。

都福祉保健局は個人都民税の減額措置をやめ、方針転換したことに「唐突感はあったと思う。それでも、区市町村が協力してくれたことに感謝の一言。お互い、協力して成功に導いていきたい」と語った。

特別区厚生部長会の斎藤裕文会長（中央区）は「都が区側の提案を受け入れてくれたことを評価している。都と区のパートナーシップができた。出した税金が活きるようにするのが課題」と話した。

現場の意見の反映を

【解説】今回、都が区側の主張を取り入れ、柔軟な姿勢を示したため、解決の道が開けた形だ。開始時期は当初、「今年4月」だったが、「8月1日まで」に変更した。区市町村の新年度予算にこのプログラムの経費が盛り込まれていないため、4月スタートは無理だった。8月1日までの実施であれば、経費を補正予算に計上し、区市町村の議会が第2回定例会で可決することなどが想定される。その後、7月から区市町村が設置する窓口の職員を募集、研修し、遅くとも8月1日のスタートには間に合う。

だが、62区市町村の同時実施が理想的。先行実施する自治体と実施が遅れた自治体では、利用者間に不公平が生じることになる。62区市町村の共通事業であるため、足並みをそろえられように協議する必要がある。

実施主体では、区市町村が担うと、弊害がある。区市町村が実施主体になり、期限が3カ年のプログラムをさらに継続する必要が出た場合、都の補助金が支給されるのかという問題もある。もともと、石原知事の選挙公約を実現するのに、都ではなく区市町村が実施主体になるというのは矛盾を抱えることになる。

今回、都側が実施主体になるのは誰がどう考えても、もっともだ。

都が行う資金貸付では、返済の課題がある。連帯保証人をつけるため焦げ付きの心配よりも、「返さなくても構わない」という利用者のモラルハザードが懸念される。返済しない利用者に対して、どう対応するかを都は考えておく必要がある。

低所得者が正社員として雇用されれば、生活保護への転落防止になる。そのため、区市町村の扶助費削減を期待できる。都と区市町村が連携して、現場の意見を吸い上げて、問題点を見直し、事業を成功させてほしい。（石）

コミュニティ道路

安全性の確保目指す

文京区　区内全域で整備実施

裏通りなどで通過交通による事故などが増加傾向にあることから、文京区は、区内全域から課題の多い239路線を抽出して、来年度からコミュニティ道路整備事業を計画的に展開する。4月以降はそれぞれの地域で順次、地区協議会を設立。住民の要望を整理しながら、通過交通と通行速度の抑制を図り、地域住民が安心して利用できる道路環境を確保していく。

自宅から500㍍以内での生活地域内での事故は、自転車も含めて全国的に増加している。加害者・被害者の双方が同じ地域の住民同士のこともあり、近隣トラブルに発展するケースなどもあるという。コミュニティ道路は、こうした生活地域内での交通事故をなくすことなどを目的に、車道を蛇行させたり、車道にブロック状の突起物を描いて視覚的に注意を促すなどし、心理的、物理的に車の速度が低下するようにするものだ。

文京区は03年度から06年度に、地区内に特別養護老人ホームや保健センター、学校等の公共施設が集まる千駄木3、4、5丁目地区内でコミュニティ・ゾーン整備を実施した。ゾーン出入り口に規制標識を設置したり、道路の左右にポストコーンを設置して峡さくを行ったほか、交差点にペイントして左右からの飛び出しなどに注意を喚起。その結果、対策前まで平均速度が30㌔だった道路で平均10㌔以上スピードが落ちるなど、安全性の面から成果が出ている。

区はこの結果から、区民の安全安心のため、コミュニティ道路整備を区内全域で行うこととし、今年度は大規模な調査を実施。①平均幅員6㍍以上12㍍未満の路線②調査結果をもとに課題の多い路線として指摘された平均幅員6㍍未満の路線――などの条件から、区内の公共施設の分布状況やバリアフリー化などの道路整備の状況、交通事故発生状況を調査。「交通安全上注意を要する箇所」については、学校関係者に学校周辺地図を渡して位置を記入してもらい、区職員や警察関係者に要注意箇所をヒアリング形式で確認。さらに、住民の意見反映のため、検討会を設置して、それぞれの結果をもとに評価を点数化して239路線を整備対象と決めた。

区は、4月以降、選定された地区に対して協議会を設立。2年程度かけて検討し、地域特性に応じた整備内容をまとめて工事に着手する考え。区の交通安全計画では、交通事故による死傷者を2010年までに900人以下にする目標を掲げている。道路課は「コミュニティ道路整備が、この目標達成に寄与できれば」などと話している。

ガンダム像お披露目　杉並区

ファンなど400人笑顔

上井草のシンボルにガンダム像が登場（左が山田区長）

「上井草にガンダム登場」――杉並区は23日、西武新宿線上井草駅前に設置した「機動戦士ガンダム」のモニュメント除幕式を行った。式には関係者のほか、ファンなど約400人が参加。新たなまちのシンボル登場に、商店街活性化などの期待が寄せられている。

上井草周辺は、日本有数のアニメ製作会社の集積地。上井草商店街振興組合はこの地域性を生かそうと、ガンダム像設置の要望書を区に提出し、西武鉄道や版権を持つ㈱サンライズなどの協力で実現した。区は製作に約1000万円、設置工事など関連費とあわせて約2400万円をかけた。

式で山田宏区長は「ガンダムは国民的、世界的なヒーロー。ガンダムとともに、元気で愛される街に」などとあいさつ。同日から上井草駅の発車チャイム曲が『翔べ！ガンダム』に。商店街ではアニメ祭りを開催するなど、賑わいが増している。

制御系

沈黙の1年9カ月

検証・港区エレベーター圧死事故

▼1 2 3 4▲

警察の捜査や新聞・テレビの報道では、ブレーキの異常、駆動系の欠陥に焦点が絞られているように見える。しかし、エレベーターを司るプログラムが正常に働いていたかどうかは今も明らかにされていない。

つまり制御系の問題である。エレベーターの様々な制御を司る制御盤をめぐり、メーカーのシンドラー社は過去に重大なミスを犯し、扉を開けたまま走行する戸開走行を起こしていた。

■全国各地で次々と

エレベーターの制御盤は、すべての出入り口の戸が閉じたことを確認した後にブレーキを開放する命令を出す役割を持つ。ここに何らかの欠陥があって、戸が閉じていないのにブレーキを開放する命令を出すと、戸を開けたままかごは動き出す。

新聞報道で確認されているだけでも、シンドラー社製エレベーターの戸開走行は、04年11月に愛知県白壁庁舎、04年11月、06年4月22日に八王子市芸術文化会館、06年3～4月、6月1日と10日に千葉県浦安市の賃貸マンション、その他にも広島でも1回起きている。

プログラムの分析が急務

シンドラー社は、シティハイツ竹芝での事故発生後に連日のようにこれらの報道が流される中で、06年6月16日、国土交通省に対し、千葉、東京、神奈川、静岡、愛知の都県で合計9機のエレベーターで不具合が発見され、プログラムを交換したことを報告した。

さらに7月19日には、シンドラー社と制御プログラムを設計・製造したメーカーが、国交省に対し、シンドラー社製エレベーターの制御プログラムに欠陥があり、ごくまれに戸開走行が発生する可能性があると報告し、改修を行った。

圧死事故が起きたシティハイツ竹芝では、エレベーターの設置当初からトラブルが頻発し、03年4月2日から06年5月26日までに43件ものトラブル情報があった。

現地の住民はこの43件の他にもトラブルがあったと証言している。

圧死事故後、シンドラー社は、財団法人日本建築設備・昇降機センターの立ち会いのもと、住民の唯一の足だった4号機の点検を行い、06年6月19日の住民説明会で、「安全宣言」を出した。理由は、「制御盤のプログラムが設置当初と同じものだった」という。ただ、それだけである。

このとき住民から「大丈夫か」と尋ねられた日本建築設備・昇降機センターの担当者は、「大丈夫ということではない」と釘を刺した。

シンドラー社自らが安全だと主張しているだけで、安全かどうか誰も分からなかったのだ。

安全宣言が出た4号機で、その後何が起きたのか。閉じ込め、段差……トラブルの続出。事故後に4号機を保守管理していたのは、「安全」と胸をはったシンドラー社だった。

■不具合とノイズ

事故当時、亡くなった大輔さんと同乗していた女性は、大輔さんがエレベーターを降りる際に「開」ボタンを押していたと証言している。この場合、本来なら制御盤のプログラムは「動け」という命令を出さず、モーターは起動しないはずだ。

事故直前に起きた浦安市の賃貸マンションでの戸開走行事故では、シンドラー社が「プログラムのミスによりドアが閉まる直前に『開』を押すと、ドアが開きながらモーターが起動する」と説明している。

起きた現象は似ているが、シティハイツ竹芝で起きた事故でモーターが動いていたかどうかは、分かっていない。

事故後に不具合が頻発した4号機の制御盤では、シンドラー社が装着したノイズフィルターが見つかっている。これは事故後にシンドラー社が不具合を解消するために取り付けたもので、区が把握していなかった。不具合が制御盤のノイズと関係していて、シンドラー社もそれを認識していたことが伺える。

区は第三者機関に委託してプログラムの解析を行う考えだが、シンドラー社は秘密保持契約を求めた上に損害賠償請求権の放棄や、分析結果を修正する権利を求めるなどして、プログラムの提供を拒んでいる。

事故から1年9カ月。この制御盤のプログラムの欠陥については、誰も検証していないし、何も分かっていない。メディアも警察も沈黙を続ける中で、「保守会社を立件」「ブレーキが異常」という根拠が希薄な記事だけが独り歩きしている。

シ社最高責任者・ヘス氏と面会する武井港区長（右）＝06年6月13日、区役所で

チベット自治区暴動で杉並区長が声明

杉並区の山田宏区長は21日、チベット自治区で発生した暴動について声明を発表した。

「中国政府に対し、チベット自治区で発生した暴動については、人権尊重の立場から、平和的な手段によりこの問題の解決を図るよう強く求める」とするもので、さらに今後の状況によっては「東京都が予定している8月の北京オリンピック開会式への石原知事の出席は再考すべきと考える」と主張している。

記者席

話題性は抜群なのに

○……都人事委員会の採用情報ページに19日から知事の動画メッセージ「東京都を志す皆さんへ」が掲載された。事業紹介の映像を交えながら、10分を超える呼びかけは、知事自ら都の昇任制度まで語る内容で、人材確保への意欲がうかがえる。

紹介された事業には、外形標準課税、公会計制度、環境対策、CLO・CBO、東京水、オリンピックまで。都庁全体のバランスをみながら「順当」から「抜擢」と思われるものまで取りそろえた。ただしアノ件は、話題性は抜群だが、取り上げられてはいない。

○……都生涯学習審議会の専門部会が18日開かれ、事例報告として、杉並区で活躍するNPO法人「スクール・アドバイス・ネットワーク」の活動内容が紹介された。

この団体の理事長は、強烈なリーダーシップを発揮する生重幸恵さん。審議会委員としても、現場を踏まえた説得力ある意見・提案を繰り出し、周囲からも一目置かれる存在になっている。

その個性的なリーダーを抱えた団体の活動範囲は「学校が求める人材開拓・紹介」「企業や地域などの情報提案」「家庭教育の支援」と幅広く、まさに理想的なNPOの活動と言えるが、専門部会では「生重さんがいたからできたのか、それとも生重さんがいなくともできたのか」との意見が出て、部会委員の腕組みする姿も。

○……低所得者生活安定化プログラムは、継続協議の児童育成支援事業を除き、ようやくまとまった。

この支援事業では、高校や大学の受験料を助成したり、低所得世帯の子どもを対象に学習の場を設けたりする。とりわけ、大学の受験料は1校あたり3万5000円と高い。低所得世帯の子どもは大学を目指すのが難しい。学習の機会均等を確保するためにも、受験料の助成は役に立つ。

一方、学習の場づくりには疑問がある。低所得という枠組みでは、参加した子どもがいじめの対象になるおそれがある。やはり、学力の差に応じて勉強サークルをつくるのが筋だと思う。

もの忘れに「相談医」　北区が登録証発行

「認知症になっても安心して住み続けられるまちづくり」を推進している北区はこのほど、物忘れや認知症について気軽に相談できるよう「もの忘れ相談医」の指定・登録を行った。身近な診療機関などで相談できる機会を拡大し、認知症を早期発見。本人や家族に今後の暮らし方の選択の機会を提供し、不安感を解消していく。

認知症を診断できる医師について、区が登録証を発行する取り組みは都内で初めて。今回、区が「北区医師会もの忘れ相談医」として登録証を授与したのは、39医療機関、40人の医師。昨年、同医師会が実施した「かかりつけ医認知症対応向上研修」を受講し、区の「認知症高齢者総合支援事業」に協力している医師だ。

区は総合事業で「本人と家族への支援」「認知症高齢者を支える事業者への支援」「認知症高齢者を見守る地域への支援」――の三つの視点から支援事業を展開しており、今回の登録はその一環。登録した医師は今後、区内12の地域包括支援センターを拠点に相談事業を開催。また、登録医は、地域のかかりつけ医に対して認知症についての助言ができる「認知症サポート医」と連携しながら、それぞれの診療所においても認知症早期発見のための相談事業も実施していく。

港区の区民センターで現金盗難

港区は19日、芝浦港南区民センターで、現金の盗難を発見したことを明らかにした。

盗難があったのは、同区民センター事務室内。被害は、区民センター使用料6300円、釣銭用の小口現金2万3308円、常備金4000円、職員親睦会費4万6992円の計7万4300円。

3月15日午後9時45分に夜勤職員が退出したとき異常はなかったが、16日午前5時40分頃施設に入館した清掃業務委託先従業者が、午前6時頃異変に気づき三田警察署に通報した。

盗難にあった正確な日時は不明だが、3月15日深夜から16日未明にかけて、玄関脇の小窓からバール等の器具を使用して侵入したと思われる。

4月に指定管理者へ移行

羽村市動物公園

経費縮減、職員減員　羽村らしさ生かす課題も

羽村市動物公園の管理運営は現在、市の直営だが、4月から指定管理者へ移行する。担当するのは、「横浜・八景島シーパラダイス」の指定管理者である株式会社「横浜八景島」。市では、経費縮減と民間ならではの動物公園づくりに期待を寄せる。一方では、短い期間で移行するなか、職員の人員減など難しい課題もある。

◆今年で30周年

羽村市動物公園は1978年の開園。今年5月で30周年を迎える。120種・約1200点の動物がいるが、猛獣はいない。マウス、ひよこ、モルモットなどを手に乗せて、触れ合いができる動物園として親しまれている。

入園者は開園初年度の約45万人がピーク。テーマパークなど各種レジャー施設の台頭で徐々に入園者は減り、2000年度と02年度は18万人台まで落ち込んだ。02年11月には、民間公募の園長が5年間の約束で就任。06年度には約24万人まで回復してきた。

同園の運営は、開園から2000年度までが市の直営。その後、05年度まで、財団法人羽村ふれあい地域づくり公社に管理業務を委託した。06年度から再び市の直営になっているが、実際の業務の大半は同公社に委託している。職員構成は、市職員1人、市から公社への派遣2人に加え、公社のプロパー2人、同臨時職員25人（飼育職員や売店での販売など）、同嘱託職員（獣医）1人、羽村市シルバー人材センター18人の計39人だ。

◆効果は年3000万

人件費をはじめとする管理運営経費は、市の負担となってきた。今回、指定管理者へ移行する大きな目的は、経費縮減にある。市では、単年度で約3000万円の効果額があるとみている。

職員39人は33人に減らされる。公社職員のうち希望者は、横浜八景島の採用試験を受け、アルバイトとして業務を続ける道がある。羽村ふれあい地域づくり公社は、もともと、いわゆる施設管理公社とは性格が異なる。ほかの業務なども手がけていたが、目指していた地域コミュニティ推進の役割はこれまでに終えたとして、今年度末で解散する。

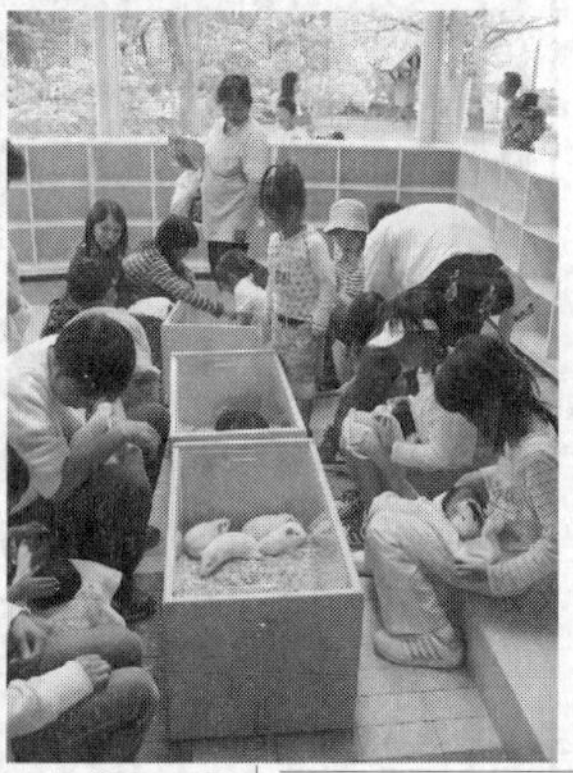

羽村市動物公園の魅力のひとつは、動物たちとの素朴な触れ合い。指定管理者への移行で持ち味が薄れないことも大切だ

◆移行期間は2カ月

動物の飼育は、動物とのコミュニケーションが大切で、移行に伴う急激な変化は、市としても、なるべくなら避けたいところ。現在、園長を兼務する柴田満行建設部長は「円滑な移行に向けて細心の注意で臨んでいる」と話す。

応募3社のなかから横浜八景島が選ばれたのが、今年1月29日。4月まで、わずか2カ月の移行期間しかない。同社の関係者は毎日のように園に通い、円滑な業務移行に向けて、園側との打ち合わせを重ねている。

同社はこれまでに、横浜市の「横浜・八景島シーパラダイス」で水族館や遊園地の運営にあたるほか、板橋区の「熱帯環境植物館」や相模原市の魚類などの展示施設の指定管理者にもなっている。同社では「今回、羽村市動物公園の運営を担当するにあたっては、動物の飼育経験が豊富な人材を園長にあてる」と話す。

これまでの羽村市動物公園の運営方針である「世界中にふたつとない、羽村らしい魅力を持った動物公園に育てる」と掲げる。コンセプトは「羽村らしさを実感できる　ぬくもり動物公園」だ。

◆指定期間は4年間

今後の羽村市動物公園の基本目標は四つ。動物が主役の童話をモチーフにした動物公園▽四季の花を多用した植栽で動物展示を美しく演出し、花壇を造成するなど動物と植物が調和する動物公園▽生涯学習や自己実現・社会貢献の場として市民に活用してもらえるよう、市民協働による手づくり動物公園▽地域の祭りや年中行事の場としての開放や創作活動の発表の場としての活用など、地域コミュニティーに根ざした動物公園。

指定管理者のメリットを生かした事業として、暑さで動物の元気がなくなる夏季に、水族館から海の生き物を連れてきて、触れられるようにする展示も予定されている。

開園30周年で大きな曲がり角を迎えた羽村市動物公園。「いまの素朴さが好き」という声もあるなかでの指定管理者への移行。指定期間は4年間。商業主義に流されず、公共的な意義を持つ市の施設としての役割を忘れないことが求められる。羽村の地域性を生かした取り組みが課題となる。

学校耐震化へ各市努力

次世代を築く　26市08年度予算案　3

歳出

義務的経費は、26市全体で、前年度比0・2%増の6176億1600万円となった。プラスが14市、マイナスが12市で、ほぼ半々。一般会計における構成比は、48・6%を占めている。

義務的経費の内訳で、扶助費をみると、2市を除いてプラスを計上した。扶助費全体では、前年度比2・9%増の2661億4000万円が見込まれており、それが義務的経費全体を押し上げている。

7・1%増を見込んだ三鷹では「生活保護受給者に高齢者が増えている。高齢者は病気を複数抱えている場合が多く、医療扶助費、介護扶助費が伸びる要因となっている」と話す。今後、全国的に高齢化が進むなかで同市も例にもれず、今後とも扶助費増加は続く見込みだ。羽村でも同様に生活保護のなかの医療扶助費が伸びているが、同市の場合はマンション建設による子育て世代の流入で、児童手当の伸びも要因となっている。

扶助費の伸びの一方で、人件費と公債費では減が目立つ。人件費は15市、公債費は18市でマイナスだ。

人件費が7・0%減の国分寺は、職員定数の減と定年退職者の手当の減による。定年退職者は前年度がピークだったため、減少の幅が大きくなった。一方、人件費が増えている立川、調布、国立は、退職手当の増加による。調布、国立では08年度、09年度が増加のピーク、立川では08年度からピークが3年間続くとみている。団塊世代の退職の時期は各市で微妙にずれており、それが人件費増加の時期のずれを生んでいる。

公債費で増加している国立は、ごみ・し尿処理施設だった清化園跡地の用地を土地開発公社から買い戻した起債の利子償還額が大きくなっていること、赤字地方債である臨時財政対策債の償還金が増えていることなどによる。武蔵村山は武蔵村山病院に行った貸付の元金の償還金が大きなウエートを占めている。

投資的経費は26市全体で、前年度比5・4%増の1349億5400万円。一般会計の約1割を占めており、16市でプラスとなった。増加が著しいのは、小金井、清瀬、あきる野。小金井はJR武蔵小金井駅前の再開発事業費の伸び、清瀬は都立清瀬東高校跡地の購入のほか、第十小学校の大規模改造と耐震補強工事が要因となっている。あきる野も小中学校の耐震化工事が主要因だ。清瀬では、09年度・10年度の2カ年で、市内の耐震化未実施校すべての耐震化を進める予定。あきる野では今後10年間をかけて、毎年、小学校1校、中学校1校ずつの耐震化を行っていく方針だ。

26市のうち、全小中学校の校舎と体育館が耐震化されているのは福生、羽村、西東京。それ以外の市では、耐震化は、この先、何年かにまたがる懸案事項となる。なかには実施率がかなり低い市もみられるが、08年度では、多くて一気に10校で工事を実施する市などもある。

歳出の特徴をみると、扶助費が増えるなか、人件費抑制策として、管理職手当や時間外勤務手当の削減（東大和）、非世帯主への住居手当の抑制（府中、東村山）、市長給与10%削減の継続（清瀬）、正規職員に代えて再任用職員を活用（小金井）などに取り組み、スリムな組織を目指す一方で、投資的経費にも一定額を回し、その一部を急務とされる学校耐震化にあてようとしている傾向がうかがえる。＝おわり

2008年度市町村当初予算案（歳出）　（単位：千円、%）

	義務的経費									投資的経費		
	全体	構成比	前年度比	人件費	前年度比	扶助費	前年度比	公債費	前年度比	全体	構成比	前年度比
八王子	92,835,016	54.1	▲1.2	32,004,944	▲3.1	44,322,355	1.9	16,507,717	▲5.1	21,042,333	12.3	3.5
立川	34,072,747	54.2	1.9	13,340,367	4.2	15,693,596	2.4	5,038,784	▲5.1	7,368,573	11.7	30.9
武蔵野	22,217,466	40.2	▲1.5	11,765,275	▲3.9	7,560,267	1.7	2,891,924	0.3	8,219,866	14.9	▲24.6
三鷹	26,682,341	46.1	2.1	11,080,815	▲0.5	10,926,405	7.1	4,675,121	▲2.6	5,146,537	8.9	▲8.9
青梅	20,146,020	46.4	▲0.7	7,033,518	▲2.6	11,048,252	0.6	2,064,250	▲0.9	3,587,588	8.3	▲23.9
府中	34,317,860	41.2	▲0.5	13,082,242	▲4.2	16,414,982	2.5	4,820,636	▲0.1	9,103,642	10.9	24.7
昭島	19,296,393	51.4	▲2.5	7,596,713	▲4.1	9,061,929	▲0.1	2,637,751	▲5.4	5,469,857	14.6	30.6
調布	31,608,855	42.7	3.4	14,141,112	4.2	12,461,537	6.0	5,006,206	▲4.6	9,148,206	12.3	▲0.4
町田	59,670,295	49.7	0.8	25,037,449	▲1.8	26,738,382	5.0	7,894,464	▲4.3	14,079,805	11.7	13.1
小金井	15,937,742	43.1	▲0.7	8,081,159	▲2.8	5,158,603	3.1	2,697,980	▲1.6	6,746,745	18.2	54.3
小平	25,407,616	51.4	1.2	10,082,213	1.8	10,830,180	2.4	4,495,223	▲2.8	2,317,899	4.7	37.1
日野	23,544,546	47.7	▲2.5	10,942,031	▲5.0	9,387,811	0.0	3,214,704	▲0.8	3,892,075	7.9	▲26.0
東村山	23,421,874	52.8	1.4	9,039,543	▲1.1	10,251,170	5.1	4,131,161	▲1.5	5,631,806	12.7	27.6
国分寺	15,828,310	43.7	▲3.2	7,655,123	▲7.0	5,164,431	2.4	3,008,756	▲2.0	2,810,638	7.8	24.5
国立	11,594,934	48.6	3.5	5,300,396	5.7	4,574,847	0.5	1,719,691	5.4	1,812,073	7.6	▲53.8
福生	10,656,641	52.8	▲0.8	4,148,795	0.1	5,223,089	▲1.6	1,284,757	▲0.5	1,861,057	9.2	▲52.3
狛江	11,467,003	53.4	▲0.2	5,141,718	0.1	3,707,643	2.8	2,617,642	▲4.8	1,082,718	5.1	26.8
東大和	13,522,274	58.2	▲1.1	4,883,615	▲4.3	6,648,005	1.9	1,990,654	▲2.8	645,362	2.8	▲20.9
清瀬	13,087,046	55.5	0.7	5,021,846	▲2.2	5,994,839	3.4	2,070,361	0.6	2,119,677	9.0	60.6
東久留米	17,778,360	52.8	2.0	8,206,169	0.0	6,332,621	5.3	3,239,570	0.6	2,706,859	8.0	13.4
武蔵村山	12,948,669	58.4	2.6	4,524,652	1.6	6,933,766	4.2	1,490,251	8.8	990,886	4.5	▲14.9
多摩	22,580,989	46.6	0.0	9,691,576	▲0.8	9,249,400	3.2	3,640,013	▲5.1	6,298,326	13.0	32.0
稲城	12,083,393	45.9	3.1	5,357,685	1.1	4,697,563	5.6	2,028,145	3.0	2,560,386	9.7	15.6
羽村	8,860,887	44.2	2.6	3,666,348	0.1	3,948,242	6.0	1,246,297	▲0.1	1,572,405	7.8	▲9.9
あきる野	12,559,242	49.0	2.2	4,810,487	2.2	5,045,202	1.7	2,703,553	3.1	1,316,452	5.2	72.1
西東京	25,489,812	41.7	▲0.2	11,783,082	▲4.2	8,764,765	4.2	4,941,965	2.4	7,422,306	12.1	28.0
計	617,616,331	48.6	0.2	253,418,873	▲1.5	266,139,882	2.9	98,057,576	▲2.3	134,954,077	10.6	5.4

小金井市議会 調査特別委　今後のごみ減量を議論

小金井市議会のごみ処理施設建設等調査特別委員会が18日、開かれた。市側は、現在、同市が委託している可燃ごみ処理についての他団体の広域支援状況について報告。「柳泉園組合と西多摩衛生組合には、条件付きで、引き続きの支援を了承していただいた」とした。そのほか、緊急課題であるごみ減量について、さまざまな角度から議論が交わされた。

広域支援について、市側は「柳泉園組合は、3月末までに新ごみ処理施設の建設候補地を数カ所に絞り込むなどの条件付きで2年間の受託を了承してくれた」と説明。西多摩衛生組合も「年4800㌧以内、搬入日は週4日から2日にする」などの条件付きで組合議会全員協議会の了承を得たことを報告した。

さらに、ごみ処理広域支援体制で小金井市が所属する第2ブロック（柳泉園組合含む）には年7110㌧、そのほかの第1ブロックには4650㌧、第3ブロック（西多摩衛生組合含む）には4800㌧の計1万6560㌧の支援要請を行っていることを明らかにした。

委員会には市民からの陳情が付託された。「ごみ減量奨励金（仮称）を町会あてに交付を求める陳情」の陳述者は「市民によるごみ減量のおかげでごみの搬出量が減っているなら、その浮いたお金で、奨励金を出したらどうか。ごみ減量の動機付けになる」と述べた。

陳情を受けて市側は「過去に類似の交付金を出していたことがあるが、本来、用具購入などにあてるべきところを他目的に使用されたことなどもあって廃止した」と説明。村山秀貴委員（小金井市議会民主党）は交付金について「町会よりも個人に交付した方が不公平感がないのでは」などと述べ、過去に廃止した交付金の資料を請求した。森戸洋子委員（共産）は具体的なごみ減量対策として「生ごみ乾燥機を地域の拠点ごとに設置して回収しては」「飲食店を含む商店街へのごみ減量の協力要請も必要」などと提案した。

このほか、蛇の目跡地への新ごみ焼却場建設に反対する陳情者は「人口密集地で適切でない。それでも建設するというなら徹底抗戦する」と語気を強めて市側に訴えた。

08年度予算案　市町村

瑞穂町　商業施設で町税アップ　姉妹都市目指し訪問団

瑞穂町は2月26日、08年度当初予算案を発表した。一般会計は前年度比7・0%増の126億4900万円、10特別会計も合わせた総額は前年度比0・4%減の198億2600万円。効率的、効果的な財政配分で住民への質の高いサービス提供を心がけ、徹底的な経費見直しで財政健全性維持を目標に予算編成した。

歳入では、大型商業施設「ジョイフル本田」開店による固定資産税増などで町税が5・2%増の68億2600万円。国庫支出金が29・9%増の8億9400万円、都支出金が13・9%増の18億4000万円を見込んでいる。繰入金が25・2%増の4億7300万円、町債は35・8%減の3億300万円。

歳出では、民生費が1・1%増の34億9500万円、土木費が都市計画道路建設計画に伴う用地取得と物件補償の増などで25・5%増の25億5400万円。公債費は3・2%増の5億円。

新規事業では、現在、姉妹都市である米国カリフォルニア州モーガンヒル市に続く2市目として、候補となるアジア圏の都市に、職員や一般公募町民らによる視察訪問団を送る。国際化推進派遣事業委託料として150万円を計上した。

日の出町　新島と交流に100万円　シダレアカシデ調査費も

日の出町は2月27日、08年度当初予算案を発表した。一般会計は前年度比12・2%減の73億円、6特別会計も合わせた総額は前年度比8・1%減の117億3800万円となっている。

青木国太郎町長は「子育て支援や商工観光業、農林業の振興など新5大作戦を推進し、すべての施策と執行体制を厳しく見直すことを基本方針として取り組んだ」とした。

歳入では、町税が、三吉野桜木地区整備の事業成果により、11・9%増の28億5600万円、国庫支出金が25・3%減の2億9000万円、都支出金が4・7%減の15億700万円、町債が投資的経費の減で51・8%減の2億8700万円。

歳出では、民生費が老人福祉センター建設経費などで18・2%増の24億5200万円、商工費が、温泉センターが直営から指定管理者に移行するにあたって運営費皆減で70・8%減の7800万円、教育費が6・5%減の6億4100万円。

新規事業では、新島との友好都市提携を前提に小学校高学年の交流事業を行う。100万円を計上した。郷土物産館の施設整備補助金と足湯施設設置工事に2000万円。国の天然記念物であるシダレアカシデの樹勢回復調査に200万円。

奥多摩町　災害復旧費が大幅増　机の天板に多摩産材

奥多摩町は3日、08年度当初予算案を発表した。一般会計は、昨年の台風被害による災害復旧費の増などで前年度比1・2%増の53億8400万円、7特別会計と病院事業会計、水道事業会計も合わせた総額は前年度比4・1%減の95億2700万円。

予算編成方針は「長期総合計画である森世紀計画の実現を目指し、身の丈にあった健全な行財政運営を推進する」。

歳入は、町税が0・6%減の9億3000万円。国庫支出金は2・2%増の1億1600万円、都支出金は総合交付金や市町村土木費補助金の増などで38・6%増の20億7900万円。諸収入は花粉症発生源対策事業やシカ被害対策事業の受託収入の増などで6・7%増の3億6100万円を見込む。

歳出は、農林水産業費がシカ被害対策跡地造林委託料や都補助林道開設事業費の減などで7・0%減の6億9400万円、土木費が2・4%減の8億7000万円、災害復旧費が29964・3%増の1億5000万円。

新規事業では、小学校2校、中学校2校の全4校の児童、生徒の机の天板に多摩産材を利用。取り付け委託料として540万円を計上した。

桧原村　自然水販売へ研究費　台風被害の影響も大

桧原村は4日、08年度当初予算案を発表した。一般会計は前年度比1・3%増の26億8500万円、8特別会計も合わせた総額は前年度比6・8%減の47億6300万円となっている。

予算編成方針は、「特産品のブランド化、少子高齢化対策、災害対策など取り組むべき課題が山積するなか、財政運営の健全性保持を図ることが当面の課題」とした。

歳入は、村税が1・1%増の2億4200万円。地方交付税は2・7%増の8億8200万円で、そのうち普通交付税が7億3500万円。特別交付税は国内で多発する災害、市町村合併の推進などにより減少傾向は続くとみている。1億4700万円を計上した。国庫支出金は4200万円、都支出金は8億9800万円。村債は1億1000万円を見込んでいる。

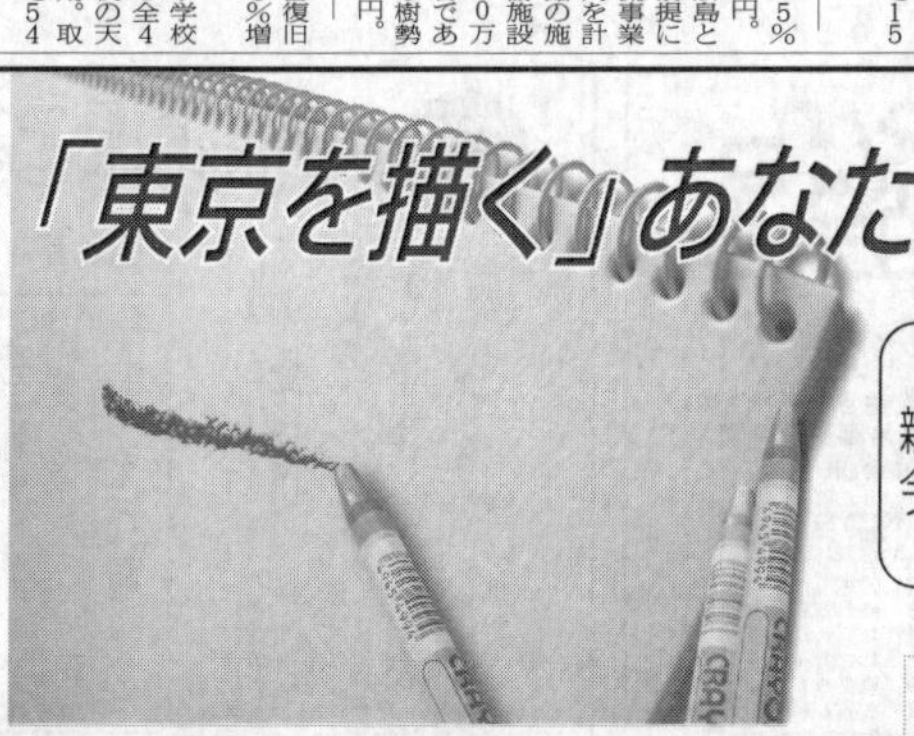

歳出は、農林水産業費が林業費の減で3・7%減。土木費が下水道特別会計繰出金の増で0・8%増。災害復旧費は昨秋の台風の影響で3156・0%と大幅増の9500万円。新規事業では秋川最上流から取水している水道水や沢の水、温泉の水など村内の水を生かしての産業振興や雇用促進を図るための自然水製造販売調査研究費として10万円を計上した。

環境配慮行動の視点導入

監理団体の経営目標

緑化推進やCO2削減など独自に設定

都総務局は監理団体自らが設定する「経営目標」に、08年度から新たに「環境配慮行動」の視点を導入する。「10年後の東京」に盛り込まれた都の環境施策に加え、民間企業でも社会貢献として、環境的側面を加えた評価が主流となるなか、経営目標に追加することで、環境に配慮した監理団体の率先行動を促がしていく。21日には環境局の協力を受けて、監理団体を対象とした説明会が都庁内で開催された。

都では01年度に監理団体自らが「経営目標」を設定し、その達成度を評価する仕組みを導入。06年度には中期経営計画とリンクさせて、「都民・利用者」「財務」「内部管理」の三つの視点から目標設定するなど達成度評価制度を充実したほか、役員業績評価に局長評価を加えるといった見直しを図った。06年度の経営目標達成状況によると、38団体中37団体が70%以上達成のレベルとなっている。

今回、総務局では目標設定にあたって、従来の「都民・利用者」「財務」「内部管理」の三つの視点に、08年度から環境配慮行動の視点を追加することを決めた。具体的な取り組み内容は、団体の実情や特質に合わせて独自に設定する。ただし、来年度については、試行実施のため、点数化はせず、評価には反映させない方向だ。

環境面に配慮した活用の内容としては、屋上や壁面・駐車場などの緑化の推進、CO_2削減に向けた自動車の使用制限、省エネ機器の導入などが想定される。行政改革推進部によると、すでに駐車場の緑化や大規模施設でのESCO事業など、環境配慮行動を実践している団体もあるという。

環境配慮行動の視点を新たに導入する背景には、「緑の東京10年プロジェクト」や「カーボンマイナス10年プロジェクト」といった都政の動向に加えて、社会貢献に向けた企業活動のトレンドが挙げられる。

都の「10年後の東京」では、緑の東京募金を初めとする緑関連事業、CO_2削減への取り組みが盛り込まれている。一方、企業の社会貢献に関しては、経済的側面だけに限らず、環境的側面、社会的側面を加えた三つの側面から企業活動を評価するトリプルボトムラインの考え方が中心となっている。

このため都総務局では、監理団体についても行政運営を支援・補完する役割に加えて、事業体として社会貢献を果たす観点から、環境の視点が重要と判断。環境配慮行動を通じて、都政により一層貢献する団体となるよう求めていく。

ただし、監理団体の中には、(財)東京都公園協会や(財)東京都環境整備公社のように、環境や緑関連の施策に通じている団体がある一方、環境との関連が薄い団体も数多い。

このため21日に都庁内の職員研修所サテライトルームで行われた説明会では、団体の目標設定の参考とするため、環境局が温暖化対策、建築物の省エネ対策、緑化の推進、緑の東京募金など都の状況を紹介。また照明や空調設備、節水、待機電力の節減といった具体的な省エネルギー対策も例示された。

教員採用

地方7都市でも説明会

教育庁「優秀な人材を確保したい」

09年度の公立学校教員の採用に向けた説明会が22日の都庁第一本庁舎5階大会議室を皮切りに、都内2カ所と地方7都市で行われる。採用見込者数が平成になって以降、最も多くなる中、説明会も回数や規模を拡充する。

今年の説明会は、9会場、トータル6500人規模で行う。昨年度の説明会には全国で3500人以上が参加。都内では都庁会場のほか教職員研修センターで開催したが、毎年定員をオーバーし、追加開催している状況だった。このため今回は都庁会場のほか、1回2000人ができる中野サンプラザで開催する。

また、都内会場で行うパネルディスカッションは、これまで校種などを問わず実施してきたが、今回は小学校、中学・高校、社会人経験者などに分けて実施。現職の教員がパネラーとなって実体験を語ってもらうなど、より受験者の参考になるよう工夫している。

地方会場は、昨年も行った大阪や名古屋など4都市に加え、今回は福岡、鹿児島、郡山の3都市でも開催する。地方会場を拡充して受験者数の拡大を図る背景にあるのが、増大する教員需要だ。

団塊世代の大量退職に伴い、教員の需要が高まっており、09年度の採用予定者数は前年度比110人増(約5%増)の2355人となった。平成では最も多い数だ。その一方で、地方では少子化の影響で採用規模が縮小しているところもあるという。教育庁選考課では「地方会場では、その地方出身の教員などに説明をしてもらう。地方にいる優秀な人材を確保したい」と意気込む。都内での説明会は、都庁会場が22日と23日に行い、中野サンプラザ会場が27日となる。

DV被害

「どこにも相談しない」が6割

男性も1割が被害者

配偶者等から暴力被害を受けた際、6割の人はどこにも相談しなかった――。都生活文化スポーツ局が行った配偶者暴力(DV)に関するインターネット都政モニターアンケートで、こんな結果が浮き彫りとなった。DV被害者は女性が多いと思われがちだが、実際には男性の1割も被害を受けていると感じていることが分かった。

アンケートは22日にインターネットを通じ、モニター498人に実施。93・6%に当たる466人から回答を得た。このうち「配偶者や恋人等から暴力を受けたと感じたことがある」と答えたのは、14・6%にあたる68人だった。

DVのイメージについて聞いた項目では「被害者は圧倒的に妻(女性)」と答えたのが80・9%に上った。だが、被害者の内訳では女性の19%(43人)、男性の11%(25人)が被害を受けており、男性被害者も少なくないことが明らかになった

どのような行為を暴力と思うかについては「相手の意に反して性的な行為を強要する」が最も多く、69・3%が「どんな場合にも暴力にあたる」と答えた。次いで多かったのが「殴るふりをする」(62・2%)で、「平手で打つ」(55・6%)という身体的な暴力行為よりも多かった。

ほかにも『誰のお陰で生活できるんだ』などと言う」(55・2%)、「交友関係や電話・メールを監視する」(42・9%)なども暴力だと感じる声が多く、身体行為のみならず、精神的に影響を与える行為も広くDVと捉えられていることがわかった。

暴力を受けた際の相談先では「どこ(誰)にも相談しなかった」が58・8%と最も多く、次いで「友人・知人」(26・5%)、「家族・親戚」(23・5%)の順。警察や区市町村の相談窓口は、ともに4・4%と少なかった。

また、都の配偶者暴力相談支援センターを「知っている」と答えたのは57・3%だったが、回答者の中に相談した人はいなかった。

DV対策のために必要な事業では「被害者を一時的に保護する施設の増設」(56・4%)、「相談窓口の増加」(53・2%)、「実態の周知など啓発」「被害者への自立支援の充実」(各37・6%)が多かった。

DVは、重大な犯罪被害にもなりえるが、家庭内で起こるため顕在化しにくいのが現状だ。2001年に「配偶者からの暴力の防止および被害者の保護に関する法律」が制定され、今年1月には被害者保護を強化した改正法が施行された。これに伴い、都も今回のアンケート結果などを踏まえながら、05年度に策定した「配偶者暴力対策基本計画」を来年度に改定する予定となっている。

首都大の協力で経営改革研修

監理団体固有職員を対象に実施

都監理団体の固有職員の育成を目的とした経営改革研修が19日、文京区内にある都社会福祉保健医療研修センターで開催された。同研修は首都大学東京の協力を得ながら行われており、経営改革を担う監理団体の管理職や管理職候補者を対象としている。

長瀬勝彦首都大学東京教授による研修=写真=は「経営改革～リーダーの意思決定～」をテーマに講義と演習形式の2部構成で行われた。

このうち第1部では、経営戦略や計画策定に欠かせないデータの収集・分析と意思決定について、講義やグループ討議が行われた。ここでは「自分に有利な情報を収集する」という人間の傾向等を踏まえて、データ分析に関わる偏り(バイアス)を紹介。また投資や宝くじ等の身近な例を基に、将来予測や確率認知を取り上げながら、適切なデータ分析やリスク管理についても学んだ。

「シナリオ・シンキング演習」で行われた第2部では、温泉旅館の再生計画を題材に、旅館のコンセプトや顧客へのアピールポイント、従業員のモチベーションを高める工夫、宿泊単価やリニューアル後の取り組みといった項目を検討。こうした作業を通じて、論理的な計画策定方法の習得を図った。

都監理団体に関しては、公益性を発揮する一方で、民間企業並みの効率的経営が求められる立場にある。しかし固有職員の高齢化や都派遣職員の引き上げに伴い、団体固有職員の人材育成は大きな課題となっている。

このため都総務局では、職員研修所による職員向け研修への受け入れをはじめ、人材育成の支援を進めており、今回の経営改革研修もこの一環として実施。研修成果を各団体にフィードバックすることで、経営改革が一層推進されることが期待されている。

免除資格者の申込率93・1%

08年度都管試

都人事委員会によると、08年度の都管理職選考受験申込状況に関して、前年度選考で択一・記述の受験免除の資格を得た受験者の申込率が93・1%に達したことが明らかとなった。

07年度管理職選考では資格試験化として、一定の水準を満たした受験者について、翌年度以降、択一試験・記述試験を3年間免除する仕組みを導入。08年度選考では、制度導入後初めてとなる免除資格者の申し込み状況が注目されていた。

免除資格を得た受験者数は全体で467人。うち435人が選考を申し込んだ。このうち種別Aは免除者189人に対して申込者が181人、申込率は95・8%。種別Bでは免除者278人、申込者254人、申込率91・4%となっている。

酒気帯び運転　嘱託員を解職

都総務局

都総務局は19日、首都大学東京に派遣している再雇用職員(63)が酒気帯び運転で事故を起こしたなどとして、解職処分とした。同職員は、1月30日夜、自宅で飲酒し、酒気帯び状態で自家用車を運転。接触事故を起こして相手車両の2人に全治2週間のけがを負わせた。また、局のヒアリングで、06年4月から今年3月7日までの間、届け出とは異なる経路で通勤し、約11万円の通勤手当を不適正に受給していたことも判明した。

山口　隆さん(やまぐち・たかし=山﨑多重子・台東区産業部商業計画課消費経済担当係長の父)18日死去、86歳。

加藤　きぬ江さん(かとう・きぬえ=加藤敏明・台東区経営支援課長の母)19日死去、79歳。

荻須　正義さん(おぎす・まさよし=荻須哲三・東京動物園協会恩賜上野動物園教育普及課管理係長の父)20日死去、91歳。

特別区清掃事業関連交渉

「統一交渉実施」で決着

中継所廃止に伴う身分の取り扱い　交渉事項は1項目のみ

清掃事業にかかわる統一交渉を行わず、各区交渉とした区長会の対応は不当などとして、東京清掃労組が統一交渉を行うよう求めていた問題で、区長会はこれまでの考えを転換し、清掃労組と統一交渉することを決めた。交渉事項は、「不燃ごみ中継所廃止に伴う職員の身分取り扱い」の1項目で、必要があれば交渉事項を増やすこともできるとした。清掃労組も同案を受け入れる考えで、今後は交渉体制や実務面の調整・検討を進め、区長会で了承後、労使で覚書を締結する。統一交渉の可否をめぐる労使交渉が決裂後、2年以上にわたり争われてきた問題は、一定の決着を迎えることとなった。

清掃職員の派遣期間時には、年間作業日など計11項目を統一交渉で決めていたが、今後の交渉事項は「不燃ごみ中継所廃止に伴う職員の身分取り扱い」の1項目のみとなる。ただし、当局と清掃労組の協議により交渉事項を変更できる。交渉事項と交渉体制について覚書を締結し、各区長から交渉委任を受ける。

また、統一交渉に加え、定期的に情報提供や意見交換を行う場を設けることとし、特別区清掃リサイクル主管課長会が情報提供を行う。

交渉項目となった不燃ごみの中継所は、各区で出される不燃ごみを効率的に不燃ごみ処理施設に輸送するため、大型車両への積み替え等を行う施設。23区に10カ所あるが、今年度から本格実施となるサーマルリサイクルにより、不燃ごみの量が実施前の3割程度まで削減される見通しであるため、6カ所を08年度末から段階的に廃止することが決まっている。統一交渉では、この中継所再編に伴う職員の身分の取り扱いについて話し合うという。

この交渉案に対し、清掃労組は24日に中央委員会を開催し、了承することを確認した。

かつて清掃労組は、部長会との協議調整の場で新たな統一交渉項目を逆提案し、年間作業日やサーマルリサイクル実施に関わるものなど、4項目に絞る考えを示していた。しかし、今回示された交渉項目はわずか1項目のみで、要求とかけ離れたものだが、「区長会が決定を覆し、統一交渉そのものを認めさせた」(大島誠書記)という点を重く受け止めた。今後は、情報提供や意見交換の場で明らかになった課題等についても、交渉項目に加えていきたい考えだ。

清掃事業にかかわる区長会と清掃労組の統一交渉は、清掃事業が都から区に移管された2000年4月から、職員の身分が完全に切り替わる05年度末までの間、年間作業日やごみ種など11項目について行っていた。しかし区長会は、06年度以降は各区交渉とすることを決定。これに反発する清掃労組との交渉が決裂し、通告実施となった。

他方、清掃労組は、これを不当労働行為として東京都労働委員会に救済命令を申し立てた。解決に向け、都労委が協議調整の場を設けるなどの対応を求めたのに対し、清掃部長会を窓口とした協議の場が設けられたが、進展は見られなかった。

この状況を打開するため、2月15日の区長会総会で窓口を副区長会とすることが了承。これを前向きに捉えた清掃労組が都労委への申し立てを取り下げるなど、お互いに歩み寄りを見せ、今月14日の区長会総会で今回の対応が了承された。

ひと

都立産技高専の校長に就任する

富士通(株)サービスプロダクトビジネスグループ
エグゼクティブアーキテクト
荒金(あらがね)　善裕(よしひろ)さん

4月1日、都立産業技術高等専門学校長に就任。初の民間出身校長の誕生だが、31日まで席を置く富士通には富士通高専があり、講師を務めたことも。また、「全国の高専から毎年20人位採用し、皆さん優秀なんですね。新技術を習得できるFUJITSUユニバーシティもあるし、人材育成には力を入れ、委員を務めたりもしていました」と、転身に違和感は感じなかった。むしろ照会を受け、「なれるものならなりたい」と、エントリーの論文にも、「学生の将来を考えた教育」への意気込みを語った。

グローバル化の波で部品調達も販路も世界が対象。「語学が苦手とかは言っていられない。15歳頃は吸収力がある時なので、3年間でTOEIC600点以上を目標にしたい」

授業のノートもレポート提出も、パソコンを文房具のように使いこなし、「世界中にアクセスし、知識を増やし、プロジェクトをこなしたり、若いうちから外国のデータを活用する経験をしてもらいたいんです」とも。

高専の持ち味は、座学でなく実学であること。「ロボコンなどでも活躍しているが、皆で知恵を出し合うと、知が知を生んで知の連鎖になる。チームで行動することで、チーム力を高め、リーダーシップが取れ、コミュニケーション能力も高まる。こうしたプロジェクトを授業にも取り入れたい」。技術力に加え、インターネットと語学、プロジェクトベースでの仕事が出来るとなれば鬼に金棒だ。

また、真の意味での産学連携が必要とし、4月から公立大学法人首都大学東京に移管されるのは好機になるとも。「運営面でも柔軟にできるし、外部の資金も調達しやすい。企業ともインターンシップや共同研究などがやりやすくなります」

コンピューターと共に歩み、IBM互換機のMシリーズや、初の本格的な日本語処理機能にも携わり、道路と車を結んで事故を防ぐITS事業でも指揮を取り、ウィニーを入れても問題が起きないものを製品化する寸前でもあった。が、「悔いはない」と言い切る。

「学んできたものがそのまま生きる。こういう職場を与えていただいて有り難い。できる限りのことを学生にしてあげたいんです」

日本のものづくりに寄せる熱い期待が伝わってきた。(門)

福岡県生まれ。71年早大理工卒。富士通(株)に。システムサポート本部長代理やITS事業本部長などを経て、07年現職。趣味は料理で何でもこなし、奥様のお株を奪っているとか。一男一女。58歳。

昇任試験対策のページ

20年度 主任試験講座 ―25―

今回は、文書及び財務の分野について勉強します。財務に関しては、会計制度についてもしっかりおさえておきましょう。

地方自治法等に規定される官庁会計は単式簿記・現金主義で、資産や負債まで含めた財務状況全体が把握されない、減価償却費など現金の動きがない、コストが記録されないなどの課題があります。都ではこうした官庁会計の弱点を補完するために、公会計制度改革を進めており、18年度から複式簿記・発生主義会計が本格導入されたところです。新たな会計制度導入の目的やマネジメントへの活用など、大局的な流れを確認しておくとよいでしょう。

問題

【問題1】東京都印刷物取扱規程または東京都図書類取扱規程に関する記述として、妥当なのはどれか。

①東京都印刷物取扱規程による印刷物とは、書籍、ビデオテープ、CD－ROM等の電磁的記録媒体をいい、ポスターや写真は含まれない。

②主要刊行物の主管課長は、主要刊行物を作成する都度、その1部を文書課長に送付しなければならないが、主要刊行物以外のものについては送付する必要はない。

③一般図書類を購入する場合には、局の庶務主管課長に協議しなくてはならないが、このほかの図書類を購入する際には協議は不要である。

④高額図書類とは、定期購読図書類以外の図書類で、予定価格が5万円以上のものであり、代表例として住宅地図類がある。

⑤図書類を購入する際には、高額図書類にあっては文書課長、一般図書類にあっては局等の庶務主管課長登録を行うが、図書類を紛失したときは、当該図書類の登録をした者に届け出なくてはならない。

【問題2】都における公文書に関する記述として、妥当なのはどれか。

①公文書は、官公庁または公務員が職務上作成する文書であり、公文書の例として、私人の証明願に公務員がその名義で行った奥書証明がある。

②公文書は、東京都文書管理規則に基づき、文書管理の手続が定められており、すべての文書が厳格に管理されているため、偽造されることは絶対にない。

③公文書は、私人の意思表示が記載されている場合があるため、すべての公文書は、民事訴訟法上、証拠能力が認められていない。

④公文書の文体は、無理のない口語体を使用し、通達等を除く通知文、表彰文及び証明文には、必ず「である体」を用いることとされている。

⑤公文書に用いる漢字は、東京都公文規程において、常用漢字表の本表に掲げる漢字とされ、例外は認められていない。

【問題3】普通地方公共団体の予算の内容に関する記述として、妥当なのはどれか。

①継続費は、当初年度において、経費の総額及び年割額が定められるが、各年度の支出については、改めて定められた年割額を各年度の歳出予算に計上しなければならない。

②債務負担行為とは、繰越明許費の金額の範囲内におけるものも含み、普通地方公共団体が将来にわたり債務を負担する行為のことであって、改めて支出すべき年度に歳入歳出予算に計上されることはない。

③歳出予算の経費のうち、年度内に支出負担行為をし、避けがたい事故のため年度内に支出を終わらなかったものについては、予算で繰越明許費として定めない限り、翌年度に繰り越して使用することはできない。

④地方債とは、普通地方公共団体が資金調達のために負担する債務をいい、その目的、方法、利率及び償還の方法を定めなければならないが、幅広く資金調達を行う必要から、限度額を定める必要はない。

⑤一時借入金とは、普通地方公共団体が、一時、現金に不足をきたす場合に資金調達のため借り入れる現金をいうが、その償還は次会計年度の歳入をもって充てられる。

都政実務④

【問題4】契約に関する記述として、妥当なのはどれか。

①地方公共団体が締結する契約は、私法上の契約であり、その契約の範囲は法律によって限定されている。

②知事が契約締結権限を当該地方公共団体の吏員に委任した場合、受任者は知事名で契約を締結することとなる。

③都では、契約の締結については、予定価格が9億円以上の工事または製造の請負及び不動産の買入れ若しくは売払いについては議会の議決に付すこととなっている。

④契約締結についての議案には、契約の目的、方法、金額等の記載が必要であるため、競争入札の場合にはこれを執行する。

⑤契約締結についての議案に係るもののうち、随意契約による場合には、あらかじめ相手方と協議する必要があるが、仮契約を締結してはならない。

【問題5】都における入札方式に関する記述として、妥当なのはどれか。

①一般競争入札とは、資力、信用その他について適切と認める特定多数の者を指名し、その者に競争を行わせ、最も有利な条件を提示する者と契約を締結する方法をいう。

②せり売りとは、買受者が口頭をもって価格の競争を行うものであり、一般競争入札、または指名競争入札と異なり、他の競争者の申出価格を知って互いに競争するものである。

③指名競争入札とは、工事の入札時にコスト縮減が可能となるような技術提案を受け付け、技術提案が発注者の事前審査で採用された場合、その技術を基に入札させる方式である。

④随意契約とは、競争の方法によらないで、発注者が任意に特定の相手方を選んでその者と契約を締結する方法であり、相手方から見積書を徴することはない。

⑤契約後VEとは、工事の契約締結後に受注者からコスト縮減が可能となるような技術提案を受け付け、採用された場合、当該提案に従った設計図書の変更と契約金額の減額を行い、受注者にはコスト縮減額の全部を支払う方式である。

解説

【解説1】印刷物はその予定価格や内容に応じて作成手続きが異なっています。また、図書類の定義（東京都図書類取扱規程第2条）についても職員ハンドブックや規程にあたって内容を確認しておきましょう。

①誤り。東京都印刷物取扱規程による印刷物とは、書籍、ポスター、リーフレット、写真、スライド、映画フィルム、ビデオテープ、CD－ROM等の電磁的記録媒体その他一切の印刷物をいう。（印刷物取扱規程第2条、職員ハンドブック417ページ）

②誤り。主要刊行物は、文書課長及び生活文化スポーツ局等に配布しなくてはならない。主要刊行物以外の印刷物についても、その1部を文書課長に送付する。（東京都印刷物取扱規程第6条、第7条、職員ハンドブック418ページ）

③誤り。一般図書類の購入は、局または所の庶務主管課長に協議することになっている。また、定期購読図書類の購入については局庶務主管課長への協議が必要である。（職員ハンドブック418、419ページ）

④誤り。住宅地図は5万円以上であっても、高額図書類には含めない。（職員ハンドブック419ページ）

⑤正しい。（職員ハンドブック419、420ページ）

正答⑤

【解説2】①正しい。官公庁または公務員が作成するもので（作成名義が官公庁または公務員）、かつ職務上作成する文書が公文書である（職員ハンドブック369、370ページ）

②誤り。すべての文書は適正に管理されているが、公文書の偽造は絶対にされないとは言い切れず、また、公文書の偽造、変造、不正行使は、刑法における文書偽造、変造等に対する罪の適用を受ける。（職員ハンドブック370ページ）

③誤り。文書は訴訟法上広くその証拠としての価値が認められているが、とくに公文書については、民事訴訟法第228条において、その真否の判定において真正なるものと推定され、強い証拠能力が認められている。（職員ハンドブック370ページ）

④誤り。前半は正しい。通達等を除く通知文、表彰文及び証明文には、「ます体」を用いることとされている。（職員ハンドブック378ページ）

⑤誤り。公文書に用いる漢字は、常用漢字表に掲げる漢字とされているが、人名、地名等の固有名詞及び専門用語等でこれによりがたい特別な理由があると認められるものについては、例外的に常用漢字外の漢字の使用を認めている（公文規程第4条、職員ハンドブック380ページ）。

正答①

【解説3】①正しい。（職員ハンドブック433ページ）

②誤り。歳出予算の金額、継続費の総額または繰越明許費の金額の範囲内におけるものを除き、地方公共団体が債務を負担する行為のことである（職員ハンドブック433ページ）。また、支出年度において改めて歳入歳出予算に計上される。

③誤り。歳出予算の経費のうち、年度内に支出負担行為をし、避けがたい事故のため年度内に支出を終わらなかったものについては、「事故繰越し」として翌年度に繰り越して使用することができる。（職員ハンドブック433ページ、自治法第220条第3項）

④誤り。予算で定める内容は、起債の目的、限度額、起債の方法、利率及び償還の方法である。（職員ハンドブック433ページ）

⑤誤り。一時借入金は、当該年度の歳入をもって償還しなければならない。（職員ハンドブック434ページ）

正答①

【解説4】①誤り。地方公共団体の契約には私法上の契約と公法上の契約があるが、地方自治法上の契約は、私法上の契約のうち狭義の契約に限定されている。（地方自治法第234条第1項、職員ハンドブック460ページ）

②誤り。委任した場合は、その範囲内において職務権限を失い、委任を受けた者の職務権限となる。このため、受任者は自己の名と責任においてこれを処理する。（職員ハンドブック461ページ）

③誤り。不動産若しくは動産の買入れ若しくは売払い（土地については面積2万平方メートル以上のもの）または不動産の信託の受益権の買入れ若しくは売払いについては、予定価格2億円以上のものについて議会の議決に付すべきものとしている。（職員ハンドブック462ページ）

④正しい。（職員ハンドブック462ページ）

⑤誤り。仮契約を締結する必要がある。この仮契約の性質は一般的には予約と解されており、議会の議決を得たときには本契約を締結するとの合意をいうものである。（職員ハンドブック462ページ）

正答④

【解説5】①誤り。指名競争入札の説明となっている。（職員ハンドブック463ページ）

②正しい。（職員ハンドブック464ページ）

③誤り。入札時VEの説明となっている。（職員ハンドブック470ページ）

④誤り。法令によって価格の決められている物件の調達をするときその他見積書徴取の必要がないと認められるときを除き、なるべく2人以上の者から見積書を徴さなければならない。（職員ハンドブック469ページ）

⑤誤り。受注者にはコスト縮減額の一部を支払う。（職員ハンドブック470ページ）

正答②

20年度 主任・係長 論文講座 ★25★

都主任選考

課題整理・都政③

都政の課題整理の最終回です。今回は、「人材育成」「産業政策」「福祉・保健政策」の各分野について、10年後の東京に沿って主な事項を整理します。

○人材育成

（一）子どもたちの健全育成

教育は、いつの時代も国家・社会発展の礎です。しかし現在、戦後高い水準を保っていた児童・生徒の学力の低下が懸念されており、国際学力調査では諸外国と比較して読解力などが低下傾向を示しています。今後は、東京の将来を担う児童・生徒の学力を着実に育成する必要があります。

①学力向上策

▼一定水準以上の知識・技能を持った児童・生徒を確実に育成するため、基礎的内容の指導基準を策定し、基礎学力の定着を徹底

▼現在の東京教師道場に加え、新たに教職大学院制度を活用し、質の高い教員を確保

②家庭や地域の教育力再生

▼日本の伝統文化の理解やコミュニケーション能力の向上を図るため、全都の小中学校において、地域の人材や資源を活用し、発達段階に応じた系統的教育を実施

▼地域の社会資源で支えるネットワークを展開し、学校、地域、家庭の連携を推進

③青少年の育成

▼非行少年を立ち直りへと導くワンストップサービス施設を設置

▼ひきこもりからの自立を促すプログラムの開発

（二）就業機会の拡大・キャリアアップ支援

終身雇用や年功序列といった日本型雇用慣行は、企業内訓練により優秀な人材を輩出し、戦後日本の成長の大きな原動力となってきました。しかし、雇用環境が大きく変化する中で、非正規雇用が急速に拡大するなど、個人のライフステージに応じて柔軟で多様な働き方を選択することが困難になっています。今後は、すべての人の生き方、働き方の選択肢を広げ、意欲ある人を積極的に支援するシステムの構築が求められています。

①就業支援

▼企業横断的にスキルスタンダードを明確化し、雇用形態で仕事内容や処遇を均等化

▼企業側のニーズとのミスマッチを解消するため、スキルアップと連携したきめ細かいマッチングを実施

②キャリアアップ支援

▼職場体験や東京版デュアルシステムなどにより、若者の実践的能力を高める機会を提供

▼キャリアアップを応援する奨学金制度の創設

③産業界のニーズに応じた人材の育成

▼都がコーディネーターとして産業界と教育機関をマッチングし、産学交流により即戦力となる人材を育成

▼高等専門学校の拡充を行うなど、経営層から現場を担う人材まで、多様なレベルの人材を育成

（三）職業的自立・生活安定に向けた支援

近年、企業の経営戦略の変化等により非正規雇用者が急増し、フリーターやネットカフェでの生活から抜け出せないままの人が多数存在しています。今後は、働く意欲を持つ人々に能力開発の機会を平等に提供し、労働市場に柔軟に出入りできる雇用環境を創出することが必要です。

▼全区市町と連携して相談窓口を設置

▼生活、転居、就職のための無利子貸付制度の創設

▼職業訓練期間中における受講奨励金の支給

▼職業訓練生を一定期間継続雇用した企業に対する採用助成金の支給

（四）アジアの人材育成

東京の更なる発展のためにはアジア全体のボトムアップが不可欠です。しかし、アジアの優秀な人材は欧米志向が強いうえ、受け入れ体制や帰国後のフォローも十分とはいえません。今後は、アジアの人材受け入れを推進し、アジアの橋渡し役となる人材を育成することが必要です。

▼行政、大学、企業などに研修生や学生を受け入れ、産学公の連携により、アジアの優秀な人材を東京で育成

▼渡航費や学費等を支給する「アジア人材育成基金」を創設

▼帰国した留学生等のデータベースを創設し、人的ネットワークを構築

○産業政策

（一）文化交流の促進

東京には文化芸術に関する多くの資源が集積しており、海外大都市に匹敵するポテンシャルがあります。しかし、文化振興を都市経営の一戦略と捉える視点が不足していることなどもあり、海外に向けた文化の発信力は強いとはいえません。今後は、東京という都市のスケールメリットを最大限に生かし、文化を通じて東京の魅力を発信していく必要があります。

▼オリンピック招致に向け、大規模な文化プロジェクトや様々な都市との国際交流を戦略的に展開

▼まちづくりや観光施策と連携して、東京の顔となる文化拠点を整備

（二）観光振興

東京は、江戸時代から続く伝統文化、都市の近代性、多摩・島しょ地域の自然環境など、多様な観光資源を有しています。しかし、外国人旅行者の数は、パリやロンドンの半数にも満たず、低い水準にとどまっています。今後は、東京のまちづくりに観光の視点を取り入れて再構築し、また、それを担う人材を積極的に育成する必要があります。

▼既存の観光スポットの魅力向上、特色ある新たなエリアの形成により、年間1000万人の外国人旅行客を誘致

▼東京の特性を生かして水辺に賑わいあふれる空間を形成し、近隣の観光拠点を結ぶ舟運ネットワークを形成

▼首都大学東京に観光科学を学ぶコースを新設

（三）ユニバーサルデザインのまちづくり

世界有数の観光都市を目指すには、あらゆる世代の外国人が一人でも安心して観光できる環境を整える必要があります。しかし、外国語による情報提供が不十分であるなど、環境整備は未だ十分ではありません。今後は、都民・企業・行政が連携し、ユニバーサルデザインのまちづくりを面的に整備することが必要です。

▼駅を中心としたバリアフリー化、安全対策を完了

▼ユビキタス技術等を活用して、誰でも一人で不自由なく歩けるユニバーサルデザインのまちづくりを推進

（四）創造的都市型産業の振興

東京の更なる発展には、新しい産業やビジネスを育てる必要があります。世界に類を見ない企業・大学・研究機関の集積を生かし、先端的研究開発の促進とクリエイティブ産業を戦略的に育成していきます。

▼今後有望な環境や健康分野等の先進的プロジェクトを継続的・重点的に支援

▼中小企業の基盤を強化するため、中小企業によるグループ形成を支援し、大企業と対等な関係で取り引き可能な体制を構築

▼下請取引紛争解決センター（仮称）を設置し、中小企業の受注機会の確保や下請取引の適正化を推進

○福祉・保健政策

（一）高齢社会の活性化

都ではこれまで、認知症高齢者グループホームの整備促進をはじめ、成年後見制度の活用など、支援を必要とする高齢者に対する施策の充実を図ってきました。今後、世界に先駆けて超高齢社会を経験する東京には、高齢者の力で社会を活性化する新たな「都市モデル」を示すことが求められています。

▼アルツハイマー病の予防・治療等に関する研究開発等を推進するとともに、最先端の技術を活用した生活支援ロボット等の開発を促進

▼東京の強みである企業やNPOの集積を生かし、介護や医療等を地域で提供するネットワークを構築

▼活動意欲の高い高齢者について、ボランティア活動や社会的起業家としての事業展開など、多様な社会参加を促進

（二）障害者・子育て対策

都ではこれまで、独自の認証保育所制度を創設し、障害者の自立支援のため知的障害者グループホームを整備拡充するなど、先駆的な施策を展開してきました。しかし、障害者の雇用環境は依然として厳しく、子育てについても、延長保育などの多様な保育サービスへのニーズが高まってきています。今後は、企業が集積する東京が、日本の障害者雇用を牽引する施策を展開するとともに、子育て支援についても、社会全体による子育てと仕事の両立に向けた環境を整える取り組みが求められています。

①障害者の自立支援

▼障害者就労支援事業を区市町村に拡大し、身近な地域での支援体制を強化

▼障害者を採用する中小企業に一定期間、賃金の一部を助成

▼東京ジョブコーチを養成し、障害者と企業双方への支援を通じて職場定着を促進

②子育て支援

▼認証保育所の設置を引き続き推進する等により、保育サービスの供給を拡充

▼仕事と子育てを両立させる職場づくりに取り組む中小企業をPRするとともに、経費の一部を助成

▼授乳やおむつ替えのスペースを拡充するなど、子育てにやさしい環境を整備

（三）医療改革の推進

これまで、休日・全夜間の小児救急医療体制や東京ERの整備など、東京発の医療改革を推進してきましたが、近年、小児科・産科を中心に医師の不足が深刻化し、医療体制の一層の整備が求められています。

①人材育成・医師の確保

▼東京医師アカデミーにおいて高度な専門能力を持つ医師を育成

▼医療クラークの導入により病院勤務医の過重労働を緩和するとともに、女性医師や看護師の子育て・再就業を支援し、人材不足を解消

②医療体制の整備

▼周産期医療機関を地域ごとにネットワーク化し、限られた医療資源を有効活用して的確な周産期医療を提供

▼周産期母子医療センターに搬送調整等を行う医師を配置し、緊急搬送体制を強化

※参考資料

10年後の東京（平成18年12月）、同実行プログラム（平成19年12月）

◇

これで、3回にわたった都政の課題整理を終わります。受験者の皆さまのご健闘をお祈りします。

20年度 教育管理職への道しるべ ＜29＞

学校管理②

問題

【問題1】「東京都公立学校の管理運営に関する規則」に定められ、平成20年4月1日から施行する統括校長、主任教諭に関する記述として妥当でないものは、次のうちのどれか。

①統括校長は、教育の先進的な取り組みを推進するとともに、その成果を全体に還元する役割を担う。

②統括校長は、統廃合や学校選択制など社会の動向を背景として、地域・保護者からの高い期待に応える責務を負う。

③主任教諭は、学級担任等として、豊かな人間関係づくりや健全育成に係る指導の経験を深め、的確な児童・生徒理解に基づいた指導を行う。

④主任教諭は、担当校務の状況把握と校務分掌間の調整を行うとともに、教員等への適切な指導助言を行う。

⑤主任教諭は、同僚や若手教員への助言・支援などの指導的役割を果たす。

【問題2】企画調整会議及び職員会議に関する記述として妥当なものは、次のうちのどれか。

①企画調整会議は、校長の補助機関として、学校に置くことができ、校務に関する企画立案及び連絡調整その他校長が必要と認める事項を取り扱うものである。

②企画調整会議は、学校経営に関する企画・立案のための議論をする場であり、その構成員は、校長、副校長、経営企画室（課）長、主幹である。

③職員会議は、校長の補助機関として、円滑な学校運営を推進するため、校務運営上必要と認めるときに、学校全体の連絡調整、各分掌組織間の連絡調整を行うものである。

④職員会議は校長が招集し、副校長に司会者・記録者を選任させ、職員会議の記録は、司会者・記録者に確認させ、直ちに校長に提出させる。

⑤職員会議における報告、意見聴取及び連絡に関する事項は、企画調整会議を経た上、事前に資料を添付し副校長に提出する。

【問題3】平成20年度に導入される栄養教諭の職務のうち、国の職務内容に加え、東京都として栄養教諭に課す職務の記述として妥当なものは、次のうちのどれか。

①学校給食の管理

②児童・生徒に対する個別指導

③学級担任等と連携した、集団的な食に関する指導

④食に関する全体計画の作成、食育のコーディネート

⑤食に関する指導に係る教材・指導法の提供

解説

【解説1】①正しい。

②正しい。この他に、①他校には見られない困難な課題を抱え、特に改善・改革が必要とされている学校②複数課程、学校規模、教職員数、分校・分教室設置等により、管理の困難度が高い学校――の校長として重要かつ困難な職責を担おうとしている。

③正しい。

④誤り。現主幹の職責。東京都の主幹は、①教頭の補佐機能：学校運営に対する意見の具申や相談などによる学校運営の充実②調整機能：担当校務の状況把握と学年間や校務分掌間の調整③人事育成機能：教員等への適切な指導・助言と校内研修の実施④監督機能：適切な指示による担当校務の進行管理――という四つの職責を担っている。

なお、国で定めた主幹教諭は、「校長等を助け、命を受けて校務の一部を整理するとともに、児童・生徒の教育等をつかさどる」としています。また、地方公共団体の判断により任意に設置することのできる職としています。

⑤正しい。他に、①教育面：特に高度の知識や経験に基づく高い実践力の発揮、ア教科担任等として相当の経験を積み、高度の知識を備え、幅広い視野に立った実践的・効果的な学習指導を行う。イ学級担任等として、豊かな人間関係づくりや健全育成に係る指導の経験を深め、的確な児童・生徒理解に基づいた指導を行う②校務運営面：校務分掌上の重要な役割を担い学校運営に積極的貢献、ア主幹が兼務する主任以外の主任となるなど、学校運営上、重要な役割を担う。イ指導・監督層である主幹を積極的に補佐する――という役割がある。

【解説2】①誤り。「学校に企画調整会議を置く」と規定され、必ず置かなければならない。後段は正しい。

②誤り。「管理運営規則」では、「企画調整会議の構成員は、校長、教頭、経営企画室長（経営企画課長を置く学校にあっては、経営企画課長）、主幹その他校長が必要と認めた者とする」と規定し、「学校管理運営規程」では、「各部主任、各学年主任、各学科主任及び経営企画室各係長とする。主幹以下の構成員については各学校の状況に応じ、校長が選任し、会を運営する」としている。

③誤り。職員会議は、次のうち、校長が必要と認めるものを取り扱う。①校長が学校の管理運営に関する方針等を周知すること②校長が校務に関する決定等を行うに当たって、所属職員等の意見を聞くこと③校長が所属職員等相互の連絡を図ること。

④誤り。前段は正しい。司会者及び記録者とも校長が選任する。会議録は、記録者が会議の要旨を取りまとめ、会議終了後に、副校長及び経営企画室（課）長の確認を受けた後で、校長の承認を受ける。

⑤正しい。

【解説3】国においては学校における食育推進の中核的役割を担うものとして、平成17年度から配置が開始された。なお、平成19年の学校教育法改正では、第60条の規定に「栄養教諭」が明記された。東京都では、この食育推進の枠組みを前提とした上で、学校給食の管理、食に関する指導など専門的事項に関する高い指導を持つ栄養職員を配置し、各校の食育リーダーに対する情報提供、助言等をすることにより、区市町村内公立学校全体における食育の更なる推進を図ることとしている。

①誤り。

②誤り。

③誤り。

④誤り。

⑤正しい。文部科学省が示す職務のほかに、東京都として課す職務は、「食育リーダーの支援に関すること」として4項目を掲げ、この問題例のほかに、①食に関する指導に係る授業公開②食育に関する研修会における講師③地区内の食育リーダー及び教員に対する助言――等がある。

都政 潮流

虚構の王朝2—「天才」達の物語

王朝は、王様が直々に下命して設立した両替商が破綻して大揺れのようです。この問題で、王様の無責任さと幹部達の頼りなさが浮き彫りになりましたが、王様が即位してから多数の「天才」が出現しました。新たに届いた内部メモを読むと、これまで外部には知られていない、「天才」達が活躍する王朝の素顔を覗き見ることができます。

【うなずきの天才】　王様が即位した時に側近になり生え抜きの代表として期待されながら、部下を全く庇わなかったことで悪名が高い人です。人事権を持っているのに外から来た最高幹部の言いなりになって、有能な「使用人」が次々と左遷されるのを見殺しにし続けました。会議があっても王様が怖くて出席しようとしない、たまに出席しても何も言えない、王様の一言一言に首振り人形のようにうなずくだけ。1%でもリスクがある問題には近付かないと笑い物になっていました。さすがに呆れた王朝の評議会から再任を拒絶されたのですが、平然と居座り続け、辞めた後は大会社の重役に天下りました。王朝の退廃を招いた最大の責任者でありながら、王朝を案じて痩せる様子もなく、退職金だけでも何回貰うのだろうと、腹立たしく思う後輩達が多いそうです。

【密室の天才】　すべてを密室の中で王様と二人だけで謀議して決めてきた人です。数年前に社会を揺るがした両替商課税も、いま騒がれている新両替商も、王庁内の組織を通すことなく、本人と王様だけの独断で進めて今日の結果を招きました。他の天才達と違って仕事の能力は高いようなのですが、保身のためにしか使おうとしない、後輩達が謀略で危機にあっても助けなかったと指摘されています。新両替商も、本来なら早い時期に清算すべきだったのですが、そうすると本人と王様の責任が追及されるため今日まで延命させてきました。このまま行けば民の血税を幾ら注ぎ込むことになるのか空恐ろしい話であり、こういう人の行く末は良いはずがない、天罰が当たるのではと王朝内で囁かれています。

【ゴマすりの天才】　何年か前に幹部達の大きな会合があった時、会場近くの駅舎へ「プップー」と警笛を鳴らしながら某最高幹部を迎えに来たことで、そのゴマすり振りを誰もが知るようになりました。平日の夜も休日も、自ら某最高幹部の運転手として忠実に仕えていたのです。最高幹部の家族が病気になると深夜病院へ先回りして待ち受けていたこともあり、靴の底でも舐めるだろうと感嘆（軽蔑?）されていました。王様達は本当はへつらいが大好きですから、上手く取り入って異例のスピードで大出世を遂げました。当時、「役人は能力より総合力だ」と豪語していたという話は有名です。ところが、そこで満足しておけば良いものを、不正を犯したと同僚に言いがかりをつけ、王朝を揺るがす大騒動を引き起こした末に追放されました。あれだけのゴマすりの甲斐がなく残念なことでした。

【顔色を見る天才】　上司の顔色を見ながら一生懸命に仕えてきた人です。仕事が変わりポストが変わる度に、一番偉い人を選んでその人のために忠実に働いてきました。そうして偉くなったのですが、いざ自分が偉くなってみると実は何もやりたいことがない。民のためにこうしたいと考えたこともありません。王朝の「使用人」を庇う余裕などとてもなく、我が身を守るだけで精一杯です。ですから、王様に対して意見を言う勇気があるはずもありません。ひたすら王様の顔色を見るだけの日々なのですが、その一芸だけで生き延び出世したのですから大したものです。しかし、では何のために偉くなったのでしょうね。

【立場の天才】　仕事には真面目に取り組んでそこそこ有能である、人柄が良く穏やかで同僚の受けも良い。平時なら安穏な生活を送るのに何の問題もない人なのですが、王朝の危機に遭遇して人物の真価が見透かされてしまいました。上から圧力がかかると平然と虚偽の証言をする、暴風が通り過ぎると「立場上」仕方がなかったと釈明する。人間として一番肝心な良心がないのです。良心がなく勇気もないから、また「立場」が変わったら保身のために何でもするでしょう。王朝を腐らせているのは実はこういうタイプなのですが、残念ながら最近この型の小天才が増えているようです。

【王様は大天才】　すべての小天才を超越した大天才、歴代の王様の中でも別格の大物です。自分でも天才だと信じていますから、自分が言った事、した事に責任を感じる感覚がありません。そもそも自分が王朝の最高責任者だという自覚がないのです。たとえ「使用人」がした事でも王様である自分の責任なのだとは、はなから思っていない。家族以外は「使用人」と敵ですから、人を信じることができず、組織を率いる度量がない。王様にとって人生はその場その場の言葉遊びの世界、悲しいことに実は思想も理想も何もないのです。ところが、そうは見えない。さてお立ち会い、これこそが大天才である所以ですが、空っぽなのに信念の人に見える、さすがです、王様万歳!!

【その他の天才】　王朝は巨大ですから、まだまだ沢山の天才がいます。例えば「二股の天才」は、組織の長としての姿勢を問われた正念場で、どっちつかずの言動をしてすべてを失いました。「乗り換えが早すぎた天才」は、王様に信頼されていると勘違いした結果、復活した最高幹部に復讐されて終わりました。しかし情けないことに、こうした王朝の「天才」達は皆揃って小物ばかり。王朝というコップの中では「天才」でも、所詮はガリバーの小人国と同じです。このままでは王朝の民は一体どうなるのでしょう。天才は天災なり、もう要らない。一日も早く良心的で有能な人材が活躍できる組織になって欲しいものです。

（破れ障子）

Book

『モンスターペアレントの正体』

山脇由貴子著、中央法規出版刊

受難続きの教育現場に、またまた新しい脅威——教師をクレーム攻撃するモンスターペアレント＝怪物化した親の出現である。最初は身に覚えがないか、教室でのごく日常的な事例だと思っていた。だが親からのクレームは日ごとに激しさを増す。抗議の方法も内容も極端にエスカレートしていく。子どもの嘘に親の妄想がからんでいく。話がいつの間にか校長に持ち込まれている。教育委員会に訴えられる。保護者の間に個人攻撃のメールが広がっている。そして、学校に乗り込んできた親に何時間も土下座させられる。暴力を振るわれる。訴訟に持ち込まれる……。

まさか? 驚いている時間はない。追い詰められて抑うつ状態に陥った、勤務不能になった、自殺者が出た、防衛のために弁護士をつけた、「訴訟保険」をかけた——事態はそこまで行っているのだという。

著者は『教室の悪魔』で、子どものイジメの世界を浮き彫りにし、話題を呼んだ山脇由貴子さん。この本でも、心理カウンセラーとして豊富な事例を冷静に客観的に扱い、実態、問題の本質、有効な対策を説いている。

モンスターペアレントには二つのタイプがあるという。一つは「自分の子どもを特別扱いしろ」というもの。「受験に関係のない授業は自習にしてほしい」「給食でなく、特別食を作ってほしい」「心配なので、登下校時に送迎してほしい」「担任と相性が悪いので担任を変えてほしい」「担任に叱られて、傷ついたので慰謝料を払え」。噴飯モノと聞き捨てにしてはならない。ここから深刻な事態へと発展していくのだ。

もう一つが「病的」なモンスターペアレント。教師の謝罪、校長の謝罪、教師の辞任、校長の辞任、治療費、慰謝料、損害賠償と法外な要求に特徴がある。また事実無根の妄想的なクレームも。

一対一で会ってはならない、謝ってはならない、謝るなら一度限りにするなど、著者の対応策は現実的で具体的である。

まずはこの本で心構えを学んでほしい。それとともに、問題の本質と背景を深く把握していただきたい。クレーマーは広く社会現象化しているのだから。

定価は1365円。（O）

千の風になって
——いたばし編　3

区長の公選制と自治権拡充への闘い

櫻井「栗原さんは、第15代の板橋区長を3期12年務められましたが、強く印象に残っているのはどんなことですか」

栗原「やはり選挙のことと特別区の自治権拡充のことですね。教育長や助役などと違って首長は直接住民の投票で選ばれるだけに、公約への責任と一票の重みを常に意識していました。初出馬の第一声と初当選の感激は今でも忘れません」

櫻井「特別区は、昭和22年の自治法施行で誕生したわけですが、様々な紆余曲折を経て、基礎的自治体としての位置づけ・権限を持つようになったのですね」

栗原「第11代板橋区長の牛田正憲氏は、東京市の課長から21年3月に最後の官選区長として就任し、22年4月の選挙では初の公選区長になり、26年まで戦後の混乱のなか復興に向けた5年間板橋区をリードしました」

櫻井「26年4月の区長選では、東京市議などを務めた歯科医の渋谷常三郎氏に僅差で敗れ、渋谷氏に第12代区長の座を譲りました。その頃は、私にも2人の娘が授かっていて親の責任や納税者の自覚が芽生えてきた時期ですが、栗原さんは区でどんな仕事をされていましたか」

栗原「総務係長として、職員の人事や庶務全般を担当していました。とりわけ板橋区史の編さんは事務局として関わり、戦災で多くの資料が消失したため困難を極めましたが、専門家の助力を得てようやく29年に刊行できました。私は区史には縁があり、その後『板橋のあゆみ』『わが街いまむかし』の刊行に関係し、最後は櫻井先生に『板橋区史』の編さんを委嘱したわけです」

櫻井「区史にはお互いに縁が深いですね。ところで、30年に区長公選制が廃止されます。これは区の自立に大きなマイナスをもたらした事件ですね」

栗原「そうです。その後、50年に復活するまでは区議会が都知事の同意を得て選任しました。区は都の内部団体として自治権を大きく制約されましたが、このことが区の自治権拡充の闘いを動機づけたといえるでしょう」

櫻井「第13代村田哲雄区長の就任・退任時には、三役の空白も伴っています。これは、制度の改悪に伴い政党間の駆け引きが表面化したためともいわれていますね」

栗原「その後、区・議会挙げての運動が実り、特別区の権限は49年の公選復活・配属職員制廃止・保健所移管に続き、平成12年には清掃移管をてこに区がようやく法的に基礎的自治体に位置づけられ、財政面も含めほぼ一般市並みになりました」

櫻井「本当に長い道のりでしたね。ところで、第14代の加部明三郎区長には、教育長・助役として身近に仕えられたわけですが、加部区長はどんな方でしたか」

栗原「そうですね、和服を好み、決裁印には『花押』を用いるなど大変ユニークな方で、アイデアが豊富でした。議会選出と公選の両方で15年余在籍され、東京都とのパイプも重視し、人材の交流にも力を尽くしましたね。『区内在住都区幹部職員連絡会』は当時始められ、現在も続いていますよ」

櫻井「その時どきに合った様々なキャラクターのリーダーたちが、区民・議会と区政を動かしてきたのですね。次回からは、板橋のまちや生活の移り変わりを眺めていきましょう」（山浦純之介）

11代・牛田正憲氏

12代・渋谷常三郎氏

13代・村田哲雄氏

14代・加部明三郎氏

橋を渡れば

夜の橋が演出するノスタルジックな雰囲気が好きだ。つらいときや悲しいとき、もちろん気分が良いときも、橋を渡った向こう側の世界はどうなっているのかわくわくする。川を眺めていると憂鬱な気持ちもぱっと切り替えができる。

自宅近くに隅田川が流れているので、時々職場から自宅まで5㌔強の道のりをテクテク歩いて帰ることにしている。街の変化を楽しみながら、途中で焼き鳥屋やラーメン屋に立ち寄ったりしていいほろ気分転換になる。

隅田川に架かる橋はいくつかあるが、その中でも清洲橋通りにかかる清洲橋（日本橋中洲から深川・清澄）がダントツで優美だと思う。

青くてやわらかい曲線の橋げたにピンクのライトが飾られている。丸みを帯びた女性的な雰囲気の中で、橋の横のテラスでウクレレを演奏すると、美しい国なんて掛け声はどっかの世間知らずの坊ちゃんの子守唄だったんだなあと思うのである。

そして、夕刻から夜にかけて清洲橋の南側を渡ると、月島の高級高層マンション（億ション!）がきらきらとライトを輝かせながら摩天楼のように高くクリアにそびえ立つ。

自分の給料ではどう逆立ちしても一生住めそうにない。自分は将来ごみごみしていない田舎で農作業して暮らすからいいのさと思うのだ!

（陽気なウクレリアン）

海外出張こぼれ話　33

東郷　尚武

オリンピックを迎える北京と沿海都市アモイ⑯

廈門（アモイ）滞在最後の晩餐会のお話の続きである。チーム・リーダーという立場もあって乾杯の音頭もとらなければならなかった。最初の乾杯は、ワイングラスに蛇の肝臓を入れ紹興酒で割ったものだった。グラスの中に生の肝臓が泳いでいるように見えた。平静を装い、味をたしなむ勇気もないので、〝乾杯〟と言って一気に飲みほした。2回目の乾杯は、スネイク・ブラッドと説明を受けたが、要するに、生のままの蛇の血である。これも味わう余裕がなく飲み込んでしまった。その他の皿では、スネイク・ミートの煮物、そしてスネイク・スープには、自転車のタイヤを輪切りにしたような蛇の肉片が入っていた。仲間の一人で米国から来たプロディ女史も神妙な顔をしながらも、勇気を出して食べていた。

何せ宴席の開会に当たって、市側から「今日の料理はDistinguished Guest（特別の来客）のために特に用意されたもの」と説明を受けたので、兎も角、おいしく（?）いただくよりほかなかった。食事中、隣の席の市の幹部が、何ゆえ蛇料理が高価なのかを説明してくれた。一般に大きな蛇の皮は貴重で、楽器の蛇味線用で、これを食用に供してしまうので高いのだそうだ。廈門市側のご厚情に深謝して鼓浪嶼島をあとに廈門本島のホテルに戻り、今日一日の貴重な体験を反芻しながら眠りについた。

鼓浪嶼島の晩餐会
鐘局長（左側）と筆者

一夜明けて、廈門最後の日を迎えた。昨夜、ご馳走を食べすぎたのでチームの他のメンバーとも朝食は抜いた。移動日なのであわただしく身辺整理を済ませた。最後になって食事の話ばかりで気が引けるが、廈門市の城郷建設委員会委員や城市規画管理局の局長さん方が、ホテルのレストランで送別の昼食会を開いて下さった。ここでの食事の内容については省略させていただくが、またひとつ滅多にない体験をさせていただいた。

会食は和気藹々のうちに進んだが、筆者らは次の訪問地の広州市へのフライトの時間が迫っているので気が気ではなかった。しかし、肝を据えて市側の対応にお任せした。ようやくお開きになり、市の方々に謝辞を述べて市の用意した車の人となった。2台の黒塗りの車は大通りに出ると、赤色灯を出し、サイレンを鳴らして疾走したのである。日本でも何年か前に見た光景ではあったが、いささか驚いた。無事、広州行きの機上の人となり事なきを得たが、市当局のご好意に深謝すべきなのか、行政が官主導に過ぎるのではないか等々、行政の在り方をいろいろ考えさせられる旅でもあった。

都政新報

発行所 都政新報社
〒160-0023 東京都新宿区西新宿7-23-1 TSビル
(総務・読者)(03)5330-8781
(企画広告)(03)5330-8784
(編集)(03)5330-8786
(出版)(03)5330-8788
(セミナー事業部)(03)5330-9977
(ファクス)(03)5330-8808
郵便振替 00130-2-101470
購読料 月1,680円(税込)
毎週火・金曜日発行
但し、祝祭日は休刊
©都政新報社 2008

紙面から

新銀行追加出資 予算特別委で可決

付帯決議で監視強化を要請

都議選に影響との指摘も

新銀行東京に400億円を追加出資する補正予算案は、26日の予算特別委員会で自民党と公明党の賛成多数で可決した。民主、共産、ネットの各党は反対に回った。自公両党は賛成にあたって付帯決議をつけ、新銀行東京を監視する組織を設けるなど、都の関与を強めるよう求めた。補正予算案は今日28日の最終本会議で、可決される見込み。反対する世論が強まるなかで可決したことで、追加出資しても経営再建が進まなければ、議会の責任も問われかねない事態となった。来年夏の都議選への影響も予想され、今後の都政運営に大きな課題を残している。

■責任

自民、公明の付帯決議は、▽追加出資は今回限りとする▽400億円の資本を毀損させない▽都は、新銀行への支援や監視の体制を整備すること―の3点を求めた。

両党は、予算特別委員会の討論で苦渋の決断を強調した。自民党は、「都も大株主として、これまでの監視責任を厳しく問われる。我々、議会側も大いに責任を感じる」と監視責任を認めたうえで、「追加出資で、都民から最後のチャンスが与えられたものとして、是非立て直さねばならない」と述べた。

公明党は、予算特別委員会直前まで賛否を明らかにしなかった。前日には、夜10時過ぎまで総会を開いたが、賛成の決定を26日昼まで持ち越した。討論では「追加出資を認めなければ、事実上の破綻状態となる。コントロールが不可能な事態を招く選択はできない」と賛成の理由を語った。

自公両党が知事や都の監視責任に絞ったのに対し、反対する会派からは知事自身の責任に厳しい意見が相次いだ。

民主党は、「旧経営陣の任命責任や、金融情勢の判断を誤った責任、経営悪化に迅速に対策を講じなかった責任など、知事がその責任を十分に自覚してきたかどうかも、明確に答えなかった」と指摘した。共産党も、「破綻の責任は、知事側近が取り仕切って作成したマスタープランを旧経営陣に押し付けてきたことにある。知事と側近による責任逃れは免れない」と批判した。

■理解

予算特別委員会での補正予算案可決を受けて、石原知事は記者団に今後の新銀行東京の経営について、「今までの日本の金融機関が全然やってこなかった仕事をやる。セカンドステージの展開を見て欲しい」と述べた。

ただ、新銀行東京への追加出資が、今後の都政に残した課題は重いものがある。一つは、追加出資に対する都民の理解だ。

予算特別委員会終了後に、川井重勇自民党政調会長は「これから街に出て、都民と我々との認識のギャップを埋めていかなければならない」と述べた。

他方、共産党の吉田信夫幹事長は、「石原知事は会見などで、予算特別委員会を見てもらえば、都民にも理解してもらえると繰り返してきた。しかし、結果を見れば理解されなかったのが冷厳な事実だ」と批判した。

セカンドステージという知事の見解についても、田中良民主党幹事長が「あの再建計画のために出資を要請したのだから、もし違う絵が本来の目的なら、今回の要請は背任的行為だ」と述べた。

■監視

今後に残るもう一つの大きな課題は、付帯決議の実効性をどう確保するかにある。前回の出資でも、都議会は付帯決議で、都が経営全般の適正な管理をすることなどを求めていた。

自民党の川井政調会長は、前回の付帯決議との違いについて、「今回は都が経営の支援や監視のための専門組織をつくるよう求めている。都議会も、その組織をチェックすることで、経営監視に関われる」と説明する。

公明党は討論で、銀行に四半期情報を議会に報告するよう、義務付けることを提起した。東村邦浩都議は、「毎議会ごとに新銀行の経営状況について、議論できる環境を作っていかないといけない」とその理由を話す。

また、自民党の内田茂都議は、「前回の100億と今回の400億は、意味がまったく違う。都民が歓迎しない追加出資を議会として決断した以上、議会も大きな責任を持つ」と述べ、議会が経営監視に関わる必要性を強調した。

追加出資でも事業が立ち直らないとなれば、知事だけではなく都議会与党も責任を追及されることになる。都議会にとっても、新銀行の経営状況が剣が峰となる可能性が高い。

追加出資が都議選に与える影響について吉野利明自民党幹事長は、「再建計画も初年度赤字を予定しており、野党に赤字を指摘されれば、選挙になりかねない。厳しい説明を丁寧にしないといけない」と語った。

自民、公明の23人が賛成し、補正予算案を可決

付帯決議

1　今回の追加出資は、預金者や融資先中小企業の保護のためにやむを得ざるものと判断したものであり、今回限りの措置であること。したがって、更なる追加出資は許されないこと。

2　都は、新銀行東京が、今回追加出資する400億円の資本を毀損させることのないよう、適切な監視に努めること。

3　都は、新銀行東京の再建計画が円滑かつ効果的に実行されるよう体制を整備すること。具体的には、新銀行東京の経営の支援及び監視のための専門組織を設けること。

公明「再建後の事業譲渡を」

「心配かけた」と知事

公明党は、25日の予算特別委員会の締めくくり総括質疑で、400億円を追加出資して計画どおり4年後に単年度黒字になった場合、新銀行東京を他の金融機関に事業譲渡することを提案した。

「現在は、毎年赤字を生む状態のため、どこも譲渡先がないが、減増資によって累積損失1016億円を解消して身ぎれいになれば、買い手が出てくるはず」(東村邦浩都議)と語った。

再建計画は預金と貸出しを徐々に縮小していき、2011年度に預金を現在の20分の1(200億円)、融資・保証は3分の1(700億円)に圧縮して8億円の単年度黒字を出すスキームになっている。都庁内では「400億円を出資して当面の経営危機をしのいだら、次は事業譲渡などの本格処理に踏み切る二段階処理のシナリオが再建計画に描かれている」と受け止められている。予算審議の中で二段階処理に言及したのは、同党が初めて。

東村都議は「400億円を毀損せず、回収するには事業譲渡が良い。都民の負担を最小限に抑えることができ、単なる延命策でない」と述べた。

この提案に対し、佐藤広産業労働局長は「将来展望として様々な可能性を視野に入れている。新たなビジネスモデルを一刻も早く軌道に乗せ、まず再生することが必要。将来、最新の金融ノウハウを有する銀行等との連携を視野に入れながら、投資銀行業務を拡大する」と答えた。

公明党では、追加出資の議案に賛成するにあたり、拡大再建でなく、事業の縮小再建の方針を会派内で確認した。ところが、石原知事は、26日の記者会見でも「セカンドステージでは、全然違う発想でやっていく」と夢を語っている。今後、与党の立場から知事の拡大路線に歯止めをかけていく考えだ。

また、締めくくり総括質疑では、自治体が本来手を出すべきでない銀行業に乗り出した知事の責任を問う声が各党から相次いだ。「旧経営陣にすべての責任を押し付けているが、支配株主として監視してこなかった東京都にも責任があるのではないか」とただされ、知事は「都民の皆様に心配をかけたことは、大変申し訳なく、深くお詫びする」と語った。出資金1000億円を無にした事実については、謝罪しなかった。

経営監視に関連して民主党の田中良都議は「昨年2月の日銀考査の結果を都は聞いているのか」と追及した。これまで産業労働局は、都議会に対し「日銀考査の結果は、当該金融機関と日銀だけが知るもので、第三者には公表していない」と答弁してきた。しかし、民主党が日銀幹部に直接聞いたところ、当該金融機関との間で「考査に関する契約書」が交わされ、その第12条で「正当な理由があるとして日銀が特に認める場合は、考査の内容を提供できる」という規定があるという。

田中都議は「持ち株会社などに日銀考査結果が提供された事例がある。大枠の監視と言うのならきちっとやるべきだ」と話した。予特での指摘について産業労働局では「(考査結果の公表を求めるかどうか)分からない。日銀に確認しながらやっていく」(金融部)としている。

佐藤産業労働局長は「都としての監視が十分とは言えなかった」と認め、「銀行の内部監視機能として外部委員による監視機関を整備する。都にも監視と支援の専管組織を設ける」と答えた。

競技力向上で基本方針

ジュニア強化選手を認定

東京国体 過去最高得点目指す

都生活文化スポーツ局は26日、「競技力向上推進本部」(本部長＝谷川副知事)を開き、ジュニア選手の育成・強化を柱とする基本方針を策定した。具体的には、競技団体から推薦された「東京都ジュニア強化選手」に認定し、強化合宿や、保護者へのサポートを行う。また、07年度は20競技で行っていた育成を、国体の全40競技に拡大する。2013年に開催される東京国体では、男女総合で過去最高の得点で優勝することを目指す。

同局は08年度、国体への出場意欲やモチベーションを高めるため、都独自に「ジュニア強化選手」を認定する。競技団体が40競技の約190種目で選手を推薦し、選手に強化練習・合宿のプログラムを提供したり、保護者に栄養・心理相談の講習会を行ったりする。対象は小学4年から中学3年のジュニア選手で、数千人規模になりそうだ。また、トップアスリートや指導者を運動部や競技団体に派遣し、高度な技術を体験させる指導も行う。

各都道府県が持ち回りで開催する国体は、開催県が優勝することがほとんど。都はこれまで、開催県に次ぐ成績を修めてきた。だが、05年の兵庫国体では5位に終わったほか、過去10年間の成績を見ても、男女総合で2000点前後と、1位との差を縮められていない。

基本方針では、13年の東京国体で、過去最高の得点を獲得して優勝することを目標に掲げた。今までの最高得点は、04年の埼玉国体の埼玉県(3742点)。これを上回る成績を目指す。

競技別では、水泳や柔道のように、入賞が常連となっている種目もあるが、10年間で入賞経験がない競技もある。そのため、ジュニア選手強化の対象競技を、国体全40競技に拡大。また、国体少年の部の全種目にフルエントリーできるよう、競技人口の少ない競技を普及させる。08年度は、都立高にボート、自転車、カヌーなど5種目の運動部を設置する。

一方、委員からは「優秀な選手が発掘できるような体制、指導者の支援を都にお願いできれば」という意見も出た。

選手発掘については、他県の選抜プログラムなどを参考に、ジュニア選手発掘の仕組みについて検討する。ただ、都では人口規模が大きく、1カ所に選手を集約する方法では、応募が難しいケースが出る可能性もある。そのため、地区や学校と協力しながら、地域レベルでの発掘ができるかも含めて検討する方針だ。

また、優れた練習環境を求めて、他県の強豪校に移る例が少なくない。さらに、指導者が変わり、一貫した育成ができないケースもあるため、指導環境の充実も大きな課題になる。

京浜3港が連携を強化「実質的に一つの港に」

東京都と川崎市、横浜市は21日、東京湾の国際的競争力を高めるため、東京、横浜、川崎の三つの港による広域連携の仕組みづくりに着手することを発表した。当面、一つの港で入港料を払えば、他の港にも入港できるよう、入港料の一元化などに取り組む。

アジア諸港が躍進するなか、東京湾の各港は国際的な地位が相対的に低下。コンテナ貨物量で見ると、東京港は96年に世界12位だったのに対し、06年は23位。横浜港も96年11位から、06年27位に順位を下げた。

都によると、コンテナ船が大型化するなかで、港の持つ集荷力のボリュームが寄港地を決める上で重要な要素となってきている。三つの港を合わせて世界13位となるコンテナ貨物量を生かすため、利用する船から見て実質的に一つの港と見えるような仕組みづくりを進める。

08年度早々にも、具体的な事業を検討する京浜港広域連携推進会議を設立し、港湾関係者の参加も得ながら「京浜港共同ビジョン」として3港の将来像を描いていく。

利用者のニーズが高い一部の事業については、08年度から検討に着手する。現在は、三つの港それぞれで支払う入港料を一元化し、最初に立ち寄る港で払えば、他の港にも入港できる仕組みを作る。入港料は、全国6大港湾の申し合わせで、船の大きさを基準に1トンあたり2円70銭を徴収する。各港を利用する船のコストを削減し、寄港数を増やしていくねらいだ。あわせて、申請書などの様式や手続きも3港で統一のものとし、利便性向上を目指す。

冗句ジョーク

みんな苦い思い、新銀行追加出資決定

「苦渋の選択を忘れないよう、お茶、コーヒーはすべて薬草に替えます」

都政の東西

配偶者暴力

犬も食わないと言われ、他人の介入がはばかられる夫婦げんかだが、最近はそう一括りにできない。配偶者等による暴力(ドメスティック・バイオレンス・DV)の可能性があるからだ。

06年12月に渋谷で起きた妻による夫のバラバラ殺人事件は記憶に新しいが、犯行は夫のたび重なる暴力が引き金になったと報じられている。もたらす被害の大きさは別にしても、こうしたDV自体は特殊なものではない。

警察庁によると、昨年起きたDV被害は、相談や被害届け等で把握できたもので2万992件。前年度比15%の増だが、これも氷山の一角にすぎない。19日に都生活文化スポーツ局が発表した都政モニターアンケートの結果では、被害者のうち、誰にも相談しなかった人が6割に上った。社会問題化しているDVだが、支援を求めづらい状況がそこにはある。

例えば、内閣府が昨年4月に公表した調査結果では、DV被害者で裁判所の保護命令を申し立てなかった理由として「相手の反応が怖かった」(35%)、「精神的な余裕がなかった」(25%)などの声が多く上がった。また、配偶者と離れて生活する上での困難では「当面の生活費がない」(55%)、「住所を知られないようにするため住民票を移せない」(53%)などが上位に並ぶ。被害者が状況を訴え、自立に向けて取り組む難しさが透けて見える。

他方、相談窓口が周知されていないことも課題だ。各都道府県には配偶者暴力相談支援センターが設置されているが、都生活文化スポーツ局のアンケートでは、どこが窓口かを知っている人はわずか4%だった。

DV被害の根絶は、助けを求める声を拾うことから始まる。自立に向けた支援とともに、SOSを出してもらい、きちんと受け止める仕組みが求められる。

職場でご購読されている皆さまへ

4月人事異動は、課長級以上の方は異動表に基づいて手続き(新職場への切り替え)をしますが、係長級の方は多数になるため異動表の入手次第、局・区より、順次行います。例年ですと、その手続きにほぼ1カ月を要する場合がありますので、早期配達をご希望の方には、暫定措置として約1カ月間、職場送りから自宅郵送に切り替えさせていただきます。その旨本社に電話かFAXでお申し付け下さい。

また、主任、一般職員の方につきましては、大変お手数ですが、異動先をご連絡下さい。異動手続きのために大変ご迷惑をおかけしますが、何卒ご理解とご協力のほどをお願い申し上げます。

平成20年3月　都政新報社読者部
電話03・5330・8781
FAX03・5330・8808

日暮里・舎人ライナー　30日開通

陸の孤島解消へ

構想から四半世紀

鉄道空白地帯だった足立区西部と荒川区を南北に結ぶ新交通「日暮里・舎人ライナー」が30日、開通する。地元区民の要望から始まり、構想から23年が経過して、ようやく悲願が達成した。鉄道が通れば、住民や店が集い、経済発展につながると言われている。日暮里駅前は再開発が進み、集客に期待が寄せられている。一方、足立区の沿線ではマンションが建設され、住宅地化が加速する中で、区は舎人公園に集客しライナーの利用者を増やそうと考えている。事業の展開次第では今後、ライナーの経済効果の明暗を分けそうだ。

乗車率低下の不安も

日暮里・舎人ライナーの開通は、足立区西部の住民の要望から始まった。日暮里駅発などのバスを利用して西部地域に向かっていた区民がライナーを使えば、大幅に時間が短縮される。陸の孤島を解消する構想が浮上してから23年。区計画調整課は「区にとっても、願っていたこと」と喜びをかみしめた。

ライナーは1985年に国の答申を受け、地下鉄計画から道路上の軌道を走る新交通に変更した。97年に着工したが、都の財政難、利用客見込みの下方修正、用地取得の遅れなどのため、99年度の開通を断念。開通予定は03年度になったが用地取得などができず、07年度に再延期した。

都交通局がライナーを直営する。第三セクター方式を採用しなかったのは、経営破たんする三セクが多い中で、銀行の貸し渋りが強まっており、資金調達できないためだという。行政の直営の場合、固定資産税、法人事業税や都民税が免除されるメリットも大きい。

税の優遇があっても、単年度で黒字になるのは21年度以降の見込み。車両などのインフラ外を整備した東京都地下鉄建設から、都は10年かけて400億円で取得するのも重い負担になる。

一方、足立区はライナー開通前、駅前広場や駐輪場の整備、地区計画の変更などを行った。区は、区画整理したり、住宅が密集化しないよう敷地面積に制限をかけたりした。さらに、西新井神社周辺では、寺のまち並みを保全するための地区計画を検討している。

区が主導で再開発を進めていない。区都市計画課は「あくまで行政は、ルールを定めて、都市計画として、まちをコントロールしていくのが役割。区が開発するのではなく、民間が適切に開発できる状況にした」と話している。

再開発ビルへの集客に期待がかかる

MEMO 日暮里・舎人ライナー　日暮里駅～見沼代親水公園駅を南北に結ぶ都営新交通。最高時速は60㌔で、計13駅（9・8㌔）を20分で自動運転する。5両編成で定員は298人。日暮里駅発は平日が1日あたり137本、土日祝日が103本で、5～20分の間隔で運行する。

住みやすさの視点も

【解説】一般論として、鉄道が通れば人が集まるため、飲食店などが出店し、経済は発展する。ライナーの駅のある荒川、足立両区はどんな恩恵を受け、問題点を抱えているのか。

日暮里駅がある荒川区は、ライナーが開通すると上野などにアクセスしやすくなるため、通過駅になるという懸念がある。しかし、駅前に再開発ビルが3棟完成し、そのうち1棟の複合施設には、ジーンズメーカー「エドウィン」がアウトレットなどを出店するため、区は集客に期待を寄せている。日暮里駅周辺などには、繊維問屋や"コリアンタウン"もあるため焼肉店がひしめく。まちの魅力を広めれば、駅周辺への流れもつくれそうだ。

一方、足立区では、ライナーの開通により区民が繁華街を抱える北千住駅から日暮里駅に流れると不安視する。また、都心への通勤、通学が多いため、日暮里駅から見沼代親水公園駅に向かう下りの乗車率が低くなるという。区は都立舎人公園を拠点に、ライナー利用率を高める考えだ。公園の10㌶分が未整備のため、区は集客施設の設置を都と協議する予定だ。区が約1000本の桜を公園に植えており、将来的には桜の名所になることも想定される。

ライナー沿線では舎人公園を除き、建築物の高さが7㍍以上必要という制限があるため、マンション建設が進んでいる。開発が進み人口増になれば、区にとって税収増になる一方、今も残る農地が消える不安があるため、マンションラッシュは住民にとって受け入れがたい。ライナー利用率のアップに加え、区は住みやすさにも目を向ける必要がある。（石）

港区

ソメイヨシノを再生治療

樹木医が健康診断　08年度から高輪地区で

港区は08年度から、高輪地区にある区立公園のソメイヨシノを樹木医が健康診断し、病気があれば治療する取り組みをスタートさせる。

公園の桜を単体で治療するような対症療法はどの自治体でも行われるが、地域全体の桜を樹木医の助けを借りて計画的に管理して病気を予防する取り組みは、23区初。将来的には高輪地区での取り組みを区全体に広げる考え。

庶民の桜として日本中で親しまれているソメイヨシノは、種から芽が出て成長するのではなく、台木から接木して育てるクローン桜。このため他の樹木より弱く、寿命は60年と短い。この時期、日本中で満開を迎えるソメイヨシノは、第二次世界大戦後に植えられたもので、40～50年の老木がほとんどだ。

中でも公園に咲くソメイヨシノは、他の桜と比べて過酷な環境にある。公園であるがゆえに、改修工事等で根を切断することもあれば、子どもたちが走り回ることで土壌が固まり、根の生育を阻害する。道路や住宅に面した枝は、度重なる剪定でダメージを受ける。

そこで区は、08年度に、公園や児童遊園に植栽されているソメイヨシノについて樹木医による樹勢診断調査を行う。その結果を踏まえて、各々の桜に適した樹勢回復治療を施す。

対象となるソメイヨシノは、高輪地区の8カ所の公園・児童遊園にある計85本。調査費用は公園1カ所あたり13万円プラス桜1本あたり1万円。治療費用は、桜1本あたり2万8000円と試算している。

これらの公園などでは桜が満開となるこの時期、相次いで地元町会主催の祭りが開かれる。ソメイヨシノは、地元のシンボルとして親しまれてきた。

高輪総合支所地区活動推進課では「地域のコミュニティーを大事にしようという時代。シンボルの桜が少しでも長生きして、コミュニティーを活性化させることができれば」と話している。

美しい桜も寿命は60年＝3月25日、港区・亀塚公園で

教育長に清水氏

大田区

大田区議会は25日の本会議で、新教育長として、区経営管理部長の清水繁氏（59）の選任に同意した。細島徳明前教育長は25日付で退任し、26日の区教委定例会で交代した。

清水氏は1948年5月生まれ。中大法卒。経営管理部参事（特別区人事・厚生事務組合派遣）、監査事務局長、経営管理部長などを歴任。任期は09年12月21日まで。

副区長に国交省出身の山田氏

台東区

台東区議会は25日、国土交通省出身の山田哲也氏（41）を、2人目の副区長とする区の選任案に同意した。

区は第1回定例会に、副区長を1人から2人に増員する条例案を提案して可決されたため、副区長に関する選任同意案を上程していた。今後、新タワーなどで、さらに区内への来外者が増えることも予想されるため、外部から専門性を有する人材を招いて、まちづくりや観光誘客などをさらに推進しようと山田氏が選任された。

山田氏は1967年2月15日生まれ。東京大学経済学部卒。90年建設省入省、東北地方建設局用地第一課長、広島県土木建築総務室長、国交省土地・水資源局土地政策課企画専門官などを経て現在、独立行政法人日本高速道路保有・債務返済機構総務課長。副区長就任は4月1日から。「まちづくりと観光に関すること」を担当事務として受け持つ。

卒業式の日に飛び降り死

板橋区

板橋区立小学校の男子児童（12）が25日、卒業式後に14階の自宅マンションから飛び降り、全身を強く打って死亡した。

26日の記者会見で当該校長は、式の中で卒業生らが6年間の思い出を語る「門出の言葉」の中で、男子児童が担当した「大好きな小学校」というセリフを「大嫌いな」と言い換えていたことを明かした。区は同日夕方、緊急の保護者会を開いてこれまでに分かっている状況を説明。児童の心理的なケアのため、区の臨床心理士12人による、サポート体制も整えた。

校長によると、卒業式は10時から約2時間行われた。式の中でこの児童がはっきりと「大嫌いな小学校」と発したことについて、式終了後に保護者から問い合わせがあったため、校長が男子児童に理由を尋ねたところ、「緊張して間違えて言ってしまった」と答えたという。

その後、午後1時40分頃に、この児童が自宅マンションから転落したという一報が区に入った。自殺を示唆するメモが自宅に残されていたという情報もあった。

この児童について校長は、「学校の行事や児童会などでも積極的にリーダーになるようなタイプで、成績や行動にも問題はなかった。また、これまでにいじめなどの情報もなかった」と話した。

卒業後の進路も、学区域内の区立中学校への進学が決まっており、卒業式当日も、特に変わった様子はなかったという。

教育委員会事務局の宇野彰人指導室長は「今後、この児童が在籍したクラス全員から話を聞く予定」とし、「春休みに入っているので、子どもたちのケアには、心配な様子があれば保護者から教育相談所の臨床心理士に連絡を取れるようにした。近々、臨時の校長会を開きたい」などと話した。

究明

沈黙の1年9カ月

検証・港区エレベーター圧死事故　④

原因も分からずに再発防止か

エレベーターの乗降を慎重に行う人など、まずいないだろう。エレベーターの安全性を疑う人など、これまでほとんどいなかったのだ。

では、これまで扉が開いたまま、かごが走行する戸開走行がなかったかというと、シンドラー社の制御プログラムミスによる事故を含め、全国で確認されている。

私たちは安全だと思い込んでいただけなのだ。

■生かされない過去

1984年8月、横浜市にある大手スーパーで、買い物に来た主婦がエレベーターから長女を乗せたベビーカーを引いて後ろ向きで出ようとしたところ、エレベーターの扉が閉まり、挟まれて、そのままエレベーターが上昇し、主婦が死亡した。

このエレベーターは、油圧式だった（シティハイツ竹芝はロープ式）が、当時の建設省（現国交省）やエレベーター業界は、ロープ式も含めて戸開走行を防止する手立てを検討し、業界向けに講習会まで行っている。

だが、第2の事故は起きた。03年10月、福島県の国道を潜る地下道にあるエレベーターでも、死傷者は出なかったが、戸開走行が起きた。

このときにも、業界と国交省は「戸開走行を防止するための設計上の留意点」をまとめている。

「エレベーターがドアゾーンを超えて戸開走行をすると、かご床と乗場出入り口の上部、またはかご出入り口上部と乗場床の間に乗客が挟み込まれるという重大事故が発生するおそれがある。一方、最近ではほとんどのエレベーターの制御システムの主要部分は電子回路で構成されているが、これらの制御システムでは日常の保守・点検で電子回路の異常の予兆を発見するのが困難である」

この文書があったにもかかわらず、第3の事故も起きた。しかも、シンドラー社製エレベーターは、制御プログラムのミスにより戸開走行事故を他にも起こしていた。

シンドラー社製エレベーターは海外でも死亡事故を起こしている。02年1月1日には、香港で11歳の男児が戸開走行により挟まれて死亡した。04年8月にもニューヨークで死亡事故を起こした。

たび重なる事故にもかかわらず教訓が生かされていないのは、何故なのだろうか。

■それぞれの責任

現在、シティハイツ竹芝で起きた圧死事故の直接の原因を調査しているのは、警察と港区だけである。国交省や業界団体は、事故原因の究明を警察に任せて、再発防止策の検討に力を入れているように見える。

しかし、事故原因の究明なしに確実な再発防止策など分かるものだろうか。警察は刑事責任を追及するだけで、事故原因の全容を明らかにすることはできないだろう。

今回の事故は、シンドラー社製エレベーターが欠陥品だったかどうかが問われているわけではない。実際には、様々な複合的な要因があって死亡事故に結びついている。メーカー、保守管理会社、住宅公社、防災センターの管理会社、港区、エレベーター業界、国といった当時の当事者がそれぞれの立場で事故の原因に結びつく情報を公開し、議論すべきだ。

例えば、たび重なる不具合にもかかわらず、何故事故の予兆を発見できなかったのか。これは、区、保守管理会社、メーカー、住宅公社のそれぞれに果たすべき責任があったのではないか。

過去に起きた戸開走行事故の教訓は、何故生かされていないのか。これは、国交省やエレベーター業界、メーカーに問われる問題だ。

競争入札で安全を安売りしていいのか。これは、区や保守管理会社が検討しなければならない重い課題だ。

今最も必要なのは、刑事責任の明確化だろうか。事故が起きてから1年9カ月、何故市川大輔さんが亡くならなければならなかったのか、誰も答えを出していない。

独自の原因究明を進める港区でさえ、直接の事故原因には踏み込めないまま今日を迎えている。

亡くなった市川大輔さんの通った高校の保護者やシティハイツ竹芝の住民などが、事故の真相究明を求めて署名活動を行っている。

大輔さんの母・正子さんは「エレベーターは小さい子どもからお年寄りまでボタン一つで移動できる身近な乗り物。その事故原因を究明することは、エレベーター利用者の安全向上につながると信じている」と話す。

署名は10万人を目標に活動している。

＝おわり

事故から1年を前に心境を語る市川大輔さんの両親＝07年6月2日、シティハイツ竹芝で

記者席

誤報一覧を配る神経は？

○……新銀行東京は24日、自民党総会で再建計画を説明した。その際、A3判・2枚のペーパーを都議に配った。表題は「これまで新聞で公表された新銀行東京関連数字」。中身を見ると、日刊紙の「誤報一覧」だ。新聞社名、掲載日、間違い箇所など、きめ細かく具体的に書いてある。再建計画が抽象的なのとは対照的だ。

「説明責任が十分でない」と批判されている新銀行東京が、このようなペーパーを都議会に配ったことには驚きの声が聞かれる。実際にあった話として、新銀行東京の広報担当に減資を行うかどうかの重要問題を問い合わせた時「検討中」と答え、「再建計画に減資を織り込んでいない」と回答があった。ところが、予特質疑では、織り込み済みだったことが判明した。誤報一覧を作って議会説明しているどころではないと思うのだが。

もうひとつは市議会の扱い。議会は執行機関をチェックする重要な役割を持つはずだ。ところがその割にはトップページの中で非常に目立たない場所に置かれていることが多い。各市長の部屋の表示と並べるくらいでもよいようにも思う。市民にどのように行政情報を提供すべきか、原点に立ち返ってほしい。

○……各市役所のホームページを見ていて、気になることが2点ある。ひとつは、最近はやりのバナー広告。多額でこそないものの、貴重な収入源としていることは分からないでもない。けれど、あまりに良い場所を割きすぎてはいないだろうか。アクセスして最初に目に飛び込んでくるのが企業広告で、市役所の情報の方は見にくいとあっては本末転倒だ。

○……いじめ自殺が多発した06年以降、各自治体はスクールカウンセラーの充実で、子どもたちの見守りに努めた。小さなサインも見逃さないようにと。25日、交友関係も良く、模範的だった児童が転落死した。自殺と見られる。直前にあった自らの卒業式で言った「大嫌いな学校」という言葉。この大きなサインを、受け止め切れなかったことが悔やまれる。

教育サポーター

養成プログラムを作成

団塊世代の経験を活用

地域ぐるみで学校支える

教育庁はこのほど、地域の新たな人材活用策として「教育サポーター」を育成するため、来年度に「教育サポーター研修・養成プログラム」の開発・作成に乗り出す方針を決めた。大量退職期を迎えた団塊の世代が主な対象で、これまでの経験を学校教育への支援活動などに生かしてもらい、学校や地域の教育活動を活性化させようというもの。都生涯学習審議会の審議状況をにらみながら、プログラム開発・作成に取り組み、09年度から教育サポーターの養成を本格化させる予定である。

教育サポーターの養成は、都が策定した「10年後の東京・実行プログラム」の中で打ち出されたもので、家庭や地域の教育力再生に向けた取り組みとして『教育サポーター』として養成された団塊の世代等が、理科や外国語、キャリア教育など学校教育への支援活動や、放課後・休日等の学校外教育活動を担う」としている。

また、教育庁が2月に策定した新教育ビジョン（第2次）の中間まとめでも、「これからの学校教育は、学校と地域との連携を強化し、地域総ぐるみで学校を支え、教育活動を活性化させていくことが重要」と指摘。その実現のためには大量退職していく団塊の世代を中心にして、意欲と熱意を持つ都民の教育活動への参加が求められると提言している。

これを踏まえ、教育庁は、主に団塊の世代を対象に教育サポーターの養成に乗り出すことを決めた。来年度には学校のニーズを反映した研修・養成プログラムを開発・作成し、09年度から教育サポーターを本格的に養成していく考えである。

同庁はこれまで、地域教育プラットフォームの仕組みを全都的に展開していくため、地域教育推進ネットワーク東京都協議会を設置。学校と外部の社会資源をつなぐ教育支援コーディネーター研修や企業と連携した教育プログラムの開発など、地域の教育力を生かす取り組みが進むよう、区市町村を支援してきた。

今後は、同協議会の活動内容を拡充し、学校教育への支援活動や学校教育外活動を担う地域人材として教育サポーターの育成を図っていく方針。

協議会には現在、都立学校支援部会、教育支援コーディネーター部会、教育環境整備部会、企業・NPO連携・協働部会の四つの部会があるが、今後はこの協議会で教育サポーターに関する検討を行う。

教育支援コーディネーターの場合は、学校と外部のいわば「調整役」。これに対し、教育サポーターは企業などでの経験を踏まえて、学校の教科等を補助する役割を担うことから、学校教育の仕組みなどを理解してもらう必要がある。

地域では、すでにボランティアによる学習支援や図書館での読み聞かせなど、自主的な活動が展開されているが、今後、都民の教育活動等への参画を一層進める必要がある。

教育庁では、東京都生涯学習審議会の専門部会が、今夏に一定の方向性をまとめることから、これを踏まえて具体的な教育サポーター研修・養成プログラムの開発・作成を行っていくこととしている。

都生涯学習審

地域教育システム構築へ

専門部会が検討を開始

東京都生涯学習審議会専門部会（部会長＝田中雅文・日本女子大学教授）の初会合が18日開かれ、地域教育システム構築のための具体的方策について検討を開始した。3回にわたって事例検討を行ったあと、審議の枠組みなどを検討し、6月頃に専門部会報告の取りまとめに入る予定。

この日は、第1回目の事例として「地域における教育支援者から見た『地域教育』の現状」をテーマに、杉並区のNPO「スクール・アドバイス・ネットワーク」理事長の生重幸恵委員が、「子どもたちへの支援を核にした地域コミュニティづくり」について報告した。

同ネットワークはPTA仲間が母体になり2002年7月に発足した。総合的な学習の時間や学校週5日制の実施に伴う事業がスムーズに実施できるよう、公立小中学校に協力者をコーディネートするとともに、教育活動、地域活動の充実をはかる人材を養成する事業を主な活動内容としている。

事業は「学校が求める人材を開拓・紹介」「企業や地域などの情報を提案」「協力者との調整」「子どもたちの夢を応援するための企画」「子供たちの余暇活動を支援」「指導者やサポーターの養成」「家庭教育を支援」の7点を切り口に展開。例えば、杉並区小中学校9校のコーディネート、都立高校20校の教育支援コーディネートを手がける一方で、学校外教育事業として中高・大学生を対象にジョブ・スタート支援講座に取り組むなど、活動範囲は広く、多種多様な企画がきめ細かく行われている。

生重委員は「発想力、相談力、つなげる力など、いわゆるコーディネート的発想が大切」「様々な人との出会いによって『生き方』の意味を考えることができる」などと語った。他の委員からは「（地域教育の外部委託など）やり方は地域の実情によって違ってくる」「果たして地域教育システムは必要なのか。それぞれの地域の構成員が問題意識をもって課題をどう乗り越えようとするかが問題」「システムと属人的なものとの中間を抽象化した視点、ノウハウを学ぶという観点が必要ではないか」など様々な意見が出た。

「地域教育」をテーマに活発な議論が展開された

最後は田中部会長が議論をまとめる形で、①何のために地域教育システムを構築するのか②地域性を乗り越えた普遍的なノウハウをどう引き出すか③大人や先生を含めた「生きる力」や目的志向の持てる意識をどう促していくか――などの検討内容を示した。

法定したが、"道遠し"

「遅刻する児童が多い。年間通して2、3人（1クラス）はいる」「机の周りの整理が出来ない子やハサミを使えない子、ヒモを結べない子どももいる」

先日、東大和市中央公民館で行われた「三多摩自治体学校」（同実行委員会・多摩住民自治研究所主催）の「教育・子育て分科会」で、地元小学校教師の報告の一部だ。「小1問題」として小学低学年のこうした問題がかねてから指摘されていたが、この背景・要因は親・保護者の事情にあることも報告された。

「キチンと子どもの生活リズムが管理されていないためだが、他方では親の生活や都合で子どもが振り回されている面があり、家庭の事情も見えてくる」

「子どもは○○で学校へ行ったが、先生なんとかしてほしい、と電話してくる親もいる。親もそれぞれが孤立し、悩んでいる。副校長の仕事の3分の1はこうした対応に追われている」と、学校では本来の「教育」の前に児童・生徒の生活指導に相当エネルギーを割かれている状況が報告された。

「教育再生会議」報告や「東京都教育ビジョン」（中間まとめ）でも「家庭・地域の教育力向上支援策」を列挙し、重視してはいる。

都の教育ビジョンは、たとえば子どもの基本的な生活習慣確立のための普及・啓発活動を展開する。児童相談所や保健所、子ども家庭支援センター等との連携を図る。

また、親が仕事をしている、いないにかかわらず、親が子どもの教育に責任を持つことが重要として、意識改革と同時に、学校行事に参加しやすい環境整備を学校や企業に要求している。

総論的には、こうした施策に異論は少ないと思われるが、具体的になると、区市町村・各地域・学校でのキメ細かな取り組みが必要になる。

この日、分科会に集まった教師や研究者、市民（父兄）約30人の討論では、まず学校と地域の連携・協力関係の重要性が強調された。

学校・教師は親・保護者の直接的な代わりは出来ないが、多様な形での指導は出来るし、また、地域では「地域ぐるみで未来の人材を育てる」という意味で「家庭の事情によっては親に代わる大人・人材が求められている」との提案があった。

そのためにも、さまざまな事情を抱えている親同士の「交流の場・自分を出せる場」が必要で、その中から「代わりの親」が見つかり、「家庭・地域の教育力」向上につながるとの意見もあった。

また、子どもに対しては、基礎的なしつけが出来ないとか、遊びも下手、体力・運動能力も以前に比べ低下しているなど、学力以前の問題が深刻化しているが、この点については「地域で子どもが一人の人間として自由に遊べる場が必要」と指摘された。

極めて常識的な提言のように聞こえるが、東大和市の市民（母親たちが中心）が「東大和七森プレーパーク」という組織を10年前に発足。「自分の責任で自由に遊ぶ」をモットーに、「木登り」「泥んこ遊び」などを大人がリードする形で続け、子どもの成長に役立っているという。

新教育基本法で「子どもの教育の第一義的責任は家庭にある」と規定はされたが、現実にそれが実践され、教育改善につながるかどうか。そうした親・子ども・地域の実情から見て"道遠し"の感は否めない。

（W）

相談が前年の2・5倍に増加

いじめホットライン

教育庁はこのほど、東京都教育相談センターが昨年2月に開設した24時間「いじめ相談ホットライン」の相談状況をまとめた。この1年間に寄せられた相談件数は2190件にのぼり、それ以前の1年間に比べると約2・5倍に増えた。

同センターは昨年2月から夜間、休日を含めて24時間体制でいじめに悩む子供たちの相談に応じられる「ホットライン」を開設。心理職、教育経験者が相談に応じ、いじめに悩む子供の心のケア、解決への助言などを行ってきた。

いじめ相談対象者の内訳をみると、約半数が小学生、約3分の1が中学生だが、2006年度と比べると中学生、高校生の割合が増えていることが分かった。相談内容は「からかい・悪口等」が多く、次いで「嫌がらせ行為」「仲間はずれ」「暴力」と続いている。

拡大した夜間帯の相談状況では、いじめ相談以外の相談も多く、中には子供から生命にかかわる深刻な悩みの相談もあった。時間帯は午後9時から午前0時が37%と最も多かった。

生徒の成績資料557人分紛失

都立農業高校

都立農業高校で生徒の成績資料等の個人情報を含む資料の紛失事故が発生した。同校の男性教諭(49)が19日、全日制職員室のパソコンで使用していたUSBメモリを紛失し、翌日の20日、府中警察署に届け出た。同校は22日と24日の2日間にわたって緊急保護者会を開き、説明と謝罪を行った。

USBメモリには、3月卒業の生徒33人分の調査書及びその作成データ、33人分の昨年度の成績会議資料、2005年度の1年生187人分の「英語」成績点票・英語科成績会議資料など、557人分の個人情報が記録されていた。

都教育委員会は21日、各都立学校と区市町村教委に対し、改めて通知文書を提出するとともに、4月に開催する校長連絡会や副校長連絡会で、個人情報の管理を徹底していく。また、当該校については現地調査を実施したうえで、個人情報の管理について改善指導を行う方針である。

21世紀を拓く 3

教育ビジョン中間まとめ

確かな学力の向上

「東京ミニマム」で指導を徹底

2003年度以降「児童・生徒の学力向上を図るための調査」を実施してきた。06年度の調査結果からは、都の児童・生徒の基礎的・基本的な知識・技能等に関する学力は、おおむね良好な状況にあることが分かる。

しかし、中学生になっても小学校で習得すべき内容が十分身に着いていない生徒もおり、知識を活用する力が課題となっている。

このため、基礎的・基本的な内容に関する指導の徹底を図るため、小・中学校それぞれの段階で、すべての児童・生徒に身に着けさせるべき事項等についての指導基準「東京ミニマム」を示す。さらに、知識・技能を活用する力、思考力や判断力、表現力、学習意欲などを伸ばしていけるよう授業改善の視点や効果的な指導例を指導資料として示すなど、各学校での学力向上の取り組みを支援していく。

■ICT環境を整備

どの教室でもインターネット等を活用した授業が行えるICT環境を全都立学校に整備していく。また、校内LANを整備することにより、教員同士が情報の共有化を図り、相互に教材を開発・活用できる仕組みや生徒が自由にその教材を活用し、予習・復習できる仕組みを構築する。さらに、ICT活用で事務作業の効率化を進め、教員が本来的な職務に取り組むことができる時間を増やしていく。

携帯電話やインターネット等を使った従来とは異なる方法のいじめが増加している。暴力行為も増加傾向にあり、中学校での不登校の出現率が3%台など、いじめ、暴力行為、不登校は依然として大きな課題である。

子供たちは学校、家庭、地域での教育を通じて、規範意識や思いやりの心を育んでいく。そのため、道徳授業の質的な向上を図るため、指導方法の改善や教材の研究開発等の取り組みを推進する。責任ある市民生活を送る上で必要となる身近な「法」に関する教材や指導方法を開発し、児童・生徒の規範意識の育成を図る。

いじめや暴力行為、不登校への対応には、未然防止、早期発見・早期対応につながる効果的な取り組みが必要だ。そのため、学校と関係機関とが連携した指導体制や、いじめ等についての相談体制の両面から総合的に施策を推進する。また、いじめ問題等に対して、児童・生徒自らも解決策を見いだしていけるような取り組みを推進する。

■健康づくりの推進

学習指導要領の改訂を踏まえ、授業や学校行事、部活動等の学校体育をより充実させ、児童・生徒が運動やスポーツに親しみ積極的に体力を高めることができるよう働きかける。地域でも、体を動かす機会が少ない児童・生徒等を対象に運動機会を提供。身近なスポーツ活動を実践する場となる「地域スポーツクラブ」の育成と安定した活動を支援する。

部活動の振興を図るため、関係機関の協力を得るなど、地域の人材で部活動を支える体制を整えていく。また、「部活動振興基本計画」を踏まえ、校庭の芝生化を契機とした小学校での総合運動部活動の活性化や、すべての児童・生徒が経験できるスポーツ競技大会の工夫等に取り組み、運動部活動の振興を図るとともに、文化部活動についても振興策を検討していく。

■社会的自立を支援

就職後、数年で離職する若者が多い。ニート・フリーター問題は依然として解消しておらず、キャリア教育や進路指導体制の充実が求められる。

障害のある生徒の自立と社会参加に向けた支援の充実も課題だ。これまで福祉就労が多かった障害のある生徒についても、一般企業への就労を目指した職業教育の充実が課題となる。

職場体験の受け入れ先に関する情報を、区市町村教委に提供。学校の優れた実践を紹介するなど、小・中学校でのキャリア教育の取り組みの普及・啓発を行う。都立高校に対しては、教育支援コーディネーターを派遣するなど、学校が企業や地域等からの協力を得てより効果的なキャリア教育を推進するよう支援。社会的自立に向けたキャリア教育、職業教育を充実させ、多様な進路希望に対応していく。

一般就労を支援する新たな体制を構築するため、特別支援学校で民間を活用した就労支援の仕組みづくりを進め、企業や地域に対して障害のある生徒の就労への理解啓発を推進していく。

職業体験で境浄水場を訪れた中学生

首都東京、日本、国際社会で活躍する人材育成が課題となる。そこで、子供たちが自尊感情や自己肯定感を高め、自己に自信を持ち、新たなことに挑戦する意欲を高める教育を推進するため、教育活動や指導方法、評価方法等について研究開発を行う。特に、国語で培った能力を基本に、知的活動やコミュニケーションの基盤となる言語の役割を重視した各教科の指導方法等の研究開発を行う。

■社会貢献の精神

教育支援コーディネーターを都立学校に派遣することにより、学校がNPOやボランティアなど外部の社会資源を有効に活用し、協力団体等による学習活動への協力や体験活動の場の拡大を図る。

また、環境やエネルギーに関する学習や環境問題の改善に寄与する取り組みを促進。環境教育にかかわる研修会を実施し、リーダー的人材を育成するなど、子供たちが人間活動と環境とのかかわりについて総合的に学ぶことができる教育を推進する。さらに、国際親善や世界平和に大きな役割を果たしているオリンピックや国際的なスポーツ大会などの意義等を学ぶことにより、社会貢献の精神をはぐくむ教育を推進する。

「日本の伝統・文化」に関する推進者養成研修等を実施し、教員の指導力向上を図る。伝統・文化にかかわる専門家の情報の共有化や、それら専門家を講師として学校に派遣する仕組みをつくるなど、充実した教育の実施のための取り組みを進める。

＝おわり

毎週金曜3面は 教育オンライン

都春期幹部人事

すべての職層で昇任増

異動規模は1069人

前年度比210人増

都は26日、行政系942人、医師・研究・特別選考職127人、計1069人の幹部人事を内示した。異動規模は、知事選を控えた昨年春期に比べ210人増加した。行政系では、退職者の増により昇任が増えたほか、知事本局や下水道局などで組織改正に伴う名称変更が120件程度あったことも異動規模の拡大につながった。また、教員系の局長級ポストで07年4月から空席となっている教育庁理事には、教育庁指導部長の岩佐哲男氏(56)が就任した。幹部職員の退職は、行政系が前年度比24人増の154人、医師・研究・特別選考職が同3人増の63人となる。

■組織改正

組織改正では、知事本局が3部体制から6部体制に再編し、総務部長には企画調整部長の川澄俊文氏、外務部長に秘書部長の長谷川均氏を配置した。

また、政策部長は前田信弘理事の事務取扱となっていたが、解除し、ライン部長に大井泰弘氏を抜てきした。計画調整部長には企画調整担当部長の小林清氏を起用。「10年後の東京」の実現に向けた体制を強化した。

総務局の人事部と勤労部の統合では、組合交渉等の機能を担う労務担当部長に、会計管理局参事（会計制度担当）の安藤弘志氏を配置した。

東京オリンピック招致本部で新設した参事（国際事業担当）のポストには、総務省のキャリアで国とのパイプ役も期待できる山越伸子氏を、同じく参事（運営計画担当）には国際業務の経験もある監察員の保坂俊明氏を配置した。また、課長級で新設した企画部事業調整課長と招致推進部計画調整課長には、柔軟な対応力がある若手職員を起用した。

さらに、福祉保健局で新設ポストとなる参事（障害者国際スポーツ担当）には、豊島病院事務局長の別宮浩志氏が就任。オリンピック開催都市の決定直前となる09年9月のアジアユースパラリンピック大会開催に向けた事務を担当する。

■昇任状況

行政系の昇任規模をみると、部長級32人（前年春期16人）、統括課長級52人（同34人）、課長級115人（同95人）となり、すべての職層で前年を上回った。全体では局長級1人を含め200人（同145人）となる。これは退職者の増加などによるもので、退職者は前年度比24人増の154人となった。

ただ、人材が不足する中で、人事部は組織上必要な職員の勧奨退職を弾力的に運用する方針を打ち出しており、この結果、これまでの勧退ルールにとらわれず、退職を定年まで延長するケースも見られた。

また人事部では、職責に応じた処遇を徹底するため、昨年の春期異動から2級事業所副所長等への統括課長級の配置などを進めているが、今回は統括課長級の昇任52人のうち、出先統括課長での昇任者が12人と多くなっている。

総務課長が交代したのは、総務局、職員共済組合事務局、財務局、産業労働局、病院経営本部、中央卸売市場、労働委員会事務局、水道局、教育庁、選挙管理委員会事務局の10局。このうち水道局は在籍参事となる。

新任総務課長の年次は、種別Aが4Aで1人、標準年次となる5Aが2人となり、6Aからは栗岡祥一氏が一選抜で病院経営本部総務課長に就任した。

また種別Bでは、8Bおよび標準年次となる9Bが各2人で、10Bからは黒沼靖氏が一選抜で総務局総務課長に抜てきされた。さらに総務課長以外の枢要課長ポストでは、総務局行政部区政課長の西村泰信氏（10B）が統括課長に昇任した。

女性では、萱場明子氏（5A）を中央卸売市場の総務課長に起用した。

このほか任期付職員では、会計管理局管理部副参事（資金運用担当）に野村證券出身の川島渉氏を採用した。プロパー職員では不足する専門知識や能力を有する者を配置して、資金管理の一層の推進を図る。

【行政系】

職層	所属	横転	昇任	採用	その他	合計	退職
局長級	教育庁	0	1	0	1	2	0
	東京消防庁	0	0	0	0	0	1
	小計	0	1	0	1	2	1
部長級	知事部局	80	25	3	1	109	48
	交通局	4	0	0	0	4	2
	水道局	5	5	0	0	10	1
	下水道局	14	0	0	0	14	3
	教育庁	6	0	0	0	6	1
	人事委員会事務局	0	1	0	0	1	0
	監査事務局	1	0	0	0	1	0
	議会局	0	1	0	0	1	0
	小計	110	32	3	1	146	55
統括課長級	知事部局	31	47	0	2	80	19
	交通局	2	1	0	0	3	0
	水道局	2	1	0	0	3	0
	下水道局	2	1	0	0	3	0
	教育庁	4	1	0	0	5	0
	選挙管理委員会事務局	1	1	0	0	2	0
	議会局	0	0	0	0	0	1
	小計	42	52	0	2	96	20
課長級	知事部局	412	89	24	6	531	61
	交通局	14	3	1	0	18	5
	水道局	28	10	0	0	38	1
	下水道局	50	2	0	0	52	0
	教育庁	37	7	1	0	45	10
	選挙管理委員会事務局	1	0	0	0	1	0
	人事委員会事務局	2	4	0	0	6	0
	監査事務局	2	0	0	0	2	1
	議会局	4	0	1	0	5	0
	小計	550	115	27	6	698	78
合計		702	200	30	10	942	154

【医師・研究・特別選考職】

職層	横転	昇任	採用	その他	合計	退職
専門理事等	0	8	0	0	8	3
専門参事等	8	13	4	0	25	15
専門副参事等・統括課長級	5	5	0	0	10	5
専門副参事等・課長級	35	34	13	2	84	40
合計	48	60	17	2	127	63

都幹部人事異動

4月1日付
◎印昇任

局長級

▽教育庁理事（教育庁指導部長）◎岩佐哲男▽教職員研修センター所長　教育庁理事岩佐哲男兼務

部長級

▽知事本局総務部長（知事本局企画調整部長）川澄俊文▽知事本局秘書事務担当部長（知事本局参事＝秘書事務担当）井澤勇治▽知事本局外務部長（知事本局秘書部長）長谷川均▽知事本局政策部長（知事本局参事＝政策担当）大井泰弘▽知事本局政策担当部長（知事本局参事＝政策担当）遠藤雅彦▽知事本局政策担当部長（知事本局参事＝政策担当）松浦將行▽知事本局政策担当部長＝環境局緑化募金担当部長兼務（都市整備局参事＝航空政策担当）庄司貞夫▽知事本局特命担当部長（港湾局局務担当部長＝東京港防災事務所長）渡辺滋▽知事本局計画調整部長（知事本局企画調整担当部長）小林清▽知事本局計画調整担当部長（知事本局調整担当部長）角南国隆▽知事本局参事＝基地対策担当（知事本局参事＝横田基地共用化推進担当）中村信一▽知事本局参事＝横田基地共用化推進担当（建設局総務部企画調整課長＝統括課長）◎延與桂▽知事本局参事＝政策担当（生活文化スポーツ局参事＝東京都歴史文化財団派遣）土岐勝広▽知事本局参事＝総務部総務課長事務取扱（知事本局企画調整部総務課長＝統括課長）◎河内豊▽総務局行政改革推進部長（都市整備局参事＝東京都新都市建設公社派遣）和賀井克夫▽総務局労務担当部長（会計管理局参事＝会計制度担当）安藤弘志▽総務局監察担当部長（総務局勤労部長）野口宏幸▽総務局監察担当部長（病院経営本部局務担当部長＝東京都保健医療公社派遣）酒井洋一▽総務局国体・障害者スポーツ大会推進部長（総務局国体推進部長）笠井謙一▽職員研修所教授（下水道局施設管

統括課長級

課長級

（5面につづく）

（4面からつづく）

▽総務局行政部副参事＝東京市町村総合事務組合派遣（総務局勤労部福利課課長補佐＝東京都福利厚生事業団派遣）◎鬼原秀和▽総務局行政部副参事＝東京市町村総合事務組合派遣（総務局勤労部福利課課長補佐＝東京都福利厚生事業団派遣）◎持丸洋▽総務局行政部副参事＝東京たま広域資源循環組合派遣（水道局建設部工務課課長補佐）◎前川浩▽総務局人権部副参事＝東京都人権啓発センター派遣（第五建設事務所用地課長）佐藤勉▽総務局総務部専門副参事＝法務担当（総務局総務部法務課専門副参事＝法務担当）直井春夫▽総務局総務部専門副参事＝法務担当（総務局総務部法務課専門副参事＝法務担当）石澤泰彦▽総務局総務部専門副参事＝法務担当（総務局総務部法務課専門副参事＝法務担当）野口健▽総務局総務部専門副参事＝法務担当（総務局総務部法務課専門副参事＝法務担当）矢部淑子▽総務局情報システム部専門副参事＝情報処理担当（総務局情報システム部情報システム課専門副参事＝情報処理担当）村上秀男▽職員共済組合事務局年金保険部医療保険課長（総務局総務部庁内利用管理課長）古田武夫▽職員共済組合事務局年金保険部年金課長（生活文化スポーツ局文化振興部事業推進課長）比留間晴久▽職員共済組合事務局事業部健康増進課長（職員共済組合青山病院健康管理センター次長）星井節子▽財務局主計部事務事業評価担当課長（財務局主計部副参事＝事務事業評価担当）坂本雅彦▽財務局主計部予算第一課長（財務局主計部予算第二課長）篠原敏幸▽財務局主計部予算担当課長（港湾局港湾経営部副参事＝港湾経営改革担当）戸谷泰之▽財務局主計部予算第二課長（財務局主計部予算担当課長）米今俊信▽財務局財産運用部管理課長（財務局経理部輸送課長）松永哲郎▽財務局財産運用部調整担当課長（財務局財産運用部収用担当課長）寺内親弘▽財務局財産運用部評価測量課長（財務局経理部副参事＝電子調達担当）影山忠男▽財務局建築保全部工務課長（東京オリンピック招致本部招致推進部調整課長）金子光博▽財務局経理部副参事＝企画担当（㈱日本宝くじシステム派遣）小柳和夫▽財務局経理部副参事＝契約調整技術担当（世田谷区交通政策担当部交通政策課長）草野智文▽財務局経理部副参事＝電子調達担当（財務局経理部副参事＝企画担当）井上充▽財務局財産運用部副参事＝収用担当（総務局行政部副参事＝東京市町村総合事務組合派遣）岩谷祐治▽財務局建築保全部副参事＝機械技術担当（㈱東京ビッグサイト派遣）土屋隆之▽㈱日本宝くじシステム派遣（財務局経理部総務課課長補佐）◎関根修司▽財務局財産運用部専門副参事＝用地担当（南多摩西部建設事務所用地課専門副参事＝用地担当）中川寛行▽主税局税制部税制改正担当課長（主税局税制部副参事＝税制改正担当）栗原哲治▽主税局税制部税制調査課長（主税局税制部副参事＝税制調査担当）池田美英▽主税局税制部評価審査室長（主税局総務部副参事＝広報担当）大山ひろみ▽主税局課税部法人課税指導課長（主税局課税部副参事＝外形課税担当）笹本勉▽主税局資産税部固定資産税課長（主税局資産税部副参事＝審査申出担当）小幡裕子▽主税局徴収部徴収指導課長（主税局徴収部副参事＝滞納整理対策担当）鈴木みどり▽主税局徴収部納税推進課長（品川都税事務所徴収課長）諏訪公二▽主税局総務部副参事＝企画調整担当（立川都税事務所徴収課長）望月光政▽主税局総務部副参事＝広報担当（東京オリンピック招致本部招致推進部副参事＝運営計画担当）小林あかね▽主税局税制部副参事＝税制調査担当（千代田区政策経営部観光・特命担当課長）筒井宏守▽主税局税制部副参事＝システム改善担当（千代田区政策経営部政策立案課長）木下誠▽主税局課税部副参事＝外形課税担当（主税局税制部副参事＝システム改善担当）大野伊知郎▽主税局資産税部副参事＝審査申出担当（総務局行政部副参事＝島しょ振興担当）中西宏▽主税局徴収部副参事＝滞納整理対策担当（目黒都税事務所徴収課長）柳幸江▽主税局総務部副参事（目黒都税事務所事業税課長）高山千里▽千代田都税事務所事業税課長（荒川都税事務所事業税課長＝統括課長）高山猛▽千代田都税事務所固定資産税課長（港都税事務所法人事業税課長）川部敏明▽中央都税事務所事業税課長（練馬都税事務所事業税課長）小平裕志▽港都税事務所法人事業税課長（生活文化スポーツ局消費生活部調査担当課長）内藤美津子▽港都税事務所固定資産評価課長（主税局総務部副参事＝東京税務協会派遣）岩波都▽江東都税事務所固定資産税課長（小笠原支庁母島出張所長）鈴木可久▽江東都税事務所徴収課長（主税局税制部税制課課長補佐）◎水谷善哉▽品川都税事務所徴収課長（中野区都市整備部北部地域まちづくり担当課長＝拠点まちづくり推進室西武新宿線沿線まちづくり担当課長兼務）市川求▽目黒都税事務所徴収課長（水道局荒川営業所長）鈴木啓子▽大田都税事務所徴収課長（足立都税事務所固定資産評価課長）成田次郎▽世田谷都税事務所納税課長（中央都税事務所徴収課長）渡辺正英▽世田谷都税事務所徴収課長（生活文化スポーツ局スポーツ振興部副参事＝東京都スポーツ文化事業団派遣）川口圭介▽渋谷都税事務所事業税課長（大田都税事務所事業税課長）成瀬貴子▽渋谷都税事務所固定資産税課長（港都税事務所固定資産評価課長）鈴木友江▽中野都税事務所固定資産税課長（世田谷都税事務所徴収課長）佐藤弓子▽杉並都税事務所固定資産評価課長（主税局総務部総務課課長補佐）◎高野真理▽豊島都税事務所事業税課長（杉並都税事務所事業税課長）黒沢勲▽豊島都税事務所固定資産税課長（杉並都税事務所固定資産評価課長）塩野啓二▽豊島都税事務所徴収課長（葛飾都税事務所事業税課長）栗原茂夫▽北都税事務所徴収課長（主税局税制部税制課課長補佐）◎前所雅海▽荒川都税事務所徴収課長（職員共済組合青山病院医事課長）荒川悦子▽練馬都税事務所固定資産税課長（千代田都税事務所固定資産税課長＝統括課長）古谷野一夫▽足立都税事務所固定資産税課長（荒川都税事務所総務課長＝統括課長）盛田宇佐美▽足立都税事務所固定資産評価課長（主税局資産税部計画課課長補佐）◎岡倉健一▽町田都税支所長（豊島都税事務所固定資産税課長）飯塚三郎▽立川都税事務所事業税課長（杉並都税事務所総務課課長補佐）◎齋藤俊希▽立川都税事務所徴収課長（新宿都税事務所徴収課専門副参事＝滞納整理担当）江沢博▽小平都税支所長（渋谷都税事務所事業税課長＝統括課長）佐藤榮作▽都税総合事務センター総務課長（主税局総務部副参事＝東京税務協会派遣）真田正則▽主税局総務部副参事＝東京税務協会派遣（北都税事務所徴収課長）武藤隆▽主税局総務部副参事＝東京税務協会派遣（中野都税事務所事業税課長）竝木静子▽主税局総務部副参事＝東京税務協会派遣（江戸川都税事務所事業税課長）木下昇一郎▽主税局税制部専門副参事＝情報処理担当（主税局税制部システム管理課専門副参事＝情報処理担当）三井文則▽主税局資産税部専門副参事＝資産評価担当（主税局資産税部固定資産評価課専門副参事＝資産評価担当）村松章▽主税局資産税部専門副参事＝資産評価担当（主税局資産税部固定資産評価課専門副参事＝資産評価担当）石塚克義▽主税局資産税部専門副参事＝資産評価担当（主税局資産税部固定資産税課課長補佐）◎梶原正樹▽主税局資産税部専門副参事＝資産評価担当（主税局資産税部固定資産評価課専門副参事＝資産評価担当）花輪知義▽主税局資産税部専門副参事＝資産評価担当（主税局資産税部固定資産評価課専門副参事＝資産評価担当）永嶋美男▽主税局資産税部専門副参事＝資産評価担当（主税局資産税部固定資産評価課専門副参事＝資産評価担当）朝岡清志▽主税局資産税部専門副参事＝資産評価担当（主税局資産税部固定資産評価課専門副参事＝資産評価担当）谷中美佐子▽主税局資産税部専門副参事＝資産評価担当（主税局資産税部固定資産評価課専門副参事＝資産評価担当）神立秀雄▽主税局資産税部専門副参事＝資産評価担当（主税局資産税部固定資産評価課専門副参事＝資産評価担当）大澤昇▽主税局資産税部専門副参事＝資産評価担当（主税局資産税部固定資産評価課専門副参事＝資産評価担当）金子利三▽主税局資産税部専門副参事＝資産評価担当（主税局資産税部固定資産評価課専門副参事＝資産評価担当）金剛寺昭夫▽主税局資産税部専門副参事＝資産評価担当（主税局資産税部固定資産評価課課長補佐）◎和田稔偉▽主税局資産税部専門副参事＝資産評価担当（主税局資産税部固定資産評価課専門副参事＝資産評価担当）三好正秋▽主税局資産税部専門副参事＝資産評価担当（主税局資産税部計画課課長補佐）◎吉田和博▽主税局資産税部専門副参事＝資産評価担当（主税局資産税部固定資産評価課専門副参事＝資産評価担当）末吉廣士▽主税局徴収部専門副参事＝滞納整理担当（主税局徴収部徴収指導課専門副参事＝滞納整理担当）新部義博▽主税局徴収部専門副参事＝滞納整理担当（主税局徴収部個人都民税対策室専門副参事＝滞納整理担当）大澤操▽主税局徴収部専門副参事＝滞納整理担当（主税局徴収部機動整理課専門副参事＝滞納整理担当）窪田寛司▽千代田都税事務所専門副参事＝滞納整理担当（世田谷都税事務所徴収課専門副参事＝滞納整理担当）井上啓子▽中央都税事務所専門副参事＝滞納整理担当（中央都税事務所徴収課専門副参事＝滞納整理担当）豊田眞佐子▽港都税事務所専門副参事＝法人調査担当（中央都税事務所法人事業税課課長補佐）◎佐藤不二夫▽港都税事務所専門副参事＝滞納整理担当（港都税事務所徴収課専門副参事＝滞納整理担当）上田陸男▽新宿都税事務所専門副参事＝滞納整理担当（主税局徴収部機動整理課課長補佐）◎榊原豊▽江東都税事務所専門副参事＝滞納整理担当（渋谷都税事務所徴収課専門副参事＝滞納整理担当）金丸克己▽渋谷都税事務所専門副参事＝滞納整理担当（主税局徴収部機動整理課課長補佐）◎佐々木満喜与▽杉並都税事務所専門副参事＝滞納整理担当（主税局徴収部徴収指導課課長補佐）◎渡部純一▽板橋都税事務所専門副参事＝滞納整理担当（立川都税事務所徴収課専門副参事＝滞納整理担当）肥沼俊夫▽練馬都税事務所専門副参事＝滞納整理担当（練馬都税事務所徴収課専門副参事＝滞納整理担当）我妻輝光▽葛飾都税事務所専門副参事＝滞納整理担当（葛飾都税事務所徴収課専門副参事＝滞納整理担当）野村一光▽立川都税事務所専門副参事＝滞納整理担当（杉並都税事務所徴収課専門副参事＝滞納整理担当）富田孝司▽生活文化スポーツ局広報広聴部広報企画担当課長（知事本局企画調整部副参事＝大都市行政担当）中村ゆかり▽生活文化スポーツ局広報広聴部都民の声課長（生活文化スポーツ局私学部指導担当課長）伊藤聡▽生活文化スポーツ局都民生活部公益法人制度改革担当課長（労働委員会事務局審査調整室審査担当課長）古村佐栄子▽生活文化スポーツ局都民生活部男女平等参画室長（生活文化スポーツ局広報広聴部副参事＝広報企画担当）臼井きく子▽生活文化スポーツ局文化振興部文化事業課長（生活文化スポーツ局総務部副参事＝広報担当）工藤穣治▽生活文化スポーツ局スポーツ振興部スポーツ事業課長（生活文化スポーツ局スポーツ振興部東京マラソン事業担当課長）早崎道晴▽生活文化スポーツ局消費生活部局務担当課長＝計量検定所検定課長（生活文化スポーツ局消費生活部局務担当課長＝計量検定所指導課長）山中信義▽生活文化スポーツ局総務部副参事＝広報担当（荒川都税事務所徴収課長）大島塔子▽生活文化スポーツ局総務部副参事＝企画担当（中野区子ども家庭部子育て支援担当課長＝子ども家庭支援センター所長兼務）馬神祥子▽生活文化スポーツ局広報広聴部副参事＝東京ＰＲ担当（生活文化スポーツ局総務部副参事＝企画担当）吉村幸子▽生活文化スポーツ局消費生活部副参事＝調査担当（生活文化スポーツ局文化振興部副参事＝東京都歴史文化財団派遣）大野正隆▽生活文化スポーツ局消費生活部副参事＝商品事故分析担当（生活文化スポーツ局都民生活部旅券課有楽町分室長）池田宏子▽生活文化スポーツ局私学部副参事＝指導担当（生活文化スポーツ局スポーツ振興部副参事＝競技力向上担当）三木明香▽生活文化スポーツ局文化振興部副参事＝文化政策担当（生活文化スポーツ局文化振興部副参事＝文化施設調査担当）松下裕子▽生活文化スポーツ局文化振興部副参事＝文化施設担当（生活文化スポーツ局文化振興部副参事＝文化施設改革担当）小野由紀▽生活文化スポーツ局スポーツ振興部副参事＝競技力向上担当（生活文化スポーツ局文化振興部副参事＝文化政策担当）井上佳昭▽生活文化スポーツ局スポーツ振興部副参事＝東京マラソン事業担当（㈱東京臨海ホールディングス派遣）小林洋行▽生活文化スポーツ局スポーツ振興部副参事＝東京大マラソン祭り担当（人事委員会事務局試験室副参事＝研究調査担当）船木克彦▽生活文化スポーツ局都民生活部旅券課有楽町分室長（生活文化スポーツ局都民生活部旅券課池袋分室長）田中啓介▽生活文化スポーツ局都民生活部旅券課池袋分室長（青少年・治安対策本部総合対策部青少年課長補佐）◎江寺恭子▽生活文化スポーツ局文化振興部副参事＝東京都歴史文化財団派遣（港区総合経営部人権・男女平等参画担当課長）小野寺信子▽生活文化スポーツ局文化振興部副参事＝東京都歴史文化財団派遣（生活文化スポーツ局総務部総務課課長補佐）◎宮永浩美▽生活文化スポーツ局文化振興部副参事＝東京都歴史文化財団派遣（生活文化スポーツ局私学部私学振興課課長補佐）◎松井真司▽生活文化スポーツ局スポーツ振興部副参事＝東京都スポーツ文化事業団派遣（生活文化スポーツ局都民生活部管理法人課課長補佐）◎筑井賢次▽生活文化スポーツ局私学部副参事＝東京都私学財団派遣（稔ケ丘高等学校経営企画課長）山本広子▽生活文化スポーツ局スポーツ振興部副参事＝東京都体育協会派遣（生活文化スポーツ局文化振興部副参事＝東京都歴史文化財団派遣）佐藤茂樹▽都市整備局総務部職員課長（港湾局臨海開発部誘致促進課長）宮城俊弥▽都市整備局住宅政策推進部地域住宅課長（都市整備局市街地整備部販売担当課長）宮内和宏▽都市整備局市街地整備部民間開発課長（都市整備局都営住宅経営部副参事＝改善計画担当）直井亨▽都市整備局市街地整備部臨海部担当課長（都市整備局市街地整備部副参事＝臨海部担当）山口省三▽都市整備局市街地建築部建設業課長（都市整備局総務部契約調整担当課長）寺内定雄▽都市整備局都営住宅経営部経営企画課長（都市整備局都営住宅経営部住宅整備課長）堀真▽都市整備局都営住宅経営部管理企画担当課長（都市整備局都営住宅経営部副参事＝管理企画担当）田中彰▽都市整備局都営住宅経営部住宅整備課長（都市整備局市街地建築部建設業課長）菊澤道生▽都市整備局総務部副参事＝契約調整担当（都市整備局住宅政策推進部副参事＝適正取引促進担当）奥村勲▽都市整備局都市づくり政策部副参事＝特命担当（練馬区教育委員会事務局学校教育部施設課長）細川保雄▽都市整備局住宅政策推進部副参事＝適正取引促進担当（水道局杉並東営業所長）渡邉誠▽都市整備局都市基盤部副参事＝局務担当（建設局道路建設部計画課課長補佐）◎佐久間巧成▽都市整備局市街地整備部副参事＝街路沿道整備担当（第二区画整理事務所工事課長）朝山勉▽都市整備局市街地整備部副参事＝販売担当（首都高速道路㈱派遣）横山清▽都市整備局都営住宅経営部副参事＝改善計画担当（東部住宅建設事務所建設課長）青柳一彦▽第一区画整理事務所換地課長（都市整備局市街地整備部副参事＝小金井市派遣）土橋秀規▽第二区画整理事務所工事課長（足立区都市整備部市街地整備・立体化推進室長付副参事＝鉄道立体化）三宮隆▽東部住宅建設事務所建設課長（北区まちづくり部十条まちづくり担当課長）渡辺正信▽都市整備局総務部副参事＝東京都住宅供給公社派遣（財務局建築保全部庁舎管理課課長補佐）◎坂口孝義▽㈱建設資源広域利用センター派遣（水道局西部支所給水課課長補佐）◎山本克己▽㈱建設資源広域利用センター派遣（港湾局港湾整備部建設調整課課長補佐）◎白岩一晶▽多摩都市モノレール㈱派遣（都市整備局都市基盤部調整課課長補佐）◎小林実▽東京臨海高速鉄道㈱派遣（都市整備局総務部総務課課長補佐）◎鈴木康孝▽首都高速道路㈱派遣（議会局議事部議事課課長補佐）◎井坂誠▽都市整備局市街地整備部副参事＝小金井市派遣（都市整備局市街地整備部企画課課長補佐）◎武田光一▽都市整備局市街地整備部副参事＝西東京市派遣（都市整備局総務部企画経理課課長補佐）◎小川和雄▽都市整備局総務部専門副参事＝建築構造担当（都市整備局総務部技術管理課専門副参事＝建築構造担当）中村春枝▽都市整備局市街地整備部専門副参事＝換地計画担当（都市整備局市街地整備部区画整理課専門副参事＝換地計画担当）栗阪伸生▽都市整備局市街地整備部専門副参事＝権利変換担当（都市整備局市街地整備部再開発課専門副参事＝権利変換担当）半代修▽都市整備局市街地建築部専門副参事＝建築構造担当（都市整備局市街地建築部建築指導課専門副参事＝建築構造担当）望月国宏▽第一区画整理事務所専門副参事＝換地計画担当（第二区画整理事務所換地課専門副参事＝換地計画担当）柳修▽第二区画整理事務所専門副参事＝換地計画担当（都市整備局市街地整備部区画整理課課長補佐）◎原和義▽再開発事務所専門副参事＝用地担当（建設局用地部調整課専門副参事＝用地担当）平沢正英▽再開発事務所専門副参事＝権利変換担当（再開発事務所事業課専門副参事＝権利変換担当）小林勇▽多摩建築指導事務所専門副参事＝建築構造担当（多摩建築指導事務所建築指導第一課専門副参事＝建築構造担当）小菅忠晴▽多摩建築指導事務所専門副参事＝建築構造担当（多摩建築指導事務所建築指導第二課専門副参事＝建築構造担当）金谷輝範▽環境局都市地球環境部温暖化対策担当課長（環境局都市地球環境部副参事＝温暖化対策担当）小川謙司▽環境局環境改善部計画課長（環境局廃棄物対策部一般廃棄物対策課長）村田政則▽環境局環境改善部化学物質対策課長（環境局環境改善部有害化学物質対策課長）保坂幸尚▽環境局自動車公害対策部交通量対策課長（廃棄物埋立管理事務所施設課長）横山英範▽環境局廃棄物対策部一般廃棄物対策課長（知事本局企画調整部政策情報担当課長）松下明男▽環境局環境政策部副参事＝環境政策担当（総務局勤労部副参事＝労務情報担当）木村健治▽多摩環境事務所環境改善課長（健康安全研究センター多摩支所広域監視課長）齊藤祐磁▽廃棄物埋立管理事務所施設課長（人事委員会事務局試験室副参事＝研究調査担当）中村圭一▽環境局環境政策部副参事＝東京都環境整備公社派遣（環境局廃棄物対策部副参事＝東京都環境整備公社派遣）横山正彦▽環境局環境政策部副参事＝東京都環境整備公社派遣（財務局建築保全部副参事＝機械技術担当）高橋一之▽環境局都市地球環境部副参事＝東京都環境整備公社派遣（環境局都市地球環境部計画調整課課長補佐）◎木村真弘▽福祉保健局総務部企画計理課長（福祉保健局総務部企画課長）後藤啓志▽福祉保健局総務部企画担当課長（福祉保健局総務部副参事＝事業調整担当）西村信一▽福祉保健局指導監査部指導調整課長（福祉保健局高齢社会対策部在宅支援課長）村田由佳▽福祉保健局指導監査部指導第三課長（福祉保健局保健政策部医療助成課長）金井克之▽福祉保健局医療政策部医療安全課長（福祉保健局少子社会対策部子ども医療課長）山川博之▽福祉保健局保健政策部健康推進課長（北区健康福祉部保健予防課長）矢内真理子▽福祉保健局保健政策部医療助成課長（福祉保健局生活福祉部山谷対策担当課長）穴田和男▽福祉保健局保健政策部国民健康保険課長（福祉保健局生活福祉部国民健康保険課長）獅子野秀美▽福祉保健局生活福祉部生活支援課長（福祉保健局少子社会対策部副参事＝非行児童支援担当）多田菜穂▽福祉保健局生活福祉部山谷対策・自立支援担当課長（福祉保健局生活福祉部副参事＝自立支援担当）廣川清己▽福祉保健局高齢社会対策部計画課長（福祉保健局高齢社会対策部施設支援課長）小室明子▽福祉保健局高齢社会対策部在宅支援課長（福祉保健局生活福祉部副参事＝連絡調整担当）坂本博文▽福祉保健局高齢社会対策部施設支援課長（福祉保健局障害者施策推進部副参事＝事業調整担当）山口信久▽福祉保健局少子社会対策部計画課長（福祉保健局障害者施策推進部自立生活支援課長）小林幸男▽福祉保健局少子社会対策部子育て支援課長（総務局首都大学支援部大学調整課長）稲葉薫▽福祉保健局少子社会対策部子ども医療課長（多摩立川保健所保健対策課長）成田友代▽福祉保健局障害者施策推進部計画課長（福祉保健局総務部計理課長）望月秀夫▽福祉保健局障害者施策推進部自立生活支援課長（福祉保健局指導監査部指導第三課長）水野眞▽福祉保健局障害者施策推進部居住支援課長（福祉保健局総務部副参事＝研修担当）坂本尚史▽福祉保健局健康安全部薬事監視課長（福祉保健局健康安全室薬事監視課長）古屋正裕▽福祉保健局健康安全部環境保健課長（福祉保健局保健政策部副参事＝保健所調整担当）高橋博則▽福祉保健局健康安全部感染症対策課長（福祉保健局医療政策部医療安全課長）大井洋▽福祉保健局保健政策部局務担当課長＝南多摩保健所生活環境安全課長（福祉保健局健康安全室環境保健課長）芦野研治▽福祉保健局高齢社会対策部局務担当課長＝東村山老人ホーム養護第一課長（福祉保健局高齢社会対策部局務担当課長＝板橋ナーシングホーム介護第二課長）飯田真美▽福祉保健局総務部副参事＝区市町村連絡調整担当（産業労働局商工部副参事＝地方独立行政法人東京都立産業技術研究センター派遣）柏原弘幸▽福祉保健局総務部副参事＝事業調整担当（人事委員会事務局任用公平部副参事＝制度改革担当）渋谷恵美▽福祉保健局総務部副参事＝連絡調整担当（福祉保健局少子社会対策部副参事＝虐待対策・養育家庭担当）山川浩子▽福祉保健局総務部副参事＝研修担当（大塚病院事務局庶務課長）田中徹▽福祉保健局医療政策部副参事＝医療改革推進担当（福祉保健局生活福祉部副参事＝医療費適正化担当）櫻井幸枝▽福祉保健局保健政策部副参事＝保健所調整担当（病院経営本部経営企画部副参事＝医療人材担当）平山信夫▽福祉保健局保健政策部副参事＝健康づくり担当（特別区人事・厚生事務組合特別区人事委員会事務局給与課長）近藤匠▽福祉保健局保健政策部副参事＝医療費適正化担当（福祉保健局保健政策部副参事＝健康づくり担当）前川久恵▽福祉保健局少子社会対策部副参事＝児童相談所改革担当（北療育医療センター城南分園次長）國吉富美子▽福祉保健局少子社会対策部副参事＝次世代育成支援担当（福祉保健局生活福祉部副参事＝東京都後期高齢者医療広域連合派遣）加藤みほ▽福祉保健局少子社会対策部副参事＝特命担当（福祉保健局少子社会対策部副参事＝児童相談所改革担当）木村桂子▽福祉保健局少子社会対策部副参事＝特命担当（福祉保健局少子社会対策部副参事＝事業調整担当）松原かおり▽福祉保健局障害者施策推進部副参事＝事業調整担当（東京オリンピック招致本部企画部副参事＝企画広報担当）竹間みつる▽福祉保健局障害者施策推進部副参事＝就労支援担当（福祉保健局障害者施策推進部副参事＝制度改革担当）高橋裕恵▽福祉保健局障害者施策推進部副参事＝都立施設改革担当（板橋区児童女性部男女社会参画課長）太田洋子▽福祉保健局障害者施策推進部副参事＝事業推進担当（福祉保健局総務部副参事＝事業推進担当）岩谷智子▽福祉保健局障害者施策推進部副参事＝事業推進担当（福祉保健局総務部職員課長補佐）◎北島隆▽福祉保健局健康安全部副参事＝健康危機管理推進担当（健康安全研究センター企画管理部計画調整課長）野口かほる▽福祉保健局健康安全部副参事＝食品医薬品情報担当（福祉保健局健康安全室副参事＝食品医薬品情報担当）金谷和明▽福祉保健局健康安全部副参事＝食品危機管理担当（芝浦食肉衛生検査所管理課長）山下千恵▽福祉保健局健康安全部副参事＝特命担当（福祉保健局健康安全室副参事＝食品危機管理担当）阿部則雄▽福祉保健局健康安全部副参事＝連絡調整担当（福祉保健局健康安全室副参事＝連絡調整担当）中島二三男▽福祉保健局健康安全部副参事＝エイズ・新興感染症担当（福祉保健局健康安全室副参事＝エイズ・新興感染症担当）野原永子▽福祉保健局健康安全部副参事＝事業推進担当（福祉保健局健康安全室副参事＝健康危機管理推進担当）本多由紀子▽監察医務院事務長（島しよ保健所総務課長）中谷勝▽荏原看護専門学校副校長（東村山老人ホーム管理課長）坂上実▽青梅看護専門学校副校長（江戸川区教育委員会事務局中央図書館長）市川佳子▽板橋看護専門学校副校長（中央卸売市場事業部業務課長補佐）◎長田泰幸▽南多摩保健所企画調整課長（南多摩保健所企画調整課長＝統括課長）風間彰▽多摩小平保健所企画調整課長（児童相談センター事業課長）中川猛▽板橋ナーシングホーム介護保健課長（福祉保健局生活福祉部副参事＝城北労働・福祉センター派遣）関口賢司▽板橋ナーシングホーム介護課長（東村山老人ホーム養護第一課長）銀林純子▽東村山老人ホーム管理課長（福祉保健局障害者施策推進部副参事＝都立施設改革担当）仁和良介▽老人医療センター事務局管理課長（老人医療センター事務局医事課長）末村智子▽老人医療センター事務局医事課長（生活文化スポーツ局総務部企画計理課課長補佐）◎馬場美紀▽児童会館長（福祉保健局総務部副参事＝東京都高齢者研究・福祉振興財団派遣）梶野京子▽女性相談センター多摩支所長（福祉保健局障害者施策推進部副参事＝東京都社会福祉事業団派遣）佐伯克子▽児童相談センター事業課長（福祉保健局生活福祉部副参事＝城北労働・福祉センター派遣）石岡富士雄▽品川児童相談所長（墨田児童相談所長）元屋恵子▽杉並児童相談所長（福祉保健局少子社会対策部育成支援課長補佐）◎木全玲子▽墨田児童相談所長（八王子児童相談所長）江角義男▽小平児童相談所長（墨田区福祉保健部障害者福祉課長）栗原博▽八王子児童相談所長（世田谷児童相談所長）外川達也▽足立児童相談所長（北区健康福祉部生活福祉課長）前川広宇見▽世田谷児童相談所長（品川児童相談所長）和田芳子▽心身障害者福祉センター障害認定課長（福祉保健局障害者施策推進部副参事＝東京都社会福祉事業団派遣）平塚邦凡▽心身障害者福祉センター自立支援課長（心身障害者福祉センター障害認定課長）橋本茂夫▽北療育医療センター城南分園次長（福祉保健局総務部職員課課長補佐）◎木原弘子▽多摩療育園事務長（荏原看護専門学校副校長）吉田廣通▽健康安全研究センター企画管理部管理課長（健康安全研究センター企画管理部庶務課長）池田誠▽健康安全研究センター多摩支所庶務課長（女性相談センター多摩支所長）鈴木教子▽健康安全研究センター多摩支所広域監視課長（南多摩保健所生活環境安全課長）藤田満▽福祉保健局総務部副参事＝東京都高齢者研究・福祉振興財団派遣（福祉保健局少子社会対策部子育て支援課長補佐）◎青木ゆうこ▽福祉保健局生活福祉部副参事＝城北労働・福祉センター派遣（東村山ナーシングホーム介護保健課長）菅原正幸▽福祉保健局生活福祉部副参事＝城北労働・福祉センター派遣（児童会館長）日下清▽福祉保健局総務部副参事＝東京都社会福祉事業団派遣（下水道局総務部総務課課長補佐）◎大場雄二郎▽福祉保健局障害者施策推進部副参事＝東京都社会福祉事業団派遣（福祉保健局少子社会対策部局務担当課長＝杉並児童相談所長）田城利明▽福祉保健局障害者施策推進部副参事＝東京都社会福祉事業団派遣（職員共済組合事務局管理部総務課課長補佐）◎鈴木基成▽福祉保健局障害者施策推進部副参事＝東京都社会福祉事業団派遣（福祉保健局少子社会対策部育成支援課課長補佐）◎大浦俊哉▽福祉保健局保健政策部副参事＝東京都国民健康保険団体連合会派遣（福祉保健局生活福祉部副参事＝東京都国民健康保険団体連合会派遣）諸星岳仁▽福祉保健局保健政策部副参事＝東京都後期高齢者医療広域連合派遣（墨田区福祉保健部高齢者福祉担当高齢者福祉課長）藤春加代子▽福祉保健局指導監査部専門副参事＝医事担当（福祉保健局指導監査部指導第三課専門副参事＝医事担当）三口信次▽老人医療センター事務局専門副参事＝医事担当（職員共済組合青山病院医事課専門副参事＝医事担当）桐ヶ谷孝▽児童相談センター専門副参事＝児童福祉相談担当（立川児童相談所課長補佐）◎影山孝▽産業労働局総務部連絡調整担当課長（産業労働局総務部副参事＝連絡調整担当）渡辺由佳▽産業労働局商工部地域産業振興課長（産業労働局商工部副参事＝中小企業振興対策担当）小金井毅▽産業労働局金融部金融課長（産業労働局商工部海外企業誘致担当課長）鈴木誠司▽産業労働局金融部融資制度・債権管理担当課長（産業労働局総務部副参事＝産業政策担当）浦崎秀行▽産業労働局観光部シティセールス担当課長（産業労働局観光部副参事＝シティセールス担当）池上晶子▽産業労働局農林水産部調整課長（産業労働局商工部地域産業振興課長）山巻毅▽産業労働局農林水産部農業基盤整備担当課長（産業労働局農林水産部副参事＝農業基盤整備担当）内田敏夫▽産業労働局農林水産部水産課長（産業労働局農林水産部副参事＝団体経営改善推進担当）駒治徳▽産業労働局農林水産部森林課長（森林事務所保全課長）植竹一郎▽産業労働局農林水産部花粉症対策担当課長（産業労働局農林水産部副参事＝花粉症対策担当）小川高宜▽産業労働局雇用就業部連絡調整担当課長（青少年・治安対策本部総合対策部交通安全課長）板谷明▽産業労働局雇用就業部就業推進課長（厚生労働省大臣官房人事課長補佐）飯田剛▽産業労働局雇用就業部能力開発課長（産業労働局雇用就業部連絡調整担当課長）林俊文▽産業労働局総務部副参事＝企画担当（産業労働局観光部副参事＝東京観光財団派遣）糸井義明▽産業労働局総務部副参事＝産業政策担当（産業労働局総務部副参事＝改革担当）杉野茂樹▽産業労働局商工部副参事＝中小企業振興対策担当（産業労働局金融部副参事＝債権管理担当）佐藤成知▽産業労働局商工部副参事＝海外企業誘致担当（練馬区環境まちづくり事業本部都市整備部建築調整課長）寺澤英之▽産業労働局農林水産部副参事＝団体経営改善推進担当（農業振興事務所農務課長）龍野功▽農業振興事務所農務課長（大島支庁産業課長）朝長信次▽森林事務所保全課長（森林事務所森林産業課長）小野敏正▽森林事務所森林産業課長（産業労働局農林水産部森林課長補佐）◎斉藤孝▽労働相談情報センター大崎事務所長（労働相談情報センター亀戸事務所長）宮本啓子▽労働相談情報センター池袋事務所長（城東職業能力開発センター台東分校長＝皮革技術センター台東支所長兼務）長谷川辰次▽労働相談情報センター亀戸事務所長（産業労働局商工部副参事＝東京都中小企業振興公社派遣）桐ケ谷英明▽中央・城北職業能力開発センター人材育成課長（産業労働局金融部監理課長補佐）◎鈴木真人▽城東職業能力開発センター江戸川校長（東京障害者職業能力開発校教務課長）河内隆廣

（6面につづく）

退職

3月31日付

【局長級】▽東京消防庁理事＝東京消防庁総務部長　佐竹哲男

【部長級】▽総務局行政改革推進部長　松崎茂▽地方公務員災害補償基金東京都支部事務長　三島康雄▽監察員　久我憲一▽監察員　米原亮三▽総務局参事＝特命担当　山手秀雄▽大島支庁長　三浦和夫▽総務局参事＝統計部調整課長　金打光博▽財務局参事＝建築保全部工務課長　伊藤勝春▽主税局局務担当部長＝中央都税事務所長　後関治久▽主税局局務担当部長＝港都税事務所長　井口正二▽主税局局務担当部長＝新宿都税事務所長　杉浦謙二▽主税局局務担当部長＝世田谷都税事務所長　谷口廣見▽台東都税事務所長　萬年英介▽大田都税事務所長　田中修▽杉並都税事務所長　星野浩▽主税局参事＝都税総合事務センター多摩自動車税事務所長事務取扱　柘知行▽主税局参事＝都税総合事務センター八王子自動車税事務所長事務取扱　大波幸一▽主税局参事＝都税総合事務センター総務課長　長田春夫▽生活文化スポーツ局広報広聴部長　和田正幸▽生活文化スポーツ局文化振興部長　杉谷正則▽生活文化スポーツ局参事＝東京都歴史文化財団派遣　木村俊弘▽生活文化スポーツ局参事＝東京都スポーツ文化事業団派遣　井門哲二▽都市整備局多摩ニュータウン事業担当部長　今井光▽都市整備局参事＝第一区画整理事務所換地課長　霜田宜久▽環境局局務担当部長　廣部充美▽環境局参事＝特命担当　満入茂▽東村山老人ホーム所長　中島誠司▽老人医療センター事務局長　長沼君夫▽萩山実務学校長　岩田久▽児童相談センター次長　中島滋夫▽福祉保健局参事＝心身障害者福祉センター多摩支所長事務取扱　木川幸子▽健康安全研究センター企画管理部長　小室匠▽福祉保健局参事＝東京都社会福祉事業団派遣　清水克則▽福祉保健局参事＝老人医療センター事務局管理課長　吉原健▽福祉保健局参事＝多摩療育園事務長　清水健一▽産業労働局観光部長　中尾根明子▽森林事務所長　隅谷壽夫▽産業労働局参事＝雇用就業部局務担当課長＝城東職業能力開発センター江戸川校長　高橋公夫▽産業労働局参事＝中央・城北職業能力開発センター高年齢者校長　三ツ邑義晴▽西多摩建設事務所長　柴田賢次（3月30日付）▽南多摩東部建設事務所長　平田信幸▽南多摩西部建設事務所副所長兼庶務課長　鈴木秀男▽建設局参事＝東京動物園協会派遣　小宮輝之▽東京港建設事務所副所長兼庶務課長　宇中道雄▽会計管理局参事＝管理部検査担当課長　西尾信郎▽広尾病院事務局長　吉野雅文▽病院経営本部参事＝経営企画部局務担当課長＝東京都保健医療公社派遣　泉川満▽中央卸売市場参事＝淀橋市場場長事務取扱　倉持光男▽交通局参事＝馬喰駅務管理所長事務取扱　野口恒男▽交通局参事＝江戸川自動車営業所長事務取扱　平井滋樹▽水道局企画担当部長　鈴木慶一▽下水道局局務担当部長　大西登喜雄▽下水道局北部第二管理事務所長　西村球春▽下水道局南部建設事務所長　高橋眞一▽教育庁特別支援教育推進担当部長　荒屋文人

【統括課長級】▽副監察員　落合英明▽副監察員　河南信行▽総務局勤労部局務担当課長＝東京都福利厚生事業団派遣　粟山稔▽千代田都税事務所固定資産税課長　古谷野一夫▽新宿都税事務所事業税課長　石井利一▽渋谷都税事務所事業税課長　佐藤榮作▽北都税事務所事業税課長　房野良広▽荒川都税事務所総務課長　盛田宇佐美▽荒川都税事務所事業税課長　高山猛▽府中都税支所長　湯川容次▽小平都税支所長　小野雅司▽生活文化スポーツ局消費生活部商品事故分析担当課長　芳賀和義▽環境局環境政策部副参事＝東京都環境整備公社派遣　佐野ウララ▽南多摩保健所企画調整課長　風間彰▽板橋ナーシングホーム副所長兼介護保健課長　大江良信▽労働相談情報センター大崎事務所長　小川芳夫▽多摩職業能力開発センター武蔵野校長　奥脇徳人▽第六建設事務所庶務課長　林眞一郎▽南多摩東部建設事務所管理課長　野崎進一▽議会局管理部秘書課長　須田敏

【課長級】▽副監察員　村田稔▽副監察員　大関潔▽総務局人権部副参事＝東京都人権啓発センター派遣　笠間七郎▽総務局首都大学支援部大学調整課専門副参事＝公立大学法人首都大学東京派遣　榎本惺▽職員共済組合事務局管理部副参事＝資金運用担当　坂本澄夫▽財務局財産運用部調整担当課長　直井修▽主税局総務部職員課長　澤田和英▽中央都税事務所事業税課長　新江炳▽文京都税事務所事業税課長　富澤憲太郎▽墨田都税事務所事業税課長　岩出孝弘▽江東都税事務所固定資産税課長　松本雅行▽大田都税事務所徴収課長　神宮司正巳▽豊島都税事務所事業税課長　吉田邦博▽豊島都税事務所徴収課長　小山裕▽練馬都税事務所固定資産税課長　松浦宏之▽足立都税事務所事業税課長　吉村純一▽足立都税事務所固定資産税課長　川部和信▽主税局資産税部固定資産評価課専門副参事＝資産評価担当　町田義▽主税局資産税部固定資産評価課専門副参事＝資産評価担当　池田哲夫▽主税局資産税部固定資産評価課専門副参事＝資産評価担当　小泉悦憲▽主税局徴収部機動整理課専門副参事＝滞納整理担当　秋間正▽千代田都税事務所徴収課専門副参事＝滞納整理担当　村山泰雄▽江東都税事務所徴収課専門副参事＝滞納整理担当　三木良男▽板橋都税事務所徴収課専門副参事＝滞納整理担当　木下睦隆▽足立都税事務所徴収課専門副参事＝滞納整理担当　藤原勲▽生活文化スポーツ局広報広聴部都民の声課長　大野金司▽計量検定所検定課長　田中正憲▽生活文化スポーツ局私学部副参事＝東京都私学財団派遣　渡邉治▽都市整備局住宅政策推進部地域住宅課長　向田忠臣▽第二区画整理事務所換地課専門副参事＝換地計画担当　池田悠一▽再開発事務所補償課専門副参事＝用地担当　鶴田泰司▽環境局環境改善部特命担当課長　芳賀道子▽環境局環境政策部局務担当課長＝多摩環境事務所環境改善課長　宮川正孝▽環境局都市地球環境部局務担当課長　吉田眞▽福祉保健局少子社会対策部計画課長　角田康一▽福祉保健局障害者施策推進部居住支援課長　石川守▽青梅看護専門学校副校長　三宅康雄▽板橋ナーシングホーム介護第一課長　猪原茂吉▽健康安全研究センター多摩支所庶務課長　松野宏倫▽福祉保健局総務部副参事＝東京都医学研究機構派遣　長塚友次▽福祉保健局障害者施策推進部副参事＝東京都社会福祉事業団派遣　佐柳忠晴▽産業労働局農林水産部水産課長　山崎勇▽産業労働局雇用就業部就業推進課長　尾田進▽中央・城北職業能力開発センター人材育成課長　飯島庸治▽中央・城北職業能力開発センター有明分校長　小杉吉武▽産業労働局農林水産部副参事＝東京都農林水産振興財団派遣　中村幸夫▽建設局総務部局務担当課長＝第二建設事務所工事課長　米沢彰三▽第二建設事務所管理課長　井上秀夫▽第三建設事務所管理課長　海老原正春▽西多摩建設事務所補修課長　中山哲▽南多摩西部建設事務所用地課長　矢島大資▽建設局公園緑地部副参事＝東京都公園協会派遣　保谷博▽建設局公園緑地部副参事＝東京都公園協会派遣　森田隆司▽建設局公園緑地部副参事＝東京動物園協会派遣　小山雅文▽第二建設事務所用地課専門副参事＝用地担当　田辺和幸▽第六建設事務所用地課専門副参事＝用地担当　林和生▽港湾局臨海開発部副参事＝建築施設計画担当　上野晴雄▽会計管理局管理部副参事＝資金運用担当　菅良彦▽神経病院事務局次長　野口誠▽病院経営本部経営企画部副参事＝東京都保健医療公社派遣　松山正▽中央卸売市場管理部局務担当課長＝築地市場設備課長　坂本孝男▽交通局車両電気部局務担当課長＝浅草線電気管理所長　荻野和夫▽交通局大島乗務管理所長　石毛久男▽交通局清澄乗務管理所長　蓮見照男▽交通局馬込車両検修場長　福田知司▽交通局総務部情報システム課専門副参事＝情報処理担当　明星晴光▽水道局北部支所給水課長　横尾廣之▽教育庁学務部学校健康担当課長　金森実▽教育庁学務部副参事＝調整担当　原島清秀▽教育相談センター次長　湯本三千男▽東部学校経営支援センター管理課長　丹羽康雄▽工業高等専門学校事務室長　安倍恵子▽浅草高等学校経営企画課長　庄村滋丸▽白鴎高等学校経営企画課長　瀬尾和雄▽両国高等学校経営企画課長　下田和義▽武蔵高等学校経営企画課長　安部卓郎▽小石川中等教育学校経営企画課長　北岡文夫▽監査事務局副参事＝監査担当＝事務　冨久増国男

■医師・研究・特別選考職

【専門理事等】▽職員共済組合青山病院長　加賀谷寿孝▽駒込病院長　森武生▽病院経営本部理事＝東京都保健医療公社派遣　森眞由美

【専門参事等】▽福祉保健局参事＝医療機関担当　高木泰▽多摩小平保健所長　百瀬さち▽老人医療センター精神科部長　小山恵子▽老人医療センター整形外科部長　山本精三▽多摩総合精神保健福祉センター所長　伊勢田堯▽健康安全研究センター食品化学部長　安田和男▽健康安全研究センター医薬品部長　齋藤和夫▽健康安全研究センター環境保健部長　上原眞一▽福祉保健局参事＝健康安全研究センター医薬品部医薬品研究科長　安田一郎▽産業労働局参事＝皮革技術センター所長事務取扱　今井哲夫▽産業労働局参事＝東京都農林水産振興財団派遣　村井衛▽駒込病院内科部長　猪熊茂子▽墨東病院看護部長　村川しげ子▽府中病院歯科口腔外科部長　岩本昌平▽梅ケ丘病院副院長　海老島宏

【専門副参事等・統括課長級】▽福祉保健局高齢社会対策部副参事＝東京都高齢者研究・福祉振興財団派遣　阿相皓晃▽島しょ農林水産総合センター振興企画室長　堤清樹▽産業労働局農林水産部副参事＝東京都農林水産振興財団派遣　沼田邦雄▽駒込病院臨床検査科技師長　佐々木吉夫▽駒込病院栄養科長　領家玉子

【専門副参事等・課長級】▽環境局環境政策部副参事＝東京都環境整備公社派遣　横田久司▽環境局環境政策部副参事＝東京都環境整備公社派遣　石井康一郎▽環境局環境政策部副参事＝東京都環境整備公社派遣　中浦久雄▽福祉保健局保健政策部副参事＝地域保健推進担当　藤沢衣佐子▽福祉保健局生活福祉部副参事＝指導検査担当　藤巻博▽町田保健所保健対策課長　齋川紀子▽島しょ保健所小笠原出張所副所長　渡邊喜代子▽老人医療センター放射線診断科技師長　久津間優二▽老人医療センター研究検査科技師長　當眞隆則▽府中療育センター薬剤科長　田中由樹子▽府中療育センター指導科長　津田博紀▽健康安全研究センター微生物部病原細菌研究科長　柳川義勢▽健康安全研究センター微生物部ウイルス研究科長　吉田靖子▽福祉保健局高齢社会対策部副参事＝東京都高齢者研究・福祉振興財団派遣　宮坂京子▽福祉保健局総務部副参事＝東京都医学研究機構派遣　西克典▽農業振興事務所中央農業改良普及センター所長　荒川昭▽産業労働局農林水産部副参事＝東京都農林水産振興財団派遣　合田之久▽産業労働局農林水産部副参事＝東京都農林水産振興財団派遣　加藤哲郎▽産業労働局農林水産部副参事＝東京都農林水産振興財団派遣　橋本智明▽産業労働局農林水産部副参事＝東京都農林水産振興財団派遣　宮尾茂雄▽大塚病院薬剤科長　池田雅子▽大塚病院看護部看護担当科長　石橋佳子▽駒込病院内科医長　居圭揚▽駒込病院皮膚科医長　赤城久美子▽豊島病院内科医長　岩上昌義▽豊島病院内科医長　冨澤珠実▽豊島病院検査科技師長　江原和人▽墨東病院内科医長　秋山暢▽墨東病院内科医長　鎮西亮子▽墨東病院外科医長　田中荘一▽墨東病院婦人科医長　片岡良孝▽墨東病院麻酔科医長　田井重行▽府中病院診療放射線科技師長　高峯正己▽松沢病院薬剤科長　長瀬洋子▽松沢病院栄養科長　野田志摩子▽松沢病院看護部看護担当科長　鈴木京子▽病院経営本部経営企画部副参事＝東京都保健医療公社派遣　井口理▽病院経営本部経営企画部副参事＝東京都保健医療公社派遣　阿部敏▽病院経営本部経営企画部副参事＝東京都保健医療公社派遣　向井峰代▽病院経営本部経営企画部副参事＝東京都保健医療公社派遣　高橋学

（5面からつづく）
▽城東職業能力開発センター台東分校長＝皮革技術センター台東支所長兼務（労働相談情報センター大崎事務所長＝統括課長）小川芳夫▽多摩職業能力開発センター武蔵野校長（労働相談情報センター池袋事務所長）山本誠▽東京障害者職業能力開発校教務課長（産業労働局商工部創業支援課課長補佐）◎堀江和子▽㈱東京ビッグサイト派遣（江東治水事務所水門管理課長）土屋彰夫▽産業労働局商工部副参事＝地方独立行政法人東京都立産業技術研究センター派遣（総務局行政改革推進部監理団体指導課課長補佐）◎小野隆▽産業労働局観光部副参事＝東京観光財団派遣（産業労働局商工部調整課課長補佐）◎平野博▽産業労働局農林水産部副参事＝東京都農林水産振興財団派遣（産業労働局農林水産部調整課課長補佐）◎小澤好春▽産業労働局雇用就業部副参事＝東京しごと財団派遣（知事本局政策部政策課課長補佐）◎小林貴文▽産業労働局雇用就業部副参事＝東京しごと財団派遣（産業労働局総務部総務課課長補佐）◎後藤健祐▽建設局総務部企画計理課長（建設局総務部計理課長）片山謙▽建設局総務部技術管理課長（建設局道路建設部新交通担当課長）新谷景一▽建設局総務部職員課長（建設局用地部調整課長）石内三男▽建設局用地部調整課長（青少年・治安対策本部総合対策部違法駐車対策担当課長）滝澤達▽建設局道路管理部路政課長（建設局公園緑地部公園課長）榎本崇▽建設局道路建設部鉄道立体担当課長（第四建設事務所工事第一課長）加藤昌宏▽建設局道路建設部道路環境担当課長＝環境局自動車公害対策部交通需要マネジメント担当課長兼務（建設局道路建設部副参事＝鉄道立体担当）横井純夫▽建設局公園緑地部公園課長（建設局総務部副参事＝広報広聴担当）古屋留美▽建設局河川部土砂災害対策担当課長（建設局河川部副参事＝総合治水・低地河川防災計画担当）野村隆▽建設局河川部中小河川計画担当課長（建設局河川部副参事＝中小河川計画担当）谷本俊哉▽建設局公園緑地部局務担当課長＝東部公園緑地事務所事業推進課長（港湾局臨海開発部海上公園課長）櫻井國男▽建設局総務部副参事＝広報広聴担当（建設局河川部副参事＝河川管理制度担当）小谷健▽建設局道路管理部副参事＝特命担当（第六建設事務所新交通建設事務所長）相場淳司▽建設局公園緑地部副参事＝指定管理者制度担当（第五建設事務所管理課長）勝見恭子▽建設局公園緑地部副参事＝街路樹担当（北多摩南部建設事務所工事第一課長）砂田覚▽建設局河川部副参事＝河川管理制度担当（建設局河川部副参事＝東京都公園協会派遣）植村敦子▽第一建設事務所用地課長（建設局総務部総務課課長補佐）◎小松正明▽第二建設事務所管理課長（建設局公園緑地部副参事＝東京都公園協会派遣）根津忠士▽第二建設事務所工事課長（建設局総務部副参事＝土木技術センター技術調査課長事務取扱）石坂弘司▽第三建設事務所管理課長（北多摩北部建設事務所管理課長）沼昇▽第三建設事務所

医師・研究・特別選考職

20年度 職員教養講座 ≪38≫

都政事情 ①

はじめに

都管理職選考の筆記考査まで2カ月を切りました。受験生の皆さんは、仕事に加えて試験勉強とお忙しい日々を過ごされていることと思います。

今回から3回にわたり、「都政事情（択一）」について解説します。

都政事情は、出題範囲が明確なため、比較的対策の取りやすい科目と言えます。しかしながら、一口に都政事情といっても関連する内容は膨大で、これらすべてを試験勉強でカバーすることは大変です。普段から都政の動きに目を配り、重要な項目については、その背景や位置付け、今後の方向性等も視野に入れ、出題者が受験生に対してどのような知識を求めているのかを意識して試験対策に取り組んでください。

都政事情は単に択一対策としてではなく、論文対策にも大いに役立ちます。学習にあたっては、都政の課題や課題の背景などをレジュメ形式でまとめておくと論文対策にもなり一石二鳥になりお勧めします。

仕事で忙しい中、試験勉強を進めていくことはなかなか大変なものです、しかしながら、都政への理解を深めることは、日常業務においても不可欠なことですし、今後の業務においても必ずプラスとなるはずです。

まずは日々の生活の中で都政の動きをしっかり捉え、それに加えてポイントを絞った効率的な勉強を行うことで、試験の準備にあたってください。

出題の傾向

1　傾向と対策

今年度から「都政事情」の出題数は、従来のA事務5題、A技術4題から、ともに6題と出題数が増えましたのでぜひとも得点源にしたいところです。なお種別Bについては、択一試験が廃止され、記述試験と論文試験のみとなりました。

出題の範囲ですが、前年の8月から当年の2月までが比較的多いと言えます。特に11月から12月にかけて発表された施策等がよく出題されているようです。

しかしながら、今年度から出題数が増加しているため、時期を絞るのではなく、幅広く都政の動きを押さえておくことが必要です。その上で、都政にとって特に重要度が高いと思われるものについて集中的に学習するようにしてください。

出題の予想にあたっては、知事の施政方針や所信表明、記者会見での冒頭発言などに盛り込まれている事項を中心に予想を立てると良いでしょう。「とちょうーi」の「都政のニュース」や「東京都ホームページ」の「これまでの報道発表」は、都政の動きが簡潔にまとめて掲載されているので参考になります。

ある程度の出題予想を立てた後、各事項について重要なポイントを暗記していきます。暗記すべきポイントとしては、施策や計画であれば、①策定の背景②策定の方針③策定の基本理念・考え方④目標値等⑤特色・特徴――などです。これらを体系的に整理した上で覚えていくと良いでしょう。特にキーワードに注意して暗記するよう心がけてください。

演習問題から始めるというのも有効な方法です。演習問題や過去の問題に先にあたってみることで、出題の傾向が理解できます。これによって、集中的に暗記すべきポイントも、より絞りやすくなります。

演習問題にチャレンジした後は解説を読み、十分に理解できない場合は、全文をインターネットからダウンロードしたり、印刷物を都民情報ルームで購入したりして、より詳細に把握しておく必要があります。

2　過去の出題例

（13年度〜15年度までは、AB共通のみ）

【13年度】
①東京都税制調査会答申（11月）②東京構想2000（12月）③都庁改革アクションプラン―都政改革ビジョンⅠ（12月）④航空政策基本方針（12月）⑤平成13年度当初予算

【14年度】
①平成14年度国の予算編成に対する東京都の提案要求（10月）・第42回7都県市首脳会議（11月）②首都移転の再検証について（10月）③都の行政評価④公益法人等への東京都の職員の派遣等⑤平成14年度当初予算

【15年度】
①第43回7都県市首脳会議（11月）②重要施策および平成15年度重点事業（11月）③アジア大都市ネットワーク21第2回総会（11月）④地震に関する地域危険度測定調査（12月）⑤平年15年度当初予算

【16年度】
①東京都住宅政策審議会答申（8月）②第2次財政再建推進プラン（10月）③第2次都庁改革アクションプラン（11月）④平成16年度重点事業（11月）⑤都立の新しい大学構想（8月）

【17年度】
①小笠原諸島振興開発計画（11月）②都民生活に関する世論調査（11月）③平成17年度重点事業（11月）④平成17年度当初予算⑤第4回アジア大都市ネットワーク21第2回総会（11月）

【18年度】
①行財政改革の新たな指針（11月）②重要施策及び重点事業（12月）③平成18年度予算④東京都国民保護計画（3月）⑤平成16年度東京都人口動態統計年報

【19年度】
①東京都「子どもの生活習慣確立プロジェクト（10月）②東京自治制度懇談会議論のまとめ（11月）③平成19年度重点事業④東京の臨海地域を活動基盤とする監理団体⑤東京マラソン2007（2月）⑥平成19年度予算

過去の出題傾向としては、①基本計画や大綱②重点事業③広域行政④審議会答申、調査報告⑤当初予算――などが多く出題されています。中でも、当初予算については過去8年のうち7年で出題されていますので、必ず目を通しておいてください。

また、重要な施策等については、その内容だけでなく、そこに至る背景や経緯、今後のスケジュールや関連する施策の内容等についても理解しておく必要があります。（例えば、審議会への諮問→審議会の答申→答申を受けての計画立案→計画のフォローアップといった具合です）

問題

【問題 1】

都の平成20年度予算に関する記述として、妥当なのはどれか。

① 一般会計の歳出については、将来にわたり財政需要が増大していく中にあって、施策の目的を確実に実現し、都民サービスを向上させるために、基金の充実などにより財政構造の弾力性を高めた結果、一般会計の歳出は、前年度に比べて減少した。

② 税制改正により法人事業税の減収が想定されるため、減収により行政サービスの低下を招くことがないよう、08年度予算において新たに「法人事業税国税化対策基金」を創設した。

③ 都債の発行については、起債依存度、起債残高ともに国や地方財政計画と比べて極めて低い水準にとどまっており、健全な状態を維持しているが、都債の発行額は、前年度に比べて増加した。

④ 財務局が最終評価を実施した事務事業評価の中で、稲城大橋有料道路事業については、交通量が計画を下回ることにより資金ショートが発生する見込みのため、引き続き有料開放が必要になるとした。

⑤ 施策を所管する各局の自立性を高め、創意工夫による取り組みを推進する観点から、経常的・定型的な経費について、各局が自主的に事業の見直し・再構築を行い、自らの裁量と責任に基づいて経費を見積もる仕組みを導入した。

【問題 2】

昨年12月に都が発表した「子育て応援都市東京・重点戦略」に関する記述として妥当なのはどれか。

① 大都市東京のニーズに即した効果的な子育て支援策を実施していくために、平成19年度に、行政、企業、関係団体、NPOから構成される「子育て応援戦略会議」を設置した。

② この戦略は、「次世代育成支援東京都行動計画」の目標に沿いつつも、喫緊の課題である「働き方の見直しの推進」「子育て支援サービスの改革」「子育てにやさしい環境づくり」の三つの柱を重点的に検討していくものである。

③ 重点戦略4の待機児童解消に向けた取り組みについては、保育サービス拡充緊急3カ年事業において今後3年間で保育サービスの定員1万5000人分を整備することにより、5年後には待機児童を解消し、保育を必要とするすべての人の多様なニーズに対応するとしている。

④ 重点戦略6の総合的な放課後対策の推進として、放課後等の子ども達の安全で健やかな居場所を確保するため、放課後プランの拡充を図り、平成22年度までに放課後子ども教室の全区市町村での実施を目指すとしている。

⑤ 重点戦略11の社会全体で子育てを応援する機運の情勢の中で、子育ての孤立感を解消する方策に関するアンケートに関して、母親の回答としては、「子育てについて相談できる相手が欲しい」「話し相手が欲しい」「育児から解放されて気分転換する時間が欲しい」の順に多くなっている。

解説

【解説 1】　正答⑤

① 一般歳出は、前年度に比べて1・8%増の4兆4137億円となり、3年連続で増となっている。

[illegible]

20年度 特別区 管理職試験講座 8

I類記述 ①

記述式試験の概要

まず皆さんにお話ししておきたいことは、記述式試験の準備を行うことは、日常の仕事に大変役立つということです。この試験は、部長に施策提案書を提出するもので、自分なりにフォーマットを決めて臨めば、それほど難しい内容ではありません。また、誰もが日常業務において報告書などを作成する場合に使っているテクニックを駆使することで、十分に対応できるものです。

それでは、具体的に出題例を紹介します。出題は次の二つのパターンに限定されています。

実際の出題は、1問で、解答用紙はA3版用紙1枚。解答方法は縦でも横でも使用可能です。形式は自由。提示される資料は新聞記事や図表などで、資料数は5〜8、解答時間は2時間となっています。部長に提出する提案書なので、要点を的確に記述し、求められている内容を、論理的に、筋道立てて説明することが肝要です。

◇設問例1〜施策提案型〜

次の資料は、○○○白書（報告書・統計図表・新聞記事等）です。特別区の課長として、資料から読みとれる区政（組織運営上）の課題を設定し、課題を解決するためのいくつかの具体的施策（事務改善策）を立案のうえ、評価して最善策を選択してください。この課題の設定から施策の選択までを部長に提出する提案書としてまとめてください。

【過去の出題例】
○平成14年度
地域と高齢者との協働、活用などに関する施策提案書
○平成15年度
身体運動を通じた区民の健康増進に関する施策提案書
○平成16年度
地域との協働による子育て支援に関する施策提案書
○平成18年度
地域に戻ってくる団塊の世代との協働、活用に関する施策提案書
○平成19年度
地域との協働により、子どもを犯罪から守るための施策提案書

◇設問例2〜事故事件型〜

次の資料は、○○○に関する新聞記事（白書、報告書、統計図表等）です。特別区における○○○を担当する課長として、資料から読みとれる○○○の原因を分析し、これに基づき、事故（事件）を未然に防止するためのいくつかの具体的対応策を立案してください。この原因分析から対応策の立案までを部長に提出する提案書としてまとめてください。

【過去の出題例】
○平成17年度
新潟豪雨による被害と災害時避難対策に関する提案書

何が試される試験なのか

平成14年度から特別区管理職試験の記述式試験は大きく変わりました。

当時の特別区人事委員会の「管理職選考の筆記考査について」（平成13年12月19日）には、記述式試験の狙いとして次のことが書かれています。「実践的な能力を検証するため、現行の組織、人事・労務、情報管理の知識、対応を記述させる出題から、企画立案能力、政策形成能力等を検証するため、白書、新聞記事等の資料を受験者に提供し、施策提案等を記述させる」とあります。つまり、記述式試験は、企画立案能力、政策形成能力等、管理職としての実践的な能力をみるためのものです。また、事故事件型では、危機管理能力も問われます。

勉強の仕方

【解答・勉強のポイント】

①提案した施策の実施責任者は自分（課長）にあることを十分認識して記述すること。

②自分なりのフォーマットを作成すること。フォーマットの項目は、問題に対応するように作成し、求められている課題をもれなく網羅できる形式にすること。

③部長への施策提案書なので、論理的に筋道たてて要領よくまとめること。適宜、表形式を採用し、見やすさにも工夫をこらすこと。また、自分で作成したフォーマットは、日常業務でも活用し、十分に使いこなせるようにしておくこと。

具体的な勉強法

◇設問例1〜施策提案型〜

（1）設問例1に対応するフォーマットを作成する

【フォーマットの様式】

①タイトルの設定（副題をつけるとよい）

（例）「○○の実施について〜△△をめざして〜」。

②提案の目的

何のために提案するのか、提案の目的を明示する。

③資料の分析

グラフや図、報告書から指摘される事実を抽出・分類し、箇条書きにする。文末に分析した資料として「資料○○より」との表記をいれる。これを、すべての資料にわたって書き出していく。

④区政の課題

資料の分析結果から区政の課題を具体的に提示する。課題は一つに集約するのがよい。

⑤具体的な施策の提案

設定した課題を解決するための施策を3案程度記述する。具体的かつ、実現可能性のある施策を提案することが必要。

⑥評価

この試験の肝腎要の部分です。私は、オーソドックスな方法（メリット・デメリット表）で臨みました。理由は、施策に対して、直に、◎○△や点数などで評価することは、評価基準自体が不明確であり、恣意的なものととられる危険性があるからです。しかし、費用対効果分析などは、試験場では、計算することは困難なので、実際には、施策ごとに、「メリット・デメリット」を箇条書きにし、そのほか「費用対効果」「効果が出るまでの時間」「総合評価」の各項目をとり、こちらは◎○△で評価しました。

例えば、縦軸はA案・B案・C案とし、横軸にはメリット・デメリット・費用対効果・区民との協働・時間・総合評価等の項目をとる。メリット・デメリットは箇条書きにし、他の項目は、◎・○・△で評価する。最善策は、総合評価の欄に◎を記し（他の案は空欄）、強調します。

⑦最善策の選択・その理由

総合評価の◎の施策を選択し、その理由を述べます。特に、デメリットを上回るメリットがあることを強調します。

⑧留意事項

スケジュールと実施体制等を記載します。これらを記述することで、自らが実施責任者であることをアピールできます。

（2）ぜひやっていただきたいこと

①実際に出題される可能性が高い、国民生活白書（平成19年版）をよく読むこと。そして、この白書の各章のポイントをフォーマットに落とし込んで、まとめあげること（特に第2章「地域とのつながり」は必見です）。課題の設定によっては、各章ごとにフォーマットは、3本くらい作成できます。

②施策案については、各区の長期計画・実施計画を参考にして、適当な施策を組み合わせて、要領よくまとめていく作業を行うこと。

③過去の問題を実際に解き、上司の添削を受けること。

◇設問例2〜事故事件型〜

（1）設問例2に対応するフォーマットを作成すること

【フォーマットの様式】

①タイトル（副題をつけるとよい）

「○○の安全確保について〜△△を未然に防止するために〜」

②提案の目的

「△△を未然に防止するため」という目的を具体的に示します。

③事件・事故の概要

資料から、事件事故の概要を箇条書きにします。時系列にまとめるのがよいと思います。それと、引用資料がわかるように、文末などに「資料○○より」と表記しておきます。資料から読み取れる問題点として、「行政の対応の遅れ」が指摘されることが多いので、時間の認識が必要となります。

④問題点と原因の分析

表形式にまとめます。縦軸に「問題点」、横軸には「原因の分析結果」をとります。問題点は3点程度に分類し、各問題点に対応する形で、原因分析の結果を、箇条書きで、問題点一つにつき三つ程度、記述します。

⑤具体的な対応策

原因分析の結果を踏まえて、具体的な対応策を、緊急性・優先度・重要度の高い施策から順番に3〜4本程度、記述します。この試験は、管理職としての危機管理能力が問われる試験ですので、対応策の順位付けをしっかりと固めておくことが必要です。

具体的には、まずは、緊急に対応する必要がある施策、中期的に対応する施策、長期的に対応する施策のように、まとめてみてはいかがでしょうか。また、各施策を実施する場合には、予算の制約とか区民との協力関係の構築など、必ず留意すべき事項がありますので、その点についても触れておくとよいと思います。

⑥留意事項

最後に、留意事項として、区の責務、対応策の重要性、実施体制について、改めて確認する記述をして提案書を締めくくります。

（2）ぜひやっていただきたいこと

①ある特定の事件・事故（例えば、食の安全性・個人情報の流出事件など）に関する新聞記事をストックしていく。現在、インターネットで日経・朝日・読売新聞の3紙を対比して閲覧できるサイト「あらたにす」がありますので、これを活用すると非常に便利です。

②大きな事件・事故では、事故調査委員会などの報告書が出されますので、そのような報告書を入手し（新聞にも掲載される場合が多いです）、フォーマットに要点を落とし込み、提案書を実際に作成してみて下さい。

終わりに

これまで述べてきたように実務において、記述式試験を意識し自分のフォーマットに磨きをかけていくことで、必ずや優れた提案書ができあがることと思います。

また、記述式対策の勉強は、管理職になってからの仕事にも役に立ちます。係長から管理職になることは、その立場が「評価される側」だけでなく「評価する側」の両方に変わることを意味します。そのため、施策提案型の勉強をすることでより客観的な評価のポイントがわかるようになります。危機管理対策など緊急な施策を練る場合などでは、事件事故型の勉強をしておくことで、施策の優先順位のつけ方など、実践的な考え方が役に立ちます。

ぜひ、前向きに取り組んでみて下さい。

20年度 カレントトピックス 24

都政事情

■「東京都環境基本計画のあり方」についての答申（2月29日）

東京都環境審議会は「東京都環境基本計画のあり方」について答申をまとめた。

答申では、これまでの取り組みの成果や課題、さらに国内外の社会状況の変化も踏まえ、持続可能な東京の実現に向けた取り組みを一層強化しつつ、現行の環境基本計画を抜本的に改定するべきであるとしている。

また、都市の存立を確保し、将来世代への持続可能性を継承していく新たな都市モデルを東京で実現していくためには、分野別の施策のあり方だけでなく、あらゆる分野、あらゆる主体による総合的・横断的な枠組みが必要であるとしている。

■平成19年度児童・生徒の体力テスト調査結果（3月4日）

[illegible]

■認知症専門医療機関実態調査結果（3月6日）

[illegible]

区政潮流

特別区人事異動　選手を活かすベンチワークの見せどころ？

■人事異動が果たす機能は重大

特別区職員6万人に人事異動の季節がやってきた。3年が異動ローテーションの基本なら3分の1の2万人が転任する。転任とは配置転換、つまり異なる職に就くことをいう。異なる職という意味では昇任や昇格も異動に含まれる。昇格には「級格付」すなわち、給与上の格付け（俗にいう「わたり」）は含まない。

人事異動は「適材適所」のためといわれるが、長期在任によるマンネリズムの弊害を避けるためでもある。また職員と民間業者との癒着を防ぎ、公務の公正性を担保する機能もある。一方、短期間での異動では、職場の経験知など「知の伝承」を妨げ専門性が育たないとの批判もある。いずれも抽象論でしかない。現実には新しい仕事へのチャレンジ意欲を掻き立てる効果が大きい。この意欲こそが自治体政策のレベルを高めていく原動力にほかならない。

平均的な能力の集団の中での人事異動は能力開発につながる。しかし、厄介なのは噴出する不満である。「正直者が馬鹿を見る」「能力にふさわしい処遇」。つまり適材適所の要請と公平取り扱いに対するベンチへの不信感の処理が難しい。人事異動は、マズローを持ち出すまでもなく「自己実現の価値」に応えるインセンティブ（誘引）として重要だ。職員のやる気を失わせない「異動先」をどれだけ提供できるかで役所の機能は大きく上下する。ベンチの腕の見せどころだ。

ラスト花火☆ラストポスト

■成果主義の人事異動が本番を迎える2008

職員の成果をどのように評価し、いかに人事異動に反映させるかは人事担当、つまり職員課長の仕事だ。しかし、特別区のような大都市になれば、職員課長1人で500人、1000人の職員を動かすことは困難だ。千代田区や中央区のような比較的小さなところでも、何人かの人事課員で異動案を作成する。

まして人事考課を異動に反映させようとすれば、なによりも人事評価、つまり所属長の評価に依存することになる。人事評価は所属長たる課長の評価がすべてといえるからだ。しかし、所属課長の評価もあてにはならない。評価が甘すぎたり、厳しすぎたりといったアンバランスの問題は必ず存在する。特に甘すぎる評価は人事異動にとって「最大の敵」だ。能力・やる気の無い部下に甘い評価をつけ「大栄転」させれば、その付けは何倍にもなって帰ってくる。マネジメント能力のない課長ほど評価は甘く、いい加減だ。

それはトップマネジメントにも言える。方針を示さず、舵をとらず、判断ができない管理者であればあるほど、職員の「成果」を客観的に評価できない。仕事の成果の客観的評価を度外視し、態度がよいか、自分のいいつけに忠実かどうかだけで判断するようになると、「出鱈目な」風土を醸成することになる。

■再任用管理職の異動に注目すべし

特別区の管理職は2000人弱。一般行政職の4%ぐらいとみてよい。管理職試験の難しさ（易しさ）からいえばむしろ多いようにも見えるが、自治体のなかで特別区はダントツに少ない。管理職の比率は、基礎的自治体、つまり市町村では10%を超え、都道府県では15%を超える。特別区には保育士など福祉系の現業職員（一般行政職）が多いことも、その構成率の少なさの一因といえる。

この少ないはずの特別区の管理職の異動も当然成績主義に拠っているはずである。つまり、「よく働き、区政課題の解決に貢献したかどうか」で次の処遇がきまるというのが公正な社会であり、公務の伝統でもあったはずである。貢献した者、頑張った職員は昇格（参事→部長、課長→統括課長）あるいはより責任の重いポストを望む。

しかし、昇格は横並び主義が優先するため、「ポスト」での論功行賞（処遇）の方がはるかにインパクトは大きい。この論功、つまり成果への公正な評価だけが「異動基準」ともいえる。成果に対する評価の適正さは、およそすべてのサラリーマン社会共通の最大の関心事である。それればかりか競争力のある組織となりうるかどうか、つまり区の浮沈を賭けた組織文化の形成の勘所となる問題でもある。

異動には往々にして「ミスマッチ」が起こる。これまでのローテーションを崩して予期せぬ抜擢や左遷がある。「次はあの人」といった下馬評がまったく外れる。能力あるいは経験のないものの抜擢は、必ず失敗する。訳のわからない答弁しかできない管理職を枢要ポストに登用するトップの人事センスが多くの管理職の失望を招き、組織を溶かす。

区の天下りの基準も不明確だ。陰湿な処遇により再任用、再就職させない区では「イエスマン」「太鼓もち」しか育たない。再任用制度が1年ごとの任期制である点をもっと活用してよい。本人の希望や評価によって給与やポストが上下する仕組みがあってもよい。再任用制度そのものを、もっと柔軟に運用する工夫が必要だ。再任用管理職を増やすなら都からの管理職採用をやめるか、区での管理職合格者数を絞るかして数を確保すればよい。「管理職再任用ルール」を確立しなければ、北極の氷のようにさらに組織は溶ける。

■終わりよければすべてよし

悲喜こもごもの人事異動。公務員の世界では、退職前の何年間かを能力に見合ったポストで処遇されれば幸福なサラリーマン人生といえる。区では多くの管理職や係長にとって残り6年、2ポストといった時点が重要だ。ラストランニングがきちっとできるよう職員も努力を惜しんではならないが、その努力や能力に見合った名誉あるポストで処遇することがベンチの仕事だ。幸福な公務員人生への期待感を抱けぬ区では、誰もが暗く沈む。「終わりよければすべてよし」がキーフレーズである。江本投手（阪神）の言葉はけだし名言なのである。（特別区自治問題研究会）

千の風になって　4

―いたばし編

常盤台のまちと人を守って

栗原元区長と櫻井・板橋区史監修者が語り合う「天国対談」。今回は、小林保男・区文化財保護審議会委員の協力により常盤台のまちと人物にスポットをあてる。

◇

櫻井「迫り来る電車に向かい身を挺し人命を守った、板橋警察の宮本警部が殉職して1年が過ぎました」

栗原「この間マスコミから、警部の勇気ある行動が取り上げられる一方、地元常盤台では、宮本さんをたたえる石碑の建立や、偲ぶ会・コンサートなどのイベントが行われましたね」

櫻井「今日は、昭和12年から常盤台で写真館を営み、地域活動にも大きく貢献された田中藤二郎さん（平成10年逝去、享年96歳）に登場願い、まちを守るということを考えてみましょう」

栗原「田中さん、宮本警部はあの時どんな思いだったのでしょうかね」

田中「とにかくこの目の前の人を生かすのが自分の任務だと考え、自然に体が動いていたのではないでしょうか。今の世の中、自分のことだけ考える人間が多い中で、なかなか出来ないことですよ。まちとそこに住む人の命と安全を守る者はちゃんといるんだ、そして真面目さと勇気こそが人の心に届くんだ、という確かな実感を彼は世の中に与えてくれたんですね」

田中藤二郎氏

櫻井「テレビドラマなどでも、彼は勤務していた板橋と常盤台のまちが好きで、そこに住み・働き・学ぶ人たちの役に立ちたいといつも考えていたことや、お年寄りから子どもまで、まちの人とじかに接する交番の仕事は大変やりがいがあったことなどが描かれていました。田中さんは、常盤台のまちのうつりかわりを60年あまり見てこられたのですよね」

田中「昭和11年末に本所区から東武が開発した常盤台に移ったころは、原っぱにポツンとうちの写真館が建っている感じでしたが、その後またたく間に家が増え、交番も18年に立派なものが出来、宮本さんの先輩たちがまちの治安を守ってくれるようになりました」

櫻井「まちの安全は地域の力が大きな支えになるわけですが、南口の天祖神社脇に出来た『森の番所』は、民間設置の安心・安全ステーションとして、町会の役員や民生委員の方々などがよろず相談を受ける『寄合サロン』にもなっていますね」

田中「天祖神社の森は、駅前広場の木々や常盤台公園の緑とともに地域の貴重なオアシス・ランドマークになっています。駅の名前（武蔵常盤、現ときわ台）も神社の常盤松から取ったのです」

栗原「田中さんの写真館は、いま小金井の江戸東京たてもの園に移築・保存され、多くの都民が訪れていますね。田中さんが町会・民生・教育・商業など本当に幅広く地域のために尽くされたことは、多くの方に語り継がれています。昭和44年には板橋区から区政功労表彰をさせてもらいましたが、田中さんの活動の原点はどこにあったのですか」

田中「私は、本所から新天地を求めて常盤台に来ました。しかし、最初はこんな草深い田舎に来てしまってと後悔したこともありましたが、知り合いやお客も増え、まちが好きになっていきました。まちの発展は私の励みでもありました。大震災と戦災をくぐり抜け、ある意味開き直って生きてきたのがよかったのかなと思います」

櫻井「『住めば都』といいますが、まちはそれを愛する人がよくしていくのです。私も栗原さんも常盤台には縁がある人間です。みなさん、これからも常盤台のまちと人々を見守っていきましょう」

（山浦純之介）

森の番所

東京のサカナたち　12

絶滅した魚たち、ミヤコタナゴ（都鰂）

3800種もいるという日本産魚類の中で、最も東京らしい名前をもつ魚といえば、なんといってもミヤコタナゴを挙げなければならないでしょう。ミヤコタナゴなどのタナゴ類は体長10㌢に満たない小魚で、日本列島には15種ほどが暮らしています。そしてその多くが絶滅の危機に瀕しているのです。

かれらは、いずれも生きた貝の中に産卵するという変わった習性をもっていますが、この貝が水質汚濁に大変に弱いのです。したがって、都市化に伴う水質の悪化でまず貝が死に絶え、次いでタナゴの仲間も姿を消してしまったのだと思います。残念ながらミヤコタナゴも都内ではすでに絶滅し、現在は栃木、千葉両県の一部にしか生息していません。

ミヤコタナゴが新種として発見されたのは1909（明治42）年、採集場所は東京ドームのすぐそば、文京区の小石川植物園内の池でした。この魚は当時関東一円にごく普通に見られ、都内でも、善福寺川などに生息していました。都内で絶滅したのは、日本の高度成長期、1950年代後半から1960年代にかけてのことと思われます。

やはりこの時期、神田川や善福寺川などに生息していたムサシトミヨというトゲウオの仲間も絶滅しています。この魚は体長が5㌢ほどで、現在は埼玉県の1カ所に棲息するのみとなってしまいました。かれらが絶滅した理由は、棲みかであった武蔵野の湧水が都市開発で激減したためといわれています。

このほかスナヤツメ、ホトケドジョウ、ギバチ、カジカ、ジュズカケハゼなどの川魚でも、その生息域は大幅に縮小しています。かつて、かれらは都内に広く分布していたのですが、現在は多摩地域の一部にかろうじて命脈を保っている状況です。

一方、高度成長期に「死の川」とまで呼ばれた都内河川の水質は、各種の環境対策などによってかなり改善されています。島しょ農林水産総合センターの調査でも、昨年多摩川を遡上した天然アユは過去25年間で最高の215万匹を数えました。こうした成果も踏まえ、今後、首都東京の川で上述のような希少魚が守られていくならば、それこそ全国環境行政の範たりうるのではないでしょうか。

（東京都島しょ農林水産総合センター主任研究員　加藤憲司）

＝おわり

生きた貝の中に産卵するタナゴの仲間

とうきょうと川柳会

○●3月の宿題1「ささやき」

先生のささやきが生む子のやる気　菊地順風

ささやきがつぶやきとなる一人身よ　太田芽夢

親指がささやくことを忘れさす　神　利子

☆ささやきで寝た子を起こすのは悪女　加藤富清

○●3月の宿題2「雑巾」

外人と異文化交流雑巾がけ　石川　旭

マックでは掃除をしてる管理職　杉田やすし

雑巾をかけて組織の人となり　高松孝子

☆雑巾に格差があると覗わせる　松尾健二

（☆は選者の句）

とうきょうと川柳会のご協力で本紙読者からも川柳を募集します。4月の宿題は「期待」と「蹴飛ばす」で、それぞれ2句を作句し、Eメールで、henshu@toseishimpo.co.jp あてか、ハガキで編集部あてにご応募下さい。4月14日必着。

海外出張こぼれ話　34

東郷　尚武

オリンピックを迎える北京と沿海都市アモイ⑰

本稿の冒頭でもお話したように、今回の中国プロジェクトの目的は、社会主義市場経済移行期における中国の都市計画の課題を探求し、今後の都市づくりのあり方を研究することによって、中国の都市政策に多少なりとも寄与していくことにあった。

ときあたかも、北京では2000年のオリンピックの開催を目指して、高速道路を始め公共事業の整備が急ピッチで進められ、一方、廈門は、経済特区として指定され、経済開放地域の恩恵をバックに経済発展を続けていた。他方、次の訪問地の広州は、珠江を挟んで東側に深圳、西側に珠海の各経済特区を抱え込むことで、いわゆる華南経済圏の要として急速な経済発展を遂げつつあったのである。中国の基本的政策は、一言で言えば、これらの沿海地域の経済発展を大きな牽引力として、内陸の後進地域の発展に寄与させようとしたといえよう。

しかし、急速な経済開発を支える基盤整備という面では、道路、公共輸送機関、下水道といったインフラの整備が需要に追いつかないといった状況を生起させていた。したがって、基本的には、経済開発と都市施設整備のバランスをとること、換言すれば、成長管理的な施策の導入によって都市の均衡ある発展を図ることが強く望まれるのである。

最後の訪問地・広州の中心である旧市街地

広州市を訪れた折、市の幹部が、当市の経済成長率は18%と、我々に説明したのに対し、副市長が言下に、「18%ではない。20%である」と、強調して修正したのが忘れられないが、当時は各市とも経済成長率の高さを競い合っているように筆者にはみえた。

中国経済は、2003年以降、今日も10%以上の成長がなお続いているといわれる。また、2020年に、一人当たりGNPを2000年比で4倍にする目標も掲げられている。しかし、一方では、自動車の排ガスなどによる環境汚染が進み、エネルギーの浪費も止まっていないといわれる。

幸い、2007年10月の中国共産党大会において、胡錦濤総書記は、従来の経済成長至上主義を修正し、持続可能な発展を目指していく旨を宣言した。また、温家宝首相は、さる3月5日の全人代で今年のGDP成長率を8%前後にすると報告している。

筆者が中国プロジェクトに参画してから10余年が経過したが、当時、危惧された経済開発による歪みが、成長至上主義の見直しにより修正され、維持可能な発展のもとに政策展開がなされていくことを心から祈念してやまない。（完）

都政新報

発行所　都政新報社
〒160-0023 東京都新宿区西新宿7-23-1 TSビル
（総務・読者）(03)5330-8781
（企画広告）(03)5330-8784
（編　　集）(03)5330-8786
（出　　版）(03)5330-8788
（セミナー事業部）(03)5330-9977
（ファクス）(03)5330-8808
郵便振替 00130-2-101470
購読料 月1,680円（税込）
毎週火・金曜日発行
但し、祝祭日は休刊

紙面から

新銀行への追加出資

賛成67、反対55で可決

知事「任期中に再建の目途」

都議会第1回定例会は、新銀行東京への追加出資400億円の補正予算案や08年度一般会計当初予算案などを可決して3月28日に閉会した。追加出資の是非は記名投票で採決が行われ、議長を除く出席議員122人のうち、賛成67、反対55だった。「400億円を毀損させないこと」などを内容とする付帯決議を踏まえ、都は4月1日付で産業労働局に部相当の金融監理室を新設した。新銀行東京の破綻懸念が強まる中で、一段と「都営銀行化」が進む展開になっている。

問責・不信任決議案は否決

最終本会議で謝罪する石原知事＝3月28日

本会議では、400億円出資の補正予算案が白票（賛成）、青票（反対）の札を投票箱に入れる記名投票となり、自民、公明の賛成67、民主、共産、生活者ネットなどの反対55で可決された。自民党では「体調不良」を理由に、佐藤裕彦氏と樺山卓司氏の2人が本会議を欠席した。

討論には5会派が立ち、追加出資の議案について自民党の秋田一郎都議は「東京都は責任逃れができないことを宣告し、苦渋の選択」と賛成討論した。これに対し4年前、銀行創設に賛成した民主党は「追加出資しない」という知事答弁がほごにされたことや、1000億円出資を決めた04年第1回定例会の付帯決議が履行されなかった点などを指摘し、「すみやかに銀行業から撤退すべき」（大津浩子都議）と反対した。

また、民主党と生活者ネットが石原知事の問責決議、共産党は不信任決議をそれぞれ提案。問責決議は賛成42で否決。1965年の東都政以来、43年ぶりとなる不信任決議の提案も、共産党と1人会派3人による賛成16で否決された。

民主党は、不信任決議が知事の全否定を意味することや、08年度当初予算に賛成している立場から反対。生活者ネットも「この間の知事の対応は不信任決議に値する」としながらも、「400億円を追加出資した責任を最後まで見届けるべき」として反対した。

知事は、本会議で特別に発言を求め、「ご心配をおかけしていることを大変申し訳なく思う。都民の皆様に深くお詫びする」と語った。

追加出資が通ったことを受け、28日の記者会見で知事は「議会にとって非常に重大な決断だったとよく分かる。それに付随して不信任案が共産党から出たのは、むべなるかなって気がする。政治家にとって、男の向こう傷みたいなものだ」と発言。残り3年の知事在任中に再建の目途をつけると話した。

金融監理室で監視・支援強化

産業労働局に新設した金融監理室は、部長以下11人で構成。新銀行東京からタイムリーに情報収集し、経営監視の機能を強めるという。また、都庁の事業と連携して、どんな経営支援ができるかを検討する。ただ、銀行法で「アームズ・レングス・ルール」の規制があるため、どこまで効果的な支援策を講じられるかは未知数。産業労働局では「どの範囲内なら法律で許容されるか、金融庁と事前に調整する」としている。

都営銀行化での懸念

【解説】赤字や破綻懸念先の企業に資金供給するため作った新銀行東京が、文字どおり破綻懸念先企業となり、都民の税金から資金供給しないと、立ち行かない事態になった。これは、現代の喜劇である。

曲がりなりにも、これまでは「所有と経営の分離」という原則に立って距離を置いてきたが、支援の組織までつくり、都営銀行としての色合いは増すばかりだ。3期目の石原都政は、09年10月のIOC総会で五輪招致に敗れた時、政治危機が訪れると見られていたが、もはや五輪どころではない。新銀行東京が石原知事の進退をも左右する問題になった。

今回は、とにかくつぶさないよう、知事に傷をつけないよう、追加出資で延命装置をつけた。しかし、貸付金2300億円のうち、今後、どのくらい焦げ付くか予想がつかず、「400億円でも足りないのでは」という指摘がある。「不退転の決意で必ず立て直す」と知事が言えば言うほど、自分で自分の首を絞めることになるというのが都庁内の見方だ。

これからの1年、2年が経営再建で正念場になる。ここで注意を喚起したいのは、もう一つの経営監視である。都庁は、違法でなければスケールメリットを生かして、税金の使途に「太っ腹」なことをする組織だ。臨海三セクのビル事業支援のため、都職員研修所などを移転・入居させ、賃料収入を下支えしたのは今も記憶に新しい。予算特別委員会で知事は「採り得るすべての手段を講じる」と述べた。またぞろ何を始める気だろうと、危惧を覚える。

開業後3年間は、アームズ・レングス・ルールに則って、都庁からの便宜供与は一切なかった。交通局も新銀行東京からATM設置賃料をしっかり徴収した。ところが、これからは東京都が全面的に助け、都庁関連プロジェクトにも投資銀行的に関与するのではないか。今までは、元副知事らの「個人」のせいにできたが、これからは組織としての責任になる。因果な話だ。常識の範囲内で節度を忘れないで欲しいものだ。（吉）

都議会

政調費使途に新基準

公開を前提に対象拡大

政務調査費の領収書公開に向けて検討を進めてきた「都議会のあり方検討委員会」は27日、議会運営委員会に対して現時点での検討結果を報告した。政務調査費の新たな定義や使途基準を決め、4月1日から実施するよう提起した。今後、今年9月の定例都議会までに条例改正を行い、領収書添付を開始する。透明性の向上を前提に、議員の事務所費や地元で会合に出席する際の会費など、政務調査費の負担範囲を拡大した。

【政務調査活動の定義】

議員の職務が、住民意思を代表し政策を形成することであり、議会の役割が、知事その他の執行機関が行う施策の評価及び監視並びに政策の立案であることから、政務調査費を充てることのできる政務調査活動を、次の5つの活動とする。

(1) 調査研究活動
都政の課題、議会で審議する案件等について行う調査研究のための活動
(2) 情報収集活動
都民、政治家、行政関係者、民間の団体等との意見交換その他の情報収集を行うための活動
(3) 政策立案活動
政策や方針を立案・発信するため、会派内または会派間で、政策や方針について意見交換や意見調整等を行う活動
(4) 広報・広聴活動
都民等に対して行う広報・広聴活動
(5) その他の政務調査活動
議員の職務や議会の役割を果たす上で必要なその他の政務調査活動

あり方検討委員会の報告について、議運理事会で「妥当」との合意が得られたため、政務調査費交付に関する施行規定の改正を同日に議長が行った。新しい使途基準は、4月1日から試行的に実施し、その結果も見ながら今年の第2回か第3回の定例都議会で条例改正を目指す。その際は、4月にさかのぼって領収書を公開するという。

報告では、政務調査活動の定義として、▽調査研究▽情報収集▽政策立案▽広報・公聴▽その他――の五つの活動を挙げた。地方自治法上は、政務調査費を「議員の調査研究に資するための経費」と定めているだけで、調査研究の定義づけがはっきりとしていないことから、都議会として定義を定めた。

検討結果について会見する5会派の代表。左から大西、川井、山下、藤井、曽根の各氏

新しい使途基準は、これまで会派に限っていた支給対象を、「会派または議員」と変更し、議員個人が行う政務調査にも支給できるようにした。そのうえで、調査活動補助費と調査・政策立案費、広報・公聴活動費の3分野で政務調査費を充当できる項目を定めている。従来の使途基準が8項目だったのに対し、新基準は13項目に増えた。

加わった項目は、事務所費とグループ活動費、広報広聴活動に関する四つの項目。事務所費は、議員の事務所の賃料や管理費、仲介手数料のうち、政務調査活動に関わる部分を負担する。グループ活動費は、会派内に政調活動のために設置する議員連盟等の年会費などを負担する。

広報・広聴に関する項目では、広報紙発行費やホームページの管理費に加え、「会費」として各種団体や地域団体が開く会合への会費や年会費などを負担する項目などが入っている。

新たな使途基準については、使途を個人の活動や新年会などへの出席費にまで拡大することに、会派間で評価の違いが大きい。共産党の曽根肇政調委員長は、「現行基準からも大後退し、議員個人の事務所費用などにも充てられる。視察先の土産代や、新年会の会費なども対象となり、全国的にも水準が低いものになる」と話し、使途の緩和に都民の理解は得られないと批判した。

他方、藤井一公明党政調会長は、「事務局が全国の先進的な事例などを一つひとつ調べて作った。全国でも誇れる内容だ」と胸を張った。また、生活者ネットの大西由紀子幹事長は、「ネットとしてもすべて賛成ではなく共産の指摘もわかるが、まずは公開を進めて使途を都民がチェックできるようにすることが大切だ」と述べた。

あり方検討委員会は、引き続き協議を進める。川井重勇委員長は、「今後は領収書の公開条件の整備が課題になる」と述べる。

領収書添付を求める支出を1円以上すべてとするか、1万円以上といった基準を設けるかについては、各党の間で意見の隔たりが大きく、激しい議論となりそうだ。さらに、領収書公開の際の個人情報保護の方法や、支出の状況をチェックする第三者機関の設置の有無なども焦点になる。

また、28日の最終本会議では共産党が政務調査費の条例改正を提案した。政務調査活動の定義や、調査費支出の考え方を条例に盛り込むほか、領収書の添付をすぐに始めるよう求めた。本会議では、あり方検討委員会で議論中であることを理由に、反対多数で否決された。

原料原産地表示で試案

業界団体から慎重論も

消対審に諮問

都は3月27日、東京都消費生活対策審議会（会長＝松本恒雄・一橋大院教授）の総会を開き、冷凍食品の原料原産地表示について都の試案を示した上で、諮問した。

谷川副知事は冒頭、「中国産冷凍ギョーザによる健康被害などで、食の安全・安心に対する信頼が損なわれている中、国は十分な対策を講じているとは考えられない。どこまで表示すればいいか、どういう表示が効果的かなど、消費側、製造・販売側の双方にとって議論の多い所だ」と述べ、実効性の高い表示にするための意見を求めた。

都の試案では、調理冷凍食品の原材料のうち、重量の5%以上で、上位3品目の表示を義務づける。対象は、国産の消費者向け調理冷凍食品で、業務用は除く。また、「エビシューマイ」のエビのように、商品名に付く原材料にも適用する。

また、季節や流通状況によって頻繁に原料の原産地が切り替わることから、ネットや電話の問い合わせ先や、「取り扱い実績」の表示も認める。

ただ、メーカーからはコスト・技術面での課題を懸念する声も聞かれた。審議会には、㈶食品産業センターと㈳日本冷凍食品協会の幹部が出席。「十分な準備期間が必要」「これだけ表示が複雑になると、ミスが怖い。逆に消費者に迷惑をかけることになりかねない」などの慎重論が出された。健康被害とは無関係に、表示ミスで製品回収が多発する可能性もあるためだ。

都消費生活部では、企業や消費者からも幅広く意見を聞くため、試案について9日まで意見を募集。審議会は4月中に答申をまとめ、都は年内に規定を告示する方針だ。

都政の東西

区民の視点

1日から、2008年度が幕を開けた。昨年度を振り返ると、都側、区側から将来の自治制度のあり方が報告されたのが印象的だった。特別区の区域再編が必要という東京自治制度懇談会と、市への昇格を目指すという特別区制度調査会の主張は真っ向から対立した。今年度は、都区双方に動きがあるのか未定だ。

一歩踏み込んだ報告を出したのは特別区制度調査会だ。都との関係を断ち切って区が市に昇格し、その後も財政調整することなどをまとめたからだ。

2001年に千代田市構想を打ち出した石川雅己区長は調査会の報告をどう思っているのだろうか。石川区長は本紙の取材に対し、「相当前に進んだ」と絶賛し、「譲るものは譲る」と調整税を都税から市税に変更しても、財源を区間配分にあてる考えを示した。都との関係を断ち切るという内容は千代田市構想と「軌を一にする」ため、この報告に「大賛成」と語った。

一方、都側は調査会報告に対し、「都との関係を切断してどうするのだ」「自分たちのことしか考えていない」などと酷評する。都が大都市経営を担い、再編構想をまとめる構想を懇談会が報告したのに伴い、都が主導する自治が必要と考える。現状では、調整税を市税に変更することはありえない。

これまで、自治体の視点からふさわしい区のあり方などが議論されてきた。だが、特別区制度調査会も東京自治制度懇談会の報告も、都区双方のメリットが強調されているが、区民にとってのメリットは何かが抜け落ちている。今後は、自治の仕組みを変えるならば、区民の生活にも影響を及ぼしかねないため、区民の判断を仰ぐ必要があると思う。区が市に昇格すべきか、区域再編を優先させるべきかの機運を、区民の間でどう盛り上げていくかも課題の一つだ。

予算案37件を可決
第1回定例会閉会
五輪招致の意見書も

都議会第1回定例会は、本定例会全体で予算案37件、条例案75件、契約案6件、事件案13件と、意見書6件、決議2件を可決し、3月28日に閉会した。

可決した意見書は、▽小笠原諸島振興開発特別措置法の改正・延長に関する意見書▽米軍人の綱紀粛正に関する意見書▽新型インフルエンザ対策の強化に関する意見書▽農林水産業における原油価格高騰対策に関する意見書▽農業の振興と食料自給率の向上に関する意見書▽2016年オリンピック、パラリンピック競技大会の日本招致への支援に関する意見書――の6件。また決議は、▽第68回国民体育大会開催に関する決議▽工業用水道料金の減免措置に関する決議――の2件を可決した。

このうち五輪招致に関する意見書では、「招致実現のためには、都市の努力だけでなく、国の全面的なバックアップが必要」として、国会で東京招致の決議を行うことを要請した。また、農業の振興と食料自給率の向上に関する意見書では「外国産農産物への不安が高まっている中、多くの都民が安全・安心な食料を求めている」として、農業の活性化や食の安全を確保するよう求めた。

9割が使用期限把握
AED保守管理調査
健康安全研究センター

都健康安全研究センターは3月26日、AED（自動体外式除細動器）の保守管理についての調査結果を発表し、約9割の施設でAEDの電極パッドの使用期限を把握していることが分かった。04年頃に設置されたAEDでは交換時期を迎えるため、都はメーカーに対し、消耗品の交換時期を周知するよう呼びかける考えだ。

冗句ジョーク

暫定税率に関する混乱続くなか、春の管理職大異動

あまり評判の良くない人を迎えた職場
「それでは○○課長の暫定歓迎会を開催します」

えっ!?

不適切な処理40件

「概ね適正」なのに

世田谷区定期監査報告書

07年度の世田谷区定期監査報告書で、不適切な会計処理など40件が指摘された問題で、熊本哲之区長は3月の区議会予算特別委員会で陳謝し、副区長ら3人が4月分給与の一部を自主返納すると表明した。契約金の支払いの遅れ、同一業者との分割契約など軽微なミスだったので、区に損害を与える事例はなかった。小さなミスを繰り返していくうちに、大きな事故になるのがセオリーだ。区総務部は08年度から、各課長を直接ヒアリングするという特別監察に本腰を入れ始め、不正の未然防止につなげたい考えだ。

特別監察に本腰

熊本区長は3月24日の予算特別委員会で、監査報告書の不適切な会計処理などについて「区政最高責任者としての私の責任」と認め、「申し訳ございませんでした」と陳謝した。

平谷憲明副区長は区長の補佐役であるため、「厳しく戒める」ことが必要とし、森下尚治副区長、若井田正文教育長も加えた特別職の3人が4月分給与の5%程度を自主返納すると表明した。

07年度監査報告書では、約40件の問題点が指摘されたが、「概ね適正」とした。そのうち、契約金の支払いが遅れたり、保育園の修繕契約を結んだ後に当初の調査で見落としていた修繕部分が見つかり、同業者と再契約を結んだという問題点などがあった。区に損害を与える事例は、1件もなかったという。

こうした問題点は、今回初めて起きたわけではない。区長の陳謝、副区長らの給与返納まで発展した背景には、07年度の報告書から不適切な会計処理などを行った部署名を明記することで責任の所在が明らかになり、区議会から区長らの責任を追及されたためだ。

大問題にならなければ、内規を破っても構わないという姿勢を改める必要がある。区監査事務局は、各課の名指しを「注意喚起の意味で行った」という。08年度も「基本的に同じようになるのではないか」（同事務局）と見込まれている。

区は予防策として、特別監察を実施する。08年度から、総務部長が各課長をヒアリングして、不適切な会計処理のないように指導を徹底する。区事務監察担当課は「大きな事故が起きる前は小さなミスがある。芽が小さいうちに摘まなければいけない」と目を光らせている。

思い込みは事故の元

【解説】どの自治体であっても、不正の未然防止は永遠の課題だ。どんな予防線を張っても、職員、管理職のモラルが欠如してしまえば、不正は起きてしまうからだ。

世田谷区では、パソコン不正購入が03年12月に発覚した。土木関連の係長級らが予算請求をせず、区に出入りしていた造園業者などにパソコンを納品させ、公園の樹木剪定の委託料という虚偽の請求をさせて支払っていた。当時はIT化が進む中で、事務処理の効率化を図るためにもパソコンが必要だったという背景があった。また同年には、特別区民税の申告書150人分の帳簿1冊が紛失するという事件もあった。

一連の不正事件を受け総務部には04年4月、事務監察担当課が新設された。各課が適切に組織運営、人事管理などを行っているかどうかをチェックし、事故などの未然防止を担う部署だ。

07年度報告書のような不適切な処理が起きているかどうかを探るのは、監査委員の仕事になる。今回の報告を受け、事務監察担当課は特別監察を実施する。ヒアリング対象は課長という。

区によると、50万円以下の契約の締結は各課長の判断に委ねられている。報告書が指摘した契約関連の不適切な処理は、50万円以下だった。事務監察担当課は、課長をヒアリングしたり、指導する効果に期待できると見ている。

08年度監査でも問題があれば、部署名は公表されると見込まれている。監査報告で問題点を指摘された部署が再度、不適切な処理を行えば、陳謝した区長、給与を自主返納した副区長らを裏切ることになる。ささいな内規違反なら問題はないという思い込みを捨てるべきだと思う。

（石）

愛育病院を移転整備へ

港区と運営法人が協議開始

田町駅東口北地区

両者の思惑が一致（左が武井区長、右が古川理事長）＝3月26日、港区役所で

港区と、愛育病院（同区南麻布）を運営する社会福祉法人恩賜財団母子愛育会は3月26日に共同で会見し、区が田町駅東口北地区で進めている公共公益施設整備予定地に愛育病院を移転する方向で、今後協議を始めることを明らかにした。

田町駅東口北地区では、東京ガスの用地などを活用した大規模な開発が予定されている。区は、昨年10月、同地区に整備する新しい公共公益施設についてスポーツ、健康増進、医療、公共サービス、防災等の機能を配置し、地域コミュニティー活動の拠点を形成する方針を決めていた。

芝浦地域では総合病院がなく、以前から区民からの要望が強かった。特に区内での出生数が引き続き高い水準で推移することが見込まれることから、周産期医療の充実が不可欠だった。また、区内で分娩を扱う五つの病院のうち一つが3月末で分娩の受け入れを中止する。こうしたことから、区は、都から「総合周産期母子医療センター」の指定を受ける愛育病院側に昨年、移転整備を打診した。

一方、愛育病院では年々分娩件数が増加しており、現在の場所では手狭で、増築を検討していた。同病院の病床数は現在118床だが、移転により3〜5割の増床を見込んでいるという。

既存の病床数が、医療計画で定めた基準病床数を上回る場合には都知事の勧告が必要だが、特定の病床については特例として、地域の実情に応じて勧告なしに増床できる。08年4月1日施行の医療法施行規則の一部を改正する省令では、周産期医療の確保などの観点から見直しが行われ、「周産期疾患に関し診断・治療・調査研究・研修を行う病院等」が特例の対象となった。愛育病院もこの制度見直しを活用して病床を増やす。

区は、新しい公共公益施設について2012年度中の開設を予定している。医療施設については、今後、移転整備に関わる条件、施設規模、整備手法、開設時期などについて、区と母子愛育会との間で協議が行われる。

武井雅昭区長は、「中核病院として区民の医療ニーズに対応し、質の高い医療ができるよう支援したい」とコメント。母子愛育会の古川貞二郎理事長は「周産期医療の中核病院として病床を増やし、小児地域医療の機能を含め地域のお役に立ちたい」と語った。

新副区長に宍戸総務部長

江 東 区

江東区議会は3月28日、31日で任期満了になる石橋久史副区長の後任に、現総務部長の宍戸孝氏（59）の選任に同意した。

宍戸氏は1948年4月18日生まれ。早稲田大学卒。1967年総務部総務課に入庁。総務部副主幹・（財）健康スポーツ公社保健課長、選挙管理委員会事務局長、区民部長、区議会事務局長、保健福祉部長などを歴任し、06年12月から現職。

4月1日に就任し、区民部、保健福祉部、子ども生活部、環境清掃部を担当する。

「自治体ブランド」で登録率アップ

犬鑑札 お洒落に

ペットブームが続く中、飼い犬の登録件数は増え続けている。しかし、登録している犬の数は、実際に飼われている犬の半数程度と言われているほか、犬の鑑札をつけない人も増加。迷い犬になっても鑑札をつけていないために飼い主を特定できず、殺処分される犬も多い。昨年、狂犬病予防法の施行規則が改正され、全国共通だった犬の鑑札のデザインを、自治体ごとに作ることが可能になった。23区では著名なデザイナーによる犬の鑑札を作製する区も出ており、「各区ブランド」として、「つけたくなるお洒落な鑑札」が登録率・装着率アップに一役買いそうだ。

■小型犬ブームで未装着増

犬の登録と毎年1回の狂犬病の予防接種は、法により飼い主の義務として定められている。同時に、犬に登録証（鑑札）と予防接種済票を装着することも義務付けられている。しかし近年、小型犬のブームもあり、「小型犬には大きくて重い」「デザインが格好悪い」「装着しにくい」などの理由で、鑑札をつけない飼い主が急増していた。

従来の鑑札は、タテ35ミリ、ヨコ25ミリの楕円形で、ステンレス製。狂犬病予防法ができて以来、全国共通のデザインは約50年間変わらず、厚生労働省は、鑑札の装着率を高めようと、昨年、狂犬病予防法の施行規則を改正した。記載する文字や文字の最小限の大きさに制約はあるが、デザインは各自治体が自由に工夫できるようにした。

■デザインと実用性

いち早く、新デザインの試作品を作ったのは新宿区。飼い主が「犬に装着したくなるデザイン」を重視し、鑑札は犬形に。同区衛生課は「ぱっと見て鑑札だと分かり、かわいらしいデザインにした。犬の登録は基本的に1回なので、耐久性を考えてステンレス製にした」と話し、注射済票は、縦横ともに小さくして軽量化。千代田、中央、港、台東、北の各区が新宿区のデザインを採用し、1日から交付を始める。

独自デザインを計画する世田谷区は、09年度から新しい鑑札を交付する予定だ。デザインを手がけたのは、区内在住で世界的プロダクトデザイナーの深澤直人氏。区保健所は「致死処分される犬を減らしたい」と活動している「ただのいぬ。プロジェクト」と協働し、実用性とデザインを兼ね備えた鑑札を作った。

特徴は、小型犬でも邪魔にならないように、決められた文字が入る最小のサイズ。楕円形で厚みを3ミリにして、鑑札による切り傷の可能性を最小限にした。また、毎年1回交換が必要な注射済票はシールにして、鑑札に張り付けるように。済票の重量をなくしたほか、鑑札と済票の接触による「カチャカチャ音」もなくすことができた。

同区生活衛生課は「使い込んで味が出るアルミ素材。シンプルで飽きないデザイン」と話し、装着率アップに期待。デザインはオープンにし「多くの自治体に取り入れてほしい」と考えている。

墨田区でも、独自の鑑札デザインを検討している。鑑札は小型化し、注射済票はプラスチックにすることで、軽量化と「カチャカチャ音」軽減を狙う。ほかに、杉並区でも、区民の意見を聞きながら、独自デザインについて検討する予定だ。

（右）新宿版は、「着けたくなるかわいらしさ」を重視し、犬の形に（左）「犬にやさしい鑑札」を目指し、洗練されたデザインを採用した世田谷版

■法令順守促進のチャンス

犬の登録数は東京都で1985年には22万4968頭だったが、06年度は43万3537頭に上っている。しかし、ペットフードの売れ行きなどから、実数は登録数の倍とも言われている。

一方、狂犬病予防注射は、95年度までほぼ100%近い数値を保っていたが、06年度は74%にまで低下。狂犬病の発生を抑えるには、8割の犬への予防接種が必要と言われ、世界で狂犬病が多く発症している中で、日本も感染の危険は高い。

犬の登録や鑑札、注射済票の装着は、法令で定められた飼い主の義務だが、それを知らない飼い主も多い。各区とも検討している鑑札の新たなデザインのPRは、区民に法令順守を促すチャンスにもなる。

10人が環境曝露

大田区石綿健康被害

大田区大森南の石綿関連工場周辺でアスベスト被害が出ている問題で、大田区アスベスト対策専門委員会は3月29日に第2回目の会合を開き、区が実施した健康調査を受診した人のうち45人から胸膜プラークを確認し、そのうち10人は工場周辺で空気中の石綿を吸い込んだ環境曝露である可能性が高いことを明らかにした。石綿との関連が強い中皮腫の症例は見つからなかった。

区は今年1月15日から2月29日まで健康調査を実施。そのうち45人で胸膜プラークを発見した。45人のうち工場で直接石綿を扱っていた直接曝露、直接石綿を扱っていないが仕事で工場への出入りがあった間接曝露、家族が石綿関連工場に勤めているなど家庭内での曝露については、32人。子どもの頃に工場内に遊びに入ったなど立ち入りによる曝露が3人、これらのすべてに当てはまらず、周辺に住んでいて空気中の石綿を吸い込んだ可能性のある人が10人だった。

今回の結果について、専門委員会の委員は「全国の他の事例と比べて数は少ない。もっと多いと思っていた」と話している。

胸膜プラークが見つかった45人については、今後何らかの健康管理が必要となってくるが、区では現時点で今後の対応が決まっていない。「もう少し時間をいただいて専門委員会の提言を受けながら検討したい」と話している。

今後は5月上旬に第3回専門委員会を開催し、地図上で健康被害がどう分布しているのかを検証する予定。また、今回の調査結果については報告書としてまとめ、区民に公表する考えだ。

この他、区は大気中のアスベスト濃度調査について今後も年2回、7月と12月に調査していくことを明らかにした。

傍聴中に乳幼児預かります

板橋区議会

「子どもがいても傍聴できます」――板橋区議会は、乳幼児のいる傍聴希望者に対応しようと、今年5月に開催する委員会から一時保育を実施する。潜在的な需要に対応するため制度化するもので、区議会傍聴での一時保育について規定を設けるのは、港区に次いで2区目になる。

板橋区ではこれまで、昨年11月と今年1月、乳幼児を連れた傍聴希望者があり、急きょ、教育委員会に保育者の派遣を依頼して一時保育を実施したことがある。これをきっかけに、同様の需要が潜在的にあるのでは、と制度化を検討。このほど「区議会一時保育実施要綱」を制定して、正式に制度化した。

一時保育の対象となるのは、本会議と委員会で、対象者は概ね4カ月以上の乳幼児を持つ傍聴希望者。乳幼児の定員は4人で、午前9時45分から午後4時半までの間、3時間まで受け入れる。議会が長引いて午後4時半以降まで審議が続く場合などは、乳幼児は傍聴希望者に戻されるが、その後は傍聴者控室で音声のみの傍聴が可能としている。

議会棟の議員応接室の一部を保育室として一時保育を実施。教育委員会が行っている「一時保育集中管理」事業を利用して保育者を派遣してもらうため、原則的には傍聴を希望する1カ月前までに区議会事務局への申し込みが必要だ。ただし、事務局では「急な申し込みにもできるだけ対応したい」と話しており、保育者の派遣が可能な限り、申し込み期限が過ぎていても対応する考えだ。

同区議会は、「開かれた区議会をより推進するため、新制度の活用やPRに積極的に努めていく」としている。

記者席

膝を突き合わせて

○……厚労省が設置した「これからの地域福祉のあり方に関する研究会」（座長＝大橋謙策・日本社会事業大学学長）が3月27日に最後の会合を終えた。

報告書案は概ね了承されたが、「民生委員の名称の検討が必要」との案文に、横浜市民生委員児童委員協議会会長の長谷川正義委員が大反発し、削除を迫った。長谷川氏は「この名称を誇りとし、活動の気力として任に就いている」と主張した。

結局、大橋座長の判断で両論併記とすることで座長と事務局に一任することになったが、長谷川氏は「（事務局と）膝を突き合わせてお話したい」とくすぶり続けていた。

○……国が進める圏央道建設の現場取材に行く途中、建設反対派の活動に参加するという会社員の女性に出会った。「仕事で付き合いのある自然保護団体から行動のことを聞いて、休みをとって来た」とか。数日前にも現地に来ており、もう何度目かの参加という。

「なんだか感覚がおかしいと思います」。何のことか聞けば、すでに着工済みの工事現場のフェンスに張ってあるシートに樹木の写真がプリントされているのだという。「それで、環境に配慮していると言うんです」

後でそこに到着してみると、確かにシートには緑色をした樹木の写真。プリントの樹木で自然環境というよりも、生きている木を一本でも残す努力こそが求められるのではないか。

○……卒業式等の国歌斉唱時に不起立を続けてきた都立南大沢学園養護学校教諭の根津君子さんが、先月24日に行われた卒業式でも、その姿勢を貫いた。次は免職処分といわれる中、28日の教育委員会には支援者らが委員会室のある都庁第二本庁舎30階に集結。エレベーターホール前でバリケードを張る警備員らとの小競り合いが続いた。委員会室も傍聴席の支援者らのヤジと、それを制する委員長の怒号が飛び交い、異様な雰囲気に包まれた。

「戦前と同じ。こうやって戦争が始まったんだと思う」。24日に都庁で記者会見した根津さんは、そう憤った。

土地明け渡しで攻防

圏央道高尾山トンネル

国、ネットで囲いこみ

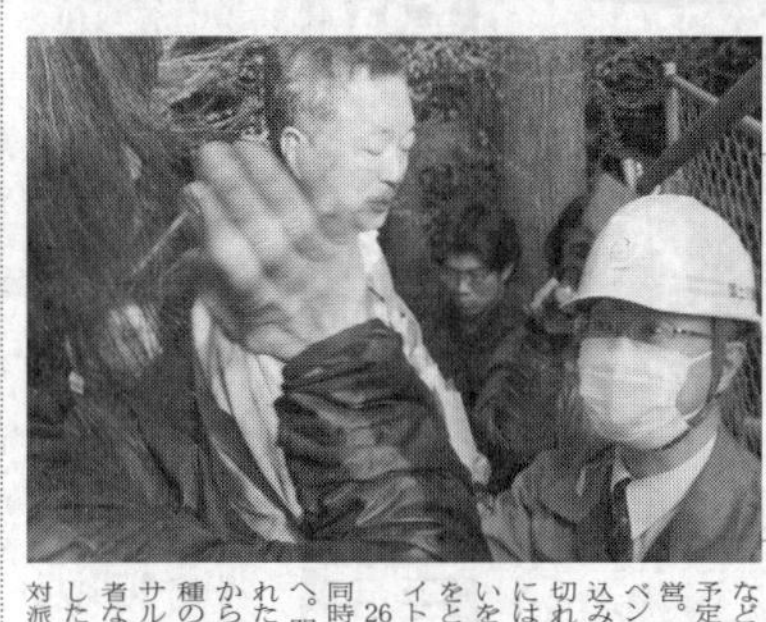
収用地に入ろうとする国交省職員（右）と押し問答をする反対派の住民ら＝八王子市で

「だめだめ、植物踏み荒らしながら入っては」「先頭、戻って来い」。3月26日、圏央道高尾山トンネル（仮称）建設工事現場周辺では、収用地を柵で囲いたい国交省と、立ち入りには希少植物の確認と保護を絶対条件に掲げる反対派との間で、朝から押し問答が繰り広げられた。一帯を押さえていたトラスト地の権利は、昨年末に東京都収用委員会が行った収用裁決に基づき、同日、国のものになった。国はいったんは引きあげたが、正午に収用地に踏み込んだ。1989年に都が最初の都市計画決定を行ってから、およそ20年。圏央道の都内区間は、高尾山にトンネルを通す最終局面にさしかかっている。

■希少種の確認めぐり

反対派の自然保護団体などは、2月17日、収用予定地近くにデッキを設営。音楽や落語などのイベントを開きながら座り込みを行ってきた。期限切れが迫った3月25日夜には、高尾山の将来に思いを馳せながらろうそくをともす「キャンドルナイト」を行った。

26日に日付が変わると同時に、土地の権利は国へ。明け渡しの期限も切れた。同日は午前8時前から、国交省職員、希少種の確認を行う建設コンサルティング会社の関係者などが土地に入ろうとしたが、押しとどめる反対派住民らと押し問答に。今の季節は地上に見えないヤマユリの確認方法を「都などと協議する」ということで国はいったん引きあげた。

しかし、正午前、事態が急転。国交省の現場責任者が住民らに植物の確認方法の説明をしている間に、ほかの作業員が収用地に入った。住民らは抗議したが、作業は進められた。この日、デッキ近くの収用地では測量にとどまったものの、ほかの収用地では柵の設置が終了。28日早朝にはデッキ近くの収用地についてもネットで囲いこまれた。

■自然の宝庫・高尾山

高尾山は動植物、昆虫類の宝庫といわれ、真言宗智山派大本山の薬王院を抱える霊山でもある。高尾山トンネルの出入り口となる周辺では、反対派住民らが従来から土地トラストを展開し、未買収の土地が残っていた。

そのため、圏央道建設工事の起業者である国土交通省は06年12月5日、土地の権利取得と明け渡しを求めて東京都収用委員会に収用裁決を申請した。

収用委は昨年12月27日、土地の権利取得と明け渡しの裁決を行い、収用手続を完了。それを受けてのこの日の作業だった。

■「抗議は今後も」

トンネル工事は、すでに下り線は約640㍍、上り線は約1000㍍掘削が進んでいる。今回の収用対象地は、トンネル北側の裏高尾と南側の南浅川地区。国交省相武国道事務所によると、裏高尾は橋梁をつくるため、南浅川は八王子南インターチェンジ（仮称）をつくるために土地収用しないと支障があったといい、権利取得と明け渡し期限が過ぎたことで、遅れている工事に弾みがつくことを期待している。

ただ、南浅川の収用地には、反対派の看板が残っている。同事務所では「今後、早急に、都への代執行申請に向けて準備をする」と話す。代執行になると、看板は強制的に撤去されることになる。仮に、事前に示される期日までに反対派が自主的に撤去すれば、執行は避けられる。

圏央道の高尾山トンネルを含む区域に関しては、事業認定取り消しと収用裁決取り消しの行政訴訟が東京地裁で継続中。トラストを行った「地権者の会・むささび党」事務局長代行の石鍋誠さん（62）は「国が基づいている土地の区域は境界線が間違っている。収用委は型通りの審理を進め、裁決は一方的だった。最終的には裁判所の判断が待たれるが、今後も一定の抗議は続けていく」と話している。

20年を経て課題なお

【解説】憲法29条は、「私有財産は、正当な補償のもとに、これを公共のために用いることができる」としている。さらに土地収用法は、憲法の規定を受けて、権利者の意思にかかわらず土地を収用できる要件や手続き、損失の補償などを定めている。

今回の収用も、もちろん補償を伴っている。起業者は、地権者が受け取るか否かはともかくとして、期日までに補償を終えた。

しかし、反対した地権者らが求めているのは補償ではなく、緑豊かな土地そのものを守ることにあった。

東京都は環境施策として、緑を増やすことを掲げている。だが、「海の森」整備や街路樹倍増を掲げる一方では、利便性追求のために3環状道路の推進を求め、とくに圏央道建設にあっては苔むした樹木の伐採を見逃している。高尾山一帯は、明治の森・高尾国定公園や都立高尾陣場自然公園にもまたがっており、本来は自然環境を保全すべき豊かな土地だ。

法政大学法学部の五十嵐敬喜教授によると、諸外国のなかでアセスメントについて進んでいるのはフランスだという。複数の選択肢を住民に示し、決まらないときのみ〝強制収用〟となる。「日本の場合には選択肢がない。一方的に権力を振るうのは間違い」と指摘する。

住民が運動を通じて国や都などに求めていたもうひとつは、異なる主張にも真しに耳を傾ける姿勢だ。確かに法手続きにのっとった収用ではあるだろう。公聴会や公開審理も行った。しかし、「聞き置く」だけで住民らの心に届くやり取りにはなりえなかった。20年もの歳月を費やしたにもかかわらず、この幕切れには課題が残る。（糸）

横田基地軍民共用化推進セミナー開催

日米4氏が講演

米国側専門家「軍事作戦が優先」

米軍横田基地の軍民共用化をテーマにした横田基地軍民共用化推進セミナーが3月27日、開かれた。軍民共用化に関する検討委員会（委員長＝杉山武彦・一橋大学学長）が主催した。日米の専門家4人が講演。米側からは、共用化は実現可能としながらも「軍事作戦が優先されねばならない」などの意見が出された。

横田基地の軍民共用化は、石原知事の公約のひとつ。この問題をめぐっては、日米政府間で実務者レベルの協議が進められていたが、昨年10月に結論が出ないまま期限切れ。11月初めに高村外相がゲイツ国防長官に引き続いての協議を申し入れ、了解は得ているが、さして進展がないことから、機運を盛り上げるために企画された。

セミナーには横田基地の地元の自治体や商工会、民間航空会社などの関係者らが出席。冒頭、杉山委員長は「米側からはいくつかの課題を指摘されており、さらにつっこんだ協議が必要とされている。4人の日米の専門家のご意見をうかがい、建設的な協議促進につながることを期待したい」とあいさつ。石原知事は「横田は太平洋戦争のレガシー（遺産）だと言われ、私は傷ついた」と述べ、「この文明時代、空のアクセスが一番大事。日米関係を健全に維持するひとつの絶対条件だが、こちらのオファーに足りないところもあり、向こうの神経に障ることもあった。重要な方のご意見を聞き、関係を健全に保つようすがにし、事態の打開を図りたい」と期待を込めた。

続く講演では、中央大学経済学部教授の塩見英治氏が「日本の首都圏の空港は容量に制約があり、国際競争力が低下している。横田の活用は、首都圏全体の容量の拡大につながる」と指摘。背後に多摩地域の大規模工場を抱える立地の特性や経済波及効果1610億円という数字などを紹介した。

元米国防総省日本部長のポール・L・ジアラ氏は「あくまでも私見」と断った上で、軍民共用化を考える上では「おそらく軍事作戦が優先されねばならない」とし、基地周辺に民間航空施設を加えるという現行のコンセプトは不十分で、「米軍自身の利点が十分に表明されているともいえない」とした。民間機関との共有が軍の戦略的必要条件を恒久的に侵害する可能性があるという問題点について、「交渉担当者や外交官、軍当局者が話し合うに至っていない」とも指摘した。

「現行のコンセプトは不十分」などと語る元米国防総省日本部長のポール・ジアラ氏＝新宿区で

元米国務省局長のW・ロバート・ピアソン氏は現在、米国の安全保障コンサルティング会社メンバー。同社が行った横田の軍民共用化についての調査結果を公表した。調査は「日本政府は共用化への活動に前向きだが、米国政府は業務計画が不確かなので消極的」と分析。共用化においては「基地の外に施設を整備することが重要」とし、「駐機場およびターミナル整備のために基地の外側および近くの土地購入を調査する必要性がある」と提案した。

日本空法学会理事の坂本昭雄氏は「日米安全保障条約は経済的協力の促進も規定するもので、国際競争力をつけるために羽田を大規模化する間、横田を使わせてもらうことは理にかなっている」などと話した。

米側2人の講演は、米国の慎重な姿勢がうかがえる内容となった。まちづくりの観点から推進の立場をとる武蔵村山市では「国内でも三沢など軍民共用化を行っている基地はある。フェンスなどで仕切れば、民間施設は軍事的な阻害にはならないと思う」と話す。一方、反対の立場の瑞穂町では「飛行直下に居住する住民への配慮がない内容だった。軍民共用化は騒音被害の増大や航空機事故の危険性をもたらすだけでなく、飛行場の永久化につながることから絶対反対の姿勢に変わりはない」としている。

「ぶんバス」で特別会計 ルート別に収支明確化

国分寺市

国分寺市は08年度の当初予算から、コミュニティバスの特別会計を新たに設けた。多摩地域の自治体で地域バス運行事業特別会計を設けているところは、ほかにない。同市では「収支を明確にするため。コミバス専用の特別会計を設けるのは、かなり珍しいのではないか」と話している。

同市のコミバス「ぶんバス」は、これまで3ルート。3月29日から1ルート増えて4ルートになった。バス会社との取り決めで、かかった経費の赤字分は市が負担、黒字が出た場合にはバス会社との折半となる。従来からの3ルートのうち「東元町ルート」だけは、コミバスには珍しく黒字路線。もうけの半分は市の収入となっている。そのため、収支状況を明確化する必要性が議会などからも求められていた。

黒字路線の東元町ルートを抱える国分寺市のコミュニティバス「ぶんバス」。収支の明確化を図るために特別会計が設けられた

コミバスの経費は、これまで、一般会計だけで扱っていた。今年度の例でみると、歳出については、当初予算の土木費の交通安全対策費「地域バス運行事業補助金」として、赤字路線への補助金3079万円（都の補助含む）を3ルート一括して計上。一方、東元町ルートの黒字分については、9月補正で、諸収入の雑入の「地域バス運行事業余剰金」として1584万6000円を計上していた。

特別会計の新設で、歳入、歳出の状況を、まとめて捉えることができるようになった。08年度予算でみると、歳入として、一般会計から同特別会計への繰出金2544万6000円（都の補助含む）と、東元町ルートの余剰金1000万円を計上。一方、歳出として、他の3ルートにかかる経費など3544万6000円を計上した。

さらに予算書には、ルート別収支見込額の一覧表を添付。これをみると、東元町ルートは08年度約2000万円の黒字、他の3ルートは約1000万円から1500万円程度の赤字を見込んでいることが明瞭に分かる。

同市では「これまで担当課レベルではルート別の収支を把握していたが、予算書として明確にした」と話している。

少子化対策で支援拡充 新年度新たに9事業

奥多摩町

奥多摩町は少子化対策として、08年度から新たに9事業をスタートさせる。同町では、一人の女性が一生の間に産む子どもの数に相当するとされる合計特殊出生率が0・64（06年）で、全国の1・32、東京都の1・02に比べて格段に低い。少子高齢化が進むなか、08年度当初予算では、少子化対策として1500万円を計上し、子育て支援に力を入れる方針だ。

新年度新たにスタートするのは、▽妊婦健診充実▽インフルエンザ予防接種▽ファミリーサポートセンター利用助成▽保育園保育料助成▽学童保育の時間延長（予算なし）▽学童保育育成料の助成▽ひとり親・多子家庭ごみ手数料支援▽ひとり親・多子家庭水道料金一部支援▽多子家庭世帯高校生通学援助――の9事業。

このうち、保育園保育料助成事業は、2子目からの保育園の保育料を助成するもの。従来は、同時に2人入園していた場合に限って、1人分の保育料が免除されていたが、同時に入園していなくても2子目以降の保育料を助成する。

また、多子家庭世帯高校生通学援助事業では、子どもが3人いる世帯の高校生の通学費（電車、モノレール）を助成する。学校までの最も低額な経路について6カ月定期代の2分の1を年2回助成する。

4月から家庭ごみ有料収集を開始

多摩市

多摩市は4月から家庭ごみの有料収集を始める。市では、08年度の1年間で15％のごみ減量、今後5年間で25％のごみ減量を目標に掲げ、CO_2の削減を目指している。

有料指定袋による収集は、「燃やせるごみ」がクリーム色、「燃やせないごみ」がピンク色。「燃やせるごみ」は大・中・小・ミニの4種類、「燃やせないごみ」は大・中・小の3種類。

また、従来は不燃ごみ扱いだったプラスチックを資源として回収する。きれいなプラスチックは再利用化に向けて「プラスチック収集」。汚れたプラスチックは可燃ごみとして、普通の「燃やせるごみ」とは色の違う透明の有料指定袋に入れて出してもらう。

同市ごみ対策課では「汚れたプラスチックも燃えるときには熱源となるため、サーマルリサイクルの観点から資源の一部として捉えている」と話している。

08年度も委託契約の運びに

小金井市ごみ処理

小金井市は3月28日までに、08年度の可燃ごみ処理委託について、4月1日付で多摩地域の4団体と契約を結ぶ方向性を固めた。そのほか3団体とも条件が整い次第、契約する。

4月1日からの単年度契約を結ぶ相手団体は、昭島市、日野市、柳泉園、西多摩衛生組合。武蔵野市、東村山市、小平・村山・大和衛生組合とも条件が整い次第、契約する。そのほか国分寺市とはすでに8月まで契約済み。

柳泉園組合や西多摩衛生組合は、小金井市のごみを07年度に引き続き受け入れる条件として、小金井市の市民検討委員会が、新ごみ焼却場の建設候補地を3月末までに数カ所に絞ることなどを挙げていた。

3月23日の市民検討委員会は、候補地を、蛇の目工場跡地、二枚橋焼却場を含む公有地4カ所、民有地1カ所の計5カ所に絞り込んだ。

新副市長に柴田氏

国分寺市

国分寺市議会は3月27日、新たな副市長として、東京都西多摩建設事務所長の柴田賢次氏（59）を選任することに同意した。就任は4月1日付で任期は4年。柴田氏は日大理工学部卒。1972年に都庁に入庁。東京都建設局道路建設部道路橋梁課長、東京都北多摩北部建設事務所長などを経て、2006年4月から現職。

前任の鈴木隆夫氏は3月31日付で退職し、4月1日付で総務局参事として都に戻った。

小学校主任停職処分に

国分寺市教委

国分寺市教育委員会は3月26日、小学校主任（46）を停職3カ月の懲戒処分にした。主任は昨年9月13日から11月28日までの間に、知り合いが勤める小学校に自分の携帯電話で合計151回の嫌がらせ電話をしたとして、2月19日に偽計業務妨害罪で逮捕されていた。

■国分寺市人事異動

3月25日付、◎印昇任

【課長級】▽総務部付課長（市民生活部市民課長兼市民生活部市民課庶務係長）吉沢幹雄▽総務部くらしの安全課長兼総務部くらしの安全課防災対策係長（総務部くらしの安全課防災対策係長）◎塩野目龍一▽市民生活部市民課長兼市民生活部市民課庶務係長（総務部くらしの安全課長）岡部正美

会計管理者

都道府県の連絡体制を整備

公金収納手数料問題が契機　都の呼びかけで実現

㈱ゆうちょ銀行の公金収納手数料問題への対応を契機として、都会計管理局が呼びかけた都道府県会計管理者による連絡体制の整備がこのほど実現した。従前は全国出納長会が存在していたが、出納長制度の廃止及び会計管理者制度への移行に伴って、現在、全国組織はなく、ブロック単位での会議体や担当者間の情報交換にとどまっているのが現状だ。連絡体制の整備により、特定の実務的課題への機動的な対応が可能となることが期待される。

旧出納長制度の下では、06年度まで全国出納長会が常設され、地方財務会計制度に関する研究調査や資料収集、国や都道府県相互の情報交換、国への要望等にあたっていた。この間、02年度にはペイオフ解禁に関連して、収納代理金融機関が破綻した場合の公金の収納金保護で政府要望を行い、実現するなど成果を挙げてきた。

しかし地方自治法の改正により、07年3月31日で出納長制度が廃止され、新たに会計管理者制度へ移行したため、全国出納長会も消滅した。

こうした中、郵政民営化を背景として、郵便局での公金収納手数料問題が浮上。これまで住民が税金等の公金を金融機関窓口で納める際、自治体が負担する手数料に、民間金融機関と郵便局で格差があり、都では収納1件につき一律2円の民間金融機関と比べ、郵便局が平均単価65円と30倍以上の高水準となっていた。

こうした取り扱いに関して、都は日本郵政公社が手数料算出の根拠としていた郵便振替法が郵政民営化で廃止され、業務を引き継ぐ㈱ゆうちょ銀行も銀行法に基づく銀行であることから、民間金融機関並みの水準に下げるべきと指摘。

郵政公社が全国一律の公金収納手数料水準を維持する考えを示していたことから、都が全国の道府県に呼びかけ、全会計管理者が歩調を合わせて連名で公社に対して要求書を提出するなど、要望活動を実施。最終的には、今年4月から民間金融機関の水準に引き下げることで合意に至った。この間の経緯は3月18日の財政委員会でも、公金収納の利便性の関係の観点から取り上げられた。

この問題への対応を巡って、都では急きょ要望を取りまとめるケースでは連絡調整が難しく、今後も都道府県会計管理者が足並みをそろえて取り組むべき課題が突発的に発生する可能性もあることから、最低限必要な連絡体制の整備に向けて働きかけを進めていた。

今後、こうした課題があれば、各ブロックに置かれた連絡調整担当の幹事を通じて、相互に連絡し、必要に応じて具体的な行動に移ることになる。ブロックは北海道・東北、関東甲信静、東海・北陸、近畿、中国、四国、九州となる。ただし従来の全国出納長会とは異なって常設組織とはしないため、研修や調査等の定例的事業は実施しない方針だ。

若洲キャンプ場に江戸百景

東京港埠頭公社

○……㈶東京港埠頭公社は3月26日、江東区立若洲公園キャンプ場で、版画の名作「江戸百景」119景のうち16景の除幕式を行った。同キャンプ場は東京港埠頭公社が江東区から指定管理者として管理委託されている施設で、今回のイベントの発案・実施は同公社職員の手によるもの。高い壁に白布にくるまれた作品が、山﨑孝明江東区長たちによって白日の下にさらされると、参加者からは感嘆の声があがった。

○……お披露目された16景は、すべて江東区内を舞台に描かれた傑作で、江戸末期の浮世絵師歌川広重の作品を拡大パネル化したもの。16景の中には印象派の巨匠モネやゴッホに多大な影響を与えた作品も含まれている。当時の江東区の風景や庶民の様子などに想いを馳せることもでき、来園者の話題を呼びそうだ。

○……また、キャンプ場に連なるサイクリングロード脇には、すでに歌川広重作「東海道五十三次」のレプリカも展示され、来園者に親しまれている。

区分	部長級						統括課長						課長級						合計	
区名	横転	昇任	採用	他	計	退職	横転	昇任	採用	他	計	退職	横転	昇任	採用	他	計	退職	異動	退職
千代田	3	6	0	0	9	1	3	3	1	4	11	0	3	2	3	1	9	2	29	3
中央	3	4	2	1	10	5	0	2	0	0	2	0	9	5	3	6	23	1	35	6
港	2	5	0	4	11	1	0	7	0	4	11	1	14	8	4	2	28	2	50	4
新宿	10	5	1	1	17	2	5	7	0	5	17	1	30	9	1	5	45	1	79	4
文京	9	1	1	2	13	5	3	3	0	2	8	0	15	6	2	2	25	1	46	6
台東	3	3	1	1	8	2	3	7	1	4	15	2	10	6	0	0	16	0	39	4
墨田	9	1	0	3	13	5	4	7	0	0	11	2	17	9	4	3	33	2	57	9
江東	7	3	0	0	10	6	3	3	0	2	8	1	10	13	1	5	29	1	47	8
品川	11	4	0	0	15	4	3	4	0	2	9	1	13	6	3	0	22	1	46	6
目黒	9	1	0	0	10	6	2	7	0	1	10	2	11	8	4	11	34	2	54	10
大田	20	7	1	1	29	0	9	10	1	17	37	5	26	10	0	7	43	0	109	5
世田谷	9	7	1	0	17	6	5	10	0	0	15	0	21	12	0	9	42	3	74	9
渋谷	4	1	0	0	5	2	2	2	0	0	4	0	17	5	3	7	32	3	41	5
中野	6	1	0	1	8	3	5	0	0	3	8	1	14	4	5	9	32	2	48	6
杉並	9	6	0	2	17	4	2	5	0	6	13	0	12	7	3	5	27	2	57	6
豊島	9	2	1	0	12	2	2	4	0	4	10	2	14	7	3	4	28	1	50	5
北	8	0	1	1	10	2	0	0	0	0	0	0	20	6	2	8	36	2	46	4
荒川	6	3	0	1	10	2	1	4	0	6	11	0	14	5	1	2	22	0	43	2
板橋	5	1	2	0	8	4	4	4	0	3	11	1	19	8	2	2	31	0	50	5
練馬	7	0	0	0	7	4	3	0	0	0	3	1	13	9	3	3	28	0	38	5
足立	19	0	1	2	22	6	10	10	0	5	25	3	43	9	7	7	66	3	113	12
葛飾	7	5	2	0	14	5	4	6	0	5	15	1	16	7	0	1	24	1	53	7
江戸川	1	0	0	0	1	0	0	4	0	0	4	0	12	4	0	1	17	2	22	2
特人厚	2	1	0	0	3	1	1	1	0	2	4	1	7	2	2	3	14	0	21	2
競馬組合	0	1	1	0	2	0	1	0	0	0	1	0	1	1	1	0	3	0	6	0
清掃一組	7	3	1	0	11	5	2	3	0	1	6	1	10	4	2	10	26	2	43	8
計	185	71	16	20	292	83	77	113	3	76	269	26	391	172	59	113	735	34	1296	143

区幹部人事

1296人が異動

自区内昇任は356人

特別区と特人厚、競馬組合、清掃一組は3月28日までに08年度春期の幹部異動（4月1日付）を発表した。異動規模は全体で計1296人、統一地方選を控えて小規模だった昨年度と比べ、134人増となっている。退職者数は143人で昨年度より42人増加した。

内訳では、横転が653人、昇任が356人、採用が78人、兼務や事務取扱などその他が209人。職層別の異動数をみると、部長級が292人、統括課長が269人、課長級は735人となっている。

自区内昇任は、部長級が71人で昨年度比13減となったものの、統括課長は113人（同8増）、課長級は172人（同44増）。大田区、世田谷区が、いずれの職層でも昇任者が多く、統括課長昇任ではとくに足立区の増加が目立った。

異動規模は足立区と大田区で大きくなっており、新宿区も昨年度から大きく伸びている。

足立区では資産管理部、建築部、子ども家庭部、教育委員会の学校教育部、生涯学習部など組織改正に伴って異動規模が膨らんだ。また統括課長昇任者も10人と多いが、同区では今後、部長級以上の大量退職を控え、力のある人材の早期活用を図ったため。

大田区は昨年春期異動が、現職引退に伴う区長選挙直後で非常に小幅となっており、新区長の下での2度にわたる異動に加え、今回の初の定期異動も規模が膨らむなど、積極的な人事異動を行っている。

新宿区は子ども家庭部、みどり土木部、環境清掃部の新設など、教育委員会や行政委員会を含めて従前の13部体制を15部体制に改正したことで、異動規模が79人と大きくふくらんだ。

退職者数は全体で143人となり、前年度を42人上回った。職層別では部長級が83人、統括課長が26人、課長級は34人で、とりわけ部長級が前年度から30人増となっている。

エコドライブ推進でグリーン経営認証を

都バス

都交通局自動車部は19日、国土交通省が所管する「交通エコロジー・モビリティ財団」の「グリーン経営認証」を取得した。認証されたのは、本局と1事業所。

都バスでは、エコドライブを進めるため、昨年度末から「車両運行記録装置」を設置。急発進や急ブレーキ、エンジン回転数など、運転手ごとの癖を自覚してもらう取り組みを始めていて、エコドライブの推進につながっている。

グリーン経営認証を取得したことで、低公害型バスの導入など、環境保全の取り組みが客観的に証明・評価されるメリットがある。また、環境改善のレベルアップを進めるための指導・助言が受けられる。

■都人事異動

4月1日付　◎印昇任

【部長級】▽産業労働局金融部長（産業労働局参事＝㈶東京都中小企業振興公社派遣）保坂政彦▽産業労働局金融監理室長（産業労働局金融部長）目黒克昭▽産業労働局金融支援担当部長（労働相談情報センター所長）櫻井務▽産業労働局参事＝㈶東京都中小企業振興公社派遣（産業労働局総務部総務課長）◎横山英樹

【課長級】▽産業労働局金融監理室監理課長（産業労働局金融部監理課長）寺﨑久明▽産業労働局金融監理室副参事＝金融支援担当（産業労働局雇用就業部副参事＝㈶東京しごと財団派遣）齋藤仁志▽産業労働局雇用就業部副参事＝㈶東京しごと財団派遣（産業労働局観光部企画課課長補佐）◎小島恒彦

尾梠睦子さん（おがや・むつこ＝苗村洋子・小平市議の母）24日死去、79歳。

三上保昌さん（みかみ・やすまさ＝三上容平・都交通局研修所研修計画担当係長の父）25日死去、82歳。

局長級昇任者の略歴

名前の下の数字は管試年次

岩佐哲男氏

■教育庁理事　岩佐　哲男氏　14特

52・12・27生まれ、早大卒。77清瀬市立清瀬第二中学校教諭、93国分寺市教育委員会指導主事、03教育庁指導部義務教育心身障害教育指導担当課長、05教育庁指導部指導企画課長、06教育庁指導部長

佐々木常雄氏

■駒込病院長　佐々木常雄氏　57医

45・12・21生まれ、弘前大卒。70弘前大学医学部内科学第一講座、72弘前大医学部付属病院第一内科医員、75駒込病院医員、82駒込病院化学療法科医長、92駒込病院化学療法科部長、01駒込病院副院長

坂巻壽氏

■駒込病院副院長　坂巻　壽氏　60医

48・10・24生まれ、東京医科歯科大卒。74東京医科歯科大医学部附属病院第一内科医員、75墨東病院伝染科医員、80独協医科大第三内科学助手、84那須中央病院、86駒込病院内科医長、98駒込病院内科部長

鶴田耕二氏

■駒込病院副院長　鶴田　耕二氏　63医

50・8・28生まれ、東京医科歯科大卒。75東京医科歯科大医学部附属病院、79太田総合病院、80東京医科歯科大医学部附属病院第一外科医員、86駒込病院外科医員、88駒込病院外科医長、03駒込病院外科部長

田中哲氏

■梅ケ丘病院副院長　田中　哲氏　15医

53・5・1生まれ、北海道大卒。79北海道大医学部附属病院、80北海道立向陽ケ丘病院、85北海道大医学部附属病院、97札幌市立札幌病院静療院医長、01梅ヶ丘病院非常勤職員、03梅ヶ丘病院精神科部長

梅北信孝氏

■病院経営本部理事＝都保健医療公社派遣＝大久保病院副院長　梅北　信孝氏　62医

51・9・29生まれ、東京大卒。76東京大医学部附属病院、78墨東病院医員、84東京大医学部附属病院医員、87墨東病院外科医長、97墨東病院外科部長

村井善郎氏

■病院経営本部理事＝都保健医療公社派遣＝多摩北部医療センター副院長　村井　善郎氏　60医

46・5・27生まれ、東北大卒。72養育院付属病院診療第一部内科医員、87老人医療センター内科医長、06多摩北部医療センター内科部長

由里樹生氏

■病院経営本部理事＝都保健医療公社派遣＝荏原病院長　由里　樹生氏　61医

47・1・1生まれ、信州大卒。79荏原病院外科医員、87荏原病院外科医長、90府中病院救命救急センター医長、97府中病院外科部長、06大久保病院副院長

岡本篤武氏

■病院経営本部理事＝都保健医療公社派遣＝東京都多摩がん検診センター所長　岡本　篤武氏　57医

45・1・22生まれ、東北大卒。74東北大医学部付属病院医員、79駒込病院外科医員、97駒込病院外科部長、03駒込病院副院長

特別区幹部人事異動

4月1日付　◎印昇任

■千代田区

【部長級】▽政策経営部長（環境安全部長）山﨑芳明▽政策経営部参事＝連絡調整担当（政策経営部企画財政課長）◎保科彰吾▽政策経営部政策推進担当部長（区民生活部区民商工課長）◎小池讓二▽区民生活部長（政策経営部総務課長）◎高山三郎▽区民生活部参事＝連絡調整担当（神保町出張所長）◎乙幡千枝実▽保健福祉部長（政策経営部政策推進担当部長）渡辺ひとみ▽保健福祉部参事＝保健衛生担当（保健福祉部健康推進課長）◎清古愛弓▽まちづくり推進部参事＝連絡調整担当（まちづくり推進部都市計画課長）◎山口正紀▽環境安全部長（保健福祉部長）大畠康平

【統括課長】▽政策経営部総務職員課長　保科彰吾政策経営部参事＝連絡調整担当事務取扱▽政策経営部人事担当課長（政策経営部職員課長）◎大矢栄一▽政策経営部企画財政課長（保健福祉部高齢介護課長）歌川さとみ▽区民生活部区民商工課長（環境安全部環境推進課長）北昌広▽区民生活部統計担当課長　秋山やす江選挙管理委員会事務局長兼務▽神保町出張所長　乙幡千枝実区民生活部参事＝連絡調整担当事務取扱▽区民生活部税務課長（選挙管理委員会事務局長）下村治郎▽保健福祉部福祉総務課長（保健福祉部福祉総務課長）◎松本博之▽まちづくり推進部都市計画課長　山口正紀まちづくり推進部参事＝連絡調整担当事務取扱▽教育委員会事務局こども・教育部こども総務課長（教育委員会事務局こども・教育部こども総務課長）◎峯岸邦夫▽選挙管理委員会事務局長（区民生活部長）秋山やす江

【課長級】▽政策経営部政策立案課長（まちづくり推進部開発担当課長）土村武史▽政策経営部IT推進担当課長（政策経営部総務課・係長）◎村木久人▽区民生活部副参事＝図書・文化資源担当（国立国会図書館主題情報部参考企画課課長補佐）藤本和彦▽保健福祉部高齢介護課長（区民生活部税務保険年金課長）中田治子▽保健福祉部保険年金課長（区民生活部区民商工課・係長）◎小川久美子▽保健福祉部健康推進課長　清古愛弓保健福祉部参事＝保健衛生担当事務取扱▽まちづくり推進部開発担当課長（東京都知事本局企画調整部総務課課長補佐）小栗一郎▽環境安全部環境・温暖化対策課長（環境安全部副参事＝エコ推進担当）浦谷純一▽環境安全部副参事＝計画推進担当（東京都総務局首都大学支援部大学調整課長補佐）鈴木美奈子

■中央区

【部長級】▽企画部参事＝連絡調整・特命担当（企画部企画課長）◎新治満▽総務部長（区民部長）斉藤進▽総務部参事＝人事制度・特命担当（総務部職員課長）◎島田勝敏▽区民部長（教育委員会事務局次長）小池正男▽保健所長（葛飾区保健所長）東海林文夫▽福祉保健部保健衛生担当部長　東海林文夫保健所長兼務▽都市整備部長（東京都交通局建設工務部建築課長）◎室木眞則▽会計管理者（区民部区民生活課長）◎西川昭男▽教育委員会事務局次長（総務部参事＝連絡調整・特命担当）齋藤弘▽教育委員会事務局参事＝連絡調整・特命担当（教育委員会事務局庶務課長）奥田春光

【統括課長】▽総務部総務課長（都市整備部都市計画課長）◎田野則雄▽総務部経理課長（総務部経理課長）◎坂田直昭

【課長級】▽企画部企画課長　新治満企画部参事＝連絡調整・特命担当事務取扱▽企画部副参事＝都心再生・計画担当（東京都東京オリンピック招致本部招致推進部運営計画課課長補佐）高橋繁敏▽総務部危機管理室長（区民部スポーツ課長）鈴木和則▽総務部副参事＝危機管理・特命担当　小倉忠志土木部副参事＝交通安全対策・特命担当兼務▽総務部職員課長　島田勝敏総務部参事＝人事制度・特命担当事務取扱▽総務部税務課長（教育委員会事務局学務課長）大金裕史▽区民部区民生活課長（区民部地域振興課長）浅沼孝一郎▽区民部地域振興課長（都市整備部副参事＝都市計画事業・特命担当）林秀哉▽区民部スポーツ課長（総務部税務課長）黒川眞▽日本橋保健センター所長（品川区保健センター・保健サービス課長）川口忠彦▽月島保健センター所長　川口忠彦日本橋保健センター所長兼務▽環境部清掃リサイクル課長（選挙管理委員会事務局長）小栗利雄▽土木部副参事＝交通安全対策・特命担当（警視庁）小倉忠志▽都市整備部都市計画課長（都市整備部地域整備課長）田村嘉一▽都市整備部地域整備課長（都市整備部建築課・係長）◎望月秀彦▽都市整備部副参事＝都市計画事業・特命担当（土木部公園緑地課・係長）◎石田純一▽都市整備部副参事＝都市整備公社派遣（区民部防災課・係長）◎高橋和義▽会計室長　西川昭男会計管理者事務取扱▽教育委員会事務局庶務課長　奥田春光教育委員会事務局参事＝連絡調整・特命担当事務取扱▽教育委員会事務局副参事＝教育制度・特命担当（企画部企画課・係長）◎遠藤誠▽教育委員会事務局学務課長（教育委員会事務局副参事＝教育制度・特命担当）長嶋育夫▽教育委員会事務局図書文化財課長（福祉保健部介護保険課・係長）◎守谷澄男▽選挙管理委員会事務局長（総務部危機管理室長）石川英利

■港区

【部長級】▽芝地区総合支所長（赤坂地区総合支所長）小林進▽赤坂地区総合支所長（赤坂地区総合支所地区政策課長）◎杉本隆▽産業・地域振興支援部長　家入数彦高輪地区総合支所長兼務▽子ども支援部長　杉本隆赤坂地区総合支所長兼務▽芝浦港南地区施設整備担当部長　安藤康宏用地活用・区有施設整備担当部長兼務▽区役所改革・人材育成担当部長（芝地区総合支所長）井伊俊夫▽会計管理者（副収入役）◎内野高男▽参事＝特命担当　小林進芝地区総合支所長兼務▽参事（総合経営部総務課長）◎鈴木修一▽参事（総合経営部区長室長）◎小柳津明▽参事（教育委員会事務局庶務課長）◎山本修

【統括課長】▽区議会事務局次長（区議会事務局次長）◎内田聡▽高輪地区総合支所地区政策課長（子ども支援部子ども課長）◎北本治▽産業・地域振興支援部国保年金課長（芝浦港南地区総合支所くらし応援課長）◎渡邊正信▽産業・地域振興支援部副参事＝港区スポーツふれあい文化健康財団派遣（産業・地域振興支援部国保年金課長）◎栗川幸雄▽保健福祉支援部保健福祉課長（保健福祉支援部保健福祉課長）◎矢崎博一▽環境・街づくり支援部土木事業課長（環境・街づくり支援部土木事業課長）◎佐野和典▽総合経営部総務課長　鈴木修一参事事務取扱▽総合経営部区長室長　小柳津明参事事務取扱▽総合経営部契約管財課長（赤坂地区総合支所地区活動推進課長）◎塚田浩一▽会計室長　内野高男会計管理者事務取扱▽教育委員会事務局庶務課長　山本修参事事務取扱

【課長級】▽赤坂地区総合支所地区活動推進課長（産業・地域振興支援部清掃リサイクル課長）石橋潔▽赤坂地区総合支所地区政策課長（総合経営部人材育成推進担当課長）大竹悦子▽高輪地区総合支所地区活動推進課長（保健福祉支援部高齢者計画担当課長）浅山正樹▽芝浦港南地区総合支所地区活動推進課長（産業・地域振興支援部経営支援担当課長）奥野佳宏▽芝浦港南地区総合支所くらし応援課長（教育委員会事務局教育政策担当課長）堀二三雄▽産業・地域振興支援部国際化推進担当課長　解良武▽産業・地域振興支援部経営支援担当課長（総合経営部人事課・係長）◎白井隆司▽産業・地域振興支援部清掃リサイクル課長（高輪地区総合支所地区政策課長）高木俊昭▽産業・地域振興支援部副参事＝東京二十三区清掃一部事務組合派遣（産業・地域振興支援部清掃リサイクル課・係長）◎深田泰和▽防災・生活安全支援部生活安全担当課長（警視庁）中島昭則▽保健福祉支援部高齢者計画担当課長（高輪地区総合支所くらし応援課・係長）◎齋藤博▽保健福祉支援部障害者福祉課長（教育委員会事務局図書・文化財課長）宮内光雄▽みなと保健所保健予防課長（杉並区高円寺保健センター所長）中橋猛▽子ども支援部子ども課長（高輪地区総合支所地区活動推進課長）内田勝▽環境・街づくり支援部住宅担当課長（高輪地区総合支所地区政策課・係長）◎新井樹夫▽環境・街づくり支援部開発指導課長（環境・街づくり支援部再開発担当課長）下總忠俊▽環境・街づくり支援部特定事業担当課長（環境・街づくり支援部開発指導課長）手島恭一郎▽環境・街づくり支援部用地活用担当課長　坂本徹▽総合経営部人権・男女平等参画担当課長　鈴木修一参事事務取扱▽総合経営部経営改革推進担当課長（高輪地区総合支所地区活動推進課・係長）◎佐藤博史▽総合経営部用地活用担当課長（環境・街づくり支援部土木事業課・係長）◎冨田愼二▽総合経営部芝浦港南地区施設整備担当課長（芝浦港南地区総合支所地区活動推進課長）青木康平▽総合経営部人材育成推進担当課長（保健福祉支援部高齢者支援課・係長）◎大滝裕之▽総合経営部区役所改革推進担当課長（総合経営部人事課・係長）◎佐藤雅志▽教育委員会事務局教育政策担当課長　山本修参事事務取扱▽教育委員会事務局図書・文化財課長（総合経営部外郭団体改革推進担当課長）森信二▽教育委員会事務局指導室長（東京都教育庁指導部主任指導主事）加藤敦彦▽選挙管理委員会事務局長（保健福祉支援部障害者福祉課長）輿石隆

■新宿区

【部長級】▽区長室長（企画政策部財政課長）◎寺田好孝▽総合政策部長（企画政策部長）猿橋敏雄▽新宿自治創造研究所担当部長　猿橋敏雄総合政策部長兼務▽総務部参事（都市計画部都市計画課長）◎藤牧功太郎▽総務部参事＝東京都後期高齢者医療広域連合派遣（会計管理者）名取伸明▽地域文化部参事（地域文化部地域調整課長）◎河原眞二▽子ども家庭部長（健康部長）伊藤陽子▽健康部長（総務部参事）八十恒人▽新宿区保健所長（健康部保健衛生担当部長）村主千明▽健康部参事（健康部介護保険課長）◎高橋麻子▽新宿区保健所副所長（東京都福祉保健局保健政策部健康推進課長）福内恵子▽みどり土木部長（環境土木部長）邉見隆士▽環境清掃部長（環境土木部資源清掃対策室長）鴨川邦洋▽会計管理者（教育委員会事務局次長）今野隆▽選挙管理委員会事務局長（健康部参事）蒔田正夫▽教育委員会事務局次長（教育委員会事務局参事）渡部優子▽教育委員会事務局参事（総務部契約管財課長）◎濱田幸二

【統括課長】▽区長室区政情報課長（区長室区政情報課長）◎橋口敏男▽総合政策部企画政策課長（企画政策部企画政策課長）野田勉▽総務部総務課長　藤牧功太郎総務部参事事務取扱▽地域文化部地域調整課長　河原眞二地域文化部参事事務取扱▽地域文化部戸籍住民課長（地域文化部地域文化課長）◎赤堀充男▽地域文化部生涯学習財団等担当課長＝財団法人新宿区生涯学習財団派遣（教育委員会事務局生涯学習財団担当課長）◎小野寺孝次▽福祉部地域福祉課長　山﨑文雄福祉部参事事務取扱▽福祉部障害者福祉課長（福祉部障害者福祉課長）◎杉原純▽あゆみの家所長（都市計画部住宅課長）小山朝子▽子ども家庭部保育課長（福祉部保育課長）◎加賀美秋彦▽健康部健康推進課長　高橋麻子健康部参事事務取扱▽みどり土木部土木管理課長（環境土木部管理課長）野﨑清次▽みどり土木部みどり公園課長（環境土木部道とみどりの課長）◎柏木直行▽都市計画部都市計画課長（都市計画部建築調整課長）高橋信行▽都市計画部景観と地区計画課長（都市計画部地区計画課長）折戸雄司▽都市計画部建築指導課長（都市計画部建築課長）◎新井建也▽教育委員会事務局教育政策課長　濱田幸二教育委員会事務局参事事務取扱

【課長級】▽区長室広聴担当課長（総務部副参事＝納税推進担当）西村茂▽区長室特命プロジェクト推進課長（企画政策部副参事＝歌舞伎町対策等担当）平井光雄▽区長室副参事＝歌舞伎町担当　平井光夫区長室特命プロジェクト推進課長兼務▽区長室副参事＝安全・安心対策担当（警視庁）高橋孝人▽新宿自治創造研究所担当部新宿自治創造研究所担当課長　野田勉総合政策部企画政策課長兼務▽総合政策部行政管理課長（区長室区政情報課・係長）◎木内國弘▽総合政策部財政課長（地域文化部文化国際課長）針谷弘志▽総合政策部情報政策課長（総務部情報システム課長）本村知行▽総務部人事課長（総務部職員課長）木全和人▽総務部人材育成等担当課長（教育委員会事務局学校運営課・係長）◎山本誠一▽総務部契約管財課長（教育委員会事務局教育環境整備課長）小池勇士▽総務部施設課長（都市計画部営繕課長）山下進▽総務部副参事＝納税推進担当（健康部高齢者サービス課・係長）◎峯岸志津子▽四谷特別出張所長（区長室副参事＝広聴担当）佐藤啓太郎▽榎町特別出張所長（健康部健康いきがい課長）佐藤之哉▽大久保特別出張所長（健康部健康いきがい課・係長）◎菅野秀昭▽落合第一特別出張所長（総務部総務課・係長）◎橋本隆▽落合第二特別出張所長（健康部介護保険課・係長）◎吉井篤也▽地域文化部生涯学習コミュニティ課長（落合第二特別出張所長）中澤良行▽地域文化部文化観光国際課長（教育委員会事務局副参事＝幼保連携・子ども園等推進担当）山田秀之▽地域文化部産業振興課長（地域文化部商工観光課長）木村純一▽地域文化部副参事＝消費者行政担当（地域文化部副参事＝就労支援・消費者行政担当）村上道明▽地域文化部副参事＝仕事センター担当　村上道明地域文化部副参事＝消費者行政担当兼務▽福祉部高齢者サービス課長（健康部高齢者サービス課長）小沢健吾▽福祉部介護保険課長（あゆみの家所長）吉野富士枝▽福祉部保護担当課長（四谷特別出張所長）小野英一▽子ども家庭部子ども家庭課長（福祉部子ども家庭課長）吉村晴美▽子ども家庭部子どもサービス課長（総務部副参事＝服務・安全衛生等担当）大野哲男▽子ども家庭部男女共同参画課長（総務部副参事＝男女共同参画・平和担当）秋重知子▽健康部副参事＝歯科保健担当（健康部健康いきがい課・係長）◎白井淳子▽健康部医療保険年金課長（地域文化部国保年金課長）中川誠一▽健康部副参事＝後期高齢者医療担当（健康部副参事＝高齢者医療保険制度準備担当）木城正雄▽健康部保健予防課長　福内恵子新宿区保健所副所長事務取扱▽西新宿保健センター所長　福内恵子新宿区保健所副所長事務取扱▽みどり土木部道路課長（環境土木部土木課長）田中孝光▽みどり土木部交通対策課長（東部道路公園事務所・係長）◎小野川哲史▽環境清掃部環境対策課長（環境土木部環境保全課長）佐藤泰丘▽環境清掃部生活環境課長（落合第一特別出張所長）鈴木健生▽環境清掃部副参事＝ごみ減量担当（環境土木部資源清掃対策室副参事＝ごみ減量担当）米山亨▽新宿清掃事務所長（環境土木部資源清掃対策室リサイクル清掃課長）篠原茂▽環境清掃部副参事＝清掃事業担当（環境土木部資源清掃対策室副参事＝清掃安全衛生担当）城倉馨▽都市計画部建築調整課長（企画政策部副参事＝特命担当）森孝司▽都市計画部住宅課長（大久保特別出張所長）北村仁英▽教育委員会事務局副参事＝幼保連携・子ども園等推進担当（福祉部保育課・係長）◎齋藤正之▽教育委員会事務局教育施設課長（教育委員会事務局生涯学習振興課長）本間正己

■文京区

【部長級】▽総務部参事（総務部参事＝東京都後期高齢者医療広域連合派遣）中村雅則▽総務部参事＝文京アカデミー派遣（都市計画部参事）高橋豊▽総務部参事＝文京区社会福祉協議会派遣（施設管理部長）奥山勇五郎▽福祉部長（介護保険部長）小松壽博▽福祉事務所長　小松壽博福祉部長兼務▽男女協働子育て支援部長（介護保険部参事）藤田恵子▽文京保健所長（東京都福祉保健局医療政策部長）細川えみ子▽保健衛生部長　細川えみ子文京保健所長兼務▽資源環境部長（男女協働子育て支援部長）大角保廣▽施設管理部長（資源環境部長）太田久仁宣▽会計管理者（教育推進部長）下田一美▽教育推進部長（総務部参事）瀧康弘▽教育推進部参事（教育推進部庶務課長）◎竹澤正美

【統括課長】▽総務部総務課長（企画政策部財政課長）田中芳夫▽総務部職員課長（総務部職員課長）◎山本育男▽福祉部高齢福祉課長　佐々木治福祉部参事事務取扱▽男女協働子育て支援部子育て支援課長（都市計画部指導課長）渡部敏明▽都市計画部計画調整課長（選挙管理委員会事務局長）田中正文▽施設管理部施設管理課長（施設管理部施設管理課長）◎中村賢司▽教育推進部庶務課長　竹澤正美教育推進部参事事務取扱▽教育推進部学務課長（教育推進部学務課長）◎曳地由紀雄

【課長級】▽企画政策部財政課長（総務部契約管財課長）林顕二▽企画政策部政策研究担当課長（介護保険部高齢者福祉課・係長）◎浅川道秀▽総務部契約管財課長（土木部道路課長）吉岡利行

（5面につづく）

（4面からつづく）

▽総務部税務課長（介護保険部高齢者福祉課長）八木茂▽総務部副参事＝文京区社会福祉協議会派遣（福祉部障害者福祉課・係長）◎木幡光伸▽区民部国体準備等担当課長（総務部職員課・係長）◎太田治▽福祉部障害福祉課長（福祉部障害者福祉課長）江口進▽福祉部生活福祉課長（区民部戸籍住民課・係長）◎奥山郁男▽福祉部介護保険課長（福祉センター所長）須藤直子▽福祉部国保年金課長（介護保険部国保年金課長）樋口桂▽福祉センター所長（総務部副参事＝文京区社会福祉協議会派遣）高橋秀代▽男女協働子育て支援部男女協働・特命担当課長　渡部敏明男女協働子育て支援部子育て支援課長兼務▽保健衛生部・文京保健所健康推進課長（保健衛生部・文京保健所保健予防課長）石原美千代▽保健衛生部・文京保健所予防対策課長（保健衛生部・文京保健所本郷保健サービスセンター所長）佐藤壽志子▽保健衛生部・文京保健所保健サービスセンター所長（杉並区杉並保健所保健予防課長）品川靖子▽都市計画部指導課長（総務部副参事＝特別区人事・厚生事務組合派遣）毛利俊光▽都市計画部地域整備課長（土木部道路課・係長）◎高橋征博▽都市計画部建築課長（都市計画部地域整備課長）中島均▽土木部道路課長（都市計画部建築課長）海老澤孝夫▽資源環境部路上喫煙対策担当課長（東京都教育庁人事部勤労課課長補佐）田代純子▽資源環境部文京清掃事務所長（総務部総務課・係長）◎山崎克己▽会計管理室長　下田一美会計管理者事務取扱▽教育センター所長（男女協働子育て支援部男女協働・特命担当課長）上野晶子▽真砂中央図書館長（福祉部保護課長）柳下幸一▽選挙管理委員会事務局長（資源環境部文京清掃事務所長）倉田靖雄

■台東区

【部長級】▽企画財政部参事（企画財政部企画課長）◎荒川聡一郎▽企画財政部参事（企画財政部税務課長）◎稲毛久夫▽健康医療担当部長（荒川区保健所長）髙橋郁美▽生活福祉担当部長（保健福祉部参事＝社会福祉法人台東区社会福祉事業団派遣）笹田繁▽保健福祉部参事＝社会福祉法人台東区社会福祉事業団派遣（総務部参事）須賀裕▽都市づくり部参事（都市づくり部都市計画課長）◎齊藤充▽教育委員会事務局次長（生涯学習推進担当部長）和田人志▽生涯学習推進担当部長　和田人志教育委員会事務局次長兼務

【統括課長】▽企画財政部企画課長　荒川聡一郎企画財政部参事事務取扱▽企画財政部税務課長　稲毛久夫企画財政部参事事務取扱▽総務部区長室長（都市づくり部道路交通課長）岩井哲男▽総務部総務課長（文化観光部文化振興課長）◎太田清明▽総務部広報課長（総務部広報課長）◎上野俊一▽総務部経理課長（文化観光部副参事団法人台東区芸術文化財団派遣）◎神部忠夫▽総務部生活安全推進課長（警視庁）川端敏則▽区民部区民課長（総務部区長室長）亀﨑任司▽区民部子育て支援課長（総務部経理課長）大髙和明▽保健福祉部保護課長（保健福祉部保護課長）◎近藤幸彦▽都市づくり部都市計画課長　齊藤充都市づくり部参事事務取扱▽都市づくり部住宅課長（都市づくり部住宅課長）◎岩仲清▽教育委員会事務局庶務課長（教育委員会事務局庶務課長）◎石野壽一▽教育委員会事務局学務課長（教育委員会事務局学務課長）◎中沢陽一▽選挙管理委員会事務局長　太田清明総務部総務課長兼務

【課長級】▽企画財政部情報システム課長（世田谷区総務部副参事＝台東区派遣）久末佳枝▽総務部交流促進課長（台東清掃事務所長）中瀬恒徳▽総務部人権・協働課長（保健福祉部副参事＝社会福祉法人台東区社会福祉事業団派遣）飯塚さち子▽総務部危機・災害対策課長（文化観光部観光課長）菅谷孝夫▽区民部児童保育サービス課長（企画財政部情報システム課長）秋山欣也▽文化観光部文化振興課長（総務部危機・災害対策課長）飯島守人▽文化観光部観光課長（保健福祉部国民健康保険課・係長）◎田中充▽文化観光部副参事団法人台東区芸術文化財団派遣（総務部総務課・係長）◎岡田和平▽保健福祉部副参事（区民部区民課・係長）◎足立孝洋▽保健福祉部副参事＝社会福祉法人台東区社会福祉事業団派遣（区民部児童保育サービス課長）石井健夫▽保健福祉部副参事＝社会福祉法人台東区社会福祉事業団派遣（保健福祉部元気づくり課・係長）◎齋藤美奈子▽台東清掃事務所長（総務部人権・協働課長）赤塚洋一▽都市づくり部浅草地域まちづくりビジョン担当課長（保健福祉部保健福祉課・係長）◎吉田美生▽都市づくり部道路交通課長（区民部子育て支援課長）本間千晴▽教育委員会事務局生涯学習課長（教育委員会事務局青少年・スポーツ課長）藤目裕久▽教育委員会事務局青少年・スポーツ課長（総務部人事課・係長）◎朝倉義人

■墨田区

【部長級】▽企画経営室長（教育委員会事務局次長）織田雄二郎▽総務部長（企画経営室長）岡田貢▽総務部危機管理担当部長（地域振興部危機管理担当部長）森隆夫▽区民部長　田中進副区長事務取扱▽区民活動推進部長（地域振興部長）小川幸男▽区民活動推進部環境担当部長（区民部長）今牧茂▽産業観光部長（地域振興部商工担当部長）藤田彰▽産業観光部新タワー調整担当部長（地域振興部新タワー・観光推進担当部長）河上俊郎▽福祉保健部子育て支援担当部長　横山信雄福祉保健部長兼務▽都市整備部長（都市計画部都市整備担当部長）渡邊正雄▽都市整備部参事（都市計画部都市整備担当都市整備課長）◎小山季廣▽教育委員会事務局次長　久保孝之教育長事務取扱▽選挙管理委員会事務局長（教育委員会事務局参事＝区立学校適正配置担当）岸本佳巳

【統括課長】▽企画経営室財政担当課長（企画経営室財政担当課長）◎栗田陽▽区民部副参事＝特命担当（企画経営室情報システム担当課長）中武繁明▽区民部窓口課長（地域振興部商工担当生活経済課長）◎大滝信一▽区民活動推進部環境担当リサイクル清掃課長（地域振興部環境担当リサイクル清掃課長）◎小暮眞人▽産業観光部生活経済課長（地域振興部自治振興・女性課長）◎今泉峰子▽福祉保健部厚生課長（福祉保健部高齢者福祉担当介護保険課長）吉倉信広▽福祉保健部子育て支援担当副参事＝特命担当（区民部窓口課長）細川保夫▽都市計画部建築指導課長（都市計画部建築指導課長）◎沖田茂▽都市整備部拠点整備課長（都市計画部都市整備担当拠点整備課長）◎河合克美▽教育委員会事務局副参事＝特命担当（企画経営室企画・行政改革担当課長）坂本康治▽区議会事務局次長（総務部契約課長）◎有田武雄

【課長級】▽企画経営室企画・行政改革担当課長（企画経営室政策担当課長）中山誠▽企画経営室政策担当課長　中山誠企画経営室企画・行政改革担当課長兼務▽企画経営室情報システム担当課長（福祉保健部保護課・係長）◎中村智世子▽総務部法務課長（総務部法規担当課長）佐久間之▽総務部契約課長（選挙管理委員会事務局・係長）◎池田善久▽総務部人権同和・男女共同参画課長（企画経営室＝広報広聴担当・係長）◎前田恵子▽総務部危機管理担当防災課長（地域振興部危機管理担当防災課長）浜田将彰▽総務部危機管理担当安全支援課長（地域振興部危機管理担当安全支援課長）酒井敏春▽区民部税務課長（福祉保健部保護課・係長）◎浮田康宏▽区民活動推進部区民活動推進課長（地域振興部区民活動推進課長）岩瀬均▽区民活動推進部文化振興課長（地域振興部文化振興課長）藤田悟▽区民活動推進部環境担当環境保全課長（地域振興部環境担当環境保全課長）相澤邦雄▽産業観光部産業経済課長（地域振興部商工担当産業経済課長）小久保明▽すみだ中小企業センター館長（企画経営室政担当・係長）◎渡辺一夫▽産業観光部観光課長（地域振興部新タワー・観光推進担当新タワー・観光推進課長）高野祐次▽産業観光部新タワー調整担当新タワー調整課長（都市計画部都市整備担当道路公園課長）渡辺茂男▽福祉保健部保護課長（教育委員会事務局スポーツ振興課・係長）◎高橋政幸▽福祉保健部障害者福祉課長（福祉保健部保護課長）後藤隆宏▽福祉保健部介護保険課長（区民部税務課長）藤原操▽福祉保健部高齢者福祉課長（地域振興部環境担当リサイクル清掃課・係長）◎高村弘晃▽福祉保健部子育て支援担当子育て計画課長（福祉保健部子育て支援課長）鹿島田和宏▽福祉保健部子育て支援担当児童・保育課長（教育委員会事務局スポーツ振興課長）関口芳正▽福祉保健部保健衛生担当＝墨田区保健所保健予防課長（本所保健センター所長）東谷万智子▽向島保健センター所長（足立区足立保健所健康推進課長）水口都季▽本所保健センター所長（板橋区志村健康福祉センター所長）平野宏和▽都市計画部都市計画課長　度会順久都市計画部長事務取扱▽都市整備部都市整備課長（地域振興部新タワー・観光推進担当新タワー調整担当課長）島崎進▽都市整備部土木管理課長　小山季廣都市整備部参事事務取扱▽都市整備部道路公園課長（都市計画部都市整備担当土木管理課・係長）◎齋藤雄吉▽教育委員会事務局学務課長（すみだ中小企業センター館長）石井秀和▽教育委員会事務局指導室長（江戸川区立臨海小学校長）仁王紀夫▽教育委員会事務局生涯学習課長（東京都労働委員会事務局総務課課長補佐）福山弘▽教育委員会事務局スポーツ振興課長（すみだ中小企業センター・係長）◎郡司剛英

■江東区

【部長級】▽政策経営部長（政策経営部参事）大井哲爾▽総務部長（政策経営部長）合田進▽総務部参事（総務部総務課長）◎鈴木信幸▽総務部参事（総務部営繕課長）◎奥野敏子▽区民部長（教育委員会事務局学校教育部長）富所博▽会計管理者（監査事務局長）藤原隆▽教育委員会事務局学校教育部長（会計管理者）出口泰治▽教育委員会事務局学校教育部参事（環境清掃部副参事＝東京二十三区清掃一部事務組合派遣）◎寺内博英▽教育委員会事務局生涯学習部長（子ども生活部参事）石川広▽監査事務局長（区民部参事）柳澤健一

【統括課長】▽総務部総務課長　鈴木信幸総務部参事事務取扱▽区民部地域振興課長（保健福祉部高齢福祉課長）若井利博▽区民部課税課長（区民部課税課長）◎杉本健一▽保健福祉部高齢福祉課長（区民部経済課長）井出今朝信▽保健福祉部地域保健課長（都市整備部住宅課長）田島俊二▽土木部交通対策課長（土木部交通対策課長）◎西潟誠▽教育委員会事務局学校教育部庶務課長　寺内博英教育委員会事務局学校教育部参事事務取扱▽区議会事務局次長（区議会事務局次長）◎渡辺広幸

【課長級】▽政策経営部財政課長（子ども生活部保育計画課長）大塚善彦▽政策経営部基本構想担当課長（総務部防災課長）武田正孝▽総務部営繕課長　奥野敏子総務部参事事務取扱▽総務部防災課長（子ども生活部児童課・係長）◎武越信昭▽総務部地域振興会連絡調整担当課長　鈴木信幸総務部参事事務取扱▽総務部東京オリンピック招致連絡調整担当課長　鈴木信幸総務部参事事務取扱▽総務部臨海部施設担当課長（総務部営繕課・係長）◎青木一巳▽総務部副参事＝財団法人江東区地域振興会派遣（土木部交通対策課・係長）◎中野雄一▽区民部経済課長（環境清掃部清掃リサイクル課長）長島英明▽区民部国保年金課長（総務部副参事＝江東区地域振興会派遣）中村保夫▽区民部観光推進担当課長（区民部国保年金課・係長）◎杉田幸子▽保健福祉部生活衛生課長（清掃事務所長）今関修由▽保健福祉部保健予防課長（東京都福祉保健局健康安全室感染症対策課長）稲垣智一▽保健福祉部歯科保健担当課長（保健福祉部保健予防課・係長）◎三ツ木浩▽城東南部保健相談所長　稲垣智一保健福祉部保健予防課長兼務▽子ども生活部児童課長（教育委員会事務局学校教育部特命担当課長）吉川甲次▽子ども生活部保育計画課長（子ども生活部保育計画課・係長）◎堀田誠▽子ども生活部保護第一課長（子ども生活部保護第二課長）平川進▽子ども生活部保護第二課長（政策経営部企画課・係長）◎杉山広英▽環境清掃部清掃リサイクル課長（都市整備部特命担当課長）小川和久▽清掃事務所長（環境学習情報館長）荒田智康▽清掃事務所副所長　小山田健一環境学習情報館長兼務▽環境学習情報館長（特別区人事・厚生事務組合総務部副参事＝江東区派遣）小山田健一▽環境清掃部副参事＝東京二十三区清掃一部事務組合派遣（政策経営部広報広聴課・係長）◎川根隆▽都市整備部住宅課長（都市整備部都市計画課・係長）◎田中洋二▽都市整備部特命担当課長（教育委員会事務局生涯学習部生涯学習課・係長）◎田渕泰紀▽土木部計画担当課長（土木部交通対策課・係長）◎高垣克好▽教育委員会事務局学校教育部特命担当課長（教育委員会事務局学校教育部庶務課・係長）◎小林秀樹▽教育委員会事務局生涯学習部副参事＝江東区健康スポーツ公社派遣（区民部納税課・係長）◎寒河江徹

■品川区

【部長級】▽総務部長（区議会事務局長）市岡雅史▽参事＝東京二十三区清掃一部事務組合派遣（環境清掃事業部長）岩崎裕▽区民生活事業部長（監査委員事務局長）宮地恵美子▽参事（区民生活事業部産業振興課長）◎金子正博▽品川区保健センター所長（参事）倉橋俊至▽参事＝品川区シルバー人材センター派遣（区民生活事業部長）田中実▽参事＝品川総合福祉センター派遣（教育委員会事務局教育次長）長田正▽参事栄会派遣（児童保健事業部健康課長）◎太田龍司▽環境清掃事業部長（参事）久保田孝之▽参事（まちづくり事業部建築課長）◎片田友昭▽会計管理者（選挙管理委員会事務局長）野田口孝和▽教育委員会事務局教育次長（参事）市川一夫▽監査委員事務局長（参事）鷹倉俊和▽選挙管理委員会事務局長（区民生活事業部次長）早津一彦▽区議会事務局長（総務部総務課長）◎桑村正敏

【統括課長】▽総務部人事課長（総務部人事課長）◎榎本圭介▽総務部副参事＝特別区競馬組合派遣（福祉高齢事業部高齢福祉課長）蓼沼三郎▽区民生活事業部区民課長（企画部情報システム課長）小野孝▽区民生活事業部産業振興課長　金子正博参事事務取扱▽児童保健事業部健康課長（品川区保健所衛生課長）◎山岡豊治▽福祉高齢事業部生活福祉課長（福祉高齢事業部生活福祉課長）◎志村勇一▽福祉高齢事業部副参事＝品川区社会福祉協議会派遣（福祉高齢事業部副参事＝品川区社会福祉協議会派遣）◎黒田幸子▽まちづくり事業部建築課長　片田友昭参事事務取扱▽教育委員会事務局庶務課長（環境清掃事業部環境課長）田村信二

【課長級】▽企画部行財政改革担当課長（大崎第一地域センター・係長）◎久保田善行▽企画部情報システム課長（区民生活事業部国保年金課長）原明彦▽総務部総務課長（まちづくり事業部住環境整備担当課長）伊勢英二▽総務部経理課長（まちづくり事業部都市計画課長）阿部公男▽区民生活事業部防災課長（教育委員会事務局生涯学習課・係長）◎中山清学▽区民生活事業部国保年金課長（教育委員会事務局副参事＝品川区スポーツ協会派遣）本城善之▽品川区保健所衛生課長（区民生活事業部副参事＝品川文化振興事業団派遣）荒井俊子▽品川区保健所保健サービス課長（横浜市健康福祉局健康安全部健康安全課健康危機管理担当課長）吉田道彦▽品川区保健センター保健サービス課長（目黒区健康福祉部保健予防課長）矢野久子▽福祉高齢事業部高齢福祉課長（福祉高齢事業部高齢事業課長）冨岡正明▽福祉高齢事業部高齢事業課長（福祉高齢事業部高齢福祉課・係長）◎永尾文子▽福祉高齢事業部副参事栄会派遣（児童保健事業部幼保一元担当課長）髙橋純子▽福祉高齢事業部副参事＝こうほうえん派遣（福祉高齢事業部介護保険担当課長）上山由美子▽環境清掃事業部環境課長（教育委員会事務局品川図書館長）工藤俊二▽まちづくり事業部交通安全担当課長（警視庁）諸石明▽まちづくり事業部都市計画課長（総務部副参事＝臨海部広域斎場組合派遣）梶三千夫▽まちづくり事業部住環境整備担当課長（特別区人事・厚生事務組合総務部副参事＝品川区派遣）吉川広▽教育委員会事務局学務課長（教育委員会事務局生涯学習課長）冨田祥子▽教育委員会事務局小中一貫教育担当課長（教育委員会事務局指導課・係長）◎和氣正典▽教育委員会事務局生涯学習課長（企画部行財政改革担当課長）堀越明▽教育委員会事務局品川図書館長（福祉高齢事業部高齢事業課・係長）◎小川陽子▽教育委員会事務局副参事＝品川区スポーツ協会派遣（教育委員会事務局生涯学習課・係長）◎安藤正純

■目黒区

【部長級】▽企画経営部長（総務部長）横田俊文▽総務部長（区民生活部長）伊藤良一▽危機管理室担当部長（参事）石綿晃▽参事（総務部国際交流担当課長）◎伊藤和彦▽区民生活部長（健康福祉部長）加藤芳照▽健康福祉部長（参事）一宮瑞夫▽子育て支援部長（参事）尾崎富雄▽都市整備部長（危機管理室担当部長）川島輝幸▽会計管理者（参事＝国際交流協会派遣）荒井英雄▽選挙管理委員会事務局長（参事＝社会福祉事業団派遣）本多浩一

【統括課長】▽企画経営部政策企画課長（総務部契約課長）伊東桂美▽総務部総務課長（企画経営部行革推進担当課長）◎三澤茂実▽総務部国際交流担当課長　伊藤和彦参事事務取扱▽総務部契約課長（区民生活部税務課長）◎平岡司▽区民生活部滞納対策担当課長（南部地区サービス事務所長）世良充弘▽健康福祉部健康福祉計画課長（子育て支援部保育課長）◎武井美雄▽健康福祉部高齢福祉課長（健康福祉部高齢福祉課長）◎佐藤寛史▽子育て支援部子育て支援課長（子育て支援部子育て支援課長）◎安部仁▽都市整備部都市整備課長（都市整備部都市整備課長）◎濱出直良▽都市整備部建築課長（都市整備部建築課長）◎菊地均

【課長級】▽企画経営部長期計画担当課長（健康福祉部障害福祉課長）佐々木孝▽企画経営部行革推進担当課長（健康福祉部介護保険課・係長）◎長崎隆▽企画経営部協働推進担当課長　伊東桂美企画経営部政策企画課長兼務▽企画経営部秘書課長　伊藤和彦参事事務取扱▽企画経営部広報課長（企画経営部区民の声担当課長）堀切百合子▽企画経営部区民の声担当課長（区民生活部戸籍住民課長）竹内聡子▽区民生活部税務課長（区民生活部滞納対策担当課長）村田正夫▽区民生活部産業経済課長（企画経営部政策企画課・係長）◎松原信敏▽区民生活部戸籍住民課長（総務部人事課・係長）◎秋丸俊彦▽南部地区サービス事務所長（会計管理室会計課長）島崎仁▽西部地区サービス事務所長（区議会事務局次長）千葉登▽健康福祉部健康推進課長（企画経営部広報課長）上田広美▽保健所健康推進課長　上田広美健康福祉部健康推進課長兼務▽健康福祉部保健予防課長（健康福祉部碑文谷保健センター長）上田隆▽保健所保健予防課長　上田隆健康福祉部保健予防課長兼務▽健康福祉部目黒保健センター長　上田隆健康福祉部保健予防課長兼務▽保健所目黒保健センター長　上田隆健康福祉部碑文谷保健センター長（東京都南多摩保健所保健対策課長）鶴見節子▽保健所碑文谷保健センター長　鶴見節子健康福祉部碑文谷保健センター長兼務▽健康福祉部南部保健福祉サービス事務所長　島崎仁南部地区サービス事務所長兼務▽健康福祉部西部保健福祉サービス事務所長　千葉登西部地区サービス事務所長兼務▽健康福祉部障害福祉課長（教育委員会事務局地域学習課長）足立武士▽健康福祉部障害施設整備担当課長（都市整備部建築課・係長）◎三吉英郎▽子育て支援部保育課長（環境清掃部ごみ減量課長）古庄正二▽子育て支援部保育計画担当課長（総務部契約課・係長）◎村上隆章▽環境清掃部ごみ減量課長（教育委員会事務局学校施設計画担当課長）清水俊哉▽会計管理室会計課長（西部地区サービス事務所長）横山清貴▽区議会事務局次長（総務部総務課・係長）◎大崎茂▽教育委員会事務局学校施設計画担当課長（都市整備部建築課・係長）◎板垣司▽教育委員会事務局指導課長（町田市立木曽境川小学校長）柳瀬泰▽教育委員会めぐろ学校サポートセンター長　柳瀬泰教育委員会事務局指導課長兼務▽教育委員会事務局地域学習課長（企画経営部協働推進担当課長）市川典子▽教育委員会八雲中央図書館長（企画経営部政策企画課・係長）◎谷合祐之▽選挙管理委員会事務局次長　本多浩一選挙管理委員会事務局長事務取扱

■大田区

【部長級】▽経営管理部長（区民生活部長）遠藤久▽経営管理部総務担当部長（経営管理部特命担当部長）森透▽経営管理部特命担当部長　森透経営管理部空港臨海担当部長兼務▽経営管理部参事＝渋谷区派遣（大田南地域行政センター長）根本敦▽経営管理部参事（経営管理部総務課長）◎伊藤勝康▽経営管理部参事（経営管理部秘書課長）◎津村正純▽経営管理部参事（まちづくり推進部参事）金子武史▽経営管理部参事（経営管理部情報システム課長）◎伊東博巳▽区民生活部長（清掃部参事＝東京二十三区清掃一部事務組合派遣）深山徹▽区民生活部防災・危機管理担当部長（まちづくり推進部長）石田隆則▽区民生活部参事（経営管理部職員課長）◎杉坂克彦▽区民生活部参事（まちづくり推進部参事）佐々木茂樹▽保健福祉部長（保健福祉部高齢福祉担当部長）中山政昭▽保健福祉部高齢福祉担当部長（保健福祉部参事）大場大志▽保健福祉部参事＝大田区社会福祉協議会派遣（清掃部長）平野壽▽こども育成部長（こども育成部子育て支援課長）◎井上隆▽まちづくり推進部長（教育委員会事務局次長）佐藤喜美男▽まちづくり推進部再開発担当部長（経営管理部空港臨海担当部長）藤田正人▽まちづくり推進部参事（経営管理部企画財政課長）◎川野正博▽まちづくり推進部参事（区民生活部参事）東平眞明▽清掃部長（大田東地域行政センター長）堤正廣▽清掃部参事＝東京二十三区清掃一部事務組合派遣（保健福祉部長）本間敏幸▽清掃部参事＝東京二十三区清掃一部事務組合派遣（大田北地域行政センター長）澤田泰博▽大田北地域行政センター長（清掃部参事＝東京二十三区清掃一部事務組合派遣）西川泉▽大田南地域行政センター長（区民生活部参事）吉岡秀典▽大田南地域行政センター参事（足立区衛生部参事）諸岡公子▽大田東地域行政センター長（保健所参事）宇佐見衛▽教育委員会事務局次長（こども育成部長）金澤彰▽選挙管理委員会事務局参事（保健所生活衛生課長）◎阿南修

【統括課長】▽経営管理部総務課長　伊藤勝康経営管理部参事事務取扱▽経営管理部秘書課長　津村正純経営管理部参事事務取扱▽経営管理部企画財政課長　金子武史経営管理部参事事務取扱▽経営管理部計画管理担当課長（経営管理部経営計画担当課長）◎鴨志田隆▽経営管理部職員課長（経営管理部能力開発推進担当課長）◎勢古勝紀▽経営管理部情報システム課長　伊東博巳経営管理部参事事務取扱▽区民生活部区民生活課長　杉坂克彦区民生活部参事事務取扱▽区民生活部防災課長　佐々木茂樹区民生活部参事事務取扱▽区民生活部危機管理担当課長　佐々木茂樹区民生活部防災課長兼務▽区民生活部課税課長（区民生活部防災課長）河野秀夫▽産業経済部産業振興課長（経済産業省大臣官房秘書課課長補佐）石井芳明▽保健福祉部計画調整課長（経営管理部広報広聴課長）◎安元祐一郎▽保健福祉部地域保健担当課長　萩原日出男保健所健康推進課長兼務▽保健福祉部副参事＝大田幸陽会派遣（教育委員会事務局庶務課長）平山政雄▽保健福祉部高齢事業課長（保健福祉部高齢事業課長）◎小泉邦雄▽保健福祉部介護保険課長　菊地宏明保健福祉部参事事務取扱▽保健福祉部副参事＝就労支援担当　市川邦彦新蒲田福祉センター所長兼務▽新蒲田福祉センター所長（新蒲田福祉センター所長）◎市川邦彦▽保健所健康推進課長（産業経済部産業振興課長）萩原日出男▽保健所保健サービス担当課長　諸岡公子大田南地域行政センター地域健康課長兼務▽保健所生活衛生課長（大田南地域行政センター地域福祉課長）岩田美恵子▽こども育成部子育て支援課長（教育委員会事務局社会教育課長）柿本伸二▽まちづくり推進部まちづくり課長　川野正博まちづくり推進部参事事務取扱▽まちづくり推進部建築調整課長（交通事業本部交通事業課長）伊藤晴司郎▽まちづくり推進部住宅課長　藤田正人まちづくり推進部再開発担当部長事務取扱▽まちづくり推進部環境保全課長　東平眞明まちづくり推進部参事事務取扱▽交通事業本部交通企画担当課長　金子二朗交通事業本部用地担当課長兼務▽清掃部清掃リサイクル課長（調布清掃事務所長）◎小田川一雄▽蒲田清掃事務所長（まちづくり推進部都市開発課長）杉村克之▽大田西地域行政センター生活福祉課長（こども発達センターわかばの家所長）◎大内葉子▽大田南地域行政センター地域福祉課長（こども育成部保育サービス課長）平野幸枝▽大田南地域行政センター地域健康課長　諸岡公子大田南地域行政センター参事事務取扱▽教育委員会事務局庶務課長（清掃部清掃リサイクル課長）下遠野茂▽教育委員会事務局施設担当課長（まちづくり推進部建築調整課長）◎石井一雄▽教育委員会事務局学務課長（教育委員会事務局学務課長）◎清水耕次▽大田図書館長（大田図書館長）◎鈴木慶三▽選挙管理委員会事務局長　阿南修選挙管理委員会事務局参事事務取扱

【課長級】▽経営管理部行政経営担当課長（経営管理部施設管理課長）荒井昭二▽経営管理部空港臨海担当課長（教育委員会事務局施設担当課長）玉川一二▽経営管理部副参事＝東京都行政実務派遣研修（大田北地域行政センター大森東特別出張所長）井上隆義▽経営管理部広報広聴課長（大森東福祉園長）森部一夫▽経営管理部能力開発推進担当課長（蒲田清掃事務所長）茂呂英雄▽経営管理部副参事＝勤労担当　茂呂英雄兼務経営管理部能力開発推進担当課長▽経営管理部副参事＝渋谷区派遣（経営管理部職員課・係長）◎西野正成▽経営管理部経理管財課長（選挙管理委員会事務局長）井出喜夫▽経営管理部施設管理課長（まちづくり推進部建築審査課長）中山順博▽区民生活部区民施設活用担当課長　後藤清大田西地域行政センター田園調布特別出張所長兼務▽区民生活部副参事＝臨海部広域斎場組合派遣（大田西地域行政センター鵜の木特別出張所長）吉田太典▽区民生活部区民・国際交流課長（大田西地域行政センター嶺町特別出張所長）木田早苗▽区民生活部戸籍住民課長（大田南地域行政センター生活福祉課長）田中教彦▽産業経済部観光政策担当課長（産業経済部副参事＝観光政策担当）伊藤勝久▽産業経済部副参事＝大田区産業振興協会派遣（経営管理部経理管財課長）長谷隆▽保健福祉部区民健康づくり担当課長（区民生活部区民・国際交流課長）佐藤恵美子▽保健福祉部副参事＝大田幸陽会派遣（保健福祉部計画調整課・係長）◎川上立雄▽保健福祉部後期高齢者医療担当課長　平野秀康保健福祉部国保年金課長兼務▽こども育成部副参事＝施設担当　市野由香里こども発達センターわかばの家所長兼務▽こども育成部保育サービス課長（保健福祉部副参事＝東京都知的障害者育成会派遣）高安道郎▽子ども家庭支援センター所長　西山正人大田北地域行政センター入新井特別出張所長兼務▽こども発達センターわかばの家所長（大田北地域行政センター大森西特別出張所長）市野由香里▽まちづくり推進部都市計画担当課長　菅三男大田西地域行政センターまちなみ整備課長兼務▽まちづくり推進部都市開発課長（大田西地域行政センター生活福祉課長）小畑功▽まちづくり推進部建築審査課長（清掃部副参事＝東京二十三区清掃一部事務組合派遣）津田正明▽交通事業本部交通事業課長（交通事業本部再開発担当課長）岡田誠▽交通事業本部交通再開発担当課長（大田北地域行政センターまちなみ整備課長）廣瀬達志▽清掃部副参事＝東京二十三区清掃一部事務組合派遣（経営管理部副参事＝特別区競馬組合派遣）岩澤豊明▽調布清掃事務所長（大田南地域行政センター蒲田西特別出張所長）飯田衛▽多摩川清掃事業所長　飯田衛調布清掃事務所長兼務▽大田北地域行政センターまちなみ整備課長（経営管理部副参事＝特別区競馬組合派遣）室田勉▽大田北地域行政センター大森東特別出張所長（経営管理部情報システム課・係長）◎浜口和彦▽大田北地域行政センター大森西特別出張所長（区民生活部収納課・係長）◎齋藤佳代子▽大田北地域行政センター馬込特別出張所長（大田南地域行政センター池上特別出張所長）◎飯嶋清市▽大田北地域行政センター池上特別出張所長（大田北地域行政センター池上特別出張所長・係長）◎杉村由美▽大田西地域行政センター地域健康課長（大田南地域行政センター地域健康課長）松本加代▽大田西地域行政センター嶺町特別出張所長（産業経済部産業振興課・係長）◎青木毅▽大田西地域行政センター鵜の木特別出張所長（保健福祉部障害福祉課・係長）◎小泉貴一▽大田西地域行政センター久が原特別出張所長（保健福祉部高齢福祉課・係長）◎柏原順史▽大田南地域行政センター生活福祉課長（大田西地域行政センター久が原特別出張所長）鈴木清貴▽大田南地域行政センター蒲田西特別出張所長（議会事務局・係長）◎篠塚えみ子▽教育委員会事務局教育改革担当課長（大田北地域行政センター馬込特別出張所長）薄根幸▽教育委員会事務局社会教育課長（まちづくり推進部環境保全課長）榎田隆一

■世田谷区

【部長級】▽玉川総合支所長（区長室長）西澤和夫▽砧総合支所副支所長（総務部区政情報課長）◎松田隆夫▽烏山総合支所長（交通政策担当部長）春日敏男▽政策経営部長（道路整備部長）板垣正幸▽庁舎計画担当部長（総務部人事課長）◎八谷直治▽区長室長（政策経営部政策企画課長）◎金澤博志▽危機管理室長（世田谷保健所副所長）河合岳夫▽財務部長（清掃・リサイクル部長）堀川能男▽スポーツ振興担当部長（子ども部子ども家庭支援課長）◎久岡正次▽環境総合対策室長（教育委員会事務局生涯学習・地域・学校連携担当部長）水戸都紀子▽清掃・リサイクル部長（区長室秘書課長）◎霧生秋夫▽保健福祉部参事＝社会福祉協議会派遣（砧総合支所副支所長）波多野実▽世田谷保健所副所長（清掃・リサイクル部管理課長）◎杉野憲三▽世田谷保健所参事（豊島区池袋保健所健康推進課長）木村博子▽道路整備部長（玉川総合支所長）志村千昭▽交通政策担当部長（教育委員会事務局施設課長）◎工藤健一▽教育委員会事務局生涯学習・地域・学校連携担当部長（危機管理室長）萩原賢一

【統括課長】▽世田谷総合支所地域振興課長（産業政策部商業課長）内田政夫▽世田谷総合支所生活支援課長（世田谷総合支所生活支援課長）◎兎澤幹雄▽世田谷総合支所健康づくり課長（世田谷総合支所健康づくり課長）◎上田仁志▽世田谷総合支所街づくり課長（世田谷総合支所街づくり課長）◎北川秀雄▽北沢総合支所地域振興課長（保健福祉部副参事＝社会福祉事業団派遣）薄根義信▽砧総合支所街づくり課長（砧総合支所街づくり課長）◎野徳浩保▽烏山総合支所地域振興課長（烏山総合支所地域振興課長）◎安齋俊彰▽財務部副参事＝学校施設等整備調整担当（財務部副参事＝学校施設等整備調整担当）◎辻裕光▽清掃・リサイクル部管理課長（都市整備部住宅課長）◎板谷雅光▽保健福祉部副参事＝社会福祉事業団派遣（保健福祉部高齢施策推進課長）◎本多俊一▽介護予防担当部地域福祉支援課長（介護予防担当部地域福祉支援課長）◎木谷哲三▽子ども部子ども家庭支援課長（世田谷総合支所地域振興課長）山﨑廣孝▽みどりとみず政策担当部みどり政策課長（みどりとみず政策担当部みどり政策課長）◎小野田眞▽教育委員会事務局学務課長（烏山総合支所健康づくり課長）阿竹恵▽教育委員会事務局学校職員課長（北沢総合支所地域振興課長）寺林敏彦

【課長級】▽世田谷総合支所すぐやる課長（保健福祉部障害施策推進課・係長）◎清水昭夫▽世田谷総合支所副参事＝すぐやる課担当　内田政夫世田谷総合支所地域振興課長兼務▽世田谷総合支所副参事＝すぐやる課担当　薄根義信北沢総合支所地域振興課長兼務▽玉川総合支所保健福祉課長（保健福祉部副参事＝社会福祉協議会派遣）伊藤美和子▽烏山総合支所健康づくり課長（世田谷総合支所地域振興課・係長）◎池﨑隆▽政策経営部政策企画課長（政策経営部財政課長）宮崎健二▽株式会社世田谷サービス公社派遣（介護予防担当部生涯現役推進課・係長）◎知久孝之▽政策経営部財政課長（教育委員会事務局学校職員課長）岩本康▽総務部区政情報課長（清掃・リサイクル部副参事＝東京二十三区清掃一部事務組合派遣）志賀毅一▽総務部人事課長（財務部経理課長）宮内孝男▽総務部副参事＝台東区派遣（生活文化部文化・国際・男女共同参画課・係長）◎久末佳枝▽庁舎計画担当部庁舎計画担当課長（地域情報政策担当部地域行政担当課長）原田茂実▽区長室秘書課長（介護予防担当部介護予防課長）成田修▽区長室副参事＝特命担当（政策経営部政策企画課・係長）◎岩元浩一▽財務部経理課長（政策経営部行政経営担当課長）岡田篤▽生活文化部文化・国際・男女共同参画課長（子ども部副参事＝特命担当）中村哲也▽生活文化部副参事＝せたがや文化財団派遣（保健福祉部国保・年金課長）柳原典子▽生活文化部副参事＝せたがや文化財団派遣（教育委員会事務局副参事＝教育政策・学校適正配置担当）張堂明観▽スポーツ振興担当部スポーツ振興課長（生活文化部区民健康村・ふるさと交流課・係長）◎鈴木孝之▽スポーツ振興担当部副参事＝スポーツ振興財団派遣（教育委員会事務局副参事＝スポーツ振興財団派遣）大澤修▽産業政策部商業課長（教育委員会事務局学務課長）菅井芳彦▽保健福祉部高齢施策推進課長（生活文化部文化・国際・男女共同参画課長）松本公平▽保健福祉部副参事＝認定審査事務担当　伊藤美和子玉川総合支所保健福祉課長兼務▽保健福祉部国保・年金課長（生活文化部副参事＝せたがや文化財団派遣）鶴見正子▽保健福祉部副参事＝社会福祉協議会派遣（保健福祉部高齢施策推進課・係長）◎瓜生律子▽保健福祉部副参事＝社会福祉事業団派遣（区長室秘書課・係長）◎木本義彦▽介護予防担当部介護予防課長（子ども部子ども家庭支援課・係長）◎澁田景子▽子ども部副参事＝特命担当（世田谷総合支所すぐやる課長）加藤政信▽世田谷保健所副参事＝地域保健医療担当　池﨑隆烏山総合支所健康づくり課長兼務▽世田谷保健所感染症対策課長　木村博子世田谷保健所参事事務取扱▽世田谷保健所生活保健課長　杉野憲三世田谷保健所副所長事務取扱▽都市整備部住宅課長（教育委員会事務局スポーツ振興課長）小松幹治▽道路整備部道路事業推進担当課長（総務部人事課・係長）◎笠原聡▽交通政策担当部交通政策課長（道路整備部道路事業推進担当課長）直井基次▽交通政策担当部鉄道立体・街づくり調整担当課長（北沢総合支所街づくり課・係長）◎並木正志▽会計室会計課長（玉川総合支所保健福祉課長）藤間和夫▽教育委員会事務局副参事＝教育政策・学校適正配置担当（保健福祉部副参事＝社会福祉事業団派遣）水野聡▽教育委員会事務局施設課長（都市整備部都市計画課・係長）◎伊東友忠▽教育委員会事務局副参事＝地域生涯学習推進担当　内田政夫世田谷総合支所地域振興課長兼務▽教育委員会事務局副参事＝地域生涯学習推進担当　薄根義信北沢総合支所地域振興課長兼務▽教育委員会事務局副参事＝スポーツ振興担当　鈴木孝之スポーツ振興担当部スポーツ振興課長兼務▽監査事務局次長（区長室副参事＝特命担当）花房千里

■渋谷区

【部長級】▽企画部長（[illegible]）[illegible]▽福祉保健部長）千葉博康▽総[illegible]部参事（都市整備部建築[illegible]長）◎秋葉英敏▽福祉保健[illegible]長（子ども家庭部長）松崎[illegible]▽福祉保健部参事＝高齢者[illegible]祉担当（大田区経営管理部[illegible]事＝渋谷区派遣）根本敦▽子ども家庭部長（企画部参事[illegible]久保田幸雄

【統括課長】▽総務部職員課長（都市整備部都市計画課長）黒柳貴史▽危機管理対策部防災課長（危機管理対策部防災課長）◎遠藤正▽福祉保健部管理課長（福祉保健部介護保険課長）◎笠原文夫▽教育委員会事務局生涯学習課長（福祉保健部管理課長）伊藤宏

【課長級】▽企画部国際交流課長（監査委員事務局次長）斎藤茂▽企画部広報課長（区民部商工観光課長）松本賢司▽企画部情報管理課長（区民部住民戸籍課長）篠原[illegible]男▽企画部副参事＝情報化推進担当　千葉博康企画部長事務取扱▽総務部営繕課長　秋葉英敏総務部参事事務取扱▽総務部施設整備推進課長（清掃リサイクル部資源リサイクル課・係長）◎橐谷樹▽総務部文化総合施設準備室長　佐藤賢哉総務部経理課長兼務▽総務部副参事＝管財担当（[illegible]民部地域振興課・係長）◎高橋力▽区民部住民戸籍課長（福祉保健部地域保健課・係長）◎下村孝子▽区民部商工観光課長（企画部広報課長）植竹ゆかり▽福祉保健部介護保険課長（福祉保健部介護保険課長）笠原文夫▽福祉保健部高齢者サービス課長（福祉保健部高齢者福祉課長）船本徹▽福祉保健部副参事＝介護・医療担当　根本敦福祉保健部参事＝高齢者福祉担当事務取扱

（6面につづく）

特別区幹部退職

3月31日付

【千代田区】▽区民生活部長　秋山やす江▽政策経営部IT推進担当課長　大久保聡一郎▽区民生活部副参事＝特命担当　柳与志夫

【中央区】▽総務部長　益田進▽総務部参事　井上光雄▽保健所長　大倉慶子▽都市整備部長　西正史▽会計管理者　佐藤マツ子▽環境部清掃リサイクル課長　景山紅子

【港区】▽参事　矢澤慶一▽産業・地域振興支援部副参事＝港区スポーツふれあい文化健康財団派遣　坂口修▽教育委員会事務局指導室長　藤井千恵子▽選挙管理委員会事務局長　勝山景之

【新宿区】▽企画政策部参事＝特命担当　新野晴男▽選挙管理委員会事務局長　村山昇▽新宿清掃事務所長　中村祐▽榎町特別出張所長　田辺俊雄

【文京区】▽総務部参事＝文京アカデミー派遣　藤沢稔▽総務部参事＝文京区社会福祉協議会派遣　浦新一郎▽福祉部長　齋藤啓子▽会計管理者　佐藤一夫▽教育推進部参事　徳井博▽男女協働子育て支援部子育て支援課長　田貝好夫

【台東区】▽区民部参事　古屋義博▽教育委員会事務局次長　磯田精治▽総務部交流促進課長　佐藤澄▽選挙管理委員会事務局長　仲俣貞昭

【墨田区】▽総務部長　坂田静子▽地域振興部環境担当部長　宍戸亮▽福祉保健部高齢者福祉担当部長　松竹耕治▽都市計画部参事　池田成美▽選挙管理委員会事務局長　菅沼享子▽福祉保健部厚生・児童課長　高山一郎▽区議会事務局次長　勝田顕良▽教育委員会事務局学務課長　今川和夫▽教育委員会事務局生涯学習課長　池田君子

【江東区】▽総務部長　宍戸孝▽区民部長　平松宏章▽保健福祉部参事　野口平八▽保健福祉部参事＝江東区社会福祉協議会派遣　岩上英彦▽教育委員会事務局学校教育部参事　羽鳥英司▽教育委員会事務局生涯学習部長　萩原博治▽子ども生活部保護第一課長　吉泉秀典▽保健福祉部生活衛生課長　宇野治之

【品川区】▽総務部長　田中清朗▽参事＝東京二十三区清掃一部事務組合派遣　金井二三雄▽参事＝品川総合福祉センター派遣　岩野政彦▽会計管理者　西島信夫▽総務部経理課長　中島憲二▽教育委員会事務局学務課長　古里兌夫

【目黒区】▽企画経営部長　粟田彰▽参事　岡本啓恵▽子育て支援部長　武藤幸子▽都市整備部長　鈴木勝▽会計管理者　武藤仙令▽選挙管理委員会事務局長　安井修▽健康福祉部健康推進課長　白島千恵子▽教育委員会八雲中央図書館長　岡本榮次▽会計管理室会計課長　島崎仁▽区議会事務局次長　千葉登

【大田区】▽区民生活部副参事＝大田区文化振興協会派遣　水戸秀行▽区民生活部戸籍住民課長　渡邉憲一▽保健福祉部副参事＝池上長寿園派遣　山崎健一▽保健福祉部副参事＝池上長寿園派遣　上原秀▽保健福祉部副参事＝大田区社会福祉協議会派遣　渡辺久美子

【世田谷区】▽烏山総合支所長　佐藤洋▽政策経営部長　石濱信一▽財務部長　阿部修▽生活文化部参事＝せたがや文化財団派遣　稲垣修▽生活文化部参事＝せたがや文化財団派遣　久留島了▽環境総合対策室長　大塚保道▽政策経営部副参事　吉樂和之▽会計室会計課長　野田博二▽監査事務局次長　岡野諗男

【渋谷区】▽企画部長　星宮正典▽企画部参事　横谷安男▽選挙管理委員会事務局次長　前田利夫▽福祉保健部副参事＝地域保健医療担当　伊藤真夏▽幡ケ谷保健相談所長　大山俊樹

【中野区】▽拠点まちづくり推進室拠点まちづくり担当参事　秋元順一▽選挙管理委員会事務局長　柳澤一平▽監査事務局長　石﨑新一▽区民生活部環境と暮らし担当課長　納谷光和▽管理会計室未収金対策担当課長　若槻磐雄▽会計管理者　村田宏

【杉並区】▽区民生活部参事　野崎文夫▽都市整備部長　菊池律▽会計管理室長　南方昭彦▽教育委員会事務局参事　菱山榮二▽保健福祉部保育課長　佐々木和行▽都市整備部拠点整備担当課長　武宮正幸

【豊島区】▽文化商工部長　大沼映雄▽選挙管理委員会事務局長　森茂雄▽保健福祉部副参事　佐々修二▽教育委員会事務局教育総務部学校運営課長　藻登知博▽保健福祉部高齢者福祉課長　小林サチエ

【北区】▽健康福祉部参事＝北区社会福祉事業団派遣　高島一紀▽会計管理室長　伊藤裕之▽生活環境部環境課長　長田聖次▽会計管理室会計課長　大野光雄

【荒川区】▽土木部参事　山崎喜太郎▽議会事務局長　苫米地茂

【板橋区】▽保健所長　山口鶴子▽資源環境部長　森田泰夫▽土木部長　弓削多栄▽選挙管理委員会事務局長　大澤公一▽危機管理室危機管理対策課長　田村弘治

【練馬区】▽区民生活事業本部長　植田敏裕▽企画部長　村松昭▽総務部長　藤田尚▽教育委員会事務局学校教育部長　荻原博▽選挙管理委員会事務局長　黒米文男▽総務部営繕課長　福辺邦男

【足立区】▽総務部参事＝勤労福祉サービスセンター派遣　瀬下明▽産業経済部長　鈴木章▽衛生部参事　田口実▽衛生部参事　田中利次▽環境部長　小平勝夫▽会計管理室長　佃朝明▽政策経営部情報化推進室長　安藤志朗▽区民部男女共同参画推進課長　米山義幸▽環境部計画課長　高塚栄一▽政策経営部広報[illegible]長　岡野和子▽総務部副参[illegible]＝足立市街地開発株式会社[illegible]遣　森寛▽産業経済部就労[illegible]援室長　丑山智子

【葛飾区】▽総務部長　[illegible]橋計次郎▽総務部参事　荒[illegible]敏夫▽総務部参事　田口哲[illegible]▽福祉部長　西村政次▽区[illegible]会事務局長　都筑順三▽環[illegible]部環境課長　町田博信▽都[illegible]整備部公園整備課長　津野[illegible]文

【江戸川区】▽健康部生[illegible]衛生課長　伊藤春男▽土木[illegible]沿川まちづくり課長　吉野[illegible]

【特別区人事・厚生事務[illegible]合】▽法務部参事　河合[illegible]紀男▽厚生部副参事＝特別[illegible]人事・厚生事務組合社会福[illegible]事業団派遣　宮本清二

【東京二十三区清掃一部事務組合】▽総務部参事　尾[illegible]雅文▽足立清掃工場長　鈴[illegible]敏夫▽中防処理施設管理事[illegible]所長　速水章一▽施設管理[illegible]参事　田中敏明▽施設建設[illegible]長　薬師寺史良▽中央清掃[illegible]場長　中里郁郎▽施設管理[illegible]副参事　横手源史▽千歳清[illegible]工場長　亀尾徹

（5面からつづく）

▽福祉保健部生活福祉課長（子ども家庭部児童青少年課長）京勇之助▽福祉保健部副参事＝地域保健医療担当　西塚至恵比寿保健相談所長兼務▽福祉保健部副参事＝地域保健医療担当　岩崎圭子幡ヶ谷保健相談所長兼務▽恵比寿保健相談所長（東京都福祉保健局保健政策部保健政策課・係長）西塚至▽幡ヶ谷保健相談所長（足立区足立保健所千住保健総合センター長）岩崎圭子▽子ども家庭部子ども青少年対策課長（大田区経営管理部副参事＝渋谷区派遣）西野正成▽都市整備部都市計画課長（都市整備部地域整備課長）藤本嘉宏▽都市整備部防災まちづくり課長（都市整備部都市計画課・係長）◎神山一夫▽都市整備部地域まちづくり課長（都市基盤整備調整担当部副参事＝基盤整備調整担当）服部秀敏▽都市整備部建築課長（総務部営繕課・係長）◎加藤健三▽清掃リサイクル部副参事＝分室担当（総務部副参事＝管財担当）小湊信幸▽教育委員会事務局指導室長（瑞穂町立瑞穂第四小学校長）高橋和雄▽教育委員会事務局副参事＝教育政策担当　高橋和雄教育委員会事務局指導室長兼務▽教育委員会事務局副参事＝図書館整備・企画担当（福祉保健部生活福祉課長）清水幹▽教育センター所長（教育委員会事務局副参事＝教育政策・人事企画担当）小宮恭子▽松濤美術館副館長（教育委員会事務局文化振興課長）橋本征司▽選挙管理委員会事務局次長（松濤美術館副館長）可部暢宏▽監査委員事務局次長（区議会事務局次長）倉澤和弘▽区議会事務局次長（総務部職員課長）渡辺晃

■中野区

【部長級】▽経営室経営担当参事（経営室経営担当課長）◎川崎亨▽経営室財産管理担当参事（拠点まちづくり推進室長）谷村秀樹▽会計管理者（子ども家庭部経営担当参事）榎本良男▽区民生活部環境と暮らし担当参事　橋本美文区民生活部ごみ減量・清掃事業担当参事兼務▽保健福祉部健康推進担当参事（保健福祉部健康・高齢担当参事）尾崎孝▽拠点まちづくり推進室長（都市整備部建築担当参事）佐藤幸一▽選挙管理委員会事務局長（区民生活部戸籍住民担当参事）奥山功▽監査事務局長（区民生活部経営担当参事）服部敏信

【統括課長】▽管理会計室評価改善担当課長（管理会計室評価・改善推進担当課長）田中政之▽区民生活部経営担当課長（区民生活部中部地域担当課長）遠藤由紀夫▽区民生活部里・まち連携推進担当課長　遠藤由紀夫区民生活部経営担当課長兼務▽区民生活部戸籍住民担当課長（保健福祉部介護保険担当課長）今恵里▽子ども家庭部経営担当課長（保健福祉部生活援護担当課長）瀬田敏幸▽子ども家庭部育成活動支援担当課長　瀬田敏幸子ども家庭部経営担当課長兼務▽子ども家庭部男女平等担当課長　瀬田敏幸子ども家庭部経営担当課長兼務▽保健福祉部介護保険担当課長（保健福祉部生活衛生担当課長）飯塚太郎

【課長級】▽政策室基本計画担当課長　高橋信一政策室特命担当課長兼務▽政策室区民の声担当課長（政策室区民自治推進担当課長）小田史子▽政策室情報政策担当課長（政策室・係長）◎福田祐子▽政策室情報化推進担当課長（子ども家庭部保育園・幼稚園担当課長）藤井康弘▽政策室特命担当課長（区議会事務局次長）髙橋信一▽政策室特命推進担当課長高橋信一政策室特命担当課長兼務▽経営室広報担当課長（区民生活部北地域担当課長）戸辺眞▽経営室健康管理担当課長（会計管理者）村田宏▽管理会計室経営分析担当課長（管理会計室経営分析・公会計改革担当課長）相澤明郎▽区民生活部中部地域担当課長（子ども家庭部地域子ども施設連携担当課長）吉村恒治▽区民生活部北地域担当課長（保健福祉部・係長）◎伊藤政子▽子ども家庭部子育て支援担当課長（経営室報道・秘書担当課長）浅野昭▽子ども家庭支援センター所長　浅野昭子ども家庭部子育て支援担当課長兼務▽子ども家庭部保育園・幼稚園担当課長（政策室情報化推進担当課長）白土純▽幼児研究センター所長　白土純子ども家庭部保育園・幼稚園担当課長兼務▽子ども家庭部幼児教育担当課長　白土純子ども家庭部保育園・幼稚園担当課長兼務▽子ども家庭部地域子ども家庭支援センター担当課長（子ども家庭部子ども育成担当課長）野村建樹▽子ども家庭部地域子ども施設連携担当課長　浅野昭子ども家庭部子育て支援担当課長兼務▽保健福祉部生活衛生担当課長（北部保健福祉センター・係長）◎古屋勉▽保健福祉部福祉推進担当課長（管理会計室特命担当課長）伊東知秀▽南部保健福祉センター所長（文京区保健衛生部・文京保健所小石川保健サービスセンター所長）高里紀子▽鷺宮保健福祉センター所長（東京都福祉保健局保健政策部副参事）大石修▽保健福祉部生活援護担当課長（保健福祉部・係長）◎黒田玲子▽都市整備部都市計画調整担当課長　田中正弥▽都市整備部北部地域まちづくり担当課長（東京都都市整備局市街地整備部再開発課長補佐）萩原清志▽都市整備部西武新宿線沿線まちづくり担当課長　萩原清志都市整備部北部地域まちづくり担当課長兼務▽都市整備部建築担当課長（経営室財産管理担当課長）豊川士朗▽都市整備部建築行政担当課長　豊川士朗都市整備部建築担当課長兼務▽拠点まちづくり推進室拠点まちづくり担当課長（拠点まちづくり推進室中野駅周辺整備担当課長）松前友香子▽拠点まちづくり推進室中野駅周辺整備担当課長　松前友香子拠点まちづくり推進室拠点まちづくり担当課長兼務▽教育委員会事務局学校再編担当課長（教育委員会事務局教育改革担当課長）青山敬一郎▽区議会事務局次長（政策室特命担当課長）奈良浩二

■杉並区

【統括部長】▽政策経営部長（政策経営部長）高和弘▽区民生活部長（区民生活部長）佐藤博継▽保健福祉部長（環境清掃部長）遠藤雅晴▽都市整備部長（保健福祉部子ども家庭担当部長）上原和義▽環境清掃部長（保健福祉部高齢者担当部長）原隆寿▽教育委員会事務局次長（教育委員会事務局次長）小林英雄

【部長級】▽政策経営部参事（教育委員会事務局庶務課長）◎井口順司▽政策経営部参事（政策経営部財政課長）◎牧島精一▽政策経営部参事＝新型インフルエンザ対策担当　赤井則夫危機管理室長兼務▽区民生活部参事（教育委員会事務局参事＝杉並区スポーツ振興財団派遣）清水文男▽区民生活部参事（区民生活部管理課長）◎渡辺均▽保健福祉部高齢者担当部長（保健福祉部健康担当部長）長田斎▽保健福祉部子ども家庭担当部長（保健福祉部参事＝杉並区社会福祉協議会派遣）玉山雅夫▽保健福祉部健康担当部長（杉並保健所長）長野みさ子▽杉並保健所長　長野みさ子保健福祉部健康担当部長兼務▽都市整備部参事（都市整備部都市計画課長）◎大竹直樹▽都市整備部参事（都市整備部道路区域整備担当課長）◎山口一好▽会計管理室長（区議会事務局長）山本宗之▽教育委員会事務局参事（政策経営部参事）村上茂▽教育委員会事務局教育改革担当部長（政策経営部企画課長）◎森仁司▽教育委員会済美教育センター所長（教育委員会事務局教育改革担当部長）小澄龍太郎▽教育委員会事務局参事＝杉並区スポーツ振興財団派遣（教育委員会済美教育センター所長）根本信司▽区議会事務局長（保健福祉部長）伊藤重夫

【統括課長】▽政策経営部企画課長　井口順司政策経営部参事事務取扱▽政策経営部財政課長　牧島精一政策経営部参事事務取扱▽政策経営部職員課長（政策経営部職員課長）◎宇賀神雅彦▽区長室広報課長（区長室広報課長）◎関谷隆▽区民生活部管理課長　渡辺均区民生活部参事事務取扱▽保健福祉部子育て支援課長（区民生活部すぎなみ地域大学担当課長）井山利秋▽都市整備部都市計画課長　大竹直樹都市整備部参事事務取扱▽都市整備部土木管理課長　山口一好都市整備部参事事務取扱▽都市整備部建設課長（都市整備部建設課長）◎加藤真▽教育委員会事務局教育改革推進課長　森仁司教育委員会事務局教育改革担当部長事務取扱▽教育委員会事務局庶務課長（教育委員会事務局教育改革推進課長）◎中村一郎▽教育委員会事務局副参事＝特命事項担当（環境清掃部ごみ減量担当課長）中島好招▽教育委員会事務局学校適正配置担当課長（教育委員会事務局学校適正配置担当課長）◎徳高淳一

【課長級】▽政策経営部副参事＝定数・組織担当（杉並福祉事務所高円寺事務所担当課長）安尾幸治▽政策経営部副参事＝特別区人事・厚生事務組合派遣（都市整備部住宅課・係長）◎片山康文▽杉並区職員能力開発センター所長（政策経営部副参事＝特別区人事・厚生事務組合派遣）濱美奈子▽区長室区政相談課長（保健福祉部国保年金課・係長）◎正田智枝子▽区民生活部土日開庁準備担当課長（区民生活部区民課・係長）◎大井進▽区民生活部すぎなみ地域大学担当課長（保健福祉部障害者生活支援課・係長）◎井上純良▽保健福祉部障害者施策課長（区長室区政相談課長）大森房子▽保健福祉部高齢者施策課長（保健福祉部介護保険課長）和久井義久▽保健福祉部保育課長（教育委員会事務局学務課長）渡辺幸一▽杉並福祉事務所高円寺事務所担当課長（保健福祉部障害者施策課・係長）◎武井浩司▽杉並保健所健康推進課長（保健福祉部副参事＝保険医療担当）大澤章彦▽杉並保健所生活衛生課長（保健福祉部副参事＝杉並区社会福祉協議会派遣）喜多川和美▽杉並保健所保健予防課長（中野区鷺宮保健福祉センター所長）嶋﨑江美▽杉並保健所荻窪保健センター所長（葛飾区保健所保健サービス課長）田中良明▽杉並保健所高円寺保健センター所長（大田区大田西地域行政センター地域健康課長）高石愈▽杉並保健所和泉保健センター所長　高石愈杉並保健所高円寺保健センター所長兼務▽都市整備部調整担当課長（都市整備部交通対策課・係長）◎浅井文彦▽都市整備部拠点整備担当課長（都市整備部調整担当課長）佐々木孝彦▽都市整備部道路区域整備担当課長　山口一好都市整備部参事事務取扱▽環境清掃部ごみ減量担当課長（杉並清掃事務所方南支所担当課長）森山光雄▽杉並清掃事務所方南支所担当課長（都市整備部まちづくり推進課・係長）◎山本昌弘▽教育委員会郷土博物館長　村上茂教育委員会事務局参事事務取扱▽教育委員会事務局副参事＝特命事項担当（杉並保健所生活衛生課長）馬場誠一▽教育委員会事務局学務課長（保健福祉部子育て支援課長）加藤貴幸▽教育委員会中央図書館次長（保健福祉部障害者施策課長）末木栄▽杉並区立高円寺中学校副校長　馬場誠一教育委員会事務局副参事＝特命事項担当兼務▽杉並区立和泉中学校副校長　中島好招教育委員会事務局副参事＝特命事項担当兼務

■豊島区

【部長級】▽政策経営部長（子ども家庭部長）横田勇▽総務部参事（総務部総務課長）◎東澤昭▽総務部参事（総務部人事課長）◎永田謙介▽総務部参事＝特別区人事・厚生事務組合派遣（会計管理室長）鈴木公一▽区民部参事（教育委員会事務局教育総務部参事）齊藤忠晴▽文化商工部長（政策経営部長）河原勝広▽図書館担当部長（中央図書館長）桐生建樹▽特命参事＝文化政策調整担当（文化商工部長）大沼映雄▽健康担当部長（区民部参事）若林弘司▽子ども家庭部長（政策経営部参事）吉川彰宏▽会計管理室長（総務部参事＝特別区人事・厚生事務組合派遣）島本清▽選挙管理委員会事務局長（健康担当部長）山中利道

【統括課長】▽政策経営部財政課長（区民部国保年金課長）◎古末昌弘▽総務部総務課長　東澤昭総務部参事事務取扱▽総務部人事課長　永田謙介総務部参事事務取扱▽区民部区民活動推進課長　齊藤忠晴区民部参事事務取扱▽保健福祉部高齢者福祉課長（池袋保健所生活衛生課長）佐野功▽保健福祉部地域保健課長　若林弘司健康担当部長事務取扱▽都市整備部都市計画課長（都市整備部都市計画課長）◎鮎川傑▽都市整備部住宅課長（都市整備部住宅課長）◎竹内幸男▽教育委員会事務局教育総務部教育総務課長（子ども家庭部子ども課長）山根斎▽区議会事務局議会総務課長（区議会事務局議会総務課長）◎石川裕

【課長級】▽政策経営部行政経営課長（子ども家庭部保育園課長）石橋秀男▽政策経営部秘書課長（政策経営部広報課・係長）◎藤田力▽政策経営部広報課長（政策経営部秘書課長）金子智雄▽総務部人材育成課長　永田謙介総務部参事事務取扱▽総務部危機管理担当課長（男女平等推進センター所長）齊藤明▽総務部治安対策担当課長（警視庁）渡辺徹▽男女平等推進センター所長（子ども家庭部子ども課・係長）◎八巻規子▽施設管理部施設課長（施設管理部施設課・係長）◎近藤正仁▽区民部国民健康保険課長（政策経営部行政経営課長）城山佳胤▽区民部高齢者医療年金課長（区民部医療制度改革担当課長）榎原猛▽区民部副参事＝自治協働推進担当（政策経営部企画課・係長）◎矢作豊子▽東部区民事務所長（教育委員会事務局教育総務部学校運営課長）藻登知博▽文化商工部生活産業課長（土木部交通安全課長）高橋葉夏▽文化商工部図書館課長　桐生建樹図書館担当部長事務取扱▽清掃環境部環境課長（総務部危機管理担当課長）常松洋介▽清掃環境部環境政策担当課長（清掃環境部エコライフ課長）椎名礼子▽豊島清掃事務所長（清掃環境部環境課長）森康一▽池袋保健所生活衛生課長（豊島清掃事務所長）佐藤廣明▽池袋保健所健康推進課長（池袋保健所長崎健康相談所長）宮野慎太郎▽池袋保健所長崎健康相談所長（中野区南部保健福祉センター所長）深山紀子▽子ども家庭部子ども課長（文化商工部生活産業課長）川地雅文▽子ども家庭部子育て支援課長（施設管理部財産運用課・係長）◎田中雄三▽子ども家庭部保育園課長（子ども家庭部子育て支援課長）小花唯男▽都市整備部副参事＝都市再生担当（都市整備部都市計画課・係長）◎高田秀和▽土木部交通安全課長（都市整備部都市開発課・係長）◎原島克典▽会計管理室会計課長　島本清会計管理室長事務取扱▽教育委員会事務局教育総務部学校運営課長（政策経営部広報課長）鈴木さよ子▽選挙管理委員会事務局次長　山中利道選挙管理委員会事務局長事務取扱

■北区

【部長級】▽危機管理室長（生活環境部長）風間秀樹▽地域振興部参事＝北区文化振興財団派遣　内田隆地域振興部長兼務▽生活環境部長（区議会事務局長）長尾晴彦▽健康福祉部参事＝北区社会福祉事業団派遣（危機管理室長）登利谷昭昌▽健康福祉部参事＝北区社会福祉事業団派遣（健康福祉部参事＝東京都福祉事業協会派遣）阿部竹司▽北区保健所長（新宿区保健所副所長）深澤啓治▽子ども家庭部長（健康福祉部参事＝北区社会福祉事業団派遣）依田実▽会計管理室長（教育委員会事務局教育改革担当部長）越阪部和彦▽教育委員会事務局教育改革担当部長（総務部参事）伊達良和▽区議会事務局長（子ども家庭部長）田草川昭夫

【課長級】▽政策経営部経営改革担当課長（子ども家庭部男女共同参画推進課長）藤野浩史▽政策経営部広報課長（北区清掃事務所長）上山勉▽総務部総務課長（政策経営部広報課長）風間美子▽総務部国際化担当課長　風間美子総務部総務課長兼務▽危機管理室危機管理課長（健康福祉部介護保険課・係長）◎佐藤秀雄▽地域振興部副参事＝北区文化振興財団派遣　浅川謙治地域振興部北とぴあ管理課長兼務▽地域振興部副参事＝北区文化振興財団派遣（総務部副参事）高橋成克▽地域振興部副参事＝北区勤労者サービスセンター派遣　小宮山庄一地域振興部産業振興課長兼務▽地域振興部文化施策担当課長　浅川謙治地域振興部北とぴあ管理課長兼務▽地域振興部産業振興課長（危機管理室危機管理課長）小宮山庄一▽地域振興部北とぴあ管理課長（子ども家庭部保育課長）浅川謙治▽生活環境部環境課長（まちづくり部まちづくり推進課長）亀井裕幸▽北区清掃事務所長（北区清掃事務所・係長）◎野尻浩行▽北区清掃事務所副所長　野尻浩行北区清掃事務所長兼務▽健康福祉部健康いきがい課長（教育委員会事務局教育改革担当部長付教育未来館長）峯崎優二▽健康福祉部副参事＝地域保健担当（健康福祉部副参事＝精神保健・難病担当）亀井康行▽健康福祉部生活福祉課長（地域振興部北とぴあ管理課長）小野村弘幸▽健康福祉部高齢福祉課長（地域振興部産業振興課長）橋千秋▽健康福祉部副参事＝精神保健・難病担当　亀井康行健康福祉部副参事＝地域保健担当兼務▽健康福祉部介護保険課長（政策経営部経営改革担当課長）中嶋稔▽健康福祉部保健予防課長（健康福祉部副参事＝地域保健担当）滝川陽一▽子ども家庭部副参事＝子ども施策担当（健康福祉部健康いきがい課長）道給晶子▽子ども家庭部保育課長（健康福祉部介護保険課長）鮎沢三男▽子ども家庭部男女共同参画推進課長（政策経営部財政課・係長）◎岡田弘文▽まちづくり部副参事＝北区まちづくり公社派遣（教育委員会事務局副参事＝特命担当）遠藤時雄▽まちづくり部まちづくり推進課長（まちづくり部道路公園課・係長）◎稲垣茂孝▽まちづくり部十条まちづくり担当課長（東京都都市整備局都営住宅経営部住宅整備課長補佐）飯塚佳史▽まちづくり部住宅課長（健康福祉部高齢福祉課長）根本信男▽会計管理室会計課長（健康福祉部生活福祉課・係長）◎大石喜之▽教育委員会事務局学校改築担当課長（教育委員会事務局副参事＝学校改築担当）飯窪英一▽教育委員会事務局指導室長（中野区立第十一中学校長）矢口仁▽教育委員会事務局生涯学習推進課長（まちづくり部住宅課長）荒井雅子▽教育委員会事務局教育改革担当部長付副参事＝教育改革施策担当　蛭田和也教育委員会事務局教育改革担当部長付教育未来館長兼務▽教育委員会事務局教育改革担当部長付副参事＝教育改革指導担当　矢口仁教育委員会事務局指導室長兼務▽教育委員会事務局教育改革担当部長付教育未来館長（区民部戸籍住民課・係長）◎蛭田和也▽選挙管理委員会事務局長（教育委員会事務局生涯学習推進課長）土屋隆

■荒川区

【部長級】▽総務企画部長（総務企画部参事）北川嘉昭▽産業経済部参事（産業経済部経営支援課長）◎石原久▽福祉部長（子育て支援部長）和気剛▽福祉部参事（福祉部保護課長）◎釜井広行▽健康部長（福祉部長）金田麻里子▽保健所長　金田麻里子健康部長兼務▽子育て支援部長（総務企画部参事）髙梨博和▽都市整備担当部長（都市整備部参事）山本和夫▽土木担当部長（土木部参事）藤嶋敏夫▽議会事務局長（産業経済部産業振興課長）◎高岡芳行

【統括課長】▽総務企画部総務企画課長（区民生活部区民課長）五味智子▽総務企画部ニュータウン担当課長　五味智子総務企画部総務企画課長兼務▽総務企画部広報課長（総務企画部広報課長）◎大口康男▽管理部営繕課長（管理部営繕課長）◎菊池秀明▽産業経済部経営支援課長　石原久産業経済部参事事務取扱▽福祉部福祉推進課長　黒川重夫福祉部参事事務取扱▽福祉部保護課長　釜井広行福祉部参事事務取扱▽福祉部障害者福祉課長（福祉部障害者福祉課長）◎小林清美▽都市整備部都市計画課長　山本和夫都市整備担当部長事務取扱▽土木部管理計画課長　藤嶋敏夫土木担当部長事務取扱▽土木部道路課長（土木部道路課長）◎小椋茂雄

【課長級】▽総務企画部企画担当課長（総務企画部総務企画課・係長）◎伊藤節子▽総務企画部秘書課長（総務企画部秘書担当課長）米澤貴幸▽管理部情報システム課長（管理部経理課・係長）◎片岡孝▽区民生活部区民課長（区民生活部文化交流推進課長）正木良一▽区民生活部文化交流推進課長（子育て支援部保育課長）石澤宏▽区民生活部副参事＝地域振興公社派遣（管理部職員課・係長）◎梅原一彦▽産業経済部産業振興課長（区民生活部副参事＝地域振興公社派遣）川和田昌弘▽産業経済部観光振興課長（総務企画部秘書課・係長）◎吉野豊喜▽環境清掃部環境政策担当課長（環境清掃部環境課・係長）◎山本吉毅▽環境清掃部清掃リサイクル課長（選挙管理委員会事務局長）岡安志朗▽福祉部高齢者福祉課長（都市整備部防災まちづくり担当課長）大内和彦▽子育て支援部保育課長（教育委員会事務局社会教育課長）阿部忠資▽都市整備部交通担当課長（教育委員会事務局教育施設課長）伊藤勝弘▽都市整備部マンション耐震問題対策担当課長　伊藤勝弘都市整備部交通担当課長兼務▽都市整備部防災まちづくり担当課長（都市整備部交通担当課長）齋藤栄志▽土木部公園緑地課長（環境清掃部清掃リサイクル課長）松土民雄▽教育委員会事務局教育施設課長（教育委員会事務局教育施策担当課長）樋口隆之▽教育委員会事務局社会教育課長（総務企画部企画担当課長）宮腰肇▽教育委員会事務局文学館調査担当課長　宮腰肇教育委員会事務局社会教育課長兼務▽教育委員会事務局指導室長（葛飾区立新小岩中学校長）鈴木明雄▽汐入こども園長（汐入こども園開設準備担当園長）大金尊子▽選挙管理委員会事務局長（管理部情報システム課長）松崎保昌

■板橋区

【部長級】▽危機管理室長（区民文化部参事）橋本一裕▽保健所長（足立区衛生部長）黒岩京子▽健康生きがい部参事（杉並区保健福祉部参事）加藤敬子▽子ども家庭部長（福祉部国保年金課長）◎茂木良一▽資源環境部長（児童女性部長）吉田昌弘▽資源環境部参事（総務部参事＝東京二十三区清掃一部事務組合派遣）野島俊昭▽土木部長（土木部参事）老月勝弘▽選挙管理委員会事務局長（総務部参事）細井栄一

【統括課長】▽総務部総務課長（赤塚支所長）新井正▽危機管理室危機管理対策課長　橋本一裕危機管理室長事務取扱▽区民文化部戸籍住民課長（中央図書館長）時枝直範▽区民文化部文化・国際交流課長（区議会事務局次長）◎細川年幸▽健康生きがい部国保年金課長（志村福祉事務所長）小島隆夫▽健康生きがい部後期高齢医療制度課長（児童女性部児童課長）大内高▽赤塚支所長　永山加秀区民文化部参事事務取扱▽資源環境部環境保全課長　野島俊昭資源環境部参事事務取扱▽土木部管理課長（土木部計画課長）◎山口茂▽土木部計画課長（土木部工事課長）◎中島一郎▽土木部工事課長（都市整備部市街地整備課長）◎谷津浩史

【課長級】▽政策経営部広聴広報課長（健康生きがい部医療制度改革準備対策課長）松田玲子▽政策経営部区政情報課長（土木部交通対策課長）丸山弘▽政策経営部庁舎建設課長（会計管理室会計管理課長）秋山健司▽政策経営部営繕課長（都市整備部営繕課長）岩田雅彦▽政策経営部男女社会参画課長（政策経営部国際交流課長）佐藤美恵子▽総務部納税課長（会計管理室会計管理課・係長）◎菅野祐二▽危機管理室防災課長（資源環境部清掃リサイクル課・係長）◎小林良治▽区民文化部地域振興課長（健康生きがい部介護保険課長）田中範行▽区民文化部スポーツ振興課長（教育委員会体育課長）七島晴仁▽産業経済部産業活性化推進室長（東京都総務局人事部制度企画課長補佐）堀内弘▽健康生きがい部＝保健所生活衛生課長（板橋西清掃事務所長）久保田義幸▽健康生きがい部介護保険課長（練馬区教育委員会事務局生涯学習部光が丘図書館長）小池喜美子▽志村健康福祉センター所長　加藤敬子健康生きがい部参事事務取扱▽高島平健康福祉センター所長　加藤敬子志村健康福祉センター所長兼務▽福祉部障がい者福祉課長（赤塚福祉事務所長）藤井麻里子▽福祉部障がい者施設課長（福祉部障がい者施設課・係長）◎石橋千広▽赤塚福祉事務所長（板橋福祉事務所・係長）◎楢木恭子▽志村福祉事務所長（教育委員会庶務課長）上原修平▽子ども家庭部子ども政策課長（政策経営部広聴広報課長）堺由隆▽子ども家庭部保育サービス課長（児童女性部保育課長）井上正三▽子ども家庭支援センター所長（政策経営部区政情報課長）貝瀬まつみ▽資源環境部清掃リサイクル課長（区民文化部地域振興課・係長）◎永野護▽板橋西清掃事務所長（総務部副参事＝特別区人事・厚生事務組合派遣）平岩俊二▽都市整備部市街地整備課長（土木部計画課・係長）◎川口隆夢▽都市整備部住宅政策課長（区民文化部住宅課・係長）◎尾科善彦▽土木部交通安全課長（資源環境部環境保全課長）山崎智通▽教育委員会庶務課長（福祉部障がい者福祉課長）森弘▽教育委員会学務課長（教育委員会学務課・係長）◎林栄喜▽教育委員会新教育制度推進担当課長（区民文化部戸籍住民課長）中島実▽中央図書館長（健康生きがい部＝保健所生活衛生課長）細田雄二▽区議会事務局次長（総務部納税課長）藤田雅史

■練馬区

【統括部長】▽区民生活事業本部長（健康福祉事業本部長）髙橋豐▽健康福祉事業本部長（健康福祉事業本部福祉部長）榎本博夫

【部長級】▽企画部長（環境まちづくり事業本部参事＝練馬区都市整備公社派遣）中村啓一▽総務部長（企画部参事）琴尾隆明▽健康福祉事業本部福祉部長（環境まちづくり事業本部都市整備部まちづくり調整担当部長）室地隆彦▽健康福祉事業本部健康部参事（健康福祉事業本部児童青少年部参事）浅野明久▽環境まちづくり事業本部環境清掃部長（総務部参事）池田孝▽教育委員会事務局学校教育部長（環境まちづくり事業本部環境清掃部長）河口浩▽選挙管理委員会事務局長（健康福祉事業本部健康部参事）清水道夫

【統括課長】▽総務部総務課長（総務部職員課長）西村奨▽総務部職員課長（環境まちづくり事業本部環境清掃部清掃リサイクル課長）大羽康弘▽環境まちづくり事業本部都市整備部都市計画課長（環境まちづくり事業本部都市整備部副参事＝練馬区都市整備公社派遣）宮下泰昌

【課長級】▽企画部企画課長（健康福祉事業本部福祉部障害者施策推進課長）齋藤浩一▽企画部公会計担当課長（会計管理室・係長）◎田邉裕晶▽総務部文化国際課長（議会事務局・係長）◎内野ひろみ▽総務部副参事＝区政資料担当（総務部長）藤田尚▽総務部施設管理課長（文京区都市計画部建築課・係長）◎鵜沼秀之▽区民生活事業本部区民部収納課長（健康福祉事業本部福祉部副参事＝練馬区社会福祉協議会派遣）岩田高幸▽区民生活事業本部区民部国保年金課長（監査事務局・係長）◎風間康子▽健康福祉事業本部福祉部在宅支援課長　紙崎修健康福祉事業本部福祉部参事事務取扱▽健康福祉事業本部福祉部障害者施策推進課長（健康福祉事業本部福祉部障害者サービス調整担当課長）米芳久▽健康福祉事業本部福祉部障害者サービス調整担当課長（区長室広聴広報課・係長）◎齋藤新一▽練馬総合福祉事務所長（教育委員会事務局生涯学習部スポーツ振興課長）小暮文夫▽石神井総合福祉事務所長（環境まちづくり事業本部都市整備部住宅課長）小林敏行▽健康福祉事業本部健康部健康推進課長　浅野明久健康福祉事業本部健康部参事事務取扱▽健康福祉事業本部健康部豊玉保健相談所長（江東区保健福祉部保健予防課長）鈴木眞美▽健康福祉事業本部健康部石神井保健相談所長（健康福祉事業本部健康部関保健相談所長）北村淳子▽健康福祉事業本部健康部大泉保健相談所長　清水裕幸健康福祉事業本部健康部参事事務取扱▽健康福祉事業本部健康部関保健相談所長（健康福祉事業本部健康部大泉保健相談所長）熊田徹平▽健康福祉事業本部児童青少年部子育て支援課長（区民生活事業本部区民部収納課長）篠山俊夫▽環境まちづくり事業本部環境清掃部清掃管理課長（区長室秘書課・係長）◎稲富和仁▽環境まちづくり事業本部環境清掃部資源循環推進課長（石神井総合福祉事務所長）齊藤久美子▽石神井清掃事務所長（企画部企画課・係長）◎桑原修▽環境まちづくり事業本部都市整備部住宅課長（区民生活事業本部区民部国保年金課長）羽生慶一郎▽環境まちづくり事業本部都市整備部建築調整課長（石神井清掃事務所長）山崎泰▽環境まちづくり事業本部土木部土支田中央区画整理課長（第一土木出張所・係長）◎平林明▽教育委員会事務局学校教育部施設課長（区民生活事業本部区民部出張所サービス向上担当課長）金﨑耕二▽教育委員会事務局生涯学習部生涯学習課長（練馬総合福祉事務所長）高橋誠司▽教育委員会事務局生涯学習部スポーツ振興課長（教育委員会事務局学校教育部学務課・係長）◎櫻井和之▽光が丘図書館長（区民生活事業本部産業地域振興部地域振興課・係長）伊藤安人

■足立区

【部長級】▽政策経営部長（総務部資産管理担当部長）青木光夫▽政策経営部マニフェスト推進室長　青木光夫政策経営部長兼務▽総務部参事＝法務（政策経営部長）坂本寛文▽総務部参事＝勤労福祉サービスセンター派遣（教育委員会事務局次長）高木直樹▽資産管理部長（都市整備部参事）清水忠▽区民部参事（福祉部参事＝障害福祉担当）中嶋篤子▽産業経済部長（政策経営部参事）橋本弘▽福祉部長（総務部参事）有賀純三▽福祉部参事（教育委員会事務局参事）西野知之▽子ども家庭部長（福祉部参事）日比谷松夫▽衛生部長（衛生部参事）中田善樹▽衛生部次長（文京区文京保健所長）大黒寛▽衛生部参事（福祉部子育て支援担当部長）井ノ部美千代▽足立保健所長　大黒寛衛生部次長兼務▽環境部長（選挙管理委員会事務局長）定野司▽土木部長（衛生部次長）宇賀潔▽都市整備部参事（土木部参事）斑目好一▽建築部長（都市整備部建築担当部長）船田榮二▽会計管理室長（福祉部長）柴田壽▽学校教育部長（教育委員会事務局参事）鈴木一夫▽生涯学習部長（教育委員会事務局教育事業担当部長）岡野進▽選挙管理委員会事務局長（土木部長）江口由紀夫

【統括課長】▽政策経営部政策課長（区民部こくほ年金課長）◎鈴木伝一▽政策経営部広報課長（政策経営部副参事＝報道）中村敏夫▽政策経営部副参事＝報道　中村敏夫政策経営部広報課長兼務▽政策経営部協働推進課長（政策経営部協働推進室長）◎永井章子▽総務部総務課長（総務部人事課長）榎本誠司▽総務部人事課長（福祉部子育て支援担当部長付保育課長）三橋雄彦▽資産管理部財産活用課長（総務部資産管理担当部長付財産活用課長）◎山崎和弘▽資産管理部施設課長（総務部資産管理担当部長付施設課長）橋場幸一▽区民部納税課長（産業経済部観光交流課長）外山久晴▽区民部男女共同参画推進課長　中嶋篤子区民部参事事務取扱▽産業経済部就労支援課長（足立東清掃事務所長）小塚康一▽福祉部障害福祉課長　西野知之福祉部参事事務取扱▽障害福祉センター所長（政策経営部財政課長）大高秀明▽子ども家庭部子育て支援課長（福祉部子育て支援担当部長付子育て支援課長）◎保田幹夫▽子ども家庭部副参事＝子ども施策推進担当（教育委員会事務局教育事業担当部長付文化課長）村岡徳司▽衛生部衛生管理課長　井ノ部美千代衛生部参事事務取扱▽環境部計画課長（環境部副参事＝調整）◎川口弘▽土木部計画調整課長（土木部公園緑地課長）◎工藤信▽土木部道路管理課長（土木部道路管理課長）◎浦田久晴▽土木部工事課長（土木部西部工事事務所長）◎色部義二▽都市整備部都市計画課長（土木部街路課長）菅原敏郎▽都市整備部まちづくり課長　斑目好一都市整備部参事事務取扱▽建築部建築指導課長（都市整備部まちづくり課長）鈴木邦夫▽学校教育部学校施設課長（教育委員会事務局教育事業担当部長付体育振興課長）◎大山日出夫▽生涯学習部生涯学習課長（都市整備部住宅課長）◎中川秋美

【課長級】▽政策経営部財政課長（総務部資産管理担当部長付副参事＝施設更新担当）秋生修一郎▽政策経営部区政相談課長（環境部環境推進課長）瑞野尚子▽政策経営部情報システム課長（北部福祉事務所長）烏山高章▽政策経営部副参事＝システム再構築担当（政策経営部政策課・係長）◎秦章雄▽政策経営部マニフェスト推進室長付マニフェスト推進課長　鈴木伝一政策経営部政策課長兼務▽総務部法務課長（総務部副参事＝法務担当）中村明慶▽総務部コンプライアンス推進課長　榎本誠司総務部総務課長兼務▽総務部副参事＝特別区人事・厚生事務組合派遣（総務部職員厚生課長）浅香京子▽総務部副参事＝東京二十三区清掃一部事務組合派遣（総務部人事課・係長）◎佐藤進一▽総務部副参事＝生涯学習振興公社派遣（産業経済部中小企業支援課長）川嶋新一▽総務部職員厚生課長（区民部副参事＝地域調整担当）久野永一朗▽総務部危機管理室長付危機管理課長（産業経済部産業振興課長）金子敬一▽資産管理部副参事＝施設更新担当（福祉部副参事＝中部中地区担当）今井伸幸▽区民部副参事＝特命（区民部副参事＝地域調整担当）絵野沢秀雄▽区民部副参事＝住区制度改革（政策経営部情報化推進室・係長）◎和泉恭正▽区民部国民健康保険課長（西部福祉事務所長）荻原貞二▽区民部高齢医療・年金課長（教育委員会事務局学力向上推進室長）市川保夫▽区民部医療制度改革課長（区民部医療制度改革室長）渡邊昌道▽産業経済部観光交流課長（地域生活支援センター・係長）◎吉田厚子▽産業経済部産業振興課長（区民部副参事＝地域調整担当）川口真澄▽産業経済部中小企業支援課長（足立西清掃事務所長）緑川恵介▽福祉部福祉管理課長（障害福祉センター所長）伊藤良久▽福祉部副参事＝介護サービス適正化（会計管理室長）佃朝明▽福祉部副参事＝中部中地区担当（総務部人事課・係長）◎初鹿野学▽福祉部副参事＝中部東地区担当（地域生活支援センター長）岩松隆志▽西部福祉事務所長（中部福祉事務所・係長）◎杉岡淳子▽北部福祉事務所長（教育委員会事務局施設管理課長）内田裕司▽子ども家庭部保育課長（中央図書館長）秋山稔▽こども家庭支援センター所長（教育委員会事務局教職員課長）和田順二▽衛生部副参事＝保健計画（福祉部副参事＝中部東地区担当）宮田資朗▽足立保健所生活衛生課長（衛生部副参事＝保健計画）土屋貢弘▽足立保健所健康推進課長（墨田区向島保健センター所長）山下公平▽足立保健所中央本町保健総合センター長　中山由紀足立保健所千住保健総合センター長兼務▽足立保健所江北保健総合センター長（板橋区板橋健康福祉センター・係長）桐生宏司▽足立保健所千住保健総合センター長（中央区日本橋保健センター所長）中山由紀▽足立保健所東和保健総合センター長（足立保健所中央本町保健総合センター長）肥田有紀子▽足立保健所衛生試験所長　大黒寛衛生部次長事務取扱▽環境部温暖化対策課長（産業経済部観光交流課・係長）◎古川弘雄▽足立東清掃事務所長（政策経営部区政相談課長）野本仁史▽足立西清掃事務所長（総務部副参事＝生涯学習振興公社派遣）儘田政弘▽土木部副参事＝交通・道路計画（土木部区画整理課長）土田浩己▽土木部公園課長（都市整備部密集地域整備課長）八鍬一生▽土木部副参事＝公園活用担当（土木部公園維持課長）樋口恵一▽土木部街路課長（土木部東部工事事務所長）山野安軌▽土木部区画整理課長（土木部副参事＝道路計画）鶴見哲男▽土木部副参事＝補償工事（土木部副参事＝補償担当）森田充▽都市整備部副参事＝地区調整（衛生部参事）田口実▽都市整備部副参事＝拠点担当（土木部街路課・係長）◎勝田実▽都市整備部密集地域整備課長（都市整備部市街地整備・立体化推進室長付副参事＝拠点担当）井熊章▽都市整備部市街地整備・立体化推進室長付副参事＝鉄道立体化（東京都東京オリンピック招致本部招致推進部競技計画課課長補佐）福永太平▽建築部建築審査課長（都市整備部建築担当部長付建築調整課長）内田和男▽建築部建築道路課長（都市整備部建築担当部長付副参事＝建築審査調整）田中靖夫▽建築部建築防災課長（都市整備部建築担当部長付開発指導課長）高橋茂▽建築部副参事＝耐震化促進（都市整備部建築担当部長付建築審査課長）中野孝一▽会計管理室次長　柴田壽会計管理室長事務取扱▽学校教育部教育政策課長（教育委員会事務局施設計画課長）石居聡▽学校教育部副参事＝学校適正配置担当（区民部副参事＝地域調整担当）荒井広幸▽学校教育部教育改革推進課長（足立保健所健康推進課・係長）◎渡邊勇▽学校教育部学務課長（こども家庭支援センター所長）向井功至▽学校教育部教職員課長（教育委員会事務局教育事業担当部長付学務課長）浅見信昭▽生涯学習部体育振興課長（区民部副参事＝地域調整担当）宮本博之▽生涯学習部文化課長（区民部納税課長）登川俊彦▽中央図書館長（総務部副参事＝社会福祉協議会派遣）上遠野葉子▽選挙管理委員会事務局次長　江口由紀夫選挙管理委員会事務局長事務取扱▽監査事務局副参事＝監査担当（産業経済部長）鈴木章▽農業委員会事務長　川口真澄産業経済部産業振興課長兼務

■葛飾区

【部長級】▽総務部長（子育て支援部長）筧勲▽総務部参事（総務部総務課長）◎坂田祐次▽総務部参事（総務部職員課長）◎吉田義仁▽総務部参事（選挙管理委員会事務局長）◎松下謙司▽環境部長（総務部参事）高橋常雄▽環境部参事（環境部リサイクル清掃課長）◎入山茂▽福祉部長（環境部長）鈴木昭仁▽福祉部参事（地域振興部産業経済課長）◎筧晃一▽保健所長（東京都福祉保健局町田保健所長）齋藤麗子▽保健所参事（新宿区健康部参事）伊藤裕▽子育て支援部長（教育振興担当部長）鹿又幸夫▽都市施設担当部長（福祉部参事）丹保▽教育振興担当部長（教育委員会事務局参事）内山利之▽区議会事務局長（都市施設担当部長）菱沼実

【統括課長】▽政策経営部広報課長（政策経営部広報課長）◎白木昇▽政策経営部情報システム課長（政策経営部IT推進課長）◎佐々木隆▽総務部総務課長　坂田祐次総務部参事事務取扱▽総務部職員課長　吉田義仁総務部参事事務取扱▽総務部税務課長（教育委員会事務局生涯スポーツ課長）◎岩崎和夫▽総務部営繕課長（教育委員会事務局施設課長）◎栁澤永一▽環境部環境課長　入山茂環境部参事事務取扱▽福祉部福祉管理課長　筧晃一福祉部参事事務取扱▽福祉部介護保険課長（福祉部西生活課長）前田正憲▽福祉部副参事（福祉部高齢者支援課長）伊藤行▽保健所生活衛生課長（地域振興部防災課長）今關総一郎▽都市整備部街づくり推進課長（都市整備部街づくり推進課長）◎玉川俊晴▽都市整備部金町駅周辺開発担当課長（都市整備部金町駅周辺開発担当課長）◎鈴木徹▽教育委員会事務局庶務課長（政策経営部財政課長）深井祐子▽監査事務局長　松下謙司総務部参事事務取扱

【課長級】▽政策経営部大学誘致推進室長（政策経営部大学誘致担当課長）日向野秀紀▽政策経営部財政課長（総務部税務課長）田口浩信▽総務部収納対策課長（総務部副参事＝特別区人事・厚生事務組合派遣）添田和信▽地域振興部産業経済課長（保健所生活衛生課長）駒井正美▽地域振興部観光振興担当課長（総務部職員課・係長）◎安井喜一郎▽地域振興部防災課長（地域振興部危機管理担当課長）佐々木久治▽地域振興部危機管理担当課長（清掃事務所・係長）◎小林宣貴▽環境部リサイクル清掃課長（環境部ごみ減量担当課長）勝田光男▽環境部ごみ減量担当課長（区議会事務局・係長）種井秀樹▽福祉部高齢者支援課長（福祉部介護保険課・係長）◎酒井威▽福祉部西生活課長（福祉部東生活課長）横山雄司▽福祉部東生活課長（教育委員会事務局生涯学習課・係長）◎宮地智弘▽保健所保健サービス課長（金町保健センター所長）北村暁子▽金町保健センター所長　伊藤裕保健所参事事務取扱▽都市整備部立石・高砂・鉄道立体担当課長（都市整備部立石・鉄道立体担当課長）吉田眞▽都市整備部密集地域整備担当課長（教育委員会事務局教育計画担当課長）川島良一▽都市整備部区画整理課長（総務部職員課・係長）◎工藤勝己▽都市整備部住環境整備課長（都市整備部区画整理課長）関口薫▽都市整備部公園課長（都市整備部公園維持課長）大友和仁▽副収入役（総務部副参事）潮田勝人▽教育委員会事務局教育計画担当課長（都市整備部住環境整備課長）木佐森茂▽教育委員会事務局施設課長（総務部収納対策課・係長）◎利谷十四男▽教育委員会事務局生涯スポーツ課長（政策経営部広報課・係長）◎尾形保男▽選挙管理委員会事務局長（総務部収納対策課長）杉立敏也

■江戸川区

【部長級】▽文化共育部長（教育委員会事務局次長）山﨑実

【統括課長】▽経営企画部財政課長（経営企画部財政課長）◎畔柳文泰▽総務部職員課長（総務部職員課長）◎野﨑勇三▽生活振興部地域振興課長（生活振興部地域振興課長）◎松尾広澄▽教育委員会事務局教育推進課長（生活振興部産業振興課長）◎原野哲也

【課長級】▽総務部用地経理課長（環境部清掃計画課長）深津康二▽都市開発部住宅課長（教育委員会事務局学務課・係長）◎前田裕爾▽都市開発部まちづくり調整課長（都市開発部都市計画課・係長）◎室井邦昭▽都市開発部まちづくり推進課長（都市開発部地域整備第一課長）上山肇▽都市開発部市街地開発課長（都市開発部まちづくり調整担当課長）舟山光雄▽環境部清掃課長（環境部清掃事業課長）河野勝則▽文化共育部文化課長（経営企画部文化課長）石塚幸治▽文化共育部健全育成課長（教育委員会事務局生涯学習課長）飯山誠治▽文化共育部スポーツ振興課長（総務部用地経理課長）平田照芳▽中央図書館長（総務部総務課・係長）◎吉田和善▽生活振興部産業振興課長（都市開発部地域整備第二課長）天沼浩▽健康部医療保険課長（健康部国民健康保険課長）斉藤猛▽健康部生活衛生課長（教育委員会事務局スポーツ振興課長）竹内実▽土木部災害対策課長（経営企画部広報課・係長）◎彦田義敏▽土木部沿川まちづくり課長（土木部災害対策課長）山口正幸▽教育委員会事務局学校施設担当課長（教育研究所長）森淳子▽教育研究所長　並木正教育委員会事務局指導室長兼務

■特別区人事・厚生事務組合

【部長級】▽総務部参事（総務部副参事）◎吉本一馬▽総務部参事（特別区人事委員会事務局次長）中嶋茂雄▽特別区人事委員会事務局次長（豊島区総務部参事＝特別区人事・厚生事務組合派遣）鈴木公一

【統括課長】▽総務部総務課長（総務部総務課長）◎高橋進治▽特別区職員研修所管理課長（総務部副参事）宇宿和敏▽特別区職員研修所講師　宇宿和敏特別区職員研修所管理課長兼務▽特別区人事委員会事務局公平課長　鈴木公一特別区人事委員会事務局次長事務取扱

【課長級】▽総務部副参事（総務部副参事＝江東区派遣）入澤幸▽総務部副参事＝江東区派遣（総務部総務課・係長）◎小山田健二▽総務部副参事＝品川区派遣（特別区職員互助組合事業課長）古川広▽法務部法務担当課長（法務部参事）河合由紀男▽厚生部業務課長（特別区職員研修所管理課・係長）◎荒木正伸▽厚生部自立支援担当課長（厚生部副参事）大迫正晴▽特別区職員研修所教務課長（厚生部業務課長）浅水大造▽特別区職員研修所副参事（足立区総務部副参事＝特別区人事・厚生事務組合派遣）浅香京子▽特別区職員研修所講師　浅水大造特別区職員研修所教務課長兼務▽特別区職員研修所講師　浅香京子特別区職員研修所副参事兼務

（7面につづく）

職場でご購読されている皆さまへ

4月人事異動は、課長級以上の方は異動表に基づいて手続き（新職場への切り替え）をしますが、係長級の方は多数になるため異動表の入手次第、局・区より、順次行います。例年ですと、その手続きにほぼ1カ月を要する場合がありますので、早期配達をご希望の方には、暫定措置として約1カ月間、職場送りから自宅郵送に切り替えさせていただきます。その旨本社に電話かFAXでお申し付け下さい。

また、主任、一般職員の方につきましては、大変お手数ですが、異動先をご連絡下さい。異動手続きのために大変ご迷惑をおかけしますが、何卒ご理解とご協力のほどをお願い申し上げます。

平成20年4月　都政新報社読者部
電話03・5330・8781
FAX03・5330・8808

昇任試験対策のページ

今回は、引き続き問題演習を行います。例題では取り上げませんでしたが、行政広報や都庁のIT化についても必ずハンドブックを一読しておきましょう。

問　題

【問題 1】

会計の監督権に関する次の文章の空欄について、正しい組み合わせは①から⑤のどれか。

会計の監督権は、（ア）が有している。金銭の会計事務の指導統括に関する事務は、会計規則に規定するところにより、（イ）が行うこととなっているが、（ウ）は所管する会計事務について検査をし、所属会計職員を監督する責任を負っている。

① （ア）地方公共団体の長、（イ）各局長、（ウ）会計管理者

② （ア）地方公共団体の長、（イ）財務局長、（ウ）各局長

③ （ア）会計管理者、（イ）各局長、（ウ）検査員

④ （ア）地方公共団体の長、（イ）会計管理者、（ウ）各局長

⑤ （ア）会計管理者、（イ）総務局長、（ウ）各局長

【問題 2】

都における検査に関する記述として、妥当なのはどれか。

① 自己検査とは、会計管理者が必要があると認めるときに、所属職員のうちから検査員を命じ、会計事務について検査するものである。

② 直接検査とは、局長が当該局等の特別出納員、金銭出納員などの取り扱いに係る現金の出納保管その他の会計事務について、検査するものである。

③ 自己検査において、局長は検査員から検査結果について報告を受けたときは、意見を付してただちに会計管理者に通知しなければならない。

④ 直接検査では、局及び所の特別出納員、資金前渡受者、物品出納員等の会計事務等を定期的に検査する定期検査のほか、臨時検査が規定されている。

⑤ 自己検査では、会計管理者が必要と認める案件について必要な時点で検査する随時検査がある。

【問題 3】

市民活動と行政との協働に関する記述として、妥当なのはどれか。

① 市民活動とは、ボランティアやNPOなどの市民が行う自由な社会貢献活動のことであるが、そのうちボランティアは継続的に社会貢献活動を行う団体を指す。

② NPOに含まれる団体の範囲は国内外で統一されており、NPO法人、市民活動団体及びボランティア団体を想定している。

③ 行政と社会貢献活動団体との協働とは、「行政の課題の実現に向け、サービスを提供するなどの協力関係」のことである。

④ 協働の意義としては、協働によって多様な都民ニーズへの対応が可能となること、行政の体質改善につながる契機となることがあげられる。

⑤ 協働を行う際には、相互理解と尊重、公平性の確保、協働相手を選定する際の留意点を配慮しなくてはならないが、協働事業や協働相手の見直しを行うことの確認は必要ない。

都政実務 ⑤

【問題 4】

東京都における個人情報保護制度に関する記述として、妥当なのはどれか。

① 実施機関は、知事、公安委員会を含む行政委員会、公営企業管理者、警視総監及び消防総監並びに都が設立した地方独立行政法人である。

② 個人情報保護制度の対象としては、電子計算機により処理される個人情報は対象となるが、手作業により処理される個人情報は対象とならない。

③ 個人情報保護制度で創設された権利は開示請求権、利用停止請求権の二つである。

④ 都の個人情報保護制度では、都が保有する個人情報について規定し、民間事業者について一切規定していない。

⑤ 都の個人情報保護制度での罰則規定は、職員に対するもののみを設けている。

【問題 5】

問題解決のプロセスに関する記述として、妥当なのはどれか。

① 問題解決のプロセスは問題の分析・形成、順位付けから始まるが、問題を直感的に解決するのではなく、論理的に思考し解決することが大切である。

② 問題のタイプは、事故や苦情の発生など既に設定されている目標と現状とのギャップによる問題である発生型の問題と、現実に問題が発生していないが新たな目標を設定する探索型の問題の二つに分けて考えることができる。

③ 問題解決のための目標には、達成された状態を表現する抽象的目標と、達成数量を表現する具体的目標とがある。

④ 解決案の作成に当たっては、定量的な解決案を追求しがちであるが、最善策を見逃さないために、定性的、網羅的な発想も必要となる。

⑤ 解決策を実施した場合の効果検証では、改善効果を評価することが重要であり、費用・環境性・安全性などの多元的な評価は不要である。

【問題 6】

文書及びメールの使用に関する記述として、妥当なのはどれか。

① 応対に用いる文書を作成する際には、あいまいな表現を避け、受け取り方が様々にならないように気を付ける。

② 応対に用いる文書を作成する際には、専門用語を用いて、正確、的確に内容を表現しなければならない。

③ 応対に用いる文書を作成する際には、箇条書きを避け、一文は、適切な接続詞を用いてできるだけ長く書くようにする。

④ メールを使用する場合は、文書による応対と異なり、基本的には話し言葉をそのまま文章にしたものを送信する。

⑤ 各人に与えられたパソコンで受信したメールについては、親展扱いで送信されたものであることから、組織的に対応してはならない。

解　説

【解説 1】

地方自治法では、会計の監督権は長が有すると規定されている。また、金銭の会計事務の指導統括は会計管理者が行い、各局長は所管する会計事務の検査、所属会計職員の監督をする責任を負っている。（職員ハンドブック459ページ）

正答 ④

【解説 2】

① 誤り。直接検査の説明になっている。（職員ハンドブック459ページ）

② 誤り。ほぼ自己検査の説明になっている。（職員ハンドブック459ページ）

③ 正しい。（会計規則第133条第2項、職員ハンドブック459ページ）

④ 誤り。定期検査と随時検査である。（職員ハンドブック459ページ）

⑤ 誤り。自己検査は局長が実施する。また、随時検査は直接検査の一つである。（職員ハンドブック459ページ）

正答 ③

【解説 3】

近年活発化している市民活動について、都においても「社会貢献活動団体との協働マニュアル」や「東京都における社会貢献活動団体との協働～協働の推進指針～」などを策定し、協働事業を進めています。多様化する住民ニーズに対応した、効率的な行政サービスを実現するためにも、様々な協働が必要です。（職員ハンドブック502～504ページ）

① 誤り。ボランティアは、社会貢献活動を行う個人を指す。継続的に社会貢献活動を行う団体は、NPOである。（職員ハンドブック502ページ）

② 誤り。NPOに含まれる団体の範囲は国内外でも使われ方が統一されておらず、東京都が発行している「社会貢献活動団体との協働マニュアル」では「社会貢献活動団体」として設問の三つを想定しているところである。（職員ハンドブック502ページ）

③ 誤り。協働とは「相互の立場や特性を認め、共通する課題の解決や社会的目的の実現」に向けて、サービスを提供するなどの協力関係である。（職員ハンドブック502ページ）

④ 正しい。（職員ハンドブック503ページ）

⑤ 誤り。協働事業や協働相手の見直しを行うことの確認も必要である。（職員ハンドブック503ページ）

正答 ④

【解説 4】

個人情報保護制度については、情報公開制度とともに、職員ハンドブックで内容を確認しておきましょう。

① 正しい。（職員ハンドブック537ページ）

② 誤り。手作業により処理される個人情報も対象としている。（職員ハンドブック537ページ）

③ 誤り。訂正請求権も権利として創設されている。（職員ハンドブック537ページ）

④ 誤り。民間事業者についても、事業実施に当たって適正な取り扱いを期し、個人の権利利益を侵害することのないよう努めなければならないと、事業者の責務を明確に規定している。（職員ハンドブック544ページ）

⑤ 誤り。受託業務従事者等にも罰則規定を定めている。（職員ハンドブック537ページ）

正答 ①

【解説 5】

① 誤り。問題解決のプロセスは問題の発見から始まる。（職員ハンドブック580ページ）

② 誤り。この他に今までにないまったく新しい目標を設定する設定型の問題がある。（職員ハンドブック581ページ）

③ 誤り。前段は定性的目標、後段は定量的目標の説明になっている。（職員ハンドブック582ページ）

④ 正しい。（職員ハンドブック583ページ）

⑤ 誤り。費用等の多元的な評価が必要である。（職員ハンドブック584ページ）

正答 ④

【解説 6】

① 正しい。（職員ハンドブック624ページ）

② 誤り。正確、的確、簡潔、平明な文章で書くこととし、専門用語や役所言葉は使わない。（職員ハンドブック624ページ）

③ 誤り。読みやすくするため、文章は短めにし、箇条書きや見出しをつけるなど工夫する。（職員ハンドブック624ページ）

④ 誤り。送信するメールの内容については、基本的には文書による応対と同じである。（職員ハンドブック625ページ）

⑤ 誤り。各人に与えられたパソコンで受信したメールであっても、対応は組織的に行う。（職員ハンドブック625ページ）

正答 ①

20年度 主任・係長 論文講座 ★26★

論文添削 ①

特別区主任主事選考

はじめに

今回から3回にわたり、主任主事の論文を添削しながら、論文作成のうえで必要な視点や注意点について考えてみたいと思います。

今回は、実際に試験に臨む受験者が作成した論文を例として、アドバイスをしてみます。

課　題

「あなたが日頃から取り組みたいと考えている課題を挙げ、中堅職員としてどう取り組みたいかあなたの考え方を述べなさい」

論文例

1　効率的な区政運営へ

「景気回復」という文字を紙面や報道で多く目にするようになってきた。しかし、中小企業の本区においては、一生活者の視点で景気の回復を実感するにはまだ少しの時間が必要である。こうした中、「○○」をキーワードとする□□計画が4月からスタートした。この計画を着実に推進し、区民の要望に応えるため、限られた人員と財源を活かした効率的な行政運営が求められている。その実現には、職員一人ひとりが日々の業務を見直し、事務の効率化を図ることが不可欠であり、豊富な経験と知識を持ち係の中核を担う中堅職員の果たすべき役割は大きい。

2　係の要として

私は、中堅職員として係長を補佐し、事務の効率化を推し進めるため以下のことを実践する。

第一に、積極的に事務事業の見直しを行う。職員は常に区民の要望を的確に把握し、事業に反映させていかなければならない。私は、担当事業について、参加者へのアンケートや窓口対応を通じて得られた意見から、満足度や修正点を把握する。そして、行政評価制度を活用し、係内で話し合いを重ねながら内容を再点検する。事業内容を見直し、費用対効果を高めることで、区民が満足できるサービスの提供につながる。

第二に、係内のパイプ役となりコミュニケーションの円滑化を図る。より高い事業効果を達成するには係全体で取り組む必要がある。私は、係長の方針を確認し、後輩職員の進捗状況に目を配りながら、適宜係の方向性の伝達や助言を行う。また、資料や区民から得られた情報は、回覧やメールの活用に加え、「ひと声」掛けるなど積極的に係内に発信する。職員間で共通認識を持つことで、係内の連帯感を高め、一丸となって事務の効率化に取り組む体制が可能となる。

第三に、自己の職務能力の向上を図る。事務改善を実践するには、自己のレベルアップが欠かせない。私は組織で定めた係目標及び自己目標の達成に向け、常に問題意識を持って業務に取り組む。また、インターネット等を活用し法令や時事、他の自治体の情報を収集するとともに、先輩職員の知識や考え方を参考に、自ら再構築する。自ら率先して行動することが、後輩職員の模範になるとともに、係内での事務の効率化を推進するに当たっての牽引力となる。

3　生まれ変わる区政を目指して

事務の効率化を図り、効率的な施策展開を行うことは、真に必要な区民サービスの提供に繋がる。そして職員が一丸となって事務の効率化に取り組むことが、○○計画の目標達成への道であると確信する。そのために私は中堅職員として自らの力をさらに向上させ、積極的に職務に挑んでいく覚悟である。

講　評

この論文は、三段論法によるスタイルです。主任主事論文は、各区とも概ね800から1200字程度ですから、「序論」「本論」「結論」の三段構成が書きやすいと思います。

全体の構成としては、序論が100から250字、課題に対して社会的背景、区政の現状、あるべき姿を意識しながら、何故、この課題が問われているのか、どこに問題があり、主任主事として何を求められているのかを考えなければなりません。

本論は、600から850字で、序論で捉えた問題点を具体的に解決する手段を述べます。概ね三つの問題点を指摘し、それぞれについて対応策を論じます。ここで注意すべき点は、「自分が主人公」として意識することです。そして、必ず「実現可能」な対応策としてください。評論家的な表現や「思う」「考える」と読み手に判断を求める表現は禁物です。また、仕事は組織でするものですから、自分だけの世界で完結しては、主任主事としての役割を果たすことにはならないでしょう。少なくとも、以上の点に注意しながら主任主事として、貴方がどういう役割を果たすかを論じることが重要です。

最後に結論は、100から200字で、主任主事としての決意を格調高く表明します。序論と本論の流れを受けて書けば問題ありません。ただし、間違ってもここで新たな問題点や補足説明をしないよう注意してください。

次に内容についてみてみましょう。

今回の論文課題は、「あなたが日頃意識している課題」を問われており、それを「主任主事としてどう解決していくのか」の2点を問われています。この課題は、受験者が自由に問題提起をできるため、自分が一番得意とする分野を書けばよいのです。ただし、課題が抽象的ですから、読み手を自分の土俵に引きずり込む必要があります。

この文章は、漫然と知っている知識を書き出して繋げてしまっており、書き手の真意が伝わってきません。書き手は、自分の論文ですから行間を読んでしまう、つまり無意識のうちに書いていない部分も理解してしまっているのです。ところが、採点者は論文に書かれている内容以外は、全くわかりません。試験用紙に書いてあることだけがすべてなのです。また、全体的にインパクトが弱いため、大勢の受験生が書いた論文の中に埋もれてしまう可能性があります。各区とも特色ある事業を展開していますので、受験生であれば、その事業を論文に取り入れることが多いと思います。しかし、最近の区政状況を認識していることをアピールするとはいえ、同じ語句を何度も見れば採点者も飽きてしまうおそれがあります。そうならないためにも、気の利いた言い回しをさりげなく挿入することで、読み手にインパクトを与えることができます。ただし、無理やり追加するとかえって印象を悪くする場合もありますので、注意してください。

たった1200字程度の論文で、主任主事としての適正を求められます。それを論文で活かすには、日々の業務を遂行していく中で、常にアンテナを張り巡らせ、より多くの知識と経験を蓄積していかなければならないのです。

添削論文例

1　計画的な区政運営は事務の効率化から

地方分権が進み、自治体が地域経営者としての実力を問われるようになって久しい。区においても、○○○の開設や□□の創出支援等、前例踏襲や23区横並びからの脱却を目指した取り組みが行われている。一方、財政状況は、少子高齢化に伴う義務的経費の増大や将来的な投資的経費が見込まれ、景気回復と言われる現状を楽観視することはできない。そうした中で、基本計画を着実に推進するには、職員一人ひとりがコスト意識を持って事務の効率化に取り組み、限られた財源・人員を重点的・効果的に配分した運営をすることが不可欠である。そのために、係の中で高度な知識と技術を持つ中堅職員の果たす役割は大きい。

2　効率化推進のために

私は中堅職員として、係長を補佐し、事務の効率化を推し進めるために、係の中心となって以下のことを積極的に実践していく。

第一に、事務事業の見直しを徹底して行う。限られた財源の中でも、区は区民ニーズに応えていかなければならない。私は、担当事業について、参加者へのアンケートや窓口応対を通じて得られた意見から、満足度や修正点を把握する。そして民間活用指針を活用し、区民との協働推進といった視点も入れながら、より効率的な改善策を求め、係内で話し合いを重ねる上で中心的な役割を担う。さらに、費用対効果の低い事業を縮小し、その経費を区民ニーズの高い事業や新規事業の財源に活かすよう係長に提案し、変化に対応できる力をつける。

第二に、係内のパイプ役となりコミュニケーションの円滑化を図る。事務の効率化を進めるには、係全体で取り組む必要がある。私は、係長の方針を確認し、適宜、係員に方向性の伝達や助言を行う。また、ITパソコン等を活用して得た他自治体の情報や、会話の中で引き出した後輩職員の新鮮な発想を、事業に活かせるよう係会議の開催を係長に提案する。係内の風通しを良くすることは係内の連帯感を高め、一丸となって事務の効率化に取り組む体制ができる。

第三に、後輩職員の指導育成を積極的に行う。個々の職員の能力向上が、事務の効率化推進に寄与する影響は大きい。私は、行政評価制度を基に、数字から問題点が見えることを示し、後輩職員のコスト意識を高める。さらに、より効果的な事務の遂行に向け、自らの経験を踏まえたアドバイスを行い、側面から支援していく。これにより係全体の能力を高め、事業のスリム化を図る。

3　新たな区政を区民とともに

職員一人ひとりが事務の効率化に取り組むことは、計画的な区政運営に繋がり、基本計画に掲げた目標の実現を可能にする。私は、中堅職員として、事務の効率化推進の牽引役となり、全力で職務に取り組む決意である。

おわりに

添削例を書きましたが、これで十分というものではありません。しかし、一定の水準をクリアする目安にはなると思います。また、誰が読んでも校正の必要がない論文を書ける人は極稀ですので、貴方が常日頃から心掛け、実践していることを、自分自身の言葉で表現してください。

最後に論文作成にあたって不可欠な視点がありますので、そのポイントだけは念頭に置いて書くことを忘れないでください。

一　課題に対して的確に問題提起をしているか

二　文章が論理的に流れているか

三　読みやすい文章になっているか

四　主任主事の役割を意識しているか

五　区民サービスを意識しているか

この五つのポイントが文章に盛り込んでいるのといないのとでは同じ三段論法で書かれた論文でも明らかにレベルが違ってきます。

論文を最初から上手く書けるコツなんてありません。まずは、一つの論文を完成させて、貴方自身の論文スタイルを確立してください。

20年度 教育管理職への道しるべ ＜30＞

学校管理 ③

問　題

【問題 4】

教職員の勤務に関する記述として妥当なものは、次のうちのどれか。

① 職務に支障のない限り、正規の勤務時間のうち、勤務時間4時間について15分間与えていた休息時間は、平成20年1月からすべての教育職員について、与えることはなくなった。

② 教職員の休憩時間は、平成20年1月から1時間から45分に短縮された。

③ 学校行事等により休日に特に勤務を命じる場合には、必ず1日単位として勤務を命じなければならない。

④ 平成20年4月から都立学校等に任用される日勤講師（非常勤教員）の勤務日数は月平均16日として、月ごとに勤務日数を設定しなければならない。

⑤ 都立学校等に新たに任用される日勤講師（非常勤教員）の勤務時間は、常勤の教員と同じくすべて8時間である。

【問題 5】

「都立学校情報セキュリティ対策基準」と「個人情報の安全管理に関するモデル基準」に関する記述として妥当なものは、次のうちのどれか。

① 「都立学校情報セキュリティ対策基準」の改定では、校長が情報セキュリティ管理者として定められ、情報資産に対する侵害の発生またはおそれがある場合には、情報セキュリティ統括責任者に報告を行う。

② 「都立学校情報セキュリティ対策基準」の改定では、機密性が高いデータを外部へ持ち出す際や機器の持ち込みに関する制限事項を設けるなど、管理における教職員の責務を規定した。

③ 「都立学校情報セキュリティ対策基準」の改定では、情報の内容により機密性を9段階に分け、持ち出しの禁止や学校長の承認を得るなど取り扱いのルールなど定めた。

④ 「個人情報の安全管理に関するモデル基準」では、記録媒体等の外部への持ち出しは、生徒等の安全の確保及び健康の維持に必要なため、教職員からあらかじめ文書または口頭により、校長に承認を求めた場合に限りできるとしている。

⑤ 「個人情報の安全管理に関するモデル基準」では、保有する個人情報または記録媒体等が不要になった場合には、校長は、直ちに廃棄手続を行うこととしている。

【問題 6】

「東京都公立学校の管理運営に関する規則」に規定する学校運営連絡協議会に関する記述として妥当なものは、次のうちのどれか。

① 規則に定める協議会の設置目的は、保護者及び地域住民その他関係者の理解を深めるとともに、これらの者との連携協力の推進に資するため、協議会を置くものである。

② 校長は、協議会の設置に関して必要な事項を定めなければならない。

③ 校長は、協議委員に対して、協議会開催日や文化祭等の学校行事のほか、校長判断で授業参観や職員会議にも参加できるとしている。

④ 校長は、評価委員会から提出された評価結果を分析し、可能なものについては、改善に努める。

⑤ 協議会の校内の位置づけは、校長の補助機関である。

解　説

【解説 4】

① 誤り。通信教育課程の教員、寄宿舎指導員等の交替制勤務の教員などについては、15分の休息時間は当分の間、従前のとおりとするとしている。

② 誤り。休憩時間は、元々45分であり変更はしていない。

③ 誤り。東京都では、「学校職員の勤務時間、休日、休暇等に関する条例第6条第2項」により、4時間単位で命ずることができるとしている。

④ 正しい。

⑤ 誤り。原則は、常勤職員と同じ8時間であるが、定時制課程に勤務する日勤講師（非常勤教員）は、6時間勤務としている。なお、任用対象者は、当面、都公立学校教員退職者とし、実習助手、寄宿舎指導員は対象外としている。

【解説 5】

① 誤り。校長は情報セキュリティ責任者として定められ、次のことを所掌する。①都立学校における情報セキュリティ対策の実施に関する権限及び責任を有する②実施手順の作成及び維持・管理を行う③情報資産に対する侵害が発生した場合または侵害のおそれがある場合には、情報セキュリティ管理者及び情報化推進担当へ速やかに報告を行い、必要に応じて指示を仰がなければならない④情報資産の持ち出し等に際して、情報処理指導主任または情報システム担当者等を補助者とすることができる。

② 正しい。

③ 誤り。情報の内容により機密性、安全性、可用性による情報資産の分類として各3段階に分けている。後段は正しい。

④ 誤り。「モデル基準」では、記録媒体等の外部への持ち出しは、生徒等の安全の確保及び健康の維持及び指導上の必要のため、教職員からあらかじめ処理簿により、校長に承認を求めた場合で、個人情報取扱基準に定める分類のうち持ち出す都度校長等の承認を得るものに区分されているもの。そのほか使用するパソコンの安全性の確認などが示されている。

⑤ 誤り。「モデル基準」では校長は、保有する個人情報または記録媒体等が不要になった場合には、当該個人情報の復元または判読が不可能な方法により消去または当該媒体等の廃棄を行うことを示している。

【解説 6】

① 誤り。問題例は学校教育法改正における規定（同法63条）の一部である。東京都公立学校の管理運営に関する規則第12条の8では、「学校の管理運営に保護者、地域住民等の意向を的確に反映し、開かれた学校づくりを推進するため、学校に学校運営連絡協議会を置く」としている。

② 誤り。規則第12条の8第2項に、学校運営連絡協議会の設置に関して必要な事項は教育委員会が定めるとしている。

③ 誤り。授業参観は参加できるもののひとつである。校長の判断で参加可能なものは、企画調整会議や職員会議である。

④ 誤り。評価委員会は評価結果を分析し、学校運営連絡協議会に学校評価報告書案を報告する。評議会は同案を審議し、報告書として校長に提出する。校長は協議会の助言を受け、次年度の学校経営の改善に努める。

⑤ 正しい。都立学校管理運営規程（標準規程）第11の図による。

（6面からつづく）

▽特別区人事委員会事務局給与課長（東京都人事委員会事務局任用公平部任用給与課課長補佐）秋谷香▽特別区人事委員会事務局試験研究室長（特別区人事委員会事務局副参事）福本英也▽特別区職員互助組合事業課長（杉並区政策経営部副参事＝特別区人事・厚生事務組合派遣）片山康文▽特別区職員互助組合職員相談室長　片山康文特別区職員互助組合事業課長兼務

■特別区競馬組合

【部長級】▽経営管理部長（経営管理部次長）◎斉藤弘▽事業推進部長（目黒区総務部参事＝特別区競馬組合派遣）塚田修

【統括課長】▽議会事務局議事担当課長（品川区総務部副参事＝特別区競馬組合派遣）蓼沼三郎

【課長級】▽経営管理部総務課長（文京区総務部副参事＝特別区競馬組合派遣）佐藤樹一郎▽経営管理部企画課長（経営管理部広報担当課長）杉村勝利▽経営管理部広報担当課長（事業推進部競走課・係長）◎松田敏幸

■東京二十三区清掃一部事務組合

【部長級】▽総務部調整担当部長（大田区清掃部参事＝東京二十三区清掃一部事務組合派遣）本間敏幸▽総務部参事＝技能・技術担当（施設管理部参事）山本新▽総務部参事（総務部企画室長）◎小林正自郎▽施設管理部長（総務部調整担当部長）大室郁夫▽品川清掃工場長（品川区参事＝東京二十三区清掃一部事務組合）岩崎裕▽足立清掃工場長（練馬清掃工場長）◎山根修二▽中防処理施設管理事務所長（施設管理部参事）谷川哲男▽施設管理部参事（施設管理部発電計画担当課長）◎村野安治▽施設管理部参事（東京都交通局参事＝技術調整担当）中島保▽施設建設部長（施設管理部長）畑辺高行▽会計管理者（大田区清掃部参事＝東京二十三区清掃一部事務組合派遣）澤田泰博

【統括課長】▽総務部総務課長（総務部総務課長）◎市川恭一▽総務部企画室長　小林正自郎総務部参事事務取扱▽施設管理部スラグ利用促進・運営担当課長（大田清掃工場管理課長）横山庸子▽施設管理部環境対策・処理施設担当課長（溶融処理技術対策室技術管理課長）寺門明良▽千歳清掃工場長（墨田清掃工場長）◎佐藤和雄▽施設建設部建築土木担当課長（施設建設部建築土木担当課長）◎西村和夫

【課長級】▽総務部電気保安担当課長　大塚好夫施設管理部発電計画担当課長兼務▽総務部職員課長（総務部労務担当課長）松本秀男▽総務部労務担当課長（施設管理部管理課・係長）◎渡辺敦▽総務部事業調整課長（施設管理部スラグ利用促進・運営担当課長）小林孝▽総務部副参事＝特命担当（総務部参事）尾崎雅文▽溶融処理技術対策室技術管理課長　柳井薫施設管理部処理技術担当部長事務取扱▽溶融処理技術対策室副参事＝溶融技術担当　小林正自郎総務部参事事務取扱▽溶融処理技術対策室副参事＝溶融技術担当　寺門明良施設管理部環境対策・処理施設担当課長兼務▽溶融処理技術対策室副参事＝溶融技術担当　細江敏明施設建設部推進担当課長兼務▽総務部副参事＝技術開発担当（足立清掃工場長）鈴木敏夫▽施設管理部技術課長　大室郁夫施設管理部長事務取扱▽施設管理部発電計画担当課長（新江東清掃工場技術課長）大塚好夫▽中央清掃工場長　野沢照男施設管理部管理課長兼務▽北清掃工場長　村野安治施設管理部参事事務取扱▽渋谷清掃工場長　中島保施設管理部参事事務取扱▽大田清掃工場副工場長（大田区清掃部副参事＝東京二十三区清掃一部事務組合派遣）岩澤豊明▽多摩川清掃工場長（杉並清掃工場副工場長）河西朗▽杉並清掃工場副工場長（世田谷清掃工場・係長）◎神山朝次郎▽練馬清掃工場長（中央清掃工場・係長）◎高橋雅彦▽墨田清掃工場長（豊島清掃工場・係長）◎飯盛馨▽新江東清掃工場技術課長（施設建設部工場建設担当課長）染谷繁樹▽足立清掃工場副工場長（監査事務局・係長）佐藤進一▽葛飾清掃工場副工場長（足立清掃工場副工場長）丸嶋忠晴▽江戸川清掃工場長（施設建設部計画推進課・係長）深田泰和▽施設建設部推進担当課長（葛飾清掃工場副工場長）細江敏明▽施設建設部工場建設担当課長　畑辺高行施設建設部長事務取扱

提言 今、そこに来たカタストロフィー

資料調べをしていて、たまたま目にした文章が忘れられない。文脈を離れて頭の中をめぐっている。60年近く前に書かれたもので、奴隷制度に触れていた。その要点をかいつまんで紹介してみよう。

①奴隷経済は労働生産性をきわめて低い水準に停滞させる……強制労働だから、厳重で絶えざる監視のもとにおかれ、その拍車は鞭と脅迫。しぶしぶで仕事に興味がもてないので、複雑な道具の使用は不可能。奴隷労働は自由民の平均的労働力の半分にとどまる。

②所有主の不在……これが代理監視人の制度を生む。無慈悲な酷使、栄養失調、病気、早死、結婚禁止──

③道具の不発達……奴隷の無経験と悪意が技術の進歩を阻害する。ギリシア人が、長い繁栄の時代にも、労働用具に見るべき進歩改良を示さなかったのは、奴隷労働に頼っていたからである。

④その制度の維持は、もっとも原始的で粗野な強制手段＝戦争、占領、掠奪、債務などによっていた。またそこから生産力の大規模消耗、すなわち弱小都市の破壊、地方全体の人口減少が生じた。

⑤大奴隷所有者への富の集中と小自由生産者の破滅……富者と貧者の対立、抗争、絶えざる内乱の原因となった。

これが古代ギリシア文明自壊の原因だったというのである。というのも、

そこで発生した大量の失業者が深刻な社会問題になり、植民政策へ結びついていく。多民族帝国を作ったアレキサンダー大王の〝偉業〟も、裏を返せば失業者対策だったのだという。

そして──新帝国内に出現した新都市の工業・商業活動が本土に還流して顧客を独占。古い都市国家の生活様式や文化は役に立たなくなり、代わって異種混交した宗教・文化・国家が出現。人々は荒廃した世界に放り出される──

紀元前3世紀に起こったことだという。だがこの文を過去のものとは読めなかったのである。

労働者の代行管理、酷使、それによる意欲喪失、技術力の停滞、労働力確保による中小都市の崩壊、貧富の格差拡大、生産の海外への移転、国内への商品の還流──が社会を根底からくつがえした（まさに今、御用学者、現状追随コメンテーター、政治・経済学者、評論家、政治家、企業人、マスコミ人たちが言わないこと）。それがここに書かれていると思ったのである。

極論？　暴論？　しかし、たとえば派遣労働の先端で、住所も名前も家庭も健康も奪われ、携帯番号だけで社会とつながり、ぎりぎりの給与で生存している人たちを何と呼ぶのか？

さらに、ロボット・オートメーション先端国日本では、労働者はもっと苛酷な環境に置かれている。ロボットに仕事を奪われる。精度、速度でロボットとの競争を強いられている。壊れるのは人間のほうだ。そのシステムは周辺地域に移転され、製品が国内に還流する。これが市場原理主義の看板のもとに、今起こっていることではないか？

むろんベタな比較はできない。通貨、言語、情報は一元化し、世界を動かしている。日本企業も世界との競合関係にある。だから、国際競争に勝たねばと企業人は言う。

それが資本主義というものだ、市場原理主義が社会を再生させるんだ、富を集中させて経済を立て直すんだと政財官は合唱する。だが、勝利した企業が、国民に何をもたらしたのか？　彼らは改革の旗の下に切り捨てた人間関連諸経費を、企業の経営陣と株主に付け替えただけではないのか？　彼らに新しい雇用を作り出すことがあったのか？　むしろ、棄民と奴隷制回帰政策だったのではなかったのか。

能力にも努力にも差があるのだから、成果に差があっても良いという議論だったはずだ。高い能力の人間は、労働市場を自由に移動していくべきではないかという甘言ではなかったか。だが現在、3分の1に及ぶ不正規雇用者に、だまされたと感じていない人間はいないはずだ。

努力が報われないと分かったとき、本当の荒廃が来る。「奴隷たちに畑を耕させようとするのは全くわるい考えだ。なぜなら、疲れた、ただ絶望によってのみ労働すべく強いられた人間の労働は、全く悪しき労働だから」「奴隷たちは、あらゆる種類のハメを外したことに身をゆだねる。彼らは耕作するよりも荒廃することを考える」。企業利益最優先に走ったツケはそのとき払わされる。環境問題だけがカタストロフィーではないのである。

政治・経済学者、哲学者、評論家、政治家、企業人、マスコミ人たちは、したり顔で現状追認の言辞を重ねる。彼らは、高い塀に囲まれて暮らす高額所得者と、スラム化した大都市の難民──あのアメリカの姿が改革成功モデルだというのか？

そんな彼らに、知恵を絞らなければならない時が来ている。もっと学べと語りかけてくる歴史がある。奴隷依存社会は、文明自壊の構造を内包している。カタストロフィーは今、そこに来ている。状況回避のために、全知全能をかたむけるときなのだ。

引用原文は林達夫『無人境のコスモポリタン』（『人間』1950年刊）

（東京中流再生学会）

Book 「自治体の経済波及効果の算出」 安田秀穂著 学陽書房刊

本紙で一昨年、「産連を弾く」という表題で、経済波及効果について、AとBとの会話が連載されていた。この度、その連載を取り入れて、自治体職員が自分で経済波及効果を分析する方法を解説した本が出版された。

地方自治体が地域経済の舵を取る手段を実感し、地域経済についても自治を展開できるようにしたいというのが本書のねらいだ。大きく3編に分かれており、経済波及効果の算出について第1編ではしくみ、第2編ではコツ、第3編では事例が解説されている。

本書で解説する経済波及効果算出ソフト「波及さん」はホームページで公表されていて、誰でも無料で自治体の施策の波及効果が算出できてしまうのも魅力だ。（http://www012.upp.so-net.ne.jp/hakyu/）

経済波及効果を算出するしくみを知らなくてもソフトは動いてくれるのだが、第1編「しくみ」を読んでおいたほうが内容をきちんと理解できる。第2編の「コツ」をみると基礎資料の集め方や市町村への経済波及効果を求める手順がわかる。雇用誘発、税収推計、二酸化炭素排出量の推計、価格波及効果の出し方なども説明されている。第3編の事例をみると、ジブリ美術館が三鷹市へどのような経済波及効果を与えているか、石油の輸入価格の高騰によってどのような商品の価格にどのような影響が出ているかなどについて、具体的に記載されている。

元東京都職員であった著者が、理論よりも実務に重点を置いて書いており、本書をみると自治体が地域経済をコントロールする手段が身近になったような気がする。

定価は3780円。

（中野区区民生活部産業振興分野＝新産業創出担当　小高伸明）

千の風になって 5 ──いたばし編

小豆沢貝塚と最初の板橋区史

栗原元板橋区長と櫻井元区史監修者による「天国対談」。今回は大沢鷹邇・板橋史談会副会長の協力により板橋の遺跡と発掘の歴史を垣間見る。

栗原「桜も見頃になってきました。石神井川沿いの都立城北中央公園も花見のメッカの一つですが、ここは約3万年前の旧石器時代に茂呂遺跡があった場所でもあります。板橋は早くから遺跡の発掘が行われたところですね」

櫻井「それは区史でもその都度最新の成果が取り入れられてきました。3月に国学院を退任した小林達雄君が中心になって編さんした平成7年発行の『板橋区史資料編1考古』がそれまでの研究の集大成となっていますが、板橋の考古学は、明治初期から注目され多くの研究者が訪れた小豆沢貝塚の調査にその端緒があるといわれます」

栗原「その発掘にかかわられ、私が担当した最初の区史で執筆をいただいた酒詰仲男先生をお呼びしています。先生、お久しぶりです」

酒詰仲男氏

酒詰「栗原さん、お懐かしいですね。私が板橋区の貝塚を初めて発掘したのは、昭和12年35歳のときでした。当時旧制中学の学生だった江坂輝弥氏（のち慶応大学教授）と共同で志村四枚畑貝塚を発掘した直後に、小豆沢貝塚の発掘に参加したのです。

私は小学生時代、あの大森貝塚（明治10年にエドワード・モースにより発見・発掘され、日本の考古学研究の端緒となった）の近くに住んでいた縁で考古学に興味を持ちました。開成中から同志社の英文を出て母校の開成に英語教師として赴任したのが昭和2年です。しかし先史・古代文化へのロマンを捨てきれず、昭和8年大山史前学研究所に入所し、縄文研究への道に進むことになったのです」

栗原「そして、12年に板橋に発掘調査に来られたわけです。板橋ではその当時、都市化が進み、区画整理や近代工業の進出により開発が盛んでした。志村の凸版印刷工場敷地で和島誠一氏（考古学者）が発見した竪穴住居跡群は大規模な集落跡で、古代社会解明の道を開きました」

櫻井「昭和14年の日本化工グランド工事で白崎高保氏（当時旧制中学学生、のち東京工業大学教授）により発掘された稲荷台遺跡からは、当時最古の縄文土器（撚糸文土器）が出土し脚光を浴びました。そうした中で板橋区史が計画されたのでしたね」

小豆沢貝塚出土の縄文土器＝『板橋区史資料編1考古』より

酒詰「ちょうど私が結婚した昭和15年、紀元二千六百年を祝い各地で記念行事があり、板橋区も私の研究所の先輩だった柴田常恵先生（当時慶応大学教授）を編さん主任に迎え区史の資料収集をはじめました。ところが、戦争で中断を余儀なくされ、しかも戦災で資料の多くを焼失し、頓挫していたのです」

栗原「区も食糧確保など戦災復興が先で、区史どころではなかったのですが、ようやく落ち着いてきた昭和26年、渋谷区長のときに区史編さん再開の号令がかかりました」

酒詰「板橋区は改めて柴田先生を監修者に指名し、先生は私に先史時代の調査執筆を命じたのです。栗原さんたち事務局の支えもあり29年に刊行できました。本格的な区史を出したのは23区中でも大変早いほうだったと記憶しています」

櫻井「渋谷区長は、区史刊行のほか区民会館の建設や区政記録映画の制作など文化面にも功績を残されています。酒詰先生、板橋の考古学の発展をこれからも見守ってください」（山浦純之介）

都～区トーク おかしな組織

都の管理職選考の申し込みが締め切られた。どこの職場も申し込みする人が少なく、管理職が対象者に声をかけたり、人事委員会事務局が庁内サイト（TAIMS）で周知した。

でも、今の状況で果たして管理職になろうと思うのだろうか。まず大きいのが、一般職であっても定年まで給料が上がり続けることだ。50代の後半であれば、主任であっても1千万円は貰っている。

たとえ、庶務、給与といった年収400万円位の若手がやる仕事であってもだ。しかも有給休暇は1時間単位で合計20日分きっちり取れる。こんな恵まれた職場はないと思うのは私だけですか。

一面で管理職が議会や幹部対応で忙しく辛そうにしているのを見てやめようと思われているかも知れないが、そんなことで嫌がる人はそもそも都庁I類では入らないはず。本当に必要なことは三つある。ひとつ目は、一般職員の待遇を職責に見合うようにすることだ。主任であれば主任の給料、係長であれば係長の給料というように、年功的な意味合いは少なくすべきだ。少なくとも、45歳の主任が毎年6000円もベースアップするのは世間的には変であろう。

二つ目は、管理職の待遇改善である。給与面で増やすのは厳しいので、権限を増やすとか、休みを取りやすくするとかが考えられる。本庁副参事や参事をなくして、彼らがやっていた仕事は課長補佐にやらせるようにするのも一案だ。

最後は、管理職の外部登用だ。期間限定で違った視点の管理職を数多く入れることや、また、都管理職から都議会や大学、民間企業へ人材が流れるようにする仕組みが大切である。要は長く勤めれば得というのは時代が許さないということである。

（サトーク）

東京・ミュージアムぐるっとパス2008 4月1日販売開始

東京・ミュージアム ぐるっとパス GRUTT 2008 美術館・博物館等共通入場券&割引券

今年も本日、4月1日から「東京・ミュージアムぐるっとパス2008」が販売された。東京は古今東西の美術・博物コレクションの宝庫。それら都内61施設もの入場券または割引券がつづられて、価格は2千円という優れものだ。桜も咲き誇り、春爛漫のこの季節、美術館・博物館に触れながらの東京散歩はいかがですか。

「東京・ミュージアムぐるっとパス2008」▽対象施設　都内61の美術館・博物館・動物園・水族園各施設指定の展示を1回観覧できる▽販売価格　2千円※大人料金のみ▽販売期間　4月1日（火）～09年1月31日（土）※最終有効期限は09年3月31日▽有効期間　最初に利用した日から2カ月間▽販売個所　ぐるっとパスの対象全61施設の窓口、東京観光情報センター（都庁第一本庁舎1階）、リブロ各店など▽問い合わせ先　東京・ミュージアムぐるっとパス事務局（東京歴史文化財団内）☎3443・0051

【読者プレゼント】

この「ぐるっとパス」を本紙読者10名様にプレゼントします。希望者はEメールで、件名を「ぐるっとパス希望」とし、住所・氏名を明記の上、henshu@toseishimpo.co.jpまでお申し込み下さい（7日必着）。

都政新報

発行所　都政新報社
〒160-0023 東京都新宿区西新宿7-23-1 TSビル
〈総務・読者〉(03)5330-8781
〈企画広告〉(03)5330-8784
〈編　　集〉(03)5330-8786
〈出　　版〉(03)5330-8788
〈セミナー事業部〉(03)5330-9977
〈ファクス〉(03)5330-8808
郵便振替 00130-2-101470
購読料 月1,680円（税込）
毎週火・金曜日発行
但し、祝祭日は休刊

紙面から

「省エネ報告」届出制度を創設

チェーン店は本社が一括

中小事業所の温暖化対策

都は、今年度中の改正を目指す環境確保条例で、中小規模事業所の地球温暖化対策推進制度を盛り込む。都内の業務・産業部門のCO_2排出量のうち、約6割は中小規模事業所が排出しているが、省エネ投資を行う資金力が不十分などの理由から取り組みが立ち遅れていた。都は、すべての中小規模事業所が取り組むことができる任意の届出制度を創設する。大規模事業所と同様、経済的なメリットを享受できる排出量取引の仕組みも構築し、中小規模事業所の取り組みの強化につなげる。

排出量取引で資金回収も

都が現在検討している環境確保条例の改正では、大規模にCO_2を排出する事業所を対象として、全国で初めて排出総量削減義務と排出量取引制度の導入を盛り込む予定。都は7月の洞爺湖サミットも視野に入れながら、今年度中の条例改正を目指している。

05年4月から始めた現行の「地球温暖化対策計画書制度」では、「燃料、熱及び電気の使用量が、原油換算で年間1500キロリットル以上の事業所」を届け出の対象としている。制度対象未満の事業所に対しては任意提出制度を導入したが、05年度の実績はわずか19件にとどまっているという。

新たな条例制度では、現行制度の対象規模未満の中小規模事業所を対象として、毎年、地球温暖化対策の取り組み状況やCO_2排出量を記載した省エネ報告書（仮称）を任意で提出する制度を創設する。

また、同一法人が管理または所有する事業所の合計エネルギー使用量が一定量以上の場合は、届け出を義務化する。

現行制度では対象が事業所ごとになっており、同じ会社が都内にいくつもの支店を抱えていたり、チェーン店を展開している場合には制度の対象外だった。これらを同一法人で束ねて、一定規模以上のエネルギー使用量の場合、支店やチェーン店を持つ本社に届け出を義務化する。具体的には、金融業、不動産業、教育機関、チェーン展開する飲食・一般小売業、政府、自治体などをイメージしている。

排出量取引では、削減義務を課される大規模事業所だけでなく、CO_2削減義務の対象外である中小規模事業所についても、省エネ対策の実施により削減した量を取引することで経済的にメリットを享受できる仕組みとし、省エネ投資へのインセンティブを与える。

地域との連携・協働を

【解説】今回のCO_2削減の義務化では、相当量を排出する大規模な事業所に対象が限られているが、それ以外の中小事業所や家庭にも草の根からCO_2削減に向けた取り組みが必要だ。規制の網がかかっていないだけに、国や都が知識や技術、資金力に欠ける事業所に対して、実効性のある施策を打ち出すことが不可欠だろう。

区市町村では、すでに中小事業者を対象とした様々な温暖化対策を行っている。自治体独自の簡易版環境ISOを導入しているところや、港区のように官民一体で温暖化対策に取り組む事業者会議をつくるなど、事業者同士のネットワーク化も進んでいる。

また千代田区では昨年、京都議定書の削減目標である6%を明示した地球温暖化対策条例を制定した。具体策は現在検討しているが、都の取り組みも大きく影響する。

都は、それらの取り組みとの整合性を図りながら、地域のネットワークを生かした取り組みを進めることも必要だ。

チェーン店やフランチャイズのように地域に溶け込みにくい事業所を、地域の取り組みに巻き込んでいくことも求められる。社会的な影響力が大きい大規模事業所と比べて、中小規模事業者は個別の環境意識だけで温暖化の取り組みを継続することは難しい。そのため、地域の住民やNGOなどとの連携と協働が大きな鍵を握る。

都と区市町村がお互いのスケールメリットを生かしながら、うまく住み分けしていくことで、区民や中小事業者にとって分かりやすく、重い負担にならない仕組みづくりを進めてもらいたい。（地）

東京医師アカデミーが開講

民間と人事交流も検討

石原知事から辞令を受ける東京医師アカデミーの第一期生＝1日、都庁で

都立・公社病院が一貫した指導体系で専門医を育成する「東京医師アカデミー」の開講式が1日、都庁で開かれ、第1期生112人が出席した。石原知事は冒頭、「東京は医師にとって、いちばんホットな現場。そういう所で研修を積み、より一層の専門性を獲得して頂きたい」とあいさつ。第1期生を代表して、駒込病院外科で研修を受ける岩崎謙一さんが、「医師としてはスタートラインに立ったばかりですが、指導医との出会いを大切に、互いに切磋琢磨することを誓います」と宣誓した。

アカデミーは、都立・公社病院の中核となる専門医を中心に育成する、いわば「都庁版医局」。都立・公社病院がそれぞれ初期臨床研修を修了した若手医師を受け入れ、担当の指導医が指導・評価を行う。各病院の特徴を通して、最終的には専門医の受験資格を取得させる。3～4年後に医師として現場に出ることになり、進路先は研修生の7～8割が都立病院を希望しているという。

受け入れ規模は、府中病院27人、駒込病院19人、墨東病院18人など112人。診療科別では内科系33人、外科系22人と続き、医師不足が深刻な麻酔科でも7人が研修医となる。ただ、産科では2人にとどまり、特例として年度途中からの受け入れも認める予定。また、診療科によっては、指導医の負担が重くなる可能性もある。

都病院経営本部では、将来的に医師アカデミーで養成した専門医を民間病院への供給源にもしていきたい考えで、「民間と人事交流できるシステムを作りたい」としている。また、より高い医療レベルで専門医を育成するため、海外の病院との交流も検討中という。

事後検証の徹底求める

予算執行の依命通達

都は1日、08年度予算執行について、4副知事名の依命通達を出した。例年、年度初めに副知事名で効率的・効果的な予算執行を求めているが、今年は特に事後検証の徹底を各局に通達した点が特徴。より効果的で、実効性の高い施策に磨き上げていく取り組みを執行過程で行うよう求めた。「09年度予算編成に反映させ、施策のブラッシュアップを継続的に進めるための糧としていく」という。

工事への影響当面はなし

道路特財の期限切れ

道路特定財源の特例措置の期限切れに伴い、都では年間800億円程度の影響が出る見通し。内訳は、軽油引取税と自動車取得税で計300億円程度の減、国庫補助金で500億円程度の減と見ている。

当面、道路事業を止めるなどの影響はない。仮に、4月に暫定税率維持の法案を衆議院で再可決し、08年度に11カ月分の税収しか入らなくても、ただちに4月の工事を中止しない考え。「予算の執行状況などを見て、年度末に判断する」（建設局）という。

財務局では、減収分を国が特例交付金で措置するのか、地方債でみて交付税で措置するのか、その対応を注視している。交付税の場合は、都に減収分が入らない。

＝2面に関係記事

暫定税率廃止で緊急対応を

都議会公明党

都議会公明党は1日、道路特定財源の暫定税率の廃止に伴い、都に対して緊急の対応を申し入れた。

暫定税率の影響は、都と区市町村を合わせると、総額1100億円を超える。申し入れでは、一時的な歳入欠陥が生じないよう万全を期すこと、[illegible]

落陽の日　石原都政　1

3期目の石原都政がスタートし、ちょうど1年になる。知事が発案した新銀行東京は、今や自身にとって最大の重荷となり、400億円の追加出資で当座をしのぐ状況。09年夏に都議選、その3カ月後のIOC総会では、2016年オリンピック開催都市が決まる。知事任期は残り3年あるが、五輪招致に敗れ、新銀行東京の経営不振が表面化した時は、再び都政の危機が深刻化する。「落陽の日」。石原都政について識者に聞いた。

「創発の府」へ都政のモデル・チェンジを

大杉覚（首都大学東京大学院教授）

都民、市場から事実上ノーが意思表示されるなか、新銀行東京への400億円追加出資補正予算が可決され、「銀行都議会」は幕を下ろした。都議会は、かろうじてゴーのお墨付きを出したものの、この追加出資を機に新銀行再建となるのか、それとも新たな追加負担の呼び水となるのか、まったく見定めがつかないままに下された結論だ。

来年の都議選での議席を否応なく〝担保〟にとられて、各会派は追加出資是非の判断を迫られた。にもかかわらず、そうした緊迫感は、議場での論戦の質に結びついたとはいえなかった。確かに、審議空転と明け方にまで及ぶ審議、知事問責・不信任決議案提出など、セレモニーは目白押しであった。

しかし、都民の理解と納得を前提としない、かくも乏しい判断材料しか提供する気のない石原知事などの対応を前にしては、与野党会派ともになすすべもなかった。結果として、都議会のチェック機能の限界があぶり出されてしまったのである。

知事提案に賛成する会派が堂々と新銀行の再建プランの有効性を説いて支持する論陣を張ることもできなければ、反対する会派が確証をもって批判しきることもできなかった。こうした歪んだ都政空間を生み出した責任は甚大だ。都知事と都議会とがともに都民を代表し、相互の牽制を通じて都政運営を図るという、二元代表制のしくみを機能麻痺に追い込みかねない、大都市デモクラシーへの危険な挑戦といえるからだ。

こと金融などビジネスの一部には手の内を明かせない部分があるだろう。私は、かつて本紙に都が銀行業に乗り出したことを批判する見解を表明したことがあるが、公論が成立しないまでに情報を隠蔽せざるをえないとすれば、そもそも自治体が関与すべきではない領域に踏み込んだことにもなろう。

ともあれ今回の追加出資の賛否を問わず、挑戦を受けた都議会は今後、都議選前だからといって萎縮することなく、その監視機能を徹底して発揮しなければならない。そうでなければ、都民の厳しい指弾は都議会にも確実に向くことを肝に銘じるべきだ。

「黙って結果を見て欲しい」という知事発言を、こと今回に限れば〝石原節〟でやり過ごしてはならない。黙っているしかない都民は、博打の賭け金を託したわけでも、信仰心からお布施を施したつもりでもないのだから。

■低空飛行が続くプレゼンス

さて、新銀行問題に明け暮れる間にも、東京都のプレゼンスは、低空飛行のままであることに気づくべきだ。地方分権に逆行する安易な法人事業税一部国税化では、やすやすと〝狙い撃ち〟されてしまい、分権改革論議でもイニシアティブをとるに至っていない。

「都市と地方の格差」が問われているからこそ、東京の可能性を最大限に引き出し、地方にも確実に波及効果をもたらしうる大都市経営が求められる。実際、東京バッシングが喧伝されるが、その一方で東京の底力に期待する地方の声も決して小さくはない。

しばしば都政で言及される大都市経営とは、さしづめ一昨年末にまとめられた『10年後の東京』に集約されるだろう。しかし、『10年後の東京』とそこにぶらさがる実行プログラムの特徴は、個別事業を予算化する上で都庁各局行政にとって好都合なリファレンスではあっても、可もなく不可もない単なる「ホッチキス止め計画」だ。大都市東京に求められる総合的で適切な大都市経営のビジョンを描き出す意志を欠いている。

東京都は、大都市経営の主たる戦略拠点として「創発の府」であるべきだ。大都市経営は、決して一自治体や一部の企業、都民からだけでは成り立ち得ない。大都市ならではの多様な主体や機能の集積とネットワークによる相乗効果から生み出された付加価値を、都民と享受することはもちろん、全国へ、世界へと発信することが求められる。

その結節点に位置する東京都が期待される役割を十全に果たすためには、まず、都庁内での創発を生み出すべく、知事が適切なリーダーシップを発揮することだ。

知事がトップ・ダウンの意思決定を遺憾なく行うべきなのは、多様な主体を巻き込む開かれた場での、創発効果を期待できる局面においてである。決して、ごく一部の都庁官僚社会主義者と結託し、密室でプランを練る局面においてであってはならない。そうでなければ、都民が一票一票に思いを込めたはずの、知事の掲げた理想は妄想に、信念は単なる思いこみに、政策はいつでも反故に出来る思いつきに、堕していくばかりだろう。

仮に中間選挙となる来年の都議選が石原知事の政治的求心力の節目となるとしても、その後も都民は生活し、都政は続く。明確なビジョンを掲げ、良識的で優秀な都庁職員を多数結集し、議会との論戦を通じて切磋琢磨する「創発の府」を構築することで、都政のモデル・チェンジを図れるか。知事たる真のリーダーシップを発揮する意志の有無が問われている。

冗句ジョーク

新年度スタート、ねじれ国会の影響で地方自治の現場も「どうなってんの!?」

新入職員「私も初日からねじられました」

都政の東西

飽食の時代に

「指定農場で厳しい衛生管理と監視のもとに飼育されたオーストラリア、ニュージーランド産のビーフを使用しています」

大手ハンバーガーチェーンのホームページには、生産地の管理を厳格にしているという文言が並ぶ。

この会社では衛生管理も徹底。注文したものと間違えて手渡されたセットメニューが包装紙をつけたまま、ダストボックスに放り込まれたこともある。広報担当者は「間違って提供した商品は、他のお客様に出すわけにはいかない。廃棄処分にすることを会社として取り決めている」と強調した。

中国製冷凍ギョーザによる食中毒で食への不安が高まる中、石原知事は食品の原料原産地表示について、消費生活対策審議会に諮問した。「都民の食への不安を解消し、消費者が食品を選択する上で重要な情報を提供するため」という。ただ、審議会に出席した業界団体からは、「原産地表示にミスがあれば、品質に問題がないのに回収しなければならなくなる」との懸念の声も上がっている。

ギョーザ中毒事件以来、原産地への関心が高まったのは事実だ。冷凍食品の売り上げも一旦は落ち込んだ。飽食の時代、手間はかかっても代わりはいくらでもある。

とはいえ、日本は多くの食料品を海外からの輸入に頼っているのが現状。06年度の食料自給率は、カロリーベースで40%を割り込んだ。ある都幹部は「何らかの対策は必要だが、食品の多くを海外に依存している中で、そんなことが言えるのか。贅沢な悩みだ」と話す。

「原産地表示で回収量が増えれば、コストがかかる」という業界団体の主張を聞きながら、廃棄される食品を思った。「食への不安を解消する」。将来、食料が不足したとき、我々は同じことを言えるだろうか。

道路特財の暫定税率期限切れ

一般財源化で減収に

世田谷区が入札延期

道路特定財源の暫定税率が3月末に期限切れとなり、23区では凍結、中止した道路事業などはなかったが、世田谷区が2件の入札の延期を決めた。一方、すぐに影響が出ないという区は6区に上った。だが、23区は地方道路譲与税などの地方税を一般財源として計上しているため、地方税分の影響額は区全体で170億6千万円となる見通しで、区は減収への不安を募らせている。暫定税率が廃止された場合、基金の繰り入れなどを視野に入れる区もある。4月29日に租税特措法改正案が衆議院で再可決されるかどうかが焦点で、各区は行方を注視している。

補正予算で減額も

暫定税率の期限切れを迎え、特別区が凍結、中止した道路事業などはゼロ件だった。租税特措法改正案が参院で採決されない場合は否決とみなされる今月29日に、衆院で再可決されるか見通せない中で、各区は対策が取れない状態にある。

発注工事の入札を延期したのは世田谷区だ。区は、小田急線経堂駅北側の電線地中化工事、甲州街道と目黒通りを結ぶ区道のうち約2㌔の工事の入札を約1カ月間延期する。両工事の総事業費は約1億2千万円。暫定税率を原資にした補助金2600万円を見込んでいたが、現時点で交付される見通しがつかなくなった。区は行方を見守っている。

世田谷区は電線地中化工事の入札を延期した＝小田急線経堂駅北口前で

墨田区は新東京タワー周辺の道路整備、電線の地中化工事などをまちづくり交付金で行う予定という。だが、暫定税率が復活しなければ、道路特財の一部を原資にした同交付金は減額され、タワー周辺整備にも影響を及ぼしそうだ。

一方、現時点で暫定税率の期限切れの影響をすぐに受けないという区は千代田、新宿、江東、渋谷などの6区だ。

事業の件数、道路特財の交付額などにより、道路事業などの受ける影響は変わる。また、道路特財すべてが補助金ではないことも影響に違いを生んでいる。国税の揮発油税から区などに配分される地方道路整備臨時交付金（臨交）などは使い道が限定されているため、臨交分が多いと道路事業などに影響を受けやすくなる。

一方、地方道路譲与税などの地方税は特定財源という規定がなく、23区は一般財源として計上している。そのため、地方税分の暫定税率が廃止されると23区全体の収入が約170億6千万円減る見通し。道路事業などに直接影響することはなくても、地方税分が多い区ほど減収になることへの不安を募らせる。

06年度決算をベースに試算した道路特財の減収額は23区で約313億円に上るため、区は今後どんな対応をすべきか。23区は08年度当初予算案に暫定税率が維持されると見込んで、道路特定財源を計上したため、各区は地方道路譲与税などの4月分は9月の補正予算で減額することになる。

さらに、暫定税率が廃止されたら、大田区は「場合によっては財政調整基金取り崩しで対応する」と考えたり、江戸川区は「道路整備にも使えるまちづくり基金を取り崩すのも一つの方法」と視野に入れている。

国の支援策は明らかではない。額賀財務相は国の責任で「財源措置を考えていきたい」と、地方自治体への支援を検討する考えを示しただけだ。だが、暫定税率の上乗せ分すべてが穴埋めされるのかどうかは不透明だ。また、資金援助は恒久的かどうかも分からない。

景気が減速している中で、今後は財調交付金の伸びに不安要素が残されていることも視野に、区は道路整備などをどう進めていくか考えておく必要があるだろう。

葛飾区

システム導入を適正化

ガイドラインを訓令で順守

葛飾区は、各課が情報システムを導入する際、契約方法などのガイドラインを策定した。1日から、ガイドラインに沿った契約を開始。区は現在、各課が異なるメーカーの情報システムを導入するというオープンシステムを採用している。区によると、オープンシステムで導入のガイドラインを策定したのは全国的に珍しいという。

2006年度の監査報告で、不具合が生じた税務システムの改修をめぐり、区が改修契約をNECと結び、改修が終わっていないのに2850万円を支払うなど、不明朗な会計処理があったと指摘された。

これまで、契約する際、基準は定められておらず、担当職員の経験などに依存していた。ガイドラインは、契約の適正化、透明化などを図ろうと770万円で策定された。

ガイドラインでは、システム導入の効果などをまとめた「企画」から、導入を経て、システムの安全性などを点検する「評価」までの7段階の手順をきめ細かく説明している。

企画と計画の段階で、主管課を支援する情報システム課が、システム導入の是非を判断する。これまで予算編成の際に、膨大な資料を読み込んで導入の是非を決めていた手間が省けるという。さらに、外部の専門家の設置、プロポーザル方式、競争入札、随意契約の方法なども記載した。ガイドラインの規定を区長の訓令で順守させるという。

区では毎年、システム導入などは20～30件がある。情報システム課は「契約書のひな型がある。所管課をバックアップして、連携していく。システム開発を知らない職員でも契約を結べる」と自信をのぞかせた。

第1回定例区議会

意見書・決議62件を可決

道路特財で賛否の議論

23区の第1回定例区議会が終了した。意見書53件、決議9件を可決。道路特定財源についての意見書も多く出て、一般財源化や暫定税率廃止の是非について賛否の議論を交わした。目黒、大田、豊島では道路特定財源の一般財源化と道路関係諸税の暫定税率廃止を求める意見書を否決した。

豊島では、道路特定財源に関連して、3本の意見書案が出ていた。しかし、与野党勢力の拮抗によって、いずれも否決に終わった。まず、共産党提案の「一般財源化を求める意見書」は、共産党、無所属の賛成少数で否決。続いて、会派「民主・区民」提案の「一般財源化と暫定税率の廃止を求める意見書」は、同会派と共産党、無所属の計17人が賛成したが、過半数まで1人足りずに否決。最後の自民提案の「特定財源の存続を求める意見書」も自民と公明の賛成17人で否決となった。同区議会は定数36。最大会派の自民党が10人いるが、議長を出しているため実質9人。公明党の8人と合わせても17人と、過半数に達しない構成になっており、区議会として一本化した意思表示にはならなかった。

目黒では、「一般財源化と暫定税率廃止」を、会派「民主・区民会議」が提案。共産党と無会派も賛成したが、「無所属・目黒独歩の会」4人が退席し、賛成14反対17の少数で否決。

大田では民主、共産、無所属、「緑の党」の賛成17の少数で否決された。

道路特定財源の堅持を可決したのは、千代田、大田、中野、葛飾、江戸川の5区議会。千代田は「本区は100万人ともいわれる昼間人口が集積する日本の心臓部。都市基盤の面で膨大な行政需要を抱えている」などとし、4億円の減収は「さまざまな区民サービスにも甚大な影響を与える」と訴えた。

大田、江戸川はそれぞれ13億円規模、35億円規模の減収とし、「道路・橋梁の新設や維持補修ばかりでなく、駅前広場整備など都市計画事業に大きな財源不足が生じる」、中野は「6億円の減で区民の長年の悲願である西武新宿線などの連続立体交差化事業の新たな着工は断念を余儀なくされる可能性もある」などと懸念を表明。

3区議会とも道路・橋梁整備を維持しようとすれば「教育や福祉といった他の行政サービスの水準維持も困難になるなど、区民生活にも深刻な影響を及ぼしかねない」とした。

道路特定財源関連以外では、介護サービス従業者の待遇改善などを求める意見書が千代田、文京、墨田、中野の4区議会で可決された。介護従事者の低賃金の原因と是正策を早急に検討し、介護報酬のあり方を見直すことなどを求めている。

複数区議会で可決された意見書

意見書	区
介護サービス従事者の待遇改善など	千代田、文京、墨田、中野
道路特定財源の堅持	千代田、大田、中野、葛飾、江戸川
中小企業底上げ対策の一層強化	文京、江東、北、葛飾
原爆症認定と被爆者の救済など	中央、新宿、江戸川
食品の安全対策の強化など	中央、港、北
地上デジタルテレビ放送の受信対策推進	台東、北、葛飾
地球温暖化対策の推進	中央、港
産科、小児科をはじめとする深刻な医師不足解消など	港、板橋
米兵による暴行事件に対する再発防止など	新宿、文京
労働者派遣法の早期改正など	文京、北
こどもたちの携帯電話利用などにおける安全対策	江東、足立
バイオマス推進基本法（仮称）の制定	葛飾、江戸川

単独区議会で可決された意見書・決議　※印は決議

道路財源の適正な執行(千代田)、米海兵隊員による女子生徒暴行事件に抗議し、防止を求める決議※(港)、国立西洋美術館の世界遺産登録に関する決議※(台東)、割賦販売法の改正(江東)、パーキンソン病・潰瘍性大腸炎患者への医療費助成継続(江東)、石油価格高騰への緊急対策(江東)、日本映画への字幕付与(中野)、嫡出推定に関する民法改正とさらなる運用見直し(豊島)、身近な地域で安心して出産ができる助産所の存続(北)、薬剤および医療材料価格の適正化など医薬行政改善(北)、独立行政法人国立印刷局東京病院の機能存続に関する決議※(北)、こどもの医療費助成制度の拡充(板橋)、こどもの医療費助成制度の所得制限撤廃(板橋)、義務教育費国庫負担制度の堅持(板橋)、アスベストに関する緊急対策(練馬)、銃犯罪の撲滅(足立)、筋萎縮性側索硬化症(ALS)患者の救済(葛飾)、輸入食品の検査体制の強化(葛飾)、年金記録問題の速やかな解決(葛飾)、廃プラスチック資源化における拡大生産者責任(江戸川)、障害者自立支援法の抜本的見直し(江戸川)、特定疾患の医療費公費負担制度の継続(江戸川)

否決された意見書

意見書	区
道路特定財源の一般財源化および道路関係諸税の暫定税率廃止	目黒、大田、豊島
自衛隊イージス艦と漁船衝突事故の真相究明	千代田
米兵による暴行事件に対する	千代田
安全・安心な輸入食品の確保	中野
道路特定財源の存続	豊島
道路特定財源の一般財源化	豊島
介護保険制度の実態に即した改善・見直し	豊島

図書館が読書振興

千代田区

活字離れが進む中、千代田区の出版業界を活性化するため、読書振興センターが1日、区立千代田図書館内に設置された。通常であれば教育委員会に設置されることが多いが、図書館内の設置は珍しいという。

読書振興センターは、子どもだけでなく大人も対象に、読書を促すためのイベントの企画、出版関係者の交流の場づくりなどを実施する。

広域連合議員に前田氏

後期高齢者医療

東京都後期高齢者医療広域連合議会議員の補欠選挙（欠員1）が3月28日行われた。無投票により、新たに利島村議会の前田薫氏が決定した。前田氏は、前任である三宅村議会の高松啓展氏の残任期間を引き継ぐ。任期は同日から来年7月1日まで。

街路灯などLED化

北区

北区は、既存の街路灯や公園灯を二酸化炭素削減効果が期待できるLED（発光ダイオード）に順次、取り変えていく。同区では「京都議定書で義務付けられた二酸化炭素の削減を率先して行うため」としている。

現在、同区内には、道路の街路灯、公園灯、河川管理用通路の照明灯が約2万基あり、水銀灯、蛍光灯、メタルハライドランプ、ナトリウムランプなどを利用している。

一方、LEDは、従来の電球に比べて約3割の消費電力で明るさを確保できるまでに技術が確立されてきた。熱線や紫外線が少なく、低温でも発光効率が低下しないなどの利点もある。エネルギー効率が高く、10年に1回程度の交換で済むことなどから、省エネ、省資源、安全安心などを判断して導入を決定した。街路灯や公園灯などの照明器具はそのまま活用し、ランプの交換などが必要な際に切り換えていく。

記者席

まずはオリンピックの洗礼

○……1日に行われた入都式。例年に比べて壇上が華やかだと思ったら、オリンピックの招致ロゴが入った例の「のぼり旗」が、両サイドに並べられていたためだった。

入都式では、会場に入る際に、受付で同じく招致ロゴの入ったバッジも配布。開会に先立って「バッジは着用してください」と告げられた途端、場内は一斉にガサゴソと取り出し、身に着けていた。これで新入職員もオリンピックモードとなったか。

○……杉並区は区内のスーパーマーケット、コンビニなどにレジ袋有料化等計画書を義務づける条例を1日に施行し、スーパー「大丸ピーコック」が計画書を提出した初の事業者となった。

スーパーが真っ先に計画書を提出したのは、案の定だろう。買い物客は何を買うか目的を持ってスーパーに来店するため、マイバッグなどの持参率は高くなりやすい。スーパーはレジ袋有料化に賛成している。

一方のコンビニは、ふらっと立ち寄る客が多いため、マイバッグなどの持参率を高めるのは難しいとし、レジ袋有料化に反対している。

区への計画書提出期限は今年6月30日まで。今も反対しているコンビニと、区は協議しているという。コンビニが、どんな計画書を作成するのか注目したい。

○……学習指導要領改訂でこれまでの「ゆとり教育」が見直された。今後は学校も授業時間が増える。しかし、学校週休2日制以来、教育現場からは「学校週[illegible]イトになり、余裕がない」との声が聞かれる。

このため、[illegible]は学校の[illegible]授業時間[illegible]て柔軟に[illegible]組みづくり[illegible]り出す。[illegible]みの一部[illegible]るなど、[illegible]制度的な[illegible]し、各学[illegible]いく考え。

とはいえ、[illegible]は「国は[illegible]から授業[illegible]簡単に転[illegible]できるが[illegible]そう簡単[illegible]い。もっ[illegible]ほしい」[illegible]声が少な[illegible]

大田区

ノリの展示館がオープン

大田区はノリ養殖の歴史を紹介する展示館「大森海苔のふるさと館」を新設した＝写真。6日にオープンする。

同区では江戸時代からノリ産業が盛んで、大森周辺で産出されるノリは質量ともに全国一で「本場乾海苔（ほんばほしのり）」と称賛されていた。しかし、沿岸の埋め立て計画によって、1963年にその幕を閉じた。

今回の施設の計画は、住民とのワークショップがきっかけ。地元の海沿いにはヘドロ化した地域があり、公園化と合わせて「ノリ養殖の歴史を後世に伝えられるような施設ができないか」との声を受けて計画した。区では区立郷土博物館に海に関連した資料1千点以上を保有していたため、その活用策にもなる。

施設は区の土木事務所を増改築して活用した。1階が展示室と体験学習室。全長13㍍の海苔船やノリの生産用具を展示しているほか、体験学習室では、ひび立て、海苔つけ、海苔焼などが体験できる。2階は展示室と講座室。六つのブロックに分けて、「海苔の歴史」「海苔つくりの一年」などを紹介している。

体験学習で使うノリは、2004年に多摩川河口で見つかった「アサクサノリ」。アサクサノリは東京湾でも絶滅したと思われていたが、この発見後、養殖を行い、体験学習などに生かすことができるようになった。

6日のオープニングセレモニーでは、都立美原高校の和太鼓演奏や海苔つけなど体験できる「ノリ祭」が予定されている。

「大森海苔のふるさと館」は京急大森町駅から徒歩12分。開館時間は午前9時から午後5時。休館日は第3月曜日と年末年始。オープン後の問い合わせは☎03・5471・0333。

団塊世代は「働きたい」

品川区

品川区は、47年から49年生まれの区民を対象に、区に暮らす団塊世代のニーズや意識を把握し、就労や地域活動などに関する施策に反映させるためにアンケート調査を実施し、その調査結果がまとまった。

結果の[illegible]団塊の世[illegible]イメージ[illegible]れ、働く[illegible]への参[illegible]ア、趣味[illegible]啓発の5[illegible]位を聞い[illegible]1%が町[illegible]加は0・[illegible]った。

一方、[illegible]加状況の[illegible]や自治会[illegible]事への参[illegible]域活動[illegible]は、誘わ[illegible]たい人が[illegible]とが分か[illegible]

改訂学習指導要領

教育課程編成の支援策を検討

今月中に検討委員会設置

柔軟な科目設定をルール化

「ゆとり教育」の見直しなどを掲げた学習指導要領の改訂を踏まえ、都教育委員会はこのほど、各都立高等学校の特色ある教育課程の編成を支援するため、学識経験者や都立高等学校長、学校運営連絡協議会関係者らで構成する「検討委員会」を今月中に設置する方針を決めた。高校を対象とした学習指導要領では、標準単位数よりも少ない単位数で科目履修ができるなど、全体的に柔軟性を高める内容が示される見通しだが、検討委員会では学校の実態にそって対応できる制度的なルールづくりなど支援の仕組みを検討。あわせて指導計画や指導方法など授業研究の開発に乗り出す予定である。11月に一定の方向を報告書にまとめ、早ければ来年度の教育課程から反映させることにしている。

幼稚園や小中学校を対象とした改訂学習指導要領は3月に告示された。高校の場合は今夏までに告示される見通しで、2013度入学生から実施される予定だが、09年度から先行実施する教育課程が想定できることから、都教委ではこれを視野に入れて「検討委員会」を設置し、都立学校の特色ある教育課程の編成・実施を支援することにした。メンバーは学識経験者、都立高等学校長、PTAなど学校運営連絡協議会関係者、教育庁関係者らで構成され、今月中に発足する予定。

改訂学習指導要領では教育内容の改善事項として、言語活動、理数教育、伝統・文化教育の充実などを掲げ、高校の具体的な教科・科目として、各科目の単位数の柔軟な設定や履修方法の弾力的な運用などが盛り込まれるとみられる。

例えば、国語の場合、現在は「国語総合」から古典Bまで6教科の標準単位数が定められているが、改定要領では「国語総合」(4単位)について「2単位まで減可」としている。また、「数学I」についても標準単位数3を2単位まで減らすことができるとするなど、全体的に科目設定の柔軟性が示されている。

これを受けて、各学校が教育課程を編成する場合、基礎的な科目の単位数を減らして新しい科目に進む学校がある一方で、基礎的・基本的な科目に時間を割かなければならない学校があるなど、学校の実態によって教育課程の編成内容が変わってくる。

また、「ゆとり教育」の見直しで授業時間が増える中で、夏休みなどの長期休業日や土曜日を総合的な学習の時間に活用するなど、今後は授業時間をいかに確保するかが大きな課題となってくる。

これらを踏まえ、検討委員会では、特色ある教育課程の編成に向けて①生徒の実態に応じた発展的な学習の取り扱い②基礎的・基本的事項を修得させるための学習の取り扱い③標準単位数よりも少ない単位数での科目履修や学期単位での単位認定④長期休業日の弾力的運用や土曜日の活用⑤その他、特色ある教育課程編成・実施のための試行――などを検討。11月に報告書をまとめ、来年度の各学校の教育課程の改善・実施に反映させる考えである。

あわせて、年間の指導計画や指導方法などを授業研究に基づき開発する取り組みを行うなど、ハード、ソフト両面から各学校を支援していくことにしている。

教育管理職人事異動

校長151人増の705人

団塊世代の大量退職で

■公立学校長・副校長の異動状況

校種	校長	副校長
小学校	427	440
中学校	201	179
高等学校	56	103
特別支援学校	21	38
計	705	760

08年度の都公立学校長・副校長・教員の異動が1日、発令された。異動総数は9187人で、前年度に比べ536人減少した。ただ、校長については、団塊世代の大量退職に伴う昇任者増などで、151人増の705人と大幅に伸びた。

校長を校種別にみると、小学校が427人(前年度比101人増)、中学校が201人(同45人増)、高等学校が56人(同1人減)、特別支援学校が21人(同4人増)。副校長や教頭からの昇任者は、前年度より47人増えて259人となり、校長全体に占める割合も7・9%から11・8%にアップした。

校長の場合は原則として、58歳未満、現任校の勤務年数5年以上が異動の対象となるが、団塊世代が大量退職の時期に入ったことから、都教育庁では「退職する先生の力を借りる」(人事部)との方針のもと、再任用校長の積極的な採用に乗り出した。これに基づき、今回の再任用校長は前年度の約3倍と増え、特に中学校については前年度の3人から20人へと6倍以上に膨らんでいる。また、民間からの校長採用が1人あった。

一方、副校長については、全体で760人となり、前年度に比べ66人減少した。校種別では小学校が440人(前年度比32人減)、中学校が179人(同31人減)、高等学校が103人(同7人減)、特別支援学校が38人(同5人増)。教諭からの昇任者は295人で、前年度に比べて30人増加し、副校長全体に占める割合も7・8%から12・3%と増えた。副校長の場合は、原則として58歳未満、現任校の勤務年数3年以上が異動の対象となる。

(異動名簿は5・6面に掲載)

奉仕の実施状況

清掃など「環境保全」が上位

受入先の確保課題に

都教育委員会はこのほど、07年度から必修化した都立高等学校の教科「奉仕」の実施状況をまとめた。奉仕は都立高校全校の282課程すべてで実施され、体験活動の内容としては「環境保全」が上位を占め、次いで「福祉等」「子供の健全育成」などとなっている。

社会貢献などを目的に導入された教科・奉仕は、全日制と定時制・通信制あわせて4万5762人の生徒が履修した。体験活動の中身をみると、最も多かったのは学校周辺の清掃活動など「環境保全」で、全体(複数回答)の72・7%にのぼった。次いで「福祉等の増進」(50・7%)、「子供の健全育成」(36・2%)、「まちづくりの推進」(29・1%)などとなっている。

都教委では、07年度の主な成果として①奉仕に関する基礎的・基本的な知識の習得②社会の一員としての自覚や規範意識の涵養③社会に役立つ喜びの体験④将来、社会に貢献できる資質の育成――の4点をあげた。例えば、社会に役立つ喜びの体験では、東京マラソンにボランティアとして参加した生徒から「ゴールしたマラソンランナーに荷物を渡すとき『本当にありがとう』とお礼を言われ、とても感動した」などの感想が寄せられた。

生徒877人を対象に実施した「奉仕体験活動後の生徒の自己評価」によると、奉仕体験活動の意義や課題の理解、地域や社会の一員であることの自覚、あいさつ・言葉使いなど社会のマナーなど四つの質問項目に対し、肯定的な評価がいずれも80%以上と高かった。地域や社会に様々な課題があることを理解できたかとの質問には、78・9%が肯定的評価を行っている。

また、教育支援コーディネーターは136課程に派遣され、地域特性や社会資源を生かした奉仕体験学習のコーディネート、事前事後学習の補助や体験活動への助言などを行った。学校側からは「奉仕の授業全体の流れを作ることができた」など、コーディネーター派遣を評価する声が寄せられている。

都教委では今後の課題として、①奉仕体験活動の受け入れ先との連携強化と新たな受け入れ先の確保②都民へのPR③指導方法・内容の検討と改善――などをあげ、教科「奉仕」連絡会の充実、教育支援コーディネーター層の活用、「奉仕」推進フォーラムの実施、「奉仕」の教育効果に関する調査研究の実施などに取り組んでいく方針だ。

教職員のキーワード 61

07年度都立高等学校における教科「奉仕」の実施状況

07年度から全都立高等学校で必修化した教科「奉仕」の実施状況が報告されました。

教科「奉仕」は、多感な時期の子どもたちに対し、規範意識や公共心を育成していくには、単に守るべき社会のルールやマナーを言葉で教えるだけではなく、実際の社会の中で、体験的に学ばせていくことが必要であるといった「東京都教育ビジョン」(06年4月)の提言を受け、全国に先駆けてはじめられたものです。教科「奉仕」は、奉仕に関する基礎的・基本的な知識を習得させ、活動の理念と意義を理解させるとともに、社会の求めに応じて活動し、社会の一員であること及び社会に役立つ喜びを体験的に学ぶことを通して、将来、社会に貢献できる資質を育成することを目的としています。

07年度は、都立高等学校全校282課程のすべてで実施され、4万5762人の生徒が履修しました。活動は、環境保全、福祉等の増進、子供の健全育成、まちづくりの推進、文化・芸術・スポーツの推進といった内容が多く、体験場所としては、小・中学校、特別支援学校、ボランティアセンター・社会福祉協議会、公園管理事務所、官公庁、高齢者・障害者福祉施設、町内会・商店街などが多くなっています。

奉仕体験活動後の生徒の自己評価を見ると、「奉仕体験活動の意義や課題を理解できた」と考える生徒は90%近く、また、「地域や社会の一員である自覚をもてた」「あいさつ・言葉遣いなど社会のマナーを身に着けて活動できた」「今後、貢献活動を前向きに行おうという気持ちを持つようになった」と考える生徒は、いずれも80%を超える結果となっています。

また、各学校の教科「奉仕」を支援するため、都教育委員会では、奉仕体験学習のコーディネートや事前事後学習の補助や体験活動への助言を行う「教育支援コーディネーター」を派遣してきました。07年度は、全日制101課程、定時制・通信制35課程の計136課程に派遣しました。学校からは、教育支援コーディネーターがかかわったことにより、教科「奉仕」の授業全体の流れを作ることができたことや、教育支援コーディネーターの協力により、様々な体験活動を計画・展開することができたことなどが成果として報告されています。

しかし、奉仕体験活動を充実させていくには、学校と受け入れ先との活動内容や日程などの調整をスムーズに行えるようにすることや、定時制課程の授業時間帯で行う奉仕体験活動の受け入れ先を見つけていくこと、教科「奉仕」の趣旨を都民に一層理解してもらい奉仕体験活動の受け入れ先をさらに拡大していくこと、指導内容・方法を検討・充実させていくことなどの課題があります。

こうした課題を踏まえ、都教育委員会では、教科「奉仕」連絡会の充実や教育支援コーディネーターの一層の活用、「奉仕」推進フォーラムの実施やリーフレットの配布、さらには、各学校の指導の工夫や課題の集約及び教科「奉仕」運営委員会(仮称)による改善策の検討、教科「奉仕」の教育効果に関する調査研究の実施、教科「奉仕」推進者養成研修の実施などの取り組みを進めていくとしています。

かお

あきる野市立多西小学校副校長

渡部(わたなべ) 雅彦(まさひこ)さん

説経節で「どう生きるか」伝えたい

超多忙な副校長の職にありながら、東京都指定の無形文化財・薩摩派説経節の十三代目「薩摩若太夫」を継ぐのが、この人。TAMAらいふ21のイベントとして、秋川歌舞伎を再興し、子ども歌舞伎を目玉にしようと、当時の秋川市の赤見市郎教育長が発案。駆り出された教員の一人だったが、それが太夫を名乗るまでになった。

「西多摩地域では大正時代に説経節が最盛期を迎え、太夫も大勢いました。当時の流行で、今で言えばカラオケみたいなものでした。説経とは何の関係もありませんでしたが、子ども歌舞伎をやるに当たって、八王子にあった説経節の会に技芸の援助をしてもらったことが縁でした」

93年10月にTAMAアリーナでの子ども歌舞伎公演の成功を契機として、自身も三味線を習い始め、長唄、清元、義太夫から、説経も弾くようになった。

「説経は、お年寄りばかりで、やる人がいないので継ぐことになったんですよ」と謙遜するが、説経節は人形を踊らせるための弾き語りが本旨。98年には30年振りに八王子車人形との共演を果たし、05年には10年近く途絶えていた家元を襲名。正統な説経節を残すことに尽力中だ。

音曲的なものよりも説経節の持つ物語性に惹かれるという。「基本は五説経と言って、山庄太夫、小栗判官、刈萱、信徳丸、信太妻の五つなんですが、照手姫の操を守って判官に尽くす姿とか、信太妻で葛の葉の持っている母性愛とか親子の情など、現代の家庭に欠けているものがあるのでは。問題提起する何かがあるのではないかと思うんですよ」

近松の心中ものなどニュース性のある新たなジャンルを作った浄瑠璃が一世を風靡するようになると、江戸市中では興行が成り立たず、地方に散っていき、それが各地に残っていったのだという。

説経節に作者はいない。辻々でむしろを敷き、物語を語って日銭を貰いながら全国を行脚していった。「口から口へ作り上げていった民衆の芸能なんです。大衆のエネルギーが含まれた図太い物語を感じるんです。近松はあまり好きではない。死にたいなら勝手に死ねばと思うけど、説経は『どう生きるか』がモチーフなんです」

多西小学校は07年度から「日本の伝統・文化理解教育推進モデル校」となった。すでに05年度から地域の長寿会の方々に1、2年生は伝承遊び、3年生はわら細工を教えてもらい、06年度からは自身も属する菅生一座の指導で、4年生に白波五人男の一台詞をつけてもらい、5年生にはお囃子を、また6年生では天然理心流の棒使いをやるという具合に、6年間を通じて地域に伝わる伝統文化を学習する。「アイデンティティーの確立のためにも、地域に根ざした人間を育てていくことは大事だと思うんです」

基本の物語は五つと言っても、実際には100冊近い台本が残されている。後世に伝えるために説経節の会でテキスト化し、自身は三線譜に落とす作業を担当。また、八王子市立由井中学校には三味線部があり、次世代につなげたいという思いで、指導に出向いている。三味線は飽きることがなくて面白いと話し、「子ども達もやりたくて仕方がないんですよ」と笑う。

由井中の卒業生達も組織して、自前で人形を動かしたいのだと。今、会で元大工さんが人形を作ってくれているとかで、「会だけで演じることが出来たら新しい一歩を踏み出せる」と目を輝かせた。

東京都生まれ。81年筑波大体育専門学群卒。スポーツインストラクターを経て、84年町田市の小学校教諭。秋川市と昭島市を経て、05年から現職。野外運動学を専攻し、自身も何でもこなす。天体観測、アマチュア無線など趣味は多彩。49歳。

低学年向け指導用教材マニュアル

地域安全マップを作成

子どもを犯罪被害から守ろうと、都青少年・治安対策本部と教育庁はこのほど、小学校低学年の児童にもわかる指導用教材マニュアル『地域安全マップづくり』を作成した。低学年向けの教材は全国で初めて。また、学校の防犯カメラなど防犯器具の効果的な活用をめざして、『子どもの安全を守る(学校編)』を作成し、それぞれ都内の公立学校などに配布した。

『地域安全マップづくり』は2005年6月に作成した『地域安全マップ作製指導マニュアル』の続編。地図を学んでいない小学校低学年の児童が対象で、①高学年児童がマンツーマンで指導する手法を提案②児童用の映像教材を初めて作成③人形やアニメーションで低学年児童でも分かりやすく解説した――などが特徴となっている。

一方、『子どもの安全を守る(学校編)』は、警視庁の協力を得て作成。学校に設置された防犯カメラや「さすまた」などの防犯器具を有効かつ適切に活用するため、資料ではさすまた、机・いすを使った防御方法を一般教員向けに分かりやすく解説した。

さらに、防犯カメラを活用したモデル防犯訓練を映像化し、さすまた等の防犯安全器具の効果的な活用方法を提案している。

職場体験事業 報告書を作成

約6万9千人が参加

教育庁と青少年・治安対策本部はこのほど、07年度の「中学生の職場体験報告書」を作成した。都では05年度から、公立中学生が5日間程度、学校を離れ、地域の商店や公的施設で仕事を体験する事業を行っているが、3年間の事業成果や、参加者の声をまとめたもの。同事業には07年度、約560校から約6万9千人が参加している。

毎週金曜 3面は 教育オンライン

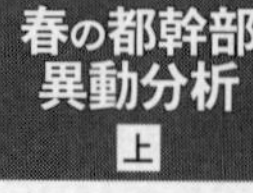

1A、2Aのライン部長が誕生
6Bからは本庁部長が5人

都の行政系の春期幹部異動は、昇任が202人、特別区からの戻り等も含めた横転が733人、国などからの採用が3人で、全体では938人となった（フルタイムの再任用の採用等は除く）。新銀行東京への経営監視や支援機能を担う組織として、産業労働局に金融監理室、金融支援担当部長、副参事（金融支援担当）の設置が28日に発表されたため、異動規模は当初発表より横転5人、昇任2人が増えた。昇任規模は、退職者の増などに伴い、各職層とも前年度に比べて増加した。職層ごとに昇任年次や特徴を分析した（年齢は08年度末）。

局長・部長級

■□知事補佐機能を強化

局長級の異動は夏期が中心となる中で教員系ポストの昇任1、兼務1にとどまった。昨年4月から空席となっていた教育庁理事に岩佐哲男氏（14特・56）が就任し、教職員研修センター所長も兼務する。

岩佐氏はこれまで中学校の教諭を経て、指導部指導企画課長、指導部長などを歴任。教育の専門的な知識を生かし、教育内容等について教育長を補佐する。

また、注目すべき動きとなったのが知事本局政策部長の事務取扱解除だ。昨年夏の幹部異動で前田信弘氏（59A・53）が知事本局理事に昇任し、報道官で政策部長事務取扱となったが、今回、大井泰弘氏（06B・56）が政策部長になり、前田氏の事務取扱が解除された。

昨年、総務局人事部は「報道官の手足となって動く直接の部下が必要だから、政策部長事務取扱にした」と説明した。しかし、4月異動で解除したのは、石原都政が終焉に向かう中で、知事のトップマネジメントを補佐する役割が一段と要請されるようになった点がある。新銀行東京の問題をはじめ、これまでの都政の「ツケ」が次々と吹き出し、都政の根幹を揺るがす事態がさらに表面化することが予想される。こうしたケースに適切に対応していくため、事務取扱を解除して身軽にした。しかし、実質的な職務は、さらに多忙となる見込みだ。

年度別の部長級異動者数と昇任者数

【種別A】

年次	事務	技術
55A	1(0)	
56A	3(0)	
57A	4(0)	
58A	3(0)	1(0)
59A	1(0)	
60A	6(1)	1(0)
61A		
62A	5(0)	
63A	8(0)	
1A	7(0)	
2A	5(1)	1(0)
3A	11(11)	
小計	54(13)	3(0)
計	57(13)	

【種別B】

年次	事務	技術
60B	1(0)	
61B	1(0)	
62B	3(0)	
63B	4(0)	3(0)
1B	4(0)	1(0)
2B	4(0)	2(0)
3B	9(0)	4(1)
4B	10(0)	3(0)
5B	8(1)	5(1)
6B	11(3)	2(2)
7B	12(10)	
小計	67(14)	20(4)
計	87(18)	

【種別C】

年次	事務	技術
9C	1(1)	
計	1(1)	

（ ）内は昇任者の内数。
網掛けは標準的な配置ポストと年次

■□62A以降に厚み

部長級の昇任は33人、特別区からの戻りも含めた横転が115人となった。管試種別ごとの内訳は、種別Aが昇任13人で横転44人、種別Bは昇任18人で横転69人、種別Cは昇任1人で横転0人だった。

部長級ポストは、東京オリンピック招致本部等で新設されたものの縮小傾向にある中、昇任者数は昨年に比べて17人の大幅増となる。これは退職者の増に伴うもので、部長級の退職者は前年度比6人増の55人となっている。

また、在籍参事が多くなったことも要因の一つで、今回は7人が在籍参事での昇任となる。

部長級の昇任年次は、標準的な配置年次となる3Aから11人、7Bから10人となった。

各局総務部長等の枢要部長級の異動は夏期が中心となるため、今回は動きがない。唯一、知事本局総務部長に川澄俊文氏（60A・53）が就任したが、これは組織改正に伴う名称変更となる。

現任の総務部長の年次は、現在は61Aの多羅尾光睦・港湾局総務部長（51）が最も若い。今回の異動で、将来の総務部長や枢要部長を担う62A以降の配置状況を見ると、小林清氏（52）が知事本局計画調整部長となった。62Aの本庁ライン部長は、中西充・総務局行政部長(52)、目黒克昭・産業労働局金融監理室長（50）に続き、3人目となる。

また63Aからは、事務で初の本庁部長として遠藤雅彦・知事本局政策担当部長（49）、石原清次・生活文化スポーツ局広報広聴部長（51）、藤田裕司・生活文化スポーツ局局務担当部長（48）の3人が誕生した。

他方、種別Bでは、5Bの本庁部長がこれまで三枝健二・産業労働局商工部長（56）のみだったが、今回、新銀行東京の経営監視・支援を行う組織設置に伴い、保坂政彦・産業労働局金融部長（55）と櫻井務・産業労働局金融支援担当部長（51）の2人が新たに加わった。

さらに6Bでは5人が本庁部長に抜擢となり、5B以上の厚みとなった。井澤勇治・知事本局秘書事務担当部長(56)、大井泰弘・知事本局政策部長（56）、庄司貞夫・知事本局政策担当部長（54）、吉井栄一郎・福祉保健局医療政策部長（58）、後藤明・中央卸売市場調整担当部長(58)が就任した。知事周辺の職務で業績を上げた職員を処遇した人事といえる。

■□加速する若手抜擢

さらに、もっと若い年次では、1Aから和賀井克夫氏（48）が総務局行政改革推進部長に、2Aからは廣瀬英樹氏（51）が生活文化スポーツ局文化振興部長に抜擢された。

山積する都政の重要課題に対応するためには、能力・業績を上げている職員をピンポイントで抜擢することが必要となる。また、次の枢要部長ポストを担う職員を育成するためには、単に年次だけにこだわってはいられない懐事情もある。人材の枯渇が叫ばれる中、優秀な人材を早期に抜擢する動きは今後も加速しそうだ。

入都式
知事「感性を存分に発揮して」
935人が式典出席

知事が新入職員の代表に辞令交付。都職員としてのスタートを切った

08年度の都職員入都式が1日、豊島区西池袋の東京芸術劇場大ホールで開催された。同日付の新規採用職員は事務383人、4大技術134人、技能運輸系122人、その他看護師などが511人で合計1150人（教員、警察職員及び消防職員を除く）。入都式には935人が出席した。

式典では、新入職員を代表して池田潤考さん（建設局）、神山智香さん（産業労働局）の2人に知事が辞令を交付した。

その後、式辞で知事は、各省の事務次官が「役人の取り柄は安定性と継続性」と話したエピソードを紹介し、「安定性と継続性を自負したら世の中の変化についていけない」と強調。

一方で新銀行東京に触れながら「非常に苦労させられている。民間の方に任せていた結果で大きく自戒した」と語り、「信用しすぎて民間に任せてもだめ。皆さんの目、感性で判断し、衆知を集めて考えないといけない」と訴えた。さらに「感性で仕事を展開していくためにも趣味を持つこと。感性を存分に発揮して、東京のため、日本のために懸命の努力してほしい」などと呼びかけた。

新入職員の代表者による宣誓では、北田公浩さん（総務局）が「日本の首都である東京都の職員としての責任を自覚し、強い信念と決意を持って誠実に職務を全うする」と決意を表明。また櫻井梓さん（病院経営本部）も「今まで学んできたことを大切に、都民一人ひとりのよりよい生活を実現できるよう全力を尽くしていく」と誓いを述べた。

現業系職員給与の見直し
都側が取組方針を公表
都労連は断固抗議

都と都労連は3月28日、小委員会交渉を行った。この中で都側は、総務省通知に基づく技能労務職員等の給与等の見直しに向けた「取組方針」を策定・公表するとし、これに対して都労連は断固抗議の意思を表明した。取組方針は3月31日から都ホームページ上で公表している。同日の小委員会交渉では、08年度への引き続き協議事項の整理も行われた。

技能労務職員等の給与等の見直しに向けた取組方針は、昨年7月に総務省が各自治体に07年度内に策定し公表するよう通知していた。

今回、都が策定した取組方針は、総務省のフォーマットに基づき、職種ごとの平均年齢、職員数、平均給与月額、対応する民間類似職種の平均年齢や平均給与月額、諸手当などの現状のほか、基本的な考え方、具体的な取組内容で構成されている。

このうち具体的な取組内容では、見直しの方向として①国行（二）や都内類似民間企業従業員の給与水準を踏まえ、少なくとも国並みの水準との均衡②昇給カーブの一層のフラット化③職務・職責のより一層の反映を挙げた。見直し時期は08年度に解決を図るとしている。

小委員会で都側は「同としても次期給与改定交渉期までに都民の理解と納得が得られるよう見直しを図りたい」「取組方針で示した内容に基づき、より踏み込んだ協議をしていきたい」などと発言した。

一方、都労連は取組方針の公表に対して「現業系賃金水準の問題は、あくまで労使協議で解決すべき事項」としながら、「総務省は非常に乱暴かつ単純に、民間事業従事者との賃金水準のみを比べて、議論の余地が無いものと決めつけている」と批判。総務省などの介入を排し、現業系職場と現業職員の果たしている役割を基準に議論することを改めて求めた。

このほか教員の人事制度に関しては、都側が期末・勤勉手当の職務段階別加算制度や退職手当の調整額を含め、教員給与と任用のあり方について見直すべく検討を進めていくとし、引き続き精力的な協議を呼びかけた。これに対して都労連は、教員の職の分化と給与水準の低下に対して断固反対の立場を改めて表明している。

08年度の労使交渉も現業・教員という重要課題をめぐって、すでに緊迫した状況となっており、今後も厳しい交渉が必至の情勢だ。

犯罪被害者支援で総合窓口
都総務局 途切れない支援の実施へ

都総務局は1日、犯罪被害者のための総合相談窓口を開設した。犯罪被害者やその家族、遺族からの相談に応じて、被害者の自立から再び平穏な生活を営むことができるまで、途切れることのない支援を実施する。窓口は社団法人被害者支援都民センターと協働し、新宿区戸山にある同センター内に設置された。

総務局では今年1月、犯罪被害者等支援推進計画を策定、この中では犯罪被害者等への多様なニーズに応えるための取り組みを総合的かつ計画的に進めていくとしており、今回の総合相談窓口の開設もこの一環。

同センターが持つ被害者支援のノウハウを活用し、被害者の状況や事情に応じながら、適切な支援を実施する。おもな支援内容には、専門の相談員による電話・ファクス等での相談をはじめ、各種支援制度の紹介や情報提供が挙げられる。また相談内容によっては、検察庁や裁判所等への付き添い、一時的な居住場所の提供、カウンセリング等にもあたる。

総務局人権部によると開設初日には5件の相談・問い合わせがあったといい、「『自分や家族が犯罪被害にあって困っている』『知り合いが犯罪被害に悩んでいる』といった人は、ぜひ相談窓口に来てほしい」と呼びかけている。相談は無料、秘密は厳守される。

総合相談窓口「社団法人被害者支援都民センター」（新宿区戸山3の18の1）、☎5287・3336、FAX5287・3387まで。

新銀行への追加出資「撤退決断を求める」
都庁職が抗議コメント

都庁職は3月28日、新銀行東京への追加出資に対するコメントを発表した。都庁職では追加出資に強く抗議し、撤退を決断することを求めている。

同コメントでは、まず追加出資について「2月4日に発表されたばかりの『平成20年度予算案』の補正は異例で、新銀行東京からの追加出資依頼を受けてわずか半日で、補正予算案が作成提案されたことも異様な事態」と指摘。さらに「新銀行東京に対する石原都政の責任は、設立のみならず経営破たんにつながる経過にも及ぶものであり、自らの責任を回避すべきでない」と断じた。

そのうえで、再建計画では中小企業融資から撤退する新銀行東京に400億円を追加出資することに強く抗議するとともに、都民の声を真摯に受け止め、撤退を決断することを求めた。あわせて同行を経営不振に至らしめた知事の責任を追及する姿勢を明確にしている。

榎本重雄さん（えのもと・しげお＝榎本雄一・江東区議の父）3月29日死去、84歳。

都幹部人事異動 教育系
4月1日付、◎印昇任

【部長級】▽指導部長（飛鳥高等学校長）高野敬三▽教職員研修センター研修部長（参事・指導部指導企画課長事務取扱）宮川保之

【統括課長級】▽指導部指導企画課長（学務部副参事＝入学選抜担当）◎金子一彦▽指導部高等学校教育指導課長（指導部高等学校教育指導課長）◎守屋一幸▽指導部義務教育特別支援教育指導課長（指導部義務教育特別支援教育指導課長）◎坂本和良▽指導部特別支援学校教育担当課長（指導部副参事＝特別支援学校教育担当）◎平澤嘉博▽多摩教育事務所指導課長（指導部健全育成担当課長）◎若林彰▽西部学校経営支援センター支所長兼経営支援室長（教職員研修センター研修部授業力向上課長）◎倉田明保

【課長級】▽人事部試験室長（指導部主任指導主事＝人権教育担当）増渕達夫▽人事部試験室特命担当課長（人事部試験室長）井上竜二▽総務部教育政策室副参事＝教育政策担当（指導部副参事＝教育計画担当）上村肇▽都立学校教育部副参事＝入学選抜担当（指導部主任指導主事＝定時制・通信制教育担当）宮本久也▽指導部副参事＝教育計画担当（指導部主任指導主事＝安全教育担当）安間英潮▽教職員研修センター研修部授業力向上課長（教職員研修センター研修部専門教育向上課長）野口敏朗▽教職員研修センター研修部専門教育向上課長（渋谷区教育委員会再採用）樋口郁代

【管理主事】▽人事部職員課主任管理主事（西部学校経営支援センター支所長兼経営支援室長）石川恵一郎▽人事部職員課主任管理主事（指導部主任指導主事＝日野市教育委員会派遣）田口康之▽事部職員課管理主事（西部学校経営支援センター統括学校経営支援主事）明官茂▽多摩教育事務所管理課管理主事（八王子市立石川中学校副校長）齋藤久

【主任指導主事】▽都立学校教育部主任指導主事＝就学相談担当（学務部義務教育特別支援教育課統括指導主事）◎信方壽幸▽指導部主任指導主事＝人権教育担当（指導部指導企画課統括指導主事）◎松野泰一▽指導部主任指導主事・統括課長＝教育経営・教育課程担当（指導部指導企画課統括指導主事）◎赤堀博行▽指導部主任指導主事＝安全教育担当（指導部主任指導主事＝高校教育改革担当）江本敏男▽指導部主任指導主事＝生徒指導担当（指導部主任指導主事＝清瀬市教育委員会派遣）宇田陽一▽指導部主任指導主事＝幼児教育・環境教育担当（指導部主任指導主事＝教育経営・教育課程担当）阿部卓▽指導部主任指導主事＝教育評価・道徳教育担当（指導部義務教育特別支援教育指導課統括指導主事）◎臼倉美智▽指導部主任指導主事＝定時制・通信制教育担当（指導部主任指導主事＝産業教育担当）出張吉訓▽指導部主任指導主事＝産業教育担当（東部学校経営支援センター統括学校経営支援主事）◎牛来峯聡▽指導部主任指導主事＝高校教育改革担当（指導部高等学校教育指導課統括指導主事）◎萩原聡▽指導部主任指導主事＝青少年・治安対策本部総合対策部青少年担当課長併任（墨田区教育委員会再採用）常盤隆▽多摩教育事務所主任指導主事（指導部主任指導主事＝国立市教育委員会派遣）小林幹夫▽指導部主任指導主事＝杉並区教育委員会派遣（杉並区教育委員会統括指導主事）◎坂田篤▽指導部主任指導主事＝武蔵野市教育委員会派遣（港区立東町小学校長）鈴木知徳▽指導部主任指導主事＝三鷹市教育委員会派遣（三鷹市教育委員会統括指導主事）◎川崎知己▽指導部主任指導主事＝町田市教育委員会派遣（武蔵野市立第一小学校）小泉与吉▽指導部主任指導主事＝日野市教育委員会派遣（東村山市立久米川東小学校）浮須勇人▽指導部主任指導主事＝国立市教育委員会派遣（練馬区立上石神井小学校）忰田康之▽指導部主任指導主事＝清瀬市教育委員会派遣（小平市立小平第五中学校）池田和彦▽指導部主任指導主事＝武蔵村山市教育委員会派遣（青梅市立第四小学校）大橋明▽指導部主任指導主事＝多摩市教育委員会派遣（清瀬市立清瀬第六小学校長）樋口昇▽指導部主任指導主事＝稲城市教育委員会派遣（杉並区立杉並第十小学校）飯島英世▽指導部主任指導主事＝あきる野市教育委員会派遣（国立市立国立第三小学校）對馬洋▽指導部主任指導主事＝西東京市教育委員会派遣（指導部主任指導主事＝青少年・治安対策本部総合対策部青少年担当課長併任）前島正明▽都立学校教育部高等学校教育課統括指導主事（学務部高等学校教育課統括指導主事）川越豊彦

【統括指導主事】▽都立学校教育部特別支援教育課統括指導主事（学務部義務教育特別支援教育課統括指導主事）田村康二朗▽人事部試験室統括指導主事（学務部高等学校教育課統括指導主事）瀧沢佳宏▽指導部指導企画課統括指導主事（町田市立山崎小学校副校長）荒川元邦▽指導部指導企画課統括指導主事（教職員研修センター企画部企画課統括指導主事）佐藤浩▽指導部指導企画課統括指導主事（都立杉並総合高等学校副校長）俵田浩一▽指導部義務教育特別支援教育指導課統括指導主事（江東区教育委員会統括指導主事）建部豊▽指導部高等学校教育指導課統括指導主事（都立上野高等学校副校長）増田正弘▽指導部高等学校教育指導課統括指導主事（都立農業高等学校副校長）小澤哲郎▽教職員研修センター企画部企画課統括指導主事（教職員研修センター研修部教育経営課統括指導主事）田畑美香▽教職員研修センター研修部教育経営課統括指導主事（都立第四商業高等学校副校長）大林誠▽教職員研修センター研修部教育経営課統括指導主事（新宿区教育委員会統括指導主事）佐藤興二▽教職員研修センター研修部授業力向上課統括指導主事（教職員研修センター研修部教育開発課統括指導主事）杉浦伸一▽教職員研修センター研修部授業力向上課統括指導主事（千代田区立九段中等教育学校副校長）信岡新吾▽教職員研修センター研修部専門教育向上課統括指導主事（指導部高等学校教育指導課統括指導主事）三神幸男▽教職員研修センター研修部教育開発課統括指導主事（教職員研修センター研修部授業力向上課統括指導主事）秋元みさ子▽教職員研修センター研修部教育開発課統括指導主事（指導部指導企画課統括指導主事）山本聖志▽教職員研修センター研修部教育開発課統括指導主事（教職員研修センター研修部専門教育向上課統括指導主事）須藤太郎▽教職員研修センター研修部教育開発課統括指導主事（西部学校経営支援センター支所統括学校経営支援主事）市川治郎▽教育相談センター統括指導主事（小笠原村立小笠原小学校副校長）岡部君夫▽中央区教育委員会統括指導主事（多摩市立北貝取小学校副校長）小林佳世▽港区教育委員会統括指導主事（北区立赤羽小学校副校長）本田幸彦▽新宿区教育委員会統括指導主事（日野市立平山中学校副校長）石村康代▽台東区教育委員会統括指導主事（荒川区立峡田小学校副校長）貝塚一石▽墨田区教育委員会統括指導主事（江戸川区立二之江第二小学校副校長）田中康雄▽品川区教育委員会統括指導主事（目黒区立碑小学校副校長）齋藤等▽目黒区教育委員会統括指導主事（八丈町立富士中学校副校長）村上昭夫▽大田区教育委員会統括指導主事（江東区立大島西中学校副校長）菅野哲郎▽世田谷区教育委員会統括指導主事（世田谷区立尾山台中学校副校長）橘太造▽杉並区教育委員会統括指導主事（八王子市立浅川中学校副校長）田中稔▽荒川区教育委員会統括指導主事（大島町立第二中学校副校長）稲垣達也▽板橋区教育委員会統括指導主事（東久留米市立第七小学校副校長）菊地俊一▽練馬区教育委員会統括指導主事（荒川区立第七峡田小学校副校長）喜多好一▽練馬区教育委員会統括指導主事（稲城市立若葉台小学校副校長）小宮豊▽八王子市教育委員会統括指導主事（大田区立大森第五小学校副校長）宇都宮聡▽立川市教育委員会統括指導主事（八王子市立中野北小学校副校長）堀田直樹▽三鷹市教育委員会統括指導主事（渋谷区立神南小学校副校長）山岸寛也▽町田市教育委員会統括指導主事（羽村市立羽村第二中学校副校長）山口茂▽小金井市教育委員会統括指導主事（小平市立小平第一小学校副校長）加納一好▽国分寺市教育委員会統括指導主事（世田谷区立桜丘小学校副校長）戸倉務▽福生市教育委員会統括指導主事（板橋区立赤塚第二中学校副校長）粟林昭彦▽東大和市教育委員会統括指導主事（奥多摩町立古里中学校副校長）布宮英明

【センター副参事】▽東部学校経営支援センター学校経営支援担当副参事（都立大泉高等学校長）小林洋司▽東部学校経営支援センター支所学校経営支援担当副参事（都立中野養護学校長）井上正直▽中部学校経営支援センター学校経営支援担当副参事（都立第三商業高等学校長）柴田哲▽中部学校経営支援センター支所学校経営支援担当副参事（都立板橋高等学校長）北林敬

【統括指導主事】▽西部学校経営支援センター学校経営支援担当副参事（都立田園調布高等学校長）松野下健▽西部学校経営支援センター支所学校経営支援担当副参事（都立城南養護学校長）杉野学

【統括学校経営支援主事】▽東部学校経営支援センター経営支援室統括学校経営支援主事（都立総合工科高等学校副校長）金田裕治▽東部学校経営支援センター経営支援室統括学校経営支援主事（都立西高等学校副校長）武内彰▽東部学校経営支援センター支所統括学校経営支援主事（都立葛飾商業高等学校副校長）中山博之▽中部学校経営支援センター経営支援室統括学校経営支援主事（教職員研修センター研修部教育経営課統括指導主事）野村公郎▽西部学校経営支援センター経営支援室統括学校経営支援主事（都立調布養護学校副校長）諏訪肇▽西部学校経営支援センター支所統括学校経営支援主事（都立大崎高等学校副校長）高橋豊

◆勧奨退職 3月31日付

▽東京都教職員研修センター＝東京未来塾・東京教師養成塾企画運営担当部長 賀澤恵二▽総務部副参事＝教育政策担当 中田正弘

区市教育委員会指導室（課）長等
4月1日付

▽港区教育委員会指導室長（指導部主任指導主事＝幼児教育・環境教育担当）加藤敦彦▽墨田区教育委員会指導室長（江戸川区立臨海小学校）仁王紀夫▽目黒区教育委員会指導課長（町田市立木曽境川小学校）柳瀬泰▽渋谷区教育委員会指導室長（西多摩郡瑞穂町立瑞穂第四小学校）高橋和雄▽杉並区教育委員会済美教育センター副所長（杉並区教育委員会統括指導主事）坂田篤▽北区教育委員会指導室長（中野区立第十一中学校）矢口仁▽荒川区教育委員会指導室長（葛飾区立新小岩中学校）鈴木明雄▽武蔵野市教育委員会指導課長（港区立東町小学校）鈴木知徳▽三鷹市教育委員会小・中一貫教育推進担当課長（三鷹市教育委員会統括指導主事）川崎知己▽町田市教育委員会指導課長（武蔵野市立第一小学校）小泉与吉▽日野市教育委員会参事＝教育指導担当（東村山市立久米川東小学校）浮須勇人▽国立市教育委員会学校指導課長（練馬区立上石神井小学校）忰田康之▽清瀬市教育委員会指導室長（小平市立小平第五中学校）池田和彦▽武蔵村山市教育委員会学校教育担当部長（青梅市立第四小学校）大橋明▽多摩市教育委員会教育部参事＝教育指導課長事務取扱（清瀬市立清瀬第六小学校）樋口昇▽稲城市教育委員会指導室長（杉並区立杉並第十小学校）飯島英世▽あきる野市教育委員会指導担当参事（国立市立国立第三小学校）對馬洋▽西東京市教育委員会教育指導課長（指導部主任指導主事＝青少年・治安対策本部併任）前島正明

幼稚園長・教頭人事異動
4月1日付、◎印昇任

■千代田区
【園長】▽番町幼稚園長（いずみこども園長）藤原和子▽いずみこども園長（お茶の水幼稚園教頭）◎深澤美智子
【教頭】▽富士見幼稚園教頭（富士見幼稚園教諭）◎大関邦子▽お茶の水幼稚園教頭（九段幼稚園教諭）◎中村千絵

■中央区
【園長】▽明石幼稚園長（有馬幼稚園教頭）◎資輪恵美▽月島幼稚園長（明石幼稚園長）信田幸子
【教頭】▽有馬幼稚園教頭（久松幼稚園教諭）◎早川幸

■港区
【教頭】▽麻布幼稚園教頭（大田区萩中幼稚園教頭）外崎明美▽にじのはし幼稚園教頭（中之町幼稚園教諭）◎柿沼敦子

■新宿区
【園長】▽愛日幼稚園長（世田谷区松丘幼稚園教頭）◎小島喜代美▽西戸山幼稚園長（鶴巻幼稚園教頭）◎五十嵐矩子
【教頭】▽市谷幼稚園教頭（墨田区八広幼稚園教諭）◎柳田敏恵▽早稲田幼稚園教頭（板橋区新河岸幼稚園教諭）◎荒井恭子

■文京区
【園長】▽本駒込幼稚園長（世田谷区多聞幼稚園教頭）◎田村秀子▽後楽幼稚園長（新宿区早稲田幼稚園教頭）◎池川雅美
【教頭】▽第一幼稚園教頭（江東区ちどり幼稚園教諭）◎鳥塚恵子▽本駒込幼稚園教頭（湯島幼稚園教頭）御手洗竹代▽湯島幼稚園教頭（第一幼稚園教諭）◎渡邊典子

■台東区
【園長】▽根岸幼稚園長（荒川区南千住第二幼稚園長）千明素子▽大正幼稚園長（江東区平久幼稚園教頭）◎古川寿子▽済美幼稚園長（田原幼稚園教頭）◎井口厚子▽石浜橋場こども園長（石浜幼稚園長）宮本桂子
【教頭】▽田原幼稚園教頭（済美幼稚園教諭）◎足立祐子▽石浜橋場こども園副園長（石浜幼稚園教頭）上竹陽子

■墨田区
【園長】▽立花幼稚園長（立花幼稚園教頭）◎田代恵美子

■品川区
【教頭】▽二葉幼稚園教頭（二葉幼稚園教諭）◎大澤洋美

■目黒区
【教頭】▽げっこうはら幼稚園教頭（みどりがおか幼稚園教諭）◎児玉祥子

■大田区
【教頭】▽大森第四幼稚園教頭（西六郷幼稚園教頭）古川ワカ

■世田谷区
【教頭】▽塚戸幼稚園教頭（松丘幼稚園教諭）◎加納京子▽多聞幼稚園教頭（江東区第三大島幼稚園教諭）◎石田淑恵▽松丘幼稚園教頭（中央区明正幼稚園教諭）◎瀬村法子▽砧幼稚園教頭（塚戸幼稚園教頭）古川由紀子

■渋谷区
【教頭】▽山谷幼稚園教頭（広尾幼稚園教頭）竹内和江

■中野区
【教頭】▽みずのとう幼稚園教頭（みずのとう幼稚園教諭）◎若槻容子

■杉並区
【教頭】▽堀ノ内幼稚園教頭（高円寺北幼稚園教諭）◎川副園美

■豊島区
【園長】▽南長崎幼稚園長（池袋幼稚園長）櫻井早苗▽池袋幼稚園長（西巣鴨幼稚園教頭）◎大森理枝子
【教頭】▽西巣鴨幼稚園教頭（南長崎幼稚園教諭）◎小林幾子

■北区
【園長】▽じゅうじょうなかはら幼稚園長（とよかわ幼稚園教頭）◎服部晶子
【教頭】▽とよかわ幼稚園教頭（葛飾区北住吉幼稚園教諭）◎佐藤博子▽うめのき幼稚園教頭（とよかわ幼稚園教諭）◎西澤尚子

■荒川区
【園長】▽南千住第二幼稚園長（大田区大森第四幼稚園教頭）◎粂原淳子

■板橋区
【教頭】▽新河岸幼稚園教頭（葛飾区東柴又幼稚園教諭）◎鈴木悦子

■練馬区
【教頭】▽北大泉幼稚園教頭（光が丘あかね幼稚園教頭）蔵原真理子▽光が丘あかね幼稚園教頭（北大泉幼稚園教諭）◎秋山智子▽光が丘むらさき幼稚園教頭（光が丘さくら幼稚園教諭）◎日高文子

■足立区
【園長】▽おおやた幼保園長（鹿浜幼稚園長）飯塚慶子

■葛飾区
【教頭】▽飯塚幼稚園教頭（西小菅幼稚園教頭）佐久間明美

◆退職 3月31日付

【千代田区】▽番町幼稚園長 矢内敏江
【中央区】▽月島幼稚園長 佐藤由美
【新宿区】▽市谷幼稚園長 菊池久子▽愛日幼稚園長 佐藤暁子▽西戸山幼稚園長 熊谷富子
【文京区】▽本駒込幼稚園長 坂本ふみ子▽後楽幼稚園長 竹内三枝子▽第一幼稚園教頭 刈谷道子▽本駒込幼稚園教頭 木村夏代
【台東区】▽根岸幼稚園長 三好みち子▽大正幼稚園長 阿久津千代子▽済美幼稚園長 大野千恵子
【目黒区】▽教育委員会事務局 橋本美弥子▽げっこうはら幼稚園教頭 鈴木峰子
【世田谷区】▽砧幼稚園教頭 徳原精子
【渋谷区】▽山谷幼稚園教頭 樋口志津子
【中野区】▽みずのとう幼稚園教頭 近藤愛子
【杉並区】▽堀ノ内幼稚園教頭 市川恵美子
【北区】▽じゅうじょうなかはら幼稚園長 長澤あい子▽うめのき幼稚園教頭 山田初枝
【練馬区】▽北大泉幼稚園教頭 清水幸子
【足立区】▽おおやた幼保園長 赤坂榮

都教職員異動

4月1日付

校　長

【小学校】

◇千代田区
番町（福生・福生第三）有馬守一
◇中央区
城東（城東副校長）◎小島敏光▽常盤（常盤副校長）◎今野勝志▽有馬（中央）齋藤優▽中央（品川・御殿山副校長）◎大橋稔
◇港区
麻布（町田・南つくし野）鈴木義治▽東町（北区教委指導室長）宮島雄一▽赤坂（町田・南第三）小澤隆治▽港陽（大田・大森第七中副校長）◎福井正仁
◇新宿区
津久戸（多摩教育事務所指導課長）堀竹充▽愛日（大久保）長岡富美子▽鶴巻（墨田・東吾嬬）小嶺嘉代子▽東戸山（稲城・長峰）國分重隆▽大久保（北・堀船）冨井正嗣▽戸塚第三（練馬・南田中）水野久美恵▽落合第二（板橋・新河岸副校長）◎加藤紀美子▽落合第三（荒川・第九峡田副校長）◎油井喜久▽新宿柏木（西新宿副校長）◎菊岡俊介▽四谷（東戸山）飯田孝一
◇文京区
指ヶ谷（あきる野・南秋留）岩井克昭▽青柳（千駄木副校長）◎永野治久▽千駄木（汐見）船尾聖▽汐見（葛飾・亀青）三石美鶴▽金曽木（葛飾・小松南）時田明子
◇台東区
黒門（狛江・狛江第五）藤原孝子▽石浜（葛飾・上千葉副校長）◎武田一郎▽平成（板橋・天津わかしお）前野哲夫▽東浅草（江戸川・小岩副校長）◎河野えつ子
◇墨田区
外手（第三寺島）永塚正治▽錦糸（江戸川・南小岩第二）田代敏博▽第三寺島（立花）山田富久▽梅若（墨田・東吾嬬副校長）◎野村文章▽東吾嬬（外手）小野島敏夫▽立花吾嬬の森（第一吾嬬）佐藤準一
◇江東区
扇橋（深川第七中副校長）◎奈良美佐子▽元加賀（第七砂町）齋藤和子▽毛利（足立・鹿浜）水野朝之▽第二亀戸（新島・式根島）坂村達夫▽香取（数矢）◎向笠洋子▽砂町（第二辰巳）山﨑修司▽第七砂町（臨海副校長）◎佐々木直子▽第二辰巳（浅間竪川副校長）◎藤田賀子
◇品川区
城南第二（鮫浜副校長）◎五関正治▽第四日野（品川・八潮北）藤井英夫▽杜松（鈴ヶ森副校長）◎細越政道▽延山（八潮南）中村重俊▽宮前（大田・雪谷副校長）◎萩原清治▽大間窪（立原副校長）◎橋本茂樹▽後地（日野中副校長）◎米塚裕貴▽戸越（後地）新井陽子▽上神明（大田・羽田）篠塚正明▽小山台（宮前副校長）◎齋藤早苗
◇目黒区
中目黒（東山）櫻橋賢次▽烏森（向原）小松信也▽向原（第四日野）矢渡哲郎▽駒場（烏森）宮下徹子▽東山（東山副校長）◎久保栄
◇大田区
大森第一（清水窪副校長）◎上野研二▽大森第五（東調布第三副校長）◎五十嵐則也▽入新井第一（都教育相談センター統括指導主事）◎小黒仁史▽山王（相生）廣政尚文▽馬込（東糀谷）森本忠治▽馬込第二（六郷）太田眞也▽池上（新宿）中川嘉弘▽池上第二（赤松副校長）◎菅谷美津江▽入新井第四（葛飾・南奥戸副校長）◎町田恭子▽田園調布（山王）三留利夫▽調布大塚（大森東）高田繁和▽嶺町（中萩中）須賀伸子▽赤松（馬込第二）吉野明▽東糀谷（山王副校長）◎宮田周二▽羽田（入新井第五副校長）◎中村秀夫▽中萩中（八潮）廣瀬弘子▽六郷（目黒・月光原副校長）◎石上裕子▽仲六郷（後地副校長）◎櫻井悦夫▽相生（小山副校長）◎菅原清▽新宿（南六郷副校長）◎田村浩一▽大森東（東六郷副校長）◎渡邊眞一郎
◇世田谷区
三宿（中町副校長）◎中川由美子▽桜丘（山野）吉田仁▽松沢（花見堂）林香代子▽上北沢（経堂）銀杏陽子▽経堂（町田・忠生第三）百瀬緑▽中丸（三宿）大橋栄▽池尻（練馬・谷原副校長）◎杉本一郎▽花見堂（松沢副校長）◎青木由美子▽深沢（北・としま若葉副校長）◎石川喜三郎▽明正（東深沢副校長）◎野口潔人▽烏山北（希望丘副校長）◎佐藤剛彦▽八幡山（八王子・山田）田中晴美▽芦花（赤堤副校長）◎渡部理枝▽山野（烏山北）櫻井和子
◇渋谷区
上原（練馬・北町副校長）◎中島とし子▽笹塚（上原）岡野由紀枝▽本町（人事部職員課管理主事）長野泰紀▽本町東（本町東副校長）◎大木りえ子▽西原（多摩・瓜生副校長）安達和恵▽富谷（長池）小澤良二▽中幡（台東・台東育英副校長）◎丸山雅弘▽鳩森（笹塚）高橋妃彩子▽神南（鳩森）逸見明男
◇中野区
谷戸（仲町）棚田政治▽新井（中野昭和副校長）◎鈴木秀治▽大和（桃丘）江平秀子▽新山（目黒・油面副校長）◎田中憲治▽沼袋（江古田副校長）◎内野秀夫▽桃花（桃園第三）井出良子
◇杉並区
杉並第三（大田・北糀谷副校長）◎芹澤芳子▽杉並第四（四宮小学校）邊見公子▽杉並第十（杉並第四）宮山延哉▽東田（足立・西新井第二副校長）◎梅津典子▽桃井第五（東田）内田裕司▽桃井第一（高井戸東）寺澤直紀▽四宮（品川・杜松）山岸一良▽井荻（杉並第五）東海林孝吉▽高井戸第三（高井戸第四）松本眞知子▽高井戸第四（調布・国領）木村惠子▽新泉（中央区教委統括指導主事）◎鶴巻景子▽済美（桃井第二副校長）◎吉井惠子▽高井戸東（世田谷・代沢副校長）◎後藤馨子▽天沼（若杉）中島豊▽済美養護（済美副校長）◎松浦隆太郎
◇豊島区
仰高（長崎）石塚吉之▽豊…

（6面につづく）

定年退職

3月31日付

【小学校】

校長

【中学校】

【高等学校】

【ろう・養護学校】

【盲・ろう・特別支援学校等】

勧奨退職

3月31日付

【小学校】

校長

副校長

【中学校】

【高等学校】

【養護学校】

職場でご購読されている皆さまへ

4月人事異動は、課長級以上の方は異動表に基づいて手続き（新職場への切り替え）をしますが、係長級の方は多数になるため異動表の入手次第、局・区より、順次行います。例年ですと、その手続きにほぼ1カ月を要する場合がありますので、早期配達をご希望の方には、暫定措置として約1カ月間、職場送りから自宅郵送に切り替えさせていただきます。その旨本社に電話かFAXでお申し付け下さい。

また、主任、一般職員の方につきましては、大変お手数ですが、異動先をご連絡下さい。異動手続きのために大変ご迷惑をおかけしますが、何卒ご理解とご協力のほどをお願い申し上げます。

平成20年4月 都政新報社読者部
電話03・5330・8781
FAX03・5330・8808

20年度 職員教養講座 ≪39≫

前回に引き続き、演習問題を掲載しますので、取り組んでください。

問題

【問題 3】

昨年6月、都が発表した「東京都気候変動対策方針」に関する記述として、妥当なのはどれか。

① この方針は19年1月末から都が開始した「カーボンマイナス東京10年プロジェクト」の基本方針であるが、このプロジェクトの目標は、2020年までに東京の温暖化ガス排出量を2000年比で15%削減するものである。

② 東京の一人当たりCO_2排出量は、ニューヨークやロンドンに比べ、2～3割低く、東京は、現在すでに、先進国の大都市の中ではエネルギー効率が高い都市となっている。

③ 我が国には、LEDなどの照明技術、ハイブリッド自動車に代表される低燃費自動車、太陽光発電など世界に誇るべき環境技術が既に存在しており、低エネルギー・低CO_2型都市への転換に向けて十分に活用されていると言える。

④ 企業のCO_2削減を強力に推進するため排出量取引制度の導入を目指しているが、排出量取引制度は、大規模事業所間の取り引きのみとし、中小規模事業所については特に定められていない。

⑤ 企業や家庭の省エネルギー対策を効果的に推進していくためには、税制の果たすべき役割が大きいが、都においては、東京都税制調査会において都独自の「省エネルギー促進税制」について、平成20年度から検討を開始することとしている。

【問題 4】

2016年東京オリンピック招致に関する記述として妥当なのはどれか。

① 昨年9月に、支援募金の協力等のオリンピック招致活動に関する記者発表会が行われたが、支援募金の目標額は100億円としている。

② 昨年11月、「2016年東京オリンピック開催基本計画発表会」が開催された中で、オリンピック開催後同じ場所で実現することは義務付けられていないが、パラリンピックについてもユニバーサルデザインに配慮したオリンピック会場をそのまま利用できるとの説明があった。

③ 昨年12月に発表されたオリンピック及びパラリンピックの2016年東京招致に関する世論調査結果では、賛成が7割を超えた。

④ 本年1月、(特非)東京オリンピック招致委員会は、国際オリンピック招致委員会(IOC)に対し、2016年オリンピック・パラリンピック招致のための申請ファイルを提出したが、申請ファイルとは、「オリンピック競技大会開催計画の概要」に関する25項目にわたる「IOC質問状」に対する回答書である。

⑤ 申請ファイルの中では、競技会場は、前回の東京オリンピック時に使用された施設等がある「ヘリテッジ(遺産)・ゾーン」、臨海地域の「東京ベイゾーン」、選手村等がある「結び」ゾーンの三つのゾーンに区分している。

【問題 5】

本年1月、都が発表した「第二次都立病院改革実行プログラム」に関する記述として、妥当なのはどれか。

① この計画は、医療をめぐる環境の変化や国の動向も踏まえながら、「都立病院改革」を次のステージへと推し進めていくために策定したもので、計画期間は平成20年度から22年度までの3年間である。

② この計画では、「人」をキーワードとして、「四つの視点」と「七つの戦略」に基づき「都立病院改革」を推し進めていくこととしている。

③ 「都立病院改革マスタープラン」で総合民営化の方針となっていた老人医療センターについては、平成21年度当初に財団法人東京都保健医療公社への運営移管を目指すこととした。

④ 都民を対象にした「保健医療に関する世論調査」(平成18年5月東京都生活文化局)によると、「東京の医療サービスに対する満足度」では、「満足」は54%と、前回より7ポイント増加している。

⑤ 都立病院の経営状況の分析によると、患者一人あたりの診療単価は、診療報酬の度重なるマイナス改定等により減少傾向を示し、経営状況は悪化してきている。

都政事情 ②

【問題 6】

昨年11月に発表された「都民生活に関する世論調査」の結果に関する記述として、妥当なのはどれか。

① 「都政への要望」は、治安対策が58%で4年連続第1位となり、昨年3位の「医療・衛生対策」は、「高齢者対策」を抜き2位となった。

② 「暮らし向きへの変化」は、「苦しくなった」が36%で2年連続増加したが、性・年齢別にみると、男性20代から60代でほぼ4割を占めて多くなっている。

③ 生活満足度を過去の調査との比較でみると、『満足(計)』は49%で昨年と変わらず、『不満(計)』は46%で昨年より2ポイント減少している。

④ 今後参加したい地域活動の分野では、「防火・防災」が25%で最も多く、以下、「清掃やリサイクル・環境保護」と「文化・スポーツ・レクリエーション」24%、「お祭りや地域行事」21%と続いている。

⑤ 地域活動を活発にするために必要な行政の支援を聞いたところ、「活動費への助成」が34%で最も多く、以下、「仲間づくりや活動への参加に役立つ情報の提供」29%と続いている。

【問題 7】

昨年12月、都が発表した「東京都産業振興指針」に関する記述として、妥当なのはどれか。

① 本指針は、昨年3月に策定した基本戦略を着実に具体化するための設計図として位置づけるものであり、今後3年間(平成20～22年度)で重点的に推進すべき23の産業振興策と主な取り組みをとりまとめたものである。

② 戦略は、「重点産業におけるイノベーションを支援する」であるが、ここでの重点産業は、環境・健康・危機管理関連、コンテンツ、ファッションである。

③ 戦略「技術・経営革新の促進と経営基盤の強化を図る」の中では、公的インキュベーション施設の整備を促進することにより、29施設(平成18年度末時点)を今後3年間で倍増していくとしている。

④ 戦略「『知』が交流し、価値が生まれ魅力ある都市を創出する」として、「ビジネスと観光の振興」「快適、安全・安心な都市の創出」がある。

⑤ この指針の具体化に向けて、東京都における実施体制や連携を強化するために、新たに「産業力強化会議」を設置するとしている。

【問題 8】

昨年9月、都が発表した「今後のIT化取組方針」に関する記述として、妥当なのはどれか。

① 本方針は、都において戦略的にITを利活用して業務改革を進めるために、業務・情報システムの最適化へ向けた道筋を示すガイドラインであり、対象範囲は知事部局、行政委員会としている。

② 都の情報システム関連予算の全体額は、「電子都庁推進計画」(平成13年度～15年度)に基づくシステム整備のための約730億円がピークであったが、その後500億円以下に抑えている。

③ 電子都庁が実現し、業務システムが高度化した一方、情報セキュリティー対策の強化、IT投資の費用対効果のさらなる向上の二つが課題となっている。

④ IT人材の育成として、情報システム担当部門以外の職員においても、ITを活用して業務改革やサービス改善に結びつくアイデアを提案できる能力を育成していくとしている。

⑤ システム総点検の実施として、稼働中の情報システムについて、その有効性の検証や、情報システムの効率化及び業務のさらなる改革につながる課題の洗い出しを平成19年度から21年度まで2年間かけて実施するとしている。

解説

【解説 3】　正答 ②

① 15%ではなく25%削減するものである。

② 正しい。

③ 太陽光発電導入量は2004年にドイツに抜かれており、国内での普及が立ち後れている。

④ 排出量取引制度では、大規模事業所間の取り引きだけではなく、中小規模事業所の行う省エネ対策などによる削減量を大規模事業所が購入することも可能としている。

⑤ 平成20年度ではなく平成19年度。

【解説 4】　正答 ④

① 目標額は40億円である。

② パラリンピックは、ソウル五輪以降、オリンピック開催後同じ場所で実現することが義務付けられている。

③ 賛成は62%、どちらでもないが12%、反対が26%という結果であった。

④ 正しい。

⑤ 「ヘリテッジ(遺産)・ゾーン」と「東京ベイゾーン」の二つに区分するとしている。

【解説 5】　正答 ②

① 平成20年度から24年度までの5年間である。

② 正しい。

③ 老人医療センターではなく、豊島病院である。

④ 前回より7ポイント減少している。

⑤ 患者一人あたりの診療単価は増加傾向を示し、経営状況は着実に向上してきている。

【解説 6】　正答 ③

① 昨年4位の「医療・衛生対策」は5ポイント増加し、42%で第3位となった。

② 男性30代から60代でほぼ4割を占めて多くなっている。

③ 正しい。

④ 「清掃やリサイクル・環境保護」が25%で最も多く、以下、「お祭りや地域行事」と「文化・スポーツ・レクリエーション」24%、「防火・防災」21%と続いている。

⑤ 「仲間づくりや活動への参加に役立つ情報の提供」が34%で最も多く、以下、「活動費への助成」29%と続いている。

【解説 7】　正答 ①

① 正しい。

② 他には、航空機関連、情報家電、ロボットがある。

③ 今後10年間で倍増していくとしている。

④ 「産業を支えるインフラ整備」もある。

⑤ 平成14年9月に設置された「産業力強化会議」を活用するとしている。

【解説 8】　正答 ④

① 公営企業局も対象である。

② 新都庁舎移転直後の平成4年度がピークで、約730億円である。

③ 業務改革へのさらなるITの利活用も課題である。

④ 正しい

⑤ 平成19年度から20年度で実施するとしている。

昇任試験対策のページ

20年度 特別区 管理職試験講座 [9]

Ⅰ類記述 ②

今回は19年度の記述式問題と解答例をお示しします。

紙面の都合で、資料7点は概要とさせていただきます。問題は持ち帰ることとなっておりますので、昨年度の受験者から入手するなどして、事前に必ず参照するようにしてください。

19年度の問題

1　問題文

次の資料は、「国民生活白書」「子どもの防犯に関する特別世論調査の概要」及び「eモニターアンケート結果」の統計図表並びに新聞記事です。

特別区の課長として、資料から読みとれる区政の課題を設定し、課題を解決するためのいくつかの具体的施策を立案のうえ、評価して最善策を選択してください。

この課題の設定から施策の選択までを部長に提出する提案書としてまとめてください。形式は自由です。

2　資料の概要

資料1（統計図表）住居選びにおいては、子育て環境や利便性・治安などが重視される。

資料2（統計図表）少年の刑法犯被害の実績は、高水準で推移している。

資料3（統計図表）74・1%の人が子どもの犯罪被害の不安を持つ。

資料4（統計図表）子どもの防犯のために効果的と思う地域や家庭の取り組みは、①地域の防犯活動②近所の情報交換③防犯グッズの所持④子どもとの話し合い――の順で高い。

資料5（統計図表）地域の防犯活動に参加していない人は80%を超える。その主な理由は、①防犯活動の有無がわからない②活動する時間がない――の順で高い。

資料6（新聞記事）通学路の防犯活動について、保護者の負担をできるだけ軽くすることが必要である。

資料7（新聞記事）地域住民による防犯活動は着実に効果を上げているが、行政の横の連携と、住民がどのように活動を継続するかが課題である。

19年度問題解説

3　解答例の解説

解答例は、解答用紙A3判を縦に使っています。

(1) タイトルは、提案書の内容を簡潔に示します。また、サブタイトルは、施策の実施に当たり強調したい事項を書いてください。

(2) 目的の構成は次のようになります。

〔達成の手段〕←〔直接的な目的〕←〔マクロな視点での目的〕

(3) 資料の分析

図表などの内容を分析し、要点を簡潔に書きます。なお、数値や%を引用することにより、内容をさらに具体的なものとすることができます。

(4) 現状の課題

資料の分析を基に、解決に当たり障害となるものは何かを書きます。この部分が(6)の評価につながります。

(5) 課題の解決策

施策を簡潔に書きます。ハード的な施策、普及啓発、区民参画による施策など特徴的な施策を3点くらい挙げることがポイントです。

(6) 評価

各施策の評価を文章で示します。経費、迅速性や実現性などからメリット・デメリットを書くとともに、実施に当たっての留意事項を書きます。さらに、一覧表で評価を示すことにより、表現のインパクトを高めることができます。

この章が他の受験者と一番差をつけられる部分ですので、特に力を入れるようにしてください。

(7) まとめ

提案する施策の重要性を訴えかけ、提案書に説得力を持たせます。

4　試験での対応

実際の試験において2時間という時間は、非常に短いものです。提案書をまとめる練習を漫然と繰り返しても、なかなか本番では実力が出し切れないと思います。そのためには、練習の段階から自分なりの時間配分を身に着けておくことが大切です。

私の場合は、まず資料を1度流し読みしながら、ポイントにしるしをつけ、2度目で熟読しながら構成を考え、先ほどのポイントにメモを加えていきました。ここまででほぼ30分かかります。

さらに、このメモを基に問題用紙の裏に骨子を書いた上で、解答用紙に書き込んでいきます。ここではほぼ60分以上かかります。

その上で、残り時間を表現の微調整や誤字脱字の修正に充てると、ほぼ制限時間一杯になりました。

なお、この試験は、あくまで日常業務の延長線にあるものと考えます。実際に仕事を進める上でも同様に資料作成を心がけることが、試験勉強そのものと同じくらい役に立つと思います。

また、この試験も論文と同じく、合格者に一度見てもらうことが大切です。

受験者の皆さんもそれぞれの職場の中核として日々の事務が多忙な中で勉強の時間を確保していくことは大変なことと思いますが、お体に気をつけ、がんばってください。

ご健闘をお祈りいたします。

解答例

安全で安心な子育て環境の確保について―地域みんなで子どもたちを守る―

1　目的

区民参画による防犯活動を積極的に推進することにより、子どもたちを身近な犯罪から守り、もって区民が安全で安心して子育てできる地域環境を形成することを目的とする。

2　資料の分析

(1) 既婚者が住宅を選択する際に重視するものは、次の2点が高い（複数回答）。

①子どもを育てていくための環境が整っていること（60・5%）

②治安の面で安心できること（51・4%）

(2) 少年の刑法犯被害の実績は、2001年の41万件をピークに高水準で推移している。

(3) 74・1%の人が子どもの犯罪被害に対する不安を持つ。

(4) 子どもの防犯のために効果的と思う地域や家庭の取り組みは、次の順位で高い（複数回答）。

①地域の防犯活動（51・5%）

②近所の情報交換（46・2%）

③防犯グッズの所持（42・5%）

④子どもとの話し合い（41・2%）

(5) 地域の防犯活動に参加していない人は80%を超える。その主な理由は、次の2点である（複数回答）。

①防犯活動の有無がわからない（38・5%）。

②活動する時間がない（27・5%）。

3　現状の課題

(1) 防犯活動に係る住民の負担が大きい。

(2) 防犯に関する施策が縦割りとなっている。

(3) 防犯活動に関する普及啓発が効果を上げていない。

4　課題の解決策

(1) PTA、町会等の地域活動団体やNPOの連携による地域パトロールの実施

(2) 防犯ブザー、GPS付き携帯電話など防犯グッズに係る補助金制度

(3) 公共施設や商店会の空き店舗における防犯ステーション・緊急避難場所の設置

5　評価

(1) 地域パトロールについては、参加団体を増やすことにより、個々の区民の負担を軽減し、継続した活動を可能とする。また、経費も青色回転灯やベスト等の貸与ですむ。さらにパトロールの経路を曜日、時間ごとに変えるなど、柔軟な対応が可能である。

ただし、団体ごとの連携を円滑にするため、連絡協議会を設けるとともに関係する庁内各課の連携が不可欠である。

(2) 補助金制度は、防犯グッズごとに補助金の率を変えることにより、より効果の高いものの導入を促進するとともに、経費を抑えることができる。また、住民の経費負担も軽減することができる。

ただし、補助対象である子育て世帯以外の区民に対しては、防犯意識向上の効果がほとんどない。

(3) 防犯ステーションは、非常時において直接子どもの安全を確保することができるとともに、平常時における普及啓発の場とすることができる。

ただし、空き店舗の場合、賃借料が高い。また、空き店舗、公共施設ともに必要な地域で必ず場所を確保できるとは限らない。

施　　策	効果	経費	デメリット	総合評価
(1) 地域パトロールの実施	○	○	−	◎
(2) 防犯グッズ補助金制度	△	○	−	○
(3) 防犯ステーション・緊急避難場所の設置	○	×	×	△

これらの点から、「(1) 地域パトロールの実施」を優先して実施することが効果的である。

6　まとめ

子どもたちが安全に、安心して暮らせる地域環境の確立は、本区における最優先施策である。本施策の実施に当たっては、計画、実施、評価の各段階における区民参画が不可欠であり、区民と区が一丸となって、子どもたちの未来を守らなければならない。

カレント トピックス 20年度 [25]

政治事情

■温室効果ガス、大幅削減へ　（3月5日）

経済産業省は3月5日、二酸化炭素（CO_2）など温室効果ガス排出量を世界全体で2050年までに半減させるという政府目標の達成に向け、21の革新的技術を開発するとした「クールアース・エネルギー革新技術計画」を発表した。

計画には、発電効率を従来の4倍に高めた太陽光発電や、石炭火力発電の排ガスからCO_2を分離・回収して海底などに貯留し、CO_2排出をほぼゼロにする技術や家庭で充電し、500キロ走行できる電気自動車の普及や、ウラン利用効率を大幅に向上させる先進的な原子力発電などを盛り込み、いずれも30年ごろの実用化を目指すとした。

■住基ネットは合憲―最高裁初判断　（3月7日）

住民基本台帳ネットワーク（住基ネット）の運用はプライバシー権を侵害し違憲として、大阪府吹田市と守口市の住民が自治体や国に個人情報の削除や損害賠償などを求めた訴訟の上告審判決で、最高裁第一小法廷は3月6日、「法制度やシステムの不備はなく、プライバシー権を侵害しない」として住基ネットを合憲とする初判断を示した。「制度上の欠陥があり違憲」として個人情報の削除を命じた大阪高裁判決を破棄し、住民側の逆転敗訴とした。裁判官5人全員一致の意見。

第一小法廷は同日、石川、愛知、千葉各県の住民による住基ネット差し止め訴訟についても住民側の上告を棄却。いずれも住民敗訴とした二審判決が確定した。

■道州制―政府懇談会中間報告　（3月24日）

政府の「道州制ビジョン懇談会」の江口克彦座長は3月24日、課税自主権や立法権を持った「地域主権型道州制」の導入を柱とする中間報告を総務大臣に提出した。

中間報告は、現在の中央集権体制、東京一極集中が「国全体の活力、国力を大きく低下させた」として、各地域がさまざまなことを独自に決定できる地域主権型道州制への転換を提言。国家の統治機構を「国」「道州」「基礎自治体」の3層制とし、国の役割を外交や安全保障、通商政策などの16項目に限定した。

基礎自治体は福祉や教育、下水道など地域に密着したサービスを行うとし、道州は○広域の公共事業○大学以上の高等教育○産業振興○雇用対策○電波管理、などを分担する。

今後は、道州制基本法の実施機関として首相や閣僚、経済団体代表、有識者から成る「道州制諮問会議」、その支援機関として自治体の首長や市民、有識者などで構成する「道州制推進会議」を設け、国民の理解と協力を求める。

オリンピアの聖火採火式 政治化された聖火リレー

首都大学東京基礎教育センター教授　舛本直文

採火式でトーチを掲げる巫女たち

幸運にもオリンピアで行われた2008年北京大会の聖火リレー採火式に臨席する機会を得た。

3月22日朝、アテネで「国際オリンピック休戦センター」に立ち寄り、北京大会における休戦センターの活動予定について聞く。今回はギリシャ・ハウス内に展示を出すだけで、オリンピック公園メインストリートの両サイドに休戦ブックを設けるなど、その他の企画は北京大会組織委員会BOCOGのせいで実現しなかったとのこと。残念な限りである。

午後オリンピア到着。すぐさま07年秋の大火の被害状況を確認するために、古代遺跡とクロノス山、クーベルタンの碑、国際オリンピック・アカデミーIOAの敷地などの様子を見に行く。クロノス山は燃えた木が切り倒され、わずかに数本の松の木が残るだけ。草が生えて緑には見えるが、丸裸のため土砂崩れを防ぐ土留めがされている。遺跡からよく見える場所であるため、即座に手入れがされたとのこと。クーベルタンの碑の周りにはキパリシア（西洋糸杉）の苗木が植えられていた。以前はキパリシアの大木に囲まれ、ひっそりと碑が佇んでいたが、その面影は全く見られず痛ましい限りである。

この一帯は丸焼けとなったが、オリンピア市民やギリシャの消防士達の必死の消火活動のおかげで、遺跡と博物館、IOAの研修施設などは焼失を免れた。IOAの敷地内の大木もかなり燃えており、道路も寸断されて通行止めになっている。日本オリンピック・アカデミーの一員である我々も、遅ればせながら少額ではあるが植樹のための寄付をしてきた。

☆

23日は聖火採火式のリハーサル。採火する凹面鏡、その火を保つ火釜、オリーブの輪と小枝などがヘラ神殿の前に準備され、間近でそれらを見ることができた。採火儀式自体は遠くから見ることになる。このリハーサルでは、快晴であった22日に既に採火され、火釜に保存されていた。儀式後は、スタジアム内の土手で古代衣装に身を包んだ6人の男性達のパフォーマンスと18人の巫女姿の女優達による古代舞踊が演じられた。その後、火釜から聖火をトーチに移し、平和のシンボルの鳩が放たれた。最後に北京聖火リレーのトーチを持つ第1走者に火を授け、巫女達はゆっくりと土手を歩き去っていった。聖火ランナーは跪いたままその退場を待ち、オリーブの小枝とトーチを掲げておもむろに走り始め、リハーサルが終了した。

採火式では最上級の巫女が古代ギリシャ語で祈りを捧げた。ガイドがその意味を教えてくれたので紹介しておこう。「神よ！ 大地、海、風の神よ！ この聖地にアポロンの神よ！ 聖火の火をつけるために太陽光線を送りたまえ。小鳥たちの声もさえずるこの聖地で、北京に送る聖火の火を灯せ！ そして世界の人々に平和を伝えよ！」

聖火リレーの目的が平和のメッセージの伝達であることが、この祈りや放鳩という所作からも窺い知れる。しかしながら、本番ではその祈りは政治的な妨害を受けてしまったのである。

☆

24日、聖火リレー採火式当日。大勢の人出とものものしい警備の中、セキュリティチェックを受けて採火式会場に入る。ギリシャ大統領などVIPが出席するため、警備は相当厳しいが、写真のないIDカードでも入れるなど手抜かりも見られる。スタジアム内にセレモニー会場が設けられ、土手には中国人の大集団が陣取っている。

セレモニーではオリンピック賛歌、中国国歌、ギリシャ国歌の順に演奏され、国旗が掲揚されていく。IOCロゲ会長は「オリンピック休戦」を求める挨拶をした。聖火リレーのスタートに際し、世界平和を祈念したメッセージを世界に向けて発信したのである。ところが、BOCOG劉会長の挨拶中に突然「国境無き記者団Reporters Without Borders」の3人が黒い旗を掲げて乱入。2人が劉会長の後ろで、1人がゲストのいす席で「反オリンピック」ともいえる旗を広げた。その夜のCNNニュースでその旗が確認できた。黒地に白い5つの手錠が五輪をかたどって描かれ、下に赤い字でBEIJING 2008と書かれていた。中国の人権状況の改善を目指した活動家達である。すぐに取り押さえられた後、式典は何事もなかったかのように続けられた。（24日付のBBC web news では、「国境無き記者団」（本部・フランス）のメディアの権利を守る監視団体が声明「中国の人権状況が劇的に改善されるまでは、中国政府に平和のシンボルである聖火を渡すわけにはいかない」。ロゲ会長「主要国の政治家達はボイコットを望んではいない。聖火リレーとオリンピック競技大会は平和的環境のもとで行われるべきだ」と語る。北京のチベット問題については「沈黙外交」を続けるとのこと）

☆

式典終了後、オリンピア市と姉妹都市縁組みをしている愛知県稲沢市の中学生達9人が聖火リレーするメインストリートに移動。既に中学生達が揃っている。1人がトーチを持つ聖火ランナー、8人がオリーブの小枝を掲げて伴走する。聖火がその中継地点に到着して火を繋ぐその時、突然「フリー・チベット」の男女2人が妨害行動に出た。大声で叫びながらチベットの国旗を広げて道に飛び出した。その前のビルには「FREE TIBET」の横断幕が掲げられた。すぐに警官に取り押さえられたが、稲沢市の子ども達に与えた影響には相当大きなものがあったに違いない。聖火ランナーの服部君は聖火を受け継いで気丈にも走り、立派に役割を果たしていた。（CNNニュースではこの場面ではなく、先導車の前に飛び出し道路に寝そべるチベット女性の映像を流していたが、実はこのような妨害も別のところで起きていた）

今回の聖火リレーのスローガンは「点燃激情、伝達夢想 Light the Passion, Share the Dream」である。平和希求がその夢であったはずである。しかしながら、平和のメッセージを伝える聖火リレーを利用した人権運動、チベット独立運動のため、歴史上初めて採火式に妨害が入ってしまった。オリンピックがその憲章で掲げる理念と乖離し、政治と無関係には存在しえないことは否めない。しかし、残念なのは中学生達に与えたショックの大きさであろう。子ども達が世界平和の一翼を担おうと楽しみにしてきたはずの聖火リレーが本当に残念な結果に終わったに違いない。

オリンピックが政治的に利用されるのは、メディアの露出効果の大きさ故である。4月26日に長野で行われる聖火リレーにも影響が出ること必至である。オリンピックの理想と現実の戦いも「休戦」される必要性を痛感した採火式と聖火リレーであった。

オリンピアの市内を走る稲沢市の中学生たち

ともに生きる 24

体験・情報不足を支援

聴覚障害者は常識がないと言われることがあります。障害の有無にかかわらず常識のない人はいると思いますが、聞こえにくいために周囲から非常識と思われる面もないとは言えません。

ある日の放課後、職員会議中に一人の生徒が大きな音をたてて入り口の戸を開け、先生方の席の間を通って担任教師の席まで来ました。

特に会議中という表示が室外にあったわけではありませんが、耳が不自由でなければ、しーんとした室内の様子から、あー会議中だな、出直そうと思うだろうところをそうはできないために、傍若無人のように誤解されたりすることになるわけです。

食事中のマナーでも、食器の触れ合う音とか食べ物を口にする時の音が周囲の人に不快な思いを抱かせるということは、注意されなければわかりません。電車の中で、不適切な音量で話し合う聴覚障害者を見かけることもあります。

多くは小さい時から躾の一環として学校でも家庭でも指導してはいるのですが、他人の気持ちを慮るといった人間関係の基本的なポイントが充たされない形だけの指導では、人間関係に齟齬をきたし、非常識と思われる出来事が起こることになりかねません。

職場で休み時間に仲間から缶コーヒーを奢られることがあった。何回か奢られても奢られっぱなしで平気でいる。経験や情報の不足から知らないでいる非常識と言えるかも知れません。

ある朝、職場にいったら周りの人たちがみんな喪服を用意してきている。わけを聞くと、上司のお母さまが亡くなり、その日が告別式であるという。結局、彼女は告別式に参列できなかったとのこと。

情報が届かなかったということを知らない人は、告別式に不参列の彼女を常識がないと思うかも知れません。聴覚障害者が常識をもって人とつきあう力は、体験と情報不足をカバーする周囲の思いやりによって支えられているとも言えましょう。

（元都立立川ろう学校長　小林明）

千の風になって ―いたばし編― 6

幕末・維新の「板橋宿」

栗原元区長と櫻井元区史監修者との「天国対談」。今回は幕末期の板橋宿を、吉田政博・板橋区学芸員の協力を得て取り上げる。

栗原「いまNHK大河ドラマ『篤姫』が熱いですね」

櫻井「そこで今回は、宿場の医師加藤曳尾庵先生と皇女和宮様にご登場願いました」

曳尾庵「はじめまして。加藤曳尾庵です。齢も60近くになり田原藩医を退き、俳諧や寺子屋の師匠をしながら余生を送ろうと板橋平尾宿に居を構えました。その様子を『我衣』という日記に残しています」

和宮「私は孝明天皇の妹和宮と申します。朝廷と幕府の『公武一和』により、文久元年（1861）に江戸に下り、徳川14代将軍家茂様と婚儀を挙げ、正室となりました。本来は京言葉ですが、今日は江戸言葉でお話させていただきます」

曳尾庵「さて、和宮様は中山道を下向されて板橋宿に入られたのですね」

和宮「はい。山中の木曽路を通るそれは長い道のりでした。10月20日に京を出て、11月14日に板橋に着きましたが、宿場に入る前に少し遠回りをしています」

曳尾庵「それは、板橋宿上宿の岩之坂にある霊木『縁切榎』の障りを避けるためですね」

和宮「そのようです。わたくしより前に将軍家に嫁入りをされた姫君たちも、この男女の縁を切るという霊木を避けて通ったと聞いています」

縁切榎

曳尾庵「さて、和宮様は江戸への旅の最後の宿泊地が板橋宿ということになりますね。御婚儀後は御台所として大奥に入られましたが、お姑さんには大河ドラマのヒロインである『篤姫』こと天璋院敬子様がいらしたのですよね」

和宮「そうです…。わたくしが御所風のしきたりで通すことが降嫁の条件だったのですが、大奥では徹底されておらず、天璋院様の側近とわたくしの側近が度々反目してしまいました」

曳尾庵「2年半後には、和宮様も薙髪し、静寛宮となられましたが、徳川家が滅亡の危機に面した時には、和宮様と天璋院様は徳川家の救済に尽力されたと聞いております」

和宮「わたくしも、板橋宿に布陣していた東山道軍（官軍）先鋒総督の岩倉具定殿に江戸進撃中止の書状を送るなど手を尽くしました。ところで岩倉殿の本営はわたくしも宿泊した飯田宇兵衛家だったそうで、これも何かの縁なのでしょうか」

曳尾庵「お二人の行動が大いに功を奏し、江戸開城となったわけですが、一方で板橋宿では東山道軍に捕えられ、名主家に幽閉されていた新撰組隊長の近藤勇が、同時期に宿場はずれで処刑されています。これも板橋宿が舞台となった歴史の光と影ということでしょうね。ところで、天璋院様との関係はその後どうなったのですか」

和宮「明治7年、京から東京へ戻りし後、天璋院様を家に招いたり、二人でたびたび隅田川堤へ出かけたりしております。最後には本当に良い関係だったのですよ（笑）」

曳尾庵「和宮様、板橋宿に関わるお話をお聞かせいただき、ありがとうございました。なお、私曳尾庵の話はほとんど出来ませんでしたが、結局のところ、板橋宿は、江戸の出入り口であることから、様々な人々が集まる賑やかなところでして…四六時中喧嘩も起こるなど、医者として始終駆り出されました…。残念ながら板橋で俳諧にふけるという夢は、6年間でついえてしまったというわけです」

櫻井「今日はたいへん面白いお話をありがとうございました」

（山浦純之介）

板橋宿のにぎわい＝『江戸名所図会』より

本屋のお勧め本

病んだ労働者たち

大多数の人たちにとって、日常とは、空虚で無味乾燥なものだ。それなのに何故、この『仕事』（スタッズ・ターケル編著、晶文社刊）に登場する「その他大勢」の人たちの言葉は胸に迫るのだろうか？

115の職業、133のアメリカの人々による、仕事についての思いを1冊にまとめたインタビュー集。

世界一豊かな国、アメリカ。このアメリカン・ドリームを支える労働者達の悲痛な叫びが聞こえてくる。会社から機械以下の扱いを受けるスポット溶接工、胃潰瘍に悩まされる航空券予約係、自分の仕事に社会的価値を見出せない公認会計士。各人が自分の仕事に対して、ぶつけようのない怒りをあらわにしている。

俗にブルーカラーと呼ばれる肉体低賃金労働者の不満は容易に想像できるが、興味深いことに経営責任者のような高給取りまでが、仕事に対して何かしらの哀愁を感じているのだ。

「金儲けをしようと思ったら、それがどんな金か探ったりしては駄目なんですよ」。そう口にしたのは、元セールスマン。思想家ヒルティがかつて、「仕事は幸福のために必要欠くべからざるものだ」と言ったように、お金目的だけで人間は仕事をしない。すなわち、仕事と生きがいは同義であると信じられてきた。しかし、ある女性編集者は「社会はそんなものを仕事に持ち込むのを認めない」と唾を吐く。

このように病んだ労働者を生み出したのは、国そのものが「生産」という強迫観念に囚われているからではないだろうか。この本が出版されたのは30年前。アメリカを理想としてきた日本は現在、同種の狂気に陥っている。

仕事についてのあり方が問われている現在、この本の労働者達の発言は何かしらの指針になるだろう。ただ、残念なことに現在、この本は絶版状態で入手困難な状態にある……。

最後に、全体的にブルース調となっている労働者達の発言の中で、一つオアシスとなる言葉を挙げておこう。「立派に仕事をやってさえいれば、どんな仕事をやっているかなんて問題ではないはずだよ」。その言葉を信じたい。

（三省堂書店都庁店　飯田紀男）

都政新報

発行所　都政新報社
〒160-0023 東京都新宿区
西新宿7-23-1 TSビル
〈総務・読者〉(03)5330-8781
〈企画広告〉(03)5330-8784
〈編　　集〉(03)5330-8786
〈出　　版〉(03)5330-8788
〈セミナー事業部〉(03)5330-9977
〈ファクス〉(03)5330-8808
郵便振替 00130-2-101470
購読料 月1,680円（税込）
毎週火・金曜日発行
但し、祝祭日は休刊
©都政新報社　2008

紙面から

介護保険

都が給付適正化方針

ケアプラン指導　熟練者確保がネックに

介護報酬の不正請求や介護人材の不足で制度への信頼が揺らぐ中、都は3月28日、「介護給付適正化プログラム」をまとめ、全都的に要介護認定やケアマネジメント、サービス提供体制を適正化する方針を打ち出した。介護給付費の増大を控え、過剰な介護サービスの提供を防ぎ、給付費を抑える狙いがある。ただ、全都的に人材確保の難しさからケアプラン指導を未実施の保険者も少なくない。また、認定基準が保険者で異なると制度の信頼感が損なわれる恐れもあるため、保険者全体の審査レベルをどう上げるかが課題になっている。

適正化で推進委設置へ

「介護給付適正化プログラム」では、2010年度までに、都内の全保険者が▽介護給付費通知▽住宅改修点検を実施する目標を掲げた。①要介護認定②ケアマネジメント③サービス提供体制の3点で適正化を目指す。

都のモデル事業として、03年度にケアプラン指導を始めた小金井市。ケアマネジャーが実際に作ったケアプランを提出してもらい、看護師や保健師、ケアマネジャーらでつくる審査チームが指導を行う。

同じ有資格者でも、熟練者と新人が立てるケアプランでは、差が浮き彫りになるという。「ベテランが立てたプランは、見るだけで暮らしぶりが映像のように見えるが、新人が作成したプランでは、暮らしぶりがつかみづらい」（介護福祉課）。

立川市や日野市などでも、すでにケアプランの評価事業を開始。「不正給付の有無より、ケアプランの質的向上、ケアマネジャーの平準化が主眼」（立川市）という。ただ、ケアマネジャーを指導する人材の確保が難しく、ケアプランの点検・指導を実施している保険者は28区市にとどまる。

小金井市の場合、審査チームの看護師を訪問看護ステーションから派遣してもらっているが、定員3人のうち2人しか確保できていない。審査には、厚さ1センチ程度の資料を読み込むなど手間もかかる。市は「熟練者が欠かせない。定着が重要だ」と話す。

他方、要介護認定が適切か検証に乗り出す保険者もある。江東区は08年度から「高齢化」「世帯構成」「住環境」などの指標を新たに分析対象とし、区の「特殊事情」が認定にどう影響しているか検証する。

要介護度は、厚労省のソフトによる「1次判定」と、医師の意見書を踏まえた認定審査会による「2次判定」を経て決まるが、同区の場合、2次判定で1次より重度に変更される割合が約34%と、全国平均の20%、都全体の約21%に比べても高いことが背景にある。

そのほか、2次判定の資料になる「主治医意見書」の改善も複数の区が実施。保険者間の要介護認定の平準化を目指す。

都は08年度から、ケアマネジメントの適正化に関する情報を提供する研修や、保険者を対象に住宅改修の事前申請について研修を実施する。

また、保険者や国保連などとつくる「介護保険適正化推進委員会」（仮称）で、適正化関連事業を検討・評価する予定だ。

介護給付費の推移（4月）

億円　450　400　350　300　250　200　150　100　50　0

地域密着　施設サービス　居宅サービス

00　01　02　03　04　05　06　07　年

揮発油税に法定外税構想　知事表明

石原知事は4日、国会が道路特定財源の暫定税率をいつまでも復元しないのであれば、揮発油税に法定外税として都独自に課税する考えがあることを明らかにした。

しかし、現実問題としては、国税である揮発油税が本則税率に下がったからといって、自治体が税収確保のため地方税で全く同じ税をかけるのは不可能。都幹部は「暫定税率を早期に国会で可決すべきだという知事のメッセージ」と受け止めている。

仮に知事が言うとおり実施した場合、都県境にあるガソリンスタンドは、法定外税が適用されていない値段の安い方に客が集中するため、一気に経営危機に陥る。

がん治療

病院検索システム整備

6カ月程度の専門研修も

都立駒込病院と癌研有明病院（江東区）は4月から、「都道府県がん診療連携拠点病院」に指定された。各都道府県に原則1カ所指定されることになっているが、「相乗効果が期待できる」として、東京都、宮城県、福岡県では2カ所が指定された。

駒込病院は、主に地域連携の仕組みづくりを担当。東京都では、「地域がん診療連携拠点病院」（12カ所）と、都独自に認定する「東京都認定がん診療病院」（10カ所）が、がん医療の中心になり、駒込病院が「がん診療連携会」の事務局として、各病院の連携の仕組みづくりを担う。

具体的には、地域連携クリティカルパスを全都的に整備。各病院の相談支援センターが持っている情報交換や、院内がん登録のデータを集約し、分析・評価を行うことになる。

また、がん治療の病院が検索できるデータベースも検討中という。

他方、癌研有明病院は人材育成を担当。連携拠点病院の医師、看護師、薬剤師を対象に、①外科的治療②化学療法③放射線療法——の3分野で6カ月間程度の専門研修を行う。また、一般の臨床医向けに、①放射線療法②化学療法③緩和医療④呼吸器⑤消化器⑥乳腺⑦精神腫瘍⑧前立腺——のコースで、短期間の研修も検討する。院内研修プログラムが病院ごとに異なるため、専門医育成の基準を都独自に検討する方針だ。

落陽の日　石原都政　2

勝算のない戦いに自ら突入

上杉　隆（ジャーナリスト）

3月28日、経営難に苦しむ「新銀行東京」への追加出資が決まった。知事や都議会与党は、400億円あれば再建が可能として、議案に賛成した。だが、果たして本当にそうだろうか。

新銀行東京発足当時と同じく無駄な支出になるようで、筆者は不安を抱かずにはいられない。

実は当時、新銀行構想を掲げて再選を決めた石原知事に対して、複数の都幹部は「撤退」を進言していた。なぜか。理由はいくつか挙げられるが、中でも不況にあえいでいた都内の中小企業を取り巻く環境が大きく改善されたことが大きい。

軽く振り返ってみよう。

2003年当時、小泉＝竹中ラインが牽引する日本経済は、長かった「不況」をようやく脱する兆しをみせていた。同時にまた「貸し渋り」や「貸し剥がし」に苦しんでいた都内の中小企業も、当の都市銀行による融資が始まったことで、一息ついている状況だった。つまり、新東京銀行はその構想時点で、その役割の大部分を終えている状況にあったと言えるのだ。

ところが、不幸なことに、都知事自身がそうした状況を客観的にとらえ、政治判断を下す冷静さを欠いていた。その理由は、こうである。

当時の石原知事は、外形標準課税の導入による訴訟などで、都市銀行と激しく対立していた。そのために、新銀行と同様の融資制度を都市銀行側が始めたことで、感情的になり、自らの政治決断を歪めてしまったのだ。つまり、勝算のない戦いに自ら突入してしまったのである。

そして2005年4月、新銀行東京が発足した。当時、取材にあたっていた筆者に対して、構想段階から関わってきたある都幹部は、次のように嘆いた。

「それほど遠からず、この銀行は行き詰まりますよ。この状況からして、最初から破綻に向かって生まれたようなものですから」

実は、設立に関わった関係者の多くが、その表向きの発言とは違って、懇談やオフレコの会話では、盛んにこのように語っていた。こうして結局、今日、そうした不安は的中し、現実のものとなってしまった。

■とにかく1年延命

さて、約1千億円の出資金でスタートした当時ですらそうである。ゼロよりもひどいマイナスの経営状況にある現在、わずか400億円で再建の道筋が立つとは思えない。設立以来、新銀行の内情をよく知り、元知事側近のひとりに尋ねると、案の定、次のような答えが返ってきた。

「当初、話し合いの段階で、300億という数字も出された。でも、少し上乗せして400億円。その根拠は、とにかく1年持てばいいというもの。実際、400億は、1年間、持たせるのに精一杯の金額だね」

では、なぜ1年なのか。石原知事の3期目の任期は2011年。一方で、400億円は任期満了まで想定した金額ではないと前出の都幹部も認め、さらにこう続ける。

「知事の狙いは明確だよ。東京オリンピック、それしかない。新銀行東京を1年延命できれば、来年（2009年）のIOC（国際オリンピック委員会）総会での開催地決定まで時間稼ぎができる。それで、東京が落選したら、公約どおり、五輪落選の責任を取って辞任する。あとは、次の知事が尻拭いという算段になるだろう。新銀行東京では、傷はつかないというわけだ」

昨年（2007年）の知事の出馬会見で、石原は、筆者の質問に対して、次のように答えた。

「私が、東京オリンピック誘致の言い出しっぺですからね。それが三選出馬を決めた理由ですな。IOC落選？　もちろんその時にはちゃんと責任を取りますよ」

では、仮に、東京オリンピック誘致が成功したら、どうするつもりだろう。実は、その時のための方策も準備しているようだ。前出の元側近が語る。

「そのときは『基金』を取り崩して、新銀行再建にあてるはずということだろう。都は、すでに五輪用に年間1千億円の基金を積み立てているが、実はそれ以外にも密かに貯めていた『基金』がある。新銀行の発案者でもあり、推進当事者でもある知恵者の大塚俊郎氏などが、あらゆる事態を想定して準備しているのは当然だろう」

いずれにしろ、石原知事は逃げ切れるというシナリオのようである。

京浜3港が連携強化

入港料は1億円減に

6項目の取り組みで基本合意

東京都と横浜市、川崎市は、港湾の国際競争力を高めるため、東京港、横浜港、川崎港を一つの港（京浜港）とみなして入港料の一元化や申請書等の様式の統一化、手続きの簡素化などに着手する。

現在は、三つの港でそれぞれ入港料を負担しているが、最初に立ち寄った港で支払えば、他の港にも入港できる仕組みにする。

船会社からすると、3港全体で年1億円程度の負担軽減になるという。

その一方、港湾管理者は、コスト負担を引き下げることで寄航する船数は逆に増えると見込み、その分をカバーできると見ている。

基幹航路における日本の位置は、アジア諸港が躍進する中で相対的に低下。コンテナ貨物量で見ると、96年に東京港は世界12位だったが、06年は23位に落ちた。横浜港も96年の11位から、06年の27位になっている。「京浜港」として見た時、世界13位のコンテナ貨物量になるという。

都、横浜、川崎の3自治体では、①港湾コストの低減②国内ハブ機能の強化③東京湾全体を視野に入れた合理的な施設配置——など6課題に取り組むことで基本合意。今後、具体的に検討していくため「京浜港広域連携推進会議」を設立する。港湾関係者の参加も得ながら「京浜港共同ビジョン」として3港の将来像を描いていく考えだ。

口座振替業務を4月から集中化　都主税局

都主税局は、4月から口座振替の申し込みや変更・停止などの問い合わせ先を徴収部納税推進課に一本化した。これまでは、各都税事務所で受け付けていたが、業務を集中して効率化を図る。

今年3月現在、対象者293万人のうち、46%（135万人）が利用。年間1・3ポイント程度の割合で増えている。

新たな環境基本計画を策定　都環境局

都環境局は、新たな環境基本計画を策定した。

新計画では、異常気象の頻発など、気候変動の変化が、人類・生物の生存基盤の存続を脅かす、「今そこにある危機」として認識されていることなど、東京が直面する環境問題についての新たな認識を提示した。その上で、「少ないエネルギー消費で、快適に活動・生活できる都市」を目指している。

具体的な施策では「人類・生物の生存基盤の確保」「健康で安全な生活環境の確保」「より快適で質の高い都市環境の創出」の3分野に分けて施策を提示している。

環境審議会は今年2月に環境基本計画のあり方について答申した。これを受け環境局が、02年1月に改定した旧計画を抜本的に見直した。

花粉症対策で国に申し入れ　公明党都県議

公明党1都8県の都・県議会の代表が3日、「花粉症対策サミット」を開催。福田首相に対して花粉症対策に関する申し入れを行った。

申し入れでは、花粉発生源対策として、花粉の少ない樹種への植え替えや、国のスギ花粉発生源対策重点区域の対象拡大、地域材利用の拡充などを要望。花粉症予防・治療対策では、各種調査研究の充実と花粉症予防・治療方法の早期確立、日常的な花粉飛散予報など、正確できめ細かな情報提供を求めた。

バス停を広告媒体に　初年度は7千万円弱　都交通局

都交通局は3月31日から、「広告付きバス停」を広告媒体として運用し始めた。設置数は25基を予定しているが、当面は21基で運用する。主な設置場所は▽日本橋▽日比谷▽歌舞伎町などで、同局は初年度7千万円弱の収益を見込んでいる。

現在、飲料メーカーのサントリーと契約中。収益はバス停の整備や維持管理などに充てる。同局目途に、「広告付きバス停」を100基に拡大する予定。同局では、07年3月26日、都庁前に1基を試行設置し、都政のPRに活用していた。

都政の東西

ご託宣と良心

新銀行東京への追加出資の話題で沸騰した第1回定例会が終わって10日余り。喧騒が過ぎていま振り返ってみると、野党の質問にほえる知事の不遜な態度と、それとは好対照に誠実な産業労働局長の姿勢だけが残像として残っている。

予算特別委員会が始まった時、自民党から「自公は議案に賛成だから、知事は知事らしくやれ」と力水をつけられたのが効き過ぎたのか、昨年の都知事選の時のように低姿勢になることはなかった。

「各局の幹部にも勉強してもらって、この銀行のために、こういう事業がこう役に立つんじゃないか、そういう発想を持ってもらって…」。知事は、3月末の会見でこう語った。自分の失政で1千億円が消え、さらに400億円も税金投入しているのに、勉強しろも何もないものだが、ここは知事のご託宣である。都幹部に「銀行支援の有効策はあるか」と聞いてみた。

ことは、気が遠くなる規模の赤字経営だ。「三セク融資の付け替えぐらい」というのが答えだった。しかし、この支援策にしても、中小企業への資金供給という当初のミッションから外れているため「禁じ手」という声が聞かれた。監理団体で短期資金に困っている団体はないからである。また、長期資金を動かす住宅供給公社や臨海ホールディングスにしても、独自の資金調達ルートを持つ。住宅供給公社は公社債を発行。臨海ホールディングスも07年度に都から10年間・50億円の無利子貸付を受け、グループファイナンスを立ち上げた。傘下の5社から余剰資金を集め、200億円超の規模で資金運用する。

組織維持が自己目的化した新銀行東京の議論には、庁内はうんざりというのが実情。今後、どんな支援策が出てくるか注目だが、都庁の良心が垣間見られる内容であると信じたい。

元句ジョーク

今年のお花見、よく目にしたオリンピック招致の横断幕

都立公園ガイド「奥が山桜、まん中がソメイヨシノ、手前の幕は東京都のサクラです」

年金天引き14区が延期

後期高齢者医療制度

対象者の把握に遅れ

75歳以上を対象にした後期高齢者医療制度が4月からスタートした。保険料は原則として年金天引きの特別徴収となるが、23区では、14区が4月からの実施を全面的に見送った。保険料の負担軽減策などの動きを見極める必要があったことや、対象者の把握がしきれていないことなどが原因。特別徴収を開始するまでは納付書による普通徴収となることから、滞納の懸念も生じている。

■全体の約7割

東京都後期高齢者医療広域連合によると、都内の後期高齢者約113万人のうち、おおむね7割が特別徴収の該当者になるとみられている。公的年金の年額が18万円未満の人、もしくは介護保険と後期高齢者医療保険の合計が年金受給額の2分の1を超えた場合は、天引きは行われない。

■不確定要素多く

特別徴収の4月スタートを見送ったのは、中央、港、新宿、台東、品川、目黒、大田、渋谷、杉並、北、荒川、板橋、葛飾、江戸川の14区。理由は複数ある。

4月に特別徴収を開始するには、本来、1月に社会保険庁への申請が必要だった。しかし、その時点でも、東京都後期高齢者医療広域連合が算出する保険料に、低所得者の負担軽減をめぐって、不確定要素があった。

また、社会保険の被扶養者の問題もある。新たに保険を支払うことになる社会保険の被扶養者については、半年間の保険料の凍結が決まっている。しかし、現在に至るまで、3月末日現在での被扶養者該当者の把握が困難な状態にある。社会保険診療報酬支払基金から広域連合へ寄せられる最新データは4月30日にならないと届かない。

そのほか、同制度の対象者として含まれている65歳から74歳の障害者の扱いも難しい。元の健康保険の資格を喪失しない方が条件的によいケースもあって、本人判断で後期高齢者医療制度への移行をとりやめることも考えられる。

「手続き的には、とりすぎたら還付すれば済む。しかし、区民感情からすると避けた方がよい」「あいまいな仮算定より、本算定での正確なデータに基づいた方がよい」と判断して、実施を延ばしたところが多い。

現段階でデータのそろっている国民健康保険や国民健康保険組合加入者からの特別徴収だけを行い、社会保険加入者の分を先送りにする選択もあった。しかし、「区民の間で徴収時期に差異が生じてよくない」との判断で延期した区もあった。

■滞納増える懸念も

10月スタートまでの間の保険料の徴収は、納付書による普通徴収。金融機関やコンビニ、役所の窓口などに出向いて納めてもらう。後期高齢者医療制度は、十分な周知が図られているとはいえない。区の担当者の間からは「収納率が下がる可能性もある」と、滞納を心配する声も上がっている。「職を持たず、現役でない高齢者から徴収することになる。どういった方法がよいのか、検討の余地がある」と話す担当者もいる。

■業務で忙殺

一方、4月に間に合わせた区でも、社会保険加入者の天引きについては10月からとしている。「慎重を期し、今の時点では社会保険加入者は全員除いた」などと話す。

4月スタートとなった区の担当者も、余裕があるわけでもない。3月中の保険証発送と保険料の徴収時期が重なり、膨大な事務に直面している。どの区も「保険証が届かない」などの電話が殺到し、応対に忙殺されている。郵便受けの中の不在届に気付かずに苦情を言ってくるケースなどが多いという。本人に手渡しできない状態が続くと、保険証が区役所に戻ってくることもある。「保険証を手元に届ける作業が続くなか、保険料までいただくとあって、非常にタイトなスケジュール」と話す。

この制度に取り込まれる高齢者や障害者のみならず、徴収にあたる区市町村も負担を強いられている。

まずは電話対応から？

「長寿医療制度」

福田首相は1日、後期高齢者医療制度の通称を「長寿医療制度」とするように舛添厚生労働相に指示をした。厚労省保険局は2日付で、都道府県の担当主管課（部）と、都道府県後期高齢者広域連合事務局あてに事務連絡を通知。「これからPRのために作成するパンフレットなどの文書では長寿医療制度（後期高齢者医療制度）との記述にしていただきたい」などとした。

こうした動きを受けて、東京都後期高齢者医療広域連合では、3日に同省からの通知を都内区市町村にメールで送付。電話では「長寿医療制度の担当です」と名乗るなどの例示を添えた。

同広域連合としても、電話をかけてくる人に対し、批判の多い「後期高齢者」という言葉を使わず、「東京都の広域連合です」と縮めて名乗るなどの対応を始めている。ただ、「区市町村によっては、組織名自体に後期高齢者という言葉を使っているところもあってそのあたりは判断に任される。今後は、4日に開かれた長寿医療制度実施本部の会合の結果を踏まえて対応したい」と話す。

23区でも組織名に「後期高齢者」を使っている区はいくつもある。板橋区は「後期高齢医療制度課」。同区では「電話での応対は急に名称を変えると混乱する」として、そのままの課名で対応している。一方で「4月12日発行の広報で通称名の周知も図りたい」という。

世田谷区

庁舎整備を検討へ

災害対策など課題山積

庁舎整備の行方はどうなるのか＝世田谷区役所で

世田谷区は、老朽化した庁舎の問題点などを民間企業に依頼していた調査報告を受け、「庁舎計画担当部」を1日に新設した。現時点では、庁舎の建て替えか改修かはまだ決まっていないため、同部は庁舎整備の計画づくりなどに取り組んでいく。

第1～3庁舎と区民会館は、世田谷4丁目の敷地に同居している。庁舎は第1が1960年、第2が69年、区民会館が57年に建設され、外観や内装の老朽化が目立つ。区によると、庁舎などの耐震補強工事が済んでおり、阪神大震災クラスの地震が起きても倒壊、崩壊の可能性は低いとしている。

老朽化が進む庁舎の今後のあり方について、区は2004年度から民間企業に調査を依頼していた。調査報告書では、災害対策、区民サービス、環境対策の問題点、改善点などが指摘された。

災害対策では、負傷者を応急手当したり、ほかの自治体などの支援物資を受け入れるスペースが不十分であったり、非常用電源の貯蔵燃料が不足しているため、3日分を貯蔵することなどが必要とされた。

区民サービスでは、階段の踊り場にトイレが設置されるなどバリアフリー化が求められたり、庁舎が分散し区民にはわかりにくいので、案内表示などを設置して利便性を高める課題がある。

環境対策では、照明や空調の省エネ対策が不十分で、手狭な庁舎では省エネ機器を置くスペースの確保には限界があるという。

庁舎計画担当部では今後、庁舎の建て替えと改修のどちらが適切かを区民、議会の意見を踏まえて検討していく方針だ。

目黒区長選

3氏が公開討論

後期高齢めぐり賛否

今月20日に投開票の目黒区長選挙を前に4日、候補予定者による公開討論会が開かれた。現職で再選を目指す青木英二氏（53）＝民主推薦＝、前区議で元保育所園長の野沢満理子氏（61）＝共産推薦＝、前区議の安久美与子氏（73）の3氏が参加した。

討論会は東京青年会議所の主催。東急中目黒駅前の広場で行われた。

◆後期高齢者医療制度

野沢氏は「絶対反対。国に働きかけるとともに、区としては保険料や医療費の補助を行っていきたい」、安久氏は「年金者からしぼりとる制度。断固反対」と述べた。一方、青木氏は「これからも増え続ける医療費にしっかり対応すべき。必要なことは区長会としても国に申し上げるが、今の段階では賛成」。

◆プラスチック焼却

青木氏は「目黒ではプラスチックはできるだけ再利用しようとやってきた。どうしてもだめなものだけサーマルリサイクルで焼却に回す考え」と現行のごみ処理方法に理解を求めた。一方、安久氏は「燃やすことは反対。どうすれば少しでも燃やさないで済むかを研究すべき」、野沢氏も「サーマルには反対。生産段階から極力ごみを出さないなど根本から見直さないとごみ問題は解決しない」とした。

◆23区と都のあり方

安久氏は「今、都が（区に対して）やっていることは国が地方にひも付きで補助していることと同じ。首長を変えて、早く脱却を実現すべき」と述べた。野沢氏は「今の区長会はあまりに都のいいなり。住民を含めた自治権拡充運動を広めて独自性を持った自治体に変えたい」とした。ここでも守勢に回った青木氏は「都と444の事業をどうするか議論している。私は444すべてを移すのが大原則と区長会でも主張している。ただ財源が伴わない移管は困るので区長会のなかで、都と話し合っているところだ」と語った。

◇

薬師寺克一・前市長の急死によって急な選挙となった前回は、民主の推薦で出馬した青木氏が勝利した。今回は自民、公明も青木氏を推薦する方向で、同氏が優勢とみられている。だが、国政のように自民対民主の対決になっておらず、区民の関心の薄さも懸念される。

話題の後期高齢者医療制度や都区のあり方などについて意見を述べ合った公開討論会＝目黒区内で

江東区

人口45万人を突破

豊洲地区の増加顕著に

江東区の人口が3月31日で45万人を超えた。同日業務終了時点での人口は、45万378人。地区別でみると、マンションが急増している豊洲地区で大幅な増加がみられた。

45万378人の内訳は、住民基本台帳に基づく人口が43万2090人、外国人登録者が1万8288人だった。今年1月1日現在の住民基本台帳は42万8294人。日本人に限ってみると、3カ月で約3800人の増加で、1カ月あたり約1270人、1日あたり約40人のペースで増えたことになる。

なかでも、マンションが急増している豊洲地区では顕著な増加がみられた。外国人を含めて3月31日現在で8万1189人。3月の1カ月間で1780人増加した。

同区の人口は終戦の1945年に2万5千人台まで極度に減少したが、その後、急増。57年には30万人を突破した。地価高騰などで一時期減少したが、98年には再び増加に転じた。2002年8月に40万人を超えてから5年7カ月で45万人になった。

大田区など

羽田空港跡地利用基本計画まとまる

国土交通省、東京都、大田区、品川区はこのほど、羽田空港跡地利用基本計画をまとめた。全体を三つのゾーンに分けて、利用の方向性を示している。羽田空港の沖合展開事業と再拡張事業の実施で発生する跡地は、空港の市街地側に隣接する国有地で53㌶。

基本計画によると、第1ゾーンは市街地近接ゾーン。国際便の就航に伴う海外と周辺地域との文化交流を促進する「にぎわい創出」のゾーンとする。大田区で盛んな産業技術に関する国際展示や情報交換を促進する産業支援としての性格も位置付ける。

第2ゾーンは国際線地区隣接ゾーン。国際線旅客ターミナルビルとの補完的、一体的な旅客サービスを提供する国際交流、商業ゾーンとする。

第3ゾーンはB滑走路隣接ゾーン。航空旅客・貨物施設、航空機サービス施設などの空港関連施設の整備により、羽田空港のサポート機能の拡充を図ることが可能な空港連携ゾーンとする。

第1、第2ゾーンは多摩川に面している。第1ゾーンでは親水空間や防災機能も担うことができる緑地エリア、第2ゾーンでは長い水際線を生かした良好な景観形成なども期待できる。

跡地利用については国交省と都、大田区、品川区の4者で羽田空港移転問題協議会を設置。今後も、2010年10月に予定されている再拡張事業の供用開始を踏まえ、基盤整備や事業手法などの課題について引き続き検討していく。

中央区

区民文化財 新たに2件

中央区教育委員会は1日、中央区民文化財として新たに2件の登録を決定した。これにより、同文化財の登録件数は84件になる。

新たに登録が決まったのは、「東京薬事協会所蔵文書」と「紀元二千六百年記念日本万国博覧会開催準備関係資料」の2件。

「東京薬事文書」は、社団法人東京薬事協会の所有。江戸時代の薬種問屋間での取り引きの実際が分かる史料や問屋仲間の法度書などの近世文書4点と、明治以来の本町界隈を中心とした薬種問屋および問屋組合の事跡が分かる近代文書36点からなっている。

「紀元二千六百年記念日本万国博覧会開催準備関係資料」は、紀元二千六百年にあたる1940年（昭和15年）に日本初の開催が予定されていた万国博の開催準備関係資料74点。同万国博は、現在の晴海にあたる月島4号地と豊洲にあたる月島5号地を主会場とする約45万坪の敷地で計画されていた。

しかし、日中戦争の拡大により、1938年に延期が決定され、メーンゲートである勝鬨橋だけが1940年に完成した。

区民文化財への登録は、中央区文化財保護審議会への諮問・答申、所有者の同意などの手続きを経て、決定された。

足立区

議員定数5人削減

先月末[illegible]例会で、[illegible]の50人か[illegible]る条例改[illegible]た。自公[illegible]の削減と[illegible]の一環と[illegible]削減の改[illegible]という。

議員報酬[illegible]の議論を[illegible]し、改正[illegible]議員定数[illegible]多数で可[illegible]区議選か[illegible]

区議会[illegible]と、議員[illegible]されると[illegible]経費節減[illegible]でいる。

足立区[illegible]たりの議[illegible]の0・79[illegible]0・71人[illegible]区内でも[illegible]る。

足立区の議員定数は、1951年に44人、59年に48人、63年に52人、67年に56人、2000年に50人に改正された。

記者席

新銀行再建で売り込みも

○……入都式に出席した新採職員935人に「緑の東京募金」をお願いし、集まった総額は5万4千円。この取り組みには、都庁内から「給料もまだ支払っていないのに、先に取るのか」と驚きの反応も。環境局に問い合わせると「イベントがあれば、どこへでも出かけているので…」と意に返さない風で粛々と話す。

都では、2007年10月22日から11年3月末まで、約3年半で8億円を目標に掲げる。この半年で集まったのは1億1千万円。このペースでいけば、ちょうど目標に到達するスピードだが、庁内的には「職員募金」に対する反発が強い。石原知事の支持率が低下していく中で、緑のムーブメントも正念場だ。

○……「都民の声」には新銀行東京に関する意見が187件寄せられ、このうち156件が追加出資に反対か撤退を求める意見だった。一方、賛成意見は14件。ホームページには「本来は日本政府が中小企業を救済すべきだが、行わないので、都が新銀行東京を設立して救っている。都が税金で援助して当然」という「代弁」が。

「その他」の意見には、「今後、どうなるのか」といった声のほか、経営コンサルタント会社から「我が社の戦略を使って」という商魂たくましい「売り込み」もあったとか。

○……福祉事務所のケースワーカーの配置基準は「一人当たり80人担当」だが、それを保障できているところは少ない。市部では26市中21市が、配置基準をオーバー。うつ、アルコール依存、DV…などの困難ケースが増える中、ワーカーの負担は重くなるばかりだ。

そんなワーカーの負担減を目指して登場したのが「自立支援プログラム」。国は就労支援プログラムに続き、今年度中に各自治体に多重債務者の自立支援プログラムを作るよう求めている。

しかし、担当者からは「専門機関につなげるしかない多重債務者支援を、プログラム化する必要性が感じられない……」という困惑の声も多く聞こえる。プログラムの追加が新たな負担増を生まないことを願うばかりだ。

自立支援プログラム

問われる援助の技術力

生活保護担当課設置も

「給付から自立へ」――05年に生活保護者への対応が大きく方向転換してから3年。精神障害や多重債務など、対応に専門的な知識が必要なケースが急増する中、国は、生活保護受給者の自立や生活再建につなげていく手順をマニュアル化する「自立支援プログラム」の導入を自治体に推進してきた。しかし、効果をあげる自治体以上に、プログラムが機能していない自治体の方が多いのが現状だ。生活保護担当課を設置して、プログラム作成を集中的に行おうとする市もある中、プログラム作成と運用にどのような課題があるのか各市に聞いた。

■ターゲットが明確に

生活保護受給者数は年々、増加の一途をたどっている。都全体では08年2月末現在、15万3731世帯、20万3452人にのぼり、そのうち26市では3万8605世帯、5万1534人が生保対象者だ。

5年前の03年2月末現在と比較すると、市部では10・2％だった保護率が、08年2月末現在は12・7％に上昇。専門的な対応が必要な「困難ケース」も増える中、「自立支援プログラム」を作成して、ケースワーカーの負担減や自立促進を狙う市も多い。

東久留米市では4月から、26市初となる生活保護担当課を設置した。同市では、全区市で実施されている就労支援プログラムのほかにはプログラムがなく、「担当課を設置したことで、必要なプログラムの作成を集中的に行えるようになる」と期待を寄せる。

府中市では、独自プログラムとして「精神保健福祉相談プログラム」と「年金・資産等調査プログラム」等を実施し、効果があったと話す。年金・資産等の調査では、社会保険事務所のOBを採用し、60歳以上の生活保護受給者605人を対象に、年金の受給資格を調査。これまで、ワーカーでは判断できずに放置されてきた対象者の中に、年金収入がある人が26人発見された。

担当課では「年金収入がある人が分かれば、保護費の削減につながる。障害者年金などの受給者の中には生活保護を受けることで負い目を感じる人も多いが、自分の権利で一部年金がもらえることが分かって気持ちが前向きになり、次の支援につながる人もいる」と効果を話す。また、「プログラム化できれば支援するターゲットが明確になる。ワーカーが職場を異動しても、処遇がうやむやにならずに、支援が継続できる」などとし、「プログラムは有効」と話した。

■プログラムはあっても

一方で、プログラムがあっても、参加者が伸び悩んでいる市も少なくない。26市の中で、最も多くのプログラムを展開している小金井市もそのうちの1市だ。

同市は「居宅精神障害者支援」「高齢者支援」「児童・生徒・学生自立支援」「長期入院患者退院支援」「宿泊所利用者自立支援」など六つのプログラムを実施している。しかし、08年12月現在の実績では、就労支援プログラムを除いて、それぞれのプログラムの参加者は1～2人。プログラムに乗せるためには、各ワーカーが担当世帯の中から対象者を調査・選別し、ケース検討委員会にかける必要があるが、ワーカーが抱えている件数は100件超。日常業務に追われ、プログラムはあっても、そこに対象者を乗せることができない状況だという。担当課では「今あるプログラムをいかに活用させていくかが課題」などと語った。

また、三つのプログラムを実施している多摩市でも、「地区担当員援助プログラム」「就労意欲形成プログラム」では参加者が0～2人。担当者は「引きこもっている人に『就労意欲を形成』してもらう動機付けをどうするのか、現状ではその手段を見つけることが難しい」などと話し、参加者の伸び悩みに苦慮する。

■援助技術力の向上

生保受給者の自立支援はこれまで、ワーカーの経験や力量に頼るところが大きかった。困難ケースも増える中、ベテランワーカーのノウハウを誰でも対応できるようマニュアル化するのが「自立支援プログラム」だ。

しかし、ワーカーの経験を持つある市の担当職員は、「各自治体がプログラムを作成・運営するとき、事務処理的なものなら対象者をうまく乗せていくことができても、本人の気持ちを動かしながら進めていくものは、結局は対象者に関わるワーカーの『対人援助力』が必要になってくる」という。「プログラム化は否定しないが『顔だけのプログラム』が多い。うまく運用するために必要なのは、たとえば精神保健などの専門家とワーカーとの間を取り持つコーディネート役のほか、対象者の根本的な問題を引き出したり、対象者本人の気持ちが自立に向けて動いたタイミングをとらえて支援する、ワーカーの援助技術力の向上だ」。

国は、就労支援プログラムを中心に、すべての生活保護受給者を何らかのプログラムに乗せて、自立を促そうという思いがある。しかし、多くの自治体ではそれを運営していく技術が追いついていない状況だ。福祉に関わったことのない職員が、人事異動で翌日からケースワーカーにもなる現状の中で、プログラムを有効活用するためには、ワーカーの「基礎的な援助技術」を指南する術が求められている。

福生市

申請書自動作成システム稼働へ

都内初　ワンストップサービスで即時発行

証明書の申請から交付までが約1分に

「1分で証明書を発行します」――福生市は4月14日から、住民票や印鑑証明書など5種類の書類について「ワンストップサービス」を本格実施する。名前や住所などの確認すべき内容を窓口職員と直接やりとりし、職員が専門の端末を操作すると、自動で申請書が印刷される仕組み。わずかな時間で証明書の取得ができるようになり、年度初めの窓口の混雑緩和に大きな効果がありそうだ。

本格稼働するのは、昨年10月から試験的に導入していた「申請書自動作成システム」。全国的にも珍しく、都内では初めて導入された。

これまでは必要な証明書がある場合、それぞれの証明書ごとに申請書を記入し、窓口に提出。内容の確認を行い、番号札を渡して待機してもらい、その間に職員は入力作業を行って、証明書を発行していた。申請書の種類も多く、高齢者などは、申請書を探すだけで時間がかかるほか、20分かかっても記入できない人もいたという。

新たなシステム導入では、そうした煩わしさを解消した。直接窓口に行って職員に必要な書類を告げ、免許証や保険証などで本人確認がされれば、職員は住所や名前などをパソコンに入力して、申請書を作成。内容確認してサインすれば、証明書がその場で発行される。窓口にきてから証明書が交付されるまで、約1分だ。

さらに、フロアマネージャーを常時3人配置した。市役所を訪れる人に用件を聞き、証明書が必要と分かれば、すぐに窓口に案内。必要な手続きを迷うことなく行える。

市が一日で交付する証明書は約1800件あり、そのうちの約8割がこのシステムで対応できるという。システムで対応できない証明書や転入転出で、多くの窓口を回らなければならない場合などは、各課の担当者を呼び出して手続きするなど、臨機応変な対応を実施。できるだけ申請者が動かずに済むようにサービス向上に努めるという。

新庁舎の開庁に合わせて充実するサービスは、一部工事中の場所が完成する14日以降は、端末を7台まで増設可能になる。さらなる待ち時間短縮で、市民の負担軽減につなげていく考えだ。

第1回市議会定例会

109本の意見書可決

新銀行関連　市議会の意思分ける

26市の第1回定例会は新年度予算案などを可決して、3月中に終了した。各市議会からは道路特定財源関連や自衛隊イージス艦衝突事故関連などの意見書・決議135本が提出され、109本を可決。同様の内容の意見書の中で、市議会の意思として可否が分かれるものも多い中、新銀行東京関連の意見書では、賛否を無記名投票で行う市もあるなど、慎重に取り扱われる案件もあった。

今回、最も多くの市議会で可決された意見書は、道路特定財源の確保や堅持を求める意見書と、在沖縄米軍人による少女暴行事件への抗議や再発防止を求めるもので、ともに11市が可決した。

在沖縄米軍人による少女暴行事件については、小平、稲城の2市が抗議決議し、三鷹、国立、福生、清瀬の4市も意見書に加えて抗議決議を可決。いずれも強い怒り・憤りをもって、日本政府に対して日米地位協定の抜本的見直しを図ることや、日本政府、駐日米国大使や在日米軍司令官などに宛て、在日米軍人等の綱紀粛正と事件・事故の再発防止に向けた実効性ある施策を講じることなどを求めている。また、福生市の意見書と決議は、「横田基地における米軍憲兵の酒気帯び運転による交通事故」についても合わせて1本にまとめて可決した。一方、同様の意見書を否決した市議会のうち、ある自民党議員は「すでに政府として手を打ち、目いっぱい努力していると考え、意見書としてあえて出す必要はないと判断した」と反対の理由を述べたが、「機会あるごとに問題提起する必要はある」などと語った。

また、3月28日に再建支援のため400億円の追加出資が決まった新銀行東京だが、都議会が紛糾する中、市議会では追加出資への反対や破綻処理を求める意見書が町田、小金井、西東京の3市で可決。一方、日野、東久留米の2市は否決している。意見書を可決した町田市議会では、無記名投票を求める声が議運で承認され、実施。17対16で可決された。日野市は新銀行東京に対し、「税金投入の中止を求める意見書」を否決しているが、「抜本的な経営見直しを求める意見書」は可決している。

また「地デジ放送の受信対策の推進」「中小企業底上げ対策の一層強化」を6市、「介護労働者の待遇改善」「『バイオマス推進基本法』（仮称）の制定を求める意見書」を4市が可決するなど、関心が高かった。

ほかに、地域性のある意見書で可決されたものに「多摩地域の裁判所市部の本庁化・裁判所八王子市部の残地」に関連した意見書を小平、日野、国立が可決。単独では、東大和市が『鳥獣被害防止特措法』関連予算を鳥獣捕殺ではなく自然林復元と被害防除に使うこと等を求める意見書」を、小金井市が「医療リハビリの日数制限を撤廃することを求める意見書」、日野市が「犯罪被害者のための控室を求める意見書」、稲城市が「稲城大橋有料道路の無料化に関する意見書」などを可決した。

■可否が分かれた主な意見書

可決した市	意見書件名	否決した市
八王子、三鷹、府中、昭島、調布、小平、日野、清瀬、武蔵村山、あきる野、西東京	道路特定財源の確保、堅持	小金井、東久留米
小金井、東久留米	道路特定財源の一般財源化・道路関係諸税の暫定税率廃止等を求める	三鷹、調布、町田、西東京
八王子、立川、三鷹、町田、小金井、国立、福生、東大和、清瀬、武蔵村山、羽村	在沖縄米軍人による少女暴行事件	調布、東久留米
八王子、三鷹、小金井、清瀬、多摩、羽村	自衛隊イージス艦と漁船衝突事件の真相究明・再発防止	調布、町田、東久留米
町田、小金井、西東京	新銀行東京への追加出資反対・破たん処理を求める	日野、東久留米
立川、三鷹、調布、小金井、東久留米、多摩、羽村	中小企業底上げ対策の一層強化	町田
八王子、町田、日野、清瀬、稲城、西東京	労働者派遣法の抜本改正	東久留米、武蔵村山

■可決した決議

決議	可決した市
沖縄米兵による暴行事件に対する抗議決議	三鷹、小平、国立、福生、清瀬、稲城
調布基地跡地都市整備用地に関する決議	府中
市職員の不祥事に関する決議、道路特定財源の堅持を求める決議	東村山

東久留米市

新教育長に前総務部長の永田氏任命

東久留米市教育委員会は3月27日、3月で退職した前総務部長の永田昇氏(58)の教育委員任命に同意し、1日付で教育長に任命した。任期は09年7月31日まで。

永田氏は1949年11月5日生まれ。72年日本大学法学部卒、同年東久留米市役所入庁。74年日本大学法学部専攻科修了。教育委員会学校教育部主幹、職員課長、企画経営室長、総務部長などを歴任。3月末で退職していた。

■日の出町幹部異動　4月1日付

【部長級】▽議会事務局長（都市建設担当参事）橋本芳夫▽総務担当参事＝総務課長事務取扱、総務課IT推進係長事務取扱（総務・環境推進担当参事）森田嘉和▽教育担当参事＝図書館長事務取扱（教育委員会統括参事）川久保敦史▽秋川流域斎場組合事務局長（税務担当参事）田中実▽社会福祉協議会派遣（会計担当参事）濵中健一

【課長級】▽生活安全安心課長（地域振興課長）田中敏正▽税務課長（健康課長）森田泉▽町民課長（高齢福祉課長）須崎晴雄▽子育て福祉課長（総務・環境推進担当参事付主幹）宮岡進▽いきいき健康課長（社会教育課長）木住野正治▽まちづくり課長（都市開発課長）山田時夫▽上下水道課長（水道課長）清水一郎▽産業観光課長（経済課長）星野義信▽会計課長（会計課長）清水武▽文化スポーツ課長（下水道課長）竹花邦雄▽社会福祉協議会派遣（町民課長）平田久男▽社会福祉協議会派遣（教育委員会統括参事付主幹＝文化施設調査担当）江川益弘▽社会福祉協議会派遣（総務・環境推進担当参事付主幹＝国民保護法等担当）瀬戸安市▽日の出町サービス総合センター㈱派遣（子育て福祉課長）清水和明▽日の出町サービス総合センター㈱派遣（学校給食センター所長）岸野資郎

◆退職　3月31日付

▽議会事務局長　馬場伸夫▽上下水・経済担当参事　嶋崎哲也▽秋川流域斎場組合事務局長　井上基

週刊たま手箱

奥多摩町が塾開講　わさび栽培の担い手を育成

奥多摩町は4月から「奥多摩わさび塾」を開講している。わさび栽培の担い手を育成し、栽培技術の伝承を図る。

奥多摩町のわさび栽培の歴史は古く、江戸時代に将軍家に献上した記録も残っている。町の農業生産額の6割を占める重要な農産物だが、昨年9月の台風で大きな被害を受けた。被害は76カ所、被害面積は1万2528平方㍍に及ぶ。加えて、市場価格の低迷や栽培農家の高齢化、シカやイノシシ、サルなどによる被害もあり、休耕田が増加し、生産量が減少している。

「奥多摩わさび塾」は、そうした状況の改善を図るため、奥多摩町農業委員会と奥多摩町が主催。奥多摩山葵栽培組合が後援する。栽培技術の伝承、後継者育成、災害復旧支援などを目的とする。

期間は来年11月までの1年7カ月間。受講資格は、町内在住者または町内でわさび栽培を行っている人に限る。研修場所は同町川乗谷の塩地沢。台風被害にあったわさび田を使い、わさび田の改良から学んでいく。講師は奥多摩山葵栽培組合の前組合長が技術的な指導を行い、東京都農業改良普及員が病気や農薬などについて教える。

三鷹市　浸水防災マップ市内全戸に配布

三鷹市は市内の全戸に対して、浸水ハザードマップ・防災マップの配布を始めた。A1判の紙の表と裏に、それぞれのマップが印刷されている。

同市が浸水ハザードマップを作ったのは今回が初めて。同市では、05年9月の集中豪雨で244軒の床上、床下浸水被害があった。このため06年度に観測史上最大規模であった東海豪雨のときの降雨実績をもとにシミュレーションを実施。それをもとに、ハザードマップでは、各区域内での最大の水深を分かりやすく色別に地図上に表示した。

そのほか、大雨に対する日ごろの備えとして「雨水ますを清掃する」「大雨の時は水の使用を控えて」などのアドバイスのほか、ごみ袋といった身近なものでできる水防対策も紹介した。

一方、防災マップは01年以来の改訂版。家具類の転倒防止など地震に対する10の備えを紹介。

浸水ハザードマップも防災マップも小中学校などの避難所の場所を地図上で示している。見方を示す凡例の部分には日本語のほか、英語、ハングル語、中国語も併記されている。

小平市　障がいに理解ある街づくり

08年度から新たな障害者福祉計画をスタートさせた小平市は3日、白梅学園大学と「発達障害児支援と特別支援教室で地域協力協定」を結んだ。

同大学が実施する「アートでつくる障害理解社会の創成」の取り組みに地域連携として相互協力。障がいに理解のあるまちづくりと地域活性化や人材育成に寄与していく。

協力事項は、発達障害児支援アートワークショップ事業や発達障害児理解のための親キャラバン隊の活動、発達障害児理解のための共生絵本の作成や活用など、6項目。

アートワークショップ事業は、大学の学生などが発達障害児と、造形や料理、ダンスなどのワークショップを実施するもので、市は市報で発達障害児の募集やPRを行うほか、場所を提供。親キャラバン隊は、学生と発達障害児を抱える親が、特別支援教育に取り組む学校で直接交流の場を持ち、紙芝居や講演などで発達障害児への理解を広げていく。

調印式で小林市長は、「発達障害児理解のためには、実際に触れ合わないと分からない」と協定を歓迎。障害者福祉課では「子どもの情緒的な問題に関する相談が急増し、定員をオーバーする状況。この協定をきっかけに、発達障害児支援の取り組みを進めていきたい」などと話している。

町田市　市立全小学校で英語教育を実施

町田市教育委員会は、小学校の外国語活動の先行実施を行うことを決め、今年度から市立全小学校で、学年ごとに英語教育を行う時間をとり、「小中一貫町田っこカリキュラム」として実施する。

カリキュラムは、06年～07年、カリキュラム作成委員会が、3・4年生で12時間、5・6年生で24時間の英語指導計画を作成した。

学校には、教師用指導資料のほか、ピクチャーカード、絵本、英語活動ビデオなどの教材を各学校に配布するほか、全学級の指導でALT（アシスタント・ランゲージ・ティーチャー）による指導補助体制を整備。また、教師の研修として、玉川大学と連携。大学教授や英語を専攻する学生が、全小学校に出向いて研修を行ったり、大学内に英語研修コーディネーターを置いて、年3回程度の校内研修会を実施するなど、小学校英語活動を充実させていく。

武蔵野市　災害時緊急放送で協定

武蔵野市は9日、武蔵野三鷹ケーブルテレビ㈱と、「災害時等における緊急放送に関する協定」を締結した。

市内で地震や風水害、武力攻撃災害などが発生したり、発生するおそれがある場合に、市民に迅速に正確な情報を提供。緊急放送が実施されるときは、通常の放送を中断して、文字画面を一時的に前面に表示するか、通常放送で文字画面（L時画面）のスペースに表示する。

都職員共済組合　08年度事業計画・予算まとまる

実質収支で715億円の支出超過に

都職員共済組合はこのほど、08年度の事業計画と予算を取りまとめた。財政規模は9経理合計で対前年度比0・3％減の1兆4661億2700万円。繰越積立金等を除いた実質収支では、収入が3051億2600万円、支出は3766億5千万円、差引715億2400万円の支出超過だった。短期財源率を改正して収入増を図る一方、08年度については新たな高齢者医療制度の創設や特定健診・特定保健指導の開始、青山病院の財産処分などの要因で支出が増大した。

拠出金が医療給付金を逆転

都職員共済組合の組合員数は前年度から1・9％減の13万533人で、ピーク時の78年度と比べて7割強の水準となった。また被扶養者数は約9500人減少し、うち約5千人が後期高齢者医療制度創設による影響と説明する。

組合員数の減少を受けて掛金・負担金等収入も年々減少を続けており、08年度予算では2173億円を見込んだ。一方で年金給付等支出は2793億円で、差引不足額の620億円を長期給付積立金から取り崩して充当する。

08年度予算では、医療給付金327億円に対して拠出金が337億円と逆転したことが大きな特徴となっている。新たな高齢者医療制度の開始に伴って、後期高齢者支援金や前期高齢者納付金といった拠出金が増加したことによる。

財源率に関しては、短期給付で単年度収支を均衡させる観点から改定。組合員1人あたりの年間平均負担額は2万7600円増の25万5千円となった。長期給付では地方公務員共済組合連合会の定款に定められた財源率で改定されるため、1人あたりの年間平均負担額は1万1300円増の51万1800円とした。

福祉事業については、特定健診・特定保健指導を契機に、健康増進や疾病予防を機軸とした体系の再構築を図った。財源率は現行水準を維持し、見直しはない。具体的事業は今年1月に策定した「共済事業プラン2008」が反映されている。

このうち保健事業の中心となる特定健診・特定保健指導では、目標達成状況によって13年度以降、後期高齢者支援金額が±10％の範囲内で加減されるため、40歳以上の組合員はもちろん、被扶養者の実施状況も大きな課題となる。

特定健診・特定保健指導の前段となる健康づくりへの関心を高めてもらう目的で、健康プログラムへの参加や健康診断受診に付与されるポイントを施設利用券等と交換する健康ポイントプログラムも行う。また宿泊事業でも、アジュール竹芝で特定健診・特定保健指導の事業を開始する。

このほかシティホール診療所の機能充実として診療券のID化や専門外来の設置、保養・会館施設等のあり方検討にかかる経営診断等の調査も実施する。

都総務局

管理職の成績率を改正

最下位で勤勉手当なくす

都総務局はこのほど、管理職の成績率について改正を行った。改正内容は、成績率対象者の算定基礎にかかる扶養手当及びはね返り分を原資とするほか、最下位では一律分5％に加え、従前のプラス15％拠出を95％とする。これにより最下位の区分では勤勉手当がなくなる。総務局人事部では能力業績主義を給与制度にも反映するためと説明している。

管理職に関しては、94年12月期から一般職員に先行して成績率を導入、最上位・上位・中位・下位の4段階で制度がスタートした。その後、査定幅の拡大や原資確保方法の変更など拡充。02年には最下位を加えた5区分とし、原資も一律5％拠出のほか、さらに下位で5％、最下位では15％の拠出を加える仕組みとした。

改正内容では、最下位の区分に関して一律5％拠出に15％を加えていた従前の20％拠出から、一律5％プラス95％で、最終的に100％拠出とする。

最下位の区分はごくわずかで一ケタ程度の人数とみられ、原資への影響は極めて限定的となるが、今回の改正には、能力業績主義の徹底の観点から、管理職へのアナウンス効果の意味合いも強いようだ。

このほか改正内容のうち、扶養手当及びそのはね返り分に関しては、昨年の確定交渉で妥結した一般職員の勤勉手当の成績率見直しと同じ中身となっている。

春の都幹部異動分析　下

統括課長・課長級

局長級や総務・枢要部長の異動を夏期に控え、各局総務課長や企画・計理部門の枢要課長の交代などが中心となる春期異動では、計10局で総務課長が代わった。また早期選抜も多く見られた。統括課長級や企画・計理部門の枢要課長の異動状況を分析した（年齢は08年度末）。

■□出先統括も増

統括課長級の異動規模は昇任52人、横転42人だった。種別ごとの内訳は、Aが昇任10人で横転8人、Bは昇任37人で横転30人、Cは昇任5人で横転4人となる。昇任数は退職者の増などに伴い、昨年に比べて18人の増となった。

また総務局人事部は、昨年春期の異動から、職の困難度と配置を精査する方針を打ち出し、これまで多かった二級事務所副所長への部長級の配置を改め、統括課長級の配置を進めている。この結果、今回は出先事業所での統括課長昇任者が12人と多くなった。

統括課長は本庁課長を経て本庁で昇任するケースが多いが、本庁から出先事業所に異動しての昇任や、出先事業所で力を発揮した職員が出先で昇任するルートが太くなった。

■□種別Bが躍進

統括課長級の標準的な配置年次で見ると、5Aで8人、9Bで23人、11Cで2人となる。これより早い選抜では、6Aから初の統括課長となる栗岡祥一氏（45）が昇任し、病院経営本部総務課長に抜擢された。

また10Bからは、昨年10月にいち早く昇任して東京オリンピック招致本部総務課長に就いた樋口正勝氏（53）に続き、今回は斎田ゆう子氏（知事本局計画調整課長・47）、黒沼靖氏（総務局総務課長・47）、西村泰信氏（総務局区政課長・47）の3人が一選抜となった。

総務課長が交代したのは計10局で、新任総務課長の年次は4A~6A、8B~10Bとなる。5Aからは産業労働局総務課長に村松明典氏（47）、中央卸売市場総務課長に萱場明子氏（45）が、9Bからは労働委員会事務局総務課長に山根誠治氏（53）、財務局総務課長に松永竜太氏（46）がそれぞれ就任した。

また、企画・計理部門での統括課長昇任者は、知事本局調整課長の藤田聡氏（09B・48）、産業労働局企画計理課長の坂巻政一郎氏（09B・50）、会計管理局会計企画課長の奥田知子氏（05A・45）、下水道局理財課長の熊谷透氏（09B・54）となる。

今後の部長級昇任候補者となる統括課長級のストック状況を見ると、4Aが15人、5Aが10人、6Aが1人、8Bが22人、9Bが26人、10Bが4人となる。若い年次の統括課長級は種別Aに比べてBが多い状況だ。統括課長級の標準的な配置年次となる9Bからは今回25人が昇任となったほか、早期選抜となる10Bからも4人がすでに昇任しており、種別Bの躍進ぶりが目立っている。

■□早期選抜が加速

課長級の異動規模は、昇任116人、横転552人だった。種別ごとの内訳は、Aが昇任12人で横転133人、Bは昇任40人で横転265人、Cは昇任51人で横転111人となる。

標準的な配置年次は、本庁課長が8A、12B、14C。本庁副参事が12A、15B、17C。出先課長が14A、17B、19Cとなる。

本庁課長には、早期選抜となる9Aから5人、13Bから8人が登用された。昨年度春期異動の早期選抜はAが5人、Bが1人だったので7増となる。昨年春期は知事選を控えて小規模の異動となったため単純比較はできないが、昨年の夏期異動等を含む1年間でもAが7人、Bが6人であり、早期選抜傾向が加速したといえる。

総務課長とともに、春期人事異動の焦点となった各局企画・計理部門等への異動状況をみると、若手では8Aから西山智之氏（総務局制度企画課長・45）と、米今俊信氏（財務局予算第二課長・44）が枢要なライン課長に抜擢された。

また13Bからは、戸谷泰之氏（財務局予算担当課長・42）、矢沢知子氏（病院経営本部財務課長・47）、浅野直樹氏（教育庁予算担当課長・42）などが就任した。矢沢氏は、薬剤の職種からの登用となる。

さらに、7Aから飯田一哉氏（中央卸売市場財務課長・46）、10Bから篠原敏幸氏（財務局予算第一課長・47）、11Bから牧野和宏氏（交通局財務課長・43）などが起用となり、ベテランの活用では15Cの斉田典彦氏（52）が水道局主計課長に就任している。

東京オリンピック招致本部では、新設となった企画部事業調整課長に8Aの鈴木一幸氏（45）、招致推進部計画調整課長に8Aの西坂啓之氏（42）の若手二人を抜擢した。

◆

今春の人事異動について、総務局人事部では「若手の抜擢とベテランの活用」と話すが、やはり目につくのは若手の起用だ。都庁の人材が枯渇しているといわれる中、将来の総務部長、枢要部長を担う人材を確保するには、「次期候補者」のみならず、その先の世代から育成することが不可欠となる。

若い年次からの本庁部長や統括課長の起用に見られるように、年次管理にこだわらず、力のある職員が力を発揮でき、さらに力をつけることができるポストに配置する。今春の人事異動は、それをさらに具現化したものともいえる。

統括課長　6A、10Bから抜擢

本庁課長　13人が早期選抜

統括課長級・課長級の異動者数と昇任者数

【種別A】

年次	統括課長級		課長級	
	事務	技術	事務	技術
55A		1(0)		
56A				
57A		1(0)	1(0)	
58A				1(0)
59A	1(0)		1(0)	
60A				
61A		1(0)	1(0)	
62A	1(0)		2(0)	1(0)
63A			3(0)	
1A		1(0)	3(0)	
2A	1(0)		1(0)	1(0)
3A	1(0)		1(0)	1(0)
4A	1(1)		1(0)	2(0)
5A	8(8)		3(0)	1(0)
6A	1(1)		9(0)	2(0)
7A			10(0)	1(0)
8A			12(0)	4(0)
9A			13(0)	3(0)
10A			15(0)	5(0)
11A			12(0)	1(0)
12A			14(1)	3(0)
13A			6(1)	1(0)
14A			9(9)	1(1)
小計	14(10)	4(0)	117(11)	28(1)
計	18(10)		145(12)	

【種別B】

年次	統括課長級		課長級	
	事務	技術	事務	技術
58B	1(0)			
59B			1(0)	
60B	1(0)			
61B			2(0)	
62B	2(0)			1(0)
63B				
1B	3(1)		2(0)	
2B	3(0)		1(0)	
3B	3(0)		2(0)	
4B	3(2)		7(0)	1(0)
5B	2(0)	2(0)	8(0)	3(0)
6B	5(3)	3(0)	9(0)	4(0)
7B	2(0)	1(0)	9(0)	3(0)
8B	6(1)	2(2)	16(0)	5(0)
9B	23(23)	2(2)	17(0)	6(0)
10B	3(3)		24(0)	4(0)
11B			20(0)	5(0)
12B			27(0)	6(0)
13B			23(0)	6(0)
14B			14(0)	6(0)
15B			15(1)	9(0)
16B			14(4)	1(1)
17B			23(23)	11(11)
小計	57(33)	10(4)	234(28)	71(12)
計	67(37)		305(40)	

【種別C】

年次	統括課長級		課長級	
	事務	技術	事務	技術
9C	1(0)		1(0)	
10C	3(0)		1(0)	
11C	2(2)		4(0)	
12C	2(2)	1(1)	4(0)	1(0)
13C			7(0)	2(0)
14C			6(0)	6(0)
15C			8(0)	2(0)
16C			16(0)	5(0)
17C			25(0)	5(0)
18C			9(0)	8(0)
19C			40(39)	12(12)
小計	8(4)	1(1)	121(39)	41(12)
計	9(5)		162(51)	

（ ）内は昇任者の内数
網掛け部分は標準的な配置ポストと年次

特別区新任研修がスタート

全課程参加は15区のみ

特別区の新任研修が4日から始まり、初弾となる記念講演が渋谷区のC.C.レモンホールで行われた。新任職員が職場を離れる期間を短縮するため、今年は記念講演を1日から平日とし、区長あいさつも省略した。

冒頭、新任職員を前にあいさつに立った特別区職員研修所の太野垣孝範所長は、民間と公務員の違いについて「民間はサービスの対価として収入を得ているが、公務員は、納税者から信託を受けて仕事をし、税金を預かっている。この研修にかかる経費も区民の税金であり、行政に期待する区民の視点に立って仕事をしてほしい」などとエールを送った。

記念講演は、「メンタルヘルス」をテーマに、臨床心理士の高原恵子さんを招いて実施。社会人となり、生活環境が大きく変わる中、新任職員がストレスをパワーに変えて元気に仕事に取り組めるような内容にしたという。

高原先生は「ストレスは生きていくために必要な反応。いきいき仕事をするためのスパイスだが、ありすぎるとうつ病になる」などと説明。また、職場不適応とともに、適応しすぎるのも危険などと指摘し、「自らストレスのサインに気づき、信頼できる人に相談するなどしてアウトプットすることが大切」とアドバイスした。

特別区の共同研修は昨年度から各区の選択制となり、23区のうち、新任研修のすべてのカリキュラムに参加するのは15区となる。昨年も不参加だった千代田、杉並、江戸川に加え、中野も新任研修の全カリキュラムに参加していない。また、昨年不参加だった大田は、記念講演のみ参加し、荒川は記念講演を不参加とした。

投票を模擬体験

都選管　ホームページにコンテンツ

都選挙管理委員会事務局が作成した投票の模擬体験コンテンツ「体験！はじめての投票」が、同委員会ホームページに掲載中だ。

コンテンツは投票所入場券が送られてきた場面から始まり、投票所での受け付けや本人確認、投票などをフラッシュ動画で再現し、はじめての投票を友人達と一緒に体験するストーリーとなっている。

また「投票日当日、一番初めに投票所に来た人には、投票箱の中を確認してもらう」「紙パルプを用いない投票用紙も多い」など、投票にまつわる豆知識も学ぶことができる。

20歳代の若年有権者層では、昨年実施された選挙でも投票率が30％台と低く、投票率向上が大きな課題となっている。このため都選管では、ネットで模擬体験をした上で、実際の投票行動につなげてもらおうと同コンテンツを作成した。また若年有権者だけでなく、何度も投票している有権者にも役立つように、豆知識をちりばめた。

都選管では、ホームページに掲載するだけでなく、大学等に同コンテンツの活用を働きかけていく考えだ。

都下水道局

汚泥ガス化炉導入　N_2Oを大幅削減

都下水道局は清瀬水再生センターに汚泥ガス化炉を導入する事業予定者を「メタウォーター㈱」（港区）に決めた。同局が資金調達し、設計・建設・運営を民間委託するDBO方式で事業者を公募。3社から提案を受け、同社を選定した。施設は2010年度に稼働を開始。08年度から2029年度末まで、維持管理・運営を委託する。

同事業は、国土交通省の「新世代下水道支援事業制度」で、建設費の3分の2が補助される予定。

下水汚泥を蒸し焼きにしてガス化し、可燃性ガスにすることで、CO_2の310倍の温暖化効果があるN_2Oを削減。CO_2に換算すると、年間1万2500㌧分の温暖化ガスを削減できる。また、可燃性ガスで発電し、汚泥ガス化炉の運転に必要な電力の一部として活用する。

下水道事業によるCO_2排出量は約95万㌧（05年度）で、都の事業の約43％を占めている。同局は今後、汚泥処理施設の更新時期にあわせて、ガス化炉などの導入を広げていく考えだ。

国歌斉唱不起立問題

18人を懲戒処分に

都立学校等で今春行われた卒業式の国歌斉唱時に不起立だった教員の処分が発令され、教員18人が処分された。このうち2人は、非常勤および再雇用の合格も取り消しとなった。また、前回の処分で停職6月となり、今回、免職となるかが注目されていた都立南大沢学園養護学校の根津公子教諭＝写真左＝は、前回と同じ停職6月の処分となった。

被処分者の処分事由は、国歌斉唱時に国旗に向かって起立し、斉唱することと等の職務命令に違反したことなど。処分内容は停職6月が2人、6月の減給10分の1が2人、同1月が7人などとなった。

不起立に関する都教委の処分は、職務命令違反を繰り返すたび、毎回処分が重くなる。前回の処分で、免職以外では最も重い停職6月の処分を受けた根津さんだが、今回も同じ処分となった。なお、根津さんの処分事由には、不起立以外にも、勤務時間中に「日の丸・君が代」に異議を唱えるトレーナーを着用しないよう職務命令を受けたにもかかわらず、着用を続けた職務命令違反と職務専念義務違反も加わっている。

根津さんの処分について、教育庁は「（非行を）繰り返すたびに重い処分としていたが、免職となると必ずしもそうはならない」などと話す。これまで躊躇なく処分を発令してきた都教委も、最も重い処分となる免職には踏み切れなかった。

3月31日に処分者らが行った記者会見で、根津さんは「次はないと言われる中、連日、要請行動を行った。『憲法を破る』と公言する石原都政でも、状況を変えることができた」などと述べ、集まった支援者らに通達を出させないよう取り組んでいこうと呼びかけた。

島野　武治さん（しまの・たけじ＝元小平市議）2日死去、87歳。

20年度 主任試験講座 ― 27 ―

行政法 ①

はじめに

今年度の主任試験まで5カ月少々となりました。試験まではまだ時間がありますが、多忙な業務をこなしながら複数の分野にわたる試験の準備を進めなければいけませんから、この時期から計画的に勉強を進めていくことが必要です。

今回から5回にわたり、行政法について勉強していきます。

昨年度から基礎的知識の検証のため、行政法の出題数が大幅に増やされました。

行政法に苦手意識を持つ方は多いと思いますが、業務を進める上で、行政法の知識は必ず役立ちます。単なる試験対策として取り組むのではなく、業務に役立つ知識を吸収する好機と捉えて、前向きに取り組みましょう。

また、行政法は出題分野が比較的絞られており、効率的に学習することで得点源となります。本講座や問題集等を活用することにより、積極的に勉強しましょう。

なお、行政事件訴訟法については、平成16年に大幅な改正（平成17年4月1日施行）がありましたので、条文や問題集等を活用する場合は、改正内容が反映されているか確認し、改正点に注意を払う必要があります。

出題傾向

過去の主任試験における出題分野は下表のとおりです。

傾向として、行政行為、その他の行政行為、行政処分等に関する補償、行政上の不服申立て、行政事件訴訟からの出題が多いようです。下表を眺めれば、今年度の出題をある程度予測できると思います。なお、出題レベルは、条文や基礎的知識を理解していれば対応できるものがほとんどで、重要な事項は繰り返し出題されています。

勉強方法

行政法は、平成17年度までは40問中3問出題されていましたが、平成18年度からは55問中7問の出題に増加しています。他の試験科目との兼ね合いもあるため、効率的に学習を進める必要があります。

試験対策のためには、基本書を漠然と読むことは必ずしも効率的な学習方法とは言えません。問題演習を中心とした勉強をお勧めします。ただし、問題を解いた後は必ず解説を精読し、不明確な点は、判例付き六法や基本書で確認しておきましょう。また、すべての選択肢について、なぜ正解なのか、誤りなのかを検証することが大切です。

参考図書

問題集は何冊もこなす必要はありません。むしろ1冊の問題集を繰り返し解いた方が、確実に知識が身に着きます。本番までに3回解くことが出来れば、かなりの実力を身に着けることが出来るでしょう。以下に代表的な問題集等を例示しますが、他にもたくさんの問題集が刊行されていますので、書店で実際に手にとり、自分の学習スタイルに合うものを選ぶとよいでしょう。なお、問題数は100問以上のものであれば十分です。解説が充実しているものを選ぶと良いでしょう。

○問題集
・「行政法実戦150題」都政新報社
・「行政法101問」学陽書房
○参考書
・「行政法の要点」学陽書房
・「行政法要論（全訂第六版）」原田尚彦、学陽書房

それでは、ここからは過去に出題された分野ごとに例題を解いてみましょう。今回は「行政立法」です。

問題

【問題 1】 法規命令または行政規則に関する記述として妥当なのは次のどれか。

① 法規命令は、国会を唯一の立法機関とする憲法の要請から、委任命令と独立命令とに限られ、法律を実施するための執行命令は含まれない。

② 法規命令は法律より独立して発せられる命令であり、法律の授権がなくとも規制の対象や罰則を定めることができる。

③ 法規命令は、その主体、内容、手続、形式が法の定める要件に適合していれば、公布を必要とせず有効に成立し効力を発する。

④ 行政規則は、行政権の定立する一般的な定めで法規の性質をもたないものをいい、その例として行政事務の配分に関する規定がある。

⑤ 行政規則は、上級行政機関が下級行政機関の権限行使について指揮監督するために発する命令であり、その例として、通達や地方公共団体の条例がある。

解説

【解説 1】　正答 ④

① 誤り。法規命令とは、行政機関が定立する法のうち、国民の権利義務関係を規定する性質を有するものである。したがって、その性質は国会を唯一の立法機関とする憲法の要請から、法律の執行に必要な事項を定める執行命令と、法律の個別具体の委任に基づき定める委任命令に限られる。現行憲法のもとでは、行政権が法律に基づくことなく権利義務を定める独立命令を発することは認められていない。

② 誤り。前述のとおり、現行憲法下では、行政機関が法規命令を制定できるのは法律に従属した従属立法だけであり、法律の授権がなければ行政機関はこれを定立できない。

③ 誤り。公布及び施行期日の到来が発効の要件である。

④ 正しい。行政規則とは、行政機関が行政組織の内部の組織のあり方や事務処理手続などについて定めた内部の規範としての命令であり、法規たる性質を有しない。行政規則の定立は行政権に当然伴う権能であり、法律の授権を必要としない。行政規則には、訓令、通達、告示、各種の要綱、各種の基準等がある。

⑤ 誤り。通達については設問のとおりだが、条例は地方公共団体がその自治権に基づいて定立する法規である。

分野＼年度	63	元	2	3	4	5	6	7	8	9	10	11	12	13	14	15	16	17	18	19
行政組織																				
行政機関の種類									○											○
行政庁の権限の委任、代理、専決									○											
行政立法																				
行政立法												○						○		
法規命令と行政規則						○														
行政行為																				
行政行為の効力														○				○		
行政行為の種類			○																	
行政行為の学問上の分類																			○	
無効な行政行為等		○																		
行政行為の瑕疵																				○
行政行為の取り消しと撤回															○					
行政行為の取り消し							○													
行政行為の撤回																			○	
行政行為の附款	○							○					○			○				
行政裁量																		○		
裁量行為								○												
その他の行政行為																				
行政計画																	○			○
行政契約											○					○			○	
行政指導					○														○	
行政上の強制措置																				
行政上の代執行						○														
即時強制																			○	
行政上の制裁措置																				
行政罰				○																○
行政上の強制執行と行政罰												○								
行政処分等に関する補償																				
公権力の行使に基づく損害賠償	○																		○	
公の営造物の設置または管理の瑕疵に基づく損害賠償											○						○			
損失補償					○					○					○					○
行政上の不服申し立て																				
行政不服審査法に定める不服申し立て													○							
行政不服審査法に定める教示							○													○
行政不服審査法に定める裁決			○																	
行政事件訴訟法に定める執行停止・内閣総理大臣の異議																	○			○
行政不服審査法に定める異議申し立て				○																
行政事件訴訟																				
行政事件訴訟の種類										○						○				
行政事件訴訟法に定める抗告訴訟		○												○						
行政事件訴訟法に定める取消訴訟																			○	

20年度 主任・係長 論文講座 ★ 27 ★

はじめに

新年度を迎え、新たな状況や課題に対応されている方も多いと思います。この日頃の取り組みの中で、中堅職員として自覚と責任をもって、自ら判断し実践したことは、これからの論文作成に必ず生きてきます。言い換えれば、ただ漫然と過ごしているようでは、良い論文を書くことはできません。論文は、自らの仕事に対する姿勢と意欲の表明の場であることを、今一度認識していただければと思います。それでは、前回に引き続き、論文例を用いて添削をしていきます。論文例を見ていきましょう。

特別区主任主事選考

論文課題

「今、公務員のあり方そのものに、区民から厳しい目が向けられています。区民の信頼を高めていくためには、中堅職員としてどのように取り組めばよいか、あなたの考えを述べなさい」

論文例

1　行政不信の中で

景気は回復基調にあるものの先行きの不透明感は拭いきれず、区民における景気回復への実感は乏しい。そのような中、年金記録問題や繰り返される公務員の不祥事などを契機に、行政への不信感が増している。今、公務員には、私達が考える以上に、厳しい目が向けられている。このような中、区民の信頼を得ていくためには、接遇向上に努めつつ、個々の職員がスキルアップを図り、係目標や各自の役割に基づき適切な職務遂行に取り組んでいくことが不可欠である。

2　信頼を得るために

私は、区民の信頼を高めるために、次の3点を実践していく。

第一に接遇向上を図ることである。たとえ適切なサービスを提供しても、その担い手である職員の対応が、誠意を欠いたものであれば、職場ひいては、区全体に対する信頼を高めることは決してできない。いかなる場面でも、接遇マニュアル等を順守し、区民の立場を鑑み、丁寧、的確かつ迅速な対応を実践する必要がある。また、区民の視線を持って、良い接遇のあり方について検討し、その結果を活用して、係全体の一層の接遇向上に努めなければならない。

第二に、係目標の共通化を図ることである。係員全員が係目標や自らの役割を明確に理解し、共通の目的意識を持った職場を築くことが、迅速かつ的確な業務遂行の実現には不可欠である。私は係会議の開催を係長に提案し、その場において、積極的に問題提起していく。そのうえで率先して意見交換を行い、互いに協力し合い、職務遂行能力を高めながら、いかなる課題にも対応できる、一体感溢れる職場作りに努めていく。

第三に、自己啓発に努める。新たな区民ニーズを正確に把握し、それに的確に対応をしていくためには、常に自らの職務遂行能力を磨き続けなければならない。私は、国や他団体の動向や各種マスメディア等からの最新情報を広く収集すると共に、講演や研修等に積極的に参加し、自らの専門分野に限らず、幅広い知識や技術の習得に努める。また、それらから得た新たな情報や知識を、検証し、活用することで、担当業務における新たな課題の発見に努め、事務改善が図れるように努めていく。

3　区民のために

区民の信頼に応えるためには、職員が一丸となりよりよい区政の実現に向けて邁進する必要がある。私は、中堅職員として、係長を補佐し、また、後輩職員を積極的に育成しながら、係の意欲向上に寄与するために、全力を上げて取り組む決意である。

論文添削 ②

講評

今回の論文例は、「序論」「本論」「結論」からなる三段構成法で書かれています。論文例を見ていく前に、三段構成法における注意点を再確認します。

まず、序論部分では、①「課題の背景や現状」②「課題の抱える問題点」③「問題点に対する、今後のあるべき方向性や解決方針」――について述べます。ここでの整理が曖昧だと、後の文章との整合性が取れなくなりますので、きちんと整理してください。

次に、本論部分では、課題に対し、①「解決策」②「その理由」③「その具体策」――の順で述べます。1千字程度の論文では、解決策を三つ程挙げることが一般的です。もちろん解決策は、数多くあります。どれが正解ということはありませんが、論文である以上、序論で述べた方向性や解決方針との整合性が必要です。また、解決策同士の内容が重複しているケースが多く見られますので、解決策を決める際には十分に内容を精査してください。

最後に、結論部分では、①「これからの展望」②「その為の決意表明」――について述べます。なお、唐突な決意表明にのみ終始しているケースを良く見かけます。この章は、論文を総括するパートであることを忘れないでください。それでは、論文例を見ていきましょう。

はじめに、序論の部分ですが、課題の背景のひとつとして、「景気回復への実感の乏しさ」を挙げていますが、なぜそれが、課題に対する背景になり得るのかについて、具体的な説明が必要です。また、問題点として、課題文を引用しており、課題が抱える具体的な問題点が不明です。また、解決方針として、本論における解決策自体が、そのまま述べられています。序論は解決策を述べる場ではありません。各章の役割をきちんと認識しておく必要があります。

次に本論の部分ですが、序論における問題点そのものが不明確なため、解決策が適当か否かの判断ができません。また、個別の解決策を見ても、第一は、終始、評論的な論調になっており、中堅職員として主体的な取り組みが感じられません。第二は、職務の遂行における迅速性や的確性の確保を目的としながら、職務遂行能力の向上と、課題対応力の向上について言及しており、第三との混同が見られます。第三については、自己啓発の結果を組織に対しフィードバックするという視点に欠けています。

最後に、結論の部分についてですが、論文例では、決意表明ばかりで、ここまでの論旨を総括しているものとは言えません。あくまでも締めの部分ですので、序論や本論の流れを受けたものになるよう留意してください。

修正後の論文

1　行政不信の中で

日本経済は回復傾向にあるという。しかし、区民生活においては、その実感は乏しく、行政の改善策への取り組みに対する期待は大きい。しかし一方で、年金記録問題や公務員の不祥事など、行政への不信を抱かせる要因は後を絶たない。今、公務員の仕事への取り組み方や、その姿勢自体に、かつてないほど厳しい批判や疑心の目が向けられている。このような中、区民の信頼を取り戻すためには、今一度、基本に立ち返り、誠意ある態度を堅持し、迅速かつ的確な職務遂行を徹底し、新たな課題に積極的に取り組み続ける意欲あふれる職場を作り上げることが求められている。

2　区民の信頼を得るために

私は、係長を補佐しながら、誠意に満ち、職務に対する高い意欲を持った職場を作り上げていくために、次の3点を必ず実践していく。

第一に、適切な接遇の徹底を図ることである。たとえ適切なサービスを提供しても、その担い手である職員の対応が、誠意に欠けたものであれば、区民からの信頼を高めることは決してできない。私は、区民はお客様であるとの意識を常に持ち、いかなる場面でも、丁寧、的確かつ迅速な対応を実践し、他の係員の模範となるよう心掛ける。また、区民からの意見を記録し、それを他の係員に提起することにより、より良い接遇のあり方を、皆で考え、実践しながら、係全体で一層の接遇能力の向上に努める。

第二に、係の協働意識を高めることである。係員全員が、係目標や自らの役割を明確に理解し、かつ、目標達成のために協力し合う意識を持つことが、区民の信頼にかなった、迅速かつ的確なサービスを提供するためには不可欠である。私は、係長と連携し、係目標の意図や係長の指示が、係員全員に正確に伝わるよう補佐する。また、他の係員と実務の進め方等について積極的に意見交換を行っていくことで、相互理解を高め、互いに協力し合い、目標達成に果敢に取り組む一体感のある職場作りに努めていく。

第三に、係の職務遂行能力の向上に努める。常に社会状況の変化に留意しながら、新たな区民ニーズを正確に把握し、それに的確に対応をしていかなければ、区民の信頼を得ることは難しい。私は、他団体の動向や各種マスメディア等からの最新情報を広く収集すると共に、研修等に積極的に参加し、幅広い知識や技術の習得に努める。また、新たに得た情報や技術等を精査したうえで、適切なタイミングで係会議等の場で報告すると共に、資料集等を作成し、誰もが活用しやすい形で提供することで、係全体のスキルアップに努める。

3　区民のために

行政への不信は、行政への期待の表れでもある。努力を怠らず、真摯に日々の職務に取り組み続ければ、必ず区民の信頼と理解を得ることができる。私は、中堅職員として、係長を補佐しながら、区民のために全力で、誠意と意欲に溢れた職場作りに取り組む決意である。

◇

次回も引き続き、論文添削を行います。

20年度 教育管理職への道しるべ ＜31＞

学校教育法 ⑤

問題

【問題 19】 学校評議員に関する記述で妥当なものは、次のうちどれか。

① 公立の小、中、高等学校には、設置者の定めるところにより、学校評議員を置かなければならない。

② 学校評議員は、当該学校の職員以外の者で教育に関する理解及び識見を有するもののうちから、設置者の承認を得て校長が委嘱する。

③ 校長は、学校評議員から意見が出されたときは、その意見に従わなければならない。

④ 学校評議員は、学校運営について評議員会において審議し、議決する。

⑤ 学校評議員は、校長の求めに応じて、学校運営について意見を述べることができる。

【問題 20】 学校の自己評価に関する記述で妥当なものは、次のうちどれか。

① 小、中学校設置基準では、学校の教育水準の向上を図り、学校の目的を実現するため、学校の運営状況等について、自己点検及び評価を行わなければならないとしている。

② 改正学校教育法では、自己評価のみならず、保護者や有識者による外部評価を勧めている。

③ 高等学校においても、自己評価を行い、その結果に基づき学校運営の改善を図るため必要な措置を講ずることにより、教育水準の向上に努めなければならない。

④ 自己評価の具体的な方法については、文部科学省の定めによるものとされている。

⑤ 評価体制については、校長のリーダーシップのもとに、各分掌、学年ごとに編成することが必要である。

【問題 21】 情報の提供及び公開に関する記述で妥当なものは、次のうちどれか。

① 小、中、高等学校は、当該学校に関する保護者及び地域住民等から求めがあったときは、学校運営状況に関する情報を提供しなければならない。

② 学校運営状況に関する情報の提供は、保護者等に学校運営を監督してもらうためである。

③ 公文書開示条例に基づいて、指導要録の開示を請求された場合、数値等による段階評価、検査結果なども開示しなければならない。

④ 児童の健全な育成の推進のために特に必要がある場合であっても、本人の同意がなければ、特定された利用目的のために必要な範囲を超えて、個人情報を取り扱ってはならない。

⑤ 指導要録の公開によって、現在または将来の事務事業の公正または円滑な執行に支障が生ずるおそれがある場合でも、部分的非開示は認められない。

【問題 22】 学校教育法の改正の概要に関する記述で妥当なものは、次のうちどれか。

① 改正教育基本法の新しい教育理念を踏まえ、義務教育の目標の見直しを行った。

② 学校種の規定順について、幼稚園を最初に規定する等の改正を行った。

③ 学校における組織運営体制の確立を図るため、幼、小、中学校等に副校長や主幹教諭を置かなければならないことが規定された。

④ 学校の外部評価を行い、学校運営の改善を図ることにより、教育水準の向上に努めることとした。

⑤ 保護者等との連携協力を推進するため、保護者等の求めに応じて、学校運営の状況に関する情報を提供しなければならないこととした。

【問題 23】 義務教育の目標に関する記述で妥当なものは、次のうちどれか。

① 規範意識、公共の精神に基づき主体的に社会の形成に参画する態度を養うこととした。

② 生命及び自然を尊重する精神を養うことは規定されたが、環境の保全に関することは規定されなかった。

③ 伝統と文化を尊重し、それらをはぐくんできた我が国と郷土を誇りに思う態度を養うこととした。

④ 職業についての専門的な知識と技能、勤労を重んずる態度を養うこととした。

⑤ 旧規定では、学校種ごとに目標を定めるのみであったが、改正により義務教育の目標について8項目が新設された。

解説

【解説 19】

① 誤り。学校評議員は、必置制ではなく任意制である。（学校教育法施行規則第23条の3、改正規則第49条）

② 誤り。校長の推薦により、設置者が委嘱する。（同規則第23条の3③、改正規則第49条③）

③ 誤り。学校評議員は意見を述べることができるのみで、校長権限に変更をもたらすものではない。（同規則第23条の3②、改正規則第49条②）

④ 誤り。学校評議員制は、校長の権限と責任のもと、校長の求めに応じて意見を述べるもので、審議し議決するものではない。（同上）

⑤ 正しい。（同上）

【解説 20】

① 誤り。努めるものとする。（小、中学校評価基準第2条、本条は学校教育法の改正により削除され、同法第42条に同趣旨の規定が設けられている）

② 誤り。自己評価のみ定めている。（同法第42条）

③ 正しい。そのとおり。（同法62条により42条を準用）

④ 誤り。学校や教育委員会の判断によるものであり、文部科学省は、留意点を示しているのみである。（平14・3・29事務次官通知）

⑤ 誤り。全教職員が参加し、学校全体として評価を行う体制の整備が必要である。（同上）

【解説 21】

① 誤り。積極的に提供するものとする。（改正学校教育法第43条）

② 誤り。情報の提供は、保護者等の理解を深めるとともに、連携及び協力の推進に資するため行う。（同上）

③ 正しい。数値等による段階評価、検査結果などは、非開示情報に該当しない。（最判平15・11・11）

④ 誤り。本人の同意を得ることが困難であるときは、特定された利用目的のために必要な範囲を超えて、個人情報を取り扱うことができる。（個人情報の保護に関する法律第16条）

⑤ 誤り。公開によって生ずる弊害に照らせば、指導要録の各教科の学習の記録、特別活動の記録、行動及び性格の記録等を公開しなくても適法である。（東京地判平6・1・31）

【解説 22】

① 誤り。新たに義務教育の目標が定められた。（改正学校教育法第20条）

② 正しい。幼稚園を最初に規定し、特別支援学校を大学の前に規定した。（同法第3、8章）

③ 誤り。副校長、主幹教諭、指導教諭という職を置くことができるという任意設置の規定である。（同規則第44条）

④ 誤り。学校による内部評価を定めたもので、外部評価については定められていない。（同法第42条）

⑤ 誤り。情報を求めに応じて提供するのではなく、積極的に提供するものとした。（同法第43条）

【解説 23】

① 正しい。学校内外における社会的活動を促進し、主体的に社会の形成に参画し、その発展に寄与する態度を養うこととした。（改正学校教育法第21条第1項）

② 誤り。環境の保全に寄与する態度を養うことも規定された。（同条第2項）

③ 誤り。我が国と郷土を愛する態度を養うこととした。（同条第3項）

④ 誤り。職業についての基礎的な知識と技能を養うこととした。（同条第10号）

⑤ 誤り。10項目が規定され、能力・技能のほか子供に求められる行動規範、道徳規範が羅列されている。（同条第1～10号）

エレベーター圧死事故特集を読んで

技術力を見極める契約方式、技術監査、異文化対応の視点

前港区長（工学博士、建築家）　原田敬美

エレベーター圧死事故の特集を読んだ。いずれ警察の捜査で原因が究明されるだろう。港区は独自の立場で調査し、事故の再発防止に取り組んでいる。区議会も特別委員会で審議している。今後の再発防止策、対応策検討のため、私は従来の報道で指摘されていない視点から3点述べたい。技術力を見極める契約方式、技術監査の必要性、異文化対応だ。

まず契約方式。公共契約は入札が原則だ。物品購入や工事はそれでよい。しかし、技術、アイデア、デザインなどの業務はそれにふさわしい能力を持つ人物を選ぶことが重要で、金額の多寡で決めてはダメだ。港区長在任中、入札でなくプロポーザル制度を採用した。例えば、マラソン。プロ、アマ多数いるが能力は千差万別。40㌔を時速20㌔で走れる人か10㌔で走れる人か。どの程度の能力が必要かだ。

技術者といっても技術力に大きな違いがある。特定業務に要求される能力はどの程度か、選ぶ眼力が必要だ。技術力の違いは報酬と密接に関係する。相撲を例にとれば、横綱から幕下まで給料が明確に異なる。技術者も同じだ。ある特定の業務にどの程度の対価が必要か、この点も発注者の眼力が必要だ。

『日経アーキテクチュア』誌によると、当該メンテナンス会社はエレベーター会社が提示した価格の3分の1で落札した。捜査に影響するからメンテナンス会社は面目に賭けて認めないだろうが、「安かろう悪かろう」という内心はあっただろう。一方、発注者は低額落札で安全性に問題ないか確認をとったか。

経験豊富な高額の技術社員を使えば会社は赤字となる。当然、報酬の安い若手の技術社員を使うか、経験豊富な技術者を使っても契約で定められた最小限の事項を短時間でチェックするだけで、それ以上の余分なメンテはしないと考えても不合理ではない。

事故後、港区はエレベーターを交換したが、随意契約だったと聞く。技術力の違いを見極める公正なプロポーザル方式で、公正な随意契約なら歓迎だ。

次に技術監査。従来、監査は会計上の観点からのチェックだった。今後、技術の専門的な視点から監査し、技術基準を満たし順調に業務が展開しているか、公金が適切に使われているかチェックが必要だ。特に、今回のように技術分野で低額落札の場合、監査委員は業務の質の確保のため、技術的に安全上問題がないか技術監査が必要だ。監査職員に技術職はほとんどいないので、外部の専門家を活用すれば対応できる。

次に異文化対応。これは日本人が不得手とする分野だ。私は20代の時アメリカ、スウェーデン、アメリカと3回留学し、さらに、イスラム圏、旧共産圏にも多くの仲間がいる。それぞれ思考方式が全く異なる。港区幹部職員で異文化を体験した者は皆無だし、関心を持たない。

海外旅行ガイドの諸注意に「レンタカーを運転し事故を起こしても、相手方にアイ・アム・ソーリーと絶対言ってはいけない」と書いてある。「どちらに責任があるか、警察捜査を基に裁判所判事が決める。その前に『ソーリー』と発言すると、自分に非があったと認めたことになる」。日本人は問題が生じれば直ちに「すいません」となる。しかし、異国はそうではない。情でなく法や現実が支配する。

当事者会社はスイスだ。刑法の違い、裁判手続きに対する認識の違いもある。長年、地勢上いわく因縁の諸国に囲まれ、技術立国、国際紛争の仲介役を務めてきた。中立国だから丸腰と思ったら大間違い。国民皆兵、自宅に機関銃を置き国防に備えている。一方、世界中の独裁者、犯罪者の安全な貸し金庫機能を果たす実利的国民だ。金正日もマフィアもスイスの銀行に金を預けていると聞く。スイス人の事故対応が日本人（港区）には理解不能な部分があるだろう。

フルブライト留学の先輩・元国連事務次長明石康氏の国民性の違いを表すジョーク話がある。荒れ狂う海で船が沈没しかかっている。船長は乗客に海に飛び込めと指示する。船長の配慮事項は、アメリカ人には「皆さんに保険をたっぷりかけた。安心して飛び込め」、イギリス人には「飛び込みはイギリスのスポーツだ。飛び込め」、ドイツ人には「飛び込めと会社から命令が来た。飛び込め」、フランス人は天邪鬼だから「飛び込まないで下さい」、中国人には「海底に金塊がある。飛び込め」、周りを気にする日本人には「全員飛び込んだ。追随し飛び込め」。国民性はみな異なり、対応方法が異なる。

危機は手を変え品を変え生じる。外国関与も増える。技術力を見極める契約方式や技術監査など問題を生じさせにくい仕組みの構築、異文化対応の仕組みの構築が必要だ。

さらば青春の名画たち

団塊退職世代に贈る ⑥

難解の3本

サントリー、ニッカ、オーシャンのそれぞれから「ホワイト」という銘柄のウイスキーが出ていた。一番安いのが340円だったと思う。映画代が150円～180円。バイト代が日給800円ではなかったか？　だから、けっこうなお値段だった。

突然の訪問になるから、それを下げて行く。相手はたいてい下宿にくすぶっていた。そこで野菜だけの野菜炒めなどを作ってもらい、持参の酒を飲んだ。3杯以上飲むと頭痛がすると言われていたのに、必ずオーバーした。帰り道は頭の芯を直撃する猛烈な頭痛に、うめき声を殺して歩いた。

確かにこのころ〝難解〟というジャンルがあった。〝前衛〟や〝実験〟と重なる言葉でもある。それが話題になって、興行的に成功したのである。訪ねた下宿では、そんな作品の話でもしていたのか。

難解と聞き、難解を覚悟して初めて見たのがフェデリコ・フェリーニの『8　1／2』だった。噂どおりだった。噂を超えていた。声も出なかった。呆然とした。

フェリーニは結構見ている。好きだ。だが『道』だって『カビリアの夜』だって『甘い生活』だって、シリアスだけどこれほど難解ではなかった。『フェリーニのローマ』『アマルコルド』『そして船は行く』も愉しんだ。映画って良いなと心から思わせてくれた。それなのにこの作品だけが……。だけど理解のために頭をひねりたくない。こっちは金を払っているんだから！

難解作品の2本目は『去年マリエンバートで』（アラン・レネ監督）。謎だった。保養地での夜会。美しい人妻に迫る謎の男。「去年、私たちはマリエンバートで出会い、愛し合い、共に出発しようと約束を交わした……」。それは事実なのか虚言なのか妄想なのか？　どうしても勝てない謎のゲーム、宮殿内をさ迷う視線、影のない植え込み。その間、ずーっと続いている呪文のようなナレーション……

「俺は分かった！」とわざと声をあげる奴がいる。ギクッとする。だがその解説が作品より難解だったりする。よせばいいのに、負けん気を出して応じる奴がいる。ほとんど禅問答、難解の泥状化現象だ。

難解作品の最後は（時代が下るが）アンドレイ・タルコフスキーの『ストーカー』。あまりの難解さに公開時は誰もが沈黙した。彼の死後、『サクリファイス』が大評判になってからぼちぼち感想めいた話が出てきた。ゾーンと呼ばれる大規模破壊の後のような禁止エリア。そこに潜入する二人の男と案内役のストーカー。湿地帯に踏み迷いながら彼らがめざす「部屋」とは？……分からなかった。

どれも今はそれを見る気力も体力もない。だから記憶の倉庫に、「名作！」のラベルを張り付けて塩漬けにしてある。

だけど映画は良い。難解でも、いすに身体を押し付けて2時間も我慢すれば最後までいける。これが難解本なら、投げ出したところで終わりだ。

（瀬満）

フェデリコ・フェリーニ『8 1/2』

Book

『東京国誕生』

小久保進一著　都政新報社刊

これから約100年後の2100年に、現在の東京都が日本国から独立し、「東京国」が誕生する、という。

いささか奇想天外な発想かな、と思いつつページをめくっていくと、ストーリーの巧妙な展開に引き込まれていた。

次のような場面がある。東京国は「新たな経済至上主義」を掲げつつ、「豊かな国づくり」の実現を目指すという。この場合の「豊かな」とは何か、についての東京国政府スタッフによるプロジェクト・チームでの熱心な議論に、思わず心が浮き立つ。

また、東京国と日本国間の協定締結に伴う交渉上の駆け引きが展開される。両国政府間の知恵比べであり、二転三転するなど、読み手を深く引き寄せる。それを演出するのが二人の登場人物、日本国の官房副長官と100歳になる東京国大統領の指南役である。目的達成のために冷静沈着に策略を駆使する官房副長官。そして、年寄りのたわごとと言いつつ金言を粛々と説く指南役。本書で最も興味を呼ぶ部分の一つであろう。特に、指南役のうん蓄のある一語一語は、ひょっとして著者の心境を代弁させているのではなかろうか、と想像してしまう。

一方で、100年後のオフィスや家庭での汎用型ロボットの存在、そして、未来の交通システムなど、「羨ましいなぁ～！」ものである。

また、主人公家族の日常生活の関わり合いや、職場の同僚とのインフォーマルな付き合い方など、「いつの世も変わらないものだ……」と感じられ、なぜか「ほっ」とさせられる。

現在の都と国の関係が、未来の両者の姿を暗示しているのかな、と言えなくもないであろう。いずれにしても、本書は「政治・経済・住民の暮らし」の面からの「あるべき姿」を追究しているものと言える。これからの政治や行政、そして住民の生活をいかなる視点で進めていくべきか、についてヒントにもなる。

現代の政治課題を凝視している著者だからこそ、こうした100年後の発想を得ることができたのであろう。

定価は1890円。

（都産業労働局農業振興事務所長　山口賢）

千の風になって

——いたばし編　7

渋沢栄一翁と養育院

櫻井「今日は、板橋とも縁の深い養育院の初代院長、渋沢栄一翁をお招きしました。翁は、天保11年（1840）現在の埼玉県深谷市に生まれ、幕末の激動期は一橋家に仕え、外遊先のパリで明治維新を迎えておられます。そして、新政府に仕えたあと実業界に入られ大活躍をされる一方、社会事業に熱心にとりくまれました」

渋沢「ご紹介のとおり、私は縁あって明治9年から昭和6年まで50年余を養育院院長として社会福祉事業に関わりました。それは若いときから地域で論語を学ぶ中で、『忠恕』の考え方が染み付いていたことと、欧州でみた先進的な福祉の印象が強く残っていたからだと思います。それは晩年の生きがいでもあり、91歳で亡くなるまで現役だったのですよ。先生が90年、栗原元区長さんが94年ですから、お二人と同じぐらい浮世を楽しみましたね」

栗原「養育院ができて今年で136年となりますが、板橋に本院が移転したのは関東大震災直後の大正12年9月20日です。私は当時小学生でしたが、板橋では大きな被害はなく、下町では壊滅的な状況であったことを新聞や家族の話で知りました。しかし、あの混乱のなか千人近い収容者をかかえた養育院の大移転が敢行されたことは、都区の歴史に残る大ドラマといえますね」

渋沢「たまたま、結核患者等の隔離収容のため大正3年に板橋に分院を設けたのがきっかけで、大塚本院の移転が計画され、用地取得や施設建設を進めていました。そこへあの震災で本院の機能が停止したため、急遽移転を早めたというわけです。設備工事が間に合わず、しばらくは野外で薪を使って煮炊きをしたり、日がな手押しポンプで水を汲んでいたのです」

櫻井「板橋は、養育院があったこともあり、全国から福祉の充実した地域と一目おかれる存在になったと、今でこそ評価される面があるのですが、地元区民としては養育院の存在をうとましく思うきらいが歴史的には見られます」

栗原「それは、まず大正初期からの分院・本院の移転の際に反対が出て、地元板橋町として市電の延長を受け入れ条件にして決着しました。大戦の戦禍による施設焼失後の復興については、まちづくりの観点からも区民・議会を挙げての反対運動が起き、敷地の一部を中学校と区民会館用地として譲ることで立ち退きを免れた経緯があります。当該板橋一中は昨年60周年を迎えましたが、卒業生の中には都や区の職員も多く、地元板橋区では50人ほどが職員の同窓会を作っているようです」

渋沢「大正14年に東京市長さんらが中心となって私の銅像が建てられました。私としては面映いものではありましたが、その後80年余を経て立ち位置は3度ほど変わったものの、地域の歴史と人々を見守っています。いや、見守られたのかな（笑）。毎年、桜の時期や、10月の区民まつりには当時の養育院の敷地を会場に大勢の区民が集まりますが、私の銅像を見上げる子どもに親御さんが私のことを話してくれていることもあり、私のめざしたことが、世代を超えて伝わるようで嬉しく思っています」

櫻井「翁の著書に『論語と算盤』があります。経済と道徳の合一がテーマですが、翁の事跡をたどるとき、多くの人の幸せのためにお金は生きた使い方をするべきという信念を感じます。翁が、養育院をはじめとした社会事業の存続発展のために、『人の道』に沿った人材育成とあわせ、資金集めに奔走し粘り強く賛同者を増やしていった熱意が、福祉・医療・研究の高いレベルをもたらしたといえます。今日は貴重なお話をありがとうございました」（山浦純之介）

渋沢栄一翁の銅像

養育院全景＝昭和7年、後方は豊島病院（『養育院80年史』より）

coffee break

公害ならぬ口害

本を読んでいて福島県という言葉に当たり、ふと先輩のことを思い出した。連想ゲームのように福島県の言葉が出てくると、私の場合、O先輩の顔が自然と浮かんでくるのだった。今から一昔ならぬ二昔も前、それまでいたコミュニティー関係の部署から公害部門のセクションに異動した。初めての異動であり、緊張していた私にとって福島訛りのO先輩には一方ならぬお世話になった。

当時はカラオケ騒音の苦情が寄せられることも多く、毎週末の夜間パトロールに課を挙げて取り組んでいた。3～4人でチームをつくり毎週末10時過ぎまで区内を調査して回ったものだ。

ある日、「隣接するスナックのカラオケ騒音がひどい」という苦情が寄せられ、担当が応対していた時のこと、O先輩がだいぶご機嫌だったので話を聞いていると、「昨日は久しぶりに気持ちよく飲んだな」と言うのだ。「カラオケも何曲かは歌ったけど気持ちよく歌えたもんだ」

「例のあれですか」

O先輩は『奥飛騨慕情』が十八番で酔うと繰り返し繰り返し歌うのが常だった。「そうそう、気持ちよく歌ったもんだな」と言っていたのだが……。

苦情を聴いていた職員が「で、もしもまたひどかったら電話ください。私たちも夜間パトロールをしたりしますので」と言って電話を切った途端、くるっと振り返り「Oさん、ダメだよ。苦情が来たよ！」というのであった。

話を聞くと、「スナックのカラオケはいつもは気にならないけど昨日は特にひどくて、酔漢が繰り返し繰り返し下手な『奥飛騨慕情』を訛って歌っていた」というのだ。念のためにOさんに「昨日はどこへ」と聞いてみると、私鉄の「区内N駅近くのスナックだ」というから、やっぱりということとなった。

上司に伴われてOさんはしばし別室で何やら話していたが、その日からOさんがマイクを握ることはなかった。卒業したOさん、だいぶ時は過ぎたが今でもマイクは握ることなく過ごしているのだろうか。

（山田味彦）

都政新報

発行所 都政新報社
〒160-0023 東京都新宿区西新宿7-23-1 TSビル
(総務・読者)(03)5330-8781
(企画広告)(03)5330-8784
(編集)(03)5330-8786
(出版)(03)5330-8788
(セミナー事業部)(03)5330-9977
(ファクス)(03)5330-8808
郵便振替 00130-2-101470
購読料 月1,680円(税込)
毎週火・金曜日発行
但し、祝祭日は休刊
©都政新報社 2008

紙面から

認証保育所取消処分問題

福祉の看板施策に汚点

追跡　あいまいな監督責任

検査体制の再構築が急務

説明会には、認証保育所の施設長や運営者400人弱が出席した＝8日、都庁で

荒川区の認証保育所が保育士を虚偽申請し、認証取り消し処分になった問題で、都は8日、事業者向けの説明会を開いた。認証保育所初の「汚点」になった今回のケースからは、都も区も保育所の実態を把握できていなかったなど、指導監督上の課題が浮き彫りになった。また、認証保育所の創設時には、すべての施設で行われていた開設後1〜2カ月以内の立ち入り調査が、05年度から行われていなかったことも判明。都は今後3カ年で認証保育所の定員を6500人分増やす計画だが、チェック体制のあり方が問われている。

■機能不全

「新たな問題が発生すれば、認証保育所制度の根幹を揺るがす事態にもなりかねない。このようなことが二度と起こらないよう、適切に運営をして頂きたい」。8日、都の担当幹部は、認証保育所の関係者らにこう訴えた。荒川区の「じゃんぐる保育園」では、1年3カ月にわたって保育士を虚偽申請した状態が続き、第1回定例会でも取り上げられたからだ。

福祉保健局の関係者は「保育の状況を把握していれば、認証取り消しになる前に、日常の指導の中で改善させられた可能性もある」と指摘する。なぜ、こうした実態が野放しにされてきたのか。背景には、責任の所在が不明瞭なことがある。

認証保育所は大都市圏のニーズに応えるため、0歳児保育や13時間開所、駅前の設置などが要件。都の要綱によると、区市町村が「意見書」という形で推薦し、都が認証する形をとっている。

今回の例では、勤務していない保育士の履歴書や保育士登録書が都に提出され、そのまま審査を通過。開設前のチェック機能に限界があることも明るみになった。

また、「今まで不正を行う保育所はなかった」として性善説に立っていた荒川区は、定期的な巡回をそれほどしておらず、都の定例監査も年間1回で、保育の内容を細かく見る体制が不十分だった。

■役割分担

では、本来、認証保育所の実態を把握する責任はどこにあるのか。

都幹部は「区市町村が事業の運営者を推薦しているのだから、区市町村の保育事業として見て欲しい」と話す。

だが、巡回指導に積極的な区がある一方、「都の制度なので、区だけで結論づける話ではない」と反論する区もある。また、「簡単にチェックしろと言うが、同じ時間帯に保育士が全員そろうわけではない。担当者が全部回るのも難しく、すぐ対応できる話ではない」という指摘もある。

実は、認証保育所制度がスタートした01年度、都の福祉局が開設後1〜2カ月以内で、すべての施設で立ち入り調査を行っていた。当時はまだ施設数が少ないこともあり、制度創設者として基準に目を光らせていた。ところが、組織改正で指導監査室が発足した04年8月、監査機能が集約され、05年度からは人的な制限から1年に1回の定例検査に統一されたという。

現在、認証保育所は410カ所。7年前の10倍に増えた。認証の基準はあるが、「ビジネスライクに考える事業者もいて、ピンからキリまで」（関係者）というのが実情だ。区市町村が受け入れ窓口となっている認可保育所と違い、事業者と直接契約を結ぶ認証保育所は、「誰が保育の内容を把握するのか、不明確」との指摘もある。

都幹部は「認証保育所の数も増えている。今後は区市町村の巡回検査も強めていかなければならない」と話し、区市町村の担当課長会などで協力を要請する考えを示した。

都は10年度までに認証保育所の定員を約6500人分増やす計画だが、チェック機能が押し付け合いになっては、質の担保はおぼつかない。検査体制の再構築が急務になっている。

ITS技術で渋滞解消作戦

都、警視庁、国道事務所　08年度から既存7路線で

都青少年・治安対策本部は9日、警視庁や東京国道事務所と連携し、既存道路でITS（高度道路交通システム）技術を活用した新たな渋滞対策「ハイパースムーズ作戦」を08年度から開始すると発表した。

都内の慢性的な交通渋滞の解消には、3環状道路などの道路ネットワークの整備が不可欠だが、整備の完了までには相当の時間を必要とする。そこで、既存の道路を活用した即効性のある渋滞対策として、ITS技術を活用して交通の流れを円滑化するなどのハード対策と、ロゴマークやキャラクターを利用した広報キャンペーンなどのソフト対策を組み合わせた新たな渋滞対策に乗り出す。

対象となるのは、都内の渋滞が著しい7路線区間。具体的には、環八（多摩美大前〜環八井の頭・清水三丁目〜環八五日市）、環七（青戸八丁目〜東栗原町・方南町〜大原二丁目）、昭和通り（本町三丁目〜大関横丁）、目白通り（西落合一丁目〜江戸川橋）、青梅街道（天沼陸橋〜中野坂上）、靖国通り・京葉道路（専大前〜緑三丁目）。

この7区間でピーク時の移動時間の30％削減を目指す。

ITS技術を活用した対策では、ある程度離れた車両感知器情報から交通量を予測し、最適な信号制御を行ったり、交通表示板を設置してルート別所要時間等の情報を提供することで、交通の流れを分散する。

この他に、右折レーンの延伸、バスベイの設置、左折レーンの設置などの道路施設の改善や、路上荷さばき対策、客待ちタクシー対策、「ハイパースムーズ作戦」のロゴマークやキャラクターを活用した普及啓発などを行う。

領収書公開で議論スタート

都議会あり検

都議会のあり方検討委員会は、9日に第6回委員会を開き、『政務調査費の手引（案）』について協議した。4月1日から政務調査費の新しい使途基準がスタートしているため、内容を補強した上で、なるべく早く議員に配布する。

「手引（案）」は、制度編、手続き編、資料編からなり、全67ページ。マニュアルとして実践的に使えるよう、公選法や政治資金規正法の縛りなども、できるだけ明確に記載する予定。

また、この日の委員会から領収書添付の公開について議論が始まった。「1円からの公開」を主張する会派が多かったという。公開する範囲ではマスキングが話題になった。「大学の先生を講師に招く場合、党派色が出ることを嫌う人もいる。講師の名前は、伏せることを認めるべきでは」という意見が出され、これに反対する意見もあったという。

マスキングする段階についても、事務局に提出するまでは氏名等を伏せないで、一般公開する段階で伏せる考え方や、チェックする第三者機関まではマスキングしないなど様々な意見が表明されたという。

次回は、4月21日の週に開催する。領収書公開では、他の府県の例なども調査し、議論の参考にする考え。

都政の東西

地域の綻び

旧文部省が「通学区域制度の弾力的運用」を打ち出して以降、学校選択制を採り入れる区市町村教委が増えてきた。「保護者や児童生徒の希望が反映できる」というのが主な導入理由で、学校間競争による学力向上の狙いもある。その一方で、「人気校」と「不人気校」とがくっきりと色分けされ、学校間の教育格差が生じつつある。子どもたちの通学先がバラバラになるため、地域内のきずながほころびはじめ、様々な活動に支障をきたしているとの声も聞く。

公立学校は全国どこの学校でも同水準の教育を提供するというナショナル・ミニマムの考え方に基づき整備されている。それだけに私立に比べて特色が出しにくく、公立学校の学力低下も取りざたされた。こうした背景を踏まえ、安倍前首相は「教育再生」の一環として、「学校を自由に選べる」学校選択制の導入を推進。2003年には学校教育施行令が改正され、区市町村の判断によって同制度が導入できるようになった。

都教育庁の調査では、従来の指定校制から学校選択制に切り換えた区市教委は19区10市。区市によって実施形態は「自由選択」「隣接区域選択」「ブロック制」に分かれるが、いずれの区市でも「通学先の選択肢が増えて、保護者らの評判はいい」と自賛している。

しかし、学校選別が極端に進みすぎて、実際に廃校に追い込まれた中学校もあった。学校間競争が激しくなり、そのストレスに悩む現場の教職員も少なくない。学校と地域との良好な関係にひびが入り、PTA活動などがギクシャクし出したとの声も出ている。学校選択制導入の是非は首長の教育方針に左右されがちだが、「自由選択」の陰にひそむ数々の「弊害」にきちんと向き合わないと、教育格差や地域崩壊が深刻化しかねない。

国際会議でCO_2排出をオフセット

都環境局

都環境局はこのほど、2月13、14日に開催された「アジア・エネルギー環境技術ワークショップ」によるCO_2排出量をオフセットした。同局は、環境系の雑誌「月間ソトコト」を発行している㈱木楽舎（中央区）から、「CO_2排出削減貢献証明書」8トン相当を3万円で購入。会議の出席者の航空機利用や会場使用などで排出されたCO_2約7・6トンのオフセットを行った。同局が国際会議でカーボンオフセットを活用するのは初めて。最終的に、日本政府に寄付されるという。

証明書は国連がCO_2排出削減効果を認証したプログラムから創出され、木楽舎が国際協力銀行を通じて海外の銀行からCO_2 1万トン相当を購入。その一部を都が購入した。

コンビニ納税白書を発行

都主税局

都主税局は、利用が拡大している「コンビニ納税」の現況と三つのポイントをまとめた『コンビニ納税白書』を出した。都が04年4月から導入した「コンビニ納税」は、32都道府県、167区市町村に増え、国も今年1月から始めた。決済システムとしてツールの一つになっているが、店員がアルバイト形態であることから、事故も起きやすい状況になっている。このため白書では、なぜ収納事故が起きたかの分析とともに、領収書の受領と保管、納付書の期別を明確にして支払うことなどを注意喚起している。

落陽の日　石原都政　3

空文の付帯決議で賛同した責任

柴田武男（聖学院大学教授）

困ったことに悪い予感は止まらない。5年前、本紙（2003年12月2日号）に「中小企業のリスク特性に応じた具体的かつ有効な審査マニュアルが天から降ってきて、利益を上げながら新規の中小企業の融資先を1兆円以上開拓できるとする石原構想の安易さを危惧する」とは書いたのだが、まさか開業後3年で1016億円の累積損失をつくり、補正予算で400億円の追加出資に追い込まれるほどとは考えつかなかった。

石原都知事一人の責任のような論調がまかり通っているが、それは正しくない。都知事は「経営は、あくまでも民間主体で行います」と最初から言明しているのであり、また社会問題を銀行制度を通じて是正していく試みは海外にもあり、自治体などの行政がそれを支援するというのも珍しくない。

最も著名なのは、マイクロクレジットと呼ばれる貧困層を対象にした低金利の無担保融資を行っているバングラデシュにあるグラミン銀行であろう。先進国では、シカゴの市民銀行、サウスショア銀行（現在はショア銀行）の例がある。同行はスラム街の貧困層に住宅ローンを行い、地域再開発に成果を上げた。

失敗例も枚挙にいとまがない。1971年に経営破綻したボストンのユニティ銀行は、黒人所有のマイノリティー銀行と呼ばれるもので、それゆえに連邦預金保険公社（日本の預金保険機構に当たる）が、「地域に不可欠として」救済に乗り出した米銀行史上、著名な出来事となったが、そもそも斜陽化した商業地で経済的に劣悪な状況にある黒人層に融資して利益を上げるのは、至難の業である。こうしたマイノリティー銀行は、いくつも設立されているが、その多くが経営破綻に追い込まれている。

社会問題に対応しながら銀行業として利益を上げることは、絶望的に困難なことである。利益を目的としてもかなわず、経営破綻に追い込まれていく金融機関の記事をどれだけ読んできたのかを思い起こせば、容易に理解できる。

それでは、ごく少数の銀行はなぜ成功し得たのか、その答えは破綻の例から逆に得られる。先述したユニティ銀行の経営破綻に言及して、当時の監督官庁の幹部は、銀行店舗のある商業地域はみすぼらしかったが、「本当の問題は経営管理の欠如、有能な人材の不足、経験不足など」であったと指摘している。そういうことなのである。

■ノーといえない性

新銀行東京の経営が行き詰まったのは、設立に関わった関係者および経営者が無能で、経験不足であったことに尽きる。

私自身は、責任者と指弾されている大塚俊郎氏とその部下の津島隆一氏には、特に同情的である。実務家にとって無能というのは恥ずかしいことではあるが、罪ではない。本人なりに一生懸命やったことである。

銀行実務にまったく経験がなくとも、選挙で選ばれた知事がやるといえば、米国にはノーといえても、目の前の知事にはノーとはいえない官僚の性である。都政に人生を捧げてきた自治体官僚に銀行ビジネスができると考える方がおかしい。

追加出資をめぐる都議会のやりとりで新たに提起された問題は、都議会の監視責任である。

「追加出資は今回限りとする▽400億円を棄損させることのないよう適切な監視に努める▽経営監視のための組織を新設する」という付帯決議をつけて与党の賛成多数で認められたわけであるが、追加出資が今回限りで、毀損しないかどうかを見極めるのが議会での議論であり、それを監視するのも議会と理解している者としては、無条件で賛成するのは恥ずかしいとばかりの言い訳としか理解できない。

そもそも、設立当時の「都においても、新銀行の目的を達成するため、経営全般にわたり適切な監視に努めること」という付帯決議の空しさを忘れたのであろうか。

監督責任を問われて都知事は「経営の大枠は監視してきたが、銀行法で帳簿の閲覧が制限されるなど、監視に制約があった」と答弁しているのは正しい。銀行法第23条（株主等の帳簿閲覧権の否認）で「会社法第433条（会計帳簿の閲覧等の請求）の規定は、銀行の会計帳簿及びこれに関する資料については、適用しない」とある。

大株主が銀行経営上の情報を悪用する危険性を防止しているわけである。この銀行法には変更がないのに、どうやって帳簿もみられない銀行経営を監視しろというのであろうか。監督責任が問われても、再び「帳簿は見られませんでした」と答弁するだけである。ここまでくれば、付帯決議を提案した側の無能さが今度は問われる。

事業の失敗を結果論で責めるのはたやすい。失敗を最小限にとどめ、再度繰り返さないための検証が行われたかどうかが問題である。とすれば、問われるのは、新銀行東京の設立を認め、参考人招致もせずに空文化した付帯決議で追加出資に賛同した議会側の責任である。新銀行東京の迷走ぶりは、残念ながら都議会側の無能と怠慢の反映である。その結果、新銀行東京は、いまや歴史上あまり例を見ない「珍銀行」と化している。新銀行東京ではなく「珍銀行東京」と揶揄したくなるのは小生だけであろうか。

冗句ジョーク

北京五輪の聖火リレー、世界各地で混乱

東京オリンピック招致本部
「ウチに決まったら忍者を使います」

ワンルーム建築に「待った」

規制条例が10区に

23区でワンルームマンション建設が進む中、その乱立を防ごうと規制条例を制定した区は10区に上っている。中央区が1戸につき25平方㍍未満の共同住宅の建築を禁止する地区計画を実施するなど、条例化以外の規制も出始めた。04年にワンルーム税を導入した豊島区は、課税前と比べ建築件数が減り、ファミリー向けが増加しているという。だが、2025年には、東京の平均世帯人員が2人を下回り、単身者が増加するという調査結果もあり、ファミリー向けの需要が落ち込み、ワンルームの需要が高まりそうな懸念がある。

「ワンルームマンションの規制を強めるのは構いませんよ」ワンルーム1戸につき、最低限必要な面積を18平方㍍から25平方㍍への変更などを検討している新宿区に、ある事業者はこう言い放った。さらに、この事業者は「造りやすいところに造りますから」と、建築規制の弱い区などに造ることも言明した。

自治体がワンルームマンションに建築規制をかける場合、条例か要綱、地区計画を定めている。

中央区は今月から、日本橋、銀座など15地区を対象に、1戸につき25平方㍍未満の共同住宅（10戸以上）の建築を禁止した。06年に人口10万人を突破し、単身者を中心に増えているため、今後はファミリー向けの共同住宅を確保して定住人口を増やすのが狙い。

さらに、文京、北両区は、建築規定を盛り込んだ要綱から条例に格上げし、年内に施行する。23区では、建築規制を条例で定めているのは10区となる。

豊島、税導入で「減少」

豊島区は04年6月からワンルームマンション税を導入し、面積が29平方㍍未満の住戸1戸につき、50万円を建築主に課税している。区内のワンルームは課税前、年間で平均1069戸のペースで着工されていたが、税導入後に平均619戸が課税対象になった。区は「ワンルームが減少したと考えている」と分析する。07年2月まで79物件、2359戸が課税対象になり、約11億8千万円の税収を得た。区は今後、税のあり方を学識経験者らでつくる審議会に諮問する予定だ。

一方、13区が建築規制を盛り込んだ要綱を定めている。だが、要綱は区側の「お願いごと」と事業者に見下されることがある。例えば、ワンルーム建築の際、区がファミリー向けの部屋の設置を要綱で定めても、ワンルームしか造らないという事業者もいる。

要綱から条例に格上げすれば悪徳業者に規定を順守させる成果は出るが、足立区は「条例だとやらされているというイメージがある」と指摘し、事業者との協力関係を築くには要綱が適しているという。

23区のワンルームの事前協議の届出件数

	04年度	05年度	06年度
千代田	20	18	10
中央	—	—	—
港	79	41	27
新宿	61	91	79
文京	46	32	33
台東	69	90	95
墨田	35	87	99
江東	44	69	95
品川	25	39	38
目黒	22	34	19
大田	—	—	—
世田谷	45	83	59
渋谷	34	21	19
中野	64	72	53
杉並	119	168	161
豊島	7	29	23
北	7	10	13
荒川	45	47	55
板橋	33	62	54
練馬	9	34	37
足立	—	—	—
葛飾	0	3	5
江戸川	—	—	—

※事前協議は、建築確認申請前に区と事業者が行う。ワンルームが建築された件数ではない。

※豊島区の数字は課税件数。

※中央、大田、足立、江戸川の4区はカウントしていない。ワンルームの定義は、杉並区が2戸以上、中央、江戸川両区以外が独自に規定。

先の見えない住宅対策

【解説】ワンルームマンションは、90年代後半から00年前半まで都心区で建設ラッシュが起きていたが、現在では都心までアクセスのいい区で急増している。

建築確認の申請前に、事業者は区側と事前協議を行うが、墨田区で03年度が15件だったものの、06年度が99件と6倍増になったという。区内にある京成・浅草線押上駅に、半蔵門線と東武伊勢崎線が開通し、地価高騰が予想されたが、区は「あんまり地価は上がらなかった」と振り返る。

江東区は昨年末まで、小学生の受け入れが困難な地域でファミリー向けのマンション建設に規制をかけていた。さらに、同区は都心区に比べ、地価が安い。そのため、ワンルームが増えているという。

地価が高止まりしている都心区では、ワンルームマンション建設の伸びが落ち込み、都心まで交通の便がよく、地価があまり上がっていない区がワンルーム建設の適地になっている。

ワンルームマンションは、今後も増え続けるのか。日本は05年から人口減少が始まっている。国立社会保障・人口問題研究所の調べによると、00年の東京の平均世帯人員が2・21人だったが、25年には1・98人と、全国に先駆けて2人を下回る見通しだ。

東京の世帯総数は00年が537万だったが、25年が603万で66万増えるとした。そのうち単独世帯は53万で、高齢者が大半を占めるという。その際、ワンルームマンションの需要が増えるという見方をする区もあれば、若年層が多く借りているワンルームに高齢者が住むのかどうか疑問を投げかける区もある。

一方、同研究所の世帯人員の予測が的中すれば、ファミリー向けマンションの需要は低迷する。住人がいなくなれば、ゴーストマンション化するおそれもある。少子高齢化時代に見合った住宅政策をどう展開すべきか、区は考えていく必要がある。（石）

品川区　八潮で5校を一つに　小中一貫校が開校式

品川区八潮地区に小学校3校、中学校2校を統合した小中一貫校「八潮学園」ができ、7日、開校式が行われた＝写真。

八潮学園の全児童生徒数は644人。この日の式には、小学2年生から中学3年生までの約5百人が出席。児童生徒は「お兄さん、お姉さん、よろしくお願いします」「心をひとつにし、誇りに思える学園にすることを誓います」などと思いを述べた。

八潮地区は埋め立て地に団地ができ、1983年から5千世帯余りが入居した。その後、高齢化が進み、現在、子どもの数は4分の1以下に減少。同区では、学校選択制を導入しているため、学校の小規模化を嫌い、他地区へ流れる現象も生じていた。

新たに開校した八潮学園は、八潮北小・八潮小・八潮南小が統合した「八潮学園小学校」と、八潮中・八潮南中を統合した「八潮学園中学校」からなる。区内3番目の小中一貫校だ。校舎は、今年度は旧八潮南小・中を仮校舎として利用。来年度に、旧八潮小・中を改築した校舎に移る。

新小学1年生では、八潮地区以外から八潮学園を選んだ児童が16人いる。新中学1年生でみると、例年は40人前後だったが、今年度は65人。他地区への流出が止まり、小中一貫校への期待がうかがえる。

教育プログラムでは「ものづくり」教育に力を入れる。近くにある都立産業技術高等専門学校と連携し、ものづくりを主とした授業の交流を行うカリキュラムなどを予定している。

品川区は、義務教育9年間を通した系統的・継続的な教育活動の推進を目指している。8日には、荏原第二中と平塚中を統合した荏原平塚中が開校式を行った。同校は2年後には平塚小学校も合わせた「荏原西地区小中一貫校（仮称）」となり、区内4番目の小中一貫校として開設される。その後も、品川地区、荏原東地区と相次いで、5番目、6番目の小中一貫校の開設が予定されている。

新宿区　後期高齢者を支援　入院者に上限3万円

新宿区は75歳以上の後期高齢者の医療負担を軽減するため、被保険者の入院に対して、年額最高3万円を支給する。同区後期高齢者医療担当は「税制改正などで高齢者の負担が増えている。セーフティネット的な意味で高齢者負担の激変緩和が図れれば」と話している。

同区の後期高齢者は約1万5900人。入院時の負担感や後期高齢者医療制度の新設による保険料の負担感軽減のため、支援を決めた。昨年の第1回定例区議会で議員から提案があった。今年度から始まっている新宿区第1次実行計画に定められた新規の計画事業として、4年間の実施を予定している。

対象となるのは、新宿区に1年以上住所を有している後期高齢者医療制度の被保険者で所得制限はない。医療保険適用の病院や診療所に入院中または入院していた日数に応じて支援金を支給する。入院日数が分かる病院や診療所の領収書があればよい。

支給対象とする入院期間は7日以上とし、7日から60日までが1万円、61日から120日までが2万円、121日以上が3万円。区では、1万円は3630件、2万円は1320件、3万円は1331件の申請があるとみて、支援金として1億263万円を見込んだ。支給管理システム導入などの経費1418万円と合わせ、総額1億1681万円の08年度予算を組んでいる。

75歳以上の高齢者の入院時負担軽減の支援では、千代田区も昨年度から、軽減策を実施している。千代田区の場合は、入院で医療保険適用外としてかかった費用を助成する。差額ベッド代や投薬などは除き、日用品類、診断書などの文書料、電気器具やテレビの使用料、パジャマなどの衣類や寝具リース料、洗濯代などが対象となる。一人あたり月額2万円、年間10万円を限度としている。昨年度は94人に助成を行った。そのうち限度額の10万円まで利用した人が20人いた。同区高齢介護課によると「限度額達成者は、ほぼ寝たきりで退院の見込みが少ない方と思われる」といい、「入院に伴う負担の大きさがうかがえる。高齢者が今後増えるにつれ、助成を求める人も増えるのではないか」と話す。

年金で暮らす高齢者やその家族にとって入院に伴う経費は大きな負担。月に何十万円もの出費もあり、「助成があるなら、たとえ少額でもありがたい」という高齢者は多い。助成額の多少以前に支援の存在自体が精神的な支えとなることもある。負担に配慮した制度の推進が望まれている。

港区エレベーター事故　遺族らが署名活動

港区の区民向け住宅「シティハイツ竹芝」で起きたエレベーター事故で、事故の遺族らが6日、街頭で署名活動を行った。

事故は2006年6月3日、シンドラー社製エレベーターの扉が開いたまま上昇、当時16歳の市川大輔さんが亡くなった。しかし、現在も事故原因や責任の所在が明らかになっていない。区は独自の原因究明を進めている。

大輔さんの遺族や同じ学校の保護者や生徒らは、今年1月から事故原因の全面解明と刑事責任の厳正な解明を求める署名活動を始めた。国土交通省、警察庁、東京地方検察庁に提出する。すでに約4万人分の署名が集まり、10万人を目標にしている。

この日はJR川崎駅前の広場や商店街などで署名を集めた。大輔さんの母・正子さんが「あの日までエレベーターは安全だと思っていた。事故原因はなにひとつ解明されていない」と訴えると、休日の買い物途中の人らが足を止め、署名に協力していた。

エレベーター事故原因の究明を求める遺族ら＝JR川崎駅前で

大田区　海苔のふるさと館オープン

大田区に6日、「大森海苔のふるさと館」がオープンし、初日は約400人の来館者らでにぎわった。午前10時すぎからのオープニングセレモニーでは、松原忠義区長があいさつ。「2002年に自治会や元海苔生産者、自然保護団体などと話し合いを始め、1年前倒しで開設できた。地域への思い入れがひしひしと伝わってくる。区民のみなさんにもぜひ親しんでほしい」と語った。永井敬臣区議会議長は「楽しいと思ってもらえるまちにしてほしい。今日を出発点に名物となるよう願う」と述べた。

館の1階には昭和30年代に造船されて現存する最後の海苔船（全長13㍍）が展示されており、来館者が熱心に見入っていた。戸外では、親子連れらが網についた海苔を取る「海苔つみ」を体験。集めるそばから海苔を食べる子もいて、春の一日を楽しんでいた。

網からノリを摘み取る親子連れ＝大田区の「大森海苔のふるさと館」で

中野区　ホームページをバリアフリーへ

中野区は4月から、ホームページに音声読み上げ、文字拡大ソフトを導入した。障害のある人がホームページを閲覧しやすいよう、音声で読み上げ、また文字色、背景色などを変更し、文字を拡大するなどの機能を備えている。

バリアフリーのホームページを作るため、ページ作成者のための機能として①グレースケール②リニアライズ③簡易JIS診断機能――の三つの機能を導入している。

グレースケール機能は、ホームページをモノトーンで表示することで、ページ全体でコントラストが確保できているか確認できる。弱視の人や色覚障害のある人に配慮したもの。リニアライズ機能は、ホームページの複雑なテーブル構造などを排除した表示によって、視覚障害者が使用する音声読み上げソフトとほぼ同等の順序で情報を表示することができる。

また、簡易JIS診断機能は、高齢者・障害者等配慮設計指針―情報通信における機器、ソフトウエア・サービスに適合しているかどうかを、その場で診断し、問題箇所を指摘できる。

板橋区　中学生が特養ホームを訪問

チューリップを仲立ちに老人施設の高齢者と中学生が交流する板橋区の「チューリップ交流会」が8日、特別養護老人ホーム「北東京寿栄園」で行われた。1986年から続いているもので、今年も近くの区立板橋第五中学校の生徒69人が、チューリップの鉢植え60鉢あまりを持って、同園を訪問した。

主催したのは、地域の町会・自治会や学校、PTA、青少年委員などで作る「板橋区青少年健全育成板橋地区委員会」。毎年春と秋にチューリップを交流のシンボルとして施設訪問が続けられており、今回も中学生が同園のお年寄り一人ひとりにチューリップの鉢植えを手渡し、会話を楽しんだ。

記者席

電話殺到で「不通」の現場

○……4年ぶりに都庁担当に戻り、久しぶりに知事会見にも出席した。

知事の歯切れは、良くも悪くも昔と変わらなかった。変わったのは、周りを取り巻く職員や記者たちかもしれない。手が届かぬほど出世してしまった職員がいたかと思えば、当時、ド新人だったのに、やけに大人の顔をした記者もいた。

何より感じたのは、都庁というのは、こんなに静かな建物（組織）だっただろうかという素朴な疑問だ。その理由は、これから報じていくことになるのかもしれない。

○……後期高齢者医療制度が始まった。75歳以上を指す「後期高齢者」という言葉が、「あとは死ぬばかりということか」と物議を醸している。

新制度への移行は混乱している。各区の担当課に電話してもなかなかつながらない。お年寄りからの電話が殺到しているのだ。

「老人保健の古い受給者証は返してくださいと言っているのですが、介護保険証もあるし、さらには新しい後期高齢者医療の保険証も手元に届いて、どれがどれだか分からなくなっているようです」と担当者。まだ手元に新しい保険証が届いていない人もいる。

そもそも医療費抑制の流れから着想された制度。お年寄りにも分かりやすい親切なものにする心が欠けている。

○……都立豊島高校の教諭だった片山むぎほさんは、卒業式での不起立処分に抗議する記者会見に母親の着物姿で臨んだ。母の介護と教職を両立させようと勧奨退職したが、斉唱時に退場して戒告処分となり、合格していた再雇用職を取り消された。片山さんは「戦争体験者で、戦後民主主義に希望を抱いてきた母の想いからも起立できなかった」と話す。

生徒からは「学校には他にも矛盾がたくさんあるのに、なぜ先生はこの問題にこだわるのか」と聞かれた。片山さんは「戦争の際、それを駆り立てる教育がなぜ行われたか解明されていない。このまま放置したら、再び繰り返すことになる」と訴える。不起立には様々な想いが込められている。

教育管理職等任用・育成検討委第2次報告㊤

副校長、主幹の残業常態化

職務、権限の見直しが課題に

都教育庁の「教育管理職等の任用・育成のあり方検討委員会」は10日、副校長・主幹教諭の育成及び職のあり方を提言した第2次報告をまとめた。副校長・主幹教諭の職責、職務実態・育成の現状を分析した上で、副校長・主幹教諭がその本来の職務・職責を果たし、教育改革に向けた学校の課題解決能力が一層向上するよう、課題ごとに具体的な改善策を提言している。そこで報告の概要を2回にわたって掲載する。第1回は、副校長・主幹教諭への業務集中の要因の分析である。

現状分析

副校長の職責遂行の現状では、今回実施したアンケート調査で、副校長として重点を置きたい職務について、約9割の副校長が「校長のパートナーとしての経営参画」と回答し、次いで「教職員の育成」を多く挙げている。しかし、不明確な職務内容や多忙さなどが要因となり、副校長としての職責を十分果たすことができず、その職としての魅力が減退している状況が明らかになった。主幹については、自分の分掌の教員に仕事を割り振れず、自らが多くの業務を担当している状況も指摘され、担当する校務について所属職員を指導監督しながら、組織的に処理していくという主幹の役割が十分に果たされていない現状も示した。

副校長・主幹の職務実態では、「副校長等の職務実態調査」において、高・特別支援学校の勤務日の平均残業時間が、副校長で3時間19分、主幹で2時間2分となり、特に副校長は、2006年度に実施された文部科学省教員勤務実態調査における高等学校教員の平均残業時間である1時間48分を大きく超えた。

また、週休日等における副校長の執務時間は、同じく文科省調査における教員の平均執務時間より全校種において長くなっており、小学校では3時間8分、中学校では3時間19分、高・特別支援学校では3時間5分にも及び、教員の執務時間の2倍を超えた。副校長・主幹は、残業が勤務日や週休日等においても常態化している現状が明らかになった。

アンケート調査では、副校長の約90%、主幹の約75%が、職務に対して多忙感をいだいている。副校長の病気休職者数も増加傾向にある。

副校長として重点を置きたい職務

（人）　0　50　100　150　200　250

- 校長のパートナーとしての経営参画
- 学校運営の中心的担当者
- 外部対応責任者
- 教職員の育成
- 教育課程の編成、実施、管理等
- その他

このように、副校長・主幹に業務が集中し、残業等の常態化と、多忙感をもたらしている要因として、調査・報告事務の多さ、ICT化の遅れ、分掌に分担できない業務の存在、校務分掌組織の硬直化や不効率な執行体制、主幹の職務に対する教員の理解不足、地域との連携に関わる業務の増大などを挙げている。この他、小・中学校においては、学校事務職員の能力をより一層学校運営に活用したいという意見が数多く出された。

人材育成の現状としてはこれまで、広義での人材育成に関する指針を策定していなかったことを指摘。いわゆる「鍋蓋型組織」を改め、教諭、主任教諭（09年度から任用予定）、主幹、管理職という任用体系を整備してきたが、職層ごとに求められる資質・能力を身に着けるための育成体制が十分構築できていないこと、副校長・主幹の育成についても、具体的な育成方法等については示されておらず、基本的にはすべて校長に任されていると指摘した。特に、昇任1年目の副校長や主幹の残業時間が長くなっており、昇任したときに直ちに生かすことのできる研修充実の必要性について言及した。

これらを踏まえ、今後解決すべき課題として、①副校長・主幹教諭の職務や権限の見直し②校務の縮減と効率化③学校組織や学校運営体制の見直し④学校を支える仕組みの構築⑤副校長・主幹教諭の人材育成——の5点を挙げている。

19区が学校選択制導入

保護者の希望反映　地域崩壊を心配する声も

都教育庁調べ

児童生徒が通う学校を自由に選べる「学校選択制」を導入する区教委が増えてきた。都教育庁の調べによると、今年度に実施する区を含めて、19区が小中学校で学校選択制度を採用。このうち指定校を取り払い、すべての学校から選択できる「自由選択制」を、16区が採り入れていることが分かった。学校選択制を採用した区の多くが「保護者や児童生徒の希望が反映できる」などのメリットをあげるが、その一方で、学校選択制による学校間の「競争とふるい分け」を危惧する声もある。また、「地域の崩壊につながる」と難色を示す区もあり、制度導入で学校選択制が今後どこまで普及するかはわからない。

児童生徒は従来、学校教育法によって市町村教育委員会が指定する学校に通学することが定められていた。しかし、旧文部省が1997年に「通学区域の弾力的運用」を打ち出し、事実上、崩れた。この枠組みは98年度には三重県紀宝町が先陣を切って学校選択制を導入。00年度には品川区が制度導入に踏み切り、その後、学校教育法施行令の改正で、区市町村教委の判断で学校選択制が導入できるようになった。

それ以降、学校選択制を採用する地域が拡大し、内閣府の06年度調査では小学校14・0%、中学校15・6%で学校選択制が導入された。学校選択制には「自由選択」「ブロック選択」「隣接区域選択」「特認校」などの形態があり、各区市町村教委では首長の教育方針や地域特性などを踏まえ、どの形態をとるかを判断しているようだ。

23区では19区が学校選択制を導入した。このうち16区が区内全校から希望校を選べる「自由選択制」を採用。墨田、江東、渋谷、荒川、板橋、足立、江戸川の7区では小学校と中学校の両方で自由選択制を採っており、港と新宿、葛飾の3区では小学校を隣接区域選択制、中学校を自由選択制としている。

都内で初めて小学校に学校選択制を導入した品川区の場合は、「通学距離に配慮」（学務課）して区内を四つに分けたブロック選択制を導入。その後、中学校で自由選択制を採用したが、「居住地をベースにして、他校希望が多い場合は抽選で通学先を選んでいる」（同）という。

保護者の希望を反映させることが制度導入の主な目的だが、同区教委では「保護者から選ばれる学校になるよう教員の努力が必要になるなど、学校の内側から改革していく狙いもある」（同）と話している。

足立区は02年度から小学校と中学校に自由選択制を採り入れた。地域代表などからなる「自由化懇談会」の議論の中で、「ブロック選択制にすると、制限を設けることになり、自由化の流れに反する」との意見が多数を占め、完全自由化に踏み切ったという。「確かに希望が集中する学校はあるが、他校で活力がなくなったという声は聞かない」（学務課）としている。

その一方で、学校選択制を導入していない大田、世田谷、中野、北の4区では、「学校選択制を導入すると、地域性が希薄になる」と口を揃える。世田谷区は「子どもは地域で育てる」という区長の方針のもと、指定校制を維持。現段階では学校選択制に切り換える予定はないという。

大田区も家庭、学校、地域の三位一体で子どもを育てるという教育方針を掲げており、それを崩しかねない学校選択制を導入する考えはないという。北区では逆に指定校変更を厳しくする方向で検討が進められている。

区教委の中には「学校選択制が行き過ぎると、小さな不祥事でもすぐに学校を変える傾向が強まり、義務教育として果たしてどうなのか」と疑問を投げかける声もある。

学校選択制の実施区

区名	校種別	実施形態
千代田	中学校	自由選択制
中央	中学校	自由選択制
港	小学校	隣接区域選択制
港	中学校	自由選択制
新宿	小学校	隣接区域選択制
新宿	中学校	自由選択制
文京	中学校	自由選択制
台東	中学校	自由選択制
墨田	小学校・中学校	自由選択制
江東	小学校・中学校	自由選択制
品川	小学校	ブロック選択制
品川	中学校	自由選択制
目黒	小学校・中学校	隣接区域選択制
渋谷	小学校・中学校	自由選択制
杉並	小学校・中学校	隣接区域選択制
豊島	小学校・中学校	隣接区域選択制
荒川	小学校・中学校	自由選択制
板橋	小学校・中学校	自由選択制
練馬	中学校	自由選択制
足立	小学校・中学校	自由選択制
葛飾	小学校	隣接区域選択制
葛飾	中学校	自由選択制
江戸川	小学校	自由選択制（徒歩可能範囲）
江戸川	中学校	自由選択制

揺れる教育現場 33

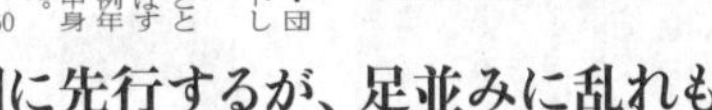

国に先行するが、足並みに乱れも

官庁など多くの企業・団体で新年度がスタートした。

トップが新たな決意とともに新人らに「檄」を飛ばすという日本の慣習は、例年と変わらなかったが、中身は一様に湿りがちだった。

そんな中で一昨年末、60年ぶりに改正された新教育基本法のもとの「教育改革」が4月から教育現場で具体化されていく。

その方向は「教育再生会議」の三次にわたる提言と改正教育3法（学校教育法・地方教育行政法・教育免許法＝07年6月）による。具体化の指針となる新学習指導要領が告示され、自治体教育のモデルとされる文科省の「教育振興計画」も固まっている（5月に確定）。

具体的な施策は多岐にわたるが、いずれにしても今年は各自治体の対応が問われ、どの程度消化できるか。「教育改革」の成否につながるだけに、注目されるわけだ。

都内自治体の動向をみると、多少のバラつきはあるようだが、端的に言えば国・文科省の動向を先取りする形で「積極的・自主的」取り組みが目につく。それだけ都内自治体は「分権時代」を意識し、教育問題への危機感も強いことが伺える。

東京都は04年4月の「第1次教育ビジョン」に続き、「第2次」の策定（5月）に向け「中間まとめ」を発表、大詰めの作業を急いでいる。

第2次ビジョンの基本的理念は「第1次」を引き継ぎ、「10年後の東京」の考え方もベースとして踏まえている。同時に改正教育基本法と改正教育3法も反映させる方針。

都の「教育改革」は04年から着手しているので、国・文科省の動きより先行しているといえる。

例えば「学力向上策」や「学校選択制の自由化」「小中・中高一貫校」「家庭・地域の教育力の向上策」「就学前教育の重視」などが当面、具体的な課題となっているが、都はこの4年間で取り組んでいる。

23特別区の動向についても、先行している部分が目立つ。全般的には紹介しきれないが、まず目に付くのは、総合的な教育ビジョンを近年に策定している区が多いことだ。02年4月からの学校完全週5日制や新学習指導要領が実施され、いわゆる「ゆとり教育」のスタートなどがきっかけだ。

懇談会・審議会提言を含め教育ビジョン（計画）を持っている区は、13区（中央、港、新宿、墨田、江東、品川、目黒、世田谷、中野、杉並、北、足立、葛飾）に及ぶ。

この中でそれぞれ独自の教育政策を出しているわけだが、港区が「国際人育成を目指す教育特区」構想を打ち出し、杉並区は「教育立区」を目指す基本条例を制定している。

また、学区を越えて自由に学校を選択できる学校選択制や小中・中高一貫校が急速に拡大していることも、もう一つの特徴だ。学校選択制を採用していないのは、大田、世田谷、中野、北の4区だけだ。

小学校を自由選択制にしているのは、千代田、中央、文京、台東、練馬の5区を除く14区が実施。中学校については、小学校で実施していない上記5区を含め19区で実施している。

このように都内自治体の「教育改革」の一端を見たが、国の動向を先取りする形で進んでいる。ただ、4区が学校選択制を採用していないことが、逆な意味で注目される。（W）

活かせ！地域の教育力 ①

——高島平地区小地域ネットワーク

超高齢化のプロセスで

「東京都教育ビジョン（第2次）」の中間まとめでは、家庭・学校・地域・社会の連携強化や外部人材の積極的な活用などによって、社会全体で子どもの教育を考える仕組みづくりを推進していくとしている。しかし、旧来の町会などが機能不全に陥る中で本来の住民自治のあり方が問われている今、教育だけに特化して地域連携を語ることは難しくなっている。このシリーズでは、様々な活動を展開している高島平地区小地域ネットワークの取り組みを報告してもらい、教育を支える住民自治はどうあるべきかを考えてみたい。

高島平地区小地域ネットワークは、「誰もが安心して豊かに暮らせるまちづくり」（「ふれあいのまちづくり事業」旧厚生省実施の国庫補助事業）を目的に、板橋区高島平で2000年4月に発足した。会員数は現在、約140人。そのうち15人程度が事務局として、渉外、広報、会計などの役割を担っている。

また、板橋区立高島第二中学校（松本秋広校長）と密接に連携し、会員による学校支援をはじめ、生徒や教職員、PTAとともに多様な地域活動も行っている。

特に、板橋区教育委員会や板橋区社会福祉協議会との支援協力とともに、中学校内に事務所を置かせてもらうことにより、その活動は地域社会から大きな信頼と支持を得ることとなった。

組織的な特徴としては、一般的な統合、統括するためのピラミッド型の組織形態をとることを避けて、人やグループを逆ピラミッド型、もしくは並列につなげた上で、事務局メンバーが、もっぱらそれぞれの活動についての条件整備を担当していることがある。

これは、活動現場の独創性や自主性を尊重するとともに、現場のリーダーが責任をもって活動することを促すことを目的にしたからだ。

現在、国から町会、自治会に至るまで、縦型、縦割りの行政組織が一般的だが、今風に言えば地方分権型であり、中央集権型をあえて避けた組織にしたのである。

このような組織が、実施しようとする活動についての責任と意思の決定をどこで行うかというと、毎月1回開催する「連絡会」において企画内容の報告と意見交換が行われ、適正化が図られた後、その活動が承認された上で活動が始められる。

プランニングと活動主体が同じであることで、責任を持って主体的に活動することの自覚が生まれる。同時に、「連絡会」で承認、共有された内容は、その活動を他の活動を行う会員も互いに支え合い、最終的な責任は会が負うことになる。

これが、本会がネットワーク型組織を選択した理由と目論見であるが、振り返ってみれば、8年前に地方分権型の仕組みと仕掛けが、高島平に生まれていた。

高島平団地は1972年に誕生し、東洋一のマンモス団地として全国に知られ、地方都市の人口に匹敵する3万人余の子育て世代が生活していたが、高齢化と共に減少し、現在二丁目団地では1万人余となっている。

同世代が一斉入居した団地はさまざまな問題をすでに内包していた。

最初に問題となったのは、次々と子どもが産まれ（第二次ベビーブーム）、保育園や学校をはじめとする社会基盤の整備が追いつかなかったことだ。親たちは高島平での育児に大変な苦労を強いられた。

そして、37年後の現在はと言うと、日本中が高齢化を迎える中、さらなる超高齢化の地域になっている。ある調査によれば、2010年には高島平団地の住民の65歳以上の人が50%を超えると予測されている。

次いで問題になったのが20年程前から幾度となく起こる「高齢者の孤独死」である。その悲惨な事故の例はとてもここに書くことはできない。思い出すだけでも心が痛む。

当時、本会の設立に関わったメンバーはその悲惨な孤独死に、将来の自分を見た。そして、そんな死に方はさせたくない、自らもしたくないという気持ちが本会を設立する原動力になったのだった。

（高島平地区小地域ネットワーク代表　堀口吉四孝）

団地夜景

教育施策連絡会を開催

重要施策を説明

都教育委員会は10日、都庁第一庁舎5階の大会議場で、区市町村教委委員長ら約300人を対象に2008年度「教育施策連絡会」を開いた。17日には中野サンプラザで、幼稚園や小中高・特別支援の公立学校長約2300人を集め、同様の連絡会を開催する。

いずれも都教委が今年度に取り組む重要施策などを説明するもので、先に決定した主要施策にそって、児童・生徒に基礎的知識などを身に着けさせるための指導基準「東京ミニマム」や都立学校のICT計画の推進、外国人児童・生徒の教育の充実などの新規施策について説明した。今回は、昨年6月の地方教育行政法の改正を受けて、活動状況の点検・評価を有識者の意見を聞きながら実施する予定で、その結果を報告書としてまとめ、公表することにしている。

千寿桜小などの3校で開催決定

授業改善研究協議会

都教委は、授業改善の方策を具体的に検討するための「授業改善研究協議会」を足立区立千寿桜小学校(6月27日)、昭島市立共成小学校（12月5日）、西東京市立谷戸第二小学校(来年1月23日)で開くことを決めた。

児童・生徒の学力向上を図るための調査結果などを受けて、授業改善サイクルの確立、問題解決能力等の育成を視野に入れた授業改善の推進などが課題になる。

毎週金曜3面は　教育オンライン

人事異動に「ドラフト制」

千代田区で6年目

千代田区では、春期の人事異動に、各事業部長の意向を反映させた「ドラフト制」を導入している。経験年数など一定の要件を満たした職員を対象に、各事業部長が自分の部に欲しい職員を順位付けし、事業部間の異動に反映する仕組みだ。2003年度から導入し、6年目となる今春は、4割が同制度で部間異動を行った。この間、どのような成果や課題が見えてきたのだろうか。

ドラフト制の人事異動では、まず職員課が異動基準を満たした職員のリストを各部長に提示。これに各部長が自分の組織に欲しい職員の順番を付け、高い順位を付けた部が職員を獲得する。

リストとともに本人の所属希望や経歴、苦手部門などの情報も提示し、これらの情報も参考に順番を付ける。複数の部が同一人物を同じ順位で指名した場合は、異動対象者が多い部署に優先権があるという。

名簿で順位付け　部間の戦力均衡図る

ドラフト制の対象となるのは、事務系の係長級と一般職員で、管理職と技術系、少数職場などは対象外だ。

係長級の場合は、係長級として同一事業部に引き続き5年以上勤務した者や、同3年以上勤務者で部長が異動を必要と認めた者のほか、主査から係長級への異動予定者、主任から係長級への昇任予定者などが対象となる。また一般職員は、同一課に引き続き3年以上勤務した者などが該当する。

こうした異動基準を満たしてもドラフト制にのらない例外もある。その一つが公募制人事だ。これによって異動する場合は対象外になる。また入区10年までの新人職員も人材育成の観点から通常の異動で行う。

このほか、特定の職員が持つ専門知識がなければ仕事が回らないポストに就く職員は、ドラフト制の対象外となる。

今年4月の異動では、一般職員では約4分の1にあたる90人、係長級では5分の1にあたる44人が対象となり、このうち、一般職員37人、係長級19人の計56人（42％）がドラフト制で部間異動となった。

■■

千代田区では03年度に事業部制を導入。事業部長に予算編成や人事に関する権限を大幅に委譲した。事業部内の人事は部長が行い、部をまたいだ異動は各部長の意向を反映できる「事業部長調整＝ドラフト制」を導入した。

03年度当初から導入した係長級では、今春までの名簿登載者計215人のうち、52％にあたる111人がドラフト制で部間異動した。一般職員は翌04年度からスタートし、名簿登載者312人のうち、61％にあたる191人がドラフトで異動している。

ドラフト制の利点は組織間で戦力の均衡が図れることだ。「通常の異動では、政策部門や企画部門などに優秀な人材が集中してしまうこともあったが、そうした職員も異動の機会が多くなり、人材を割り振ることができる」。職員課では、そう話す。

ドラフト制では「名簿の順位上位者」のみならず、下位の職員も含めて最後まで順番をつけるため、すべての対象者が各部に割り振られることになり、事業部間の戦力バランスが分散されるというのだ。

また、部長が欲しい人材を獲得しやすくなるため、事業運営がしやすくなるという利点もある。もし、部下で異動させたくない職員がいれば、上位の順位をつけることで流出を防ぐことも可能だ。逆に、職員が今の組織では成長しないと判断した場合は、異動させることも可能となる。「その分、部長の責任も重くなり、力量も試される」（職員課）という。

反面、本人希望よりも組織の希望が優先される点が課題となる。職員課が全体を見ながら異動作業を行うのに比べ、事業部長の意向が強く反映できる結果の副産物ともいえる。これを補うのが、公募制人事だ。

特定の部のみならず、すべての部で広く募集を実施。05年度の導入から昨年春までの3年間で47人が応募し、約28％となる13人の異動が成立した。今春の異動では21人が応募し、5人が異動した。

職員課では「公募制の応募は自信がないとできない。本人の責任も強くなる。今後は、公募制での異動が増えることが望ましい」と話す。

国際化推進担当を新設

港区が任期付職員を採用

港区は、任期付職員として公募していた新組織の国際化推進担当の課長ポストに、解良武氏(62)を4月1日付で採用した。同区は昨年の第4回定例会で一般職の任期付職員の採用に関する条例を制定しており、今回が初の採用となる。

新組織では、国際化にかかわる計画や調整、国際交流、外国人相談等に関する業務を担当。これまでも外国人向けの広報や国際交流を担当する部署はあったが、外国人住民に対応する専管部署はなく、横断的な対応を図るという。

同区は住民の1割にあたる約2・2万人が外国人だが、比較的富裕層が多いこともあり、外国人住民から一般的な行政サービスに対する要望があまり寄せられない。国際化推進担当では、外国人住民らが行政に何を求めているのか、ニーズの把握から始めるという。

一般公募には65人が応募。海外での職務経験や語学力のほか、NPOやボランティアに対する理解などもポイントとなった。解良氏は本田技研工業㈱やその関連会社で延べ6カ国に約19年間駐在し、この間、4カ国の現地法人で社長を歴任した。任期は2011年までの3年間となる。

超勤縮減

基本指針を見直し

職場管理ツールを活用

都総務局は超過勤務の縮減に関する基本指針を見直し、9日の政策・総務担当部長会に説明した。新指針では、昨年度に実施した超勤縮減策の成果を踏まえつつ、職場管理ツールの活用、全庁的な仕事の進め方の見直し、全庁一斉定時退庁に向けたTAIMS端末へのメッセージ配信等の取り組みが追加された。

都庁では01年度に従前の「超過勤務の縮減に関する基本指針」を策定、超勤の上限時間の設定や全庁一斉退庁日の実施などを進めた。しかし抜本的改善には至らず、総務局では新たに超勤縮減の具体策をまとめ、昨年4月から全庁展開を図ってきた。

その結果、07年4～12月期の平均超勤時間は、知事部局等で対前年度比2・6％減の月18時間、公営企業では同9・4％減の月17・4時間と成果を上げている。

新基本指針は、昨年打ち出した超勤縮減策を基本に「管理・監督職のマネジメント能力の向上」「業務改善」「超勤縮減への意識向上」の柱ごとに、新たな取り組みを加えるなど、実効性を高める中身となっている。

このうち超勤縮減のカギを握る管理・監督職に対しては、職員の超勤実態や年休取得状況を日常的に把握する職場管理ツールを整備し、適切な職場管理のために活用することを盛り込んだ。また管理技法等に関する管理職の研修のほか、管理職候補者へのOJTでは組織管理能力の習得を目指すなど、マネジメント能力の向上へ働きかけを強める。

さらに組織定数管理や予算編成といった全庁に関わる取り組みに際しても、仕事の進め方を見直し、各局が主体性を発揮する仕組みづくりを進めることで、〝川上〟からの業務改善も図っていく考えだ。

このほか超勤縮減への意識向上では、全庁一斉定時退庁日の実施と合わせて、新たにTAIMS端末にシャットダウン処理を始めるとのメッセージを一斉配信し、定時退庁を促す。月1回の予定で議会開催月は除かれる。

LFJ音楽祭のチケットが好調

東京国際フォーラム

ゴールデンウイークに東京国際フォーラムで行われる音楽祭「ラ・フォル・ジュルネ・オ・ジャポン」のチケット販売が好調だ。3月15日の発売開始以降、総チケット数24万枚のうち、半数が販売済みとなった。有料で行われる約220公演のうち、客席数が少ないものを中心に146公演のチケットが完売した。東京国際フォーラムでは、これら完売した公演について、カメラ席や演出上確保していた座席を開放し、2次販売を12日から開始する。

今年で4回目を迎える音楽祭は、「シューベルトとウィーン」をテーマに4月29日から5月6日の期間で開催。東京国際フォーラム周辺の丸の内エリアを含めて約400公演を行い、100万人の来場を見込んでいる。

志村　イネさん（しむら・いね＝志村孝雄・都交通局自動車部江東自動車営業所長の母）3月31日死去、86歳。

渡辺　良道さん（わたなべ・よしみち＝都立葛飾商業高等学校経営企画室長）7日死去、58歳。

小松　雅子さん（こまつ・まさこ＝都立梅ヶ丘病院看護科看護師）7日死去、54歳。

会議時間は1時間以内に／事務引継ぎ事項を定型化

都庁標準ルールを策定

全庁キャンペーンで不要書類廃棄

都総務局は9日、職場で共通して取り組むべき必要最低限のマネジメントノウハウを取りまとめた都庁標準ルールを各局に通知した。今後、全庁展開を図り、あわせて標準ルールを庁内に定着させる仕掛け、フォローアップも実施する。

都では質の行革に向けて、全庁的な戦略組織である「IT・業務改革会議」が、会議運営や業務管理、執務環境整理に関する標準化を進め、都庁スタンダードとして職員へ浸透・定着させるための仕組みづくりに取り組んできた。

都庁標準ルールでは「会議運営」「業務の視える化」「執務環境改善」の3分野について、それぞれ標語と5項目のルールを打ち出している。

まず会議運営では、会議を報告・合意の場から議論・審議の場へ転換することを掲げ、「審議資料は会議開催2日前までに配布」「事前配布された資料は必ず目を通して持参」「審議・報告事項の明確化」「資料説明はポイントのみ」「会議時間は1時間以内」の五つのルールを規定した。

さらに庁内の会議室に同ルールを掲示して職員への意識付けを図るほか、会議室の予約画面上でも予約時間は必要最低限とするよう促すメッセージを掲載するなど定着を目指す。

業務の視える化は、誰がどのような業務を担当しているのか、職場全体で共有する観点からルールを定めている。具体的には、行政改革推進部が作るひな型を踏まえて、職員・組織・事業単位や四半期・月次単位での予定表を作成、事務引き継ぎの様式や項目の定型化、引き継ぎ資料の整理・共有も進める。

執務環境改善に向けては、情報管理を徹底させるため、重要資料のコピー・配布を限定するほか、施錠可能なキャビネットへの収納、「環境改善日」を設定した上での定期的な資料廃棄などを挙げた。

さらに机上には電話、パソコン、卓上カレンダー、ペン立ての4点セットのみを置くなど、室内利用ルールも例示。また不要な書類等の廃棄に向け、引き継ぎ時期を利用した全庁的なキャンペーン（08年度は7月と12月）も実施する。

都庁スタンダードをムーブメントとして定着させるためには、仕掛けの整備とともに、継続的なフォローアップが重要になる。行政改革推進部では、とちょうｉへの関連記事の掲載や、新たに発行する業務改革ニュース（仮称）の全職場向けの配信を通じて、情報提供や先進事例等を紹介。同時に庁内からの意見募集も進め、ルールをバージョンアップさせる考えだ。

自己啓発等休業制度を導入

文京区　職務を離れ、能力開発

文京区は、職員が自己啓発や国際協力を行うために休業できる「自己啓発等休業制度」を4月1日から導入した。07年8月の地方公務員法の改正により導入が可能となったもので、特別区では初の導入となる。

同制度は、区に2年以上在職する一般職員を対象に、海外の大学や大学院も含む教育課程の履修や、青年海外協力隊など国際貢献活動への参加を認めるもの。休業期間は3年以内で、休業中の給与は支給されない。ただし、退職手当は活動内容が職務に特に有用である場合は、休業期間の2分の1に相当する期間のみ除算となる。また、管理職選考などの受験資格期間を計算する際には休業期間を除算しない。

「職員の能力向上には、長期間仕事を離れ、大学院などで徹底した勉強をすることが必要。職員にとっても人生を振り返る良い機会となる」。職員課の山本育男課長は、そう話す。職員の自発性を積極的に生かすことで、従来の研修等では得られない能力の開発を目指すという。休業は一時的な戦力ダウンになるが、「大学院などで得た知識を職場に戻った後に十分発揮してもらえればよい」（山本課長）との構えだ。すでに1人が法科大学院履修のため制度を利用しているという。

ひと

紙芝居で環境問題を啓発

中野区保健福祉部障害福祉分野
山田（やまだ）　昌弘（まさひろ）さん

環境畑を長く担い、環境問題はライフワークでもある。そんなこの人が、子どもたちが地球温暖化を考えるきっかけになればと、紙芝居『ペンちゃんの大冒険』を作った。

環境リサイクルプラザの職員だった一昨年3月、中野区内の小学校で環境問題について話す機会を持った。小学校教諭の妻からは、ダラダラした話をしても子どもには残らないと忠告を受け、実際、1年から6年生までを相手に話す難しさを痛感。さらに、その日は冬に戻ったようで、あまりの体育館内の寒さに温暖化の具体的な話も出来ずに終わった。

「そんなことから、子どもが親しめて、発達段階に応じて考えられるようにと、紙芝居を思い付いたんです」

その年の10月には、以前講師に頼んだNGOからツバルへのエコツアーに誘われ、そこでの体験も盛り込んで台本を執筆。そして、旧知の保育士に作画の保育士を紹介してもらい、3人の共同作業で完成に漕ぎ着けた。

「面白そうだと作画を引き受けてくれましたが、公私共に忙しかったようで、なかなか仕上がってこない。でも、出来上がった絵を見て言葉を無くしました。本当にきれいでびっくりしました」

ペンギンのキャラクターは多いが、それらと違った愛らしいペンギンが誕生。「このペンちゃんとペン子ちゃんを、7月の洞爺湖サミットのシンボルキャラクターにしてもいいよね、なんて話も出たくらいです」と笑う。

環境調査に出かけたペンギンが明かりに目がくらみ、新宿の高層ビルにぶつかりそうになって、中野サンプラザの屋上庭園に降りたり、小学校の体育館では環境の話を、図書館では調べ学習をしていたりと、子どもたちの身近な話が展開する。

「ただ紙芝居を読んで終わりではなくて、海洋汚染の話につなげたり、100万人のキャンドルナイトに結びつけることも出来る。奥行きのある作品と自負しているところなんです」。4月から障害福祉の担当となり、新たな出会いを期待しているところだが、『ペンちゃんの大冒険』のアニメ化もと夢は広がる。（門）

東京都生まれ。79年中野区へ。00年11月に脳出血で1年11カ月の闘病生活を送る。今も右半身が不自由だが、「人間の体は不思議だな。信号が青の間に渡りきれなかったが、今は余裕を持って渡れるんです。障害がある方でも、絶対に改善が進むはずです」と。短気だったが、なるようにしかならないと思うようになったとか。趣味は燻製作り。妻と2女と暮らす。47歳。

市幹部退職

3月31日付

■八王子市　▽生活安全部長　宮住哲也▽まちづくり計画部長兼都市計画室長　市川健寿▽まちづくり計画部交通政策室長　鈴木正之▽水道部長　池田丈三▽議会事務局長　高橋昭▽選挙管理委員会事務局長　岡部武次▽税務部次長兼納税課長　荒井敏雄▽市民活動推進部付主幹　赤荻孝▽総務部IT推進室主幹　鈴木襄太郎▽市民部市民課長　鈴木邦明▽市民部斎場事務所長　新井政夫▽健康福祉部大横福祉センター館長　三浦仁▽環境部環境保全課長　佐脇和巳▽環境部北野衛生事業所長　木下孝志▽道路事業部交通事業課長　宮内宏▽下水道部総務計画課長兼企画調整担当主幹　坂田敏久▽下水道部主幹　上山裕司▽水道部業務課長兼企画調整担当主幹　大川宏明▽生涯学習スポーツ部主幹　武田ヒサエ▽生涯学習スポーツ部主幹　福田隆一▽南大沢保健福祉センター館長　奥野光孝▽まちなみ整備部主幹　栗原英二▽まちなみ整備部区画整理室主幹　秋山正勝

■立川市　▽経営改革担当部長　市川秀秋▽都市整備部長　増岡利一▽行政管理部総務課長　井田恒夫▽福祉保健部生活福祉課長　榎本幸太郎▽福祉保健部看護専門学校教務課長　小町こよし▽環境下水道部水道業務課長　小関照雄▽教育部学務課長　島田文直▽選挙管理委員会事務局長　川端康久

■武蔵野市　▽環境生活部戸籍住民課長　本間芳夫▽市政センター所長　平井明正▽福祉保健部高齢者福祉課長　高棚橋正尚▽境保育園課長　大木京子▽北町保育園課長　高竹のり子▽都市整備部下水道課長　久保利夫▽会計管理室会計管理課長　渡邉郁雄▽水道部総務課長　水野達男▽武蔵野文化事業団副参事　山崎千恵子▽高齢者総合センター副参事　高柳秀雄

■三鷹市　▽生活環境部長　木村晴美▽都市整備部長　田口茂▽市民部参事　吉田優▽健康福祉部地域福祉課障がい者福祉担当課長　渡辺紘規▽子ども家庭支援センターのびのびひろば担当課長　吉川暸子▽南浦東保育園担当課長　松田洋子▽教育部生涯学習課長　深谷澄夫▽三鷹図書館長　若林寛

■青梅市　▽財務部長　田中信雄▽健康福祉部長　白鳥孔一▽建設部長　谷部達雄▽都市開発部長　久保洋二▽議会事務局長　福岡良正▽健康福祉部福祉総務課長　鴨居順次▽健康福祉部子育て支援課長　長塩信子▽健康福祉部健康課長　小倉明彦▽学校給食センター所長　市川民夫▽中央図書館管理課長　上岡高史▽河辺市民センター所長　大谷宣雄▽大門市民センター所長　加藤研

■府中市　▽財務部長　竹内健祐▽生涯学習部長　佐藤昌美▽都市整備部副参事兼建築指導課長　川浦公夫▽総務部副主幹　田中一嘉▽総務部行政管理担当主幹　芝田定男▽財務部用地課長補佐　加藤頼孝▽福祉保健部生活援護課長　清水久▽福祉保健部健康推進課長　山崎道雄▽福祉保健部高齢者支援課住宅・介護指導監理担当主幹　岡昭治▽環境安全部下水道課長　中熊憲章▽都市整備部建築課長　遠藤道夫▽都市整備部建築指導課民間確認指導担当主幹　前田政一▽生涯学習部生涯学習課長補佐　原田弘子▽生涯学習部体育課長　山本健司

■昭島市　▽総務部参事　薬袋重雄▽学校教育部長　橋本信市▽生涯学習部長　金子秀夫▽企画部主幹　山口幸男▽市民部生活コミュニティ課長　中田育夫▽環境部環境課長　柴田松雄▽都市整備部主幹　嶋﨑俊男▽都市計画部地域開発課長　嶋田和夫▽水道部工務課長　中林大紀▽生涯学習部社会教育課長　臼井洋▽市民図書館長　手塚良▽監査事務局長　小川哲夫▽選挙管理委員会事務局長　坂本哲朗

■調布市　▽選挙管理委員会事務局長　斉藤稔▽子ども生活部長　荻本末子▽総務部長　辻本務▽調布ゆうあい福祉公社　大釜博美▽文化・コミュニティ振興財団次長　佐々木庄次▽社会福祉事業団次長　大塚勇夫▽環境部清掃担当次長　浜名正昭▽都市整備部次長　田中實▽都市整備部建築指導担当次長　細川一二▽環境部水道事業担当次長　砂田正▽文化・コミュニティ振興財団課長　中野正俊▽会計課長　梨本治彦▽あゆみ学園長　堀内静▽市民部資産税課長　丹正雄▽環境部環境政策課生活環境担当課長　吹井仁孝▽都市整備部開発調整課長　神林嘉一郎▽市民部市民課神代出張所長　矢田義敬▽総務部営繕課長　菊川悟▽市民部市民課調整担当課長　梅野賢次▽教育部図書館調整担当課長　戸部英子

■町田市　▽下水道部長　清水喜久雄▽都市計画部区画整理担当部長　荒井昭治▽市民部参事　長岡彰▽子ども生活部長　寺内恵二▽環境・産業部農業振興担当部長　大貫健次▽選挙管理委員会事務局長　五十嵐隆▽都市計画部長　畑久男▽建設部参事兼建設総務課長　長谷川榮司▽税務部参事兼税務部納税課長　大野充秀▽清掃事業部長　石阪至孝▽水道部長兼水道部業務課長　山下久▽税務部参事兼税務部資産税課長　松本公彦▽企画部参事　内田保▽企画部情報システム課長　井上常高▽生涯学習部社会教育課まちだ市民大学担当課長　砂田勉▽学校教育部指導課教育センター担当課長　田原克人▽建設部道路用地課長　大沢信夫▽都市計画部建築指導課副参事　高田公則▽建設部道路整備課副参事　深澤忠光▽建設部道路管理課長　田口森博▽建設部交通安全課長　河原俊明▽子ども生活部すみれ教室所長　海沼宏行▽子ども生活部子育て支援課副参事　村田功▽企画部広報広聴課副参事　加藤茂樹▽都市計画部建築指導課副参事　奥富誠▽町田市民病院放射線科技師長　金井和雄▽都市計画部都市計画課主幹　水永春江▽子ども生活部子育て支援課主幹　矢倉美智代▽町田市民病院検査科主幹　富田清一▽町田市民病院事務局医事課主幹　市原多美子

■小金井市　▽総務部長　松永明▽市民部税務担当部長　五十嵐祥夫▽子ども家庭部長　中村俊郎▽議会事務局長　宮川俊雄▽監査委員事務局長　阿部雅規▽生涯学習部長　石川明▽市民部納税課長　古屋雅裕▽福祉保健部健康課長　荻原みどり▽都市整備部建築営繕課長　平塚裕道▽会計課長　中森佳子▽学校教育部学務課長　福田協司

■小平市　▽都市建設部長　疋田正博▽次世代育成部参事　坂下さえ子▽健康福祉部高齢者福祉課長　関根國弘▽都市開発部参事　中田宏▽都市建設部みちづくり課長　高橋謙一▽都市建設部水と緑と公園課長　野中康弘▽教育部学務課長　大澤一美▽西部出張所長　小野明雄▽上宿保育園長　畠山美枝子▽都市建設部たてもの整備課長補佐兼整備係長　新倉邦男▽小川西町図書館長　長谷川孝一郎

■日野市　▽環境共生部参事　菅嶋信▽水道事務所参事　水村豊▽企画部参事　池田邦雄▽企画部参事兼財政課長　神山正志▽健康福祉部付参事　谷野省三▽健康福祉部付参事　松坂文雄▽市民窓口課長　石部政治▽水道課長　石坂昇▽新選組のふるさと歴史館長　金子重雄▽監査委員事務局長　濃沼哲夫▽農業委員会事務局長　飯山光一▽企画部主幹　塩野哲夫▽企画部主幹　村瀬彰吾▽環境共生部主幹　本間光治▽まちづくり部主幹　坂本清▽健康福祉部主幹　佐藤清▽文化スポーツ課長　岩田秀之▽郷土資料館長　高橋國夫

■東村山市　▽環境部長　北田恒夫▽教育部長　桑原純▽市民部次長　遠藤文夫▽保健福祉部次長　岡庭嘉明▽財務部契約課長　川合清▽保健福祉部障害支援課長　比留間真由▽教育部庶務課　金子行雄▽保健福祉部子育て推進課長　落合晴見

■国分寺市　▽議会事務局長　峯岸桂二▽秘書担当部長兼秘書課長　熊木正好▽子ども政策担当部長　牧田幸▽清掃施設整備等担当部長　小口進一▽会計管理者　浅見靖二▽環境部下水道課長　伊藤勘一▽福祉保健部保険課長　岩沢賢二▽総務部納税課長　中村廣忠▽教育部生涯学習推進課長　榎戸良一▽選挙管理委員会事務局長　吉岡享二▽監査委員事務局長　梅井真▽総務部付課長　吉澤幹雄▽福祉保健部子育て相談室長　永山秀夫

■国立市　▽教育次長　平林正夫▽環境部長　篠田四郎▽総務部総務課長　才郷正次▽くにたち中央図書館長　菊池敬子▽選挙管理委員会事務局長　小林忠治▽監査委員事務局長　石原章弘▽環境部主幹　松本一朗▽議会事務局次長　北村克己

■福生市　▽市民部長　石川弘▽生活環境部長　吉沢英治▽都市建設部長　清水喜久夫▽福生市社会福祉協議会派遣　木住野佑治▽市民部総合窓口課長　島田兼男▽市民部保険年金課長　田中実

■狛江市　▽総務部長　本橋昇▽市民部長兼産業生活課長兼農業委員会事務局長　岡崎幸▽議会事務局理事兼環境改善課長　城田一義▽企画財政部秘書広聴課長　村野正夫▽総務部職員課主幹　大木正秋▽市民部市民課長　友野信夫▽健康福祉部高齢福祉課長　谷田部高史▽健康福祉部健康課長　貝瀬昭夫▽建設環境部清掃課長兼減量係長　村上義則▽建設環境部水道課長　加藤博司▽教育部体育課長　寺本民生▽教育部公民館長　橋本啓一

■東大和市　▽総務部長　渡辺和之▽学校教育部長　並木清志▽市民部副参事　波多野良男▽生活環境部市民センター課長　小松敏博

■清瀬市　▽市民生活部長　金子宗助▽健康福祉部健康・子育て担当部長　森田八千代▽学校教育部長　野島春雄▽教育委員会生涯学習部長　小野篤雄▽議会事務局長　後藤知幸▽会計管理者　小寺忠夫▽総務部防災安全課長　村野晴男▽健康福祉部子育て支援課長　高木芙美子▽建設部建設課長　佐藤精治▽選挙管理委員会事務局長　出下利男

■東久留米市　▽総務部長　永田昇▽会計課長　関一男▽環境部環境緑政課長　廣瀬勝博▽都市建設部都市計画課用地担当課長　川島哲男▽教育部図書館長　元倉敏雄▽消防本部主幹　宮本一男

■武蔵村山市　▽企画財政部長　福島真人▽市民部収納担当部長　眞仁田泰久▽生活環境部長　諸江大▽健康福祉部長　加園一成▽健康福祉部高齢・障害担当部長　当間悦治▽教育委員会教育部長　清野和祐▽教育委員会教育部生涯学習担当部長　加藤悦孝▽総務部職員課付主幹　野田俊雄▽市民部市民課出張所担当課長　鈴木友一▽生活環境部産業振興課長・併農業委員会事務局長　野崎富生▽健康福祉部地域福祉課長　峯岸清助▽図書館長　粕谷康夫▽会計管理者　比留間信男

■多摩市　▽市民部課税課長兼資産税担当課長　持田正巳▽環境部下水道課長　山本栄一▽総務部長　古関洋一▽健康福祉部長　加々美俊▽会計管理者　羽田一美▽監査委員事務局　田代恒雄

■稲城市　▽総務部長　伊藤登▽都市建設部長　守屋安雄▽消防本部消防長　市岡一彦▽教育部長　高野誠三▽教育部参事　石鍋浩▽東京都三市収益事業組合事務局長　恒松憲治▽市立病院看護部長　須崎光子▽企画部政策室副参事　新野勝広▽企画部政策室副参事　松尾章三▽福祉部生活福祉課長　佐伯彰▽消防本部警防課長　西澤清光▽市立病院診療部診療科部長　若林行雄

■羽村市　▽議会事務局長　梅林登▽総務部長　李克彦▽水道事務所統括課長　加藤憲一▽建設部施設計画課長　田村光夫

■あきる野市　▽議会事務局長　梅林登▽総務部長　李克彦▽水道事務所統括課長　加藤憲一▽建設部施設計画課長　田村光夫

■西東京市　▽総務部参与兼管財課長　矢口利雄▽市民部参与　岡山修策▽議会事務局参与兼議会事務局次長　奥川哲夫▽生活環境部副参与兼生活文化課長　三芳榮▽生活環境部副参与兼環境保全課長　福島仟▽都市整備部副参与兼下水道課長　本橋久雄▽教育部副参与兼教育指導課教育相談担当課長兼教育相談センター長　長澤和子▽総務部総務法規課長　崎森孝▽総務部総務法規課主幹　木俣雅晴▽市民部資産税課長　肥沼伸一▽子育て支援部主幹兼けやき保育園長　清水恵満子▽子ども家庭支援センター長　宮村陽子▽生活環境部主幹兼清掃係長　鴨下晴彦▽菅平少年自然の家所長　久保田尚樹▽選挙管理委員会事務局長　高橋忠男

市幹部人事異動

4月1日付
◎印昇任

■八王子市

【部長級】▽総合政策部広聴広報室長（総合政策部次長兼広聴広報室主幹）◎伊藤達夫▽総合政策部市史編さん室長（総合政策部市史編さん室長＝市史編さん室主幹事務取扱）佐藤広▽市民活動推進部長（生涯学習スポーツ部参事＝図書館担当）峯尾常雄▽総務部参事＝労務担当（市民活動推進部長）白柳和義▽税務部長（総務部参事＝労務担当）小田島英二▽生活安全部長（総合政策部広聴広報室長）深須達男▽健康福祉部保健担当部長（東京都から派遣）早川和男▽環境部水循環室長（下水道部長）松本正▽まちづくり計画部長兼都市計画室長（まちなみ整備部長）西田和夫▽まちづくり計画部交通政策室長（まちづくり計画部次長兼交通政策室主幹）◎天賀谷通忠▽まちなみ整備部長（まちなみ整備部付参事＝住宅・都市整備公社）山田政文▽会計管理者兼会計課長（税務部長）中村敏▽議会事務局長（会計管理者兼会計課長）大熊誠▽選挙管理委員会事務局長（生涯学習スポーツ部次長兼生涯学習総務課長＝企画調整担当主幹兼務）◎米山満明▽生涯学習スポーツ部参事＝図書館担当（行政経営部次長兼行革推進課長＝企画調整担当主幹兼務）◎坂倉仁▽東京都福祉保健局多摩小平保健所長（健康福祉部保健担当部長派遣）上木隆人

【次長級】総務部次長兼職員課長（総務部次長兼総務課長＝企画調整担当主幹兼務）大澤幸男▽税務部次長兼税制課長＝企画調整担当主幹（税務部税制課長＝企画調整担当主幹兼務）◎井上美文▽生活安全部次長兼防災課長（生活安全部防災課長）◎荒木紀行▽健康福祉部次長兼国民健康保険年金課長（市民部国民健康保険年金課長）◎小坂光男▽健康福祉部次長兼健康福祉総務課長＝企画調整担当主幹兼務＝看護師養成事業担当主幹兼務（産業振興部農林課長）◎遠藤護人▽健康福祉部次長兼地域医療推進課長（健康福祉部主幹＝医療制度改革担当）◎尾川幸次▽学校教育部次長兼学事課長（学校教育部学事課長）◎野村みゆき▽生涯学習スポーツ部次長兼生涯学習総務課長＝企画調整担当主幹兼務（道路事業部次長兼主幹＝企画調整担当）桑原次夫

【課長級】総合政策部政策審議室主幹（由木地域事務所課長補佐兼主査）◎小川正彦▽総合政策部広聴広報室主幹（こども家庭部子育て支援課課長補佐兼主査）◎西田隆▽総合政策部市史編さん室主幹（元八王子地域事務所課長補佐兼主査）◎新井雅人▽行政経営部行革推進課長＝企画調整担当主幹兼務（総務部法制課長）大野哲宏▽総務部総務課長＝企画調整担当主幹兼務（健康福祉部地域医療推進課長）米山嘉昭▽総務部法制課長（総務部法制課課長補佐兼主査）◎小峰修司▽総務部IT推進室主幹（財務部管財課

（6面につづく）

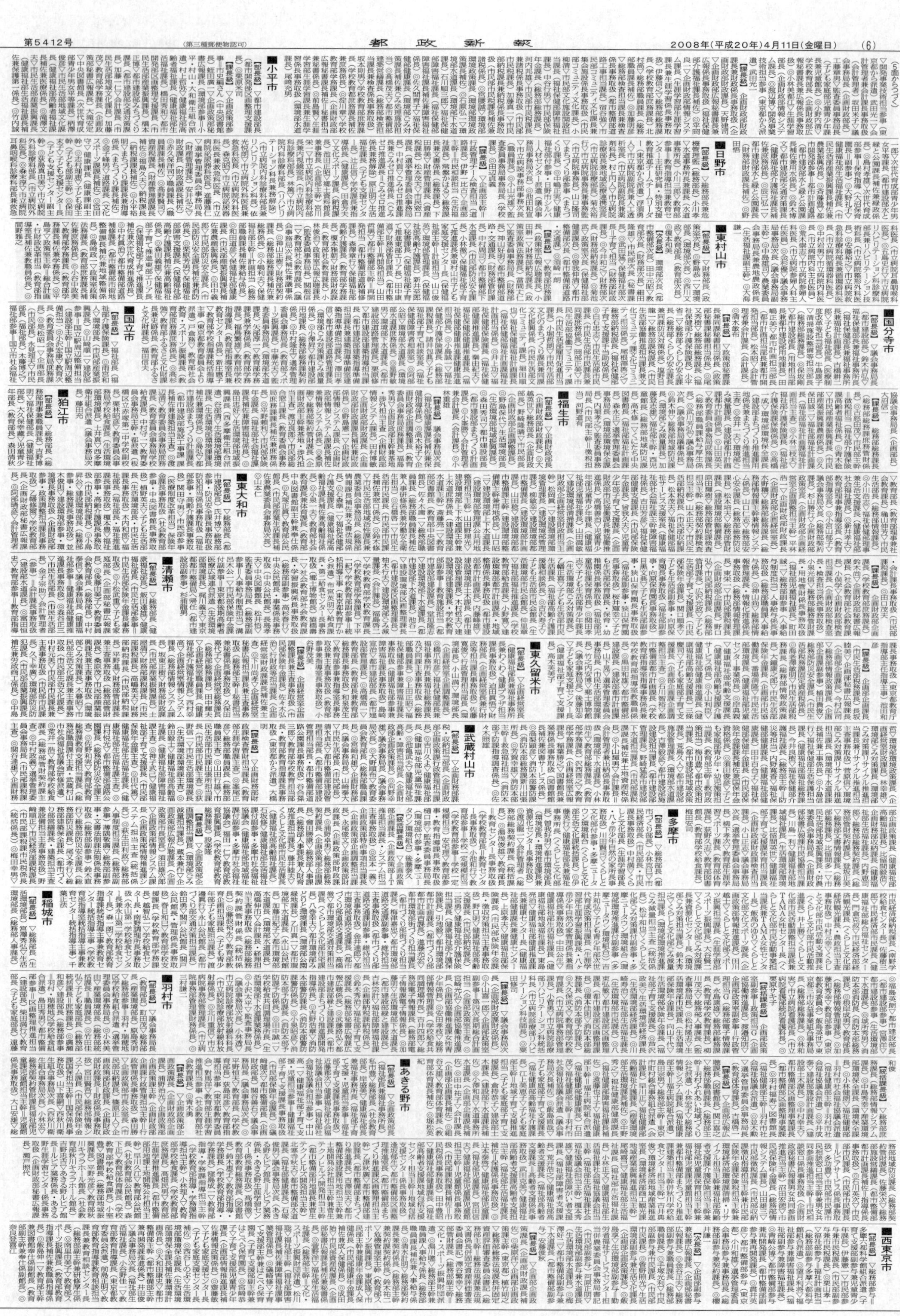

20年度 ≪40≫

都政事情 ③

前回に引き続き、演習問題を掲載しますので、取り組んでください。

問　題

【問題 9】

昨年12月に都が発表した「『10年後の東京』への実行プログラム2008」に関する記述として、妥当なのはどれか。

① このプログラムは、「10年後の東京」に掲げた七つの目標の実現に向けた政策を着実かつ迅速に実施するものとして総事業数39施策334事業が定められている。

② 都民、民間事業者、区市町村等と連携して実施する四つの長期的取り組みについては、「10か年プロジェクト」として取り組みの方向性を明示し、それらを踏まえ、3カ年で集中的に取り組む事業展開を「緊急3カ年プロジェクト」として位置づけている。

③ 緑の東京募金によるムーブメントの展開では、緑の東京募金として街路樹倍増などの緑化事業に活用していくとしているが、海の森整備については、海の森募金を活用することとしている。

④ 美しい都市景観の創出では、10年後の目標として、景観形成特別地区内で現在規制中の屋上広告物のほぼ全数を撤去するとしている。

⑤ 3年後の到達目標として、東京の防災力を飛躍的に高めるため、緊急輸送道路沿道の建物や小中学校等、防災上重要な建築物を100％耐震化するとしている。

【問題 10】

昨年8月に成立した「東京大気汚染訴訟の和解」に関する記述として妥当なのはどれか。

① 平成14年の地裁判決では、99人の原告中7人について、気管支ぜん息の発症増悪と自動車排出ガスとの因果関係を認め、国、都、首都高に損害賠償支払いを命じたが、国は控訴した。

② 昨年8月の和解で、都は気管支ぜん息の患者の自己負担分について「医療費助成制度」を創設することとし、国が3分の1で60億円、首都高、メーカーが6分の1で各33億円を都に拠出するものとした。

③ 都の行う環境対策として、植樹帯の整備、連続立体交差事業、低公害車の普及促進、大気観測体制の強化などに努めることとされた。

④ 自動車メーカー7社に対する解決金支払いが和解に盛り込まれるかが注目されたが、メーカー側の強い反対により盛り込まれなかった。

⑤ 都の対策として、大型貨物自動車の走行規制など自動車交通量削減対策が盛り込まれたが、ロードプライシングについては検討段階として盛り込まれなかった。

【問題 11】

昨年11月に都が発表した「東京都税制調査会中間報告」に関する記述として、妥当なのはどれか。

① 格差是正論議において、地方の真の自立化のための当面の措置としては、税源移譲額を増やし、一般財源を増やすことであるとしている。

② 法人2税の配分見直し案としては、法人2税を地方の「共同税」とし、人口や面積、従業者数などの基準で配分する案が妥当であるとしている。

③ 少子化対策として扶養控除に代え、税額控除を行うことは、すべての納税者が同額の軽減を受けることができ政策効果が高いため、導入するべきだとしている。

④ 都独自の省エネ促進税制については、化石燃料の消費を対象とする案について特に検討していくべきとしている。

⑤ 東京都税制調査会は、単年度で審議の取りまとめを行う従来の運営方法を見直し、3年ごとに答申を取りまとめるとともに、中途の年度は中間報告を行うこととしている。

【問題 12】

平成18年東京都人口動態統計年報の内容に関する記述として、妥当なのはどれか。

① 合計特殊出生率は1・1で平成17年より0・1ポイントの上昇となった。

② 合計特殊出生率を区市町村別にみると、区部での最高は江戸川区、市部での最高は羽村市となっている。

③ 死因順位の第1位は「悪性新生物」で、以下順に「脳血管疾患」、「心疾患」となっている。

④ 乳児死亡数（生後1年未満の死亡）は290人で、平成17年より減少した。

⑤ 離婚件数は、平成17年より増加した。

【問題 13】

昨年11月に開催された第52回8都県市首脳会議に関する記述として、妥当なのはどれか。

① 首長の在任期間に関する意見については、3期までに制限することを原則として8都県市で取りまとめた。

② 粗暴性・残虐性を有する家庭用ゲームソフトから青少年を守るため、ゲームソフトの販売、規制等に係る者が一堂に会し、情報や意見を交換する場を8都県市で創設するとした。

③ 再生可能エネルギーについて、エネルギー大量消費地でもある8都県市として積極的に取り組む必要があるため、国への要望ではなく8都県市独自で行うこととした。

④ 自動車排出ガス対策に関する要望として、国に対して流入車両対策やポスト新長期規制の開始時期について要望を行うことを検討することとした。

⑤ 臨床研修制度の見直し、医師の事務補助者制度の確立等については、6月に国に対して要望したことが報告され、今後も8都県市で共同歩調を取っていくこととした。

【問題 14】

昨年11月に都が発表した「東京都特別支援教育推進計画第2次実施計画」に関する記述として、妥当なのはどれか。

① 本計画の基本理念は、発達障害を含む障害のある児童・生徒の一人ひとりの能力を最大限に伸長するため、学校卒業後までを見通した多様な教育を展開し、共生社会の実現に寄与するというものである。

② 今回の「第2次実施計画」は、平成20年度から23年度までの4カ年の計画である。

③ 都立特別支援学校は、これまでの都立盲・ろう・養護学校における教育の取り組みをさらに推進しつつ、様々な障害種別に対応できる体制づくりや、地域における特別支援教育センター的役割を発揮する必要がある。

④ 都立特別支援学校では、中学部からのキャリア教育と連動した教育内容・方法の改善を図るとともに、これまで以上に効果的な就労支援を行うとしている。

⑤ 都と区市町村の連携体制としては、「エリア・ネットワーク」と「パートナーシップ」を定めているが、今後は、特別支援学校と区市町村の保健、福祉、労働の関係機関との緊密な連携の充実に重点を置き「パートナーシップ」の定着を図っていくとしている。

解　説

【解説 9】　正答 ②

① 七つではなく八つの目標である。

② 正しい。

③ 平成19年10月22日に「海の森募金」を統合した「緑の東京募金」を開始した。その活用には、海の森整備、街路樹の倍増、校庭の芝生化、花粉の少ない森づくりがある。

④ 10年後ではなく3年後の到達目標である。

⑤ 3年後ではなく「10年後の東京」の目標である。

【解説 10】　正答 ③

① 国・首都高が控訴した。

② 首都高は都に5億円を拠出するものとし、今後については都と協議となった。

③ 正しい。

④ メーカーが解決一時金として12億円を負担することとした。

⑤ ロードプライシングも盛り込まれている。

【解説 11】　正答 ⑤

① 税源移譲額ではなく、地方交付税の総額を復元し、一般財源を増やすとしている。

② 法人2税を地方の「共同税」とする案は、法人二税を実質的に国税化するもので、分権改革に逆行するものとしている。

③ 住民税への導入は、還付を伴う場合歳出増などの課題もあり、検討が必要としている。

④ 化石燃料の消費を対象とする案、電気やガスの使用に着目した案、自動車のCO_2排出量に着目した案、緑や森林による受益に着目した案について検討している。

⑤ 正しい。

【解説 12】　正答 ②

① 平成18年の合計特殊出生率は1・02で、1・00の平成17年よりも0・02ポイントの上昇となった。

② 正しい。

③ 死因順位の1位は、「悪性新生物」で、以下順に「心疾患」「脳血管疾患」となっている。

④ 乳児死亡数は増加している。

⑤ 離婚件数は減少している。なお、件数は平成元年以降増加傾向にあったが、平成15年から4年連続で、前年より減少している。

【解説 13】　正答 ②

① 首長の在任期間については、各自治体の「自己決定・自己責任」の原則を尊重することとした。

② 正しい。

③ 国への要望について検討を行うこととした。

④ 流入車対策やポスト新長期規制の開始時期に関して国に要望した。

⑤ 今後は国の動きを注視しながら、必要があれば共同歩調を取っていくこととした。

【解説 14】　正答 ③

① 発達障害を含む障害のある幼児・児童・生徒の一人一人の能力を最大限に伸長するため、乳幼児期から学校卒業後までを見通した多様な教育を展開し、社会的自立を図ることのできる力や地域の一員として生きていける力を培い、共生社会の実現に寄与するものである。

② 平成20年度から22年度までの3カ年の計画である。

③ 正しい。

④ 中学部ではなく小学部である。

⑤ 「パートナーシップ」ではなく「エリア・ネットワーク」の定着を図っていくとしている。

おわりに

都政事情を学習するにあたっては、常に都政の流れを注視し、万全の備えで試験に臨んでください。皆さんのご健闘をお祈りいたします。

20年度 特別区管理職試験講座 10

事例問題 ①

I類記述 ③

記述式問題の「施策提案型」の問題を出題します。

解答は、A3判用紙1枚以内とし、タテ・ヨコ自由に使用して作成してください。

【問題】

次の資料は、新聞記事並びに「国民生活白書」の統計図表です。

特別区の課長として、資料から読み取れる区政の課題を設定し、課題を解決するためのいくつかの具体的施策を立案のうえ、評価して最善策を選択してください。この課題の設定から施策の選択までを部長に提出する提案書としてまとめてください。

【資料 1】 近所付き合いの程度の推移

年	親しくつき合っている	付き合いはしているが、あまり親しくはない	あまり付き合っていない	付き合いはしていない	わからない
1975年	52.8	32.8	11.8	1.8	0.8
1986年	49.0	32.4	14.4	3.8	0.4
1997年	42.3	35.3	16.7	5.3	0.4

年	よく行き来している	ある程度行き来している	あまり行き来していない	ほとんど行き来していない	あてはまる人がいない	無回答
2000年	13.9	40.7	23.1	18.4	3.9	0.0
2007年	10.7	30.9	19.4	30.9	7.5	0.6

2000年：54.6％（よく行き来している＋ある程度行き来している）、22.3％（ほとんど行き来していない＋あてはまる人がいない）
2007年：41.6％（よく行き来している＋ある程度行き来している）、38.4％（ほとんど行き来していない＋あてはまる人がいない）

（資料1・備考）

1 内閣府「社会意識に関する世論調査」（1975年、86年、97年）により作成および「国民生活選好度調査」（2000年、07年）により特別集計。

2 75年、86年、97年は「あなたは、地域での付き合いをどの程度していらっしゃいますか。この中ではどうでしょうか」という問いに対し、回答した人の割合。00年、07年は「あなたは現在、次にあげる人たち（隣近所の人）とどのくらい行き来していますか（○はそれぞれ一つずつ）」という問いに対し、回答した人の割合。

3 回答者は、75年、86年、97年は全国の20歳以上の者。00年は、全国の20歳以上70歳未満の男女。07年は、全国の20歳以上80歳未満の男女。

【資料 2】 年齢層別のつながり状況

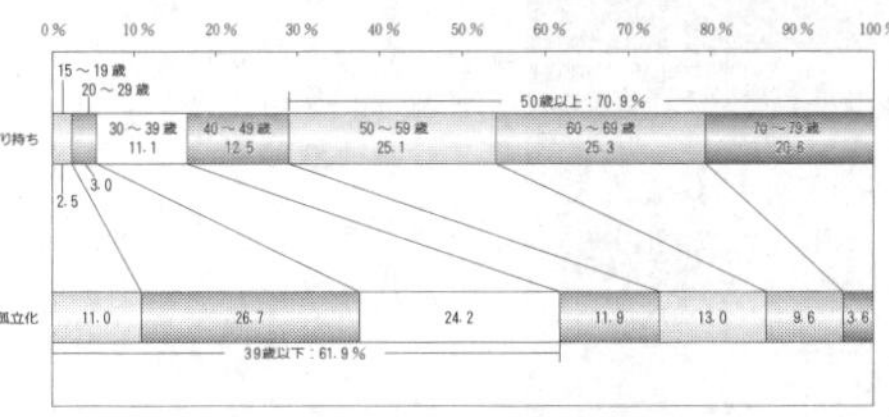

（資料2・備考）

1 内閣府「国民生活選好度調査」（07年）により特別集計。

2 つながり持ちは、「町内会・自治会」「その他の地縁活動」「スポーツ・趣味・娯楽活動」「NPOなどのボランティア・市民活動」のいずれかの地域活動に月1日以上参加し、「あなたのご近所づきあいについてお聞きします。次に挙げる項目にあてはまるご近所の方の人数をお答えください」という問いに対し、「互いに相談したり日用品を貸し借りをするなど、生活面で協力しあっている人」が1人以上いる人。孤立化は、いずれの地域活動にも参加せず、「あなたのご近所づきあいについてお聞きします。次に挙げる項目にあてはまるご近所の方の人数をお答えください」という問いに対し、「あいさつ程度の最小限のつきあいの人」が1人以上いるまたは近所付き合いが全くない人を示す。

3 回答者は、全国の15歳以上80歳未満の男女3311人。

【資料 3】 地域活動に参加して得られたこと

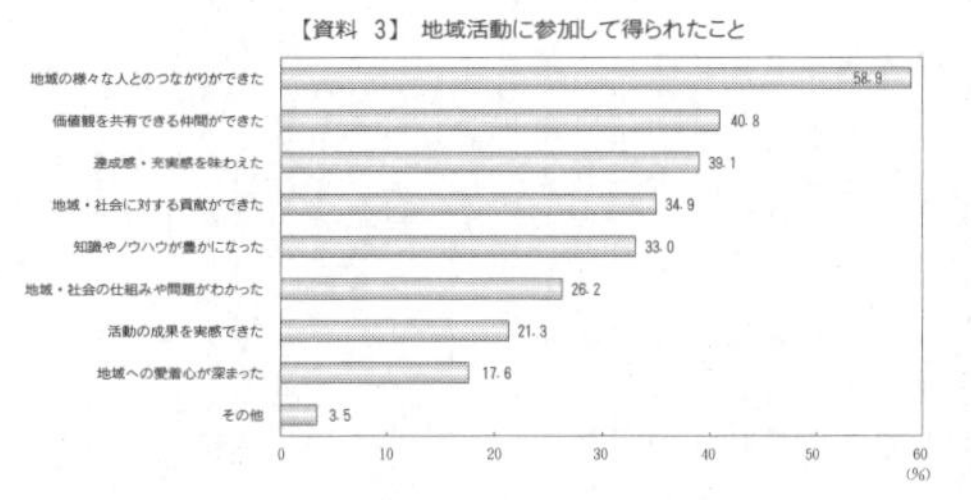

（資料3・備考）

1 内閣府「ソーシャル・キャピタル：豊かな人間関係と市民活動の好循環を求めて」（03年）（郵送版アンケート調査）により作成。

2 「あなたは、右記の活動（A：地縁的な活動、B：スポーツ・趣味・娯楽活動、C：ボランティア・NPO・市民活動、D：その他の団体・活動）への参加を通じて、どんなことを得ましたか。当てはまるものすべて選び、その数字に○印をつけてください」という問に対して、回答した人の割合。

3 回答者は、全国の20歳以上の男女1086人。

【資料 4】 世代間交流促進に必要なもの

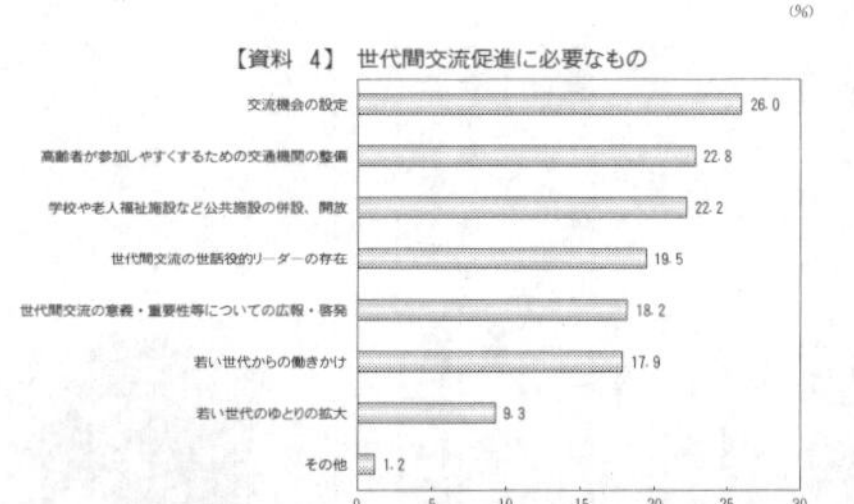

（資料4・備考）

1 内閣府「高齢者の地域社会への参加に関する意識調査」（03年）により作成。

2 「あなたは、世代間の交流を促進するために、どのようなことが必要だと思いますか。この中からいくつでも選んでください。」という問に対し、回答した人の割合。

3 「わからない」は記載省略。

4 回答者は、全国の60歳以上の男女2860人。

【資料 5】

神戸女学院大（兵庫県西宮市）の人間科学部は、学生を地域で活躍する女性リーダーに育成しようと、「地域創りリーダー養成コース」を10月から新たに開講する。同学部の環境・バイオサイエンス学科と心理・行動科学科の学生がそれぞれの専門を生かして連携する試みで、文部科学省の「現代的教育ニーズ取組支援プログラム」に選ばれた。

指導する寺嶋正明教授は「企画力があり、責任感を持って行動できる女性を育てたい」と意気込んでいる。

環境・バイオサイエンス学科は環境調査や食品の安全と安心に関する市民対象のセミナーを開き、心理・行動科学科は近くの児童相談所や福祉施設での学外実習など、個々に地域とかかわってきたが、今回初めて連携することになった。

また、西宮市や地元のNPO法人、同大学同窓会「めぐみ会」など身近な団体から積極的に協力を得るのがもう一つの特徴。寺嶋教授は「現場の声や課題を反映できるし、卒業後も地域で活動するために不可欠な人的ネットワークも築ける」と話す。（2007年8月8日読売新聞より）

カレントトピックス 20年度 26

経済事情

■日本銀行総裁ポスト空席（3月19日）

3月19日の福井俊彦前日本銀行総裁の任期満了以降、日銀総裁ポスト（任期5年）は戦後初めての空席が続いている。政府は過去に、まず武藤敏郎前日銀副総裁、続いて田波耕治国際協力銀行総裁を日銀総裁とする人事案を国会に提示したが、参院第一党の民主党が、両候補がいずれも元財務（大蔵）事務次官の経歴を持つことから財政と金融の分離を理由に反対し、参院で不同意となった。

4月7日、政府は3度目の案として、次期総裁に白川方明副総裁（総裁代行）を昇格させ、後任の副総裁に渡辺博史前財務省財務官を充てる人事案を示した。8日の所信聴取を経て、9日の衆参本会議で採決されれば、4月11日にワシントンで開かれる7カ国財務相・中央銀行総裁会議（G7）に新総裁を派遣することが可能となる。

■平成20年1月1日時点の公示地価（3月24日）

国土交通省が24日に発表した平成20年1月1日時点の公示地価は、全国平均で、住宅地前年比1・3％増、商業地3・8％増となり、2年連続で上昇した。

地域別にみると、東京、大阪、名古屋の3大都市圏においては、平均で住宅地は4・3％、商業地は10・4％上昇し、上昇幅が拡大したものの、都心部を中心に上昇基調に鈍化傾向が見られる地点が表れた。

また、地方圏においては、下落傾向が継続しているものの、住宅地は△2・7％が△1・8％、商業地は△2・8％が△1・4％となり、いずれも4年連続して下落幅が縮小した。

■道路特定財源の暫定税率が期限切れへ（4月1日）

ガソリンにかかる揮発油税、地方道路税、軽油にかかる軽油引取税、自動車購入にかかる自動車取得税などの道路特定財源の暫定税率が4月1日に期限切れとなった。この結果、ガソリンや軽油価格は暫定税率で上乗せされていた税額分が下がり、自動車取得税も税率が5％から3％に下がった。

1974年に当初2年間の暫定措置として導入された暫定税率は、これまでほぼ5年ごとの法改正で延長されてきたが、民主党が道路特定財源の一般財源化と暫定税率廃止を訴え政府案を拒否したため3月末で延長期限が切れた。

道路特定財源は2008年度予算で国と地方を合わせ5兆4043億円、このうち暫定税率分は2兆6004億円で、歳入不足を見込み道路工事を凍結する自治体も出てきた。

4月4日、揮発油税の暫定税率延長を盛り込んだ租税特別措置法改正案など政府の税制関連法案が参院で審議入りした。福田首相は、道路特定財源の一般財源化を「骨太の方針」に盛り込むことを検討すると表明し、野党に修正協議に応じるよう訴えた。

詩

寝相（ねぞう）

周田　幹雄

我が家の犬どもは　暖房が効いた居間で
ここが確実に安全な場所だから
腹を曝け出して眠り惚けている
安らかな鼾をかきながら
仰向きに寝る犬は　本物の犬
と断じていいのか

人間だって
仰向きで寝るなんて
天を恐れぬ不遜な態度だ
仰向きで堂々と寝るのは
自己中心に偏している
傲慢な奴に限る　といっていい

手足に痺れがあるので
整形外科医院へ行くと
　横向きで寝るように
と医師から指示された
半世紀以上　横向きで寝ていたので
実は…
実情を話そうとしたが　やめた
それでは縦向きに寝るように
獣医が馬にするような処方をされたら
眠れなくなってしまう

医師が訊いた
寝返りは打ちますか
はい、右横で寝ていて
仰向きは通過して
朝起きたら　左横になっています
時には　逆まわりもあります
何しろ　眠っている間の出来事ですから
コンビニの防犯ビデオのように
一晩中ビデオを廻さないと
どう動いているか分かりません

その女性は　最初から俯せで寝るのだ
朝までそのままの格好で眠り続ける
それでも　豊かな胸は潰れていない
レスリングの女子選手のように
その女性を抱きかかえて
何とか横向きにしたいのだが
砂浜に打ち上げられて
裏返った大海亀のような窮状に反して
地球を抱いているような
何ともおおらかな寝相なのだ
俯せに寝る女性は　本物の女性
と断じていいのか

千の風になって ——いたばし編 8

田遊びと板橋の民俗芸能

栗原・櫻井「天国対談」。今回は、自らも郷土芸能「神明囃子」を伝承する小林保男・区文化財保護審議会委員の協力で、徳丸の田遊びを中心とした民俗芸能のルーツをたどる。

栗原「今日は、旧板橋区史の編さんや文化財保護でお世話になった伊藤専成先生（昭和58年没、享年76歳）と、田遊び復活の立役者小泉重次郎さん（昭和60年没、享年79歳）をお招きしました」

伊藤「こんにちは。今日は小泉さんとお話ができるというので楽しみにしてまいりました。小泉さん、お久しぶりです」

小泉「お懐かしゅうございます。先生とは昭和27年2月11日、北野神社で田遊びをごらんいただいたのが初めてだったと思います。あれは運命的な出会いでしたね」

櫻井「徳丸の田遊びは、長徳元年（995）の北野神社創建のさい奉納された『わざおき』がその起源といわれています。今日までの伝承には大変な苦労があったと思います」

小泉「田遊びは、代々世襲の役人（演技者）たちにより口伝えで受け継がれてきました。私が知る限りでも、大正と終戦直後に存続の危機がありました。伝承者が次々に他界し、後継者がいなくなったのです。また、経費捻出も大問題でした。しかし、祖先から受け継いだこの大事な農耕行事を自分らの世代で絶滅させてはならない、との思いで一杯でした」

伊藤「小泉さんは、戦争で中断していたこの祭りを復活させるため、世襲にこだわらず村内の心ある信奉者たちにその意義を説き、所作と唱え言葉の伝授に全力を傾けました。そして、昭和27年に戦前からの形がなんとか復活したのです。28年には、新聞にも紹介され、写真家や画家もおいでになり、酒詰仲男先生（第5回に登場）もお連れしました」

小泉「私たちも何とか復活は遂げたものの、その後も続けていくことには人材と財政の両面から困難も感じていて、先生方にそのことをお話したところ、伊藤先生が中心になられ私たちを励ますため、行政を動かし、都無形文化財の指定、板橋区史への掲載、区教育委員会からの助成金支給という大変有難い方途を、次々と実現してくださいました」

栗原「板橋区史（昭和29年発行）には、田遊びの起源等とともに唱え言葉がはじめて活字になり掲載されています。それには、酒詰・伊藤両先生と平野実さんが関わられました」

伊藤「区からの助成金については、田遊び自体がもともと信仰行事のため、一工夫し、板橋史談会を経由して奉納するという形をとった覚えがあります」

櫻井「昭和50年には、国の重要無形民俗文化財に指定されますが、その陰には地元の人たちの並々ならぬ郷土愛の深さと努力の積み重ねがあったわけです。文化財保護は、官・学・民の連携と協力が不可欠ということを改めて感じますね」

小泉「田遊びを継承発展させるため、私自身もマスコミや各種大会等に出る機会も多かったのですが、私にとって田遊びはあくまでも『神事』であり、天地大自然の恵み、人々の恩・愛・労苦に感謝しつつ行う『ハレ』の場でした。これからも形だけでなく、その『心』をしっかりと受け継いでいってほしいと思います」

栗原「板橋区内の郷土芸能は、この田遊びに加え、昭和40年には北野神社の獅子舞が復活し、民俗文化の再興につながる動きをみせています。その陰には田遊び・獅子舞・囃子などの保存団体や区の助成を受け、郷土芸能伝承館を拠点にネットワークも組み、全国民俗芸能のトップランナーとして成長するとともに、後進の育成指導もはかっています。皆さん、本日はありがとうございました」

（山浦純之介）

伊藤専成氏

徳丸田遊びと小泉重次郎氏
＝昭和30年頃

日比谷公園から緑の地球を考える！

「みどりのiプラザ」新設

（財）東京都公園協会緑と水の市民カレッジ事務局

地球温暖化や都市のヒートアイランドによる地球環境問題が顕著になり、世界レベルでの対策が緊急の課題となっている。東京都では2016年の東京オリンピック誘致に〝環境負荷の少ない都市〟を掲げ、「緑の東京10年プロジェクト」を施策し、石原都知事を筆頭に全庁規模で取り組んでいる。

このような背景から、（財）東京都公園協会「緑と水の市民カレッジ」（以下市民カレッジ）では、東京の緑のまちづくりに結びつく情報発信を目的とした「みどりのiプラザ」を12日に新設する。

市民カレッジでは、（財）東京都公園協会の公益事業の一環として、市民を対象に緑と水の学習講座の実施、図書などの資料提供などを行っている。昨年度は庭園や公園でのガイドボランティア養成講座や、まちの中に緑を増やすための人材を育成する「タウンガーデナー育成講座」などを実施した。今年度は「緑のカーテンづくり講座」などを予定しており、引き続き市民への緑の普及活動を行っている。

図書に関しては、東京を中心とした公園・緑地に関する雑誌や図面などのインターネット検索を提供し、利用しやすいようにサービスの向上を図っている。また、専門誌『都市公園』、広報誌『緑と水のひろば』を発行している。

◇

このたびオープンする「みどりのiプラザ」は、従来の市民カレッジの事業をより発展させた事業で、東京の緑のまちづくりを市民とともに考えていくための展示を行っていく。施設は大きく三つあり、「日比谷公園からみどりの地球を考える」を年間のテーマにしたパネル展を行う〝ギャラリー1〟、市民カレッジで所蔵している貴重な資料などを映像でみせる〝ギャラリー2〟、都立公園などで活躍するボランティア活動の紹介や公園利用案内などを行う〝情報コーナー〟がある。

〝ギャラリー1〟では、年間を通して4回の企画展を行う予定。第1回目のテーマは「日比谷公園～百年の森」。日本最初の洋風公園・日比谷公園の開園から100年を過ぎた今、当時から変わったもの・変わらないものなどを、パネルを通じて伝えていきたい。2回目以降は「ヒートアイランドと地球温暖化」「みんなで地球を守るために」と、都市の公園から、よりグローバルなエリアの問題へとつながっていく展示を予定している。

〝ギャラリー2〟では、東京市の時代に撮影し、「ガラス乾板」などを使って映し出された昔の貴重な写真の一般公開や、最近の都立公園の風景を映像にし、東京の緑ある公園やまちの変化、魅力などを伝えていく。

また、東京の公園や水辺をより魅力的なものにしていく上で、ボランティアの存在を忘れてはならない。〝情報コーナー〟は、そういったボランティアの活動に焦点をあてて、広く一般市民に知ってもらうとともに、ボランティア相互の情報交換ができる場として活用し、緑と水の関連情報を提供していく。

企業も緑環境に配慮した取り組みを行うことでイメージアップにつながるとして、CSR（企業の社会貢献）を積極的に進めているケースが多く見られるようになってきた。市民の中にもなにか自分にできることとしてみたい環境への取り組みを探している声は少なくない。そういった企業や市民の皆さんに、取り組める事例等をわかりやすく伝えられる場づくりを目指していきたい。

㊤「みどりのiプラザ」ではギャラリー1でパネル展を開催　㊦情報交換の場ともなる情報コーナー

さらば青春の名画たち

団塊退職世代に贈る ⑦

モノクロの3本

焦げたマーガリンにコーヒーの匂いが混じり、タバコの煙と絡まりあって、あたりに染みついていた。壁も模造皮革のシートもベトついていた。サテンと呼ばれた喫茶店。行くところがないから、いつまでもそこにいた。『あしたのジョー』や『ニャロメ』を読んだりしていた。

だが、そのままでいるわけにはいかなかった。「ジロー」というカフェテリア風の喫茶店がオープンし、ピザという食べ物が女の子の話題になっていた。感傷的な声を出して『神田川』を歌っている時代は過ぎつつあったのだ。

このころが最後のモノクロ新作時代ではなかったか？　記憶に残る名作がいくつかある。カラーに変わってしまったけれど、それが少しも良いとは思えなかった、その反動からなのか？

パゾリーニの『奇跡の丘』。冒頭の「処女懐胎」。カメラを正視する、神秘の受胎をした稚けない少女の羞恥と誇らしさを含んだ表情にいきなりヤラれてしまった。

マタイの福音書を映像化したものらしい。途中からハラハラし出した。言葉なら良い。だが忠実な映像化は危険である。イエスが起こした数々の奇跡は嘘っぱちになるし、パリサイ人の市を破却する行為は狂人に見える。信徒には当然であっても、常識的には通らない。この大宗教の弱点とされる部分にカメラがまっすぐ向いているのである。映像による冒涜。その危うさも美しいのだった。

サタジット・レイ『大地のうた』。インドの地方集落の一家。そこに育つひとりの男の子と姉と両親と行き場のない老婆。貧しいと言っても、不幸と言っても始まらない。ここでは何千年も前からそうなのだ。人と人を結ぶものだけはあるけれど。

遠くまで歩いて姉弟で見る列車の通過。追われた老婆のモノのような死。そして雨……豪雨に身体を打たせて戯れる姉。多分……性のめざめ。そして発熱から死へ。何も起こらないようで何かは起こる。与えられて、奪われる。オプー！　オプー！　息子を呼ぶ母の慈愛に満ちた声が耳の奥に響く。

最後はヤン・ニェメッツの『夜のダイヤモンド』。『灰と…』ではない。あんなに甘くはない。『夜の…』である。

山地を進む無蓋列車から飛び降りる2人の少年。収容所へ移送中の逃亡。雨も寒さもしのげない針葉樹林。逃亡前にわずかな食料と交換し合った靴。その底に出ているクギから、足に生じる激しい炎症…後悔。

プラハの街を正装で歩く二人。分厚い靴底が石畳にたてる音の温かさ。だが訪ねた少女は恐怖で閉ざす。帰る二人の背中に、ペンキで殴り書きされたユダヤの印……回想と夢想。

つのる飢餓感から彼女にパンを乞う。なぜあのとき殺さなかったのか！　山狩り、捕獲、収穫祭のような老人たちの醜悪な宴。射殺。

モノクロ、全編ほぼセリフなし、非情なまでのミニマリズム。わが心の映画の極点に位置する作品である。

（瀬間）

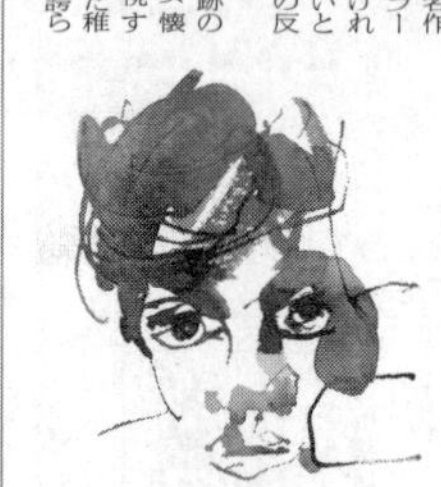

サタジット・レイ『大地のうた』

みにがいど

◆第163回月例フォーラム　▽日時　4月17日（木）▽テーマ　東京都の生活保護行政の実態と課題▽講師　嘉山隆司・自治労東京都本部福祉事務所ネットワーク会長▽会場　落合高山ビル4階会議室（東西線落合駅近）▽参加費　1000円（会員500円）▽連絡先　東京自治研究センター☎5338・9022

◆憲法週間行事「講演と映画の集い」▽日時　5月9日（金）午後1時30分～5時▽会場　銀座ブロッサム・ホール（新富町駅徒歩1分）☎3542・8585▽講演「自分らしい生き方の長距離ランナー」スポーツジャーナリスト・増田明美氏▽映画上映「筆子・その愛―天使のピアノ―」▽入場無料　託児・手話通訳・要約筆記あり▽申込　4月15日（火）消印有効。往復はがきで①住所②氏名③人数（2名まで）④電話番号を明記※託児室利用の方は申込時に明記▽申込先　〒163-8001東京都総務局人権部人権施策推進課「憲法週間行事」係☎5388・2588

◆4月は科学技術週間　講演会と施設見学会　○臨床医学総合研究所▽講演会「脳はなぜ体にいいもの…動脈硬化の秘密をさぐる」4月16日（水）午後4時30分～5時45分▽施設見学会　同日午後6時～6時30分　○老人総合研究所▽講演会「長寿は食にあり～老化と食べ物の科学～」4月17日（木）午後1時50分～、養育院記念講堂▽施設見学会　同午後3時～4時30分　○精神医学総合研究所▽講演会「卵から脳へ～脳の病気を解き明かすコロンブスの卵～」4月18日（金）午後1時30分～3時▽施設見学会　同日午後3時～4時30分　○神経科学総合研究所▽講演会　4月19日（土）午後1時30分～3時　[illegible]

◆東京都薬用植物園「春の行事」▽薬草教室　①4月17日（木）午前10時～正午②4月23日（水）▽施設見学会　ハトムギ、ベニバナの育て方[illegible]▽定員　各回先着100人▽申込　当日受付、参加費無料☎042・341・0344

◆大田区立消費者生活センター〈名称変更〉大田区立生活センターへ　4月から名称変更　①4月17日（木）午前10時～正午「輸入食品と食の安全を考える」②4月24日（木）同「食品添加物・農薬はどうなっている？」[illegible]▽定員　先着50名▽会場　同センター☎3736・7711

『都庁俳句』作品抄

（4月1日発行）

雛の息籠れる箱をほどきけり　水野まこ子
凍鶴の呼吸の動きなかりけり　土田　和美
寒鴨や旧道に風呼ばれて　伊達　天
寒玉子むけば幼児の肌ざわり　伊東　宏
列に和しサリーの人も針供養　片野　信子
隠れ部屋雪明りして華やぐ　谷口しとみ
改札の医師のひとこと冬めくし　高野トミ子
故郷を恋ひし日ごとの春の雪　足立　和子
矢絣の似合ひし昔雛の店　和田しずえ
裏山に風けぶる余寒坂口忌　大熊　虎岡
大寒や手籠の梅を揉めば　井上　尊子
親知らず一本抜けて春立ちぬ　本田はじめ
着ぶくれてしかりと素潮逃げしめる　横坂けんじ
茶の花や恋にひびのある女の小屋　間中恵美子
屋の浜蔵出しに雪の舞ひ　高橋　弘
札幌は鐘の鳴る街小雪舞ふ　奥田　弘
成果未だしばられ地蔵春寒し　佐々木いつき

都政新報

発行所　都政新報社
〒160-0023 東京都新宿区
西新宿7-23-1 TSビル
〈総務・読者〉(03)5330-8781
〈企画広告〉(03)5330-8784
〈編　　集〉(03)5330-8786
〈出　　版〉(03)5330-8788
〈セミナー事業部〉(03)5330-9977
〈ファクス〉(03)5330-8808
郵便振替 00130-2-101470
購読料 月1,680円(税込)
毎週火・金曜日発行
但し、祝祭日は休刊

紙面から

多摩モノレール 5カ年の経営安定化策

経費節減、増収増客で5億円捻出

債務超過に陥っている多摩都市モノレール株式会社は、都や沿線5市、金融機関の支援を受けて、新たな経営安定化策に乗り出す。社長の報酬削減をはじめとした人件費など経費節減により4億円を削減。宅配ボックスの設置、ミニコンビニの誘致など増客増収により1億円の増収を見込む。都の追加出資や債務の株式化、沿線5市の固定資産税減免継続などの支援策で債務超過が解消されるが、地域に貢献できる事業を打ち出せるかが、経営安定化の鍵を握る。

支援の賜物、資金ショート回避

同社は06年度末現在、債務超過37億円、累積損失242億円、借入債務残高921億円で、現状のまま推移すると08年度中に資金ショートが見込まれている。

その大きな要因は、初期投資に伴う膨大な借入金の償還。同社の場合、他の軌道系三セクと異なり、車両基地用地の取得が会社負担となった。同地を所有する国は、用地を使う事業者に直接払い下げる方針だったため、都ではなく、同社が直接購入せざるを得なかった。この負担額が約299億円に達した。

今回、資金ショートを回避するため、都が、第三者割当により210億円を増資。都に対する債務の一部89億円を株式化する。車両基地用地取得費に相当する299億円を都が増資することになる。

借入金の返済については、都と沿線5市が返済開始と返済期間を延長。金融機関についても返済期間を延長する。

また、沿線5市は現在行っている固定資産税減免を10年間延長する。

こうした支援策の枠組みが、同社の経営安定化策。同社は、08年度から5カ年にわたり増客増収対策や経費節減に取り組む。

車掌がいないワンマン運転で人件費圧縮

増客増収では、駅スペースの有効活用として、宅配ボックスの新規設置、ミニコンビニの誘致、DVDレンタル機の新規設置などを打ち出した。沿線集客施設とのセット券や基地見学会など認知度アップの取り組みで旅客誘致を図る。

経費節減では、助役級の指導職を担っていた社員について、これまで民鉄から派遣されるベテラン社員に依存していたが、同社生え抜きの職員に計画的に切り替える。今後10年間で、切り替えを行わなかった場合より約5億円、人件費の節減につながる。

これらに加え、地域の活性化につながる事業として、沿線市と連携したイベントの実施、沿線商店街や沿線集客施設との連携による割引サービスなど拡充、沿線情報誌やホームページなどを活用した沿線行事のPRなどを行う。

同社では「支援策のおかげで、長年の懸案事項は回避されたので、今後は積極的に増客対策をやっていける。より地域に貢献できるモノレールにしていきたい」と話している。

名所づくりに貢献を

【解説】多摩都市モノレールは、これまで南北の鉄道が少なかった上北台から、業務核都市として賑わいを見せる立川、多摩センターを結ぶ。

民間が鉄道を敷いていないのは儲からないからで、行政が出資する三セクがそこで一定の儲けを出すには困難が伴う。一方で行政だから赤字でいいという話にはならず、無駄に税金を投入しないよう三セクにも厳しい経営努力が求められる。

だが、多摩都市モノレールは、そんな矛盾の中でも一定の成果を上げてきている。隣接区間での運賃100円、遊園地などの入場券と乗車券のセット券、スタンプラリー、ビール電車など、様々な増客対策により乗客数は毎年伸びている。

経費節減の取り組みも、業務の外注化、組織統合などにより、00年度と比べて4分の1も人員が減った。00年度からベアは凍結。常勤役員、幹部社員を各1人削減した。

同社では「人員の削減は、安全運行を考えるともう限界。別の面から創意工夫で人件費の節減を図りたい」と話す。

都からの支援は、これが初めてではない。98年には経営の安定化を目的に70億円を増資。89年と99年には総額275億円の無利子融資も行っている。沿線5市は99年から5年にわたり総額75億円を融資した。

今回、懸案だった車両基地用地取得費分の債務が圧縮したことで、同社はもう言い訳ができなくなったといえる。債務は軽減したが、がけっぷちに立っているという自覚が必要だ。

幸い、多摩都市モノレールは鉄道事業者としては短い区間を走る。それだけに地域との連携が浮上の鍵を握る。

他のミニ鉄道事業者と比較してみると、足りないのは、モノレールがシンボルとなるような名所づくりだ。名所づくりには、それなりの歴史が必要だが、開業10周年を迎える今年は、多摩都市モノレールがシンボルになる名所づくりに取り組むきっかけとなるだろう。

地域に親しまれる交通機関は、単に便利なだけでは成り立たない。経営安定化計画が示した「未来を拓く、新たな出発」を具現化するには、都の三セクではなく、地域のまちおこし会社くらいの気構えが必要だ。（地）

参議院宿舎建て替え問題

一転、国と協議再開

「何が起きたの？」と反対派

石原知事は11日、千代田区紀尾井町の弁慶橋風致地区内に予定されている参議院新清水谷議員宿舎建設について、国と協議再開で合意したことを明らかにした。

これまで知事は「参議院議員運営委員会の連中も、この緑が東京の中でいかに貴重か、見に来たらいい。今の場所に建直せばいい。議員だって宿舎が新しくなるんだったら、その間、我慢してプレハブに住んでもいいんだ」と発言。建設反対を明言していた。

ところが、この日の記者会見では「ちょっと盲点があった。あれは国が持て余している土地で、売りに出すと、買うところがある。民間の買い手がついたら、林のまま残すことはない。そこら辺のリスクを想定していなかった」と180度方針転換し、建設容認の考えを打ち出した。

地元で反対運動をしている新参議院宿舎を考える会代表の梶浦淳代氏は「国有地であることは分かり切っていた話で、意味不明のコメントだ。猪瀬副知事と一緒に、あれだけ建設反対と言っていたのに、一体、何が起きたのか」とびっくりした様子で話す。

これに対し、紀尾井町町会長で、紀尾井町まちづくり協議会の戸田豊重会長は「知事も勉強して分かってくださった。ありがたいこと」と話している。

戸田会長によると、03年6月、財務省が宮内庁宿舎跡地（4528平方㍍）を公売に出したため、紀尾井町まちづくり協議会で対応策を話し合ったという。「民間に払い下げられたら、ディベロッパーが採算ベースで開発し、地元では何も注文をつけられない。それよりは、参議院宿舎の移転・建て替えの方が緑が残り、防犯上も安全」という結論になったという。

次善の策として移転・建て替えを歓迎していたが、昨年9月5日、知事が猪瀬副知事と現地を視察し、突然「建設反対」を表明。地元町会からは「未来永劫、公園にしてくれるのなら良いが、猪瀬副知事は責任を持ってくれるのか」と反発が出ていた。今後、猪瀬副知事の助言によって再び知事の態度が変わることも考えられるが、都議会自民党の幹部に対し、知事は「決めるのは俺だ。猪瀬は大丈夫だ」と説明しているという。

中核病院に広がる分娩休止

深刻さ増す勤務医不足

都立病院をはじめ、地域の中核病院で分娩を休止する例が相次いでいる。日野市立病院でも6月から、出産の取り扱いを休止すると発表。同病院は「都立病院もギリギリの人数でやっている。（医師の派遣は）難しいと考えていた。余裕がないのはどこも同じ」と話し、都には医師の派遣を要請しなかったという。都は08年度から、医療機関の勤務環境改善を支援し、勤務医の欠員に歯止めをかけたい考えだが、支援策が進む前に事態の深刻化が一段と進んでいる。

追いつかぬ都の支援策

区部では現在、豊島病院が産科を休止、墨東病院が外来診療を縮小している。また、㈶保健医療公社が運営する荏原病院も出産の取り扱いを休止している。

多摩地域の自治体病院でも、「勤務医の確保は困難」という実態は同じ。日野市立病院は、6月から出産の取り扱いを休止する状況に追い込まれた。理由は、小児科医の退職で、新生児の処置ができなくなるためだ。同病院では今後も小児科医の募集を続け、補充できた段階で出産を再開する方針だが、現状では補充の目途は立っておらず、医師不足の波は地域の中核病院にも広がっている。

年間約1千件の出産を扱う稲城市立病院も、勤務医不足は「ご多分に漏れず大変」。日野市立病院の分娩休止に伴い、妊婦が移ってくることも予想されるが、「断りたいのが本音だが、受け入れざるを得ない」と語る。

都内の医師総数は3万3600人（06年）と、10年前より1割以上も増加。人口10万人対比では約265人で、全国第3位の水準だ。しかし、ある市立病院の担当者は「多摩地域の公立病院は、どこも医師確保に苦労している。もう小児科、産科に限った話ではない」と話す。また、ベッド数300床の日野市立病院くらいの規模になると、勤務医が1人になった時点で診察が不可能になるため、「ある程度の人数を維持していないと厳しい」という。

日野市は昨年7月、市立病院の収支状況に応じて、月額6万円まで支給する「医師業務調整手当」を新設。また、24時間保育や、時間外診察の業務手当などの対策を講じてきたが、小児科医を確保できなかった。今後は医師住宅費を全額負担し、「日勤のみ」「当直は何回」といった医師の要望に沿った診療体制で、穴を埋めたいとしている。

医師の勤務環境を改善するため、都は08年度、医療事務を担う「医療クラーク」や「交代勤務制」の代替要員の人件費補助、院内保育の充実などの支援策に乗り出す。勤務医の過重労働を解消し、欠員の発生を防ぐ狙いがある。

都立病院でも給料の改善に着手し、かろうじて「医師確保に一定のめどが立ちつつある」という。豊島病院では産科医4人を確保。公社荏原病院では産科医の派遣が決まり、09年度から分娩を再開する予定だ。

ただ、都の勤務環境改善策は、対象が各19病院に限られる。医師の絶対数が不足する中、効果は限定的だ。

都の「地域医療対策協議会」は3月、医師の養成や研修制度に踏み込んだ対策を国に求めるよう提言した。診療報酬による誘導策や、診療科ごとの「定員枠」も再検討すべきという趣旨だ。

しかし、国は「診療科による偏在はある」と認めながらも、「医師の総数は増えている」と慎重な姿勢を崩していない。都内のある周産期センター勤務医は、「医療資源が集積する大都市圏でもこの窮状。地方では、推して知るべしだ」と訴えている。抜本的な医師確保策が求められている。

元旬ジョーク

「会議は1時間以内、資料は2日前までに」都庁標準ルール策定

資料づくりでてんやわんやの職場「それでは今日3度目の会議？じゃなかった、打ち合わせを開催しまーす！」

会ギ　打合わせ

汚泥炭化炉の脱水 民間と技術開発へ

都下水道局

温室効果ガス削減のために導入している「汚泥炭化炉」でのエネルギー消費を効率化するため、都下水道局は08～09年度、民間企業と共同で、汚泥を脱水する新技術の研究開発に着手する。共同研究者として選定されたのは、▽月島機械㈱▽三機工業㈱・メタウォーター㈱▽㈱巴工業▽㈱石垣▽㈱クボタ・寿工業㈱―の5グループ。予算は2カ年で3500万円を見込んでいる。

研究課題は、下水汚泥の脱水効果を上げる技術。汚泥を蒸発させる際に消費するエネルギーを減らすのが狙い。

下水汚泥を処理する場合、通常は濃縮し、脱水してから燃やすという工程を経る。これに対し、「汚泥炭化施設」では、脱水後に燃やすのではなく、熱風などで乾燥させる工程を伴う。このとき、大量の熱エネルギーを消費するという。そのため、脱水工程でできるだけ水分を減らすことで、エネルギー効率を向上させる。

5グループの研究開発で、開発目標を達成したものについては、導入時に採用が検討されるという。

汚泥炭化炉やガス化炉は、汚泥を乾燥、蒸し焼きにすることで、従来に比べて温室効果ガスの発生を大幅に削減できる。汚泥炭化炉は「東部スラッジプラント」（江東区）で07年11月から稼働中。汚泥ガス化炉は10年度、「清瀬水再生センター」に導入される予定となっている。

みまもりサービス 当面実施を見送り

都水道局

水道の使用状況から高齢者の安否を確認する「みまもりサービス」について、都水道局は11日、実地試験の結果から活用を見送ることを決めた。

「離れて暮らしていても安心」など評価は高かったが、1カ月を通してエラーなく通信できた割合が7割で、安定的な情報提供が難しいと判断した。

「みまもりサービス」は、水道メーターにPHS通信機器を設置し、1時間単位の水道使用状況をメールやホームページで送信。高齢者が離れて暮らしていても、生活リズムや安否が確認できる。

同局の実地試験では、1日ごとの使用状況が通信できたモニターの割合は平均98%だったが、1カ月間を通して1日もエラーなく通信できた割合は平均73%。「通信障害が発生すると不安」などの意見が出た。また、経費は月額1万5千円だったが、モニターの9割以上が月額2千円以下の提供を希望しており、価格帯にも開きがあった。

盲ろう者介助者養成を申し入れ

都議会公明党

都議会公明党は10日、盲ろう者通訳・介助者養成事業の実施を、石原知事に申し入れた。

申し入れでは、盲ろう者の円滑な諸制度の利用や社会参加を促進していくために、盲ろう者の通訳・介助者には、様々な制度や生活環境について十分理解した上で、盲ろう者の立場に立った的確な通訳・介助技術の習得など、今まで以上に資質の向上が求められると指摘している。

お断り　「落陽の日―石原都政」は休みます。

都政の東西

医療の看板

「後期高齢者医療制度」という名前は、なかなか良い名前だ。すべての人は、この制度の下で、逃れようのない死を迎える。この制度には「以上」はあっても、「未満」はないのだ。

年齢で医療に差をつけるのが、この制度の特徴だ。保険料の賦課は個人単位で、全員が保険料を支払わなければならない。医療給付費が多い後期高齢者に、相応の保険料を払ってもらい、若い世代の負担感を減らそうということだった。

昨年、参院選で与党が惨敗し、突如として被扶養者の保険料負担が先送りされた。そして、制度開始ぎりぎりになって、福田首相が、イメージが悪いから名前を変えると言い出した。

名前だとか保険料負担だとかは、所詮は表層の問題だ。これから、具体的な「医療」となって制度の本質が表れてくるはずだ。そのとき医療を受ける患者さんは、この制度の本当の意味に気がつく。

「後期高齢者」でいいではないか。この制度を最も端的に表している。

社会保障審議会での議論を取材した限りにおいては、「長寿」という言葉は一度も聴かなかった。今さら看板だけ架け替えてどうするつもりか。

75歳以上というだけで、診療報酬が変わる。複数の疾患を抱えた高齢者が、どんな療養生活をおくり、安らかな死を迎えるかが議論の焦点だった。そこには、高すぎる医療費を抑えようという力学が働いている。高齢者にとっては「冷たい」と思うだろうが、そういう議論ばかりしていたのだ。

政府が制度の中身に自信が持てないのであれば、やめてしまえと言いたい。事実、区市町村では「そのうち抜本的に見直されるよ」と冗談まじりに話す首長もいるのだから。

現区政の是非を問う

目黒区長選告示

現新3氏が立候補

任期満了に伴う目黒区長選挙が13日、告示された。現職で再選を目指す青木英二氏（53）＝自民、民主、公明、社民推薦＝、新人で前区議の野沢満理子氏（61）＝共産推薦＝、安久美与子氏（73）の無所属3氏が立候補を届け出た。前区長の自殺、契約課長の逮捕という異例な事態の中で行われた前回選挙から4年。民主推薦で区政のトップに立った青木氏によって、刷新は図られたか。現区政の是非をめぐり舌戦が始まった。投開票は20日。12日現在の有権者数は21万9482人。

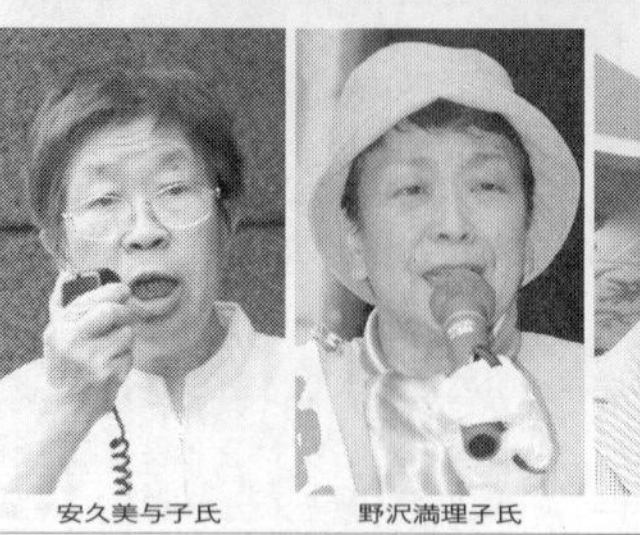

安久美与子氏　野沢満理子氏　青木英二氏

青木陣営

青木氏は事務所前で支持者ら約300人を集めて第一声。民主党からは前衆院議員の手塚仁雄氏や参院議員の蓮舫氏らが訪れた。また次の衆院選で東京5区から出る自民党の佐藤ゆかり氏も姿を見せ、「堂々と2期目当選してほしい。私も新参者ですが当選の暁には目黒区から共に国政、区政を変えていけたら」と青木氏にエール。手塚氏も「この1週間、すべての政治闘争を封印して共に戦っていこう」と述べた。

青木氏は「4年前、当選して最初の仕事は区政の信頼回復。入札事務改善の仕組みなどをつくった」と話し、「災害弱者対策や緑豊かで低中層建築物が多い住環境の保全に取り組む」と意欲をみせた。

野沢陣営

小雨が時折降る中、野沢氏はダイエー碑文谷店前で第一声を上げた。前区長選候補者の中村正子氏、衆院議員の笠井亮氏ら約200人が応援に駆けつけた。野沢氏は後期高齢者医療制度を「最悪」と酷評し、「温かい政治に切り替えていく一歩をこの目黒からスタートさせる」と立候補の動機を語った。

最大の公約を福祉政策とし、国民健康保険料の引き下げ、国保料を払えず医療費が全額負担の区民を救済するための助成制度の実現、介護保険料の引き下げなどを掲げた。259億円の基金について、「ため込んだ税金を福祉に注ぎ込んだら、豊かな福祉を実現できる」と支持者に訴えた。

安久陣営

安久氏は目黒警察署前で第一声を行った。看護婦長経験が長かった安久氏は白衣姿。

「国の医療福祉の悪政にも、区長は何の異論も唱えず黙って認めている」と現区政を批判した。さらに、「自殺した前区長のときから続く汚職の構図は完全には払拭されていない」として、「その芽を完全に摘み取る必要がある」と指摘。「区議会との馴れ合いをストップする」とも訴えた。

「現職と共産党だけの立候補では、区民の6割を占める無党派層の代弁者がいなくなる」と出馬理由を説明。「戦中戦後の苦難の道を歩んだ高齢者の代弁者にもなりたい」と話し、医療や介護の改善と充実を誓った。

過去の目黒区長選の結果

2004年4月25日の選挙結果（投票率31.75％）	
当青木　英二（無新、民主推薦）	27114
桜井　雅彦（無新、自民・公明推薦）	23217
中村　正子（無新、共産推薦）	13826
2002年10月6日の選挙結果（投票率26.99％）	
当薬師寺克一（無現、自・民・公・社民・自由推薦）	30512
堀田　武士（無新、共産推薦）	16928
安久美与子（無新）	6966

国政の構図にはならず

【解説】目黒区では2004年3月7日、前区長が自殺。翌日には区発注の清掃業務委託をめぐる収賄で契約課長が逮捕された。急きょ行われた区長選では、民主推薦の青木氏が前都議の知名度を生かして当選した。

その青木氏に今回は、自民、公明、社民が相乗りする。国政で民主と対立する自民だが、今回は、独自候補擁立を見送った。元都議や衆院議員など複数をあたったが個人的な事情などで擁立をあきらめた。「国政と区政は違う。区政を政争の具とせず、区民にとって最善を考えた結果」と関係者らは話す。しかし、目黒は衆院選で佐藤ゆかり氏が出ることになった注目の東京5区。「独自候補を出していれば佐藤氏と一緒に回って効果が上がったかも」との声も。

青木氏は自民区議、自民都議を経て都議2期目から民主となった。自民にとって無縁ではないものの、青木氏への推薦は「厳しい選択」と自民関係者は語る。民主とて、選挙中、佐藤氏ばかりが注目を集めれば複雑だ。

目黒区は高齢者や若い女性のひとり暮らしが多い。世論調査では防災への期待が最も高かった。施策ではそうした面への配慮が求められている。

一方、国政に比べると区政への関心は低い。区長選の投票率は区議選と分かれて単独になって以来、20％台を低迷。前回こそ31％台だったが、4年前の事件は風化しつつあり、高齢者医療問題を除けば大きな争点が見えにくい今回は区民の関心も薄い。3割切るともみられている。「暮らし最優先」とする野沢氏、「黒い霧の払拭」など掲げる安久氏が現区政への批判を展開する。（糸）

認知症サポーター

北区で2千人超える

都内総数はまだ低迷

厚生労働省が進める「認知症を知り地域をつくる」キャンペーンで、認知症の人や家族を応援する認知症サポーターが全国に誕生している。区部では、高齢化率が台東区に次いで2番目に高い北区でサポーター数が2千人を超えた。ただ、なかには数が伸びていない区もあり、東京都全体の総人口に占めるサポーターらの割合も他府県に比べるとまだ低め。認知症になっても安心して暮らせるまちづくりを、さらに進めることが求められている。

◆講師役も養成

厚生労働省では、2005年度から「認知症を知り地域をつくる10カ年」キャンペーンを展開している。キャンペーンの一環である「認知症サポーター100万人キャラバン」は、認知症を正しく理解し、本人やその家族を見守り、支援する「認知症サポーター」を多数養成することを目指す。NPO法人「地域ケア政策ネットワーク」内に設けられた全国キャラバン・メイト連絡協議会が事務局となっている。

同協議会は、都道府県、区市町村などの自治体や全国規模の企業・団体などと協力して、サポーター養成講座の講師役となる「キャラバン・メイト」を養成。このキャラバン・メイトが講師となって、住民や地域団体などの間にサポーターを増やしていく。

◆北区の取り組み

北区では、今年1月末現在で、キャラバン・メイトとサポーターを合わせた人数が2215人と2千人を突破した。

同区では、65歳以上の高齢者が人口に占める割合を示す高齢化率が23・5％。23区のなかでは台東区の23・7％に次いで高い。高齢者施策の充実は大きな課題で、地域ボランティアや民生委員などによる緩やかな見守りネットワークである「おたがいさまネットワーク」、認知症の高齢者を介護している介護者を集めての懇談会などを地域包括支援センターで行うほか、認知症サポーター養成に力を入れてきた。

同区高齢福祉課では「キャラバン・メイトとしては、区職員や区の委託看護師、地域包括支援センター職員ら約30人がいる。サポーターの数も、この4月現在で2358人になった」と話す。

◆独自施策で対応も

一方、キャラバン・メイトがわずか3人、サポーターはいないという中野区などの例も。同区では「たまたまこの事業には乗り遅れた。介護予防の観点から家族介護教室やサポーター講習などは独自に行ってきており、今年度からそのネットワークを再構築したい」と話す。新宿区もメイト数は5人。「今年度から認知症高齢者を地域で支える仕組みづくりを本格化させる。2011年度までにサポーターを毎年450人ずつ増やしていく計画」という。

全国キャラバン・メイト連絡協議会によると、全国のメイト数は約1万9000人、サポーター数は約43万人になった。

だが、東京都でみると、メイトとサポーターの合計は1万9689人（今年1月末現在）。総人口に占める割合は0・159％で、0・995％の滋賀県や0・883％の福井県などと比べると、かなり低い。都福祉保健局在宅支援課では「今後、さらに増やす必要がある」と話す。

認知症は正しく理解していないと、本人や家族を誤解することもある。住み慣れた地域で高齢者が安心して暮らせるために、さらに多くの支援の輪を広げる必要がある。

世田谷清掃工場が稼働

23区初　ガス化溶融炉を導入

世田谷清掃工場の落成式が10日に開催された。清掃一部事務組合の多田正見管理者（＝江戸川区長）は「清掃工場は23区内に21あるが、世田谷清掃工場は最新鋭になる。地域との融和を図っていくのが基本的な姿勢」と語った。

23区内の清掃工場で、ガス化溶融炉が初めて導入された。清掃事業が区に移管される前、都が埋め立て処分場を延命するため、可燃ごみを一気に建築資材などの原料「スラグ」にする同炉の導入を計画に盛り込んだのが発端となった。

1日あたり最大150トンの処理が可能なガス化溶融炉は2基設置された。同炉では、可燃ごみが〝蒸し焼き〟にされると、炭状の粒子、ガスなどに分解され、この粒子が1500度で溶融されるとスラグになるという。

世田谷以外の清掃工場では、焼却炉で可燃ごみを焼却灰にしてから、灰溶融炉でスラグにしている。世田谷工場にも2基設置された灰溶融炉に、千歳、杉並両工場の焼却灰が持ち込まれている。

そのほか、環境対策として工場の排熱は世田谷美術館に供給され、23区内の清掃工場で最大規模のソーラーパネル（計約千平方㍍）が設置されている。

世田谷工場は04年7月から工事を始め、本来であれば07年12月に完成する予定だった。ガス化溶融炉で溶かしたスラグは排出口（直径1㍍50㌢）にたまったため、縦1㍍、横50㌢に狭まり、3カ月間の工期延長になった。

スラグがスムーズに排出口から流れ出るように、バーナーの温度を上げたり、バーナーを新設したりした。現在では改善されつつあるが、完全にスラグが排出口にたまらなくなったわけではない。だが、集じん機などほかの設備への支障はなく、同炉の安全運転が確認されたため、先月から本格稼働した。清掃一組は今後、排出口がスラグがたまらないように「試行錯誤しながらやっていく」としている。

ガス化溶融炉は今後、増えるのか＝世田谷清掃工場で

芸術文化支援制度を実施

台東区

200万円を上限に

台東区は若手芸術家を支援し、区の文化振興を図るため、今年度から芸術文化支援制度を実施する。区内で行われる企画について上限200万円までを支援する。

対象者は、積極的に芸術文化活動を行いたいと考えている個人および団体。区内で行われる企画であることが条件だが、住所地や活動拠点は区外でも可能。表現ジャンルについても問わない。支援は今年度分について総額200万円、件数は200万円の範囲内で1件から数件を予定している。ただし、今年7月から来年3月までに実施可能であること、原則としてプロのアーティストがかかわる企画であることも必要条件となる。申請者（企画者）は芸術文化活動に専門的に従事している必要はない。

支援対象となる企画は、書類による一次審査、プレゼンテーションによる二次審査を行い、6月末ごろに決定する。支援決定後は、9人の台東区アートアドバイザーや台東区から、より魅力的に企画を実現するための助言が行われる。

企画の実施にあたっては、㈶台東区芸術文化財団と支援対象者との共催となる。企画にかかる総支出から入場料、協賛金などの収入を差し引いた金額の範囲で、200万円を上限に対象経費分を財団が支援する。対象経費とは、出演料や会場使用料、設営撤去費、パンフレットなど、区および財団が必要と認めたものを指す。

申請方法は、申請書と必要資料を5月16日必着で、台東区役所文化観光部文化振興課へ提出する。問い合わせは、同課☎03・5246・1153。

保険料通知で説明に誤り

文京区

文京区は11日、9日付で発送した後期高齢者医療保険料仮徴収額決定通知書の説明で誤りがあったと発表した。仮徴収額には間違いはない。

通知書は、4月15日から始まる年金からの天引きを前に、対象となる1万1733人に対して9日付で送ったもの。保険料額の軽減についての説明文で均等割額の軽減額が2カ所間違っていた。通知した仮徴収額自体は正しい計算に基づいて決定されており、間違いはないという。

区ではホームページと25日号区報で訂正とおわびを掲載する。11日現在、苦情はきていないが「問い合わせがあった場合には正しい額をお伝えし、仮徴収額に変更はないことを説明する」としている。

介護保険料の天引きできず

世田谷区

世田谷区は今年4月から、高齢者4985人分の年金から介護保険料を天引きするはずだったが、そのうち2797人分が徴収できなくなったことを10日発表した。同日、お詫び、10月以降年金天引きを再開するという文書を送付した。

対象者は、昨年6月から10月まで年金受給が始まった65歳以上の高齢者ら。今年4月から介護保険料の年金天引きが始まる予定だった。

区は社会保険庁などから年金受給者の名簿を受け取り、前年の所得に応じて決まる介護保険料額を委託業者にパソコン入力してもらった。業者が社保庁などに送る磁気テープに保険料額を保存する際、2797人分のデータが抜け落ちていた。同区が磁気テープにきちんとデータが保存されているかどうか確認を怠ったため、今年4、6、8月の保険料の年金天引きができなくなったという。

区は再発防止策について、「磁気テープのデータが保存されているかどうかの確認を徹底するしかない」と話している。

訂正　11日付の「新宿区　後期高齢者を支援」の記事中、同区の後期高齢者数が「約1万5900人」とあるのは、「約2万7000人」の誤りでした。

記者席

細工は流々の仕掛け

○……都選管が作成した投票の模擬体験コンテンツ。マニュアル世代と呼ばれる若年有権者層がメーンターゲットだ。

フラッシュ動画で投票所の様子を再現したなかなかの出来栄えだが、当の都選管では「選管ホームページに来てもらうまでが大変」「リンクするバナーも都庁トップページの下の方にある」「福祉保健局の乳幼児期の事故防止学習ソフトに先を越された」など悩みや愚痴もチラホラ。

最後まで体験した人には、オリジナル壁紙（超レアらしい）がダウンロードできるらしいが、この仕掛けも微妙と言えば微妙。一度、ご覧になってはいかがでしょうか。

○……世田谷区が年金から介護保険料を天引きできなくなり、10日に記者会見を開く異例の事態となった。区に損害を与えていない問題であれば、マスコミにファクスで情報提供し、各社が個別に担当課へ問い合わせるのが通例だ。今回は、約2800人分が天引きされず、対象者が多かったことも一因となったようだ。

さらに、年金から後期高齢者医療保険料の天引きが始まるが、一部では天引きを見送る自治体もある中、世田谷区の介護保険料の天引きができなくなった事態は、最悪のタイミングだったといえる。記者会見を開いたのは賢明な判断だったと思う。

○……「なんでも学校がやるのではなく、地域と連携した取り組みが必要」「民間人を含めた副校長2人制にしたらどうか」――残業が常態化するなど多忙極める副校長、主幹教諭の任用や育成のあり方を提言した教育庁の検討委員会報告がまとまったが、都教育委員会のある委員は「地域連携」と「副校長2人制」の持論を展開して、その検討を促した。

報告では、副校長の職務権限の見直しや校務の効率化などを提言した。しかし、それで副校長、主幹教諭の激務が緩和し、学校運営がスムーズにいくかどうかはわからない。その意味で学校マネジメントと教育関係の担当別・副校長2人制は、検討に値する提案かもしれない。

東村山市で駅広整備一時凍結

暫定税率切れ　市事業を直撃

東村山市は7日、道路特定財源の暫定税率期限切れで、国庫補助の内示額がゼロと通知された西武新宿線久米川駅北口広場整備事業の一部について、事業を一時凍結すると発表した。見込んでいた今年度分の補助額なしには、事業を進捗することが困難と判断し、市の姿勢を明らかにしたもの。契約行為の時期に多少余裕はあるものの、事業の凍結を打ち出していない市の中には、東村山市と同様に08年度事業分の工事を停止しているところもある。期限切れの状態が1日延びると、全国の自治体で20億円の影響があるともいわれており、今後の国の動向で大きな影響を受ける市も出てくる。

内示額ゼロに不安感も

■2億6千万円がゼロ

「暫定税率をどうするかの議論は議論として、国の責任として財源の手当てがされるよう、強く要望する」――記者会見で渡部尚市長は、工事を凍結せざるを得なくなった状況について、国の責任を強く求めたいとした。

凍結を決めたのは、久米川駅北口駅前広場事業（総事業費約52億240万円）のうち、07、08年の2カ年で計画していた地下自転車駐輪場築造工事。

市は同駅前広場事業に国庫補助金約2億6340万円を申請しており、当初予算で計上した駐輪場築造工事費約4億9千万円のうち、国庫補助から約2億円を充てる予定でいた。しかし2日に通知されたのは「ゼロ内示」だった。

駐輪場工事は全体の基本協定を2年間とし、工事については年度ごとに協定を結ぶ必要がある。継続事業のため、市は1日にも協定を結ぶ予定だったが、国庫補助額がゼロの状態で協定を結べば「自主財源で事業ができる」と判断され、単独事業にされる可能性は高い。

その場合、今後、暫定税率の議論に決着がついて財源が確保されたとしても、すでに契約が済んだものは交付申請もできなくなってしまうことから、やむを得ず凍結を決めた。

地下駐輪場築造で穴の開いた久米川駅前の現状を説明する渡部市長

約1500台を収容できる地下駐輪場築造工事は、すでに40%進捗しており、現場は大きな穴が開いた状態でストップ。市は「1カ月程度の凍結ですめば、スケジュール通り年度内の完成を目指したい」としているが、地下駐輪場が完成しなければ、その上の広場整備も着手することができないため、工期の遅れは全体事業のスケジュールにも影響してくることになる。さらに、現場にある事務所の維持費、防護柵などのリース代など、凍結に伴う損失は概算で月額500万円と試算。

渡部市長は「工期が延びることで全体の工事費の増額が見込まれる。これまでの制度に基づいて事業を進めてきたのに、2階まで上がってはしごをはずされた状態。1日も早く、財源を手当てしてほしい」と訴えた。

■4月末がリミット

暫定税率切れにより、ゼロ内示を受けた事業があるという市は、東村山市を除き、9日現在、分かっているだけで13市ある。

「道路補修など予定している事業はあるが、国庫補助が足りなくても、必要な事業であれば基金取り崩しなどで対応する」（武蔵野市）というところもあるが、「国庫補助がつかなければ、事業の見直しを迫られる」と話す担当者も多く、国の動向に不安を隠さない。

日野市では、市道と京王線の立体交差事業など3事業にゼロ内示の通知があった。1日から今年度分の工事をストップし、07年度分の残務工事をしながら動向を見守っている状態だ。また年度当初に契約を予定していた区画整理事業については「4月末くらいまでは待てる」とし、「いつ再開してもいいように、準備は進めている」と話す。

都市計画道路整備事業で国庫補助3千万円を見込んだ東大和市でも、「5月中に内示が受けられれば通常の流れでいけるが、6、7月まで未定では年度内の工事完了は困難」と話し、「単独でできる体力があればいいが、暫定税率で成り立っている状況もある。少額でも国庫補助が付けば起債も認められるため、大きな事業は国庫補助なしに動かせない」と訴える。

ほかに、区画整理事業に着手している稲城市でも「今の状態が長引けば、工事のために仮住まいしている市民が計画通り戻れず、移転補償なども問題になる。通年を通して移転交渉してきた相手も、タイミングを逃せば『二度と動かない』とこじれる可能性もある」と様々な影響を懸念。事業にタイムリミットを抱える各市は、先行き不透明な中、噂される4月末の決着を強く切望している。

市の活力創出に具体案提示

福生市長選 公開討論会　半世紀ぶり熾烈な戦いに

野澤久人市長が1月に引退表明し、3新人で争われることが濃厚となった福生市長選挙（5月4日告示、11日投開票）を前に、市民団体「みんなで考えたい子どもの未来の会」は12日、市福祉センターで公開討論会を開いた。参加したのは、立候補表明順に前市議の加藤育男氏（54）、市商工会会長の町田成司氏（58）、前市総務部長の田辺恒久氏（60）。医療や教育などに答えたほか、市の活力創出の考えなどを述べ、約半世紀ぶりの熾烈な選挙に向けて市民の関心を高めた。

同市長選は、自民党を中心に各会派が「対共産党」で一致する一騎打ちの構図が続いていた。「選択肢がない」と市民の関心は薄れ、過去2回の投票率は30%台に低迷。さらに前回は共産党も候補者を立てず、無投票という事態に至った。

しかし、今回は違う。野澤市長の後継者として選挙戦を展開する加藤氏は自民系の前市議で自民党からの推薦も得ているが、町田氏も自民党員。商工会有志を中心とした支援を受けて選挙戦に臨む構えで、保守分裂の戦いとなることは必至だ。

前市総務部長の田辺氏は、これまでに民主、社民の推薦を得ているが、「野澤市政の下で進めてきた『市民との協働』を、あらゆる施策に生かす」と、野澤市政の継承・発展がマニフェストの根幹にある。政策面の方向性に大きな差がない中、市民の心をどうつかむか注目される。

左から町田氏、田辺氏、加藤氏

討論会の最初のテーマは、現在建て替え中の市立福生病院。3人ともに、医師募集や経営のあり方の見直しをあげたほか、町田氏は「全国的に不足している小児科、産婦人科を徹底的に充実させる」とし、田辺氏は夜間に専門医が当直でない場合など、救急医療病院として「コーディネートの必要性がある」と話した。また、加藤氏は院内保育室設置などで女性スタッフの待遇改善などを図る」などとした。

教育については「3歳から幼稚園に入園し、中学校までの一貫教育を行う」など、町田氏が独自の考えを展開。田辺氏は「個性を生かした教育をする中で学力向上が図られる。家庭環境の整備や子ども自身がいじめから身を守るCAPプログラムにも取り組む」とし、加藤氏は「市民の力で、福生の子どもは福生で見守り育てる意識を向上させる」などとした。

PRタイムでは加藤氏が「子育て」「高齢者」「まち」など『五つの元気』を実現させる」。町田氏は「活力アップのため、人口増の土壌作りを徹底的に行う」。田辺氏は「予算や条例に市民の意見を反映させ、地域から市役所が変わるような『市民自治の確立』を目指す市に」などと訴えた。

また今回の討論会では「横田基地の軍民共用化」の質問はなかったが、これまで加藤氏、町田氏は賛成、田辺氏は「言及するところまできていない」としている。

狛江市長選

「行財政改革を推進」　高橋前市議会議長が出馬表明

任期満了に伴う狛江市長選挙（6月15日告示、22日投開票）に、前市議会議長で市議の高橋清治氏（57）が8日、出馬表明した。同市長選挙には、これまでに、映画プロデューサーの伊藤正昭氏（41）が立候補を表明しており、現職の矢野裕市長（61）も近く立候補を表明する見込み。選挙戦は三つ巴の様相が濃くなってきた。

高橋氏は、自民系の明政クラブで市議3期9年目。3月27日に議長を辞職し、出馬に向けて準備を進めていた。「明日の政治を語る会」を支持母体に無所属で出馬する予定で、自民党と公明党に推薦を依頼している。

高橋清治氏

高橋氏は、都内唯一の共産党首長として市政の舵取りをしてきた矢野市長に対して「敬意を表する」としながらも、「行財政改革をさらに進めていく必要がある。民間の力を借りるべきところは借りていきたい」と退職者不補充や職員の配置換えなどで、職員の定数削減の仕組みを新たに作り、市財政の立て直しを図っていくとした。その一環として「保育園や給食などの民営化を進める必要があるだろう」と話し、昨年「保育園は民営化しない」と明言している矢野市長との対立軸の一つを明確に示した。

また、「人脈の中で政治が動いており、組織の大きさをバックに、強力な立場にあると思う。政策をスピーディーに展開しやすい」と、自民党員としての「保守本流」候補者の「強み」をアピール。厳しい財政運営の中、なかなか進捗しない都市計画道路の整備などについても、「実現しやすくなる」と語った。

ほかに、老朽化した市庁舎や公立保育園の耐震化、空き店舗活用、校庭の芝生化などを基本政策にあげている。

狛江市

「絵手紙発祥の地」PR　文化で地域振興を推進

地域に戻った団塊世代を中心に、幅広い世代でブームになっている「絵手紙」。住宅地のイメージが強く、外へのアピールが少ないため、地域振興や地域活性化施策の強化に取り組んでいる狛江市は、この「絵手紙」を使って、市の積極的なPRを始めた。キャッチフレーズは「絵手紙発祥の地 狛江」。絵手紙を通じて、関連する市内団体のネットワーク化などを図るほか、市民に市への愛着を持ってもらうなど、裾野を広げていきたい考えだ。

市によると、絵手紙ブームの火付け役は、市内に在住する日本画家で、日本絵手紙協会会長の小池邦夫氏（66）。1982年、小池氏が市内の郵便局で絵手紙教室を開いたことがきっかけだという。

文化や芸術で市内を活性化したいと考えていた市は、これに着眼し「絵手紙発祥の地」としての取り組みを推進。昨年度は学識経験者や市民公募委員のほか、絵手紙サークルなどを行っている関係団体などを集めて「実行委員会」も設置した。

絵手紙を使って、まずPRに一役買おうと取り組んだのは、職員の名刺。外部に向けて「絵手紙発祥の地」を広くアピールできるためだ。鶏などを描いた小池氏の柄や、実行委員会の市民が描いた花やトンボなどの柄9種類を準備し、職員向けの掲示板などでも紹介するなど、庁内でのPRを進めている。組織改正などで名刺を変える職員は多く、絵手紙の柄は好評のようだ。

また、ロータリーの街灯に掲げる絵手紙の柄を配したフラッグや、駅前に横断幕を掲示。市民に周知しており、市役所の目に見える形でアピールしている。

今月22日に開かれる実行委員会では、山梨県にある絵手紙美術館へのバスツアーなどの企画について検討。絵手紙を通じた広がりについて、地域活性化課は「絵手紙でまちおこしをしている他の自治体などとのネットワーク作りなどもできたら」と期待している。

100万人署名めざして協力

ハンセン病問題基本法で　東村山市

「いのちと人権を大切に」――国立ハンセン病療養所「多磨全生園」がある東村山市に9日、私立花さき保育園の園児21人が訪れ、「ハンセン病問題基本法」制定に向けた1千人分の署名を渡部尚市長に手渡した。

ハンセン病の国立療養所は12市町村13カ所あり、東村山市は所在市町村の会長市になっている。

ハンセン病は、国が患者の強制隔離絶滅政策を実施するために制定した「らい予防法」が96年まで存続したために、根強い差別意識が残った。01年5月の国賠訴訟の熊本判決でこの政策を断罪したが、その後、国はハンセン病療養所の将来についての具体策を示さず、高齢になっている元患者は社会復帰できないまま亡くなるケースが後を絶たない。

そのため「社会の中で生活するのと変わらない生活と、医療の保障」を求め、全国ハンセン病療養所入所者協議会が中心となって、基本法の制定に向けた100万人署名活動が行われている。市内では、NPO団体「いきいきまちづくり」（細渕一男理事長）も協力団体となって署名活動を展開。近隣市にも協力を要請して、5月末までに市内全体で「100万人署名の100分の1（1万人分）」を目標とし、17日には東村山駅と久米川駅で市職員も参加して署名活動をする。

週刊たま手箱

後高医療制度システムミス　3市で

三鷹市、立川市、町田市でこのほど、後期高齢者医療制度にかかわる保険料の仮徴収額に誤りが生じたことが分かった。

同制度に関わる保険料は、自治体が情報提供した対象市民の税情報に基づき、東京都後期高齢者医療広域連合が決定し、各自治体が徴収する。

所得割額の情報のうち加算しなければならない「繰越純損失」のデータが漏れて、仮徴収額が本来より高く算定されており、3市で合計46人の仮徴収額が誤っていた。

3市は㈱アイネスのシステムで税情報の管理と、広域連合への税情報の提供を行っていた。同社によるプログラムのミスによるため、システム上の不具合はすでに修正。都内のほかの59団体では、同様のミスは起きていないという。

三鷹市の担当課では、「今後このようなことがないよう、内部のチェック体制強化と広域連合との連携を密にしていきたい」としている。

再開発で事業協力者募集　国分寺市

国分寺市は、市施行の「国分寺駅北口地区第一種市街地再開発事業」について、11日から5月15日まで、「事業協力者」の募集を始めた。

事業協力者は、将来工事を請け負う特定建築者に応募することを前提に、自ら施設建築物の施工と保留床の取得を行うことを踏まえて、施設計画について市とともに検討するパートナーとして参画する事業者。

事業協力者を募って再開発を行う手法は新しく、都内区市町村では初めて実施される。市側のメリットとして、実際の工事に入る前に保留床の処分先が決まることや、計画に関わる協力者が特定建築者となることで、工事費の縮減なども期待できるという。

特定建築者は、計画ができてから改めて募集することになっており、担当課は「床を取得する目的の中で、どうしたら価値が高く、効率的な方法があるか広くアイデアを募りたい」と話している。

小学校で個人情報紛失　多摩市

多摩市は11日、子どもがけがや急病になった際、保護者に連絡を取るため各学校で作成している「㊙緊急連絡カード」を、市立小学校1クラス分（28人）紛失したと発表した。

カードには、子どもの名前や性別、自宅の住所・電話番号、既往症のほか、保護者の氏名や会社等の緊急連絡先、健康保険証に関する情報など、個人情報が記されていた。

同カードは、年度の変わり目には変更点を確認するため、一旦、児童を通じて保護者に戻すことになっていた。担任の1人が4日、職員室か教室の机の引き出しにしまったあと、児童に配布する8日になって紛失に気付いたという。教職員で校内を捜索したが発見できず、10日には、多摩中央警察署に届け出た。

2次被害などは発生していないが、市教委は11日から児童への不審電話等への対応指導、学区内のパトロールなどで安全対策を実施する。また、市教委内に再発防止策を検討する組織を設置、市内全小中学校には個人情報の管理状況について指導助言などを行い、再発防止に努めていくとした。

要介護3以上に火災警報器　町田市

町田市は、災害時に支援が必要な世帯を対象に住宅用火災警報器を配布する。市内に工場を持つホーチキ㈱が創立90周年を迎えるにあたり、「社会貢献したい」と1万3千個の寄贈が決まった。

対象は65歳以上の介護保険要介護3以上の高齢者と、身体障害者手帳1級、愛の手帳1度の人で、約6500世帯。火災報知機は電池式、煙式、壁取付用タイプがあり、今年度4回に分けて対象世帯に2個ずつ配布される予定。

住宅への火災報知機設置は消防法の一部改正に伴い、6月1日から義務付けになる。町田市では助成制度などを設けていたが、自己負担があることから、なかなか設置が進まなかった。今回の寄贈で「市民の安全に結びつく」と担当課では歓迎している。

特別区管理職選考の要綱発表

合格予定者　過去最多の207人

事務の需要数　4区が10人以上

特別区人事委員会は11日、今年度の管理職選考の実施要綱を発表した。筆記考査の出題分野や出題等に変更はない。合格予定者は、I類事務が100人、I類技術（I、II、III）は計33人、II類事務が63人、II類技術は11人となる。6月11日までに所属長を通じて申し込み、筆記考査は9月6日（土）に実施。口頭試問は10月25日と26日のうち、人事委員会が指定する1日で行う。口頭試問進出者へは10月14日の午前中に、最終合格は11月10日の午前中に、任命権者を通じて通知する予定だ。

筆記考査は9月6日

■□高まる管理職需要

今年度の合格予定者数は、昨年度に比べてI類事務で2人減、II類事務で1人増、I類技術で9人増、II類技術で3人増となり、トータルでは11人増の207人と過去最多となる。I類事務では減少となるが、これは各区の需要数を再調査した8月の需要数と比較したためで、4月当初の需要数と比較すると1人増となる。

特別区管理職選考の合格予定者数はここ数年、増加傾向にある＝表1。これは職員の大量退職に伴い、各区で需要が高まっているためだ。5年前の合格予定者数と比較すると、I・II類の事務・技術のトータルで116人増（127％増）となる。特にII類事務は152％（38人）の増と高い伸びを示している。

他方、受験者数はここ数年、減少傾向にある。過去5年間の状況を見ると、I類は03年が1467人だったのに対し、07年度は1194人となり、273人（19％）の減。同じくII類は304人から239人となり、65人（21％）の減となる。職員の「管理職離れ」とともに、採用抑制期の職員が有資格者の中心となり、有資格者自体がI類・II類とも減少していることも一因のようだ。

ただ、申込率では、I類が03年度の5・2％から07年度は4・5％に減少しているものの、II類では同18・3％から19・7％に微増となっている。

（表1）合格予定者数の推移　（単位；人）

種別及び区分		03年度	04年度	05年度	06年度	07年度	08年度
I類	事務	46	76	79	93	99	100
	技術系	15	15	18	21	24	33
	I類計	61	91	97	114	123	133
II類	事務	25	42	51	58	59	63
	技術	5	5	6	7	8	11
	II類計	30	47	57	65	67	74
合計		91	138	154	179	190	207

※事務の人数は4月当初の需要数

■□需要数増で喚起

各区が示すI類・II類事務の需要数＝表2＝を見ると、26団体のうち、昨年度より需要数が増加したのは9団体で、減少は8団体だった。減少は前年より2区増えたが、一方で10人以上の需要数を出した区が昨年の1区から4区に増えた。需要数の増減がくっきり表れたといえる。

需要数が最も多かったのは港区で、昨年度と同じくI類7人、II類5人の計12人となる。浦田幹男人事課長は「兼務発令が多い上、今後の退職予定者数も多い」と理由を述べる。同区では今年度末に6人、来年度に7人、再来年度に6人の管理職が定年退職する。I類で昇任者をストックし、この局面を乗り切りたい考えだ。

港区は昨年度も需要数が最も多く、需要数には満たなかったものの10人の合格者を出した。「需要数を示すことで有資格者の反応は良い。チャンスが増えたと捉えて欲しい」と話す。

需要数が前年度と比べて最も増えたのは台東区でI類が2人、II類が3人増となった。人事課では、今後の退職者の想定数や兼務の解消以外にも、「年々受験率が低下する中で、受験を喚起するねらいもある」と話す。退職予定者や想定外の退職などで空いたポストへの配置に必要な数はII類で計上し、I類では、今後の需要確保とともに、需要数の増で心理的な効果をねらいたいという。

他方、需要数が昨年度より大きく減少したのは墨田、豊島、練馬で、各区とも4人の減となる。豊島区はI類が3減、II類が1減した。永田謙介人事課長は、「昨年は今後の需要数を見込んで出した。技術を含め、I類の昇任予定者が7人おり、現時点の需要数はこれで足りるが、最終的には今後の動向を見ながら8月の再調査で調整する」と話す。豊島区も需要数を示す現在の制度になってからは、受験者の反応もよい。「今回の需要数は平年度ベースで、受験者の減にはつながらないだろう」と捉える。

墨田区も「昨年は大量退職の中で需要数を平準化させるため、前倒しで需要数を出した」という。前年度に比べて減少はしたが、一定の数を出しているため、こちらも受験者への影響はないと話す。「今後も後年度の需要数を見据えながら、一定規模の需要数を出していきたい」という。

（表2）事務の各区需要数　（単位：名）

区名等	I類	II類
千代田	3 (2)	2 (1)
中央	2 (3)	2 (2)
港	7 (7)	5 (5)
新宿	5 (3)	2 (2)
文京	3 (4)	3 (2)
台東	5 (3)	5 (2)
墨田	3 (5)	2 (4)
江東	4 (6)	2 (3)
品川	4 (5)	1 (2)
目黒	3 (3)	3 (3)
大田	7 (6)	3 (3)
世田谷	6 (6)	5 (3)
渋谷	4 (3)	2 (3)
中野	3 (4)	2 (2)
杉並	5 (5)	3 (3)
豊島	3 (6)	1 (2)
北	4 (3)	2 (2)
荒川	2 (2)	3 (3)
板橋	5 (6)	2 (2)
練馬	3 (4)	1 (4)
足立	5 (5)	3 (3)
葛飾	6 (4)	2 (2)
江戸川	5 (4)	3 (1)
特人厚	1 (1)	2 (1)
特競馬	1 (1)	1 (1)
清掃	1 (1)	1 (1)
合計	100 (102)	63 (62)

※（ ）は07年度の需要数

都職員採用試験

I類A事務で大幅減に　全体で前年度比758人減

都人事委員会事務局は10日、08年度都職員I類A・B採用試験の申込状況を公表した。申込者数はI類A・B全体で6930人となった。前年度からは758人減少した。とりわけ大学院修了者や民間企業経験者等を対象とするI類Aで、事務を中心に大きく数を減らした格好だ。

I類Aでは、事務で60人程度の採用予定者数に対して935人が申し込みを行った。申込者数は前年度から509人と大幅に減少し、倍率も16・5ポイント減の15・6倍に低下した。技術も土木、建築、機械、電気の全区分で申込者数を減らし、全体の申込者数は299人（対前年度比106人減）、倍率は5・6倍（同3・6ポイント減）だった。

I類Bについては、採用予定者数を前年度と同じ300人程度とした事務で、申込者数が4123人となった。前年度から148人減だが、倍率はほぼ横ばいの13・7倍だった。一方、技術の申込者数は土木が前年度比23人増となり、全体でも19人増の492人にのぼる。倍率は建築で3・6ポイント減の6・4倍と下げたが、全体では前年度と同じ5・6倍となった。

このほか専門的な職種では、5年ぶりの実施となった「造園」で採用予定者数1人に対して36人の申し込みがあった。

申込者数が全体的に減少した理由としては、第一に民間企業での採用増が挙げられる。さらに08年度試験では、前年度新設したI類Aのうち、とくに事務の申込者数減が顕著となっている。初年度にあたる07年度試験で倍率が32・1倍と高くなったことから、採用予定者が増えたものの、敬遠されたとの見方もできそうだ。

今後の試験日程は、I類A・Bともに5月11日に1次試験を実施。試験会場は青山学院（青山キャンパス）、東京大学（駒場キャンパス）、学習院大学（目白キャンパス）など。最終合格発表はいずれも8月8日を予定している。

種類	職種	採用予定者数	08年度申込者(A)	07年度申込者(B)	申込者数 増減(A-B)	申込者数 率(A-B)/B
I類A	事務	60人程度	935	1,444	▲509	▲35.2%
	技術	53人程度	299	405	▲106	▲26.2%
小計		113人程度	1,234	1,849	▲615	▲33.3%
I類B	事務	300人程度	4,123	4,271	▲148	▲3.5%
	技術	88人程度	492	473	19	4.00%
	専門的な職種	103人程度	1,013	1,009	4	0.40%
	獣医	4人程度	68	86	▲18	▲20.9%
小計		495人程度	5,696	5,839	▲143	▲2.4%
I類A・B合計		608人程度	6,930	7,688	▲758	▲9.9%

主税局　08年度版人材育成基本方針を策定

「スキルマップ」で人材育成強化

都主税局は、職員一人ひとりの税務知識の習得状況などを把握し、どれだけ技量を持っているかを示す「スキルマップ」を作成し、人材育成を強化する考えを明らかにした。新たに取りまとめた08年度版の人材育成基本方針の中で示したもの。

団塊世代の大量退職期を迎え、専門性の高い局業務の継承等が課題となる中、個々の職員に応じた育成を図り、税務力の強化を目指す。今後は具体的な人材育成の実施計画を作成する予定だ。

職員のスキルマップは、局の課税、資産税、徴収などの部門ごとに業務の到達度をチェックする項目表を作り、所属長が自己申告のヒアリング等を通じて確認する。

その上で、特に新規採用や税目1年目、係長候補者などを「重点的に育成が必要な層」と位置付け、集中的な取り組みを図る。また、個々の職員に対しては、それぞれの習得状況に応じた育成を効果的に実施するという。

局職員の税務知識の習得状況は、これまでも事務指導のヒアリングなどで確認してきたが、感覚や見聞の範疇を超えず、個々の職員の状況を細かく把握するには不十分だったという。

職員課の安藤敏朗課長は、「効果的な人材育成を図るには、まず状況を的確に把握することが大切。その上で、どのような育成が効果的かを検討することが必要だ」と話す。

人材育成の具体的な取り組みは、今後作成する「人材育成実施計画」に盛り込む。これに向け、局内に「税務力強化推進会議」を設置。総務部長が座長、総務部の課長級職員と各部計画課長がメンバーとなり、職員のスキルマップなどを基に作成する。さらに、各部計画課長を「人材育成責任者」に指名。部門ごとに分科会を設置し、人材育成実施計画の検討などを行う。

局が人材育成を強化する背景にあるのが、大量退職等に伴う技術継承への懸念だ。局では2008年度からの3カ年で600人以上の職員が退職する。特に管理・監督層の割合が高く、3年で4割にあたる約200人が退職する。今後5年間では、実に約6割（約270人）の管理・監督層が退職となる。

他方、後継となるライン係長以上の職員は220人程度で、たとえ全員が管理職等に任用されても現在のポストを補充できない。税務経験の少ない管理職や30代のライン係長が増加すれば、専門知識や技術の喪失、組織運営力の低下等も懸念され、人材育成は喫緊の課題となっている。

局では今後、自己申告書のヒアリングの中で個々の職員のスキルマップを作成し、6月中をめどに人材育成計画を策定する考えだ。

主税局職員の税務知識習得状況の把握
（知識習熟度チェック表の作成）
（知識習熟度調査の実施）

- 重点的に育成される層：新規採用／税目1年目／係長候補者
- 後輩を指導しつつ、自らも更なる知識の習得に努める層：一般2年目以降／主任級
- 部門の専門知識を牽引する層：係長級／局指導部門

都職員

次世代育成支援プランを改定

出産支援休暇の取得率は上方修正　マンスリーコール運動改善へ

都はこのほど「東京都職員次世代育成支援プラン」の改定版をまとめた。同プランは10年間の時限立法である次世代育成支援推進法に基づき、05年3月に東京都特定事業主行動計画として策定。現行計画の計画期間は09年度末までの5年間だが、策定後3年が経過したため、取り組み実績や職員アンケート等を踏まえて、一部見直しを行った。制度周知に向けた広報媒体の多様化・拡充を図るほか、「マンスリーコール運動」や「両立支援アドバイザー」の改善を盛り込んだ点が特徴だ。

都職員の休暇制度等の取得状況をみると、行動計画関連では、06年の出産支援休暇の取得率が80・7％、育児参加休暇は51％、育児休業の取得者数が1142人、部分休業で106人などとなっている。出産支援休暇は計画策定時の目標値である80％以上（09年度まで）を上回るものの、男性職員を中心に育児休業・部分休業の取得者数が依然、少ない状況にあるという。

今回の改定では、現行計画と同様、「職員・職場の意識改革」「制度の周知と活用」「妊娠・子育て中の職員への支援」「男性職員の子育て支援」「地域の子育てへの貢献」の五つの取組方針に基づき、具体的な支援策に一部手直しが加えられた。

妊娠・子育て中の職員支援では、職場からの孤立感の解消やスムーズな職場復帰を図る目的で実施しているマンスリーコールの見直しを行った。妊娠出産休暇中の職員や育児休業中の職員に対して、管理監督者や庶務担当職員が月1回程度、電話やメールで連絡するのだが、より気軽に連絡が取り合えるよう、休暇・休業中の職員の意向も踏まえながら、コール実施者を身近な同僚等にも広げる。

また、本庁各部や2級事業所において、子育てに関する制度の相談にワンストップで対応する両立支援アドバイザーも、あて職的に担当が選任され、有効に機能していない面もあったとして見直した。具体的には、選任時に組織内へ周知徹底するほか、担当者の知識習得を支援する観点から、ハンドブックにあたる「関係手続一覧」も配布する。

制度の周知・活用では、すでにTAIMS上に「子育て支援総合情報掲示板」が設置されているが、出先等で職員のアクセスが難しく、十分活用されていない状況もあるため、とちょう－iや職員へのメールなど広報媒体の多様化や拡充を図っていく。

09年度までの休暇等の取得目標も変更した。すでに目標値を上回る出産支援休暇については取得率を85％以上に上方修正する。また06年に新設された育児参加休暇では、新たに60％以上の取得率を掲げた。

このほか職員・職場の意識改革に向けては、08年4月から実施する「超勤縮減に関する基本指針」を反映。地域の子育てへの貢献では、07年1月からボランティア休暇の対象にも追加されたが、今回は特段の見直しはなかった。

同プランは、10年間のうちの前期計画に位置づけられるため、09年度には10年4月から15年3月を計画期間とする後期計画を策定することになる。

住宅の耐震化率

政策誘導により6％増を目標に

都は、2015年度までに612万戸の住宅の耐震化率を76・3％から90％に引き上げることなどを目標に掲げる「耐震改修促進計画」を策定した。建て替えによる自然更新で84・4％まで耐震化率はアップすると見込み、残り6・4％（3・4万戸）は、耐震診断や耐震改修の助成事業、不燃化促進事業などによる政策誘導で引き上げていくという。

震災時に重要な役割を果たす緊急輸送道路沿道の耐震化では、指定を約38キロメートルから1970キロメートルに拡大し、耐震化助成などを実施する。沿道にある1万棟のうち、耐震診断するのが6千棟あり、実際に耐震化するのは、その半分の3千棟と推計している。

分譲マンションに対しては、耐震診断に加え、耐震改修も助成を行う。

都営住宅の指定管理者を公募

都都市整備局

都都市整備局は10日から、都営住宅の指定管理者の公募に関する募集要項等の配布を開始した。指定管理者の公募は、北区、武蔵野・三鷹・西東京市、港区の3地域で、管理戸数は全体で約3万1千戸にのぼる。指定期間は09年4月1日からの5年間となる。

同局では06年度から都営住宅の管理に指定管理者制度を導入しており、今回の公募は現行の管理期間の満了に伴うもの。前回の公募では北区（約1万4500戸）、武蔵野・三鷹・西東京（約1万1500戸）で実施。東京都住宅供給公社が指定を受けた。

具体的な指定管理者の業務については、都営住宅の適正な使用確保や設備の保守点検、駐車場利用などに関わる業務に加え、入居者募集パンフレットの配布、併設施設に関する相談対応なども行っていく。

今回の指定管理者の公募では、管理戸数が約5500戸と従来よりも小規模な地域を対象とするなど、管理戸数規模の多様化を図ったほか、指定期間についても3年間から5年間とするなど、事業者がより応募しやすい仕組みとしている。

協力連携の協定を更新

都選管と慶応大

都選挙管理委員会はこのほど慶応義塾大学との協力連携に関する協定更新を発表した。同大との協定は06年6月に締結。従前の協定が07年度末で有効期限が満了するため、10年度末まで2年間延長を決めた。

協定では各種選挙に関する調査研究を進め、研究成果を投票率向上につなげることを目的に挙げており、更新後も従来と同様の協定内容となる。

同大との協力連携では、これまで有権者意識や効果的な選挙啓発に関する調査分析、有権者の投票参加に関する考察、インターンシップ事業への参加をはじめとする若年層啓発事業などを実施。また昨年執行された都知事選（4月）や参議院議員選挙（7月）でも、期日前投票の周知徹底、インターネットなど様々な媒体の活用、コンビニのレジ画面やフリーペーパー広告など、連携の成果を反映した広報・啓発事業に取り組んでいる。

取り組みを一挙に紹介

科学技術週間

都総務局は首都大学東京と共催で、科学技術週間中の19日、臨海副都心の日本科学未来館で特別行事を開催する。記念シンポジウムのほか、工作・実験教室やロボット操作等の体験もできる。約100点の模型やパネル展示を通じて、都や大学等の研究や取り組みを一挙に紹介するのは初めて。

また、同日に行われる記念シンポジウムでは、日本未来科学館館長の毛利衛氏、俳優で気象予報士の石原良純氏、首都大学東京教授の奥真美氏が「科学技術が支える未来の地球」をテーマに語る予定。

■都退職　4月15日付

【専門副参事等・課長級】▽豊島病院内科医長　吉橋廣一

訂正　11日付の「市幹部退職」の記事で、あきる野市の名簿に誤って羽村市の名簿を掲載していました。お詫びして訂正いたします。正しくは以下の通りです。

■あきる野市

▼退職　3月31日付

【部長級】▽総務部長　市倉公夫▽議会事務局長　遠藤喜義▽都市整備部長　安國光嗣

【課長級】▽都市整備部水道課長　堀江匠▽社会教育部体育課長　坂本博

係長級人事異動

4月1日付
◎印昇任

東京都

◆交通局

（課長補佐）▽総務部総務課課務担当係長　永田丈士▽総務部財務課財務係長◎新井光雅▽職員部人事課人事第二係長　黒沢健志▽職員部人事課服務指導係長　大西潤▽職員部労働課給与係長◎丸山幸雄▽研修所計画係長　林正明▽資産運用部資産活用課活用推進担当係長　高橋宏栄▽資産運用部事業開発課広告係長　新井富子▽資産運用部事業開発課通信事業担当係長　松井孝志▽資産運用部会計課検収主査　石井雅憲▽電車部管理課特命担当係長＝㈶東京都交通局協力会　羽鳥幸二▽電車部運転課運転担当係長◎小山利次▽電車部運転課保安担当係長◎斉藤淳▽運輸指令所高島平運輸指令区長　伊井秀男▽運輸指令所大島運輸指…

…運用部事業開発課構内営業担当係長　槇村慶造▽資産運用部会計課物品管理係長　臼井伸明▽資産運用部会計課検収主査　小泉隆裕▽資産運用部契約課契約調整担当係長　玉置廣▽電車部管理課業務係長　岩田淳▽電車部営業課旅客係長　大塚淳▽電車部営業課施設改良係長　木元隆平▽電車部営業課施設改良係次席◎和田定雄▽運輸指令所高島平運輸指令区首席助役◎櫻井友章▽運輸指令所光が丘運輸指令区首席助役◎市原良一▽五反田駅務管理所指導担当区長　安達武司▽新橋駅務管理所新橋駅務区首席助役　小林直人▽新橋駅務管理所指導担当区長　浅井好一▽新橋駅務管理所浅草橋駅務区長　福島隆▽新橋駅務管理所浅草橋駅務区首席助役　佐野孝志▽新橋駅…

青梅運輸担当係長◎田中…

◆生活文化スポーツ局

退職

◆人事委員会事務局

◆会計管理局

退職

◆職員共済組合事務局

◆収用委員会事務局

◆産業労働局

退職

特別区

豊島区

（6面へつづく）

(5面からつづく)

▽文化商工部学習・スポーツ課学習担当係長　小林早苗▽文化商工部学習・スポーツ課学習担当係長　竹中守▽文化商工部学習・スポーツ課学習担当係長　長谷川万里子▽文化商工部学習・スポーツ課学習担当係長　横瀬隆広▽文化商工部学習・スポーツ課学習担当係長　草刈誠▽文化商工部図書館課図書館経営担当係長　秋山直樹▽文化商工部図書館課図書館経営担当係長　須永代子▽文化商工部図書館課図書館経営担当係長◎田中正幸▽文化商工部図書館課図書館経営担当係長　田中眞理子▽駒込図書館長　丸山光夫▽巣鴨図書館長　荻津雅夫▽上池袋図書館長　石山義幸▽池袋図書館長　柳川敬一▽目白図書館長　高橋正夫▽千早図書館長　宮崎進一▽清掃環境部計画管理課計画調整係長　馬場晋二▽清掃環境部計画管理課資源リサイクル係長　高根豊▽清掃環境部計画管理課庶務担当係長　菊池明子▽清掃環境部環境課環境美化係長　千葉良昭▽清掃環境部環境政策担当課都市地球環境担当係長　廣島亜紀子▽豊島清掃事務所許可係長　和泉建夫▽保健福祉部高齢者福祉課地域ケア推進係長　松尾隆義▽保健福祉部高齢者福祉

計課会計担当係長　荒井彰▽教育委員会事務局教育総務部教育総務課地域・学校連携係長　折田稔▽教育委員会事務局教育総務部学校運営課改築担当係長　萩原明人▽教育委員会事務局教育総務部教育改革担当課指導主事　小嶋大進▽監査委員会事務局監査担当係長　関谷修弘▽区議会事務局議会総務課議事係長　七尾弘

（主査）▽総務部人事課主査◎田羽栄一▽総務部人事課主査◎倉本彰▽施設管理部施設課電気設備係主査◎小泉雅也▽区民部地域区民ひろば課主査　宮下あゆみ▽区民部地域区民ひろば課主査　高根伸康▽区民部区民課戸籍届出係主査　早川雅裕▽区民部区民課住民記録係主査◎辻由理▽区民部区民課住民記録係主査　野本浩行▽区民部区民課外国人登録係主査　藤井秀樹▽区民部税務課税務係主査◎八重樫満▽区民部税務課整理第一係主査◎山本幸彦▽区民部国民健康保険課管理係主査　河内るり子▽区民部高齢者医療年金課主査　石井康雄▽文化商工部学習・スポーツ課主査　鈴木敦▽文化商工部図書館課主査　新井清士▽清掃環境部環境政策担当課環境計画担当係主査◎太田由佳▽保健福祉部管理調整課

◆中野区

昇任試験対策のページ

20年度 主任試験講座 ―28―

行政法②

今回は「行政行為」の問題演習を行います。今回取り上げている問題のうち、「行政行為の効力」については混同しないよう表にまとめたり、「行政行為の種類」については図を作成するなど、それぞれ覚えやすいよう整理してみるとよいでしょう。

問題

【問題2】

行政行為の効力に関する記述として、妥当なのはどれか。

① 行政行為は、公定力を有し、当該行為が違法または当然無効であっても、正当な権限のある機関によって取り消されない限り有効とされ、国民を拘束する。

② 行政行為には自力執行力があり、行政行為によって命ぜられた義務を国民が履行しない場合には、行政庁は、裁判所に訴えて確定判決を得た上で、行政行為の内容を実現することができる。

③ 行政行為には不可変更力があり、異議申し立ての決定のような争訟裁断行為を権限のある行政機関が一旦行った以上は、裁判所はその判断を取り消すことができない。

④ 行政行為の不可争力とは、実質的確定力ともいい、行政行為が違法な場合でも、一定期間経過後は、行政行為の相手方は、その効力を争うことができなくなることをいう。

⑤ 行政行為の拘束力とは、相手方はもとより、行政庁や第三者も行政行為が外形上存在することを認めなければならないことをいう。

【問題3】

次のうち、行政行為に関する記述として妥当なのはどれか。

① 法律行為的行政行為は、国民が本来有していない特別な権利や法的地位を付与する行為であり、選挙人名簿への登録や戸籍への記載はこの行為に含まれる。

② 準法律行為的行政行為に基づく法律効果は、法律の定めに従い、行政庁の意思表示が行われて発生するものであるから、法律効果の発生につき行政庁に裁量権を認める余地はないとはいえない。

③ 準法律行為的行政行為は、自動車運転免許など、国民が本来有している権利を制限し、またはその制限を解除する行為である。

④ 法律行為的行政行為は、行政庁が一定の法律効果の発生を欲する意思を持ち、これを外部に表示することにより成立するが、表示の方法は口頭によるものでもよい。

⑤ 準法律行為的行政行為は、行政庁の意思表示以外の精神作用を要件とすることから、その一つの行為である通知についても、直接法律効果の生じない事実行為となる場合がある。

【問題4】

無効な行政行為に関する記述として、判例、通説に照らして妥当なのは、次のどれか。

① 行政処分の要件の存在を肯定する処分庁の認定に重大かつ明白な瑕疵があり、当該瑕疵が行政処分の成立当初から誤認であることが外形上、客観的に明白である場合には、当該行政処分は無効である。

② 行政庁が錯誤に基づいて行政処分を行ったときは、当該行政処分の内容が客観的に法律に適合している場合であっても、当該行政処分は無効である。

③ 行政庁がその裁量権の範囲を超えまたはその裁量権を濫用して行政処分を行った場合には、当該行政処分は無効である。

④ 無資格者が公務員に選任され外観上公務員として行った行為は、無権限者の行為であるから、相手方が、公務員がしたものと信頼するだけの相当の理由があった場合でも、無効である。

⑤ 行政庁が法律の定める手続を踏まずに行政処分を行った場合、当該手続を履行しなかったことが、当該行政処分の内容自体に影響を与えないものであっても、当該行政処分は無効である。

【問題5】

行政法学上の行政行為の取り消しに関する記述として、判例、通説に照らして妥当なのはどれか。

① 争訟の手続を経て行われた行政行為である裁決または決定は、特別の規定がない限り、当該行政行為が違法である場合であっても、審査庁または処分庁は、当該行政行為を取り消すことができない。

② 行政庁は、行政行為が成立当初から違法である場合には、当該行政行為を取り消すことができるが、行政行為が成立当初から不当である場合には、当該行政行為を取り消すことができない。

③ 行政行為の取り消しとは、行政庁が瑕疵なく成立した行政行為について、公益上その効力を存続させることができない新たな事由が発生したため、その効力を失わせることである。

④ 行政庁が成立当初から違法である行政行為を取り消す場合には、法律の特別の根拠が必要であるとともに当該行政庁は、当該行政行為の効力が成立当初から生じなかったものとする旨の意思表示をしなければならない。

⑤ 国民に権利利益を与えまたは義務を免除する授益的行政行為については、国民の虚偽の申請に起因して当該行政行為に瑕疵が生じた場合であっても、行政庁は当該行政行為を取り消すことができない。

解説

【解説2】

① 誤り。公定力とは、違法な行政行為であっても、その違法が重大かつ明白（すなわち無効）でない限り、法の世界で有効なものとして通用し、関係人を拘束する力のことである。違法な行為による侵害を排除するには、行政行為の取り消しを求める手続をとらなければならないが、当然無効な行為の場合はそのような手続は不要である。

② 誤り。自力執行力とは、行政行為によって課せられた義務を国民が履行しない場合に、行政庁が裁判判決を得ることなく、行政行為自体を法的根拠として、自らの判断で義務者に対し強制執行し、義務の内容を実現することができることをいう。

③ 誤り。不可変更力とは、権限ある機関が一旦判断を下した以上は、自らその判断を覆しえないことをいう。自らは一旦下した判断を覆しえないのであって、裁判によってもその判断を取り消すことができないわけではない。

④ 誤り。不可争力とは、形式的確定力ともいい、出訴期間（または不服申立期間）経過後は、処分庁が職権で自発的に行政行為を取り消さなければ、行政行為の違法を主張してその拘束を免れることができなくなることをいう。

⑤ 正しい。拘束力とは、行政行為が外形的に存在すると、当事者（その行政行為の相手方その他の関係人及び行政庁自身）がその行政行為の法律効果に拘束されることをいう。

正答 ⑤

【解説3】

① 誤り。法律行為的行政行為とは、行政庁の意思表示、すなわち行政庁が一定の法律効果の発生を欲する意思を持ち、これを外部に表示すること（表示行為）によって成立する行政行為のことをいう。法律行為的行政行為は命令的行為（下命及び禁止、許可、免除）と形成的行為（特許及び変更、剥権行為、認可、代理）に分類される。選挙人名簿への登録や戸籍への記載は、準法律行為的行政行為の中の公証である。

② 誤り。準法律行為的行政行為は、確認、公証、通知、受理からなるが、行政庁の意思表示によらず、法律に従って法律効果が発生する。行政庁に裁量権を認める余地はない。

③ 誤り。設問は、法律行為的行政行為の中の命令的行為の説明である。

④ 正しい。法律行為的行政行為は、表示行為によって成立するが、文書による表示は、効力発生要件ではない。

⑤ 誤り。準法律行為的行政行為は、行政庁の意思表示ではなく、それ以外の判断なり認識の表示に対し法律により一定の法的効果が結合されることによって行政行為とされるものである。通知は本来事実行為に過ぎないが、これに法律が一定の法律効果を付している場合は、準法律行為的行政行為とされる。

正答 ④

【解説4】

① 正しい。行政行為に重大明白な瑕疵があるときには無効である。この場合、正当な権限のある行政庁または裁判所による取り消しを待たなくとも処分の無効を主張することができる。

② 誤り。錯誤に基づく行政処分であっても、内容が客観的に法律に適合している場合には、原則として有効となる。

③ 誤り。裁量権の限界を逸脱している場合（裁量権の踰越）または濫用があった場合の行政処分も、すべてが無効になるわけではない。

④ 誤り。公務員でない者がした行政行為は、主体に関する瑕疵となるが、相手方の信頼保護の観点から、事実上の公務員の行為として有効とみなす場合がある。

⑤ 誤り。手続上の瑕疵は、被処分者の利益保護手続の場合、これを踏まずにした行政処分は無効となる。しかし、判例では、手続き上の瑕疵は原則として取り消し原因に過ぎないと扱っている。

正答 ①

【解説5】

① 正しい。取り消しとは、行政行為が当初から違法または不当であったときに、そのことを理由に処分庁が行為を取り消す旨の意思表示をし、その効力をはじめからなかったことにすることをいう。取り消しを行うことができるのは、正当な権限を持つ行政庁と裁判所である。取り消しには、①それを行う公益上の理由が必要②国民の権利・利益侵害となる場合は自由にできない③公共の福祉を害する場合は自由にできない④不可変更力が生じる行為は処分庁自身で取り消せない――等の制限がある。

② 誤り。行政行為が不当である場合も取り消すことができる。

③ 誤り。設問は、撤回についての説明である。

④ 誤り。違法な行政行為を取り消す場合には、法律の特別の根拠は必要ない。ただし、①で述べたように、取り消しに際してはいくつかの制限がある。

⑤ 誤り。国民に責めがある場合は、取り消すことができる。

正答 ①

20年度 主任・係長 論文講座 ★28★

論文添削③

特別区主任主事選考

はじめに

前回、前々回に続いての主任試験の論文添削の3回目になります。前2回の添削を通じて、主任論文の形と採点者の視点については大体理解できたかと思います。

今回も、去年の受験者が作成した論文を基本として、アドバイスをしてみます。

課題

「団塊の世代の退職と職員の能力向上について、あなたの考えを述べなさい」

論文例

1　求められる職員の能力の向上

団塊の世代の退職、いわゆる2007年問題は、貴重な経験と知識の消失を意味する。多様化している区民ニーズや職員の定数削減に加え、経験豊富なベテラン職員が大量に退職してしまうため、残された職員の負担は増加し、必然的に今以上のレベルアップが求められることになる。こうした中でも区が最も身近な自治体として区民本位のサービスを提供し続けるためには、職場の組織力を高めるとともに、職員一人ひとりの能力の向上を図る必要がある。その鍵を握るのは、実務の中心を担う中堅職員である。

2　レベルアップのために

私は職員の能力向上を図るために、以下の3点を特に心掛けて日々の仕事に取り組む。

第一に、自らの能力を高めることである。ただ漠然と前例踏襲で仕事を進めていては、多様化する区民ニーズに応えることはできない。私は、日頃から新聞やインターネット等で職務に関連する知識の習得に努める。また、区民と接する機会を積極的に活用し、区民の立場からの考え方の習得や担当業務の課題の整理に役立てていく。そして、こうして得られた情報は係会議などで積極的に提供し、職場全体の士気を高めていきたい。

第二に、職場内のコミュニケーションを円滑にすることである。組織のレベルアップには、円滑な人間関係が欠かせない。私は、1日1回すべての係員と会話することを日課とする。その中から各係員の仕事の進み具合、抱えている問題等を汲み取り、その後の係の事務運営に生かしていく。また、係の情報の中継地点として常にアンテナを高く張り、受信・発信をこまめに行って、係内の情報の共有化に努める。

第三に、後輩職員の職務能力の向上を図ることである。職員全体のレベルアップには、明日の区政を担う仲間でもある後輩職員の成長が欠かせない。私は、後輩職員の模範となるよう、積極的に仕事に取り組み、自らの姿勢を示す。また、単に業務の処理方法を指導するだけに止まらず、区政の課題についても適宜触れ、区政全般の広い視野を身に着けさせる。さらに、後輩職員が安心して仕事に取り組めるよう、適宜アドバイスを行うなどのフォローを行うことも忘れない。

3　区民本位のサービスの提供に向けて

地域の課題を解決し、区民本位のサービスを充実させるためには、今まで以上に職員一人ひとりの能力の向上を図る必要がある。私は中堅職員としての自覚を強く持ち、自分自身と職場全体のレベルアップのため、毎日全力で挑んでいく決意である。

講評

今回の課題は、前2回のように背景が漠然としたものではなく、「団塊の世代」といった具体的なものになっています。主任試験の論文の出題例の中には、このように課題に対して一定の知識がなければ、書けないものもあります。

また、この課題は、「団塊の世代の退職」についての理解があり、それをどう「職員の能力向上」と関連付けて、中堅職員の役割で論じていくかがポイントです。

ここ数年、新聞等で多く報道されていますから既にご存知の方も多いと思いますが、2007年問題とは、団塊の世代（1947年から1949年生まれ）と呼ばれる高度成長期を支えたベビーブーム世代の人材が2007年より順次定年を迎えることにより発生が危惧される、退職金の一時かつ多額の発生による経営難や製造業における技術伝承の断絶などの諸問題のことを一般的に言います。

しかし、既に特別区では、再任用制度の導入や新卒者の採用だけではなく、経験者の採用を行うことで、年齢構成のバランスを取りながら必要な職員数を確保しています。そのため、この論文のように、ことさらベテラン職員の退職が残された職員の負担につながることを強調するような表現はお勧めできません。

むしろ、自治体における「2007年問題」とは、地域協働の担い手（パートナー）が増大するといったプラスの面を考えることが重要です。この団塊の世代と呼ばれる方たちは約800万人と他の世代と比べても非常に多く、しかも、団塊の世代の退職後の活動意欲は旺盛で、多くの人たちが再就職やボランティア、趣味等に取り組みたいという希望を持っていることから、地域社会としても、この人たちを知識や経験を持つ人材として、地域活動に取り込めるかどうかが課題となっています。

つまり、多種多様化する行政需要に対して、きめ細かく対応していくためには、団塊の世代の方たちをはじめとする区民との協働が不可欠であり、そして、そのためには、私たち職員一人ひとりの能力向上が不可欠なのです。

そこで、団塊の世代の退職についての自治体の課題である「区民との協働」を意識して前記の論文を添削してみました。

添削論文例

1　求められる区民との協働を推進できる能力

団塊世代の一斉退職が始まった。いわゆる2007年問題は、技術伝承の断絶や退職金の増加などのマイナスの面だけではなく、自治体にとっては、地域活動の担い手となる豊かな知識や経験を持つ企業退職者が増加するというプラスの面にも注目していく必要がある。本区としても、ベテラン職員の減少と新規採用職員の増加に合わせ、人材育成に更に力を入れていかなければならない。その視点として、地域の実情に合わせたきめ細かなサービスを提供していくためにも、団塊の世代の方たちを始めとする多様な区民との協働を推進できる能力に着目していくことが重要となる。その鍵を握っているのは、実務の中心を担う中堅職員であり、果たすべき役割は大きい。

2　職員のレベルアップを目指して

私は、多様な区民との協働を推進できるよう、職員一人ひとりの能力向上を図るため、次の3点を実践する。

第一に、率先して後輩職員の指導を行う。職員全体のレベルアップには、明日の区政を担う仲間でもある後輩職員の成長が不可欠である。私は、先ず自らが前向きに仕事に取り組む姿勢を示すことで、後輩職員の模範となる。また、後輩職員を指導する際には、知識や答えを直に教えるのではなく、調べ方や考え方をアドバイスすることで、区民との協働に不可欠な政策形成能力の基礎を身に着けさせる。さらに、係長と相談し、後輩職員に少しずつ重要な仕事を任せていくことで、向上心と責任感を育てていく。

第二に、区民のニーズを的確に把握する。区民との協働を進めていくためには、区民の声と真摯に向き合う姿勢が欠かせない。私は、日頃から地域の行事や会合などに、一区民として積極的に参加することで、区民感覚を磨いていく。また、各種世論調査や統計資料にも目を通し、課題の把握に努める。さらに、窓口での苦情対応を進んで引き受けるとともに、可能な限り現場に赴き、区民の声に耳を傾ける。把握した区民のニーズについては、会議などで発表し、係内で共有することで、職場全体のレベルアップに繋げていく。

第三に、区民との協働を進める。実際に、区民との協働を提案し、経験を積まなければ、協働を進める力は育たない。私は、先ず区民と協働で実施した方が良い事業がないか検証する。そして協働で事業を実施する際には、区民がより協力しやすい事業内容とするため、立案の段階から区民が参画できるように提案していく。また、事業の意義を区民にわかりやすく説明することで協働への意欲を促すとともに、区民の主体性を損なわないように役割分担を明確にし、側面からの支援に徹する。

3　区民との協働を推進するために

職員一人ひとりが真摯に区民と向き合い、能力向上に努めていくことが団塊の世代の方たちを始めとする多様な区民との協働の下、地域の実情に合ったきめ細かなサービスを提供することができる。私は、中堅職員としての自覚を強く持ち、自分自身と職場全体のレベルアップのため、毎日全力で挑んでいく決意である。

おわりに

いかがでしたでしょうか？今回の課題のように具体的な政策である課題に対して知識がなければ、書くことが難しい問題も出題されます。平成20年度の政策課題について、しっかり勉強して、自分の考えを整理しておきましょう。また、時間はあります。頑張ってください。

20年度 教育管理職への道しるべ ＜32＞

学校教育法⑥

問題

【問題24】

学校教育法施行規則に定める学齢簿に関する記述で妥当なものは、次のうちどれか。

① 学齢簿の作成は、4月1日現在において行う。

② 学齢簿は、必ず手書きによるものとする。

③ 学齢簿には、学齢児童または学齢生徒の氏名、本籍地、現住所、生年月日及び性別を記載する。

④ 学齢簿には、保護者の氏名等に関する事項も記載する。

⑤ 学齢簿に記入する入学年月日、卒業年月日は、原則として各学校の入学式および卒業式を実施した期日とする。

【問題25】

特別支援学校における教育活動を行う際の留意事項に関する記述で妥当なものは、次のうちどれか。

① 医師等による診断がなされている場合は、第一義的にその診断に基づいて児童生徒の指導や支援を検討しなければならない。

② 入学試験やその他試験などの評価を実施する際には、別室実施、出題方法の工夫、時間の延長、人的な補助など可能な限り配慮を行うこと。

③ いじめや不登校などの生活指導上の諸問題に対しては、障害について留意する必要はない。

④ 障害のない幼児児童生徒との交流及び共同学習は、その教育に支障が生ずるので、好ましくない。

⑤ 障害のある生徒は、将来の進路を主体的に選択できないので、学校が中心となって進路指導を行う。

【問題26】

公立小、中学校の職員に関する記述で妥当なものは、次のうちどれか。

① 小、中学校には、校長、副校長、教諭、養護教諭及び事務職員を置かなければならない。

② 副校長を置くときは、教頭は置くことができない。

③ 教頭は、校長を助け、校務を整理し、必要に応じ児童生徒の教育をつかさどることはない。

④ 主幹教諭は、校長を助け、校務の一部を整理し、並びに児童生徒の教育をつかさどる。

⑤ 指導教諭は、児童の教育をつかさどり、並びに教諭その他の職員に対して、教育指導の改善及び充実のために必要な指導助言を行う。

【問題27】

授業料、費用負担に関する記述で妥当なものは、次のうちどれか。

① 公立の小学校及び中学校においては、授業料を徴収することができないが、国立の小、中学校においては、徴収することができる。

② 憲法第26条第2項にいう義務教育の無償とは、義務教育を提供するにつき対価、すなわち授業料を無償にすることを意味し、教科書等をいっさい無償にするということではない。

③ 学校と生徒との間の関係は、営造物利用の一般関係と異なるものであり、授業料は使用料の一種とはいえない。

④ 入学を辞退した場合、入学手続時に納付した学校納付金のすべてを返還しなければならない。

⑤ 特別支援学校においては、小、中学校に比し、運営費が過大に必要であるため、授業料を徴収することができる。

【問題28】

教育委員会と学校に関する記述で妥当なものは、次のうちどれか。

① 教育委員会は、学校の運営上特に必要がある場合には、規則に定める資格を有する者と同等の資質を有すると認める者を校長として任命することができる。

② 教育委員会は、教諭の専修免許状または一種免許状を有していなくても、教育に関する職に5年以上あれば、校長に任用できる。

③ 教育委員会は、その規則で、国民の祝日に関する法律に規定する日、日曜日及び土曜日以外に学校の休業日を定めることができない。

④ 教育委員会は、特別な事情があるときは、児童生徒の退学処分を行うことができる。

⑤ 授業終始の時刻は、校長と協議の上、教育委員会が定める。

解説

【解説24】

① 誤り。10月1日現在において行うものとする。（学校教育法施行規則第31条）

② 誤り。磁気ディスクをもって調整する場合には、電子計算機の操作によるものとする。（同規則第29条）

③ 誤り。本籍地は記載しない。（同規則第30条第1項第1号）

④ 正しい。保護者の氏名、現住所及び保護者と学齢児童または学齢生徒との関係を記載する。（同項第2号）

⑤ 誤り。原則として4月1日または3月31日とすることが適当である。（昭29・8・12委初289初中局長）

【解説25】

① 誤り。その障害の特徴や対応を固定的にとらえることのないよう注意するとともに、その幼児児童生徒のニーズに合わせた指導や支援を検討すること。（平19・4・1文科初125初中局長）

② 正しい。そのとおり。（同上）

③ 誤り。その背景に障害が関係している可能性があるか否かなど、幼児児童生徒をめぐる状況に十分留意しつつ慎重に対応する必要がある。（同上）

④ 誤り。障害のある幼児児童生徒とその教育に対する正しい理解と認識を深めるための機会である。（同上）

⑤ 誤り。障害のある生徒が、将来の進路を主体的に選択することができるよう、早い段階からの進路指導の充実を図ること。（同上）

【解説26】

① 誤り。副校長は、必置ではなく、置くことができると規定されている。（学校教育法第37条第2号）

② 誤り。副校長をおくときは、教頭を置かないことができるという規定であり、副校長を置いても、教頭を置くことはできる。（同条第3号）

③ 誤り。副校長は、校長を助け、命を受けて校務をつかさどる。（同条第5号）

④ 誤り。主幹教諭は、校長及び教頭を助け、命を受けて公務の一部を整理し、児童生徒の教育をつかさどる。（同条第9号）

⑤ 正しい。（同条第10号）

【解説27】

① 誤り。国立の小、中学校においても、授業料を徴収することができない。（学校教育法第6条）

② 正しい。（最判昭39・2・26）

③ 誤り。公立学校は、地方公共団体の営造物であって、一般に営造物の使用については、使用料を徴収しうべく、学校と生徒との間の関係も異なるものではない。（昭23・8・18自発652号）

④ 誤り。入学金は学生としての地位を取得する対価であるとともに、入学手続及び準備のための経費の性格を有するため、返還を求めることができない、という判決がある。（東京地判平15・10・23）

⑤ 誤り。特別支援学校の小学部及び中学部における義務教育についても、授業料を徴収することができない。（学校教育法第6条）

【解説28】

① 正しい。（学校教育法施行規則第22条）

② 誤り。教育に関する職に10年以上あれば、校長に任用できる。（同規則第20条第2号）

③ 誤り。教育委員会は、学校の休業日を規則で定めることができる。（同法施行令第29条、同規則第61条）

④ 誤り。懲戒のうち、退学、停学及び訓告の処分は校長が行うことと規定され、教育委員会が退学処分を行うことができるという規定はない。（同規則第26条第2項）

⑤ 誤り。校長が定める。（同規則第60条）

すみだがわ アレコレ

隅田川と文学

東京の母なる川・隅田川は、近代以後も文学作品に多くのテーマや、その舞台を提供してきた。すぐ思い浮かぶのは、永井荷風の『すみだ川』、久保田万太郎『春泥』、芝木好子の『隅田川暮色』等がある。

しかし、明治以後、文学作品として「隅田川」を描いたものとしては、まず成島柳北の『柳橋新誌』（明治7年）が挙げられるだろう。

また、本所の伊勢久居藩藤堂家の藩邸に、侍医の父と共に住まい、再び本所両国に没する、明治初期の文壇に異彩を放った斎藤緑雨が、『油地獄』『かくれんぼ』を書いている。

ながらく隅田川近くの向島寺島に住まった幸田露伴も、『水の東京』『夜の隅田川』等の作品があり、兄の郡司大尉が千島探検に出発したのも、隅田川「言問の渡し」からであった。

娘の幸田文さんも、地元の寺島小学校（現・墨田区立第一寺島小学校）を卒業され、その作品『おとうと』『流れる』にも、隅田川や墨堤、柳橋界隈がいきいきと描かれている。

芥川龍之介も隅田川のほとりに生まれ（筑地）、両国に育った。自伝的なことは『大道寺信輔の半生』に詳しいが、『大川の水』（大正3年）には、「自分は大川端に近い町に生まれた。家を出て椎の若葉におほはれた、黒塀の多い横網の小路をぬけると、直あの幅の広い川筋の見渡される、百本杭の川岸へ出るのである」と書いている。百本杭は現在の総武線の鉄橋辺で、隅田川が少しカーブしており、その侵蝕を少なくするため、杭を多く打ったところであった。

久保田淳氏の『隅田川の文学』（岩波書店）や東京都近代文学博物館『文学のある風景・隅田川』を見ると、堀辰雄『幼年時代』、佐多稲子『私の東京地図』、島村利正『隅田川』、杉本章子『東京新大橋雨中図』、四方田犬彦『月島物語』、出久根達郎『佃島ふたり書房』等、まだまだ多くの「隅田川」関係の作品が挙げられている。

季刊『江戸っ子』に連載された、浅草山の宿生まれの画家・伊藤悌三氏の画文集『我が心の隅田川』は、明治・大正・昭和初期の隅田川を中心とした風物詩ともいえ、その風情を十分に伝えてくれる。

また、隅田川沿いには、作家の増田みず子氏や領家高子氏が住まい、これからも隅田川に関わる作品等が発表されることを期待したい。

（元墨田区立緑図書館長 小島惟孝）

隅田川を描いた文学作品（協力＝墨田区立緑図書館）

千の風になって ——いたばし編 9

徳丸原から高島平へ

櫻井・栗原「天国対談」。今回は吉田政博・区学芸員の協力で、高島平のいまむかしを語る。

櫻井「板橋区高島平は江戸時代、徳丸原（とくまるがはら）と呼ばれた荒川の氾濫原で芝地が一面に広がっていました。今日は、当地に関わるVIPにお話をお伺いいたします」

吉宗「八代将軍の徳川吉宗です。私は綱吉公の生類憐令以降中止されていた鷹狩を、領地巡視もあり復活させましたが、徳丸原は私が好んで出掛けた『鷹場』です。ここには御用池があり、秋から冬になると鶴や白鳥がやってきて、それを獲物として狩りをしたのです」

栗原「板橋に鶴や白鳥が飛来し、将軍が鷹でねらっていたとは驚きですし、『暴れん坊将軍』の面目躍如ですね。ところで、徳丸原は鷹場としてだけ利用されていたのでしょうか」

吉宗「徳丸原は、まぐさ場や苗代・田に利用されていたほか、『から繰り筒』の試射や『鉄砲御稽古』が、私の将軍任期であった享保年間から開始されています」

櫻井「それで後々、徳丸原が大筒稽古場となったのですね。ではそれに関してもうひと方にご登場いただきましょう」

秋帆「高島四郎太夫と申します。号は秋帆です。長崎の町年寄を代々務めた高島家に生まれ、出島のオランダ人から西洋砲術を学んで、高島流という砲術流派を始めました。そして、天保11年（1840）にはアヘン戦争での清とイギリスの戦況分析から、幕府に西洋砲術の採用を上書として献策したのです。翌年には老中水野忠邦に上書が容れられ、老中・諸大名が見守るなか徳丸原において歴史的な砲術調練が実施されました」

栗原「徳丸原のデモンストレーションは、幕末の西洋軍事技術導入の大きな契機となったのですね。さて、時代は下り昭和40年代に、一大穀倉地帯であった徳丸原が東洋一のマンモス高層団地に開発されたさい、貴殿に因み『高島平』という地名が生まれました」

秋帆「有り難いことです。でも板橋には、演習日を含め足掛け4日しかいなかったのですよ。ただ、その間には地元徳丸本村をはじめ近郷の多くの村の皆さん方には大変なご苦労をおかけしました。5月9日の調練当日は悪天候の中、かなり多くの方が見に来られましたね」

栗原「大正11年には、本陣となった松月院境内に紀功碑が建立されています。板橋の歴史にとっては重要な文化財かと思うのですが、指定には慎重論が強かったようですね。戦争関連はなかなか難しい面がありますが、最近は再評価の動きもあるようです」

吉宗「板橋区では、秋帆に因み『西洋流火術鉄砲隊保存会』が結成され、イベントへの出演など地域おこしに大きな役割を果たしていると聞きます。高島平では『大江戸ダンス』が盛んだそうですが、私に因んで『鷹狩保存会』などはできないのでしょうかね（笑）」

櫻井「高島平のあゆみは、東京の北端・板橋の地域史を凝縮した面を持っていまして、考古学から、地理学・歴史学・経済学・民俗学・社会学など各分野のアプローチで分析することが、これからの板橋区を展望することにつながるものと考えられます」

秋帆「高島平は、いわば原っぱに忽然と出現した3万人規模の都市ですが、住民のふるさと意識は他の地域とは違うのでしょうか」

櫻井「最初はいわゆる新住民が多く、まとまりに欠ける地域という印象でしたが、しだいに自治会やサークル活動が盛んになり、環境や子育てなど課題解決や住民の交流がすすむ中で、わが街という意識が定着していったのです。出生地だけがふるさとではありません。私も板橋を第二のふるさととして愛しています。お二人には、これからも高島平の発展と人々の幸せを見守っていただきたいと思います」

（山浦純之介）

高島秋帆肖像（板橋区立郷土資料館蔵）

建設途上の高島平（1971年）

さらば 青春の名画たち

団塊退職世代に贈る ⑧

2度とゴメンの名作3本

持ち時間というものを考える。金はもちろんだが、時間のほうにも先が見えてくる。もやもやしたそんな思いが映画で暴発する。宣伝文句に騙されて愚作を見てしまったときだ。金よりも時間を浪費させられたことに腹が立つ。こっちの時間は限られているんだ！

——絶対に無駄にならないと分かっている。だけど見るところまでは踏み切れない。そんな名作って、確かにある。あまりの衝撃、あまりの不条理。声も涙も出てこない。

たとえば『地下水道』。後に器用な作品を作るアンジェイ・ワイダの初期映画。

第二次大戦末期のワルシャワ。ドイツ軍制圧下、解放近しの情報に市民が蜂起する。だがたちまち壊滅。残党が地下水道にもぐる。出口は封鎖され、解放軍も来ない。暗黒空間の強烈な白黒コントラスト。汚水を掻き分ける絶え間ない音。心身をしめつけてくる閉塞感と圧迫感。一切の救いなし……

タルコフスキー『ぼくの村は戦場だった』。侵攻ドイツ軍に水辺で対峙するソ連の前線基地。父母ともに殺された少年が、偵察役を務める。貴重な情報がもたらされる。重要任務の達成感に、少年の目は小英雄の光を帯びはじめる。だが危険すぎるため、次の任務が最後との決定。そして出発、不帰。恐怖感、切迫感が水の親和力を通じて皮膚にまで迫ってくる。逃れられない。

見たいと思い続けてきたのに、実は1本しか見ていない——ロベール・ブレッソン。だけど1本で十分だ。『少女ムシェット』。

死の床の母とアル中の父。極貧。そんな少女を周囲のすべてが拒絶し排撃し攻撃してくる。レイプ。嘘。幼くしての廃人。なぜ生まれてきたんだ？

ある日、草の急な斜面で、少女は自分の身体が転げだすのを発見する。下まで行って戻り、また転がり下りる。それが彼女の知った初めての遊び。そのとき与えられた初めての遊具が自分の身体——生の深淵を覗くような不条理。

夢中で転げる。ブレる画面に少女の笑顔が見えたような、キャキャという笑い声が聞こえたような……くぐもった水音。坂下の水面に大きな水泡。娘に与えられたたった一度だけの笑い。そして死。劇場を出ても吸う空気が足りないようだった。

2度と見たくない。だから、振り返らない。さらば青春の名画たち！

この間、アレクサンドル・ソクーロフという監督を発見した。興奮した。何を今ごろ！と罵声が飛んでくるはずだ。大変有名な人らしい。だからバカと言われても仕方がない。それでもこの〝発見〟はうれしかった。

そういうことってある。だから首尾よく退職できたら、映画館に足を運んで欲しい。舌打ちしたくなるような駄作・凡作、金銭目当ての愚作の山の中に、名作がひっそりと埋もれている。映画でなければ！の思いがこもった作品が世界から届いている。団塊世代のジジババに、そこから傑作を掘り起こしてもらいたい。だってあの小津安二郎でさえ、長い間、凡作の中に埋もれていたんだから……ネ。

（瀬満）

＝おわり

アンジェイ・ワイダ『地下水道』 暗闇に慣れた目には白日、眼前のドイツ兵が見えない

みにがいど

◆「川のフォトコンテスト」作品募集 ▽募集概要 「みんな集まれ、東京の川」をテーマに、川の魅力や川への親しみ・愛着が伝わるような、都内の川の写真。①風景②ふれあい③小・中学生撮影——のいずれかを選択▽応募規定 ①写真サイズ＝2L判（127ミリ×178ミリ）以下②一人2点まで③未発表のものに限る▽応募方法 写真裏面に①応募部門②作品名③河川名と撮影場所④撮影年月日⑤撮影者（部門③のみ学年も）⑥住所⑦電話番号を記入し、〒168－8001建設局河川部計画課環境計画担当係まで郵送※撮影者本人からの応募に限る▽締切 6月16日(月)消印有効▽作品展示 7月（河川愛護月間）7日～10日に都庁第二本庁舎1階、22日～25日に新宿駅西口広場で展示▽表彰 優秀作品3点程度▽問い合わせ先 ☎5320・5410

◆応募写真展「あなたが選ぶ すみだの風景100選」▽期間 22日まで墨田区役所1階アトリウム（毎日午前9時～午後7時）、5月9日～15日すみだ生涯学習センター、5月22日～6月15日すみだ郷土文化資料館▽内容 新タワー開業予定の2011年に「すみだの風景100選」を決定するため、第一次応募で寄せられた作品を展示▽第二次募集期間 6月1日～11月30日▽問い合わせ先 すみだ郷土文化資料館☎5619・7034

◆あきしま環境緑化フェスティバル「多摩川で結ぶ緑の回廊」▽4月27日（日）午前10時～午後3時▽会場 昭島市役所▽配付 花鉢（1鉢200円・千鉢）午前10時～、腐葉土入り土（1袋50円）同、カブト虫の幼虫配付（無料）午前11時～（子ども対象400人）、苗木（1本100円・450本）午後1時～▽展示・即売 植木、花、野菜、卵、奥多摩の特産品、山野草、盆栽など▽環境講演会 午前10時20分～11時40分「多摩川源流ものがたり」中村文明・多摩川源流研究所長▽映画 午後1時～2時30分「北極のナヌー」▽小河内の鹿島踊り（国指定重要無形民俗文化財）午前11時50分～午後0時20分▽フリーマーケット 34店舗出品予定▽問い合わせ先 昭島市環境部環境課☎042・544・5111（内線2295、2296）

都政新報

発行所 都政新報社
〒160-0023 東京都新宿区西新宿7-23-1 TSビル
〈総務・読者〉(03)5330-8781
〈企画広告〉(03)5330-8784
〈編　集〉(03)5330-8786
〈出　版〉(03)5330-8788
〈セミナー事業部〉(03)5330-9977
〈ファクス〉(03)5330-8808
郵便振替 00130-2-101470
購読料 月1,680円（税込）
毎週火・金曜日発行
但し、祝祭日は休刊

紙面から

「調布飛行場のジェット化」――波紋呼ぶ猪瀬発言

地元3市が都に説明を要求

自民党 計器飛行の協議中断で責任追及

調布飛行場を視察した際の猪瀬副知事の発言が波紋を呼び、東京都が三鷹、府中、調布の地元3市に提案している計器飛行導入の協議が進まない事態になっている。離島航空路は、19人乗りのプロペラ機が1日3便から4便飛び、就航率の向上が島民の願い。しかし、そのためには、地元市と都が締結している協定等の見直しが不可欠になり、協議は難航していた。そうした中で猪瀬副知事の「ジェット化」「他都市との路線新設」などの発言があり、3市はさらに不快感を強めている。都議会自民党も「副知事としての立場と責任をどう考えるかの問題だ」と受け止め「看過できない」としている。

1日の猪瀬副知事発言は、97年4月に地元3市と都が結んだ協定・覚書に抵触する内容だった。「新宿から10分の位置にあるのに、空港が有効活用されていない。ビジネス使用すれば、新潟や韓国にも行ける。島だけに使っているのは、もったいない。地元との協定に縛られ、今どき、ジェットがダメなどはない」と発言。さらに、飛行場の南北に都有地があることから、滑走路を800㍍から1200㍍に延ばす考えも披露した。

しかし、調布飛行場は01年3月に都営コミューター空港として開港するにあたり、その条件として①有視界飛行とする②年間離着陸回数は2万3千回程度を上限とし、削減に努める③ジェット機の離着陸は認めない④羽田・成田空港へのアクセス及び都市間路線の新設は将来の検討課題とし、事前に協議する――などを取り決めた。

このため猪瀬発言に対し、地元3市は「協議も検討もしていない。長年の経緯を踏まえると、飛行場の機能拡大ということは、あり得ない」と都に抗議し、説明を求めている。都側から誰がどういう場に出席し、真意を説明するか未定という。

定期便としての安定性が課題の「ドルニエ機」

その一方、飛行場の現状の問題点としては就航率があり、06年11月、都と市の部長級職員で「調布飛行場の諸課題検討協議会」を立ち上げて、テーブルについたところだった。就航率アップの具体策として、有視界飛行から計器飛行への切り替えがある。

現在は天候が少し悪いと欠航になり、平均就航率81%程度。全国離島航空路の91%に比べて10ポイント低い。定期便の安定化と地元市の騒音拡大という二律背反の中で、協議している最中に猪瀬発言が飛び出した。

都議会自民党では「計器飛行の協議中断になる。副知事として、発言の責任を持ってもらいたい」（吉野利明幹事長）と怒る。第1回定例会で10年間凍結されていた武蔵野の森総合スポーツ施設の凍結解除が行われ、ようやく都と地元市との約束ごとが果たされる状況になった。「飛行場の有効活用は大事だと理解しているが、次のステップにいくには、受け入れ条件がすべてクリアされた時だと考えていた」（吉野幹事長）という。

実は昨年、自民党は石原知事から「猪瀬副知事が調布飛行場の活用について考えているので、協力して欲しい」と言われていた。しかし、その時も「受け入れの条件が終わっていないから無理」と答えた。それから時間が経ち、状況把握の余裕は十分あったにもかかわらず、今回の猪瀬発言になったため「看過できない。発言の取り消しがない限り、地元市との協議が前に進まない」と態度を硬化させている。

4月上旬、自民党幹部が知事に対し、「協議ストップになった。計器飛行の話は動かない」と伝えると、「困っているんだよ。猪瀬は、思いつきで発言するから」と知事は応じたという。

猪瀬直樹副知事の話 「地元3市と都との間での合意の経過があることは、承知している。私は、地元との合意をないがしろにするものではない。ただ、違った側面から見た時に調布飛行場は、地元にメリットを生み出す可能性を秘めている、ということを申し上げた」

半数が「利用されず」

携帯フィルタリングでアンケート

販売店対象に実態調査

インターネットや携帯電話の有害情報へのアクセスを制限する「フィルタリング」は、8割半ばの販売店で告知されているが、青少年が利用する携帯電話で加入が徹底されていない実態が、青少年・治安対策本部のアンケート調査で明らかになった。

調査では、約86%の販売店がフィルタリングを告知したり、勧めたりしていたが、約52%が「あまり利用されていない」と回答。「ほとんどが利用している」と答えた販売店は1割未満だった。

また、未成年者へのフィルタリングが今後、徹底されるか聞いたところ、「徹底されると思う」は約44%にとどまった。徹底されない理由としては、「子どもが自由に使えないことで反発」が9割を占め、「親の知識不足」も7割に上った。販売員からは、「親子間での話し合いが必要」「健全サイトまでブロックされる」などの意見が挙がっている。

調査は、都内の携帯電話販売店や家電量販店約1千店を対象に、2月7日から18日に実施。387件から回答があった。

同本部青少年課では「タイムリーに情報を発信することが必要」として、ネット社会に詳しい講師を育成するなどして、親への周知に努めたい考え。

都では2月、「東京都子ども・若者問題対策会議」（座長＝谷川副知事）の課題として、「ネット・ケータイ」を新たに追加。来週、教育庁や警視庁、福祉保健局、生活文化スポーツ局でつくる庁内連絡会議を開く予定。

落陽の日　石原都政　4

言葉に無責任は政治家失格

佐野眞一（ノンフィクション作家）

完全に経営破綻した新銀行東京に東京都議会が400億円の追加出資をすると決めたとき、21世紀の日本にまだこんな無法がまかり通る世界があるのかと、悪夢を見る思いがした。

新銀行東京はスタートから3年余で、すでに都が出資した1千億円がドブに捨てられた。にもかかわらず都議会は、その責任を追及するどころか、絶対に回収不能な追加出資を決めた。

これは「盗人に追い銭」どころの話ではない。新銀行東京に注入した資金は、いうまでもなく、すべて都民の血税である。都議会はその痛みを感じていないばかりか、今度は堂々と、都民の財布に手を突っ込んで虎の子の金を強盗したのである。

石原知事はこの問題で都議会野党から責任を追及されたとき、新銀行東京の経営難の責任を同行スタート時の旧経営陣の経営能力のなさにすべて押し付け、自分は責任がないという自己保身の言い訳に終始した。これほど醜悪な場面は、見たことがない。

新銀行東京を発案してつくったのは、誰でもない、石原知事その人ではないか。

新銀行東京が発足した当時のことを思い出していただきたい。当時、企業に貸し渋りをする銀行に対し、マスコミはバッシング報道を繰り返していた。一貫して欲情におもねったポピュリズム政治で世の中を渡ってきた知事は、この好機を見逃さず、大手銀行から融資を受けられず、資金繰りに困っていた中小企業相手の銀行を立ち上げた。

私からいわせれば、新銀行東京は最初から知事個人の人気取りという不純な動機によってつくられた銀行だった。採算があうことは最初から度外視されていたからこそ、結果がこうなることは、知事が最終局面で責任転嫁することも含めて、発足当時からわかっていたはずである。そういう意味で、都議会の責任はきわめて重大である。

破綻に瀕しているのは、新銀行東京ばかりではなく、無責任きわまる都議会の現状であり、石原知事の政治家としての資質なのである。

■五輪開催の当事者能力はあるか

責任回避に汲々とする石原知事の姿を見たとき、奇妙な連想と思われるかも知れないが、私は都知事1期目の2002年12月に女性たちの間で物議をかもした『ババァ』発言を思い出した。ことの発端は『週刊女性』（同年11月16日号）誌上に載った知事の発言だった。

「これは僕が言っているんじゃなくて、松井孝典が言っているんだけど、『文明がもたらしたもっとも悪しき有害なものは、ババァ』なんだそうだ。『女性が生殖能力を失っても生きているってのは、無駄な罪です』って」

松井孝典氏は東京大学大学院教授で、高名な地球物理学者である。

これが同週刊誌上で知事が発言した前半部分である。石原知事はこれに続けて男性と女性の生殖能力の違いについて触れ、「きんさん、ぎんさんの年まで生きてるってのは、地球にとって非常に悪しき弊害だって。なるほどとは思うけど、政治家としては言えないわね（笑）」と述べている。

この発言を放置できないとして、2002年12月20日、131名の女性たちが「ババァ」発言の撤回と謝罪と損害賠償を求めて、知事を東京地裁に提訴したというのが、「ババァ」発言問題のてん末である。その後、女性たちの訴えは棄却されたが、問題は裁判の結果ではない。

見逃せないのは、この問題で引き合いに出された松井教授が、月刊『自然と人間』（2003年2月号）で、「石原氏の発言を見ると、私の言っていることとまったく逆。私はこういう言い方は、どこでもしたことがない」と述べていることである。にもかかわらず石原知事は、問題となった「ババァ」発言は、あくまで松井教授の見解に準拠したものだと、いまでも言い募っていることである。

石原知事に向かって、「綸言汗の如し」という高級な言葉を使おうとは思わない。だが、自分の言葉に責任を持たない人間は、それだけで政治家失格だと言っておく必要はあるだろう。

石原知事は2016年オリンピックの東京招致を目指すという。しかし、破綻した新銀行東京の責任の所在をあいまいにして、問題を先送りしただけで事を済ました現在の都政の状況を考えれば、オリンピックが開催できる当事者能力があるとは到底思えない。

石原知事は『太陽の季節』でデビューして以来、半世紀以上ずっと出ずっぱりでやってきた。彼の評伝（『てっぺん野郎』）を書いた私から言わせてもらえば、知事がいま最も恐れているのは、背後から忍び寄る老いである。都知事のいすはいまや、自分の老いを見て見ぬふりをする装置となっている。

夢を語るのは別にかまわない。しかし、都知事のいすは出来もしない夢を語り、知事個人の生命を維持するための装置ではない。その前にやるべきことをやり、きちんとした責任を果たさなければ、石原都政自体が崩壊することになるだろう。そのとき泣きを見るのは、1200万都民である。晩節を汚すのは、彼個人だけでたくさんである。

（おわり）

都政の東西

伝言ゲーム

新聞記者の仕事は、伝言ゲームの一番先頭にいるようなものだと思うことがある。出題者が言う長い台詞を間違えずに覚えておいて、次の人に正しく伝えなければならない。

正しく伝えることのほかに求められる要素もある。以前、先輩記者が話していたが、記者は「通訳」でもあるということだ。話をする当事者は、その道の専門家である場合も多い。難しい専門用語で話される。それを、いかに、ほかの人にも分かりやすく伝えていくかが問われることになる。ときには意訳が必要なこともあるだろう。

こうしたことを改めて思い起こしたのは、いま、議論になっている後期高齢者医療制度のためだ。

制度導入に至るまで高齢者に十分な周知がされていなかった。内容に批判も多い。伝言ゲームの先頭者や通訳に相当する立場にあるはずの、多くのマスコミや議員や首長や自治体職員、あるいは同制度の運営主体である都道府県単位の広域連合が、国民への説明責任を十分には果たし切れていなかった結果ともいえる。

東京都後期高齢者医療広域連合の職員に疑問をぶつけてみた。「国会での議論を踏まえて行っていくのが行政ですから」との返事だった。確かに、医療制度改革関連法案は2年前に国会を通っている。それは、野党の反対を尻目に、与党による賛成多数での可決だった。何が問題で反対されたのか、今日に至るまで、もう少し分かりやすく伝えられ続けていたら、このような事態は起きなかったのではないか。

制度の誕生と運用は、時の政治勢力との関係が大きい。だが、流動的要素があるにせよ、今後の制度の行方について、関係者は肝に銘じて伝えていく必要がある。

07年度政調費領収書を公開

共産党都議団

共産党都議団は16日に会見を開き、07年度政務調査費の支払明細と領収書を自主公開した。05年度以来、今回で3回目。

共産党には07年度に月額780万円、計9360万円の政調費が交付されている。支出は9258万1303円で、残額の101万8697円を返還する。内訳は人件費が最も多く43・91%を占めた。

渡辺康信団長＝写真中央＝は「全体の6割以上の都議が領収書の公開に賛成したという事態の下で、都議団が繰り返し条例改正を提案してきたが、今でも実現していない。各党は都民への公約を誠実に守るべき」と話した。

4月1日から都議会では自民、民主、公明、ネットの4会派で新しい使途基準を作り、実施している。これについても「従来の使途基準では認められない様々な活動にも政調費が使えるよう改悪された」と批判し、各会派に対して政調費の使途と領収書の自主公開を求めた。

東京から示そう 子育て環境日本一

マスコットとコピー発表

都福祉保健局は14日、「子育て応援とうきょう会議」のキャッチコピーを「東京から示そう 子育て環境日本一」に決定した。また、公募したマスコットキャラクターは、「社会全体で子育てを支援する」というメッセージを発信するタワーに、子どもの成長を見守るサンタクロースを重ねた作品が選ばれた＝イラスト。

今後、同会議の象徴として、PRに活用する。同局では会議の取り組みを都民に周知するため、キャッチコピーとマスコットを募集。両部門で全国から1780点の応募があった。

川柳ジョーク

頼みにしていた職員も動く春の大異動

高齢者施策担当課長
「どうしようもなかったよ、いきなり天引きされたんだから……」

都内7カ所で街頭相談実施

都労働相談情報センター

東京都労働相談情報センターは5月を「労働相談強調月間」と定め、駅前など都内7カ所の街頭で臨時の労働相談を実施する。

今回は労働問題全般の相談に応じるほか、「仕事と家庭生活の調和（ワーク・ライフ・バランス）」の推進について両立支援情報コーナーを設置し、事業主・人事労務担当向けに各種情報を提供する。

さらに3カ所の会場では両立支援アドバイザーによる相談を行う。

5月7日の新宿会場では、帰宅時間に合わせて午後7時まで開催する。

後期高齢者医療制度

保険料平均全国より高め

区部低所得者で負担増も

広域連合・厚労省に聞く

4月からスタートした後期高齢者医療制度に批判が相次いでいる。ネーミングの悪さ、保険証の未着、保険料の負担増など課題や問題が次々に表面化している。15日から始まった年金からの天引きでは誤徴収も見つかった。そもそも何を狙いとした制度であったのか。都内の保険料はどうなっているのか。都内のすべての区市町村が加入する東京都後期高齢者医療広域連合と厚生労働省に聞いた。

―この制度の狙いは何ですか。

厚労省「医療費が増加する中、それを国民全体でどう支えていくかの仕組みづくり。健康保険組合の被扶養者は保険料を払っていない一方で、国民健康保険では低所得者も負担しているなど、一律でない部分があった。若い世代と高齢者世代の負担の公平性に加え、高齢者の間でも同じ所得なら同じ保険料と、公平になるような仕組みとした」

―高齢者にも応分の負担を求めるということですか。

厚労省「そうだといえる」

―国民全体の保険料としては、高くなるのですか。

厚労省「平均的には、低所得者は従来の負担よりも下がり、高所得者ほど保険料は高くなる傾向にある」

―全国からみた東京の保険料は。

広域連合「東京都は高所得者が多い。そのため昨年12月の段階で平均の保険料が9万1800円となり、神奈川県に次いで高くなってしまった。その後、国や広域連合独自の軽減措置を含めると8万9300円までに下がったが、それでも全国からみると、平均の保険料は高い方にある」

―都内における国保との比較を教えてください。

厚労省「23区においては、低所得者で従来よりも負担が増える方が多くなる」

―なぜですか。

広域連合「統一保険料方式の23区では、それなりの公費を投入していた。23区以外の市町村では投入額はまちまちだが、都全体としては06年度には、ひとり年額2万5千円程度が区市町村の一般財源から入っていた。今回の新制度でも区市町村の一般財源を投入して年金収入208万円までの方についての一定の軽減策はとっている。しかし、今までの投入金額に比べると、減っている。従来と比べると区部でも市部でも高くなるケースがかなりある。ただ、年金収入201万円の方の新たな保険料を他の道府県と比べると、都は全国でも一番低いレベルに抑えられている」

―東京都の負担について。

広域連合「法令で定められた給付費等負担金や保険基盤安定負担金（低所得者に対する保険料軽減分の公費負担）などのほかにも、健康診査事業に6億円余り、システム開発や広報啓発に10億円が予算化された」

―都内では、何人が被保険者に該当するのですか。

広域連合「制度スタート時で113万人と見込んでいる。75歳以上の方が113万5千人、障害認定の方が3万人、住所地特例の方が2千人。その合計から生活保護の方の3万7千人を引いた数が113万人という計算だ。制度移行前の所属が国保や社保、社保の被扶養者などのどれであったのか、性質別の人数の内訳まではつかんでいない」

―今後は、医療費適正化、2年後の保険料改定が課題となります。

広域連合「広域連合と区市町村が事務処理を行う際の目標となる10年間の広域計画を定めた。被保険者の意見を反映している。今後5年間の保健医療事業計画（素案）もパブリックコメントを行ったところだ。それぞれ資料についてはホームページで公にしている」

―制度への批判が沸騰しています。

広域連合「制度そのものについては、国会で国民の方の代表が決めたこと。スタート時の周知が不十分であったことについてのご批判は、真しに受け止めないといけない」

納得度、調査でつかめず

【解説】後期高齢者医療制度は、医療制度改革の中から誕生した。その目指すところは医療費の抑制にある。「すべてのお年寄りに保険料を負担させ、医療費が増大すれば、自分の保険料に跳ね返ってくるような仕組み。保険料を上げたくなかったら、病院に行くのをやめなさいと言っているようなもの」と話す関係者もいる。

東京都後期高齢者医療広域連合の広域計画で紹介されている75歳以上の人の意識調査で「保険料（1割負担）についての考え方」という項目がある。「そのままでよい」が約6割を占め、税金投入で軽減や負担廃止を求めたのは17・7％だった。調査対象となったのは都内在住の75歳以上の3千人。だが、いま、これほど多くの批判が出ていることを考えると、潜在的には、否定的な見解はもっと多かったといえる。内容を詳しく知ってみると、多くの高齢者にとって納得いかない制度だったということだ。

決定された事項は、すべてホームページに載っていると言われても、パソコンを扱える高齢者は少なく、高齢者を介護している家族にパソコンから情報を引き出す時間や手間の余裕があるとも思えない。パンフレットが難しいとの声も多い。制度の説明会に出られなかった人のために、もっと分かりやすいパンフレットを送るなど気配りがあってもよかった。制度については、与党の中からも見直しの動きが出始めているようだ。議論を詰める必要がある。（糸）

医療費増加の中、高齢者も応分の負担が求められることに

江東区長が国に苦言

江東区の山﨑孝明区長は15日の定例記者会見で、後期高齢者医療制度について「国の周知は遅かった」と、国に対して苦言を述べた。

山﨑区長は、制度自体については肯定の立場。「批判はあるが、（制度の趣旨は）日本全体を考えたとき、みんなで少しずつ負担しましょうというもの」との考えを示した。区長会の役員として議論にも加わり、「東京では低所得者対策にかなり力を入れて努力してきたつもり」と保険料への理解を求めた。

しかし、国のこれまでの進め方については「制度を決めて、『はい、やりなさい』。声を聞かず、周知も遅かった」と述べた。

また、「都内では、23区と多摩地域などの市町村とで財政力が異なるため、どこまでを低所得者対策に含めるかで難しい面もあった」といい、「23区は市町村に比べて広い層を対象に軽減を考えていたが、最終的には、一定以上のお金は出せないという市町村に合わせた形の低所得者対策となった」と振り返った。

天引きで誤徴収

文京区

文京区は、15日から始まった後期高齢者医療制度における年金からの天引き（特別徴収）で、対象外の人からも誤って徴収したと発表した。

誤徴収したのは、健保組合、政府管掌保険、共済組合などの被用者保険に加入している本人と被扶養者分の合わせて222人分。

本来、被扶養者は4月から半年は保険料を免除、本人については7月から9月までが納付書による普通徴収で、特別徴収が始まるのは10月からのはずだった。徴収対象は4月と5月の2カ月分で、誤って徴収された一人あたりの金額は少ない人で1900円、多い人では8万3300円で合計は408万2400円。

原因は、区が委託した大手システム開発会社が特別徴収対象者の把握の誤りに気付かなかったため。実際の業務は同社からさらに子会社に任されていた。

区では「速やかに謝罪文を郵送し、指定された金融機関口座へ還付の処理を行うとともに、再発防止に努めたい」としている。

『区政会館だより』今月号から刷新

特別区協議会

特別区協議会は、23区共同事業の広報誌『区政会館だより』の一部を今月号から刷新した。

区政会館だよりの巻頭で、毎回、1区の歴史を通して魅力を伝える「23区今昔物語」の連載をスタート。月刊誌のため、23区を紹介するのは約2年かかる。

有識者らの論文を掲載していた巻頭ページは、読者が限られるなど、昨年8月から休止していた。区職員に広く読まれているコーナーは、区が被告になった訴訟の事例紹介だ。

同協議会の栗原光江企画財政課長は「どんな人でも読んでもらえるよう、各区の魅力を発見してもらう親しみのある紙面づくりを狙った」と話している。

公園地下に東電変電所

豊島区議会が紛糾

東電の説明不足に怒りの声

東京電力の地下変電所が豊島区立南池袋公園に設置される計画をめぐり、15日の豊島区議会副都心開発特別委員会は紛糾した。設置工事を行う5年間は公園の一部が閉鎖される問題などがあり、説明に訪れた東電が歯切れの悪い答弁を繰り返したため、委員の怒りが噴出する形になった。区内では住宅の増加、再開発などに伴い、5年後には池袋駅周辺で電力需要が供給を上回り、停電になると予測されている。今後は、東電が説明責任を議会に果たせるかが焦点になりそうだ。

池袋駅周辺が停電？

ビルやデパートなどに送電する地下変電所の設置場所は南池袋公園の地下20㍍。東電は、再開発が進む地域で、変電所の最適な設置場所を模索したが見つからず、南池袋公園を選定したという。

都市公園法では、変電所は施設管理者の判断で公園地下に設置できると定められている。議会の議決は必要としない。

変電所新設の背景には、大型マンションの建設による人口の流入、住宅のオール電化の増加、再開発などが影響し、電力需要が増加するという問題がある。5年後には池袋駅周辺で電力需要が供給を上回ると予想され、停電になるおそれがある。

同駅周辺に電力供給している西池袋変電所には、ビルなどへ送電するための変圧器を増設するスペースがない。さらに、設備が老朽化しているため、別の場所に変電所を新設しなければ、設備がいつまでも更新できない状態が続く。新設場所がなかったため、区が協力することになった。

区が南池袋公園を貸し出すメリットはある。東電が公園を掘削し、復旧整備するため、34年間、手が入らなかった公園が〝改修〟されるという。一方、工事を行う5年間、公園の一部が閉鎖されるデメリットがある。

工事を行う場合、区は南池袋公園の敷地7800平方㍍のうち、3分の2にあたる5200平方㍍を5年間にわたり、約2億7500万円で東電に貸す。その後、占用料は年620万円になる。占用料は、23区統一の占用物件の貸し出し基準額に基づき算定した。

15日の副都心開発特別委員会で、地下変電所設置計画が明らかにされた。だが、東電は、委員から質問された法人と家庭に供給する電力量、電力を供給している池袋駅周辺の範囲などに答えられず、「再検討すべき」などと委員の怒りが次第にエスカレートし、最終的に垣内信行委員（共産党幹事長）が白紙撤回を求めた。これを受け、水島正彦副区長は「理解を得られなかったのは残念。東電と検討し直したい」と話した。

木下広委員（公明党幹事長）は「報告を受けた。条例でやる話ではないので、あとは区長がどう判断するかだ」と容認の立場だ。五十嵐稔委員（行革110番）は「東電から明らかにされていないことがあるので、意思表示できない」と指摘。垣内幹事長は「再開発の中でつくることもできる。区民の公園につくるべきじゃない」と釘をさした。

今後、電力需要は区内で確実に増え、池袋駅周辺で停電になれば住民、企業などに影響を及ぼす。危機的状況は回避しなければならない。東電が委員の質問にきちんと回答し、切迫した状況であることも議会に伝えなければ、委員の怒りは静まらないだろう。

昼時は、ランチを取る人でにぎわう＝南池袋公園

新庁舎整備方針案のまとめへ

豊島区

豊島区は15日の副都心開発特別委員会で、新庁舎整備候補地の旧日出小周辺の地権者が再開発に協力することを明らかにした。06年8月末から区が窓口となって地権者と交渉し、約1年8カ月を経て地権者ほぼ全員の協力を得ることになった。

区は06年5月、新庁舎整備方針素案をまとめ、庁舎の現在地と旧日出小の両候補地に絞り込んだ。

これまで、旧日出小周辺の地権者の一部から協力を得られず、整備区域を決めれなかった。だが、地権者の協力を得て約8300平方㍍に確定。来月の同委員会で両候補地の整備方針案を提示する。

08年度地域防犯モデル事業実施

都青少年・治安対策本部

東京都青少年・治安対策本部は、集合住宅の多い地域を対象に総合的な防犯対策を推進する「地域防犯モデル事業」を2007年度から実施しているが、08年度のモデル地域として墨田区、北区、練馬区、三鷹市、日野市の5地域をこのほど選定した。

23日開かれる地域防犯モデル事業報告会では、07年度の実施地域の内容とともに、08年度の実施地域が紹介される。

同事業は地域の防犯力向上を目指したもので、マンションなどの居住者と町会、自治会などとの連携で地域防犯活動を推進するため、都と区市町村、警察署が、ボランティア保険の支援、防犯カメラなど防犯設備の設置補助、街路灯・公園灯の設置、子どもの安全指導などの事業を手がける。

07年度は新宿区、台東区、豊島区、足立区、多摩市の5地域がモデルとなり、マンション管理組合の自主ボランティア活動や地域の環境浄化活動・学校の安全対策などに取り組んできた。

08年度は、墨田区の錦糸町駅周辺地区、北区の赤羽地区、練馬区の光が丘・旭町地区、三鷹市の連雀地区、日野市の日野駅周辺地区がモデル地域となった。

区立障害者施設強度不足の疑い

足立区

足立区は16日、障害福祉センター「あしすと」の柱や梁の一部に構造計算上、許容範囲を超える力がかかっていることを発表した。同センターが完成した03年当時の建築基準法では、区建築審査[illegible]

記者席

価値観の物差し

○……猪瀬副知事は「価値観の物差しが、役人と違うのでは」と思うことがある。たとえば、紀尾井町の参議院議員宿舎の建て替え問題でも、自民党によると、知事は昨年10月に宮内庁宿舎跡地に当初方針どおり建て替えることを了解したという。見事に、ここまではしごを外されたら、普通は知事に仕える気が失せるものだ。

また、今回の調布飛行場の問題でも自分の発言に都議会が反発していると知っただけで、通常は事態の収拾に動くはず。しかし、猪瀬副知事は「僕は、直接聞いていないから」と意に介さない様子。非常に不思議だ。

○……最高水準の水質管理を目指し、都水道局は08年度から、「TOKYO高度品質プログラム」の運用を始めた。三郷浄水場で06年度に導入したWHOの水管理手法などを、全71カ所の浄水場で適用する。ただ、従来から実務レベルでやってきた仕事が変わるわけではなく、体系的に整理したものだという。

悩んだのがタイトルだ。WHOの原題は「水安全計画」。何もない所に新しく作るなら「計画」でいいが、「やっている仕事の内容を表す言葉にしたい」ということで、若手に意見を出してもらい、「プログラム」に落ち着いたとか。

○……選挙の構図が[illegible]

教育管理職等任用・育成検討委第2次報告㊦

執務マニュアルで効率化

教員人材育成方針を策定

課題解決策

都教育庁の「教育管理職等の任用・育成のあり方検討委員会」がまとめた第2次報告では、副校長と主幹教諭への業務集中の要因などを分析したうえで、今後解決すべき課題として副校長・主幹教諭の職務や権限の見直しなど五つの課題を提示。それを踏まえ、課題ごとの具体的な改善策として、副校長への服務監督権限の委任、講師任用事務の改善などを提言した。今回はその課題解決・能力向上のための具体的改善策を掲載する。

「校務分掌モデル」を提示

第2次報告では課題ごとに、20の方策について提言を行った。このうち10の方策についてはさらに検討を加え、今年7月に最終報告として具体的な提言をまとめることにしている。

まず副校長・主幹教諭の職務や権限の見直しについては、副校長に教員の服務監督権限を委任したほか、校務を計画的・効率的に処理するための執務マニュアルの作成、主幹教諭の職責に対する理解の徹底などについて提言した。また、学校経営における副校長の役割の明確化、指導教諭のあり方についても、今後最終報告に向けて具体策を検討することとした。

校務の縮減と効率化では、ICT化の推進や、副校長の職務の中でも大きな負担となっている講師任用事務の改善を提言。調査・報告事務縮減については、庁内に「プロジェクトチーム」を設置し、実態調査を行った上で、今後最終報告に向けて具体策を検討するとしている。

学校組織や学校運営体制の見直しでは、教員が授業以外に担当する校務分掌について、適切にその役割を担っていくようにするため、校種別に「校務分掌モデル」を提示した。学校運営に関わる企画・立案及び各部間の調整等を担当する新たな分掌の設置（仮称・学校運営部）、乱立している各種委員会の削減及び分掌への編入、主幹教諭の役割の明確化など、再編整備の具体例を示した。

新規事業の導入に当たっては、既存の事業の見直しや廃止を行うなど、スクラップアンドビルドを徹底する必要があることにも言及した。そのほか、主幹教諭が所掌できる分掌の弾力化、今年4月から設置された新非常勤教員制度の活用、主幹教諭の授業時数軽減についても提言した。

また、学校事務職員の学校経営への参画を進めるため、小中学校では学校事務職員を分掌組織に位置づけて役割を明確にし、その能力を学校運営に一層活用すべきことを提言。都立学校の経営企画室の経営企画機能の充実については、経営企画室にかかわる分掌業務の進行管理や教務事務など、現在副校長が行っている業務への積極的関与の必要性を示した。

学校を支える仕組みの構築では、授業や学校運営に地域の多様な人材を活用するとともに、こうした人材を学校に斡旋する地域教育プラットホームの推進を提言した。また、地域行事への参加等により週休日出勤が増えている現状を踏まえ、学校が関わる地域行事の整理、校務への位置づけも視野に入れた指針の提示を提言。さらに、学校へ寄せられる教職員のみでは対応困難な理不尽な要望等に対しては、教育委員会、専門家などが連携した取り組みや第三者機関活用の可能性について検討すべきであるとしている。

人材育成の充実では、経験年数や職層に応じた人材育成の仕組みを示す教員人材育成方針の策定や職層別、校種別のOJTガイドラインの策定について提言するとともに、校長による副校長や管理職候補者の育成の必要性についても言及した。職の分化で、教員の職層は教諭・主任教諭・主幹教諭・副校長・校長・統括校長となることから、任用体系に基づいた職層ごとの研修体系に再編整備すべきことを提言。さらに、精神疾患による教員の休職が増えている現状を踏まえ、特に管理職に対してのメンタルヘルス対策の充実を求めている。

新たな校務分掌組織（案）

【小学校】
経営層：校長／副校長　―　企画委員会
学校運営部（主幹）：事務部／運営部
研究部
教務部（主幹）：儀式的行事委員会／学芸的行事委員会
生活指導部（主幹）：体育的行事委員会／特別活動委員会
保健部：その他の分掌

【中学校】
経営層：校長／副校長　―　企画委員会
学校運営部（主幹）：事務部／運営部
研究部
教務部（主幹）：儀式的行事委員会
保健部：その他の分掌
生活指導部（主幹）：体育的行事委員会／文化的活動委員会
進路指導部（主幹）
学力向上委員会
部活動顧問会／特別支援委員会
キャリア教育委員会／推薦委員会

人気高まる文化・スポーツ推薦

都立高校入学者選抜　受検率全体は低下傾向

都教育庁は10日、2008年度都立高等学校の入学者選抜状況をまとめた。04年度の入学者選抜から実施している文化・スポーツ等特別推薦は52校から65校に拡大した結果、受検人員は前年度より約300人増え、1429人となった。また、今年度からは外国籍生徒に対し、ひらがなのルビを振った検査問題で受検できる特別措置を講じている。

1月に推薦を実施した都立高校は前年度と同様、168校で、募集人員1万446人に対し3万1334人が受検。倍率は2・88倍となり、前年度の2・98倍を下回った。推薦の受検倍率は学区制が廃止された03年度以降、下がり続けている。推薦のうち文化・スポーツ等特別推薦は、募集人員737人に対し1429人が受検し、受験倍率は前年度を上回り1・94倍となった。

2月の第1次・分割前期募集は、174校が実施。募集人員2万8565人に3万8719人が受検し、倍率は前年度を若干上回る1・36倍となった。入学を辞退した人は297人で、前年度361人を下回った。3月の分割後期・第2次募集は44校が実施し、倍率1・50倍となった。

玉川と砧工業が統合して4月に開校した世田谷総合学校は、推薦の募集人員120人に対し261人が受検（倍率2・18倍）。第1次募集は116人に149人が受検、倍率1・28倍となった。

外国籍生徒（全日制・定時制）の特別措置では、第1次・分割前期募集(44校)が76人受検、60人合格、分割後期・第2次募集(3校)が3人受検、2人合格となっている。

全日制課程の入学手続きをみると、募集人員3万9770人に対し、入学手続人員は4万183人で、超過人員は413人。前年度より4人減少し、充足率は101・0%となった。

教職員のキーワード 62

「部活動推進指定校」の指定

部活動は、自己の確立、思いやりの心、自主性や社会性などの育成、個性・能力の伸長や体力の向上、健康の増進などといった青少年の健全育成に果たす役割はもとより、東京都のスポーツ・文化・科学・芸術等の振興の基盤としても、多くの保護者や都民が期待する教育活動です。

都教育委員会は、1998年度から、都立高校改革推進計画の一環として、夢を形にする体育・スポーツ活動の展開を目的に「運動部活動推進重点校」を指定してきました。06年度からは、部活動の振興を通して、生徒の個性の伸長や人間性の育成を図るとともに、特色ある学校づくりを一層推進するなどの先導的役割を果たすものとして、運動部活動だけではなく文化部活動の振興も含めた「都立高等学校部活動推進指定校」を設置しています。

そして今回、墨田川・本所・城東・駒場・雪谷・つばさ総合・総合工科・広尾・鷺宮・西・杉並総合・飛鳥・竹台・高島・光丘・第四商業・足立・足立新田・江北・葛西工業・片倉・府中西・府中工業・野津田・小平西・第五商業・上水・武蔵村山・羽村・田無の30都立高校が、08・09年度の部活動推進指定校の指定を受けました。

指定校は、希望する学校からの申請書を基に、学校の経営計画等を踏まえ、部活動の実施状況や今後の推進計画が評価され、指定に至ります。

指定理由としては、「地域や小・中学校との連携を深め、文武両立の実践とリーダー養成を進めることにより魅力ある学校づくりに取り組んでいる」「教職員全員体制で指導に当ることにより、加入率80%以上を維持している」「野球部やなぎなた部など、地域から常に活躍が期待されている」「吹奏楽部は区の『社会を明るくする運動』に積極的に参加するなど、地域貢献を行っている」「今後も競技力の向上と指導者育成のひとつのモデルとして、東京都のスポーツの振興に努めることが期待される」など、様々な取り組みや活躍、計画が評価されています。

今後、指定校では、▽地域や他校との連携、外部指導員の活用及び使用用具・器具等の充実等を行う▽校内の指導体制を整え、組織的・計画的に部活動の活性化を推進する▽部活動の充実により特色ある学校づくりを進め、目指す学校像の実現を図るなどの取り組みが推進されます。

また、都教育委員会は、推進指定校の部活動推進にかかわる経費の予算の範囲内での配付や、学校訪問や地域連絡会の実施と取り組み状況の把握、今後の部活動の活性化等についての指導・助言、部活動推進状況等の調査と報告書の作成・配布等、経費・指導助言・調査研究の三つの面から指定校を支援していくとしています。

高校生にノンフィクション

小冊子『羅針盤』を発行

高校生に本や読書に関心を持ってもらおうと、都教育庁は15日、小冊子『羅針盤―高校生のためのノンフィクション49冊』を作成した。23日の「子ども読書の日」にちなんで、都子ども読書活動推進資料として発行したもので、都内の高校1年生に配布した。

小冊子は12万5000部作成し、49冊のノンフィクションを七つのテーマに分けて紹介。表紙の写真とあらすじを付けるなど、高校生の興味・関心が高まるように工夫もされている。

例えば、「挑む！」のテーマでは『ロケットボーイズ』ホーマー・ヒッカム・ジュニア、『空っぽのスタジアム』平塚晶人などを、「人間が歩んできた道」のテーマでは『遺跡が語る日本人のくらし』佐原真、『砂糖の世界史』川北稔などを紹介している。

小冊子は主に、都内の高校1年生と区市町村立図書館に配布した。また、5月2日から6月4日まで、都立多摩図書館でこれまで発行した資料を含めて紹介した本の展示を行う。

07年度採用は1898人に

条件付採用教員

都教育庁は10日、2007年度の条件付採用教員の任用について発表した。正式に採用した教員数は1898人で、06年度より132人減少した。44人が年度内に退職し、10人が採用「不可」となった。

条件付採用期間は、教育公務員特例法で「1年」と規定されており、規則に基づく特別評価を、校長が1次評価を、区市町村立学校では区市町村教委が、都立学校では都教委が最終評価を実施。その後の正式採用の可否は「教職員懲戒分限審査委員会」で審議し、採用を決定している。

07年度の新規採用者数1952人のうち、1898人が正式採用となった。不採用10人は[illegible]の掌握能力不足や指導力不足などが理由で「不可」となり、[illegible]自主退職となっている。

活かせ！ 地域の教育力 2

— 高島平地区小地域ネットワーク

人と人とをネットワーク

高島平の超高齢化については前回も触れたように、同世代が一斉入居し、その年代がそのまま高齢化したことにその主な原因があるのだが、それだけではない。

第二の原因は、高度成長期を迎えた日本を支える良質な労働力の確保と、そういった人たちのための住宅の確保が急務とされたことだ。その結果、当時の建設省の役人はとにかく戸数を確保することにやっきとなっていたようで、当初、設計された戸数のほぼ倍の戸数にするべく設計変更されたと聞く。したがって、賃貸には3DKが少なく、2DKが圧倒的に多くなり、市民生活の基本たるべき家庭、家族、地域の崩壊、そして高齢者の悲劇へと連なる原因となっていると思われる。

自宅へ帰る道すがら、ふと思うのだが、高層の団地群を遠望すると、養鶏場を連想する時がある。

ここに番（つがい）を入れて子供を産ませ、都市の良質な労働力の生産基地として、「こりゃぁ、いい仕組みを造ったわい」と、当時の建設省の役人が自画自賛したかどうか？

実感を持って言えることだが、2DKの居住空間では夫婦二人暮らしがせいぜいで、多世代同居など望むべくもない。まさに「塒（ねぐら）」であり、ベッドタウンとは言い得て妙である。

第三の理由は、人口の分母に相当する高島平に生まれ、育った若者たちが成長と共に次々と高島平を離れていかざるを得なかったことである。ここに、人口の減少と超高齢化の関係が見えるのである。

第四の理由は、板橋区が高齢者に対する福祉に厚いことや入居優遇措置により、独居高齢者や、ここに居住する家族が高齢の親を呼び寄せたことである。

高島平団地の超高齢化はこのような背景をもって進行してきた結果、高齢の夫婦や、独り暮らしの高齢者にさまざまな問題が生まれている。

これまでの地縁血縁の地域社会では、高齢者は温かく見守られ、気遣われ、大切にされてきた。現在ではそれに代わって、民生委員や町会や自治会の人たちがその役割を担っている。しかし、気が付けば、その人たち自身が高齢者となっているのである。若手といわれる役員は50代後半である。後継者がいないのだ。その上、町会や自治会への加入率は軒並み50%を割り、会員数は日々減少している。

高島平でも、ここ何年にもわたって若い人たちの新規加入など聞いたことがない。それどころか、東京の近郊のある住宅団地では、高齢化が原因で自治会の役員の引き受け手がなく、自治会が解散したそうである。

最近、あるテレビ番組で、東京の下町の団地自治会の防災訓練が放映された。そこには20名程の参加者が登場していた。消火訓練はなかなかのものであったが、救出訓練ともなると何ともいたわしい状況であった。どう見ても救出されるような高齢者が、よろけながら担架を運んでいるではないか。なんと残酷な風景であろうか。おそらく、大同小異、日本中がこんな状況になっているのであろう。

これが、中央集権型の社会システムが破綻し、その結果が地域社会に表出している実例である。

このような現実を踏まえ、本会は自らの組織をピラミッド構造に見られる上下・主従の関係から、対等協力の関係構築に力を注いできた。つまり、中央集権型から地方分権型へ移行するのと同様、地域社会の社会システムも自主的、主体的な活動とそれに関わる「人と人」をネットワーク化するための仕掛けや仕組みが必要だということである。

いまだに既得権を盾に、社会の批判など馬耳東風、悪事を暴かれても傲然と強弁する天下り官僚や企業の幹部、高級官僚たちを見かけるが、それでも最近は、これではまずいと気づきだした。

これは、地域社会も同じで、一刻も早く、行政と住民との関係、既存の町会、自治会と地域社会との関係も、地方分権、対等協力の関係へと移行させるべきであろう。

（高島平地区小地域ネットワーク代表　堀口吉四孝）

大通りにさえ人影が途絶える時が…

今年度の工事案件

武蔵村山高改修など3件

今年6月から順次工事へ

都教育庁は10日、2008年度の都議会に提出する工事案件を決定した。都立武蔵村山高校の大規模改修と都立多摩養護学校の増築、都立久我山学園特別支援学校（仮称）の増築・改修の3件で、今年の6月から順次工事に入る予定。

築30年を経過した武蔵村山高校は、老朽化に伴う改修工事で、第4回定例都議会に工事案件を付議したあと、来年1月に着工。校舎棟、特別教室棟、体育館・格技棟、エレベーター棟など鉄筋コンクリート造りの地上3階建てに改修する。延べ床面積1万5856平方㍍、工事費19億4000万円となっている。

都立多摩養護学校は現在の多摩桜の丘学園を衣替えし、新たに知的障害教育部門棟を整備。延べ床面積9829平方㍍の鉄筋コンクリート造り地上4階建てとする計画である。第2回定例都議会に工事案件を提出し、今年6月から工事に入る予定。予算は22億8[illegible]万円。

久我山盲学校と隣接する青鳥特別支援学校久我山分校を再整備する久我山学園特別支援学校は、知的障害教育部門棟を増築するとともに、視覚障害教育部門棟を改修する。延べ床面積は[illegible]44平方㍍で、予算は[illegible]億4800万円。第3回定例都議会に工事案件を付議し、今年10月から工事を開始。2年後の2010年10月に完成する予定である。

OJT推進責任者研修を実施

都職員研修計画

「プロ職員」育成　強みを育む研修も

都は今年度の職員研修基本計画の重点事項に、「プロ職員の育成」や「グローバルな人材の育成」「OJTの定着化・活性化」などを盛り込んだ。中央研修や各局研修、職場での実践、自己啓発などを通じて強力に推進する。このうちOJTについては、総務局が昨年12月に「都職員OJT指針」を策定しており、「OJT推進元年」となる今年度は、OJT推進責任者研修などを新設した。

■□実務4分野を強化

都のOJT指針では、行政ニーズの複雑化・高度化や、少数精鋭の執行体制に対応するため「プロ職員の育成」が必要とし、日常の職務遂行の中で行われるOJTを人材育成の基本に位置付けた。こうした中、06年度からは局のOJT推進の中核となる課長級職員を対象に、民間事例の講義やグループ討議を行うOJT推進科研修を実施している。これに加えて、今年度からスタートするのが「OJT推進責任者研修」だ。

OJT推進責任者は、職場のOJT実施状況を把握し、管理監督者に適切なアドバイスを行う役割を担う。研修では責任者としての自覚を促すとともに、OJTの効果的な進め方について考えてもらうという。

対象となるのは、本庁各部および2級事業所の「OJT推進責任者」となる人事担当課長。このうち今年度は、これまでOJT推進科研修を受講していない約330人が受講する。21日から都庁第一本庁舎4階の職員研修所サテライトルームで8回に分けて実施する。

さらに各局・各職場のOJTを支援するため、職員研修所等がOJTに関する情報を盛り込んだ「OJT通信」を作成。月に1回、定期的にTAIMS掲示板に掲載するとともに、管理職には個人のTAIMS端末にメールを配信する。

他方、「プロ職員の育成」に向けた研修では、全庁に共通する「会計、給与、契約、文書」の実務4分野の研修を充実。研修所と制度所管、各局が連携して新任担当者への研修を実施する。

4分野のうち、会計と給与は、制度を所管する会計管理局と総務局が説明会の形で実施してきたが、悉皆研修に位置づけて研修効果を高める。契約と文書の研修は各局が行い、制度所管部署が支援する。受講状況を管理し、効果的な育成を図る。

■□自ら「強み」を育む

「グローバルな人材の育成」では、財政難のため休止していた海外研修を12年ぶりに再開した。管理職等を対象にした「大学院派遣プログラム」と、若手職員を対象にした「政策課題プログラム」を実施する。

このうち「大学院派遣プログラム」は、米国ワシントンDCのジョージタウン大学公共政策大学院に3カ月間派遣するもので、今年度は6人が米国に出発した。

また「政策課題プログラム」は、単独で最大3カ月間、海外の行政機関や研究機関等で調査・研究するもの。5月9日まで各局の推薦を受け付け、8月以降に出発する予定だ。今年は20人の受講を予定している。

このほか、管理職や管理職候補者を対象に、民間英会話学校のネイティブスピーカーが通年、マンツーマンで週2時間レッスンする語学研修も昨年度に続いて実施。07年度から5年間で計100人が受講する計画で、今年度は18人が受講中だ。

さらに自己啓発支援の取り組みでは、管理職候補者が個々の「強み」を育めるよう支援を強化。管試Aの合格者を対象に、経営戦略や会計・財務、マーケティングなどの5分野から、技術系は「技術経営（MOT）」を加えた6分野から、職員自らが2分野まで選択し、大学や民間の教育機関等が開催する講座を受講。その受講料を20万円以内で助成する。修了後には証明書を提出する。

対象は、種別A合格後のローテーション3年目から5年目の管理職候補者で、今年度は17Aの職員が対象。助成期間は3年間が基本となる。

研修所では「これまでの経験や今後のキャリアプランを見据えながら、強みを育む分野を自ら決定できる。任意だが、都政で力を発揮してもらうためにも極力、取り組んで欲しい」と話す。4月からの前期は対象者の約半数が申し込んでおり、後期は8月以降の募集開始となる。

海外研修受講生を募集

終了後は関係部署に配属へ

単独で調査・研究

都職員研修所は、海外研修「政策課題プログラム」の受講者を募集している。都政の喫緊の課題について、単独で海外の行政機関や研究機関等で調査研究を行うもの。終了後は研修テーマを生かせる職場に配置し、成果を施策に直接反映させるという。職員研修所では「自ら取り組みたいテーマがあり、都政の職場で生かしたいと考えている職員は是非、応募して欲しい」と呼びかけている。

政策課題プログラムは、国際関係業務を担える語学力や対外交渉能力、政策形成能力を備えた職員を育成することが目的。単独で海外に渡航し、行政制度や運営実態、行政の専門技術などを調査・研究する。

研修テーマは、職員自らが企画するか、各事業局が抱える課題として示したテーマから選択。局からは「環境税と排出量取引制度等とのポリシーミックス」（主税局、環境局）、「芸術文化支援のあり方」（生活文化スポーツ局）、「成熟都市にふさわしい景観施策のあり方」（都市整備局）など都政の重要課題となる計15テーマが示されており、研修終了後は研修成果を生かせる職場に配置する。

研修期間は3カ月以内で、8月～12月に出発。

対象地域は限定しない。応募資格は2級職相当主事以上の歴が3年以上で、かつ今年度末時点の年齢が40歳未満であること。また、単独での調査・研究となるため、それに必要な語学力を有することが条件となる。今年度は20人の受講を予定している。

申し込みは、局の研修担当課長から企画書の様式を取得・記入の上、所属上司を通じて提出する。各局からの提出は5月9日に締め切り、書類選考後、5月中旬にパワーポイントによる企画案のプレゼンテーション（日本語で10分程度）を行い、6月上旬に研修生を決定。帰国後は3カ月以内に報告書を提出し、研修成果を発表する報告セミナーも開催する予定だ。

海外研修「政策課題プログラム」　局提示の研修テーマ

テーマ	成果を活用する局
環境税と排出量取引制度等とのポリシー・ミックス	主税局、環境局
芸術文化支援のあり方	生活文化スポーツ局
環境に配慮した公共交通システムのあり方	都市整備局、環境局
成熟都市にふさわしい景観施策のあり方	都市整備局
市街地整備における合意形成の取り組み	都市整備局
少子化対策	福祉保健局、産業労働局
児童保護施策	福祉保健局
医療福祉分野における外国人の活用	福祉保健局
観光行政におけるNPOとの協働	産業労働局
人や環境に優しい道づくり	建設局
都市の水辺空間における環境整備と賑わいづくり	建設局、港湾局
行政における企業会計の実施状況と活用	会計管理局
気候変動が上下水道に与える影響と対応策	水道局、下水道局
都市施設の維持管理・更新の方策について	都市整備局、建設局など
学校・家庭・地域が連携した教育	教育庁

テーブル・いすを更新へ

都庁舎職員食堂

新宿移転時から初の入れ替えに

㈶東京都福利厚生事業団は今年度、新宿本庁舎内にある職員食堂の利用促進に向けた環境整備として、テーブルやいすを必要に応じ、順次更新していく。今後、入札・契約を経て、秋までには入れ替えを行いたい考え。

新宿本庁舎には現在、第一庁舎32階と第二庁舎4階に職員食堂があり、第一庁舎にはテーブル155卓、いす895脚、第二庁舎ではテーブル84卓、いす728脚が配置されている。このうち今年度に更新を図るのは第一庁舎の一部で、残りについても引き続き、更新する方向だ。

職員食堂のテーブルやいすは、都庁舎が新宿に移転した91年当時のままで、すでに17年が経過。職員食堂は昼食時の利用のほか、夜には宴会場等にも使われ、会場セッティングのため、テーブルやいすを動かすことが多いが、テーブルは大型で重量があり、移動には不向きで、ぶつけた際の損傷なども目に付くという。このため更新にあたっては、より軽量で丈夫なテーブルへ切り替えられることになる。

また利用者ニーズも、今回の更新に大きく影響している。事業団が昨年度にTAIMS上で実施した「職員食堂に関する意向調査」では、テーブルやいすについて約40%が「現状のままでよい」としたものの、34・7%が変更を希望し、この中では「いすといすの間隔を広げてほしい」といった声も多く出された。また"お一人様"での利用のため、カウンター設置を求める意見も29・6%にのぼり、うち女性では42・3%と高くなっていた。

事業団では、こうした利用者の意向を踏まえてテーブルやいすの更新に加えて、新たに丸テーブルも配置するとしており、「一人でもグループでも、落ち着いて、ゆったり食事ができるようにしたい」（管理部）と話している。

特別区研修計画

「リクエスト研修」を充実

現場要望に応じカリキュラム編成

特別区職員研修所は、今年度の共同研修実施計画に調査・研究機能の充実を盛り込んだ。共同研修は昨年度から選択制を導入し、参加は各区の判断となっている。現場のニーズにあった新たな研修を企画・開発し、提供することで、各区の人材育成を補完・支援する研修所機能の強化を図る。

新たな研修開発の目玉となるのが「リクエスト研修」だ。特別区として緊急的な取り組みが必要となる課題等に対し、現場から提案・相談を受けて、区と共にカリキュラムを検討・開発し、共同研修として実施するもの。

昨年度は、個別に相談を受けた「自治体債権の管理・回収」や「土壌汚染対策」の研修を実施しており、今年度から通常の研修メニューに盛り込んだ。引き続き今年度は「多重債務問題解決」をリクエスト研修として実施するとともに、年度途中でも現場の要望を広く受け止めて研修の開発につなげるという。

また、新たな試みとして行うのが「民間事業者の研修紹介」だ。民間企業が研修をプレゼンテーションする場を設け、各区の研修を支援する。研修所には以前から研修業者の紹介依頼が寄せられていたが、具体的な業者の紹介には至っていなかった。6月頃の実施を目指して検討を進めている。

◆

共同研修の体系は「職層」「ステップアップ」「専門」「自治体経営」「公務基礎・サポート」の5項目で、昨年度と違いはない。このうち職層研修で行う「公務員倫理」には、新たに経験者採用職員向けのカリキュラムを新設。民間から公務職場にきた職員に、「公務員カルチャー」の基礎を習得してもらう。

ステップアップ研修では、昨年度、試行的に行った「コミュニケーション集中治療室」や「異業種交流」などを正規のメニューとして位置づけた。コミュニケーション集中治療室は、職場の人間関係に悩むことも多い若手職員を対象に実施。自分自身の特質等を把握・改善することでコミュニケーション能力を高めてもらうのがねらいだ。民間の研修プログラムを活用し、ワークショップ方式で学んでもらう。

また特別区では、目標管理型の人事・給与制度導入に伴い、今年度から評価の処遇への反映が始まった。これを受けてメニューに「目標による管理の活用」を新設。職層別に実施し、評定者となる管理職には、制度の理解とともに、職員のやる気やモチベーションを高めるための効果的な手法等を学んでもらう。

さらに、試行的に行う研修では「顧客満足向上」や「多重債務問題」「新型インフルエンザ対策」「防災士養成講座」など7テーマを予定している。

このうち防災士養成講座は昨年度も特別区協議会との共催で行った。一人当たり6万円程度かかる資格取得費用は特別区協議会が負担しており、昨年は76人が受講するなど好評だった。今年は50人程度で募集する予定。

◆

区の職員研修所は、昨年10月に江東区塩浜から千代田区九段北にある旧区政会館本館に移転した。ここで課題となっているのが収容人数の問題だ。旧研修所には400人収容可能な講堂があったが、現在は最大120人しか収容できない。このため、延べ1200人以上が受ける新任研修は3回に分けるとともに、首都大学東京の飯田橋キャンパスを活用した。

特別区職員研修所の宇宿和敏管理課長は「各区の職員が一堂に会して交流するという面では不十分な結果になった」とふり返る。新任研修以外にも、申し込みが当初の予想以上に多くなった場合には、外部会場の手配を検討することも必要になりそうだ。

一方で、新任研修については、年度当初の繁忙期に数日間にわたり行うことに否定的な意見も多く、分割して受講する方が良いという見方もある。来年度以降の新任研修の実施方法については、今年の状況を見ながら検討するという。

ひと

『東京国誕生』を出版した

NTTインフラネット㈱
渉外室担当部長
小久保（こくぼ）　進一（しんいち）さん

鉄腕アトムで育った世代。SFも星新一のショートショートも好きだった。そんなこの人が都庁を去る時を数年後に控え、将来の東京のあり方を考えてみたいとつづったのが、本紙に連載した『東京国誕生』だった。

その時は主人公の夢で終わったが、100年後に舞台を移し、東京国が誕生して1周年を迎えるまでを今回、小説として出版した。

「本にするに当たり一番悩んだのが、東京国大統領の建国式典でのメッセージでした。全国民と東京国の職員それぞれに訴えかける言葉を考え出すのに1カ月かかりました」

それが書けたら、登場人物たちが勝手に動き出した。テーマの一つは、「豊かさとは何か」だ。「手のひらに入れた豊かさが、ここへ来てこぼれていってしまっている。もう一度手に入れるためには、行政と政治がそれを成し遂げなくてはいけないが、100年後なら何とかなるかなと思った」と苦笑する。

小説では、土地の無私化にも言及。「網野善彦の本を読んでいたら、市は門前とか河原とか誰のものでもない土地から始まったとあった。逆を使うのも手だとヒントになった。所有と利用が細分化されて、土地の利用が行き詰まってしまっている。一方、軌道系が将来本当に必要なのか。誰の物でもない空間をどんどん利用することで、技術革新に追いつけるのではないか。今の所有のあり方では時代に乗り遅れることになると考えたんです」

100年後も残って欲しいと思いを込めて京都や神楽坂や遠野の場面も。そして、100年後の方がもっと大事なような気がすると言うのが、「フェースツーフェース」だ。

単行本化に当たっては、主人公が一方的に理想を語るのでなく、対立軸を示したことで検証の幅が出た。議論が白熱するが、その裏には、組織に欠かせないコミュニケーションがおかしくなっている現状への危機感が。

「もう少し語るゆとりがあったが、本当に気忙しくなっている。ランクアップすれば良い時代から、今は0から1を作る人材が求められるようになっている。それは忙しさからは出てきません」

30代から40代の人に読んでもらって、東京の、日本の将来を語る種本になってくれれば嬉しいと話す。（門）

東京都生まれ。家業の飲食店や民間会社を経て69年入都。「先輩に恵まれ、それを返すつもりで人材育成をやったつもり」。西部公園緑地事務所副所長を07年退職。趣味はゴルフ、食べ歩き、庭園観賞。妻と二女。59歳。

申込者数は11・4%増

区I類採用試験

08年度の特別区職員I類採用試験の申込受付が14日に締め切られた。申込者数は前年度比で1075人増（11・4%増）の1万515人となり、5年ぶりの増となった。採用予定者に対する倍率は同0・7ポイント増の11・9倍となる。

試験区分ごとにみると、土木造園や機械では前年度比で微減となったが、それ以外の区分は、いずれも前年度を上回った。事務は前年度比811人増となり倍率は13倍（0・7ポイント増）となる。

景気の上昇傾向に伴い、学生の民間志向が強まる中、公務員採用試験の申込状況は厳しい状況にある。特別区では03年度以降、申込者が年々減少しており、東京都は今年も前年度比758人の減（9・9%減）となっていた。特別区では人事委員会と区が協力し、例年以上に受験者向けイベントや情報提供などのPRを強めており、この効果が表れた形だ。

また、今年からI類では初めてインターネットで申し込みを受け付け、50・5%がネットから応募した。1次試験は5月11日に行い、最終合格発表は8月4日となる。

山賀　長治さん（やまが・ちょうじ＝山賀繁実・品川区総務部人事課給与係長、山賀康代・品川区大崎保育園長の父）14日死去、80歳。

多重債務や食をテーマに2作品

消費者教育ビデオ

都消費生活総合センター作成の消費者教育ビデオ（2作品）がこのほど完成した。今月中旬から関係機関へ配布するほか、貸し出しも行う。

新作ビデオは、多重債務をテーマにした『それでもお金、借りますか？』と日本の食の問題点を伝える『冷蔵庫から"食"を考える』の2本。

多重債務に関するビデオでは、お金を借りようとやってきた主人公が、無人契約機で無計画に借金を重ねる危険性や多重債務の恐ろしさを語りかける。若者を対象に制作し、公立・私立の都内高校にも配布する。

一方、食の抱える問題点をテーマにしたビデオでは、輸入食品の量と輸送距離を合わせた「フードマイレージ」という考え方をはじめ、環境負荷の観点から日本の食生活を見つめ直す内容となっている。

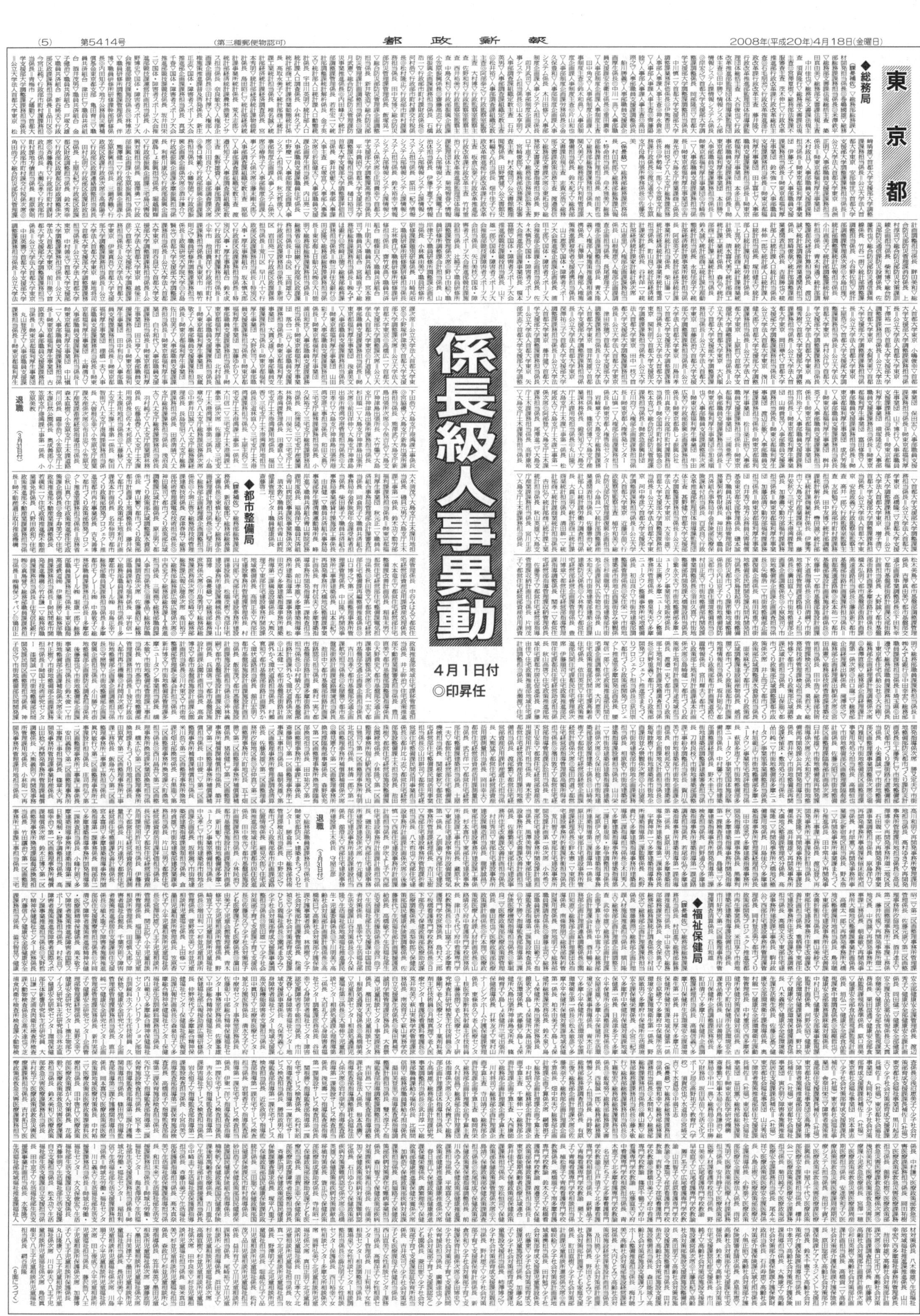

東京都

係長級人事異動

4月1日付
◎印昇任

◆総務局

◆都市整備局

◆福祉保健局

（5面からつづく）
▽八王子児童相談所児童福祉担当係長　若松暢▽足立児童相談所児童福祉担当係長　榎本純夫▽足立児童相談所児童福祉担当係長　山元照明▽足立児童相談所心理指導係長　池上まゆみ▽多摩児童相談所児童福祉係次席　小峯孝男▽多摩児童相談所児童福祉係次席　荒岡孝子▽多摩児童相談所児童福祉担当係長　大友桂子▽世田谷児童相談所児童福祉担当係長　古沢寿美枝▽障害者施策推進部計画課管理係長　田中壮史▽障害者施策推進部計画課計画係次席◎平賀淑恵▽障害者施策推進部計画課計画担当係長　中村孝二▽障害者施策推進部計画課調整担当係長◎上野睦子▽障害者施策推進部自立生活支援課地域支援担当係長　栗原千恵子▽障害者施策推進部自立生活支援課扶養共済担当係長　白川真弓▽障害者施策推進部居住支援課都立施設改革担当係長　中山佳子▽

長　村井敦▽健康安全部環境衛生課水道技術係長　水野悦朗▽健康安全部環境衛生課水道技術担当係長　清水芳明▽健康安全部感染症対策課課務担当係長　杉下由行▽健康安全部感染症対策課課務担当係長　中坪直樹▽健康安全部感染症対策課指導調整係長　小川幸子▽健康安全部感染症対策課防疫係長　笹川雅透▽健康安全部感染症対策課防疫係次席　本田浩子▽健康安全部感染症対策課感染症危機管理担当係長　前田千織▽健康安全部感染症対策課結核係次席　浦川美奈子▽健康安全部感染症対策課結核係長　大西清貴▽健康安全部感染症対策課エイズ対策係長　笹原秀夫▽健康安全部感染症対策課エイズ相談事業担当係長　山田悦子▽動物愛護相談センター指導監視係次席　早矢仕裕子▽動物愛護相談センター飼養管理係長　藤澤美和子▽動物愛護相談センター相談指導係長　松崎修▽動物愛護

[illegible]

退職

特別区

◆港区

◆文京区

20年度 職員教養講座 ≪41≫

政治経済等事情④

前回（3月21日号）に引き続き、演習問題を掲載します。

問題

【問題 11】
今年1月に成立した薬害肝炎被害者救済特別措置法に関する記述として、妥当なのはどれか

① この法律は、薬害C型肝炎の患者を救済するため、首相判断により内閣が法律案を提出、与党の賛成多数で成立した。

② 救済法ではフィブリノゲン製剤、第九因子製剤の投与された時期に応じて、救済範囲を確定し、給付金を支給するものとしている。

③ 救済法では、国の責任については明記されなかった。

④ 給付金を請求するにあたっては、感染者であることを証明する確定判決、和解、調停などの司法手続きが必要となる。

⑤ 法の成立までに全国5地裁で提起された薬害C型肝炎訴訟では、いずれの地裁判決も国の責任を認定している。

【問題 12】
昨年11月にシンガポールで開かれたASEAN首脳会議に関する記述として、妥当なのはどれか。

① 首脳会議で採択されたASEAN憲章では、民主主義の強化や人権や基本的自由の擁護をうたったが、具体的な取り組みについては、ミャンマーやベトナムの反対から見送られた。

② ASEAN憲章では、議決にあたっては、従来の全会一致方式を見直し、多数決方式を採用した。

③ ASEAN憲章は、国際法上の枠組みや規定を示した最高規範であり、違反した加盟国に対しては資格停止・追放などの罰則規定も盛り込んだ。

④ 首脳会議で採択された環境保全に関する宣言では、地球温暖化やエネルギー安全保障が貿易投資の障害となるとするも、域内の森林面積の増加やエネルギー消費の改善について数値目標などは定めていない。

⑤ 首脳会議にあわせてシンガポールを訪問した福田首相は、ASEANとの貿易自由化を図る経済連携協定（EPA）の締結合意を確認し、ASEAN首脳と合意を歓迎する共同声明を発表した。

【問題 13】
最近の我が国の労働事情に関する記述として、妥当なのはどれか。

① 昨年11月に改正された改正最低賃金法では、「ワーキングプア」の解消のため、全国一律で最低賃金を決定しなければならないとするとともに、生活保護との整合性も考慮するよう決定基準を明確化した。

② 昨年11月に厚生労働省が公表した労働力人口推計では、女性や若者、高齢者らへの就業支援が進まない場合、2030年には労働力人口が2006年と比べ、約1070万人に落ち込むとした。一方で、適切な支援策が講じられた場合、労働力人口の減少幅は約300万人と3分の1以下に抑えられるとした。

③ 総務省が今年1月に発表した2007年の完全失業率は前年と比べ0・1%改善の4・0%となり、5年連続の低下となった。

④ 昨年12月にまとめられたジョブ・カード制度では、フリーターや子育て後の女性らを対象とし、ハローワークなどで訓練プログラムを相談、受け入れ先の企業や訓練機関の紹介を受け、訓練プログラム修了後、受講歴や技能などをジョブ・カードに明記される。なお、訓練受け入れ企業は、一定の雇用が義務づけられることになる。

⑤ 今年1月、日本マクドナルドの店長を「管理監督者」とみなし、残業代を支払わないのは違法として、未払い残業代などの支払いを求めた訴訟において、東京地裁は、職務の権限や待遇からみて、店長は管理監督者に当たらないとして、同社に過去2年分の残業代などの支払いを命じた。

【問題 14】
最近の国内の経済事情に関する記述として、妥当なのはどれか。

① 昨年9月、松坂屋ホールディングスと三越が共同持ち株会社「J・フロントリテイリング」を設立、経営統合した。

② 今年1月、日興コーディアルグループと米金融大手のシティグループは、米シティの株式を対価として、日興をシティの日本法人シティグループ・ジャパン・ホールディングスの完全子会社とした。これは、昨年5月に解禁された三角合併の初めてのケースとなる。

③ 米系投資ファンドのスティール・パートナーズ・ジャパンが敵対的TOBを仕掛けているブルドックソースの新株予約権を使った買収防衛策差し止めを求めた仮処分申請について、最高裁判所は、スティールが乱用的買収者にあたると認定して、スティールの特別抗告と許可抗告を棄却する決定をした。

④ 政府は今年2月の月例経済報告において、景気の基調判断を「このところ回復が緩やかになっている」と、先月までの「一部に弱さがみられるものの、回復している」との表現から下方修正した。今回の景気回復局面は2002年2月以降続き、戦後2番目の長さになる。

⑤ 金融商品取引法では、元本割れなどのリスクのある金融商品については、広告の表示はこれまで通りとしたが、販売する金融機関には厳しい説明責任を課し、利用者保護を強化した。

【問題 15】
国内の文化・観光事情に関する記述として、妥当なのはどれか。

① 昨年6月に決定した観光立国推進基本計画では、平成22年までに訪日外国人旅行者数を700万人にするとしている。

② 海外からの観光客誘致を推進するため、政府は今年8月に経済産業省の外局として「観光庁」を創設することを決定した。

③ 昨年6月、ユネスコは「石見銀山遺跡とその文化的景観」の世界文化遺産への登録を決定した。日本からの登録は平成17年の小笠原諸島に次いで14番目で、科学技術や産業活動を表す産業遺産では初の登録となる。

④ 平成18年の訪日外国人旅行者数は733万人で、昨年比では9%の減となった。

⑤ 昨年11月、ホテル・レストランガイド「ミシュランガイド」の東京版が初めて発売された。ミシュランガイドでは欧米21カ国で格付けしてきたが、アジアでは初となる。

解説

【問題 11】　正答 ④

① 誤り。法は議員立法により、全会一致で成立した。議員立法により薬害被害者を救済するのは初めてとなる。

② 誤り。フィブリノゲンと第九因子製剤の投与によるC型肝炎ウィルス感染者に対して、投与時期に関係なく給付金を支給する。投与時期により救済範囲を線引きするのは昨年12月の大阪高裁の和解骨子案。

③ 誤り。法の前文では、感染被害者に甚大な被害を生じ、その被害の拡大を防止し得なかったことについての責任を認め、感染被害者及び遺族に心からお詫びすべきであるとしている。

④ 正しい。

⑤ 誤り。地裁判決のうち、昨年9月の仙台地裁判決では、国が製薬会社に副作用の危険性を警告させる義務はなかったとして、国の責任を認めなかった。

【問題 12】　正答 ⑤

① 誤り。ミャンマーの民主化勢力弾圧を視野に入れて、人権機構の創設が記述されている。

② 誤り。主権侵害につながるとの批判から、「意思決定は協議と合意に基づく」と全会一致原則は維持した上で、合意に至らないときは、首脳会議で決定方式を定めるとした。

③ 誤り。罰則規定については定められていない。

④ 誤り。域内の森林面積を計1千万㌶以上増やすとしている。

⑤ 正しい。日本が多国間のEPAを結ぶのは初めて。

【問題 13】　正答 ⑤

① 誤り。地域ごとに地域別最低賃金を決定しなければならないものとした。

② 誤り。女性の再就職支援や高齢者の雇用促進策などの取り組みにより、2030年における労働力人口の減少幅を約480万人と半分以下に抑えられるとした。

③ 誤り。完全失業率は、前年と比べ0・2ポイント改善の3・9%となり、10年ぶりに3%台に低下した。

④ 誤り。雇用は義務づけられていない。なお、企業で訓練を受ける場合は、期限付きの雇用契約を結ぶため、賃金が支給される。企業には国から助成金が出る。

⑤ 正しい。判決は管理監督者を重要な職務と権限を持ち、一般の労働者より賃金が優遇されている者と判断。同社店長はアルバイトの採用や会社のマニュアルに基づく運営など店舗内の権限を持つにとどまり、待遇面も部下の年収を下回るケースもあるなど十分とは言い難いと指摘した。なお、日本マクドナルドは東京地裁の判決を不服として控訴している。

【問題 14】　正答 ②

① 誤り。経営統合したのは松坂屋ホールディングスと大丸。百貨店の統合については、阪急百貨店と阪神百貨店が昨年10月に「エイチ・ツー・オーリテイリング」として経営統合したほか、三越と伊勢丹も今年4月に経営統合した。

② 正しい。三角合併は、合併する側の企業Bが企業Cを合併する際、企業Bの親会社Aの株式を交付することで企業合併を行うこと。平成18年施行の会社法に盛り込まれたが、国内産業界からの批判に配慮し、昨年5月まで解禁が先送りされていた。

③ 誤り。スティールが乱用的買収者にあたるかどうかの判断は示していない。買収により企業価値が毀損され株主利益が害されるかどうかは、株主の判断とし、ほとんどの既存株主[illegible]していること[illegible]に違反しない[illegible]お、新株予約[illegible]防衛策の発[illegible]初。

④ 誤り。[illegible]局面は、いざ[illegible]65年11月[illegible]の57カ月）[illegible]長。なお、3[illegible]は、景気判断[illegible]下方修正し[illegible]態」としてい[illegible]

⑤ 誤り。[illegible]導入され、元[illegible]ど顧客の不利[illegible]手数料には、[illegible]表示が求め[illegible]

【問題 15】[illegible]

① 誤り。[illegible]訪日外国人旅[illegible]人にするとし[illegible]

② 誤り。[illegible]なく、国土交[illegible]て創設される[illegible]

③ 誤り。[illegible]は知床。なお[illegible]世界遺産に[illegible]い。

④ 誤り。[illegible]の増で、過去[illegible]

⑤ 正しい[illegible]

昇任試験対策のページ

20年度 特別区 管理職試験講座 11

Ⅰ類記述④

多様な交流・連携活動による地域づくりの推進
〜世代を越えた豊かな交流による地域のつながり再構築〜

1、目的

近隣関係が希薄化する中、地域に関わるあらゆる主体との協働により、世代を越えた多様な交流を促進し、活気ある地域社会の実現を目指す。

2、資料の分析

(1) 1975年では地域での付き合いのある人は8割以上いたが、近隣関係は希薄化し、2007年には4割程度となっている。（資料1）
(2) 地域とのつながりを持つ人は高齢者に多く、若年者は孤立化傾向にある。（資料2）
(3) 地域活動に参加した人が得られることは、つながり、仲間、達成感・充実感。（資料3）
(4) 世代間交流に必要なものはハード面では、交通手段や施設の開放を、ソフト面では、交流機会の設定と世話役的リーダーの存在をあげる高齢者が多い（資料4）
(5) 大学が新たな連携を目指し、地域のリーダー育成に取り組みはじめている。（資料5）

3、課題

少子高齢化の進展等により、近隣関係が希薄化する中、区民・地域・団体相互の連携と交流を促進していくことが重要である。少子高齢化や核家族化が進展する中、世代間交流も大きな課題であり、区民の交流機会の充実を図っていく必要がある。地域活動の重要性を意識し、大学が地域との交流に力を入れはじめた今こそ、区は地域活動を支援していく必要がある。

4、施策の提案

A案）人材育成システムの構築（人材育成）
○大学、NPO法人等と協働で、地域リーダーの育成を目的とした講座を開設する。
○講座は入門コース（受講期間3カ月）マスターコース（6カ月）等の多様なコースを設定し、区民等の参加のしやすさに配慮したものとする。

B案）地域づくりの拠点の形成と機能の充実（拠点整備）
○地域連携センターを設置し、区民の交流の場を作る。運営は委員会方式とする。
○地域連携センターを拠点として、ITを活用した情報発信や掲示板を使った交流の場（地域交流サイト）を整備する。サイトの作成は学生ボランティアを募り若年者向けに配慮した内容とする。
○地域連携センターには大学、NPO法人、町会等の総合受付窓口を開設し、地域活動のコーディネートを行っていく。

C案）交流イベントの開催（交流促進・きっかけ作り）
○区民・NPO・大学等の活動の成果などを発表するとともに、地域参加行動を広める場としての交流イベントを開催する。

事例解説①

5、施策の評価

	メリット	デメリット	コスト	継続性	協働性	総合評価
A案	○計画的な人材育成が可能。 ○知識普及のほか受講者同士の交流も期待できる。	○受講者が少ない講座もありうる。 ○効果があがるまでに時間がかかる。	○	○	○	○
B案	○多様なメニューを提供できる。 ○地域への活動の広がりが期待できる。	○設置に費用がかかる。 ○IT活用にあたり、情報管理等に課題がある。	△	◎	◎	◎
C案	○団体の自主性を尊重しつつ、団体活動への参加を促進できる。 ○団体間の交流も図れる。	○開催費用がかかる。 ○一過性に終わる可能性がある。	△	△	○	△

6、施策の選択

地域との協働、事業の継続性を考慮して、B案を最善策として提案する。費用については、学校の空き教室等、既存の施設を活用したり、サイトの運営に広告を募る等して、経費の縮減に努める。また、情報管理については、専門職員を派遣するなどで対応する。なお、A案、C案についても、地域連携センター開設時にイベントを開催したり、総合窓口での相談に応じ、講座を開設するなどして、B案と合わせて実施することにより施策の効果があがると考える。

解説

1　はじめに

記述式問題には「施策提案型」と、「事故事件型」の二つのパターンがあります。いずれの問題でも共通していえることは、自分なりの解答形式（フォーマット）を固めておくことがより大切ということです。

以下、解答の作成手順のポイントを示しながら、解答例の説明をしていきます。

2　資料の分析方法

まず、資料全体に目を通し、求められている解答の方向性（課題）を見定めます。そのうえで、課題に向かって資料を読み込み、解答用紙に書くべきポイントを抽出し、答案の構想をまとめていきます。

出題される資料は、新聞記事や白書等から7〜8種類出題されます。なお新聞記事等は、施策のヒントになる場合があるので注意深く読みましょう。

今回の資料5が、空き店舗の活用などだった場合、解答の方向が変わってくる場合もあります。

3　解答の作成

【解答フォーマット例】

①タイトル（1行で記載）
サブタイトルをつけると効果的です。

②提案目的
何のために提案するのかなど、提案の目的を明示します。

③資料の分析
図や表から読み取れる事実（課題に関連する要点）を箇条書きに記載します。文末には（資料1）と記載し、参照した資料番号を明示します。

④課題
資料の分析を踏まえ、特別区の課題を具体的に提示します。（課題は資料と連動していること）

⑤施策の提案
A案、B案、C案として、三つの施策（資料分析、課題に対応した具体的で実現可能な施策）を提案します。

⑥施策の評価
施策の評価は、メリット、デメリット及び指標を使って行います。指標には、コスト、時間、継続性、協働性等があげられます。指標による評価では点数や記号を使って視覚的にわかりやすく表します。

⑦施策の選択
総合評価◎の施策を選択するとともに、その理由を述べます。また、施策の評価で提示したデメリットをいかにフォローするかを書くことによって、実務責任者としての姿勢を表現します。なお、選択しなかった施策についても触れておきます。

4　最後に

記述式問題は、解答方法が自由形式であるため、表を使ったり、文字の大きさに工夫をするなど、視覚的な効果を研究しておくことも重要です。

また、実施計画や他の自治体の先進事例などを参考に体系的な施策をより多く蓄積しておくことも大切です。

これから本格的に試験対策を始められることと思います。健康に気をつけ、最後まであきらめずに努力を重ねていけば必ずや合格へとたどり着けることと思います。

皆様のご健闘を心よりお祈りいたします。

訂正　4月11日号の「20年度・特別区管理職試験講座」のナンバーは「10」の誤りでした。

カレントトピックス 20年度 27

社会事情

■茨城県8人殺傷事件（3月23日）

3月23日午前11時ごろ、茨城県土浦市荒川沖東のJR常磐線荒川沖駅付近で、男が通行人を刃物で襲い、27歳の男性1人が死亡し、7人が重軽傷を負った。容疑者である住所不詳、無職、24歳の男は間もなく逮捕された。容疑者は、土浦市内の72歳の男性を刺殺したとして、3月22日、殺人容疑で全国に指名手配されていた。そのため、現場には茨城県警察本部の警察官8人が捜査のため配置されていたが、犯行を防ぐことができなかった。

容疑者の男性は、取調べに対し、「殺すのは誰でもよかった」などと供述した。また、容疑者は、高校卒業後は定職に就かず、自宅にこもってゲームにのめり込む時間が長かったという。

■沖縄集団自決訴訟（3月28日）

旧日本軍の[illegible]が、ノーベル[illegible]三郎氏と岩[illegible]り、大江氏の[illegible]ト」などの出[illegible]害賠償を求め[illegible]3月28日に大[illegible]原告側の請求[illegible]れた。

原告側は、[illegible]の沖縄戦で、[illegible]自決を命じた[illegible]述で名誉を傷[illegible]ていた。これ[illegible]は、「書籍の[illegible]真実とは断定[illegible]ながらも、軍[illegible]織だったとし[illegible]決への関与を[illegible]が軍による命[illegible]を真実と信じ[illegible]理由があると[illegible]

■「後期高齢者医療制度」開始（4月1日）

75歳以上の[illegible]と位置づける[illegible]である「後期[illegible]が4月1日か[illegible]

福田康夫首[illegible]懇談会で、同[illegible]「周知不足。[illegible]くない」と[illegible]「長寿医療制[illegible]指示した。こ[illegible]労働省及び総[illegible]の内容を国民[illegible]伝えるため、[illegible]実施本部」（[illegible]労相）の設置[illegible]

なお、新制[illegible]しい保険証が[illegible]出と異なる場[illegible]に届かない、[illegible]多発している。

Gallery

飯田橋庁舎界隈
―昼休みの小散歩 ①

絵と文　大瀧安良

昨年度1年間は旅先で出会ったヨーロッパの風景を絵にしてお届けしました。

皆様からの感想が何故か似通っています。「ノンビリした旅が出来ていいねぇ」と。実はあの連載は4年前の旅を下敷きに書いたもの、諸般の事情あって最近海外旅行はとんと御無沙汰です。最近行ったかのように受け取られたのは私の「失敗」でした。

4月以降はなるべく新しい絵と情報をお届けしたい、とはいうものの時間に限りがある、大上段に振りかぶって連載に穴を開けたら大変です。実は昨年秋頃から職場の周辺を散歩するようになり、これを生かせないかと考え始めました。

飯田橋駅は新宿、千代田、文京の3区を繋ぎ止めるような位置にあり、昼休み、食事の時間をちょっと節約すれば意外とあちこちに行けるのです。天気のよい日、出かけるぞーという気合が入った時、カメラとメモ帳持参で飛び出します。

何となく絵になりそうな場所が見つかると、まず5分間はジッと立ち止まって網膜に風景を焼き付けます。そして建物の位置関係などを簡単にメモして写真をパチリ。後は自宅の作業で絵を完成させます。

そういうことを何度か繰り返し、無理なく連載が可能という感触が得られ、「この企画で行きます！」と編集部に連絡を入れた数日後、「飯田橋の勤務は3月まで。都庁に戻りなさい」という内示がありました。なかなか思惑通りに事が運ばないものです。今になって新しい企画を考えるのは能力的に無理なので、このまま走ることにいたします。

名所旧跡は登場いたしません。誰もが目にしている、しかし見落としてしまう町の表情をお伝え出来れば幸いです。

1回目は、職場に敬意を表して「飯田橋庁舎」です。すぐ傍に大きな建物がないため、どこからでも全景を眺めることができます。今回は、遠景に庁舎（新宿区神楽河岸）、近景に飲食店街（千代田区富士見）、という場所を選びました。遠景と近景との間には、外濠に沿って敷設されたJR飯田橋駅が隠れています。

千の風になって 10
―いたばし編

市電・都電から地下鉄へ

栗原元区長と櫻井元区史監修者による「天国対談」。今回は、大沢鷹邇・板橋史談会副会長の協力により板橋の鉄道、特に公営交通の歩みを振り返る。

栗原「3月30日に、都営の新交通システム『日暮里・舎人ライナー』が開通しました。足立区の西部の住民にとって交通の利便性が大きく高まりますし、都立舎人公園などへのアクセスが向上し沿線のイメージアップと発展が期待されます」

櫻井「全長9・7キロメートルを20分で結ぶ高架軌道を走る車両は、とても静かで眺めもよくスマートですね。あ、それから終点の見沼代親水公園駅の中には付近の舎人遺跡で出土した土器などが展示されています。これは大変ユニークですね」

都営地下鉄6号線の開通＝昭和44年。巣鴨～志村

栗原「板橋も昭和43年12月の都営地下鉄6号線（現三田線）の開通で、区内の交通が格段に便利になりました。それは高島平団地の建設を契機としたものでしたが、都電の廃止とセットになっています。板橋に待望の東京市電（都電の前身）がはじめて通ったのは、巣鴨から下板橋まで17年がかりで延長された昭和4年のことです」

櫻井「養育院の移転受け入れの条件に、この市電の延長が挙げられていたわけでしたね。区内の南端を走る東上線は大正3年に開通していましたが、電化されたのが同じ昭和4年です。駅はまだ下板橋・上板橋・成増の3駅だけでしたが、大震災後の人口流入にあわせ翌年から次々と増えていきます。その後、昭和12年の日中戦争勃発を契機に、区内特に志村に軍需工場が増え輸送力の増強が叫ばれて、市電の延伸が実現しますね」

栗原「都制が施行された昭和18年から19年にかけ、住民も動員した突貫工事で『都電』が志村坂上まで通りました。若い人は戦地に行っていたので中年男性や女性が『もっこ』をかついで勤労奉仕をしたのです。一方、戦中戦後にかけ東上線は川越方面からイモを運ぶ人が多かったため、その後も『イモ電車』の異名で呼ばれました」

櫻井「それは私もよく見ています。戦後は東上線も都電もラッシュが半端ではありませんでした。やはり工場で働く人や学校の生徒が多かったですね。さて、区内の都電は昭和30年に志村橋まで延長され多くの人を運びますが、その後急速にモータリゼーションの波が押し寄せ、路面を走る都電は廃止の運命をたどっていきます」

栗原「昭和39年の東京オリンピックを目指し、まちづくりが進む中、35年の築地線を皮切りに主に地下鉄建設との引き換えで都電の路線は次々に消えていきます。板橋では、高島平の開発が始まる昭和41年5月に41系統（志村橋～巣鴨）が廃止されました。都電は昭和47年11月に荒川線を残して表舞台を去り、地下鉄に主役の座を譲りました」

櫻井「日暮里・舎人ライナーの熊野前駅は、荒川線の乗換駅になっていて、レトロとモダンの交錯を象徴するようですね。そういえば、西新井から盲腸のように出ている東武大師線は、今の環7を上板橋まで通り、東上線とつながるはずだったと聞いています」

栗原「そうなんです。大正11年に『西板線』として事業決定したこの計画は、大震災や不景気で用地買収が遅れる中、大師までは部分開業したものの、その後の急激な人家の密集で昭和7年に延長中止となっています。これが出来ていれば、山手線の外周を走る環状線として大いに機能したと思います。かなり前から沿線自治体で構想を持っている『メトロセブン』や『エイトライナー』の草分けとも言えるでしょう」

櫻井「さて、この対談もそろそろまとめの時が近づいてきました。名残を惜しみつつ次回は、板橋の教育をふりかえってみたいと思います」

（山浦純之介）

板橋区役所付近を走る都電＝昭和40年

みにがいど

◆4月22日は地球の日！「アースディ東京2008」▽地球のことを考えて行動する日、アースディ。今年のコンセプトは「社会をグリーン化するムーブメント」。特にエネルギー、食、農にスポットを当ててアクションを起こす▽日時 4月19日（土）、20日（日）▽会場 代々木公園、渋谷、原宿など▽主催・問い合わせ先 アースディ東京2008実行委員会☎5774・9047 http://earthday-tokyo.org/

◆高桑常寿写真展▽TIKAD（アフリカ開発会議）Ⅳに向けて、ランドマークプラザの吹き抜け、1F2Fの間の壁4面を、B0版・50～60点のアフリカ人ミュージシャンの顔が埋め尽くす▽会期 5月9日（金）～6月1日（日）▽場所 ランドマークプラザ1Fフェスティバルスクエア▽主催 TIKADⅣサイドイベント組織委員会▽問い合わせ先 高桑常寿☎090・8728・0006

◆TIKADⅣ記念コンサートドゥドゥ・ニジャエ・ローズ・パーカッション・オーケストラ・コンサート ▽セネラル初の人間国宝。ユネスコ無形文化財。アフリカン・パーカッションの真髄に触れる機会▽日時 5月20日（火）午後7時開演▽会場 東京国際フォーラムホールC▽料金 4000円（全席指定）▽問い合わせ先 カンバセーション☎5280・9996

◆ゴールデンウイーク期間の開園・開園時間延長 ゴールデンウイーク期間中（4月29日（火・祝）～5月6日（火・休））休まず開園。開園時間も左記日程で1時間延長する▽開園時間 午前9時30分～午後6時（入園は午後5時）※通常は午後5時（入園は午後4時）まで▽恩賜上野動物園 4月29日～5月6日▽多摩動物公園 5月3日～5日▽井の頭自然文化園 5月3日～6日▽葛西臨海水族園 4月29日、5月3日～6日

Book

部下を壊す上司たち―職場のモラルハラスメント
金子雅臣著　PHP研究所刊

子どもや若者がショッキングな事件をひき起こすと必ず出てくるのが、今の子どもたちは…若者は…分からないというコメントである。あたかも異界の生物を見るがごとくである。だが本当にそうなのか。

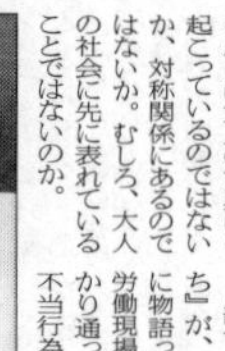

それらは大人の世界にも起こっているのではないか、対称関係にあるのではないか。むしろ、大人の社会に先に表れていることではないのか。

『部下を壊す上司たち』が、そのことを如実に物語っている。日本の労働現場で白昼堂々とまかり通っている人間への不当行為、すなわちパワーハラスメントである。

この問題の特徴は、職場や会社内など密室で進行すること、被害者自身やその家族の生活がかかっていることから我慢と忍従のため深刻化すること、被害・加害の関係があいまいで犯罪と断定しにくいケースがあることなどである。そこから、陰湿、凄惨なイジメ、上下関係や集団性に乗じた逃げ場のない精神的暴力が高進していく。

その結果が、うつ病など精神疾患の飛躍的増加、また10人にひとりは自殺を考えたという、深刻な数字である。

著者は都の労働相談の現場から、セクハラ、ホームレスなどの問題をいち早く提起してきた大ベテランである。その人があげている職場ハラスメントの事例には、耳を疑うような具体性がある。また被害・加害の双方の状況を把握していることから、類書にはない立体感と説得力がある。

原因はリストラ、成果主義、雇用形態の多様化など労働環境の劣化である。では対策は？「パワハラべからず集」では問題解決にならないと言う。それは、この問題がバブル期から潜行していたとする著者の意外な指摘から来ている。

すなわち金優先で、ココロをあと回しにした、そのツケなのだという。だから、必要なのは原点に返ること、働く現場での人間関係の回復と修復である。気の長い話と思われるが、事態の複雑さと著者長年の体験からくる正攻法の結論である。

定価は1260円。

ともに生きる 25
意識のバリアフリー

最近、方々のJRや私鉄の駅でエレベーターやエスカレーターの工事が進められているのを見かけます。お年寄りや肢体不自由の方々にとって駅舎の階段や、道路の段差は移動を妨げる障壁（バリア）です。よく電車やバスの中で、「優先席の近くでは携帯電話の電源を切るように」という車内放送を耳にします。これは、携帯電話の電波が機器の働きを狂わせるということで、ペースメーカーを施術されている病弱の方々にとっては、命をも妨げかねないバリアといえるでしょう。

障害のある方々が生活する中には、様々なバリアがあると言われます。点字ブロックの上の放置自転車のように視覚障害の方の移動を妨げる物理的なバリア、障害を理由として資格の取得や受験を制限する制度上のバリア、差別意識により障害者を特異な目で見たり処遇したりする意識のバリア、目や耳の不自由な人々にとって不十分になりがちな情報のバリアといった具合です。

特に耳が不自由な方々にとって、情報やコミュニケーションのバリアを取り除くことが大きな課題となりましょう。人身事故等で電車が駅と駅の間で長時間止まってしまうことがあります。健聴の人の場合は、車掌の車内放送で状況が逐一把握できるのでパニックには陥らないと思いますが、耳が不自由な人の場合は、満員の人込みにあってわけも分からず身動きができずに、ひたすら我慢しなければならないということで、その不安いっぱいの心の内は想像を超えるものに違いありません。

そうした心情を含め、障害や障害者について理解することも、意識のバリアをなくすことにつながるでしょう。

物理的なバリアも制度的なバリアも情報のバリアも問題点に気付き改善策を講じるのが人間である以上、思いやりの心に満ちた「意識のバリアフリー」化こそが、共生社会構築の前提となるのではないでしょうか。

（元都立立川ろう学校長 小林明）

都政新報

発行所　都政新報社
〒160-0023 東京都新宿区西新宿7-23-1 TSビル
〈総務・読者〉(03)5330-8781
〈企画広告〉(03)5330-8784
〈編集〉(03)5330-8786
〈出版〉(03)5330-8788
〈セミナー事業部〉(03)5330-9977
〈ファクス〉(03)5330-8808
郵便振替 00130-2-101470
購読料 月1,680円(税込)
毎週火・金曜日発行
但し、祝祭日は休刊

紙面から

PM2.5で独自対策へ

都環境局

環境基準設定を検討

及び腰の国に先鞭

都環境局は、大気中の粒子状物質のうち、健康への影響が懸念される「PM2・5」について、独自の環境基準を設定し、対策に乗り出す。大気汚染訴訟の和解条項には、国がPM2・5の基準設定を検討することが盛り込まれたが、国の検討会は、健康に一定の影響を認めつつも、基準の設定に慎重な姿勢を見せた。都は、学識経験者により構成される検討会を設置し、23日に初会合を開く。及び腰の国に対して先鞭をつけた形だが、技術的には未解明な部分が多く、課題は山積している。

都内のぜんそく患者らが国や自動車メーカーなどを訴えた東京大気汚染訴訟では、昨年8月に和解が成立し、和解条項として、微小粒子状物質（PM2・5）について、環境省が環境基準の設定も含めて対応を検討することが盛り込まれた。

国は、学識経験者による「微小粒子物質健康影響評価検討会」を07年5月に設置。和解協議と並行して検討を行っていたが、今年4月3日の最終報告で、総体として人々の健康に一定の影響を与えていることは認めつつも、「ヒトへの健康影響の有無について検討を進める定量的な評価手法を採用することは厳密にはできない」とし、環境基準の設定にあたっては「リスク評価の手法」が必要と結論付けた。

都は昨年12月に策定した「『10年後の東京』への実行プログラム2008」や、今年3月に策定した新環境基本計画で、「世界の大都市で最もきれいな大気環境の実現」を目指し、PM2・5に関する調査と独自の対策を行う計画を掲げていた。

検討会は、PM2・5の大気中濃度や成分を測定し、都内における実態解明を進めるとともに、PM2・5の発生源や生成の仕組みなどの調査研究、将来濃度の推計を行い、目標値の設定と都独自の対策を検討する。検討期間は、3年間を予定している。

自動車の排ガス規制強化により、自動車から排出される粒子状物質（PM）の排出量は減少傾向にある一方で、PM2・5のような微小粒子状物質は横ばいが続いている。都内の大気環境中のPM2・5の濃度は、アメリカやWHOの基準と比べて高い水準にあるが、日本では環境基準が設定されていない。

環境局では「都内のPM2・5の濃度は、他の地域よりも高い。国が基準をつくらなくても、都が独自に基準をつくり、対策をしていく必要がある」（環境改善部）と話している。

MEMO　PM2・5　大気中微小粒子状物質「PM2・5」とは、大気中に漂う浮遊粒子のうち粒径2・5マイクロ㍍以下の小さなものをいう。粒径が小さいため、肺の奥まで入りやすく、がんや気管支ぜんそくなどの健康影響との可能性が懸念されている。

アメリカでは、PM2・5について、1997年に年平均値15マイクロ㌘という環境基準を設定した。WHOも、06年に10マイクロ㌘という基準を設定した。欧米ではPM2・5の取り組みが進んでいる一方、日本では環境基準の設定がなく、取り組みが遅れている。

都内におけるPM2・5の年平均値は、各測定局で06年度に20マイクロ㌘前後に達しており、アメリカやWHOの環境基準を大幅に上回っている。

国が和解条項を守れ

【解説】東京大気汚染訴訟の和解条項は、PM2・5の環境基準の設定について、都に対しては求めていない。にもかかわらず、独自の基準設定と対策に乗り出す理由は、東京都内のPM2・5の大気中濃度が他の地域よりも高く、WHOやアメリカが設定している環境基準と比べてもかなり高いからだ。

東京五輪招致に向けて内外に世界一の環境対策をアピールしたい都は、国に先んじてPM2・5対策の検討に着手することになった。

とはいえ、国の検討会が「不確実性の存在」と表現したように、PM2・5と人間の健康影響との因果関係は、解明されていない点が多い。呼吸器系の健康被害が、必ずしも微小粒子のみに起因するとは限らない。仮に規制を設けるにせよ、実効性のある対策を行うには技術的な課題も残されている。

これまでのディーゼル車排ガス規制で対象としてきた粒子状物質（SPM）は、粒の大きさが10マイクロ㍍以下だった。これらはフィルター（DPF）を通せば大気中への飛散を防ぐことができる。事実、都内では05年度に、測定開始以来初めてすべての測定局でSPMの環境基準を達成した。

だが、微小粒子状物質（PM2・5）は、その名が示す通り、粒径が2・5マイクロ㍍以下で、最初から粒子として排出されるものだけでなく、大気中で化学反応し生成されるものも存在する。つまり、フィルターをかければ飛散防止できるものではないのだ。飛散源は、自動車だけでなく、工場や家庭からも想定できる。

都の検討会は、国の動向をにらみながら、こうした様々な課題を解決し、実効性のある対策を検討していくことになる。

和解条項は、環境省に対して環境基準の設定と対策を求めており、まずは国が和解条項を誠実に守り、環境基準の設定に踏み込むことが第一だ。（地）

新型インフルエンザ対策

ライフライン維持で民間事業者と検討会

「If ではなく、When の問題」と言われる新型インフルエンザ。全世界で4千万人以上が死亡したスペイン風邪（1918年）クラスの新型インフルエンザが発生した場合、厚生労働省は都内の死者数は6万人以上に上ると予測している。都では、できる限り流行を遅らせ、ピークの感染者数を抑えることが当面の対策になるが、人口が集中する都では、「封じ込め」が想定通りにできるとは限らない。ライフラインをどう維持するか――各局の取り組みを見た。

＝2面に関係記事

医療資源確保で協議会も

◆機能維持

都の行動計画では、新型インフルエンザが流行した場合、都民の約30%が感染すると予測しているが、家族の看護や保育所が閉鎖するため、実際には4割程度の職員が勤務できなくなるとみられる。大流行発生時には、都職員も大量に罹患し、都庁の業務継続に支障が出ると危惧されている。

こうした有事の際に、電気・ガス・通信など、都内のライフライン機能を維持するため、都は年内にも民間事業者を交えた検討会を開き、業務をどう継続するか、具体策の検討に入る。

他方、公営企業各局も新型インフルエンザに危機感を強め、機能維持の方策を検討している。

都水道局は昨年、「新型インフルエンザ対応マニュアル」を策定。「水道水の安定的な供給」を最優先に、緊急時には窓口業務を縮小するなど、優先する業務を明確にした。また、浄水場を運転管理する職員が欠けると、業務に支障が出るため、退職者・他局転出者を含めた「経験者リスト」を生かし、協力を要請する考えだ。下水道局も同様のマニュアルを策定している。

都営地下鉄・都バスの維持が命題の交通局も、最大の課題は職員の確保。しかし、「職場を長く離れると、すぐに運転業務に戻るのは難しい」といい、運行を縮小せざるを得ないケースも予想される。同局では「職員の罹患状況により、運行がどうなるかシミュレーションする必要がある」と話し、今年中にバス・地下鉄など各部のマニュアルを作成する予定だ。

また、都は交通機関の運行を自粛させるなどの具体的な手順についても、今後詰めることになる。

◆医療体制

都の計画では、大流行時には感染が疑われる患者を診療する「発熱外来」を医療機関に設置。重症の場合に、「感染症指定医療機関」などで入院治療を受ける方針を示した。

だが、発熱外来の候補となる病院は決めていても、大部分の区市町村が、医師や看護師をどう確保し、どう治療するかは詰め切れていないのが実情だ。都内で対応マニュアルを策定した自治体は、わずか4区にとどまっている。

都の試算では、ピーク時には、1日あたり最大2万6500床が必要になるという。都内の病床数は現在、約8万7千床で、その3分の1にあたる規模。病床を確保するのは事実上、不可能だ。

福祉保健局は08年度、保健所や感染症医療機関と協議会を立ち上げ、区市町村が医療人材をどう確保するかなどの具体策を検討する。また、臨時病棟を含め、どれだけの病床が確保できるかも検証していく方針。都内を10ブロックに分け、年内に地域ごとの計画をまとめる予定だ。

「機能維持は都庁全体で」

押谷仁・東北大院教授（微生物学）の話　「パンデミック（大流行）になったときに、いかに社会の機能を維持し、被害を最小限に抑えるかが大事になるが、そういう視点での対応が、少なくとも国レベルでは考えられていない。都庁でも、様々な業務を日常的に持っている。その中には絶対に切れない部分と、緊急時に開いていなくても何とかなる部分がある。例えば、パスポートセンターは開いていなくても何とかなるが、水道など住民サービスといった、余分に提供しなければならない業務もたくさん出てくる。都職員の30%が出勤できない事態になったら、どの業務を切るか、40%だったらどうするか。都庁全体で考えなければならない。また、震災とは異なり、他地域からの応援は期待できない。各自治体の対策も必要になる」

納税しょうよう

コールセンターに民間委託

都道府県で初　新規滞納7万件で

新規滞納者に対する納税しょうよう（慫慂）業務を1カ所に集中し、民間のコールセンターに委託する取り組みが4月からスタートした。納税催告などは公権力の行使の一部になるという考え方から、これまで各都税事務所の初動班が直接対応。3カ月間、納税しょうようしても納めない場合は、交渉班に渡して財産調査や差し押さえなどの滞納整理に着手していた。

4月14日にコールセンターに引き渡されたのは、50万円未満の新規滞納で、07年度固定資産税第4期分など約7万件。約20人の社員が電話や文書で納税しょうようし、それでも納めない人は、2カ月後に所轄の各都税事務所に戻して、従来と同じように納税交渉に入る。

都主税局によると、現在、税額ベースで97%、件数で85%程度は納期内納税され、コールセンターにいくのは年間40万件程度と推計。団塊の世代の大量退職と業務の効率化から民間委託に踏み切り、コストパフォーマンスとしては、都職員を35人純減（2・6億円）にする一方、新たな民間委託費で7千万円となっている。

プロの税務職員が納税催告する時に比べて、コールセンター社員でどの程度の税額を回収できるかは「1年間、通してみないと検証できない」（主税局）としている。

税務連合支部の中村幸夫委員長は「納税の催告業務を丸ごと民間委託するのは、都道府県では例がない。個人情報保護や労働者派遣法との関係など、問題を起こす危険をはらんでいる。分納の相談などは、受託業者で判断できず、結局、各都税事務所に戻すことになる。納税サービスの面でも、大きな問題がある。準備不足のまま4月からスタートしたため、職場で混乱が起きている」と批判している。

都政の東西

必要なもの

要はソフトの問題なのだろう。

3月末に友人宅に3～4カ月児健診とBCG予防接種の通知が届いた。ちょうど新年度を控え、友人夫婦は長男の幼稚園の日程との兼ね合いでヤキモキしていたが、通知によると実施日は「翌月」上旬あるいは下旬の2日が指定されていたという。

詳しく話を聞いた。当日の健診と接種は午後1時から受け付け開始。先着順のため、すでに受け付けを待つ人もいた。家からの移動を考えると、ミルクのタイミングに重なるそうだ。

健診や接種は順番通りに受けなくてはならず、当然、接種など時間のかかる所では列が渋滞する。職員は担当業務に集中していて「次は○○です」などと一声かける余裕もなく、新生児と荷物を抱えた親が右往左往する。結局、最終的にすべてが終了したのは午後3時近く。必要だと言われて持参したバスタオルは、最後まで使われなかったらしい。

偶然、同じ時期に6～7カ月児健診とポリオの予防接種を受けた新生児がいた。こちらも3月末に通知を受け、実施日と場所こそ選択できるものの、自宅から一番近くの会場での開催は数日後。何とか日程を調整し、健診と接種を済ませた。

健診や予防接種ごとに、直前になって個別に日程を通知する自治体がある。一方で年間を通じたスケジュールを事前に示す所もある。周囲には「忘れやすいから個別通知は助かる」という声はあるが、予定を把握できた方が都合を付けやすいという意見が圧倒的だ。

一連の出来事に共通しているのは、そこに利用者の姿を欠いていることではないか。児童手当にしろ、乳幼児医療費助成にしろ、確かに有り難い施策ではある。しかし子育て支援には、サービスを提供する際の配慮＝気持ちが何より重要なのだ。

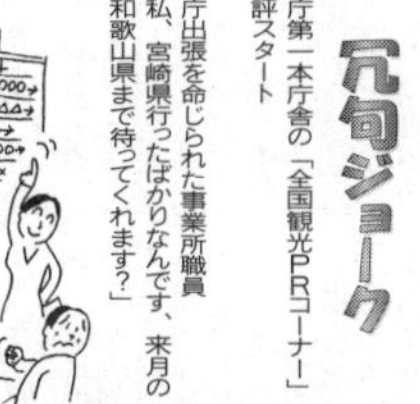

都庁で全国観光PR

地方の特産品販売も

都庁舎の空きスペースを活用した全国観光PRコーナーが17日に第一本庁舎2階北側に開設し、記念式典が行われた。

同コーナーでは、全国の観光パンフレットなどを常設するほか、イベントスペースでは各自治体が、観光・産業・物産のPRイベントを開いたり、特産品などの販売も行う。今月30日までは宮崎県、5月は和歌山県、石川県、埼玉県、6月は秋田県、長野県、福島県がイベントを行う予定。

また相談コーナーもあり、スタッフが来場者に、各自治体の観光案内窓口やイベント等の情報提供を行う。

年中無休で、午前9時半から午後6時半まで営業する。

式典には、PRコーナーでのイベント第一弾を飾る宮崎県の東国原知事が出席し、「東京が情報発信地となるのは、地方にとって大変ありがたい」とあいさつ。石原知事は「東京発の情報で、日本全体が活気を呈して、繁栄していく催しになればと思う」と期待を表明した。

開設初日には東国原宮崎県知事も出席し、石原知事らとともにテープカット（右から2番目）

起業家選手権　参加者を募集

都産業労働局

都産業労働局は、08年度学生起業家選手権の参加者を募集している。

同選手権は、新しい発想や感性に優れた起業家をめざす学生の育成のために都が主催する大会。ビジネスプランのプレゼンテーションと筆記試験（経営に関する基本的知識）で優秀賞が決定される。優秀賞受賞者には、株式会社の設立を条件に資金300万円を贈呈する。

エントリー期間は、5月30日まで。書類審査を7月下旬に行い、8月にプレゼンテーション予選会と経営試験を行う。予選審査は9月中旬を予定し、10月9日にプレゼンテーション決勝大会が開かれる。

馬込車両工場跡地　開発事業者を公募

10月以降に選定

都は18日、馬込車両工場跡地（大田区西馬込1）の約2万平方㍍を「先行まちづくりプロジェクト実施地区」に指定し、開発を行う民間事業者を公募すると発表した。10月以降、公募プロポーザル方式で事業予定者を選定する。

開発コンセプトは「環境と調和した魅力あるまちづくり」。緑の空間やオープンスペースを作ったり、周辺の緑や桜のプロムナードと連なる「緑のネットワーク」を形成したりして、環境に配慮したまちづくりを目指す。また、子どもから高齢者までが健康に交流できる拠点にもしたい考え。

同プロジェクトは、都有地を活用した、民間によるまちづくり。これまでに▽品川区上大崎3▽東村山市本町▽中央区勝どき1▽目黒区上目黒1――の4地区が指定されている。

目黒区長選

青木氏が再選果たす

投票率4・48ポイント下がる

任期満了に伴う目黒区長選は、20日に投開票が行われた。現職の青木英二氏（53）＝自民、民主、公明、社民推薦＝が、ともに新人で前区議の野沢満理子氏（61）＝共産推薦＝、安久美与子氏（73）を破り、再選を果たした。野沢氏にダブルスコアの票差をつけた青木氏は、4年間の実績を訴え、4党相乗りを生かした格好だ。投票率は、前区長の自殺を受けて行われた前回の31・75％を4・48ポイント下回り、過去4番目に低い27・27％。当日有権者数は21万2118人。

青木氏は午後9時30分ごろ事務所に到着。同40分すぎに当確の知らせが入ると、支持者から「よし」と声が飛んだ。あいさつに立った青木氏は「4分の1世紀（の政治活動を）支えてくれたみなさん、ありがとう」と感謝。「4年間の通信簿のつもりで臨んだが、住みたい、住み続けたいまちづくりが評価されたと思う」と感想を述べた。

投票率については「区政は総合行政で幅広く、争点が際立ってこない点がある。区政に関心を持ってもらいたい」。

前回は民主推薦、今回は4党相乗りでの変化を問われ、「区民の目線で首長はどうあるべきかということで、前回と変わった点はない」とした。

2期目の課題は「安全・安心、住環境を守っていきたい」。また、区民へのメッセージとして「新たに目黒丸のかじ取りを任された。正しい方向に進めるよう頑張りたい」と述べた。

野沢氏は午後7時40分ごろに事務所入りし、同10時前、敗戦の弁を述べた。支持者からねぎらいの拍手が起きる中、「今までの選挙で経験したことのない反応が寄せられた。引き続き、運動を広げて、今の政治を変えていく」と区政への思いを語った。

敗因について、出馬表明から投開票まで1カ月間余りで「短かった」と分析。さらに「青木さんが後期高齢者医療制度を賛成して区政運営を続けていくのは区民にとって不幸。期待することはない」と手厳しく批判した。

安久氏は青木氏の勝利に対し、「今回、自民は候補者を立てず、民主に乗っかった。なれあい以外の何者でもない」と批判。「汚職は再び起きる。議会はチェック機能を果たさなければならない」と2期目への注文を付けた。

当選を決めて、万歳をする青木氏（中央）

■目黒区長選結果

当	青木　英二	35515
	野沢満理子	13042
	安久美与子	8124

緊張感持った区政を

【解説】4党相乗りの青木陣営は、優位に選挙戦を展開した。最終日、事務所での帰陣式では、支持者から「対立候補が少なくて気が緩んだ面もあった」という本音も飛び出した。一方、後期高齢者医療制度廃止を掲げた野沢陣営は、安久氏も高齢者対策を訴えたため票が割れ、高齢者の不満を丸ごと取り込むことはできなかった。

青木氏の3万5千という数字は勝利には十分だが、4党相乗りにしては少ない。自民党区議団は現在15人。一大会派なのだが3派閥あって、今回の青木氏の推薦には党内でも異論が出ていた。自民が独自候補擁立を見送ったため、次期衆院選の前哨戦にはならず、自民、民主ともに動きにくい部分も。地元から衆院選に出る予定のライバル同士、自民の佐藤ゆかり氏と民主の手塚仁雄氏が青木氏の応援に入ったのは両者とも初日と最終日のみ。足並みをそろえたが、後期高齢者医療制度などの争点を伏せた選挙で有権者には分かりにくかった。自民党内からも見直しの声が上がる同制度を青木氏は基本的に認める立場。ただ「課題があれば目黒区としてもきちんと対応する」という。高齢者福祉は区民が望む優先施策の第2位で、真剣な取り組みが必要だ。また、「応援してくれた各会派とベクトルは同じ」と語る青木氏だが、それだけに、緊張感を忘れずに議会運営をすることが求められる。（糸）

新型インフル

希望者分のワクチンを

区長会、議長会が国に要望

特別区長会は17日、特別区議会議長会は18日、新型インフルエンザ対策を強化するよう、財務省、厚労省などに要望した。

鳥インフルエンザ（H5N1型）が人に感染すると、毒性の強い新型インフルエンザになることもある。新型であっても鳥のウイルスのため、人体には免疫がほとんどなく、新型の感染は避けられない。いったん流行すれば、860万人が居住する23区では人口密度も高く人の移動も激しいため、「首都機能が停止し、大混乱に陥る恐れ」がある。

感染は全国に及ぶ危険性が高いため、「国がイニシアチブをとって万全の体制を整えることが非常に重要」とし、「希望する国民全員分のプレパンデミック（大流行前）ワクチンを早急に備蓄すること」を要望した。

プレパンデミックワクチンは、新型インフルエンザが人に感染する前に接種すれば基礎免疫ができる可能性があるという。中国、ベトナム、インドネシアの新型インフルエンザ感染者から取り出したウイルスを使ったワクチン3種がある。

感染後に接種するパンデミックワクチンの製造は、新型インフルエンザ発生後約6カ月を要するとされる。新ワクチン製造までのつなぎとして、プレパンデミックワクチンが必要になる。

国は08年度まで、約3千万人分の確保を目標にしており、日本の人口1億2700万人のうち24％分に相当する。現在、希望する国民分のワクチンを確保する計画はないという。区長会は、プレパンデミックワクチンの確保を最大の要望とし、さらに流行後の外来診療、入院医療の確保なども求めた。

都区のあり方検討委

意見の違い浮き彫りに

上下水道の区への移管

都から区への事務移管などを議論している「都区のあり方検討委員会」（山口一久副知事）の4回目が18日、都庁で開かれた。上下水道の移管をめぐって、都側は「メリットを考えると（都による）一体的な扱いが望ましい」、区側は「分権の立場から、給水や料金徴収などは区が担う方向で検討すべき」とし、改めて意見の違いが浮き彫りになった。

検討委員会には、都側から谷川健次、菅原秀夫、山口一久の3副知事が出席。猪瀬直樹副知事は欠席した。区側からは特別区長会会長の多田正見・江戸川区長、同副会長の中山弘子・新宿区長と吉住弘・台東区長、「都区のあり方検討委員会」幹事会座長の山﨑昇・墨田区長、鎌形満征・区長会事務局長が出席した。

はじめに山﨑区長が、2007年度に幹事会で行った議論について報告。その後、幹事会では都区の間で意見が分かれた上下水道の区への移管について、改めて検討委員会レベルで意見交換した。

菅原副知事は「区民にとって何がよいかの視点から、都としては一体的に考えている」、山口副知事は「（移管により）区によってサービスが向上していくかの議論が足りない」と話し、都側が一体的に事務を行っていくことが望ましいとの立場を示した。

山口副知事は「水を使うのは、そこに住んでいる人だけではない。観光客が増えれば、水は広域的にやらなければならない。水需要について議論の素材となる材料を幹事会で出して議論してほしい」と提案。「ニューヨークやパリなど大都市の自治制度の例など見ながら、幹事会の中で議論してはどうか」と話した。

都「一体的な扱いを」
区「給水などは区に」

山﨑区長は、幹事会座長を務める立場から「議論の素材を出して、23区長にお示しすることはできる」としたものの、「上下水道は区側、都側の溝が深く、幹事会で結論を出すのは至難の技」と訴えた。

再編に絡んでは「区長は23人もいる。私どもも、あの区とあの区をどうしたらいいとはいえない」（多田区長）、「区には23通りの考え方がある。幹事会に出ているのは数人。急に再編なんて言わないでほしい」（山﨑区長）と、異なる事情を抱える23区の立場を主張。議論はかみ合わなかった。

谷川副知事からは、前回に引き続き、「事務と区域のあり方についてセットで考えるべき」と、区域の再編論議をうながす意見も。

一方、区側は基礎的自治体の自治権拡充の観点から「担える事務は、すべて区に移管する」との立場をとっている。そのため多田区長は「私どもは分権の立場で考えている。メリット論とはちょっと違う」と指摘。「全部一体でなくてもよい。各戸への給水や料金徴収などは、区がやる方が効率的ではないか」と、区側の考えを述べた。

今月24日には、幹事会での議論が再開される。法律上、区市町村に事務移譲できるが、現状では都に任されている事務について検討に入る。汚水やダイオキシンなどの公害関係の事務などが含まれている。

07年度に結論の出なかった上下水道のほか、消防に関する事務移管などの検討は後に送られることになる。

都と区の考え方の違いが浮き彫りになった都区のあり方検討委員会＝都庁で

中野区

暫定税率復活求め決起大会

西武新宿線　連続立体交差に影響

中野区、超党派の区議、住民団体等で組織する「西武新宿線踏切渋滞解消促進期成同盟」（会長＝石川誠一・中野区町会連合会長）は18日午前、野方区民ホールで決起大会を開き、都が施行する「西武鉄道新宿線連続立体交差事業」に関連して、道路特定財源諸税の暫定税率と地方道路整備臨時交付金制度の復活、2008年度分の国庫補助金の早期執行など4項目を決議した。

閉会後、石川会長、田中大輔・中野区長、区議会議長の市川みのる氏ら3氏が都庁、国土交通省、財務省、首相官邸への要請活動を行った。

同事業は、中井駅と野方駅間の約2・6キロを対象に7カ所の「開かずの踏切」を含む全9カ所の踏切除却を計画し、総事業費は約600億円を見込む。「新規着工準備箇所」として昨年12月に国土交通省の08年度予算内示を受け、今年1月に着工準備採択に至った。

中野区では、調査・計画策定事業として、今年度に1995万円の事業費を計上していたが、暫定税率の期限切れによって、同調査を含む国庫補助金に関連した道路事業の執行を当面見合わせることを今月11日に発表している。

決起大会には約250人が参加。田中区長は「調査すら着手できない状況は、事業自体の実現への懸念につながる。まず今年度の調査を動かしたい」と訴えた。

決起大会には、地元の松本文明衆議院議員、川井重男都議、高倉良生都議らも来賓として参加。民主クラブの一部を除き、区議31人も出席したが、決議内容に反発した民主クラブの出席者と共産党議員団は決議の採択前に退場した。

決議文を読み上げる期成同盟理事の濱本敏典氏

「自殺予防月間」都内で初の実施

杉並区

杉並区は5月1日に「自殺予防月間」を開始し、街頭キャンペーンや講演会、各種相談会等を通じた予防活動を1カ月間にわたって展開する。

今年度から同区は都内で初めて5月と9月を自殺予防月間として設定し、普及啓発活動の強化に乗り出す。今回の「春の自殺予防月間」を皮切りとして、5月10日午後1時30分よりJR阿佐ヶ谷駅南口駅前ロータリーで街頭キャンペーンを開催。民間ボランティアによる「Tシャツ隊」に山田宏区長も加わり、自殺者遺族が記した「天国のお父さんへ」の手紙約3千通の配布を予定する。

同期間中、自殺の原因になるストレスやうつ病に関する各種講演会のほか、コンサート、多重債務無料相談などを区内各所で開催し、生命の大切さを訴えていく。

杉並区での年間自殺者数は1998年に100人を超えて以来、現在まで同水準で推移。2006年施行の自殺対策基本法を受けて同年に設置した「健康都市杉並　庁内推進会議・自殺対策部会」を中心に自殺予防対策を展開している。

特に同区で30歳代を中心に青年・中年期の自殺者が多いため、今年1月には区内の窓口職員向けに自殺予防職員研修を実施し、4月には『杉並区自殺予防対策相談窓口対応ハンドブック〈初版〉～青年・中高年期を中心として～』を200部作成して各部署に配布した。

杉並区は「『自殺予防月間』同様、民間との連携も図りつつ、区内の自殺者数の半減をめざす」という。

休日に公金収納

練馬区

練馬区はこのほど、平日夜間、休日に住民税などを納められるコーナーを本庁舎1階に開設した。7種の公金を収納可能にしたのは23区初という。

平日は午後8時まで、土日祝日は午前9時～午後5時まで、国保料、介護保険料、後期高齢者保険料など7種の公金が一つの窓口で収納可能になる。区は収納業務を約1270万円で民間委託した。

これまで、休日の区政案内窓口で収納に訪れた利用者の納付額などを参考に、区は約1億円の収納を見込んでいる。

後期高齢医療制度対策本部設置

荒川区

荒川区は17日、後期高齢者医療制度対策本部を設置し、18日に区議会に報告した。保険者の広域連合を構成する基礎的自治体として、円滑な制度運営と医療制度の今後のあり方の提言を目指す。

対策本部は、西川太一郎区長を本部長とし、副区長、収入役、教育長、福祉部長など5部長で組織。西川区長は「区民に分かりやすい説明を工夫し、改善できることがあれば、都、広域連合と一緒に国に要望していきたい」とコメントした。

記者席

歯切れの悪さは何ゆえ？

○……石原知事って、こんなに歯切れの悪い人だっただろうか。18日の会見で、北京五輪に絡んだチベット問題を問われると、「国内の問題だから、中国政府がどう勘案して吸収するのか、予測がつきませんな」と、まるで他人事のような回答。ダライ・ラマと親交があるぞって言いたいことだけは分かる。

道路特定財源の一般財源化については、「賛成・反対を私の立場で言っても仕方ない」とつれない答え。「小沢一郎が悪い！」って言いたいのは分かる。

あれ、こんな人だっけ？　3期目になって言葉を選ぶようになったのか、単に都政が色あせたのか、それとも4年も都庁を離れていると、知事の偶像が独り歩きしているのか。

○……都区のあり方検討委が開かれた。区は自立した基礎的自治体を目指し、都からの事務移管を求めている。都は、現在行っている一体的な行政サービスや事務の効率性をアピール。事業を手放すまいとしている。まずは上下水道をめぐって意見は分かれた。

区側は「国の地方分権改革推進委が権限移譲を提言して各府省の意見を聞いたが、ゼロ回答だった構図と似ている」と指摘。「各局の事務をしておられた方の気持ちも分かる。お互いの気持ちを分かりながら、でも、（分権の形に）導いてほしい」と要望した。多摩地域では水道は20市町が都の業務としており、「多摩では広域を望む声もある」（都）という。何が一番望ましい形なのか議論はこれからだ。

○……都庁第一本庁舎2階に新設された全国観光PRコーナー。百貨店の催事場並みと聞いて期待したが、中身は全国各地の観光パンフレットが中心で拍子抜けした。ただ、マスコミでの宣伝効果や、都庁展望室への来庁者を2階で降ろすなどの取り組みもあり、賑わいはあった。

パンフレットも、よく考えれば全国のものが入手できるのは便利。自治体の作るパンフは無駄に豪華なものも多く見て楽しい。連休の予定が決まっていない人は、のぞいてみては。

国際法務総合センター

「刑務所反対」で市民案

受け入れ表明の昭島市「出発点違う」

タイムリミットは6月

米軍立川基地跡地昭島地区（約70㌶）に、刑務所施設などを集約した「国際法務総合センター（仮称）」を作る法務省案について、計画に反対する昭島市の住民側から約2万7千人分の署名と二つの計画案が相次いで提出された。跡地全体の利用計画は、関係する昭島市と立川市、東京都が協議して策定することになっているが、昭島市はすでに、正式に法務省案を受け入れることを表明。「一方的」と住民側には行政に対する不信感も募る中、利用計画案の策定期限は6月に迫っている。

■法務センター案

立川基地跡地は1977年に米軍から約460㌶すべてが国に返還され、防災基地や国営昭和記念公園などとなり、現在、約70㌶が未利用地として残っている。そのうち、昭島地域の土地は約62㌶。土地の利用計画については、都と立川市、昭島市の3者でつくる「土地利用計画連絡協議会」で協議されてきたが、実現に向けた具体案が出せず、07年9月、国（法務省、財務省）が自ら利用したいと昭島市などに打診。昭島地区の一部を、都内や近郊に分散する医療刑務所や医療少年院など法務省関連施設を集約した「国際法務総合センター（仮称）」として整備するという内容だった。

国の提案では、国連アジア極東犯罪防止研修所、公安調査庁研修所なども含む法務センターが未利用地の約4分の1程度を占め、そのほかは調節池や民間利用などでゾーニングするとなっている。

この案について、昭島市の北川穰一市長は「苦渋の決断」としながらも2月の市議会立川基地跡地利用対策特別委員会で受け入れを表明したため、市民側の怒りが爆発。市側の説明が浸透していなかったこともあり、市民にとっては、降って沸いたような案に反対の署名運動が広がり、近隣自治会を中心に計画変更を求める新たな計画案を策定してきた。

昭島まちづくりフォーラムは市側に新たな計画案を提出

■厳しい折衷案

市民側の利用計画案を提出したのは、立川基地跡地昭島地区に隣接するむさしの自治会（藤原国広会長・会員約400世帯）と、昭島まちづくりフォーラム（渡邊一枝代表）。

むさしの自治会は、刑務所施設反対の署名約2万7千人分とともに、計画案を提出した。土地利用計画の要請として「自然環境保護などの立場から、樹木や貴重な野草類、生息しているオオタカ等の生息環境を維持しながら市民の憩いの場となるものに」と訴え、土地利用図を提示した。

藤原会長は「刑務所施設には絶対反対だが、そのほかの研修所や職員宿舎などの施設にまで反対しているわけではない」とし、約4分の1程度を昭和記念公園の拡幅に利用し、調節池などを配し、国利用ゾーンを5～6㌶程度に圧縮する案を提出。「刑務所施設周辺を看守が常に見回るというが、自分たちも見張られているようで、異常な日常になる。『刑務所のまち・昭島』というイメージも悪い」と話し、「反対の署名を議会でもあっけなくほごにされ、市側の説明もいつも後手。市は『市民参加の推進』としているが、まったく誠意がない」と市に不信感を募らせる。

一方、昭島まちづくりフォーラムが提出した案は、法務センターに関連する施設を排除。「エコシティー」としてのまちづくりを提案した。市の「都市計画マスタープラン」でうたっている「市民参加のまちづくり」に注目し、「今年1月に具体的な発表があったが、市民にとっては寝耳に水。市民不参加のまま『まちづくり』が進められていた」とし、市民参加のまちづくりの実施や、市民意見を反映させるため、財務省への利用案策定期間の延長申請、市長の受け入れ表明の留保などを申し入れた。

市側は「市民の意見として重く受け止める」としながらも、「すでに市として法務センターの受け入れを表明している。法務センターの施設を抜きにした土地利用案では、出発点が違う」と計画案の大きな変更は厳しい状況を示唆。24日には市議会で特別委員会が開かれ、市の素案が示される予定になっている。

都民のオアシスへ

都内初 森林セラピー基地認定

奥多摩町

森林や自然を活用し、心と体の健康増進を図る「森林セラピー」。医学的にも検証されつつあるこの効果の実践と地域活性化などを目的に、森林セラピー実行委員会（事務局・㈳国土緑化推進機構）がこのほど第3期森林セラピー基地等認定審査を行い、奥多摩町が都内で初めて「森林セラピー基地」に認定された。これを受け、町ではモニタリングツアーの募集を15日に開始したが、1時間で定員を超えるほど注目度が高まっている。グランドオープンは09年度。町は、「森林セラピー」を起爆剤に、町全体の活性化を図りたい考えだ。

■全国唯一のロード

「森林セラピー」は、森林浴の効果を科学的に解明し、心身の健康に生かす試み。国や民間企業、大学などが連携して研究を進め、05年から「森林セラピー実行委員会」が、「癒し」の効果が認められた地域や道を認定している。3回の認定審査で、全国35カ所の森が「森林セラピー基地」「森林セラピーロード」に認定された。

奥多摩町で認定された基地名は「おくたま巨樹に癒される森」。町が抱える広大な森林を利用した5本のセラピーロードを中心に、町民や都心からの来訪者に、ウォーキングや作業体験などを通して健康維持・増進を図ることと、森林セラピーを通した様々なメニューを用意。来訪者の確保や滞在時間の延長を図り、地域振興につなげていくことが目的だ。

基地の中には4本のセラピーロードがすでに整備されており、ほかに「日本初の森林セラピー専用ロード」として、車いすでもいける路を発案。総工費2億4千万円をかけて、奥多摩総合運動公園の上部の森林1・2キロの遊歩道の整備を進めている。

認定前に独立行政法人森林総合研究所がセラピー効果の検証を行ったところ、奥多摩は都市部よりも歩行前の脈拍数が低かったことや、ストレスがかかると分泌が高まるコルチゾールというホルモンの濃度が低い傾向にあることが確認された。同研究所の香川隆英環境計画研究室長は、「奥多摩のセラピーロードは5ルートと多彩で、特に『奥多摩いこいの路』は全長12キロにわたって、なだらかな歩道が続く。起伏が少ないので事前のトレーニングも必要なく、誰でも参加できる道は、認定された基地の中でも唯一の特徴だ」と話している。

■変わる地域の意識

奥多摩町の観光客は、ピーク時には年間230万人が訪れたが、07年度の調査では145万人にまで減少。宿泊する客は少なく、客の9割を占めるのが日帰り客だ。

また、65歳以上の高齢化率は35%超。ジャガイモや白菜など販路のない農作物は、家族で食べる以外は作らない農家も多くなり、遊休地と化した畑も増加。観光客誘致と町を活性化する方策に、町は頭を悩ませていた。

そこで、新たな町の未来を作る起爆剤として提案されたのが「セラピー基地」。認定されるには、複数の遊歩道のほか、医療や宿泊施設など関連施設が整備されていることが条件で、町民の協力が不可欠。森林セラピーの宿となるには、食事のカロリー表示や食材の効能の説明など、様々な改革も必要なほか、観光客に地場産の食材を提供するためには、遊休畑の活用も有効だ。町民は、観光客への新たなメニューを町と一緒に考える中で、「客のニーズの変化に対応し、自ら改革する姿勢になってきている」（観光産業課森林保全活用係）という。

町では今後、町認定のセラピストガイドを養成するほか、地産地消の取り組みを促進。また、休日診療の実施を進める奥多摩病院と連携し、土日のセラピーツアー客への対応などを検討。地場産の商品開発も、町と町民がタッグを組んで積極的に進めている。

全町的な産業活性化に期待がかかる森林セラピー。グランドオープンに向けたモニタリングツアーは今年度4回実施する予定だが、初回、20人の定員は、受付開始からわずか1時間で埋まった。

河村文夫町長は、「モニタリングツアーの反響は大きく、我々が考えている以上に、都市部の人たちが森林セラピーを望んでいると感じる。地域とともに、心と体の癒しの場として、『都民のオアシス』にしたい」と話している。

なだらかな「ロード」に高いセラピー効果が期待される

立川市

起死回生のケイリンくじ

24日から発売 新たなファン獲得へ

「ファン拡大と収益アップを」――立川競輪場を所有し、レースの主催も行う立川市。赤字を理由に多摩8市で構成する東京都市収益組合が06年度末に解散し、昨年度から市単独事業としてレースを主催する厳しい状況の中、新たなファン層獲得と収益アップを目指した「ケイリンくじ」を24日から発売する。電子マネーを使ったインターネット専門の投票で、会員登録1万人、1日の売り上げ1千万円が目標だ。

名称はケイリンくじ「ドカント」。一口100円と200円で、3通りの賭式があり、最終レースから4レースの1、2着の組み合わせを当てる「ビッグドリーム」の場合、キャリーオーバー時の最大払い戻し金額は12億円。この賭式は、コンピューターが組み合わせを予想するため、競輪を知らなくてもくじ感覚で購入することができ、様々な年齢層へのアピールが可能だ。投票には電子マネー「デルカ」をチャージすることが必要で、ネットバンクや金融機関、コンビニでもチャージできる。

公営ギャンブルの斜陽化に加えて競輪のファン層は高齢化しており、事業活性化には若者や女性など新たな客層の取り込みが不可欠。パソコンのほか、6月からは携帯電話の端末からも投票できるようにするが、インターネット専門にしたのも、仕事の休憩時間やちょっとした空き時間などに、若者が遊び感覚で投票できることが狙いだ。

競輪事業の管理施行者の立川市は、競輪事業の収益で赤字になったことはないが、収益の減少は著しく、92年のピーク時に1172億円だった売上高が、06年度には252億8千万円にまで落ち込んだ。競輪の最も大きなレース「グランプリ」が開催された07年度は395億円と多少回復したものの、一時的なもので今後も増収が続くという状況ではない。

そのため、市は人員削減や窓などの清掃回数減、女性専用の特別観覧席の整備など、様々な収益アップを図り、さらに05年度から競輪事業で得た剰余金の繰入を一般会計に回すことをストップ。今後の退職金や施設改修費などに充てるため、15億円を目標に、基金に積み立てていた。昨年度でその目標を突破したため、今年度から利益が出れば一般会計への繰り出しを行うが、「より多くの利益を出すためには、競輪の魅力を伝え、裾野を広げることが不可欠」とケイリンくじ導入を決定。

市公営競技事業部は「オリンピックの競技にも競輪がある。レジャーのひとつとして楽しんでもらえるように、イメージアップを図りたい。2億、3億でも市財政に寄与できれば」と話す。今後はクレジットカードなどに付くポイントを、ケイリンくじに利用できるようにすることも検討しており、今回のケイリンくじで「起死回生」を図りたい考えだ。

ケイリンくじの購入にはホームページからの登録が必要で、現在は申し込みをすれば体験版を試すこともできる。そこで着順を当てれば、実際のケイリンくじを購入できるポイントをもらえるキャンペーンも実施。同事業部は「競輪の魅力はスピード感。ケイリンくじをきっかけに、競輪場で実際に競技を見に足を運んでくれる人が増えたら」と期待している。

狛江市長選

矢野氏が4選出馬表明

「市政転換の総仕上げ」

任期満了に伴う狛江市長選挙に、現職の矢野ゆたか氏（61）が18日、「豊かな狛江をつくる市民の会」の要請を受け、4選を目指し出馬表明した。すでに出馬を表明している2人の立候補予定者について「どちらもバカラ賭博で辞職、逮捕された前市長を支えてきた陣営の人。この12年間、一度も市民に公式な謝罪と反省をしていない」とし、「反省のない人たちに市政を任せたら、いつ昔の時代に戻ってしまうか分からない」と、清潔・公正で開かれた狛江市政のさらなる推進に意欲を燃やしている。狛江市長選挙は、6月15日に告示され、同22日に投開票の日程で行われる予定となっている。

都内唯一の共産党首長として、その手腕を振るってきた矢野氏は、今回も共産党の推薦を得て臨む。「1期目は旧与党の『打倒』攻撃をはねのけ、市民参加、情報公開を中心に市政の根本的な転換を図り、2期目は福祉や教育施策などを充実。3期目は行財政基盤確立のための緊急行動計画に全庁あげて取り組んできた」とし、「市民が主人公の市政、土木優先から市民生活優先の市政、財政基盤の確立ができた」と、市民利益を守りながら行ってきた市政運営を振り返った。

その上で、「今年度からの2年間は、基本構想、基本計画をまとめていくもっとも大事な時期だ。これまで取り組んできた情報公開や市民参加など、市民との協働で具体化を図っていくためには、私が市長であることが必要である。市政転換の総仕上げを行いたい」と出馬決意の経緯を説明した。

公約として、「孤独死ゼロ、妊婦健診の費用負担ゼロ、保育所待機児ゼロ、駅前放置自転車ゼロ」などのほか、中学校給食の全校開始やコミュニティーバスの運行、市民文化の振興などをあげている。

矢野氏への多選批判については「多選が市民の利益に反するかどうかで、市民が審判すべきもの。選挙を通じて判断を委ねたい」と語った。

同市長選挙には、映画プロデューサーの伊藤正昭氏（41）、前市議会議長の高橋清治氏（57）がそれぞれ立候補を表明している。

週刊 たま手箱

提言もとに活性化方針

八王子市

八王子市の地域拠点の活性化を図るため、昨年4月に発足した「八王子市中心市街地等活性化検討委員会」（委員長＝大西隆東大教授）は、1年間の検討結果を提言書にまとめ、黒須隆一市長に提出した。

提言は、八王子市の特性や都市構造を踏まえ、活性化の方向性や目標を設定した「市の活性化に関する提言」、7カ所の地域拠点の特性を生かした活性化や連携の方向性を示した「地域拠点の活性化に関する提言」と「提言後の方向性及び課題」の3部構成。

市の活性化についての目標は、①首都圏西部の中核都市にふさわしい魅力を発信する街②多様な地域拠点が多重にネットワークされたまち――としたほか、七つの地域拠点のうち、中心市街地地区では「八王子市の顔として、市全域、近隣都市を圏域とした商業・業務機能の核として確立した拠点」、八王子インターチェンジ周辺地区は「広域的なアクセスの良さや大規模な未利用地を活かすこと」、高尾駅周辺地区は「自然環境を生かした国際的・広域的な観光・アメニティーの拠点としてのさらなる充実」――などをあげた。

市は今年度、「地域拠点活性化基本方針」を策定する予定で、この提言を有効に活用したいとしている。

歩行者用に観光案内標識を設置

小平市

小平市はこのほど、四季折々の散歩が楽しめる市の観光名所「小平グリーンロード」に、歩行者観光案内標識を設置した。外国人観光客向けに地図は4カ国語（日、英、中、ハングル）で対応しているほか、名所案内の紹介文は「玉川上水を守る会」のメンバーに協力を依頼。地図には、地図周辺の観光スポットやトイレなどを表示しているほか、地元市民ならではの紹介文として、玉川上水にまつわる豆知識なども盛り込んだ。

また、支柱に多摩産のヒノキを使用したり、板の色をグリーンロードにちなんだ緑色にするなど、市独自の特徴ある案内標識となっている。

「地域SNS」を活用し交流促進

三鷹市

情報通信技術を活用した「ユビキタス・コミュニティ推進事業」に取り組んでいる三鷹市は6日から、総務省「地域ICT利活用も出る構築事業」の委託を受け、地域SNS（ソーシャル・ネットワーキング・サービス）のシステムを活用した「みたか地域SNS」のサービスを開始した。

「みたかSNS」は、市民、事業者、NPO、関係団体と三鷹市で組織する運営委員会で運営。システムの技術的な保守は「三鷹ICT事業者協会」が、事務局は「NPO法人シニアSOHO普及サロン・三鷹」が担う。市は、このSNSを利用して市民の情報発信や情報交換が活発になることで、地域の交流が盛んになることを期待している。

市民のほか、三鷹市に関心のある人なら誰でも参加可能。自分の日記や意見交換のページを簡単に作成し、そこに写真や動画情報を張り付けることも簡単にできる。また、会員間のメール交換や、「ともだち」登録などもできるインターネットを利用したコミュニケーションツールだ。

特別区08年度の組織・人員㊤

人員削減、減速基調に

5区が削減率1%以下

23区の08年度職員数は6万5695人となり、前年度比で1494人の減となることが本紙の調べでわかった。1区あたりでは平均65人を削減した計算となり、削減率は1区平均2・22%となる。ただ、100人以上削減した区が6区ある一方、20人に満たない区も5区にのぼり、区間での開きも浮き彫りとなった。これまで23区全体で進んできた「行政の効率化＝人員削減」の動きに変化も表れてきたようだ。

削減率は23区で平均2・22%だが、それを上回ったのは8区のみで、15区は平均を下回る削減となる。1%に満たない区も5区あった。

本紙が昨年4月に行った同調査では、23区で計1632人の減だった。削減が20人以下となったのは荒川区のみで、削減率が1%を切った区はなかった。昨年の調査では職員数から病気休職者を除いていたため、今回の調査方法と若干の違いはあるが、単純に比較すると138人少なくなったことになる。06年度も同じく23区で計1800人以上の削減となっており、特別区の定数削減は減速傾向にあることが伺える。

台東区は削減数ゼロ

■スリム化も限界に

減速を象徴するのが、削減数0人となった台東区だ。同区人事課は「育児休業の代替として任期付職員を8人採用しており、実質的には減だが、行政需要が高まる中、削減は厳しい状況だった」と説明する。

削減基調の中でも、後期高齢者医療制度や大気汚染訴訟の補償事務など、新たな行政需要への対応が先決になる。同区は04年度から07年度までに126人を削減するなどスリム化を図っており、現在の事務量との兼ね合いから、これ以上の削減ができなかったという。

総務省の集中改革プランで求める定員管理の適正化では、10年度当初の目標数として、現在より50人程度少ない1636人を打ち出している。人事課では「現業系の退職不補充など効率化を図り、目標に近づけたいが、職員一人ひとりの負担が重くなればメンタル障害も増え、かえって非効率となる」と厳しい胸の内を語る。

「人員削減路線」からの脱却を明確に打ち出しているのは荒川区だ。同区は昨年9月に人事政策の指針となる「人事戦略構想」および、適正な職員体制の考え方を示した。これに則り、今年度は15人の微減にとどめた。

行政の効率化といった場合、人件費はマイナス要素で削減対象と捉えがちだが、「人件費＝政策経費」と捉え直して3年後の職員体制を試算した結果、36人の減にとどめる考えを示した。職員課では「他区と比べ、一歩進んで削減してきた。今後は何人削減するかではなく、何人必要かの視点で組織を編制していく」と話す。

課題への対応を優先

区の事情等で結果的に小規模の削減となった区もある。その一つ、新宿区は14人の減のみ。昨年が29減、一昨年が30減だったのに比べても少ない。職員課では「合理化で縮減するより、課題に対応するための組織強化を図った結果」と話す。

新宿区は、昨年度に今後10年間の総合計画を策定。これに伴い、今年度は大規模な組織改正を行った。人員削減より組織体制作りを優先したという。

ただ、来年度以降は引き続き合理化を進める考えを示す。集中改革プランでは10年度の職員目標数2740人を掲げており、残る100人以上の削減に向け、図書館への指定管理者の導入や保育園の民営化などを図る予定だ。

文京区も12人の減。同区は03年度から今年度を計画期間とした行革プランで示した職員削減数を今年度達成した。「行革が減速したのではなく、計画の最終年度として、目標達成に取り組んだ結果」と説明する。今年度中に次期計画を策定し、次のステップへ移行することになる。

■財政難で削減加速

他方、最も大きな削減率となったのは中野区で前年度比4・50%の減となった。組織規模は23区の中で平均より小さいながら、保育園2園の民営化で40減、区内では初となる区立小・中学校の再編で14減など削減を積み上げた。

「財政状況が厳しくなった10年ほど前から、効率化を加速している」と区経営室の人事担当。今年もこの路線を引き継いだという。中野区は、ピーク時に3500人いた職員を2千人まで削減する目標を掲げており、来年度も105減、09年度も112減を盛り込んでいる。今後も保育園の民営化や学校再編、障害者施設の委託化、ごみ収集業務の委託化などを進めるという。

次いで削減率が高い北区も、大きくはない組織規模の中で4・14%の削減となった。保育園の調理・用務の委託化で32減、指定管理者制度導入で23減、福祉施設や児童館への指定管理者制度導入で10減などとしている。

北区では、昨年度から直営施設への指定管理者制度導入を本格化させており、2年連続で100人以上の減となった。今後も退職者数を見ながら、保育園や児童館への制度導入を検討するが、導入先は限られており、削減規模は縮小する見通しだ。「本庁組織は、現行の事務量での削減には限界がある。事務の委託化がどこまでできるか……」と話す。

最も削減数が多いのは大田区で170人の減。保育園3園の民営化で70減、公園・緑地管理事務所の業務委託で49減、福祉施設への指定管理者制度導入で25減などとした。来年度以降も保育園や幼稚園、障害者施設の運営体制などを見直すという。

特別区 08年度職員予定数と削減率

区名	08年度職員数	07年度職員数	差引増減	削減率(%)
千代田	1,087	1,101	▲ 14	1.27
中央	1,535	1,569	▲ 34	2.16
港	2,299	2,316	▲ 17	0.73
新宿	2,860	2,874	▲ 14	0.48
文京	1,842	1,854	▲ 12	0.64
台東	1,687	1,687	0	0.00
墨田	2,056	2,102	▲ 46	2.18
江東	2,957	3,012	▲ 55	1.82
品川	2,633	2,672	▲ 39	1.45
目黒	2,364	2,413	▲ 49	2.03
大田	4,804	4,974	▲170	3.41
世田谷	5,211	5,309	▲ 98	1.84
渋谷	2,184	2,257	▲ 73	3.23
中野	2,504	2,622	▲118	4.50
杉並	3,868	3,939	▲ 71	1.80
豊島	2,194	2,286	▲ 92	4.02
北	2,379	2,482	▲103	4.14
荒川	1,578	1,593	▲ 15	0.94
板橋	3,740	3,795	▲ 55	1.44
練馬	5,092	5,212	▲120	2.30
足立	3,686	3,797	▲111	2.92
葛飾	3,240	3,290	▲ 50	1.51
江戸川	3,895	4,033	▲138	3.42
合計(平均)	65,695	67,189	▲1,494	2.22

※職員数＝教育長、再任用（フルタイム）、外郭団体等への派遣職員、地方自治法上の派遣で給与を支給している職員、休職者を含む。区長、副区長、地方自治法上の派遣で給与を支給していない職員、再任用（短期）・再雇用、非常勤職員、アルバイトは除く

取材ノート

「ポスト効率化」のビジョンを

23区の総体では人員削減が縮小傾向となっているが、明確に削減路線からの脱却を打ち出しているのは荒川区のみ。削減規模が少なくなった新宿区や文京区は「行革の中休み」の状況で、削減路線に変更はない。23区全体で削減傾向に歯止めがかかったとは言い難い状況だ。

ただ、各区の人員削減メニューを見ると、大きな要素は保育園や福祉施設など出先事業所への指定管理者制度の導入や業務委託などが中心。これらが一巡すれば、残るは本庁事務となるが、どこまでメスを入れられるか見通せている組織はない。

今年度も後期高齢者医療制度への対応など行政需要が高まる中、内部事務の効率化は、戸籍事務の電算化などを除いて進んでいるとは言えず、退職者との兼ね合いで見直しを積み上げているのが実態だ。

人員削減がゼロとなった区は特殊なケースではない。「これ以上の見直しは限界」との声も聞かれる中、今後は「効率化以後」の組織のあり方、区政が進むべき方向性を明確に打ち出すことも必要になるだろう。（貴）

IT人材育成

職員のスキル標準を設定

配置管理へキャリアパス作成

都は今年度、ITを利活用することで業務改革を推進できる人材の育成・確保を強化する。都職員に必要なスキルレベルをITスキル標準として設定。また、コア人材の育成に向けたキャリアパスも作成する。現在、ITに関する職場ニーズの把握を進めており、7月にはIT人材育成の具体的なメニュー等を中間まとめとして打ち出す。

都では、原則1人1台配備されたTAIMS端末を使用しているが、表計算や文書作成といった機能しか利用しない職員もいるなど、ITスキルがまちまちで、最大限有効に使いこなしているとは言い難い状況にある。

このためユーザー部門として、職員の基礎的スキルを一定以上に引き上げることが必要と判断、新たにITスキル標準の設定を挙げた。この中では「情報を共有化する能力」や「業務改善の提案」など、ノーツやパワーポイントの利活用を想定したレベル設定も検討されている。

ユーザー部門では、このほか管理職（候補者含む）への研修充実も図る。今年度は、管理職に必要なマネジメントへのIT活用に関して、全体で200人程度の研修実施を予定している。

一方、IT部門を担う中核的な人材に関しては、本人の意向や適性を踏まえて選抜した上で、中長期的視野からの育成を図っていく。

現状でも職場にITリーダーが配置されているが、情報の伝達や共有化などで連携が不十分な面もあるとして、今後は全体の最適化にも考慮しつつ、業務とシステムの最適化を提言し、あわせてITベンダ（製造販売会社）と対等に渡り合える人材の育成に努める。

ただし、近年、大規模なシステム開発が行われず、システムを一から作り込むといった経験に乏しいこともあるため、今後はコア人材向けに問題解決型演習など実践的研修メニューを拡充させる考えだ。

育成とリンクした配置方針の確立も掲げる。職場ニーズ調査では、業務遂行にあたって担当者や職層別に求められるスキル、実際の職員のスキルレベルや経歴・資格等の把握を進めており、IT人材を必要とする職場情報とあわせて、IT人材の配置状況などIT人材情報を整備する。

また、スキルの高い人材については、IT中央管理部門だけでなく、各局の企画・立案など様々な部署でITスキルを活用できるよう道筋を示し、局横断的に配置管理していくためのキャリアパスも作成していく。

ひと

観光でアジアにアピールを

大田区産業経済部
観光政策担当課長
伊藤（いとう）　勝久（かつひさ）さん

昨年11月に日航を退職。後はゆっくり考えようと、まずは家族で北海道旅行に。その旅先に友人から、適任の仕事があるとメールが届いた。飛行機が見える現場にこだわって、17年間勤めた愛着ある羽田を擁する大田区が観光担当課長を公募。「神様のお告げかと思いました」と笑う。

パイロット採用など面接する立場から、一転、受ける側に。「夢を語れて楽しかった。採用されれば、一緒に仕事をしていく上司になるんだが、やる気満々の区という感じがした。つじつま合わせの公募でなく、観光を何とかしたいという思いが伝わってきて、面接が進むにつれてますますやりたくなった」

大田区と観光を考えてみることもなかったと面接でも発言。ではどうするか。「このまま放置していたら、日本はアジアの中心でなくなる。国策できちんと対策を取ることはもちろんだが、区で出来ることもある。アジアの人たちが求めるものづくりの技術を提供したり、長期戦略でアジアにアピールできる仕組みづくりをやっていくことなんです」

ホテル出向時、ヤシの木の下で8年間暮らした。「羨ましいと言うが、冗談じゃない。四季があることが無性に恋しくなる。区民は気付かなくても外からは新鮮に感じる観光資源もあるはずです」

広報部で日航財団の設立を担当。役職定年の03年からは、日航アーカイブセンターの立ち上げ、運営に携わった。段ボール5千箱を超える資料を高齢OB三人が細々と整理していたが、「保管しているだけではいずれ潰される。宝の山を役立てなくては」と積極的に資料を貸し出した。

飛行機屋スピリットを伝えたいと、社員にも見てもらった。「戦後、翼をもがれ、[illegible]ようにして飛行機を飛ばしてきた苦難の歴史があるんです」

「本当に大事なことは目に見えていないんだよね」と、大局的な見方が必要だと[illegible]。

東京都出身、72年ICU教養学部卒、日本航空に。[illegible] 40人のパイロットを[illegible]。趣味はラジコン飛行機作りと操縦。ゴーカートレーサーとして活躍したことも。[illegible]のボランティアも。妻と二女。59歳。

局トップに危機管理研修

都総合防災部

地震などの自然災害やテロ、新型インフルエンザなど、様々な危機が発生した際に陣頭指揮を取るトップの危機意識を高めようと、都総合防災部は「指揮者研修」を実施している。実働部隊となる職員の研修はこれまでも行ってきたが、非常時のリーダー役となる局トップを対象にした独自の研修は、都として初となる。

研修は17日と23日の2回にわけて実施。都の全局長および、危機管理担当部長となる各局の庶務担当部長が対象だ。このほか、総務局の管理職も参加している。

17日の研修では、中村晶晴・都危機管理監が災害時の指揮者の役割について講義。指揮者にとって大切なこととして「状況を踏まえた指揮命令ができるか」「現場を混乱させない」「任せられる仕事は任せる」ことなどを挙げた。

また、志方俊之・都参与は指揮者の心構えについて講義。「指揮者にはリーダーシップとマネジメントの二つの側面があるが、都民の命を預かる災害時にはリーダーシップが大切」などと訴えた。

都人事行政の運営状況を公表

職員定数は79年度から24・2%減

都総務局はこのほど、07年度東京都人事行政の運営等の状況を公表した。04年の地方公務員法改正を受け、05年に制定された都条例に基づいて、人事行政の公正性・透明性を高める観点から公表するもので、今回が3回目となる。

人事行政の運営の状況は職員の任免及び職員数、給与、勤務条件、分限及び懲戒処分などを内容とする。また、人事委員会の業務では選考、勤務条件に関する措置要求、不服申し立て状況などが明らかにされている。

08年度の職員定数は16万7032人で、79年度に22万3333人であったことから、24・2%（5万3301人）減少したことになる。06年[illegible]に発表された行財政実行プログラムの定数削減目標に対しては、[illegible]の達成率となる。年齢別では「56～59歳」区分が2万4[illegible]と最も多く、「52～[illegible]

立教大学・池袋キャンパスで実施

08年度管試・筆記考査

都人事委員会事務局は18日、来月25日に実施される08年度管理職選考の筆記考査会場を発表した。会場は前年度と同じく立教大学・池袋キャンパスを使用する。

筆記考査の時間は、種別Aが事務・技術ともに9時30分集合で10時から「択一」を開始。ただし、択一免除者は「論文」の30分前に集合となる。種別Bは事務・技術いずれも12時50分に集合。このほか「論述」のみ受験の場合は14時10分が集合時間となる。種別C、運輸[illegible]10分に集合する（記述免除者は10時45分）。

受験票は来月8日に各局交付。筆記考査の試験問題・択一試験の正答は5月27日にTAIMS人事委員会掲示板で公表する予定。

追加出資への反対1千件超

都民の声・月例報告

都生活文化スポーツ局は[illegible]、「都民の声」月例報告（3月分）を取りまとめた。[illegible]

係長級人事異動

4月1日付

◎印昇任

東京都

◆財務局

（課長補佐）▽経理部総務課人事係長◎永島勝明▽経理部総務課契約調整主査 金田正吉▽経理部総務課契約調整主査 熊谷秀明▽経理部総務課輸送係長 芹沢国雄▽経理部契約第一課調整係長 國分光博▽経理部契約第一課土木係長 飯田栄司▽経理部検収課電気検査係長 市川明男▽経理部検収課機械検査係長◎竹渕治▽主計部議案課課務担当係長 川那子進一▽主計部財政課予算総括主査◎佐藤章▽主計部財政課財政制度総括主査 宮武和弘▽主計部財政課財政主査 傳法秀行▽主計部財政課財政主査 永井利昌▽主計部財政課財政主査◎梅津義和▽主計部財政課財政主査◎池上大▽主計部財政課財政主査◎山本公彦▽主計部予算第一課予算主査 坂田早苗▽主計部予算第一課予算主査 山中淳▽主計部予算第一課予算主査◎

係長 小暮一男▽財産運用部総合調整課計画推進担当係長 福地孝博▽財産運用部総合調整課調整担当係長 蓮田知明▽財産運用部総合調整課制度企画係次席◎小田切大輔▽財産運用部活用促進課管理運用担当係長 高森光夫▽財産運用部活用促進課管理運用担当係長 濱嵜稔▽財産運用部活用促進課貸付財産担当係長 笠原隆男▽財産運用部活用促進課活用促進担当係長 中村敦子▽財産運用部活用促進課処理推進担当係長 齋藤仁志▽財産運用部評価測量課土地評価担当係長 横田文夫▽財産運用部評価測量課土地評価担当係長 土屋淳子▽財産運用部評価測量課土地評価担当係長 若狭克男▽財産運用部評価測量課測量担当係長◎古田守▽建築保全部工務課管理係次席◎稲原弓子▽建築保全部工務課保全計画担当係長 岡村英作▽建築保全部工務課保全計画担当係長◎

(5面からつづく)

▽中部下水道事務所芝浦水再生センター運転調整担水再生センター再生水担当係長◎並木圭治▽中部下水道事務所芝浦水再生センター保全管理係次席　中村正紀▽中部下水道事務所芝浦水再生センター整備第二係長　安川洋一▽中部下水道事務所芝浦水再生センター設備工事担当係長　眞廣徳久▽北部第一下水道事務所業務課業務係長　河合直孝▽北部第一下水道事務所業務課水質規制係次席◎佐藤誠一▽北部第一下水道事務所管路施設課管路施設係次席◎森島明夫▽北部第一下水道事務所管路施設課文京地区工事担当係長◎三嶋史寛▽北部第一下水道事務所管路施設課台東出張所長　北澤秀吉▽北部第一下水道事務所管路施設課豊島出張所長◎丸山聖人▽北部第一下水道事務所管路施設課荒川地区工事担当係長◎岡本順▽北部第一下水道事務所ポンプ施設課電気保安担当係長　内田尚登▽北部第一下水道事務所ポンプ施設課町屋ポンプ所次席　増岡良一▽北部第一下水道事務所建設課調整係次席　佐藤伸二▽北部第一下水道事務所建設課工務・検収担当係長　村井文夫▽北部第一下水道事務所建設課道路調整担当係長　谷口茂樹▽北

特別区

◆議会局

◆千代田区

◆江東区

◆品川区

◆杉並区

◆労働委員会事務局

（6面からつづく）

▽杉並区杉並保健所生活衛生課食品衛生担当係長◎谷口力▽杉並区杉並保健所保健予防課保健予防係長（課長代理）　星薫▽杉並区杉並保健所荻窪保健センター保健指導担当係長◎妹尾恵美子▽杉並区杉並保健所高井戸保健センター業務係長（課長代理）　田辺知恵子▽杉並区杉並保健所高井戸保健センター栄養指導担当係長　端井しげみ▽杉並区杉並保健所衛生試験所化学検査担当係長◎秋谷正人▽都市整備部住宅課住宅施設推進係長（課長代理）　中井裕▽都市整備部まちづくり推進課管理係長（課長代理）　知屋友紀子▽都市整備部建築課事務係長（課長代理）　知野秀二▽都市整備部建築課監察係長◎土屋利弘▽都市整備部土木管理課狭あい道路係長　藤本俊司▽都市整備部建設課道路企画担

区民生活部区民課西荻窪区民係主査　横山淳二▽区民生活部区民課高円寺区民係主査　味田美恵▽区民生活部区民課荻窪駅前区民係主査◎船木由美子▽区民生活部地域課協働推進担当係長　星野純子▽区民生活部地域課すぎなみ地域大学担当係長　塚原恰▽区民生活部地域課地域施設係主査◎矢花伸二▽区民生活部課税課主査（区民税第一担当係長付）◎財賀紀代子▽区民生活部納税課公売・調整担当係長◎菊池雅男▽区民生活部文化・交流課交流推進担当係長　野間口純雄▽区民生活部文化・交流課男女共同参画推進担当係長　渡辺和子▽区民生活部文化・交流課主査（文化振興担当係長付）　島崎和也▽保健福祉部管理課計画調整担当係長◎竹田安男▽保健福祉部管理課地域福祉推進担当係長　伊藤修二▽保健福祉部管理課地域福

つみ▽保健福祉部保育課堀ノ内東保育園主査　高木淳子▽保健福祉部保育課久我山東保育園主査◎澤田佐知子▽保健福祉部保育課西荻北保育園主査　井上優子▽保健福祉部保育課阿佐谷東保育園主査◎松島典子▽保健福祉部保育課井草保育園主査　奥田恵子▽保健福祉部保育課松ノ木保育園主査　丹羽幸栄▽保健福祉部保育課和田保育園主査　中村泰子▽保健福祉部保育課永福北保育園主査　宮川つね子▽保健福祉部保育課高円寺東保育園主査　竹内澄子▽保健福祉部児童青少年課事業係長◎片山隆司▽保健福祉部児童青少年課上高井戸児童館長　岡村政代▽保健福祉部児童青少年課阿佐谷児童館長◎青木博巳▽保健福祉部児童青少年課井草児童館長　矢島健二▽保健福祉部児童青少年課堀ノ内南児童館長　井上倉次▽保健福祉部児童

20年度都管試「直前対策と予想」

都管試は、5月25日に立教大学で行われます。試験まで1カ月となり、これまで勉強してきた参考書や問題集の復習と、ポイントを絞り込んだ対策が重要になります。直前対策と予想問題を掲載します。

A 択一

■都政事情

1　ポイント

重要な項目について資料を収集し、ポイントを押さえながら、試験前に集中的に記憶することが有効です。「とちょうーi」や「東京都ホームページ」で、昨年8月から今年3月までの都政の動きを確認するほか、『都政新報』で主な記事に目を通しておきましょう。

2　予想問題

【計画】①「10年後の東京」への実行プログラム2008②東京都税制調査会中間答申③東京都特別支援教育推進計画第2次実施計画④第二次都立病院改革実行プログラム⑤東京都産業振興指針⑥子育て応援都市東京・重点戦略

【予算等】①20年度予算②東京オリンピック招致関連③東京大気汚染訴訟の和解

【調査・報告】①平成18年東京都人口動態統計調査年報②都民生活に関する世論調査

■政治経済等事情

1　ポイント

昨年、環境問題で重要な会議、報告書が出ている。また、年金問題やサブプライムローン問題などは、昨年夏から顕在化した問題であるが、一つの事項だけでなく、直前までの動向を把握する必要がある。

2　予想問題

年金記録問題、郵政民営化、薬害肝炎被害者救済特別措置法、与党税制改正大綱、国の平成20年度予算案、サブプライムローン問題、経済財政白書、労働経済白書、情報通信白書、ジョブ・カード制度、改正最低賃金法などの労働事情、最近の最高裁判所判決、裁判員制度、温暖化防止パリ会議、気候変動に関する政府間パネル（IPCC）統合報告書、EU新基本条約（リスボン条約）、G7財務相・中央銀行総裁会議、ASEAN首脳会議

■経済・財政に関する知識

1　ポイント

ミクロ経済学・マクロ経済学は、ほぼ毎回出題される分野のグラフ及び計算問題について、確実に正答できるよう確認しておきましょう。その他についても、特に基本的な知識を定着させてください。

財政学については問題集の内容に加え、主要国や日本、地方の最新の財政事情を確認しておきましょう。

2　予想問題

【ミクロ経済学】①費用関数②独占企業③余剰分析④外部効果⑤ゲームの理論

【マクロ経済学】①国民所得計算②IS－LM分析③投資関数④フィリップス曲線⑤ハロッド＝ドーマーの成長理論

【財政学】①地方財政計画②公共財③公債④経常収支比率⑤ビルトイン・スタビライザー

■行政管理

1　ポイント

「行政改革（行政評価を含む）」と「行政参加」の分野から、6題の出題がなされます。確実に得点を上げるためには、まず、これまで使った問題集や参考書を再度繰り返して目を通し、知識の確実な定着を図りましょう。その上で、事情問題と関連のある分野を中心に、キーワードを中心に薄く広く、できる限り多くの資料に目を通しておくと当日あわてずに問題に臨めるでしょう。

2　予想問題

【行政改革（行政評価を含む）】①指定管理者制度②公益法人制度改革③行財政改革実行プログラム④ベンチマーキング④行政コスト計算書⑤行政評価全般⑥公営企業の行政評価制度

【行政参加】①PI②NPO法 ③パブリックコメント

■経営に関する知識

1　ポイント

出題数が択一試験（事務）の2割を占める重要科目ですが、問題の難易度は決して高くはなく全体として基本的な知識を問うレベルです。今まで使用してきた問題集や参考書を繰り返し復習して基礎知識の習得に努めてください。

2　予想問題

【経営戦略】①PPM②多角化戦略③チャンドラー命題④クロス・ライセンス⑤M&A

【マーケティング】①マーケティングの4P②ブランド・ロイヤルティ③サプライチェーン・マネジメント

【企業形態・組織】①事業部制組織②マトリックス組織③カンパニー制

【経営人事・経営労務】①マグレガーのX理論・Y理論②コンティンジェンシー理論③裁量労働制④成果主義

【その他】①アントレプレナー②新会社法③マッチングギフト制度

■会計に関する知識

1　ポイント

簿記（主に仕訳と勘定科目の基礎的知識を問うもの）と財政指標（計算方法、高い（低い）方が良好か）については、出題される可能性が非常に高いので、この点については一通り整理して試験までに知識を定着させましょう。

昨年は近年導入された会計制度を問う問題があったので、今年も主なものは、会計制度のポイントを押さえておくことが望ましいと思います。

基礎的な知識を確認するため、参考書や問題集をもう一度薄く広く目を通すことをお勧めします。また、インターネット等で会計に関する情報に触れておくことも有効でしょう。

2　予想問題

①簿記（仕訳、勘定科目）②財政指標③企業会計原則（一般原則）④株主資本変動計算書⑤連結会計⑥金融商品会計（時価会計）

A 論文

1　ポイント

問題は2題提示され、1題を選択して解答します。問題を見てからどちらを解答するか短時間で判断しなければなりません。2題とも全く準備していないテーマだと選択に迷い、結果として時間不足になる可能性もあるので、代表的なテーマは一通り準備しておきたいところです。

直前の対策として、今まで書いた論文を整理し、再現できるようにします。更に、テーマに応じたレジュメをできるだけ多く準備します。レジュメには、問題点とその背景、解決策に加え、強い反対や障害とその対応策をセットにしてまとめます。その際には、「10年後の東京」への実行プログラム2008を参考にするとよいでしょう。テーマについては、「10年後の東京」や知事施政方針表明等から都政の重要課題を選定し、自分なりの出題予想を立てて取り組みましょう。

また、まとまった時間のとれる際に、本番と同じ2時間50分を計って実際に論文を書いてみると当日のイメージがつかめます。2200字程度を手書きするのは意外と手間がかかります。時間内に書き上げる練習を是非してみてください。まだ1本も論文を書いていないという場合は、至急準備する必要があります。最後まで諦めてはいけません。

2　出題予想

①環境対策②景観対策③危機管理対策④地方分権・地方税財政改革

B 記述・事務

■福祉・保健医療

1　ポイント

予想問題を絞り込み、模範解答を完成させてください。作成した模範解答は、通勤時間で覚えこみ、自宅で再現するなどして暗記と再現を繰り返し、解答の精度を高めてください。

2　予想問題

【社会福祉法】①社会福祉事業に対する公的規制及び監督②福祉に関する事務所

【生活保護法】①被保護者の権利及び義務②保護の捕捉性の原理

【地域保健法】①地域保健対策の推進に関する基本指針

【時事問題】①東京都社会福祉審議会意見具申「福祉人材の育成のあり方」②東京の福祉保健の新展開2008③子育て応援都市東京・重点戦略④東京都地域ケア体制整備構想⑤東京都保健医療計画⑥東京都がん対策推進計画⑦東京都医療費適正化計画⑧「自殺総合対策大綱」と都の施策⑨第二次都立病院改革実行プログラム

■教育・文化

1　ポイント

平成18年に教育基本法が改正され、それに伴う学校教育法等、教育3法の整備等が昨年ありましたので押さえておく必要があります。また、中央教育審議会答申や、都教委において策定した行政計画等についても同様に押さえておく必要があります。

2　予想問題

【国関係】①学教法、地教行法、免許法・教特法の改正内容②中教審答申「心身の健康を守り～学校全体としての取組を進めるための方策」③中教審答申「生涯学習の振興方策」

【都教委の行政計画等】①都教育ビジョン（第二次）②特別支援教育推進計画（第二次）③教育管理職の任用・育成のあり方検討委員会一次報告④ものづくり教育推進検討委員会報告⑤都生涯学習審議会答申

■産業・労働・経済

1　直前対策

過去の傾向から予想問題を絞り込み、キーワードを中心として記憶を確実なものにします。法改正の動きにも十分な目配りが必要です。

2　予想問題

【労働基準法】就業規則、変形労働時間制、裁量労働制

【労働組合法】労働協約、不当労働行為とされる行為、争議行為の正当性の限界、

【労働事情】労働契約法、最低賃金法の改正、雇用対策法の改正、パートタイム労働法の改正、東京都版市場化テストモデル事業

【経済・産業事情】東京都産業振興指針、東京都産業科学技術振興指針（第二期）、中小企業事業化支援ファンド、重点戦略プロジェクト支援事業、食育の推進に関する施策

【消費者行政】東京都消費生活条例の改正、食品の原料原産地表示に関する東京都の考え方

【市場流通】食の安全・安心確保に関する都の施策

■財政・税務

1　ポイント

過去の傾向から予想問題を絞り込み、キーワードを中心に暗記します。最後まで諦めず、通勤時間など隙間時間を効果的に利用し、試験当日に確実に記述できるよう覚えましょう。

2　予想問題

【財政】①分担金と負担金②一般競争入札と指名競争入札手続きと新たな入札・契約方式の導入③私人の公金取扱いの制限④物品の意義・管理・処分

【税務】①地方税の徴収方法（四つ）②法定外普通税及び法定外目的税③地方税の保全措置④繰上徴収の意義・要件・手続

【時事】①「東京都年次財務報告書」②東京型「物納システム」③今後の財産利活用の指針と行政財産の貸付による利活用の実施状況④「東京都コンビニ納税白書」

■環境

1　ポイント

既に回答を準備している方は、数字や年度の表記など、内容が最新であるか再度チェックしてください。まだ回答が用意できていない人は、最低でも環境基本法を一読し、レジュメだけでも準備しましょう。できれば、過去10カ月分くらいの関係各局の報道発表は目を通しておきたいところです。回答は700字前後でまとめあげます。

2　予想問題

【環境基本法】◎環境への負荷の少ない持続的発展が可能な社会の構築等○環境基本計画△環境基準

【環境一般】◎カーボンマイナス東京10年プロジェクト○気候変動対策方針△土壌汚染対策法

【その他】◎緑の東京10年プロジェクト基本方針◎東京都廃棄物処理計画○東京水道経営プラン2007○東京都下水道事業経営計画2007

■都市づくり

1　ポイント

過去の出題を参考に予想問題を絞り込み、模範解答を作成して、キーワードや数値等のポイントを中心に暗記に努めます。

2　予想問題

【都市計画法】①開発許可制度②都市施設③地区計画④促進区域⑤準都市計画区域

【地方公営企業法】①経営の基本原則②一般会計と比較した予算の特色③企業管理規程④剰余金・欠損金の処理

【時事問題】①東京都豪雨対策基本方針②住宅リフォーム事業者行動基準③民間建築物等の耐震化促進実施計画④環境軸ガイドライン⑤羽田空港跡地利用基本計画（素案）⑥京浜三港の広域連携強化⑦東京都耐震改修促進計画の変更⑧道路特定財源と暫定税率

B 記述・技術

■土木

1　ポイント

予想問題の模範解答については、都政における関わりも含めて整理しましょう。得意分野など優先順位を決めて、キーワードを中心に効率的に暗記して下さい。

2　予想問題

【構造力学】①部材断面計算②トラスの部材力

【水理学】①サイフォン②サージング

【土質力学】①土圧・擁壁の安定②杭の支持力

【コンクリート】①既設コンクリート構造物の補強工法②配合

【都市計画】①環境軸ガイドライン②パーソントリップ調査

【土木施工】①地下連続壁工法②ケーソン工法

【道路】①交通容量②道路特定財源

【上下水道・河川・港湾】①東京都豪雨対策基本方針②京浜三港の広域連携強化

【語句説明】①総合評価方式②「緑の東京10年プロジェクト」基本方針③東京都環境基本計画④東京都震災対策事業計画⑤地下鉄副都心線⑥日暮里・舎人ライナー⑦首都高速中央環状新宿線⑧羽田国際空港D滑走路⑨BRT

■建築

1　ポイント

建築職として基本的な内容は、一級建築士の参考書、一級建築施工管理技士の参考書などで復習をしておいてください。特に不得意と思われる部分を中心に行ってください。

2　予想問題

【都市計画】①都市計画法改正②中心市街地活性化法改正③都市開発諸制度

【構造】①免震・制震・耐震設計②杭の設計③SRCの設計

【建築計画】①地球温暖化対策計画書②大規模施設等の改築・改修に関する実施方針③東京都景観計画④東京都建築物等保全規程に基づく保全に関する計画

【建築施工】①高強度コンクリート②ひび割れ対策③逆打ち工法

【建築法規】①中間検査②仮設建築物③指定構造計算適合性判定機関

【語句説明】①再開発等促進区②PSC③VFM④PALL⑤ERR⑥開先⑦技量負荷試験⑧AW検定⑨TMK⑩SPC⑪CM⑫異業種JV⑫街区再編まちづくり制度⑬都市再生特別地区⑭ユニバーサルデザイン⑮景観軸

■機械

1　ポイント

出題問題は、機械工学における材料力学、流体力学、熱力、金属材料学等の基礎的な内容を中心に各分野からまんべんなく出題されます。また、最近の話題性のある問題や実務に関する知識等、機械職として幅広く関連のある内容について応用力を試す出題がされます。重要なことは、与えられた時間内に、知識の確認、定性的な解答を求めるものが中心になります。直前の対策としては、日頃の業務における基礎的な専門知識については、出題に対する説明、原理・理論、応用というように、短い解答文の中で構成や論理の一貫性を注意して再確認してください。また、専門以外の実務的技術については、解答文が単に語句説明や原理、応用にとどまらず、東京都での具体的使用例や長所、短所等を記憶しておくことが重要になります。

2　予想問題

「S－N曲線」「脆性遷移温度」「非破壊検査試験」「慣性モーメント」「熱処理方法」「金属材料試験」「臨界温度」「チタン」「ガス有効利用施設」「散気方式」「科学技術白書」「ハイパースムーズ作戦」「東京都施工能力審査型総合評価方式」「耐震設計」など。

■電気

1　ポイント

まず、過去の出題から分野別の出題傾向を再確認しましょう。また、最近話題になっている電気技術のキーワードを改めてチェックすることも大切です。

制度改正により、記述の成績は一定の基準に達していれば、合否に反映されなくなりました。完璧な回答を目指すのではなく、ある程度書けさえすれば良いのだという気持ちで取り組んで下さい。

2　予想問題

【IT】①ISMS②P2P・ファイル共有③バイオメトリクス認証④RSS⑤CMS

【通信】①NGN②IP電話③地域WiMAX④ギャップフィラー⑤OFDM・QAM

【電力】①LED照明②二次電池③ガス絶縁機器④ガスタービン発電機

【法規】①電気用品安全法②家電リサイクル法③PSE法④接地⑤特定規模電気事業

【その他】①緊急地震速報②ブルーレイディスク③RFID等（ICカード）

■生物

1　ポイント

分野別の予想問題を作り上げ、実際に自分で書いて暗記を確実にしていきます。1日あたりの暗記問題数を設定し、朝や夜の通勤時間、GWや土休日など、時間をうまく活用して、本番では確実に記述できるよう計画的に準備をすすめてください。

2　予想問題

【植物学】C3・C4・CAM植物、帰化植物、種子の発芽要因

【動物学】好気呼吸、神経の興奮と伝導、動物の帰巣性と空間定位能力、動物の排出方法と排泄器官

【生態学】植物群落の階層構造及び分散構造、動物と植物の光周性、生体濃縮、生態系におけるエネルギー循環

【気象学】気団、湿舌、低気圧の一生、四季の気圧配置

【土壌学】土壌水、重粘土土壌、塩害

【時事問題】環境軸ガイドライン、緑の10年プロジェクト基本方針

■医化学

1　ポイント

すでに解答を用意してある方は、数値や年度の表記など、内容が最新であるか確認しましょう。また、解答の準備が終わっていない方は、予想問題を絞り込み、それらについて解答の準備が間に合わなければレジュメだけでも用意しましょう。さらに、最近社会的に話題となった各分野のトピックスについても、キーワードを確認しておくと良いと思います。

2　予想問題

【公衆衛生】①新型インフルエンザ対策行動計画②東京大気汚染訴訟③総合的花粉症対策④救急搬送サーベイランス

【食品衛生】①ノロウィルス食中毒②東京都食品衛生自主管理認証制度③HACCP④ポジティブリスト

【環境保全】①東京都気候変動対策方針②緑の東京10年プロジェクト③東京都再生可能エネルギー戦略④VOC対策

【上下水道】①高度浄水処理②水安全計画（TOKYO高度品質プログラム）③合流式下水道の改善④汚泥炭化事業⑤下水の高度処理

B 論文・事務

■福祉・保健医療

1　ポイント

すでに作成した論文について、問題点の的確さ、解決策の具体性、論旨の一貫性、読み手にわかりやすい表現になっているかを再点検しましょう。最近の保健福祉医療に関する国や都の施策・動きについても、確認・把握し、内容に磨きをかけてください。作成した論文を実際に手で書き、時間内に再現する作業も必ず行いましょう。

2　予想問題

①福祉・保健・医療における人材の育成・確保②「広域的なシステム全体の調整者」としての都の役割③多様化する健康危機への対応④社会全体で子育てを支援するための都の方策⑤誰もが安心して暮らせる超高齢社会の都市モデルの創造に向けた具体的な施策⑥安心して医療を受けられる社会を実現するための都の役割

■教育・文化

1　ポイント

この時期は試験直前ですので、これまでに作成した論文を磨き上げることが重要です。何度も読み返して、特にキーワードは徹底的に覚えるようにしましょう。さらにある程度出題を予想し、レジュメを何本か用意しておくことをお勧めします。レジュメを用意することで予想していない問題が出題されても対応することができます。

2　予想問題

①教員の資質能力をより高めるための施策②子どもたちの生活習慣の確立やコミュニケーション能力の向上の施策③様々な課題に学校が責任をもって対応していくために都として取り組む施策④子どもたちの「生きる力」をはぐくむために都として取り組む施策⑤今後10年間を通じて目指すべき東京都の教育の姿

■産業・労働・経済

1　直前対策

直前まで数値の更新など準備した論文のブラッシュアップに努めてください。

しかし、完成したからといって、そのまま本番で再現出来る訳ではありません。文章を繰り返し読んでも覚えられません。また、文章を丸暗記したのでは、応用が利きません。問題文に合わせて論旨を再構成できるよう、重要なキーワードやセンテンスを確実に暗記するよう心がけてください。問題点と解決策のパッケージを複数用意しておくことも重要です。特に、第一章では、出題をふまえた内容になるよう注意してください。

2　予想問題

①東京の競争力を支える中小企業の基盤強化施策について②都民一人ひとりが職業的自立を実現し、意欲と能力に応じて活躍するための雇用就業施策について③東京の将来を支える創造的都市型産業の振興施策について

■財政・税務

1　ポイント

これまでに準備した論文を見直し、より完成度の高い論文に仕上げてください。

その際、国や都の動きを直近まで十分に踏まえ、実効性のある解決策を展開することが肝要です。また、問題点と解決策は対応しているか、管理職の視点で書かれているかなど、再点検します。準備した予想問題と出題が異なっても慌てないよう、アレンジ等の対処法を考えておけば万全の備えとなります。

2　予想問題

①都財政は財政再建を達成し新たな段階に入りましたが、最近の景気の減速傾向や法人事業税の暫定措置による減収など、税収の先行きは不透明な状況にあります。東京の更なる発展に必要な施策を、今後も確実に実行するために求められる行財政運営のあり方について、あなたの考えを論じなさい。

②第二次地方分権改革が進められる中、地方公共体が今後ますます高まるその役割を適切に担っていくためには、自由度の高い地方税財政構造を構築することが重要な課題になっています。現行の税制上、都が抱える問題点を踏まえ、大都市の特性に即した税制のあり方についてあなたの考えを論じなさい。

■環境

1　ポイント

「10年後の東京」と「10年後の東京への実行プログラム2008」の環境分野（目標1と目標3）は、精読が必須です。次に、昨年6月に出た、「東京都気候変動対策方針」と「緑の東京10年プロジェクト基本方針」も、実行プログラムに繋がる横断型戦略会議の成果として、重要な位置づけになっているので、そちらについても熟読してください。余力があれば、3月末に出たばかりの東京都環境基本計画もチェックしておくとより理解が深まるでしょう。

2　予想問題

①都民・企業等と連携したCO_2削減対策について②持続可能な社会の実現と気候変動対策の連携について③1千㌶の緑の創出について④水道（下水道）経営計画2007の実現について

■都市づくり

1　ポイント

完成した論文を時間内に正確に再現できるか、手書きで試してください。キーワードや数値、表現等をレジュメに再度まとめておくと記憶の定着に役立ちます。また、予想と若干異なる出題でも、レジュメを基に出題に合わせた効率的な再構成が可能となります。

2　予想問題

①東京を更に成熟した魅力ある都市とするための基盤整備の課題と方策について②都民が安心・安全に生活できる東京へと変革するための課題と方策について③国際競争力を備えた都市づくりを進めるための課題と方策について④環境と景観に配慮した都市づくりを進めるための課題と方策について

B 論文・技術

■土木

1　ポイント

作成した論文、レジュメについては、「現状」（事実）、「問題点」（背景、原因、理由）、「解決策」（理念）を再度見直しておきましょう。完成論文については、出来るだけスムーズに読めるよう、何度も読み直しを行って下さい。本番では、手が疲れてきれいな字が書けなくなったり、思っている以上に書く時間がかかってしまうこともあります。予想が外れた際の時間配分をつかむためにも、手で書く練習は必ず行って下さい。

また、昨年策定された「10年後の東京」への実行プログラム2008についても一読し、関連する政策を確認して下さい。

2　予想問題

①土木技術職員の技術力の維持・向上について②東京における都市交通の円滑化について③環境に配慮したまちづくりについて④既存ストックの有効活用について

■建築

1　ポイント

今年度の出題も、例年と同様の傾向と考えて、これまで作ってきた文章を磨き上げてください。特に今後は、課題のやまがはずれた場合を想定して、対策を練っておいてください。やまがはずれたとしても、東京都職員の行政職であり建築技術職としての考え方を述べることに尽きますので、あわてることの無いようにするだけですが。

2　予想課題

①美しいまちの復活②環境負荷の少ないまちの形成③いつか来る大地震対策④都有建築物の大規模改修⑤都有建築物の維持管理⑥減少していく建築職員のこれからの取り組み

■機械

1　ポイント

B論文は、変化なく例年どおり、二つの課題のいずれかを選択して論ずる出題でしょう。「与えられた課題から一体何が問われているのか」をまず明確に把握することです。出題傾向が具体的な問いかけをしていることから、具体的な解決策として可能なものに対する問題点を選び出し、解決策も実現可能で実証できる内容を盛り込んでください。

直前の対策としては、完成論文を見直し、内容については、今後のあるべき姿や将来展望といったものが論じられているか、を再確認してください。また、予想以外の課題が出題された場合でも、あわてずに、何が問われているのか、どこに焦点を当て絞り込むか考え、問題点と解決策との対応関係に十分配慮した論文にすることが重要です。

2　予想問題

①「危機管理」②「災害防止」

■電気

1　ポイント

既に想定論文を仕上げている方も多いと思いますが、改めて、最近の都議会における知事施政方針や所信表明を読み直したり、「とちょうーi」や各局のホームページを確認して都政の方向性を再チェックしましょう。またIT関係では「IT業務改革会議」「今後のIT化取組方針」「東京都情報セキュリティーポリシー」など全庁を挙げた取り組みについても、その内容を確認しておく事も大切です。論文は管理職としての問題意識や政策形成力などを評定されます。様々な背景や方向性を踏まえた上で、都の電気技術者としての考えを論じているか再確認して下さい。

2　予想問題

①CO_2排出削減に向けた取り組みについて②BCP（事業継続計画）の策定について③コンプライアンス（法令順守）の重要性について④人材育成について

■生物

1　ポイント

「生物」の論文問題は、例年どおり農林水産分野と公園緑地分野から各1題ずつ出題され、どちらかの分野を選択し、課題について論述することが予想されます。各分野とも、国や都の最新の施策やトピックスに関連した出題がなされているので、「とちょうーi」などを再度見直し、的確な情報収集に努めてください。想定論文の作成も進んでいることと思います。少数技術系論文にありがちな、専門的知識に頼った、独りよがりの論述は避け、誰が読んでも内容を理解できる、簡潔明瞭な文章にすることを心がけてください。

2　予想問題

①食の安全や食育について②農林水産技術職員の果たす役割③環境問題と農林水産業④公園の運営、整備について⑤緑化対策について⑥都市環境や景観の醸成に公園が果たす役割

■医化学

1　ポイント

受験生のみなさんは、すでにいくつかの論文を用意されていると思います。しかし、試験は用意した内容がそのまま使えることはほとんどないと思います。試験会場で論文を書く場合、用意した論文を出題に合わせて書き直すわけですが、内容を修正し、論旨が通った論文とすることはもちろん、論文を通じて受験者の熱意、意気込みが伝わるように心がけて頂きたいと思います。残された時間は、決して多くはありませんが、完成論文を手書きする、レジュメを活用し、出題に合わせた論文の変更を練習するなど有意義に活用して頂きたいと思います。

2　予想問題

①都の緊急医療体制について、都民サービスの向上の観点から現状の問題点と今後の方向性を述べよ。②食品の安全性を確保するために、東京都は、事業者や消費者と協力してどのような取り組みを進めるべきか。③環境負荷の少ない都市を実現するための東京都の取り組みについて、現状の問題点と今後の方向性を述べよ。

20年度 主任試験講座 — 29 —

行政法 ③

今回は先週に引き続き「行政行為」と、「その他の行政行為」及び「行政上の強制措置」の問題演習を行います。なかでも、「行政行為の附款」は繰り返し出題されていますので、その種類等をしっかり整理してください。また、「行政強制」については、代執行以外についても確認しておくとよいでしょう。

問　題

【問題 6】

行政行為の附款に関する記述として妥当なのは、次のどれか。

① 行政行為の附款は、主たる意思表示に付加される従たる意思表示をいい、法律行為的行政行為にも準法律行為的行政行為にも付すことができる。

② 行政行為の附款は、行政行為の相手方に影響を及ぼすものであるから、附款を付すことができるのは、法令で規定されている場合に限られる。

③ 行政行為の附款は、行政行為の構成要素であるため、附款が無効であるときは、行政行為全体が無効になる。

④ 行政行為の附款のうち条件は、行政行為の効果を将来発生することの不確実な事実にかからせる従たる意思表示をいい、条件の成就により効果が生ずる解除条件と条件の成就により効果を失う停止条件とがある。

⑤ 行政行為の附款のうち取消権の留保は、行政行為を行う際、公益上の支障が生じるなど一定の場合に、当該行政行為を取り消しうる権限を行政庁に留保する意思表示であり、この附款により行政行為が取り消された場合、その効果は将来に向かって消滅する。

【問題 7】

裁量行為に関する記述として妥当なのは、次のどれか。

① 法規裁量は、行政行為について、何が法であるかの判断を行政庁に委ねることであり、法規裁量を誤ってもその行政行為は違法にはならない。

② 法規裁量は、国民に義務を課したり、その自由を制限したりする行政行為についての裁量であり、裁量権の限界を超えれば、当然に違法となる。

③ 便宜裁量は、裁量権の行使について、行政庁の自由な判断を許さないものであり、便宜裁量を誤る行為は違法となる。

④ 便宜裁量は、行政行為について、何が行政目的に合致する公益かの判断を、専門的知識を持つ行政庁に委ねることであるから、内容の当否については全くの自由裁量であり、違法となることはない。

⑤ 便宜裁量は、国民の権利や自由を制限する行政行為についての裁量であり、便宜裁量を誤る行政行為は違法となる。

【問題 8】

行政計画に関する記述として、妥当なのはどれか。

① 行政計画は、内容の具体性により、行政の目標を示す目標計画と事業の具体的内容を示す実施計画とに区分され、地方自治法で市町村に策定が義務づけられている基本構想は、実施計画に属する。

② 行政計画の中には、行政機関のみならず、行政組織の外部にいる利害関係人に対しても法律上の拘束力をもつものがあり、その例として、地方公共団体の施行する土地区画整理事業における事業計画があげられる。

③ 策定された行政計画に対し不服のある者は、その行政計画が法律上の拘束力をもつか否かにかかわらず、その取り消しを求めて訴えを提起することができると解されている。

④ 行政手続法では、「開かれた計画手続」を確立するため、計画の公告・縦覧・意見書の提出や、公聴会（ヒアリング）・審議会の開催など、行政計画策定のための一般的な手続が定められている。

⑤ 行政計画が適法に変更または中止され、計画を信頼してその実現に協力した国民に不測の損失が及ぶ場合があるが、その損失に対する補償を定めた法律の例はない。

【問題 9】

行政上の代執行に関する記述として妥当なのは、次のどれか。

① 代執行は、法律により直接命ぜられた非代替的作為義務または不作為義務が履行されない場合に、行政庁が行政代執行法に基づいて行う行政行為である。

② 代執行は、行政庁が一般統治権に基づき、過去の行政法上の義務違反に対して科す制裁をいい、行政上の強制執行の一形態であるとされている。

③ 代執行は、行政庁が義務者の身体または財産に直接実力を加えて、行政法上の義務を履行させる作用をいい、行政罰の一形態であるとされている。

④ 代執行は、行政庁自らの裁量で行うことは許されず、あらかじめ裁判所の債務名義を獲得したのちに執行しなければならない。

⑤ 代執行は、行政庁自らが行うほか、第三者にこれを行わせることができ、行政庁は執行に要した費用を義務者から徴収することができる。

解　説

【解説 6】

① 誤り。行政行為の附款とは、行政行為の効果を制限したり、特別な義務を課したりするため、主たる意思表示（例：○○を許可する）に付加される行政庁の従たる意思表示（例：ただし、○○しなければならない）をいう。附款は行政行為の目的をいっそうキメ細かに達成するために付されるものである。法律行為的行政行為のみに付すことができ、準法律行為的行政行為には付すことができない。行政行為の附款には、①条件②期限③負担④取消権の留保⑤法律効果の一部除外―の5種類がある。

② 誤り。附款は、行政行為の内容の決定について行政庁に裁量権が認められている場合には、法律に附款を付すことができる旨の明文の規定がなくても、付すことができると解されている。

③ 誤り。附款が無効な場合で、その附款が行政行為の本体と可分である場合は附款のみが無効となり、附款のない行政行為は残る。一方、附款が行政行為の本体と不可分一体の関係にある場合には、行政行為全体が無効となる。

④ 誤り。条件とは、行政行為の効果を、発生不確実な将来の事実にかからせる意思表示をいう。その事実の発生によって行政行為の効果が生じるものを停止条件、それが消滅するものを解除条件という。

⑤ 正しい。取消権の留保は「撤回権の留保」とも呼ばれ、取消権（撤回権）を行使した時点から将来に向かって、行政行為を消滅させるものである。解除条件の一変種とも言える。

正答 ⑤

【解説 7】

① 誤り。法規裁量は、羈束裁量ともいい、行政庁の裁量行為のうち、司法審査の対象となるものをいう。法規裁量を誤るとその行政行為は違法となる。

② 誤り。法規裁量（羈束裁量）は、合法性の裁量であり、その行為に関して法的に客観的基準が存在し、その判断を誤れば違法な行為となる。また、裁量権の限界を超えれば、当然に違法となる。

③ 誤り。便宜裁量は、自由裁量ともいい、行政庁が行政行為をなすかどうか、何時どういう行政行為をなすか等についての自由な裁量のことである。ただし、裁量権の限界を超えれば違法となる。

④ 誤り。便宜裁量（自由裁量）が認められる場合であっても、裁量権の踰越（行政庁が法で許された裁量行為の限界を超えること）及び裁量権の濫用（行政庁が裁量権の行使にあたって条理上の制約を無視すること）があった場合は違法であり、裁判所の審査に服する。

⑤ 誤り。便宜裁量（自由裁量）は、それに関する決定が行政の自由な判断に委ねられ、何が最も行政目的や公益に適するかの判断を行政が誤っても、当・不当の問題は生じるが違法の問題は生じない。

正答 ②

【解説 8】

① 誤り。行政計画とは①現状に即した正しい認識と②利用可能な行財政上の能力とを考慮して③一定の目標年次までに、努力すれば達成可能と考えられる具体的な行政目標とその実現手段のことをいう。前段は正しい。地方自治法（第2条第4項）に規定されている基本構想は、目標計画に分類される。

② 正しい。設問の土地区画整理事業の事業計画のように、国民の自由を制限する法的拘束力を有する計画は「統制計画」に分類される。

③ 誤り。法律上の拘束力をもたない行政計画は行政の達成すべき目標ないし方針の表明に過ぎないので、取消訴訟の対象となる処分性が否定されている。

④ 誤り。行政手続法では、行政計画策定手続に関して規定していない。

⑤ 誤り。計画は状況に応じ政策実現のために策定されるものであり、状況の変化に応じた見直し等が当然にありうる。しかし、計画をみだりに変更すると、計画を信頼しその実現に協力した国民に不測の損害が及ぶ。この場合、費用を出した国民に対し損失を補填しなければならない。

正答 ②

【解説 9】

① 誤り。代執行は、代替的作為義務（他人が代わってできる行為を行う義務）について、義務者が履行しない場合に、行政庁自ら義務者のなすべき行為をなし、または第三者にその行為をさせ、それに要した費用を義務者から徴収するという作用の過程のことをいう。

② 誤り。設問は、行政罰に関する説明である。

③ 誤り。設問は、即時強制に関する説明である。即時強制は、国民に対しあらかじめ義務を課す余裕のない緊急の場合または義務を命ずることでは目的が達成できない場合のみに許される。

④ 誤り。代執行の手続は、原則として相当の履行期限を定めて戒告を行い、その期限までに履行しないときは、代執行令書による通知を行った上で、代執行を実施する。代執行には裁判判決を必要としない。

⑤ 正しい。代執行に要した費用は、義務者本人に納付が命じられ、義務者がこれを納付しないときは、国税滞納処分の例により強制徴収することができる。

正答 ⑤

昇任試験対策のページ

東京都主任選考

20年度 主任・係長 論文講座 ★29★

課　題

あなたの職務に関して、次の（1）、（2）に分けて述べてください。

（1） あなたが現在携わっている職務及び職務を行う上で感じている課題について、簡潔に述べてください。

（2） （1）で述べた課題について分析し、それに対する解決策を具体的に述べてください。

論文例

（1） 私は局の文書担当として、各課から回付される文書の審査業務及び都民等からの情報公開請求に対する相談業務、そして局全体の郵便料金の支出業務を担当している。①

現在文書事務においては、以下のような課題がある。②

第一に、正確かつ迅速な文書審査を実施する必要がある。文書担当は局内における文書審査の要であり、各課の適正な事業執行のためにも、正確な審査が求められる。また、都の施策には社会経済状況の急激な変化により、スピードが求められている。各部の事業推進を支える文書担当として、都民の要望に応えていけるよう迅速な審査を行っていく必要がある。③

第二に、情報公開請求への適正な対応が挙げられる。都民の「知る権利」に的確に応える行政の情報公開が求められている。住民に対し積極的に情報開示を行うことは、自治の根幹を成すものであり、適正な対応が求められる。④

第三に、事務処理の効率化が挙げられる。都においては、団塊の世代の大量退職を控え、より少ないマンパワーで業務を行っていく必要がある。文書担当においても日々定例的に行うべき業務が複数存在しており、その効率化が求められている。そのためには、一つひとつの業務を見直し、様々な角度から効率化を図っていくため、ノウハウの蓄積と情報の共有化について検討を行う必要がある。⑤

（2） 現在、私の担当する業務には以下の3点の問題があると考える。⑥

第一に、文書審査業務において必要な知識が十分に引き継ぎできていないという点である。人事異動が行われる4月には、前年度処理が終わらなかった原議と新年度回付される原議が合わさり、膨大な量の書類が文書担当に持ち込まれる。しかし、十分な引き継ぎが行われていないため、新しい担当者は原義のどこに注意して審査すべきなのかが分からない。これにより、原義の審査に時間がかかるのみならず、十分なチェックがされず、正確かつ迅速な行政運営の妨げになっている。⑦

第二に、係内において、業務に必要な情報が共有されていないことである。情報公開請求が各課にあり、その内容について判断が難しい場合、局の文書担当にはその適正さについての相談がある。しかし、文書担当には、過去の情報が十分に蓄積されておらず、相談を受けるたびに一から調べており、回答までに時間がかかっている。⑧

第三に、予算の支出に必要な書類の電子ファイルが、複数に分散して存在するため、事務作業が煩雑になり、転記のミスなど、間違いが多く発生している。特に毎月支払う郵便料金は、一括して局全体の料金を支払っているため、毎月の事務処理件数は膨大なものになる。また、郵便局から請求があってから支払いまでの期限は非常に短いため、正確かつ迅速な処理の必要がある。⑨

以上の問題点を解決し、積極的に事務の適正化と効率化を進めるために、私は以下の取り組みを行った。⑩

第一に、回付される原義に関し、よくある間違い、疑義が生じた案件について、その都度記録を残し、これを基に引継書を作成している。⑪ 公式な文書に関する参考図書に加えて、さらに実務的な引継書を作成することで、新しい担当者が4月に異動してきた際にも、文書係としての審査のレベルを落とさず、かつ迅速に対応できるようになる。⑫

この引継書の作成に当たっては、新任者が見やすく、使いやすいよう、タブや小見出しをつけて事例を引きやすくするなど、工夫をしている。⑬

第二に、情報公開請求に関する問い合わせがあった場合、係内での情報を共有し、的確な回答ができるように質疑応答集を作成し、それを係の共有フォルダに保存した。⑭

問い合わせがあった項目について、担当者が、それぞれ事例の概要と文書担当の回答、その根拠を記入し、係員が誰でも見ることができる状態にした。これにより、判断の難しい問い合わせがあった場合にも、過去の事例を参考にすることにより、的確かつ迅速な対応ができるようになった。⑮

第三に、いくつにも分かれていた支払い関係の電子ファイルを統合し、一度数字を入力すれば、別のシートにも同じ数字が入力されるようにした。⑯

これにより、毎月の支払い事務において、一度数字を入力すれば、複数の書類が同時に作成できるようになった。また一度数字のチェックをすれば確認ができ、効率的かつ正確に事務を進めることができるようになった。⑰

私たち職員は、多様化する都民ニーズに応えていくため、より質の高い行政サービスを効率的に提供していかなければならない。そのためには、職員一人ひとりが、日々の業務をただ漫然と行うのではなく、常に見直し効率的なものへと変えていくという姿勢を持つ必要がある。私は、都政の最前線で働く主任として、常に意識を高く持ち、積極的な事務改善を心がけ、日々の業務に全力で取り組んでいく決意である。⑱

論文添削 ④

講　評

いわゆる「職場モノ」と呼ばれる論文です。

「職場モノ」の論文では、担当職務において取り組むべき課題を理解し、いかにその改善努力を行っているかが問われます。

これは、普段の仕事に対する姿勢がそのまま論文の質に反映されると考えてよいでしょう。普段から問題意識を持って職務に取り組んでいるならば、書きやすいテーマの論文だと言えるのではないでしょうか。

主任試験の論文試験を受けるにあたって、ぜひこの機会を前向きに捉え、自らの職務に対する姿勢をもう一度見つめなおすきっかけにしていきましょう。

添　削

論文を書くに当たっては、論文の構成には型があるので、まずはその型に沿って論文を書いてみると良いでしょう。

本論分の構成は基本に忠実に書かれていますので、分解して解説します。

①において簡単に職務の概要を説明しています。その後、③から⑤において、担当する職務の課題を三つに分け簡潔に解説しています。

（1）においては、簡潔に内容を俯瞰的に解説し、読み手に（2）以降で展開する内容の概略を伝えましょう。取り上げる課題の数は三つがバランスよく、好ましいと思います。

（2）では、まず（1）で述べた課題について、具体的かつ詳細に解説します（⑦から⑩）。その後、それぞれの課題に対応する形で解決策を述べていきます（⑪から⑰）。ここでは、始めに課題として挙げた内容とその後に記述する解決策がきちんと対応しているか、注意して確認しましょう。

そして最後に、主任としての意気込みを書いて論文を結びます（⑱）。

この型を良く覚え、まずはこれに沿って書いてみましょう。

本論文は自らの職務に対して具体的に問題提起と解決策の提示が概ねできており、内容も論理的に記述されています。しかし、より質の高い論文に仕上げるには、表現等に改善すべき余地が残っていますので、以下検証します。

②「以下のような課題がある」というよりも「以下3点の課題がある」とした方が論理的で分かりやすいです。

③始めに、正確かつ迅速な文書審査が必要だと述べ、後段において、それぞれが必要な理由を述べて説明してあり、良いでしょう。論理的な論文を書くためには、ある主張をしたら、それに対応する形で理由や根拠を展開することが大切です。

④確かに都民に対して積極的に情報開示を行うことは重要ですが、この記述では不十分だと判断されます。

確かに適正な自治を行う上で、行政の持つ情報の公開を一層進めていくべきではありますが、一方で行政には個人情報保護を図る必要もあります。ただやみくもに情報を開示すればよいというものではなく、個人情報にも配慮した、適正な情報開示が求められています。

都政の最前線で働く主任には、様々な角度から物事を分析する力が求められます。主張を展開する場合には、論理構成や表現に注意が必要です。よって、「個人情報保護とのバランスに配慮しつつ、住民に対して……」とつなげると良いでしょう。

⑤最後の段、「そのためには～」と「図っていくため～」が同じことの繰り返しになっています。「○○のためには○○が必要だ」と主語と述語の関係をはっきりさせた方が読み手には読みやすく感じます。よってここは、「効率化を図るため～する必要がある」という表現に改めましょう。

⑧「情報が共有されていない」と書かれていますが、本当に全く情報の共有がされていないのでしょうか。「情報の共有が十分でない」の方が表現的に望ましいと思われます。僅かな表現の差で、意味合いが大きく異なってくることがあります。細部の表現にまで気を配ることが大切です。

⑫引継書を作成して、問題の解決を図ったと主張していますが、このままだと少し違和感があります。当然、実務に沿って書かれた引継書は有用だと考えられますが、この表現だと今使われている公式の参考図書が無用だという理解をされてしまう可能性があります。

ここでは、「公式な文書に関する参考図書に加えて、さらに実務的な引継書を作成することで」とつなげる方が自然な記述でしょう。

⑱主任になるに当たって思いを書いて結びましょう。本文はその思いがきちんと伝わっており、良いと思います。

この部分はまさに論文の結びです。自分の決意を読み手に伝えるため、言葉を練って書き切りましょう。

20年度 教育管理職への道しるべ ＜33＞

最近の訴訟

傾向と対策

訴訟関係の出題については、平成18年度を除き、平成14年度以降、時事問題として必ず1問出題されていました。昨年度も、訴訟関係の出題ではありませんでしたが、他の時事問題を含めた形で、肢問として出題されました。

この訴訟関係の出題は、選考実施要綱にある「都政事情等時事問題」の出題分野とされていますが、総じて内容的には、社会で注目された訴訟が主で、細かいところを問うものとはなっていません。ただ、教育関係の判決は、過去の出題例から、地裁段階の判決にもあたっておく必要があるでしょう。

出題範囲は、過去の例からみると、前年の9月から当該年の5月までとなっています。

対策として、9月から5月までの主要判例をチェックすることになりますが、これには、都政新報社の『時事問題総まとめ』などで対応し、直近の判例は、インターネットでチェックをするとよいでしょう。

問　題

【問題 1】

我が国における最近の訴訟に関する記述として妥当でないものは、次のうちどれか。

① 学生時代に重い障害を負った上告人が、障害基礎年金の支給を求めたが不支給処分の決定を受けたため、当時任意加入であった国民年金への未加入を理由に障害基礎年金の支給をしないのは違憲であるとして、国に対し不支給処分取り消しと損害賠償を求めた訴訟で、最高裁判所は、平成19年9月、任意加入としたことは、著しく不合理といえず不当な差別的取り扱いがあったともいえないとして、上告を棄却した。

② 東京都杉並区の不燃ごみ圧縮施設「杉並中継所」の周辺住民が目やのどの痛みを訴えていたいわゆる「杉並病」問題で、元住民が東京都に対し約1億円の損害賠償を求めた訴訟で、東京地方裁判所は、平成19年9月、操業開始当初の中継所の排水に含まれていた硫化水素が原因で健康不調が生じたとして、東京都に慰謝料など約128万円の支払を命じた。

③ 平成19年10月、新潟県関川村の住民が集落の行事に参加しなかったことを理由にごみ集積所を使わせないなどの「村八分」を受けていたとして、地区長ら3人の行為の禁止や損害賠償を求めていた訴訟の控訴審で東京高等裁判所は、行為の禁止や損害賠償を認めた一審判断を支持し地区長側の控訴を棄却した。

④ 東京都西東京市の公園の近くに住む住民が、公園を管理する市に対し、噴水で遊ぶ子供の歓声がうるさく精神的苦痛を受けたとして、騒音差し止めの仮処分を求めた訴訟で、平成19年10月、東京地方裁判所八王子支部は、「騒音は受忍限度を超えていない。また、設計段階から騒音は予測できなかった」として、住民の申し立てを退ける決定をした。

⑤ 大阪府大東市の市立保育所の廃止・民営化をめぐって子供を通わせていた保護者らが、民営化の混乱で損害を受けたなどとして、市に損害賠償を求めた訴訟で、最高裁判所は、平成19年11月、引き継ぎ期間を少なくとも1年程度設定するなどの配慮する義務があったのに市は違反したとして一世帯あたり33万円を支払うよう命じた二審判決を支持し、市側の上告を退ける決定をした。

【問題 2】

我が国における最近の訴訟に関する記述として妥当でないものは、次のうちどれか。

① 保育士らの自宅に乳幼児を預ける東京都世田谷区の保育サービスで、子供が担当の保育士の女に虐待され重傷を負ったとして、子供の両親がこの担当の保育士と東京都、世田谷区に損害賠償を求めた訴訟で、平成19年11月、東京高等裁判所は、この保育士と世田谷区、東京都に対し、約730万円の支払いを命ずる判決を下した。

② ごみ集積場から古新聞などを勝手に持ち去ったとして東京都世田谷区のリサイクル条例違反に問われた古紙回収業者に対する控訴審で、東京高等裁判所は、平成19年12月、持ち去り行為は横取りというべきもので、最終的に刑罰で禁止する必要性は十分認められるとして、一審の無罪判決を破棄し、罰金20万円の有罪判決を言い渡した。

③ 政党のビラを配布するため東京都葛飾区のマンションに立ち入ったとして住居侵入罪に問われた者に対する控訴審で、平成19年12月、東京高等裁判所は、他人の財産権を不当に害することは許されないとして一審の無罪判決を破棄し、罰金10万円の有罪判決を言い渡した。

④ 千葉県船橋市の社会福祉法人が運営する児童養護施設で元園長らから虐待を受けたとして、卒園生11人が元園長や社会福祉法人、養護を委託した県に対し、損害賠償を求めた訴訟で、平成19年12月、千葉地方裁判所は、虐待を認定し、その上で、元園長は県から公的権限を委譲された公務員にあたるとして、県の責任を認め、7人に対し合計290万円の支払いを命じた。

⑤ 平成18年8月、幼い兄弟3人が死亡した福岡県福岡市博多湾車両転落事故で、飲酒運転中に事故を起こしたとして危険運転致死傷罪に問われていた男性の訴訟で、福岡地方裁判所は、平成20年1月、「当時、酒に酔った状態だったことは明らかだが、正常な運転が困難な状態だったとは認められない」として、危険運転致死傷罪の成立を否定し、脇見運転が事故原因であるとした判決を下した。

【問題 3】

我が国における最近の訴訟に関する記述として妥当でないものは、次のうちどれか。

① 海外に一時出国した間の生活保護費を支給されなかった大阪市の男性が市に支給をもとめた訴訟で、平成20年2月、最高裁判所は、出国のみを理由に支給しないのは生活保護の趣旨に反するとしたものの、ただこの男性は、渡航費を出せるほどに収入に余裕があったとして、渡航中は支給しないとした市の決定は正当な理由があるとして市の決定を取り消した原審の判決を破棄した。

② 東京都世田谷区の小学校で平成17年に起きたけんかで左腕を骨折した子供が、監督義務を怠ったなどとして、相手方の元同級生の父親に損害賠償を求めた訴訟で、平成20年2月、東京地方裁判所は、慰謝料についても一部認めたものの、事故の発端は双方の悪口の言い合いとけんかで、原告にも3割の過失があるとして原告の請求を一部認めない判決を下した。

③ 卒業式の国歌斉唱時に不起立だったことを理由に、東京都が退職後の再雇用を拒否したことは、違憲、違法だとして都立高校の元教員らが東京都に損害賠償を求めた訴訟で、平成20年2月、東京地方裁判所は、裁量権の濫用・逸脱があったとして、原告らの請求を一部認めた。

④ 薬害C型肝炎訴訟については、国の法的責任をも求めて、全国で5の地方裁判所に対し提訴されていたが、これらの一審判決においては、国の法的責任を認め、しかも、責任の認められる時期も一致した認定がなされていた。

⑤ 薬害C型肝炎訴訟について、平成20年1月、国は、被害者の救済を図るため、薬害肝炎被害救済法を制定したことから、これにより各訴訟では和解による解決が図られた。

解　説

【解説 1】

① 正しい。最判平19・9・28。

② 正しい。

③ 正しい。

④ 誤り。申し立てを認めた。

⑤ 正しい。最判平19・11・15。

正解 ④

【解説 2】

① 誤り。東京都の責任は認められていない。

② 正しい。

③ 正しい。

④ 正しい。

⑤ 正しい。

正解 ①

【解説 3】

① 正しい。最判平20・2・28。

② 正しい。

③ 正しい。

④ 誤り。一審段階では、責任の時期は一致した認定となっておらず、また、国の責任を認めていない判断もあった。

⑤ 正しい。

正解 ④

合唱万歳!! 音楽は世界の共通言語

「趣味は?」とたずねられると音楽系を答える人は多い。「Google Earth」よろしく地球規模の音楽系からポイントを目指して絞り込んでくると、多くの"おたまじゃくし"と共にピアノ、ギターといった楽器別演奏系、クラッシック、ジャズといったジャンル別鑑賞系、さらに「私はモーツァルトが好き!」「私はビートルズ命!」とアーティストご指名系まで分類すると、その分類は数限りなく、まさしく"オタク"の世界になっていく。

豊島区総務部人材育成課
人材育成担当係長
梅津なみえ

「私の趣味は合唱です」……そう答えると、「どんな歌を歌っているのですか?」と質問が続く。「合唱団"ゴダーイ"に所属し、ルネサンス朝のマドリガルから現代のハンガリー物まで、音叉で音を取ってア・カペラで歌っています」と答えると、そこで質問が途絶える。「ああ、音楽オタクね」と思われておしまいである。

多くの方が、一度は合唱の経験があると思うが、主旋律と副旋律をピアノで音を取って覚え、ピアノ伴奏に合わせて合唱として歌うというのがほとんどの合唱練習の過程である。

私たちの合唱団はまず、楽譜を見てそれが何調であるかをチェックする。もちろん途中で転調している部分も多い。音楽の授業のようで恐縮だが、楽譜にト音記号だけならハ長調(イ短調)、♭一つならへ長調(ニ短調)、♯一つならト長調(ホ短調)である。例えば、ピアノに向かって「かえるのうたが……」とドレミファミレドと弾いた場合、ハ長調なら白鍵だけで弾けるし、ヘ長調ならF(ファ)の音から始まりファの部分をB(シの♭)にすれば弾ける。音の高さは違うが、ドレミファミレドに違いない。このように調によってドの位置を変えるのを「移動ド」といって、私たちの合唱団の音取りはこの「移動ドの階名読み」で行う。どんなに♯や♭が付いている一見難しそうな調でも単純になるので、慣れれば歌いやすい。

また、うちの合唱団は純正調の響きを求めているので、他のパートを聞いて歌うことが求められ、和音によって自分の歌う音のピッチを声の出し方で微調節している。音出しは音叉(A:ラ=440ヘルツ)を鳴らしそこから各パートの音を取る。音には共鳴という現象があるが、ドとソ(完全5度)は共鳴しやすく、人は心地よい音の響きを感じる。同時にこの二つの音が正しいピッチで鳴るとミの音が倍音として響いてくる。ドミソの和音は最も"ハマる"和音の基本である。もちろん和音はさまざまな音の重なりで無限大にあり、ギターを弾く方なら、どの弦のどのフレットを押さえるかで違う和音が鳴ることには詳しいことだろう。この無尽蔵の和音が音楽の面白さの要素である。

♪

私たちが歌っている古典ものといわれる曲には、宗教曲といわれる教会で歌われていた合唱曲が多い。神を賛美する曲の歌詞は結構単純で、アやエなどの母音のまま旋律がつづられていくものが多い。

こうした合唱曲を歌うたびに、私は日本と西洋の建物様式の違いが音楽にも影響してきたのではないかと考える。西洋の教会は天井の高い石造りであり当然残響が長い。すると音が重なるという現象が自然発生し、そこで演奏される音楽も和音が重視されたのではないか。日本の生活の中では「和音」を体験することは少ないが、訓練すれば音を聞きながら響き合う音を出すことは可能であると感じている。

私は合唱団"ゴダーイ"に入って、指揮者の臼木恵二先生に合唱の基本は声ではなくて耳だと教えられた。臼木先生は今から30年ほど前の若かりし頃、日本の音楽教育に疑問を感じ教員生活を捨て、ハンガリーの音楽教育「コダーイシステム」の門戸を叩いた。作曲家であり教育家でもあったコダーイ・ゾルターン(1882年~1967年)は自国の民族音楽をベースに音楽教育を確立していた。

現在、日本でもこの音楽教育を手本に、日本の伝承的音楽"わらべうた"による音楽教育が実践されているところも多い。わらべうたは使っている音の数、テンポ、音の高さとも子どもの音感に合っているので、楽しく遊びながらもリトミックやソルフェージュなどの音楽教育的要素を取り入れやすい。大人になってからコダーイシステムとめぐり合った私は、必ずしも"よい耳"を持っているわけではないが、時々ピシッと和音のハマる瞬間があると全身に電流が流れる……これってやっぱり"音楽オタク"かなぁ?

「聴いて」「歌って」「身体で音楽を感じる」……音楽は世界の共通言語である。五線紙に並んだ"おたまじゃくし"を見れば自然と音楽が始まり、人の心に癒しと感動と共感をもたらす。合唱は自分の声そのものが楽器であり、どこでも気軽に演奏を楽しめるのが一番の長所である。

そして、私たち"オトナの合唱団"は終わった後の1杯のビールに至福のひとときを感じる。仕事も住まいもまちまちのメンバーが「合唱」というキーワードで同じ時間と感動を共有し、そこには「係長の梅津」ではなく、ただの合唱好きな「うめちゃん」がいる。

合唱団"ゴダーイ"の第20回定期演奏会=06年6月

本屋のお勧め本

日本に元気を与えてくれた

「わかっちゃいるけどやめられない」

この『スーダラ節』の歌詞を青島幸男から渡された時、植木等は歌うことをためらった。破天荒な歌の主人公が、あまりにも自分とかけ離れていたからだ。しかし、僧侶である父親から「人間という生き物は、わかっちゃいるけどやめられないもので、これは親鸞上人の教えに基づくものだ」と諭され、歌うことに踏み切ったという有名な話がある。このエピソードは植木等の真面目な性格を如実に表わしており、実に興味深い。

『スーダラ節』に登場する男は「酒、ギャンブル、女」の欲望に打ち勝てず、破滅の道を歩む。一聴すると、おふざけソングと思われがちだが、この曲ほど男性に共感を与えるものはないし、そして何より植木さんの肯定的な歌いっぷりに勇気付けられる。何か失敗をして落ち込んだ夜、是非聞きたい一曲だ。

この曲で、いい加減な男を見事に演じきるが、その時、ふと見せる彼の表情は優しい。一連のクレージー・キャッツの曲にそれは該当する。

生前、植木さんが残したインタビューを中心に書かれた『植木等伝 わかっちゃいるけど、やめられない!』(戸井十月著、小学館刊)で彼の人間的温かみに触れることが出来る。明るくて仲間思いで、礼儀正しく権威や権力におもねることを徹底的に嫌う。本当に、こんな好人物がいるのか疑いたくなるが、ページをめくるたび、そんな疑問が吹き飛んでいくから不思議である。

昭和を代表するスターであるのに生活は至って質素で、性格の良さからかスキャンダルとも一切無縁であった。クレージー・キャッツのメンバーとの友情や弟子・小松政夫に対する思いやりに熱いものがこみ上げてくる。逆に映画界の権威、黒澤明の高慢さに怒りをぶつけるあたりは痛快だ。

そういう中途半端さがないから、「無責任男」のような人物を「完璧」に演じられたのではないか。

戦後、彼の明るさが日本に元気を与えた古き良き時代。それから半世紀近く経った現在の日本。天国に召された彼の目に映る、この国はどんな色をしているのだろう。

(三省堂書店都庁店 飯田紀男)

1日だけのプラネタリウム 都庁で200人が星空を満喫

4月18日の発明の日を含む1週間は「科学技術週間」。今年のテーマは「描こうよ 科学の力で未来地図」で、毎年様々なイベントを行う東京都でも16日夜、それに相応しい催しが開かれた。「1日限定のプラネタリウム~星空からのメッセージ~」と銘打ち、都庁展望室で開催した「メガスターII×大平貴之×夜景」がそれで、科学への興味とものづくりの魅力を伝えたいと、都と首都大学東京オープンユニバーシティが、都庁展望室で開催したもの。

500万個の星を投影する「メガスターII」を開発し、プラネタリウム・クリエーターとして活躍する大平氏の話が聞けるとあって、この日は子ども達の姿も目立ち、200人が会場を埋めた。

外には夜景が広がり、頭上には満天の星がきらめく中、大平氏は小学生の時に蛍光シールを部屋中に張ってプラネタリウムに見立てた話や、今日まで高度なプラネタリウムを開発し続ける熱い思いを語った。メガスターが誕生したのは「様々な分野への興味と実践」や「周りの理解」「先端技術の恩恵」などを挙げ、何よりも「作りたいという欲求」だと強調。

小学生からの「飽きっぽい性格で長続きしないが、疲れた時やうまくいかない時はどうやって乗り越えたんですか」の質問に、「プラネタリウム作りは一つのことをやっているようだけど、電気、レンズのことを考えたり、どうやって見せようかなど、色々なことが必要。飽きっぽいからこそ出来るテーマなのかな」と答えたり、「星の数はいくつ?」「地球にあるものは他の星にもあるの?」といった質問などもあり、終了後も、子ども達が大平氏を取り囲む姿が見られた。

500万個の星を投影できる「メガスターII」。外装は赤色で、星の数も"通常の3倍"という。

千の風になって ―いたばし編 11

渥美清と東京初の女性校長

櫻井「栗原元区長さんは区の教育長、私は大学教育と、お互い教育に関わってきました。教育は国家存立の基盤ですし、ふるさとを守り発展させる人材の育成も地域の教育力にかかっています。そこで今日は、昭和初期に板橋で小学生時代をすごされた渥美清さん(平成8年没、享年68歳)と渥美さんの恩師・木内キヤウ先生(昭和39年没、享年80歳)にお話を伺い、板橋の教育をふり返ってみたいと思います」

木内「はじめまして。私は昭和6年に志村第一尋常小学校(現志村第一小学校)の校長に赴任しました。東京では初めて女性で公立学校の校長となり、男性中心の社会の中でいろいろ苦労はありましたが、やりがいのある愉快な10年間をすごしました」

渥美「木内先生。その節はまことにお世話になりました。どうしようもない悪ガキを優しいまなざしでいつも励ましてくれたことは一生忘れません。あ、天国に来たって同じですよ(笑)」

栗原「渥美さん、本名田所康雄さんは、昭和11年小3のときに上野車坂から志村清水町に移り、子ども時代を過ごされたのでしたね。当時のことはどんなふうに思い出されますか」

渥美「正直言ってつらい時代でしたね。家は貧しくて裏通りの長屋住まい。昼の弁当が持参できず、木内先生のおかげで玄米飯の給食をふるまっていただきましたが、体も弱く学校も休みがちでした。勉強もきらいで、いたずらばかりしていましたが、空き時間に落語やものまね・紙芝居などをやると皆から喜ばれましたね」

木内「田所君の卒業の寄せ書きに『がんばれ ふんばれ されどいばるな』という一節がありました。それは、あなたがその後、努力と辛抱で成功したのに謙虚だった原点だと思うの。私も、思いがけず校長になり、いつでも死ねる覚悟で職務に臨んでいました。先生方も地域の有力者も協力的でしたが、つらい時は富士の姿に正しくあれと励まされました」

渥美「先生もまるで富士のようにうるわしく、強く、気高い存在でしたよ」

木内「あら、『寅さん』が憧れたマドンナになったような気分だわね(笑)」

『寅さん』(板橋区職員T・K画)

櫻井「私の新潟での小学校時代、恩師は私たちと一緒に泥んこになって野山を駆け回り、自然や社会で生きる術を教えてくれました。板橋でもそういう先生方によって、のびのびと育った子どもが大人になり、地域を支えてきたのでしょうね」

栗原「時代や地域によって変わってきていますが、『わが街・いまむかし』(昭和57年板橋区発行)にも、純真さと親近感にあふれた先生と子どもたちの関係がいきいきと描かれています。子どもは自由な時間や遊びを通し他人や外の事象と関わりながら、創造性と生きる力を身につけていくものと思います。私も石神井川やオセド山などで皆と遊んで育ちました」

渥美「平成11年の母校70周年のさい、在校児童たちによって『寅さん研究』がスタートし、それをPTAと地域が後押しします。同級生の孫の年代ですから、親子三代の学校と地域の交流が区を巻き込み、当時の石塚区長さんも『寅さんのような人と人とのかかわりを大切にするのが本当の教育』とプロジェクトに賛同し、校内に『寅さんコーナー』を開設されました」

木内「その前後に開かれた『渥美清氏を偲ぶ会』では、山田洋次監督が『渥美さんの小学校時代の愉快な話を、僕たちはゲラゲラ笑いながらよく聞いた。彼は、かけっこで一等を祝福しビリをなぐさめる役をいつも買っているような生き方をした人だった』と語っています」

櫻井「渥美さんは時々フラッと板橋を独りで訪れていますね。時代がどう変わろうと、貧困だった自分の『根っこ』を忘れず、いとおしい思い出をたどるために。板橋から出た『日本一の人情役者』として、これからも木内先生とともに後輩の子どもたちを見守ってください」(山浦純之介)

昭和15年撮影の志村第一尋常小学校6年2組の卒業写真=中央の女性が木内校長、前から3列目右から2番目が田所康雄(渥美清)

新社会人に寄せて

今年も各企業に新入社員がやってきた。都庁も同様に入都職員935名を迎えた。

財団法人社会経済生産性本部が毎年行っている、2008年度の新入社員のタイプは、「カーリング型」だという。

これは「冬期オリンピックでおなじみになったカーリング。新入社員は磨けば光るとばかりに、育成の方向を定め、そっと背中を押し、ブラシでこすりつつ、周りは働きやすい環境作りに腐心する。しかし、少しでもブラシでこするのをやめると、減速したり、止まってしまったりしかねない」という意味づけである。

ある意味、人材育成の重要性を指摘していると考えられる。

先日、NHKの番組の中で最近の新入社員研修の特集を放映していた。企業の中にはリストラや組織の効率化などにより、社員研修のセクションを見直してきたので、自社の研修ではなく外部の専門に委託をしているとのことである。その委託内容によると一人当たり7万円かかり、あいさつの仕方、名刺の渡し方から営業のプレゼンまでをやっていた。

いずれにしろブラシでこすっているということだ。

翻って、都庁の研修制度を見てみれば、直営施設は持っており、OJTの体制もできている。ある意味ブラシでこする体制はできている。しかし、現状をよく見てみると十分な体制というには心もとない。特にOJTについては、形骸化が進んでいるようだ。チューター制度や上司の適切な指導など制度は整備されている。問題は指導・助言する立場の側に十分な能力が備わっているかということだ。ブラシをこする側の課題は大丈夫かということだ。

「行政は最大のサービス産業だ」だともいわれており、行政の最大の商品は職員だともいえる。その商品開発のためには、人材育成こそがすべてであり、その行政の評価に職員の資質というファクターは非常に大きいといわざるを得ない。

公務員に対する世の中の評価はいまだに厳しいものがある。その評価を払拭し、都民の期待にこたえる職員が一人でも増えることを願うものである。

(水)

都政新報

発行所　都政新報社
〒160-0023 東京都新宿区
西新宿7-23-1 TSビル
（総務・読者）(03)5330-8781
（企画広告）(03)5330-8784
（編　集）(03)5330-8786
（出　版）(03)5330-8788
（セミナー事業部）(03)5330-9977
（ファクス）(03)5330-8808
郵便振替 00130-2-101470
購読料 月1,680円（税込）
毎週火・金曜日発行
但し、祝祭日は休刊

紙面から

道州制めぐり温度差

八都県市首脳会議

松沢知事「特区法規制緩和、国に提案を」
石原知事「広域行政進めれば、すっ飛ぶ」

座長の中田横浜市長があいさつ＝21日、横浜市内で

八都県市は21日の第53回首脳会議で、「道州制」等広域行政のあり方について、首都圏連合協議会で研究を行うことを決めた。松沢神奈川県知事が道州制特区推進法の対象を広域連合などにも広げるよう規制緩和を提案したのがきっかけだが、各首脳から「お金持ちクラブの道州ができると誤解される」（上田埼玉県知事）などと慎重論が続出し、「研究」にとどまった。首脳会議後、松沢知事は「道州制を検討する体制ができたのは一歩前進」と評価したが、最後まで反対した堂本千葉県知事は「安易に既成事実をつくるのはどうかと思う」と釘を刺した。

道州制特区推進法では、特定広域団体の指定を受けることにより、国からの権限移譲が可能となる。この仕組みが使えるのは、北海道か、三つ以上合併した都府県のみに限られている。

松沢知事は、特区対象を合併だけにとどめず、共同で広域事務の処理が行える執行体制が確立されている都府県や広域連合などにも広がるよう、特定広域団体の指定要件の緩和に向けて、国に向けた法改正の提案や、道州制の研究を求めた。

各首脳からは、「強大なところだけ一緒になりやがってという反発になりかねない」（埼玉県）、「すでに広域で実績を積み重ねているので、あえて道州制の特区を入れることは、中央集権に加担することになる」（千葉県）、「八都県市から発信することは危険性がある」（さいたま市）などと慎重論が続出した。

石原都知事も松沢知事の提案に一定の理解を示しながらも、「廃藩置県につながる行政区分の区域割りは到底できない」と懸念を示した。

松沢知事は「具体的に首都圏で広域団体をつくれということではなく、今までの制度が使いづらいから規制緩和してほしいという発想だ」と釈明したものの、「全国知事会なら賛成しやすい」（埼玉県）などと、八都県市としての提案には慎重論が大勢を占めた。

座長を務めた中田横浜市長は「中身には賛成するが、八都県市というエリアで区切ることに矛盾が生じる」と指摘。最終的には、首都圏連合協議会で、道州制など広域行政について研究を進めていくことにとどめた。

◇　◇　◇

八都県市首脳会議は、「地方分権改革の推進に関する要求」「首長の在任期間の制限に関する意見」などを国に提出することを決めた。

また、同日開かれた首都圏連合フォーラムでは、エネルギー利用のあり方などを盛り込んだ「環境行動宣言」を行った。

タイミングが悪い

【解説】「私は道州制の推進論者なので」――首脳会議を終えた松沢知事はこう切り出すと、各首脳への不満をぶちまけた。

「残念なのは、いくつかの自治体で道州制に反対でないと言いながら、それを進める各論になると反対する。国では道州制ビジョン懇談会でどんどん進めているので、ここで意見を言わなければ手遅れになる」

各首脳が八都県市での提案に慎重な姿勢を示したのは、道州制の議論以前に首都圏の自治体が置かれた環境が背景にある。

八都県市が道州制を前提として国に法改正を求めるからには、その後に八都県市が何をするのかという注目が集まる。都市と地方の財政格差が地方六団体で議論され、首都圏の税収の吸い上げが狙われているとき、八都県市の提案が逆効果になりかねない。

また、道州制には東京都をどうするのかという議論が避けて通れない。八都県市が、道州制特区を前提とした提案をすることは、相手の土俵に踏み込むことになってしまう。

都が提案したディーゼル車対策など、広域行政を積み重ねることで、確実に結果は出ている。わざわざ道州制問題に踏み込む必要はあるのか。

石原知事は、厚労省が認めようとしない認証保育所を例にあげて、「大都市ならではの福祉行政は、東京だけでなく、八都県市にまたいでやることになるだろう」と指摘。横浜型の独自の保育所を展開する中田市長も、石原知事の提案に賛同し、広域行政の積み重ねが規制緩和につながるという点では一致したが、道州制特区に踏み込んだ松沢知事の提案には慎重だった。

八都県市ではかつて道州制の研究を行ったものの、論点整理にとどまっている。石原知事は、「広域行政を進めれば、道州制なんてすっ飛んじゃうよ」と皮肉った。

国レベルで行われている道州制の議論が活発になる中で、八都県市としてどのような態度を示していくのか、難しさを表す事例だった。（地）

都政の東西

「癒し」の効能

やわらかい土の感触を踏みしめる先に、揺れる木漏れ日が続く。湖面をなでて吹く風は、湿り気を帯びてやわらかい。桜やミツバツツジが新緑を彩り、歩くたびに足元から春の香りが立ち上ってくるようだ。

4月半ばの奥多摩町。都心ではすっかり散った桜が見頃を迎え、まさに春爛漫。たった一度の深呼吸で、体中の細胞が蘇るような気さえした。

奥多摩町が、都内で初めて「森林セラピー基地」に認定された。「森林セラピー」は、いわゆる「森林浴」を一歩進め、その効果を科学的に検証・解明し、人の心と体の健康に役立てようとするものだ。

「基地」の認定を行っているのは、04年に立ち上がった「森林セラピー研究会」。同会のオブザーバーは林野庁と厚生労働省で、同年から「森林系環境要素が人の生理的効果に及ぼす影響の解明事業」（06年度まで総額1億5千万円）が国家予算で行われるなど、「癒し効果の探求」は、国をあげての一大プロジェクト。

森林内でウオーキングなどを行うと、がんなどの抑制効果がある免疫細胞が平均50％もアップし、その後も1カ月程度は20％アップが持続したという報告があるほか、ストレスで分泌されるホルモンの抑制なども確認されている。働き盛りの自殺者急増など、ストレス社会を背景とした事件が後を絶たない中、森の癒し効果に対する期待は大きい。

これまでに全国35カ所でセラピー基地等の認定があったが、12㌔にもわたってなだらかな道が続くのは、奥多摩町のほかにはないという。都心からわずか2時間たらずでたどり着く癒しの森。「セラピー基地」として本来の魅力を開花させた奥多摩町は、新たな来訪者を迎える活気にあふれていた。

三宅島

悲願の航空路、明日再開

羽田までわずか30分に

テープカットして式典を祝う石原知事と平野村長

「復旧から復興へ」――2000年、三宅島の雄山噴火災害全島非難を強いられた島民が、ふるさとに戻って3年。本格的な産業経済活動の第一歩として、三宅村が悲願としてきた三宅島空港が明日26日に再開する。それを前に23日、村は記念式典と帰島3周年記念祝賀会を開催。チャーター便でかけつけた石原慎太郎都知事らとともに、島の新たな発展を誓った。

航空路線再開記念式典の会場となる三宅島空港では、地元の伊ヶ谷郷土芸能保存会が太鼓に獅子舞を披露して、石原知事ら式典参加者の到着を待った。三宅村の鳥「アカコッコ」が描かれた飛行機は、午前10時8分に羽田空港を出発し、同36分には三宅島空港に到着。華やかにテープカットも行われた。

旧阿古小学校で行われた三宅島帰島3周年記念式典では、平野祐康村長が「火山ガスの放出が続く中での空路再開は村民を勇気付け、復興に弾みがつくと期待している」と関係者にお礼。石原知事は「空のアクセスが有効な時代。島の荒涼たる風景は世界に例がなく、島の大きな資源。今後もバイクイベントなど、島の繁栄のために様々なアイデアを考えて、島を支えていかねば」など、今後の支援を示唆した。

島の経済産業の多くは、観光と密接なつながりがある。しかし、観光客を運ぶ足は、帰島が叶ってからも、東京竹芝埠頭から一日1往復、片道6時間半の船便しかなく、村は10万人もの署名を集めるなどして、空路再開を切望していた。

26日の第一便の予約はすでに満席。当日は羽田空港ロビーに三宅村のチラシなどが並ぶブースを設置して、空路再開をPRする。

部活の安全指針策定へ

ハンマー直撃事故受け

「解決にならぬ」の声
指導環境改善も必要に

都立足立東高校（足立区）の校庭で19日午後、陸上部の男子生徒が投げたハンマーが、別の生徒の頭を直撃する事故が起きた。都立高では昨年6月にも、弓道部を指導していた教員が放った矢が生徒に刺さり、大けがを負わせる事故が起きている。事態を重く見た都教育庁は、部活動の安全に関するガイドラインを策定することを決めた。だが、現場の指導者からは「事故は大なり小なり日常的に起きており、指導環境の改善が必要」との声が上がっている。

教育庁や足立東高校によると、同校では部活動でハンマーを投げる際、生徒が「ハンマー投げます」と声をかけてから、教員が認め、投てきを始めることになっていた。だが、教員は事故当時、ハンマー投げと逆方向で行われていた円盤投げの様子を見ていたと言われ、ハンマー投げに背を向ける形になっていたという。東京都高校体育連盟（高体連）幹部は、「部活動がどういった環境で行われていたかも問われるかもしれない」と話す。

昨年6月には都立井草高校（練馬区）で、弓道部の副顧問を務めていた教員が放った矢が、生徒の頭に刺さる事故が起きている。

こうした事故の再発を防ぐため、教育庁は5月中を目途に、投てきや弓道、アーチェリー、空手、柔道などの種目を対象に、「どういう危険が潜んでいるのか」「どういう指示を出し、約束を作れば危険を回避できるか」など、部活動の事故を防ぐガイドラインを策定することを決めた。

だが、ガイドラインで事故が防げるかと言うと、現場には「一般的なことだけ言っても、解決にならない」という懐疑的な見方もある。「種目ごとに特有の事例がある。事例を通してでしか、危険を認識するのは難しい」（教育庁幹部）ためだ。高体連の幹部も、「どの競技でも、約束事を持って練習に入っている。指導者一人ひとりが安全確認を徹底するしかない」と話す。現場には「あまり締めつけられると、投てきなどの種目ができなくなる」との懸念もある。

部活動の安全確保について、ある都立高関係者は「指導者が見て、状況を把握していること」を第一に挙げる。現状では、「とにかく忙しい。授業後も会議や面接があり、部活動の指導に出られない」という。「野球でも、硬球がぶつかるなどの小さい事故は、しょっちゅう起きている」と話す。

もう一つの問題は、競技に精通していない教員が、部活動を指導する例が多くなっていることだ。異動によって、競技指導の経験が少ない教員が顧問にならざるを得ないケースも多い。

井草校の事故では、校舎の間にある中庭に的を立て、後ろに防護ネットを張って部活動を行っていた。こうした状況が7～8年続いていたといい、弓道の専門家からは「危険だらけに見える。事故が起こらない方がおかしい」との指摘も出たという。

今回の足立東高校のケースでは、指導者は「陸上の一から十まで知っている先生だった」（同校）という。だが、専門的な知識があっても、こうした事故が起きた。未経験の教員なら一層、危険を察知するのは難しい。

部活動の活性化を進めるほど、危機管理は重要になる。現場からは「放課後に部活動に出られるだけの余裕が必要」（都立高校長）との指摘もあり、部活動の指導環境が適切なのかが問われている。

回答なく参議院反発

新清水谷議員宿舎

石原知事は、参議院議員宿舎の建て替えで国と協議再開を表明したが、参議院議員側が1月に都知事あてに提出した公文書の回答がないのは非礼と反発し、協議は入り口でギクシャクしている。

問題の文書は、1月24日付で西岡武夫議会運営委員長名で出された。紀尾井町通りに面している現在地で議員宿舎を建て替える場合、千代田区の地区計画が適用され、1階・2階に文化・交流施設や商業施設を入れることが必須となる。参議院側は、もともと文化・交流施設などを入れることにセキュリティー面から問題があるという考えで消極的だった。ただ、地区計画についてどう考えるのか、確認のため都に公文書で照会した。

都市整備局によると、照会を受け取った後、庁内で検討し、知事まで話を上げたという。「地区計画は区の権限のため、都として区を指導する立場にない。知事がいる場で、参議院に回答しないことを決めた」（市街地建築部）という。たまたま別件で参議院管理部の担当者から市街地企画課に電話がかかってきたため、都の考えを口答で伝達。都としては照会に対する対応は、これで完了したという認識でいた。

ところが、参議院側は議運委員長が不快を示し「公文書での照会なので当然、文書での正式回答をお待ちしている状況」（管理部）と話す。知事のスタンスが揺れることも、公文書で回答を得たい一因になっている。4月11日の知事会見では、宮内庁宿舎跡地に移転・建て替えを容認する発言をする一方、1週間後の18日になると、今度は現在地に建て替えるのが望ましいと言い出した。このため、議員宿舎整備計画の推進と照会の回答は、セットのようなものという立場だ。

都市整備局では「協議を再開すると言っているのだから、回答がなくても協議できるはず。前向きにとらえて欲しい」としている。

冗句ジョーク

つながる喜び、羽田―三宅便再開へ
知事「まだ少しガスが匂うな」
都職員「スミマセン、気にしないで下さい」

ショウチュウ
クサヤ

新銀行東京　400億円の増資を臨時株主総会で決議

都議会第1回定例会での補正予算議決を受け、新銀行東京は23日の臨時株主総会で、第三者割当（割当先・東京都）による400億円の増資を決議した。現在、資本金は1189億円あり、増資によって1589億円となる。通常、減増資を一体で行うが、今回は「環境が整っていない」として増資を先行させた。

都が出資する400億円は、優先株式となっている。銀行清算時の残余財産の配分や配当金を配る際、都が優先されるメリットがある。

訂正　22日付「PM2・5で独自対策」の記事で、「都が独自の環境基準を設定」は、「都が独自の目標値を設定」の誤りでした。また「都内のPM2・5の大気濃度が他の地域より高く」は、「WHOや米国の基準より高い」の誤りでした。お詫びして訂正します。

13区がびん回収量増加

分別徹底の効果も

世田谷区が回収したびんの選別、粉砕する施設を独自に開設し、その結果、23区におけるびんの資源化施設の設置は6区となった。ペットボトルが容器の主流に代わる中、びんの流通量は年々減っている。にもかかわらず、23区では、年間のびん回収量が13区で増えている。人口増だけではなく、不燃ごみとして捨てられていたびんを、資源ごみとして処理するよう区民に分別を徹底した効果が出始めたようだ。今後は、びんに限らずリユースに本腰を入れることが求められている。

資源化施設開設は6区

ガラスびんは、リターナブルとワンウエーの2種類に分けられる。リターナブルびんは、ビールびんなどが中心で、割れなければ洗浄することで半永久的に使える。一方、ワンウエーびんは、1度しか使えないが、破片にして溶かせばびんに再利用が可能だ。現在、23区のうち港、江東、品川、世田谷、大田、板橋の6区がびん選別などを行う施設を独自に開設している。6区にとどまるのは、広大な敷地がなかったり、迷惑施設のため近隣住民の理解を得るのが難しいことなどが背景にある。

板橋区は06年1月、びんなどの選別などを行う施設を開設した。これまで、びんなどを区外の業者に搬送していたが、自区内での処理により回収車の移動距離を減らした。

世田谷区は今月、びんの選別、粉砕施設を世田谷清掃工場の敷地内に設置。区内で1日あたり排出されるびん25トンの処理が可能だ。区は「ガラスびんが減らない。逆に増えている感覚を持っている」と分析。

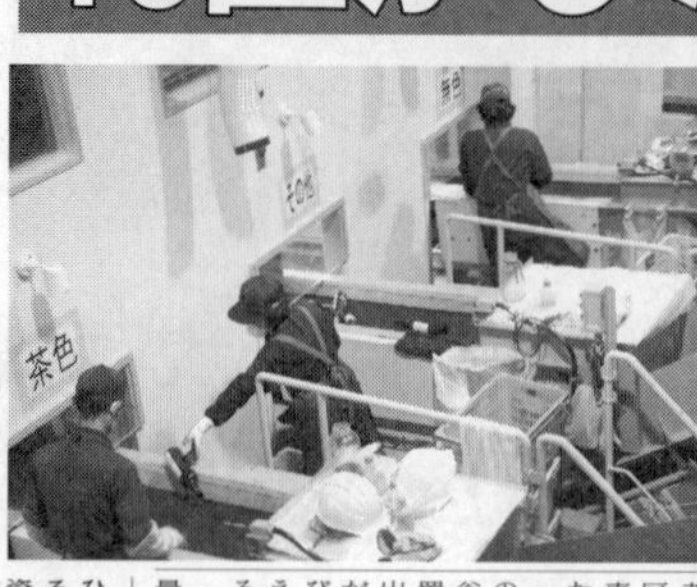

ひっきりなしに流れてくるびんを選別＝世田谷区資源循環センターで

全国的に、びんの流通量が減少する中、千代田、港、台東、江東、墨田、品川、大田、世田谷、渋谷、北、板橋、練馬、江戸川の13区が、年間のびん回収量が増えている。

北区は昨年8月、一部地域で廃プラの熱回収のモデル実施に伴い、びんなどが不燃ごみとして捨てられた場合、警告シールを張って取り残し、07年度は2752トンと06年度比約140トン増となった。江東、練馬区などは人口増の影響という。

世田谷区では、1日あたりリターナブルびんが2・5トン、ワンウエーびんが20トン以上排出されるため、「比率が逆転してくれれば」と、回収量が増えてもリターナブルびんの少なさを嘆く。「リサイクルはかつてに比べれば進展してきたのは事実だが、リユース、リデュースが大きな課題」と問題提起した。

リユースに本腰を

【解説】23区にとって、リターナブルびんを再利用するメリットはある。飲料水の容器が、紙パックなどからリターナブルびんに代われば、飲み物の流通量が多い23区ほど、資源の無駄遣いに歯止めがかかり、廃棄物の削減になるなど恩恵を受けやすいためだ。

日本ガラスびん協会によると、全国に出荷されたびんビールは、07年が約1112万本と06年比で200万本以上が減った。飲料用のリターナブルびんなどはビールびんほど、回収ルートが整備されていないため、回収率が上がらないという。自治体が回収する際、リターナブルびんが割れてしまうと、使用が1回限りのワンウェーびんと一緒に粉砕され、びんなどの原料になってしまう。リターナブルびんは、洗浄しやすい形状にしたり、強度を高めるなど手間がかかる上、回収率が低迷すれば、メーカーがリターナブルびんを敬遠するのは当然だ。

リターナブルびんの製造はメーカー側に委ねられているが、自治体もリユースに取り組まなければならない。これまで、23区がリサイクルに取り組んできたが、再利用に力を注いできたとは言えない。イベントでは、再利用可能なコップ、食器を使えば、ごみの排出量が減る。

今は、紙皿、紙コップなどを大量消費する時代ではない。リユースの取り組みにも本腰を入れ、使い捨てをやめる必要がある。（石）

ペットボトル施設処理

足立区が10年度に開設へ

し尿施設の跡地を利用

足立区はこのほど、ペットボトルの圧縮、梱包施設を開設することが分かった。特別区がこうした施設をつくるのは4区目になるという。

開設地は、隅田川と荒川の狭間にあった、し尿中継施設（新田3丁目）の跡地。これまでと同じ廃棄物関連の施設をつくろうと検討する中で、施設規模からペットボトルの圧縮、梱包施設に決めた。

地上2階建ての同施設では、飲料用のペットボトルを選別し、キャップや包装を取り外して、圧縮、梱包する。区は、作業工程を民間委託する。マヨネーズなどの調味料のペットボトルは混ぜてしまうと、リサイクルで使用するプラスチック原料の質が落ちるため、対象外とした。飲料用のみリサイクルする。

現在、北京オリンピックの施設建設が急ピッチで進んでいる中、ペットボトルなどプラスチックの原料が中国に流れ込んでおり、入手できなくなっているという。だが、区は今後も、梱包されたペットボトルを国内にあるリサイクル工場に売却する方針だ。

施設には、1日あたり最大で14トンを圧縮、梱包可能な機械が導入される予定。区内では現在、1日あたり約8トンのペットボトルが排出されている。同施設が完成すれば、これまでの圧縮、梱包を民間委託していたコストよりも削減することを見込んでいる。

今年は施設周辺の環境アセスメントなどを実施する。同施設は09年度から着工し、10年度中に完成の予定だ。区は「環境対策を率先する立場にあるので、太陽光パネルを設置し、電気代を少しでもまかないたい」と話している。

記者席

退職後の活動に熱い視線

○……交通の方法に関する教則の改正内容が22日に公表された。自転車での保護者と幼児の3人乗りの禁止明記の動きもあり、議論となったが、3人乗り自転車の開発など一部解禁に向けた取り組みを見据えて盛り込まれなかった。そもそも3人乗りは禁止されており、お墨付きが出された訳ではない。

ただし、この間、ネット上を中心に様々な角度から教則改正での3人乗りを巡る議論がみられた。これに対して、最終的には現実を制度で押さえるのではなく、ギャップを埋めるべく、新たな取り組みを促した。このことは、大いに評価したい。

○……子どもの居場所づくりなどを目的に創設した「放課後子供教室」。実施する区市町村は確実に増えているが、参加児童数はなかなか伸びず、ボランティアなど人材確保も悩みのタネ。

ある区の担当者は「小学校の高学年になるに従い、塾通いする児童が増えるからか、参加人数は4、5人と少ない。それに地域のボランティアを集めるのもひと苦労で、事業内容がどうしてもワンパターン化する」と嘆いている。

それだけに、大量退職する団塊世代に注がれる関係者の視線は熱いようで、「地域の子どもたちのためにぜひ、ひと肌脱いでほしい」との声は高まるばかりである。

○……区などでは、びんを集積所のコンテナに入れて回収している。びんを割れないように回収する秘訣だ。ところが、びんを袋に入れて回している自治体もある。これは問題だ。

袋に入れて回収すると、びんが割れる可能性が高まる。割れなければ半永久的に使えるリターナブルびんは、1度も再利用されずに破砕される可能性がある。袋出しをお願いする自治体がある限り、リターナブルびんの回収率は高くならないのが現状だ。

粉砕されたびんの破片（カレット）は現在、タダ同然で取り引きされている。カレットが多くなるほど、財政負担が増えることになる。リターナブルびんを粗末に扱うと何の意味もない。

青木英二・目黒区長インタビュー

安全安心のまちづくりを地域力を高めたい

今月20日に行われた目黒区長選は、自民、民主、公明、社民が推薦した現職の青木英二氏（53）が新人2人を制して、再選を果たした。目黒区は人口25万人余り。都心に近く、利便性の高い良好な住宅地として発展してきた。緑あふれる公園や社寺のほか、大学などの文教施設が多く、おしゃれなショップやカフェ、オフィスビルが立ち並ぶビジネス街も抱えている。一方、独り暮らし世帯が4割を占めるなどの特徴もある。そんなまちのこれからをどうつくっていくのか。青木区長に抱負などを聞いた。

——選挙を振り返っての感想を。

「現職で迎えた選挙。通信簿をもらうつもりで臨んだ。365日24時間の青色パトロールを実施したほか、小中学生の医療費無料化など、安心して子育てできる環境整備などを行ってきた。そうした安全・安心のまちづくりが評価されたと思っている」

——得票は3万5千余り。点数をつけると何点でしたか。

「投票率は低かったが、62%近い得票率だった。及第点は、いったのではないか」

——4党相乗りで効果はありましたか。

「政党というよりむしろ、一人ひとりの議員さんが応援してくれた。いろいろな層から支持がもらえたと思う」

——2期目で最初に取り組みたいことは。

「選挙中に聞いた声では、『安全・安心のまちをしっかりつくってください』という声が強かった。AED（自動体外式除細動器）を全部の小中学校、消防団のほか、商店街などにも設置していきたい。置くだけでなく、使い方講習も受けてもらうので、地域の安全力を高めるよい機会。こうしたことを通じて、地域力を高めていきたい」

——世論調査では、防災対策が施策の第1位。さらに、独り暮らし世帯が約4割というデータもあります。

「独り暮らしの高齢者世帯、夫婦で高齢者世帯、障害者世帯が合わせて3万世帯ある。その人たちを優先に、住宅用火災警報器を設置したい。それらの世帯の全部の部屋というのは無理だから、まずはせめて1世帯に一つずつからでも。新築の家屋には、火災警報器はついているので、まず、設置する必要性を尋ねるハガキ調査を行い、その際に、防災アンケートも合わせて行おうと思う」

——設置はだれが。

「できる限り、区内の事業者に依頼したい。設置で訪問する際に、区民の方と顔を合わせることになるので地域でのネットワークができる。その際にも、ハガキ調査と同様、防災上の区への要望を尋ねるなどして意見を集めたい」

——選挙中は、福祉切り捨てとの批判もありました。

「今年度の歳出の構成比をみると、健康福祉費が33・5%、教育費が11・5%で両者を合わせると5割近い。決して切り捨ててはいない」

——特別養護老人ホームの補助金が削られ、人手不足で満足な介護がされていないとの声については。

「指定管理者で行っているが、施設による月々の利用者アンケートと自己評価のほか、年間を通じて区による評価も行い、その場その場で改善をしてきている」

——区の財政状況を。

「貯金をしすぎのようにも言われたが、財政調整基金、減債基金、施設整備基金で合計141億円。決して多くはない。財調基金は48億円で、23区中22番。やるべきことはやった後で積み立てに回している。住民税などは景気動向を受けやすく、堅実な財政運営が必要だ」

——オール与党に近い議会への対応について。

「区民にとって何が必要なのかという視点で、対応していきたい」

——北川前三重県知事が中心となって設立した、通称「せんたく」という地方分権を考える首長らの組織に入っています。

「国にものを申していく必要がある。都市部の声も伝えたいと思う」

◇

あおき・えいじ＝1955年生。慶應義塾大学経済学部卒。1983年から区議2期、91年から都議2期を務めた後、2004年に区長に初当選。座右の銘は「人事を尽くして天命を待つ」。趣味はウオーキング。地域の人たちとの毎朝のラジオ体操も健康の秘訣。家族は妻と息子3人。ペットは、チワワを飼っている。

公園の一部で鉛やヒ素検出

足立区

足立区は23日、都道になる区立梅田南公園の一部から、都条例の基準値を上回る鉛などが検出されたことを発表した。区の公園課では土壌汚染の情報が受け継がれておらず、公園開設から24年後になって汚染が明らかになった。

今年2月、公園開設に関わった職員が「土壌汚染がある」と情報提供したのを機に、84年の開設当時の図面から60センチの盛土をしていることが判明。翌3月の調査結果では、盛土から110センチ下を掘り、基準値を上回る鉛、ヒ素などが土に溶け出していた。人体への影響はないレベルという。

汚染のあった公園西側は、環7と尾久橋通りを結ぶ都道にするため、都に売却された。6月をめどに、100平方メートルごとに地下50センチを調べる。

CIO補佐官民間から起用

中野区

中野区は副区長が務めるCIO（最高情報統括責任者）を支援するCIO補佐官（情報政策官）を、民間から起用することを発表した。IT関連企業勤務の窪田文啓氏（55）が非常勤職員として5月1日付で就任する。任期は09年3月31日まで。

総務省の「電子自治体推進指針」などに基づきCIO設置が全国的に普及する中、実務に長けた補佐職を設ける自治体も出ている。練馬、台東両区で外部企業に業務委託している例はあるが、条例を制定し、人材を登用するのは中野区が23区初。窪田氏採用の経緯については「専門性やスキルなどに鑑み、人物本位で採用した」と説明している。

補佐官は、既存の情報政策部署とは別に新設された「CIOオフィス（情報政策分野）」で勤務し、情報政策担当課長とともに区施設の情報システムの運営統括、業務の効率化や経費削減、契約の透明性確保に従事する。

従来、中野区は個別業務や部署単位で情報システムを導入・運営してきたが、区全体の一元的な情報管理や共有・統合化の推進、特命随意契約の廃止などの課題が浮上している。今後は「CIOオフィスを中心に組織横断的な情報システムの新規調達や見直しを図る」としており、補佐官は新規システム導入時の仕様作成や見積もりの精査などで技術面からの専門的な指導・助言を行う。

個人情報など紛失

大田区

大田区は21日、個人情報など含む封書27通がなくなったと発表した。高齢事業課と高齢福祉課が、介護サービスを受けている個人や介護事業者などの法人にあてた文書が入っていた。

個人情報の記載があったのは7通で、氏名や住所、介護サービスなどについて書かれていた。法人に関しては8通に契約内容や支払い金額などが記載されていた。封書は今月2日に郵便発送を委託業者に依頼した後、庁内でなくなったらしい。区では盗まれた可能性もあるとみて、警察に相談している。

行政書士の西村氏市長選に出馬表明

福生市

5月4日告示、11日投開票の福生市長選挙に、行政書士で共産党員の西村雅人氏(40)が21日、出馬表明した。同市長選にはすでに3人が立候補を表明。前回の無投票選挙から一転、保革混戦となる模様だ。西村氏は、米軍横田基地の再編強化反対と撤去を目指し、「これまでに出馬表明している3人は、基本的に野沢市政路線の継承者。革新候補者がいないと、市民の選択の幅が狭まる」など出馬の決意を語った。

西村氏を擁立したのは、共産党系の市民団体「基地のまちから教育・福祉のまちに…みんなの会」（長田きね子代表）。共産党の推薦を得ている。

選挙間近の出馬について西村氏は、現市政を刷新するような立候補予定者が出てこなかったとし、「医療費や年金問題など、高齢者をはじめとした弱者にやさしい政治が必要。市は公共料金値上げ、福祉施策切り捨てなど、市民を犠牲にして71億円もの基金をため込んでいる」と批判。高齢者医療費1割負担半額や、ごみ袋無料化、国保税、下水道料金値下げ、中学生までの医療費無料化などを、基金から年間5億円程度拠出して実現するとした。

西村氏は00年の市長選と、01年の都議選に出馬の経験がある。今回の選挙までに参議院議員秘書などを務め「本格的に政治を学び、大きく成長できた8年間の経験を生かしたい」と意欲を燃やしている。

スポーツ教育推進校を新設

小中高・特別 86校を指定　国体・五輪視野に競技力向上

国民体育大会の開催や東京オリンピック招致をにらんで、都教育委員会はこのほど、「スポーツ教育」を本格的に推進する方針を決めた。スポーツ教育に力を入れる小中高・特別支援学校を「スポーツ教育推進・協力校」として指定し、学校体育をより充実させるほか、多様な競技種目の理解と実践、スポーツ大会の意義と役割の理解学習など、幅広いスポーツ教育に取り組む。都教委ではスポーツ教育推進にかかわる経費を支給する一方、五輪出場選手などトップアスリートによる学校派遣などを行う予定。また、「強化部活動候補」を指定するなど、スポーツ教育・競技力向上の取り組みを本格化させる考えである。

トップアスリート派遣も

都教委は、児童・生徒の体力低下や学習指導要領の改訂、さらに2013年開催の東京国体や16年の東京オリンピック招致を踏まえ、スポーツ教育を推進する。このため、児童・生徒が運動やスポーツに親しみ、健康増進や体力向上に努めるとともに、オリンピックなどスポーツ大会の意義や役割を正しく理解してもらうことなどを目的に、スポーツ教育推進・協力校を指定することにした。

指定校は学校からの希望申請に基づき、推進校が小中学校76校、高校・特別支援学校が10校、推進協力校が小中・都立学校29校。その内訳は推進校が小学校54校、中学校22校、都立高8校、特別支援学校2校で、都立高では工芸、小山台、江戸川、富士森、小川、若葉総合、狛江、青梅総合が指定された。推進協力校は小学校13校、中学校7校、都立高8校、特別支援学校1校となっており、都立高では広尾、蒲田などが名を連ねている。

指定校としての今後の具体的な取り組み例としては、①体育・保健体育、運動部活動など学校体育の一層の充実②児童・生徒の健康増進・体力向上を目指した積極的な実践③多様なスポーツの理解と実践④東京国体を見すえた競技種目開催地域としての地域スポーツ振興への協力⑤オリンピック学習読本活用による国際的なスポーツ大会の意義、役割や歴史等についての理解学習——などを挙げている。

都教委ではスポーツ教育推進にかかわる経費を推進校に配付する。小中学校は事業委託という形をとり、旅費や備品以外の例えばボール代や運動選手による講演会の関係経費、パンフレットの作成費などに対し、1校あたり上限50万円を支給する予定。都立高には消耗品代として同額を補助する計画である。

スポーツやオリンピック理解についての研修会の開催や、指導主事による学校訪問、推進・協力校による成果発表会の開催に対し、都教委として指導助言することも考えている。また、関連事業として、スポーツの理解啓発リーフレットの作成・配布のほか、小中高学校各2校・計6校へのトップアスリート派遣、アスリートによる部活動指導の実施、都立高校生による東京大マラソン祭りの応援活動を予定している。

教育庁指導部では「トップアスリート派遣については、できれば北京オリンピックで活躍した選手を派遣したいと考えているが、それも含めて日本オリンピアンズ協会と調整しながら今後具体化していきたい」と話している。

さらに、今年3月に策定した「東京都競技力向上基本方針・実施計画」に基づき、競技人口の少ない種目を対象とした強化部活動候補を都立高校に指定し、組織的・計画的な部活動の育成・強化に取り組む方針を打ち出した。

具体的には、墨田川、本所、小松川3校のボート部、八王子桑志の自転車競技部、大島海洋国際のセーリング部、青梅総合のカヌー競技、農芸の馬術部を強化部活動候補に指定。今後はヨットやボートなど学校予算では購入できない用具や備品を計画的に整備し、拠点となる活動場所を選定するなど、具体的な取り組みを行う予定である。競技団体との連携や専門的指導者の導入も計画している。

また、外部指導員のための部活動指導の手引きを作成した。地域のスポーツ指導者や大学生、OBなどの部活動コーチなどと学校側との意見の食い違いが問題となっていることから、外部指導員の役割や部活動の指導・管理面の機能について解説。魅力ある部活動づくりの実践事例や顧問教諭、生徒の意見などを掲載し、実践に役立つようにするなど、ガイドライン的な作りになっている。

競技人口の少ないカヌーも強化部活候補に=多摩川上流で

活かせ！地域の教育力 3

——高島平地区小地域ネットワーク

「見守り」活動から学んだこと

高島平でネットワーク活動をしようとする動機と背景について書いた。今回は、この活動の動機となった「高齢者の見守り活動」の失敗と、現状について報告したい。

「高齢者の見守り活動」は、「小地域ネットワーク」の主たる活動として位置付けられ、「日常の生活範囲で顔見知りの高齢者を見守り、声がけや安否を気遣いましょう」という活動内容であった。

私たちは早速これを実践しようと、当時のメンバー十数名が自らの生活圏で、まず人間関係を築くために張り切って「声がけ」の活動を開始した。しかし、その1カ月後の会議における報告は惨憺たるものだった。

私もこの活動に失敗し、挫折した一人だが、他のメンバーの中に一人ぐらいは成果を報告してくれるはずだから、その報告を糧として活動を諦めずに継続していこうと考えていた。しかし、案に相違して、全員が見事に失敗の報告だけで終わってしまったのだ。

失敗の原因は検証するほどのことではなく、誰でも冷静に考えれば分かることばかりだ。

私の場合は、日頃から清潔な服装やきちんとした言葉遣いを心がけてはいるが、自分自身、人品骨柄はお世辞にも良いとは言えず、初対面の高齢者には、「怪しいオヤジ」と映っていたのではないかと思う。

相手の立場になれば、こんな者から声をかけられたら、あいさつくらいは良しとしても、それ以上の会話は成立しない。エレベーターで声をかけた時など、「あなた、何か売りつけようと思ってるんでしょ」と厳しい表情で言われてしまったこともあった。他のメンバーの報告も同様に、政治か宗教がらみと受け止められたようだった。

この「惨敗報告会」の後、2カ月ほど活動は停止してしまった。全員大ショックを受けて立ち上がれなかったからだ。

しかし、ある女性メンバーから一つのプランが提案され、検討会を開くことになった。それは、高齢者へのアプローチの方法は「声がけ」しかないのだろうか？ということだった。

先入観のなせる業で、「声がけ活動」と言ってしまったがために、これに縛られていた。「声がけ」以外の方法を考え出せば良いのだった。

そもそも、この活動の目的は地域社会で高齢者が孤立しないように、コミュニケーションがとれる人間関係を構築することであった。この理解さえあれば、他の方法が提案されるのに時間はかからなかった。

案の定、「こちらからアプローチはしない。してもらう方法を考えよう」。そして「お年寄りに関心を持ってもらえる会を開こう」「誰でも参加したいと思うような内容にしよう」など、様々なプランが次々と提案され、さらに、これを本会の主催事業として「公開講座」を開催し、高齢者の参加を促すことにした。

これまで開催した公開講座は20種類程あるが、中でも「リフォーム公開講座（衣類）」「ヒザ痛体操公開講座（大東文化大学環境創造学部共催）」などは、幾度となく開催し、いまだに人気のある公開講座である。

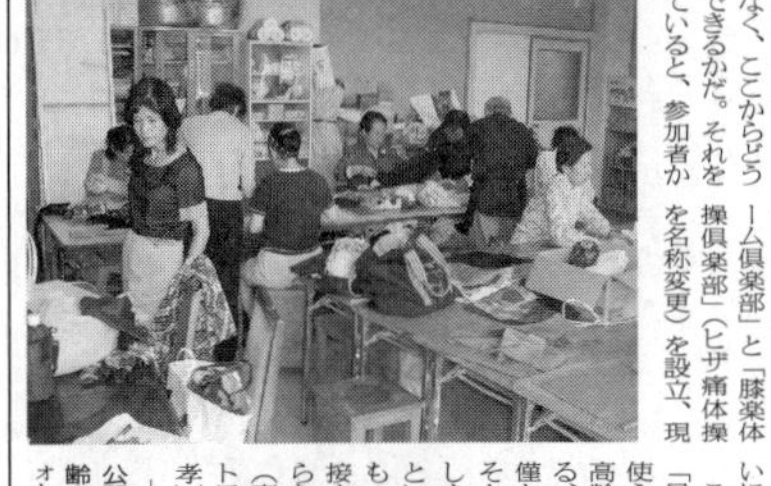

ここで、初期の目的は達成されるところとなったのだが、これで、めでたしめでたしと言うことではなく、ここからどう展開できるかだ。それを考えていると、参加者から「この講座を継続して欲しい」との要望が出された。チャンス到来とばかりに、直ちに「リフォーム倶楽部」と「膝楽体操倶楽部」（ヒザ痛体操を名称変更）を設立、現在も活発に活動を続けている。そして、地域における高齢者のコミュニケーションの場としても大いに活用されている。

ここで大切なことは、「見守る」という言葉を使う人の心のどこかに、高齢者に対して上から見る、ものを言う気持ちが僅かでもあると、すぐにそんな心は見透かされてしまい、相手にされないということだ。どこまでも「支え合う人として」接することを忘れてはならないことだと考える。

（高島平地区小地域ネットワーク代表　堀口吉四孝）

公開講座から生まれた高齢者との交流の場=リフォーム倶楽部で

放課後子供教室

全体の7割以上が実施

支援人材の確保が課題に

都教育庁は24日、昨年4月から取り組んでいる「放課後子供教室推進事業」の実施状況をまとめた。同事業を実施した区市町村は38で、全体の6割を超えた。今年度に実施する区市町村を含めると45となり、全体の7割以上となる。ただ、ボランティアなど人材確保に苦労する地域も多く、今後は指導者研修の充実やボランティア活動の参加の仕組みづくりなどが課題となる。

青少年の問題行動や地域の教育力低下など深刻化するなか、教育庁は2007年度、子供の安全・安心な活動拠点（居場所）づくりとして「放課後子供教室推進事業」を創設。原則として全小学校区で放課後や週末などに小学校の余裕教室を活用し、地域の人たちの協力を得て、子供とともに勉強やスポーツ・文化活動、体験・交流活動などに取り組んでいる。

教育庁の調べによると、07年度に放課後子供教室推進事業を実施した区市町村は38、480カ所だが、今年度に7区市町村が事業実施に踏み切ることから、実際は45区市町村・701カ所となる。未実施の区市町村は港区、文京区、墨田区、大田区、町田市、東久留米市、羽村市など4区4市1町8村。その理由として類似事業を実施、必要性が低い、検討中などを挙げている。

07年度に実施した区市町村を児童数でみると、18万6646人で、全体の33・5%。登録数は13万3857人で、全体の24・0%となっている。また全体でコーディネーターは410人、安全管理員は1828人、学習アドバイザーは391人を配置した。1校当たりの学年別登録・参加状況では、登録数、参加数とも学年が上がるに従い減少していることが明らかになった。活動内容では「自由遊び」が57・8%と最も多く、次いで「学習」（16・3%）、「スポーツ」（8・8%）、「文化芸術」（7・7%）などと続いている。

区市町村の多くが「児童があいさつできるようになった」「保護者同士や地域の人との交流が図れた」「地域行事への参加者が増えた」などと、事業のメリットを強調している。ただ、各学校では支援人材の確保や障害のある児童への対応などの課題を抱えている。このため、教育庁では今後、コーディネーターなど指導者研修の充実、退職教員のボランティア活動など参加の仕組みづくり、学習アドバイザーなどに対する専門的な研修の充実、放課後子供教室スタッフと特別支援教育コーディネーターとの連携などに取り組んでいく考えである。

毎週金曜3面は 教育オンライン

揺れる教育現場 34

「教育立国」と高らかに掲げたが

「教育振興基本計画～教育立国の実現に向けて～」。わが国で初めて策定する総合的な向こう10年間の教育振興基本計画となる中教審答申のタイトルである。5月に閣議決定され、正式な計画となる。

その意味では、この答申は「計画案」（以下、答申）というべきものだが、2006年末に成立した改正教育基本法に基づくものだ。すでに新しい学習指導要領も決まっており、これで21世紀初頭～新時代の教育の基本的な方向が固まったといえる。

内容的には多岐にわたり議論も多いが、歴史的な計画という点でも注目される。そこで、答申のポイントを整理する。

答申では、計画の体系を四つのパートに大別。「わが国の教育をめぐる現状と課題」を指摘した後、「今後10年間（2008～18年）を通じて目指すべき教育の姿」、いわば大目標を明示。そしてこの目標達成に向け、「今後5年間（08～12年）に総合的かつ計画的に取り組むべき施策」を重点課題を含め提示している。

さらにこの計画を推進・実行するために「必要事項」を掲げ、具体化を〝担保〟しようとしている。

展望と目標での教育をめぐる現状・課題は省くが、将来展望は「知識基盤社会」となり、「ソフトパワー」が国際的にも重要になると指摘。そこで日本は「教育立国」を宣言し目指すべきだと提言。

この10年間では、この実現に向けまず①義務教育終了時まで、すべての子どもに自立して生きていく基礎を育てる。

②社会を支え、発展させるとともに国際社会をリードする人材を育てる。世界最高水準の教育研究拠点を11年度までに約150拠点つくり、留学生も30万人を目指す。

このための教育投資は「今後10年間を通じ、必要な予算を確保、欧米主要国と比べ遜色のない教育水準を確保すべく教育投資を充実する必要がある」と求めている。

今後5年間の施策の基本的方向については、4点を挙げ、それぞれ具体策を提示している。

この部分が答申（計画案）の中心といえるが、基本的方向の第1は「社会全体で教育の向上に取り組む」。この方向はこれまでにも再三指摘されており、問題は具体策。

例えば「中学校区で地域が学校を支援する仕組みを作る」と提案しているが、中学校の自由選択制が拡大し、コミュニティーが壊れかけている中で、期待通り運ぶかどうか。

家庭の教育力の向上策も「支援」によって高める、というが、企業力・雇用・経済問題等が絡み、難しい対策だ。

このほか「社会の一員として生きる基盤を育てる」「知性豊かな人間を養成する」「質の高い教育環境を整備する」の3点の基本的方向を提案している。

メディアの多くは財政的・人的裏づけが乏しいとして実現性に悲観的な見方が強かったが、とくに人員不足や多忙等で教育現場が疲弊している現状認識と分析が見られない。条件整備して計画を具体化していく、という実現に向けての〝迫力〟が感じられないのが、率直な感想である。（W）

教育施策連絡会

主要施策を説明

石原知事「環境教育の強化を」

都教育委員会は17日、都公立学校長約2300人を対象にした「教育施策連絡会」を、中野サンプラザホールで開いた。10日の区市町村教委を対象とした連絡会に続くもので、17日の連絡会には石原知事が出席。地球環境問題などに触れながら、学校長に環境教育の重要性を強調した。

教育施策連絡会は、都教委が当該年度に取り組む主要施策を説明するため、区市町村教委、公立幼小中高・特別支援の学校長を対象に毎年度開催している。都教委側は木村委員長をはじめ、内舘、高坂、竹花、瀬古の5氏の委員が出席し、中村教育長が教育施策の概要について説明した=写真。

知事は「人間の存在を左右する環境問題について、できるだけ子どもたちに話してほしい」などと述べ、各公立学校長に環境教育を強化するよう訴えた。また、内舘委員は、子どもたちの自殺や裏サイトのいじめが深刻化している現状に触れながら、自身の体験談を披露。「立ち向かうのではなく、時には逃げることも必要」「先生は『この人とのつき合いは人生80年の一瞬なのだよ』ということを言ってほしい」などと述べた。

竹花委員は「公教育に誇りを取り戻す」「一人前の社会人に育てる」の抱負を掲げ、瀬古委員は「知育・徳育・体育のすべてが子供を育む」との考え方を示した。木村委員長は、教育改革に取り組む英国が公立学校を立ち直らせた例を紹介し、「やればできるという信念を持ってやってほしい」と呼びかけた。

夢のかけ橋事業

07年度の実施 小中高43校で

子どもたちの社会性や人間性の育成などを目的に実施している「夢のかけ橋推進事業」について、都教育委員会はこのほど、2007年度の各学校の取り組み状況をまとめた。小中高43校・46課程で夢のかけ橋事業に取り組み、高校教員による訪問授業、小中学生等の高校での体験授業、生徒会や部活動を通した交流など、地域性を生かした事業を展開した。同事業は、子どもたちの異年齢交流や「開かれた学校づくり」などを目指して04年度にスタートした。

08年度も8路線・9カ所で事業促進

東京都内には約1200カ所の踏切がある。このうち約3割の300カ所は朝夕には40分以上も「開かずの踏切」だ。この渋滞によるマイナスは計り知れない。そこで都は踏切を除去する「連続立体交差事業」を精力的に推進している。現況を報告する。

JR東日本

仮線から高架線に切換　9㌔間、18カ所の踏切を解消へ

JR中央本線三鷹～立川駅間連続立体交差事業は、東京都心と多摩地区を結ぶ中央線三鷹～立川間（約13㌔㍍）のうち、国分寺～西国分寺間の掘割区間（約4㌔㍍）を除く、三鷹～国分寺間（東区間：約6㌔㍍）と西国分寺～立川間（西区間：約3㌔㍍）の合計9㌔㍍区間を連続立体交差化するものである。

連続立体交差事業は、この区間を高架化し、18カ所の踏切を除却して道路・鉄道のそれぞれの安全性を向上させるとともに、鉄道により隔てられている市街地の一体化と地域の活性化を図るものである。

また、9カ所の都市計画道路を立体化するとともに、側道を整備する計画である。

この連続立体交差事業による高架化と合わせて、将来の線増線を地下方式で整備することが1994年5月に都市計画決定され、このうち緊急性が高い在来線の高架化については、1996年4月に東京都・JR東日本の間で施行協定が締結され、本事業に着手している。

高架化工事は仮線方式で実施され、在来線の北側に仮線用地を確保した後、仮線に切り替え、その後空いた在来線用地に高架橋を構築し、線路を順次高架橋上に切り替えるものである。

さらに線路を切り替えた仮線用地は、側道整備を行う。

東区間は、仮線用地の取得が進められているなか、2001年から仮線工事に本格着手し、仮線への線路切り替えは、04年11月に上下線で完了した。

その後、在来線の撤去工事を行い、空いた在来線のスペースに高架橋を構築している。高架下り線への切り替えは、昨年7月に完了し、現在、高架上り線部分の高架橋工事を行っている。

一方西区間は、03年から仮線工事に着手し、06年10月には、仮線への切り替えを完了した。西区間の高架橋本体工事は、現在、高架下り線の本体構築工事が完了し、軌道・建築工事が最盛期を迎えている。今後は、順次、信号や電車線などの電気工事を実施し、08年度末には、高架下り線への最初の切り替えを予定している。

国立側から立川方面をのぞむ

武蔵境駅付近

京浜急行電鉄

予定の半分を順調に進捗　24年度全線立体化をめざす

この事業は、京浜急行本線の平和島駅から六郷土手駅（事業区間約4・7㌔㍍）、同空港線の京急蒲田駅から大鳥居駅（事業区間約1・3㌔㍍）の区間を連続的に立体化するものである。

事業は、東京都の都市計画事業として1999年3月に都市計画決定され、工事は2001年12月より、鋭意進めている。

事業区間には、環状第8号線や国道15号（第一京浜）を含む28カ所の踏切があり、慢性的な交通渋滞が発生し、周辺地域も分断され、都市活性化の阻害要因となっている。また、京急蒲田駅は本線と空港線が分岐する列車運行上、重要な駅である。羽田空港の再拡張と国際化を平成22年に控え、当駅を中心としたアクセスの向上と旅客需要増加の対応が求められている。

事業は、早期立体化と事業効果の早期発現の観点から、事業区間の一部を仮線工法から直接高架工法へ変更し、工期短縮を図っている。

工事の状況は、全区間高架化に先駆け進めてきた環状第8号線の仮立体化区間（延長約800㍍）の仮設高架橋が完成しており、来る5月17日（土）の上り線仮立体化を待つばかりとなった。

一方、直接高架工法区間では、2種類（杭施工用、柱・梁・スラブ架設用）の直接高架施工機5組10台が稼働し、高架橋が建ち並んでおり、現在は駅部の構築も進められている。また、この工法には、日本初となる高架橋部材（柱・梁・スラブ）のフルプレキャスト化を導入し、現場作業の省力化を図っている。

仮線工法区間のうち京急蒲田駅部は、07年12月に上り本線の仮線切り替えを行い、高架橋（2・3層部分）の構築を進めている。

また、糀谷駅部にあっては、08年3月～4月に空港線を仮線に切り替え、駅部高架橋の構築を進めている。

このように、事業は精力的に進められ、現在の進捗は半分を超え、順調に推移している。事業に必要な用地取得にあっても、多くの地元の方々にご協力をいただき、約80％が取得済みである。

今後とも関係各所・地元住民のご理解とご協力をいただきながら、安全に工事を進め、2012年度の全線立体化を目指していく。

第12踏切から京急蒲田方面をのぞむ

本設高架橋の杭施工状況（京急蒲田駅付近）

西武鉄道

9カ所の踏切を除却　今年度から高架橋工事に着手

西武池袋線の連続立体交差事業については、1984年から着手して以来、段階的に整備を進め、2003年3月までに、桜台～練馬高野台間の高架化及び複々線化が完成している。これまで事業により、踏切19カ所を除却し、交通渋滞や踏切事故を解消した。

現在進めている西武池袋線練馬高野台駅～大泉学園駅間連続立体交差事業は、完成済み区間の西側に隣接して整備するものであり、05年6月に東京都の都市計画事業として都市計画決定がなされ、07年5月に都市計画事業認可を取得し、住民説明会などを経て同年8月より工事に着手している。

本事業は、延長約2・4㌔㍍の区間を高架化するものであり、区間内の踏切9カ所を解消するとともに、急行停車駅である石神井公園駅が高架化される。

また、練馬高野台駅から石神井公園駅間については、西武鉄道により複々線化も合わせて実施される。

さらに、高架橋に沿って側道を設置するとともに、関連事業として石神井公園駅に新たな駅前広場が整備される。本事業により、交通の円滑化、安全性の向上、地域の発展、鉄道利用者の利便性向上などの大きな効果が期待されている。

工事は全体を二つの区間に分けて進めていく。まず、必要な用地取得が完了している練馬高野台～石神井公園間をⅠ期区間として工事を進める。残る石神井公園～大泉学園間をⅡ期区間として、まず用地取得を行い、その後工事に着手する。全体の完成は2014年度の予定である。

現在は、Ⅰ期区間の仮線路の敷設工事を進めており、仮下り線への切り替えが既に完了している。今夏には仮上り線の切り替えを予定しており、高架橋本体工事についても今年度より本格着工していく。

また、石神井公園駅部については、現在利用している跨線橋の代替となる仮設地下道を早期に整備する。仮設地下道にはバリアフリー対策としてエレベーターを設置するとともに、改札を通らずに駅の南北間を往来できる通路も設ける。

地域住民の悲願であり、社会的意義の非常に大きい本事業を一日も早く完成させるべく、今後とも安全を第一として鋭意工事を進めていく。

完成した仮下り線

夜間に行われる仮下り線の切り替え工事

東京都連続立体交差事業

投資効果が大きい連立事業　課題は安定財源の確保

【社会問題化する踏切】

現在、都内には約1160カ所の踏切があり、そのうち約4分の1がピーク時に40分／時以上閉まっている、いわゆる「開かずの踏切」である。

この「開かずの踏切」は、全国の約47％が東京に集中しており、東京の慢性的な交通渋滞の原因となり、都民の日常生活や企業活動に時間的・経済的損失を与えるばかりでなく、排出ガスの増加などによる環境悪化を招いている。

東京都は、2006年12月に「10年後の東京」を策定し、3環状道路の整備等により、東京の最大の弱点である渋滞を解消し、国際競争力を高めるとともに、交通インフラのゆとりを活かし、快適で利便性の高い都市を実現するとした。これを受け、鉄道の連続立体交差事業についても、積極的に推進することとしている。

【効果の高い連続立体交差事業】

東京都では、このような都市活動を阻害している踏切を除却するため、道路と鉄道との立体化を進めている。なかでも、道路と交差している鉄道を一定区間連続して高架化または地下化する連続立体交差事業は、都市の再生や活性化を図るうえで極めて効果の高い事業である。

事業効果としては、第一に、数多くの踏切を同時に除却するため、交通渋滞や踏切事故が一挙に解消できる。第二に、鉄道により分断されている市街地の一体化を図ることができ、市街地再開発事業や土地区画整理事業などと組み合わせることにより、総合的なまちづくりが推進される。

第三に、立体化により新たに生み出される高架下などの空間を、周辺土地利用計画にあわせて駐輪場や公園にするなど多目的に利用できる、などがあげられる。

このように、連続立体交差事業は、交通問題の解消だけでなく、沿線自治体が進めるまちづくりと連携し、事業効果をより高めることができる。さらに、鉄道事業者が行う複々線化などの線増事業を同時に行うことによって輸送力の大幅な増強が図られるなど、その事業効果は極めて大きく、広範囲にわたる。

現在東京都では、8路線9カ所で事業を実施しており、平成20年度は、京急線で環状第8号線の踏切付近で上り線の仮立体化を行うほか、小田急線、京王線でシールド掘進を開始する。また、JR中央線の西側区間（西国分寺駅～立川駅間）で下り線の高架化を行う予定である。

【事業の課題と取り組み】

連続立体交差事業は、地元の期待も大きく、効果の高い事業である反面、実施にあたって大きな課題もある。

第一に、事業費の確保である。事業には多大な費用を要することから、沿線自治体をはじめ近年の厳しい財政状況のなかでの財政負担が大きく、安定的な財源の確保が課題となっている。

これに対しては、国庫補助金の必要額の確保を図るとともに、鉄道事業者の協力を得て、施工におけるプレキャスト化など新技術の導入や仮線工事でのレールや枕木等の再利用などによるコスト縮減に努めている。

第二に、事業効果の早期発現である。在来線を切り替える仮線方式では、あらかじめ一定区間連続した用地の確保が必要となる。

また、電車を運行しながらの工事のため、工種によっては作業時間帯が夜間に制約されるなど、事業の完成までに長期間を要することが多い。

これに対しては、京浜急行線における直接高架工法の採用や土地収用制度の積極的な活用による用地取得の促進など、可能な限り事業期間の短縮に努めている。

【着実な事業の推進】

連続立体交差事業は、交通渋滞の解消やまちづくりの推進などの面で非常に効果が高いものの、多くの費用と期間を要することから、今後とも計画的かつ効果的に事業を実施していく必要がある。

このため、東京都では、2004年6月に、踏切対策の基本的な考え方を示した「踏切対策基本方針」を策定し、鉄道立体化をより計画的・効果的に実施するとともに、鉄道立体化以外の対策も併せて総合的に踏切対策を実施することとした。

これに基づき、西武新宿線と京王線の新たな区間について、連続立体交差の事業化に向けた準備を進めているところである。なお、足立区施行においても1カ所で着工準備を進めている。

連続立体交差事業は、東京都などの地方自治体が事業主体となり、道路整備の一環として、国土交通省の国庫補助により実施する都市計画事業である。

東京都は、今後とも財源の確保に努めるとともに、地元自治体や鉄道事業者など関係機関との連携を密にし、地元住民の理解と協力を得て、東京の活力と魅力を高めることに寄与する連続立体交差事業を着実に推進していく。（東京都建設局鉄道関連事業課）

東京都連続立体交差事業　快適で利便性の高い東京実現へ

3月末で94%の進捗率　来年3月の事業完了めざす

東急電鉄

本事業は、東京都の都市計画事業として1994年10月に都市計画決定し、1995年9月事業認可を取得、同年10月より事業に着手した。事業期間は2009年3月までを予定している。

事業区間2・8キロのうち目黒駅付近～不動前駅付近の0・4キロを高架化、不動前駅付近～洗足駅付近の2・4キロを地下化して、18カ所の踏切を除却するもので、総事業費は、約878億円を予定している。また、この立体交差事業で環状6号線、補助30号線の拡幅等の整備が行われる。

目黒駅付近～不動前駅付近の高架化については、1999年に営業中の線路上に仮設桁を構築し直上高架切替工法により、高架化が完了し2カ所の踏切を除却した。

その後、本設構造物への盛り替えや本駅舎工事を行い、2003年に完成している。不動前駅付近～洗足駅付近間の地下化工事については、営業中の線路下に仮設桁を構築し地下切替を行う直下地下切替工法（STRUM）で施工した。施工手順は、まず、杭打機を据え付けるために在来線を必要な幅だけ片側に移設し、山留止水壁を打設。

次に、線路を反対側に移設し、反対側の山留止水壁を打設した。その後、線路を仮受し、工事桁の下にて掘削及び躯体の構築を行った。

2006年7月には、不動前駅付近～洗足駅付近間の地下化切り替えを行い、16カ所の踏切を除却するとともに、武蔵小山・西小山駅が地下駅となった。これにより、18カ所すべての踏切を除却することができ、踏切渋滞の解消や歩行者・自転車の利便性・安全性の向上に大きく貢献することができた。

工事は6工区に分割し施工中である。現在の工事状況としては、目黒駅付近から不動前駅付近（1工区）では、排水整備工事及び不動前駅のホームの構築を行っている。

不動前駅付近～武蔵小山駅（2工区）・武蔵小山駅～西小山駅（4工区）・西小山駅～洗足駅（6工区）では、跡地整備を進めている。武蔵小山駅部（3工区）では、本設コンコース等駅施設を構築している。西小山駅部（5工区）では、駅施設の工事はほぼ完了し、跡地整備を進めている。

今後は、東京都・品川区・目黒区と協力して、地下化に伴って発生した鉄道跡地を緑道や駅前広場等として利用していく予定である。これにより、鉄道で分断されていた街の一体化・沿線地域の活性化が期待されている。

3月末現在の全事業区間の進捗率は、約94%となっており、今後も事業完了に向け、鋭意工事を進めていく。

武蔵小山駅駅前広場イメージ図

西小山駅駅前広場イメージ図

今秋に調布駅を仮橋上駅に　シールドマシンの安全に配慮

京王電鉄

京王線2・8キロ（柴崎～西調布駅間）と相模原線0・9キロ（調布駅～京王多摩川駅間）の計3・7キロの区間を地下化する本事業では、18カ所の踏切を解消するとともに8カ所で都市計画道路を立体化する。

これにより国領駅・布田駅・調布駅は地下駅となる。2003年3月に事業認可を受けた後、2004年9月に本格工事に着手し、2012年度竣工に向け鋭意工事を進めている。

これまでの進捗状況は、線路下の掘削工事に向け、地下駅舎であった国領駅・布田駅の仮橋上駅舎化工事、鉄道をアンダーパスしていた品川通りをオーバーパスする仮設道路橋に切り替える工事や、線路仮受け工事等を行ってきた。

調布駅構内では作業スペースが限られるためホーム上空に作業構台を設置し、構台上から線路仮受けのための工事桁を架設した。

現在、布田駅や調布駅などで線路仮受けが完了した箇所では、線路下での掘削工事を実施している。国領駅～調布駅間、調布駅～鶴川街道付近間と調布駅～品川通り付近間では、シールド工法を採用し、2台のシールドマシンで施工する計画であるが、国領駅～調布駅間のシールド工事では国領駅西側にシールドマシンの基地となる立坑を構築し、昨年末にはシールドマシンの搬入・組み立てを完了した。

調布駅では作業構台を改造して仮橋上駅舎化する工事を行い、今秋に供用開始する予定である。

国領駅では2008年3月に仮線切替工事を実施し、下り線線路を下り線ホームの南側へ移設する工事が完了した。

さらに今夏にはホームを上り線側に拡幅して上り線ホームを旧下り線ホーム側に切り替え、相対式ホームから島式ホームとする予定である。

また、シールド工事は鶴川街道東側で立坑構築を進め、今夏には1号機（国領駅～調布駅間）、2009年春には2号機（調布駅～鶴川街道付近・品川通り付近間）の発進を予定している。

本事業のシールド工事は営業線直下で超低土被りの工事であり、難易度が高いことから、シールドマシン発進に向けて、施工管理や安全管理について詳細な検討を行っている。

工事は沿線住民の方々の理解と協力を得ながら順調に進めてきているが、今後も引き続き理解と協力を高め、関係機関との連携を密にするとともに、安全・安定輸送の確保を第一としながら工事を進め、早期竣工を目指し地域の基盤整備に貢献していく所存である。

調布駅の仮橋上駅舎化工事

坑内のシールドマシン

シールドマシン、6月に発進　3カ所で仮線への切替工事も

小田急電鉄

本事業は、人口80万人を超える世田谷区内の広域生活拠点である下北沢地区において、東京都による連続立体交差事業と小田急電鉄による複々線化事業を一体的に行うものである。

これにより、小田急線で最も混雑する区間の開かずの踏切9カ所が廃止され、地域分断や交通渋滞の解消が図られるとともに、列車の増発が可能となり、ラッシュ時における鉄道の混雑緩和や所要時間の短縮等、抜本的な輸送サービスの改善が図られる。また、本事業とあわせて整備される駅前広場によって鉄道とバス等その他の交通機関との乗り継ぎ利便性が大幅に向上すること等、総合的な拠点整備がなされることから、地域住民と鉄道利用者から大きな期待が寄せられている事業である。

本計画は小田急線の東北沢駅、下北沢駅、世田谷代田駅の3駅を含む延長2・2キロで、現在地上を走る小田急線を4線地下化する計画である。当該地域は、世田谷区内でも特に密集した市街地にあり、狭隘な中での非常に厳しい作業条件となっている。このため事業区間のうち京王井の頭線と交差する下北沢駅周辺では、シールド工法を採用し、周辺への影響が極力少ない工事計画としている。

この下北沢駅周辺での工事手順は、まずシールド工法で2線分の地下構造物を構築し在来線を地下化する。その後、更に2線分の地下構造物を構築し2線2層の4線地下化とする計画となっており、事業の早期完了にはシールドマシンの発進が重要な課題となっている。現在は、シールド工事に必要な諸設備の設置等を行っており、5月中には発進準備が整うことから、5月末に関係者による発進式を執り行ない、6月にはいよいよ掘進開始となる予定である。

今年度は、シールド工事の他にも、仮線への切替工事を3カ所予定している等、工事は更に本格化する。工事区間は、住宅や商店が密集する地域であることに加え、東京メトロ千代田線と隣接する他、環状7号線や京王井の頭線との交差部を有する等、地域住民や関係者の協力は必要不可欠であり、皆様の協力を得ながら、一日も早い事業完了に向け鋭意工事を進めていく。

防音ハウスの構築が進むシールド基地

坑内で発進を控えるシールドマシン

■東京都連立事業の計画・事業中・完了箇所図■

完成個所（鉄道立体によるもの）
施行中連続立体交差事業

東京都

係長級人事異動

4月1日付

◎印昇任

◆青少年・治安対策本部

◆病院経営本部

◆港湾局

◆選挙管理委員会事務局

◆監査事務局

退職 (3月31日付)

特別区

◆台東区

◆墨田区

(7面へつづく)

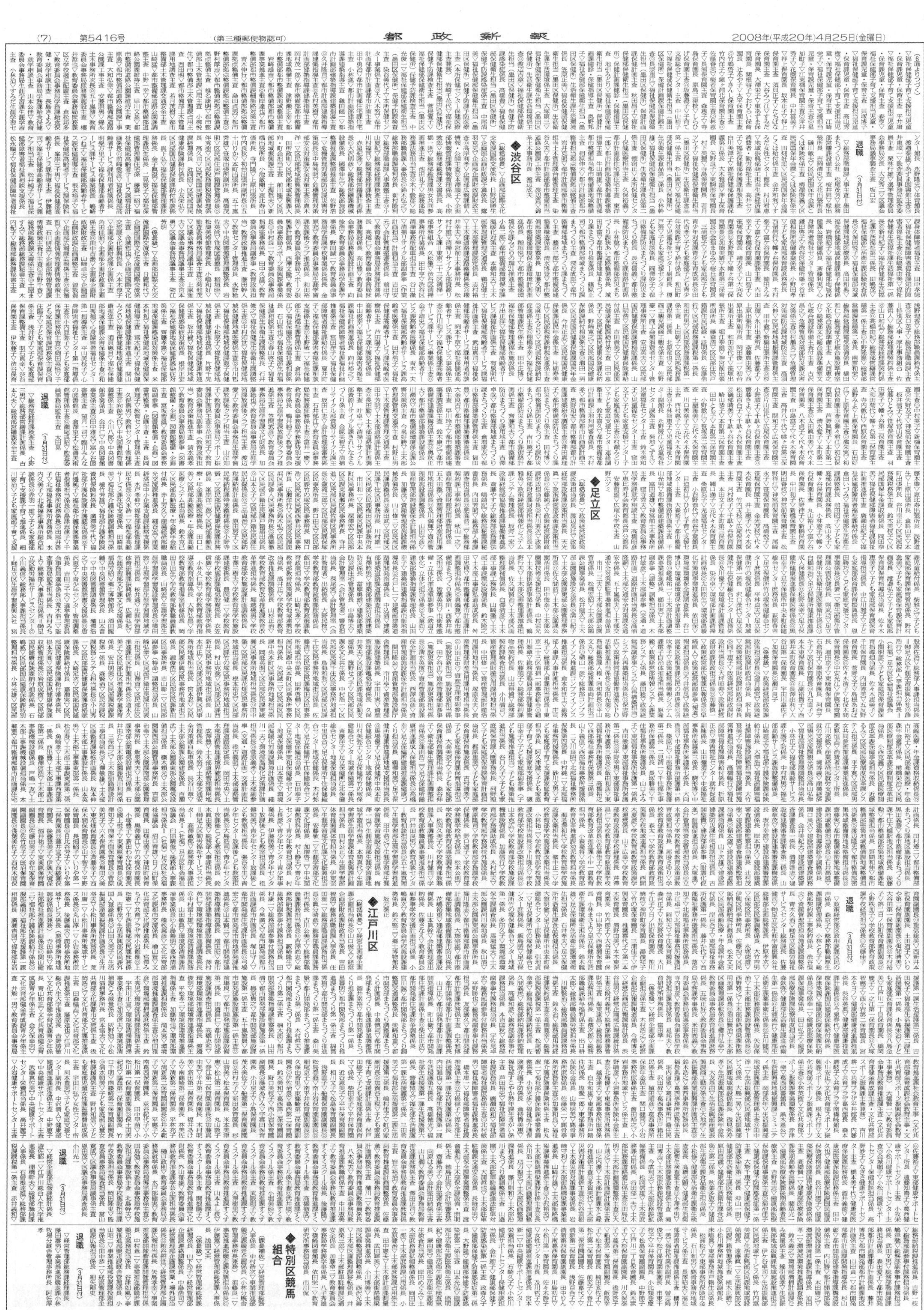

◆渋谷区

◆足立区

◆江戸川区

◆特別区競馬組合

都の夏期幹部異動方針

人材育成を機軸に配置

若手抜擢が鮮明に

都総務局人事部は幹部人事担当課長会を21日に開き、夏期幹部異動方針を各局に示した。職員の大量退職期を迎え、管理職の絶対数が不足する中、少数精鋭の体制作りに向けて人材育成を機軸に据えた人事配置を一層強める。焦点となる局長級人事では、生活文化スポーツ局長と下水道局長の2人が60歳の定年を迎える。その他局長級では7人が勧退ルールに該当し、空きポストは計11となる。教育長人事を含め、新体制の行方が注目される。局案の提出は5月8日に締め切り、各局ヒアリングを5月19日まで実施。内示は7月上旬となる。また退職発令は7月15日、新任発令は16日となっている。

その他局長の空きポスト 事務7、土木3、建築1

■絶対数不足

夏期幹部異動のキーワードとなるのが「少数精鋭の体制作り」と「再任用フルタイムの管理職の活用」だ。

団塊世代の大量退職に伴い、都の退職者数は08年度～09年度にピークを迎える。年度間のばらつきはあるが、トータルでは退職者数が昇任待機者数を上回り、管理職の絶対数が不足する。その一方、オリンピック招致や新銀行東京の再生、築地市場の移転問題など、都政の課題は複雑化・高度化している。

少数精鋭の執行体制が求められる中で、組織を指揮する管理職の能力育成も不可欠な状況だ。このため異動方針では、人材育成を機軸に据えた人事配置をこれまで以上に進めるとともに、能力・業績主義による人材の「精鋭化」を打ち出した。

この考えを鮮明に表したのが標準的な配置ポストと年次だ。本庁統括課長の標準配置年次は6A、10B、11C、本庁課長は9A、13B、14Cとなっている。これは4月の異動時に示した早期選抜組の年次と同じとなる。

春期異動時には、業績顕著者を総務課長などの枢要ポストに抜擢する場合のみ、例外的に早期選抜を認めていたが、夏期ではこの例外規定を外し、枢要ポスト以外にも対象を拡大した。

人事部では「部長昇任には、条例で統括課長歴2年が必要となる。本庁部長を担う人材が枯渇する中では、将来的に部長ポストを担える人材を早期に統括課長に昇任させ、育成することが必要」と話す。

今春の人事異動では、本庁統括課長の早期選抜となる6Aから1人、10Bからは昨秋の異動も含めて4人が昇任しており、引き続き若手抜擢が加速する見通しだ。ただし、人材育成や事業の継続性・安定性の面からも、短期在職での異動を極力抑える考えは、従来と変わりがないという。

■「慎重な対応」

人材が枯渇する中では、新たな管理職の育成とともに、退職する管理職の活用も課題となる。そこで示したのが勧奨退職の扱いの検討だ。

部長級は59歳夏の勧奨退職が通例となっており、円滑な任用管理や組織の若返りに一定の役割を果たしてきた。だが、管理職の供給数が不足する中では、そうした効果を見込むことも難しい。

人事部は近年、従来のルールにとらわれない「柔軟な対応」を求めてきたが、今夏の方針では、さらに一歩進んで「慎重な対応」を各局に求めた。

再任用フルタイムは定年退職者が対象となり、勧奨退職者は採用できない。このため、特に各局事業に精通した人材には、出先管理職や本庁スタッフ職も含め、定年退職後に再任用フルタイムの管理職として活躍してもらうことも十分に検討するよう求めた。

再任用フルタイムは今春、行政系で9人が採用となった。来春の組織体制をにらみ、今夏の勧奨退職状況がどうなるかも注目される。

標準的な配置ポストと年次

区分	年次		
出先部長	3A	7B	——
本庁統括	6A	10B	11C
本庁課長	9A	13B	14C
本庁副参事	12A	15B	17C
出先課長	14A	17B	19C

■局長級異動

夏期人事異動は、局長級や枢要部長級の異動が中心となる。条例局長は60歳の夏、その他の局長は59歳の夏で後進に道を譲るのが通例だが、この基準に照らすと、条例局長では渡辺日佐夫・生活文化スポーツ局長と、土木職の前田正博・下水道局長の2人が該当する。

また、中村正彦教育長が7月12日に任期を迎え、第2回定例会に人事案件が提案される見通しだ。局長級からの起用となれば異動規模がさらに拡大することになる。

その他局長級では7人が該当。職種別で見ると、事務職では菊地輝雄・産業労働局理事、島博文・建設局次長、三枝修一・会計管理局長、梶原康二・選挙管理委員会事務局長、矢口幸一・人事委員会事務局長の5人、土木職では尾田俊雄・港湾局技監、建築職では福島七郎・都市整備局技監がそれぞれ該当する。

このほか、教育庁次長ポストが空席、職員共済組合事務局長ポストと都市整備局の技監ポスト、建設局の道路監ポストがそれぞれ兼務発令となっており、次長、技監、理事等の空きポストは計11となる。内訳は事務7、土木3、建築1。

特別区08年度の組織・人員 ㊥

強まる「区の魅力創出」

新たな行政需要が発生すれば、各区は体制を整えることになる。今年の代表格は後期高齢者医療制度や特定健診・特定保健指導の実施に伴う福祉部門の見直しだろう。

一方で、こうした基礎的業務への対応とは別に近年、多くの区が力を入れる分野がある。観光部門だ。昨年は台東区や北区、中野区で組織強化が図られ、今年も数区で動きが見られた。

新宿区は、商工観光課から観光部門を、教育委員会から文化関連業務をそれぞれ移管して文化観光国際課を新設。保護・保存が中心だった文化財等を積極的に活用・発信するよう転換を図った。

「新宿は街としてのネームバリューは高い。それを維持し、価値を高めるには積極的に発信し、人に来てもらうことが大切だ」。文化観光国際課の山田秀之課長はそう話す。

観光施策の強化といっても、どこに軸足を置くかは区によって異なる。観光部門と商工部門を連携する区が多い中、新宿区では文化振興と融合させた点も特徴だ。山田課長は、商工部門との連携はこれまで通りとした上で、「区にとって何が売りになるかを考えた場合、文化的なストックを観光資源とすることが新宿のブランド力向上につながる」と説明する。

他方、商工部門との融合を鮮明に打ち出したのが墨田区だ。地域振興部を再編し、商工と観光を集約した産業観光部を新設。地上デジタル放送に対応した新タワーが2011年度に開業するのをにらみ、産業振興と観光施策を一体化して相乗効果をねらうという。

大田区も、産業振興課の中に観光政策担当課長を新設した。羽田空港の国際化の動きにあわせ、ものづくりの街にふさわしい独自の観光政策を充実する考えだ。

各区で盛んな観光部門の強化だが、なぜ今、観光なのか。こんな質問を担当者らにぶつけると、一様に「魅力の向上」「地域活性化」「にぎわい創出」との声が返ってきた。

ある担当者は「都内各地で地域の強みを創出する動きが高まる中、自区が都内でどうポジションを取っていくか。観光はそのツール仕掛けの一つだ」と話す。

地域の魅力向上は区民が誇れる街となり、活気も生まれる——。こうした思想は、観光施策強化の動きが、台東区や新宿区など有名観光スポットを有する区のみならず、周辺区にも広がっていることからも見て取れる。

地域の魅力をいかに高めるか。観光部門に限らず、この動きは今後も加速していくだろう。

都小委交渉

当局側 行(一)構造問題と行(二)の影響言及

都労連 「二重に給与水準引き下げ」と反発

都と都労連は22日、08年度に入って初めてとなる小委員会交渉を行った。この中では、都労連側が「現業賃金・給与制度に関する改善要求書」を提出。一方、都側は行政職給料表(一)の構造上の課題等を指摘し、同様の観点から行(一)を基礎に導き出す業務職給料表の見直しについても言及した。

冒頭、都労連側から出された「現業賃金・給与制度に関する改善要求書」では、「行政職(一)給料表の水準を横引き」「現業系任用制度として『職能』に基づく新たな制度を導入」など昨年と同じ要求項目が挙げられている。

一方、都側は「技能労務職員等の給与等の見直しに向けた取組方針」に掲げる国行(二)や都内類似民間企業従業員の給与水準を踏まえた均衡の視点に加え、行(一)給料表の構造問題という新たな切り口を示した。

都側の問題認識によると、これまでの給与改定経過の中で、若年層や中堅層職員に対して相対的に厚く改定が行われてきた結果、級間の給与水準の重なりが大きくなったと指摘。とくに管理職層と非管理職層との間で、その傾向が顕著になっているとして、職務・職責をより一層反映した給料表構造への見直しを打ち出した。

さらに昇給カーブについても、依然として民間の公務類似職種と比べて不十分であり、今後ともさらにフラット化を進めることで、年功的な給与上昇を抑制していく必要があると強調した。

その上で、業務職給料表給与に関しても、作成方針が行(一)を基礎に導き出すものであり、同様の傾向があるとして、構造面からの給与水準の引き下げに言及した。

これに対して、都労連側は、生計費原則が給与制度の基本であることに加え、「級間の重なりを理由に、非管理職の賃金水準を引き下げ、高齢職員にフラット化という賃下げを強要し、現業系職員に二重に給与水準を引き下げる考え方には断固反対である」と反発している。

08年度管理職選考・筆記考査まであと1カ月

都人委試験室長に聞く

種別ごとの試験準備は?

08年度都管理職選考の筆記考査が5月25日に立教大学・池袋キャンパスで実施される。今年度の選考では、有資格者・申込者ともに減少。申込率は前回からほぼ横ばいとなったが、ハイレベルな選考を予想する見方もある。筆記考査を1カ月後に控え、都人事委員会事務局の内藤泰樹試験室長に、試験に向けた対策や準備、留意点などを聞いた。

——06年度改正で選考区分の再編がありました。種別A・Bの求められる管理職像、期待されることは何ですか。

「06年度改正で種別Aを『全庁的視野に立って活躍できる管理職』、種別Bを『職群を核として活躍できる管理職』と位置付けました。種別Aの合格者は管理職候補者の段階から、都政の重要困難な職場に配置され、課題解決能力を高めていくことが期待されます。種別Bの合格者は各自の専門性という強みを活かしていくため、管理職候補者の段階から職群管理を重視し、さらに専門性を育むことが期待されています。各選考区分においても、この方向性を十分踏まえ、能力実証を行う出題となります」

——種別Aの択一出題分野が見直されました。「どのような知識が問われ」「どういった準備が必要か」教えてください。

「択一試験で出題されるのは、昨年度と同様の分野となります。都政事情、政治経済等事情、行政管理、経営に関する知識は、事務系、技術系共通です。また事務系の区分は、これらに加えて経済・財政に関する知識、会計に関する知識が出題されます。

種別Aで求められる人材像が全庁的視野に立って活躍する管理職である以上、都政分野のみならず、広く政治・経済、社会情勢、組織運営といった分野の知識の習得や情報収集に努めることは必須だと言えるでしょう。日々、組織において職務に精励している人は、このような問題意識を常に持って行動していることと思います。日頃からの努力の積み重ねが、結果的には準備につながっているのではないでしょうか」

——択一試験を廃止し、記述と論文のみとなった種別Bはどうですか。

「これまでに培った専門性という強みを活かしていくためにも、その職群で活躍する管理職に求められる知識をきちんと検証する出題となっています。

記述では、関係法令の知識を体系的に整理し、法改正の状況や、国の動向などにもアンテナを張って準備を進める必要があります。時事的な問題については、関係各局の施策の動き、プレスの状況など幅広く押さえておくことが望ましいのは言うまでもありません。

論文についても、課題をきちんと踏まえたうえで、いかに現実的で実効性のある解決策を提示できるか、論理的にそれらを表現できるかといった能力を検証する出題となります。やはり、日々、職務に精励し、問題意識を持って行動している人にとっては、日頃の積み重ねがそのまま試験対策になっていると言えるかと考えています」

——種別A・Bともに、一定基準を満たした受験者について、3年間の試験免除が実施されています。免除基準はどうなりますか。

「昨年度の択一及び記述において、いずれも標準点50点以上の受験者については、今年度の該当科目の受験を免除します。各自の有資格期間の関係で、最長3年間免除となります。今年度の基準はこれから検討していくことになりますが、昨年同様できるだけ多くの受験者にインセンティブを与えることができるようにと考えています」

——今年度の選考では、免除資格者の申込率が93・1%となっています。

「ある年度は受験しても、翌年度はやめてしまうという人も多い中、該当者の9割が受験を申し込んでくれたというのは、免除制度導入の効果だと考えております。該当者の皆さんは、せっかくのチャンスを無駄にしないように、積極的に受験されることを期待しています」

——種別Bでの前倒し受験の状況はどうですか。

「今年度の種別B記述のみ受験の申込者は109名で、昨年度よりも10名ほど増加しました。このうち84名が前倒し受験の申込者です。計画的かつ積極的な受験者群の存在は、都政の屋台骨を支える管理職を選抜する、という大きな使命を担う管理職選考の実施にとって、プラス材料と考えています」

可能性試すチャンス。積極的な受験を呼びかける(昨年の選考会場の様子)

——選考区分の再編により、種別Cは最後の選考となります。

「いよいよラストチャンスです。受験申し込みをされた課長補佐の皆さんは、合格後は即戦力の課長として力を発揮することが期待されます。選考自体は昨年度までと特に変わるところはありません。各自が持てる力を存分に出し切って選考のハードルを越えてほしいと思っています」

——人物・実績重視の観点から、口頭試問や勤務評定が重要視されます。面接での留意点は。

「口頭試問は例年と同様、種別A及びBは2回、種別Cについては1回の個別面接方式で実施されます。ここでは受験者と面接委員とのやり取りの中で、表現力、判断力、積極性等を検証することになります。これから管理職になろうとする人物を見極めようとする面接ですから、様々な角度から受験者を見ることとなります。面接委員の言ったことをしっかりと聞き、きちんと自分の言葉で話すことが大切であると考えています」

管試ステップに活躍を

——今年度選考では、有資格者・申込者ともに減少し、申込率は横ばいでした。申込状況をどう見ますか。

「職員の構成上、有資格者が前年度と比較して大幅に減少している以上、申込者がある程度減少するのは、いたしかたのないことと認識しています。一方、有資格者に占める申込率が昨年度と同程度であったことから、管理職選考にチャレンジしようとする意欲のある職員が決して減少しているわけではないと考えています。また種別Aに新規参入してくる有資格者層は、採用抑制時期で競争の厳しかった採用試験を突破してきた世代であり、種別Bでも、係長昇任時に厳しい昇任選考を経てきた世代が参入してきているなど、ハイレベルな選考となるのではないかとも考えられます。受験申し込みをされた皆さんの積極的な受験を期待しています」

——試験を控えた受験者にアドバイスをお願いします。

「例年、択一や記述における問題の選択方法や、記述や論文の解答用紙への問題番号の記入を間違える事例が見られます。問題表紙の注意事項をよく読み、落ち着いて解答してください。管理職選考は自らの可能性を試す大きなチャンスです。管理職に期待される役割は、今までにも増して大きくなっています。管理職選考をステップとして、リーダーシップやマネジメント能力を磨き、都政の様々な分野で活躍してくれることを期待しています」

OJT推進責任者研修を実施

「決裁時はチャンス」

都職員研修所

今年度から都の中央研修メニューに加わった「OJT推進責任者研修」が21日から23日の間、8回に分けて都庁第一本庁舎4階の職員研修所サテライトルームで行われた。実践時のポイントについての講義や、具体的な場面を想定し、いかに取り組むかのグループ討議などが行われた=写真。

受講したのは、昨年12月に策定した東京都職員OJT指針に基づき、OJT推進者となった各部・事業所の人事担当課長ら約340人。

研修所講師の角田百合子参事は「OJTは円滑なコミュニケーションが前提。職員を尊重し、積極的に関心を持つ姿勢を示すことが大切」などと述べ、若手、年配など相手の傾向・状況を踏まえながら取り組む重要性を説いた。

また、OJTが定着しない理由の一つに「多忙で余裕がない」といった意見があることに触れながら、「例えば、部下が決裁を求めにきたときなどはOJTのチャンス。ただ受け取るだけでなく、内容について質問することで職員の技能習得状況を測ることもできる」などとアドバイスした。

OJT推進責任者は、OJT推進のリーダー的な存在で、職場でOJTの実施状況を把握し、職場の管理監督者に対して適時適切な支援・アドバイスを行うなど、OJTが定着するよう風土作りに務める役割を担う。

都が知的・精神障害者を初めて雇用

12人程度を臨時職員に

都は22日、知的・精神障害者を12人程度、臨時職員として雇用すると発表した。6月1日からモデル的に2人程度、11月1日から10人程度を雇用する。区市町村障害者就労支援センターや障害者就業・生活支援センターから1人以内で推薦してもらい、その中から選考する。

勤務場所は、福祉保健局と産業労働局で、2カ月ずつ二つの職場を経験する。業務内容は、パソコン入力や文書郵送、コピーなど。1日6時間勤務で4900円が支給される。

都では毎年、身体障害者を3類事務として10人程度採用しているが、知的・精神障害者を雇用するのは初めて。障害者施策推進部では「今後、拡充できるよう検討していきたい」としている。

次世代スター招き国際サッカー大会

26～28日の3日間

都と東京都サッカー協会は26～28日の3日間、世界の大都市から次世代を担うサッカー選手を招き、「東京国際ユース(U－14)サッカー大会」を開催する。

参加都市は東京のほか、▽ベルリン▽ジャカルタ▽ロンドン▽モスクワ▽ニュー・サウス・ウェールズ▽パリ▽サンパウロ▽ソウル——の8都市。1次リーグを26、27日に多摩市立陸上競技場、稲城中央公園総合グラウンドで行い、順位決定戦を28日、味の素スタジアムで行う予定。

訂正 4月22日付4面「特別区08年度の組織・人員」で杉並区の08年度職員数は3835人、前年度比104人減、削減率2・64%の誤りでした。

20年度 職員教養講座 ≪42≫

前回に引き続き、演習問題を掲載します。

問題

【問題16】
最近の国際事情について、妥当なのはどれか。

① 昨年11月、米アナポリスで中東和平国際会議が開かれ、イスラエルとパレスチナ自治政府は7年ぶりに和平交渉を再開、今年末までの妥結達成を目指すことで合意した。

② 昨年12月に行われた韓国大統領選挙では、与党系の鄭東永元統一相が当選した。

③ 今年3月に行われたロシア大統領選挙では、現職のプーチン大統領が3選を果たした。

④ 今年2月、コソボがセルビアからの独立を宣言した。これに対し、米国や英国、ロシアはコソボを国家として承認した。

⑤ 昨年10月、北朝鮮核問題を巡る6カ国協議の合意文書が発表され、12月末までに、北朝鮮がすべての核計画を申告し、寧辺の三つの核施設の無能力化を実施するとした。これに伴い、米国による北朝鮮のテロ支援国家指定が解除された。

【問題17】
昨年7月に閣議決定された情報通信白書の内容について、妥当なのはどれか。

① 情報通信産業は名目国内生産額の約1割を占め、輸送機械産業に次いで2番目の規模をほこる。

② 日本経済が順調に推移し、ユビキタス化の潜在力が十分に発揮されると、そうでない場合に比べて、2007年～2010年までの間、実質GDP成長率が10%程度押し上げられるとした。

③ 情報通信産業について、日本は、1997年から2005年の間、ほとんどの製品で世界シェアと輸出額ともに増大している。

④ 米国では、年収が多いほどパソコン保有率やインターネット利用率が高くなる相関性がみられていることを指摘。日本でもその可能性について注意する必要があるとした。

⑤ 情報の取得の質的・量的な拡大によって、経済的な効用を得ると考える人が半数を超えているとした。

【問題18】
サブプライムローン問題について、妥当なのはどれか。

① サブプライムローンとは、アメリカにおいて貸し付けられたローンのうち、優良顧客向けでないものをいう。今回問題となったのは自動車ローンに関するもので、原油高に伴う市場の低迷にともない悪化した。

② 昨年12月に米国で発表された借り手救済策では、今後2年間で高金利に移行するサブプライムローンの借り手のうち、返済実績の良好な借り手でサブプライムのままでは高金利が返済不能な者を対象に10年間、金利を現在の低い水準に凍結する。

③ 昨年12月、欧米の五つの中央銀行と日本銀行は、サブプライムローン問題などの影響で資金調達が難しくなっている短期金融機関を安定させるため、金融市場に大規模な資金供給を実施すると発表した。

④ 今年2月末の時点で、サブプライムローン問題で損失を計上した国内金融機関はない。

政治経済等事情 ⑤

⑤ 昨年11月、サブプライムローン問題について分析してきた金融相の懇談会の報告書では、同問題の根源には安易なリスク移転があったと指摘、今後の対応策として証券化商品にどのような資産が組み込まれているのか関係者が把握できるルールの整備や、格付け会社に対しても利益相反行為を禁じるような規制を提案した。

【問題19】
年金記録問題について、妥当なのはどれか。

① 昨年6月成立した社会保険庁改革関連法では、社会保険庁を2010年をめどに廃止し、公益法人である日本年金機構に改組する。なお、社会保険庁の職員は全員同機構に再就職するとしている。

② 社会保険庁改革関連法では、日本年金機構の業務は可能な限り民間に委託する。委託内容は、厚生労働省内に設置する第三者機関の意見を聞き、決定するとしている。

③ 昨年6月に成立した年金時効停止特別措置法では、記載漏れが判明した人への年金の追加給付には、会計法上の時効を5年間から10年間に延長する。

④ 昨年10月に発表された年金記録問題検証委員会の最終報告では、根本にある問題として、正確性の確保に対する認識の問題などの他、本人からの受給申請をもとに年金額を決めるときに記録を直せばいいとする社保庁の裁定時主義の問題も挙げている。

⑤ 報告では、責任の所在について、歴代の社保庁長官や歴代厚労相らの責任が重いとして、職員団体や職員については触れていない。

【問題20】
昨年10月にスタートした郵政民営化について、妥当なのはどれか。

① 日本郵政グループは、傘下に郵便事業会社、ゆうちょ銀行、かんぽ生命保険の3事業会社とそれらを束ねる持ち株会社・日本郵政で構成する。

② 政府による全額出資の日本郵政が、すべての事業会社の全株式を保有する形でスタートした。

③ 日本郵政は、早ければ10年以内にかんぽ生命保険と郵便事業会社の株式を完全売却する。

④ 日本郵政は、2010年をめどに上場を目指すが、その際、株式の2分の1は政府が保有する。

⑤ ゆうちょ銀行は、昨年10月1日の民営化時点で預金残高187兆円を有し、全国第2位の規模をもつ。

解説

【問題16】 正答①

① 正しい。しかし、エルサレムの帰属やパレスチナ難民の扱いなどには言及がなかった。

② 誤り。保守系野党ハンナラ党の李明博前ソウル市長が当選した。与野党の政権交代は10年ぶり。

③ 誤り。当選したのはプーチン大統領から後継指名されたメドベージェフ第一副首相。5月の任期満了に伴い、プーチン大統領は首相に就任する予定。ロシア大統領の任期は4年で2期まで。

④ 誤り。ロシアは独立を承認していない。このほか、中国や国内に少数民族の分離・独立問題のあるスペインなども承認していない。

⑤ 誤り。テロ支援国家指定は解除されていない。12月末時点で北朝鮮の核施設無能力化、核計画の申告のいずれも履行されていない。

【問題17】 正答②

① 誤り。全産業の中で最大の規模をほこる。実質GDP成長率に対する寄与率は05年で42・4%と、情報通信産業が経済成長に与える影響は大きいとしている。

② 誤り。実質GDP成長率が1%程度押し上げられるとした。

③ 誤り。ほとんどの製品で世界シェアと輸出額ともに低下しており、企業競争力と生産拠点としての立地競争力のいずれもが低下した。

④ 誤り。日本において、インターネットやブロードバンドの利用状況と所得には正の相関があるとした。

⑤ 正しい。白書は、情報にアクセスする手段を持たない人は、経済的効用が得られず、所得が低くなる可能性が考えられる、としている。

【問題18】 正答⑤

① 誤り。主に住宅ローン返済の延滞率が向上し、これを組み入れた金融商品の劣化をきっかけとした金融不安が広がった。サブプライムローンは返済能力の低い所得者向けに高金利で融資する住宅ローンを主に指し、最初は2年程度、金利を低水準に固定した商品が多いが、途中から大幅に上昇し、変動金利となるため、住宅市場の悪化に伴い返済不能となるケースが続出している。

② 誤り。5年間、金利を当初の低い水準に凍結する。このほか、ローンの変更手続きを簡素化して借り換えも促進する。

③ 誤り。日本銀行は参加していない。供給資金額は約4兆4千億円規模。このほか、昨年8月には、日欧米の中央銀行が金融市場に資金供給を行っている。

④ 誤り。金融庁はサブプライムローン問題で、12月末時点で国内金融機関の損失額が6千億円となると発表している。このほか、損害保険大手のあいおい損害保険がサブプライム関連損失で08年3月期連結決算で40億円の赤字となるなど、損保業界などでも影響が広がっている。

⑤ 正しい。

【問題19】 正答④

① 誤り。非公務員型の日本年金機構に再就職するか、厚生労働省などに配置転換される。

② 誤り。時効を適用せず、過去の支給不足分の年金全額を補償する。

③ 誤り。厚生労働省ではなく内閣官房内に設置する第三者機関の意見を聞き、閣議決定する。

④ 正しい。報告書では、年金記録に間違いがある可能性は否定できないため、年金給付の手続きをする時に、本人に確認するのは必要だが、記録の正確性は社保庁が責任を持って確保すべきとしている。

⑤ 誤り。歴代社保庁長官ら幹部職員、厚労大臣、事務次官、社保庁関連部署責任者、職員団体、職員にそれぞれ責任があるとしている。

【問題20】 正答②

① 誤り。郵便局会社を加えた4事業会社と持ち株会社日本郵政で構成する。

② 正しい。

③ 誤り。かんぽ生命保険とゆうちょ銀行の全株式を売却する。日本郵政は、早ければ民営化3年後の2010年をめどにこの2社の株式を上場させ、民営化10年後の2017年までに2社の全株式を売却する。なお、公共性が高い郵便事業会社と郵便局会社の全株式は日本郵政が保有する。

④ 誤り。政府は3分の1超の株式を保有する。

⑤ 誤り。これまで国内最大だった三菱東京UFJ銀行の1・8倍以上あり、国内最大。

カレント 20年度 トピックス 28

都政事情

■平成20年地価公示価格(東京都分)の概要(3月25日)

地価公示価格は、地価公示法に基づき、国土交通省が毎年1月1日時点の調査を行い、一般の土地の取引価格の指標等として公表するものである。財務局は、地価公示価格の東京都分の動向など概要について発表した。

東京都全域では、住宅地、商業地、準工業地及び全用途の平均変動率がいずれにおいても前年を上回り、商業地及び全用途で2桁台の上昇となった。

国と東京都の都市再生の取り組みにより再開発が行われている地域では、土地の高度利用により収益力が向上し、土地の付加価値を押し上げており、地価上昇の要因となっている。

■「東京都介護給付適正化プログラム」を策定(3月28日)

福祉保健局は、東京都及び区市町村(保険者)の取り組み目標を体系的に整理し、東京都と保険者が一体となって介護給付適正化の取り組みを推進するため「東京都介護給付適正化プログラム」を策定した。

プログラムでは、要介護認定、ケアマネジメント、サービス提供体制の3点の適正化を目指し、2010年度までに東京都内の全保険者が、住宅改修点検と介護給[illegible]を実施する目標を掲[illegible]る。平成20年度は、[illegible]している事業の充実[illegible]ともに、保険者への[illegible]化するために「介護[illegible]会運営適正化研修事[illegible]五つの新規事業を実[illegible]

■「東京都健康推進[illegible]新後期5カ年戦略」[illegible](3[illegible]

「新後期5カ年戦[illegible]平成20年度から24年[illegible]照準を合わせ、メタ[illegible]シンドローム対策を[illegible]した予防重視の生活[illegible]策や、健康づくり機[illegible]などに取り組むこと[illegible]る。平成17年度に策[illegible]「東京都健康推進プ[illegible]期5カ年戦略」を全[illegible]直したものである。

「新後期5カ年戦[illegible]果的に推進するため[illegible]して「科学的根拠に[illegible]康づくりの施策の推[illegible]ーゲットを絞り込ん[illegible]な事業展開」「地域[illegible]一層の連携強化」の[illegible]げている。

20年度 特別区 管理職試験講座 12

事例問題 ②

I類記述 ⑤

次の資料は、本年1月末に千葉県市川市で発覚し、その被害が全国に拡大した「中国産冷凍ギョーザ事件」に関する新聞記事です。特別区の食品衛生を担当する課長として、資料から読み取れる事件の原因を分析し、これに基づき、事件を未然に防止するための具体的対応策を立案してください。この原因分析から対応策までを部長に提出する提案書としてまとめてください。形式は自由です。

【資料1】

毒ギョーザ警告メール　保健所"放置"6日間

中国製ギョーザ中毒事件で、昨年12月末に千葉市で最初の健康被害が発生し、同市の保健所にメールで通報があったにもかかわらず、1月上旬まで6日間にわたって放置されていたことが分かった。

また、輸入元の日本たばこ産業(JT)子会社「ジェイティフーズ」(東京都品川区)は千葉市のケースを把握した後、1月5日に兵庫県で起きた健康被害について、東京都の問い合わせに「同様の苦情はない」と回答していたことも判明した。

行政や業者のこうした"怠慢"が、被害を拡大させたとの見方が強まっている。批判を呼びそうだ。

厚生労働省などによると、最初の被害発生は昨年12月28日。千葉市内の母子が「CO・OP手作り餃子」を食べたところ、体調が悪化したため、購入先のコープ花見川店(千葉市花見川区)に「薬品くさい味がした」と訴えた。

これを受けて生協側は翌日、千葉市保健所に「2人が嘔吐と下痢。ともに救急車で病院に搬送された」とのメールを送信した。

だが、保健所はこの日から1月3日まで年末年始の休みで、メールが開封されたのは4日午前になってからだった。行政側は6日間にわたって放置していたことになる。

保健所を所管する千葉市生活衛生課は「高濃度の農薬が入っていることは想定外だった。仮に保健所の職員がすぐに情報を把握しても、農薬検査は行わなかった」と話している。

一方で生協側は1月上旬までに、被害を訴えた千葉市の母子が食べ残したギョーザを自前の検査センターで調査した。この際薬品のようなにおいに気づき、外部機関に再調査を依頼したが、「異臭の原因が特定できない」との結論だったという。

こうした中で、1月5日には兵庫県高砂市で「中華deごちそうひとくち餃子」を食べた家族が食中毒症状を起こす事態が発生。ジェイティフーズの本社がある東京都の福祉保健局には7日、兵庫県から連絡が入った。

連絡を受け、都は7日のうちにジェイ社に対し、同様の苦情が寄せられていないか問い合わせた。これに対しジェイ社は、1月4日に千葉市のケースを把握していたにもかかわらず、別の商品だったため「苦情はない」と回答していた。

複数の商品の"異常"に対処できなかったJT側は「洞察が足りなかった」などと釈明している。(平成20年1月31日産経新聞より)

【資料2】

都、情報生かせず　FAX送信漏れも…中国製ギョーザ

今回の中国製冷凍ギョーザの問題では、関係機関の情報がうまく集約されず、対応の遅れにつながったことが明らかになってきた。

東京都や品川区によると、兵庫県高砂市で1月5日、JTFが中国から輸入した冷凍ギョーザを食べた家族3人が、有機リン中毒を疑わせる症状を発症しているとの連絡が、同7日に同県から都に寄せられた。

都はこの情報を、JTFの本社がある品川区に伝えて調査を要請し、同区保健センターの職員がJTFの食品管理室に電話で聞き取り調査を行った。

その際、JTFからは、〈1〉2007年6月、消費者から「ギョーザを食べて体調不良になった」との電話が、JTFの販売店にあった〈2〉同年8月、居酒屋から「ギョーザを食べた客が味がおかしくて吐いた。下痢もしている」と届け出があった――ことが報告された。品川区の担当者は都にもこの情報を伝え、兵庫県にも連絡された。

しかし、行政側が兵庫県のケースとの2件を、結びつけて対応を取ることはなかった。その後、22日には、中国の同じ工場で製造されたギョーザを食べた千葉県市川市の家族5人が、吐き気や下痢の症状で病院へ搬送される事故が発生。都と品川区は30日になってJTFに立ち入り調査に入り、警察当局やJTなども事実を発表した。

一方、都は31日、7日に兵庫県から連絡を受け、品川区側に調査を依頼した際、農薬中毒症状を示す書類を誤ってファクスしていなかったことを明らかにした。都は食中毒が起きた状況などを示した4枚の報告書をファクスで受け取り、同区保健センターにJTFへの調査を要請するとともに、この報告書もファクスした。しかし、「患者の血中コリンエステラーゼ活性が低くなっている。縮瞳(しゅくどう)もみられる」と、農薬中毒を疑わせる症状を記載した4枚目の報告書を送らず、誤って問題の商品の写真を送付してしまったという。(平成20年2月1日読売新聞より)

【資料3】

中国製ギョーザ:被害女性の検査依頼を拒否　千葉市保健所

中国製冷凍ギョーザ中毒事件で、被害に遭った千葉市稲毛区の女性(36)が1月4日、市保健所に異常を感じたギョーザを直接持ち込み、検査を依頼したにもかかわらず、保健所が拒否していたことが分かった。保健所は販売したコープに連絡したが、独自調査は事実上行わなかった。

女性の父親(69)らによると、女性は4日午前10時半ごろ、昨年12月28日に食べて中毒症状が出たギョーザの食べ残しと口から吐き出した数個を持ち込み、「薬品のにおいがするので調べてほしい」と検査を依頼した。食べた後に下痢や嘔吐(おうと)の症状が出て入院し、購入先のコープに同じ袋に入っていた冷凍ギョーザなどを渡したことも伝えた。

保健所食品衛生課職員は、コープに連絡し、冷凍ギョーザを鑑定に出しているとの回答を得たため、「国内で何万個も流通している。食中毒なら他の患者が出てから検査しても遅くない」と持ち帰りを指示した。

この後、保健所は調査を行わず、1月7日になってコープから「食中毒の原因となる菌は発見されなかった」との報告を受けたため、結果を22、23日ごろ女性に連絡し、処理済みとした。30日に厚生労働省から「有機リン系中毒が発生している」と連絡があり、初めて女性が中毒症状だったことが分かった。

三井良雄食品衛生課長は「職員は薬品臭くないと判断した。においと殺虫剤を結びつける発想がなかったのは反省するが、初めての経験なので仕方ない」と釈明した。女性の父親は「1月4日の段階で、保健所がしかるべき措置を取っていれば、被害が広がらずに済んだ」と話した。

【駒木智一、斎藤有香、中川聡子】(平成20年2月2日毎日新聞より)

【資料4】

中国製ギョーザ:被害通報を保健所長に報告せず処理　千葉

中国製冷凍ギョーザ中毒事件で、千葉市保健所が稲毛区の女性(36)と販売元のコープから寄せられた健康被害通報を保健所長に報告せずに処理していたことが分かった。食品衛生法は、食中毒の疑いの有無を判断するのは、医師である保健所長と定めているが、市保健所は職員レベルで判断していた。所長に情報が伝わっていれば、もっと早く対応できた可能性もあり、市は報告義務を怠った職員と保健所長の計4人の処分を検討している。

同法は「保健所長は、食中毒の疑いがある患者が発生した場合は知事に報告し、調査しなければならない」とし、保健所長に症例の判断を求めている。

しかし、市保健所は▽「食中毒が疑われる人体被害発生」とのコープ側からのメール(昨年12月29日)▽女性からの現物ギョーザの検査要請(1月4日)▽「ギョーザに異臭がした」とのコープ側の検査結果(7日)の3件について、職員が「食中毒ではない」と判断し、保健所長に報告していなかった。厚生労働省監視安全課は「報告しないのは明確な違反」と話している。

また、市は和歌山・毒物カレー事件(98年)をきっかけに00年、健康被害発生時の独自マニュアルを作成。このマニュアルも「健康危機発生を疑わせるような情報を入手した市の組織は、市健康部長に報告すること」と定めているが、部長への報告はなかった。

高橋秀夫・市健康部長は「保健所長に知らせなかったのは問題だが、稲毛区だけの単発事案ではマニュアルにある健康危機とは判断できなかったはず」と話している。

【駒木智一】(平成20年2月7日毎日新聞より)

【資料5】

「ギョーザで食中毒の疑い」届け出ず…千葉市立青葉病院

昨年12月28日に中国製の冷凍ギョーザを食べて中毒になった千葉市稲毛区に住む主婦(36)を診察した千葉市立青葉病院(同市中央区)が「食中毒の疑いがある」と診断しながら、食品衛生法に定められた保健所への届け出を怠っていたことが31日わかった。

千葉市も1月4日に、主婦がギョーザを買った「ちばコープ」(千葉市)からの情報で、体調を崩した女性がいることを知ったが、病院から届け出がないことなどから、詳しい検査をしなかったという。

同病院事務局によると、主婦が別の病院から転送されてきたのは、ギョーザを食べた約4時間後の12月28日午後10時ごろ。吐き気や下痢などの症状を訴え、急性胃腸炎の患者として処置され、翌29日午前に退院した。

同病院は1月4日に「急性胃腸炎または食中毒の疑い」との診断結果を出したが、保健所に届け出ることなく、主婦に診断結果を知らせただけだった。主婦が食べたものから、ギョーザが原因だった疑いが強いことは把握していたという。

食品衛生法では、「食中毒の患者や疑いのある者を診断した医師は保健所長に届け出なければならない」と定めている。同病院は「届け出義務は知っていた」と法違反を認めたうえで、「(当時は)感染性胃腸炎が多発している時期で、冷凍ギョーザを原因とする中毒と断定できなかったため、届け出は必要ないと判断した。今後、マニュアルなどを見直していかなければならない」と話している。

(平成20年1月31日読売新聞より)

【資料6】

中国製ギョーザ:苦情11月からコープネットで5件

中国製冷凍ギョーザによる中毒事件で、千葉市稲毛区の女性(36)が食べて発症した「CO・OP手作り餃子」について、販売した生協で作る「コープネット事業連合」(1都7県、さいたま市南区)に昨年11月から今年1月の間、異物混入など中身に関する苦情が他に5件あったことが分かった。うち2件は健康被害と薬品臭をそれぞれ訴えていたが、有効な対策はとられていなかった。

コープネットによると、健康被害の苦情は昨年11月13日にあり、「食べたら胃が痛くなり、血圧が上がった」(千葉県、07年8月19日製造)という内容だった。今年1月10日には「防腐剤のようなにおいがしたので捨てた」(茨城県、07年8月20日製造)との苦情があった。

健康被害の件はコープネットが残った品を回収し、食中毒検査をしたが細菌類は検出されず、通報者も病院へ行っていないため「問題なし」と結論付けた。毒物の検査はしていなかった。また異臭の件は製品が捨てられたため調査せず、同ロットの製品の検査もしていなかった。

他の異物の苦情は▽昨年11月27日に「プラスチック片があった」(長野県、製造日07年9月9日)▽同12月11日に「約2ミリのアルミ片が入っていた」(東京都、同不明)▽今年1月23日に「白い毛が入っていた」(茨城県、同07年7月20日)の3件。コープネットは製品を回収し、混入ルートを調べたが特定できなかった。成分分析で「プラスチック片は豚の骨」「白い毛は植物繊維の可能性がある」との結果だった。

コープネットは昨年3月から中国の天洋食品製造、ジェイティフーズ輸入のこの商品を約25万個販売していたが、中身への苦情は昨年11月以降に集中。他は包装の印刷、個数不足の苦情が同4、6月に計2件あっただけだった。

昨年11月の健康被害の苦情の際、毒物検査などをしなかったことについて、コープネットは「この製品への苦情は、ほかの食料品に比べ発生率が少なかった。症状も軽く、検査は必要ないと判断した」と弁明した。【中川聡子、駒木智一、柳澤一男】(平成20年2月3日毎日新聞より)

【資料7】

被害は30都道府県368人に拡大…読売調査

中国製の冷凍ギョーザを食べた千葉と兵庫の10人が中毒になった問題で、製造元の「天洋食品」(中国)の加工食品を食べて被害を訴え出た人は31日現在で、30都道府県、計368人に広がっていることが読売新聞の全国調査でわかった。

また、天洋食品の加工食品は、少なくとも19道県の327の保育園、幼稚園と小中高校などの給食で使われていたことも判明した。健康被害は確認されていない。農林水産省の白須敏朗次官は31日の定例記者会見で、中国の農薬の使用状況について、現地の日本大使館を通じて調査する考えを明らかにした。

全国調査は、保健所を通じて各都道府県と政令市に被害を届け出た人のうち、ジェ[illegible]の「ジェイティフーズ[illegible]F)が天洋食品から[illegible]商品名を具体的に挙[illegible]被害を届け出た人を[illegible]た。

それによると、被害[illegible]出た人たちが食べた時[illegible]年11月末以降で、食[illegible]は、千葉と兵庫で有機[illegible]の殺虫剤「メタミド[illegible]検出されたのと同じ[illegible]eごちそう　ひとく[illegible](ギョーザ)」と「C[illegible]P手作り餃子」の2商[illegible]中していた。

一方、天洋食品の加[illegible]を給食で使っていたの[illegible]海道、秋田、群馬、栃[illegible]根、愛媛など少なくと[illegible]県。小学校が227[illegible]も多く、中学校84、幼[illegible]養護学校2、高校1、[illegible]1だった。商品は「豚[illegible]わり包み」や「柔らか[illegible]んだロールキャベツ」[illegible]

一方、JTFの親会[illegible]る日本たばこ産業(J[illegible]30日夜、品質管理部の[illegible]人を現地に派遣。天洋[illegible]工場の調査を開始した[illegible]でに中国政府が調査し[illegible]で、同じ工程で製造さ[illegible]ンプルを確保できない[illegible]今後は、製造工程でメ[illegible]ホスが入り込む可能性[illegible]調査する。

30、31日の2日間に[illegible]に寄せられた問い合わ[illegible]情は約700件。同社は[illegible]人員を当初の5人から[illegible]に増やし、回線も倍増[illegible]対応にあたる。(平成[illegible]月1日読売新聞より)

各区改革競争
ヘンシーン!!

区政潮流

特別区政2008を展望する
——景気後退を予測し改革を加速するとき

■景気後退と行政改革

バブル経済崩壊後、特別区の財政運営は深刻だった。バブル期のハコモノなどバラマキによるメタボリック状態から急にはスリムになれなかったからだ。いまや全国一富裕自治体といわれる港区でさえ、菅谷元区長が就任した当時は財政困難を訴えていたのである。その後、各特別区は民間委託や非常勤職員化など正規職員の削減を中心とした行政改革を行ってきた。ここ3年は税収増（財調交付金を含む）も相俟って、健全財政化を実現している。

「同じ釜の飯を食う」特別区の間では、「隣り」がサービス水準を上げれば、政策議論もなく「ウチも上げる」となる。横並びの典型だ。しかし、財調不交付区の港や渋谷では高水準のサービスが許されても他の区がそれを真似できるものでもない。「身の丈」が違うといってしまえばそれまでだが、「目立ちたい病」「負けたくない病」に各区が罹るため、結果として特別区の横並び・一体性（？）が維持されることになる。

しかし、サブプライム問題や原油高など景気の先行きは不透明だ。再び税収減に見舞われれば、地方の自治体並みにサービス水準を切り下げる必要に迫られよう。必要とあらば「隣り」はどうであれ、独自に改革を「断行」するしかない。

■世代交代のジレンマ

今年2月に当選したばかりの大阪府の橋下知事のように首長の「意欲」「能力」「若さ」は魅力だ。橋下知事の改革は、補助金、人件費さらに施設運営費の削減が柱になっている。職員の給料カットはおそらく10%を下るまい。また、「ワッハ上方」など外郭団体が経営する施設の整理縮小がターゲットといえよう。特に「ワッハ」は「上方文化による地域活性化」を名目に横山ノック知事が残したものだが、「無理・無駄」というのが大方の評価だ。ワッハに天下った（派遣された）大阪府の役人は、「施設の開閉だけが仕事」と揶揄されている。弁護士として「再生のプロ」を自認する橋下知事は、正義感が強いこともさることながら年若く、将来が嘱望される。それゆえに改革も期待できる。

一方、東京は後期高齢の域に達した石原知事（3期目）が新銀行東京の経営悪化に悪戦苦闘している。数々の改革を実現してきた石原知事ほどの（卓越した政治力をもち、知的な）首長であっても自らの非を改めることはできなかった。サラ金業者にさえ「金の貸し方を知らない」と嘲笑されている。10年もたてば権力者は驕り高ぶる人種に生まれ変わるかの如くである。

同じく3期目の山田杉並区長は多選禁止条例を設け、政治家としての品格の高さと改革姿勢をアピールしている。レジ袋の有料化、民間人校長の登用など残した業績、改革実行力は仮に10年で辞めても十分「おつり」が来よう。

特別区の地域問題に目を向ければ、「新たな公共」の担い手として町会や自治会の活性化が課題となっている。団塊世代の退職をターゲットにした受け皿論ともいえるが、品川区の意識調査（2007）からも明らかなように退職後に地域活動を重視する団塊世代は少数だ。町会の高齢化（年功重視）と閉鎖性を見れば理解できる。21世紀には町会オンリーではなく、多様な団体の連携（横のつながり）から地域協議会など新たな組織化への動きが求められよう。団塊の世代はエネルギッシュで仕事人間が多く、地域活動への奉仕より勤労を重視する人たちだ。一方、町会等の改革・充実にはこれら団塊の「若いエネルギー」が必要となる。

■格差社会論に迎合するのも危険

後期高齢者医療の問題を持ち出すまでもなく、老後や将来への不安感はさらに増す。若い世代のワーキング・プア論も議論されよう。特別区区域における貧富の差はますます拡大するなかで地域の連帯感を維持することは難しくなる。個々人の財産や所得が地域の紐帯（ソーシャル・キャピタル〈社会共通資本＝互酬性、信頼など〉）と無関係ではないからだ。そこで出てくるのが弱者保護の論理である。

超富裕区といえる渋谷区では低所得者の特別区民税減免制度を実施するという。どの区も税や保険料の滞納に苦しんでいるなか、渋谷区が超然とこの施策を実施すれば影響は大きい。恐いのは後続区（横並び）の出現である。特別区税のあり方が再び問われるばかりか都民税への影響も避けられない。

「千代田市構想」をぶち上げた石川千代田区長の場合にも1区突出感は否めなかったが、その非現実性故に驚きはなかった。石川区長の改革実行力、リーダーシップの凄さから「政治家はこれくらい言わなければ」と理解する。しかし、渋谷の場合は釈然としない。

山田杉並区長の住民税ゼロ自治体構想も非現実的で愛されよう。松下幸之助氏の「無税国家論」「収益分配国家」の自治体版ではあるが、何年か後に区民税がゼロになるという発想は自治体経営を考えるうえでアイデアが一杯だ。ただゼロになれば逆に格差は拡大することに注意しなければならない。残る任期内に議論が深まれば有意義なことだ。

■特別区公務員制度改革論

査定昇給の運用状況が最も注目だ。昇給幅や昇給率が区間で異なるとすれば、これからは区を選ぶ重要ポイントだ。昇給幅が任命権者の裁量であるとしても、区によって取り扱いの不平等は納得性に欠ける。制度をよりよくするための評価手法と運用基準が明確にされるべきであろう。まじめに働く者への報酬、昇進など適正処遇を維持してこそ組織は機能し住民福祉に貢献する。査定昇給、人事考課、目標管理、非常勤職員、労働者派遣などに関わる諸問題は公務員制度改革問題と絡んで再燃し成熟する可能性を孕む。

2008年度も激動の年だ。

（特別区自治問題研究会）

千の風になって 12
——いたばし編

公文書館閲覧室に置かれた『板橋区史』全8巻・櫻井賞作品集

栗原「6月16日から2週間、板橋区役所で先生の功績を顕彰する展示『櫻井徳太郎展』が開かれるようですね。私もいまから楽しみにしています」

櫻井「私は晴れがましいことはあまり好まないのですが、私の集めた資料や著作など広く区民の方々に見ていただく機会ととらえています。普段は、区公文書館・櫻井徳太郎文庫に収蔵されているものだと思います。今回はパネルなども新たに作成するようですね」

エピローグ　郷土文化創造・まちづくりの糧として

栗原「櫻井徳太郎文庫は、平成12年4月の公文書館開設にあわせ、約3万3千点の資料群を区に寄贈いただいたものですが、長年にわたり研究のために集め蓄積された貴重なものを、区にポンと寄贈されたご意思はどこから出てきたのですか」

櫻井「平成11年5月の石塚前区長宛の手紙に記してありますが、私の寄贈資料が郷土に即した地域研究をすすめるうえで幾らかでも寄与し、志ある区民の方々による『地域文化を創造するまちづくり』の基盤を培うファクターになり得ると考えたからです。一つひとつが70年間コツコツと集めた思い出のこもったものばかりですが、板橋区なら無駄にすることはないと確信していました。希望通り最大限に活用していただき、心から感謝しています」

栗原「私もそうですが、自分の死後、社会に残したものが評価され、また少しでも役に立っているのを見るのはすごく嬉しいことですね。公文書館の構想は、実は私の区長在任時からあったのですが、機が熟せずにいました。区史の編さんが大きなきっかけとなり、資料の蓄積とともに設立の機運が高まって、石塚さんのリーダーシップで実現したわけです」

櫻井「栗原〜石塚のリレーの中で区史編さんが進められた最後に、全8巻完結とセットで、編さん資料をベースとしつつ行政文書の保存継承を行う公文書館ができたわけです。『通史編下巻』には、石塚区長と監修の大濱氏がそれぞれ公文書館の意義を述べています」

栗原「区市町村の段階で公文書館を持っているのは、政令市を含めてもまだ10自治体をやっと超えたくらいのようです。行政職員にとって、いま担当している仕事の記録が、将来歴史資料になるという認識は、なかなか持ちにくいものです。システムが必要なわけですね」

櫻井「行政文書も地域文化の一つだといえます。地方分権で個性あるまちづくりが求められているなかで、地域の過去の記録の中から明日へのメッセージを見つけ出すことは、IT化がすすむ今だからこそ大事な視点ではないでしょうか」

栗原「板橋区公文書館ができて8年が過ぎましたが、どんなふうに活用されてきたのでしょう。区民にはどの程度認知されているのでしょうか」

櫻井「自治体や研究機関の視察・見学もかなりありましたが、町会・学校史の編さんや歴史・民俗研究、政策立案のためなどに来られる区民や職員の方も増えています。利用された方にはかなり好評で、口コミで広がっているという感じです。パソコンでの検索や電子データの活用法も整備され、使いやすくなってきました。マスコミにもかなり利用されるようですね」

栗原「第7回の櫻井賞の募集が始まっています。地域研究の奨励のため先生からいただいた基金を活用した事業ですが、執筆のため公文書館と櫻井徳太郎文庫を訪れる方も少なくないようですね。今年も学生さんや研究者の方々の応募が増えるといいですね」

櫻井「そろそろ時間が来たようです。それにしても、板橋にはいろいろな方が関わり苦労され活躍されて今日があることが改めてわかりました。これまで登場していただいた方たちとともに、千の風になって、これからも『ふるさと板橋』の発展を見守っていきましょう」

（山浦純之介）
＝おわり

板橋区公文書館玄関（旧板橋第三小学校）

協力：（財）日本ファッション協会

シネマ夢倶楽部 オススメシネマ
Japan Fashion Association

西の魔女が死んだ

© 2008「西の魔女が死んだ」製作委員会

人はみんな、幸せになれるようにできているんですよ

「魔女が倒れた。もうダメみたい」。おばあちゃんの家へ向かう車の中で、ママから聞かされたおばあちゃんの訃報。まい（高橋真悠）は2年前の日々へ想いを馳せる——。中学校へ入学して間もないあの頃、学校へ行くのが苦痛になってしまったまいは、ママの提案で、西の魔女（サチ・パーカー）のもとで過ごしていた。そこで、まいは魔女になるための修行を始める。それは、早寝早起きし、食事をしっかりとり、よく運動し、規則正しい生活をする、そしてもう一つ、「何事も自分で決める」ということだった。大自然の中で暮らす日々は、閉ざしていたまいの心を次第に解きほぐしていくのだが……。

発表から今日に至るまで十数年もの間、愛され読まれ続けてきた梨木香歩原作の同名小説。自然と触れ合ううちに、「強さ」「優しさ」「希望」といった「生きる楽しさ」を再発見していく愛と驚きに満ちた感動作。

◆推薦委員コメント

馬場彰（㈱オンワードホールディングス最高顧問）

沢山の人に是非観てほしいと思いました。年齢を超えて誰もが心にしみ入るものを感じるはずです。「魂の脱出に成功した」というおばあちゃんの言葉は魔女としてのダイニングメッセージ。家族と仲間と、この作品で感じたことを話し合ってください。サチ・パーカーの風格ある日本語がこの作品を大いに引き立てていることも疑うべくもありません。秀作です。

白鳥哲（俳優／声優、映画監督）

初め少しぎこちなさを感じるが、自然の中で過ごす二人を見ているうちに、段々と観客を清らかな世界へと誘っていく。そして、祖母が残した言葉がしっとりと胸に残る。サチ・パーカーがとても新鮮に存在している。作品に漂う瑞々しさが心に残る作品である。

【2008年／日本／115分　配給：アスミック・エース　6月、恵比寿ガーデンシネマ、シネスイッチ銀座、新宿武蔵野館ほかでロードショー】

◇

シネマ夢倶楽部　5月15日（木）午後6時30分〜「ニッショーホール」で上映。※この上映会に10組20名様を抽選でご招待します。Eメールで件名「上映会招待希望」とし、住所・氏名を明記の上、henshu@toseishimpo.co.jp までお申し込み下さい（5月7日必着）＝招待状を郵送します。

（財）日本ファッション協会では、「シネマ夢倶楽部」の会員を募集しています。各界の著名な推薦委員がお薦めする映画の先行上映会に年18本ご招待など様々な特典があります。詳しくは同事務局（☎3242・1674　http://www.cine-culture.jp/）まで。

Book

オリンピックのすべて——古代の理想から現代の諸問題まで
舛本直文訳・著　大修館書店刊

北京オリンピックの聖火リレーに関するニュースがマスコミをにぎわしている。なぜあのような妨害行動が起こるのか？　東京都が2016年オリンピック大会開催地に立候補しているが、果たして招致をする意味はあるのだろうか？　国際的なレベルではオリンピックについてどんなことが議論されているのだろう？

そんな疑問をもったら、本書の一読をすすめたい。書名にあるように、古代の理想から現代の諸問題に至るまで、多岐にわたるオリンピックのテーマを網羅した上質のオリンピック解説書が発行された。

オリンピックというと、選手の活躍とメダルの獲得に人々の関心が集まりがちだが、本書はそれだけではないオリンピック・ムーブメントの根本原則や歴史的発展の諸相を総合的に理解できるように導いてくれる。

110余年の歴史の中で、近代オリンピックは、ときに時代の荒波にさらされ、変容を迫られてきた。著者はその過程での「せめぎ合い」にも注目し、議論の本質は何かを読者に提示してみせる。単なるオリンピック賛美ではなく、現実に起きている問題を直視し、オリンピックに関する世界の調査研究の成果を惜しみなく提供している。

著者のジム・パリー、ヴァシル・ギルギノフ両氏は、国際的に活躍しているイギリスのオリンピック研究者であり、膨大な資料の蓄積に基づく本書の内容の充実ぶりもうなずける。さらに、オリンピックとメディアの著名な研究者である舛本直文氏によって、「日本のオリンピック・ムーブメント」と「オリンピックと映画」の章が加筆され、日本の読者に身近な内容を含めて再構成されている点も本書の魅力となっている。

「本書の主な役目は、学習環境を整えること」にあると記されているように、読者が自ら学習・評価できるようにするための工夫も随所に施されている。高度なオリンピック学習や指導者の参考書、また、都民の「オリンピック・リテラシー」（オリンピックに関する基礎的知識、批判力、支援力など）の向上にも役立てることができるであろう。

定価は2625円。

（国士舘大学　田原淳子）

とうきょうと川柳会

○●4月の宿題1「蹴飛ばす」

遠距離の彼女へロングシュート撃つ　加藤富清
蹴飛ばした会社段だん惜しくなり　菊池順風
下校時に授業の憂さで缶を蹴り　山城隆
☆法案がサッカーボールじみて見え　津田暹

○●4月の宿題2「期待」

いい方へいい方へと花占い　伊藤嘉枝子
叱り方やる気出させるひと工夫　菊池順風
宝くじ売り場の前で止まる足　齋藤弘美
☆つづら箱長寿の背からワアッと空く　松尾仙影

（☆は選者の句）

とうきょうと川柳会のご協力で本紙読者からも川柳を募集します。5月の宿題は「駅」と「溺れる」で、それぞれ2句を作句し、Eメールで、henshu@toseishimpo.co.jp あてか、ハガキで編集部あてにご応募下さい。5月12日必着。

みにがいど

◆特別企画展「ボクのとなりのコウモリさん」▽空を自由に飛べる唯一の哺乳類コウモリを通して、私たちの身の回りの自然や環境の変化に目を向けよう▽日時　〜5月11日（日）午前10時〜午後5時※5月3日（土）〜6日（火）は午後6時30分まで）▽場所　多摩六都科学館イベントホール▽協力　コウモリの会▽問い合わせ先　☎042・469・6100

都政新報

発行所　都政新報社
〒160-0023 東京都新宿区西新宿7-23-1 TSビル
〈総務・読者〉(03)5330-8781
〈企画広告〉(03)5330-8784
〈編　集〉(03)5330-8786
〈出　版〉(03)5330-8788
〈セミナー事業部〉(03)5330-9977
〈ファクス〉(03)5330-8808
郵便振替 00130-2-101470
購読料 月1,680円（税込）
毎週火・金曜日発行
但し、祝祭日は休刊

紙面から

原産地表示を義務化へ

都独自に規制　実質的に全国が対象に

消対審が答申

「東京都消費生活対策審議会」（会長＝松本恒雄・一橋大院教授）は4月30日、国産の調理冷凍食品の原料原産地表示のあり方について、答申を行った。都内で販売される調理冷凍食品を対象に、主な原材料の原産地表示を義務付けるというもの。商品の流通量が多い東京都で独自の規制ができることで、全国ほとんどの事業者が対応を迫られることになる。事業者からは「原産国のイメージだけで、商品が敬遠されかねない」と懸念の声も出ている。

答申では、都が提示した試案に沿った形で、原産地表示の義務付けを求めている。都内で販売される国産の消費者向け調理冷凍食品の原材料のうち、重量に占める割合が上位3位までで、割合が5％以上のものが対象になる。また、「エビシューマイ」のエビのように、商品名に冠した原材料にも適用される。

ただ、加工食品によっては原材料の生産地を把握するのが難しいケースもあり、対象とする原材料の種類は、生鮮食品とJAS法が定める加工食品に限った。また、海外で生産された調理冷凍食品や、業務用は対象外としている。

違反した企業に対しては、指示や勧告、企業名公表で対応することになるが、罰則規定は設けない方針。

答申では原則、パッケージに記載することを求めているが、季節や流通状況で原産地が頻繁に変わることに配慮し、ホームページや電話での対応も認めている。

食品の安全性に対する国民の不安が高まる中、最大の市場である東京都で原産地表示を義務付けることで、実質的に全国で流通する調理冷凍食品に網をかけ、国の政策を動かす狙いがある。

ただ、事業者団体からは「個々の商品について安全かどうかが一番のポイントなのに、『食の安全を確保する』という目的で、原産地表示を義務化するのはおかしい」と疑問視する声もある。

都は早期に告示・施行したい考えだが、事業者団体からは「最低でも1年、場合によっては2年くらいの準備期間が必要」との声も出ており、一定の猶予期間も設ける方針。また、「貿易の技術的障害に関する協定」で、「地方政府が定める強制規格は、WTO（世界貿易機関）を通じて各国に通報する」ことが義務付けられており、通報に2カ月以上はかかる見通し。都は通報の間に、パブリックコメントも実施する。

消費生活対策審議会の松本恒雄会長（右）から答申を受ける谷川副知事

イメージで敬遠に懸念も

【解説】原産地表示の義務化の出発点は、中国製の冷凍ギョーザによる食中毒事件だった。知事サイドが条例で早期に原産地表示を義務付ける方針を決めたことで、すでに規定がある消費生活条例を使う案が浮上した。

ただ、同条例は消費者の選択に資するツールであり、食の安全に直結するアレルギー物質などの表示を義務付けるものではない。原産国が分かっても、それが食の安全に必ずしも結びつかないからだ。実際、「（食の安全を担保するという意味では）食品安全条例も選択肢になり得た」と言う幹部もいる。審議会では「義務化の目的を明確にすべきだ」という指摘も出ていた。

答申では、原産地表示を義務付けることで、事業者には原材料の原産地を保存・記録することが求められることになるため、「消費者からみて安全、安心な原材料を調達、使用することを促す効果がある」と説明した。

原産地表示の義務化で「企業のコンプライアンスが順守されると推測される」（都幹部）という側面はある。ただ、事業者団体には「今、消費者には中国産に対する不信感があるが、それもイメージに過ぎない。単に外国産だから敬遠しようということになりかねない」との危惧もある。

原産地表示に対する消費者の関心が高まっているのは事実だ。ただ、食料自給率が4割程度にとどまる中で、どこまで表示が必要なのか、真剣に検討する必要もあるだろう。（一）

金融庁が新銀行を検査

リスク管理が焦点に

金融庁は、銀行法第25条に基づき、新銀行東京に5月半ばから検査に入ることを4月25日に通知した。検査期間は銀行によって違うが、1カ月程度と見られる。金融庁検査局では「05年7月に公表した金融検査に関する基本指針に則って実施する。経営管理態勢の検証、コンプライアンス、資産査定、信用リスクなどをチェックする」としている。

検査が入ることについて都議会自民党では「先に400億円を追加出資させ、検査に入りやすい環境を作った上でのことだ。増資で経営が立ち直りかけているわけだから、タイミングがいい。金融庁の新たな指摘が再建に向けた全体の流れに影響するかどうかだ」と受け止めている。

新銀行東京は開業して4年目に入り、国会審議で金融庁の指導監督責任が追及されていた。また都議会でもずさんな経営実態や機能しなかった監査態勢、都の経営監視の不十分さなどが次々と明るみになり、石原知事は記者会見で「金融庁が検査に入ることを歓迎する」と述べていた。

新銀行東京が2月に策定した再建計画では、2010年度に収支均衡し、11年度には8億円の経常利益を出すと見込んだ。損益計算書では、08年度から11年度までの4年間の不良債権処理関連費用を累計316億円としている。

金融庁の検査でも現に積んである貸倒引当金がリスク管理上、適正なものであるかどうかが特にポイントになる。新銀行東京では「監査法人も見ており、貸倒引当金は手厚く積んである」と話す。金融庁の資産査定と再建計画が大きくズレていた場合、計画の下方修正という事態になる可能性もある。

出資1400億円に監査請求

都が新銀行東京に行った1400億円の出資に対し、住民監査請求が1日に出された。監査請求では、1千億円の公金の管理を怠った石原知事の責任を問い、損害を補てんするための必要な措置を講じるよう請求。今回の400億円の追加出資に対しても、毀損する恐れが高く、不法不当であるとして、回収の措置を請求した。監査請求では、違法不当とする事実の摘示、損害発生の可能性などが受理の要件になる。監査結果は、受理から60日以内となる。

新銀行再建PTを発足　都議会自民党

都議会自民党は、4月25日に新銀行東京再建プロジェクトチーム（野島善司座長）を発足させた。「追加出資した400億円を毀損させないという都議会の付帯決議を踏まえ、アイデアを具体的な事業スキームにつなげていきたい」（野島都議）という。1016億円も累積損失が拡大した原因はどこにあったのか、内部管理態勢がどうだったのか、原因分析しながら支援策について事業提案をめざす。

本会議欠席都議　規律委で処分へ

新銀行東京への400億円出資の補正予算案の採決の際、第1回定例会本会議を欠席した佐藤裕彦氏と樺山卓司氏の処分について検討するため、都議会自民党は規律委員会をゴールデンウイーク明けに開く。委員会メンバーは、顧問・相談役と執行部の3役。

本会議を欠席した最近の例としては、昨年、胃の摘出手術をした三宅茂樹都議が第1回定例会を欠席したケースがあり、この場合も最終日の採決には病をおして出てきたという。「可否が接近するような時は、担架に乗せてでも連れて来るのが議会のありよう」と自民党幹部。

2人から体調不良のため、本会議を欠席したい旨の電話連絡は、採決の党議拘束をかける前に執行部にあり、当初は不問に付す流れだった。樺山都議から会派総会で「欠席したのは、申し訳なかった。新銀行再建に向けて、自民党の一員として頑張っていきたい」という発言もあった。しかし、会派内から「我々も厳しい苦渋の選択だった」という声があがり、規律委員会にかけることになった。

都政の東西

車の両輪

公務員の精神疾患の増が加速している。先月9日に人事院が発表した06年度の国家公務員の長期病休者実態調査では、休職者数が減少傾向にある中、「精神および行動の障害」は逆に増加し、全病休者の6割以上となった。職員に占める同疾患の長期病休者の割合は1・28％で、5年前の3倍となる。

こうした状況は地方公務員も変わりがない。㈶社会経済生産性本部メンタルヘルス研究所が昨年、自治体に行ったアンケート調査によると、約半数の自治体が「心の病」が増加傾向にあると回答した。

メンタル疾患が増える背景について、ある区の担当者は「IT化や住民ニーズの多様化など仕事の質・量とも変わり、職員の負担も増えている」と指摘する。同アンケートでも94％の自治体が「一人当たりの仕事量がかなり増えた」と回答しており、その因果関係は見逃せない。加えて、都や区では業績を処遇へ反映する人事考課制度もあり、メンタル疾患への影響を指摘する声も多い。

ただ、同じ状況下でも職場環境で疾患を抑えることは可能なようだ。同アンケートで組織環境と「心の病」の関係を調べたところ、「職場での助け合いが減少した」と答えた自治体の56％が「心の病」も増加したのに対し、「助け合いが減少していない」と答えた自治体では39％にとどまった。職場でのフォローの重要性を物語っている。

行政のスリム化が叫ばれる中、どの自治体も少数精鋭の組織づくりが至上命題となっているが、仕事に忙殺される状況では職場での助け合いもままならず、「メンタル疾患予備軍」を支える余裕もなくなる。少数精鋭体制づくりでは職員の能力向上策に目が向くが、職員のフォロー体制の充実も車の両輪として取り組むことが重要だろう。

『手引き』の微妙な中身は？

都議会政務調査費

私的活動混在なら上限4分の1に

都議会は、「都議会のあり方検討委員会」での検討結果を踏まえて、全議員に政務調査費の『手引き』を配布した。具体的には、人件費や広報・広聴活動など、政務調査活動とその他の議員活動が混在する場合の「按分」や、政務調査活動との線引きが微妙な「会費」など、新たな留意事項が記載されている。4月1日に試行が始まっている新使途基準に基づく指針だが、会派間では評価が分かれる。果たして都民の信頼を得ることはできるのか、『手引き』の中身をのぞいてみた。

家族所有の事務所費「慎重な対応」

《按分》

議員の活動には、政務調査費の支出対象となる政務調査活動と、政党、選挙、後援会、私的な活動などが混在している。その割合を合理的に説明できる場合は問題ないが、それが困難な場合は、政務調査費の支出できる額を按分する。

具体的には、「専ら政務調査活動の場合」は経費の全額、「その他の議員活動が混在する場合」は2分の1を上限とする適切な額、「私的活動が混在する場合」は4分の1を上限とする適切な額とする。

例えば、人件費の場合、職員等の日々の勤務時間、具体的な勤務内容等を記載した書類や協定書等により政務調査活動への従事割合を按分する場合、職員等の勤務日数・時間のうち、政務調査活動に従事した日数・時間の割合を按分することになる。

事務費の場合、事務所が自宅である場合の光熱水費、携帯電話等の通信費、インターネット接続経費等で私的活動が混在する場合は、合理的に説明できなければ、4分の1を上限として按分する。

交通費の場合、バス・電車代なら記録さえあれば使途はハッキリするが、ガソリン代の場合は、その他の活動との区別が難しい。

議員が自家用車1台を所有し、平日は議員活動に、土曜・休日は家族用でも使っているようなケースでは、合理的に政務調査費の支出額を定めることは困難だ。こうした場合は、「私的活動が混在する場合」で4分の1を按分することになる。

《不適当な例》

政務調査費としての支出が不適当な例としては、「政党活動への支出」「選挙活動への支出」「後援会活動への支出」「私的経費への支出」「訴訟経費の支出」の5項目をあげた。

事務所費の欄には、「慎重な対応が必要」の文言が並んでいる。

第三者の所有物件の場合は、賃料、管理費、造作のそれぞれを政務調査費で支出できる。問題となるのは、「自己の所有物件」「配偶者、被扶養者、同居者などの生計を一にする者の所有物件」「自らが代表者・役員等の地位にある法人の所有物件」については、賃料、管理費、造作のいずれも「慎重な対応が必要」としている。

交通費のうち、自動車の購入費用は、資産形成につながるため政調費に充てることはできない。当たり前といえば当たり前のことだが、目黒区ではスクーターの購入費用に政調費を充てて、後に返還した事例もある。

品川区で、キャバレーやカラオケバーなどの飲食代金に政調費を充てた問題は記憶に新しい。

『手引き』には「食事代」の項目があるが、「二次会等の経費、視察・研修等の一部として行うには不適切な場所（スナック・バー・カラオケボックス等）における経費に充てることはできない」「議員同士の懇親会など懇親・親睦や飲食を主目的とする場合は支出できない」と注意喚起した。

あまりにも当たり前な指摘だが、悲しいかな、他の自治体とはいえ、具体的な問題事例がある限りは仕方ないのか。

◇　◇　◇

これらの使途基準は公開を前提にしたものだ。都議会のあり方検討委員会では、4月24日に7回目の会合を開いたが、すべてを公開するか、「1万円以上」などの基準を設けるかは結論が出ていない。また、情報公開にあたり、マスキングのあり方も議論となっている。

いずれにせよ、政務調査活動と、議員活動や私的活動との線引きは微妙なだけに、都民の視線で評価し、都民感覚で見直していくことが必要だろう。

道路橋　長寿命化で1兆円の縮減

東京都橋梁長寿命化検討委員会（委員長＝三木千壽東工大大学院教授）は、建設局が管理する1248橋のうち、今後、長寿命化対策を進める橋として、架け替え時に多額の費用や周辺に影響が大きい長大橋、跨線・跨道橋、主要幹線道路にかかる橋梁、歴史的に重要な著名橋など212橋とすることを4月23日に答申した。今後、建設局では、30年スパンの計画をつくり、総事業費と対策、延命年数などを明らかにする。

1248橋の4割は高度成長期に建設され、供用後50年以上たつ橋が現在33％ある。10年後には54％になり、20年後には75％に増える。このため道路橋の架け替えピークを平準化し、メンテナンスの方法を抜本的に見直すため、検討委員会で議論していた。

道路橋の架け替えピークを平準化させ、予防保全型の管理に転換することにより、30年間の橋梁総事業費は、1兆6千億円から6千億円に1兆円も縮減できると試算している。

冗句ジョーク

ゴールデンウイーク後半、緑部隊、公園担当は休日出勤

両親が上京してくる職員「オレは仕事だから、我が家の野草園でも見ててよ」

草むしりぐらいやれよ！

次号は5月9日付発行

来週火曜日は祝日のため、6日は休刊とさせていただきます。次号は5月9日号です。
都政新報社

12区のコミュニティーバス

1路線を除き赤字

乗客、頭打ちのおそれも

23区のうち、コミュニティーバスが12区に導入され、杉並区の1路線が黒字、残りの路線は赤字となっている。バス会社では、採算が取れない地域にバスを走らせるため、慢性的に〝火の車〟。導入区では、赤字のためにバスを購入できず、路線を増やせなかったり、乗客数の頭打ちになるおそれがあるなど課題が山積みだ。23区外では赤字補てんが重荷となり、コミュニティーバスを廃止する自治体も出ている。人気先行で普及したコミュニティーバスだが、分岐点に差し掛かっている。

「走らせたら止められない」

コミュニティーバスは、交通不便地域の解消などの目的で、12区に導入されている。区がバス会社にコミュニティーバスの運営を委託すると、事故が起きた時の責任は区になるため、バス会社が独立採算制でコミュニティーバスを自主運営するケースがほとんどだ。各区は、運行収入と経費の差額の補てん、停留所の整備、バスの購入費の一部補助などを行っている。

23区の中で、杉並区の1路線のみが年間100万円の黒字を出している。鉄道は東西に走るが、JR南側の地域には南北を結ぶバスがなかったので、コミュニティーバスを00年から走らせた。その後、運行時間を延長し、バスの周知がうまくいくなど、03年に「想定外の黒字」に転じた。

1日平均1800人が利用する杉並区のコミュニティーバス

一方、各区のコミュニティーバスの乗客は年々増えても、さまざまな課題を抱えている。

荒川区では、南千住駅を起点に左回りに循環しており、逆周りの運行の要望が出ている。コース増設には、バスを買わなければならない。現在のコミュニティーバスは料金箱の改造費を含めると約1800万円。赤字路線のままでは新路線の実現が難しい。

昨年4月、1路線が走り出した文京区では、1日あたり600人の乗客を見込んでいたが、今では1163人にほぼ倍増。1日あたりの乗客1200人の目標達成は5年かかると予想していたため、今後は頭打ちになるおそれがある。区は「豊島、千代田の区境を走っている。区外にどうPRしていけるか」と苦悩する。

江東区では1路線が走り、バスが通過する辰巳駅周辺では高齢化が進み、人口増も期待ができない。辰巳の近隣駅でのまちづくりを視野に、路線の存廃などを検討している。

路線を廃止すれば、区民サービスの低下になる。足立区の担当者はこう指摘する。「1度走らせたら止められない」

採算性の改善が課題

【解説】バス会社が採算を取れないと判断した交通不便地域に、自治体がコミュニティーバスを走らせるため、赤字になるのは当然だ。黒字路線の誕生は奇跡的といえる。

文京区のコミュニティーバス（定員34人）の平均乗客は1便あたり約30人だが、黒字に転じるには最低でも40人以上が必要という。これは朝から晩まで混雑した状態であるため、40人以上になるのは難しい。

区民にコミュニティーバスを利用してもらうには、複数の課題をすべてクリアする必要がある。時刻表通りに運行できなければ、信用を失い利用者は減る。また、運行ルートを循環しているので短時間で1周を回り、鉄道駅を通過しなければ、利便性がなくなり、区民にとって生活の足にはなりにくい。

さらに、地域ニーズを把握するのも必須。台東区では観光地が多いため、雷門、上野動物園などを回るルートを設定し、名所めぐりの要素も加えた。乗客数は増えているという。

うまくいく自治体ばかりではない。大阪府八尾市は年間約6500万円の赤字の負担が重荷となり、今年7月にコミュニティーバスを廃止する。

区では文京区が年2000万円、練馬区の1路線が1300万円などの赤字だが、まだ廃止路線は出ていない。しかし、ある区から「都バスに運行を委ねられたら……」と本音が漏れた。区はコミュニティーバスの導入に関わっているため、責任放棄してほしくはない。赤字を縮小し、地域に役立つ乗り物にしていくのが区の役割だ。（石）

【コミュニティバスを導入している12区】港、文京、台東、江東、世田谷、渋谷、中野、杉並、荒川、練馬、足立、葛飾

江戸城外堀

3区共同で復元へ

文科省での出土が契機に

千代田、港、新宿の3区にまたがる国指定史跡「江戸城外堀跡」（約4㌔）を復元する事業が、3区の共同で今年度から始まった。通常であれば、自治体が独自に史跡などの復元計画を策定するが、3区共同で復元に取り組むのは、全国的にも珍しいという。

これまで、国、都から江戸城外堀の保存計画などを策定するよう、千代田区は指摘を受けてきたが、復元の機運が高まったのは2001年。文科省の庁舎建て替え工事中に、中庭から外堀の石垣が発掘された。これを機に千代田区が区内に眠る石垣の発掘調査に乗り出した。

だが、外堀は港、新宿両区にもまたがることから、千代田区だけでは手に負えなかった。共同で取り組むため、千代田区が両区に協力を呼びかけて、3区が連携することになった。

3区が設置した「史跡江戸城外堀跡保存管理計画策定委員会」（委員長＝新谷洋二東京大名誉教授）はこのほど、報告書をまとめた。

報告書では、3区にまたがる牛込門から赤坂門までの約4㌔で、壊れかけている石垣の修復、草木の手入れ、展示施設や遺構の説明板の設置、散策路の整備などの実施を盛り込んだ。

さらに、外堀の景観を損なわせる施設などのあり方を考える必要があると指摘。ただ、外堀周辺は一等地であるため、土地を手放したくないと主張する地権者との協議は難航しそうだ。

文科省で発掘された江戸城外堀

外堀が完成してから400年を迎える2036年までに復元する予定だ。整備費は試算されていないが、国が2分の1、都が4分の1の補助金を支出するため、区が残りを外堀の面積に応じて負担するという。今後、3区で共同事業の詳細を詰めていく。

MEMO

江戸城外堀　外敵から江戸の城下町を守るため、1636年につくられた水路。総延長は約14㌔で、幅が100㍍にも及んだという。鉄道網が発達すると城門が撤廃され、戦後は道路などで大半が埋め立てられた。千代田、港、新宿の3区にまたがる牛込門から赤坂門までの堀（約4㌔）の一部が今も残されており、1956年、国の史跡に指定された。

9事務を区移管の方向へ

「区」の規模は不明瞭なまま

都区のあり方検討委幹事会

都から区への事務移管を議論している「都区のあり方検討委員会幹事会」（座長＝山﨑昇墨田区長）は4月24日、11回目の会合を開いた。移管検討対象の444事務のうち、大気汚染や土壌汚染などの公害関係を含む9事務について、いずれも区に移管する方向で検討することに都区間で合意した。だが、都側は「課題は残る」とする。また、移管先となる「区」の規模は不明瞭なまま。区域のあり方についても、資料を提示して議論を促したい都側に対し、区側は「持ち帰って検討する」と述べるにとどまるなど、依然として溝は深い。

今回、検討の結果、移管の方向性が合意されたのは、「法律により、一定の要件を満たす市が処理できることとされている事務で、特別区は含まれているものの、政令により具体の指定を受けていない」事務の一部。具体的には▽特定計量器にかかる定期検査、勧告など▽適正計量管理事業所の指定など▽汚水等を排出する特定施設の設置届の受理など▽ばい煙の排出の規制及び粉じんに関する規制など（工場にかかるものを除く）▽ばい煙の排出の規制及び粉じんに関する規制など▽公害防止統括者等の届け出の受理など▽ダイオキシン類を発生する特定施設の設置届の受理など▽土壌汚染状況調査の実施命令など▽犬及びねこの引き取り――の九つだ。

このうち、「適正計量管理事業所の指定など」と「ばい煙の排出の規制及び粉じんに関する規制など」の2事務は、本来はそれぞれ「府県事務」で、他府県において事務処理特例制度により市が処理している事務」「法律により、一定の要件を満たす市が処理できることとされている事務で、特別区は含まれていないもの」の要件に相当するが、今回検討した事務と関連性を持つことから対象に加えられた。

これら9事務について、都区双方は、基本的な方向付けとして「区へ移管する方向で検討する事務」ということで一致。「地域の経済活動や住民生活に直接影響する」などとして、移管を主張した区側に対し、都側も、汚水やばい煙排出などに関しては「特別区にも専門性を有する職員がいる」、公害防止統括者等の届け出受理は「事業者側の利便性を考えると特別区で実施することが望ましい」などとして、移管に一定の評価を示した。

しかし、一方で都側は「課題は残る」とし、「計量や犬・ねこ引き取りなどについては専門性や効率性の観点から（移管には）一定以上の区の規模が必要と考えている」と補足説明する。一方、区側は議論全体の前提として「現在の23区を出発点として考えていく」とする。このため、事務が移管される先として想定するべき「区」の規模は不明瞭なまま、宙に浮いている格好だ。

そのほか都側は「議論の素材」として、特別区の区域のあり方についての現在の都の考え方と、区がこれまでに出した参考論点の双方を整理した資料を提出した。区側は「資料は持ち帰って検討する」と話すにとどまった。今後のスケジュールは、残る435事務を、今年度中に、「区へ移管する方向で検討する事務」「移管の是非を引き続き検討する事務」「都に残す方向で検討する事務」の三つに仕分けする作業が予定されている。

調整がなければ空論に

【解説】事務移管の議論と23区再編の議論を絡めたい都側と、地方分権の立場から、まず事務移管を手に入れたい区側。双方の軸足は異なる。

区側は、区の規模など再編に絡む話には終始、慎重な姿勢。現在進められている事務移管の検討においても、「事務移管の議論の中に、区域の再編論議を織り込まれても困る」との思いで臨んでいる。一方、都側は少しでも再編を持ち出したい。そうした事情から、事務の移管先として想定している「区」の規模については、あいまいなままとなっている。いずれかの段階で思惑の違いを再調整しないことには、せっかくの合意も空論となる。

前回までに検討した上下水道の事務をめぐっては都区双方の意見が食い違い、整理を後回しにした経緯もある。今後のスケジュールは厳しい。双方、ずれを抱えつつ、事務移管の検討作業が続くことになる。（糸）

原油高を受けて中小企業支援へ

港区

港区は、原油や原材料の高騰によって経営に支障をきたしている区内の中小企業に対して、低利の融資をあっせんする。

あっせんの条件は、直近3カ月の売上高が前年同期と比べて5%以上減少しているか、直近1年間の売上高が前年同期と比べて5%以上減少していること。融資条件は500万円を限度とし、貸付期間は5年以内。利率は本人負担率が0・1%、区負担率が2・29%。区内に本・支店のある六つの金融機関が融資する。

相談期間は今月26日から7月10日まで。相談のための電話予約は今月12日から30日まで。区では約300件程度の利用を見込んでいる。

就学前児童保護者向け冊子発行

荒川区

荒川区は、主に就学前の子育て支援事業などをまとめた『あらかわ子育てハンドブック』の配布を4月に開始した。23区では世田谷区に次ぎ、2009年末をめどに改訂版を作成する。

まとめたのは子育て支援部計画課。従来は各担当課の資料を封筒に入れた「支援パック」を保護者に配布していたが、冊子にまとめ一覧できるように工夫した。

冊子はA5判129ページで1万部を発行。各種手続き方法や施設窓口を掲載し、育児関連施設、医療機関、バス路線などカラーマップを付けた。区内の保育園、幼稚園での配布のほか、区役所や図書館の窓口に設置する。

同区では、今年度から主に就学前児童の保護者を対象に『区報キッズ』を年4回で発行し、10月には子育て支援専用のホームページも開設する。今回のハンドブック発行を皮切りに、子育て支援情報の提供を強化する方針だ。

区担当者は「『情報を知らなかった』などの苦情が依然として寄せられており、複数の媒体を組み合わせて情報に接してもらう機会を増やす」としている。

申請書など誤廃棄

新宿区

新宿区は4月24日、榎町出張所が印鑑登録証明書交付申請書など1万4791件分を誤廃棄したことを発表した。

誤廃棄した文書は、06年12月～07年5月の印鑑登録証明書交付申請書、住民票の請求書など6種類だ。誤って廃棄すべき申請書のダンボール箱に、6種類の文書を入れてしまったのが原因。印鑑登録証明書交付申請書の情報開示請求があり、判明した。溶解業者に引き渡して処理したため、個人情報の漏えいはないという。

区は職員に対し、「廃棄基準の徹底を図っていく」と話している。

区に知らせず手当を支給

足立区の第3セクター

足立区は4月28日、第3セクター「足立コミュニティ・アーツ」が区と協議せず業績手当の支給規定を新たに制定し、全社員12人に総額168万円を支給していたことを発表した。

同社は、社員のモチベーションの向上を図るため、プロデューサー3人に一律15万円、契約社員4人に一律10万円、正社員5人に月額0・5～0・6カ月分を3月末に支給したという。4月中旬、同社が区に手当を支給したことなどを報告し、判明した。近藤やよい区長は「区との信頼関係を損ねる行為」と釘をさした。

長寿医療制度で対策会議を設置

台東区

台東区は4月28日、後期高齢者医療制度の円滑な運営を目指し、庁内に長寿医療制度対策会議を設置した。会長は神子雅行副区長。副会長は健康医療担当部長で、そのほか、企画財政部長、総務部長、区民部長、保健福祉部長が委員を務める。制度の広報や説明などに庁内を挙げて対応するとともに、区民の意見や要望への対応策も図る。

同制度をめぐっては荒川区も同様に対策本部を設置している。

「農地買い取りに都区財調を」

練馬区長

農地が残る10区で相続税を払えず農地が切り売りされる問題をめぐり、志村豊志郎区長は4月25日の記者会見で、「都全体の問題として取り上げさせようと考えている。即買い取れるだけの財源を保障してほしい」と、都区財調からの交付を求める考えを述べた。

記者席

三者三様に思惑が

○……「三者三様に自分に利があると分析しているんだよね」。6月22日投開票の狛江市長選について市幹部の解説を聞いて「なるほど」と思った。共産党推薦の矢野裕氏は、前回、自民、公明、民主などが候補を一本化し、136票の僅差で3選した。今回は、民主党が映画プロデューサーの伊藤正昭氏、自民党は元市議会議長の高橋清治氏を擁立し、対立候補が分裂。漁夫の利があると見る。

これに対し伊藤陣営は、民主党の勢いで単独でも勝てると踏み、高橋陣営は自民、公明の組織票をしっかり固め、多選批判で勝機は十分と見る。「三つ巴の戦いで、結果が読めない」（市幹部）という市長選挙。さて、利は誰にあるだろうか。

○……ゴールデンウイークの休暇を利用して、兵庫県淡路島にある野島断層保存館を訪れた。

阪神・淡路大震災で動いた活断層を当時のまま保存しているが、当事者の話を聞くと、臨場感が伝わる。偶然だが、議員の視察と時間が重なったらしく、保存館の方の話を漏れ聞きながら館内を回ることができた。

見学後に「なまず天丼」を食べながら、彼らが「東京は……」と話していたのを思い出した。都議だと気づいたのは、明石大橋を渡る頃だった。日本は狭い。

○……仕事で数年、東京を離れた以外は、ずっと東京や東京周辺で暮らしてきた。そのため、たいていの「東京」は知っているつもりでいたが、取材で訪れた三宅島に、未知の東京を見つけた。

火口付近までバスでいくような観光地とは違い「火山と共存する島」はその名の通り、火山と日常生活とが密着した島だった。滞在中に装着することはなかったが、火山ガスの噴出が続くため、ガスマスク携帯は、今も義務付けられている。島外の住民にとっての非日常が、火山の島の日常だということを改めて実感する分かりやすい例だ。

火山の歴史を目の当たりにする自然もまた、非日常の風景。空路再開でぐっと近づいた東京の島、三宅。「東京」を語るなら、一度は訪れたい島だ。

東京下水道設備協会が08年度事業計画を決定

地球温暖化対応技術の推進など盛り込む

あいさつに立つ片岡会長

㈳東京下水道設備協会（会長＝片岡啓治・㈱明電舎代表取締役社長）の第28回通常総会が4月24日開かれ、2007年度事業報告と08年度事業計画をそれぞれ承認、決定した。役員には月島機械㈱代表取締役の大石直行氏が理事に、㈱電業社機械製作所常務執行役員の上杉良美氏が監事に新たに就任した。

08年度事業計画は、下水道設備の向上・改善及び維持管理に関する技術的調査研究など大別5点。まず設備の向上と維持改善についての技術開発では、新技術の導入や設備技術の向上・改善が不可欠だとして、①新技術の採用促進と採用後の検証の支援②省エネルギー・高効率化技術を駆使した地球温暖化対応技術の推進――など4点を掲げ取り組むとした。

関連して「維持管理の調査研究の充実」に関しては、情報化技術の導入についての調査・研究、包括管理委託等の新たな事業形態の把握などを挙げている。また安全管理の面では、重大事故ゼロ連続日数の延長化、他業種の視察や会員間でのクロスチェックなどに取り組むとしている。

次いで「下水道設備に関する資料の収集・調査」では、技術の進歩が著しい状況にあるとした上で、①下水道事業における技術的要請事項に対処する②再構築工事に関する技術提案・改善案の実施③他都市等の視察④下水道事業に関わる地球環境保全についての調査・検討――など6点を盛り込んだ。

三つ目の柱に据えた下水道設備に関する知識と事業成果の普及啓発では、事業成果の普及や技術のレベルアップに貢献するとして意見交換会や技術提案、講演会、研修会などを開催するとしている。

◆　◆　◆

総会後開かれた懇親会には前田東京都下水道局長や東京下水道サービス株式会社の鈴木社長らも出席。設備協会を代表してあいさつに立った片岡会長は、この1年間の取り組みへの協力について謝辞を述べた後、環境問題などにふれながら「協会としても持続ある発展のため局事業に寄与していく」と結んだ。

続いてあいさつに立った前田局長＝写真＝は、水産業のあり方に対する協会からの要望提出、技術開発の面でのセンターの活用などを要請した後、「パートナーとしての設備協会のますますの発展を願う」と締めくくった。

また下水道サービスの鈴木社長は「ものを言う団体として、時には厳しい意見を。また情報交換も行いたい」と注文を交えあいさつした。

我が国の教育をリード

岩佐哲男・教育庁理事に聞く

社会全体の教育力向上へ 子供には「生きる力」を

児童・生徒の学力低下や教員の質的向上など学校教育が抱える課題は山積している。その一方で、家庭や地域の教育力を高める取り組みなども、今後の大きな課題として浮かび上がってきた。これらの課題に対応するため、教育庁は現在、第2次・教育ビジョンの策定作業に追われているが、4月に就任した教育専門職の岩佐理事に、新教育ビジョンが目指す基本的な方向性やそのポイントなどについてインタビューした。

――まず教育専門職の理事に就任しての抱負からうかがいます。

「子供たちに、将来の国家、社会の形成者として必要な資質を身に着けさせることは、私たち教育に携わる者の使命です。教育基本法改正に始まる一連の流れの中で、小中学校の学習指導要領の改正が行われましたが、都教委はこれまで、学力調査の結果に基づく小中学校の授業改善の取り組みや、都立高校の教科『奉仕』の必修化、学校設定教科・科目『日本の伝統・文化』の導入など、国に先駆けて教育改革に取り組んできました。現在、都の教育を巡る状況や課題を再整理し、関係各局の協力を得て、新たな取り組みの方向性や重点施策を示す『東京都教育ビジョン（第2次）』の策定が大詰めの段階に入っています。今後ともこのビジョンに基づき、我が国の教育をリードしていきたいと思います」

――その教育ビジョンですが、目指す基本的な方向性とポイントは何ですか。

「現在の教育課題の解決には、家庭、学校、地域、社会がそれぞれの役割を果たし、連携・協力して子供の教育に当たることが不可欠です。また、グローバル化が一層進展する時代には、様々な文化や価値観を持つ人々と共に生き、国際社会の中で力強く生きていく力が求められます。こうした中で、子供たちが自分の未来を切り拓いていくためには、『生きる力』をはぐくむ教育を推進する必要があります」

――もう少し具体的にお願いします。

「教育ビジョンでは、『家庭や地域の教育力向上を支援する』『教育の質の向上・教育環境の整備を推進する』『子供・若者の未来を応援する』の三つの視点を定めました。

最初の視点は、子供の健やかな成長は、学校だけの取り組みだけでは不十分であり、子供の教育に第一義的責任を有する家庭と、子供が成長・発達していく場となる地域社会の教育力向上を支援していく必要があるため設定しました。この視点の下に『家庭の教育力の向上』『幼稚園・保育所における教育的機能の向上』などの重点施策を示しています。

次の視点は、団塊世代の経験豊かな教員の大量退職期を迎え、質の高い教育を継続していくためには教員の指導力の向上が重要なこと、また、子供の指導に十分時間を確保できないといった教員の多忙感が指摘されていることなどから設定したもので、『教員の資質・能力の向上』『外部専門家の教育活動への積極的な活用』などの重点施策を示しています。

最後の視点は、今日の豊かな時代の中で、子供の規範意識や倫理観の低下が指摘されるとともに、変化の激しい社会の中で、基礎的・基本的な知識・技能や学ぶ意欲、自ら考え課題解決を図る力などの『確かな学力』とともに、進んで社会に貢献し、様々な人たちと豊かな人間関係を築いていく力などを身に着けていくことが重要なことから、『児童・生徒の確かな学力の向上』『子供の心と体の健やかな成長』などの重点施策を示しています。教育ビジョンは、教育基本法17条に定める都の『教育振興基本計画』としても位置付けており、着実に実施していきたいと考えています」

――教育ビジョンの大きな柱として、「確かな学力」の定着と健全育成の推進があります。まず学力向上については、どう取り組んでいく考えですか。

「03年度より『児童・生徒の学力向上』のための調査を実施し、都内の全公立小中学校において、調査結果に基づいて『授業改善推進プラン』を作成し学力向上の取り組みを進めてきました。その結果、都全体としての学力の状況は、概ね良好であるものの、基礎的・基本的な知識・技能の定着が十分でなく学力が低位にとどまっている児童・生徒がいることや、教科で身に着けた知識・技能を活用する力に課題があることが明らかになりました。

今後、小・中学校の各段階で、すべての児童・生徒に身に着けさせるべき事項等についての指導基準『東京ミニマム』を示します。また知識・技能を活用する力を育成するために、授業改善の視点や効果的な指導事例を示し、各学校を支援していきます。

また、東京教師道場や教職大学院派遣の修了者を中心とした校内研修を充実し、各学校での授業力向上の取り組みを推進していきます」

体験活動を通して社会性

――健全育成の推進についてはいかがですか。現状と課題、今後の施策についてお話ください。

「いじめ、暴力行為などの問題行動の要因には、社会のルールを守ろう、他人を思いやり尊重しようという意識の希薄化、自らの欲求や衝動を抑制する力の低下などがあります。地域の人とのかかわりや社会参加の機会が不足していることや、携帯電話やインターネットなどからの不健全な情報が子供の意識や行動に大きな影響を及ぼしています。こうした問題の解決には、体験活動を通して、子供自身が人と人とのかかわりの中で、社会性や規範意識を身に着けていくことが重要です。

中学生の職場体験、高校生の奉仕体験活動やインターンシップなどの取り組みを今後とも充実していきます。

また、深刻化したいじめなどの問題行動の解決に、学校、家庭、地域、関係機関が連携した取り組みが必要であり、日頃より関係者のネットワークを構築しておくことが大切です。解決困難な事例に対しては、区市町村教委の要請に応じて、専門家の派遣を行っていきます。

昨年12月、『生徒会長サミット』において、いじめ防止に向けた実践発表や意見交換が行われました。こうした生徒自身による取り組みも継続していきます。不登校、中途退学の問題にも区市町村の教育委員会や学校と連携した取り組みを進めていきますが、課題解決には、学級や学校にお互いを認め合う支持的風土を醸成するとともに、当該生徒に継続したきめ細かいかかわりを持っていくことが大切です」

高い実践力と専門性を

――理事は教職員研修センターの所長を兼務していますが、現在の研修内容についてどう考えていますか。今年から教職大学院との連携事業がスタートします。これを含めた今後の研修・強化策についての考え方をうかがいます。

「研修センターでは、ライフステージに応じて教員が校長の指導のもとに作成するキャリアプランに対応した多様な研修を行っています。内容は初任者研修や十年経験者研修などの必修研修、教育管理職研修などの職層研修、教職経験等に応じてコースを選択する教科等のキャリアアップ研修、教科『奉仕』推進者養成研修などの選択課題研修などで構成されており、受講者や都の教育施策実施のための課題に応じた研修を行っています。

今年度より、現職教員と教育管理職候補者を大学院に派遣し、教育課程や学習指導、教育課題等について、高い実践力を身に着けさせ、都の中核を担う教員や高い専門性と行政感覚を備えた指導主事を計画的に育成していきます。今後、学習指導要領の改訂や、新たな職である主幹教諭や指導教諭の導入などに対応した事業の改善充実を図っていきます」

――ところで、理事はなぜ教員を目指したのですか。またその後、指導主事に進んだ理由をお聞かせください。

「数学を学ぶことの楽しさを子供に教えたくて教員になりました。中学校に13年間いて、当時の校長先生に勧められ指導主事試験を受験しました。現在、教育管理職を目指す人が少なくなっていますが、教育課程改訂の時期でもあり、指導主事の指導・助言が求められています。日々、専門性を磨き、多くの先生が指導主事を目指していただきたいと思います」

教職員のキーワード 63

07年度の条件付採用教員

2007年度新規採用教員の条件付採用期間終了にあたり、正式任用の可否について特別評価を実施した結果について、都教育委員会が4月10日に発表しました。07年4月1日付採用教員1952人のうち、年度内に退職した者が44人、正式採用「可」の者が1898人、正式採用「不可」の者が10人という内訳です。

地方公務員法第22条第一項では、条件付採用の期間を6カ月と定めていますが、教員については教育公務員特例法第12条第一項に、「公立の小学校、中学校、高等学校、中等教育学校、特別支援学校及び幼稚園の教諭、助教諭及び講師」の条件付採用の期間を1年とすることが規定されています。特別評価の結果が4月に発表されたのは、このためです。

地方公務員法では、条件付採用の期間に「その職務を良好な成績で遂行したときに正式採用になるものとする」と規定しています。今回の特別評価は、新規採用教員が条件付採用の1年間について良好な成績で勤務したかどうかを評価したものです。

正式採用「不可」となった10人は、いずれも小学校の教員で、「不可」の理由は、児童掌握能力不足、適格性不足、指導力不足などです。9人は自主退職し、1人は職を免じられました。

教員の条件付採用の期間は、1988年に教育公務員特例法の改正により初任者研修が導入された際に、1年とされました。

新年度を迎え、多くの学校で新規採用の教員の初任者研修が始まっています。初任者研修は教育公務員特例法第23条に規定されている「教諭の職務の遂行に必要な事項に関する実践的な研修」です。

任命権者が実施しなければならない研修としては、第24条で十年経験者研修が定められています。また、第25条では、初任者研修及び十年経験者研修に関する計画は、「教員の経験に応じて実施する体系的な研修の一環をなすものとして樹立されなければならない」と規定しています。これは、教職経験に応じた体系的な研修が必要であるという考え方に基づきます。

都に新たに採用された先生は、大学を卒業して直ちに教職に就いた人ばかりでなく、他の道府県や私立の学校での教職経験のある人、会社勤めをしていた人などその経歴は様々です。

教育公務員特例法施行令第2条は、初任者研修の対象から除く者について規定しており、国公私立の学校で引き続き1年を超える期間勤務したことのある者で任命権者が知識または経験の程度を勘案して初任者研修を実施する必要がないと認める者は対象から除外できるとしています。ここで、任命権者が判断するようになっていることは重要です。新規に採用された先生でも、初任者研修の対象とならない人もいるわけですが、こうした先生も、条件付採用期間は1年となります。

条件付採用の期間が1年となる教員の範囲と初任者研修の対象者の範囲は、必ずしも一致しません。

活かせ！ 地域の教育力 4

――高島平地区小地域ネットワーク

花が学校と人と街をつなぐ

高島平にある学校前の歩道際に花を植えようという「しゃべる倶楽部」（原博之部長）は、女性の会員の提案によって生まれたものだ。

8年前、学校前の通学路は吹き寄せられたレジ袋、ポイ捨てされたコーヒーの空き缶、タバコの吸い殻など、さまざまなゴミが散らかり、見る影もなかった。町がスラム化するのはこういうことなのだと思ったものだ。

なぜ学校前がゴミだらけになるかというと、高島平団地の南縁に隣接する小中学校の前は、ちょうど堤防のような役割をしていて、秋冬は団地内のゴミが北風によって吹き寄せられてくるのだ。

それは、ひどく荒れ果てた町の風景だった。それを嘆いた当時の臼木信子・高島第二小学校長から、何とかできないかと相談され、私たちは早速、翌週の日曜日から小中学生とともに清掃活動を始めた。

実際に活動してみると40㍑のゴミ袋が40袋余にもなり、落葉の季節ということもあって、想像以上のゴミと落ち葉の量にあきれるやら、疲れ果てるやらで意欲も半減。（現在、落葉はすべて腐葉土にして再利用している）。このゴミの処理については、板橋区の制度により、経済的な負担がなかったのがせめてもの救いだった。

この活動は1999年から約2年間続けられたが、その間、ポイ捨てのゴミとの戦いはいたちごっこ。一向にゴミは減らず、この活動から離れる人が続出。その上、中学生の保護者からの「大人の捨てたタバコをなぜ子供たちに掃除させるのよ」という声には返す言葉もなかった。

「この活動も限界ではないか」と、みなが思い始めていたところに、ある女性のメンバーから「ゴミだらけの公園に花を植えたら、ゴミが無くなったと新聞に書いてあったよ。試しに歩道の際に花を植えてみては」との提案があった。

しかし、すでに歩道の際の花壇にはツツジが植えられ、雑草も生え放題、土もカチカチ。ここに花を植えるには困難さが予想された。それに、勝手に花を植えることなど出来るのだろうか。

そこで、私たちは板橋区社会福祉協議会へ出向き、当時の松戸哲朗部長に相談したところ、「それは結構なことですね。まず、土木部とみどりと公園課にいって相談しましょう」と、一緒に担当者に面会し、理解を求めてくれたのだ。その結果、試験的に10㍍ほどのスペースを貸してくれることになり、この計画は2000年に「しゃべる倶楽部」としてスタートすることができた。

「しゃべる倶楽部」の名称の由来は、「シャベル」と「喋る」をかけたもので、お互いに作業は楽しく話をしながらしましょう、ということだ。

植栽活動は維持管理が何より大切で、これには人手が必要だ。高島第二中学校の生徒や教職員の方々は当初より地域の人と積極的に参加。06年度からは高島第二中学校PTA（新貝茂則会長）、保護者も主体的に参加し、ともに健康的な汗を流している。

現在、高島第二小学校前も含め、花壇は約300㍍、800株余に及び、季節ごとに花が溢れるようになっている。

学校前のゴミはというと、もくろみ通り見事に激減。水遣りとともに行うゴミ拾いでは、多くてもバケツに3分の1程度のゴミしかなく、主に菓子の包み紙などで、タバコの吸い殻は落ちていても1本くらいだ。

この道は花のお陰で、明るく美しいこともあってか、高齢者の散歩やウオーキングの人々が増え、互いにあいさつを交わす機会も増えた。これは巧まずして学校が地域に守られているといってもいいだろう。

この活動は私たちの原点であり、学校・人・街をつなぐ仕組み、仕掛けだと考えている。

（高島平地区小地域ネットワーク代表 堀口吉四孝）

ゴミを防ぐ目的が、人と人とをつなぐ仕掛けになった花々

都内小中62校が設置 新たに目黒区が導入
コミュニティ・スクール

地域に開かれた学校づくりを目指す「コミュニティ・スクール」を設置する公立小中学校が、今年度の設置予定も含めて62校にのぼることが、教育庁の調べでこのほど明らかになった。2007年度に比べて16校増えており、23区では目黒区が今年度から新たに導入する予定である。

コミュニティ・スクールとは、地域住民や保護者らで構成する「学校運営協議会」を設置する学校をいう。同協議会は地方教育行政法改正により制度化されたもので、地域住民や保護者らが一定の「権限」と「責任」を持って学校運営に参画できる。

協議会の具体的な権限としては、①教育課程編成など校長が作成する学校運営の基本方針を承認する②学校運営事項について教育委員会または学校に意見を述べることができる③教職員の採用などについて、人事権を有する教育委員会に意見を述べることができる――の3点がある。

区市町村教委が小中学校をコミュニティ・スクールに指定する場合は、あらかじめ教職員の人事権を持つ都教委との協議が必要となるが、教育庁の4月1日現在の調べによると、今年度にコミュニティ・スクールを設置する区市は目黒、世田谷、杉並、北、足立、八王子、三鷹、小平の5区3市で、今年度から新たに目黒区が加わった。

小学校は42校、中学校は20校の計62校。07年度は小学校20校、中学校16校の計46校だったから、この1年間で16校増えたことになる。[illegible]

毎週金曜 3面は 教育オンライン

特別区幹部異動分析

部長級昇任　6年度合格者中心に74人
区相互間派遣は部課長級で3人

今年4月期の特別区幹部異動では、医師・指導室長含めた全体の異動数は1296人にのぼり、統一地方選を控えて比較的小規模だった前年度同期を134人上回った。一昨年度と比べると34人減とほぼ横ばい。異動数は14区で増えている。異動事由別にみると横転は前年度から53人増の654人で、全体に占める割合は50・5%(前年度51・7%)だった。自区内昇任は356人、採用が77人、事務取扱や兼務など、その他が209人。今年度から実施した自治法に基づく特別区相互間派遣で部課長級合わせて3人が異動、また各区での選定に改正された技術系管理職の任用待機に関しては、来年4月まで任用待機扱いだった8人のうち6人が課長級に任用された。

区管試年次別の昇任状況(医師・指導室長除く)

合格年次		H2	H3	H4	H5	H6	H7	H8	H9	H10	H11	H12	H13	H14	H15	H16	H17	H18	H19
部長級	Ⅰ	1	2	3	10	13	11	6	8	1	1								
	Ⅱ							1	2	1	5								
統括課長	Ⅰ					2	5	12	29	14	13	3							
	Ⅱ							3	1	4	8	3	12						
課長級	Ⅰ														1	4	33	67	
	Ⅱ										1								65

※このほか都管試年次では、部長級で58A、60A、元A、6B、9Bが各1人、統括課長では8B、9B、12C、13Cが各1人、課長級は14A2人、16B2人、17B6人。

今年3月末の退職者数は、事務・技術、医師を合わせて143人となり、昨年度よりも41人増加した。このうち定年前退職は33人で、前年度比で12人多くなっている。職層別では部長級退職者が83人と最も多く、昨年度から29人増えた。統括課長は1人増の26人、課長級は11人増の34人だった。特別区では今後5年間にわたり、退職者が増加あるいは高止まりする時期を迎えるという。

幹部異動の職種別内訳では、事務・技術が1210人、医師が80人、指導室長は6人。昇任状況をみると、区内部での昇任者数は356人、昇任を伴う区間交流は、いずれも技術職種で部長級1人と課長級2人の計3人と少ない。また都からの交流による昇任者数は、昨年度から1人減の13人となった。

部長級の昇任者は、自区内昇任71人(事務58人、技術13人)、このほか他区から1人、都から2人の計74人。医師・指導室長を除く区管試合格年次別の構成では、平成6年度の区Ⅰ類合格者が、昨年度から引き続き最多の13人だった。ただし、平成4年度の区Ⅰ類合格者は昨年4月期の15人から3人へと大幅減となり、緩やかにシフトしたことがうかがえる。都管試年次ではAが計3人、Bが計2人だった。

統括課長は昇任者113人がすべて自区内昇任で、種別では事務が86人、技術が27人となる。区管試年次の中心は、平成9年度の30人が最も多く平成10年度が18人、平成8年度が15人と続き、昨年度のメーンだった平成8年度合格者から1年度分シフトした格好だ。都管試年次はB、Cとも各2人。

課長級昇任をみると、区内部での昇任者が事務138人、技術34人の計172人、区間交流による昇任者が技術で2人、都区間交流による昇任者は11人(事務7人、技術4人)となった。管試年次では平成18年度合格者が区Ⅰ類の67人、平成19年合格者は合格の翌年度から即任用できる区Ⅱ類のみで65人だった。都Aは2人、都Bは8人。

区間交流では、これまでの「退職再採用」に加え、昨年3月の区長会了承を受けて、自治法に基づく特別区間相互派遣が開始されたが、初の実施となる今年度は部長級1人、課長級2人(いずれも事務)の計3人となった。大田区が部長級と課長級の2人、世田谷区が課長級1人で相互派遣を活用している。

一方、都区間交流は、事務で13人の転出超過(昨年度は差し引きゼロ)、技術は差し引きゼロ(昨年度は1人の転出超過)となった。都区間交流では、都への戻しが3年前に9人、一昨年に10人、昨年は19人と多く、4年間にわたって転出超過が続く状況にある。

管理職の任用状況については、今年4月期での新規の任用可能数は、事務で133人、技術で39人の計172人だったが、うち事務で120人、技術で32人が課長級に任用された。任用残は事務で13人、技術で7人となる。

また技術系管理職の任用待機制度を巡っては、従来、23区全体で行っていた任用待機者の決定を各区事項化し、今年4月から各区で選定できるようになった。この結果、平成18年度に区Ⅰ類合格・係長級2年以上で、来年4月まで任用待機の取り扱いとなっていた8人のうち6人が、課長級に任用されている。

このほか8級職より上位職に関しては、今年度から新たに職を設置した杉並区では6人が昇任、昨年7月から設置している練馬区では横転、昇任、退職が各1人となっている。

特別区08年度の組織・定数(下)
少数精鋭の組織を目指して

行政のスリム化・効率化の流れの中で、組織の少数精鋭化が叫ばれて久しいが、これは職員を削減すれば達成できるものではない。少ない人数でも業務を遂行できる体制づくりが前提となる。

これに向け、特別区では自治体シンクタンクの設置や研修の強化など、職員の政策企画能力や実務能力を向上させる動きが見られる一方、既存の組織を「弱体化させない」動きも出ている。メンタルヘルス対策の充実だ。

■実態の把握から

中野区は今年度、経営室人事分野に健康管理担当を新設した。同区は昨年度、20人以上がメンタル疾患で休職し、うち数人が退職。現在も16人が休職中だ。年々増加傾向にあるメンタル疾患への危機感は強い。

「職員一人ひとりの負担が増す少数精鋭体制の構築に向けては、職員の能力アップと健康管理は一体的なものだ」。村田宏健康管理担当課長はそう話す。中野区では現在の職員数2500人を2千人まで削減する目標を掲げており、さらなるスリム化を達成するには職員の健康管理が喫緊の課題となっている。

職員の健康管理は、これまで保健師が休職者や職場との連絡調整を行っていたが、専管組織を設置して常勤の事務職を2人配置し、休職者や職場との連絡・調整機能等を強める。また全員にメンタルチェックシートによる診断を行うという。

村田課長は「まずは実態を把握し、疾患の可能性がある人を予防するとともに、休職者をどう復職させていくかも課題だ」と話す。

葛飾区も、職員のメンタル疾患が増えている現状を踏まえ、福利係から職員のメンタルヘルスと労働安全衛生委員会の業務を切り離し、専管組織となる労働安全衛生係を新設した。職員のメンタルヘルスに関する相談件数が増えていることから、新組織では専門非常勤の精神保健福祉士を置き、「メンタル疾患予備軍」へのカウンセリングや病気休職者へのサポートを強めていく。

大田区では職員課に健康管理担当係長を新設。メンタル対策の強化に加え、職員に対する特定健診・特定保健指導業務などを担う。メンタル対策については現状把握から着手するという。職員課では「職員数が増やせない中、職員のメンタル対策を強化することが必要」との構えだ。

■政策力向上策も加速

他方、区の政策力向上に向けた動きも活発だ。

新宿区は自治体シンクタンクとなる「新宿自治創造研究所」を設置した。昨年度に設置した世田谷区や中野区に続くもので、外部から大学院卒程度の研究員を非常勤で招き、職員と協力して政策を立案する。

「地方分権の流れの中、基礎的自治体としての政策形成能力向上が求められている。専門家とのプロジェクトチームで研究することで、職員の能力を高めたい」。区は、組織の企画部門とは別にシンクタンクを設置するねらいをこう話す。今年度は住民自治のあり方やマンション住民の居住実態調査を通じた区の将来像などをテーマに研究を進める。

文京区は、企画課の中にシンクタンク的な組織となる政策研究担当課長を設置した。政策の中でも中・長期的な企画を担当し、組織横断的な政策や、従来の枠組みを超えた取り組み課題などを研究するという。

併せて同区では職員の研修機能も強化。今年度からスタートする「政策創生塾」では、管理職候補や係長昇任者、新採職員など約130人を対象に、年間を通じて政策法務能力や企画力の向上を目指す研修を行う。

団塊世代の大量退職により、第一線で活躍してきた係長級職員などが退き、組織力の低下が懸念される一方、自治体間競争は厳しさを増す。職員課では「住民が期待する以上の政策を実現できる組織を目指す」と話す。

テロ警戒対応訓練

都庁舎でテロリスト逮捕
丸ビルや東京駅から避難も

「丸ビルに爆発物が仕掛けられた」「都庁にテロリストが潜入」――。今年7月に開催される洞爺湖サミットを控え、東京でもテロの発生が懸念されるとして4月24日、丸の内地区と都庁舎を会場に、テロ警戒対応の強化に向けた実働訓練が実施された。

丸の内地区の訓練には、550人以上が参加し、丸ビルを中心にビル管理者や東京駅周辺防災隣組(地域協力会)、JRや地下鉄事業者など民間と連携した警戒対応にあたった。訓練では丸ビル内でスーツケース大の不審物を発見、火薬反応が確認されたことから、爆発物処理班の派遣を要請する一方、丸ビル従業員や東京駅利用者が地下通路を利用して避難し、安全な場所まで誘導された。

また、都庁舎では丸ビルでの爆発物発見を受けて、警戒レベルを「2」から「3」に引き上げ、第一庁舎北側入り口で手荷物検査が行われる中、テロリストによる爆発物設置を想定した訓練が行われた。テロリストが第一庁舎2階中央に不審物件をセットし、逃走を図ろうとして失敗。拳銃を発砲した後にトイレへ立てこもったため、警視庁がテロ対策の部隊を投入し、警備犬による犯人逮捕、爆発物処理班による対応まで迫真の場面の連続となった。同時に第一庁舎の職員やテナント従業員ら約1千人が地下通路などを利用して新宿中央公園に避難した。

警視庁の部隊によって爆弾テロを逮捕(都庁第一本庁舎2階)

午前中に行われた丸の内地区の訓練では、山口副知事が講評を行い、「真剣で統制が取れた避難ができた。丸の内地区は機能が集中する世界でも有数の場所。東京もテロの標的になる可能性があり、さらに安全強化を図るため、行政と民間の連携が必要」と強調。

また中村危機管理監は、都庁舎での訓練開始のあいさつで「安全に絶対はない。不審物はないか。不審者はいないか。一人ひとりが『テロは起こりうるのだ』という認識で、危機意識を持つことが大事だ」と訴えた。

都では、これまで03年12月に天然痘による生物テロを想定した大規模テロ災害対処訓練を皮切りに、化学テロ(04年)、放射能テロ(05年)、爆弾及び化学テロ(06年)、放射能テロ及び化学剤等による連続テロ(07年)への対処訓練に取り組んでいる。

改札から地下通路で利用者が避難(東京駅地下南口で)

ひと

外国人とつくる地域社会に

港区産業・地域振興支援部
国際化推進担当課長
解良(けら) 武(たけし)さん

海外営業職として6カ国に19年間駐在。その間、常に妻子も一緒だった。「向こうでの温かいもてなしが身に染みています。逆の立場で、ここに住む外国の方もお悩みだと思う。お返しができたらと思っているんです」

戦後の貧しい時代から突っ走ってきて、いつかは社会貢献をと思い続けていた。港区が国際化推進担当公募という新聞記事に、まさに自身の経験が生かせると感じた。それだけに採用されて「本当に嬉しかった」と笑う。

「外国人とともにつくる地域社会」が目標だ。「これまでのお互いに分かり合うための交流から一つ超えて、共につくっていくということは、私たちも変わらなくてはいけないし、外国の方にも入ってもらわなくては。新しい時代の国際化へ大きなチャレンジです」

区基本構想の将来像「やすらぎある世界都心」に惹かれた。「世界に開かれた街にしていく、まさに含蓄のある言葉だと思います」

途上国で、あまりの貧しさに衝撃を受け、同時に目を洗われた。「世界はこういう方たちと一緒にいるんだという気持ちはずっとあります」。全く違う国々だが、「人間愛さえあれば、体制も宗教も人種も言語も超えて、必ず分かり合える」というのが信念。伝えたい気持ちと相手を思う気持ちさえあれば、何でも通じる。言語ではないのだと強調した。

退職前、長い海外生活から帰国し、日本人の元気のなさが気になった。「何だか申し訳ない気持ちになった。若い人を励まし、引き継いでいけるものがあるのではないかという気持ちなんです」

大学時代、サッカーの試合でボールが左目を直撃、失明の危機に遭った。幸い視力は戻ったが、順調に来た人生を問い直したいと、旅やアルバイトなどで「寄り道」。卒業まで8年を費やした。「人間はいつ何が起きるか分からない」。

その体験が子どもの意思を尊重することにつながり、「本人が決めれば、何が起きても乗り越えられるんです」と。教育の問題も「男の子は父親の愛情が欲しい時がある。抱いてやって、いざという時に心から励ますことをやってきました」

海外で暮らす人の心が分かるだけに、基本は困っている方へサービス・サポートの充実と力を込めた。(門)

福岡県生まれ。72年横浜国大経卒。本田技研工業㈱に。ホンダトレーディングなどで6カ国に駐在。05年に退職。4月1日から現職(3年間の任期付)。趣味はスポーツ。二男は独立し、妻と暮らす。62歳。

リニューアルHP 使いやすく好評
都福祉保健局

都福祉保健局はこのほどインターネット福祉保健改革モニターのアンケート結果をまとめた。今回のアンケートでは、今年1月にリニューアルしたばかりの同局ホームページを取り上げた。

ホームページのリニューアルでは、トップページ上に読み上げや画面の拡大機能、カラー変更、ルビ機能等を持つソフトを設置。ピックアップ情報やイメージ画像つきの「分野別からのご案内」も開設している。

アンケート結果によると、2月作成の「乳幼児期の事故防止学習ソフト」については、72・9%が「すぐ見つかった」と回答、アクセシビリティの良さが目立った。また、従来の組織別の情報構成を変更し、新設した「分野別からのご案内」に対しても「使いやすくなった」との意見が83・4%に上るなど好評だった。

■都人事異動

5月1日付

【専門副参事等・課長級】▽大塚病院輸血科医長(春日部市立病院内科部長)金丸峯雄

◆退職

4月30日付

【専門副参事等・課長級】▽大塚病院外科医長 森健一郎▽清瀬小児病院小児科医長 米山浩志

■足立区人事異動

5月1日付

【課長級】▽総務部副参事=㈱足立コミュニティ・アーツ派遣(学校教育部副参事=学校適正配置担当)荒井広幸▽資産管理部副参事=庁舎調整 清水忠資産管理部長事務取扱▽土木部副参事=調整(土木部副参事=補償工事)森田充▽土木部副参事=公園管理(土木部副参事=調整)増田治行▽土木部副参事=補償工事 遠藤伸一土木部次長事務取扱▽学校教育部副参事=学校適正配置担当 石居聡学校教育部教育政策課長兼務

木村 満る子さん(きむら・まるこ=木村貢・台東区教育委員会生涯学習課学習館長の母)26日死去、84歳。

訂正 4月25日付8面「都の夏期幹部異動方針」の記事中で、部長昇任に統括課長歴2年が必要と定めているのは条例ではなく、人事委員会が定める「職員の採用・昇任等に関する一般基準」の誤りでした。

係長級人事異動

4月1日付
◎印昇任

東京都

◆知事本局

（課長補佐）▽総務部秘書課秘書事務主査◎新保幸裕▽総務部調整課調整係長◎福嶋義博▽地方分権推進室広域連携主査◎白鳥謙治▽地方分権推進室自治制度改革推進主査◎上田一彦▽外務部外務課共同事業調整主査◎荒木夏奈▽基地対策室調整主査◎松田純▽政策部政策課政策主査◎山本聡▽政策部政策課政策主査◎渡辺修▽政策部報道課報道主査◎吉田隆雄▽計画調整部計画調整課計画調整主査◎安達紀子▽計画調整部計画調整課計画調整主査◎佐野宏子▽計画調整部計画調整課計画調整主査◎清水直樹▽計画調整部計画調整課計画調整主査◎萩原功夫▽計画調整部計画調整課計画調整主査◎細見明彦▽計画調整部計画調整課計画調整主査◎水岡知典

寛信▽総務部総務課採用研修担当係長　高橋秀樹▽総務部総務課安全衛生管理係長（首都大学東京管理部庶務課安全衛生管理担当係長兼務）　杉山享▽総務部人事課給与福利係長　水飼美栄▽総務部人事課人事制度係長　松本知子▽総務部会計管理課契約係長　越後正彦▽総務部施設課施設係長（首都大学東京管理部庶務課施設担当係長兼務）　佐藤明▽産学公連携センター調整係長　岡田華代▽学生サポートセンター学生課留学生担当係長　小嶋俊幸▽首都大学東京管理部庶務課企画担当係長　前川徹▽首都大学東京管理部学長室単位バンク推進担当係長◎高橋広一▽首都大学東京管理部学長室課務担当係長　山中美保子▽首都大学東京管理部教務課基礎教育担当係長　南谷良平▽首都大学東京管理部入試課入試係長　富永玲子

退職（3月31日付）

◆東京オリンピック招致本部

（係長級）

◆(財)東京都福利厚生事業団事務局

◆環境局

◆建設局

◆公立大学法人首都大学東京

退職（3月31日付）

（6面へつづく）

（5面からつづく）

▽西部公園緑地事務所庶務課庶務担当係長　田山純子▽西部公園緑地事務所庶務課用地担当係長　田口綾子▽西部公園緑地事務所工事課野山北・六道山公園建設担当係長　揚石優▽西部公園緑地事務所工事課工事係長　今関義裕▽西部公園緑地事務所神代植物公園管理事務所園芸係長　杉本雅明▽江東治水事務所庶務課検査係長　吉野雅夫▽江東治水事務所高潮工事課高潮設計係長　恩田優一▽江東治水事務所高潮工事課係留船対策担当係長　小島俊之▽江東治水事務所高潮工事課工事担当係長　川本健一▽江東治水事務所高潮工事課測量係長　黒羽公明▽江東治水事務所内部河川工事課設計係長　小山直紀▽江東治水事務所内部河川工事課工事係長　滝島正治▽江東治水事務所内部河川工事課工事担当係長　徳永勇一郎▽江東治水事務所水門管理課補修係長　赤堀吉之▽江東治水事務所水門管理課保守第二係長　田沢一孝▽江東治水事務所水門管理課保守第三係長　日下部隆雄▽江東治水事務所水門管理課保守第四係長　櫻井久男▽用地部管理課課務担当係長＝㈶東京都道路整備保全公社道路部用地課マンション用地係長　小林周二▽用地部管理課課務担当係長＝㈶東京都道路整備保全公社道路部用地課用地担当係長　小川卓二▽用地部管理課課務担当係長＝㈶東京都道路整備保全公社道路部用地課用地担当係長　鶴岡敏博▽用地部管理課課務担当係長＝㈶東京都道路整備保全公社道路部用地課用地担当係長　秋好裕美子▽用地部管理課課務担当係長＝㈶東京都道路整備保全公社道路部用地課用地担当係長　福田隆▽道路建設部管理課課務担当係長＝東京都道路公社道路事業課道路事業係長　道野和男▽公園緑地部管理課課務担当係長＝㈶東京都公園協会八柱霊園管理事務所技術係長　早川久▽公園緑地部管理課課務担当係長＝㈶東京都公園協会瑞江葬儀所管理事務所技術係長　永田修次▽公園緑地部管理課課務担当係長＝㈶東京動物園協会総務部施設課井の頭自然文化園施設係長　坂本直記▽公園緑地部管理課課務担当係長＝㈶東京動物園協会総務部運営企画課経営企画係長　高橋英之▽公園緑地部管理課課務担当係長＝㈶東京動物園協会上野動物園飼育展示課は虫類飼育展示係長　山口歩▽公園緑地部管理課課務担当係長＝㈶東京動物園協会多摩動物公園教育普及課昆虫園飼育展示係長　松本徹郎▽公園緑地部管理課課務担当係長＝㈶東京動物園協会多摩動物公園教育普及課管理係長　鈴木正夫

（次席）▽総務部総務課庶務係次席◎岡田久幸▽総務部総務課庶務係次席◎久松泰子▽総務部技術管理課次席　塚田昇平▽総務部技術管理課次席◎鷲山栄一▽総務部技術管理課システム調整係次席　内山嘉治▽総務部用度課財産管理係次席　高橋亜紀子▽用地部管理課事務係次席◎森明志▽用地部用地課企画係次席◎石野まゆみ▽用地部用地課機動取得係次席◎岡敬之▽道路管理部管理課事務係次席◎岩間洋子▽道路管理部路政課道路台帳係次席　山田泰三▽道路管理部監察指導課監察係次席◎吉田寛一▽道路管理部保全課道路保全係次席◎神山将▽道路管理部安全施設課施設計画係次席　本田尚史▽道路建設部管理課事務係次席◎吉川泰弘▽道路建設部計画課企画係次席　今泉浩▽道路建設部計画課企画係次席　赤根健二▽道路建設部計画課企画係次席　森田武聡▽道路建設部計画課企画係次席　日向崇徳▽道路建設部計画課調整係次席　星野征男▽道路建設部計画課鉄道立体計画係次席　岡部幹雄▽道路建設部鉄道関連事業課企画係次席◎和田耕作▽道路建設部鉄道関連事業課鉄道係次席◎松岡裕之▽道路建設部街路課企画係次席　戸田雅浩▽道路建設部街路課街路工事係次席　佐野公泰▽道路建設部街路課特定街路係次席　伊藤靖昌▽道路建設部道路橋梁課道路工事係次席◎小野満基▽道路建

（6面からつづく）

退職（3月31日付）

特別区

◆中央区

◆東京都後期高齢者医療広域連合

◆新宿区

退職（3月31日付）

◆目黒区

◆大田区

退職（3月31日付）

（8面へつづく）

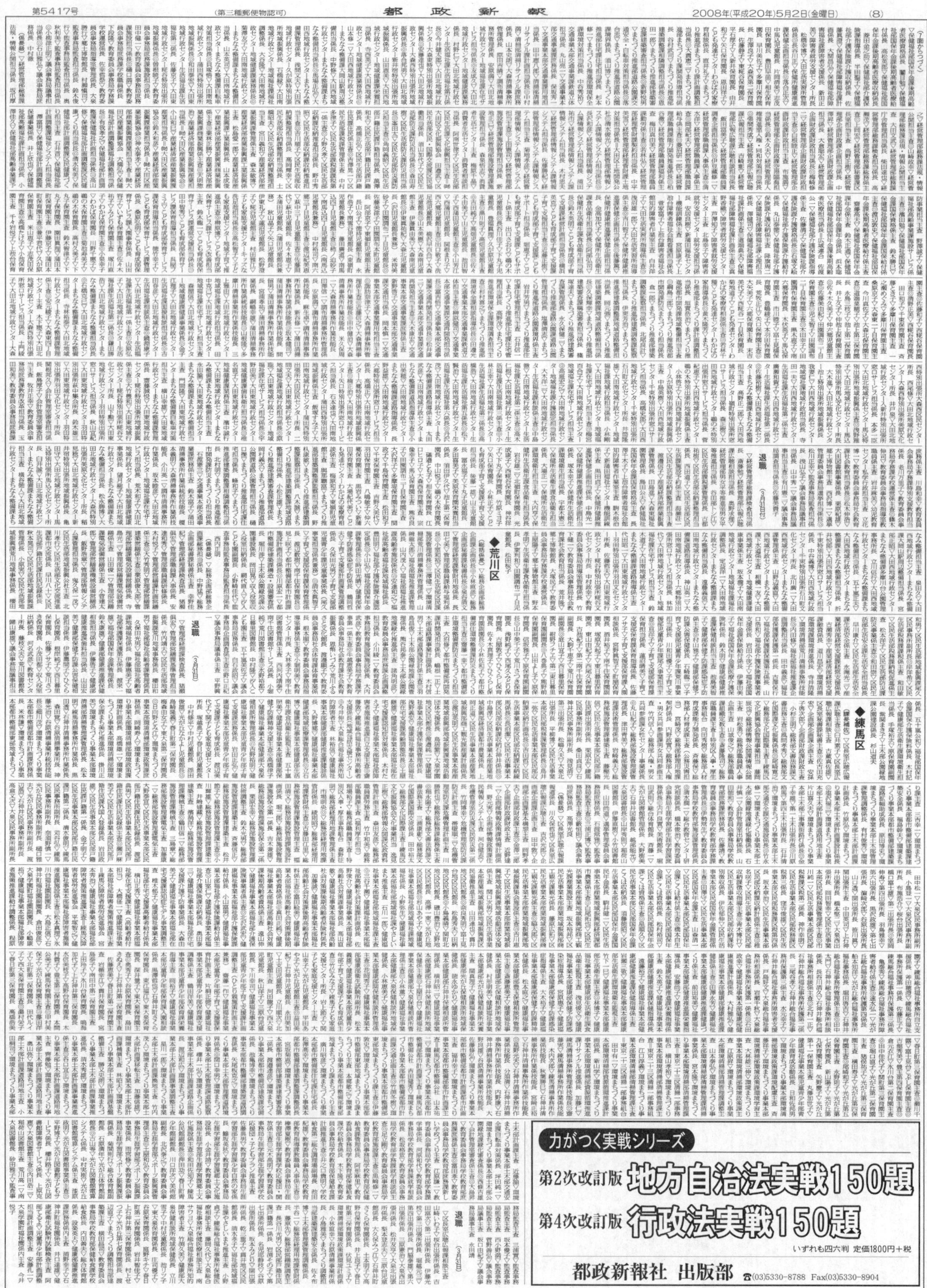

20年度 職員教養講座 ≪43≫

平成20年度の管理職選考（5月25日）まで、残すところあと3週間余りとなりました。

これまで仕事と家庭生活を両立させながら、限られた時間の中で勉強を進めてきた皆様にとって、これからの時期は、いわばラストスパートの段階ともいえると思います。今までの取り組みが無駄にならないよう、改めて気を引き締めていただき、引き続き残された期間を頑張っていただきたいと思います。

今回は、これまでの講座の中で触れてこなかった分野を中心に解説を行うことで、本講座の締めくくりとしたいと思います。

勤務評定及び口頭試問

管理職を目指す皆様は既にご存知かと思いますが、管理職選考は筆記考査のみで合否が決定されているわけではありません。筆記考査及び勤務評定の成績を総合して、一定基準以上の人（選考種別Aは合格予定者数の1・5倍程度、Bは1・4倍程度、Cは1・2倍程度）を対象に、個別面接方式による口頭試問を実施し、その結果を踏まえ、合格者を決定することになっています。

まず、勤務評定についてですが、管理職選考実施要綱によれば「筆記考査の受験者を対象に、業績評価に基づいて、任命権者が評定します」となっています。つまり、勤務評定は、日頃の職務に関する実績である業績評価を基にしたものになっており、普段の皆様の職務への取り組みの成果が選考に反映される仕組みになっています。

勤務評定が選考に占める割合は公表されていませんが、管理職選考では、いくら筆記考査の成績が良かったとしても、日頃の勤務実績が悪い場合には、選考に合格できないということが十分に考えられます。

近年、受験率の低下、特に業績評価の高い職員の受験率の低下が指摘されています。日頃多忙な職場にいながら、自らの仕事に一所懸命に取り組み、上司や周りの職員から信頼されている方々が管理職選考を受験しないことは、都政にとっての大きな損失です。最後の最後まであきらめず、勉強に取り組んでください。

次に、口頭試問についてですが、管理職選考実施要綱によれば「筆記考査及び勤務評定の成績を総合して、一定基準以上の人を対象に個別面接方式により、表現力、判断力、積極性等について評定します」とあります。

ここでは、対策として2点あげておきます。

まず1点目は、何を聞かれても落ち着いて対応するということです。当たり前のことと思われるでしょうが、いざ口頭試問の場に立つと、緊張のあまり普段の自分を出し切れず、失敗してしまったという話もよく聞かれます。口頭試問では、相手の質問内容を正確に理解すると同時に、質問の趣旨を踏まえて、わかりやすく具体的に回答することが必要です。その際に留意すべきこととしては、面接官からの質問に即座に答えようとするのではなく、仮に予想どおりの質問が来たとしても、まずは一呼吸おいて考えることだと思います。そして、回答する際には、相手が自分の話にどのように反応しているか確認しながら、臨機応変に対応していく、というくらいの心構えを持つことも必要です。普段の仕事でも、自らの主張を一方的に述べるだけでは、相手に納得してもらうことはできません。自分の意見を相手に明確に伝えるのと同時に、相手の話をよく聞いたうえで、その意図を踏まえ、適切な対応を取っていくことが重要になってきます。

2点目は、想定問答を準備しておくことです。例えば、「管理職になったら都政をどのように変えていきたいか」「管理職として求められる姿勢はどのようなことだと思うか」といったことは、質問として十分想定できる内容だと思います。このように、口頭試問の場で質問されそうな事柄を自分でいくつか拾い出し、自分なりの回答を準備しておくことは、事前準備として大切なことです。想定問答を作成する際には、過去の合格者の体験談等をもとにするとより効果的です。また、想定質問の内容としては、質問に対する回答のみにとどまらず、回答した内容について、さらに二の矢、三の矢の質問が出ることも想定し、その対応策まで準備しておくと、より充実したものになります。

想定問答を作成するということは、単に本番で聞かれそうな質問を予想し、それに対する回答を用意するということだけが目的ではありません。想定問答を準備する過程で、自分の考えやこれまでの経験などを改めて整理できるという効果も期待できます。

頭の中ではわかっていたつもりでも、いざ言葉に出そうとするとうまく表現できないという経験は誰しもしたことがあると思います。そのような状況に陥らないためにも、事前の準備を万全にしておくことが大切です。また、局によっては事前に模擬面接を実施しているところもあるようですが、このような機会を活用し、実際の面接に近い条件で、事前に自分の欠点を発見・修正しておくことも必要だと思います。

いずれにしても、せっかく筆記考査をクリアしたのですから、口頭試問で後悔しないためにも、事前に出来る努力は最大限するということが何よりも大切です。

筆記試験当日までの心構え

次に、試験日まで及び試験当日の留意点について、何点か挙げさせていただきます。

①体調は万全に

当たり前のことですが、試験当日にはベストの体調で臨めるよう、体調管理には万全を尽くしましょう。万が一試験当日に体調を崩してしまい、受験すらできなくなってしまったとしたら、悔やんでも悔やみきれないことになってしまいます。特に5月はゴールデンウィークを挟むため、ともすれば生活のリズムが乱れがちになるかもしれませんが、当日の日程を想定しながら、試験が始まる時間にはしっかりと頭を働かせられるよう、事前の体調管理に留意することが大切です。

②無理のない対策を

筆記考査が目前に迫ってくると、手がついていない分野や不十分な部分ばかりが目につき、何かと不安な気持ちになりがちです。しかし、もともと管理職選考は、幅広い視点からの回答を求められる試験であり、すべてに万全を期すことは不可能です。

これからの時期は、完璧を求めてあれこれ手を出すことよりも、自らが置かれた状況に見合った努力をしていくことが重要です。例えば、これから新たな論文を書き出すことは、残された時間を考えると得策ではありません。それよりも、これまでの勉強で蓄積してきた知識等を再確認し、より確実に回答できるようにすることのほうが、よい結果に結びつく可能性が高くなります。また、この時期は出題範囲が浅く広い分野、例えば択一の時事問題などを解いたほうが効果的と思われます。

③試験時間を意識する

管理職選考は時間との勝負です。いかに豊富な知識を持っていても、決められた時間内に解答することができなければ合格には結びつきません。そこで、例えば実際の試験時間に合わせて過去問を解くなど、本番を意識した取り組みを行うことも必要です。特に論文については、限られた時間の中で、論理矛盾を起こすことなく、自らの手で2千字近くの文章を書き上げる必要があります。例えばA選考では、与えられた資料から問題点の抽出及び課題の整理を行い、それらを分析し解決策を論述していかなければなりませんが、これを2時間50分という試験時間の中で行うのはかなり至難の業です。資料を読み込む時間をどの程度使うか、構成を決め書き上げるまでにどの程度の時間が必要かなどといった時間配分の目安を持つためにも、試験当日と同じ条件で解答する機会を作ると良いでしょう。

④当日の持ち物を確認する

当たり前のことですが、試験前日には、受験票、試験会場、試験開始時間などをもう一度確認してください。また試験会場にはこれまで勉強してきた資料等を持っていったほうがよいでしょう。直前になって突然疑問点が出てきて、それを気にしたまま試験を迎えることになれば、精神的に良くないことは明らかです。少々荷物になってしまいますが、お守りだと思って持参してください。

絶対合格するという信念を持って

おわりに

管理職選考を受験される方の多くは、職場ではそれぞれ責任ある立場で多忙な毎日を送っており、勉強時間を捻出することさえ難しい状況にあるのではないかと推察されます。しかし、これは過去の合格者の方々も苦労しながら乗り越えてきたことです。要は様々な制約がある中で、どれだけ効率的に勉強を進められたかにかかっているのです。

平成19年度の合格率（受験者数に対する合格者数の割合）を見てみると、Aは9・2%、Bは14・0%、Cは24・1%となっています。数字だけを見ると難しいと判断される方もいるかもしれませんが、準備を万全に整えて試験に臨める受験者はほぼ皆無であり、その意味では、皆同じスタートラインに立っている状況です。先日公表された20年度の管理職選考の申込状況を見ると、若干ではありますが、いずれの区分においても申込者数の減少が見られる状況にあり、決して狭き門ではありません。今まで頑張ってきた努力を無駄にしないためにも、絶対に今年合格するのだという強い気持ちで試験に臨んでください。

将来、都政の最前線で活躍する管理職としての自分の姿をイメージしてみてください。皆さ[illegible]験する動[illegible]と思いま[illegible]以上、こ[illegible]立って都[illegible]くのだよ[illegible]ただきた[illegible]皆様の[illegible]す。

カレントトピックス 20年度 29

政治事情

■政府が女性参画加速を決定（4月8日）

政府は4月8日、男女共同参画推進本部を国会内で開き、女性の社会進出を促すため、各界トップへの働き掛け強化など2010年度までの取り組み計画をまとめた「女性の参画加速プログラム」を決定した。

女性の活躍が期待されながら参画が進んでいない医師、研究者、公務員の各分野で、重点的に取り組んでいくと明記。また、国家公務員の本省課長、室長相当職以上の管理職に占める女性割合（05年度で1・7%）を10年度末までに少なくとも5%程度に引き上げる数値目標も定めた。

■行政不服審査法等の改正（4月11日）

政府は4月11日の閣議で行政不服審査制度の抜本的な改善を目指す行政不服審査法改正案と行政手続法改正案を決定した。

審査の公平性を高めるため、審査対象の行政処分に関与した職員以外から選ぶ「審理員」による審査の仕組みと、有識者で新設する第三者機関「行政不服審査会」による諮問・[illegible]ることが[illegible]度の全面[illegible]来45年ぶ[illegible]

行政手[illegible]令違反是[illegible]機関に行[illegible]ることや[illegible]中止を要[illegible]込んだ。

■来年度[illegible]福田首相[illegible]

福田康[illegible]首相官邸[illegible]費者行政[illegible]行政を一[illegible]態を「消[illegible]09年度[illegible]表明した[illegible]設置法案[illegible]

首相は[illegible]法律を消[illegible]害者救済[illegible]府省の機[illegible]り替え[illegible]消費者行[illegible]項目の方[illegible]

昇任試験対策のページ

Ⅰ類記述 ⑥

食品衛生における危機管理対策について

1、基本方針

本年1月下旬に千葉県市川市で発覚し、その被害が全国に拡大した「中国産冷凍餃子事件」を検証し、食品衛生における危機管理対策について提案する。

2、事故の概要

千葉県市川市で1月22日夜、中国産の冷凍餃子を食べた一家5人が、下痢や嘔吐の食中毒症状を訴えて入院していたことが、1月30日にわかった。千葉県警は餃子の具などから、有機リン酸系の農薬成分「メタミドホス」を検出したため捜査に乗り出す。しかし、調べが進む中で、この事件と同じような症状を訴えた例が、同県千葉市、兵庫県高砂市などで起こっていたことが判明し、行政、医療機関、販売業者の不適切な対応が多数表面化した。

3、問題点と原因

(1) 職員の危機管理意識が希薄

①食品衛生法上、食中毒の疑いの有無を判断するのは、医師である保健所長と定めているにもかかわらず、千葉市保健所は職員レベルで「食中毒ではない」と判断し、保健所長に報告していなかった。

②千葉市の事件で、被害女性が「薬品の臭いがするので調べてほしい」と検査依頼をしたにもかかわらず、市保健所は販売元のコープに連絡するも独自調査は行わなかった。

③兵庫県高砂市での事件では、東京都が、兵庫県からの連絡を受け、品川区側に調査依頼をした際、農薬症状を示す書類を誤ってFAXしていなかった。重要な情報の伝達にもかかわらず、到達の確認を怠った。

(2) 危機管理体制が不完全

①千葉市の事件において、被害者は昨年12月28日に購入先の生協に訴えた。これを受け生協は翌29日に千葉市保健所にメール送信するも保健所はこの日から1月3日まで年末年始の休みであり、このメールは6日間にもわたり放置されていた。

②同市は和歌山・毒物カレー事件をきっかけに独自のマニュアルを作成した。このマニュアルには「健康危機発生を疑わせる情報を入手した市の組織は、市健康部長に報告すること」と定めているが、部長への報告はなかった。

③千葉市は、生協からの情報で、体調を崩した女性がいることを知ったが、病院から届け出がないことなどから、詳しい検査をしなかった。医療機関からの判断だけに頼る現行の体制により原因の究明が遅れた。

(3) 情報の一元化がされていない

①兵庫県高砂市の事件により、病院が有機リン中毒の恐れがあることを突き止めたが、被害の防止策には活かされなかった。同じ製造元の製品を食した人が中毒症状を起こしていたにもかかわらず、点と点が線で繋がるまでに1カ月間を要した。

②千葉、兵庫の件だけでなく、事件発覚前より中国製食品により体調を崩したという報告が全国各地の保健所に届けられていたことが判明した。

③販売元の生協とJTF社には、昨年11月から健康被害の苦情が多数寄せられていたにもかかわらず、これらの情報が被害の拡大抑制に全く活かされなかった。

4、具体的対応策

(1) 職員の危機管理意識の向上

今回の事件での対応を教訓に、職員一人ひとりの危機管理意識を向上させ、未然に事故の拡大を防止する。

【提案①】　食の安全確保に関する指導や助言などを専門的な立場から適切に行うため、関係職員に対して最新の知識や緊急時における対応を習得させる研修を定期的に行う。

【提案②】　食品衛生に関する事件事故は多様化している。このため、事務マニュアル検討会を設置し、マニュアルを年に1度必ず見直すとともに、これに基づく訓練を実施し、緊急時において実務上の欠陥がないか検証する。

(2) 危機管理体制の充実

健康危機管理は、災害情報と同様に緊急性が非常に高い。このため、情報にタイムラグや漏れが生じない体制を構築することで被害を最小限に抑える。

【提案①】　職員が24時間・365日対応できる体制を構築する。

【提案②】　保健所への届け出の運用が非常に曖昧であるため、食中毒の疑いがある場合は必ず一報を入れる体制を構築する。これは医療機関だけでなく、販売元の業者にも周知、徹底し保健所に迅速な情報提供がなされる体制を構築する。

(3) 情報を一元的に集約し、広く共有する仕組みを整備する

今回の事件は、行政を含めた関係機関がそれぞれに情報を持っていたにもかかわらず、これを集約して早期に対応することができなかった。このため、情報を集約し、共有できるシステムを構築し、区民に情報の提供ができる体制を整備する。

【提案①】　食品衛生に関する危機管理は、今回の事件のように広範囲に及ぶケースが珍しくない。被害拡大を阻止するために、食品の安全に関する一次情報が消費者から保健所、医療機関、事業者、消費生活センター、事業者団体等に通報された場合、迅速に情報を共有できるデータベースを構築し、関係機関の連携を深める。

【提案②】　提案①のシステムにより収集した情報を区民、区内食品団体、商店街組合等、また庁内職員にも迅速かつ的確に提供できる連絡体制を構築する。

5、危機管理体制の構築に向けて

今回の事例は、職員が危機管理に対する意識を持ち、情報を迅速かつ的確に、一元的に管理できる体制が出来ていれば被害の拡大を防げた事故である。些細な事象と考えられるものが、後に大きな被害に発展することは珍しくない。職員一人ひとりが、今回の事件を教訓に、予防対策と緊急時対策の双方に留意し、今後の危機管理体制を構築していくことが必要である。

20年度 特別区管理職試験講座 13

事例解説 ②

解説

1　はじめに

出題は、今年1月下旬に千葉県市川市で発覚し、その後、日本中に被害が拡大した「中国産冷凍ギョーザ事件」です。現在でも国や自治体をはじめ食品販売会社などが、その後の対応や対策などを検討しています。本件は、各関係機関の不作為や不十分な体制が多数表面化し、危機管理の重要性が改めて問われることとなった事例です。食品衛生管理に関する事件に限らず危機管理への対応は、特別区においても非常に重要な課題であることから取り上げました。

2　問題点の抽出

問題点を抽出する際は、与えられた資料から問題点をマークしていき、その上で職員の問題、組織の問題、施設の問題、連携の問題などハード面やソフト面にグループに分けて整理していきます。こうすることにより、解決策との対応関係を明確にすることができます。

本件では、①職員の意識②組織内部の体制③各組織間の連携システム――という3点を問題点として抽出していきます。

3　具体的な対策

ここでは資料から抽出して整理した問題点に対し、特別区として何ができるかを具体的に記述します。対応策によって期待される効果を示しながら記述するとよいでしょう。実現可能な方策で、社会状況や費用対効果なども十分に踏まえて検討することが重要です。本件では、①職員の危機管理意識の向上②危機管理体制の更なる充実③各組織間の連携体制の強化――を対策として挙げました。

今回の事件では、組織や体制上にも不備がありましたが、各関係職員の不作為に大きな問題がありました。今さらながらと思われるかもしれませんが、こうした危機管理に対しては仕組み作りだけでなく、職員の意識対策にも十分な配慮が必要です。

4　終わりに

事件事故型の勉強方法は、日ごろから新聞やインターネットの記事に目を通し、他の自治体で起きた事件とその対応や取り組み等の情報を収集することです。そして、当事者にな[illegible]を抽出[illegible]から実[illegible]みると[illegible]

提案[illegible]務にお[illegible]す。管[illegible]けでは[illegible]役立て[illegible]ださい[illegible]りして[illegible]

いまなぜTUPEの法制化が必要か

「出口なし」は公務員にも？

自治労都庁職日本版TUPE（事業譲渡と雇用保護法）研究会代表幹事　石田誠

特に小泉内閣によって強引に進められた行政改革・規制緩和・サッチャーリズムというトンネルの入り口に今、日本は入ったばかりである。ここに出口はあるのであろうか？

自治体におけるPFI、指定管理者制度、独立行政法人、市場化テスト、郵政の民営化、そして社会保険庁の新機構などへの分割など節目がないまま委託の拡大と民営化が進められている。

社会保険庁の解体が示すもの

この間、国会で論議されている社会保険庁問題は、記録台帳の件のほか特に自民党が取り上げているのが「ヤミ専従」、処分者のA評価、労使のあり方の見直しなどであり、社会保険庁労働組合そのものに的が絞られている。

職員は現在、全体で1万6千人いるが、500人から1千人が結果として、分限免職（解雇）される可能性が出てきた。

すでに健康保険協会、年金機構等への希望調書は、昨年10月ごろから行われている。

さらに広域配転を受けるかどうか、「踏み絵」も行われている。日程的には次のとおり。

①08年5月＝社会保険庁再生会議最終報告
②08年6月＝年金機構の基本計画閣議決定
③08年8月＝年金機構の職員募集
④同年10月～09年1月＝職員採用審査、採用予定決定
⑤09年4月＝採用されなった職員に通知⇒勧奨退職へ⇒※応じなかったら⇒分限免職・解雇へ
⑥10年1月＝日本年金機構設立

ここで特に注意しなければならないのは、新組織の採用基準は、第三者の再生委員会が行い、さらにこのことを含め、社会保険庁解体監視員会が監視する。この責任者が葛西敬之・JR東海会長で、かつての国鉄の解体における労使交渉窓口責任者である。その手法は、当局の経営の誤りや土地などの財産評価のデタラメと売却などの無責任を棚に上げ、職員の不祥事をバネに国民の反感を煽り、「管理運営事項」として労使交渉を拒否し、国会ですべて決めていくというものだ。

社会保険庁つぶしと軌を一にしている。

PUBLIC?
PRIVATE?

公営化か民営化かを問うカナダのキャンペーン

氷見市の市民病院指定管理者制度と雇用問題

地方自治体では、どのように進んでいくのであろうか。象徴的なことが最近、富山県の氷見（ひみ）の市民病院で起きた。動きを見てみよう。

07年3月＝市民病院経営改革委員会設置
5月＝指定管理者制度による公設民営の最終答申
7月＝事前協議のないまま、市長「指定管理者制度導入」表明
9月＝有権者の過半数を超える2万4774筆の慎重を求める署名を否決し、指定管理者制度導入強行採決
11月＝金沢医科大学を指定管理者に決定
12月＝1月10日期限で指定管理者への公募開始。個々の職員に公募手続き配布。自治労富山県本部が全員から回収し、個別対応拒否
08年1月10日＝期限日までに応じたのは、管理職など若干名。市側は1月28日までに応じなければ優先採用などなくし、一般公募する。病院大幅縮小も検討
1月23日＝「氷見市民病院の公設民営化を推進する会」（事務局＝氷見青年会議所）が市内全戸にビラ「労働組合が反対しているから病院縮小」
1月24日＝病院職員自宅へ「金沢医科大へ応募を」文書配布
1月25日＝労働組合全体集会での判断⇒文書確認
①市長から職員に対する明確な謝罪を表明する
②4月以降も将来にわたって、全員の雇用に市が責任を持つ
③現状の賃金・労働条件は極力守る

など以上をもって、市民病院の指定管理者・金沢医科大学へ「全員が応募に応ずる」ことになった。

つまり、1年で公務員が非公務員となり、次回の指定（＝落札）でまた、所属と労働条件が変わり、解雇もありうることになる。

東京都でも進む非公務員化や退職派遣

東京都の場合はどうであろうか。研究機関の独立行政法人化などでは、非公務員化とともに新たな労働契約では「協調性がない」ことなどを理由に解雇も出来ることを労組側に突きつけている。

また、水道局の給水管理所などの業務について今年4月から3カ年間、監理団体東京水道サービス㈱へ退職派遣することになった。こうした雇用という根本的な労働条件が、かつての国鉄の民営化と同様に「管理運営事項」という口実によって、一方的に決められている。

今後は、都においても特に病院や福祉関係、現業全般、さらにすべての「窓口業務」などを虫食い的に民営化することが検討されている。

日本版TUPE法の必要性

公務員も解雇される時代に入っている。公務員として採用・任用された後に、市場化テスト、事業の譲渡等などによって、公務員が非公務員となって、落札した事業者へ移転される場合に、EUなどでは本来はそこへの移行時に「労働契約」等をめぐり交渉し、雇用が継承されなければならない。これがTUPE（事業譲渡と雇用保護）法である。

アメリカ政府によって押し付けられた規制緩和と民営化は、かつてない「非正規」の割合が全体の3分の1を占めるなどの雇用不安を煽り、格差を助長した。その結果、最近では高齢者の医療や年金が破綻したため、今後1千万人の外国人・移民者によって「穴埋め」を行うと自民党は発表した。

一方、労働組合はこうした規制緩和によってもたらされる問題を事前に分析し、対応するという点では、きわめて弱かった。

公務員、非公務員を問わず、ここに事業譲渡と雇用保護（日本版TUPE）の必要性とその正当性がある。私はそのための（日本版TUPE）法の法制化運動を進めていきたい。（前自治労東京都本部副委員長）

ともに生きる　26

語義と語感を身に着ける

4月にある聾学校の入学式に参列しました。式次第の中に校歌斉唱があり、代表の生徒の指揮でピアノの伴奏にあわせて全員の歌声が式場に響きました。その光景は一般の学校と変わるところはありませんが、一つだけ異なるのは、指揮者はじめ生徒全員が歌声に手話を添えていることです。

歌詞の中に「澄んだ瞳」という言葉があり、見ていると「美しい瞳」という手話が添えられていました。左の手のひらを上に向けて右の手のひらで左から右にとするようにするのが、「きれい」とか「美しい」を表す手話ですが、「澄んだ」という時に、この手話を使うのはどうかなと疑問に思いました。全員合唱の歌詞を手話で表現する場合、複雑でなく分かりやすい表現が求められるということはあると思いますが、「澄んだ」と「きれい」とは語義や語感が同じとは言えないのではないでしょうか。澄んだ美しさという場合、同じ手話を反復することになるのでしょうか。

日本語は一語がいろいろな意味に使われることがあり、それを一つひとつ理解し使い分けることは、言語力が十分身に着いていない聴覚障害者の場合には難しいことです。

例えば、「明るい」という言葉ひとつとっても「明るい部屋」「明るい色」「明るい性格」「明るい政治」「明るい未来」「地理に明るい」といった具合にいろいろな意味に使われます。

これらを手話で表現する場合、朗らかとか陽気といった「明るい」の語義が話し手聞き手の双方に共通認識されていれば、「明るい性格」等は明るいという手話で通じるでしょうが、「地理に明るい」では「地理のことを良く知っている」といった具合に置き換える場合もあります。

時間をかけて学習すれば、語義は蓄積されるでしょうが、語感は正しい意味概念を踏まえて日常的に言葉を使いこなさないとなかなか身に着かず、聴覚障害者の言語生活上の大きな課題です。

（元都立立川ろう学校長　小林明）

がんばれ！公務員　17

軽やかに本音を言おう

文とマンガ　鈴木武征

待望のゴールデンウィークの真っ只中だ。あいにく今年は飛び石気味で、実質的には後半の4連休だけという人も多い。

それでも4月28日(月)に年休を確保できた人は、10日余りのうちに4連休が2回取れるのだから貴重だ。

こういう大事な時に、「私はいいよ、君、若いんだから月曜日休みなさいよ」なんて心ならずも遠慮してしまうのが公務員の悪いクセだ。

先日もあるテレビドラマで、肝心な時に「愛している」と言わなかったために運命の人を逃してしまったなんてシーンがあった。

口に出さずとも分かる、言わぬが花なんて時代はとうの昔に去ってしまった。

そういう態度、行動が美徳とされるためには、社会全体にそれを美徳として認識する土壌が不可欠だ。

私が入都したころの都庁には、職人世界と同じで己の仕事ぶり、仕事に臨む態度を見せることで後輩を育てる人が多くいた。

その上で飲み込みの悪い職員には、「お前は口で言わないと分からないのか！」とカミナリが落ちた。

今なら「言わなきゃ分かる訳ないでしょ！」と反論されてしまう。

「ため口を聞くな」なんて言おうものなら、「ため口ってなんですか、ダメ口のこと？」なんて訳の分からぬ会話になってしまう。（ちなみにため口とは相手の地位と同程度であることを表す俗語です）

それでもお役所はまだいい方だ。

広く世間を眺めて見ると、言った者勝ち、やった者勝ちに溢れている。

政治家の討論番組などもその代表で、討論というより相手よりいかに早く、いかに大声を上げるかを競っている。

地球の温暖化はもとより日本人全体の頭の温暖化の方も心配だ。

昔（とはいってもほんの30年前ほどのこと）はさておき、現代では思ったことを素直に表現する、言いたいことは言うのがコミュニケーションの基本だ。

季節は風薫る5月、職場内には新規採用者をはじめ春の人事異動で仕事やルールを教えなければならない人が大勢いる。

「最近の人は何か手応え無いねー、説明しても分かってんのか、分かってないのか……」とぼやく前に、自分が本当に言いたいことを言っているのか否かを考え直す必要がある。

人間は環境の生き物だ。

職場で発する言葉も普段から慣れ親しんだ仕事上の会話、気心知れた仲間との会話などが無意識にベースとなっている。

そのベースからちょっと外れた新採者や異動者を、「こんなことも知らないの」「そこまで言わせんのかよ」と思ってはいないだろうか。

改善する方法は簡単だ。

まず相手の立場を踏まえて話す内容を考える。

次いで言いたいことも言いにくいことも、率直かつ早目に伝えることが肝要だ。

胸襟を開くという言葉があるが、大きく口を開けて何でも話してくれるあなたに相手も心を開く。

公務員としての節度と遠慮に縛られているそこのあなた、あなたにも来年の4月には仕事の説明をする合間に、「オレ（私）来週2日間休むよ、ワリィなー」と言って欲しい。

8連休あるいは5連休プラス5連休のゴールデンウィークが待っている。

世の中、素直に言った者勝ち、早い者勝ちの時代なのだ。

みにがいど

◆浅間山公園「キスゲフェスティバル」▽日時　5月3日、4日、10日、11日午前10時～午後4時▽場所　浅間山公園（府中市浅間町4、若松町5）▽内容　①浅間山公園植物観察会＝3日（土・祝）午前10時～12時。浅間神社鳥居前集合。費用無料②山野草と野鳥の写真展＝あずまや付近③園内案内＝期間中、あずまや付近で随時受付▽問い合わせ先　武蔵野公園サービスセンター☎042・361・6861

◆安田千枝作品展（江戸型彫・藍染）　江戸型彫は着物の柄文様などを染めるために、型紙を彫る伝統の技。伝統工芸士矢田勇氏に師事する安田千枝が春の文様を中心に古典文様を型彫り。その型紙で、小江戸川越で栽培した藍を発酵させて作った泥藍で染めて展示▽日時　5月11日（日）～17日（土）午前11時～午後6時（最終日は5時30分まで）▽会場　ギャレリアM（渋谷区神宮前5・1・14、東京メトロ表参道駅A1出口徒歩3分）▽展示品　古典型紙復刻作品と藍染作品（暖簾、Tシャツ、ハンカチ等）25点を展示即売▽問い合わせ先　☎049・232・1065

都政新報

発行所 都政新報社
〒160-0023 東京都新宿区西新宿7-23-1 TSビル
(総務・読者)(03)5330-8781
(企画広告)(03)5330-8784
(編集)(03)5330-8786
(出版)(03)5330-8788
(セミナー事業部)(03)5330-9977
(ファクス)(03)5330-8808
購読料 月1,680円(税込)
毎週火・金曜日発行
但し、祝祭日は休刊
© 都政新報社 2008

紙面から

羽田の国際化

都が発着枠拡大など提案

夏までに一定の方向性

国交省 2国間交渉を開始へ

滑走路の拡張等により、2010年から成田空港で2万回、羽田空港で3万回の国際線の容量が増えるため、国土交通省はこの配分について、今年夏から数十カ国と航空交渉に入る。このため石原知事が重要施策として掲げる羽田空港の国際化も、政府が2国間交渉に入る前に一定の決着を迫られ、この2、3カ月が勝負どころになっている。都は「国際線発着枠の拡大」と「就航距離の延長」の二つを求め、国や千葉県、神奈川県を巻き込んで「羽田空港の国際化に関する国と都・関係県実務者分科会」をスタートさせた。しかし現在は、まだ議論を積み重ねている段階で、着地点は見えていない。

成田空港は滑走路の北伸によって、2010年3月から年間発着容量が2万回増の22万回になる。また、羽田空港も再拡張事業の結果、2010年10月には30万回から40・7万回に増える。

昼間時間帯の羽田空港の国内線・国際線の発着枠の配分に対し、国土交通省は「国内航空の将来需要を確保した上で、近距離国際定期便を就航させる」という考えだ。国内線の航空需要は、2017年度に37・4万回あると予測し、その差し引きから約3万回分を近距離国際定期便に割り当てるとしている。

その際、日本に近い国から羽田空港への割り当てを行い、国際線の就航距離としてペリメーター（1947キロ）を一つの目安にしている。

これに対し都は、1947キロ圏では石垣島や上海までしか飛べないことから、少なくとも東南アジア主要都市までは就航できるよう要望。そうなると、現在の3倍の6千キロ圏くらいまでは、就航距離を延長することが必要になる。国際線の発着枠に関しても3万回ではなく、さらに拡大することを求めている。

国土交通省航空局長や内閣官房審議官なども参加する「国と都・関係県実務者分科会」では、都は国際線発着枠拡大の具体策として、①羽田の国内線の一部を成田に移し、その分を羽田の国際線に割り当てる②現在、利用が少ない特定時間帯や深夜早朝時間帯をもっと有効に活用するなどの方策を示した。

提案の裏付け理由としては、現在、成田空港と都心部の所要時間が最短で51分かかるが、成田新高速鉄道が2010年度にできれば、36分に短縮できることなどを挙げた。「成田空港における国内線の乗り入れ需要も高まるはず」と都市整備局では話す。

しかし、国や千葉県の反応は、冷ややかだ。4月24日の実務者分科会後の記者会見で、千葉県の植田浩副知事は「成田が国際の基幹空港で、羽田はそれを補完する役割だ。このスタンスは、明確に守らなければいけない」と語った。

また、国土交通省幹部も、成田空港の国内線需要の増大に疑問を投げかけた。「成田から国内線を飛ばしたいというエアラインがあるのなら、我々は何も妨害しない。現実問題として、そんなエアラインは出てこないのではないか」と話す。今、成田空港に乗り入れているのは、国内で8空港にとどまる。「国内線の需要は、羽田空港に相当ある。国内線を成田に移して、国際線に回せる便数は少ない」と国土交通省幹部。

その一方、外国の航空会社から首都圏に乗り入れたいという申し出は、50カ国前後からあり、国は成田・羽田の計5万回の増枠分を一体的にとらえて今後交渉する方針。ダイヤ調整などの期間を見込んで、09年夏ごろには航空交渉を終了したいという。国土交通省では「遅くとも今年夏から航空交渉に入る必要がある。その前には、都との協議も方向性を出さなければならない」（国際航空課）と語る。

羽田空港の国際化は、石原都政にとって重要施策の一つ。昨年12月、平年度で約3千億円の減収になる法人事業税の一部国税化を受け入れた時も、13項目の一番目に掲げて福田総理に協力を要請した。千葉県などが難色を示す中で残された時間は短く、国際線需要や路線の重要性をどう訴え、理解を得ていくかにかかっている。

法人事業税の減収の見返りに「国と東京都の実務者協議会」を設置。羽田空港の国際化、3環状道路の整備促進など、首都東京の重要施策13項目の協議を始めた＝07年12月27日

地域スポーツクラブ

人材育成で設立支援

住民参加の「しかけ」不可欠

都民のスポーツ実施率が低迷する中、日常的なスポーツの場として、都は地域住民らが中心になって作る「地域スポーツクラブ」の設立支援を始めている。今後、すべての区市町村で地域スポーツクラブを設立したい考えだが、クラブの設立や運営には、体育指導委員などの人材が不可欠。また、都市化が進む中で住民が参加する「しかけ」作りも課題になる。現場から、地域スポーツクラブの取り組みを報告する。

◇

土曜日の昼下がり。武道着を抱えた親子が、足立区立梅島小学校の体育館を訪れた。同区の地域スポーツクラブの「U&Uクラブ」が毎週開く空手教室に参加するためだ。教室には、小学生に加え、未就学の女児も参加。真剣に「形」の練習をする子ども達を、母親達が見守る。

受付の事務は、柔道教室に参加する児童の保護者らが担当。当番制で、受付を担当すると、プログラムの参加チケットがもらえる仕組みだ。

「U&U」は04年、区の体育指導委員らが中心になって設立し、現在の会員数は約300人。クラブのゼネラルマネージャーで、都の体育指導委員協議会副会長の石山和子さんは、「足立区には歴史あるスポーツ団体が多いが、そこに行けない子ども達を対象にしたい」と話す。

都内では現在、51クラブが活動。「三鷹ウエスト」(三鷹市)のように、市の審議会のメンバーが中心になって、既存のクラブを巻き込んで活動するケースもある。

都では、2013年の東京国体までに、全区市町村に地域スポーツクラブを設置したい考えだ。都の調査では、週1日以上スポーツをする割合は4割弱で、40歳代以下は約30%に低迷している。都は地域スポーツクラブの増設やニュースポーツの拡大などで、実施率を60%まで引き上げる方向で検討を進めている。

◆頼りは人材

「地域スポーツクラブ」は、スポーツ経験者でなくても、年齢層を問わず参加できる環境を作る狙いがある。ただ、設立に積極的な自治体がある一方、37区市町村には1カ所もないなど、取り組みには温度差もある。

設立の経緯はさまざまだが、共通するのは、地域の体育指導委員の意欲などに頼る部分が大きいことだ。「U&U」でも当初、「施設を奪われるのでは」と危惧した既存のクラブからは、いい反応が出なかったという。だが、創設に携わったメンバーが地域に地道に働きかけ、人脈を生かして活動を続けている。

また、「三鷹ウエスト」は、「スポーツで地域を活性化させる」という理念に共感した団体が会員として参加したが、「加入で施設が使えるようになる」などのメリットがないと、加入は進みにくい面もある。

◆都市圏の悩み

都市圏で地域関係の希薄化が進む中、地域住民を巻き込むのは容易ではない。都の意識調査によると、「地域でスポーツ大会の手伝い・町内会活動を行いたいか」聞いたところ、約63%が不参加の意向を示した。また、「好きなスポーツのクラブ・同好会があれば加入したいか」については、4割が「加入したいと思わない」と答えている。

地域スポーツクラブは、競技スポーツ経験者以外にも幅広く身体を動かす環境を提供するツールにしたい、というのが行政側の狙いだ。ただ、スポーツに全く興味のない人や、働き盛りの会社員をどう巻き込むかが課題になる。

「いざクラブを立ち上げてみると、いろんな分野の人と交流できた」という声もある。都では今後、指導者の派遣・育成を進め、クラブ設立を後押ししたい考えだが、「敷居が高い」と考えている住民を巻き込めるか、「しかけ」作りも欠かせない。

「U&U」では土曜日、小学校の体育館で柔道教室を開催。受付は保護者らが持ちまわりで担当する＝足立区立梅島小学校で

多重債務で専門員設置

法律相談を直接「予約」

生活資金貸付も

多重債務者を弁護士・司法書士などの専門家による相談に結びつけるため、都消費生活総合センターは4月から、「多重債務専門グループ」を設置している。同センターの相談員が法律専門相談窓口の「予約」を直接とることで、確実に解決するのが狙い。従来は、弁護士などを紹介するだけで終わっていたが、多重債務者が相談に出向くのをためらうケースも多かった。

同センターで多重債務者から電話がかかると、相談員は「何社から」「いつから」「債務の総額は」など、多重債務の状況や相談者の都合を聞き取り、弁護士・司法書士などに連絡。予約をとった上で、相談者に相談に行くよう促す。

担当者は、相談者が弁護士・司法書士に相談しに行ったかも確認し、解決の方向性が見えるまでフォローを続ける。多重債務者には、「借金は返さなければならない」「弁護士は敷居が高い」といった意識から、二の足を踏む人も多いためだ。

ただ、実際に相談窓口にたどり着く多重債務者は全体の2割程度とみられ、潜在的には数万人に上るという。そのため、徴税部門や金融部の相談窓口などで、幅広く多重債務者を発見する努力も必要になる。

他方、福祉保健局では、生活資金を最大200万円融資する「生活再生事業」を開始した。これまでに22人が申し込んでいるが、ローンの借り換えを目的とする申請が多く、貸付例は2人にとどまる。今後、どういうケースで利用されるかの事例を重ね、運用について検討する方針。

都政の東西

通知の訂正

厚生労働省が、生活保護受給者に安価な後発医薬品を使わせるよう、自治体の福祉事務所に通知していた問題で、4月30日[illegible]生保受給者に後発薬の「周知徹底を図ること」に改められた。

後発薬は、臨床試験などで安全性が確認された先発医薬品の特許が20～25年で切れた後、同じ主成分で製造される。研究開発コストがかからないため、先発薬よりも安い。厚労省は、後発薬の使用に問題はないとお墨つきを与えている。後発薬が広く普及すれば、年々増大している医療費を抑制する救世主として期待がかかる。

だが、コーティング剤などが異なるため、有効性などを不安視する医師もいる。国内の普及率は17%（06年）で、欧米の60%前後に程遠い。国家的PRが不十分の中で、生保受給者に後発薬の使用を促す通知を地方自治体に出したのは、やはり時期尚早だった。まず、国は、後発薬使用の通知ではなく、周知をすべきだったのである。

区などは4月1日付で通知を受けたが、まだ生保受給者に後発薬を使うよう指導していないようだ。通知では「使用促進」から「周知徹底」に改められ、区は生保受給者に「説明しやすくなった」と胸をなで下ろす。ある区は「病気して職を失い、働こうと思っても働けないのが生保受給開始の一番の理由。生保に占める医療費の割合は高いので、医療費の抑制は生保と無縁ではない。今後は周知方法を考えていきたい」と話している。

通知の訂正は、区から評価の声がある。肝炎問題で、なかなか謝らず態度を硬化していた厚労省が、通知を訂正したのは異例だ。行政のなりふり構わぬ態度では、国民の理解を得られない。自治体にとっても同じことが言える。厚労省の通知問題は、反面教師としてとらえたい。

ひきこもり支援団体 実態調査結果を発表

青少年・治安対策本部

都青少年・治安対策本部はこのほど、「ひきこもり」の自立支援団体についての実態調査結果を発表し、訪問調査を行った19団体のうち、「訪問相談」（9団体）や「家族支援」（10団体）を行っている割合が高いことが分かった。また、こうした支援団体は「就労・就学支援」（12団体）を目的とする例が多かった。

スタッフ数は9人以下の法人が11団体と、小規模な団体が多い。こうした団体では、専門的な知識・技術を持っている支援員の育成・確保が難しいことや、各団体が得たノウハウが、共有・活用されていないことが課題として挙がっている。

また、「ひきこもり」の若者は自宅から外に出ることが難しいため、支援員が外出を促す「訪問相談」や、「家族支援」の拡充が求められるとの指摘もあった。

調査は、都内で若年者の自立支援を行っているNPO法人で、訪問調査の協力が得られた59団体を対象に実施。このうち、不登校・ニートを含む「ひきこもり等」を支援している法人が19団体あった。

東京湾で水質一斉調査実施

国と八都県市

国と八都県市は7月2日、初の東京湾水質一斉調査を実施する。

東京湾では、夏季に赤潮や青潮、貧酸素水塊が発生するが、その発生メカニズムなどは十分把握されていない。そのため国と関係省庁と八都県市で構成する東京湾再生推進会議モニタリング分科会が、有識者からなる研究会の政策助言を踏まえ、一斉調査を実施することになった。

これまで国の関係機関や八都県市の各都市が独自に実施していた調査を同一日に合わせ、海域及び河川の水質等を一斉に調査するとともに、臨海部に立地する企業や市民団体、小学校等も参加して調査や環境教育を進める。また、7月に開催される洞爺湖サミットを見据えた環境保全のための一斉行動と位置づける。

7月下旬に速報値を発表し、12月に解析結果をまとめる予定。

地方分権改革の推進などを要望

八都県市

八都県市は、「地方分権改革の推進に関する要求」「輸入食品の安全安心対策の強化に関する要望」「再生可能エネルギーの導入拡大についての要望」「障害者自立支援法の抜本的な見直しに関する提案」「真に環境に配慮した製品等が流通・普及するための仕組みの早期構築を求める要望」を、福田総理や関係省庁に提出した。

「地方分権改革の推進に関する要求」については、道路財源を地方分権の趣旨を踏まえた改革を行うとともに、地方財政や国民生活への影響を最小限にとどめるため、暫定税率を含む税財政関連法案の早急な成立を、福田総理に求めている。

「輸入食品の安全安心対策の強化に関する要望」は、都が首脳会議で提案したもの。食品の輸入届け出の増加に見合った検査を実施するなど、輸入時の監視をさらに充実・強化することなどを求めている。

冗句ジョーク

新たに支店でも発覚、有名料亭の残り料理使い回し

保健所新入職員と先輩
「おい検査に行くぞ、そこに前任者の作業衣があるだろ！」

特定健診スタート

集合契約に遅れ

全貌見えない保健指導

メタボリックシンドローム（内臓脂肪症候群）のチェックを柱とする特定健診・特定保健指導が4月から導入された。区市町村が行っていた従来の基本健診は廃止され、代わって国保や健保組合などの医療保険者が40歳以上74歳以下の人を対象に実施する。被用者保険の被扶養者については、受診や指導の機会をカバーするため「集合契約」と呼ばれる仕組みが適用されるが、ベースとなる国保が地区医師会などと結ぶ契約が遅れているため、集合契約も結べない状態となっている。

◆契約単価の問題

都内における集合契約は、次のような手順で行われる。都内で特定健診・保健指導を行いたい被用者保険の保険者は1207組合ある。これらの代表保険者は、健康保険組合連合会東京連合会が務める。一方、国保の保険者（区市町村）は、特定健診や保健指導の契約を地区医師会などと結んでいる。代表保険者がその契約をベースとして同じように契約を結ぶと、それによって、傘下にあるすべての保険者は特定健診や保健指導の実施が保障される。

だが、ベースとなる国保の側の契約が遅れている。その大きな理由は契約単価だ。例えば、特定健診で基本的な項目だけを受診したときにかかる総額は、国庫補助額から逆算すると7570円程度。各地区医師会ではこの契約単価をめぐって、いくらで契約するか、様子見が続いた。そのため、23区で調べたところ、特定健診における契約済みは、新宿、豊島、江戸川区だけとなっている。

一方、保健指導の契約は、民間事業者と結ぶところも多い。「地区医師会が担うには、データ量があまりに膨大」などのためだ。こちらもプロポーザルを終えるなどして契約が済んでいるのは、墨田、目黒、豊島、江戸川区の4区のみ。保険者である区市町村にとっては、地区医師会との契約は従来の基本健診などで経験済みだ。しかし、保健指導は今回、新たに加わった分野。それを得意とする民間事業者などと、どのように契約を結べばよいか、あるいは一貫して地区医師会と結んだ方がよいのか、難しい選択になっている。

◆早期の契約を

今月2日、国保や健保組合などの関係者らでつくる東京都保険者協議会の「特定健診・特定保健指導特別部会」が開かれた。東京都医師会、東京都歯科医師会、東京都薬剤師会などからの専門委員やオブザーバーも参加した。

議題となったのは、特定健診の集合契約について。国保の特定健診の契約は、5月に入ってようやく内容が固まりつつある。健保組合側は、国保側に「ベースとなる契約をなるべく早期に整えてほしい」と伝えた。

だが、保健指導の契約状況は国保側から上がってくる情報が少なく、特別部会でも議論のそ上にも上っていない。健保組合では被保険者の家族の住所まで把握する必要はなかったため、被扶養者全体の人数は不明。基本健診で経験のある地区医師会はまだしも、新たに参入した民間事業者が、不確定要素を抱える被扶養者群をどこまで集団契約で受け入れることができるのか。セーフティネットとして機能することが求められている。

MEMO
特定健診・特定保健指導　心臓病や脳卒中、糖尿病などの生活習慣病のもととなるメタボリックシンドロームに着目して検査するのが特定健診。腹囲やBMI測定などの結果、該当した人は保健師や管理栄養士、医師などによる「積極的支援」「動機づけ支援」などの特定保健指導を受ける。

	特定健診契約先	特定保健指導契約先
千代田	地区医師会（予定）	地区医師会（予定）
中央	地区医師会（予定）	未定
港	地区医師会（予定）	民間事業者（予定）
新宿	地区医師会・民間医療法人財団（契約済み）	地区医師会（予定）
文京	地区医師会（予定）	区が自前で実施
台東	地区医師会（予定）	未定
墨田	地区医師会（予定）	民間事業者（契約済み）
江東	地区医師会（予定）	民間事業者（予定）
品川	地区医師会（予定）	民間事業者（予定）
目黒	地区医師会（予定）	民間事業者（契約済み）
大田	地区医師会（予定）	区が自前で実施
世田谷	地区医師会（予定）	法人などの団体（予定）
渋谷	地区医師会（予定）	民間事業者（予定）
中野	地区医師会（予定）	未定
杉並	地区医師会（予定）	※予定　地区医師会　民間事業者
豊島	地区医師会（契約済み）	民間医療法人財団など（契約済み）
北	地区医師会（予定）	地区医師会（予定）
荒川	地区医師会（予定）	民間事業者（予定）
板橋	地区医師会（予定）	民間事業者（予定）
練馬	※予定　地区医師会　そのほか医療機関　区自前など	※予定　地区医師会　そのほか医療機関　区自前など
足立	地区医師会（予定）	地区医師会（予定）
葛飾	※予定　地区医師会　そのほか医療機関	※予定　地区医師会　そのほか医療機関
江戸川	地区医師会（契約済み）	地区医師会（契約済み）

ふるさと納税

制度のPRに温度差

担当部署が決まらぬ区も

23区を除く一部の地方自治体では、ふるさと納税制度を盛り込んだ改正地方税法が4月30日に再可決された後、翌1日、ホームページ上で寄付を呼びかけた。東国原宮崎県知事など有名人がいる地方自治体などに寄付が集中するという見方が強い中、納税者に「お礼」する自治体が出ており、地方のPR合戦が本格的に始まった。

佐賀県では、地元実業家の邸宅「九年庵」の保全、高校生のスポーツ活動支援など6事業の中から納税者が使い道を選べる。寄付すると、九年庵の特別公開ペア招待券など4種類から「お礼」がもらえる仕組み。県は「寄付のお返し、話題づくりとして始めた。県のPRになれば」と話している。1日現在で、2人が計10万5千円を寄付したという。

福岡県北九州市では、5万円以上の納税者に5千円相当の小倉牛などのお礼を検討している。毎年、寄付金額が変動するため、お礼することにより安定的に得られることを期待する。

一方、23区では1日現在、ホームページ上でPRを始めていない。税務課長会では、「ふるさと納税を研究しようということが上がっていないので、話題になっていない」のが実情だ。

PRに消極的な区は多い。周辺区は「PRしても地方に寄付されかねないので、区にとってPRするメリットがあると思えない。寄付の呼びかけをあまりしたくない」と本音を漏らす。都心区などは、ふるさと納税のPRなどを今後検討していく担当部署も、決まっていないという。

これに対し、杉並区は6月に広報紙、区のホームページなどでふるさと納税の概要を知らせるという。世田谷区では「ふるさと納税のPRには賛否両論あるが、積極的に検討したい」と前向きだ。

他県で暮らす区内出身者が、区に寄付するというケースも想定されることから、その仕組みを早期につくっておく必要がある。寄付を期待する区は、お礼を出すことに頼るのではなく、政策で競争する姿勢が求められる。

MEMO
ふるさと納税　個人住民税の納税者が応援したい自治体に寄付した額に応じて、居住地の住民税などが安くなる制度。地方と都市部の税収格差の是正が狙い。寄付の最低金額は5千円。寄付金額から5千円を引いた額が、翌年の住民税などから控除される。当初、納税者が居住地の住民税を出身地に納めることができる制度だったが、都市部から「受益者負担の原則を逸脱する」などと批判を受け、制度が見直された。

温室効果ガス8%削減計画

墨田区

墨田区はこのほど「墨田区地球温暖化対策地域推進計画」を公表した。2015年度までにCO_2など同区が排出する温室効果ガス量を基準年度比（1990年度）で8%削減することを目指す。推進計画の中間年にあたる11年度に見直しを行う予定。

墨田区の温室効果ガス排出量は04年度では基準年度比で2・7%下回る約124万9千トン。推進計画では15年度に118万1千トンまで削減することが明記された。森林吸収や排出権取引などは行わずに削減目標を達成する方針。

現状で全排出量の50%近くを占める「家庭」および「民生（業務）」の両領域が近年、増加傾向にあるため、区では家庭やオフィスにおける省エネ機器の導入、3R（リデュース、リユース、リサイクル）などへの支援を積極的に推進する。高効率給湯器や太陽光発電などの導入、事業者の環境マネジメントシステムの認証取得支援に補助金を交付し、今年7月から順次申請を受け付ける。同時に担当の地域振興部環境担当環境保全課に「地域温暖化防止相談窓口」を開設。区民からの質問にも応じる。

このほか、「みんなで取り組むCO_2削減区民運動」の展開、区内教育機関での環境学習プログラムの実施など普及啓発活動にも注力する。

墨田区では地球温暖化防止対策を含む「すみだ環境基本条例」を06年4月に施行。07年3月に「すみだ環境の共創プラン」（すみだ環境基本計画）を策定している。京都議定書による第一約束期間が今年度から開始されたことに伴い、温室効果ガス削減に重点を置いた今回の推進計画を取りまとめた。

墨田区は「国や都の動向などにも留意しつつ、区民、事業者、観光等で訪れる人々と協働して温室効果ガス8%削減を実行していきたい」としている。

「ものづくり企業大賞」区内の10事業所表彰

墨田区

墨田区はこのほど、新商品・新技術の開発や地域の雇用促進で貢献している区内企業10社を選定し、「すみだが元気になるものづくり企業大賞」を授与、表彰した。同賞は今年4回目。今年度を含めて、これまで40社が選ばれている。

墨田区はホームページで各受賞企業のプロフィールを紹介する予定で、「大都市の産業集積のメリットを活かして、意欲的に事業を展開する中小企業が区内に数多く存在する。新分野の開拓や他の企業の模範になる企業を表彰しており、区としても広くPRする」としている。

記者席

意見集約には苦難も

○……東京の文化振興に関する基本的な政策について審議する東京芸術文化評議会の評議員に、デザイナーの山本寛斎氏が新たに加わることになった。8月下旬に開かれる次回会合にも初出席することになりそうだ。

「評議会にはプロデューサー的な人も必要だろう」ということで、メンバーに。石原知事が4月に江戸東京博物館で開かれた山本氏の展示会を訪れたこともきっかけになったようだ。

しかしこれだけの顔ぶれが並ぶと、意見を集約する方も大変だ。各人が言いたい放題言って、逆にフラストレーションが溜まる場になっていなければいいのだが。

○……今年度から特定健診・特定保健指導がスタートしたことを受け、各市町村で対応が図られているが、中でも荒川区の意気込みは強い。同区には早世の人が多く、厚生労働省の「市区町村別生命表」では、2000年度が男女とも23区で下から2番目。先月24日に発表された05年度版では、女性が18位まで回復したものの、男性は足立区と並んで下から2番目と低迷している。「40歳以前からメタボ対策を講じなければ」と同区。

今年度は、健康推進課に保健師を増員し、区民がメタボを測定できるコーナーを設けて対応するほか、区民から「メタボチャレンジャー」30人を募り、旗振り役としてダイエットなどに取り組んでもらうという。果たして効果のほどは。

○……江戸川区などの交通南北問題解消のために導入された「環七シャトルバス」が活躍している。3月中旬には利用客が60万人を突破。「シャトルセブン」という愛称も決定して、さわやかな5月の空のもと、ピンク色にスカイブルーの文字で「Shuttle★Seven」と書かれた新しい車体で快走している。

運行は京成バスだが導入には江戸川区が深くかかわっている。運賃は200円から400円。JR小岩駅と亀有駅から、それぞれ葛西臨海公園駅を結び、一部は東京ディズニーリゾートまで行く。初夏の行楽シーズン、利用が増えそうだ。

4新人が舌戦白熱

48年ぶり混戦　終盤戦へ

福生市長選

野澤久人市長の不出馬により、いずれも無所属の4新人で争われている福生市長選挙が終盤戦を迎えた。立候補したのは、行政書士の西村雅人氏（41）＝共産推薦＝、市商工会長の町田成司氏（58）、前市総務部長の田辺恒久氏（60）＝民主、社民推薦、生活者ネット支持＝、前市議の加藤育男氏（54）＝自民推薦＝（届け出順）。4人の立候補者が出るのは48年ぶりで、現市政の継承か否かを争点に、市財政などで舌戦を展開している。

「保守王国」にあり、前回は無投票、過去も無風選挙が続いてきた同市。しかし今回は、自民党推薦を得た加藤氏と党員の町田氏が出馬。市議をはじめ、一部党員が町田氏の応援に入り、分裂選挙となった。公明党は自主投票のため、両陣営の「保守票争奪戦」は激しさを増している。国政の影響で、民主党の追い風得票が期待できる田辺陣営、野澤市政への真っ向批判で対立軸を明確にし、共産票に加えて浮動票の積み増しを狙う西村陣営と、政党色も色濃く、混戦の度合いを強めている。

告示日の4日、西村氏は「野澤市政は介護保険料減免制度などを切り捨て、暮らしを犠牲に基金を貯め込んだ」と批判。「現市政継承者に市政を任せられない」とし、基金の一部を福祉に充て、横田基地返還を強く訴えていく考えを示唆。

町田氏は「市民の立場に立った政治を」と、しがらみのない市政を強調。市の問題点を人口減傾向と財政問題とし、支出のムダを指摘。「保守的な市の形を変えられる。この機を逃すわけにはいかない」などと語気を強めた。

田辺氏は「絶対多数＝民主主義とは違う」と一喝。「市民一人ひとりの意見が反映され、弱者が救われる、市民の市民による市民のための市政を実現する」と、市民参加をさらに推進するとした。

野澤市長はじめ、国会議員等が多数応援に入る中、加藤氏は「襷を受けるのは私」と後継者をアピール。「市民ニーズは多様化している。民間の経営感覚で市政に取り組む」とし「子育て、高齢者、教育、町会、市役所の五つの元気を実現し、活力を生み出す」とした。

4日現在の有権者数は4万8300人（男2万4419人、女2万3881人）。投開票は11日。

加藤育男氏　田辺恒久氏　町田成司氏　西村雅人氏

過去2回の福生市長選の結果

2004年5月9日の選挙結果（無投票）
当野澤　久人（自民・公明推薦）
2000年5月14日の選挙結果（投票率38．39％）
当野澤　久人（自民・公明推薦、民主支持）　12660
　西村まさと（共産推薦）　4827

地元業者が特許品販売を無償許諾

板橋区

板橋区は、区立赤塚福祉園が、地元で金型製造業を営む高橋健司氏との間で、プラスチック製しおり製品の販売に関する特許権等の無償許諾契約を4月から締結したことを発表した。同園は指定管理者の運営のため板橋区が契約者となった。契約期間は特に定められていない。

販売が無償で許諾されたのは、白鳥の形をしたしおり『スワンタッチ』。本などのページをめくるたびに自然に挟み込まれるアイデア製品で、2003年度に区が表彰する「板橋製品技術大賞」優秀賞を受賞。現在は全国の大手百貨店などで販売されるヒット商品になり、高橋氏は特許権申請のほか、商標権と意匠権を登録している。赤塚福祉園内の知的障害者授産施設では、3年ほど前から同製品の封入作業の一部を下請けしており、高橋氏が通所者の熱心な作業ぶりに感銘を受けて、無償での販売許諾を申し出た。

従来同様、製造は高橋氏が行うが、赤塚福祉園は今後、特許権、商標権、意匠権の使用料を払うことなく製品を販売できる。園の名称やオリジナル図版を印刷した製品の企画・販売のほか独自の販路拡大も可能になる。

板橋区は4月28日、区役所で高橋氏に感謝状を贈呈。今後は、「区の事業に関連する発注などで、赤塚福祉園の取り組みを支援したい」という。

伝統工芸の弟子支援へ

葛飾区

葛飾区は今年7月から、親方との面談後に採用された弟子の家賃、昼食代などを2年間にわたり補助する事業を始める。伝統工芸を後世に残すため、弟子を支援するのは23区初という。

区は、家賃などの生活費として弟子に一律で月額4万円を支給する。また、弟子入り後の期間に応じ、月額で給与5万～8万円を上限に、月額で指導育成料（材料費込み）5万～10万円を親方に補助する。全国から伝統工芸に弟子入りする若者の公募を15日より始める。

ガラス彫刻など7社が採用の受け入れを表明している。

立会川の浄化実験成功

品川区

品川区は2007年度に、区内を流れる立会川の浄化実験を行った。高濃度酸素を河川に溶かし込むことで臭気が改善し、魚が戻るなど、効果が見られた。

立会川は、勝島運河に注ぐ2級河川。区内流域5・8キロ余りのうち、地上部に河川が表れているのは756メートル。流れている水はJR東京駅周辺の地下水を導水しているが、強い雨が降ると下水も流れる仕組みになっている。運河から上昇してくる重たい塩水の底層部分では酸素がほとんど含まれずに白濁し、悪臭もしてきた。

このため、07年6月から改善のための実験を開始。高濃度酸素溶解水を供給することで、底層部に酸素を補い、水中の微生物の活性化を図った。その結果、臭気は改善され、潮の香りがするようになり、魚もボラなど複数種が確認されている。

区では今年度の取り組みとして、「『ボラちゃん』定住大作戦」を展開する。引き続き、高濃度酸素溶解水の供給を行って、中流部と河口部の2カ所に吐き出し口を設けて、酸素を多く含んだ水を水中に混ぜる。

また、同じく2級河川の目黒川でも同様の高濃度酸素溶解水の供給実験を行い、白濁している河川の水質改善を図りたいとしている。

新議員に佐藤氏

後期高齢者広域連合

東京都後期高齢者医療広域連合は2日、広域連合議会議員の補欠選挙を行った。候補者数が1人を超えず、無投票で、町田市議会の佐藤洋子氏が選出された。前任は同市議会の渋谷武己氏。任期は前任議員の残任期間を引き継ぐため、同日から来年7月1日まで。

目次

イリジウム盗難事件 テロ使用を警戒

総合防災部に事案対応班

検出器で放射性物質の付着状況を調べる（テロを想定したデモンストレーション＝丸の内・行幸通りで）

関係機関へ注意喚起

先月7日、千葉県市原市の検査会社から非破壊検査装置1台が盗まれる事件が発生した。事件を伝える新聞記事に都総務局総合防災部は注目する。検査装置には、ある物質が含まれていたためだ。放射性物質イリジウム192。扱い方次第では人体に影響し、死に至るケースもある。総合防災部では「イリジウム事案対応班」を設置し、現在、関係機関からの情報収集・連携態勢の強化にあたるが、テロの可能性もぬぐえない中、今年7月開催の北海道洞爺湖サミットを控え、緊張が続く。

■リスク

密閉された放射性物質イリジウムを収納した検査装置は4月7日に所在不明となっていることが判明した。検査装置が盗まれたのは5日未明で、保管庫内の防犯カメラには不審者の映像が映し出されていた。

都総務局総合防災部では事件が発覚した翌日、情報統括内に情報所を設置し、独自の情報収集を開始した。だが9日に文部科学省が出した通知が、結果的に都を態勢強化へと踏み切らせることになる。

届け出や許可が必要な放射性物質の使用者や廃棄業者に向けた通知は、管理の徹底を求めるもので、イリジウムの危険性には触れていない。同省の報道発表も明確に危険性を呼びかけたものではなかった。

総合防災部は内部で議論を重ねながら、危険性を周知する方針を固める一方、サミットに備えて立ち上げていたテロ警戒推進本部準備事務局内に「イリジウム事案対応班」を設置。イリジウムに関する情報収集や影響分析にあたった。

事案対応班では「通知や報道発表で危険性を表に出さなかったのは、不安を煽らないためとも考えられるが、リスクを認識している以上、都として対応が必要と判断した」と説明する。

■シナリオ

盗難被害にあった検査装置は、金銭的な価値はそれほどなく、転売も不可能という。何らかの悪意があって盗んだと見ざるを得ない。それでは犯人の目的は何か。都が最も懸念するのが放射性物質を使用したテロだ。

検査装置に含まれるイリジウムは、直径と高さがいずれも2ミリメートルで円柱の形状をしている。事案対応班では、「大規模テロを行うほどの分量ではない」とするが、一定の条件下では人に甚大な影響を与える被爆量となる。

どの程度の危険があるのか。現時点では、イリジウムが容器から取り出された状態で、10センチメートル、1時間、1メートルの距離ならば4時間で、50%の確率で死亡する。10センチメートルの距離に2時間以上いれば確実に死に至るという。

事件発生10日後に都防災ホームページへアップした緊急告知では、「テロリストがバッグ等に装置を入れて移動し、容器から線源を抜き出し、放置」するとの想定が示されている。

さらに「犯行手段を教えることになる」と明らかにはしないが、幾つかの詳細なシナリオを描いており、都内をパニックに陥れることは十分可能と見ている。

■レベル

「放射性物質の管理は総じて甘い」ことから、「放射能テロは比較的容易に行うことができる」――専門家の指摘は一致している。今回の盗難事件でも、保管庫等の鍵を入れていた箱を開けるには暗証番号が必要だったが、番号を知っていた人物は100人単位に上っており、管理体制の問題点が挙げられている。

都は昨年11月、大規模テロ災害対処訓練を実施。この中では化学剤に加え、ダーティボム（放射性物質）による大規模被害も想定されていた。それだけに放射能テロへの警戒は強い。

事案対応班は先月15日に開催された定例の危機管理対策会議で、担当の各局総務部長らにテロ等の危険性を周知したのを皮切りに、都内区市町村及び各局危機管理担当部長への注意喚起文書（16日）、内閣官房や総務省消防庁など関係機関への情報提供、特別区防災担当課長会での注意喚起（いずれも17日）と矢継ぎ早に実施した。

百貨店やホテルなど大型集客施設の業界団体や都関連施設、関係機関で構成する「テロ等の危機に関する事業者連絡会」メンバーにも情報提供や注意喚起を行っている。

事案対応班も「現時点でのポイントは、まず放射性物質に関する知識を持ってもらい、もちろん、不審物は原因不明で気分が悪くなった人がいる場面などでのレスポンスを早めてもらうこと」と説明する。

さらに厚生労働省からの周知文書を含め、医療機関への働きかけも福祉保健局を通じて進める。ここでは放射線被爆が疑われる嘔吐や熱傷といった患者の症状への注意を呼びかけている。

放射性物質には、時間とともに放射能の量が半減する期間「半減期」がある。IAEA（国際原子力機関）の基準では、盗まれたイリジウムは現在、数日から数週間程度で死に至るという「レベル3」にある。この警戒レベルが、一時的な障害が発生するという「レベル4」に下がるのは9月。万が一の不審なケースに即応するため、警戒にあたる現体制が当面、維持されることになる。

盗まれた検査装置。中に放射性物質が入っている

焦点

10センチの距離に2時間で死亡

この人

『喜寿までの途』を出版した

元大田区企画部主幹　長谷川（はせがわ）　五郎（ごろう）さん

喜寿を機会に出版した『喜寿までの途　一公務員の人生ドキュメント』を前に、「これが精一杯でした。小説家の方はよく書けるものだと感心しますね」と苦笑しながらも、中学生の時から、いつかは自分の人生を書き残しておきたいという思いが叶い、「満足しています」と話す。

大田区企画部主幹で退職後も、社会福祉法人池上長寿園施設長、大田区文化振興協会で「区史五十年史」の編さんに4年間携わり、その刊行を見届けた1997年、いよいよ自分史を書き起こす時間が出来た。

「取りあえず、異動のたびに庁内報などで書き残していたものを核に、当時の思い出を書き記そうと方針は決めたが、なかなかはかどらない。ダラダラやっていても終わらないと思い、2000年7月の旧制中学5年の同級会の席で、翌年4月の会には皆に配るからと宣言したんです」

今回の本は、その時にまとめた「古希までの途（大田区勤務以降編）」を第一部とし、「喜寿までの途（出生編）」を第二部に加えて出版。貫かれているのは「人格の完成」。すなわち「人生の目的は自身の人格の完成にある」ということだ。

77年の人生は波乱万丈。福岡学芸大学を出て中学の英語教師になったが、半年で勉強し直したいと東京へ。新聞専売店から米軍通信機材廠にと職を変え、中大法学部の夜間を卒業。結局、通常より5年遅れの27歳で、58年6月に区の固有職員に採用になったという。

「幸い昇任試験制度があったおかげで、遅れも取り戻すことができました」。それだけに、管理職試験の申込者が減っているという風潮は残念で仕方ない。「せっかく制度があるのだから、チャレンジするのが人間の本能ではないかと後輩にははっぱをかけました。挑戦してほしいですね」

福祉事務所、特別出張所、納税課、保健課などを歴任するなか、「区民のためにはどうすべきか」が常にバックボーンに。「どの問題に対しても幹がしっかりしていれば、正しい結論が出てくるのではないかと思います」

本では、膨大な時間を費やして、自身までの23代約1千年にわたる系図をつなげることができ、親戚から喜ばれた。何よりも子どもや孫に残せることが嬉しいという。

10人兄弟の5男だからと五郎に。幼少の時の記憶から、長年心惹かれた言葉を書き残していたもの、30年位続けている日記などが下敷きとなり、まさしく一人の公務員の人生が凝縮された本となった。（門）

福岡県生まれ。中大法卒。大田区文化振興協会を97年退職。趣味は将棋、太極拳などを経て、今は区ＯＢにダンスの指導を受けている。２女は独立し妻と。77歳。本は草場書房（☎045・373・2118）刊。千円。三省堂都庁店、蒲田駅ビル有隣堂等で取り扱っているほか、ネット書店で購入できる。

都政NOW

このページは随時掲載です

論壇　中小企業振興施策考

要としての若者の人材育成

中央大学
経済学部長・教授
松丸　和夫

サブプライムローン問題の影響、道路特定財源をめぐる混乱、後期高齢者医療開始に伴う混乱、そして急落する内閣支持率等、現局面は問題山積の有様である。打開の途はどこに見いだされるべきか。国民経済＝地域経済の多数派としての中小企業のありかたが、この国の経済社会の趨勢を決定する。その要は中小企業に優秀な若い人材を確保し、育成することだという視点から私見を述べたい。

■景況感が悪化する東京の中小企業

東京都産業労働局が発表した4月の「東京都中小企業の景況」（回答企業3875社）によると、3月の都内中小企業の業況（DI）は、業種合計で▲44、つまり業況が「良い」と答えた企業の割合を「悪い」と答えた企業の割合が大きく上回った。今後3カ月の業況見通しも▲43と芳しくない。4月1日発表の日銀「短観」の業況は、大企業が昨年12月よりマイナス8の11、中堅企業がマイナス5の5、中小企業がマイナス8の▲6と後退傾向を示している。

最近の業況感は、企業規模別格差を残しながらも全般的に悪化している。資材・原材料価格の高騰と低迷する販売価格の板挟み、雇用者所得の停滞、公共発注・公共工事単価の引き続く削減を前提に予測すると、都内の中小企業にとって明るい材料はきわめて少ない。

■加熱する学卒求人倍率

景況感悪化の進行にもかかわらず、来春新規学卒予定者への求人動向は加熱するばかりである。今年のメガバンク等大企業の大卒採用「内内定」は昨年より早く5月の連休前に前倒しとなっている。リクルートワークス研究所が1996年以来実施している大卒求人倍率調査によると、2009年3月の大卒・大学院修了予定者の求人倍率は、昨年と同率の2・14倍で依然として高止まりである。ただし、従業員規模1千人以上の倍率は0・77倍、1千人未満は4・26倍の超売り手市場で、中小企業にとってはかつてない求人難・採用難となっている。

経営革新や新規投資をしたくとも中小企業に人が集まらない現状は、急いで是正されるべきである。なぜなら、企業活動発展の三要素、ヒト・モノ・カネの内、人材の確保が十分にできない中小企業の現状を放置することは、地域経済の担い手としての貴重な資源が活かされないことにつながるからである。それにしても、中小企業と大企業の求人倍率の格差の背景にあるものは何なのか。

■経営革新の要としての採用と人材育成

2005年4月の「中小企業の新たな事業活動の促進に関する法律」は、その第一条で、「中小企業の新たな事業活動の促進を図り、もって国民経済の健全な発展に資することを目的とする」と定めている。崇高で現実的な政策目的の設定である。

つくったものは何でも売れる時代が終わってすでに久しい。大企業のなかには、創業時の製品・サービスに加えて新たな事業分野を開拓し、場合によっては業種を完全に転換してきた例も多い。これは、中小企業の場合も同じである。問題は、多くの中小企業が新たな事業分野に進出・転換しようとするとき、これまでの技術や知識といった経営ノウハウと取引関係のネットワークに加えて、あらたな事業にチャレンジできるための人材の確保と育成が思うように進まないことである。先に見た中小企業の学卒求人倍率の異常な高さが、その大きな障害となっている。

大企業と比べて中小企業の生産性が低く、そのことが中小企業の従業員の処遇の低さに結びつくという議論が相変わらず続いている。しかし、これは一種の悪循環論であり、事態を静観することにつながっている。中小企業がもっとがんばり、生産性を引き上げれば大企業と十分太刀打ちできるという立論も、その担い手の確保に展望を示さなければ画餅に終わる。中小企業の多数派はそうした状態に置かれていない。

そこで、私は中小企業における経営革新の要として、新卒採用と人材育成について、経営者と行政担当者の発想を大胆に切り替えていただくことを提案したい。最近の学卒を中心とした若者の職業・人生観の変化がポイントである。新卒者や若者の多くにとって、正直なところ自分がどんな職業に向いているか、仕事を通じて何を実現したいのか見えていない。

当たり前といえばそれまでだが、他方で、今の若者は組織や人間関係において、自分が認められている、必要とされている、共感されているということにこだわりを持っている。少子化、一人っ子時代の人格形成において、小さな集団の中で、安定した人間関係を築きたいと願っているのも若者である。

東京都の中小企業に対する支援施策のなかには、国の雇用政策や市区町村の行政と連携すればもっと大きな効果が期待できるメニューはかなりあるだろう。中小企業に元気が出なければ、東京の産業、地方自治にも活力がわかない。教育や人材育成には時間がかかるものである。しっかりと腰を据えて、助走距離をきちんと確保すれば、大きな飛躍が期待される。関係機関の連携に期待したい。

◇

まつまる・かずお＝東京都生まれ。中央大学経済学部卒業、同大学大学院経済学研究科を経て1981年中央大学助手就任。専任講師、助教授を経て97年より経済学部教授。専門は社会政策、中小企業問題。2005年11月より経済学部長、学校法人中央大学理事。東京都多摩労働カレッジ・カリキュラム委員（03年〜08年）、建設政策研究所副理事長、東京自治問題副理事長、社会政策学会幹事など。著書に、『グローバル化のなかの中小企業問題』（新日本出版社）他共著論文多数。

風見鶏

1人当たり100万円

新銀行東京の400億円騒ぎも、新年度になると誰もが忘れたようになっている。我々の歓送迎会でも、その話が出たのは二次会、それも人事異動のグチがひとしきり終わってからであった。

「いつまで持つんだろうな」

「1年は持つだろう」

「1年じゃ困るだろう、最低1年半だ」

「半というのはなんだ、中途半端な」

「都議会の選挙が終わるまでは絶対持たせるさ」

「おい、じゃあ選挙が終わったら関係ないのか」

「当たり前じゃないか、何年役人やってるんだ。[illegible]

[illegible]

「さすが、元主計官殿」

「ハハハ、でもな[illegible]

（ひのこ）

お断り　教育オンラインは休みます。

都夏期幹部異動

教育長人事が焦点

官房3局から起用なら大規模に

局長級や総務部長・枢要部長などの人事が中心となる都の夏期異動は、局案提出が8日に締め切られ、19日までの日程で各局ヒアリングが行われている。7月12日に任期を迎える教育長人事を中心に新銀行東京の再建、2016年東京オリンピック招致など、懸案課題を抱える石原都政の布陣をどう敷くかが注目される。昨年は、59Aや1Bから局長級が誕生するなど、人事の若返りが図られた。今年も若手抜擢とベテランの活用、斜陽になっている都政の体制固めなどが課題になる。退職は7月15日付、新任発令は7月16日の予定。

	60歳	59歳	58歳	57歳	56歳	55歳	54歳	53歳	52歳	51歳
51A	③前田正博・下水道局長（土） ■④小林計代・都市整備局都営住宅経営部長（建） ■④鈴木進・交通局建設工務部長（土）									
52A	②渡辺日佐夫・生活文化スポーツ局長 ■②野本孝三・都市整備局都市づくり政策部長（建）	①只腰憲久・都市整備局長（土）								
53A		②梶原康二・選挙管理委員会事務局長 ■③安藤明・都市整備局総務部長	②村松満・総務局理事							
54A	■①高西新子・生活文化スポーツ局総務部長	①押元洋・総務局長 ②福島七郎・都市整備局技監（建） ■②川村栄一・人事委員会事務局任用公平部長	①吉川和夫・環境局長							
55A			①大原正行・知事本局長 ①村山寛司・財務局長 ③今里伸一郎・下水道局次長 ②中村晶晴・総務局危機管理監 ②島田幸太郎・総務局理事 ②中田清己・収用委員会事務局長	②比留間英人・中央卸売市場長 ①荒川満・東京オリンピック招致本部長 ③河島均・知事本局次長（建） ①矢口貴行・知事本局理事						
56A		①高橋道晴・議会局長 ②菊地輝雄・産業労働局理事	①熊野順祥・主税局長 ②佐藤広・産業労働局長 ①有留武司・労働委員会事務局長	②金子正一郎・交通局次長 ②白石弥生子・監査事務局長 ①泉本和秀・都市整備局次長	①三橋昇・生活文化スポーツ局次長 ①松田二郎・東京オリンピック招致本部次長					
57A				■③志賀敏和・教育庁総務部長	①安藤立美・福祉保健局長 ①山本洋一・総務局理事	■②小川健一・下水道局計画調整部長（土） ■②加藤英夫・環境局環境政策部長	■②岳野尚代・総務局総務部長			
58A							①秋山俊行・病院経営本部長	①中井敬三・総務局理事 ■①堀田祐次・産業労働局総務部長		
59A								①前田信弘・知事本局理事 ■①新田洋平・財務局経理部長	■①影山竹夫・建設局総務部長	
59B	■①戸田敬里・財務局建築保全部長（建）	②三枝修一・会計管理局長 ①矢口幸一・人事委員会事務局長 ■①鈴木雅久・職員共済組合管理部長								
60A						■①飯尾豊・港湾局港湾整備部長（土）		■①川澄俊文・知事本局総務部長		
60B	■③百合一郎・青少年治安対策本部総合対策部長	①道家孝行・建設局長（土） ①島田健一・交通局長（機）	②中村益美・流域下水道本部長（土）							
61A										■①真田正義・財務局主計部長 ■①多羅尾光睦・港湾局総務部長
61B			①東岡創示・水道局長							
62A									■①中西充・総務局行政部長	
62B		①斉藤一美・港湾局長 ①島博文・建設局次長	■③野口孝・下水道局総務部長 ■②鈴木孝三・水道局総務部長	②磯沢優憲・多摩水道改革推進本部長（土）						
63B	①尾田俊雄・港湾局技監（土） ■①大野精次・中央卸売市場管理部長 ■①長岡敏和・水道局浄水部長（土）			■②高橋都彦・交通局総務部長						
1B			①尾崎勝・水道局技監（土）	①関敏樹・福祉保健局次長	■②杉村栄一・福祉保健局総務部長 ■①升貴三男・都市整備局都市基盤部長（土）					
2B			■①加島保路・主税局総務部長	■①山口明・建設局道路建設部長（土）	■②及川繁巳・病院経営本部経営企画部長	■①細野友希・会計管理局管理部長				
3B			■②長嶋博宣・議会局管理部長	■①並木一夫・東京オリンピック招致本部企画部長						
その他	②丸山浩一・児童相談センター所長（医）・61歳 ③梶山純一・福祉保健局技監（医）		②多賀敏行・知事本局儀典長（国）		①岩佐哲男・教育庁理事（教）				①久我英一・青少年治安対策本部長（国）	

※ 網かけ部分は、種別B。　局長級の丸数字は、同一ポストの在職年数。　■は総務部長・枢要部長の在職者で、丸数字は総務部長・枢要部長の通算在職年数。

最大の懸案は新銀行の再建

■局長級

条例局長では、渡辺日佐夫生活文化スポーツ局長（事務）、前田正博下水道局長（土木）の2人が定年となる。また、中村正彦教育長が7月12日に任期を迎え、都議会第2回定例会に選任同意の人事案が提出される予定。知事本局長、総務局長などからの起用となれば、局長級の異動規模は大幅になる見通し。このため今年は、教育長人事を核にして官房3局や都政の懸案課題を抱える事業局の布陣をどうするかが、執行体制を考える上で肝になる。

新銀行東京への400億円増資が最大の争点となった都議会第1回定例会では、佐藤広産業労働局長の誠実な対応が、石原知事や与野党を超えて都議会の信頼を強固にした。都庁内の人望も厚いため、官房3局への異動を期待する声が多い。その一方、新銀行の再建は緒についたばかりで、追加出資した400億円を毀損する事態になれば、知事の進退問題になる。このため実力と実績のある佐藤局長をどう配置するかは、局長級人事の駒組み全体にも影響する。

3選の公約の柱になっている2016年東京オリンピック招致は、来年10月のIOC総会で開催都市が決まる。現在の荒川満本部長、松田二郎次長の体制で決戦に挑むのか、それとも教育長や生活文化スポーツ局長の退職がある中で、招致本部の体制交代があるかが注目される。

築地市場跡地には、2016年東京オリンピック開催時にメディアセンターを建設する計画になっており、施設整備のスケジュールを逆算すると、豊洲移転問題はこの1年が正念場となる。他方で、教育行政に精通した比留間英人中央卸売市場長は在職2年となり、山場を迎える移転問題とのかね合いなどを知事がどう判断するか、問われることになる。

その他、局長級では、7人が勧退ルールに該当する。事務では、菊地輝雄産業労働局理事、島博文建設局次長、三枝修一会計管理局長、梶原康二選挙管理委員会事務局長、矢口幸一人事委員会事務局長の5人。土木では尾田俊雄港湾局技監、建築では福島七郎都市整備局技監。

このほか教育庁次長、共済組合事務局長、都市整備局技監（土木）、建設局道路監（土木）のポストが兼務発令等で空いている。これらを加えると、その他局長級の空きポストは、事務7、土木3、建築1のトータル11となる。

■昇任年次・年齢

局長級への昇任は、昨年夏に59Aと1Bから出て、管試年次が一気に若返った。今年は、60A、2B等から出るのか、注目されるところだ。また、管試年次とともに、これまで54歳という年齢も、昇任にあたって一つのメルクマールだった。昨年は、52歳から中井敬三総務局理事（人事部長事務取扱）と前田信弘知事本局理事の2人が昇任し、年齢が早まった。

在職2年となる事務の総務部長・枢要部長を見ると、58Aでは中井総務局理事がおり、人事部長の交代が有力視されている。57Aでは岳野尚代総務局総務部長、加藤英夫環境局環境政策部長、志賀敏和教育庁総務部長の3人。このほか知事本局総務部長は、この間、在職1年で局長級に昇任しているケースが多い。

種別Bの総務部長では、杉村栄一福祉保健局総務部長、及川繁巳病院経営本部経営企画部長、高橋都彦交通局総務部長、鈴木孝三水道局総務部長、野口孝下水道局総務部長、長嶋博宣議会局管理部長の6人が在職2年となる。また、在職1年だが、加島保路主税局総務部長は、個人都民税の軽減措置という矛盾をはらんだ知事公約の撤回を成し遂げた。

土木では、小川健一下水道局計画調整部長（57A）が在職2年となり、升貴三男都市整備局都市基盤部長、山口明建設局道路建設部長、飯尾豊港湾局港湾整備部長が在職1年。

■総務・枢要部長

総務部長・枢要部長は、59歳夏に勧奨退職するのが通例で、60歳定年の人も含めて空くポストは、事務6、土木2、建築3の合計11。

事務では、60歳になるのが高西新子生活文化スポーツ局総務部長、百合一郎青少年治安対策本部総合対策部長、大野精次中央卸売市場管理部長の3人。59歳では、鈴木雅久共済組合管理部長、安藤明都市整備局総務部長、川村栄一人事委員会任用公平部長。

また、土木では、鈴木進交通局建設工務部長、長岡敏和水道局浄水部長の2人。建築は戸田敬里財務局建築保全部長、野本孝三都市整備局都市づくり政策部長、小林計代都市整備局都営住宅経営部長の3人が60歳となっている。

現在、管試年次が最も若い総務部長・枢要部長は、一選抜で62Aの中西充総務局行政部長、3Bでは長嶋博宣議会局管理部長、並木一夫東京オリンピック招致本部企画部長がいる。今年は、63A、4Bなどからの人材起用も進む見通し。中井総務局理事の後任の人事部長が、総務局行政部長などからの横転となった場合、ポスト行政部長人事も注目される。

会計管理局

08年度資金管理計画を策定

運用商品や預金先を拡充

都会計管理局は4月30日、08年度資金管理計画を策定した。今年度の計画では、金利の動向など今後の運用環境の予測が困難であることから、資金管理にあたって安全性と流動性を確保しつつ、運用商品や預金先等の拡充を図った点が特徴となっている。

会計管理局では歳計現金等、基金、準公営企業会計それぞれの資金について管理・運用を行っており、年度ごとに策定される資金管理計画では、各資金の見通しや配分基準、運用計画などを定めている。

08年度計画のポイントには、運用商品や預金先等の拡充が挙げられる。運用商品では、国債と比較して利回りが良い点や分散投資によるリスク軽減を図る観点から地方債を初めて購入する。

また預金先等の拡充では、基金残高の増加に伴うリスク分散に加え、相手先から示されるレートに関して、より有利な条件を引き出す効果も期待できると説明する。

歳計現金等の資金状況に関しては、07年度の都税収入が法人2税の伸びで当初予算よりも約1900億円の増収となり、平均残高も当初見込みを約2800億円上回る9900億円程度に増加。

08年度については、法人事業税国税化対策特別基金への積立金等の支出で平均残高は前年度より減少し、8900億円程度を見込んでいる。

その上で歳計現金等の資金配分基準では、支払準備金を流動性預金で保管、これを上回る余裕資金は定期性預金を基本に可能な限り長期間保管することとした。会計管理局によると、前年度に収支見通しを精査し、支払準備金の圧縮に努めた結果、定期性預金の割合が90%以上になる見込みで、08年度についても同水準が維持されるとみている。

基金に関しては、法人事業税国税化対策特別基金の創設に伴って残高が増加し、07年度末で17基金、残高は2兆4千億円程度に上る見通し。08年度は減債基金で取り崩しと積立を行うものの、社会資本等整備基金などへの積立により、平均残高は2兆3400億円程度となる見込みだ。

このため資金配分基準には、各基金の設置目的や積立・取り崩しの計画等を踏まえた運用期間や商品の設定を盛り込んだ。また安定的な残高の推移が見込まれる減債基金では、前年度に引き続き最長5年程度の運用を一部実施する。運用商品は、預金及び国債、政府保証債、金融債などの債券の中から選択する。

このほか病院事業、臨海地域開発事業、港湾事業、市場事業、都市再開発事業の5事業会計からなる準公営企業会計に関しては、歳計現金等と同様に「支払準備金は流動性預金で保管」「余裕資金は定期性預金を中心に可能な限り長期間運用」との資金配分基準を示した。運用計画では、臨海地域開発事業会計と中央卸売市場会計で企業債の償還計画や土地購入予定などに合わせ、1年超の運用を一部実施する予定。

福祉保健局

子育て世帯の生活実態を調査

20時までに帰宅の父親は3割

都福祉保健局は4月30日、07年度東京都福祉保健基礎調査「東京の子どもと家庭」の結果（速報）をまとめた。都内に居住する子育て世帯の生活実態等を明らかにするもの。調査結果からは午後8時までに帰宅する父親が3割未満にとどまるなど、子どもとの時間を持つことが難しい実態が浮かぶ。

調査結果によると、子育て世帯の父母の状況は、共働きの割合が46・1%となり、前回調査した5年前と比べて5ポイント以上高くなった。また月の残業時間が50時間以上の父親が約4人に1人に達し、午後8時までに帰宅している父親は27%に過ぎなかった。

育児休業制度を巡る設問では、取得したことがある人は母親で16・5%、父親ではわずか1・2%。実際に育児休業制度を利用した父親の取得期間は65・9%が「1カ月未満」だった。

このほか子育てに関しては「育児手当など経済的な手当て充実」を求める声が50・6%と最も多く、「子育てに理解のある職場環境の整備」が44・1%で続いた。また子育てする上で整備してほしいものには「子どもを安心して遊ばせられる公園」「段差のない歩道や駅などのバリアフリー」などが上位を占めている。

子どものアレルギー 職員向けに冊子

福祉保健局

食物アレルギーやぜん息といったアレルギー性疾患を持つ子どもが増加していることから、都福祉保健局はこのほど、児童施設や小学校職員向けなどに、子どものアレルギー疾患に関する冊子等を作成した。

このうち『子どもの食物アレルギー対応のための基礎知識』では、食物アレルギーで起きる症状や原因食物（アレルゲン）といった基礎知識に加えて、情報把握や症状が出たときや給食の対応などを掲載している。また子どものぜん息への対応をまとめた冊子では、発作別対応を明記したほか、誘発原因や発症年齢・経過などに関する基礎知識も盛り込まれている。

このほか同局では、これから離乳食を始める保護者向けに、食物アレルギーについての必要な知識やQ&Aなどを内容とするチラシも作成。各区市町村の母子保健主管課などを通じて配布する。

新型インフル 国に緊急提案

都福祉保健局

都福祉保健局はこのほど、新型インフルエンザが発生したときの具体策が不十分であるとして、厚生労働省に保健医療体制の整備を求める緊急提案を行った。具体的には、プレパンデミックワクチンについて、国が接種の対象としている「社会機能維持者」や接種方法、費用負担などが明示されていないことから、対象者の範囲を明確にし、予防接種法に位置づけることを要望。さらに、抗インフルエンザウイルス薬の備蓄量が他の先進国に比べて少ないことなどから、備蓄計画を見直すよう求めている。

また、新型インフルエンザ患者の外来・入院治療を行う医療機関の施設設備基準を明示することや、施設運営・医療資源の確保に必要な財政措置を講じるよう求めた。

硫化水素の自殺多発 関係団体に注意喚起

都福祉保健局

硫化水素による自殺者が急増していることを受け、都福祉保健局は4月28日、毒劇物や家庭用品を扱う22団体に対し、イオウ含有製品を販売する際に使用目的を確認し、使用目的が不審な人には販売しないよう求める注意喚起を要請した。また、日本薬剤師会や全国医薬品小売商業組合連合会など業界4団体にも要請。また、医薬品販売業界団体に注意喚起を要請したことについて、インターネット関連企業にも情報提供を行っている。

米国から牛輸入中止を申し入れ

共産党都議団

共産党都議団は4月25日、米国産牛肉の輸入中止に関する申し入れを石原知事に対して行った。

申し入れは、米国産牛肉の輸入をただちに中止するよう政府に緊急に要請すること、都として米国産をはじめとした輸入牛肉の検査、監視体制を抜本的に強化することなどを求めている。

土屋　鉄蔵さん（つちや・てつぞう＝元都経済局長）5日死去、94歳。

柿沼　シズエさん（かきぬま・しずえ＝柿沼伸二・都労働委員会使用者委員の母）2日死去、95歳。

都管理職試験 20年度 ラストスパート《上》

都管試まで2週間あまりとなりました。受験生の方は、最後の追い込みで余念のない時期です。試験に合格した人は、直前のこの時期をどう過ごしたのでしょうか。体験談と勉強方法を紹介します。

どれだけ時間があるかを再確認 (種別A 事務)

試験当日まで、あと残り少なくなってきました。新しい年度も始まり、たくさんの業務に追われる中で、多岐にわたる科目をカバーしなくてはならず、すでにあきらめ気分でいる方も多いかもしれません。

私も、仕事はじめから試験まで終電間ぎわの帰宅となる日や休日出勤が多く、知人の準備状況を耳にしては自分のやり残したことばかりが頭に浮かび、焦ってばかりいたというのが正直なところです。私自身の体験に基づいて、試験直前の対策について、少しアドバイスをさせていただければと思います。

(1) まずスケジュール管理

バランスよく準備を進めるため、試験日までのカレンダーを用意し、仕事や家庭の用事をすべて書き出してみて、どれだけ時間があるのか、再度確認しました。私は、この時点で思っている以上に時間がないことに気づき、当日までは昼休みもできる限り試験準備に使うことにしました。

(2) 択一試験

択一試験については、いろいろと手を出さず、要点を押さえた確認作業を繰り返すことが重要です。一定程度の点数が取れればよいので、他の人が正解する問題を確実に落とさず、得点できるような勉強をする必要があります。管理職試験といっても基本的な出題が多いので、2~3週間前は、出題数の多い科目や自分が不安に思う科目を中心に学習し、応用問題ではなく、基本的な事項の確認を何度も繰り返すとよいと思います。

試験一週間前は、都政事情や政治・社会事情などの事情ものの科目を重点的に学習すると効果が上がります。都庁内の書店で市販される講習会資料を入手しておくのが効率的です。数学やキーワード等に線を引きながら読むなどして、着実に記憶していきましょう。事情ものは出題数もかなり多く、学習すればしただけ得点源とすることができます。また、論文に関連課題が出ることも多くあります。

なお、私の場合、残り1週間を切ってからは、事情もの以外の択一対策は、仕事から帰ってからは手を付けないようにしていました。

(3) 論文

直前期は、それまでに作成した論文をもとに基本的な構成を確認し、レジュメの作成や再現を行いながら、頭の中で文章を組み立てる作業を行うのがよいと思います。時間をとるので、文章の再現までする必要はありません。私は、事前に作成した2本の論文をもとに構成を押さえた上で、択一の都政事情や政治経済事情などの知識をつなぎ合わせ、簡単なレジュメを作りながら頭の中で構成を考え、論文のイメージを作る作業を繰り返しました。

試験当日は、予想していなかった課題が出ましたが、レジュメに記入していたネタを組み合わせて何とか論文にすることができました。細かい言い回しが大切なのではなく、どんな課題が出ても、その背景、現状、問題点、解決策と流れに沿って説明していくことが求められているのです。ですから、その材料になるよう箇条書き程度の簡単なレジュメは、いくつか作っておくと安心です。

私も、2~3週間前にかなり不安に駆られて2~3題レジュメを追加で作成しました。そして、レジュメの再現をしたり、レジュメを手に文章構成を考え、できるだけ頭に残るよう、家で勉強しているときは頭の中で作った論文のイメージを口に出して唱えたりしていました。

以上、非常に簡単ですが、一例として参考にしていただけると幸いです。受験される方は、おそらく皆さんが試験に対する不安や焦りを持っているでしょう。しかし、それにとらわれることなく、今すべきことは何か見定め、可能な限り効率よく進めていくにはどうすべきか考えて、実践していける方が、よりよい結果を手にすることができると思います。

ただ、前に向かう気持ちだけを大切に、最後まであきらめずに頑張ってください。ご健闘をお祈りしております。

最後のひと踏ん張りが勝負 (種別B 事務)

5月25日の東京都管理職試験に向け、準備の方はどうでしょうか?

完璧に仕上げたという人は、なかなかいらっしゃらないのではないでしょうか。私も受験した年は、仕事や家庭に時間を割かれてしまい、十分な勉強時間を確保することができませんでした。不安な中で試験を受けたことを覚えています。

しかし、まずは試験会場に足を運ぶことが重要です。当日の試験問題に自分が担当している職務について出されることもありますので、十分な勉強をしていない方が、合格ラインに届く場合もあります。まずは絶対に立教大学の試験会場にいくという気構えで、残り1カ月を過ごすことが肝要です。

次に残り1カ月をどのように過ごすかですが、各々これまでの準備の状況で違うと思います。

① 自信満々という方は、これまで勉強した教材などを再度読み返して、さらに完璧に記憶するなど、これまで取りこぼしているものを復習することで十分だと思います。完成論文が2~3本用意してあるのであれば、表現方法や言い回しなど微調整することで十分です。

新しいことに手を出すよりは、これまでやってきたことを信じ、繰り返し読み込み、完成度をより高めるよう心掛けましょう。あとは、健康管理に十分留意し、試験の当日に、最大のパフォーマンスを発揮できるよう心配りしてください。

② 次に自信がないという方(ほとんど勉強していない方)は、あと1カ月ありますので、効率的に勉強をすることをお勧めします。ちなみに私は、この時期になっても、論文を1本も書いたことがなく、まさにこのような状態でした。

B管理職選考の記述と論文を中心にお話させていただきます。職群で出題傾向が若干異なるかもしれませんが、昨年6月頃から今年の4月頃までで旬な話題を、インターネットなどから印刷し、片っ端から読み込むことです。

国の審議会答申や法律改正、都の審議会答申・検討委員会報告や条例改正など、出題傾向が高そうなものから読み込み、絶対に押さえておくことが必要です。特にキーワードは、頭に叩き込んでおく必要があります。記述は要綱上、字数の制限等の記載はありませんが、A4で1枚程度です。分量が多いようでも、キーワードが頭に入っていれば、どうにか書き切れるものです。

また、最低、論文を1題、自分の力で書き切ることです。この際、過去の出題をみて今年出題されそうな問題を予想し、旬な話題を盛り込み、作成することです。そうすると記述にも役立ちますし、予想していない論文が出題されても、言い回しを変えて使えるかもしれません。ちなみに、実際、私が受験した時、言い回しを変えて論文作成に活用できましたし、予想論文で用意した内容が記述に出題されました。

日々の仕事の中でも出題されそうな事項がありますので、試験問題に出題されるのではないかと思いつつ、職務を遂行することも大事です。予算・人事や契約事務など、論文などで使えるキーワードが山ほどあります。

最後に、ここひと踏んばりが勝負の分かれ目になると思います。受験される方々は、仕事・家庭等でお忙しいと思いますが、自分の可能性を信じ、時間を最大限効率的に活用し、頑張ってください。

これから残された日々を精一杯、集中して頑張った後の達成感(開放感)は、また格別です。

一生懸命勉強に頑張っても、体調を崩しては何にもなりませんので、十分健康管理し頑張ってください。

カレントトピックス 20年度 経済事情 30

■先進7カ国財務相・中央銀行総裁会議開催(4月11日)

白川日本銀行総裁の初参加となるG7がワシントンで開かれ、共同声明では短期的な世界経済見通しは、金融市場の混乱が想定した以上に長期化していることで悪化したとの認識を示した。

また、世界的な金融市場混乱への対応策を盛り込んだ金融安定化フォーラムの報告を了承し、国際金融市場の安定化に向けて、金融機関の監督体制強化や情報開示の改善を進めていくことで合意した。

為替相場については、前回までの共同声明の文言とは異なり、最近の主要通貨の急激な為替相場変動が経済および金融の安定へ与え得る影響に懸念を示した。

■英投資ファンド追加投資に政府が中止勧告(4月16日)

電源開発(Jパワー)株の9・9%を保有する筆頭株主ザ・チルドレンズ・インベストメント・ファンド(TCI)は、保有比率を20%まで高めるため今年1月、外国為替および外国貿易法に基づき事前申請したが、政府は4月16日に「公共の秩序の維持を妨げるおそれがある」として中止を勧告した。TCIは、4月25日、勧告の事実認識が誤っている、審査の手続きが透明性を欠いている、中止勧告が日本市場に悪影響を及ぼすことなどを理由に中止勧告を拒否し、政府に結論を見直すよう求めた。

政府は勧告拒否を受け、改めてTCIから弁明書の提出を求めた上で5月14日までに行政処分である中止命令を出す見込みである。これに対し、TCIは処分に対する不服を申し立てた上で取り消しを求める行政訴訟を起こすことができる。

■中小企業白書2008年版の公表(4月25日)

経済産業省中小企業庁が公表した中小企業白書2008年版によると、2007年度における中小企業の動向は、原油・原材料価格の高騰、建築着工件数の減少等を背景に業況が悪化したとしている。

また、少子高齢化・人口減少社会で経済成長を持続させるには労働生産性の向上が必要であり、中小サービス産業の付加価値額増大のためには品質等を価格に反映する取引環境の整備や人材育成が重要とした。ITの活用や輸出・海外展開も生産性向上に寄与するとし、コスト等の課題について分析している。

さらに、地域経済の活性化が重要とし、地域別の開廃業の動向から地域経済の厳しい状況を示すとともに、中小企業の事業再生、地域における中小企業金融の機能強化、中小企業のネットワークの強化等に向けた課題を示した。

20年度 特別区管理職試験講座 14

Ⅰ類記述 ⑦ 事例問題 ③

今回は、記述式試験のいわゆる「施策提案型」の問題例を掲載します。なお、解答と解説については、次回掲載します。

実際の問題は、以下の資料のほか、全部で七つほどの資料が提示されています。解答時間は2時間です。A3判の白紙を縦、横自由に使用して解答してください。

【問題】

次の資料は、「平成19年版国民生活白書」の統計図表及び新聞記事です。

特別区の課長として、資料から読み取れる区政の課題を設定し、課題を解決するためのいくつかの具体的施策を立案のうえ、評価して最善策を選択してください。

この課題の設定から施策の選択までを部長に提出する提案書としてまとめてください。形式は自由です。

資料1 平成18年5月30日付 読売新聞記事

資料2 平成19年版 国民生活白書「小中学生の1日当たりテレビゲーム利用時間」

資料3 平成19年版 国民生活白書「小中学生の通塾率の推移」

資料4 文部科学省「平成18年度体力・運動能力調査」

(資料1)

子供の体力低下背景 体育の家庭教師が人気

体育の家庭教師を派遣するサービスが人気だ。子どもたちの体力低下が叫ばれる中、「運動ができることで、自信を持たせたい」という親の願いが表れている。

神戸市内の小学1年男児(6)は今年1月から週1回、体育の家庭教師の指導を受けている。始めて3か月で、マット運動の前転と鉄棒の前回りができるようになり、今は後転と逆上がりを練習中だ。自身も体育が苦手だったという母親(48)は「鉄棒の前回りができた時は、字が書けた時よりうれしかった」と喜ぶ。

指導しているのは、昨年2月に発足したNPO法人「アスロン」(神戸市東灘区)。代表を務める井原一久さん(39)は、少年サッカーのコーチをしていたが、登り棒が登れなかったり、逆上がりができなかったりした子どもが目立ったため、基本的な体づくりの必要性を痛感したという。

現在、会員は兵庫、大阪、京都の幼児や小学生ら約300人。20人の家庭教師が、事務所併設のスタジオや会員の自宅近くの公園などで指導する。井原さんは「人並みに運動ができるようにという親が6割。外で遊ぶことの減った子どもの体づくりの下地を作りたい」と意気込む。

体育の家庭教師派遣は、東京を中心に1990年代になって事業化され始め、全国展開している所も出てきた。体育大学の学生や卒業生、フィットネスクラブの指導員らが、個人や少人数で希望の種目を教える仕組みが主流。費用は1か月(4回)、1万5000円前後が平均的だ。

「スポーティーワン」(東京都渋谷区)は1993年の創業。現在の会員は、東京と周辺4県の幼稚園児から中学生まで約850人。指導するのは、かけっこ、器械運動(マット運動、跳び箱、鉄棒)、基礎体力トレーニングなどだ。

取締役で自らも指導する野村朋子さん(29)は「体の動かし方を知らない子どもが多い。一つの目標をクリアすることで自信をつけさせたい」と言う。

文部科学省の調査でも、子どもの体力の低下傾向は明らかだ。2004年度の結果を85年度と比べると、小学生(9)の男子は50メートル走で0・29秒、立ち幅跳びで12・29センチ、ソフトボール投げで3・48メートル低下していた。

サントリー次世代研究所課長の狭間恵三子さん(46)は、「今の子どもたちには時間、仲間、空間の「三間(さんま)」がない」と指摘。「遊びが最も大事な時期に、必要な間がなくなり、ひ弱になった。体育の家庭教師の人気は、そうした時代の象徴では」と話している。(山口昌平)

(平成18年5月30日読売新聞より)

資料2 小中学生の1日当たりテレビゲーム利用時間

	ほとんどしない	15分くらい+30分くらい+45分くらい	1時間くらい+1時間半くらい	2時間くらい+2時間半くらい+3時間くらい	3時間以上
中学生女子	55.3	13.1	16.1	11.2	4.3
中学生男子	20.9	13.7	30.8	24.4	10.2
小学生女子	35.8	32.2	21.3	8.2	2.5
小学生男子	12.3	23.5	32.0	21.1	11.1

(中学生女子 15.5%、中学生男子 34.6%、小学生女子 10.7%、小学生男子 2時間くらい以上32.2%)

(資料2、備考)

1、株式会社ベネッセコーポレーション「第1回子ども生活実態基本調査」(2005年)により作成。

2、テレビゲームで遊ぶ時間(パソコンゲームなどを含む)を、学級段階別、男女別に割合で示したもの。

3、回答者は小学生4200人、中学生4505人(無回答者を除く)。

資料4-① 50m走

	昭和61年度(秒)	平成18年度(秒)	昭和61年度を基準とした平成18年度の低下率(%)
男子	8.74	8.89	-1.7
女子	9.04	9.22	-2.0

(資料3、備考)

1、厚生労働省「自動環境調査」(1982年)、株式会社ベネッセコーポレーション「第4回学習基本調査」(2006年)により作成。

2、学習塾へ通う割合。

3、回答者は、1982年が小学4~6年生1402人、中学生1583人、2006年が小学5年生2726人、中学2年生2371人。

資料3 小中学生の通塾率の推移

(%)	昭和57年	平成18年
小学校高学年	21.8	36.5
中学生	34.9	42.7

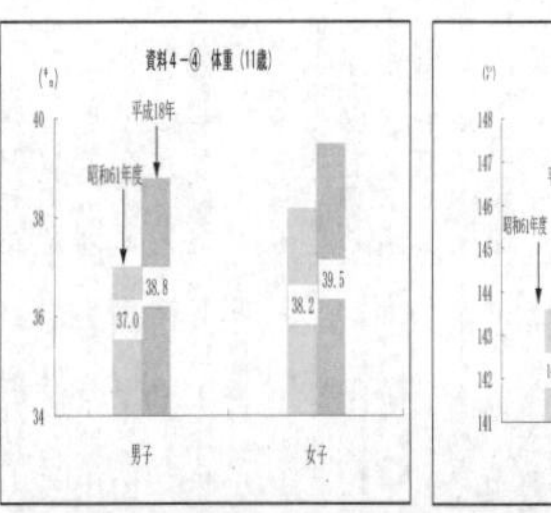

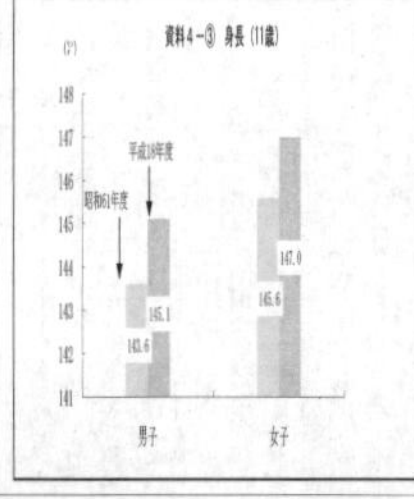

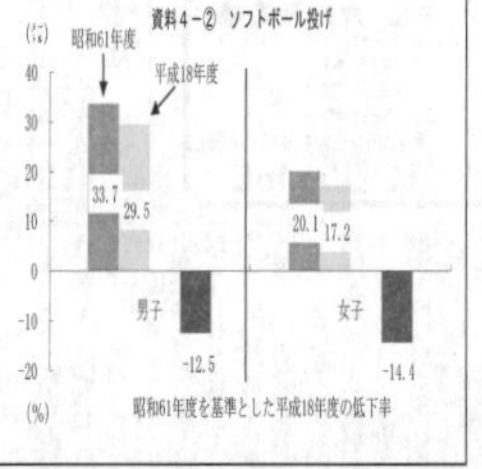

半世紀の蓄積を未来に向けて
開園50周年を迎える多摩動物公園

多摩動物公園園長　土居利光

多摩動物公園は、1958年（昭和33年）5月5日に誕生しました。当日は、曇時々晴の「子供の日」。今ではお馴染みとなっている多摩動物公園駅はまだ出来ていなかったため、多くの人は高幡不動駅から歩くことになりましたが、園内のみならず道も人でごった返し、京王線の各駅では高幡不動行きの切符が底を突いてしまったというエピソードも残っています。推定で25万人（目黒区あるいは府中市の人口に匹敵）、京王電鉄の費用負担によって七生村から土地の寄付を受けてから約3年、開園日には関係者はうれしい悲鳴を上げたのでした。

それから50年、多摩動物公園が歩んだ歴史は、社会が求める役割をどのように果たしていくかという道程だったといって過言ではありません。現在、動物園に求められている役割は、大きく四つ挙げられます。第一は、動物の飼育展示を通して知的な娯楽を提供するレクリエーションの場、第二は動物に関する教育とそれを基にした自然への理解を促進する場、第三は動物に関する研究の場、最後は飼育動物の野生復帰や生息地の保全などを行い自然保護に貢献する場としての役割です。

その役割を果たすため、先駆的な試みへの挑戦を重ねてきました。例えば、サマースクールの開設（1960年）、ライオンバスの運行（64年）、昆虫園の公開（66年）、コアラ舎に代表されるオーストラリア園の開園（86年）など枚挙にいとまがありません。動物の繁殖についても、これまでに162頭を記録しているキリンを始め、日本で初めて飼育下で孵化させたニホンコウノトリ、そのほかユキヒョウやチンパンジー、オランウータン……。2006年に野生生物保全センターが設置されたこと、また、先年にトキの飼育を佐渡以外で最初に任されたことは、実績に対する評価の表れであると思っています。

こうした実績を未来に繋いでいくことが我々に課せられた使命です。開園記念日を迎えるに当たって、多摩動物公園の未来像を検討し、それを提示できるようにと年度を通した記念事業を企画しました。理念は「半世紀の蓄積を未来に向けて―生物多様性の保全と実践と伝達」で、キャッチフレーズは「アリからゾウまで出会えるところ」です。これは、日本ではここでしか見られないハキリアリ、最大の動物であるアフリカゾウを生物多様性の幅の広さの象徴としたものです。

シンボルマークにはオランウータンを採用しました。現在、日本国内にいるボルネオオランウータン34頭の内10頭を飼育し、繁殖センターを目指していることが一番の理由です。さらに、オランウータンの持つ生態的特徴を飼育展示面に発揮させるため、長さ150㍍のロープを伝って渡ることができる世界最大級の施設を造ったこと、また、生息地における保全を促進するためにマレーシア連邦サバ州野生生物局との連携を図っていますが、こうした取り組みのシンボルとして考えたことなどが挙げられます。

事業の皮切りは、常陸宮殿下同妃殿下のご臨席のもと5月1日に実施された式典でした。主催者あいさつ、殿下のお言葉、来賓あいさつの後、カザフスタン共和国との動物相互贈呈（カザフスタンからアルガリ2頭を受領、ユキヒョウ1頭、ニホンザル10頭の贈呈）、日本宝くじ協会からの「アジアの沼地」施設の贈呈と続きました。最後は、清水眞澄氏（成城大学学長・三井記念美術館館長）が「動物園が日本の未来を支える」と題し、人々の豊かな心を育む場として動物園を社会的に位置付ける意義を講演して下さいました。

記念事業は、①魅力ある動物園を目指す②多様な動物たちの命を守る③環境と調和する動物園を目指す④動物園の歴史を紡ぐ、という四つの目標を掲げて進めていくことにしました。具体的には、飼育員の創意と工夫によって月ごとに特定の動物（群）を紹介し、その魅力を知ってもらう月間動物企画、8月の毎土曜日に開園時間を延長する夜間開園、動物園をテーマとした落語会の開催など盛りだくさんです。

特に、5月5日には新宿から多摩動物公園まで臨時電車を運行するTAMAZOOトレインやC・W・ニコル氏の一日園長などを実施して、好評を博しました。

多摩動物公園は、動物が活き活きと暮らす姿を展示するとともに希少な野生動物の保全に貢献することによって、人間と動物との関係を考える機会を提供する「人と野生動物を繋ぐ架け橋」としての役割をこれからも果たしていこうとしています。是非、ご来園下さい。

常陸宮殿下同妃殿下のご臨席のもと50周年式典を実施＝5月1日

5日のこどもの日はC・W・ニコル氏が1日園長に就任した

シンボルマークにはオランウータンを採用

技術者に見て欲しい
芸術都市パリの100年展

1830年から1930年の100年間に焦点を絞って展示された絵画や写真から、花の都と讃えられるパリの都市がどのようにして造られてきたかを学ぶことが出来る展覧会である。

パリを訪れる世界中の人に潤いとロマンを与える都市施設は、オスマンの計画したシャンゼリゼ通りを初めとする華やかな街路を思い浮かべる人が多いと思う。東京の都市計画は、最近でこそ、緑の軸が脚光を浴びているが、基本的な中心軸は街路であることからそのように考える人が多いのはやむを得ない。

しかし、この100年展は、パリを訪れる人にロマンを与える原動力はセーヌ河であることを示している。フランスを代表する芸術家達が、こぞって橋をキャンバスの中心において都市景観を描いている。ルーブルの広場に通じるカルーゼル橋の工事中の絵もある。セーヌ河でもっとも古い鋳鉄製の旧橋も当然描かれており、往時を偲ぶことが出来る。

セーヌ河畔に建てられたエッフェル塔の基礎工事から完成までの写真があり、工事中の足場の上で、市民を交えたパーティーがあり、現在では想像もつかない光景である。工夫達が危険手当を要求してストを構えても一蹴されたことも、諾なるかなと思わせる写真である。

そのほか、オルセー駅の計画案の図面・石畳を剥いで開発されたばかりのアスファルトを敷く道路舗装車の写真、セーヌ河畔での釣りや水浴風景、中央市場の風景などがある。

この展覧会から当局が100年以上かけてセーヌ河の魅力を高める努力をしていることが分かり、セーヌと隅田川の友好河川提携交渉当時、「育ちが違いすぎる」とやんわり断った担当者の気持ちも理解できる。

インフラに興味のある技術者に特に勧めたい展覧会である。

「芸術都市パリの100年展」は7月6日まで東京都美術館で開催中。東京都互助カード提示での割引あり。

（NPOア!安全・快適街づくり理事長　石川金治）

かんばれ！公務員 18
官吏は管理がお好き？

文とマンガ　鈴木武征

楽しみにしていたゴールデンウイークもあっという間に終わってしまった。

後は長い長いダークウイークの始まりだ。

周りを見渡すと、みんな生真面目な顔で机に向かっている。

ちょっと以前の休み明けの職場というと、旅行に行った人の土産の菓子が配られ、「やあ！元気だった」「何か面白いことあった？」なんて会話が聞かれ、休み明けの余韻が感じられたが今は違う。

土産を買ってくる人も少なくなったし、机上で信玄餅なんぞを広げていると誰かに睨まれている気がする。

他にも「無駄口をきくな」「執務中にむやみに席を離れるな」「昼休み時間は厳守せよ」なんて枚挙にいとまがない。

ま、職場なんだから当たり前といえばそれまでだが、なんかキツクね！

職場や職員からゆとり、余裕という大切なものが失われていく大きな原因は管理強化というお化けのせいだ。

仕事を公平かつ効率的に進めるため、また公務員としての規範の向上のために管理が必要なのは分かる。

しかし、その管理が厳し過ぎたり、思いつきでなされたのでは職員はたまったもんじゃない。

そもそも組織と管理は切っても切れない関係にあり、どんな組織であっても最新、最強の管理方法を模索してやまない。

それが真に時代を反映したもの、働く人間を考慮したものであれば文句は言わない。

私が危惧するのは、管理方策を立案する側が、何か新しい方策を打ち出さないと仕事をしたことにならないとばかりに矢継ぎ早に新案、奇案を押し付けてくることだ。

会議は1時間で、机上には電話、パソコン等4点セット以外は置くななんてお達しも、果たして職場や職員の事情を熟慮した上でのことであろうか？

ワンベスト運動を持ち出すまでもなく、会議は1時間で、報告書は1枚でというのは確かに効率的である。

しかし、本庁の政策会議と事業所の買収困難事案対策会議などを同レベルで論ずることは可能なのだろうか。

買収困難事案の結論を1時間で出せと言うなら、ほとんどが「妙案なし、ハイ収用開始手続き！」になってしまう。

複数の仕事を抱え、書類を片付けるスペースさえも与えられてない職員が机上以外の何処に資料を置くのだろうか。

実行が難しいお達しであっても、いったん施行されてしまうと職員は守らざるを得ない。

管理職だって守るように指導しないと管理能力をうんぬんされ、給料に響く時代だ。

人事管理、事務管理を問わず、管理方策を立案、実施する側には職場の実態や人間としての職員の行動などに十分な配慮をお願いしたい。

もともと人間を含め、生物の行動には無駄な動作や行為が一杯ある。

意味もなく首を振ってみたり、遠回りをしてみたりする。

一見無駄に思える行為は、無駄ではなく生きていくための「癒し」や「ゆとり」に他ならない。

線路や橋梁のような構築物にさえ、寒暖の影響などを緩和する「ゆとり」装置がある。

職場や職員も同じことで、あれもこれも無駄だ、非効率だと言われては「リンダ、困っちゃう」だ。

今度管理課の職員が無理な要求をしてきたら、タカアンドトシじゃないが「カンリカ！」と頭を叩いちゃうぞ！

いえソノ　あれは　机じゃなく　課の倉庫として…

『都庁俳句』作品抄
（5月1日発行）

ノンちゃんの乗ってゆきたる花の雲　上部隆男
この国のすがたが見えず花が散る　横坂けんじ
春時雨長き数珠持つ修行僧　高橋弘
才子多忙花時床を離れけり　丸山了
椿落つわが誕生の日の土に　大熊虚岡
春暁や鏡の前の料理メモ　渋谷はつ
健康なときは出不精山笑ふ　高野トミ子
楽屋口に出前が届く荷風の忌　土井湧輔
芽柳や夢に帳のあればこれ　伊達天
思い出は薄墨桜夫と見し　和田しずえ
灯の消えて時津風部屋春寒し　間中恵美子
近寄れば点る外灯春の雪　奥田弘學
ここよりは隅田川てふ鳥曇り　内田香晴
春風や不在札置く駐在所　山本みつし
のどけしや胸を反らせる阿吽像　植松ふみ
面影を重ねて花の講安寺　染谷栄都子
鹿の子絞り弥生狂言喜寿を舞ふ　佐々木いつき

みにがいと

◆第164回月例フォーラム　▽日時　5月15日午後1時30分～▽講師　湯浅誠・NPO自立サポートセンター・もやい事務局長▽テーマ　生活の現場からみた生活保護の課題▽場所　中野サンプラザ8階研修室5▽参加費　1000円（会員は無料）▽連絡先　東京自治研究センター☎5338・9022

◆全肝連・東京肝炎の会33周年記念講演会　▽日時　5月31日（土）午後2時～4時▽会場　東京都障害者福祉会館1階☎3455・6321▽内容　①講演「B・C型肝炎、肝がんの最新治療」林星舟・都立駒込病院内科医長②「B・C型肝炎インターフェロン治療医療費助成制度」谷内智男・荻窪病院相談室ソーシャルワーカー③質疑応答▽定員　96名（申込不要、直接会場へ）▽資料代500円（会員は不要、日本肝臓学会関連資料含む）▽問い合わせ先　東京肝炎の会☎080・1147・9037

都政新報

発行所 都政新報社
〒160-0023 東京都新宿区西新宿7-23-1 TSビル
〈総務・読者〉(03)5330-8781
〈企画広告〉(03)5330-8784
〈編　　集〉(03)5330-8786
〈出　　版〉(03)5330-8788
〈セミナー事業部〉(03)5330-9977
〈ファクス〉(03)5330-8808
購読料 月1,680円（税込）
毎週火・金曜日発行
但し、祝祭日は休刊

紙面から

1都5県が工期延長を議決

八ッ場ダム

代替地計画見直しを理由に

「水需要予測は過大」の指摘も

建設中の八ッ場ダムの工期延長を認めることが1都5県で議決された。代替地計画の見直しが主な理由とされ、国土交通省は2015年度の完成を目指す。水需要が微増するとの予測に加え、地球温暖化が水資源に深刻な影響を与えることが懸念される中、水源を確保する意味合いがある。その一方、当初の計画から50年以上が経過し、これまでに2度、工期を変更。都議会第1回定例会でも「水需要予測が過大ではないか」との議論が出ている。

群馬県吾妻郡に建設中の八ッ場ダムの工期延長について、1都5県は3月までに議決した。国は2015年度の完成を目指しているが、計画変更は04年にもあり、事業費は4600億円に倍増した。相次ぐ計画変更に関係自治体は不満を募らせ、都は今回、「事業費の増額は認めない」とする意見を付けている。都は、国からの補助金を含めて約708億円を負担し、ダムが完成すれば年間43万立方㍍が取水できるようになる。

ただ、八ッ場ダム建設の根拠となっている水需要予測を巡っては、これまで都議会でも疑問が投げかけられ、「ダム事業からの撤退も含め、検討、見直すべき」との意見もある。

都では、2013年度の水需要を日量600万立方㍍と予測しているが、現在はそれを上回る623万立方㍍の水源を確保している。水需要は、1日の最大配水量や漏水を上乗せして予測する必要があるため、実際の平均使用水量は日量430万立方㍍程度だ。実績値との開きが、「需要予測は過剰」という指摘の論拠になっている。

しかし、水道局では「現在、水源の8割を利根川水系に頼っているが、降雨の状況により、ダムからの供給量が、計画より2割程度低下している」と説明。また、流入する農業排水が水源となっている中川・江戸川導水路や、河床が低下したために取水量が減っている砧上下浄水場など、課題のある水源を82万立方㍍抱える。このうち、砧浄水場では井戸を増設するなど、10年弱で水源を回復させたい考えだが、残りの水源は、課題の解消が難しいという。

他方、地球温暖化で降水量の変動幅が大きくなり、渇水の頻度が増えることも、懸念材料だ。国交省のシミュレーションによると、現在は利根川上流8ダムが枯渇する頻度は3カ年で18日だが、100年後には5カ年で76日に増え、渇水が長期化するという。

都では、10年間のうち最も条件が厳しい年に水が供給できるよう水源の確保を進めているが、ダムは堆砂で埋まって機能が低下するまでの期間は100年程度と言われる。水道局幹部は「超長期的には、更新に合わせてダムや浄水場のサイズを見直すことも選択肢になる」と話す。

同局によると、八ッ場ダムの事業費から算出した水の単価は、他のダムに比べても安いという。だが、東京都の人口は八ッ場ダムが完成する2015年頃をピークに減少に転じるため、庁内にも「使用水量の増加は見込めない」という見方がある。総額4600億円の事業費は、全国でも最大規模だ。巨額の費用が見合った投資になるのか、疑問符もついた上での工期延長になっている。

長野原地区の代替地では移転が進んでいる

豊洲新市場予定地

桁違いの土壌汚染

環境基準の4万3千倍

豊洲新市場予定地の土壌から環境基準の4万3千倍、地下水からは1万千倍という超高濃度のベンゼンが検出されたことから、都では19日の専門家会議でデータの検証と評価、今後、都がとるべき土壌汚染対策について検討する。

都中央卸売市場によると、超高濃度のベンゼンは40㌶の敷地全体から満遍なく出たのではなく、局所的に限られた場所から検出されたという。昨年秋、6街区のD—12の調査地点から環境基準の1千倍のベンゼンが検出され、当初、汚染されていないと思われていた場所から想定外の汚染状況が明るみになり、専門家会議の委員らも衝撃を受けた。

これを受けて、都では10㍍メッシュ（4200カ所）の土壌・地下水の詳細調査に踏み切った。今回、4万3千倍の土壌汚染が見付かったのも、D—12の調査地点の近くという。

この付近は、東京ガス株式会社によると、土地利用履歴を調べてもガス製造工場などがなく、空き地だった。ただ、石炭ガス製造過程で発生したタールスラッジを仮置きしていたことから、それが漏れて地中に浸透し、土壌汚染を引き起こした可能性が言われている。

新市場が完成した時には、水産仲卸売場になる計画のため、超高濃度の汚染については、市場関係者が特に神経をピリピリさせている。

詳細調査が終わった後は、汚染の絞り込み調査に入り、これも6月頃に終了する。19日の専門家会議では、対策の方向性を議論し、具体的な方策は絞り込み調査を踏まえて検討することになる。提言は、7月の予定。

土壌汚染対策費として都は670億円を見込み、①現地盤面から2㍍までの範囲で環境基準を超える汚染土壌は掘削・除去し、そこに2・5㍍の盛土を実施②現地盤面から2㍍以上の深さで、環境基準の10倍を超える汚染土壌は、深さにかかわらず除去する——という方針で対策を考えている。

しかし、食の安全・安心が生命線となる市場予定地に使う場所が桁違いに汚染が深刻だったことから、都民のコンセンサスを得るため、一層の手厚い対策を迫られることは必至。土壌汚染対策費が膨らむことは、避けられない見通しだ。

若手デザイナーを発掘

都と業界が育成・支援策

有限責任中間法人日本ファッション・ウィーク（JFW）推進機構と都が共催で、「若手ファッションデザイナー発掘・育成プロジェクト」を開始する。これに向け、「新人デザイナーファッション大賞実行委員会」を設置し、8日に第1回実行委員会を開いた。

JFWは、若手ファッションデザイナーの発掘を目的に、世界最大級のファッションアワードである「新人デザイナーファッション大賞」を行っており、今年が25回目にあたる。今回はこれに加えて、都が事業費の2分の1を補助するかたちで参加し、「育成・ビジネス支援」「アジアとの交流」の事業を新たに追加で実施する。

若手デザイナーを発掘するための「新人デザイナーファッション大賞」は、日本のみならず、世界各国から応募された作品の中から30人を選抜し、大賞、部門優秀賞、優秀作賞を決める。

「育成・ビジネス支援事業」では、対象で最終審査に残った30人を対象に、企業とのマッチング会、アドバイザーによる育成支援、展示会への出展支援、受賞者のPR活動などを行う。

「アジアとの交流」では、近年急速に発展・成長するアジアの若手デザイナーに作品を披露する機会を提供するとともに、育成対象者との交流を図る。

実行委員会委員長の中瀬雅通・JFW推進機構理事は、「従来の新人発掘にとらわれず、都と業界が手を結び新人を育成しようという画期的な取り組み」と話している。

同プロジェクトは、都の「10年後の東京・実行プログラム」にも位置づけられている。産業労働局では、「世界に対する東京のプレゼンスの高まりを期待している」と意気込んでいる。

東京ならではの都市農業を

産業労働局がガイドライン

都民参加が農地保全の鍵

都産業労働局は、「農業・農地を活かしたまちづくりガイドライン」を策定した。95年に6500㌶あった東京の都市農地は、10年間で日比谷公園86個分に相当する約1400㌶も減少し、東京から農地がなくなる恐れがある。ガイドラインでは、農業・農地を活かしたまちづくりのモデルとして五つに分類し、将来像を提示。区や市が中心となったまちづくりの手法を示している。農業水産部では「農家と都民が一緒にまちづくりのプランをつくってほしい」と話している。

◇

市街化区域に残る農地に、ある日突然「分譲中」ののぼりが立ち、細かく区画が区切られて住宅が建つ。東京の農地が減るきっかけは、ほとんどが、こうした宅地化だ。いったん宅地化されると再び農地に戻すことはなく、減ることはあっても、増えることはない。

生産緑地制度では、固定資産税が農地なみに緩和されたり、相続税の納税が猶予されるなどのメリットがあるが、30年間営農を続けることが条件となる。農家を営む人たちは、生産緑地か、それ以外の「宅地化農地」かの選択を迫られる。

都は国に対し、都市農地制度・税制度の改善を求めているが、見直しは行われていない。

ガイドラインでは、東京ならではの都市農業の多面的な機能として、①レクリエーション・コミュニティー機能②教育機能③防災機能④環境保全機能⑤景観形成、歴史・文化の伝承機能——の五つを提示。それぞれの機能を活かしたまちづくりの方向性を、優良事例をあげながら提案している。

「農業・農地を活かしたまちづくりのモデル」では、「地場産業連携・活性化タイプ」「レクリエーションタイプ」「地域コミュニティー形成タイプ」「安全・安心まちづくりタイプ」「美しい田園風景保全タイプ」の五つに類型化し、将来像を示した。

◇

都市農業の特徴は、市街地と農地が隣り合っていること。農家がただ農作物をつくるだけではなく、そこに住む市民と一緒に農地を活用していくことが、東京ならではの都市農業を守っていく鍵を握る。

例えば、行政が展開する市民農園とともに最近増えているのが、農業体験農園。区画を与えられるだけの市民農園とは異なり、園主が作付け計画を作り、作業に必要な技術を講習会で伝授する。市民農園より料金は割高だが、初心者でも店頭に並ぶような野菜をつくることができる。単に野菜づくりだけでなく、市民同士の出会いと交流の場としても好評だ。

都内の農業体験農園数は、02年度15件だったのが、06年度には47件まで増えた。

〝食の安全〟に関心が高まる中で、生産者の顔が見える安全な農畜産物を提供する取り組みも重要だ。

八王子市は07年4月に、都内初の道の駅「八王子滝山」をオープンした。ここの地場産農産物を目当てに多くのリピーターが訪れる。

ここでは、商品のバーコードを施設内に設置したモニターに当てると、農家の顔写真や消費者に向けたメッセージを見ることができる。農産物直売所を地域活性化の拠点とする事例で、都内各地の自治体からも関心が寄せられているという。

ガイドラインには、具体的な数値や目標が示されているわけではない。

産業労働局では、「生産緑地の指定は区市の事務なので、都としては区市の取り組みを後押ししたい」と話す。

基礎的自治体である区市が、農地保全と住民の豊かな暮らしを結びつけた施策を展開することができなければ、ガイドラインが示したモデルや将来像も絵に描いた餅でしかない。

地元の農畜産物にリピーターも訪れる人気＝都内初の道の駅「八王子滝山」

都政の東西

ベビーカー

鉄道の高架化が進み、ホームが2階に設置される例が増えてきた。通勤ラッシュの時間帯でなくても、電車が到着すると、階段やエレベーターに乗客が押し寄せるケースが少なくない。

ゴールデンウイーク中、行楽地へ向かう親子連れのベビーカーをよく見かけた。駅を行き交う母親を見ていて気づくのは、必ずと言っていいほど、乗客の最後尾から電車やエレベーターに乗り込むことだ。ドアが閉まる直前に、ベビーカーと駆け込まざるを得ない場面もある。

昨年の今頃、JR山手線の電車がドアにベビーカーの前輪を挟んだまま発車し、20㍍引きずって緊急停車した事故が起きた。背景には乗客の「我先に」という意識もあるのだろう。子育てに優しい環境を作るには、我々の努力も欠かせない。

ホーム上のベビーカー事故を減らすため、JR東日本は約8500両の車両に、挟んだ場合に検知しやすいドアを導入。また、ベビーカーメーカーはドアに検知されやすいように、フレームを太くしたベビーカーも開発している。

とはいえ、日本はまだベビーカーが使いやすい環境にあるとは言い難いのが現状だ。都政アンケートでは、子どもとの外出で困ることについて、「ベビーカーで移動する際、道路に段差があり通行しにくい」（63％）、「安心して遊べる場所が少ない」（57％）のほか、「ベビーカーで電車・バスを利用すると周囲の目が冷たい」（28％）といった意見も挙がっている。母親が外出に億劫になるのも頷ける。

たかがベビーカー。しかし、ベビーカーの問題が解決したとき、子育てにやさしい環境ができるのではないか——。「子育て応援とうきょう会議」で出た意見が印象的だった。現場から声を吸い上げる取り組みをさらに進めてほしい。

福生市長選 加藤氏が初当選

福生市長選挙は11日投開票され、自民党が推薦した前市議の加藤育男氏（54・無新）が初当選した＝3面に関連記事。

加藤氏は、子育て、高齢者など「五つの元気実現」を訴え、野澤久人市長の後継者をアピール。市商工会長で自民党員の町田成司氏（58）、民主、社民が推薦した前総務部長の田辺恒久氏（60）、共産党が推薦した行政書士の西村雅人氏（42）をかわした。

当日有権者数は4万7177人（男2万3788人、女2万3389人）で、投票率は45・91％。過去最低だった2000年の38・39％を7・52ポイント上回った。

加藤氏略歴　1954年生まれ。76年早大卒。サラリーマンを経て03年市議初当選、07年再選。建設環境委員長、福生病院組合議会副議長などを歴任した。

元旬ジョーク

都営住宅、卸売市場で進む暴力団排除施策

都職員の調査訪問を受けた警視庁

「最近は見分けがつかないのが特徴でね、キミも念のため脱いでくれる?」

苦肉の策の東京料金

『長寿』と向き合う　後期高齢者医療制度の課題　上

4月にスタートした後期高齢者医療制度。医療費が増え、超高齢社会に対応した医療保険制度体系の必要性から生み出された制度だが、年金からの天引きや保険料などをめぐって、高齢者の負担を強いるものとして、与党からは見直し、野党からは廃止論も上がっている。反対の動きは地方医師会からも。制度が目指すところや問題点、今後の課題などを3回シリーズで考える。

保険料

◆「4・15ショック」

都内62区市町村でつくる東京都後期高齢者医療広域連合は、お問い合わせセンターを設けている。受け答えするのは制度全般についての説明や、一般的な保険料の算出方法について。個人的な情報が必要な質問内容の場合は区市町村に回している。

4月28日現在で1万5025件の電話やファクス、メールが寄せられた。

3月中旬から4月上旬にかけて多かったのが保険証の未着などをめぐる質問。4月中旬にかけて多くなったのが保険料についての質問だ。4月7日から4月18日までの2週間で2211件に上った。広域連合では「ちょうどそのころから保険料の通知が届き始めたこと、年金からの天引きが4月15日に始まったことが影響している」と話す。質問者に尋ねるなどして調べた結果、「年金が天引きされて初めて後期高齢者医療の保険料がかかることを知った」という人も4月15日から18日までの間で50人いた。

質問内容としては、お問い合わせセンターが答えられる範疇ではないものの「保険料が高い」という意見のほか、「軽減措置をもっと広い対象にしてほしい」「今まで国保だった人に軽減措置がないのは納得できない」などの声があった。

◆保険料の決め方は

多くの被保険者にショックを与えている保険料だが、都内分決定までには、それなりの努力も。

都内62区市町村で構成する東京都後期高齢者医療広域連合。保険料への疑問は相次いだ＝区政会館で

保険料の内訳となるのは、全員が一律の均等割と、所得に応じた所得割だ。東京の場合、所得割の率が重くなっている。均等割と所得割の基本は1対1だが、東京は被保険者の所得が全国に比べて高いため、均等割との比率が1対1・72と高くなったためだ。国からの調整交付金も交付調整により58％しか出ない。結局、政令通りに算定した保険料は07年度の区市町村の国民健康保険に比較して著しく高くなった。このため、約100億円を区市町村が一般財源で負担することにし、一人あたり平均保険料を年額約9万円までもってきた。しかし、それでもなお国保に比べて高い水準にあった。そこで、年金収入年額208万円までの所得階層に対する軽減措置を導入。その結果、一人あたり平均保険料は8万9300円まで下がったが、これは全国的にみるとまだ高め。しかし、年金収入201万円でみると5万3800円で、全国で一番低くなった。

◆2年後は…

ただ、そうした特別対策なども期間は2年間。2年後の保険料改定でも引き続き一般財源が投入されるかは未定だ。広域連合は「こうした措置は、給付と負担の関係を不透明なものとし、今般の制度改正の本来の姿からは乖離する。基本は、給付に見合った保険料を設定していくことが必要」と、かなり慎重な姿勢だ。

2年後に向けては葬祭費の問題もある。現行では区市町村が負担している葬祭費はまちまちであること、保険料の軽減の意味などから、保険料の算定基準からはずされ、区市町村の政策判断とされた。しかし、葬祭費を保険料算定からはずした道府県はほかにない。国保との整合性から、制度上、保険料に入れるのが自然ともいえる。

保険料の決定過程では、東京が特別区と市町村という異なる行財政の仕組みを抱えていることも難しさを生んだ。23区は高所得者を多く抱え、財政面も市町村部より恵まれている。ある区の関係者は「市町村はかわいそう。1・72に引きずられた。別々の枠組みであってもよかったくらい」と語る。

国による激変対策や広域連合が独自に行った特別対策や低所得者への軽減策が終わったとして計算すると、今後の保険料はいくらになるのか。一人あたり平均保険料は08・09年度の10万2200円（各種軽減前の額）から12・13年度には1・29倍の13万1400円になると推計される。

医療費抑制が図られない限り保険料が上がっていく制度設計は、高齢者に痛みを強いる。当事者の状況をよく知った上での議論が必要だ。

長寿医療制度対策会議の初会合開催

台東区

台東区は9日、先月28日に庁内に設置した長寿医療制度対策会議の初会合を開いた。同会議は、会長を神子雅行副区長とし、関係部長ら計6人で構成。この日は、関係課長でつくる下部組織の検討部会と合同で行い、およそ20人が出席した。

会議では、4月から始まった後期高齢者医療制度をめぐり、今後、区として、どう適切に対処していくか、話し合われた。

区では区民に向けて、昨年秋から今年4月末までに計29回の説明会を開いている。しかし、東京においては独自の保険料軽減策がとられており、その決定前に説明会が開かれていた場合には、結果的に説明不足となっているケースも考えられる。そのため「補足説明が必要ではないか」との意見があった。

また、同区では7月から保険料の普通徴収を開始する。納付書が送られる7月中旬ごろ、問い合わせのピークが予想される。担当部署に限らず、他の部署においても、可能な限りで区民への説明が必要となれば、それに備えるためにはどうすればよいかということも、今後の課題として挙げられた。

そのほか、保険料の決定では、東京都後期高齢者医療広域連合との間でデータのやりとりが必要だ。区から住民の税情報を広域連合に送り、各種軽減措置の情報を加味した後の賦課額が区に戻ってくるが、その際に、区が提供したデータが正しく処理されているかの確認も大切になってくるという。

同区では会議で出た課題も含め、種々の対応策を探る方針で、とくに、7月を前にした区民への説明については改めて検討部会を開き、今後の対応を詰めるとしている。

小1、中1に支援員

区民のマンパワー活用

江東区

江東区は4月から、「小1プロブレム」や「中1キャップ」を抱えがちな小学校1年生と中学校1年生の学校生活を支える支援員を配置している。小1支援員は、区民らのマンパワーを活用し、全小学校の1年生全クラスに配置。23区で初の事業となっている。

同区は人口急増に伴い、児童、生徒数は増えていく傾向にある。23区内では学力が低い方にあり、不登校児も多く抱える。施策の拡充、親の要望などもあって、現場の教師の負担は増え、人手不足の現状もある。そうしたなか、きめ細かな、心配りの行き届いた教育環境を目指して支援員を導入した。

小1支援員は、区内の全43校103学級に約130人が派遣されている。支援員となっているのは、地域の主婦や退職した団塊世代、シルバー世代などさまざまだ。派遣期間は、児童が学校に慣れていない4月から7月までの間。活動時間は、午前8時30分から給食の時間をはさんで、午後1時30分までをカバーする。立ち上がったり、よそ見をしている児童に教科書を開かせたり、給食の牛乳をこぼした後の掃除の手伝いをするなどして、担任を側面からサポートする。

中1支援員は、モデル校3校に各校1人ずつを派遣。生徒と年齢が近い大学生で、教育への関心や指導経験のある3人に依頼した。1回2時間、週2回のペースで、授業に遅れがちな生徒の学習補助や友達にも相談できない悩みを聞くなど、年間を通じてかかわっていく。

区の組織面からは、学校を全面的に支援する基盤として、教育委員会内に横断組織である「学校支援室」を設置した。

教育委員会は、学校教育は指導室、特別支援教育や経理関係は学務課、教育改革は特命担当課など担当が分かれている。しかし、学校支援については、関係各課で学校支援室を構成し、密接に連携して取り組んでいく仕組みとした。

学校支援室は、小1、中1支援員を束ねるほか、学校経営も支援する。支援室に所属する相談員7人が区立幼稚園長、小中学校の校長らの相談に応じる。相談員は、いずれも小中学校の校長や副校長などの経験者。

同区では、相談員について「いろいろな観点からアドバイスがもらえる利点がある」と話し、支援員については「大事な学校に人を入れるという点で人選に注意しながら、さらに拡充していけたら」としている。

省エネ実施シート

区側から都に批判の声

「事業が同種」と指摘

23区と39市町村（オール東京62）が共同事業の一環で省エネを促すチャレンジシートを小学生に配布するが、都環境局も小学生を対象に節電などを促すチェックシートの配布を検討している。今年4月、オール東京62のチャレンジシート事業概要が都に情報提供された後、都のチェックシート配布がマスコミで報道された際、オール東京62の同事業の大枠はすでに決まっていたため、区側から批判の声が上がった。区側は「事業が同種」と指摘したが、都側は「シートの中身は競合していると思っていない」と退けた。

その後、都側はオール東京62との話し合いを継続している。

オール東京62は昨年夏ごろ、原則小学6年生を対象にチャレンジシートを配布する事業を構想した。今年12月、普段通りの生活を送った際の電気、ガス、水道などの使用量と、翌1月に省エネに取り組んだ時を比較し、削減率を調べる。学校別に各家庭の削減率を集計し、上位校などを表彰するという。5月末、オール東京62の事業として了承される見通しだ。

一方、都環境局は今年2月から、「使わない部屋の照明は消す」などの項目を並べたチェックシートを小学生に配布することを検討している。

オール東京62は昨年、都と協力して地球温暖化防止を進めようと、08年度の事業概要を都に情報提供した。4月中旬、都の環境チェックシート事業が報道された際、オール東京62のチャレンジシート事業の大枠はすでに決まっていたため、区側から批判の声が上がった。

現在も、オール東京62との話し合いは継続している。区側は「広域自治体がやることではない」「オール東京62の事業と同種じゃないか。都が本当にオール東京62と手を携えていくのか疑ってしまう」と批判する。

一方、都はオール東京62の事業を「ものまね」したことを否定した上で、環境基本計画に大企業、家庭など部門別の省エネ対策を盛り込んだため、チェックシート配布を検討したという。「シートの中身は競合していると思っていないが、素案のたたき台の段階」という。

オール東京62は都内公立小学校1323校のうち約1割の140校への配布、都側は全校配布を予定している。都は、多くの小学校で省エネ学習に取り組めば温暖化防止の効果が上がると説明し、「オール東京62のシートが全小学校で取り組めるならそれでもいい」と述べる。オール東京62の取り組みでは都内の全小学校にチェックシートが行き届かないため、「やっていない小学校があるので、すき間を埋めていこうという発想。都版を押しつけることはない」という。

区側は「環境チェックシートとは別のやり方にしてもらえないか。オール東京62を混乱させるのではなく、バックアップしてほしい」という声もある。

温暖化防止のアニメを作成

62区市町村

23区と39市町村（オール東京62）が連携して取り組む環境事業の一環として、温暖化防止をテーマにしたアニメをこのほど作成した。都内の全小学校などに配布する。

アニメは、里山見学中に主人公が居眠りし、夢の中で自然の大切さを学んだ後、荒れ果てた森を回復させるというストーリー。アニメ以外にも、食物連鎖、森の仕組み、温暖化防止の取り組みなどの実写映像も盛り込まれ、小学6年生の理科の単元「生き物のくらしと自然かんきょう」の副教材として活用可能という。

早稲田大と共催でインターンシップ

荒川区

荒川区は早稲田大学と共催で約6カ月間のインターンシップ事業を行うことを明らかにした。短期間で学生を受け入れる自治体は近年増えてきたが、長期間のグループワークに主眼を置く内容は珍しく、行政インターンシップの新たな形として注目が高まりそうだ。

5月12日に早大で開催の西川太一郎・荒川区長の講演会を皮切りに、31日には日暮里、南千住再開発地域、あらかわ遊園、荒川区内の育児支援施設などを学生がバスで見学。6月以降、20人弱の学生が教育、環境、産業振興などのテーマごとに2〜3グループに分かれて政策アイデアを検討していく。荒川区の中堅、若手職員1名ずつが各グループにアドバイザー役で加わる「ワークショップ」を月1回、区内で開催する。それ以外にも大学での学生ミーティングにも区職員が随時協力するほか、夏には職場体験も予定。10月に行う区長への政策提案を最終目標とする。

今回のインターンシップは、過去に西川区長が早大の授業で地域連携などをゲスト講義してきたことから実現。昨年秋から荒川区と早大キャリアセンターで内容を詰めてきた。

公務員志望者中心の従来型のインターンシップとは異なり、幅広く行政のあり方を考えるために"行政ビジネス"をテーマに掲げたのが特徴。福祉、教育、産業振興など行政との連携が多い分野の民間企業志望者も参加できる。

期間についても、民間企業も含め概ね2週間程度が大半で、庶務補助などで終始するケースが多い実状に鑑みて、長期的な取り組みとした。

早大では「住民とのコミュニケーションや政策立案といった行政実務は短期間では学ぶのが特に難しい分野」としたうえで、今後のモデル事業として期待を寄せる。荒川区も「長期インターンシップは区として初めての試みだが、学生には地域自治を考える機会にしてもらいつつ、新鮮な感覚を生かした政策提案を期待する。またワークショップ形式の実践は区職員のリーダシップ向上なども見込める」としている。

区長選11月2日告示　9日投票、10日開票

荒川区選管

荒川区選挙管理委員会は8日、11月13日に任期満了を迎える荒川区長選挙について、11月2日告示・9日投票、10日開票とすることを決定した。

アスベスト調査を専門委が区に提言

大田区

大田区のアスベスト健康調査専門委員会（委員長＝中島宏昭・昭和大学横浜市北部病院副院長）は10日、アスベスト健康調査結果を受けて、区に対する提言をまとめた。

同区では、大森南の石綿関連工場（1939年から88年まで操業）跡地周辺で石綿が原因とみられる健康被害があったことから、今年2月から3月にかけて現地を中心に916人に健診を実施。協力が得られた862人に対して調査を行った。

その結果、43人に石綿曝露の指標となる胸膜プラークを確認した。内訳は、過去に職業として石綿を扱っていたことによる直接曝露が18人、仕事で現場への出入りがあった間接曝露が11人、家族が石綿関連の職業だったことによる家庭内の曝露が2人、遊びなどで工場内への立ち入りによる曝露が3人。そのほか、周辺に住んでいて大気中の石綿を吸い込んだとみられる環境曝露が9人だった。直接曝露のうち1人にび慢性胸膜肥厚が見られたが、中皮腫などの疾病は見られなかった。

胸膜プラークは疾病ではないが、石綿曝露の証拠となる。その意味で、その人が中皮腫や肺がんを発症するリスクは高く、定期健診の必要性がある。

健康調査専門委員会の中島委員長は「職業と関係のない9人に胸膜プラークが認められたことは重視すべき」と総括。同委員会は区に対し、▽職業歴以外で曝露し、国の支援対象外となる人に定期健診の機会をつくることが望ましい▽区民の不安に応えるため、相談窓口の充実や講演会などによる啓発▽医療機関での発見率を高めるための啓発——などの提言をまとめた。

区では「国や都にも調査結果を報告する」としている。

記者席

小沢一郎氏のお国替え説

○……「剛腕だが、そこまで度胸はないだろう」「政治家として岩手県の有権者にどうお返しするのか」。週刊誌に「衆議院全選挙区予想」が掲載され、公明党代表の太田昭宏氏（5期）がいる東京12区に、民主党代表の小沢一郎氏（13期）がお国替えして、殴り込みをかけるという報道に対し、都議会自民党の幹部は一様にこう否定した。

東京12区からの出馬も定かでない中で、すでに週刊誌では小沢氏の当選確実が報じられている。

自民党幹部の解説によると、政治家にとってお国替えは、相当の勇気がいるものらしい。しかし、小池百合子、佐藤ゆかり両代議士もお国替え組。同じ党内にすでに「実績」を持つ者がいるのに不思議だなと、解説を聞きながら思った。

○……イリジウム盗難事件は8日、容疑者が逮捕され、その供述に基づいてイリジウムも発見された。無事、解決したことをまずは喜びたい。

結果的にみれば、テロとは無関係の犯行だったが、今回のケースで見られた都の敏感な対応は「放射性物質の恐ろしさを知る」（総合防災部）だけに、首都東京の危機管理の観点から、評価されるべきだろう。

よく言われるように安全に絶対はない。そうであるならば、これからも敏感すぎるほどの対応を望みたい。

○……希少金属（レアメタル）が眠る携帯電話の回収を促進しようと、都環境局はこのほど、区市町村と事業者団体とで「協議会」を立ち上げた。機種変更などで古い機種を保管する人が意外と多く、携帯電話の回収は下降線をたどっているという。このため、資源再利用の周知徹底を図るキャンペーンを展開するなど、様々な対策を講じる予定。

事業者団体では「中高年の人たちに理解してもらうには時間がかかる。むしろターゲットは、携帯電話を生活の重要なツールにしている小中高生」として、今後は教育現場でのリサイクル講演や環境講座などにも力を入れる方針。若年層へのリサイクル意識の浸透に関係者の熱い視線が注がれている。

加藤氏、激戦制して初当選

福生市長選

伝統の保守地盤を死守

野澤久人市長の引退に伴い、4新人が争った福生市長選挙は、自民党推薦の前市議・加藤育男氏（54・無新）が7924票を獲得。次点となった市商工会長で自民党員の町田成司氏（58・無新）に2214票差をつけ初当選した。保守分裂や、国政の影響から「自民党」を前面に出すことへのマイナスイメージも懸念されたが、野澤市長や国会議員が連日応援に入る「伝統の保守地盤」の中で加藤氏が訴えた市政継承・発展は、改革より安定を望んだ多くの市民に受け入れられた形となった。

＝1面参照

投票率は45・91%

午後10時45分、加藤氏の陣営に「当確」の知らせが飛び込んだ。事務所内に歓声が上がる中、加藤氏が登場。野澤市長や石川彌八郎前市長らの祝福に満面の笑顔と握手で応え、全員の「万歳！」に喜びを爆発させた。

勝因について加藤氏は「歴代市長の市政運営や健全財政の評価がこの結果に結びついた。市全域で『五つの元気』の実現に向けた提案を懸命に訴え、色々な形で伝えられたのでは」と語り、「分権の時代。市民のニーズが多様化する中で、民間の経営感覚を生かして、市長という大事業に取り組みたい」と意欲を語った。

一方、次点となった町田氏は「自分の力不足。結果は市民が選んだ道」と厳しい表情で語った。

また田辺氏は「投票率が50%を超えなければ当選はないと思っていた。政治への関心を高める必要も感じた」と話し、加藤氏に対して「少数意見を尊重できる市政など、市民参加の機会を増やして今の野澤市政を発展させてほしい」とコメント。

西村陣営は「中学生までの医療費無料化など、公約の実現をしっかりとしてほしい」などと語った。

加藤氏は21日に、初登庁する予定。

初当選を決めた加藤氏（左から2番目）。陣営には高らかに万歳三唱が響いた

◆福生市長選挙結果

当加藤育男　7924票
町田成司　5710票
田辺恒久　5306票
西村雅人　2339票

◇

【解説】前回の無投票をはじめ、無風選挙が続いてきた福生市。しかし今回は「野澤市政の継承」を争点に、4人が立候補する激戦となった。自民党推薦を得た加藤氏と自民党員の町田氏による党分裂は、公明党の自主投票をも呼んで激しい保守票の争奪戦になった。一方、国政では国民生活に直結する法案の成立などで自民党と民主党の支持率が逆転し、民主の旗を揚げた田辺氏も猛追。保守王国の中で負けられない加藤陣営には、国政選挙なみに連日国会議員が応援に入るなど、選挙戦は日を負うごとにヒートアップした。

だが、蓋を開けてみれば、国政の影響の強さは感じられなかった。

自民、公明が持つ保守票は、市議選の結果などから約1万5千票あり、加藤氏と町田氏が分け合った形だ。また、都議選などの結果では民主票は約2千票と、ほぼ今回の結果に一致。また「市長のいす」が約束された形で決まる保守系候補者選出のあり方に「NO」を突きつけた町田氏と田辺氏だったが、野澤市政については評価もしており、市民に対して加藤氏との違いを明確にすることができなかった。結果、自民分裂の波紋はあったが、「伝統の保守地盤」を揺るがすような風は、吹かなかったと言える。

市民の選択は「市政継承」だったが、時の政局に左右される横田基地を抱えるほか、定住化や地域活性化などの課題もある。継承した市政をどう発展させていくか。新市長の手腕が試される。

奥多摩町長選

争点は公金不正流用事件
きょう告示、18日投開票

任期満了に伴う奥多摩町長選挙が今日13日、告示される。それに先立ち10日、町では初めての公開討論会が開かれ、定員150人満席の中、再選を目指す現職の河村文夫氏(63)＝自民推薦＝と、新人の不動産会社役員、室川定義氏（67）＝民主推薦＝が、地域産業、人口減少、公金不正流用事件などをテーマに、町の将来について考えを述べた。投開票は18日。12日現在の選挙人登録者数は5857人（男2849人、女3008人）。

「生涯健康で楽しく豊かに支え合う」「自立してともに生きる」まちづくりなどを公約に出馬を表明していた河村氏に対し、「奥多摩町政刷新の会」は室川氏を擁立。「無投票再選阻止」と、町が都から管理委託を受け、「奥多摩湖愛護会」が運営していた都立奥多摩湖畔公園・山のふるさと村について、町が管理委託費を流用したとする問題（現在係争中）の、全容解明・再発防止策を最重要課題にあげ、4月19日に出馬表明していた。

今回選挙の最大の争点となる公金不正流用事件の再発防止策について、河村氏は、09年2月に管理運営報告書を作成したとし「全体で法令順守、会計処理、職員の意識改革などについての研修などを実施している。町民の雇用問題も絡んでおり、よりよい指定管理者として不正が起こらないようにしている」と再発防止策の取り組みを紹介。「3月末には都から指定管理者の指定を受けられることになった」と話した。

これに対し室川氏は「河村町長は事件後、町民や、町が刑事告発して不起訴になった部下2人にも謝罪が一度もない。自殺者が出た問題で給与の一部を返還しただけで、責任を果たしたのか」と糾弾。「町は都に財政の4割を頼っている。再発防止策を講じて町の自浄能力を示さなければ、都から安定した財政援助が受けられなくなる。第三者による調査委員会を設置して、原因解明すべき」などと応戦した。

政策や町の課題について、熱い討論を交わした河村氏（左）と室川氏

新会長に八王子市長
東京都市長会

08年度第1回の東京都市長会（会長・尾又正則東大和市長）は4月25日開かれ、任期満了による役員改選では、07年度副会長を務めた黒須隆一八王子市長が新会長に選任された。また1日の東京都市区長会総会で、黒須市長は市区長会会長にも就任した。

第1回市長会では、全国市長会要望事項として「地上デジタル放送への難視聴対策」や「医療保険制度の改革・改善について」など、計27本の要望事項を確認。16日の全国市長会関東支部総会で決議する。

市長会、市区長会（市側）の役員は次の通り（○は新任）。

市長会▽会長　○黒須隆一（八王子）▽副会長　星野繁（清瀬）、○北川穰一（昭島）、○馬場弘融（日野）▽監事　○矢野裕（狛江）、○竹内俊夫（青梅）▽政策調査特別部会長　○稲葉孝彦（小金井）▽総務・文教部会長　○並木心（羽村）▽厚生部会長　○野崎重弥（東久留米）▽環境部会長　○星野信夫（国分寺）▽建設部会長　○野口忠直（府中）▽顧問　石川良一（稲城）、○尾又正則（東大和）※任期2010年4月30日まで

市区長会（市側）▽会長　黒須隆一（八王子）▽副会長　星野繁（清瀬）▽理事　石川良一（稲城）、尾又正則（東大和）、北川穰一（昭島）、馬場弘融（日野）▽監事　矢野裕（狛江）※任期09年度総会まで

生活保護費の着服で懲戒処分
調布市

調布市は4月30日、総額66万9628円の生活保護費を着服したとして、当時、福祉健康部生活福祉課職員で、ケースワーカーの吉田正広主事（37）を懲戒免職にしたと発表した。

吉田主事は02年10月から生活保護事務に関わるケースワーカーに従事。07年8月から対象者1人の生活保護廃止手続きを怠り、事件が発覚する08年3月までの8カ月の間に発生した不必要な保護費の支払い分を、8回にわたって着服していた。

生活保護を廃止していた当人から、保護費再開の相談が市にあったが、事務上は保護費を継続していたことになっていたことから事件が発覚。

着服した保護費は全額弁済されているが、今後、調布警察署に被害届を提出し、告訴する考え。また、上司の管理監督責任として、生活福祉課長（当時）、生活福祉課主幹を給料10分の1を2カ月、生活福祉課副主幹（当時）、福祉健康部次長を給料10分の1を1カ月、それぞれ減給処分とした。さらに、市長等特別職の給料減額措置を第2回定例会に提案する予定している。

事件を受けて市は今月から、生活保護費の支払いを窓口で行う場合、受領印に加えて対象者が自筆の署名と日付を記入するほか、確認も複数の職員で対応することとした。また、今後、システムについても見直しを検討していくという。

長友貴樹市長は「大変重大な事件と受け止め、厳正に対処した。深くお詫びしたい」とコメントを出した。

児童の顔写真データを紛失
多摩市

多摩市教育委員会は8日、市立小学校の児童257人分の顔写真が記録されたデジタルカメラを、音楽教諭が紛失したと発表した。

紛失したのは教諭個人のカメラ。教諭が児童の顔を覚えるために、2年生から6年生まで数人ずつ撮影した記録が入っていた。

同教諭は4日夜にタクシーを利用した際、カメラの入ったバッグを社内に置き忘れた。バッグはタクシー会社から届けられたが、カメラは発見できなかったという。同日中に多摩中央警察署に連絡し、5日には盗難届を提出した。

市では、児童の個人情報が記された緊急連絡カードを担任が紛失する事故が4月に起きたばかりで、再発防止対策検討委員会で今後の対策を検討している最中だった。

教育指導課は「個々の教員に再度個人情報管理の自覚を持ってもらい、個人情報の持ち出しに関してもチェックシートなどを作って適正管理を徹底する」などと話した。

「誘致の仕掛け」点から線へ

復興のステージ　三宅島航空路再開　上

火山ガスの噴出で全島避難を余儀なくされ、一時は途絶えた三宅島の活動。帰島から3年が経ったが、観光を機軸にしてきた島の暮らしは、噴火前と比べても、未だ回復の途上だ。その島が4月26日、新たな復興のステージを迎えた。―三宅島空港再開―。島民の切実な願いは、島内外の人を巻き込んだ10万人の署名となり、空路再開という実を結んだ。しかし、もちろんこれは、最初のきっかけに過ぎない。華々しい復興の幕開けを、真の復興にどう結び付けていくのか。観光シーズンを目前にした三宅島を取材した。

■島のために

4月26日午前11時45分。羽田空港から三宅島に向け、空路再開第一便となるボンバルディア機が離陸した。火山ガスの噴出のため三宅島空港が封鎖されてから、実に7年8カ月ぶりの空路再開。第一便を見送る羽田空港と、迎える三宅島空港では、この日を待ちに待った島民たちの歓迎ムードに沸いた。

再開を祝うセレモニーに、三宅高校3年生が花を添えた＝羽田空港第二ターミナルで

ゴールデンウイーク初日で多くの人が行き交う羽田空港第二ターミナルビルの一角には、三宅島行き第一便を見送るセレモニーのため、特設会場が設けられた。山元峯生全日本空輸㈱代表取締役社長、冬柴鐵三国土交通大臣、尾田俊雄東京都港湾局技監、三宅村の平野祐康村長ら、錚々たる顔ぶれが並ぶ中、「これからの三宅を担う『若い力』に、島の観光PRに参加してほしい」という三宅島観光協会の呼びかけに応えた、三宅高校3年生19人も緊張した面持ちで顔を揃える。

避難生活バネに 官民一体化

飛行機の搭乗口横には三宅村の鳥「アカコッコ」の写真が張られている

高校生たちが「すべて自分たちで考えた」という島のPRは、「三宅島空路再開ありがとうございます！」と一文字ずつ書かれたパネルと、メッセージ。「たくさんの人たちのおかげで島が元気になっています。8年ぶりの空路再開で噴火前のようにさらに島が元気になればいいなと思います」など、思いを込めて来島を呼びかけた。

第一便の飛行機を見送ると、空港内で島をPRするチラシ配り。慣れない「仕事」に戸惑いながらも、「三宅島空港が再開しました！」という元気な声が響く。生徒会長の山田拓海くんは「『島が大好き』と言う気持ちはみんな同じ。島のために、何かしたかった」。その言葉は、空路再開に寄せる全島民の期待の大きさを代弁していた。

■魅力づくり

飛行機は羽田―三宅島間をわずか45分で結ぶ。これまで島と東京本土とを結ぶ足が、一日一往復、片道6時間半の船だけだったことを考えれば、利用者の精神的な距離感は、比較にならないほど近くなった。

実際、空路再開の効果は大きく、島観光協会や三宅村役場には、観光や噴火の状況を問い合わせる電話が連日鳴り響いているという。「空路再開を復興の起爆剤に」という関係者にとっては、胸をなでおろす状況だ。

しかし、羽田―三宅島間を結ぶ飛行機の乗客数は最大でも56人。さらに、通常の生活には影響のない火山ガス濃度レベル1（0・2ppm）でも、飛行機は欠航になる。

ANA広報課によると、ゴールデンウイーク中の飛行機の予約率はほぼ100%だったが、4月26日から6日まで飛行機が飛んだのは7日。利用率は88・5%だった。風に加え、火山ガスの影響がある三宅島については「年間6割程度の就航率では」というのが大方の見方だ。一日一往復の現状では、空路で見込める観光客数は年間2万人程度。一度に多くの人を運べる船舶と組み合わせた誘客は欠かせない。

ピーク時、島の観光客は年間8万人強だったが、現在は5万人程度になっている。観光のメーンとなっていたダイビングも、その数は頭打ちだという。「観光を基軸にした産業復興」を目指す島に急がれるのは、交通手段を抜きにしても訪れたくなる、島の魅力を活かした新観光メニューの開発だ。

溶岩流の爪跡や、噴火の歴史が目の当たりにできる地層、さらには、火山の島に生きる固有の動植物。世界に類のない島の自然は、研究者や専門家にとっては垂涎ものだ。しかし、島にとって当たり前の風景は、観光資源としての活用を遅らせてもきた。

全島避難を経て島を客観的に見つめた島民は今、あらためて島の価値を「火山の島」に見出している。その価値を、どのように観光として活用するか。官民一体となったプロジェクトへの取り組みが始まっている。（つづく）

行政対象暴力

対策連絡調整会議を設置

オール都庁で情報共有や周知

都は、威圧等を行うことで地方公共団体等へ不正な利益を要求する「行政対象暴力」に組織的に対応するため、各局総務課長や警視庁などによる対策連絡会議を設置する。庁内の情報共有や連携を図るほか、対外的にも行政対象暴力への強い姿勢を示すことが目的。昨年4月の長崎市長銃撃事件など、行政対象暴力が広がりをみせる中、警察庁や各県警からの働きかけを受けて、全国的にも同様の組織対応が進んでいる。

近く対処指針も取りまとめ

警察庁の定義では、行政対象暴力とは「暴力団等又は右翼が不正な利益を得る目的で、地方公共団体等の行政機関又はその職員を対象として行う違法又は不当な行為」と位置づけている。

企業と同様、暴行や脅迫による機関誌等の購読といった直接的な金品の要求だけでなく、行政対象暴力では不手際等につけ込み、圧力をかけて工事案件等の入札の際に便宜を図るよう求めるなど、行政の許認可や指導監督といった権限に絡んだ要求が見られる点も特徴と言われる。

07年警察白書によると、06年に行政機関から警察や都道府県暴力追放運動推進センターへ届けられた行政対象暴力の相談件数は2391件に達し、02年から5年連続して2千件を超える水準にある。

警察庁では、とりわけ長崎市長の銃撃事件を契機に強い危機感を抱いており、07年警察白書でも「暴力団による資金獲得活動との対決」と題する特集を組むなど、オールジャパンとしての対応を進めるなかで、各自治体への働きかけを行ってきた。

都の行政対象暴力対策連絡会議では、行政対象暴力の定義を「暴行、威迫その他の違法又は不当な手段により、都又は職員に対し不正な利益を要求する行為」として、暴力団を主眼に置いた警察庁の定義よりも広くとらえる方向だ。

対策連絡会議のメンバーには、各局総務課長（行政委員会、消防庁含む）のほか、警視庁の組織犯罪対策第三課長が参加。同会議の窓口となる総務局では「警視庁とのパイプを強化できるメリットも大きい」と説明する。

具体的な取り組みでは、行政対象暴力に関する情報収集や情報交換、職員への周知、研修などにあたる。また職員の行動規範にあたる行政対象暴力への基本的な対処指針も取りまとめる予定としている。

都庁では、これまでも建設局や主税局といった住民対応部署を持つ局を中心に独自のマニュアルを作成し、対応にあたってきている。

たとえば建設局が今年3月にまとめた「行政対象暴力対応マニュアル」では、平素の心構えや準備を挙げた上で「相手や用件を確認する」「有利な対応場所を選定する」「対応人数は常に相手の優位に立つ」「機を失せず警察に通報する」など基本的な不当要求への対応、機関紙等の送りつけや交通事故のような具体的な不当要求の対応を例示している。

行政対象暴力では、様々な機会をとらえて、不当要求行為を行ってくることから、すべての局に共通した問題とも言える。このため今後、対処方針をベースに、各局の業務に合わせた形でのマニュアル作成の動きも出てきそうだ。

都生活文化スポーツ局

語学登録職員の全庁拡大へ

職員の意向調査を実施

都生活文化スポーツ局は、災害時の外国人対応に向けて、語学力を有する職員の意向調査を全庁的に実施している。調査結果を踏まえて、各局を通じた語学登録職員の登録依頼などを進める考えだ。

語学登録職員は、大規模災害発生時に同局内に設置される「外国人災害時情報センター」の要員として、語学力を活用し、外国語による情報提供を行うもの。具体的には被災外国人からの問い合わせ対応のほか、総合相談窓口での外国人相談支援等にあたる。日常会話程度以上の語学力が資格要件となる。

しかし言語登録職員の現状をみると、同局職員のみの10人と極めて少なく、対応可能な言語も英語8人、仏語2人、伊語1人、西語1人、韓国・朝鮮語2人、インドネシア語1人（複数の言語登録含む）にとどまっている。

一方、都内の主要10カ国外国人登録人口をみると、総数39万5169人のうち、中国が35％と最も多く、韓国・朝鮮が29％、フィリピンが8％、米国（5％）、インド（2％）と続いており（08年4月1日現在）、中国語やタガログ語のほか、少数言語への対応が十分でないなど、ギャップが生じている。

こうした中、昨年5月に「東京都地域防災計画」が修正され、都職員の初動態勢として語学登録職員が位置づけられたことから、同局は語学登録職員の全庁拡大の方策を検討していた。

この際、ネックとなったのが都災害対策本部条例の施行規則だ。語学登録職員は、災害対策本部が設置された際に「当該所属の本務に支障のない範囲で、情報センターに配属」することが可能だが、この根拠となっているのが規則に盛り込まれた「災害時における他局の応援に関すること」との項目だった。ただし同項目は、災害に直接関係のない一部の局や行政委員会に限られ、語学登録職員の全庁拡大につながらない面もあった。

このため都民生活部では、総務局総合防災部との間で協議を行い、施行規則を改正、他局の応援に関する項目を全局の分掌事務に含めることで問題をクリアした。

しかし大規模災害の発災時には、各局とも対応に追われ、実際に人材を他局の応援に回す余裕はないという事態も十分に想定される。

こうした点について都民生活部では、「被災外国人やとりわけ少数言語への対応など、1局の人材だけではカバーできない状況もある」と指摘。「手を上げる職員が少なくても、今回の意向調査を契機に、各局版の語学登録職員の検討や、語学力を有する職員を把握した上で人材バンクのような形で活用が進むことを期待している」と話している。

ボルネオの「森の人」に橋を

ひと

東京都多摩動物公園
飼育展示課南園飼育展示係

黒鳥（くろとり）　英俊（ひでとし）さん

ボルネオ種とスマトラ種に分かれるオランウータン。多摩動物公園にいる10頭はすべてボルネオ種だが、そのボルネオ島では熱帯雨林がアブラヤシ農園に変わり、群れが孤立して種の保存が出来なくなっているという。

川を怖がるオランウータンの移動を助けようと、消防ホースの橋を架ける「ホース・プロジェクト」を先月、市川市動物園の職員と2人で主導してきた。

「ホースを編んで金具で止めて、80㌔にもなるんですが、多くの人の協力で無事に架けることができた。動物園でホースを使って遊ばせてきたことが現地で生かされました」

分断された生息地はまだまだ無数にある。「現地の人にレクチャーしてきたので、引き継いでやってもらえれば一番いい」と話すが、今回のプロジェクトを海外の類人猿関係のネットワークに発信したところ、すごく関心を持ってくれたといい、今後の大きな力になりそうだ。

アブラヤシから採れるパーム油はほとんどが日本に来る。そうした現状を知って欲しいと、「アブラヤシ展」なども企画してきた。

「現地の生活水準は日本と変わらないくらい豊かになっている。開発は止めようがないので、小さな群れをつないであげて、どう共存を図っていくかです」

野性生物の保全も、今や動物園の大きな柱になっているのだ。

高校生の時、海運業に従事していた父親がボルネオからカニクイザルを持ち帰り、受験勉強そっちのけで毎日見ていた。それを湯たんぽを入れ忘れて死なせてしまったという。

「その負い目もあるかもしれない」と動物園を希望し、名前が動物園に似合っていると採用されたと笑う。

猿ひと筋でずっと上野にいて、多摩に。「その後にモリーも上野から転動してきた」というモリーは56歳。国内最高齢のオランウータンだ。「好奇心旺盛なんです。適度な刺激があって、興味が持てるものがあると長生きするんでしょうね」

モリーは絵を描き、多摩の歴史と共に歩んできた52歳のジプシーも様々なことに挑戦。「毎日新たな発見があって面白いんです」

得意の語学を生かして、日本が力を尽くしていることを海外に発信する一方、大先輩の飼育の目を文書で形に残していくことも重要だと強調した。（門）

北海道生まれ。78年千葉大院園芸修了。同年畜産職で入都。上野動物園を経て02年から現職。施設では自作のイラストでオランウータンを紹介。茨城大で伴侶動物学の講師も。妻と一男一女。55歳。

区管試

受験喚起にあの手この手

19区で対策講座を実施

9月6日に行われる特別区管理職選考の受験申し込みが始まった。団塊世代の大量退職期を迎え、各区の合格予定者数が過去最高となる中、申込者数は減少傾向にあり、危機感を抱く各区の人事担当は、様々な受験勧奨に取り組んでいる。特別区人事委員会事務局が各区の取組状況を調べたところ、ほとんどの区で受験対策の支援やガイダンスの実施、受験喚起を目的とした情報提供など、何らかの取り組みを行っていたという。申込書提出期限は6月11日となる。果たして効果の程は――。

■組織的に後押し

特別区人事委員会事務局が各区に調査した結果によると、有資格者を対象とした試験対策講座や論文指導は、19区が人事担当課などの肝いりで実施していた。かつては有志による自主的な勉強会などが中心だったが、組織的な取り組みが目立つようになった。

職員の「管理職離れ」が叫ばれる中、組織的にバックアップしようという動きだが、背景には指導する先輩職員の先細りといった課題もある。ある区の担当者は、「かつては有志の勉強会を開いていたが、いつの間にか立ち消えてしまった」と話す。以前は組織的にバックアップしなくても合格者を多く輩出していたが、受験者数の低下に伴い、後輩の指導にあたる合格者も先細りしてしまったという。

また、別の区の担当者からは、試験制度の見直しが一因と指摘する声も聞かれた。特別区の管理職選考は04年から事務系で各区の需要数を出す仕組みに変わった。「かつては他区の受験者がライバルだったが、自区内での勝負になり、グループでの勉強会が成り立たなくなってしまったのでは」と話す。

他方、試験制度の見直しが勉強会など講座の取り組みを加速させている側面もある。I類事務の口頭試問進出率を見ると、5年前の03年度は12・6％だったが、昨年度は35・7％と高い。これは事務（I・II類）が最終合格者の2倍程度、I類技術が同1・5倍程度を口頭試問に進出させるよう筆記考査のハードルを低くしたためだ。加えて、合格者が確保しやすくなった反面、質の確保も課題となる。各区とも、まずは筆記試験の突破に力を入れようとする様子がうかがえる。

また、講座等を通じて先輩管理職とのつながりも生まれ、管理職への意欲が高まる相乗効果もあるようだ。ある区の担当者からは「昨年度の状況を見ると、受講者から多くの合格者が輩出されており、講座の実施には効果を感じている」といった声も聞かれた。

各区の主な管理職選考受験喚起策

区分	内容
試験対策の支援（19区）	試験対策講座、勉強会の実施
	模擬試験、模擬面接の実施
	論文等の個別指導
ガイダンスの実施（6区）	管理職選考の概要、現職管理職から管理職の魅力や受験対策を伝える
	個別相談会の開催
	08年度選考に向け、新たに2区が取り組みを実施
情報・資料の提供（9区）	庁内LANや職員広報等で受験情報や資料を提供
	合格者体験談を掲載
	新課長座談会を掲載

■掘り起こし

ただ、こうした講座や勉強会を受講するのは受験の意思を持つ職員であり、「管理職離れ」が進む中では、受験者の掘り起こしこそ重要となる。こうした取り組みの一つとなるのが、管理職選考の概要や受験対策などを伝える管理職ガイダンスの実施だ。現在は6区が実施しており、このうち2区は今年度から新たに取り組みを始めたという。

文京区も、今年度から取り組みを開始した。同区はこれまで、要綱発表後に所属長が説明していたが、そこからの準備では難しい。今年は半年以上前の2月にガイダンスを実施し、試験概要の説明や、現職の管理職から職務の魅力を語ってもらったほか、昨年の合格者から受験突破策を披露してもらうようにした。

山本育男職員課長は「若い職員は管理職に興味はあっても、誰かに背中を押してもらわないと、踏ん切りがつかない面もある」と話す。単に受験の技術面だけでなく、現役の管理職に実態を語ってもらい、管理職としての人生設計を考えてもらうのが狙いだ。

■全職員にメッセージ

さらに、庁内LANや職員広報等を通じた受験勧奨の資料提供などを行っているのが9区あった。そのうち杉並区では、職員報に若手課長の座談会を掲載。管理職の実態や魅力などを語ってもらったという。「議会対応や人事管理など、大変そうだと思われて敬遠される管理職だが、実態はどうなのか、1年目の若手課長に語ってもらった」と話すのは、宇賀神雅彦職員課長。座談会の中では、責任感が重くなった反面、見聞や人間関係が広がったなどの魅力を3人の新任課長が語った。

有資格者だけでなく、幅広く職員の目に触れる職員報に掲載したのはなぜか。「組織の少数精鋭化を進める中、管理職のみならず、すべての職員が業務をマネジメントできる組織づくりが必要となる」。宇賀神課長は、そう語る。区政の方向性を全職員にメッセージとして伝える狙いもあったという。このほか、「受験喚起に最も効果がある」といわれる所属長による直接の受験奨励は、すべての区で実施していた。

■強い危機感

特別区管理職選考の申込者数は、94年度をピーク（事務、技術、I類・II類合計2986人）に年々減少し続けている。その一方、管理職の需要数は、団塊世代の大量退職期を迎えて03年度以降急増しており、今年度も前年度比17人増の207人（事務・技術、I類・II類合計）と過去最高となった。

「人材不足で兼務発令が増えており、今後も管理職が退職を迎える。若手職員の管理職離れが言われているが、管理職候補者の掘り起こしは喫緊の課題だ」。ある区の担当者からは、こんな声が聞かれた。各区が様々な受験勧奨に取り組む背景には、将来の区政を担う管理職選考受験者の確保に強い危機感がある。

他方、管理職選考の申込者数は減少しているものの、筆記試験当日の受験者数は増加している。受験者にとっても「頑張れば受かる」という実感が確実に増しているようだ。特別区人事委員会では「合格予定者数も過去最高となり、管理職を目指す受験者にとっては、希望を実現できるチャンスでもある。ぜひチャレンジしてほしい」と話す。

都総務局

事務事業提案の実施状況公表

税の催告業務で民間活用

都総務局はこのほど「事務事業の民間開放の可能性に係る意見募集」に寄せられた意見の実施状況を公表した。今年度から新たに民間活用が図られた事務事業は、すでにコールセンターでの取り組みが始まっている税の催告業務。電話や文書による納付の呼びかけを行うもので、契約金額は約7千万円、契約期間は09年3月末まで。

行政改革推進部では昨年5月、東京都版市場化テストの対象事業選定の参考とするため、民間で実施可能と考えられる事務事業の内容等について意見募集を実施、16件の提案を受けた。同年10月には都見解を発表し、検討結果を明らかにするとともに、民間委託実施済みのケース等ではその内容や発注時期等も明記していた。

新たに民間委託により実施された税の催告業務に関しては、意見募集の際に、徴税徴収率の向上と費用対効果の観点から「公租公課の滞納者に対する電話での催告業務を、民間コールセンターを活用して実施」との提案が寄せられていた。

これに対して昨年10月の都見解では、主税局が徴収初動業務の見直しに向けて検討中であることを説明。適法性や徴収率の維持、効率性、費用対効果などを考慮して、民間活用の可否を検討するとしていた。

正規職員を募集

今年度は主任も

首都大学東京

首都大学東京では、来年4月1日付で採用する職員を募集している。正規職員の採用は昨年度に続くもので、今年度は新たに主任級の職員も募集している。

採用予定数は事務職が10人程度、技術職が若干名。このうち事務職は、民間企業等での職務経験を有する人を対象に主任級の職員も募集する。主事から職員を育成すると、主任級までには6年程度かかるため、社会人経験者を主任級として採用することで、早期に法人の骨格を担ってもらうのが狙いだ。5月30日までに申込書を郵送し、筆記試験を6月29日に実施する。合格発表は8月15日を予定。

松下　たみさん（まつした・たみ＝松下初男・品川区まちづくり事業部道路公園課道路維持係長の母）1日死去、87歳。

坂本　秀夫さん（さかもと・ひでお＝坂本道夫・品川区生涯学習課文化財担当係長の父）8日死去、84歳。

昇任試験対策のページ

20年度 主任試験講座 — 30 —

行政法 ④

今回は、「行政上の制裁措置」「行政処分等に関する補償」及び「行政上の不服申立て」の問題演習を行います。このうち、「行政罰」については、分類をしっかり整理するとともに「執行罰」との違いを確認してください。また、「国家賠償法」は繰り返し出題されていますので、内容をよく整理しておきましょう。

問題

【問題10】

行政罰に関する記述として妥当なのは、次のどれか。

① 行政罰とは、行政上の義務違反に対して公の秩序維持のために科せられる罰をいい、行政刑罰と執行罰とに分けられる。

② 行政罰には、罪刑法定主義の原則が適用されるが、行政上の目的を確実、速やかに実現する必要があるため、原則として一般的・包括的な委任が許されている。

③ 行政刑罰とは、反社会的・反道義的性質の行為に対して道義責任追及のため、または犯人の教育のために科される制裁をいう。

④ 秩序罰とは、刑罰の一種であるが、届け出や登録通知を怠るなどの軽微な義務違反行為に科す金銭罰のことをいう。

⑤ 行政罰とは、行政上の義務違反に対し、制裁として科せられる罰である。

【問題11】

国家賠償法に定める公の営造物の設置管理の瑕疵に基づく損害の賠償責任に関する記述として、妥当なのはどれか。

① 国家賠償法第2条に規定する「公の営造物」には、行政財産、普通財産に当たる不動産等に加え、動産も含まれる。

② 損害の発生が天災による不可抗力によって生じたものであり、安全管理が十分であった場合でも、国または公共団体は賠償責任を免れない。

③ 外国人が被害者である場合にも、日本人と同様に、国または公共団体に対して損害賠償の請求を行うことができる。

④ 国または公共団体は、損害について他に責任を有する者がある場合には、賠償責任を免れる。

⑤ 公の営造物の設置または管理に当たる者とその費用を負担する者とが異なる場合、被害者はそのいずれに対しても損害賠償を請求できる。

【問題12】

行政不服審査法に定める不服申立てに関する記述として、妥当なのはどれか。

① 処分についての異議申立ては、違法または不当な行政処分によって権利または利益を侵害された者が、当該処分をした行政庁以外の行政庁に対して行う手続である。

② 処分についての不服申立ては、異議申立てまたは審査請求のいずれかにより行い、不作為についての不服申立ては、原則として審査請求により行う。

③ 再審査請求は、審査請求の裁決に不服のある者がさらに不服を申し立てることであり、法律または条例に再審査請求をすることができない旨の定めがないときに限り行うことが認められている。

④ 処分についての審査請求は、処分があったことを知った日の翌日から60日以内であっても、処分があった日の翌日から1年が経過した場合は、原則として行うことができない。

⑤ 処分庁は、不服申立てが行われた場合には、原則として、処分や手続を停止しなくてはならない。

【問題13】

行政不服審査法に規定する教示に関する記述として、妥当なのはどれか。

① 行政庁が教示義務に反して教示をしないとき、処分について不服のある者は、当該処分が、異議申立てはできないが審査請求はできる処分の場合には、審査庁に審査請求書を提出しなければならない。

② 不服申立てのできる処分を行政庁が書面で行う場合、教示の請求権者は当該処分の相手方に限られ、当該処分の利害関係人は教示を請求することができない。

③ 処分庁が、不服申立てのできる処分について、誤って法定期間より長い期間を不服申立期間として教示した場合、その教示された期間内になされた不服申立ては法定期間内になされたものとみなされる。

④ 異議申立てについての決定を経てからでないと審査請求ができない処分について、異議申立てができる旨を行政庁が教示しなかった場合であっても、不服申立人は異議申立てをした後でなければ審査請求することができない。

⑤ 審査請求しかできない処分について、処分庁が誤って異議申立てができる旨の教示をした場合、誤った教示の責任を不服申立人に転嫁するのは妥当でないので、処分庁が当該不服申立ての管轄権を得る。

解説

【解説10】

① 誤り。行政罰は、一般統治権（国または地方公共団体が一般の市民を統治する権限）に基づいて、行政上の過去の義務違反に対して制裁として科す罰であり、行政刑罰と行政上の秩序罰に分けられる。一方、執行罰は、他人が代わって履行できない義務（非代替的作為義務、不作為義務）の履行がない場合に、一定額の過料の納付を命ずることにより、義務者に心理的圧迫を加え、将来に向かって義務の履行を促す行政上の強制執行の一種である。

② 誤り。前段は正しいが、現行憲法の下では、法律により個別的、具体的に委任される場合のほかは、一般的な委任は許されない。

③ 誤り。設問は通常の刑罰の説明である。行政刑罰とは、過去の行政上の義務違反に対して主に取り締まりの見地から科される、刑法に刑名のある刑罰（懲役、禁固、罰金、拘留、科料）をいう。法令に特別の定めがある場合を除き、刑法総則が適用される。また、行政刑罰は、法人に対する処罰や、違反行為者のみならず使用者及び事業者も罰する両罰規定を採用する等、刑事罰とは異なる特色を持つ。

④ 誤り。秩序罰とは、届け出を怠るなど、行政上の義務違反ではあるが、直接的には社会的法益を侵害し市民の生活に悪影響をもたらさない軽微な形式的違反行為に対して制裁として科される、「過料」と呼ばれる金銭罰のことである。刑罰ではないため、刑法総則及び刑事訴訟法の適用は受けず、非訟事件手続法に基づき、裁判所が科す。

⑤ 正しい。行政罰は、行政法上の義務の履行を担保し、行政法上の秩序を維持することを目的としている。

正答 ⑤

【解説11】

① 誤り。「公の営造物」には行政財産に当たる不動産等に加え、公用車等の動産も含まれるが、普通財産は含まれない。普通財産は公有私物として扱われ、民法717条の適用を受ける。

② 誤り。安全管理が十分であった場合は、免責される。この点については、大東水害訴訟・多摩川水害訴訟の両最高裁判決など、関連する判例を確認すること。

③ 誤り。国家賠償法は相互保証主義をとっており、当該外国人の本国で、日本人が国または公共団体に対して損害賠償請求をすることができる場合に限り、外国人も請求することができる。

④ 誤り。賠償責任を免れることはできない。ただし、この場合、当該損害について責任を有する者に対して、国または公共団体は、求償することができる。

⑤ 正しい。被害者の救済の便宜を図るため、被害者はいずれに対しても損害賠償を請求することができるものとした。

正答 ⑤

【解説12】

① 誤り。異議申立ては、行政庁の処分または不作為に対して、処分庁ないし不作為庁に不服を申し立てる手続をいう。行政不服審査法の認める不服申立てには、①異議申立て②審査請求③再審査請求、の三種がある。

② 誤り。処分についての不服申立てと、不作為についての不服申立ての説明が逆である。行政庁の処分に対する不服は、処分庁自身に申し立てて翻意を期待するより、外部の行政庁に申し立てた方が公正な判断が期待できるため、処分に対する不服申立ては原則として審査請求によることとした。これを審査請求中心主義という。

③ 誤り。法律または条例に再審査請求をすることができる旨の定めがあるときにできる。なお、再審査請求においては、原処分、審査請求の裁決いずれも対象とすることができる。

④ 正しい。行政法関係の早期安定のため、審査請求期間を経過すると不可争力が生じ、処分の効力を争うことはできない。ただし、正当な理由があるときは、その限りではない。

⑤ 誤り。行政不服審査法は不服申立てに執行停止を認めていない。不服申立てにより審理中でも、処分庁は法律に別段の定めのない限り、執行を続けられる。これを執行不停止の原則という。

正答 ④

【解説13】

① 誤り。行政庁がなすべき教示をしなかったときは、当該処分に不服のある者は、当該処分庁に不服申立書を提出することができる。当該処分が異議申立てのできる処分[illegible]

20年度 主任・係長 論文講座 ★30★

東京都主任選考

論文添削 ⑤

今回は、実際の論文を題材に添削とアドバイスを行います。

課題

（一）あなたが現在携わっている職務及び業務改善に関する課題について、簡潔に述べてください。

（二）（一）で述べた課題について分析し、それに対する解決策を具体的に述べてください。

論文例

設問（一）

私は主税局の研修担当をしている。具体的には、局研修の企画及び研修実施業務を委託している財団法人との調整を行っている。①

主税局の使命は、様々な行政サービスの財源となる税収を確保すること及び適正・公平な課税徴収を行い、都民の信頼を確保することである。②

しかし、主税局では今後2年間で毎年200人もの職員が退職する。今後都では、少子高齢化による労働力供給の制約が予想され、同規模の新規採用の補充は見込めない。そこで局では、使命を果たすため、少数精鋭の執行体制を目指して「主税局人材育成基本方針」を一昨年に策定した。ここで、都税事務所のブロック化や定型業務の民間委託化方針が示された。③

私の職務は、この少数精鋭の税務のプロ職員を育成するため、研修を企画・実施することである。業務改善に関する課題は、次の2点である。第一に、都や局の人材育成方針等を踏まえ、今後の主税局のコア業務を見据えた上で、研修メニューの見直しを行うことである。第二に、一つひとつの研修を着実に実施していくために、業務委託先と連携をとり、適切な進行管理を行うことである。④

設問（二）

1 将来のコア業務を見据えた研修

これまでの主税局はルーチン業務が多く、経験の浅い職員でも、充実したマニュアルにより仕事を進めることができた。しかし今後は、マニュアルで対応できない部分こそがコア業務となる。職員は、税務のプロとして、根拠となる法令を自ら考え解釈し、判断する力、困難案件の相談・交渉ができる力を身に着けなければならない。⑤

そこで私は、次の二つの研修メニューの見直しを提案した。⑥

一つは、新任・他局転入職員を対象とした「地方税法研修」の見直しである。これは、局人材育成方針の重点項目である地方税法の読み方や法令解釈能力を習得させる研修である。私は、講義中心であった研修に、自ら考える力を育てるため、事例演習を取り入れた。また、当日すぐに問題に取り組めるよう、実施通知にチラシをつけて、最低限の事前学習を呼びかけた。さらに、事例は、実務でも解釈に争いがあるものを用意し、研修生に興味を持たせるよう工夫した。⑦

この結果、多くの研修生に、法令解釈の基礎を身に着けるとともに、今後の学習のモチベーションアップを図ることができた。⑧

もう一つは、新規に、若手職員を対象とした「人を納得させる話し方研修」を企画したことである。これは、相談や交渉の前提となる説明能力を向上させるものである。この研修は、外部講師の依頼が必要となるため、提案にあたっては、費用対効果を十分検討した。まず、事前に各部署にヒアリングを行い、ニーズがあることを確認した。その上で、外部の公開講座を視察し、確実に説明能力が向上することを検証した。⑨

この研修は、今年度の実施に向けて外部講師との調整を進めているところである。⑩

2 一つひとつの研修の着実な実施

企画した研修は財団法人への業務委託で実施している。委託内容は、資料の印刷や当日の運営だけでなく、各研修の講師選定から教材作成までの企画業務の一部を含む。そのため、こちらの意図に沿った研修を着実に実施するためには、委託先との連携を密にしなければならない。⑪

しかし、これまでは、準備期間や打ち合わせの不足により、目的に沿った研修が実施できないこともあった。⑫

そこで私は、研修実施の3カ月前から準備に着手し、委託先と実施案を検討する時間を確保するようにした。そして、実施日までの作業スケジュールを作成し、委託先の担当者と共有した。スケジュールは作業ごとに細かく締切を設定し、進行管理しやすいように工夫した。しかし、試行してみると、担当者の中には、逆に臨機応変な対応を取ってくれないといった弊害も出てきた。そこで、担当者によっては大まかに提示するなど、使い分けをするようにした。⑬

また、効果的な研修を実施するためには、講師選定と講師との調整が重要である。私は、委託と受託の役割分担を尊重しつつも、委託先の担当者任せにせず、自らも情報収集を行い、意見を述べるようにした。さらに、必要に応じて講師との打ち合わせにも同行し、意見調整を図るようにした。⑭

この結果、担当者と意見交換しながら、効果的な研修を実施できるようになった。⑮

3 研修のプロ職員となるための自己啓発

真に必要な研修を企画・実施するためには、最新の研修知識の取得や、社会の動向を敏感に察知することが必要である。⑯

私は、書籍や都庁内外のセミナーで日々自己啓発に努めている。有益な情報は資料回覧や係会議で報告し、係全体のレベルアップにも役立てている。⑰

研修は人材育成の大きな柱である。有効な研修が実施できるよう更なる研鑽を積んで参りたい。⑱

講評

いわゆる「職場もの」と呼ばれる論文例です。

設問（一）では、自己の職務を説明し、業務改善の課題を2点列挙しています。主任試験論文では課題を3点挙げることが多いですが、一つひとつの課題のボリュームによっては2点に絞って説明するのも一つの方法です。

設問（二）では、（一）で挙げた二つの課題について、それぞれの解決策を提示し、決意表明で締めくくっています。

字数は（一）が約500字、（二）が約1500字で、字数配分や構成はバランスがとれています。表現方法は、自分の言葉を使い、平易な表現で分かりやすいです。

全体的に、実際行ったことを記述しているため、臨場感が伝わる論文となっています。ただし、いくつか改善が必要な部分がありますので、順に指摘していきます。

添削

設問（一）について

ここでは、都政を取り巻く環境の変化を述べ、それを背景として、自分の職務に求められていることを具体的に述べる必要があります。②③④では、都政全体における所属局の役割→局の直面する状況→それを踏まえて自分は何をすべきか、という流れでそれがよく説明されています。

しかし、③は表現に工夫が必要です。「毎年200人もの職員が退職する」とありますが、これだけでは、多いのか少ないのか分かりません。また、退職する職員と同数の新規採用を補充できない理由として、少子高齢化による労働力供給の制約をあげていますが、都として新規採用を補充しない理由はこれだけではありません。字数の制約もあるので、「今後都では、スリムで効率的な行政運営を進めていくため、同規模の新規採用の補充は見込めない」という表現にとどめた方がよいでしょう。

設問（二）について

ここでは、（一）で述べた課題について、どのような現状があり何が問題なのか、また、それを解決するための解決策をまとめます。論文では、自分なりの問題意識を持ち、常に改善に向けて努力している姿勢を示すことが重要です。様々な角度から分析を行った上で、具体的かつ実現性の高い解決策を提示しましょう。そして、解決策とともにその効果を記載すると、説得力が増します。

⑤将来のコア業務の意味が漠然としています。「マニュアルで対応できない部分がコア業務」ならば、それはどういう業務か説明する必要があります。

⑦根拠法令を自ら考え、判断する力を育てる方法として、事例演習を追加したと述べています。そのため、後段は、研修生に興味を持たせる工夫よりも、研修生に考えさせる工夫を記述した方が対応関係がよいです。

⑨企画にあたって費用対効果を検証したことを述べるだけでなく、カリキュラムで工夫した点などを付け加えると、様々な方法で改善に向けて取り組む姿勢をアピールできます。

⑩まだ取り組みの効果が出ていないものは、このような表現でもかまいません。

⑪これだけでは、局研修担当と委託先の役割分担がよく分かりません。自分の職務が「委託主として、研修の準備や実施について、適宜確認しながら進めること」だということを丁寧に述べる必要があります。

⑬後半で取り組みの試行錯誤の過程を述べていますが、この説明は不要です。

⑯決意表明の部分ですが、「最新知識の習得や社会動向の察知が必要」と、新たな問題提起をしてしまっています。決意表明は、これまでの内容を受けて、「有効な研修を実施するため、更なる研鑽を積むこと」を簡潔に述べるとよいでしょう。

20年度 教育管理職への道しるべ 〈34〉

教育事情 ①

はじめに

今回は、択一問題のうち教育事情を取り上げます。教育管理職を目指している皆さんは、教育事情という分野については、改めて勉強するまでもなく知識としてお持ちかも知れません。国及び都の教育施策の動向を把握し、正確な知識を有することは、まさに教育管理職として求められるものであり、日頃から十分に関心を払っておくことが重要です。

出題の傾向

平成19年度の択一問題数は40問から30問に減少しました。そのうち、教育事情・都政事情・時事分野に関する出題は、従来の15問程度から5問程度と大幅に軽減され、平成19年度の教育事情に関する出題は2問でした。

平成18年度は、国の施策関連では、中教審答申「新しい時代の義務教育を創造する」、全国学力調査の実施方針、食育基本法、教職員懲戒処分等の状況調査結果、学校における受動喫煙防止対策状況調査、情動の科学的解明と教育等の応用に関する検討会報告書、特別支援教育等に関して問う出題でした。また、都政・都教育委員会の施策関連では、人権教育プログラムや平成18年度主要施策等が出題されました。

平成19年度は、国の施策関連では、文部科学省が各教育長等に発した「問題行動を起こす児童生徒に対する指導」に関するもの、また、人権教育に関する国連、国及び都の施策の体系的な知識を問う出題でした。

いずれも出題の難易度としては、基本的なことを正確におさえておけば解答可能なものです。国の話題であれば新聞報道で大きく取り上げられたもの、都の施策であれば重点事業に関するものや最終報告書、計画等を中心に知識を整理しておくことが重要です。

問題

【問題1】

最近のいじめ問題に関する記述として妥当なものは、次のうちのどれか。

① 平成18年度「児童生徒の問題行動等生徒指導上の諸問題に関する調査」では、実態に即したいじめの状況を把握するため、学校の中で起こったことのみを調査対象とした。

② 平成18年度「児童生徒の問題行動等生徒指導上の諸問題に関する調査」では、いじめの定義として精神的な苦痛を感じているものとし、けんか等も含まれた。

③ 平成18年度のいじめの認知件数は約14万9千件となり、そのうち、いじめの様態に新たな項目として加えた「（パソコンや携帯電話等で、誹謗中傷や嫌なことをされる）ネット上のいじめ」の件数は、約2500件であった。

④ 平成19年12月「子どもを守り育てる体制づくりのための有識者会議」は、ネット上のいじめ問題に対する現段階で直ちに取り組むべき喫緊の課題について、特に、教育関係者に対して、四つの提案を行った。

⑤ 平成19年12月「子どもを守り育てる体制づくりのための有識者会議」は、学校・家庭・地域を含む社会全体で「情報モラル教育」を推進し、子どもたちが今後のネット社会を自律的に「生きる」を育む必要があるとし、家庭では子どもの携帯電話にフィルタリングを設定する必要があるとしている。

【問題2】

平成20年1月に文部科学省が発表した「学校評価ガイドライン〔改訂〕」に関する記述として妥当なものは、次のうちのどれか。

① 平成19年6月の学校教育法改正により学校評価に関する総合的な根拠規定が新設され、その後、自己評価の実施・公表、自己評価結果・学校関係者評価結果の設置者への報告の規定を踏まえたものであり、遅くとも21年度末までには実施等を行うよう求める。

② 学校評価の実施手法として、教職員が行う自己評価、保護者、地域住民等の学校関係者などにより構成された評価委員会等が、自己評価について評価する外部評価、学校と直接関係を有しない専門家等による客観的な第三者評価の三つの形態に整理している。

③ 新たに高等学校をガイドラインの対象に加え、幼稚園、初等中等教育段階のすべての学校種を対象に、その取り組みの参考となる目安を示した。また、学校評価を実効性あるものとするため、自己評価については、網羅的なチェックを行うのではなく、重点化された目標を精選して実施すべきことを強調した。

④ 学校関係者評価については、自己評価の客観性・透明性を高めるとともに、学校の状況に関する共通理解を深め、学校・家庭・地域の連携協力を促すことを目的とし、「コミュニケーション・ツール」としての活用を図ることが重要としている。

⑤ 学校は、学校と直接関係のある者を評価者とする学校関係者評価委員会を設置する。同委員会は、授業や学校行事の参観、施設・設備の観察、校長など教職員や児童生徒との対話を行い、外部アンケート等の実施により学校関係者評価に代えることができる。

【問題3】

平成20年4月に東京都が発表した「教育管理職の任用・育成のあり方検討委員会2次報告」に関する記述として妥当なものは、次のうちのどれか。

① 本報告では、副校長・主幹教諭の本来の職務・職責を果たし、教育改革に向けた学校の課題解決能力が一層向上するようまとめたものであり、職務に関する課題を7項目に区分し、25項目の具体的方策を提言している。

② 副校長・主幹教諭の職責や権限の見直しでは、学校経営における副校長の関与について、校長が副校長に学校経営計画の策定及び教育課程の編成に限って職務を任せることが必要である。

③ 調査・報告にかかわる事務について実態を把握する「プロジェクトチーム」を設置し、縮減策を検討する。また、都立学校ICT化事業計画に基づいて事務の効率化を推進するよう提言した。

④ 円滑な学校運営を推進するため、校務分掌組織の見直し再構築を図る必要があるとし、総合調整する新たな分掌の設置をあげている。また、副校長が職責を遂行する時間を確保するため、人的支援が必要であるとし、主幹教諭が所掌する分掌を拡大した。

⑤ 学校で解決できない余りにも理不尽な要望等への対応を支援し、負担軽減を図る取り組みとして、専門家などによる第三者機関を積極的に活用するよう提言している。

解説

【解説1】

① 誤り。学校の内外を問わない。

② 誤り。けんか等は除く。

③ 誤り。認知件数は約12万5千件、ネット上のいじめは、約4900件。

④ 誤り。特に、保護者の方々に対して。

⑤ 正しい。

【解説2】

① 誤り。20年度末まで。

② 誤り。外部評価が学校関係者評価に改められた。

③ 誤り。幼稚園は除く。

④ 正しい。

⑤ 誤り。学校関係者評価に代えることは適当ではない。

【解説3】

① 誤り。職務に関する課題5項目、20項目の具体的方策。

② 誤り。校内人事も含まれる。また、校長が副校長に適切に職務を任せることが必要。

③ 正しい。

④ 誤り。主幹教諭が所掌する分掌の弾力化を示した。

⑤ 誤り。第三者機関活用の可能性を検討するとした。

「ぬくもりのあるまち」づくりを提案

『あらかわ手づくり住民白書』

あらかわ手づくり住民白書編集委員　市村由喜子

1994年、「荒川区の行財政と区民サービスのあり方を考える懇談会」（以下、行財懇）に委員として参加している時でした。会議ごとに数千円が委員に支払われるのです。「報奨金」という説明でした。財政削減を検討しているのに、その会議自体に多額のお金をかける意味がよくわかりませんでした。議論が進むにしたがって「行革ありき」の結論が前提としてすでにあり、私たち「住民の声」がどこまで反映されるのか疑問になりました。意に反する内容の上、「報奨金」までいただくわけにいかないと報奨金の辞退を担当の幹部職員に話したところ、「受け取ってもらわないと委員をやめていただく」と言われたのです。恫喝とも思われるこの対応に「納税者はどっちだ」と怒り心頭でした。

当時、荒川国際交流協会（以下、協会）の立ち上げで理事もつとめていました。こちらの会も出席ごとに3千円支払われるのです。やはり、この「報償費」の撤廃を提起したところ、「他団体も支給しているので」と言われてしまいました。その後、協会など任意団体の報償費は撤廃されたのですが、撤廃まで4年ほどかかりました。

さて、私は、皮肉にも行財懇の引いたレールの上を、自分たちの子育て世代が走ることになってしまいました。小学校給食調理業務民間委託をはじめとして子育て環境を直撃した「行革の嵐」に抗して、時に赤ん坊を背負い、子どもの手を引きながら、区役所に「お願い」し、「陳情」する年月が流れました。

職員の異動によって重大な「改革」も「変更」も誰が責任をとるのか不明なまま、少なくとも住民である私たちにはそう見える、この状況にいよいよ住民の声を区政に届けようという機運は高まりました。「皆様のご意見ご要望はしっかり受け止めました」という区のありきたりの対応に、「我慢ができない」ところまできたのです。

お金の使い方には順序があるし、住民のために「効率」よく使うにはどうしたらよいか。それについて私たちも勉強し、対案を出す運動を作り出す努力をしました。そのとっかかりが、『あらかわ手づくり住民白書』の発刊となったのです。実際の生活でどう税金が使われているのかを見つめながら、財政分析を通じて実現可能な「ぬくもりのあるまち」づくりを提案しています。

施策の決定機関に現場職員や住民の参加をすすめ、施策の実行後は必ず検証する。この鉄則なしには、税金は闇雲に使われることになります。このような視点で行政を点検しながら、これからも、「住民要望」から「予算」へと具体的に行政にかかわる運動をすすめていきたいと思います。

ちなみに、なぜ「鉄則」かというと、現場の職員が住民と一番近いところにいるからです。この現場の声が出やすくなり、集めやすくなること、それが住民にとっての最大の利益なのです。

この間、住民白書の刊行に向けて、学習会を月に1回ほど行い、2年間ほど集中して勉強してきました。テーマは例えば「06年度予算の特徴」「荒川区財政の検証」「日々の生活で感じている区政の問題点」「荒川区基本構想審議会傍聴記」や商店街ウオッチングツアー等々。住民の生活要望やそれにかかわる住民運動を書き連ねていくと、自然と「目次」ができたのです。詳細にし、各自の執筆分担を行いました。今回は、『ぬくもりのある街で』が曲になり、そのCDが付録という楽しい「おまけ」になりました。白書を彩る写真も住民によるもので、「手作り」満載といったところでしょうか。こんなふうに目に見える形で自分たちの活動を表現する楽しさを初めて味わっています。朝日新聞で紹介されて、「ぜひ自分のまちでも白書を作りたい」と白書希望の連絡をたくさんいただき、反響の大きさに驚いています。

住民パワーもまだまだ捨てたものではありません。

◇

白書はB5判で116ページ。ご希望の方はメールで件名に「白書希望」と書き、住所、氏名、連絡先を明記の上、webmaster@kieferkreis.net あてに申し込んで下さい。送料別で800円です。なお、在庫僅少につき、送付できない場合があります。ご了承下さい。

住民白書の刊行に向けて、学習会を積み重ねた

サカナから見た大都会"東京"①

アユ稚魚跳ねる東京の川

4月、お花見で賑わった都内の各公園では、いま葉桜の新緑が初夏の日差しに眩しく輝いています。そしてこの季節、大都会東京を流れる多摩川や神田川などの河川には、体長8センチほどの天然アユ稚魚が群れをなして東京湾から遡上してきます。また、川の中では体長60センチほどのコイが、バシャバシャと激しい水音をたてて産卵に夢中です。かつて「死の川・死の海」と呼ばれた東京の川や東京湾は、今どうなっているのでしょうか。

昨年から今年にかけて、私は東京の川や海のサカナたちについて、主として水産の視点から本紙に連載をしてきました。今回は、サカナたちの目を通して見た大都会東京の川や海の自然について、環境保全の立場から述べてみたいと思います。

かつては汚濁度全国ワースト2位だった神田川

東京湾から神田川に遡上した天然アユの稚魚

東京の真中にあった「春の小川」

渋谷区内、小田急線の代々木八幡駅から新宿方面へ向かって線路沿いに歩くと、高さ1メートル足らずの可愛らしい歌碑がたっています。

一　春の小川はさらさら流る、岸のスミレやレンゲの花に……

二　春の小川はさらさら流る、エビやメダカや子ブナの群れに……

この文部省唱歌『春の小川』は、かつてこのあたりを流れていた河骨（こうほね）川の情景をうたったものです。作品の発表は1912（大正元）年。当時、この辺りで少年時代を過ごした方の話を聞くと、岸辺には野の花が咲き乱れ、清らかな流れの中にはメダカや子ブナが群れ泳いでいたといいます。原田泰治さんの絵そのままののどかな田園風景が、東北や九州の田舎ではなく、今から1世紀ほど前の東京の真ん中に広がっていたことがわかります。

高度成長期の環境破壊

こうした東京の自然を変えたもの、それは間違いなく都市化に伴う開発行為でした。工場や住宅からの排水によって都内河川や東京湾の水質は、すでに太平洋戦争前から悪化し始めていたといいます。そして、東京のサカナたちに決定的なダメージを与えたのが1950年代にはじまる高度経済成長期でした。なぜなら、河川のタナゴ類やトゲウオ類、あるいは東京湾のシラウオやアオギスなどの魚は、みなこの時期に姿を消していったからです。都心に始まった開発の波は徐々に周辺地域へと広がっていきました。まだ下水道は十分に整備されておらず、排水を厳しく規制する法律もありませんでした。

よみがえった川や海

この時期は公害が表面化して、熊本の水俣病、新潟のイタイイタイ病、四日市や川崎の大気汚染によるゼンソクなどが大きな社会問題となりました。大都市周辺の川や海も汚濁が進んで魚たちが姿を消し、東京の河川下流部や東京湾は「死の川・死の海」と呼ばれたのです。

こうした中で、経済・開発優先の流れが見直され、水質汚濁や開発行為の規制が少しずつ進んでいきました。その結果、1970年代後半に入ると、東京でも徐々に水質の改善が認められ、河川や東京湾にも魚影が戻ってきたのです。冒頭で述べたように、高度成長期には河川汚濁度で全国ワースト2位のドブ川であった神田川でも、今や天然アユ稚魚の遡上が毎年認められるまでになったのです。

東京の自然環境をここまで回復させたことは、私たち日本人が世界に誇ってよい社会的業績の一つだと思います。しかし、私たちはこれで満足してしまってよいのでしょうか。

未来に向かって

今から半世紀ほど前、多摩川は、全国でも有数の美味なアユを産する川として知られていました。一方、東京都海域におけるノリの生産量は、戦前まで全国の約50%を占め、都道府県中ダントツの1位でした。また品川や大森の海岸では多くの都民がアサリやハマグリの潮干狩りを楽しんでいたのです。

しかし現在、多摩川の河口から50キロほどの区間内では河川水に下水臭があり、このあたりで獲れるアユを食べるには少し抵抗があります。江戸前の海でノリ漁業は行われていませんし、子供たちが潮干狩りを楽しむ浜辺もありません。

かつての清流多摩川や豊饒の江戸前の海を取り戻すため、私の勤める島しょ農林水産総合センターでも、現在こうした課題について、直接・間接的な取り組みを進めているところです。これらの問題解決に向けた方策の詳細については、いずれまた稿を改めてお話をさせていただきましょう。

（東京都島しょ農林水産総合センター主任研究員　加藤憲司）

＝随時、掲載

がんばれ！公務員 ⑲

次のパンダの名前はタテマエとホンネ

文とマンガ　鈴木武征

上野動物園のジャイアントパンダ「リンリン」が亡くなった。

22歳、人間で言えば後期高齢者に近く、天寿を全うしたことになるらしい。

長年、多くの人に夢を与えてくれたことに感謝し、まずは冥福を祈ろう。

折も折、中国の胡錦濤主席が来日し、新たに2頭のパンダを研究貸与してくれるという。

リンリンのあまりのタイミングの良さに、人間も引き際はかくありたいと感服する。

関連するニュースを見ているうちに気になることがあった。パンダは世界の何カ所かに贈呈、貸与されているが、その見返りに1億円前後の費用がかかるらしい。

費用の名目はこの貴重動物の保護、研究用ということだが、全くの好意だけではないということだ。

意地悪い見方をすれば、取り引きが禁止されている希少動物を、国家が取り引きしていることになる。

されど建前は好意、善意、研究用ということで反論しがたい。

およそ世の中は建前と本音で成っているが、人を納得させるためには立派な建前を押し出し、押し通すことが重要だ。

この建前がふらつくと国民、住民は何を信じてよいのか分からなくなり不安感が増長する。

この春から実施された後期高齢者医療保険制度に対する集中非難も、その一例だ。

原因は制度自体に対する反対や説明不足などが挙げられるが、最大の原因は当初の建前を押し通す意欲に欠ける点にある。

制度の建前はあくまでも負担の適正化であったはずだ。

医療を受ければ費用はかかる。その負担を国費、現役世代、受益者世代、医療機関等でいかに適正に分け合うかが原点だ。

保険料の増加、天引きに関する不満、困惑に対しても、この建前にそった説明を貫き通すことが必要だ。

それをないがしろにして、妙に気の毒がったりするから話はますます混乱する。

首相が「困っちゃいますねー、理解されないと困るんですよねー」なんてぼやいているだけでは良い結果は得られない。

当初は若干のほころびのある建前であっても、貫き通すことで立派な建前に成長していく。

公務員の日常の仕事もこの建前と本音で成っている。

意欲的に仕事に取り組んでいます、だけど休みたい。同僚とのやりとりが楽しい、だけどうざったい。部長を尊敬しています、でも早く異動して……など枚挙にいとまがない。

世渡り上手と言われる公務員の多くは、建前と本音の使い分けを得意としている。

「これ重要な仕事、急いで！」なんて命令した後で耳元で「悪いね、君しか出来る人いないんだよ」なんて囁く。

あちこちに「君しか出来ない人」を作っておきながら臆面もないが、そう言われれば満更悪い気はしない。

留意しなければならないのは建前と本音も重層構造になっている点だ。

この例で言えば、「重要な仕事の推進」が建前で「君しか出来ない」が本音のように思われるが、実は「君しか出来ない」が建前で本音は「文句言わず早くやって」なのだ。

可愛いはずのパンダの白黒模様までが何故か「建前と本音」の二極模様に見えてしまう今日この頃だ。

都政新報

発行所 都政新報社
〒160-0023 東京都新宿区西新宿7-23-1 TSビル
（総務・読者）(03)5330-8781
（企画広告）(03)5330-8784
（編集）(03)5330-8786
（出版）(03)5330-8788
（セミナー事業部）(03)5330-9977
（ファクス）(03)5330-8808
購読料 月1,680円（税込）
毎週火・金曜日発行
但し、祝祭日は休刊

紙面から

発注工事の契約不調が急増

直接、企業から意見聴取

「理由はどこに？」

発注工事で契約不調が急増しているため、都は財務、都市整備、建設、港湾の4局で「工事契約不調等対策委員会」をつくり、原因究明と対策に乗り出した。厳しい受注競争にさらされる中で不調が増えている背景には、工事費が合わないことや監理技術者の確保が難しいなど、複合的な要因が指摘されている。その一方、低入札価格になっても受注を取りに来るケースは、今も少なくない。二律背反のような現状に対し、都幹部は「企業側の選別がシビアになっている」と分析する。受注側の本音をつかむため、契約不調になった工事の指名業者にアンケートとヒアリングを実施し、有効な対策を打ち出したい考えだ。

建設局 見積もり積算方式を試行

都では、公営企業3局を含めると、年間4千件程度の発注工事がある。そのうち最も多い建設局を例にとると、05年度は1288件の発注工事があり、契約不調はわずか2・2%（28件）だった。ところが、06年度は9・4%（115件）に急増。この傾向は07年度に入っても続き、1251件の発注工事のうち、11・4%（143件）が契約不調だった。この2年間で約5倍に増えたことになる。

建設局によると、06年度までは発注金額2500万円前後の工事で契約不調が目立ったが、07年度になると、金額的にバラツキが出てきたという。8千万円を超えるような工事でも、契約不調が出ているのが現状だ。契約不調になった発注工事は、二度、三度と入札をやり直し、その都度、都職員が設計等を見直す手間をかけている。契約不調になった案件の約7割は、再発注にこぎつけている。

建設局の現場感覚としては、①小規模で工種が多かったり、施工箇所が点在するなど施工効率が悪く、採算が合わない工事②金額の割に工期が長く、監理技術者や職人などの確保が難しいケース③実勢価格に設計単価が合っていない工事などで契約不調が多く発生しているという。

ただ、これはあくまでも発注側の職員感覚のため、財務局建築保全部が事務局になり、「工事契約不調等対策委員会」で企業側の本音を探り、対策を検討することにした。契約不調になった工事の指名業者約210社を対象にアンケートし、詳細な聞き取り調査も実施する。

アンケートでは工事を辞退した理由を尋ね、たとえば工事費が合わないとしたら鋼材単価、交通整理要員の単価など具体的に何が合わなかったのかを調べる。また「職人の不足」と答えた場合にも、年度末に工事がふくそうして確保が難しかったとか、その要因を聴取する考えだ。

委員会では、5月中にアンケートを集約し、6月末までに契約不調対策として何を行うか、検討事項を洗い出す方針。都には、各局の契約担当者らで作る工事関係基準協議会、契約事務協議会といった組織があるため、委員会で洗い出した事項をこの二つの組織で具体化を図る。

06年度から全庁的に契約不調が増えたため、都では今年4月から主要資材のうち、鋼材については、直近の市場価格に基づいた設計単価で行うように改正した。急激な価格変動があった場合、それをリアルタイムに予定価格に反映させる仕組みにした。

また、建設局では5月から「見積もり積算方式」を試行的に実施する。過去に一度以上、不調となった工事案件を対象に、標準積算とかい離があって再び不調になることが予想される工事契約で実施する。

やり方は、複数の業者から事前に見積もりを取り、内容を審査した上で予定価格に反映させ、発注する方式だ。各建設事務所内に審査委員会を設け、見積もり積算方式を採用する工事案件の選定、見積もりの依頼と業者ヒアリング、提出された見積もり内容の妥当性などを吟味し、再入札の予定価格を決める。

東京には、交通量など大都市特有の現場条件があり、標準設計では反映されないため、見積もり積算方式は、これをカバーする意図がある。建設局の仕組みと若干違うが、すでに国土交通省でも導入している。国の場合、契約不調対策として期待したほどの大きな効果は出ていないという。

東急中心の再開発組合

周辺住民が控訴へ

二子玉川再開発差し止め訴訟

世田谷区の二子玉川駅東地区で、東急グループが計画している高層マンションなどの市街地再開発事業をめぐり、周辺住民64人が「眺望権など住環境を破壊する」と、再開発組合に事業の差し止めを求めた訴訟の判決で、東京地裁（山田俊雄裁判長）は12日、請求を棄却した。周辺住民と弁護団は翌13日に集会を開き、控訴を決めた。今回の裁判は、周辺住民が市街地再開発事業をめぐり、事業を認可した行政ではなく、再開発組合を訴えるという「類例のない裁判」だ。その背景を探った。

「類例のない裁判」の背景

チラシ配りにカチン

「一晩寝たら大分評価が変わってきた」――弁護団の淵脇みどり弁護士は、判決の翌日、さばさばした表情で語った。

判決は、原告側が主張した権利侵害のすべてにわたり、「受忍限度を超えていない」などと主張を認めない内容。判決直後の会見では、厳しい表情で「大変不当な判決」と語っていた。

判決の後、淵脇弁護士が渋谷駅前を通ると、バイトらしき若者が二子玉川再開発を宣伝するチラシを配っていた。「あちらは社運をかけて必死。ファイトがわいた」

この再開発の特徴は、東急グループが再開発事業予定地の8割以上を所有する地権者として再開発組合に参加している第一種市街地再開発事業だということ。保留床のほとんどは、組合員として参加する東急グループが権利を有する。

東急電鉄と東急不動産は、42階建1棟・28階建2棟、計3棟の高層棟と、6階建の低層棟で、住宅約900戸を分譲する他、商業・オフィスビルも東急グループが中心となって整備する。高層ビルは、最大で地上46階、高さ約151㍍。

一方で、この再開発事業には、世田谷区が83年3月に基本構想を策定し、00年には都が都市計画審議会を経て都市計画決定するなど、その都度、行政が〝お墨付き〟を与えてきた。

判決を前にした4月17日、再開発組合と東急電鉄、東急不動産が連名で、再開発事業の「本格始動」をプレスリリース。現在、二子玉川駅は、再開発を宣伝する看板で賑わい、テレビCMも大々的に流れ始めた。

「公共性」の看板

今回の裁判は、原告になく、すべて周辺住民。被告は、再開発のお墨付きを与えてきた都や区ではなく、再開発組合そのものである。周辺住民が再開発組合を訴えるという異例の事態に、前裁判長は「類例のない裁判」と語ったという。

原告の飯岡三和子さんは、こう指摘する。

「私たちの権利を侵害する主体が、不動産建築販売事業・商業ビル建築経営事業を進める再開発組合であり、当該地域の85%の土地を東急グループが占め、過去、長年にわたり地域独占の鉄道事業者として沿線の優良住宅地の醸成に貢献してきた東急であるからこそ、その組合を訴えた」

住民側敗訴の結果に、世田谷区は、「事業の正当性が認められ、まちづくりが進むものと、区としては考えている」と安堵する。

今回、事業区域となる8・5㌶のうち、44%が道路や交通広場などの公共施設整備の用地。再開発に対しては、多額の補助金と公共施設管理者負担金が投入される。その中には、今話題の道路特定財源も含まれる。

民間主導の市街地再開発事業は、二子玉川だけではなく、東京ではむしろ主流だ。

ただ、「公共性」という看板を掲げた市街地再開発事業と、東急グループが進める一大プロジェクトが抱き合わせになっているところが、周辺住民の不満の矛先となった最大の理由だろう。

原告の一人は、こう不満を吐露した。

「85%の東急の土地の中に、どうして公共の利益をもたらすようなものができるのだろうか。区の広報などを見ると、国分寺崖線を守ると書いている。国分寺崖線と多摩川に挟まれた細長く狭い土地にビルを建てる計画は理解できない。東急のやり方はいい加減だ」

判決の翌13日、住民と弁護団が協議し、正式に控訴を決めた。

再開発のイメージ戦略に躍起＝東急二子玉川駅で

道路特定財源

建設局、内示の範囲内で協定

法案失効中をやり繰り

道路整備財源特例法が13日に成立し、暫定税率失効期間（1カ月）の都財政への影響は、地方税分と国庫補助金を合わせて約70億円となった。また、道路・橋梁事業などへの影響は、建設局では「ゼロではないが、都民生活への影響を最小限にとどめるための工夫をした」としている。

国は、都内の道路事業に対し「必要最低限の配分」として、4月に78億円、5月に390億円を内示した。07年度当初内示が地方道路整備臨時交付金を含めて1950億円だったことから、約5分の1に過ぎない。このため建設局では、協定工事は内示の範囲内で結んだという。

たとえば、鉄道連続立体交差事業では、鉄道会社と1年間の協定を結んだが、協定の金額は内示分の約30億円にとどめ、5月末ごろに予定される国の追加内示を見て協定変更する。また、橋梁工事などは、本来ならば上部・下部を同時に協定を結ぶが、橋梁上部工事のみで締結し、中断という事態を回避した。「1年間の工事量の一部分の内容で協定した」（建設局）という。

債務負担行為で行う工事の場合は、義務的経費になるため、国庫補助金の来ない分は都単独費を投入した。開通予定を順守しなければならない工事など緊急性の高いものも、都単独費で工事を発注。中には4月発注予定を見直して、契約時期が1カ月ほど遅れたケースもある。ただ、4月、5月は、もともと工事発注件数が少ないため、それほど影響はなかった。

国費の代わりに投入した単独費は数十億円になり、都では地方税の減収分と合わせて国の責任で財源補てんを求める。

参議院宿舎建て替え問題

猪瀬副知事「公開討論したい」

参議院宿舎の建て替えに反対している千代田区の地元住民らが12日、猪瀬副知事に緑地と史跡をそのまま保存し、自然公園として開放するよう陳情した。猪瀬副知事は陳情に理解を示し、「築40年に満たない宿舎を建て替える必要があるのか疑問。参議院は、3年おきに構成が変わる。この問題で議論したのであれば、議事録を見せていただきたい。公開討論したい」と語った。

知事は、記者会見で参議院と風致地区条例に基づく協議を再開する意向を明らかにしているが、猪瀬副知事は「知事は、現在の所に建て直すのが筋と言っている。それをきちんとわきまえた上で協議が始まるかどうかが問題。それを受け止めてから出直してもらいたい」と話した。

都政の東西

頭の体操

58年ぶりに民間から副知事を起用して1年足らず。都政多難の中で新しい血を外部から導入し、3期目の石原都政の総仕上げを図るはずだったが、その意に反して庁内や都議会から民間人副知事に対するブーイングが強い。とりわけ最大会派の自民党の反発は、想像を超える域にある。これは一体どうしたものか。

顧みて思うに昨年6月の専任同意の時から、副知事としての適性に首をかしげる声は都議会に多かった。米国のワシントンDCにならってJR山手線の内側を国直轄にし、このエリアから上がる税収を地方に配分するという「東京DC特区構想」が都の政策に合致しないという指摘は、今も記憶に新しい。「頭の体操として言っただけ」と、その当時は片づけたが、副知事就任後も頭の体操の言動を続け、それが庁内や都議会との軋轢を深める一因になっているのではないか。もちろん、売名行為やパフォーマンス等があれば、言うに及ばない。

直近の例では、調布飛行場をめぐる発言。ジェット化し、ビジネス活用すれば、韓国にも行けるという記者会見を機に、計器飛行導入の協議が暗礁に乗り上げている。「行政は長年の積み重ねがあって今があるのに、ぶち壊しにしている」と自民党幹部。地元3市と協定・覚書があることは調べて分かった上での発言というが、このタイミングで副知事として語ったらどうなるか、展開を考えて行うのが真の調査能力ではないのか。

参議院宿舎の建て替え問題もそうだ。方策なしに宮内庁宿舎跡地の緑を残せと言っただけでは評論家だ。発想を変えてものを見る頭の体操も行政責任者が行った場合、無用な騒乱を新たに生む。新銀行再建などで頭がいっぱいなのに、余計な火種を作らないで欲しいと、知事も困っているのではないか。

臨海副都心の11㌶共同公募

年内に事業者決定

都と都市再生機構は、臨海副都心有明北地区の約11㌶の進出事業者を共同公募する。最低売却価格は613億円。現地は港湾局、都市整備局、都市再生機構が所管する土地が入り組んで存在することから、共同公募にすることで整形の土地になり、約11㌶の一体開発を条件とする。

土地利用は、住宅・商業・業務の複合用地。住宅戸数は1500戸数以上、1800戸以下とし、商業の延べ面積1万平方㍍以上、業務は3千平方㍍以上などを事業提案の条件にした。応募は8月末に締め切り、11月末に審査して年内に事業者を決定する。

土壌汚染専門家会議で申し入れ

共産党都議団

共産党都議団は12日、豊洲新市場の土壌汚染対策等に関する専門家会議について、定員の大幅増などを申し入れた。

同専門家会議は19日に第6回の会合が開かれる。申し入れは、40人の定員の大幅増や、傍聴できない人に対する画像中継、都議や地元区議の傍聴希望者全員の傍聴、会議終了後の質疑応答の時間延長などを求めた。

都が5万ドルの見舞金贈呈

中国・四川大地震

中国の四川省で12日に発生した大規模地震による被害に対して、都総務局は15日、駐日中国大使館を通じて、災害見舞金5万ドル（約525万円）を贈呈した。

また支援要請があった場合、国が編成する国際救助隊の一員として、警視庁や東京消防庁の隊員、都立病院医師など医療スタッフを派遣する。

災害見舞金は、外国の都市等に対する災害見舞金及び救援物資贈呈に関する要領に基づき、被災規模に応じて贈呈額が決定されるという。

共産が都議選で第一次公認発表

現職12人、新人6人

共産党都委員会は13日、09年の都議選に向けた第一次公認候補として、42選挙区中18選挙区、18人を発表した。内訳は現職12人、新人6人。

現職では足立区選出の渡辺康信氏が健康上の理由により今期限りで勇退し、大島芳江足立区議を擁立する。この他、墨田、江東、品川、渋谷、葛飾の各選挙区で新人を擁立する。

若林義春委員長は、「現有13議席を確保し、今度こそ議席増を果たすことを目標としている」と語った。

冗句ジョーク

〝人はいらない、カネ・モノは歓迎〟
大地震の中国、サイクロン被害のミャンマー
局の物品契約担当者
「事業所に納品検査に行こうとしたけど断られたよ」

新型インフルエンザ

23区で流行期対策が急務

医療確保で対応に遅れも

毒性の強い鳥インフルエンザウイルス（H5N1型）が変異する新型インフルエンザのパンデミック（世界的流行）の可能性が高まっている。23区でも、流行期を念頭に置いた危機管理体制が課題に浮上している。具体策をまとめた対策マニュアルの策定、民間対応を含む訓練などは現状で進んでおらず、整備が急務だ。特別区保健所長会で23区合同の動きも出始める中、国や都との関係も含めて広域連携が感染を抑えるカギになる。

新型インフルエンザ対策について、各自治体では発生時の対応などを体系化した「新型インフルエンザ行動計画」を策定している場合が多い。これまで23区で策定していなかったのは港、文京、台東、江東、大田、渋谷、足立、葛飾の8区だ。

策定が進まなかった主な理由は「新型インフルエンザは未知の要素が多く、対策の決め手が分らない」「SARSなどと一緒に感染症対策として実施していた」などがある。

一方、流行期対策を視野に入れつつ、行動計画の改定や一般職員向けの全庁的な危機管理体制の整備に着手する区も出てきた。荒川区では職員向けの対策マニュアルを6月に策定する予定で、新型インフルエンザの流行時は区役所の窓口を即座に閉鎖し、感染を少しでも食い止める方針を打ち出す。流行期を視野に入れた訓練も計画する。

従来、行動計画に基づき各区が独自に実施してきた訓練では、新型インフルエンザの発生初期に主眼が置かれていた。防護服の着脱、感染の疑いのある人を隔離・診察する「発熱センター」運営のための陰圧テント設置などが主で、流行期以降の公共施設の閉鎖、区民らの行動制限などについては、本格的な訓練に着手できていなかったのが実情だ。

さらに、流行期の対策で各区の取り組みが進んでいない状況に追い討ちをかけて、国や都の対応の遅れも目立つ。特に医療確保については、深刻な事態を招きかねない状況だ。

発熱センター運営の地元医師会との連携についても、区担当者は「プレパンデミックワクチン接種などの予防措置、医療従事者が二次感染した場合の補償契約、財政措置に関して、国や都の指示待ち状態。運営時間や人員の交代計画など具体化できていない」と現場の状況を明かす。

ただ、流行期対策については、各区対応では限界があるのも事実だ。新型インフルエンザ発症者が出ると、一気に感染が拡大するおそれがあり、昼間人口の多い区は「正確な被害状況を予測できず、区の対応も焼け石に水になるのではないか」と懸念する。

こうした状況を受け、特別区保健所長会では、新感染症部会が新型インフルエンザ対策検討会を4月末に立ち上げた。住民への「リスクコミュニケーション」「事業者対策」など6分野の部会を設置。行政による閉鎖命令が徹底しづらい特別養護老人ホームや保育園対策、外国人宿泊客らが多いホテル事業者対策などについて、具体策を検討する。23区合同の対策訓練を今年度中にも実施する予定で、各区の連携体制の整備も視野に入れる。問題意識の共有を図り、新型インフルエンザ対策で23区の足並みをそろえるねらいもある。

新型インフルエンザは「未知なる敵」のため対応が困難だが、いつ発生してもおかしくない状況。自区だけでなく、東京全体での感染防止という大きな責務が各区に突きつけられている。

23区の新型インフルエンザ対策

区名	行動計画、指針	訓練	マニュアル※
千代田	—	—	検討中
中央	○	○	○
港	策定中	○	策定予定
新宿	○	○	策定中
文京	検討中	検討中	策定予定
台東	策定中	予定	策定予定
墨田	○	○	策定中
江東	予定なし	○	○
品川	○	○	○
目黒	○	○	策定中
大田	策定中	○	策定予定
世田谷	○	○	策定予定
渋谷	策定中	○	策定中
中野	○	○	○
杉並	○	○	策定予定
豊島	○	○	策定中
北	○	○	策定中
荒川	○	○	6月予定
板橋	○	○	○
練馬	○	○	策定予定
足立	策定中	○	策定予定
葛飾	策定中	○	策定予定
江戸川	○	○	検討中

※職員向けの対応マニュアル、庁内危機管理体制など
※千代田区は、感染症対策の一環で対応

MEMO

発熱センター　新型インフルエンザの感染が疑われる発熱者を診察するための施設。都内で新型が発生した時、都が初動対応として区市町村に運営を義務づけている。国内で新型が発生した際、設置準備を始めるという。区には集会所、学校など28カ所に設置される計画。各区は地元医師会に医師や看護師の派遣を要請し、診察してもらう。

区長会

ごみ負担金で合意

自主財源から支出

特別区長会は13日、23区に新たに導入されるごみ処理の負担金について、負担金には自主財源をあて、導入時期は2010年度とすることで合意した。

財源については、一部の区が都からの財政調整交付金を投入すべきだという主張をしたが、区民に負担意識を持ってもらうなどの観点から各区の自主財源が望ましいとする見解で、最終的には決[illegible]入れに応じて負担金を受け取るが、一定の処理基準に達しない場合には負担金を支払わなければならない。負担金の額については1トンあたり1500円とすることで、3月の区長会で合意している。

負担金を受け取る額が23区で最も多いのが江東区。同区では、23区全体のごみ量の16%を受け入れており、区内2カ所の清掃工場で処理しているごみの68%は他区のごみだ。

06年度ベースでシミュレーションすると、23区全体では4億5千万円の負担金が生じる。受け取るのは9区だが、全体の半分を超える2億5千万円を江東区が受け取るとされている。

同区は1970年代、杉並区のごみの受け入れをめぐって「ごみ戦争」を体験した苦い歴史もある。3月の区長会から進展して、負担金の導入時期や財源が決められたことについて、江東区の山崎孝明区長は「江東区は長年、ごみで苦労してきた。40年かかって主張が受け入れられて感慨深い」とコメント。

財源については「1、2区、財調で手当てすべきという区もあったが、財調でやると、みんなのお金。それを使うのでは、負担を背負うとは言えないし、ごみに対する区民の意識づけが失われる」と話し、「『うちの区はいくらかかっている』と、その区の区民に認識してもらうことで、ごみ減量にもつながる」と、自主財源をあてることを評価した。

導入時期が10年度からとなったことについては、「担当部長会では当初、11年度からということになっていたが、今年度からごみ量がカウントできるということで、1年前倒しされた。うちにとっては、ありがたいこと」と述べた。

導入時期をめぐっては、各区のサーマルリサイクルの導入時期が今年度中にばらつきがあったため、当初、全体のごみ量算定にあたって慎重を期し、11年度からとされていた。しかし、担当部長会で検討の結果、今年度から精度の高いごみ量がつかめることが分かり、1年前倒しされた。

豊洲の土壌汚染「都は説明を」

江東区

江東区の山崎孝明区長は14日の定例記者会見で、豊洲新市場予定地の土壌から環境基準の4万3千倍の超高濃度のベンゼンが検出された問題で、都に説明を求めていく考えを明らかにした。

山崎区長は「本区にとって大変重大な問題。区民の安心・安全の確保は地元区の責務。あの土地の安全性を担保し、イメージダウンを防ぐためにも、地元として強い決意で臨まざるを得ない」と述べた。都に対し「区と区議会に説明することを望む」とした。

この問題をめぐっては、都は18日の専門家会議で今後の土壌汚染対策を検討する予定。

医療・保健

心身特性への配慮は

『長寿』と向き合う 中

後期高齢者医療制度を受けて

◆「萎縮医療」の懸念

「この制度の中で、いずれ避けることができない死を迎える」。昨年10月10日、国の社会保障審議会特別部会は、後期高齢者医療制度の創設を受けて、新たな診療報酬体系の骨子をまとめた。そこに、この、いくぶん生々しい言葉が登場する。

骨子は、後期高齢者の心身の特性として、治療の長期化、複数疾患への罹患、認知症の問題も挙げる。後期高齢者にふさわしい医療が提供できる新たな診療報酬体系の構築を目指し、「主治医が患者の病歴や服薬状況などを総合的に把握する取り組みを進めるための診療報酬上の評価のあり方を検討するべき」とした。

こうした議論は中央社会保険医療協議会での検討を経て、2008年度診療報酬改定に反映された。患者の主病と認められる慢性疾患の診療を行う1保険医療機関のみが「後期高齢者診療料」として600点（6千円、患者負担600円）の算定を認められることになったのだ。

これが各地の医師会の間に波紋を呼んでいる。茨城県医師会は「自由に医療機関を選べなくなり、萎縮医療に通じる」などと早くから反対を掲げている。

「高齢者はさまざまな病気が付随しているもの。主病一つを1医療機関でみることは、それぞれの専門的な治療にかかりにくくなり、医療の質が低下する」と批判。診療報酬の面からも「従来、生活指導などで得ていた管理料もとれなくなる」などと訴える。

これに対して厚生労働省は「患者の医療機関へのフリーアクセスを制限するものではない。主病の考えは従来からあった。管理料を認めていたのも、主として主病をみる場合。いまさらなにを」と語る。

同省は後期高齢者医療制度の創設に伴う今回の診療報酬改定で、医療と介護、福祉サービスなど横の連携や患者の診療計画などを通して、75歳以上の後期高齢者をトータルでみていくシステムを構築することを目指す。

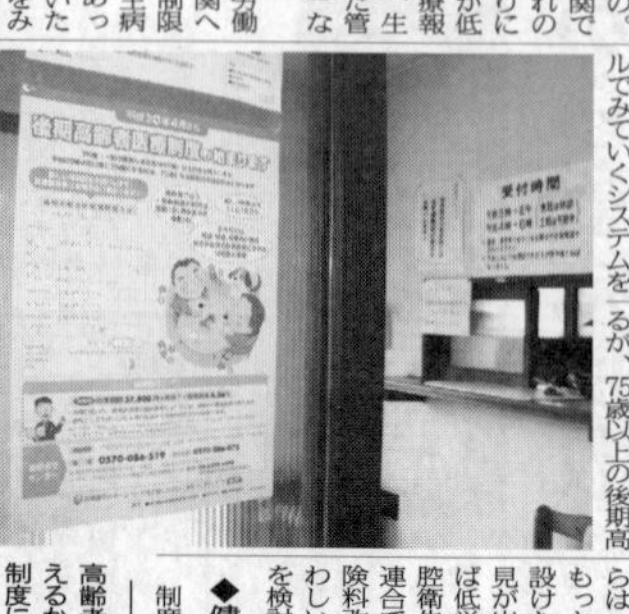

◆改善も必要

高齢者の心身を守るには、予防の観点も忘れられない。

医療サービスの提供を定めるのが診療報酬体系なら、保健サービスのひとつが健診事業だ。40歳以上75歳未満についての特定健診は、各医療保険者の「義務」とされているが、75歳以上の後期高齢者の健診事業については、各都道府県の後期高齢者医療広域連合の「努力義務」となっている。都の広域連合では、健診を行うことにした。メニューは特定健診の必須項目を基本とする。

しかし、特定健診はあくまでもメタボリックシンドローム（内臓脂肪症候群）に的を絞った健診内容。医療関係者などからは「後期高齢者には、もっと特有の健診項目を設けた方がよい」との意見が出されている。例えば低栄養や嚥下対策、口腔衛生などだ。都の広域連合では、「2年後の保険料改定までによりふさわしい保健事業のあり方を検討していく」とする。

◆健診の効果は先

制度の背景には医療費抑制の考えがある。東京都における後期高齢者医療費総額は08年度の9885億円に対して17年度には1兆8183億円と1・8倍になる見込み。

しかし、病気予防のために頼みの健診事業は「即効性のある効果を発揮できる状況にない」（広域連合）。広域連合としては、「区市町村から上がってくる健診結果のデータとレセプトデータを突合して一定の保健事業に活用していくことも考えてシステム開発にあたっている」といい、そうした効果が出るのは先になりそうだ。

医療費抑制の以前に忘れてはならないのは、高齢者の心身の状態をできる限り健全に保つことだ。「いずれ死を迎える」ことは、誰にとっても逃れようのない現実だが、そこに至るまでの間は、適切で親身ある治療や健診の機会が提供されなければならない。

高齢者の心身をいかに支えるか。後期高齢者医療制度に課せられた役割は重い

はじめまして 新副区長です

杉並区 菊池律氏

これまで、公園の開設などを担当してきたまちづくりのエキスパートだ。管理職試験に合格し、都から杉並区公園課長に就任し、小公園の開設が管理職としての初仕事となった。

夜中に若者がたむろしていた広場を公園にする計画をめぐり、住民は賛否両論に分かれた。「よく両者の話を聞くことが大事。その上で行政の考え方を示す。まちづくりの基本」という。

毎月1回、話し合いの場を約1年半にわたり設けたが、議論は過熱して一時休止。クールダウンして再開し、公園開設の合意にこぎつけた。

「ことを急ぐと、うまくいかない。一つのことにこだわらず、穏やかに大らかにいく」。禅の世界に通じる作法という。「喜心、ものをいたわる心（老心）、一つのことに偏らない心（大心）」を重んじている。

その後、防災拠点の用地取得などを担当した。現在、まちづくりの課題として、企業グラウンドなどの土地利用の変更、緑保全などがある。これまでのまちづくりの手腕を買われ、二人目の副区長に抜てきされた。「青天の霹靂だった。区のために少しでも全力でいければ」と意気込む。

「仕事はつらいと思ってはたまらない。楽しいことを見つけていくべき。仕事は一人ではなく、チームでやっている。その意識さえあれば、少々嫌なことがあっても乗り越えられる。[illegible]取り組んで[illegible]メッセージ[illegible]

1949年[illegible]

趣味は、[illegible]杉並区内を[illegible]回ると、「[illegible]し、違う視[illegible]られる」と[illegible]

温故知新

「まち」は、歴史の連続性の中に現在を見なくてはなりません。その中には多くの先人達の積み重ねられた歴史と生活をした「まち」に対する思いがあるはずです。そういった蓄積を通して「まちづくり」を考えていく必要があるといわれています。

かつて杉並区の約4分の1を占めた井荻町の町長は、今から約80年前に井荻百年の大計として土地区画整理を断行しました。そのおかげで現在の良好なま[illegible]す。当時の[illegible]りが、我々に[illegible]ろうかと自[illegible]の畏敬の念[illegible]るところで[illegible]

杉並百年の[illegible]上で「故（[illegible]ず）ねて新[illegible]ーワードの[illegible]ます。

記者席

指名停止の思わぬ余波

○……16日に行われる下水道工事イメージアップコンクール表彰式。同コンクールは今回で29回目だが、審査対象となった工事はあわせて11件と、昨年の23件から半減した。また、大規模部門と水再生センター部門は応募がなかった。下水道局によると、談合による指名停止で、応募資格を失う事業者が増えたためという。

同局では応募者を増やそうと、契約の窓口で紹介するリーフレットを作るなどPRしてきただけに「応募が減ったのは残念。来年は多くの企業に応募してほしい」と話す。その前提には、談合等の撲滅も不可欠だ。

○……杉並区では、他区よりも自殺者が多い。5月と9月を自殺予防月間とし、普及啓発に取り組んでいる。広報紙で区の取り組みを紹介したところ、自殺を考えていた区民2人から「どうしたらいいのか……」という連絡が保健所にあった。すぐに、保健所は区民の連絡先を聞き出し、カウンセラーに相談してもらうなど自殺を阻止したという。

自治体は、自殺を考える人の〝隣人〟になっている。だが、自治体の自殺予防は進んでいないので、一人でも多くの人が生きようと思い返せるような取り組みを始めてほしい。

○……東京の区部や市部など、大都市での投票率は本来の意味での民意反映だと考えられるが、仕事と言えば公共事業というような小さな町村では、投票率の高さが必ずしも民意の反映とは限らない。

○……これは投票率が毎回80%を超えるような地方の記者を経験して痛感したこと。[illegible]

8都県市が定数措置を要望

専任のコーディネーターを

センター機能で役割高まる

特別支援学校

学校教育法の改正で、特別支援学校の地域におけるセンター的機能が求められ、その中心的役割を担う「特別支援教育コーディネーター」の確保が大きな課題になっている。このため、東京都や千葉県、神奈川県などで構成する8都県市首脳会議はこのほど、特別支援教育推進のための制度改善について、国に要望書を提出。すべての特別支援学校への特別支援教育コーディネーターの定数措置などを求めた。都では現在、センター的機能をもつ特別支援学校6校に6人の教員を配置し、未配置の24校についても、コーディネーターが従事する間、非常勤講師を配置して対応している。教育庁では「特別支援学校のセンター的機能を充実させるには教員配置の充実が重要になる」と定数措置を強く求めている。

都立特別支援学校在籍者数の年度別推移

	04年度	05年度	06年度	07年度	08年度
視覚障害	265	281	272	272	258
聴覚障害	591	599	586	590	586
肢体不自由	1,939	1,952	2,001	2,020	2,082
知的障害	5,149	5,392	5,564	5,921	6,389
病弱	67	64	62	19	81
計	8,011	8,288	8,485	8,852	9,396

※08年度は推計

都は非常勤講師も活用

昨年4月の改正学校教育法の施行に伴い、特別支援学校には①地域の幼稚園、小中学校などへの特別支援教育に関する助言・援助②保護者への相談・情報提供③医療・福祉など関係機関との連絡調整――などのセンター的機能が求められるようになった。その中心的役割を担うのが特別支援教育コーディネーターだが、国庫負担の対象となる定数措置について、国では2007年度から3カ年で計画的に改善するとしていた。しかし、2008年度は定数改善が見送られた。

このため、8都県市首脳会議は4月の決定事項の中で、特別支援教育推進のための制度改善を掲げ、専任の特別支援教育コーディネーターをすべての特別支援学校に定数措置するとともに、小中学校においても発達障害を含む障害のある児童生徒に対する支援を充実するため、順次、定数措置するよう国に要望することを決めた。これを受け、同首脳会議は5月1日、内閣総理大臣と文部科学大臣あてに要望書を提出した。

特別支援教育コーディネーターの具体的な役割は、学校内の関係者や関係機関との連絡調整、保護者に対する相談窓口、通常学級の児童・生徒への理解・啓発、巡回相談員や専門家チームとの連繋、校内委員会での推進役、学級担任への支援など幅広い。都では小中学校のコーディネーターの指名と校内委員会の設置をすでに済ませ、都立高校については今年度中に全校でコーディネーターを指名し、校務分掌として位置づける計画を進めている。

しかし、地域のセンター的機能をもつ特別支援学校では、特別支援教育コーディネーターを教員として配置しているのは知的障害特別支援学校の王子第二、八王子、矢口、調布、中野、南花畑の6校6人だけ。その他の24特別支援学校については、コーディネーターが地域支援活動等に従事する間に授業を行う非常勤講師を配置して対応しており、地域のセンター的機能が求められる特別支援学校としては支援体制の一層の充実が必要となっている。

都は今年度、非常勤講師の配置も含め、国庫負担算定の基礎となる定数措置の拡大を国に申請したが、国が定数改善を見送ったこともあり、国庫負担は昨年度に引き続き5人分の措置となった。

教育庁では「専門的なアドバイスや地域のコーディネーターとしての役割などを考えると、どうしても教員配置の充実が必要になる。国はその点を考えて、定数改善に取り組んでほしい」と話している。

太陽光発電

都立学校で積極導入

年間6校を整備予定

晴海総合高校の太陽光発電パネル

東京都は「省エネ東京仕様2007」を策定し、公共施設のCO_2削減に取り組んでいるが、その一環として、教育庁では08年度以後都立学校で行われる改築や大規模改修に際しては「省エネ東京仕様2007」を全面的に設計に反映させるとともに、太陽光発電設備の積極的導入への取り組みをスタートさせた。

太陽光発電設備については、すでに07年度から取り組んでおり、3月には晴海総合高校、つばさ総合、葛西工業、杉並工業、荒川工業の5校に整備。今年度は、都立高5校と特別支援学校1校に導入し、今後も都立学校に計画的に太陽光発電設備を整備していく予定である。

地球温暖化などを踏まえ、教育庁は昨年1月、教室内の温熱環境改善のあり方などを盛り込んだ報告書をまとめ、その中で再生可能エネルギーとして太陽光発電設備の導入を打ち出した。一方、都は「カーボンマイナス都市づくり推進本部」を設置し、庁舎や学校、病院など都の施設を最高水準の省エネ仕様に転換する「省エネ東京仕様2007」を策定。また「10年後の東京」への実行プログラム事業としても位置付けられた。

教育庁では01年度に都立高1校、養護学校1校にそれぞれ改築に併せて太陽光発電設備をモデル的に整備してきたが、07年度からは、それをさらに既存校舎にも拡大して取り組むとした。07年度は、財務局によると、1校あたりの太陽光発電容量は30キロワット前後と微量で、あくまで補助的に使用するレベルという。既存校舎の整備については、併せて高反射率塗料や遮熱フィルムの採用による省エネルギー対策も計画しており、今年度に予定しているこれらの予算は約2億円。

教育庁では「都立学校1校あたりのエネルギー消費量は少なく、環境対策実施後のCO_2削減量も都有施設全体から見ると僅かではあるが、学校は敷地が広いため施設の日当たりも良く、電力の消費が昼間時であることなどから太陽光発電に向いている」とした上で、「施設設備を通じた環境意識は、将来を担う生徒から家庭、地域などへ幅広い波及効果が期待できる。今後も、学校における環境都市づくりへの取り組みを強めていきたい」（都立学校教育部）と話している。

太陽光発電設備は、エネルギー消費量が年々拡大される中で、再生可能な自然エネルギーとして注目され、最近は住宅や店舗、事務所など幅広く設置されている。学校や公共施設でも採り入れるところが増えており、その多くが余剰電力を電力会社に逆潮流させる「連系形」のシステムとなっている。

揺れる教育現場 35

強まる評価と選別圧力

財政・人的裏づけが乏しく、実現性が危惧されている国の教育振興基本計画（案）だが、改正教育基本法に基づく初の計画であり、向こう10年間の国の教育指針となるものだけに、歴史的重みを持つ。

そこで、前回に続きポイントを整理する。

目標は「知識基盤社会」の到来に備える「教育立国」。このため、当面の5年間に取り組むべき基本的方向と施策を、それぞれ4分野にわたって提起している。

第1の「社会全体で教育の向上に取り組む」という方向は、学校・家庭・地域の連携で社会全体の教育力を向上させる、というもので、前号で触れた。

第2の基本的方向は「個性を尊重しつつ能力を伸ばし、個人として社会の一員として生きる基盤を育てる」。

このため、さらに6つの方向と施策（①学力の向上②規範と心・体力③教員の資質と子どもと向き合う環境づくり④教委機能と学校組織⑤幼児教育⑥特別教育）をそれぞれ示している。

その1は「知識基盤社会」を担う子どもたちの「確かな学力」を養い、世界のトップクラスの学力水準を確保する、としている。

このための具体策は学習指導要領の改訂と着実な実施や全国学力調査の実施と活用などを挙げている。

その2の「規範意識と心・体力」の部分の施策は、道徳や伝統・文化等の教育、武道の振興など広範囲に及ぶ。

3番目の「教員の資質向上と教員が子どもと向き合う環境をつくる」という方向は、この計画の成否を左右する重要テーマのひとつだ。

教員の資質向上は当然の課題だが、計画の方策はアメとムチの色彩が濃い。

給与体系にメリハリをつけ、「がんばる教員」を処遇する。このため、研修等を充実するとともに教員を評価し、優秀教員は表彰もする。他方、指導が不適切な教員に対しては、子どもの指導に当たらせない、など厳格な人事管理を行うとしている。

この意味では、ますます教員に対する評価と選別圧力が強まることは必至だ。

一方、教育問題で、もっとも重要課題といえる、教員が子どもと向き合う環境（時間）の確保についても、いくつか対策を挙げている。

具体的には「必要な教員定数を措置する」としながらも、地域住民を含む外部人材の活用や、教員以外の人の登用、学校現場の事務の簡素化策が目立つ。

4点目の「教委機能の強化と学校組織の確立」では、教委の責任体制を明確化するため①熱意と責任感を持った教育委員の人選②情報提供と研修の実施③教育委員会の会議・活動内容の公開④第三者による教委の点検・評価、などを求めており、教委不信がにじみ出ている。

計画はこのほか、「知性豊かな人間の養成」「質の高い教育環境の整備」の2分野を基本的方向として提起している。本欄では省略[illegible]ることが重要になる。（W）

三鷹市

小・中一貫校の検証報告

「一部職員に職務集中」指摘も

小・中一貫教育校のモデル校である「にしみたか学園」の実践内容を検証している三鷹市立小・中一貫教育校検証委員会（委員長＝金子郁容・慶應義塾大学院教授）はこのほど、2007年度の検証報告書を貝ノ瀬滋教育長に提出した。同市教育委員会では、小・中一貫教育校の全市展開を09年度までに行う方針を掲げており、それに向けて検証委員会を設置し、3年間にわたって「にしみたか学園」の検証を行っている。

検証結果によると、小・中一貫教育校の効果として、①学力を保障する学園づくり②共に生きる学園づくり③協働する学園づくり――の3点を指摘。まず「学力保障」については、教員が一緒になった授業研究と授業改善への取り組みとして、「児童・生徒による授業評価の肯定的な回答数が増加した」「学習意欲が向上した」「教育内容や指導のあり方について相互理解が深まった」などを挙げている。

「共に生きる」では「授業交流、交流活動を通して、小学生と中学生が共に身近な存在になった」などの効果をあげ、「協働する」では、学校運営協議会やコミュニティ・スクール委員会を中心とした活動、家庭・地域への学校からの情報発信などで、「教育活動についての重要度の認識が高まってきた」などとしている。

今後の課題と留意すべき点としては①小・中一貫教育の効果、意義の共有化②学園運営の円滑化と義務教育9年間の継続的な指導のためのパソコンとネットワーク環境の整備③教育効果、教育支援などの効果についてのさらなる検証・分析――の3点を提示した。

また、小・中一貫教育の効果、意義の共有化については、「成果について児童・生徒の受け止め方に温度差がある」「一部の教員に職務が集中している傾向がある」などと指摘。パソコンとネットワーク環境の整備については「意思決定のルールづくりによる学校運営の円滑化を図る」「複数の学校が円滑に協議、交流できるための教員用のパソコンとネットワークの環境整備が喫緊の課題」などとしている。

活かせ！地域の教育力 5

――高島平地区小地域ネットワーク

「ものづくりの板橋」を実感

板橋区は全国でも有数の光学・精密金属加工の工場集積地を有し、超有名企業がある一方、いわゆる下請けの町工場も多数を占めている。一時は親企業の海外進出による生産現場の空洞化などで、多くの町工場が転廃業を強いられた時期もあったが、コストダウンや自社製品の開発、販売戦力の強化などの努力の結果、下請け構造から脱皮し生き抜いてきた逞しい企業たちである。

このような区内企業の協力を得て、本会は1999年度から高島第二中学校の職場体験をサポートしている。

当初、生徒を引き受ける工場と生徒を送り出す学校の間には、大きな意識のズレがあった。

工場側は「これまで十分な事前教育もせず工場へ丸投げしてくる大学や高校に大変迷惑した。工場は場合によっては命に関わる危険な場所だし、ものを作るということは毎日が真剣勝負。服装や身繕い、あいさつがとても大切なんだ」と言う。

公立中学校の場合は、授業日数を確保しながらの事前教育や、各企業への依頼や段取りには人手と時間が必要で、教員の中には、とにかく短期間で終わらせたいとの考えもある。

私たちは、「ものづくりの板橋」を職場体験に積極活用したいと考えていた当時の北川裕司校長と共に、実施プログラム作りに取りかかった（詳細は高島二中の「平成18年度・研究紀要」に掲載）。

その概要は、①生徒への事前研修を十分に行う②機械に対する保険費用は学校が負担する③先輩生徒の経験値を後輩に継承する④工場に「公立中学校職場体験実施企業」との銘板を学校名で提供すること、などだ。

なかでも重要な仕組みは、学校現場と企業現場をつなぐそれぞれの窓口を設けたことである。

その理由としては、生徒は工場側にとって一従業員たり得ないし、学校にとっては企業は学校の一部たり得ず、そのギャップを埋めるための作業をここで行うのだ。

具体的には、本会事務局が高島二中の、㈱松本精機（鈴木敏文代表取締役）が工場側のインタープリター兼ショックアブソーバーの役割を担うということだ。

学校側と工場側の思惑を調整し、つまらぬ齟齬や誤解を回避するとともに、生徒により良い環境での実践と、その継続を可能にするためである。

この職場体験では、まず生徒4～5人による夏休み中のリーダー研修を実施する。その後、45人余の生徒に対してはリーダーたちの先行体験を学んだ後、9月から12月の間、週1回、午後の「総合的な学習の時間」を活用して本格実施される。

ここには長期間にわたるがゆえの教員の負担増という課題もあったが、授業日数を減らさず、大きな成果を得られることから、現場の教員の理解、協力を集めていくこととなった。

企業にとっても、週1回ならば何とか仕事の調整や段取りが可能になり、負担は激減。生徒には内容ある体験を提供できるようになった。

帰り際、生徒から「お先に失礼します！」と言われたある若い社員は、思わず仕事中の手を止め、生徒に向かって「ご苦労様でした」と返事したそうである。「若い連中がいい影響を受けている。生徒さんのお陰だ」と、町工場の経営者も顔をほころばせていた。

高島二中は、これにとどまらず職場体験を進化させた。1、2、3学年を一連のものとしたプログラムに仕上げ、さらに大きな成果を生徒、学校、企業にもたらした。

その一つが「組み換え自由な連携」を目的に、「いたばし21世紀ものづくりフォーラム」という新しい企業ネットワークが形成されたことである。

ここで明らかなのは、職場体験活動は、学校のアリバイ証明でもなく、企業の申し訳程度の地域貢献のためでもなく、まして や、行政の報告書作成のためであってはならないということだ。

この「ジョブ・シャドー・デー」と名付けた活動に関わる教員、地元企業の経営者たちは、21世紀に生きる生徒たち、さらに板橋のために相互理解をいっそう深め、惜しみない努力を傾注していることを報告したい。

（高島平地区小地域ネットワーク代表　堀口吉四孝）

鈴木製作所で門型マシニングセンターの説明を受ける生徒たち

センター研修室で22日に「つどい」開催

リスタートプレイス

東京都教育相談センターは、08年度の青少年リスタートプレイス「つどい」を22日、同センター研修室で開催する。今回のテーマは「思春期の子供へのかかわり方」で、NPO法人で活躍するアドバイザーの助言を交えながら、情報交換する。

青少年リスタートプレイスは、高等学校を中途退学した人を支援するために設けられたもので、毎年度テーマを設定して取り組んでいる。今回はNPO法人「次世代育成フォーラム・リスタ」監事の細谷行裕氏を講師に招き、コーチングの観点から「思春期の子供へのかかわり方」について講話。これを踏まえて、講師と保護者、中途退学者らとお茶を飲みながら話し合う予定。

対象は都内在住または在勤の高校生相当年齢の人とその保護者。参加費は無料で、申込締切日は22日午前中まで。

毎週金曜3面は　教育オンライン

首都圏のメインポートとして日本を牽引する港づくりへ

広域的視点に立った港づくりに全力

東京都港湾局長　斉藤一美

斉藤港湾局長

国際貿易港として開港以来、今年で67年目を迎えた東京港は、国際貿易港として発展し、平成19年の外貿コンテナ貨物取扱量においては、取扱個数372万TEU（速報値）に達し、10年連続日本一となる見込みです。

しかし、世界的にみると、東アジア諸国を発着するコンテナ貨物が急増する中、日本港湾が取り扱う貨物量のシェアは相対的に低下しつつあります。

こうした状況のもと、東京湾の国際競争力の強化を図るため、本年三月、東京港、川崎港、横浜港は、連携を一層強化することで、京浜港として、利用者から見て実質的に一つの港となることを目指すべく、包括的な広域連携の仕組みづくりの検討を進めていくことになりました。

また、「財団法人東京港埠頭公社」は本年四月に民営化し、「東京港埠頭株式会社」となり、一層の事業拡大や多角化により国際物流機能を強化し、東京港の利用者へのサービス向上を図ってまいります。

ハード面では、昨今のコンテナ貨物量の急増や急速に進む船舶の大型化に対応していくため、中央防波堤外側埋立地を高規格コンテナふ頭として整備し、大井、青海とともにコンテナふ頭の三極体制の構築に努めるなど、着実に港湾施設の整備を進めているところです。

臨海副都心開発は総仕上げの10年を迎え、このまちが持つ高いポテンシャルを最大限に活かすとともに、2016年のオリンピックも視野に入れ、社会経済状況の変化や都民ニーズに的確に対応し、賑わいある空間や時代をリードする特色ある空間として、魅力あるまちづくりを進めています。

今後、臨海地域のエリアマネジメントを展開するため、東京臨海ホールディングスのもと、監理団体の経営統合を進め、さらに臨海地域の発展に貢献していきます。

東京港を巡る情勢は時々刻々と変化しています。しっかりとした現状認識を踏まえ、広域的視点に立ち、戦略的な港湾経営と新しい時代にふさわしい事業を積極的に展開し、世界のトップ港湾と伍するみなとづくりに全力を尽くしてまいります。

京浜三港の広域連携を強化

平成20年3月21日、京浜三港（東京港、川崎港、横浜港）の港湾管理者である、石原慎太郎・東京都知事、阿部孝夫・川崎市長、中田宏・横浜市長は、将来のポートオーソリティ（港湾を一体的に管理運営する組織）設立を視野に入れ、連携を強化することで基本合意した。

現在、中国・韓国などアジア諸港の躍進により、日本港湾の国際的地位が低下するとともに、国際基幹航路数においても日本港湾への寄港数の減少が続いている。このまま基幹航路から日本が外れることになれば、積み替え輸送に頼らざるを得なくなり、輸送コストの上昇、ひいては物価上昇や割高な輸出製品価格を招き、首都圏4000万人の生活と産業に多大な影響を与えることになる。このような状況に対して三首長は危機感を共有し、京浜三港の連携を深化させることで東京湾全体の国際競争力強化を図ることとし、基本合意に至ったものだ。

京浜三港が連携することにより、コンテナ取扱個数（2006年）は計718万TEU（TEU：20フィートコンテナ換算個数）となり、世界第13位に匹敵し、ニューヨーク／ニュージャージー港（509万TEU）を上回る規模となる。また、地理的にみても、東京港・横浜港間は約20kmにすぎず、世界的にみれば一港の規模と言える。コンテナ船の大型化が進み、これに伴い、船会社の寄港地選択において貨物量の多寡が重要なファクターとなっていることから、基幹航路の維持・拡大を図る大きな力となりうる。

今後、京浜三港は、欧米の大都市港湾と同様、都市の自主性、主体性に基づきながら管理運営主体の大規模化を図り、激化する世界の港湾間競争における日本港湾の復権を目指すため、連携して取り組む課題を設定した。

合意されたのは、①港湾コスト低減による国際競争力の強化、②港湾利用手続きの統一化、簡素化による利便性の向上、③内貿振興、内陸部の物流体系を踏まえた国内ハブ機能の強化、④東京湾全体を視野に入れた合理的かつ効果的な、施設及び機能の配置、⑤環境対策、水上交通網形成、震災対策など広域的課題への対応、⑥国制度の改善、国からの重点投資の確保、の6項目になる。

このうち、「港湾コストの低減」と「利便性の向上」に関しては、船会社や港湾事業者など利用者からの強いニーズがあることから、入港料の一元化、手続きの統一化・簡素化について直ちに取り組むこととしている（20年度より着手）。

現在、京浜三港では、3港湾区域及び3港湾管理者が存在するため、例えば、一隻の船が東京港で輸入品の荷揚げをし、横浜港で輸出貨物を積んだ場合、入港料を2回支払わなければならず、2回入港手続きを行う必要がある。今回の連携によって、最初に寄港したところで一度入港料を支払えば他の2港にも入港でき（入港料の一元化）、入港手続きも最初に寄った港だけで済むように簡素化していく（手続きの統一化・簡素化）。2006年の外航コンテナ船の例でみると、東京港寄港数は5500隻、このうち横浜港にも寄港しているのは3700隻である。入港料を一元化した場合、船会社にとって約1億円のコスト低減効果があると試算している。

また、「国内ハブ機能の強化」の観点から、これまでそれぞれの港ごとに実施してきたポートセールスの共同実施についても検討に着手した。内貿振興や陸送（鉄道やトラック輸送など）を組み合わせ、京浜港への集荷力の強化を図っていくこととしている。

更に、京浜港としての今後の港湾経営や港湾整備のあり方など、三港の将来像を描くため、京浜港共同ビジョンを策定する。策定作業は京浜港広域連携推進会議（以下、「推進会議」という）において行うこととしており、まず、3港湾管理者等による準備会を早急に立ち上げ、推進会議の構成及び組織、推進会議での検討項目、今後のスケジュールなど推進会議設立にかかるフレームワークの構築を行う。その後、港湾関係者の参加も得て推進会議を立ち上げ、官民共同で共同ビジョンの策定を進めていく予定である。策定作業は概ね2～3年を目途としているが、ビジョン全体の策定前であっても、関係者合意が形成された事業については順次実施していくこととしている。

また、東京港、横浜港において、外貿コンテナ貨物の大部分を取り扱う埠頭を運営する東京港埠頭株式会社、横浜港埠頭公社についても、管理運営や新たな事業展開において、技術協力やノウハウの活用、情報交換などこれまでの協力関係を深めていくこととしている。

公社の民営化でサービス向上とコストの低減を図る

前述の東京港の現状を踏まえ、東京港における一層の物流効率化を促進し、国際競争力の強化と利用者サービスの向上を図る必要がある。そこで、東京港の外貿コンテナ貨物の約7割を扱っている財団法人東京港埠頭公社（以下「公社」という。）の改革が不可欠となった。

都では、東京港における国際競争力の強化、利用者サービスの向上を目指し、国の認可など規制の多い現行制度からより柔軟な対応が可能な体制に移行するとともに、一層の企業性を発揮し、経営の効率化と多角的な事業展開を推進するため、公社を民営化し、平成20年4月1日、東京港埠頭株式会社（以下、「新会社」という。）を本格スタートさせた。

新会社においては、これまで取り組んできた公社の既存事業を踏まえ、民営化のメリットを活かし、段階的に事業の充実・強化を図っていく。

具体的には、左図に示す取組を通じて、東京港の国際競争力の強化と利用者サービスの向上を目指す。

特に「港湾コストの低減」については、民営化の効果を早期に打ち出したため、新会社スタートと同時に新たなインセンティブ制度を導入し、ふ頭貸付料の減額を実施する。

この制度は、①1バース当たりの年間取扱貨物量に応じて貸付料の一部を減額するボリュームディスカウント、②ふ頭の貸付期間に応じて貸付料の一部を減額する長期契約、③ターミナルにおける環境対策の実施状況に応じて貸付料の一部を減額する環境対策、の3本の柱からなっている。

①については、前年比の貨物取扱量の増加に応じて減額するだけでなく、輸入超過の東京港における輸出入のインバランスの改善に貢献した場合にもインセンティブ制度を適用したことが特徴となっている。②については、公社時代に10年契約していたものを20年に延長するなどした場合、貸付料の一部を減額するもので、民営化の効果の一つとなる。また、③については、大都市圏に位置するコンテナふ頭を管理する新会社の独自の取り組みとなる。

現在、東京港の外貿コンテナふ頭には、東京都が整備、管理・運営する公共ふ頭と公社が整備、管理・運営していた公社ふ頭が混在しているが、今後は、公共・公社外貿コンテナふ頭の管理を新会社に一元化する予定だ。

これにより、利用者のニーズに迅速かつきめ細かい対応が可能になる。また、管理対象施設が広がることで、日常の施設メンテナンスや機器の更新、あるいはふ頭背後用地も含めたスペースの有効利用など、スケールメリットを活かした管理を行うことができ、ふ頭運営の一層の効率化が期待できる。

東京湾の外貿コンテナふ頭

○ 国際競争力強化・サービス向上

分野	取組
港湾コストの低減	インセンティブ制度等によるふ頭貸付料の弾力化
	公共・公社外貿コンテナふ頭の管理一元化
ふ頭運営の効率化	情報発信等によるふ頭背後道路交通の円滑化
	空バン置き場等ふ頭関連施設の拡充・強化
	利用者ニーズを先取りしたふ頭施設整備
多角的な事業展開	出資等による港湾機能の拡充
	荷役機器等の環境対策の推進

第7次改訂港湾計画概要

新たに外貿コンテナふ頭整備

臨海部の道路（ネットワーク）の充実

東京港が、物流・交流・環境・安全の4つの機能が融合した魅力あるみなととして、重要な役割を果たしていくため、平成20年代後半を目標年次として、平成17年3月東京港第七次改訂港湾計画を策定した。

計画では、国際基幹航路及びアジア航路の拡大を図るため、中央防波堤地区に新たなコンテナ外貿コンテナふ頭を整備し、既存の大井・青海埠頭と合わせ、本格的なコンテナふ頭の三極体制の構築に乗り出していくこととしている。

近年、企業活動のグローバル化に伴う物流構造の変化など、東京港を取り巻く社会情勢は大きく変化している。こうした状況を踏まえ、東京港第七次改訂港湾計画においては、外貿コンテナ取扱貨物量は、さらに460万TEUまで増加すると見込んでいる。

このため、まず、急増するアジア貨物に対応し、中央防波堤外側地区に中規模コンテナふ頭1バースを整備するとともに、同地区に船舶の大型化にも対応できる大水深の高規格コンテナふ頭の整備を進めている。

また、これらの整備が完了するまでの間の貨物量の増加に対応するため、既存の大井・青海埠頭においてふ頭用地を拡張し、取扱能力の増大を図るとともに、コンテナ船大型化の急速な進展の対応について、検討を進めている。

さらに、内航海運では、貨物のユニット化など輸送革新が進み、内貿ユニットロードふ頭でのRORO船による輸送が増大しており、船舶も大型化している。

このため、内貿ユニットロードふ頭の新設とともに、既存ふ頭の再編による荷捌用地の拡大や岸壁の増深など、RORO船に対応したふ頭機能の増強への対応が必要となっている。具体的には、中央防波堤内側に新たな内貿ユニットロードふ頭を2バース整備するとともに、RORO船の大型化により、水深の不足する品川埠頭（5バースのうち3バース）、10号地その2埠頭（6バース）については、増深を図る。また、15号地の既存ふ頭を再編・強化していく予定である。これらのふ頭施設の再編・整備にあわせ、ヤード機能等の不足にも適確に対応していく。

ウオーターフロントシティ

大井、青海、中防外のコンテナふ頭三極体制の構築を支え、国際競争力の強化に向け、東京港の機能向上を図っていくためには、東京港内及び周辺臨海部を結ぶ道路網の改善が不可欠である。

このため、東京港第七次改訂港湾計画では、ふ頭背後、各ふ頭間、ふ頭と国道など幹線道路を連絡する臨港道路の整備を進め、道路ネットワークを充実していく。

特に、中央防波堤外側・新海面処分場に整備する外貿コンテナふ頭及び同地区に立地を誘導する高機能物流倉庫やコンテナ関連用地の物流関係車輌を円滑に背後圏に導くため、新たなコンテナふ頭背後道路の整備事業に着手するとともに、臨海道路Ⅱ期（中央防波堤外側埋立地～江東区若洲、延長約4・6km）及び新木場・若洲線（江東区若洲～新木場、延長約2・7km：橋梁の架替及び道路拡幅）の整備を進めている。

これにより、臨海部の物流円滑化や湾岸道路の混雑緩和が期待でき、中央防波堤外側埋立地から新木場までの時間が4割短縮されることにより、年間300億円程度の経済効果が見込まれる。

さらに、新木場・若洲線と国道357号線との接続部のボトルネック解消を目指し、荒川河口橋西詰交差点立体化事業が、昨年度、現地工事に着手された。また、大田区側の京浜大橋北詰交差点において、今年度、改良工事を実施する予定だ。

総仕上げ 10年間を迎えた臨海副都心開発

着実に進む 青海地区北側と有明北地区の開発

臨海副都心の開発は、総仕上げの時期であるⅢ期に入り3年目を迎えた。東京港の埋立地に最先端の都市インフラを備えた未来型の情報モデル都市をめざしスタートした臨海副都心開発は、バブル崩壊による経済環境の激変に伴い事業者の進出意欲が後退するなど、厳しい試練の時期もあった。

しかし、そうした険しい道のりを乗り越えて、臨海副都心は今、まちとして着実な成長を見せている。

広域交通基盤の整備は進み、これまでゆりかもめの豊洲延伸、晴海通り全線開通など交通アクセスは飛躍的に向上した。また有償処分地の7割が処分されており、新規施設が続々とオープンしている。

今年に入り台場地区でオフィスビル、有明南地区で都市型ホテル、青海地区で東京湾岸警察署がそれぞれ開設するなど事業者進出の動きは非常に活発である。就業人口は4万2000人、居住人口は7910人に達し、年間の来訪者数は平成15年以降4000万人を超え、昨年は過去最高の4500万人を記録するなど、臨海副都心は賑わいと活力のあるまちへと益々成長している。

まちづくりにあたっては、「臨海副都心まちづくり推進計画」を基本に開発を進めており、これを踏まえて「臨海副都心開発の今後の取組み―総仕上げの10年間―」が示された。

この中で、今後重点的に開発する二つの地区として、青海地区北側は「観光・交流を中心としたまち」、有明北地区は「住宅を中心とした複合市街地」と、開発の基本的考え方が提示されている。

この考え方に基づき、平成19年3月、都心に残された最後の広大地である青海地区北側の第一期公募を開始し、早くも12月には2区画について進出事業者が決定した。続いて今年3月には、第二期の公募要項を発表し、開発の新たなステージを迎えている。

一方、有明北地区では、平成19年12月、開発に関わる都の方針である「有明北地区まちづくりマスタープラン」と、開発の誘導指針となる「有明北地区まちづくりガイドライン」について、開発状況を踏まえ、それぞれ「一部見直し」「改定」を行った。

さらに、埋立部については年内にも市街化区域編入を行う予定であり、地区全体で居住機能を強化しながら、業務・商業機能と居住機能が複合する活力ある市街地の形成を進めるよう取り組み始めたところである。

また、2016年東京オリンピック・パラリンピックの選手村予定地となっていることから、オリンピック招致計画との整合性を図りながら開発を進めていく。

以上のように平成27年度のまちの概成に向けて、青海地区北側や有明北地区を中心として着実に開発を進めているところである。

臨海副都心は、東京港の中央に位置することや海の森から都心に向かう環境軸上にあるという地理的特性から、環境との調和が開発の重要なポイントである。

今後も、環境に配慮しながら都市の活力を生み出し、都市の魅力を世界に発信し続ける新しいまちづくりを目指していく。

開発が進む臨海副都心

海岸保全施設 10年間で緊急整備 防潮堤・水門の耐震対策は23年度完了

東京港では、伊勢湾台風級の台風による高潮からの防御を目的として、防潮堤、護岸、水門、排水機場等の海岸保全施設の整備を進めてきた。

その結果、外郭防潮堤については既に概成しており、高潮に対する安全対策は十分なものとなっている。しかし、大規模地震時の液状化現象への対応や施設の経年変化への対応が課題として残されていたため、平成19年3月、甚大な災害発生が危惧される首都直下地震からの被災リスクの低減、整備済みの設備や護岸の老朽化対策を目的として「東京港海岸保全施設緊急整備計画」を策定した。

本計画は、平成18年度を初年度とし、平成27年度を目標年次とする10ヵ年計画であり、従来のペースでは25年要する整備期間を10年に短縮して緊急的に対応するとともに、ハード及びソフト対策の両面から重層的に取り組むことによって、首都圏を支える東京臨海部のさらなる安全性をより早急に向上させる計画である。

平成18年度及び19年度における整備状況は以下のとおりである。

まず防潮堤については、辰巳締切堤の耐震対策を完了している。内部護岸については、汐浜運河、砂町運河、豊洲運河、芝浦アイランドの整備を行った。なお、これら以外の水門や内部護岸においても各々、調査・設計、本体工、地盤改良など、整備完了に向けた取組みを順次実施している。

また、前述のハード対策に加え、ソフト対策として光ケーブルの2重回線化によるバックアップ機能を備えた新たな高潮防災システムの構築への取組みや「総合高潮防災訓練」の実施による防災意識の向上にも努めている。

今後は引き続き、概成している外郭防潮堤の耐震対策（芝浦、晴海等）に加え、土地利用の変化等により新たに必要となった堤外地防潮堤（京浜運河、有明等）の整備を進めていく。

なお、被災時の影響が大きい防潮堤と水門については、平成23年度の完了を目指して優先的に耐震対策を実施している。

今後も設計・施工の工夫などによるコスト低減を図りつつ、本計画の着実な推進に引き続き努めるとともに、防災機能の強化のみならず、魅力ある海岸環境の創出を図るなど、都民がより一層安心して暮らせる東京の実現に向けて鋭意取り組んでいく。

安全と景観を合わせて整備された海岸

環境や景観に配慮した取組み

都民との協働による「海の森」の整備

18年12月に策定された「10年後の東京」において、グリーンロードネットワークの拠点として位置づけられた「海の森」の整備に昨年着手した。

この「海の森」事業は、海上公園事業の一つとして、中央防波堤内側のごみと建設残土でできた埋立地内の約88ha（日比谷公園の約5・5倍）の「ごみの島」を「森」に生まれ変わらせるもので、2016年の概成を目指している。

海の森は、①都心に向かう風の道づくり、②資源循環型の森づくり、③都民・企業・NPO等との協働による森づくりという特徴をもった、自然環境の再生の取り組み等をおこなっていく事業である。

①については、海の森がちょうど都心の入口に位置することから、「緑の風」をつくりだす起点となる森づくりを行う。

②については、植物の生育に適した「土づくり」の元になる材料を都内の公園や街路樹の剪定枝葉から作った堆肥、水道・下水道から発生するリサイクル土等から賄う。

③については、苗木づくり・森づくりを協働で進めていくことであり、苗木づくりボランティアや学校による「どんぐりから」育てた苗木及び緑の東京募金で調達した苗木を都民をはじめ多くの人々に植えていただくものである。

さらに、植樹後の管理の一部も同様に参加していただく。

この機会に、皆さんも海の森づくりにご参加いただきたい。

「海の森」の構想図

ボランテアによる苗木づくりが進んでいる

地域と一体となった運河の再生

さらに、港湾局では、運河を観光資源として活用し、魅力ある水辺空間を創出するため、規制緩和による観光桟橋の設置や背後のまちづくりと一体となった護岸整備などを推進する「運河ルネッサンス」に取り組んでいる。

これまで、「品川浦・天王洲」、「芝浦」、「朝潮」、「勝島・浜川・鮫洲」の4地区を指定し、地元によるイベント開催のほか様々な取組が行われている。

天王洲の水上レストランは、平成18年2月のオープン以来、ボートの試乗会など様々なイベントにも活用され、ひと月に千人以上が来客する水辺の人気スポットとなっている。また、複数の地区で、船上ウエディングパーティーやボート遊びなどに利用できる桟橋が整備されてきている。

芝浦アイランドでは、デザインや回遊性に配慮した護岸や遊歩道になるよう、港湾局が主体となって地元区及び開発者と協議・検討を重ね、三者の協力により、居住人口1万人に及ぶ大規模住宅開発と一体として整備を行った。同地区では、水上テラスを備えた桟橋が完成し、都内初の本格的なポートライセンススクールが開校され、船舶免許取得のための講習のほか、カヌー教室や水域利用のルール・マナー啓蒙などを行っている。

また、品川浦・天王洲地区では、運河ルネッサンス協議会と連携し、目黒川水門において地域住民の提案を取り入れた水門扉塗り替えを行った。このような取組は、都では初めての試みで、今年3月に地域主催のイベントにあわせ公開した。

今後は、こうした施設を活用して、更なる水辺の賑わい創出や運河ルネッサンス地区相互の連携強化を図っていく。

目黒川水門絵柄

多摩26市の組織・人員㊤

職員数 前年度比570人の減に

行政需要増で鈍るスリム化

多摩地域26市の今年4月の職員数は2万5224人となり、前年度比570人の減となったことが本紙の調査でわかった。1市あたりの平均削減数は22人で、平均削減率は2・2%となるが、前年度比で増が1市、増減なしも1市あった。医療制度改革への対応や市独自の政策課題等への対応で体制強化等を迫られる中、指定管理者制度の導入や業務委託で減を捻出する姿が見られた。また、都が各市に委託してきた水道事務の委託廃止に伴う体制の見直しなどが減要素となった。

■□「削減はもう限界」

各市の前年度比の平均削減率は2・2%だが、これを上回って削減したのは16市で、下回ったり、逆に増となったのが10市となる。

規模別にみると、職員数千人以上の9市のうち、平均削減率を下回ったのは立川、三鷹、府中、調布、町田の5市となっており、比較的大規模な自治体で削減が厳しかった様子がうかがえる。

これを象徴するのが三鷹市で、前年度と横ばいとなった。水道部で職員の再任用への切り替えや事務委託、係統合等による削減を図ったが、後期高齢者医療制度や公共施設建て替え等事業への対応で相殺された。同市では「96年度から他市に先駆けて行革を進めており、当時から300人弱を削減した。スリム化が進み、これ以上の削減は厳しかった」と説明する。

三鷹市は、総務省が求めた集中改革プランで2010年度までに70人の削減を打ち出している。現段階では達成が厳しい状況だが、「学校給食調理の委託や水道事業の都への一元化を進め、削減を図りたい」と話す。

職員数が26市で2番目に多い町田市も差引で9減。水道事務の委託の解消で18減などとしたが、機能を拡充した町田市民病院に40人を採用したことなどで微減にとどまった。

ただ、市民病院では今年度、117人の採用を予定している。4月の採用が思うように進まなかったため9減となったが、本来なら逆に70人程度の増となっていた。市では「看護師等の退職も多かったため若干の減となったが、年度途中に採用すれば前年度比で増となる可能性もある」と話す。

町田市も集中改革プランで252人の削減を盛り込んだが、病院での採用予定が当初より増え、目標達成は難しい。「90年代から削減を進めており、人口に対する職員数は類似団体の中では少ない。これ以上の削減は厳しいのが実態だ」と同市。病院での需要増のほか、市内のインフラ整備もいまだ不十分で、「技能系職員の削減も厳しい状況だ」と苦しい胸のうちを語る。

26市の中で唯一、職員数が前年度比増となったのは国立市だ。3増となった理由を「06年度の障害者自立支援法改正に伴い、高まる行政需要への対応などを図った結果」と説明する。

指定管理者制度については今年度の導入施設はなく、保育園も直営の方針で委託の予定はない。

その一方、同市で目立つのが再任用職員への切り替えによる減だ。教育委員会や給食センター、図書館等で活用を図った。「この間、組織のスリム化を進めたが、退職者の持つ技術や経験を有効活用することが必要。民間委託できるものは行うが、再任用の活用は、目が届く範囲で業務を推進できる利点がある」と同市。来年度以降は保育所や給食センターをはじめ、全庁で再任用職員を活用して削減を進めるという。

■□委託解消で削減加速

他方、最も多く職員を削減したのは八王子市で前年度比100人の減。水道事務の委託解消で27減、下水道の汚水処理人口普及率100%達成に伴う体制の見直しで16減、2保育園への指定管理者制度の導入で14減などとした。市では「官民の役割分担を明確化し、民に委ねる部分は委託を推進した」と話す。

加えて八王子市で取り組むのが「雇用ポートフォリオ」の導入だ。正規職員や嘱託員、臨時職員など、多様な人材がいる中、「それぞれの働き方、仕事を適切に組み合わせて配置することで、人件費の節約を図る体制づくりを進めている」（市経営管理室）という。

また、削減規模が大きかった自治体で目立つのが水道事務の委託解消だ。国分寺市も昨年度から段階的に水道事務を都へ移管しており、今年度は19減となった。700人程度の組織規模ながら、41減は26市で3番目に多く、削減率も2番目の高さだ。

このほか、水道事務の委託解消では、小平市（7減）や福生市（7減）、東久留米市（9減）、あきる野市（5減）、西東京市（11減）などで削減が行われた。業務が移管となるため、比較的規模が小さい自治体でも、まとまった数の削減につながったようだ。

さらに、削減数は多いが、行革以外の影響もある。稲城市は26減だが、これは3月末に看護師の普通退職が重なったことによるもので、行政系では3減にとどまる。不足した分は採用するため、純減とはならない。市では「この間、行政部門でも削減を進めてきたが、ここに来て厳しくなった感がある」と話す。今後は病院給食業務の全面委託化などを図るという。

多摩26市の職員数と増減率

市名	08年度	07年度	差引増減	増減率(%)
八王子	3,037	3,137	▲100	▲3.18
立川	1,285	1,298	▲13	▲1.00
武蔵野	1,051	1,076	▲25	▲2.32
三鷹	1,084	1,084	0	0
青梅	814	821	▲7	▲0.85
府中	1,316	1,339	▲23	▲1.71
昭島	751	768	▲17	▲2.21
調布	1,313	1,324	▲11	▲0.83
町田	2,821	2,830	▲9	▲0.31
小金井	754	775	▲21	▲2.70
小平	933	944	▲11	▲1.16
日野	1,365	1,421	▲56	▲3.94
東村山	888	914	▲26	▲2.84
国分寺	723	764	▲41	▲5.36
国立	459	456	3	0.65
福生	389	400	▲11	▲2.75
狛江	484	507	▲23	▲4.53
東大和	476	506	▲30	▲5.92
清瀬	471	495	▲24	▲4.84
東久留米	792	811	▲19	▲2.34
武蔵村山	401	414	▲13	▲3.14
多摩	850	865	▲15	▲1.73
稲城	806	832	▲26	▲3.12
羽村	370	377	▲7	▲1.85
あきる野	488	501	▲13	▲2.59
西東京	1,103	1,135	▲32	▲2.81
合計	25,224	25,794	▲570	▲2.20

※職員数＝教育長、再任用（フルタイム）、外郭団体等への派遣職員、地方自治法上の派遣で給与を支給している職員、休職者を含む。区長、副区長、地方自治法上の派遣で給与を支給していない職員、再任用（短期）・再雇用、非常勤職員、アルバイトは除く

区I類採用試験

受験者数、2年連続で増加

前年度比153人増

特別区のI類採用試験が11日、都内の4大学を会場に行われた。受験者数は7508人となり、前年度を153人上回った。ただ、試験区分ごとの受験者数を見ると、事務（前年度比87人増）や福祉（同70人増）では受験者数が伸びた一方、土木造園や機械では減少するなど、技術系は依然として厳しい状況となった。

団塊世代の大量退職期を迎える中、民間企業はここ数年、採用意欲の高まりを見せており、学生の民間志向も高まっている。その反面、公務職場での採用状況は厳しさを増している。例えば国家公務員採用試験の申込状況を見ると、大学卒業程度を対象とした国家I種やII種等の申込者の合計は05年度の12万1734人から07年度は8万3130人に落ち込むなど、減少傾向が続いている。

こうした状況は特別区も同様で、03年度に9665人いたI類の申込者数は06年度に7267人まで下落していた。だが、今年度はインターネットでの申込受付を開始したほか、積極的なPR活動などを実施。この結果、申込者数は5年ぶりの増となる1万501人（前年度比1061人、11・2%増）となり、受験者数も2年連続で増となった。

他の公務職場の採用状況が依然として厳しい中での回復基調について、特別区人事委員会では「23区と一致協力して基礎的自治体職員のやりがいなどを積極的にPRしてきた結果が表われたのでは」と受け止める。

一次試験の合格発表は6月27日で、最終合格発表は8月4日となる。

試験当日は雨模様となったが、受験者数は増に＝11日、明治学院大学で

都I類採用試験

受験率は65・2%で横ばい

I類Aは受験倍率が低下

都人事委員会は、11日に実施された08年度東京都職員I類A・B採用試験の受験状況を発表した。I類A・B全体で4515人が受験、受験率は65・3%で、昨年度から0・6ポイント増とほぼ横ばいだった。

試験区分別の受験状況をみると、大学院修了者や民間企業経験者等を対象とするI類Aでは、事務の採用予定数60人程度に932人が申し込み、うち585人が受験した。受験率は62・8%だった。同区分では、採用予定数を引き上げたものの、申込者数が前年度から512人減と大幅に減少しており、倍率も前年度の20・5倍から9・8倍へと下がっている。

I類A技術は、全体で53人程度とした採用予定数に対して、受験者数は193人、受験率は65・2%だった。倍率は前年度の5・9倍から3・6倍と低下した。

一方、I類Bについては、事務で採用予定数を前年度と同様の300人程度とした。2633人が受験し、受験率（64%）、倍率（8・8倍）ともに前年度からほぼ横ばいの水準だった。技術は受験者数（319人）と受験率（65・1%）が前年度を上回り、倍率は3・6

武内　てるさん（たけうち・てる＝[illegible]川区区民生活事業部長）11日死去、91歳。

「賃金不払い」がトップに

労働相談は約5万5千件

都産業労働局は14日、07年度に都内6カ所の労働相談情報センターで実施した労働相談・あっせん結果をとりまとめた。労働相談件数は約5万5千件に上り、相談内容のトップは「賃金不払い」だった。また「退職強要」や「メンタルヘルス」の相談が大きく伸びた点が特徴となっている。

労働相談の内容別にみると「賃金不払い」の相談が全体の9・7%（9208項目）と初めて最多となり、「解雇」「労働契約」と続いた。前年度までトップだった「解雇」の相談項目は10・7%減だった。

育児休業明けの就労拒否など「退職強要」に関する相談が3615項目となり、前年度から79%増と大幅に増加したほか、「メンタルヘルス」（5946件）は倍増、「職場の嫌がらせ」（5258件）も前年度から20%以上伸びている。

一方、紛争当事者間の自主的解決を援助するあっせんについては、839件のうち617件で当事者間の合意ができ、紛争が解決。解決率は73・5%となっている。

■都退職

15日付

【専門参事等】▽北療育医療センター外科部長　濟陽高穂

■墨田区人事異動

1日付　◎印昇任

【部長級】▽区民部長（区民部副参事＝特命担当）◎中武繁明▽福祉保健部子育て支援担当部長（福祉保健部子育て支援担当副参事＝特命担当）◎細川保夫▽教育委員会事務局次長（教育委員会事務局副参事＝特命担当）◎坂本康治

現業給与

都労連が一時金関連要求

都側は改めて問題意識表明

都と都労連の小委員会交渉が13日に開かれ、都労連から一時金の「支給対象・割合・加算制度」の改善要求、08年度夏季休暇の改善要求が提出された。夏季一時金要求については、今月末の団体交渉で提出する予定となっている。

一時金関連要求では、まず現行の一時金支給制度で、支給対象者が「基準日現在在職する職員」となっていることから、基準日主義の廃止と勤務実績等に基づく支給を求めた。基準日主義に関しては、育児休業者には勤務実績に応じて支給するよう例外が認められている。

また次世代育成支援や介護施策の重要性が強まる中、不利益を改善する点から、育児休業や介護休暇を取得した場合に、期末・勤勉手当の在職期間・勤務期間から除算しないよう制度の改善も挙げている。

今年度の給与改定交渉期までに結論が得られるよう引き続き協議となっている教員給与と任用のあり方に関しては、教員の専門性や経験の重要性を踏まえ、引き続き、経験年数を基準とした職務段階別加算制度の存続を要求した。

08年度夏期休暇の改善要求では、「変則勤務職場等においては、ぎりぎりの職場体制で取得期間内に完全取得ができない」などと主張した上で、夏季休暇の日数増と長期連続休暇として機能するよう改善を行うこと、完全取得に向けた取得期間の延長などを盛り込んでいる。

一方、都側は、都労連による一時金関連及び夏季休暇の改善要求に対して、都税の減収要因や様々な歳出の増加要因に加え、持続可能な財政基盤構築の必要性を訴えながら「要求については真摯に受け止めるが、諸般の情勢を十分考慮しながら検討していく必要がある」と発言した。

また教員の職務段階別加算制度については、職責に応じて加算するという制度の趣旨に即した見直しを行うべく、教員給与・任用と一体的に解決していく旨を強調している。

このほか、同日の小委員会交渉では、都側が現業系職員の給与制度にも触れた。都は昨年度末に「技能労務職員等の給与等の見直しに向けた取組方針」を策定・公表しており、12日には総務省ヒアリングが行われ、「取組方針」に基づいて着実に見直しを実施するよう、改めて指摘を受けたという。

都側は業務職給料表について、少なくとも国並みの水準と均衡するよう再構築を図るとともに、職務・職責をより一層反映し、年功的な給与上昇を抑制していく構造的な見直しがぜひとも必要との問題意識を繰り返し表明。これに対して都労連は、現業労働の果たしている役割を正しく評価せず、現業系職員の給与水準を意図的に引き下げようとするものと強く批判している。

ひと

派遣研修で都区のパイプを

福祉保健局高齢社会対策部
介護保険課介護事業者係

山下（やました）　隆（りゅう）さん
渡邊（わたなべ）　幸子（さちこ）さん
江口（えぐち）　宗平（そうへい）さん

この4月から、都介護保険課介護事業者係に区からの派遣研修生3人が在籍している。

足立区に昨年入区したばかりの江口さん（写真右）は「東京都で介護保険の勉強ができるんなら、是非行かせて欲しい」と思ったが、「自分ひとりだけで新しい職場に入るのかと、不安で一杯でした」とも。

実際には他局から異動してきた人も多く、「3人だけが特別な存在というわけではない」と笑う3人。それでも、都にいる間に多くの体験ができるようにと、研修などで席を空ける時も快く送り出してくれ、手厚いフォローに温かい気遣いを感じる毎日だという。

山下さんも品川区に昨年採用されたばかりだが、大学を2年間休学し、在パキスタン大使館に勤めた経歴を持つ。国、区と見て来て今回は都へ。「千載一遇のチャンス」だったと笑う。「広い視野で見ることができます。それぞれの役割分担も分かってきました」。江口さんと2人、1年間が研修期間だ。

「都と聞くと、指導される立場なんだと構える部分があったんですが、粉川介護保険課長が良いパートナーシップを築いていこうと、区市町村に声をかけて下さり、実際に一緒にやっていけるパートナーなんだと実感できています」と渡邊さん。87年に世田谷区に入り、今回、区の庁内公募に自ら手を挙げた。半年の研修を終えると、事業者指定を担当するという。

06年4月に改正された介護保険で新たに生まれた「地域密着型サービス」では、事業所指定を区市町村が行うこととなった。そのノウハウを学ぶことも、研修の大きな目的だ。

江口さんは「事業者指定について歴史とノウハウがある都から学べることは大きいし、足立区の介護保険の特徴を把握するためにも他区の施策も勉強し、情報を得る1年間にな[illegible]

20年度 都管理職試験 ラストスパート《中》

論文の「変化球対策」を
（種別B　技術）

いよいよ試験本番が迫ってきました。人事異動などもあり、毎日の仕事が忙しい時期かもしれませんが、そうした中、最後の頑張りに入っていることと思います。

私の場合、種別Bの2回目で合格することができました。初めて受けた時は、試験勉強に対する気持ちが中途半端な状態で、4月、5月を過ごしてしまいました。試験後に「あの時に、もう少し、こうやっておけばよかった」など後悔するところが多々あり、その反省から2回目にあたっては、仕事や家庭のことが忙しくても「最後まで、できるだけのことはやろう」という気持ちを保ち続けるよう心掛けました。

勉強は、休日に集中的に行い、連休後の土日はすべて近所の図書館に通いました（平日は、試験前もほぼ毎日残業で、通勤時間以外はそれほど時間が取れませんでした）。

記述対策では、論文の勉強を重点的に行ったため、時間が取れなかったことや、前年度の試験である程度の手応えがあったため、得意分野を絞り込んで勉強を行いました。用意した模範解答や資料を文章としてではなく、キーワードにマーカーを引いて、重要なところはひたすら書いて覚えました。

また、試験までの限られた時間を有効に使うため、ある程度のヤマを張ることも必要だと思います。これまで仕事（計画、設計、現場など）を通じて経験と知識を蓄積してきた得意分野や、自分の所属局に関することは、ひと通り目を通して勉強すれば、それなりに得点することが可能だと思います。

論文対策では、できるだけ多くの完成論文を用意したかったのですが、結局、完成できたのは2本でした。通勤時間に、できるだけスムーズに読めるよう何度も読み直し、手直しした論文は週末に覚え込みを行いました。

前年度は手が疲れてしまい、文字が最後まできれいに書けなかったため、原稿用紙を使って実際に手で書く練習を何度もしました。筆記用具も手の疲れない書きやすいものを選びました。予想が外れた際の時間配分をつかむためにも、手で書いてみることは必要だと思います。

また、前年度の試験で用意した論文と出題テーマが少しズレていて、うまくまとめることができなかった反省から、試験直前には完成論文の「変化球対策」に力を入れました。用意した論文の出題テーマを広げたり、狭めたりして、それに対する問題点と解決策を頭の中で考えるものですが、本番ではこれが役に立ちました。

試験直前の金曜日は、上司のはからいで、午後から半休暇を取らせてもらいました。周りの状況が許されるなら、年休を有効に使って下さい。

合格水準についてですが、イメージをかなり高いところに感じている人が多いと思いますが、意外と近くにあるものと思います。私自身、記述、論文が満足できるものではなかったため「やれるだけのことはやったのだから、また来年頑張ろう」と思っていたところに、8月の発表がありました。試験の準備をされている方の中には、自分が思い描いていたように十分満足な勉強ができなかった方も多いと思いますが、最後まで諦めずに、是非とも試験を受けて下さい。

昨年度から、職務に励み、実績を上げている人が受験しやすいよう、人物・実績重視に制度が改正されています。試験前、最後の2週間が肉体的にも、精神的にも苦しかったことを覚えています。合格できたのも、この2週間を頑張れたからだと思います。

悔いを残さないよう、ラストスパートを頑張って下さい。

採点者の目を意識する
（種別C　事務）

1　心の準備も忘れずに

いよいよ管理職試験Cの最終実施まで残り1カ月近くとなりました。20年度のC合格予定者数が、事務系・技術系を合わせて52人と、19年度に比べて狭き門となり、受験者には厳しい状況となりました。

受験者の多くは、試験対策の総仕上げ段階に入っていることかと思います。過去の出題例を参考に、パターン別に対応論文を整理するなど、取りこぼしのないよう、最後のチェックを行っていることと思います。

もちろん、技術的な対策のチェックも大切ですが、意外と忘れがちなのが試験当日に向けた心の準備です。緊張感から思ったとおりの論述ができずに後悔することがないよう、平常心を保つ具体的な手段を講じることも忘れないでください。

一例ですが、論文の「起・結」の部分を暗記することで、「承・転」の記述に余裕が持てるようにするなど、試験時に動揺しないような具体策を考えておくことをお勧めします。

試験当日の2時間は短いです。

2　採点者の視点からのチェックを忘れずに

論文の完成度を高めるための最後のチェックは、やはり採点者の目を意識した読み易い論文をいかに書けるかということです。読み易い論文とは、採点者に受験者の論旨が正しく理解してもらえる論文のことです。そのために注意しなければならないのは、難解な語句や専門用語の使用です。

日頃、受験者が抵抗なく使用している文言でも、採点者には難解な文言になることがあります。その結果、論旨が採点者に正しく伝わらず、マイナス採点の要因となります。もう一度、難解な語句や専門用語を使っていないか、使っているようであれば、代わる平易な表現はないか、あれば書き直して、それを書いて手に覚え込ませてください。具体的には、家族の方などに読んでもらい、難しい表現はないか、聞いてみるのも良いと思います。

次に注意するのは、出題文を引用している場合です。

論文の展開によっては、出題文の一部を引用することで効果的な論文の展開ができることがあります。もちろん、引用文の多用は厳禁ですが、今までの練習論文に引用文を使っている場合は、自身の選んだ引用箇所が適正か、引用せずに表現することは可能かなど、もう一度チェックをしてみてください。引用せずに表現が可能であれば、書いて手に覚え込ましてください。

このほか、一つの文に複数の論点が記述されていないか、それらの文が論理的に連接性をもって構成されているかなど、自身が採点者になったつもりで読み返してみてください。

管理職試験の論文ですから、管理者の視点と論旨のぶれには十分注意してください。

3　ここまで来たら妥協せず

今までのチェックは、昨年、この時期に私自身が実践したことを書きました。

しかし、実際にチェックをしていくうちに、様々な文言等が脳裏を駆けめぐり、自身の論文に不安を抱く状況が出てくることがありました。その際、自分自身に言い聞かせたことが一つだけあります。それは、受験対策で学んだ管理職としての視点は、絶対に変えないということでした。

それでも迷って不安になった時は、思考を中断するようにしました。具体的には、ゴルフ練習場に行き、身体を動かすことで気持ちの切り替えを図りました。その後、再度見直しを行い、解決するようにしました。なぜならば、無理な妥協は、試験当日に迷いが出て、思ったとおりの論文が書けずに、「後悔」だけが残る最悪の結末になると考えたからです。

ここまで来たら、妥協は禁物です。

4　諦めず最後まで強い意志で

「学問に王道なし」という格言がありますが、論文も同じで、自らの考えに沿って何度もチェックや修正を繰り返し、書くことにより前進するしか方法はないと思います。

また、決して諦めず、最後まで「管理職になる」という強い意思を持って試験に臨むことが合格の必須条件です。がんばってください。

社会事情　カレントトピックス　20年度　31

■「学校裏サイト」実態調査（4月15日）

文部科学省は4月15日、いわゆる「学校裏サイト」に関する初めての実態調査の結果を発表した。

この調査において、学校が関与していないが学校生活について書き込まれているサイトを「学校裏サイト」と位置づけて調べた結果、その数は3万8260件であった。中高校に関するサイトが中心だが、小学校に関するものもあった。うち約2千件を抽出したところ、50%に「キモい」「うざい」など他人を中傷する表現が含まれており、27%に「死ね」「殺す」など暴力的な表現が含まれていた。

「学校裏サイト」は、いじめなどの温床になっていると指摘されているが、同省は問題サイトの比率が予想以上に高いとして、情報に関するモラル教育を急ぐとしている。

■光市母子殺害事件判決（4月22日）

山口県光市で母子を殺害したとして殺人と強姦致死などの罪に問われた犯行当時18歳であった27歳の元少年に対する差し戻し控訴審の判決公判が4月22日、広島高裁であり、無期懲役とした1審地裁判決を破棄し、求刑どおり死刑を言い渡した。判決は、元少年が殺意や強姦の意図がなかったとした新供述を「不自然で不合理」と退け、元少年の犯行時の年齢については「死刑を回避する事情とまでは言えない」とするなど、元少年側の主張をすべて否定した。

この判決は、犯行時に未成年であっても、殺人の被害者が複数の事案では原則として死刑という判断を示したものとして画期的と言える。この判決に対し、弁護側は「事実誤認がある」として上告した。

■国民健康栄養調査（4月30日）

厚生労働省は4月30日、平成18年国民健康栄養調査の結果概要を発表した。

調査結果によると、糖尿病が強く疑われる人は約820万人、その可能性が否定できない人は約1050万人、合計1870万人に上り、4年前の調査に比べ250万人増加した。また、40歳から74歳までの男性では、メタボリックシンドローム（内臓脂肪症候群）が強く疑われる人またはその予備軍の人の割合が51・5%と半数を超えた。さらに、「高血圧症有病者」は970万人に上り、「正常高値血圧者」1520万人と合わせると、5490万人に上り、成人の53%に達した。

厚労省はこれらの結果について「脂肪分の摂取量は変化がなく、運動不足が大きな要因の一つ」と分析している。

昇任試験対策のページ

20年度 特別区 管理職試験講座 15
事例解説③

解説

1　記述式問題について

今回は記述式問題の解答例を示すとともに、そのポイントを解説します。記述式問題は、問題文にある通り、与えられた時間の中で、特別区の課長として課題を正しく認識し、その課題を解決するための複数の施策を立案、評価した上、最善策を選択する力を試すものです。従って、法的知識や区の施策に精通していなければ解答できないというものではありません。むしろ、普段から仕事の中で行っている事務事業の改善提案や、新規事業の企画立案と何ら変わりはありません。この意味では、まさに日々の仕事に対する取り組み姿勢が問われていると言っても過言ではないでしょう。

2　解答手順

（1）資料分析、課題設定

まずは、資料を分析した上、区政の課題を整理します。

資料そのものは難しい内容ではありませんので、課題の設定は誰にでもできると思いますが、最も大切な解決策の検討に時間がなくなることのないように注意しましょう。

ポイントは二つ。行政としての課題をどう捉えるかということと、この時点であまり時間を掛けすぎないことです。

（2）施策の検討

（1）で設定した課題、すなわち区民の「困っている状況」に対して、行政として、所管課長としてどうすれば良いのかを考えます。

ポイントは一つ。目的、手段、目標を整理することです。何のために、どのような施策を講じるのか、それを実施することでどういった状態を目ざすのか。これらを混同することなく、三つ、ないし四つの施策を検討します。

（3）施策の評価

（2）で検討した施策の中から最善策を選択します。

ポイントは一つ。評価の視点をあらかじめ考えておくことです。偏った判断にならないよう、様々な角度から評価できるようにしましょう。

そして、選択した最善策にふさわしい施策名やタイトルを考えます。

おわりに

記述式問題は課長に対する「企画書」です。課題の設定から施策の提示まで一貫した内容であることと、企画書としての体裁を整えることがポイントとなります。

今回掲載した解答例はあくまでも参考です。論文と同様、施策提案方式も人それぞれであり、自分なりの「型」である企画書フォーマットを作り上げておくと良いでしょう。

日々の仕事の中で、この「型」を意識するだけで、この記述式問題に対する事前準備は十分です。むしろ管理職選考のための「試験勉強」をするより近道かもしれません。

Ⅰ類記述⑧

負けるな現代っ子！
～子どもの体力向上プラン～

1、提案目的

家庭、地域、行政が連携して子どもの体力向上を図る。

2、資料分析

資料から読みとれる現状は以下のとおりである。

（資料1「平成18年5月30日付　読売新聞記事」）

○体育の家庭教師を派遣するサービスが人気となっている。東京を中心に1990年代になって事業化され、全国展開している所も出てきている。

（資料2「平成19年版　国民生活白書」）

○小中学生の1日あたりのテレビゲーム利用時間は、小学生男子の32.2%、中学生男子の34.6%が2時間くらい以上で、小学生女子の10.7%、中学生女子の15.5%を大きく上回っている。

○1日につき1時間以上テレビゲームを利用するのは、小学生男子の64.4%、小学生女子の32%、中学生男子の65.4%、中学生女子の31.6%である。

（資料3「平成19年版　国民生活白書」）

○小中学生の通塾率の推移を見ると、昭和57年と比較して平成18年では、小学校高学年で14.7ポイント、中学生で7.8ポイント上昇している。

○平成18年現在、小学校高学年の36.5%、中学生の42.7%が塾に通っている。

（資料4「文部科学省　平成18年度体力・運動能力調査」）

○11歳の体格と運動能力について、昭和61年度と平成18年度を比較すると、体格は大きくなっているものの、50ｍ走では男子が1.7ポイント、女子が2.0ポイント、ソフトボール投げでは男子が12.5ポイント、女子が14.4ポイント、いずれも低下している。

3、区政の課題

20年前と比較して、子どもの体力が低下している。塾に通う割合は増加し、運動をする時間が減っている一方、小中学生のうち、女子の3割以上、男子の6割以上が、1日あたり1時間以上のテレビゲームをしている。

家庭における生活習慣を見直し、家庭、地域と連携して子どもの体力向上を支援する必要がある。

4、施策提案

（A案）塾に通わなくても受験にも対応できる学力の向上が図れるよう、学校における補修を大幅に拡大するとともに、小中学校の体育系放課後クラブ活動を活発化させる。

（B案）区内児童・生徒が楽しく参加、継続できるような運動、スポーツ教室を身近な区民館、体育館等で毎日開催する。指導員は極力、地域の力を利用する。

（C案）小中学生を対象としたスポーツ大会を各地域で頻繁に開催し、入賞チーム、入賞者を広報紙で大々的に取り上げるとともに、入賞商品を配付する。

（D案）小学校における放課後子どもプランの中で、各種のスポーツプログラムを設定し、参加を促進する。

5、各施策案の評価

A案からD案について下表により評価し、優先順位を付した。

	効果	コスト	時間	継続性	総合順位
A案	◎	△	△	△	2
B案	◎	○	○	○	1
C案	○	△	△	△	4
D案	○	△	○	△	3

○A案は学校教育、クラブ活動を充実させることで体力向上を図るものであり、効果は高いと思われる。しかし、学校現場における教員の負担増を考えると、直ちに実現するのは困難であり、教員に代わる指導員を学校に派遣するということになると、莫大な経費が必要となる。

○B案は身近な区民館や体育館を利用し、地域の人材を活用することで家庭、地域、行政が連携し、低コストで実施することが可能であり、その効果も期待できる。

○C案は現在でも実施されているスポーツ大会を大規模に、かつ回数を増やして実施し、上位入賞者に対する商品贈与によって子どもたちの意欲を高めるものであるが、クラブ活動等が活発になった後の方が効果が期待できる。

○D案は小学校における放課後子どもプランのメニューとして実施するものであり、放課後にそのまま参加できることから一定の効果は期待できる。しかし、当該小学校、小学生のみを対象としている点や全校で複数のプログラムを設定することは経費を要する。

このことから、B案が最善策であるが、学校教育の改善、充実による学力、体力の向上も同時に推進していくことが望まれる。

6、考察

子どもの体力を向上させるのは、行政だけの責任ではない。知徳体のバランスのとれた児童を健全に育成していくためには、家庭、地域、行政が連携して取り組む必要がある。

思いがけず「がん」になって
温かい心遣いに感謝の日々

元東京都監察員　笹山隆

筆者近影

東京都を退職後、しばらく受診していなかった人間ドック健康診断（私の住む春日部市で毎年実施する基本健康診査は受けていたが、人間ドックは、つい4年間受診していなかった）を、昨年9月、久しぶりに受けたところ、「胃粘膜に不整像が見られるため、内視鏡検査を受けてください」（このほか、胆のうにポリープが認められ、肝機能ZTTの値が高いため、二次検査等を受けること）との指示がありました。

この検査結果については、私自身それほど気にもせず、「あっ、またか！」という思いで受け止めました。それというのも、過去に受診した人間ドックの消化器検査において、胃炎や胃粘膜ヒダ異常等の指摘があり、内視鏡検査を受けた結果、「著変は認められない」と診断されたことが何度かあったからです。それよりも、内視鏡検査で胃カメラを飲む時の大変さ（人それぞれと言われるが、あの独特の苦しさ）のほうが心配でした。

しかし、指示された検査はキチンと受ける必要があるため、親しい友人のMさんに相談したところ、Mさんの知り合いで、胃腸科の名医と言われるT医師がさいたま市で開業している医院を紹介してくれました。

内視鏡検査の当日、検査が終了し、ホッとして待合室にいると、すぐに診察室に呼ばれました。そこで医師から聞いた言葉は、「笹山さん、あなたの胃はがんに侵されています。しかも『早期』ではなく、『進行性』です」という思いもよらないものでした。

このとき、医師ががんの症状および手術の内容や抗がん剤の使用など、今後の治療の方策についても率直に話してくれたことで、私はかえって疑心暗鬼に陥ることなく、不思議なほど気持ちの整理ができたように思われます（がんの告知について、その内容をどのように患者側に伝えるかは、患者の性格や症状などに配慮して判断すべきものといわれており、大変難しい問題かもしれませんが……）。

医師は、「どうしてもっと早く検査を受けなかったのですか？　自覚症状があったでしょう!?　1年前に受診していれば『早期』の段階で発見できたのに……」とも言われました。

全くおっしゃるとおりで、弁解の仕様がありませんでした。しかし、心の中では、「言われてみると、胃に痛みや多少の違和感などの自覚症状が全くなかった訳ではありません。しかし、これまでも仕事や対人間関係等でのストレスで胃が痛くなったりすることがあり、胃の検診でも胃炎や胃かいようなどの指摘を受けたこともありました。今回も同じような症状だろうと思っていました……」と独り言をつぶやいたものでした。

帰宅後、検診結果を妻に話したときに妻が受けたと思われる衝撃の度合いは、私の想像を超えるものでした。私自身はがんの宣告という現実を受け入れて、平常心を保つことができたのですが、家族にとっては本当に大変な出来事であることを改めて痛感させられました。

その後、幸い比較的早い時期に内視鏡検診でお世話になったT医師に、がんの専門病院として評判の都立駒込病院を紹介していただき、入院することができました。検査入院と手術入院の2回に分かれましたが、私にとって初めての入院ということもあり、戸惑いも少なくありませんでした。

しかし、担当医や看護師等の医療スタッフが、信頼できるいい方ばかりで、安心して手術に臨むことができました。

手術は11月に行われ、12月には退院することができました。胃の3分の2と胆のう及び胃の周りにあるリンパ節が切除されましたが、幸いなことに現在のところ、他の臓器等へのがん細胞の転移の可能性は少ないとの診断をいただき、ホッとしております。これもひとえに、天国にいる父母や神仏のご加護の賜物と感謝の気持ちで一杯です。

このたびの入院・手術等を通じて、妻には筆舌に尽くし難いほどの世話をかけました。入院中は遠路、1日も欠かさず病院に来て寝間着の洗濯などの雑用をこなしてくれました。

退院後の食事づくりも大変としか言いようがありません。手術により胃の大半がなくなって、消化の良いものを少量ずつしか食べられない私のために、1日の食事はおやつを含め数回に分けて出してくれ、毎日、何を食べさせるか神経をすり減らしている様子を見ると、申し訳ないと思うばかりです。

また、私は昨年から、総務省の年金記録確認東京地方第三者委員会の委員をしており、週に一度は頑張って東京に出かけていますが、退院して間もない時期などには「そんな体で、なんで出かけるのですか！」と、心配のあまり妻から烈火のごとく叱られもしました。申し訳ありません。ありがとう。今後ともよろしくお願いします。

最後になりましたが、私自身夢にも考えていなかったがんの病に際して、多くの方々にご心配をおかけするとともに、温かいお心遣いやご支援をいただきました。

心から感謝申し上げます。本当にありがとうございました。

筆者の心を癒してくれる春の花

ともに生きる　27
言葉の獲得は生涯の課題

ある八百屋さんの店先に、「ブロッコリン○○円」という表示を見かけました。多分それを書いた方は、普段から、ブロッコリーをブロッコリンと聞き間違えて覚えておられたのではないかと思います。

私が初任で勤めた聾学校は東北地方でしたが、地元出身の先生が、「帰る」という漢字に生徒が正しく「かえる」と読み仮名をつけたのに、わざわざ「かいる」と朱を入れていたのを思い出しました。普段から「え」と「い」を逆に発音していたためにそうしたことになってしまったようでした。

聞こえる方々にそうした間違いがある一方、聴覚の不足を目でカバーしがちな聴覚障害者には、ことばを視覚的に捉えるための誤りが往々にして生じます。

ある国立大学の教授から聴覚障害者をそば屋に連れて行った時の次のような経験を聞いたことがあります。

何でも好きなものを注文しなさいと言ったら、「私は『いつつめそば』がいい」と言ったというのです。勿論、五目（ごもく）そばのことですが、小さい時から耳で聞くことがなかったであろうその学生は、今まで他から注意されることがなかったので「いつつめそば」と読み続けてきたのでしょう。

今、私が勤めている聴覚障害者教育福祉協会では、全国の聾学校児童生徒を対象に読字力検定試験という事業を行っています。その結果から見られる誤りの傾向には、音読み訓読みや清音濁音の混同、同口形異音語の誤りといった音韻についての意識不足によると思われるものの他、刀と力、人と入のように字面が似ている漢字、地と池、緑と縁のように、旁（つくり）や偏が同じために視覚的に混同して誤って記憶していると思われる例があります。

聴覚障害者にとって、言葉の獲得は生涯の課題です。周囲の健常者が言葉遣いや語音の誤りに気付いたら文字で確認したりして、正しい意思疎通が叶うよう支援していただけたらと思います。

（元都立立川ろう学校長　小林明）

季節も仕事もかったるい

がんばれ！公務員　20

文とマンガ　鈴木武征

5月という季節は微妙だ。

風薫る5月という爽やかさに代表される一方、木の芽どき特有の物狂おしさも併せ持つ。

大概の人は、太陽の恵みや若葉のみずみずしさに冬を越えた喜びを噛みしめる。

しかし中にはこの季節、どうもかったるい、やる気が起きないといった倦怠感に悩まされる人もいる。

一口に「ああ、それ五月病だよ」と言ってしまえばそれまでだが、どんな病気だって罹らないに越したことはない。

私の役人生活を振り返って見ると、毎日役所に行くのが楽しくてしょうがないという時期も無かったとはいえない。

しかし大半は「楽しくてしょうがない」ではなく、単純に「しょうがないから行く」の毎日だった気がする。

毎日同じ道を辿りながら、頭の中を「俺、何で行くのだろう」「俺、何しに行くんだろう」と空虚なやりとりがよぎる。

この時期、サラリーマンがかったるさを感じる理由は種々あると思うが、代表的なのは仕事そのものと職場の人間関係だろう。

仕事の例でいえば、さして新しくもないことを新しく見せて継続する仕事、難しくもないことを難題のように装いしかめっ面でする仕事、日々変化のない単調な仕事、どこが住民福祉に役立っているのか見えない仕事等々である。

もし自分の仕事がこのような仕事の連続であったら、かったるくなる一因となるのは否めない。

しかしここで一寸考え直して欲しいのは、我々の仕事の殆どはこういった類の仕事なのだ。

一見ずぼらに流れているような仕事であっても、その曖昧さゆえに時期による変化、突発的事案に対応可能な懐の深さを有している。

継続されてきた仕事というのは、さほど無意味には存在しない。

仕事をかったるいと思う前に、自分の仕事を見つめ直し、その価値を再発見する気持ちが大切だ。

案外、仕事そのものはまっとうで、それに臨む自分の考え方が歪んでいたという例が多い。

世の中は何も新聞やテレビに報じられるような華々しい仕事だけで成っているのではない。

量的にはフツーの公務員によるフツーの仕事の方が圧倒的だ。

継続は力なりというが、普通の公務の連続こそが戦後日本を支え、成長させてきた一因なのだ。

もとより継続する間には仕事の内容を見直し、改革していくことも必要だ。

いま目の前にあるかったるい仕事にもそういう時がある。

その時はかったるいどころか、忙しくてイヤになること請け合いだ。

話は変わるが、余程の成功者でない限り、人生そのものの基調は「かったるい」ものなのかも知れない。

「最近どうもかったるい」「仕事に意欲がわかない」という人もそう悩むことはない。

人生がかったるいのだから、仕事がかったるいのは当たり前なのだ。

世の中の多くの人が同じように悩み、世間そのものが大勢の「かったるい人々」で構成されている。

凡人同士で日々、公益を提供、享受し、その間に垣間見る笑顔にささやかな喜びを感じる。

「今度の管試どうしようかなー」という人も、週末は思い切って奥多摩にでも行くと良い。

抜群の新緑を見上げながらの、木の芽田楽、ワサビ、酒があなたを狂わしてくれる。

少年少女たちの創造力のもとに「ファーブル昆虫記の世界」

世田谷文学館

「観察装置の前のファーブル」（部分）

昆虫の秘密を解き明かしてくれる過程で、ファーブルの本が人生のスタートラインに立つ少年少女たちにそっと手渡してくれた生きる知恵とは何だろう。

不屈の意志を貫くこと。不遇に抗して生きること。貧しさに耐えること。独学の道があること。持続が大きな力になること――

ファーブルが昆虫学を志したのは31歳。だがそれからも彼は、家族と自分の胃を満たすために、稼ぎに稼がなければならなかった。最初の『昆虫記』出版が56歳。最終巻が84歳。この偉業は最後まで、彼の不幸と貧乏の中で進行したのだった。

もちろんファーブルを読むことは直接的に、自然科学へ、社会科学へ、工業製品のデザインへ、漫画やアニメへ、文学へと、日本人の創造力を導いていった。技術立国をかかげた日本の精神形成に、ぴったりの本だったのである。

大杉栄、三好達治、平岡昇、大岡信、そして個人全訳達成中の奥本大三郎と、日本語への訳業は数知れない。

本国人より日本人に愛された人である。たとえば岩波文庫版の訳者のひとり、山田吉彦が戦前にアルマスを訪ねたとき、訪れる人もまばらなこの〝聖地〟を、すでにふたりの日本軍人が訪れていたという。

――予想もしなかったものが展示されていた。懐かしさのようなものがこみあげてきた。どの版で読んだのか覚えはないが、確かにそこに掲載されていた昆虫写真や図版の、原板そのものが目の前にあるのだ。過去の本の中のことだと思っていたのでびっくりした。焼失したと言われていたのに、現物が存在することが分かったのだという。この展示企画は、そこからが始まったらしい。

ファーブルの自筆原稿、数々の原書ほか。それらの展示資料の間から、彼がこの仕事に抱いた、強い信念と確信のようなものが立ち昇ってくる。小規模だけど、これで十分だ。これこそ文学館でする企画だ。

昆虫は、子供たちにとって別格の存在である。鳥も魚も良いけれど、昆虫の魅力にはかなわない。昆虫は人間に迎合しない。無視している。あんなに美しく、格好のよいものが、黙々と自分の世界だけを生きている。

捕虫網の、はるか高空を滑空するギンヤンマの高貴な輝き！

たとえば、ただの小さな甲虫の、殻の下に折りたたまれている大きな羽。それが突然開いて、助走もなく、音もなく、垂直に飛びあがって高速で去っていくメカニズム。解き明かしきれない謎の生命体。

肉食ハチの剣の一撃は相手を殺すのではない。神経系を突いて全身を麻痺させるのだ。その体に生みつけた卵がかえり、食餌しはじめるときまで、相手を生かしておくのだ。

ファーブルは、観察と分析と仮説と簡単な実験装置で、昆虫の世界に自分の心を同化させていった。その言葉に導かれて、子供たちが自然の神秘の深奥に到達したときの驚異と歓喜――。そんな体験をそっと手渡すうえでも、子連れ、あるいはお孫さん連れでの展観をすすめたい。

【読者プレゼント】

「ファーブル昆虫記の世界」は世田谷文学館で6月8日（日）まで開催中。この招待券を10組20名様にプレゼントします。メールで件名を「ファーブル展希望」とし、住所、氏名を明記の上、henshu@toseishimpo.co.jpまでお申し込み下さい（22日必着）。

みにがいど

◆「大田区立尾崎士郎記念館」がオープン ▽『人生劇場』で一世を風靡した小説家、尾崎士郎が生前暮らした家と庭を整備し、遺品と共に公開▽場所　大田区山王1の36の26（大森駅から徒歩10分）▽開館日時　12月29日～翌年1月3日の年末年始を除いて毎日、午前9時～午後4時30分▽入館料　無料▽主な展示品　家具・愛用品・年譜・写真・絵画・色紙・書籍・蔵書等※建物の内部には入れません。庭側から観覧▽問い合わせ先　㈶大田区文化振興協会☎3750・1611

◆徹底追及！「石原銀行」を問う ▽日時　5月20日（火）午後6時30分▽会場　みらい座いけぶくろ（豊島公会堂）▽内容　①講演「新銀行東京問題―追加出資は公金の浪費」醍醐聡・東大大学院教授②報告「問われた都議会のチェック機能―税金投入に一貫して反対した共産党」吉田信夫・日本共産党都議団幹事長▽主催・問い合わせ先　革新都政をつくる会☎5978・4031

都政新報

発行所 都政新報社
〒160-0023 東京都新宿区西新宿7-23-1 TSビル
(総務・読者)(03)5330-8781
(企画広告)(03)5330-8784
(編集)(03)5330-8786
(出版)(03)5330-8788
(セミナー事業部)(03)5330-9977
(ファクス)(03)5330-8808
購読料 月1,680円(税込)
毎週火・金曜日発行
但し、祝祭日は休刊

紙面から

排出量取引制度を条例化

「炭素に価格」現実味

2定で環境確保条例改正

温室効果ガス排出削減に向けた政策手法の一つとして期待される排出量取引制度について、都は16日、第2回定例都議会に、同制度を盛り込んだ環境確保条例の改正案を提案することを明らかにした。15日には、環境省の「国内排出量取引制度検討会」（座長＝大塚直・早大院法務研究科教授）が、四つの試案を提示した中間報告を取りまとめており、7月の洞爺湖サミットに向けて、炭素に価格を付けて取り引きするという試みが現実味を帯びてきた。その具体的な中身とは？

環境省検討会も4試案

導入の是非に温度差

「検討会のまとめというより、事務局の考え方のように読める」「検討会の目的は、排出量取引がベストという前提ではない」――中間報告を議論した15日の検討会で、冒頭から産業界の委員が中間報告の位置づけに釘を刺す場面があった。

検討会は、排出量取引制度に関し、具体的な制度設計のあり方について掘り下げた検討を行うのが目的で、制度の導入を前提としてはいない。検討会のメンバーには、制度の推進派も慎重派もいて、激論を交わす。

今回検討会は、中間報告としてまとめたものの、制度導入の是非をめぐって、委員の間で温度差が激しいのが現実だ。

中間報告は、福田首相直轄の有識者懇談会に提出される。政府は、洞爺湖サミットに向けて、京都議定書後の枠組み交渉で、「セクター別アプローチ」を推進しており、排出量取引を政策手法の一つとして選択するかどうかは、微妙な情勢だ。

排出量取引が国別の削減目標に基づき、企業別に排出枠を割り当てるのに対し、「セクター別アプローチ」は、産業分野別に排出削減可能量を設定して積み上げていく。

排出量取引は、EUが05年1月に開始し、ニュージーランド、カナダ、豪州が導入を予定し、米国では州レベルで導入予定だ。日本は自主参加型排出量取引制度を05年度から始めている。

炭素に価格を付けることで、どの程度の技術と費用があれば、温室効果ガスの排出量をどれだけ削減できるのかが明確になる。これにより、社会全体として小さな費用で確実に排出削減を促すことができると言われる。

一方、産業界をはじめとした慎重派は、05年にスタートしたEU－ETS（EU域内排出量取引制度）が国際的に批判の的となっていることなどから、同制度に疑問の声をあげる。

実際の削減量を取引

都は、6月議会に環境確保条例改正案を提出する。柱は、温室効果ガスの排出量が多い事業所に対する総量削減義務と排出量取引制度の導入だ。

7月に迫った洞爺湖サミットに向けて、国が、いまだに国内の政策手段をまとめきれない中で、「国に先んじて、将来的に世界のモデルとなるような低炭素型の都市を目指す」（都環境局）。

環境省の検討会の四つの試案は、「排出枠」を取り引きする点で共通している。その排出枠を化石燃料の生産・輸入業者などの「川上」に割り当てるのか、化石燃料や電力の大口需要家である「川下」に割り当てるのかなど、割り当てる対象によって四つの試案を整理した。

都が導入を予定する制度案は、炭素に価格を付ける点では検討会の4試案と共通しているが、「排出枠」ではなく、「実際に削減された量（削減量）」のみ取引可能であることが、最大の違いだ。

「排出枠」の場合、あらかじめ各企業に、過去の排出実績等により割り当て、事前に売買することもできる。都案では、それは認められない。

また、都制度案の対象は、オフィスビル、商業施設、工場等の大規模CO_2排出事業所で、検討会の試案で言えば、「川下」にあたる。また、都制度案では、中小事業所が削減したCO_2排出量も取引することができるため、対象が幅広い。

石原知事は16日の会見で、「国でも排出量取引について検討しているようだが、一向に導入に向けた具体的な動きが出ていない。都は、CO_2対策に積極的に取り組む企業と連携して、東京から日本の温暖化対策をリードしていきたい」と意気込みを語った。

仮に、国が排出量取引制度を導入した場合、東京では、取り引きや割り当ての対象が異なる制度が共存することになる。この場合、都が、国の制度の枠組みで取り引きした量を「削減量」として認めるかどうかが課題となりそうだ。

「炭素に価格」が現実味を帯びてきたものの、国レベルでの導入には紆余曲折がある。いずれにせよ、危機が差し迫った温暖化対策には実効性が何よりも重要だ。

MEMO

排出量取引制度　企業等が排出する温室効果ガスの上限（排出枠）を定め、それを上回る温室効果ガスを排出する企業等が、排出の少ない企業等から「排出枠」を購入する制度。欧州連合（EU）や米国内の州などで広がっている。国レベルでは、環境省と経済産業省が有識者検討会を設けて議論しており、首相直轄の有識者懇談会も同制度を政策手法の一つとして検討対象としている。

若者の自殺で緊急検討会

有害情報 削除の遅れ、命取りに

硫化水素による自殺が全国で相次いでいる。都監察医務院によると、今年に入ってから23区では、34人が硫化水素で自殺したという（11日現在）。事態を重く見た都福祉保健局は急きょ、「若者の自殺防止対策に関する検討会」を開き、具体策の検討に入った。若者の自殺は、インターネット掲示板での書き込みを発端に急増する傾向にあるが、プロバイダ業者や報道機関などの自主規制に頼らざるを得ず、行政が手を出しにくい分野でもある。連鎖を食い止める策はあるのか。

6月中に対策提言へ

生かされぬ「声」

硫化水素による自殺者が最初に確認されたのは、3月上旬だった。検討会に出席したNPO法人「自殺対策支援センターライフリンク」（千代田区）の清水康之代表によると、インターネット掲示板には2月上旬、「練炭よりも簡単に自殺できる方法が新たに開発された」という書き込みが表れ始めたという。商品名が具体的に掲載されていた。

こうした違法・有害な情報は、警察庁の委託事業として、(財)インターネット協会が運営する「インターネット・ホットラインセンター」がガイドラインに基づき、プロバイダなどに削除を依頼する。だが、「硫化水素の製造方法を教えるというだけでは、有害情報とするのは基本的に難しい」（担当者）という。

実際、同センターは昨年、硫化水素の製造方法に関する通報をすでに確認していた。だが、削除依頼を始めたのは4月30日。警察庁が「硫化水素の使用をそそのかす情報は有害と解釈できる」と確認してからだった。

実は、都からも2月中旬、同センターに「被害防止のため、対応をお願いしたい」と通報していた。しかし、それが生かされず、結果的に4月の硫化水素による自殺者は20人に膨らんだ。清水代表は「構造的な問題だ。声がなぜ対策につながらなかったか検証し、提言する必要がある」と話す。

自主規制

若者の自殺で特徴的なのは、ネットや報道で情報が広がると、犠牲者がたちまち拡大する点だ。

今回も、報道によってネットで硫化水素の情報を検索する人が増え、自殺者が増える悪循環に陥った。

検討会に出席した委員の一人は、「毎回、同じようなことが起きて、ワーッと騒ぎ、ピークに達したらスーッと収まる繰り返しになっている」と指摘する。

WHO（世界保健機関）は自殺の連鎖を防ぐため、「問題解決のための選択肢を強調する」「写真や遺書は公表しない」など、報道のガイドラインを定めている。だが、指針を逸脱した報道も多いとして、検討会では各報道機関に自主的な指針策定を求める声が挙がった。

「背景」対策を

都は6月末までに会議を3回開き、▽相談支援▽有害情報対策▽教育――などの対策をまとめる予定。ただ、庁内には「硫化水素といって浮き足立つのではなく、『なぜ死にたいと思うか』にメスを入れた対策が必要」という声もあり、腰を据えた「背景」対策が欠かせない。

高次脳機能障害

都内に推計5万人弱

発症後、就労者1割に

交通事故による後遺症などで脳に障害を負った「高次脳機能障害者」は、都内に推計5万人いることが、福祉保健局の実態調査で分かった。発症の原因は脳血管障害が8割を占め、特に60歳以上では9割に達した。

高次脳機能障害は、一見、健常者と同じなのに、感情や行動が抑制できないなどの症状が表れる。外見からでは分かりにくいため、周囲の理解が得られにくいという。調査によると、意欲の障害や抑うつなど「行動と感情の障害」が約45%。そのほか、記憶障害（約43%）、注意障害（約41%）、失語症（約40%）が多く見られた。

他方、発症時には全体の6割が就職していたが、就労を継続している人は1割に減少。このうち、仕事内容が変わった人も半数いた。就職していない人の半数が就労を希望しており、ジョブコーチによる支援などが求められている。

9月に行動指針案公表へ

都内で専門相談窓口を設置しているのは、杉並区と足立区の2区にとどまることから、都は窓口を広げたい考え。

調査は、都の検討委（会長＝渡邉修・首都大院教授）が今年1月に実施。2週間の間に医療機関から退院した脳損傷患者から高次脳機能障害者を抽出し、人数を推計した。

「10年間で障害者雇用3万人の増加」を目指している都は16日、「障害者就労支援協議会」（会長＝今野浩一郎・学習院大教授）を開き、9月頃に行動指針案をまとめる。

この日の協議会では障害者の能力開発などについて話し合われ、個々の障害や潜在的な能力に着目した支援プログラムや、職業能力開発に入る前のカウンセリングを求める声が出された。

都下水道局 太陽光発電で実証研究

都下水道局とシャープ(株)は15日、新型の太陽光発電システムを下水道施設に導入するための共同研究を、葛西水再生センター（江戸川区）で開始した。実証研究の対象になるのは、太陽の方位にパネルが連動する「一軸追尾」タイプと、従来の多結晶のパネルに比べてシリコンが100分の1に削減できる「薄膜」太陽電池を組み合わせたタイプ＝写真＝で、全国初の試みという。

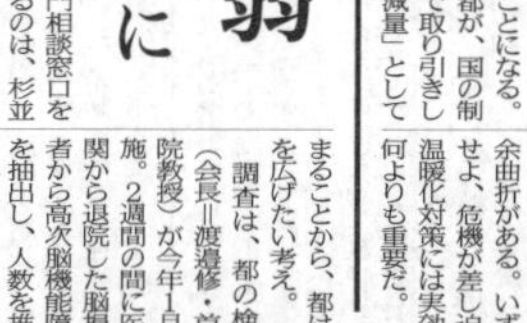

電源系統に接続する際の安定性や、通年で外気温や太陽光の入射角変化による発電効率の変化などを評価。局内の「技術管理委員会」に諮り、実用化に結び付けたい考え。同局技術開発課は「下水道施設に太陽光発電を導入する上での問題点を洗い出せれば」としている。

メトロ副都心線開業で 都バス運行本数見直し

都交通局

東京メトロ副都心線が6月14日に開業することを受け、影響を受けるとみられる都営バスの運行本数を見直す。

特に影響を受けそうなのが、副都心線とほぼ並行に走り、渋谷と池袋を結ぶ「池86」系統。1日あたり約1万2千人の利用があるが、同局は6割程度減少すると予測。6月上旬にも、朝のラッシュ時間帯は6分間隔の運転を概ね10分間隔に、夕刻は9分間隔を概ね16分間隔にする予定。同局では「これまで黒字だった路線で、影響は大きい。バスは高齢者の身近な足でもあるので、すべて削るのではなく、利便性が確保できるようにしたい」としている。

特定保健指導の委託で 実務者向け手引き作成

都福祉保健局

メタボリックシンドローム（内臓脂肪症候群）の予防・解消を目的とする特定保健指導について、都福祉保健局は医療保険者が業務を委託する際の実務者向けハンドブックを作成した。特定保健指導の効率的な実施を支援する狙いがある。

マンパワーや施設が不十分な医療保険者は外部委託が必要になるが、特定保健指導は初めて導入されたこともあり、委託先の選定に悩むケースもあるとみられる。都内には約5700の保健指導機関があり、増加中だ。ある医療保険者が委託先を募集したところ、13〜14社が手を挙げたが、どんな経験を持つ保健師、栄養士がどの程度いて、どんなプログラムで委託できるかなど不明な点も少なくなかったという。

手引きでは、医療保険者と委託先との役割分担を明確にすることや、保健指導からの脱落を防止するために重要な工夫などを説明している。

特定健診・特定保健指導は、区市町村が行っていた基本健診の代わりに4月から導入され、国保や健保組合などの医療保険者が40〜74歳を対象に実施することが義務付けられている。

老人福祉施設整備 補助制度で説明会

都福祉保健局

都福祉保健局は6月9日、特養老人ホームの運営事業者や区市町村職員などを対象に、整備費補助制度の説明会を開催する。同局は08年度、特別養護老人ホーム等の整備費補助単価を増額。また、整備率が低い地域の整備に対し、最高1・5倍の促進係数をかけた補助を行う。

八ッ場ダム考える会 1都5県議で結成

必要性などを検証

東京都、群馬、埼玉、千葉、栃木、茨城の1都5県の議員らで作る「八ッ場ダムを考える1都5県議会議員の会」が19日発足し、都内で結成会が開かれた。同ダムの建設に反対する群馬県議らが発起し、関係都県の議員らに呼びかけている。東京都からは民主、共産、生活者ネットワークの各党都議などが会に参加するとみられる。同会は、勉強会や現地視察などを通して八ッ場ダムの必要性を検証し、国などに要請を行っていくという。

障害者スポーツ大会 5月31日から開催

7500人が参加

都は31日から、「第9回東京都障害者スポーツ大会」を開催する。参加者は約7500人で、昨年より500人増えた。

冗句ジョーク

調布市で大規模な不発弾撤去作業

上司に怒られた市職員
「何だよ、バクダン一つだけじゃないのかよ！」

都政の東西

見返す力を

学校から帰ると、玄関先にカバンを放り投げ、夕方近くまで遊びほうけているという時代があった。最近は、自宅で過ごす子供が増え、公園や広場で遊ぶ子供は少数派になっているという。もっとも公園や広場が、子どもの安全な遊び場になっているかというと、犯罪が多発している昨今、心許ないが。

文部科学省と厚生労働省とが手をつなぎ、放課後の小学生に安全な居場所を提供する「放課後子どもプラン」を2007年度からスタートさせた。共働き世帯の子供を対象とした「児童クラブ」と教育政策として取り組んできた「地域子ども教室」とを連携させたもので、タテ割り行政を乗り越えた新たな試みである。保護者からは「異年齢の子供と一緒に遊ぶ機会がない現在、注目される環境づくり」と評価する声もある。

学校の空き教室などを活用して、放課後に学習や体験活動、異年齢の交流活動などを行うこのプランを、国は全公立小学校で実施する方針。都内でも「放課後子供教室推進事業」に取り組む区市町村が増え、都教育庁調べによると、今年度は45区市町村、児童数で全体の33・5%を占めるに至った。

しかし、学年が上がるに従い、登録数、参加数とも減少。活動内容も「自由遊び」が圧倒的に多く、国がもくろむ「学力格差の解消」の取り組みとはほど遠い実態が浮かび上がった。学習アドバイザーなどボランティアの人材確保が難航し、ただ居場所を提供するだけの「放課後子供教室」もある。区市町村からは「国は地域の実情を無視して花火を打ち上げる」と嘆くが、だからと言って、それをそのまま地域に投げられても地域住民は戸惑うばかりだ。地域を巻き込んで安全な居場所づくりに汗を流す。その気概こそが国を見返す「自治力」につながる。

清掃事業

事業系ごみ量把握可能に

「負担の公平」決着後押し

業者が清掃工場に持ち込む企業などの可燃ごみ量は、区ごとに把握できるようになり、各区が東京二十三区清掃一部事務組合に支払う事業系ごみの分担金は2010年度分から、ごみ量に応じて算定されることになる。これまで人口に応じて算定されていたため、人口の多い区がごみ量を減らしても分担金は高止まりしたままで、報われない制度になっていた。区別の事業系ごみ量の把握が、可燃ごみ処理の負担金を支払う「負担の公平」の決着も後押し。清掃の24課題がすべて解決し、転換点を迎えた。

分担金もごみ量に応じて

06年度、各区が収集した可燃ごみは164万トン、業者が各区の清掃工場に持ち込んだ事業系の可燃ごみは112万トンだった。全ごみ量のうち、事業系ごみは約34%を占める。

各区は自区内のごみを集めるため、区別の収集量は把握できるが、これまで業者の事業系ごみは計量できていなかった。これは、業者が事業者ごとのごみを計量しておらず、複数の区のごみを混載して清掃工場に搬入していたためだ。

事業系ごみが正確に計量できないと弊害がある。各区が東京二十三区清掃一部事務組合に支出する事業系ごみの分担金は、人口をベースに算定されているため、人口が少ない区ほど安くなる。だが、人口が多い区が事業系ごみを減らしても分担金の負担が大きく、報われない制度になっている。

区長会は05年3月の総会で、事業系ごみの分担金は人口からごみ量ベースに改めることを確認した。23区は06年度から、業者に日誌の作成、事業者ごとのごみの計量などを義務づけ、年々事業系ごみ量を正確に把握できるようになった。

08年度の事業系ごみ量は、09年度途中に集計結果が出るため、10年度の分担金からごみ量ベースに切り替えることを、区長会は今月の総会で了承した。

より正確な計量ができるようになったことで、可燃ごみを処理しきれなかった区などが1トンあたり1500円を、他区のごみを引き受けている区に支払う「負担の公平」の決着を後押しした。また、各区が清掃一組に派遣する職員数は、現在もごみ量に応じて決めているが、事業系ごみ量が正確に把握できるようになると、各区の派遣職員は増減することになる。

「24課題」解決で自信

【解説】業者の事業系ごみのより正確な計量が可能になり、10年度から負担の公平が始まることなどを区長会が今月の総会で了承した。このことにより、03年11月当時の清掃24課題がすべて決着した。

可燃ごみをどの清掃工場に搬入するかという課題などが今後浮上するとみられるが、今回の決着は転換点となる。

24課題には、区技術職員の人材確保や育成、最終処分場の延命、廃棄物手数料の改定などがあった。そのほか、都清掃局時代は問題ではなかったが、区に移管されてから浮上した問題もある。その一つが区別の持ち込みごみ量の把握だ。

清掃局時代は、ごみの総量がわかれば、業者が複数区のごみを混載しても問題にならなかった。ある区の幹部は負担の公平について、「清掃局時代、都がいたから何とかなっていた」と振り返る。

23区がこれらの問題を解決できなければ、都区間での事務移管問題に微妙な影響を与えかねない。

だが、24課題を解決したことは、区にとって意義があった。ある区の幹部は「広域行政の課題を解決したのは、上下水道の移管の論議に弾みがつく。今回は、いい議論ができたと思うので、大きな前進になった」と評価した。

石原知事は04年2月の行財政改革基本問題特別委員会で、清掃事業の移管を「一つの反省材料」と発言したが、今回の決着を踏まえても反省材料と言えるだろうか。自信を得た区は、都と事務移管でどのような議論をしていくか注目したい。（石）

豊島区新庁舎計画

第1候補は小学校跡地

分譲マンションも併設

最短で2014年に新庁舎が誕生する＝豊島区役所で

老朽化した豊島区庁舎を建て替える計画で、区は15日の区議会特別委員会に第1候補地として旧日出小跡地をあげる考えを明らかにした。新庁舎上に39階分の分譲マンションが併設される。池袋駅から徒歩8～10分のため、オフィスよりもマンションが適していると判断した。新庁舎の建て替え地は現庁舎地区とする案もあったが、区は再開発ビルの規模が大きくなるなどのメリットがある旧日出小跡地を第1候補にした。だが、同跡地は、JR池袋駅から約700メートルで、現庁舎よりも約260メートル遠くなるというデメリットがある。

旧日出小跡地につくる48階建ての再開発ビルには1階の一部、3～9階に各課、議会などが入り、10～48階までは分譲マンションとなる予定。区は、劣化しやすい空調設備などを容易に取り替えられるようにして、100年間の耐久性を持った建物にする考えだ。

一方、区は現庁舎跡地を民間企業に50年間貸しつけ、25年分の借地料を一括で受け取り、新庁舎の建設費にあてる考えだ。25年間の借地料から建設費を差し引きしても約10億円、50年間で約235億円の黒字になる見通しだ。

現在、区では地下鉄東池袋駅近くに、副都心線の新駅をつくる計画を東京メトロと話し合っている。旧日出小跡地に新庁舎が建設された場合、現庁舎に配置されている職員は約1270人で、毎日3千人以上の区民らが訪れるため、利用客を見込め、副都心線新駅の開設の可能性は高まる。

区は今後、区民の意見を踏まえて整備方針をまとめた後、公募区民でつくる会議体を設置し、庁舎のレイアウトなどを話し合うという。着工は今から3年後、完成は6～7年後の予定だ。

区庁舎は1961年に完成し、23区で最も古い。88年度から建設基金を設置したが、バブル崩壊後の財政危機で基金は底をついた。そのため、庁舎計画は凍結した。06年度に新庁舎整備の素案をまとめ、約2年越しで候補地を絞り込んだ。

金子氏が出馬表明

港区長選

任期満了に伴う港区長選（6月8日告示、15日投開票）で、共産党港地区委員長の金子孝重氏（59）が16日、無所属で立候補の意向を表明した。

同区長選では、すでに現職の武井雅昭氏（55）が再選を目指して出馬を表明している。自民、公明、民主、社民が推薦を決定した。

記者会見で金子氏は「自公政治のもと、区民の暮らしは、ますます大変になっている。区民の苦しみや叫びを目の当たりにして区政を変えたいと思い、立候補した」と出馬の動機を話した。

現区政について、「大企業には補助金を出して大規模開発を推進しているが、区民の暮らしや福祉には冷たい」と批判。「後期高齢者医療制度についても、国に中止を申し入れない」と非難した。

取り組みたい政策として、▽再開発の補助金を見直し、無秩序な超高層ビルづくりのコントロールに高さ制限を設ける▽区民の暮らしを守るため、後期高齢者医療制度の廃止を求め、廃止までは低所得者の保険料を無料にする▽保育園の待機児や特別養護老人ホームの待機者をなくす▽指定管理者制度を見直し、福祉分野などでは、区が責任を持って管理する――などを挙げた。

現在は埼玉県在住だが、「港区では以前に子育てした経験がある。高層ビルが建ち、昔はあった地域コミュニティがなくなっていっている」と話す。

金子氏は、1976年から共産党港地区委員会に勤務し、2004年から同委員長。同委員会や労組などでつくる「港民主区政をつくる会」代表委員。

金子孝重氏

医療保険制度の一本化を

『長寿』と向き合う　下

後期高齢者医療制度の課題

多田正見連合長に聞く

数々の課題が浮上している後期高齢者医療制度。東京都における保険料決定のいきさつ、制度に対する考え方などについて、東京都後期高齢者医療広域連合の多田正見連合長（区長会会長、江戸川区長）に聞いた。

――保険料決定のいきさつを教えてください。

「23区は国保について多額の一般財源を投入しており、市町村についてもまちまちとはいえ、それなりの投入を行っている。だから、新制度の保険料が国保と比べて高くなった。本則通りにやったら、一般の方にとっては上がりすぎる。それで、みんな、はたと困った」

――保険料を抑えるため、葬祭費や審査支払い手数料など4項目を保険料算定基準からはずして、区市町村の一般財源を投入しました。

「その4項目について一般財源を入れて、本体を下げる。そこまでは首長らでつくる協議会でもすぐに合意できた。しかし、低所得者対策として一般財源を投入しようというときに区部と市部で意見が分かれた」

――23区と市町村では財政力が異なります。

「年金収入が年額245万円の人まで軽減策をとろうという区部に対して、市町村部は208万円の人までしか対象にできないという」

――最終的には208万円までとなりました。

「結局、245万円までの人をカバーするほどのお金は出せないという市町村の意見を聞き入れた形になった」

――保険料が高くなった背景には、東京は都心部に高額所得者が多く、国からの調整交付金が少なくなったことがあります。

「医療給付費で国は12分の4を出すのがルール。その4のうち1については調整交付金をあてるわけだが、東京の場合にはその交付金が減らされた。そのため、市部の保険料まで高額に引っぱられてしまった。国は12分の4まるまる出さなければおかしい。調整するなら別枠でと、国に対して要望している」

――2年後の保険料改定に向けての課題を。

「4項目の特別措置も、低所得者対策も、あくまで時限的なもの。一部の地域では、これ以上、一般財源を投入したくないという強い願望もある」

――どう変わるのですか。

「今回のことを通して、国保に一般財源を投入してきたことを再認識した。ある意味、甘かったのではないかと。23区は国保において、市町村の旧ただし書き方式と異なる住民税方式をとっているため、見直しの動きがある。さらに国保は今年度から75歳以上が抜けたほか、特定健診も始まるなど大きな変更がある。新しい国保の姿が見えてくるのが今年度。一方で後期高齢者医療制度も、この1年をみて、次なる2年を決めるための09年度が始まる。重ねて見直すことができるはずだ」

――この制度全般についての考えを。

「後期高齢者医療制度は結局のところ、62自治体が一緒になっただけで、地方財政を緩和する方向に向かっていない。一口に言えば、国が地方に押し付けた制度といえる。今の社会保障制度の本質に迫っていないと思う。説明不足といわれているが、まず、議論が足りない。2年前に法律が決まったときからそうだし、現在も政界、政府含めて議論が浅い。保険料の凍結なども場当たり的。また対策を変えれば、さらにシステム改修に多額のお金がかかる。不本意ながら、この制度を運用させてもらっている」

――もっと広い視点から議論をと。

「全国市長会と全国町村会、国保中央会は国保の財源が厳しいことや、介護保険制度のスタートを前に1999年から、国に対して、すべての国民を対象とした医療保険制度への一本化を要求してきた。後期高齢者医療制度についても、先の国保3団体は、75歳以上を独立させた社会保険にするのでなく、公費などによる運営を国の責任において実施することを求めてきた。世代のトータルをみないと、正しい負担の分配はできない」

――今後の制度はどうあるべきですか。

「各自治体では低所得者対策などいろいろ努力している。しかし、高齢者が増え、医療費が上がれば、保険料は上がる。税の投入のあり方、介護保険や生活保護など社会保障経費のすべてをにらまなければならない。国保などほかの医療保険と合わせて負担の議論をやっていくこと。そうすれば3団体がやってきた議論の方向に向かわざるを得ないだろう。それが各自治体の思いでもある」

＝おわり

区施設の建設管理業務を民間委託へ

中野区

中野区はこのほど、区立療育センター・アポロ園の老朽化に伴う移転・改築事業で、コンストラクション・マネジメント（CM）業務と建築設計業務を公募型プロポーザルで行うと発表した。選定は6月中の見込み。

CMは、発注者を補佐・代行するコンストラクション・マネージャー（CMR）が、技術的な中立性を保ちつつ、設計、工事発注方式、工程管理、コスト管理などを行う建設推進方式。技術的管理に特化する点で、事業全体を対象とするプロジェクト・マネジメント方式と異なる。CM方式は足立区の小学校建て替え事業でも昨年度採用されているが、同事業は国交省のモデル事業。独自の採用は、中野区が23区で初となる。

アポロ園は、知的障害児、肢体不自由児の通園施設で、改築予定地は江古田4丁目。延べ面積は約1千平方メートル、想定工事費は2億9千万円。今年7月に基本計画の策定に着手し、2010年3月に竣工を予定する。この間のCM業務の範囲は、基本計画、地盤調査、建築設計、工事施工から竣工に至る全工程の建設管理が対象。

中野区の公募条件では、事業者に、CMR担当者の資格・業務経歴の提出を義務づけているが、CMRの公的資格はないため、建築士資格や過去実績を主な判断材料にするという。

CM方式は、自治体の技術職不足の対策としても注目される。しかし、CM事業者との間で、工事費や工期の保証、中立性担保などについて、事前の詳細な契約管理が必要になる。発注者となる中野区子ども家庭部は「今回は、CMと建築設計などを一体で委託してリスクを回避する。業務内容の細部や監督範囲を、区の財務、営繕部門を交えて、事業者と協議したい」としている。

区内の8施設でアスベスト検出

練馬区

練馬区は、国内で使用されていないとされたアスベスト3種の使用状況を区民施設など185施設で調べたところ、8施設からアスベストが検出されたことを15日に発表した。

すでに国内で検出されているクリソタイルなどが7施設、新種の一つのトレモライトが1施設で検出された。アスベストはいずれも飛散していないという。

新タワー予定地で汚染土壌見つかる

墨田区

墨田区は16日の区議会特別委員会で、新タワー建設予定地の土壌の一部から、国の環境基準値の3・2倍のヒ素などが検出されたと報告した。飛散の恐れはなく、タワー建設の事業主である東武鉄道などが委託した業者が土壌改良し、搬出した。東武鉄道などでは他のエリアでも土壌汚染がないか、調査する方針。

記者席

攻める側にも知恵が

○……「ぜひ石原知事のご意見を伺いたいと思い、参加させていただきました」――知事会見には、都庁詰めの記者だけでなく、様々な人物が出入りする。16日の会見場は、やけに賑わっていた。

この記者、住民が反対する調布の都市計画道路について、知事の答弁を求めたまではかっこ良かったが、「国分寺崖線といいますのは、約6万年前にですね、多摩川が……、えーっと、何でしたっけ」と自爆した。

こんな回りくどい話を知事が黙って聞くわけもなく、質問は無情にも打ち切られ終了。知事は、多摩の片隅の出来事に興味はないし、息継ぎが必要なほど長い質問は大抵さえぎる。攻める側にも知恵と経験が必要だ。

○……目黒区などが主催する自由が丘スイーツフェスタが行われた。今回が記念すべき1回目。同区では区民や事業者、行政が連携、協力してにぎわいと活力あるまちづくりを目指し、3年前に観光ビジョンを策定した。街歩きを主眼とした観光まちづくりの推進を目指している。

自由が丘には、和菓子や洋菓子の店がたくさんある。モンブランやシュークリームの、日本での発祥の地でもあるという。各店舗をめぐり歩いて、おいしい買い物を楽しんでもらおうというのがフェスタの狙い。

多くの人でにぎわうなか、明治時代からというシュークリームや、添加物を使用していない自家製プリン、岩塩などを使ったキャラメルを購入、幸せな気分を味わった。

○……ゴールデンウイークに東京国際フォーラムを中心に行われた「ラ・フォル・ジュルネ音楽祭」の来場者数は100万4千人となった。2年連続で100万人を突破したが、昨年度と比べると5万人以上の減。

来場者アンケートによると、年間のクラシックコンサート回数は、今回が初めてだったのが2割弱で、8割以上はコンサート経験者。来場の動機は「これまでに来てよかった」がもっとも多かった。

今後の参加者の増に向けた取り組みでは、初めての人をいかに取り込むかが課題となりそうだ。

東大和市 迫る2定に対応策は
国保予算確保で歳入出の見直し

08年度国民健康保険事業特別会計予算が3月の市議会で否決され、4月から6月までの暫定予算となっている東大和市は、第2回市議会定例会に再度予算案を提案するため、市の歳入歳出全体の見直し作業に追われている。一般会計からの繰入金で補ってきた国保会計の歳入だが、今年度は不足分の全額繰り入れをやめ、保険税を平均19%引き上げて対応しようとした条例案に議会が反発。市は厳しい一般会計をさらに見直し、27日の議案送付までの再提案決定を急いでいる。

保険料改定に各市苦慮

☆赤字スパイラル

国保会計に対しては、多くの自治体が一般会計からの繰入金で不足分を補っている。東大和市でも、毎年7~8億円を一般会計から繰り入れてきたが、今年度は財政調整基金の残高見込みが約2億9500万円と減少。00年から国保税(医療分)を据え置いてきたこともあり、一般会計からの繰入金を3億2千万円に抑え、不足分として見込まれる約3億5千万円は、平均19%アップの料金改定で補う予定だった。

これに市議会は猛反発。与党である市議会公明党も「突然の値上げは市民に理解が得られない」と反対し、自民党以外はすべて反対。国保特別会計が否決されるという前代未聞の事態となっていた。

一般会計の歳入・歳出の総見直しを迫られた市は、都や国からの補助金に増えるものがないか、歳出にムダはないかなど全事業について16日までに洗い出しを行い、繰入金の増額を図る。しかし「それでも不足分が出ることは見えている」と担当課は話しており、収納率アップによる1億5千万円の確保などを試算しているが、過去の例から現実的には厳しい数字。結果的に数字があがらなければ、不足分を09年度予算から繰り出して、08年度予算の帳尻を合わせなければならない。

東大和市の国保特別会計の繰入金は、06年度決算で約8億5300万円。市民1人あたりの繰り入れ金額は2万7368円で、26市中8番目だ。

同市の関係者によると「政治的な判断もあり」、00年から保険料が据え置かれてきたため、1人あたりの負担額は6万6110円で、26市中19番目と低め。しかし据え置きの期間が長かった分、医療費増額分を補う市の繰入金は年々増え、今回の平均19%アップという急激な条例改正案につながった。条例案が通っていれば、市民の負担額は7万8670円となり、26市では狛江市に次ぐ保険税額になる予定だった。今後は見直しのルールについても検討が迫られることになりそうだ。

☆広域化を

議会から否決されることはなくても、各市とも毎年の国保特別会計への繰入金と、市民に負担を求めるタイミングには苦慮している。

06年度決算で最も繰入金が多かった調布市は、01年度から06年度まで保険税額を据え置き、07年度税制改革のタイミングで税額を改定したが、大幅値上げへの反発が多くあったという。保険税額を見直す時期については「急激な値上げをしないためには、見直しの基準をつくる必要性も感じるが、法改正があれば、作った基準がすぐに当てはまらなくなる」と話す。

また、一般会計からの繰り入れについて「足りない分は今のところ融通がきく」と話す三鷹市も、市民に求める負担は「2年ごとに改定している状況」だという。国保について「本来は独立採算だが、そうなると保険料は倍にしなければならない。低所得者が集まる保険で、給付が同じで保険料が違うという構造上の問題がある。市長会を通じて再三要望されているが、広域化、一本化を図るべき」と指摘する。

一方、繰入金が最も少なかったのは東久留米市。その理由は、国からの補助金だ。

保険税額は、所得や資産による「応能割」と人数や世帯による「応益割」となり、その比率は各自治体が決められるが、低所得者に配慮してほとんどの自治体では「応能割」の率を高く、「応益割」の率を低く設定している。国保の赤字補てんのため、国はこの割合を5対5にするよう指導。それに準じれば、低所得者に適用できる国保税軽減措置を「6割、4割」から「7割、5割、2割」に設定できるとし、取り組みに対しては補助金が出る。

「状況は東大和市と同じ」という東久留米市だが、04年度から26市で唯一この仕組みを取り入れ、繰入金を大幅に減らした。そして「結果として低所得者に配慮できた」と話す。

自治体にとっては国保会計の歳入に結びつくため、応益割率を高めたい思いはある。一人当たりの国保の医療費が26市最高で「繰入金を増やす状況にはない」という狛江市も、「5対5にしたいという思いはある」と話すが、「低所得者の増税につながり、すぐには不可能」と苦慮する。

国保会計の歳入確保は、全国の自治体が頭を抱える問題。将来も増え続ける医療費を前に、国保会計のあり方そのものの見直しが、国などに強く求められている。

26市国保繰入金の状況と保険税額(06年度決算)

市名	繰入金額(千円)	一人当たり繰入金額	一人当たり保険税額
八王子	5,309,100	27,432	66,281
立川	1,351,376	20,926	68,729
武蔵野	837,732	17,194	72,717
三鷹	1,900,000	30,248	67,133
青梅	1,025,668	20,731	66,849
府中	2,015,988	24,316	67,070
昭島	1,117,391	26,732	58,807
調布	2,504,291	33,224	70,181
町田	2,462,760	16,773	69,144
小金井	662,860	17,888	74,557
小平	1,266,435	20,049	69,599
日野	1,649,526	27,958	66,510
東村山	1,209,958	21,742	70,752
国分寺	736,004	19,005	73,540
国立	620,327	23,411	66,716
福生	708,276	28,538	62,445
狛江	594,093	20,386	80,353
東大和	852,981	27,368	66,110
清瀬	625,993	20,995	62,047
東久留米	570,000	12,665	64,235
武蔵村山	663,414	23,166	56,824
多摩	1,309,587	26,401	61,977
稲城	490,748	19,962	67,359
羽村	468,653	22,628	64,138
あきる野	608,000	19,529	67,159
西東京	1,865,000	26,159	67,547

奥多摩町長選

激戦かわし河村氏が再選
投票率は71・39%

河村文夫氏

任期満了に伴う奥多摩町長選挙は18日開票され、現職の河村文夫氏(64)=自民推薦=が再選した。新人で不動産会社役員の室川定義氏(67)=民主推薦=とは496票差の激戦だった。投票率は71・39%で、前回結果を7・10ポイント下回った。

争点は、町が都から管理委託を受け、「奥多摩湖愛護会」が運営していた「都立奥多摩湖畔公園・山のふるさと村」公金流用事件(係争中)。

室川氏は、町が愛護会に出すべき管理運営委託費を流用した上、その使途について全容解明もしていないとし「第三者による調査委員会を設置して原因解明し、再発防止策を講じるべき」などと訴えたのに対し、河村氏は、「係争中の事件のため」として多くを言及しなかった。かわりに奥多摩病院の充実や、町営水道の「都営水道一元化」、新たな観光戦略の展開など町活性化推進施策を訴え、票を集めた。

河村陣営は勝因について「これまでの実績が評価された」などと分析。河村氏は「公平公正な政治姿勢で2期目もやっていきたい」と抱負を語った。一方、敗れた室川氏は「部下が自殺し、公金がなくなる不祥事を起こした町政が続くことは本来ありえない」と話し、「一カ月も準備がない中で43%の票が集まった。この数字を謙虚に、重く受け止めてほしい」と河村氏に苦言を呈した。

奥多摩町長選結果

当河村文夫　2273票
室川定義　1777票

全国市長会

関東支部長に八王子市長
温暖化対策で緊急決議も

全国市長会関東支部総会(会員215人)が16日、港区台場のホテルで開かれ、役員の改選で関東支部長に八王子市の黒須隆一市長が選任された。

役員改選ではほかに、市部では星野繁清瀬市長が理事に、矢野裕狛江市長、石川良一稲城市長が評議員になり、区部では多田正見江戸川区長が理事に、中山弘子新宿区長、青木勇葛飾区長、吉住弘台東区長が評議員に選任された。

総会に出席したのは、関東支部8都県の約160人。来賓には石原慎太郎東京都知事やあきる野市議会議長の下田孝雄東京都市区議町会会長などが招かれた。

地球温暖化対策等の推進に関する緊急決議は、2012年度までに温室効果ガスを90年度比6%削減するという数値目標の達成が厳しい状況にあるとして、①民生部門の排出削減施策について、財政的、技術的支援を積極的に講じる②風力、太陽光やバイオマス等を活用した新エネルギーに取り組む事業者、個人等への支援体制強化③地方公共団体の実行計画策定に、積極的な情報提供や財政的支援を行う④安定的な財源確保のために「環境税」等についての国民的議論を高める措置を講じる――の4点を国に強く求めている。

また、総務省自治税務局による「地方税制の課題について」の講演があり、今年度の税制改正のポイントなどが示された。

新議長に松村氏
府中市議会

府中市議会は14日、第1回臨時会で議長に松村寿志氏(56)を選出した。

松村氏は99年に初当選し、現在3期目。総務委員長、建設環境委員長、議会運営委員長、鉄道対策特別委員長などを歴任した。

生活と表裏一体
火山島体感「ジオツアー」を目玉に

復興のステージ　三宅島航空路再開　中

■噴火の爪あと

火山活動が続く三宅島・雄山の標高は、775・1㍍。もともとは813・7㍍あったが、00年の噴火で大量の火山灰が噴き出し、38・6㍍も低くなった。

山の高さを変えるほどの噴火は、灰と火山ガスをまき、島の豊かな木々を白く枯らした。さらに1983年に起きた噴火では、流れ出た溶岩流が約400戸の暮らしがあった島最大の阿古集落をのみ込み、一面を黒い荒野に変えた。それ以前に起きた噴火の跡も島のいたるところで見ることができ、現在の三宅島独特の景観は、繰り返す噴火の歴史の中で生み出されてきたものだ。

噴火による被害を幾度も受けてきた島にとって、その生々しい爪あとを観光に結びつける発想は、これまでほとんどなかった。溶岩流で消滅した阿古集落19㌶については、かつて村議会から「早く整地して活用するように」と促されたこともあるほど。

しかし今、「生活に密着した火山島」を観光に変えるプロジェクトが、官民一体となって進行している。その目玉のひとつが「ジオツアー」だ。

島の地図に張られた、たくさんの付箋。島民ガイドお勧めの観光スポットが目白押しだ

■誇れる島の魅力

三宅島には、世界中から訪れる地質学の研究者や専門家などが後を絶たない。そのことは、いかに火山島としての魅力が大きいかということを証明している。

また、「火山地質見学地50選」をはじめ、ダイナミックな地層や、溶岩流に巻き込まれた樹木によってできる溶岩流の空洞「溶岩樹型」、溶岩流で押しつぶされた車のタイヤ部分の痕跡など、興味深い見所が島のいたるところにある。

しかし、地元の島民でも、知らなければ見過ごしてしまうほど自然と一体化している上、一般の観光客には解説がつかなければその面白さを伝えることはできない。

そこで、誰もが火山島について関心を持って楽しめる見せ方を工夫しようと考え出されたのが、島民ガイドと行く「ジオツアー」。

村が日本野鳥の会に運営を委託している「三宅島自然ふれあいセンター・アカコッコ館」では、島民ガイドの養成を実施中で、ガイドとして分かりやすい解説ができるよう、地質学についての講座や実地研修などを重ねて、観光シーズンの夏に備えている。

現在、養成中のガイドは30~50歳代の15人。ガイドの卵たちは、三宅島を改めて学ぶとともに、島民だからこそ知っている「とっておきのスポット」を、島の地図に落とし込む作業も実施。ガイドとなる島民自身が火山島としての魅力を再発見していく過程は、「噴火での被災体験を誇りに変える」作業にもなっているという。

㊤旧阿古小中学校に押し寄せた溶岩流跡。村道復元で目の前に見ることができる㊨噴火でできた溶岩樹型

■体感する火山島

83年の噴火では、全住民が避難できたが、集落全戸が溶岩流の下に埋没。海沿いの道路ぎわにあった旧阿古小中学校やその体育館は、溶岩流を堰きとめたように半壊した姿を残している。押し寄せた溶岩流の厚みは体育館の屋根を越えており、自然の力を目の当たりに息を呑む光景だ。

村は、ジオツアーに合わせるように、この旧阿古集落にあった「村道」の復元事業を昨年度から開始した。道が整備されれば、荒々しく雄大な溶岩流の地を、誰もが歩いて体感できるようになる。

加えて村は、今は足元に埋まった集落の暮らしの跡を目にみえる形にしようと、集落の写真を収集。地籍図を基に、村道沿いにはどんな家や商店があったか、パネルなどで表示することも検討している。

ジオツアーのガイドは、その「村道」を歩いて観光客を案内することも予定。中には、埋没した旧阿古集落に住んでいたため「この辺りに私の家があった」と解説できる人もいる。溶岩流の跡も解説も、すべてが本物の迫力。夏のツアー開始に期待がかかる。

道路沿いの斜面には、溶岩流で押しつぶされた車の車軸の痕跡を見ることができる

週刊 たま手箱

自然災害に救援金募金
稲城市

稲城市は15日、2日にミャンマーを襲ったサイクロン災害、12日に発生した中国大地震を受け、一刻も早い復興を支援しようと救援金の募金を開始した。市役所1階総合案内や出張所、福祉センター、市立病院、図書館などで、6月8日まで受け付ける。

市は市民団体「稲城国際交流の会」を通して、中国四川省チベット族自治州稲城県と交流もある。

自慢の庭のガイドマップ
小平市

小平市は、自然とうるおいのあるまちづくりを目指す取り組みの一環として、個人の庭を公開している場所を落とし込んだ「オープンガーデンマップ」を配布し、好評を博している。

丹精込めて造った庭や花壇を開放し、訪れた人との交流を深めながら、季節の植物を楽しむ「オープンガーデン」。一定期間、個人の庭を一般の人に開放する活動で、現在登録されているのは15カ所。ガイドマップで多くの人が訪れる庭先には、花を通じたコミュニケーションも生まれているという。

取り組みは市グリーンロード推進協議会、市園芸組合、商工会など市が行っており、産業振興課グリーンロード係は「この取り組みをきっかけに、緑豊かな街並みが広がっていけば」と期待している。

メール配信中国語版も
八王子市

八王子市は5月から、市内の休日医療機関やイベント情報について、中国語版のメール配信サービスを始めた。

市内には約8千人の外国人居住者がいるが、留学生などをはじめ、約3千人と最も多いのが中国籍の居住者。昨年6月から英語版のメール配信サービスを実施していたが、より需要の多い中国語版を追加して、外国人にも住みよいまちづくりを目指すとしている。

アドレスを登録すると、毎月1日に情報が配信されるシステム。学園都市文化課は、今後、外国人登録の窓口付近にチラシを置くなど、PRを強化して登録数を増やしたい考えだ。

都職員採用

委託によるPR活動開始

都単独の就職セミナー初開催

都庁志望掘り起こしに力点

都は09年度職員採用試験に向けたPR活動の業務委託先を選定した。「首都公務員」をキーワードに、今後、コンテンツの作成や各種イベント、就職サイトへの掲載など年間を通じたPR活動を展開する。大量退職や少子化といった状況を受けて、民間企業を含めた人材獲得競争が激化する中、委託事業者のノウハウを活かしながら、都庁の魅力を発信し、露出を高めていくことで、受験者層の拡大を目指す。

就職戦線を巡っては、民間企業の採用意欲の高まりから、採用スケジュールが前倒しの傾向にある。大学3年生の夏に就職活動を開始し、4年生のゴールデンウイーク頃には内定が出されるため、同時期に採用試験を実施（今年度は5月11日）する都は、大きく出遅れる形となる。

「親や家族が公務員で、もともと公務員を目指すコアな層はいる」（都総務局人事部）ものの、都が進めている少数精鋭体制に耐えられるだけの質の高い人材確保には、受験者層のすそ野拡大が不可欠となる。このため都総務局と人事委員会事務局は、今年度のPR活動業務について民間委託を決め、選定作業を進めてきた。

業務委託先の民間事業者は、指名公募した4社によるコンセプトや計画内容のプレゼンテーションを踏まえて、毎日コミュニケーションズを選定した。採用マーケットの最大手であり、学生・転職希望者へのアプローチのツールやチャンネル、情報量の豊富さが評価されたという。

事業者側が示した年間PR実施計画案によると、秋以降の就職戦線が本格化する前段階に、イントロ的なイベントとして、インターンシップフェアや社会見学会（仮）に初めて出展するなど、民間を意識した動き出しとなっていることが分かる。

インターンシップフェアでは、参加企業・団体がインターンシップに関して説明するほか、エントリーや面接といったインターンシップ選考突破のポイント解説、講演等を実施。また社会見学会は、仕事や企業への理解を深めるため、実際に働く企業人の話を直接聞く機会を設けるもので、こうしたイベントを通じて、早い時期から就職先としての都庁を意識させるとの狙いがうかがえる。

08年度の都庁インターンシップでは、大学3年生または大学院1年生を対象に、87職場で109人程度の実習生を受け入れる。8月4日から9月5日の期間中に、2～4週間の業務体験を行う予定となっている。

今年度のPR活動について、都では、とりわけイベントに力を入れる考えを示す。なかでも初の試みとして、都庁単独による就職セミナーの開催が注目される。都庁外部に会場を確保し、各局のブースを設けたミニ都庁でのセミナーとなる見通しだ。開催は11月頃を予定しており、09年度採用試験の対象となる大学3年生だけでなく、大学1・2年生も参加可能とし、都庁を目指す学生の掘り起こしを図る。

「将来の予備軍」を意識した取り組みは、PRコンテンツにも見られる。新規開設する採用ホームページでは、試験告知が主だった従来のページとは異なり、民間企業並みに情報量はもちろん、ビジュアル面やメッセージ性なども重視した内容とする。夏頃に立ち上げる予定。

都庁概要や職場案内も、具体的な職場や仕事内容を紹介することで「手に取って見てもらえる中身」（人事部）とする方向を打ち出しており、現時点で公務員という選択肢がない学生の取り込みも目論む。

ターゲットを絞った取り組みも特徴だ。就職や転職の合同説明会には、専門人材としてのIT技術者、I類Aにあたる大学院生や民間企業経験者、技術職など、対象を明確にして参加する。新聞・雑誌でのPRも、専門人材の確保を念頭に、関係する業界紙・誌への掲載を検討している。

就職活動の主流となっているウェブに加えて、新たなPRツールも活用。コピー用紙の裏面に広告を掲載し、学生のコピー料金を無料にする「タダコピ」もインターンシップフェアへの参加を皮切りに、学内メディアとして随時、利用していく。

今回の業務委託では、事業者側の持つ「適切なチャンネル」を「的確な時期」に組み合わせながら、効果的なPR活動を展開していくことが期待される。一方、初めての試みだけに、都と委託事業者間のギャップも課題に挙げられる。

たとえばポスターやチラシの作成では、企業側のアイデアがイメージ先行となりがちであったのに対し、都側は「都庁の宣伝」という切り口も踏まえた内容を求めたと明かす。今後ともPR活動にかかる各業務を実施する際に、こうしたギャップが生じる場面も想定され、すり合わせを行いながらの作業が続きそうだ。

女性管理職

いずれの役職も1割未満

産業労働局が調査結果

都産業労働局は15日、07年度の男女雇用平等参画状況調査の結果をまとめた。今回の調査では、昨年4月に施行された改正男女雇用機会均等法への対応や女性雇用管理の状況等を盛り込んだ点が特徴となっている。

改正男女雇用機会均等法では、男女双方に対する差別の禁止、間接差別の禁止、妊娠・出産等を理由とする不利益取り扱いの禁止等が新たに定められている。

調査結果によると、改正内容について「知っている」と回答した事業所は9割弱に上ったが、従業員は半数未満にとどまった。また改正均等法を受けた見直しの実施内容では「セクシュアルハラスメントの相談体制整備や研修等の実施」が最も多かった。

各企業の雇用管理に関しては、約6割の事業所が新規学卒者の募集・採用活動を実施し、うち「男女とも採用」した事業所は約7割の水準だった。ただし、配置状況では、情報処理や営業では「男性のみ配置」が2割以上と多くなるなど、部門間でバラツキもみられる。さらに管理職に占める女性の割合は、いずれの役職も1割未満にとどまるとの結果だった。

スギ・ヒノキ花粉 5番目に多い水準

都内ではほぼ終息へ

都福祉保健局は15日、今春のスギ・ヒノキ科花粉の観測結果を取りまとめた。飛散花粉数は昨春の約3倍に増加、85年の観測以来5番目に多い水準だった。都内で観測されるスギ花粉の飛散はほぼ終息、ヒノキ科花粉も間もなく終息の見込みという。

超勤改善など取り組み強化

都教組 大会で運動方針確認

要求実現に向け、各職場からの取り組みを求める中山委員長

都教組の第95回定期大会が16、17日の両日、北区の赤羽会館で行われた。冒頭、中山伸委員長は「憲法改悪阻止の動きなどが高まる中、組合への期待は強く、存在と社会的な役割の重みが増している」と述べ、都教組運動への結集を呼びかけた。

今年度の組合の重要課題は、①貧困と格差から子どもを守る取り組み②30人学級の実現③教職員の職と命、暮らしと権利を守る取り組み④組織拡大——の4点となる。

30人学級実現への取り組みについて、中山委員長は「教育格差をなくす取り組みとなる。世論の高まりとも結びつけ、社会的な課題として発展させたい」と語った。

また、過労死や長時間過密労働、人事考課体制、管理職のパワーハラスメントなど、職場での課題を挙げながら、「命を育む場で、命を削って働くことは絶対にあってはならない。この異常事態を改善するために全力で闘う」と決意を表明。都に対し、人事考課制度と指導力不足教員問題を労使交渉とすることを求めていくとした。

昨年の都労連交渉では、教員の賃金引き下げや新たな職の導入に伴う職の分化などの課題が先延ばしとなった。来賓のあいさつに立った都労連の増渕静雄委員長は「都側は、これらの課題に対する見直しの動きを強めている。昨年以上に運動を強めていかねばならない」と述べ、都労連運動への結集を呼びかけた。

活動方針に掲げた長時間過密労働打開に向けた取り組みでは、授業の持ち時間数の軽減や、研究発表の簡素化、教員の増員などの要求を強める。併せて、病気休職者が5年前の2倍となった現状を重く受け止め、労安体制の整備・充実も求めていく。

また、30人学級の実現に向けては、全国で唯一、少人数学級を実施していない東京での導入とともに、大阪府の橋下知事が大人数学級への見直しを示していることも視野に入れ、全国的な取り組みとして進めるとした。

代議員からは、恒常化した超勤実態など職場の課題が報告され、改善に向けた取り組みを求める声が上がった。また、非常勤職員の組織化に向けた取り組みの強化を求める声なども寄せられた。

多摩26市の組織・人員(下)

地域の課題、組織に反映

今年度、各自治体の組織改正等で最も多く見られたのが、医療制度改革に伴う組織強化だ。組織全体のスリム化を進める中で、対応組織の新設や人員配置などが図られた。こうした「既定路線」とは別に、市独自の行政課題への対応状況を見ると、子育て支援や市民協働、まちづくりといった分野での組織改正が多く見られた。

■関連業務を集約

多摩地域の各市にとって、共通する課題の一つが子育て施策の充実だ。子どもに関する行政需要が高まる中、効率的な組織づくりや体制強化を図る姿が多く見られた。

清瀬市では子ども家庭部を新設。健康福祉部や教育委員会、総務部等にまたがっていた18歳以下の子ども施策を集約し、「市民にわかりやすい組織にするとともに、内部でより連携を図れる組織とした」（子ども家庭部）という。これまで係だった子ども家庭支援センターは、課に昇格。子育て施策の重要性の高まりや、児童虐待といった社会問題などにも的確に対応できるよう体制を充実した。

狛江市も、既存の福祉部から、子育て・青少年育成施策に特化した「児童青少年部」を新設。各部にまたがっていた子育て支援や青少年健全育成の事務等を集約した。「市が目指す『子育て一番のまち』という姿勢を明確にした」（政策室）という。同じく東大和市も、子ども施策を集約した生活部を新設し、利便性を向上した組織へと再構築を図った。

このほか、国立市では、先駆型支援センターへ移行するため1増、国分寺市では、児童虐待への対応強化を図るため、子ども家庭支援センターで1増など、組織強化の動きが見られた。

■市民参画に熱い視線

行政のスリム化や市民参画のまちづくりが叫ばれる中、市民協働や地域活性化も各自治体が高い関心を示すテーマの一つだ。

国分寺市では、文化コミュニティ課から協働・コミュニティ部門を切り離し、協働コミュニティ課を新設した。これまで担当課長を置いていたが、課として独立させて市民にわかりやすい組織を整備し、施策を強める。

同市では、昨年度から3カ年の試行として提案型協働事業を実施。市が行う事務事業や、新たな事業を民間から募集し、事業化を目指している。協働コミュニティ課では、この事務局機能などを担い、市民との協働施策を推進する。

狛江市も、地域づくりや文化活動を一体的に推進する「地域活性課」を新設した。「産業振興や地域振興など、部門ごとに所管が分かれていたが、各部門の担い手は重なり合う部分も多い。集約することで力を結集し、地域活性化の機運を高めたい」（政策室）と話す。

防災と地域コミュニティを絡めて組織強化を図ったのは、あきる野市だ。地域振興課を地域防災課として再編し、防災力の強化策やコミュニティ関係業務を含む協働・参画推進業務を担う。市では「防犯や防災への対応力を高めるには、地域に一翼を担ってもらうことが大切」と捉える。今年度は地域ごとに住民らをメンバーとした委員会を立ち上げる予定で、その調整等を行う。

■定住化の推進も

26市の組織を語る上では、市街地整備やまちづくり施策の強化も欠かせないテーマとなる。

国立市では国立駅周辺まちづくり推進室を新設。これまでも市内全域を対象としたまちづくり推進課を設置していたが、「中央線の連続立体交差事業が進む中、駅前のまちづくりデザインをどうするかが市政の重要課題」（行政管理課）ととらえ、駅前整備に関わる部分を特化した専門組織を立ち上げた。人員も2人体制から、部長1、課長1、係長3、係員1へと強化した。

福生市では、街づくり計画課の中に定住化対策担当を新設。係長1、係員2を配置した。同市には古い家屋やアパート等が多く、転出入が激しい。世帯数は微増だが、人口は減少しており、単身世帯の増とファミリー世帯の減少傾向が顕著になっているという。ファミリー世帯のニーズに合った住宅の選択肢が少ないという課題も浮き彫りとなっており、住民の定着化に向けて住環境の改善等に取り組む。

また、景観行政団体への移行に向けた動きも見られる。町田市は市計画課にあったまちづくり推進係を課に昇格し、2増して体制を強化。今年度は景観条例案の策定とともに、景観行政団体への移行に向け、都と協議を行う予定だ。翌09年度には条例を制定し、景観計画の策定を目指す。

立川市は、都市計画課に景観担当主査を3年間の時限措置として設置。景観行政としての可能性を探るもので、「景観行政団体への移行を目指す具体的な取り組みというより、その可能性や計画策定の際の課題の洗い出しなどを行う」（企画政策課）という。

■観光振興も課題に

近年、23区の組織再編では、観光振興分野の強化が見られるが、多摩地域も同様の動きがある。

立川市では、観光振興・産業政策担当主査を新設した。市は昨年度「観光振興計画」を策定しており、これに沿った観光振興や産業政策の施策作り、推進体制の整備などに取り組む。3年間の時限措置で、定着するまでの仕組みづくりを担う。

あきる野市は、既存の商工観光課や農林課等とは別に、地域産業推進室を新設。商工業や観光など、すべての産業分野を対象に、手が届いていなかった部分にも横断的に取り組める機動性の高い組織として設置した。具体的には、市内3地域の活性化策を検討する事務局機能などを担う。

ひきこもりの予備軍16万人

実態調査で明らかに

ひきこもりではないものの、「家や自室に閉じこもりたいと思うことがある」など、ひきこもりに意識が近い「予備軍」は約16万人（推計）に達することが、都青少年・治安対策本部の実態調査で分かった。

同本部が14日に発表した調査結果では、都内に約2万5千人と推計される「ひきこもり」と、ひきこもりに意識が近い「親和群」、「一般群」を比較。ひきこもりの34%、一般群の5%に不登校の経験があるのに対し、親和群は11%。ひきこもりの44%、一般群の18%には、いじめられた経験があるのに対し、親和群は27%と、中間に位置していた。また、友人関係については、一般群に近い傾向にあった。同本部では今後、ひきこもりを未然に防止する施策を進めたい考え。

小松　登志子さん（こまつ・としこ＝小松修司・台東区議会事務局議会担当係長の母）11日死去、70歳。

飯田　操さん（いいだ・みさお＝飯田正寛・都都市整備局市街地整備部民間開発課民間再開発担当係長の父）14日死去、89歳。

20年度 主任試験講座 ―31―

行政法 ⑤

今回が行政法の最終回です。先週に引き続き、「行政上の不服申立て」と「行政事件訴訟法」の問題演習を行います。「行政事件訴訟」については多くの類型がありますから、表を作成するなどして整理しておくとよいでしょう。

問題

【問題14】

行政不服審査法に定める裁決に関する記述として妥当なのは、次のどれか。

① 却下裁決とは、不服申立てに理由がないとして不服申立てを退ける裁決をいう。

② 棄却裁決とは、不服申立てが不服申立要件を欠き不適法であるときに、本案の審理を拒否する旨の判断である。

③ 認容裁決とは、審査請求を行った者の主張に、不服申立ての理由はあるが、処分の取り消し等により公の利益に著しい障害を生じる場合において、一切の事情を考慮したうえ、処分の取り消し等が公共の福祉に適合しないと認めるときに、審査庁が請求を退けることをいう。

④ 裁決は、非要式行為であり、口頭で行うことで効力を発生し、その際は判断に至った理由を明示する必要がある。

⑤ 裁決は行政行為の一つであるから、一般の行政行為と同様、公定力、自力執行力、不可争力を有する。

【問題15】

行政事件訴訟に関する記述として妥当なのは、次のどれか。

① 抗告訴訟は、国または公共団体の機関が行った違法行為の是正を求める訴訟であり、法律で規定された者に限って提起することができる。

② 抗告訴訟は、自己の法律上の利益にかかわらない資格で提起する訴訟であり、例として選挙人たる資格で提起する公職選挙の効力を争う訴訟がある。

③ 当事者訴訟は、行政庁の公権力の行使に対する不服の訴訟であり、例として無効確認の訴えや不作為の違法確認の訴えがある。

④ 民衆訴訟は、権利主体間の権利義務の争いを直接に解決することを目的とする訴訟であり、例として処分の取消訴訟や裁決の取消訴訟がある。

⑤ 機関訴訟は、国または公共団体の機関相互における権限の存否またはその行使に関する紛争について、裁判所の公正な判断を求める訴訟である。

【問題16】

抗告訴訟に関する記述として、妥当なのはどれか。

① 行政事件訴訟法は、抗告訴訟として、取消訴訟、不作為の違法確認の訴えなど訴訟類型を四つ定めている

② 抗告訴訟の対象には、法律行為的行政行為及び準法律行為的行政行為が含まれるが、公権力の行使に当たる事実行為は含まれない。

③ 抗告訴訟では、処分の取消判決が確定するとその処分の効力は遡及的に消滅し、この判決は原告だけでなく訴外の第三者に対しても効力を有する。

④ 抗告訴訟では、訴外の第三者にその権利や利益を守る機会を与えるため、その第三者の申し立てによる訴訟参加は認められているが、被告行政庁以外の行政庁の参加は認められていない。

⑤ 行政事件訴訟法では、取消訴訟と審査請求との自由選択主義が採用されているが、個別の法律が前置主義をとっている場合は、審査請求を経なければ訴訟を提起することはできない。

【問題17】

行政事件訴訟法に定める執行停止及び内閣総理大臣の異議に関する記述として、妥当なのはどれか。

① 執行停止の申し立ては、行政処分の執行により生じる回復困難な損害を避けるため、緊急の必要があるときに、当該処分に関し利害関係を有する者であれば、処分の取り消しの訴えの原告でなくても、裁判所に対して行うことができる。

② 裁判所による執行停止の決定は、取消訴訟の当事者である行政庁を拘束するだけでなく、第三者に対しても効力を有する。

③ 裁判所は、執行停止の決定が確定した後に、その理由が消滅した場合には、執行停止の決定を受けた行政庁からの申し立てがなくても、職権で執行停止の決定を取り消すことができる。

④ 内閣総理大臣は、裁判所に執行停止の申し立てがなされた場合、裁判所が執行停止の決定を行う前であれば異議を述べることができるが、裁判所が執行停止の決定をした後に異議を述べることはできない。

⑤ 内閣総理大臣が異議を述べたときは、次の常会において国会に報告し、承認を求めなければならず、国会の承認がない場合は、その異議は効力を失う。

解説

【解説14】

① 誤り。設問は棄却裁決の説明である。不服申立ての審理は申し立てが取り下げられる場合のほかは、審査庁の裁決(異議申立ての場合は決定)によって終了する。却下裁決の説明は設問②のとおりであり、不服申立てのできない事項についての申し立て、不服申立てに関し無資格または利益のない者の申し立て、審査庁でない行政庁への申し立て、不服申立期間経過後の申し立て等が却下対象となる。

② 誤り。設問は却下裁決の説明である。棄却裁決の説明は設問①のとおりである。棄却裁決は不服申立人の不服に言い分のないことを確認のうえ処分の効力を維持するものである。なお、棄却裁決には事情裁決も含まれており、設問③の説明のとおりである。

③ 誤り。設問は事情裁決の説明である。認容裁決とは、例外的に事情裁決する場合を除き、不服申立ての内容に理由があると認め、審査庁が処分(事実行為を除く)の全部または一部を取り消し、または事実行為の全部または一部の撤廃を処分庁に命じ、若しくは不作為庁に速やかに何らかの行為をすべきことを命ずることである。

④ 誤り。裁決は要式行為であり、書面で行う必要がある。また、処分理由の明示、記名押印、さらなる不服申立てができるときはその旨の教示が必要である。

⑤ 正しい。さらに、争訟の裁断行為の特性として、不可変更力、形成力、拘束力を有する。

正答 ⑤

【解説15】

① 誤り。抗告訴訟とは、行政行為その他行政庁の公権力の行使に係る行為または不行為により権利利益を侵害された者が、その行為の適否を争って違法状態を排除し法的利益の回復を求める主観的訴訟である。行政事件訴訟は、抗告訴訟、当事者訴訟、民衆訴訟、機関訴訟の4種からなる。

② 誤り。設問は民衆訴訟の説明である。

③ 誤り。設問は抗告訴訟の説明である。当事者訴訟とは、当事者間の法律関係を確認し、または形成する処分または裁決に関する訴訟で、法令の規定によりその法律関係の当事者の一方を被告とするもの(形式的当事者訴訟)と、公法関係に関する確認の訴えその他の公法上の法律関係に関する訴訟(実質的当事者訴訟)をいう。前者については、土地収用法の規定に基づく損失補償額を争う訴訟が、後者については、公務員の地位確認訴訟や、損失補償請求訴訟、国籍確認訴訟などが例として挙げられる。

④ 誤り。民衆訴訟とは、国または公共団体の機関の違法行為の是正を求める訴訟で、選挙人たる資格その他自己の法律上の利益にかかわらない資格で提起するものをいう。

⑤ 正しい。民衆訴訟と機関訴訟はともに国民の個人的権利救済目的でなく、行政の客観的な公正確保を求める訴訟であり、客観訴訟に分類される。民衆訴訟及び機関訴訟は法律に定める者に限り提起することができる。

正答 ⑤

【解説16】

① 誤り。抗告訴訟は、①処分の取消訴訟②裁決の取消訴訟③無効等確認訴訟④不作為の違法確認訴訟⑤義務付け訴訟⑥差止訴訟――の6種が法定されている。これら6種は例示であり、これら以外の抗告訴訟は、無名抗告訴訟として審理対象となる。

② 誤り。抗告訴訟の対象は、行政庁が公権力を行使して国民の権利義務を一方的に形成ないし確認する法的効果をともなう行為(権力的法行為)でなければならないが、湖水埋め立て、県営土地改良事業、受刑者の身柄移送のような事実行為については判例で認められている。

③ 正しい。処分または裁決を取り消す判決は、第三者に対しても効力を有する。

④ 誤り。裁判所は、当事者もしくは行政庁の申し立てによりまたは職権で、決定をもって行政庁を訴訟に参加させることができる。

⑤ 誤り。審査請求前置を採用している場合でも、①審査請求があった日から3カ月を経過しても裁決がないとき②処分、処分の執行または手続の続行により生ずる著しい損害を避けるため、緊急の必要があるとき③その他裁決を経由しないことに正当な理由があるときには、審査請求を経ずに直ちに取消訴訟を提起することができる。

正答 ③

【解説17】

① 誤り。執行停止の申し立ては、処分の取り消しの訴えの原告が行う。行政事件訴訟法は、濫訴による行政の停滞を避けるため、執行不停止を原則とする。執行停止は、①取消訴訟が係属しており②執行停止対象となる処分の効力が存在しており、停止により現実に権利保全がはかられ③重大損害を避けるため緊急の必要があること④執行停止により公共の福祉に重大な影響を及ぼす恐れがない⑤本案について理由がないとみえない――の五つの条件が必要である。

② 正しい。執行停止の決定は、第三者に対しても効力を有する。

③ 誤り。執行停止の決定が確定した後に、その理由が消滅し、その他の事情が変更したときは、裁判所は相手方の申し立てにより決定をもって、執行停止の決定を取り消すことができる。

④ 誤り。内閣総理大臣は、裁判所に対し、執行停止の決定の前後を問わず、異議を述べることができる。内閣総理大臣の異議は、司法権の行使に対する行政権の干渉であり、やむを得ない場合でなければ異議を述べてはならず、異議には理由をつけなければならない。

⑤ 誤り。内閣総理大臣が異議を述べたときは、次の常会において国会にこれを報告すれば足り、承認を得る必要はない。

正答 ②

おわりに

これまで5回にわたって行政法を学んできました。決して簡単ではありませんが、過剰に構える必要もないことがお分かりいただけたと思います。まだ問題集を手に入れてない方は、すぐに入手して準備を始めましょう。通勤時間等コマ切れの時間をうまく活用してみてください。

日々の業務と試験準備との狭間で大変な方も少なくないと思いますが、決して業務をおろそかにしないようお願いします。たとえ試験成績が優秀でも、業務をおろそかにする方は主任として求められる人材とはいえないからです。

大変だと思いますが、この試練が自分をより成長させるチャンス、契機だと前向きに捉え、がんばってください。

昇任試験対策のページ

20年度 主任・係長 論文講座 ★31★

東京都主任選考

論文の書き方

はじめに

今回は論文の書き方について、全体的な構成、内容、留意点などについて検討していきます。

概要

主任選考Aの論文試験は、都政に関する問題と職務に関する問題の2題から1題を選択して回答します。都政に関する問題でも、自らの職務との関連について述べる必要があり、日々の業務の中でどれだけ問題意識を持って改善に取り組んでいるかを問う出題となっています。

また、形式面でも平成18年度からは(1)現状分析及び課題の整理(300字から500字)と(2)課題分析及び解決策の提示(1200字から1500字)の二つに分けて書く形になり、より明確に課題と解決策を論じることが要求されています。

それでは、(1)から順に具体的な内容について考えていきましょう。

(1)の書き方

都政に関する問題と職務に関する問題とで書く内容は異なりますが、いずれの場合も自らの職務と都政全体のかかわりを意識して、簡潔に課題を整理することが重要です。

具体的な課題の分析は(2)で行いますので、ここでは課題の中身よりも、なぜその課題に着目したのか、また、その課題を解決することが単に一つの職場改善にとどまらず、都政全体にとって重要な意義を持つことを強調します。

では、職務に関する問題を中心に書きやすい構成について説明しましょう。

まず、自分の担当職務を簡潔に説明します。この際、部以下の所属を特定する記載とならないよう、気をつけてください。詳細は平成18年4月19日付人事委員会事務局通知『主任級選考Aの新たな論文における所属等の記載について』に具体例が示されていますので、確認してください。

次に、担当職務と都政全体とのかかわりを、都政を取り巻く環境の変化をふまえて説明します。例えば部や課の庶務担当であれば、「団塊世代の大量退職を迎え、少数精鋭の組織運営が求められる今日において、○○の職務は、職員が効率的に業務に取り組む環境を整える重要な役割を担う」と書くことができます。

都政に関する問題では、選んだテーマに関する現状を説明しながら、都政(特に所属局や自身の職場・職務)が果たすべき役割を論じます。ここで具体的な数値や既存の施策について言及することで、都政について勉強している姿勢をアピールできます。

最後に、(2)で分析していく課題を3点、簡潔に挙げます。書き方は、「第一に、○○である。第二に…」と3点を分けてもいいですし、または「課題としては○○なこと、△△なこと、□□なことがある」とまとめてしまってもよいでしょう。

(2)の書き方

(2)では、(1)の最後で挙げた三つの課題を具体的に分析し、その解決策を提示し、最後にまとめと決意表明を行います。

まず全体の構成ですが、先に課題を3点指摘し、次に課題を述べた順番に解決策を3点提案する書き方と、課題と対応する解決策のセットを3回繰り返す書き方があります。どちらが正しいということはありませんので、自分が書きやすい構成で書いてください。また、各章には内容を端的に表す見出しをつけます。最初はなかなか思いつかないと思いますが、合格論文などを参考に、添削と推敲を繰り返す過程でよく練ってください。課題や解決策の中身自体はどの論文も似たようなものになりますので、的確でインパクトのある見出しをつけると論文が引き立ちます。

次に課題の書き方ですが、「第一に、○○である」と簡潔に指摘した後、なるべく例を挙げて具体的に説明をします。過去や現在の施策に触れる際は、全面否定することは避けてください。すべての施策は組織としての合意を得た上で実施されるものなので、「これまでも○○に取り組んできたが、不十分である・解決に至っていない」というような書き方にしましょう。また、課題の指摘の部分では解決策まで論述しないよう気をつけてください。

課題の内容については、最初は思いつく限り書き出してみるといいでしょう。その中から、具体的で実現性のある解決策を考えられるものに絞りこみます。また、主任試験では様々な角度からの分析が求められますので、「制度、財政、組織」や「職員、職場、都民」など、切り口を変えて課題を整理することも大切です。

解決策の書き方は、課題と同様に、「第一に、○○することである」と簡潔に述べた後、具体的な内容を書きます。課題と解決策をセットで書く場合は、課題の分析の後、「そこで、△△する必要がある」と解決策の論述を始めます。課題と解決策が交ざらないよう、明確に書き分けてください。

解決策の内容は、誰でも考えるような一般的なものでかまいません。むしろ、実際の職務や職場を踏まえた、具体的で実現性の高いものにしたほうがよいです。特に職務に関する問題では、自分が取り組んだ解決策を少なくとも1点は挙げて、改善に取り組んでいる姿勢をアピールしましょう。また、解決策が単純な課題の裏返しにならないように注意してください。例えば、「情報が共有されていない」という課題に対し、「情報の共有化に努める」という記述では、解決策としては不十分です。「共有のデーターベースを作成し、いつでも最新の情報が参照できるようにする」など、具体的に述べる必要があります。

最後に、まとめと決意表明を書きます。これまでに論じた内容を総括し、最も主張したいことを端的に述べます。まとめの部分ですので、今まで論じていない新しいことや、解決策に対する問題点を持ち出すことはやめてください。

まとめの後に、主任になるにあたっての決意表明をして論文を締めくくります。例えば、「私は係の中核を担う主任として、○○に全力を尽くす決意である」などと書きます。論文の中心は課題と解決策の部分ですので、最後はあまり凝らずに、簡潔に記すほうがよいでしょう。

その他の留意点

これまで、各章ごとの具体的な書き方を説明してきました。最後に全体的な留意点について説明します。

(一) 一貫性のある論理的な文章を書くこと

「論文」ですので、論旨が明確で説得力のある文章でなければなりません。(1)の課題と(2)の課題、解決策、最後のまとめがそれぞれ順番通りにきちんと対応しているか、理由を述べる文章では論理が飛躍していないか、十分確認してください。

(二) 分かりやすく正確な文章を書くこと

試験のための論文ですので、誰が読んでも分かりやすい簡潔な文章でなければなりません。内容にもよりますが、一文は長くても3行程度にし、主語と述語、修飾語と被修飾語の関係に注意してください。また、誤字脱字はもちろん、具体的な施策名や数字を引用する場合は、くれぐれも間違いがないよう気をつけてください。引用時には、長くても略さずに正式名称を記します。

(三) 都庁職員としての立場を意識すること

主任試験の論文は、これから実務の中心となって課題解決に取り組んでいく主任を選考するための論文ですので、表現にも主体性が感じられるものでなければなりません。「○○と思われる」「○○すべきである」といった外部の評論家調の表現ではなく、「○○である」「○○と考える」「○○しなければならない」など、課題を自分のものとして考える姿勢が重要です。これは単に試験対策という意味だけではなく、「誰が」「何のために」「どういう立場で」書くかを意識した文章を作成することは、今後の業務を行っていくうえでも非常に重要な能力になります。

(四) 添削と推敲を繰り返すこと

最初から完璧な論文が書ける人はいません。まずは一本最後まで書いて、周りの人に見てもらいましょう。人によって着眼点や言葉の選び方が異なりますので、複数の人に見てもらったほうがよいでしょう。特に職務について書く場合は、職務固有の専門用語などが読み手に分かりにくいこともありますので、他部署の人にも添削してもらう必要があります。また、添削されたとおりにそのまま直すのではなく、なぜそのように添削されたのか、その意図をきちんと理解し、自分の言葉として書き直すことが大切です。

(五) 試験当日の問題に対応すること

どんなに工夫した論文を用意していても、当日の問題に対応した内容でなければ意味がありません。問題文をよく読んで、用意した文章を適宜調整してください。一度書き始めると最初から直す時間はありませんので、書き始める前に、全体の構成をメモしておくとよいでしょう。

最後になりますが、論文は書けば書くほど精度が上がります。まずは課題と解決策の箇条書きからでもいいので、早めに手をつけるようにしてください。皆様のご健闘をお祈りいたします。

20年度 教育管理職への道しるべ 〈35〉

教育事情 ②

問題

【問題4】

東京都教育委員会の基本方針に基づく平成20年度の主要施策に関する記述として妥当でないものは、次のうちのどれか。

① 小・中学校においては、授業改善のサイクルを定着させ、児童・生徒の学力の定着と伸長を図る。また、すべての児童・生徒が身に着けておくべき内容を指導をするための基準「東京ミニマム」を作成し、基礎的・基本的な内容に関する指導を徹底する。

② 都立学校のICT環境を充実するため、校内LANの整備や持ち運び可能なパーソナルコンピュータの教室への配備などを推進する。また、ICT機器を活用して校務の効率化を図るなど教員の業務改善を行い、教材研究や授業準備などに携わる時間の拡充を図る。

③ 児童・生徒が、オリンピックの国際親善や世界平和に果たす役割を正しく理解するとともに、積極的に運動やスポーツに親しみ人々と交流することにより心身の調和的な発達を遂げ、進んで平和な社会の実現に貢献することができるようスポーツ教育を推進する。

④ 就学時期からの一貫した教育支援の取り組みを推進するため、教材研究や人材養成などを通して地域のネットワークづくりを支援する「就学時期からの子供の教育支援プロジェクト」を実施する。

⑤ 学校運営及び「授業力」向上の中核となるリーダーの育成を目指し、教職大学院への現職教員の派遣、「東京教師道場」などの教員研修の充実を図るとともに、校内研修の活性化への支援を通して、学校内において人材を育成する仕組みを整える。

【問題5】

平成20年4月に文部科学省が発表した「青少年が利用する学校非公式サイト(匿名掲示板)等に関する調査」に関する記述として妥当なものは、次のうちのどれか。

① 学校管理者が公式に運営しているホームページ以外の、小中高生が携帯電話やインターネットを通じて閲覧、書き込み、公開型の各種サイトやスレッド全般を対象に、初めて実施した。

② 学校非公式サイトの利用実態調査結果では、サイト・スレッド数は3万8260件となり、そのうち「2ちゃんねる」など巨大掲示板にスレッドとして掲載されているものが約3万5000件と最も多かった。

③ 埼玉県、愛知県、静岡県の3県にある学校非公式サイト約3千件の書き込み内容を調査した結果、「キモイ」「うざい」等、誹謗・中傷する32語を含むものは50%である。

④ 3県の中高生約2400人に対して、サイトの閲覧・書き込みの実態等のアンケート調査について、学校非公式サイトの認知度をみると、「知っている」人は13・8%、閲覧経験のある人について書き込んだ経験をみると、「書き込んだことがある」人は33%である。

⑤ 学校非公式サイトの閲覧経験のある人について、閲覧の目的をみると、「友達に関する情報交換」が約77%と最も割合が高く、次いで「その他学校生活や先生等に関する情報交換」が約12%である。

【問題6】

平成20年4月の中央教育審議会答申「子どもの心身の健康を守り、安全・安心を確保するために学校全体としての取り組みを進めるための方策について」に関する記述として妥当なものは、次のうちのどれか。

① 学校は、心身の成長発達段階にある子どもが集い、人格を形成していく場であり、子どもの健康や安全の確保が保障されることが不可欠な前提であるなど、三つの基本的な考え方を示している。

② 養護教諭の専門性を活用しつつ、学校保健を重視した教育活動が展開されることが喫緊の課題であり、子どもの健康課題に対応した学校の管理運営がなされるよう関係法制の整備に向けて検討を行う必要があるとしている。

③ 学校における食育の推進を図るため、栄養士の配置促進を進めるとともに、学校の給食活動全体として、体系的・有機的に食育を推進する体制を整備するとしている。

④ 危険発生時に円滑かつ的確に所要の対応ができるよう、教職員が取るべき措置の具体的内容、手順等を記載した危機対応要領を各学校において策定することが重要であり、各学校の経営計画においてその旨を明確に位置づけることが必要であるとしている。

⑤ 学校、家庭、地域社会が連携した取り組みを進めるために、日常的に学校と家庭が地域とがお互いの顔が分かる関係づくりを進めるとともに、PTA、ボランティア、自治会、警察等の関係機関などからなる「地域学校安全委員会(仮称)」の設置などの取り組みが必要であるとしている。

【問題7】

平成20年4月の中央審議会答申「教育振興基本計画」に関する記述として妥当なものは、次のうちのどれか。

① 教育の果たすべき役割を踏まえ、改正教育法において新たに明記された教育の目標や理念の実現に向け、改めて「教育立国」を宣言し、教育を重視し、その振興に向け社会全体で取り組むことが必要であるとしている。

② 今後10年間を通して目指すべき教育の姿として、義務教育終了までに、すべての子どもに、自立して社会で生きていく基礎を育てる、また、社会を支え、発展させるとともに、国際的競争力のできる人材を育てると、二つの柱を示している。

③ 今後5年間に取り組むべき施策の基本的考え方として、各施策を通してPDCAサイクルを重視し、より効率的で効果的な教育の実現を目指すとし、「縦」の接続、「横」の連携、国・地方それぞれの役割の明確化を重視するとしている。

④ 今後5年間に取り組むべき施策の基本的な方向として、社会全体で教育の向上に取り組む、教養と専門性を備えた知性豊かな人間を養成し、社会の発展を支えるなど、五つの基本的方向を示している。

⑤ 今後5年間で取り組むべき施策の中で、重点的に取り組むべき事項として、2015年頃の実現を目途として「留学生20万人計画」を策定し、計画的に推進を図るとしている。

解説

【解説4】

① 正しい。

② 正しい。

③ 正しい。

④ 誤り。「就学時期」ではなく「乳幼児期からの一貫した教育支援」、「教材研究」ではなく「教材開発」、「就学時期からの~プロジェクト」ではなく「乳幼児期からの~プロジェクト」

⑤ 正しい。

【解説5】

① 誤り。中高生が対象。

② 正しい。

③ 誤り。群馬県、兵庫県、静岡県の3県。学校非公式サイト約2千件。

④ 誤り。「知っている」人は33%、「書き込んだことがある」人は13・8%。

⑤ 「暇つぶし」が約77%と最も割合が高く、次いで「友達に関する情報交換」約14%、「その他学校生活や先生等に関する情報交換」約12%の順。

【解説6】

① 誤り。四つの基本的な考え方。

② 誤り。学校保健を重視した学校経営がなされることが喫緊の課題。

③ 誤り。栄養教諭の配置促進、系統的・組織的に食育を推進。

④ 誤り。学校保健法においてその旨を明確に位置づけることについて検討が必要。

⑤ 正しい。

【解説7】

① 誤り。教育の果たすべき使命。

② 誤り。国際社会をリードする人材を育てる。

③ 正しい。

④ 誤り。四つの基本的方向。

⑤ 誤り。2020年頃の実現を目途として「留学生30万人計画」

向島百花園創設200周年記念
『江戸の花屋敷』出版裏話

向島百花園サービスセンター長　椎名和美

向島百花園は2004年に200周年記念を催し、05年からは200周年記念を継続する各種事業を展開してきました。その集大成として、3月には歴史文化編『江戸の花屋敷　百花園学入門』、植物編『花ごよみ』、『伝統行事運営マニュアル』（非買品）の3部作を刊行しました。ここでは、『江戸の花屋敷　百花園学入門』出版の背景についてご紹介したいと思います。

思い起こすと、05年に向島百花園が管理所長を公募した際、応募の小論文に、百花園の集客は「鞠塢の原点を継承して……」と書いたことが、今回の歴史文化編につながったような気がします。

鞠塢（きくう）とは、向島百花園の創設者・佐原鞠塢のこと。花園を開き、商才にたけ、百花園に集う文人達と園の全体構想を描いたプロデューサー的な人物です。

百花園の魅力を解く鍵は、この鞠塢にあると推定し、鞠塢の原点（花園の構想、その事業展開）を、従来の定説から少し視点を変えて、探り始めました。

私の鞠塢へのこだわりは、本の制作会社から本のタイトルをと言われ、5案ほど作成した中で、私の一押しが『鞠塢の庭　百花園物語』であったことからも明らかです、一方、制作会社側は『江戸の花屋敷　百花園学入門』を選んでおり、販売を前提としたプロと、アマとの感覚のズレに気づかされました。

左手に茅葺の母屋と隅田川焼窯が見える明治の頃の向島梅屋敷の図（『江戸の花屋敷』から）

講演記録集から本へ

鞠塢の事業等を解剖して、江戸から愛されてきた源泉を読み取り、今後の魅力づくりに活かしていきたい。そんな思いから、06年には百花園に集った「江戸の文人達」について6回の連続講演会を行い、記録集を思い立ちました。07年には「百花園のデザインを探る」というテーマで3回の講演会が終了。この頃に、出版への思いが湧きあがりました。編集のコンセプトは、講演会記録を柱に、百花園のビジュアルな入門書にしたいというものでした。

百花園創設者の鞠塢像

暗中模索の2年間

1945年に焼失した百花園（佐原家）には、ほとんど資料が残っていません。このため、05年後半から散在する園の各種資料の収集を始めましたが、初めはどこにどのような資料があるか、暗中模索の連続でした。

この過程では、焼失前の百花園の姿を記憶する写真を収集する際、公園協会が事業展開している「東京グリーンアーカイブス」の写真の記録検索システムには大変助けられました。

仮説＝複合娯楽センター百花園

〈百花園は、従来の定説である草花で名所になった単独説に対して、鞠塢が楽焼なども楽しめる「隅田川焼」を園の売りとして導入。その他「伝統行事」「七福神巡り」など複合的な娯楽を織り込み、通年、来園者が楽しめる花園（江戸・隅田川のアミューズメントセンター）を構想し、実現。長く各時代の人々に愛されてきた〉という仮説を基にして、本の編集も従来、全体像がわからなかった「隅田川焼」を紐解くことにしました。

消えた「隅田川焼」

ただ「隅田川焼」は昭和10年代に途絶え、1945年には焼失。この消えた「隅田川焼」の書き手がいません。マイナーな焼物のため、資料、研究者も少なく、あきらめていました。締め切りが迫る12月になって、ある芸術大学の先生からご紹介をいただき、その方にお願いして正月明けからの出筆で了解をいただくことができました。

最後に、鞠塢の探求心が伝わる逸話を紹介します。鞠塢は、〈酒井抱一に依頼され、尾形光琳の墓所の修復に京都へ赴く。その際、尾形乾山の流れをくむ陶芸家・尾形周平に入門、江戸に帰り窯を本格的に開く〉というものです。詳細は是非、本編を読んでいただき、ここでは「隅田川焼」にまつわる人々――徳川将軍、尾形周平、四代目乾山＝酒井抱一、六代目乾山、七代目乾山＝バーナード・リーチ、昭和天皇を紹介しておきたいと思います。

新たな魅力の発見と情報発信

これらのハードルを越えて、歴史文化編は百花園学入門として、Ⅰ章「江戸の記憶」、Ⅱ章「江戸の足音」、Ⅲ章「江戸の面影」の3章に編集し刊行できました。

文化財庭園のマネジメントは、現在の姿（景観）の保全はもちろんですが、見えない庭園の背景（歴史文化・物語）を再考し、新たな視点、魅力を発見、記録し、社会に伝えることも指定管理者の重要な役割として、今後も継続していきたいと思います。

◇

※『江戸の花屋敷　百花園学入門』（千円）と『植物編　花ごよみ』（500円）は、向島百花園サービスセンター☎3611・8705や、公園協会本社営業推進課☎3232・3134などで販売中。

Book
『「平成大合併」の政治学』
今井照著　公人社刊

「平成大合併」の第1幕は、1999年4月に始まり、2006年3月末まで続いた。その"先駆けの大合併"と言われたのが13番目の政令指定都市になった「さいたま市」（旧浦和・旧大宮・旧与野市の対等合併）である。評者はその合併に際して、任意と法定合併推進協議会の行政側委員・合併推進主管部長として、合併協議のスタートからゴールまで足掛け7年余りかかわり、合併反対の住民訴訟の被告（全国で初めてのケース。裁判で無罪）になるなど得難い経験もした。

市町村合併が「自治のガバナンス」の枠組みの拡大を目指すものであるからして、合併することによって自治体の政治や行政、住民との相互関係が具体的にどのように変化していくのか（また、いったのか）。そして望ましい地域社会の形成が行われたのかが問われる。

本書は、「平成の大合併」の動因から、自治体における政治主体、自治体の統治機構、政治構造の変化、「市民自治」からの検証を豊富なデータを基に分析し総括している。

合併の第1幕が上がったときは3132あった市町村は、幕が下りた2008年4月1日現在1444の市町村が日本地図から消えてしまい、1778の自治体に再編成されてしまった。

著者は「合併論議は、効率化論と反効率化論、近代化論と反近代化論のような構図で描かれている」と記しているが、まさにそのとおりであり、"貧すれば鈍する"という諺と"猛虎（地方自治体）籠に入れば尾を振って食（合併特例債）を求む"の格言を思い起こす。

さいたま市が誕生して1年後、市民から「サービスは高く、負担は低くなると市民説明会で説明していたが、ウソじゃないか。地方自治や市民（住民）自治に疎い市民を口先三寸で騙した"合併詐欺師職員"だ」と非難され、「騙される市民の方が悪いんだ」と居直ってしまったが、国（総務省）が強調してきた「合併のメリット」が具体的には首長など自治体3役と議員などの人件費の削減だけであるということはわかっていた。他は「大きいことは良いことだ」の論法で押し切ったのである。

「平成の大合併」の第2幕はすでに上がっているが、本書は合併するかしないかは住民自身が決めることである、ということを改めて痛感させ、合併推進劇の出演者に影響を与える労作である。

定価は2940円。

（元さいたま市環境経済部参事＝旧与野市政策企画部長・合併推進主管部長　田中善政）

餌を変えよう管理職選考

がんばれ！公務員 21

文とマンガ　鈴木武征

東京都の管理職試験（選考）の日が迫ってきた。

私も現役時代は会場である早稲田大学や青山学院大学へ足を運んだ。

会場入り口に「管理職選考会場」の看板が見える。

こっちは「試験」を受けに来たと思っているのに看板の文字は「選考」だ。

少し考えると、事務局側はペーパーテストだけじゃなく勤務評定、人物考査などを含め総合的に判定するから選考と称しているのだと気づく。

「なるほどなー、だけど職員間ではみんな試験とは言うけど選考とは言わないよなー、何でだろ？」

入り口で無い頭を使い切り、空っぽの頭で机に着くのだから結果は言うまでもない。

看板以外にも頭を使うことはあった。

さっきまで電車の中で見ていた日本ダービーの出馬表がちらつく。

当時は電話投票なども普及していなかったから、短い昼食休憩に場外馬券売り場まで往復しなければならない。

ある年、売り場が混雑していて、午後の試験開始時間に5分ほど遅刻してお目玉を頂戴した。

妙なもので、その年はダービーも取れたし、ペーパーテストにも合格した。

しかし、私が自分なりの参加意欲を持って受験会場へ行くのはこの年で終わった。

私は管理職を目指さない職員の一人だった。

ただ、こういう機会に必要な知識を身に着けることは悪くないと思うとともに、それが人並みか否かを試してみたかった。

この気持ちは評定作成などで他の合格者の迷惑にならないよう上司に説明したものの、とても渋い顔をされたことを思い出す。

選考業務に苦労されている人事委事務局や後押ししてくれた皆さんには、この場を借りてゴメンネ。

最近の選考制度は年々改善のあとが見られ、以前に比べると大きく変わってきた。

私の時代にはヒマな職場と暗記力が結構物をいっていたが、流石にそういう風潮は徐々に排除され、選挙じゃないが「出たい人より出したい人を」に近づいてきたと感じる。

それでもまだ、なって貰いたいのに受験しない人が大勢いるという。

原因は簡単だ。本人が管理職になりたくないのと、若干その気はあっても決め手となる魅力に欠けることだ。

なりたくない理由は人それぞれで如何ともしがたく、ある意味放っておくのが一番だ。

それでも引きずり込もうというのであれば、管理職の魅力を倍増するしかない。

この手の人は管理職になれば政策立案や重要な課題解決に携われると言われても、それに魅力を感じないのだから他の方法で釣るしかない。

餌は、魚が大好きなお金と暇だ。

管理職には時に部下に昼メシをおごったり、飲み会で余計に会費を払える余裕も必要だ。

さらに、仕事は補佐などに任せ、悠然と室内を見渡していられる余裕も大切だ。

現実はどうであろうか？

給与は年々抑制傾向で、さらに業績評価、天引き、寄付などで先細り、人事管理はどうにかこなせても仕事の管理となると四苦八苦。

職員が帰ってしまった執務室に政策立案、重要な課題解決、専門性の活用などのうたい文句が空虚なスローガンとなって流れていく。

ここは一つ、誰もがなってみたい管理職像を見せつけないと、ヒネた魚は釣れないよ！

みにがいど

◆第61回「東京みなと祭」▽日時　5月24日（土）、25日（日）午前10時～午後5時▽会場と主なイベント　晴海会場＝①帆船「日本丸」の展帆・一般公開②珍しい船の一般公開③ボートステージ及びボートバザール④水の消防ページェント、臨海副都心会場全域＝臨海スタンプラリー、同船の科学館＝①体験乗船②モーターボート体験操船教室③カッター・内瀬船体験乗船教室④シーバスタッチプール、同シンボルプロムナード公園＝ワイルドフラワー祭り2008春、同台場＝東京ドラゴンボート大会2008、野鳥公園会場※5月17日・18日＝東京バードフェスティバル2008▽問い合わせ先　東京みなと祭運営事務局☎3350・2847

◆25周年迎えた江戸川区自然動物園にプレーリードッグの赤ちゃん　▽場所　北葛西3の2の1▽開園時間　午前10時～午後4時※月曜休園（祝日の場合は翌日）▽入園料無料▽内容　3月14日から今月7日までに計11匹の「オグロプレーリードッグ」の赤ちゃんを確認▽問い合わせ先　行船公園サービスセンター☎3680・0777

◆ラインランド・プファルツ州ユネスコ世界遺産展　▽5月24日（土）～6月15日（日）▽青梅市中央図書館多目的室▽青梅市の姉妹都市ボッパルト市を含むドイツ中部のライン渓谷の景観や文化を紹介▽問い合わせ先　青梅市国際交流担当☎0428・22・1111内線529

都政新報

発行所 都政新報社
〒160-0023 東京都新宿区西新宿7-23-1 TSビル
〈総務・読者〉(03)5330-8781
〈企画広告〉(03)5330-8784
〈編集〉(03)5330-8786
〈出版〉(03)5330-8788
〈セミナー事業部〉(03)5330-9977
〈ファクス〉(03)5330-8808
購読料 月1,680円(税込)
毎週火・金曜日発行
但し、祝祭日は休刊

紙面から

表層土壌すべて入れ替え

豊洲新市場予定地

地下水、基準達成目指す

専門家会議が上乗せ対策案

豊洲新市場予定地で処理基準の4万3千倍にあたるベンゼンなどが見つかった問題で、土壌汚染対策を検討する専門家会議（座長＝平田健正・和歌山大システム工学部教授）が19日に第6回目の会合を開き、表層土壌をすべて入れ替え、将来的に地下水管理を行うなどの対策をまとめた。都が予定していた汚染対策を上回り、大幅な経費負担増は避けられない見通しだ。莫大な処理費用を覚悟の上で新市場建設へと進むのか、第2回定例都議会で争点となる。

調査は、新市場予定地内を10㍍区画に分割し、区画ごとに1地点の密度で、計4122カ所のボーリングなどにより表層土壌と地下水を調べた。

調査結果によると、表層土壌については、処理基準を超過する濃度のベンゼンが35地点で検出された。4万3千倍の濃度は、新市場の水産仲卸売場が配置される場所にあたる1地点だった。また シアン化合物も90地点で処理基準を超過し、そのうち1地点で基準の860倍の濃度に達した。

地下水については、ベンゼンが561地点で環境基準を超過し、そのうち1地点は基準の1万倍だった。シアン化合物も、966地点が基準を超過し、最高では130倍の濃度を検出した。

これを受け、専門家会議は、ベンゼンが気化した場合、隙間や亀裂から建物内に侵入する恐れがあることから、従来の都の対策にさらに上乗せした安全対策を打ち出した。

従来の対策案では、旧地盤面から2㍍下まで掘削・入れ替えを行った上で、さらに2・5㍍を盛土するが、処理基準以下の土壌については、建設地の土壌の掘削・入れ替えを行う予定はなかった。地下水については、環境基準の10倍以下で管理する考え方だった。

新たな上乗せ対策では、市場予定地全体について、旧地盤面から2㍍までの土壌を掘削して入れ替え。旧地盤面から2㍍以上深い土壌は、操業由来により処理基準を超過した場合、基準以下まで下げる。

地下水については、「リスクをゼロにすることは難しい」（平田座長）としながらも、地下水管理を行い、水位の上昇を抑えるとともに、将来的に環境基準の達成を目指す。

また、従来の対策では、各街区の周縁部を止水矢板等で囲むのみだったが、新たな対策では、建物の周囲も止水矢板等で囲み、建物建設地とそれ以外との間で汚染物質の移動を食い止める。

専門家会議は、7月までに提言をまとめる予定。

石原知事は、16日の会見で、「対策は、まったく新しい発想と技術の可能性も広く考える必要がある」と語った。平田座長は、「こういう実際の現場でまったく新しい技術を使うのは、極めてリスクが大きい。使うのは、実績のある技術だろう」と指摘している。

高濃度の汚染が見つかった新市場用地

リスク管理すればいいのか

【解説】「前提となる土地利用について基本的な法律がない。それが非常にやっかいな問題だ。だから、常に環境基準が問題にされる」――平田座長は指摘する。

工場跡地に工場が建つ、市場跡地に市場が建つのであれば、こんな環境問題は起こらないだろう。数年前に工場地帯だった場所に、いつの間にかマンションが乱立しているのが、日本の国土利用の現状だ。

豊洲の場合、東京ガスが石炭ガスの製造を行っていた場所だ。関係者のヒアリングによると、今回、高濃度のベンゼンが検出された地点で、タールなどを入れたドラム缶が一時的に仮置きされていたことが確認された。

一住民の感覚ならば、石炭ガスの製造が行われた場所が、生鮮食料品を扱う市場になるというのは、想像がつかない。が、同様に土地利用を転換する際に土壌の汚染が見つかり、環境問題に発展する事例は、全国でそれほど珍しくはない。

環境省の資料によると、土壌汚染地は、日本全国で約11・3万㌶と推定されている。

土壌汚染対策法は、環境リスクの管理を前提としている。同法は、すべて「掘削除去」を求めているわけではないが、現実には掘削除去する事例が多いという。

豊洲新市場予定地の場合、もともと東京ガスが土壌汚染対策を行った上に、土壌汚染対策法や環境確保条例の対象外の用地についても、表層土壌の掘削・入れ替えを行う。

だが、リスク管理は、イコール環境基準の達成ではない。反対する関係者や住民からすれば、なぜリスクをゼロにしないのかということになる。

都は、今回の上乗せ対策により1千億円を超える処理費用を負担した上、新市場建設を遅らせることが確実視されている。移転元の築地では、五輪関連施設の建設も計画されており、お尻には火がついている。

事は、市場だけの問題ではなく、都政全体に関わる。全面公開でリスク評価を行う例は、かつてない冒険だ。現にある環境リスクに対して、行政と市民がどう向き合うのか。大金をはたいて浄化すればよい、リスク管理すればよいというほど、単純なものではない。（地）

富士山噴火で降灰対策

地域防災計画を修正へ

東京都防災会議は21日、富士山噴火対策や大規模事故発生時の相互連携について地域防災計画に盛り込むことを決めた。来年1月を目途に修正案をまとめ、パブリックコメントを経て来年5月に改定する。

富士山は1707年に噴火以降、約300年間沈黙を守っている。しかし数年前、富士山直下の深さ15㌔㍍付近を震源とする低周波地震が多発し、活火山であることが改めて認識された。国のシミュレーションによると、富士山が噴火した場合、その規模にもよるが、都内には2㌢から10㌢程度の降灰が予想されるという。

東京は、積雪3㌢程度で交通がマヒし、社会的に大混乱しているのが実情。このため、降灰があった時の交通混乱防止やライフラインの復旧、除灰作業などの対策を各防災機関と検討することにした。

また、07年12月に気象業務法が改正され、全国の18火山で噴火予報や警報が出ることになった。都内では、伊豆大島と三宅島の火山が対象になり「避難」「入山規制」「火口周辺規制」など、5段階で噴火警戒レベルが法律で定められている。気象庁から噴火警戒レベルが出た時の各防災機関の活動内容を地域防災計画で明確にする。

大規模事故時の相互連携では、JR福知山線脱線事故のように局所的に多くの死傷者が出た場合の部隊配置の調整、トリアージなどで課題が明らかになった。災害現場での連絡調整所の設置と円滑な救急救命活動などを計画に位置づける。

民間アドバイザーが介護人材の就職支援

福祉保健局

深刻化する介護人材不足に対応するため、都福祉保健局は6月から、民間のノウハウを活用した就職支援相談と能力開発講座を、都福祉人材センターで始める。対象は、同センターに登録している介護福祉士やヘルパー。民間の就職支援アドバイザーが、マンツーマンで、就職後3カ月のアフターフォローカウンセリングを行う。また、同センターでは、介護福祉士やヘルパーのための能力開発講座も始める。

介護職の有資格者は、全国に約47万人いるが、実際に福祉・介護サービスに従事しているのは、4割強という。都内では、介護職の有資格者は約4万人いるが、福祉人材センターの登録者は1千人にとどまるため、同局は介護福祉士会やヘルパー養成施設などに、働きかけ、人材を掘り起こしていく考えだ。

ひきこもり若者対策支援プログラム募集

青少年・治安対策本部

都青少年・治安対策本部は22日、ひきこもりの状態にある若者や家族を支援するプログラムを8月から実施すると発表した。①訪問相談・支援②自宅以外の居場所の提供③社会参加への準備支援④支援員・代表者などへの支援⑤支援団体間の交流促進支援――の五つのプログラムに沿った企画を募集し、1団体あたり額1千万円未満の範囲で委託する。複数のプログラムを組み合わせて実施することも可能という。

応募資格は、都内に活動拠点があり、1年以上の実績を持つ支援団体など。6月18日まで募集し、8月1日から事業を始める。ひきこもりは重度になると、家から出るだけでも年単位の時間がかかるため、同本部では「来年度以降も継続して行いたい」としている。

ラジオ局とタイアップ 双方の広告媒体でPR

都交通局

都交通局は20日、在京ラジオ5社で作る「東京ラジオ5社ラジオ強化委員会」と協力し、都営地下鉄とラジオ局双方の広告を活用したPR活動を行うと発表した。

都営地下鉄はラジオ番組のPRポスターを掲示し、ラジオ局は都営地下鉄のCMを流すというもの。都営地下鉄の中吊り広告で25日から6月7日まで、在京ラジオ5社のPRポスター約1200枚を掲出。また、各ラジオ局は、都営交通のラジオスポットCM(20秒間)を3週連続で、1局あたり15本ずつ放送する。

同局では「通常広告だと高い費用がかかるが、お互いの媒体を使うことで、今までターゲットでなかった方にもPRできる」と説明。ラジオで流すCMは、今後作成するという。

宿泊施設バリアフリー化で助成

都産業労働局

都内の宿泊施設のバリアフリー化を進めるため、都産業労働局は施設整備費やコンサルティングの費用を、500万円を限度に2分の1以内で助成する。高齢者や障害者が宿泊施設を利用しやすくする狙い。申請受付は6月2日から30日まで。

夜間に国際便3万回

羽田国際化で国交省が方針

欧米諸国にも定期便

国土交通省は20日に開かれた経済財政諮問会議で、羽田空港の国際化について、午後11時から午前6時の深夜・早朝時間帯に、欧米を含む世界の主要都市に国際定期便を約3万回就航させる方針を表明した。羽田の国際化を巡っては、昨年12月から「国と東京都の実務者協議会」の中で、再拡張にあわせて国際線の増便やペリメータ規制（1947㌔㍍）の撤廃を求めてきたが、同省は発着枠に余裕がある夜間で国際便を増発することを決めた。都側は国交省のプランを歓迎する意向だが、千葉県側には抵抗感も根強く、調整が難航する可能性もある。

◇

羽田空港の発着枠を巡っては、2010年の再拡張で約11万回増えるが、このうち約3万回を国際便に振り向けることになっている。

国交省は、昼間の約3万回とは別に、深夜早朝（午後11時～午前6時）で約3万回、国際定期便を就航させる方針。深夜・早朝は、騒音の問題から閉鎖している成田に代わって就航させ、首都圏の国際航空機能を24時間化する狙いがある。成田で「使い勝手が悪い」として便が少ない午前6時台、午後10時台も活用する。

昼間は、近距離アジア・ビジネス路線として、ペリメータ規制内の上海、ソウルだけでなく、北京や香港、台北にも就航。また、深夜・早朝は、欧米を含む世界の主要都市に向けて就航させる方針。冬柴国交相は「アジアゲートウェイ構想に沿って、着実に実施していく。まずはアジア各国との間で進めていきたい」と語った。

■着地点

法人事業税3千億円移譲の見返りとして、協議会で羽田空港の国際化を求めてきた都には、国交省のプランは好意的に受け止められた。台湾に出張中だった石原知事は「当然のこととは言え、大きな前進であり、歓迎したい」とコメント。昼夜合わせて約6万回の国際便を確保し、昼間は台北や香港にも就航できる見通しが立ったからだ。

一方で、2010年10月の再拡張当初には、昼間の国際線の発着枠は、約3万回にとどまる見通しだ。背景には、成田空港の「地盤沈下」や騒音問題を抱える千葉県の反発がある。

国交省の担当者が「大変な調整になると思う。千葉県からしてみれば、許せない判断なのではないか」と話すように、千葉県への配慮が透けて見える。「今回の発表が、一連の協議の答えになっているのでは」と見る向きもある。

石原知事は「羽田空港のさらなる発着枠の拡大や昼間の国際線の増加に向けた検討を進めるよう国に求めていく」としている。

■進路は

「千葉県をはじめ、地元との調整に取り組み、首都圏の空港の利便性を格段に向上させてほしい」。20日の会議で、冬柴国交相から説明を受けた福田首相はこう話し、年内に「航空自由化工程表」をまとめるよう指示した。

20日に国交省から説明を受けた千葉県と羽田発着機の飛行ルート下にある関係25市町村は、「提案が既成事実化する前に、対応を協議したい」（千葉県幹部）としている。

他方、国交省は2010年以降、首都圏の空港容量を段階的に約17万回増枠する予定だが、10年後には「空港容量が再び満杯になる」として、容量拡大施策を検討するという。また、成田の空港アクセス改善を踏まえ、成田の国内線も充実させていく考えも示している。

都は今後、昼間の国際便の増加や東南アジアへの就航を国に求めていく考え。また、国との協議会の中で、今回のプランをどう扱うかは、国と調整することになる。

冗句ジョーク

都立霊園などで今年も思い出ベンチ募集
プレートメッセージをめぐる攻防
「呪いはダメですよ」

○○課長 やすらかに 課員一同

都政の東西

四川大地震

中国の四川大地震は、13年前に起きた阪神・淡路大震災と重ね合わせてしまう。

テレビで「何時間ぶりに被災者を救助」という映像を見ると、感動するよりまず、クラッシュ症候群の心配をしてしまう。中国からすれば、さぞかし「感動」の名場面なのだろうが、日本人なら、あの後、何が大変なのか知っているはずだ。

中国の地震局が、ご丁寧に余震を「予知」して警告しているのも、東海地震を何十年も待ち続ける日本から見れば、不思議な光景だ。大地震の後に、大きな余震が来るのは当たり前で、「予知」するような類のものなのだろうか。

中国政府が当初、海外からの援助隊を断ったのも、様々な憶測が飛び交っているが、都市型の大震災に対して、無知だっただけなのではないか。

地震というイメージが、とてもステレオタイプ化されていて、被災の実情に合っていないばかりでなく、滑稽にすら思える場面があるのだ。

だから、中国政府は許せないなんて、「反中国」を煽る気はさらさらない。阪神・淡路大震災が起こるまでは、日本だって似たり寄ったりだったのだ。

10億人を守る防災などあるのか想像もつかないが、阪神・淡路と四川の二つの震災の記憶や教訓を日中が共有することくらいはできる。今回を契機に被災地どうしが交流し、市民レベルで震災のリアリティーを共有していく取り組みができれば、中国政府の「予知」とか「感動」というステレオタイプに惑わされる必要はなくなるだろう。

東京に住むと、関東大震災は遠い記憶だし、阪神・淡路大震災は遠い場所の出来事になる。四川のステレオタイプを対岸の火事にしないで、我が身に染み付いたリアリティーを検証してみることも必要だ。

千代田区

地区計画でCO_2削減へ

ガラスや照明で省エネ

千代田区は、JR飯田橋駅の西口再開発事業に関する地区計画に、1平方㍍当たりのCO_2の排出量を1990年比の6割以下にする削減目標を盛り込んだ。地区計画でCO_2削減の数値目標を定めるのは全国でも初めて。区内のあちこちで大規模開発が進むなか、区は1月から地球温暖化対策条例も施行している。経済活動を抑えずにCO_2削減をはかる道を探っていく。

該当する地区計画の区域は、飯田橋西口地区第一種市街地再開発事業の約2・5㌶。住宅480戸、オフィス、店舗などからなる150㍍の高層ビル2棟が2012年に完成予定だ。

通常の地区計画には、高さや色彩についての制限項目はあるが、CO_2排出量まで規制する項目はない。そこで区は検討の結果、CO_2削減の具体的な数値を「土地の利用に関する事項」の中に盛り込んだ。1平方㍍当たりのCO_2の年間排出量を、1990年の区の業務部門での平均である110㌔㌘の6割以下とする。

CO_2削減案については、開発事業者である富士見2丁目10番地区市街地再開発準備組合（三井不動産など14個人・団体で構成）側が区に提案して実現した。

千代田区は、多くの事業所や大規模開発を抱えるため、温暖化対策は待ったなし。区では今年1月、地球温暖化対策条例を施行した。2020年までにCO_2排出量を90年比で75%にすることを掲げている。

今回の地区計画は、条例の目指すところを具現化したもので、区では、事業者の口約束や意思表明だけで終わらない効果を期待する。罰則はないが、「地区計画として都市計画の中に位置づけることで実効性も高まる」（鈴木豊・地域まちづくり担当課長）と話す。

目標達成に向け、開発事業者側が行うこととして、高断熱ガラスによる熱負荷の低減、雨水利用、省電力型照明の使用などが考えられている。また、年1回、区に対してCO_2排出量を報告していくことになるという。

問題は、実際に当該ビル全体から排出されるCO_2の総排出量にある。今回の地区計画が定める数値目標は1平方㍍当たりの排出量だけ。ところが、ビルは、公開空地をつくるために容積率が緩和されて高層化。通常に比べて延べ床面積が多い分、実際のCO_2総排出量も通常の1・85倍になると想定される。区が目指す「20年に90年の75%」のレベルをクリアするには、地区計画にのっとった事業者側の対策だけでは不十分だ。

そこで、事業者と区では、区域外も含めた対策も検討。区域の外にある病院や公共施設、オフィスビル、学校などと連携し、廃熱利用や地下水による蓄熱、パソコンを使った省エネノウハウの伝授なども視野に入れている。

石川雅己区長は「今回計画でのCO_2削減を今後の大規模開発でも取り入れていきたい」と話す。今後はそれぞれのケースで、地域の特性を踏まえた削減目標値設定が課題。また、他区域との連携に際しては、だれがどのように費用負担するかも課題となってくる。

「保護者の会」を発足

杉並区立和田中 PTA廃止

会見を行う代田昭久和田中学校長（中央）

大手進学塾と提携の補習授業「夜スペ」などで話題となった杉並区立和田中学校のPTA総会が20日開かれ、「保護者の会」に組織変更することを決定した。今年度は、区内中学校のPTA協議会（中P協）を休会し、将来的には脱会する方向。

和田中は、杉並区に動向を随時伝えているといい、総会決定も報告の予定。区担当者は「PTA協議会は任意団体。和田中保護者の自主的な決定として受け止めている」としている。

中P協は今年度、和田中を除く22校で運営されることになるが、6月以降開催の定例会などに同校関係者がオブザーバー的に参加することなどは容認する方針。復帰も想定しており、当面は静観の構えだ。他の22校に同調する動きは現時点でないため、特段の対応は検討していないという。

しかし、区担当者は「将来的に脱退校が相次ぐような場合は、協議会のあり方や活動方針を見直す議論も出てくる」としており、飛び火する可能性も否定しない。

23区の教育委員会関係者は「一部の保護者や教員に集中しがちな業務負担など、従来のPTA運営が問われる中、〝和田方式〟を含めて一定の試行錯誤が必要だろう」と話す。

20日の総会には、保護者372名のうち25名が出席。329名が委任状を提出し、満場一致で規約改正に賛成した。

「杉並区立和田中学校保護者の会」は、同校の生徒保護者を会員とし、教員は含まない。教員が学校職務に専念できる環境づくりを目指すが、教員と情報交換する運営委員会は定期的に開催する。会長には前PTA会長が就任。役員経験者は、生徒卒業後2年以内は役員就任が可能。

和田中は、地域住民らでつくる学校支援組織「地域本部」を設置しており、2009年度に保護者の会を編入して一部門とする考え。当初では08年度中の統合を予定していた。先送りの理由について、総会終了後の会見で代田昭久校長は「性急に結論を出さず、メリット・デメリットを慎重に検討したい」と説明した。

中P協についても、退会を前提にした休会にとどめている。代田校長は「3月末の計画案公表で『PTA解体』などのマスコミ報道も影響して、予想以上に反対の声などがあった」と話し、慎重な姿勢の理由を説明した。

組織変更と脱会については、「夜スペ」導入などに取り組み、昨年度で任期を満了した藤原和博前校長の発案。3月22日に計画案が発表されていた。

景観行政団体

ようやく2区目が誕生へ

区「独自にコントロールを」

新宿区が都の同意を得て、ようやく2区目の景観行政団体になることが決まった。全国では、市町村の景観行政団体が増えている一方、特別区ではまだ少ない。広域的な景観づくりという課題などが山積みの中、景観行政団体を目指す区は都との事前相談にとどまり、協議までいっていない。区側は、きめ細かい景観づくりを進めるため、「区独自にコントロールをしたい」と指摘する。

4月現在、全国の景観行政団体は342団体ある。地方では増えている中、都内では少ない。

昨年4月、都が改正景観条例を施行してから、区側との協議が始まった。世田谷区は昨年8月、新宿区は今年5月に都から同意を得た。新宿区は05年から都と相談を重ね、3年越しで実現し、建築物の色彩、デザインなどの規制を考えている。

昨年12月、都から景観行政団体の同意を得た世田谷区。一般地域の建築物の高さで届け出が必要になる基準は、都60㍍以上、区30㍍以上と異なっていたため、これまで60㍍以上の建築物をつくる際は都区双方に届け出を提出していた。区が都の計画を盛り込む形で条例改正し、届け出の一本化を実現できたことなどが、景観行政団体になったメリットという。

景観行政団体になる区が少ないのは、区が二の足を踏んでいるからではない。新宿、渋谷両区にまたがる新宿御苑などの広域的な景観づくりを区に任せられるのか、区の独自策を示せるのかなどを都は重視している。区の構想に問題などがあれば、話し合いは長引くことになる。都都市整備局は「広域的に、首都の顔をつくっていく必要がある。区が景観行政団体になるのは中身次第」と指摘する。

現在、都と協議している区はゼロだが、相談を重ねている区はある。各区のエリアでも、かなり細かく景観づくりすることになるため、都心区は「区が担うべき景観づくりがほとんどだから、地域を知っている区が景観行政団体になる必要がある」と指摘する。

開発が急ピッチで進んで、緑がなくなっており、焦りを感じている周辺区もある。残されている自然と調和させ、まちづくりを進めていくには「区独自にコントロールしていきたい」という。

今後、景観行政団体は増えるのか＝新宿御苑で

MEMO 景観行政団体　2006年施行の景観法に基づき、建築物のデザイン、色彩などを規制する自治体。基準に合わない建築に是正命令や罰則を設けられる。景観法では、都道府県、政令市などが景観行政団体に定められている。都道府県と協議し同意を得れば、区市町村は条例を制定して景観行政団体になることができる。4月現在、全国に342団体があるが、都内では世田谷区、府中市にとどまる。

相乗効果生む連携を

【解説】各自治体の景観条例は法律に基づいておらず強制力がなかったが、景観法は自治体の景観条例に法的拘束力を持たせることなどを狙い、制定された。

新宿御苑などのように広域的な視点から景観づくりを進めていく必要があっても、同法には「広域的な調整権限」が盛り込まれていない。都は「法の中に位置づけてほしい」と国に要望したが、実現しなかったため、広域的な視点での景観づくりを景観計画に盛り込んだ。

区が景観行政団体になると、その区域内で景観法に基づく広域的な政策を都はできなくなる。ただし、大規模開発などの事前協議は、都が引き続き行うという。

また、区が景観行政団体になっても、都の役割はなくならない。都の景観計画を基に、各区は独自規制を盛り込んで条例を制定、改正するため、都の調整権限は事実上残ることになる。

都は大規模マンションなどの開発規制、景観行政団体になった区は中小規模の建築物の規制などを担う。都の計画に、区の独自規制が上乗せされるため、相乗効果が生まれると思う。都区が連携して、23区の景観づくりができるか注目したい。（石）

新防災情報システムでGISを活用

文京区

文京区はこのほど、庁内向けに防災用の新情報通信システムを導入した。

新しい情報通信システムは、地図上に情報を蓄積、共有できるGIS（地理情報システム）を活用。災害時に区内の被害状況などを各課で閲覧できる。

既存の区役所屋上の高所カメラ（2基）と接続し、区内全域を24時間自動で監視する。都の防災情報システムなどと接続されており、豪雨や地震などの際には区外の被害状況なども一覧できる。

従来は災害部門だけでシステムを活用してきたが、災害時は職員全員の対応が求められるため、同区では、各部署での利用推進を目指す。部門ごとの緊急対応が一目で分かるナビゲーションを盛り込んだ。区担当者は「今年度は機器、ソフトウェア操作の習熟を図り、全庁レベルの防災体制を構築したい」とし、新システム下での防災訓練も計画している。

GIS機能を有効活用するため、文京区は、緊急参集時に区職員が現場付近の情報を直接収集・送信する体制を整備。管理職以上に、防災用の携帯電話を常時所持することを昨年度から求めている。将来的には対象職員を増やす方針。現在は防災課だけしか持っていないGPS機能付きデジタルカメラの増設も視野に入れる。

今回のシステム稼働にあわせて、文京区は区民向けの「防災ホームページ」を開設。地震や風水害の発生時における区内での被害状況や開設中の避難所などの緊急情報をリアルタイムで見ることができる。23区で初めて防災に特化した児童向けのコーナーも設けた。

09年4月に法人化

墨田区文化観光協会

墨田区は16日、区議会特別委員会で、文化観光協会法人化の調査報告を行い、2009年4月に「一般社団法人」へ移行する方針を示した。同法人は公益法人制度改革で今年12月に導入予定の新形態で、公益事業と収益事業が両立可能となる。11年度の新東京タワー開業を控え、区内の観光事業振興に弾みをつける狙いがある。

墨田区は、今年1月に策定の「観光振興プラン」の中でも、新法人の設置に言及していた。墨田区文化観光協会は総会での特別議決を経て、09年3月31日で解散する。同協会は1983年に設立。町会・自治会、観光事業者など568組織（06年度末）が加盟し、観光宣伝案内など墨田区の委託事業を主に行ってきた。

新法人への移行後は、墨田区の委託事業に加え、旅行業、物販業など収益事業を独自に行う。墨田区は「経営的に自立した組織にしたい」としている。06年度、同協会の一般会計収入のうち、墨田区の補助金が約8割を占めるほか、事務局職員人件費の区補助率が83%を超えるなど、区への財政依存が問題視されていた。近年、文化観光協会の事業の伸び悩みや収益性の低さも、課題に浮上していた。

墨田区は、法人化準備委員会を設置し、新規事業の立ち上げに加え、既存事業の整理や見直しを検討していく方針。新組織の人員体制の検討も並行して行う予定だが、16日の特別委員会では、複数の区議から「事業ありきのやり方では、結局は現状と同じになる。まず人心を一新するべきだ」との意見が相次いだ。

夜間の停電防止へ 区立公園に発電機

江東区

江東区は、区立公園での夜間停電を防ぐため、モデル的に2カ所の公園に発電機を各1台設置する。災害時などにも公園の照明を絶やさず安全確保を目指す。

区立公園は災害時、住民の一時的避難などに利用されることが考えられる。夜間停電した場合、暗闇での混乱を防ぐ必要がある。区では、まず2カ所に発電機を設置し、問題点などを検証することにした。

発電機は、それぞれ豊住公園全域の26基、南砂三丁目公園の一部の13基の照明灯をカバーする。いずれも給水施設があること、避難場所もしくは大規模公園であることから選ばれた。停電で照明が消えると、発電機が自動的に起動し、電力供給を開始。約30秒で照明が復旧する。

7月中旬以降に設置を始め、9月中旬に終わる予定。関連予算として約2900万円が計上されている。そのうち維持費は2カ所で年額約60万円と想定している。区では「維持管理経費など検証し、さらに増やすか、検討していきたい」としている。

16年ぶりに人口26万人

豊島区

豊島区は20日、16年ぶりに人口が26万人を突破したと発表した。大規模マンションの都心回帰の恩恵を受けた形だ。4年後に27万人、10年後に28万人を目指す。

郊外にマイホームをつくる世帯が増えるなど、1964年の約35万人をピークに減少していた。

USBメモリ紛失

大田区

大田区教委は21日、区立田園調布小学校の教諭（42）が児童の緊急連絡網などが入ったUSBメモリを紛失したと発表した。

区教委によると、教諭は17日深夜から18日未明にかけて目黒区で飲食し、店を出た後でカバンをなくしていることに気がついた。カバンの中のUSBメモリには、現在担任している同小4年生36人の緊急連絡網のほか、前年度担任だった6年生38人の通知表の所見の控えなどが保存されていた。

記者席

時代の巡り合わせ

○……民間企業への就職活動は終盤を迎えているようだ。「内定断り」という売り手市場を実感させる話もよく聞く。

こうした中、都は採用PR業務を民間委託で実施している。受託企業側にとっても、今回の活動実績は公務職場への展開を図るうえで試金石となるだけに力が入る。

現在の状況とは逆に、就職戦線が氷河期になると、公務員人気が高まると言われる。今年の都管試種別Aの新規有資格者層は、こうした採用抑制時期の試験を突破してきた職員で、質が高いと言われている。売り手市場でも、買い手市場でも、質の高い人材確保は共通だが、時代の巡り合わせを感じる。

○……FC東京がホームスタジアムを味の素スタジアムから移転するという話が報道された。19日に㈱東京スタジアムとの間でトップ会談が行われた。スタジアム側が「芝は大事であり、留意しながらやっていく。移転しないで欲しい」と要望。FC東京側は納得したわけではないが、「わかりました」と答えたという。

FC東京によると、「昔から芝が悪いので改善して欲しいと求めてきた。にもかかわらず、Jリーグ日程が決まった中で、5月6日の名古屋戦の直前にコンサートを入れてきた。芝を大事にしていない表れ」と怒りが頂点に達した。「土壌が悪く、良質の芝が育たない。あそこの場所に合った土壌があるはず」と話す。

スタジアム建設構想を発表した当時、都庁の担当者が天然芝を自慢していたことを今も思い出す。お役所仕事だったのだろうか。

○……係争中の「都立奥多摩湖畔公園・山のふるさと村」公金流用事件を争点にした奥多摩町長選は、現職の河村町長が再選した。しかし、無名の新人相手に、圧勝とはならなかった。

「結局、私たちには本当のことは分からないから」――投票日前日、町内の道案内をしてくれた町民は、争点になった事件についてそう語った。批判票は、事件を背景とした町政への不信感の表れだ。この現実に、町はこたえる責任がある。

東京都教育ビジョン（第2次）

80事業の推進計画を提示

都の「教育振興基本計画」に

定数増など国への提案も

都教育委員会は22日、これまでの教育ビジョンの成果と都の「10年後の東京」などを踏まえ、東京都教育ビジョン（第2次）を策定した。これは、国が改正教育基本法で策定を努力義務として求めていた「教育振興基本計画」にも位置づけられるもので、今後5年間に取り組むべき重点施策とその実現に向けた具体的な推進計画を提示。また、ビジョンに掲げた施策を進める上で必要な職員の定数増や財源措置など、国に対する提案要求を盛り込んだ。都教委は今後、この新教育ビジョンに基づき、国や区市町村、民間も含めた関係機関の協力を得ながら、東京の教育を推進していく。

都教委は04年に東京都教育ビジョンを策定し、この間、東京教師養成塾の開設や都立高校の教科奉仕の必修化など、国に先駆けた施策を進めてきた。その後、都は近未来の東京の目指すべき姿を示した「10年後の東京」を策定。その中で「次代を担う子どもたちを健全に育成する」政策展開の方向性などを示した。

06年には約60年ぶりに教育基本法が改正され、「公共の精神」の尊重や「豊かな人間性や創造性」「学校・家庭・地域住民等の相互の連携協力」など、都教委の教育目標と同様の内容が新たに規定された。同法では、地方公共団体に対し、教育施策を総合的・計画的に推進していくための「教育振興基本計画」を策定するよう求めている。

こうした背景を踏まえ、都教委は東京都教育ビジョン（第2次）を策定し、都における「教育振興基本計画」として位置づけた。1月の中間まとめの段階では新たな取り組みの方向と重点施策が示されたが、教育ビジョンではそれに加え、その実現に向けた具体的な推進計画を明示した。さらに、ビジョンの実現に向けて、国への提案要求などを盛り込んだ。

ビジョンでは、都が目指すこれからの教育として、「社会全体で子供の教育に取り組む」「『生きる力』をはぐくむ教育を推進する」の2点を挙げた。これに基づく施策展開の三つの視点として①家庭や地域の教育力向上を支援する②教育の質の向上・教育環境の整備を推進する③子供・若者の未来を応援する――の三つの視点を提示し、この柱にそって重点施策と推進計画を示した。

このうち「生きる力」については、「確かな学力」「豊かな人間性」「健康・体力」の三つの要素を取り上げ、中でも重要な課題となっている児童・生徒の「確かな学力」については、授業改善の推進と都立学校ICT計画の推進を重点施策に掲げている。

具体的には、すべての児童・生徒が身に着けておくべき内容を指導するための基準「東京ミニマム」や「授業改善推進プラン」の作成、小学校5・6年の理科授業への「理科支援員」・「特別講師」の配置、第2次東京都子供読書活動推進計画の策定などを計画。都立学校ICT計画では、全都立学校への校内LANの整備、ICT機器を活用した授業の促進、全教員を対象としたICT研修などを行い、授業力の向上に取り組む計画である。

また、「社会全体で子供の教育に取り組む」ものとしては、「家庭・学校・地域・社会の連携の強化」と「外部人材の積極的な活用」の2点をあげている。

①の視点のうち、今後5年間で取り組むべき重点事項として「乳幼児期からの子供の教育支援プロジェクトの推進」「地域教育活動を担う教育サポートの養成」などを示した。その他の推進計画では、例えば、児童相談と教育相談、少年センターが連携して整備する「子ども家庭総合センター（仮称）」の整備、地域の高齢者や団塊世代など地域住民の教育サポーターの養成、専門性を有する外部人材を教育活動に活用するための仕組みの構築などを盛り込んだ。

②の視点では、現職教員の指導力向上に向けて、東京教師道場を中心とした研修体制の充実や教職員大学院を活用した現職教員の育成のほか、公立学校への指導教諭任用を検討。あわせて職責や能力、業績を重視した新たな人事・給与制度の構築に乗り出す計画である。

さらに③の視点では、「子供の心と体の健やかな成長」を目指して、道徳教育の指導方法の改善や教材の研究開発、「法」に関する教育のカリキュラム開発、地域スポーツクラブの設立モデル事業の実施などに取り組む。推進計画に盛り込んだ計画事業数は80項目にのぼる。

東京都教育ビジョン（第2次）の体系

	≪取り組みの方向≫	≪重点施策≫
1 家庭や地域の教育力向上を支援する	(1) 家庭の教育力の向上	1 家庭教育を担う親への支援体制の充実
		2 仕事と生活の調和による親の教育参加の推進
		3 学校における家庭教育への支援
	(2) 幼稚園・保育所における教育的機能の向上	4 小学校との連続性を踏まえた就学前教育の充実
		5 幼稚園・保育所の連携促進
	(3) すべての都民の参加による地域教育力の向上	6 団塊の世代等の活躍による地域教育活動の活性化
		7 学校・家庭・地域・社会が連携した教育活動の推進
2 教育の質の向上・教育環境の整備を推進する	(4) 教員の資質・能力の向上	8 教員養成段階における実践的な指導力の育成
		9 現職教員の指導力向上
		10 職責・能力・業績を重視した新たな人事・給与制度の構築
	(5) 特色ある学校づくりの推進	11 生徒・保護者の期待にこたえる学校づくり
		12 社会の期待にこたえる人材の育成
	(6) 外部人材の教育活動への積極的な活用	13 外部人材の教育活動への積極的な活用
	(7) 特別な支援が必要な子供の教育の充実	14 特別支援教育の充実
		15 外国人の子供に対する教育の充実
	(8) 子供の安全・安心の確保	16 子供が安全に暮らすための取組の推進
		17 有害情報から子供を守るための情報教育と企業との連携の推進
		18 学校における震災対策の推進
3 子供・若者の未来を応援する	(9) 児童・生徒の「確かな学力」の向上	19 「確かな学力」を育成するための授業改善の一層の推進
		20 都立学校におけるICTを活用した授業力の向上
	(10) 子供の心と体の健やかな成長	21 規範意識や思いやりの心の育成
		22 子供の体力向上と健康づくりの推進
	(11) 子供の社会的自立を支援する取組の推進	23 キャリア教育の推進
		24 障害のある生徒の自立と社会参加に向けた教育の推進
	(12) 首都東京・国際社会で活躍する日本人の育成	25 人間関係を築く基礎となる力の育成
		26 社会貢献の精神を育成する教育の推進
		27 日本の伝統・文化に対する理解の促進

教職員のキーワード 64

教育振興基本計画を策定

教育振興基本計画は、教育基本法に、06年12月の改正で新たに規定されました。

同法第17条は、「政府は、教育の振興に関する施策の総合的かつ計画的な推進を図るため、教育の振興に関する施策についての基本的な方針及び講ずべき施策その他必要な事項について、基本的な計画を定め、これを国会に報告するとともに、公表しなければならない」と規定しています。

地方公共団体については、同条第2項で、「地方公共団体は、前項の計画を参酌し、その地域の実情に応じ、当該地方公共団体における教育の振興に関する基本的な計画を定めるよう努めなければならない」として努力義務を規定しています。

国の動きとしては、中央教育審議会が、文部科学大臣から教育振興基本計画特別部会の審議要請を受け、07年2月から教育振興基本計画特別部会を中心に審議を行ってきました。この間、審議の状況の公開と国民からの意見の募集、関係団体からのヒアリング、地方での公聴会などが行われました。こうした過程を経て、本年4月18日に同審議会が「教育振興基本計画について～『教育立国』の実現に向けて～」というタイトルで答申を出しました。

中央教育審議会の答申はそのまま政府の計画となるわけではなく、文部科学省が答申を踏まえて各省と折衝を行い、政府案をまとめていきます。特に、政策には予算の裏付けが必要であり、財務省などとの調整をまとめなければなりません。が、この調整に時間がかかっているということが報道されています。

中央教育審議会の答申の概要ですが、まず、改正教育基本法において新たに明記された教育の目標や理念の実現に向け、改めて「教育立国」を宣言し、教育を重視し、その振興に向け社会全体で取り組むことが必要であるとしています。

そして、今後10年間を通じて目指すべき教育の姿として、「義務教育修了までに、すべての子どもに、自立して社会で生きていける基礎を育てること」と「社会を支え、発展させるとともに、国際社会をリードする人材を育てる」をあげ、必要な予算について財源を確保し、欧米主要国と比べて遜色のない教育水準を確保すべく教育投資の充実を図ることが必要であるとしています。

さらに、今後5年間に総合的かつ計画的に取り組むべき施策の基本的な方向として4点を示し、75項目の施策を体系化しました。そして、その中で特に重点的に取り組むべき事項を9項目示しました。

一方、地方公共団体ですが、これまでにも、「教育ビジョン」などの名称で多くの地方公共団体が計画を策定しています。こうした計画を改訂して教育振興基本計画として位置付けるところや、新規の計画を策定するところなど、様々な対応がみられそうです。

なお、国、都道府県、区市町村では策定する計画の扱う範囲は同一ではなく、例えば国際競争力ある大学づくりなどについては、主として国が記載することになると思われます。

都教育委員会

モデル地区で食育を推進

初めて栄養教諭を配置

都内公立学校の「食育」指導を推進するため、都教育委員会は今年度から「食育推進モデル地区」として杉並、豊島、練馬、町田の4区市を指定し、都として初めて4人の常勤の栄養教諭を配置した。

モデル地区内の各学校では食に関する指導の全体計画を作成するとともに、食育を推進するための組織を整備する。また、主幹や保健主任らミドルリーダー層などと食育推進チームを編成する一方、都が独自に設けた食育リーダーの支援にも取り組む。

子どもの食生活の乱れや体力の低下などが問題となり、国は2005年に食育基本法を施行し、翌年の06年に食育推進基本計画を策定した。これを受け、都は同年、食育推進計画を策定したが、これに先立ち、都教育委員会では食に関する指導資料集の配布、健康づくり推進計画の策定、食育に関する検討委員会報告書作成などに取り組んできた。

検討委報告書では、食育推進の基本方針として「家庭・地域との連携」「指導体制の整備」「学校栄養職員等の活用」の3点を掲げ、学校における指導体制については①食に関する指導の全体計画②食育推進のための校内指導体制③食育を進めるための人材の育成④栄養教諭制度――の4点を提示した。四つのモデル地区には、それぞれ栄養教諭を配置し、「学校における食育の取り組み」として、食育推進のための校内指導体制の整備、児童生徒の実態を踏まえた「食に関する指導の全体計画」の作成と計画に基づく授業等の実践、地域性を生かした食育の推進、家庭地域への食育の普及啓発などを行っていく。

また、「地域全体に係わる食育の取り組み」として、地区内各学校への教材・指導方法等の提供、授業公開、地区内各学校の食育リーダー等への支援などを行っていく計画である。

食育リーダーは都独自の制度。モデル地区に限らず、小中高全校に配置する計画で、すでにリーダー育成の研修に取り組んでいる。モデル地区の計画期間は1年。都教育委員会ではこの成果を踏まえて、来年度以降、さらに栄養教諭を増員していく方針。

光化学スモッグで「適切な対応」要請

都教育庁

教育庁はこのほど、2008年度の「学校における光化学スモッグ対策」をまとめ、各都立学校や区市町村立学校・幼稚園に提示した。光化学スモッグは春から秋にかけて発生しやすいことから、同庁地域教育支援部では「積極的に対策を講じて、被害発生時には適切な対応を」と呼びかけている。

対策の内容は例年と変わりなく、①日常の備え②緊急時等の措置③被害発生時の措置――の3点について具体的な対策を提示している。例えば、日常的な備えでは、学校医を含めた教職員を主体とする校内対策組織の整備を求めているほか、光化学スモッグ予報・注意報・警報など緊急時の発令・解除の情報受信や連絡できる体制の整備などを要請。

被害防止の措置については、始業時や屋外授業の開始時の視程障害（風が弱く、視界がかすむ状態）、気温、湿度、風向など気象の観察の重要性を強調している。また児童・生徒の健康管理、被害者救護のための準備にも言及し、緊急時の措置では視程障害時、予報発令時、学校情報提供時、注意報発令時、重大緊急発令時と事態の緊急度に応じた措置の仕方を示している。

小中一貫教育で教師用指導資料

町田市

町田市教育委員会が小中一貫教育事業として取り組んでいる「小中一貫町田っ子カリキュラム」の教師用指導資料がこのほどまとまり、全市立小・中学校に配付した。

同市では「自立的に生きる力や豊かな心、健やかな精神を育む」ことなどを教育方針に掲げているが、「町田っ子カリキュラム」では市立全小・中学校で規範教育、キャリア教育、英語教育、食育の4領域を通して、小中一貫教育を推進していくとしている。

これを踏まえて、各学年の発達段階に応じて最低限この内容を学習すれば9年間の連続性が期待できるという「重点カリキュラム」を設定。また自校の特色を生かした「選択カリキュラム」を組む場合の参考カリキュラムを示すなど、実践に役立つ内容を盛り込んでいる。

さらに、規範教育編やキャリア教育編など4領域の具体的な指導内容をわかりやすく提示。たとえば、規範教育の場合では、発達段階ごとにワークシートをまじえた学習指導案が示され、「あいさつ」「学校のきまり」「いじめ・いやがらせ」「公共交通機関でのマナー」などの内容を盛り込んだ。

キャリア教育編については、年間重点カリキュラムのほか、学習指導案として設定した小学6年生総合「職業について調べよう」、中学1年生総合「働く人の話を聞こう」について、具体的な指導内容をワークシート形式で示している。

毎週金曜 3面は 教育オンライン

活かせ！地域の教育力 6

——高島平地区小地域ネットワーク

高齢者の生き甲斐、自立の場

これまでに開催した公開講座は20種類ほどあるが、その中でその後も倶楽部として活発に活動しているのが「リフォーム倶楽部」（浅羽兵庫部長）である。

この倶楽部では通常、古くなった衣類をリフォームしたり、手芸などを行っているが、年に数回ほど、高島二中の生徒を対象にした革の財布づくりやハンカチを使った簡単な手芸講座を開催し、その特別講師となることで、学校支援の役割も果たしているのだ。

また、その作品は、生徒たちが近隣の高齢者介護施設にボランティアで訪れる際、入所している高齢者へのプレゼントとしても活用されている。

このように、ちょっとした工夫をすることで、人と人を繋ぎ、場面と場面を繋げることができる。一つの取り組みから多様で豊かな成果に繋げることができるのだ。

それは、①高齢者には講師として生徒に教える喜びを…、②生徒には高齢者との交流と、ものを作ることの喜びを…、さらに③介護施設の高齢者にも喜んで頂き、そして④学校、教師は教育現場としての成果が得られるという流れだ。

倶楽部としては、こうした連携の機会を活用することで、メンバーの高齢者が地域と縁を結び、絆を繋ぐという明確な目的を持っている。自らの趣味の世界にとどまることなく、積極的に社会と関わり、社会貢献できる自分に気づきを持ってもらいたいのである。

連携による複合的な活動はシナジー効果（相乗効果）により、思いもよらぬことも起こる。

一例を挙げてみると、倶楽部のある活動日で、いつものお茶の時間に孤独死が話題になった。そして、災害時にはどうしたらいいか、それぞれが知っていることを、ああでもない、こうでもないと、とりとめもなく話していた。

そこで、この倶楽部で知り合った3人の女性の会話から話が思わぬ展開を見せたのだ。

女性A「あなたのことは気にしてるからね。そんな時は駆けつけるからね」

女性B「ありがとう、でも大地震が起こったらどうしようもないわ。それにもう歳だし」

女性C「何いってんの、水を飲んで3日間頑張れば、必ず助かるっていう話よ」

女性B「雨や雪の日、それに火事だってあるじゃない」

女性A「そうだけど、私たちだけでも助け合うようにしておけばいいじゃないの」

部長「そう、せっかく名簿があるんだから、こんな時に大いに活用しようよ」

この倶楽部では名簿作り、もっぱら活動の連絡等に活用しているが、この会話が終わる頃には互いに助け合おうという結果を得た。

まさに自主的、自立的に相互扶助の仕組みが形成された瞬間であった。

つねづね、部長には倶楽部の内部連絡をする際には、独り暮らしのメンバーの安否確認も兼ねるようにとお願いしてきた。しかし、「してもらう」から、「自らできることをする」へと意識が変化したことで、安否確認の質は大きく変わったのである。

学校との連携からはじまり、高齢者の意識変化までのプロセスはこのような道を辿った。

しかし、このグループは部長を除き全員が女性だけということと、男性高齢者の参加やグループの形成を促す仕掛けをまだ持っていないという課題を抱える。さらに、個人情報保護法とやらで、他の公的機関との連携が容易ではないといった課題もある。良い方法があればご教示頂きたい。

（高島平地区小地域ネットワーク代表　堀口吉四孝）

1日に数講座が同時に開かれる地域講座。多くの高齢者が特別講師になる

特別区団体交渉

特区連　現業系の賃金・人事制度改善を要求

区長会と特区連は20日、団体交渉を行い、特区連が現業系職員の賃金・労働条件改善に関する要求書を提出した。特別区の業務職給料表は、昨年度の交渉で平均9%の引き下げとなったが、「職員の士気低下など深刻な事態となっており、職員の意欲と能力を最大限に引き出す方策が求められる」(特区連)と改善を求めたもの。最高号給を超えた者に昇格メリットが生じる措置や、技能主任以上の任用者を増やす制度改正を求める特区連に対し、区長会は「見直しは極めて困難」などとゼロ回答を示し、対立軸が鮮明となった。今年の確定交渉でも争点となる現業系の人事・給与制度は、例年より早い段階から交渉が本格化することになる。

区長会「見直し、極めて困難」とゼロ回答

賃金水準について、特区連が強調したのが保障額表の取り扱いだ。昨年度の給料表の見直しでは、平均9%の引き下げとなったが、現職については現給を保障するため、別途、保障額表を設けて適用している。だが、その結果、昇任・昇格しても、実際の給料表額が保障額表を下回り、給与が変わらないケースが生じる。特区連は「昇格しても給与が上がらず、モチベーションの低下につながる」と主張する。

昨年の交渉では、今確定交渉期までに、昇任・昇格時の号給決定方式を見直すことを労使で確認した。特区連は、この見直しの中で昇給停止期間の短縮につながる号給号数の拡大を図るとともに、昇格時に昇給が発生するよう「昇格メリット」の改善を強く求めた。

これに対し、区長会の受け止めは厳しい。昇任・昇格メリットが低くなる事態は、現給保障したために生じる結果であり、これを見直せば昨年の給料表引き下げの意味がなくなるからだ。

区長会は、「昇格・昇給等は、給料表により行うことと給与条例等で規定されており、昇格・昇給等に保障額表を用いることは制度上できない」と特区連の要求を退けた。

◆

他方、人事制度については、昨年の交渉で技能主任昇任選考の資格基準となる1級職歴を「19年以上」から「16年以上」に引き下げるなどの見直しが図られたが、特区連は「不十分」と受け止める。

07年4月1日時点の昇任状況を見ると、技能主任の任用者は15・6%、技能長に至っては同0・3%など、低率にとどまる。給料表が平均9%の引き下げとなる中、現給以上の給料を得るには昇給・昇格が必要となる職員も多いが、区の現業職場では30歳を超えて採用された職員も多く、現行制度では昇任者拡大の効果が薄いと受け止める。

特区連は技能主任について、職責が明確に定められ、設置基準も「概ね4人に1人」などとなっているが、同様の明示がされていない行政系人事制度との整合性などを踏まえて、職責や設置基準の廃止を要求した。

また昇任体系についても、行政系と同様に複線型にするとともに、選考資格基準のさらなる改善を求めた。

だが、これら要求に対しても区長会は難色を示す。「(昨年度の見直しは)職場実態を踏まえた任用体系として制度設計し、合意した内容であると認識している」と述べ、現段階での見直しを否定した。

その一方、技能長職等の設置基準については、職場実態を調査し、必要があれば見直して09年4月までに全区で設置する考えを昨年度の交渉時に示していた。区長会は「現在、職場実態調査結果を取りまとめており、見直すべき必要があれば早期に見直す」との考えを改めて示すとともに、見直しに当たっては、以前から継続協議となっている同一職種内の職務間異動の弾力化についても、併せて検討する必要性を示した。

特別区夏季一時金交渉
組合側、2.5月分を要求
区長会　成績率に問題意識示す

区長会と特区連、東京清掃労組は20日、それぞれ団体交渉を行い、組合側が夏季一時金等に関する要求書を提出。支給月数を2・5月以上とすることや、勤勉手当を廃止し、期末手当に一本化することなどを求めた。これに対し、区長会は、勤勉手当の成績率に問題意識を表し、見直しの必要性を示した。

特区連は、民間企業の動向について「増益分は一時金で配分する傾向が顕著で、支給額が昨年実績を上回っていることも明らかだ」と述べ、民間準拠の一時金支給を強く求めた。

また、区長会が人事委員会に対して要請する事項についても要求。公民比較の比較企業規模について、1千人以上の企業とするよう求めるとともに、06年度から50人以上の企業を対象に含めていることから、少なくとも100人以上の企業規模に戻すよう求めた。

さらに、昨年の人事院勧告では「自宅にかかわる住居手当の廃止も含めて見直しに着手する」考えが示され、区人事委も、検討する考えを示したことから、「住宅手当の持ち家分の改悪が想定される」とけん制。慎重な対応を行うよう働きかけを求めた。

他方、清掃労組は、「職員が意欲を持って職務に精励できる一時金の支給」を要求。職務段階別加算の加算措置・加算区分の改善や再任用職員の支給率の改善などを求めた。

これに対し、区長会は、民間企業の今春闘の動向に触れながら、「賃金については、業績やワークライフバランスを重視した配分とするなど、賃上げ原資の配分が多様化している。一時金も全体の平均支給額の伸び率は縮小しており、情勢は厳しい」との見解を示し、特別区においては、能力・業績、職責に基づく人事・給与制度の一層の必要性を示した。

特に勤勉手当の成績率については、「国に比べ、一律拠出が適用される職員の範囲が限られ、成績率の配分原資も小さい」と言及。評価結果をさらに反映させる仕組みの必要を明確に示した。

特別区　勧退特例措置を労使確認

区長会は20日、特区連と清掃労組に対し、今年度の勧奨退職特例措置について提案した。昨年度と同じ内容で、組合側は同日、了承した。

勧奨退職特例措置は、人事の刷新や職員構成の適正化を図るために実施するもので、特例措置が必要と認める区が実施する。

対象となるのは、50歳以上55歳未満で勤続年数20年以上25年未満の者、および45歳以上50歳未満で勤続年数20年以上の者。また、年齢50歳以上で勤続25年以上の場合は、割増率が通常より1ポイント高い3%となる。

建設局用語集を作成
大量退職期の若手育成ツールに

○…都建設局は、局の事務事業全般に関する基本的な用語を解説した『建設局用語集』を作成した。部単位や事業別の用語集、マニュアルなどはあったが、局の事務事業全般に関する用語集は初。ハードからソフトまで幅広い分野から844語を掲載し、370ページにわたる本格的なものが出来上がった。「局の仕事に役立つという視点で構成した」と総務課。

例えば、市販の建設用語集などは専門用語の説明が中心なのに対し、局用語集は局内の事務に特化して構成。このため、「管理課長会」「所長会」「局研修」などの用語も盛り込んでいる。

○…用語集作成の狙いの一つが、効果的な職員の育成だ。団塊世代の大量退職期を迎え、局では今春も180人が退職する一方、新採職員は60人程度にとどまった。組織の少数精鋭化が進む中、職員一人ひとりの能力向上が求められるが、豊富な知識や経験を持つベテラン職員の退職は進み、以前のように新人に時間をかけて教え込む余裕も少なくなっているのが実態だ。

用語集というツールを利用することで、ベテランが効率的に教えることができ、若手も自ら学ぶ一助にもなる。「短期間での職員育成につながれば」(総務課)との期待が込められる。

○…用語集作成にかかった期間は約1年間。各部から用語を抽出してもらい、解説文の作成や編集、製本のレイアウト等に至るまで、基本的に職員の手作りとなる。製本して全職員に配布するとともに、局のLANシステム上にも掲載し、わからない用語を簡単に検索することが可能だ。内容も逐次更新できる。

総務課では「若手職員だけでなく、ベテランも異なる分野はわからない部分も多い。局に初めて従事する職員だけでなく、全職員が局事業への理解を深める上で役立ててほしい」と話す。

情報公開事務を見直し
NPO法人情報をデータベース化

増加傾向にある公文書の開示請求に対して、都はデータベース化や都政情報ルームへの配架など、情報公開事務の見直しを進めている。都民の利便性向上と同時に、事務処理の効率化を目的とする。また開示決定後に公文書等を閲覧する際、デジタルカメラ等による撮影を可能とするなど、開示手段の多様化も図った。デジカメ等の使用は、すでに今年4月から実施している。

閲覧時のデジカメ使用も可能に

情報公開制度では、都職員が職務上作成・取得した文書・図画・写真・フィルム・電磁的記録のうち、組織的に用いるものとして保有する情報が開示請求の対象になる。

開示等決定件数は年々増加しており、都生活文化スポーツ局によると、06年度は開示等決定件数が前年度比33%増の4621件に達し、過去最高を記録。増加傾向は05年度を除き、2000年度以降続いている。

こうした状況を受け、都IT・業務改革会議は昨年度、「都政情報の提供等の充実」を課題に挙げ、情報公開事務の見直しに着手。複数回請求案件のデータベース化や開示手段の多様化など改善策を打ち出していた。

データベース化に向けては、月平均3件以上と数多く開示決定されている公文書を過去3年間にわたってリストアップ。総件数では食品営業許可申請関係、建築計画概要書関係、都市計画道路網図関係が上位を占めた。

対象を過去3年に設定した理由について、生活文化スポーツ局は「単年度では一過性で件数が増える案件もあるため」と説明する。06年度の請求内容別の開示決定件数で最多だった入学式・卒業式関係もこのケースにあたるという。

ただし、データベース化は、システム自体の改修・構築が必要となるため、費用対効果の視点が欠かせない。さらに印影をはじめ、そもそも非開示でデータ化できない情報を含むなどデータベース化に馴染まない公文書も多く存在する。

このため都では、今回、開示決定件数上位10件のうち、NPO法人関係の情報のみ、データベース化することを決めた。今年度にデータベース化し、09年4月から都民向けに情報提供していく。

NPO法人関連の情報は、生活文化スポーツ局の書庫に紙ベースで保管されているが、都内には6千~7千ものNPO法人があり、キャパシティーに限界もあった。またNPO法人が活動の場を広げ、関心が高まるなか、閲覧希望も増加。都民の利便性や事務処理効率の点から、データベース化に十分見合うと判断された。

一方、データベース化は見送られたものの、従来は開示請求のうえ閲覧可能としていた公文書についても、都政情報ルームへ配架することで簡素化を図った。すでに今年1月からは、都市計画道路網図関係の台帳が都政情報ルームに置かれており、食品営業許可申請関係の台帳も近く配架する予定としている。

開示手段では、開示決定後に公文書等を閲覧する際に、デジタルカメラ等で撮影することが可能となった。これまでは庁内の防犯上の問題やデータ改ざんへの懸念などから、デジカメ使用が認められてこなかった。都が昨年10月に調べたところ、同様の扱いは全国37道府県、9政令市で実施しているという。

貸金業対策の実績まとまる
登録業者はピーク時の3分の1に

都産業労働局は21日、07年度の貸金業対策の実績をとりまとめた。07年12月の「貸金業法」の本体施行により、行政庁の監督が強化されたことなどもあり、07年度末の登録業者は2112社で、02年度末のピーク時と比べて、3分の1以下に減少している。登録事業者数は03年度以降、引き続き、減少傾向をたどっているという。

07年度対策の実績では行政処分の総件数は281件、うち悪質な貸金業者に対する登録取り消し処分は、06年度とほぼ同水準の202件だった。取り消し処分の対象となった「違反情状が特に重い」のケースでは、高金利に関するものが156件、誇大広告が23件、詐欺行為は7件にのぼった。「欠格条項該当」のケースでは、不正登録が24件、名義貸しが7件あった。

一方、苦情や相談の状況に関しては、件数が全体で7243件だった。これは前年度と比べて約3割減少している。減少の理由について、都では貸金業者の減少、警察によるヤミ金融対策の強化、多重債務対策の推進、相談窓口の増加などの効果を挙げている。苦情・相談の主な内容では、登録の照会、詐欺的行為、高金利、ヤミ金融などが多くなっている。

このほか実績では「貸します詐欺」の被害状況も明らかにされた。07年度は被害件数が703件、被害総額は3億1478万円に達した。詐欺被害防止への取り組みを強化した05年11月からの累計では2202件、11億2090万円となっている。

契約社員の実態調査
正社員志向は約5割
都産業労働局

都産業労働局は21日、都内中小企業等を対象に実施した「契約社員に関する実態調査」の結果をまとめた。契約社員数を業務内容別にみると、販売業務が42・6%と最も多いが、専門的・技術的業務に就く契約社員も全体の約5分の1に達することが分かった。

調査は都内常用従業者規模30人以上の3千事業所のうち、協力を得られた事業所と、その契約社員2千人を対象に実施。

契約社員としての契約期間は「1年以下」が約79・9%だったが、雇用先での継続勤務期間は約70・2%が「1年以上」と回答。業務内容別にみると、男性では「専門的・技術的業務」が32・1%で最も多く、女性では半数を超える53・3%が「販売業務」となっている。

契約社員導入のメリットに関しては、事業所側の35・6%が「仕事量の変化への即応」を挙げているほか、「自社で養成できない労働者の確保」との回答も26・5%にのぼる。

一方、「正社員として働ける適当な企業がなかった」として契約社員を選んだ人は33・6%となっており、将来の働き方についても「現在の会社で正社員になりたい」など正社員志向の契約社員が32%と最も多かった。これに対して「正社員としての適正をみるため」に契約社員を活用する事業所は28・7%にとどまっている。

このほか働き方が正社員と「同等以上」と回答した契約社員は68・8%にのぼるものの、年収見込額では「400万円未満」が70・4%、平均でも340万円と低くなっている。

都有施設のアスベスト
新たに30施設で使用判明
トレモライト等の再点検も実施

都環境局は19日、07年度末時点での都有施設のアスベスト使用に関するフォロー調査等結果を公表した。今回はフォロー調査のほか、トレモライトなど3種類のアスベストについても再点検を実施している。新たに30施設でアスベストの使用が判明し、うち3施設でトレモライト等の含有が分かった。

都有施設でのアスベスト使用実態に関する調査では、設計図書や目視によりアスベストの使用が疑われる約880施設を抽出し、建材のアスベスト含有の有無について材質分析を進めてきた。05年度以降、今回で4回目となる。

07年度は材質分析等が終了していない約80施設のうち、70施設についてフォロー調査を実施、あわせて新たに約360施設でトレモライト等の再点検を行った。

都では、吹き付け材の劣化や損傷の程度、施設の使用頻度から、対策実施の優先度の判断基準を設けているが、最も優先度が高いIランクの施設は、新たにアスベスト使用が判明した30施設中3施設、次に優先度の高いIIランクは12施設、IIIランクは16施設だった(同一施設内で異なる分類含む)。

Iランクとされた3施設については、すでに1施設が07年度中に飛散防止対策として除去を実施済み。残る2施設も今年度中に防止対策にあたる。IIランクの12施設は、なるべく早い時期に対策をとる。IIIランクの16施設は、当面現状を維持した上で、定期的に点検を行い、安定が続く場合は直近の改修工事等に合わせて対策を実施する。

またトレモライト等の再点検では、含有が判明した3施設のうち2施設がIランクと判断された。トレモライト等は、これまで国内での使用はないとされてきたが、今年に入って建築物の吹き付け材からの検出が判明し、厚生労働省も今年2月に分析調査の徹底を通知していた。

ただし、トレモライト等の再点検は、検出事案が判明してから期間が短かったこともあり、07年度末時点で、約140施設が未実施となっている。都ではIIランクの約45施設、IIIランクの約95施設について、ランクごとに08年度中の分析を順次進めていく予定。

一方、前回の06年度調査でアスベスト使用が判明した141施設の対策状況も明らかになっている。Iランクの全5施設は07年度中に対策実施済み。IIランクと判断された78施設では、「08年度中」「09年度中」とした一部を除き、8割近くの施設で対策を終えている。IIIランクの65施設については、施設の改修・改築予定を踏まえて、半数近くが解体時対応としている。

関根　忠さん(せきね・ただし=都下水道局森ヶ崎水再生センター経理係主任)14日死去、52歳。

新田　憲一さん(にった・けんいち=都産業労働局中央・城北職業能力開発センター赤羽校能力開発係)16日死去、60歳。

村木　晋二さん(むらき・しんじ=村木和行・台東区教育委員会生涯学習課生涯学習担当係長の父)17日死去、94歳。

飯岡　明男さん(いいおか・あきお=都水道局経理部営繕課建築係建築担当係長)19日死去、58歳。

20年度 都管理職試験 ラストスパート《下》

論文対策にもなる時事分野

(種別A 事務)

管理職試験まであとわずかとなりました。この時期は、異動等で職場環境や職務内容が変わることが多く、なかなか昇任試験の勉強時間が取れない状況にあるかと思われます。私の場合も、仕事の繁忙期と重なったことからなかなか時間がとれず、非常に焦りました。過去の私の経験を加味して直前の勉強方法についてお話することで、何らかの参考となればと思います。

択一対策は、試験当日まで時間のない状況において、全科目の勉強を繰り返すのは効率的ではありません。出題数が多い科目、自分の苦手科目など、的を絞った対策が重要となります。私の場合、都政事情および政治経済等事情に絞りました。これは、出題数が多いこと、その年の2~3月までが出題範囲となる性格上、対策を講じるのが遅くなるなどの理由によります。

また、論文試験においても、課題の分析や解決策の提示において社会事情や都政事情を踏まえての記述が必要となることから、時事分野に力を入れることで論文対策も兼ねたものになります。

具体的な勉強方法では、新聞ダイジェストや昇任試験講座のテキスト、「とちょうーi」を利用しました。特に、新聞ダイジェストは、巻末に問題集があり、その事項の要点が絞られていることや、通勤時間などの短時間でも読めるので大変重宝しました。

なお、時事問題に限らず、都政新報の「教養講座」、都政研究の昇任試験に関する記事などは、各科目の要点に限って記述してありますので、試験前日などの短い期間での確認には重宝するはずです。

論文対策では、新しい論文を作成するのは現実的でないと思います。むしろ、過去に作成した自分の論文の完成度を高めた上で、予想テーマごとのレジュメを用意する方がよいでしょう。論文は、その内容と同じくらいに論理展開が重要となります。一方で、論文試験では、時間との勝負になります。自分なりの論文の形が出来ていないと、文章の構成から考えなければならず、時間の大幅なロスにつながり、肝心の内容が不十分となる恐れがあります。

課題の抽出から分析・解決策の提示までの自分なりの文章構成を再度確認し、自分なりの論文の形・スタイルを確立しておいてください。その上で具体的な問題への対策として、レジュメを作成することになります。

環境、産業育成など予想される出題テーマごとに、①各テーマで想定される問題と障害②その問題解決のための解決策——を箇条書きで用意します。その際、問題、解決策ともに複数用意した方がよいでしょう。どんなに綿密に予想問題を用意しても、当日はどこかの部分で予想以外の項目が出てきます。

私の場合、予想が外れた場合の応用が利くように、各テーマで少なくとも四つは問題と障害を想定しました。その上で、想定した問題と障害の一つにつき解決策を2~3程度は用意しました。

短い時間で解決策を新しく考えるのは困難かと思われるかもしれませんが、職場での勉強会や模範論文などにおいて、他の人の考えた解決策をピックアップした上で、自分なりの考えを加味すると、比較的簡単に用意できるかと思います。

以上、若干のアドバイスをさせていただきました。おそらく、今の時期が最も試験に対する不安や苛立ちが強くなるかと思います。しかし、ここで諦めるのではなく、今、何ができるのかを冷静に考えた上で効率的な対策を進めれば、結果はおのずとついてくるものです。どんな状況であっても、前に向かうプラスの気持ちだけは忘れず、最後まで頑張ってください。

最後のチャンス 必ず受験を

(種別C 事務)

本番まで、本当に残り少ない時間となってしまいました。この記事を読まれている方の中には、本番にあたって不安を持っていらっしゃる方もいることと思います。そのような気持ちは、多くの受験者が持っています。一人だけではありません。皆さん同じであることを忘れないでください。自信をなくしては、いけません。必ず試験会場に行ってください。今回が最後のチャンスです。

管理職試験は、当日の解答内容だけでなく、日常の職務成果も加味されて最終的に合格者が決まります。仕事に懸命に対処されている皆さんは、試験場で最善を尽くすことが合格につながると考えられます。試験で多少の失敗をしても、日常の仕事をしっかりこなしているという自信を持って、試験に臨んでください。

また、試験結果が悪いからといって、評価が下がることは絶対にありません。上司に勧められても、当日欠席する人を見かけますが、是非、チャレンジ精神を持って試験会場に行ってください。

まず、試験に不可欠な筆記用具などの用意をしておきます。25日に向けて、この2日間の気持ちを高めるとともに、緊急事態があっても即会場に行くためです。受験票や鉛筆(HB)、消しゴムなどの筆記用具を確認して、鞄にいれます。シャープペンの利用者が多く、試験会場で消しゴムを忘れて困っている人がいます。忘れないようにしましょう。また、筆記具の予備を用意していれば、試験中に落としても安心です。

この2日間、寝不足や無理な運動は禁物です。暴飲暴食を慎み、体調を万全にすることを第一に考え、最後の追い込みをしてください。また「新たな課題や解答例を模索するのではなく、『おさらい』するだけでいい。合格論文は手元にある。これを落ち着いて、再現することだ」。これは、合格者の皆さんが言うことです。

そして、追い込みです。自分の時間をつくり、準備している答案例を2時間以内に書き上げる練習を行います。新たな課題に取り組むことはしません。今まで準備した答案例を度忘れしないように再現します。また、記憶を文字にするだけでなく、試験官に読んでもらえるように丁寧に書きます。細かな漢字の書き癖も修正します。

再現できない場合は、再現できない章(起承転結の該当部分のみ)を繰り返し、丁寧に転写します。このとき、原稿用紙は新たなものを使い、書き始める行は再現する章の位置に合わせます。原稿用紙の頭から書くと、論文の構成位置が狂ってしまいます。論文全体の中で該当の箇所を覚えてください。これを数回繰り返し、土曜日の夜には論文を一気に再現してください。

このようなことが必要でない方は、起承転結の承転部分のみ、多様なパターンを想定した問題指摘の事例、解決策の案を箇条書きにして、繰り返し紙に書いて手で覚えることです。これが近道です。2日間だけ覚えていれば良いのです。

また、ここまで準備していない方は、昨年までの答案事例が都政新報に掲載されています。それを書き写すことから始めてください。都政新報を読んでいるだけでは、当日再現できません。丁寧に書き写すだけでも、結構時間がかかります。次に都政新報を見ないで書き上げてください。この作業で誤字、脱字の癖や当日の時間配分もわかります。これで試験論文を完成させる感覚を養って、一気に合格してください。

最後に、当日の試験問題は、早合点、勘違いしないように丁寧に読んでください。また、試験時間いっぱいを使って、見直しを必ずしてください。誤字、脱字だけでなく、登場人物の職名や事業所名なども試験問題と見比べてください。

今回が都管試のC試験は最後です。難しい事例は、出題されないと思います。管理職になりきって、与えられた事例を解決してください。そして、今までの経験や、仕事への取り組み姿勢を論文の中に織り込んでください。生き生きとした論文こそ、試験管の目に触れ、良い結果が生まれるのではないでしょうか。

皆様の健闘をお祈りします。

カレントトピックス 20年度 32

都政事情

■「教育管理職等の任用・育成のあり方検討委員会」第二次報告 (4月10日)

東京都教育委員会は、副校長・主幹教諭の育成及び職のあり方について、副校長・主幹教諭がその本来の職務・職責を果たし、教育改革に向けた学校の課題解決能力が一層向上するよう、具体的な改善策の提言を検討委員会の第二次報告としてまとめた。

教員の多忙化が進む中、特に副校長と主幹教諭が多くの業務を抱え、学校経営以外の業務にも追われており、教育管理職や主幹選考の受験率も低下し、職の魅力が減退していると分析している。

本報告では、職務に関する課題を5項目に区分し、それぞれに対応した課題解決の具体的方策20を示している。

■平成20年度東京都水防協議会を開催 (4月14日)

水防協議会は、水防法第8条に基づき設置され、東京都の水防計画に関する事項を調査・審議する協議会である。東京都の関係局のほか、特別区長会、国土交通省、気象庁、警視庁、消防庁、NTTや東京電力などで構成される。

東京都における平成19年度の水防にかかわる警戒活動は27回あり、うち10回は大雨洪水警報に基づき水防本部を設置している。

平成20年度水防計画の主な改正点は「水防上注意を要する箇所の見直し」「三宅島の大雨警報・注意報の暫定基準の廃止」「小笠原諸島に対する予報警報業務の拡充」「土砂災害警戒情報の運用開始」の4項目である。

■東京都消費生活対策審議会答申 (4月30日)

第19次東京都消費生活対策審議会は「食品の原料原産地表示のあり方について」答申を行った。

答申では、国に先駆けて東京都が原料原産地表示義務付けの対象となる加工食品の拡大に取り組むことは、大きな意義があるとともに、国の施策を動かす原動力ともなり、都民に安心かつ適正な食品選択の方途を提供することにつながるとした。

原料原産地表示を義務付ける加工食品は、当面、「調理冷凍食品」に限定するのが適切であるとし、表示すべき原材料は、生鮮食品とJAS法が定める加工食品に限っている。

昇任試験対策のページ

20年度 特別区管理職試験講座 16

Ⅱ類論文⑧

今回は、平成16年度に出題された事例式論文問題の全文を掲載し、その分析をします。

P区Q部R課は、課の庶務と各種高齢者事業を担当するS係及び高齢者福祉施設の維持管理と整備を担当するT係で構成されており、R課長は、この4月に着任した。

P区では、再編成で廃止されたA・B・Cの三つの旧出張所を活用し、高齢者福祉センターを2カ所、子育て支援センターを1カ所整備する計画がある。6月にはその整備方針について、議会報告と住民説明を行うことが決まっている。

4月中旬、R課長は、高齢者福祉センターの設置場所検討のため、係長会を開いた。

T係長「設置場所については、企画課からR課と子育て支援を担当するV部W課とで調整するように話がありました。既にW課との打ち合わせで1カ所が旧A出張所で決まっています。残り1カ所については、W課に要望が寄せられているようで、まだ決まっていません」

S係長「旧B出張所だと、高齢者福祉センターの配置バランスや交通の便が良いので、利用者に喜ばれますよ」

T係長「旧C出張所は面積が広いので、より多くの人が利用できます。それぞれのメリットを十分検討のうえ、W課と調整したほうがいいと思います」

S係長「T係長、今頃そんなことを言っていては、議会や住民説明に間に合わないぞ。課長、W課が決めないのなら、旧B出張所にすべきです」

T係長「なにを言っているのですかS係長、もっと慎重に検討しないと……」

R課長「まあ、時間もないし、R課としては、旧B出張所でいきましょう。T係長、W課とその方向で調整を進めてください」

R課長は、T係長の不満そうな態度が気になったが、S係長とT係長とのこれ以上の対立を避けるために、係長会を終わらせた。

その後、R課長は会議やあいさつ回りに終われ、W課との調整をT係長に任せきりにしていた。5月上旬、高齢者団体連合会のX会長がR課に来た。この日は、R課長とT係長が出張のため、S係長が対応した。翌朝、S係長は、R課長に話の内容を報告した。

S係長「高齢者福祉センターの2カ所の整備方針について話をしました。X会長は、交通の便が良い旧B出張所に設置されることを大変喜んでいました」

R課長「区の方針が決まる前に、そういう話をしてもらっては困るよ。ところで、T係長、W課との調整はどうなっていますか」

T係長「W課からも話がありましたが、施設の緊急安全対策に追われ、余裕がありません。旧B出張所案は、もともとS係長の意見だから、S係長が調整すればいいんです」

R課長がT係長の言葉に驚いているところに、Y区議から電話がかかってきた。

Y区議「X会長から聞いたが、旧B出張所に高齢者福祉センターを設置するというのは本当か。W課では、そのような話はまだ決まっていないと言っている。旧B出張所は子育て支援の拠点として利用することを以前から区長に要望してきた。いったいどうなっているんだ。今度の議会で問題にする」

R課長は、受話器を握ったまま、途方に暮れてしまった。

特別区における高齢化社会への対応のあり方について、あなたの考えを述べたうえで、あなたがR課長であれば、この事例の状況について、どのように対処していくか、この事例に即して論じてください。

16年度問題分析

論文の作成に当たって

試験まではまだ数カ月あります。日々の仕事が忙しくまったく論文も書いていないという方でも、まだ十分に間に合いますので、是非、取り組んでみてください。

さて、数回にわたりⅡ類試験の分析及び解説が掲載されていますので、今さら言うまでもありませんが、主任・主査・係長としての職務経験を存分に生かし、即実践型の管理職として独り立ちして、区政方針に従い区民のために職務を遂行できる人材であるかが問われます。

従って自分が主人公になりきって、課題解決に立ち向かっていく決意と方法を具体的に記述していくことが大切です。

事例の背景

本事例では、「新たな行政需要への対応と区有施設の有効活用」に向けた記述が求められています。

どのような切り口で記述するかは、これまでの職務経験やそれぞれの区がおかれている状況などでも変わると思います。しかし、多かれ少なかれどこの区においても共通の課題のはずです。まずは区を取り巻く社会状況なども織り交ぜて、記述にあってのポイントを整理してみます。

これまで、医療技術の進歩や行政あるいは様々な団体における健康維持・増進に対する取り組みにより、我が国の平均寿命は年々伸び(女性86歳)ており、男性はアイスランド国と並び79歳で世界第1位、女性は86歳で世界単独第1位となっています。そして、団塊の世代の方々の大量退職が始まり、今後ますます高齢化が進展していく状況下にあります。

地方自治体はこうした次々に発生する新たな課題に対して、効率的で効果的な行政運営に努め、限りある財源を必要な事業に重点的に配分していく必要があります。

そして、高齢者の方々を新たな地域社会の担い手として受け入れる、地域社会全体の仕組みづくりを支援・構築していくことが求められています。

事例の整理

まず、組織の構成ですが、この課は高齢者福祉施策を主業務としており、「課の庶務と各種高齢者事業を担当するS係」「高齢者福祉施設の維持管理と整備を担当するT係」で構成されており、登場人物は、R課長、S係長、T係長、X高齢者団体会長及びY区議です。

次に、本事例の概要です。R課長は着任後の4月中旬、課の組織課題である高齢者福祉センターの設置場所の検討のため係長会を開催しました。

係長会において、すでに旧A出張所については高齢者福祉センターへの転用が決まっており、もう1カ所をどこするか子育て支援の所管W課と調整する必要があることを知らされます。また、S係長からは交通の便や区内全体の配置バランス等を考慮し、旧B出張所が良いという意見を聞き、T係長からは旧出張所のB及びCについて、それぞれのメリットを十分検討してW課と調整すべきという慎重論を聞きました。

しかし、R課長は時間がないことを理由に安易に旧B出張所を高齢者福祉センターにする方向で係長会を終わらせてしまいました。

その後も、調整状況についてT係から聴取することもせずに時を過ごしてしまいました。

5月上旬、R課長が不在の時にX会長が同課を訪れた際に、軽率にもS係長は高齢者福祉センターの2カ所の整備方針について、それがあたかも区の決定方針であるかのように説明をしてしまいました。

そして、その説明をS係長から受け、T係長にW課との調整状況を尋ねていたところにY区議から抗議の電話が入り、R課長は途方にくれてしまいました。

事例の分析

まず、今回の設問においては、高齢者福祉センターと子育て支援センターの整備計画の方針について庁内合意の上決定し、議会報告と住民説明を6月には行うことが決まっています。4月に着任ですから時間的に厳しい制約がある状況です。そうした事柄も念頭におき、本事例の問題点を指摘してみます。

第一に、R課長は課の重要課題である高齢者福祉センターの設置について、とても安易な取り組みをしています。係長会などを通じて、課内における十分な議論に基づくコンセンサスも得ることなく、時間がないからといって、高齢者福祉センターを旧B出張所と決めるとともに、T係長の不満をよそにW課との調整を一方的に任せています。また、その後、必要な調整や適切な指示など、進行管理をまったく行っていません。

こうした課長の態度は、管理職としてあるべき姿を大きく逸脱しており職務怠慢以外の何ものでもありません。

第二に、S係長は庶務担当係長という課のまとめ役の職にありながらその責務を果たしていません。さらには、課長が不在時にX会長に対して、独善的に旧B出張所が高齢者福祉センターで決まりであるかのように口外するなど、区政情報の流出に注意すべき立場にありながらその重要性をまったく認識していません。また、T係長は高齢者福祉センターの設置場所について慎重論を持っていたが、そのことが反故にされた後は、旧B出張所利用の案がS係長の案だからと言って協力をしないなど課の中心的役割である係長の自覚に欠けています。

第三に、課全体が課題を解決するための組織になっておらず、課員全体に対して組織目標の共有化が図られていません。言い換えれば、R課長が課の組織課題の重要性を認識していません。そして、部下を指導・育成しながら課題の解決に柔軟に対応できる組織体制を確立していくという本来リーダーがなすべき職責を果たしていません。

◇

次回は論文例と解説を掲載します。シリーズで何回か過去の例題が掲載されましたから、ある程度Ⅱ類試験の筆記選考の形式についてはご理解いただけたと思います。

まだ5月ですが、もう5月です。あっという間に9月を迎えてしまいますので、そろそろ1本ぐらいは書き始めることをお勧めします。

すみだがわ アレコレ

隅田川と歌舞伎・邦楽

隅田川ゆかりの歌舞伎とか、密接な関係にある邦楽となると、いずれもその原点となるものは、室町期の観世元雅の作になる、能楽『隅田川』である。その『隅田川』も、平安文学『伊勢物語』からイメージを得て、隅田川を登場させたものであろう。

能楽『隅田川』『桜川』などに拠った作品群を『隅田川物』ともいい、宝永6年（1709）京都の万太夫座で初演された『隅田川』が古く、内容は梅若丸伝説と狂女もので、人買に誘拐された一人息子の梅若丸を尋ねて東国に下り、狂女となった母親が、隅田川のほとりで梅若丸一周忌の供養に遭い、梅若丸の亡霊が塚からあらわれるという曲である。

また、河東節・一中節掛合の『隅田川舟の内』、一中節の『賎機（しずはた）』があり、それを長唄に移した『賎機帯班女物狂』も流行したものといわれている。長唄・常磐津節掛合の『角田川』もあったが、現在は常磐津節の曲となっているという。

清元節『隅田川浮世の鏡』（通称『乗合船』）は、文久3年（1863）江戸中村座初演、瀬川如皐作のものであった。また常磐津節・長唄掛合『角田川』は明治16年作曲のもので、内容は『班女前狂乱物』である。『隅田川読俤』は義太夫節浄瑠璃で、通称『法界坊』といわれ、吉田家のお家騒動に、梅若伝説と鐘ヶ渕伝説を取り合わせ、さらに三枚目的破戒僧法界坊をからめた、奈河七五三助の歌舞伎狂言を翻案したものであった。

また、慶応2年（1866）2月、江戸守田座初演の二代目河竹新七こと黙阿弥と、四代目市川小団次コンビの『船打込橋間白浪』（通称『鋳掛け松』）は、鋳掛け屋渡世の松五郎が、花水橋（両国橋）の上から、昼間から船遊びに興じる様をみて、地道に稼ぐのが嫌になり、「あれも一生、これも一生」といって、鋳掛け道具を川へ投げ捨て、盗人稼業に入る決心をする場面がよく知られている。

清元節『隅田川』は明治16年、条野採菊作詞、二世清元梅吉作曲になるもので、もちろん謡曲『隅田川』の改作ではあるが、随所に一中節をとり入れ、その格調高い詞書と節付は清元のなかでも際立っていた。大正8年、二世市川猿之助が舞台化し、その際、五世清元延寿太夫と三世清元梅吉によって、最後の部分が改作され、有名な舟唄が付け加えられたものである。

（元墨田区立緑図書館長 小島惟孝）

梅堂国政筆による「おんな清玄」（提供＝墨田区立緑図書館）

夕張レポート①

なぜ夕張は破綻したか

夕張市総務課税務管財グループ 百澤俊平

「夕張市が財政再建団体へ」。このような見出しが新聞に掲載されたのが、2006年6月のことだった。翌年3月には正式に財政再建団体入りし、夕張市は長い財政再建の道を歩むことになった。標準財政規模の約8倍もの債務を18年かけて返済していくという長い道のりである。

では、なぜ夕張市は破綻したのだろうか。当然、原因はひとつではなく、様々な要因が絡み合ってこのような結果になっているのだが、主な原因は、①エネルギー政策の転換による炭鉱の閉山②行き過ぎた観光開発③不適正な会計処理、の3点である。

中田市長時代に作られた遊園地

エネルギー政策の転換による炭鉱の閉山

ご存知のとおり、夕張市はかつて炭鉱の街として栄えていた。炭鉱のピークは1960年。当時は約12万人の人口を抱え、炭都と呼ばれていた。

当時の夕張市の状況であるが、炭鉱という産業が極めて労働集約的であったため、身ひとつで全国から働きに来られるよう、住宅や水道をはじめ、浴場、学校や病院に至るまで、ほとんどのインフラを炭鉱会社が整備していた。

しかし、国のエネルギー政策の転換により、安い海外炭との競争に耐えられなくなった炭鉱は、次々と閉山に追い込まれていった。特に市の炭鉱のほとんどを経営していた北炭（北海道炭鑛汽船㈱）の撤退は、無責任なものであったという。鉱産税は未払いのまま撤退し、さらに労働者に支払われるべき退職金も払えないという状況であった。このため、市は労働者の退職金に充てるため、やむを得ず北炭の土地等を約26億円で購入することとなったようである。このようにして、炭鉱会社のインフラを受け継いだ夕張市は、労働者とその家族の流出を防ぐため、老朽化した住宅や水道の修繕、改築に多額の投資をせざるを得なくなっていった。

また、炭鉱会社は、炭鉱（坑道）の周辺に、そこで働く労働者のための炭鉱住宅を構えたため、炭鉱ごとに街が形成されていった。このため、現在でも集落が各地に点在する状況となっており、非常に行政効率が悪い街のかたちとなっている。これも炭鉱が残した負の遺産のひとつである。

行き過ぎた観光開発

このような状況下で、79年に市長に就任したのが中田鉄治氏であった。中田市長は「炭鉱から観光へ」をスローガンに、6期24年の在任期間で様々な観光施設を作った。中には、石炭博物館のように炭鉱の姿を後世に伝えるうえで重要な施設もあるが、ほとんどは収益性が見込めない施設ばかりであった。特に遊園地の観覧車は、まわりの山に囲まれており、乗っても山しか見えないというお粗末なものであった。

これらの観光施設は、一部補助金により賄われたとしても、そのほとんどを借金（起債）して設立していた。また、運営は市が出資する第3セクターによっていたため、維持管理費が市にとって大きな重しとなっていった。

夕張市の債務総額約353億円のうち約183億円が観光事業会計のものであることからも、観光施設が大きな負担となっていたことがわかる。

不適正な会計処理

このように観光施設を中心とした負担により、夕張市の財政状況は年々悪化していった。にもかかわらず、ここまでの累積債務を抱えるまで、なぜ夕張市は財政再建団体にならなかったのだろうか。それは、一時借入金を用いた会計間の操作を行ってきたからである。

一時借入金は、1年以内に償還する債務であるが、これを出納整理期間に一般会計と特別会計間で操作することにより、財政的に均衡しているように見せかけていたのである。

ご存知のとおり、一般会計は出納整理期間があり、4月1日から5月31日までは前年度会計分の処理が可能である。一方、特別会計は出納整理期間が存在しない。このため、一般会計と特別会計で処理できる期間は異なることとなる。これを利用したのが、次の仕組みであった。①出納整理期間前に一般会計から特別会計に必要額を貸し付ける②一般会計は金融機関から同額の一時借り入れを行う③特別会計が翌年度となり一般会計が出納整理期間である期間に、特別会計から一般会計に①の額を償還する④一般会計から金融機関に同額を償還する。

この仕組みは一見よくできているように見えるが、結局は特別会計の財政が好転しない限り、この会計間の操作を毎年続けなければならないことになる。そのため、夕張市における一般会計の借入金の額は雪だるま式に膨れ上がっていった。結果、夕張市の決算の歳入に占める「諸収入」（特別会計の償還金が含まれる）は年度ごとに割合を大きくしていき、04年では約100億円と一般会計の半分を超える額が諸収入という異様な事態となっていたのである。

◇

このようにして、夕張市に特有ともいえる原因によって、夕張市は財政再建団体となるのである。しかし、市民の行政監視や情報公開が進んでいれば、このような状態になっていないのではないだろうか。そう考えると、税金の使い道に関する説明責任を果たしていくことが、どれほど重要なことかがわかるだろう。全国の自治体は、夕張市が財政再建団体となったこのプロセスに学び、今後の自治体運営に活かすべきである。

※東京都から夕張市に派遣されている百澤さんと鈴木直道さんから、現状を交代でレポートしてもらいます（随時掲載）

がんばれ！公務員 22

備蓄するなら職員も

文とマンガ 鈴木武征

ミャンマーのサイクロン、中国の四川大地震で多くの犠牲者が出た。十数万人、数万人といわれるその数は只事ではない。

人間はいまだ自然の猛威の前には無力に近いことを痛感せざるを得ない。

我が国もいつ大地震が起きても不思議ではないとのことで空恐ろしい。

諸災害に備え、多くの自治体が避難場所、備蓄倉庫、救急体制の整備に加えて職員の参集訓練などに余念がない。

それでもこれらの対策がいざという時にどれほどの効果を発揮するのか[illegible]

自衛隊や警察、消防、自治体の災害対策組織の役割は比較的明快だ。[illegible]

[illegible] そうした中で、いまだ私のなかでもやもやしていることが一点ある。

それは災害時におけるフツーの職員の役割だ。

現役時代、参集訓練などに参加しながら「もしこれがホントだったらどうなんだろう、私は都庁へ行くより自分の家族の安全確保などを優先するのが正解なのだろうか」と思ったものだ。

[illegible] 迷うのは職場以外の場所で遭遇した場合だ。当時の指導では、まず自分や家族の安全を確認し、その後勤務先に馳せ参じる。

勤務先にたどりつける状況で無い場合は出先機関など近くの公の施設に行き、そこの指揮監督者の指示で救援活動等に当たるものと記憶している。

[illegible]

悩む私への答えは、「公務員としての良識ある行動」だった。ここでいう良識とは、公務員たる者、個の利害を優先することなく、国民、住民のため公正、公平に行動すべしと解釈された。[illegible]

[illegible] 危機が懸念される今日、公のために働く人間を減らすべきではない。

備蓄倉庫のなかに乾パンを貯めるのも良いが、乾パンは自分では動けない。

いざという時にサッと行動できる職員を確保しておくことが重要だ。

本屋のお勧め本

落合博満 変人の研究 ねじめ正一

「変人」の真実に迫る

落合博満。その名前を聞いて多くの者は顔を曇らせる。無口、無愛想、自己中心的。だが、実力は本物。三冠王を唯一三度獲得し、監督として中日を53年ぶりの日本一に導いた。

一般的に「変人」のイメージが付きまとう彼を著者は「ホヤ」に例える。初めて口に入れる時は勇気が必要で、それを通過したものだけが美味に辿り着く。

料理の主役になれないホヤに例えられた落合という印象とは裏腹に筋の通ったシンプルな考えの持ち主だということが、この『落合博満 変人の研究』（ねじめ正一著、新潮社刊）の本を通して分かる。

落合いわく「投手が0点に抑えて、野手が点を取ってくれれば、野球は勝てる」。[illegible]

同様に、一流選手が多くいるチームが強いという表面的な考えにも惑わされない。「野球はボールを投げて受けて、打って走る」。このシンプルさを野球の原点に置いているからだ。

[illegible]

起因するという。理不尽な暴力、マスコミによる中傷、世間でのイメージ。[illegible]

残念ながら世渡りに関しては[illegible]読んで考えてしまう。この本を[illegible]

（三省堂書店都庁店 飯田紀男）

都政新報

発行所　都政新報社
〒160-0023 東京都新宿区西新宿7-23-1 TSビル
〈総務・読者〉(03)5330-8781
〈企画広告〉(03)5330-8784
〈編　　集〉(03)5330-8786
〈出　　版〉(03)5330-8788
〈セミナー事業部〉(03)5330-9977
〈ファクス〉(03)5330-8808
購読料 月1,680円(税込)
毎週火・金曜日発行
但し、祝祭日は休刊

紙面から

民主提出の土対法改正案　賛成多数で参院を通過

法施行前に遡及、豊洲狙い撃ち

民主党が参議院に提出した土壌汚染対策法改正案について、参院環境委員会は22日、民主、共産、無所属の賛成多数で可決。23日の参院本会議でも可決され、衆院に送付された。同改正案は、法施行前に使用をやめた土地でも、卸売市場など特定公共施設等に限り土壌汚染状況調査の対象に含めることから、豊洲への市場移転を狙い撃ちしたものと言われている。委員会では、自民、公明から、「付け焼刃」などと批判する意見が出たが、提案者側の民主党は、新市場予定地での高濃度の汚染を指摘し、「事態は一刻の猶予もない」と退けた。

民主「一刻の猶予もない」
自公「付け焼刃だ」と批判

02年に制定された土壌汚染対策法は、第3条で、有害物質の使用が特定できる施設が設置されている場所を対象として、「廃止」を契機に土壌汚染状況調査の実施を義務付けている。ただし、附則第3条によって、同法の施行前に使用が廃止された土地については、適用から除外されている。

民主党案では、この適用除外を一部廃止して、同法施行前に使用をやめた土地でも、土壌汚染状況調査が行われていない場合、新たに、公園、学校、卸売市場などの特定公共施設を建設しようとする際には、土壌汚染状況調査の対象とする。

22日の参院環境委では、自民党の中川雅治委員が、「改正案を出すなら、付け焼刃ではなく、法律の施行を通して浮かび上がった様々な課題を解決し、みんなが納得できるものであるべき」と民主党案を批判。公明党の加藤修一委員も、「民主党案は、対象が極めて限定的。抜本的に法律を変えていかなければならない」と指摘した。

これに対して、民主党側は、「附則の3条をつけて、豊洲などの有害物質使用施設の跡地を、土壌汚染状況調査の適用から外したことに法律の不備がある」と説明。都の専門家会議が明らかにした調査結果を示した上で、「我が党の動きによって、専門家会議は調査箇所を増やした。もしも法案が提出されなければ、この調査結果は明らかにならなかった。事態は一刻の猶予もない」（鈴木寛氏）と述べ、改正案の早期可決を求めた。

また、民主党と共に提案者に加わる日本新党の田中康夫氏は、「今回の提案は、国民の視点に立った消費者行政だ」と指摘した。

法案に賛成する立場からは、共産党の市田忠義委員が、「地方自治体の条例のように、一定規模以上の土地の改変に伴い調査を義務付けるほうが、範囲が広がるのではないか」と質問した。

民主党は、「今後は、自治体の制度も取り入れて、現行法を改善していく必要がある」（岡崎トミ子氏）と答えた。

無所属の川田龍平委員も、「豊洲地区のようなケースを起こさない予防措置となる」と賛成した。

衆院では自公が反対するため、民主党案の成立の見通しはない。

豊洲新市場予定地を視察する民主党の菅直人代表代行＝07年5月28日

国も対象範囲拡大の方針

【解説】現行の土壌汚染対策法は、施行前に使用をやめた土地に対しては、土壌汚染状況調査の適用を除外しているため、新市場予定地は調査の対象とはならない。

環境省の調査によると、全国で土壌汚染がある可能性の高い土地は、11・3万㌶にのぼると推定されている（東京23区の面積は、約6・2万㌶）。一方、現行法に基づく調査は、法施行後5年間で、898件実施。指定区域に指定されたのは259件にとどまっている。

こうしたことから、「現行法の対象範囲が狭いのではないか」という指摘がされていた。

環境省は、専門家などを集めた懇談会を設置し、今年3月に報告書をまとめている。

報告書は、一定規模以上の土地改変あるいは土地売買等の際に履歴調査を行い、その結果を踏まえ、土壌汚染調査の必要性を判断する仕組みを提案している。これにより、法施行前に有害物質を使用した土地でも、一定程度カバーできる。

民主党案では、公園、学校、卸売市場など特定公共施設を新たに作る場合、法施行前に遡及して調査を義務付ける。これにより、豊洲の新市場予定地にも調査を義務付けることが可能になる。

国の懇談会が示した方向性と、民主党案とでは、法律の範囲を見直す点では一致するものの、対象の絞り方が異なる。

すべての土地を法施行前まで遡及することは、非現実的だ。問題は、全国で紛争が起きている土壌汚染問題に対して、どの程度見直せば解決の糸口になるのかだ。

民主党案が実現すれば、確かに豊洲新市場の建設にブレーキがかかる。しかし、都心の再開発の主役は、民間のディベロッパーだ。マンションや商業施設まで範囲を広げなくても良いのか。

環境委での民主党の言い分は、国が土壌汚染対策の網をかけようというときに、豊洲の問題をあげて、「時間がないから、とりあえず」と聞こえた。

「消費者行政」という位置づけにも、大きな違和感を感じる。

それでも、食の安全のために築地移転を止めたいというなら、そういう正論も成り立つだろうが、もうすぐ政権を取ろうという政党のやることなのだろうか。（地）

インドネシア人看護師・介護士
EPAで受け入れへ
言語の壁　「使い捨て」の危惧

政府は19日、インドネシアとの経済連携協定（EPA）に基づいて看護師・介護福祉士を受け入れる覚書に合意した。22日には、斡旋機関の㈳国際厚生事業団が受け入れを希望する病院や介護施設を対象にした説明会を開催。今夏にも第一陣が来日する見通しとなった。一方、インドネシアより早くEPAが発効するとみられていたフィリピンでは国会で批准されておらず、足踏み状態が続いている。フィリピンからの受け入れを念頭に日本語指導の支援策を準備していた都側は、「急転直下の展開だ」と話している。

受け入れ規模は、看護師・介護福祉士あわせて、2年間で最大1千人。7月にもインドネシアから第一陣が来日する。受け入れ施設は、1人につき斡旋手数料など約60万円を負担する必要がある。看護師は3年、介護福祉士は4年以内に国家試験に合格しないと、帰国しなければならない。

こうしたリスクはあるが、深刻な福祉人材の不足を背景に、インドネシア人看護師・介護士には熱い視線が注がれている。22日の説明会には、医療機関や介護施設の採用担当者など約500人が参加した。関係者は「負担が大きくても、人材が欲しい切迫した事情があるのだろう」と話す。

募集期間は6月1日までと、かなり短い。また、来日したインドネシア人は当初6カ月の日本語研修を受けることになっているが、担当機関も決まっていないのが現状だ。診療所と老健を数カ所運営する医療法人の担当者は「性急すぎる。1年待ってもよかったのでは」と話す。

◇　◇

困惑しているのは、医療機関や介護施設だけではない。EPAで来日する予定だったフィリピン人看護師・介護福祉士を念頭に、都では日本語指導の支援を予定していた。福祉保健局幹部が現地を視察するなど準備していたが、ここにきて、インドネシアからの受け入れが急きょ決まり、対応を強いられている。

大きな課題の一つが言語の壁だ。フィリピンは、高等教育から英語を使用するのに対し、インドネシアでは母国語を使用。専門用語をインドネシア語に翻訳できる人材は極端に少ない。

国家試験には、「大腿部」「骨粗鬆症」など、日本人にも難解な用語が出題される。介護福祉士の国家試験合格率は、日本人でも5割程度で、試験に受かるのは至難の業だ。国家試験に失敗した外国人看護師・介護士が「使い捨て」にされる懸念が高まっている。

都の支援策は、試験合格を後押しし、こうした事態を回避する狙いがある。都は「検討は大至急進めたい」（福祉保健局）としているが、日本語研修を担う機関が決まっていないため、6カ月でインドネシア人の日本語レベルがどこまで到達するか見えず、教材の用意も難しくなっている。

22日の説明会では、参加者から国の支援体制の不備を指摘する声が上がった。受け入れる以上は、語学やメンタル面でのサポート体制が不可欠だ。

新銀行東京
近畿産業信組が支援表明
いきなり提案書提出　「売名行為」の批判

経営危機が続く新銀行東京に対し、近畿2府4県や岐阜県、長崎県を営業地域とする近畿産業信用組合（青木定雄会長）が22日、行員派遣や営業譲渡などの支援を表明した。中小・零細企業への資金供給を助けようという石原知事の銀行設立の理念に共感し、信組内で「お手伝い」の方策について1カ月ほど前から検討していたという。22日に提案書を提出し、都からの「返答を待つ」としている。

記者会見で同信組の木下鐘三理事は「知事の理念と方向性は正しかったが、行員に対する教育の欠如が3年間で1016億円の累積赤字を生む原因になった」と指摘。近畿産業信組の行員教育のノウハウを提供し、派遣等の人事交流によって新銀行東京の再建を助けたいという。「将来的には、営業譲渡まで視野に入れている」と話した。

なぜ経営支援に乗り出すのか、この点に関しては「MKタクシー創業者である青木定雄の人間愛からだ。メリット、デメリットを度外視して新銀行東京に教育体系を与えたいという一念からだ」と説明。営業譲渡にどの程度の金がかかるか、試算していないという。

しかし、都庁内では「売名行為。信組の名前がメディアで報道されれば、それで良いのだろう」と受け止められている。都議会与党幹部も「いろんなことを言ってくるところがある」と一蹴している。

通常、金融機関の統廃合は、水面下で交渉が行われ、協議が整った段階でオープンになる。今回は、新銀行東京の経営陣といっさい接触せず、株主である東京都にいきなり文書を提出した。こうした常軌を逸した行動については「思い立ったら吉日。青木は、思い立ったら行動に移さないと気が済まない性格のため」と説明した。

近畿産業信組は、一部役員による不適切な融資が多数あり、04年6月に近畿財務局から行政処分を受けている。ズサンな経営を行っている金融機関が新銀行東京を教育できる立場なのか、この点に関しては「すべてがパーフェクトでなければ、声をかけられないということではない。不適切な融資は、もうない。うちの信組にも強みと弱みがあり、後は受け手である東京都がどう考えるかの問題」と語った。23日の記者会見で知事は「支援と言っても、メンタルなものではしょうがない」とコメントした。

都政の東西
マイナス6

知り合いとCO₂削減の話になった。「トイレの手洗いは必ずハンカチ。手の乾燥機は絶対に使わない」という。吹き出す温風で手を乾燥させる仕組みだが、「きっと電気をたくさん消費しているに違いない」というわけだ。ほかにも打ち水、エレベーターやエスカレーターを使わず階段を使うなどして、温暖化防止を心がけているという。

日本は90年比で温室効果ガスの6％削減が求められている。それを達成するために、国は「チーム・マイナス6」という国民的プロジェクトを展開している。一人ひとりの行いは、ちょっとしたことかもしれないが、それがチームとなって結集すれば、地球規模の大きな力になるとの思いが込められている。23日現在、220万人余りの個人と2万を超える団体が「チーム員」として参加している。

できる行動として挙げられているのが六つのこと。水道の蛇口を開けっ放しにしない▽エアコンの温度をきつくしない▽自動車の停車や駐車時にアイドリングをしない▽省エネ性能を備えたエコ製品を選んで買う▽買い物にはマイバッグを持参。過剰包装を断り、なるべくごみを出さない▽ビデオやテレビ、電子レンジなどのコンセントをこまめに抜く――。どの程度実行できているだろうか。

自治体としてできることも大きい。都内の全62区市町村による「オール東京62」共同プロジェクトは「チーム・マイナス6」に参加。緑の保全の事業連携や温室効果ガス排出量標準算定手法の標準化に取り組んでいる。同じくチーム員の都も、都内の大規模事業所を対象にCO₂排出削減を義務づける環境確保条例の改正案を次の議会に上程予定だし、千代田区は地区計画で事業者にCO₂削減を求めた。都会を抱える東京だからこそ先駆的取り組みに期待したい。

在宅支えるモデル構築へ
地域ケアで推進会議

高齢者が要介護状態になっても地域で暮らし続けることができる体制を作るため、都福祉保健局は23日、「東京の地域ケアを推進する会議」（委員長＝堀田力・さわやか福祉財団理事長）を開き、具体策の検討に入った。

安藤立美福祉保健局長は冒頭、「東京における高齢者の望ましい将来像を実現できる具体的な方策を明らかにしていただき、施策として取り組んでいきたい」とあいさつ。

23日の会議では、▽医療や専門職と近隣住民とのネットワークをどうすればいいか▽移動手段が少なく、外出が自由にできない▽ボランティアの自発的な取り組みを促すことが必要――といった問題が提起された。

同会議では、①在宅生活を支える新しい介護サービス②地域ネットワーク――の2点を検討する専門部会を設置。試行モデルを構築し、09年度から試行する。また、来年度以降は在宅生活に必要なサービスの内容と量について検討し、各区市町村に提示できるモデル事業をまとめる予定。

08年1月現在、東京都の高齢者数は約240万人で、今後7年間で約76万人増加する。また、2020年には75歳以上の後期高齢者が65〜74歳の前期高齢者を上回ると予測されている。

都内ナンバー車両の混和検出率0・2％
不正軽油

都主税局が2000年度から始めた不正軽油撲滅作戦の結果、07年度は都内ナンバー車両の混和検出率が0・2％と過去最低になった。その一方、他県ナンバーは1・4％と依然高めで、広域的な取り組み強化が一層必要となっている。車両全体では、混和検出率は0・8％。

都民から07年度に「不正軽油110番」に寄せられた情報提供は123件。この中には、セルフ式ガソリンスタンドで深夜に灯油を車に給油している不正行為を初めて確認し、関係団体に防止策などを要請したケースもあった。軽油抜き取り調査で抜き取ったのは7360本で、課税したのは12件、課税額は6600万円だった。

被害総額は3億円余に
貸します詐欺

多重債務者の増加やグレーゾーン金利問題を受け、07年12月から貸金業法が施行され、都内の登録業者は2112社（07年度末）になった。02年度がピークで6983社だったことから、3分の1以下に減ったことになる。貸金業者の減少に伴い、苦情・相談も昨年度に比べて約3割減になった。「貸します詐欺」の被害は703件あり、約3億1千万円だった。

都の07年度実績としては、悪質な業者に対する登録取り消し処分が20件、取り立て行為の規制違反を行った2業者に業務停止命令を出した。

都議選1次公認を発表
公明党

公明党東京都本部は22日、09年夏に予定されている都議選の第1次公認5人を発表した。内訳は、現職1人、新人4人。

現職は、世田谷区の中島義雄氏（3期）。新人は、墨田区の加藤雅之（党職員）、目黒区の斉藤泰宏（代議士秘書）、世田谷区の栗林のり子（区議）、練馬区の小林健二（代議士秘書）の4氏。

冗句ジョーク

都管理職選考、筆記試験実施
いやいや受験した職員の打ち上げ会
「無事終了と、名ばかり管理職の店長にカンパーイ！」

「医療崩壊」防げ

23区で目立つ病床減

大田区は病院と連携へ

経営破たんなどによる病院の閉鎖が相次いでいる。都内一般病院の病床数の減少は、市町村部よりも区部で目立つ。1996年からの10年間で639床が減った大田区などでは、病院がマンションに変わったケースも多い。同区では、医師会の呼びかけにこたえ、地域医療の崩壊を防ぐため、病院との連携に踏み出した。今年2月に入院医療協議会を設立。広域で入院ニーズをカバーする都の二次保健医療圏だけでは拾いきれない地域事情も汲み上げ、地域完結型医療を目指す。

◆都市部で目立つ減少

現在、多くの病院が閉鎖や廃業に追い込まれている。本紙で23区について調べたところ、1996年から2006年までの10年間で一般病院数は38減少。一般病院の病床数は2407床減っている。市町村部に比べて減少が顕著になっている。

一因として、土地や人件費などの経営コストが高くつくことや診療報酬改定による経営難があるとみられている。

大田区の蒲田医師会の黒田俊会長は、都の二次保健医療圏である区南部（品川区、大田区）の病院の実態を調査した。それによると、97年から07年までの10年間に病院は15減少し、減少率は27％。大田区だけでみると、37病院が29病院へと8病院減り、減少率は22％であることが分かった。

◆情報共有の必要性

「地図をみると、病院がマンションに変わっているケースも多い。これでは地域の医療崩壊につながると、危機感を持った」と黒田会長は話す。都の保健医療圏の資料からだけでは見えてこない地域医療の実態をさらにつかむ必要があると、区や区内の医療関係者などに呼びかけ、今年2月、「大田区入院医療協議会」を発足させた。医療関係者だけでなく、区にも呼びかけたのは、区民への発信力があり、「行政が望む医療の姿もあると思ったから」（黒田会長）という。

協議会は、蒲田、大森、田園調布の3医師会会員、東邦大学医療センター大森病院など区内の入院医療機関の管理者や事務責任者、区保健福祉部や保健所職員らで構成。従来は競合を懸念して行われてこなかった医療機関同士の情報共有を図り、患者を効率よく受け入れる体制を目指す。現在、会員に対して、病床の機能や療養病床改変での対応などを尋ねるアンケートを実施中。実態を把握した上で、急性期、回復期、慢性期から介護系サービスまでカバーするトータルな地域医療を提供していく考えだ。

区では「風邪や腹痛、脳血管障害まで、区民が遠くまで行かずに、安心して医療を受けられる環境づくりをしたい」という。広報やホームページで入院医療についての情報発信など行っていく。

◆身近な地域で

地域医療崩壊の危機は、大田区に限ったことではない。豊島区では、96年から06年までに一般病院の病床数が1千以上も減少した。同区では「看護師を十分に配置できずに病床を返上したり、経営難による閉鎖などが影響している」と話す。「より安い地価のところへ移転する傾向もあるようだ」という。

昨年春には、西武線椎名町駅周辺にあった三つの中規模病院が、経営難や移転で同時期に閉鎖。区には区民から「代わりの病院を誘致してくれ」と切実な声が寄せられた。しかし、都は、「（豊島、北、板橋、練馬区からなる）区西北部二次保健医療圏全体では、ベッド数は足りない状況ではない」との判断。結局、区としては「そういう理由で誘致は難しい」と区民に説明せざるをえなかった。

都の二次保健医療圏は入院医療の確保を目的として都内全域を13圏域に分割しており、23区は7圏域に分かれている。東京都保健医療計画によると、07年4月1日現在では、7圏域のうち5圏域で、既存病床数（療養病床および一般病床）が、都の目標とする病床数を下回った。03年には2圏域で下回るだけだったのに比べて不足が著しい。仮に圏域全体で足りていても、病院が地域的に偏在していれば、区民には利用しにくい。

通常は、患者の入院問題に関しては、「二次保健医療圏内での解決」「主な管轄は都」という認識が一般的。そこから一歩踏み出した大田区。身近な地域で、望ましい医療の形を作り上げていくことが求められている。

23区における病院数と病床数の変遷

	一般病院数			一般病院病床数		
	1996年	2006年	増減	1996年	2006年	増減
千代田	20	16	△4	3609	2895	△714
中央	7	5	△2	1478	1260	△218
港	23	16	△7	4719	4108	△611
新宿	18	16	△2	6599	6535	△64
文京	12	11	△1	5452	5612	160
台東	8	5	△3	1032	523	△509
墨田	19	15	△4	2673	2591	△82
江東	11	19	8	1408	2853	1445
品川	18	14	△4	3550	3065	△485
目黒	12	10	△2	2719	2568	△151
大田	37	29	△8	5764	5125	△639
世田谷	28	26	△2	4980	5633	653
渋谷	16	16	0	3656	3175	△481
中野	12	10	△2	1896	1564	△332
杉並	18	18	0	2505	2303	△202
豊島	24	20	△4	3140	2063	△1077
北	21	20	△1	2270	2277	7
荒川	17	15	△2	1372	1501	129
板橋	38	38	0	9746	9847	101
練馬	18	19	1	2560	2593	33
足立	38	44	6	4604	5143	539
葛飾	23	20	△3	2615	2356	△259
江戸川	22	20	△2	2105	2455	350
区部計	460	422	△38	80452	78045	△2407
市町村計	188	183	△5	38296	38225	△71
都内計	648	605	△43	118748	116270	△2478

東京都福祉保健局「東京都の医療施設」より作成

手作り計算シート作成

後期高齢者医療制度　区民に改めて説明会

足立区

足立区は後期高齢者医療制度について、改めて区民への説明会を行っている。説明では、自分のおよその保険料が手っ取り早く分かるようにと、手作りの保険料計算シートを用いているのが特徴だ。

同区では制度の実施を前に、昨年度30回の説明会を開いた。しかし、「まだ高齢者に十分な理解が得られていない」と、改めて14カ所で説明会を開催することにした。

これまですでに4カ所で開催。1カ所あたり平均10人前後の参加者があった。

説明会では、区高齢医療・年金課職員が制度の概要を説明し、次に、職員手作りの保険料計算シートで自分のおよその保険料を計算してもらう。

同課では「いくら資料を使って説明しても、ただ聞いているだけでは本当に分かってもらいにくいと思った」と話す。計算シートは、他府県の自治体が作ったものを参考にし、東京都独自の軽減策の要素を加えてアレンジしたという。

A3の大きさで、表が自分の計算用、裏が年金収入153万円の場合の計算見本となっている。

「はい」「いいえ」、および計算式に従っていくと所得割と均等割の金額が出せ、それを足すと保険料が出る。

まず153万円の例で計算を説明。次に自分の保険料を計算してもらう。同区では、国民健康保険から同制度への移行者については4月に保険料を通知済み。社会保険からの移行者については7月中旬を目途に通知する予定であるため、説明会の参加者は保険料を知っている人、知らない人が混在している。

質疑応答では参加者から「妻と合わせて年額3万円から4万円も負担が増える。納得がいかない」との声が出た。そのほか、「働いておらず、年金で暮らしている。そうした実態を踏まえた制度にしてほしい」「介護保険料も年金から引かれるので厳しい」などの意見もあった。

説明会の期間は6月30日まで。その間、同月13日に国から制度の改善案が出るとみられている。区では「それを待っている状態」というが、「改善案が出たとしても、おそらく方向性を示すにとどまるだろう。事務的な詰めはずっと後になる。説明会が内容的に大きく変わることはないと思う」と話している。

ごみ負担金の思わぬ余波

荒川区議長「下水処理も同様に」

2010年度から可燃ごみ処理に負担金を導入する「負担の公平」を下水処理にも取り入れるよう、荒川区の竹内捷美議長らが特別区議長会総会などで発言していたことが分かった。ごみ処理の負担金の思わぬ余波が広がった形だ。自区内処理の原則でつくっていない下水道処理施設に負担の公平を取り入れることに異論も聞こえてくる。

「負担の公平は、清掃工場だけじゃない」。5月19日の議長会総会で、竹内議長がこう切り出した。都区のあり方検討委員会で議論が止まったままの上下水道の移管が区に決まった場合、下水処理施設がない12区が、荒川区などに負担金を支払うことが望ましいと主張した。残りの22区の議長は終始、黙って聞いていたという。

竹内議長は「ごみの負担金が導入されるので、下水処理の負担金も出てくる」と指摘する。下水処理の負担金導入は、収入を増やしたいからではなく、迷惑施設のあり方を他区などに考えてもらうのが真意という。

下水処理の負担の公平が持ち上がった背景には、清掃工場建設が立ち消えになったことへの不満がある。

22日の荒川区議会建設環境委員会で、小坂眞三委員（自民）は「清掃工場を建てて他の区のごみを受け入れ、ごみ負担金をもらう方がいいのではないか」と皮肉を込めて話した。

清掃工場の予定地も決まっていたが、区長会が03年にごみの減量などを理由に清掃工場を建設しないと決めたため、建設が幻となったのが荒川区だ。清掃工場ができていれば、負担金を支払わずに済んだかもしれないが、区や区議会には、区長会の決定事項には「やむなし」の思いはある。

だが、区幹部は「区長会の決定に従って清掃工場建設を中止したのに、今度は負担金を自主財源で捻出しなくてはいけない。正直、関係各所に複雑な思いがあっても不思議ではない」と本音をもらす。

小坂委員は、区内にある下水処理施設に着目し、ごみ負担金の構図が下水処理にもあてはまることを指摘した。さらに、区が悪臭対策や下水管工事の対策などに長年追われてきたことを挙げ、下水処理の負担の公平について「荒川区として主張すべきことは、主張しなくてはならない」と強気の姿勢を見せている。

ある区の幹部は「川に直結するところに下水処理場があり、自区内処理の原則でつくられているわけではないので、負担の公平の趣旨とは違う。今は東京都の事業だから、区の負担の公平の話にはならない」と釘をさしたが、「将来、都から区に下水道が移管されたとき、将来の問題として出てきそうだ」と話している。

【下水処理施設のある11区】港、新宿、江東、大田、中野、北、荒川、板橋、足立、葛飾、江戸川

ワンルーム税の検証始める

豊島区　戸数は約4割減

豊島区が2004年6月から課税を始めたワンルームマンション税のあり方について審議する「検討会議」（会長＝池上岳彦・立教大学経済学部教授）が23日、初めて開催された。検討会議は、10月か11月までに区長に答申する予定。

ワンルームマンション税は、面積が29平方㍍未満の住戸1戸あたり、50万円を建築主に課税している。ただし、8戸未満のワンルームは非課税となる。区内のワンルームマンションは課税前に年間平均1069戸が着工されていたが、課税後の04～06年は619戸がつくられ、約4割が減った。一方、大規模マンションの都心回帰の影響で、ファミリー向けが増えている。

07年度末までで79物件、2359戸が課税対象になり、区は11億7950万円の税収を得た。ワンルームマンション税は、一般財源となる「法定外普通税」であるが、税収全額を住宅基金に積み、公営住宅の建て替えなどに充てている。

23日の検討会議では、課税前後の世帯構成などが報告された。国勢調査の単独世帯は00年の約7万5千世帯から、課税後の05年は約7万世帯に減少しているが、調査票を回収できなかったのが原因となった。05年の住民基本台帳では、区の単独世帯が8万2千世帯余りに増加しており、23区でも引き続きトップであることが分かった。

今後は、住戸1戸あたりの課税額50万円が妥当なのかなどを審議し、税のあり方を決めていく。

ワンルームマンションの急増に歯止めはかかっている＝豊島区内で

女性健康支援センター

板橋区

6月オープン

板橋区は来月2日、「女性健康支援センター」を保健所内に開設する。年齢に関係なく、女性の健康相談全般に対応する施設の設置は、23区で初。

女性が相談しやすいように、センターの職員はすべて女性。医師、保健師、臨床心理士など医療専門者が、電話、面接で区民の相談に対応する。健康全般に関する問い合わせのほか、妊娠・出産、乳がん、更年期、メンタルヘルスなど専門分野の質問も受け付ける。

病気などで同じ悩みを持つ女性グループが集まる場を設け、自助活動も支援するほか、健康に関する講座なども運営。

同センターの担当者は「生涯を通じた女性の健康づくりを支援する拠点施設としての機能を充実していきたい」と話す。

特に乳がんは、日本の女性のがん罹患率で第1位のため、板橋区は、予防、健診、診断、治療、術後回復期、在宅観察期に至る総合的な支援体制を、区内の医療機関と連携して整備する方針。女性健康支援センターには相談窓口としての機能、啓発活動が期待される。当面は乳がん関連の保健、福祉、医療の各情報を総合的にまとめた『乳がんを予防する生活ガイド』を作成・配布する。

危険な公園遊具32基を緊急撤去

荒川区

荒川区は区内公園の児童用遊具の緊急安全点検を行った結果、32基の遊具に深刻な破損、老朽化を発見したと公表した。区は「特に危険」とされた2基を昨年度中に撤去。次に危険性が高い30基についても使用を中止し、7月末までに順次撤去する。

22日の区議会建設環境委員会での報告によると、緊急安全点検は、全国的に多発している公園遊具事故を受けて、昨年11月から今年3月にかけて実施。専門調査業者に委託して、区内99カ所の児童公園などに設置された437基の全遊具を対象に行った。

経年劣化の進行度合いや損傷状況などを点検確認し、安全性を6段階に区分。支柱など重要部分に不備の生じているもの、老朽化で修理が困難なものなど、32基の撤去を決めた。当面は使用に問題ないが、「修繕等が必要」とされた遊具は288基に及んだ。

副議長に清波氏

大田区議会

大田区議会は23日、臨時会を開き、副議長に公明党の清波（しば）貞子氏（61）を選出した。議長は自民党の永井敬臣氏（63）が引き続き務める。

清波氏は通算3期目で、生活産業委員会、都市整備委員会の委員長を務めた。

記者席

奇しくも30周年記念の日

○……「30年にあわせて議論しました……と言いたいところなんですが、そうではなくて、偶然です。冬柴大臣も国会でお忙しくてなかなか議論できず、今日になったということです」。20日の経済財政諮問会議後の記者会見。大田弘子経済財政担当相は、記者から「成田空港30年の日に、羽田の国際化について提言したことは意味があるのか」と問われると、こう返答した。

成田では今も騒音問題を抱える。そのうえ、「地盤沈下」に陥ったら——。奇しくも30周年という記念の日に、羽田の国際化が推進したことは、千葉県から苦々しく受け止められたに違いない。

○……「自分に自信を持っている子供が10人に一人しかいないというのは異常である。この数字をそのまま信じていいのか」——都教育委員会の瀬古委員は22日、第2次・東京都教育ビジョンの中で示した国際的な子供意識調査の結果に疑問を投げかけた。

日本の子供たちの「自尊感情」がアメリカや中国に比べて極端に低いという調査結果に、瀬古委員はどうも納得できない様子。最後は「日本人と性格が似ているドイツ人の場合はどうか」と食い下がったものの、その調査結果を覆すような教育庁からの説明がないばかりか、各委員からはむしろ「自尊感情」低下を裏付ける発言が相次ぐ始末。

それでも瀬古委員は「なぜ子供たちは自信が持てないのか」とつぶやきながら、首を傾げていた。

○……ぜんそく、肥満の児童らを対象にした葛飾区立保田しおさい学校（千葉県）では、年内に耐震化工事を行うため、児童が一時的に渋谷区立富山臨海学園（同県）に移ることになった。

保田しおさい学校は1968年に開校し、今年で40年の節目を迎えた。老朽化で耐震化しなければ、四川大地震で校舎が倒壊し児童らが犠牲になってしまうようなことが起こらないとも限らない。

現在、23区外の養護学校は入学する児童が減り、ほとんどが閉校しており、風前のともし火だ。耐震化して後世に残せるのなら、残してほしいと思う。

あの手この手で企業誘致

税収アップ、街に活気を

まちの産業を活性化し、税収アップや雇用創出に結び付けようと、条例を制定して企業誘致促進を強化する市がある。26市では、八王子、多摩、羽村の3市が企業誘致に関する条例を制定しており、国立市でも6月に開かれる第2回定例市議会に企業誘致推進条例を提案する予定だ。まとまった民有地が出れば、マンションが建設されてしまうことも多い昨今。国立市の条例は、事業用地を貸し出す地権者への助成や、土地のあっせんができる内容を盛り込んでおり、他県の自治体からも注目を集めている。

「柔軟性」で条例効果発揮

土地所有者にも配慮

06年度企業統計調査報告によると、国立市の工業系事業所数は48社で26市中25位、従業員数は445人で26市中で最下位。市の自立に向けた歳入確保を目指す上で、企業誘致やそれに伴う雇用創出は市の重要課題の一つにあがっていた。

そうした中、同市では庁内に民間有識者などを交えた企業誘致促進プロジェクトチームを設置。政策推進室を中心に、効率的な企業誘致の条例案を策定した。

条例案の対象となる企業への支援内容は、助成、用地斡旋、融資。

前年度の固定資産税・都市計画税に対し、期間5年以内、年額1億円を上限に20%～80%を助成するほか、企業移転によるマンション化を防ぐため、市と不動産関係事業者とで「企業立地あっせん協定（仮称）」を締結して、幅広い情報提供と事業用地を確保。融資では、金融機関と連携して事業資金融資制度を創設し、新たに事業施設を開設しようとする民間企業を支援する。

また、「活気的な支援」として打ち出したのが、「企業立地協力金（仮称）」。企業に事業用地や事業用建物を貸し出す所有者に対しても、5年以内、年額5千万円を上限に、前年度分の固定資産税等の納税額の20%～80%を助成。遊休地の有効利用促進を期待する。

市は条例制定に合わせて「企業誘致推進本部（仮称）」も設置。6月議会の補正予算で民間企業OB2人の採用も予定し、マンション建設などに先手を打つため、事業用地についての情報収集や、企業誘致に関する様々な交渉を行い、条例を有効に活用したい考えだ。

市は、のちに裁判となった明和マンションの土地の元の所有者だった東京海上㈱が、計算センターを移転して6階建てのビルを建築しようと市に相談した際、条例などの根拠がないことから「特定企業への利便供与になる」として用途地域変更を認められなかった。結果、明和地所に土地を売却して撤退。そこで働く従業員もいなくなり、地域経済に与えたダメージは大きかったという。

政策推進室は「当時は、企業が地域に果たす役割に対する市の認識も甘かった。その反省もあり、今回の条例案は、企業誘致に対して柔軟なものになった」と話し、多くの企業の進出を期待している。

条例の効果

04年度に、「いきいき企業支援条例」を制定した八王子市は、条例の対象となった企業に、固定資産税・都市計画税・事業所税額相当分を3年間奨励金として交付。企業誘致を推進するために条例改正を行い、事業用地探しもサポートするなど、熱心な市の姿勢を企業にアピールしてきた。

その結果、これまでに23事業者が誘致でき、雇用は目標を上回る640人増に。税収は単年度ベースで2億1600万円増となった。さらに、法人市民税や個人市民税のほか、誘致した企業のビル建設など様々な波及効果も生んでいるという。

市産業政策課は、条例制定の効果について「企業に対して『ウェルカム』な市の姿勢をはっきりと示せることが大きい」という。さらに、まちづくりの視点からも業務用地にしたほうが効果的と判断した第2種住居地域を工業系地域に用途変更するなど、企業ニーズに柔軟な誘致の展開が功を奏しているようだ。

今後の課題については「新たな工業地域を作ること」。市内の南側には大規模な土地があるが、業務用地としての土地は限定されているため、「開発が想定されている地域の公有地などを活用し、ものづくり企業に魅力ある土地を作っていく必要がある」と話す。条例は今年度で期限切れとなるが、市は条例の延長でさらに産業活性を進めていきたい考えだ。

都市再生機構と東京都の土地の処分を目的に、条例を制定している多摩市でも、16社を誘致してそのうち4社に条例適用による奨励金を交付。全体の約半分にあたる14・3㌶に企業誘致できた。しかし、多摩センター地区以外の土地については、会社側のニーズに合う形態や広さなどのマッチングが難しく、誘致が進んでいないという。04年度に条例を制定した羽村市でも、企業誘致できたのは2件。「問い合わせは多いが、大きい土地を求めてくる企業が多く、それに見合った場所がない」という。

限られた土地の中で企業側のニーズにどう応えていくか。条例を生かすための知恵や工夫が求められている。

市民の期待に応える

福生市　加藤新市長が初登庁

福生市長選挙で激戦を制した加藤育男新市長は21日、支持者や職員たちに迎えられ初登庁した。玄関前で花束を受け取り、拍手の中、市長室へ。

前野澤市政発展の後継者として、緊張の中にも笑顔を見せながら、新たな市政をスタートさせた。

「市長のいす」に座った加藤市長＝写真＝は、「一生懸命やろうという気持ちが、ふつふつと湧いてくる。市民の期待に応えたい」と思いを語った。その後、臨時庁議や関係者へのあいさつ回りなどで初日の公務を終えた。夕方から開かれた就任式では、職員を前にあいさつ。

選挙公約としてあげた「子育て」「お年寄り・障害者」「教育」「まち」「スリムな市役所」の「五つの元気」を市にもたらすとし、「市民を大事に、マニフェスト実現を職員のみなさんとやっていきたい」と協力を求めた。

迎える職員の側からは「新市長のもと、心機一転して取り組んでいく」と決意表明があり、ともに新市政の第一歩を踏み出した。

「市民のために輝くまちを」

野澤市長退任

福生市の野澤久人市長が20日に任期満了を迎え、2期8年の市政運営にピリオドを打った。

野澤市長は退任のあいさつで「入庁した年からは46年。市に育てられ、人間形成してきた。市の仕事は、前任者の土台があり、種をまき、それを育む人、実を刈る人がいる。私は本当にいい時期にやらせてもらった。みなさんの努力のおかげ」などと振り返り、「その力で新市長を支え、市民の幸せを守り、市民のために全力で輝くまちを作ってほしい」と職員にメッセージを送った。

また、送別の言葉では「クリーンな市政」「市民参加推進」など、市の発展に尽くした功績が語られ、記念品として市長就任からこれまでの様々な場面を撮影したアルバムが手渡された。

市では、この日のため「野澤市長、長い間お疲れ様でした」などと書かれた横断幕を用意。花束を抱えた野澤市長は職員らの拍手に送られて＝写真＝、慣れ親しんだ庁舎に別れを告げた。

若者の希望叶う島に

島民の力が復興の推進力

復興のステージ　三宅島航空路再開　（下）

■避難生活を架け橋に

「三宅島は元気でがんばってるよ、と伝えたい」。そう話すのは、「三宅ハート会」の代表のひとり、廣井美和子さん（60）。同会は、坪田地区で島の特産品を使った加工品や食料品を置き、飲食スペースも確保した「ハートショップ」を構えている。

廣井さんは、島の復興を支える「たくましい島民」を象徴するひとりだ。全島避難を余儀なくされた2000年の噴火前に、三宅村商工会女性部の仲間とともに、島おこし補助金制度を使って島の特産品のドクダミを化粧品にする商品開発を手がけた。

しかし、商品化を目前に噴火。避難した島民の受け入れ先ごとに仲間もばらばらになり、補助金を返すことも考えたが、すでにできあがっていた化粧品を前に、一念発起。商工会では営利目的の活動はできないため、任意団体「ハート会」を設立して、販売に奔走した。

商品販売をするための情報交換などを通して仲間とのつながりを取り戻した廣井さんは、「東京での避難生活」をメリットに変えた。漬物屋や都の技術センターなどで漬物の加工技術を学び、今では島の漬物が観光土産として店舗に並ぶ。

帰島後の廣井さんは、さらにパワフルだ。高齢化率40%を目前にした島で「何を作っても、島内の需要は限られている。島外に『輸出』しないと」と、島の特産「明日葉」に目をつけた。避難生活を経て東京に残った人とも協力し、東京に販路を開拓。三宅島ならば庭でも育てられるという明日葉で、「高齢者が稼げる」仕事を生み出した。「避難生活では全国の人にお世話になった。島でがんばる姿を見せることで恩返ししたい」。苦しかった東京での避難生活は、今では島の産業復興の架け橋にもなっている。

「全国にお世話になったみなさんに、三宅の元気を伝えたい」と話す廣井さん。島特産の明日葉の“輸出”で、高齢者の新たな仕事も生み出した

■希望の島へ

廣井さんのように、「東京での避難生活」をすぐに仕事に結び付けられた島民は少ないが、全島避難は、島民全体の意識の変化を生んだ。

「ガス噴出　未だ続くもこの島に　戻りし人ら　喜び語る」――空路再開に合わせて開館した郷土資料館横の御製碑

長い避難生活の中で、テーマパークや近県の温泉地などを観光した島民も多く、東京に住んでいれば、様々な娯楽やレジャーがすぐに手に入ることを実感として知った。

「手軽に観光を楽しめる本土の人に、島に遊びにきてもらうためには、島の魅力を高めなければ」。なんらかの観光産業に関わる多くの島民は、一種の危機感を抱いて帰島。島を離れたことで、改めて美しい海の魅力や火山島の面白さを認識したこともあり、それを観光に結びつけようとする意欲も強くなった。

そして今、漁協からは、漁師の生業である漁業を観光と合体させた「観光定置網」が、地域からは新しい観光土産品開発などの提案があがるなど、観光を機軸にした産業復興を目指す村の呼びかけに呼応するように、アイデアも生まれている。

村観光振興課は、こうした地域の動きを『タネ』と例える。「島民が蒔いた『タネ』に花が咲くか、実るかは分からない。しかし、役場はできるだけ多くの『タネ』が蒔けるような地盤を作って支援したい」。観光ニーズにどう応え、収入に結びつけるか。島民自らが考え、行動することが将来の島を支える力になる。

◇

村は観光産業の起爆剤と期待される空路再開の今年度を「復興の第一ステージ」と位置づけた。それはまだ動き出したばかりだが、このチャンスを生かせるかは、島の将来を変える大きなターニングポイントになる。

島の高校生の1人は卒業後「東京の鍼灸の専門学校に行く」といい、お年寄りのために鍼灸院を開いて「大好きな島のために将来は島で働く」と話した。島の未来に希望を抱く若者の思いに応えられる島になること。真の復興が待たれている。

はじめまして　新副市長です

東村山市　金子優氏

「都での経験を活かしてほしい」――定年を迎える年、渡部市長から副市長就任の打診があった。都での40年間は「人間関係がうまくできれば、『事務屋』としてできない領域の仕事はない」と感じていた。「望まれる仕事ならやってみよう」。新天地への迷いはなかった。

都立神経病院の事務局長時代は、医師やスタッフの意見をまとめるのに苦労したという。しかし、「命を大切にした『患者本位』にしようという収まった」経験を振り返り、「共通の価値観を提示し、いかに同じ方向にベクトルを向かせるかが大事」という思いを強めた。「市政では、住民が求める『よりよい生活』にベクトルを合わせていくことが解決手法になるのでは」と考える。

職員との関係については「惰性に流れないためにも、緊張感を保つ必要がある」というが、副市長室は、来客時以外はいつでもドアが開いている。「寂しがりやで」と笑うが、職員が入りやすい雰囲気を作りたいという思いからだ。「上におもねる必要はない。組織の目標が何かを判断し、自分の意見はきちんと主張して議論できること。その結果、最終的な組織の決定に従う『組織人』になってほしい」とアドバイスを送っている。

◇

1948年7月生まれ。都立大学法学部卒。68年都総務局総務部庶務課配属。都立神経病院事務局長、港湾局営業担当部長、総務局総務部長などを歴任した。趣味は写真撮影と東京散策。通勤時間を利用しての読書は年間100冊にのぼる。

日々新鮮

市に赴任して、今まで予想もしないような事件・事故の発生、市民から寄せられる様々な問題についての手紙、メール、ファクスなどの数々。市民生活は多岐多様であり、対応すべき課題の多さに最初は戸惑ってしまった。しかも対応にスピード感が求められている。しかし、幸せなことは、仕事でであった市民生活に重要な役割を果たしている関係者の皆さんや、困難な行政課題に果敢に挑んでいる市長はじめ職員との出会いがある。この新鮮な感覚を大切にしていきたい。

週刊たま手箱

三鷹市　首都交通対策協で受賞

三鷹市と三鷹交通安全協会は22日、首都交通対策協議会会長賞を受賞し、谷川健次東京都副知事から感謝状が贈呈された。

首都交通対策協議会は、都内の関係機関が連絡調整を図り、総合的、効果的な交通対策を推進するための連絡機関。同賞は都知事を会長とする会が、交通安全に対して功労が特に顕著と認められる市区町村を表彰するもの。会長賞は、全国交通安全運動が100回目を迎えた98年に創設され、今回で11回目になる。

三鷹市内では、高齢者交通事故防止対策や自転車安全利用対策等、交通事故減少の取り組みを推進。昨年2月の死亡事故以来、交通事故死亡者ゼロを更新中で、さらに事故件数も03年以来減少しており、それに伴い死傷者数も減少している。

市は「この受賞を機に、さらに記録更新に向けて安全対策を推進していきたい」などとしている。

都内ではほかに、目黒区が受賞した。

東村山市　ヘルプカードでパネル展示

東村山市は26日から、いきいきプラザ1階ロビーで、災害時に周囲の助けが必要な人が、緊急連絡先や個別の支援方法などを記した「ヘルプカード」「ヘルプ手帳」のパネル展示を行っている。

市民グループ「東村山あんしんネットワーク」が作成したもので、市や社協、警察、消防などが協力して普及。それぞれ800部を配布し、カードを使用して速やかに支援を受けられたケースもあるという。

市町村単位で共通の緊急連絡先等を記したカードを配布するのは、都内で東村山市が初めてで、「万が一」に備え、「市民と市民をつなぐツール」として所持することを呼びかけている。

パネル展示は30日まで。

都管試　受験率は77・4％にアップ

前年度比で0・7ポイント増

08年度の都管理職選考の筆記考査が25日、池袋の立教大学で実施された。受験者数は種別A、B、Cで計1332人、前年度からは120人減少した。ただし、受験率は全体で77・4％に達し、制度改正により受験率が高かった前年度から、さらに0・7ポイント伸ばしている。受験者からは「択一の難易度は若干上がった」「資格試験化で一般的な知識が求められており、十分対応できる内容」などの声が聞かれた。

チャレンジしやすさが浸透

選考区分別にみると、種別Aの受験者数は、事務で対前年度比21人減、技術は同12人減となり、全体では392人。受験率は事務・技術あわせて78・2％で、前年度から1・4ポイントの微減だった。事務が前年度比4・4ポイント減の78・6％となる一方、技術は同3・7ポイント増の77・6％となった。種別Aの択一免除に関しては、事務で受験率が92・6％、技術は93・3％、技術の記述で95・1％と非常に高い値を示した。

種別Bについては受験率が大きく伸びた。事務で72・8％、技術は81・1％、全体では76・8％となった。また種別Bの記述免除では、受験率が事務で97・8％、技術は93・3％だった。また種別Bの記述のみ受験には、109人が申し込み、うち84人が受験、受験率は77・1％だった。

最後の選考となった種別Cには、前年度比52人減の263人が受験。受験率は77・8％と、前年度よりも4・2ポイントも下がっている。このほか運輸管理職では、受験者が3人減の18人、受験率は72・0％だった。

三代川義明試験課長は「昨年度同様、特に種別Bの伸びが大きい。筆記考査の負担感が軽減され、よりチャレンジしやすい仕組みとなったことが浸透したのではないか。種別Bの記述のみ受験の受験率も77・1％と高い。家庭や仕事とのバランスに応じた弾力的な受験が定着していくと考えられる。『資格試験化』では、どの区分も極めて高い受験率を示した。免除によるアドバンテージを感じている積極的な受験者層が多く存在しており、制度改正の効果が広く受け入れられた結果と認識している」とコメントした。

口頭試問の実施日は種別A・Bの1回目が8月6日から8日の間で指定する1日、2回目は8月18日及び19日の指定する1日。種別Cと運輸管理職は、8月6日から8日の間で指定する1日。最終合格発表は8月29日を予定している。

早朝の雨で受験率が心配された。A事務の試験会場＝池袋の立教大学で

【速報値】		申込者(A)	07年度	受験者数(B)	07年度	受験率(B/A)	07年度
A	事務	327	335	257	278	78.6%	83.0%
	土木	85	96	59	65	69.4%	67.7%
	建築	8	10	6	8	75.0%	80.0%
	機械	33	31	25	26	75.8%	83.9%
	電気	30	38	29	32	96.7%	84.2%
	生物	6	7	5	5	83.3%	71.4%
	医化学	12	17	11	11	91.7%	64.7%
	技術小計	174	199	135	147	77.6%	73.9%
	合計	501	534	392	425	78.2%	79.6%
B	事務	452	510	329	368	72.8%	72.2%
	土木	239	255	189	180	79.1%	70.6%
	建築	22	17	17	16	77.3%	94.1%
	機械	56	58	44	45	78.6%	77.6%
	電気	66	76	58	66	87.9%	86.8%
	生物	25	31	22	21	88.0%	67.7%
	医化学	21	27	18	16	85.7%	59.3%
	技術小計	429	464	348	344	81.1%	74.1%
	合計	881	974	677	712	76.8%	73.1%
C	事務	227	258	171	200	75.3%	77.5%
	技術	111	126	92	115	82.9%	91.3%
	合計	338	384	263	315	77.8%	82.0%
ABC合計		1,720	1,892	1,332	1,452	77.4%	76.7%

08年度都管試　受験者の声

種別A

【択一】

■全体的な出題傾向は概ね前回と同様で、過去問を解くことで対応できたものもあった。とはいえ、難易度は若干上がったように思う。事情ものは、日頃から新聞等に目を通し、細部まで読み込んでおく方がよい。広く浅くでは厳しい。（事務）

■昨年度よりもやや難しく感じた。経済学は数学で簡単に処理できる問題が少なく、理論を理解していないと解けない。政治経済等事情は、郵政民営化やASEAN首脳会議等、事前に出題が予想された分野から出題され解答しやすかった。普段から新聞を注意して読むことに加えて、直前に確認するだけでも大分結果が異なるのではないか。経営関係の問題は易しい問題が多く、問題集等で準備しておけば解答できると感じた。（事務）

■政治経済等事情及び都政事情は、新聞等で大きく取り上げられた内容のものが多く、予想されていた範囲内。行政管理、経営学、財政学については、幅広い分野からの出題であったが、基本的な事項を問われたものが多く、基礎的な部分が理解できていれば、容易に解答できた。難易度は全般的に高くない。（事務）

■都の組織の効率化や経済学等に関わる問題が多く出題された様に感じた。都のベテラン職員が今後多く退職していく中で、職員数が限られ、今後さらに組織の効率化や経済学からの行政コストの縮減が求められており、こうした出題傾向になったのでは。話題になった行政・条例等の裁判判決に関する出題、国が参加する国際会議やサミット等の出題、都の施策等に関する出題があり、日常的に情報をチェックしていれば解答できる。（土木）

■都政事情、政治経済等事情は、概ね話題性のある分野から出題された。都政事情は予想通り「10年後の東京への実行プログラム」「予算」関係からも出題された。経営管理は、経済学者等の理論からの出題もあり、特に技術職には取っ付きにくく、また新聞のみの対応では難しい。（機械）

【記述】

■出題の種類としては、基礎的用語や構造力学に関する簡単な計算（計算過程の記載含）から5問中2題を選択し、職務に関する専門知識の中から5問中2題の選択を行い、合計4問の記述を行うものであった。基礎的用語は、主任試験の記述試験に若干の詳細な記述を求められ、土木用語の内容の掘り下げが必要。専門知識は、各局に携わる職員でも記載できるような平準化した出題で、自分の職務に関する選択が容易であった。（土木）

■各分野から万遍なく、基本的事項が出題されていた。難易度はそれほど高くなく、通常業務に関連する知識および話題性の高い事項を整理しておけば、十分対応できる。地球温暖化対策からの出題を予想していたが、出題されなかった。（機械）

【論文】

■「高齢者の増加～」は、「10年後の東京」でも取り上げられているテーマであり、しっかり準備していれば対応可能。「食に関する状況」は、最近の話題だが、論文課題になるとは考えておらず、意外な印象を受けた。提示された資料から課題を抽出し、論文にまとめるのは相当難しかったのではないか。都政に限らず社会全体の話題に対して問題意識を持つことが求められる。（事務）

■「高齢者対策」は、現在の重要課題であると同時に、「10年後の東京」の大きな柱の一つであるため、大方の受験者が予想した分野であったと思われる。その場で課題を分析し、解決策を検討することは非常に厳しい。

「とちょう―i」等をチェックして、都政の重要課題とそれに対する解決策を整理し、レジュメ等を作成しておくことの重要性を痛感した。（事務）

■出題は、後期高齢者医療制度等に関連して「高齢者の増加に関する課題」、中国の餃子事件等に関連して「都政にとって食に関する課題」の二つ。最近の出題傾向としては、話題となった事件や課題に対して、都の施策と関連付けを問いかけているため、論文の勉強をしていれば応用が利く。出題ごとに資料が添付され、課題の絞り込みと各課題の問題解決が得られ易く自分の考えを論文で主張できる出題となっている様に感じた。（土木）

■出題テーマは、どちらも話題性の高い分野であった。分析資料の内容は局横断的な範囲に及んでおり、課題の抽出及び対応案の構築のため、全庁的視点を養っておく必要がある。試験時間は短く、試験会場でゆっくり考えている余裕はない、事前に課題・解決策のセットを極力多く準備しておく必要がある。（機械）

種別B

【記述】

■法律分野は、社会福祉法や生活保護法の解説書を読み、基礎的な知識については一通り押さえていたので、無難に回答できる問題であった。基礎的な内容について出題される傾向があるので、法律知識の素養があれば解答しやすい。社会福祉法や生活保護法に関係する部署に所属していれば、日頃の業務が問題そのもので、かなり有利なのではないか。（事務）

■基礎的法令知識を問う問題は昨年と同様、社会福祉法と生活保護法から各1題であり、基本を押さえておけばよい内容であった。時事問題は4題のうち保健医療分野からの出題が2題であり、バランスのよい出題だった。「児童虐待の防止等に関する法律」については、法改正に関する細かい知識が要求されるもので、事前の準備がなければ回答が難しかった。（事務）

■コンクリート工学の出題はアルカリ骨材反応と締固め。監督員を一度でもやったことがある職員にとっては常識であり、この問題に対する回答を知らずに働くことはできないと考えられる。誰でも答えられる難易度である。他のジャンルとの難易度のバランスに問題があるが、誰もが一度は直面する問題であるため問題はない。（土木）

■記述問題は実務に関連した出題が多く、法令に関する問いも含め、様々な分野からの出題であった。問題の難易度としては、適当であったと思うが、原理など説明する問題においては、時間をかけた事前の準備が必要と感じた。語句説明は解答が困難な難しいものだった。（機械）

【論文】

■昨年同様、福祉分野から1題、保健医療分野から1題の出題だった。福祉分野は子育て環境がテーマで、受験する世代は、結婚・出産・育児と経験の有無はともかく、どこかでは考えざるを得なかった世代であり、それぞれ何らかの意見は持っており、都の施策を一通り理解していれば回答しやすいのでは。（事務）

■昨年同様、福祉分野と保健医療分野それぞれからの出題となっていた。福祉分野は、子育て支援についての考え方を問うもので、昨年の「子育て応援都市東京・重点戦略」の策定を踏まえての非常にタイムリーな課題であったと思う。副知事を座長とする局横断の戦略会議の設置など昨年度の都政全体でのトピックスであり、都政の重点課題として認識しておくべきもの。保健医療分野も昨年度産科・小児科を中心とした医療人材確保の点で社会的にも大きな話題となった課題で、現状認識と具体的取り組みについて掘り下げた記述が求められる出題と思う。（事務）

■論文1題目は、環境に配慮した先端技術の活用と今後の機械技術者のあり方に関する問いであった。機械技術者としては最新技術の導入により効果的な対策を講じていくことが日常より求められているため、比較的対応しやすいと思う。ただし、機械技術者に求められる能力をあげるだけでなく、その能力をいかにして高めていくかまで論じる必要があり、この辺で差がつくのではないか。安定した事業の推進に関する出題は、様々な切り口で論理展開を図ることが可能であり、受験者には対応しやすいもの。課題背景は明らかで、どう自分の論文に持ち込めるかがカギとなる。（機械）

■「今後の交通政策」については、「10年後の東京」や先日発表された「環境基本計画」などに様々な取り組みが掲載されており、予想の範囲内であった。「社会資本の安全性の確保」では、維持管理や入札契約制度などの切り口から、オリジナリティのある論文が書けるのではないか。（土木）

災害予想を自治体に連絡

風水害等の情報連絡訓練を実施

都や区市町村の災害担当者らが参加した風水害・土砂災害情報連絡訓練が22日に行われた。梅雨の時期を前に、大雨による災害発生時の対応力を検証するもので、約200人が参加した。

訓練は、東京都全域に大雨洪水警報が発令され、がけ崩れや土砂災害の危険性が高まった状況を想定。都は区市町村や関係機関に対し、気象情報の伝達や現場状況の確認、情報収集などを行った。また、今年2月から運用を開始した土砂災害警戒情報を用いた訓練も実施。約2時間後に発生する恐れのある災害箇所等の情報を各自治体に提供し、避難勧告など適切な対応を求めるもので、今回初めて小笠原村を除く全区市町村と訓練を行った。

これまでは、気象警報をもとに各自治体が災害の起こる可能性の高い箇所を警戒するなどしていたが、被災する可能性の高い箇所の情報を提供することで、さらに迅速・効果的な対応が期待できる。

訓練に参加した職員らは、刻一刻と変化する気象状況に対し、情報伝達や被害状況の確認作業に追われていた。

中村晶晴危機管理監は、「訓練は、災害発生時の連絡手順を頭に叩き込んでもらうのが目的。訓練も含め、経験の有無は本番の対応に大きな違いとなって表れる」と述べ、いつ発生するかわからない身近な災害に備え、手順をしっかりマスターするよう求めた。

自己啓発セミナーを開催

情報漏えい等をテーマに

ＩＴ人材育成

都総務局情報システム部は21日、第一本庁舎4階のサテライトルームで、第1回の「IT自己啓発セミナー」を開催した。都では、業務改革の観点からIT人材の育成・確保に向けた取り組みを強化しており、同セミナーもこの一環として実施。情報化推進リーダー（管理職）研修受講生や各局情報化推進担当など約40人が参加した。

セミナーでは、都の情報化推進リーダー研修の講師を務めてきた杉浦和史氏が、情報漏えい防止や防止策、省エネ設計をテーマに、具体的な事例等を紹介。とりわけ自治体や医療機関が保有する情報については、「情報漏えいの抑止ではなく阻止が必要」と強調し、留意点や求められる対応を明示した。

情報漏えいに関しては、システム担当者により顧客情報が持ち出された銀行のケースや、貸金業者に生活保護者情報を提供した自治体職員のケースを取り上げ、「権限を集中させない」「相互監視の体制を整備する」「強制的に休暇を取得させ、不正を継続させない」などの教訓を挙げた。

また紙媒体と比べた場合の電子媒体による情報漏えいの影響度の大きさを指摘。小型化が進むノートPCやUSBメモリ等の盗難被害への対応に加え、操作ログの採取やチェックを実演した。

そのうえでセミナーでは「性悪説で臨むのが漏えい阻止の基本的な考え方」「作業効率が落ちても自治体、病院のような場合は阻止策を優先すべき」「確信犯が出る職場環境、雰囲気にならないよう努力する」などと結論づけ、都の取り組みを求めた。

情報システム部では、今回のセミナー受講生によるアンケート結果を分析した上で、次回以降のテーマや外部講師等を検討する予定。

みちづくり活動へ助成

道路整備保全公社

㈶道路整備保全公社は、地域住民が行う都道の環境改善活動に対して助成する「みんなのやさしいみちづくり活動」を実施する。美しい道づくりや安全・安心への貢献を目的に、道路環境改善の促進に向けた地域の自主的活動費を助成するもので、06年度から行っている。

助成対象となる活動は、花壇づくりや清掃活動などの環境・緑化活動、都道への理解を深める愛護・啓発活動、シンポジウムの開催やボランティア団体の立ち上げなど。助成額は1事業あたり上限50万円で4団体程度に助成する。問い合わせは総務部公益事業課☎5381・3380まで。

20年度 主任試験講座 ― 32 ―

地方自治制度 ④

今回から4回にわたり、地方自治制度に関する練習問題を解いていきます。なお、紙面に余裕がある場合は、都政実務分野での出題も予想される財務分野の練習問題も掲載します。

問　題

【問題1】

地方公共団体の事務に関する記述として、妥当なのはどれか。

① 地方公共団体が処理する事務は、地域における事務と、その他の事務で法律またはこれに基づく政令により処理することとされている事務である。

② 法律に定めのある自治事務については、その実施について、国の関与に特段の制限はない。

③ 自治事務も法定受託事務も、地方公共団体が処理すべき事務であるから、国が処理基準を設けることは許されない。

④ 法定受託事務については、地方公共団体は条例を制定することはできない。

⑤ 法定受託事務は、本来、国の事務であって、その執行が地方公共団体に委任されているものであるから、地方公共団体の議会は、その執行状況について検査・検閲をすることはできない。

【問題2】

地方自治法に定める特別地方公共団体に関する記述として、妥当なのはどれか。

① 特別地方公共団体としては特別区があり、特別区には都における区と政令指定都市における区がある。

② 特別区の事務権限は一般の市と同一である。

③ 組合は、一部事務組合、全部事務組合、広域連合、役場事務組合、財産区とされており、特別地方公共団体として法人格を有するほか、固有の区域、権能及び構成員を有している。

④ 一部事務組合は、普通地方公共団体及び特別区が、団体の事務の一部を共同処理するために設置されるものである。

⑤ 地方公共団体の組合は、地方公共団体の一種であるから、その構成員は住民である。

【問題3】

地方自治法に定める普通地方公共団体の条例に関する記述として、妥当なのはどれか。

① 条例は、法令に違反しない限りにおいて、地方公共団体の事務について制定することができるが、条例の制定にあたっては、原則として法律の授権を必要とする。

② 都道府県は市町村の事務に関し、条例で必要な規定を設けることができ、市町村の条例がこの条例に違反するときは、市町村の条例は無効となる。

③ 条例の罰則は、懲役、禁錮、罰金、拘留、科料もしくは没収の刑であり、過料を科すことはできない。

④ 地方公共団体は、住民の権利義務に関しない事項に関しては、法令が特に条例で規定すべきものと定めている場合以外は必ずしも条例で規定することを要しないが、住民の権利義務に関する事項に関しては、法令に特別の定めがあるものを除き、必ず条例で規定しなければならない。

⑤ 条例案の提出権は、長のみに与えられており、議員は条例案を提出することができない。

【問題4】

地方自治法に定める附属機関に関する記述として、妥当なのはどれか。

① 普通地方公共団体は、法律、条例または規則に基づき附属機関を置くことができる。

② 附属機関の担任する事務及び権限は、法律若しくは法律に基づく政令または条例によって定められる。

③ 地方公共団体の執行職員の補助職員のみで組織される調査会・審査会等について、その担当する事務が長からの諮問・依頼に基づくものであれば、附属機関に該当する。

④ 附属機関を組織する委員等の構成員は、原則として非常勤であるが、条例の規定により常勤とすることができる。

⑤ 附属機関は、公正中立な立場から審議等を行う機関であることから、その庶務は、別途、事務局を設けて処理することとされており、執行機関の部局が処理することは認められない。

【問題5】

地方自治法に定める行政委員会に関する記述として、妥当なのはどれか。

① 行政委員会の委員の身分は、非常勤の特別職であり、常勤とすることはできない。

② 行政委員会は各種の権限を有しており、予算の調製、議会への議案提出を行うことができる。

③ 行政委員会は、長の所轄のもとに執行機関として置かれ、執行機関相互間の連携を図り、行政機能を発揮するようにしなければならない。

④ 都道府県に設置される行政委員会としては、教育委員会や選挙管理委員会があり、市町村に設置される行政委員会としては、公安委員会や収用委員会がある。

⑤ 人事委員会は、専門的な人事行政機関として都道府県に設置される独任制の機関である。

【問題6】

普通地方公共団体の議会の議長または副議長に関する記述として、妥当なのはどれか。

① 普通地方公共団体の議会の議長が欠け、副議長が議長の職務を行う場合は、副議長は、当該普通地方公共団体の議会の職員の任免を代行することができる。

② 普通地方公共団体の議会の議長が議会閉会中、議員の職を辞職するには、副議長の許可を必要とするので、副議長がないときは議長の職を辞職することができない。

③ 普通地方公共団体の議会の議長及び副議長にともに事故があるときは、臨時議長を選挙し、議長の職務を行わせることができる。

④ 普通地方公共団体の議会は、原則として副議長1人を置くが、条例でこれを置かないことができる。

⑤ 普通地方公共団体の議会の議長は、議会のすべての委員会に出席することができるが、出席した委員会では、議事の内容に立ち入って質疑し、意見を陳述することはできない。

【問題7】

長等の解職請求に関する記述として、妥当なのはどれか。

① 地方公共団体の長の解職請求は、その就職の日から1年間はすることができる。

② 長の解職請求は、選挙権を有する者の総数の3分の1以上の者の連署をもって、その代表者から議会の議長に対して行い、議会の議員の3分の2以上の者が出席し、その4分の3以上の者の同意があったとき、長はその職を失う。

③ 選挙管理委員は解職請求の対象となるが、公安委員会の委員は執行機関ではないので、解職請求の対象とはならない。

④ 長は選挙管理委員の解職の請求を受理したときは、受理した日から30日以内にこれを選挙管理委員会に付さなければならない。

⑤ 副知事または副市町村長の解職請求は、選挙権を有する者の総数の原則3分の1以上の者の連署をもって、その代表者から長に対して行われ、議会の議員の3分の2以上の者が出席しその4分の3以上の者の同意があったときに、副知事または副市町村長はその職を失う。

解　説

【解説1】　正答①

① 正しい（第2条第2項）。

② 地方自治法で規定する関与のルールに従ってなされるものである。

③ 法定受託事務については、処理基準を設けることは可能（第245条の9）である。

④ 法定受託事務も地方公共団体の事務であり、法令に違反しない限りにおいて条例を制定することができる（第14条第1項）。

⑤ 法定受託事務も地方公共団体の事務であり、議会は、一部の例外を除き、検査・検閲をすることができる。

【解説2】　正答④

① 政令指定都市における区は、当該市長の権限に属する事務を分掌させるため、条例で置かれているものであり（第252条の20第1項）、特別区とは異なる。

② 特別区は、一般の市と同等の事務を処理することを原則としているが、特別区の存する区域を通じて都が一体的に処理することとされている事務は除外される（第281条第2項）。

③ 財産区は組合ではない（第1条の3、第284条）。

④ 正しい（第284条第2項）。

⑤ 地方公共団体の組合の構成員は、その組合を構成する地方公共団体であり、住民ではない。

【解説3】　正答④

① 前半は正しい。法律の授権については必要ない。

② そのような規定は現行では存在しない。

③ 条例においても過料を科すことができる（第14条第3項）。

④ 正しい。住民の権利義務に関する事項は、条例によることとされている（第14条第2項）。

⑤ 条例案の提出権は議員にも認められている。

【解説4】　正答②

① 附属機関の設置は、法律または条例によることとされている（第138条の4第3項）。

② 正しい（第202条の3）。

③ 執行機関の補助職員のみで構成される各種委員会等は、その目的・名称のいかんを問わず、附属機関には該当しない。

④ 非常勤と法定されている（第202条の3第2項）。

⑤ 附属機関の庶務は、原則として、当該附属機関が属する執行機関において行われる（第202条の3第3項）。

【解説5】　正答③

① 人事委員会の委員、収用委員会の委員、監査委員は常勤とすることができる。

② 予算の調製権、議案の提出権は、委員会には与えられていない（第180条の6）。

③ 正しい。

④ 公安委員会、収用委員会は都道府県に設置しなければならないものである（第180条の5第2項）。

⑤ 人事委員会は合議制の執行機関である。都道府県及び政令指定都市は人事委員会、特別区及び人口15万人以上の市には人事委員会または公平委員会、人口15万人未満の市、町、村及び地方公共団体の組合は公平委員会を置くこととされている。

【解説6】　正答①

① 正しい。

② 副議長がないときは、議員として議長に対し辞表を提出することができる、との行政実例がある。

③ 議長・副議長にともに事故があるときは、仮議長を選挙し、議長の職務を行わせることとする（第106条第2項）。

④ 議会は、議長及び副議長1人を選挙しなければならないこととされている（第103条第1項）。

⑤ 議長は、議事の内容に立ち入って質疑し、意見を陳述することも差し支えないとする行政実例がある。

【解説7】　正答⑤

① 長及び議会の議員の解職の請求は、その就職の日から1年間及び解職の投票の日から1年間はすることができない。ただし、無投票当選の場合はこの限りでない（第84条）。

② 長の解職請求は選挙管理委員会に対して行い（第81条第1項）、住民投票における過半数の同意によって失職する（第83条）。

③ 公安委員会は執行機関であり、解職請求の対象となる（第86条）。

④ 議会に付議しなければならない。また、この場合の付議には期限の定めはない（第86条第3項）。

⑤ 正しい（第86条・第87条）。

20年度 主任・係長 論文講座 ★32★

特別区主任主事選考

傾向と対策 ①

はじめに

今回と次回の2回に分けて、特別区主任主事選考の傾向と対策について見ていきたいと思います。

主任主事は、職場の要であり、係員として高度な知識や経験が必要とされ、事業を率先して遂行する立場にあります。そのため、中堅職員として職務に精通していることは勿論、国や都、他の自治体の最新の動向を常に収集するとともに、得た情報を整理、分析することが求められます。そのうえで、区のおかれている状況を認識し、自ら課題の発見や解決策を係長へ提案していかなければなりません。また、係長の補佐役として、実務的にも精神的にも係員を上手にリードしていく必要があります。したがって、このような役割を担える主任主事を皆さんが書いた論文で採点者が判断するのです。

出題内容について

論文の出題例としては、「区政の課題」と「主任主事の役割」の2種類から選択する区が多いかと思います。

「主任主事の役割」を問うものについては、求められる職員像が決まっていますが、時代の変化によって数年前には通した職員像が今では陳腐化していることもありますので注意が必要です。ただし、出題が大きく変化することはないので、予め準備した論文を生かすことが可能です。もっとも、他の受験者も同じような内容を書くケースが多いため独自性が発揮しにくい論文となってしまいます。

一方、「区政の課題」については、選択する受験者が少ない傾向にあるため、採点者に好印象を与えることも事実ですが、かなりの知識を有していないと勉強不足と見られてしまいます。そして、字数が限られているため、要点を上手くまとめないと書ききれないこともあり、難易度が高い側面をもっています。また、その年によって、出題が大きく変わるため、予めモデル論文を用意することは簡単ではありません。そのため、区政の課題についてそれぞれのテーマに関して、視点・論点を整理したメモを作成し、それにそってある程度書きこみができる準備が不可欠です。

今号では、基本的な区政の課題について押さえておきたいと思います。いずれも論文の基礎的な知識となるものですから、十分な理解が必要です。

区政の課題について

背景

三位一体改革の柱の一つでもある税源移譲についても、昨年度に実施されたように、本格的な地方分権時代を迎え、住民に最も身近な地方自治体がそのニーズに応じた政策を自ら決定し、実行することが、これまで以上に求められることとなってきました。

しかし、2007年度から数年間続く団塊の世代の大量退職による技術・知識の継承や3月の月例経済報告で「景気回復は、ここのところ足踏み状態ある」とされているように、今年度においても大幅な自然増収が見込めないなど、行政の人的、財政的資源の厳しい状況は続いています。

このような厳しい状況にあっても、特別区においては、基礎自治体として地域に根ざした特色ある施策を展開し、地域社会の多様な課題に対応していかなければなりません。

1　民間活力の導入

こうした状況下にあって、特別区は歳出抑制、すべての事務事業の見直し、経常経費の削減、特定財源の確保などの財政の健全化を進め、効率的・効果的な行政運営を行い、適切な行政サービスを提供していかなければなりません。行政の仕事の目的は、「住民福祉の増進」です。そして、「最小の経費で最大の効果」「組織および運営の合理化」という命題が常に存在します。（地方自治法第1条、同第2条参照）

視点と方向

○事務事業の見直し

複雑・多様化する行政課題に的確に対応し、質の高い行政サービスを提供していくためには、常に事務事業のチェックを行い、必要の度合い、効果等を検証していく必要があります。多くの区で採用されている「事務事業評価」は、そのためにとても有効な手段の一つです。「事務事業評価」は多角的な視点からの評価ではなく、量的な削減を目標としている「行政改革」とは違い、目的、効果、達成度等の多くの視点から評価を行うため、事業の有効度を客観的に判断することができる特徴をもっています。しかし、これ自体はよりよい行政運営をするための手段であって、目的ではありません。この評価結果を有効に活用し、事務事業の進め方、取り組みの方法、区が行うべきか否か等、適正かつ冷静な評価の上で、事務事業を総点検し、重点課題や優先順位を明らかにします。その上でスクラップ・アンド・ビルドするとともに、事業の運営形態の委託あるいは指定管理者制度の活用、PFIなど民間活力の導入、適正な受益者負担の導入などによりコストの削減を図る必要があります。

行政サービスとはいえ、費用対効果に基づく経営的視点からの見直しが不可欠です。

○柔軟な組織運営

現場で得た区民ニーズや事務事業評価を有効に活用し施策として実行するためには、これまでの組織規則等による執行体制では、融通が利きませんでした。つまり、重要政策の企画・計画や予算・人事に関することは、基本的に企画・総務部門が一元的に管理・調整し、各部・各課は限られた範囲においてのみ権限を有し、実務を遂行しているという状況でした。

この是正手段として事業部制を取り入れ、事業部にある程度の権限を委譲している区が目立ってきました。各組織の創意・工夫による自主的な運営や、区民の要望に応じた迅速・柔軟な対応を図りやすいのが、事業部制です。事業部制は予算の執行や契約権限についても一部委譲し自由度の高い予算編成や人事権も持たせて、組織としての力量を発揮しやすくしています。その時々に応じた課題に迅速に対応するためにも、組織を生き物として上手に活用することが求められています。

○職員の育成

行政資源が限られたものであると認識し、コスト意識の徹底など職員の意識改革を促すとともに、視野の拡大や斬新な発想など、創意工夫を図れる職員の育成が求められます。そのため、職員の問題意識に働きかけ、創造的な政策形成能力の向上に結び付けていくことが必要です。主任主事として、自己研鑽を重ねることはもちろんのこと、職場の後輩職員に問題意識への芽をつくり、課題を解決することへの積極的な体制と建設的な意見が出やすい雰囲気を創り上げていくことも必要です。

2　新たな時代に対応した行政運営

少子高齢化等の進展等により、区民サービスへのニーズは刻々と変化し、これまで家庭が多くを担ってきた介護、子育て、地域においてごく当然に維持されてきた安心安全の確保なども、公共サービスとして求められるようになってきています。

行政として、期待される役割をしっかりと果たしていくためには、行政のみならず、地域におけるNPOや民間企業などの多元的な主体が公共的な役割を担っていくことが重要となります。

これは、区民、地域活動団体等が対等のパートナーとして協力し、社会資源を有効に活用しながら、地域社会の公共的な課題の解決を図るものです。

より多くの主体が区政に参加するためには、情報の提供が重要となってきます。行政から広報紙やホームページなどの活用をはじめとする広報活動の充実で、より多くの層に、利用しやすいスタイルで情報発信を行うとともに、パブリックコメントやパブリッククインボルブメント等の手法により、区民等が意見を提出しやすい環境整備も大切です。また、公的な志向をもったNPOやNGO等の意欲と意識を持った団体の参加活動範囲を拡大する等のアプローチも重要です。さらに、審議会等での区民の割合を高くして、専門家の意見だけでなく、地域の意見を吸い上げていく仕組みを作っていくことも必要となってきます。

地域一体となることで、幅広い地域課題への実効性が一層高まることが期待できます。

3　危機管理

国民保護法の施行により、区が対応すべき危機は、これまでの自然災害に加え、戦争やテロを含むものとなりました。また、事件・事故、個人情報の流失等がマスコミに報道されると、次々と連鎖反応のように発覚しています。我々は、常に区民の視線に晒されていることを否応なしに再認識させられます。

しかし、これは特別な事業や行為にだけ存在するのではなく、行政が日常的に行っている業務にもまた、危機管理の要素を含んだものが多くあります。この場合の危機管理で大切なことは、業務で問題を起こさないようにするには、どうしたらいいかということです。これを誤ると、行政自らの信頼の失墜を招きます。区民・社会からの信頼を失うのは一瞬かつ容易であり、一旦失われた信頼を回復することは膨大な労力と時間が必要となることを強く自覚することが重要です。危機管理マニュアルの策定および実施も有効ですが、これらはきっかけにすぎません。こうした知識や経験を蓄えながら、想定外の危機に直面したときに冷静に次に何をすべきか考え、行動することが必要です。また、危機に対処できたからといって満足してはいけません。本当に大切なのは、未然に防ぐための職員一人ひとりの自覚と行動力です。日ごろから危機意識を研ぎ澄まし、所管の業務に潜む危機を能動的にコントロールするよう努めましょう。

おわりに

課題の整理にあたっては、日頃から区のホームページや広報紙、区長の所信表明などを注意して読み、情報を整理しておくとともに、新聞やニュースなど社会情勢も十分に把握しましょう。また、インターネットも最新情報を迅速に収集できる情報ツールとして有効に活用すべきです。

日常の業務の中においても、区民感覚を忘れず、コスト意識や改善意識を常に持ち、より効率的な方策を考えながら仕事することが大切です。区民の状況が変われば、改善すべき点も変わってきます。意識を持って仕事をしていれば、おのずから改善の糸口が見えてくるはずです。

20年度 教育管理職への 道しるべ 〈36〉

政治社会事情

はじめに

今年度の教育管理職選考に向けて、本格的な準備に着々と取り組まれていることと思います。

今回は、択一問題から政治・社会事情について取り上げます。受験の準備は、どうしても教育に直接関係する法令や時事問題に意識が向きがちですが、学校が幅広いニーズに対応し、都民の期待や要望に応えていくためには、大所高所から教育を考えることも大切なことです。教育管理職には、国内外の様々な動向に目を向け、広い視野と高い見識を持って将来を見据えた学校経営を行うことが期待されています。

出題の傾向

択一問題は、平成19年度に40問から30問になりました。それに伴い、教育事情・都政事情・時事問題の3分野からの出題数は、15問程度から5問程度と大幅に減少しています。ここで扱う「政治・社会事情」からの出題は、「最近の社会事情」の1問のみでした。

過去2年間で見ると、設問は、五つの選択肢がそれぞれ異なる内容で構成されています。

【18年度】（最近の国内政治）①郵政民営化法②構造改革と経済財政の中期展望③医療制度改革大綱④平成18年度税制改正の大綱⑤石綿による健康被害の救済に関する法律

【19年度】（最近の社会事情）①学納金返還義務に関する最高裁判決②改正貸金業法③改正労働基準法④「一般職業紹介状況」（厚生労働省）⑤裁判員制度実施に向けた要綱案

勉強の方法

政治・社会事情は、範囲が広く、どのような対策をしたら良いのか、つかみ難いかもしれません。しかし、漫然と新聞に目を通すだけでは正確に回答することは出来ません。計画的に対策を立て、確実に得点できるような準備が必要です。

1　新聞をよく読む

毎日、新聞をよく読んで、日頃から政治や社会情勢に目を向けておくことが大切です。特に、各紙で一面に掲載された記事や、連日報道された大きな話題となった記事については、よく見ておく必要があります。また、国の法改正や制度改正、答申・白書・報告などを押さえておく必要があります。項目を絞りながらまとめると良いでしょう。

2　雑誌や問題集を利用する

新聞の切り抜きは、広範囲の内容にわたるので効果的ではありません。また、昨年9月まで遡る必要があり、手間隙がかかりすぎます。それよりも、『月刊新聞ダイジェスト』（新聞ダイジェスト社）などの雑誌を利用すると、各分野別に重要な記事を拾うことができ、効率よく試験対策を行うことができます。また、時事問題の要点整理などを活用するのもよいでしょう。試験に出るのは、前年の9月頃から今年の6月頃までですので、掲載されている時期を確認して雑誌や問題集を購入してください。

3　インターネットを利用する

新聞社などのホームページを利用して、記事を集めることもできます。関連記事を拾うことができるほか、大きな話題になった出来事は特集を組んでいることもあります。時系列で記事を追うことができるので、直前対策として活用するとよいでしょう。

問　題

【問題1】

最近の国内政治に関する記述として妥当でないものは、次のうちどれか。

① 平成19年10月1日の福田首相所信表明演説では、「野党と重要な政策課題について誠意を持って話し合いながら国政を進めたい」と野党に歩み寄る姿勢を前面に出し、「自立と共生」を基本に政策を実行するとしている。

② 平成19年11月に参議院本会議において、運輸審議会委員など3機関3委員の再任人事は、反対多数で不同意になった。政府提案の人事案件不同意は56年ぶりである。また、平成20年3月には、日本銀行総裁人事案件が不同意となった。

③ 平成20年1月に衆議院で再可決し成立した「新テロ対策特別措置法」は、他国軍艦への給油・給水の「補給支援」に活動を限定、国会承認規定を削除、期限を施行から1年間とすることなどが旧法と異なる点である。

④ 平成19年12月に政府・与党が決定した「道路特定財源の見直し案」では、暫定税率を平成20年度から10年間維持し、道路整備は真に必要なものに限り、その整備費を上回る部分を一般財源化するとした。

⑤ 平成20年5月の「日中共同声明」では、両国の利益を拡大し、国際社会での協調を目指す「戦略的互恵関係」を一層強化することで一致した。しかし、東シナ海のガス田開発問題については、日中が共同開発する海域について合意できなかった。

【問題2】

最近の我が国の社会事情に関する記述として妥当でないものは、次のうちどれか。

① 平成19年11月に法務省が公表した「犯罪白書」によると、再犯者による犯罪が犯罪件数の6割を占めており、また、初犯の年齢が65歳以上の者の約半数が1年以内に再び罪を犯していることが示された。

② 平成19年10月に総務省の年金記録問題検証委員会が公表した「報告書」では、未統合年金記録約5095万件からのサンプル調査で、住基ネットと照合し生存している可能性が高い者の記録が33・6%あることが判明した。

③ 平成19年11月に閣議決定した平成19年度版「自殺対策白書」は、平成18年に成立した自殺対策基本法に基づき、初めて作成されたものであり、平成28年までの10年間で基準年である平成17年の自殺死亡率を50%以上減少させる数値目標を掲げた。

④ 平成20年5月に総務省が発表した「我が国のこどもの数（推計人口から）」によると、15歳未満の子供の数は1725万人で27年連続減少し過去最低となった。また、15歳未満の子供の割合が前年に比べて上昇しているのは東京都だけである。

⑤ 平成19年11月に総務省が公表した「18年度地方公共団体普通会計決算の概要」では、実質収支が赤字の団体は、都道府県では大阪府1団体、市町村では25団体であった。なお、17年度赤字であった北海道は黒字に転じた。

解　説

【問題1】

① 正しい。

② 正しい。

③ 正しい。

④ 正しい。

⑤ 誤り。日中が共同開発する海域については大筋で合意できた。

【問題2】

① 正しい。

② 正しい。

③ 誤り。目標数値は50%以上ではなく20%以上である。

④ 正しい。

⑤ 正しい。

Gallery

飯田橋庁舎界隈

―昼休みの小散歩 ②

絵と文　大瀧安良

飯田橋庁舎のある「神楽河岸」を含め、新宿区の東部には古い町名を残した地域が多く、そのことだけでも歩いて回る気持ちが高まります。

一方実際に歩いてみると、隣接の文京区や千代田区に比べると古い建物が意外と残っていないことが分かります。戦災消失区域図を見比べると、千代田地域（旧神田区、麹町区）や文京地域（旧小石川区、本郷区）に比べ、新宿地域（旧牛込区）は陸軍省などを除いてほぼ壊滅状態でした。古いイメージの神楽坂一帯も実は戦後の造作、ということです。

さて正月の都政新報に書いたとおり、昭和3年生まれの母親は、小学校2年の時に下谷竹町から牛込区に引っ越し、津久戸小に編入学、19年に強制疎開で杉並・天沼に移るまでの間の青春時代をここ神楽坂で過ごしました。つい最近、「その頃のことを聞かせて」と誘ったところ、自ら地図まで描いて当時の様子を語ってくれました。

現津久戸小学校の向かい側、熊谷組のビルが建っている所に家がありました。道が狭く、忘れ物をした時などは家の2階から学校の音楽室めがけてそれを投げ入れてもらったそうです。

津久戸小の校舎は昭和8年に完成、かつては「東京のモデル校」と言われた建物で、空襲に際しても幸いほとんどが焼け残ったとのことです。家から軽子坂の通りに出るまでの小路には、仕立て屋、大工、清元の師匠の家などが並んでいた、といいます。

母の手書き地図と今とを比較すると、今なお同じ地で営業を続けているのは、料亭の「うを徳」さん位です。今回の絵の対象となった本多横丁は、筑土八幡神社の境内とともに付近の子供達の一番の遊び場所でありました。

横丁の賑わいは現在に引き継がれ、数ある神楽坂の小路の中でも特に人通りの多い場所となっています。私はこの通りにあるお弁当屋さんを度々利用しましたが、立ち並ぶ飲み食い屋には行く機会を逸してしまい、少々後悔しているところです。

本多横丁から更に枝分かれしている小路の一つです。正面行き止まりが旅館「和可菜」であることは、絵を描いた後、地図を見て知りました。また右手に看板の見える「牧」は調べてみると高級な料亭であるらしく、したがって、私には当面縁のない場所であります。

数字に強くなろう

がんばれ！公務員 23

文とマンガ　鈴木武征

世間は年金や健康保険制度のあり方を巡って騒がしい。

若い人が減ってお年寄りが増えていくのだから見通しは暗い。

とはいえ根底は負担と給付に関する問題なのだから、もう少し冷静かつ理数的に対応すべきだと思う。

ここへ来て政府の社会保障国民会議がようやく財政試案を発表した。

数字というのは時として冷徹だが、屁理屈の羅列よりはずっと公明正大だ。

数字を踏まえた論議が高まってこそ、具体的な解決策が見えてくる。

焦点は財源を消費税値上げに求めるか、税の無駄遣いを無くすなどその他の方法によるかにかかってきそうだ。

消費税の値上げは歓迎しないものの、数字として見えやすいという点で優れている。

無駄遣いの改善は必要なものの、それでいくらの数字が出てくるのかが曖昧だ。

マッサージ器具の大量購入やタクシー券の無駄遣いなどは改めるべきだ。

されど、いつも言うように人間や社会には必ずといって良いほど余分な部分が付随し、それが癒しとなり潤滑油となっていることも忘れてはならない。

人間でいえば、「酒やタバコは無駄だから止めましょう。たまにタクシーに乗ることも駄目です」と言われては救いがない。

世の中は酒やタバコを売る人、作る人、タクシー運転で生計を得る人もいて成り立っている。

行き過ぎた改革、削ぎ落としが世の中の仕組みを変え、かえって不安定になることもある。

お役所の日々の仕事にも数字が物をいうことが多い。

数字に強いというのは他人に尊敬される要素となる。

石原さん、青島さんの前の鈴木俊一知事も数字に強いという点で職員に恐れられていた。

以前に言った数字と違う数字や曖昧な数字を口にするとギョロリと睨まれるため、局長級も数字の扱いにビクビクしていた。

数字に強いというのは単に数字を覚えているだけでは駄目だ。

例えば自分が所掌している仕事の予算が5千万円だとすれば、それが税収や局の予算に占める割合、他の予算との比較、従来からの推移額、1人当たりいくらなど、縦横かつ柔軟に捉えることが大切だ。

資料の中に書かれた数字は微動だにしない。

しかし、少し頭を切り替えて眺めるといろんな動きを見せてくる。

数字を生きた状態で捉えることで仕事も活き活きとしてくる。

予算担当から「あんたの仕事、効果が薄そうだからやめましょう」と迫られた際に、「何言ってんですか、ここにいる7人分の給料で1万人の都民が救われるんですよ」とか、「創意工夫で1人当たりの必要額を何円節約し、その分対象者を何人増やして喜ばれてます」とか言えば一目置かれることは間違いない。

さらに、「安くて旨い店見つけたんですよ、今晩いかがですか？」と付け加えることで対策は万全となる。

数字も人間も生き生きしてこそ楽しい。

境界上にある豊かさ

写真美術館　森山大道展

森山大道が写真撮影をしている姿を映像で見たことがある。長いコートを着て、かなり足早に歩いて、何かを見つけたらすっと止まって、ポケットからカメラを出してさっと撮る。カメラは5万円前後のオートフォーカスか。ファインダーをのぞかなかったりもする。そして、またずんずん歩いていく。あれっ？といった撮影である。何かがあると期待していたので、拍子抜けした。

展覧会場を巡りながら、そのことを思い出していた。あれは何だったんだろう。プロのカメラマンなら、たとえば〝絵〟になったり〝ドラマ〟になったりする場所を探す。おもむろに三脚を据え、高性能レンズをつけたカメラや大判カメラを取り付ける。アシスタントが走り回って、測光したり絞りを決めたりする。カメラマンがファインダーをのぞいて、構図の調整をし、対象をにらみつけたりする。自然光の巡り具合をじっと待ったりする。そしてついに、シャッター。その場の空気がふーっと抜ける。

森山大道は何にもしない。プロカメラマンがしていることをまったくしないのだ。アマチュアカメラマンよりしないと言っても良い。あれもこれもしない。引き算である。引いて引いて引いた果てに、彼の写真がある。ただ写っている、あるいは写真であるぎりぎりのところの写真と言ってもいいのか。そこに、今、もっとも注目を集めている写真家がいるのだ。

彼だって、プロの写真術を知らないわけではない。土門拳や木村伊兵衛などの大家に連なるカメラマンのもとで学んできた。そして「アレ、ブレ、ボケ写真」と言われる過激な手法で注目されるデビューを飾った。さらに「写真とは何か？」という答えのない問いを追いかけて、はるかに遠くまで行ってしまった。長いスランプにぶちあたった。そこから帰還した。何もしない写真家は実は遍歴の騎士なのである。

それは白と黒の部分に激しく分離し、つぶれ、にじみ、ざらざらに荒れた画像ではあるけれど、それにしては、確かに伝わってくるこの手応えは？　画面の底に息づいている心の動きのようなものは何だ？　やはりそこに写真家がいるのだ。

彼が写しているのは、〝絵〟でもないし〝ドラマ〟でもない。むしろそういうものの周辺や谷間。街ならばそのはずれ、ビルならば建物と建物の間、文明文化ではその周縁、時代で言うならば境目。境界線上にあるものばかりだ。今は、その境界が裏返り反転したような時代だから、それが中心に躍り出てきている。何だか懐かしいのだ。

二つのフロアをいっぱいに使った展示である。3階は回顧作品。森山大道の名を一気に広めたあの〝犬〟の作品も、目立たないが、確かに展示されている。また2階の新作コーナーは「ハワイ」。大画面での圧倒的な迫力である。

苦難の時代もあったというのに、すべての作品をゆるぎない視線が貫いている。押しつけがましさのない、予想以上に温かい展示空間である。写真というものを見た！という豊かな充実感にひたれる展覧会である。（解帆）

【読者プレゼント】「森山大道展」は写真美術館で6月29日（日）まで開催中。この招待券を10組20名様にプレゼントします。Eメールで件名を「森山大道展希望」とし、住所・氏名を明記の上、henshu@toseishimpo.co.jpまでお申し込み下さい（6月2日必着）。

ハワイ　2007年

みにがいど

◆東京シューレ葛飾中学校開校1周年記念「いま、子ども中心の教育がおもしろい～教育混迷の中で～」▽日時　6月1日（日）午後1時～5時▽会場　東京シューレ葛飾中学校（新小岩3の25の1※JR総武線「新小岩」駅南口より徒歩10分）▽参加費　無料（資料代＝千円）▽内容　①基調報告「東京シューレは何を目指しているか」奥地圭子・理事長・校長②記念講演1「学習権を考える」大田堯・東京大学名誉教授③同2「きのくに子どもの村の自由な子どもたち」堀真一郎・学校法人きのくに子どもの村学園理事長・校長③3氏によるシンポジウム▽問い合わせ先　NPO法人東京シューレ☎5993・3135、学園・中学校☎5678・8171

協力：（財）日本ファッション協会

シネマ夢倶楽部　Japan Fashion Association　オススメ シネマ

火垂るの墓

――1945年8月15日の敗戦は、兄妹にとって戦争の終わりではなかった

©2008「火垂るの墓」パートナーズ

1945年6月の神戸。神戸全域を襲った空襲で病身の母（松田聖子）を亡くし、父は出征したまま連絡が途絶え、両親も家も奪われた14歳の清太（吉武怜朗）と妹・節子（畠山彩奈）は、西宮の遠い親戚宅で世話になることになった。だが、日を追うことに酷くなるおば（松坂慶子）の冷たい仕打ちに耐えられず、ついにはおばの家を出て防空壕の中で2人だけの生活を始める。日に日に悪化する戦況とともに、やせ細っていく節子。……そして、ついに日本は敗戦の日を迎えた。

原作は、第58回直木賞を受賞後、約40年にわたって読み継がれている戦争文学の金字塔、野坂昭如著『火垂るの墓』。今までにアニメ化、テレビドラマ化され、日本中を感動の涙に包んだ作品の実写による完全映画化。

◆推薦委員コメント

後藤昭次（立教大学名誉教授）

映画の中心は兄妹であるが、当時の社会を描く複眼的な視点も、この映画に深みを加えている。妹を連れた兄は、そのような世相を見ながら生きているが、一人で妹を養うにはあまりに過酷な状況である。

この日本で、神戸の街で、こんな悲惨な状況があったことを今の人々は何を思うのか。私たちの眼の前に、このような悲惨な現実があったのだ。今一度、あの戦争と悲惨に思いをいたす映像として、この作品は訴える力をもっている。

松川和子（生活思考家）

野坂昭如作『火垂るの墓』は、小説としては勿論、映画としても『禁じられた遊び』（1953年、フランス）と並ぶ子供が戦禍の犠牲になった象徴的な反戦映画だと考える。清太少年が幼い妹を背負って炎の中を彷徨う姿は、東京空襲の際、2歳の息子を背に逃げ回った我が身と重ね合ってしまう。

当時の社会描写もある程度真実であるし、戦争空襲、食料不足、人心が庶民をどんなに狂乱させたかこの映画は訴えているし、その意義は大きい。すべての人々に観てほしいと思います。

【2008年／日本／100分　配給：パル企画　7月5日より岩波ホールほか全国にてロードショー】

◇

シネマ夢倶楽部　6月19日（木）午後6時30分～「ニッショーホール」で上映。※この上映会に10組20名様を抽選でご招待します。Eメールで件名「上映会招待希望」とし、住所・氏名を明記の上、henshu@toseishimpo.co.jpまでお申し込み下さい（6月9日必着）＝招待状を郵送します。

（財）日本ファッション協会では、「シネマ夢倶楽部」の会員を募集しています。各界の著名な推薦委員がお薦めする映画の先行上映会に年18本ご招待など様々な特典があります。詳しくは同事務局（☎3242・1674　http://www.cine-culture.jp/）まで。

都政新報

発行所　都政新報社
〒160-0023 東京都新宿区西新宿7-23-1　TSビル
〈総務・読者〉(03)5330-8781
〈企画広告〉(03)5330-8784
〈編　　集〉(03)5330-8786
〈出　　版〉(03)5330-8788
〈セミナー事業部〉(03)5330-9977
〈ファクス〉(03)5330-8808
購読料　月1,680円(税込)
毎週火・金曜日発行
但し、祝祭日は休刊

紙面から

地方分権委 1次勧告

生活者の視点に立つ地方政府を

基礎自治体への権限移譲に力点

政府の地方分権改革推進委員会（委員長＝丹羽宇一郎・伊藤忠商事㈱取締役会長）は28日、福田康夫首相に対する第1次勧告をまとめた。勧告は、保育所の入所要件や医療計画における基準病床数の算定など、地方自治体の自由度を拡大するほか、景観行政団体の同意廃止など、都道府県から市町村への権限移譲も強く打ち出した。また、一般財源化が閣議決定された道路特定財源については、税源移譲も含め、自治体の税財源を充実強化する方策を講じるよう提言している。

道路財源　分権の視点で抜本改革

勧告は、冒頭で「基礎自治体優先の原則」を強調した上で、「地方自治体を『地方政府』と呼ぶにふさわしい存在にまで高めていくためには、何よりもまず、住民に最も身近で基礎的な自治体である市町村の自治権を拡充し、これを生活者の視点に立つ『地方政府』に近づけていくことが求められる」と指摘した。

具体的な見直しでは、「保育所について、「保育に欠ける」入所要件の見直し、直接契約方式の採用等について総合的な検討を行い、08年度中の結論を求めている。また、医療計画の基準病床数に関し、国が定める基準に加え、都道府県が地域の実情に応じ独自に加減算できるよう、算定方法の見直しや厚生労働大臣の同意の廃止について、11年度中の結論を求めた。

都道府県から市町村への権限移譲が主題に＝28日の地方分権改革推進委

都道府県から市町村への権限移譲では、都市計画決定について、一部の項目を除き、市の区域では「市」決定とし、都道府県同意を不要とした。

景観法の景観行政団体については、政令市・中核市以外の市町村も、都道府県知事の同意を廃止。福祉や医療・保健・衛生分野で、都道府県や政令市・中核市、保健所設置市で処理している事務についても、「市」まで移譲するよう提言した。

09年度から一般財源化が閣議決定された道路特定財源については、地域内交通を分担する道路は都道府県が担うことを基本として、直轄国道を都道府県に移管。その上で、国庫補助負担金制度の抜本的見直しを含めた新しい税財政制度を構築する方向で、国が地方と十分協議を重ね、税源移譲を含め、地方自治体の税財源を充実強化する方策を講じるよう勧告した。

また、国で議論されている消費者行政の一元化にも言及し、国が、地方自治体の消費生活センターを法的に明確に位置づけるよう求め、報告徴収、立ち入り検査や指示、改善命令、営業停止処分などの規制権限を幅広く都道府県に移譲するよう提言している。

省庁の思惑と大きな開き

【解説】道路特定財源の一般財源化を決めた閣議決定には、地方分権の考え方はない。分権委員会の委員でもある猪瀬副知事は、かねてから道路財源の地方移譲を主張していた。

現行制度を前提として、国管理の直轄国道を都道府県管理の補助国道へと移管すると、国費の負担比率が65%から42・5%へと減る。この国費が減った22・5%分を、新たに地方に財源措置をすることになる。

国の道路事業のうち高速道路整備などを除いた国直轄事業費は1・8兆円。国交省は、15%程度の直轄国道を地方に移管する方針を明らかにしており、この場合、1・8兆円×15%×22・5%と計算すると、600億円程度しか財源の移譲が見込めないことが分かる。

一方、道路特定財源全体のうち、地方が自前の税収で自由に賄える分（地方単独事業）は、わずか1割弱しかない。残りの9割は、国が直接行う道路事業と、地方が国の補助金や交付金に依存して行う地方の道路事業である。

こうしたことから、猪瀬副知事は「一般財源化の制度設計にあたっては役割分担に見合った財源の移転とともに、既存の制度を前提とするのではなく、国庫補助負担金制度の抜本的見直しとを合わせた検討がなされてしかるべき」と主張した。

道路のみならず、勧告の中身と省庁の思惑とでは、大きな開きがある。中にはゼロ回答の省庁もあり、行方は不透明だ。

丹羽委員長は、「我々はこれで満足しているわけでは断じてない」と自信を見せたが、最終的には首相のリーダーシップが鍵を握る。

いずれにせよ、今回の分権改革の主役は、都道府県と市町村だ。第1次地方分権改革で果たせなかった課題の「完結」に向け、都は、勧告の方向を踏まえた新たな将来像を描く必要があるし、権限の移譲を受ける区市町村も自らの改革が求められる。（地）

10年度からCO_2削減義務化

第2回定例都議会が10日開会

豊洲、新銀行が論点に

■提出予定の主な議案■

◇新設の条例案

【東京都医師奨学金貸与条例】
医師不足地域・診療科に進む医学生に、入学金・授業料のほか、生活費（月額10万円）を奨学金として貸与する。指定施設で9年間勤務した場合は返還を免除する

◇一部改正する条例案

【環境確保条例】
地球温暖化対策を強化するため、大規模事業所に対する温室効果ガス排出総量の削減義務、排出量取引制度の導入等

【都税条例】
法人事業税の一部国税化を受け、所得割、収入割の標準税率を引き下げ等

【港湾管理条例】
指定管理者が管理できる施設として、外貿コンテナふ頭などを追加

◇契約案

【中央環状品川線】
新規契約の大井地区トンネル工事（130億2千万円）と、昨年議案を撤回したシールドトンネル工事（472億5千万円）

◇人事案

・都教育委員の任命等

都は27日、6月10日から開会する第2回定例都議会に提出する案件を各会派に説明した。条例案17件と契約案5件、事件案3件、専決処分3件で、このほかに教育長の任命同意など4件の人事案を予定している。主な議案では、環境確保条例を一部改正し、大規模事業所に対する温室効果ガス排出総量の削減義務と、排出量取引制度を盛り込む。豊洲新市場予定地の土壌汚染問題や、経営再建中の新銀行東京などが焦点になる。

提出を予定している条例案は、新設が医師奨学金貸与条例1件、一部改正は環境確保条例など15件。また、収入証紙条例は廃止する。

環境確保条例の一部改正は、地球温暖化対策として、大規模事業所にCO_2排出総量の削減を義務づける。違反する事業所には、勧告、措置命令を行い、罰則も設ける。同時に、他の事業所からCO_2排出削減量を買い取る排出量取引制度も導入する。

他方、中小規模の事業所に対しては、地球温暖化対策報告書の任意提出を規定。また、事業所を複数設置し、CO_2の合計排出量が大きい事業者には、提出を義務づける。

条例の施行は09年4月1日で、1年間の周知期間を設ける。削減を義務づけるのは、2010年度からとなる。

都が昨年度に開催したステークホルダーミーティングでは、経済界からの反発が強かったが、今月8日、東京商工会議所（岡村正会頭）が理解を示したことも、議会提案の追い風となっている。各会派とも賛成の意向で、本定例会では事業所ごとの削減率や罰則など、実効性が論点になりそうだ。

新設する医師奨学金貸与条例は、都内の大学で医学を履修する学生のうち、医師が不足する地域や診療科に進む意思がある医学生に対して、入学金や授業料、生活費を奨学金として貸与する。具体的には、医師不足が深刻な産科・小児科、救急、僻地医療を想定。指定された施設で9年間勤務すれば、奨学金の返還が免除される。昨年5月、政府が医師の緊急確保策として、各都道府県で医学部の定員を最大5人ずつ増員する方針を表明。その増枠分について奨学金が支給される。

人事案では、08年7月12日に任期満了となる中村正彦教育長に代わり、大原正行知事本局長を充てる案が提出される。

各会派で意見が対立するような議案は少なく、論戦の中心は、第1回定例会に引き続き新銀行東京や、築地市場の移転問題になりそうだ。

特に、都が土壌・地下水の詳細調査を行っている豊洲新市場予定地では、土壌の一部から環境基準の4万3千倍のベンゼンが検出されたことが明らかになり、野党側は移転の撤回を含め、追及を強める構えだ。

また、都議選を1年後に控え、批判の的となっている後期高齢者医療制度について、各会派がどういった姿勢で臨むかも注目される。

八都県市

7月7日にエコウェーブ

臨海副都心などで一斉消灯

北海道洞爺湖サミットの機会を捉え、八都県市首脳会議は6月1日から来年3月末まで、地球温暖化防止キャンペーンを実施する。7月7日には、キャンペーンの一環として、一斉行動（エコウェーブ）を実施する。

キャンペーンでは、夏と冬のライフスタイルの実践キャンペーンを展開。夏については、28度の適温冷房、軽装での執務、省エネの取り組みを進めるとともに、ポスターでの啓発を行う。

エコウェーブについては、4月21日に開かれた八都県市首脳会議でも議題となり、明かり(電気)を「けす」（一斉消灯）・かえる（電球形蛍光灯への交換）・えらぶ（再生可能エネルギーの普及）」ための行動を実施することを確認した。

一斉消灯は、八都県市の選定地区であるさいたま新都心、幕張新都心、箱根町、川崎駅周辺、みなとみらい21地区、臨海副都心などで、7月7日午後8時から10分間行われる。また、100万人のキャンドルナイトと連携して、キャンドルナイト実施を呼びかける。

一斉行動日には、選定地区で電球形蛍光灯を配布。家電量販店などと連携した電球形蛍光灯普及拡大キャンペーンも実施する。

再生可能エネルギーの普及については、選定地区でグリーン電力証書の普及啓発を実施。7月5日から13日にかけて行われるプロ野球とJリーグの計7試合が、グリーン電力証書を利用したカーボンオフセットで開催される。

石原知事は当初、一斉消灯について、「ナンセンス、センチメントでね、とにかく1回やってそれっきりの。ああいう運動ってのは継続性がなかったらしようがない」（4月25日の会見）などと難色を示していた。

知事は、不必要なネオンサインや自動販売機の消灯、デパートなどの営業時間の短縮など、省エネ、節電の実施に向けた協議を関係団体などと行うように環境局に指示。今回のエコウェーブは、こうした取り組みへのきっかけと位置づけていく。

11月に「父親授業」

都内高校で実施

子育て応援会議で方針

子育ての楽しさや父親の役割を高校生に伝えることを目的に、都内の高校で11月に「父親授業」を行う。都が26日、「子育て応援とうきょう会議」で方針を示した。

授業を行うのは、「子育てパパ力検定」など、独自の取り組みで父親の育児を後押ししているNPO法人の「ファザーリング・ジャパン」（安藤哲也代表）。授業では、生徒に父親像について話してもらったり、「将来父親になったら」というテーマで作文を書いてもらったりする。安藤代表は、生徒が父親になったときに、書いた作文が送られるような仕組みも提案しているという。

26日の会議では、社会に出る前の高校生の段階で、父親の役割の重要性や育児の面白さを伝えることが必要との指摘があった。

そのほか、ベビーカーを安全に利用してもらうため、育児中の母親とJRなど鉄道事業者を交えた意見交換会を7月から年2回ほど開催。また、ワークライフバランスを推進している企業の経営者に、大学生がインタビューを行い、10月に開設する「子育て応援サイト」や都民・企業向けフォーラムなどで発信していく予定だ。

都の調査によると、育児休業の取得を希望する男性は半数に上るが、実際に取得しているのは1割に満たないという。

盲ろう者養成研修　NPO事業に補助

都福祉保健局

NPO法人「東京盲ろう者友の会」が自主事業として行っている盲ろう者の通訳・介助者養成研修事業について、都福祉保健局は年間約200万円を補助することを決めた。障害者自立支援法など制度が大きく転換する中、研修をより充実してもらい、より高いレベルの通訳・介助者を育成する狙い。また、通訳・介助者の派遣単価を、1時間1350円から1500円に引き上げる。

都内では現在、318人が通訳・介助者として活動している。

冗句ジョーク

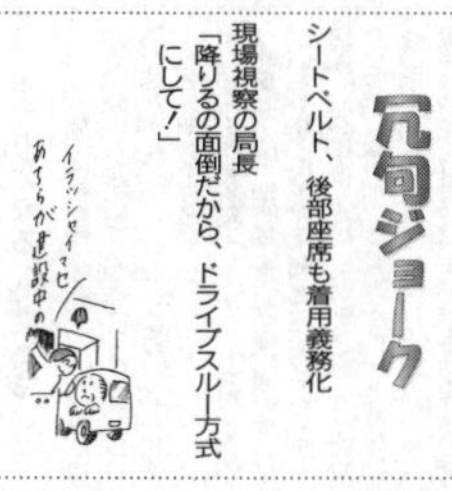

シートベルト、後部座席も着用義務化

現場視察の局長

「降りるの面倒だから、ドライブスルー方式にして!」

振り込め詐欺が倍増

医療費還付を口実に

都青少年・治安対策本部

都内の「振り込め詐欺」の被害が昨年より倍増している。今年1〜4月の発生件数は約1700件で、昨年同期に比べて約800件増加。被害総額は約26億円で、昨年同期より11億円増えている。

被害者は4分の3が60歳代以上の高齢者。今年4月の被害410件のうち還付金詐欺が半数を占め、このうち医療費の還付を口実とした被害が、全体の半分以上を占めているという。

事態を重く見た都青少年・治安対策本部は27日、犯行手口を再現した音声CDを作るなどして、緊急対策に乗り出すと発表。被害者は高齢者が中心であることから、地域包括支援センターや民生委員が直接高齢者に注意を喚起してもらう。また、6月14日には成蹊学園（武蔵野市）で振り込め詐欺撃退キャンペーンを開催。役者による実演や音声CDなどで、来場者に犯行手口を解説する。

都政の東西

漏えい阻止

「住所・氏名・生年月日」で6千円、「病歴・職歴」が3万3千円、「前科歴」は37万5千円だそうだ。今月21日に都庁サテライトルームで開催された「IT自己啓発セミナー」の資料にあった情報漏えいによる一件当たりの経済的損失だ。

07年度に起きた都のセキュリティ事故では「個人情報をUSBメモリ等に保存して無断で持ち出し、紛失・盗難」が5件、「個人情報を保存したSDメモリカード等を執務室内等で紛失」も4件にのぼるという（08年1月末現在）。

この背景の一つには、記録媒体の小型化や高機能化がある。現在、記録媒体では、USBメモリが主流となっており、すでにFDは見なくなった。記憶容量もギガバイト、価格も数千円からあり、就職セミナーなどのプレゼントに使われるほど、ありふれた存在となっている。

親指大のサイズに膨大な情報を保存できるUSBメモリでは、紛失・盗難のケースが増加する中、暗号化や指紋認証機能等を付加したモデルも普及している。

都でも安全管理の観点から、すでに持ち込み・持ち出しの原則禁止、情報の暗号化やパスワードの設定など、取り扱い上の留意点を定めているが、対策やルールも情報を扱う職員次第である。

同セミナーで講師は、自治体の所有する情報は「漏れたらおしまい」なのだと力説し、「漏えいの抑止ではなく、阻止しなければならない」と語った。

その講師は、USBメモリを持ち歩く際、「首から提げている」と説明する。情報漏えい阻止は都に限った話ではない。自治体職員の場合、取り扱う情報の質・量からみて、慎重の上にも慎重を期すことが求められる。あなたの場合はどうだろうか。

対応分かれる23区

統一モデル求める声も

新公会計制度

総務省は、財務情報の分かりやすい開示などを目指し、08年度決算から新しい公会計制度に基づく財務諸表4表の整備、公表を地方自治体に求めている。それにあたって提示されたのが「総務省方式改訂モデル」と「基準モデル」の2種類。いずれも一長一短があり、23区での選択はまちまちとなっている。団体間の財務状況を比較するには本来ならモデルの一本化が望ましいが、総務省は「まずはどちらかのモデルで」と理解を求めている。

総務省「まずはどちらかで」

■複数の選択肢

総務省は、内部管理強化と外部への分かりやすい財務情報の開示を目指し、地方公共団体における新公会計制度の整備を打ち出した。人口3万人以上の都市は、2009年における08年度決算をめどに、総務省が示した総務省方式改訂モデルか基準モデルのいずれかを活用して、財務諸表4表（貸借対照表、行政コスト計算書、資金収支計算書、純資産変動計算書）を作成することが求められている。

東京の自治体の場合には、これに、さらに、都が独自に導入済みの東京都方式の公会計制度の存在が身近にあり、選択の幅を広げている。

23区にどのモデルを使う予定か尋ねたところ、改訂モデルが11区、基準モデルが6区、検討中が6区だった。確定していない区がほとんどで、あくまで「当面の見込み」や「大まかな方向性」とする。東京都方式は、現時点で選んだところはみられなかった。「総務省のモデルも用意することを考えると、二重の手間がかかる」「財産の考え方が取得原価主義。過去より現時点以降を考えたい」「採用するところが少なそうなので、他団体との比較ができなくなる」などの理由による。

■一長一短

改訂モデルを選んだ理由としては、「システム再構築の負担がいらない」「現行の総務省方式の延長線上で手作業でできる」「分かりやすい」「これを選ぶ他団体が多く、比較しやすい」などが挙げられた。「基準モデルに必要な資産状況の把握が間に合わないから」との声も。課題としては「当面は売却可能資産の評価のみでよく、精緻さに欠ける」などがあるという。

07年度決算から改訂モデルを導入して財務諸表4表を作成する予定の荒川区は「資産が行政目的別で示されるなど区民への分かりやすさ、比較できる団体が多いのが改訂モデルのメリット」と語る。北区は「もともと財務情報への区民の反応が薄いなか、基準モデルなどに多大な労力、金銭をかけるより、無駄がないと判断した」と話す。

一方、基準モデルを選んだ区の理由は「さまざまなデータが得られ、きちんと運営に生かしていける」「過去の取得価格ではなく、実態との乖離がない公正価値だから」「資産台帳がきちんと整備できる」などが多かった。課題は膨大な量の資産状況の洗い出しが間に合うかどうか。杉並区では「職員単独では難しい。会計士の支援を受けながら09年秋の公表に向けて準備したい」と話す。目黒区も「スタート地点を確かにする必要がある。知っている業者の知恵を借りながら、今年度中に区有財産の洗い出しをやっていきたい」という。

■活用が第一

江東区は、当面は改訂モデルだが、最終的には基準モデルを視野に入れている。「区有財産の評価で、道路や河川など土木関係で整理途上の部分がある。基準モデルの先進自治体である岐阜県各務ヶ原市に資産管理の把握の仕方について聞き、参考にする」という。

4月から公会計担当課長を置いた練馬区は、「ただ4表を作って公表すればよいというものでもない」と指摘。「区民や議会に対して説明責任を果たすためにはどのように公表するか、区の内部で意思決定にどのように役立てていくかなど一に出したい」と話す。改訂モデルを選んだ荒川区も「活用が大事」と力を込める。今年度は、行政評価や事業の見直しに生かすための活用方法中心の検討を進める方向だ。

23区の間では、とくにどこかがイニシアチブをとって、ひとつのモデルに統一しようとの動きはみられなかった。だが、担当者の間からは「選択肢が複数で困っている」「他団体との比較をするためには、本来、モデルは一本化が望ましい」「総務省は、何か対応策を考えているのか」との声は高い。

これに対し、総務省では「まずは全自治体で新しい公会計制度を整備するのが最大の目的だった。導入しやすさを考え、便宜上、二つのモデルを示した」と理解を求める。実際にはモデルを検討した同省の研究会のなかで、意見が一致しなかった。「5年や10年たった時点ですべての団体で公会計の整備が進んだ段階で、同一にしようかとの議論はあるかもしれないが、まだそこまで予定を立てているわけではない」（総務省）という。

東京都は総務省に対し、全国標準的な会計基準の整備への着手を要請。検討に地方自治体を参画させ、東京都会計基準を踏まえた、分かりやすく、使いやすいものにするよう配慮を求めている。ただ、実際に統一モデルがない現状では、選択したモデルをいかに活用して行財政運営に生かしていくか、各自治体の知恵が問われることになる。

	改訂モデル	基準モデル	検討中
千代田		○	
中央	○		
港			○
新宿	○		
文京			○
台東			○
墨田		○	
江東	○		
品川	○		
目黒		○	
大田	○		
世田谷			○
渋谷	○		
中野		○	
杉並		○	
豊島	○		
北	○		
荒川	○		
板橋			○
練馬			○
足立		○	
葛飾	○		
江戸川	○		

※いずれも見込みや方向性

MEMO 総務省方式改訂モデル、基準モデル、東京都方式　いずれも、従来の官庁会計に、民間でみられる複式簿記・発生主義の考えを取り入れたもの。総務省モデルは決算統計からの手作業による組み換え。基準モデルと都方式はシステムにより、官庁会計データから複式科目に自動変換する。両者は、道路なども含めてすべての資産を評価する必要がある。

つくば市と友好都市提携

荒川区　先端産業の集積化に弾み

荒川区は28日、茨城県つくば市と友好都市提携協定を締結した。産業分野を中心に2006年から交流してきたが、連携を強化し、教育、文化、観光の各分野でも交流範囲を広げる。荒川区はこれまで、国内の18自治体、海外の4自治体と友好交流関係を結んでいるが、産業交流が契機の友好都市提携は、今回が初めて。

つくば市東京事務所（千代田区秋葉原）で開催された調印式には、西川太一郎荒川区長や市原健一つくば市長らが出席。経済産業省の北畑隆生事務次官が調印の立会人代表として参加した。

調印式後、西川区長は「色々な形で相互に補完して、すばらしい〝親戚関係〟を築いていきたい」とコメントした。

（左から）調印式に出席した西川区長、北畑経済産業事務次官、市原・つくば市長＝つくば市東京事務所で

荒川区とつくば市の交流は、地域の産学官連携を通じて産業集積（クラスター）化を促進する、国の「産業クラスター計画」がきっかけ。06年からの第2期計画で、つくばエクスプレス沿線一帯における地域連携の推進が決定し、それぞれ対象地域に含まれている。以来、双方で開催する産業関連イベントへの相互参加、若手職員の交流会などを実施してきた。

荒川区はかつて、紡績、金属加工など製造業で都内有数の工業地区だったが、近年は衰退傾向。国のクラスター計画に並行して、独自に「荒川区モノづくりクラスタープロジェクト」を06年策定。昨年、高齢者向け健康・福祉関連製品の開発を、将来的な注力分野とした。つくば市には約300の研究機関のほか、先端産業分野の企業が多数あることから、荒川区は「バイオ、医療・健康機器分野で連携を強化したい」と期待を寄せている。

ゲリラ豪雨から3年

中野区　杉並区　迅速な職員の参集

下水貯留管設置を

2005年9月4日、杉並、中野両区で1時間の最大雨量が100ミリを超え、浸水などが想定外の地域で起きてから約2年9カ月。同じ過ちを繰り返さないためにも、両区は職員の参集体制の見直しなど初動態勢に取り組んできた。だが、ソフト面は整備されているが、下水の貯留管の設置などの課題が残る。ハード面が解決されなければ、ゲリラ豪雨には太刀打ちできない。

ここ1年のうち、杉並区で水害に見舞われたのは、参院選の投開票があった昨年7月29日。区では1時間で最大46ミリの激しい雨が降り、雨水が下水道などで処理しきれずあふれてしまい、床下浸水が7カ所、床上浸水が4カ所などの被害が出た。区職員が投開票などに追われる一方、水害対策の人員確保などの課題が浮上した。

この日は、大雨警報が昼と夜の2回、東京23区西部に出される異例の事態となった。杉並区では、1回目の大雨警報が午後2時前に出た後、防災課などの職員48人が参集した。警報が解除された午後4時すぎ、下水があふれ出たエリアを消毒する必要があったが、消毒班長が投票所に配置されていたため、松沼信夫副区長が陣頭指揮を取った。消毒していた職員は、住民から「消毒するよりも、下水道代を助成してほしい」と要望された。約3時間で消毒が終わった。

ところが、再び大雨警報が約20分後に出て、職員の確保に悩まされた。職員は午後7時半までに開票所入りすることになっていたからだ。職員20人が何とか確保された。1時間あたり十数ミリの雨で、被害はなかった。

1時間で最大46ミリの雨量で被害が出てしまう杉並区の場合、100ミリを超えるゲリラ豪雨には太刀打ちできないのが現状。この被害から、下水などハード面の課題が浮上した。下水を一時的に貯める貯留管が設置されなければ、道路の冠水を防げない。

さらに、都は環状7号線の地下貯水池を整備し、神田川、善福寺川などの氾らん防止に取り組む。杉並区は「あと、2〜3カ所をもっと上流につくってもらえれば」と願う。

一方、参院選の投開票の当日、被害が出なかった中野区は「何らかの体制の組み方を考えていかないといけない」と話す。大雨注意報が出た時、区は氾らんしやすい神田川と善福寺川の合流点などに職員を派遣し、水位情報などを広報車で伝え、注意喚起する。区は職員の迅速な参集を課題に挙げるが、「急速に雨雲が発達しゲリラ雨が降ってしまったら、何もできない」（中野区）という。

いつ、どこでゲリラ豪雨の被害が発生するか分からない。ゼロ㍍地帯では、甚大な被害が出ることが想定されるため、壊滅的な水害を防止するためのスーパー堤防などのハード面の整備が欠かせない。だが、荒川沿いでは用地取得などの課題があり、整備は進んでいない。

葛飾区では、3日間で計548ミリの大雨が荒川で降り堤防が決壊した場合、5㍍近くまで浸水するという最悪の被害が想定される。区は防波堤が決壊する前に、避難勧告を出す考えだ。

足立区では荒川が氾らんした場合、避難する場所がないという。「自区内処理できないのが頭の痛いところ。他の区市を巻き込みながら協議していく」という。

昨年7月29日、杉並区荻窪2丁目は道路が冠水した＝杉並区提供

新議長に星野氏　副議長は小菅氏

江東区議会

小菅富貴子氏　星野博氏

江東区議会は26日の臨時会で、議長に自民党・無所属クラブの星野博氏(60)、副議長に公明党の小菅富貴子氏(59)を選出した。

星野氏は、現在4期目。企画総務委員会、建設委員会、議会運営委員会の委員長や監査委員などを務めた。小菅氏は、現在3期目。区民委員会、文教委員会、防災・まちづくり対策特別委員会の委員長などを歴任した。

池田氏が議長に　副議長は横満氏

北区議会

北区議会は26日の臨時会で、議長に自民党の池田博一氏(63)、副議長に公明党の横満加代子氏(60)を選出した。

池田氏は、現在5期目。副議長、監査委員、文教委員会、決算特別委員会、交通対策特別委員会、区民生活委員会の各委員長などを務めた。横満氏は、現在4期目。監査委員、地域開発特別委員会の委員長などを務めた。

池田博一氏　横満加代子氏

議長に鯨井氏を　副議長は金沢氏

足立区議会

足立区議会は27日の臨時会で、議長に自民党の鯨井光治氏(61)、副議長に公明党の金沢美矢子氏(58)を選出した。

鯨井氏は現在3期目。文京委員会と決算特別委員会の委員長などを務めた。金沢氏は現在3期目。建設委員会と少子化対策調査特別委員会の委員長などを歴任。

鯨井光治氏　金沢美矢子氏

新議長に西原氏　副議長は広田氏

墨田区議会

墨田区議会は28日の臨時会で、議長に自民党の西原文隆氏(68)、副議長に公明党の広田充男氏(57)を選出した。西原氏は、現在8期目。議長、副議長、監査委員、企画総務委員会、福祉保健委員会の委員長などを務めた。広田氏は、現在5期目。副議長、監査委員、情報化対策特別委員会の委員長などを務めた。

西原文隆氏　広田充男氏

議長は吉村氏再選　副議長には中島氏

豊島区議会

豊島区議会は28日の臨時会で、副議長に公明党の中島義春氏(55)を選出した。議長は自民党の吉村辰明氏(61)が再選された。

中島氏は現在3期目。都市整備委員会、防災対策調査特別委員会の委員長、総務委員会副委員長などを務めた。

中島義春氏

記者席

「おやりになる」時間あるの？

○……福田首相を褒める民間の人を初めて見た気がする。地方分権改革推進委員会の丹羽委員長は、公務員制度改革法案について与党と民主党が合意し、今国会での成立が確実になったことをあげて、「総理は、最後はやっぱりおやりになる。行政改革の第一歩は公務員改革。この改革ができないと、地方分権はしんどい」と評価した。

第1次地方分権改革は、橋本内閣時代だった。機関委任事務の廃止など大改革を断行したが、選挙では惨敗して総辞職した。政局が揺らぐ中、「おやりになる」には時間が足りないような気もするが。

○……6月は恒例の東京都暴走族追放強化期間だ。今年も「暴走族の追放は、まず家から・そして地域から」をスローガンに、暴走行為が本格化する夏を前に、取り組みを強めようというのだが、ピンと来ない。「暴走族って増えてるの？」という疑問が湧く。

警察白書によると、06年度の共同危険型暴走族の総人員数は1万2千人で、02年度と比べ9千人の減となっている。最近、都内で見る機会はほとんどない。

「家庭からの取り組み」というが、昨今は、かつて暴走族だった成人が昔を懐かしんで暴走行為に励む「旧車會」なるものが主流と聞く。

理科支援員

小学校501校で配置

大学生や地域住民が活躍

特別講師は121人

理科授業を充実させるため、文部科学省は小学校5・6年生を対象に「理科支援員等配置事業」に取り組んでいるが、2007年度は都内で21区26市町の501校が理科支援員を、また10区市が特別講師をそれぞれ配置していることが、本紙の調べでわかった。理科支援員は大学生や地域住民が中心で、特別講師については研究者や企業関係者などが活躍。いずれも理科授業の観察や実験の支援、「特別授業」などを行いながら、理科授業をサポートしている。児童の理科離れが指摘される中、今後も理科支援員や特別講師を採り入れる小学校が増えそうだ。

理科離れで今後も増員へ

理科支援員等配置事業は文科省が2006年度に打ち出したもので、外部人材を理科支援員や特別講師として活用。小学校5・6年生の理科授業での観察・実験活動を充実させるとともに、教員の資質向上を図ることを狙っている。この事業は都教育委員会が文科省から委託され、都教委がさらに区市町村教委に再委託するという形で運営されており、配置した教委に対し国から人件費などの補助が出る仕組みになっている。

理科支援員の活動内容としては、演示実験やグループ実験の補助、試薬・実験器具などの準備、教材開発の支援、理科授業の進め方の提案・助言などがある。教員免許は不要で、大学生や大学院生、退職教員、地域の人材などが対象。

特別講師については「学校又は教員から求められる内容に応じ、理科に関する発展的な内容の授業を実施する」とし、「バイオ技術と発芽」や「地層の観察」など、先端科学技術や研究開発の成果などを活かし、学習内容と社会活動とのつながりを実感させる授業を期待している。大学教員や企業の技術者・研究者、研究機関職員、科学館職員などが特別講師として活躍している。

本紙の調べによると、昨年度に都内で理科支援員を配置した小学校は501校で、全体の約38％を占めた。これを学級数でみると、小学校5年生が1013学級、6年生が1045学級の計2058学級。理科支援員数は計626人で、大学生が309人で最も多く、次いで地域人材144人、退職教員76人などとなっている。

また、特別講師については121人が配置されており、研究者（64人）と企業関係者（32人）が多い。先端科学技術や研究開発の成果などを踏まえた「特別授業」となると、高度な専門性が要求されるためとみられる。

学習指導講師（右の男性）を導入して授業力アップをめざす＝大田区の小学校で

大田区は、07年度は44校に理科支援員42人を配置した。同区では全小学校5・6年生の全学級に理科支援員を配置する計画を立てているが、「昨年度は2学期からと取り組みが出遅れたが、今年度は全校対象に予算計上しているので、配置校がもっと増えると思う」（教育委員会指導室）と話している。同区ではこのほか、学習指導講師、生活指導支援員、学校特別支援員を導入しており、「教員が指導力をフルに発揮できる体制づくりを推進していく」（同）考えである。

中野区では、小学校26校全校に6人の支援員を配置した。講師については13校に6人を派遣し、延べ37回の「特別授業」を実施したという。北区も38全校に21人の支援員を配置し、理科の観察や実験の手伝いなどを行った。今年度は1人増員して22人を配置する予定である。

八王子市では、15校を対象に30人の支援員を配置。その多くが大学院生や地域住民、退職教員で、特別講師（延べ44人）については民間の技術者・研究者が多数を占めた。同市教委では「学校や子供たちの評判は良く、今後も希望する学校が増えていくだろう」（指導室）とみている。

三鷹市は、小学校9校に11人の支援員と13人の特別講師を配置した。今年度は増員する計画はないが、「実験に興味をもつ児童が増えるなど、全体的に評判はいい」（教委指導室）ことから、支援員一人当たりの持ち時間を増やす方向で検討しているという。

一方、理科支援員を配置していない新宿区では、教員免許を持っている「確かな学力推進員」52人を小学校41校全校に配置して対応。「現在のところ理科支援員を配置する考えはない」（教委・教育指導課）という。杉並区でも、区独自の教員・ボランティア採用で支援体制を整えていることから、現時点では国の事業を採り入れる計画を立てていない。

揺れる 教育現場 36　二〇〇八年五月三十日

真価が問われる初の計画

公民を問わず事業・政策には、常に改革と進化が求められる。「教育」も例外ではないが、これほど難しいテーマはない。そのゴールはないし、方法論でも完璧な回答がないからだ。

たとえば日本のNo.1大学の東大を首席で卒業したからといって、完全無欠な人間はいないし、即社会に通用するわけでもない。人生は「生涯学習」といわれ、生涯をかけても、終わりのないのが「教育」なのである。

しかし、同時にこれほど重要なテーマもない。「企業は人なり」といわれるが、国家・社会も構成員によって左右される。よく政治（家）の責任は「選んだ有権者の責任」といわれるが、そのことを端的に示している。

そして期待される人間像は「高度なスキルと豊かな心・強い体力」という方向に絞られる。時代の要請と時の政権の政治的思惑で、ウエートに変化があるが、基本的な方向に変わりはないと思う。

そこで、教育目標・カリキュラムや方法・仕組み・学校・教員のあり方、国・地方間等の役割分担等で、まさに「ゴールの見えない議論」を繰り返し続けているのが、戦後の教育史である。

その曲折の歴史の中で、国民コンセンサスを得たとはいい難いが、2006年末から07年春にかけて成立した改正教育基本法と関連の教育3法は、日本の教育の行方を決定づける歴史的節目になったことは、間違いない。

その方向が具体的に見えてくるのが、改正教育基本法で初めて策定することになった、国の「教育振興基本計画」である。

これを検討していた中教審答申を「計画案」として、いくつかの特徴を紹介してきたが、究極的なポイントは激化する国際競争を優秀な人材力で勝ち抜くしかないとして「教育立国」を明確化したことだ。

これに向けて幼児教育から大学院教育まで全般的にレベルアップをめざし、そのため、学校はもとより保護者・地域・企業等「社会総がかり」で教育に当たり、支える、というのがもう一つの特徴である。

計画（案）は学校現場へのしわ寄せが強まる、など多くの問題を含んでおり、今後の実施段階で改めて論議になるとみられるが、その前提となる財政と人的計画が盛り込まれるかどうか。文科省と財務省との攻防もあって最大の注目点になっている。

このため、「教育再生会議」提言をフォローし、福田内閣としての教育改革を提言する「教育再生懇談会」は20日、教育振興基本計画に対する「緊急提言」を文科省等に提出した。

その中で注目されるのは「教育再生には財政的基盤の確保が不可欠」と強調。現在、日本の教育への公財政支出は対GDP比3・5％にとどまっており、OECD諸国並みの5％にするよう求めている。

また、新学習指導要領を実施するための教員や専科教員を含めた教職員定数の改善を求め、文科省は5年間で2万5千人の増員を盛り込むと伝えられている。

この財政と人的数値が計画化されるかどうか。初の歴史的計画の真価が問われている。（W）＝おわり

多摩国体

来月4日 開催申請書を提出

競技施設の整備開始へ

(財)東京都体育協会会長と都知事、東京都教育委員会の3者の連名で、2013年に開かれる第68回・国民体育大会の開催申請書を6月4日、(財)日本体育協会会長と文部科学大臣あてに提出する。開催内定が7月に出る予定で、今年度から競技施設の整備を開始。開催3年前の10年度には「実行委員会」を設立し、リハーサル大会などに取り組む計画だ。

スポーツ振興法に基づく国民体育大会（国体）は、東京都では1949年（第4回大会）と1959年（第14回大会）に開催されており、第68回大会となる今回は多摩・島しょ地区を中心に開催する。主催者は日本体育協会、文科省、東京都。参加者は選手と監督あわせて約2万2千人で、会期は13年9月中旬から10月中旬までの11日間となっている。

メーン会場は調布市飛田給にある「味の素スタジアム」。予定されている競技はサッカー、レスリング、ハンドボール、カヌー、自転車、陸上競技、弓道など40競技（正式競技37、公開競技3）に及ぶ。

競技会場となる区市町村は港、新宿、文京、台東、墨田、江東、品川、大田、世田谷、渋谷、北、練馬、足立、江戸川の14区と、八王子、立川、武蔵野、三鷹、青梅、府中、昭島、調布、町田、小金井、日野、大島、三宅など35市町村。馬術とライフル射撃、クレー射撃の3競技については開催会場地を調整している。

開催申請は、都議会の決議書や実施予定競技とその種類、会場地とその施設調査書、予定会場地ごとの宿泊可能数を示した調査書の書類を添付して提出。7月には開催内定が出る予定で、正式決定は2年後の10年度になるとみられる。すでに「多摩国体」の準備委員会が設立され、専門委員会もスタートしている。

3教科で前年度下回る

都立高校入学選抜の平均点

都教育委員会は22日、「08年度都立高等学校入学者選抜」の学力検査を受検した者の学力の実態を把握するために実施した調査結果をまとめた。前年度に比べて数学と理科の平均点は伸びたものの、国語と英語、社会の3教科は落ち込み、とくに英語の平均点が前年度を大きく下回った。

都教委では、08年度都立高校入学者選抜の全日制課程を共通問題で受検した者に対し、①全数調査による教科別の平均点及び得点分布②抽出調査による各教科の小問・大問正答率——の調査を実施。この結果、国語63・8点（前年度65・2点）、数学58・8点（同56・4点）、英語50・8点（同56・0点）、社会60・6点（同62・3点）、理科61・8点（同55・8点）となった。

都教委では、指導の改善の視点として、国語の「語彙を増やす学習」「自分の言葉で表現する力の育成」、英語の「正しく情報を把握する力」「自分の考えを適切に表現できる力」などを挙げ、これらを参考に中学校と高等学校の教科指導を行うよう求めている。

全校で国旗掲揚、国歌斉唱

教職員20人が不起立

都教育庁は22日、都立学校と区市町村立学校の2007年度の卒業式と08年度の入学式の実施状況をまとめた。卒業式では全校が国旗掲揚と国歌斉唱を実施し、入学式についても同様に、全校で国旗掲揚と国歌斉唱が行われた。ただ、卒業式で起立しなかった教職員が18人出た。

卒業式では全校が舞台壇上正面に国旗と都旗を掲げ、ピアノ伴奏等で国歌を斉唱し、卒業証書が授与された。しかし、都立学校では、高等学校11校・13人、特別支援学校2校・2人の教職員が起立せず、区市町村立学校でも、小学校1人、中学校1人、特別支援学校1人の教職員が不起立だった。また、高等学校2校では2人の教職員が会場から退場した。

入学式については、卒業式と同様、全校で国旗と都旗の掲揚、ピアノ伴奏等による国歌斉唱が行われたが、高等学校で1人、特別支援学校で1人の教職員が起立しなかった。なお、ピアノ伴奏等には吹奏楽やテープ・CDなどが含まれる。

活かせ！ 地域の教育力 7

——高島平地区小地域ネットワーク

循環型地域社会形成のために

皆さんは「大江戸ダンス」もしくは「大江戸舞祭（おおえどまいまつり）」という言葉を耳にしたことがあるだろうか。

この祭は、東京の子供たちのための東京の新しい祭を提供したいと、長谷川記一氏（大江戸舞祭連合会長）が創案したもので、その趣旨は人づくりとまちづくりである。

大江戸ダンスは1999年から始められた小中学生を対象にしたダンスプログラムで、楽曲、振付は青少年が受け入れやすい現代的なものだ。

特筆すべきは、古賀政男音楽文化振興財団がこの祭の趣旨に深い理解を示し、『東京ラプソディ』や『丘を越えて』などの名曲を、大江戸ダンスの楽曲に使用することを承認、提供してくれていることである。感謝すべきことだと思う。

それだけに、楽曲の著作権には細心の注意が払われるべきだ。そのため、登録制（学校は登録費免除）にしているが、知ってか知らずか、登録もせず、おまけに楽曲もビデオもコピーし、子供たちに発表させている学校もあるという。

毎年9月には都庁都民広場で2日間にわたって本祭りが行われるほか、最近では「わがまち大江戸舞祭」と銘打ち、都内各地で開催されている。

そこに参加する子供たちの連（チーム）は、都内およそ250の小中学校の登録連と、およそ50の地域の大人に支えられた連である。

ダンスの祭といえば、有名な南中ソーランやよさこいソーランがあり、社会的にも大きな役割を果たしていると思う。では、本会はなぜ江戸ダンスを選択したのか。その主な理由は、①小中学生とそれを支える大人が対象②東京ラプソディ＋童謡唱歌を組み合わせた楽曲③子供も大人も学び合い、共に創る祭で、社会教育、世代間交流を重視している——などであった。

「大江戸舞祭」は、社会教育の現場であると明確にうたっていることから、本会の「誰もが安心して豊かに暮らせるまちづくり」活動にとって大いに活用できるとして、2003年に高島平に導入。現在では「わがまち大江戸舞祭・高島平」として町に定着している。

当初は地域活動や社会活動に無縁のメンバーも多く、多くの失敗を経験した。それは、既存の地域組織との間に軋轢を生じさせたことだ。具体的に言うと、「あの人にあいさつしましたか？」に始まり、「何のあいさつもないから俺は知らん」といったたぐいのことを言われた若いメンバーからは、「何であいさつしなくちゃならないんだ？」という声が上がった。

そんな話が出るのも、住民の側も帰属すべき地域社会を持たず、既存の町会・自治会もまた、魅力的な社会活動の場を提供してこなかった結果だと考える。端的に言って地域社会は、世代も地域活動も継承できなくなり、調整能力を失ってしまったのである。

地方自治法が1947年に施行されて60年余。住民自治の根幹の問題がここに表出していることが分かる。と同時に、さまざまな場面でもっと深刻な影を落とすことになることが予測される。

60年と言えば還暦。ここで住民自治の原点を見つめ直し、生まれ変わろうではないか。

そのために必要なことは、まず住民の自治意識の醸成であり、一方では、自治体の既存の組織に対する末端行政のありかたや、補助金行政のマイナス部分の洗い直しに着手すべきだ。そして地域の社会システム全体を再構築するための具体的なプランの実施が急務であると思う。

本会は微力ではあるが、その新しい社会システムの再構築のための一助たらんと、ささやかな試みとして、この祭にそのような思いを託している。

深刻な話になったが、嬉しい話も記しておきたい。それは、板橋区の坂本区長はじめ教育委員会、社会福祉協議会がこの祭を支援し続けてくれたこと。そして、地域内の自治会や商店会、また地元の大学がこの祭をともに創ろうと手を携えてくれていることである。

（高島平地区小地域ネットワーク代表　堀口吉四孝）

今年も9月6、7日の土日、大江戸舞祭本祭が都庁都民広場で開催される

起業創業相談会を6月から15回開催

中央図書館

都立中央図書館は、中小企業診断士による無料の「ビジネス・起業創業相談会」を6月から来年3月までの15回にわたり、同図書館相談室とセミナールームで開催する。

同館では、ビジネス情報サービス事業の一環として、所蔵する豊富なビジネス関係資料を活用し、中小企業の振興、起業および創業などを促進・支援している。中小企業診断士によるビジネス・起業創業相談会もその一つで、都中小企業振興公社と中小企業診断協会と連携。年間を通じて定期的に開催している。

例えば、新規事業の立ち上げプランやマーケティング戦略、資金調達のアドバイスなど、ビジネスや起業にかかわる幅広い相談に応じる予定で、「あなたのビジネスプランをブラッシュアップしてみませんか！」と呼びかけている。

初回は6月12日で、原則として月2回の第2木曜日と第4土曜日。対象は都内在住・在勤の人、1日4人までとなっている。申し込みは事前予約制で、都立中央図書館4階の相談カウンター☎03・3442・8451まで。

毎週金曜3面は 教育オンライン

都幹部人事異動座談会

要となる知事本局長人事

局長級昇任　年齢若返りはマイナス面も

都の夏期幹部人事異動は、教育長人事が大原正行氏に決まったことを受け、今後、局長級、総務部長・枢要部長級の駒組みが本格化する。条例局長では、渡辺日佐夫生活文化スポーツ局長と前田正博下水道局長の2人が定年となり、その他局長級では7人が勧奨退職ルールに該当する。このほか、教育庁次長や共済組合事務局長など4ポストが空席となっている。石原都政3期目を支える執行体制はどうなるのか、話し合った。

■教育再生

――焦点の教育長人事は、大原正行知事本局長の起用が内定した。

A　大原氏は、教育行政に携わった経験はないが、都庁内では早い時期から大原氏の名前が上がっていた。大事なことは、教育長人事をうんぬんする前に、都の教育のありようを考え直す時期にきているという点だ。それに見合う人事を行うというのが本来のあり方。都の教育行政は、かなり停滞している。たとえば「10年後の東京」の策定過程でも、教育庁から新たな施策展開や積極姿勢がなかった。

B　確かに公立学校は荒れていて、不登校、学級崩壊も少なくない。荒れているから、みんな公立に行きたがらない。学力低下は深刻だ。そういう意味では、改革意欲のある人でないと、教育長の職は務まらない。大原氏には、しがらみのなさを生かして東京の教育再生に取り組んで欲しい。

C　今回の教育長人事に対し、都議会からは、知事サイドと必ずしもしっくりいっていない中での登用だったという話も聞こえてくる。官房長官としての役割が期待される知事本局長は、知事サイドからの風当たりが強く、それだけ重責のポストということか。後任の知事本局長人事が注目されるゆえんだ。

A　オリンピック招致本部長が抜擢されるという噂もある。生活文化スポーツ局長が退職するので、それとのセットで議論されている。産業労働局長の横転との説もある。しかし、新銀行東京に金融庁の検査が入り、この1年が再建に向けてポイントだ。監視と支援を行う産業労働局長には、専門的な知識も要求され、動かせないのではないか。知事や都議会の信頼度という点では、知事本局長に起用されて当然の人だが。

B　都議会自民党からは、佐藤総務局長待望論もある。産業労働局長の異動があるとしたら、その後任を誰にするか。金融のプロは都庁にいないから、少なくとも商工部門に明るい人でないと、難しいのではないか。

C　知事本局長の人選は、知事の意向が特に重要視されるポスト。昨年のように総務局長から知事本局長への横転や、一気に中二階局長からの抜擢もあり得る。ただ、その際も「都政永遠なり」で、知事に対してノーと言える人材でないと、かえって庁内が混乱する。いずれにしても、局長級異動は、昨年夏と同じように内示の直前まで動くのではないか。

■課題対応

――石原都政の重要施策には、新銀行東京のほか、五輪招致、築地市場の豊洲移転、地球温暖化対策などがある。

B　6月5日にIOC理事会がある。5都市が決まり、その中で東京都がトップという噂もある。もし一番だったら、招致活動は勢いづくだろう。招致本部の執行体制は、今年、動かすかどうかだ。IOC総会がある来年は代えられないから、荒川氏が本部長続投となると、さ来年までトータルで3年になる。

A　今、招致本部長の異動を行えば、敵前逃亡のように映らないか。局長級の人事も気になるが、その下の部長級人事をどうするかも課題になる。今回、動かないと、在職期間が長くなる。

C　築地市場の豊洲移転があって、今年は中央卸売市場長の交代はないと見られていた。しかし、土壌汚染対策が長期戦になるのなら、逆にここで交代もあり得るのではないか。知事は、築地市場移転とオリンピックのメディアセンター建設計画を切り離すことを記者会見で示唆している。築地市場移転の遅れは、都政のいろんな面で影響するだろう。

B　豊洲の土壌汚染は、エキセントリックな議論になっている。あそこは危険というイメージが都民にすり込まれてしまった。他方、豊洲以外に移転する場所がない。現在地再整備は、ものすごい手間と時間がかかるので、とても無理。

C　市場移転は3年くらい遅れると言われ、2013年開場が16年になるかもしれない。すでに区画整理事業で盛土が終わっている所もあるから、それを掘削・除去除去して工事するのは、巷間言われているように土壌汚染対策費が1千億円を超えるかもしれない。都民、都議会のコンセンサスを得るのは、お金の問題以上に大変。市場長の異動があるかどうかはさておき、実力のある人でないと、組織が持ちこたえられない。

■若手起用

――昨年、58Aと59Aから若手の局長級昇任が出た。今年も昇任年次は、若返るか。

A　1年、若返るかもしれない。しかし、ここで留意しなければいけないことは、昨年と同様に52歳前後から局長級を出すことを毎年続けていけば、将来、人事が詰まるという点だ。先々の人事構成、人事配置も念頭において現在を考えなければいけない。今年は条例局長の退職者数が少ないので、若返らなくてもいいように思う。

B　条例局長の退職は少ない反面、教育庁次長、共済組合事務局長、建設局道路監など空きポストが多く、中二階局長の退職も結構ある。人材不足というが、57Aあたりはそもそも職員採用が少なかった。浜渦武生副知事が権勢を振るって、局長級の早期肩叩きをやった弊害が指摘されるが、それだけでなく、絶対的な必然として採用者数が少なかった。

A　元副知事の話が出たので付言すると、浜渦氏は副知事として責任があった。権限だけあって責任のない特別秘書は、庁内の人事に口を出すべきでない。民間人副知事も同様だ。話を元に戻すと、条例局長の勧退を行うかどうかだが、都庁の人材難に拍車がかかるので、今年は行うべきでないと思う。

C　人材活用に関連して言えば、上司との相性、職務その他いろいろな事情から、一時的に調子が悪くて枢要な部署から外れた人もいる。この人たちが今年の異動で復帰するかどうかも気になる。また、都議会百条委員会で生じた庁内の溝も、リセットすべきという声をよく聞く。その一方で百条委員会には、知事が今もこだわっているという話を耳にする。有為な人材の登用をしていかないと、都庁が本当にダメになってしまう。

A　女性管理職の登用というのも、今回の人事の隠れた焦点だ。昔は、女性であることの優位さが異動で垣間見られたが、石原知事になってからは、それがなくなった。白石弥生子氏は監査事務局長2年になるし、条例局長に推す声もある。都庁の女性管理職は、課長級までは順調だが、そこから先、さらに頑張って欲しい。

■技術系人事

――大量退職を迎え、特に技術系の幹部人事も課題が多い。

B　現在は財政再建を成し遂げて、お金はある。しかし、執行体制の確保で、ハード局はどこも悩んでいる。施設の老朽化や耐震化の課題に早急に取り組まなければならないが、技術系の人事配置は相当やばい。

C　土木、建築などの人材の不足も著しい。長期的な視点を持たずに技術職の採用を抑制してきたツケが、今になって表れている。外部登用や定年延長で対応することもできるが、即効性がない。とりあえず、技術系ポストを事務で埋めることもあるのではないか。

都労連

夏季一時金2.5月を要求

現業賃金「取組方針」撤回を

都と都労連は27日、団体交渉を行い、都労連が夏季一時金に関する要求書を提出した。この中で夏季一時金2・5カ月分を6月30日までに支給すること、支給にあたっては全額期末手当とすることを求めた。回答期限は6月12日までとした。

都職員の一時金に関しては、07年度の都人事委員会報告で、民間の年間支給状況が4・51月分とされ、0・05月の改善が図られた。

ただし、都労連は公民比較対象となる企業規模を現在の50人以上ではなく、1千人以上とした場合では4・88月分になると指摘。「都職員の現行支給月数は、民間の支給状況とかい離があるだけでなく、職員の生活水準を維持・改善するには不十分」として、一時金の支給月数改善を強く求めている。

同日の団体交渉では、現業系職員の賃金水準等も取り上げられた。この問題では、都側が総務省通知に基づき、「技能労務職員等の給与等の見直しに向けた取組方針」を策定、3月31日から都ホームページ上で公表している。

増渕委員長は、取組方針で「少なくとも国並みの水準と均衡するよう給料表の再構築を図る」との方向を打ち出していることに触れ、「当局が見直しの水準に踏み込んだことは、これまで労使交渉と合意により決定してきた経緯から言っても、到底容認できるものではない」と反発、取組方針の撤回を求めた。

一方、山口副知事は、景気回復が足踏み状態にあり、各企業が経営基盤強化を一段と進めていること、都も「10年後の東京」実現に向けた取り組みの加速や持続可能な財政基盤を築き上げる必要があることを挙げ、「職責・能力・業績をより一層反映したメリハリある人事給与制度の構築に向けて、不断の見直しを実施していくことが不可欠」と強調した。

その上で、夏季手当に関する要求に対しては「民間の動向や国における動き、他団体の状況、都の財政状況など、諸般の事情を考慮し、さらには都民の理解と納得が得られるかという視点から検討のうえ、改めて回答したい」と述べている。

また、現業系職員や教員に関わる諸課題についても、次期給与改定交渉期までに解決を図ることとしており、引き続き精力的な協議を求めた。

08年度の労使交渉は、双方が最大の課題とする現業・教員に関連して、すでに本格化しており、今後も厳しい情勢が予想される。

■　■　■

都労連は27日に行われた夏季一時金にかかる要求団交後、第1波総決起集会を開催した。集会で増渕委員長は、最重要課題に挙げる現業と教員の問題に触れながら、「組織の根幹に関わる問題であり、組織をかけた闘いになる。『意思統一』を図り、昨年を上回る闘いを展開していく」と決意を語った。

全懲戒処分を公表へ

ネットで情報公開も

都総務局

都総務局は28日、懲戒処分の公表基準を見直し、戒告以上の処分をすべて公表するよう改めた。これまでは免職や争議行為のほか、新聞等で報道されるなど社会に及ぼす影響の大きい事案などに限って公表していたが、今後は、地方公務員法に基づくすべての懲戒処分（免職、停職、減給、戒告）を公表する。また、訓告や口頭注意、諭旨退職等であっても、都民の関心が大きい事案や社会に及ぼす影響の著しい案件については、これまで通り公表する。

これまで欠勤やセクシュアル・ハラスメント、窃盗、わいせつ行為、交通事故等の非違行為は、職員本人の資質によるものとして公表してこなかった。しかし、公務員の不祥事に対する社会的関心の高まりや、公務員倫理が厳しく問われる中、的確に対応することにした。また、職員の公務員としての自覚をより一層促すことも狙い。

公表する内容は、①発生年月日②職層③所属局名④年齢・性別⑤事件概要⑥処分内容⑦処分年月日――の各項目。公表に際しては、関係者等のプライバシーに配慮し、円滑な公務運営に支障を及ぼさないようにする。氏名の公表は、家族や関係者への影響等を考慮して行わないが、免職や争議行為等の場合は、これまで通り氏名を公表する。処分情報は総務局人事部のホームページで閲覧が可能になる。

懲戒処分の公表については、神奈川や千葉、埼玉など関東近郊の自治体や、大阪市などの政令指定都市ですでに公表しているほか、都でも教育委員会が公表している。

知事部局等で06年度に戒告以上の懲戒処分を受けた職員は80人で、うち処分を公表したのは54人。このうち49人は争議行為関連で、26人の処分は非公表となっていた。

指針見直しに伴い、総務局は28日、欠勤や窃盗、セクシュアル・ハラスメント、個人情報の紛失などの非違行為を行った7人の処分を公表した。

07年度資金管理実績

運用収入は約136億円の大幅増

定期性預金の金利上昇を反映

都会計管理局は28日、07年度の資金管理実績を公表した。歳計現金等、基金、準公営企業会計を合わせた全体の運用収入は、年間運用利回りが向上したことなどを受け、前年度の約67億円から約203億円となり、約136億円の大幅増を記録している。

歳計現金等に関しては、07年度当初に地球温暖化対策推進基金、福祉・健康安心基金等への積立を行ったことで、平均残高が対前年度比で1341億円減少している。

ただし、会計管理局では、収支見通しを精査し、流動性預金で保管する支払準備金の圧縮に努める一方、余裕資金は定期性預金を基本に、可能な限り長期間保管する方針を掲げており、この結果、07年度の定期性預金の構成比は91・5%にも達している。資金管理実績をみると、こうした定期性預金の金利上昇が反映された格好となっており、利回りは前年度の0・099%から0・3%へと上昇している。

また、基金については、東京オリンピック開催準備基金への積立などにより、平均残高は1兆6658億円となり、前年度と比べて6810億円もの伸びを示した。

平均残高自体の拡大、債権や定期性預金の金利上昇に加え、最長で5年程度とした運用期間の一部長期化が07年度から実施されたこともあって、利回りは0・837%（前年度は0・484%）と向上、運用収入も92億2100万円増加している。

このほか準公営企業会計では、一般会計から中央卸売市場会計へ貸付金が返還されたことなどで、平均残高は前年度比で2049億円増の4598億円となった。また利回りも0・731%と上昇したが、これは定期性預金の金利上昇や一部債権運用の開始によるものという。

温暖化対策計画 17事業所を表彰

都環境局

都環境局は、東京都地球温暖化対策計画書制度の中間報告で、もっとも高いAAA評価となった17事業者を6月3日に表彰する。

同制度は、燃料や熱、電気の使用量が原油換算で年間1500キロリットル以上の大規模事業所に対し、環境確保条例に基づき、5カ年計画の計画書提出を義務付けるもの。初年度の計画書、3年度目の中間報告書、6年度目の結果報告書を評価する。

評価は6段階で行い、AAA評価は計画した目標対策の削減率が6%以上で、かつ実施した目標対策の削減率が3%以上の事業所（AA＋評価）のうち、特に優秀と認めるもの。05年度からの5カ年計画の対象事業所は1049件だった。なお、都の施設は表彰対象外だが、8施設が表彰相当の取り組みだったという。

対象事業所の06年度のCO_2排出量は、基準排出量（00年〜02年度の平均）約1226万トンに対し、43万トンの減となった。削減率は3・5%。

■都退職

5月31日付

【専門副参事等・課長級】

▽駒込病院内科医長　佐仲雅樹

ひと

スウェーデンに学んで欲しい

葛飾区外国人相談員　マリアン・ウィルソン黒田さん

「いつか私に代わって相談員になってね。出来ないことはないよ」と外国人相談に当たる時、そう言って相談者に希望を持たせるという。最初の結婚でDV被害に遭うなど、体験から出る言葉だ。

それよりも大きいのは、スウェーデン人の母を亡くし、日本人養母の下で国籍のないまま育ち、スウェーデン政府が身柄引き渡し訴訟を起こして9歳でスウェーデン国籍を獲得した数奇な運命だ。

それは、ルーツを求め続け、曽祖母が日本人で、スウェーデンの親族も米国軍人であった父親も自分を探し続け、愛してくれていたことを実感するまでの長い旅でもあった。

アイデンティティーを求める過程で、行き着いたのが社会教育に携わること。性教育は「生きることの原点」だと講師を務め、区の女性センター立ち上げや国際理解教育などにも関わってきた。

そんなこの人の目に映る日本は、「私も半分アメリカ人だけど、残念ながら誇って言えることはない」父の国アメリカになってきてしまっているという。

「日本の歴史を今の子たちは教えられていない。戦争したことも知らないなんて、隣の国も怒るよね。謝り続ける必要はないけど、何をしたかをはっきりさせて、理解していかないと、また戦争を起こすことになります」

心の教育も「来年も咲くように、足下の花を根こそぎ採らないでね」ということから始まるはず。「何十年もかけて育った木も簡単に切ってしまう。邪魔だからと生き物も殺してしまうことにつながっていくのでは」

居場所がなく、何で生きているんだろうと思った時も、誰かが手を差し伸べてくれて、「一人じゃない」と感じた。どんどんケースが複雑になっている外国人相談では、ドアをいつも開いてあげて、いつでも帰ってこられる相談者になってあげたいのだと話す。

スウェーデンにも格差はあるが、教育に格差はない。いじめにも徹底的に対処する。皆が平等という考えが身に着いている国だ。アメリカでなく、今こそスウェーデンに学んで欲しい。自身も次世代のためにもう一度、スウェーデンで勉強し直したいのだと。「戦争があると、私みたいに普通じゃない子が出てくるんです」という言葉は重い。（門）

神奈川県生まれ。国籍を得た後も日本で週末は大使館に住むなど住居を転々。アメリカンスクールからスウェーデンの大学に。スカンジナビア航空や貿易会社などを経て、17年前から外国人相談など。長男は独立。夫と。

20年度 特別区 管理職試験講座 17

今回は、平成16年度課題の論文例を掲載し、論文作成のポイントを解説します。

論文例

1 前例のない高齢化社会

2007年版「高齢社会白書」によれば、我が国の2055年には総人口に占める65歳以上の高齢者の占める割合が40%を超えると言われており、前例のない高齢化社会の進展への対応は特別区においても最重要課題の一つである。

そうした中、地方自治体は高齢者の方々の持つ能力や長年培ってきた技術や知識等を地域社会が享受できるよう、また、高齢者の方々の生きがい作りや生涯学習なども視野に入れ、生き生きと元気でいつまでも活躍できるよう、支援していくことが求められている。

このような社会ニーズに的確に対応していくためには、事務事業の効率的・効果的な執行はもとより、創意工夫を重ね限りある財源を最大限に活かし、課題解決に取り組む必要がある。

併せて、地域住民との強力なパートナーシップのもと、「高齢者＝支えられる人」という従前の概念ではなく、「高齢者＝新たな地域社会の担い手」として、地域社会全体の仕組みづくりを支援・構築していく必要がある。

そのため管理職は、常に社会情勢や区民ニーズの的確な情報収集に努め、フレキシブルな行政対応が行えるよう組織目標の明確化と共有化を図っていかなければならない。

そして、団塊の世代の大量退職による区民サービスの低下などを招かぬよう、職員の資質を向上に努め、先導していかなければならない。

2 組織といえない組織

以上のような観点から、本事例をみると次のような問題点がある。

第一に、R課長が新たな行政需要への対応と区有施設の有効活用について、区政運営上重要な課題であり、時間的な制約がある中で課としての方針を打ち出していかなければならないことを認識していない。

また、高齢者施設の設置場所の検討のため係長会を開きながら、S・T各係長の意見調整も図らず安易に旧B出張所と決め、W課との調整をT係長に任せ、その後の調整状況を聴取することもなく、進行管理を怠るなど管理職としての職務を放棄している。

第二に、各係長にもそれぞれ問題がある。まず、S係長は高齢者福祉センター全体の配置バランスと交通の便のよさから、勝手に旧B出張所にすると決め込み、課長の了解もなしに区政運営情報をX町会長に話すなど、情報管理の重要性をまったく無視している。そして何より、課全体を取りまとめていくという庶務担当係長としての役割を果たしていない。

次に、T係長は旧B・C出張所それぞれのメリット・デメリット等を十分検討のうえ高齢者福祉センターの設置場所を決定すべきと慎重な意見を持っていながら、課長やS係長を説得する努力をまったくしていない。また、課長に指示されたにも拘らず、W課と調整しておくようにとの調整状況について課長への報告もしておらず、最終的には旧B出張所案はS係長の案だからといって投げ出し、課の組織目標完遂のための組織の核となる係長の職務を放棄している。

第三に、各係間のコミュニケーションが図られていないため、情報の共有化は無論のこと組織目標の明確化がなされていないため、組織全体が一つの目標に向かって突き進むという、組織の本来の機能が麻痺しており、組織といえる状況になっていない。

3 課題の早期解決に向けて

私がR課長であれば、こうした自体を招いたことを深く反省し、次のように事態の収拾を図る。

第一に、早急に施設設置に関するこれまでの経過や情報収集を行い、課題・問題点の洗い出し等を入念にし、自分自身で方針の決定を行う。そして、部長に対してこれまでの一連の経過と今後の方針について説明し了承を得る。

第二に、Y区議及びX会長に連絡を取り、直接出向いて未決定の区政情報を説明した不手際などを誠心誠意詫び、今後は、議会や区民の意見・要望を踏まえ庁内での調整を進め、区の方針を決定していくことを丁寧に説明して納得を得る。さらに、今後とも区政にご協力をいただくよう要請する。

第三に、緊急の係長会を開催して、高齢者福祉センターの設置場所についての課長自身の考えを明示し、組織が一丸となってこそ成し得る事業であることを説明する。

T係長には期限を区切ってW課と調整をするよう指示する。S係長にはT係長をバックアップするとともに事業全体のスケジュール管理等を行うよう支持する。そして、今後は係長会を定期的に開き、情報交換を密にするなど組織目標の共有化が図れる組織作りに全力を尽くしていく。

4 クオリティーの高い行政

特別区を取り巻く環境の変化は著しく、少子高齢化対策、地球規模での環境対策、安全・安心のまちづくりなど、重要度の高い解決すべき課題が山積している。

こうした課題の解決にあたっては、従前の方策・方法等にとらわれることなく、柔軟な発想により区民本意でかつクオリティーの高い行政運営を目指し、区民の信託に応えていかなければならない。

そのため管理職は現場第一線のリーダーとして、組織目標の明確化と共有化を図り、職務研修等に加え、積極的にOJTを推進し職員のスキルアップを図ると同時に、個人が持つポテンシャルを最大限に引き出し、いかなる社会状況下にあっても臆することなく、課題解決に取り組める活気に満ちた組織を作り上げていく必要がある。

私は管理職としてその職の重責を自覚し、不断の自己研鑽はもとより部下の指導育成に努め、活力ある組織づくりに邁進する所存である。

16年度論文解説

解説

各章の記述のポイントは次のとおりです。

第一章（起）の部分については、これから記述する論文の入り口です。そして、論文全体の流れ（区を取り巻く社会状況がこうであり、そこから発生する行政需要がこうで、しかし、厳しい財政運営を迫られている、だからこのようにしなければならないというように）を形成するものなので、練り上げたものを何本か準備しておく必要があります。

なお、これから数年間、長年にわたって区役所を背負ってこられた団塊の世代の方々がたくさん退職されていきます。従って、そのことによる戦力不足が発生しないための対策なども付け加えると良いと思います。

また、社会状況や国等の動きも常に直近の情報を抑え、記述が古いものとならないよう、準備してある論文の更新を忘れないようにしてください。

具体的にはそのように記述した上で、理想の管理職像と役割を自分なりの言葉を用いて、まさにR課長になったつもりで書いていきます。このことは第2章の問題点や第3章の解決に向けた行動に連動していきます。そのつながりがない場合には、採点者がこの受験者は本当に管理職として職務を遂行していけるだろうか?と疑問を持つ結果となり、良い採点をいただけません。

第2章（承）では、第1章で記述した管理職の理想像を頭に浮かべながら、事例における課長の問題点、各係長の問題点、そして組織全体にかかわる問題点について列挙していきます。

このシリーズも回数を重ねていますので、課長以下、それぞれの問題点はもうお見えになっていると思いますので、簡単に記載させていただきます。

まず、課長の高齢者福祉センター設置に対する安直な姿勢やその仕事の進め方等について、具体的に事例を何点かあげて指摘します。

次は、課組織の中枢を担う立場にある各係長の問題点の指摘になります。皆様も長い経験の中でご存知かと思いますが、複数人の係長がいる中で、特に、庶務を担当する取りまとめ的な係長がしっかりとしている場合は、この事例のようにまで最悪の状態に至ることはまずありません。

事例の大半はすべての係長に問題があるため、相互協力が働かず、いわゆる横の連携が取れていない状態や係そのものが機能不全を起こしている場合など、そうした各係長の問題点について、事例を挙げ記述していきます。

最後は、課全体に潜在する組織的な問題とその背景を記述します。ここもある程度はパターン化することができますので、過去の事例を引用するなど自分なりの言葉に置き換え、事前に簡便・適切な文言を準備しておくといいと思います。

第3章（転）の全体の流れとしては、対外的にすぐ対応しなければならない事柄から始まり、短期的な取り組み、中期的な取り組み、そして長期的な取り組みへと移行し記述します。

まずは、自分なりに緊急事態を収拾するための方策を時系列に照らし検討した上で、このような事態を招いたお詫びと今後の方針について上司の了承を得ます。課題の解決に向けてはスピードが要求されるものもありますので、事例に即した形で記述するよう心がけてください。

次に、係長会を開き課題解決に向けた課長自身が描くストーリーとその進め方を示します。そして、各係長に期限等を区切って具体的な指示をします。さらに、今回の出来事を教訓として、組織目標達成を行える組織づくりについて記述します。

第4章は、課長になった自分自身がどのように職務を遂行していくかの心意気というか決意の表明です。最終章になりますので、第一章で提示した区政の課題に対応するようにして、言い回しや表現などが重複しないよう、かつ、格調高く記述してください。

なお、どの先輩方も述べていますが、ここも第一章と同様に事前に準備しておきましょう。

最後に、本当にまだ間に合いますから、とにかく1本書いてみてください。そして、先輩または上司に見てもらってください。どこがどのように違うのかなど、直すべき箇所がはっきりとわかります。

II類はベテランの方々ばかりなので、すぐにそのポイントなどは理解できると思います。

ご健闘をお祈りします。

Ⅱ類論文 ⑨

(1) 管理職試験問題の解説

回	掲載日	科　目
1	6月6日	試験問題の解説(択一)
2	6月13日	試験問題の解説(記述)
3	6月20日	試験問題の解説(論文)

(2) 21年度「職員教養講座」

回	掲載日	科　目
1	6月27日	はじめに
2	7月4日	合格体験記　A　①
3	7月11日	合格体験記　A　②
4	7月18日	合格体験記　B　①
5	7月25日	合格体験記　B　②
6	8月1日	A　論文(勉強方法)
7	8月8日	A　論文(論文の書き方)
8	8月15日	A　論文(創作事例)
9	8月22日	B事務(福祉・保健医療)記述
10	8月29日	B事務(福祉・保健医療)論文
11	9月5日	技術(土木)記述・論文
12	9月12日	択一　経営に関する知識　①
13	9月19日	択一　経営に関する知識　②
14	9月26日	択一　経営に関する知識　③
15	10月3日	B事務(教育・文化)記述
16	10月10日	B事務(教育・文化)論文
17	10月17日	技術(建築)記述・論文
18	10月24日	択一　経済・財政に関する知識　①
19	10月31日	択一　経済・財政に関する知識　②
20	11月7日	択一　経済・財政に関する知識　③
21	11月14日	B事務(産業・労働・経済)記述
22	11月21日	B事務(産業・労働・経済)論文
23	11月28日	技術(機械)記述・論文
24	12月5日	B事務(財政・税務)記述
25	12月12日	B事務(財政・税務)論文
26	12月19日	技術(電気)記述・論文
27	12月26日	B事務(環境)記述
28	1月9日	B事務(環境)論文
29	1月16日	択一　会計に関する知識
30	1月23日	択一　行政管理　①
31	1月30日	択一　行政管理　②
32	2月6日	択一　行政管理　③
33	2月13日	技術(生物)記述・論文
34	2月20日	B事務(都市づくり)記述
35	2月27日	B事務(都市づくり)論文
36	3月6日	医化学(記述・論文)
37	3月13日	択一　政治経済等事情　①
38	3月27日	択一　政治経済等事情　②
39	4月3日	択一　政治経済等事情　③
40	4月10日	択一　都政事情　①
41	4月17日	択一　都政事情　②
42	4月24日	択一　都政事情　③
43	5月1日	択一　政治経済等事情　④
44	5月15日	択一　政治経済等事情　⑤
45	5月22日	おわりに

(3) 21年度管理職試験直前対策

掲載日	科　目
平成21年4月下旬	直前対策(択一・記述・論文)

平成21年度 職員教養講座

6月27日号からスタート

平成20年度の東京都管理職選考が25日に行われ、都人事委員会から択一問題の正答が発表されました。本紙では、6月6日、13日、20日の3回に分けて択一問題、記述問題、論文問題について解説を掲載します。

また、6月27日号から21年度の職員教養講座をスタートさせます。次代を担う幹部人材の育成は、都庁にとって急務です。その登竜門となる管理職選考の突破に向けて、本講座がお役に立てれば、幸甚です。

（編集部）

出題分野	問題	正答	出　題　内　容
行政管理	1	4	指定管理者制度
	2	2	NPM（ニュー・パブリック・マネジメント）
	3	2	公共政策の手段としてのバウチャー
	4	1	オンブズマン制度
	5	4	情報公開制度
	6	1	行政評価
経営に関する知識	7	5	PPM（プロダクト・ポートフォリオ・マネジメント）
	8	1	組織間関係論
	9	5	サイモンの意思決定論
	10	3	マグレガーのX理論・Y理論、ハーズバーグの動機づけ
	11	1	人事制度、人事評価
	12	3	能力開発
	13	3	マーケティング・コンセプト
	14	1	コーポレート・ガバナンス
政治経済等事情	15	1	07年6月の内閣府の国民生活白書
	16	5	07年8月の厚生労働省の労働経済白書
	17	3	07年9月の最高裁判決の広島市暴走族追放条例違反被告事件
	18	2	郵政民営化
	19	4	07年11月の最高裁判決の在外被爆者の損害賠償請求事件
	20	1	07年11月のASEAN首脳会議、東アジア首脳会議
	21	1	07年11月の政府の地方分権改革推進委員会の「中間的な取りまとめ」
	22	2	08年1月の経済財政諮問会議の「日本経済の進路と戦略」
	23	2	08年1月の政府の教育再生会議の「最終報告」
	24	3	08年2月の公務員制度の総合的な改革に関する懇談会の「報告書」
都政事情	25	2	07年9月の都の「今後のIT化取組方針」
	26	3	07年11月の東京自治制度懇談会の「議論の整理」、第2次特別区制度調査会報告
	27	2	07年12月の都の「10年後の東京への実行プログラム2008」
	28	5	07年12月の都の「子育て応援都市東京・重点戦略」
	29	3	2016年に開催予定のオリンピック競技大会・パラリンピック競技大会
	30	5	都の平成20年度予算
経済・財政に関する知識	31	1	X財とY財の購入にあてるときの効用関数
	32	2	消費関数
	33	3	限界費用曲線、平均可変費用曲線、平均費用曲線
	34	4	外部不経済を発生させる需要曲線、私的限界費用曲線、社会的限界費用曲線
	35	4	マクロ経済モデル
	36	3	公共財
	37	3	需要曲線、供給曲線
	38	2	地方財政の財源
会計に関する知識	39	5	企業会計原則における引当金
	40	2	企業の残高試算表、決算整理事項

カレントトピックス 20年度 33

政治事情

■定住自立圏構想研究会最終報告　（5月15日）

総務省の定住自立圏構想研究会は5月15日、人口5万人以上の自治体が「中心市」となり、周辺市町村と連携してまちづくりに取り組むことを求める最終報告を総務相に提出した。政府は6月にまとめる経済財政運営の基本方針（骨太の方針）に盛り込み、3年程度での実現を目指す。

これまでの地方自治は一つの自治体が病院、学校、文化施設などを完備することを基本としているが、これに対し報告書は、「すべての市町村にフルセットの生活機能を整備することは困難」と指摘し、総合病院や高等教育機関を中心市に集約し、周辺市町村は人材や資金を提供しつつ、中心市の機能を利用する方向性を打ち出した。

■地域医療の再生 福田首相が改革を表明　（5月16日）

福田首相は5月16日、首相官邸で開かれた政府の社会保障国民会議で、救急患者のたらい回しや医師不足が深刻化する地域医療について、「限りある資源を必要な分野に集中的に投入できるよう大胆な構造改革を進める」と、地域医療再生に向け、早期に改革を実施する意向を表明した。

具体的には、複数の市町村にまたがる地域の病院や、診療所がグループ化し、救急医療や高度・専門医療から外来診察、健康相談まで、地域として一体的な医療サービス体制の構築が検討されている。同会議が6月上旬にまとめる中間報告に盛り込まれる。

■宇宙基本法成立　（5月21日）

非侵略目的での宇宙の軍事利用を可能にする宇宙基本法が5月21日の参院本会議で可決、成立した。同法は、核兵器などの宇宙への配置を禁じた国連宇宙条約や、憲法の専守防衛の理念を踏まえて宇宙の開発利用を行うことを強調。その目的として①国民生活の向上②人間の生存に対する脅威の除去③国際社会の平和と我が国の安全保障に資することを挙げ、安全保障に宇宙開発を活用することを明記した。このほか、宇宙産業の国際競争力強化のため、首相を本部長とする「宇宙開発戦略本部」を新設し、担当閣僚を置くことや法施行後1年をメドに内閣府に宇宙局を設けることを盛り込むとともに、宇宙産業の技術力強化や民間事業者の投資を促進するための税制、金融上の措置を設けることなども求めている。

無駄のない休日窓・夜間窓　特別区公務員にできるか？

区政潮流

■勤務時間と執務時間

総労働時間の短縮の流れのもとに週休二日制が導入（1992年）されて15年がたつ。公務員の週当たりの勤務時間は48時間から44時間、さらに40時間となって、本庁職場では土日は閉庁というのが普通となった。

勤務時間とは公務員が勤務を提供すべき時間をいい、執務時間とは組織体としての自治体がサービス提供する時間をいう。公の施設では設置条例に執務時間は定められているが、本庁はじめその他の役所については規則で定めることになっている。しかし、すべての区が規則をもっているわけではない。多くは勤務時間に合わせて朝8時半から夕5時15分あるいは5時までという取り扱いだ。特に、始業時間＝サービス提供開始時間は明確ではない。出勤簿整理時間などのかつての慣例が影響しているのかもしれない。

規則を持たない区の執務時間の根拠は「官庁執務時間並休暇に関する件（閣令六号）」（1922＝大正11年）に拠らざるを得ない。この「官庁執務時間（以下略）」の一号には、「官庁の執務時間は日曜日及び休日を除き午前八時三十分より午後五時まで」と書かれている。因みに土曜日は、「午後零時三十分迄」とある（同但書）。

■休日窓と夜間窓の問題点

このところ休日窓口や夜間窓口を実施する区が増えてきた。休日窓口とは、休日つまり勤務義務を負わない週休日の窓口をいう。2007年度には17区であったが、08年度は20区で実施されそうである。休日窓の実施体制もいろいろだ。土日の一方または両方というパターンと特定の日曜または土曜というパターンに分かれる。第3日曜の区がもっとも多い（5区）。また、開設時間と実施業務についても区によりまちまちである。住民記録や印鑑登録の証明発行が中心であるが、受付の事務に加え、国保や税務の窓を開けているところもある。分かりにくいのが休日窓口の職員体制である。週休日の振り替え（ローテーション）で対応するのか超過勤務を組み合わせるのかは簡単ではない。

休日窓口実施に伴う労使間の議論は意外に大雑把だ。それというのもトップダウンで決まることが多いからだ。しかし、3月から4月を除き実際、週休日等に開いたからといってそれほど来庁者数があるとも思えない。逆に、来庁舎数が予想を超えて多い場合にはサバききれない危険もある。

問題なのが、休日窓の開設時間と職員の勤務時間だ。8時半から5時（千代田・杉並など）あるいは9時から5時（墨田、大田、世田谷、北、板橋、練馬など）のフルタイム型と、10時あるいは9時から3時あるいは4時まで（江東、品川、目黒、渋谷、中野、豊島など）のパートタイム型に分かれる。

フルタイム型は分かりやすい。つまり1日出勤する分、他の曜日に振り替えれば済む。分かりにくいのはパートタイム型だ。6時間もしくは7時間の勤務しか命じていなければ、半日（4時間）分を振り替えるにしても2時間もしくは3時間の超過勤務となる。確かに休日窓口の利用数に応じた柔軟なシフト体制であれば、必ずしも8時間の出勤も必要ない。そうであれば荒川区のように4時間から始めるのが正しいやり方といえる。7時間勤務の場合には、3時間分の超勤に加え、半日分（4時間分）を他の週に振り替えればさらに1時間分、計約4時間分の超勤手当になる。

もともと職員数が多めに配置されているうえ客が少なく手空きが多いのでは、「公務員は要らない」ということになりかねない。中途半端な「パートタイム型休日窓」の実施には、公務員の台所事情に配慮した当局の思惑が見え隠れする。

一方、夜間窓口も増えてきた。朝の開業時間（8時半）はそのままに執務時間の終わりを夕方5時から夜の7時・8時に延長するというものだ。勤め帰りのサラリーマンには便利な制度だ。

この延長分の勤務体制を、超過勤務で対応するのかズレ勤務で対応するのかという問題がある。ズレ勤務とは「8時半から5時までの勤務」をたとえば「11時半から8時までの勤務」へとシフトさせることをいう。ズレ勤務にすれば超過勤務手当の支給は必要ない。おまけに、朝は通勤の混雑を避け、ゆっくり出勤できるメリットもある。夜の窓もそれほど客は見込めない。葬儀屋等の業者が喜ぶだけかもしれない。

定型的な業務において、手空きがちな職員がダラダラと残業し、多くの超勤を手にしていることを知るものは少ない。窓口職場での業務が市場化テストの対象として狙上に上るにはそれなりの理由があるのである。

■土日開庁ならフレックス勤務時間制導入を

杉並区は今年の9月から土日開庁するという。駅前の事務所の日曜開庁をやめるだけで開設の業務もこれまでとあまり変わらない。ただこれまでの土曜、第1・3日曜開庁さえも相当進んでいたところに全部の土日開庁が必要なのかは評価を踏まえねばならない。顧客志向は結構なことだが、コンビニの店長と同様に職員をこき使うだけの発想では役所はよくならない。ローテーションで全部の土日を回すのであれば、思い切って「役所の365日全面開庁、夜8時まで営業、議会も通年開会」「全職員フレックスタイム制導入」まで言ってほしかった。

無駄のない休日窓や夜間窓によるサービスアップは結構なことだ。しかし、時間外受付の体制や警備、防災の体制と危機管理、電子申請や自動交付機の整備等とあわせ総合的に検討したうえで実施するべきであろう。始めたものを止められないのが役所だから。

（特別区自治問題研究会）

ラッシャイ！
ラッシャイ！
住民票に
印鑑証明
産地直売！
24時間だヨ！
○○区
コンビニ
やってらんねーヨ！

動物と共に新たな歩みへ

開園50周年　まるごと多摩動物公園　■1■

こどもの日は多摩動物公園が開園した日。今年の5月5日で開園50周年を迎えた。「アリからゾウまで出会えるところ」のキャッチコピーでこの1年、様々な企画が展開されるが、このシリーズでは動物だけでなく、多摩動物公園の現在をまるごと紹介していきたい。（毎月1回掲載）

5月5日には、開園50周年記念当日のイベントとして、「一日園長」と「Tama Zoo Train」を実施した。今回はその様子から紹介したい。

ニコル氏が一日園長

記念すべき日の1日園長を誰にお願いするかについては園内でも様々な案が出されたが、多摩動物公園の自然環境を活かすという観点から、森を守る活動をしているC・W・ニコルさんに依頼し、快諾をいただいた。

この日は無料開園日ということもあって、9時が開園。8時50分から、一日園長任命式をウォッチングセンター前で行った。その後、アジア園の動物舎を見て回ったが、ニコルさんらしく、園内の鳥の声やカエルの鳴き声、湧き水によるせせらぎの音には、びっくりするとともに感動もされたようだった。

午後は園長とニコル一日園長との対談形式による講演会を開催。黒姫での活動や多摩動物公園の印象などを話してもらった。場内からは多くの質問が出たが、そのどれにも丁寧に答えてくれ、ゆっくりした話しぶりが印象に残った。

最後に、アフリカ園動物舎を見て回った。キリン舎ではニコル氏にカシの葉をおやつとして与えてもらったが、その舌の長さと目の大きさに驚いたようだ。園内にあるニホンミツバチの巣にも興味をもったようで、その活用方法まで伝授してもらった。これは、近いうちに多摩動物園ブランドとして売り出されるかも知れません。

園内を巡回する一日園長のニコルさん

動物園線が本線走る

多摩動物公園と京王電鉄は、開園当初から深い関係が続いている。東京都が上野に続く第二動物園を、この日野の地に造ることを決定した後、京王電鉄は用地買収や建設にあたっての費用負担、また、その調整役として大きな貢献をしている。

開園して6年目には動物園線が開通。同じ年に運行を開始したライオンバスも、運行業務は㈶東京動物園協会を介して京王電鉄に委託された。開園当初の混乱からようやく落ち着き始めた開園10周年には、今も現存する「サル山」が寄贈されている。

「Tama Zoo Train」の車内ではクイズも

こうした長い付き合いから、50周年記念事業でも共同企画イベントを行いたいということで協議を重ね、記念日当日のもう一つの目玉事業として実現したのが、「Tama Zoo Train」だった。

事前募集で多くの応募者の中から抽選で選ばれた130人近い乗客を乗せ、新宿駅を10時52分に出発。ノンストップで高幡不動駅まで走る。何しろ車体が色々な動物でラッピングされた動物園線の車両が、京王線の本線を走るのは初めて。途中駅や多摩川の堤防には、カメラを抱えた鉄道ファンが大勢待ち構えており、皆、車内から手を振って応えていた。

車内ではクイズ大会も実施。〇×クイズで50周年にちなんだ問題などが出され、大いに盛り上がり、あっという間の40分だった。車両ごとに、クイズ大会の優秀者の表彰を行い、いよいよ多摩動物公園駅に向け出発。

11時42分、園長とニコル一日園長、多摩動物公園駅の駅長らが迎える中、ホームに滑り込んでいった。駅は歓迎ムードに包まれ、誰もが笑顔にあふれている。やって良かったと思える瞬間であった。

今後は多摩都市モノレールや都営地下鉄新宿線との共同企画も進展しそうだ。新しい歩みが始まったことを実感した。

（多摩動物公園副園長　田畑直樹）

見て触って感じて欲しい　「小さなルーヴル美術館」展

三鷹の森ジブリ美術館

三鷹の森ジブリ美術館で、24日から新しい企画展示「小さなルーヴル美術館」展が始まった。絵を主役とするのでなく、ルーヴル美術館をジブリ風にアレンジして展示するという試みで、開催に先立って23日、内覧会と記者会見が行われた。

『廃墟となったルーヴルのグランド・ギャラリーの想像図』©Photo RMN/Distributed by DNPAC

ジブリの中島清文館長は、今回の企画のポイントを、①わずか133平方㍍の展示スペースに、5分の2に縮小した絵をコンパクトに収めて、子ども目線からみたルーブルを展示②有名な名画はあえて脇役にして、16世紀から19世紀のフランス絵画の歴史を辿る③800年にわたるルーヴルの歴史には戦争や革命、大虐殺など知られざる負の歴史もあり、その光と影を展示──と説明。

ルーヴル美術館のオリヴィエ・メレ絵画部門学芸員は、20年位前からスタジオジブリの作品がフランスの文化に大きな影響を与えているとして、どういう展示空間になるのかと興味があったが、「非常にポエムを感じた。色々な年齢の子どもが楽しめるものになっている。今回のコラボレーションは非常に良い経験になった」と語った。4年前にお子さんとジブリを訪れたことがあり、「子どもには父親が学芸員であることより、ジブリで仕事をするということで、私を尊敬したようだ」と笑い、「品質のこだわりに職人の技といったものを感じる。フランスでも大事にしているものだ」と付け加えた。

企画・原案・監修にはジブリの宮崎吾朗団長が当たり、美術監督には、数々の映画美術を監督している種田陽平氏が外部から加わった。「この展示を見て、実際のルーヴルで検証して欲しい。色々な部屋の断片がミックスされて出来ている。中腰で目線を低くして見てもらいたい」と種田氏。吾朗氏とのコラボは貴重な経験で、また「子どもに近い感覚で楽しめた」と話した。

80枚もの絵が凝縮された展示空間だが、そこはジブリ・ワールド。第1室の「フランス絵画の間」から、第2室は一転「廃墟の間」へ。のぞき穴があり、井戸やミイラ棺や精巧なジオラマも歴史を感じさせるものになっている。「子ども達に見て触って感じてもらい、何か持って帰ってもらって、それが蓄積されて、いつかその子に生きていったらいいなと思う」と中島館長は強調した。

※「小さなルーヴル美術館」展は、三鷹の森ジブリ美術館で2009年5月まで開催。入場は日時指定の予約制＝毎月10日（土・日・祝の場合は翌平日）より、翌1カ月分を全国のローソンにて販売。問い合わせ先は☎0570・055777（ごあんないダイヤル）・ホームページアドレス http://www.ghibli-museum.jp/

お断り　「がんばれ！公務員」はお休みします。

上に行くほど駆け足

都～区トーク

区でも都でも管理職試験の応募者が少ないと問題になっている。実際に受験者層を見てみると、超特急の幹部候補生ともいえる若い層の意欲はそれほど衰えていないが、中間どころ以降の、マネジメントを行う層の応募の少なさが気になる。議会棟の廊下トンビはいくらでもいるが、仕事の中身がしっかり分かってじっくりと住民対応が出来る層は、いずれ枯渇していくということである。その結果、事業局の生え抜き層が減少し、どこもかしこも官房系と呼ばれる人ばかりになっていく。

この原因は本紙でも何度も言われているように、管理職の魅力がないからに尽きる。今や本庁の課長ともなると、仕事はというと「計画目標の達成」といえば聞こえがいいが、常に上ばかり見て、雲の上の動きに合わせて激しく動き回るメダカのような動きを強いられる。どこの職場に行っても、課長さんが席にいないことが多すぎる。皆、上に呼ばれているのだ。「局長に呼ばれたら駆け足で行く」ことを自慢され、実際にめでたく出世された課長もおられたが、課長に呼ばれた係員が、どこでも決して駆け足をしないことを考えれば、これは不思議だ。

超過勤務手当が付く係長と、結果的な給与水準が同じだからこうなるのだという方がおられたが、これは違う。給与水準につられて昇任を目指させる制度を作ることに意味があるのだろうか。要は、昇任すればするほど上司に向かって駆け足をする状況を変えなければ、受験者は増えないのである。

すっかり数は少なくなったが、今でも各局に「この人あり」といわれるベテランの係長がいる。仕事のタイミング、人脈、そして付いてくる部下や同僚の数など、感心するものがある。どういうことか都庁では管理職選考Cがなくなり、こういう人が管理職になる手段を絶ってしまった。とにかく受けない人は受けないだろう。こういうことは管理職選考の制度を変えることでは解決はしない。選考制度ではなく、管理職と呼ばれる人たちの仕事のあり方自体を見直さないといけないのである。

（鈍足）

とうきょうと川柳会

●5月の宿題1「駅」

逢いたくてただ逢いたくて待った駅　伊藤嘉枝子
商魂が駅の中まで街にする　加藤富清
待ち合わせみなれた駅が華になる　松尾タケ子
☆ふる里の駅が帰って来いと言う　米島暁子

●5月の宿題2「溺れる」

高齢者つかまりたいが藁もない　加藤富清
溺愛の長男は今パラサイト　山城隆
千年の恋光源氏になれず　米島暁子
☆酒おんな競馬の順に溺れてる　大戸和興

（☆は選者の句）

とうきょうと川柳会のご協力で本紙読者からも川柳を募集します。6月の宿題は「破産」と「ワッペン」で、それぞれ2句を作句し、Eメールで、henshu@toseishimpo.co.jpあてか、ハガキで編集部あてにご応募下さい。6月16日必着。

都政新報

発行所 都政新報社
〒160-0023 東京都新宿区西新宿7-23-1 TSビル
〈総務・読者〉(03)5330-8781
〈企画広告〉(03)5330-8784
〈編　　集〉(03)5330-8786
〈出　　版〉(03)5330-8788
〈セミナー事業部〉(03)5330-9977
〈ファクス〉(03)5330-8808
購読料 月1,680円(税込)
毎週火・金曜日発行
但し、祝祭日は休刊

紙面から

都議会政調会長座談会㊤

都議会第2回定例会は10日に開会し、17日と18日に代表・一般質問が行われる。今定例会は、豊洲新市場予定地で明らかになった高濃度の土壌汚染問題が最大の焦点。生鮮食料品を扱う市場だけに、各党がこの問題にどういう姿勢で臨むか注目される。また、国で見直しの検討が進んでいる後期高齢者医療制度や、400億円の追加出資で当面の破綻を回避した新銀行東京なども、都民の関心が高いテーマと言える。そこで都議会4会派の政調会長に都政の喫緊の課題について聞いた。

出席者
自民党　川井重勇氏
民主党　山下太郎氏
公明党　藤井　一氏
共産党　曽根　肇氏

豊洲の土壌汚染問題

自民 安全・安心で万全の対策
民主 市場用地として適さない

公明 東京ガスも応分の負担を
共産 仲卸業者は現在地を希望

——豊洲新市場予定地の高濃度汚染をどう受け止めていますか。

川井　市場の絶対条件を考えていく上で安全が最も重要。加えて都民が不安に思っているならば、どう安心まで確保するかという問題だ。安全値だけでの環境基準10倍以上で線を引くのではなく、安心を勝ち取るには環境基準を超える土壌はすべて掘削・除去し、地下水も管理するという土壌汚染対策方針を専門家会議で取りまとめていただき、これを実施していくことが大事だ。汚染が見つかったから、市場用地として駄目という話ではない。議論を深めていく一つの契機になったと思う。

川井氏（自）

山下　ショッキングな数字が出たにもかかわらず、何がなんでも豊洲でなければ駄目だというのが、東京都の方針と理解している。しかし現時点では、豊洲が移転用地として適地とは言えないと考える。今は検討の選択肢が狭くなっているから、フラットに改めて考える時期にある。築地市場跡地を売れば、ものすごい金額で売れるから、土壌汚染対策費を捻出してもペイするという計算があるかと思う。しかし、強引に計画を推進するのは反対だ。

山下氏（民）

藤井　調査結果を聞いて驚いた。問題は今後、これをどう処理するかだ。土壌汚染対策費がどのくらいかかるかについては、処理方法が具体的に決まってないから、まだ分からないという。専門家会議が7月に提言し、それを受けて都が対策を考えるということだが、都民に安全と安心を与えられる万全の対策を講じないといけない。

曽根　東京ガスは、都との事前協議の中で土壌汚染があることを明らかにし、市場用地にふさわしくないという返事をしていた。しかし、どうしてもということで、都は購入の承諾をとった。知事が築地市場を視察し、それがきっかけで現在地再整備の方針がひっくり返った。10㍍メッシュで詳細調査したら、ベンゼン4万3千倍、シアン化合物860倍などが明らかになった。これがすべてかというと、まだ分からない。特にシアン化合物の860倍は致死量で、あまりにひどい。土地の由来から考えても、莫大な費用の点でも、豊洲は市場用地に不適切と言わざるを得ない。

——議論を尽くした結果、豊洲に移転する話になったのではありませんか。築地市場の現在地再整備には、現実感がありません。

山下　汚染の深刻な実態が明らかになったわけだから、第三の新たなオプションも考えないといけない。盛土して豊洲にふたをすれば安全・安心という論法も、逆に現実感がない。もともと現在地再整備を進める時ですら、工事用の種地が少ないことは、都も分かっていた。にもかかわらず、それらを理由に環状2号線をアンダーで整備する計画を変更し、移転先は豊洲と決め打ちして都は選択肢を狭めてきた。従来の計画にとらわれず、再検討すべきだ。

曽根　石原知事が豊洲移転を決めた後も、現在地再整備を求める市場関係者の声があり、03年には再整備の新しいプランも作られた。ところが、都は移転を推進し、このプランについて議論されないまま今日に至っている。現在地再整備はできるし、現場で働いてる中小零細の仲卸業者もそれを望んでいる。

——土壌汚染対策に1千億円を超える巨費を投入することには、一般都民として抵抗感があります。

川井　築地市場関係団体の要望書に「過去に再整備に着手したものの、営業を継続しながらの工事の困難性や将来の種地を確保できないなど多くの問題を抱え、頓挫した苦い経験があり、築地の再整備は不可能と言わざるを得ない」とある。こうした認識を築地関係者のほとんどが持っている。土壌汚染対策に金がかかる場合、都民が納得するのかという質問だが、お金の多寡の問題ではない。万が一、土壌汚染で安全対策が取れないのなら、移転に賛成する人はいない。百年、二百年、使用できる食の流通拠点を整備するため、対策が取れるのか取れないのかの問題だ。安全・安心を勝ち取るため、経費を惜しむ話でない。

藤井　土壌汚染対策費はどのくらいかかるか、財源をどう手当てするか、代替地はないのかなど第2回定例会で取り上げたい。わが党は、汚染原因者の東京ガスにも応分の負担をすべきということを主張している。05年5月に都と東京ガスで交わした土壌処理に関する確認書には「環境確保条例に基づき、東京ガスは汚染土壌処理基準を超える汚染土壌については、処理基準以下となる対策を行う」とある。そのほか「処理については、地権者に引き渡され、処分される時まで責任をもって実施する」とか、「都と東京ガスは相互に協議する」とある。東京ガスは、汚染された土壌を基準以下にする責任があり、誠意を持って協議に応じるべきだ。

藤井氏（公）

曽根氏（共）

——東京の場合、どこの土地でも土壌汚染があります。民主党は、参議院で土壌汚染対策法の改正案を提出し、可決しました。都庁内では、豊洲への移転阻止を狙った動きとして、強い反発があります。

山下　豊洲は、東京ガスの都市ガス製造工場のあった所で、高濃度の有害物質が出るのは確実な土地。それと他の土地を同列に比較するのは、論外の話だ。汚染の度合いが確実に違う。今の土壌汚染対策法は不備がある。改正案の中で述べているのは、過去に遡及適用するという話ではなく、新しいもの、公共に関するものは徹底調査しろということ。土壌汚染対策法を制定した当時、国は東京都とも十分協議したと答弁している。豊洲を意図的に法の適用対象から外したと語る人もいる。移転阻止で、豊洲狙い撃ちという見方は当たらない。

藤井　民主党の土壌汚染対策法改正案に公明党は、参議院で反対した。なぜなら政府が来年の通常国会に抜本見直しの法案を出す準備を進めており、中央環境審議会に諮問している。民主党の改正案は、限定的な範囲になっていて問題が多い。

川井　01年にメッキ、クリーニング店等の跡地利用や、大規模な土地利用の改変がある場合、調査するよう都は国に先駆けて条例化した。03年に国が法制化した土壌汚染対策法は、豊洲を外すためという民主党の指摘は違う。

山下　本当に都条例が機能しているのであれば、豊洲で当初から高いレベルの調査があってしかるべき。そうでないから民主党は繰り返し要求し、やっと10㍍メッシュの詳細調査が実現した。都議会民主党は、参議院の土壌汚染対策法改正案の検討過程で、党本部に意見を述べた。それは豊洲狙い撃ちではなく、制度があっても実態としてもっと詳細な調査が必要なケースがある。新しい開発も東京都内で進んでいる。議論を先送りせず、改正するなら早い方がいいという判断だ。（つづく）

都政の東西
首長と広報

広報を重視する首長は多い。かつて、自治体のPRといえば市民向けの広報紙だけだったが、ホームページやケーブルテレビなど、外部にもPRできる機会が増え、今やPR合戦花盛りといった様相だ。

自治体のPRの効果は数字では計りにくいものだが、たとえば映画やドラマなどの撮影場所になり、テロップにほんの数秒自治体の名前が出るだけで、一説には「100万円の価値がある」とも言われているそうだ。

マスコミへの情報提供もPRの一環。新聞や放送のニュースで取り上げられる内容は、自治体にとっては嬉しいものばかりではない。しかし、たとえ悪いニュースでも、自治体としての対応をきちんと行い、後々までフォローする態度を示すことができれば、イメージダウンにつながることは少ない。逆に、悪いニュースへの対応を誠実に行うことで、その自治体への信頼感が増すことさえある。

媒体に関わらず、頻繁に名前を耳や目にする自治体は、そうした様々な形でのPRに積極的で柔軟な姿勢を持っているところが多い。そして、露出度が高いほど、その自治体の一般的なイメージは好意的に受け止められていると感じる。

自治体を回れば、広報の効果をよく知る首長のほとんどは、媒体に関わらず、積極的なPRの姿勢だ。しかし、PRの中心となる広報はどうか。たとえ異動してきたばかりでも、できるだけの情報を提供しようと協力してくれるところがある一方、媒体によるのか、その担当者個人の資質なのか、少数ながら、協力とは程遠い応対のところもある。

首長と広報のPRに対する温度差。そこからは、首長としてのまとまりと、自治体の市政に対する思いの浸透度を測ることもできる。

11項目の要望・提案を決定
分権委第1次勧告で議論
関東知事会

関東地方知事会（会長＝橋本昌茨城県知事）が5月29日に開かれ、「地方分権改革の推進について」「高速道路網の整備促進等について」など11項目を国に提案・要望することを決めた。

政府の地方分権改革推進委員会が第1次勧告をまとめた翌日とあって、「地方分権改革の推進について」に対しては、堂本千葉県知事が、勧告の前倒しも含めた早期実施や、市町村の意向を十分踏まえた権限移譲などを追加提案するなど、議論になった。

堂本知事は、「千葉県にも、小さかった町どうしが合併した市があるが、松戸や柏のような人口60万人の都市もあり、国がそれをわきまえないで、法律で一律に権限を移譲することで問題がある」と、市町村の執行体制の違いを踏まえるよう指摘した。

一方、松沢神奈川県知事は、追加提案の趣旨には賛同しつつ、「市町村に権限を移譲しろ、市町村でこれをやりなさいというのではなく、できないならすべて責任を持って都道府県が市町村の事務を進めるべきだ」と述べた。

結局、要望の前文で、第1次勧告の早期実施と市町村の意向を踏まえることを盛り込むことが決まった。市町村の執行体制の違いについては言及しないことになった。

石原都知事からは、新型インフルエンザ対策について、プレパンデミックワクチンやパンデミックワクチンの備蓄の拡大や具体的な接種計画を含めた範囲・接種順位を明らかにする要望を提案し、了承された。

豊洲新市場　土壌汚染問題

専門家会議が基本方針
環境リスクの管理、重い負担に

豊洲新市場予定地で、基準の4万3千倍のベンゼンなど高濃度の汚染が見つかった問題に関して、土壌汚染対策を都に提言する専門家会議が5月31日、第7回目の会合を開き、土壌汚染対策の基本方針をまとめた＝写真＝。この基本方針は、汚染を完全に除去するわけではなく、都が市場関係者や都民との間でリスクコミュニケーションを続けながら、環境リスクを管理していくことが大前提。新市場建設には、膨大な追加負担と気が遠くなるようなリスク管理が待っている。

◇

土壌処理を行う範囲については、旧地盤面から2・5㍍上まで盛土を行い、旧地盤面から2㍍下まで、処理基準を超過しているかいないかにかかわらず、すべて処理対象となる。旧地盤面から2㍍以下では、処理基準を超過した場合に処理対象となる。

地下水については、旧地盤面から2㍍以下で水位を維持するよう管理する。処理対象は、建築物の下では環境基準の達成を目指し、建築物がない場所では、下水に排水できるレベルの排水基準を達成し、将来的には環境基準の達成を目指す。

こうした対策に対して、専門家会議では、傍聴者から不安視する声が相次いだ。

例えば、専門家会議の資料で、地下水位の観測結果を見ると、5街区の地下水位が他の街区よりも高い傾向にある。これについては、委員からも、「スクリーニングの位置が適切か再確認したほうが良い」「全体的に右肩上がりなので、地下水を維持する対策が必要」などと指摘があった。

対策では、不透水層の深さまで遮水壁を設置し、地下水位の上昇が確認されたとき、地下水を揚水し、処理施設で処理するなどの地下水管理も盛り込まれている。

しかし、傍聴者からは、「水の動きが複雑で、コンスタントに地下水位を維持することは難しい」との声もあった。

また、土壌汚染対策の範囲は、水を通さないとされる不透水層までに限られており、そこから地下は調査も行われていない。これに対しても、傍聴者から、調査の不十分さを指摘する声が出た。

健康を脅かす土壌汚染は不透水層までと言い切れるのか。地下水が上昇して地上に汚染が拡大する可能性はないのか。これらを巡るやりとりは、専門家会議と傍聴者との間でかみ合わないまま、今日を迎えている。

最終報告は、7月中にまとまる。平田座長は、会議後の会見で、「報告書をどう使うのか、きちんと議論する必要がある。報告書が出た後の方がはるかに重要なことがいっぱい待っている」と顔を曇らせた。

土壌汚染対策法は、環境リスクをゼロにすることではなく、現にある環境リスクを認めた上で、どう管理していくのかが主題だ。専門家会議のスタンスも基本的にはそれと同じだが、「リスクをゼロにしろ（築地移転をやめろ）」という立場とは相容れるわけがない。

冗句ジョーク

石原知事、定例記者会見で鳥インフルエンザへの対策強化の必要性を強調

機を見るに敏な管理職
「カネは出すから、今晩の飲み会会場は焼き鳥屋からスシヤへ変えてくれ！」

三宅島バイクフェス
今年は10月17〜19日
プレイベントも

08年の三宅島のモーターサイクルフェスティバルは、10月17〜19日にかけて開催することが決まった。さらに7月6日、お台場でプレイベントが開催される。昨年三宅島を走ったドラッグマシンの公開や新車試乗会が行われる。

都区のあり方検討委幹事会

区の規模めぐる議論なし

屋外広告 精神保健「引き続き検討」

都から区への事務移管を議論している「都区のあり方検討委員会幹事会」（座長＝山﨑昇墨田区長）は5月29日、12回目の会合を開いた。具体的な事務移管では、7事務について区に移管する方向での検討に合意。屋外広告と精神保健関係の事務は都区で意見が分かれ、「引き続き検討」を決めた。だが、前回、問題になった移管にあたっての区の規模をめぐる議論はなされず、都区間で認識にずれを抱えたままだ。移管の方向性は打ち出されても、決定的な担保に欠けている状況だ。

前回の議論で、都側は事務移管の是非を判断する上で「人口50万人以上の規模」を想定したと説明。「現行区域」を前提に移管の議論を進めたい区側は反発したが、最終的には、双方、9事務の移管の方向性は一致させた。

今回は、区の規模の議論は出なかった。規模の認識でのずれを水面下に抱えたまま、具体的な事務移管の方向性の検討を行った。

法律により、一定の要件を満たす市（政令指定都市や中核市）が処理できることとされている事務で、特別区は一定の要件を満たす市には含まれていない10事務について検討。そのうち7事務について、区に移管する方向で検討することに合意した。

しかし、「条例による屋外広告物に関する制限など屋外広告物の規制に関する事務」と、「精神保健福祉センター設置など精神保健および精神障害者の福祉に関する事務」とその関連事務では意見が一致せず、移管の是非を引き続き検討することとした。

とくに意見が分かれたのは屋外広告物。「大都市東京全体の景観保護のため、一体的な処理が効果的」とする都側と「区が行うことで、地域の特性や実情を生かしたきめ細かな対応ができる」とする区側で意見がぶつかった。

精神保健関係では、区側は「現在、区が実施している相談指導の事務と合わせて、一連の事務を処理できるよう区が担当すべき」と主張。都側は「精神科医の確保などの点では都に利点がある」などとした。

このほか、区域のあり方については、都側は一般にいわれている再編案の例などの資料を提出。しかし、再編論議に関心のない区側は、とくに新たな見解の表明はしなかった。

◆移管の方向で検討する事務

▽民生委員の推薦など民生委員に関する事務▽保護施設設置など生活保護に関する事務▽行旅病人等に関する費用弁償に関する事務▽資金貸付など母子家庭および寡婦の福祉に関する事務▽居宅生活支援事業届出受理など老人福祉に関する事務▽指定養育医療機関の指定など母子保健に関する事務▽墓地経営の許可など墓地、埋葬等の規制に関する事務

神学論争でよいのか

【解説】 実際に事務移管する場合の区の規模について、都区双方の認識がずれたまま、議論が進んでいる。入り口で「区域再編」をめぐるデッドロックに陥ることを避けているためだ。

前回、都は、移管の是非を考える条件として「内部的に人口50万人以上の規模を想定して振り分けた」ことを明らかにした。再編を念頭に置いた作業といえる。これが区側の反発を呼んだ。

移管すべき事務の選定基準として都区が合意した7項目の中にも、人口規模は入っていない。

「なぜ急に規模の話が出てくるのか」と不信がる区側に対し、都側は「現行区域で可能な移管は、すでに済んでいるとの認識だから」と回答。「50万人」という数字の根拠については「政令指定都市レベルであれば、人材の確保、施設の偏在などがクリアできるのではないか」と釈明した。

だが、区側の幹部は「あまりにもおかしな話」と一蹴。「だから今回は、人口規模の話は議論の俎上にも出さなかった」と話す。

そのため、表向きは個々の事務移管の方向性をめぐる検討が淡々と進んでいる格好で、両者の真剣勝負は先送りに。移管の受け皿となる区の規模についての議論は、44事務の大筋での方向性を固めた後、来年度以降に持ち越されることにもなりそうだ。

都側は「どうしても50万人でなければということではない。移管を具体的に検討していくなかで、あるいは30万人でもできるという判断が出てくることもあるかもしれない」と歩み寄りの姿勢も見せる。「現行区域のもとで分権をどう進めるかについては、あり方検以外の場で別途、検討の必要があるだろう」とも語る。

あり方検は、都区双方が理想論を掲げているため、職員らの間では"神学論争"ともいわれている。国レベルで分権論議が進むなか、それなりに現実に即した議論を行わないと、あり方検の意義そのものが問われることになる。（糸）

コマ劇閉鎖

新宿区「再開発でも劇場を」

にぎわいをイベントで

新宿コマ劇場の閉鎖後、この界隈のにぎわいの創出が課題

新宿コマ劇場が08年末で閉鎖され再開発が進められる問題で、中山弘子区長は5月29日、「コマ劇場は歌舞伎町のシンボルだったので、さみしさはある。再開発を促進する契機として、プラスのメッセージと受け止めたい」と話している。

コマ劇場周辺の再開発は、地権者の東宝、東急レクリエーション、東亜工業、ヒューマックスの4社で協議していたが、これまであまり進展はなかった。コマ劇場の土地を所有する東宝が、隣接する東宝会館と一体で再開発することを決めた。再開発ビルに劇場が開設されるかどうかはまだ白紙の状態だが、12月までに計画をつくるという。

区担当者は「区としての希望だが、劇場をつくってほしい」と望んでいる。

区は「まちづくり誘導方針」で、コマ劇場、映画館などがある劇場街を核にした活性化を盛り込んでいた。コマ劇場の観客は年間約100万人をピークに、最近では50万人を下回っているが、コマ劇場が閉鎖されると、この界隈は閑散としそうだ。

コマ劇場正面玄関の向かいにあるシネシティ広場で、区などは引き続きイベントを開催していく考えだが、中山区長は「2千人規模のコマ劇場と同じような数を吸収できるとは思えない」と話している。

事務所として旧四谷第五小学校を借りている吉本興業はシネシティ広場などでのイベントを企画している。さらに、区は、コマ劇場を運営するコマ・スタジアムが企画、制作する公演は、劇場からほど近い区立大久保公園に特設するテント劇場で開催してもらいたい考えだ。

今年7月、区、地元商店街などでつくる「タウン・マネージメント」が発足し、区が所有するシネシティ広場でのイベント開催の際は、無料で貸し出すという。ただし、商品の販売促進などのPRイベントでは、同広場を有料で貸し出し、使用料を歌舞伎町のまちづくり財源にする。

区担当者は「コマ劇場の閉鎖は悲観的に受け止めていない。これを逆手に取って、新たなにぎわいの創出の始まりにする。がんばらなきゃいけない」と前向きだ。

文京区の小中統廃合計画

迷走続く協議会

子ども不在の抽象議論

文京区が2006年5月に策定した「区立小・中学校将来ビジョン」を見直すため設置した検討協議会が、半年以上にわたって迷走を続けている。検討項目の妥当性や運営方針を巡り、回数を重ねるごとに方向性が不透明になり、3月末に予定していた中間報告の取りまとめも、委員の反対などで延期された。そうした中、区教委は協議会の意見集約を終え、ビジョンの見直しに着手すると示唆した。しかし、協議会が軌道に乗って結論を出すには、相当の時間を要しそうだ。

文京区教委は、17年度までに区内小中学校を再編し、統合校、中高一貫校など10校にする将来ビジョンを明らかにした。統廃合計画公表と同時に、統合対象校のPTAや地元住民などが猛反発。反対意見が相次いだことで、区は素案自体の見直しに入った。昨年4月に就任した成澤廣修区長の方針に従い、区教委は昨年9月、一部校を除きすべての統廃合計画をひとまず凍結。10月にPTA、町内会、公募委員で構成する協議会を設置した。

協議会の中で区は、素案をたたき台に学校規模や配置の見直しなど8項目の検討を進める方針を提示。07年度末に意見の中間まとめ策定を目指すことにしていた。しかし、月1回ペースの協議会開催で、運営を巡る委員間の意見対立や協議会運営に対する委員と区の認識相違などが表面化し、迷走が始まる。

1月の第4回協議会では、学校の統廃合問題を題目としたが、「個々の学校の統合問題は取り上げない」とされ、異論も出たが、そのまま討議を終了。3月の第6回協議会では「子どもたちを置き去りにした話が、ずっと続いている」「何のためにこんな60人の知恵を集めてやっているのかということが、ないがしろにされている気がして、おもしろくない」など、委員の不満が爆発した。結局、区は中間の意見のまとめを断念。08年度も検討を継続することを決定した。

5月27日の第7回協議会では、区からは新たな議論の題材になる具体策の提示などはなかった。ただ、「08年度内に一定の意見集約を図りたい」と初めて期限だけが示された。

委員の1人は、「昨年度は成果が出ず、ただ空虚に会議が回っていた感がある。今年度は意見を本当に集約し、素案の見直しに反映するのか」と区に質問した。徳田隆・教育改革担当部長は「協議会で出た意見は、区教委に伝える。しかし、素案の最終決定は、あくまで区教委の判断だ」と述べるにとどまった。

協議会の迷走には、具体的な議論を先送りしようとする、文京区の消極的な姿勢が一因にある。会合後、PTA関係者は「『教育のあり方』など抽象論ばかりでは、学校にどう持ち帰ればいいか」と困惑していた。区民と主体的に協働し、同じ目線で向き合う姿勢が区に求められている。

保険料天引き 本人で判断を

渋谷区長

渋谷区は5月30日、後期高齢者医療制度の保険料の特別徴収か普通徴収のどちらかを対象者が選べるよう検討していると発表した。選択制を導入した場合、7月中旬に出す保険料の賦課決定通知書に、徴収方法を選択する文書を同封する考えだ。

桑原敏武区長は「本人の意思で納められる手続きを取れるようにする。できるだけ区民が安心して暮らせる状況づくりをしていかなければならない」と述べた。

HP上で14人の個人情報誤記載

足立区

足立区は5月30日、ホームページ上で閲覧できる区の文書から高額療養費を支給した区民、職員計14人の氏名などを誤記載していたと発表した。

文書は各課の職員が保管システムに事業概要などを入力し、課長以上の最終チェックを経て、区ホームページ上で閲覧できるようになる。最終チェック前、システム上に保管していた国民健康保険課の文書から同課の職員が28日に個人情報を見つけたのをきっかけに、閲覧可能な文書からも個人情報が見つかったという。30日現在、14人分の個人情報は削除された。

誤入力した職員は「うっかりしていた」などと話している。区総務課は「個人情報の削除について「職員に周知していたと思い込んでいた。うかつだった」とうなだれた。

区は29日夕からホームページの検索閲覧を停止しており、今後再発防止策を検討していくという。

記者席

年齢と天候の相関関係

○……あいにくの天候が続いている。そこで都の選考関連の話だ。昨年9月の主任選考、今年5月11日の採用試験、そして同25日の管理職選考、いずれも雨に降られた。

5月25日の管理職選考では、午前中早い時間の雨だったので、種別Cと運輸、種別A（免除資格者以外）の集合時間に重なった。

全体の受験率は、雨の影響がなかった種別Bに引っ張られる形で、前年度から上昇したが、Cは若干数字を落とした。昨年の主任選考は土砂降りだったが、受験率はアップしている。年齢と天候の相関関係なのだろうか。

○……多摩地域の住民が待望する「東京国体」が、2013年開催に向けて動き出した。4日に開催申請書を日本体育協会会長らに提出し、7月には開催内定を得る予定。あとは競技施設の整備を進め、2年後に実行委員会を立ち上げるという段取りだが、5月の都教育委員会では「都教委がどう関わるのか分からない」「具体的な役割は何か」といった質問が。

教育庁にあったスポーツ部門が知事部局に移り、微妙な立場になった同庁は「教育施設や学校施設が競技会場になる」などと説明したが、委員からは「都教委としてのスタンスをいま一度考えてほしい」との発言も。事務局の表情は複雑だ。

○……足立区のホームページ上で閲覧可能な文書から個人情報が見つかった問題で、区総務課はショックを隠しきれなかった。

文書は、保存期間など9項目を閲覧でき、そのうち「事業概要」に個人情報が残されたままだった。全職員を対象に事業概要などに個人情報を入力しないよう研修している。区総務課は「絶対、個人情報を入れてはいけないと再三、徹底してきた」と振り返った。

だが、今回、入力ミスした職員は不注意で見落としていた以外にも、区公開条例に抵触する文書イコール「非公開」の意味だが、この非公開を「個人情報が公開されない」と勘違いしたという。タブーが周知されていなかった。今後、検討していく再発防止策に注目が集まる。

職員10人が賭博 高校野球で6回

葛飾区

葛飾区は5月30日、賭博に参加していた清掃事務所の職員10人を懲戒処分にしたと発表した。

処分内容は、常習的に賭博を行っていた常習賭博の3人が、停職3カ月と停職1カ月。また、1回だけの単純賭博の7人が減給10分の1（2カ月）と減給10分の1（1カ月）。

10人は、33歳から42歳までのいずれも主事で、地方公務員法の信用失墜行為に当たる。

区によると、10人は、2005年夏の全国高校野球選手権大会から、今年春の選抜高校野球大会までの計6回、優勝校と準優勝校を当てる賭博に参加した。埼玉県の居酒屋店主が1口500円で行っていた。

停職3カ月となったのは、40歳の男性主事で、6回全部に参加。枠組表を清掃事務所で作成し、事務所内での賭博行為を中心に行い、とりまとめられたかけ金を賭博実施の居酒屋店主のもとへ持ち込んでいた。

そのほか区は、賭博行為には参加していないが、枠組表の作成にかかわっていた職員1人を戒告、管理監督者責任などで4人を訓告にした。

3月26日付で清掃事務所長あてに、内部告発と思われる匿名の封書が届いたことから発覚した。

開発業者に緑化計画を

練馬区

練馬区は1日、開発事業の手続きなどを盛り込んだ「みどりを愛し守りはぐくむ条例」を施行した。300平方㍍以上を開発する事業者に対し緑化計画の手続きを定め、事業に応じた緑化基準を設けている。その際、建ぺい率が80%の地域などには、屋上緑化の指導を行う。

また、区長は雑木林や屋敷林、農地などが一体となっている地域は、郷土景観保全計画を定められるとした。さらに、区長と事業者などは建物の緑化などの協定を結べるようにした。

区では現在、相続税を払えず農地が切り売りされており、マンションなどの宅地開発が進んでいる。01年の緑被率は20・9%に落ち込み、36年度までに30%を目標に置いている。

新議長は青木氏 副議長に小川氏

杉並区議会

杉並区議会は5月29日の臨時会で、議長に公明党の青木早千恵氏(59)、副議長に民主党の小川宗次郎氏(42)を選出した。

青木氏は、現在3期目。副議長、文教委員会、決算特別委員会、医療問題調査特別委員会の委員長などを務めた。

小川氏は、現在3期目。区民生活委員会、都市環境委員会の委員長などを務めた。

小川宗次郎氏　青木早千恵氏

今野氏が議長に 副議長は高橋氏

中央区議会

中央区議会は5月30日の臨時会で、議長に自民党の今野弘美氏(48)、副議長に友愛中央の高橋伸治氏(54)を選出した。

今野氏は現在5期目。議会運営委員会、予算特別委員会、企画総務委員会の委員長などを務め、議長の経験もある。

高橋氏は現在7期目。議長、副議長のほか、議会運営委員会、防災等安全対策特別委員会の委員長など務めた。

高橋伸治氏　今野弘美氏

新議長に若林氏 副議長は武藤氏

荒川区議会

荒川区議会は5月30日の臨時会で、議長に自民党の若林清子氏(59)、副議長に公明党の武藤文平氏(62)を選出した。

若林氏は、現在3期目。文教委員会、震災対策・危機管理調査特別委員会の委員長などを務めた。

武藤氏は、現在7期目。副議長、区民文教委員会、福祉・地域振興委員会の委員長などを務めた。

武藤文平氏　若林清子氏

まちの活性化から着手
基地問題は5市1町で連携密に
加藤育男福生市長インタビュー

4新人の激戦で注目を集めた福生市長選挙は、野澤久人市長の継承者として市政発展を訴えた加藤育男氏(54)が初当選した。安定的な市政を引き継いだが、選挙を通じて「市民の中には潜在的に変革を求める思いがある」と感じたという加藤市長。市には、街の活性化や定住化促進などのほか、将来にわたって続く横田基地の問題もある。民間や市議の経験を市政発展にどう生かし、新たな風を起こしていくのか。市長就任から1週間。現在の心境と、今後の市政運営について聞いた。

——就任から1週間、現在の心境を。

慌ただしく初めてのことばかりで、とまどいもある。だが、様々な声かけをいただく中で、市政の舵取りをしていく市長としての責任の重さを実感している。

——4新人激戦の選挙を振り返っての感想は。

市民には選択肢が広がった。それぞれの主張に対する対立候補への票については謙虚に受け止め、内容によっては市政に反映していくことも考えていきたい。

——自民、民主、共産と、政党を反映した選挙でしたが、今後の議会対応については。

理事者と議会、双方が健全で「市民を主体に、譲るべきところは譲る」という考えであれば、市民に迷惑がかかることはないと思う。協力してやっていきたい。

——市の課題を三つあげてください。

選挙を通して、市民が潜在的に変革を求めているということを感じた。その中で、一つ目にあげるのは街の活性化。商業はまちの顔であり、その町の力強さも分かる。シャッターが下りて涼しい通りなど商業の課題は大きく、商工会や観光協会なども連携する必要がある。加えて、広い意味での地域振興が必要。二つ目は、地方分権で厳しい財政状況の中、税収確保、収納率向上、国や都との折衝などで、実財源を確保していかなければならない。第三には横田基地の問題がある。

——横田基地についてはどう取り組みますか。

市の3分の1の面積を占める基地は、市にとって重要な問題。「無いにこしたことはない」と思っているが、共存していかなければならない。基地問題は国の施策の中にあり、現在は軍民共用化の考えも凍結状態。そのような中で騒音問題などがある。住民には情報開示がしっかりできるよう、国に話していきたい。また、今後も基地がある5市1町で連絡を密にしながら、市民にメリットになるよう、国への働きかけを強めたい。

——狭い住宅が多いといわれ、子どもが成長すると他市に越してしまう傾向が続いていますが、定住化促進策は。

乳幼児医療費の無料化や、教育、医療費の助成など、子育てしやすい環境づくりの必要性がある。公約にも掲げているので、早期実現を目指したい。

——公立福生病院の経営安定化は。

病院の医師の確保がきちっとできていれば、財政的にも健全化していくと考えている。ともに組織する羽村市、瑞穂町の病院関係者ともよく話をしながら、経営健全化を図りたい。

——新庁舎を起債なしで建設するなど、前市政からゆとりのある基金をどう活用しますか。

これまでムダを省き、後世のために残してくれた大事なお金。市の歳入には横田基地再編交付金など広く使えるものもあるので、基金はいざというときのために、できるだけ取り崩さないようにしておきたい。

——歴代の市長と比べると「若さ」も強みでは。

部長をはじめとした多くの管理職が同世代。忌憚なく話ができるというのはありがたい。フランクにどんどん話をしてもらって、勉強していきたいという気持ち。

——職員へのメッセージを。

「福生五つの元気」の公約の一つに「スリムな市役所が元気」という項目がある。行財政改革というものは、本来選挙で訴えるものではなく、一日一日の心がけ。市民との協働で職員の意識はだいぶ変わっていると思うが、今後さらに意識を高めて、市民にお願いすべきところはお願いして、スリムな市役所を目指したい。一緒にがんばりましょう。

1954年生まれ。76年早稲田大学社会科学部卒。同年日本鋼管㈱(現JFEスチール㈱)入社。82年、実家の蕎麦屋を継いだ後、03年に市議初当選(2期)。建設環境委員長、市議会改革検討協議会座長代行、福生病院組合議会副議長などを務めた。学生時代は野球部に在籍、ポジションはキャッチャー。好きな作家は司馬遼太郎。モットーは「一生懸命」。

当選無効求める意義申し立て
6月下旬までに回答

5月11日執行の福生市長選挙について、26日、加藤市長の当選無効の決定を求める意義申出書が、市民から同市選挙管理委員会に提出された。

申し立てをしたのは、町田成司氏の選挙対策広報部長を務めた黒木中氏。内容は選挙期間中、町田成司氏が個人演説会を1千人収容できる市民会館大ホールで開催しようとした際、休館日などを理由に使用が認められなかったことについて「公職選挙法に基づく手続きをしたにも関わらず、管理者だった野澤前市長が必要な手続きを行わず、ホール使用についての回答が遅れた上、結果的にホールの使用ができなかった。演説会開催の周知に支障を来たし、選挙運動に費やすべき貴重な時間をとられた」とし「野澤前市長の行為は公職選挙法違反であり、選挙運動の妨害行為。現市長の加藤育男候補の有力な支援者だった野澤前市長の選挙妨害行為で成立した加藤市長の当選に異議を申し出る」と理由を説明している。

これについて、市長選の候補者だった町田成司氏の後援会は「黒木氏の一連の行動に困惑と不快感を抱いており、後援会とは一切関係ない。選挙結果が出た以上、加藤新市長の市政に協力し、市の発展に力を合わせることを確認している」などとコメントしている。

市選管は今後、異議申立の内容が法的に成立するものかについて委員会で審査を行い、異議申立書が提出された5月26日から30日以内に何らかの決定を出す予定。

市立病院前管理課長が横領
稲城市 内部調査は179万円、余罪追及へ

稲城市は5月29日、稲城市立病院の「研究費交付金」を横領したとして、小菅勇総務部副参事(58)を同日付で懲戒免職にしたと発表した。28日には多摩中央警察署に刑事告訴している。警察の捜査では、これまでに3件40万円の横領が裏付けられているが、市の内部調査では179万円の不正使用があったとされ、今後余罪が追及される。市は緊急的に不正防止の対策をとるとともに、「再発防止委員会」を6月中に立ち上げ、組織的なチェック体制の構築を図っていく。

市によると、小菅容疑者は04年度から今年4月に教育委員会学校教育課長に異動するまでの4年間、稲城市立病院の管理課長だった。

病院には毎年、講師への謝礼金や学会参加等の旅費、研究に必要な消耗備品購入費などが「研究費交付金」として病院に交付されている。その事務は要綱により管理課が行うこととなっており、小菅容疑者は決裁権者。医師から申請のあった項目が支払い妥当であれば、小菅容疑者が「研究費交付金」の通帳から現金を下ろして医師に支払う仕組みだった。

事件の発覚は今年4月23日、同院で開催予定の後援会の講師の謝礼について、現管理課長から講演料受領書の扱いに問い合わせがあったため、一条真琴病院長が07年度分の台帳を確認。そのとき、実際には5万円の支払いをした講師に15万円を支払ったことになっている書類が発見された。それを発端に小菅容疑者の在任期間中を内部調査したところ、06、07年度に計20件、179万円の不正使用が認められた。それ以前の2年間の在任期間中の不正については、今年の異動前に小菅容疑者が、本来5年間保管すべき研究費交付金台帳を焼却処分していることから、不明だという。

横領の手口は、①研究費交付金申請書に事務長・院長の印が押された後に改ざんして数字を増額②領収書の数字を改ざん③収入印紙が張ってある銀行振り込みの複写領収書の複写部分に数字を書きこみ④架空の後援会を設定し、講師謝礼を出したことにした——など。

内部調査での事情聴取に対して、小菅容疑者本人は認めており、横領した公金については「豆相場に手を出し、会社がつぶれるなどしてその穴埋めに使った」などと話したという。

同院は事件発覚後の緊急的な再発防止策として、使われた交付金の控えを院長室に保管し、管理課長が持っていた通帳を事務長が管理する仕組みに改めた。今後は「再発防止委員会」で、一部の担当者に事務の流れを集中させないことや、第三者によるチェックの仕組みなど、8月をめどに構築したい考えだ。

石川良一市長は29日、部長級職員を集め「最高監督責任者としての責任を痛感し、反省している。市民の信用を失う事件で、身を引き締めて信頼回復していく努力を職員とともにしていこう」と呼びかけた。

今回の事件では、同院事務長を減給10%2カ月、同院長を戒告処分とした。また、石川市長は減給20%2カ月、田野倉秀雄副市長は減給20%1カ月にすることについて、6月議会に上程する。

はじめまして 新副市長です

国立市 長嶋敏雄氏

「38年お世話になった地元、市民にお返ししたい」——市政のバランスが求められるポジションへの就任の決め手は、この思いだった。

05年に総務部長になるまでは、主にまちづくりに関する技術畑を歩んできた。「民活導入」「開発ありき」で、水田地帯も多く残っていた時代。都市基盤、区画整理、インターチェンジ設置…など、多くのハード事業に関わった。考え方の違う地権者を相手にまちづくりの目標を達成していくには、『人の区画整理』ができなければと感じ、事業のリミットが5年なら、準備に3年をかける気持ちで取り組んできた。「十人十色の考え方があり、利益のある人、不利益のある人がいる。じっくりと向き合うことが大切」。仕事を通して人を見る目が養われたと振り返る。

出身地でもある市内では、地元との付き合いも多い。「見るのもやるのも好き」という祭りは、横笛でお囃子にも参加し、地元との交流を大切にする。仕事を離れたもう一つの肩書は「土日農園 五目百姓」。毎日育っていく野菜の世話で、くつろぎの時を楽しむという。

「市の財政は厳しく、制度改革もめまぐるしい。信頼される市役所になるためには、まず人づくり」と語る。「あいさつができない時代。後ろからでも声をかけられるような、市民に親しまれる人間になってほしい」と職員に呼びかけている。

◇

1947年3月生まれ。70年国立市役所入庁。区画整理課長、建設部長、総務部長を経て07年3月定年退職後、市シルバー人材センター事務局長、同年10月副市長。

食の安全が強く求められる今、「つくり手の顔が見える」野菜を望む人も増えておりますが、定年退職後は気軽に野良仕事でもと思いつつ、十数年ほど前から、ちょっと畑で健康を維持するために気ままに体を動かし、自分で食べたい野菜づくりをはじめました。

野菜に関する知識や技能はそれほどありませんが、定番野菜のトマト、ナス、大根など十数種類の安全でおいしい野菜を自分で作る喜びを味わっております。

苗は種をまき育てておりますが、もちろん無農薬ですし、肥料は主に枯れ葉や藁で作った堆肥を使用しております。

休日の作業は我を忘れホッとした時間を過ごすことができることや、安全で新鮮な野菜を食べることで、健康増進を図っております。

ただ、残念ですが今年の作付けは昨年までの3分の1程度に縮小しました。

週刊たま手箱

保険料還付で振り込め詐欺 八王子市

八王子市は5月30日、「後期高齢者医療の保険料を還付する」という内容で、27日から29日の間に、市内で3件の振り込め詐欺の発生があったと発表した。市民などからの問い合わせで発覚し、問い合わせのあった3件は未遂に終わったが、対象者が75歳以上の高齢者であるため、被害の未然防止策を実施している。

詐欺の内容は、「市役所の男性職員を名乗るものから、お金を返す」という内容の電話や、ATMに出向くよう指示され、口座の残金を確認するよう指示を受けたものなどがあった。

廃棄物減量で審議会が答申 府中市

府中市廃棄物減量等推進審議会は5月30日、昨年10月から議論を重ねてきた同会の答申をまとめ、野口忠直市長に提出した。

市は03年に策定した環境基本計画で「10年間でごみ50%削減」を目標に掲げており、「資源循環型社会の形成に向けた新たな収集方法等のあり方について」諮問していた。

答申では、資源循環型社会の実現のためには、現状のダストボックス方式では困難で、資源分別徹底のほか、公平性や受益者負担の原則などから、家庭ごみの有料化・原則個別収集・ダストボックス廃止へ収集方法の変更が必要としたほか、家庭ごみを有料収集の対象として、指定袋で1ℓ当たり2円の均一従量制にするとした。手数料収入についてはごみ減量や資源化促進のための基金などの検討が必要などとしている。

「子ども憲章」2定に提案へ 三鷹市

「みんなでつくる 三鷹の未来」——三鷹市は第2回市議会定例会に「三鷹子ども憲章」の制定を提案する。

三鷹の子どもたちが未来に向けて夢や希望を持ち、心身ともに健やかに成長していくことができるよう、子どもと大人の共通目標として制定するもの。いじめや児童虐待など、子どもの人権に関する課題解決を目指す。

憲章の7項目には「みんなのいのち大切に」「いじめをなくそう」「残そう自然」などが、口ずさみやすい七五調で記され、それぞれの項目の頭文字をつなぐと「みたかのこども」になるようにした。

検証制定後は子どもたちが憲章の理解を図るための話しあいを行うなど、様々に普及啓発を図っていく。

■多摩市人事異動

6月1日付

【部長級】▽教育部長・永山公民館長事務取扱(教育部長)小池和行

◆退職 5月31日付

【課長級】▽永山公民館長 鈴田勇

大阪市「中抜け」職員らを大量処分
防止策「モラルと職場管理」頼り

ココに注目 巷のニュース

大阪市は先月13日、カードリーダー不正打刻や職務専念義務違反などの非違行為を行った職員121人に対し、懲戒免職を含む処分を行った。大量の処分者に目を奪われるが、大阪市に限らず、どの組織でも起こりえる問題だ。しかし「個人のモラル」に頼る面も多く、組織的な対応は難しい点もあるようだ。

◆

大阪市建設局の出先事務所に勤める技能職員（40）の病院通いは、98年10月の公務災害から始まった。翌99年6月に全治届を提出したが、それ以降も通院を続け、さらにリハビリと称してプールにも通い始めた。02年度以降はほぼ毎日、午前10時30分から午後1時頃まで職場を無断で「中抜け」していたという。その回数は03年度以降でも計806日間、1209時間に及んだ。

上司が職場を抜ける職員を不審に思ったのは、昨年の夏頃になってからだ。外に出る職員の後をつけ、スポーツ施設に入るところを確認。問いただすと事実を認めた。

職場では、なぜ長い間「中抜け」に気がつかなかったのか。勤務先の職場は外勤が多く、上司も外に出ずっぱりだった。また、当該職員は公務災害を受けたため、別棟の倉庫で作業を担当しており、席にいなくても気に留めなかったという。

だが、この事件は氷山の一角でしかなかった。全貌が明らかになるきっかけとなったのは、今年2月7日に職員が傷害事件で逮捕されたことだ。市の下水道センターに勤める男性職員（37）が昨年12月、同僚の男性（35）に、超勤をしたようカードリーダーを記録するよう依頼したが、実行しなかったことに腹を立てて暴行、逮捕された。

相次ぐ事件をきっかけに、市は全職員を調査。出退勤の手続きに職員証を他人に預けるなどして不正打刻したことの有無や、「中抜け」行為をしたり、見聞きした経験などをヒアリングした。この結果、不正打刻経験者は38人、職務専念義務違反行為者は44人、これらを見聞きしたことがある職員は113人となり、処分者数は免職1、諭旨免職1、停職29、減給16、戒告18の計121人に上った。

◆

「状況も多岐にわたっていて一概に言えないが、懲戒指針の周知や注意喚起が足りなかった点は大きい……」。大量処分について、大阪市人事部は、そう振り返る。

しかも、市の大量処分は今回だけではない。昨年6月には、職員の学歴詐称で965人を処分したほか、同月には公的債権を滞納していた職員80人を処分。同年9月にも、禁止されているマイカー通勤で50人を処分した。

これだけ処分者が出れば、行政に対する市民の信頼も根底から崩れ落ちる。次々に起こる職員の不正問題に当局も頭を抱えるが、今回の中抜け問題は個人のモラルの問題だけに再発防止策は難しいととらえる。市人事部は「事案を踏まえ、各職場で注意喚起、懲戒指針の周知を図りたい」と述べるにとどまった。

都庁では不適正なカード打刻発覚後、カードゲートを更新。しかしソフト面の改革が、なによりの抑止策となる

都はシステム刷新も「対応難しい」

職員の職務専念義務違反やカードリーダーの不正打刻は、どの組織でもありえる問題だ。例えば、状況はまったく異なるが、都でも05年10月、都庁本庁舎に勤める職員が、駅に近い議会棟のカードゲートで出勤時のカード操作を行っていたことが問題となった。本庁舎の場合、出勤時のカード操作は、所属のある庁舎1階または、各階事務室出入り口のカードゲートで操作することになっている。総務局は各局人事担当課長に対し、出勤時のカード操作の適正化を求めた。

加えて翌06年5月にはカードシステムを更新。所属する庁舎以外で操作するとデータ上で「NG」が記録され、後日、所属長が経緯を確認することになった。

ただ、他人による「不正打刻」や「中抜け」はシステム上で対処できないのが現状だ。都総務局人事課では「職場の管理監督者が把握しなければ、対応は難しい」と話す。

理由もなく長い時間、職場を空けている職員がいれば、上司が理由を確認し、問題があれば口頭注意や懲戒処分の対象となる。都の懲戒処分指針では、中抜けの場合は「勤務態度不良」で停職から戒告処分になりえる。また管理監督者も指導が適正でなかったり、非行を隠蔽、黙認していれば処分対象となる。

「部下が出張命令など出さずに長時間、席を空けていたら『どこ行ってんだ』となる。こちらも責任が問われるからね」。あるハード局の管理職はそう話す。内部の会議で席を空ける場合でも周りに伝えていくのは「職場風土というより社会人として常識」。5分程度の小休止ならともかく、長時間の中抜けは現実的でないという。

ただ、厳密に言えば、職員が個人的な用事で庁舎内の郵便局に行く場合も、年次有給休暇届を提出して承認を受けることが必要となる中、そこまで徹底しているかには疑問符がつく。別の管理職は「すべてを把握するのは難しい。職員を信用することで成り立つ部分もある」と語った。

■ ■

今年4月には、茨城県国保連合会の職員が10億円を横領する事件が発覚した。通帳と印鑑を同じ金庫に入れ、職員が持ち出せる環境だった上、監査資料の作成も同職員に任せていたなど、ずさんな管理が事件を起こす一因になり、発見が遅れる結果となった。管理体制の強化が抑止につながる点では、職員の「中抜け」や不正打刻問題も、横領事件と通底するといえよう。

ただ、「中抜け」問題が違う点は、厳密な管理だけでも上手くいかない点だろう。勤務中のプールは言語道断だが、モラルハザードを起こさない職場管理、風土改革、チェック体制の確立などが重要となる。行政の信頼を失わないためにも、事件を対岸の火事とせず、他山の石とすることが大切となる。

受講者数 前年度比3割増
強まる人材の早期育成傾向
市町村職員研修所

市町村職員研修所が行う研修は今年度、延べ1万2818人が受講する予定だ。大量退職に伴う新採の確保や人材の早期育成傾向が強まり、前年度実績に比べて3116人の大幅増となる。研修体系に大きな変更点はない。

研修受講者増の一因となったのが新採職員の増だ。新任研修は昨年度、Ⅰ期とⅡ期で延べ1108人が受講したが、今年は1月時点の見込みでも同1482人が受講する予定だ。その後、採用が増えた市町村もあり、受講者はさらに増えるという。団塊世代の大量退職に伴う各市町村の採用増が反映された形だ。

昨年度は4回に分けて実施したが、今年は1回増やし、さらにクラスの人数も16人から20人に増やして対応する。

もう一つの要因が、受講対象者の拡大だ。例えば、政策・法務研修の「地方自治法」と「地方公務員法」および「地方財政」は、これまで採用後4年以上の職員が対象だったが、採用後1年以上に対象を拡大した。新任研修で基礎となる地方自治制度や地方財政制度を学んだ後、時間を空けずに学んでもらい、研修効果を高める。

選択研修の位置付けだが、市町村によっては必修として受講するところも多い。「意欲ある職員に対し、早い段階から門戸を広げた」（教務課）という。

同じく、職層別研修の係長現任研修も対象者を「係長職2年以上」から「1年以上」に改めた。組織の少数精鋭化が求められる中、一人ひとりのスキル向上は至上命題となっており、人材の早期育成を目指した結果と言えそうだ。

このほか変更点では、能力開発研修の「接遇リーダー」を廃止し、今年度から研修体系に位置づけた「クレーム対応」研修に特化して実施する。「民間ではクレームを財産として、新たな製品開発等につなげる例も見られる」（教務課）。クレームを処理するだけでなく、政策につなげる対応力の獲得を目指すという。当初は3回を予定していたが、要望も多く5回に増やして実施する。

その一方、政策法務研修の「政策法務（基礎）」や実務研修の「環境科（廃棄物対策）」「子育て支援科」は内容を特化して研修日数を短縮した。

研修の再構築に向けた取り組みでは、各市町村が策定した人材育成基本計画を収集。各自治体が求める職員像、職層ごとに求めるスキルなどを分析し、新たな研修につなげる考えという。

「技術者の生き方」を講習
東京都土木技術センター

東京都土木技術センターは、「土木技術講習会～技術者の生き方」を6月25日に開催する。都庁第一本庁舎5階の大会議室で午後1時から5時15分まで。

建築構造計算書の偽造問題や建設資材の偽装認定など、倫理観が問われる問題が相次ぎ、技術者に向けられる社会の視線も厳しい。講習会では、3人の講師を招き、技術者はどうあるべきか、原点に立ち返って考えてもらうのがねらいだ。

作家で土木史研究家の高崎哲郎氏は、パナマ運河の建設に携わり、荒川放水路の建設を指揮した土木技師・青山士の生涯について講演。日本の技術者の名を高めた先人の精神に触れ、気概を感じてもらうというもの。

また、日本物理学会の前会長で、日本物理学会キャリアセンター長の坂東昌子氏には、女性の技術者として歩んできた半生を語ってもらい、公共事業に詳しい東京大学の小澤一雅教授には、「公共事業システムの将来像とインハウスエンジニアの役割」をテーマに、技術者を組織の中で有することの重要性を説いてもらう。

講習会は一般からの参加も50人程度募集。希望者は、往復はがきに「土木技術講習会聴講希望」と明記の上、住所、氏名、電話番号を記入し、6月16日必着。問い合わせは東京都土木技術センター技術支援課☎5683・1500まで。

元教諭 二審も敗訴
不起立呼びかけ裁判

04年3月に行われた都立板橋高校の卒業式で、君が代斉唱時に保護者に着席を呼びかけて式を妨害したとして、威力業務妨害罪に問われていた元教諭の藤田勝久被告の控訴審が29日行われた。須田賢裁判長は、罰金20万円とした一審の判決を支持、控訴を棄却した。原告は即日上告した。

裁判は、起立斉唱を反対する呼びかけが「威力」に当たるか、表現の自由となるかが争点となった。須田裁判長は、ピアノ伴奏の職務命令を合憲とした07年2月の最高裁判決を例に挙げ、起立・斉唱すべきとした都教委通達も合憲と判断。その上で、元教諭の不起立の呼びかけは「威力」に当たるとし、「憲法21条は、表現の自由を無制限に保障したものではない」として、元教諭の訴えを退けた。

在住外国人支援で助成制度
非営利団体の活動を活性化
自立や地域参加の促進目指す

日本語の習得や生活情報の提供など、在住外国人の自立・地域参加の支援に向けて、都生活文化スポーツ局は、今年度から事業を実施する非営利団体への助成制度を開始、この申請受付が2日に締め切られた。

在住外国人をめぐっては、今年1月1日現在の都内の外国人登録者数が39万人を超え、都民の約3％を占める状況で、定着傾向も進んでいる。一方、言葉の問題や生活習慣の違いなど、様々な課題を抱えており、07年7月の地域国際化推進検討委員会答申では、外国人の支援活動に取り組む民間団体への支援などが打ち出されていた。

新たな助成制度は同答申に沿って新設された。都内に活動拠点があり、3年以上の実績がある公益法人、特定非営利活動法人、その他の非営利団体を助成対象とした。都民生活部によると、外国人支援に取り組む民間団体は、都内に約240団体あるという。

対象となる事業には、日本語教室や多言語による翻訳事業などコミュニケーション支援事業、学習支援や医療・防災・住居等の情報提供をはじめとする生活支援事業、活動のPRや国際理解の促進といった普及啓発事業を挙げた。助成金額は事業費の2分の1以内で、300万円を限度とする。

都が在住外国人支援の活動にあたる団体への助成という形で取り組みを進める背景には、在住外国人支援が基本的に区市町村マターであり、都には広域的な事業が求められるとの考えがある。在住外国人支援では、地元に根ざした非常に狭いエリアで活動する団体もあるが、地元自治体限定という枠を外し、通勤・通学者等も含めた活動を助成対象とすることも、この広域的視点による。

さらに助成制度を通じた支援にとどめ、都が直接、支援事業に乗り出さないことで、これまで民間団体が行ってきた事業との競合を避け、各団体の取り組みを活性化させるといった狙いもある。

今回の在住外国人支援事業助成の開始に伴って、従前の市民協力事業助成と留学生支援事業助成は07年度で終了した。このうち市民協力事業助成は、アジア各国での農業技術の普及や貧困地域での自立支援といった取り組みを対象としており、まず足元である都内の取り組みに力点を置いた格好だ。また留学生支援事業は、在住外国人支援事業助成の中で対応可能となる。

今後、申請を受けた事業内容等についてヒアリングを行い、有識者による審査会で交付を決定。交付決定後も事業の実施状況に関して、ヒアリングや現地確認などを実施し、事業実施の結果報告提出等を経た上で、助成金が交付される。

テロ警戒推進本部を設置
「地域の目」でテロ防止

7月7日から行われる洞爺湖サミットを間近に控え、都は5月30日、東京都テロ警戒推進本部を設置した。官民が連携してテロ警戒を強め、テロを未然に防ぐのが目的。都庁第一本庁舎5階で同日行ったテロ防止東京会議には、メンバーとなる176団体から約500人が参加し、「官民挙げてテロ防止に向けた取り組みを一層強化する」などとした緊急アピールを採択した。

05年7月に行われたイギリスのグレンイーグルズ・サミットでは、開場から約500㌔離れたロンドンで爆破テロが起こり、死者56人、負傷者700人以上の大惨事となった。01年に米国で起きた同時多発テロ以降、高まるテロの脅威に対し、危機感は強い。

都総合防災部国民保護担当の前川秀則課長は「テロ災害には警察など行政の対応が第一となるが、テロの防止には、まず地域の住民らが不審者や不審物がないか、気をつけてもらうことが大切」と組織設置のねらいを話す。

同推進本部は、石原知事を本部長に、都や警視庁、区市町村等の行政のほか、町会や商店街などの地域団体、集客施設や鉄道などの民間企業がメンバーとなっており、それぞれのフィールドで警戒を強めてもらう。

行政はパンフレットなどで注意喚起を図るほか、施設の警戒態勢を強化。都は1日から施設のテロ警戒対応基準のレベルを一つ上げ、都施設での巡回・点検や入館チェックを強める。

テロ防止東京会議のあいさつに立った石原知事＝写真＝は、地下鉄でテロリストが天然痘を散布した想定で行った訓練を振り返りながら、「テロが起きた際、日本の法律はまったく役に立たないことを実感した。一刻を争う事態には、社会正義や人間の原理的な理念に則って判断してもらわないと、被害も拡大する」などと述べ、一人ひとりの協力を求めた。

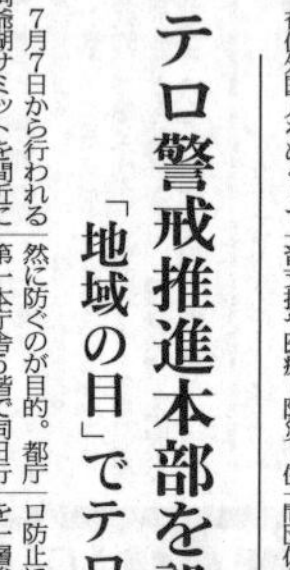

現実と希望にギャップ
仕事と生活の調和で世論調査

都生活文化スポーツ局はこのほど、「仕事と生活の調和に関する世論調査」の結果をとりまとめ、公表した。仕事・家事・プライベートの優先度では、男女ともすべての年代で「両立」の希望が最も高かったものの、現実には「仕事優先」となっている実態が浮かび上がった。

世論調査は都内在住の満20歳以上の男女を対象に実施。「仕事以外の生活」「子育て・介護を取りまく環境」「仕事の状況と仕事観」「ワーク・ライフ・バランス」の4項目について質問した。

調査結果によると、ワーク・ライフ・バランスに関しては、「進めるべき」との回答が全体の80％に達し、とくに女性の30代・40代では90％超と高かった。しかし「バランスが取れている」との回答は54％にとどまっており、このうち40代男性では39％と最も低い割合を示すなど、実現とのかい離が見られる。

その上で仕事と生活の調和の実現に向けては、企業には「育児・介護の休業・休暇制度の充実」、行政では「柔軟な働き方が実現できる法令や雇用環境の整備」、個々人では「仕事以外の趣味や生きがいを持つ」といった取り組みを求める人が最も多かった。

このほか子育て・介護と仕事の両立を阻害する要因では「保育・介護の施設やサービスの不足」がトップ、また男性の育児・介護への参加では「利用しやすい柔軟な休業・休暇制度の導入」「育児・介護で仕事を休んでも不利にならない人事評価制度」との回答が目立った。

20年度 主任試験講座 ― 33 ―

地方自治制度 ⑤

前回に引き続き、地方自治制度に関する練習問題を解いていきます。

問題

【問題8】
議会の運営と種類に関する記述として、妥当なのはどれか。

①　定例会は、毎年度3回以上条例で定める回数、時期に招集されなければならない。また、その会期は議長が決定する。

②　議会は、議長が招集することとされているが、議長は、議員の一定数以上の者から臨時会の招集の請求があった場合には、議会を招集しなければならない。

③　議案の提出権は長と議員の双方にあり、議長は長に専属するものを除き議案を提出することができるが、議員が議案を提出するにあたっては、議員の一定数以上の者の賛成がなければならない。

④　臨時会は、定数の3分の1以上の議員が招集の請求を議長に対して行ったときは、これを開かなければならない。

⑤　臨時会は、会議に付議すべき事件の告示をすることなしに招集され、議員は会期中いかなる案件でも提出することができる。

【問題9】
普通地方公共団体の議会における会議の原則に関する記述として妥当なのはどれか。

①　会議公開の原則は、住民の意思が議会に反映しているか否か知らせることを目的としており、その内容は、会議録の公表及び報道の自由であって、傍聴の自由は含まれない。

②　会期不継続の原則は、会期中に議決に至らなかった事件は、会期終了とともに消滅し、次の会期には継続しないことをいう。この原則の例外として、議会閉会中における常任委員会または特別委員会の継続審査がある。

③　会議公開の原則は、住民に広く会議を公開することを目的としているが、長または議員2人以上の発議により、出席議員の4分の3以上の多数で議決したときは、会議を秘密会とすることができる。

④　会期不継続の原則の例外として、長が必要と認める事件について、長の発議により、出席議員の4分の3以上の多数で議決したとき後会に継続することがあげられる。

⑤　会議公開の原則は、公正な議会運営がなされているか否かを、住民が監視することを目的としていることから、住民の一身上の事件を審議する会議等についてはこれを秘密会とすることはできるが、普通地方公共団体の秘密に属する事項を審議する会議については、これを秘密会とすることはできない。

【問題10】
地方自治法に定める長の補助機関に関する記述として、妥当なのはどれか。

①　副知事は、都道府県に原則として1人置かれ、条例でその定数を増加することはできるが、置かないと定めることはできない。

②　副知事は、知事が議会の同意を得て選任し、その任期は4年と定められており、任期中は知事が任意に解任することはできない。

③　会計管理者は、都道府県に原則として1人置かれるが、条例で会計管理者を置かないとすることができる。

④　副知事は、国会議員、検察官または普通地方公共団体の常勤の職員との兼職が禁じられており、また、選挙権及び被選挙権の欠格事由に該当する者は、副知事の職に就く資格を有しない。

⑤　長は、その直近下位の内部組織に関する条例の制定については総務大臣または都道府県知事に届け出なければならないが、その改廃については特に届け出る必要はない。

【問題11】
地方自治法に定める普通地方公共団体の長に関する記述として、妥当なのはどれか。

①　長は、地方公共団体の議会の議員を兼ねることはできないが、地方公共団体の常勤の職員を兼ねることはできる。

②　長は地方公共団体を代表するものであり、長の行為がその代表権の範囲を超えて行ったものであったとしても、それは当該地方公共団体の行為となる。

③　地方自治法第149条は長の担任事務を列記しているが、これは長が処理すべき事務の主なるものを掲げているにすぎない。

④　長の統轄権は、各執行機関及びその職員に対してのみ行使される。

⑤　長は、自己の権限に属する事務の一部をその補助機関である職員に委任することができ、委任後もその事務を処理する権限を失わない。

【問題12】
地方自治法における職員の賠償責任に関する記述として、妥当なのはどれか。

①　会計管理者は、その保管に係る現金を亡失したときは、いかなる場合においても、これによって生じた損害を賠償しなければならない。

②　物品を使用している職員は、その使用に係る物品を損傷したときは、いかなる場合においても、これによって生じた損害を賠償しなければならない。

③　資金前渡を受けた職員は、故意または過失により、その保管に係る現金を亡失したときは、これによって生じた損害を賠償しなければならず、またこの職員には、資金前渡を受けた他の普通地方公共団体の職員も含まれる。

④　職員の賠償責任の要件について、現金とそれ以外の有価証券、物品等とで異なるところはない。

⑤　長の賠償命令について不服がある場合にも、行政不服審査法に基づく不服申立てをすることはできない。

【問題13】
地方自治法に定める住民監査請求に関する記述として、妥当なのはどれか。

①　請求に基づく監査の対象者は、普通地方公共団体の長、委員会または委員に限られ、職員は除かれる。

②　請求の対象となる行為は、違法または不当な財務会計上の行為に限られ、財務会計上の怠る事実は対象とならない。

③　監査委員は、住民により差し止めを請求された行為について、監査結果が確定するまで停止の勧告をすることはできない。

④　住民監査請求をすることができる住民に法人は含まれない。

⑤　監査委員は、監査の結果、請求に理由がないときは、理由を付してその旨を書面で請求人に通知するとともに、公表しなければならない。

【問題14】
住民訴訟に関する記述として、妥当なのはどれか。

①　当該地方公共団体の住民であれば、住民監査請求をした者か否かに関わらず、住民訴訟を起こすことができる。

②　住民訴訟の対象となるのは、監査請求に係る違法な行為または怠る事実であり、不当な行為及び不当な怠る事実は対象とならない。

③　住民訴訟において損害賠償や不当利益の返還を求める場合は、直接当該職員に賠償の請求をすることができる。

④　住民は、地方公共団体に代位して長や職員に対する損害賠償の請求をすることが認められている。

⑤　賠償命令を命ずる判決が確定した場合、長は賠償を命じなければならないが、この場合にも監査委員の監査を求めなければならない。

解説

【解説8】　正答③

①　定例会は条例で定める回数、招集される（第102条第2項）。また、招集は長の権限であり、召集時期を条例で規定することはできない。会期は議会が定める（第102条第6項）。

②　議会の招集は、長の権限である（第101条第1項）。

③　正しい（第112条第1項及び第2項）。

④　定数の4分の1の議員から請求があったときには、長は請求のあった日から20日以内にこれを招集しなければならない（第101条）。

⑤　臨時会に付議すべき事件は、長があらかじめ告示する。また、その事件に限って招集されるものであることから、緊急を要する事件以外は臨時会の会議に付議することはできない（第102条）。

【解説9】　正答②

①　「会議公開の原則」とは、傍聴を認めることであるとともに、会議録の閲覧をも認める趣旨であるとされる。

②　正しい（第119条、第109条第9項及び第110条第4項但書）。

③　議長または議員3人以上の発議により、出席議員の3分の2以上の多数で議決したとき、開くことができる（第115条第1項但書）。

④　長の発議ではない。また、継続審査は議会の過半数の議決で足りる。

⑤　内容を制限する規定は置かれていない（第115条第1項但書）。

【解説10】　正答④

①　条例で置かないこととすることもできる（第161条第1項）。

②　任期中においても解職することができる（第163条但書）。

③　会計管理者は必ず置かなければならない（第168条第1項）。

④　正しい（第164条、第166条）。

⑤　長の直近下位の内部組織に関する条例の制定改廃については、都道府県の場合は総務大臣、市町村の場合は都道府県知事に対し、その要旨等の届け出が必要とされる（第158条第3項）。

【解説11】　正答③

①　長は、地方公共団体の常勤の職員を兼ねることができない（第141条第2項）。

②　長の代表権の内容は法律の規定により定められ、その範囲を超えて行った行為は民法の表見代理等の規定が類推適用される。

③　正しい。

④　長の統轄権の内容は、各執行機関及びその補助機関である職員だけではなく、その権限に関する限りにおいて、議会及び住民のすべてに及ぶと解される。

⑤　事務の委任がなされた場合には、受任者の職務権限となり、長は処理の権限を失う。

【解説12】　正答③

①　現金の亡失について、会計管理者に賠償責任が生ずるのは故意または過失があったときである（第243条の2第1項）。

②　賠償責任が生ずるのは、損傷につき故意または重大な過失があったときである（第243条の2第1項）。

③　正しい（第243条の2第1項）。

④　現金については故意または過失、それ以外については故意または重過失が要件とされている。

⑤　長の賠償命令に不服がある者は、総務大臣または都道府県知事に審査請求ができる。この場合には、長に異議申立てをすることもできる（第243条の2第10項）。

【解説13】　正答⑤

①　請求に基づく監査の対象者は、普通地方公共団体の長、委員会または委員及び普通地方公共団体の職員である（第242条第1項）。

②　請求の対象となる行為は、違法または不当な財務会計上の行為だけでなく、財務会計上行うべき行為を怠る事実も対象となる（第242条第1項）。

③　平成14年の自治法改正により、一定の要件を満たした場合には、監査委員は理由を付して監査手続が終了するまでの間、暫定的に当該行為を中止すべきことを勧告することができることとなった（第242条第3項）。

④　当該地方公共団体に住所を有する者であれば、行為能力を有する者である限り、個人であると法人であるとを問わない。

⑤　正しい（第242条第4項）。

【解説14】　正答②

①　住民訴訟を提起できるのは監査請求をした住民に限られる（第242条の2第1項）。これを「監査請求前置主義」という。

②　正しい。

③　平成14年の法改正により、当該職員または当該行為若しくは怠る事実に係る相手方に損害賠償または不当利得返還の請求をすることを当該普通地方公共団体の執行機関または職員に対して求めるものとされた（第242条の2第1項第4号）。

④　以前は「代位請求」が認められていたが、現在は、住民が地方公共団体に対し、賠償請求権を行使する地方公共団体の長等を被告として、その財務会計上の行為にかかる職員等に賠償請求をせよとの訴訟を提起することとされている（第242条の2第1項）。

⑤　裁判を経ている場合には、監査委員の監査を要しない。

20年度 論文講座 主任・係長 ★33★

特別区主任主事選考

傾向と対策 ②

はじめに

今号では前回に引き続き、特別区の主任主事選考の傾向と対策について見ていきたいと思います。

今回は、「主任主事の役割」について考えます。

出題内容について

「主任主事の役割」を問う論文の出題例としては、

◇日ごろから問題意識を持っている事項を挙げ、区民本位の視点から、どのように改善したらよいか、述べなさい。

◇職員がやる気を出し、活力ある職場をつくるためには、どのような取り組みをしたらよいか、述べなさい。

◇行政需要が複雑多様化する中で、行政サービスの向上と事務の効率化を図るためには、新しい時代にふさわしい事務事業の進め方を常に心がけることが肝要です。絶えず見直しを行うことについて、述べなさい。

◇職場で信頼される先輩職員となるためには、どのような点を心掛けたらよいか、述べなさい。

◇日常の業務を迅速かつ的確に遂行することが、区民の信頼を高めるための基本です。どのように取り組めばよいか、述べなさい。

◇職場の課題を解決するためには、職員一人ひとりの能力を向上させることが重要です。このことについてどのように取り組むか、述べなさい。

◇区民はお客様です。区民が好感を抱き、区民からより一層信頼される窓口（応対）としていかなければなりません。このことについて述べなさい。

等があります。

以上のような課題が実際に出題されており、今後もほぼ同様な出題が予想されます。

すべての課題に共通していることは、「中堅職員の『役割』を確認する」という内容です。組織の中で、主任主事としての職責を理解し、日々の業務の中でどのように実践していくのか、また、職責を果たすために必要なことは何か、が問われています。

中堅職員の役割としては、

○係長補佐

○職務についての十分な知識と経験による高い業務遂行力

○他課、係との調整

○後輩の指導、育成

等の点が大切です。

また、論文を書く際には、自らの経験、努力に基づいて具体的に書くことが重要です。評論的な記述や、精神論的な内容では、良い結果は得られません。

それでは、どのような職員像が求められているのかを考えてみましょう。

主任主事に求められる職員像

出題例を見ると、職務の中での課題を発見し、解決に向けた取り組みを述べなさいというパターンの出題が多く見受けられます。これは、組織が有効に機能し、区民ニーズに迅速に応えるためには、継続的、意欲的な改善が必要であり、その実現には実務的な視点の積み重ねが重要と考えられるからです。

改善には、改善点を見出す力と、それを実行する力が必要です。

まず、改善点を見出す力ですが、「職務知識」「理解・判断力」「企画力」等が重要な要素です。

◇「職務知識」―職務の遂行に必要な、直接的・間接的知識が豊富なだけでなく、それを具体的かつ有効に活用する力を持っていることが重要です。円滑な係運営、事業の見直し、区民への説明、苦情対応等に不可欠かつ基本的な要素であることからも、漫然とした前例踏襲タイプの取り組みスタイルではなく、より一層知識を深め、仕事内容にさらに磨きをかける姿勢が問われます。

◇「理解・判断力」―どのような状況であっても、目的達成のためにどのように行動するべきかを明確に判断できることが重要です。仕事は生き物であり、マニュアルどおりに進行することは稀です。「トラブル」や「緊急対応」等の状況において、組織として解決するために、係長補佐として適切な行動がとれるよう、日々の業務の中でいかに努力しているのかを問われます。

◇「企画力」―自ら改善点や問題を発見・分析・把握して、独創的で実現性のある解決策をまとめあげられることが重要です。また、それが先駆性、独自性に加え、「今」の行政に必要か、あるいは実現できるのかというバランス感覚も要求されます。課題に対して様々な角度から検討を加え、説得力と具現性のある提案ができるか等、職務の中での具体的な取り組み事例を挙げられないと、理論だけの説得力がない論文になりがちですので、注意が必要です。

次に、改善点を実行する力としては、「積極性」「指導力」「協調性」等が重要な要素です。

◇「積極性」―常に前向きな姿勢で仕事に取り組み、職務の充実を図り、新しい分野や自己啓発に対しても極めて積極的、意欲的であることが重要です。率先垂範として、負荷の多い役割を自発的にかって出ることや、新しい事業に主体的に取り組むことが、組織に勢いを与え、組織としての実行力を高めます。

◇「指導力」―上司、同僚等から高い信頼を得るとともに、目標の達成に向けて、推進的な役割を果たしていることが重要です。業務における的確な助言や調整の他、各個人の能力向上を意識した役割分担等、組織対応力向上の観点から、相手の性格、能力、状況を踏まえて適切で具体的な指導助言等の行動ができるかがポイントです。課・係の課題、業務遂行上の課題に関して自発的に意見具申を行うことも大切です。

◇「協調性」―職務を円滑に遂行するために、組織の一員としての強い自覚を持ち、常に上司や同僚・後輩との協力や意思の疎通に努め、チームワークづくりに貢献することが重要です。業務遂行上の課題について、十分な意思疎通を行い、目標の共有化・組織の一体感などチームワーク、コミュニケーションに配慮し、同僚・後輩の職務の進捗状況にも気配りし、助力・協力を惜しまない等が、組織の良い循環を生み出します。仕事はひとりではできません。個人としての能力が高くても、組織としてマイナスとなる存在であっては、主任主事としては不適格です。

また、基本的な要素として、「規律性」「責任感」「コミュニケーション」等が重要です。

◇「規律性」―組織の持つ力を最大限に発揮させるためには、職場の秩序を維持することは大きな課題です。そのため、組織の一員として、規律を順守するとともに、勤務状況が良好で、担当職務に真面目に取り組み、職場全体の秩序に深く貢献していることが重要です。公務員としての自覚を持ち、同僚・後輩の勤務態度・出退勤状況に気を配ることも、主任主事には要求されます。

◇「責任感」―自分の担当する職務や、自分に与えられた役割を十分自覚し、極めて困難な状況下においても最後まで責任を持ってやり遂げることが重要です。仕事のハードルが高いほど、達成感が充実します。目標を完遂するためには、主任主事に相応しい責任ある行動を意識的に実行することが不可欠です。

◇「コミュニケーション」―相手に要領よく説明し、十分理解・納得させ、職務を円滑に進めることができ、区民や関係者に対し、適切に対応できることが重要です。相手との合意形成には、コミュニケーション力という、お互いわかり合うための技術が欠かせません。OJTを有効に活用して能力向上に心がけましょう。

このように、主任主事に求められることが多岐にわたっていることが分かると思います。課題に応じて、日頃気をつけていることを、これらの視点を意識して書いてみてください。

おわりに

主任主事として、個人としての能力向上はもちろん、組織のチームワークの要として、いかに役割を果たし、結果を出すのかということを、実務的、具体的な視点で論述することが大切です。また、人間は自分自身が一番見えにくいものです。自分の特性をよく知り、「強み」を生かせる分野が明確になれば、より具体性のある記述になると思います。

20年度 教育管理職への道しるべ 〈37〉

労働経済・国際事情

はじめに

今回は、択一問題から労働経済・国際事情について取り上げます。まず、勉強するに当たっての取り組み方法について考えてみたいと思います。

皆さんは、日常的な職務においても、通知文、報告書等をご覧になる機会が多くあるのではないでしょうか。そうした職務上の文章を読み込んでみると、「人口減少という、これまで経験したことのない状況の中で」「国際情勢が著しく変化している中で」などの表現が使われていることに気がつきます。それでは、社会や経済の状況はどの様に変化しているのでしょうか。教育管理職を目指す皆さんは、教育関係の知識だけではなく、自らの視野を広げていくためにも、労働経済分野の状況や、国際情勢をはじめとする様々な動向に目を向けていくことが必要です。

出題の傾向

時事分野の出題数は、19年度に15問程度から5問程度と大幅に減少しています。ここで扱う「労働経済・国際事情」からの出題は、「最近の労働事情」の1問のみでした。過去の出題傾向は、次のとおりです。

《12年度》①労働白書②ペイオフ制度の解禁

《13年度》①最近の経済事情（流通、通信、完全失業率、金融、公示地価）②緊急輸入制限措置

《14年度》①最近の経済事情（商法改正、経済財政白書、主要7カ国財務相・中央銀行総裁会議、月例経済報告、日本経済団体連合会）②最近の労働事情（完全失業者数、完全失業率、ワークシェアリング、平均賃上げ率、高校生の就職内定率）

《15年度》①最近の労働事情（平均完全失業率、外国人労働者数、高校生の就職内定率、少子化対策、企業の採用活動）②最近の経済事情（経済財政白書、企業による政治献金、政府予算案、都区部の消費者物価指数、経済見通し）

《16年度》①最近の経済事情（経済財政白書、国民経済計算書における国富・貯蓄率、総合規制改革会議の最終答申、国・地方税財政の三位一体改革、対中貿易の状況）②最近の労働事情（派遣労働者数の増減、労働政策審議会の最終報告、大学生の就職率、完全失業率、平成15年版働く女性の実情）

《17年度》①最近の経済事情（牛肉トレーサビリティ法、自動車リサイクル法、証券取引法、京都議定書、ペイオフ）②最近の貿易事情（世界貿易機関、自由貿易協定、バード修正法、経済連携促進関係閣僚会議、貿易統計）③最近の労働事情（労働経済白書、労働組合基礎調査、労働政策審議会、育児・介護休業法、毎月勤労統計調査結果）

《18年度》①最近の労働事情等（高校生の就職率、子供の勤労観・職業観、春季労使交渉、労働政策審議会、ジョブパスポート事業）②最近の国際事情（ジャワ島大地震対応、6カ国協議、国際原子力機関、牛肉輸入停止、原油価格）

《19年度》①最近の経済事情（月例経済報告、区部消費者物価指数、経済見通し、日銀金融政策、労働力調査年報）

勉強の方法

過去に出題された問題は、新聞の一面に掲載される社会人として当然知っておくべき基本的かつ重要な問題ばかりです。その中でも白書・答申・調査報告や、国レベルの大きな政策、社会的な影響が大きい事件・事項等は、十分注意しておくことが大切です。

時事問題への対策としては、日頃から新聞、テレビ、インターネット等で最新の情報を掴む習慣をつけていくことが重要です。毎日そうした情報に接していくうちに時系列的にニュースが整理されていくと思います。特に、出題の材料になりそうな重要事項については、「見出し」に当たる部分の内容や数字を中心にチェックするとよいでしょう。

新聞の切り抜きは、膨大な量になってしまうので、一面の記事だけを対象にするなど、必要最小限に絞り込んだ方がよいでしょう。『月刊新聞ダイジェスト』（新聞ダイジェスト社）などを利用すると分野別に重要な記事を拾うことができるので効果的です。試験に出るのは前年の9月頃から今年の6月頃までですので、掲載時期を確認して購入してください。

問題

【問題1】
最近の労働事情に関する記述として妥当なものは、次のうちどれか。

①　平成19年10月に厚生労働省が都道府県教育委員会に対して発出した障害者の雇用の促進等に関する法律に基づく適正実施勧告は、障害者採用3カ年計画の中間段階で計画が進んでいない38団体に対して行ったもので、そこに東京都教育委員会は入っていない。

②　平成20年5月に厚生労働省が公表した「平成19年度高校・中学新卒者の就職内定状況等」によると、高校新卒者の3月末時点での内定率は97・1％と前年より0・4ポイント上昇しているが、求人数は約34万6千人で4％減少した。

③　平成19年11月に成立した労働契約法は、解雇や労働条件の変更など労使紛争の未然防止を目的に、雇用のルールを定めた初めての法律で、有期の労働契約について使用者は、止むを得ない事由がある場合でなければ労働者を解雇できないとしている。

④　平成20年1月に総務省が発表した「労働力調査」によると、平成19年平均の完全失業率は、前年より0・2ポイント低い3・9％と5年連続で低下しているが、特に改善の目立つのは高齢者層であり、若年層は横ばいとなっている。

⑤　平成20年4月に経済財政諮問会議で厚生労働相から示された「新雇用戦略」では、3年間で、フリーター・ニートなどの若者100万人を正規雇用化しようとする数値目標を打ち出しており、女性や高齢者の就業については触れていない。

【問題2】
最近の経済事情に関する記述として妥当なものは、次のうちどれか。

①　平成19年10月に主要7カ国財務相・中央銀行総裁会議（G7）が発表した共同声明では、米国の低所得者向け住宅ローン問題をきっかけとした金融市場の混乱や原油高が、世界経済を減速させる要因にはならないとしている。

②　平成19年11月に「地方分権改革推進委員会」がまとめた中間報告では、医療、義務教育など7重点分野で国から地方への権限委譲の具体策が明記されているが、義務教育の中で教員の人事権を都道府県から市町村に移譲することは盛り込まれなかった。

③　平成19年11月に政府税制調査会がまとめた答申「抜本的な税制改革に向けた基本的考え方」では、消費税は税制における社会保障財源の中核を担うにふさわしく、社会保障費は消費税率の引き上げによって賄うことを検討すべきとしている。

④　平成20年4月に総務省が発表した3月の全国消費者物価指数は、100・8と前年同月比で1・2％上昇し、上昇幅も10年ぶりの高水準となった。その原因は、灯油が29％上昇するなど原油価格の高止まりであり、穀物価格の上昇は影響していない。

⑤　平成20年2月に内閣府が発表した「平成18年度国民経済計算確報」によると、国の正味資産（国富）は、平成18年末時点で2716兆6千億円と前年末に比べて2・9％増加し、9年連続の増加となった。

解説

【解説1】

①　誤り。都教委にも発出された。

②　誤り。求人数は4％上昇した。

③　正しい。

④　誤り。特に改善が目立つのは若年層である。

⑤　誤り。女性と高齢者で120万人の雇用増を目標数値としている。

【解説2】

①　誤り。世界経済を減速させるとしている。

②　誤り。教員の人事権移譲が盛り込まれた。

③　正しい。

④　誤り。穀物価格上昇による食品価格の上昇も物価指数を押し上げる原因である。

⑤　誤り。前年比増となったのは9年ぶりである。

築地魚河岸三代目　ひと夏の経験

中央卸売市場築地市場副場長兼管理課長　森本　博行

築地市場に勤務していると、日常的にマスコミとつきあうことが多い。今、注目を集めている「豊洲新市場への移転問題」のみならず、さまざまな題材を求めて、テレビ局や全国紙、海外のメディア、業界紙や雑誌などありとあらゆるカテゴリーの媒体による撮影、取材は枚挙にいとまがない。東京都として撮影を許可しているのは年間400件以上。一日最低1件は23㌶の築地市場内でこれらの行為が行われていることになる。

その中でも、特にCMやドラマ制作といった商業用撮影については、「ロケーション・ボックス」として、撮影資材搬入から撤収までを1時間単価3万1500円の料金（都の施設としては最高額）を徴収して特別に許可する仕組みとなっている。公営企業会計をとる中央卸売市場として金額はともかく、貴重な財源のひとつであることには違いない。

許可する際には事前手続きとして、企画書とシナリオをチェックさせてもらうことを制作サイドに求めている（現実に訂正をお願いすることもある）。これは、市場の品位を損なうような作品の放映を避けるための方策である。

昨年最大の収入は、この6月7日に全国公開される『築地魚河岸三代目』。すでに劇場などで予告編が流され、テレビCMも目にすることがあると思う。

主演・大沢たかお、出演・田中麗奈、伊原剛志、森口瑤子、柄本明、伊東四朗、監督・松原信吾、制作・松竹のこの映画。初めての出会いは、昨春、築地市場内の水産仲卸業者約760業者により構成される東京魚市場卸協同組合（東卸・とうおろし）事務局の広報担当のK氏が持ち込んだ1冊のシナリオだった。

前年、同じ松竹制作の『天国は待ってくれる』（主演・井ノ原快彦、岡本綾、清木場俊介）で撮影協力した経験があるK氏は、どちらかというと築地市場を舞台とした『天国～』とは違い、『三代目』は「築地市場そのもの」が主人公ともいえる内容。東卸内部でも様々な意見があるが、担当者としてはどうしても協力したい。そのため、私のところに相談にみえた。そのとき私は、「その映画、築地市場でしか撮れないの」という後で考えると大愚問を発してしまった。

その後、松竹の担当プロデューサーのY氏が来訪された際、市場営業時間内の混雑の中での撮影の困難や、撮影場所選定の難しさを理解してもらうために「とりあえずロケ・ハンを」といった二番目の失言を。さらに、隅田川を背景にしたシーンをどうしてもというオーダーに普段立ち入り禁止としている場所を「ちょっと見るだけですよ」という迂闊な発言を。さらに、セット撮影では、わざわざ砧のスタジオまで足を運び、生意気にも「そこんところは実際と違う」というプロの仲卸の方と同様なアドバイスまでしてしまい、とうとう8月は撮影の付き合いで日曜日はほとんど休みがない有様。

そしてできた作品。完成フィルムの試写会で、場面場面に感動しつつ、エンディングロールで「特別協力　東京都中央卸売市場築地市場」という文字を目にしたとき、自分の職場に誇りを感じ（というよりも、撮影立ち会い時の様々な情景や俳優さん、スタッフの方の映画作りによせる情熱などが走馬灯のように脳裏をめぐり）一挙に涙腺が緩んでしまい、立ち上がれなかった。

ちなみに、試写会でこの映画をみて、「俺、オヤジを継いで四代目になる」といった後継者も現れている（彼のおばあちゃんはこれを聞いて大泣きしたとのこと）。

その後、私の携帯電話に着信履歴がない日がなかった松竹宣伝担当のH氏（職場では私とH氏は「刎頸の友」といわれている）の熱意に、ある意味ではほだされ、あるときは押し倒され、映画の宣伝のためのイベントや取材などに協力してきた。その道程をまとめれば1冊の本になりそうな位である。とはいえ、映画は完成した。月並みで恐縮であるが、なかなかいい映画である。次回作の予定もあると聞く（実は承諾できるかどうか自信がない）。スクリーンを通して、私も心の底から愛する築地市場の人たちの人情や生き様について感じてもらえれば幸いである。

ところで、映画では中央線特急あずさが快走するシーンがあるが、これも都内某卸売市場屋上から撮影されている（職務に関連して知りえた秘密？）。

『築地魚河岸三代目』の出演者たち

恋愛講座・結婚のすすめ

がんばれ！公務員　24

文とマンガ　鈴木武征

ある日、友人、後輩と麻雀をした。後輩に「そういえばあいつ結婚した？」と尋ねると、「○○君のこと？　してませんよ、彼は一生独身みたいっすよ……」と素っ気ない。そう答える彼も独身だ。

その時は麻雀に夢中でそれまでの話だったが、後輩に限らず私の知り合いの中にはいい男、いい女が一杯いるのに独身者が多い。

結婚しない、子供をつくらないという風潮は、公務員に限らず今の日本全体の風潮だ。

テレビの動物番組を見ていると、彼らが子孫を残すために行う努力や知恵は並大抵ではない。雌の前で必死に踊る鳥、身体を張って争う雄、カメラは時として滑稽な仕草としてそれを伝えるが冗談じゃない。

その努力を思うと涙さえ誘う。

それなのに人間はどうしてこの努力を放棄しつつあるのだろうか。

文明や社会保障制度の過度の発展が、人間の動物としての本能を退化させているのではないかと思わざるを得ない。

一人でも寂しくない、安全だ、食べていける、死んでいけるという社会では、「何も無理して結婚しなくても」「一人の方が自分らしく生きられる」という気持ちも理解できないことはない。

一方、文明や社会保障制度など、人間が作り出してきたものがいかにもろく不完全なものであるかを知る必要もある。

現行の社会保障制度も見方によっては、「結婚しても食べていけない」「安心して子供を産めない、育てていけない」という不完全な制度に過ぎない。

人間が他の動物と異なる点に、「頭の中で考え過ぎる、先を読み過ぎる」ということがある。思いや理屈が先行し、それが踏み切る勇気を躊躇させる。

されど結婚は基本的に理屈でするものではない。それは少々の理性と、それをはるかに凌ぐ勢いでするものなのだ。

勢いでして徐々に2人の、そして家族の幸せのためのルールや制度を築いていく。

家族で築いていく絆は、社会の出来合い制度よりずっと信頼できる。

なかには勢いあまって結果失敗ということも無いとはいえないが、しないよりは一度はしてみた方がいい。

麻雀をしない人は、「大の大人が4人も集まって積み木遊びかよ」という。

ゴルフをしない人は、「棒切れで球ころ転がしてどこがいいんかい」という。

しかし、それもこれも自分でやってみないで、そう思っているだけでは始まらない。

やってみてこそ、「おおっ！」と発見できることもある。

多くの人がする結婚という行為も似たようなもんだ。

確かに結婚したことによる苦しみも無いとはいえないが、そこには1人では得難い安らぎや喜びも多い。

結果はどうあれ、ここは理屈より実行優先、多くの人がしている結婚というゲームにチャレンジ、チャレンジ！

都～区トーク

自死を選んだ友

友人の告別式があった。この3月に定年退職をし、4月から再任用でさらに職務に精励していた矢先のことである。急な訃報だったので事件にでもあったかと思っていたが、告別式の参加者の報から自ら命を絶ったと知った。

自殺については、ここ10年毎年3万人に達している。交通事故死の約5倍にも達する異常な状況が続いている。中でも中高年の自殺が多くなっているのが特徴である。こうした状況に何とか対策をという動きがないわけではないが、十分な効果は示し得ていない。

作家の五木寛之氏はコラムの中で、この現象は日本人の人間関係がドライになってきたのが一因であると指摘している。乾いたもの同士がこすれあえば、火も起きるということらしい。

このドライな人間関係というのは家庭でも社会でも、そして職場でも起きているのではないだろうか。スピードや効率性が声高に叫ばれ、成果第一主義で人事を進めている体制が、その原因になってはいないのだろうか。

自殺はその原因が多岐にわたるがために、〝犯人〟がはっきりしない。そのため、家族などは、自分が至らないばかりに、〝あの人〟は自ら死を選んだと思って、自らを責めるというパターンが多いと聞く。悲しみや苦しみが連鎖する。

自殺の原因に仕事（職場）が関わるケースもかなり多い。起きてしまってからでは何ともやるせないが、何事も原因の究明は必須条件だ。〝その人の死〟にどうかかわったか、検証が必要だ。ある意味、職場として〝不在証明〟をすべきである。自らの職場から、これ以上自殺者を絶対に出さないために何ができるか。何をしなければならないか。しっかりとした検証と実践が求められる。一人ひとりの職員（特に管理者層）が、これらのことに希薄な意識で職場に関与しているならば、その人はいつの間にか加害者側に立っているといっても、過言ではない。

これ以上、職場をドライにしてはいけない。これ以上、職場に悲しみや憎しみを残してはいけない。これ以上、人生の夢を壊す職場を作ってはいけない。

（永）

みにがいど

◆いたばしアイカレッジ第1学期受講生募集「ワーク・ライフ・バランスを楽しく学ぶ連続講座～世界を知って、我が家に生かそう！」▽日時　6月12日～7月31日の毎週木曜（全8回）午前10時～12時▽内容　日本や世界のワーク・ライフ・バランス事情、男性の家事・育児参加など▽講師　内閣府仕事と生活の調和に関する専門調査委員・杉山千佳さんほか▽場所　板橋区男女平等推進センター会議室（グリーンホール2階）▽定員　30人▽費用　5千円▽申込・問い合わせ先　6月6日（必着）まで、電話・FAX・Eメールで①〒・住所②氏名（ふりがな）③年齢④電話番号を明記し、板橋区男女社会参画課へ。☎3579・2486、FAX3579・2787、Eメールj-danjo@city.itabashi.tokyo.jp

◆押忍！手芸部ビフォー＆アフター展　▽会期　～6月22日（日）午前9時～午後8時▽会場　世田谷区生活工房ギャラリー（三軒茶屋キャロットタワー3F）▽7人の男性を中心に自由な発想で取り組んだ手芸約50点を展示。靴下や軍手など身の回りのものが生まれ変わる様子を伝える▽問い合わせ先　☎5432・1543

◆見つけよう、私の両立術！「子育てをプラスにキャリアアップ」▽日時　6月20日（金）午後6時45分～午後8時45分▽会場　東京ウィメンズプラザホール▽対象　都内在住・在勤・在学の方▽定員　250人▽保育　1歳以上未就学児まで（先着12人まで。事前申し込み）▽内容　①講演「仕事と子育ての両立支援について」榊原智子・読売新聞東京本社生活情報部記者②パネル・ディスカッション「子育てをプラスにキャリアアップ」堤ゆう子・㈱フジスタッフ執行役員、西田良枝・はたママ研究所代表、本田由佳・㈱タニタ開発部員▽申込　13日（受信・消印有効）までに、申込用紙（ホームページからダウンロード可）に必要事項を記入し、FAX5467・1977またはEメールwkoza@tokyo-womens-plaza.metro.tokyo.jp（件名「記念シンポジウムの参加申込」）まで▽問い合わせ先　東京ウィメンズプラザ事業推進係「記念シンポジウム」担当☎5467・1980

◆都立産業技術研究センター「研究発表会」▽基調講演「産学官連携による新産業創出への取り組み―地域中小企業との連携による様々な製品開発の体験を―」堀切川一男・東北大学大学院工学研究科教授▽日時　6月11日（水）午後1時30分～3時30分▽参加費無料※当日、研究発表会要旨集を配布▽会場　西が丘本部▽研究発表会＝西が丘本部　▽6月11日（水）、12日（木）午前10時～午後5時▽発表50テーマ▽申込不要・直接会場へ②研究発表会＝墨田会場　▽6月27日（金）午後1時～午後5時▽会場　江戸東京博物館会議室▽発表　8テーマ▽FAXによる事前申し込み（定員100人）▽問い合わせ先　産技研経営情報室広報係☎3909・2151

◆08年度第1回精神研都民講座「ストレス社会を生きる―ストレスの理解と対処法」▽日時　6月27日（金）午後2時～3時30分▽会場　津田ホール（JR総武線千駄ヶ谷駅前）▽講師　大野裕・慶應義塾大学保健管理センター教授▽内容　ストレスに気づき上手に対処できるように、考え方を柔軟にして、問題に適切に対処し、人間関係の幅を広げることの大切さを紹介▽定員　490人（申込制）※参加費無料▽申込方法　往復はがきに①氏名②住所③連絡先と、「第1回都民講座（6月27日）参加希望」を明記の上、13日（消印有効）までに、〒156―8585世田谷区上北沢2の1の8　東京都精神医学総合研究所調査係あてに申し込む▽問い合わせ先　精神研・阿部☎3304・5738

◆精神研第2回都民講座「トラウマと喪失のストレスに向き合う知恵」▽日時　7月18日（金）▽講師　飛鳥井望・都精神医学総合研究所研究員▽内容　日常生活の中で巻き込まれる可能性のある犯罪、事故や暴力による心的外傷と、身近な人を亡くした悲嘆のストレスへの対処法を考える▽申込期限　7月3日（消印有効）まで※そのほかは前項を参照

◆東京都薬用植物園の行事　①薬草教室「ハーブの話」▽日時　6月8日（日）午前10時～正午▽講師　和田浩志・東京理科大薬学部▽定員　なし（ただし、雨天の場合は研修室開催のため先着100人）▽場所　屋外集会場②薬膳講座「夏を乗り切る薬膳」▽日時　7月11日（金）同▽講師　今井淳・日本漢方協会理事▽定員　先着100人▽場所　研修室③薬草教室「植物による健康被害」▽日時　7月23日（水）同▽講師　指田豊・東京薬科大学名誉教授▽定員　なし（雨天の場合は先着100人）▽場所　屋外集会場▽いずれも参加費無料、当日受付▽問い合わせ先　薬用植物園☎042・341・0344

都政新報

発行所 都政新報社
〒160-0023 東京都新宿区西新宿7-23-1 TSビル
〈総務・読者〉03-5330-8781
〈企画広告〉03-5330-8784
〈編　　集〉03-5330-8786
〈出　　版〉03-5330-8788
〈セミナー事業部〉03-5330-9977
〈ファクス〉03-5330-8808
購読料 月1,680円(税込)
毎週火・金曜日発行
但し、祝祭日は休刊

紙面から

都議会政調会長座談会（下）

自民 なすべきことは再建
民主 共産 銀行業から撤退を
公明 縮小再建後に譲渡

出席者
川井重勇氏（自）
山下太郎氏（民）
藤井　一氏（公）
曽根　肇氏（共）

新銀行東京

――新銀行東京に400億円を追加出資し、当面の破綻を回避しました。今後、党としてどう対応していきますか。

川井 増資に賛成したからには、都議会も再建に向けて責任の一端を担わなければならない。都議会自民党は、監視と支援のためのPTを党内に立ち上げた。都と新銀行東京が連携を深め、あらゆる可能性を求めてやっていくべきと考える。たとえば、工事発注の前渡金は4割あるが、残り6割は工事完了まで事業者に入らないから、その分を新銀行東京が融資するとか、福祉や環境施策で新しい信託を組めないかとか議論している。

山下 民主党の姿勢は変わらない。都民に一番負担の少ない形で、都は銀行業から撤退すべきだと考えている。これまで様々な制約を理由にして、情報を公開してこなかった。しかし、月別の融資実績やデフォルト状況の把握など、都は大株主として経営監視を強め、都議会に報告すべきだ。旧経営陣の責任を追及するというが、いつ行うのか。調査報告書の内容もオープンにしていくべきだ。

藤井 わが党は、縮小再建後、事業譲渡して追加出資した400億円を回収するというスキームを第1回定例会で提案した。この考えに基づき、党内のPTでは、定例会ごとに再建計画の進捗状況や問題点を議論し、今後4年間、計画を確実に実施させるためにチェックしていく。第2回定例会では、07年度の確定した決算状況、減資の時期、4月に満期を迎えた預金や返済期日が来た貸出金の処理、都の具体的な支援策、旧経営陣や35件の詐欺事件の責任追及などをただしていく。

曽根 都民の暮らしが厳しいだけに、追加出資に対する怒りは全く収まっていない。都は、ただちに撤退すべきだ。追加出資を決めた都議会の責任は重い。先日、都民から住民監査請求が出されたが、都議も含まれる監査委員会は門前払いにした。言語道断の結論だ。高利で新銀行東京から借り続けるより、中小企業のメリットが大きい制度融資で対応することなど、銀行業撤退と同時に融資先の破綻を招かないような対策も提案していきたい。

――縮小再建して事業譲渡するという公明党案は、傾聴に値しませんか。

曽根 都が撤退を決めれば、結果として譲渡先が現れる可能性もあるが、4年間かける必要は全くない。4年間で400億円が毀損し、都民の被害を大きくするだけというのが私たちの判断だ。

山下 公明党案を全否定するわけではないが、4年後の事業譲渡が現実的にどこまで担保されるのか疑問だ。自民党の考え方も、おそらく公明党と違うと思う。傷が浅いうちに一刻も早く撤退した方が良い。石原知事は「困っている中小企業に手を差し伸べるため」と説明してきたが、実態を見ると融資額の半分が大企業向けだ。これでは存在意義がない。しかも、累積損失で1千億円以上が消えているのに、誰も責任をとらない。

右から川井氏（自）、藤井氏（公）

左から山下氏（民）、曽根氏（共）

――赤字の新銀行東京を引き受けるところはありません。買い手がつかないから、縮小再建後の事業譲渡が提案されているのでは。

山下 譲渡が担保できるのなら議論できるが、知事発言を聞いていると、再建後も事業を続けるという認識だ。セカンドステージの夢を語っている。不確定要素が多すぎる。

――石原与党の自民、公明で考え方が微妙に違います。

川井 譲渡も一つの方法だと思う。ただし、今、我々がなすべきことは、まず再建の努力だ。再建後の先は、いろいろな選択肢があると思う。事業譲渡を否定するわけではない。提携を希望する金融機関が出てくれば、それも一つだ。

藤井 これだけ累積損失を抱えると、まず縮小均衡させないといけない。行員を削減し、預金量を20分の1に減らせば、随分、小さな銀行になる。債務をきれいにして単年度黒字を出せる経営体質になれば、譲渡できるということは、予算特別委員会で述べた通り。追資した400億円を取り戻すことが都民に対する責任だ。

自民 低所得者対策を検討
民主 共産 制度の破綻は明らか
公明 骨格を維持して改善

後期高齢者医療制度

――後期高齢者医療制度には、国民的に批判が高まっています。党として都政の場で提案することはありますか。

曽根 75歳以上を後期高齢者として差別する制度の理念が間違い。手直しすれば、何とかなるものではない。廃止すべきだと一貫して言っている。かつて都では、医療費負担を下げることで医療を身近にし、健診も含めて手厚くすることで医療費全体を抑えられるという考え方だった。長野県もそういう方法で医療費を抑制し、長寿が進んでいる。都は、介護や高齢者医療に予算を充実すべきだ。また、後期高齢者医療制度が廃止されるまでの間は、負担が重くならないよう減免の充実を求めていく。

藤井 介護と一体となった制度となるよう国に要望していきたい。共産党から廃止すればいいという話があったが、それで国民皆保険制度が維持できるのか。先日、八丈町に聞いたら、国保の財政は毎年1億8千万円の赤字という。このままだと国保は維持できないと言っていた。小さな市町村は、どこも同じだ。日本は世界一の長寿国で、少子化社会。25年後は、2人で高齢者1人を支えなければならない。今の保険制度でいいと言うこと自体、無責任だ。ただ、長寿医療制度に問題も出ているので、骨格は維持しつつ、運用の中で改善する。たとえば、基礎年金収入までの方は保険料を免除したり、年金天引きは口座振込を選択できるようにしようと提案している。

山下 党をあげて制度廃止に向けて取り組む。実態を調査して東京都レベルで、廃止につながる議論をしたい。病気のリスクが高い75歳以上の人だけを一括りにすれば、保険制度が破綻するのは明らか。広くリスクを負担する方法を考えないといけない。制度を決めた時に分かっていたのは、後期高齢者は別立ての保険制度に加入させるという点だけ。今、問題になっていることは、明らかにされていなかった。さらに悪い案を出しておいて、元に戻すのが無責任という論自体、無責任だ。世論の反発を受け、低所得者に対する支援を議論しているが、それは小手先の改革だ。公平な負担と給付をどう担うかを議論しながら、社会保障を考えるべきだ。

川井 都の努力を見ても、保険料は全国一安くなった。しかし、国保の負担分を非常に少なくしていたから、逆ザヤになっている。問題が噴出しているのは確か。区市町村の後期高齢者担当が苦情や相談を受け、一番、都民の声を知っていると思う。事例を集め、国会議員に「厚生労働省と喧嘩してこい」と言っている。都にも調査をしっかりやり、低所得者にどんな対応ができるのか、検討を求めている。将来的には、消費税の引き上げなど抜本的な税制改革を行わなければならない。

五輪立候補都市

東京が総合評価1位

課題は世論の支持 「メディアのせい」と知事

国際オリンピック委員会は4日（日本時間で5日）、アテネで開かれた理事会で、立候補を申請した7都市の中で、東京をはじめ4都市を立候補都市として承認した。4都市の中で東京は、総合評価では最も高かった。石原知事は会見で、「やっと登山口に入ったんだから、この山を登るんだとみんなで肩を貸し合って、坂の上の雲をつかむつもりで、がんばろうよ」と呼びかけた。

申請ファイルに基づき各都市を評価するIOCの作業部会では、既存の宿泊施設の客室数がIOCの要求基準を大きく超過していること、選手村からほとんどの競技会場への移動距離が平均9キロにあり、十分な警備資源と経験を保有していること、緑地の増加、再生水利用、排出ガス規制などの環境対策が行われ総じて良い環境であること、高密度で効率的な鉄道インフラと高速道路ネットワークで競技会場への良好なアクセスが可能など、高い評価を得た。

作業部会の総合評価順位は、東京、マドリード、シカゴ、ドーハ、リオデジャネイロ、プラハ、バクーの順。理事会はこれをもと、開催時期を10月としたドーハを除いて、上位4都市を承認した。

IOCによる都市の世論調査結果では、立候補都市として承認された4都市のうちで最も支持率が低く、マドリードの90％に対して、東京は59％だった。石原知事は、会見で、「君らのせいだよ。メディアが足引っ張るからこうなる」と恨み節。新銀行東京の経営危機や、豊洲新市場予定地の土壌汚染など、斜陽の石原都政の中で、今回のIOCの評価が五輪招致に向けた世論高揚のはずみとなるか、正念場を迎える。

計画では、移転後の築地市場跡地にメディアセンターを設ける予定だが、豊洲での土壌汚染対策が遅れる見通し。これについて知事は、「オリンピックの障害にはならない」と自信を見せ、築地市場跡地にはこだわらない考えを示した。

福田首相は「日本政府は大会招致を全面的に支援し、我が国での開催をぜひとも実現させたい」とコメント。比留間都議会議長は「今後さらに、国民に夢と感動を与えるオリンピック招致に全力で取り組む」とコメントした。＝4面に関係記事

新銀行東京 07年度決算

165億円の当期赤字

経営監視委を設置

新銀行東京（津島隆一代表執行役）は2日に07年度決算を発表し、当期純利益は167億円の赤字だった。これにより開業後3年間の累積損失は、1016億円に膨らんだ。30日の株主総会で減資を決議する考え。すでに都から400億円の追加出資を受けているため、仮に累積損失を全額減資すると、資本金は573億円になる。この結果、資本金に対する外形標準課税が小さくなり、1・5億円程度の節税効果が生まれる。

ただ、減資は、金融庁の認可事項。また都は、銀行設立の際に千億円を出資し、そのうち700億円を都債で対応した。減資が行われると、減債基金に637億円を積み立て、歳出予算の都議会議決が必要になる。

07年度決算は、業務粗利益が12億円の黒字だったが、営業経費101億円などを差し引いた後の業務純益（銀行の本業のもうけ）は20億円の赤字だった。06年度決算では業務純益が206億円という巨額の赤字だったため、これに比べれば、収支状況は、かなり改善したと言える。営業経費を49億円削減したほか、良質資産への入れ替えなどに努めた効果が一定程度は出ている

しかし、既存融資のデフォルトが予想を大幅に上回り、赤字体質は依然と続いている。07年6月に策定した新中期経営計画では、デフォルトを77億円と見込んでいたが、実際には129億円も発生し、計画を52億円もオーバーした。純資産は165億円、自己資本比率は17・3％。

貸出金は、3月末で1894億円。前期から570億円縮減し、特に中小企業向け貸し出し（小口定型）は412億円減とした。保証は511億円。その一方、預金は3757億円で、口座数は9万7千口座。

ズサンな銀行運営が行われた反省に立ち、経営をチェックするため、6月中に経営監視委員会を設置する。メンバーは、法務、会計、金融業に詳しい3人となっている。この間、新銀行東京の内部調査で旧経営陣に対する責任追及などを検討してきたが、経営監視委員会のメンバーでもある牛島信氏（元検事）の法律事務所に損害賠償等の立件ができるか、調査を委託する。

冗句ジョーク

「勝ってカブトの緒を締めよ」五輪招致の1次選考をクリア

現場職員「給料にヘルメット、十分締められています」

都政の東西

公務の格差

雇用形態の多様化が進む中、民間や公務職場では、非正規雇用労働者の存在感が増している。先日、都産業労働局がまとめた「契約社員に関する実態調査」は、そうした非正規雇用の実態を垣間見ることができる。

契約社員導入のメリットについて、事業者の多くは「仕事量の変化への即応」（42％）や「一時的欠員の補充」（29％）といった回答を寄せた。しかし、労働者の継続勤務期間を見ると、平均で3・7年にのぼる。そこには、半ば恒常的な業務であるにもかかわらず、不安定な身分で雇用している実態が見て取れる。

また、労働者が契約社員を選んだ理由では「正社員として働ける適当な企業がなかった」という消極的な理由が34％と最も多く、5割が正規職員志向を持つなど現状に満足していない実態が浮き彫りとなった。

雇用形態の多様化といえば聞こえは良いが、実際には事業者の都合によって不安定雇用を生み出している側面が強い。これは公務職場にも当てはまる。正規職員を削減する一方で非正規雇用を増やし、その比率は年々拡大基調にある。行政の無駄を省いてスリム化を図ることは大切だが、その結果が不安定雇用の増大という形で跳ね返ることに問題はないだろうか。

産労局の調査によると、民間では契約社員を「正社員登用の適性を見るため」に活用する事業所が3割あった。また、契約社員とは異なるが、今年4月のパートタイム労働法改正により、パート労働者の正社員への転換促進のための措置が義務化された。公務職場は法の適用外となるが、民間で正規雇用化に向けた取り組みが進む中、公務職場が非正規職員を生み出し続けている現状は許されないだろう。行政が格差社会を生み出す一因となってはならない。

後期高齢者医療制度

議論呼ぶ保険料天引き
渋谷区は選択制へ

後期高齢者医療制度で、保険料を年金から天引きする特別徴収に批判が渦巻くなか、運用見直しの動きが出てきている。国会では、与党のプロジェクトチームが、保険料を子など世帯主の口座から引き落とす仕組みの導入を検討している。その一方、地方自治体では、渋谷区が特別徴収と普通徴収を本人が選択できるよう検討中。抜本改正ではなく、運用見直しという枠のなかで、どこまで制度改善に結びつけることができるのか、行方が注目される。

国会与党も対策を検討中

◆原則を崩せるか

与党PTは、基礎年金額以下の人について、同居の子など世帯主の口座から引き落とすことができるようにする仕組みを検討している。天引きの見直しには法改正が必要とする政府と、今後、調整する見通しだ。

渋谷区は「仮に法改正なしで天引き見直しが認められれば、うちのやろうとしていることのひとつの根拠づけになる」と評価する。渋谷区も、特別徴収と普通徴収の選択制の道を探っているためだ。

現在、区市町村は、後期高齢者医療制度の保険料の特別徴収を4月から実施済みか、または10月から始めようとしている。その根拠は「高齢者の医療の確保に関する法律」（高確法）で、原則、特別徴収をすることが定められているためだ。ある区の担当者は「国からは原則を厳しくいわれていた。だから、ほかの方法でやろうという自治体は、これまで出てきていなかった」と事情を話す。

そんななか、渋谷区は5月30日、「天引きへの不満は大きい」として、特別徴収か普通徴収かを選べるよう検討していることを明らかにした。「特別の事情」があれば、市町村は、その裁量により、特別徴収を普通徴収にすることができるとの法解釈ができると判断したためだ。

後期高齢者医療制度の保険料の特別徴収は、介護保険法を準用するとされている。その介護保険法の第135条第1項では、市町村が行う特別徴収について、「災害その他の特別の事情があることにより、特別徴収の方法によって保険料を徴収することが著しく困難であると認めるもの、その他政令で定めるものを除く」としている。渋谷区はそこに目をつけた。

◆国は否定的

しかし、厚生労働省は「当初から選択が認められるとなると、高確法の意味がなくなってしまう」と否定的。「特別の事情」についても「災害などによりやむをえず、収入が著しく減少した場合を指す」との考えだ。

渋谷区では、政府・与党の結論がどうであれ、選択制を実施する方向で検討を行っている。普通徴収への切り替えは現行システムのプログラムに入っているため、新たな費用負担は生じないが、きちんと稼働するかが焦点となる。そのほか、窓口納付を認めるか、それとも全面的に金融機関の口座振替とするかも検討の余地が残るという。

区では「仮に全面的に口座振替をお願いすることになっても、自動的に年金から引き落とされるのと、自分の意思で口座から引き落とすのでは違う」と意義を説明する。

選択制について、他区の反応は概ね消極的だ。「国の考えでは選択制をするには法改正が必要と聞いている。国の方針を待ちたい」「システム改修の手間がどれくらいか分からない」などのほか、制度導入時の混乱を踏まえ、「個別の情報を把握し、再び混乱を生じさせない義務もある。勇み足になってしまっても…」などの声が上がる。滞納への懸念も強い。「本人意思が反映されることで喜ぶ区民もいるだろうが、きちんと納付してくれるだろうか」と慎重にならざるをえないようだ。

MEMO

後期高齢者医療制度の保険料の特別徴収 年金が年額18万円未満の人、または介護保険料と後期高齢者医療制度の保険料の合算額が年金の2分の1を超える人は除かれる。都内では9区26市5町4村が4月から特別徴収を開始。14区3村は10月からの実施となる。都内自治体のうち、御蔵島村は対象者が少なく、滞納リスクが低いことから、高確法の規定により例外的に特別徴収を行わない。

国民主体の制度に

【解説】 渋谷区が検討中の天引き選択制は、完全に国主導で進めてきた後期高齢者医療制度のあり方に対して、一石を投じることともいえる。

後期高齢者医療制度がスタートして2カ月。数多い課題のなかでも、天引きされることへの高齢者の不満は根強い。2日には、同制度をめぐり、都の審査会に対して、238人の不服審査請求が行われた。主な請求理由のひとつに、一方的な年金からの天引きについての不満があった。各区の住民説明会でも天引きへの不満は、しばしば出る。

不満の要因はいくつかある。生活を支えているなけなしの年金から有無をいわさず引かれてしまうことへの憤り。従来、所属していた国民健康保険では、納付書による窓口納付や口座振替だったのに、この制度への移行で急に天引きされることからくる抵抗感。しかも、その年金たるや、消えた年金問題がもたらした不安要素に満ちている。

そうした不満を解消するために、区民の意思を尊重し、選択性にすることの意義はある。強引な法解釈ととれなくもないが、それによって救われる区民感情もあるはずだ。ただ、それで救われるのが1区では不十分だ。

与党PTも天引き見直しの導入を進めたい考えだが、国は法改正が必要との見解を示している。

現在、介護保険の保険料は、原則、天引き。今年4月からは、国保でも天引きが始まった。そのあたりに、確実な徴収を優先したい国の意向が透けてみえる。

天引きが楽という人もいる。また確実な徴収という点では天引きは良い方法だ。だが、国の主権は官僚にあるのではなく、本来、国民一人ひとりのものだ。国民が耐えられるかを無視してはならない。制度設計の過程で、選択肢を用意する配慮があってしかるべきだったのではないか。（糸）

1都3県が国に要望
後期高齢広域連合

東京、神奈川、千葉、埼玉の1都3県の後期高齢者医療広域連合は3日、後期高齢者医療制度について、国に対し、4項目の要望を行った。

被保険者の負担割合に影響が及ばないための調整交付金の確保のほか、国庫負担金の十分な交付、保健事業への財政支援の継続、国民への制度周知の徹底を求めている。

駅前放置自転車台数 2年連続ワースト1
北区

都は2日、07年10月の駅周辺放置自転車台数の集計結果を発表、北区赤羽駅が前年比69台増の2145台と2年連続でワースト1位だった。放置自転車禁止エリアの拡大、駐輪場の利用率の低迷などが原因。区は4月から、休日を除く毎日、駅周辺の放置自転車の撤去を始めている。

一方、03〜05年までワースト1位だった豊島区の池袋駅は、1590台とワースト3位。駅前の駐輪場の整備、休日の撤去などが功を奏した形だ。区は「撤去をやめると元に戻るので予断を許さない。気を引き締めていく」という。

横領事件で元職員らを提訴
板橋区

板橋区は5月29日、区立高島第三中学校の元事務職員が生徒の修学旅行の積立金など約2300万円を着服した事件で、元職員と校長ら計3人に損害賠償を求めて訴えを起こすことを決めた。賠償請求額は、積立金相当分の2073万7586円。同校保護者445人に対しては、区が公費で賠償し、修学旅行は今月1日に終了している。

元職員は業務上横領罪で逮捕、起訴された太田貴信被告（47）。同校に2002年4月に着任し、学校徴収金の管理業務を担当。今年3月まで、学校の預金口座から無断で徴収金を引き出し、横領を続けてきた。区は現校長と前校長の監督責任も問い、3人に損害賠償を請求することにした。

坂本健区長は「[illegible]教育的配慮から公費で補てんした。[illegible]理のあり方[illegible]職員の意識[illegible]る」とコメント[illegible]。

同事件では[illegible]5人が、6分の1を自[illegible]とを決めて[illegible]。

文京区教委

小中統廃合計画を廃案
反対の声が後押し

文京区教育委員会は3日、凍結されていた区立小・中学校の統廃合計画を廃案にすることを決めた。この日の教育委員会で根岸創造教育長が提案し、了承した。区は、9日から開会する区議会定例会に報告する予定。

廃案となったのは「区立小・中学校将来ビジョン」素案の学校配置計画。この計画には、小中学校の統廃合計画が含まれており、地元住民らでつくるビジョン検討協議会で話し合いが続けられていた。しかし、統廃合対象校のPTAなどから再検討を求める意見が続出。「区から十分な説明がない」という不満もあり、混乱が続いていた。

今回の決定について区担当者は「半年間の協議会の過程で、統廃合計画について根強い反対の声があった。計画は、今後10年間の区立学校における教育を方向づける重要なもの。協議会での意見を尊重して、廃案を決めた」と語る。

今後、協議会では「ひとつの意見にまとめるのではなく、統廃合をめぐって、さまざまな意見を出してもらいたい」と話し、その意見を新たな計画に反映させたいとする。

廃案決定に対して協議会に参加するPTA関係者は「先日の協議会では廃案に向けた示唆などなかった。突然のことで驚いているが、『統廃合ありき』の姿勢を否定した区の決定は評価できる」と好意的に受け止める。ただ、「ほとんどの協議会の委員などは、知らされていなかったはず。次回の協議会では、区に詳細な説明が求められるだろう」と指摘する。

協議会での反対の声は、統廃合後の学校の規模や学級規模などに不満を持ち、再検討を求める声が強かった。個別の統廃合計画が白紙になったことで、今後の議論は、どのような規模で統廃合するのかなど枠組みから話し合っていくことになりそうだ。学校配置計画に含まれていた学校の耐震化計画も緊急課題として取り組むことになる。

港区長選公開討論

ビル高層化などで応酬

任期満了に伴う港区長選挙（8日告示、15日投開票）の立候補予定者による公開討論会が3日、明治学院大学白金校舎で開かれた＝写真。同大学法学部と東京青年会議所の共催。現職で再選を目指す武井雅昭氏（55）＝自民、民主、公明、社民推薦＝と、新人で共産党港地区委員長の金子孝重氏（59）＝共産推薦＝が出席し、区内で進むビルの高層化などについて意見を交わした。

第1部では学生が港区の現状を研究発表。「坂が多く、日本のビジネスの中心地」「区民の関心は環境と福祉」などと地元を紹介した。

第2部では、武井、金子氏の両氏が討論した。ビルの高層化をめぐっては「多くの区民の声はこれ以上、高層化はやめてほしいというもの。ヒートアイランドや電波障害、日照障害などを生んでいる」と批判的な金子氏に対して、武井氏は「広い道路や公園をつくるため、一定程度の高層化は手段。まちづくりにあたっては、初期の段階から区民にかかわってもらっている」（武井氏）との意見。

福祉問題では、金子氏が「国保や介護保険、後期高齢者医療の保険料を下げていく必要がある」としたのに対し、武井氏は「区民の状況を一番よく分かっているのは、地方自治体。後期高齢者医療制度についても、現場として大変困っている。国などに制度の運用改善を働きかけていくことが重要」と述べた。

区内に住む外国人の参政権について、武井氏は「参政権は外交上の問題」と慎重さをみせたが、「区民サービスとしては一般区民と同様のサービスを提供していきたい」。金子氏は「選挙権はないのに税金は納めている。早く選挙をさせてほしいとの意見を受け止めるべき」と早期実現を求めた。

港区は事業所が多く、90万人の従業員を抱えている。災害時の帰宅難民対策や企業の備蓄の重要性などの点では両者が一致する場面も見られた。

世田谷区 **中野区**

調査研究力の向上
研究の時間足りず

シンクタンク設置から1年

世田谷、中野両区に自治体シンクタンクが設置されて1年余り。現在は調査報告書が出そろったにすぎず、成果はまだ出ていないが、外部からは何をしているのか分かりにくいという声もある。課題やこの間の活動などを振り返ってみた。また、全国で42の自治体シンクタンクが設置されているが、失敗例、成功例を通して、あるべき姿を追った。

世田谷区では、政策立案力を身につけてもらうため、せたがや自治政策研究所を設置。昨年度から「世田谷の地域特性」「少子化と就業女性の支援ネットワーク」など4テーマを調査研究し、今年4月に中間報告書をまとめた。例えば、女性就業では、母親が出産後の就業率は高いが、子どもが成長すると母親は専業主婦になる傾向があることなどがわかった。

来年には、4テーマの最終報告をまとめるが、政策提言まではしないという。区担当課は「提言しても、施策にならない自治体シンクタンクもあった。政策立案の支援をするため、調査結果を報告する」という。

職員の調査研究力を高めることを当面の課題に、将来は庁内の連携を強化していきたい考え。

中野区では23区を先取りする取り組みが少ないため、政策研究機構を設置。「障害者の雇用促進」「区の住環境」など3項目の報告書をまとめた。

障害者の雇用促進が進まない中、区障害者福祉事業団と区内に多い中小企業が連携して、雇用促進することなどを提案。各課が政策を決めて実施するので、報告書は政策提案にとどめた。

庶務、予算などの業務に追われるなど研究に費やす時間が足りなかったという。今年度から統計を担当する職員4人を配置、負担を軽減した。

自治体シンクタンクは、新宿区が今年4月に設置し、23区内に現在3区ある。4区目は誕生していないが、世田谷、中野両区を視察する区もある。世田谷区は「都区のあり方が話し合われており、23区が変わらざるを得ないのは確か。各区に自治体シンクタンクをつくって、区の姿を調査し話し合っていきたい」という。

◇ ◇ ◇

自治体シンクタンクを設置すれば、政策立案力が必ずしも高まるとは限らない。自治体シンクタンクは4日現在、区市町村レベルで42あるが、すでに失敗も出ている。

ある自治体シンクタンクでは、約30の政策を提言したが、実際に採用されたのはわずか一つ。政策に反映する難しさがあるという。設置から時間がたつと、どの自治体シンクタンクでもあり方の見直しが議論されるようになり、この自治体シンクタンクは行政評価に方向転換したという。

一方、各課から毎年計200件の相談が寄せられる自治体シンクタンクもある。相談してきた課題をコンサルティングして課題を解決する役目を果たしている。自治体シンクタンクにとって、職員から頼られる存在になることは必要だろう。

これから、都区のあり方、道州制など地方分権への対応が必要となるが、職員の政策立案力が向上しなければ、分権は重荷になってしまう。そうした中、自治体シンクタンクの役割はますます重要になってくる。自己満足の調査研究に終わらず、区民サービスの向上に役立てられるかが問われている。

はじめまして 新副区長です

台東区 山田哲也氏

まちづくりや観光振興への手腕を期待され、台東区の2人目の副区長として、国土交通省から招かれた。41歳という年齢は、同区が迎えてきた歴代副区長で最年少だ。

生まれも育ちも東京の東のはずれの葛飾区。「台東区は下町の代表選手。上野、浅草は、遊びに来るあこがれの場所だった」。上野の動物園や博物館、浅草の遊園地「花やしき」―。幼いころのたくさんの楽しい思い出を作ってくれた区への就任は、第一線の現場を抱える職場という意味も持つ。「幸せだなあ、頑張っていきたい」と抱負を語る。

国の職場で思い出深いのは土地政策課。多摩ニュータウンの再生に向けて、国がどのような関わりができるのか、模索している時期だった。「現場で話を聞くと、いろいろな地域で、いろいろな人が活動していることが分かった。国による画一的な支援になってはいけないと感じた」という。これから携わる台東区のまちづくりでも、その思いが原点。「ひとくくりにできないまちの顔がある。地域のリーダーを大事にし、そういう人を将来的にどうつないでいくか、その仕組みを見つけたい」。

お隣の墨田区にできる新タワーも気になる存在だ。「訪れる人が、浅草、隅田川、タワーに一体感を持って楽しんでくれたら」と回遊性に期待を寄せる。

性格は「せっかちなのだけど、人からせかされるのは嫌い。迷惑かな」。「笑う門には福来たる」をモットーに、伝統とチャレンジ精神を生かした台東区を目指す。

◇

1967年2月生まれ。東京大学経済学部卒。90年建設省入省。東北地方建設局用地第一課長、広島県[illegible]務室長、国交省土地・水資源局土地政策課企画官、独立行政法人日本高速道路保有・債務返済機構総務部長などを歴任。4月から副区長に就任。地図を片手に歩くのが趣味。週末は引っ越したばかりの千葉県八千代市を歩き回っている。

千葉県鴨川市の大山千枚田（棚田）の田植えに家族で参加しました。高さ50㍍を超える急斜面に大小約370枚もの田んぼが段々に広がる景色は圧巻。毎年、畦や水路に手を入れ、天水を溜めて使うことで、地滑りを防いでいるとのことです。

小雨まじりにもかかわらず、多くの人たちが作業に来ていました。棚田は生き物も豊富で、田植えの後は子供と一緒にカエルやイモリを追いかけ、泥まみれの気持ちの良い一日でした。自然の力と人の知恵が合わされば、東京の街なかが「屋上田んぼ」で埋め尽くされる景色も決して夢ではないと確信しました。

記者席

議運の活動から見えるもの

○……全国都道府県議会議長会がまとめた議員連盟の結成状況調査によると、地球環境関係の議連は全国に二つと意外に少なかった。洞爺湖サミットを控え、今後は都議会でも結成の機運が盛り上がるかもしれない。

07年11月現在、議連の数は632で、活動内容も道路・橋梁整備促進からスポーツ振興、郵政、拉致関係と幅広い。異彩を放つ議連もいくつかあるが、その一つが「熊本県議会野球団」。野球大会や練習が活動内容で、スポーツ振興ではなく、「その他」に分類されている。同県議会事務局は「議員間の親睦を深めることが目的」としている。しかし、何だかなぁ。

○……「ペーパーとか、非公式にはいろんな申し出がきている。2、3件ですかね」。2日の新銀行東京の決算発表の記者会見で、「他の金融機関から資本提携などの話はあるか」と聞かれ、津島隆一代表執行役はこう答えた。外資も含めて、資本提携や買い取りの話があるという。

昨年、11の金融機関に資本提携や共同出資を要請したが、見向きもされず、400億円の都単独出資になった経緯がある。これを考えると、相手にされることは慶事ではある。しかし、金融界では、資本提携などの話は協議が成就するまで、いっさい口外しないのがルール。津島代表の発言には、首をひねる人も少なくない。金融界の空気を読むことも、銀行経営には不可欠。

○……6月は環境月間。クールビズやレジ袋削減などの取り組みは、日常生活の中で広く浸透してきた。

一方、同じCO_2削減の取り組みでも、割り箸などは、弁当などとセットのため、断る人は少ない。[illegible]く割り箸のほとんどが輸入材。割り箸[illegible]膳は、A4サイズのコピー用紙1枚に匹敵するという。

武蔵野市では、庁内食堂の一時閉鎖をきっかけに、6月から全庁一斉に「マイ箸推進キャンペーン」を開始した。本庁では[illegible]万食、年間約12万膳の割り箸が使われていたという。「1人の小さな心がけ」の大切さを実感できる数字だ。

地域との連携で未然防止へ

深刻化する児童・生徒の問題行動

「協議会」で活用策を検討

いじめや暴力行為など深刻化する児童・生徒の問題行動に対応するため、都教育委員会は今年度から、総合的な問題行動対策事業をスタートさせた。従来から取り組んでいる相談事業や啓発事業を充実させるほか、都庁関係局や区市町村教育委員会などで構成する「健全育成行動連携協議会（仮称）」を設置。「学校支援員」の計画的な派遣や学校支援チームのあり方など、児童・生徒の問題行動の未然防止に向けた効果的な活用策を検討する。また、学校と地域が連携し、健全育成を進めるための「推進モデル地区」に渋谷区、府中市、福生市の3区市と都立葛飾特別支援学校を指定し、その成果を普及させる取り組みも開始した。

児童・生徒の問題行動は多様・複雑化しており、最近はいじめ問題だけでなく、暴力行為や非行などが深刻化。例えば、暴力行為とは「対教師」「生徒間」「対人」「器物損壊」の4形態をいうが、この5年間の発生件数をみると、2005年度が764件だったのが06年度は1364件と倍近くに増えている。とくに小中学生の生徒間暴力が増加しており、非行の低年齢化が目立つ。

また、減少傾向にあった不登校も増加。小学生は100人増の1871人となり、中学生は284人増の7049人に達した。いじめも依然として高い件数で推移しており、小学校は全体の57・0%にあたる758校で3841件、中学校では全体の78・9%にあたる505校で2759件も発生している。

都教委ではこの間、スクールカウンセラーの配置、24時間電話相談、「ふれあい月間」の実施、いじめ防止フォーラム（中学校生徒会長サミット）の開催、都指導主事による区市町村教委訪問などに取り組んできた。

しかし、児童・生徒による問題行動は年々、多様・複雑化する一方で、それに対応するには「学校と地域、関係機関が連携を強化し、相談・支援体制をより一層整備していく必要がある」（教育庁）と判断。今年度からいじめ等問題対策事業を問題行動対策事業として総合的に展開することにした。

問題行動対策事業では、まず、東京子どもネットや子ども人権110番など庁内各局と連携した相談事業や、広く都民に啓発するためのリーフレット・ポスターの配布、フォーラム開催の啓発事業など、従来から取り組んできた事業を充実・強化する。

これらに加え、今年度は関係局等で構成する「健全育成行動連携協議会（仮称）」を立ち上げ、「学校支援員」の効果的な派遣、具体的な活用策などを検討し、児童・生徒への相談活動や問題解決策への指導・助言・支援などを行っていく考えだ。学校支援員については大学教授や臨床心理士などを想定している。

一方、地域におけるネットワークの構築や学校のネットワーク支援組織づくりも大きな課題となる。このため、児童・生徒の地域ネットワーク健全育成推進会議（仮称）の設置を検討するほか、学校と地域が連携し、健全育成を進める推進モデル地域として、渋谷区、府中市、福生市の3区市と都立葛飾特別支援学校の4地域を指定した。各推進モデル地区では、機能的・効果的な学校サポートの在り方、学校サポートチームを支える地域の児童・生徒の健全ネットワークの整備、学校サポートチームの構成員、運営の在り方などの内容について調査・研究を行う。教育庁はこの成果を踏まえ、中学校への「学校サポートチーム」設置を推進し、2009年度までに中学校全校に普及させる計画だ。

昨年12月に開催した「いじめ防止フォーラム—中学校生徒会長サミット」

暴力行為発生件数の推移

	02年度	03年度	04年度	05年度	06年度
小学校	42	39	43	65	143
中学校	47	36	30	29	41
高等学校	811	787	640	670	1180
計	900	862	713	764	1364

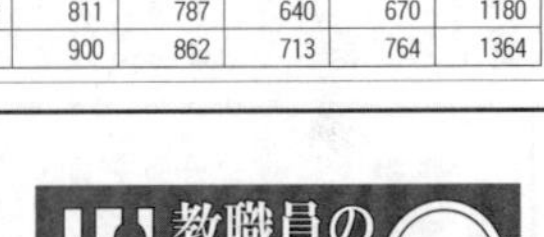

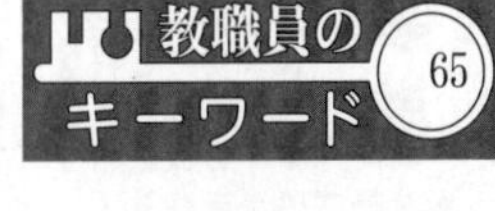

東京国民体育大会の開催申請

5月22日の定例教育委員会で、第68回国民体育大会の開催申請が決定されました。国民体育大会（国体）は、スポーツの振興、国民の健康増進、体力向上、地方スポーツの振興、地方文化発展への寄与等を目的として開催されます。

第1回は、1946年に京阪神地域で開催されています。1961年にスポーツ振興法が制定されてからは、同法に定める重要行事の一つとなっています。

同法第6条には、国体は財団法人日本体育協会、国及び開催地の都道府県が共同して開催すると規定されています。また、都道府県ごとに選出された選手が参加して総合的に運動競技を実施することと、国は、財団法人日本体育協会及び開催地の都道府県に必要な援助を行うものとしています。

開催地は、都道府県の持ち回りになっていますが、東京都では2013年の第68回国民体育大会（冬季を除く）を開催する予定です。

現在、国体は、冬季大会としてスケート、アイスホッケー、スキーの3競技がそれぞれ実施され、その他の競技については9月から10月にかけて本大会としてまとまって実施されています。

国体の開催は、実施年の5年前の6月に開催申請を行います。東京都からの開催申請は、財団法人東京都体育協会会長、都知事、都教育委員会の三者の連署で、財団法人日本体育協会会長及び文部科学大臣に対して行います。申請書類には、3月28日の都議会決議書も添付されます。

7月に内定を得て、今年度から競技施設の整備を開始する予定です。

東京国体の準備ですが、東京都総務局に国体・障害者スポーツ大会推進部が置かれています。

東京国体で実施する予定の競技ですが、正式競技が37競技あり、この他に公開競技が3競技（高等学校野球、ビーチバレー、トライアスロン）あります。

正式競技は次の競技です。陸上競技、水泳、サッカー、テニス、ボート、ホッケー、ボクシング、バレーボール、体操、バスケットボール、レスリング、セーリング、ウエイトリフティング、ハンドボール、自転車、ソフトテニス、卓球、軟式野球、相撲、馬術、フェンシング、柔道、ソフトボール、バドミントン、弓道、ライフル射撃、剣道、ラグビーフットボール、山岳、カヌー、アーチェリー、空手道、銃剣道、クレー射撃、なぎなた、ボウリング、ゴルフ

各種目の会場ですが、多摩・島しょ地域を中心に都内全域にわたっています。メーン会場は味の素スタジアムです。11日間の開催期間で、選手・監督約2万2千人が参加の予定です。

正式競技の成績は、都道府県対抗の天皇杯・皇后杯の得点になります。都教育委員会では、今年4月に57校を国体強化部活動指定校として指定しました。また、都教育ビジョン（第2次）でも、部活動の振興による競技力向上を推進計画に[illegible]し、東京国体で総合優勝することを目標としています。

都教委 職業教育の充実で報告書

全国初の検定制度を開発

都教育委員会はこのほど、都立知的障害特別支援学校を対象にした「確実な自立と社会参加を実現する職業教育の実践」と題する研究・開発事業報告書をまとめた。職業教育に関するアンケートを基に、教育課程の類型化の在り方や作業学習、教科「職業」、就業体験を整理したもので、特に全国で初めて導入した作業学習における検定制度についての研究・開発内容を提示した。また、06年度の「研究推進校」に指定された青鳥、八王子など都立特別支援学校8校の取り組み内容などを盛り込んだ。都教委では今年度、新たに8校を研究推進校に指定し、職業的自立に向けた職業教育の充実をさらに推進していく方針である。

教育課程の類型化とは、生徒一人ひとりのニーズに応じて教育課程を複数の種類で編成したものである。従来は普通学級と重度・重複学級の2本立てだったが、学習到達度や障害特性などを考慮し、職業自立（A類型）、職業技能（B類型）、生活技能（C類型）、基礎技能（D類型＝重度・重複学級）の4本立て等にすることができる。類型ごとの目標に基づき教科等が設定され、学級編成されることから、障害の程度や課題に応じた集団の授業形態が可能となる。

また、作業学習などで獲得した力を目に見える形にするため、検定制度を導入し、清掃検定の内容や検定項目などを例示した。テーブル拭きや、床清掃、窓清掃における工程や手順を共通化し、雑巾を正しくたたんでいるか、自分から遠いところから拭いているかなどの各検定項目に基づき評価し、難易度に応じて1級から10級を与えるという仕組みである。

検定制度は「生徒にどんな力があるのか漠然としている」といった実習先や就労先からの声に応えるもので、今後は①すべての作業学習で培われる力や、あいさつ、マナーなどのスキルでも検定を導入する②特別支援学校版の検定を公的な資格へと発展させる③小・中学部から検定を導入する—などが検討課題。

このほか、報告書には、小・中学部でのキャリア教育の基本的な考え方や、07年度から清掃作業やマナー学習を導入し、小・中学部からのキャリア教育をスタートさせた青鳥特別支援学校久我山分校の実践例などを示した。さらに、研究推進校である青鳥、白鷺、府中朝日、石神井、しいの木の5校の高等部での作業学習の改善・充実に関する取り組み例を写真入りで紹介している。都教委では今年度、南大沢学園、町田の丘、江東、足立、葛飾、田無、武蔵台、田園調布の8校を研究推進校に指定した。来年度はさらに8校を指定し、すべての特別支援学校で職業教育の充実を図りたいとしている。

小中の育児時短条例を提案

都議会に上程 多摩養護の増築工事も

教育庁は、10日開かれる都議会第2回定例会に、「東京都教育委員会の事務処理の特例に関する条例」の一部改正の条例案と、都立多摩養護学校（4月から「多摩桜の丘学園」と名称変更）の増築工事の契約案を上程する。

事務処理特例の条例改正は、地方公務員の育児休業法改正で育児短時間勤務制度が導入されたことに伴い、区市町村立学校職員の育児短時間勤務の承認事務を区市町村が処理できるようにするもの。知事部局はすでに第1回定例会で条例改正している。区市町村立学校職員が育児短時間勤務を利用した場合、その代替要員を異動で対応するか、非常勤職員をあてるかは各区市町村の判断となる。

都立多摩養護学校の増築工事は、従来の肢体不自由部門に知的障害部門を併設するもので、小中高あわせた開校は2010年になる予定。校舎は鉄筋コンクリート造りの4階建てで、延べ床面積約9800平方メートル。契約額は18億4275万円となっている。

活かせ！地域の教育力 ⑧

—高島平地区小地域ネットワーク

複合的・重層的な地域活動へ

前々回、新しい職場体験「ジョブ・シャドー・デー」の中で触れたが、2006年2月、板橋の精密金属加工業が中心となって「組み替え自由な連携」を目的に、「21世紀ものづくりフォーラム」（鈴木敏文事務局長・㈱松本精機代表取締役）が誕生した。

これは、下請け企業の多い板橋の町工場が大企業の傘下で部品を造らされているだけではなく、自社の技術をそれに見合った適正な価格で売ることができる「強い下請け」への転換を目論んで、経営者たちが創り上げた企業ネットワークだ。

「組み替え自由な連携」とは、大企業からの干渉を受けずに企業が自由に連携することで、製品技術、実勢価格など様々な情報の共有化を図ることができると同時に、その過程で相互認知がなされることで、テーマに沿った企業同士のベストマッチングをが可能になるというものだ。それによって、大企業に対する価格交渉力を高めていこうという考え方である。

ここが横請け、共同受注、異業種交流などと大きく異なる点である。

フォーラムには板橋の下請け企業を核に、行政、金融、メディア、大学などが参加協力している。本会も設立に関わったことから、板橋区の一部の学校現場ははからずも大きな恩恵を受けることになった。

それは、「ジョブ・シャドー・デー」の延長線に、①車いすのお手入れボランティア活動②車いすの清掃機の設計・製作③大学研究者の地域研究室の開設など、新たな活動が続々と生まれたことである。

詳細については機会を改めることとして、概略は次の通りである。

①は07年度から始まった東京都板橋ナーシングホームにおける板橋第一中学校（逢見百樹校長）の生徒によるボランティア活動で、車いすのパンク修理や分解掃除など、工業系のユニークな活動。町工場のサポートで可能になったものだ。

中学生はこの活動を通じて、高齢者との接し方をはじめ、虐待防止や個人情報保護についての事前研修を当時の飯田真美介護第二課長から受けることもできた。

実作業からは、車いすの前輪には髪の毛が車軸に巻き付きやすいこと、これを除去すると動きが軽くなることなど、貴重な体験と発見があった。

②は高島第二中学校（松本秋広校長）が職場体験で、車いすの清掃機の設計をしたことだ。まず、車いすの各部の名称と機能を学び、続いて油脂、粘土、絵の具、落ち葉などを使い、汚れの付着実験を行った。

その結果、粘性の高い汚れはタイヤ側面に、粘性の低い汚れはタイヤ中央に付着することなど、貴重な実験データを生徒自らの力で獲得することができた。

生徒はそれを基に制作費、スペース、手軽さ、構造がシンプルであることなどの条件を設定し、可搬式噴霧器と安価なタワシを組み合わせた縦型清掃機の設計に成功した。板橋の町工場はその設計に従い、試作品の製作に着手。完成品は板橋ナーシングホームへ贈呈することも考えている。

③は07年に板橋第一中学校の空き教室を大学院生と指導教員に開放し、地域研究室を開設したことである。

研究指導はフォーラムの設立にも尽力された黒瀬直宏（専修大学大学院教授・中小企業論）と、神原理氏（同大商学部助教授・商品学）が行った。

現在は、神原氏の指導のもと、板橋一中の生徒と大学院生がともに板橋・大山の商店街の研究を行っていて、経過報告会も生徒・保護者・商店街・地域の方を対象に、2〜3カ月おきに開催されている。ここで重要なことは、研究成果を板橋一中の研究室に保管し、生徒をはじめ、地域や商店街に公開していることだ。

このように各セクターが自らの枠を越え、相互に連携することの意味や本質を見極めていたからこそ、この複合的、重層的な取り組みが可能になったと報告したい。

（高島平地区小地域ネットワーク代表 堀口吉四孝）

車いす清掃機の設計のため、実験を行う高島二中の生徒＝板橋区生活産業融合型第一工場ビル・区民工房で

小学生の作文・絵を募集

「食」テーマに体験記

都青少年・治安対策本部は、都教育委員会および心の東京革命推進協議会と共催し、2008年度の体験記事業「食事と家族のふれあい」として、「食」をテーマにした小学生の作品（作文または絵）の募集を開始した。

作文は原稿用紙2枚・800字程度で、絵は原則としてB3判（四つ切）またはB4判（八つ切）の画用紙（絵を説明する文を書く）。テーマは「食」で、例えば、親子で一緒に作った食事や思い出に残る食事、食事を通した家族の団らんやふれあいなどが題材になる。

応募先は心の東京革命推進協議会（青少年育成協会）事務局。締め切りは11月28日（当日消印有効）で、来年3月8日に都民ホールで表彰式を行う。また入賞者は協議会のホームページに掲載する。

「万引させない」シンポジウム

7月12日開催

昨年、都内で検挙・補導された少年のうち約3割が「万引」によるものだったが、都青少年・治安対策本部は、子どもの万引防止対策として取り組んでいるキャンペーンの一つとして、「子どもに万引をさせないシンポジウム」を7月12日、都民ホールで開催する。

同本部では万引を繰り返すうちに重大な犯罪を行うようになることから、子どもの万引対策として「子どもに万引をさせないキャンペーン」に取り組んでいる。

今回のシンポジウムはその一環で、当日は楽劇「ダメといえる勇気をもって〜絶対万引をしない、させない」や中学生代表による「職場体験から学んだこと」などが行われたあと、清水賢二・日本女子大学教授がシンポジウムをまとめることに

毎週金曜3面は 教育オンライン

都が国拠出金への対応検討

支出対象事業を掘り起こし

大気汚染訴訟和解

東京大気汚染訴訟の和解に伴って創設された「医療費助成制度」に関連して、都では国からの拠出金への対応を検討している。国は60億円を拠出しているが、これは直接、医療費助成制度に出されたものではなく、法律に基づく健康被害予防事業に使途が限定されている。このため都は、支出対象となりうる事業の掘り起こしを進め、対象事業への一般会計充当分を助成制度の枠組みに加える考えだ。今後、都全体で幅広く事業選定を行いながら、環境省との間で調整作業を進めていくことになる。

医療費助成制度との関連も

07年8月の東京大気汚染訴訟の和解条項では、ぜん息患者を対象とした医療費助成制度（5年間で200億円）の創設が盛り込まれ、都と国が3分の1、メーカーと首都高が6分の1を、それぞれ負担することとなっている。ただし、国は医療費助成制度のスキームに直接拠出するのではなく、独立行政法人環境再生保全機構に指示して、60億円を拠出しており、支出対象が「公害健康被害の補償等に関する法律」で定める予防事業に限定された形となっている。

このため都では、現行事業のうち、法律の対象事業に該当するものを選定。事業費を国拠出金により新設した健康被害予防基金から充当し、一般会計で浮いた分を医療費助成制度に確保するという二段階で対応する必要があった。

法律で定めた支出対象となる健康被害予防事業には、大気汚染の影響による健康被害の予防に関する「計画の作成」「健康相談」「健康診査」「機能訓練」「施設・機械器具の整備」があり、具体的には、ぜん息児の水泳教室や規制適合車への買い替えなどが挙げられる。

しかし、こうした事業は区市町村が実施主体となっており、都が自ら実施している事業は少ない。このことから知事本局では、法律から解釈が可能と考えられる事業について、都全体から幅広く選定・検討するため、各局に事業の「ネタ出し」を求めていた。

現状では、都の事業のうち、ストレートに法律に適合する事業としては、大気汚染調査やぜん息の検査等に関わる医療機器整備、庁有車の規制適合車への買い替えなどが想定される。

だが、実際の事業選定では、線引きが難しい面もある。たとえば「10年後の東京」への実行プログラムのなかでも、街路樹の整備は大気汚染の改善に効果が高いと言われ、対象事業となりうる。しかし、校庭の芝生化をはじめ緑化は、ヒートアイランド対策には有効だが、大気汚染対策への効果は限定的との専門家の指摘もあり、選定は難しいとの見方もある。

また法律上、対象地域が23区に限定されていることも、都の事業選定を難しくしている。規制適合車への買い替えでは、厳密に言えば23区内は可能でも、多摩地域で使用している車は対象とならないことになってしまう。このほか渋滞解消に向けた道路整備など、大気汚染の改善にどれだけ効果があるのか、明確に説明のつきにくい事業、大気汚染改善の恩恵が地域によって限定的な事業などもハードルは高そうだ。

ただし、知事本局では、入り口段階から対象事業を狭めてしまわないように、できるだけ幅広く事業メニューをとりまとめたい考えで、今後も引き続き環境省との間で調整するなかで、事業案や交付要綱などを固めていくことになる。

30人学級求め署名運動

2教員組合が統一行動

全国で唯一、少人数学級を実現していない東京の小・中学校で30人学級の実現を目指すため、東京都教職員組合（都教組）と東京都公立学校教職員組合（東京教組）は3日、署名運動を共同で取り組むことを明らかにした。運動は作家の雨宮処凛さんや元江戸川区教育長の藤田昇さん、俳優の渡辺徹さんらが呼びかけ人となっており、6日に千代田区の日本教育会館で行われる都民集会を皮切りに、全都民に呼びかけていく。

全教系の都教組と日教組系の東京教組が統一行動を行うのは、教員賃金の引き下げ反対等で例があるが、教育内容の見直しを求めて本格的に行動するのは初となる。

3日に都庁で行われた記者会見＝写真＝で、都教組の中山伸委員長は「来年度の予算に反映させるためにも年内に署名を提出したい。高校生以下の子どもたちの数となる200万人を上回る署名を集めたい」と意気込みを示した。

また、東京教組の谷口滋委員長は「他の自治体では、厳しい財政事情の中でも少人数学級を実現している中、財政的に余裕のある都だけが踏み切っていない。保護者からも、せめて1年生だけでも実現してほしいとの声が寄せられている」と語った。

呼びかけ人の一人となった東京大学名誉教授の堀尾輝久氏は、「教育条件を整備するのは行政の責任。30人学級は、豊かな教育の実現のための最初のハードルだ」と話し、都民の協力を呼びかけた。

公衆浴場

2年ぶりに20円値上げ

利用者との意見交換の場も検討

東京都公衆浴場対策協議会は5月30日、都内の公衆浴場入浴料金の統制額について、大人料金を現行より20円引き上げて450円とするよう報告した。引き上げは2年ぶりで引き上げ率は4・6%となる。中人（6歳以上12歳未満・180円）、小人（6歳未満・80円）は据え置く。今後、知事の決定、告示の手続きを経て、今月中にも施行となる見通しだ。

協議会では、昨今の原油価格の高騰により、主な燃料となる重油やガスが大幅に値上がりするなど、厳しい経営状況を踏まえたもの。公衆浴場の経営状況について調査し試算した結果、大人料金は現行より50円（11・6%）引き上げる必要があるものの、原油高の影響が家計にも及んでいる状況を踏まえ、20円の値上げとした。

また協議会は統制額の改定に伴う留意事項として、公衆浴場の利用者と事業者代表が定期的に意見を交換する場の設置を検討するよう都に求めた。利用者に公衆浴場の厳しい経営実態等を知ってもらうとともに、利用者の意見を汲み上げることによって、より利用者ニーズに則した浴場経営を目指してもらうのがねらいという。

都に対してはこのほか、高齢社会に対応した福祉、健康づくりなど、公衆浴場を有効な社会資源として活用するための施設転換に向けた施策の推進や、公衆浴場の相続税軽減について、引き続き国に要望するよう求めた。

経営健全性確保で総務大臣表彰受賞

都立府中病院

都立府中病院は5月28日、地域医療に貢献し、経営の健全性が確保されている自治体病院として、08年度の「自治体立優良病院総務大臣表彰」を受けた＝写真。都立病院の受賞は初めて。表彰は総務省が毎年1回実施し、今回で23回目。府中病院以外に、4病院が受賞した。07年度までに109病院が受賞している。

選考区分		受験者数	配点	最高点	平均点
事務系		169 (278)	40 (40)	35 (36)	19.9 (23.6)
技術系	土木	42 (65)	30 (30)	20 (28)	13.5 (16.2)
	建築	2 (8)		14 (26)	12 (20.6)
	機械	17 (26)		22 (23)	12.9 (14.4)
	電気	21 (32)		18 (26)	12.7 (16.2)
	生物	3 (5)		15 (19)	12.7 (14.4)
	医化学	8 (11)		18 (26)	14.4 (17.4)

注…下段かっこは07年度の数字

都管試択一得点状況

全選考区分で前年度下回る

都人事委員会は3日、先月25日に実施された08年度都管理職選考の択一問題の得点状況を公表した。今回の選考では、平均点、最高点ともに、全選考区分で前年度を下回った。選考後の受験者の感想では「択一の難易度が上がった」との声が多く聞かれており、これを裏付けた格好だ。択一は種別Aのみで実施されている。

事務の平均点は19・9点、前年度と比べると3・7点下がった。最高点は35点だった。技術系の平均点をみると、建築が前回から8・6点と大きく下げた以外は、前年度を1・5点から3・5点下回る水準だった。

高橋　利男さん（たかはし・としお＝高橋紀男・都建設局江東治水事務所長の父）5月31日死去、91歳。

清水　昇さん（しみず・のぼる＝都下水道局中部下水道事務所管路施設課渋谷出張所主任）2日死去、59歳。

富田　ツヤ子さん（とみた・つやこ＝富田孝司・立川都税事務所徴収課専門副参事の母）3日死去、80歳。

小山　久仁夫さん（こやま・くにお＝元久留米市議会議長）3日死去、82歳。

温暖化防止などテーマにゼミ研修

市町村職員研修所

東京都市町村職員研修所は、ゼミ形式の研修として毎年好評を得ている政策法務演習（立法法務）と政策課題研究を今年も実施する。様々な自治体から参加する職員がテーマごとにグループに分かれ、半年程度の期間をかけて研修するもの。どちらも原則として採用後5年以上の職員が対象で今月上旬から募集開始する。

政策法務演習は、政策形成能力や立法能力を高めることがねらい。与えられたテーマについて課題を洗い出し、解決に向けた政策を立案、条例化するまでの一連の過程を学ぶ。

今年度のテーマは「地球温暖化防止に関する条例」と「放置自転車の活用に関する条例」の二つ。例えば、地球温暖化防止に向けては条例を設ける自治体が増えているが、その対策にはグリーン電力の利用促進や省エネルギー施策、省エネに関する啓発活動や屋上・壁面緑化の促進などさまざまな切り口がある。研修では、学識経験者の講義を交えながら有効な解決策について検討し、条例化することで解決を図る。昨年度は15人が受講した。

他方、政策課題研究は、政策の条例化にこだわらず、自治体が直面している重要な政策課題をテーマに、グループ討議や自主的な調査・研究を通じて政策形成能力の向上を図るもの。

今年度の研修テーマは「新しい地域コミュニティをさぐる」。人と人とのつながりが多様化する中、地域の課題を解決するコミュニティ醸成策について検討し、政策案として提言する。昨年度は18人が受講した。

教務課の井上龍男課長は「仕事の合間を縫って行う研修で大変だが、まとまった期間、実践的な研修を行うことで得られるものは大きい。年齢や所属も多岐にわたる職員との交流も、貴重な経験になる」と話し、広く受講を呼びかけている。

政策課題研究は7月18日から、政策法務演習（立法法務）は7月31日からの開始となる。

東京五輪 1次選考通過

石原知事「複雑な競争、これから」

知事会見一問一答

「あまりこんなところで跳び上がって喜ぶほどのことではないんでね。自明の結果だと思います。決してうぬぼれていることじゃなくて。ただ、これからの方が、非常に複雑な、醜い競争が始まるわけで。案外、いちばん日本は苦手なんだよな。これから、従来なかった能力も備えて、積極的な外交を、これは複合的なものですけど。その前に、これから国会に行って、超党派でできた推進議連の幹部に話しますけど、とにかく財務保障をペーパーに書いてするということは、必要条件。国から一文も貰うつもりはないけど、『万が一のときには国が面倒見ます。間違いありません』くらいは、紙に書いて言ってくれないと。最低限の協力はしてもらいたい」

――投票でIOCの評価が高かったが、世論調査の結果が…。

「メディアが足引っ張るから。君らが協力してくれたらいいんだよ。国家の事業なんだから、同じ日本人として皆でやろうと、もう少しキャンペーンしてくれよ」

――中国の北京五輪について、開会式に行くという発言があった。

「最初から行かないと言っている話じゃない。興味はありますから」

――同じアジアのドーハが落選した。

「それによってアジアの票がどう動くかも、これから大きな要因になると思う」

――豊洲の土壌汚染問題で、築地のメディアセンターの建設計画を見直す考えはあるか。

「もしあそこが頓挫して駄目になったら、場所はたくさんある。どこでもいい。ただ、オリンピック関係なしに、豊洲に限らず、築地市場を移転も含めてリクリエイトしないと、都の流通がもたない。だから豊洲ってことになったんでしょうけど。土壌汚染は、新しい技術も、いろんなアイデアがある。限られたところで考えず、衆知を集めたらいい。これは五輪の障害にならないと思う」

――残ったところで最大のライバルは。

「大事なことは、やっと登山口に入ったんだから、あとは登るんだと皆で肩を貸し合って、まさに坂の上の雲をつかむつもりで、皆で頑張ろうじゃないか。やればできると思うよ」

ひと

『実は悲惨な公務員』を出版

公務員向け転職支援サイト「役人廃業.com」主宰

山本（やまもと）　直治（なおはる）さん

『公務員、辞めたらどうする?』に続き、3月に『実は悲惨な公務員』を上梓。東京都主税局の話も紹介しているためか、都庁内の書店でも好評という。

公務員からの転職支援サイト「役人廃業.com」を主宰するだけに、公務員の転身を鼓舞するものと思いきや「相談に来た公務員に『転職は止めたほうがいい』と伝えるケースのほうが多いです」。

公務員の意外に大変な現状を紹介し、恵まれているという世間の誤解を解きたいと本を書いたが、とはいえ役所はやはり休職や復帰などの面では温かい職場である。「民間の方が実際は大変。青い鳥症候群で転職を考える人には決してお勧め出来ません」

それでもサイトを立ち上げたのは、「役所を辞めたくても相談できるところは少ない。1度きりの人生だし、民間でもやれるというオーラが出ている人の背中を押してあげられたらと思ったから」。

自らも30歳で文部科学省を退職。「天下りや留学に頼らず若手で官庁から転職していく人たちを見ていて、公務員も民間で活躍できるということを世の中に発信したくなったので決断しました」

サイトは官と民の流動化を促すことで、社会を変えられるのではとの思いもあった。しかし、ビジネスベースではなく、「ほとんどボランティア。競合するサイトも全く現れません」。それでも、転職を果たした人の体験談は永久保存版として役立つはずと考える。

「草の根レベルの情報発信で、役所と退職者たちの生の姿を一般の人に理解してもらい、お互いが歩み寄って議論していく必要があると思う」

役所は意欲に燃えて入ってきた人もダメ公務員に変えてしまう環境がある。無駄を糾弾するのもいいが、指定管理者などでコストと共に質も下がり、リスクが高まる例もある。

また、役所では新たな風を吹き込んで欲しいと民間からの中途採用に熱心だが、その逆は厳しい。民間がもっと公務員を採用することで、官のスリム化も進むはずだ。

自身は公務員を辞めて、120%正解と。「乗員一人の船ならリスクを回避できるかどうかは自分の判断。納得ずくです」（門）

長野県生まれ。中大院法学研究科修了。98年度国家公務員採用I種合格。内閣官房副長官補室等を経て退職。現職の人材紹介業では「いまも公務員のDNAが残っていて、ワーキングプアの人が転職で人生の再逆転を図るお手伝いができないかも考えている」。趣味は旅行。妻と。34歳。

平成20年度

東京都管理職選考

問題の解説《上》

択一編

■都政事情

出題数は、昨年度と同様に6題であった。出題範囲は、昨年9月から今年1月にかけて公表された構想・計画、答申・報告、当初予算とそれらに関するものであった。特に、「10年後の東京」への実行プログラム2008を重点事業の継続と考えると6年連続、当初予算は4年連続、東京自治制度懇談会は2年連続の出題であった。

いずれの問題も都政における重要課題、都民の関心が強い事業からの出題であり、出題傾向も例年とほぼ同様であったと言えるだろう。また、難易度は高くなく、「東京都公式ホームページ」の報道発表や「とちょう―i」の都政ニュース・iポケット等の内容をチェックしておけば、ほぼ解答できる範囲の出題であった。

受験対策としては、日頃から新聞や知事定例記者会見等で都政全体の動きを把握しておくとともに、重要な計画や調査報告等については「とちょう―i」等を活用して、重点的に押さえておくことが望ましいであろう。さらに言えば、都政の重要課題やその背景等をレジュメ形式でまとめておくと、論文対策にも資するので、お勧めしたい。時事問題は出題範囲が広く対策に時間を要するものであるが、効率的に学び、ぜひ得点源にしてもらいたい。

■政治経済等事情

政治経済等事情の出題は、事務・技術とも10題で、昨年度と同じ出題数である。

出題内容は、昨年6月から今年の2月にかけての主要な政府方針や報告書（5題）、白書（2題）、国際会議（1題）、判例（2題）などである。昨年度の出題とは、国際会議（2→1題）、判例（1→2題）で一部問題数が異なるが、出題傾向に大きな変更はない。内容は基本的な事項を問うものが多く、基本的な知識で十分に対応できる。

この分野の対策としては、今のうちから新聞・雑誌等で主要な情報は整理し理解しておくことをお勧めする（都政への影響も考える習慣をつけると論文対策としても有効）。併せて、新聞ダイジェスト（新聞ダイジェスト社）や都政新報社等の試験講座により対策を進めると漏れがなく効率的である。

政治経済等事情は問題数が多い（事務では全体の4分の1、技術では3分の1）が、得点源になる分野でもある。また、論文作成の基礎知識ともなるので、通勤時間を利用するなどして、継続的に取り組まれたい。

■経済・財政に関する知識

出題数は、昨年度に引き続き、経済理論が5問、財政学が3問の合計8問であった。

経済理論は、ミクロ経済学からは3問で、2財の効用関数、完全競争市場下の企業行動分析、外部効果（外部不経済）に関する出題であった。マクロ経済学からは2問で、消費関数、均衡国民所得に関する出題であった。

財政学は、公共財、政府の税収と税の負担配分、地方財政の財源に関する出題であった。

例年同様、計算・グラフ・文章問題とバランスよく出題されている。全般的に難易度はやや高まっているものの、基礎を重視した出題になっていることに変わりはない。

出題傾向は、今後もほぼ同様であると予想され、比較的対策は立てやすい。経済理論は、専門用語が多く、敬遠されがちであるが、公式やグラフ等について、練習問題を数多くこなすことで、確実に得点を稼げる分野である。まずは、取り組みやすい基本書をマスターしたい。財政学は、経済理論の延長と位置付けた学習をするとともに、時事的な事柄も押さえておく必要がある。

■行政管理

昨年の試験制度改正から2回目となる今回は、出題数6題のうち、「行政改革」から3題、「行政参加」から2題、「行政評価」から1題と、前回同様の構成となった。

個々の問題を見ると、「行政改革」は「指定管理者制度」「NPM」「バウチャー」と、新たな経営改革手法に関する制度知識や導入状況に関する理解が問われる内容となっており、例年どおりの出題傾向である。「行政参加」は、「オンブズマン制度」や「情報公開制度」と比較的予想された内容の出題であったが、制度の具体的な運用に踏み込んだ問題になっており、より深い制度知識がなければ確実に正答を得ることは難しいと思われる。「行政評価」は昨年同様1題の出題となった。都、国及び他自治体における行政評価の取り組みについて一定の知識があれば正答できるレベルの問題である。

行政管理の近年の出題傾向を見ると、行政を取り巻く様々な制度改正や一層の公民連携の推進などを背景に、単なる制度知識を問うだけではなく、その運用状況にまで踏み込んだより実践的な知識が求められている。行政管理は時事的な要素を含んでいる分野であり、常に国や都の最新の動向を把握するとともに、今後の行政が目指すべき方向性について自分なりの考え方を持ちながら対策を進めることが大切である。

■経営に関する知識

昨年度に引き続き、今年度の出題数は8題であった。内容は、経営戦略、組織・人事、マーケティングといった分野からの出題であり、従来とは大きな変更はない。難易度については全体的に例年どおりである。

PPMやX理論・Y理論などは極めて基本的な事項であり、人事制度・人事評価、能力開発などは常識的に解答が導き出せる問題である。

また、マーケティング・コンセプト、コーポレート・ガバナンスも出題が予想できたものであり、基礎的な経営用語の知識があれば十分に解答が可能である。

問8の組織間関係論については、使われている経営用語がやや難しく、単純に消去法が使えない出題形式であったことから、正解率が低いものと予想される。

今後の対策について、この科目は出題範囲が広いことから、基本的な事項をコンパクトにまとめた参考書などを活用し、基礎を確実に押さえることが肝要である。また、例えば企業買収といった社会で話題となった事項が出題されたりすることもあるなど、日ごろからアンテナを張って社会の動きに注意する必要もある。

予想がしやすく、対策が容易なこの科目を、ぜひとも得点源にしたいところである。

■会計に関する知識

出題数は昨年度と同じ2問であった。内訳は、引当金の内容を問うものと、残高試算表と決算整理事項から当期純利益を導き出すというものであった。いずれも期末の決算整理事項関連の出題であり、企業会計の決算手続きや決算整理仕訳などの基本的な簿記の知識があれば十分に解答できる問題であった。

引当金は、将来の特定の費用または損失を計上するもので、貸倒引当金や退職給付引当金などがおなじみである。引当金の計上方法と仕訳については理解しておきたい。

当期純利益は、損益計算書から読み取ることができる。損益計算書と貸借対照表は、残高試算表と決算整理仕訳をもとに精算表により作成される。この一連の流れと、具体的な作業手順を理解しておきたい。

前年は、会計に関する知識の中では比較的新しい分野が出題されたが、今後も簿記の基礎知識を複合的に問う問題は引き続き出題されることが予想される。そのため、仕訳や勘定科目、決算手続きなどの簿記の基礎を理解した上で、実際に財務諸表を作成できるようにしておくとともに、財務諸表の見方を習得しておくことが望ましい。

カレントトピックス 20年度 34

経済事情

■平成19年度大学等卒業者就職状況調査　（5月16日）

厚生労働省及び文部科学省では平成20年3月大学等卒業者の就職状況等を共同で調査し、平成20年4月1日現在の状況を公表した。

大学生の就職率は96・9%で、前年同期を0・6ポイント上回った。就職率は8年連続で上昇し、平成8年度の調査開始以降最高となった。男女別にみると、男子は96・6%（前年同）、女子は97・3%（前年比1・3ポイント増）だった。地域別にみると、最も高いのは中部地区で98・8%、最も低いのは九州地区で93・4%であった。

厚生労働省は、未就職卒業者に対して引き続き職業相談等の個別支援や就職面接会等を通じたマッチングの促進等の取り組みを進め、その就職促進を図るとしている。

■経済財政諮問会議、経済成長戦略素案を議論　（5月23日）

経済財政諮問会議は23日、今後10年程度の間、人口減少下でも、実質2%以上の経済成長を目標とする経済成長戦略の素案を議論した。

戦略の柱として、①全員参加経済戦略②グローバル戦略③革新的技術創造戦略――の三つを掲げ、2008年度からの3年間を「戦略実行重点期間」と位置づけて改革に取り組むとしている。

具体的には、若者・女性・高齢者の220万人の雇用充実、対日投資の拡大、先端医療の研究開発を後押しするスーパー特区の創設などを盛り込んだ。

■知財高裁、コーラの瓶に立体商標認める　（5月29日）

コカ・コーラの瓶の立体商標登録を求めコカ・コーラ米国本社が起こした訴訟で、知財高裁は29日、「形状を変えずに長期間販売し、他社商品と区別する機能を持った」として、商標登録を認めなかった特許庁の審決を取り消した。

判決は、コカ・コーラの瓶について、「飲料用容器として通常採用されている形の域を出ない」とする一方、（1）国内でも昭和32年から一貫して同一の形で販売されている（2）ピーク時で年間約23億8千万本、現在でも年間9千6百万本の販売実績がある（3）年間30億円の宣伝広告で形状を消費者に印象づけている――などを挙げ、「ボトルの形自体がブランドシンボルとして認識されており、『コカ・コーラ』のロゴがなくても他社商品と容易に識別できる」とした。立体商標は物の形で他の商品と区別できる場合に認められ、ロゴなどがない飲料用容器の形のみで認められたのは初めてのケースである。

昇任試験対策のページ

20年度 特別区 管理職試験講座 18

I類 択一 ①

はじめに

今年の特別区管理職選考は9月6日に行われます。筆記考査の日まで、あと3カ月となりましたが、みなさん、準備の進み具合はいかがでしょうか。受験を決意されているみなさんは、職場でも中心的な役割を背負っており、多忙をきわめていると思います。その上、家庭の事情等もあり、勉強が十分に進んでいない方も多いと思われます。しかし、あせる必要はまったくありません。準備万端の状態で試験に臨む人はほとんどいませんし、管理職選考は、筆記試験だけで合格が決まるわけではないからです。まだほとんど準備の出来ていない方もあと3カ月努力すれば合格できます。そのための方法論を、述べたいと思います。

択一試験の位置づけ

筆記考査は、択一、記述及び論文で構成されています。筆記選考におけるそれぞれのウエートは残念ながら明らかにされていません。合格、不合格のさまざまな人の話を総合すると、筆記選考の中での択一試験のウエートはさほど高くないようです。ただし、軽視し過ぎるのも禁物です。択一試験の点数が悪すぎると、記述及び論文式試験のできが良くても、採点されないという噂もあります。私自身の経験からは、択一試験の目標として、平均点プラスアルファを目指す程度で良いと思っています。もちろん、高ければ高いほど良いに越したことはありませんが、記述や論文式試験の準備も忘れずに行ってください。

出題科目及び出題数について

択一試験は、40問を1時間半で解答します。5肢択一です。出題科目及び出題数は以下のとおりです。

○地方自治制度9問
○地方公務員制度5問
○時事問題（区政、地方自治、政治、経済、社会、労働）10問
○資料解釈4問
○専門問題（事務の場合。行政法8問、財政学・地方財政法4問）12問

出題科目及び出題数は、平成14年度から19年度まで同じです。比較的基礎的レベルの問題が多いといえます。

勉強の仕方

科目別対策について

それでは、科目別に対策を述べていきます。

(1)地方自治制度

主に地方自治法から出題されています。過去問の出題分野を見てみると、ここ数年は議会関係から3問、長の機関関係から3問、その他の分野から3問の出題、というパターンが多いと思います。時間がない方は、議会と長の機関に絞って勉強すると良いと思います。また、条文の新設や改正があったところは、かなりの高確率で出題される傾向があるので、押さえておくべきです。また、勉強してみると分かると思いますが、地方自治法は普段の仕事を遂行する上で大変役に立ちます。今後、みなさんが管理職として活躍するための土台となる知識ですので、この機会を利用してしっかり身に着けてください。

勉強方法としては、私の場合は、参考書を読んで問題集を解くというスタイルを取っていました。具体的には、『地方自治法の要点』（学陽書房）を読んだあと、『これで完璧！地方自治法250問』（学陽書房）の該当問題を解いていました。この問題集は、「これで完璧！」という言葉に惹かれて購入しました。問題数が多すぎて負担に感じる方もいるかもしれませんが、出題頻度のランクもついており、あまり細かい問題を飛ばしても良いと思います。ただ、若干択一試験の問題の傾向と異なっている部分もありますので、書店に行って実際に見てみるのが良いと思います。

その他、合格者が良く使っている参考書、問題集として次のものが挙げられます。

○『地方自治ポケット六法』（学陽書房）
○『地方自治小六法』（学陽書房）
○『101問シリーズ』（学陽書房）
○『実戦150題シリーズ』（都政新報社）

これらは受験生にとっては定番と言われるものですが、現在さまざまな出版社から数多くの参考書、問題集が出ています。実際に手に取り、比較検討した上で購入してください。とにかく、自分にあったものを選ぶのが一番です。

(2)地方公務員制度

主に、地方公務員法から出題されていますが、労働法や地方公営企業法などから出される場合もあります。過去問の出題分野を見てみると、広範囲から出題されています。地方公務員法は、条文数が少ないし、比較的身近に感じる内容が多いので、得点源にしている受験生が多いです。条文の新設や改正があったところが出題されやすい点は、地方自治法と同様です。

勉強方法としては、地方自治法と同様、『地方公務員法の要点』（学陽書房）を読んだあと、『これで完璧！地方公務員法200問』（学陽書房）の該当問題を解いていました。これで十分でした。

その他、合格者が良く使っている参考書・問題集として次のものが挙げられます。

○『101問シリーズ』（学陽書房）
○『実戦150題シリーズ』（都政新報社）

(3)時事問題

「都区政、地方自治関係」と「政治、経済、労働事情関係」に分かれます。前年の10月から7月までが出題範囲です。10問と択一試験の4分の1のウエートを占めるので、無視できませんが、毎年度いくら勉強しても絶対分からない問題が出ますので、ほどほどにしておくのが良いと思います。

①都区政、地方自治関係

近年の傾向だと、特別区に共通の課題、都の計画、条例、地方自治関係の国の動向などから出題されます。以前は都に関する問題が必ず出題されていたのですが、平成18年度は出題されませんでした。もう出ないだろうと思っていたところ、平成19年度は再び都政ものが出題されて面食らいました。今年度も、出題されると思っていた方が良いでしょう。区政に関しては、都区財政調整制度が毎年度出題されていますので要チェックです。また、5月に行われる東京都管理職選考に出題された問題は出題されないと言われています。

勉強方法としては、直前2週間位で集中的に暗記するのが良いと思います。

《参考書》
○広報東京都
○区政会館だより
○都政新報の記事

②政治、経済、労働事情関係

都区政、地方自治関係と同様、東京都管理職選考に出題された問題は出題されません。単独では問題になりえない事項でも、「最近の～」という形で出題されることがあります。

《参考書・問題集》
○『時事問題総まとめ』（都政新報社）
○『月刊新聞ダイジェスト』（新聞ダイジェスト社）

(4)資料解釈

得意な人もいれば苦手の人もいる科目です。根気よく時間をかければ解けると言われています。過去問や問題集を継続的にやっていけば良いと思います。

《参考書・問題集》
○『1日10分資料解釈』（都政新報社）
○『資料解釈のコツ』（公人の友社）

(5)行政法

分野によっては、条文がなく、概念になじみがないので苦手の方が多いようです。時間はかかりますが、基本書を読んで理解をしてから問題を解いていった方が、問題集中心で勉強するよりも早く仕上げられると経験上感じています。

勉強方法としては、『行政法の要点』（学陽書房）を読んだあと、『これで完璧！行政法250問』（学陽書房）の該当問題を解いていました。

《その他の参考書・問題集》
○『101問シリーズ』（学陽書房）
○『実戦150題シリーズ』（都政新報社）
○『行政法』（田中二郎、弘文堂）
○『行政法がわかった』（法学書院）
○『ベーシック行政法』（学陽書房）

(6)財政学・地方財政制度

あまり勉強しない人が多いようです。しかし、地方財政法、地方交付税法、地方税法等の知識は今後の仕事に役立つことが多いので、なるべく勉強した方が良いです。解説の丁寧な問題集や過去問を繰り返しやると良いでしょう。

《参考書・問題集》
○『新スーパー過去問ゼミ2財政学』（実務教育出版）
○『地方財政白書総務省編』（国立印刷局）
○『特別区職員ハンドブック』（ぎょうせい）

最後に

択一式の場合、参考書、問題集を一通りやったら、過去問を繰り返しやることが重要です。似たような問題が何度も出題されていることに気づくはずです。区によっては、模擬試験や管理職を目指す勉強会もありますので、積極的に参加してみてください。地方自治法、地方公務員法は、条文がそのまま出る場合もありますので、条文の素読も効果的です。

経験上、あきらめないことが何より大切です。つらくても、毎日少しでも取り組んで下さい。

みなさんのご健闘をお祈りいたします。

高校中退しても終わりじゃないよ！

――不登校や中退者を支援

NPO法人教育支援協会　杉浦孝宣

【高校中退】

NPO法人教育支援協会では20年以上、不登校や中退、留年などの問題に取り組んでいます。

「うちの子に限って中退なんて」と思うでしょう！

以前は勉強のできない子や不良のような子が中退することが多かったのですが、今はまじめで勉強ができた子に限って、学校になじめないで辞めるケースが多いのです。

都立の欠員募集を見る限り、約5千人の学生が中退していることをご存知ですか？　これに私立を加えると……。

先日も、4月中に高校を辞めたという子が相談に来ました。一見して、まじめで勉強が好きそうな好青年。ところが、私も知っている私立高校の先生と「髪を切る」「切らない」で揉めて退学したそうです。

彼を弁護するわけではないが、茶髪でもロン毛でもない。若干髪が耳にかかる程度です。2、3回髪の毛を切って来いと言われ、無視したら強行にはさみを入れられて、結果、彼は学校に行かなくなり、中退を余儀なくされました。私の所に来所し、相談の結果、通学型通信制高校に転校ということになりました。

原因は、学校の説明会で校則はそれほど厳しいことを言われなかったのに、入学後厳しくされたということでしょうか？

私もその私立高校の説明会に行ったことがあります。校則はそれほど厳しくなく、〝勉強中心にがんばる私立高校〟とアピールしていたような覚えがあります。「中退する子はいるんですか？」との厳しい問いにも、「ここ5年くらい中退する子はいません」と豪語していましたが、私の知っている限り、5年間にその学校を辞めた子の5人は私達の所に来ました。

ウィッツ青山学園高等学校東京キャンパスの入学オリエンテーションであいさつする杉浦代表

このような例は私立のみならず、都立でもあります。

【高校に入れることばかり考えている先生】

中学3年生のこの時期は、学校では「説明会に行って来い、内申を上げろ」「部活は引退まできちんとやれ」とばかり言われています。

進学先の高校について実態を把握しないまま進学するから、高校に入学し、ゴールデンウイーク後の5月、6月くらいが一番、退学する子が多くなります。

高卒資格をとらないと、日本ではハローワークに行った場合、ほとんど相手にされません。

しかし、高校中退のリスクはどんな子にもあり、そうなった場合でも高卒資格を取る方法はあり、そこで終わりではないということを、皆知らないのです。

中学の先生も、高校の先生に対して▽どのくらい高校を辞めるのか？▽留年する場合はどんな場合か？▽校則はどれほど厳しいのか？▽本当に大学進学をしているのか？（一人で40校以上受ける水増し情報ではないか）――など厳しくチェックするべきでしょう。

「経済的な理由で都立に行く」と言っても、その高校が教育困難校だと、まじめな子はいじめられて辞めてしまうか、不良になるかの選択肢を迫られるケースが多いのです。

【不登校中学生が増殖中】

少子化にもかかわらず不登校になり、適応指導教室に通う生徒の割合は年々増える傾向にあります。中学で不登校になった場合、都立高校に行くチャンスは限定的です。何故なら、都立のほとんどは内申重視で入学試験が行われるからです。

例外である都立新宿山吹高校や、桐ヶ丘高校等のチャレンジスクールなどは、内申を気にしないで山吹なら当日の試験のみ、チャレンジスクールは作文と面接だけで合否が競われます。

私もこうした受験に20年以上も付き合ってきましたが、環境を変えると不登校が治るケースがほとんどです。何故なら、私達は彼らに対して、特別なことは一切やっていませんが、午前10時から午後3時まできちんと登校し通ってくれた生徒の94％の子が新宿山吹、桐ヶ丘、六本木などの単位制高校やチャレンジスクールに合格を決めています。

【不登校、高校中退、留年問題解決】

NPO法人教育支援協会のミッションは、首都圏で毎年1万人以上の高校生が中退する現状から、中退しない高校選びを啓蒙しつつ、なんらかの事情で進学が困難な子どもに対して、高校進学、進級、卒業のお手伝いを相談を通して解決したいということです。

相談に当たっては、①中立な立場に立ち、相談者にとって有益な情報を伝える②個人情報保護法を順守し、相談者の秘密を守る――をポリシーにしています。

具体的な支援として、中学生に対しては、不登校、いじめなどの問題を抱え、通級できない人には勉強の相談、フリースクールの案内、不登校でも受検可能な都立新宿山吹高校、桐ヶ丘高校などのチャレンジスクール受験の進路相談。中学卒業者には、高校受験、高卒認定試験の相談および受検指導。また、高校生、高校中退者には、高校留年、高校転校（転学、転入、編入）などの相談および進路指導などの支援をしています。

さらに、非行少年、少女に対する立ち直り支援として、少年院出院者向けに、本人にあった環境の高校選び、高卒資格取得支援。社会人には、働きながら高卒が取れる高校の案内、および進路指導などを行っています。

詳しくは、http://www.kousotsu.jp、首都圏対象の無料教育相談は☎6806・8366、メールはinfo@tokyo-campus.jpまで！

ご都合現場主義

がんばれ！公務員　25

文とマンガ　鈴木武征

単なる巡り合わせと言ってしまえばそれまでだが、私は現役時代に東、美濃部、鈴木、青島、石原さんの5人の知事のもとで働く機会を得た。

各人さすがの個性の持ち主で、知事が変わると末端の職員の仕事ぶりまでが変わるということを十分体験した。

そんな強烈個性の各知事だが、就任時には現場からの発想、現場からの改革など一様に現場主義の重要性を説く。

それを聞いて私なんかごく単純に、「おっ、今度の知事さんは話が分かりそうだなー」なんて感激した。

しかし、現実は甘くは無かった。

知事が現場を重視するというのだから、こっちはてっきり現場が働きやすくなる、うまくすれば待遇も良くなるのではと淡い期待を持つ。

しかし、その期待とは裏腹に、人員削減、組織縮小など、現場の執務条件は年々厳しくなり、最悪の例では現場の職場そのものが廃止されてしまった。

「えー、何か違うな」なんて思ったときはもう遅い。

官庁に限らず組織を支えるのは職員一人ひとりだ。特に、日々住民や消費者と接触して仕事する最先端職場の職員をいかに働かせるかが重要だ。

従って、上に立つ者、官民を問わず事あるごとに現場を重要視する発言をする。

そう、上に立つ人の「現場主義」とは、「こんにちは」「今晩は」と同じ日常あいさつの一つに過ぎない。

時代劇の悪代官でさえ就任時には、「百姓の一人ひとり、そして年貢の取り立て現場が重要だ」くらいのことは言っていたに相違ない。

もとより、こういう人達もハナから現場を軽んじるというのではなく、現場が大切だという認識は十分持っている。

問題はその心が、だから現場の職員や職場を大切にしよう、執務条件の改善を進めようという優しさには繋がっていないところにある。

歴代の5知事の中では石原さんが最も現場主義を口にする。

徴収の現場、教育の現場、新採職員への訓示など現場の重要性、現場への期待を熱く語る。

さらに、国に物言う際には、国の役人は現場を知らない、自分は地方自治の現場に立って発言しているのだ、と武器にまでしてしまう。

しかし石原知事になったら現場が働きやすくなったという事例は一つも聞かない。

むしろ組織の統廃合、公立法人化、委託促進、管理強化などで悲鳴しか聞こえてこない。

これはもう「現場主義」というより「現場利用主義」に過ぎない。

「現場主義」というフレーズのみ道具として利用し、現場そのものは平気で切り捨てる。

もはや職員は上からの圧力に唯々諾々と従うしかないのだろうか？

それは違う。上が現場主義を利用するのであれば、職員こそ現場主義を発揮すべきだ。

現場の実情、現場の苦労、現場の改善策を知事本局や総務局に山ほど届けるのが良い。

それが出来ない職員とてどうってことはない。

浪曲の石松代参に「一歩踏み出しゃ旅の空～」というくだりがある。

東京の下町や多摩の山道を行くあなたの姿を、知事や局長が直接見ている訳ではない。

両手を思いっきり空に突き出して大あくびでもしようではないか。

ともに生きる　28

先達の共生の願い引き継いで

日本の聴覚障害児の教育は、1875（明治8）年に京都で始められています。学校としては1878年に私立の盲唖学校がやはり京都で開校されています。注目しなければならないのは、学校創設を当時の槇村京都府知事に具申した遠山憲美という方の建議意見書です。

文語体で書かれていて難解ですが、言わんとするところは、「障害があっても持てる力は人みな同じである。障害者を社会が隔てるのではなく、日本の地に共に生きる同胞兄弟として助け合っていくべきである」ということです。

1950年代に北欧でノーマライゼーションの考え方が生まれ、社会福祉の基本的な理念として定着してきていますが、半世紀以上も前にわが国の先賢が提言しているのです。

勿論、当時は慈善的な色彩が濃い時代背景はあったことでしょう。また制度的にも、1812年に世界で初の聾児義務制を創設したデンマークなどと比べ、日本の聴覚障害教育の義務制が始まったのが1948（昭和23）年であり、試行錯誤的な指導を展開する中で、聴覚障害児の本性やニーズに合った取り組みができていたとは言えないかも知れません。

ノーマライゼーションの父と言われたデンマークのバンク・ミケルセンは、「ノーマライゼーションとは、障害者をノーマライズするのではない。環境をノーマライズするのだ」と言っています。日本の聴覚障害教育の中でもそうした認識を踏まえない取り組みもあったかとは思いますが、先達の足跡を辿ると、やってあげるのではなく、共に社会を構成する者同士として、障害がある者もない者も共に生き、共に社会を発展させるために力を合わせるという願いが、その根底に脈々と引き継がれてきたのではないかと思います。豊かな潜在能力を有する聴覚障害児が、適切な教育や支援により、持てる力を最大限に開花させ、共生の社会に貢献できることを心から願う次第です。

（元都立立川ろう学校長　小林　明）

訂正　シリーズ第16回の2段目に発達器官とあるのは「発音器官」、第20回の2行目に耳の不自由な人とあるのは「目の不自由な人」のそれぞれ誤りでした。

※聴覚障害のシリーズは今回で終わります。次回からは体の不自由な方々と共に生きることを考えていきます。

声

定年退職後の仕事

都庁や区市町村役場において定年退職を迎えられた多くの方は、再雇用職員、最近では月16日勤務の再任用職員として働く道を選んでいる。身近で見ていても昔の60歳のイメージとは違ってまだまだ元気で意欲も高いし、その分働いて社会貢献していただくことは大変喜ばしい。

しかし気になるのは、再任用以外で働く人が非常に少ないことだ。その豊かな行政経験を活かし、民間企業でお客様対応などの渉外業務をやったり、学校で地方自治についての非常勤講師をしたり、福祉やまちづくりなどを目的としたNPOにおいて行政との橋渡しをしたり、と思いつくだけでもいろいろあると思う。社会全体の生産性向上といった意味からも、地方公務員定年退職者は貴重な人材なので有意義に使うべきだ。

給料や休暇といった待遇面では再任用のほうがずっと有利だろうが、決して少なくない退職金も受け取っていることでもあるし、是非、元気な退職者には行政の外にチャレンジしてほしいと思うのは私だけ？

（サトーク）

みにがいど

◆第41回都民コンサート「心に残る永遠のPOPS！」▽日時　7月14日（月）午後7時～8時30分▽会場　なかのZERO大ホール▽出演　都サーカス▽申込資格　都内在住・在勤・在学の方とその家族、1200名▽申込　往復はがきに、①〒・住所②氏名③年齢④希望人数（2名まで）⑤電話番号を明記し、〒150-0047渋谷区神山町5の5「第41回都民コンサート」事務局まで※23日（月）必着▽問い合わせ先　福利厚生事業団☎5320・7448

◆第165回月例フォーラム　▽日時　6月27日（金）午後1時30分～4時15分▽テーマ　食の安全▽講師　牧下圭貴・全国学校給食を考える会▽会場　中野サンプラザ7階研修室▽参加費　1千円（会員は無料）▽問い合わせ先　東京自治研究センター☎5338・9022

都～区トーク

交渉相手がなくなった

年々縮小され、わけがわからなくなる都庁の組織であるが、先日気が付いて驚いた。なんと総務局に勤労部がない、労務課もない。

若かりし頃、仕事以上に情熱を燃やしたわが組合活動の経験からすれば、都労連団交などのハイライトで、都側の交渉相手になるのは勤労部の労務課であった。無論、団交の公式な発言者は知事や任命権者と称する幹部であるが、いわゆる「窓口」というのは労務課である。官房局の幹部にも勤労部上がり、労務課上がりが結構いるのは、管理職のほうがご承知であろう。

わが支部の現役の執行委員のA君に、今後はどうなるのかと尋ねると、「労務は人事部の制度企画課に吸収されたらしいので、人事部制度企画課が相手になるのでしょうね」とのこと。

交渉相手が誰であろうと、誠実に応じてくれればかまわないという向きもあろう。

しかし、当局は長年「人事や組織は当局の管理運営事項で、組合交渉にはなじまない」と称し、交渉のテーブルにすら着きはしなかったはずだ。そういう部や課が、これは組合交渉、これは管理運営事項と、切り分けて出てくるというのは、やはり釈然としない。もちろん、今後は人事部や制度企画課の業務を皆、労使交渉の題材とするというなら別であるが、そんなことは絶対にないはずだ。

当局の方針はどうあれ、こういう交渉相手の変化に、都労連は、わが組合はどう考えていたのか、いささか気になるところである。

民間組合のロックアウトのピケ闘争で暴れて捕まった某単組幹部を、一人で警察に引き取りに行った労務課長も知っている、あれは人事部には内緒だったはずだ。もうそういう時代ではないのであろう。業務の見直しとやらで、人情味ある労使交渉自体が、組織から切られていく時代となったようだ。

（ピカピカの再任用）

都政新報

発行所 都政新報社
〒160-0023 東京都新宿区西新宿7-23-1 TSビル
（総務・読者）03-5330-8781
（企画広告）03-5330-8784
（編集）03-5330-8786
（出版）03-5330-8788
（セミナー事業部）03-5330-9977
（ファクス）03-5330-8808
購読料 月1,680円(税込)
毎週火・金曜日発行
但し、祝祭日は休刊

紙面から

東京五輪1次選考通過
IOC作業部会報告書
開催能力に高い評価
「10年後の東京」にも言及

国際オリンピック委員会（IOC）は5日未明（現地時間4日）、2016年夏季五輪の立候補都市として東京を含む4都市を承認した。その判断材料となったIOC作業部会のレポートでは、総合評価で東京がマドリードやシカゴを押さえて1位だったが、世論調査では支持率が59％と他都市と比べて低く、都民の盛り上がりが課題として残った。石原知事は5日午前、庁議を開き、「国家の事業を東京という大都市でやるということだから、総力戦でのぞんでほしい」を呼びかけた。

IOCの作業部会は、IOC委員や国際競技連盟（IF）、輸送やセキュリティーといった専門家など、計13人で構成されている。

東京は、判断基準となる11項目のうち、「オリンピック選手村」「環境面における状況及び影響」「宿泊施設」「安全確保及び安全対策」で1位、「一般的インフラ」「競技会場」「輸送構想」「過去に開催したスポーツ大会実績」「財政」「全体計画とレガシー」で2位だった。

宿泊施設については、IOCの要求基準（4万室以上）に対して、半径10キロ圏内に7万室以上と大幅に超過。選手村から競技会場への距離は平均9キロで、各都市と比較して最も近かった。安全・セキュリティー面では、警視庁も含め、オリンピックを実現するために十分な警備資源と経験を保有していると評価された。

環境面では、都が取り組んでいる緑地の増加や再生水の利用、排出ガス規制などの環境対策が評価された。インフラについても、「高密度で効率的な鉄道インフラと高速道路ネットワークで競技会場への良好なアクセスが可能」と高い評価を受けた。

また、インフラや競技会場については、「10年後の東京」に言及して評価した箇所があった。インフラについては、すべての輸送計画が「10年後の東京」に盛り込まれていて、新たに要求するものがないことを指摘。競技会場については、臨海部に設ける競技会場が、「10年後の東京」の実現に寄与するものと評価している。

点数が低かったのは、「政府保証、法的問題、世論」の4位。招致に対する政府、自治体の支援の状況、大会開催に伴う法的問題の有無については評価が高かったが、世論調査の支持率が、マドリードの90％に対して、59％と低迷した。招致本部では、「世論調査が各都市の絶対数だけ出ていて、東京はその数字だけ見ると一番低い数字。何らかのかたちで世論調査の結果が反映しているといえる」（中嶋正宏・計画調整担当部長）と分析する。

リポートでは、立候補を申請した7都市のうち、プラハとバクーの2都市について、オリンピック大会を主催するために必要なレベルに達していないと判断。アジアでライバルと予想されたドーハについては、総合評価で4位とし、大会を主催できるレベルと判断したが、気象条件で大会開催時期がIOCの指定した期間を外れるために、「オリンピック大会をこの時期に持つ潜在的リスクを評価しなかった」と、理事会の判断に委ねた。

理事会の最終判断では、ドーハを除き、上位4都市の東京、マドリード、シカゴ、リオデジャネイロが承認された。

今後は、09年2月に各都市が立候補ファイルをIOCに提出。IOC評価委員会が5～6月に各都市を視察する。開催都市を決定する第121次IOC総会は、09年10月2日にコペンハーゲンで開かれる予定だ。

招致本部では、「世論調査の問題もあるが、全体的に東京の開催能力が非常に高く評価された。我々としても招致の可能性が高い、これで弾みがついたと考えている。これをばねにして国内の招致の盛り上げをいっそうやっていきたい」（同）と意気込んでいる。

◇　◇　◇

国会では、自民、公明、民主など、超党派の議員連盟が秋にも設立され、来年10月のIOC総会に向けた招致活動を進める。一方、共産党都議団は「都民は、かつてない厳しい状況。東京都が行うべきことは、オリンピックの名による税金のムダづかいをやめ、都民のくらしと営業を守ることに全力を尽くすことだ」と批判した。

石原知事は「総力戦」を呼びかけた＝5日の庁議で

大江戸線でホーム柵
13年度末までに全駅に設置
都交通局

都交通局は2013年度末までに、都営大江戸線の全38駅にホーム柵を設置する方針を固めた。09年度から工事に着手し、13年度末までに全駅に設置する計画。費用は概算で120億円程度を見込み、詳細は今後詰める。大江戸線は他線に比べて混雑度が高く、転落事故を防止する狙いがある。

都営地下鉄では、三田線が2000年秋に全駅でホーム柵を設置。ホーム柵の開閉は、列車と駅に設置しているATO（自動列車運転装置）で制御し、双方でデータを伝送して、車両の動きや停止位置まで細かくコントロールしている。車両のドアと、ホーム柵のドアを同じタイミングで開閉させる必要があるが、これもATOが制御している。

一方、大江戸線もATOで車両の動きをコントロールしているが、ATOのタイプが三田線よりも古く、データ通信や、三田線ほど細かい車両の検知はできないという。

車両とホームで、ドアを連動させなければ開閉できない。仮に開けたとしても、転落事故につながったり、車両とホーム柵の隙間に挟まったりしかねないため、双方をどう連動させるかが課題になっていた。

ATOを交換すれば、この課題はクリアできるが、積み替えだけで膨大なコストがかかるうえ、工事に長期間かかってしまう。こうしたことから、現在使っているATOをそのまま使い、車両の停止位置を検知するセンサーや、データを伝送する装置を導入し、費用を圧縮する。

ホーム柵を設置するには、車両1両あたり、750キロもあるホーム柵の重量に耐え切れるよう、ホームの補強が必要という。また、供給する電力量が増えるため、変電所を一部改修することになるが、これらを合わせても、120億円程度になる。

ただ、営業が終わり、電源を落とす午前1時から、始業の午前4時前までの3時間で工事をしなければならないため、施工の手順も検討する必要がある。

三田線では、ホーム柵を設置したことで、設置前には年間数件あった転落事故がなくなった。大江戸線では、年間に10～20件程度の転落事故が発生しており、効果が期待できそうだ。

現段階では、新宿線と浅草線にホーム柵を設置する計画はないが、将来的に設置するとなると、障壁は大きいという。他社の路線が乗り入れているため、各社の車両でドアの間隔が異なり、ホームドアがすべての車両に対応できないからだ。

三田線では、ホーム柵の設置を前提として乗り入れを設計していたため、他社も乗り入れにあわせて車両を更新。都でも莫大な経費を投じた経緯がある。仮に、浅草線でホーム柵を設置することになれば、車両の改修を含め、他社との調整が必要になる。

同局では地下鉄の安全確保策として、現在はホームに3カ所設置されている緊急停止ボタンを増やす方向で検討。また10年度末までに、浅草線の信号保安設備を新型ATS（自動列車停止装置）に更新し、曲線などで速度超過の防止を徹底する。

ホーム柵の設置で転落事故の防止が期待される＝東京メトロ丸ノ内線新宿駅で

学校の耐震化
加速に向けて議会論戦へ
耐震化率3割の市も

中国・四川省の大地震で体育館、校舎等が倒壊し、大きな被害が出たことから、学校耐震化の国庫補助率をかさ上げする地震防災対策特別措置法改正案が6日に衆議院を通過した。参議院でも可決の見通しで、今年度から3年間の時限措置で耐進化が促進されることになる。これを受けて都議会第2回定例会でも、学校耐震化をどう加速させるか、都の取り組みが論戦になる。

学校の耐震補強事業を行う場合、現行制度は国と区市町村が各2分の1の経費負担になっている。起債の元利償還金は、地方交付税で半分が措置されるため、実質的な区市町村負担は31・25％になる（うち一般財源は12・5％）。

しかし、区市町村からすると、国庫補助の裏負担が重く、耐震化が進まない要因になっていた。都内の状況を見ると、学校の耐震化率は都平均で73％だが、23区の77％に比べて市町村は64％と低い。しかも、自治体によって差が大きく、07年の調査では、同じ多摩地域でも福生と羽村は耐震化率100％だが、青梅、昭島、東大和、あきる野市は3割にとどまっている。

制度改正後は、国庫補助率が3分の2にかさ上げされ、実質的な区市町村の負担は13・3％になる（うち一般財源3・3％）。ただし、改正法が対象とするのは「大規模地震で倒壊の恐れがある校舎等」に限定される。

この結果、耐進化が必要な小中学校の校舎等は、都内に約2100棟あるが、その25％程度しか補助率かさ上げの恩恵をこうむらない。

この点を問題視する共産党は、第2回定例都議会に小中学校の耐進化促進助成条例を議員提案。国制度で補助率かさ上げの対象にならない校舎等についても、都が助成する制度を提案している。07年第3回定例会でも同様の議員提案をしたが、公立学校の施設整備等は「区市町村が設置者として負担するのが原則」といった理由で否決された。

国全体で学校耐進化がクローズアップされる中で、自民党は「これまでも設置者の財政負担が軽くなるように国に働きかけ、都の市町村総合交付金の充実を含めて取り組んできた」（川井重勇政調会長）という立場。しかし、重要な問題であることから、党内で議論している。

川井政調会長は「区市町村によって財政力が違う。改正法は3年間の時限措置なので、たとえば2010年度までに対応できない区市町村があるかもしれない。それを都が手助けするとか、区市町村の自治を尊重しながら、どういう形で後押しできるか、議論している最中」という。

公明党も代表・一般質問で学校耐震化の問題を取り上げる考えだ。

都政の東西
存在価値

会員同士が友達らを紹介し交流するウエブサイト「SNS」（ソーシャルネットワークサービス）を、地域活性化などに生かす「地域SNS」が増えている。民間企業が地域SNSの大半を運営しているが、行政が運営するケースもある。だが、行政版は、どんな存在価値があるのだろうか。

現在、23区で地域SNSを運営するのは千代田区。また、NPOと協働事業で行っているのは葛飾区。千代田区では05年12月に総務省のモデル事業として、葛飾区では07年6月にNPOから提案を受けて、地域SNSがスタートした。

地域SNSは、会員からの紹介が必要であったり、興味があれば誰でも登録できたりする。千代田区の地域SNS「ちよっピー」には5月末で2293人、葛飾区の地域SNS「かちねっと」は6月上旬で532人の会員がいる。共通点は、スポーツ、アウトドアなど共通の趣味を持つ会員が交流する「コミュニティ」に書き込みができる。

両SNSは、地域活性化を目標に掲げている。だが、ちよっピーを運営するまちみらい千代田は「地域活性化はない」と打ち明ける。葛飾区も「地域活性化に直結する行動に至っていない」という。趣味の同じ人が集まる同好会としての色彩が濃い。会員同士が情報交換するなどの役割にとどまっており、地域SNSの限界なのだろうか。

自治体のモニターなどを地域SNSの会員に担ってもらえば、新たなモニターを発掘できるメリットはある。また、「ちよっピー」では30～60歳までの会員が多いため、退職した人が地域に戻ってきた時のコミュニケーションツールとして役立つかもしれない。活用方法を工夫したり、目的を明確にしない限り、地域SNSの存在価値は高まらないと思う。

小児救急トリアージ
2病院でモデル事業
課題を検証

都福祉保健局は治療の優先順位を判断する専門的知識を持った看護師を配置し、「小児救急トリアージ普及事業」を、都内2病院で開始した。

事業は、武蔵野赤十字病院（武蔵野市）と東邦大学医療センター大森病院（大田区）に委託。小児科の時間外診療で、専門知識を持つ看護師が治療の緊急度を判断する。都は担当看護師の人件費や研修費などを支援し、各病院にはトリアージの基準を検討し、課題を検証してもらう。

両病院では、救急の小児科の患者を、一晩に平均30～40人取り扱い、都内の二次救急医療機関でも多い。一方、都内では、小児科の時間外診療のうち95％が軽症という。

順大で医学部定員増
緊急医師確保対策で
都福祉保健局

都福祉保健局は3日、医学部の定員を増やす大学を順天堂大に決めた。国が昨年5月に示した緊急医師確保対策の一環で、医師不足が深刻な小児科や産科など、特定の診療科に従事する医師を養成するのが目的。増員枠は5人で、09年度から9年間、延べ45人増やす。

都は対象者に修学金や生活費を奨学金として貸与する予定で、奨学金の額は、1人あたり2800万円程度を見込んでいる。医師免許を取得後、都が指定する医療機関に9年以上勤務した場合は、奨学金の返還を免除する。都は10日に開会する第2回定例会に、制度を定める条例案を提案した。

放置自転車が過去最少に
駐輪場整備と撤去活動で
前年より1万5千台減

都内の放置自転車の台数が過去最少の8万5千台だったことが、都青少年・治安対策本部の調べで分かった。駐輪場の整備や、放置自転車の撤去が奏功し、前年より1万5千台減少。02年度からの6年間で、放置自転車の台数は半減したことになる。

07年10月現在、都内の駐輪場は約1800カ所（82万台）で、前年から約3万台増加。このうち、約60万台分を区市町村が設置しているが、撤去活動などを含めると、区市町村の経費は総額約160億円（06年度決算額）に上っている。

都内の商店街
3年間で68減
産労局が実態調査

都産業労働局はこのほど、都内の全商店街を対象とした「07年度商店街実態調査報告書」をまとめた。

調査は3年ごとに行われている。07年度の商店街数は、前回に比べ68の商店街が減り、2717となった。景況判断で「繁栄している」と回答した商店街は約7％。また、商店街組織の活動状況が「活発」と答えた商店街ほど、「繁栄している」の割合が高かった。安全・安心への取り組みを行っている商店街は56・8％で、前回調査より25・3％増えた。

空き店舗のある商店街は61・1％で、前回調査より1・4ポイント減。商店街の抱えている問題点で最も多いのは、前回調査と同じく、後継者不足だった。

冗句ジョーク

都議会2定開会、前回の深夜審議の反省

議長「開会に先立ち、皆さんまず下着をはき替えて下さい」

スピード社

港区長選告示

現区政の是非を問う

現新2氏が立候補

任期満了に伴う港区長選挙は8日、告示され、新人で共産党港地区委員長の金子孝重氏（59）＝共産推薦＝、現職で再選を目指す武井雅昭氏（55）＝自民、民主、公明、社民推薦＝の2氏が無所属で立候補を届け出た。港区は人口約21万人。人口増に伴う子育て対策や再開発と地域コミュニティーの共存などが区政の課題。現区政の是非をめぐっての選挙戦となる。投開票は15日。7日現在の有権者数は17万160人。

◆金子陣営

金子氏は午後2時、タワーマンションが近くにそびえる商店街で約150人を前に第一声。共産党の次期衆院選東京1区（千代田、港、新宿区）予定候補の富田直樹氏は、後期高齢者医療制度の廃止を求めない現区政に「レッドカードを突きつけ、金子さんを区長にしていこう」と呼びかけた。

今回の選挙で同制度と再開発を主な争点にする金子氏。同制度に対し、「2年ごとに保険料が上がる最悪の制度。断じて許さない」と酷評し、国に廃止を求めていく考えを示した。その上で「低所得者の保険料を無料にする」と公約を掲げ、現在ある港区の基金約1200億円のうち、「0・6％を使えば無料化を実現できる」と説明した。

また、「港区は再開発に今年度31億円、これから9年間で約200億円を投入しようとしている」と指摘。再開発の推進で特別養護老人ホームなどの整備が遅れ、福祉政策が後回しになったとして批判し、「再開発の補助金を抜本的になくしていく」と訴えた。

◆武井陣営

武井氏は午前11時、事務所前で第一声。国会議員、都議、区議らをはじめ、支持者ら約200人が集まった。

区政の首長選挙は国政とは違うとし、後期高齢者医療制度をめぐる対立も持ち込まないのが、地元自公や民主の立場。次の衆院選の東京1区ではライバルとなるはずの自民党の与謝野馨衆院議員、民主党の海江田万里前衆院議員も顔を並べた。「我々は自民の区長ではなく、区民の区長をつくる。当選の暁にはすべての区民に対して公正な区政を」（与謝野氏）、「この4年、港区は、いいまちになったのではないか。他党などと力を合わせよう」（海江田氏）と声をそろえて武井氏を激励した。

壇上に上がった武井氏は「区民に身近な区政を実現するため、各地区に総合支所を設けた。より多くのサービスを提供し、地域の課題は地域で解決できるよう推し進めてきた」と、これまでの4年間を総括。「子どもの数が増えていくなか、子育て支援策の充実、高齢者や障害者も安心して暮らせるまちづくりを進めたい」と掲げた。

武井雅昭氏　金子孝重氏

過去の港区長選の結果

〈2004年6月6日〉	（投票率25.81％）		
当武井　雅昭	無新	（自、民、公、社民推薦）	14677
小斉　太郎	無新		9535
池田　一利	無新	（共産推薦）	5821
菊地　正彦	無新		5066
〈2000年6月11日〉	（投票率29.98％）		
当原田　敬美	無新	（自、民、公、社民推薦）	15803
小林　洋子	無新		8905
多田　悟	無新	（共産推薦）	6779
菊地　正彦	無新		6239

都内の後期高齢者

56％の世帯で保険料増

79万円世帯では58％

東京都後期高齢者医療広域連合は6日、国による保険料の調査を受けて、東京都内の結果を明らかにした。同制度の保険料が国民健康保険に比べて増加した世帯の割合は56％。年金収入79万円の世帯では、58％で増加という。同日開かれた都後期高齢者医療懇談会（会長＝井藤英喜・都老人医療センター院長）の場で報告した＝写真。

国の保険料調査は、高齢者の所得3パターン、世帯構成4パターンを組み合わせた12のモデル世帯を対象としている。都内には62区市町村あるため、都内全域では744モデルが調べられた。

東京都広域連合によると、年金収入79万円の基礎年金世帯で58％、201万円の厚生年金世帯で45％、400万円の高所得世帯で58％。国保に比べて増加がみられた。全体でみると、増加する世帯数の割合は56％。増加する世帯に属する後期高齢者割合は55％になる。

保険料が国保に比べて上がっている理由については「東京では国保について、一般財源をかなり投入しているため」という。

保険料の均等割で7割軽減を受けている低所得者の人数は全体の30％強にあたる。その人たちが23区に住んでいる場合、年額800円程度の増額となっている。それらの層で増加していることも、保険料増加の割合を引き上げているという。

都後期高齢者医療懇談会は、都内区市のシルバー人材センター会長や老人クラブ会長などの被保険者、医師会や歯科医師会などの医療関係団体、学識経験者、保険者団体、都、区市の行政関係者らで構成される。東京都広域連合が被保険者らから意見を聞く場として設けられている。

この日の懇談会では、東京都広域連合が、制度周知などのために、5月31日に433万部の広報紙を新聞折り込みで配布したことも報告された。今後も7月と10月に配布を予定しているという。

これについて、委員のひとりのシルバー人材センター会長は「今までの小冊子は分かりにくかった。折り込みの広報紙は、これまでで一番よくできている」と評価。「こうしたものを、改良を加えて繰り返し出してほしい」と注文を付けた。

容リ法に則った資源化を

23区プラスチック懇談会　廃プラのあり方で討論

廃プラのリサイクルを進めようと、市民団体でつくる「23区プラスチック懇談会」が6日に発足した。これを機に廃プラのあり方を考えるシンポジウムが同日に開催された。5区の清掃担当の部課長らが参加した。

サーマルリサイクルが4月から、中央、新宿、大田、杉並、北、荒川、板橋、足立、葛飾、江戸川の10区で始まっている。23区では、費用対効果、中間処理施設の確保などの問題があることから、ペットボトル、白色トレーを除く廃プラを資源として回収する区と、燃やしている区に分かれている。

市民団体「3R推進全国ネット」が、廃プラリサイクルについて情報交換したり、協力体制をつくったりしようと、23区プラスチック懇談会を発足した。現在、ペットボトル、白色トレーを除く廃プラを燃やしている区にリサイクルしてもらうのが最大の狙い。

同ネットは「これまで、廃プラを不燃物で分けてきたのに、急に燃やしてしまうのは自己矛盾。容リ法に則って、資源化してほしい」と話している。

さらに、懇談会のメンバーは市民団体のみで、23区にも加盟してほしいと呼びかけている。

6日のシンポジウムでは、中央、目黒、世田谷、杉並、江戸川の5区の清掃担当の部課長らが参加し、自区内で廃プラを圧縮、梱包する中間処理施設の確保が困難であることなどを報告した。これに対し、市民団体は23区共同の中間処理施設の設置を提案。区からは「各区の個別の業務だから、共同設置は難しい」「検討していかないと実現しない」など、現時点で実現は困難であるという考えが示された。

23区では、廃プラが不燃ごみから可燃ごみに分別方法が35年ぶりに変更となった。市民団体は「分別してきた努力がリセットされた」と指摘した。

また、サーマルリサイクルを導入した場合、東京二十三区清掃一部事務組合は、年間で7千㌧の温室効果ガスが増えると見込んでいる一方、市民団体は年間で約97・6万㌧の温室効果ガスが増えると試算している。温室効果ガスを削減するには、可燃ごみに占める廃プラの割合を低くして、廃プラの資源化を目指す必要があると市民団体は提言した。

23区が、懇談会に加盟するかどうかが課題＝6日のシンポジウムで

URと覚書交換　市民団体が反発

中野区

中野区はこのほど、独立行政法人都市再生機構（UR都市機構）東京都心支社と、区内全域の都市開発に関する連携協力で覚書を交換したことを公表した。有効期間は特に定めがない。

個別案件ではなく、自治体の都市整備事業の全体を対象とする連携協力は異例で、UR都市機構でも初めてだという。住民団体からは、都市計画の丸投げと反発の声が上がっている。

中野区はこれまで、UR都市機構に個別業務を委託してきた発注者の立場。この点について、田中大輔区長は5月29日の定例会見で「従来の契約関係と今回の覚書交換は直接の関係はない」と述べ、別物と強調した。

しかし、連携協力の内容について、覚書には「まちづくりに係る情報の共有、人材育成、人的交流、事業推進など、幅広い連携協力の関係を構築する」と記されているだけで、「連携協力」の範囲と、将来も含めた契約関係との間の線引きが不透明な状況にある。

UR都市機構は現在、江古田地区の国家公務員宿舎跡に共同住宅を建設中。昨年7月には、警察大学校跡地と中野駅周辺の約90ヘクタールの再開発について、開発条件の設定や整備案の策定などの「中野駅周辺まちづくりに関わるコーディネート等」を中野区から今年3月末まで受託した。その際、区は「他に類似団体がない」として随意契約の締結を承認している。

こうした中野区とUR都市機構の関係について、一部の住民団体が問題視している。先の随意契約に関する受託経緯などを問うため、UR都市機構に昨年、公開質問状を送付した。今回の覚書交換については、ホームページ上で、「契約に多くの問題点があったにも関わらず、それをあいまいにしたまま、区内全域の開発をUR都市機構に依存する道に入っていくことになる」と懸念を示している。

民間事業化提案制度　青年市長会で優秀賞

杉並区

杉並区は4日に都内で開催の全国青年市長会で、同区の行政サービスの民間事業化提案制度が「特色ある施策」優秀賞を受賞したと発表した。

全国青年市長会は1988年に創設。49歳までに当選した市長41人で構成し、情報交換会の開催、調査研究などを行っている。同会では「特色ある施策」を隔年で募集。会員の投票で優秀な施策を表彰してきた。

今回の受賞では、杉並区の全事務事業を対象に、民間事業者が自由に提案できる仕組みが評価された。06年のモデル事業創設以来、2年間で66件の提案があった。杉並区は8事業を採択、4事業を開始している。

はじめまして　新副区長です

江東区　宍戸孝氏

副区長として4月に就任して2カ月。「ようやく少し落ち着いてきた」と笑う。付き合いの広さは、自他ともに認めるところ。就任を祝われる場も多かった。

情報処理課（現在の情報システム課）に10年。職員課には給与や人事担当として11年いた。職員課長を6年やっていたのを加えると、職員課の所属は17年になる。「若い人はともかく、だいたいの職員の顔は分かる」

自治体の現場では、オールラウンダーを求めて、3年から5年で異動させられることが多い。しかし、それでは立ち行かないと考える。何でも答えられる職員をつくるためには「この道、何年」というエキスパートをつくることが大事というのが持論だ。

仕事におけるモットーは、努力。あとあと悔いが残らないように全力投球で臨むことが大切と語る。「努力を惜しんではだめ。努力すれば道は開ける。ほかの人はもとより、自分にも戻ってくる」

職員課長時代のこと。バブルがはじけ、他の自治体同様、人員削減を推し進める必要があった。2000年の都から区への清掃移管では労使間で勤務条件の問題もあった。それらを乗り越えられたのも、全力を尽くしたからだと振り返る。

江東区は臨海部を中心に開発が進み、人口も急増。行政需要は大きい。「大変、やりがいがある。区長が常々言われているチームワークを大事に最大限努力したい」と抱負を語った。

◇

1948年4月生まれ。早稲田大学卒業。67年入庁。選挙管理委員会事務局長、区民部長、区議会事務局長、保健福祉部長、総務部長などを歴任。現在は区民部、保健福祉部、子ども生活部、環境清掃部を担当する。週末は2時間かけて母の介護に通う。趣味は絵画鑑賞、小旅行。

ミロのヴィーナスとツーショット。12年ほど前の話になるが、区の海外研修の中での休日の一コマだ。

研修のテーマは、少子・高齢社会問題。北欧、フランス、ドイツを視察し、とくにフランスでの子育て支援策、そして、当時、開始されたばかりのドイツの介護保険制度の取り組みに感銘を受け、その後の職務に大いに役立っている。

今やグローバル時代。国内のみならず、先進的な施策を行う諸外国への視察や研修はぜひとも必要と考えており、今後、後輩たちのためにも、海外研修を復活すべきと思っている。

記者席

力強くガッツポーズ

○……5日未明、都庁第一本庁舎41階の招致委員会会議室では、関係者とマスコミがひしめき合い、IOCの会見を見守った。

都議時代に招致議員連盟の会長だった山﨑孝明江東区長も姿を見せ、元同僚とともに結果を待った。IOCの会見で「TOKYO」と読み上げられると、会場は「おおっ」と盛り上がったが、山﨑江東区長が誰よりも先に立ち上がり、力強く拳を振り上げ、ガッツポーズ。

その後、都庁のライトアップを見るため都民広場に下りた一行。肩を並べて感慨深げに都庁を見上げる内田茂都議と山﨑区長の後姿が印象的だった。

○……都内の銭湯の大人料金が15日から450円となる。現在より20円のアップだ。時々、銭湯を利用している身としては厳しいが、もっと厳しいのは毎日の利用者だろう。その額は月1万3500円にもなる。

しかし、銭湯の経営は、それ以上に厳しい。利用者の減少傾向が進む中、昨今の原油高が追い討ちをかける。1968年には都内で2687軒あった銭湯は、昨年末には923件にまで減少した。ここ数年の廃業数は年40～60軒で推移している。近所を見渡しても、徒歩圏に4軒あった銭湯のうち2軒がここ数年で廃業した。

銭湯には、一人で風呂に入ることに危険を感じて利用する老人も多い。手厚い支援策が求められる。

○……後期高齢者医療制度をめぐって、さまざまな意見が飛び交っている。多くの批判を受けて、厚生労働省は「長寿」という通称を設けた。東京都広域連合でも「後期高齢者」の名称から想起されるマイナスイメージを払拭することを狙って広報を行っていくという。マイナスイメージ払拭というと、多少、表面的な措置だけの意味にとれなくもない。

しかし、東京都広域連合の職員は「それはあくまで批判の声を受けての緊急措置。目指しているのは、まずは制度を正しく理解してもらうこと。それから、その中身をめぐる議論を繰り広げてもらえたら」と語る。今後は点字や声の広報も行っていく方針だ。

市長会新会長　黒須隆一八王子市長インタビュー

地方分権は地方主権の時代

連携・協力で難局打破

東京都市長会の新会長に5月1日、黒須隆一八王子市長が就任した。道路特定財源や後期高齢者医療制度など、国の動向が地方に大きな影響を与える中、政府の地方分権改革推進委員会は28日、国や都道府県から市町村に、64法律、359事務権限移譲を盛り込んだ第一次勧告をまとめている。2000年に続く地方分権の大きな節目を前に、市長会はどうあるべきか。黒須会長に聞いた。

■多摩地域に全力

――市長会会長としてどのようなお気持ちで臨みますか。また、どんな市長会を目指していきますか。

地方分権の大事な時代。人口的にも歴史的にも八王子市は多摩の「リーディング・シティー」でなければいけないと自負している。政治活動の集大成としても、多摩地域全域のために全力を尽くしていきたい。市長会としては、これまでも環境問題や子ども育成などで先進的な取り組みを行ってきた。そういった方向性を堅持して、存在感の示せる市長会を目指したいと思っている。

――昨年秋の市長会では政策提言のひとつに、地域力向上への取り組みがあがりました。

大きな問題なので、一年間調査して先進事例を把握し、調査した報告書があがっている段階。秋頃までに、提言をまとめていく。たとえば八王子の場合、地域に戻った企業OBが力のない企業を専門的な経験や知識でバックアップしていこうという地域づくりの取り組み「サイバーシルクロード八王子」があり、総務大臣賞をいただいた。「ビジネスお助け隊」は有名になっている。公園造りを行政と地域で行うなどの市民協働の例もある。そのような特徴的な取り組みを26市が共有し、その中でどういうことを市長会として取り組むかは、これから検討していく内容になる。

1942年1月20日生まれ。64年武蔵大学経済学部卒。75年八王子市議初当選、85年まで3期10年務める。93年から2期7年都議を務め、00年から八王子市長。現在3期目。趣味はゴルフと旅行で、これまでに41の国と地域を訪ねた。政治家としての座右の銘は「夢と説得力」。また、様々な経験を通じて「人生には山坂がある。人生の底にあるときに、その苦境を乗り越えられるかが大事」と話し、好きな言葉に「甘酸是人生」をあげた。ジャンルを問わない読書好き。モットーは「前向き、明るく」。

■地方主権の時代

――第一次勧告には市町村への権限移譲が多く盛り込まれました。どんな感想をお持ちですか。

今回の勧告は、基礎的自治体を優先することを原則に、市町村の自治権の拡充を図り、国と地方の役割分担を明確にしている。00年の地方分権改革と比べ、非常に具体的。これは、これまで全国市長会を含めて声をあげてきた主張と方向が一致していて、基本的には歓迎している。地方分権の時代は地方主権の時代。やる気のあるところにとっては、多くの権限が与えられることで、非常にやりがいが出てくる。

――内容について期待することは。

たとえば幼保一元化。こういうものは国が決めるのではなくて、地域の実情に合わせて整備ができるようにしてもらえればと期待している。

教職員の人事権については中核市へといっているが、「中核市ならびに中核市と同等に」としてもらいたいと考えている。今の教育の実態を見ても、当然のことながら人事権者と給与負担者が一致するのが望ましい。26市では中核市の規模がある八王子や町田の例だが、働きかけはしていきたいと思っている。

――市長会の対応は。

もう少し具体的になれば、多摩の実態を踏まえ、必要に応じて検討、対応していく。自治体は、給与カットや定数削減などの行財政改革を、国をはるかに上回るペースで真剣に取り組んできた。国はそういう実態をよく理解し、権限移譲に伴っては、きちんと財政的な支援の裏づけと、権限を活用するための人的な措置を行う必要がある。

――権限移譲による合併の議論は。

各市の人口の平均は10万人を超え、一定の財政基盤と財政能力があり、自立性の高い自治体経営を行っている。そのため、今すぐに合併、という必要性はみな、あまり感じていないのでは。しかし26市にも人口だけでなく、財政力指数を比較しても格差はある。第一次勧告の中身が具現化してくると、自治体の規模によってはこなしきれないという状況が生じるかもしれない。道州制なども含め、国の動向によって議論の必要性が生じてくる可能性はあるのでは。

■活性化に向けて

――道路特定財源の一般財源化については。

国は「必要な道路は作る」というが、必要でない道路があるのかと。ただ、財政的に厳しい状況の中、都市計画道路を見直すきっかけにしてもいいのではと思う。道路整備には時間がかかり、東京でも進捗率は55％前後。あるに越したことはないが、かなり昔に都市計画決定したものが多い。社会環境の変化の中で、本当に必要かどうか、再度見直して優先順位をつけていくことは大事では。とはいえ、東京は地方都市と比べて渋滞のスケールが違う。都の3環状道路などは早急に整備する必要があり、機会を見て国などに必要性を強調していかなければならないと思う。

――東京国体に向けての思いを。

正式な名称は決まっていないが、われわれは「東京多摩国体」と呼んでいる。会場の多くは多摩地域と島しょ。国体を通じて魅力を発信したり、施設の整備を行うなど、多摩地域にとっていいきっかけになる。多摩地域は東京の奥座敷という感じで、八王子でいうならば高尾山。ミシュランで世界一登山客が多い山が、さらににぎわっている。こういったところがどの地域にもあり、都心とは違った魅力をみなさんに堪能してもらえると期待している。迎える多摩地域全体では、おもてなしの心で取り組むことも大切では。

■多摩の広域連携

――26市の連携は。

多摩地域では、合併という話がない分、連携、協働でより具体的、積極的な取り組みを進めてきた。たとえば、結果的に市民にプラスになるならやろうと始めた京王線沿線の図書館7市の共同利用。中央線沿線市にも取り組みが広がろうとしている。また26市が協働で実施している子ども体験塾事業も、さらに力を入れていきたいと考えている。「多摩の子どもたち」を健全に育てようというのは、これからの連携の大命題のひとつ。

――環境問題では。

ごみ削減、ごみ有料化、最終処分場など、26市共通の課題への理解や取り組みもしっかりできていて、協力体制も整っている。環境の世紀であるし、今年は特に洞爺湖サミットも開かれる。全体で取り組んでもらえる提案をしたいと考えている。

――市長会会長に加え5月16日には全国市長会関東支部長にも就任されました。メッセージをお願いします。

後期高齢者医療制度や、道路特定財源暫定税率期限切れなど国が決めたことが結果的に混乱し、自治体と住民が振り回されている。率直に言って、国が、国としての機能をきちっと果たしていない。だからこそ、われわれ自治体の役割は大きく重い。都市自治体同士が、一層連携・協力をして、この難局を切り開いていきたい。特に関東市部は、全国の4分の1を占める215の市区が入っている。そういう意味では影響力も発信力も大きいはずだから、関東市部の構成各市と力を合わせてがんばっていきたい。

マルチペイメントで業務簡素化

三鷹市　PRで普及拡大

市税などの支払い手段に選択肢が広がる中、26市に先駆けて、三鷹市は5月から「マルチペイメント」を本格導入した。ATMやコンビニエンスストア、インターネットバンキングなど、24時間いつでも全税目の納付ができるシステムで、市民サービス向上と収納率アップへの期待は大きい。システムの本格稼働から1カ月。収納率はほぼ横ばいながら、電子化による業務簡素化や督促状のトラブル減少など、数字に表れない効果も大きく、初期投資で足踏みをする自治体も多い中で注目を集めている。

多様な収納手段への拡大については、生活スタイルの変化に対応してコンビニエンスストアでの収納から着手しようと、多くの市が検討している。すでにコンビニ収納を導入しているのは三鷹、町田、日野、調布の4市。収納率アップ、利便性向上に加え、24時間いつでも納めることができるため「窓口が閉まっていたから納めることができなかった」など、「滞納の言い訳防止」にも効果があるという。

コンビニ収納をさらに進めた「マルチペイメント」を本格導入したのは三鷹市。「ペイジー（Pay-easy）」と呼ばれる決済サービスで、銀行や郵貯のATM、パソコンを使ったインターネットバンキング、携帯端末を利用したモバイルバンキングなど、金融機関が提供するチャンネルを通じて、収納サービスを利用できるシステムだ。

導入から1カ月が経ち、5月は固定資産税、都市計画税、軽自動車税の納付期限があった。その収納率は「ほとんど横ばい」だったというが、マルチペイメントのシステムを利用して納付した人は、全体の38％。そのうちの約1割が、パソコンや携帯端末、ATMなど、新たなチャンネルを利用して納付していたという。納税課では「税金の納付は安心感のあるところに足が向く傾向があるが、予想以上に利用者が多かった」と今後の利用拡大に期待をかける。

市の初期投資は、今年度システム改修関連費で1160万円を計上。費用対効果では、支払いのチャンネルが広がっても、これまで滞納してきた人には支払えない何らかの事情がある場合がほとんどのため、すぐに税収アップに結びつくことは少ない。しかし、システム導入による業務の簡素化、期限内納付の向上、納税者とのトラブル減少、全国の郵便局ATM利用が可能になるなど、数字に表れない効果も大きいという。

具体的には、電送システムでは紙ベースのやり取りがなく、納付者の情報がデータで簡単に管理できる。また、金融機関の窓口で納付した場合には、市に納付の情報が届くまでに10日程度かかっていたが、リアルタイムで納付情報が入ってくるため、督促状の行き違いがなくなり、督促状をめぐるトラブルもなくなった。督促状を送る件数も減少し、それに伴う郵送費も減少したという。

さらに、これまでは、金融機関の窓口の扱いが関東エリアなどに限定されていたため、地方に移転すると、納付するには送金しなければならず、また領収書も本人宛に郵送しなければならない。しかし、システム導入で全国の郵便局のATMが利用可能となり、そうした手続きも不要になった。納税課では、「事務の効率化のメリットは大きく、滞納整理などの業務に時間を割けるようになった」と話し、「設備投資しただけの価値はある」という。

6月からは個人市民税・都民税、7月からは国民健康保険税の納付が始まる。利用者の拡大に伴う収納率アップのために、市は「機会を捉えて簡単に税が払えることをPRしていきたい」と話している。

羽村市

貸金業者に訴えの提起

「過払い金」差し押さえ

市税などを滞納している多重債務者の過払い金返還をめぐり、羽村市は5日、アイフル㈱、アコム㈱、㈱武富士を相手取り、訴えの提起を6月議会の議案として提出すると発表した。市が市税滞納者の貸金業者への過払い金とその利息の返還請求権を差し押さえ、貸金業者に返還を求めたが応じなかったため。多重債務者の過払い金返還請求は、個人での裁判例は多いが、市が把握している団体では全国で5例目、都内の自治体では初めての例になる。

対象となる滞納者は2人で、市税と国民健康保険税をあわせ、約400万円の滞納金がある。市が滞納処分のために財産調査を行った結果、換価できる財産はなかったが、貸金業者への返済を優先したことが滞納の原因と分かり、そこに過払い金があることを確認。滞納者の了解を得て、市は貸金業者を第三債務者として過払い金を差し押さえた。

貸金業者に対しては、最終期限を5月18日に、催告書による支払いを求めたが履行されず、訴えを提起することとした。

市によると、勝訴すれば、市税に充当できる額は約170万円で、弁護士費用などを除く110万円が費用対効果として見込める額だという。2人の滞納者は貸金業者への負債がなくなり、1人については、過払い金の額が滞納額を上回っているため、還付金として返還される状況。滞納分が残っているもう1人についても、今後は納税につながることが期待できる。

また、この訴えとは別に、市では同様の案件で和解に応じた会社が1社あり、債権額を全額市税や国保税に充当できた例もあるという。

市は今後、今回の事例のノウハウを生かして、今後同じような事例があれば、市職員で対応できるようにしたいと考えている。「この訴えを通じて、市が強固な市政で滞納処分を行っていることを対外的にアピールし、滞納の抑制や、団体の勝訴判決が重なることで、消費者金融会社には和解に応じてもらえる状況をつくることができれば」と話し、「訴えの提起が多くの団体に広がれば、多くの市民に利益があるのでは」と話している。

これまでに訴えの提起を起こしている団体は、茨城県租税債権管理機構（07年9月）、兵庫県芦屋市（同10月）、三重県税庁（同11月）、三重地方税管理回収機構（08年1月）。いずれも係争中だという。

給食に異物混入　点検徹底を指導

東久留米市

東久留米市教育委員会は5日、市内中学校の給食に異物が混入していたことを、第2回市議会定例会本会議で報告した。

スクールランチの委託業者は、ハーベスト㈱多摩工場。4月24日、西中学校教職員のスクールランチに、茶色い米粒大の硬質のゴム状の破片が混入した1件と、5月19日に、東中学校給食のスクールランチで、ご飯の中に約6㌢のステンレス製の針金が混入した1件の計2件が報告された。

ゴム状の破片はゴムベラの先端部分が欠けたもので、針金は水切り用の「金ザル」の一部であることが判明した。

事故後、学務課では委託業者に対して、備品、消耗品の点検を全従業員が強化することと、目視による点検を徹底するよう指導。報告書の提出と専門業者による点検整備を実施するよう申し入れた。

■多摩市人事異動

6月11日付　◎印昇任

【部長級】▽教育部長（教育部長・永山公民館長事務取扱）小池和行

【課長級】▽くらしと文化部市民活動調整担当課長兼女性センター長（くらしと文化部市民活動支援担当課長兼女性センター長）飯髙のゆり▽永山公民館長（くらしと文化部市民活動支援担当課長）鈴木恭智

はじめまして

新副市長です

国分寺市　柴田賢次氏

都ではまちづくりに関する部署で、多くのハード事業に関わってきた。庁舎建設や再開発などの節目を迎える国分寺市。まちづくりの豊富な実務経験に、大きな期待を寄せられて就任した。

「地図に残る仕事は何にも変えがたい」と話し、日暮里・舎人線、ゆりかもめなどにも関わった。中でも印象に残る仕事の一つは、多摩都市モノレール。開通予定は11月末で、着任したのは7月15日。4カ月半で、駅や駐輪場の整備、地元の協力依頼、それらの管理……などをする必要があり、地元市、モノレール会社、国、地権者との折衝などに奔走した。当時を「1日25～26時間働いた」と感慨深く振り返る。

完璧を目指せば、開業には間に合わない状況。「安全に開通できる70点でいい」と一種の決断を下した。現場からは「100点にしないと」と言われたが、開業日はずらせない。「急ぐところから完成させ『こうやればできる』という自信につながった」と、その後の数多い現場を動かす礎になったと語る。

副市長就任後、欄外までも真っ黒に書き込まれた手帳が多忙を物語るが、仕事の合間を縫っては、職員と語らう機会を大切にする。建て替えを控えて分散している仮庁舎だからこそ「市民目線を忘れずに、連携よく取り組もう」と呼びかける。モットーは「フェース・ツー・フェース」。本音で話せる信頼関係作りで、市政を支えるスクラムをしっかりと固めている。

◇

1948年10月生まれ。日本大学理工学部卒。72年入都。大島支庁土木課長、多摩都市整備本部管理課長、企画推進部副参事（連続立体交差事業担当）、建設局道路建設部道路橋梁課長、北多摩北部建設事務所長などを経て、08年4月から現職。

平常心是道場

私は、就職してから36年間、空手道・琉球古武道をしています。かつて、師匠からいただいた言葉ですが「いつ、どこで、どんな状況にあっても、道場にいて、精一杯修練していると同様な気持ちで事にあたるべし」との言葉です。このことを忘れず、これからも国分寺市政の推進に全力を傾注して取り組む所存です。

中野区

コンピテンシーモデルで人材育成

人事管理にも活用　成功事例示し、達成度を確認

中野区は、今年度から民間企業などの人材育成手法として使われる「コンピテンシーモデル」（愛称Nmap）を導入した。職員として求められる行動パターンを明示し、自分の達成度を確認することで能力向上の手がかりにしてもらう一方、昇任や異動・配置などの基礎資料としても活用する。また今後は、複線型の人事制度の構築や公募制人事を拡充する中でも活用していく考えという。

■□行動を評価

コンピテンシーとは、高い業績をあげる社員、職員に共通する特徴的な行動特性のこと。

例えば「目標達成」という要素でも、その行動様式は「創意工夫する」「粘り強く考える」「関係者を動かす」など多岐にわたる。こうした成功要因を集めて段階別に分類し、「求められる職員像」として示したのがコンピテンシーモデルだ。70年代から米国で開発が進み、現在では主に企業の人材育成や人事評価、採用等に使われている。

「公務労働は民間のように成果を数字などで出しづらいが、住民に対する積極的なアプローチなどは成果につながる。数字に表れない行動を評価するためにも有効な手段だ」。経営室人事分野の海老沢憲一能力開発担当係長は、そう話す。

中野区では「顧客への対応」や「新しい価値の創造」「情報の収集」など、12の要素に求められる行動特性を段階別に示したチェックシートを作成。これをもとに職員自らが、達成度を確認する。

また普段の業務の中でも、よりよい行動パターンを意識してもらうとともに、年末に上司との面談を通じて達成状況を確認し、さらなる向上を目指すという。

■□人事考課と切り離し

コンピテンシーモデルという難解な言葉とは裏腹に、実際のチェックシートに示された行動パターンは、ごく一般的な理想の公務員像を表したものだ。肩透かしを食ったようにも感じるが、「目的は、あくまで自分がどこまでできているか、立ち位置を理解してもらうこと」と話すのは、合川昭人事担当課長。

その考えは、昨年度からスタートした人事考課制度と切り離し、評価結果を処遇に反映しないことにも表れる。

「勤務評定を行い、処遇に反映させる人事考課制度は短期的な目標。コンピテンシーモデルは、長期的な人材育成を図ることがねらい」（合川課長）という。

作成する上で特にこだわったのが「言葉づくり」だ。民間で使われているコンピテンシーモデルの完成版もあるが、それを流用せず、職員が納得して使ってもらえるモデルを目指して区独自で作成した。

民間企業に委託して、さまざまな職種や職層の職員約100人にインタビューを実施。生の行動を調査・収集したという。

今年度の目標は、まず職員に理解してもらうこと。今月から全職員を対象に悉皆研修で周知を図っている。また今後は、専門性を生かす職を設置する複線型人事制度の構築や、現在ある公募制人事を拡充するなどして職員のキャリアデザインを実現する受け皿を整備し、その中でコンピテンシーモデルの評価結果を活用していく考えだ。

■　■

「区の人材は、区のやり方で育成する」。こうした考えの下、中野区では、今年度から23区共同研修のすべての職層研修への参加を取り止めた。代わりに今年度から区独自に行うのが職歴を基準にした研修だ。

例えば職層研修では、係長就任後に「係長研修」を受けるが、区では選考を受ける前に実施。今後の公務員人生のキャリアデザインを考えることで仕事への意欲を高めてもらうよう見直した。コンピテンシーモデルの導入も、この一環となる。

他方、様々なキャリアデザインを生かすには、その受け皿となる人事制度の見直しや、効果的な運用が欠かせない。コンピテンシーモデルを有益なものにするには、得られた評価を最大限に生かす仕組みづくりが何よりも大切となるだろう。

コンピテンシーモデルの考えは、都も人事考課に取り入れてきたが、現在では「より個人に着目する」観点のもと、トーンを弱めた例もある。中野区の新たな挑戦がどのような成果をもたらすか、注目される。

マニフェストも背景に　佐賀県は3年前から導入

すでにコンピテンシーモデルの考えを取り入れた人材育成を導入している自治体もある。佐賀県は05年度から本格的に導入した先駆的な組織のひとつだ。

「職員の能力開発とともに、組織の力を最大限に発揮するため」。県職員課人事担当は導入理由をそう語る。

また、導入の背景にはマニフェスト選挙の影響も大きいという。「4年間という知事の任期中に、数値目標を掲げて政策課題を解決しなければならない。スピードが求められる中、従来の行政システムでは対応できないと判断した」（人事担当）

能力開発の面では、同じ評価基準を組織で共有することで評価の客観性を高め、足りない部分を伸ばす取り組みにつなげるきっかけにしてもらう。

また組織力の強化では、職場によって求められる能力が異なる中、職員の配置管理に活用する一方、入庁10年目までの若手職員には、本人の足りない部分を伸ばせる職場に配置して育成するという。

評価は中野区と同様、処遇と切り離している。シビアに処遇に結びつけてしまうと、評価が形骸化し、人材育成や組織強化といった本来の目的から反れてしまうからだ。

導入して4年目を迎えるが、組織に変化はあったのか。人事担当は「職員の意識的なものは変わったが、導入したからといって、組織が劇的に変わるわけではない。息の長い取り組みです」と話した。

中野区コンピテンシーモデルの例（N'map）

	気づいていない努力不足の行動	【第1段階】自立した職員行動		【第2段階】職員の見本となる行動		【第3段階】継続的に成果をあげ続ける職員行動		
		他者依存的	自立した取り組み	率先した取り組み	他の職員をリードする取り組み	経営的な進め方に踏み込む	長期的な成果につながる取り組み	他へ好影響を発揮する取り組み
顧客への対応	話を良く聞かず、考えを押しつける	顧客に不快感を与えない受け答えをする	相手の話を良く聞く等の対応で信頼関係を作り出す	相手が欲している主旨を引き出し、満足するよう対応	求めに対し、担当外でも他と調整するなど行動する	相手の状況を把握し、様々な解決策等を示して満足感を高める	顧客の代弁者となるなど長期継続的に信頼されるアドバイザーとなる	区民からの信頼が厚く、職員の対応をリードする
育成の支援	後輩に対して無関心で、育成の取り組みがない	自らの役割に基づき、後輩や部下への最低限の声かけ	後輩や部下の言動に注意し、自分からアプローチする	手本を示すなど身をもって積極的に育成	職員の能力を把握し、計画的に目標を示しアドバイスする	1ランク上の仕事を任せるなど、能力を引き出す投げかけを行う	キャリア形成のため、自ら考える機会を与えるなど長期的視点で支援	学習が活発になる風土醸成や組織力を高める仕組みづくりに貢献

都小委で都労連が4要求書

時短　当局側「国の検討状況注視」　都労連「国に遅れず決断を」

都と都労連の小委員会交渉が4日に行われ、都労連から「08年度労働時間短縮・休暇制度の改善」「福祉関連」「男女平等」「セクシュアルハラスメント防止対策」に関する4要求書が提出された。

時間短縮に関しては、昨年の労使交渉で休憩時間を原則45分、新宿庁舎で1時間に見直しており、本庁と出先で扱いが異なっている。都労連では、勤務時間を15分短縮することが矛盾解決の方策と訴え、「1日当たりの勤務時間を当面、7時間45分」とするよう求めている。

勤務時間を巡っては、人事院が見直しに関する勧告を行う方向にあることから、都側も「正規の勤務時間の短縮については、国における検討状況を注視していく必要があると考えている」と回答している。

同日の小委員会交渉では、都労連が既に提出している一時金関連要求や夏季休暇の改善要求に対する現時点での都側の検討状況も示された。

一時金の加算制度では、教員の職務段階別加算制度に関連して、「教育職員給料表や諸手当並びに退職手当の調整額を含めた教員給与及び任用のあり方についての今後の整理を踏まえて、職務段階別加算制度の見直しも合わせて行う必要がある」と改めて表明。

また夏季休暇については、07年度の取得状況が明らかにされたが、平均取得日数は都全体で4・91日、完全取得した職員の割合は95・7%と前年度と同水準となっており、都側は「ほぼ完全取得に近い状況を達成している」との見方を示した。

行財政改革実行プログラム

「計画どおり実施」は187件

07年度実施状況を公表　新市場関連など27件が一部実施

都総務局は5日、行財政改革実行プログラム（計画期間06～08年度）について、07年度の実施状況を公表した。同プログラムに掲げた214件の実施計画のうち、「計画どおり実施」は、指定管理者制度の導入拡大など187件だった。このうち25件が計画終了となっている。また実施時期のずれ込みなどによる「一部実施」は27件、「未実施」はなかった。

06年7月に策定した行財政改革実行プログラムでは、「豊かな『公』の構築」「政策対応能力の高い執行体制の確立」「スリムで効率的な行政運営の実現」を改革の柱に位置づけ、3年間に取り組む212件の実施計画を盛り込んだ。

昨年6月には12件の追加実施計画を公表、一方で中期財政フレームの作成など、すでに10件が06年度に計画終了となっているため、今回の実施状況では、これらを除く214件について報告している。

おもな計画の実施状況では、多様な経営改革手法として、直営4公園と自然公園内施設に指定管理者制度を導入。あわせて制度を導入した公の施設（201施設）の管理についても、都独自の評価制度に基づく評価を実施した。

効率的・効果的な事業執行に関しては、08年度の職員定数を1102人削減、07年度から2カ年の削減数は2267人となり、3年間で4千人程度とした目標の約57%を達成。また若手医師の確保・育成を目的とした都独自の専門臨床研修システム「東京医師アカデミー」を開講するなど新たな取り組みも進んだ。

公営企業を巡っては、社会的責任を果たすため、バスへのバイオディーゼル燃料の導入（交通局）、多摩川水源森林隊による荒廃した民有人工林の保全作業（水道局）、永田町や霞ヶ関地区での道路散水など再生水の供給開始（下水道局）を行っている。

このほか業務運営の効率化では、複式簿記・発生主義会計に基づく会計別財務諸表の作成・公表、不納欠損処理など債権の徴収等の基本方針にあたる「都債権管理条例」の制定など成果を上げた。

一部実施となった項目では、建設予定地での土壌汚染対策の調査・検証が行われた豊洲新市場に関連して、新市場へのPFI手法の導入、各市場の使用料体系の見直しなどでスケジュールに遅れが出ている。

「相談、保護機能強化に向けた児童相談所の再編」では、児童心理司の増員や協力病院（医師）制度の拡充等を図ったものの、想定を上回るペースで児童虐待が進んでいることから、引き続き児童相談所のあり方を検討することとした。

このほか、コスト縮減と地球温暖化対策に向けたESCO事業では、06～08年にかけて都立3病院で順次、推進してきたものの、効果を検証した上で、都としての展開や方向性を固めるまでには至っていないなどとして一部実施にとどまった。

中小企業支援の連携　産技大と公社が協定

人材育成、産業交流・連携、デザイン分野重点に

産業技術大学院大学と東京都中小企業振興公社はこのたび、中小企業の支援に関する取り組みを相互に連携して行うための協定を締結した。東京の産業振興を支援する役割を担う両組織が協力することにより、取り組みの強化を図る。

重点的に取り組む事業として掲げたのが、人材育成、産業交流・連携、デザインの各分野に関するもの。

このうち人材育成面では、特にものづくり経営人材やベンチャー企業の人材育成に向け、大学が公社のネットワークを通じて技術支援を行うほか、公社が行うセミナー等への講師派遣などを行う。また、企業と教員の共同研究なども進める。

デザイン関連では、ものづくり分野のほか、商品開発から企業の利益向上まで一貫してマネジメントする「技術経営」など、各分野に精通した教員を活用した知的支援を行う。

このほか、幅広く産業振興に関わる経営戦略支援や人材育成事業、両組織が実施する事業の情報発信等に取り組んでいく。

看護職のための就業フェア開催

約100施設が参加予定

都福祉保健局は来月13日、都内の病院等へ再就職を希望する看護職と看護学生の就職相談をサンシャインシティ文化会館で開催する。再就職を希望する看護職（保健師、助産師、看護師、准看護師）、来年3月卒業予定の看護学生が対象となっている。

今回のフェアでは、就職希望者のニーズの多様化や看護職の雇用の場が拡大していることなどを受けて、病院だけでなく、乳児院や病児保育、特別養護老人ホームや介護保健施設、訪問看護ステーションといった施設も参加して行われる。

フェア当日は、都内約100の医療施設がブースを設け、医療施設の看護管理者や採用担当者が、各施設の特徴や勤務条件、就職後の研修体制に関する説明を行うほか、就職相談を実施する。

このほかナースバンク東京の相談員による就職相談や復職支援研修の案内なども行う予定となっている。申し込みは不要で、参加費無料。

年間の収入額で消費支出に違い

生計分析調査報告

都総務局はこのほど、都民の暮らし向きに関する生計分析調査報告（07年度年報）をまとめた。今回の報告では、世帯の年間収入額や家族構成等の違いから生じる消費支出の特性を明らかにしている。

年間収入額別に7階層に分類した場合の消費支出の特性をみると、年間収入額の最も小さい第1階層では、消費支出に占める光熱水費や食費といった基礎的な支出の割合が都平均よりも高く、逆に最も年間収入額の大きい第7階層では教育の割合が高かった。

またライフステージ別の消費支出では、同じ3人世帯であっても、子どもが未就学時は教育の割合が都平均よりも低く、小・中学生ではほぼ平均と同水準、高校生以上では著しく高いといった特性がみられた。また子どもが小・中学生の時期では、習い事等の支出のため、教養娯楽の割合が都平均よりも高かったという。

オリンピック招致本部が名称変更

7月1日から

都は2016年開催のオリンピック立候補都市として選定されたことを受け、東京オリンピック招致本部の名称を7月1日から「東京オリンピック・パラリンピック招致本部」に変更する。オリンピック終了後に続いて開催するパラリンピックについても広く周知することが狙いという。人員や組織に変更はない。

都共済の特定健診・特定保健指導

対象者は約11万9千人に

被扶養者等は7月中に開始

都職員共済組合は、今年4月から導入された特定健診・特定保健指導について、組合員と被扶養者のうち40歳から74歳までの約11万9千人を対象に実施する。被扶養者・任意継続組合員の特定健康診査は、委託先の医療機関を選定した上で、7月中に開始する予定。

都職員共済組合が策定した「特定健康診査等実施計画」によると、特定健診は、組合員（任意継続組合員除く）では、各任命権者が行う健康診断で、また被扶養者・任意継続組合員は医療機関に委託して実施する。委託先は被扶養者の居住地にバラツキがあるため、利便性を高める観点から、首都圏を中心に全国規模で千カ所程度受診可能となるように、民間の取りまとめ機関を活用する。

一方、特定保健指導に関しては、複数の保健指導機関に委託して実施する。2つ以上の機関に委託することで、指定した実施場所だけでなく、任命権者によって要望の強い「事業所等での実施」にも対応する考えだ。

都職員共済組合によると、08年度の特定健診・特定保健指導の対象者は、特定健診が組合員約8万8千人、被扶養者が約3万1千人、合計で約11万9千人と推計する。このうち特定保健指導の対象者は、国が示す発生率に基づく試算で約2万3千人にのぼる見通しだ。

実施計画では、12年度の目標達成状況が後期高齢者支援金に影響することから、国の参酌基準を踏まえて、年度ごとの実施率や内臓脂肪症候群の該当者・予備軍の減少率といった目標値を設定。

特定健診の実施率は08年度の計70・8%（組合員85%、被扶養者30%）を12年度には計80%（組合員94%、被扶養者40%）に引き上げる。同様に12年度時点で、特定保健指導の実施率は45%、内臓脂肪症候群の該当者・予備軍の減少率は08年度比10%減としている。

これらの目標クリアに向けては、とりわけ被扶養者への対応が重要になる。このため健康増進課では、受診場所を多数確保するほか、被扶養者や任意継続組合員の対象者に特定健診の案内文書を個別発送するなど、きめ細かく対応していく。

特定健診・特定保健指導では、都職員共済組合が健診データのうち特定健診に関する部分を集約し、階層化した後、特定保健指導の対象者選定や実施につなげていく。ただ、都職員共済組合は都や23区など約30団体で構成されており、作業自体が煩雑となることも予想される。さらに派遣先の健診を受診した組合員の場合、被扶養者がパート先の健診を受けた場合など、把握の難しいケースも想定される。特定健診・特定保健指導を巡っては、組合員への周知も進めているが、実施してみないと分からない側面も多く、対応に苦慮する場面もありそうだ。

昇任試験対策のページ

20年度 主任試験講座 ― 34 ―

地方自治制度 ⑥

前回に引き続き、地方自治制度に関する練習問題を解いていきます。

問題

【問題15】 地方自治法に定める直接請求に関する記述として、妥当なのはどれか。

① 直接請求は、住民の地方自治行政への直接参加を目的とするものであり、請求の相手はいずれも地方公共団体の長である。

② 住民が直接請求をすることができる事項は、条例の制定または改廃の請求、事務の監査の請求、議会の解散の請求に限られる。

③ 条例の制定または改廃の請求は、すべての条例について認められているものではなく、地方税の賦課徴収並びに分担金、使用料及び手数料の徴収に関する条例の制定改廃を請求することはできない。

④ 事務の監査請求の対象は、違法・不当な公金の支出、財産の取得、契約の締結など当該地方公共団体の執行機関または職員の具体的な財務会計上の行為または怠る事実に限られる。

⑤ 議会の解散請求において、当該地方公共団体の長は、請求者の署名の効力を決定する場合において必要があると認める場合には、関係人の出頭及び証言を求めることができる。

【問題16】 地方自治法に定める公の施設に関する記述として妥当なものはどれか。

① 公の施設とは、住民の福祉を増進する目的をもってその利用に供するために地方公共団体が設ける施設をいい、競輪場のような地方財政上の必要のために住民の用に供する施設は公の施設である。

② 普通地方公共団体は、その区域外において公の施設を設置する場合には、関係普通地方公共団体と協議しなければならないが、設置される地域の住民との間に利用関係を生じないときは協議を要しない。

③ 公の施設の設置及び管理は法律またはこれに基づく政令に特別の定めがあるほか、条例で定めなければならないが、廃止については、単に当該施設をその設置目的に従って住民の利用に供しないこととする措置であるから、その旨の通知を公示すればよい。

④ 地方公共団体は、正当な理由がない限り住民が公の施設を利用することを拒んではならず、その者に公の施設を利用させると他の利用者に著しく迷惑を及ぼす危険があることが明白である場合であっても、これを拒否することはできない。

⑤ 公の施設の利用について、地方公共団体は不当な差別的取扱いをしてはならないため、他の地方公共団体の住民に対し、住民よりも高い使用料を徴収することはできない。

【問題17】 普通地方公共団体に対する国または都道府県の関与の手続きに関する記述として、妥当なものはどれか。

① 国は普通地方公共団体に対して、是正の要求や資料の提出の要求などの関与を行うことができるが、これらの関与は非権力的なものであるため、法律またはこれに基づく政令の根拠を必要としない。

② 国の行政機関は、普通地方公共団体に対し、助言・勧告を書面によらないで行った場合において、当該団体から助言・勧告の趣旨及び内容を記載した書面の交付を求められたときは、既に書面により当該普通地方公共団体に通知されている事項と同一の内容であっても、これを交付しなければならない。

③ 国の行政機関または都道府県の機関は、地方公共団体から申請や協議の申し出があった場合に許認可等をするかどうかを判断するために必要とされる基準を定め、これを公表しなければならない。

④ 国の行政機関または都道府県の機関は、地方公共団体からの申請等が到達してからその申請等に対する許認可等をするまでに通常要すべき標準的な期間を定め、これを公表しなければならない。

⑤ 国または都道府県は、地方公共団体から協議の申し出があったときは、誠実に協議を行うとともに、相当の期間内に協議を整えなければならない。

【問題18】 地方自治法に定める地方公共団体の協力方式に関する記述として妥当なのは、次のどれか。

① 協議会は、普通地方公共団体の事務の一部を共同して処理するため、協議により規約を定め設けられるもので、協議会が関係地方公共団体の名においてした事務の管理及び執行は、協議会が行ったものとしての効果を生じる。

② 協議会は、普通地方公共団体の主体性を確保しながら、事務処理の合理化または広域的な事務処理を図ることを目的に設置されるものであり、法人格と固有の財産及び職員を有する。

③ 普通地方公共団体が共同設置する委員会等の機関は関係普通地方公共団体から独立した機関と見なされ、その行為は共同設置した委員会等の機関に帰属する。

④ 普通地方公共団体は、その事務の一部を他の地方公共団体に委託して、当該団体の長に管理執行させることができるが、委託した団体は、その委託の範囲内において、委託した事務を管理執行する権限を失う。

⑤ 職員の派遣において、派遣された職員は、派遣を受けた地方公共団体の職員の身分を有することになり、派遣した地方公共団体の職員の身分を失う。

【問題19】 条例による事務処理の特例制度に関する次の記述のうち、妥当なものはどれか。

① 都道府県は、市町村長との協議を経た上で、条例の定めるところにより、都道府県知事の権限に属する事務の一部を市町村が処理することとすることができるが、市町村長は、都道府県知事に対し、都道府県知事の権限に属する事務の一部を、当該市町村が処理することとするよう要請することはできない。

② 都道府県が都道府県知事の権限に属する事務の一部を条例による事務処理の特例により市町村が処理することとする場合、当該市町村の長にあらかじめ協議し、個々の市町村長の同意を得る必要がある。

③ 条例による事務処理の特例により市町村が処理することとされた事務は、当該市町村の長が管理し及び執行するものであるから、財源措置も当該市町村において行う。

④ 法令に根拠規定のある都道府県知事の権限に属する事務の一部を条例による事務処理の特例により市町村が処理することとした場合、当該事務を規定している個々の法令は当然に当該市町村に適用される。

⑤ 法令に根拠規定のある都道府県知事の権限に属する事務の一部を条例による事務処理の特例により市町村が処理することとした場合、当該事務を規定している都道府県の条例及び規則は当然に当該市町村に適用される。

【問題20】 地方自治法に定める特別区に関する記述として、妥当なのはどれか。

① 特別区は指定都市に行政上の区画として設けられた行政区と異なり、法人格を有する特別地方公共団体であり、都知事の権限に属する事務を分掌する。

② 特別区は、都が一体的に処理するものとされる事務を除き、一般的に市町村が処理するものとされている事務を処理するものとされており、上下水道の設置管理や都市計画決定に関する事務を処理する。

③ 都知事は、特別区に対し、都と特別区及び特別区相互の間の調整上、特別区の事務の処理について、その処理の基準を示すなど、必要な助言または勧告をすることができる。

④ 都は、都と特別区及び特別区相互間の財源の均衡化を図り、並びに特別区の行政の自主的かつ計画的な運営を確保するため、条例で特別区財政調整交付金を交付するものとし、その財源は特別区における固定資産税及び不動産取得税とされている。

⑤ 都及び特別区の事務処理について、都と特別区及び特別区相互の間の連絡調整を図るため、必要に応じて都区協議会を置くことができる。

解説

【解説15】 正答③

① 条例の制定改廃請求は長に、事務の監査請求は監査委員に、議会の解散の請求は選挙管理委員会に、長・議員の解職請求は選挙管理委員会に、主要公務員の解職請求については長に対して、それぞれ請求を行う。

② 議員、長、役員の解職請求がある(第80条第1項、第81条第1項、第86条第1項)。

③ 正しい(第74条第1項)。

④ 直接請求たる事務の監査請求の対象は、当該普通地方公共団体の事務であり(第75条第1項)、財務関係に限られない。

⑤ 議会の解散請求は選挙管理委員会に対して行う(第76条第4項)。

【解説16】 正答②

① 前半は正しい(第244条第1項)。単に財政上の目的で設置されたものは公の施設にあたらない。

② 正しい(第244条の3)。公の施設がその設けられる市町村の住民との間に使用関係を生ずる場合のみ協議を要する(昭和27年6月29日行政実例)。

③ 前半は正しい(第244条の2第1項)。廃止する場合は、条例を廃止しなければならない。

④ 正当な理由があると認められる場合は拒むことができる(第244条第2項)。

⑤ 第244条第3項は、他の地方公共団体の住民に対してまで差異ある取り扱いを禁止している趣旨ではない。

【解説17】 正答③

① 許認可、指示のような処分その他公権力の行使にあたる関与はもちろん、助言、勧告、資料の提出の要求のような非権力的な関与も法律またはこれに基づく政令によらなければならない(第245条の2)。

② 既に書面により通知されている事項については、書面の交付は必要ない(第247条第2項)。

③ 正しい(第250条の2第1項)。

④ 標準処理期間の設定・公表は、努力義務とされている(第250条の3第1項)。

⑤ 必ずしも協議が調うことが必要とされるものではなく、仮に地方公共団体が自らの協議の義務を果たしたと認めるにも関わらず、当該協議が整わない場合には、義務を果たしたかについて国地方係争処理委員会に対して審査の申し出をすることができる(第250条の13第3項)。

【解説18】 正答④

① 関係普通地方公共団体が管理・執行したものとして効力を有する(第252条の5)。

② 協議会は法人格、固有財産及び職員を有しない(第252条の4)。

③ 共同設置された機関は、それぞれ関係普通地方公共団体の機関としての性格を有し、その行為はそれぞれの普通地方公共団体に帰属する(第252条の12)。

④ 正しい(第252条の16)。

⑤ 派遣を受けた普通地方公共団体の職員の身分を合わせ有する(第252条の17第3項)。

【解説19】 正答④

① 平成16年改正により、市町村長は議会の議決を得て知事に対して事務の一部処理をすることができるよう要請できることとなった(第252条の17の2第3項)。

② 前半は正しい。長の同意までも必要としないとされている(第252条の17の2第2項)。

③ 前半は正しい。条例による事務処理の特例により市町村が処理することとされた事務については都道府県知事は必要な財源措置を講じなければならない(地方財政法28条第1項)。

④ 正しい(第252条の17の3第1項)。

⑤ 市町村が必要に応じ自ら条例・規則を定めることが原則である。

【解説20】 正答③

① 特別区は基礎的な自治体として一般的に市の処理する事務と同等の事務を処理する(第281条の2第2項)。知事の権限に属する事務を分掌するわけではない。

② 前半は正しい(第281条の2第2項)。上下水道の設置管理や都市計画決定に関する事務などは、法令により都に留保されている。

③ 正しい(第281条の7)。

④ 前半は正しい(第282条第1項)。特別区財政調整交付金の財源は、固定資産税、特別土地保有税、法人の市町村民税である(第282条第2項)。

⑤ 都区協議会は必置の機関である(第282条の2第1項)。

20年度 主任・係長 論文講座 ★34★

都主任選考B

はじめに

今回と次回の2回にわたり、「主任級選考B」について検討します。

平成17年12月に見直しが行われた主任級職選考Bについては、職務経験豊かな職員の受験機会が拡大されるとともに、より職務との関連を重視した選考となるよう論文の出題数が増加され、意欲ある職員が受験しやすくなりました。

改正の趣旨は人事委員会からの「主任級選考の見直しについて」をタイムスの掲示板等で今一度ご確認いただければ、論文作成の上でも参考になると思います。

選考(筆記考査)の概要については、人事委員会から出される実施要綱を確認してください。

選考の概要

▽選考方法「論文」
▽評価の視点「問題意識、問題解決力、論理性、表現力等」
▽出題形式「課題式、5題出題して1題を選択」
▽解答字数「1千字~1500字程度」
▽試験時間「2時間」

出題の傾向

人事委員会が平成18年度からの改正に際して示した論文出題例と実際の出題を見てみましょう。いずれの例も「あなたの考えを述べてください」という出題になります。

【出題例】

①あなたの局の組織方針に掲げられた重要な課題を一つあげ、あなたがその課題を重要と考える理由に言及した上で、局としてどのように取り組んでいくか

②あなたの職場において仕事の成果を上げるために、中堅職員(またはベテラン職員)としてどうすべきか、チームワークを重視する観点から、これまでの経験を通して気づいた問題点と対応策について

③あなたの職場に新たに配属された職員が仕事の成果を上げるために、中堅職員(またはベテラン職員)としてどうすべきか、これまでの経験を通して気づいた問題点と対応策について

④どうしたら職場において、都民の声に応えた質の高いサービスを提供していくことができるか、これまでの経験を通して気づいた問題点に言及した上で

⑤あなたの職場において、長い経験であなたが得た仕事のノウハウを職場に生かしていくにはどうしたらよいか、これまでの経験を通して気づいた問題点と対応策について

【実際の出題】

◎平成18年度

①あなたの局がいま取り組むべき重要な課題を一つあげ、あなたがその課題を重要と考える理由に言及した上で、局としてどのように取り組んでいくか

②あなたの職場において、職場を活性化させるためにはどうすべきか、職員一人ひとりのやる気を高める観点から、これまでの経験を通して気づいた問題点に言及した上で

③あなたの職場において、職員一人ひとりが仕事を進める上で必要な知識や能力を職員一人ひとりが身につけるためにはあなたがどうすべきか、これまでの経験を通して気づいた問題点に言及した上で

④あなたの職場において、都民との良好な信頼関係を築くためにはどうすべきか、都民とのコミュニケーションを重視する観点から、これまでの経験を通して気づいた問題点に言及した上で

⑤あなたが得た仕事のノウハウをあなたの職場に生かしていくにはどうすべきか、これまでの経験を通して気づいた問題点に言及した上で

◎平成19年度

①あなたの局がいま取り組むべき重要な課題を一つあげ、あなたがその課題を重要と考える理由に言及した上で、局としてどのように取り組んでいくか

②あなたの職場において、円滑に職務を遂行する上で必要な人間関係を築いていくためには、あなたがどのように取り組むべきか、これまでの経験を通して気づいた問題点に言及した上で

③あなたの職場において、新たに配属された職員が仕事を進める上で必要な知識や能力を身につけていくためには、あなたがどのように取り組むべきか、これまでの経験を通して気づいた問題点に言及した上で

④あなたの職場において、質の高いサービスを提供するために、都民ニーズを的確にとらえていくにはどうしたらよいか、これまでの経験を通して気づいた問題点に言及した上で

⑤あなたの職場において、あなたが得た仕事のノウハウを生かしていくためにはどのように取り組むべきか、これまでの経験を通して気づいた問題点に言及した上で

このように、「主任級職選考B」の論文は、所属局の重要課題を提示し論述するもの、日頃の職務遂行上の問題と対応策について論述するものが出題されています。いずれも職務経験を積んだ中堅・ベテラン職員としてこれまで培った問題意識や実務経験による問題解決策を論理立てて自らの言葉で主張することが求められています。

以下は、改正前の出題の概略を参考として掲載します。

◎平成16年度

▽主任級職選考B

①都政がいま取り組むべき重要な課題を一つあげ、あなたがその課題を重要と考える理由に言及した上で、その解決に向けた方策について

②あなたの職場に新たに配属された職員が仕事の成果を上げるために、中堅職員としてどうすべきか、これまでの経験を通して気づいた問題点と対応策について

③どうしたらより質の高いサービスを提供し、都民との信頼関係を築くことができるか、これまでの経験を通して気づいた問題点に言及した上で

▽主任級職選考C

誰もがやる気をもって仕事に取り組むことができる職場づくりに向けたベテラン職員の役割について

◎平成17年度

▽主任級職選考B

①都政がいま取り組むべき重要な課題を一つあげ、あなたがその課題を重要と考える理由に言及した上で、その解決に向けた方策について

②あなたの職場において仕事の成果を上げるために、中堅職員としてどうすべきか、チームワークを重視する観点から、課題解決に向けた方策について

③どうしたら職場において、都民の声に応えた質の高いサービスを提供していくことができるか、これまでの経験を通して気づいた問題点と対応策について

▽主任級職選考C

これまでの経験を踏まえて、ベテラン職員が持つ仕事のノウハウを職場に生かしていく方策について

論文の書き方

論文構成の留意点

論文の構成には、「起、承、転、結」の4段構成と「序論、本論、結論」の3段構成があります。4段構成は、問題点と解決策を明確に整理することができるので、読みやすいというメリットがあります。

また、3段構成は章ごとの字数のロスが少ないので、同じ字数の中に内容を厚く盛り込むことができるメリットがあります。

1千字~1500字程度の文字数であれば4段構成の方が書きやすいと思われますが、論文を何本か書く中でどちらの構成が書きやすいか、自分に合っているかを決めていきましょう。一旦自分のスタイルを決めた後は、ひとつの書き方に統一してください。途中で構成を変更するのは避けた方が無難です。

今回は、4段構成について説明します。

【第1章・400字程度】

第1章はこれから論述するテーマの問題喚起を行う重要な部分です。出題された課題の意図を的確に把握して、「課題の背景」と「目標」を整理します。

都政を取り巻く状況を踏まえながら、都政における問題や懸念に対してどうすべきなのか、論述しようとする趣旨を明確に述べてインパクトのある書き出しにしましょう。

【第2章・300字程度】

第2章では、具体的な問題点を指摘します。

第1章で述べた「どうすべきなのか」に対する阻害要素を問題点として3点に絞り、それぞれを具体的に説明します。問題の大きい順など、優先順位をつけて提示していくと良いでしょう。

【第3章・600字程度】

第3章は、第2章で提示した問題点をどのように解決しようとするのか、読み手としても期待する部分です。したがってそれぞれの課題に対して「どうすればいいのか」そしてそのために「何をするのか」を採点者が実際の職場の対応としてイメージできるよう、具体的に示すことが重要です。

問題提起に対して、問題点を裏返したような貧弱な解決策にとどまったり、独創的な内容とならないようにしましょう。

【第4章・200字程度】

第4章では、これまで述べてきたことを総括して、主任としての心構えや決意表明を述べます。したがって新たな展開は不要です。

締めくくりの決意表明は、主任として全力で都政に尽くしていくのだという自分の熱意を読み手にしっかりと伝えるように、表現を工夫してください。

論文のポイント

主任試験の論文は、主張が分かりやすく、読みやすく書かれていることが大切です。読み手を自分の論文に引き込むことを目指しましょう。

(1) 主任の立場で主張する

中堅職員として認識している課題に対して、自分が主任としてどう対応策を講ずるのかを具体的に主張することが求められています。したがって、「たぶん」等のあいまいな表現や「であろう」「あるべき」等の第三者的な表現は、主任としての自信や責任感に欠けた印象を受けるので、「である」等の言い切り形で自分の考えとして書かなければいけません。

(2) 分かりやすく書く

読み手に自分の主張が伝わるよう、論点を明確にして論理的な構成にしましょう。

その上で、各章の内容が採点者に簡潔に伝わるよう、行程度の見出しをつけます。「はじめに」「問題点」「おわりに」といった安易な表現は避けてください。

そして、一つの文章にたくさんの事柄を盛り込むと文章が長くなり、わかりにくくなりますので、一文は簡潔に[illegible]ます。一文は、およそ2行から4行程度に収めるとよいでしょう。

(3) 読みやすく書く

誰が読んでもわかる平易な文書表現で、一読して理解できるようにすることが大切です。専門用語や略語の使用によって、かえって分かりにくい内容にならないよう気をつけましょう。また、文字は丁寧に書くよう心がけてください。丁寧に書かれた読みやすい文章は、採点者に好感を与えるだけでなく誤字や脱字を減らすことにもつながります。

論文を書いてみる

最近は、手書きの機会も少なくなり、論文に手を出しにくい方もおいででしょう。まずは、模範論文等を書き写す[illegible]

20年度 教育管理職への道しるべ 〈38〉

実施要綱の改定 ①

平成20年度の要綱発表

平成20年4月18日に平成20年度の教育管理職選考実施要綱が発表されました。今回の要綱は、先に発表された教育管理職等の任用・育成のあり方検討委員会の一次報告等の内容を受け、改定されたものです。そこで、今回と次回の2回にわたり、この改正内容について記述します。

改正内容などについては、東京都教育庁人事部から、教育管理職選考の有資格者全員に『平成20年度から教育管理職の選考・任用制度が変わります!』というリーフレットが配布されているので、既にご存知の方も多いと思いますが、ポイントを記載します。

平成20年度の主な改正点

A選考

A選考は、制度的に一番大きく改正されています。

まずは、推薦区分が新設されたことです。従来からの申込区分(一般区分)に加え、区市町村教育委員会及び都立学校長から「教育行政研修」の受講者として推薦を受け、この研修を良好な成績で修了した者について、第一次選考を免除し、第二次選考《専門論文(新)と個人面接》の受験資格を与える【推薦区分】が新設されました。

ここで「教育行政研修」の内容ですが、①東京都教職員研修センターへの通所研修で、東京都の教育課題と指導主事の役割などについて講義・演習が予定されています。また、②夏季休業中に、区市町村教育委員会や学校経営支援センター等における実施研修(10回)や、また所属校における自校研修が予定されています。そして、③受講者グループによる自主研修も予定されています。さらに、④授業研究における指導・助言に関しての実習をする授業研究が1回予定されています。

この教育行政研修は、5月[illegible]

既にこの研修の受講者の推薦は終了したようですが、推薦を受けた受講生の皆さんは、このチャンスを活かし、是非「良好な成績」で修了していただきたい。

次に、二次試験に【専門論文】が新設されたことです。これに関しての詳細は次回で紹介しますが、東京都教育庁人事部が発表した「平成20年度東京都公立学校教育管理職選考(A選考)専門論文実施要領」によると、教科指導等に関する専門的能力について、今日的な教育課題に対する実際的な指導力を検証するために実施するものである、としています。

専門論文は、課題が2題出題され(関連の出題内容)、課題1が1千字程度、課題2が2千字程度、合計で3千字程度です。そして、個人面接のときのプレゼンテーション用として、概要版を作成することになっています。なお、専門論文の本編も概要版も事前提出することになっています。

最後に、受験の対象年齢が、従来は満33歳以上44歳未満であったものが、下限が一歳若返り、満32歳以上となり対象年齢が拡大しました。折角の機会拡大だけに、多くの若手教諭の方々の積極的な受験を期待します。

そして、任用面でもA選考合格者は、原則として管理職候補期間の5年間は継続して「指導主事」として任用されます。ただし、主幹教諭未経験者については、主幹教諭任用期間(1年間)を含め6年間とされています。このことは、任用制度として、「指導主事」への任用を明確化したことになります。

B選考

B選考は、一次選考、二次選考に関しては、現行どおりです。しかし、A選考同様、対象年齢が拡大されています。従来の満44歳以上56歳未満から、満39歳以上54歳未満へと下限が5歳若返った一方、上限も2歳引き下げられた結果、全体的に対象年齢が若返りました。受験資格は主幹教諭の職にあるものとされていますが、経過措置として今年度は、満39歳以上44歳未満で教職歴12年以上(都教職歴3年以上)の者は、主幹教諭でなくても受験ができます。

是非、学校の教育管理職の方々は、所属学校の受験対象教諭の方々に受験機会が拡大したことを周知し、受験者の掘り起こしをお願いします。

C選考

C選考については、現行どおりの推薦制で、個人面接と業績評定をもとに選考されます。しかし、他の選考区分と同様、対象年齢の拡大が図られています。C選考の趣旨から、対象年齢の上限が緩和されており、満50歳以上55歳未満から満50歳以上58歳未満と、3歳受験対象が広がっています。

定年退職後の再任用制度などを考慮すると、従来対象外だった力量のある主幹教諭の活用が拡大したことになり、主幹教諭のモチベーション向上にも寄与すると考えます。

推薦することになる学校長や区市町村教育委員会の方々は、是非この対象範囲の拡大を有効に活用して頂きたいと思います。

その他の選考事項

A選考、B選考の筆記試験については、平成19年度の要綱と比較して変更点はありません。昨年同様、択一はA選考・B選考ともに、試験時間1時間、問題数が全部で30問、出題分野別では「教育に関する基礎的法令」20問程度、「経営管理の基礎的理論」5問程度、「教育事情・都政事情・時事問題」5問程度となっています。

また、論文試験についても、平成19年度と比較して変更点はありません。A選考は、試験時間2時間、2題出題から1題選択して解答します。文字数も1500字~2千字となっています。専門論文が導入されたとしても、論文の出題形式は、ほぼ昨年と同様と考えてよいのではないかと思います。B選考は、試験時間2時間、1題出題、文字数も1500字~2千字となっています。こちらも、出題形式に変更はないと考えます。

おわりに

今回の教育管理職選考の改正では、受験資格の対象年齢の拡大とA選考における推薦区分の新設、二次試験における専門論文の導入が実施されました。しかし、択一試験や論文試験には変更がなく、これまで皆さんが日々勉強してこられた実績や当講座で実施してきた内容が十分に活用できます。

また、今後当講座でも直前予想を掲載します。是非、最終チェック用にご活用ください。試験本番まで約2カ月となりましたが、『教育管理職選考「手引き・問題集」』平成20・21年度版(都政新報社発行)の中で、松田人事部長がインタビューに応え「受験者には、日々の教育実践に取り組む中で、常に改革への意欲を持ち、経営的な視点から問題意識を持ち、実践に取り組むことを心がけて欲しい。そうすることで、日常の教育活動の中に潜む根本的な課題に気づき、抜本的な解決・改善への糸口や方向性が生まれる。……(中略)……同時に日頃から、自らの考えを論理的に話したり、書いたりする努力をしてください。論理性や表現力が向上します」と述べているように、受験対策は、日々の教育活動の中にあります。あと2カ月は短い時間のようですが、まだまだ受験対策には有効な期間です。左記の書籍なども参考にして、頑張って下さい。

※参考書

○教育管理職選考「手引き・問題集」平成20・21年度版
○教職員ハンドブック第2次改訂版(択一・論文に)
○校長職務論文に合格する方法(論文のネタ探しに)
○教育管理職選考論文・択一・面接試験問題集

寿司に温泉、釣りにダイビング…
――魅力満載の伊豆大島

東京都大島支庁総務課長　佐藤栄

昨今の旅行ブームは、団塊・退職世代を主なターゲットとした豪華客船クルーズや、若者や中高年主婦層を狙った格安バスツアーなど多様化が進んでいます。一方、中国や韓国、台湾などから多くの人々が日本に買い物に訪れる姿が多く見られます。生活拠点についても、大都市から地元に帰るUターンばかりでなく、別荘を持つ人が増えたり、その変形である二地域居住という選択をする人も出てきたり、また退職を機に田舎暮らしをしたいと、今まで馴染みのない所に生活拠点を構える人も少なくありません。新幹線や高速道路、地方空港など交通機関の発達も後押しし、こうして人の移動は以前とは比較にならないほど増えてきているようです。

そんな中、地元で採れる魚を使った料理がおいしい、良質な温泉が湧いている、比較的夏暑すぎず冬寒くない、身近に海で遊べる、都心から早ければ30分で来れる――伊豆大島も旅行先、移転先として今後さらに注目されると思います。

伊豆大島の宿では、近海で採れた魚を使った新鮮なお刺身やてんぷら、煮物、お寿司が食卓を彩ります。金目鯛、カンパチ、マダイ、タカベなど、時には伊勢海老や鮑まで、季節ごとの旬な魚をそれぞれに合う料理方法で楽しめるのです。また最近では健康食品としても有名で某清涼飲料水にも使われているアシタバも様々な形で頂けます。

また、島内には何店もの寿司屋もありますので、地の魚を使ったお寿司を味わってみてはいかがでしょうか。かつて伊豆大島ではわさびが採れなかったことから、青唐辛子が今でも出ますのでこちらも試す価値があります（量を間違えると大変なことになりますが）。

温泉ですが、景色がよく開放的な雰囲気というところでは、元町にある『浜の湯』がお勧めです。水着を着ての入浴となりますが、ひょうたん型の露天風呂から港に出入りする船や伊豆半島、夕日、天気がよければ富士山も望むことができます。風呂の中は、場所によって熱いところから温いところまでありますので、その日の体調や気分によって好きな温度のところに入れます。また、この近くにある『御神火温泉』はサウナやジャグジー、プール、食事処まで備えた大規模な日帰り入浴施設です。朝早く到着する船で来島した際、こちらで入浴休憩する人も多いようです。

体験としては、釣りやダイビング、ハイキングなどが楽しめます。島内にはダイビングショップが何店かあり、ダイビングスポットも初心者向きの『野田浜』や『秋の浜』から上級者向けのところまで多種多彩です。これからの季節は特に週末を中心に多くのダイバーでにぎわいます。某TV番組のあの方も撮影で来た折には海に入り、「とったどー」と雄叫びを上げていました。海水浴はクラゲがまだ出ない8月上旬までだと思っている方も多いでしょうが、こちらでは9月上旬でも水温は高く、『砂の浜』などで多くの人が海水浴を楽しんでいます。

また、伊豆大島は椿（つばき）が有名で毎年2、3月には大々的に『椿まつり』が開催されています。「アンコ椿は恋の花」と都はるみさんも歌っていますが、島内に椿の木が300万本あると言われており、では実際に数えてみようという試みが今年1月からスタートしています。観光客の人でも気軽に参加できますので来島の際には是非やってみてはいかがでしょうか。

さらには、恵まれた自然環境からスポーツも盛んであり、大学駅伝チームや自転車など合宿のために来島されている人も多数見かけます。Qちゃんこと高橋尚子さんのサインもあちこちに飾られています。それから標高764㍍の三原山から望む景色も格別です。外輪山の上までは車で行けますが、そこから先内輪山を巡る「お鉢めぐり」はハイキングコースとして最適です。今、活動も穏やかになっている火口や他の伊豆諸島まで360度の大パノラマの中に身を置けるのです。

そんな伊豆大島へのアクセスですが、東海汽船による高速船（ジェットフォイル）は午前中1から2便、午後1便が基本となります。この高速船を利用すると、JR浜松町駅、都営大江戸線大門駅から徒歩で約7分の竹芝桟橋から所要1時間45分ですので大変便利です。インターネットによる予約枠はあまりないようなので、そちらが一杯でも電話すると結構空いていることもあります。また、昔ながらの大型船（夏場は混雑して大変賑やかです）も健在であり、この船からはレインボーブリッジやお台場の夜景をゆっくりと観賞できます。さらには、羽田空港や調布空港から飛行機を利用すればわずか30分程度です。一方、熱海から東海汽船の高速船に乗れば所要時間はわずか45分ですので、熱海周辺の宿泊と組み合わせることも可能です。

すばらしい魅力満載の伊豆大島へ、是非一度遊びに来てみてはいかがでしょうか。

大島と言えば三原山。今年もシーズンを前に6月1日に山開きが行われた

朝日や夕陽を浴びながら温泉を満喫（元町「浜の湯」）

がんばれ！公務員 26
新日本人と付きあう

文とマンガ　鈴木武征

いま40代の人たちは、その割り切った考え方や合理的な生き方で「新人類」と呼ばれた。

最近の20代はさらにその上をいくようで、「新日本人」と称される（ちなみに50代が団塊世代、30代が団塊ジュニア）。

新日本人の特徴は外で遊ばない、仲間を作らない、車やブランド品に興味を持たないなど極端なマイペース主義らしい。

平日は黙々と職場と自宅を往復し、休日は家にいるのが最大の安らぎだという。

マスコミ情報を鵜呑みには出来ないが、私自身、最近は公務員職場にもこの手の若者が増えているということは感じている。

「仕事はそれなりにするが何を考えているのか分からない」「飲みに誘っても嬉しいんだか迷惑なのか分からない」という声をよく聞く。

さっぱりしている点ではお互いひけを取らない新人類世代に新日本人世代が加わるのだから、職場の人間関係は必然、希薄なものとなっていく。

さらに、最近の人事管理、事務管理は、職場へ「個」を持ち込むのを極力排除する傾向が強いから、職場はただただ働く場所としてのみ特化されていく。

職場が働く場所で何が悪いという声が聞こえてきそうだが、「そこで働くのは人間だということを忘れてはいませんか」と言いたい。

芝居の舞台は単なる場ではない。そこで演技する俳優の力を最大限に引き出す工夫を凝らしている。

職場や管理方策も同じで、職員を活き活きと活動させる支え、補助となるものでなければならない。

職員は年代のほかにも大雑把に上司、部下あるいは先輩、同期、後輩と分類される。

年代別の特徴はさておき、実際の職場はこの分類で仕事に取り組んでいる。

そこで、新日本人から単に上司だから、先輩だから（しょうがない）と従われているだけでは能がない。一人の人間として、時には兄貴、姉貴として見てもらいたいものだ。

その点、私の現役時代の先輩達は分かり易かった。

飲みに行ってもお金を払わせてくれない。時に「今日は私が……」なんて言おうものなら、えらく怒られた。

お金がすべてというつもりは毛頭ないが、後輩が先輩の生きざまや自分への接し方を知るには、具体的かつ手っ取り早い方法だ。

これが度重なると、いつの間にかこっちも「何かあればお手伝いを」「いつか恩返しを」と思うようになってくる。

大概の場合、先輩は何事もなく卒業して行き、こちらは飲み得、食べ得に終わってしまう。

その得（徳？）は自分がそういう立場になった時にそのまま後輩に向ければいいだけだ。

会合などに誘っても参加しない新日本人に、「もうあいつには声をかけない」「かけなくてもいいよ」と切り捨ててはいけない。

職場の一員である以上、来ても来なくても声だけは掛けてやるべきだ。

それが相手の存在を認めているという証になり心を開かせる鍵となる。

うざったいほど自分を気にしてくれるあなたに、新日本人が「ああ、変な日本人もいるもんだ」と思い始めれば夜明けはすぐだ。

新宿駅のホームで肩組み合ってよろける先輩と後輩。駅員さんに叱られる日も近い。

そのだらしない姿に眉をしかめ、「大人になってもああはなりたくない」と思う次の新日本人候補者がいる。

みにがいど

◆都民フォーラム「東京の介護を守るために」▽日時　6月21日(土)午後1時～4時30分▽会場　なかのZERO大ホール▽参加費無料、申込不要、直接会場へ▽内容　①基調講演「介護人材の確保に向けて」厚生労働省②報告「大都市東京の介護人材不足の原因とその解決に向けて～介護報酬の地域係数是正の必要性について」田中雅英・都社会福祉協議会高齢者施設福祉部会総務委員長③シンポジウム「介護人材の確保に対する取り組みについて」菅原一秀・自民党衆院議員、鰐淵洋子・公明党参院議員、大河原雅子・民主党参院議員、狩野信夫・都福祉保健局高齢社会対策部長、山崎敏・立教大学コミュニティ福祉学部兼任講師▽問い合わせ先　東京都社会福祉協議会福祉部☎3268・7172

◆第13回東京の図書館をもっとよくする会総会▽日時　7月6日(日)午後1時15分～5時▽会場　図書館協会2階研修室（地下鉄茅場町下車5分）▽参加費　500円（資料代含む）▽内容　○情勢報告①「東京23区情勢報告」西村彩枝子②「もっとよくする会活動報告ほか」事務局○特別報告（問題提起）①図書館格差労働の現場から②「図書館に指定管理者制度導入反対～横浜からの報告」福富洋一郎・横浜の図書館の発展を願う会③提案「運動の進め方」④討議▽問い合わせ先　佐々木☎3975・0303、池沢☎042・765・3382

◆横浜市立大学エクステンション講座「自治体の経済波及効果の算出」▽日時　7月8日(火)、15日(火)午後2時～4時▽場所　横浜市立大学エクステンションセンター（横浜ランドマークタワー）▽内容　商店街がシャッター通りに化す地域が増加する昨今、地方自治体はできる限り地域経済の舵を取り、地域経済についても自治を展開できるようにしたい。施策による経済波及効果を知り、地域経済をコントロールする手段を手に入れるため、生産の誘発、価格波及、税収誘発、雇用誘発、二酸化炭素排出予測など、専門家に委託せずにどこまで自前でできるのかを概観。HPから無料公開している経済波及効果算出ソフト「波及さん」の概要もみていく。教材に『自治体の経済波及効果の算出』（学陽書房）を使用▽講師　安田秀穂・元東京都統計調整担当部長▽受講料　全2日4千円、1日2千円▽申込　講座名・氏名・連絡先を明記し、メールでexten@yokohama-cu.ac.jpまで▽問い合わせ先　☎045・224・5650

◆無料健康セミナー「元気な高齢者は1日にしてならず」▽日時　7月30日(水)午後6時15分～9時▽会場　女性と仕事の未来館▽基調講演「人生の質（QOL）を高めるアクティブエイジングのすすめ」折茂肇・健康科学大学長▽講演・実技指導「生活に根ざした運動を見直そう」「生活体育～座って健康体操」植木章三・東北文化学園大学医療福祉学部教授※運動に使用するタオル等持参▽定員　250人▽申込　東京顕微鏡院（http://www.kenko-kenbi.or.jp/）のHP内の予約申込フォームか、FAX5210・6699にて※FAXにはセミナー名、住所、氏名、年齢、電話番号、講演を知った媒体名記入▽問い合わせ先　㈶東京顕微鏡院交易事業室☎5210・6651

『都庁俳句』作品抄
（6月1日発行）

潮まねき大きな月を招き寄せ　山崎三樹夫
つつじ山人の頭を見てをりぬ　上部　隆男
異人坂の上にまた坂桐の花　鈴木　征子
胞衣塚の石ごろごろと風光る　植松　ふみ
幾星霜榧の大木風光る　足立　和子
菖蒲東大生の散歩道　神谷　邦男
筒井筒権現さまのつつじかな　伊達　天
騙されもせずに夜となる万愚節　小林しげと
夜桜や俄に騒ぐ救急車　中鉢　卓花
初蝶来記紀万葉のまほろばに　大熊　虚阿
塵芥置場今朝は落花の散り敷きし　谷口しとみ
宿替えの寄居虫の腹なまなまし　澤田　信一
蔵の戸のからからと蟻穴を出る　間中恵美子
仏壇の中へも入れて春の風　山口　昭義
惜春やピアノの蓋を開けてみる　豊田眞佐子
下谷には井戸のある路地春深し　水野まさ子
風騒ぐ縁切寺の竹の秋　佐々木いつき

都政新報

発行所 都政新報社
〒160-0023 東京都新宿区西新宿7-23-1 TSビル
(総務・読者) 03-5330-8781
(企画広告) 03-5330-8784
(編集) 03-5330-8786
(出版) 03-5330-8788
(セミナー事業部) 03-5330-9977
(ファクス) 03-5330-8808
購読料 月1,680円(税込)
毎週火・金曜日発行
但し、祝祭日は休刊

紙面から

土壌汚染対策法改正へ
施行5年で紛争続出
過剰対策も課題に

中央環境審議会土壌農薬部会土壌制度小委員会(委員長＝松本聰・㈶日本土壌協会会長)が11日に初会合を開き、土壌汚染対策法の改正に向けた検討を始めた。現行法の施行から5年が経過し、法の施行を通して浮かび上がってきた課題や、法制定時に指摘された課題を整理検討する。豊洲新市場予定地での土壌汚染をはじめとして、全国で土壌汚染をめぐる紛争が相次いでいる。参院では民主党が独自の改正案を提出し、可決されるなど、現行法見直しの機運が高まっていた。

中環審小委員会が初会合

現行の土壌汚染対策法では、施行から10年で必要な見直しを行うことが定められているが、衆参の付帯決議では10年以内でも必要があれば見直すよう求めた。

この間、全国各地で、住民と事業者や行政が争う土壌汚染問題が顕在化し、現行法の問題点が指摘されるようになった。環境省では、専門家で構成する懇談会が、今年3月に報告書をまとめた。これを受け、環境大臣が中央環境審議会に、今後の土壌汚染対策のあり方を諮問。同審議会の土壌農薬部会に土壌制度小委員会が設置された。

現行法では、有害物質を使用していた施設の使用が廃止された時点を契機に、土壌汚染調査を行うことを義務づけ、土壌の汚染状態が指定基準に適合しない場合、都道府県が指定区域に指定。健康被害が生じる恐れがある場合、都道府県が土地の所有者か汚染原因者に対し、汚染の除去等を命令する。

土壌汚染のある可能性の高い土地は、全国で11・3万haあると試算されており、東京都区部の面積の約2倍弱の広さに相当する。都では、独自の条例で対象範囲を上乗せして調査を義務づけているが、法の対象より、対象外の土地のほうが多くの汚染が見つかっている。このため、「施設の廃止時」に義務づける現行法では、対象範囲が狭すぎるという指摘がある。

また、いったん指定区域になると、汚染土壌を除去しない限り解除されることはなく、盛土・封じ込め等の対策を行っても、対策が行われていない区域と同じリスクがあるかのような印象が残る。このため、対策が実施済みの区域をどう分類するかも課題となる。

経験浅いリスク管理

【解説】現行の土壌汚染対策法では、健康被害が生じる恐れがある場合の対策は、50センチ以上の盛土が原則だ。掘削・除去が求められるのは、有害物質が土壌溶出量基準よりも10～30倍高い第二溶出量基準にも適合しない場合などに限られる。

だが、実際には、掘削・除去の必要がなくても、自主的に掘削・除去が選択されるケースがほとんどだ。臨時委員の稲垣隆司・愛知県副知事は、「県民感情からすると、ほとんど掘削・除去しているのが現状。ブラウンフィールドがどんどん顕在化している」と嘆く。

日本では土壌汚染対策の経験が浅く、住民感情としては、リスクをゼロにしてほしいのが本音だ。しかし、土壌の掘削・除去には多大な経費が必要で、負担できなければ土地を売ることもできず、汚染対策ができないまま土地が放置される。

また、他の委員からは、汚染土壌の適正処理を指摘する意見も多く出た。掘削・除去した汚染土壌を他の場所にそのまま埋めても、汚染が移転するだけだ。これらをチェックする仕組みや規制の強化も課題となる。

リスク管理には、正確な情報提供と、きめ細かなリスクコミュニケーションが不可欠だ。安全だといくら分かっていても、汚染が土壌に残されているとしたら、不安が残って当たり前だ。現状では、都をはじめとする地方自治体が条例で独自の規制や対策を設けて、土壌対策汚染法がカバーしていないリスクのほとんどを背負っている。国として責任ある法体系にまとめるには、未然防止やリスクコミュニケーションまで含めた抜本的な見直しが必要だ。(地)

知事所信表明
環境政策を世界に発信
「変革の輪を地球全体に」

都議会第2回定例会は10日に開会し、石原知事は所信表明で「東京から変革の輪を地球全体に広げ、人類が地球温暖化を阻止するための足場を固めていきたい」と語り、世界の環境政策をリードする姿勢を強調した＝写真。

大規模排出事業所のCO_2排出削減を義務化し、排出量取引制度を導入するための環境確保条例の改正案について、「公平・公正で合理的な削減義務の水準を設定し、実効性を高めるための罰則も整備して、東京のCO_2の排出を着実に削減していく」と述べた。

また、低炭素都市に向けた対応策について、世界の大都市間で議論する「C40気候変動東京会議」を10月に開催することを表明。世界大都市気候先導グループ(C40)の会員・提携都市など58都市を招き、①都市の気温上昇②水不足③洪水・自然災害④食糧問題⑤他の重要課題(健康問題など)――の対応策について、意見交換する。都は、雨水・再生水の利用や、水道技術の支援といった先進事例を報告する予定。石原知事はまた、「国際炭素行動パートナーシップ(ICAP)」に参加し、東京の先進的施策を発信する方針を示した。

五輪招致では、東京がIOC理事会で立候補都市に選ばれたことについて、「都市としての総合的なポテンシャルを7都市の中で最も高く評価された」と振り返り、北京五輪などの国際的イベントで、東京や日本の魅力をアピールしていく方針を示した。その一方、「国を挙げて大会を必ず成功させる強い意思を示さなければ、招致は絶対にあり得ない」と強調し、福田首相に財政保証を明確に示すよう改めて求めた。

今回の所信表明では、「国政への批判を強め、財政運営の失敗など、国は混迷し、目を覆うばかりの惨状」とこき下ろした。新型インフルエンザ対策については、「国が責任を果たすよう強く求めていく」と述べた。

北京五輪で招致活動
五輪招致議連で方針

11日、都議会オリンピック招致議員連盟の総会が開催され、今後の国際招致活動について、五輪招致委から、北京オリンピック・パラリンピックでプロモーション活動や情報収集を行う方針が示された。

五輪招致委によると、北京五輪はIOC委員110人が集まる「最初の山場」。ロンドンやソチなど、五輪開催が決定した都市から、立候補活動についてのヒアリングを行い、参考にする。

また、IOC委員の趣味や家族構成、ビジネスなど周辺の情報を集めたうえで、データベースを構築。さまざまなルートで投票を呼びかけていく。さらに、関係省庁や企業とも協力し、IOC委員に働きかけていく。

総会では「民間の勝手連ができるようなことを考えていくべき」との意見があり、五輪招致本部は「行政だけでなく、地域・民間が応援してくれることが重要。検討したい」と応じた。09年3～5月にかけて、IOC評価委員会の視察があることから、その直前に国内の盛り上げをピークに持っていく必要があるという。

また、福岡県議会でも招致決議されたことが紹介され、同議連の高島直樹会長が「国内予選で切磋琢磨した中で、『福岡・東京 友情の夕べ』も開催した。総合的な協力の結果が今日の決議。これからもこの勢いを借りて、しっかりと頑張っていく」と語った。

五輪招致特別委 9月北京を視察

都議会のオリンピック招致特別委員会は9月6～8日に北京市を訪問することが固まった。視察目的は、北京で開催される五輪競技大会の実地調査、パラリンピックの開催状況の調査。経費は700万円という。

11日に開かれた五輪招致特別委の理事会で、委員会の責務として視察する方向で進めることが決まった。民主党は「賛成と反対の会派があるから、それぞれの目で見ればいい」という立場。一方、共産党からは、「複数会派が反対しているのに、議会として招致推進するような活動は控えるべき」という意見が出た。

領収書添付義務化で職員増検討
都議会あり方検

第9回都議会のあり方検討委員会が11日に開かれ、政務調査費の領収書添付と公開のあり方などを話し合った。

大阪府議会は、領収書添付を1円以上からと義務づけているため、その適正性をチェックする職員の態勢が2人から11人に増えたという。また、兵庫県議会は、添付は5万円以上という規定になっているが、実際の運用では [illegible]

ネットの有害情報削除の促進を提言
硫化水素自殺受け

[illegible]

社説

懸案を外した所信表明
覚醒すべきは、まず東京都

都議会第2回定例会が10日に開会した。知事の所信表明は、これまでにも増して石原らしさが如実に出ていた。といっても、2016年オリンピック招致への決意や温室効果ガス削減義務化を熱く語ったからではない。現下の都政の最大の懸案である豊洲新市場予定地の土壌汚染問題について、一言も言及しなかったからである。新銀行東京にも触れなかった。

所信表明というのは、その時々の都政が直面する課題に対し、知事のスタンスを都民や都議会に示す場である。にもかかわらず、懸案課題については意図的に外し、その一方で「国政の混迷は目を覆うばかり」とか、歴史学者トインビーの著書を引用して「国家衰退の決定的要因は、国家が自己決定能力を欠くことにある」などと述べたところで説得力を持つだろうか。翻って、都政はどうなのか。責任を持ってやっているのか。所信表明と現実との間に大きなギャップを感じる。施策の羅列はあっても、それらを貫く思想のない所信表明ほど聞いていてむなしいものはない。現実逃避型の祝詞(のりと)。そこに今の都政を表象する姿がある。

■豊洲の土壌汚染問題

昨年10月、豊洲新市場予定地から環境基準の1千倍というベンゼンが検出されて驚いたが、詳細に調査したら汚染濃度は桁が一つ増えた。調査すればするほど、ひどい汚染実態が明らかになっている。

それに伴い、当初想定していた以上に手厚い土壌汚染対策が専門家会議で打ち出された。旧地盤面から地下2mまでの土壌はすべて掘削・除去し、2mより深い所にある土壌汚染も環境基準以下にするという。さらに旧地盤面から2・5mの盛土を行い、地表はコンクリートやアスファルトで固める計画だ。地下水管理にも重点を置く。

老朽化した築地市場が現状のままで良いと言う者は誰もいない。では、どうするかとなった時、移転予定地が高濃度に汚染されていたため、引くも地獄、進むも地獄の状況にある。

そうした中で対立する意見等を調整し、乗り越える指導力が求められているのに、知事の言動は他人事のようだ。「環状道路が整備されて陸路の運送がスムーズになれば、内陸部に移転できないか」「時間との戦いなので、場合によってはいろいろなことまで考え直さなければならない」。この期に及んで、記者会見でこんな発言をしている。自己決定能力の欠如が、都政停滞の原因である。

民主党本部は、参議院で土壌汚染対策法の改正案を議員提案し、可決させた。「移転阻止」で豊洲を狙い打ちにしたものであることは明らかだ。では、都議会民主党は、移転に賛成なのか、反対なのか。反対ならば代案はあるのか。これだけの手厚い土壌汚染対策を講じて、それでもなお危険というなら、その理由も都議会質疑を通して明らかにすべきである。土壌汚染で行政がどこまで責任を負うべきと考えるか、都議会第2党の見解も聞きたい。

また、1千億円を超える土壌汚染対策費というのは、庶民感覚からすれば、あまりに巨額である。これほどのカネがあれば、豊洲移転以外に何か方策はあるのではないか、そう考える一般都民も少なくないだろう。一刀両断に退けるのではなく、都民の目線で議論して欲しい。

築地問題は、単に中央卸売市場の問題にとどまらない。オリンピックのメディアセンターの計画地変更、築地市場移転後に通す環状2号線の整備など、都政の他の分野にも影響する。全体像を明らかにしながら、都民のコンセンサスを得る努力が不可欠だ。

■CO_2の削減義務化

今定例会の議案では、環境確保条例の改正が目玉である。今世紀半ばまでに温室効果ガスを60%から80%削減するという世界共通の認識のもと、都はいちはやく2010年度から二酸化炭素の削減義務化を打ち出した。そして、大規模事業所が削減義務を達成するための履行手段として、排出量取引制度を日本で初めて導入する。

洞爺湖サミットを前に都から打ち出す戦略性、経団連などが反対する中で東京商工会議所の理解を取り付けた努力、こうした点は評価したい。

2020年までに25%削減という都全体の目標と、個々の大規模事業所の削減余地の両方を勘案し、これから削減義務量を決める。その際、専門家の意見も聞いて区分ごとに削減義務率を設定し、この間の事業所の努力が反映されるように公平性を担保した仕組みにするという。

都の場合、02年度から地球温暖化対策計画書制度を施行し、約1300の大規模事業所の排出量や設備状況等のデータを蓄積している。国や他自治体に比べて、実効性のある制度運用を行う条件は整っている。しかし、問題はこれからだ。数式は示されているが、それ以上の中身は分からないからだ。

「国の方針・方式との整合性」「削減量の取り引きが、実際に成立するのか」「新規参入の企業に比べ、既存事業者が不利にならないか」など制度運用の疑問は多い。「20年後、30年後の自分たちの子孫に対する責任の履行」(石原知事)という総論に異議を唱える者はいないが、都民や事業者に納得される制度として真価が問われるのはこれからだ。

◇ ◇

「まだ登山口」。オリンピック招致の第一次選考を1位で通過し、知事は淡々と語った。冷めた都民世論に対し、脈はあるんだということを認識させる上で総合評価1位は、大きなインパクトがある。

しかし、世論の賛成59%というのは、数量的にも半々、気持ち的にも半々ということを意味しているのではないか。つまり、確信犯的に「五輪反対」を言う人はごくわずかで、ほとんどの人は「どちらでもいい」「やりたいのであれば、好きにすればいい」と思っている心情を映し出した数字だろう。

1964年の東京オリンピック開催は、敗戦から復興した日本を世界に認知させたいという欲求などが背景にあった。しかし、今はそうした開催の支柱となるものがない。加えて石原知事は、言葉では勇ましいことを言っているが、五輪招致に本気なのか、熱意が伝わってこない。ディーゼル車排ガス規制の時とは、明らかに違う。

オリンピック招致に限らず、何にしても知事から昔ほどのエネルギーは感じられない。所信表明で「日本の頭脳部・心臓部であり、ダイナモである東京から政治のあるべき姿を体現し、この国を覚醒させていきたい」と語った。覚醒すべきは、国よりもまず東京都であることを痛感させる所信表明だった。

元句ジョーク

オチオチ歩けない、秋葉原で無差別殺傷事件
外回りの多い職員
「行ってきます、長い間お世話になり有難うございました」

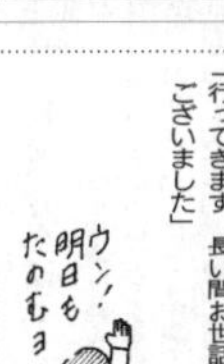

後期高齢者医療制度

制度不信から脱退相談

選択制の障害者　名称も「気に入らない」

後期高齢者医療制度への移行が選択制になっている障害者の間で、制度への不信感などから脱退を考える人が出てきている。新制度に移った方がよいか、国民健康保険などに残った方がよいかは、その人が払う保険料や窓口負担の割合によって損得が異なる。各区では「新制度へ移行するメリット、デメリットを示した上で、ご自身やご家族で判断してもらっている」といい、冷静な対応を促す。判断には自治体からの的確な情報提供もカギを握る。

的確な情報提供がカギ

◆不信感

ある区の障害者担当者は「一日およそ3件から5件程度、制度から抜けたいという相談がある」と話す。

後期高齢者医療制度に移ったことで、悪い制度に入れられたと思い、怒鳴り込んでくる人や「どうやって生きていけばよいのか」と訴える人もいる。「まず窓口で相談内容を聞き、心を落ち着けてもらってから、新制度に移行するメリットやデメリットについて、お話するようにしている」という。

最終的に制度を抜けるかどうかは、国保や後期高齢者医療制度のそれぞれの担当者から保険料や窓口負担などの情報をもらって損得を比較してから決めるように促している。

別の区では、とりあえず入ってみたが「名称が気に入らない」といって、国保に戻った人もいるという。

外出する機会が少ない障害者の場合、テレビなどの報道を通じて同制度に対するマイナスイメージを強く持ち、それが不信感につながっている。「新制度の保険料は高い」という思いが強く、窓口負担額も含めて損か得かの冷静な判断ができないケースもある。

◆勘違い

後期高齢者医療制度は、75歳以上の高齢者のほか、65歳以上75歳未満で一定の障害がある人も対象となる。一定の障害とは、身体障害者手帳の1級から3級までと4級の一部、知的障害者を対象とする愛の手帳の1度と2度の人などが該当する。障害の程度からいうと、重い方の人たちにあたる。

今回の新制度導入にあたっては、従来の老人保健制度で障害認定を受けている65歳以上75歳未満の障害者は自動的に新制度へ移行したが、加入しないことを選んでもよいとされた。

各区では昨年度のうちに、加入選択ができることを知らせる通知を該当する障害者あてに出している。だが、なかには通知に気付かず「強制加入させられた」と勘違いした人もあった。

◆損得判断

障害者の場合は所得が少ないケースも多い。所得割がかからず、均等割だけのケースで比べると、後期高齢者医療制度は3万7800円、国保は3万6900円。年額で900円国保が安い。

しかし、年齢が65歳から69歳までの場合には窓口負担が国保は3割。1割または3割の後期高齢者医療制度に比べると割高だ。医療機関にかかる回数が多いほど、国保の方が負担が大きくなる。

70歳以上の場合は、国保で高齢受給者証をもらうと窓口負担は1割または3割。後期高齢者医療制度と同じであるため、年額900円の分だけ国保が安い。

さらに細かくみると、70歳以上75歳未満の場合は、国保の窓口負担割合が1割から2割に上がる予定だったのが、現在、1年間の凍結中。その結果、1割または3割の負担は後期高齢者医療制度と同じでやはり900円分、国保が安くなる。しかし、凍結が終われば、2割または3割負担に上がるため、「今年中は国保にとどまり、将来的には後期高齢者医療制度に移る」と判断する人もいる。

そうした個々の条件に加え、東京都による心身障害者の医療費助成や、世帯全体での負担も考慮すると、損得の比較は一層難しい。いつ抜けてもよいと選択肢は与えられていても、判断材料は多岐にわたり、かなり複雑。自治体からの的確な情報提供がカギとなりそうだ。

◇

東京都後期高齢者広域連合は6日、4月30日現在の被保険者の全体数と、そのうち障害認定者数の内訳を明らかにした。全体の被保険者数は106万5596人。うち障害認定を受けた人は1万7973人で、4月1日時点で1万8664人だったのに比べて691人減った。

新タワーの名称決定

東京スカイツリー

東武鉄道などは10日、墨田区の押上・業平橋周辺地区に建設する新タワーの名称を、「東京スカイツリー」に決定したことを発表した。

墨田区からは、山﨑昇区長が有識者10人による新タワー名称検討委員会の委員に就任。今回の決定について、山﨑区長は「天空に向かって、すくすく伸びていく、将来性の豊かな緑が連想され、地球環境という視点からのイメージとしてもふさわしい」とコメントを寄せた。

昨年10月から11月に名称案を全国で公募。その中から6案を、新タワー名称検討委員会が3月に選定し、4月1日から5月30日に全国投票を実施した。

投票総数は11万4419票。内訳は「東京スカイツリー」が3万2699票、次点の「東京EDOタワー」は3万1185票だった。

投票者を居住地別にみると、東京都が全体の約25％で最多。次いで埼玉県、神奈川県、千葉県の順となっている。

新タワーの名称決定に伴い、墨田区では今後、観光事業に力を注ぐ方針で、来年4月には文化観光協会の社団法人化も予定。墨田区は「新タワーを契機に、世界中から訪れる観光客の回遊性を高める多彩な観光事業を展開したい」としている。

新タワー関連工事は現在、現場事務所の設置など準備段階で、7月に本格着工。2011年竣工、12年春の開業を目指す。

あらかわ遊園の事故　ボランティアが見回り

荒川区

荒川区立あらかわ遊園の安全管理を支援する区民ボランティア組織「あらかわ遊園見守り隊」が7日、巡回点検を開始した。今年2月に園内の遊戯施設で突風に飛ばされた女児が重傷を負った事故を受けて設立された。

区内の青少年団体、地元の西尾久六丁目町会、区の体育協会などの会員で組織。荒川区の土木部、遊園事業部、公園緑地課などが事務局を担当する。各団体の持ち回りで月2回程度、定期巡回して、遊戯施設、通路、植え込みなどの安全性を点検。担当月に関係なく、随時の見回り活動も行う。安全面での問題などが見つかった場合は、区に報告する。7日の巡回活動に参加した関係者は「利用する区民の目線、子どもの目線から、課題や問題点を整理し、改善策を提言したい」と話す。

事故が起きた区域の「キッズランド」は現在休止中。発生直後、荒川区は調査委員会を設置し、再発防止策を検討。事故当時、突風が吹くなど悪天候にも関わらず、気象状況を把握していなかったこと、運営中止を決定する詳細な規則がなかった点などが要因とされた。その後、同園の指定管理者である(財)荒川地域振興公社は遊戯施設の管理マニュアルを策定し、園内に安全担当の専門職員を配置。荒川区としては庁内に「施設安全担当」を4月に新設。非常勤職員2人を置き、同園の安全管理を監督している。

新宿・渋谷・豊島区

副都心線、14日開業

回遊性を高めて〝復権〟狙う

都内最後の地下鉄となる副都心線が14日に開業する。六本木ヒルズ、東京ミッドタウンなどの新興勢力が台頭し、池袋、新宿、渋谷の3副都心がおされ気味の中、池袋ではLRT（次世代路面電車）整備、新宿では歩道の拡幅、渋谷では横断デッキの設置など、回遊性を高めたまちづくりに取り組む。開業を機に、3副都心は〝復権〟を目指している。

運輸政策審議会は1985年、池袋、新宿などを通る13号線（現副都心線）を渋谷まで延伸するという答申をまとめた。その後、新宿・渋谷・豊島区では、副都心線開業の機運が盛り上がり、3区の都議らでつくる営団地下鉄13号線建設議員連盟が95年に設立された。

事務局長を務めた元都議の高野之夫・豊島区長は「新宿、渋谷、池袋の3副都心が東京の中心になろうということで、お互い力を合わせた」と振り返る。一方、副都心線は山手線とほぼ並行して走る新路線のため、「第二の山手線をつくるのか」と批判する人もいた。

議員連盟の設立から5年後の00年、バブル崩壊後の不況を打開するため、国は東横線との直通運転を答申に盛り込み、翌年6月から工事が始まった。高野区長は「信じられない展開になった」と胸中を語る。

直通運転は、池袋駅に大きな影響を与えそうだ。池袋駅で降りる西武池袋線、東武東上線、有楽町線の利用客が3路線と直通運転する副都心線を利用すると、1日あたり約9万5千人が駅を降りなくなると豊島区は試算する。

一方で、サンシャインシティが30年前に完成してから、池袋はあまり発展を遂げていない。副都心線の開業を機に池袋を再生し、通過駅になる懸念を払拭していく。駅周辺を走らせるLRT事業、西口駅前広場の改修などに着手するほか、旧小学校に新庁舎を建て替えた場合の現庁舎跡地への民間ビル建設など方針案があり、池袋を歩いてもらえるよう再開発を進めていく考えだ。

副都心線の新宿三丁目駅はJR新宿駅から離れており、新宿区も回遊性のあるまちづくりを展開する。通行量が多い新宿通りでは、歩道の幅を広げて歩きやすい空間を演出する。また、駅の東口と西口を循環するバスを民間の独立採算制で走らせて、買い物客らを移動しやすくする。区は「開業の効果は予測を超える」と期待を膨らませている。一方、新宿コマ劇場が今年末で閉鎖し、活気が薄れていく歌舞伎町のにぎわいを創出することが課題だ。

渋谷区では渋谷駅を中心にしたまちづくりガイドラインが策定され、再開発が5地区で予定されている。東横線の駅が地下になり、副都心線との直通運転が始まる12年から再開発が本格化するという。東横線駅舎が解体された後に工事が始まり、隣接するJR駅舎などの整備にもようやく着手できるようになる。4年後が再開発の初年度になるため、区は「他の副都心に遅れを取ることを懸念する」という。

東横線との直通運転を始める12年以降、乗降客が横浜に流れてしまうおそれがある。既存店が渋谷の売りであるため、横断デッキなどを設置して坂道の多い渋谷を苦にならないよう歩き回れるようにするという。

23区の東側にある六本木ヒルズ、東京ミッドタウンなど新興勢力に増客傾向が見られ、西側にある副都心の魅力が薄れてしまい、客の推移は〝東高西低〟だ。都市間競争が激化する中、都内最後の地下鉄開業をきっかけに、副都心の再生を目指す。まちの魅力を高められるかが焦点になる。

MEMO

副都心線　渋谷と埼玉県和光市間（約20・2㌔）の16駅を結ぶ地下鉄。和光市、池袋間の既存路線と、渋谷、池袋間（約8・9㌔）をつなぎ、14日に開業する。渋谷、池袋間は急行で11分、各駅で16分。明治通りの地下をほぼ山手線と並走し、山手線の混雑緩和に期待がかかる。和光市駅で東武線、小竹向原駅で西武線との直通運転を始め、4年後に渋谷駅で東急東横線との相互乗り入れがスタートする。

池袋再生へ新構想

豊島区　LRTは「5年以内」に

豊島区は10日、池袋駅周辺のまちづくり構想「池袋副都心・グランドビジョン2008」を発表した。副都心線が14日に開業し、池袋駅に降りる東武東上線などの利用客のうち、1日あたり約9万5千人が減るおそれがある中で、通過駅になるという課題を解消しようと打ち出した。

グランドビジョンで、次世代路面電車のLRT導入を目指している。池袋駅東口、サンシャインシティなどを通り循環する。1周は約2㌔で、反時計回りの単線運行を想定している。将来的には都電荒川線との相互乗り入れも視野に入れている。

高野之夫区長は「副都心の再生にまたとないチャンス。新宿、渋谷と変わったまちづくりを進める。都交通局と交渉し、LRTは5年以内の完成を目指す」と語った。

今年秋をめどに、LRTの整備構想をまとめ、運営主体、事業経費などを打ち出す。その後、警察、区民などとの会議を開催し、意見を取り入れた形で整備計画をまとめていく。

また、環境にやさしいまちづくりを実現するため、生ごみ発電施設などを東池袋地区に5年以内に整備する。区内のごみ量の約35％を占める生ごみは焼却処分されているが、大半が水分のため、焼却炉への負荷がかかっているという。そこで、生ごみをメタン発酵して発電する施設を導入することになった。発酵後の生ごみは焼却炉に負荷をかけない。発電した電力のうち、1割は発電施設の動力に使い、残りは売電する予定だ。発電により、二酸化炭素の排出量を約2900㌧抑制できるという。

総合体育館の移転建設　基本構想検討委を設置

文京区

老朽化の進んだ文京総合体育館の移転建て替え計画を具体化するため、文京区は10日、区民を交えた基本構想検討委員会を設置した。

同委員会で区は、体育館への要望や意見を聞き取り、建設計画に反映していく考え。建て替え予定地は旧第四中学校跡地（本郷7丁目）。地元の湯島・本郷地区町会連合会、区の体育協会などの推薦委員14人、公募委員5人と区担当者で構成する。任期は来年3月末。

10日開催の委員会では、事務局が建て替え案の概要などを説明。新しい体育館は、地上2階、地下1階で、延べ床面積は約5835平方㍍の予定。計画に関連して、区担当者は「建設予定地の用途区域が第一種文教地区のため、過去の調査で施設利用者からの要望が多かったレストランや喫茶店の併設は不可能」と報告。同様に、要望の多かった駐車場の設置については、地元町会推薦の委員が「交通安全上、一定の配慮が必要だ」と懸念を表明した。今後の委員会で論点になると見られる。

区担当者は「6月から7月に実施する区民アンケート調査などを反映しつつ、素案を取りまとめ、来年1月下旬に委員会の最終報告を決定する」こととしている。

現在の総合体育館は1967年に竣工。雨漏りなど、老朽化による支障が続出している。文京区は当初、本郷1丁目の元町公園と旧元町小学校跡地周辺を予定地に想定したが、地元住民などが猛反発。見直しを図るため、協議会が昨年10月に設置された。今年2月末、協議会は現在の予定地を文京区に答申、3月に最終決定していた。

教員ら66人の個人情報紛失

新宿区

新宿区は9日、区立学校の教員が子どもと教員計66人の氏名と3カ月分の給食費などが入ったUSBメモリを帰宅途中に紛失したと発表した。

教員は6日夕、かばんにこのUSBメモリを入れ、学校から駅に向かっていた途中、かばんのチャックが開いており、USBを紛失していることに気づいた。来た道を戻ったが見つからず、9日に警察に遺失届を提出した。現在もまだ見つかっていないという。

庁舎内、学校内のパソコンにUSBメモリを接続しても、データが保存されないように設定されている。今回は、私物のパソコンを学校に持ち込み、USBを接続して個人情報を保存していた。教員一人に1台のパソコンが支給されていない課題などがあり、区教委は現在対策を検討している。

職員を懲戒免職

江東区

江東区は9日、女性にわいせつな行為を繰り返していた保健福祉部の係長級の男性主事（55）を懲戒免職処分にした。

区によると、主事は、今年2月以降、勤務時間中に職場内で、業務委託会社からの女性従業員の胸を触るなどのわいせつ行為を十数回行った。

山﨑孝明区長は「被害者および区民に心よりおわび申し上げる。被害者の方の心身に重大な影響を与え、区民の信頼を失墜させた。信頼回復に努めたい」と謝罪した。

記者席

社交、外交はどうしたの？

○……自民党都議に「定例会の焦点は」と尋ねると、即座に「オリンピックと豊洲」と返って来た。そして、「野党は、これに新銀行東京を加えるだろうけど…」と付言した。しかし所信表明では、オリンピックに時間を割いたものの、豊洲の土壌汚染や新銀行には触れずじまい。

さらに不思議なのは中国・四川大地震に全く言及しなかったことだ。議会関係者も「危機管理や防災に力を入れている知事として、どうなのか」と首をひねる。「中国への配慮がない。外交センスが鈍くなったか」と揶揄する声もある。5日の庁議では、知事自らが「五輪招致は、社交、外交が決する」と述べたばかりなのだが。

○……5日の総務委員会に報告された行財政改革実行プログラムの07年度実施状況。一部実施となった27件という数字が、多いか少ないか判断の難しいところだが、この中にはいくつか共通点も見つかる。

たとえば東京都版市場化テストの本格導入、システム評価制度の見直し、業務改善プレゼンテーションの導入。これらは実行プログラム本体を所管する総務局行政改革課に関わる項目だ。

説明を聞くと、決して大幅な遅れや計画を下回ったという訳でもない。「自らに厳しく」というのが、一部実施の理由のようだ。

○……個人情報を保存したUSBメモリの紛失が後を絶たない。新宿区の教員が帰宅途中に紛失したUSBメモリには、子ども25人と教員41人の名前、1月、2月、5月の給食費、PTA会費、親睦会費の納入金額が保存されており、住所、電話番号などは入っていなかった。

私物のパソコンを学校に持ち込んではいけないという規定があるが、この教員は学校に持ち込んでおり、規定は形骸化している。パソコンが一人1台支給されていないという現状以外にも、家に仕事を持ち帰る必要があるなど問題点があるのではないか。教員が学校に私物のパソコンを持ち込む背景も併せて調べなければ、USBメモリ紛失はなくならないと思う。

ものづくり教育

人材育成で検討委を設置

4つの専門部会で具体策

伝統工芸学ぶ技術を取得

都教育委員会はこのほど、企業ニーズに応える人材育成の具体策を検討するため、民間企業を加えた「ものづくり人材育成プログラム検討委員会」を立ち上げ、特定分野、高大連携教育、小中教員研修、工業科教員研修の四つの専門部会を設置した。都立工業高校・高専を核とする複線的教育システムづくりの一環で、金型や伝統工芸など特定分野を集中的に学ぶ教育プログラムの導入や、大学・大学院への進学ルートの確保、小中学校との連携強化などを検討し、7月中旬までに中間報告をまとめる予定。また、実践的な技能習得をめざすインターンシップの募集を開始する一方、生徒の資格取得を支援するための都立職業能力開発センターとの連携協定も締結するなど、産業界が求める人材育成の総合的な取り組みが動き出した。

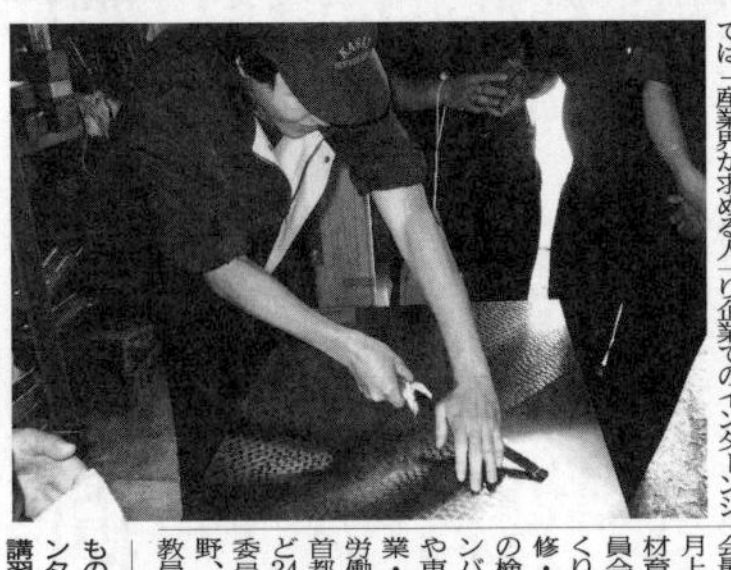
ものづくり企業でのインターンシップで技能講習を受ける高校生

産業界が求める多様な人材育成のあり方を検討してきた都教委の「ものづくり教育推進検討委員会」は昨年8月、「工業高校・高専を核とする複線的教育システムの実現に向けて」と題する最終報告をまとめた。この中では「産業界が求める人材の育成」と「ものづくり人材の開拓に向けた取り組み」の2柱にそった具体的な施策の方向性を打ち出している。

例えば、地域企業の後継者育成として評価の高い「東京版デュアルシステム」の拡大、ものづくり企業でのインターンシップの推進、生徒の資格取得に向けた支援、教員の実践的指導力の向上、都立工業高校の自律的・継続的改革を進める「アドバンスト・テクニカル・ハイスクール構想」の推進などを盛り込んだ。

都教委は、同検討委員会最終報告に基づき、5月上旬に「ものづくり人材育成プログラム検討委員会」を設置し、ものづくり人材育成のための研修・教育プログラム開発の検討に乗り出した。メンバーは東京商工会議所や東京経営者協会など企業・団体関係者、都産業労働局、都立高校校長、首都大学東京、教育庁など24人で構成され、検討委員会のもとに特定分野、高大連携教育、小中教員研修、工業科教員研修の四つの専門部会が設けられた。

特定分野部会では、金型工業技術や伝統工芸など特定分野を集中的に学ぶ教育プログラムの導入を検討する。これらの特定分野はこれまで日本の産業界をリードしてきたが、後継者育成が不足しており、工業高校でも特定分野の技能・技術を集中的に学ぶカリキュラムがない。このため、専門部会では都として教育すべき特別分野を定め、ものづくり分野の新たな教育プログラムを作成。あわせて分野ごとのカリキュラム開発について検討していく。

高大連携教育部会では、高度な専門知識を身に着けたい生徒のニーズに応えるため、大学・大学院との連携を拡大し、進学ルートを確保する具体策を検討する。例えば、大学の公開講座への生徒の参加、大学教員による「出前授業」など大学と連携した教育活動が検討課題になりそうだ。

小中教員研修部会では、工業高校・高専と小中学校との連携を強化する上で、小中教員の研修が欠かせないことから、都教職員研修センターや工業高校・高専などを活用した理科、図画工作、技術についての具体的な研修のあり方を検討する。

工業科教員研修部会では、基礎・基本を重視する工業高校の特性と実践的技術の教育が求められるため、体系的な教員研修を検討する予定。

検討委員会は7月中旬までに中間報告を取りまとめ、10月に最終報告を提出する見通しで、そこで提言した具体的施策を来年度予算に反映させたいとしている。

また、ものづくり企業での「技能習得型インターンシップ」の募集を開始した。都立工業高校などの2年生から120人を選抜し、夏休み期間中に10日間程度、ものづくり企業で熟練者から実務を通して実技指導を受けるという計画で、学校外における学修の単位認定を行う予定である。

さらに、都立職業能力開発センターと連携し、生徒の資格取得に向けた支援に取り組む。同センターで実施しているものづくり教育支援プログラムなどを活用する一方、センターの指導員と工業高校の教員が相互に技術交流しながら、指導力を向上させる施策にも力を入れる計画である。

若手教員の育成 1
——東京教師道場を核に

組織的な育成が喫緊の課題

2008年3月に東京教師道場の第1期生487名が道場2年間の研修を修了した。修了者には、学校や東京都教育委員会、区市町村教育委員会が実施する研修会や研究会の講師、各種委員会の委員等として研修成果を還元することが期待されている。

東京教師道場は06年4月に東京都が重点事業として、今後の東京都の教育を担う「若手教員」を育成することを目指して開講したものであり、08年4月で3年目を迎える事業である。

今後の連載において、6回にわたり、東京教師道場開設の経緯と概要、道場授業研究の在り方、道場で研修を積む部員や指導的役割を担う教員等の様子、道場修了後の部員等の活躍について紹介する。

第1回は重点事業である東京教師道場開設の経緯と概要である。

東京都では、近年、団塊の世代の教員が大量に退職し、今後10年間程度は若手教員を大量に採用することが避けられない状況にある。教育の成否は学校教育の直接の担い手である教員の資質・向上に負うことが極めて大きいため、若手教員の組織的な育成は、東京都の教育水準の維持・向上にかかわる喫緊の課題である。

東京都教育委員会では04年に「東京都公立学校の授業力向上に関する検討委員会」を立ち上げ、教員の授業力向上を図るための方策を提言し、教員の授業力向上に関する研修を体系化した。

これまでも教員は採用された後、学級担任や副担任、教科担当として授業を行い、学校組織の一員として先輩教員から様々な助言を受けて能力を高めてきた。東京都では、特に、採用から4年間を教員として「授業力」の基礎を集中的に身に着ける期間とし、教員1年目に実施する初任者研修に加え、その後3年間を「授業研究」として指導技術・教科等の専門性を高めるための研修を行うことにしている。

「東京教師道場」はこうした初任者から4年目までの教員の授業力向上の研修成果を基礎に、5年目から10年目までの教員を対象として行う研修である。この研修は、教員自身の授業力を高めるとともに、若手教員を指導する資質・能力を有する教員を、助言者として育成することも目的としている。

この二つの目的達成のために、①研修の期間を2年間とする②先輩教員が若手教員を指導することができる研修組織とする③授業研究の回数と内容を充実させる——の3点を特色としている。

2年間の研修期間を終えた第1期生の部員は、「研修を2年間行うことで、長期間にわたり継続的な授業研究をすることができた。また、優れた指導力をもっている助言者(中堅教員)からの授業の作り方や実際の授業中の指導技術など数多くのことを学んだ」といった感想を話している。授業研究の総数は道場の2年間で20回、全体で2088回になった。

授業力向上には、教員が多くの授業を観察し、実践に基づき、授業者を中心として徹底的に協議会で討論することが何よりも大切である。そのため企画運営に配慮し、東京都教職員研修センターにおいて教科等の内容に識見の高い教授(学習指導専門員)及び指導主事が専門チームを組み、組織的に取り組んでいる。

次回は初任者から4年目までの教員の授業力向上の取り組みを紹介する。

都生涯審専門部会

部会報告へ議論大詰め

地域教育の具体策を検討

地域教育システム構築の具体的方策を検討している第7期東京都生涯学習審議会の専門部会(部会長＝田中雅文・日本女子大学教授)は6日、部会報告の取りまとめに向けて本格的な議論を展開した。3回にわたる専門部会での事例報告を踏まえて、「多元参加型教育コミュニティづくり(仮称)」のイメージや地域教育の観点からの具体的方策を検討。また、多元参加型教育コミュニティづくりを支える行政施策としての「教育サポーター」のあり方について審議した。24日に開かれる拡大専門部会で部会報告をまとめ、7月の審議会に報告する予定。

専門部会はこれまで四つのNPO団体からの事例報告を受けて、地域における教育支援者の立場から見た「地域教育」の課題や地域住民のボランティアの活性化、団塊世代をはじめとする地域住民の教育参加への取り組みなどについて検討してきた。この中で、事業を行う大人たちが「やりがい」や「達成感・満足感」などを感じ、参加する子供たちが「出会い」や「楽しさ」などを感じながら、双方にプラスの循環が生まれ、これが結果として「教育支援」につながっていることなどが分かった。

これを踏まえて、事例検討から導き出された論点として、①地域住民や学校、企業など地域教育の展開領域の活性化→コーディネート機能の強化・充実②「教育支援活動」への参加には至っていない潜在的な社会資源を顕在化させるための人材育成・コーディネート機能のあり方——の2点を提示。これを基に、「多元参加型教育コミュニティづくり」のイメージと地域教育の観点からの具体的方策について議論した。あわせて都立高校の教育支援人材養成講座や「教育支援(分野別)プログラム」バンク、「教育支援コーディネーター」養成などを視野に入れた「教育サポーター」について検討した。

専門部会では「プログラムの効果を評価する基準が必要」「地域教育によって大人も子供も共に育つ、学び合うというニュアンスのコミュニティのあり方を検討すべきではないか」「最初に人材育成ありきではなく、自主的に手を挙げてもらえるような組み立て方を再検討する必要がある」など数多くの意見が出た。これらを踏まえ、改めて表現内容などを整理し、次回の拡大専門部会では「教育サポーター」の集中審議を行った上で、部会報告のまとめに入る。

活かせ！地域の教育力 9
——高島平地区小地域ネットワーク

連携は「汽水域」にこそ成立

本会は設立後、間もなく10年を迎えようとしている。その間、メンバーは地域においてささやかな活動を積み上げてきた。その活動が地域に認知されるに従い、さまざまな団体から参加、協力、支援、連携について、呼びかけや申し入れが増えた。

それぞれについて思うところはあるが、ここでは「連携」を取り上げ、その危うさや問題点について本会が学んできたことを、事例とともに報告したい。

連携と言えば、まず産学、産学公の連携などがイメージされるが、最近では地域振興やまちづくりを目的とした大学と地域との連携が注目されている。

高島平には大東文化大学があり、本会は2005年、地域再生を目的とする「高島平再生プロジェクト」(高Pと略、座長＝山本孝則・環境創造学部教授)の立ち上げに地元住民団体として参画し、4年にわたり地域の問題の抽出とその解決についての提案と活動を行ってきた。

さらに、同学部は高Pにおいて、あらためて現代GPの実施関係者たちと議論を重ねた結果、幸いにスに、文部科学省の実施する「現代的教育ニーズ取組支援プログラム」(現代GPと略)、07年度「地域活性化への貢献」(地元型)部門にエントリーし採択された。

これをきっかけとし、「地域活性化への貢献」をテーマに、大学は本会とも密接な連携のもとプログラムを実施しようとしたが、いざ動かそうとしたとき「高P」と「現代GP」の関係や、連携について話が噛み合わず、「高P」において大問題となってしまった。(同大HP、現代GP関連、高P議事録に詳述)

この連携のあり方について、あらためて現代GPの実施関係者たちと議論を重ねた結果、幸いにも共通認識を持つことができた。

この間、本会内部や、一部の地域関係者の間では、このプログラムからの離脱も検討されたが、紆余曲折を経て、地元住民の現代GPからの離脱という最悪の事態は回避されたのである。

この結論を導き出すことができたのは大学関係者の賢明な判断によるところ大なりと、住民としてエールを送りたい。

筆者は、これまで「連携」の本質は「汽水域」のようなものであると発言してきた。

つまり、川の生物と海の生物が共生し、生命を繋ぐ営みと、豊かな自然の恵みを享受できる場所という意味においてである。

魚の場合、「汽水域」には川の魚、海の魚もいるが、いずれにとっても特別な場所だと言えるだろう。

一方、生け簀なり養魚場というものもある。地域、学校、行政のいずれが海か川か、あるいは生け簀かは知らない。しかし、生け簀は所詮、生産者のための現場であって、決して魚の棲む場所ではあり得ない。

現在、地域、学校、行政はそれぞれ厳しい現実に危機感を抱いているが、これを乗り越え、自立再生への道を歩もうとするならば、まっとうなエネルギーの供給源としての「汽水域」に自ら踏み出す必要があるのではないか。

この「汽水域」に人・知・財とガバナンスの一部を持ち寄り、そこにプラン策定と意思決定の場を形成できるか否か、つまり、ガバナンスの構造を複数の自立した行動主体が連携することで、いかに変化させることができるかが、ことの成否を決する鍵だと考えている。

それに反し、ガバナンスに何の変化も見出せないとすれば、またぞろ既得権を楯に、手前勝手な「連携擬き」を思い描き、「相手を巻き込み、利用し、成果は我れのものに為さんとする卑しい輩とその仕業によるもの」として相手にされないであろう。

いずれも前途多難な問題を抱えている地域、学校、行政との間で、真の連携が実現すれば、活性化のための多様な大循環が生まれ、自立、再生、発展へ続く道をともに手を携え、歩み出せるのではないだろうか。

(高島平地区小地域ネットワーク代表　堀口吉四孝)

日々の風景に溶け込む隣接する大東文化大学＝団地の窓からの遠望

主任教諭

教職経験8年以上が対象

任用の基本的考え方示す

教育庁は10日、来年4月からの任用開始を目指している「主任教諭・主任養護教諭」の任用についての基本的な考え方をまとめ、都立学校長と区市町村教育委員会に通知するとともに、都教組、都高教組、東京教組など教育関係の職員団体に情報提供した。

それによると、主任教諭任用の目的として、「教員の年功的・一律的な人事制度を見直し、教員一人ひとりの資質能力及び学校の組織的課題解決能力の一層の向上を図る」ことを挙げた。また、職務内容としては①校務分掌などにおける学校運営上の重要な役割を担当②指導・監督層である主幹教諭を補佐③同僚や若手教員への助言・支援などの指導的役割——の3点を示している。

主任教諭の職への任用は「選考」によるものとし、今年11月以降に実施する。具体的な選考方法はまだ固まっていないが、行政系の主任選考を参考に詰めていく。

選考資格は年齢30歳以上、かつ国公私立学校教職経験8年以上(ただし、都教職経験2年以上)。任用数は「今後の職員構成の変化等を考慮の上、決定する」としている。有資格者は小中高・特別支援あわせて約3万人。給与については今年の都人事委員会勧告を受け、その後の労使交渉を経て決定する。

消防署員を講師に 道徳授業公開講座

東大和市立第一中

「地域と共に取り組む防災・防犯教育」を推進している東大和市立第一中学校は14日、消防署や消防団の人を講師に迎えて、道徳授業地区公開講座を同校で開催する。お互いの生命を尊重する教育とともに、災害発生時の初期対応力の向上を目指したもので、市内では初めての試み。テーマは「生命の尊さを深く見つめ、地域社会の中で、共に関わり共に支え合い生きていく」。

毎週金曜 3面は 教育オンライン

知事部局と公営〈企業局〉で統合へ

都情報システム

システム評価 3段階に細分化

都システム評価委員会（委員長＝山口一久副知事）はこのほど、現在実施している情報システム総点検の取り組み結果及びシステムアセスメント制度の見直しに関する検討結果をまとめた。システム総点検では、07年度の実施結果を踏まえて、今後、知事部局と公営企業局のシステム統合が打ち出された。一方、システム評価制度では、業務改善を重視し、評価内容を拡充する形で、現行の2段階から3段階に細分化する。評価制度は概ね2年間試行した後、10年度から本格実施する。

現行の都の情報システムには、文書総合管理や電子調達、財務会計など全庁的に利用する13の基幹システムと、主税局の税務総合支援システムや都市整備局の都営住宅管理総合システム、病院経営本部の次期病院システムといった各局で利用している局基幹システムがある。

総点検は、これらシステムに関して「システムの有効」「業務の更なる改善の可能性」などの観点から分析し、課題を抽出するもので、一般点検と追加点検の2段階で行う。07年度から2カ年で実施する計画で、全庁基幹システムは、すでに一般点検と一部追加点検を終えている。あわせて職員アンケートを通じたユーザーニーズの把握にも努めた。

この結果、全庁基幹システムでは、業務効率化のためのシステム間の連携や類似システムとの統合が課題として挙げられ、今後の取り組みとして、コスト削減に向けた知事部局と公営企業局のネットワーク基盤や一部システムの統合化推進が打ち出された。

具体的には、まず水道局と知事部局のネットワークを統合する。水道局では、知事部局との間でネットワーク接続が限定的なため、電子調達や文書総合管理のシステムなど同様の機能を持つ情報システムを個別に構築・運用している。

全庁的な行政情報ネットワークに統合することで、水道局で都庁内インフラの共通利用やLGWANで提供されるサービスの利用も可能となる。また電子調達や文書総合管理のシステム統合により、優れた業務処理方法の共有化、運用保守等の維持経費の低減なども見込まれる。

ただし、システム統合にあたっては、移行時に障害や停止のリスクが伴うことも想定されるため、できる限り業務の標準化を図るなど、慎重に進めていく考えを示している。

公営企業局では、このほか下水道局についても、電子調達システムが個別に運用されているという。

一方、システム評価制度に関しては、運用後16年が経過したため、情報技術の進展に十分対応できておらず、見直しが急務となっている。

このため見直しでは、現行の情報システム導入時（企画段階）と運用時（運用段階）の2段階の評価を「計画」「開発要求」「運用」の3段階とした。

従来の企画段階を細分化することで、計画段階では、上位の行政目標とのシステムアセスメントの関係を明確にするほか、業務改革を重視した評価を行う。

さらに開発要求段階では要求事項の評価、費用や効果の妥当性を評価ポイントに挙げ、運用段階では業務改善の達成度など計画に対する事後評価が中心となる。

また評価自体についても、各局IT管理部門による1次評価、IT中央管理部門による2次評価とし、2次評価では民間専門家からの助言を反映するなど、評価の客観性を確保する仕組みとしている。

収入証紙廃止で条例案提出

免許や旅券も現金払いに

都は10日に開会した第2回定例都議会に「東京都収入証紙条例」の廃止を提案している。運転免許証の更新や旅券申請など、96の手数料で使用している収入証紙を廃止するもので、住民サービス向上と行政事務の効率化が目的。可決されれば収入証紙廃止は全国初となる。

収入証紙による手数料等の収納は、地方自治法で「普通地方公共団体は使用料又は手数料の徴収については、条例の定めるところにより、証紙による収入の方法によることができる」とされており、各自治体が条例で対象となる手数料等を定めている。

都会計管理局によると、現在、都では96の手数料の納付で収入証紙が使われているが、このうち免許証の更新と旅券の申請が金額ベースで9割を超える。また都の収入証紙は1円から1万円まで22種類あるが、全体で年間800万枚が印刷され、印刷経費は約2200万円にのぼるという。

通常の収納では、住民が納入通知書を基に納める仕組みだが、一定額で大量に処理するケースでは、収入証紙を使用することで、納付が容易に確認できるなどメリットがある。その一方で、住民にとっては、売り場で収入証紙を購入し、申請書類に張り付け、窓口に提出するといった手間が生じていた。

また他の道府県では、指定金融機関やコンビニエンスストアで収入証紙を事前購入できる所もあるが、都内では多くの種類の証紙を準備する必要があり、販売側の事務負担が大きいため実現には至らず、都民の利便性向上と行政事務の効率化の観点から見直しが検討されていた。

今後、直接現金で支払う場合には、収納の確認が必要となるが、今回の見直しでは区市町村での住民票の交付手数料などと同様、レジスターで受けつける方向だ。さらに申請書類の様式を変更し、納付記録を印字することで、代替可能と判断している。

とくに免許証更新や旅券申請など、事務処理件数が大量なものでは、レジスターに操作記録が残ることから、処理件数と納付金額を照らし合わせることが容易にできるとしている。

今回の見直しにあたって会計管理局では、一部の手数料収納でのレジスター購入やレンタル経費が、従来の収入証紙の印刷経費等を下回ると試算しており、こうした効果も廃止の判断につながったようだ。

施行期日は10年4月1日だが、すでに都民が購入している収入証紙については、11年3月末まで使用できるほか、必要のない場合には16年3月末まで払い戻しに応じるなど経過措置を設けている。

臨海ホールディングス07年度決算

最終利益43億円を計上

初の通期決算

東京テレポート 繰越欠損金を解消

民事再生手続きが終結した東京テレポートセンターなど3社を子会社に持つ東京臨海ホールディングスは9日、08年3月期の決算を発表した。3社連結の最終利益は43億1800万円となった。

このうち東京テレポートセンターは、48億8400万円の最終利益を計上し、初めて繰越欠損金を解消した。

07年1月に設立した臨海ホールディングスは、今期が2期目の決算。前期は約2カ月の決算となったため、通期としては初の決算となる。3社連結の売上高は269億9千万円で、本業の収益力を示す営業利益は82億6千万円、経常利益は52億9千万円となった。

子会社別の決算状況を見ると、民事再生手続き終結後の初年度となる東京テレポートセンターは48億8千万円の最終利益を計上した。

金融機関や都から2128億円の債務免除を受けたことなどにより、05年度に58億円だった金利負担は28億円にまで軽減。また、ビル市況の好転等により、管理するビル7棟の入居率が前年同期比で9ポイント増の96％となるなど事業収入が伸びた。さらに、前年度に70人いた従業員のうち、都や民間からの派遣職員を解消するなどして37人まで削減するなど執行体制のスリム化を図った。

これにより、前期末に41億7千万円あった繰越欠損金を解消。同社として初となる繰越剰余金7億1千万円を計上した。また、今期末の借入金残高は前期比で69億3千万円の減となる1160億円となった。

東京臨海熱供給は、引き続き黒字基調を堅持。臨海地域への企業進出が増える中、フジテレビのスタジオなど、新たに4施設と温水・冷水の供給契約を結んだことなどにより、最終利益は前年度比3200万円増の5億3千万円となった。

ゆりかもめの前期決算は、豊洲まで延伸したことによる設備投資の償却が始まったことや、パスモ導入に伴う固定資産の除却損などで最終損益が6億3千万円の赤字だった。しかし今期は、乗客数が前年度比7・5％増の3600万人となるなど営業利益が前年度比5億8千万円増の13億6千万円となり、最終損益も3億3千万円の黒字を回復した。

臨海ホールディングスは、07年1月に東京臨海熱供給が親会社となり設立。同年8月には東京テレポートセンターとゆりかもめを子会社化した。東京テレポートセンターは、東京臨海副都心建設、竹芝地域開発とともに、06年5月に民事再生法を申請。負債総額は3668億円にのぼった。手続き終結後の07年4月に3社が合併し、東京テレポートセンターが存続会社となった。

臨海ホールディングスは、来年1月に東京港埠頭と東京ビッグサイトを子会社化して5社体制となる予定で、管理部門の集約や事業連携などで統合効果を出すことが課題の一つとなる。臨海エリアを活動基盤とする監理団体の機動的な事業運営を図り、東京港の競争力強化と臨海副都心開発の総仕上げを目指す。

今年度の特別区経験者採用試験

約230人の大規模採用

区人事委員会事務局は9日、実施2年目を迎える経験者採用試験の要項を発表した。採用予定者数は、前年度より130人以上多い230人程度となる。また、同じく発表したⅢ類採用試験の採用予定者数は160人で、前年度比25人増となった。

経験者採用の区分は、28歳以上32歳未満で職務歴4年以上の2級職、32歳以上37歳未満で職務歴8年以上の3級職（主任主事Ⅰ）、37歳以上46歳未満で職務歴13年以上の3級職（主任主事Ⅱ）の3区分。

このうち2級職は今年度、事務、土木造園（土木）、建築の各区分で募集。採用予定者数は前年度比63人増の120人程度となる。また3級職（主任主事Ⅰ）は、事務、土木造園（土木）、建築、機械、電気の各区分で募集。採用予定者数は同50人増の90人程度となる。

3級職（主任主事Ⅱ）は今年初めて実施。事務、土木造園（土木）、建築、機械、電気の各区分を募集する。採用予定数は20人程度。

昨年度の試験では、経験者2級職の事務に638人が受験。最終合格者は192人で倍率は3・3倍だった。同じく3級職（主任主事Ⅰ）の事務には1084人が受験し、51人が合格。倍率は21・3倍となった。

「昨年度初めて実施し、有為な人材を採用できることが実証されたのでは」。採用予定者数の大幅増について、区人事委員会はこう分析する。加えて、団塊世代の大量退職により採用需要が高まる一方、新卒採用は、民間との人材の奪い合いが激化しており、経験者採用に寄せる各区の期待が表れたといえる。

申し込みは、インターネットと郵送が8月6日まで。持参持ち込みは8月7日と8日の2日間となる。1次試験は9月15日に23区内の大学等で実施。最終合格発表はⅢ類が11月11日、経験者が12月5日となる。

164件の改善を報告

監査結果に基づき講じた措置

都監査委員は10日、第2回都議会定例会に「監査結果に基づき知事等が講じた措置」などを報告した。対象となったのは04年度から07年度までの監査で、164件の改善を報告。契約変更や積算の見直し等による改善効果は約3億円となった。

対象となる監査で改善を求めた566件のうち、すでに改善したものも含めて、446件が改善済みとなっている。

水道局では、職員がタクシーや局有車を利用して営業所と支所間の文書交換を行っていたため、年間4800万円以上のコストがかかるとして改善を求められていた。このため、今年4月からタクシー利用を廃止し、効率化が図れる一部ルートに民間事業者による巡回集配を導入。縮減効果は、年間約1415万円となった。

生活文化スポーツ局の多摩消費生活センターは、立川駅近くの民間ビルを月314万円で借りていたが、利用率が低く、同じく監査で改善を求められていた建設局の北多摩北部建設事務所の遊休スペースに移転することで年間約3767万円の賃料を削減した。

福祉保健局は、05年度と06年度に社会福祉法人に交付した補助金429万円が過大だったとして返還を求められたが、さらに2年遡って超過交付金を返還するとともに、当該補助金の交付対象だった全81施設を調査し、同様に過大交付していた6760万円の返還手続きを進めている。

また10日には、包括外部監査の結果に基づいて講じた措置についても報告。対象となったのは、05年度の監査で港湾局に改善を求めた88件、および02年度の監査で建設局に改善を求め、未改善だった5件で、いずれも改善を図った。これにより05年度までの包括外部監査の指摘等事項は、すべて改善済みとなった。

都立病院の存続で「守る会」など集会

講演や取り組み報告

都立病院の地方独立行政法人化や公社化等に反対する住民団体等が7日、全都交流集会を開催した。集会では元立命館大教授の篠崎次男氏が「医療構造改革と都立病院の今後」をテーマに講演、小野塚洋行衛生局支部長による基調報告なども行われた。

講演で篠崎氏は、医療構造改革と自治体の行財政改革という二重苦にあえいでいる自治体病院の現況を紹介。その上で「都立病院は患者収入で賄う経費と一般財源で賄うべき経費を明確にし、都民に訴えていくべき」などと呼びかけた。

基調報告では、小野塚支部長が都立病院改革を巡る一連の動向や今後の対応などを説明。また各地域で都立病院等の存続・充実を求める「守る会」からも、請願・陳情や署名活動などの取り組み状況が報告された。

星野　欣一さん（ほしの・きんいち＝元青梅市議会議員）7日死去、80歳。

島　ヒサさん（しま・ひさ＝荒よし子・品川区荏原保育園副園長、荒威夫・品川区教育委員会指導課教職員人事係長の母）7日死去、77歳。

猿橋　弘恭さん（さるはし・ひろやす＝文京区監査委員）8日死去、67歳。

ひと

省エネ診断でコストとCO_2削減

東京都地球温暖化防止活動推進センター長

木村（きむら）　真弘（まさひろ）さん

4月から都庁第二本庁舎9階南側に拠点を整備し、活動を始めた「地球温暖化防止活動推進センター」の所長がこの人。管理職として最初の職場となるが「縁を感じますね。なかなかない経験で、やりがいがあるし、光栄に思っています」と笑顔を向ける。

「地球温暖化対策の推進に関する法律」に基づき、㈶東京都環境整備公社が都知事の指定を受けて開所。都道府県では45番目の指定となるが、「東京都としてセンターを指定する機が熟したということだと思う。第2回都議会定例会でも、世界に誇れる環境確保条例の改正を提案しています。大規模排出事業者には条例で義務付け、ここでは中小企業が具体的に省エネできるような手伝いを、区市町村や関係団体など皆と手を組んで取り組んでいくことになります」

中小規模事業者に対する独自の取り組みが「省エネ診断」だ。省エネの第一歩として、エネルギーの使用状況を知って、実際の省エネに役立ててもらおうと、技術専門家が直接訪問、診断した上で、既存設備の「運用改善支援」を行うという。

「経費が節減でき、地球環境へ貢献でき、環境企業としてのイメージアップもできる。しかも無料です。是非受けて下さいというお願いを各自治体や商工会議所を通じて行い、だいぶ周知されてきています。近くイベントも予定しています」

設備が必要となる場合は、制度融資などについても、庁内と連携していきたいと話す。

センターは各家庭の取り組みを促す拠点でもある。普及啓発活動も重要で、白熱球一掃作戦を進めているが、一大運動になりつつあるところだという。

「地球温暖化というと、スケールの大きい話で生活の実感と結びつかない方が多いと思う。私たち自身が引き起こしていることなので、無駄なエネルギーは使わないとか、負担のあるものは避けるなど、普通の市民としてできることをやることが大事なんだと思う」

都の派遣が3人で公社職員や非常勤の専門技術者など混成部隊。「ヤンキースは色々な国の出身者で強いチームを作っている。センターも、それぞれの経験や技術を生かして一丸となって取り組んでいきたい」。今も野球を続ける人らしい言葉が返ってきた。（門）

群馬県生まれ。82年上智大法卒。84年清掃局へ。住宅局や丸紅派遣、環境局などを経て現職。環境を意識している妻との間に長女に続いて、長男が生まれたばかり。「キャッチボールが出来る」と嬉しそうだ。38歳。

平成20年度

東京都管理職選考

問題の解説《中》

記述編

事務

■福祉・保健医療

例年どおり、法律問題2題、時事問題4題から2題を選択、解答する構成であった。

法律問題は、いずれも基本的な知識を問うもので、生活保護法の「被保護者の権利及び義務」は、平成14年度にも出題されている。

時事問題は、「東京都地域ケア体制整備構想」「第二次都立病院改革実行プログラム」「東京都保健医療計画（平成20年3月改定）」といった、昨年度、策定または改定された計画からの出題であり、出題項目としては十分予想可能なものだったといえる。

また、「児童虐待の防止等に関する法律」の主な改正点のうちの「立ち入り調査等の強化」は、数年来、国へ提案要求（重点事項）をしてきたものであり、押さえておくべき内容であった。

■教育・文化

今年度の出題は、法律分野から3問、時事分野から3問と、昨年度に比べ時事分野が1題減った。

法律分野及び時事分野ともに、近年法律改正された内容や話題性のある報告等であり、予想可能な範囲の出題と言える。ただ、法律の意義と都の事業内容を併せて問いたり、報告内容の一部をピンポイントで問うなど、より深い理解が求められている。

来年度も今年度と同様の出題傾向が予想される。対策としては、「東京都教育ビジョン（第2次）」「文化発信プロジェクト」や国で策定予定の「教育振興基本計画」など、都や国を取り巻く最新の教育及び文化における施策動向を十分に意識しながら勉強することが有効である。

■産業・労働・経済

昨年度と同様、法律問題2題、時事問題4題から2題を選択する構成となっている。

総じて基本的事項からのオーソドックスな設問となっており、難易度に変化は無い。

法律問題は、労基法・労組法から1題、時事的に話題性のある法令から1題と傾向は変わらず、予想される範囲で十分準備が可能であった。

時事問題は、産業分野は押さえておくべき主要指針からの出題であった一方で、消費者対策は社会的な課題の関連知識を問う出題であり、より一層の準備が必要であった。

記述問題は、今後とも、時事的要素の強い出題傾向が続くことが予想される。特定の分野に偏ることなく、基本的事項に加え、重要なトピックスについては関連事項も含めて押さえておく必要がある。

■財政・税務

例年通り、基本的な知識を問う問題が出題された。過去の出題傾向や、直近の財政・税務を取り巻く状況を踏まえて準備をしていた受験生には、対応可能だったと思う。

法律分野では、過去に出題されたものが、一定間隔で繰り返し出題されている。「使用料・手数料」は平成3年度、「税の徴収方法」は平成14年度、「滞納処分の停止」は平成7年度、「経費負担区分」は平成10年度に出題されており、当該職群では、事前に準備しておくべき基本的な内容のものといえる。

時事問題では、前年度に発表された基本的な指針や報告書について説明する問題が出題された。どちらも日頃から東京都ホームページ等で意識して資料収集しておくべき重要なトピックスであるといえる。

今後もこれらの傾向は続くと思われるため、法律分野と時事問題の各分野の傾向に沿った対策が必要となろう。

■環境

今年度の出題は、環境基本法1問、自動車公害規制1問、廃棄物処理1問、自然環境1問、上下水道関係各1問であった。

ただし、「東京都豪雨対策基本方針」は都市づくりの職群でも出題されているように、都市整備局、建設局、下水道局に関連する総合治水対策としての出題であった。

最近は、時事的要素が強い出題傾向となっている。20年度は6題とも昨年3月から本年3月までに発表された環境に関連する計画・方針等からの出題である。環境に関する法令の改廃や都の主要施策・計画について、チェックしておく必要がある。

記述の勉強方法としては、都のホームページ等で報道資料を中心に情報収集するとともに、環境基本法など関連する法令に目を通しておくことが有効である。

■都市づくり

都市計画法及び地方公営企業法から各1題、時事問題から4題と例年どおりの出題だった。昨年、都市計画法では始めての出題があったが、今年は、両法律問題とも過去に出題された問題だった。都市計画法は昨年11月に一部改正された「開発許可制度」が出題された。

時事問題も、都政の重要な計画、制度等が中心の例年どおりの出題であったため、関係各局の事業動向を押さえていれば、十分対応可能な内容であった。法律、時事問題とも事前に予想された方が多かったのではないか。

記述の準備としては、過去の出題傾向や基本事項を押さえ、知事の所信表明やホームページ等で都政や法改正の最新の動向を日常的に確認することが必要だ。各局の事業の実施手法（制度）にも着目しておくと良い。

技術

■土木

今年の問題は、記述の資格試験化によるためか、語句説明の一部を除き、いわゆる時事問題からの出題はなかった。

問題は各分野の基礎的な内容から幅広く出題されており、昨年と同程度の難易度であった。構造力学のように、解き方を理解していないと解答できない問題もあるが、これまでの経験や、現在携わっている業務に関連して考えれば、解答できる問題も多かったのではないか。

来年も基礎的な内容を問う傾向は続くと思われる。解答に際しては、出題文をよく読み、出題者が何を求めているのか、出題の背景、現場での状況や都政との関係などもよく考えて解答することが必要となる。日常の業務を通じて、基礎的な知識を確認し、理解を深めていくと良いであろう。

■建築

今年度も昨年同様、時事問題と各分野からの基本問題の2種類の出題であった。時事問題としては耐震化促進計画、建築基準法改正関連、また「10年後の東京」から「風の道」関連の問題が出題されたが、受験生にとっては想定が容易で、概要や課題は書きやすかったと思われる。ここで差をつけるためには、背景や東京での取り組み等まで記載する必要があったと思われる。

一方、各分野からの基本問題は難問ではないが対象が広範囲にわたっており、限られた時間で暗記することは容易なことではない。例年言われていることだが、建築の場合は1級建築士による記述試験の免除を活用することが、合格への近道と思われる。

■機械

今年の出題傾向は例年と同様、材料力学・流体力学・熱機関等、幅広く出題されている。前半4題中1題、後半は6題中で3題を選択し解答する構成となっている。

前半は基礎知識全般を、後半は知識の広さ・深さが問われたものと思われる。

法規の問題は危険物に関することで、業務に密接したもので、法規が出題される傾向が一段と強まった感がある。

また、科学技術白書関連からの出題として、原子炉関係の記述が出された。

語句の説明問題は、内容が多岐にわたり、様々な分野の知識を有していることが試されている。

しかしながら殆どの問題が機械設備分野からの出題であり、業務に関連した問題も多いので、基礎的な勉強を中心に、機械関連分野の情報（特に環境、省エネ）の収集・考察が重要となる。

■電気

出題形式は、昨年度と変わらず8題（Aは7題）の中から、4題を選択して解答するというものであった。全体的な傾向としても例年同様であり、各分野（送配電、電気機器、情報通信等）の基本的な内容について説明する問題と、話題性のある用語を説明する問題とを取り混ぜての出題となった。

今後の学習においては、過去の出題傾向を把握するとともに、日常の設計や維持管理業務と密接に関係する内容について十分把握すること、近年の技術動向をふまえ広い視野で知識を得る取り組みを行うことなどが必要となる。

また、技術者としての資質を高めるという観点から見て、記述試験免除となる国家資格、技術士や電気主任技術者（第一種・第二種）の取得への取り組みも有効であろう。

■生物

基礎的な知識について5問中2問、今日的課題に関連した事項について5問中2問選択し解答というスタイルは昨年と同一であった。

まず、基礎的な知識については昨年が一歩踏み込んだ知識・あるいは理解に基づく応用的な要素が求められたのに比べ、今年度は最も基礎部分が出題されており高得点が期待できる問題であった（例えば生態学分野では昨年が湿原の3大別とその内容、今年は植物群落の遷移の極相と退行遷移）。

また、基礎的ではあったが昨年出題されなかった気象に関する問題が今年は復活した。

今日的課題については施策所管的には昨年は幅広い局所管事項から出題されたが、今年度は環境局所管事項から多く出題された（温暖化、緑の東京10年プロジェクトほか）

来年に向けては生物学・土壌学の基礎と環境や温暖化に関連した資料からの気象も含めた学習、あとは都庁報道発表からの学習が有効と考えられる。

■医化学

出題数は昨年度と同様、10題で、4題を選択し、解答するものだった。

時事的な問題は、「東京都がん対策推進計画」「『10年後の東京』への実行プログラム2008」「薬事法の一部を改正する法律」など、ここ1、2年に公表された話題性のある事項だった。

その他には、腸管出血性大腸菌の解析、食品の特定原材料、ぜん息、高度浄水処理に関するものなど、基礎的な問題が出題された。

医化学の出題範囲は、公衆衛生、食品衛生、環境保全、上下水道など広範囲にわたっている。そのため、対策としては、まず業務に関連する分野を確実に得点できるよう準備することが重要。その上で、話題性のある国や都の制度改正、新たな施策、基礎的な事項を整理しておくことが有用になる。

昇任試験対策のページ

20年度 特別区 管理職試験講座 19

資料解釈

選択と集中

受験生のみなさん、試験勉強はスケジュールどおり順調に進んでいますか。少し遅れ気味の方、オーバーワークの方、それぞれだと思いますが、特別区管理職試験は限られた時間の中でいかに効率良く勉強していくかがカギになります。特に、資料解釈は、過去の出題に触れることで勉強方法を選択し、集中的に取り組んでいくことをお勧めします。

出題傾向を知ろう

資料解釈は、毎年4問出題されています。出題傾向を分析してみますと、「増加率」「構成比」「指数」で表わされているものに分類できます。

また、ここ数年、グラフから2問、表から2問、出題される傾向にあります。出題は、「増加率」「構成比」「指数」の推移を求めるものに限られています。以上のことから、資料解釈を克服するためには、「増加率」「構成比」「寄与度」などの統計比例数をマスターすることが不可欠になります。

解き方のポイント

本番で慌てず冷静に解答するためには、「資料解釈」を最後に取り組んだ方が良いでしょう。先に、法律や時事問題などの暗記物を解答することで頭のウォーミングアップとなり、落ち着いて解答することができます。1問を5分程度で解答できるよう早めの準備が必要です。そのためには、なるべく多くの問題を反復練習することをお勧めします。

また、本試験の資料解釈は時間をかければ、たいていの問題が解けるようになっています。しかし、限られた時間の中で正解を導くには、「切り上げ」「切り捨て」を的確に行い、概数を利用しながら必要最小限の計算にとどめる必要があります。特に、グラフの問題では計算をせずにグラフを見ただけで解答できる問題もあります。計算が必要な問題でも、上位2桁から3桁程度で計算をし、時間がかかる「割り算」はなるべく「掛け算」に置き換えて計算することを練習しましょう。このことが時間短縮と計算ミスを最小限に抑えることにつながります。

さらに、五肢択一である資料解釈の問題に取り組む際は、五つすべてを解くのではなく、解いても四つまでとします。解答が見つかった時点で、それ以上、手をつけないようにします。四つすべてが誤りであった場合は、残りが正解です。信じるしかありません。また、反復練習をすることにより、自分の得意な設問パターンを取得してください。やみくもに資料解釈の最初の設問から解くのではなく、自分の得意な設問から解くようにすることで、正解率と時間短縮が向上します。

過去の問題を検証しよう

ここで、平成19年度の問題を解いてみましょう。（表）

【問題】

① 表中の各年のうち、「アジア」の難民人口に対する「ヨーロッパ」の難民人口の比率が最も小さいのは、2003年である。

② 表中の各年のうち、「北アメリカ」の難民人口が60万人を上回っているのは、2002年だけである。

③ 2002年の「南アメリカ・カリブ海地域」の難民人口を100としたときの2003年のそれの指数は、120を上回っている。

④ 2004年から2006年までの各年のうち、「アフリカ」の難民人口の対前年減少率が最も大きいのは、2006年である。

⑤ 2002年から2006年までの5年の「オセアニア」の難民人口の1年当たりの平均は、6万人を下回っている。

難民人口及びその地域別構成比の推移

区分		2002年	2003年	2004年	2005年	2006年
難民人口総数（千人）		12,051	10,390	9,672	9,237	8,394
構成比（%）	計	100.0	100.0	100.0	100.0	100.0
	アジア	47.9	40.3	37.6	37.6	38.6
	北アメリカ	5.4	5.9	6.1	6.1	6.3
	南アメリカ・カリブ海地域	0.3	0.4	0.4	0.4	0.4
	ヨーロッパ	18.5	20.6	22.8	22.4	20.7
	アフリカ	27.4	32.2	32.4	32.7	33.0
	オセアニア	0.5	0.6	0.7	0.8	1.0

（注）1、国連難民高等弁務官事務所による地域分類。
2、表中の数値は、1月1日現在のものである。

この問題は、年度別の難民人口に対する地域別構成比の推移を表した内容になっています。

選択肢1は比率の比較、選択肢2は構成比から実数を求めるもの、選択肢3は前年度の指数比較、選択肢4は対前年減少率、選択肢5は各年の平均値を求める問いになっています。

まず、問題文を間違いの無いよう、ひと通り読んでから得意な問題から取り組んでください。その際、気を付けることは、得意な分野でも複数回の計算が必要なものは後回しが良いでしょう。1回の計算で済む「切り上げ」「掛け算」の計算での問題から取り掛かりましょう。

それでは、選択肢1ですが、これは、アジアの難民人口に対するヨーロッパの難民人口の比率が最も小さい年を問うものです。2003年は約50%の比率だということが数字を見ればすぐわかります。次に、2002年は約40%です。残りの年度は計算をしなくても数字を見れば歴然です。すべて50%を超えています。したがって、最も小さいのは02年ですから「×」となります。

選択肢2は、各年度の難民人口が60万人を超えるかを問うものです。02年は1200万人の5%で60万人を超えていますから「OK」です。最も怪しそうな03年を概数計算します。103×59＝60万7700人となりますので、60万人を超えています。したがって、「×」となります。

次に、選択肢3は単純な計算で済む問いになっています。120×3＝360、104×4＝416、416÷360＝1・15になりますから、指数120を下回っています。よって、「×」となります。

選択肢4は、少し厄介な計算が必要です。先に、選択肢5から取り掛かりましょう。この計算もすべて概数計算で十分です。12×5、10×6、9×7、9×8、8×10で、すべて6万人を上回っています。よって、「×」となります。ここで終了です。選択肢の四つが「×」でしたから、正解は選択肢「4」となります。本番では、時間が足りませんから、自分を信じて次の問題に取り組んでください。

それでは、実際に選択肢4が正解なのか計算しましょう。アフリカの難民人口を概数計算しますと、2004年が約313万人、2005年が約302万人、2006年が約277万人になります。減少率は、05年がマイナス3・5%、06年がマイナス8・2%になりますので、最も減少率が大きいのは06年になります。正解です。

栄光への近道

資料解釈を苦手にしている方、時間があればチャレン[illegible]してみようという方も多い[illegible]思います。しかし、解法の[illegible]則（コツ）さえ身に着けてし[illegible]月です。健康管理には十分注[illegible]す。

Ⅰ類択一②

カレント20年度トピックス 35

社会事情

■改正道路交通法施行（6月1日）

後部座席のシートベルト装着義務化などを内容とする道路交通法の一部を改正する法律が、6月1日から施行された。改正の主なポイントは次の3点である。

第一に、自動車の運転手は助手席以外についても、シートベルトを装着しない者を乗車させて自動車を運転してはならないものとされた。

第二に、75歳以上の高齢運転者が自動車を運転する際には、高齢運転者標識（もみじマーク）を表示することが義務付けられた。

第三に、児童、幼児、70歳以上の高齢者及び身体障害者が、自転車により歩道を通行することができるものとされた。

■人口動態統計（6月4日）

厚生労働省は6月4日、人口動態統計を発表した。それによると、平成19年の合計特殊出生率は1・34で、平成18年を0・02ポイント上回った。合計特殊出生率の上昇は2年連続であり、平成12年前後の水準に回復した。

出生率の分子に当たる出生数が前年比2929人減の108万9745人だったのに対し、分母に当たる15歳から49歳の女性人口が前年比18万余人減の約2698万2千人で、出生率を押し上げた。

ただし、死亡数は前年比2万3830人増の110万8280人で、戦後では昭和22年に次いで多く、人口は再び自然減に転じた。厚生労働省は「長期的な人口減少傾向は変わらない」としている。

■国籍法違憲判決（6月4日）

結婚していないフィリピン人の母と日本人の父の間に生まれ、生後に認知された10人の子が日本国籍の確認を求めた2件の訴訟の上告審判決が6月4日に最高裁大法廷であった。判決では、両親の婚姻を国籍取得の要件とする国籍法の規定を違憲と判断し、10人全員の日本国籍を認めた。

大法廷は判決理由として、「家族生活や親子関係に関する意識が変化し、実態も多様化したことを考慮すると、原告が国籍取得の届け出をした平成15年当時には、父母の婚姻を国籍取得要件にしている国籍法の規定は不合理な差別といえ、憲法に違反する」とした。

なお、最高裁が法律の規定に違憲判決を出すのは戦後8件目である。

『都立の逆襲』という本からの回想

評論家　鵜飼　清

高校時代の友人から、高校受験ガイドブック『サクセス15』で都立高校を取材する機会が与えられた。そして、2006年の5月から校長先生へのインタビューをはじめることになった。取材対象は「進学指導重点校」の西、立川、青山、戸山、日比谷、八王子、国立の7校と、「進学重視型単位制高校」の国分寺、新宿、墨田川の3校だった。取材後に、国分寺、新宿の2校は「進学指導特別推進校」、墨田川は「進学指導推進校」にも指定された。

ガイドブックの方針から進学校として注目されてきている学校に限られたが、都立高校は「改革推進計画」によって、新しいタイプのユニークな学校も開校されてきていた。「進学指導重点校」は、2001年から指定されはじめ、カリキュラムの改編などが行われていた。

取材では共通の質問事項を設け、各学校に伺った。質問は「沿革」「教育理念」「カリキュラム」「シラバス」「習熟度別授業」「土曜日授業」「夏期講習」「進路・進学指導」「学校行事・部活動」「施設」「自校作成問題」などである。この質問事項でお分かりいただけると思うが、インタビューは、現在の学校がどのような指導をしているかを基本にしたものである。都立高校が変遷をしてきた経緯を聞いたものではない。しかし、この質問事項が出される裏には、いままでの現状がどうだったのかが読み取れるはずである。

私立の中高一貫校が人気を得て、中学受験者は首都圏で5万人を超すという。大学受験までの一貫教育が実績を生み、経済的ゆとりもあって私立の株は上がりつづけた。公立高校は、ここ数十年間、進学校としては取り残されてきていたが、私が疑問に思っていたのは、都立高校の人気が凋落しているのはなぜかということだった。

私は1967年に全寮制・都立秋川高等学校に入学した。この年から学校群制度が導入されたのである。そして、行き過ぎた受験教育をやめる方向へと進むことになった。学区制の導入などもあり、私たちが「番町—麹町—日比谷—東大」と言っていた超エリートコースは、伝説となってしまっていたのだった。

都立高校の多くは旧制の府立中学からなるが、教育理念の「文武両道」や「自主自律の精神」といった基本型は、府立一中（日比谷高等学校）から伝わっていったという。都立高校への取材を重ねていくにつれて、どうしても母校のことを思い出さずにはいられなかった。秋川高校は、2001年に36年の歴史を閉じた。それは、そのまま「改革推進計画」へと繋がっている。「進学指導重点校」の指定と母校の廃校は時を合わせているのだ。

「自主自律の精神」から想起するのは、秋川高校の「玉成寮」で生活した日々である。1学年240名、1クラス40名、玉成寮1部屋8名の学校生活である。私たちが三期生で、ちょうど3学年が揃う形となった。寮は1棟から3棟まであり、学年ごとになっている。寮棟から校舎までは、渡り廊下で繋がっていた。1年のときに美術系と音楽系に分かれ、進路では3年次に文系と理系に分かれた。

朝は起床ラッパで起こされ、外に出て点呼があり、秋川体操で一日がはじまった。食堂で全員揃って朝食を済ませ、校舎へ行く。昼食も夕食も全員だ。風呂は浴室があり、ここも3学年一緒で、夕食までに入りたい者だけが入った。夕食後は学習時間で、途中に点呼がある。舎監の先生が各部屋を回った。ときどき部屋を出て寮棟の屋上に行くと、周りは暗闇だけだった。遠くを走る五日市線の明かりを追いかけながら、もう一人の自分と向き合っていた。このときがあって、いまの自分が有るのだと思う。消灯時間には、トランペットが鳴り、就寝する。月に一回の外出と外泊があった。外泊が楽しみで、土曜日の授業が終わると、そそくさと家に帰り、日曜日に戻った。

勉強したい者にとって、環境は整っていたと思う。学校までの無駄な時間もなく、質問したければ、いつでもすぐそばに先生が居る。職員棟も寮のとなりに建っていたのだから。グラウンドも広く、運動するにも申し分なかった。これこそが「文武両道」だろう。ならば、私はどうだったのか。勉強熱心ではなかったが、友人という宝に支えられて、全寮生活を満喫できた。

現在の都立高校を取材して感じたのは、各校長先生の教育に賭ける熱意である。都立を取り囲む環境は厳しくとも、先生方の情熱があれば、生徒たちは育まれると思うのである。進学校としての実績を上げることはもちろん肝要だろうが、都立高校であればこそという教育を期待したいと思う。

取材したインタビューは、『都立の逆襲—進化を遂げる東京都立高校—』（社会評論社）という本にまとめられた。解説は、秋川高校での恩師である小田原榮先生（元都教育庁理事）が書いて下さった。「逆襲」とは強烈だが、わが母校なきあとの都立高校へ向けた燃ゆる想いである。もう一度、高校に行けるとしたら、やはり秋川高校でと、この年（57歳）になって思うからである。

刊行した『都立の逆襲』

サカナから見た大都市〝東京〟②
姿を消した江戸前のさかなたち

江戸前の海から姿を消したシラウオとハマグリ

歌舞伎の名セリフ

「月も朧（おぼろ）に白魚の、篝（かがり）も霞む春の空」は、歌舞伎『三人吉三廓初買（さんにんきちざくるわのはつがい）』の中に出てくる有名なセリフです。春霞漂う朧月夜に隅田川へ船を出し、篝火に集まってきた白魚を漁獲する情景が七五調の名調子で描かれています。江戸前の海におけるシラウオの漁獲統計記録があるのは1959（昭和34）年までで、残念ながら、これ以降は生息が確認されていません。

「白魚のような」と、優雅な女性の指の例えにも使われるように、シラウオは姿の美しい魚です。系統的に見れば、ワカサギやアユに近縁のシラウオ科の魚で、体長は10㌢足らずです。半透明の華奢な魚体は、鮨種、酢の物、吸い物、卵とじなどに調理され、春先から初夏にかけてが旬の味覚です。

シラウオの寿命はわずか1年です。毎年2～4月頃に東京湾から河川に上ってきて、浅瀬の砂利に産卵した後に一生を終えます。シラウオ漁は、この産卵遡上群を捕らえるものです。

魚、肴、さかな

経済高度成長期の昭和30年代に、水質汚濁によって江戸前の海から姿を消してしまった〝さかな〟たちには、シラウオの他にもアオギス、ハマグリなどが挙げられます。

「えっ、ハマグリも〝さかな〟なのですか」とおっしゃる方もいることでしょう。そこで、まず本稿における〝さかな〟の定義について少し述べておきましょう。

国語辞典で〝さかな〟という言葉を調べると、次の三つの意味が載っています。①酒を飲むときに添えて食う物②酒席の興を添える歌舞や話題など③うお、魚類。

第①項と第②項から、〝さかな〟の語源は「酒菜（さかな）」であって、もともとは酒のつまみとして食うものであったことがわかります。また酒を飲みながら唄うカラオケや踊り、さらには人のうわさ話などもいわゆる「酒の肴」ということになります。そして第③項が生物学的な意味での「魚類」を指すのです。

漁師、魚市場の関係者、研究者など水産の仕事に携わる人間にとっては、これらの三項目に加えてさらにもう一つ、別の意味をもつ〝さかな〟があります。それは、魚類に貝やイカ、エビなどを加えた「魚介類」であり、あるいは、さらにノリやコンブなどの海藻類なども加えた「水産動植物」のことです。水産統計で「魚種別水揚げ量」という場合には、ノリなどの海藻類も「魚種」に含まれるのです。本稿の中に出てくる〝さかな〟もこの水産動植物の意味で用いることにします。

「江戸前」とはどこの海？

ここで「江戸前」の定義についても説明をしておきましょう。最近では江戸前の範囲を広くとらえ、東京湾全体の呼称として用いることもあるようです。その東京湾というのは、千葉県の房総半島洲崎と神奈川県三浦半島の剣崎を結んだ線よりも内側の海のことです。この東京湾は、富津岬と観音崎を結んだ線で二分され、これより外側を「東京外湾」、内側を「東京内湾」と呼びます。東京外湾の水が太平洋の外洋水の影響を受けて比較的きれいなのに対して、東京内湾の水質は首都圏の排水の影響などを受けて過栄養化が進んでいます。したがって、内湾では春から秋にかけて赤潮が恒常的に発生し、海水は茶色く濁っています。内湾は千葉、東京、神奈川の一都二県に面していますが、このうち東京都の沿岸部を特に「東京都内湾」と呼んでいます。東の旧江戸川河口と西の多摩川河口に挟まれたこの「東京都内湾」こそが、本来の「江戸前の海」なのです。私がお話ししている江戸前とは、この東京都内湾を指しているとお考え下さい。

東京湾の区分図

現在の江戸前漁業

江戸の人口は、1700年頃にはすでに100万人を超え、世界一の大都市であったと言われています。その住民に新鮮な魚介類を供給するために、江戸前漁業は大発展をとげます。そして、ここでとれる新鮮な魚介藻類は、浅草海苔、江戸前天ぷらや握り鮨、あるいは佃煮といった食文化を生みだします。明治、大正、昭和を通じて、江戸、東京の台所をまかなってきた江戸前の海は、豊富な〝さかな〟を産する日本一の内湾漁場だったのです。

そしてこの海は、今でも死んではいません。最近のデータでもスズキ、アサリ、アナゴ、カレイなどを主体に年間500㌧、4億円ほどの漁獲があります。さらに、釣り船や屋形船、あるいは陸からハゼ釣りを楽しむなど多くの人々が、海の恩恵を受けているのです。

シラウオの消えて久しい江戸前の海ですが、次回はこの海域の自然を取り戻すために行っている私たち島しょ農林水産総合センターの調査研究をご紹介しましょう。

（東京都島しょ農林水産総合センター主任研究員　加藤憲司）

タクシー券はTAX・I券

がんばれ！公務員 27

文とマンガ　鈴木武征

霞が関官庁の公務員がタクシーの運転手さんから缶ビールなどの供与を受けていたことが問題になっている。

タクシーで帰れるだけでも有り難いのに、車内でビールやおつまみ、金券類まで頂戴していたとは情けない。

「運転手さん、そんな心配しないでいいんだよ」と断る常識を持って欲しかった。

一部の職員、タクシーでの出来事であろうが全国の公務員が迷惑する。

私にもタクシーのチケットやクーポン券に関する思い出は一杯ある。

入都後4年ほどは事務所勤務だったので、その存在さえ定かには知らなかった。

本格的にお世話になったのは本庁（有楽町）の経理課に勤務した時で、残業の多い職場だった。

当時、私は西多摩郡瑞穂町からの通勤で夜10時半頃に退庁しないと電車では帰れなくなる。

しかし10時半は仕事も佳境で、新米の私には「帰ります」と言える雰囲気ではなかった。

先輩も承知でこちらが何か言う前に、「武ちゃん心配するな、タクシーで送るから」と先制攻撃だ。

このタクシーが問題で、いざ帰るとなると先輩との相席で、一人を世田谷に次を調布に三人目を小平に降ろしてやっと一人になる。それから青梅街道をひた走るが、家に着くと2時、3時だ。

7時15分の朝の通勤電車まであと4、5時間しかない。

今の人ならこういう状況をはっきり説明するのかも知れないが、私は仕事場での一体感を壊すのではないか、先輩の好意を無にするのではないかという思いが先立ち、モゴモゴしていた。正確には言ったことは言ったが無視された。

悪いことに当時はタクシーの数も少なく呼んでもすぐ来ないし外に出ても掴まらない。雨の日などはなお更で、1時間以上待つこともざらだ。

この間に先輩たちは職場で一杯やりだす。たわいもない会話の合間に仕事に関する重要な話もあって、参加させてもらえるだけで有意義かつ連帯感を感じる時間でもあった。

優しい先輩たちはタクシーに乗り込むなり、「武ちゃん、遠いんだから寝ていいよ」と言ってくれるが冗談じゃない。

一杯やった先輩たちが早くも高いびきで、三人目を降ろすまでは「そこを右、その先で一人降ります」と気が抜けない。

何も知らない運転手さんに、「こいつらこんな遅くまで職場で飲んでいたのか」と思われるのもイヤだった。

しかし今になって見ると、乗ってから運転手さんのビールをゴチになるよりはずっと健全だったのかも知れない。

不思議に思ったのは、当時の先輩たちの何が何でも家に帰るという姿勢だ。

私はこの時間なら職場かカプセルホテルにでも泊まった方が楽だと思うのだが、「いったん家に帰らないとダメだよ」とよく言われた。

いま思うと先輩は後輩をこき使う反面で、「家族あっての職員、職員あっての家族」ということを教えてくれたのだと思う。

疲れた身体で深夜のタクシーに乗り込む。運転手さんが「堅いこと言わないで、ほんの気持ちです」と妙に親切に缶ビールを差し出す。

公務員であることを自覚し押し返すのが第一だが、迷った時は家族の顔を思い出すのが良い。缶ビール1缶で家族を悲しませて良いわけがない。

ここで提案。税と自分、そして家族の重みを知るために今後、官公庁用のTAXI券はTAX・I券と印刷しよう。

人が作るバリアフリー

都～区トーク

20年前、ドイツ語圏の古都を訪ねる旅をした。中世の町並みを、路面電車がゴロゴロ走っている。あれは線路があるし、電車に大きな系統表示があるから迷わなくていい。

ドイツの路面電車の多くは、日本と違って列車のように連なっているが、運転手しか乗っていない。何両連結でもワンマンカー、そして運転手は切符も現金も一切扱わない。お客は街角の売店で切符を買い、勝手に乗降する。ただ時々検札があって、切符を持っていないと罰金が高い。そういうシステムであることはたいていの旅行ガイドには書いてある。旅行者には日本で言うところの「一日乗車券」が便利だ。

ホテル前の電停で駅に行く電車を待っていると、車いすの老女が付添人に押されてやってきた。ところが付き添った女性は、私に早口で話しかけて去ろうとするのである。私のドイツ語は片言だ。「D（系統）か」「そうDに乗せてくれ」。それだけはわかった。老女はニコニコして何か話しかけてくるが、あいにくと訛りがひどくわからない。付添人は老女に切符を握らせるとさっさといなくなってしまった。D系統は私の乗る電車ではない。

D系統の電車がやってきた。私は仕方なく運転手に手を上げ、次に車いすを指差した。運転手のうなずくのがわかった。しかし、私はどうすればいいのだろう。街が古いのと同様電車も古い、ドアは広い両開きだが、小柄な日本人の私が握り棒につかまってよっこいしょというような、2段のステップがある。

ドアが開いた。車内のスピーカーからの運転手の大声が聞こえた。するとどうだろう。大柄なドイツ人たちがどやどやと4、5人降りてきて、車いすごと老女を電車に運び上げた。言葉は悪いがまるで強制連行のような、あっという間の出来事だった。電車は電停に私を残して、するすると走り出した。運転手は席を立つこともなかった。

私の乗る系統が来た。乗ってからハッと気が付いた。付添人と思っていた彼女も、ただの通行人だったのだ。そして、目的地で見知らぬ市民に電車から下ろされた老女は、また見知らぬ誰かに押されて目的地に行くのだ。

街も乗り物も古いままの石畳と坂の町。でも、人が溢れる大都会だからこそできるバリアフリー。今でもあの街はそうなのだろうか。退職したら再訪してみたい。

（風船）

みにがいど

◆「もっとよく知る認知症～最新の診断方法と治療～」▽日時　7月10日（木）午後1時～4時30分▽場所　文京シビック大ホール▽入場無料・申込不要・先着順（定員1800人）※手話通訳あり▽内容　①「認知症治療を知る！～現在とこれから～」中村祐・香川大学医学部精神神経医学講座教授②「認知症の超早期診断を知る！～最新の画像診断～」石井賢二・東京老人総合研究所附属診療所長③「認知症を知る！～思い当たりませんか？こんな場面～」本間昭・都老人研自立促進と介護予防研究チーム部長④「寸劇で認知症を理解しよう」劇団「いくり」▽司会　田中雅嗣・都老人研健康長寿ゲノム探索研究チーム部長▽問い合わせ先　東京老人研究所広報普及担当☎3964・3241（内線3008）

都政新報

発行所 都政新報社
〒160-0023 東京都新宿区西新宿7-23-1 TSビル
(総務・読者) 03-5330-8781
(企画広告) 03-5330-8784
(編集) 03-5330-8786
(出版) 03-5330-8788
(セミナー事業部) 03-5330-9977
(ファクス) 03-5330-8808
購読料 月1,680円(税込)
毎週火・金曜日発行
但し、祝祭日は休刊

紙面から

脳卒中医療
t―PA治療で活路
全都で搬送体制整備へ

発症すると、半身の麻痺など重い後遺症を残す脳卒中。05年10月、特効薬「t―PA」の使用が承認されたことで、脳梗塞で後遺症を残す割合が減るなど、その医療は劇的に変わった。ただ、現時点では、医療資源や救急搬送体制など医療インフラが追いついていない状況にある。そこで都福祉保健局は「脳卒中医療連携協議会」を設置し、体制の構築に着手した。同局は、来年3月までに全都的に救急搬送体制を整備する考えだが、その課題を探った。

搬送ルールに限界も

t―PA治療は、3時間以内の投薬が条件だ。この新薬を最大限生かそうと、北多摩西部保健医療圏（立川市など）では07年、脳卒中患者を搬送する「ローカルルール」を作った。その一つがt―PAを投与できる病院名を記載した「カレンダー方式」。従来は直近の救急病院に搬送していたが、カレンダーを救急車内に張ることで、救急隊が、t―PA治療ができる病院の情報を使えるようになった。

同医療圏ではまた、脳卒中の判断基準も消防隊に周知し、搬送の迅速化を目指している。多摩立川保健所の「疾病別医療連携推進事業」の調査によると、発症後2時間以内に病院に搬送した脳梗塞患者は35％（08年1月）と、半年間で7ポイント増加。t―PA治療ができる病院に救急車で搬送した割合も65％と、23ポイント増えた。

こうした取り組みは23区にもある。区中央部医療圏では専門病院をリスト化。済生会中央病院（港区）の脳卒中センターには、中等程度の症状なら救急隊から直接連絡が入るようになった。

同医療圏では今後、15前後の病院で輪番制を敷き、24時間体制の構築を目指しているが、救急搬送を担う東京消防庁も、t―PA治療に対応した搬送基準づくりを進めている段階だ。現場にも、「基準が必要」と指摘する声がある。都福祉保健局は、こうした各医療圏の試みを参考に、来年3月までに全都的な救急搬送体制を整備する方針だ。

専門医の一人は、「t―PAは保険点数が高いから、手を挙げる病院も多いと思う。だが『点滴ができる』というだけでは問題で、リハビリなどきちんとした体制が必要」と指摘する。t―PA治療を担う医療機関をどう認定するかも、今後の検討課題になる。

理学療法士に身体を支えられながら、リングを移していくAさん。こうしたリハビリ資源の不足も課題になる＝村山医療センターで

MEMO
t―PA　脳の血管に詰まった血栓を溶かし、血流を再開させる脳梗塞の新薬。05年10月に使用が認められた。国内の治験では、発症後3時間以内に投与できれば、3カ月後に後遺症なく回復した割合は37％と高いが、脳出血などの副作用も指摘されている。

出口の「詰まり」防げ

3時間以内に投与できれば、4割弱が後遺症なく回復――。国内の治験では、t―PAでこんな結果も出ているが、決して患者全員に使える万能薬ではない。

国立病院機構「村山医療センター」（武蔵村山市）。脳卒中で後遺症を抱えた約30人が、歩行訓練などリハビリに励んでいる。「身体をねじって、こっちの手を使って、輪をこっちの柱に移してね」。背中を理学療法士に支えられながら、ポールに入ったリングを別のポールに移していく。

脳卒中を患い、同センターでリハビリを始めて1カ月になるAさんは、まだリングをつかむのに苦労するが、入院時に比べれば車いすからベッドに一人で移れるまでに回復した。こうした回復期の医療機関は増えつつある。だが、経営効率が悪いため、急性期に比べると圧倒的に足りないのが現状だ。

しかも、回復期リハ病棟は発症から2カ月以内に入院しなければならず、入院期間も180日が上限。制度上、重篤な患者ほど十分な治療が受けにくい。その結果、療養病床に入らざるを得ないケースも少なくない。

都は、急性期から回復期、維持期、在宅療養まで切れ目ない医療・介護を提供するため、「医療連携パス」を作り、連携を進める。実際、この仕組みをきっかけに、医療機関が「顔合わせ」した圏域では、連携がスムーズになった例もある。しかし重篤なケースでは、症状が激変すれば一時的に急性期病院に戻るなど、必ずしも想定通りに行くとは限らない。リハビリ治療から在宅療養までの流れがスムーズでなければ、「入り口」の救急搬送体制が確立できても、出口で「詰まる」のは避けられない。

村山医療センターの担当医は「軽症なら、出口で詰まらずに回復・維持期へ移れるが、重症であるほど長期間のリハビリが必要になる」と話す。重症の患者をどう診るか、リハビリや在宅療養まで見通した治療体制の構築が課題になっている。

地下鉄副都心線開通
線路は続くよ、羽田まで？
「蒲蒲線」改め「新空港線」
課題は関係者合意

池袋・新宿・渋谷の三つの繁華街を縦断する東京メトロ副都心線が、14日に開業した。2012年度には東急東横線との相互直通運転も始まり、埼玉県南西部と神奈川県横浜方面が1本の線路で結ばれる。この一大交通ネットワークの完成に熱い視線を投げかけているのが、大田区だ。JR蒲田と京急蒲田を結ぶ「蒲蒲線」計画は、調査が始まって20年以上にもなる悲願の路線だが、羽田国際化や空港跡地利用の動きもあって、副都心と羽田を結ぶ「新空港線」として期待されている。

■都市伝説

大田区役所には、都市伝説のような噂がある。ある幹部職員は、町会の幹部との雑談で、「蒲蒲線」の話題になり「もう区役所の地下に駅ができてるんでしょ？」と言われて面食らったという。

現在の区役所本庁舎は、蒲田駅南口にあった商業ビルを改装したものだ。ビルを最初に建設したのは、バブル崩壊で破綻した桃源社。当時、すでにJR蒲田と京急蒲田を結ぶ連絡鉄道の構想があり、区と桃源社との間で協議し、東側の地下3階・4階部分に地下鉄のトンネルを掘る導入空間を空けた。

それが、いつの間にか「区役所の地下には駅がある」という噂話となって、独り歩きを始めた。

87・88年度に、大田区がJR・東急蒲田駅から京急蒲田駅に至る「東西連絡線」の整備の可能性を調査した。

それが、空港アクセスとして注目を浴びるようになったのが、00年1月の運輸政策審議会答申第18号。同答申は、京急空港線と東急目蒲線を短絡する路線を、15年までに整備着手することが適当とするA2路線として位置づけた。

05年策定の素案で想定した列車の運行パターンでは、京急羽田空港駅から京急空港線を通り、大鳥居駅から地下に潜り、東急蒲田の地下駅へ。東急と京急とでは線路幅が異なるため、ここで乗り換え、東急蒲田から東急多摩川線・東横線、東京メトロ副都心線を通り、東武東上線や西武池袋線を相互直通運行する。

■新たな枠組み

しかし、整備主体、運営主体、建設費負担など、多くの課題が残されたままで、頼みの国や都も慎重な姿勢だった。

「蒲蒲線」にわずかな希望の光をもたらしたのが、羽田国際化だ。松原区長は、区の基本構想審議会の会長を務める青山佾氏のアドバイスを受け、「新空港線」という名称を使うことを決めた。

赤阪英夫・交通事業本部長は、「羽田空港の拡張、国際線の就航で、利用者も増える。空港の跡地利用計画もかたまり、空港アクセスとして、ぜひ必要だ」と訴える。

国の鉄道整備の新たな枠組みも、「蒲蒲線」の追い風として期待される。

05年に始まった都市鉄道等利便増進事業では、整備事業費の3分の2を国と地方が整備主体に補助する。整備された鉄道施設で鉄道を運行する営業主体は、既存路線で増収効果があれば整備主体に施設使用料を払う仕組み。これなら新線建設により既存路線で減収が予想される鉄道事業者にも受け入れられる。

JRと相模鉄道を結ぶ短絡線などで活用されている制度だ。

赤阪本部長は、「課題は関係者の合意」と指摘する。「蒲蒲線」の場合、営業主体も整備主体も決まっておらず、まだ同事業の入り口の段階だ。

現在、大田区、国、都、東急、京急が集まり、勉強会を開いている。区では今後、勉強会での関係者合意を経て、協議会に「レベルアップ」していきたい考えだ。

◇　◇　◇

副都心線は、東京最後の地下鉄と言われている。13日の副都心線開通記念式典を終えた石原知事は、今後の交通インフラの整備について、「これからもやっぱり新しいシェアが出てくる可能性は、皆無とは言えないと思う。費用対効果の問題ですよね」と語った。

開通記念式典でテープカットする石原知事（左から2番目）＝13日・新宿三丁目駅で

知事が新渋谷駅を視察
安藤忠雄氏がデザイン

石原知事は12日、14日に開業した東京メトロ副都心線・東急東横線の新渋谷駅を、建築家の安藤忠雄氏の案内で視察した。

同駅は、東京メトロと東急電鉄が、ホームの中央を境に共同で建設している。そのうち東急電鉄が担当した部分は、安藤忠雄氏のデザインで、コンセプトは「地宙船」。通常の地下駅は、機械換気でコストが高いが、副都心線新渋谷駅では吹き抜け空間を設けて、地上からの風と電車の巻き起こす風で、自然換気している。

石原知事は、「オリンピックの誘致にすごい宣伝になる。他の国でやろうと思っても、そういう発想をする人がいない。発想する人がいなければ、実現する技術もない。安藤さんという素晴らしい人材をもって幸せだね」と絶賛した。

安藤氏は、「日本の技術は高い。オリンピックに向けて、こういう技術があちこちに散りばめられていき、緑いっぱいで世界一美しい、清潔な国でオリンピックを、というのもいいなと思う」と語った。

都政の東西
ネット社会と行政

「まるで戦場のようだった」。秋葉原で8日発生した無差別殺傷事件。日本の漫画やテレビゲームなどの文化を象徴する有名な電気街だったことも相まって、海外の主要メディアも大きく事件を取り上げた。

「日本は他国に比べて、まだ安全だが、近年、こうした殺傷事件が増えている」という記事も配信された。また、日本社会に潜むストレスが凶悪犯罪を駆り立てているとの見方を示すメディアもある。

東京は2016年オリンピック招致の立候補都市に選ばれ、IOC理事会による評価でも、大会中の安全確保は大きく評価されている。安全をアピールしてきた東京都が、こうした無差別殺傷事件で世界に発信されるのは何とも忍びない。

今回、特徴的だったのは、インターネットや携帯電話で、事件の経過がたどれる点だろう。動画投稿サイトでは、事件発生直後の生々しい映像が載せられ、被害者の友人はブログでその心情を吐露していた。犯人もまた、予告から犯行に及ぶまでの心情を、携帯電話で逐一、書き込んでいたという。

4月に急増した硫化水素自殺を見ても、インターネットが媒介になり、被害が拡大。自殺を誘引する書き込みを把握しておきながら、削除が遅れたことを原因として指摘する声も少なくない。行政の手が届きにくい分野で、プロバイダの自主的な削除に頼らざるを得なかった。また、ネット上の犯罪予告は信憑性に乏しい部分もあり、チェックにきりがないのも実情だろう。

皮肉なことに、秋葉原の無差別殺傷事件は、ネットを通して動機が見えつつある。しかし、行政がネット情報に積極関与する姿勢は、それほど見られない。「未然防止は難しい」では済まない時代になっている。

新銀行東京
ブリーフィング開催「出張記録から事実」
共産党が会見

共産党は12日に記者会見し、開業前の04年11月から05年1月当時、新銀行東京と都幹部の打ち合わせが頻繁に行われていた裏づけとして「旅行命令簿兼旅費請求内訳書」などの開示請求結果を明らかにした。

巨額の赤字を生み出した原因として、石原知事は旧経営陣の責任を問題にしているが、民主党や共産党などは、開業3年で地銀中位クラスという過大な計画を立てた「新銀行マスタープラン」に問題があったと第1回定例会で指摘。知事側の主張を崩す根拠として共産党は、銀行経営陣と都幹部の「事業計画ブリーフィングメモ」の存在を明らかにし、都側を追及していた。佐藤広産業労働局長が予算特別委員会で「どういう資料か、確認できない」と存在を否定したため、出張記録などを調べていた。

開示された記録では、都幹部らが集団で新銀行東京に行き、会議している事実があった。旅行用務には「事業計画ブリーフィング外」などと記載されていたため、共産党は「ブリーフィング開催の事実は確認できた」としている。

事業計画ブリーフィングメモによると、3日で無担保・無保証融資するポートフォリオ型融資の数値目標が、新銀行マスタープランとかい離している点を津島隆一新銀行設立本部長（現・新銀行東京代表執行役）が問題視し、「出資者として耐えられない。会社としての目標をつくる時、マスタープランで定めた数値が機軸になることをはっきり認識していただきたい」と経営陣に迫ったことが記載されている。

また、同席した他の都幹部も「議会に説明済みなので、3営業日以内を3営業日後とするようなことは、許されない」と繰り返し発言。「期中管理で企業から決算書を取り寄せる意味は何か」と問いただしている。銀行経営陣が「金融庁は、期中管理を行わないポートフォリオ型融資を認めないので、期中管理を行うことにした」と説明すると、都幹部は「金融庁を説得すべきである」と述べている。

金融再生法開示債権は、08年3月期決算で305億円に上り、新銀行東京の「売り」だったポートフォリオ型融資の失敗が、貸し倒れを膨らませる原因になっている。都幹部が数値目標の上乗せを迫ったかどうかは、今日の破綻寸前の銀行経営を生み出した責任論と密接に絡むため、都議会でも引き続き焦点になる見通し。

日本で最大級の合同商談会開催
八都県市

八都県市は11月25・26日、東京ビッグサイトで、中小企業の広域的な取引のきっかけづくりや新たなビジネスチャンスの創出を支援するため、日本最大級の第1回合同商談会を開催する。

今回、4万人を超える来場者数を誇る「第11回産業交流展2008」との同時開催とすることで、双方の参加者による商談や情報交換など、様々な相乗効果を通じて八都県市の中小企業の競争力強化を図る。

発注側参加企業は延べ120社、受注側参加企業は述べ480社。

冗句ジョーク

都議会、目玉はCO2排出削減も野党追及は新銀行、市場移転、五輪招致

石原知事「答えは皆同じ、エビセンだ」

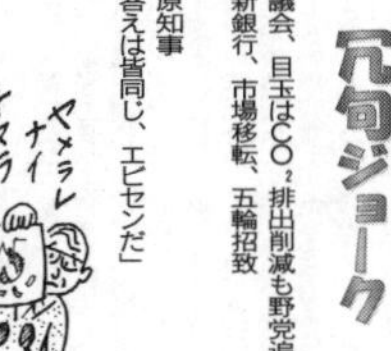

武井氏が大差で再選

港区長選

「身近な区政に評価」

任期満了に伴う港区長選は15日、投開票の結果、無所属で現職の武井雅昭氏（55）＝自民、民主、公明、社民推薦＝が約2万9300票を獲得。無所属新人で共産党港地区委員長の金子孝重氏（59）＝共産推薦＝に約1万7500票の大差をつけて、再選を果たした。今後は、人口増に伴う子育て環境の整備や住民の意見を尊重したまちづくりへの取り組みが課題となる。当日有権者数は16万3481人。投票率は前回を0・06ポイント下回り、過去2番目に低い25・75%だった。

再選を喜ぶ武井氏

武井氏の事務所には、開票が始まる午後8時45分前から支持者が集まり、和やかなムードのなか、結果を待った。

午後9時を回り、非公式の速報で武井氏約2万4000票、金子氏約7300票との知らせが入り、陣営は「今のところ大差。勝利は間違いない」と判断。同9時25分、一同が見守るなか、武井氏が笑顔で登場。大きく手を上げ、関係者らとがっちり握手を交わした。

4年前の初出馬から武井氏を応援してきた菅谷真一・元区長は「区民は武井氏の実績と、これからへの期待で投票してくれたのだと思う」とあいさつ。

武井氏は「4年間、何よりも区民本位の身近な区政を心がけた。それが評価いただけたのではないか。ご支持を背中に受けて区民の生活の質の向上のために頑張っていきたい」と抱負を語った。

区内では子どもの数が増えていることから、まず取り組みたいこととして「子育て支援」を挙げた。高齢者や障害者対策も掲げ、保育園や特別養護老人ホームの施設整備、家庭の介護支援の充実などを誓った。

金子陣営は、短期間の選挙戦での浸透を不安視する声もあったが、後期高齢者医療制度の廃止や大規模開発反対を打ち出したことで、前回候補の2倍を超える票を獲得。予想以上の善戦に、事務所は明るい雰囲気に包まれた。午後10時過ぎに現れた金子氏は「『今まで共産党系候補に投票したことがないが、今回は投票する』などの言葉を数多くいただいた。武井陣営はこうした不満を真摯に受け止めるべき」と注文。支持者からは「区議会など今後の活動に弾みがつく」との声が上がった。

港区長選開票結果

当	武井雅昭	29334
	金子孝重	11803

子育て支援の対応急務

【解説】4党推薦を受けた武井氏は安定した選挙戦を展開した。34人の区議のうち26人が応援する盤石の体制。一方の金子氏は、後期高齢者医療制度の廃止を強く訴えて一定の有権者を取り込むことには成功したが、勝利には及ばなかった。

国政では同制度をめぐって激しく対立する自公と民主は「区長選は別」と戦いを封印。同制度に終始、触れなかった。民主区議の一人は「あの制度は国が決めたこと。一地方自治体では決められない話」と話す。だが、都連レベルは推薦をしぶったといい、民主党港区支部は「保育園待機児や特別養護老人ホームの待機者ゼロに向けて努力すること」などを盛り込んだ政策協定を結ぶことで、無節操な相乗りではないとの立場を示した。

投票率は4新人が争った前回並みではあるが、過去2番目の低さ。区民の関心は十分とはいえない。区民の関心事があるとすれば保育園の待機児解消。昨年4月の認可保育園の待機児数は139人だったが、今年4月は168人に。人口増に施設新設が間に合わず、小学校跡地を利用したり、プレハブの暫定保育室で急場をしのぐ状況だ。

基金1200億円、経常収支比率50%台と全国でトップクラスの財政力を誇る港区だが、潤沢な基金も、老朽化した小中学校の整備や各種公共公益施設整備に消えていく側面もある。増え続けるマンションや再開発の高層ビルがもたらす住環境悪化を指摘する声もあり、まちづくりの理念も必要だ。活発な経済活動と住環境の確保という、ともすれば二律背反する課題に向き合う覚悟が求められている。（糸）

墨田区

国連研修職員が視察

官民の防災対策に関心

墨田区の京島地区の防災対策と都市整備事業を学ぶため、アジアなど10カ国の政府、地方自治体の職員らが13日、現地を視察した。

一行は、国際連合の地域開発センターが受け入れた研修生。カンボジア、ミャンマー、コロンビア、ブータン、ケニアなどから10人が参加している。日本で約1カ月半、環境、防災、持続的な開発などの行政課題について学び、能力の向上を図るのが目的だ。

京島地区は、東京都の倒壊危険度調査でワースト上位になるなど、緊急対策地域に指定されている。地元住民と区などは、まちづくり協議会を1981年に設立。道路の拡幅、建築物の不燃化・耐震化、老朽化した住宅の建て替えなど、街区整備事業を官民協働で進めている。昨年は財団法人日本都市センターなどの「第1回日本耐震グランプリ」の優秀賞を受賞した。

13日の視察では、区担当者の案内で、地区内の各施設を約2時間にわたり、徒歩で見学。参加者は防災用の雨水貯水槽と手押しポンプ、住宅密集地域に新設されたポケットパーク（小公園）などの設備を興味深げに見て回った。

防災用手押ポンプの説明を受ける視察団＝13日、墨田区京島で

耐震強度の低い建物の土地整備などで居宅を出る人が、同じ地区内に継続して住むことができる「コミュニティ住宅」では、空き部屋の内部も見学。質問を交えつつ、区担当者の説明に熱心に耳を傾けていた。

現地見学後、区側がこれまでの整備計画の概要を説明。「強制的な土地収用などとは違い、協議会方式は事業として時間がかかる。しかし、住民の十分な理解を得た上でのまちづくりを重視してきた」と話した。

続く質疑応答では、区と地区住民の役割分担などに質問が相次いだ。自国の都市開発との比較から「地域住民が協議会に積極的に協力しているのはなぜか」と質問。区側が「下町独特の団結力も作用している」と答えると、日本独特の〝秘訣〟に感心する一幕も。その後、地区住民とも意見を交換した。

墨田区は、木造住宅耐震改修促進助成条例を05年9月に制定するなど、独自の耐震化対策に注力。その中でも京島地区は、区内有数の〝先進地域〟だが、区担当者は「土地所有者、借地権者などの権利関係が複雑な地域。最近は住民の高齢化などで、建て替え事業なども進めにくくなっている」と話している。

記者席

裏技ありの招致活動

○……五輪招致のエンブレムが発表され、いよいよ国際招致レースが本格化する。11日の都議会オリンピック招致議連の総会では、今後の招致活動について、招致委員会幹部が戦術を語った。

いわく、IOC委員に投票を呼びかけるには、企業、省庁など、あらゆるルートをフル活用する。これは、至極当然のことだろう。たとえば、大手商社のブラジル支店長と同国のIOC委員の間にビジネス関係がある場合、このルートからプッシュする。

招致関係者がIOC委員を訪問したり、招待するのは、ご法度だが、書籍の贈り物は認められている。そこで裏技は、本筋のプロモーション資料に加えて、委員の趣味に合った本を贈ること。これはセーフという。まさに手八丁。招致活動は、表の世界、裏の世界ともに奥が深い。

○……今日17日から都議会代表・一般質問が始まる。この論戦を前に「新参議員宿舎を考える会」の梶浦淳代表は、江戸時代から残る紀尾井町の緑と史跡を保全するため、宿舎予定地を公園として残し、開放するよう求める署名活動を開始した。対象は、千代田区民でなく一般国民。

石原知事が参議院側と風致地区条例に基づく協議再開を表明する中、5月12日に猪瀬副知事に直訴。この時、「副知事から力強い励ましの言葉をいただいた」と感激した梶浦代表。しかし、ことは国会と東京都ではなく、都議会自民党と猪瀬副知事の問題。石原知事が本会議でどういうスタンスを示すか、微妙なタイミングでの署名開始となった。

○……狛江市長選が始まった。失政がなかった矢野市長に対してぶつけられた争点は、多選の是非。都内唯一の共産党市長ということもあり、注目度は日ごとに高まっている。

新人候補が争点に挙げているのは、市の行財政改革。市政運営の要ではあるが、選挙戦で市民の共感を得るには、難しい問題だ。手法は違っても協働の推進は3候補ともに掲げている公約。選挙中、市民に対して分かりやすい説明ができるかどうかでも、市長の器が試されている。

行政サービス提供に弾み

外国人台帳制度　管理から共生へ

法務、総務両省は現行の外国人登録制度を廃止し、日本人の住民基本台帳に相当する外国人台帳を導入する基本構想を打ち出している。自治体にとって事務効率化になり、外国人にとってもきちんと行政サービスを受けられるようになるという。外国人情報をデータベースにして、ネットワーク化する検討を進めているが、外国人登録者数が異なる自治体間で負担割合などが課題になりそうだ。

現行の外国人登録制度は、世帯単位ではなく個人単位で把握しており、転出届の提出が義務づけられていない。転出届がなければ、国内に転居しても、居場所を特定しにくいため、自治体は子どもに就学通知できなかったり、国民健康保険などの加入・徴収や課税の漏れなどが起きている。また、外国人の居住などの管理を目的につくられたため、外国人と共生する時代にはそぐわない制度になっている。

来年の通常国会に法案を提出した後、外国人登録制度は廃止され、在留外国人台帳制度に切り替える。世帯単位で把握し、転出と転入届、勤務先の変更届が義務化される。自治体が行政サービスをきちんと外国人に提供する代わりに、きちんと課税する仕組みにする。

現行の外登制度で身分証として発行される外国人登録証明書も、廃止される。新制度では、法務省入国管理局が発行する在留カード（仮称）が新たな身分証になる。カードには居住地、勤務地などの情報が記録され、法務省が外国人情報を一元管理し、不法滞在の防止に期待がかかるという。

しかし、台帳に外国人の住所などを記載するには、住居地の自治体で手続きを行う必要があるため、自治体の窓口まで足を運んでもらえるかどうか、区からは疑問の声が上がっている。

外国人が引っ越す際、区市町村間で外国人登録の原票を送付しており、総務省は「事務効率を考えて、電子化した方が管理しやすい」と話す。ペーパーレス化は区市町村の負担軽減になるが、自治体間をどんなネットワークで結ぶかが課題。同省は「外国人情報のデータベースをつくり、どんなネットワークが必要か検討する」という。

23区の外国人登録者は今年5月現在、約33万4千人で全国の約15%を占める。区市町村間で、外国人登録者数にバラツキがあるため、ネットワーク化の負担割合が問題になりそうだ。国と自治体間の負担割合も課題だ。

外国人台帳の導入は、自治体は負担軽減となり、外国人がきちんと住民サービスを受けられるなど市民権を得るには必要な制度。しかし、台帳制度に切り替わっても、行政サービスが十分に受けられるとは限らない。例えば、国は、外国人の子どもは義務教育の対象にしていないという問題がある。

台帳制度が問題点を解決する糸口になるかがポイントだ。

学校教員を独自採用へ

品川区

品川区は来年度から区費で独自教員を採用する。募集、選考にあたって必要な勤務条件や給与などについて定めた条例案を19日開会の第2回定例区議会に上程する予定。都採用による教員の勤務条件に準拠した内容になるという。

濱野健区長は、独自教員について「子どもたちの人生の先生となってくれるよう期待している」と話している。

現在、区立小中学校に配置されているのは都が採用した教員。子どもたちとの信頼関係が築けても、都内の他地域へ転勤してしまうと、そこでコミュニケーションが途切れてしまうことになる。

濱野区長は13日の定例記者会見で「私立では、子どもたちが10年たって母校を訪ねても、自分が教わった先生がいる。公立学校の先生も、私立のように、子どもたちの人生の先生になってほしいという思いで、この制度を始める」と述べた。

募集条件は非常勤講師や教員の経験者など、教師としての実務経験がある人とし、採用予定は小中合わせて5人。9月から10月にかけて募集し、11月に筆記と論文の一次選考、12月に面接の二次選考を実施。12月24日に合格者を決める。採用は2009年4月1日から。区では、今年度予算に、独自教員採用準備のため約100万円を計上している。

独自教員の採用は、今年度から実施している区内留学制度とも連携させる。区内留学制度は、区立小中学校の中堅職員を特色ある教育活動をしている他校へ一定期間派遣するもの。区では、その間の空席を補充するための一年間任用教員を採用しているが、一年間任用教員は独自教員採用試験の一次選考の論文が免除される。

一方、独自教員の不採用者のうち、成績上位者は希望により、一年間任用教員になることができる。

独自教員の採用は、23区では杉並区が実施している。

後期高齢者制度「東京は負担重い」

品川区長が見解

品川区の濱野健区長は13日の定例記者会見で、後期高齢者医療制度について、東京の高齢者の保険料負担は重いとの見解を述べた。

濱野区長は「東京の高齢者は、55%の割合で保険料が上がってしまう。全国で沖縄県に次いで2番目の高さ」と述べ、「一般財源の投入で安くなっている国民健康保険と比べたせいもあるが、東京は裕福だからと国からの調整交付金が削られた。それにより、高齢者の保険料負担が1割どころか、1割5分や2割になってしまっている」と指摘。1都3県の広域連合が国に出した調整交付金の確保の要望の実現を求めた。

後期高齢者制度で対策委員会を開催

中央区

中央区は11日、長寿医療（後期高齢者医療）制度対策委員会を設置し、同日、初会合を開いた。

同制度についての広報特集号の発行のほか、7月中旬の保険料納入通知書送付後には休日、夜間の相談体制も強化すること、区民部窓口職員などへの制度研修の実施などを決めた。

委員長は高橋邦夫副区長。委員は、企画部長、総務部長、区民部長、福祉保健部長、高齢者施策推進室長、中央区保健所長、会計管理者の7人。そのほか関係課長ら13人が幹事を務める。

同制度をめぐっては同種の対策委員会が、すでに荒川、台東、港区などで設置されている。

納税通知書14万通を税額控除で印刷ミス

杉並区

杉並区は12日、区民へ6日に送付した今年度の特別区民税・都民税納税通知書の中で、裏面の説明欄に誤りがあったことを公表した。送付数は約14万通。表面に記載の税額については、誤りはない。区は即日、訂正内容等をホームページに掲載。今後発行する区の広報紙で区民へ周知する方針。

間違いのあった箇所は、通知書裏面の「平成20年度のお知らせ」。その中の「配当割額又は株式等譲渡所得割額の控除」部分で、今年度の改正内容に基づき、「特別区民税が『5分の3』、都民税が『5分の2』の比率」とすべき部分を、旧制度の「特別区民税が『3分の2』、都民税が『3分の1』」とした。

今回の誤りについて、区担当者は「深くお詫び申し上げる。チェック体制を強化し、再発防止に努める」としている。

公園で吉本のコント

新宿区

歌舞伎町ルネッサンスの一環として、新宿区は12日、吉本興業、テレビ東京と合同企画したイベントを開催すると発表した。夜間閉鎖している区立大久保公園で、400人収容可能な巨大テント劇場を特設し、吉本の芸人がコントなどを7～8月まで披露する。

今回のイベントの集客数に加え、主催者、公園周辺の人の意見を聞きながら、区は来年度、大久保公園をイベント公園として整備していく。

各施設にCO_2削減目標導入

世田谷区

世田谷区は、区有施設の新築、改築の際に二酸化炭素の削減目標を設け、京西、桜丘小学校の実施設計から導入する。区によると、学校に二酸化炭素の削減目標を取り入れるのは23区初という。

各施設の二酸化炭素の削減目標は、公共施設省エネ指針に盛り込まれた。庁舎などは30%、小中学校や集会施設などは20%に設定した。対象施設は332。太陽光発電、高効率の照明、断熱の強化などを行うと、各施設で1平方㍍あたり約1万～約3万円を建設費に上乗せする必要があるという。

狛江市長選

三つ巴の舌戦開幕

現市政継続の是非に審判

任期満了に伴う狛江市長選挙は15日告示され、新人で前市議の高橋清治氏(57)＝自民、公明推薦＝、現職で4選を目指す矢野裕氏(61)＝共産推薦＝、新人で映画プロデューサーの伊藤正昭氏(41)＝民主、国民新党、新党日本、生活者ネットワーク推薦＝の3人が立候補を届け出た（届け出順）。全国でも数少ない共産党市長の3期12年は、失政のないクリーンな市政で一定の評価があるが、多選の弊害や行財政改革などで市政の継続が問われる。15日現在の有権者数は6万4922人。投開票は22日。

伊藤正昭氏　矢野裕氏　高橋清治氏

■高橋陣営

鴨下一郎環境相ら約400人が応援に駆けつける中、高橋氏は狛江駅前で第一声を上げた。市議として9年間活動してきた中で「狛江の行財政改革、まちづくりは、ちっとも進んでいない」と現状を指摘。都や国と連携したまちづくりの推進などを訴えた。

行財政改革では、基金が96年に約55億円を超えていたが、06年に7億7500万円まで落ち込み、「財政運営がずさん」と現市長を批判。民間保育園を誘致すれば、公立保育園と比べ経費は1園あたり約4800万円削減できるとした。浮いた経費は、まちづくりなどに使っていくと訴え、「スリムでコンパクトで効率のいい市役所をつくっていく」と述べた。

■矢野陣営

市役所前に集まった約3百人の市民を前に、矢野氏は「3期12年で三つのことを変えてきた」と第一声。不祥事や利権にまみれた市政からクリーンな政治への転換と情報公開の推進、暮らしを守るために予算の使い方を見直して福祉や医療を充実させてきたこと、市民と行政の協働を大きく前進させたことをあげた。

今後4年間で、孤独死や待機児、妊婦検診費用負担、駅前放置自転車をゼロに挑戦したいとし、「暮らし優先で取り組んできたが、汲み取るべき市民の声は多い。すべての市民が安心して住める、愛着や誇りを持てるまちづくりのため、先頭に立ってがんばっていきたい」と呼びかけた。

■伊藤陣営

伊藤氏は、事務所近くで第一声。約300人の市民と都議や国会議員も顔をそろえる中、「市役所改革と財政改革をしていかなければ、市民の夢が叶わない」と訴えた。

行財政改革について、「現在も改革しているというが、一部の政党の人だけで都合のいい情報ばかり流して、その中で改革しようとしている」と手法を批判。「それを『おかしい』と言う目線の人が中枢にいかなければ変わらない。今は、政策を論じられる状況にまで来ていない。精神論からやり直さねば」と話し、長期政権による閉塞感を打ち破り、事業の取り組み段階から市民参加する市政の実現を訴えた。

浮動票の行方がカギに

【解説】 共産党籍を持つ市長は全国で4市。狛江市では、バカラ賭博容疑による前市長辞任に伴って行われた96年の選挙で、不祥事の解明とクリーンな市政の実現を訴えた共産党の矢野市政が誕生した。

現在の市議会の構成は、与党は共産党6人、野党は自民、公明、民主など共産党以外のすべての会派の15人。しかし、矢野氏の党籍に寄らない市政運営と、市民協働や情報公開の仕組みづくり、福祉充実などの手腕は、野党からも評価されてきた。

だが、今回当選すれば矢野氏は4期目。争点は、長期政権の是非だ。票はどう流れるのか。

狛江市長選の特徴は、浮動票が多いこと。市議選などで見れば共産票は7千票に届かないため、これまで矢野氏が獲得した票の半分以上は、党派を超えて個人を支持する「矢野票」と浮動票だ。

矢野市長誕生以後の市長選では、共産対非共産の構図が続いたが、今回は、高橋氏が「保守本流」、PTA会長などを務めていた伊藤氏が無党派代表。矢野氏に入っていた保守票と浮動票が、新人候補に分散する可能性は高い。

国政などの影響を受けやすい市民性だが、矢野氏はこれまで同様、政党の看板を掲げずに市民の力による選挙戦を展開。国政の逆風にある高橋陣営では保守票を固められるか、田中康夫氏や菅直人氏などの応援が入る伊藤陣営では、無党派層の支持をどこまで広げられるかが勝敗を分けるカギとなる。

過去2回の狛江市長選結果

■前　回＝2004年6月20日……投票率51.83％

当	矢野　裕	15,940票	（共産推薦）
	河西　信美	15,804票	（自民、民主、公明、生ネ推薦）

■前々回＝2000年6月25日……投票率65.53％

当	矢野　裕	19,940票	（共産推薦）
	飯田　伸太	15,175票	（自民、公明、民主推薦）
	浅野　和男	2,067票	
	菊池　二郎	733票	

青梅市

生保費横領で告訴へ

男性主事を懲戒免職

青梅市は11日、生活保護費を横領していたとして、元健康福祉部福祉総務課生活福祉係の男性主事（42）を同日付で懲戒免職にしたと発表した。免職の対象となった今回の2件の生活保護費の着服や不適正事務処理による処分に加え、同職員は過去にも生活保護費の着服や虚偽報告などによる懲戒処分を受けていたが、市側は公表していなかった。市は同日、懲戒処分についての基準を見直し、すべて公表すると改めた。男性主事の懲戒処分に関する一連の事件については、告訴を予定している。

男性主事は、00年10月から06年9月末まで生活福祉係に在籍。今回の懲戒免職の対象となった事件は、06年5月から9月の間、生活保護費を分割で返還していた対象者の返還金1カ月分3万円を預かり横領した1件と、05年4月から06年9月の間、別の生保対象者に支給するため支出された日用品費を横領した1件。

男性職員には過去にも懲戒処分歴があり、06年4月には生活保護対象者2人分の日用品費、計18万8072円を封筒に入れたまま支給せずに紛失。その後、07年に入って事件が発覚するまで偽装工作を重ねたが、事件発覚と前後して現金が男性主事の自宅から出てきたと申告し、対象者に支給。減給5分の1（6カ月）の懲戒処分を受けた。

また、05年11月頃には、男性主事の代行手続で年金が遡及支給された生保対象者に、生保費返還を求める事務手続きを行った際、対象者に遡及支給された年金から男性主事が150万円の現金を預かり、市の金庫に保管。その後、現金を無断に持ち出し、借金返済のために全額横領した。上司には対象者に全額返還したなどの報告をしていたが、人事異動で後任者が返還手続を進めた際、対象者から「150万円は男性主事に預けてある」と申し出があり発覚。停職6カ月を受けた。

市は今後、生保業務の担当職員の事務分掌を明確にし、金銭は経理担当が扱い、ケースワーカーが扱わない体制を徹底。汚職防止に関する研修を全職員に受講させるなど、再発防止策を講じるとしている。

週刊たま手箱

稲城市

防災テントで独自消防強化

稲城市は6日、「災害時に役立ててほしい」と、昨年12月、市内在住の富永重芳氏（81）から寄贈された、防災用車両と防災テント、格納庫のお披露目を行った＝写真。3点の資器材は合わせて計1千万円相当。石川良一市長は「防災テントは災害時に無菌室にすることもできるもので、重篤患者の手術室や、鳥インフルエンザへの対応も可能になる」など、市の防災力の充実強化ができることに感謝の意を表した。

防災テントは、イラク戦争時に医師団のテント病院として採用されたものと同じYKK AP社製のもので、空気を入れることで自立する。空気を外に逃さず、無菌状態にすることも可能。東京消防庁は所有しているが、市町村レベルで所有している自治体はないという。

市は消防については都に委託せずに単独消防の方針。東京都や川崎市との相互応援協定などもあり、今回の寄贈でより消防力強化への備えに役立つと期待している。

小平市

ブルーベリーで協議会を発足

ブルーベリー栽培発祥の地の小平市は、地域ブランド確立と、特産化による地域振興を図るため、「（仮称）小平ブルーベリー協議会」を設立する。地元の商工会、JA、市が協力し、農業者と商工業者等をネットワーク化。8月9日には、ブルーベリーまつりとともに、設立総会を開く予定。

交通不便地域解消に知恵

小コストで市民の「足」確保

交通不便地域の解消に、10人乗りのワンボックスカーを利用した「コミタク（コミュニティタクシー）」が、市民の足となる新たな公共交通として注目を集めている。小平市ではコミタクの実証実験を開始しているほか、小金井市でも運行開始に向けた準備を進めている。コミュニティバスよりさらに福祉的な要素が強い「第三の公共交通」。きめ細かな移動サービスは、高齢化社会の中で需要の高まりが予想されるが、赤字必至の中で、利用率をどう向上させていくかなどが課題となっている。

市民とともに

交通不便地域の解消のため、各市はコミュニティバスを走らせて市民のニーズに応えてきた。しかし、バス事業者が不採算路線として参入しない地域を運行するため、赤字補てん額は年間数千万円にのぼる市もある。

市民サービスを優先させた「赤字覚悟」のコミバスだが、運行までの市民の声の高まりとは裏腹に、実際の利用率の低さに悩む自治体は多い。その上、コミバスが走っていない地域の住民からは路線拡大の要望があり、自治体の悩みは尽きない。

そうした中、小平市では、道路事情や運行経費の面でコミバスが走れない狭隘道路の多い地域などで、3月からコミタクの実証実験を開始した。

同市の交通体系構築の特徴は、市ができることを明らかにした上で、市民同士が、地域に必要な交通体系を考えていくという点。市民は「新交通を作ってほしい」と要望するだけでなく、それを実際に運行・維持していくにはどうしたらいいかについて、考える主体となる。市は実現に向けたサポート役だ。

コミタク実証実験を実施している大沼町・花小金井地域では、自治会を中心に、商店会や多摩六都科学館、公立昭和病院、FC東京、JA東京むさし小平支店、市など17団体が同地域の「コミュニティタクシーを考える会」を構成。路線はもちろん、30分の運行間隔や、150円の料金設定、利用率アップによる街の活性化策などを検討し、実験を開始した。

赤字は最小限

市は市内を大きく4地域に分け、その1地域のコミタク運行補助額上限を「概ね500万円」と設定。今回の地域では、2路線を設定して半年ずつ実験を行うため、1路線の補助額は半年分の125万円。事業者の運行経費は1路線260万円のため、補助額を差し引いた135万円は運賃収入で賄う必要がある。

それをどうするか考える主体はその地域の「考える会」だ。歳入確保には150円の運賃で1便平均4人乗車しなければならないが、運行開始から5月末までの実績は、1便平均2・1人。同地域の「考える会」では、各停留所限定のチラシを作成し、毎時間、何分にバスが到着するか、駅など主要停留所まで何分かかるかなどを書き込み、ポスティングで周辺住民への周知を図った。

この効果は大きく、チラシを作成した停留所の利用率は、運行開始時は全体の7・2％だったが、ポスティング以降、20・4％にまで上昇。同会では、11ある停留所すべてについて同様のPRを行うことにした。さらに同地域の小学校からコミタクなどをテーマにした絵を募集。集まった307作品は、ルネ小平を皮切りに、コミタクが走るルート上の施設などに展示したあと、6月下旬からコミタク本体に張って「動くギャラリー」にし、地域へのPRで利用率アップ作戦を展開する。

市都市開発部公共交通担当者は「市民とともにつくる公共交通体系は、一つひとつに議論があって歩みは遅いが、運賃もルートも理解してもらって進めることができる」と話す。市の補助額も、全額赤字補てんできる額ではなく、「出せる額」を前提にすることで、赤字が膨らむ状況を押さえることも可能になった。

高齢化が進む中で

小金井市でも、コミバスが走れない狭隘地域にコミタクを運行する準備を進めている。地域のアンケートでは、タクシー会社が受注配車を請け負うデマンドタクシーや乗り合い福祉バスの検討もあったが、「定期的に回って欲しい」「誰でも乗れる100円のバスがいい」の意見が圧倒的に多く、コミタクの試験運行を行うことになった。

しかし、1日23便走らせて、1便5人乗車しても、100円の運賃で上がる収益は年間400万円で、初年度の運行経費は年間2千万円。都市整備部交通対策課は「高齢者が多く、高低差の多い土地で、地域の要望は強かった」と話し、福祉的な視点での運行という位置づけだ。

一方、三鷹市は増便やワンコイン化を求める声に応えようと、コミバスの見直し時期に合わせて07年2月から今年1月まで、コミタクの試験運行を実施。駅を経由するコミバスへの乗り継ぎに利用してもらうため、地域を回る路線を試したが、導入は見送った。

「1便平均3～4人。赤字が膨れても利用率が上がれば良かったが、固定客になっていたのと、コミバスへの乗り継ぎ客は1割程度。約1200万円の経費に対して、収入は100万円程度だった」と話し、既存のコミバス4路線合わせての赤字が年間1千万円弱という中では、継続は困難と判断した。

しかし、「必要なところに必要な場所へ。高齢化が進む中で、行政としては福祉的な視点と継続性から、小さな車両を使って赤字がかさまないシステムで公共交通を考えていかなければ」と話し、庁内では勉強会も実施しているという。

増加し続ける高齢者の外出促進や町の活性化のためにも、よりきめ細かなサービスが求められる公共交通。赤字の中にどんな費用対効果を見出すか、将来を見据えた検討が必要になっている。

職員の声　夏期人事異動への期待

「ポスト石原」見据えた人事に注目

技術職活用への期待も

注目されていた教育長に大原正行知事本局長の就任が決まり、続く局長級・枢要部長級などの幹部人事も固まりつつある。新銀行東京の再生や築地市場移転問題、オリンピック招致など重要課題が山積する都政で、都職員は次期執行体制に何を期待しているのか、声を拾ってみた。

◆次期体制の準備段階

昨年は、五輪関係で毎月のように幹部人事異動があり、落ち着いて仕事をしていられない状況が続いた。今年の夏異動は石原都政10年目に入り、最後の総仕上げとしての布陣が期待される。その第一がオリンピックの招致を確実にするための体制であり、次が新銀行や豊洲市場などの都政の重要課題に対する布陣である。基本的には現行体制を維持しつつ、戦力を強化すべきと考える。

その一方で、ポスト石原の新しい知事の下での執行体制をいかに構築していくか、その準備段階としての重要な時期にきている人事異動ともいえる。しかし、団塊世代の大量退職と肩たたきの横行によって、都庁の幹部人材は相当枯渇している。また、知事本局をはじめ知事案件部門には都庁内で優秀といわれる人材を配置しているが、疲弊しているのも事実である。

人事当局としては、若手の中から「抜擢人事」という形をとってでも、その人材確保をせざるを得ない状況はわかる。しかし、将来の人事を考えて事業局や現場に少しでも手厚い人材配置を敷いたことがわかる腰を据えた人事異動を是非やって欲しいものである。（出先部長）

◆輝くような人事を

石原都政3期目の1年が過ぎたばかりなのに、新銀行や新市場などの懸案を抱え、加えて来年の都議選も控え、政治的に極めて舵取りの難しい局面を迎えている。しかし、庁内は幹部人事に明るい期待を持っていないのが現状だろう。

一定・予特での産労局長の去就が多くの人に共感を持たれたように、今の局長級には、ある意味の「清新さ」が求められているのではないか。また部長級以下の人事には、いまだ後遺症が残る百条委員会問題の桎梏から解放され、実務レベルでの実行力を高めていくことが大事だろう。

人事異動に100％を期待するのは無理な話だが、数少なくても後進の者が希望を持てる、輝くような良い異動を見せてもらいたい。（本庁課長）

◆技術系職員の育成

新しい局長級には、人材の育成に力を入れて欲しい。管理職の疲弊しきった様子を身近に見ているから、若い職員が管理職になろうという意欲が湧かない。疲弊した管理職は、自分が使い捨てにならないよう、目の前の課題を次々にこなすのに精いっぱいで、長期的視点で部下を育てていこうという意欲もわかず、できる職員を自分の手元に置こうと必死になっている。

特に技術系職員については、計画的に採用、育成してこなかったツケがここにきて噴出している。都の行政をスムーズに実施していくためには、専門的知識と広い視野・見識を持った技術系職員の活用が必須であり、こうした職員を長期的視点から計画的に育成していく意欲のある局長級の登場を切に期待している。（本庁部長）

◆技術屋はいらないのか

往時では信じられない技術職の職員募集倍率の低さ。都の技術職に将来がないことは母校でも知れ渡り、ふた回りも違う後輩に同情される始末。

年々、本庁部長級の職種が事務に集約され、技術は空席。ポストも組織も削減は技術が真っ先だ。同級生が大会社で受けている処遇に歯噛みをする技術系管理職は多い。

今の東京都では、大学院卒が当たり前の技術職員が、高卒の事務職員以下の昇進ルートとなっている。まず上から希望の明かりをともしてほしい。

少なくとも部長級以下のポストには、職種は関係ないと宣言するといった思い切った施策が打ち出せないだろうか。まずは技術屋の局長級の数に注目したい。（出先部長）

◆仕事優先の配置を

それぞれの分野で行政課題が複雑高度化している状況から、局長級、枢要部長の人事については、知事との距離云々よりも経験や専門性等を踏まえた仕事優先での配置が望ましいと感じている。

また、個別事情がなければ、1年といった短期間での異動も、業務の円滑な遂行の面からも極力、避けるべきだと思う。

ただし、都は組織で仕事をしているところであり、局長がすべてを判断し、実施するわけではないので、局長等が極端に部下職員を疲弊させたり、振り回すようなリーダーシップを発揮している状況があれば、それは速やかに人事上の対応をすべきであろう。（出先課長）

◆技術系重視の人事

オリンピックの申請書ファイルでも都市インフラの評価が高かったが、これは技術系職員が積み重ねてきた努力が評価されたものと思う。このような中で技術系職員の士気が上がるような局長人事を期待したい。

人材枯渇が叫ばれ、都市整備の技監や道路監など技術系の局長級に空きポストが目立つのはいかがかと思う。候補者がいるのであれば、速やかに埋めていただきたい。官房の人事も大事だが、現場を持つ都庁の強みを招致活動などにも活かしたいのであれば、技術系の局長級を増やす必要があろう。

最近、職員採用においても志望者の減が問題になっており、特に技術系において顕著であるようだ。新人は採用後の処遇にも敏感である。技術系が重要視されているという象徴的な人事にしてほしい。（本庁課長）

◆逃げない仕事師

われわれは何に依拠して、誰のために仕事をしているのか。一人ひとりがこの基本を理解しさえしていれば、誰がどこの局長でも、訳もなく恐れることもないし、過度に期待することもない。

人材枯渇というが、「上から目線」だけでなく、職員にも人望のある真にリーダーシップの素質がある人を抜擢すれば、局長という職に限らず、人はポストによって成長するものだ。

消費税を社会保障財源として囲い込む一方、分権で仕事が増える地方に定数削減しか求めない国に対峙して、都政のスケールと全体性を確保し、各局の課題に適切な解を与えていくことに、事務・技術を問わず、これからのトップは直面する。逃げることなく仕事の基本を押さえていく仕事師を待ち望む。（出先部長）

◆宝を探す努力

今の都政は、人材を大切にしないといわれて久しい。優秀な職員を奪い合う一方、失敗すれば容赦なく切り捨てる。ダメな職員を育てていくという感覚が薄い。他から見れば、人材が豊富と見られる都庁だが、実態はかなりのレベルで枯渇しているのは周知の事実だ。一握りの優秀な人材の奪い合いにまい進していたら、組織の脆弱化は避けられない。

人材育成の重要性が声高に叫ばれる昨今だが、管理職には真の意味での人材育成が求められる。ごみの山から宝探しをする努力が必要であり、そうした管理職が求められている。（本庁係長）

区経験者採用

民間経験者に熱い視線

採用130人増　中堅層の採用にはハードルも

2年目を迎えた特別区の経験者採用に対する各区の期待が高まっている。採用予定者数は、前年度より130人程度上回る230人の大規模採用となり、26団体中22団体が採用を予定する。民間が新卒採用を増やす中、I類の採用は厳しさを増しており、新たな人材供給源として期待がかかる。一方で、37歳以上が対象となる3級職（主任主事II）の採用を予定しているのは3団体にとどまるなど、高い年齢層の採用には二の足を踏む傾向も見られた。

高い接遇能力を実証

採用予定数は、28歳以上32歳未満が対象の2級職の事務が前年度比56人増の100人程度、技術が9人増の計22人程度。また、32歳以上37歳未満が対象の3級職（主任主事I）は事務が38人増の50人程度、技術は8人増の計36人程度となった。

採用予定者を伸ばした区が口をそろえるのが、採用した職員の評判だ。

江戸川区は昨年、技術職の一部のみ採用していたが、今年は2級職と3級職（主任主事I）の事務職を各10人程度採用する。野崎勇三職員課長は、「初年度は様子を見ていた部分もあるが、ふたを開けると良い人材が集まった」と採用拡大の理由を語った。

技術面のスキルもさることながら、特に評価が高いのが接遇能力だという。「高い住民サービスが求められる公務職場で、民間経験は即戦力となっている。職場への適応力も高く、しっかりした職業観を持つ人が多い」（野崎課長）。多様な人材を採用することで職場活性化にも期待を込める。

昨年度に計18人を採用した品川区も、事務で16人程度、技術は2級、3級の土木、建築で若干名を採用する予定だ。榎本圭介人事課長は「昨年採用した職員の評判が配属先で上々。経験を生かした業務改善なども期待している」と話す。

加えて、職員構成のアンバランス是正も目的のひとつとなる。「行革の中、採用を抑制してきたため30代前半が少ない。定年退職が増える中、I類採用に絞るのではなく、経験者を積極的に活用したい」（榎本課長）と話す。

一方、採用予定を減らしたのは港区。昨年度は計25人を採用したが、今年は採用予定がない。浦田幹男人事課長は「退職状況や業務量を勘案し、採用を控えた」と話す。

昨年は職員構成の平準化とともに、専門化する業務に民間経験を活用するため、積極的に採用した。「採用後、まだ2カ月程度だが、経験者の評判は良い。1年後の実績を検証しながら、今後の採用につなげたい」（浦田課長）という。

フォローも課題

他方、37歳以上を対象にした3級職の主任主事IIは、荒川区と文京区、清掃組合の3団体が今年初めて採用の意向を示した。しかし、他区からは慎重な声も聞かれる。

「職場管理的な立場を担うことになるが、叩き上げの職員を前に、どこまで力を発揮できるか、現実として難しい面もあるのでは……」。採用を予定しない区の担当者からは、こんな声が聞かれた。

また、採用後2年で係長選考の受験資格が得られることにも懸念を抱く。「能力は高いが、勤務状況を総合評価する中で、経験の浅さがハンディになることもある。本人にとっては辛いかもしれない」と指摘する。

また、別の区の担当者も、民間の経験は貴重としながらも、主任主事IIの採用は様子見の構えだ。「試験だけで、職場のリーダーとなる主任に任用する能力実証ができるのか、慎重にならざるを得ない」と話す。今後は経験者採用の実績や他区の状況などを踏まえて採用を検討するという。

そうした中、採用を予定する2区は、いずれも一定規模を採用する考えだ。中でも文京区は、事務で8人、技術も若干名を募集する。「団塊世代の大量退職期を迎える中、係長を担う人材が不足している。即戦力として期待している」。山本育男職員課長は、そう話す。

文京区では、来年度の採用の半分を経験者採用で賄う考えで、経験者全般への期待が高い。他区で指摘される組織への順応についても、「違う文化の職場に、すぐ溶け込めるとは思っていない。育成を図るなどフォローが必要」（山本課長）と捉える。経験者に特化した研修などを行うことで、そうした懸念を払拭する考えだ。

人事委員会の金澤眞二任用課長は「主任主事IIは、職員構成の平準化を図るのが制度趣旨。共同研修で『公務員倫理』研修を新設するなど、育成も図っていく」と話す。

都小委交渉

現業・教員を巡り議論

主任教諭　基本的考え方に都労連反発

都と都労連の小委員会交渉が12日に開かれ、都側が一時金関連要求や夏季休暇の改善要求に対する回答を行った。「一時金の支給対象・割合」は現行規定どおりとし、夏季休暇の日数増も、要求に応えることは困難と結論付けた。同日の小委員会交渉では、このほか都側から教員や現業系職員の人事制度についての認識等も示された。

教員の人事制度を巡っては、昨年度に学校運営管理規則が一部改正され、教諭及び養護教諭の職を分化し、主任教諭・主任養護教諭を新たな職として設置。今月10日には教育庁が「主任教諭等の任用に関する基本的な考え方」をまとめている。

基本的な考え方では、任用の方向性として「選考」により「08年11月以降」に実施し、選考資格は「年齢30歳以上」かつ「国公私立学校教諭経験8年以上（ただし都教諭経験2年以上）」とした。任用開始時期は09年4月1日としている。

小委員会交渉では、教員の85％を占める2級職である教諭が、採用時の級のまま年功的・一律的に処遇される仕組みとなっている点について、都側が再度、強い問題意識を表明した。

その上で「職責・能力・業績をより一層反映した任用制度を構築していくことが是非とも必要」と強調し、「速やかに具体的な見直し案を提示していきたい」と述べた。また人事委員会の勧告事項である教育職員給料表についても、「新たな職の設置も踏まえた構造的な見直しが必要」との認識を示している。

現業系職員の人事制度に関しては、都労連が求める「職能」に基づく新たな制度導入などは「極めて困難な課題」と説明。業務職給料表では「少なくとも国並みの水準との均衡を図らなければ対外的な説明が困難」とし、「給料表そのものの抜本的な見直しに向けて、速やかに具体的な協議を重ねていきたい」と表明した。

一方、都労連では、教員の人事制度に関連して、都教委による主任教諭設置のための規則改正に断固として抗議した経緯があり、今回の基本的な考え方についても、「労使協議の結論が出ていない段階で、事前に説明がされたとはいえ、公表し、既成事実化を図ろうとする都教委や当局の姿勢を厳しく糾弾する」と反発。主任教諭設置や基本的な考え方への反対と現行の給与水準及び体系維持を改めて訴えた。

現業給料表水準に関しては、「都労連要求に一切応えず、任用制度の改善どころか、給与水準を引き下げる立場で協議に臨んでいる」などと都側の姿勢を強く批判し、今後の協議の中で都側の見解を厳しく求めていくとして、対決姿勢を鮮明にした。

夏季一時金

「現行どおり支給」

現業・教員に双方が言及

都が12日、都労連との間で団体交渉を行い、夏季一時金について「現行の条例、規則どおり、期末手当1・6月分、勤勉手当0・5月分、合計2・1月分を6月30日までに支給する」と回答した。

再任用職員は期末手当0・75月分、勤勉手当0・275月分の合計1・025月分となる。

都労連は「要求に一切応えない非常に不満なもの」としながらも、引き続き闘いを継続させ、都側との協議を通して解決することを前提に妥結した。

団体交渉では、山口副知事が現業系職員の給与や教員の人事制度等にも言及、「次期給与改定交渉期までの解決が避けて通れない」との認識を示した。現業については「給料表の抜本的な見直しに向け、速やかに具体的な協議を行う必要がある」、また教員の関連では「教員の人事制度については、新たな職の設置も踏まえた任用・給与のあり方を再構築しなければならない」などと述べた。

これに対して増渕委員長は、現業賃金について「給与水準の引き下げを目的とする交渉には応じられない」とし、教員の人事給与制度についても「新たな職の設置や給与水準の引き下げには応じられない」などと強く申し入れた。その上で、現業賃金と教員の人事給与制度問題は、都労連の今後に関わる重要課題と表明した。

秋葉原無差別殺傷事件

精神的ケアへ相談拡充

アドバイスや医療機関紹介も

今月8日に秋葉原で発生した無差別殺傷事件を受けて、都は事件の被害者やその家族、関係者、目撃者等への精神的なケアに乗り出した。総務局では、犯罪被害者支援のための総合相談窓口の受付時間を延長、福祉保健局は、精神保健福祉センター等で実施しているメンタルケアの専門相談について改めて周知を図っている。

総務局の総合相談窓口は、犯罪被害者や家族の相談に応じて、自立から再び平穏な生活を営むことができるよう支援するもので、社団法人被害者支援都民センターと協働し、今年4月に開設された。

今回の事件を受けて総務局では、専門の相談員による電話相談の受付時間を最長で2時間延長することとした。延長期間は今月20日まで（土・日は除く）。被害者やその家族、関係者のほか、事件を目撃したことで精神的なショックを受けた人の相談も受け付ける。

一方、福祉保健局は、事件の被害者や関係者などを対象に、「こころの健康相談」を受けるよう呼びかけを進める。精神保健福祉センター、中部及び多摩の総合精神保健福祉センターでは、心理士や社会福祉士といった専門職による相談を実施しており、都内の保健所等でも、一般的な精神保健相談を受け付けているという。

今回のような事件では、被害者はもちろん、目撃者等にとっても、事件の衝撃による心身両面への影響が心配され、PTSD（外傷性ストレス障害）などの疾患を引き起こすこともある。

このため専門相談では、相談者からの不安等を聞き取った上で、アドバイスを行うほか、必要に応じて医療機関なども紹介する。電話での相談のほか、予約による面談相談も行っていく。

同様の相談は、法テラスや弁護士会でも実施しているが、都では総合相談窓口やこころの健康相談などを広く周知することで、相談者の選択幅を広げ、相談しやすい環境を整える考えだ。

実施地域では犯罪抑止効果

青色防犯パトロール

都青少年・治安対策本部は11日、都内の「青色防犯パトロール活動」の実態調査に基づき、犯罪抑止効果について検証を行った。空き巣や車上ねらい、ひったくりなど10罪種の認知件数の減少率を調べたもので、実施した港区、板橋区、武蔵野市では、未実施の近隣自治体よりも減少率が高い傾向にあったという。

帰宅困難者支援で協定

八都県市とモスバーガー

都総務局は11日、八都県市と株式会社モスフードサービスとの間で、「災害時における帰宅困難者支援に関する協定」を締結したと発表した。今回の協定締結で、店舗数は1都3県の420店舗追加となる。

同協定では、大規模災害が発生して交通が途絶えた際に、事業者が水道水やトイレの提供、地図等による道路情報やラジオ等で知り得た通行可能な道路、近隣の避難場所に関する情報提供など支援することとしている。

07年に社団法人日本フランチャイズチェーン協会加盟のコンビニエンスストア等13社と協定を締結しており、これでコンビニエンスストア等の事業者との協定は14社となった。14社合計の店舗数は1万3639件にのぼる。

松田　芳雄さん（まつだ・よしお＝松田芳和・都教育庁人事部長の父）13日死去、78歳。

水谷　文枝さん（みずたに・ふみえ＝水谷浩一・品川区まちづくり事業部都市開発課都市開発担当主査の母）12日死去、81歳。

20年度 主任試験講座 ―35―

前回に引き続き、地方自治制度に関する練習問題を解いていきます。なお今回は、都政実務分野での出題も予想される財務分野の練習問題も掲載します。

問題

【問題21】
地方自治法に定める会計年度及び会計の区分に関する記述として、妥当なのはどれか。

① 歳入の会計年度区分について、公営住宅の使用料等のように当該歳入について現実に納入すべき期日が法令または契約であらかじめ定められている収入は、納期の末日の属する年度の収入となる。

② 歳出の会計年度区分について、給与に係る歳出の所属年度は、これを支給した時の属する年度である。

③ 特別会計を設置する場合、設置する特別会計ごとに条例を制定するべきであり、特別会計をすべて一つの条例にまとめて制定することはできない。

④ 特別会計は条例でこれを設置することとされているので、長だけではなく、議員にも特別会計設置の発案権がある。

⑤ 地方公営企業法が適用される地方公営企業を経営する場合は、地方公営企業法により特別会計の設置が義務付けられているので、必ず当該特別会計の設置条例を制定しなければならない。

【問題22】
予算の調製及び議決並びに執行に関する記述として、妥当なのは次のどれか。

① 予算の調製及び提案の権限は、地方公共団体の長に専属しているが、委員会または委員に関する予算案の作成については、当該委員会または委員の意見を聴かなければならない。

② 地方公営企業の予算は、当該地方公営企業の管理者が毎会計年度調製し、議会に提出しなければならない。

③ 議会は長の予算の提出権限を侵さない限りにおいて長が提出した予算を増額修正することができるが、当該予算案に新たな款項を加えるような修正をすることはできない。

④ 暫定予算は予算が年度開始までに成立する見込みのない場合等に、本予算が成立するまでの暫定的な措置として調製されるものであるから、本予算が成立すればその効力を失い、暫定予算に基づく支出または債務の負担もその効力を失う。

⑤ 予算の執行の権限は長に専属するものであるため、長は、その権限に属する事務の一部を委員会または委員に委任することはできない。

【問題23】
地方自治法に定める地方公共団体の収入に関する記述として、妥当なのはどれか。

① 公金の徴収又は収納の権限はその性質上、私人に委任しまたは私人をして行わせてはならず、地方税の収納の事務を私人に委託することはいかなる場合も許されない。

② 分担金は、数人または地方公共団体の一部に対し利益のある事件に関し、必要な費用に充てるために徴収するもので、分担金に関する事項は、規則で定めなければならない。

③ 手数料に関する事項は条例で定めるが、全国的に統一して定めることが特に必要と認められる手数料については、政令で定める手数料を条例に定めなければならない。

④ 地方公共団体の長以外の機関が行った分担金や使用料等の徴収に関する処分についての審査請求は、長が処分庁の直近行政庁でない場合であっても、長に対して行う。

⑤ 歳入の収納は現金によるほか、一定の場合には証紙や口座振替による納付の方法などが認められているが、クレジットカードによる納付は個人情報の管理上の困難さから認められていない。

【問題24】
地方自治法に定める契約に関する記述として、妥当なのはどれか。

① 地方公共団体は、一般競争入札を原則的な契約締結の方法とし、指名競争入札、随意契約またはせり売りは、政令または条例で特に定める場合に該当するときに限りすることができる。

② 一般競争入札は、競争参加者を広く募集し、公正に経済的な契約を結ぶことを目的とするものであるから、あらかじめその実績や従業者の数などを要件とする参加資格を定めることはできない。

③ 競争入札により契約を締結する場合においては、公正な取引の秩序や契約内容に適合した履行を確保するために、低入札価格調査制度や最低制限価格の設定による例外が認められている。

④ 契約保証金については、契約の相手方の債務不履行により損害が発生し、その損害の額が契約保証金の額未満であるときは、その差額を相手方に返還しなければならない。

⑤ 契約の適正な履行を確保するための監督または検査は、公正中立であることが求められるので、外部の者に委託することはできない。

【問題25】
地方自治法に定める公金取扱金融機関に関する記述として、妥当なのはどれか。

① 指定金融機関は、普通地方公共団体の公金の収納及び支払いの事務を取り扱う金融機関であり、指定にあたっては議会の議決を必要とする。

② 都道府県及び市町村は、金融機関を指定して公金の出納または支払いの事務を取り扱わせなければならない。

③ 収納代理金融機関は、指定金融機関の取り扱う公金の収納及び支払いの事務の一部を取り扱わせる金融機関で、議会の議決を要せず、地方公共団体の長が指定する。

④ 収納代理金融機関が行う公金の収納の事務について、指定金融機関が責任を負うことはないので、収納代理金融機関の指定にあたっては、指定金融機関の意見を聴く必要はない。

⑤ 指定金融機関は会計管理者の振り出した小切手または会計管理者の通知に基づかなければ公金からの支払いをすることはできないが、公金の収納は、納付義務者が窓口において公金を支払う旨申し出れば、することができる。

【問題26】
地方自治法に定める基金に関する記述として、妥当なのはどれか。

① 基金は、特定の目的のために財産を維持し、資金を積み立て、または定額の資金を運用するために、規則により設置することができる。

② 基金に属する現金の支出の命令及び基金に属する有価証券の保管は、収入管理者にある。

③ 基金のうち、特定の目的のために財産を取得し、または積み立てるためのものについては、当該目的のためでなければこれを処分し、使用することはできない。

④ 基金の運用から生ずる収益は、事務処理の簡素化の観点から歳入歳出予算に計上することなく、当該収益を基金の管理に要する経費に充てることができる。

⑤ 普通地方公共団体の長は、毎会計年度、すべての基金の運用状況を示す書類を作成し、これを監査委員の審査に付し、その意見を付けて、主要な成果を説明する書類と併せて議会に提出しなければならない。

地方自治制度 ⑦

解説

【解説21】　正答①
① 正しい（令第142条第1項）。
② 給与の会計年度の所属は、これを支給すべき事実の生じたときの属する年度である（令第143条第1項）。
③ 特別会計設置条例は、特別会計をすべて一つの条例にまとめて制定しても差し支えない（通知昭和38年12月19日）。
④ 実質的に予算そのものの発案を伴う特別会計の設置条例は、議員には発案権はないものと解する。
⑤ 地方公営企業法第2条第1項の規定の適用のある事業については、特に条例で設置する必要はない（昭和38年12月19日行政実例）。

【解説22】　正答③
① 教育に関する予算案の作成については、教育委員会の意見を聴かなければならない（地方教育行政の組織及び運営に関する法律第29条）。
② 地方公営企業の管理者が作成した予算原案に基づき、長が調製する（地公企法第24条第2項）。
③ 正しい（第97条第2項）。
④ 前半は正しい。暫定予算に基づく支出または債務の負担は、本予算に基づく支出または債務の負担とみなされる（第218条第3項）。
⑤ 長は、その権限に属する事務の一部を委員会または委員に委任することができる（第180条の2）。

【解説23】　正答④
① 歳入のうち、使用料、手数料、賃貸料、物品売払代金及び貸付金の元利償還金については、その収入の確保及び住民の便益の増進に寄与すると認められる場合には、私人に徴収または収納事務を委託することができ（令第158条）、地方税についても平成15年改正により、一定の場合には収納事務の委託をすることができることとされた（令第158条の2）。
② 分担金に関する事項は、条例で定める（第228条第1項）。
③ 政令で定める手数料を標準として条例で定めなければならない（第228条第1項）。
④ 正しい（第229条第1項、第2項）。
⑤ 平成18年の自治法改正により、一定の要件のもとクレジットカード等により納付することができることとされた（第231条の2第6項、令第157条の2）。

【解説24】　正答③
① 指名競争入札、随意契約またはせり売りは、政令で定める場合に該当する場合に限りすることができる（第234条第2項）。
② 必要があるときは、あらかじめ経営の規模及び状況を要件とする資格を定めることができる（令第167の5第1項）。
③ 正しい（令第167条の10）。
④ 契約保証金は契約不履行に関する損害賠償額の予定と解され、契約の相手方が義務を履行しない場合は、契約保証金は当該普通地方公共団体に帰属する（第234条の2第2項）。
⑤ 特に専門的な知識または技能を必要とすることその他の理由により当該普通地方公共団体の職員によって監督または検査を行うことが困難であり、または適当でないと認められるときは、当該普通地方公共団体の職員以外の者に委託して当該監督または検査を行わせることができる（令第167条の15第4項）。

【解説25】　正答①
① 正しい（第235条、令168条第1項、2項）。
② 指定金融機関の指定は、市町村にあっては任意である（第235条第2項）。
③ 収納代理金融機関は、指定金融機関の取り扱う公金の収納の事務を行う（令第168条第4項）。
④ 指定金融機関は、収納代理金融機関等が行う公金の収納事務についても責任を負う（令第168条の2第2項）ので、収納代理金融機関の指定にあたっては、指定金融機関の意見を聴く必要がある（令第168条第7項）。
⑤ 公金の収納についても、納税通知書等納入に関する書類に基づかなければ、公金の収納をすることはできない（令第168条の3第1項）。

【解説26】　正答③
① 基金の設置は条例により定める（第241条第1項）。
② 支出命令は長の権限に属する（第232条の4）。
③ 正しい（第241条第3項）。
④ 毎会計年度の歳入歳出予算に計上しなければならない（第241条第4項）。
⑤ 監査委員の意見を付し、その意見を付けた運用状況を示す書類を議会に提出することは、特定の目的のために定額の資金を運用するための基金を設置した場合のみ必要となる（第241条第5項）。

20年度 主任・係長 論文講座 ★35★

今回は、「主任級職選考B」について、人事委員会から示された出題事例を取り上げ、論文例を紹介しながら検討します。

前回も述べましたが、何故このような課題が出されているのか、ベテラン職員に対し何を期待しているのかを的確に把握することが重要です。実際には、出題意図に応じて、自分が主張しやすい課題を選択して、論文をイメージしましょう。

そして都政を取り巻く状況を踏まえた都政における問題や課題をテーマに掲げ、問題と解決方法を具体的に列挙し、最後に主任としての決意表明をする論述のパターンに則して、論文を構成すれば良いのです。

都主任選考B

論文例

【出題事例】
あなたの職場において、新たに配属された職員が仕事を進めるうえで必要な知識や技能を身に着けていくためには、あなたがどのように取り組むべきか、これまでの経験を通じて気づいた問題点に言及した上で、あなたの考えを述べてください。

模範論文

【論文例（四段構成）】

1　プロフェッショナリティを備えた職員の育成

都の財政構造は景気の変動に左右されやすく、これまでも全庁をあげて、財政再建をはじめとする不断の行財政改革を進めながら都民サービスの充実を図ってきた。

しかし、社会経済は構造的な変化を迎え、急激な少子高齢化の進行や経済のグローバル化の加速により、都民ニーズは一層の多様化が進んでいる。我々は「10年後の東京」の実現など、都民の期待に応えるため、更なる改革を進めていかなければならない。

既に、都においても団塊の世代を中心とした職員の大量退職が始まっており、今後の人口減少が及ぼす職員構成を踏まえると、より少ない人材でコアとなる業務を担い、質の高い行政サービスを提供する少数精鋭の組織運営が必要である。そのためには、新たに職場に配置された職員が早期に戦力となり、都政を支える気概と核となるプロフェッショナリティを備えた、人材価値の高い職員として成長するよう、日常的に指導していく必要がある。

2　育成環境を阻害する要因

職員の職務遂行能力と人材価値を高めるには、知識の詰め込みだけではなく、職員が持つ能力を引き出し、最大限まで高めて発揮させることが肝要である。しかし、現実には次に挙げる問題点が障害となっている。

第一に、未経験の職員を組織的に指導育成する制度が定着していないことである。様々な障害の発生により、適切な解決方法が見出せない場合、前任者等への相談による一過性の対応が多く、組織的なアプローチがなされていない。

第二に、職場内や職員間における情報の共有化に消極的なことである。有用な情報は個人に蓄積され、ノウハウが固有化されている。

第三に、能力や適性を踏まえた適切な指導助言がされず、職員の意欲向上への育みを阻害していることである。

3　必要な知識等を継承させるために

組織として人材を育成するには、次の三つの取り組みが大切である。

第一に、組織が必要とする人材育成はOJTにより組織的に取り組むことである。

私は、これまでに蓄積された数多くの経験を生かし、定期的に事例研究を実施して制度趣旨や意義を交えた知識・技能の継承に努める。また、年間を通した初任者の見守りによって一貫した指導育成を行う等、率先して職員の育成に取り組む。

第二に、情報を共有できる仕組みを構築することである。業務に関係する情報は、私物化せず体系的に整理し、誰もが必要な情報を得ることができるよう供用にしておくことが必要である。

私は、業務マニュアルを整備するとともに、文書管理の改善に率先して取り組む。とりわけ最近は電子データによる情報交換が多いため、タイムズ・ネットワーク上の共有フォルダを活用した情報の供用化を進める等、より一層の効率化に取り組んでいく。

第三に、職員の能力を高めるために職員のモチベーションを組織的に維持させることである。

私は中堅職員として、新たに配属された職員への適切なコミュニケーションを図り、得意・不得意分野の把握に努める。そして職員が持つ意見や発想を可能な限り仕事に反映させる一方、育成が必要な分野は指導助言を行うことにより、本人や組織全体の能力向上を促し、職場の活性化に努めていく。

4　人づくりは職場から

都民が安心して生活できる東京の実現は、第一線で活躍する職員の成果の積み重ねによって支えられている。そのため、今後も都民の期待に確実に応えることのできる職員の育成が不可欠であり、職員一人ひとりの状況を把握しながら適切に人材育成を行えるのは、結局は職場である。

私は、職場における主任の重要性を認識し、中堅職員として自らの実践により活力ある職場づくりに積極的に取り組んでいく。

【論文例（三段構成）】

1　（略）

2　必要な知識を継承するために

職員の職務遂行能力と人材価値を高める育成を行うためには、次に挙げる三つの取り組みが必要である。

第一に、組織が必要とする人材育成はOJTにより組織的に取り組むことである。

現状では、未経験の職員を組織的に指導育成する制度が定着していない。このため、様々な障害の発生により、適切な解決方法が見出せない場合、前任者等への相談による一過性の対応に留まってしまっている。

これを改善するためには、定期的な事例研究の実施が有効である。私は、これまでに蓄積された数多くの経験を生かして、制度趣旨や意義を交えた知識・技能の継承に努めていく。また、年間を通した初任者の見守りによって一貫した指導育成を行う等、率先して職員の育成に取り組んでいく。

第二に、情報を共有できる仕組みを構築することである。

現状は、職場内や職員間における情報の共有化に消極的であり、有用な情報は個人に蓄積され、ノウハウが固有化されてしまっている。

これを改善するためには、業務に関係する情報の私物化を禁止して体系的に整理し、誰もが必要な情報を得ることができるよう供用にしておくことが必要である。

私は、業務マニュアルを整備するとともに、文書管理の改善を率先して行う。とりわけ最近は電子データによる情報交換が多いため、タイムズ・ネットワーク上の共有フォルダを活用した情報の供用化を進める等、より一層の効率化に取り組んでいく。

第三に、職員の能力を高めるために職員のモチベーションを組織的に維持させることである。

現状では、能力や適性を踏まえた適切な指導助言がされず、職員の意欲向上への育みが阻害されてしまっている場合が見受けられる。

これを改善するためには、職員によって異なる能力に応じた細やかなアプローチが肝要である。

私は中堅職員として、新たに配属された職員への適切なコミュニケーションを図り、得意・不得意分野の把握に努める。そして職員が持つ意見や発想を可能な限り仕事に反映させる一方、育成が必要な分野は指導助言を行うことにより本人や組織全体の能力向上を促し、職場の活性化に努めていく。

3　（略）

論文の準備

（1）自分で書く

今回、ご紹介した論文例はほんの一例ですので、これらにとらわれる必要は全くありません。

今までに、こうしたスタイルの論文を書いた経験が少なくて苦労されている方も多いかと思います。参考書の論文を読んでいてもなかなか頭に入りませんし、筆を執ろうと思っても、良い論文を作らねばと思うあまり、なかなか思うように進まないものです。

前回も述べましたが、最初は模範論文を書き写すことから始める事が良いかと思います。何度か書き写していく間に、論文の構成や論述パターンが見えてきて、論文作成に対する親しみが生じることでしょう。

多くの模範論文を読むことも有効かと思いますが、まずは、自分で書くことが大切です。

書くことに慣れてきたら、第2章と第3章を自分の職務経験に応じた考えや表現で置き換えてみましょう。徐々に自分らしいオリジナルの論文のイメージが見えてくるはずです。

（2）添削を受ける

作成した論文は、必ず上司や合格者の添削を受けてください。採点者に読んでもらうための論文ですから、自分なりの主張の趣旨は適切だったとしても、表現や言い回しなどは客観的な助言を採り入れた方が無難です。論文の指導を拒む人はいないはずですので、課長等に作成した論文の指導をお願いしましょう。そして、指摘された箇所は必ず書き直してみてください。

（3）完成論文を覚える

添削を受けて納得のいく完成度に仕上がった頃には、おぼろげながらも論文のおおよそが頭の中に記憶されているはずです。引き続き書き写しの繰り返しで強化することが望ましいですが、何度も読んで暗誦できるようにしましょう。

論文課題は、5題出題中1題を選択する出題形式ですので、完成論文さえ用意しておけば、本番でも様々な出題に対応することができるはずです。

おわりに

試験日まではまだ余裕がありますので、取り組み不足と思われる方もあきらめずに準備しましょう。しかし、論文の準備は計画的に進めることが肝要です。日々の仕事などでお忙しい中でご苦労はあるかと思いますが、残された時間はあっという間に過ぎてしまいますので有効に活用しましょう。

最後になりましたが、試験本番での注意として、用意した完成論文をそのまま書いてしまうと、出題意図と一致しないことがありますので気をつけてください。

出題課題が覚えた論文とおよそ同じであっても全く同じとは限りません。問題文に「〇〇を踏まえて」や「〇〇の観点から」とある場合は特に注意が必要です。出題に合わせて、第1章等の修正をしましょう。

論文は、しっかりと準備しておけば、本番で慌てることはほとんどありません。

健康に留意しつつ、是非、頑張ってください。ご健闘をお祈りいたします。

20年度 教育管理職への道しるべ 〈39〉

実施要綱の改定 ②

今回は、教育管理職選考でA選考に新設された「専門論文」に関して、その背景や出題形式などについて、2人の方（Mさん、Nさん）の対談形式で内容を掲載します。

導入の背景など

N　今回、A選考に「専門論文」が新設された目的はいったい何だい。

M　教育庁人事部が発表した「専門論文」実施要領によると「教科指導等に関する専門的能力について、今日的な教育課題に対する実際的な指導力を検証するため」に実施するらしい。

N　何だい、その「教育課題に対する実際的な指導力」というのは。

M　実施要領には、「特定の教科等について高度な知識を持つということではなく、今日的な教育課題の解決のために、自らが専門とする教科等の指導をどのように活かすことができるかという実践的な能力」と記載されているよ。

N　要するに、A選考は原則、指導主事に任用されるから、専門教科や教育課程に関する知識はもちろんのこと、それを指導・助言する能力、そして現在・将来の教育課題に対する政策立案の能力が必要だということだね。

M　そうなんだ。教育管理職等の任用・育成あり方検討委員会第一次報告にも「特定の教科等について高度な知識をもつということではなく、今日的な教育課題の解決のために、自らが専門とする教科等の指導をどのように生かすことができるかという実践的な能力である。若手教員がそのような実践的な教科指導等の専門能力を養う仕組みを整備するとともに、その能力を検証できる選考制度に見直すことが求められる」と報告されており、今回の「専門論文」は、この報告に基づき導入されたんだ。

N　先ほども言ったけれど、A選考は合格後、5年間指導主事に任用されるんだろう。

M　詳しいね。主幹教諭がA選考に合格した場合は、教育管理職候補期間中（原則として5年間）は、原則として指導主事に任用し、また、主幹教諭未経験者が選考に合格した場合は、原則として1年間現任校で主幹教諭として任用した後、5年間指導主事に任用し、計画的に資質の向上を図りながら教育管理職として任用することになっているんだ。

N　そうすると、今回の改正で、A選考合格者は原則的に、指導主事に任用するということを明確にしたということだね。

専門論文の内容など

N　ところで、実際の専門論文の内容はどうなっているんだい。

M　「専門論文」実施要領によると、課題が既に与えられているんだ。それは、「（1）現在の学校教育における課題について、勤務する学校の実態にも触れながら、今回の学習指導要領改訂の基本的な考え方を踏まえ、あなたの考えを1千字程度で述べなさい。（2）あなたが専門とする教科指導や生活指導等で今まで取り組んできたことに触れながら、（1）で述べた現在の学校教育における課題を解決するために、指導主事として学校にどのような指導・助言をするか、2千字程度で具体的に述べなさい」という課題が提示されているんだ。

N　専門論文作成に当たっての留意事項は、何か指示があるのかい。

M　要領には、論文をどの様な視点で検証するのかが記載されているよ。①現在の学校教育における課題を、自らの勤務する学校の具体的な課題から考えることができているか②現在の学校教育における課題と学習指導要領の改訂を関係付けて考えることができているか③自らが専門とする教科指導や生活指導等で、課題意識をもって日頃から取り組んでいるか④課題を解決するために、指導主事として学校に対してどのような指導・助言をしたいと考えているか――の四つの視点で検証するとしているね。

N　そうすると受験者としては、①勤務する学校の児童・生徒や地域の実態や課題をまとめておくこと②専門とする教科指導や生活指導等で取り組んできたことが、学校教育における課題解決にどのようにつながるのかをまとめておくこと③平成20年1月の中央教育審議会答申[illegible]小学校、中学校、高[illegible]び特別支援学校の学[illegible]領等の改善について[illegible]めとして、文部科学[illegible]都教育委員会のホー[illegible]に掲載されている資[illegible]く読み、今回の学習[illegible]改訂の基本的な考え[illegible]すること、特に、幼[illegible]要領、小・中学校学[illegible]領は3月28日に告示[illegible]るから、必ずよく読[illegible]「教育行政研修」を[illegible]者（「推薦区分」選考[illegible]は、その研修内容を[illegible]かすこと――などが[illegible]として必要になるわ[illegible]

M　その他にも、[illegible]には、文字数（3千[illegible]厳守）、文書様式（[illegible]提出部数（4部）、[illegible]なり詳細に記載され[illegible]の概要版の作成、提[illegible]どが記載されている[illegible]く読んで提出してほ[illegible]

専門論文の概要版

N　今、話にあっ[illegible]文の概要版って、い[illegible]だい。

M　専門論文と一[illegible]するもので、実施要[illegible]概要版について、[illegible]考の個人面接にお[illegible]ンテーションを行う[illegible]料として、口頭試問[illegible]科指導等に関する専[illegible]証する」と記載して[illegible]

N　そうすると、[illegible]そのものの「出来具[illegible]番重要であることは[illegible]いが、この概要版[illegible]験者としては、気を[illegible]がありそうだね。

M　そうなんだ。[illegible]の中身を、A3版横[illegible]き・片面刷り1枚で[illegible]使用も可とする）、[illegible]テーション用にまと[illegible]がある。そのために[illegible]人面接の面接委員が[illegible]枚で受験者の主張が[illegible]るようなまとめをす[illegible]本体の専門論文に記[illegible]ことを書かないこと[illegible]文の本体と論旨が[illegible]ること、そして本体[illegible]ることだが④他人の[illegible]用ではなく、自分自[illegible]した内容・言葉にな[illegible]こと⑤記載事項に関[illegible]の2の矢、3の矢を[illegible]分なりに考えておく[illegible]が必要になるね。

N　図表の使用[illegible]

Gallery

飯田橋庁舎界隈
―昼休みの小散歩 ③

絵と文　大瀧安良

「昼休みの内に戻って来ることのできる範囲」という原則は崩さないで、電車という手段を組み合わせると、散歩地域が少し広がります。

ご存知のとおり飯田橋庁舎は駅に隣接して建っており、殆ど「駅ビル」のようなものです。そこにJRの他、地下鉄が4路線も通っているのだから、これを有効利用しない手はありません。ただし、せいぜい1駅先までです。

今回は南北線の後楽園駅下車、文京区本郷の4丁目辺りを目指します。地上に出て文京区役所の脇を抜け、「春日町」交差点を渡ると文京真砂区民センターのビルがあります。この一階にある真砂市場やこの近くにある立ち食い蕎麦屋が面白いのですが、ご紹介は改めて。道を先に進みます。ビルの左手にある小路を進むと間もなく目の前に崖が立ちはだかり、道は左にカーブします。10㍍ほど進むと崖を一気に上ることのできる階段が用意されています。一気に上がるのには若者でもちょっと、という位の階段（坂）です。

ここで急に思い出したのは、東京都立大学名誉教授貝塚爽平氏の『東京の自然史』（1964年初版）という名著です。武蔵野台地の形成についての記述が印象的でしたが、正に今苦労して上っている所が武蔵野台地東端の本郷台と低地との境界なのだな、と実感した次第です。上りきったところの正面付近には何軒か昔のままの木造の建物があります。突き当たって左に折れるとすぐに下りの急坂「鐙（あぶみ）坂」、坂の途中には屋根付きの、人がやっとすれ違える程の地元の人専用（？）の小路があります。

殆ど坂を駆け下りてそのまま進むと自動車通り、左に折れて「石井いり豆」店でおいしい落花生を買い、こんにゃくえんまさんを経由して再び後楽園駅に到着、12時47分の電車に乗って午後の仕事にセーフ、こんな具合です。

本文中に記した通り、鐙坂に沿って懐かしい建物が散見されますが、そのうちの1軒です。家が蔦を支えているのか蔦が家を支えているのか、定かではありませんが、短時日のうちに出来上がった協力関係でないことだけは確かです。

お気に入りも辛いもの

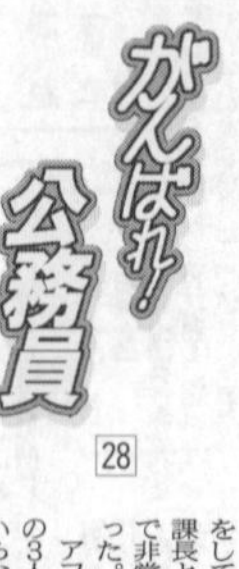

28

文とマンガ　鈴木武征

毎日のお勤めご苦労様です。

多くの人が「仕事は大変だけど自分が選んだ道だから仕様がない」と、半分諦め、半分気合いで職場へ向かう。

職場に着くと早速、ウマの合わない上司から呼ばれて憂鬱な一日がはじまる。

「子どもは親を選べない」というが、大抵の場合「部下も上司を選べない」のだから現状を容認するしかない。

とはいえ、上の人と気が合う、お気に入りメンバーに入っているからといって良いことばかりとは限らない。

私は一時期、局長秘書をしていたが、庶務係長、課長とも気心が知れた仲で非常に仕事がやり易かった。

アフターファイブはこの3人に局長、気兼ねのいらない同僚を交じえての飲み会や麻雀だ。

困難、面倒な仕事も気心の知れた仲間で臨めばさほど苦にならず、まさに体制の中枢に属しているという心地良さがあった。

そんなある日、局長から「今後、僕の決裁のうち特に重要なもの以外は君が押せ」と印鑑を預けられた。

今なら局長に「ハンコ押すのがあんたの仕事」と言えるが、当時の私は「へえー、俺も随分信頼されたもんだな」くらいの気持ちでそれを引き受けた。

ただし人前では押さない、決裁書類の一覧を作って日々局長に報告する等の注意はしていたが、こんなことはすぐにバレてしまう。

局長自身が押す印鑑と預かった印鑑とでは多少印影が違ったし、幹部会などの会話から局長が直接見たか否かなどは判断がつく。

ある日、事業所の課長が決裁書類を持参し、「よお、スズキ局長ハンコ押せ」という。

人を小馬鹿にした言い方から、現状の局長を中心とした仲良し体制に不満なのはすぐに感じ取れた。

続いて課長は、「武ちゃんよ、あんたや局長がしていることは間違ってる」と切り出した。

さらに、「確かに工事に関するものなど局長が見ても分からないものもあるだろう。しかし職員は局長決裁という重みを踏まえて作成している」

「局長と事業所の一担当者とは顔を合わせる機会も少ないが、起案書などを通じて組織の一員であることを感じている。現状のままでは心ある職員がやる気を失くす」と話して去っていった。

私は課長の正論に自分を大いに恥じたが、問題はこの件をいかに局長に報告するかだ。

茶坊主も楽ではない。局長のご機嫌、体調、当面の予定、バイオリズムまで判断し、ここぞというタイミングで報告したが、案の定「俺が決めたんだから文句言うな」と一蹴されてしまった。

組織には中枢となる体制が必要だ。

大きな仕事をする組織ほど強固な体制と体制内の結束力が求められる。

一方、中枢体制は外から見れば仲良しクラブにしか見えず、批判の対象になり易い。

確かに体制の中で多少の正論、異論を述べても走り出した列車を停めることは難しく、波風が立つのを避ける傾向にあるからそう見られても仕方がない。

しかし、我々の場合は所詮は雇われ人、中枢の中に身を置こうが外に置こうが、その考えること悩むことに大差はない。

すべての職員が何らかの神輿を担いでいる。

今思うに、時として権力の側で働かなければならない仲間の神輿担ぎを見物している人が一番幸せだ。

Book

『提言！仮設市街地―大地震に備えて―』

仮設市街地研究会著　学芸出版社刊

ミャンマー、そして中国・四川と極めて規模が大きな災害がたてつづけに起きた。被災地の広がりとそれぞれの政治状況などが絡み、事態の全体像は、なお把握しにくい。

四川大地震による被災では、とくに建物の損壊が甚だしい。そもそも国レベルの地震対策が予知を中心としたものであったという。建築行政に長く関わり、「既存建築物はお宝だ！」を標榜している評者には全く理解しがたいことだ。

さて、わが国でも首都直下地震、東海地震や東南海・南海地震の発生の切迫性が指摘されている。建築物をはじめ、道路、橋梁、ライフラインなどの耐震化、避難・救援体制の強化などは、焦眉の急である。

本書は、そうした予防的対策を前提に、むしろ被災後の復興局面を中心に、避難所や仮設住宅のあり方、さらには、復興の進め方を述べ、それらを重視した災害対策の展開を「提言」するものだ。

執筆陣は長年、自治体のまちづくりに直接・間接に関わってきたベテランだ。阪神・淡路以後も国内外の被災地調査や支援活動を進める一方で、都の災害対策立案などにもさまざまに関わってきた。

都の震災復興マニュアル等における「時限市街地」の考え方は、執筆陣の十数年に及ぶ活動に源流をもつといって過言ではない。実績に裏打ちされた本書から、比較的規模の大きな公園に災害時の利用を想定した「シャドウ・プラン」が普及する日も近いだろう。

評者は、応急危険度判定の赤紙や黄紙の貼付をリアルタイムに集計することで、仮設住宅計画の策定に反映せよと声高に叫んでいる。本書で裏付けることができるはずと、頁をめくるたびに僥倖を感じている。

地域での防災訓練で、参加者が隊列をつくって学校などに避難し、点呼、炊き出しで終わる、といったこれまでのものを、より実効あるものへと進化させるうえでも、防災やまちづくりの担当者は、本書からきっとたくさんのヒントを得るにちがいない。

定価は2100円。（財務局建築保全部長　戸田敬里）

みにがいど

◆東京商工会議所130周年記念事業「地球環境シンポジウム～私たち一人ひとりの努力が地球を救う～」▽日時　6月20日（金）午後5時30分～▽会場　めぐろパーシモン大ホール（都立大学駅下車徒歩3分）▽入場無料・直接会場へ※来場者へMOTTAINAIエコバッグプレゼント▽内容　①石原都知事のビデオメッセージ②講演＝三浦雄一郎氏（登山家・プロスキーヤー）③パネルディスカッション＝三浦雄一郎氏、浜崎敬・宇宙航空研究機構プロジェクトマネージャ、桃井貴子・気候ネットワーク職員、渋谷幸男・目黒区環境清掃部長④映画『不都合な真実』上映▽問い合わせ先　目黒区環境清掃部環境保全課☎5722・9356

◆男女共同参画週間講演会「～マンガ家石坂啓流～子ども・家族・仕事の楽しみ方」▽日時　6月28日（土）午後2時～4時▽会場　町田市民フォーラム3階ホール▽定員　188人※車いす席・手話通訳あり▽申込　6月22日（日）午後11時まで、町田市コールセンター☎042・724・5656へ※先着順▽問い合わせ先　町田市男女平等推進センター☎042・723・2908

◆開館10周年記念事業アプリコ・アマチュア音楽祭2008「継続は力なり～ここには技術を超えた情熱がある～」▽日時　7月19日（土）～21日（月・祝）▽会場　大田区民ホール・アプリコ▽演奏　①大田フィルハーモニー管弦楽団②大田区ハイドン室内管弦楽団③アプリコシンフォニーオーケストラなど▽同時開催　音楽体験ゾーン「ようこそ！音楽の世界へ」（参加無料）▽日程やチケット代金など詳細は㈶大田区文化振興協会ホームページのオンラインチケットまで(http://www.ota-bunka.or.jp/)▽問い合わせ先　☎5744・1600

◆「たまろく☆サイエンスラボ」▽対象　実験や工作の好きな方、科学や理科に興味のある方▽場所　多摩六都科学館2階多目的室ほか▽内容①7月5日（土）午後2時～4時「お茶の葉っぱをカガクする！」小3以上、定員12人、参加費100円、申込は6月21日必着②7月12日（土）同「水ロケットを作って打ち上げよう」小4以上、定員16人、100円、7月1日必着③7月26日（土）・8月9日（土）同「鉱石ラジオを作ろう」小4以上、定員16人（2回とも参加可能者）、700円、7月12日必着▽参加方法　ハガキに「たまろく☆サイエンスラボ（テーマ）参加希望」、〒、住所、氏名、年齢（学年）、電話番号、緊急連絡先を書いて多摩六都科学館（〒188－0014西東京市芝久保町5の10の64）宛まで。館内申込書でも可▽問い合わせ先　☎042・469・6100

◆多摩六都科学館プラネタリウム　▽新番組「星を見よう、星座をたどろうドラネコ三匹ガリレオ鉄道途中下車」▽6月22日（日）放映開始。

都政新報

発行所 都政新報社
〒160-0023 東京都新宿区
西新宿7-23-1 TSビル
（総務・読者） 03-5330-8781
（企画広告） 03-5330-8784
（編　　集） 03-5330-8786
（出　　版） 03-5330-8788
（セミナー事業部） 03-5330-9977
（ファクス） 03-5330-8808
購読料 月1,680円（税込）
毎週火・金曜日発行
但し、祝祭日は休刊

紙面から

第2回定例都議会 代表質問

豊洲土壌汚染問題 公明、移転の再検討求める

民主「不適切」 共産「無謀」

知事「風評被害を懸念」

第2回定例都議会は17日に代表質問が行われ、各党が豊洲新市場移転問題、新銀行東京の経営危機、学校耐震化、CO_2削減の義務化などについて、知事の姿勢をただした。豊洲問題では、公明党が、「すべての先入観、バイアスを排した再検討が不可欠」と、自民党とのスタンスの違いを見せたほか、民主党、共産党も移転反対を主張。知事は、「事実を正確に把握し、冷静に対処していくことが重要」と突っぱねた。代表質問には、服部征夫（自民）、大沢昇（民主）、東村邦浩（公明）、小竹紘子（共産）の4氏が立った。

＝3面に関係記事

服部氏（自民）

大沢氏（民主）

服部氏は豊洲新市場について、「将来の世代に引き継いでいくべき都の大きな社会的資産」と述べ、「移転にかかる諸課題について、未来への投資という長期的な視点で、総合的に議論していくことが必要」と主張。

「重要なのは、今後示される専門家会議の提言や都の土壌汚染対策の具体的な計画を踏まえ、冷静かつ長期的視点から議論し、その結果について都民の理解を得ていくこと」と、改めて移転推進の立場を明らかにした。

東村氏は「新市場の整備にあたっては、無駄な税金の支出を止めさせることは当然として、食品流通の安定と安全を確保し、都民の食生活を守ることが原点」と述べ、「都民の不信と不安の払拭が何よりも重要」との認識を示した。その上で、「はじめに移転ありきの議論は一切やめて、新市場建設の原点に立ち返って、すべての先入観、バイアスを排した再検討が不可欠」と述べ、知事の見解を求めた。

大沢氏は「この豊洲地区は、もはや市場の移転先として不適切ではないかと、多くの都民が感じているのではないか。こうした都民の不安や疑問が高まるなかで、改めて築地市場の移転問題を検証すべき」と豊洲への移転に懸念を示した。

小竹氏も「土壌と地下水が汚れきった土地に生鮮市場の移転を決めること自体、無謀きわまりないこと。知事は自らの判断の誤りを認めるべき」と厳しく批判した。

石原知事は「敷地全体が高濃度の物質で汚染されているわけではなく、その範囲は極めて限られている。一部の数字のみが喧伝されており、風評被害が広がることが懸念されるが、事実を正確に把握して、冷静に対処していくことが重要」との認識を示した。

また、「既存の枠に捉われずに、様々な新技術や工法、すでにいくつか思いがけない提案もある。そうした可能性を探りながら、早期に具体的な計画を取りまとめていく」と述べ、あくまで豊洲移転にこだわった。

築地の現在地再整備や豊洲代替地については、服部氏が、移転地の決定に当たって最終的に豊洲が最適と判断した具体的条件を質問し、「豊洲の代替地はないのか」と見解をただした。大沢氏も「あらゆる事態を想定して、多様な検討をしていくべき」と主張した。小竹氏も「関係者合意のもと、知恵を集めれば新たな再整備案を練り上げることは、十分可能だ」と現在地再整備を求めた。

答弁する石原知事

比留間中央卸売市場長は、豊洲地区が移転先として最適と判断した条件について、①約40㌶のまとまった用地が確保できる②都心部の周辺で交通条件の良好な位置にある③築地がこれまで築き上げた商圏に近い――の3点をあげた。

その上で、「この決定から7年を経過し、取扱量や流通環境に変化が見られることから、条件を再度確認したが、新たな顧客ニーズに応える施設や、緑化など環境に配慮した施設の必要性、消費地からの交通アクセス及び買い出し人などの利便性の確保の観点から、移転先として相応しい40㌶のまとまった用地は、豊洲以外に見いだしえない」と答弁した。

また、現在地再整備については「種地が確保できないことに加え、敷地が狭隘なため、品質管理の高度化や新たな顧客ニーズに対応する各種施設を整備する余地がないこと、営業しながらの長期間で困難な工事となり、市場業者の経営に深刻な影響を与えることなど、多くの課題がある」とし、現在地再整備は不可能との考え方を示した。

18日の一般質問では山口文江氏（生ネ）が、「汚染が明らかになった今、再検討せざるを得ない」と移転に反対した。

東村氏（公明）

小竹氏（共産）

新銀行東京 1016億円の減資を容認

旧経営陣の責任追及「厳正に対処」

1016億円に膨らんだ新銀行東京の累積損失（08年3月期決算）を解消するための減資について、都は「新銀行東京から減資の提案があれば、前向きに受け止めていきたい」と答弁し、減資に応じる姿勢を明らかにした。

民主党は「減資のもととなる資本金のうち、1千億円は都民の税金。どこの企業でもやっていると安易に応じることは、断じて認めることはできない」と批判。これに対し、石原知事は「経営再建のため、増資に伴い減資を行うことはごく一般的なこと」と答弁し、「資本の額は変動するが、実質的な企業価値や会社財産は変動しない。減資と旧経営陣の責任追及は、切り離すべき」とした。野党側からは、「都民の税金だ」と激しい野次も飛んだ。

また、都が出資した1千億円のうち、700億円は都債を充てていることから、減資が行われると、減債基金への積み立てが必要になる。この点について、村山寛司財務局長は「金利負担の軽減や手数料の引き下げなど、財政的な創意工夫を凝らして、可能な限り早期に適切な対応を行う」と答えた。

他方、外部の弁護士に委託して行われている旧経営陣の責任追及についての調査は、年内に結果が出る見通し。佐藤広産業労働局長は、「それ（調査結果）を踏まえた責任追及、詐欺などの疑いのある事件に対する法的対応については、厳正に対処すべき。都としても適切に監視していく」と述べた。民主党が求めた株主代表訴訟については、「調査結果とその後の対応を踏まえて判断する」とした。

また、旧経営陣への訴訟を理由に公開されない調査報告書について、民主党は「旧経営陣への訴えが提起された段階で、個人情報をマスキングするなどして、調査報告書の全文公開に踏み切るべき」と求めたが、都は「仮に訴訟が提起された場合には、その行方を左右する重要な資料になる。新銀行東京の判断を尊重すべき」と退けた。

新教育長に大原氏

都議会が選任同意

都議会は18日の本会議で、7月12日に任期満了を迎える中村正彦教育長の後任として、大原正行知事本局長を教育委員とする人事案に選任同意した。任期は7月13日から4年間。

大原氏は、1950年12月8日生まれ。中大法卒。75年に入都し、財務局主計部予算第三課長、財務局管財部総合調整課長、総務局参事（都区制度改革担当）、労働経済局商工計画部長、総務局人事部長、総務局理事（職員研修所長兼務）、総務局長などを歴任。07年6月から知事本局長。

都議会自民党

猪瀬副知事にイエローカード

知事「指摘は承る」

服部氏は、この1年間の猪瀬副知事の言動を取り上げ、副知事のあり方について石原知事に直接ただした。都議会第1党が代表質問で現職副知事のことを問題にするのは、極めて異例。事実上、副知事の辞職を求めるような厳しいトーンだったため、都庁内では「ついに自民党が動いた。これまで溜まり溜まったものがあった」と受け止められている。

猪瀬氏の副知事人事案は、昨年の第2回定例会で可決したが、その際、都議会自民党は、①猪瀬氏の発言が東京都の方針に反しないよう、知事が十分に調整する②内政面は、都庁出身の3人の副知事が担当し、猪瀬氏は国を含めた対外的な問題で対応する――という二つの注文をつけた。石原知事がこの申し入れを了解したことから、選任に賛成した経緯がある。

ところが、調布飛行場の問題では猪瀬副知事が4月に視察した際、「地元との協定に縛られ、今時、ジェットが駄目などない」と発言。その結果、離島航路便の安定就航の観点から、都は計器飛行導入に向けて地元3市と話し合っていたが、協議がストップし、今も暗礁に乗り上げている。

また、参議院宿舎の建て替えの問題では、地元町会や「紀尾井町まちづくり協議会」の関係者の意見を聞くことなく、一方的に反対派の住民とテレビ番組に出演し、都庁で反対の論陣を張ってきた。茨城空港建設でも需要見込みが過大で、無駄な投資という認識を表明していた。

理事者席の猪瀬副知事

服部氏は、猪瀬副知事のこうした言動を具体的に例示し、「島しょにとって悲願である計器飛行導入にマイナスとなる発言をした副知事の責任は重い。参議院宿舎の問題でも、副知事として公平性を欠いた言動をしている」と批判。「1年前の私たちの懸念が現実のものになった」として、石原知事にどう考え、今後どう指導していくのかをただした。

知事は「手腕を見込んで副知事を引き受けてもらった。以後、期待にたがわず、私を補佐してくれている。しかし、ご指摘はご指摘として、しかと承る」と答弁。本会議後の記者会見では「利口な人だし、一つの要領を覚えて、これから摩擦がないようにやってくれると思う。私は、別にそんなに心配していない」と語った。

異例の質問をするに至った事情について、自民党の川井重勇政調会長は「副知事は、特別職であっても公務員だ。そこは、きちっとわきまえて欲しい。イエローカードだ」と話した。

猪瀬副知事は、服部氏が指摘した参議院宿舎の問題など、個々の事案について反論しながら、「東京の政策のPRを積極的にやってきたつもりだ。基本的に都民の立場に立って発言している」と釈明。「（自民党とは）いつでも話をする」と記者団に語った。

都政の東西

まだ活路はあるぞ

「今日は警告だよ」。都議会自民党の代表質問が終わった直後、控室に戻ってきた党幹部の一人は、こう語った。自民党は、折に触れて猪瀬氏の都政のかかわり方に不満を漏らしてきたが、石原与党という立場、知事に任命責任が及ばないような政治的配慮、副知事の選任同意に賛成した自らの責任、こうした理由から表立って猪瀬副知事批判を避けてきた。

しかし、4月1日の調布飛行場をめぐる発言が直接の引き金になって、ついに自民党がキレた。イエローカードも2枚になれば、レッドカードで都政から退場である。まず、この点を肝に銘じるべきである。

「知事の意向を踏まえたものなのか、自身のパフォーマンスなのか、極めて疑問」。猪瀬副知事の言動について、自民党は代表質問でこう問うた。知事や東京都が困っている時、副知事として本当に助けているのか、あるいは助ける気持ちがあるのか――。この素朴なわだかまりが埋まることなく、今日に至った。個々の例をあげながら反省を促したが、これは好ましくないと考えている言動の一部に過ぎない。したがって、逐一反論したところで詮のない話であることを猪瀬氏も自覚すべきだ。

知事は「ご指摘はご指摘として、しかと承る」と答えた。パフォーマンスには、庁内も辟易している。ぜひ、そうしてもらいたい。しかし今回の事件は、これで落着ではない。知事の補助機関の補佐力に問題があるからこそ、猪瀬氏も自由きままな振る舞いができた。問題の本質を頬かぶりにしたのでは、自民党の本意ではあるまい。3副知事や官房3局は、もっと頑張るべきである。また、現在のように都政が懸案課題から逃げ、投げやりになっているもとでは、猪瀬氏も真面目に副知事をやれば、まだ活路はあるのである。

代表質問・主な質疑

【学校耐震化】　中国・四川大地震で多くの学校が倒壊したことから、この教訓を踏まえ、国会で学校耐震化の国庫補助率かさ上げが議員立法で可決された。都議会でも服部、大沢、東村の3氏が学校耐震化を急ぐよう都に強く求めた。

知事は「将来を担う子どもたちの命を震災から守ることを最優先に考えなければならない。新たに都独自の支援策を早急に講じるなど、公立・私立の耐震化を強力に進める」とした。

都立学校の耐震化率は、07年度末で96％と比較的高く、2010年度末までに完了する予定。ところが、区市町村が設置者の小中学校は、今年4月現在で77％にとどまり、特に市町村部で遅れが目立っている。中村教育長は「耐震化が進まない区市町村の状況をきめ細かく把握し、国の緊急対策とあわせて前倒しが図られるよう、支援策を早急に具体化する」と答弁した。

また東村氏は、公立・私立の認可保育園の耐震化率が64％と低いことを指摘し、「十分な支援措置が不可欠」とした。知事は、保育園等の緊急実態調査を新たに行い、耐震化を進める考えを明らかにした。

【環境確保条例】　CO_2排出量の削減義務化を柱とする環境確保条例の改正について、自民、民主、公明の各会派が取り上げた。

吉川和夫環境局長は「中小企業の省エネ対策を適正に評価し、CO_2排出削減量が確実に買い取られる仕組みの構築は、中小企業の省エネ促進策として有効」との認識を示し、「中小企業の省エネ支援策の具体化に受け、検討を進める」と述べた。

また、CO_2排出量の削減義務率について、専門家による検討会で定めるとした。削減義務の達成期限は、排出量取引の調達に必要な期間などを考慮し、削減期間終了後1年間程度の整理期間を設ける考えを示した。

【医療費助成】　知事公約の中学3年生までの医療費助成について、服部氏がただした。安藤立美福祉保健局長は「実施主体である区市町村と十分に話し合いを行うことが重要」と述べ、実施方法や時期を協議していく考えを示した。

【アレルギー疾患医療】　東村氏は、小児総合医療センター（仮称）に「アレルギー科」を開設し、診療機能を強化するよう求めた。これに対し、秋山俊行病院経営本部長は、関連する他の診療部門との役割分担を整理したうえで検討すると答えた。

＝6面につづく

冗句ジョーク

都議会質疑、都庁も接待タクシー調査中表明
格差社会
「国家公務員にはビールを、都庁の方には灰皿だけでした」

吸います？

特別区制度懇談会

区のあり方を自由に議論

国の分権改革も視野に

今後の特別区のあり方を検討するため、特別区制度懇談会が5月末に設置され、初会合が18日に開催された。昨年12月、23区が市になることなどをまとめた第二次特別区制度調査会の報告から半年が経過し、国では地方分権改革について議論が進んでいる。1～2年後に地方自治体の事務権限が変わる中、今後の対応策を見いだすためにも意見を述べ合う懇談会を立ち上げることにした。区長会は提言を受けることを想定しておらず、意見を基に区のあり方を検討していく。

18日の懇談会の冒頭、特別区協議会の多田正見理事長（特別区長会長、江戸川区長）は、地方分権改革などの検討が進む中、第二次制度調査会の報告の方向性を踏まえ、区長会が委員の意見を基に区のあり方を検討していくと設置目的を説明した。

特別区協議会に特別区制度懇談会が設置されるのは今回が初めて。これまで区長会は、都区制度改革以降の区のあり方の調査研究を、03年と05年の2回にわたり同調査会に諮問した。今までの流れから、第三次調査会を設置すると思われたが、調査会ではなく、意見を述べ合う懇談会にとどめた背景には、国の制度改革などがある。

来年度末に地方分権改革推進法が期限切れを迎える中、国は道州制の導入などを検討している。また、都区のあり方検討委員会では今年度中に、区に移管される事務について方向づけを終わらせることになっている。

1～2年後、地方自治体のあり方に影響を与える改革が行われる見通しだが、国の制度改革の中身が判然としない段階では、本格的に区のあり方を調査する第三次調査会の設置は時期尚早と判断した。

懇談会は、有識者らでつくる第二次制度調査会のメンバー9人のうち8人が委員となり、会長を務めた大森彌氏（東京大学名誉教授）を座長にした。委員の任期は2年以内とする。懇談会では、特定のテーマを設定しないが、区の現状、国の動向などを踏まえ、委員が自由に意見を述べるスタイルにする。次回の開催日は未定だ。

現時点で特別区長会は、第二次制度調査会の報告書の構想を実現することを決めていない。第二次調査会は07年12月、都区制度を廃止し、区が市に転換し市の連合を創設する構想などの報告書をまとめた。区長会としては、この報告書で打ち出した方向性、懇談会の委員の意見を踏まえた上で、今後の区のあり方を検討する。

子育て施設の整備進める

武井港区長が会見

港区長選挙で再選した武井雅昭区長が16日、区役所で記者会見した。「子どもが、大変、増えている。なるべく早く子育て施設の整備を進めたい」と抱負を述べた＝写真。

同区では、三田にプレハブの暫定保育施設を建設中で、この秋にオープンする予定。武井区長は「仮設で定員は99人。11月にはご利用いただける」と見通しを話し、「田町駅の東口や港南でも保育施設の建設を進めている」とし、施設の早期整備を進める考えを改めて示した。

前任期中に区内に五つ設けた総合支所は、地域のことは地域で解決することを目指した結果、ごみ屋敷の解消や防犯組織の結成などで効果があったとしたが、一方で、「人口が増えるなか、新しく入ってこられた方と地域との関わりが薄い」という地域に残る課題も挙げた。

児童が転落死

杉並区立第十小

杉並区立第十小学校（宮山延敬長）で18日午前9時25分ごろ、3階建ての校舎屋上に設置された採光用天窓から小学6年の男子児童（12）が吹き抜けの1階床へ転落、頭など全身を強く打ち、搬送先の病院で午後1時過ぎに死亡した。

学校側の説明によると、屋上は通常、施錠されて立ち入り禁止だが、事故当時は算数の授業で使われていた。女性教師、他の児童が現場付近にいた。

天窓は直径約1・3㍍。強化ガラス窓を半透明のアクリル性樹脂のドーム状カバーで覆った構造。授業終了後、男子児童が上に乗ったところ、突然割れたという。

天窓周辺に囲いなどはなかった。

同校では18日夜、緊急の保護者集会が開催され、学校側の説明と質疑応答が行われた。

同校ホームページによると、校舎は1986年新築。世田谷区内の設計事務所が設計。90年に公共建築賞を受賞している。

記者席

イエローカードでも強気

○……17日の都議会代表質問で自民党からイエローカードを突きつけられた猪瀬副知事。18日の本会議後、会派回りの際、自民党に、自らが委員として関わった地方分権改革推進委員会第一次勧告を手渡してきたという。

猪瀬氏は報道陣に、「私は毎週、地方分権改革推進委員会で、都のためというより、都民のための議論をしている。それを踏まえて、質の高い質問をしてほしい。都議会の方は読んでいないんだと思う。首都の都議会らしい、日本をリードするようなレベルの議会なら一番いい」と熱弁を振るった。

もっとも、渡された側は、「？？？」。

○……日曜日の午後8時。地下鉄の大手町駅で乗り換えた。長い乗り換え通路を歩いていても、人っ子ひとり通らない。何となく不安に駆られ、足を早めた。都心のビジネス街は平日の昼間は多くの人でごった返す。それとは違った夜の顔だ。

都心回帰で、首都圏の人口は増えているといわれている。だが、なかには、昼間人口と夜間人口の差が著しく大きい区もある。人口差があるということは、それぞれに対して適切な対応が必要だということだ。

そうした自治体に望まれていることで、とくに重要なひとつが防犯、防災対策。時間帯により、さまざまな事態を想定して、きめ細かな対応が求められている。

○……地中深くの大空間と聞けば、地下要塞や秘密基地を思い浮かべる。環七の地下40㍍に整備された調節池にも、そんな思いを抱いていた。実際に目の当たりにすると、秘密基地とはいかない巨大空間は圧巻。特に直径25㍍の巨大な穴が掘り込まれた梅里換気塔は、まさに非日常的で、SF映画に出てくるような風景が住宅地にあるのに驚いた。

一方、そんな非日常空間にも超日常的な風景があった。調節池のトンネル内の壁に書かれた相合い傘などの落書きだ。区民に施設内を歩いてもらうイベントを行った際、記念に書いてもらったという。それにしても相合傘、地中深くだから書けたのだろうか。

目黒区議会

議長続投で波乱含み

自民離脱し、現在無会派

目黒区議会の雨宮正弘議長が、やり残したことがあるなどの理由から議長交替をよしとせず、2期目の議長職を続投している。所属する自民は続投を認めなかったため、雨宮氏は会派を離脱。23区の議長としては珍しい無会派の議長として、第2回定例区議会に臨んでいる。

議長は自ら辞職しない限り、続けることができる。ただ、自民では「話し合って、出方を考える」としており、波乱の様相だ。

雨宮氏は現在5期目。昨年、目黒区議会議長に就任し、特別区議会議長会の会長にも就いた。所属の自民区議団では「雨宮氏の議長の期間は、1年間と申し合わせていた」といい、今年は別の議長候補を予定していた。

ところが、雨宮氏は、新議長を決める臨時会を前にした5月20日、「区議会の改革を進める舵取り役として議長の任にあたる所存」などとした続投の意思表明の文書を自民幹事団あてに提出。「特別区の仕事も重要案件が残っており、私が必要」など理由を挙げた。

地方自治法では、議員を失職したり、本人が辞表を出さない限り、続けることができる。目黒区議会では、通常1年で議長が代わることが多く、話し合いの上で辞表を提出してもらい、議長選挙を行って新議長を決めてきた。

ただ、他の区議会では議長が辞表を提出せず、無会派になって4年間議長を続けた例はあるという。今回も雨宮氏が辞表を提出しなかったため、新議長を決める予定だった5月26日の臨時会以降も同氏が議長を続けている。

自民は「会派のほかの14人の意見と異なる」として離脱を要求。雨宮氏は6月3日に会派を離脱し、無会派となった。同氏は「残念。だが、今年度は、とりあえずこのままやらせてほしい」と語る。

現在、23区の区議会議長は民主、公明の各一人を除いて残りは自民。無会派の議長誕生に、議事進行の行方を懸念する声もある。

自民の宮沢信男幹事長は「これまでに2回話し合ったが、解決しなかった。もう一度、話し合いをして、出方を考える」と話す。例えば議長に対する不信任決議は法的拘束力はなく、それによって議長が職を失うことはないものの、30日の本会議最終日に一波乱起きる可能性も残る。

他会派は「人様のお家事情なので」（民主・区民会議）、「本来は第一会派が支持する人が議長になることで、議会運営がスムーズに進むもの。支持しない人がなると、議会運営にとっては好ましいことではない」（共産）、「党派としての規律など考えると、何かあるかも」（公明）など見守っている。

特別区議長会

会長に桑原新宿区議長

副会長は中野区・市川氏

特別区議会議長会は18日、会長に桑原公平新宿区議長（56）、副会長に市川稔中野区議長（53）を選出した。任期は、いずれも1年。

桑原氏は1952年5月生まれ。95年に初当選し、現在4期目。予算特別委員会委員長、総務区民委員会委員長などを歴任。昨年5月、議長に選出された。

市川氏は55年2月生まれ。91年に初当選し、現在5期目。総務委員会委員長、中野駅周辺・警察大学校等跡地整備特別委員会委員長などを歴任した。昨年5月、議長に選出。

桑原公平氏

市川稔氏

羽田跡地利用計画

10月目途に策定へ

大田区

大田区は、羽田空港に隣接する空港跡地の利用計画を今年10月を目途に策定する。

同空港は再拡張事業により、2年後の10月には4本目の滑走路ができ、国際線も増えることが予定されている。区では「日本の玄関口となる空港隣接地である跡地が更地のままではよくない」として、とくに市街地隣接地について、有識者や住民の意見を聞きながら具体的な利用計画を定め、区としてのビジョンを打ち出す方針だ。

区が予定している跡地利用計画の対象ゾーンは、53㌶の空港跡地のうち、市街地に隣接する約18㌶。

国、都、大田区、品川区でつくる羽田空港移転問題協議会が今年3月にとりまとめた跡地利用基本計画の三つのゾーンのうちのひとつにあたる。

区では、基本計画で示された「文化・交流」「産業支援」などのゾーンの方向性を踏まえ、さらに具体的な利用計画を目指す。

すでに、都市計画やランドスケープを専門とする大学教授3人からなる有識者委員会を5月に設置。今後、専門的な立場から助言を受けていく。

一方、地域や住民などの意見も反映させる。大田工業連合会や大田区商店街連合会、東京商工会議所大田支部、大田区自治会連合会の代表らによる各界代表者会のほか、羽田、大森、糀谷などの五つの地域の町会長で構成する羽田空港移転騒音対策連絡協議会にも区の考えを示し、意見を求める。

区ではそれらの意見を踏まえた上で、8月下旬に利用計画の素案を発表。9月にかけてパブリックコメントを実施し、10月を目途に策定する予定だ。

53㌶ある羽田空港跡地は現在、全体が国有地。1981年に国と都の間で、都が土地を購入するとの確認書が取り交わされているが、現在に至るまで、都の態度は明らかでない。区では、「都が買わないなら大田区が可能な限り取得したい」との考えだ。

松原忠義区長は「我々としては、羽田空港を迷惑施設としてだけでなく、ひとつのチャンスとしていきたい。これまで、住民のご理解があってやってきたこと。国や都と、跡地についてきちんと話をしていきたい」と話している。

23区ごみ袋推奨廃止へ

半透明袋がすでに普及

品川・杉並　カラス対策用に

23区が推奨するごみ袋制度が09年4月で廃止されるが、品川・杉並区がカラス対策用のごみ袋を推奨し、20区で独自推奨制度の導入予定がないことが分かった。現在流通しているごみ袋で十分対応できるという。推奨袋廃止は、家庭ごみ有料化の布石という見方もあるが、「別の話」と指摘する区もある。また、「23区推奨」という印字がごみ袋から消えることで、値下げに期待がかかり、区民がメリットを受ける形になりそうだ。

都が清掃事業を担っていた時代、中が透けて見えない黒いごみ袋を手にした清掃作業員がけがしたり、可燃と不燃が分別されているかどうか把握できなかった。このため、半透明のごみ袋を都が94年に推奨するようになった。清掃事業が00年に区に移管され、ごみ袋推奨制度も受け継がれた。

半透明のごみ袋が全国的に普及したため、23区がメーカーを行政指導する必要性が薄くなった。現行の推奨袋制度では、東京二十三区清掃一部事務組合がメーカーの申請窓口であるため、今回の廃止は推奨袋制度の区への移管を意味する。

特別区長会は05年4月、推奨袋制度は各区の対応にすることを決めた。その後、各メーカーなどの推奨袋の在庫整理には平均1～2年が必要であることが分かり、廃止時期は09年4月1日と決め、在庫整理は10年3月末をめどにした。

推奨袋制度では、各区の要綱で透明度、強度などがきめ細かく定められている。制度廃止は規制緩和になるため、メーカーが消費者にとって使い勝手のあるごみ袋を販売できるようになる。また、ごみ袋の「23区推奨」という印字コスト、認定試験の経費などが削減され、制度廃止後のごみ袋は値下げになりそうだ。

23区では18日現在、20区が独自の推奨袋制度を導入しない考えで、葛飾区は、市販のごみ袋で対応か、推奨袋制度導入かを検討中。推奨袋制度を取り入れた場合、基準を満たすため製造コストが増えるなどの問題点があり、敬遠する区が多い。独自に推奨袋制度を導入しない区は現在、流通しているごみ袋で十分対応できるという判断だ。

品川、杉並両区は推奨袋廃止後も、カラス対策用のごみ袋を独自に推奨する。黄色のごみ袋は、カラスの目に中が見えないとされ、標的にされにくい効果がある。区から「推奨」というお墨つきを得ることは、購入の際の安心材料にもなる。だが、カラス対策用のごみ袋を製造するメーカーが増えないため、競争原理が働かず低価格になりにくいという課題もある。

23区推奨袋廃止に伴うデメリットは、容量を記載しないごみ袋が販売されるおそれがあることだ。記載されない場合、ごみ袋の容量と同じごみ処理券が張られるのかという問題が指摘されている。だが、作業員は袋の大きさで容量を見抜けるため、問題はさほど深刻ではないと指摘する区もある。

さらに、推奨袋廃止は家庭ごみの有料化への布石との見方があるが、清掃リサイクル課長会の小暮眞人会長（墨田区）は「23区で規制する必要がなくなったので推奨制度を廃止する。家庭ごみの有料化とは別の話」と説明する。

今回の推奨袋廃止は、家庭ごみの有料化の布石ではなく、ごみ袋の値下げにつながり、区民が恩恵を受ける形になりそうだ。

各区からの支援拡大

岩手・宮城内陸地震

岩手・宮城内陸地震を受け、支援活動が全国的に行われる中、23区では、豊島、墨田、足立区などが、被災地域への救援物資の搬送、職員派遣などを行っている。

豊島区と墨田区は、震度5強を観測した岩手県一関市と災害時の相互応援協定を、それぞれ締結している。同市では18日の時点で、3人の死傷者が出たほか、建物の一部損壊、断水などが起きており、67人が避難生活を送っている。

豊島区は地震発生当日の14日、同市に防災課職員4人を派遣。2㍑入り飲料水ペットボトル300本、ブルーシート100枚をトラックで搬送した。墨田区は16日、現地で救援物資等の充足が確認されたことから、防災課職員4人を同市に派遣。区議会、職員有志などからの義援金50万円を持参し、贈った。

足立区は15日、2㍑入り飲料水ペットボトル600本、ブルーシート500枚を宮城県栗原市へ搬送した。震度6強を観測した同市は、栗駒温泉など、今回の地震で最も深刻な被害を受けた地域。18日の時点で、死者7人、行方不明10人、重軽傷154人が出ており、市内各所で土砂災害、断水などが発生している。

足立区が災害時の相互応援協定を結んでいる福島県相馬市で被害がなかったこともあり、区担当者は「栗原市と特別の協定はないが、15日午前、現地の災害対策本部に確認したところ、水不足が深刻との状況を聞き、搬送を急きょ決めた」と話す。

足立区内に拠点を有する東京消防庁の第6方面消防本部の消防救助機動部隊（ハイパーレスキュー隊）が、栗駒温泉などの救出作業に派遣出動しており、同隊向けの支援物資も搬送した。

台東区は、震度6弱を観測した宮城県大崎市と災害時相互応援協定を締結している。同市からは、物資・人員とも充足しているとの連絡を受けた。区側は「状況に応じて支援できる体制を整えている。区として義援金の送付や募金活動などを検討している」という。

義援金の贈呈、募金活動への参加呼びかけなど、被災地を支援する動きも、各区に拡大している。

都議会代表質問

教員人材育成方針を策定

OJTガイドラインも

中村教育長は、17日の都議会代表質問の中で、第2次東京都教育ビジョンの柱の一つである「教員の資質向上」について、教員人材育成基本方針を策定するとともに、新たに「OJTガイドライン」を作成して各学校の取り組みを支援していく考えを明らかにした。また、肢体不自由特別支援学校について、介護の専門家など外部人材と教員チームで対応する都独自の指導体制を創出。介助の専門性を確保するとともに、教員の教科指導や生活指導を充実させて、質の高い教育を目指していく考えを示した。

特別支援で独自の指導体制

都教委は第2次教育ビジョンを策定し、都が目指すこれからの教育の柱として「社会全体で子供の教育に取り組み、一人ひとりに生きる力をはぐくむ教育を推進する」ことを掲げた。これを実現するため、家庭教育を担う親への支援体制や教員の指導力向上、「確かな学力」育成への授業改善など27の重点施策と80事業を盛り込んだ5カ年の年次計画を提示した。

これを踏まえ、服部征夫氏（自民）は、今後の都の教育行政を進める上での「基本的な理念とそれを実現する手立て」について質問。また、児童・生徒の学力向上の進め方と、土曜スクールや夏休み短縮など区市町村の独自の取り組みに対する支援について、教育長の見解を求めた。

さらに、教員の大量退職期を迎える中で、新規採用教員を組織的に育成する仕組みづくりが課題となることから、「経験年数や職責に応じて教員が身に着けるべき力を明確にして、資質向上を図るべきだ」と主張。肢体不自由特別支援学校については、児童・生徒が安全に学校生活を送るとともに、質の高い教育を受けられるよう、研修の充実や外部人材の活用を含めて早急に対応すべきだと述べた。

本会議で答弁する中村教育長

これに対し、中村教育長は「今後、ビジョンの推進計画を着実に推進し、国、区市町村、民間も含めた関係機関の協力を得ながら、家庭・学校・地域の社会総がかりで東京の教育改革に取り組み、確かな学力をはじめ子供たちの生きる力を育んでいく」と決意を語った。

児童・生徒の学力向上策についてはこの間、東京教師道場や教職大学院を活用した現職教員の指導力向上の取り組み、土曜授業で勤務した場合、半日単位で週休日を変更できる条例改正などを行ってきた。教育長は「授業時間を確保するための取り組みについては、学校週5日制のもとで、土曜日や長期休業日を活用する先進的な事例を紹介するほか、個別の相談に応じるなどして区市町村教育委員会を支援していく」と答えた。

教員の大量退職、大量採用が続く中で、教員の計画的な育成、教育一人ひとりの役割と責任の自覚を促す取り組みが重要な課題となる。このため、教育長は、求められる教師像や経験・職責に応じて身に着けるべき力を明らかにした上で、「配置管理、昇任、OJT、研修、人事考課などを人材育成の視点から体系的に示す『教員人材育成基本方針』を策定していく」と答弁。とりわけ日常の職務遂行を通じた計画的な人材育成が重要なことから、新たに「OJTガイドライン」を策定し、各学校の取り組みを支援していく考えを示した。

肢体不自由特別支援学校の外部人材活用について、教育長は「今後は介護の専門家等の外部人材と教員のチームで対応する都独自の指導体制を創出し、介助の専門性を確保するとともに、教員が教科指導や生活指導の一層の充実に取り組むことにより、質の高い教育を目指していく」と述べた。

都教委

主要施策を点検・評価

都議会に結果を報告

都教育委員会は12日、地方教育行政法改正で新たに「教育事務の管理及び執行状況の点検・評価等」が規定されたことを受け、都教委の基本方針に基づく主要施策などを点検・評価するための実施方針を定めた。点検・評価は毎年1回実施し、その結果を取りまとめた報告書を都議会に提出するとともに、都民に公表する。

実施方針では、都教委は毎年、主要な施策や事務事業の取り扱い状況を点検・評価し、課題や取り組みの方向性を明らかにすることにより、効果的な教育行政の一層の推進を図る。また、点検・評価の結果について報告書を作成し、議会に提出、公表することで、「都民への説明責任を果たし、都民に信頼される教育行政を推進する」としている。

点検・評価の対象となるのは、都教委が策定した四つの基本方針に基づく07年度の主要施策。たとえば、「人権尊重の精神」と「社会貢献の精神」の育成では、人権教育や男女平等教育、「心の東京革命」教育推進プランの着実な実施などが点検・評価の対象となる。「豊かな個性」と「創造力」の伸長の基本方針では、独創性や才能を伸ばす多様な教育手法や制度の導入、基礎・基本を確実に身に着けるための「確かな学力」の育成などが対象になりそうだ。

これらの施策や事業の進捗状況を取りまとめ、学識経験者の意見を聞いた上で、都教委が点検・評価を行う。このため、都教委は「点検・評価に関する有識者」を置き、委嘱する。有識者の任期は3年。

7月に有識者の意見聴取したあと、点検・評価を実施し、報告書を作成。9月議会に報告・公表し、その後は点検・評価の結果を踏まえ、来年2月に次年度の主要施策の策定にとりかかる予定だ。

北地区総合学科高校

10年度開校へ基本計画

「スポーツ」系列を設置

都立王子工業高校の敷地に設置する2011年度開校予定の北地区総合学科高校の基本計画が12日、まとまった。都内では最後の総合学科高校となる予定で、これで総合学科高校は10年度に開校する町田地区総合学科高校に次いで10校目となる。

基本計画によると、北地区総合学科高校の基本的枠組みとしては全日制課程の総合学科（単位制）で、前期・後期の2学期制。修業年限は3年、18学級・720人となっている。学校像としては「目標実現に必要な学力を身につける」「社会人としての規範意識を育む」「地域への愛着と豊かな創造性を育む」などを掲げ、これをもとに設置する系列（科目群）では「メディア・ネットワーク」「ビジネス・コミュニケーション」「工業・デザイン」「伝統文化・工芸」「スポーツ・健康」の5系列を挙げている。

選択科目の例として、メディア・ネットワークでは、二次元、三次元の画像処理の技法などを学ぶコンピュータグラフィックを挙げ、高度情報通信社会に対応する能力と態度を育成する。ビジネス・コミュニケーションでは、コミュニケーションの方法や広報などを学ぶコミュニケーション概論により、コミュニケーション能力や英語力、ビジネスマナーを備えた人材育成に取り組む。

母体校である王子工業高校の特色を生かした工業・デザインと伝統文化・工芸では、ロボットに関する基礎的な知識と技術を身に着けるためのロボット入門、日本文化に関する基礎的な知識や技術を学ぶ日本の伝統文化と伝統技術をあげている。スポーツ・健康では、健康と安全、スポーツの技術などの基礎的・基本的な知識と技能を習得させるためのライフガード（救助、1次救命処置等に関する基礎的な知識と技術等）を、選択科目として例示した。将来的には近くにあるナショナル・トレーニングセンターとの連携も視野に入れた講師派遣なども考えられそうだ。

指定科目としては「人間と技術と環境」（4単位）を定め、各系列の基礎的・基本的内容を中心に多様な体験的学習を実施。1年時に全生徒が履修し、進路選択につなげたいとしている。また、環境に配慮した取り組みについて学習し、その後の専門教科などでも生徒が常に環境問題を意識して学習できるようにする計画である。

都の総合学科高校は1996年度の晴海総合高校を皮切りに、つばさ総合、杉並総合と続き、2008年度までに8校が開校。10年度には町田地区総合学科高校が開校予定で、北地区総合学科高校を含めると10校となる。

07年3月卒業生の進路状況をみると、大学への進学が50・0%、専修学校等への進学が26・0%で、就職はわずか4・6%だった。全国の総合学科高校では大学への進学、専修学校等への進学、就職のそれぞれの比率がほぼ3分の1ずつで、これと比較すると都の進学志向は極めて高い。

教職員のキーワード 66

教委の責任体制を明確化

2007年に地方教育行政の組織及び運営に関する法律（以下「地教行法」という）が改正されました。この改正により、教育に関する事務の管理及び執行の状況の点検及び評価に関する規定が新たに設けられました。

地教行法第27条では、教育委員会は、毎年、その権限に属する事務の管理及び執行の状況について点検及び評価を行い、その結果に関する報告書を作成し、これを議会に提出するとともに、公表しなければならないと定められました。さらに、同条第2項では、教育委員会は、点検及び評価を行うに当たっては、教育に関し学識経験を有する者の知見の活用を図るものとすると定めています。

地教行法第26条には、教育委員会がその権限に属する事務の一部を教育長に委任することができることが規定されていますが、この点検及び評価については、教育長に委任することができないと同条第2項で規定されています。

点検及び評価の実施が義務付けられたのは、効果的な教育行政の推進に資するとともに、住民への説明責任を果たしていくことがねらいです。点検及び評価の結果を住民の代表である議会に報告することは、住民への説明責任を果たすという意味があります。

点検及び評価をどのように実施するのか、また、報告書の形式や議会への報告の方法については、各教育委員会が定めることになります。

地教行法が改正される以前から教育行政についての点検及び評価を行っている教育委員会では、地教行法の要件を満たしていれば従前の方法を活用することができます。

学識経験を有する者の知見の活用については、文部科学省は、点検及び評価の客観性を確保することをそのねらいとしています。知見の活用の方法についても、評価の方法や結果について意見を聴取する機会を設けることなどを例示していますが、各教育委員会が創意工夫して対応することとしています。点検及び評価の客観性を確保するということが趣旨であり、学識経験を有する者とは、必ずしも教員経験者や教育学の研究者などの教育の専門家である必要はありません。

報告書の一般への公表の方法については、特に法律上の規定はありません。文部科学省では、ホームページへ掲載すること、リーフレットを発行すること、報告書を地域住民が利用する施設で閲覧できるようにすることなどを例示しています。

改正された地教行法の施行期日は、2008年4月1日です。したがって、各教育委員会は08年度から点検及び評価を行います。

今回の改正では、教育委員会の責任体制の明確化が改正のねらいの一つになっています。教育に関する事務の管理及び執行の状況の点検及び評価は、こうした文脈でとらえることが必要で、法の趣旨を踏まえて実施し、結果を効果的に活用していくことが必要です。

活かせ！地域の教育力 ⑩

高島平地区小地域ネットワーク

健康と教育、そして未来と希望

高島平団地は良くも悪くも常に日本の未来を占う大実験場であり、フロンティアである。現在は超高齢化という過酷な環境にありながらも、フロンティアとして未来と希望へ繋げる出発点だと考えたい。

ここ数年、団地住民の高齢化は顕著となり、私たちは新たな取り組みを始めることになった。

私たちの高齢化に対するキーワードは、健康と教育、そして未来と希望である。

奇しくも、高島平再生プロジェクト（既出）で、福島斉・大東文化大学環境創造学部准教授と出会った。氏は整形外科医で、同大学学校医、都立府中病院リハビリテーション科の勤務医でもある。

私は、高島平団地の中で、エレベーターが設置されていない中層棟（5階建て）に居住する高齢者は足腰が弱って、階段の昇降に不自由し、日常生活にも支障が出ているのではないかという考えを抱いていた。

そこで、福島准教授に相談してみたところ、まず実態を把握してみようと大規模なアンケート調査を行うことになった。と同時に、氏からは「私が主唱している『膝イタ体操』があるから、これを活用しては?」との提案を頂いた。

そして、昨年6月から本会の公開講座として、「膝イタ体操」を5回開催。と同時に、第1回目のアンケート調査をゼミの学生の協力で実施し、200名もの高齢者から回答を得た。

その調査の中間報告は高島平新聞（4月15日号）に掲載されたが、中層棟に居住する高齢者は上の階の人ほど足腰が丈夫で、外出する機会も多いという結果であった。

その結果には、驚きと喜び、そして、何よりも元気づけられたとの反響が相次いだ。

第2回目の高層棟に対するアンケートも今月初旬に行われ、すでに多数の回答を得ているが、この調査結果がどのようなものになるか興味深い。

公開講座とアンケートをセットにしたこの取り組みは、引き続き高島平二丁目団地の高層棟でも行われるが、特筆すべきは、同氏によって10年間にわたる調査研究が行われることだ。

一方、「膝イタ体操」を受講した高齢者からの要望により、「膝楽体操倶楽部」が設立され、本会は氏の指導、監修を受けて独自の「膝楽体操」を創作した。現在、15名の高齢者が健康増進とご近所さん交流を目的に毎週1回、活動を続けている。また、この活動を知った自治体からは指導要請があり、インストラクターの派遣、指導も行っている。

さらに、大江戸ダンスNPO（既出）との連携により、「大江戸ひざ楽ダンス」が生まれた。これは、高齢者がよく知っている古賀メロディーに合わせて踊る健康ダンスである。このダンスには同じ曲に高齢者向けと、小中学生向けの振付があり、子供たちと一緒に踊れるように工夫されているのが特徴だ。

「膝楽体操倶楽部」のメンバーは元気溌剌

興味のある人は、7月19日（土）、高島平で開催される「わがまち大江戸舞祭」で、膝楽体操倶楽部のメンバーが地域の小中学生と同じステージで「ひざ楽ダンス」を披露するので、ぜひご覧頂きたい。

高齢者の健康づくりから始まったこのプログラムは、膝楽体操という健康増進、ひざ楽ダンスという文化活動にまで昇華され、今や地域社会において大きな役割を果たすまでになっている。

10回にわたり地域の教育力をテーマに書きつづってきたが、地域の再生を実現するための人を作り、世代を超えて共に学びあうことの大切さを知ることの本質は、まさに教育にあると言えよう。

それに加え、人と人を繋ぐ仕組みがあれば、地域の再生は不可能ではないと考えている。

（高島平地区小地域ネットワーク代表　堀口吉四孝）

＝おわり

町田市立鶴川中

キャリア教育で「未来探し講座」

町田市立鶴川中学校（堀田松三校長）はこのほど、キャリア教育の一環として、企業経営者の話を聞く「未来探し講座I」を開催した。実際の仕事の内容ややりがいについて生の声を聞き、自分の将来の生き方を考えさせる足がかりを作ろうと企画した。

同校の中学2年生はこれまで、キャリア教育を進める中で、いろいろな職業について学習し、興味ある職業についての新聞づくりや職業レディネステストなどに取り組んできた。

今回の講座に参加した企業は、I－Oウェルス・アドバイザーズ、ワイス、藤和不動産、ジョイント・コーポレーション、ミック、スリー・アール、大和日英基金、ランスコスモスの8社で、会長や社長らが中学2年生を相手に、実際の仕事の内容ややりがいなどについて講義した。

企業経営者からは「目的意識をもって取り組んでほしい」「自分の意見を持つことが大切である」「常に考える力を身に着けることが重要」などの話があり、生徒からは「会社経営で苦労したことは何か」「中学校時代は何をやっていたのか」などの質問が出た。今回の講座を受けた生徒は感想をまとめて発表するとともに、講師となった企業経営者一人ひとりにお礼の手紙を書くことにしている。

多摩図書館

雑誌の魅力を探る「世界の女性誌」展

来年度の「東京マガジンバンク（仮称）」の創設に向けて準備を進めている都立多摩図書館は、7月2日まで、企画展示「雑誌の魅力を探る～世界の女性誌」を開催する。

女性誌は、時代の流れや女性たちのライフスタイルの変化を敏感に捉えながら、変貌を遂げてきた。最近は40代、50代向け女性誌が相次いで創刊されるなど、読者層の拡大も進んでいる。このため、多摩図書館では、多様な雑誌をテーマ別に展示するシリーズの第一弾として、6日から「世界の女性誌」を紹介する企画展示に取り組んでいる。

毎週金曜3面は 教育オンライン

10年でセンター・コア・エリア内の都道は無電柱化へ

「10年後の東京」において目標の第一に掲げた「水と緑の回廊で包まれた、美しいまち東京を復活させる」、その実現のため、無電柱化の推進が大きな柱となる。今、大幅に拡大する東京都の無電柱化事業とその取り組みについて紹介する。

五輪施設・主要駅周辺で加速
区市町村に技術・財政支援も

東京都無電柱化方針

都は、2016年のオリンピック招致を契機に、東京をさらなる成熟を遂げた美しい街、安全が確保された、さらに住みごこちの良い街へ生まれ変わらせるため、06年12月に「10年後の東京」を策定した。

また、07年6月に策定した「東京都無電柱化方針」は、この「10年後の東京～東京が変わる～」を踏まえて、今後10年間の都道の無電柱化の方針と、面的な広がりに配慮した区市町村が行う無電柱化の推進についてまとめたものである。

6月4日、IOC理事会は、2016年夏季オリンピック開催地の立候補都市として東京を選出した。今後は、この「10年後の東京」に示した目標の達成に向けた取り組みをさらに加速していく予定である。

① 無電柱化対象都道

無電柱化の対象となる都道は、区部は全線を対象とし、多摩地域については人口集中地区（DID）内の全線を対象とする。また、人口集中地区（DID）外の都道についても、特に無電柱化を図る必要のある箇所は無電柱化の対象とする。

② 都道の優先無電柱化区間

都市計画道路として完成している都道及び都市計画道路以外の都道については、無電柱化の目的を踏まえ、左記の区間を優先して無電柱化を進めていく。

○センター・コア・エリア内
○オリンピック関連施設周辺
○利用者の多い主要駅周辺
○緊急輸送道路
○道路修景事業などの施行箇所
○区市町村の無電柱化との連携箇所

③ 都道の新設・拡幅に伴う無電柱化

▽都市計画道路の新設・拡幅事業を行う際に同時に無電柱化

▽その他の都道の交差点すいすいプランや、歩道設置等における新設・拡幅に際しても極力無電柱化を実施

④ 無電柱化にあわせた街路樹整備・歩道改善

▽道路景観に配慮し、根が張らない中木を密に植えるなど街路樹の充実に努める。

▽歩道舗装の復旧に伴い、段差・勾配の改善や視覚障害者誘導用ブロックの整備に努める。

⑤ 面的な無電柱化の推進

▽面的な無電柱化を推進するため、区市町村への技術支援、財政支援を行い、区市町村と連携した無電柱化に取り組んでいく。

▽狭い幅員の道路での無電柱化を可能にする、よりコンパクトな構造の電線共同溝など、区市町村道の無電柱化を促進する技術開発を進める。

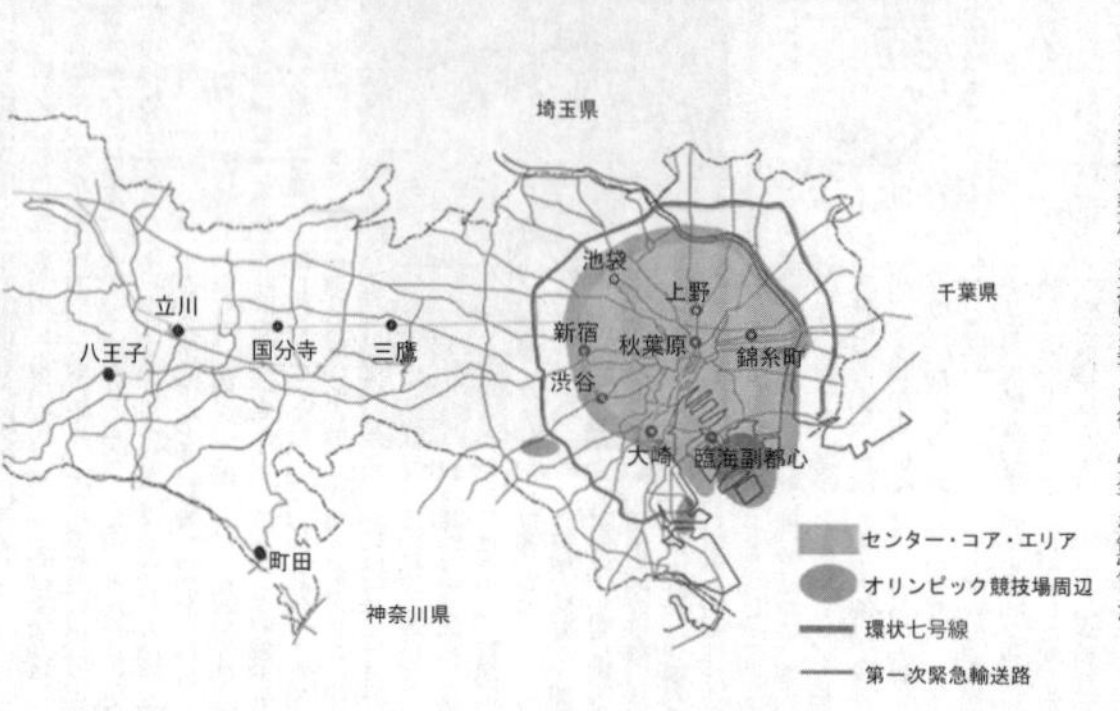

電線共同溝整備後のイメージ図

無電柱化手法の変遷

単独地中化方式

道路管理者等が費用を負担して電線類地中化を実施するようになったのは、「電線類地中化計画」が始まった1986年度以降であるが、それ以前から都心部を中心として単独地中化方式により、地中化が実施されてきた。この方式はNTT、東京電力などの電線管理者が自らの費用で地中化を行う手法であるため、対象となる地域は、各企業にとって地中化が必要、または地中化費用に見合う需要がある場所に限定されていた。

この手法は、「第一期電線類地中化計画」においては、地中化実績の9割以上を占めていたが、電線管理者の負担が大きすぎるため、現在ではほとんど実施されていない。

キャブ方式

道路管理者が道路下に蓋掛け式U字溝を設置し、費用は道路管理者・電線管理者がそれぞれ負担する方式で、道路管理者及び電線管理者それぞれの負担が大きいため、現在では実施されていない。

自治体管路

地方自治体が道路占用物件として道路区域内に管路設備を敷設し、その管路内に電線管理者が電線類を入構させる方式である。現在では、ほとんど実施されていない。

電線共同溝方式

「電線共同溝の整備等に関する特別措置法」（1995年）に基づき、電線の設置及び管理を行う2以上の者の電線を収容するために、道路管理者が道路の地下に施設を設置し、その中に電線類を共同で収容する方式である。費用は道路管理者と入構する電線管理者とがそれぞれ負担する。法の整備と国庫補助体系の整備により、現在では、ほとんどの無電柱化事業は、この手法によって整備されている。

また、無電柱化事業をさらに拡大するためには、歩道幅員の狭い歩道においても地中化が可能であり、さらには事業費の縮減につながるコンパクト化が必要であったため、都や国、電線管理者、メーカー等が連携し、コンパクトな構造を持つ「次世代型電線共同溝」を開発し、標準型として位置づけ、さらなる無電柱化事業の推進に取り組んでいる。

無電柱化事業のねらい

現在、一般家庭等への電力や通信の供給の多くは地上に設置された電線類によって行われている。都市部においては、電力・通信需要が高いため、電柱が林立し、電線類が輻輳しており、良好な都市景観を損なうとともに、歩道の電柱は、歩行者と車イス、ベビーカーの通行の妨げとなっている。

また、震災・台風等の災害時には、電柱の倒壊や電線の切断が物資輸送や救急活動の支障となり、復旧を遅らせる要因となる。無電柱化事業は、地上に設置されている電線類を道路の地下に収容することで、良好な都市景観の創出、安全で快適な歩行空間の確保、都市防災機能の強化を実現することにより、様々な業務機能が集積し多くの人が集う日本の首都として、諸外国から多くの旅行者が訪れる国際都市として、ふさわしい風格のあるまちづくりを支援するものである。

計画期別、整備手法別の整備延長実績

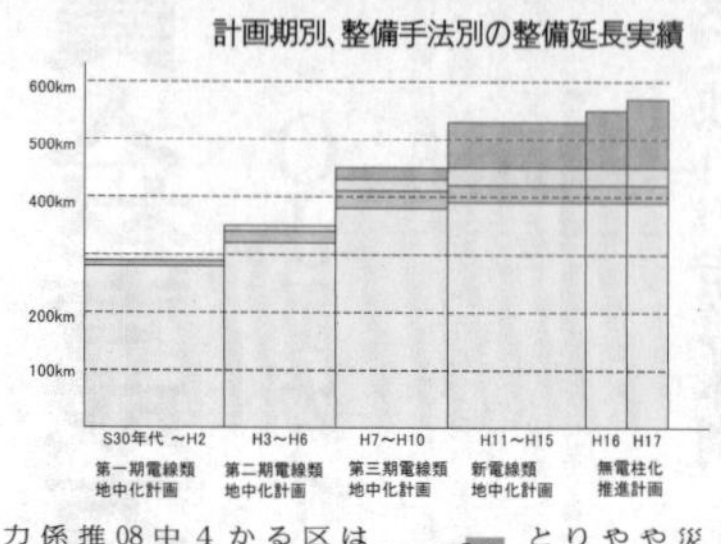

事業の経緯と現況

無電柱化事業は、都道は都が、区市町村道は各区市町村が行う事業である。都は、1986年度から2003年度までの4期にわたる「電線類地中化計画」と04年度から08年度までの「無電柱化推進計画」に基づき、関係機関、地元住民等の協力のもとに、地中化事業を実施してきた。

その結果、06年度末には、整備対象延長約2300㌔㍍のうち、586㌔㍍を整備し、地中化率は区部が39%、多摩地域が8%、都全体では25%となっている。

今後、これまで主に取り組んできた国道や都道などの幹線道路の無電柱化に加え、非幹線道路も含め、より一層無電柱化を推進するため、08年度中には第6期の「次期無電柱化推進計画」を策定する予定である。

無電柱化事業の整備効果

① 良好な都市景観の創出

景観の向上により風格ある都市空間を形成し、地域の活性化を支援する。

② 安全で快適な歩行空間の確保

歩道上の電柱は、歩道を狭めるだけでなく、ベビーカーや車イスの妨げとなる。歩道の幅員を確保するとともに、歩行空間のバリアフリー化を図っていく。

③ 都市防災機能の強化

先の阪神・淡路大震災において、電柱が倒壊し人々の生活に大きな影響を与えた。最も被害の大きかった神戸地区の電話回線ケーブルの被災率は、架空線が2・4%、地中線が0・03%と地中線の被害が架空線の80分の1程度にとどまっている。

欧米諸国の電線類の地中化は、インフラ整備としてはごく当たり前という認識が一般的で、一貫してケーブルは埋めるものという考え方がインフラ整備の基本スタンスとなっている。

無電柱化は景観や防災上の観点からも地域住民の要望が強く、整備が終われば大変喜ばれる事業である。

今後、事業に係わる関係機関や地域住民の理解と協力とともに、電線管理者と緊密な連携を行い、さらなる無電柱化事業の推進に努める。

都道の地中化率　（2006年度末）

区　分	整備対象延長	整備済延長	地中化率
全　体	2,328km	586km	25%
区　部	1,288km	498km	39%
多摩地区	1,040km	88km	8%

従来型電線共同溝　構造のコンパクト化　次世代型電線共同溝

コンパクト

電力管路の浅層化・コンパクト化

特殊部のコンパクト化

情報通信・放送系管路のコンパクト化

首都にふさわしい景観創出

都建設局道路管理部
道路保全担当部長
米田秀男

東京都は、良好な都市景観の創出、安全で快適な歩行空間の確保、都市防災機能の強化を図るため、現在、センター・コア・エリア内及びオリンピック関連施設周辺はもとより、多摩地域や周辺区部の都道においても、主要駅周辺や緊急輸送道路を中心に無電柱化を進めております。

都は、これまで、2004年度から5カ年の整備目標や実施箇所などを定めた第5次の「無電柱化推進計画」に基づき事業を実施してきておりますが、昨年12月に策定した、「『10年後の東京』への実行プログラム2008」においても、都道における無電柱化の具体的な目標を定め、事業の拡大に取り組んでおり、08年度中には、国や区市町村の事業もあわせた09年度からの新たな「無電柱化推進計画」を策定する予定でおります。

また、良好な都市景観を創出し、成熟した街並みを実現するためには、都道だけでなく、区市町村と連携した面的な無電柱化が必要なことから、これまでの設計や施工などにかかわる技術支援に加え、区市町村の無電柱化における財政負担を軽減するため、区市町村に対し都費による補助制度を08年度に新たに創設いたしました。

これにより、センター・コア・エリア内をはじめ、主要駅及び主要観光地周辺などにおける区市町村の無電柱化の取り組みが、一層加速するものと考えております。

東京都は、2016年（平成28年）オリンピック開催に向けて、首都東京にふさわしい景観を創出するため、今後とも、国や区市町村、電線管理者と連携して積極的に無電柱化事業を推進してまいります。

皆様方のご理解とご協力を心よりお願いいたします。

東京都無電柱化事業　2016年東京五輪を視野に

3年後　都道地中化率25%→31%へ

周辺区部・多摩の幹線道路も重点に

台東区道と一体で無電柱化する都道＝台東区谷中

整備が完了した多摩ニュータウン通り

「実行プログラム08」の目標

東京都では、「10年後の東京」の3カ年の具体的な事業目標を定めた『10年後の東京』への実行プログラム2008」を2007年12月に策定した。

計画期間（2008～2010年度）の3カ年の目標は、以下のとおりである。

① 「10年後の東京」の目標

▽緑のネットワークと連携して面的な無電柱化を進め、都心部における無電柱化エリアを約2倍に拡大していく。

▽センター・コア・エリア内の都道について無電柱化を完了する。

▽多摩地域や周辺区部の都道についても、商業地域や緊急輸送道路を中心に無電柱化を推進する。

② 3年後の到達目標

▽神田地区や八王子駅前等、都心部や主要駅周辺で面的な無電柱化が進捗している。

▽我が国の政治、経済、文化の中心的役割を担う、センター・コア・エリア内の都道について無電柱化を重点的に実施し、センター・コア・エリア内の都道の地中化率を50%から69%に引き上げる。

▽センター・コア・エリア内や多摩地域・周辺区部の緊急輸送道路、利用者の多い主要駅周辺において無電柱化を重点的に実施し、都道全体の地中化率を25%から31%に引き上げる。

区市町村への新たな補助制度

① 区市町村道の無電柱化の課題

区市町村道は、都内の公道の9割を占めるなど管理延長が膨大であることから、国道や都道に比べ無電柱化率が著しく低くなっている。

また、歩道が狭い道路などでの技術的な課題及び経験やノウハウの蓄積が少ないなどの課題を抱えており、特に財政的な課題は、区市町村道の無電柱化を進めていくうえで大きな隘路となっていた。

② 無電柱化補助制度の概要

こうした区市町村の財政負担を軽減するため、2008年度より新たに「区市町村無電柱化事業に対する都費補助制度」を創設した。

補助制度対象事業は、センター・コア・エリア内、オリンピック関連施設周辺、主要駅周辺、主要観光地周辺などで施行する事業で、財政支援のスキームについては、現行の国庫補助分（2分の1）の裏負担分である区の単独費の2分の1を都が負担するというものである。

これにより、区市町村の財政負担がこれまでの2分の1から4分の1と大幅に軽減され、区市町村の面的な無電柱化がより一層加速されるものと考えられる。

なお、補助対象期間は08年度から2015年度までとなっており、08年度は約2億円の予算を計上した。今後は、この新たな補助制度を活用し、区市町村道の面的な広がりをもった無電柱化事業の促進に取り組んでいく。

既存ストックの活用と都道路保全公社委託

電線管理者（NTT、東京電力）は、1955年から、需要密度の高い都心部等で単独地中化を行ってきた。都は、2004年度からこれら電線管理者が所有する管路やマンホール等の既存設備を電線共同溝の一部として活用（既存ストック活用）することにより、コスト縮減・工期の短縮を図っている。施工は、既存設備を所有する電線管理者に委託して実施しており、08年度は、30路線において年度協定を締結している。

無電柱化事業を拡大して執行するため、07年度から、これまで道路管理者が自ら行ってきた事業のうち、一部事業を専門的な知識と経験を有する東京都道路整備保全公社に委託して執行している。08年度は、集中的に整備を行うセンター・コア・エリア内の30路線、約50kmにおいて、年度協定を締結している。

今後も、公社の無電柱化事業に特化し専念できる専門性を活かし、企業者調整の合理化や全体工期の縮減等、より効果的な執行を目指していく。

事前調査段階

既設MH、水道管、ガス管が支障移設

既存ストック利用による電線共同溝施工後

既設MHを利用することにより、支障移設回避

東京電力㈱の取り組み

無電柱化事業は、国レベルで策定される「無電柱化推進計画」に基づき、道路管理者、地元および電線管理者の「三位一体」の協力体制により進められており、私たち東京電力は、東京都、区市町村等と協力しながら無電柱化を推進しています。これまでの実績として、東京電力管内では、第1期電線類地中化計画から新電線類地中化計画まで18年間の累計で全国の40%にあたる約2200kmを整備しており、現行の無電柱化推進計画では全国の46%にあたる約1380kmが整備目標規模となっています。

無電柱化の整備にあたっては、無電柱化推進計画におけるコスト縮減方策の一つに挙げられている「既存ストック（既存管路）の活用」を行っています。「既存ストックの活用」とは、各電線管理者が所有している既設の地中管路について、道路管理者との協議のうえ可能であれば電線共同溝の一部として活用するものであり、電線共同溝の新設規模の縮小、事前支障移設の規模・範囲の縮小、これに伴うコストの縮減や工事期間の短縮が図れるメリットがあります。既存ストックの活用に際しては、既存ケーブルの改修を伴うことから、弊社は電線共同溝本体（管路、桝類）を含めて整備に協力しており、これまでに、都道（青梅街道、新大橋通り、船堀街道など）・区道（六本木6丁目芋洗坂、桃井3丁目1904号線など）で計18件の整備を実施しています。

このほかにも、使用するケーブルの条数や道路の条件にあわせた様々な整備手法を採用し、無電柱化を進めています。通常、無電柱化に際しては変圧器等の地上機器を歩道上に設置する必要がありますが、歩道幅員が狭隘な箇所など地上機器の設置スペースの確保が困難なケースにおいては街路灯の上部に変圧器を設置する方法を採用しており、今後は周辺景観と調和し、かつ、容量アップしたタイプを使用することにより低圧のお客さまが多い路線においても対応が可能となる予定。また、周辺景観と調和のとれた地上用変圧器として、従来に比べ低地上高型の変圧器を数カ所で試験的に設置しています。

弊社は、今後も引き続き無電柱化事業の推進に協力してまいります。

写真＝開発中の柱状型変圧器の全体像（右）と頂部（左）

NTTグループの取り組み

NTTはこれまで地中化による景観整備・通信設備の信頼性向上等に取り組んできた。

近年においては東京都の「無電柱化方針」に全面的に協力するとともに地中化関連技術の開発も実施している。特に、既存設備を活用して電線共同溝を整備する「既存ストックの有効活用方式」を積極的に推進している。

具体的な設備検討はNTTの膨大な通信用地下設備に関する業務と技術を一元的に継承したNTTインフラネットが実施している。

「既存ストックの有効活用方式」による地中化は2004年度から本格実施しており、東京エリアにおいて約5kmに達している。本年度は3kmを計画、09年度以降はセンター・コア・エリアを中心に前年度を上回る工程を計画し、NTTグループとして無電柱化推進に寄与していく。

歩行者空間の一層の安全性と快適化に資するため、狭幅員歩道に対応できるコンパクトな電線共同溝を開発した。04年度からの5カ年計画に合わせ、従来の「1管1条方式」を抜本的に改良し、通信・放送系事業者の管路を集約化した「共用FA（フリーアクセス）方式」を導入。開発・導入に当たっては国交省、東京都を始めとした各道路管理者の指導を頂くとともに、CATV事業者、各通信事業者の意見、要望を反映している。

本方式は、お客様引き込みケーブルを収容する内径15cmのFA管と幹線ケーブルを収容する内径20cm程度のボディ管と呼ばれる2管構造である。また、特殊部はケーブルの接続・分岐作業を路上で実施できる構造としたことでコンパクト化を実現した。東京都心のように埋設物が輻輳した道路への適用性も高く、工事コストは従来方式に比べ20～30%の削減が可能である。本方式は東京エリアを中心に首都圏内でほぼ100%の適用率となっている。

さらにコスト削減・工期短縮を実現したのが「既存ストックの有効活用方式」である。NTTの通信用地下設備を電線共同溝として転用するもので、管路数が足りない場合は前述の「共用FA方式」を併用することで2重3重の相乗効果を生み出す方式である。本方式の最大のメリットは、従来実施していた既存埋設物の事前移設工事を最小限にとどめることが可能であり、大幅なコスト縮減となる。

加えて、工期短縮となることから交通規制、地域住民への影響、更には掘削土量の低減等、地球環境保護にも貢献している。現在、東京都心にはNTTが単独で地中化した地下設備が網の目のようにあることから、今後、センター・コア・エリアを中心に適用ルートの調査・提案を実施し、有効活用を推進していく。

「東京都無電柱化方針」では、面的に配慮した区市町村が行う無電柱化について推進するとしている。

NTTインフラネットではこうしたニーズに応えるべく、国交省を始めとした各道路管理者の指導を頂き、歩道の無い狭隘道路、生活道路等にも対応可能な新たな技術を開発し、面的整備に向けたメニューを充実することとしている。この新たな「第三世代方式（仮称）」は内径18cmという細径管路（1管）の中に通信・放送系事業者の各種ケーブルを収容するものである。具体的には、区部における低需要地域である商店・住宅街等の面的地中化計画の設備方式として検討している。

今後は「共用FA方式」「第三世代方式(仮称)」と「既存ストックの有効活用方式」を絡め、地中化の面的整備を推進していくこととしている。

無電柱化と通信需要増は必ずしも直結しないことから、今後の更なる促進方策として、無電柱化費用の助成制度拡充についても道路管理者と協議しつつ、無電柱化推進に寄与していきたい。

CCBOX（情報通信系）の構造変遷

第三期電線共同溝 H7～H10	新電線共同溝 H11～H15	浅層埋設方式電線共同溝（共用FA方式）H16～	第三世代方式（仮称）今後、導入予定
65	47	23	18 構造案）
一管一条方式	フリーアクセス（単管）方式の開発及び方式の採用	共用FA方式の開発及び方式の採用	更なるコンパクト構造を開発中
掘削土量比 100%	96%	74%	目標60%程度

神田川・環7地下調節池

水害を防ぐ守護神たち

東京の地下に54万m³の大空間

現場 最前線

集中豪雨の際、川が氾濫する前に雨水を取り込み、水害を防ぐ調節池。その日本最大級となる地下施設が、杉並区から中野区にまたがる環状7号線の地下約40㍍に整備されている。貯留量は、小学校の25㍍プール約1800杯分にあたる54万立方㍍にも及ぶ。4月に妙正寺川の取水施設が完成し、全体が供用開始となった。梅雨の季節を迎え、その役割に期待がかかるが、現場ではどのような苦労があるのだろうか。

梅里換気塔の地下約40㍍部分から第一期区間の調節池を望む。深い暗闇にはライトも届かない

■厚い扉の奥に

環状7号線沿いにある善福寺川取水施設。その一角に、窓がほとんどない要塞のような建物がある。施設の心臓部となる機械棟だ。その地下40㍍付近までエレベーターで降り、たどり着いた機械室の片隅に小さな扉がある。まるでSF映画の宇宙船にあるような銀色の重厚なものだ。

大人がやっと通れるほどの大きさの扉を通り抜けると、その先にも同じ扉がもう1枚。それを開けると深い暗闇が現れた。一面、もやがかかった大きな空間は、かすかに下水のようなにおいがする。

「ここから川に溢れた雨水が落ちてくるんです」。第三建設事務所工事第二課の白土博資係長は、天井に開いた直系7㍍ほどの大きな穴を指差し、そう説明してくれた。

ここは地下調節池につながる連絡管渠の最奥部だ。川が氾濫する直前に取水した水が、天井の大穴から調節池に流れ込む。厚い扉は取水時の水圧に耐えるためのものだった。

湿ったにおいのするトンネルを、手元のライトを頼りに慎重に歩くと、さらに大きな空間にたどり着く。ここが地下調整池の本体だ。トンネルの直径12・5㍍は、5階建てのビルに相当するという。手元のライトでは先がまったく見通せない大空間に、ただ驚くばかりだった。

■土日、夜間も問わず

杉並区から中野区にまたがる環状7号線の地中深くに整備された全長4・5㌔㍍の地下調節池は、神田川付近から杉並区梅里の換気塔までの第一期事業区間（2㌔㍍）と、そこから妙正寺川が流れる中野区野方までの第二期事業区間（2・5㌔㍍）からなる。

この巨大施設の整備は、都市化の進展と密接に関わっている。西は井の頭公園から、東は隅田川まで、都心部を縦断する神田川の流域には田畑も多かったが、都市化が急速に進み、20年前には市街地率が95％に達した。アスファルトで覆われた地面には雨水がしみこまず、河川に一気に流れ込む。許容範囲を超えた川が氾濫し、特に70年代以降は水害が多発した。

河川工事は川幅を広く、深く整備するのが基本だが、都市化で用地が確保しづらく、また用地買収等も伴うため整備に時間がかかる。より即効性のある施策として行うのが、河川をバイパスする分水路や調節池の整備だ。

環7地下調節池では大雨の際、神田川と善福寺川、妙正寺川から雨水を取り込むことで、都心部の河川水位を下げることが可能となる。三つの取水施設のゲートは善福寺川の施設で一括管理している。

「土日や夜間でも、大雨洪水注意報が出れば、職員が駆けつけて待機します」と白土係長。第一期部分が供用開始した97年4月から今月18日現在まで、取水は計22回行った。特に、05年9月4日の集中豪雨の際は、第二期部分が工事中だったにもかかわらず緊急的に取水。中にあった重機8台が使い物にならなくなったが、被害を抑えることができた。

善福寺川取水施設の監視操作盤。注意報が出ると職員が待機し、モニターで川の氾濫状況を確認する

ただ、注意報が出るたびに取水するわけではない。今年は注意報が4回出されたが、うち取水したのは1回のみ。豪雨のピーク前から取水してしまい、ピーク時に満杯となってしまっては意味がないからだ。的確な判断が求められる。

■すべては非常時のため

「いつでも稼働できるようにメンテナンスすることが一番です」。何といってもこれに気を使う点について、外原邦明工事第二課長はそう言いきった。最先端の大規模施設だけに、独特の留意点があるかと思ったが、どの機械施設にも当てはまる答えに少々拍子抜けした。しかし、「いざというとき、施設が動かない事態だけは絶対に避けなければならない」という言葉には、現場を担う責任の重みがひしひしと伝わってくる。

そして、河川に携わる人間が皆、緊張が走るというのが雨空だ。注意報や警報が出れば、外原課長の携帯電話には逐一、情報が寄せられる。「河川事業に20年以上携わっているが、休日も雨が降っていればリフレッシュとはいかない」と笑う。

職員は、緊急時にできるだけ早く対応することが求められるため、普段からの心構えも大切となる。

環7地下調節池は完成したが、これで治水が完璧というわけではない。都の治水工事は1時間に50㍉㍍の雨量に対応するよう整備を進めているが、05年9月の集中豪雨のように1時間に112㍉㍍、前後3時間で220㍉㍍の雨量は想定外だ。

完成前の調節池にも取水したが、それでも3591棟の浸水被害が発生した。外原課長は「まずは現在の50㍉㍍の雨に耐えられるよう未整備部分を整備し、段階的に整備水準を上げていくことが必要」と語った。

■　■

外原課長は「神田川は河川のデパート」と言う。都心部を流れる神田川は、護岸整備やハザードマップなどハード・ソフトを含め先駆的な治水施策が行われる河川だ。現場で汗を流す職員の横顔には、神田川の水害対策を担う責任感とともに、河川技術職としてのプライドも垣間見られた。

09年東京マラソン 参加者を5000人増へ

東京マラソン2009の定員を、08年大会より5千人多い3万人に増やすことが、16日に開かれた「東京マラソン組織委員会」（会長＝河野洋平・日本陸上競技連盟会長）で決まった。東京マラソンの定員増を巡っては、第1回定例都議会でも石原知事が本会議場で「この場をかりて警視総監に陳情します」と警視庁に協力を要請していた。東京マラソン事務局では、スタート・ゴールのスペース上、「今の状況では、3万5千人が限度」としている。

組織委では河野会長が「この大会は社会的なインパクトの強いイベント。回を重ねるごとに、修正すべきところは修正し、市民の期待に応えなければならない」とあいさつ。10㌔㍍大会とあわせて、3万5千人を募集する。

09年大会では競技成績により賞金が出ることも承認され、金額は海外レースも参考に、都や日本陸上競技連盟と調整していく考え。また、一般参加者とは別に、陸連が定める参加基準に達する「エリート」の部で、男女計200人をノミネートする。環境問題への取り組みとして、チャリティーも実施する。

09年大会は、来年3月22日に開催。参加申し込みは7月22日から9月22日まで。

代表質問質疑 （1面からつづく）

【自動車排出CO₂削減】

大沢氏は、自動車から排出されるCO₂削減対策について、早期に条例化を図るなど、積極的に進めるよう求めた。

吉川環境局長は、「今後、さらに取り組みを進めるにあたっては、都県域を越えて移動する自動車の特性を踏まえた広域的な視点からの検討が重要」と指摘。環境審議会では、自動車管理計画書制度の拡充にあたっては、事業者の十分なヒアリングが必要との意見があったことから、「よりきめ細かな実態把握が求められている」と述べた。

その上で、「こうした観点を踏まえ、CO₂削減対策の強化を目指し、条例化を含め、様々な施策に取り組んでいく」と表明した。

【環境ビジネス振興】

服部氏は、「地球温暖化防止の世界的潮流の中で、東京が環境ビジネスを牽引することが重要」と指摘し、特に中小企業の環境ビジネスの振興に向けた今後の展開を質問した。

佐藤広産業労働局長は、「環境関連技術が市場で受け入れられるためには、あらかじめ有用性を実証する必要があるなど、事業化に向けた課題も存在する」と指摘。

「今後、こうした課題を踏まえ、技術の開発から実証、販路開拓の各段階に応じたきめ細かい支援を行うなど、より一層積極的に、次代をリードする環境関連産業の育成に取り組んでいく」と答えた。

【都営住宅負担軽減】

昨年12月の公営住宅法施行令の改正により、入居収入基準や家賃制度が見直された。国は、収入の少ない世帯の家賃据え置きや、家賃の激変緩和措置を行ったが、都営住宅に現在居住する世帯の3割が負担増になるケースがあるという。服部氏と東村氏は、国制度に上乗せし、都独自の激変緩和策や負担軽減策を都に求めた。

只腰憲久都市整備局長は、「都としては、入居中の世帯において、国の措置を講じてもなお、負担の変化が大きい場合には、さらに都独自の激変緩和措置を実施するなど、十分な配慮を行っていく必要がある」との考え方を示した。

その上で、「入居を希望しながら入れない方々との均衡も考慮しつつ、今回の改正に伴う家賃の変動の見込みを踏まえた負担の軽減策や、家賃改定の適用時期についての柔軟な対応を今後検討していく」と答弁した。

【メディアセンター】

大沢氏は、「来年2月の『立候補ファイル』の提出期限を控え、新市場予定地での高濃度の土壌汚染の発覚は、国際放送センター等の配置に影響を与え、『環境五輪』とした計画の再検討につながる」と指摘した。

荒川満東京オリンピック招致本部長は、「メディアセンターの配置計画の策定にあたっては、築地市場の移転計画の動向も視野に入れつつ、世界一コンパクトなオリンピックという東京大会会場コンセプトに基づき、適切に対処していく」と述べるにとどまった。

30歳代の3割強に 健診で「異常あり」

生活習慣調査

定期健康診断で何らかの異常を指摘された人は、30歳代で3割強、40歳代で6割に上ることが、都福祉保健局の「働き盛り世代の生活習慣実態調査」で分かった。

30〜40歳代の男性従業員約800人から回答があり、30歳代の35％、40歳代の約63％が、定期健診で異常を指摘されていた。

「脂質代謝異常」が最も多く5割強、「肥満」が3割強を占めた。同局健康推進課では「メタボの前兆がある30歳代から、生活習慣に注意することが必要」としている。

また、定期健診の結果を「受け取ったのみ」は約76％で、「結果を医師・保健師・看護師などから説明を受けた」は21％だった。

大髙晶喜さん（おおたか・まさよし＝大髙明・台東区子育て支援課長の父）13日死去、82歳。

関田豊さん（せきた・ゆたか＝元東大和市収入役）17日死去、85歳。

公益目的事業

判断基準案に意見募集

24日に説明会 公益法人改革に都監理団体も対応

都生活文化スポーツ局は、公益法人制度改革に伴う「公益目的事業の判断基準（案）」を公表、意見募集を実施している。判断基準（案）は、事業の対象や内容、方法、個別法との関係等について、都所管法人に即して詳細な目安を設けたもの。公益法人制度改革では、都監理団体も公益法人か一般法人への移行に迫られることから、今回の基準（案）も重要な判断材料となる。

公益目的事業は、法に定めた23の事業であることに加え、国のガイドラインで示した17の事業区分ごとのチェックポイント等で判断される。

ただし、国が所管する法人は、複数の都道府県にまたがるなど広域的に活動する大規模な法人が多く、一方で都所管法人は、住民に直接事業やサービスを行うなど、性格や活動が異なる。このため国のガイドラインよりも、きめ細かい目安が必要として、今回判断基準（案）を定めた。

事業対象では、法人の構成員のみに対象者を限定していれば、原則「共益」と判断するが、医療従事者への感染症に関する講習会といったケースは、事業目的を実現するための一定の要件として認められるなどと説明。

また事業内容では、公の施設の管理運営など、行政からの受託事業で民間団体の専門性・効率性を十分に発揮した事業を例に挙げる一方、内部的な事務の委託や定型的作業の委託のみの場合は公益目的事業と判断しないとした。

このほか医療法（医療法人）、社会福祉法（社会福祉法人）、私立学校法（学校法人）など、個別法が未制定の時期に、公益法人格を得て、活動している例では、個別法に基づく法人として事業を実施することが適当などと明記している。

今回の公益法人制度改革では、都監理団体も公益法人等への移行の判断が求められる。08年4月1日現在の都監理団体は36団体あり、うち株式会社、特別法人、社会福祉法人を除き、公益法人制度改革の対象となる財団法人は21団体にのぼる。

すでに各団体では、公益目的事業比率や収支相償、遊休財産が一定額を超えないなど、取り組むべき事項を整理。公益法人への移行は、各団体が認定基準や今回の判断基準（案）などを踏まえて、決定することになるが、本来、行政支援・補完機能を担っている上、寄附税制や法人税等の優遇措置は大きな魅力となる。

今月24日には都が所管する約830法人を対象に説明会を開催する予定で、都監理団体の参加も見込まれるなど、今後、公益法人への移行を巡る動きが加速しそうだ。

専門人材（主任）

採用試験の申し込み開始

配属予定先等も事前に明示

都人事委員会は17日から専門人材（主任）採用試験の申込受付を開始した。専門的知識やスキル、経験へのニーズが高い分野ごとに区分を設定し、民間企業等からの人材登用を図るもので、経験者採用を改めた形で07年度から始まった。試験案内には試験区分ごとに業務内容や配属予定先も明記されている。

試験区分は、都の政策ニーズや各局の意向を踏まえながら、昨年度と同様、「資金運用」「財務」「システム」「不動産」「土木」「建築構造」の6区分に設定。採用予定者数は質の高い人材確保が可能として、前年度比18人増の44人程度とした。

試験区分のうち資金運用では、公金を初めとする各種資金の運用、中小企業への制度融資、出資団体の財務分析などが業務になる。おもな配属予定先は、会計管理局公金管理課、職員共済組合財務課、水道局出納課のほか、産業労働局の金融部金融課、新銀行東京を所管する金融監理室監理課も挙げた。

公認会計士を1次試験の免除資格とする財務の業務内容には、都会計基準の改良や分析手法の開発に加え、監理団体や都営住宅、仲卸業者の経営分析等も盛り込んだ。

また情報システムでは、都全体の情報処理システムや各システムの最適化等を控えていることから、システム開発や運用、システム運用業者への指導経験等の実務経験を求めている。

さらに都が保有する不動産の評価・売却・貸付等を業務とする不動産区分、公共工事等に関する調査、計画、設計、監理・監督等にあたる土木区分でも、昨年度と同じく専門人材を活用していく。

不動産区分では不動産鑑定士、土木では技術士が1次試験の免除資格だ。

建築構造では、構造関係の書類審査や現場調査以外にも、都が保有する建築物の構造設計指針の策定・構造計画方針の審査、水道事業に関連する建築物の設計や工事監理を業務とする。

専門人材（主任）の1次試験は9月15日に実施、個別面接（2次試験）、プレゼンテーションを含む個別面接による3次試験を経て、11月28日に最終合格発表を行う。

ひと

未来に向けて解決策を

未来バンク事業組合理事長（元江戸川区職員）

田中（たなか）優（ゆう）さん

93年に『どうして郵貯はいけないの』を出版し、郵貯の資金が世界の環境破壊に使われていることを明らかにした。

「いくら市民運動で個別の事業をストップさせても、お金の流れを変えない限り、もぐらたたきに終わってしまう。本に労働金庫が一番マシと書いたら、読者からマシでなく良いものはないかと尋ねられたんです」

バングラデシュのグラミン銀行などを調べ、貸金業の登録を取る形で94年、非政府・非営利の「未来バンク事業組合」を自らの手で立ち上げた。

融資の目的は①環境②福祉③市民事業に限定。400万円の出資金が今では2億円に増え、これまでの融資総額は8億円に達した。

「融資の見極めは、目的に合致しているか、返済可能な事業計画か、最後に人物を見て判断します。融資は環境団体からのものが多く、行政からの受託事業へのつなぎ融資が最大です。福祉団体は助成金が多く、返済するお金になれていない。運営の点で、なかなか融資が困難です」

今ではこうした「NPOバンク」も全国に広がる。「お金のことですから、信頼されるには10年かかります。今や10年経ち、あんな非営利の小さなバンクが成り立つんだと、全国各地に設立されるようになりました」

新銀行東京は発足前から潰れると確信していた。「資金も税金だし、借りる側も税金だからと甘える。知事も職員も自分の金ならリスクもきちんと見るでしょうが、人の金では駄目です。返済されるかどうかは、何より信頼関係の厚さにかかるんです」

日本の3大銀行は、クラスター爆弾を造る米国などの軍事企業に融資をしている。国はそうした銀行を守ろうとし新設を認めない。未来バンクも信用組合設立の基準を超えているが、地域の信用組合は合併を指導されて潰されている現状だ。

「お金も中央集権。東京で使い道を決められ、地方は疲弊していく一方です。地域の中にお金を残すことが大事なんです」

「足温ネット」も手掛け、「ap bank」監事も。著書も20冊。住宅[illegible]法人「天然住宅」を設立、カーボンオフセットを活用した[illegible]。「食料30％、エネルギー4％の自給率では、いずれ破綻します。その前に[illegible]示し、パニックを防ぎたいですね」

東京都生まれ。考え方を強制する学校が嫌で、大検資格で56年[illegible]江戸川区に。[illegible]3月退職。共働きの妻と3男の料理を担当してきた。51歳。

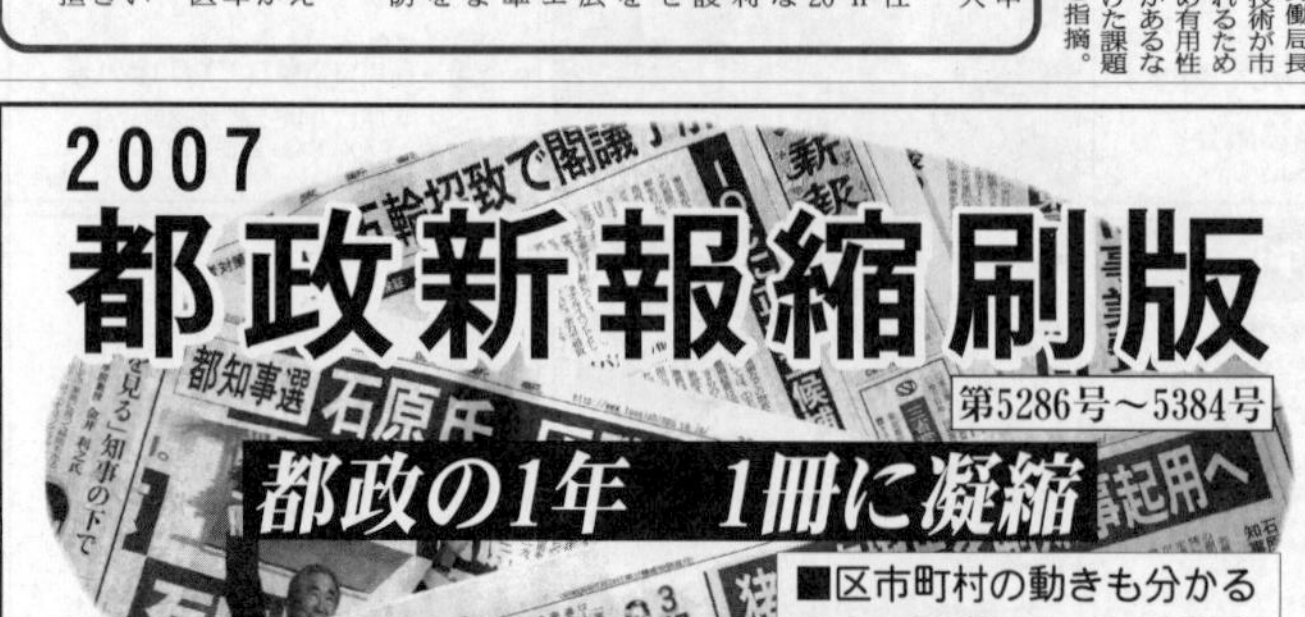

昇任試験対策のページ

平成20年度 東京都管理職選考 問題の解説《下》

A 論文

A論文試験は、平成16年度から新しい出題形式に改正された。今回は改正後5年目となるが、形式に大きな変更は見られない。

出題形式は、2題のうち1題を選択し解答するものである。与えられた資料を多角的に分析し、的確な課題設定と、効果的かつ実現可能性の高い解決策の提示、さらにそれを論理的に表現する能力が問われている。

今回の出題内容は、以下のとおり。問題①は、高齢者数の増加に関する状況を踏まえ、今後、都は高齢者数の増加にどのように対応していくべきか、問題②は、わが国の食に関する状況を踏まえ、今後、都は、食に関する施策をどのように進めていくべきか、それぞれ論述するものである。

（資料省略）

問題の内容についてみると、①は、「超高齢社会が到来する東京において、活力ある高齢者像を新たに生み出し、誰もが安心して暮らせる都市の実現」に関連した個別的行政課題を論じる問題。②は、食の安全・安心、食料自給率を向上、食生活の改善など食に関連した個別的行政課題が出題されている。

いずれも最近の都政における重要課題、社会情勢等を反映した出題であり、資料の読解はそれほど難しくはないが、具体的かつ論理性のある論文に仕上げるには、出題内容に関する相応の予備知識と実力が必要である。

また、過去4年間の出題傾向としては、平成16年度は2問とも個別行政課題（環境対策と観光開発）、平成17年度は行財政システム改革に関連する全庁的課題（PPP）と個別行政課題（若者の就業支援）、平成18年度は個別行政課題（人口減少社会を前提とした行政課題）と行財政システム改革に関連する全庁的課題（社会資本の維持管理や更新）、平成19年度は個別行政課題（国際競争力を高める都市づくりと産業育成）と行財政システム改革に関連する全庁的課題（公共工事の品質確保）であった。

今年度は前述の通り2問とも個別行政課題が出題されている。問題②は技術職の受験者に配慮しつつ、受験者の所属や出身局による有利・不利が出にくい問題にしたと考えられる。次年度以降も2問とも個別行政課題が出題される傾向が続くか否か、判断ができないため、今後も個別分野的課題と全庁的課題の双方に対応できるよう勉強を進める必要がある。

論文対策としては、まず基本的なこととして、都政や社会情勢について常日頃から高いアンテナを張り、毎年度の重点事業、知事の施政方針、主要な計画を読み込んでおくことが必要である。その上で、都政において重要と思われる分野の出題予想を立て、実際に論文を書き、上司や管理職試験合格者から添削を受けて適宜内容を修正する。このプロセスを何度も繰り返すことで、一定水準の論文が作成できるようになる。

論文編

B 事務

■福祉・保健医療

例年同様、福祉分野から1題、保健医療分野から1題の出題であった。2題とも最近の新聞報道等でよく目にするテーマであったが、どちらの課題も東京都単独では決定的な解決策が打ちにくいものであった。

課題背景、解決に向けた考え方を理解するには、「『10年後の東京』への実行プログラム」「東京の福祉保健の新展開」などの計画ものを丁寧に読み込むことのほか、「福祉保健」「国への提案要求」「議会答弁」等も押さえておくと役立つ。

効率的に準備を進めるには、上記資料をもとに、課題に対する都民ニーズ、国動向や都のこれまでの施策などを把握、分析し、東京の特性を踏まえた都独自の施策をどう展開していくか、を日ごろから考える習慣をつけるとよい。

■教育・文化

昨年度に引き続き、教育分野1題、文化分野1題の出題であった。いずれも「『10年後の東京』への実行プログラム2008」にも取り上げられた現在の教育及び文化の中心的課題であり、比較的論じやすい出題内容ではないかと思われる。

問題1は、「東京都教育ビジョン（第2次）」や「第7期生涯学習審議会第一次答申」、問題2は、「東京都文化振興指針」などをベースに、的確かつ具体的に都の施策の方向性を論述できるかがポイントとなる。

来年度も今年度と同様の出題傾向が予想される。各々の分野の長期計画を踏まえ、都や国を取り巻く情勢や施策の方向性などを敏感に取り入れながら、論文の準備をしておくことが望まれる。

■産業・労働・経済

論文の出題は、今年度は「雇用と観光」、昨年度は「中小企業と消費者」であった。従来の「中小企業と雇用」の2本柱の準備だけでは十分とはならない傾向にある。

ただし、内容は重要なテーマがオーソドックスに問われる出題となっている。今年度の出題で見てみると、雇用は「東京都障害者計画」が、観光は「観光産業振興プラン」が直近に出されていることに加え、いずれも「10年後の東京」への実行プログラムにも位置付けられている。これらを踏まえ、的確かつ具体的に課題と施策の方向を論じることがポイントである。

今後もこのような出題傾向が予想されることから、各分野の重要なテーマについて、最新の動向を踏まえながら準備を進めることが重要である。

■財政・税務

例年、行財政運営論と税財政制度論から各1題ずつ出題されている。どちらかが一般的・抽象的なテーマであれば、もう一方は個別的なテーマが出題される傾向が続いている。

本年度は、行財政運営論から一般的なテーマが出題された。用意していた受験生は書き易かったのではないかと思う。都や国を取り巻く情勢や施策の方向性等を敏感に取り入れ、実効性のある具体的な解決策の展開を図ることがポイントとなったと思われる。

一方、税財政制度論では、環境税制という個別的なテーマが出題された。もっとも、環境問題は、都や国が取り組む重要課題であり、東京都税制調査会の中間報告でも一定の考えが示されているため、これらを踏まえ、自分の考えを具体的に展開できれば十分解答可能だったと思われる。

論文試験への対策は、日頃から広くアンテナを張り、問題意識を持って業務に取り組む姿勢が大切だと思われる。

■環境

今年度の出題は、①「東京を環境への配慮がなされた持続可能な都市とするための都の取り組み」②「残存する負の遺産による被害から、都民の健康と安全を守るための都の施策」について、いずれかを選択し、考えを論じるものであった。ほぼ例年どおりの出題傾向である。毎年、総論的な課題が1問、テーマを絞った各論的な課題が1問出題されている。「都市の持続可能性」「環境配慮」というキーワードは繰り返し出題されており、比較的論じやすかったのではないか。環境の「負の遺産」については、知事の施政方針演説などで繰り返し述べられている課題である。

学習方法としては、過去の出題例を参照し、頻出されているテーマについて、都の施策の方向性を確認するとともに、新聞報道等の資料収集を行う必要がある。その上で、問題点と解決策を整理し、「当事者意識」を持って書くことが大切である。

■都市づくり

問題1は、都市整備全般を問い、問題2は具体的な課題を問う形式であり、例年の傾向どおりであった。

問題1は、都市整備全般にわたる課題を問いつつ、民間活力の活用や少子高齢化への対応などのキーワードを前提にした解答が求められる。今年は、今後の道路・橋梁の維持管理と整備が課題として例示されていた。

また、問題2は、景観形成、臨海開発、地震に強いまちづくり、道路整備などのテーマが出題されている。今年は、平成17年度に出題された、震災に強い都市づくりが再度出題されたが、予想された方も多いのではないだろうか。

論文の対策としては、「10年後の東京」を中心に重要な計画や答申の動きを押さえておく事が基本となる。また、福祉、環境や観光施策なども考慮した論述が出来るように準備しておくと良い。

B 技術

■土木

本年度は「交通政策の進め方」と「社会資本の安全性を確保する取り組み」についてであった。

「交通政策」は昨年と異なり、テーマが具体的に絞られていたが、道路・空港・港湾の連携による交通ネットワーク機能の強化や、渋滞を解消する道路整備の取り組みに関することなど、様々な視点から論じることができたと思われる。

「社会資本の安全性」は、例年通りの出題パターンであり、「『10年後の東京』への実行プログラム2008」等の都政の動きや、日ごろから土木の話題に注目していれば、予想できた方も多かったのではないか。

早い時期に論文を1編完成させて論文の形を習得し、都政の動向を常に把握しながら複数の問題について準備を進めるとよいであろう。

■建築

今年は「まちづくりにおける多様な主体との役割分担」「公共建築物の今後の整備方針」が出題された。両方とも建築技術者としての問題意識や考え方、「実行プログラム」を踏まえた的確な背景や対策を記述するだけだったので、書きやすかったと思われる。その分、財政難・少子高齢化・環境への配慮などの背景分析は不可欠だっただろう。

例年、1問は時事問題である。近年は、景観、環境、地震の3大テーマが続いたため、想定が容易ではずされたようだが、来年は例年どおり、時事問題が復活されるだろう。そのため「少数精鋭での建築行政」など建築技術者としての課題とともに、時事問題の対策も重要だと思われる。

■機械

今年の出題は、都の現状の課題を明確に示した内容となっている。地球温暖化対策は国内外の重要な施策であり、小手先の改善ではなく、施策推進のため、機械技術職として、課題解決に対し明確な意思を述べることを求めている。

もう一方は、人材育成、技術の継承、質の高いサービスの提供だった。これも都政の喫緊の課題であり、質の高いサービスについてどのような捉え方をするかが問題になる。

出題内容は一過性ではなく、都の重要課題として継続するもので、今後も類似の課題が視点を変え、出題されるものと思われる。

特に地球温暖化対策は重要で、東京都が目指す低炭素型都市への推進方法が求められる。

日頃より新技術、斬新な省エネシステム等の情報を収集し、これらを施策としてまとめられる訓練が大切となる。

■電気

今年の出題は、①先端技術を活用した環境負荷の低減②情報通信技術の汎用化を背景とした設備の新設・更新について、それぞれ電気技術者の立場から論じるものであった。

①は、社会的にも環境問題への関心が非常に高まっている中で、洞爺湖サミットの開催を控えての出題であり、論文を準備していた人も多かったと思う。

②は、計画的な設備更新や新規設備の構築は、施設の維持管理と並んで需要なものであり、出題のような課題にも様々な場面で直面している課題であろう。

いずれのテーマを選択した場合においても、論文試験は、単に電気技術者としての見解ではなく、管理職としてどのように都の課題に取り組んでいくかを問われているということを十分理解して学習する必要がある。

■生物

今年も公園緑地分野から1題、農林水産業分野から1題の出題となった。

公園緑地については、昨年度は「整備」に的が絞られていたのに比べ、今年度は「取り組み」総論であった。また、農林水産業分野については、昨年度が「農業の担い手」、一昨年度が「農地保全」に的が絞られていたのに比べ、今年度は「農林水産業の維持発展」総論であり、どちらの分野も論文としては広く浅くなる可能性があった点で難度が高い。

しかし、両分野とも例年建設局や都市整備局、環境局あるいは産業労働局等の取り組み、更には議会質疑等にあらわれている課題そのものであり、当該局の報道発表や議会質疑について常に情報収集しておくことが今後も有効と思われた。

■医化学

衛生及び環境行政からそれぞれ1題の出題は、昨年度と同様。

1題は「都民に安全な食を提供するための取り組み」で、近年、消費期限などの偽装表示や冷凍食品による中毒など、食の安全を脅かす事態が頻発している。出題を予想した受験生も多かったのではないか。

もう1題は「環境の負の遺産を解消するための取り組み」で、平成20年3月策定の東京都環境基本計画の重要な取り組みの一つである。類似の論文を用意していた人も多かっただろう。

論文試験は、あらかじめ用意した論文を出題意図にあわせて、その場で修正するケースが多い。そのため、事前に論文を用意するとともに、幅広い分野の課題について、背景、問題点及び解決策を整理しておくと良い。

20年度 特別区 管理職試験講座 20

Ⅰ類 択一 ③

地方自治制度

はじめに

地方自治制度は、択一式問題40問のうち、例年9問出題されており、時事問題（10問）に次いでウエートが大きい科目です。択一式問題の突破に向けて、真っ先に克服する必要があります。

出題範囲

出題範囲としては、地方自治法の条文を中心に、行政実例や判例などからも出題されます。

出題傾向

出題形式は、「地方自治法に規定する○○に関する記述として、妥当なのはどれか」または「地方自治法に規定する○○に関するA～Dの記述のうち、妥当なものを選んだ組み合わせはどれか」というもので、各問題ごとに五つの選択肢があり、その中から一つを選び出すものです。

過去5年間の出題分野は表の通りです。特に、議会と執行機関について多く出題されていますので、この分野を重点的におさえておく必要があります。地方自治法の問題は、いずれも、法律の主要な条文を正しく理解していれば正答することができるものになっています。

勉強方法

地方自治法は条文の量が多いので、効率的に学習する必要があります。ここ数年の過去問を解いて出題傾向と自分のレベルを確認しながら、問題集を中心に取り組む方法が適当です。

問題集に取り組むときは、各選択肢のどこが誤りであるのか、解説を熟読し、条文に当たって確認しましょう。その際、関連の行政実例や判例の理解を深めてください。さらに、解けなかった問題や選択肢を中心に同じ問題集を繰り返すことで、知識を定着させます。

参考図書

六法と問題集が必要です。購入の際は、はしがきや奥付を確認し、最新の法律や制度改正が反映されているか、注意してください。

1 六法

「地方自治ポケット六法」（学陽書房）、「地方自治小六法」（学陽書房）

六法は、条文のほか、関連の行政実例や判例の確認に必要です。試験対策のためだけであれば、前者でも十分です。

2 問題集

「地方自治法実戦150題」（都政新報社）、「地方自治法101問」（学陽書房）、「これで完璧地方自治法250問」（学陽書房）

東京都と特別区での実際の出題問題によって編集された「地方自治法実戦150題」は、特別区の管理職試験における回答のコツをつかむ点で便利です。

なお、ほとんど地方自治法になじみがなく、問題集から取り組むことには、どうしても抵抗を覚える方は、主任選考の際に用いた書籍や、「特別区職員ハンドブック2007」（ぎょうせい）の地方自治制度の部分、「地方自治法の要点」（学陽書房）などにざっと目を通してから問題集に取り組んでください。

問題

昨年出題された問題を三つ紹介しますので、レベルを確認しておきましょう。

【問題 1】

地方自治法に規定する議会の会議に関する記述として、妥当なのはどれか。

① 普通地方公共団体の議会の議長は、議事を整理する権利を有するのみであり、法律に特別多数議決の定めのある事件について、議員として議決に加わる権利を有しない。

② 普通地方公共団体の議会の議長は、議場が騒然として整理することが困難であると認めるときであっても、会議の議決によらない限り、その日の会議を閉じることができない。

③ 普通地方公共団体の議会の会議は、議長または議員3人以上の発議により、討論を行った上で、出席議員の過半数で議決したときは、秘密会を開くことができる。

④ 普通地方公共団体の議会は、議員の定数の半数以上の議員が出席しなければ、会議を開くことができないが、同一の事件につき再度招集してもなお半数に達しないときに限り、会議を開くことができる。

⑤ 普通地方公共団体の議会の議長は、議会運営委員会の議決を経て、当該普通地方公共団体の長に対し、会議に付議すべき事件を示して臨時会の招集を請求することができる。

【問題 2】

地方自治法に規定する長の専決処分に関する記述として、妥当なのはどれか。

① 普通地方公共団体の長は、当該普通地方公共団体の議会が故意に議事を遅延してその議決すべき事件を議決しないと明らかに認められるときには、長において専決処分することができる。

② 普通地方公共団体の長は、当該普通地方公共団体の議会が、その議決すべき事件のうち、特に緊急を要するものを会議において否決した場合には、当該事件を専決処分にすることができる。

③ 普通地方公共団体の長は、当該普通地方公共団体の議会が成立しないときは、その議決すべき事件を専決処分にすることができるが、次の会議においてこれを議会に報告し、その承認が得られないときは、法律上その処分は無効となる。

④ 普通地方公共団体の長は、当該普通地方公共団体の議会の権限に属する軽易な事項で、その議決により特に指定したものを専決処分にすることができるが、当該専決処分をしたときは、これを議会に報告する必要はない。

⑤ 普通地方公共団体の長は、当該普通地方公共団体の議会の権限に属する軽易な事項で、その議決により既に長の専決処分の対象として特に指定されたものについて、必要と認める場合は、議会の議決に付することができる。

【問題 3】

地方自治法に規定する公の施設に関する記述として、妥当なのはどれか。

① 普通地方公共団体は、当該普通地方公共団体の区域内でのみ、その自治権を及ぼし得るので、その区域外において公の施設を設けることができない。

② 普通地方公共団体は、公の施設の利用について、当該地方公共団体の住民以外の利用者から、住民よりも多額の使用料を徴収してはならない。

③ 普通地方公共団体は、公の施設の設置の目的を効果的に達成するため必要があると認めるときは、条例の定めるところにより、法人または個人を指定管理者として当該公の施設の管理を行わせることができる。

④ 普通地方公共団体は、条例の定めるところにより、指定管理者に公の施設の管理を行わせることができるので、指定管理者の指定をしようとするときに、あらかじめ、当該普通地方公共団体の議会の議決を経る必要はない。

⑤ 指定管理者がした公の施設を利用する権利に関する処分についての審査請求は、当該公の施設を設置する普通地方公共団体の長に対してする。

過去5年間の出題分野

	平成15年度	平成16年度	平成17年度	平成18年度	平成19年度
総則、通則、条例及び規則、直接請求	・市町村の区域	・解職の直接請求		・地方公共団体の名称	・条例の制定または改廃の請求
				・条例又は規則に定める罰則	・地方公共団体の事務
議　会	・議員の兼職または兼業	・百条調査権	・議長または副議長	・議会の議員	・議員の兼職または兼業
	・議会の議決	・議会の委員会	・請願	・議会の議決	・議会の会議
	・議会の検査または監査	・議会の会議	・議員の懲罰	・百条調査権	
執行機関	・収入役	・副知事または助役	・長と議会との関係	・監査委員	・選挙管理委員会または選挙管理委員
	・選挙管理委員会又は選挙管理委員	・長の専決処分	・長と委員会または委員との関係	・附属機関	・長の権限
		・監査委員	・地域自治区		・長の専決処分
財務、公の施設	・基金	・公の施設	・住民監査請求	・継続費または債務負担行為	・公の施設
			・行政財産または普通財産		
国と普通地方公共団体との関係及び普通地方公共団体相互間の関係	・地方公共団体相互間の協力		・国地方係争処理委員会	・国または都道府県の関与	
大都市等に関する特例、外部監査契約に基づく監査、特別地方公共団体	・外部監査	・広域連合			・一部事務組合

解説

【問題 1】　正解 ⑤

① 誤り。特別多数決の場合は議長を入れる。（昭和26年5月2日行政実例）

② 誤り。議員中に閉議に異議がある者があっても、議長は職権で閉議することができる。（昭和33年2月4日最高裁判例）

③ 誤り。法第115条。討論を行わず、3分の2以上の多数で議決したときである。

④ 誤り。法第113条。定足数の例外として、除斥により半数に達しないときなどもある。

⑤ 正しい。法第101条第2項。

【問題 2】　正解 ①

① 正しい。（昭和25年6月1日行政実例）

② 誤り。否決は議決の一種であるから、否決した場合は該当しない。（行政実例）

③ 誤り。議会の承認を得られなかった場合においても、法律上処分の効力には影響はない。（昭和26年8月15日行政実例）

④ 誤り。法第180条第2項。議会に報告しなければならない。

⑤ 誤り。議会の議決に再び付することは許されない。（昭和37年7月4日行政実例）

【問題 3】　正解 ⑤

① 誤り。法第244条の3第1項。区域外においても設けることができる。

② 誤り。法第244条第3項は、当該普通地方公共団体の住民以外の利用者に対する取り扱いについて関知するものではない。

③ 誤り。法第244条の2第3項。法人その他の団体で当該普通地方公共団体が指定するものであり個人はできない。

④ 誤り。法第244条の2第6項。議会の議決を経る必要がある。

⑤ 正しい。法第244条の4第3項。

おわりに

試験日までのスケジュールを組んでいくと、あまり余裕はありませんが、決して慌てず、時間を有効に使って着実に進んでください。

みなさんのご健闘をお祈りいたします。

カレントトピックス 20年度 36

都政事情

■「東京都教育ビジョン（第2次）」を策定　（5月22日）

東京都教育委員会は、平成16年4月に策定した「東京都教育ビジョン」の成果や「10年後の東京」の基本的な考え方を踏まえ、新たな取り組みの方向や重点施策、5年間を計画期間とした推進計画を示す「東京都教育ビジョン（第2次）」を策定した。

本ビジョンは、施策展開の三つの視点に基づき、12の取り組みの方向と27の重点施策を掲げ、その実現に向けた具体的な80の推進計画を示したものである。また、本ビジョンに掲げた施策を進めていく上で必要なものとして、教職員の定数増をはじめ地方公共団体に対する財源措置など、国に働きかけていく項目も示した。

■「仕事と生活の調和に関する世論調査」の結果　（5月28日）

本調査は、ライフスタイル、仕事観、子育て・介護を取りまく環境、ワーク・ライフ・バランスについての都民の意識や要望を把握し、今後の東京都の施策推進の参考とするため実施したものである。

有職者の仕事・家事・プライベートな時間の優先度（現実）では、59％の人が仕事を優先し、男女ともすべての年代でトップとなった。

ワーク・ライフ・バランスの実現度について、バランスが取れていると「思う」は54％、「進めるべきか」に対しては進めるべきと「思う」が80％で、特に女性の30代、40代では9割以上と高い結果となった。

■2016年夏季オリンピック候補都市に東京選出　（6月4日）

国際オリンピック委員会（IOC）は、アテネで開かれた理事会で2016年オリンピック・パラリンピックの立候補都市として東京を選出した。今回、候補都市として東京のほか、マドリード、シカゴ、リオデジャネイロが承認された。

東京は総合評価で1位となったが、世論調査では支持率が59％と他都市と比べて低かった。判断基準の11項目のうち「オリンピック選手村」や「宿泊施設」など4項目で1位となった。

今後は、09年2月に各都市が立候補ファイルをIOCに提出し、09年10月にコペンハーゲンで開かれるIOC総会で開催都市が決定される予定となっている。

短　歌

職場で詠んだ三十一文字

東村山ナーシングホーム介護課長　狐塚七重

2006年に介護保険制度の見直しが行われ、高齢者福祉の現場では、包括支援センターの役割が大きくなってきている。東村山ナーシングホームでも、保健施設の利用者がトラブルを抱え、包括支援センターの支援で新たなステップを踏むことが出来た事例がある。

しかしながら、高齢者の終末は、家族に事情がある場合、やはり、老人ホームか病院で迎えることになる。

老人ホームで暮らす高齢者は、寂しさの中にも、環境に順応する逞しさも持っている。日々、彼らと接する私にとって、悲しくもあり、楽しくもある。

医師のこと寮母のことなど話合ひ受診を待てりホームの老ら
八月十五日今宵は酒を慎むと赤き鼻した翁呟く
ヨタヨタと重き荷運ぶ君は言ふ「甲種合格手伝無用と」
はにかみて食事介助せる少年に老女の頬は緩みて見ゆる
自慢せし歯も老いたりと目を細め嫗は煎餅舐めつつ食めり
「海ホタル」でコーヒー飲みしが楽しくて幾度も語るホームの嫗
寝たきりの老人ホームの壁面に今飛び跳ねるうさぎのモザイク
動物のボランティアなり子兎は両手に包まれ老にすり寄る
八十路まで生くれば汝もかくなると惚けと笑はれ翁呟く
点滴に繋がれ眺むる夕焼けに嫗は想ふか遥かな家を

聴力の失せし翁の苛立ちか長生きし過ぎとナースにからむ
陽の温みこもる布団のこほしきとホームの老女インターンに語る
認知症の老女がナースに帰宅請ふ「小さな子供が待っています」と
生くることを拒むが如く頑なに開けざる老婆の口に全粥
毎日を叱られながら過ごしゐし老はホームに安らぎてあり
廃止せし施設の庭の一隅に老等と植ゑし立葵咲く
耳澄ませば大正琴が聞えくる老人ホームの裏庭歩む
夕食時院内放送繰り返す迷子の老は赤いパジャマと
閉鎖せし老人ホームぼろぼろと樋の錆落つ枯草の中
鶏の水飲むごとく錠剤をのみて嫗は午睡に入りぬ
琥珀色の淡き光を背に負ひて老人一人車椅子こぐ

定年3年目のフルタイムとなると、回章のメールに、一緒に働いた人の名を見つける。長い間、一緒に働き、何でも知っているつもりの友が、「死」の後、「そういう人だったのか」と新たに知ることがある。

歌会に誘ひしものを歌詠みし人と知りしは葬りのさなか
往時とは道を違えて帰りきぬ弔辞で知りし君を偲びて
深々と頭を垂れて辞職せし君の訃報を雪の日に聞く
道に敷く花びら巻上げたちまちに友の柩が遠ざかり行く
賀状なき友の訃報を如月の雪しんしんと積る日に聞く
ダイエット順調と言ひて別れたる友の訃を聞く夏の終わりに
逆縁を嘆きてをりし友人は職場を退きてボランティアに生く
旧友との思い出話がいつの間にか互いの薬見せ合うてをり
カラオケで歌ひ競ひて中年族フィナーレいつも「青い山脈」
欠席と返事したためじんわりと湧く淋しさに一日過ごせり
温かきぬくもり求め友はまた場末のクラブで酒に親しむ
ふぐ料理たっぷり食べて死にたしと居酒屋で語る還暦われら
砂時計の砂絶え間なくこぼれゆき戻り事なき過去を積み上ぐ

1年の目標をあげる自己申告が終わった。

私は、ナーシングホームというローテーション職場であることから、概ね1カ月間は自己申告の面接に追われる。面接では、目標のほかに、職員の日々の生活の様子を聞いている。

平均年齢が50歳近い職場であることから、やはり親の介護のことで悩んでいる職員が多い。仕事で介護に日々明け暮れているが、自分の親については、仕事との綱渡り介護である。

夜勤入り・明け・休みというローテの中で、彼らは明けの後すぐ汽車に乗り、一泊して親を介護し、翌日の朝、勤務に付くという。

仕事を辞めれば、自分の老後が不安であるし、高齢になった親を見知らぬ都会に連れてくることも不安を感じている。

私も今から15年位前、母の介護に明け暮れた。今思うと、「なぜ、もっと優しく出来なかったのか」と後悔ばかり先に立つ。だから私は、彼らに「後で後悔しないように」と言っている。

ふかぶかと眠れる母の耳元にイヤホン落ちゐて笑声漏るる
口を開け息する母の横顔を紅さすごとく夕陽は染むる
病床の母は幼く言ひ訳す吾の叱咤に涙流して
古びたる竹の行李に母の字で「七重絵日記」とあるを見つけぬ
黒々と髪を染めたる日の母は淡く化粧し夕餉華やぐ
仏壇の母の遺影の見ゆる場所父がゴロンと日がな寝てをり
ふっくらの母の写真を眺めつつやつれゆきたる歳月思ふ

お花見を楽しむ高齢者たち

ともに生きる　29

人に優しい街へ（車いす考①）

「駅には、エレベーターやエスカレーターがあるので、とても便利になった」「低床バスは、乗り降りしやすい」「券売機が手の高さにあるので、購入しやすい」等と思ったことがありませんか。何よりも「この頃、街で車いすの人に出会うようになった」と思いませんか！

国際障害者年（1981年）以来、体の不自由な人たちを巡る物理的な壁（バリア）は取り除かれてきています。この間、「人に優しいまちづくり」は合言葉でした。環境整備の推進に役割を果たしたのが、「高齢者・身体障害者等が円滑に利用できる特定建築物の建築の促進に関する法律」（ハートビル法＝94年）、「高齢者・身体障害者等の公共交通機関を利用した移動の円滑化の促進に関する法律」（交通バリアフリー法＝2000年）です。08年には、この2法律を一体化して「高齢者・障害者等の移動等の円滑化の促進に関する法律」（新交通バリアフリー法）となりました。

駅の階段で車いすを駅員4人がかかりで上り下りしている光景は、電動車いすの場合バッテリーがかなりの重量ですから、その大変さは如何ばかりかでした。外出に際して介助者が手不足の場合には、「手伝って下さい」と声をかけることに、一大決心がいりました。車いす操作実習では、安全な階段の上り下りは、重要度を高くしていました。

先日、ある学生が「私が住んでいた町では、車いすの人が来ると駅員が総出で迎えて電車に乗せています。施設設備が整うことも必要ですが、このような心の交流も大切だと思います」と感想を書きました。この感想に対しては、心のバリアフリーの大切さとともに、「車いすの当事者は社会参加のためには、主体的に行動できる自由な環境と適切な支援があることを最も望んでいます」との話をしました。バリアフリー化は、体の不自由な人が生き生きと暮らせる街をもたらしつつありますが、広さ、深さの面として捉えた場合、課題は山積しています。

（元都立村山養護学校長　飯野順子）

健康第一、勤続疲労

がんばれ！公務員　29

文とマンガ　鈴木武征

都職員の勤務生活は長い。

入都平均年齢を20歳としても、60歳の定年まで勤めると40年になる。

さらに、大量退職や少子化に伴う労働人口確保、年金負担や天下り問題対策などから65歳定年制の可能性も高く、実現すれば45年に及ぶ長丁場となる。

一口に45年と言ってもピンと来ないが、長いオツトメに掛けて言えば、「懲役45年」と宣告されたようなもので、まさに相応の覚悟と対策無しでは定年後のシャバのお日様を拝めない。

人生のなかで大切なものは、「1に健康、2に生き甲斐、3に多少の貯え」だと言われる。

2の生き甲斐では「公務員として生涯を住民福祉のために尽くしたい」とか、「よき伴侶を得て幸せな家庭を築きたい」とか、人それぞれに何らかの生き甲斐をもって、自らの行動の原動力、心の支えとしていることであろう。

3の多少の貯えでは、金銭等の多少の貯えは生活に余裕と落ち着きをもたらすとともに、人生何があるか分からない、いざという時のためにも多少の貯えがあれば安心して事に当たれるのではなかろうか？

その中で健康が第1に挙げられるのは、古代ギリシャの医者ヒポクラテスの「世の幸福は健康にある。何故なら、どんな名士であれ、金持ちであれ、小指一本怪我してずきずきと痛んでみたまえ。目下の痛みに名誉も金も忘れて世を呪うであろう」と語ったことでも知られる。

つまり生き甲斐も貯えも、まず健康あってのことだと思われるからだ。

かく言う私自身、都庁生活も後半、定年まであと5年というところで大病をした。

ある日、身体の些細な不調を発端に、ややピントはずれの動機で職員診療所を訪ねた。（ピントはずれの動機については近日ご紹介予定）

健康にはそれなりに自信があったので、美人の先生に当たってラッキーなんて思っていたノー天気な私。ところが先生は何かを予知されたようで、「必ず今日のうちに行くように」と専門の検査機関を紹介された。

競馬や宝くじには当たらないのに歓迎しないことに限ってズバリ的中、後日、東京女子医大病院で腎臓がんの宣告が下された。

片方の腎臓を摘出し、さらに2年間にわたり抗がん剤の注射が続いた。

それもあって定年後は職にも就かず、今なお余病の併発防止などで病院とは縁が切れない。

しかし、今日あるのも職員診療所の存在と女医先生、そして職場の上司、同僚、皆々様のお陰と深く感謝している。

皆さんも健康な身体であってこそ、40年ないし45年の長い公務員生活に耐え、住民サービスに徹することも出来るというもんだ。

日頃の健康にはくれぐれも留意していただきたい。

その為にはまず職場の健康診断、人間ドックの活用、そして身体の調子に少しでも異変を感じたら、何はさておき早めに診療機関に行くことをお勧めする。

機械に金属疲労があるように、人間にも勤続疲労は避けられない。

みにがいど

◆「ハンセン病を正しく理解する週間」写真展【第一本庁舎1階アートギャラリー】6月21日（土）～27日（金）○意識のブース＝ハンセン病に関する問題がまだ終わっていないことに気づくための写真展示【第一本庁舎南側45階展望室】25日（水）～27日（金）○知識のブース＝病気に対する正しい知識や、これまでの歴史と回復者を取り巻く様々な問題についての情報パネル展示○理解促進のブース＝当事者にしか理解できない隔離の実態や差別・偏見、社会復帰に対する葛藤などへの理解を深めるための写真展示○行動につなげるブース＝若者ボランティアの活動を紹介する写真・パネル展示▽問い合わせ先　福祉保健局感染症対策課☎5320・4480

◆東京ウィメンズプラザ「オープンプラザ事業」企画募集！▽募集期間　7月14日（月）必着▽実施期間　08年9月1日～09年2月28日までの希望する1日▽内容　男女平等参画に取り組む団体・グループの企画募集。採用企画には、講師謝礼金の一部負担や会場の無料提供などを支援※詳細はhttp://www.tokyo-womens-plaza.metro.tokyo.jp/▽問い合わせ先☎5467・1980

◆スクール・セクハラ／スポーツ・セクハラ電話相談キャンペーン▽関東ネットワーク電話相談☎5328・3260＝7月5日（土）・6日（日）午前10時～午後7時▽スポーツ・セクハラ電話相談☎0120・177・976＝7月19日（土）・20日（日）午前10時～午後3時▽問い合わせ先　神奈川大学入江直子研究室☎045・481・5661（内線4270）

coffee break

東京でテレビに出る

宮崎に単身赴任中のK君が帰京している。家族サービスもいいが、悪友仲間の義理も果たしてもらおう。こういうときの宴会は、気楽なS君のマンションだ。おみやげというか、半ば強制的に持ってこさせた焼酎で、皆いい気持ちである。

飲みながらぼーっとテレビを見ていると、東国原知事が出てきた。

「おっ、お前のところの知事が出てきた」

「ああ、これ何チャンネルだい」Kが聞く。

「うーん、4だな4」

「そうか、ちょっと失礼」Kがケータイを掛ける。

「おう、Kだよ。今東京。知事出てるよ。そう、日本テレビ。ああ、同じこと言ってると思う。録ってるよね。うん。じゃあ」

「おいおい、何だよ」Sが聞く。Kが言う。

「宮崎には日本テレビ系の放送局はない。だから普通の人はこの番組は見られない。ただ、ケーブルテレビの契約をしているか、鹿児島県境まで行けば他県の日本テレビ系が見られる。そういうところで録ってもらって、今風の言い方をすれば我々は職場で『情報を共有する』ってことだ」

S君が突っ込んだ。

「不思議じゃないか、この放送、宮崎じゃ見られないのだろ、住民がまともに見られない番組に出演してアピールしている知事も不思議だが、それを録って『情報共有』とかいうお前らもおかしくないか」

「馬鹿、田舎ものは田舎の情報しか関係ないと思っているだろう。違う。もし知事が日本テレビで面白いこと行ってみな、全国からの電話とメールで県庁は仕事にならない。無論我々の仕事も大騒ぎだ。でも、それで宮崎に注目が増えればありがたい話じゃないか」

「まあ、宮崎くらいになれば、大都会の金と人で生かされて回っているのが実態だ。それを知事は知っている。県庁だって、俺たちだって知っている。農家のおっさんなんかは分かっちゃいないだろうがな。地元のテレビに1時間出るより、飛行機使って往復して、地元で写らないテレビに5分出ているほうが、稼ぎが大きいかも知れないぞ」

「もうちょっと聞きたきゃ、お前ら遊びに来いよ。もっといい焼酎も飲ませてやるよ」

（百年の孤独）

都政新報

発行所 都政新報社
〒160-0023 東京都新宿区西新宿7-23-1 TSビル
〈総務・読者〉03-5330-8781
〈企画広告〉03-5330-8784
〈編　　集〉03-5330-8786
〈出　　版〉03-5330-8788
〈セミナー事業部〉03-5330-9977
〈ファクス〉03-5330-8808
購読料 月1,680円(税込)
毎週火・金曜日発行
但し、祝祭日は休刊

紙面から

都、谷埋め盛土を洗い出し

大地震時の危険度を予測

都は19日、大地震時に大規模な盛土造成地での地滑り・崩落の可能性がある範囲を明らかにする「宅地ハザードマップ」の作成に向けて、区市町村との連絡調整会議を設置した。阪神・淡路大震災や新潟県中越地震の際、大規模に谷を埋めた造成宅地で地滑りや崩落による被害が相次いだ。東京の山手地域の住宅地は、一見平坦に見えるが、人工的な谷埋め盛土が多く存在している。都では、新旧の地図を比較して盛土の箇所を抽出し、地滑りや崩落の危険度を調査して、対策に乗り出す。

区市町村と連絡調整会議設置

阪神・淡路大震災（95年）や新潟県中越地震（04年）で大規模に谷を埋めた造成宅地（谷埋め盛土）で地滑りや崩落などが起きたため、国は06年に宅地造成等規制法を改正した。

同改正法では、地方自治体が崖崩れなどによる災害で相当数の居住者に危害を生ずる恐れが大きい造成宅地の区域を「造成宅地防災区域」として指定し、その区域内の宅地所有者などに対し、災害防止のための必要な措置をとることを勧告し、命令することができる。

都は、07年度に基礎調査として、新旧の地形図などを比較して、調査範囲の絞り込みと開発年代を把握し、3カ所でモデル的なスクリーニングを実施した。08・09年度には、区市町村との連絡調整会議を設置、一次スクリーニングとして、区市町村と連携し、大規模盛土造成地を抽出する。

調査対象は、多摩川低地、東部低地、武蔵野台地など、昔から平坦で谷埋め盛土が存在しない地域を除外。ゴルフ場や公園緑地など、宅地以外の区域も除外する。また、大規模な宅地がない山間部も含まれない。

都内には、江戸時代など古い時代に造成された箇所があるが、今回の調査では、関東大震災以降の開発が対象となる。

都は、こうした調査をもとに、10年度に大規模盛土造成マップ（宅地ハザードマップ）を公表。ボーリングなどにより具体的な危険度を評価する二次スクリーニングを、区市町村主体で実施する予定。その結果をもとに、12年度以降に、造成宅地防災区域の指定を行う。

指定区域で対策工事を行う場合は、国が対策工事費の4分の1を助成する。

足元の耐震化が急務

【解説】 全国の自治体が急いでいる住宅の耐震化と言えば、地面から上の震災対策だ。今回、作成する宅地ハザードマップは、住宅地盤の耐震化を目的としている。

阪神・淡路大震災では、六甲山を背景とした斜面地で地滑りや崩落が起こり、その半数は谷を大規模に埋め立てた「谷埋め盛土」の宅地だった。同じ現象は、新潟県中越地震でも起こった。

谷埋め盛土の造成宅地は、大都市に多い。東京では、関東大震災が起きて以降、都心部の住民が山手線の外側の東京西部へと移り住んだ。世田谷区や目黒区など、一見平坦に見える住宅地で、谷埋め盛土である箇所が多く、地面の下にはかつての斜面地が残されている。

中国の四川大地震や岩手・宮城内陸地震では、山間部の地滑りや崩落が生々しく記憶に残っているが、実は都心のなだらかな住宅地でも、地滑りや崩落とは無関係ではない。しかも、崖地のような目にみえる場所では、住民や自治体もリスクを認識できるが、谷埋め盛土はリスクが目に見えないため、優先順位が後回しになってきた。

都都市整備局市街地整備部では、「いくら住宅の耐震化をしても、地盤が滑っては何の意味もない。今回の調査結果をもとに、耐震化工事の優先順位を決めなければならない」と指摘する。

盛土造成地の箇所は多く、都だけでは手に負えず、区市町村との連携が不可欠だ。また対策工事を行う場合、国が工事費の4分の1しか補助しないため、住民負担が重く、負担軽減の仕組みが課題となっている。

耐震化の機運が高まる中、足元の耐震化が急務となっている。（地）

豊洲土壌汚染問題で質疑

公明「五輪と切り離すべき」
民・共「知事答弁は意図的」

経済・港湾委

豊洲新市場予定地で基準の4万3千倍を超えるベンゼンなどが検出された問題について、代表質問で豊洲移転の「再検討」を求めた公明党が、20日の都議会経済・港湾委員会で、豊洲移転と五輪招致を切り離すべきとの考え方を明らかにした。

上野和彦氏は、「土壌汚染の問題解決にあたっては、都は焦らず慎重に進めていくべき。2016年招致のオリンピックにはとても間に合わない。従って、豊洲新市場土壌汚染問題は、五輪とは切り離して、都民の不安と不信の払拭のためにも、都民の納得のいく慎重な取り組みをしていくべき」と表明した。

移転推進の自民党からは、米沢正和氏（自民）が、「最近の豊洲をめぐるマスコミや一部反対派の過熱ぶりは驚き。このまま何もしなければ、生鮮食料品流通拠点としての地位もブランドもジリ貧だ」と豊洲への移転整備を主張した。神林茂氏は、土壌対策経費について、「食の安全・安心を確保する中で、経費縮減には都民感覚を十分持って、不断の努力で取り組んでもらいたい」と主張した。

馬場裕子氏(民主)は、石原知事の代表質問での答弁に触れ、「高濃度の汚染が『極めて限られている』という表現は、アナウンスの仕方がとても意図的」と苦言を呈した。

小竹紘子氏（共産）も、「知事答弁は、汚染を少なく見せるための言い訳にしか受け取れない。4万3千倍の濃度が1カ所で出たのは、問題がないと考えているのか」と批判した。

これに対して、比留間英人中央卸売市場長は、「汚染の状況は極めて限定的で、高濃度の部分は限られている」との認識を示した上で、「問題があるかどうかという観点ではなく、対策ができるかどうかが極めて重要。専門家会議は調査結果をつぶさに検討し、対策は十分可能との見解を示しており、私も十分可能だと思う」と自信を見せた。

大西由紀子氏（生ネ）は、40㌶以上の用地という新市場の条件について、「市場の取扱量は、ピークが終わり、現在は横ばい。今後人口が減少していく中で、どうなるのか考える必要がある。また公的な市場のあり方も、方向を変える自治体がある。市場としての役割を分析したことはあるのか」と質問した。

比留間市場長は、「流通環境がどのように変化しても、産地と消費者を総合的に結ぶ卸売市場の役割が変化することはない。大都市の卸売市場として、産地と消費者の両方のニーズにこたえられるような市場を目指さなければならない。それが市場の活性化につながり、市場経由率を高めることになる」と答えた。

また、現在地再整備の可能性についても各党から質問があり、比留間市場長は、「現時点では不可能」との答弁を改めて繰り返した。

比留間市場長は「現在地再整備はない」と断言＝港湾委員会（20日）

会議録音のCDで都の責任追及

都「真偽、わからない」

新銀行東京

19日の都議会経済・港湾委員会で共産党は、新銀行東京の元行員から独自入手した05年11月20日の「事業計画ブリーフィング」の模様を録音したCDをもとに、経営破綻の責任が都側にあると追及した。CDの中には、当時、新銀行設立本部長だった津島隆一氏（現・新銀行東京代表執行役）ら都幹部と銀行経営陣のやり取りが記録され、都議会答弁に沿うよう迫る都側と、「個人で考えないで、企業としての議論をしてもらいたい」と訴える銀行経営陣の声が入っている。

このCDは、17日の代表質問の際、共産党都議が石原知事に手渡し、聴くよう要請。産業労働局では、塚田祐次総務部長が聴いて佐藤広産業労働局長に報告した。経済・港湾委員会で塚田部長は「CDの真偽が分からない」と答えた。

05年11月20日の事業計画ブリーフィングでは、審査、債権管理・回収などが議題になり、CDを聴くと、たとえば「透明性のある審査プロセス」では、銀行経営陣が「判断基準を公表するのは難しい。スコアリングモデルの中身を全部出せということになる。どこの金融機関も、あまりやっていない」と発言。

これに対し、都幹部は「従来の金融機関は、上司と相談してダメだったとか、そういう答え方なので、フラストレーションがたまる」と再考を促している。

都幹部のこの反論に対し、銀行経営陣は「銀行ができたから、すぐに借りに来る人間は、どちらかと言うと怪しいんだ。そういう人たちは、ここが悪いと言うと、（融資基準に合うように）決算書を作ってくるというのが、いっぱいある。そこも注意しなければいけない。貸さないという意味ではなくて、悪い人をどうやって排除して、いい人に貸すかということを我々はやりたい」と理解を求めた。

それでも納得がいかない都幹部は、都議会情勢について説明。「今、自民、公明の先生が新銀行にお願いすれば、みんな貸してくれると言いまくっている。貸してくれると言ったのに、貸してくれないとなってしまう。この銀行は、断る銀行なんだとなる」と議会との関係を懸念。融資申し込みがあっても断る場合には、「改善を求め、貸していく銀行ですと言えばどうか」と、今後の議会答弁の中身について相談するような発言も録音されている。

共産党の清水秀子委員は「都の乱暴な介入を示すものだ。こんなやり方が許されるのか。津島代表執行役をはじめ、会議の出席者全員を聴取し、事実を調べるべきだ」とただした。

佐藤広産業労働局長は「都は、新銀行を設立する時、マスタープランを策定し、議会に示した。業務計画をつくる途中経過で議会審議やマスタープランに沿う形で具体化されるよう、都が主張するのは当然のこと。マスタープランを押し付けるとか、そういうことではない」と答弁。さらに「銀行内部の融資判断や顧客管理の重要な情報が外に出て行くこと自体、内部規律として大きな問題だ」と反論した。

矢野氏が4選

狛江市長選

狛江市長選挙は22日投開票され、共産党が推薦した現職の矢野裕氏(61)が4選を果たした。共産党籍を持つ市長としてはもっとも長い政権を握ることになる。

＝3面に関係記事

矢野氏は、「市民が主役の市政」のさらなる実現をめざし、「孤独死、待機児、妊産婦検診費用負担、駅前放置自転車」の四つのゼロなどの公約を掲げて戦った。自民、公明が推薦した高橋清治氏(57)、民主、国民新党、新党日本、生活者ネットワークが推薦した伊藤正昭氏は、猛追したものの及ばなかった。

当日の有権者数は6万2997人で、投票率は前回を3・32ポイント下回る48・51%だった。矢野氏は1946年生まれ。早稲田大学法学部卒。75年から狛江市議6期21年を務め、96年に狛江市長初当選。

冗句ジョーク

豊洲新市場移転に暗雲、公明党も再検討表明

勢いづく反対派

「お客さん、立ちションは困るよ、ここじゃ豊洲まで行ってするのがキマリよ！」

CO_2削減義務化

全会派一致で賛成

環境・建設委

都が第2回定例会に提案している環境確保条例の改正は、23日に開かれた環境・建設委員会で、全会派一致で可決された。20日の質疑では、2010年度から5年間程度のCO_2削減義務率について、2020年度までの削減率15～20%を目安として、08年度中に定める方針が示された。

環境局は20日の質疑で、2020年度までの中長期的な削減義務率として、15～20%程度という目安を提示。オフィスビルなど業務系の施設は最新の省エネ機器の導入などにより「15%程度の削減余地がある」と説明した。一方、都の「2020年までに2000年比でCO_2を25%削減する」という目標を達成するためには、業務・産業分野で20%程度のCO_2削減が必要との試算を示した。

環境確保条例による第一期削減率は、2020年度までの中長期的な削減率とは異なるが、事業者の対応しやすさなどを考慮して、秋に設置する専門家の検討会で決めることになる。約1300カ所の大規模事業所が対象になる。

23日の環境・建設委員会では、民主党と生活者ネットが、省エネ促進税制の創設や設備更新費用に対する助成制度の創設などを検討するよう求める付帯決議案を提出。この案は否決されたが、都の原案については「先駆的、野心的ながら、地に足のついた制度設計」（民主）と評価した。一方、共産党は、「環境への負荷の低減のため、都市の成長を管理して、CO_2の排出総量を規制する」ことを盛り込んだ修正案を出したが、否決されたため、CO_2排出量の削減義務化自体は「歓迎する」として、原案採決では賛成に回った。

エコドライブ普及へ

教習会で講師を養成

都環境局

環境に配慮して自動車を運転する「エコドライブ」を都内全域に広げるため、都環境局は21日、エコドライブのインストラクターを養成する教習会を警視庁府中運転免許試験場で開催した。

㈳東京指定自動車教習所協会に加盟する全自動車教習所の教官54人が急ブレーキや急発進をしないように、燃費計を装着した自動車で200㍍を試走。講習を受ける前後で、燃費がどれだけ改善されたか確認した。参加者からは「1～2割燃費がよくなっていた」との声もあった。

教習会では、都環境科学研究所が開発を行っている「エコドライブ評価・支援システム」（仮称）を搭載した自動車の試乗体験も開催。同システムが走行データをもとに、燃費を推計し、CO_2排出量やガソリン代がどれだけ削減できるか測定できる。

乗用車のCO_2排出量は年間約800万㌧（05年度）で、自動車全体の6割を占めている。自動車公害対策部では「エコドライブを都民に普及させることで、自動車が排出するCO_2を抑制できれば」と話している。

都政の東西

すぐに行動を

いじめや暴力行為など児童生徒による問題行動が深刻化しつつある。とりわけ小中学校の生徒間暴力が増加しており、非行の低年齢化が目立つ。もはや「学校の教育が悪い」「親のしつけがなっていない」と責任をなすり合っている場合ではない。学校、地域、家庭、行政それぞれが自らの責任と役割を自覚した上で、連携しながら具体的な対策を講じていかないと取り返しのつかない事態を招く。

暴力行為とは「対教師暴力」「生徒間暴力」「対人暴力」「器物損壊」の4形態を言うが、教育庁の調査によると、2006年度の暴力行為発生件数は1364件で、前年度の倍近くに膨らんだ。中学校が1180件と最も多く、小学校が65件から143件と激増している。

非行の低年齢化と、普段はおとなしい児童生徒がいきなり凶悪犯罪に走るというのが最近の傾向である。いじめや暴力行為が原因で自殺に追い込まれた児童生徒も後をたたない。学識経験者の一人は「学校や家庭に問題があると責任転嫁していても問題は解決しない。家庭、地域を含めた具体的な連携行動プランをつくり、すぐに行動を起こすべきだ」と危機感をつのらせている。

行政も手をこまねいているわけではない。この間、24時間いじめ電話相談や児童生徒の非行防止を目的としたセーフティ教室、いじめ防止フォーラムの開催、専門家派遣による学校支援など数多くの事業を手がけてきた。今年度は「健全育成行動連携協議会」を立ち上げ、学校支援チームのあり方などを探る予定だ。しかし、「りっぱな事業計画を作っても、学校内の協力体制、保護者や地域の賛同と協力がなければ効果はあがらない」(学経者)という。その最も基本的な部分を押さえた問題行動対策となることを期待したい。

15区で天窓など点検

屋上で授業する学校も

児童転落死

杉並区立杉並第十小学校の児童が屋上の天窓から転落死した事故を受け、19日までに本紙が調べたところ、小中学校で天窓がある校舎は15区に及び、屋上を施錠したり天窓の周りを柵で囲むなど安全対策を取っていることがわかった。中には、授業などで天窓のある屋上を利用し、杉並第十小と同じ状況の学校もあった。天窓以外の安全性を調べた区では教室の窓枠のガタツキなどもあり、学校に潜む危険を限りなくゼロに近づけることが課題だ。

＝3面に関係記事

手すり、窓枠などに不備

屋上、トイレの天井などに天窓が設置されている校舎は、19日までに調査が終わった15区で、小中学校計104校に上った。

23区のうち、これまで天窓で事故があったのは中央区の小学校。天窓の周囲には約1・5㍍の柵が設置してあったが、3月に事故が起きた後は対策としてネットを張り、中に入れないようにしてあるという。

台東区の小学校1校では3階の天井に天窓があるが、以前から落下防止用のネットを張っており、渋谷区、新宿区などでは施錠した屋上の天窓の周りを柵で囲む対策などを取っている。

校庭が狭い大田区の一部の学校では、休み時間に屋上を開放しているため、区教委は安全確認の徹底を学校側に呼びかけた。板橋区では、小学校43校、中学校3校が授業で屋上を利用しており、以前から教員が子どもを注視しているだけでなく、学校の屋上にある天窓に「近づかない」という張り紙などで注意を促している。

天窓以外の安全性を調べた区もある。板橋区教委は、小中学校の屋上の天窓の有無に加え、教室やベランダの状況も調査した。その結果、教室窓枠の緩みが小中で計6校、ベランダの手すりなどのガタツキが小中の計4校で発見された。区教委が、危険箇所には立ち入らないよう、学校側に注意を喚起した。

足立区教委は、窓からの転落などを懸念する。「子どもが死んでからでは遅いので、危険部位をなくしていく」と話している。

【19日までに調査を終えた15区】

千代田、中央、港、新宿、台東、墨田、世田谷、渋谷、中野、杉並、豊島、板橋、練馬、足立、葛飾

学校の危機意識に甘さ

今回の事故について、愛知教育大学講師の内田良氏は、転落事故に対する教育現場の総体的な意識の低さを背景として指摘する。

学校運営の観点から全国の転落事故を研究してきた同氏は、「『事故を想定していなかった』といった危機意識の甘さは過去の事故にも共通する。子ども本位ではない現場の姿勢が一番の〝死角〟になる」と話す。また、「原因を〝自己責任〟として被害児童に求めがちな風潮を増長してきたのではないか」とみる。

さらに、「学校は、過去に発生した校内の転落事故の検証や情報共有、児童の視点での校内点検など、ソフト面の対応が急務だ。危機意識を持った上で、安全柵、防護ネットの設置などハード面に取り組んでいくべき」と指摘している。

危険を限りなくゼロに

【解説】全国の小中学校などでも、屋上の天窓から転落する事故が起きている中、今回の転落死は安全対策の不備がもたらした人災とも言える。今後は、校舎の設計のあり方が問われることになりそうだ。

屋上の天窓から1階まで吹き抜けの校舎が流行した時期は、70〜80年代という。設計事務所が吹き抜けのデザインを考案し、区教委が容認してきた。

屋上に天窓を設置する理由として、天窓から太陽光が差し込めば校内の照明を使う必要が減り、省エネにつながることなどが挙げられる。しかし、ある区教委は「天窓から光がほとんど入ってこない」と、天窓の効果を否定した。

一方、足立区教委では、中庭を設けて「ロ」の字型の校舎づくりを進めている。1階から屋上の天窓まで吹き抜けの校舎よりも、採光性は良いため、学校側からは好評だという。ただ、「ロ」の字型の校舎は、児童・生徒数や敷地面積の確保の問題もあり、造りにくい面もある。

これから、改築が必要な23区の小中学校は多い。学校の耐用年数を50年とした場合、23区の小中学校は今後20年間で約960校が大規模改築が必要になる。

環境問題が重視される今、エコスクール化を進めていくことは大切だが、児童、生徒に安全な設計を視野に入れなければならない。危険度を限りなくゼロに近づけることが求められる。（石）

小中13校に天窓

杉並区

杉並区立杉並第十小学校の児童転落事故を受け、杉並区教育委員会は19日、区立小中学校66校に対し、施設の緊急点検を指示した。

同区教委によると、区内の小中学校13校に天窓があることが判明。事故翌日の19日朝の臨時の校長会で、各校での緊急の安全措置と校舎の点検などが指示された。

事故の起きた第十小は19日から、平常どおり授業が行われている。区教委からカウンセラー3人が派遣され、事故を目撃した児童の心のケアにあたったほか、登下校時に職員数人が通学路に配置された。

山田宏区長は19日、「学校設置者として責任を痛感し、心よりお詫びする。すべての学校等の施設の再調査を行い、二度とこうした事故が起こらないように徹底した対応に努める」とコメントを発表し、謝罪した。

会議後のアクションを

環境サミット in 足立　ツバル副首相らが出席

「自治体と連携できれば」と語る近藤区長（左端）＝足立区役所で

環境問題が主要テーマになる7月の北海道洞爺湖サミットの開催に先立ち、足立区は21日、「環境サミットin足立」を開いた。会場には650人の区民らが参加した。

温暖化の影響により、水没の危機に瀕している南太平洋の島「ツバル」のターバウ・テイ副首相らが出席。海外の要人が自治体主催の環境サミットに出席するのは珍しいという。テイ副首相らの基調講演、パネルディスカッションが行われた。

現在、ツバルは80年代と比べ大型台風が倍増し、高潮被害に遭い、陸地が浸食されているだけではなく、高騰しているガソリンの輸送コストにも悩まされている。天然資源も資金もないため、太陽光エネルギーなどに注目している。

テイ副首相は「営々と築かれてきた生活を続けていきたい。みなさんに温暖化防止対策の取り組みに参加してほしい」と訴えた。

パネルディスカッションでは、環境対策の先進自治体の首長が取り組みを披露した。山口県宇部市では、行政、大学、市民、企業が連携して、ばい煙公害を解決した。

また、岐阜県多治見市では、家庭ごみを23種類に分別収集しごみ量を減らし、今後は5市連合でレジ袋の削減に取り組むという。

古川雅典多治見市長は、今回の環境サミット、来年5月の環境自治体会議の後、自治体などがどんな行動を起こすかが大切であることを述べた。

鴨下一郎環境相は、低炭素社会の実現が必要で、ビジネスチャンスの創出になるとし、足立区に多い中小企業が新技術を開発することに期待感を示した。これを受け、近藤やよい区長は、中小企業のビジネスチャンスを創出する橋渡しになるのが行政の役割と述べた。さらに、自治体の規模は違っても同じ環境問題に直面した時は、連携を深めたい考えだ。

後期高齢者医療制度

見直し策は反映されず

7月中旬ごろ保険料通知

後期高齢者医療制度の今年度の保険料が7月中旬ごろ、区市町村から対象者に通知される。だが、この保険料には、政府与党が急きょ決定した負担軽減の見直し内容が反映されていない。東京都後期高齢者医療広域連合では、見直しが反映されていないことを知らせる文章を同封する予定だが、高齢者の混乱も予想される。区の中には、重複を覚悟で独自のお知らせ文の同封を考えているところもある。

注意のお知らせ同封

これまでの後期高齢者の保険料は仮算定でしかない。7月の通知は、前年度の所得が分かったことを受けて、今年度の保険料の正式な決定額として、高齢者のもとに届くはずだった。

ところが、政府与党は相次ぐ制度批判への対応から、今月12日、保険料軽減を柱とした見直し策を急きょ決定。保険料の均等割が7割軽減の人は、今年度は暫定で8・5割軽減となることなどが盛り込まれた。あまりに急な変更だったため、国からは具体的な事務処理の方法やスケジュールについては示されないまま。システム改修も間に合わないため、7月の保険料通知では見直しを踏まえない金額が知らされることになる。

こうした事態を受けて東京都広域連合は、7月の保険料通知の際、見直しが反映されていないことを書いたお知らせ文を同封する準備をしている。お知らせ文では、見直しにより、今年度分は▽均等割7割軽減の人は8・5割軽減に▽年金収入が210万円以下の人は、所得割が50%軽減になることを説明。これらに該当する人については、改めて保険料の変更通知を送ることを伝える予定だ。

東京都広域連合では「変更通知の時期は、条例改正などを終えた8月か9月ごろになりそう。その時には、来年度の軽減策についてのお知らせも同封できないか考えている」と話す。

区の担当者からは「見直し策で仕方ないとはいえ、また高齢者を混乱させそう」と心配する声もある。東京都広域連合のお知らせだけでは不十分と考える区も。ある区の担当者は「広域連合のお知らせだけでは分かりにくい部分もある。見直し策などについて、より理解してもらうためにも、区からのお知らせも同封する予定」と話す。

23区では、9区が4月から年金天引きの仮徴収をスタート。14区は10月の年金天引きの本徴収を前に、7月から納付書による本徴収を実施する予定でいるなど、区によって徴収方法が違う。年金天引きの仮徴収では、8月の引き落とし分も、保険料変更が間に合わない。

各区からは「国や広域連合からの情報待ちで動きようがない」といった声も上がるなか、国は今週中にも各都道府県の広域連合を集めて説明を行う予定。区の担当者らは「保険料の変更にはシステム改修が必要だが、国は本当に財源を保障してくれるのか」「7月の保険料通知で再び増加すると思われる相談への対応を考えないといけない」などと語っている。

後期高齢者に不服 申し立て255件

後期高齢者医療制度で、都は20日までに、255件の75歳以上の高齢者からの不服申し立ての審査請求を受理した。

審査請求の主な内容は、保険料が高いことや年金からの天引き（特別徴収）への不満が多い。

今後は、保険料について東京都後期高齢者医療広域連合が、天引きについては区市町村がそれぞれ弁明書を作成。都に設置されている後期高齢者医療審査会が審査し、裁決を行う。

審査会のメンバーは、被保険者代表、東京都広域連合代表、医療福祉分野に詳しい東京都の局長級OBによる公益代表の計9人で構成されている。

荒川区長選　西川区長が出馬表明

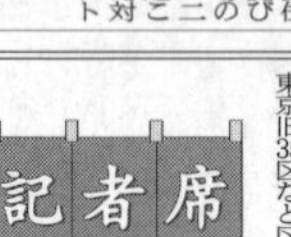

西川太一郎荒川区長は、20日開催の定例区議会で、11月実施の区長選挙に再選を目指して立候補する意向を表明した。

自民党の茂木弘・区議による一般質問に答え、西川区長は「区長の重責を引き続き担う決意を固めた」と出馬の意向を述べた。この答弁を受けて、茂木区議は「区長の政治手腕は自民党区議団と方向を一にするところだ。われわれも然るべき対応を検討したい」と述べ、支持していく考えを示した。

前回の区長選で自民党区議団は、元都議の北城貞治氏（現・荒川区議）を推薦。西川区長は公明党と政策協定を結び、保守分裂選挙となった。

西川区長は都議、衆議院議員を経て2004年、区長に当選。現在1期目。

荒川区長選は、11月2日告示。9日投票で開票は10日に行われる。

議長に柴崎氏を　副議長は田代氏

練馬区議会

練馬区議会は20日、議長に自民党の柴崎幹男氏（52）、副議長に公明党の田代孝海氏（58）を選出した。

柴崎氏は、1956年1月生まれ。95年に初当選し、現在4期目。交通対策特別委員会委員長、地域経済振興対策特別委員会委員長、都市整備土木委員会委員長などを歴任した。

田代氏は、49年11月生まれ。2003年に初当選し、現在2期目。清掃リサイクル等調査特別委員会委員長、医療問題等調査特別委員会副委員長などを歴任。

田代孝海氏　柴崎幹男氏

運転免許の自主返納で　住基カード手数料補助

品川区

品川区は、高齢者が運転免許を自主返納した場合、住民基本台帳カードの発行手数料1千円を全額補助する。実施期間は今年9月から2011年の3月末まで。

高齢者の運転による交通事故を防ぐのが狙い。65歳以上の区民で、今年4月以降、免許を自主返納した人を対象とする。

返納したことが分かる証明書を管理工事課交通安全係に持参すると、希望者は住基カードの発行手数料が全額補助される。通常は戸籍住民課住民票係で行う住基カードの申請手続きは、交通安全係の窓口で済ますことができる。

また、エコライフ宣言の証明書と記念品を贈呈。5千円分の特典として、花とみどりのギフト券、万歩計、品川区商店街共通商品券、しながわ水族館入場券、タクシー券から好きなものを選べることにもなっている。

区では今年度の対象者は約200人とみて、第2回定例区議会に233万6千円の補正予算を計上している。

濱野健区長は「免許を返すと身分証がなくなる人もいる。身分証として住基カード取得につながれば」と話す。高齢者の免許自主返納への動機付けのため、期間を限定したという。

経営相談事業で個人情報が流出

板橋区

板橋区は20日、産業振興課が委託している経営相談事業の相談報告書の個人情報1件が流出したと発表した。

報告書には、相談を希望する有限会社の代表者の氏名や住所、生年月日、電話番号、資産状況、法人の経営状況など個人情報が含まれていた。

経営相談事業は、区が板橋区中小企業診断士会に委託している。同会から区に報告書を送る際に手続きを誤り、別の69件のメーリングリスト先に流した。

区では、今後、中小企業診断士に対し個人情報保護の研修会を実施する予定。

記者席

歴史であり、いまだ現役

○……現行の公益法人は、民法第34条に基づいて設立されており、今回の公益法人制度改革は、民法が制定された1896年以来の大改正となる。それだけに、都生活文化スポーツ局が意見募集を始めた公益目的事業の判断基準案には、歴史を感じさせる表現も見られる。

たとえば医療法や社会福祉法、私立学校法など個別法との関係は、民法制定以降の経緯によるもの。また事業の対象地域は、最小行政単位である区市町村区域以上としたが、東京旧35区など区域の成り立ちにも配慮している。東京旧35区は歴史でありながらも、同時にいまだ現役でもあるようだ。

○……7月の北海道洞爺湖サミットの開催に伴い、首都圏での国際テロが懸念される中、豊島区は公衆トイレを閉鎖し、公園内にあるごみ箱の口を封じて使用を禁止する。爆発物が置かれた場合、公園周辺の住民が巻き添えになるのを防ぐ。区職員らが路上などを巡回し、テロを警戒するという。

テロが起きた場合、区は警察や消防と連携し、区民らに情報を提供するため、サミット・テロ対策本部も設置した。異例の取り組みだ。豊島区は、23区でも特に大繁華街のある地域の一つ。テロが起きれば、大惨事につながりかねない危険地域でもある。有事が起きてからでは手遅れになってしまうので、やや過敏に対応することは必要だろう。

○……杉並区立杉並第十小学校で起きた児童転落事故。19日開催された都議会文教委員会では、各委員が質疑に先立ち一様に哀悼の意を表した。中でも練馬区議を6期務めた門脇文良氏（民主）は、複雑な表情を浮かべながらも、区市町村の緊急総点検と技術的・財政的支援、横浜市の先例の事故情報の共有などを教育庁に要望した。同校のオープニングセレモニーに出席し、校舎の屋上にも上がったことがあるという門脇氏だけに、今回の転落事故には人一倍心を痛めているようだった。「二度と事故が起きないよう改めて危険箇所の調査を」と要望したのは言うまでもない。

狛江市長選

矢野氏、多選批判かわす

2新人押さえ圧勝

任期満了に伴う狛江市長選挙は22日投開票され、現職の矢野裕氏（61・無現）＝共産推薦＝が1万3396票を獲得。前市議の高橋清治氏（57・無新）＝自民、公明推薦＝、映画プロデューサーの伊藤正昭氏（41・無新）＝民主、国民新党、新党日本、生活者ネットワーク推薦＝をかわし、4選を果たした。多選の弊害や行財政改革が争点となる中、矢野氏が訴えた3期12年の実績は、多選批判を超え、今後の政策実現の期待とともに市民に評価された形となった。

矢野陣営では午後10時半、2回目の開票で3500票差がついたことが分かると、「大勝利！」「感激！」などの喜びの声が飛んだ。祝賀ムード一色の中、歓声となりやまない拍手で矢野氏が迎えられると、大勢の市民とともに万歳三唱。事務所内は笑顔に包まれた。

矢野氏は「選挙中、開かれた市政や暮らし優先の市政、市民との協働の市政を続けていくことを訴えてきた。これを誠実に実行し、よりよい狛江のまちづくりに全力を尽くしたい」と力強く抱負を語った。多選批判については「市民がダメだと思うなら1期でも辞めさせればいい。多選の問題の決着をつけてもらったと思っている」と一蹴。批判票については「改善するものは改善し、（対立候補の主張について）納得のいくものは取り入れていく」と語った。

一方、敗れた高橋陣営では、確定票の一報が入ると、事務所内の支持者からは悲鳴にも似た声が漏れた。高橋氏は「選挙戦は正攻法で、私の立場、市の状況、財政やまちづくりについて訴えてきたが、結果は市民が判断したことであり、謙虚に受け止めるしかない」と語った。矢野氏に対しては「お山の大将的な政策では市も行き詰まってしまう。色々なところと協力体制を保ってやってもらいたい」と話した。

伊藤氏は支持者とともに開票を見守った。結果について「自分の考え方やその伝え方のノウハウや経験値がなかった」と振り返り、「『地盤、看板…』の選挙がよくない、ということを結果で残したかったが、届かなかった」と肩を落とした。矢野氏には「財政再建しているといっても、実際に市の財政は良くない。うまくいっていない部分も公表する『ガラス張りの市政』を進めてほしい」と要望した。

■狛江市長選挙結果

	候補者	得票数
当	矢野　裕	13396
	高橋清治	9727
	伊藤正昭	7173

「共産党市政」を超越

集まった多くの市民と喜びを分かち合う矢野氏＝中央

【解説】「投票率が50%を切ると、現職が危ない」――開票前には、そんな噂が流れていた。

矢野氏に推薦を出している共産党の票は、最も多い市議選レベルで7千弱。矢野氏を支えてきた票の過半数は、党派を超えて矢野氏を支持する「矢野票」という個人票のため、投票率が下がれば矢野氏に不利になると考えられたためだ。

しかも今回は4選目。内容よりも「共産党市政」という枕詞が先行する市長と、その市長の多選を市民がどう受け止めるのかは、前例がないだけに、どの陣営も予測することができない要素だった。

投開票日は朝から午後8時の締め切り時間まで雨が降り続いた。投票率は48・51%。

この時点では、保守票固めを徹底してきたといわれる高橋陣営が有利と思われ、逆に、基礎票からの上乗せがカギとなる矢野、伊藤両陣営は危機感を募らせる状況。しかし、蓋を開けてみれば、矢野氏の圧勝だった。

その大きな要因としてあげられるのは、市民を核とした選挙戦だ。各陣営ともに、「市民との協働推進」「市民参加」をうたったが、それを実感させたのは矢野陣営。告示の第一声から政党の応援者は入らず、チラシに躍る名前は、著名と思われるところで市内に住む芸術家などだ。そのほかは「主婦」や「薬剤師」など無名の市民。政策の内容を訴えながら、駅頭でビラを配るのは、手書きの立て看板を用意した学生や若者だった。

一方、「保守本流」として名乗りを上げた高橋氏には、鴨下一郎環境相、猪口邦子元少子化担当大臣など、数多くの国会議員が応援演説に入った。自転車遊説で市内を回った伊藤氏にも、連日のように推薦政党の菅直人民主党代表代行、田中康夫新党日本代表が応援に入るなど、国政選挙並みの華やかさを見せた。しかし、応援演説の多くが、弁士が関わる国政の問題などが中心で、肝心の狛江市について言及されることは少なく、市民の心を動かすことはできなかったようだ。

市民が求める協働の形のひとつを、選挙で見せた矢野氏。それは、矢野氏が市長である限りついて回る「共産党市政」という枠を超え、市民の共感を呼んでいる。

しかし、現職として戦った選挙としては、今回初めて、高橋氏、伊藤氏に入った「批判票」が、矢野氏の獲得票を上回ったことも見逃せない。批判票の中から聞こえてくる市民の声をどう汲み取っていくか。今後4年間の新たな課題でもある。（加）

あきる野市

岩手・宮城内陸地震で職員派遣

栗原市から応援要請

震度6強を観測し、その後も余震が続いている岩手・宮城内陸地震。栗駒地区など山間部の山崩れなどで甚大な被害が出ている栗原市と友好姉妹都市を結んでいるあきる野市は15日から、災害時相互応援協定に基づく応援要請を受けて職員7人を現地に派遣した。

今回の地震で栗原市から応援要請を受けたあきる野市は、15日午前10時に、臼井市長を本部長とする災害派遣本部を設置。花山地区での水道配水管復旧活動に協力するため、上水道に関する技師5人、防災担当職員2人の計7人の派遣を決めた。アルファ米750食と2ℓのペットボトル飲料水300本を積んだ3台の車で午後6時に市役所を出発。翌日から19日に帰庁するまでの4日間で、任務を遂行した。

あきる野市と栗原市は、ともに合併前の五日市町と旧志波姫町時代、「五日市憲法草案」を作った旧志波姫町の千葉卓三氏を絆として交流があり、85年に友好姉妹都市を提携していた。その後、それぞれの合併に伴い2回の盟約を新たにし、05年の栗原市誕生とともに広域的な防災体制の整備のため、06年2月に災害時相互応援協定を取り交わしていた。今回の地震が協定に基づく初めての応援派遣となった。

◇

岩手・宮城内陸地震に関し、各市では募金箱を設置して救援金を募る活動などが行われており、市長会でも18日、岩手県、宮城県の各市長会を通して被災市に見舞金100万円（各県市長会に50万円ずつ）を送金している。

高尾山天狗裁判

「勝つまで戦う」

圏央道トンネル事業認定取消　控訴審は棄却

住民が国などを相手取り、裏高尾の圏央道ジャンクション工事と八王子城跡トンネル工事の事業認定取り消しなどを求めていた行政訴訟の控訴審で、東京高等裁判所は19日、東京地裁が請求棄却した一審を支持し、控訴を棄却する判決を言い渡した。原告団は「不当判決」と強く糾弾。今後予定されている関連裁判への影響を考慮しながら、上告を検討していく。

控訴していたのは、騒音被害などを受けている住民と高尾山天狗裁判原告団、弁護団。圏央道工事による八王子城跡の地下水脈の破壊、オオタカの営巣放棄、裏高尾地域での騒音被害や大気汚染の被害発生などを調査して、高尾山の生態系破壊の危険性を訴え、事業認定と収用採決の取り消しを求めていた。

これに対し、東京高裁は、騒音被害、大気汚染、地下水脈の破壊などについて一定の被害状況は認めたが、対応策による防音効果や水位の回復状況などから、環境への深刻な影響は認められないとし、公共性の高さが環境利益に勝ると判断。控訴内容をすべて棄却した。

高尾山天狗裁判原告団と弁護団は、判決後に集会を開き、集まった約60人の関係者を前に声明を発表。「八王子城跡や高尾山の貴重な文化財や自然の価値を過小評価し、圏央道事業の公益性を過大評価し、自然保護に対する司法救済の道を閉ざすもので断じて許せない」と判決が不当である理由を説明し、「今回の不当な判決を乗り越えて、今後も世界遺産に匹敵する高尾山を守る」と新たに決意を固めた。上告については、「その結果が、係争中の関連裁判に決定的な影響を与える恐れがある」とし、慎重に対応を検討していく考えだ。

同原告団の橋本良仁事務局長は「どんな不当判決でねじ伏せようとしても認めない。圏央道は有害道路の典型。勝つまで戦う」などと話している。

国土交通省は「これまでの国の主張が認められたと評価している。首都圏3環状の一翼を担う圏央道は首都圏の環境改善、渋滞緩和等に資する重要な道路として望まれており、未開通区間の1日も早い供用を目指して引き続き事業を推進していく」とコメントを出した。また、首都圏中央連絡道路建設促進協議会会長の黒須隆一八王子市長は「昨年6月の中央道との接続以来、利便性、有益性は広く社会に認められ、判決は当然の結果と考えている。今回の判決を踏まえ、目標宣言どおり東名高速や東北道へと圏央道が早期に結ばれることを期待している」とした。副会長の竹内俊夫青梅市長、関係団体として、臼井孝あきる野市長、加藤育男福生市長、並木心羽村市長、石塚幸右衛門瑞穂町長、青木國太郎日の出町長、河村文夫奥多摩町長などが、同様の内容のコメントを出している。

判決前集会で入場行進する原告団と弁護団＝霞ヶ関・裁判所合同庁舎前で

新副市長に坂本元助役

福生市

福生市議会は20日、西多摩衛生組合個人情報保護審議会委員などで元助役の坂本昭氏を副市長に選任する案に同意した。

坂本氏は1940年11月生まれ。都立立川短期大学商科卒。59年福生町役場に就職、秘書室長、土木課長、管財課長、総務部長などを務めて退職後、97年から収入役、2000年から助役を1期務めた。任期は7月1日から4年間。

学校施設耐震化

時限立法で加速

計画前倒し、対象施設の拡大検討も

中国・四川省の大地震による学校倒壊で、多くの子どもたちが犠牲になったことを受け、国は、地震防災対策特別措置法改正法を成立させた。大規模地震で倒壊の危険性の高い学校施設を耐震化する場合、今後3年間は国の補助率を2分の1から3分の2に上乗せする時限立法だ。20日には、文部科学省が全国の耐震改修状況調査の結果を発表した。26市では、財政的な問題で耐震化率が3割程度にとどまっている市もある中、補助を最大限活用して財政負担軽減を図ろうと、計画の前倒しを検討する市も出ている。

今回の法改正では、市町村の財政負担軽減を図り、耐震化事業を加速させることが狙いで、耐震補強事業で建物のIs値（耐震診断の判断基準となる値）が0・3未満の建物については補助率のかさ上げを08年度予算分から適用するほか、補助率のかさ上げ対象となった施設は、起債充当率を拡充できる規定を盛り込んだ。市町村の取り組み促進策として、都道府県から市町村への技術者のあっせん支援や、公立小中学校の建物については耐震診断の実施と診断結果の公表を義務付けるなどしている。

国の調査結果では、全国の小中学校の耐震化率は62・3%。東京26市全体の耐震化率は64・5%だった。100%になっているところは福生、羽村、西東京の3市で、耐震化率が4割に満たないのは、あきる野市（29・2%）、東大和市（30・6%）、昭島市（39・7%）。

国は、時限措置を設けて補助率をアップすることで耐震化事業の「加速」を期待しているが、耐震化については補助があっても多大な財政負担を伴うことや、診断から設計、工事までの期間で3年程度かかることから、計画前倒しは厳しい状況だ。

そんな中、東村山市では、Is値が0・3未満の建物17棟すべてについて大至急、9月補正を組んで対応することとした。通常、設計だけでも1年程度かかるが、計画を前倒しして、時限措置の切れる10年度までには0・3未満の施設はすべて補助を受けて耐震化が完了することになる。教育委員会庶務課は「持ち出し分については起債の拡充など、新たな国の制度を活用する。こうした機会がないと、耐震化がなかなか進まない」と、今回の法改正を絶好の機会と捉え、積極的な計画前倒しを進めている。

東大和市でも、国の制度をできるだけ活用したいと、耐震の2次診断の調査委託について、9月補正に乗せられるか検討をしているという。

また、あきる野市では、校舎については計画通り進めるが、13年までの現行の計画に体育館は入っていないため、今後は17棟ある体育館施設の耐震補強工事について、補助の上乗せがある期間に前倒しが可能かどうか検討していく考えだ。

また、国の制度を活用したいが、ひとつの学校の中に補助の対象となるIs値が低い施設と、補助の対象にはならないが耐震化が必要な施設が混在している場合も多い。

学校で大規模な工事がある場合は、授業への影響を考慮して夏休み期間に行うことが多いが、Is値を優先すれば、学校単位で工事ができなくなる。青梅市でも「学校単位でやるのか、施設ごとにやるのか」、早急な検討が必要としながら、対応に苦慮する。

耐震化率は6割近いものの、学校が多い八王子では、全国の自治体が同じように動く中で「耐震診断などでも業者の数が足りるのか、不安要素がある」、府中市でも「計画の前倒しで事業が集中してくれば、入札の不調という懸念もある」という声も聞こえる。「四川地震では手抜き工事も倒壊の原因と指摘されており、早急な対応をするにも職員の人員確保も必要」。時限措置の国庫補助活用に、様々な問題点も指摘されている。

26市小中学校耐震化率

市名	全棟数	耐震化率
八王子	418	58.6
立川	104	66.3
武蔵野	59	78.0
三鷹	79	68.4
青梅	121	41.3
府中	165	62.4
昭島	63	39.7
調布	100	73.0
町田	274	85.0
小金井	54	88.9
小平	111	83.8
日野	109	85.3
東村山	85	45.9
国分寺	62	85.5
国立	34	64.7
福生	64	100
狛江	41	65.9
東大和	36	30.6
清瀬	60	40.0
東久留米	73	65.8
武蔵村山	46	52.2
多摩	107	76.6
稲城	88	94.3
羽村	46	100
あきる野	48	29.2
西東京	92	100

16市の学校施設で天窓

防護策など緊急対応実施も

杉並区の小学校で、屋上に設置された明かり取りのための天窓から児童が落下して死亡した事故を受け、26市でも安全対策が万全かどうかについて、すべての市で通知や緊急の調査が行われている。20日に本紙が実施した電話調査では、16市が学校施設に天窓があることを確認。天窓の周囲に防護柵などを設置していないところでは、ロープを張るなどの緊急対策や、児童生徒が天窓のある場所に立ち入りできないような対策を講じている。

天窓が「ある」と回答したのは、八王子、武蔵野、三鷹、青梅、府中、昭島、調布、町田、小金井、日野、国分寺、福生、狛江、清瀬、東久留米、多摩、西東京の16市。

10校で天窓の確認があった西東京市では、職員が各学校を訪れて天窓の安全について調査を行った。廊下の窓を乗り越えるなど「天窓のある場所まで行こうと思えば行ける」設置場所もあった。対策が必要な学校は6校あり、そのうち1校では天窓の表面に手で触った跡なども見つかったという。

万が一に備えて早急な対応が必要と判断。天窓の下に転落防止のネットを張ることが検討されているが、1カ所の工事費は約20万円。1校で天窓が12カ所にのぼるところもあるが「できるだけ早急に対応したい」としている。

また国分寺市などでは、天窓の近くまで人の立ち入りが可能な学校が7校あったが、そのうち対策が必要なのは3校と判断。「天窓に近づけない対策」として、窓が広く開かないように固定するなどした。

今回の事件を受け、天窓のない市でも、学校の安全対策を再度確認するよう全校長に通知した市も多い。三鷹や立川、小平各市などでは、これを機に、校内の安全点検や設備の不具合、鍵の管理などの総点検を実施するなど、学校での安全に対する意識を高めている。

特別区管理職選考申込状況

1212人が申し込み

申込者 14年ぶりに増加

事務の倍率は区で開きも

特別区人事委員会は20日、今年度の管理職選考の申込状況を取りまとめた。I類・II類合計の申込者数は1212人で、前年度に比べ18人の増となった。区の管理職選考申込者は94年度（2986人）以降、昨年度まで13年連続で減少していたが、これに歯止めがかかった形だ。また、有資格者数は前年度比で523人の減となっており、申込率は同0・2ポイント増の5・3%となった。

種別ごとの申込状況を見ると、I類事務は761人で前年度比7人の減、I類技術はI、II、III合計で198人となり11人の増、II類事務は213人で14人の増、II類技術は40人で増減がなかった。

他方、有資格者数は02年度の2万4256人以降、減少しており、今年度は前年度比523人減の2万2047人となる。このため、有資格者数に対する申込者数の率は、前年度比0・2ポイントの増となった。

区人事委員会では「申込率は微増となったが、横ばいの傾向が続いており、依然として申込率が低迷していることに変わりはない」とする一方、「各区や団体が受験者の確保に力を入れており、10団体が申込者増となった。合格予定者数は団塊世代の退職期を迎えていることもあり、年々増えている。今年は過去最高の207人となり、受験者には大いにチャンスがある。当日も受験会場に足を運んでほしい」と話す。

各区の申込状況を見ると、前年度より増えているのが江戸川区（前年度比40増）、千代田区、葛飾区（ともに11増）など10団体。減となったのは中央区、大田区、練馬区（各7減）など15団体となった。

最も受験者数を伸ばした江戸川区は「所属長からの個別勧奨を徹底的に行った」という。昨年はI類事務の需要数4に対し、合格者は2人にとどまり危機感も高かった。「まず受験者の掘り起こしが必要」と捉えた。

「需要数が前年度より増えたことに加え、昨年も口頭試問進出者が多く出ており、受験者も刺激を受けたのでは」。こう話すのは、葛飾区の吉田義仁職員課長。昨年度に最終合格に至らなかった受験者はすべて再挑戦しているという。倍率は厳しくなるが、「筆記を突破すれば、自信につながるだろう」と前向きに受け止める。

他方、前年度比で7人の減となった中央区だが、島田勝敏職員課長は「技術では申込者が増となった。対象者も年によって増減があり、昨年度は7人が合格した」と話す。引き続き、受験喚起を図る考えだ。

また、事務については、各区が必要とする管理職の需要数を示しているが、これと申込者数を照らすと、平均倍率はI類事務が7・6倍、II類事務が3・4倍となった。

ただ、団体ごとに大きな開きがあるのが実態だ。I類事務では北区の4・0倍から江戸川区の14・8倍まで、3倍以上の開きが生じた。

またII類も、1・0倍となった特競馬や中央区の1・5倍など低倍率の団体がある一方、品川区や中野区は7倍となるなど大きな開きになった。清掃一組は申込者がI・II類事務ともなかった。

08年度 管理職選考受験申込者

種別	区分	職層	有資格者数 08年度	有資格者数 前年度比増減	受験申込者数 08年度(07年度)	受験申込者数 増減(増減率)	申込率 08年度(07年度)	申込率 前年度比増減	合格予定者数 08年度(07年度)
I類	事務	主任主事	12,987	△350					
		係長	5,256	△68	761 (768)	△7 (△0.9)	4.2 (4.1)	0.1	100 (102)
		総括係長	25	9					
		区分計	18,268	△409					
	技術I	主任主事	370	1					
		係長	405	△3	94 (97)	△3 (△3.1)	12.1 (12.3)	△0.2	
		総括係長	0	△12					
		区分計	775	△14					
	技術II	主任主事	227	△5					
		係長	252	△10	61 (56)	5 (8.9)	12.7 (11.3)	1.4	33 (24)
		総括係長	0	0					
		区分計	479	△15					
	技術III	主任主事	766	△32					
		係長	586	△10	43 (34)	9 (26.5)	3.2 (2.4)	0.8	
		総括係長	0	0					
		区分計	1,352	△42					
	技術計	主任主事	1,363	△36					
		係長	1,243	△23	198 (187)	11 (5.9)	7.6 (7.0)	0.6	
		総括係長	0	△12					
		計	2,606	△71					
	小計	主任主事	14,350	△386					
		係長	6,499	△91	959 (955)	4 (0.4)	4.6 (4.5)	0.1	133 (126)
		総括係長	25	△3					
		計	20,874	△480					
II類	事務	総括係長	981	△24	213 (199)	14 (7.0)	21.7 (19.8)	1.9	63 (62)
	技術	総括係長	192	△19	40 (40)	0 (0.0)	20.8 (19.0)	1.8	11 (8)
	小計	総括係長	1,173	△43	253 (239)	14 (5.9)	21.6 (19.7)	1.9	74 (70)
合計			22,047	△523	1,212 (1,194)	18 (1.5)	5.5 (5.3)	0.2	207 (196)

I・II類事務の各区別需要数と申込者数

区名	I類事務 08年度(07年度) 需要数	I類事務 08年度(07年度) 申込数	I類事務 増減 需要数	I類事務 増減 申込数	II類事務 08年度(07年度) 需要数	II類事務 08年度(07年度) 申込数	II類事務 増減 需要数	II類事務 増減 申込数
千代田	3 (2)	24 (15)	1	9	2 (1)	6 (5)	1	1
中央	2 (3)	18 (26)	△1	△8	2 (2)	3 (4)	0	△1
港	7 (7)	30 (31)	0	△1	5 (5)	10 (7)	0	3
新宿	5 (3)	45 (39)	2	6	2 (2)	8 (7)	0	1
文京	3 (4)	24 (25)	△1	△1	3 (2)	9 (8)	1	1
台東	5 (3)	34 (37)	2	△3	5 (2)	8 (9)	3	△1
墨田	3 (5)	23 (29)	△2	△6	2 (4)	10 (9)	△2	1
江東	4 (6)	44 (50)	△2	△6	2 (3)	6 (8)	△1	△2
品川	4 (5)	23 (27)	△1	△4	1 (2)	7 (5)	△1	2
目黒	3 (3)	43 (44)	0	△1	3 (3)	10 (12)	0	△2
大田	7 (6)	52 (60)	1	△8	3 (3)	13 (10)	0	3
世田谷	6 (6)	46 (51)	0	△5	5 (3)	14 (16)	2	△2
渋谷	4 (3)	24 (28)	1	△4	2 (3)	4 (3)	△1	1
中野	3 (4)	17 (23)	△1	△6	2 (2)	14 (9)	0	5
杉並	5 (5)	22 (26)	0	△4	3 (3)	7 (7)	0	0
豊島	3 (6)	31 (24)	△3	7	1 (2)	6 (8)	△1	△2
北	4 (3)	16 (19)	1	△3	2 (2)	6 (4)	0	2
荒川	2 (2)	11 (11)	0	0	3 (3)	10 (13)	0	△3
板橋	5 (6)	30 (37)	△1	△7	2 (2)	12 (11)	0	1
練馬	3 (4)	34 (32)	△1	2	1 (4)	5 (7)	△3	△2
足立	5 (5)	40 (44)	0	△4	3 (3)	12 (15)	0	△3
葛飾	6 (4)	38 (28)	2	10	2 (2)	11 (6)	0	5
江戸川	5 (4)	74 (49)	1	25	3 (1)	17 (10)	2	7
特人厚	1 (1)	7 (5)	0	2	2 (1)	4 (3)	1	1
特競馬	1 (1)	11 (8)	0	3	1 (1)	1 (2)	0	△1
清掃	1 (1)	0 (0)	0	0	1 (1)	0 (1)	0	△1
合計	100 (102)	761 (768)	△2	△7	63 (62)	213 (199)	1	14

区長会 組合要求にゼロ回答
特区連 人事委要請を再要求
特別区夏季一時金団交

区長会と特区連、清掃労組は20日、夏季手当に関わる団体交渉を行った。区長会は、一時金の支給月数2・5月分以上を求める組合側に対し、景気動向等に触れながら「現時点では増額する状況にない」と述べ、現行どおり支給する考えを示した。

また、特別給の期末手当への一本化要求については「基本的に性格の異なる手当」とゼロ回答を示すとともに、職員の能力や業績を一層、処遇に反映させるため、成績率を見直す必要性を改めて示した。さらに、職務段階別加算の改善などもゼロ回答とした。

これに対し特区連は「加算措置の改善をはじめとする要求は、重要な事項」として引き続き協議検討を要求。また、一時金の支給月数についても、「比較対象企業規模を引き下げた結果、精確に反映されていない」と述べるとともに、人事委について「比較企業規模など、国に追随した内容となっている」と苦言。自主性・主体性を堅持するため、区長会として人事委に申し入れるよう求めた。

清掃労組も、「切実な要求に全く応えておらず大変不満」「職場実態を無視した成績率制度の見直しに言及するなど、承服しかねる」と述べながらも、改善を申し入れて回答を受け入れた。

A事務の合格倍率ほぼ半減
都I類採用1次試験

都人事委員会はこのほど、08年度東京都職員I類A・B採用試験の1次合格状況を発表した。大学院修了者や民間企業経験者を対象とするI類Aでは、事務で60人程度の採用予定者数に対して585人が受験し、うち1次合格者は236人、合格倍率は2・47倍で、昨年度の4・87倍から大きく減少した。

I類A技術では全体で採用予定者数53人程度とし、受験者193人に対して1次合格者は117人、合格率は1・64倍。

このほかI類Bでは事務の1次合格倍率が2・4倍となっている。最終合格発表は8月8日を予定している。

都監理団体
中期経営計画でローリング
経営目標見直しに反映

都総務局はこのほど、都監理団体中期経営計画（06～08年度）の08年度ローリング版をまとめた。監理団体を巡る環境変化、行財政改革実行プログラムに盛り込まれた施策の実施状況に対応したもので、07年度決算実績等を踏まえて、経営目標の見直しに反映させていく。今年度は現行計画期間の最終年度にあたることから、今後、次年度以降の新たな計画策定に向けた取り組みも想定される。

監理団体中期計画では、各団体がミッション（存在意義）、ビジョン（将来像）、ビジョン達成に向けた戦略を策定。その上で経営改革への年度別計画、収支計画、人員計画を明らかにしている。

08年度のローリング版で、戦略等の見直しを行った団体のうち、住宅供給公社は07年度包括外部監査の意見を受けて、都との債権債務の見直しなど、改善に向けた取り組みを新たに加えた。具体的には、無利子貸し付け金の有利子化や早期償還計画の策定、公社施行型都民住宅の期間終了後の活用の方向性整理など、抜本的な見直しの検討が挙げられる。

多摩都市モノレールは今年2月、都からの追加出資等の支援、沿線市や金融機関からの経営支援を含めた経営安定化計画策定を戦略に反映させた。

環境整備公社は、法律に基づき指定を受けた「東京都地球温暖化防止活動推進センター」の事業展開を加えている。さらに道路公社では、稲城大橋有料道路の早期無料化方針の決定、07年5月のひよどり山有料道路の有料道路事業の終了をローリングの視点に盛り込んでいる。

このほか中期経営計画には、行財政改革実行プログラムに掲載された施策の実施状況も取り入れている。

保健医療公社は「事実上民営化が可能な状態（一般医療分野の自己収支比率100%）を目指す」ことを引き続き特記事項に挙げた。年度別計画に掲げた東部地域病院と多摩南部地域病院の自己収支比率は、07年度見込みで95・2%だが、これは東部地域病院が98・8%と大きく改善したものの、多摩南部地域病院では看護師不足による病棟閉鎖が大きく影響し、92・2%にとどまったためと見られる。

東京防災指導協会と東京救急協会は、09年度中の統合を予定しているが、行財政改革実行プログラムの実施状況によると、すでに両団体や東京消防庁のプロジェクトチームを設置し、実務的な統合準備に着手したほか、公益認定に向けた準備作業や統合ロードマップ作成などに取り組んでいるという。

08年度のローリング版では、建設資源広域利用センターと東京熱供給の2団体が報告団体となり、また東京臨海ホールディングスがゆりかもめ、東京テレポートセンターを子会社化したことを受けて、団体数は36団体となっている。

「居酒屋タクシー」を調査
利用者に自己申告調査

中央省庁の職員が深夜、タクシーチケットで帰宅する際、特定の運転手を指名し、ビールや金品を受け取っていた問題を受け、都総務局は職員の調査に乗り出した。利用者に調査票を配布し、自己申告してもらうという。7月上旬にも集約し、集計後は結果を公表する。

都では、深夜におよぶ残業時や、荷物の運搬など職務上の必要があり、庁有車を使えない場合などにタクシーチケットの使用を認めている。しかし、国でタクシーチケット使用時の金品やアルコールの授受が問題となる中、実態調査に乗り出すこととした。18日の都議会第二回定例会の一般質問では、大津浩子氏（民主）が質問し、押元洋総務局長が調査する考えを示していた。

調査対象となるのは、昨年度にチケットでタクシーを利用した全職員。都では、昨年4月以降のタクシー事業者からの請求伝票を保存しており、これに基づいて調査を行う。対象者数がどれくらいになるかは「詳しくは分からない状況」（総務局）という。

具体的には、所属長を通じて調査票を対象者全員に配布。▽特定のタクシーを呼び出した経験の有無▽現金授受の有無▽商品券などの授受の有無▽アルコール類を提供されたことの有無▽その他、特別の贈り物をされたことの有無——などを記名で求める。その一方、同じタクシー会社から複数回にわたり請求がある職員については別途、調査を進めるという。

深夜、都庁舎の夜間通用口となる第一庁舎北側の都道などには、客待ちのタクシーが列をなしている。しかし、中央省庁で問題となったケースは、庁舎から離れたところにタクシーを呼びだしていることなどが多かった。そのほとんどが個人タクシーと言われており、都の調査でも個人タクシーの利用が中心となる見通しだ。

仮に、金品の授受などのケースが見つかった場合の処分については、状況などを検証してからの判断になるという。自己申告は7月上旬をメドに集約する予定で、集計結果は公表する予定。

こころのケアチーム派遣
岩手・宮城内陸地震

6月14日に発生した岩手・宮城内陸部地震に伴って、都は20日、被災地域へのこころのケアチーム派遣を決めた。第1班は23日から28日までの予定で派遣する。

同チームは精神科医師1人、保健師1人、看護師2人、事務1人で構成。事務以外の職員は都立中部総合精神保健福祉センターから派遣される。

派遣先となる岩手県一関市を中心とした被災地域では、岩手県精神保健福祉センターや地元保健所と協力しながら、避難所等での応急診察などの個別支援や被災者の心のケアにあたる。28日以降の派遣日程は、現地の状況を見ながら県と調整するという。

都ではすでに宮城県と岩手県にそれぞれ見舞金贈呈を決めている。

パンダ受け入れ賛否意見408件
都民の声月例報告

都生活文化スポーツ局は19日、「都民の声」月例報告（5月分）を公表した。取り扱い件数は2133件で、前年同期と比較して668件増加した。パンダ受け入れに関する意見が408件と最も多く、このほか新銀行東京、治安・防犯、高齢者・低所得者支援に関する意見も目立った。

パンダ受け入れに対しては、「多額の資金を支払ったとしても上野にいた方が良い」との意見がある一方、「上野動物園の経営面からコスト分析して判断すべき」といった慎重論や疑問、反対などの声も寄せられた。

ひと

『図解地方議会改革』を出版

山梨学院大学法学部教授
江藤（えとう）　俊昭（としあき）さん

「協働型議会」を10年も前から標榜してきて、今回、より多くの人に目指すべき新たな議会像を身近に感じて欲しいと、『図解地方議会改革　実践のポイント100』を出版。

「議会不信の蔓延と脱却の可能性」から、「選挙制度改革の課題—市町村議会議員選挙の大選挙区単記制」まで、100項目にわたって図解で説明。誰にでも理解が深まるように工夫されている。

「分権改革の流れの中、地方議会はこのままではいけないと、改革が実現出来るような雰囲気、広がりが出てきている。これまでは首長だけが強くて、根幹の議会制度がないがしろにされていたが、現実に頑張っている自治体もあり、その発想を学びながら、全国の議会や住民に発信したいと考えたんです」

地方議会は国会と違うとして、「与党、野党でなく、議員同士が切磋琢磨して議論し合うことなんです。住民参加もあってしかるべきです。国会では出来なくても、地方自治の理念では当たり前の制度設計なんです。改革していかないと、皆から見捨てられるよと強調しました」。

先行する三重県議会や北海道栗山町議会では、事務局が頑張っていて、信頼関係を感じるという。東京都でも、多摩市では議会が改革委員会を立ち上げ、千代田区議会も新庁舎で住民に分かりやすい議会への工夫がなされているという。

専攻する地域政治論は、中央集権下では行政法に押され、研究者も限られてきた。「地域政治の講座がどの大学にもあるようにしたいね」と苦笑する。

自身は96年に新潟県巻町で住民投票が実現した際の調査で、「マスコミは重要な問題だからという論調だったが、住民は『議会がしっかりやってくれたらやらなくてもよかった』と言うんだ。議会がひどすぎるんだね。どういう議会像にしたらいいのか、悩みながらここまでやって来たというところなんです」

議会の重要さが発揮されてこなかった。それでは地域の民主主義はあり得ないと。「諸外国を見ても議会が中心。多様な人々が参加して議論し合うことが大切なんです。多様な人は素人ではない。看護師だったり植木屋だったり、子育て中とか、それぞれ職業観を持った専門性のある人たちなんです」（門）

東京都生まれ。中大大学院法学研究科博士後期課程満期退学。博士(政治学)。91年山梨学院大。99年現職。第29次地制調委員。表題の本は学陽書房刊。図解は大学生の長女との共同作業だとか。妻と次女と3女と。51歳。

20年度 主任試験講座 —36—

今回から4回は、地方公務員制度に関する問題とその解説を掲載していきます。

地方公務員制度④

問題

【問題1】

地方公務員法に定める「一般職」と「特別職」に関する記述のうち、妥当なものは次のどれか。

① 一般職も特別職も、同じ公務員の職であり、身分保障の趣旨から、ともに終身職の性格を有している。

② 一般職は、原則として成績主義の原則が適用されるが、例外として、一般職であっても監査委員や公安委員については、特別の知識経験等により任用されることから、成績主義が採られていない。

③ 特別職が、法に特別の定めがない限り地方公務員法の適用がないのは、継続的に行政事務を行うことを予定している一般職について成績主義の原則等を定めている同法と、同一法体系として適用するのは不合理であるからである。

④ 特別職の身分取り扱いについては、地方公務員法の適用がないだけでなく、地方自治法など他の法律にも定められていない。

⑤ すべての特別職は、地方自治法の定める「解職を請求する権利」の対象となっている。

【問題2】

地方公務員法に定める任命権者に関する記述のうち、妥当なものはどれか。

① 任免権者は、職員の任命・休職・免職及び懲戒を行う権限を有する者であるが、その権限を委任することはできない。

② 任命権は、その一部を委任することができるが、その場合、委任を受けた機関は、委任者の名において任命権を行使するのであって、受任者自らの名では行使できない。

③ 任命権者から委任を受けた受任者は、職務上必要な場合であれば、その権限をさらに他の者に委任することができる。

④ 任命権者は、その任命権の一部を補助機関の上級の地方公務員である一般職だけでなく、特別職にも委任することができる。

⑤ 任命権者は、委任した任命権であっても、引き続き自ら権限を行使することができる。

【問題3】

人事委員会または公平委員会に関する次の記述のうち、妥当なものはどれか。

① 人事委員会を必ず設置しなければならないのは、都道府県、政令指定都市、人口15万人以上の市である。

② 人事委員会は、人事行政の運営に関し任命権者に勧告することができるが、その勧告権限には強制力がない。但し、地方公共団体の長および議会に対して道義的な拘束力はある。

③ 人事委員会は、必要がある場合に限り、そのすべての権限を、当該地方公共団体の機関に委任することができる。

④ 人事委員会が有する勧告権限は、任命権者から独立した人事行政機関としての機能を果たすものであり、公平委員会も同様の権限を有している。

⑤ 人事機関及び職員に関する条例の制定または改廃に関して、地方公共団体の長や議会に意見を申し出る権限については、人事委員会だけでなく公平委員会も有している。

【問題4】

人事委員会または公平委員会に関する次の記述のうち、妥当なものはどれか。

① 職員を採用する場合、地方公共団体の長は、人事委員会が作成した採用候補者名簿に登載された者からしか採用することができない。

② 勤務評定については、任命権者の権限であることから、人事委員会は、当該事項について地方公共団体の長に勧告することはできない。

③ 職員の勤務条件に関する条例を改正するときは、地方公共団体の長は、必ず事前に人事委員会と協議することが、法律上義務付けられている。

④ 地方公共団体の長は、人事委員会の不利益処分の判定について不服があるときは、裁判所に訴えることができる。

⑤ 人事委員会は、毎年少なくとも1回は、給料表が適当であるかどうかにつき、地方公共団体の議会及び長に同時に報告するものとされている。

【問題5】

一般職の職員の任用に関する次の記述のうち、妥当なものはどれか。

① 職員の任用については、試験の成績、勤務成績その他の能力の実証に基づいて行う必要があり、これに反した任用を行った者には罰則の適用がある。

② 職員の任用は、すべて条件付のものとし、条件付任用期間において能力の実証が得られた場合に限り、正式の採用及び昇任となる。

③ 職員の任用は、採用・昇任・降任または転任のいずれかによらなければならず、配置換え及び併任による任用は許されていない。

④ 職員の任用については、その任用が正規職員であるか臨時職員かであるに拘わらず、必ず条例で定められた定数の範囲内であることが求められる。

⑤ 職員の任用において、競争試験が実施され任用候補者名簿が作成されたときは、任命権者は、当該名簿に登載された者のうち希望者全員を任用しなければならない。

解説

【解説1】　正答③

① 誤り。一般職については、法による一定の身分保障があり、臨時職員などの例外を除いて通常「終身職」とされる。一方、特別職については、副知事や助役のように、一定の任期・雇用期間に限って就任または任用されることが前提となっている。

② 誤り。監査委員や公安委員は、特別職である（法第3条第3項第2号）。

③ 正しい。一般職は、職業的・専門的公務員として、継続的に事務を行うことが予定されているのに対し、特別職は、その職の特性から、一定の知識経験に基づいた人材を得る必要があり、一般職と同一法体系を適用することは不適当である。

④ 誤り。特別職の地方公務員についても、身分法として自治法等の定めがある。地方自治法附則第5条、第9条に基づく同法施行規定が有効と解されている。

⑤ 誤り。特別職である議員や副知事、監査委員等に対しては、自治法により解職を請求する権利が認められている（同法第80条、86条）。しかし、解職請求権はすべての特別職に及ぶものではない。

【解説2】　正答④

① 誤り。任命権の一部をその補助機関たる上級の地方公務員に委任することができる（法第6条第2項）。

② 誤り。任命権の委任は、公法上の委任であり、委任された範囲において、委任者の権限は受任者に移転する。よって、受任者の名と責任において権限を行使することができる。

③ 誤り。受任者が他の者に、再委任することはできない（行政実例昭和27年1月25日）。

④ 正しい。上級の地方公務員には、一般職のみならず特別職も含まれている。

⑤ 誤り。②の解説のとおり、委任者の権限は受任者に移転する。よって、委任部分については、委任者は権限を行使することはできない。

【解説3】　正答②

① 誤り。人事委員会は、都道府県及び政令指定都市においては必ず置かなくてはならないが、人口15万人以上の市(及び特別区)においては、人事委員会か公平委員会のどちらかを設置すればよい（第7条第1項、2項）。

② 正しい。人事委員会には、給与（法第26条）、研修（法第39条）、勤務成績の評定（法第40条）等に関して勧告権限がある。当該勧告は、法律上議会や長を拘束するものではないが、勧告を受けた機関はこれを尊重すべき道義的責任を負う。

③ 誤り。法第8条第3項において、勤務条件の措置要求の審査に関する権限、不利益処分の不服申立てに関する権限、人事委員会の規則制定権については、委任できるものから除外されている。また、職員に関する条例について議会に意見を述べる権限等は、そもそも性質上委任することができないと解されている。

④ 誤り。公平委員会の権限は、人事委員会のそれと比較して範囲が限定されている。その差は、行政的権限および準立法的権限である。なお、準司法的権限は同様の機能を有している。

⑤ 誤り。当該権限については、人事委員会のみの権限であり、公平委員会の権限には属さない（法第8条第1項第3号）。行政的な権限については、公平委員会の権限の及ぶ範囲は少ない。

【解説4】　正答⑤

① 誤り。採用候補者名簿に登載されたものが全員採用されている場合等、採用候補者名簿が実質上ないときは、法第18条第2項に基づき、国または他の地方公共団体の試験に合格した者を、その職の選考に合格した者とみなすことができる。

② 誤り。人事委員会は、勤務成績の評定に関する計画の立案その他の勤務成績の評定に関し必要な事項について任命権者に勧告することができる（法第40条第2項）。

③ 誤り。職員に関する条例の制定や改廃をする場合は、当該地方公共団体の議会において、人事委員会の意見を聞く必要がある（法第5条第2項）。また、人事委員会は議会や長に意見を申し出ることができる旨規定されているが（法第8条第1項第3号）、事前に人事委員会と協議することが義務付けられてはいない。

④ 誤り。人事委員会の不利益処分の判定については、任命権者その他地方公共団体の機関側からは、不服があっても訴えることはできない（行政実例昭和27年1月9日）。なお、職員側からは出訴できる。

⑤ 正しい（法第26条）。

【解説5】　正答①

① 正しい（法第15条）。罰則は、3年以下の懲役または10万円以下の罰金となっている（法第61条）。

② 誤り。職員の任用で条件付なのは採用の場合であり、昇任についてはこれらの規定はない（法第22条第1項）。なお、臨時的任用や非常勤職員の採用の場合は除外されている。

③ 誤り。任用とは、任命権者が特定の人を特定の職につけることをいい、採用・昇任・降任または転任のいずれかによるとされている（法第17条第1項）。「配置換」「併任」は明文規定はないものの、昇任・降任または転任に含まれると解されている（行政実例昭和27年9月30日）。

④ 誤り。職員の定数は条例で定めることとなっているが、臨時または非常勤の場合についてはこの限りではない（自治法第172条第3項）。

⑤ 誤り。任命権者は当該名簿の中から適当と思われる者を任用し、候補者全員を必ず任用しなければならない訳ではない。

20年度 主任・係長 論文講座 ★36★

特別区主任主事選考

課題整理③

はじめに

6月下旬となり、選考本番が近づいてきました。これまで、論文添削や論文試験における傾向と対策を中心に見てきましたが、今回は選考本番を迎える前に、特別区が直面している課題について整理をしていきたいと思います。

特別区が抱える課題は、特別区固有の課題である都区制度改革をはじめとして、災害対策、環境対策、公共サービスにおける民間との役割分担等多岐にわたります。今回は、多くの課題のなかでも、今後の特別区のあり方に多大な影響を与えるであろう人口構造の変化を軸に、それに伴う少子・高齢社会における課題について整理していきたいと思います。

これからの社会

1 全国の人口動向　総務省統計局の「人口推計月報(平成19年12月1日現在(確定値)」によれば、総人口は、1億2776万8千人で、前年同月に比べ、1万5千人（0・01%）の減少、0～14歳人口（以下「年少人口」という）は、1727万8千人（構成比13・52%）で、前年同月に比べ、13万2千人（0・76%）の減少、65歳以上人口（以下「高齢人口」という）は、2757万6千人（構成比21・58%）で、前年同月に比べ、81万2千人（3・06%）の増加となっています。

高齢人口については、高齢化率（総人口に占める65歳以上の人口の割合）が21%を超え、超高齢者社会（25%以上とする場合もあります）と呼ばれる時代へ突入しました。

また、先に厚生労働省が発表した「平成19年人口動態統計月報年計（概数）の概況」によれば、2007年の合計特殊出生率（1人の女性が生涯に産むと推定される子どもの数）は1・34となり、前年比0・02ポイント上昇し、2年連続で上昇しました。しかしながら、日本の人口置換水準（人口の増減が制止する合計特殊出生率の水準）である2・08を、1947年から30年以上にわたり下回っており、少子化の傾向にあることには、何ら変わりはありません。

これらの数値から見て、日本は現在、人口減少時代という転換期を迎え、今後も少子・高齢社会が更に進展していくものと考えられています。国立社会保障・人口問題研究所の『日本の将来推計人口（平成18年12月推計）』によれば、2028年には、年少人口の割合は9・8%となり、高齢人口の割合は30・2%に達し、さらに、2052年には、年少人口の割合は8・5%、高齢人口の割合は、40・0%に達するとの推計（出生中位・死亡中位の推計）がなされています。

2 東京都及び特別区の人口動向

次に、東京都及び特別区における人口動向とその課題について整理をしていきます。

日本の総人口の約10%にあたる人々が生活している東京都では、人口の動向において、全国平均とは異なる傾向が伺えます。

東京都における2007年の合計特殊出生率は1・05と全国平均を大きく下回っています。これに連動し、平成17年国勢調査時点で、東京都の0～14歳の人口比率は11・5%と全国平均を大きく下回り、都道府県別で最下位となっています。一方で、高齢人口は、平成17年国勢調査時点で、高齢化率18・5%（都道府県別で41位）と、全国平均程は高齢化が進展していません。

また、人口数においては、全国的な減少傾向とは別に、今後しばらくの間、東京都の人口数は増加するとの推計がなされています。

特別区においても、合計特殊出生率は全国平均を大きく下回り、平成18年には半数以上の特別区で合計特殊出生率が1・00を下回った状態にありました。また、年少人口も、1975年以降の30年間で約半数に減少し、高齢人口は、1975年以降の30年間で約3倍に増加しました。なお、特別区では、1995年以降、少子社会（年少人口が高齢人口よりも少なくなった社会）に転じています。

特別区の人口数については、東京都全体と同様に、当面の間、増加するとの推計がなされています。ただし、この人口増加は社会増減（転入―転出）が大きな要因であり、自然増減（出生―死亡）はすでにマイナスに転じています。

これらのことから、東京都及び特別区においても、中長期的な意味では、全国的な動向と同様に、人口減少傾向、少子・高齢化傾向にあることに変わりはありません。

少子・高齢社会における課題

ここまで、全国及び特別区の人口動向の実情や傾向について整理してきました。現在の人口減少、少子・高齢化の流れは将来への大きな不安を伴っています。子供や高齢者はもとより、すべての区民が将来への希望を持ち、いきいきと生活を送ることができる社会基盤を構築するために、総合的な政策を展開し、きめ細やかな施策や事業を展開していくことが、基礎的自治体である特別区の責務といえます。

1 少子社会への対応

少子化の原因としては、未婚化、晩婚化、夫婦出産児数の減少が挙げられます。そこには、結婚や育児に対する価値観や意識の変化があることも事実です。しかしながら、平成19年版厚生労働白書によれば「多くの国民が結婚をしたい、子供を生み育てたい、結婚しても子供を持っても働き続けたいと希望しながらも、希望が叶わず、結果として少子化が進んでしまっている」としており、現在の少子化の状況は、多くの国民が望んだ結果として生じている訳ではないことが伺われます。

平成19年1月に、社会保障審議会人口構造の変化に関する特別部会が公表した「『出生等に対する希望を反映した人口試算』の公表に当たっての人口構造の変化に関する議論の整理」によれば、現在の結婚や出生に影響を与えているものとして、①家庭生活を送っていくうえで必要な経済的基盤の有無及び雇用、キャリアの将来の見通し・安定性②子育てをしながら就労を継続できる見通しの有無及び仕事と家庭生活の調和の確保の度合い③夫婦間の家事・育児の分担度合い④育児不安の度合い⑤教育費の負担感の度合い――の五つの要素が挙げられています。

これらの様々な要素が影響し合い、現在の少子化を招いてしまっているのが日本の実情です。これら少子化を招いている要素を正確に把握し、的確な子育て支援策を、国、都道府県、地方自治体が連携して展開していくことが、強く求められています。

各特別区においても、次世代支援対策法に基づく「子育て支援行動計画」を策定し、核家族化や地域における孤立化などを背景に増大している子育ての不安や悩みを解消するための支援策として、支援センターや相談窓口の設置、地域ぐるみの子育て支援事業などの実施、また、就労しながら子育てを続ける親への支援策として、保育所待機児童解消、夜間・休日保育、一時保育、病児・病後児保育などの充実、さらには、共働き家庭などの留守家庭への支援策としての、児童の健全育成を目的とした放課後児童対策や、経済的負担を軽減するための策として、児童手当・医療費助成事業の拡充や、特定不妊治療費助成事業の実施など、様々な支援策により、少子化抑制への取り組みが行われています。

2 高齢社会への対応

昨年から、団塊の世代と呼ばれる人々が、60歳の定年退職を迎え、2009年までに280万人以上の人々が定年を迎える大量退職時代が始まりました。団塊の世代の人々は、再就労や社会活動等に対する旺盛な意欲を持っていると言われています。今後の高齢者対策では、団塊の世代を含めた多くの企業退職者や、高齢者の多数を占める元気な人々を、地域社会における活動の担い手として如何に取り込み、その活動を支援しながら、高齢者が有する豊かな知識や経験を地域社会に還元し得る仕組みを構築することが課題となっています。

この課題への対応策として、就労相談等の就業支援事業、社会参加セミナーの実施、高齢者団体による市民活動への支援、高齢者団体のNPO法人化への支援など、高齢者の社会参加を促進させるための事業への積極的な取り組みが各特別区で行われています。

また、高齢者対策における重要課題である保健・福祉においては、従前の保健福祉サービスの更なる充実は言うまでもありませんが、そのうえで、多くの高齢者が生涯にわたり健康で自立した生活を維持し、住み慣れた街で生活を続けることができるように、健康づくり支援、介護予防の推進、地域全体による見守り体制の構築などへの取り組みが行われています。

おわりに

論文作成にあたり、日頃から各分野における課題や対応策及びその背景を学ぶことを通して、自らの問題意識を高めておくことは極めて重要です。明確な問題意識を持って作成された文章は、おのずと読み手に伝わるものです。

選考までの間に、少なくとも自区の基本計画の内容を再確認し、課題やその背景等について新聞やインターネット等を活用して情報収集し、主任主事として、どのようにして課題に取り組むかについて、整理をしておいてください。

20年度 教育管理職への道しるべ <40>

都政事情①

はじめに

いよいよ、8月の教育管理職選考まで2カ月と迫りましたが、試験の準備はいかがでしょうか。新年度が始まり、公務が忙しく、なかなか勉強する時間を確保することが難しいと思いますが、強い意志をもって頑張ってください。

今回から2回にわたり、都政事情の出題傾向と出題予想問題を掲載します。

東京都教育委員会では、様々な教育施策を策定し、実施しております。教育管理職になられる方は、都の教育行政はもちろん都政全般に関する知識を踏まえて職務にあたることが求められております。

教育行政は都政の一部であり、他分野の行政とも密接な関係があります。教育管理職として広い視野に立った的確な判断力を持ち、地域住民や保護者、関係機関等との連携・調整・折衝を適切に行うためには、基礎的法令や政治社会事情とともに、都政や教育に関する諸施策の動向等に常に関心を向けていく必要があります。

過去5年間の出題内容

【平成15年度　2問】

①平成15年度東京都予算②東京都における社会事情（東京都市白書、東京のしゃれた街並みづくり推進条例、都市と地球の温暖化阻止に関する基本方針、外かく環状道路に関する方針、ネーミングライツ）

【平成16年度　3問】

①東京都の財政（平成16年度予算、第二次財政再建推進プラン）②都民生活にかかわる施策（都民税徴収率、賃貸住宅紛争防止条例、国税と地方税、東京仕事センター、新銀行東京）③東京都青少年の健全な育成に関する条例

【平成17年度　3問】

①東京都青少年の健全な育成に関する条例②平成17年度東京都予算③都民生活に関する世論調査

【平成18年度　2問】

①平成18年度東京都予算②重点施策及び平成18年度重点事業

【平成19年度　1問】

①平成19年度重点事業の教育分野（東京マラソン、基礎基本学力の定着、日本の伝統・文化、ものづくり、特別支援学校）

平成19年度の都政事情に関する出題は、東京都19年度重点事業の教育分野でした。平成18年度は、「平成18年度東京都予算」と「重点施策及び平成18年度重点事業」でした。出題数は、平成17年度までの3問から、平成18年度は2問、19年度は1問となりました。

択一問題30問中1問ですから、全体における比重は大きくありませんが、得点しやすい分野です。要点をしっかり押さえておけば必ず得点できます。

都政事情の出題の対象となる期間は、例年、試験前年の9月から当年の7月までがほとんどです。この間に発表された、計画、調査、答申、知事の施政方針、予算等は、漏れなく目を通すようにしましょう。この分野は、単に択一試験のためだけではなく、筆記試験や個人面接にも役に立つはずです。「とちょう―i」「東京都ホームページ」「都政新報」に掲載されていますので、関連する事項ごとに最新の情報に更新し整理しておきましょう。

今年度の試験に出題されそうなものを予想しておきます。

○「『10年後の東京』への実行プログラム2008」○平成20年度東京都予算○2016年東京オリンピック招致に関する事項○都民生活に関する事項（世論調査等）○第二次都立病院改革実行プログラム○「東京都環境基本計画のあり方について」（答申）○「東京都保健医療計画」○「東京都医療費適正化計画」「東京都健康推進プラン21新後期5カ年戦略」○その他計画・審議会報告等

問題

【問題1】

平成19年12月に発表された「『10年後の東京』への実行プログラム2008」に関する記述として妥当でないものは次のうちのどれか。

① 実行プログラムは、「10年後の東京」に掲げた八つの目標の実現に向けた政策を着実かつ迅速に実施するとともに、2016年東京オリンピック開催のためにも21世紀の都市モデル実現に向けた先進的な取り組みを展開することを、策定の目的としている。

② 実行プログラムでは、計画期間を平成20年度から平成22年度までの3年間とし、3年後の到達目標と、事業費総額、年次計画を明示している。

③ 事業規模は、39施策334事業（うち新規154事業）、事業費総額1・7兆円、平成20年度事業費は約4700億円である。

④ 都民、民間事業者、区市町村等と連携して実施する長期的取り組みについては、「10年プロジェクト」として取り組みの方向性を明示し、その方向性を踏まえ、平成20年度に集中的に取り組む事業展開を、「緊急プロジェクト」として位置づける。

⑤ 局横断的に取り組むべき都政の重要課題については、横断型戦略会議で課題解決に向けた検討を行い、その検討成果を積極的に反映させる。

【問題2】

平成19年12月に発表された「『10年後の東京』への実行プログラム2008」のうち、教育庁関連の3カ年の事業展開に関する記述として妥当でないものは、次のうちのどれか。

① 都立高校改革推進の総仕上げでは、平成20年度からの3年間は、これまで推進してきた都立高校改革の最終段階であり、中高一貫6年制学校や総合学科高校などを着実に設置していく。

② 「確かな学力」の定着と伸長では、児童・生徒が最低限身に着けておくべき内容を明示した指導基準「東京ミニマム」を策定し、「読み・書き・計算」などの基礎・基本の定着に向けた指導の徹底により、全体の学力底上げを図る。

③ 「都立学校ICT計画」の推進では、全都立学校を結ぶネットワークの構築や校内LANの整備、全教員への端末配備により、教材の電子化・共有化などを進め、教員の授業力を高める。また、業務の効率化や情報セキュリティの強化を図るとともに、教員間における授業改善に向けた校内OJTなどの取り組みを推進する。

④ 質の高い指導力を持つ教員の育成では、平成18年度から開講した「東京教師道場」において「リーダー的教員」を育成し、他の教員への助言を通じて、全体の授業力を向上させていく。また、平成20年度に新設した「教職大学院」を活用した現職教員の育成や新人教員の確保により、質の高い教員を育成していく。

⑤ 児童・生徒の問題行動への対策の実施では、24時間体制の「いじめ相談ホットライン」による電話相談のほか、問題行動の解決のため、教育委員会事務局相談担当者を必要に応じて各家庭へ派遣する。

解説

【解説1】　正答④

④ 3カ年で集中的に取り組む事業展開を、「緊急3カ年プロジェクト」として位置づける。

【解説2】　正答⑤

⑤ 臨床心理士などの専門家を区市町村教育委員会や学校に派遣する。

すみだがわ アレ▼コレ

隅田川と市場

江戸の人口が増大して来ると、町場に暮らす人々の食物も膨大な量になり、供給する仕組みも変化せざるを得なくなった。直接、農家の人々や漁師の人々が、天秤棒で担いだり、大八車で売る量はしれたもので、専業の青物屋（八百屋）・魚屋が出現し、その仕入先も青物市場・魚市場となっていった。とりわけ江戸では、「千住」は東北・常磐・上総方面の交通の要衝であり、江戸川・中川・荒川、綾瀬川・隅田川等を運河で結ぶ水運にも恵まれた地でもあったので、隅田川千住大橋のたもとに、各地方の物資が集散され、市場としての機能を果たすようになった。その起源も天正以前と思われる。

一般の市場としては、木材・牛馬・鮮魚・鳥・青物・海産物・乾物等の市場が代表的なものであるが、青物市場は駒込・神田・千住が幕府御用市場とされ、その他にも京橋・浜町・二本榎・本所一ツ目・本所四ツ目・本所中之郷等に出来ていた。

千住市場をみると、鮒屋安五郎・鮒屋甚助・鯉屋茂兵衛・鮒屋久四郎・大鮒屋伝吉・鯉屋貫蔵・鮒屋茂兵衛・鮒屋勝次郎・肴屋八五郎等とみえ、とりわけ青物の他に鮮魚の川魚問屋が多かったものと思われる。

隅田川につながる日本橋の日本橋川河岸の魚市場は、天正18年、徳川氏江戸入府にあたって、徳川氏と縁故のあった、摂津国西成郡佃村の名主森孫右エ門に対し、江戸へ下り御肴御用を勤めるよう内命があったと伝えられ、特別な経緯で成立したものであった。後には紀州・上総・銚子の漁夫達も移り住むようにもなってはいた。

明治10年6月には「魚鳥市場例規並税則」なるものが、東京府から公布され、日本橋・新場（本材木町）・芝金杉（本芝・芝浜松町）・千住（中組）の4カ所での市場開設が許可されたものである。また、大正12年の震災による「帝都復興計画」には、「中央市場」建設がもりこまれ、「中央卸売市場の位置は、築地海軍省用地跡、蔬果市場は両国及び秋葉原両駅の付近にも開設する」とみえ、築地中央市場は隅田川のほとり約3万8千坪の地をもって開設された。しかし、現在の場外市場は含まれていないのではないかとも思われる。

勝関橋の上から隅田川の岸壁に小型漁船が接壁しているのを見ると、何故かほっとする。

（元墨田区立緑図書館長　小島惟孝）

魚屋北渓の筆による『日本橋魚市』（提供＝墨田区立緑図書館）

がんばれ！公務員 30

有り難いのは職場の仲間

文とマンガ　鈴木武征

55歳を迎えた冬の朝、私は間もなく新宿駅へ到着する通勤電車の中で立ちくらみを感じた。

冬だというのに汗ばむほどのギュウギュウ詰めの車内、何か気分が悪くなり、次いで首から上が急に熱くなり、意識が遠のく。

それでも周囲の人に、「失礼」と言ってからしゃがみこむ余裕はあったし、前の人が「どうぞ」と席を空けてくれる頃には意識もはっきりし、「有り難うございます、大丈夫ですから」とも言えた。

駅に着き、押し倒されないよう注意しつつ階段を降り、改札を出る。

どうせなら少しでも医療機関ぽい所でと、献血センターの前まで行き、入り口の階段に腰を降ろし、職場に遅れる旨電話する。

10分ほど休んで、もう大丈夫とゆるゆると歩きだす。

途中、工学院広場のベンチで煙草をくゆらし、冬空にそびえるビル群を眺めながら一休み。

ここまで30数年の都庁勤務の中でこれという病歴は20代での盲腸のみ、健康に関しては自信（過信）があった。

目下の仕事は売れない造成宅地をいかに売るかで何かと忙しい。ここ1カ月のメモを見ると販売方策作成と自動車会社、マンション業者等との交渉、資料作成で徹夜や24時過ぎも少なくない。

それでも仕事はやりがいがあったし、健康を損なうほどの無茶をしているとも思わなかった。

間もなくして職場に着くと、私の係の者が誰もいない。

隣の係の人に尋ねると「倒れたと聞いて、みんな新宿駅に探しに行ったわよ」と言う。

私はそんなアホなと思いつつも、照れくささと少し嬉しさの混じった複雑な気持で席に着き、次の出方を考える。

普段の私ならやがて戻ってくる皆に「バカヤロ！お前ら職場放棄だぞ」と悪態をつき、次に「悪かったね、昼飯おごるよ」というぐらいだ。

しかし、この時だけは「そうだ、職員診療所へ行こう」と思った。

立ちくらみからは完全に立ち直っていたし、何処かが痛む訳でもない。

診療所へ行く理由はただ一つ、私を探しに行ってくれた同僚に対し、たまには「カッコをつけたい」だけだった。

診療所へ行けば戻ってくる同僚と即、顔を合わせる必要もない。こちらもおもむろに戻って、「悪かったね、いま診療所へ行ってきたから」と神妙な顔が出来る。

この不純な動機が思いもしなかった腎臓がん発見につながる。

朝の立ちくらみとの因果関係は不明だが、手術後に医師から「がんがここまで育つのに8～10年、発見があと半年遅れたら……」と言われる命拾いとなった。

運が良かったと思うと同時に、この運を導いてくれたのは職場の仲間の他人を思いやる気持ちにほかならないと感謝している。

仲間を心配し、あの人込みの多い新宿駅へ探しに行くというアホ職員。

思い起こせば、こういう有り難い同僚はこの職場だけではない。どの職場にもいたし、そのお人好しぶりが本来の都庁職員の持ち味だ。

元来、根がお人好しでなければ公務員という職業はやっていられない。

上司が何と言おうと、住民がどう思おうと、この持ち味を今後も大いに引き継いでいって欲しい。

本屋のお勧め本

落語を真摯に受け止める

落語ブームのおかげで、近年、落語に対する需要は高まっているらしい。寄席に目を向ければ席は埋まり、CDや本は飛ぶように売れ、TVの中では落語家たちが所狭しと駆け回る。それが、近年の落語ブームだそうだ。

果たして、どれだけの日本人がそれを実感しているかは分からないが、とりあえずマスコミの受けは良いらしい。

大量消費され、飽きがくれば捨てられる。ブームの辿る運命はその傾向にある。それはスタイルだけ重宝されて、中身が疎んじられる結果ではないか。もし、そうなれば不憫なのは落語家たちだ。

ブームに便乗して、名を売る者もいるが、このままだと周りにちやほやされ、落語家として駄目になっていくかもしれない。

その加害者は、マスコミに踊らされる我々一般大衆であることは否めない。

日本の伝統芸能である落語を真摯に受け止める。大げさかもしれないが、それは日本人の文化的義務だと思う。

この漫画『寄席芸人伝（復刻版）』（古谷三敏著、中央公論社・現在2巻まで刊行）を読むと、芸に賭ける落語家達の生き様が、まざまざと伝わり、落語を表面的に受け止めることに罪悪感を持ってしまう。

登場する人物はそれぞれにコンプレックスを抱いている。貧乏、学歴、訛り、若き日の栄光や同僚との軋轢など。しかし共通しているのは、落語が好きでたまらなく、少しでも上達しようという情熱を持っている点だ。

様々な人間関係が織り成す話につきもののドロドロした点は少なく、現代では失われてしまった情で世界は成り立っている。そこから見えるのは江戸の粋というものだ。

漫画だからといって侮るなかれ。落語に対して膨大な知識を持つ著者からなるこの本は、落語入門書として当然良書であるし、落語を通して江戸文化や人間関係のワビサビ、話し方の技術まで教えてくれる。

ビックリすることに慣れてしまった日本人にとって、このような人間の日常を描いた話は、新鮮に映るだろう。この本を読んで、商品化してしまった落語を救おうという言葉は決してハッタリではない。

（三省堂書店都庁店　飯田紀男）

第24回太宰治賞に永瀬氏

「太宰が生きた三鷹を誇りに」と市長

19日は「桜桃忌」だったが、それを目前にした17日、第24回太宰治賞の贈呈式が丸の内の東京會舘で行われた。

1090編の応募作の中から受賞したのは、永瀬直矢氏（35）の『ロミオとインディアナ』。今年は太宰治没後60年で、来年は生誕100年を迎える。没後50年を機に、太宰が晩年を過ごした地である三鷹市が筑摩書房に声をかけ、太宰治賞を復活してから10年目という節目の年にも当たり、贈呈式には450人もの人が来場し、若い作家の誕生を祝った。

三鷹市では3月に「太宰文学サロン」をオープンし、これまで9500人を超す人々が訪れている。この日も清原慶子市長は「太宰治が生きた町・三鷹であることを誇りにしていきたい」とし、「言葉は力です。インターネットで全世界から言葉を受け取れても、目の前にある生の命と対峙せずに生きることはできません。今日また、太宰治という魂を持った作家の思いを、時代を超えて引き継ぎ、残そうと決意して下さった新たな小説家が受賞された。不安定で危ういと言われる中にあって、太宰を愛する人に出会う時、人間であること、命を持った存在であること、長い長い人間の歴史の一点を担っていることを実感せずにはいられません」とあいさつ。

三鷹市と共同主催する筑摩書房の菊池明郎社長は、あいさつで「三鷹市から声かけがなければ、1社では復活できなかった。物心両面にわたって支え続けていただき、自分が市長でいる間はと言って下さっているので、もう10年、いやもっと大丈夫かな」と話し、会場内から歓声が上がった。さらに、『太宰治全集』を復刊すると宣言。大きな拍手を浴びていた。

続いて選考委員を代表して加藤典洋氏が選評。「今回は2氏が強く支持して、スムーズに受賞作が決まった。天皇陵の濠を隔てた向かいに主人公の高校生の女の子の家がある設定で、天皇陵を調べているというインディアナと名乗る者から、その子のブログに書き込みがされる。学園生活がつづられるんだが、その残像がはっきり残る。エンターテインメント仕立てであるのに、切実さのようなものが伝わってきた」などと語った。

永瀬氏は受賞の言葉で「『インディ・ジョーンズ』の公開に合わせたわけではありません。全くの偶然です」と笑わせ、「貴重な市の予算を賞に割いていただいて、小説を通して社会貢献したいというのが抱負なので、何かの形でお力になりたい」と話した後、太宰の『葉』の中にある「兄はこう言った。『小説を、くだらないとは思わぬ。おれには、ただ少しまだるっこいだけである。たった一行の真実を言いたいばかりに百頁の雰囲気をこしらえている』私は言い憎そうに、考え考えしながら答えた。『ほんとうに、言葉は短いほどよい。それだけで、信じさせることができるならば』」という文章を引用し、「文学で言いたいことは言葉だけならシンプルに出来るのだろうが、それにいかに血を流させたり、肉体化するかが難しいのだと思う。いつでもここに立ち戻って、書き続けていきたい」などと話した。

この日は、太宰賞復活後の10年間、選考委員を務めた高井有一氏と柴田翔氏が勇退することが発表され、二人に感謝状が贈られた。来年からは、留任する加藤典洋氏と小川洋子氏に、新たに荒川洋治氏と三浦しをん氏が加わって選考を行うという。

受賞者の永瀬氏と清原市長

みにがいど

◆センター発足記念！「省エネ技術セミナー」▽日時　7月16日(水)午後1時30分～4時30分▽場所　都議会議事堂1階都民ホール▽主催　東京都環境局・東京都地球温暖化防止活動推進センター▽プログラム　①基調講演「事業所における省エネルギーの進め方」常慶隆一・同センター専門技術員②「工場の取り組み事例」月島食品工業東京工場、「自社ビルの取り組み事例」日本電気大東田町ビル、「テナントビルの取り組み事例」黒龍芝公園ビル※参考として各事業所の主な取り組み紹介▽募集人数　250人（参加費は無料）▽申込方法　氏名・電話番号をファクスまたはEメールで送付※先着順で受け付け、定員になり次第締め切り。ファクス＝5388・1384、Eメール＝tcca@kankyo.metro.tokyo.jp、詳細は、㈶東京都環境整備公社http://www.tokyokankyo.jp▽問い合わせ先　東京都地球温暖化防止活動推進センター☎5388・3421

◆「薬物乱用防止ポスター・標語」募集　▽募集テーマ　薬物乱用防止を訴えるもの▽応募資格　都内在住・都内中学校在籍中学生▽ポスター部門　四つ切またはB3判程度、原則たて書き▽標語部門　40字以内※1部門につき1人1点▽締切　9月12日(金)▽応募方法　作品に学校名、学年、クラス及び氏名を明記。作品は学校で取りまとめ、http://www.fukushihoken.metro.tokyo.jp/kenkou_anzen/stop/poster/index.html 掲載の事務局に連絡※薬物乱用防止指導員が回収▽問い合わせ先　福祉保健局健康安全部薬務課☎5320・4520

都政新報

発行所 都政新報社
〒160-0023 東京都新宿区西新宿7-23-1 TSビル
〈総務・読者〉03-5330-8781
〈企画広告〉03-5330-8784
〈編　　集〉03-5330-8786
〈出　　版〉03-5330-8788
〈セミナー事業部〉03-5330-9977
〈ファクス〉03-5330-8808
購読料 月1,680円(税込)
毎週火・金曜日発行
但し、祝祭日は休刊

紙面から

局長級異動

政策の継続性を重視

懸案抱える局で留任

都の局長級異動が25日に内示された。知事本局長と総務局長が交代する一方、新銀行東京、2016年オリンピック招致、築地市場の豊洲移転といった懸案課題を抱える局は、いずれも留任となり、継続性を重視した事業局中心の人事となった。官房長官としての役割を求められる知事本局長には、吉川和夫氏を抜擢。全庁調整機能を強化する観点から知事本局に調整担当理事（産業労働局次長兼務）を新設し、新銀行東京の経営監視と支援などにあたる。総務局長には、識見と人柄の優れた中田清己氏が登用された。新任局長級の発令は7月1日付。部課長級異動は、7月4日内示、16日付の発令となる。＝4面に関係記事、昇任者略歴

調整力強化で 理事ポスト新設

行政系の局長級の異動数は31で、内訳は昇任13、横転16、その他2。この規模は、昨年夏の32とほぼ同じ。今年の特徴は、庁内調整力の強化と政策の継続性に力点を置いたことだ。

官房3局は、突破力を買って知事本局長に吉川和夫氏、全体調和として総務局長に中田清己氏をあてた。国との財政戦争に備え、税財政制度に詳しい村山寛司財務局長は留任した。

吉川氏は、環境局長として3期目の目玉施策となるCO2排出量削減の義務化などを手がけ、フットワークのよさとスピード感、関係団体の回しなどが評価され、知事の信任を得た。今後、本格化するオリンピック招致活動をはじめ、各局にまたがる重要課題で全庁をリードすることが求められている。石原都政末期になり、知事への諫言も期待されている。

押元洋総務局長は、家庭の事情のため1年前倒しで後進に道を譲った。後任の中田氏は、下水道局長という声も強かったが、庁内の要となる総務局長を誰にするかという判断の中で起用になった。管試年次としても、中田氏は55A・58歳、吉川氏が54A・58歳でバランスがいい。

■新設の理事ポスト

庁内調整力のテコ入れは、人事・組織の両面から行い、まず知事本局に調整担当理事を新設。報道官だった前田信弘氏を起用した。産業労働局次長も兼務し、新銀行東京の再建に取り組む。五輪招致にしても、豊洲新市場予定地の土壌汚染対策にしても、複数の局にまたがり、知事本局の全庁調整機能の強化が不可欠と判断した。

もともと産業労働局は守備範囲が広く、そこに新銀行東京という重荷が加わり、局長一人で全体を見るのがハードな状況だった。都が追加出資した400億円を毀損した場合、石原知事の責任問題に発展することから、佐藤広局長、前田次長の体制で新銀行東京の経営監視と支援を強める。ただ、肝心の銀行本体は、財務面だけでなく、行員の士気低下など大きな不安要素を抱え、再建の道のりは険しい。

■行政系の局長級昇任者の年次・年齢（敬称略）

年次	氏名	氏名
57A	志賀　敏和(57歳)	加藤　英夫(55歳)
59A	新田　洋平(53歳)	影山　竹夫(52歳)
60A	飯尾　　豊(55歳・土)	川澄　俊文(53歳)
62B	鈴木　孝三(58歳)	野口　　孝(58歳)
63B	髙橋　都彦(57歳)	
1B	杉村　栄一(56歳)	
2B	加島　保路(58歳)	
3B	村尾　公一(55歳・土)	

都市整備局には、住宅担当理事を新設し、加藤英夫氏が就く。都市計画局、住宅局、建設局の一部を3局統合し、現在の都市整備局をつくった。しかし、組織が大きくなり過ぎてスパン・オブ・コントロールの範囲を超えているという指摘が従来からあった。そこで住宅部門を統括する理事を置き、局統合のメリットを発揮できるようにする。

また、泉本和秀都市整備局次長が総務部長を事務取扱にし、局内の各部をまとめる体制にする。局のスパンが広いことや技術系職員が多い組織事情を考慮した措置で、都庁では初めての試みだ。

政策の継続性では、東京オリンピック招致本部、産業労働局、中央卸売市場をはじめ、福祉保健局、都市整備局、建設局など主要なところで局長が留任した。

そうした中で環境局長には、この分野が初めての有留武司氏を起用した。第2回定例会で環境確保条例を改正したが、2010年度からCO2の総量削減の義務化に向け、事業者との調整など多くの宿題が残っている。有留氏の積極性が買われての人事となった。

■若手抜擢路線

技術系の局長級人事では、港湾局技監に飯尾豊氏（土木）、空席だった建設局道路監に村尾公一氏（土木）が登用され、55歳からの若手抜擢となっている。今まで技術職が就くことが多かった多摩水道改革推進本部長と流域下水道本部長は、土木から事務への振り替えとなった。

建築職では、都市整備局技監（東京オリンピック招致本部技監兼務）の福島七郎氏が59歳の勧退ルールに該当するが、09年10月のIOC総会に向けて招致活動が本格化するため続投となった。

年次・年齢では、昨年に続き52歳から局長級が誕生し、影山竹夫氏が教育庁次長に就任する。教育庁は初めてだが、総務局首都大学支援部長を務めた経験があり、高校教育と大学教育との連携などで手腕が期待されている。生活文化スポーツ局長の秋山俊行氏は54歳で、近年にない若い条例局長となる。

昨年、一挙に57A、58A、59Aの三つの管試年次から局長級が誕生した。今年は1年若返り、60Aから川澄俊文知事本局理事（報道担当）と飯尾港湾局技監が出た。若手抜擢の路線は、今年も踏襲されている。

局長級異動一覧

新任職（現職）氏名の順　太字は昇任者（7月1日付）

新任職（現職）	氏名
知事本局長（環境局長）	吉川和夫
知事本局理事＝報道担当（知事本局総務部長）	**川澄俊文**
知事本局理事＝調整担当、産業労働局次長兼務（知事本局理事＝報道担当）	前田信弘
東京オリンピック・パラリンピック招致本部長（東京オリンピック招致本部長）	荒川　満
東京オリンピック・パラリンピック招致本部次長（東京オリンピック招致本部次長）	松田二郎
東京オリンピック・パラリンピック招致本部技監＝都市整備局技監兼務（都市整備局技監）	福島七郎
総務局長（収用委員会事務局長）	中田清己
危機管理監（総務局理事＝人権担当）	島田幸太郎
総務局理事＝人権担当（教育庁総務部長）	**志賀敏和**
職員共済組合事務局長（主税局総務部長）	**加島保路**
生活文化スポーツ局長（病院経営本部長）	秋山俊行
都市整備局理事＝住宅担当（環境局環境政策部長）	**加藤英夫**
環境局長（労働委員会事務局長）	有留武司
福祉保健局次長（福祉保健局総務部長）	杉村栄一
福祉保健局技監（福祉保健局健康安全部長）	**桜山豊夫**
病院経営本部長（総務局理事＝職員研修所長兼務、総務局人事部長事務取扱）	中井敬三
産業労働局理事＝㈶東京しごと財団派遣（交通局総務部長）	**髙橋都彦**
建設局道路監（都市整備局企画担当部長）	**村尾公一**
港湾局技監（港湾局港湾整備部長）	**飯尾　豊**
交通局長（交通局次長）	金子正一郎
交通局次長（生活文化スポーツ局次長）	三橋　昇
多摩水道改革推進本部長（水道局総務部長）	**鈴木孝三**
下水道局長（下水道局次長）	今里伸一郎
下水道局技監（流域下水道本部長）	中村益美
流域下水道本部長（財務局経理部長）	**新田洋平**
教育庁次長＝中央図書館長事務取扱（建設局総務部長）	**影山竹夫**
選挙管理委員会事務局長（知事本局理事＝内閣官房派遣）	矢口貴行
人事委員会事務局長（危機管理監）	中村晶晴
労働委員会事務局長（福祉保健局次長）	関　敏樹
収用委員会事務局長（下水道局総務部長）	**野口　孝**

※病院等は除く

CO_2削減義務化、全会一致で可決

第2回定例都議会が閉会

第2回定例都議会が25日に閉会し、CO2削減義務化と排出量取引制度の導入を柱とした環境確保条例改正案を全会一致で可決した。最終本会議の討論で各会派は、「高く評価する」（自民）などと賛同。委員会で修正案を出した共産党も、「一歩前進」と原案に賛成した。また、自民党は代表質問で取り上げた猪瀬副知事のあり方について、「優しく諭した問題を理解していただいていない」と強く批判した。共産党提案の学校耐震化と乳幼児医療費無料化の2条例案は、賛成少数で否決された。

■環境確保条例改正案

CO2削減義務化と排出量取引制度導入について、自民党の田中豪氏は、「中小企業にとっては環境分野に新たなビジネスの活路を見出す千載一遇のチャンス」と述べ、都の支援策の充実を求めた。

民主党の猪爪まさみ氏は、「制度の枠組みはできたものの、それぞれの排出事業者に課すべき削減義務率など、条例の重要な部分はいまだ決まっていない」とし、対象事業者との十分な協議、制度の普及拡大を求めた。

公明党の中山信行氏は、「都市レベルでは世界で初の事業所向けの削減義務で、評価する」と述べ、排出量取引が投機対象とならない工夫、省エネ設備更新に伴う優遇税制や助成制度、家庭で発電された電力購入義務化などの具現化を求めた。

共産党の田副民夫氏は、「大規模事業所の削減義務化や再生可能エネルギーなどが盛り込まれたことは、一歩前進」と評価した。

生活者ネットの原田恭子氏は、「排出量取引は、あくまでも削減義務を補完するものとして担保されるべきもの」と事業者との十分な協議を求めた。

■豊洲新市場問題

豊洲新市場予定地の土壌汚染問題について、田中氏は、「豊洲新市場予定地の土壌汚染問題は、事実を正確に把握して冷静に対処していくことが重要」と指摘した上で、「50年、100年先まで活用される首都圏の基幹市場がどうあるべきかという視点に立って考えていく必要がある」と主張した。

中山氏は、「食の安全安心や税金の無駄遣いへの疑念など、都民の不安と不信を払拭するために、新市場建設の原点に立ち返って、今後も真摯な再検討を行うべき」と釘を刺した。

田副氏は、現在地再整備の種地がないという都の考えに対し、「中央区が現実的な提案をしているのに、まともな協議をしていない。すぐに協議をすべき」と主張した。

原田氏は、「都民の納得を得るためには、専門家会議の情報を公開し、より幅広い見解を持つ専門家を集めたシンポジウムを開くべき」と要望した。

猪爪氏は、豊洲新市場問題には触れなかった。

自民、猪瀬氏に再び苦言 「評論家では困る」

■副知事のあり方

自民党は、討論の最後で、「私ども自民党が優しく諭した問題を理解していただいていないようなので、あえてこの場でさらなるご忠告を申し上げる」と、猪瀬副知事のあり方に言及した。

田中氏は、「副知事は都政において重要なポスト。行政という組織は手順を経て、お互いの積み重ねで動いている」と指摘。

その上で、調布の飛行場、参議院宿舎、茨城空港、国と都の13の協議事項を例にあげて、「私たちは参議院宿舎の賛否を言っているのではなく、あくまで副知事として、都民に対しての公平性、行政及び知事の発言との一貫性、公務員としての責任ある発言について問題視している。評論家のごとくの言動では困る。私どもの出したイエローカードを謙虚に受け止めてほしい」と述べ、「レッドカード」も示唆した。

本会議後、猪瀬副知事は、「話題にしてくれてありがたい。イエローカードは審判が出すもの。副知事も議会も同じフィールドでプレイしている。イエローカードを出すのは都民だ」と語った。

本会議終了後、記者団の質問に答える猪瀬副知事

五輪の政府保証を 法人事業税復元も

国への提案要求

各省庁の概算要求を前に都は23日、09年度の国の施策・予算に対して、重点事項69件の提案要求をまとめた。

東京五輪招致では、立候補ファイルに必要な政府保証の発行を求めた。昨年の法人事業税の一部国税化については、速やかに地方税として復元するよう要求。羽田空港の国際化や認証保育所の承認など、「国と東京都の実務者協議会」の協議事項についても、重点事項として働きかける。

新規の重点事項は▽京浜3港の広域連携施策への支援▽テロ対応力の強化など14項目。京浜3港では、国道357号などの重点整備を要求する。

冗句ジョーク

相次ぐ食品偽装表示

計画の提出期限を迎えた関連職場

「忙しいんだから、去年のを表紙だけ替えて出しておけ！」

■社告

都政新報社は第56期株主総会後の取締役会において、大橋勲男、柴田恒雄、佐々木保、佐々木均の4人の取締役を再任しました。取締役の業務分担と監査役、担当部長は次の通りです。

▽代表取締役社長＝総務・読者　大橋勲男
▽代表取締役専務＝編集・制作　柴田恒雄
▽常務取締役＝出版・セミナー　佐々木保
▽取締役事業部長＝広告　佐々木均
▽監査役（非常勤）　須山和夫
▽編集長　吉田　実
▽制作部長　中島良之
▽企画広告部長　坂根重義

都政の東西

人間再生

「今、首を吊ったの」と電話の彼女は、弱々しく報告した。首を吊ったものの死に切れずに電話してきたのだ。

理由は特にない。ただ、死にたくなっただけだ。

夫から暴力とモラルハラスメントを受けていた彼女は、離婚後、生活保護を受けて一人暮らしをしている。左手の手首にはリストカットの傷が無数にあって、痛々しい。

携帯電話が彼女の命綱だ。短縮ダイヤルには、いつも「いのちの電話」が入っている。

殴る男は、いつまでも殴り続ける。暴力から逃れるには、加害者から離れるしかない。しかし、ほとんどの被害者にとって、夫から逃れるとは、家庭と生活基盤を失うことでもある。

孤独の中で心の安定を保ちながら、自立の道を模索するというのは、想像を絶するつらさがある。心の傷と向き合っているうちに、死んだほうがマシだと思う。

人間も、社会も、ぶっ壊れている。秋葉原で無差別に人を殺した彼には、頼れる1本の電話もなかったのだろうか。それ以前に、死の淵で他者を引きずりこもうとする「自爆テロ」のような発想は、どこで植えつけられたのだろうか。

現代社会の究極の目標は、万人を満足させることではなく、1人の人間を救うことに尽きる。

彼女の生活を支えているのは、生活保護行政だ。彼女の電話を受けたのは、一人の男だ。心を安定させる薬を処方するのは医師だ。たった一人のために、みんな必死だ。だから、彼女は生きている。

「自殺未遂報告」を受けたからといって、彼女を救えるわけではない。でも、1本の細い糸は残る。みんなで糸を太くしたい。壊れた人間と社会は、そこから再生する。

介護保険制度

低迷する「地域密着型」 7区で介護報酬上乗せ

介護保険制度で区市町村が提供する「地域密着型サービス」として、2006年度から小規模多機能型居宅介護施設の整備が進められている。しかし、事業者に支払われる介護報酬の低さなどから普及が低迷。昨年10月、国は区市町村に独自の介護報酬の上乗せを認めた。現在、23区のうち7区が国の認定を受けたが、抜本的な制度見直しが行われない限り、「焼け石に水」の状況も懸念される。

「焼け石に水」懸念も

23区では、区市町村で独自に策定する介護保険事業支援計画の第3期以降、小規模多機能型施設の設置が盛り込まれ、当初は「1校区に1施設程度」を目安としていた。

しかし、普及実績は当初計画を大幅に下回っている。都福祉保健局が昨年末に実施した調査では、23区内の小規模多機能型施設は21カ所。市町村を含めても26カ所で、当初見込み数の1割強、利用登録者数も都全体で574人にとどまっている。大きな原因は、事業者に支払われる介護報酬が低いことや看護職員の設置の義務づけなどの施設基準が厳しいことから、事業者が参入を敬遠していることにある。

こうした状況の打開策として、厚労省は昨年、事業者へ支払う介護報酬の上乗せを区市町村に認めた。国への申請と認可が必要で、23区では新宿、文京、豊島、板橋、練馬、足立、江戸川の7区が認定を受けた。上乗せ額は一人月額5千円から1万円程度だ。

6月末に3回目の国への申請が締め切られるが、千代田、目黒、杉並区などは、今年度の申請を見送る予定だ。理由はさまざまだが、杉並区は「介護保険運営協議会で検討したが、利用者への保険料負担の増額に反対の声があり、見送った」という。千代田区、目黒区は、まだ区内に対象施設がないなどの理由で見送った。ただ、3区とも今年度内に策定する次期の介護保険事業支援計画で、導入を前向きに検討するという。

介護報酬の上乗せとは別個に、施設の設立を助成する動きもある。

杉並区内にある方南二丁目施設は、06年に民間事業者が区から土地を賃借し、小規模多機能型施設とグループホームなどの複合施設を設置した。区担当者は「地代の高い都内では用地の確保が最大の課題だが、区が土地を提供して解消した。さらに、民間のノウハウで機能の異なる介護施設を複合化して、事業性が高まった」と説明する。開設から約3カ月後には定員を確保。高い利用率を継続しているという。

2番目の施設はまだだが、宿泊サービス用のベッド数に応じた設置助成を今年度から始めた。

しかし、こうした区市町村の取り組みには限界がある。厚労省は今年度、介護保険制度全般の見直しを図るが、都担当者は「普及しないばかりか、事業者の3分の2が赤字になっている現状で、制度設計に問題があるのは明白だ。構造的な制度見直しを国が行わない限り、各区の努力も焼け石に水になってしまう」と懸念する。

国の介護福祉政策が従来の療養型から在宅型へ方向転換するなか、小規模多機能型居住介護は今後も欠かせないことは確か。その立て直しの成否は、介護保険制度の根幹を左右しかねない。

MEMO
小規模多機能型居宅介護　在宅介護の高齢者を対象とし、通所、宿泊、訪問など複数のサービスを包括的に提供する。認知症高齢者などが共同生活を送るグループホームや高齢者を日中のみ預かるデイサービスと違い、一つの施設が多様な介護サービスを提供する点に特徴がある。施設利用者を所在する自治体の住民に限定し、定員を少なくしている（登録定員25人以下）。

方南二丁目施設（杉並区）。小規模多機能型の施設（左）、グループホーム2棟（右）など複合化している。民間企業が運営

屋上での授業「把握せず」

杉並児童転落事故　区教委が区議会で説明

18日に発生した区立杉並第十小学校の児童転落事故で、杉並区教育委員会が同校の屋上授業の実施状況をこれまで把握していなかったことが判明した。23日開催の区議会文教委員会の報告で明らかになった。

委員会で区教委は、同校による屋上授業について、「問題があった」と言及。「屋上への児童の立ち入りは想定外」とする区教委の方針を、第十小側が認識していたか否か、さらに、なぜ方針が守られていなかったのかが、事故原因を解明する際の焦点になる。

文教委員会に対して区教委側は「事故が起きた3階の屋上部分は『屋根』として設計し、管理してきた。児童の立ち入りは想定していなかった。これまで、第十小から授業などの使用報告は受けていない」と説明。しかし、事故直後の第十小への調査で、今年4月以降、数回にわたり社会科の授業で使用されていたことが判明したという。昨年度以前については現在調査中だが、従来から授業などで児童が3階屋上部分へ立ち入っていた可能性が強まっている。

区議からは、杉並区内の小中学校における天窓の設置および点検状況、今後の対応策について質問が相次いだ。区教委は天窓設置の13校以外も、全校を対象に6月中に学校施設の緊急点検を行うとした。

区議の一人は、2001年に都立高校で起きた転落事故など過去の事故事例を把握していたかを質問。区教委側は「都立高の事故を含め全国の事故を詳細に検討したことはない。文部科学省や都教委から特段の通知なども出ていない」と答弁した。

区では事故直後、庁内に事故調査委員会を設置。原因究明と改善策を1カ月ほどでまとめるとしている。しかし、現時点で外部委員などを登用する予定はないため、あくまで内部報告にとどまると見込み。

事故後の児童の心理面のケアを図るため、区教委は第十小にカウンセラーを派遣。事故を目撃した児童のほか、亡くなった児童と同じ6年生児童へ継続的にカウンセリングを実施している。転落現場はコモンスペースと呼ばれる学校の玄関口にあたり、児童が目にする機会が多いため、同校の保護者からは「天窓を含めて事故現場周辺を改修して欲しい」との要望が出ているという。

23日の杉並区議会・文教委員会。区議から区側への質問が相次いだ

区施設で転落事故　目黒区

目黒区は24日、区立障害者通所施設である下目黒福祉工房で利用者の20代の女性が階段から転落し、意識不明の重体と発表した。

区によると、女性は23日午前、1階と2階の間の踊り場付近から1階の床まで階段を転げ落ちたとみられる。女性は知的障害があるが、日ごろから一人で行動でき、職員はついていなかった。

同施設は、身体と知的障害者の通所施設で、利用者は約40人。職員は18人。区では「施設の安全点検や利用者の動きに注意して、これまで以上に声かけなどを強化する」としている。

区内には七つの区立障害者通所施設があり、24日に施設長会議を開き、注意を喚起した。

庁舎整備検討へ　葛飾区

老朽化した庁舎を整備するため、葛飾区は25日、部課長らでつくる総合庁舎整備検討委員会を設置した。庁舎本館と議会棟は1962年、新館は78年に建設され、それぞれ築46年、30年になる。23区では、豊島区に次いで2番目に古い庁舎だ。

委員会は、副区長や部課長を合わせて11人で構成し、今年度は現地建て替え、移転など整備の方向性を検討していく。来年度以降、具体的な整備方策を検討する予定。

一般的に、コンクリートの寿命は60年と言われている中、庁舎などの劣化診断のほか、新館の耐震診断などを今年度内に行う方針だ。

今年2月、総合庁舎整備基金を設置し1億円を積み立てたばかりで、区は「何も着手していないので遅れている。整備手法を検討したい」という。

国保滞納者宅を捜索　豊島区

豊島区は、国民健康保険料を払えるのに払わない男性の自宅を警察官らと9日に捜索し、現金などを差し押さえたと25日に発表した。国保料の差し押さえは珍しくないが、滞納者宅の捜索は大阪府富田林市に次いで2例目という。

これまで、収入のある60代男性は数年にわたり約220万円の国保料を滞納し、区の再三の支払い要求にも応じなかった。そのため、区職員、警察官ら15人が男性宅を捜索し、現金23万9千円、ビール券19枚を押収。捜索後、男性は国保料の支払いについて「今後、区と相談する」と述べた。

07年度現在、区の国保料の滞納額は約13億円という。区国民健康保険課は「払えるのに払ってもらえない人には、厳格な姿勢で臨まざるを得ない」と話している。

記者席

親の心、子知らず？

○……「今度、猪瀬さんの手打ちをやろうか」。25日に都議会が閉会し、あいさつで自民党控室に行った石原知事は、党幹部らにこう話しかけた。本会議討論でも田中豪氏が「あえてさらなる忠告をする」と猪瀬副知事のあり方を問題にしたため、この知事発言になった。自民党幹部に「手打ちをするのか」と聞くと「やるわけない。初めから（猪瀬氏を）認めていないのだから」と冷たい返事。引く構えがない。

他方、猪瀬副知事の方も同様だ。「サッカーでイエローカードは、審判（納税者）が出すもの。相手チームが出すのは、常識で考えられない」と筋論で反撃。「ほとんどが誤解に基づいている」と語った。手打ちしたいという親（知事）の心、子（副知事）知らずとは、このことだろうか。自民党との溝は、深まる一方だ。

○……都議会終了後の会派回りで、共産党が「随分、自民党に人気があるね」と猪瀬副知事を冷やかす場面もあった。

一方の民主党。今定例会では、五輪招致関連で応酬になった。知事選で招致に慎重な浅野史郎氏を支持したため、石原知事から「都議会の民主党も態度を改め、渾身の協力をして頂きたい」と言われた。発言の撤回と謝罪を求めたが、納得のいく答弁がなかったことから、態度を硬化させた。本会議の討論では「言いがかりをつけては開き直る知事のもとでは、都市の品格を競う五輪招致など、夢のまた夢になりかねない」と切り返した。

築地移転、新銀行東京の再建、大規模事業所のCO_2削減義務化などがメーンテーマの定例会だったが、終わってみれば「場外乱闘」の方も盛り上がった。

○……町田市が相模原市とユニークな連携をしている。町田駅周辺で商業圏が重なる両市。市民の交わりは日常的だ。そこで、イベント情報などを互いの広報紙に掲載し、PR効果を高めている。

両市市長懇談会には、事前に全課に聞き取りした「連携したい事業」も提案され、すばやく対応。何かと時間のかかる自治体連携を、軽やかにクリアしている。

築地市場の豊洲移転問題

「冷静に見極めたい」

中央区　都側に説明を要求

築地市場の豊洲移転に反対し、現在地での再整備を求めるスタンスの中央区。一方で、移転に備えて、跡地を含む地域の将来構想をまとめたこともある。そんななか、にわかに浮上した豊洲新市場予定地の土壌汚染問題。24日の区議会では、矢田美英区長が「対策について都から十分に説明を受け、冷静に見極め、対処したい」と表明。27日には、区議会全員協議会で都側に説明を求めていく。

豊洲新市場予定地の土壌汚染を受けて、市場を築地の現在地で再整備する案については、20日の都議会経済・港湾委員会で比留間英人中央卸売市場長が、「現在地での再整備はない」とした。

中央区の矢田美英区長は、24日の区議会本会議で、小坂和輝議員（会派・友愛中央）の一般質問に答え、「都は移転を進めようとしている。大変、残念な思い」と述べた。さらに「土壌汚染については、7月の専門家会議の提言を受けて8月に都の姿勢が出る。今から仮定の話として、こうなったら、ああなったらと軽々に述べるのではなく、専門家会議の結果、都がどういう対応をするのか冷静に見極めたい」とした。その上で、「関係者の声を幅広く聞き、区政としてとるべき方法を考える」という。

中央区はこれまでも「築地ブランド」維持のため、築地市場の移転に反対し、現在地での再整備を都に求めてきた。

小坂議員は、現在地での再整備の成功例として大阪市中央卸売市場があり、土壌汚染が発覚した豊洲に移転するよりも、築地での再整備が妥当と主張。矢田区長も、「大阪では工期や整備費の大幅な見直し、仲卸の統合など厳しい対策を迫られた。しかし、成功した要因は、関係者の熱意と団結の強さにあった。築地でも関係者による具体化の進展を期待したい」と応じた。

ただ、一方で区は2004年に、移転に備え、築地市場地区の活気とにぎわいを維持するための構想をまとめてもいる。跡地と場外市場の間に鮮魚マーケットを設けるなどで、矢田区長は「都と協議する必要があるが、汚染の混乱や五輪招致の問題から協議が進んでいない」と説明した。

小坂議員は「（築地を売れば）莫大な売却益を得ることができ、そこに多くの利権がからむ」とも指摘。矢田区長は「利権などにより、築地の食文化に影響を与えてはならないことは当然。安心安全の都民の台所の機能充実が今、求められている」と答えた。また、「都が27日に全員協議会で説明する」と報告した。

現在、23㌶の築地市場には、7㌶、約350店舗の場外市場が隣接している。築地が移転すれば打撃を受けることが予想される。区の2000年の調査では、場外市場で年間約300億円、地域経済全体で2兆円の減収が見込まれた。

築地市場が移転すれば影響が懸念される場外市場

製造業立地に助成　大田区

大田区は、区内で操業を希望する中小製造業者支援のため、今月から2種類の助成を始めた。

同区は製造業が集積しているが、近年、マンション立地などにより工場数が減少している。助成は区外からの事業者を呼び込んで製造業の集積維持を図るのが狙い。

助成事業の一つは、従業員20人以下の小規模事業者を対象にした「モノづくり工場立地助成」。区外で3年以上継続して金属製品製造業などの区が定める業種を営んでおり、新たに大田区内での操業を希望する製造業者が対象になる。区内で3年以上継続して同一の業種を営む製造業者、区内の貸工場所有者でもよい。工場の操業に必要な設備の運送、設置経費や工場の新増設にかかる経費などについて、費用の4分の1、上限600万円を助成する。

もう一つは、「貸工場・工業用地マッチング事業」。区内で操業を希望する製造業者に対し、ニーズにあった区内物件を探してマッチングする。事業の趣旨に同意する宅地建物取引業者を公募、登録して協力してもらう。物件を成約させた宅建業者に、1平方㍍あたり100円として工場床面積分（上限1千平方㍍、10万円）を交付する。

同区では、助成事業に合わせて、区内で操業を希望する事業者が立地に関して相談できる窓口を設けている。産業振興課工業振興係で対応している。

商店街経営学校を開校　世田谷区

全国の商店街の成功例を通して経営方法などを学ぶ目的で、世田谷区と区産業振興公社は25日、商店街経営学校を開校した。商店街経営を学べる学校の設置は、全国初という。

大型スーパー、量販店などが進出し、商店街がシャッター通りに衰退する問題が全国規模で起きる中、区と公社は商店街の経営能力を向上させ、衰退を食い止めるために開校した。

同学校では、区内に140組織ある商店街の役員が対象。講義やワークショップでは、商店街経営者、専門家を講師に、商店街経営、運営方法をはじめ、町会などとの関わりを学び、実際に成功している商店街を視察する。

金沢市と友好都市協定　板橋区

板橋区はこのほど、石川県金沢市と友好交流都市協定を締結することを決定した。協定の締結は7月9日、金沢市役所で行われる。区側は坂本健区長などが出席する予定。

江戸時代、加賀藩前田家の下屋敷が、現在の板橋区加賀地区付近にあり、地区名の由来になっている。これを縁に、板橋区と金沢市は、1979年から交流を開始。祭りなどへの相互参加などで地域間交流を図ってきた。

今回、両区市が締結するのは、観光、産業、文化、教育、環境など広範な交流、情報交換を行うための包括的な交流協定。板橋区は「自然、芸能や工芸などの伝統文化に恵まれた金沢市は、近年、大学が環状にとりまく学術文化都市として、発展している。今回の協定で、協力関係をさらに発展させたい」としている。

都教委 重大事故防止でガイドライン

競技種目別の具体策提示

都立足立東高校で起きたハンマー投げ事故を受け、都教育委員会は26日、部活動中の重大事故を防ぐためのガイドラインを策定した。各競技種目に共通する基本的な考え方や安全対策を示したうえで、過去に重大事故が発生した運動部活動など15競技種目を選定し、競技種目ごとに重大事故を防止するための具体的な対策や安全指導を提示した。運動の危険性や生徒の健康管理などを示した一般的なガイドラインはあるが、競技種目別に具体的な安全対策を盛り込んだのは全国的にも珍しいという。

ハンマー投げ事故受け

今年4月、都立足立東高校で、陸上部のハンマー投げの練習中に、生徒が投げたハンマーが他の部員の頭部を直撃するという重大事故が発生。昨年6月には、弓道部の活動中に教諭の放った矢が、偶然通りかかった生徒の頭部に突き刺さるという事故が起きている。

都教委はこれまで、各学校に対し事故事例を通して注意喚起してきたが、競技種目別の望ましい練習のあり方や具体的な事故防止の指針は示してこなかった。このため、今回のような事故を二度と起こさないために、重大事故防止に向けた部活動の練習内容・方法に関するガイドラインを策定した。

ガイドラインは▽部活動における事故防止に関する基本的な考え方▽重大事故防止のためのガイドライン▽陸上競技投てき種目の練習を行う場合の安全対策（例）——の3章で構成。第1章では①運動やスポーツに内在する危険性②生徒の健康管理と指導計画③日常の練習内容・方法に潜む危険性④施設・設備・用具等の安全点検⑤事故発生時の救護体制の確認——など8項目にわたる事故防止に関する基本的な考え方を示している。

これを踏まえ、第2章では過去に重大事故が発生したり、どの学校でも行われたりしている運動部活動などを中心に、陸上、弓道、アーチェリー、硬式野球、サッカーなど15競技種目を選定。競技種目ごとに①競技の魅力と特性②一般的な練習内容・方法と安全確認③日常の練習内容・方法に内在する危険性③過去の事故事例④重大事故を防止するための具体的な対策を提示した。

例えば、陸上競技（投てき種目）では、「円盤投げやハンマー投げの練習では、投てき方向を除きサークルの周りを防護ネットで囲み安全を確保する」とし、①投てき物が落下する可能性のある場所に、生徒が立ち入らないようにコーンやネット等で明確に練習場所を区分する②施設・用具の安全性を確認する③指導者が必ず複数で立ち会い安全を確保する——などの具体的な対策を提示。また、投てきの練習を行う場合の安全対策を図解入りで例示するなど、全体的に分かりやすい内容となっている。

都教委は今後、都立学校や区市町村教委・公立中学校などに冊子を配布する一方、都高等学校体育連盟や同野球連盟を通じてガイドラインの趣旨を徹底させる方針。

運動の中で球技の負傷発生が最も多い

不登校対策 個別適応計画書を導入へ

9月にフォーラムを開催

複雑・多様化する不登校問題を受け、都教育委員会は、不登校の子ども一人ひとりに対して「個別適応計画書」の様式を定め、区市町村教委と連携して学校復帰を支援する新たな取り組みを、9月から開始する。不登校解消には個々の状況に応じたきめ細かな支援が必要であると判断したもので、今後は不登校児童・生徒を指導・支援している学校の担任教員や関係者の意見を聞き、他自治体の取り組みなどを参考にしながら計画書づくりに取りかかる。また、9月に「不登校フォーラム」を開催し、不登校克服の体験談や不登校復帰支援の実践報告などを行う予定。

30日以上欠席し、不登校と認めた児童・生徒数は、2000年度の小中合わせた1万142人をピークに毎年度減り続けていたが、06年度は再び増加に転じ、8920人となった。不登校の背景や要因も、いじめや友人関係、学業不振、家庭の問題など様々で、多様化・複雑化している状況にある。

このため、5月に策定した第2次東京都教育ビジョンでも「不登校の解消には、個々の状況に応じたきめ細かな支援が必要不可欠」とし、不登校の子ども一人ひとりに対して「個別適応計画書」を導入。これをもとに教育相談センターなど相談機関をはじめ、区市町村教委など関係機関との連携を強化して学校復帰を促進するとしている。

これを受け、都教委は9月までに「個別適応計画書」の様式を定め、区市町村教委と連携して各学校での活用を推進していく方針を決めた。計画書は、担任が保護者や児童・生徒との面談で設定した学校復帰の目標や、担任や関係機関からの具体的な働きかけの記録などを記入するもので、学校全体での取り組みや小中学校の連携、転校した際の継続的な支援など、不登校児童・生徒の学校復帰を支援することをねらっている。

また、不登校児童・生徒にかかわる教員、適応指導室指導員、相談担当者、保護者を対象とした「不登校フォーラム」を9月に開催する。不登校を克服した人の体験談や不登校復帰を支援した教員などの実践報告、パネルディスカッションなどを行い、不登校児童・生徒の学校復帰に向けた取り組みについて理解を深めていく考えである。

都教委ではこれまで、不登校の支援策としてスクールカウンセラーの配置、自立支援事業、スクールソーシャルワーカーの活用、学校不適応対応連絡協議会の開催、教育相談体制の充実など幅広い事業に取り組んできた。これに個別適応計画書と不登校フォーラムが新たに加わることで、不登校対策がより強化されることになる。

若手教員の育成 ——東京教師道場を核に 2

東京都の授業力向上施策

第2回は、都立学校における初任者研修、2・3年次授業研究、4年次授業観察における授業力向上の取り組みについて紹介する。

【都立学校初任者研修】

東京都教職員研修センターでは現在、都立高等学校及び都立特別支援学校の初任者を対象に、初任者一人当たり年間15日の当センターにおける研修を実施している。15日のうち、今年度を例に挙げると、7日は「授業力の向上」を内容とした研修であり、他の8日は「教育公務員としての基礎・基本」等の内容を扱っている。

センターにおける「授業力の向上」にかかわる研修では、学習指導案の作成、模範授業の参観、授業研究の進め方、初任者による授業研究、授業改善等を研修の内容としている。

また、2泊3日の宿泊研修においても、「授業力の向上」を研修の内容として取り上げ、初任者同士が日ごろの授業実践における悩みや課題を共有し合う絶好の機会となっている。

さらに、初任者は所属校において年間300時間以上の校内における研修のうち、180時間以上は授業に関する研修を行っている。

【都立学校2・3年次授業研究】

都立学校2・3年次授業研究は、初任者研修を修了した2年次、3年次の教員を対象に、授業研究を行う研修である。

研修内容は、「校内における研修」と「校外における研修」に大別され、「校内における研修」では、年間3回以上、授業を公開し、他の教諭から学習指導案や授業の進め方等についての指導・助言を受けることとしている。その際、校長の求めに応じて、当センターでは、指導主事または学習指導専門員を派遣し、各学校の取り組みを支援している。

「校外における研修」では、夏季休業中に2日間のセンターでの研修を実施しており、その中で教科等において優れた実績のある都立学校の副校長及び東京教師道場等で授業力を上げた選りすぐりの教員が指導者となり、2・3年次の教員の授業力を高めている。

【都立学校4年次授業観察】

4年次授業観察は、入都4年目にあたる都立学校の教員全員を対象に、年1回、指導主事等が授業観察を行っている。その目的は、2・3年次授業研究の成果と実態を把握するとともに、校長の人材育成計画に基づいて指導・助言を行うことで、教員の人材育成及び今後の育成計画に資することとしている。

これに伴う研究協議では、指導主事等が都教育委員会で整理した授業力の6つの要素（①使命感・熱意・感性②児童・生徒理解③統率力④指導技術（授業展開）⑤教材解釈・教材開発⑥「指導と評価の計画」の作成・改善）等に基づいて具体的な指導・助言を行う。

また、協議後に、授業者は指導主事等から受けた指導・助言の要点を研究協議シートに記入し、所属校の管理職にレポートを提出している。このことは、授業者が研究協議で学んだ成果を確実なものにしている。

なお、こうした初任者研修から4年次授業観察までの小・中学校における取り組みは、各区市町村教育委員会においても、それぞれ工夫のある内容が実施されている。

次回は、東京教師道場の実際を紹介する。

「生きる力」を育む 第2次教育ビジョン ①

都教育委員会は5月22日、これまでの教育ビジョンの成果と都の「10年後の東京」などを踏まえ、東京都教育ビジョン（第2次）を策定した。これは、都における「教育振興基本計画」にも位置づけられるもので、今後の都の教育行政はこれをベースに展開されることになる。そこで、第2次教育ビジョンで打ち出された施策の方向を改めて整理したうえで、各専門分野で活躍される教育界の有識者の方々に、今後のビジョンの展開に対する方向性や施策への提言などについて寄稿してもらった。

視点1 家庭や地域の教育力向上を支援

乳幼児期からの教育重視

■教育目標とビジョン

都教委は、「子供たちが知性、感性、道徳心や体力を育み、人間性豊かに成長することを願う」という教育目標を掲げ、目指す人間像として①互いの人格を尊重し、思いやりと規範意識のある人間②社会の一員として、社会に貢献しようとする人間③自ら学び考え行動する、個性と創造力豊かな人間——の3点を提示している。

2004年に策定した教育ビジョンでは、この教育目標をもとに「自らの夢や目標の実現を目指して努力し、自己実現を図っていく」「自らを厳しく律するとともに、他者への思いやりの心を持ち、豊かな人間関係を築ける」「世界の中の日本人としての誇りと自覚を持って、社会の一員としての責任を果たす」「日本の伝統・文化を尊重し、自らの言葉で語る」など四つの人間像を描いている。

これらの教育目標と人間像を踏まえ、第2次教育ビジョンでは、都が目指すこれからの教育として「社会全体で子供の教育に取り組み、一人ひとりに『生きる力』をはぐくむ教育を推進する」とした。この姿を実現するには、「家庭・学校・地域・社会との連携の強化」「外部人材の積極的な活用」「次代を切り拓く力の育成」「『確かな学力』の育成」を実現していく必要がある。

ビジョンでは、施策展開の三つの視点に基づき、12の取り組みの方向及び27の重点施策を掲げ、その実現に向けた具体的な推進計画を示した。施策の中でも、とりわけ以下の事項については、今後5年間で特に重点的な取り組みを進めていくとしている。

■家庭の教育力

取り組みの方向の第一は「家庭の教育力の向上」である。ここでは「乳幼児期からの教育支援プロジェクトの推進」をあげている。

子供の教育に対する家庭の役割を改めて喚起し、家庭において子供たちに基本的な生活習慣を身に着けさせていくとともに、地域を基盤に親たちに社会的なつながりを促していく必要がある。このため、子育てに関心のない層を含めたすべての親を対象に、乳幼児期からの子供の教育の重要性を伝えるための効果的な方法を開発。また、地域において乳幼児と親を支援する住民間のネットワークづくりを進める。

取り組みの方向の第二は「幼稚園・保育所における教育的機能の向上」で、就学前教育に関する総合的なカリキュラムやプログラム開発の方向を打ち出している。

就学前教育は、義務教育とその後の教育の基礎を培う極めて重要なものである。このため、幼児が幼稚園や保育所で質の高い幼児教育を受けることができるよう、幼児教育機関が取り組むべき教育内容で構成したカリキュラムと、就学前教育の展開と小学校との円滑な接続を図るためのプログラムを開発する。

■地域の教育力

取り組みの方向の第三は「すべての都民の参加による地域教育力の向上」。ここでは地域教育活動を担う「教育サポーター」の養成と「学校支援ボランティア推進協議会」の設置推進に取り組む方向が示されている。

これからの学校教育は、学校と地域との連携を強化し、地域総ぐるみで学校を支え、教育活動を活性化させていくことが重要で、団塊の世代を中心にして、地域に貢献する意欲と熱意を持つ都民の教育活動への参加を促進する必要がある。このため、高齢者や団塊の世代をはじめとした地域住民を教育サポーターとして養成し、学校教育等を活性化するとともに、教育を支援したいという都民の希望を実現する。

地域全体で子供の教育を支えるためには、学校・家庭・地域・社会が具体的に連携・協働する仕組みを構築する必要がある。このため、「地域教育推進ネットワーク東京都協議会」や国の学校支援地域本部事業を活用して、各区市町村において、家庭・地域・社会が連携・協働し、地域全体で子供の教育を支える「学校支援ボランティア推進協議会」の設置を推進し、様々な教育活動に多様な地域の人材の活用を促進する。

板橋区親子交流サロン「0・1・2（おいっちに）ひろば」の風景＝板橋区子ども家庭支援センター提供

都教委 転落事故防止で「安全確保」を通知

杉並区立小学校で6年生の男子児童が屋上から転落した事故を受け、都教育委員会は19日、都立学校長と区市町村教育委員会教育長あてに「幼児・児童・生徒の安全確保」について通知した。

18日午前、杉並区立小学校で6年生の児童が、屋上での学習活動中、明かり採りから転落し、死亡するという事故が発生した。

このため、通知では「このような事故が二度と起きることのないよう、改めて事故防止の徹底を」と呼びかけた上で、①学校施設の安全点検を徹底し、危険箇所が発見された場合には早急に改善の措置を講じる②幼児・児童・生徒に対して、学校施設の安全な利用について指導するとともに、自ら危険を予測し、回避する能力を身に着けさせる安全教育の指導を徹底する——など4項目を求めた。

教科書調査研究資料「適切である」と答申

都教科用図書選定審

東京都教科用図書選定審議会はこのほど、都教育委員会から諮問があった2009年度と10年度に使用する小学校用教科書、都立特別支援学校（小学部）用教科書、特別支援教育教科書の調査研究資料について、「適切である」との答申を提出した。この調査研究資料に基づいて、都教委は適正な採択を行うとともに、他の採択権者に対する指導、助言、援助のための資料として活用する。

08年度に調査した研究冊数は、生活、国語、社会、算数・数学、理科など12教科の84冊。このうち適切な図書は71冊で、残りの13冊は「適切でない」とされた。例えば、社会では道路地図にルビが振っていないなどの図書があった。これで08年度版として掲載する冊数は、07年度に適切と判断され、供給されている572冊を合わせて643冊となった。

一般図書を教科書として使用する児童・生徒は、その発達状況が多種多様であることから、特にどの発達段階にある児童・生徒に適するのかを考える参考として、発達欄にA段階（重度）、B段階（中度）、C段階（軽度）と表示した。

適切と判断された図書では、例えば、国語（発達B）では、昔話の「桃太郎」を10の場面で紹介した書名「ももたろう」があり、点字付きの触る絵本で視覚障害にも対応する図書になっている。また、家庭（発達A）の書名「自立生活ハンドブック14 COOKおいしい」では、主食や主菜、副菜など家庭料理を中心に19種類の料理の作り方を紹介している。

毎週金曜 3面は 教育オンライン

都部課長級人事

人事部長、15局の総務部長が焦点

技術系 6ポストが空席に

25日に行政系の局長級人事31人が内示されたことに伴い、今後は部課長級異動に焦点が移る。局長級昇任や1日理事での退職などにより、総務局人事部長や15局の総務部長ポストが空席となった。部課長級は一括で7月4日に内示する予定。退職発令は7月15日付、新任発令が16日付となる。

7月4日に内示予定

今回の局長級昇任や退職に伴い、空席となった総務部長は15局。内訳は知事本、青少年・治安対策、財務、主税、生活文化スポーツ、都市整備、環境、福祉保健、中央卸売市場、建設、交通、水道、下水道、教育、人事委事務局となる。

また、中井敬三総務局理事（人事部長事務取扱）の病院経営本部長就任により、後任の人事部長も注目される。

技術系では、財務局建築保全部長、都市整備局企画担当部長、同都営住宅経営部長、港湾局港湾整備部長、交通局建設工務部長、水道局浄水部長の6ポストが局長昇任や退職により空席となった。

さらに港湾局総務課長ポストは、浜佳葉子参事が町田市議会で副市長に選任同意されたため空席となっている。

今後の人事の焦点となる総務・枢要部長の現在の年次を見ると、昨年夏期の異動で62Aから中西充総務局行政部長および、63Aから真田正義財務局主計部長と多羅尾光睦港湾局総務部長が、また3Bからは昨年、並木一夫東京オリンピック招致本部企画部長と長嶋博宣議会局管理部長が出ている。今夏の異動では、これらの年次を中心に、63A、4Bからも抜擢される見通しだ。

昇任候補者の標準的な配置ポストと年次は、出先部長が3Aと7B、本庁統括が6A、10B、11C、本庁課長が9A、13B、14C、本庁副参事が12A、15B、17C、出先課長が14A、17B、19Cとなる。

夏期の部課長級異動の規模は最近、縮小傾向にある。昨年夏は前年度比81減の603人だった。総務局人事部が示した今夏の幹部異動方針でも、人材育成を基軸に据えた人事配置を一層進める考えのもと、原則として同一ポスト1年未満は異動対象とせず、むやみに異動規模を拡大しないよう各局に求めている。このため今夏の異動も昨年同様、抑制基調となることが予想される。

特別区労使交渉

清掃一組との相互交流を提案

現業含む全職員を対象

区長会は20日、特別区と清掃一組との人事交流の取り扱いについて、特区連、清掃労組に提案した。現在は一般技術系職員のみを対象に、区から清掃一組への一方交流を行っているが、今後は現業系も含めた全職種を対象に、相互間の交流を可能にする。

現在の特別区と清掃一組との人事交流は、06年度から08年度までの取り扱いとして規定。一般技術系職員を対象に、区から清掃一組への交流に限って実施している。3年間で31人が交流した。

提案では09年4月以降の人事交流について、特別区相互間の交流と同様に行うこととし、対象職員を全職種に拡大するとともに、団体間の相互交流を可能にする。

なお、人事交流の実施基準等については現在、都と特別区が共通ルールで定めているが、区長会は今回の提案にあわせ、これとは別に、特別区や一部事務組合相互間の交流基準を新たに制定。清掃一組との交流の扱いを盛り込んだ。

提案に対し、特区連は現業職員を含む全職員を交流対象にする点に言及。「拡大する理由に緊急性、具体性が欠けている」と指摘し、説明を求めた。区長会は、清掃一組が円滑な事業展開を図るため、人事面でも体制整備を図ると説明しながら、「制度趣旨から、職種に差異を設ける必要はない」との考えを示した。

また特区連は、09年度以降も清掃一組が現在同様に自治法上の派遣職員を含めた運営を行う考えが示されたと受け止め、派遣職員の処遇について、一組当局と交渉できるよう区長会に働きかけを求めた。しかし区長会は「清掃一組への派遣交流職員の処遇は、各区と清掃一組で対応されるもの」と述べるにとどまった。

他方、清掃労組は清掃一組の人事上の取り扱いについて、05年の都派遣職員の身分切り替え交渉時に現業系も同様にすべきと主張していた。今回の提案は「かねてより求めていた内容に沿ったもの」と受け止め、提案を了承した。

このほか区長会は、今年4月に導入した自己啓発等休業にかかわる一般職員の人事交流の取り扱いも提案。育児休業取得者と同様に、交流対象者の基準となる在職年数の算定には休業期間を除算せず、交流基準日に休業中の場合は交流対象にしないなどとした。同じく自治法上の派遣交流についても、基準日に休業中の場合は対象としないなどとした。

自己啓発等休業は、大学課程の履修や国際貢献活動への参加を3年以内で認めるもの。特別区では現在、文京区のみ導入している。

知事・局長級一覧

※年齢は、平成20年度末現在

印	職名	氏名	職種	年次	年齢	学歴	就任
	知事	石原慎太郎			76歳	一橋大法	11.4.23
	副知事	谷川健次		59B	61歳	中大商	19.5.11
	副知事	菅原秀夫		59B	61歳	中大法	19.5.11
	副知事	山口一久		54A	59歳	明大政経	19.5.11
	副知事	猪瀬直樹			62歳	明大院政経	19.6.28
	教育長	大原正行		55A	58歳	中大法	20.7.13
★	知事本局長	吉川和夫		54A	58歳	中大法	20.7.1
	儀典長	多賀敏行	（国）	18特	58歳	一橋大法	18.9.12
	〃次長	河島均	（建）	55A	57歳	東大都工	18.4.1
☆	〃理事（報道担当）	川澄俊文		60A	53歳	早大法	20.7.1
★	〃理事（調整担当）	前田信弘	産業労働局次長兼務				20.7.1
	青少年・治安対策本部長	久我英一	（国）	19特	52歳	東大法	19.9.6
	東京オリンピック・パラリンピック招致本部長	荒川満		55A	57歳	都立大経	19.6.1
	〃次長	松田二郎		56A	56歳	中大商	19.11.16
	〃技監	福島七郎	都市整備局技監兼務				19.7.20
★	総務局長	中田清己		55A	58歳	早大法	20.7.1
★	危機管理監	島田幸太郎		55A	58歳	早大法	20.7.1
	総務局理事＝公立大学法人首都大学東京派遣	村松満		53A	58歳	山梨大社	18.7.16
☆	総務局理事（人権担当）	志賀敏和		57A	57歳	中大経	20.7.1
	〃理事（特別区人事委員会事務局長）	山本洋一		57A	56歳	東大工	19.6.1
☆	職員共済組合事務局長	加島保路		2B	58歳	東経大経	20.7.1
	財務局長	村山寛司		55A	58歳	東北大経	19.6.1
	主税局長	熊野順祥		56A	58歳	一橋大法	19.6.1
★	生活文化スポーツ局長	秋山俊行		58A	54歳	中大法	20.7.1
	都市整備局長（都市整備局技監兼務）	只腰憲久	（土）	52A	59歳	東大工	19.6.1
	〃次長	泉本和秀		56A	57歳	東大法	19.6.1
	〃技監	福島七郎	（建）	54A	59歳	日大理工	18.7.16
	〃理事（航空政策担当）	河島均	知事本局次長兼務				18.4.1
☆	〃理事（住宅担当）	加藤英夫		57A	55歳	東大教	20.7.1
★	環境局長	有留武司		56A	58歳	早大経	20.7.1
	福祉保健局長	安藤立美		57A	56歳	明大法	19.6.1
☆	〃次長	杉村栄一		1B	56歳	都立向丘高	20.7.1
☆	〃技監	桜山豊夫	（医）	2医	57歳	千葉大医	20.7.1
	児童相談センター所長	丸山浩一	（医）	57医	61歳	東京慈恵医大	18.7.16
★	病院経営本部長	中井敬三		58A	53歳	一橋大経	20.7.1
	産業労働局長	佐藤広		56A	58歳	慶大経	19.6.1
★	〃次長	前田信弘		59A	53歳	千葉大人文	20.7.1
☆	〃理事（東京しごと財団派遣）	髙橋都彦		63B	57歳	横浜国大経	20.7.1
	〃理事（新銀行東京派遣）	岡田至		63B	57歳	東北大法	19.6.22
	中央卸売市場長	比留間英人		55A	57歳	東教大文	18.7.16
	建設局長	道家孝行	（土）	60B	59歳	中大理工	19.6.1
☆	〃道路監	村尾公一	（土）	3B	55歳	北大工	20.7.1
	港湾局長	斉藤一美		62B	59歳	中大法	19.11.26
☆	〃技監	飯尾豊	（土）	60A	55歳	早大理工	20.7.1
	会計管理局長	三枝修一		59B	59歳	中大法	19.4.1
★	交通局長	金子正一郎		56A	57歳	中大法	20.7.1
★	〃次長	三橋昇		56A	56歳	早大法	20.7.1
	水道局長	東岡創示		61B	58歳	早大政経	19.6.1
	〃技監	尾﨑勝	（土）	1B	58歳	武蔵工大工	19.6.1
☆	多摩水道改革推進本部長	鈴木孝三		62B	58歳	都立大法	20.7.1
★	下水道局長	今里伸一郎		55A	58歳	明大法	20.7.1
★	〃技監	中村益美	（土）	60B	58歳	日大理工	20.7.1
☆	流域下水道本部長	新田洋平		59A	53歳	東大経	20.7.1
☆	教育庁次長（都立中央図書館長事務取扱）	影山竹夫		59A	52歳	青学大法	20.7.1
	〃理事（教職員研修センター所長兼務）	岩佐哲男	（教）	14特	56歳	早大教	20.4.1
★	選挙管理委員会事務局長	矢口貴行		55A	57歳	東大教	20.7.1
★	人事委員会事務局長	中村晶晴		55A	58歳	都立大教	20.7.1
	監査事務局長	白石弥生子		56A	57歳	東教大社	18.7.16
★	労働委員会事務局長	関敏樹		1B	57歳	中大法	20.7.1
☆	収用委員会事務局長	野口孝		62B	58歳	中大法	20.7.1
	議会局長	髙橋道晴		56A	59歳	京大院工	19.6.1

★は横転、☆は昇任　※病院長等は除く

局長級昇任者の略歴

名前の下の数字は管試年次

川澄俊文氏

川澄俊文氏 60A　昭和30・7・18生まれ、早大法卒。55民生局、4渋谷清掃事務所副所長、10総務局制度企画課長、14健康局参事、18知事本局自治制度改革推進担当部長、19知事本局企画調整部長、20知事本局総務部長

志賀敏和氏

志賀敏和氏 57A　昭和27・3・16生まれ、中大経卒。45文京区、1産業貿易センター振興課長、7教育庁勤労課長、9教育庁職員課長、11教育庁総務課長、11教育庁参事、13総務局参事、16総務局勤労部長、17教育庁総務部長

加島保路氏

加島保路氏 2B　昭和26・2・28生まれ、東経大経卒。45衛生局、4養育院伊豆山老人ホーム所長、9主税局職員課長、12主税局総務課長、15町田市助役、18総務局IT推進室長、19総務局情報システム部長、19主税局総務部長

加藤英夫氏

加藤英夫氏 57A　昭和29・1・6生まれ、東大教卒。52衛生局、1荒川区副主幹、9住宅局経理課長、11監査事務局総務課長、12生活文化局参事、14住宅局参事、17水道局経理部長、18環境局総務部長、19環境局環境政策部長

杉村栄一氏

杉村栄一氏 1B　昭和28・3・16生まれ、都立向丘高卒。47衛生局、4大塚病院医事課長、9衛生局企画課長、12多摩都市整備本部総務課長、14教育庁参事、17福祉保健局保健政策部長、18福祉保健局総務部長

桜山豊夫氏

桜山豊夫氏 2医　昭和27・5・9生まれ、千葉大医卒。55衛生局、2葛飾区葛飾保健所小菅保健相談所長、10衛生局医療指導課長、12衛生局参事、13八王子保健所長、19福祉保健局健康安全室長、20福祉保健局健康安全部長

高橋都彦氏

高橋都彦氏 63B　昭和27・2・5生まれ、横浜国大経卒。50清掃局、2中野区都市計画室副参事、6港湾局副参事、11政策報道室総合政策担当課長、11総務局総務課長、13総務局参事、17産業労働局観光部長、18交通局総務部長

村尾公一氏

村尾公一氏 3B　昭和28・7・5生まれ、北大工卒。53建設局、5都市計画局副参事、7第三建設事務所工事第一課長、14建設局道路建設部計画課長、16都市整備局参事、18都市整備局企画・技術担当部長、19都市整備局企画担当部長

飯尾豊氏

飯尾豊氏 60A　昭和28・9・10生まれ、早大理工卒。53下水道局、4港湾局副参事、6東京港建設事務所設計第一課長、11都市計画局市街地開発課長、15都市計画局参事、18港湾局離島港湾部長、19港湾局港湾整備部長

鈴木孝三氏

鈴木孝三氏 62B　昭和26・1・18生まれ、都立大法卒。50水道局、2千代田区社会体育課長、9水道局労務課長、10水道局人事課長、11水道局総務課長、12水道局参事、15水道局企画担当部長、16水道局職員部長、18水道局総務部長

新田洋平氏

新田洋平氏 59A　昭和30・9・2生まれ、東大経卒。54総務局、3児童相談センター保護課長、9総務局秘書事務担当課長、11港湾局計理課長、12港湾局総務課長、13港湾局参事、18産業労働局商工部長、19財務局経理部長

影山竹夫氏

影山竹夫氏 59A　昭和31・11・11生まれ、青学大法卒。54総務局、3財務局副参事、9財務局施設課長、11財務局総合調整課長、13財務局総務課長、13財務局参事、15総務局参事、17総務局首都大学支援部長、19建設局総務部長

野口孝氏

野口孝氏 62B　昭和25・4・30生まれ、中大法卒。49下水道局、2西多摩建設事務所用地第一課長、10政策報道室報道課長、11下水道局総務課長、12下水道局参事、13西東京市助役、16下水道局経理部長、17下水道局総務部長

田中啓二氏

田中啓二氏 7研　昭和24・4・10生まれ、徳島大学院栄養学研究科修士課程修了。55学位（医学博士）取得、7徳島大学酵素科学研究センター助教授、8臨床医学総合研究所腫瘍学研究系研究部長、14臨床医学総合研究所副所長

櫻田春水氏

櫻田春水氏 1医　昭和26・3・23生まれ、東京医科歯科大卒。51東京都教職員互助会三楽病院、53東京医科歯科大医学部附属病院第三内科、54広尾病院循環器科医員、1広尾病院循環器科医長、11広尾病院循環器科部長

柳瀬治氏

柳瀬治氏 3医　昭和26・12・28生まれ、東京医科歯科大卒。52東京都職員共済組合青山病院内科、55東京医科歯科大医学部附属病院第三内科、61広尾病院循環器科医員、3広尾病院循環器科医長、13大塚病院内科部長

富山順治氏

富山順治氏 3医　昭和29・5・27生まれ、筑波大卒。55墨東病院、62筑波大学附属病院医員、63墨東病院内科医員、3墨東病院内科医長、13墨東病院内科部長

■都人事異動

7月1日付、◎印昇任

【部長級】▽知事本局局務担当部長＝内閣官房派遣（知事本局特命担当部長）渡辺滋▽都市整備局都市づくり政策部長（都市整備局都市景観担当部長）安井順一▽都市整備局都市景観担当部長（町田市副市長）町田修二▽港湾局計画調整担当部長（国土交通省港湾局付）成瀬英治▽東京オリンピック・パラリンピック招致本部企画部長（東京オリンピック招致本部企画部長）並木一夫▽東京オリンピック・パラリンピック招致本部招致推進部長（東京オリンピック招致本部招致推進部長）中村長年▽東京オリンピック・パラリンピック招致本部計画調整担当部長（東京オリンピック招致本部計画調整担当部長）中嶋正宏▽東京オリンピック・パラリンピック招致本部局務担当部長＝特定非営利活動法人東京オリンピック・パラリンピック招致委員会派遣（東京オリンピック招致本部局務担当部長＝特定非営利活動法人東京オリンピック招致委員会派遣）武市敬▽東京オリンピック・パラリンピック招致本部参事＝事業調整担当（東京オリンピック招致本部参事＝事業調整担当）重田敏光▽東京オリンピック・パラリンピック招致本部参事＝国際事業担当（東京オリンピック招致本部参事＝国際事業担当）山越伸子▽東京オリンピック・パラリンピック招致本部参事＝連絡調整担当（東京オリンピック招致本部参事＝連絡調整担当）藤森教悦▽東京オリンピック・パラリンピック招致本部参事＝運営計画担当（東京オリンピック招致本部参事＝運営計画担当）保坂俊明▽東京オリンピック・パラリンピック招致本部参事＝施設計画担当（東京オリンピック招致本部参事＝施設計画担当）藤井寛行▽東京オリンピック・パラリンピック招致本部参事＝特定非営利活動法人東京オリンピック・パラリンピック招致委員会派遣（東京オリンピック招致本部参事＝特定非営利活動法人東京オリンピック招致委員会派遣）梅田弘美▽東京オリンピック・パラリンピック招致本部参事＝特定非営利活動法人東京オリンピック・パラリンピック招致委員会派遣（東京オリンピック招致本部参事＝特定非営利活動法人東京オリンピック招致委員会派遣）雑賀真

【統括課長級】▽東京オリンピック・パラリンピック招致本部企画部総務課長（東京オリンピック招致本部企画部総務課長）樋口正勝

【課長級】▽建設局道路建設部特定路線事業化担当課長（首都高速道路株式会社建設事業部建設企画グループ付）宇佐見健太郎▽東京オリンピック・パラリンピック招致本部企画部事業調整課長（東京オリンピック招致本部企画部事業調整課長）鈴木一幸▽東京オリンピック・パラリンピック招致本部招致推進部計画調整課長（東京オリンピック招致本部招致推進部計画調整課長）西坂啓之▽東京オリンピック・パラリンピック招致本部招致推進部競技計画課長（東京オリンピック招致本部招致推進部競技計画課長）根本浩志▽東京オリンピック・パラリンピック招致本部招致推進部運営計画課長（東京オリンピック招致本部招致推進部運営計画課長）織田博▽東京オリンピック・パラリンピック招致本部招致推進部施設計画課長（東京オリンピック招致本部招致推進部施設計画課長）五嶋智洋▽東京オリンピック・パラリンピック招致本部企画部局務担当課長＝特定非営利活動法人東京オリンピック・パラリンピック招致委員会派遣（東京オリンピック招致本部企画部局務担当課長＝特定非営利活動法人東京オリンピック招致委員会派遣）鈴木研二▽東京オリンピック・パラリンピック招致本部企画部副参事＝広報担当（東京オリンピック招致本部企画部副参事＝広報担当）江間俊哉▽東京オリンピック・パラリンピック招致本部企画部副参事＝事業担当（東京オリンピック招致本部企画部副参事＝事業担当）葛西ゆかり▽東京オリンピック・パラリンピック招致本部招致推進部副参事＝連絡調整担当（東京オリンピック招致本部招致推進部副参事＝連絡調整担当）荒田有紀▽東京オリンピック・パラリンピック招致本部招致推進部副参事＝国際事業担当（東京オリンピック招致本部招致推進部副参事＝国際事業担当）千田敏▽東京オリンピック・パラリンピック招致本部招致推進部副参事＝競技計画担当（東京オリンピック招致本部招致推進部副参事＝競技計画担当）石井浩二▽東京オリンピック・パラリンピック招致本部招致推進部副参事＝競技計画担当（東京オリンピック招致本部招致推進部副参事＝競技計画担当）澤崎道男▽東京オリンピック・パラリンピック招致本部招致推進部副参事＝パラリンピック担当（東京オリンピック招致本部招致推進部副参事＝パラリンピック担当）川崎卓▽東京オリンピック・パラリンピック招致本部招致推進部副参事＝運営計画担当（東京オリンピック招致本部招致推進部副参事＝運営計画担当）長伸彦▽東京オリンピック・パラリンピック招致本部招致推進部副参事＝運営計画担当（東京オリンピック招致本部招致推進部副参事＝運営計画担当）村西紀章▽東京オリンピック・パラリンピック招致本部招致推進部副参事＝施設計画担当（東京オリンピック招致本部招致推進部副参事＝施設計画担当）山崎浩明▽東京オリンピック・パラリンピック招致本部招致推進部副参事＝施設計画担当（東京オリンピック招致本部招致推進部副参事＝施設計画担当）鈴木理▽東京オリンピック・パラリンピック招致本部招致推進部副参事＝施設計画担当（東京オリンピック招致本部招致推進部副参事＝施設計画担当）鈴木のり子▽東京オリンピック・パラリンピック招致本部招致推進部副参事＝情報技術担当（東京オリンピック招致本部招致推進部副参事＝情報技術担当）齋藤昇▽東京オリンピック・パラリンピック招致本部企画部副参事＝特定非営利活動法人東京オリンピック・パラリンピック招致委員会派遣（東京オリンピック招致本部企画部副参事＝特定非営利活動法人東京オリンピック招致委員会派遣）中嶋初史▽東京オリンピック・パラリンピック招致本部企画部副参事＝特定非営利活動法人東京オリンピック・パラリンピック招致委員会派遣（東京オリンピック招致本部企画部副参事＝特定非営利活動法人東京オリンピック招致委員会派遣）引場信治▽交通局建設工務部局務担当課長（東京都地下鉄建設派遣）田中俊博▽交通局建設工務部副参事＝局務担当（東京都地下鉄建設派遣）山口外志▽交通局建設工務部副参事＝局務担当（東京都地下鉄建設派遣）相田行雄

医師・研究・特別選考職【専門理事等】▽府中療育センター院長（広尾病院副院長）伊東三吾▽福祉保健局理事＝東京都医学研究機構派遣（福祉保健局技監）梶山純一▽福祉保健局理事＝東京都医学研究機構派遣（福祉保健局参事＝東京都医学研究機構派遣）◎田中啓二▽広尾病院副院長（広尾病院循環器科部長）◎櫻田春水▽大塚病院副院長（大塚病院内科部長）◎柳瀬治▽墨東病院副院長（墨東病院内科部長）◎富山順治▽府中病院副院長（大塚病院副院長）稲田進一▽病院経営本部理事＝東京都保健医療公社派遣（府中病院副院長）稲葉茂樹

【専門副参事等・課長級】▽広尾病院形成外科医長（東京女子医科大学東医療センター形成外科助教）下田勝巳▽広尾病院耳鼻いんこう科医長（社団法人東京都教職員互助会三楽病院耳鼻咽喉科医長）高井禎成▽駒込病院内科医長（東京大学大学院医学系研究科特任助教）木村公則▽豊島病院形成外科医長（東京女子医科大学形成外科助教）中野貴光▽墨東病院外科医長（東京大学医学部附属病院大腸肛門外科医員）志田大

◆都退職

6月26日付

【局長級】▽都市整備局理事（都市整備局都市づくり政策部長）野本孝三

6月30日付

【局長級】▽知事本局長　大原正行▽総務局長＝職員共済組合事務局長兼務　押元洋▽総務局理事（人事委員会事務局任用公平部長）川村栄一▽財務局理事（財務局建築保全部長）戸田敬里▽主税局理事（主税局税制部長）松田曉史▽生活文化スポーツ局長　渡辺日佐夫▽生活文化スポーツ局理事（生活文化スポーツ局総務部長）髙西新子▽都市整備局理事（都市整備局総務部長）安藤明▽都市整備局理事（都市整備局都営住宅経営部長）小林計代▽産業労働局理事＝東京しごと財団派遣　菊地輝雄▽港湾局技監　尾田俊雄▽青少年・治安対策本部理事（青少年・治安対策本部総合対策部長）百合一郎▽中央卸売市場理事（中央卸売市場管理部長）大野精次▽交通局長　島田健一▽交通局理事（交通局建設工務部長）鈴木進▽水道局理事（水道局浄水部長）長岡敏和▽多摩水道改革推進本部長　滝沢優憲▽下水道局長　前田正博▽選挙管理委員会事務局長　梶原康二▽人事委員会事務局長　矢口幸一

【部長級】▽港湾局計画調整担当部長　山本浩

【課長級】▽建設局道路建設部特定路線事業化担当課長　佐伯公

医師・研究・特別選考職【専門理事等】▽府中療育センター院長　香宗我部滋▽墨東病院副院長　田中健彦

【専門副参事等・課長級】▽広尾病院小児科医長　横内裕佳子▽広尾病院形成外科医長　副島一孝▽駒込病院内科医長　大田恵子▽豊島病院形成外科医長　齋藤喬▽府中病院輸血科医長　山田一成

㉑年度 職員教養講座［1］

はじめに

今年も5月末に平成20年度の管理職選考が行われ、種別A・B・C合わせて1300人以上の職員がチャレンジしました。

今年の選考では、種別A・B・C合計の受験率は対前年度比で0・7ポイントアップしました。また、種別Bの「記述のみ」申し込みは、申込者及び受験者数も前年度より増加し、チャレンジしやすさが浸透した模様です。なお、種別Cは平成20年度で経過措置が終了となります。

管理職選考については、平成18年度に受験資格や選考方法が改正されました。ここで、改正のポイントを確認しておきたいと思います。改正のポイントは以下のとおりです。

（1）選考種別の再編
選考種別を、種別A「全庁的視野に立って活躍できる管理職」と種別B「職群の核として活躍できる管理職」の二区分に再編。

（2）筆記考査の内容の改正
種別Aでは、択一試験分野の見直し、種別Bでは択一を廃止し、記述・論文のみ実施。

（3）受験資格の拡大、択一及び記述試験の資格試験化（一定基準に達すれば、翌年度以降3年間免除）及び記述試験を免除する国家資格等の拡充

（4）人物・実績重視
択一・記述は一定基準に達していれば、口頭試問受験者及び合格者の決定において、これまで以上に人物・実績を重視。

こうした改正に対応した内容で講座を展開していきます。

管理職選考の概要

まず、管理職選考の具体的な選考内容を説明していきます。

種別A

（1）択一試験について
択一試験は事務系が40問で、技術系が30問となっています。出題分野については、事務系が「都政事情」「政治経済等事情」「経済・財政に関する知識」「行政管理」「経営に関する知識」「会計に関する知識」、技術系が「都政事情」「政治経済等事情」「行政管理」「経営に関する知識」となっています。基本的な知識を問う問題が多いものの、範囲が広いため、幅広く勉強する必要があります。

（2）記述試験について
記述試験は技術系のみで、選考区分ごとに6~10題出題され、4題選択解答となっています。

（3）論文試験について
論文試験では、将来管理職になったときに、状況を踏まえてすばやく分析し、的確な判断ができるかどうかが試されています。そのため、複数の資料から問題点を抽出し、都政の課題をまとめ、論述させる資料分析型の出題形式となっています。2時間50分の試験時間は多くの受験者にとって短過ぎると感じられるはずです。しかし、仮に予想とは異なるテーマが出題されたとしても、日頃から限られた時間内で分析し、自分なりの考えをまとめ上げる練習をしておけば、それなりに書き上げることは可能です。

はじめに

評価のポイントは、広い視野と多面的な思考を基に、課題や問題点を見抜き、現実的で具体的、効果的な解決策を構築する力があるか否かです。事業の方策や解決策だけでなく、予想される障害やリスクについて論じさせるのは、まさにリアリティーのある結論を引き出せるかどうかを見ているわけです。

つまり論文試験においても、普段から、自らの仕事にどれだけ問題意識をもって取り組んでいるか、困難な課題に立ち向かい実効性ある方策を企画、実現する努力をしているかといった、まさに日々の仕事の積み重ねが問われているといえます。

種別B

種別Bについては択一試験が廃止され、記述試験と論文試験の出題となります。

記述試験は、事務系は6題出題され2題選択解答、技術系は6~10題出題され4題選択解答となっています。

このため、受験者は自分の得意分野に絞って勉強できるようになり、負担がやや軽くなったと言える一方で、取りこぼしができなくなり厳しくなったともいえます。

種別Bの技術系記述試験は、特定の国家資格を持っている者は免除となっています。しかも免除対象者は、記述試験において最も高く評価されたものとして取り扱われるので非常に有利です。記述試験免除となる資格を持っている方は、是非積極的に受験することをお勧めします。

勉強方法

次に、勉強方法です。

おそらく管理職選考を受験しようとする皆さんは、職場の中核人材として職務において重責を担われており、勉強時間を十分に確保することはさほど容易なことではないと思います。しかしこれは他の受験者もみな同じ条件です。巷でよく言われるように、時間はいわば「自分でつくる」ものです。ただ、時間さえあればいいというものではありません。かえって、だらだらと時間をかけて勉強するよりも、短時間であっても集中して勉強するほうが効率的であり、合格への近道です。

合格者の方に聞くと、通勤電車内や通勤途中のコーヒーシップを利用したとか、土日祝日に集中して図書館で勉強したといった話を耳にします。このように、自分の性格やライフスタイルに合わせて、効率的に勉強できる最善の方法を見つけ出すことが重要です。

また、勉強を始めるのに遅すぎることはありません。試験を意識したときからモチベーションを高くもち、自分のスタイルで勉強を進めていってください。

なお、択一、記述、論文など各々の分野の勉強方法については、本講座の連載で順次紹介していく予定です。

本講座の目的・日程

この講座の目的は、最初に触れたように、皆さんの効率的な勉強をアシストすることにあります。管理職として求められる知識や能力のすべてをこの講座だけでカバーすることは難しいですが、少なくとも、管理職としてどの程度の知識や能力が求められているかを知る機会にはなると思います。また、将来、管理職になったときに、少なからず役立つものと信じています。

この講座が本紙に掲載されるようになってすでに40年ほど経ちます。これまでに蓄積した受験ノウハウに加え、最新の情報を読者の皆さんに提供するよう心掛けていきます。

また、この講座は、以下の方針に沿って内容が構成されています。

○管理職選考受験対策を主眼とするが、それだけにとどまらず、広く職員の知識・能力を向上させる自己啓発の契機を提供する。

○選考種別A及びBの択一、記述の科目ごとに、問題の傾向と分析、対策のポイント勉強の方法、参考書などを紹介するとともに、練習問題とその解説を掲載し、実践的な内容とする。

○4月には、「直前対策」として、最終的な知識等の確認を行う。

この方針に沿って、今回から来年の5月まで、原則として毎週金曜日に掲載していきます。

この講座の活用の仕方はいろいろあります。例えば、スケジュールの作成や勉強内容の確認など、ご自身のスタイルに合わせて、有効に活用にしてください。

さて、各科目の具体的な掲載日程については、次のとおりです。

【6月~7月】
はじめに
合格体験記A①
合格体験記A②
合格体験記B①
合格体験記B②

【8月】
A論文　①論文の勉強方法
A論文　②論文の書き方
A論文　③論文の創作事例
B記述　福祉・保健医療
B論文　福祉・保健医療

【9月】
記述/論文　土木
択一　経営に関する知識①
択一　経営に関する知識②
択一　経営に関する知識③

【10月】
B記述　教育・文化
B論文　教育・文化
記述/論文　建築
択一　経済・財政に関する知識①
択一　経済・財政に関する知識②

【11月】
択一　経済・財政に関する知識③
B記述　産業・労働・経済
B論文　産業・労働・経済
記述/論文　機械

【12月】
B記述　財務・税務
B論文　財務・税務
記述/論文　電気
B記述　環境

【1月】
B論文　環境
択一　会計に関する知識
択一　行政管理①
択一　行政管理②

【2月】
択一　行政管理③
記述/論文　生物
B記述　都市づくり
B論文　都市づくり

【3月】
記述/論文　医科学
択一　政治経済等事情①
択一　政治経済等事情②

【4月】
択一　政治経済等事情③
択一　都政事情①
択一　都政事情②
択一　都政事情③

【5月】
択一　政治経済等事情④
択一　政治経済等事情⑤
おわりに

この他にも、4月下旬には直前対策の特集を組む予定です。

おわりに

この講座は、筆記試験対策を中心に組んでいます。しかし、選考の合否は筆記考査の成績だけではなく、勤務評定、口頭試問及び適正評定の結果を総合的に勘案して決定されます。

都政が著しいスピードで変化するなか、これからの管理職には、困難な課題に対し、職員の先頭に立って正面から立ち向かい、組織の壁を越えて最後まで解決の道筋をつけていく能力がますます求められてきます。そのため、最近の管理職選考では、特に勤務評定や口頭試問が重視される傾向が顕著です。その意味で、日頃から頑張って職務に励み、成果をあげている人はすでに選考上、優位に立っているということもできます。

これから試験までのおよそ10カ月、長いようで意外と短いものです。健康に十分留意され、本講座を参考にして、計画的、効率的に受験勉強に取り組んでください。そして、「試験に絶対合格する」という強い信念と目的意識を持って一つひとつ着実に準備を進めてください。

読者の皆さんのご健闘を心から祈ります。

20年度 特別区 管理職試験講座 21

行政法

Ⅰ類択一 ④

はじめに

行政法は、択一式問題40問のうち、例年8問出題されており、時事問題（10問）、地方自治法（9問）に次いでウエートが大きい科目です。したがって、択一式問題を突破するためには、ぜひ、得意科目にしておく必要があります。

出題傾向

行政法は、このような題名の法律があるわけではなく、行政の組織や活動に関する複数の法による法体系です。

出題形式は、「○○に関する記述として、（判例、通説に照らして）妥当なのはどれか」または「○○に関するA~Dの記述のうち、（通説に照らして）妥当なものを選んだ組み合わせはどれか」というもので、各問題ごとに五つの選択肢があり、その中から一つを選び出すものです。

最近5年間の行政法の出題分野は、次の通りです。「行政行為の効力や種類」「行政手続」「行政不服審査制度」「行政事件訴訟」「国家賠償制度」に関する出題が多くなっています。

《平成15年度》
○行政行為の附款○行政裁量○行政計画○代執行○行政刑罰○国家賠償法に規定する公務員の公権力の行使に係る損害賠償責任○行政不服審査法上の不服申立て○行政手続上の聴聞

《平成16年度》
○行政法学上の特許○行政行為の撤回○法規命令・行政規則○行政法学上の行政調査○行政上の秩序罰○損失補償○教示○警察下命・警察許可

《平成17年度》
○行政法の法源○準法律行為的行政行為○瑕疵ある行政行為○通達○公の営造物または管理の瑕疵に基づく損害賠償○執行停止○取消訴訟○行政指導

《平成18年度》
○行政行為の取り消し○行政裁量○行政代執行○行政刑罰または秩序罰○審査請求の審理手続○義務付け訴訟○不利益処分○行政法上の公物

《平成19年度》
○行政行為の無効○行政行為の附款○行政契約○損失補償○公務員の公権力の行使に係る損害賠償責任○行政不服審査法上の不服申立て○行政事件訴訟法上の行政事件訴訟○行政手続法上の申請に対する処分

勉強方法

行政法は、出題範囲が広いことに加え、学問的で聞き慣れない用語が多く用いられることが特色です。そのため、行政法の勉強を始めたとき、非常に難解なイメージを持たれる方も多いと思います。ただし、基本的な用語や理念をしっかり押さえていれば、決して難しい科目ではなく、他の科目に比べ、安定的な得点源になります。

択一式問題の突破という目標のためには、効率的に勉強を進める必要があります。勉強を始める段階における行政法の知識により個人差はありますが、基本的に問題集中心で考えてください。すなわち、時間をかけて概説書を読み込むよりも、ここ数年の過去問を解いて出題傾向と自分のレベルを確認しながら、できるだけ早く問題集に取り組み、2度、3度と繰り返す方法が適当です。

問題を解く際、各選択肢のどこに誤りがあるのかを考え、解説を熟読することにより、試験科目の必要事項を学んでいきます。そして、分からなかった部分は、徹底的に覚えてください。択一式問題は、かなりパターンが決まっています。解けなかった問題を中心に繰り返すことで、確実に回答のコツをつかむことができます。

なお、ある程度勉強が進んだところで、再度、過去問を解いてみてください。学習の成果が確認できるとともに、勉強方法が正しいかどうかをチェックできるという利点があります。

また、法律の条文については、行政不服審査法、行政事件訴訟法、国家賠償法、行政手続法などの条文そのものが出題されることもあります。問題集を解きながら、適宜、六法を使って参照するのがよいと思います。

その他、判例の学習ですが、勉強時間には制約があります。問題集の解説を熟読するなどによって、主要な判例の趣旨や概念を理解することで十分だと思います。

参考図書

過去問を解いて自分の弱点を認識できたところで、実際に書店で問題集を手に取ってみてください。昇任選考用の問題集はたくさんあります。解説が分かりやすく、繰り返し取り組めそうだと思えるものを選びましょう。その際、はしがきや奥付を見て、最新の法律や制度改正が反映されているかの確認が必要です。

利用されている問題集として、「行政法実戦150題」（都政新報社）、「行政法101問」（学陽書房）、「これで完璧行政法250問」（学陽書房）などがポピュラーです。東京都と特別区での実際の出題問題によって編集された「行政法実戦150題」は、特別区の管理職試験における回答のコツをつかむ点で便利です。

なお、行政法になじみがなく、最初から問題集に取り組むことに、どうしても抵抗を感じる方もおられると思います。そのときは、「行政法がわかった」（法学書院）や「行政法の解説」（一橋出版）など、ページ数の少ない概説書にざっと目を通し、科目の全体像をつかんでから問題集に取り組んでください。

問題

昨年出題された問題を二つ紹介しますので、レベルを確認しておきましょう。

【問題1】
行政法学上の行政行為の附款に関する記述として、通説に照らして、妥当なのはどれか。

① 行政行為の附款は、行政庁に裁量が認められる場合でも、法律に附款を付しうることが明示されていなければ、それを付すことは一切できない。

② 条件は、行政行為の効果を将来発生することが確実な事実にかからしめる附款をいい、法的効果の発生条件を解除条件という。

③ 負担は、許認可等の行政行為に付加される附款で、相手方に特別の義務を命ずるものをいい、相手方がこれに従わなくても、本来の行政行為の効力が当然に失われることはない。

④ 撤回権の留保は、許認可などの行政行為をするに当たってこれを撤回する権利を留保する旨の附款であり、これを付することにより、行政庁は撤回を正当とするだけの実質的理由がなくても当該行政行為を撤回することができる。

⑤ 期限は、行政行為の効果を発生不確実な将来の事実にかからしめる附款をいい、その事実の発生によって、行政行為の効果が生ずるものと消滅するものとがある。

【問題2】
国家賠償法に規定する公務員の公権力の行使に係る損害賠償責任に関する記述として、判例、通説に照らして、妥当なのはどれか。

① 国家賠償法に規定する公権力の行使は、公務員が積極的にその権限を行使する場合に限られ、権限の不行使がそれに当たることは一切ない。

② 公務員がその職務を行うについて他人に損害を加えたときは、当該公務員に故意または過失がない場合であっても、国または公共団体は損害賠償責任を負う。

③ 最高裁判所の判例では、公務員による一連の職務上の行為の過程で他人に被害を生ぜしめた場合でも、それがどの公務員のどのような違法行為であるか特定できない場合には、国または公共団体は損害賠償責任を負うことはないとした。

④ 最高裁判所の判例では、公権力の行使に当たる公務員の職務行為に基づく損害については、国または公共団体が賠償の責に任じ、職務の執行に当たった公務員は、公務員個人として被害者に対しその責任を負うものではないとした。

⑤ 最高裁判所の判例では、公務員が、客観的に職務執行の外形を備える行為をして他人に損害を加えた場合に、当該行為が自己の利を図る意図をもって行ったものであるときは、国または公共団体は損害賠償責任を負うことはないとした。

解説

【問題1】
① 誤り。行政行為の内容について裁量が認められている場合には、その範囲内で附款を付することができる。
② 誤り。条件とは、行政行為の効果を発生不確実な将来の事実にかからしめる附款をいう。条件成就で効力を生ずるのは停止条件である。
③ 正しい。
④ 誤り。撤回するには実質的な理由が必要である。
⑤ 誤り。期限とは、行政行為の効果を発生確実な将来の事実にかからしめる附款をいう。

【問題2】
① 誤り。行政権限の不行使によって損害が生じた場合でも損害賠償責任を負う。（昭和57年1月19日最高裁判例）
② 誤り。国家賠償法第1条第1項。故意または過失がない場合には、損害賠償責任を負わない。
③ 誤り。加害行為が特定できない場合でも、損害賠償責任を免れることができない。（昭和57年4月1日最高裁判例）
④ 正しい。（昭和30年4月19日最高裁判例）
⑤ 誤り。損害賠償の要件となる「その職務を行うについて」は、客観的に職務執行の外形を備えていることである。（昭和31年11月30日最高裁判例）

おわりに

今後も時間を有効に使い、管理職試験合格という目的のために、集中して取り組んでください。

しかし、本来、行政に携わる私たちとしては、行政法の知識は当然に備えるべき常識です。こうした視点も、ぜひ、忘れないでいただきたいものです。

みなさんのご健闘をお祈りいたします。

20年度 カレントトピックス 37

政治事情

■地方分権改革推進委員会―1次勧告　（5月28日）

政府の地方分権改革推進委員会は5月28日、国から地方自治体への権限移譲に関する第1次勧告を決定した。国が直轄する国道について、整備・管理の権限を少なくとも15%以上都道府県に移譲するよう求めたほか、都道府県が許認可権限を持つ64法律の359事務を市町村に移譲することを明記した。

勧告が国から地方自治体への権限移譲を求めたのは計17分野42項目。河川分野では、一級河川のうち①都道府県の中で流域が収まる水系②わずかに他の都道府県に流域がかかる水系――の計65水系について、管理権限を原則都道府県に移すよう提言。保育所など福祉施設の設備基準も、全国一律となっている最低基準の見直しを求めた。

■国家公務員制度改革基本法の成立　（6月6日）

国家公務員制度改革基本法案は6月6日の参院本会議で可決、成立した。基本法施行後5年以内に新たな公務員制度の仕組みが整う。

幹部人事を一元管理する新設組織として、「内閣人事局」を設置するとともに、人事の候補者名簿は官房長官が作成することとし、各府省の関与を排除。各閣僚は首相、官房長官と相談して幹部を任免する。また、政治家と官僚の接触については、官僚が政治家と接触した場合には記録を作成、公開することで透明性を担保することとした。

■地球温暖化対策に向け環境省が初の総合報告書　（6月18日）

地球温暖化で新たに必要となる対策を盛り込んだ環境省の報告書が6月18日公表された。水不足に対応するためのダム新設や浸水危険地区からの強制移住、水利権の再配分など従来にない政策の検討を提言している。政府が、温暖化による被害軽減を目指した初の総合報告書となる。

報告書は、「昨夏に東京都と17政令市で熱中症で運ばれた患者数は過去最多の5102人」「1998~2007年の豪雨の発生頻度は88~97年比で40%増」など温暖化の影響は既に表れていると分析した。専門家が、食料、水資源、生態系、沿岸防災、健康、国民生活、途上国支援の7分野別に、30年から21世紀末までに予想される被害をもとに必要な対策を掲げた。

国の公務員制度改革や 大阪維新プログラムから学ぶべし

■国家公務員制度改革基本法成立

政府（渡辺喜美公務員制度改革担当大臣）が進めてきた公務員制度改革法案は民主党等との修正協議を経て6月6日、国会で成立した。基本法では2010年には内閣人事局の設置、12年に諸制度の整備、13年から新制度のスタートを目指す。

この法の狙いを要約すれば次のようになる。「事業部たる省庁の独断専行はひどい。国家財政再建のための歳出構造はままならない。しかし、官僚は省益優先で税金を省の権益のために使う。よって首相のトップマネジメントを強化し、信賞必罰の人事で官僚を使うのだ」と。

具体的には幹部人事を一元管理するための内閣人事局を設け、国家戦略スタッフを創設。政官の接触を透明にする報告制度導入。キャリア制度は廃止。中途採用など官民の交流を図りつつ大臣補佐官など任期付の任用を拡大。政治的任用(political appointee）の拡大を志向している。

いずれもこの2月に出された「公務員制度の総合的な改革に関する懇談会」（座長・岡村正東芝会長）の報告が基調となっている。渡辺大臣が組織した懇談会ではあるが、自身よく勉強し、全省庁を相手に改革を断行する覚悟があったればこそ、与野党合意を生んだともいえる。

■公務員制度改革の特別区への影響

国の公務員改革が進めば、特別区はどうなるだろうか。国のような天下りの構造やキャリア制度を特別区は持たない。政治的任用が必要なら副区長を複数にするか、特別秘書を条例で設置すれば足りる。65歳の定年制度以外の影響は少ないとみてよい。

しかし、大臣補佐官制度など任期付上級公務員制度の導入は今後、新たな労働市場を形成しないとも限らない。公共政策大学院の創設時にすでに端緒はあった。道州制導入への地ならしと考えられなくもない。狙われるのは自治体の特別職を含めた上級スタッフ職だ。上級公務員制度が地方にも導入される可能性もあろう。現業と行政職の間で給与上の処遇に差のない特別区では、ホワイトカラー公務員の待遇改善に繋がるとすれば歓迎されよう。

アメリカ型のスタッフ職制度に日本型の労使慣行が適合するかどうかはにわかに判断が難しい。事業官庁といわれる特別区では外部人材登用の需要は決して高くないが、首都の都市政策を総合的に展開する気概が23区長にあれば、制度の需要も高まろう。

■大阪維新プログラム（橋下改革）佳境

大阪の橋下知事が労働組合と徹夜で交渉する様子がテレビで放映された。地方公務員の改革も、全国に注目を浴びる時代が到来したともいえる。財政再建のための給与カットの幅の問題ではあるが、なかなかに興味深い。東京都も石原知事就任の翌年2000年から給料4%、ボーナス0・45月をカットした経験がある。最近では北海道も2006年から職員の本給を一律10%カットしている。ちなみに財政破綻した夕張市は06年から本給一律15%、ボーナス1・0月をカットしている。

大阪府の財政再建プログラムを見ると人件費の抑制策として、①給与カット②給与制度の見直し③その他見直しに加え、従前からの④ボーナスカットの4本柱となっている。①給料月額カット率では、指定職16%、部長14%、課長等12%、その他10%～4%、退職手当減額率では、指定職10%、一般職5%となっている。②制度改革では50～54歳の早期勧奨退職の廃止及び加算措置の廃止、③その他見直しでは互助会補助の廃止及び非常勤職員の雇用単価見直しとなっている。これらで通年473億円、④のボーナスカットを含め544億円の財政効果という内容だ。勧奨退職の見直しや非常勤職員の単価見直しなど一見平等合理的にはみえるが、知事も現場の経営を知れば再度見直すことになろう。

橋下知事は「倒産した会社の従業員の給料は下がるのが当たり前。選挙の洗礼により府民の理解はある」という。夕張市職員でボーナス込み計19%の給与カットとすれば、大阪では係長が14%、課長は18%、部長は20%、指定職は26%のカットで、課長以上は夕張並みとなる。

ところで大阪府でも指定職が置かれている。トップマネジメントを補佐する自治体の一般職上級公務員だ。東京都にも置かれている。指定職の条例局長の月給は120万などと高額だが、副知事が135万だと聞けばそう高くもあるまい。退職金も高額のためか、このような高級公務員の給与カットは日本では喜ばれる。ひがみ以外の何物でもない。

■インセンティブこそがマネジメントの核

指定職の給料カットはやむを得ないというのが日本だ。はんこを押すだけの「名ばかり上級公務員」であればそれも仕方あるまい。しかし、かれら指定職の普段はそうではない。エグゼクティブと呼ばれるこの人たちの仕事は、高い専門性と卓越したビジネススタイルに支えられたスーパー管理職能だ。そして多くの若者がこれら指定職の上級公務員を目指す。

特別区の区長たちは、かつての10級部長を廃止した。しかし、身を粉にして働く幹部の上がりポストを指定職にして処遇する選択肢があってもよいはずだ。能力のある者にふさわしい処遇をするのが経営者の第一の仕事だ。

国や大阪では危機意識のなか改革を進める。将来への布石を打たず、平和ボケのままでは優秀な若手職員もやがては劣化しよう。管理職の地位が低くては、埼玉、千葉その他の都市にも諸々劣後で負ける。特に重要な「採用」する。褒美（インセンティブ）をケチるようでは「経営」は危ういのである。

（特別区自治問題研究会）

エッセー

刈谷へ

宮城道雄の残した物

市川点字図書館長　大窪謙一

宮城道雄と訊いて、『春の海』を連想できる人はもうかなりの年配の人だけになってしまっただろう。年末年始あるいは和風の催し物などの会場で必ずといっていいほど流されているのが、『春の海』である。

盲目の箏曲の作曲家で優れた演奏家でもあり、さらには数多くの随筆も書いている宮城道雄は、明治27（1894）年に神戸で生まれ、昭和31（1956）年、寝台急行「銀河」から転落して亡くなった（享年62）。その転落場所が刈谷（愛知県）であった。当時の列車はドアが手動で開閉できたため、トイレのドアと間違えて開けてしまい、転落したのではないかと言われている。そこに供養塔が建てられていると知って、刈谷を訪ねたことがあった。

◇

東海道新幹線は刈谷を通っていないので、豊橋で東海道本線に乗り換え、各駅停車で1時間余り。刈谷駅に着いたものの案内表示もなく、さっぱり分からない。少しうろうろと周辺を歩き回ってみたが、それらしき所は見当たらないので、タクシー乗り場に行って聞いてみた。若い運転手は、「みやぎみちお?」「くようとう?」と首をかしげるばかり。無線で問い合わせていると、後続のタクシーから古参の運転手が降りてきて、「お琴の先生だね」と言って道順を教えてくれた。

供養塔は線路のすぐそばの広い公園のような敷地にあった。昭和32年、一周忌にあわせて建てられたので、すでに半世紀近く経っており、周囲には木が大きく繁り足下には草が生い茂っている。朝露が残っていてズボンの裾が濡れた。石碑と案内のレリーフ、そして大きな三重の供養塔。その四面には、宮城道雄の事績と『春の海』の楽譜も刻まれている。「楽聖宮城道雄先生」と刻まれた苔むした石碑はとても高く立派で、当時の人々の宮城道雄に対する思いの強さが偲ばれる。

時折電車の通る音以外は雨蛙が鳴き、小鳥の声が聞こえるだけのとても静かな場所だ。木の葉の舞い落ちる音や雨音など自然の奏でる音を何より好んだ宮城道雄を慰めるには相応しい所のように思われた。その壮烈な人生の断片に少しでも触れてみたいと刈谷までやってきたのだが、拍子抜けするほど静かだ。

◇

宮城道雄の活躍した時期はすでに半世紀以上も昔になってしまったが、数多くの箏曲を作曲し、随筆も書き、世界各地を演奏旅行で飛び回ったというエネルギーには驚嘆させられる。明治、大正、昭和と日本が大きな変化を繰り返した時期に、自身も障害を持って苦難の道を歩んだ。その艱難辛苦は現代の障害者のそれとは比べものにならないほどのものであったはずなのに、随筆から感じられる宮城道雄は穏やかで明るい。

八面六臂の活躍をするこんな視覚障害者が現代にもいてくれたらいいのにな、と私は近頃しきりに思う。

お断わり　「がんばれ!公務員」はお休みします。

開園50周年

まるごと多摩動物公園 ■2■

アジアの沼地

アジアの水辺の動物を生息域に近い環境で展示することを目的として、2カ年かけて整備を進めてきた「アジアの沼地ゾーン」が開園50周年記念事業の目玉として5月1日にオープンしました。同ゾーンへは正門からまっすぐ伸びるメーン園路沿いに、広いマレーバクの放飼場をテラスから望みつつ、谷の底に位置する二つの大ドームから成る「ウォークインバードケージ」へと降りていきます。

入り口でひょうきん者のカワウソの水中からの歓迎を受けた後、シギ、チドリなどの小型渉禽（しょうきん）や、ツル、コウノトリなど大型の鳥類のいるケージの中を通り抜けながら、彼らが自由に飛翔する姿を間近でご覧いただけます。出口には、これらの水辺の鳥たちが野生下で餌としているフナやモツゴといった魚たちや、園内に生息する数種のヘビを展示しており、水辺の食物連鎖について知っていただくことができます。

ドームを出て、眼前に広がる放飼場でスイギュウがゆったりと草を食む姿を楽しんだ後、園路に戻ると、そこには2千平方㍍の広大な放飼場を備えたインドサイ舎。ここではインドサイが土煙を上げて走り回ったり、プールにダイブする豪快な姿を間近に観察することができます。

アジアの沼地ゾーンで草を食むインドサイ

同ゾーンがオープンするまでの道のりは決して容易ではありませんでした。全くの新規建設ではなく、従来の獣舎を撤去して新たに建設するため、動物たちを一時別の場所に移し、完成後に新施設に移動しなければなりません。体重2㌧を超えるインドサイの輸送等、困難な課題を係一丸となって解決していきました。また、移動後もすぐに動物を公開できるわけではなく、施設に馴らすための馴致（じゅんち）期間が必要です。オープンの日が迫るなか、タイトな日程で馴致を重ね、なんとか当日を迎えることができました。

そんな係員一同の努力が実ったのでしょう、6月12日の天皇皇后両陛下の行幸啓に際し、ご視察の栄誉を賜り、担当者に労いのお言葉を頂戴しました。

しかし、施設のオープンは始まりに過ぎません。来園者により深い感動を与え得る、充実した展示を目指してこれからも努力を続けたいと思います。

（多摩動物公園南園飼育展示係長　山本藤生）

東京水辺ライン 200万人を達成

記念セレモニー開催

東京水辺ラインでは、1991年に就航以来、乗船者数が200万人を達成した記念に、22日、両国発着場でセレモニーを開催した。

地元墨田区在住の落語家・柳家鱗太郎さんが司会を務め、高松巖㈶東京都公園協会公益・水辺事業部長があいさつ。この日の最初の乗船者に、記念品としてホテル日航東京の「地中海料理オーシャンダイニング」のペア招待券が贈呈された。

記念品を贈られた銭田万里子さんは、福岡県在住。テレビで隅田川には素敵な橋が多いと知り、東京に住む友人と訪れたとか。「初めての乗船でこんなプレゼントが当たり、とてもラッキーです。早速、頂いたお食事券を使わせていただきます」と喜んでいた。

東山正行水辺事業課長は、「皆様のおかげで200万人という多くのお客様をお迎えできたことを感謝します。これからも300万人を目指し、安全運航をモットーに、お客様ニーズに応えられるタイムリーなイベント企画などを通して、引き続き東京の水辺を楽しんでいただけるように努めたいと思っています」と話していた。

とうきょうと川柳会

●6月の宿題1「破産」

秋葉原心の破産映し出す　大野　保司
妻からの破産宣告空財布　谷村　洋一
返せない金とわかって貸す会社　菊地　順風
☆破産者がぱりっと外車乗り回す　前田　邦博

●6月の宿題2「ワッペン」

反対に貼るワッペンの反抗期　小坂恭一
ワッペンが付いて値段が倍になり　斎藤弘美
お国から後期ワッペン付けられる　松尾タケコ
☆縫いつけたワッペンにある汗のあと　松尾　仙影

（☆は選者の句）

とうきょうと川柳会のご協力で本紙読者からも川柳を募集します。7月の宿題は「通販」と「呼吸」で、それぞれ2句を作句し、Eメールで、henshu@toseishimpo.co.jpあてか、ハガキで編集部あてにご応募下さい。7月14日必着。

みにがいど

◆乗船者200万人達成記念「水上バスで行く、プラネタリウムとお食事」▽実施日　7月23日(水)～8月27日(水)までの毎週水・金曜日▽運航ルート　両国発着場発（10時35分）～明石町・聖路加ガーデン前発着場着（10時55分）⇩プラネタリウム「タイムドーム明石」で映像鑑賞・郷土資料館見学（11時10分～）⇩食事（12時50分～13時40分）⇩自由解散▽募集人数　各便40人▽費用　大人＝2200円、小学生＝2000円（乗船料、食事代、プラネタリウム・郷土資料館入場券等含む）▽集合場所　両国発着場10時10分▽申込方法　往復ハガキに住所・代表者名・年齢・電話番号・ご予約イベント名・参加人数（大人・小学生別）を明記の上、〒130−0015墨田区横網1の2の15㈶東京都公園協会水辺ラインまで（応募者多数の場合は抽選）▽締切　各実施日の2週間前（消印有効）▽問い合わせ先　☎5608・8869

◆看護職のための就業フェア　▽日時　7月13日（日）午前11時～午後4時▽場所　サンシャインシティ文化会館2階・展示ホールD▽対象　再就業を希望する看護職（保健師、助産師、看護師、准看護師）・来春卒業予定の看護学生※申込不要・直接会場へ▽問い合わせ先　福祉保健局医療政策部医療人材課☎5320・4440

都政新報

発行所　都政新報社
〒160-0023 東京都新宿区西新宿7-23-1 TSビル
〈総務・読者〉03-5330-8781
〈企画広告〉03-5330-8784
〈編　　集〉03-5330-8786
〈出　　版〉03-5330-8788
〈セミナー事業部〉03-5330-9977
〈ファクス〉03-5330-8808
購読料　月1,680円(税込)
毎週火・金曜日発行
但し、祝祭日は休刊

紙面から

太陽熱の「環境価値」市場流通

家庭向け設備導入のコスト軽減に

都環境局は、都民が家庭で太陽熱を利用した設備を設けた場合、グリーン熱としての環境価値を証書として買い取る仕組みの導入に向けて、専門家や事業者などで構成する検討会を設置し、6月26日に初会合を開いた。都は2016年までに100万キロワットの太陽エネルギーの導入を目指しているが、設備の設置にかかるコスト負担の大きさなどがネックとなり、普及が進んでいない。都は、証書を買い取ることで設備導入の経済的インセンティブを与え、太陽熱利用を拡大したい考えだ。

都の検討会が初会合

グリーン熱証書は、自然エネルギーにより生産した熱の環境価値を評価し、証書の形で取り引きを行う仕組み。世界では、オーストラリア、米国のテキサス州、オランダ（00年に終了）でしか実施されておらず、事例が少ない。対象となるエネルギーは、太陽熱、地中熱、バイオマスが〝御三家〟と言われている。

グリーン電力証書については、すでに民間レベルで仕組みが始まっている。04年度末には太陽光発電の設備認定を開始し、電力量認証は06年度から開始されている。

太陽熱については、その利用によるCO_2排出削減などの環境価値の評価や、それを証書化し、経済的な利益を生み出す仕組みがまだ整っていない。

検討会では、太陽熱の普及に向けた手段として、太陽熱を利用したグリーン熱証書制度の導入を目指し、同制度の基本的な考え方や具体的な課題について議論する。

都は、グリーン熱市場を創設し、各家庭から証書を買い取る。これをさらに企業などのカーボンオフセットにも活用していく予定。

第2回定例都議会で改正された環境確保条例では、大規模排出事業者に対してCO_2削減義務を課している。大規模排出事業者は、削減義務履行手段として、CO_2換算量のグリーン電力証書を活用することができる。

グリーン熱証書市場が創設されれば、グリーン電力証書と同様の活用が期待できる。

検討会は、8月上旬に最終のとりまとめを行う。都は08年度中にグリーン熱市場創設に向けた準備を進め、09年度に太陽エネルギーの環境価値買い取り制度を始める予定。

検討期間は短いが課題は多い＝6月27日・太陽熱の利用拡大に向けたグリーン熱証書検討会

市場の信頼性確保が課題

【解説】グリーン熱証書の仕組み自体は、簡単なものだ。各家庭で太陽熱を利用した機器を導入すると、太陽熱を利用した分だけ環境価値が生まれ、環境価値は証書化されて、都に売ることができる。温暖化対策に取り組む企業は、都からそれを買い取り、活用できる。

問題は、市場に対する信頼を確実なものとするような制度設計ができるかどうかだ。

都が環境価値（証書）を買い取るだけではなく、それが市場に流通しなければ意味がない。そのためには、活用したい側の企業は、証書が意味する環境価値がCO_2削減の裏づけにつながるかどうか吟味する。裏づけが曖昧だったり、納得できないものでは、市場に対する信頼が低下する。

グリーン熱証書市場は、基本的にはグリーン電力証書市場と仕組みは同じだ。ただし、電気という単純なエネルギーとは違い、熱には使用する温度による質の違いもあるし、貯め置くと放熱してしまうという性質を考慮に入れる必要がある。

例えば、環境価値は、貯めた熱量ではなく、使用した熱量で測らなければ、正確な数字にはならない。どんな熱エネルギーを太陽熱に代替したのかも、環境価値の指標となってくる。

検討会では、対象となる設備、太陽熱の生み出す環境価値や対象設備別の熱量の計測方法、グリーン熱証書における環境価値の表示単位などの議論が行われる。検討会の委員は「信頼性だけでなく、適切かどうかも重要だ」と指摘した。検討期間は短いが、中途半端な導入にならないよう、慎重な検討が必要だ。（地）

07年度

工事発注9.5％で不調

技術会議の調査で判明　技術者の複数登録を提案

07年度の工事入札の契約不調は、前年度比3・1ポイント増の9・5％に増えていることが、東京都技術会議の調査で分かった。工事発注は、財務、都市整備、建設、港湾、交通、水道、下水道の7局で年間3864件あり、そのうち368件が不調だった。

経年的なデータが残っているのは、7局で建設局だけだったが、同局での4年間の推移を見ると、04年度に0・5％、05年度に2・2％と少なかったが、06年度に9・4％にはね上がり、07年度に11・4％と高い水準で契約不調が続いている。

価格帯別では、4千万円を一つの境にして工事価格の低いもので不調発生率が高く、06年度はこの傾向が顕著だった。しかし、07年度に入ると、高価格でも契約不調が増え、10％前後に達している。なお、1千万円以下の発注工事では、07年度に13・5％と非常に多かった。

公共工事は、年度後半に発注が多くなるため、それに伴って契約不調の発生率も高くなる傾向がある。

都技術会議では、全庁的な対策として単価設定や技術者登録制度の見直しなどを打ち出している。単価改正はこれまで年4回だったが、鋼材の急激な価格変動に伴い、今年4月から毎月改定にした。また、契約後であっても単品スライド条項を適用し、工期内に生コンクリート、鋼材などの主要資材で価格が変動した場合、請負業者が請求できる仕組みにする。今後、運用基準の詳細を庁内で策定する。

技術者の登録は、工事入札の申し込み段階で行い、いったん登録すると変更できない制度になっている。請負業者で技術者が不足しているもとでは、他の工事に入札希望があっても参加できないケースがある。このため複数の技術者を登録できる仕組みに改め、拘束を緩和することを提案した。契約事務協議会などで検討する。

公共工事の規模縮小によって低入札工事が社会的に問題になったが、06年度はそのピークで7局で合計125件あった。07年度は、93件に減少している。ピークは超えたが、一定数で発生しているため、品質確保に向けて監督・検査の強化を継続して行う考えだ。

＝関係記事4面

都議会あり方検

議会局の人員体制を試算

1円以上の領収書添付　必要な職員19人？

第10回都議会のあり方検討委員会が6月26日に開かれ、政務調査費の執行の適正性、制度運用に関する意見・提言などを行う第三者機関の設置を決めた。メンバーは、弁護士、公認会計士、税理士などの専門家で構成し、アドバイスのほか、たとえば各会派から提出された収支報告書の内容が使途基準に合致しているかどうか、抽出検査を行う権能の付与も検討されている。

領収書添付の額を1円以上とするか、一定額以上とするかは、まだ会派間で見解の相違があるため、今後、議論を深めて早急に結論を出す考え。第3回定例会で条例化することは合意し、8月中旬をタイムリミットに設定して精力的に詰める。7月10日、11日には、都議会あり方検討委員会で大阪府議会と兵庫県議会を視察する。

また、都議会局の人員体制についても、1円以上から領収書を添付している長野県議会の例を参考に、同じことを都議会で実施したらどうなるかをシミュレーションし、議論している。長野県議会は、議員定数58人、政務調査活動費29万円、年間約2億円で、1年間の調査研究活動記録票は約2万枚に上るという。県議会事務局では2人の職員を配置し、事務を行っている。

都議会は、議員定数127人、政務調査費60万円、年間約9・1億円と規模が4・5倍も大きいため、単純に試算すると、都議会局に19人の職員配置が必要になるという。仮に職員1人あたり800万円の人件費とすると、9・1億円の政務調査費をチェックするのに、1・5億円のコストがかかる計算になる。

都政の東西

石綿被害の救済

改正石綿健康被害救済法が成立した。労災認定からはずれた人の受け皿としてつくられた法律で、改正では、申請が遅れた人への救済措置が広げられた。しかし、15年から50年という長い潜伏期間を持つ石綿被害が表面化するのはむしろこれからで、安心はできない。

石綿関連の事業所名の公表で、早期の労災認定に結びつけていくことはもちろん大事だが、工場周辺に住んでいるうちに知らずに被害を受けていた環境曝露の人たちの救済は大きな課題だ。

厚生労働省はこれまで、労災認定にかかわる石綿関連事業所の住所は、「所管の労働基準監督署に聞けば分かる」として出していなかったが、6月12日の公表分からは「周辺住民となるか否かの確認に役立てていただく」として、住所も合わせて公表する形にした。

一方、環境省は石綿健康被害救済法の2006年度の被認定者の曝露状況を分析した。その結果、職業曝露や家庭内曝露、工場への立ち入りなどを除いた「そのほか・不明」が4割を超えていた。曝露に関する記憶が定かでない人なども含まれるから、すべてが当てはまるとはいえないが、工場周辺の環境曝露も含めて、同省は大阪府泉南地域など全国6カ所で健康リスク調査を毎年実施している。同省では、これ以外の地域でも健康影響の不安がぬぐえない人を調査対象に加えたい」と話す。

都内では大田区が区内の労災病院と連携し、住民に健診を実施した。疾病は見つからなかったが、石綿曝露の指標となる胸膜プラークが見つかり、うち環境曝露とみられた人もいた。同区では、地域の開業医などに講習を実施するなど、「不安な住民に応える対策を続けたい」と語る。病院や地元自治体、国ぐるみでの対応が必要だ。

汚泥焼却でCO_2削減

未利用材を燃料に活用

都下水道局

スギ花粉対策とCO_2削減の一石二鳥——。都は09年度、スギ花粉発生源対策として間伐した多摩産材の枝や根、樹皮などを下水汚泥焼却の燃料に使い、CO_2排出量を削減させる取り組みを「多摩川上流水再生センター」（昭島市）で始める。木質系バイオマスを使った下水汚泥焼却は全国初。

枝や根、樹皮や植木の剪定で出る枝を5センチメートル以下のチップ状に砕き、含水率を40％程度にして、燃えやすいようにする。これらは産業廃棄物として、専門の業者が扱うことが法で定められているが、下水道局は処理免許を持っていないため、「燃料を購入する」という位置づけで、㈶農林水産振興財団から未利用材を買い取ることにした。

同センターでは今まで、燃料として都市ガスを年間100万トン使ってきたが、約50万トンに半減でき、代々木公園五つ分の森林が吸収する量のCO_2を削減できるという。

産業労働局のスギ花粉対策では年間約7千トン、植木の剪定で約2千トンのバイオマスが出ているが、そのうち約3200トンを購入する。価格はトン当たり5千円前後になる見込み。事業費は5億円。

同事業を広げられればCO_2削減につながるが、そのためには木質系バイオマスの安定的な供給が不可欠。だが、スギの間伐は年中続くわけではない。また、関西地方では発電の燃料として使われ、価格が2～3倍に高騰した例もある。担当者は「採算性が悪くなると、事業として広げるのは厳しい」と話す。

下水道局が排出するCO_2は、都庁全体の4割を占める。今年度中にチップを下水汚泥と混合して焼却炉に供給する施設を整備する。

「週1回運動」6割へ

課題は働き盛り世代

スポーツ振興基本計画

都生活文化スポーツ局は6月30日、2016年度までに週1回以上のスポーツ実施率を60％以上に上げることを目標とする「スポーツ振興基本計画」の原案を公表した。政策の柱は、身近なスポーツ資源を増やすこと。例えば、学校の体育施設や歩道を活用することで、気軽にスポーツを楽しめる環境をつくる。

スポーツ実施率を60％に引き上げる上で難題となるのが、20～40歳代の働き盛り世代だ。約5割が週1回以上運動する60～70歳代に比べ、20～40歳代は3割程度にとどまる。都民調査では、運動しない理由として、4割以上が「仕事が忙しい」と答えている。

計画では、ウォーキングやランニングを気軽に行えるよう、学校の体育館や企業のグラウンドなど、身近な体育施設を生かす方針を示した。

グラウンドなどを開放している学校は、都立高で95％、区市町村立の小中学校で97％にもなる。だが、実際に都民にスポーツを行った場所を聞くと、道路や遊歩道（45％）や民間スポーツ施設（39％）が大半を占め、学校の体育施設はわずか7％。背景には、安全管理上、登録者に優先して開放される現状がある。都では、こうした資源の活用を働きかけていく方針。

また、施設の使い勝手を改善するため、都民のライフスタイルをマーケティング調査で把握し、都立施設のプログラムを増やしたり、利用時間を拡大したりする。

競技力向上では、新たに障害者アスリートの支援を盛り込んだ。これまで、競技スポーツを目指す障害者は、個人的に会場を探して練習するしかなかったが、2013年の全国障害者スポーツ大会やパラリンピックに向けて、トレーニングを支援する。

計画では、スポーツ政策の担い手となる組織体についても言及。米国では、都市レベルの「スポーツコミッション」が、事業収入などで国際スポーツ大会の招致やイベント企画を行っている。都でも、スポーツに特化した都市マーケティングを行う専門機関の設立を検討する。

学校の体育館など、地域のスポーツ資源の活用も重要になる＝足立区内の小学校で

冗句ジョーク

洞爺湖サミット警戒強化、同じ場所を行ったり来たりする人もチェック対象

幹部歓送迎会に出席する職員「昨日は局長、今夜は部長、明日もありますのでヨロシク！」

新型インフルで国に対策を要望

八都県市

八都県市首脳会議は6月26日、新型インフルエンザ対策について「制度や基準、財政措置などの枠組みが未整備なため、その対応に苦慮している」として、抗インフルエンザウイルス薬の投与やワクチン接種を検討するための、具体的な基準や指針を早急に提示するよう国に求めた。また、ワクチン接種や感染防護服の備蓄について財源措置を講じるよう要望した。

そのほか、感染を拡大させないためには、国民の社会活動の制限が必要になるが、自治体による制限が法的に担保されていないことから、国が主体となって公共交通機関の運行縮小などの対策を講じるよう求めている。

児童相談所設置は区へ

都区のあり方検討委幹事会

8項目を移管の方向で合意

引き続き検討は21項目

都から区への事務移管を議論している都区のあり方検討委員会幹事会（座長＝山﨑昇墨田区長）の13回目の会合が6月26日、開かれた。児童相談所の設置事務をはじめ、8項目について、一部を除き、区に移管する方向で検討することで合意した。更生相談所の設置など21項目は、引き続き移管の是非を検討する。そのほか、区域のあり方については都側が、税財政制度については区側が、それぞれ資料や論点を出した。

今回、移管を検討したのは29項目。前回に引き続き、法律により一定の要件を満たす市（政令指定都市や中核市）が処理できることとされている事務で、特別区は一定の要件を満たす市に含まれていないものを取り上げた。

児童相談所の設置など児童福祉に関する事務の項目では、児童福祉に関する審議会の設置など一部が引き続き検討するとされたものの、基本的には「区に移管する方向で検討する事務」として整理された。

現在、児相は都内11カ所にある。区部が関係しているのは、児童相談センターのほか、墨田、品川、世田谷、杉並、北、足立の各相談所。

区側は「現在、特別区が実施している児童家庭相談と合わせて児童に関する相談および支援を一体的に行うことができるように、特別区が担う方向で検討すべき」と主張。都側も「専門的人材の確保など課題は残る」としながらも、「児相業務のうち特に相談業務は地域との連携が求められることから特別区が実施するメリットは大きい」と評価した。両者とも、区域を超えた広域的な連携の必要性などの点から、「都が担うべき事務もある」という点でも一致した。

このほか、更生相談所設置など身体障害者の福祉に関する事務、同じく更生相談所設置など知的障害者の福祉に関する事務については、移管を求める区と、都の見解が一致せず、引き続き検討となった。ただ、都は「一部、区に移せるものもあり、別途検証する必要がある」と検討の余地を残した。

また、道路管理事務についても引き続き検討する。区側は「周辺住民との接点がある区に移管できるものがある」、都側は「地域内道路化した都道は区でよいが、それ以外は都に残す」とした。両者とも、区に移管すべき部分があることでは一致したが、移管の範囲に違いが見られた。

事務移管の議論のほか、都側は区域のあり方に関して、区側の意見を強く求めた。それに対し、区側は、人口50万人以上の規模を想定して移管の是非を振り分けたり、事務移管と区域のあり方をセットで議論しようとする都側の姿勢に拒否感を示した。

一方で、区側は税財政制度について「移管にあたっては、事務の執行に当てられていた金額と等しい財源の移譲が必要」などとする論点を提案。スケジュールにのっとれば、大枠を検討する時期にきているとの認識を示した。

あり方検討委幹事会では、前回までに、移管検討対象としている444項目のうち、16項目について、区に移管する方向での検討に合意。3項目について、移管の是非を引き続き検討することを決めている。

児相に地域連携求める

【解説】今回の事務移管の議論のなかで注目されたのは、児童相談所の扱いだった。児相の設置については、1986年に都区間で「区に移管する」との合意がなされていた。しかし、総務省から「政令市の事務は区には渡せない」と止められ、実現しなかった経緯がある。

しかし、20年余りの間に状況は変わった。ひとつには事務処理特例の制度ができ、条例をつくれば府県事務が区市町村に移管できるようになったこと、もうひとつには政令指定都市のみに認められていた設置が政令で定める市でもよくなったこと、さらに、相談業務の最初の窓口が区市町村の子ども家庭支援センターに置かれるようになったことなどだ。

こうした背景があってのこの日の議論。都側は「現行の都の体制と同じことになる一部事務組合などの共同処理ではなく、各区が引き受けること」を確認した上で、一部を除き、区に移管する方向での検討に合意した。

近年、児童虐待の相談件数が増えるなかで、児相と地域との連携に重きが置かれ、基本的に区に移管する方向性が打ち出されたことは大きな意味がある。

ただ、事務移管以外では、相変わらず、すれ違いが見られた。「区域のあり方」は、23区再編も視野に、都が進めたい議論で、資料を提出しては区側に意見を求めている。

それに対し、区側は、「区域再編と事務移管のセット論や人口50万人以上の規模を想定するというようなことは、あり方検に臨んだ当初の区側の認識と異なる」と反論。

区側は、事務配分の検討を踏まえて整理することになっている「税財政制度」への準備として論点を挙げ、都側に検討を呼びかけたが、都は「時期尚早」ととらえている。

今年度中には全部で444項目の事務移管の方向性を定める必要がある。それと並行して「区域」と「税財政」を議論するのかどうか。新しい都と区のあり方をめぐり、都区の応酬が続く。（糸）

62区市町村が環境シート

都センターも配布へ

62区市町村でつくるオール東京62は6月27日、省エネを促進するため、チャレンジシート事業に取り組む小学校の募集を始めた。一方、チャレンジシートと同じようなチェックシートを都も配布しようと検討していたが、東京都地球温暖化防止活動推進センターが希望する小学校にシートを配ることになった。

これまで、区側は「広域自治体の事業ではない」などと批判の声を上げていたが、都教育庁が双方の推進を呼びかけたことで、「今回の一件は整理された」と理解を示している。

オール東京62のチャレンジシート事業は、主に小学6年生を対象に、都内の公立小学校1323校のうち140校への配布を想定している。児童が普段通りに生活した今年12月と、省エネに取り組む翌1月の電気、ガス、水道などの使用量をシートに記録する。各学校で電気使用量の削減率を集計し、上位3校などを表彰する。

一方、都地球温暖化防止活動推進センターは、アクション7と題したシートを小学3年以上に、希望する小学校に配布する。節電、節水など10項目のうち、児童が3〜7項目をピックアップし、7月〜翌3月まで各家庭で少なくとも7日間以上取り組む内容だ。

これまで、都がシート配布を検討していたが、温暖化防止の普及、啓発の役割を担っている同センターの事業にする方が適切と判断した。

区側は「学校と取り組む事業について広域的な立場ではなく、都の仕事ではないので基礎自治体に任せてほしい」などと都側に伝えていた。都側は「オール東京62と説明した上でやっている」と話した。オール東京62、都双方がシートを配布した場合、学校が混乱することを懸念していた。

都教育庁は6月、区市町村の教育委員会にオール東京62と同センターの取り組みに、「周知及び協力」を呼びかける通知を出した。区側は「この文面であれば一定の配慮が示されていて、今回の一件は整理された。小学校の混乱は最小[illegible]のでは」と理解[illegible]。加えて、「地球温暖化防止活動推進センターとの連携の仕方について[illegible]課題があると思[illegible]る」と述べた。

記者席

サービスに対処できる意思

○……公務出張で飛行機を利用した際に発生するマイレージポイントを私的に使うのは横領に当たるのか。中央省庁では居酒屋タクシー問題に端を発し、マイレージ問題が再熱している。

06年に同様の問題が話題となった際、都議会では当時の柿沢三途議員が10月の決算特別委員会で質問。これを受け、同年11月には公務出張時のマイレージポイント取得について自粛を求める通知が職員に出された。だが、タダでくれる高価な得点を断るには相当の意思の強さが必要だろう。日々進化する多様なサービスに対処するのも大変だ。

○……築地市場が移転すれば、影響が心配される場外市場へ行ってみた。昼間でほとんどの店はシャッターが閉まっているが、開いている店の前には人だかり。外国人観光客も物珍しげにのぞきこんでいる。

いけすには、新鮮な魚介類がずらり。「これが築地のよさ。ここでないと手に入らないような新鮮な魚を提供したいから、うちは昼でも店を開けていて、ほとんど年中無休」と店の人は話す。移転の話は「まだ先だから」と言葉を濁したが、市場の機能が全部豊洲予定地に移ってしまえば買い付けが遠くなってしまう。

地元では「万一」の移転に備えて跡地に鮮魚マーケットの構想もあるが、「都はどれだけ我々の毎日の苦労を知っているのかな」との言葉が耳に残った。

○……昨日、知人から風船葛の種をいただいた。ハート型模様の可愛らしい種だ。

植物の栽培なんて小学生時代の朝顔以来だが、スーパーのガーデニングコーナーで土と鉢を購入し、さっそく自宅で種をまいてみた。長雨が続く梅雨は憂鬱なものだが、不思議なもので、こうして草花を育てるとなると、1日1回くらい雨で潤してほしくなる。

取材で太陽熱だの、再生可能エネルギーだの、排出量取引だのと、スケールの大きい話題ばかりに触れていると、気が遠くなる。風船葛ごときで地球を救おうとは思わないけど、家庭で草花を育てる程度なら、税金も必要ないし、効果抜群だ。

「築地での再整備困難」

中央区議会全員協議会　都が見解を繰り返す

築地市場の移転をめぐる中央区議会の全員協議会が6月27日、開かれた。都側から新市場建設担当者らが出席。議員からは、築地市場を現在地で再整備する考えはないのか質問が相次いだが、都側は「現在地での再整備は困難」との見解を繰り返した。市場移転のスケジュールなどについても「豊洲新市場予定地の土壌汚染について7月の専門家会議の結果を踏まえて明らかにする」と述べるにとどまった。

全員協議会は、会派ごとに持ち時間が与えられた。自民党の原田賢一議員は、かつて一度は着手しながら築地の現在地での再整備を取りやめた経緯と、改めて再整備を検討する考えはないかを質問。都側は「1996年にローリング工事に着手しようとしたが、仮設施設の割り振りで業者間の調整がつかなかった。ローリング工事期間中の営業活動への影響などの問題もあり、停止した」と説明した。

再整備の可能性については、「敷地のほぼすべてが利用されており、種地の確保ができない」などとして、「現在地での再整備は難しい」との見解を示した。「敷地が狭く、加工パッケージ施設などの新たな顧客ニーズに対応する各種施設を整備する余地がない。営業しながらの長期間の工事は市場業者の経営に深刻な影響を与える」などの理由も挙げた。

自民党のほか公明党や共産党の議員らからも再整備への考えを問う質問が出たが、都側は同様の見解を繰り返した。

共産党の鞠子勝彦議員は、「中央区はかねてから種地を用意し、使用を申し入れてきた。その話を都は聞いていないのか」とただした。都側は「96年のローリング工事ではご指摘の種地を使うつもりはなかった」とし、中央区からの申し出については「見た限りの資料では記録はなかったが、再度調べる」とした。議員らからは「中央区の具体的な提案にまじめに応えていない。誠意が感じられない」と不満の声が。

今後の市場移転スケジュールや経費についても、都側は「7月の土壌汚染専門家会議の提言を踏まえて具体的にとりまとめる。その段階で明らかにさせてほしい」と繰り返し述べるにとどまった。

議員らは区や区議会へ随時の説明を要望。「中央区とご相談しながら取り組んでいきたい」との答えを得た。

北区に赤レンガ図書館

閲覧席など23区で最大

北区立中央図書館が6月28日、開館した。同館は十条台の旧陸軍東京第一造兵廠の跡地に新築。施設の外壁と内装の一部に1919年建設のレンガ造の倉庫建物を活用し、保存と展示も行っている。区民からのアンケート投票で、「赤レンガ図書館」の愛称が決定している。

3月に竣工した新図書館は、450席の閲覧席を有しており、23区で最大規模。蔵書は約30万冊で、最終的に50万冊を目指す。

無線ICタグを蔵書すべてに取り付けている。ICタグを活用して、利用者が自分で手続きする自動貸出機、本の内容を紹介する検索機などを新たに導入した。

北区は「従来の図書館の役割を超えて、区内における教育、生活の情報拠点にしたい」としている。インターネットの閲覧席では、商用情報データベースの利用、電子資料の参照が可能。近年、仕事の情報収集で図書館を利用する社会人が増えていることから、ビジネス、法律関連の情報コーナーや予約制の研究個室などを設けた。

「区民と協働して発展する図書館」を掲げており、図書館を活動場所とした区民活動の支援も行う。館内に「区民活動コーナー」、乳幼児と保護者向けの「子育て情報支援室」などを設置。中高生向けの活動スペースもある。今回の新築を機に、北区の地域資料の保存・発信などを行う「行政資料センター」を統合した。

図書館職員は「本を通じた区民活動の広がりを期待している。図書館側からの情報発信も試みたい」と話す。

区外在住者入居可へ　区立住宅の要件緩和

板橋区

板橋区は7月から、中堅所得層向けの区立住宅について、区外在住者からの入居申し込みを受け付けることを決定した。区立住宅の入居資格から「区内在住または在勤」を撤廃したのは、23区では板橋区が初めて。区は「区民税の増収、定住化の促進などを図りたい」としている。

区立住宅は、民間の賃貸マンションなどを区が借り上げて、一般より安価な家賃で提供する。板橋区は現在、11棟215戸を確保している。7月1日時点で10戸が空室になる見込み。家賃は約9万円から16万7千円で、2DK、3LDKなどが中心。介護用住宅を想定したバリアフリー仕様の住宅もある。

板橋区では近年、区立住宅の空室率が上昇。その一方、区外在住者からの入居要望が寄せられており、入居資格の見直しを図った。

区担当者は「親の介護や子育てなどで転入を希望する人も多い。区立住宅への入居を認めることで、区の介護や子育て支援の充実にも役立てば良い」と話す。

区立住宅は中間所得層が対象のため、税収の増加も見込める。板橋区では、特に婚姻後1年未満の新婚世帯、子育て世帯からの応募に期待しており、転入を促す考えだ。

入居資格の変更に伴い、区立住宅条例の一部を改正し、6月25日の板橋区議会で可決された。改正後の条例にはこのほか、昨年4月に町田市内の都営住宅で発生した暴力団員の立てこもり発砲事件など、公営住宅での暴力団員の傷害事件が相次いだことを受けて、区立住宅への暴力団員の入居を禁ずる条項が新設された。

不正打刻の控訴審　区長の責任を認定

中野区

中野区で無断欠勤中の男性幹部のタイムカードが不正打刻されて給与が支払われた事件で、東京高裁は6月26日、田中大輔区長に賠償を命じる控訴審判決を下した。

幹部（2005年に死亡）はけがなどで、04年2月9日から無断欠勤。同月16日から4月1日まで、当時の総務部長、同課長が不正打刻などで出勤扱いとし、給与が支払われた。住民が行政訴訟を05年3月に提起。06年の一審判決で東京地裁は、総務部課長らに総額82万4千円の損害賠償を命じたが、区長の責任は認めなかった。

控訴審では、事件の報告を受けた後も田中区長が是正しなかったとし、「違法行為に直結する行為を行った」と認定した。

今回の判決で田中区長は「判決内容を十分検討し、対応を決める」とのコメントを発表した。

国保料通知書などが未送付

大田区

大田区は6月27日、2月29日生まれの国民健康保険加入者79人分の納入通知書が未送付であることなどが判明したと発表した。同日、お詫びの文書が79人に発送された。

6月13日、08年度国保料の納入通知書と納付書を発送した後、区職員が2月29日生まれの79人分に不備があることを20日に見つけた。単身者の納入通知書と納付書33人分が作成されておらず、家族向けなどの通知書、納付書に43人分の保険料が抜け落ちていた。

国保のシステム改修時、2月29日生まれの加入者が算定されないように設定されていたため、不具合が生じたという。システムを改修してから、7月中旬までに正しい納入通知書と納付書79人分を送付する。

職業紹介までを支援

世田谷区

世田谷区は1日、区内外の若年者、子育て中の女性らを対象に、相談から職業紹介までを行う就労支援窓口を開設した。事業主は区産業振興公社で、外郭団体が[illegible]ら職業紹介事業[illegible]得るのは23区で[illegible]

現在、渋谷区[illegible]ローワークが世[illegible]などの求人を紹[illegible]るが、どれもフ[illegible]労働。就労支援[illegible]子育て中の女性[illegible]活に合った短時[illegible]紹介するなど、[illegible]ークとの差別化[illegible]

就労支援窓口[illegible]セミナーを個別[illegible]り、常駐する専[illegible]職活動も支援す[illegible]

訂正　24日付[illegible]小6児童転落死[illegible]で、6月19日ま[illegible]のある小中学校[illegible]区の中に荒川区[illegible]いたため「15区」[illegible]「16区」に、[illegible]「104校」から「10[illegible]6校」に訂正します。

日野市

CO_2削減 全市民と協定へ

今年度は7千世帯目標

環境問題を中心に開かれる北海道洞爺湖サミットを目前に控え、26市でも環境負荷軽減策への意識がさらに高まっている。各市では目標値を定めやすい公共施設などでCO_2削減に成果をあげているが、日常生活での環境配慮行動を「実行する市民と、しない市民」がすでに二極化。市全体のCO_2排出量削減は、なかなか進まないのが現状だ。しかし、環境問題は待ったなし。市民の行動に結びつけて、市のCO_2の全体量を削減していこうと、日野市では8月から、全市民と「協定」を結んでCO_2削減を目指すユニークな取り組みを開始する。

日野市は「みどりの大地　青い地球を　いつまでも」をテーマに地球温暖化対策に取り組んでいる。市の「地球温暖化対策地域実施計画」の目標は、2010年度の市民一人当たりの二酸化炭素排出量を、90年度比で6%削減することだ。しかし、市全体のCO_2排出量は、90年度56万4千トンだったのに対し、05年度時点で66万2千トンと17%も増加。特に、家庭やオフィス、自動車での排出増加が目立っている状況だ。

マイバッグ持参や使っていないコンセントを抜く、お風呂の残り湯の再利用など、日常の環境配慮行動については、これまでもチェックリストを用いた「環境家計簿」などで取り組みを促しているが、実行する市民はほぼ固定化。地球温暖化対策について「意識しない」「実行していない」市民への働きかけが緊急の課題となっていた。

そこで市は、これまで呼びかけだけにとどまっていた市民のCO_2削減行動を、より確かなものにしていこうと「CO_2をへらそう協定」を全戸市民と結ぶ事業を開始する。

「食材などは近くで取れたものを使うと、輸送エネルギー節約に」「テレビはこまめに消し、テレビの代わりにラジオの利用も」など、「ふだん着」で気軽にできるCO_2削減メニューを市が提示し、その中のメニューの一つでも取り組んでもらえる参加者を募集。それだけにとどまらず、市職員は自治会や市民団体のほか、直接市民の自宅を訪問。事業の趣旨を説明した後、合意できた世帯と市とが書面での「協定」を結んで、CO_2削減行動を実効性のあるものに高めていこうというものだ。

協定を結んだ家庭には、取り組み内容に応じた「エコドライブ宣言ステッカー」などのPRグッズを提供し、協定の効果については取り組み結果を集約して広報などで通知。市内の取引業者に対しては、事業参加での評価加点なども検討していくという。

7月中に大学や企業、市民団体など60～70人程度の実行委員会を立ち上げ、協定の具体的な内容などを詰めて8月の開始を目指している。

日野市民は約17万5千人。世帯数は約7万7千世帯ある。市環境保全課の目標は、今年度中に7千世帯と協定を結ぶことだ。「全市民に意識してもらうための、はじめの一歩。国が目標値を掲げる中で、市の強みとしてできることは、市民に直接働きかけること。自治会や戸別訪問で協定を結び、ひとりでも多くの協力を得たい」。6月下旬から地域を会場に開かれている「市長とふれあいトーク」でも、市長が協定への協力を呼びかけ。全世帯対象にした書面での約束取り交わしによるCO_2削減効果が注目されている。

◇

CO_2削減に市民意識の向上が欠かせない中、洞爺湖サミットが開かれる7日から9日は、各市で環境配慮の取り組みをさらに強化。

小平市では、サミット期間中を「クールアース・デー」と銘打って、市民には早めの消灯や節電などを呼びかけるほか、庁内で毎週水曜日に行っている「ノー残業デー」をサミット期間中はすべてに適用。また、原則として庁用車の利用を禁止し、督促など市民宅への訪問なども含め、全職員が公共交通と自転車を利用。マイカー利用も控えるよう呼びかけている。

「そもそも論」から事業仕分け

町田市

協議は公開で実施

「必要か」「必要なら事業主体はどこか」

町田市はこのほど、市が実施している事業について、「必要か」「必要ならば、事業主体は市であるべきか」などについて、外部から評価を受ける「事業仕分け」の協議を26日、公開で実施すると発表した。約1300ある事業の中から、今年度経常事業で市負担額が大きい順に34事業を選定。評価の結果は来年度以降の予算編成にも反映させていく。

行政事業の点検を行う「事業仕分け」は、政策提言などを行っているNPO「構想日本」が、事業の必要性と事業主体の必然性を評価。必要性があると認められた事業については、事業を行うべき主体が「行政か民間か」「地方自治体か国か」「地方自治体ならば市か都か」を明確にし、さらに事業の内容に改善が必要かどうかを、公開で協議する。

02年からこれまで全国20の市町村で実施し、結果を予算編成に反映させることで、約1割の予算削減ができた自治体もあるという。

今回、町田市は、同NPOに評価を委託。委託費用は70万円。34の対象事業は成人検診事業、保育所入所推進など、運営事業、常備消防事業などがある。学識経験者や先駆的に事業仕分けを実施した自治体職員など約20人をメンバーに、1チーム5人、4チームを構成。1事業につき、市側の事業説明が5分、質疑応答が20分、評価が5分の計30分程度で仕分けを実施する。

結果について市は各担当課が見直した内容を経営会議などで審議、09年度予算編成やアウトソーシングの推進などに反映していく。

取り組みについて市経営改革室は「07年11月に策定した中期経営計画『行政経営改革プラン』の柱のひとつとして掲げた『効率的・効果的に市民ニーズに応えられる行政運営の実現』の一環」とし、「これまでも内部や議会のチェックはあったが、その視点は税金の使われ方として法的に問題がないかどうか。外部の厳しい目ではっきりと問題の指摘があることで、職員の意識改革にもつながる」などと話している。

事業仕分けの公開協議は、26日午前9時から午後5時まで、市文化交流センターで行われる。

親族企業への受注自粛

政治倫理条例制定を提案へ

八王子市議有志

八王子市の黒須隆一市長の実弟が経営する「黒須建設」が、市の公共事業の土木分野での受注額が、3年連続トップだったことが6月24日まで開かれていた第2回市議会定例会で明らかになった。これを「全国でもあまり例のない異常な事態」とし、以前から代表質問などで「政治倫理条例」の制定を求めていた共産党市議など野党議員10人の有志が24日、市長の親族企業の受注自粛などを盛り込んだ「政治倫理条例」の制定を目指す共同アピールを発表した。条例案は、市民意見を採り入れて、9月に開かれる第3回定例会に提案される予定だ。

共同アピールを発表したのは、共産党、生活者ネットワーク、社民党、無所属の市議10人。条例制定を目指す理由として、「その自治体の公共事業を、市長の親族企業が3年連続トップで受注している」ことのほか、黒須建設が今年度に入って5月の段階で3件、4億5千万円の工事を受注し、その受注額が同社の過去最高額を超えていることなどをあげた。

また、5月に2社で入札のあった市立第七中学校体育館改築工事については、黒須建設が事前公表の予定価格（2億4720万円）を僅かに下回る2億4700万円、99・92%を提示。加えて、過去2年間の実績が評価点として加味される総合評価方式が昨年から試行導入されており、第七中体育館改築工事では、価格は他社が下回ったが、技術評価で黒須建設が大きく上回り、逆転落札していた。

今後、9月議会に政治倫理条例を提案するため、たたき台となる条例案を市民に公表して意見を求め、制定をめざす集いなどを開催していくとしている。

市議らの共同アピールに対して黒須市長は「入札・契約手続は適正に行われており、公正な競争の結果で『異常な事態』という認識はない。入札・契約制度に関しては、公正性、透明性、競争性等をより高めるため、就任時以来、常に見直し、改善を重ねてきた」と問題がないことを強調。

条例制定に対しては「市政の透明性を高めることに関しては異論のないところ」としながら、「仮に条例が成立した場合は、条文等の詳細を見てから対応を考えたい」とした。また、黒須市長は同社の株式を保有。「誤解を招くようなら即刻手放す」としていたが、「同社の持ち株についてはすでに処分をした」としている。

市議らによると、市長や議員の親族が公共事業の受注を自粛する内容の条例を持っているのは三多摩では国分寺市と多摩市。多摩市は「公の施設の指定管理者の指定の手続等に関する条例」「政治倫理条例」、国分寺市は「政治倫理条例」で、それぞれ「市長、副市長及び議員の配偶者、二親等以内の親族が代表や役員をしている法人」については、「指定管理者の指定の申請をすることができない」「市が行う契約等を辞退するよう努める」などの文言が盛り込まれている。

「情報伝達」「支援者の発掘育成」を

東京市町村自治調査会

多摩地域の子育て支援で調査報告

地域の特性を踏まえた少子化対策に役立ててもらおうと、東京市町村自治調査会はこのほど、「多摩地域の子育て支援についての調査報告書～『子育て・子育ち』が楽しくなるまちづくり～」を刊行した。現状分析と市町村等のアンケート、多摩地域の子育て支援についての提案の3部構成。行政は子どもにかかわる様々な地域団体のコーディネーターとなることや、地域と協働する上で、担当者の対応に一定水準のノウハウを蓄積する必要性などを指摘し、現状把握や課題解決に向けた糸口を示している。

第一部では多摩地域の人口動態、少子高齢の割合、世帯構成、女性就業率などデータを分析。多摩地域は「夫婦と子ども」世帯の割合が高く核家族化が進んでいることや、女性の就業率は46・7%で特別区より低いこと、30歳代に離職する人が多く、仕事復帰の時期も全国と比べて遅いなどの地域性を明らかにした。

第2部のアンケート調査では、各自治体で作成している「次世代育成支援のための地域行動計画」の実効性を高めるために必要なものとして、6割の市町村が「国や都からの財政支援」を挙げているほか、「地域で支える子育て支援」を促進するためには「子育て支援を行う活動の場の紹介や提供」「子育て支援や活動グループに関する情報提供」が求められていることが分かった。

市民アンケートでは多摩地域の子育て環境で「小児医療が整っている」「保育園や託児施設などが充実している」「市町村の子育てに関する制度が充実している」は評価が低く、ニーズに十分応えられていない実態が明らかになった。子育て支援団体に行ったグループインタビューでは「『地域で子育て』という意識が浸透していない」「子育てニーズや子育て環境の多様化に対応するのに必要な、子育て支援団体間の連携が不十分」などの意見があった。

こうした調査結果を踏まえ、多摩地域に必要な支援策は①必要な子育て支援情報を必要なところに届ける②子育て支援者の発掘・育成③市民や企業との協働による子育て支援——と指摘。地域の様々な子育て関連団体が、「大人に対する子育て支援」と「子どもに対する子育ち支援」に関わり、支えあう仕組みをつくり、それを行政がコーディネーターとしてサポート力を発揮することで、「『子育て・子育ち』が楽しくなるまちづくり」実現の原動力になるとしている。

新人、現職が立候補表明

昭島市長選

北川穰一氏　鈴木和枝氏

任期満了に伴う昭島市長選挙（9月28日告示、10月5日投開票）に6月24日、現職の北川穰一氏（64）が4選を目指し、立候補を表明した。すでに立候補を表明している福祉施設職員で新人の鈴木和枝氏（54）は、00年から3度目のチャレンジ。

地元住民の反対運動が続く中、米軍立川基地跡地の昭島地区に刑務所施設などを集約した「国際法務総合センター」の計画案などが争点として注目を集めている。

北川氏は4選出馬の理由について、「3期12年を全力で取り組み、目に見える成果が表れてきた」と実績をアピール。「環境リサイクルの拠点『エコパーク』や、あとわずかで完成する拝島自由通路、昭和公園の野球場整備計画の整備工事着手、立川基地跡地の土地利用計画案などを進めてきたが、まちづくりの課題は多い。国の政治状況や地方分権の潮流の中で、財源確保の仕方も変わってくる。流動的な状況の中で、遅れている市のまちづくりを進めていくために、もう一息やらなければいけないと考えた」などと決意。立川基地跡地については「30年来の懸案に一定の道筋をつけた。市の東の玄関口となる土地の活用は、都市活力のアップとして市全体のメリットになる。地元の理解を求めていきたい」などと語った。

推薦については、自民、公明、民主の各党に要請していく考えだ。

北川氏は1979年に市議初当選して5期17年務めたのち、96年に市長初当選。現在3期目を務めている。

一方、6月3日に出馬表明した鈴木氏は、00年から2度の市長選に立候補しており、北川氏との一騎打ちを戦ってきた。

推薦政党は共産党。出馬の理由について「市民無視の市政にストップをかける」とし、「今、市の中で格差と貧困が危機的な状況にまで広がっている。若者の不安定な雇用、制度改悪で負担が増大している障害者、税金、保険料、医療費の負担増で高齢者も安心して住み続けることができなくなっている」と状況を分析。「このような人たちの立場にたって、最善の努力をする市政へと舵を切り換え、情報公開と市民参加で開かれた市政を進める」と表明した。

具体的には、まちづくりには市民と当事者の声を聞くほか、事業ごとに市民と専門家を入れたチームを作り、市民意見を採り入れて市政を運営。出張所には地域独自の課題を解決するための予算付けと窓口の設置で課題に敏速に取り組むとした。鈴木氏は市消費生活者連絡会副会長、市自治基本条例検討市民会議委員など務め、現在、福祉施設職員。

初の女性副市長

港湾局の浜参事

町田市

町田市議会は6月23日、新副市長に都港湾局参事の浜佳葉子氏の選任に同意し、今日1日に就任する。

任期は4年。多摩地域で女性の副市長が就任するのは初めて。

浜氏は1962年生まれ、45歳。1985年入都。港湾局開発部副参事、知事本部企画調整部副参事、港湾局総務部企画課長（統括）等を歴任し、今年4月から港湾局参事（総務部総務課長事務取扱）を務めた。

週刊 たま手箱

ネット公売で合同の下見会

4市1町

市税等の滞納に対し、差し押さえた物件をオークション形式で公売するインターネット公売で、全国で初めて、複数の自治体が合同で行う購買品の下見会が18日、あきる野市秋川のあきる野ルピアで開かれる。福生市、あきる野市、羽村市、青梅市、瑞穂町が実施するもので、市民への納税啓発と西多摩地域の自治体が連携して滞納処分にあたることをアピール。広域的な市税等の滞納抑制を目指す。

公売物件は、卓上パチンコ、プラズマテレビ、記念硬貨、絵画、掛け軸、バービー人形など。通常は各市単独で実施しているが、複数の市が合同で実施することで、各市町村でPRが行われることや、物件数が多くなり、より注目度が高まるなどのメリットがある。

実際の入札期間は30日午後1時から8月1日午後1時。公売に参加するためには、24日の午後5時までに、「Yahoo!オークション　官公庁オークション」のホームページから、事前登録が必要になる。

18日の合同下見会は、午前10時から午後8時まで。

歩っとマップ作成 丸ポストめぐりも

小平市

小平市はこのほど、小平市の全図「こだいら～歩っとマップ～」を作成した。市内に31基ある丸ポストの位置が赤いポスト形で示されているのが特徴で、「ポストめぐり」など新しい市内散策の楽しみ方の一助にもなりそうだ。

小林正則市長は、「同じような街並みが多く、機能的なものだけ追求される中で、古いものに心の癒しを求める風潮がある。市内には四角いポストを古いものに替えてほしいという声もあるほどだ」と話し、市民に丸ポストが親しまれているとした。

市内に残る丸ポストは、都内で最も多い。同市では「丸ポストのある風景」を残そうと、フォトコンテストの実施なども予定しており、新たな市内全図が役立ちそうだ。

電子投票普及で学術シンポ開催

三鷹市長も参加

中央大学研究開発機構、情報セキュリティ大学院大学は6月29日、「学術シンポジウム　電子投票の普及に向けて」を中央大学後楽園キャンパスで開催した。

国政選挙での電子投票導入の法案が審議中で関心が高まる中、自治体の取り組みや法・制度などについて、講演や解説、討論で理解を深めた。

「電子投票の現状と展望」のパネル討論会では、パネリストとして清原慶子三鷹市長も参加した。

■市人事異動

7月1日付　◎印昇任

三鷹市
【課長級】▽企画部秘書広報課秘書担当課長（教育部生涯学習課長補佐）◎八代悦子

昭島市
【部長級】▽企画部長（企画部長兼企画部主幹＝基地・渉外担当事務取扱）日下直喜▽総務部長（総務部長兼総務部情報推進課長事務取扱）石川勝己
【課長級】▽都市計画部都市計画課長（都市整備部建築課長）花松昭典▽企画部主幹＝基地・渉外担当（都市計画部都市計画課長）浅野宣人▽総務部情報推進課長（総務部情報推進課情報システム係長）◎佐々木啓雄▽都市整備部建築課長（都市整備部建築課建築係長）◎川島進

福生市
【部長級】▽企画財政部長（総務部参事）田中益雄▽企画財政部参事（企画財政部長）大越英世

西東京市
【部次長級】▽監査委員事務局副参与兼事務局長併西東京市、柳泉園組合及び多摩六都科学館組合公平委員会書記長（都市整備部副参与兼用地課長）村野啓二
【課長級】▽危機管理室危機管理特命主幹（危機管理室主幹）東原隆▽都市整備部用地課長（都市整備部主幹）井田俊
◆退職　6月30日付
▽監査委員事務局長　尾林繁

四季折々に魅せる島

青ヶ島

火山の島・青ヶ島は、今でも地面から蒸気が立ち上り"生きている島"を実感させてくれます。その地熱の恵みによる黒潮の味として、名産品「ひんぎゃの塩」が生み出されています。

八丈島のさらに南に位置する青ヶ島は、春には一斉に芽吹く新芽の初々しさが心を弾ませ、夏は熱視線のような日差しの元での磯遊びへと人々を誘います。また秋には夕月の大きさに天体の不思議を思い、冬は南の島であることを忘れさせる寒風にさらされます。

島へは海路のほかに、就航率80%の空路「愛らんどシャトル」便があります。お好きな季節に合わせ、秘境の青ヶ島探訪にお出かけ下さい。

【お問い合わせ】青ヶ島村総務課☎04996・9・0111

世界でも珍しい二重式小型火山は一見の価値あり

やっぱり青い海!

神津島

白砂に透き通った青い海。伊豆諸島のほぼ中央にある神津島で、マリンレジャー、ハイキング、登山など自然を堪能してみませんか。

島内には5カ所の海水浴場があり、中でも人気の赤崎海岸は透明度が高く、ダイビングに最適。また海の上にかかる遊歩道には飛び込み台もありスリル満点です。前浜海岸は全長800㍍の白砂で村落にもっとも近く、水平線に沈む夕日を眺めることができます。

島の中心にある天上山は「花の百名山」にも選定された魅力的な山。標高は574㍍ですが、多くの高山植物が群生し、広い頂上には砂漠や噴火口跡にできた複数の池が点在しています。登山やマリンレジャーの後は温泉でゆっくりとおくつろぎ下さい。

【お問い合わせ】神津島村産業観光課☎04992・8・0011

白砂の前浜ビーチ

椿のふるさと、利島

利島

おむすびの形をした愛らしいシルエットの島、それが利島です。主な産業は椿油生産と漁業です。椿の木は島一面を覆い、椿油の生産量は日本一です。椿油は頭髪用・美肌用・食用等に商品化され、近年その注目度も高まっています。

初夏に島を訪れる方は、自生する「サクユリ」に出会うことができるでしょう。大きく優美な花とその香りは、まさに「ユリの女王」と呼ぶにふさわしい風格があります。

釣り好きの方は、どこの場所でも満足いくフィッシングが楽しめます。1日の終わりには、利島の伊勢海老やサザエを民宿で堪能してみてはいかがでしょうか。お土産としても漁協で購入できます。

【お問い合わせ】利島村産業・観光課☎04992・9・0011

おにぎり形をした愛らしいシルエットの島

フライトタイム45分

八丈島

東京の南287㌔㍍にある瓢箪型をした八丈島は、釣り・ダイビング・サーフィン等、マリンスポーツが大変盛んです。夏には島唯一の砂浜を持つ底土海岸が海水浴客でにぎわいます。

また夏は八丈島浜遊び、花火大会、夏祭りなどイベントの大変多い時期でもあります。

島の魅力は海だけではなく、東に雨水を保有できる地質を有し美味しい湧水に恵まれた三原山、西には美しい円錐形をした八丈富士があります。二つの山を散策し大自然の心地よさを堪能してみてはいかがでしょう。温泉も豊富です。散策後の疲労回復には点在する町営温泉も併せご利用下さい。

東京から45分のフライトで海底散歩や森林探検など、島の遊びはよりどりみどりです。

【お問い合わせ】八丈町産業観光課☎04996・2・1121

大坂トンネルから八丈富士を望む

生きる島 伊豆大島

大島

あの大噴火から早くも20年以上が経ち、今ではすっかり平穏な状態の三原山。噴火口周遊歩道から見下ろす火口の景色は"すごい"の一言。壮大な地球活動のほんの一部とはいえ、その偉大さに絶句間違いなし。

また、三原山には裏の顔があり、スコリアという火山噴出物に覆われている「裏砂漠」は、地球上の景色とは思えず、地球外の惑星に降り立った宇宙飛行士の気分があじわえます。噴火とともに歩んできた大島。是非、生きている島、伊豆大島で地球を感じてみませんか。

【お問い合わせ】大島町観光課☎04992・2・1446

三原山噴火口(直径400㍍、深さ200㍍)

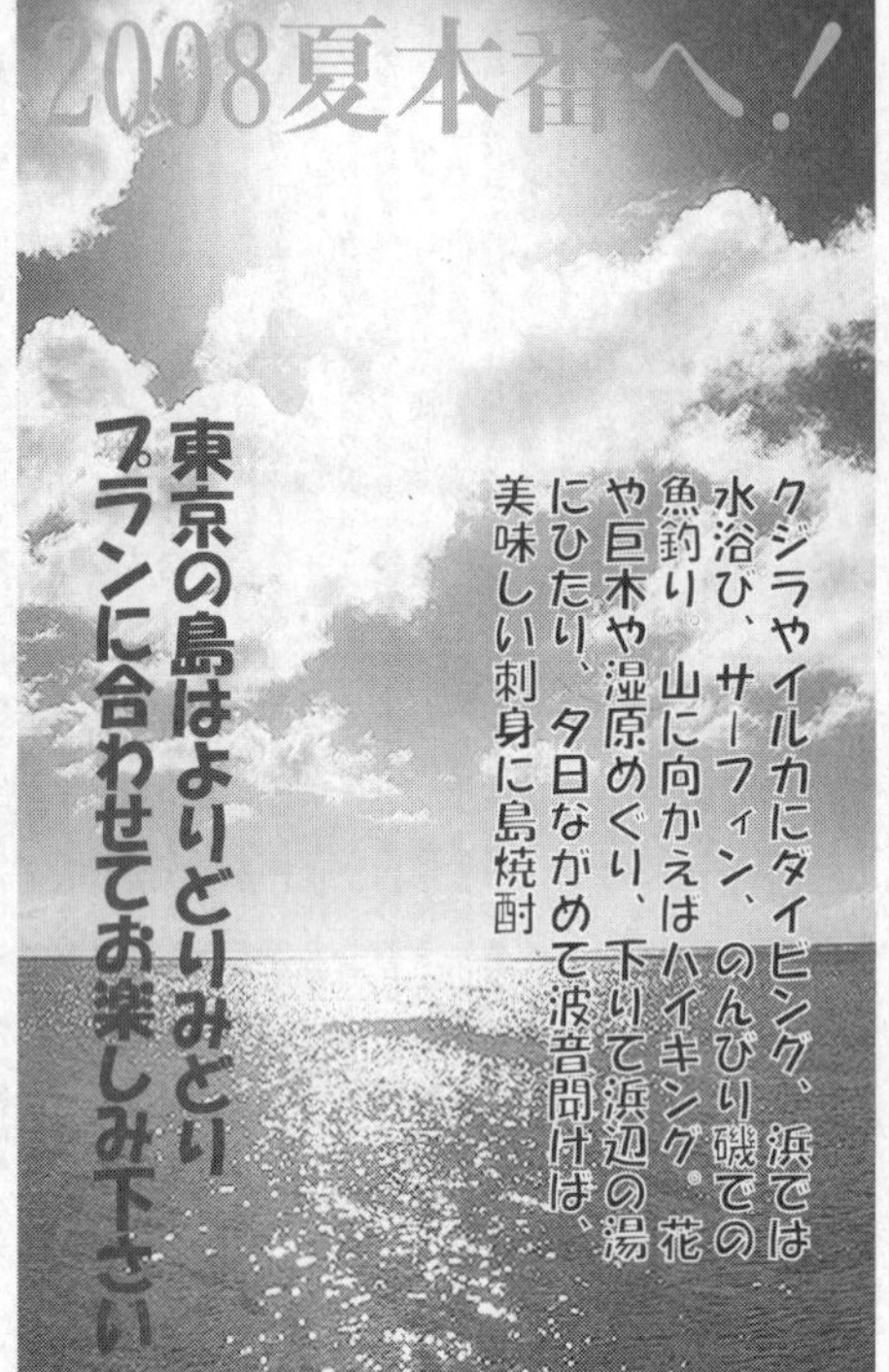

巨樹とイルカの島

御蔵島

夏本番!直撃する黒潮の恵みを受けて、御蔵島は海に森に絶好調です。温暖で湿潤な気候が育む巨樹の森には、数万羽のオオミズナギドリが営巣し、海では160頭あまりのイルカが元気に泳いでいます。運が良ければ、今年生まれのイルカの赤ちゃんが見られることも。

これからの季節、かなり混雑するため週末の予約は困難となりますが、平日ならまだ何とかなるかも知れません。また9月、10月と少しシーズンをはずしてみるのも一考です。

御蔵島は、基本的に日帰りは不可です。宿の手配をすませてからお越し下さい。

また、山へ行くにはガイドさんが必要となります。詳しくは観光案内所ホームページをご覧になるか、電話でお問い合わせください。

【お問い合わせ】御蔵島観光案内所☎04994・8・2022

神秘的な雰囲気の漂う御代ヶ池

東京都最南端の島

小笠原

東京から南へ1千㌔㍍の太平洋上に浮かぶ島が小笠原諸島。こんなに離れていても東京都です。

小笠原諸島の最大の魅力は豊かな自然です。透明度抜群の海には、色とりどりの魚が群れ、イルカやクジラなども暮らしています。山へ登れば小笠原諸島にしか生息しない固有の動植物を見ることができます。この小笠原諸島は、今年返還から40周年を迎えました。7月14日に記念式典を行うほか、通年で様々なイベントが企画されています。(40周年HP http://ogasawara40th.com/)

小笠原の観光シーズンは一年中です。日本一早い元日の海開きから始まります。時間はかかりますが、ぜひ一度は見ていただきたい東京都唯一の亜熱帯の島です。

【お問い合わせ】小笠原村産業観光課☎04998・2・3114

ドルフィンウォッチング

魅力あふれる海上の箱庭

式根島

島の北側には波静かなビーチ(泊海水浴場)、南には野趣あふれる温泉(地鉈、足付、雅湯、憩の家)。東に新島・三宅島のパノラマビュー(小の口公園、ぐんじ山展望台)、西はダイナミックな大自然(唐人津城・隈の井遊歩道)。どこを向いても島の魅力がふんだんに輝く、式根島。

こじんまりしている(周囲約12㌔)からこそ、あれもこれも楽しめるのがいいところ。豊かな自然と穏やかな静寂が旅人を優しく包む、プライベート・アイランドです。

都会の忙しない時間を離れ、ゆとりのある島時間の体験に、是非お越し下さい。

【お問い合わせ】新島村式根島支所☎04992・7・0004

波穏やかな泊海水浴場

自然と伝統文化の島

新島

真っ白な砂浜と青い海のコントラストが印象的な新島。

世界的なサーフィンビーチ羽伏浦に代表されるように、新島はマリンスポーツのベストアイランド。

でも、新島の魅力はそれだけではありません。

江戸時代の流人にまつわる数多くの史跡、旧跡。伝統の味が生きる魚加工品「くさや」。イタリア・リパリ島と新島でしか採れない「コーガ石」と、その石から作られるオリーブ色の新島ガラス。さらに地中海を連想させるギリシャ神殿風の露天風呂など、発見・感動がいっぱいです。

アクティブに体験し、遊びつくしてください。

【お問い合わせ】新島村産業観光課☎04992・5・0240

羽伏浦海岸はサーフィンのベストスポット

復興進む"火の島"へ

三宅島

2000年の噴火以来、全国の皆様の暖かいご支援を賜る中、本年4月には待望だった羽田からの航空路も再開するなど、島も復旧から復興へと、着実に第1ステージを歩みだしました。

三宅島は「バードアイランド」と呼ばれ、約250種類もの野鳥が観察できます。

海もとても美しく、ダイビングや海水浴等もオススメです。

昨年に引き続き、復興の起爆剤「チャレンジ三宅島'08モーターサイクルフェスティバル」を10月に開催いたします。

7月6日には三宅島をより広く知っていただくためにお台場でのプレイベントも予定されています。

ぜひご来島いただけますよう、心よりお待ち致しております。

【お問い合わせ】三宅村観光振興課☎04994・5・0984

第2回公道バイクレースは10月に開催

伊豆・小笠原諸島への楽しい旅をお手伝いします

おじゃりやれ、八丈島へ！
（いらっしゃい）

航空券・ご旅行は空港内

「HAT旅行サービス」

TEL 04996 2-3811
フリーダイヤル 0120-84-3811

お食事は空港レストラン
「アカコッコ」へ
島寿司の空弁、人気上昇中！

八丈島空港ターミナルビル株式会社
ホームページ http://www7.ocn.ne.jp/~hat/

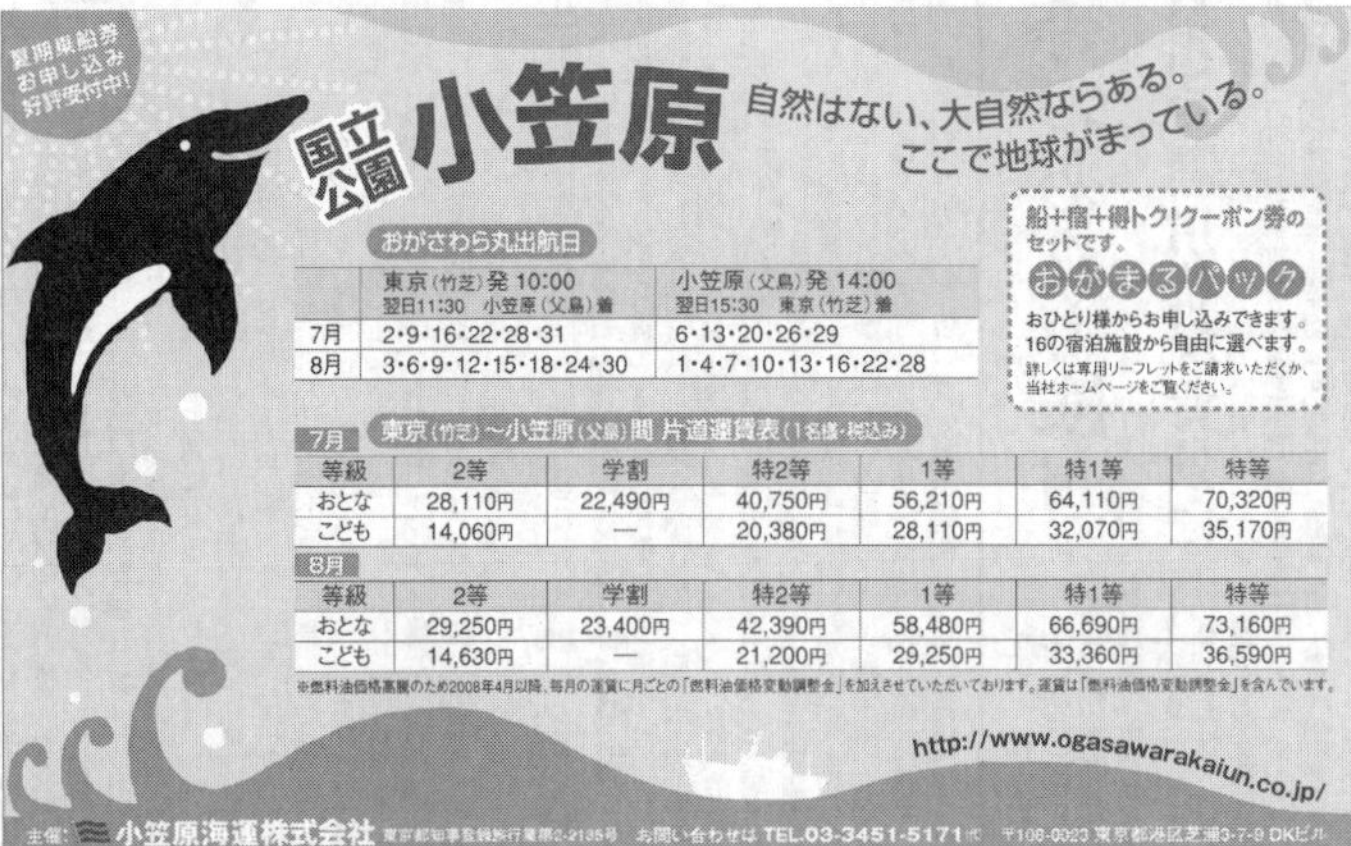

おがさわら丸出航日

	東京（竹芝）発 10:00 翌日11:30 小笠原（父島）着	小笠原（父島）発 14:00 翌日15:30 東京（竹芝）着
7月	2・9・16・22・28・31	6・13・20・26・29
8月	3・6・9・12・15・18・24・30	1・4・7・10・13・16・22・28

東京（竹芝）～小笠原（父島）間 片道運賃表（1名様・税込み）

7月

等級	2等	学割	特2等	1等	特1等	特等
おとな	28,110円	22,490円	40,750円	56,210円	64,110円	70,320円
こども	14,060円	―	20,380円	28,110円	32,070円	35,170円

8月

等級	2等	学割	特2等	1等	特1等	特等
おとな	29,250円	23,400円	42,390円	58,480円	66,690円	73,160円
こども	14,630円	―	21,200円	29,250円	33,360円	36,590円

※燃料油価格高騰のため2008年4月以降、毎月の運賃に月ごとの「燃料油価格変動調整金」を加えさせていただいております。運賃は「燃料油価格変動調整金」を含んでいます。

http://www.ogasawarakaiun.co.jp/

主催 小笠原海運株式会社　東京都知事登録旅行業第2-2135号　お問い合わせは TEL.03-3451-5171㈹　〒108-0023 東京都港区芝浦3-7-9 DKビル

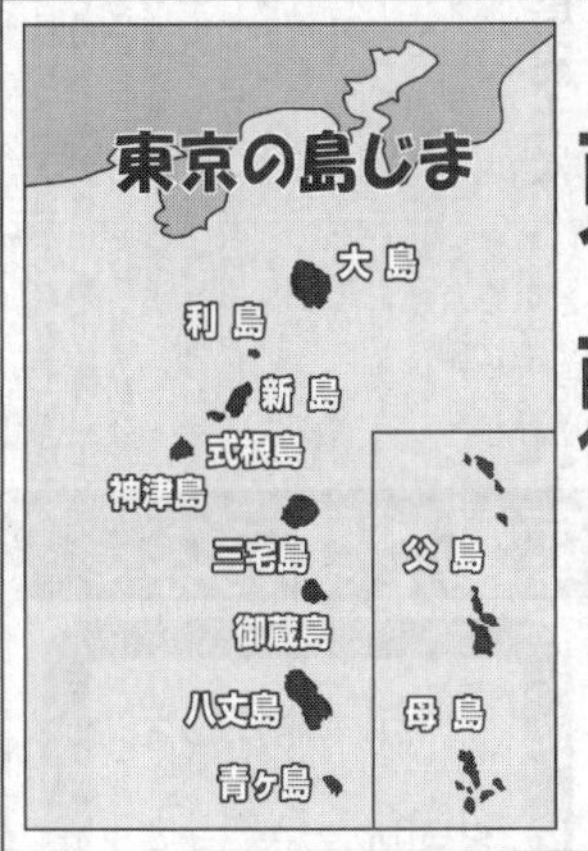

東京都島嶼町村会
東京都島嶼町村議会議長会

【事務局】

東京都島嶼町村一部事務組合

〒105-0022 東京都港区海岸1−4−7 島嶼会館4階
TEL：03-3432-4961 FAX：03-3433-1929

東京諸島観光連盟　〒105-0022 東京都港区海岸1丁目12番2号竹芝旅客ターミナル
☎03-3436-6955 FAX03-3436-6956
http://www.tokyo-islands.com

TPT

東京都指定管理者

私たちは指定管理者として、それぞれのパートナーとともにみなさまに満足いただけるサービスを提供し、東京港の賑わい・魅力づくりに貢献します。

●東京都立お台場海浜公園外19公園	東京港埠頭・テレポートセンターグループ
●東京都立若洲海浜公園	若洲シーサイドパークグループ
●東京都立有明テニスの森公園	有明テニス・マネージメントチーム
●東京都立東京港野鳥公園	日本野鳥の会グループ
●客船ターミナル施設（3施設）	東京港埠頭株式会社
●船舶給水施設	東京港埠頭株式会社
●竹芝客船ターミナル、竹芝ふ頭公園	東京港埠頭・テレポートセンターグループ

東京港埠頭株式会社　電話 03-3599-7303（代表）

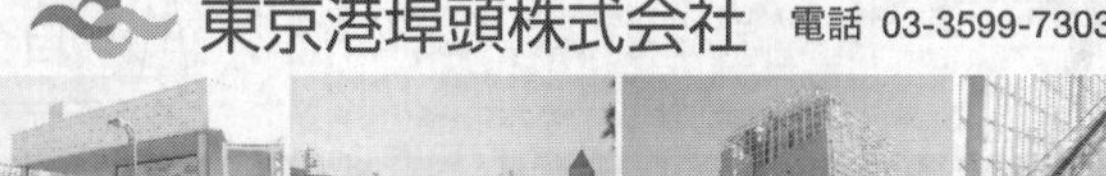

優秀な人材を確保せよ

都技術会議

「リクルーター制度」など提言

申込率アップの成果も

国、地方を問わず、公務員志望者の減が叫ばれる昨今、特に厳しい状況に置かれているのが技術職場だ。事務系に比べて応募者が極端に少なく、売り手市場の「広き門」。職員の大量退職時代を迎え、次世代を担う優秀な人材の確保が喫緊の課題となる中、6月23日に行われた東京都技術会議では、リクルーター制度の導入や内定者に対するフォロー対策などを提言した。技術職の採用状況は改善されるのだろうか。

■□10年前の4分の1

三つの部会からなる技術会議で、技術力の維持などについて検討していたのが技術力向上部会。この中で最大のテーマとなったのが、「優秀な人材の確保」だ。

年によって採用予定数に違いはあるものの、都の新採申込者数は逓減傾向にある。10年前の98年度は事務と4大技術で計8650人いたが、今年度は半減近い4606人に減少。特に技術系は深刻で、今年度は98年（1951人）の4分の1近い490人にまで落ち込んだ。応募倍率もI類事務の14倍に対し、4大技術は5・6倍と低い。

こうした状況の背景には何があるのか。技術会議では、まず実態を把握しようと課長級の技術職が入都実績のある17大学に実際に出向いて課題を収集。この結果「都庁の仕事内容が分かりにくい」「採用の時期を早めるべき」などの意見が寄せられたという。

■□関係作りに弱さ

職務内容の分かりづらさには、採用抑制の影響もあるようだ。「技術職を採用しない時期があったため、OBと現役のつながりが途絶えた。情報が後輩に伝わりにくい状況もある」。部会の事務局を担当した下水道局小団扇浩計画調整部副参事は、こう指摘する。

民間ではOBが大学を訪問して自社をPRしたり、優秀な学生を紹介してもらうなど、リクルート活動に力を入れている企業も多い。大学との関係作りや、入都後に何ができるのかの情報提供面に弱さが見られるという。

また採用時期についても、大学3年の秋に内定を出す企業がある中で、大学側からは「周りが内定を受けている状況で、公務員試験に賭けるのは学生にとってもリスクが大きい」との声が聞かれた。

採用時期の違いは、高い辞退率にも表れる。民間と併願して先に内定を出した企業の「囲い込み」により、都の採用試験に合格しても辞退する学生もいる。公務員志望者でも、地方出身者は地元志向が強く、Uターンすることが少なくない。

都の技術系の辞退率は事務系の2倍とも言われており、合格者をつなぎとめる取り組みが課題となっていた。

■□試験制度も検討

これらの解決に向け、技術会議が今後の検討課題として打ち出した取り組みの一つがリクルーター制度の導入だ。

秋に管理職が大学訪問してPR活動を行ったところ、今年度の大卒申込者数は、前年度比3・6%増となった。事務では逆に3・6%の減となり、全体でも10%以上の減となる中、「効果があったのでは」と前向きに受け止める。

現在でも、ボランティア的にOBが大学訪問し、PRするケースはあるが、今後は正式に「リクルーター」としての役割を位置付けることも検討する。学生に年齢の近い新入職員と、職務経験が豊富な管理監督者がペアを組むなどして、効果的なPRを図る考えだ。

また、辞退率の改善に向けては、内定者のフォロー体制を充実。入都前に都庁の職務内容を知ってもらうための情報提供や、懇親会の開催やメーリングリストを活用した「同期意識」の醸成を図る取り組みなどを検討する。

さらに試験制度も課題は多い。現行の入都試験は論文や記述の比重が高く、公務員試験の学校に行かねば受かりづらい状況となっている。有資格者に対する優遇制度の是非や専門人材採用の拡大などについて、人事当局とも調整を図りながら検討を進めるという。

小団扇副参事は「『東京都』のブランド力は、決して低くはない。首都公務員としてのやりがいもあり、また、先進的な取り組みにも携われる。まず、目に見える形で伝えていくことが必要」と話す。

技術会議の様子。民間との「人材の奪い合い」が激しさを増す中、打開策はあるのか

都水道局

活性炭を培養土に

民間と共同で研究

高度浄水処理で発生する使用済み活性炭を、植物の培養土や土壌改良資材の原料として再活用するため、都水道局とスミリン農産工業㈱は08年度から2年間、共同研究を行う。使用済み活性炭は今まで大部分を焼却処理していたが、使用済み活性炭を培養土の原料などに使えば、CO_2の発生を抑制できるという。

研究では、活性炭と土をどの程度の割合で混ぜると、植物に最もいい影響を与えるのかを調査。植物の培養土や土壌改良材、緑化用基盤材の原料として、用途の拡大を目指す。

同局は08年度から始める共同研究として、「水道事業における環境負荷低減」をテーマに公募していた。8件の応募があり、実用化しやすさなどを考慮して決めた。

高度浄水処理では、有機物をオゾンで分解し、活性炭の吸着力で取り除いている。年間に2250トンの使用済み活性炭が発生し、大部分を焼却して処理している。2013年度には活性炭の発生量が4750トンに増えると見込まれており、仮にすべて燃やして処理するとなると、5420トンのCO_2が発生することになる。

都職員共済組合

保養施設等のあり方検討

経費負担や利用状況背景に

都職員共済組合は保養・会館施設等のあり方に関して、抜本的な検討を始めた。24日には全国組織である公立学校共済組合のほか、都、特別区、東京消防庁などの関係者による検討委員会を立ち上げており、09年の早い時期に一定の取りまとめを行いたい考えだ。

現在、都職員共済組合が運営している保養・会館施設は、湯河原荘、箱根路開雲、ブランヴェール那須、アジュール竹芝の4施設がある。このうち直営の湯河原荘は、11年度末までに廃止の方針が決まっている。

検討委員会設置の背景には、施設維持のための経費負担、施設老朽化に伴う修繕費、組合員利用の状況等が挙げられる。

現在の4施設では、利用料金のみで運営できず、施設の維持管理に要する経費を補填するため、福祉経理からの繰り入れが行われているという。繰り入れ金額は、アジュール竹芝の約2億5千万円を筆頭に、4施設全体で約5億5千万円にのぼる。これは福祉事業の掛け金・負担金の約6分の1に達する水準だ。

施設老朽化も大きな課題となる。湯河原荘を除く3施設では、箱根路開雲が83年、アジュール竹芝が91年、ブランヴェール那須は97年に開設。最も新しいブランヴェール那須でも10年以上が経過しており、大幅な改修時期を迎えることになる。

これら繰入金や大規模修繕費等は、組合員数の減少で、財政規模縮小を余儀なくされる中、大きな負担となることは間違いない。

また施設の利用状況は、箱根路開雲とアジュール竹芝の宿泊以外は、横ばいか減少傾向にあり、組合員の利用に限ってみると、いずれも伸びていないのが現状だ。

さらに、たとえばアジュール竹芝での宿泊は、利用率と稼働率が90%以上と非常に高い数字になっているものの、組合員等の比率は30%を下回っており、こうした点も組合員向けの事業として課題となることが想定される。

都職員共済組合では01年3月末以降、各施設に着目し、状況を判断しながら5施設を閉鎖してきたが、今回の抜本的検討は、今年1月策定の「共済事業プラン2008」で掲げた、健康を軸とした事業全体の再構築の一環として取り組むもの。

保養施設を巡っては、他共済や民間企業でも、縮小や廃止の流れとなっており、検討委員会でも委託保健施設との役割分担などを含めて、幅広く議論される見通しだ。

原料原産地表示で説明会

福祉保健局が事業者向けに

調理冷凍食品を対象に、原料の原産地表示制度が8月末に実施されるのを受け、都福祉保健局は8月5日と8日に事業者向けの説明会を開催する。

国産の消費者向け調理冷凍食品の原材料のうち、重量に占める割合が上位3位までで、割合が5%以上のものについて、原産地の表示が義務付けられる。

都労連定期大会

「不退転の決意で闘い展開を」

武藤新委員長ら役員を選出

都労連の第63回定期大会が27日、田町交通ビルホールで開催され、08年度運動方針案や予算案などが承認された。今期確定闘争では、現業と教員の賃金・任用、勤務時間の短縮を最大の課題に掲げ、増渕委員長も「不退転の決意で、昨年以上の闘いを展開していく」などと訴え、団結を求めた。同日の大会では役員選任案も承認。新役員には執行委員長に武藤弘道氏、副執行委員長には井口敏行氏、渡部昌彦氏、小俣要氏、書記長に西川晋司氏が選任された。昨年以上に厳しい局面での武藤・西川新体制の船出となる。

武藤弘道氏

井口敏行氏

渡部昌彦氏

小俣要氏

西川晋司氏

今大会を最後に退任する増渕委員長は、都側が3月末に策定・公表した取組方針について「当局の不当な踏み込みであり、宣戦布告と受け止めざるを得ない」と批判。最重要課題に位置付けた現業賃金と教員の職と給与の問題などを取り上げ、「昨年以上の闘いを展開し、当局の不当な攻撃を粉砕していかなければならない」と述べ、6単組の団結と意思統一を訴えた。

運動方針案では、まず現業賃金に関して、今年度から廃止された「級格付け制度」への対応等にも言及しながら、賃金水準引き下げを許さず、任用制度の改善を求めるなど、現業・非現業一体の闘いを展開していく考えを示した。

教員の職や給与の問題では、新たな職の分化に伴う新給料表を勧告しないよう、都人事委員会への取り組みを強化すると同時に、新たな職の設置を行わず、給与水準や給与体系の現行制度維持などを掲げた。

さらに勤務時間の短縮では、国に遅れず「1日あたりの勤務時間の7時間45分」を実現することを打ち出したほか、人事考課制度改善、地方独立行政法人や監理団体等の労働条件改善、ワークルールや公契約を守らせる取り組みも挙げている。

運動方針案に対する討議では、現業賃金・任用等に関連して、東交が06年に苦渋の決断として自動車現業の10%カットを受け入れた経緯から、現業系賃金問題に断固反対する姿勢を明確にした。都庁職は「断じて引き下げを認める訳にはいかない」として、民間との単純比較は認められないなどと当局を批判。全水労東水労も「水道・下水道事業の要である技術継承・蓄積の職場に配置され、安全性の確保を担っている」などと訴えた。

増渕委員長は6単組の団結と意思統一を訴えた

教員の職や給与では、都高教が主任教諭の任用の考え方に触れ、「主任教諭になっても現行給与よりも大幅に下がり、制度設計上矛盾したもの」などと結論付けた。都教組は昨年以上の激しい労使協議が必至とした上で、主任教諭の導入に関わる勧告を許さない取り組みが極めて重要な課題となると強調した。このほか大学からは法人化後4年目を迎える中、教員や職員の状況、非正規職員の正規雇用化など待遇改善の取り組みが紹介された。

武藤新委員長は「波はますます高いが、統一と団結を基に闘う。自主決着にこだわり、要求実現に向けて全力で闘い抜く」と決意を表明した。

ネットカフェ難民巡回相談を開始

都福祉保健局

インターネットカフェや漫画喫茶などで寝泊りする「ネットカフェ難民」の自立を促すため、住宅資金の貸し付けや就労相談を行う「TOKYOチャレンジネット」が6月25日から始まった。

東京都健康プラザ「ハイジア」前で打ち合わせを行うスタッフ

事業を実施する「社会福祉法人やまて福祉会」のスタッフ2〜3人を1班として、2班が2〜3時間程度、渋谷や池袋、新宿歌舞伎町などの繁華街を巡回する。第1回目として、9月24日まで実施する。

中野　好文さん（なかの・よしふみ＝元足立区助役）6月26日死去、68歳。

岸　はつえさん（きし・はつえ＝岸富士夫・品川区まちづくり事業部建築課事務調査係長の母）6月26日死去、84歳。

訂正　6月27日付4面の都部課長級人事の記事中で、真田正義財務局主計部長と多羅尾光睦港湾局総務部長の管試年次は61Aの誤りでした。

昇任試験対策のページ

20年度 主任試験講座 ―37―

前回に引き続き、問題と解説を掲載します。

問　題

【問題　6】
地方公務員法に定める条件附採用に関する次の記述のうち、妥当なものはどれか。
① 条件附採用期間中の職員は、正式任用の職員と異なり勤務条件の一部が制限されており、勤務条件に関する措置要求を行うことができない。
② 条件附採用期間中の職員は、行政不服審査法に基づく不利益処分に関する不服申し立てを行うことはできないが、不利益処分の取り消しを提起することはできる。
③ 条件附採用期間を終了したものを正式に採用するか否かは任命権者の裁量権に属していることから、合理的な理由がなくとも免職にすることができる。
④ 条件附採用は、競争試験または選考で実証された能力を実務において検証するという任用制度の一環であることから、採用だけではなく昇任についても一定期間は条件附とする必要がある。
⑤ 条件附採用制度は、一般職の職員すべてが対象となっていることから、臨時的任用や非常勤職員であっても、試用期間を良好な成績で遂行しなければ正式任用を行うことができない。

【問題　7】
地方公務員法に定める臨時的任用に関する次の記述のうち、妥当なものはどれか。
① 臨時的任用職員は、正式な採用ではないことから、給与等の勤務条件に関して人事委員会に対して措置要求を行うことができない。
② 臨時的任用職員が正規の職員に採用されたときは、任命権者は人事委員会の承認を得れば、条件附採用の規定を適用しなくてもよい。
③ 任命権者が臨時的任用を行うときは、職員一人ひとりについて人事委員会の承認が必要となる。
④ 臨時的任用職員には、分限処分に関する規定は適用されないが、条例で必要な事項を定めることができる。
⑤ 臨時的任用職員が懲戒処分を受けたときは、人事委員会に対して行政不服審査法による不服申し立てを行うことができる。

【問題　8】
休憩時間と休息時間に関する次の記述のうち、妥当なものはどれか。
① 休憩時間は勤務を要しない時間であり給与が支給されないが、休息時間は勤務時間に含まれているため給与が支給される。
② 休息時間は、勤務時間の途中に勤務を行わない時間であり、職員は当該時間中、職務専念義務を負わないことから、原則として自由に利用できる。
③ 管理する立場の職員であっても、労働時間が8時間を超えるときには、少なくとも1時間の休憩時間を与える必要がある。
④ 休憩時間は、原則として自由に使用させなければならないが、使用者が業務上の必要があると認められる場合は、この限りではない。
⑤ 休憩時間及び休息時間は、どの職場においても、全職員一斉に与える必要があり、所属長が実情に合わせて定めることができない。

【問題　9】
地方公務員法に定める職員の分限処分に関する次の記述のうち、妥当なものはどれか。
① 分限処分の種類は、免職・休職・戒告及び訓告に限定され、任命権者は、これら以外の分限処分を行うことはできない。
② 職員団体の在籍専従職員は、専従期間中は休職の扱いとなるため、仮に当該職員が刑事事件で起訴された場合であったも、分限処分としての休職を行うことはできない。
③ 定数の改廃により過員が発生した場合に、職員の勤務成績や健康状態を基準として、任命権者の裁量によって分限免職者を選定することは違法である。
④ 分限処分としての免職を受けた職員は、処分を受けた日から2年を経過しなければ、当該地方公共団体の職員となることはできない。
⑤ 職員が採用される以前に刑事事件に起訴されていたことについて、任命権者が採用後に始めて知ったときは、当該職員に分限休職を命令することができる。

地方公務員制度⑤

【問題　10】
地方公務員法に定める懲戒処分に関する次の記述のうち、妥当なものはどれか。
① 任命権者は、懲戒処分として、免職・停職・降給または戒告を行うことができ、また、条例で定めれば懲戒処分を消滅させる規定を設けることもできる。
② 懲戒処分のうち停職は、職員を職務に従事させないことを目的とするものであることから、給料を支給してもかまわない。
③ 分限処分と懲戒処分の双方に該当する事由がある場合、任命権者はどの処分を行うかについて裁量はなく、被処分者に有利な処分を行う必要がある。
④ 職員は、地方公務員法で定める事由によらなければ分限処分を受けることはないが、懲戒処分については、条例に定める事由であれば、意に反する処分を受ける場合がある。
⑤ 職員が、同じ地方公共団体において任免権者が異なる異動となった場合、前の任免権者のときに違反した事由をもって、後の任免権者が懲戒処分にすることができる。

解　説

【解説　6】　正答　②
① 誤り。条件附採用期間中の職員であっても、勤務条件は正式に採用された職員と同様であることから、勤務条件に関する措置要求を人事委員会または公平委員会に対して行うことができる。
② 正しい。条件附採用期間中の職員には、行政不服審査法の規定が適用されない（法第29条の2）ことから、不利益処分に関する不服申し立ては行うことができないが、行政訴訟はできる。
③ 誤り。条件附採用期間中の職員を正式採用するか否かは任免権者の裁量に属するが、純然たる自由裁量ではなく、客観的に合理的な理由が存在し、社会通念上相当であることを要す（最判昭和53年6月23日）。
④ 誤り。一定期間を条件附として試用期間を設けているのは採用のみであり、昇任にこのような規定はない（法第22条第1項）。なお、当該期間については6カ月とされているが、人事委員会は1年まで期間を延長することができる。
⑤ 誤り。臨時的任用の職員及び非常勤職員には、条件附採用制度は適用されない（法第22条第1項）。

【解説　7】　正答　④
① 誤り。勤務条件に関する措置要求については、臨時的任用職員の適用除外の規定はないことから、正式任用の職員と同様に人事委員会に対して要求することができる。
② 誤り。臨時的任用は、正式任用に対して、いかなる優先権もない（法第22条第6項）。これは、臨時的任用が競争試験や選考といった能力実証を経ていないためである。臨時的職員を正規職員として任用するには、競争試験や選考が必要であり、合格後には、改めて条件附採用の規定が適用される。
③ 誤り。任命権者が臨時的任用を行うときは、人事委員会の承認を得る必要があるが（法22条2項）、これは職についての承認であり、個々の職員についての承認ではない（行政実例昭和31年9月17日）。
④ 正しい。臨時的任用職員は、任用期間が短いことから、分限に関する規定は適用されない（法第29条の2）。しかし、必要な事項を条例で定めることはできる（同条第2項）。
⑤ 誤り。臨時的任用職員には、不利益処分に関する不服申立の規定は適用されない（法第29条の2）。

【解説　8】　正答　①
① 正しい。休憩時間は、労働者が権利として勤務から離れることを保障されている時間であり、給与は支給されない。休息時間は、勤務を要しないとしつつも、所属長が必要と認める場合は勤務を命じうることとなっており、勤務しないことが保障されてはいない。
② 誤り。休憩時間の説明である。
③ 誤り。監督若しくは管理の地位にある者または機密を取り扱う者は、労働時間・休憩時間及び休日に関する規定は適用されない（労働基準法第41条）。
④ 誤り。単に使用者が業務上の必要があると認めただけでは不適当である。判例では、休憩時間は始業から終業までの拘束時間中の時間であり、使用者の一定の拘束を受けることはやむを得ないとしている。休憩時間中であっても、管理権の合理的な行使として是認され得る範囲内であれば、有効なものとして拘束力を有する（最判昭和49年11月29日）。
⑤ 誤り。休憩時間は一斉に与えなければならない。但し、労働者の過半数で組織する労働組合がある場合には当該労働組合、そのような労働組合がない場合には労働者の過半数を代表するものと書面による協定がある場合には、この限りではない（労働基準法第34条第2項）。休息時間については、一斉休憩の原則及び自由使用の原則の適用はない。

【解説　9】　正答　⑤
① 誤り。地方公務員法は、分限処分の種類として、免職・休職・降任・降給の4種類を定めている（法第27条）。
② 誤り。在籍専従職員が起訴された場合であっても、分限処分としての休職処分を行うことができる。
③ 誤り。何人を免職処分とするかについては、法的には、平等取り扱いの原則（法第13条）、分限処分の公正の原則（法第27条第1項）等に抵触しなければ、任命権者の裁量である。よって、当・不当が生じたとしても、違法の問題は生じない（行政実例昭和27年5月12日）。
④ 誤り。懲戒免職処分を受け、当該処分の日から2年を経過しない者は職員になることはできない（法第16条第1項第3号）。
⑤ 正しい。職員が採用される前に刑事事件に起訴されており、採用後に起訴の事実を知った場合でも、分限処分としての休職処分を命じることができる（行政実例昭和37年6月14日）。

【解説　10】　正答　⑤
① 誤り。懲戒処分には、免職・停職・減給・戒告である（法第29条第1項）。また懲戒手続きは、法律に特別の定めがある場合以外は、条例で定めることが必要だが（法第29条第2項）、懲戒処分を消滅させる条例を定めることはできない（行政実例昭和26年8月27日）。
② 誤り。停職は、職員を懲罰として職務に従事させない処分であることから、給与は支給されない。また、手当の計算の基礎となる期間からも除かれる。
③ 誤り。同一の事由に基づいて、懲戒処分と分限処分がそれぞれ行うことができる場合、どの処分を行うかは任命権者の裁量による（行政実例昭和28年1月14日）。
④ 誤り。職員は法律に定める事由でなければ、その意に反して、降任され、若しくは免職されず、法律または条例で定める事由でなければ、その意に反して、休職されず、また、条例で定める事由でなければ、その意に反して懲戒されることがない（法第27条第2項）。
⑤ 正しい。同一地方団体内にて任命権者を異にする異動があった職員は、その特別権力関係に属していることから、前の任命権者における義務違反について、後の任命権者が懲戒処分を行うことは可能である。

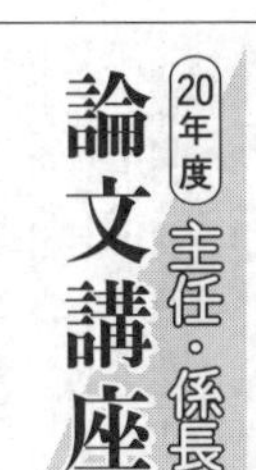

20年度 主任・係長 論文講座 ★37★

特別区主任主事選考

3月から始まった特別区主任試験論文講座もあと2回を残すところとなりました。そこで、今回と次号で直前対策を行います。

各区の主任主事昇任選考は9月から11月にかけて行われています。ですから、これから主任主事試験日までの期間をどのように過ごすかが合否を左右します。この直前講座には、私が今まで昇任試験受験にあたって試行錯誤したことや、失敗したことも書きました。みなさんは、私と同じ間違いをしないように、効率よく準備を進めてください。これから勉強を始めるという人でも十分間に合います。焦らず、体調を維持しながら、計画的に勉強しましょう。

直前対策①

過去問の収集・分析

区によって異なりますが、主任主事昇任選考の方法は、基本的には論文・択一の組み合わせと聞いています。司法試験からお受験まで、あらゆる受験勉強の王道は、過去問を収集し、実際に解いてみることです。ですから、まずは自分の区の過去の出題を調べましょう。調べる方法としては、昨年合格した先輩が使った資料を譲ってもらったり、実際に書いた論文を見せてもらうのが近道です。また、過去問を公開している区もあるようですから、職員課に確認してみるのも良いでしょう。

合格論文の分析

一般的に論文の課題は、「主任主事の役割を問うもの」「職場の課題を問うもの」「区政の課題を問うもの」から出題されることが多いようです。

「敵を知り己れを知れば、百戦して殆うからず」とは、古代中国の戦術家である孫子の言葉。これを主任主事の役割を問う課題に置き換えるなら、集めた過去問を分析して、受験生自身が提供できる主任主事の役割を論文上で的確に表現できれば、「合格」ということになります。合格論文を読んでみれば、各区がどんな主任主事を求めているのかが分かりますし、闇雲に論文を書き始めることが避けられ、その上、「これなら自分でも書ける」と受験勉強に必要な心の平静を保つこともできます。

ちなみに、私が主任主事試験を初めて受けたとき、ろくに過去問の分析もせず、先輩方が書いた論文よりももっと個性的なものを書こうと意気込んでしまいました。このように意気込んでしまうと、当然、試行錯誤を繰り返すことになります。8月には行き詰まってしまい、お盆過ぎに合格した先輩方と同じような「普通の」論文に書き直して試験を受けることにしました。今思うと個性的な論文を書こうとしたのは遠回りだったと考えています。あたりまえのことですが、何が求められているかが分かれば、効果的な対策が取れるのは当然のことです。

主任主事の役割

特別区の主任主事とは、高度の知識または経験を必要とする業務を行う能力を持った中堅職員です。それゆえ、主任主事試験の論文では、受験者が、主任主事として必要な知識などを持っているか、区政や職場の課題を把握し解決することができるか、それぞれの職場で主任主事としての役割を果たす心構えができているかなどを、受験生間で相対評価します。ですから、論文の中で、新任職員でも当然やらなければいけないようなことを書いても、係長、管理職、区長でなければ解決できないようなことを書いても評価されません。ましてや、テレビ評論家のいっているような当事者意識の欠けたことを書いても合格しません。主任主事の立場・視点で書くことを忘れないでください。

主任主事には、中堅職員として、次の重要な役割が求められています。
①職務について十分な知識と経験を持ち、高度な業務を遂行すること
②後輩を指導・育成すること
③係長を補佐すること

論文の課題として、主任主事の役割に関する出題が多いことからも、この3点は必ずおさえておく必要があるでしょう。

想定論文の作成

論文試験は、各区とも複数（2〜3題）の課題の中から1題を選択し、字数は800字から1200字程度を記述させ、試験（制限）時間は1時間30分から2時間ぐらいのところが多いようです。

（1）想定論文の準備

試験会場で、課題に対する自分の意見を全くの白紙の状態から制限時間内に理路整然と、書ける人はほとんどいません。このため、過去問を材料にして、事前に数本の想定論文を作成しておくことが必要となります。

大切なことは、本番の試験で、レジュメをつくり、用意した想定論文を材料にして、課題に即した論文を書けるようにすることです。そのための勉強法を、これから説明したいと思います。

まず、最初に、より良い想定論文を完成させなければなりません。想定課題は、各区の過去問などを参考にして、時間があれば、「主任主事の役割を問うもの」「職場の課題を問うもの」「区政の課題を問うもの」の3パターンを用意しましょう。ただし、時間がなければ、どれか一つを選んで完成させましょう。どれを選ぶかは、上司や先輩に相談するのが良いと思います。

（2）論文の構成

代表的な論文の構成としては、序論・本論・結論の三段論法と、起承転結の四段論法があります。主任主事試験の論文では、字数が限られているので三段論法の方が良いと思います。全体のバランスは、序論が2割強、本論が6割、結論が1割強を目安にしてください。

①序論
論文は、最初の3行が特に重要だと言われています。導入部分がしっかり書けていないと高い評価は期待できません。だからこそ、推敲を重ね、読み手を引きつけるような工夫をしましょう。

具体的な書き方ですが、想定課題の背景をよく読み取り、課題を取り巻く現状を論じます。次に、課題解決の必要性を訴え、問題提起を行います。最後に、中堅職員の立場で解決の方向性を簡潔に示すと良いでしょう。

②本論
中堅職員の立場で想定課題に対する解決策を複数（2〜4）論じます。それぞれの解決策ごとに、なぜ、その解決策が必要なのかを示し、あなたの具体的な取り組みを複数述べた上で、それらの取り組みによって課題が解決されるということを書くと良いでしょう。

③結論
本論の解決策によって期待できる効果を簡潔に示し、中堅職員としての抱負を述べて締めくくります。

（3）レジュメ

論文の構成を簡単におさらいしましたが、論文を書く前に必ずレジュメを作成する習慣を身に着けてください。評価の低い論文の多くは、課題を正しく把握していないか、論理展開に矛盾があるものです。想定論文を実際の出題に合わせる際にも、レジュメの作成が有効となります。レジュメの作り方に決まりはありませんが、先ず、課題をよく読み、背景を正しく把握し、課題を取り巻く現状を整理します。その上で、課題解決の必要性や問題提起を簡潔にまとめましょう。そして、最も重要なのは、本論の複数の解決策を検討する際に、それらの解決策が本当に課題を解決できるかレジュメ作成時に検証してください。同様に、解決策の具体的な取り組みも、それぞれ有効かどうか確認する必要があります。また、本論の複数の解決策をどの順番で論じるかについても、レジュメを使って検討すると良いでしょう。

レジュメに肉付けをしながら論文を作成していくわけですが、自信の無い人は、レジュメの段階で、親しい先輩などに見てもらうのが良いと思います。

（4）論文を書く上での注意点

論文を評価する際の視点として、表現力、論理性、問題意識などが見られています。

表現力については、丁寧に書くことはもちろんですが、わかりやすく書くことが重要です。主語、述語を明確にして、一つひとつの文章はあまり長くしない方が良いでしょう。表現の間違い、誤字・脱字にも気を付けてください。論理性については、レジュメを使って、論理展開に矛盾を生じさせないことが重要です。問題意識については、課題を正しく把握しているか、実現可能な解決策を論じているかなどが、重要となります。

（5）添削について

想定論文が完成したら、必ず、上司や先輩に添削してもらいましょう。できるだけ丁寧に書いてください。最初の段階では想定論文の内容を高めることが重要です。しかし、どんなに頑張って書いた自信作でも、上司などに厳しく添削されてがっかりすることもあるでしょう。それに、へこたれず、再度、書き直してください。それを繰り返すことが、論文の力をつける最も有効な方法です。

次回は、頻出課題とその論点、試験本番に向けての準備などについて、書きたいと思います。

20年度 教育管理職への 道しるべ 〈41〉

都政事情②

今回も前回に引き続き、都政事情です。試験日がだいぶ迫ってきましたが、自分の勉強のペースを崩さず、特に梅雨の時期は、体調に気をつけて頑張ってください。

問　題

【問題　3】
平成19年12月に発表された『10年後の東京』への実行プログラム2008の「3カ年アクションプラン」に関する記述として妥当でないものは、次のうちのどれか。
① 「水と緑の回廊で包まれた、美しいまち東京を復活させる」では、新たに360㌶の緑を創出、海の森に7万本の植樹、街路樹を1・5倍の70万本に増加、緑の東京募金目標額8億円の達成などとしている。
② 「3環状道路により東京が生まれ変わる」では、羽田空港の再拡張・国際化、ペリメータ規制の見直し、3環状道路の整備率を約40%から約60%へ引き上げるなどとしている。
③ 「世界で最も環境負荷の少ない都市を実現する」では、大規模事業所へのCO2総量削減義務化、住宅用太陽光発電など太陽エネルギー機器を15万世帯に導入、白熱電球一掃作戦の全面展開などとしている。
④ 「災害に強い都市をつくり、首都東京の信用を高める」では、緊急輸送道路沿道建築物の耐震化を全路線へ展開、小中学校の耐震化率を73%から85%へ引き上げ、ゼロメートル地帯の外郭堤防・水門の耐震化完了などとしている。
⑤ 「世界に先駆けて超高齢社会の都市モデルを創造する」では、高齢者の地域ケアの東京モデルの構築、障害者雇用1万人増加、保育サービスの定員を1万5千人分整備、東京医師アカデミーの開講などとしている。

【問題　4】
平成20年度東京都予算案に関する記述として妥当でないものは、次のうちのどれか。
① 平成20年度の一般会計の予算規模は6兆8560億円で、前年度に比べて2540億円、3・8%の増となった。
② 一般歳出については、引き続き内部努力や施策の見直し・再構築に努める一方、将来の東京を見据えた先進的な取り組みや都政が直面する課題に重点的に財源を配分した結果、前年度に比べて1・8%増の4兆4137億円となった。
③ 平成20年度予算の歳入では、都税収入を5兆5097億円としており、前年度比で、3・9%の増と見込んでいる。
④ 都税は、原油等資源価格の高騰や米国経済の減速の影響などにより、平成19年度最終補正後予算と比べると、0・3%の増加にとどまった。
⑤ 都債の発行は、前年度と比べて4・8%増の2666億円となり、起債依存度、起債残高とも引き続き高い水準を維持している。

【問題　5】
平成20年度東京都予算案の「教育・文化・スポーツ」に関する記述として妥当でないものは、次のうちのどれか。
① 都立学校ICT計画では、学校現場における情報通信技術の活用を推進するため、一部の重点的な都立学校にLANを整備するとともに、教員のICT活用指導力の向上を図るなど、全国トップレベルに整備する。
② 学力向上への取り組みでは、基礎的な学力を身に着けさせるための指導基準を都独自に作成し、授業の改善にいかすことで児童生徒の学力向上を図る。
③ 都立高校改革の推進では、多様な生徒に対応し、生徒のさまざまな学習希望や進路希望をかなえることができるよう、新たなタイプの高校や中高一貫6年制学校を設置する。
④ 特別支援教育の推進では、障害を持つ児童・生徒一人ひとりの教育ニーズに応えるため、特別支援教育を推進し、社会的自立を目指すとともに、地域の一員として生きていく力を培う。
⑤ スポーツ振興に向けた取り組みでは、都民のスポーツ実践機会の拡大を図るほか、スポーツ情報発信を充実させるなど、スポーツムーブメントの創出に取り組む。

【問題　6】
昨年11月に発表された「都民生活に関する世論調査」の結果に関する記述として、妥当でないものはどれか。
① 「都政への要望」は、「治安対策」が4年連続で第1位、第2位は昨年と同様「高齢者対策」、昨年第4位の「医療・衛生対策」が順位を上げ第3位になった。
② 「暮らし向きへの変化」は、「税金や保険料の支払いが増えた」ことなどを理由に、「苦しくなった」が2年連続で計3ポイント増加して36%になった。
③ 「生活満足度」は、『満足』は昨年と同様49%、『不満』は昨年より2ポイント増えて46%になった。
④ 「地域活動の参加」では、自治会、町会などの活動に参加した人は30%で、隣近所との付き合いが親密なほど参加率が高い傾向。ボランティア活動や市民活動に参加した人は14%であった。
⑤ 「地域活動を活発にするために必要な行政の支援」を聞いたところ、「仲間作りや活動への参加に役立つ情報の提供」が34%、「活動費への助成」29%、「地域のイベントの開催など住民同士の交流のきっかけづくり」28%などであった。

解　説

【解説　3】　正答　③
③ 15万世帯→4万世帯。

【解説　4】　正答　⑤
⑤ 4・8%減で低い水準を維持している。

【解説　5】　正答　①
① すべての都立学校にLANを整備する。

【解説　6】　正答　③
③ 『不満』は昨年より2ポイント減った。

6月23日はオリンピック・デー
招致活動に問われる10要素

首都大学東京基礎教育センター教授　舛本直文

6月22日、NHKホールで恒例の「JOCオリンピック・コンサート」が開催された。雨天にもかかわらず3千人以上の人々が集い、北京大会日本選手団の松岡修三応援団長とNHKの武内陶子アナの司会で、アスリート達の素晴らしい演技の映像と音楽、それにゲストのトークショーで盛り上がった。指揮は円光寺雅彦氏、演奏は新日本フィルハーモニー交響楽団。

JOCが6月23日のオリンピック・デーを記念して、スポーツと文化を融合するという趣旨のこのコンサートも既に12年目。今回の希望者は1万2千人にも上ったとのこと。オリンピック・コンサートの根強い人気ぶりを示している。

この機に2016年東京オリンピック・パラリンピック招致委員会は会場に展示ブースを出し、応援メッセージを書いてもらっていた。何人がメッセージを寄せてくれたか定かではないが、日本オリンピック・アカデミー（JOA）のメンバーとして、そのすぐそばに展示ブースを出していたので、気づいた点を述べてみたい。

それは、オリンピック招致運動に関心を持ってもらうためには、もっと工夫が必要である。また、招致活動自体がなにがしかのレガシー（遺産）をもたらす必要がある、ということである。

6月4日に2016年オリンピック招致都市が4都市に絞られ、東京都の招致計画はIOCのテクニカルチームからトップ評価をもらったことは記憶に新しい。その中で、世論の支持率が4候補都市の中で最下位であったことも話題となった。この支持率アップのために、招致委員会がどのような戦略を展開しているのか、その詳細を知らないままの私見であるので、その点はお許し願いたい。

実はJOA展示ブースに1964年東京オリンピックの金メダルを飾り、一般参加者に直に手に取ってみてもらう企画をしたところ、大勢の人だかりができた。さすがに本物の力はすごい！　バルセロナ大会の金メダリスト岩崎恭子さんも隣のJOC「チームがんばれ！ニッポン！」キャンペーンで声を張り上げて協力を求めていた。それに比べて招致委員会には「客寄せパンダ」的な企画がなかったように思われる。（ただし、この例は、日本人のオリンピック好きはオリンピアンとメダルへの関心が主である、という事実を裏付けたとも言えるのであるが……）

IOCのテクニカルレポートでトップ評価を得たと言っても浮かれてはいられない。2012年大会のパリの例、2014年冬季大会のピョンチャンの例のように、評価委員会レポートで好評価を得て下馬評が高かった都市も、最終的に選ばれなかった例が続いている。そのため、来年2月に開催計画書をIOCに提出するまでには、次のような10の要素が問われることになると思われる。

❶ 計画書の中身が問われる——特に理念（ビジョン、コンセプト、スローガン）と計画全体の統一を

❷ 都民・国民への認知と支援が問われる——IOCは独自に世論調査を実施する

❸ 東京都の熱意と体制が問われる——定例の人事異動などしないで経験の集積を

❹ 国のサポートが問われる——支援体制と財政的保証を

❺ スポーツ界、世界への貢献が問われる

❻ オリンピズムやムーブメントへの貢献が問われる

❼ 平和への貢献や環境への貢献が問われる

❽ レガシー（遺産）が問われる——ソフト面、ハード面の両方

❾ ロビー活動が問われる——日本は大丈夫？　ふさわしい人物がいる？（シカゴ＝オバマ大統領？　マドリード＝サマランチ元IOC会長？　リオデジャネイロ＝神様ペレ？）、北京大会時のロビー活動は？

❿ 一度だけでなく継続的開催要望の姿勢や熱意が問われる

ある都市がオリンピックを開催するまでには、数年間にも及ぶ準備と招致活動が展開される必要がある。そのために注がれる資金と人的資源は相当なものである。しかし、それがすべて実を結んでオリンピック開催に結びつくわけではない。

そうすると、招致活動自体が一つの成果や貢献（いわゆるレガシー）をもたらすことが望ましい。スポーツ施設環境や指導体制の整備、教育体制の充実、環境配慮と意識の高揚、国際理解や親善および平和推進運動の展開など、さまざまな側面で招致運動の成果が積み上げられていく必要がある。経済の活性化や国威発揚といった旧来の大都市発展図式、あるいは都市のインフラ整備などハード面の改善を主とした開催計画では、招致に失敗したならば霧散してしまう。そのためには、来年に提出予定の開催計画に、このようなレガシーが見込まれている必要がある。

2016年の東京大会開催にむけて都民や国民に理解してもらうためには、招致活動の盛り上げ戦略とともに開催計画書に是非とも、ソフト面のレガシーも含めた世界に誇れる開催計画が盛り込まれることを期待するものである。

都の招致委員会ブースで応援メッセージを書く人々

自己申告は明るく簡潔に

がんばれ！公務員 31

文とマンガ　鈴木武征

先日、久しぶりに映画館へ行った。日本映画の文芸もので批評欄などではまずまずだったが、私にはこれという感銘もなく期待外れだった。

原因の第一はストーリーがいまいち、第二は作品を通して伝わってくるものに乏しい、第三は画面が暗いことだ。

この映画に限らず日本の劇映画の欠点は、画面が暗いことと話の展開がくどい点だ。

特に夜のシーンなどでは俳優の表情や仕草が見えないほどの暗さだ。

話の内容を熟知していた製作者側にしてみれば「夜は暗いんです」「この暗さがいいんです」と言うかも知れないが、観客に分からないのでは意味が無い。

その点、邦画、洋画を問わず良い映画というのは暗さの設定、ライトの使い方などが上手だ。007シリーズやハリー・ポッターにも夜や洞窟内のシーンはあるが、見えにくいという暗さではない。

良くない映画では暗いシーンに加え話の展開もくどく、車に乗り込んだあと目的地までのシーンが長々と続く。

良い映画では、車のノブに手が掛かったと思ったら次は目的地のシーンだ。

映画に限らず、日本人は一般的に言って自分の気持ちを他人に伝えるのが苦手だ。

島国で比較的単一民族、個々の考え方に大差がなく以心伝心、多くを語らずをコミュニケーションの妙としてきたお国柄のせいかも知れない。

大概のことなら口でモゴモゴしているうちに相手が理解してくれて、大きな支障もない。

しかし昔はともかく、世の中の仕組みが複雑になり個々人の考え方が多様になってきた現代では、自分の考えを伝える工夫が必要になってきた。

職場で自分の考えを伝えなければならないことの一つに自己申告制度がある。

私も用紙を前に毎年悩んだ。

特に書きにくいのは仕事の成果と努力・反省点、今年の目標と取り組み方の欄だ。

あまり大きなことを書いて自分の首を絞めるのもイヤだし、さりとて去年と同じでもマズイ。

制度を企画した側は、「何も悩むことはない、ありのままに正直に書けば良いだけです」と言うだろうがそうもいかない。

さしたる成果もないところを、業績評価に悪影響の出ない程度にお化粧しなければならない。

いつしか狭い用紙内は字でビッシリ、自分でもよく分からないままに期限が迫って、「ま、いいか」と提出する。

今考えてみると、あれを数十人分も読む上司の大変さが目に浮かぶ。

私は知らず知らずのうちに悪い映画の製作者になっていたのだ。

見る人を考えれば「明るく、簡潔に」が第一で、用紙の大きさからしても「取り組む、解決する、無理だ」程度で十分だ。

足りないところは面談で補えば良い。

都の管理職は捨てたものではない。

申告書の異動希望欄、所掌事務の好き、嫌いを知るだけでも何かを得ている。

ここでも会話のコツは明るく簡潔にだ。

「分かった、あとは飲みながら」となればしめたもので、今夜も新たなヒーロー、ヒロインの誕生だ。

coffee break
市民とは

娘のホームステイ先が東海岸のF市と聞いて驚いた。Fというと、恩師のA先生のアメリカ留学時代の話が忘れられないからだ。

先生が日本からF市の名門大学に着いたのは50年前のある日。手続きの事務員から「大学エリアと旧市街は離れている、移動には公営バスを利用しろ。ワンマンなので、乗車時に前扉から硬貨かトークン（回数券代わりに10枚単位で発売する金属メダル）を運転士に渡し、降りるときは後扉を手で開けて降りろ」と告げられた。

先生は早速バスに乗ったが、すぐに、いつも後扉から乗降する一群がいるのに気が付いた。誰も注意はしない。後扉から乗って後部に留まり後扉から降りるから、もちろんタダだ。先生も二度目からはそうした。数セントの金は惜しくはないが、金を払うのは面倒だ。

数日後、先生はダウンタウンで名前を呼ばれた。なんと同級生で霞ヶ関に出仕したB君だった。彼は同じ大学で留学2年目だという。「ここでは俺が先輩だ」と言う彼に従い、遠慮なく夕食をごちそうになり話がはずんだ。その際、先生はバスの話をした。

「タダで乗れるのに、まじめな人が多いなあ」

B君の顔色が変わった。「お前、絶対に止めろ。今まで何回タダで乗った？　よし、明日売店が開いたらトークン買って、最初に乗るバスで運転手に全部渡せ。この街には東洋人は少ない。日本人が市民と認められるか、単なる居住者と思われるかは、とても大事なことなのだ。他のアジアの留学生にも迷惑をかける」

翌日、先生はトークンの入った袋を、丸ごと運転士に渡した。恥ずかしかったから「やっとクレジットカードが届いたんだ」と下手な言い訳を添えた。

運転士はにっこりと笑って「OK！　F市へようこそ」と叫んだ。すぐに運転手の後の席から太い手が伸びた。「ここへ座れよ、どこの国の留学生だ、学部はどこだい」赤ら顔のオヤジが親しげに話しかけて来た。

「運転士も乗客も、皆、俺のことを知っていたのだ」先生は恥ずかしくなった。しかしそれだけではない。同時に、バスの後部からは、また違った痛いような視線を感じた。

後にコミュニティ研究の第一人者といわれた故人の研究の転機となった出来事だった。

（同朋）

みにがいど

◆都議会提供テレビ番組「トウキョウもっと元気計画研究所」▽放送日時　本放送＝7月5日（土）午後8時～9時、再放送＝7月12日（土）午後3時～4時▽放送局　TOKYO MX▽内容　「都民の食の安全・安心のために！」をテーマに、解決策としてユニークな条例案を提案！都議会議員と自由に討論する▽提案者　①条例案提案「ベランダを使って野菜自給率を高めよう！条例」堀口健二さん（早稲田大学副総長、農学博士、NPO法人1㎡自然農園の会代表）②インターミッション指導「今すぐできるベランダ菜園に挑戦！」たなかやすこさん（作家、イラストレーター、ベランダガーデナー）▽出演議員　野島善司・自民党議員、いのつめまさみ・民主党議員、野上純子・公明党議員、たぞえ民夫・日本共産党議員▽問い合わせ先　都議会局広報課放送係☎5320・7124

◆都立庭園夏季期間の開園時間延長　▽期間　7月18日～8月17日の金・土、日曜日▽通常午後5時までを7時まで延長▽問い合わせ先　公園協会☎3232・3038

『都庁俳句』作品抄
（7月1日発行）

春闌ける眼科医院の暗さかな　奥田弘學
燕とぶ岸に木の家泥の家　伊達天
賓客の如し狭庭の大牡丹　和田しずえ
物置に眠る卓袱台昭和の日　染谷栄都子
噴水を喜んでゐる鯉の背　渋谷はつ
抱卵の鳥と目の会ふ浮巣かな　鈴木征子
母の日や母とならずに終るひと　丸山了
リラ冷えや血液検査結果待ち　高野トミ子
さくら蘂踏みて別れてのち知らず　大熊虚阿
喪心にあれば八十八夜かな　平山嘉子
われに夢託せし母の柏餅　山口昭義
啓蟄の石垣少しゆるみけり　間中恵美子
雨雲の流れし妻籠山法師　神谷邦男
山法師咲くところまで画家の庭　山崎三樹夫
百歳の口がはぐりと柏餅　澤田信一
行き着くは老後のはなしどぜうなべ　足立和子
吟行のしんがりもよし額の花　佐々木いつき

都政新報

発行所 都政新報社
〒160-0023 東京都新宿区西新宿7-23-1 TSビル
〈総務・読者〉03-5330-8781
〈企画広告〉03-5330-8784
〈編集〉03-5330-8786
〈出版〉03-5330-8788
〈セミナー事業部〉03-5330-9977
〈ファクス〉03-5330-8808
購読料 月1,680円（税込）
毎週火・金曜日発行
但し、祝祭日は休刊

都、PM2.5発生源調査へ

地下街や一般家庭の排気も対象

健康に影響があるとされ、大気汚染訴訟の和解条項でも基準設定の検討が求められている微小粒子状物質（PM2・5）について、中央環境審議会の専門委員会（委員長＝内山巌雄・京大院工学研究科教授）が6月30日に初会合を開いた。都は今年4月に独自の検討会を設け、今年度からPM2・5の発生源を調査するなど、実態解明に乗り出している。これで、国と都がPM2・5対策で足並みをそろえたようにも見えるが、国が環境目標値の設定に踏み込めるかどうかは微妙だ。

国は中環審専門委が初会合

■都独自の調査

粒径2・5マイクロ㍍以下のPM2・5（微小粒子状物質）は、呼吸時に器官を通り抜けて、気管支や肺まで達するため、健康への影響が懸念されている。粒径10マイクロ㍍以下の浮遊粒子状物質（SPM）は、ディーゼル車のように発生源が明確だが、PM2・5は、粒子として排出されるものだけでなく、窒素酸化物などのガスが大気中で化学反応を起こし、二次的に生成されるものもあり、発生源の特定が難しい。

一般的に知られている発生源としては、重油燃焼、廃棄物焼却炉、鉄鋼工業、ガソリン車、ディーゼル車、巻き上げ粉塵、海塩などがあるが、排ガス規制の強化や技術革新などにより、実態が変化している場合もある。

都は、PM2・5の発生源として可能性のあるものをリストアップし、調査を行う。今年度は、その中から、煤塵総排出量の多い重油燃焼、鉄鋼工業で使われる焙焼炉、これまで未把握だった地下街の排気、飲食店や一般家庭からの厨房排気なども調査対象とする。また排ガス規制が強化されたディーゼル車やごみ焼却炉など、排出特性が変化しているものも対象に入れた。

7月2日に開かれた都の微小粒子状物質検討会（座長＝坂本和彦・埼玉大院理工学研究科教授）では、委員からリストアップされた対象をすべて調査するよう求める意見があった。このため、環境局は、今年度は予算の範囲で優先順位の高いものから調査し、来年度以降もなるべく多く調査できるよう、予算要求していく考えを示した。

■国も重い腰上げる

大気汚染訴訟の和解を受けて、国は昨年、専門家を集めた検討会を設置した。

今年4月の最終報告では、微小粒子状物質が総体として人々の健康に一定の影響を与えることを認めつつも、粒子状物質自体の影響に関する閾値（いきち）の存在の有無を明らかにすることは難しいと結論づけている。

最終報告を受け、中央環境審議会大気環境部会微小粒子状物質リスク評価手法専門委員会は、今年11月を目途に、微小粒子状物質のリスク評価の新たな手法について検討を行う。

欧米ではすでに米国が、97年にPM2・5の大気環境基準を設けている。またEUが08年にPM2・5の目標値を設定。WHOも、大気質指針を示している。

専門委は、こうした欧米での事例をもとに、文献調査や現地調査を通じて、リスク評価についての基礎的考え方や評価手法を検討していく。

ただし、専門委の目的は、環境目標値の設定に必要なリスク評価の新たな手法を検討することだ。6月30日の初会合では、委員から「専門委の目的は、あくまで科学的ジャッジメントをどうするのかだ」と、踏み込んだ議論に慎重な意見もあり、専門委が環境目標値について、どこまで踏み込めるのかは微妙だ。

◇　◇　◇

都は、独自にPM2・5の実態解明を行った上で、国の動きが鈍ければ環境目標値の設定と対策に乗り出す構え。一方、国はまだ、リスク評価ができるかどうかと悩んでいる段階。和解条項を守るべきは国の責任だが、その歩みは遅すぎる。

都は独自に検討会を設置＝7月2日・第2回の会合

紙面から

都財務局

入札契約制度を見直し

研究会で随時提言

都財務局は、学識経験者による入札契約制度改革研究会（会長＝郷原信郎桐蔭横浜大学院教授）を6月30日に立ち上げ、制度全般にわたる見直しに着手した。これまで他自治体に先駆けて総合評価方式や電子入札の導入などに取り組んできたが、契約不調の急増など入札を取り巻く社会経済環境が大きく変化していることから、制度のあり方について、専門的な観点から改めて検討することにした。

主な検討テーマとしては、①競争性確保に向けた制度の充実②品質確保を重視した契約制度の構築――など。

都では、一般競争入札と希望制指名競争入札を実施しているが、競争性や透明性の向上を図る上でさらにどう改善すべきか、都の実情を踏まえた制度検証を研究会で行う考え。

また、品質確保で言えば、技術提案型、施工能力審査型、技術力評価型という三つの類型で総合評価方式を導入している。しかし件数的には、まだこれからの段階。07年度実績でみると、技術提案型と技術力評価型は各6件、施工能力審査型は259件だった。適用する契約案件を増やしつつ、総合評価方式の改革を進めたいという。

入札契約制度は、もともと社会経済環境の変化をもろに受けやすいのが特徴。特に最近は鋼材、燃料油など資材価格が高騰し、工事請負契約における単品スライド条項を1980年度以来、28年ぶりに適用した。主要資材の価格上昇に伴う増額部分が対象工事費の1％を超えたら、都負担で契約金額を変更できるようにした。

このほか、契約不調対策として都が講じることはないかなど、来年秋まで研究会を随時開催し、段階的に提言をもらう方針。

リフォーム履歴の活用を

中古住宅の流通促進

住政審

住宅の長寿命化で提言

住宅の長寿命化について検討していた「東京都住宅政策審議会」（会長＝小林重敬・武蔵工業大教授）の企画部会は1日、中古住宅の信頼性を高めるための「住宅履歴」や、長寿命住宅を建築するインセンティブを検討することを盛り込んだ具体策をまとめた。中古住宅は、新築に比べて安いメリットがある反面、品質への不安から流通が伸び悩んでいるのが現状。都では、社会全体で住宅を長期的に活用する仕組みを作りたい考えだ。

長寿命住宅は、維持管理やリフォームを適切に行うことで、数世代にわたって活用できる住宅。国レベルでは、福田首相が「200年住宅」を提唱し、国会に関連法案が提出されている。住宅の長寿命化は、建設や解体のコストが削減でき、資源の消費量を減らすメリットもある。

だが、都内の住宅の使用年数は平均30年と短いのが現状。住み替える場合、「新築にこだわらない」とする消費者が3割以上いる一方、中古住宅の流通シェアは9％にとどまっている。

住政審の企画部会は、中古住宅の流通シェアが低い要因として、品質への不安や内外装の「見かけ」が悪いことを指摘。中古住宅への不安を解消するため、建築やリフォームの過程を記録した「住宅履歴」の普及を提案した。また、住宅の検査や評価の信頼性を高める方策を検討する必要があるとした。

工事打ち合わせや使用材料などの住宅履歴は、「オーナー任せ」になっているのが現状だが、こうした情報を管理することで、中古住宅の品質を担保し、売買を活発にする狙いがある。

建築段階では、都独自の認定基準やインセンティブを検討することを示した。国土交通省は、長期優良住宅の認定要件として、▽数世代にわたり、住宅の構造く体が使用できる▽間取りを変更できる▽定期的な点検・補修の計画が策定され、履歴が蓄積される――などを検討中。該当住宅には、固定資産税などの優遇措置が導入される予定だが、都でも独自の視点やインセンティブを検討することが望ましいとしている。

住宅の維持・管理については、耐震改修の助成制度を活用することを求めた。また、マンションの管理組合に長期修繕のアドバイスを行う方策の検討を提言している。

「見た目」の悪さ改善を

【解説】中古物件の魅力は、圧倒的に「安さ」だ。中古購入者は、平均して「築10年以内」を「新築比3割安」で希望しているという。

では、なぜ中古住宅を購入しないのか。リクルート住宅総研の調査では、品質への不安が「中古住宅を買わなかった理由として大きな影響」との回答が7割以上を占めている。特に、水まわりや内外装の見た目への評価が厳しいという。このため、リクルート住宅総研は、「価格や性能・品質の評価情報の整備は重要だが、見た目の悪さを改善しなければ、根本的な解決にならない」と結論づけている。

1日の審議会では「住宅の維持・管理でインセンティブを付与すべき」という意見も出たが、実際に税制上の優遇措置を導入するのは難しいのが実情。都幹部も「普及啓発がすぐに流通の活性化に結びつくのは難しいかもしれないが、中長期的には、中古住宅の評価制度を普及させたい」と話す。

消費者の意識やニーズを見ながら、中古住宅の安心感をいかに高めるか。ユーザーにとって「魅力」ある選択肢にできるかが、「世代を超えて住み継がれる」ためのカギを握る。（一）

幹事長に田中氏続投

都議会民主党

都議会民主党は1日の総会で、次期幹事長に田中良氏を再任した。任期は08年8月1日から09年7月22日まで。政務調査会長、総務会長など、他の役員については、22日の総会での選任を予定している。

田中氏は、現在4期目。01年8月から2年間幹事長を務め、06年8月に幹事長に復帰、昨年も続投していた。党都連会長代行も務めている。

新銀行

大塚氏を取締役会長に選任

経営監視委員会の設置も

新銀行東京は、6月30日の定時株主総会で1016億円の減資と取締役会長の新設などを決議した。減資により、都から400億円の追加出資を受けて1559億円となった資本金から累積赤字を解消する。

元副知事の大塚俊郎氏は、昨年6月に取締役会議長に就任し、新たに設けられた取締役会長も兼務する。会長職を新設した理由について新銀行東京では「取締役会の監視機能を強化するため」としている。大塚氏は執行部門に入らず、代表権も持たない。「具体的な役割が変わるわけでなく、取締役会を代表する立場が明確になった」（新銀行東京）という。

社外取締役は現在5人だが、全員を再任した上で、東京都民銀行出身の内田泰司氏を新たに選任した。5人の社外取締役の中には、銀行経験者が一人もおらず、そういう観点から内田氏を招へいしたという。

また、弁護士、公認会計士、金融専門家の計3人で構成する経営監視委員会の設置も報告された。委員会は、月1回のペースで開催する。経営危機に陥った原因等について銀行内部で調査していたが、旧経営陣の訴訟も視野に入れ、[illegible]島信弁護士に[illegible]任を行う。年内を目途に結論を出す予定。

低炭素型都市目指し共同行動を呼びかけ

都と東商がシンポ開催

第2回定例会でCO2排出量の削減義務化を定めた条例案が可決され、都と東京商工会議所は6月30日、都庁で「環境都市づくりシンポジウム」を開催し、企業関係者など約700人が参加した。

東商の中村利雄専務理事が「将来の世代のために、危機意識を[illegible]役割と責任に応じてCO2の排出を削減する必要がある」として、[illegible]省エネ機器や再生可能エネルギーの積極的利用、[illegible]のライフスタイルへの[illegible]低炭素型都市に向けた共同行動を呼びかけた。

[illegible]

都政の東西

新たな格差

「日本の医療は過剰になっていた」集会でその医師が話を始めた。「世界にあるCT装置の約3分の1が日本にある。街中の脳外科医でCTを持っているなど、日本にしか見られない現象だ」と説明する。

「開業医は五感を使った診療を丁寧にやるべき」というのが、彼の考えだ。確かに、子どもの頃に通った、かかりつけ医には、複雑な検査機器などなかった。白衣を着た先生が机の前に座り、聴診器で患者の胸や背中の音を聞き、首やお腹に触れて診察した。

翻って、現在は様々な検査機器を備えることが、患者を呼び込むポイントになる。近所のクリニックは、鼻からの内視鏡検査を売り物にしている。医師と患者の距離も違ってきた。医師は、机の上に置かれたパソコンのモニターを使って、病状を説明する。「コンピューターの画面ばかり見て、患者の顔を見てくれない」――そんな皮肉すら聞かれる。

「CT検査ぐらいできる病院の方がいい」という考え方、「薬をたくさん処方してくれ、良く診てもらった」と感じる患者心理、かつての格段に負担の少ない医療費など。これらが[illegible]

汐留西地区を街並み景観重点地区に指定

ガイドライン運用へ

都は6月30日、[illegible]

私立学校の耐震化 3党が支援を要望

都議会

[illegible]

冗句ジョーク

飛騨牛、ウナギはダメ、エビも投資詐欺 イメージダウン

ボーナスが出た職員「家族がエビ反っています」

補助事業が生かされず

商店街の空き店舗対策

申請件数ゼロの区も

新宿区が商店街の空き店舗の活用を促そうと助成事業の応募を始めたが、先行する他区では申請がゼロの区もあることが本紙の調べで分かった。また、助成しても店舗が埋まるだけで、商店街全体の活性化につながりにくい実態も浮き彫りになった。一度、活気をなくした商店街を再生するのは、一筋縄ではいかない難しさがあるようだ。

空き店舗が目立つ商店街＝新宿区内で

新宿区は、1日から10ある商店会などの区域の中で、空き店舗を活用する中小企業、NPOなどを対象に助成事業の応募を始めた。助成額は、空き店舗の改修、改築、敷金などが含まれており、最大で400万円。区内は家賃相場が高いため、入居時の負担を軽減するのが狙いだ。今年度は、モデル事業として1件を助成する。

しかし他区の先行事例を見ると、杉並区は04年度から商店街の空き店舗の助成を始めたが、申請件数は3年間でゼロ。飲食店や物販店などにも助成する区が多い中、杉並区では地域貢献する保育サービス、デイサービスなどが補助事業の対象で、高いハードルが原因の一つ。今後は、見直しも含め検討を進めていくという。

豊島区では、相談件数は多いが、なかなか助成にはつながらないという。助成対象であるNPOなどが、大家との話し合いで折り合わないことがあるためだ。練馬区では、助成事業の応募は年3件程度であるため、「制度の活用を呼びかけていきたい」と話している。

02～04年まで個人事業者を対象に空き店舗の助成対象者を募り、3年にわたり補助してきたのは板橋区。同区に限ったことではないが、空き店舗が埋まっても、商店街全体の活性化には必ずしもつながっていない。区独自で商店会を調査したところ、危機意識を持っていたのは約85%に上ったが、空き店舗対策を取っていたのはほぼ皆無に等しかった。現在は都の補助金を活用して商店会を助成している。

補助した事業者が、黒字で営業を継続できるかどうかを課題に挙げるのが中野区。最長で3年間の家賃を補助しているが、今後は別の形でのバックアップを考えていくという。北区では、3年間の家賃補助が終わってから、収入が見込めず閉店するケースもある。

補助が生きる仕組みへ

【解説】全体的な傾向として、空き店舗を対象にした助成事業は応募が少なかったり、商店街の活性化につながらないなど、曲がり角を迎えている。

応募が少ない背景には、いろいろな要因がある。助成対象を空き店舗を運営する商店会にする区では毎年数件にとどまり、商店会の問題意識や財政状況などにより、応募が限られてしまう課題がある。

独自に家賃補助しているのは、最長で3年だ。板橋区では3年間で39店舗が開業し、そのうち12店舗が廃業したという。3年間のうちに、事業を黒字に好転しなければ、店をたたむことになる。

仮に家賃補助の期間を長引かせても、延命で終わるおそれがある。税金を投入する以上、結果を出せないなら、補助金の増額は「損失」でしかない。

商店街の抜本的な改革が必要で、まちづくりの中で商店街の構造改革も進めていかなければならないという意見もある。

また、行政が空き店舗を借り上げて、保育所などの設置を考える区もある。しかし、店舗スペースは、区営にした方がいいかどうかは一概に言えず、生きた補助の仕組みづくりはまだ手探りの状態だ。（石）

東京都高齢者広域連合

8月議会で保険料変更

所得割軽減の上限など検討

後期高齢者医療制度で国は6月26日、各都道府県の後期高齢者医療広域連合に対して、保険料負担軽減などの見直し策の中身について説明した。東京都後期高齢者医療広域連合では、今後、今年度の保険料の変更案を詰め、8月の広域連合議会にはかる予定だ。

国の説明会では、保険料の均等割で7割軽減世帯のうち、後期高齢者医療制度の被保険者全員が年金収入が80万円以下の世帯について9割減とすること▽所得割を負担する人のうち、年金収入153万円から211万円までの被保険者については原則一律50%軽減とすること――などが示された。

東京都広域連合としては、今後、今回の見直し策を反映させた保険料の変更が必要となる。まず、2008年度分の対応が求められる。

国が示した所得割での一律50%軽減では、国は「211万円まで」とするが、東京都広域連合はすでに独自の軽減策をとっており、それによると上限は「208万円まで」。同広域連合では「上限額をいくらにするか、今後、協議会などで適用範囲を詰めた上で、8月上旬ごろの広域連合議会に条例改正案をはかる」としている。

また国は、均等割では今年度、7割軽減の世帯は8・5割軽減とすることを示した。都内でこの世帯に該当する人は約36万人（昨年度の推計）。一人年額1万1300円の負担が半額になる見込みで、それを踏まえた条例改正も必要となる。

このほか、26日の説明会では、「保険料の相談について市町村への期待が強い」として、改めてその役割が明確化された。国も経費を支援するといい、広報や相談窓口端末を通じて、これまで以上に積極的で丁寧な広報・相談活動をするよう区市町村に求めた。

東京都広域連合には、区市町村や広域連合が実施する広報のためのリーフレットの印刷、封入、郵送や新聞広告掲載などに対して、1億3千万円が交付される。100万人を超える被保険者数に応じている。

施設利用料はクレジットで！

23区初

葛飾区

葛飾区は1日、公共施設の利用申し込みをインターネットから予約可能にして、施設利用料のクレジットカード払いを始めた。クレジット決済できる予約システムの導入は23区初。

今回は、自宅のパソコンから予約、支払いを可能にするために導入した。ネット予約のメリットは、口座振替通知書の送料などが抑えられ、クレジット決済の利点は施設利用料の未払いを防止できることだ。

インターネットで予約できるのは、学び交流館、男女平等推進センター、消費生活センターなど76施設。インターネット予約時には、施設窓口で登録したパスワードを入力し、クレジットカード番号を入力すれば、決済を可能にした。

区によると、施設の利用率の増加などを見込んでいる。

「小学校の無償提供は違反」

渋谷区　区民が監査請求

渋谷区教育委員会が神宮前小学校の一部を民間の学校法人に無償で提供したのは区条例などに違反するとして、区民46人が6月30日に使用許可を取り消す住民監査請求を区監査事務局に提出した。区教委は、国際交流の一環として提供し、区条例などに違反していないと主張している。住民は、使用許可を取り消す結果が出なかった場合、住民訴訟で争う考えだ。

区教委が神宮前小学校の一部を無償で貸し出したのは、ホライゾン学園。区が05年9月、トルコ共和国イスタンブール市ウスキュダル区と友好都市協定を結んだ際、同国大使からトルコ人の子どもを中心とした教育施設の提供を要請された。

その後、区教委は施設提供に協力できるとし、英語教育が盛んで空き教室がある神宮前小学校の無償提供を許可した。1年に1度、支障の有無などを確認しながら使用許可を出している。

施設の運営団体に紹介されたホライゾン学園が07年5月、「神宮前国際交流学級」を校舎の一部に開校し、現在は米国、トルコ国籍などの子ども31人が通学している。

請求者の代表の久保田正尚氏は「多くの違法行為がある」として、監査請求を提出した。

小学校の一部の無償提供は、区行政財産使用料条例に違反するとしている。同条例では「特に必要があると認めるとき」など、使用料の減免の条件が定められている。教育施設の提供ではあっても、年間160万円以上の授業料を取る民間が運営するため、「使用料免除という破格の利益供与」は認められないという。

区教委は、国際交流を目的に教育施設を無償で提供し、家賃を免除した。だが、ホライゾン学園が、使用している体育館下の多目的室（約480平方㍍）の電気、ガス、水道代金を負担している。

交流学級のスペースは、学童クラブ室として活用する予定で予算も組まれていたが、神宮前国際交流学級をつくるという目的に予算が転用されたという。目的外使用するには、議会の同意が必要だが得ていなかった点も指摘されている。

区教委は、放課後クラブ室だけを設置するために約1億4千万円の予算を計上したのではなく、ランチルームや和室などの設置も含まれており、「全体の校舎改築の中で行った」と、予算の目的外使用を否定した。

久保田氏は使用許可を取り消す結果が出なかった場合、「住民訴訟を視野に入れている」と話している。

コンビニ業界は見送り

杉並区　レジ袋の有料化計画

杉並区は1日、レジ袋の削減に関する条例に基づき、年間20万枚以上のレジ袋を使用する230事業者が、有料化などの計画書を提出したことを公表した。計画書でレジ袋の有料化を定めたのは、スーパーなど36店舗、1商店街。動向が注目されたコンビニエンスストア事業者は計画書を提出したが、有料化の導入はなかった。

4月施行の「レジ袋有料化等の取組の推進に関する条例」で、計画書の提出が義務づけられたのは、①前年度のレジ袋の使用枚数20万枚以上②マイバックなどの持参率が60%以下③食料品等販売業――に該当する区内事業者。今回、約263店舗が対象になるとみられ、計画書の提出率は約9割に及んだ。

しかし、全店舗数のおよそ3分の2を占めるコンビニエンスストアは、業界としてレジ袋の有料化を見送り、当面、有料化に踏み切らない考えで、レジ袋削減を利用客に呼びかけるなどの活動を行うという。この結果、有料化の実施店舗数は、全体の約14%にとどまった。

区担当者は「条例では、有料化をレジ袋削減に有効な方策と位置づけている。有料化を見送った店舗に対して、今後も条例の趣旨、目的などを伝えるなど、働きかけを続けていく」と話す。

6月30日までに計画書を提出しなかった約30店舗について、区は「レジ袋の使用枚数が20万枚以下などの可能性もある」としているが、要件に該当する場合は個別に指導などを実施する。

二酸化炭素削減を地域ぐるみで実施

江東区

江東区は、家庭や学校、企業が連携して、地域ぐるみでCO_2削減に取り組む仕組みづくりを目指す。「カーボンマイナスこどもアクション」と称し、小学生の取り組みと、区内の中小企業を結びつける。

小学生の取り組みでは、区内に全部で約2800人いる小学校5年生に、夏休みの間、家族と一緒に環境に配慮した行動を記録したチェックシートをつけてもらう。

チェックシートは、行動目標10項目に丸をつけるほか、びん、缶など6種類のリサイクルの本数などを記録する。区では、こうした行動により、ひとり一日あたり1㌔のCO_2削減が可能と推定。2800人が夏休みの40日間取り組めば、120㌧のCO_2が減らせるとみている。

5年生を対象としたのは、3、4年生からの環境教育で学んだ知識を実際の生活に結びつけて理解する機会を与えるため。

その一方、子どもたちの取り組みを評価して、中小企業の協賛に結びつけ、学校へ還元する仕組みをつくる。区内には18000の中小企業があることから、その参加を期待している。還元の方法は、CO_2削減量に応じて、学校に対して苗木やスポーツ用品の提供などが考えられている。区や協賛企業、区長の諮問機関である環境審議会などでつくる実行委員会を通じて提供する予定。

キャラクターグッズ 区内コンビニで販売

杉並区

杉並区は1日、コンビニ・チェーンのセブン-イレブン・ジャパンと提携し、区内の66店舗で、杉並区のキャラクター関連グッズの販売を開始した＝写真。31日まで1カ月間の限定販売。

今回販売されるのは、杉並区独自のキャラクター「なみすけ」の関連商品で、ぬいぐるみ、マグカップ、文具類など。

アニメを地域産業に位置づける杉並区は06年、一般公募で区のキャラクターを決定。区の広報活動などで利用している。オリジナル商品の製造・販売の委託のほか、昨年、インターネット上にブログを開設している。

ごみ分別の動画配信

練馬区

10月から廃プラのサーマルリサイクルを本格実施する練馬区は、変更するごみの分別などを解説した動画をホームページ上で1日から配信を開始した。

区はサーマルリサイクルの開始に合わせて、30年ぶりにごみの分別を変更する。プラマーク付きの菓子袋、シャンプーボトルなどを「不燃」から「資源」に、革靴などを「不燃」から「可燃」に替える。

配信動画は、ごみの分別ルールなどを約13分間にまとめている。動画は、町会や自治会などにDVDとして今月末から貸し出すほか、ケーブルテレビでも9月から放映されるという。製作費、放映料は合わせて約340万円。

納税案内を民間に

豊島区

住民税の滞納を防ごうと豊島区は1日、電話による納税案内を始めた。納税案内は、民間会社のオペレーター2人が担当する。

これまで、区職員は住民税の未納額が大きい区民に対し、納税案内を行ってきたが、未納額が少ない区民にまで手が回らなかった。そこで、オペレーターは、今年度分の住民税を支払っていない区民に納付状況の確認、納税相談の案内などを平日の昼や夜、日曜に行う。納税相談は、職員が実施する。住民税の高額滞納を未然に防止するのが狙い。

所得高にかかわらず、住民税が一律10%に変更となった07年度では区の住民税の未納額が約9億円で、06年度と比べ約3億円増えた。

電子図書の利用拡大へ

千代田図書館

千代田図書館は1日から、インターネットを通して電子図書の貸し出しと返却が可能な対象者を在勤者や在学者にも拡大した。

昨年11月末から、区民を対象に、ウェブ上で電子図書の貸し出しと返却を試行し、特に問題がなく運営されたので、対象者を広げた形だ。また、館内であれば、対象者以外でも持ち込んだパソコンに電子図書をダウンロードできるようにした。

現在、小学館など出版23社の協力を得て約3150点の蔵書がある。今後は、電子図書の数を増やし、区や図書館が作成した資料、デジタル化した貴重書などの提供を検討する。

記者席

ゾッとする使い回し

○……1日から夏季休暇の取得可能期間に入り、知事も職員向けの庁内放送で「自分の権利である休暇は、ちゃんと使って下さい。それが人間をリフレッシュし、同時に都政をリフレッシュするんだから」と呼びかけた。

とは言え、とりわけ夏季休暇の連続取得では、官民問わず、周囲に気を配りながらの状況は、似たり寄ったりなのかも知れない。

ならば上司の姿勢が注目されることになるが、その点、知事は就任後一貫して「決して上司や周りに遠慮せずに」と取得を力強く後押しし、自らも率先している。ただし、知事の言う「色々な問題に備えて」の「色々な問題」を考えると、頭も体も切り替えが難しいなどということだけはないように。

○……足立区は、糖尿病などの検査で採血針のキャップの使い回しがあったことを6月30日に発表した。採血は、器具に取り付けた針に穴の開いたキャップをかぶせた状態で、手の指に針を刺して行われる。血は1滴出る程度。一人の採血が終わるたびに、針を取り替え、キャップを消毒していた。そのため、04～05年度に採血した約710人には、肝炎などの感染は限りなくゼロに近いという。

しかし、結果オーライだから、それで済む話ではない。万一、事故が起きた時の行政責任の重さを考えると、肌寒くなる。採血針を交換していないという自治体がなければいいのだが。

○……「地域教育」を中心テーマに審議してきた第7期都生涯学習審議会の専門部会が7日の全体会に部会報告を提出する。いつも活発な議論を展開している専門部会だけに、部会報告の取りまとめは簡単ではなく、今回も事務局が人一倍汗を流すことになった。

6月の拡大部会でも、事務局がまとめた部会報告案に対し、「多元参加型地域教育システムという言葉が分かりにくい」「学び続けるという要素を入れた表現にできないか」など、字句修正や内容追加を求める声が相次いだ。事務局は部会長などと調整しながら、ぎりぎりまで部会報告づくりに追われている。

都生涯学習審議会

2次答申へ起草委員会設置

地域教育の具体策を検討

第7期東京都生涯学習審議会（会長＝大橋謙策・日本社会事業大学学長）は、7日開かれる全体会で起草委員会を設置し、第2次答申に向けて策定作業を本格化させる。地域教育システム構築のための具体的方策を検討してきた専門部会の報告を踏まえ、東京都が今後展開する「地域教育行政」の基本的な考え方を提言する予定。地域教育プラットフォーム構想の具体化、地域教育活動の担い手となる「教育サポーター」システムの構築、教育支援コーディネーターの養成など、地域教育にかかわる施策の具体的な方向性をどう盛り込むのかが、第2次答申の大きな課題になる。

専門部会報告まとまる

専門部会（部会長＝田中雅文・日本女子大学教授）は「地域教育システム構築のための具体的方策」をテーマとした5回の審議を経て、このほど、都生涯学習審議会の全体会に報告する部会報告を取りまとめた。

専門部会は2月に開催された第8回全体会で設置された。3月以降、第1回専門部会では「地域における教育支援者から見た『地域教育』の現状」、第2回専門部会では「企業、NPOが持つ社会資源の積極的活用を通じた教育支援」、第3回専門部会では「団塊の世代をはじめとした地域住民などの教育参加の現状」をテーマとし、実践家による事例報告及び検討を行ってきた。

事例報告の取り組みの共通した特徴として、①子供の課題をはじめとする地域課題の解決に向けて、実践的で多様な活動が展開されている②これまで地域の活動に参加していなかった個人や団体の潜在的な意欲を引き出し、地域資源（団塊の世代をはじめとした地域住民、企業、学校など）を顕在化させている③実践的活動のきっかけを作り出し、潜在的な地域資源の発掘を促す「人」の存在があり、コーディネート機能を果たしている④多様な地域課題に大人が主体的に取り組み、地域における大人の活動を顕在化させ、あらたな地域コミュニティづくりを促している⑤実践的な取り組みの中で、大人と子供とが互いに触発しあうことで「大人の学び」と「子供の学び」の相互作用が生まれ、「大人」と「子供」の双方にプラスの循環が生まれている――の5点を挙げている。

これらの特徴のなかから専門部会では、NPO法人などが取り組んでいる実践的活動の事例を踏まえて、「学び合うコミュニティ」の形成という新しいイメージを導き出した。

子供から大人までの多様な個人や多くの団体など多元的な主体が「地域の課題」に結集し、課題解決に向けて学び合う関係の形成を目指している取り組みをイメージしたもので、「『地域教育』とは、地域と社会全体の教育力を向上させるという観点から、『学び合うコミュニティ』づくりを促す取り組み」と位置づけている。

この「学び合うコミュニティ」を形成するには多元的な個人や団体の教育参加を促す仕組み「地域教育システム」が必要となることから、部会報告ではその条件整備として「コーディネート機能の強化・充実」と「多様な個人・団体の参加を促す」という二つの観点を示している。

小中生にものづくり体験

夏休み工作スタジオ

都立高生がアシスタント

小中学生にものづくりの面白さや達成感を体験してもらおうと、都教育委員会は夏休み期間中に、2008年度「わくわく　どきどき　夏休み工作スタジオ」を開催する。小中学生が作品を完成させるまで教員や都立工業高校生のアシスタントが懇切丁寧に教えるなど、じっくり時間をかけて取り組めるプログラムを用意している。

講座の実施期間は、夏季休業日の7月25日から8月29日まで。会場は葛西工業高校、足立工業高校、工芸高校、北豊島工業高校、小金井工業高校、総合工科高校の6校。講座では、光ったり動いたりするおもちゃやロボット、木や金属などの素材を活かした作品などを、1日6時間程度で製作する。各講座はすべて1日単位で行う。

たとえば、葛西工業高校では、木工キットで作るログハウス、ライントレースカー製作教室などの講座を予定。工芸高校では、レーザー光線や立体プリンターによるオリジナル作品や、引き出し付き飾り箱製作、デザインロックの制作などを計画している。また総合工科高校では、オリジナルキーホルダーの製作、飛行機模型の製作などユニークな講座を行う予定だ。

参加希望者は、東京都電子申請、ファクシミリ、はがきで、都庁・教育庁指導部高等学校教育指導課「わくわく　どきどき　夏休み工作スタジオ」係まで。問い合わせは☎5320・6845。

「生きる力」を育む　第2次教育ビジョン　②

視点2　教育の質の向上・教育環境の整備推進

即戦力となる教員を育成

都民の期待にこたえ、質の高い教育を行うためには、学習指導や生活指導等に関する高い実践力や応用力を身に着けた優秀な教員が、学校で他の教員に対し日常的に教育上の指導・助言等を行うことで、学校全体としての教員の指導力向上を図っていく必要がある。このため、こうした指導教諭について、具体的な職務内容や任用規模、選考方法、年次計画等を検討し、任用していく。

また、連携する教職大学院に現職教員や教育管理職候補者を派遣し、経営能力をはじめ、教育課程や学習指導、新たな教育課題への対応等にかかわって高い実践力や応用力を身に着けさせ、都の教育の中核を担い得る教員や高い専門性と優れた行政感覚を持つ指導主事などを計画的に育成する。

■職の分化

教員一人ひとりの意欲を引き出し、その資質・能力を一層向上させるためには、職責に見合った人事・給与制度を構築する必要がある。このため、校長、教諭及び養護教諭について、職務の困難度及び責任の度合いの違いに基づいて職を分化。新たな職として設置した統括校長、主任教諭及び主任養護教諭を任用するとともに、教員それぞれの職に応じた適切な処遇を実現する。

■ものづくり人材の育成

国際競争が厳しくなる中、企業は即戦力となる人材や、早期育成が可能な人材を求めており、ものづくり人材の育成を推進する必要がある。工業高校で、夏季休業日等を活用し、小・中学生を対象としたものづくり教室を実施。工業高校や高等専門学校のPR活動を充実・強化するなど、ものづくり人材の早期発掘・育成を行う。

さらに、工業高校で「東京版デュアルシステム」の推進や職業訓練機関との連携、企業OBを含めた熟練技能者の活用、ものづくり企業でのインターンシップなどにより、産業界が求める技術・技能を習得した技術者を育成する。

工業高から高専への編入枠の設定や高専の新キャンパス開設の検討など、工業高から高専、さらには産業技術大学院大学への接続などの仕組みづくりを進める。また高大連携接続教育プログラムを開発し、工業高校と大学との連携を拡大。高専から学生を首都大へ受け入れるための仕組みを整備し、産業界から評価が高く実践的な技術力を備えた即戦力となる人材や高度な専門技術・知識を有する人材を育成する。

■外部人材の活用

学校での様々な教育活動の効果を高めるには、多様な専門性を有する外部人材の協力が有効。そこで効果的な活用の方法などを総合的に検討し、学習指導における指導体制の改善や教員の職務の効率化を進める。

また、専門的な指導を充実するとともに、学校の実態や児童・生徒のニーズに応じた特色ある教育活動を円滑に企画・立案・調整できるよう、地域の各種団体や関係機関等と連携し、様々な専門性を有する外部人材を積極的に活用するための仕組みを構築する。

■特別な支援が必要な子供の教育の充実

知的な遅れのない発達障害を含む障害のある幼児・児童・生徒の自立や社会参加に向けた特別支援教育の一層の充実を図る必要がある。このため、小・中学部を設置するすべての知的障害特別支援学校で自閉症の教育課程を編成・実施。複数の障害部門を併置する特別支援学校で整備を進めるとともに、各部門の特性を生かした教育課程を研究・開発し、学校で編成・実施する。

外国人の数は、日本国内の労働力需要の増大から今後も増えることが予想され、日本語指導が必要な外国人児童・生徒の増加も見込まれるため、外国人の子供への教育を充実する必要がある。

外国人児童・生徒が、学校の環境に適応し、生き生きと学校生活を送ることができるよう、日本語指導のための教材「たのしい　がっこう」の改訂・言語数を拡大。区市町村教委の指導主事に対する研修等の実施や児童・生徒の母語となる外国語を話すことのできる専門家の派遣など、区市町村教委と連携し、公立学校での外国人児童・生徒に対する日本語指導と相談を充実する。

■安全・安心の確保

学校内や登下校中の子供の安全を守るには、地域で子供を見守る取り組みや子供自らが自分を守る手段の普及など、学校・PTA・地域・関係機関それぞれの連携した取り組みが必要である。

このため、小学校等を活用して、すべての子供を対象として安全・安心な居場所を設け、地域住民の参画を得て、勉強やスポーツ・文化活動、地域住民との交流活動等の取り組みを推進できるよう、東京都放課後子供教室推進委員会で総合的な放課後対策を検討する。また、コーディネーターや安全管理員等への研修を実施し、すべての区市町村で「放課後子供教室」を実施する。

都内すべての公立学校で安全に関して必ず指導すべき基本的事項とその指導計画等を示した全国初の安全教育プログラムを作成し、全教員に配布するなど、児童・生徒に危険を予測し回避する能力や、他者や社会の安全に貢献できる資質・能力を身に着けさせる。

ものづくり教育もこれからも柱になる（都立蔵前工業高校・機械科での実習風景）

基礎学力は「概ね良好」

児童・生徒学力調査　見通す力・応用力に課題

都教育委員会は6月26日、今年1月に実施した「児童・生徒の学力向上を図るための調査」の結果をまとめた。基礎的・基本的な事項の定着状況は「おおむね良好」だったが、問題解決能力等の調査の中で、「見通す力」をみる問題の平均正答率が20%を切るなど、今後改善すべき課題があることも分かった。

調査は、2006年度に次いで2回目となる「問題解決能力等に関する調査」（公立小5年と公立中2年の全員）と、今回初めて実施した「基礎的・基本的な事項に関する調査」（公立小4年と公立中1年の抽出校・希望校）の二つからなる。

問題解決能力等調査は、各教科の学習で身に着けた知識や技能、思考力、判断力などを調べるもので、ペーパーテスト形式で「問題を発見する力」「見通す力」「適用・応用する力」「意思決定する力」「表現する力」の5点について調査した。

この結果、「問題を発見する力」は小学校、中学校とも平均正答率が77・2%、81・9%と高かったが、「見通す力」「適用・応用する力」では50%台と低くなり、とくに中学校の「見通す力」は16・6%と極端に悪かった。都教委では「長い文章を読んで内容を把握することや、情報を整理して判断することなどに課題があり、活用や応用についての指導が必要である」としている。

一方、「確かな学力」の定着を図るための基礎的・基本的な事項の調査では、小学4年生の平均正答率が国語84・8%、算数77・2%、中学1年生は国語82・6%、算数73・6%、数学75・0%と高く、「全体的にはおおむね良好である」と評価している。ただ、例えば、二つの繰り下がりのある引き算になると正答率が落ち込み、漢字の読み書きでは「書き」の正答率が悪いなど、いくつかの課題を抱えている。

また、調査では、日常の生活面や行動面と平均正答率との関連なども調べており、学校に行く前に朝食を必ず食べている児童・生徒と、食べていない児童・生徒と比べると、必ず食べている児童・生徒の方が20%～30%近く正答率が高いことがわかった。

都教委は今後、①児童・生徒が学習指導要領の内容を身に着けるために必要な、最低限の知識・技能や考え方とその指導方法を示した「東京ミニマム」の策定②都や国の学力調査の結果を生かした「授業改善推進プラン」による授業改善の一層の推進③授業改善研究推進校を中心にした施策の展開とその成果の全都への普及・啓発――などに取り組んでいく方針。

教職員のキーワード　67

教育委員会と教育長

7月12日で任期が満了する中村正彦教育委員の後任に、大原正行知事本局長を任命することに、6月18日に都議会が同意しました。

地方自治法第180条の5は、普通地方公共団体は法律の定めるところにより教育委員会を置かなければならないと規定しています。

そして、同法180条の8は、教育委員会の職務権限等について規定しています。

また、教育委員会の組織等については地方教育行政の組織及び運営に関する法律（地教行法）に具体的に規定されています。

教育委員会の委員の定数は、地教行法第3条に規定されており、都教育委員会は6人の委員で組織されます。委員の任期は4年で、前任者が任期を残して辞職した場合の後任の委員の任期は、前任者の残任期間となります。

なお、2007年の地教行法の改正で、委員の中に保護者である者が含まれるようにしなければならないという規定が設けられました。

同法第4条では、教育委員は、当該地方公共団体の長が議会の同意を得て任命するとしています。今回の都議会の同意はこの規定に基づくものです。

同法第12条は、教育委員会は、委員のうちから委員長を選挙しなければならないとし、委員長の任期は1年で、再任されることができるとしています。委員長は、会議を主宰し、教育委員会を代表するとしています。

一方、同法第16条は、教育長に関して規定しており、教育委員会に教育長を置き、当該教育委員会の委員（委員長を除く）のうちから、教育委員会が任命するとしています。

中村正彦教育委員は、この規定に基づき教育長に任命されていたわけです。なお、教育長は、委員としての任期中在任するものとされており、委員を離れた場合は教育長の職を失います。教育長の職務は、同法第17条に、教育委員会の指揮監督の下に、教育委員会の権限の属するすべての事務をつかさどるとしています。

同法第18条では、教育委員会の権限に属する事務を処理させるため、教育委員会に事務局を置くことを規定しています。

教育委員会という場合、行政委員会としての教育委員会と、教育委員会事務局のどちらを指しているかを把握することが必要です。

教育長の職務について、同法第20条は、教育長は、同法第17条に規定するもののほか、事務局の事務を統括し、所属の職員を指揮監督するとしています。

事務局については、同法第19条が、教育委員会の事務局に置く指導主事その他の職員について規定しています。

同条の第3項には、指導主事の職務内容について規定されています。さらに、第4項では、指導主事に求められる資質について規定し、大学以外の公立学校の教員をもって指導主事に充てることができるとしています。「充て指導主事」という呼称はこれによるものです。

中学生のマナー白書

予想以上に高い関心

世田谷区PTA連合

中学生も保護者もマナーに対する関心が予想以上に高く、それぞれがマナーに気をつけている状況が、世田谷区立中学校PTA連合協議会がこのほどまとめた「せたがやの中学生マナー白書2008」で明らかになった。その一方で、「乱暴な言葉を使わない」や「使ったものをきちんと返す」ことなどが、「出来ている」との回答が5割を切っていることもわかった。

同協議会は昨年秋、区内全校の生徒・先生・保護者を対象にマナーに関するアンケートを実施。生徒8697人、先生324人、保護者5459人の計1万4480人から回答を得た。これだけの回答数が寄せられたアンケートは非常に珍しいという。

アンケートでは「思いやりや感謝の気持ち」「あいさつ」「言葉」「約束」「社会人としてのマナー」に関する計26項目について、▽現在の中学生について中学生自身から見て、保護者から見て、先生から見て▽現在の大人について中学生から見て、保護者自身から見ての五つの切り口で、それぞれ出来ているかどうかを聞いた。

たとえば、「家庭で自分から進んであいさつをしている」「学校で自分から進んで友人や先生にあいさつをしている」の設問では、中学生と大人ともに「出来ている」が80%を超えている。「時間を決めて行動する」[illegible]

毎週金曜 3面は 教育オンライン

新体制による初庁議を開催
石原知事「問題は銀行とオリンピック」
局をまたいだ協力や知恵求める

都局長級異動により、新たな執行体制がスタートした1日、都庁第一本庁舎の特別会議室で初庁議が開催された。石原知事は、一番の難問として新銀行東京の再建・再生、2016年オリンピック招致を挙げ、「都庁が今まで経験したことのない作業。問題をクリアするため、局をまたいで知恵を出してもらいたい」と訴えた。また新任局長もそれぞれ抱負を語った。

新しい執行体制が始動し、新任局長が抱負を語った

庁議の冒頭、石原知事は、極端なマネーゲームを招き、急激な物価高騰を引き起こしている世界の経済動向を背景に「厄介な経済事情が到来し、その煽りで東京も今の形での富裕団体ではいられない」との危惧を示しながら「東京がすべきことをしていかなければいけない」と強調した。

その上で「一番厄介な問題は、銀行の再建・再生、オリンピック」と言明。オリンピック招致では「関係のない局はない。ラインをまたいで知恵を出す、汗をかくということをしないと、こんなビッグイベント、とても成功しない」と改めて連携を求めた。

また新銀行東京に関しては「新しい画期的な方法」により、再建・再生を進めていく考えを明らかにしながらも、「『銀行は危ないからタッチするな』と言う部長や課長が、都庁の中にいる。そんなことでは再建・再生できない」と厳しい口調で語った。さらに「いたずらに危機感を持てとは言わないが、他人事にならず、自分の問題としてクリアするため、局をまたいで協力して、知恵を出してもらいたい」と期待を寄せた。

同日の庁議では、引き続き新任局長が抱負などを語った。

吉川和夫・知事本局長は「本気、根気、元気をモットーに、知事本局にいま求められている職責を職員と一丸となってしっかりと果たしていく。新しい風を巻き起こすために全力を尽くしたい」と決意を表明。

中田清己・総務局長は、局の役割について「各局の事業が円滑に進むよう、支援、調整すること」との認識を述べ、「役割を十分発揮できるよう職務に精励したい」と語った。

秋山俊行・生活文化スポーツ局長は「文化、スポーツの側面からオリンピック、パラリンピックの招致機能を高めていく重要な役割を担っている」などと説明。広い視野でスピーディーに施策にあたっていく姿勢を強調した。

有留武司・環境局長は、環境確保条例改正による温暖化対策の制度導入を「ゴールではなくスタート」と位置づけ、より良い大気環境の創出や土壌汚染など環境の負の遺産解消に向け、「関係各局と一体となって環境の危機を突破したい」と抱負を述べた。

金子正一郎・交通局長は「誰もが快適に利用できる環境負荷の少ない交通ネットワークとして、安全を最優先に質の高いサービス提供に努める」と語り、同時に経営改革をさらに推し進める考えも示した。

今里伸一郎・下水道局長は、10年後の東京の実現に向けて、浸水対策や老朽化施設の再構築、地球温暖化防止や水環境創出への貢献も求められるとし、「局職員には相当のパフォーマンスがあると自負もしている。組織一丸となって全力を傾注していく」と訴えた。

中井敬三・病院経営本部長は「引き続き病院の再編整備など、都立病院改革の推進に邁進する」として、福祉保健局など関係局との連携強化を図ることで「都民の生命、健康を脅かす諸問題に迅速に対応していく」との考えを表明した。

矢口貴行・選挙管理委員会事務局長は、民主主義の根幹である選挙を公正かつ適正に執行することが最大の任務として、「次の衆院選に十分備えるとともに、来年の夏に予定されている都議選に万全の体制で臨みたい」と語った。

中村晶晴・人事委員会事務局長は、高い意欲と能力を持つ人材の確保、社会情勢の変化に対応した給与構造、人事制度改革の推進などを挙げ、「専門的人事行政機関の役割を十全に果たせるように積極的に課題に取り組んでいく」との立場を示した。

関敏樹・労働委員会事務局長は、労働紛争が複雑化・困難化している状況から「労使関係の安定化に向けて、専門性を向上しながら、迅速で的確な時限処理を一層進めていく」と強調。

野口孝・収用委員会事務局長は「10年後の東京の実現に向けて、東京のまちづくりを着実に推進していくため、職員一丸となって迅速かつ的確な時限処理に努めていく」と抱負を述べた。

夕張市派遣報告セミナー開催
15日に都庁大会議室で　若手職員400人を対象
都総務局

今年1月から財政再建中の夕張市に若手職員2人を派遣した都は15日、派遣職員が現場の状況を報告する「若手職員のための夕張市派遣報告セミナー」を開催する。

当日は、夕張市総務課税務管財グループに派遣された主税局の百澤俊平さんが「炭都夕張～歴史に翻弄されたマチ」、同じく、市民課市民保険グループに派遣された福祉保健局の鈴木直道さんが「夕張再生～再び立ち上がるマチ」と題した報告をそれぞれ行う。また、藤倉肇夕張市長が来庁し、あいさつするほか、猪瀬副知事が講評を行う。

場所は都庁第一本庁舎5階の大会議場で、時間は午後5時～6時まで。募集対象は主事・主任級の若手職員など400人。申し込み希望は、各所属で取りまとめの上、10日までに総務局人事部人事課異動Ⅱ班までメールで申し込む。

PRコーナーで夕張イベントも　15～20日

都庁第一本庁舎2階の全国観光PRコーナーでは、15日から20日の6日間、夕張市のイベント出展を行う。初日の12時30分からは夕張市長や猪瀬副知事があいさつを行うほか、期間中は市への派遣職員を含む都庁職員が観光PRを応援する。期間中は夕張市支援の一環として夕張メロンの販売なども予定している。

都局長級人事異動　職員の声

官房系のマネジメントに注目と期待
「意外感強い」の声も

知事本局長、総務局長を含め31人規模の異動となった今夏の都局長級人事。五輪招致や新銀行東京の再建など、直面する課題に対応できる執行体制を重視した布陣を、庁内はどう受け止めているのか。職員の声を聞いた。

◆マネジメントが弱体化

知事本局長が教育長に転出した後を受け、石原都政の最終局面をマネジメントする官房系の局長級の配置に注目が集まった。しかし、開けてみると、これといった理念が感じられない。新銀行東京の問題を抱える産業労働局に優秀な幹部を配置し、課題解決には手厚い配置である一方、都政全体としての方向づけをすべきマネジメントの部分で弱体化が進んでしまった印象がある。

これまで知事本局、総務局、財務局は、それなりに連携がうまくいっていた中で、今後、知事本局長が全体をうまくまとめ切れるのか、総務局長はどのようなスタンスでマネジメントに参画することになるのか、この点が見えにくい。

財務局長は、経験とリーダーシップを買われて続投となったが、知事本局や総務局に比べて優位な立場となった印象もあり、そうした状態がこれからのマネジメントの中にどう影響を与えるかをじっくりと見極めることが重要だ。

見方を変えると、石原都政の最終段階を担当するというリスクに敏感になるあまり、無難にまとめ上げた人事配置ではないか。適材かどうかを考えている段階でもないので、現有の人材の中で、人をはめてしまおうという投げやりな雰囲気も感じる。（本庁副参事）

◆人材育成にも好影響

懸案を抱えた局に限らず、継続性を重視した人事だ。頻繁な異動と短期的な成果追求によって政策が検討不足とならないよう環境を整える目的もあるのだろう。枯渇が懸念される政策形成能力のある人材の育成にも好影響を与えるはずだ。

堅実で盤石な都政確立のためには、慎重ではあるが、確実な仕事をする人材を十分活用する必要がある。そのためには、ある程度、ロングスパンで仕事ができる環境と職場の信頼関係が必要だ。

その意味で、今回、年次やキャリアにとらわれず能力・人格に優れ、柔軟なものの見方ができる方が、枢要ポストに着任したというのは歓迎すべきことである。難局を迎えた都政のかじ取りにあたって、これまで以上に職員の英知を結集して政策が展開されることを期待する。（出先部長）

◆手綱さばきに期待

知事本局長には佐藤広氏や荒川満氏の名も挙がっていたが、現在抱える課題から動かせなかったのだろう。吉川知事本局長は実力派なので、その意味では評価できる。

前任の大原正行知事本局長は、知事と事務方との間であつれきが生じないように人一倍努力された。1日の初庁議での発言を聞くと、吉川知事本局長は、あえて波風を大きく起こし、積極果敢に挑戦していこうというスタンスだと思う。波風を大きくした上で、静めるだけの手綱さばきを期待している。

オリンピック招致など、関係局には新しい施策も求められる。あまり細かいことに縛られると仕事が進まない部分もある。その意味で知事本局、生活文化スポーツ局には職務に適した人材を配置したように思う。（出先部長）

◆抜擢を進めるべき

昨年夏から52歳の若手から局長級昇任を出すようになった。あと2年で55A、56Aなどの力のある幹部が石原知事の任期満了前に退職してしまうため、ポスト石原を見据えた配置をどのように考えているのか、都政としての継続性をもう少し重視した人事配置を行うべきでなかったか。

庁内では、人材が枯渇する中で、若手抜擢を今後も積極的に推進していくと、その結果、後年度の人事が詰まり、停滞を招くという懸念をよく聞く。しかし、人材の輩出具合をみていくと、そうはならないと思う。かつては、種別Aで一つの年次から10人前後の局長級が出ていたが、今は5人程度だ。

51Aをピークにした10年間数百人の新規採用を行い、大勢の集団の中でもまれ、選抜された人たちだった。ところが、その後、新規採用を抑制し、人材の層が薄くなった。その影響が57Aあたりから顕著に出ている。今後10年くらい先を見渡しても、一つの年次から5人程度しか局長級は出ないと思う。

行政系の事務ポストを仮に40とすると、それを埋めるのに、かつては4年程度で十分だったが、今は単純計算で8年ほどかかる。最も若い局長級昇任年齢を54歳から52歳に若くし、世代の幅を広げたのも、そうした事情からだろう。したがって力量のある人を厳選し、若手から局長級に起用しても後が詰まることはない。石原都政で残り2回ある局長級人事は、将来をにらんで若手抜擢の路線を進めるべきだ。（本庁課長）

◆技術系の未来に不安

知事本局長人事は、驚きの声が多く聞かれた。吉川局長は改正環境確保条例をまとめ上げた成果が買われたのだろう。押元総務局長の1年前倒し退職も驚きで、その後任となる中田局長の起用も意外との声が多い。それ以外の条例局長については留任も多く、概ね想定内。事業継続に重点を置いた手堅い人事と言える。

ただ、技術系については、空席だった道路監が埋まったものの、多摩水道改革推進本部長と流域下水道本部長のポストが事務職に振り替わり、昇任者もわずか2人にとどまった。人材が枯渇している実態が浮き彫りとなった形で、技術系職員の処遇はこれでよいのかと考えさせられる。この先細り感は、下に続く技術系職員の士気や人材育成といった面でも良い影響を与えないのではないか。（本庁係長）

◆強力で新鮮な体制

官房3局のうち2局長が交代したが、オリンピックなどの重要施策を抱える局長級の留任が多く、手堅い配置といえる。

ハード系の局でみると、住宅担当理事の新設や道路監の空席解消を図り、かつ経験豊かな人材を配置することで、住宅、道路などの重要課題に対し、強力で新鮮な執行体制を築いている。

また、課題の多いハード系の局では、ほとんどの局長が留任となったことで、ベテランの局長と今回昇任した若手局長級をうまく織り交ぜた配置となっており、各事業の継続的な実施に向けた体制が整備されている。

今後は「10年後の東京」の実現に向け、さらなる局間、部間の垣根を越えた連携がとれ、全職員が一丸となって課題解決に向けた事業執行のできる環境を、局長級の強いリーダーシップの下で構築していくことを期待する。（本庁部長）

◆スピード感が大切

今回の局長級人事は、実務的に優れた業績を期待できる人がいる一方で、未知数の人も目立つように思う。近年の中では意外感の強い人事という印象が強い。ただ、巷間、かなり早い段階から漏れ伝わっていたためか、その印象もいつの間にか薄れてきた。

かなめは、やはり知事本局長がどういう色や味を出されるかだろう。オリンピックや新銀行のように、解決には全庁あげての知恵と実行力が問われる課題も山積している。いかにスピード感を持って進めていくか、全庁が注目し、期待している。（本庁課長）

行財政改革実行プログラム

生活感覚にあわせ見直しを
都庁職が実施状況でコメント

都庁職は6月26日、行財政改革実行プログラムの07年度実施状況に対するコメントを公表した。この中では「都政に必要なのは、改革ありきで進めてきた施策を検証し、都民の生活感覚に合わせて見直すことであり、都民生活に対して行政責任を果たすこと」などと指摘している。

06年7月に策定した行財政改革実行プログラムでは、計画期間である3年間に取り組む212件の実施計画が盛り込まれ、年度ごとに実施状況を明らかにしている。07年度報告では、その後の追加実施計画や計画終了を踏まえ、214件について取り上げている。

今回のコメントでは、一部実施となった27項目に関して「豊洲新市場へのPFI導入では、高濃度の土壌汚染が明らかとなり、専門家の提言などを踏まえた上での対応を余儀なくされ、公社化された多摩南部地域病院で一般医療分野の自己収支比率が改善されていないことなどを指摘せざるを得ない報告」と分析。

さらに201施設にのぼる指定管理者制度の導入や民間への業務委託を「公的責任の放棄」と批判するとともに、「改革について当局の検証は不十分であり、改革ありきの都の姿勢は直ちに改めるべき」と訴えている。

そのうえで「実行プログラムは、格差社会に苦しむ都民、医療制度の変更で大きな負担を強いられている都民生活を顧みないもので、都庁職は容認できない」との立場を改めて表明。計画的な職員採用を推進するため、とりわけ深刻な医師不足の解消・看護師支援体制の強化、都民サービスの最前線に立つ現業職場の維持などを求めた。

経営努力の節減効果で 6.5億円の利益を計上
首都大学東京

公立大学法人首都大学東京は07年度の決算を発表し、経営努力による節減効果として6・5億円の利益を計上した。

収入面では、都からの交付金が法人化後、毎年2・5%削減されることなどから7億円の減となったが、06年度に設置した産業技術大学院大学の学生が学年進行により増えたことなどにより、経常収益は前年度比0・1%増の207億円となった。他方、経常費用は、施設の更新などを進めた結果、前年度比8億円増の195億円となった。総利益は前年度比7・5億円減の13億円となり、ここから積立金を差し引いた削減効果による利益が6・5億円となった。

07年度の業務実績では、優れた大学院教育に対して国が重点支援する「大学院教育改革支援プログラム」に3件が採択。また、企業等からの外部資金の調達では、受託研究などにより計画（10億円）を上回る11・3億円を獲得した。さらに法人固有正規職員の採用を初めて行い、08年4月付で10人を採用した。

今後は、戦略的研究を重点的に推進するための「プロジェクト型人材登用ファンド」の積み増しや、優秀な学生を支援するための博士後期課程学生への経済支援などを行う予定。

職員平均で92万円支給
都夏季特別給

都職員の夏季特別給が30日に支給された。支給率は期末手当1・6月、勤勉手当0・5月の計2・1月で、一人当たりの平均支給額（43・6歳）は91万9792円（税引後75万9123円）となる。支給率は昨年に比べ0・025月の増となるが、ベースとなる月例給が0・07月下がったことや、高齢層の退職等で職員構成が変化したことにより、支給額は前年度比0・2%減（税引後0・8%減）となる。

特別職の支給額は10%の減額措置を行っている

知事が362万7106円で、副知事が328万6976円、議長が299万7440円、副議長が270万2800円、議員が240万5840円となる。

前年度よりも約800人の増に
特別区採用1次合格

特別区Ⅰ類採用試験の1次合格者が3032人となり、前年度比785人の大幅増となった。より「人物重視」の試験にシフトしたことによるもの。

地方分権が加速し、山積する課題解決に向けた熱意やコミュニケーション能力が職員の資質として重要となる中、特別区人事委員会では、人物重視の観点から、可能な限り多くの受験生の面接を行うよう転換。この結果、1次合格者数が大幅に増加した。

受験者に対する1次試験の合格倍率は、昨年度の3・3倍から2・5倍に下がった。試験区分別にみると、事務の1次試験倍率は昨年度の3・8倍から2・8倍に、また4大技術は1・2倍～1・4倍となった。

2次試験では、受験者の過去の行動を掘り下げることで、実際の行動に表れた能力や特性をもとに評価する「コンピテンシー面接」を昨年度から導入。これまでは事務職のみ口述試験を2回実施していたが、今年度は全試験区分で2回実施するなど、人物重視を強める。

2次試験は7日より実施し、最終合格は8月4日となる。

㉑年度 職員教養講座 ［2］

合格体験記A ①

はじめに

ここ数年、管理職試験の受験率低下が大きな問題となっています。その原因は、▽仕事が多忙で勉強する時間がない▽子育て中のため勉強するよりも家庭の時間を大切にしたい▽管理職として苦労してもリターンが感じられない――など、様々だと思いますが、都全体の活性化という観点からみれば、この現象は組織として非常に先行き不安な状況です。

私の周りを見ましても、大変優秀で管理職としての能力があると思われるような方が、試験の申し込みすら行っていない場合が多いように感じます。そのような職員に、何故受験しないかと聞くと、「管理職としてのメリットを感じないから」という回答が多くきかれます。

確かに我々は都民のために働く公務員ですので、仕事の大きさや内容に満足感を得るべく管理職を目指す職員もいると思いますが、一方で、管理職試験の申し込みもしない優秀な人材が多くいることも事実です。このような状況を打破し、多くの職員が管理職を目指すような、組織として健全な体制にしていくためには、管理職のより一層の条件面向上によるインセンティブ付与を検討するような時代がきているのかと考えさせられます。

受験にあたり

1 合格困難度について

管理職選考Aでは、①業績評価②試験結果（択一・論文・口頭）――の2点により合否が決まり、その合格率は概ね受験者数の10％程度です。10人に1人が合格するうえに、その全員が試験の準備をきちんとしているかというと、そうではありません。上司に言われて仕方なく受験する人や、準備不十分なまま受験する人も多いですので、実質倍率はそれほど高くありません。優秀な職員で受験をしない人が多い現在、管理職になりたい人にとっては、むしろ絶好のチャンスといえます。また重要なのは、合否の分かれ目が、絶対評価ではなく相対評価であるという点です。全体のレベルがどうであれ、上位30人程度（事務の場合）は合格する試験なのです。

2 日常業務が大事

制度の改正により、平成19年度から、日頃の業務成績が高くて評価されている職員が、受けやすい試験制度に改められました。従来と比較して、勤務実績をより一層重視することが鮮明となったのです。日々の業務において評価が高い職員が、管理職として求められている人材であるということです。よって、いかに択一試験や論文試験に力を入れ、実際に高得点を取れたとしても、業績評価が低い職員が合格するのは難しいと思われます。逆に言えば、日頃からコツコツと成果をあげることが、イコール試験対策となるのです。

3 継続的に勉強するには

実質倍率が高くないと言いましても、合格するための準備・努力は必要です。これらを続けていくには、精神的・肉体的なタフさが求められます。試験に合格するには、個人的に次の3点が大切であると思っていますので、よろしければ実践してみてください。

まず1点目は、「何故管理職になりたいのか」という意識を明確にすることです。「なんとなく受ける」とか「上司が勧めたから」では、苦しい時期に準備をさぼってしまいがちになります。自分なりで良いので、主体的で具体的な志望理由を持つことが大切です。

2点目は、勉強を続けるための環境づくりです。具体的には「勉強仲間」と「勉強時間」の確保です。勉強仲間を持つと、そのネットワークにより、自分の準備の進み具合のバロメーターになりますし、独学で勉強するよりも有益な情報が色々入ってきます。局の勉強会や同期の有志等で集まっているパターンが多いでしょうか。そして勉強時間については、当たり前ですが、試験当日までのスケジュールを立てたら、そのとおり実行する時間を無理やりでも作ることです。私の場合は、ウイークデーにおいては、勤務時間終了後では、疲れて時間がとれない日もあると思い、「毎早朝2時間」と「通勤時間」を強制的に勉強時間としました（当然寝不足になる時期も頻発しましたが）。

最後3点目は、目標を達成した場合の自分へのご褒美を決めておくことです。幼稚だとは思いますが、ときには「飴」も設定したほうが、モチベーション維持には良いと思います（ちなみに、私の場合は、計画どおり勉強した場合のご褒美として、合否に拘わらず、沖縄旅行をするという人参作戦を立てました）。

勉強方法

それでは次に、実際に実践した勉強方法や、目標到達点の考え方をお話していきたいと思います。なお、詳細については、別途講座がありますので、ここでは概略に留めることをご了承ください。

1 択一試験

最初に把握すべきことは、19年度から択一試験の位置付けが変更したことです。変更内容で最も重要なのは、「択一試験の足切り化」です。これにより、択一試験については一定水準以上の得点が取れていれば、何点取っていようと合否には影響がなくなりました。よって、必要以上に高得点を取ることは、試験合格という観点から考えますと、何の意味もありません。論文試験に費やす時間とのバランスに注意が必要であるということです。合格ラインは公表されているとおり、標準点50点(偏差値50)です。従って、正答率50％以上の問題をクリアできるレベルまで引き上げることが、択一合格の必要条件となります。

次に、使用した資料等を記載しますので参考にしてください。なお、言うまでもありませんが、本試験は学問としての理解を深めることが目的ではありませんので、基本書を読破してから問題を解くような時間のかかる方法は止めましょう。必ず問題から入り、効率よい習得に努めてください。また各科目の勉強する順序ですが、まずは①経済・財政（出題数8題）②経営に関する知識（8題）③行政管理（6題）を中心に学習を進め、時事系（都政事情・政治経済事情）については、ある程度資料の集まる時期に固めて学習しましょう。会計は、問題数も少ないことから、私は通勤電車以外の時間は勉強しませんでした。

○都政事情（6題）
「公人の友社　講習会資料」（資料のみ購入）

○政治経済等事情（10題）
「公人の友社　講習会資料」（資料のみ購入）

○経済・財政に関する知識（8題）
「ウォーク問　本試験問題集経済原論」経済原論／財政学（LEC）

○行政管理（6題）
「行政管理・会計基本問題集300問」（公人の友社）

○経営に関する知識（8題）
「公務員Vテキスト経営学」TAC公務員講座編（TAC出版）

○会計に関する知識(2題)
簿記3級受験用の問題集（量が少ないもの）

2 論文試験

「択一試験の足切り化」に伴い、相対的に論文試験の重要性が増しています。出題形式は、2題のうち1題を選択するスタイルで、それぞれ各種データの資料を見て、①「都政にとって特に重要と思われる課題を三つ上げ」、簡潔に述べること（400字程度）。そして②「①で述べた課題について検討」し、「解決策を論じ」「反論や障害についても言及する」（1300字以上1800字程度）ことです。

詳細は論文講座を参照頂きたいのですが、対策手順の概略は、①テーマを選定し②当該テーマの論文を作成③添削④論文完成――という流れで作成した論文を2～3本用意することです。加えて、作成したテーマ以外のものについても、重要テーマの論点はまとめておきましょう。

テーマは、「知事の施政方針」や「10年後の東京」等から選定します。また、議会や委員会答弁資料も参考になります。テーマ選定の際は、都庁全体からみて重要なテーマかという視点が大切です。

次に、実際に論文を作成します。論文には求められる形式がありますので、内容に加えて形式も同時に身に着けましょう。形式については、合格者の完成論文を手に入れ読み込むことが一番早いと思います。

そして、添削です。文章は書き手以外の人に考えが伝わらなければ意味がありませんので、添削はとても重要です。添削者は、可能であれば本庁の課長級職員で論文添削の実績が多い方がベストです。添削を多くみている方ほど、ポイントも把握していますし、過去の実績から合格レベルに達しているのかが分かるからです。

最後に、最も大切なのは、当然ながら当日の対応です。用意した論文がそのまま出題される可能性は少ないため、レジュメを綿密に作成し、事前に用意した文章等を組み合わせて、いかに説得力のある論文を作成できるかが勝負となります。暗記した論文をそのまま記載し問いに答えていないものや、総論と各論の整合性がないものでは合格点になりません。

3 口頭試験

筆記試験の合格発表日の約3週間後に、口頭試験が2回（各40分程度）あります。準備は筆記試験の合格発表日以降で十分間に合いますので、まずは択一・論文の準備に集中しましょう。

面接は面接官3人対受験生1人という形で進められます。質問は、主に、①事前に提出する面接票（志望動機やこれまでの仕事の成果等を記入）に基づく質問と、②それ以外の様々な質問（具体的な場面が設定され、管理職としてどう対応するか等）です。いずれも厳しい質問がありますので、想定質問に意図的に導く面接票作りや、過去の面接で質問された事項に対する回答づくりは必須です。当日は、想定していない質問も必ずありますので、柔軟に対応する訓練を積むためにも模擬面接をしておくことをお勧めします。

おわりに

これからの都政は、これまでにない重要案件が目白押しで、やりがいのある仕事[illegible]くなるでしょう。そうし[illegible]代に管理職として働く[illegible]で、より充実した都庁人[illegible]送ることが出来るので[illegible]でしょうか？　受験資格[illegible]るみなさんは、多忙な職[illegible]毎日を過ごしていること[illegible]

カレントトピックス 20年度 38

経済事情

■ダビング10解禁、7月4日運用開始へ（6月19・23日）

地上デジタル放送の録画のコピー制限を現行の1回から10回に緩和する「ダビング10」については、デジタル録画機への補償金をめぐり、電機メーカーに支払いを求める著作権団体とそれに反対する電機メーカーが対立し6月2日の解禁予定日が延期されていた。しかし、19日の総務省情報通信審議会の委員会で、著作権団体がダビング10の開始と補償金問題とを切り離すことを提案したため、7月[illegible]に解禁することで合意し[illegible]

これを受け、放送局や[illegible]メーカーなどで組織するデジタル放送推進協会はダビング10の運用開始日を検討していたが、23日、7月4日午[illegible]時に決定したと発表した。

■骨太の方針2008を閣議決定（6月27日）

政府は27日、福田政権[illegible]経済財政改革の基本方[illegible]太の方針2008）を閣[illegible]定した。低炭素社会の[illegible]消費者庁の創設など福[illegible]打ち出している。また、[illegible]のニーズが高い社会保[illegible]などの重点課題には歳出[illegible]により捻出した財源を充[illegible]としているが、歳出改革[illegible]「最大限の削減を行う」と[illegible]従来方針を堅持する[illegible]り、具体策には踏み込め[illegible]ない。

福田首相は、骨太の方[illegible]答申した同日の経済財政[illegible]会議で「概算要求段階では[illegible]般、特別会計全体を根底[illegible]厳しく洗い直し、無駄ゼロ[illegible]政策の棚卸しを徹底させ[illegible]い」と述べ、2009年度[illegible]算の概算要求基準（シーリ[illegible]グ）策定に向けて額賀財務[illegible]に財政健全化と重点課題[illegible]

20年度 管理職試験講座 特別区 22

財政学

Ⅰ類択一 ⑤

はじめに

管理職選考の択一式問題「財政学」は平成14年度の出題方式の改正により「財政学・地方財政制度」に出題科目が変更されています。

出題内容は、「財政学の基本的な理論、地方財政の役割や仕組み等に関する基礎的専門知識を検証する。地方財政制度は、地方自治制度の財務分野での出題に比べて、地方財政法など、その理解に必要とされる専門知識に関する基礎的問題を出題する」（平成13年12月19日特別区人事委員会事務局「管理職選考の筆記考査について」）となっています。

出題内容

具体的に14年度以降の出題内容を見てみると以下の特徴がわかります。

「財政学」と「地方財政制度」に関する問題が、それぞれ2問ずつ、計4問出題されています。内容としては、財務実務に関する基礎的知識を問う問題が多く出題されています。

下表にもあるように、実際の出題内容及び出題範囲は財政学および地方財政制度のうち、限られた分野から出題されており、ポイントを絞って勉強すれば一定のレベルに到達することができます。あきらめずにがんばりましょう。

勉強方法

(1) 特別区職員ハンドブック

勉強する時間が限られている場合、どうしても出題数の多い科目に集中してしまい、財政学などは後回しまたは、勉強しない人もいます。

しかし、そんな中でも職員ハンドブックの地方財政制度の章は一番手軽に勉強できると思います。大事なところにマーカーを引いて5～6回読み込んでください。時間のない人にお勧めします。

(2) 問題集の活用

基本テキストとしては、公務員試験用の問題集兼解説書が1冊あれば十分です。まだ購入していない人には「公務員試験新スーパー過去問ゼミ2財政学」（実務教育出版）をお薦めします。

計算問題を解く必要はありません。財政学・地方財政制度の過去の出題分野を中心に、文章問題の解説を斜め読みしているだけで、試験の解答に近づきます。要は試験問題に慣れることが重要です。ただ、余裕のある人、一から勉強したい人は、地方財政学（論）の教科書を通読することをお勧めします。

(3) 地方財政法

例年、地方財政法から問題や解答の選択肢が出題されています。

地方財政法は附則を含めて37条からなる短い法律なので、繰り返し読み込んでおき、また、試験直前に確認しましょう。

(4) 地方財政白書

地方財政白書（総務省編）の冒頭には、普通会計に基づく地方財政用語の解説一覧があります。これは語句説明として重要です。図書館等でコピーし、繰り返し読んで覚えましょう。

また、地方財政白書には、直近の地方の財政状況がまとめられています。過去の出題内容を参考に特徴をまとめておくことも有効です。

(5) 過去問題

人事担当課や先輩職員などから過去問題を入手し、これまで出題された問題を解いてみることが必要です。過去5年分程度で十分でしょう。

19年度の問題

では、実際に19年度の問題を解いてみて問題のレベルを確認してみましょう。

【問題 1】

文中の空所ア～ウに該当する語または数値の組み合わせとして妥当なのはどれか。

「ローレンツ曲線は、所得分配の状態を表すために用いられる図であり、下図において曲線AECで示される。ローレンツ曲線が正方形ABCDの対角線ACから離れるほど、所得分配の状態は【ア】である。また、ジニ係数は、ローレンツ曲線に基づいて所得分配の不平等の程度を数値化したものであり、ローレンツ曲線と対角線ACで囲まれた部分の面積の【イ】の面積に対する比で表され、所得分配が完全に平等であれば、ジニ係数は、【ウ】となる。」

D 100 ／ C ／ 所得の累積百分率% ／ E ／ 0 A　0　人員の累積百分率%　100 B

	ア	イ	ウ
①	平　等	三角形ABC	0
②	平　等	正方形ABCD	0.5
③	不平等	三角形ABC	0
④	不平等	三角形ABC	1
⑤	不平等	正方形ABCD	1

【問題 2】

ビルト・イン・スタビライザーに関する記述として、妥当なのはどれか

① ビルト・イン・スタビライザーの機能は、租税制度のみが有し、社会保障費などの移転支出には見られない。

② ビルト・イン・スタビライザーは、税収の所得弾力性の値が大きいほど、その効果が大きい。

③ ビルト・イン・スタビライザーは、意思決定に時間がかかるため、実際に政策が実施されるまでのタイム・ラグが生じる。

④ ビルト・イン・スタビライザーの機能を有するためには、累進税率構造を備える必要があり、法人税は比例税率であるので、その機能を有しない。

⑤ ビルト・イン・スタビライザーは、税率を操作することで、経済の安定化を図る裁量的財政政策である。

【問題 3】

地方財政計画に関する記述として、妥当なのはどれか

① 地方財政計画は、地方財政規模を把握するために作成され、そこで示される歳入歳出総額は、翌年度の全地方団体の現実の予算を合計したものである。

② 地方財政計画は、地方団体の営むすべての財政活動の分野を対象とするものであり、国民健康保険事業会計や公営企業会計もその歳入歳出に含まれる。

③ 地方財政計画は、国の予算と地方財政の整合性を図るために作成され、地方団体の歳入歳出の決算規模が地方財政計画の規模より大きくなることはない。

④ 地方財政計画は、地方団体の財政運営指針としての役割を有し、内閣は毎年度作成して国会に提出するとともに、一般に公表しなければならない。

⑤ 地方財政計画は、その法的根拠を地方財政法に置いており、地方財源を保障するものであるから、税収入には標準税率を超える超過課税分が含まれる。

【問題 4】

地方交付税制度に関する記述として妥当なのはどれか

① 地方交付税法上、国は、地方交付税の交付に当たって、その使途を制限することはできないが、条件をつけることはできるとされている。

② 各地方団体について算定した基準財政需要額が基準財政収入額を超える額の合算額が、普通交付税の総額を超える場合は、当該不足額は普通交付税を増額してこれに充てなければならない。

③ 特別交付税は、普通交付税の算定期日前に生じた災害などの特別の財政需要を考慮して交付されるものであり、普通交付税の算定方式から生じる画一性を補完するための制度ではない。

④ 財政力指数は、測定単位に単位費用と補正係数を乗じて得た数値であり、この数値が1を超えると地方交付税が減額される。

⑤ 地方交付税の総額は、所得税、酒税、法人税、消費税及びたばこ税の5税の[illegible]割合を合計した金額であ[illegible]

財政学・地方財政制度の過去の出題内容　単位：年度

		1～14	15	16	17	18	19
財政制度	財政投融資	1					
	市場の失敗・外部経済	1			○		○
	公共財	4				○	
	公共料金・費用逓減産業	2					
	資源分配機能	1					図
	公正な価格競争	1					
	予算制度	1					
	国の予算の経費分類	1					
	国の予算の種類		○				
	国の予算の形式			○			
	国の補正予算・暫定予算	1					
	PPBS予算	1					
	シーリング方式	1					
租税論	租税の転嫁・帰着	3		図		図	
	超過負担	2					
	消費税	2					
	税収の所得弾力性	2					
公債論	公債管理政策	1					
	公債発行の効果	2					
	国債	4			○		
地方財政制度	地方債	3		○		○	
	国庫支出金	2					
	地方財政	2				○	
	地方交付税	3					○
	地方財政計画	2	○				○
	地方税制	4			○		
	地方財政白書		○		○		
	地方財政分析用語			○			
	都区財政調整制度	3					
マクロ財政政策	国民所得変化・乗数効果	3					
	均衡国民所得	2					
	IS—LM曲線	4					
	金融政策と財政政策	1					
	流動性のわな	1					
	フィスカル・ポリシー	1					
	ビルトイン・スタビライザー	2					○
	合理的期待形成学派	1					
	マネタリストの考え方	1					
	サプライ・サイダーズの財政政策	1					
経費	国家経費膨張の法則（ワグナーの経費論）	1	○				

1年～14年度：14年間の出題回数　○：文章による出題　図：グラフを使った出題

問題の解説

【問題 1】 正解 [illegible]

所得分配の状態は、ローレンツ曲線が45度線に近い[illegible]「より平等」である。ジニ係数は、ローレンツ曲線と[illegible]線で囲まれた部分の面[illegible]度線の下の三角形の面積[illegible]表される。また、ジニ係[illegible]範囲は0から1であり、完全[illegible]平等な場合は0、完全[illegible]平等な場合は1となる。

【問題 2】 正解 [illegible]

① 誤り。累進課税制[illegible]社会保障制度がある。

② 正解

[illegible]

葛西臨海水族園

累計入園者4000万人に

水中の異世界を見てさわって楽しもう

葛西臨海水族園長　上田恭幸

葛西臨海水族園は6月7日、開園以来の累計入園者4000万人目のお客様をお迎えすることが出来ました。府中市からいらしたご家族連れで、幼稚園に通う女のお子さんでした。当日はペンギンのぬいぐるみと共にお迎えし、認定証と当園オリジナルのマグロのぬいぐるみを記念にお持ち帰りいただきました。

来年には開園20周年を迎えます。開園当時は世界でも有数の最先端を誇る巨大水族館で、ここで生み出された水族館技術はその後の世界の水族館建設に大きな影響を与えました。

マグロ水槽への挑戦

たとえば巨大アクリルガラス水槽の実現です。この技術の成功で、大阪や名古屋、沖縄に次々と巨大水槽が誕生したのです。当時、アクリルガラスの製造は工場でしか生産できず、水槽前面の大きさは道路を使って輸送できる大きさに制限されていました。どんなに大きくても長さ6㍍、幅3㍍が限界だったのです。

その限界に挑戦したのが当園のマグロ水槽です。水槽は厚さ26㌢㍍のアクリルガラスで出来ています。この厚さも当時は世界最大でした。また、水槽はドーナツ型になっています。その形状にあわせアクリルガラスを曲げなければなりません。これも専門の装置を製作し曲げたのです。深い水槽には大きな圧力がかかります。その圧力に耐えて水漏れがしないようにする接着剤はまだありませんでした。これを現場で接着して全面ガラスにしたのです。葛西での成功を端緒に技術が向上し、美ら海などの大水槽が可能となったのです。この技法は世界に羽ばたいています。

いまや当然のように泳いでいる巨大マグロも、陸上施設での飼育は世界初でした。幼魚を採集してきて畜養生簀で育成してから水槽に放すという試行錯誤を重ね、ようやく巨大マグロに育てる技術を培ってきたのです。

4000万人目のお客様を迎えた葛西臨海水族園

6月には長年の課題であった陸上飼育施設下での産卵に9年ぶりに成功しました。成功の陰には純酸素の注入や光と温度の調整など、さまざまな技術が駆使されています。陸上施設で採卵できるということは台風など自然環境の影響を受けないで安定的に採卵できることを意味します。世界的なマグロ資源の奪い合いの中でこうした技術が役に立つ時が来るのではないでしょうか。

水族館は巨大な海水浄化処理工場でもあります。海水魚を健康な状態で飼育するには新鮮な海水が必要で、元の海水は八丈島沖合いから運んでいます。人工海水より利点が多いため使用していますが、使い捨てるわけにはいきません。大食漢で一生泳ぎ続けるマグロは水槽の海水を汚します。この汚れた海水を浄化するのに巨大な濾過装置がいくつも使用され、海水を流すためにポンプがいくつも動いています。このどれか一つでも故障すれば飼育する魚の全滅を意味するため、24時間の監視体制で異常を見張っています。

巨大な工場のような設備で生物を飼っているため、新たな施設を付け加えることは簡単ではありません。それゆえ、お客様からご覧になればいつ行っても変わらない同じ水槽というイメージが出来上がります。水槽は大きく変えることは出来なくても、中身はその季節ごとに変えています。海に生きる生き物も季節によって変わるからです。水族園の職員は水槽は変えられなくても、新しい変化を見ていただけるよう季節に応じた工夫をしているのです。

世界中の海から

もう一つの特徴は、世界中の海の生物が展示されていることです。南極や北極、赤道直下の海、紅海、地中海など、特徴のある海の生物を集めています。最近は、きれいな海水魚が売られるようになりましたが、開園当時はすべて現地に採集に行って集めてきました。多くの外国人は魚に興味がなく、日本人がわざわざ採集に来ることを珍しがられることが多かったのです。リーフィ・シードラゴンのように、葛西で展示するようになって珍しい魚として世界に認知された魚もいます。

外国での採集は本国の輸出許可を取ることや、採集地の選定など現地の協力がとても大切です。採集した生物を日本に送り出すまで飼っておく水槽や入れ物など、水族館や漁師などの援助なしでは成功はおぼつかないのです。こうした世界中の水族館や協力者とのパイプもおそらく日本一だと思います。東京湾の魚などは地先の魚類を展示し、あとは購入できる生物の展示ならそれほどの苦心もいりません。来園される方のためにも世界の珍しい魚の展示が続けられるよう、これまで築いた世界の関係者との絆をこれからも大切にしていきたいと思っています。

3種類のペンギンも飼育していますが、このうちフンボルトペンギンが国内はもとより世界の動物園へ渡っているのをご存知でしょうか。野生のペンギンを新たに導入することが難しい中で、多数のペンギンを飼育している葛西臨海水族園では、計画的に園内で繁殖させています。

こうした中で先日もフンボルトペンギン12羽がインドネシアのタマンサファリ動物園に送られました。タマンサファリ動物公園からは多摩動物公園にオランウータンが繁殖、研究を目的に贈られました。このように野生動物の保全が動物園、水族館の重要な課題になっている現在では、国際的な連携もたいへん重要になっているのです。

楽しい思い出作りに

水族園には家族連れでお見えになるお客様もいます。特に小さなお子さんに楽しい思い出を作っていただくことは、動物園や水族園の大きな役割の一つです。思い出は大きな魚や珍しい魚をみることに加えて、家族で何かを行ったということも印象に残るようです。そのお手伝いとして、水族園では家族連れの多い土日や祝日に参加型の催し物を開催しています。

最近人気だったのは、名刺用の紙と輪ゴムを使った飛び跳ねる蛙づくりです。遊び自体は昔からあるのですが、紙にカエルの絵を印刷して、子供に色を塗ってもらい組み立てることに意義があります。単純な仕組みで飛び跳ねるのを見て大喜びして下さいます。

もう一つ話題になっているのが、レストランでのペンギン体験メニューです。話題づくりとして水族園らしい食事が出来ないかと職員が昨年から構想を開始し、開発したものです。中身は小あじやキビナゴ、エビなどのペンギンの餌と同じ種類の魚類を人が食べやすいように、から揚げにしたもので、一日40食限定で作りました。完売する日も出るほどの話題メニューになりました。飼育職員と相談して材料は忠実に選び、それにお子様用に旗を立て解説もつけたのが良かったようです。カルシウムたくさんのこのメニューは、お子さんとご家族との話のきっかけになり、団欒に役立ったようです。

水族園の人気スポットは、世界の海コーナーのリーフィ・シードラゴンや、マグロの食事タイム、ペンギンのアクリルガラス前、伊豆七島の海に泳ぐ海亀などたくさんあります。中でも人気なのが渚コーナーのしおだまり水槽です。ここではウニやヒトデなどに指で触れることができます。初めての感触に子供はさまざまな反応を示します。こうした海の生き物とのふれあいをできる場所をもっと充実させてみたいとも思っています。

7月頃から夏休みにかけては、飛び魚が東京の海の水槽に登場します。3カ月間しか展示できない期間限定の魚ですが、普段見ることの出来ない優雅な姿をご覧になるのはいかがでしょうか。南極の魚やマンボウなどに会いに水族園に来て見ませんか。職員一同、ご来園をお待ちしています。

ともに生きる　30

「先生！これ、常磐貴子の車いすよ！」と高等部のAさんが言いました。「?・?・～」と見ると、全体がシックな黒、フレームに黄色（私には金色に映りました）を使用した車いすでした。「車いすにも、ブランドが誕生した！」と、イメージ一新の時でした。それは、高視聴率を記録したテレビドラマ『ビューティフルライフ』（脚本・北川悦吏子）で、ヒロイン常磐貴子さんが使用した車いすのことです。Aさんはその時、はずんだ声で、とても誇らしげでした。

車いすのイメージは概ね、病院などに置かれている誰にでも合うようなビニールシート張りの大型の車いすです。今では、車いすは色も柄も鮮やか、布製で質感にも配慮があります。小学部の子どものショッキングピンクの可愛い車いすを見た時には、お母さんの子どもへの思いの深さと温かさを感じました。色・柄など、好みに合わせて選べることは、その人らしさや個性を表現できるということを意味します。

自由に活躍できる支え＝車いす考②

車いすを押す介助者も、「街を一緒に楽しく歩きたい」と思うものです。

車いすは、その人の体の一部です。機能性・機動性の面からの追求が最も大切です。一人ひとりの体の状態に合わせた仕様でつくることが基本ですが、近年は工学技術の進歩によって、体の変形や緊張の状態などを詳細にチェックし、体の型など採りながら、更に丁寧に創られるようになりました。オーダーメイドの質も向上しています。電動車いす・スポーツタイプ・持ち運びに便利な軽量タイプなど活動に合わせて、活動の幅を広げる機能を備えた車いすも活躍しています。

「障害者基本法（1993年）」の基本理念には、「社会、経済、文化その他あらゆる分野の活動に参加する機会を与えられるものとする」とあります。「車いす考」の前提としては、あらゆる活動に参加できる多様な選択肢のある環境づくりが必要です。車いすは、その主人公が自由に生き生きと活躍できる支えです。

（元都立村山養護学校長　飯野順子）

住民との熱い交流

がんばれ！公務員　32

文とマンガ　鈴木武征

公務員バッシングが止まらない。

悪いことは正さなければならないが、いたずらに国民の行政不信をあおるような叩き方には感心しない。

私の最初の職場である都営住宅管理事務所は東京西部地区を管轄とし、都営住宅の突然の給排水、電気設備などの故障に備え、宿直制度があった。

男性職員による交代勤務で、宿直手当と近所のそば屋の定食券が支給されたが代休は無く翌日は平常勤務、手当も食券と同額程度で、妻子持ちの職員には不評で、独身、若手職員が代理することが多かった。

勤務時間を終え、所長、古株職員が帰ると、宿直室は若手職員の麻雀室に変わる。

事務所は新宿区内の団地の中、敷地に接する通りは少し下がった位置にあるため、室内が見通せるほどではないが声は筒抜けだ。

夏などは窓は開けっ放しだから、外を通る人にパイをかき回す音、ポイとかロン！という歓声が聞こえる。

今なら「公の施設を何と心得る」「電気代は誰が負担しているのか」なんて声が飛んで来そうだが、40数年前のそこでは不思議にそういう声は一度も聞かなかった。

今でも忘れられない思い出がある。

ゲームに夢中になった一人が灰皿を使うのが面倒だったのか、吸いかけのタバコを窓外に放り捨てた。

ややあって男性の「ホラ、税金だぞ！」という声と共にそのタバコが戻ってきた。

室内は自分たちのやったことは棚に上げ、「何しやがる」「危ねーじゃねぇか」などと一瞬どよめいたものの、タバコを始末した後は何事も無かったかのように麻雀が続いた。

道路を歩いていたら突然、火のついたタバコが降ってきた。怒鳴り込んでもいい立場なのに、冗談で返してきた男性の度量に感服する。

たまたまそういう人に巡り合わせただけとも思うが、事務所の職員にもそれなりの素地はあった。

住民から故障等の連絡が入るとまず壁面にある連絡業者へ電話するが、深夜などは応答のないこともある。

当時の職員は大概の故障なら自分で直せる技術があって、麻雀を中断し、中野、杉並から練馬などの管轄区域にホイホイと出かけて応急措置を施し感謝された。

故障対応は事務所の所掌事務の一部に過ぎないが、この身軽さとサービス精神は他の仕事全体にも行き渡っていた。

職員は「夜中でも飛んで行くから麻雀ぐらいさせてよ」と甘えている。

住民は「あいつらどーしようもないけど、いざという時は役に立つ」と我慢している。

業者は「俺達、昼間頑張っているんだから、夜は休ませて」と望んでいる。

互いの間に立場による境界はあるものの、見えない、分からないというほどの壁は無い。

その根底にあるのは、お互い人間、欠点もあれば長所もある。「あんたも大変だねー、細かいことはいいからお互い頑張ろう」という温かさだ。

住民意識が今ほどでない、時代が許していたという面もあるが、いつの時代でも人の心はさほど変わらない。

住民と公務員間の溝を深めるような報道、批判があってもいじけているだけでは前進しない。

絶えず「あなたのお役に立ちます」という精神で臨めば、熱いものが交流する道は必ず開ける。

都政新報

発行所　都政新報社
〒160-0023 東京都新宿区西新宿7-23-1 TSビル
〈総務・読者〉03-5330-8781
〈企画広告〉03-5330-8784
〈編　集〉03-5330-8786
〈出　版〉03-5330-8788
〈セミナー事業部〉03-5330-9977
〈ファクス〉03-5330-8808
購読料　月1,680円(税込)
毎週火・金曜日発行
但し、祝祭日は休刊

紙面から

京浜3港の広域連携

国に物流網整備を要求

港湾経営一元化も視野

都が川崎、横浜の両市と合意した京浜3港(東京港、川崎港、横浜港)の広域連携で、都は国に関連道路網の整備など交通ネットワークの整備を要望した。3港の入港料を一元化するなど利便性を向上させ、集荷力を強化したい考えだ。都は今後、将来的には港湾経営の一体化も視野に入れた「京浜港共同ビジョン」を策定する予定。

上海、釜山などアジア諸港の躍進で国際的地位は低下している東京港=都港湾局提供

都が3月に交わした合意書には、石原知事の直筆のサインが入っている。「ポートオーソリティ」を1期目から主張してきた石原知事にとって、京浜港の広域連携は横田基地の軍民共用化と並ぶ「最後に残った公約」。入港料や申請書類を一元化し、港の使い勝手をよくすることで、港に集まる荷物の量を増やす狙いだ。

背景には、中国などアジア諸国の経済発展で、東京港などの国際的地位が低下していることがある。07年の東京港の外貿コンテナ取扱個数は、372万TEUで、過去最高を記録。だが、96年に世界11位だった取扱量は、06年には23位に後退している。

海運会社は、航行の期間をできるだけ短縮しようと、一つの港で荷物を満載し、目的地に直行するため、寄港地として、集荷力のある港を絞り込む傾向にあるという。

国内ではすでに、大阪、神戸など4港が入港料を一元化。京浜3港でも、入港料や申請書類を一元化することで直行便を増やし、集荷力を強化する目的がある。港湾関係者を交えた推進会議が年内にも設立される見通しだ。

■　■

ただ、集荷力を高めるだけで、消費者に荷物を輸送する交通網がなければ、物流が滞るのは避けられない。横浜港から東京湾岸道路に通じる「国道357号」の一部に、一般国道が途切れている部分がある。その一つが、大井埠頭と台場を結ぶ「東京港トンネル」。首都高でしか通れず、国道で千葉に行く車は、品川や芝浦を経由することになる。

国への提案要求の中には、この国道357号や東京港臨海道路など、物流に必要な道路網の整備が盛り込まれている。輸送ルートを確立することで、京浜3港の国内ハブ機能を強化しようという考えだ。港湾局幹部は「ポイントは港の貨物量。3港あるとしても実質的に一つの港と実感できるサービスを提供したい」と話す。

京浜3港は、当面は各自治体が独自に運営し、合意した事業から順次連携することになるが、将来的には港湾経営を一元化することを視野に入れて検討を進める方針。名古屋港のように一部事務組合に移管した例もあり、別組織が京浜港を運営することも、選択肢の一つになりそうだ。

拠点港の整備が急務

【解説】京浜港の連携について、海運業界では「歓迎するが、そこまで大きなメリットは見込めない」との受け止め方が一般的だ。北米などからの基幹航路では、東京と横浜の2港を同時に寄る船が少ないためで、恩恵を受けるのはアジア諸国からの中・小型コンテナ船にとどまると見ている。海運事業者などで作る㈳日本船主協会の関係者は「3港を運営する埠頭公社が一つになれば、メリットはあるかもしれない」と話す。

日本の港の国際競争力が弱まった一因としては、国が外国船の寄港地を65港も整備したことが指摘されている。日本の外貿コンテナ取扱個数は約1600万TEUで、これを多くの港が分け合っている構図だ。一方、韓国では外国船の寄港地を釜山、光陽などに限定し、拠点となる港を重点的に整備している。

国も04年、「スーパー中枢港湾」として京浜港を育成する構想を示したが、一向に進んでいないのが現状だ。京浜港が拠点港としての地位を確立するには、「自治体連携の先」まで見据えたビジョンが必要になる。(祐)

豊洲新市場予定地土壌汚染問題

膨大な税金投入は本質外す

リスク管理のあり方示せ

追跡

「豊洲新市場予定地における土壌汚染対策等に関する専門家会議」(委員長=平田健正・和歌山大システム工学部教授)が13日に8回目の会合を開き、最終提言案の議論に入る。豊洲新市場予定地の一部で、基準の4万3千倍を超えるベンゼンなどの有害物質が見つかり、市場関係者や都民に大きなショックを与えた。石原知事は、「敷地全体が高濃度の物質で汚染されているわけではなく、その範囲は極めて限られている」と豊洲移転の方針を変えていないが、不安は解消されていない。

腰を抜かして当然

豊洲新市場予定地が安全かどうかを判断するなら、現状では極めて危険で、食品を扱う用地としては相応しくない。

07年4月の都知事選で築地移転の是非が争点となり、石原知事は有力候補によるディベートの中で、専門家による土壌汚染の再調査を約束した。これを受けて都は5月に専門家会議を発足させ、土壌と地下水の追加調査を決めた。10月には1000倍を超えるベンゼンが地下水と土壌から検出されたが、それでも石原知事はもちろん、推進する側は「想定内」としていた。

今年5月、一部報道で、4万3千倍のベンゼンが検出されたことが明らかになり、専門家会議でも同様の報告があった。これを機に雲行きは変わった。

最も敏感に反応したのは、皮肉なことに石原知事自身だった。知事は、「新しい技術と工法」で豊洲移転は可能との考えは崩していないものの、「陸路の運送がスムーズになったら、クール宅急便なんかもある訳だし、内陸のほうにできないかということを言ったんだけども……」(5月16日の記者会見)と本音を漏らした。

第2回定例都議会では、与党の公明党が「再検討」を表明。「豊洲移転」に賛成してきた生活者ネットも「再考」を表明するに至った。

4万3千倍という桁違いの数字を見せつけられては、腰を抜かすのも当然だ。現にあるリスクと向き合えば、立ち止まって当たり前の数字だ。

ただ、豊洲移転一点張りの推進派と、築地現在地再整備一点張りの反対派との確執の中では、事の本質を見誤るようにも思える。

豊洲は、豊洲だけの問題ではない。日本の土壌汚染対策の現状が凝縮された事例だし、都が意識するかしないかを別にしても、全国の土壌汚染対策のメルクマールになるからだ。

法改正論議の最中

6月11日、中央環境審議会土壌農薬部会土壌制度小委員会(委員長=松本聡・東大名誉教授)が初会合を開いた。同小委員会は、施行後5年が経過した土壌汚染対策法改正に向け、今後の土壌汚染対策のあり方を議論している。

全国で土壌汚染が存在する土地は、環境省の試算によると、23区の面積をはるかに上回る11・3万㌶ある。土壌汚染対策費は、16・9兆円に及ぶという。汚染対策費が多額のため売却が困難な土地、いわゆるブラウンフィールドは、このうち2・8万㌶に達する。

一方、土壌汚染をめぐる紛争は、豊洲新市場予定地だけではなく、各地で相次ぐ。土地所有者は、住民の反発を恐れ、軽度の土壌汚染でも掘削除去をするケースが多い。

法施行後、思うように土壌汚染対策が進まない中で、土壌汚染という環境リスクとどう向き合うのか。国レベルでの模索が始まっているのだ。

法の趣旨を越え、膨大な税金をつぎ込んで土壌汚染対策を行うことは、都が財政的に豊かだからできることで、全国で真似を始めたら、ブラウンフィールドをますます顕在化させるだけだ。

専門家会議の平田座長は、「リスクはゼロにはならない」と断言した。この言葉は、この辺であきらめろという意味ではない。知事はあくまで「新しい技術と工法」を模索しているようだが、本質から外れている。

都が都民や市場関係者に示すべきは、リスク管理のあり方だ。新市場予定地では、土壌汚染が完全に除去される前提ではなく、現に残った汚染をどうリスクコントロールするのかが重要な課題となる。

リスクコミュニケーションには、正確な情報とオープンな議論が欠かせない。施設は、生鮮食料品を扱っており、ほんの少しの数値の変動が想像以上の憶測を呼ぶ。リスク管理は、数年で終わるものではなく、施設がある限り続くものだ。

ここでボタンを掛け間違えると、「豊洲」のブランドは崩壊する。

法律の枠組みがあるにもかかわらず、全国の土壌汚染地で紛争が起きたり、塩漬けになっているのは、住民の理解を得るのがいかに難しいかを示している。豊洲新市場予定地も例外ではない。

専門家会議は、7月中に最終提言をまとめ、役割を終える予定だ。都はそれを受けて、具体的な計画や費用を明らかにする予定だが、その中には、全国の土壌汚染対策の現状を踏まえた費用対効果、環境リスクの管理という視点を忘れてはならない。

高濃度の汚染が明らかになった豊洲新市場予定地

都建設局

用地取得業務を再構築

マンション敷地 65%が未折衝

「定数は減、予算は増」

都建設局は「用地取得業務の改革」をまとめ、重点路線箇所の絞り込みと収用・代執行の推進、用地専門副参事の役割の見直しなど、体制の再構築を打ち出した。

「10年後の東京実行プログラム」では、幹線道路をはじめ、ハード事業のスピードアップで具体的な数値目標を掲げたが、インフラ整備を進めるためには、その出発点として用地買収がある。人海戦術に依拠する面があるが、用地予算が増える中で職員定数は削減され、執行率も厳しいのが実情。これを立て直すのが狙いだ。

用地定数と職員一人あたりの予算執行額を見ると、04年度に228人で3・3億円だったが、07年度は220人で5・2億円と1・6倍に増えている。

建設局は現在、重要・推進路線として109路線を指定しているが、実際には路線数が多すぎて集中的に取り組めないという。このため量と質の観点から分類し、用地取得率90%以上を質の重点路線として3年以内の完了をめざす。

また、マンション敷地等は権利者が多数にわたり、用地取得に手間がかかる。07年7月現在、都内に170件あり、その65%にあたる110件が未折衝となっている。このため道路整備保全公社に業務委託し、マンション専従班を新設して取り組む。

収用基準は03年4月に改正し、「事業認可から5年経過または用地取得率80%を超えるもの」とした。しかし、収用件数そのものは、その後も増えず、適用に消極的なまま先送りされるケースが多い。運用の明確なルール化と実務の周知を図るという。

ベテラン職員の大量退職時代に入り、用地経験の浅い職員が増加し、毎年3分の1の職員が入れ替わっている。このため業務の中核となる用地専門副参事の職責と権限を見直した。困難案件や収束箇所をピンポイントで担当し、あと一息で工事につながる案件の処理にあたる。指揮命令権も付与した。

都政の東西

地球の未来

北海道洞爺湖サミットが7日から始まった。9日までの開催期間中、全国の自治体では、従来の地球温暖化防止の取り組みに加え、さらなる省エネ行動に取り組んでいる。

職員としての行動では「マイカー通勤、公用車の自粛」や「退庁時間の一斉消灯」などが行われ、八王子市では「温暖化防止 チャレンジ9000!」と題して、1人1日1㌔㌘、職員約3千人が3日間で合計9千㌔㌘のCO_2削減にチャレンジ。各職場では、マイ箸、マイボトル運動も推進するほか、家庭での取り組みには温暖化対策チェックシートを配布し、一人ひとりのCO_2削減量をチェック。今月中に9千㌔㌘が達成できたかどうか、結果を公表するという。

こうした自治体の取り組みは、市民のCO_2削減行動を促すことが目的。八王子市環境政策課は「職員が本気で取り組めば、これだけ減らせるということを知らせ、市民の意識啓発と行動につなげたい」と期待する。

市民の自主性に任せるほかない取り組みには、どの自治体も頭を悩ませるところだが、基本は「できるだけ目に見える形にして意識を高める」こと。しかし、環境問題に関心のある人の多くは、自治体が示したメニューはもちろん、自主的にCO_2削減行動を始めている。大人への取り組みは、頭打ちの状況だ。

そこで各自治体が新たなターゲットとして注目するのは小学生。「子どもたちの取り組みは家庭の取り組みにつながり、自治体対策への波及効果が期待できる」と、様々な形で省エネへのチャレンジを促す取り組みが計画されている。環境配慮の行動を子どもの頃から身につけることは大切で、効果も大きいだろう。しかし、小さな肩にかかる地球の未来。大人が作った「ツケ」を回しているようで、心なし、後ろめたい。

資源回収で新機軸

技術開発推進計画

都下水道局

都下水道局は3日、実用化を見越して技術開発の具体的テーマを示す「技術開発推進計画2008」を策定した。地球温暖化対策に焦点を当てたのが特徴で、目玉の一つが太陽電池を活用し、下水汚泥からリンを回収する技術だ。

下水汚泥に含まれる窒素やリンは、直接放流すると藻の原因になるため、汚泥を焼却するなどして取り除いている。汚泥や焼却灰からリンを鉄分解し、回収することを目指す。すでにリンを回収している自治体もあるが、太陽電池を使うのは世界初の試みという。

リンは農産物の肥料として使われ、日本では年間70万㌧を輸入。だが近年、各国の穀物増産の煽りを受けて値段が急騰している。下水汚泥にはリンが大量に含まれており、23区だけで4万5千㌧あるという。実用化できれば、相当の量を肥料として使うことも可能になる。

計画では、産学公の連携も掲げた。同局は3日、水・汚泥処理の技術開発を行う拠点として、「下水道技術研究開発センター」を砂町水再生センター(江東区)に開設。水処理実験プラントのほか、下水や汚泥の供給配管を備えた実験フィールド(約300平方㍍)を4区画整備した。同局では「汚泥を研究所まで運ぶ間に、性質が変わることもある。現場で『生きた研究』になる」(技術開発課)と話している。

元旬ジョーク

洞爺湖サミット開幕、各国三すくみで画期的展開は期待薄

若手職員「うちの局議もジーエイトだよ」

節8

公明が2次公認を発表

都議選候補者

公明党都本部は3日、09年夏に行われる都議選の第2次公認を発表した。第2次公認は、江東区の木内良明氏(63)、大田区の藤井一氏(54)、荒川区の鈴木貫太郎氏(64)、町田市の小磯義彦氏(53)、北多摩1の谷村孝彦氏(45)など、16選挙区の計18人で、全員が現職。第一次公認を含めると、公明党の立候補予定者は23人(現職19人・新人4人)となる。

公益通報制度

通報者の秘密保持を

11区で「第三者窓口」

組織の法令違反などに対し、内部告発でコンプライアンス（法令順守）を強化する公益通報制度が、各自治体で普及してきた。制度の実効性を高めるには、弁護士などが運営する第三者窓口の設置が効果的とされているが、23区で設置しているのは11区。そのうち、条例で権限などを担保しているのは6区にとどまる。公益通報者保護法が2006年に施行され、住民からの外部通報や職員からの内部通報が法的に裏づけられたが、その受け皿の整備が急務となっている。

条例で権限の担保は6区

公益通報制度に関連して区市町村では、通報窓口などを設置する動きが広がっている。住民や企業などの外部通報と、庁内の職員からの内部通報の双方を受ける体制づくりが進んでいる。23区は、全区で公益通報を受ける体制を整えているが、その中身については各区でばらつきが生じている。特に、窓口の整備で各区の取り組みに差が見られる。

通報窓口は、通報者の秘密保持と、通報後の身分保障が最大の課題。組織内部で運営する窓口は、その実効性が疑問視されている。国の定めたガイドラインでも、公平性や透明性の確保のために外部人材の登用が望ましいとされ、第三者窓口の設置が努力目標として挙がっている。全国の自治体を対象に内閣府が3月に実施した調査によると、こうした第三者窓口を外部に設置している割合は、府省庁で約28％、都道府県で約55％、市区市町村で約11％だった。

23区では現在、弁護士などに委嘱した第三者窓口を11区が設置している。条例を制定して権限や独立性を担保している区は、千代田、杉並、目黒、新宿、板橋、中野の6区。他の5区は要綱などで規定している。

千代田区は03年、自治体で初めて「職員等公益通報条例」を制定した。同条例に基づく内部通報の適用で注目を集めたのは、区のプール監視員関連事業。05年、委託業者が契約に違反して、無資格者の配置や定員不足状態を続けていたことが内部通報で発覚。区は業者に改善勧告を行った。

千代田区の条例は、区職員のほか、関連機関の職員、区が事業を委託する事業者とその従業員などを対象としている。区から独立した「行政監察員」2人を設置。通報窓口業務、調査などを行う。行政監察員は弁護士に委嘱。守秘義務を課して、通報者の情報が周囲に漏れないように配慮することを定めている。

中野区は1日に職員倫理条例を施行し、区長の付属機関として法令順守審査会を創設した。委員には弁護士など外部人材3人を任命し、区職員は事務補助のみを行う。審査会は通報窓口業務に加え、通報内容の調査や審査、区長への答申などを委員の合議制で行う。区担当者は「通報後の対応も、区から独立した審査会で行い、従来よりも高い透明性と公平性を確保する」としている。

公益通報制度は、助成金などの不正受給、議員や有力者からの口利きなど、不当要求の防止策としても注目される。しかし、運用面で解決すべき課題が残されている。

公益通報の対象は違法行為に限らないため、初期段階の内容吟味が重要になる。ある区の担当者は「予備的な調査で、明らかに問題のないことが判明する場合も少なくない。職場の愚痴に近いものもある」と実情を話す。

通報者の権利保護で強化を求める声も多い。匿名通報は、原則的に認めない区が大半。通報時の秘密保持を厳格にしていても、調査段階では秘密保持が困難になる可能性が高い。組織内での「報復」防止などを徹底することがカギになる。

公益通報制度の周知化が図られてきたものの、内部告発に対する偏見も根強い。「過剰な制度化は職員の萎縮を招く恐れがある」との慎重論もある。抑止力と実効性のバランスが、今後の制度運営で求められる。

「真の地方分権へ」

特別区長会が国に予算要望

増田総務相（左から3番目）に要望書を手渡す多田会長（左から5番目）

特別区長会（会長＝多田正見江戸川区長）は4日、09年度国の施策と予算、オリンピック日本招致の要望書を財務、総務など6省に提出した。近年、財務省への概算要求が早まっているため、区長会は要望を今までより1カ月前倒ししたという。

09年度国の施策と予算の要望は、12項目ある。地方分権改革の推進では、基礎自治体の役割分担の見直しを行った上で、事務移譲、税源移譲など「真の地方分権を実現すること」を要望した。税源移譲では、国庫補助負担金について国と地方の役割分担を明確にし、国の責任で行うべき財政負担を地方に押しつけず、超過負担が生じないようにする措置が必要とした。また、07年度は東京富裕論が再燃し、東京の法人税を地方に再配分する議論が国で過熱したが、「地方固有の税を地方間の財源調整に用いる方策を行わないこと」と釘をさした。

新規の要望は、2項目ある。新型インフルエンザ対策では、いったん流行すれば人口密度が高く860万人が居住する23区では感染が一気に拡大するため、「感染拡大の抑制及び大規模発生時の被害抑制のための措置を図ること」と指摘した。また、介護保険制度の改善について、「介護報酬を都市部の実情に見合う設定とする」ことなどを要望した。

09年度の施策と予算要望ではないオリンピックの日本招致は、個別に要望する形となった。招致を国家プロジェクトとした上で、政府による財政保証、全国的な招致機運の醸成、競技大会に必要な道路などの整備を求めた。

【09年度国の施策と予算の要望】

「地方分権改革の推進」「多様な保育環境の整備」「ホームレス自立支援策の充実」「障害者施策の充実」「介護保険制度の改善」「新型インフルエンザへの対策」「交通システム等の整備促進」「都市計画道路の整備促進」「災害応急対策の充実」「緑化対策の推進」「地球温暖化防止、ヒートアイランド対策の推進」「学校教育の充実」

利用者50万人突破！

コミバス評価で研究会　文京区

文京区はこのほど、コミュニティバス「B－ぐる」の延べ乗車人数が、50万人を超えたと発表した。区は今年度、事業の評価を行うため、学識経験者、公募区民などで構成する研究会を5月に設置。現行の路線、運行本数などを分析し、今後の方向性を検討している。

文京区は昨年4月末、コミュニティバスの運行を開始。区役所、巣鴨駅、駒込駅など、区内33カ所の停留所を結ぶ循環型の路線で、1日に39便を運行している。

区は開業当初、1日あたりの平均乗車数を約600人と見込んでいたが、開業以来、平均1100人ほどで推移。目標を上回る実績を出しているという。6月末に延べ乗車数が50万人を突破した。

5月に発足した研究会は、需要予測などバス事業を多角的に評価するため、月1回のペースで開催中。区担当者は「利用者から増便や路線の拡大といった声が寄せられている。研究会の事業評価の結果を受けて、こうした要望を検討していきたい」としている。

視点

都区のあり方検討委

同床異夢の議論に終止符を

■「50万人」の波紋

都と区の事務配分などを議論する都区のあり方検討委員会が始まってから1年と5カ月余りが過ぎた。財調協議の主要5課題で決着をみなかった大都市事務における都区の役割分担と財源配分を含め、今後の都区のあり方を根本から考える新たなステージとして設けられた。

現在、都が抱える事務のうち444項目の事務について、都から区への移管の是非の方向づけが協議されている。しかし、都区の思惑の違いから、一歩間違えば、空中分解となる恐れをはらんでいる。

都から区への事務移管をさらに進めるという点では両者は一致している。これまでに検討した56項目中23項目については、基本的に区に移管する方向でさらに検討することで合意もしている。

しかし、合意は表面上にすぎない。再編を視野に一定規模以上の区を想定して事務移管しようとしている都と、現行区域をベースとして、再編論は移管を受ける段階で各区の判断とする区側の認識は同床異夢である。

両者の主張の食い違いが鮮明になったのが、今年4月に開かれた第11回のあり方検討幹事会だ。都側は「人口50万人以上の規模」を想定して各局を調査し、移管できる事務を洗い出した。しかし、現状で50万人を超えている区は、大田、世田谷、杉並、板橋、練馬、足立、江戸川の7区のみ。

区側からは「この仕事をするには特別区が一定以上の規模になることが前提であると区民に話したら、笑われてしまう」「冗談じゃない」との意見が相次ぐ。区民の間には合併の機運がなく、当然の反応といえる。

■平行線の上下水道

再編を含む区域のあり方に都がこだわる背景には、自治制度全般の見直しが進むなかで、特別区や、それを抱える都に対し、東京富裕論の外圧が強まっていることがある。生活圏に比べて区域が狭く、行政サービスの受益と負担が一致しない例などを示し、議論の俎上に載せようとするが、区側を引き込むには至っていない。区は「再編してどんなメリットがあるのか」と冷ややかだ。

一方、都が区に「移管によるメリットを示せ」と迫った場面もある。上下水道の議論だ。区側は、水源などの確保以外は区に移管するよう求めた。その根拠は「都でなければならない、とは言えない」という理由だった。

都もまさか区が上下水道を移管する方向で検討すべきと主張してくるとは思っていなかっただろうが、その理由には、もっと驚いたに違いない。

結局、都は門前払いの態度を変えず、平行線となっている。

■求められる「覚悟」

都区のあり方検討委員会は、06年11月に三つの検討課題で都区が合意し、設置されている。今後は、税財政制度の議論にも入っていく。

その際、区側は事務移管に応じた税源移譲を求めていく方針だ。しかし、特別区の行政サービス水準の高さは、すでに国から攻撃材料にされているのは事実。経済財政諮問会議などで東京富裕論として出てくる事例はすべて区の現状だった。区側は、事務移管後の自らの姿を思い浮かべて実際の議論に臨むべきだ。

他方、再編論などにダンマリを決め込む区側に、何ら有効打を打つことができない都の責任も見落とすことはできない。そもそも、今回の都区のあり方検討は、単純な特別区の自治権拡充ではなく、区域のあり方も含めて見直すことが射程にあったはずだ。都はどのような当てがあって、この議論を開始したのか。

都区双方が同床異夢に気づかぬふりをして、正面からの議論を回避していたのでは、都民や区民への責任を果たせない。今後は、都も区も覚悟を決めて議論を進めないと、国や他自治体から馴れ合いの協議をしていると勘ぐられるだけではないか。この点を肝に銘じるべきである。

記者席

女性も「さすまた」で撃退

○……北海道洞爺湖サミットを控えた3日、都議会に刃物を片手に暴れる不審者が侵入！という想定で、都職員らが「さすまた」を使って不審者を取り押さえる訓練が議会棟で行われた。

「秋葉原のような無差別殺傷事件は、新宿で起きてもおかしくない」と警備担当者。議会局では、サミット閉幕まで厳戒態勢を敷く予定だ。

訓練では、警備担当の職員の指導で、議会局の職員が刃物を振り回す不審者に扮装。これに対し、議会棟の案内を担当する女性も「さすまた」を勇猛に使いこなし、見事に不審者を撃退していた。

○……産業労働局観光部は、市販価格3700円（1個）の夕張メロンを都職員向けに超特価2千円で予約販売を始めた。申し込みは10日午後3時まで。

普段、食するメロンに比べて、ちょっと高いなと思われる向きがいるかもしれないが、それだけ味も逸品ということだろう。都庁舎2階にある全国観光PRコーナーに夕張市にイベント出展してもらうことから、これにあわせて予約販売と指定場所への産地直送を受け付けることにした。

夕張支援を兼ね、北海道の夏を感じる味が楽しめるのなら、この値段も納得か。

○……各市から送信される情報に、夏休み向けのイベントが多くなった。三鷹市では、31日に南極観測隊から帰国したばかりの新井直樹さんを講師に、南極での仕事や生活体験を、写真やビデオなどで解説する「南極ってどんなところ？〜南極から帰ってきました〜」を開催する。会場には「南極の氷」も展示されるという。

それを聞いて思い出したのは十数年前、同じく南極観測隊から隊員が持ち帰った氷。氷の中にはたくさんの気泡があり、水に浮かべると、気泡が弾ける微かな音がした。

「南極の氷は溶けないから、この気泡は2万年前の空気です」。隊員は太古へのロマンに馳せてそう話したが、おそらく今、南極の氷から子どもたちに語られることは、地球の危機。このイメージの違いが子どもたちに与える影響に、危機感を覚える。

渋谷駅が便利に

東西通路を整備

国土交通省、都、渋谷区などでつくる「渋谷駅街区基盤整備検討委員会」はこのほど、鉄道、道路、駅前広場などの整備方針をまとめた。埼京線と山手線ホームの並列化、谷間である渋谷をフラットにつなぐ東西通路の整備などを盛り込んでおり、実現できれば乗り換えが便利で、歩きやすい渋谷に変わりそうだ。

整備方針によると、埼京線のホームを北側に約330㍍移動し、山手線のホームと並列にする。両線のホームは、上下線の乗降が可能な「島式」にするという。また、銀座線ホームも島式化して東側に移動する。大正時代にできた駅舎はこれまで増築が繰り返されたが、今回は耐震性の向上、バリアフリー化も行い、安全性や利便性を高める。

国道246号線と道玄坂方面を結ぶ区道の神宮通りは、一般車両の通行を禁止して西口駅前広場を拡充。さらに、駅4階で道玄坂上と宮益坂上を結ぶ東西通路を設置する。歩行者優先のまちにしていく。

今後は、区民の意見を集め、方針を決める予定。4年後の12年度に東横線の駅が地下になり、駅舎、道路などの着工が可能になるため、再開発が本格化する。

調理師がCO中毒

生徒らが一時避難　杉並区立和田中

杉並区立和田中（代田昭久校長）で3日午前8時30分ごろ、1階給食室で調理士の2人が、嘔吐や手のしびれを発症し、救急車で近くの病院に搬送された。一酸化炭素（CO）中毒と見られるが、いずれも軽症。事故当時、同校は授業中だったが、生徒390人が校庭に一時避難。約1時間後、安全を確認の上で授業を再開した。

杉並署と東京消防庁などは、調理用のガス回転釜の不完全燃焼を事故原因とみて、調査している。杉並区教育委員会によると、給食室には一酸化炭素などを探知する警報器を設置。事故当時、正常に作動し警報が鳴っていたという。

同区は区立小中の全校に給食室があるため、区教委は事故直後、各校に対し緊急点検を指示した。

今回の事故について、和田中の代田校長は「近隣および関係者に心配をかけて大変申し訳なく思う。速やかに原因を究明し、再発の防止に努める」としている。同校は調理業務を2002年度から民間委託しているが、給食室の管理は学校側で行っているという。

ガス回転釜の最近の事故では、神奈川県の給食販売業者の厨房で今年3月、調理のため点火した際に漏れていたガスに引火して爆発。1人が軽いやけどを負った。

和田中は、進学塾と提携した有料特別授業「夜スペシャル」や校長の民間登用などで知られる。

モノづくり産業の活動強化に協議会　荒川区

荒川区の産業振興策である「荒川区モノづくりクラスター（MACC）プロジェクト」は、活動を強化するため推進協議会を9月に発足させる。企業、大学、金融機関、行政の協働機関で、会長には西川太一郎区長が就任する。

同プロジェクトは06年スタート。区内企業約60社が首都大学東京などと連携して独自製品開発に取り組んでいる。昨年は、高齢者用のエクササイズスリッパや洗える布団など新製品の試作を完了した。協議会設置を控え、区では「大企業などとの連携による販路拡大のほか、会員を増やして新分野の事業開拓を視野に入れる」としている。

遊具事故で女児が　江東区

江東区は4日、区立堅川河川敷公園で遊具が落下し、女児3人がけがをしたと発表した。事故は2日に発生。公園内の水路（水深約20㌢）を人力で移動する遊具のロープを支えている金具の部品が壊れ、つりかごが約1・5㍍下の水面に落下。乗っていた小学5年生の女児3人がけがをした。ひとりは頭を打ち、4日に入院した。

区では、3日に土木部長を委員長とする緊急安全対策委員会を設置。4日に区立公園などにある類似の遊具16基を休止した。第三者機関に事故原因究明を依頼する。

市の発展には「協働」

矢野裕狛江市長インタビュー

知恵と工夫で可能性拓く

多選と行財政改革など、「矢野市政の継続」の是非を争点に行われた狛江市長選挙は、現職の矢野裕市長が三つ巴の激戦を制して4期目の当選を果たした。バカラ賭博で信頼を失った前市政の後を継いで12年。財政破綻の危機を乗り越えてきた矢野市長は、今後4年間で、「市民との協働」を軸にして、市の新たな可能性を拓いていく決意だ。全国でも数少ない共産党員市長の継続に様々な反応がある中、これからの市政の舵取りについて、課題と展望を聞いた。

――次点に3500票余の差をつけましたが、結果をどう分析していますか。

得票も投票率も5割に届かなかったので、票差が開いても圧勝という言葉は当たらない。批判は、受け止めるべきものは受け止めていきたいと思っている。しかし、いったん市長になった以上は、「7万7千市民の代表」という自覚をもって、市政運営していきたい。

――過去の選挙と比べて変化は感じましたか。

得票減は、三つ巴で予想していたが、内容としては、プラス面の方が多く感じられた。市民一人ひとりが、暮らしや民主主義、財政などについて考える有権者になっている。また、若者の生活や将来の不安の声を聞いて答える会が数回あり、若者が市政に自分たちの声が届くと感じて、まちづくりへの参加を意識してくれるようになった。これからのまちづくりの大きな戦力ができたし、支持政党だから応援するというのではない、一人ひとりの声が出てきた選挙だったのでは。票は厳しく減りはしたが、実質的には従来よりも画期的だったと思う。

――公約実現への手法は。

「孤独死」「妊産婦検診費」「待機児」「放置自転車」の四つのゼロを掲げた。孤独死ゼロは、「見守りネットワークシステム構築」の実証実験と、「緊急通報システム」の見直しを行う。通報システムはお風呂などではずしてしまうペンダント型から防水の腕時計型にできないか、また、通報先を消防署にできないかなど、かけあっていきたい。妊婦健診は、14回やると3千万円必要になる。財政状況を好転させることと連動しており、繰越金の振り分け優先などを考えている。待機児は定員枠増などの対応で不可能ではなく、放置自転車は地下式の駐輪場を調査中。経営は民間委託も検討したい。撤去は一定の重点投資はするが、負担軽減のためボランティアなどをお願いし、四つのゼロを実現したい。

――今後の市政運営の抱負をお願いします。

清潔公正で開かれた市政、暮らし優先の市政、市民との協働の市政という三つは、4期目も同じ流れで考えている。今後はまちづくりの軸に文化振興を据え、住民がワクワク、生き生き感じるようなまちを、見える形で作っていきたい。

――財源のめどは。

現段階では最も厳しい時期は乗り越えたと思うが、低空飛行であることは変わりない。しかし、数値目標も徐々に右肩上がりには動いている。そこを一つの財政規律として歳入歳出を見据えながら、効果的に事業に重点化していくことは可能だと思う。予算と職員をかけて事業を起こすパターンではなく、「協働」でやれば新しい事業も可能。犯罪発生率の激減も市民と協働した防犯パトロールの結果だし、お金の多さではなく、我々の知恵と熱意。そして市民をどう信頼していけるか。そういうところで様々なことができると思う。

――理想の狛江とは。

「住民自治のまち」というのは常に念頭にある。住民が主人公というだけでなく、自分たちでまちづくりを進める力を持ち、自分たちで判断を下せる。市が担う役割は、そのための場を作ったり促したりすること。そのためには、市民が不断に行政に関わってもらうようにしなければいけない。市民も主人公になるからには、役割分担や責任があることを踏まえる。そういうことができるようになって初めて、実質的に住民多数の意向が市政の中身になるまちになっていくんだと思う。

――理想のまちの実現に必要なものは。

理想を追求したいのは図書館。本を読むだけでなく、人が集い、市民活動や市民学習の交流の拠点として、もっと大きく様々な機能を持ったものにしたいという思いがある。さらに、狛江全体が住民自治のまちというのであれば、地域自治の拠点となる地域センター、地域住民の家のような場所があれば、独り暮らしの問題もかなり緩和でき、若者の発表の場にもなるかもしれない。人の力を活かせる拠点になるものを思い描いている。

――「共産党市政」という周囲の評価について。

「全市民のための市政」というつもりでずっとやってきているので、単に共産党の政策で動いているのではないことを、感じてもらってはいると思う。私は大きなことはできないが、狛江の将来のまちづくりは「市民と一緒だったらできる」と実感しているし、「協働のまち」を進めていく中で、それが確信に近いものに変わっている。それを見てもらえれば、実績や政策で評価してもらえるのでは。野党に対しては、党派ではなく、もっとまちづくりのイメージや政策で議論してほしいという思いはある。

――26市の連携については。

今の市長会は「行動しよう」という意思をもっていて、都からの報告を承認するだけの組織ではなくなっている。この活動は大事にしたい。一致点をできるだけ作り、不一致点でも、こだわるところとこだわらなくていいところを自分でも整理しようと努めている。市長として互いの個人的な思いを含めて共有し、尊重しあい、逆にいえば介入もしない。今、東京の市長会はそれが自然にできている気がする。市長会が果たす役割は広がっており、全体でいい関係ができつつあると思う。

――合併について。

市民が決めるべきことだと思うが、個人的には合併はしたくないし、聞かれれば「NO」と答える。狛江が協働のまちや住民自治のまちを目指すには、狭い面積で平坦で交通障害もなく10万人以内というのが、顔見知りになりながら、まちづくりができる、理想的な規模だと思うので。

――職員へのメッセージをお願いします。

市民参加、市民協働、情報公開など、これまでなかったことをどんどん取り入れたが、それに対して条例作りを含め、職員が応えてきてくれた。今回、私の実績が評価されたとすれば、職員の意識変革の努力と、財政危機を乗り越える大変な努力が実ったものだと思うので、本当に感謝している。これからもっと協働のまちづくりを進めていくためには、少数精鋭で、今まで以上に力を発揮してもらわなければならないこともある。小休止することなく、市民のために頑張ってほしい。

1946年生まれ。早稲田大学法学部卒。75年から狛江市議6期21年を務め、96年狛江市長初当選。趣味は、テニス、演劇鑑賞、旅行。旅は広大さと食が印象的な北海道が好きだという。座右の銘は、論語から「一をもってこれを貫く」。好きな本は、藤沢周平の時代小説。「自然体で生きる」がモットーで、「肩書とか立場で変わるのではなく、自分らしく生きていきたい」と話す。61歳。

71本の意見書を可決

環境問題や福祉人材確保に関心

第2回市議会定例会

26市の第2回市議会定例会は、補正予算案などを審議して6月30日までに閉会した。青梅市を除く25市から全97本の意見書が提出され、71本を可決。第1回定例会から引き続き様々な問題が指摘されている後期高齢者医療制度に関しては、市議会ごとに可否が分かれるなど関心が高かったほか、消費物価の高騰が市民生活に直接的な影響を与える中、原油価格高騰に関する意見書も可否が分かれた。また「地球温暖化防止の日」の創設、福祉関連の人材確保措置を国に求める意見書などが目立った。

今回、多くの市議会で可決された意見書は、環境問題を大きな議題の一つとしている洞爺湖サミットを見据え、地球温暖化防止や「クールアース・デー」の創設を求めた意見書。「クールアース・デー」については、6市が「環境立国として、地球温暖化防止に向けた国民的な取り組みをより一層推進する責務などがあり、サミットの象徴として開催初日の7月7日を『クールアース・デー』と定めて国民的運動を政府主導で創出して、普及促進に努める」などを盛り込んだ。

また、地球温暖化防止については、武蔵野、三鷹両市議会が、「日本は主要八カ国環境相会議で議長国を務めたが、自国の温室効果ガス削減の中期目標を示さなかった」ことを指摘。中期目標の設定と「自治体や市民が取り組んでいる温室効果ガス削減の取り組みに積極的な支援策を講じること」などを国に求めている。

09年度までの裁判員制度の施行など、市民に身近な司法改革が進む中、09年3月までに移転が予定されている東京地方裁判所八王子支部と家庭裁判所八王子支部については、8市が裁判所支部の本庁化と存置を求める意見書を提出している。「多摩地域は400万人の人口を擁しており、八王子支部の取り扱い事件数は全国屈指だが、現在の裁判所支部は『支部』であるために行政事件や簡易控訴事件が取り扱えない」などとして、多摩地域に人口数や取り扱い事件数に対応できる規模の地方裁判所と家庭裁判所本庁を早期に設置することなどを求めた。

ほかに、高齢者や障害者をはじめとする福祉分野の法令改革などが進み、福祉関連施設などの人材不足は深刻さが増大。法改正で、事業所の報酬が引き下げられたことで、賃金カットや正規職員の非正規化など、労働条件は悪化しており、離職者の増加と定員割れを引き起こす要因となっている。これを改善するためには「厚生労働省が昨年14年ぶりに改定した『福祉人材確保指針』で示した、賃金水準引き上げの指針を、政府自身が責任を持って履行し、福祉施設職員の労働条件改善にあたるべき」などとし、6市が「福祉関連の人材不足の解決」を求める意見書を可決している。

可否が分かれた意見書は、後期高齢者医療制度関連、労働者派遣法の抜本改正、石油価格高騰への緊急対策など。後期高齢者医療制度関連では、政党の意思が明確なため、市議会内の各会派の勢力によって可否が分かれ、1票差で決するところも多かった。

そのほか、地域性の強い意見書では、国分寺市議会が「都立府中病院の役割と機能の充実を求める意見書」を可決。2010年3月の開設に向けて改築が進んでいる府中病院には、06年度、延べ人数で市民の約95％が利用している実態を示し、障害者や難病患者などの専門医療や地域密着型の医療などについて、存続や機能充実を求めた。

また武蔵村山市議会は、「国立感染症研究所の病原体実験施設（BSL－4）に関する意見書」で、市内の人口密集地である学園地区に立地する同所村山庁舎で、もっとも危険な病原体を扱うことに対し、新たな施設の建設を人口密度の低い場所に建設し、老朽化している村山庁舎の当該施設は1日も早く撤去するよう求めた。

西東京市議会では「都の道路行政の一方的な計画」として、緊急車両の通過への影響や地域コミュニティの分断を強く懸念し、「都道・調布保谷線の建設に伴う踏切閉鎖の中止を求める意見書」を都知事に提出している。

■可否が分かれた主な意見書

可決した市	意見書名	否決した市
立川、小金井、小平、狛江	後期高齢者医療制度に関する（廃止・撤廃求める）	武蔵野、三鷹、町田、日野、国立、清瀬、稲城
武蔵村山	労働者派遣法の抜本改正を求める	武蔵野、国立
八王子、武蔵村山	石油価格高騰への緊急対策を求める	調布、稲城
府中	「共同出資、協同経営で働く協同組合法」の速やかな制定	八王子

■複数市が可決した意見書

意見書名	可決した市
「クールアース・デー」（地球温暖化防止の日）の推進等	八王子、調布、多摩、羽村
子宮頸がん予防ワクチンに関する	八王子、三鷹、府中、調布、武蔵村山
携帯電話リサイクルの推進	立川、調布、日野、武蔵村山
福祉関連人材確保に向けた施策の充実	三鷹、府中、日野、東村山、福生、武蔵村山
多摩地域の「裁判所支部の本庁化」及び「裁判所八王子支部の存置」	昭島、日野、福生、東大和、多摩、稲城、羽村、あきる野
日本映画への字幕付与	立川、調布、武蔵村山

■可決した決議

決議	市
学校施設の耐震工事の推進、「オスロ・プロセス」国際会議のクラスター爆弾禁止条約案採択を支持し日本政府に外交による平和的役割を求める	日野
21世紀に向けて国立の都市農業を守り活かし未来へつなげるまちづくり	国立
市議会議員桜木義生君に対する議員辞職勧告、同副議長桜木義生君に対する不信任、名水百選に選定された南沢湧水群の保全	東久留米
市内における墓地建設計画に反対	武蔵村山

行政財産活用で貸駐車場

小平市　賃貸収入は350万円

小平市は4日から、市民文化会館「ルネ小平」の駐車場を民間の駐車場業者に貸し出し、誰でも24時間利用できるコインパーキングとして活用している。昨年3月に地方自治法が改正され、行政財産を民間に貸付できるようになったことを受けたもので、全国的に珍しい取り組み。市には業者から賃貸借料金として、年間350万円が収入として入るようになり、駅前近くなどで利用者が見込める公共駐車場の活用については、今後も検討を広げたい考えだ。

市によると、行政財産の民間貸付は、昨年6月に都が都税事務所の駐車場を民間に貸し付けたのが全国で初めてで、都内ではほかに例を聞いていないという。

ルネ小平の駐車場は、収容台数が少ないこともあり、基本的にはこれまでイベント主催者や出演者の利用に限って無料で使用してきた。周囲は住宅地で、西武新宿線小平駅からすぐの立地。「利用したい」という声はあったが、施設が閉館している夜間や公演がないときには、閉鎖されていた。

これを活用しようと、市は07年9月に「小平市公共施設等の有効活用に関する方針」を作成。ルネ小平と、西武国分寺線鷹の台駅前の中央公園駐車場の有料化を検討することになっていた。

今回、土地を貸し付けする業者は、コインパーキング「タイムズ」を運営する「パーク24」。プロポーサルで提案のあった4社から選ばれた。駐車場は障害者用を含む17台を収容でき、同社は時間によって100円から300円程度で運営する。料金精算機や車止めの設置、メンテナンスなどは同社が負担。解約時には原状回復も条件で、売り上げは同社の収入となるが、市は負担ゼロで、賃料が歳入となる。

ルネ小平の駐車場の場合、地下にも主催者用の駐車場があったため、今回貸し付けの対象となった屋外の駐車場の利用が少なかった。しかし、今後、駐車場有料化を検討していく中央公園は、駐車できる台数が第一、第二駐車場を合わせて60台程度と広く、駅からも近い。駅利用者など、目的外利用者もいるため、日常的に満車の状態が続いている。市は「玉川上水に沿ったグリーンロードでにぎわう場所で、利用したい人が多い。現在、どんな人が利用しているか、どういう貸し出しにするかなどをこれから検討し、民間への貸付を考える」としている。

小平市の取り組みについては、他の自治体からも問い合わせがあるほか、業者側もこれまでは認識がなかった行政の土地が利用できることで、今後は立地条件によって、業者側からのアプローチも増える可能性もある。遊休地化または目的外利用されている公共の駐車場は、今後、新たな歳入を生む土地として、注目を集めそうだ。

不適切な還付金処理で戒告処分

小金井市

小金井市は6月30日、前市民税課副主査で市民税課諸税係主任(41)を、法人市民税の還付事務処理を不適切に行ったとして戒告処分にした。

当該職員は、昨年4月から法人市民税の担当。同年7月に同税の内容が変わり、還付金が発生した法人12件に対し、通常1カ月程度で行う手続きを今年3月まで未処理にしていた。一部について、還付加算金を発生させた上、内部決済を経ずに個人のお金を還付金に充てるなど不適切な事務処理を行った。法人からの問い合わせで発覚した。

当該職員は「様々な業務が重なり、手付かずになってしまった」などと話しているという。

一連の事務処理について、管理監督者として市民税課長、納税課長（前市民税課長補佐兼諸税係長）も戒告処分とした。

事件に対して市は、「一人で抱え込んだ結果、起きた事件。事務や仕事量の見直しなどを行って、再発防止に努めたい」としている。

訂正　7月1日号4面の島しょ観光特集の小笠原の記事中、記念式典が7月14日とあるのは7月4日の誤りでした。

週刊 たま手箱

処分場等の安全性確認

たま循環組合

東京たま広域資源循環組合はこのほど、谷戸沢、二ツ塚の両廃棄物広域処分場と東京たまエコセメント化施設について、07年度の環境調査結果をまとめ、各施設が周辺環境に影響を与えていないことを確認した。

谷戸沢処分場、二ツ塚処分場については、それぞれ浸出水を処理した下水道法流水から微量の鉛が検出されたほか、モニタリング井戸の水質調査で微量のひ素を検出したが、どちらも基準値を下回っていた。また、エコセメント化施設の排出ガスは、法の基準値を下回るとともに、より厳しく定めた自己規制値も下回った。貴金属回収設備から排出される下水道法流水からは、微量の総水銀が検出されたが、基準値は下回っている。

ほかに、ダイオキシン類調査では、水質、大気、底質、土壌の計27地点で調査し、環境基準値をすべて下回っており、安全性が確認された。

圏央道トンネル工事原告団が最高裁上告

高尾山天狗裁判

圏央道八王子城跡トンネルおよび八王子ジャンクション工事に関する事業認定・収用裁決取り消しを求めた裁判で、東京高等裁判所の控訴棄却の判決により敗訴していた高尾山天狗裁判原告団（759人）は2日、不当判決として最高裁判所に上告した。

会見した同原告団と弁護団代表は、上告の理由として「八王子城跡や高尾山の貴重な文化財や自然の価値や、環境権や自然享有権などの価値を過小評価し、圏央道事業の公益性を不確かな根拠で過大評価している。自然保護に対する憲法、財産権保障、事業認定の手続きや土地収用・明け渡し裁決の手続きなど、それぞれが違法であり、これらの判断について最高裁に判断を仰ぎたい」としている。

■東久留米市人事異動

7月1日付　◎印昇任

【課長級】▽財務部管財課長（財務部課税課長）高嶋英夫▽財務部課税課長（企画経営室職員課課長補佐兼主査）◎師岡範昭▽教育委員会教育部学校適正化等担当課長（財務部管理課長）桑原茂

都部課長級異動

628人の小規模異動に

統括課長の異動規模は拡大

都は4日、行政系587人、医師・研究・特別選考職48人の部課長級異動を発表した。1日付の異動と合わせた行政系の異動規模は、部長級197人、統括課長級103人、課長級328人の計628人となり、石原都政下の夏期異動としては最小規模となった。15局の総務部長が交代となったほか、注目された総務局人事部長には中西充氏（62A）、行政部長には笠井謙一氏（4B）が抜擢された。行政系の退職者は65人となり、前年度より21人減少した。

人事部長に中西氏　行政部長に笠井氏

【異動規模】

行政系の部課長級の異動規模は、19年夏（603人）に比べて増となったが、今回は東京オリンピック・パラリンピック招致本部の名称変更による異動33件が含まれており、これを差し引いた実質的な異動規模は595人となる。

昨年は知事選のため小規模異動となったが、今夏はさらに縮小した。管理職の絶対数が不足する中で勧奨退職を抑制したことが一因。また、19年春の異動から、在職期間を長期化する方針で臨んでおり、全体として異動規模は縮小傾向にある。

職層別の昇任状況を見ると、部長級は19年夏より10人減の28人となった。二級事業所副所長への統括課長の配置を進める一方で、三級事業所の参事事務取扱を見直したことなどによるもの。

他方、統括課長級は、年次管理を緩和した結果、39人増の78人となった。

今春の異動では、枢要ポストへ抜擢する場合のみで6A、10Bを可能としていたが、今回は全ポストへの配置を解禁した。大量退職期に入り、人材枯渇が深刻化する一方、オリンピックや新銀行への対応など重要課題が山積しており、将来的に本庁部長以上を担える人材を早期に掘り起こすことが狙いだ。

課長級の昇任は54人で、19年夏（59人）と、ほぼ横ばいだった。また、特別区への派遣による昇任は、部長級が2人、課長級が3人となった。

【総務・枢要部長】

総務部長や枢要部長の異動は計23ポスト（別表）で、管試種別はAが10人、Bが13人となる。「これまで以上に能力・人物本位の配置を意識」（総務局人事部）し、若手からの抜擢やベテランの活用、技術系からの庶務担当部長への登用が行われた。

種別Aの年次は56A〜62Aで、最も多いのは59Aの4人。62Aの総務部長では小林清氏（52）が生活文化スポーツ局総務部長に、山本隆氏（49）が会計管理局管理部長に起用となった。

他方、種別Bの年次は62B〜6Bで、最も多いのは2Bの4人。これまで19年夏に抜擢された3Bが最も若い年次だったが、今回は6Bから大井泰弘知事本局総務部長（56）と、後藤明中央卸売市場管理部長（58）が出るなど、一気に若返りが進んだ。

ベテランからの起用では、柴田健次交通局総務部長と清水文夫都市整備局都営住宅経営部長が、いずれも59歳での起用となったほか、58歳からも4人が就任した。

注目されていた総務局人事部長には、62Aの中西充行政部長（52）を登用。人事課長を歴任するなど豊富な経験や能力が高く評価された。また、後任の行政部長には、4Bの笠井謙一国体・障害者スポーツ大会推進部長（55）が抜擢された。

築地市場移転問題を抱える中央卸売市場の管理部長には、6Bの後藤明氏を抜擢。市場の経験が長く、局内事情に精通しており、年次管理面よりも人物本位での起用となった。

環境局環境政策部長には、技術職（機械）の森浩志氏（57）を抜擢。環境行政が長く、議会対応でのマネジメント能力やリーダーシップなどが評価された。

技術系の枢要部長ポストでは、1日付で都市整備局都市づくり政策部長に安井順一氏（建・59A）が就任。また16日付で財務局建築保全部長に金子敏夫氏（建・56A）、都市整備局都営住宅経営部長に清水文夫氏（建・62B）、港湾局港湾整備部長に前田宏氏（土・5B）、交通局建設工務部長に吉原一彦氏（土・60A）、水道局浄水部長に増子敦氏（土・2B）をあてた。

【部長級】

本庁ライン部長は、2Aの廣瀬秀樹生活文化スポーツ局文化振興部長が最も若い年次だったが、今回も2Aの森山寛司氏（49）が、知事本局地方分権推進室長に抜擢された。出先部長（墨東病院事務局長）から本庁参事を経ずに本庁ライン部長に就いた。

同じく1Aの市川郁美子氏（47）も、出先部長（住宅供給公社総務部長）から環境局自動車公害対策部長に起用となった。

知事本局政策部長には、同政策担当部長の遠藤雅彦氏（63A、49）が実績を買われて栄転となった。また、知事本局計画調整部長には、同政策担当部長で土木職の松浦将行氏（4B、54）が、現ポストでの企画力、調整力、発想力を評価され抜擢された。

重要課題への対応では、今春新設された産業労働局金融監理室長に中村靖氏（62A、54）を起用。臨海三セクの総務部長などを歴任し、財務・会計に精通している経験などから抜擢となった。

中央卸売市場では12ポストで異動となったが、うち内部異動が8ポストとなるなど、事業継続を重視した異動となった。

新設ポストでは、建設局道路建設部に三環状道路整備推進担当部長を設置し、山口明道路建設部長（57）が兼務。環状道路の整備促進に向け、テコ入れを図る。

また、今夏の出先部長の標準的な配置年次となる3Aからは1人、7Bからは9人がそれぞれ昇任した。

【統括課長・課長級】

本庁統括の解禁年次は6A、10B、11C。6Aからは今春、栗岡祥一病院経営本部総務課長が一選抜となっており、今回は8人が続いた。

また10Bからは、樋口正勝東京オリンピック・パラリンピック招致本部総務課長など4人が出ていたが、今回は11人が昇任した。

総務課長人事では、港湾局の浜佳葉子参事が町田市副市長に就任し、後任には古谷ひろみ氏（5A・45）が就いた。

本庁課長の解禁年次は9A、13B、14C。局枢要ポストへの若手抜擢では、9Aの平山哲也氏（41）が福祉保健局健康安全部健康安全課長に、同じく9Aの坂本雅彦氏（44）が産業労働局総務部企画計理課長に抜擢された。

また、課長級の昇任待機者は13人となった。

平成20年度夏期幹部異動（総務部長・枢要部長）

年次	新任職	名前	年齢
56A	財務局建築保全部長	金子　敏夫（建）	58
59A	主税局総務部長	宮下　茂	55
59A	都市整備局都市づくり政策部長	安井　順一（建）	54
59A	教育庁総務部長	松田　芳和	53
59A	財務局経理部長	塚本　直之	52
60A	交通局建設工務部長	吉原　一彦（土）	56
61A	福祉保健局総務部長	松井多美雄	52
62A	総務局人事部長	中西　充	52
62A	生活文化スポーツ局総務部長	小林　清	52
62A	会計管理局管理部長	山本　隆	49
62B	都市整備局都営住宅経営部長	清水　文夫（建）	59
62B	人事委員会事務局任用公平部長	宮川　雄司	57
1B	交通局総務部長	柴田　健次	59
1B	環境局環境政策部長	森　浩志（機）	57
2B	水道局総務部長	小山　隆	58
2B	建設局総務部長	藤井　芳弘	57
2B	水道局浄水部長	増子　敦（土）	55
2B	下水道局総務部長	細野　友希	55
4B	青少年・治安対策本部総合対策部長	小嶺　哲二	58
4B	総務局行政部長	笠井　謙一	55
5B	港湾局港湾整備部長	前田　宏（土）	54
6B	中央卸売市場管理部長	後藤　明	58
6B	知事本局総務部長	大井　泰弘	56

都職員共済組合

貸付事業のあり方で検討会

年金の受給者増や一元化背景に

都職員共済組合は、長期給付積立金を原資に実施している組合員への貸付事業のあり方に関して、内部の検討組織を設置した。年金受給者の増加や年金一元化の動向を踏まえて、新規貸付を廃止する場合の時期や代替措置など、抜本的な議論を行っていく。今年10月頃までを目途に、検討結果を取りまとめる考えだ。

■逆転

あり方検討会設置の背景には、貸付事業の原資である長期給付積立金の現状が挙げられる。

年金資金である長期給付積立金を巡っては、年金給付支出が、掛け金・負担金や運用収益等の収入額を上回った01年度から取り崩しを開始。当初6億円だった取崩額は、06年度で294億円、07年度は513億円に増加した。08年度は635億円の取崩額を見込んでおり、長期給付積立金残高は1兆473億円にまで縮小する見通しだ。

取崩額が急増した理由には、団塊の世代の大量退職と採用抑制による組合員数の減少が指摘される。とりわけ07年度は、年金受給者数が組合員数を24人上回って逆転し、組合員一人が年金受給者を一人以上支える形となった。今後、取崩額が加速する可能性は高い。

■一元化

年金一元化も、貸付制度の抜本的な検討を余儀なくされた要因の一つとなっている。

共済年金は10年度に厚生年金に一元化される予定だが、制度的な差異は、基本的に厚生年金にそろえることが規定されている。

その厚生年金では、05年度末に、長期給付積立金を原資とする貸付事業（住宅貸付）を廃止しており、一元化に伴って厚生年金と同じルールが適用されれば、貸付事業はできなくなるということも想像できる。

■3割

かりに、現在の貸付事業が継続されたとしても、地方公務員等共済組合法の施行規程が、大きなハードルとなるケースも考えられる。

同規程では、長期経理の資産の構成割合として、「不動産の取得以外の組合の行う事業に対する貸付金」を「100分の30」と定めている。

この規程をあてはめてみると、たとえば08年度の長期給付積立金残高である1兆473億円では、約3140億円の貸付が可能となり、10年度の残高見込み8917億円ならば、貸付額は最大で約2675億円だ。

一方、07年度の貸付額は、残債のほか新規貸付や返済分を差し引きすると、合計で約1850億円にのぼっている。長期給付積立金残高の減少スピード次第では、早い時期に3割ルールに触れる可能性も否定できず、新規貸付したくても、貸すことができない事態が生じてくる。

■転換期

あり方検討会では、こうした現状分析を進めると同時に、新規貸付の取り扱いのほか、新規貸付を廃止する場合の対応として、時期や既借受者の扱い、代替措置、組合員等への周知等も検討事項に掲げ、議論していく。代替措置では、金利優遇など組合員に限定した形でのメリットがある、民間金融機関のローン紹介などの取り組みも考えられそうだ。

貸付件数自体は縮小傾向にあるが、住宅貸付金をはじめ貸付事業は、組合員の生活設計にも大きく影響する。このため都職員共済組合事業部では、出来るだけ早い段階で方向性を打ち出したいとしている。いずれにしても年金資金の運用という側面からみて、貸付事業が大きな転換期を迎えていることは確かなようだ。

ひと

『日本の神話』を出版した

前大田区保健所生活衛生課食品衛生担当係長

伊東（いとう）　利和（としかず）さん

子供がいないので、人様の子どもに読んでもらえる本を作って、それを自分達の子供と思えばいい——。そんな思いを込めて、『親から子へ語り継ぎたい日本の神話』を上梓。

「読んで捨てられてしまう本より、捨てるのがもったいないから人にあげようと、人から人の手に渡って長く生き続ける本にしたかった」と、上製本でイラストもカラーにするなど、コスト度外視で納得のいく本にするため自費出版にした。

日本の神話は、子ども向けか謎解きなどの難解本で、中間のものが少ない。オムニバスも多く「本来の時系列的に連続した物語として表現したかった。この1冊で神話の8、9割は分かるというものを目指しました」

趣味の歴史と、従事してきた公衆衛生は似ているという。「公衆衛生は跡付けの科学なんです。ナイチンゲールはチフスによって死亡率が5割以上の野戦病院で掃除や洗濯、食事の衛生を徹底しました。そして死亡率が3%になり、『ナイチンゲールの奇跡』と言われた。今でこそ、発疹チフスはシラミ駆除、腸チフスは食事の衛生が大事だと分かっているんですが」

病気の原因や対策が科学的に分かってきたのは最近100年ほどのこと。歴史を知ることで、人類が未知の病気とどのように闘ってきたかが分かる。「イザナミは黄泉の国から戻ると体を洗って汚れを払った。古代の公衆衛生の知識なんです。今でもインフルエンザなど感染症の対策は、手洗い、換気、掃除が大切。それらの手を抜くと、しっぺ返しを受ける。愚直なまでにこれらを毎日繰り返すことが大切なんです」

神話には、「人のため、皆のため」ということが前提にあり、三種の神器も優しさ、素直さ、勇気、頭を使うことなどを象徴する。

原文でわずか3行位しかない記述を、登場人物の感情の変化を矛盾のないように考えて創作した部分もあり、神々の会話も自然体。同僚に、その5歳と7歳の子供に読み聞かせてもらって、感想を聞きながら書き上げた。「5歳の男の子は自分がスサノオで、お姉ちゃんを天照大神と思ってました」と笑う。

おじいさん世代が健在なうちに、孫の世代に「東京大空襲」を語り継ぎたい。それが次の目標だ。（門）

東京都生まれ。86年麻布大卒。大田区に。腎不全を発病し「衛生監視は歩いて何ぼの仕事。透析になったら辞めよう」と決意。3月食品衛生担当係長で退職。本は幻冬舎ルネッサンス刊。1575円。区職員の妻と。44歳。

都主任選考の実施要綱発表

種別Aで合格予定者数減

都人事委員会は4日、08年度主任級職選考、運輸系主任級職選考、准看護師3級職選考の実施要綱を発表した。いずれの選考も、筆記考査を9月28日に実施、合格発表は11月14日を予定している。申し込み締め切りは今月22日。

主任級職選考の合格予定者数は、引き続き、種別Aで採用抑制期の職員が受験対象となったことなどもあり、Ⅰ類・Ⅱ類合わせて前年度から67人減少した。具体的には種別AのⅠ類が5区分で55人減の計323人、Ⅱ類は9区分で12人減の計76人。

種別Bの合格予定者数は、年度間の合格率の変動を抑える観点もあり、事務系、一般技術系、医療福祉系の3区分で計224人、前年度比2人増とほぼ横ばい。このほか運輸系主任級職選考では、種別Aで高速が15人、路面が7人、交通技術が3人、種別Bは高速9人、路面10人、交通技術は若干名。准看護師も若干名とした。

主任級職選考の種別Aでは、06年度の制度改正により、教養問題のみの分割受験や教養問題での受験資格の1年前倒し受験が可能となっており、また教養問題の成績が一定の基準に達した場合は、翌年度以降3年間、教養問題を免除する仕組みも導入されている。昨年度の選考では、Ⅰ類で前倒し受験の申込率が92・3%に達し、教養問題のみの受験率も89・4%と高くなるなど、制度定着が図られた格好となっている。

化学物質低減　9割超が対策

関連業者に調査

都福祉保健局はこのほど、化学物質低減化対策に関する調査結果を取りまとめた。学校や保育園等の施設内に持ち込まれる備品や教材、建築材料等を製造・販売する業界団体や事業者に対し、低減化への取り組み状況を尋ねたもので、9割超の事業者が何らかの対策を講じていることが分かった。

都では、室内での化学物質による健康被害を未然に防止するため、03年に「化学物質の子どもガイドライン（室内空気編）」を策定。教材や家具、建築材料等の関係団体に対しても、化学物質の放散の少ない製品の開発推進等を要望してきた経緯がある。

今回の調査は、化学物質対策の取り組み状況と課題を把握するため、アンケートにより実施。対象となったのは、家具のほか、塗料や接着剤、壁紙といった建築材料等を扱う業界団体や事業者で347事業者等が回答を寄せた。

調査結果によると、約2割の事業者が化学物質に関する自主基準を策定、8割を超える事業者が化学物質に配慮した製品等を製造・販売するなど取り組んでいた。この中では合板や接着剤等にJISやJASの認定表示のある材料を使用したり、業界団体の認定基準に適合した材料の使用等も挙げられている。

また、家具製造・販売業で約7割、塗料業や接着剤業、壁紙業では9割が、消費者からの化学物質対策の問い合わせに対応可能であるなど、消費者への情報提供が進んでいることも分かった。

このほか、家具製造・販売業者のほとんどがホルムアルデヒドを規制した材料を使用、塗料や接着剤、壁紙それぞれの事業者でも、非ホルムアルデヒド系の代替品への切り替え等に取り組んでいたという。

農総研が東大院生受け入れ

実践的な農学教育で

都農林総合研究センターと東大大学院の農学生命科学研究科は、このほど教育研究指導協定を締結し、大学院生の受け入れを開始する。公設試験研究機関で初となる。協定期間は5年間。

同センターの研究員が研究指導にあたり、生産現場や消費者ニーズに即した農学教育を進めるもので、当面は各種病害虫被害の診断教育や植物の病院の原因究明と防除対策の確立などを課題にあげる。

石井　仁さん（いしい・まさし＝あきる野市議会副議長）3日死去、66歳。

おわび　7月1日付6面の都労連定期大会の記事中で、選任された役員のうち、書記次長の鈴木純一氏の氏名と顔写真が欠落していました。お詫びし改めて掲載いたします。

鈴木純一氏

都幹部人事異動

7月16日付

◎印昇任

部長級

▽知事本局総務部長（知事本局政策部長）大井泰弘▽知事本局地方分権推進室長（墨東病院事務局長）森山寛司▽知事本局外務部長（知事本局国際共同事業担当部長）猪熊純子▽知事本局国際共同事業担当部長（職員研修所教授）高橋誠▽知事本局政策部長（知事本局政策担当部長）遠藤雅彦▽知事本局政策担当部長（江東区土木部長）野村俊夫▽知事本局計画調整部長（知事本局政策担当部長）松浦將行▽知事本局参事＝政策担当（都市整備局参事＝連絡調整担当）中山正雄▽総務局人事部長（総務局行政部長）中西充▽総務局行政部長（総務局国体・障害者スポーツ大会推進部長）笠井謙一▽総務局多摩島しょ振興担当部長（総務局参事＝公立大学法人首都大学東京派遣）松山英幸▽総務局人権部長（中央卸売市場事業部長）荒井浩▽総務局国体・障害者スポーツ大会推進部長（建設局用地部長）谷島明彦▽職員研修所教授（総務局参事＝職員研修所講師事務取扱）鈴木登美子▽監察員（水道局参事＝サービス企画担当）広瀬敏弘▽監察員（教職員研修センター特命担当部長）和田英治▽総務局参事＝都区制度改革担当（産業労働局参事＝㈶東京しごと財団派遣）塩見清仁▽三宅支庁長（交通局建設工務部管理課長）◎佐藤憲三▽総務局参事＝公立大学法人首都大学東京派遣（財務局財産運用部総合調整課長）◎十河慎一▽職員共済組合事務局事業部長（総務局監察担当部長）宮川昭▽財務局経理部長（財務局財産運用部長）塚本直之▽財務局財産運用部長（産業労働局雇用就業部長）松本泰之▽財務局建築保全部長（都市整備局市街地建築部長）金子敏夫▽財務局技術管理担当部長（財務局参事＝技術管理担当）山本康友▽財務局参事＝事業調整担当（財務局経理部契約第一課長）◎山藤敏明▽主税局総務部長（主税局徴収部長）宮下茂▽主税局税制部長（産業労働局金融監理室長）目黒克昭▽主税局調整担当部長（都税総合事務センター所長）木村芳生▽主税局税制調査担当部長（主税局参事＝税制調査担当）宗田友子▽主税局課税部長（知事本局外務部長）長谷川均▽主税局資産税部長（主税局調整担当部長）堀内宣好▽主税局徴収部長（豊島都税事務所長）名倉衛▽主税局参事＝総務部総務課長事務取扱（主税局総務部総務課長）◎西海哲洋▽文京都税事務所長（人事委員会事務局参事＝審査担当）堀江正敏▽渋谷都税事務所副所長兼総務課長（八王子都税事務所副所長兼総務課長）北村奈穂子▽豊島都税事務所長（中央都税事務所副所長兼総務課長）阿南威彦▽八王子都税事務所長（文京都税事務所長）井上常昭▽八王子都税事務所副所長兼総務課長（渋谷都税事務所副所長兼総務課長）吉澤壽▽都税総合事務センター所長（八王子都税事務所長）竹内賢▽生活文化スポーツ局総務部長（知事本局計画調整部長）小林清▽生活文化スポーツ局都民生活部長（生活文化スポーツ局参事＝男女平等参画担当）平林宣広▽生活文化スポーツ局消費生活部長（福祉保健局保健政策部長）清宮眞知子▽生活文化スポーツ局私学部長（生活文化スポーツ局都民生活部長）小笠原広樹▽生活文化スポーツ局東京マラソン事業担当部長（生活文化スポーツ局参事＝東京マラソン事業担当）岸本良一▽生活文化スポーツ局参事＝男女平等参画担当（㈱建設資源広域利用センター派遣）高橋博▽生活文化スポーツ局参事＝㈶東京都歴史文化財団派遣（生活文化スポーツ局文化振興部局務担当課長＝㈶東京都歴史文化財団派遣）◎松本辰明▽都市整備局企画担当部長（第二区画整理事務所長）横溝良一▽都市整備局連絡調整担当部長（財務局参事＝コスト・調整担当）岡沢裕▽都市整備局市街地整備部長（都市整備局民間開発担当部長）座間充▽都市整備局民間開発担当部長（北多摩南部建設事務所長）石川進▽都市整備局市街地建築部長（中央卸売市場参事＝新市場建設技術担当）河村茂▽都市整備局都営住宅経営部長（都市整備局参事＝再編整備推進担当）清水文夫▽都市整備局参事＝再編整備推進担当（総務局参事＝職員研修所講師事務取扱）中島俊明▽都市整備局参事＝建設推進担当（都市整備局参事＝独立行政法人都市再生機構派遣）山口幹幸▽都市整備局参事＝市街地整備部多摩ニュータウン事業室長事務取扱（港区環境・街づくり支援部長＝特定事業担当部長兼務）藤塚仁▽第二区画整理事務所長（首都高速道路㈱派遣）橋本栄良▽第二区画整理事務所長（都市整備局総務部企画担当課長）◎佐野克彦▽東部住宅建設事務所長（都市整備局都市づくり政策部土地利用計画課長）◎砂川俊雄▽西部住宅建設事務所長（財務局建築保全部技術管理課長）◎末菅辰雄▽都市整備局参事＝東京都住宅供給公社派遣（都市整備局住宅政策推進部不動産業課長）◎鈴木正巳▽㈱建設資源広域利用センター派遣（都市整備局参事＝㈶東京都防災・建築まちづくりセンター派遣）瀧永登▽東京臨海高速鉄道㈱派遣（交通局電車部管理課長）◎太田博▽首都高速道路㈱派遣（都市整備局市街地整備部企画課長）◎臼田仁▽首都高速道路㈱派遣（主税局資産税部計画課長）◎井上正▽都市整備局参事＝独立行政法人都市再生機構派遣（目黒区街づくり推進担当部長）岡田博▽環境局環境政策部長（環境局廃棄物対策部長）森浩志▽環境局環境改善部長（環境局環境改善技術担当部長）柿沼潤一▽環境局自動車公害対策部長（都市整備局参事＝東京都住宅供給公社派遣）市川郁美子▽環境局廃棄物対策部長（環境局自動車公害対策部長）井戸秀寿▽環境局参事＝環境改善技術担当（監察員）中村豊▽福祉保健局総務部長（福祉保健局企画担当部長）松井多美雄▽福祉保健局事業調整担当部長（福祉保健局参事＝事業調整担当）蒲谷繁夫▽福祉保健局保健政策部長（福祉保健局参事＝地域保健担当）住友眞佐美▽福祉保健局地域保健担当部長（福祉保健局施設調整担当部長）宮垣豊美子▽福祉保健局生活支援担当部長（福祉保健局参事＝生活支援担当）芦田真吾▽福祉保健局健康安全部長（福祉保健局参事＝特命担当）梶原洋▽福祉保健局参事＝企画担当（府中病院事務局長）日置豊見▽福祉保健局参事＝施設調整担当（総務局参事＝職員研修所講師事務取扱）飯塚美紀子▽福祉保健局参事＝北多摩看護専門学校長事務取扱（福祉保健局参事＝保育施策推進担当）松原定雄▽板橋ナーシングホーム所長（福祉保健局保健政策部保健政策課長）◎吉岡秀樹▽健康安全研究センター広域監視部長（市場衛生検査所長）鈴木達夫▽市場衛生検査所長（福祉保健局健康安全部局務担当課長＝市場衛生検査所管理課長）◎小川誠一▽産業労働局産業企画担当部長（産業労働局参事＝産業企画担当）櫻井和博▽産業労働局金融監理室長（知事本局自治制度改革推進担当部長）中村靖▽産業労働局雇用就業部長（産業労働局事業推進担当部長）小田昭治▽産業労働局事業推進担当部長（㈱東京ビッグサイト派遣）日請哲男▽中央・城北職業能力開発センター所長（産業労働局総務部事業調整担当課長）◎酒井正幸▽城東職業能力開発センター所長（知事本局外務部外務課長）◎望月誠▽㈱東京ビッグサイト派遣（産業労働局雇用就業部副参事＝㈶東京しごと財団派遣）◎古原稔▽産業労働局参事＝㈶東京しごと財団派遣（城東職業能力開発センター所長）田倉英明▽建設局総務部長（建設局道路管理部長）藤井芳弘▽建設局企画担当部長（第二建設事務所長＝品川線建設事務所長兼務）鈴木昭利▽建設局用地部長（知事本局計画調整担当部長）角南国隆▽建設局道路管理部長（総務局監察担当部長）野口宏幸▽建設局道路建設部長＝三環状道路整備推進担当部長兼務（建設局道路建設部長）山口明▽建設局公園緑地部長（建設局参事＝総合調整担当）安藤英二▽建設局公園計画担当部長（建設局参事＝公園計画担当）小口健藏▽建設局河川部長（第四建設事務所長）廣木良司▽建設局参事＝総合調整担当（第一建設事務所長）三浦紀子▽第一建設事務所長（第一建設事務所副所長兼工事課長）佐野正生▽第二建設事務所長＝品川線建設事務所長兼務（建設局道路建設部計画課長）◎西倉鉄也▽第二建設事務所副所長兼庶務課長（首都高速道路㈱派遣）東了一▽第三建設事務所長（建設局参事＝土木技術センター所長事務取扱）鹿又和夫▽第四建設事務所長（南多摩西部建設事務所長）平野敬治▽南多摩西部建設事務所長（第二建設事務所副所長兼庶務課長）宮本猛▽南多摩西部建設事務所副所長兼工事課長（中野区経営室財産管理担当参事）谷村秀樹▽北多摩南部建設事務所長（第三建設事務所長）藤江賢治▽建設局参事＝土木技術センター所長事務取扱（建設局総務部局務担当課長＝土木技術センター技術支援課長）◎川合康文▽港湾局監理団体改革担当部長（知事本局国政広域連携・首都調査担当部長）吉田長生▽港湾局臨海開発部長（港湾局営業担当部長）藤原正久▽港湾局港湾整備部長（東京港建設事務所長）前田宏▽港湾局島しょ・小笠原空港整備担当部長（建設局公園緑地部長）北村俊文▽港湾局参事＝営業担当（都市整備局参事＝市街地整備部多摩ニュータウン事業室長事務取扱）長谷川研▽東京港管理事務所長（㈱ゆりかもめ派遣）小幡和輝▽東京港管理事務所副所長兼高潮対策センター所長（下水道局東部第二下水道事務所副所長兼施設課長）堀江健二▽東京港建設事務所長（東京港管理事務所副所長兼高潮対策センター所長）平田耕二▽㈱ゆりかもめ派遣（松沢病院事務局長）山根恭子▽会計管理局管理部長（港湾局監理団体改革担当部長）山本隆▽青少年・治安対策本部総合対策部長（生活文化スポーツ局私学部長）小濵哲二▽東京オリンピック・パラリンピック招致本部連絡調整担当部長（東京オリンピック・パラリンピック招致本部参事＝連絡調整担当）藤森教悦▽東京オリンピック・パラリンピック招致本部施設計画担当部長（東京オリンピック・パラリンピック招致本部参事＝施設計画担当）藤井寛行▽病院経営本部経営戦略・再編整備担当部長（病院経営本部参事＝経営戦略・再編整備担当）黒田祥之▽墨東病院事務局長（生活文化スポーツ局都民生活部管理法人課長）◎林久美子▽府中病院事務局長（環境局廃棄物対策部計画課長）◎齊藤和弥▽松沢病院事務局長（福祉保健局健康安全部健康安全課長）◎松浦慎司▽中央卸売市場管理部長（中央卸売市場調整担当部長）後藤明▽中央卸売市場事業部長（中央卸売市場市場政策担当部長）大橋健治▽中央卸売市場参事＝市場政策担当（中央卸売市場築地市場場長）大朏秀次▽中央卸売市場参事＝調整担当（中央卸売市場大田市場場長）横山宏▽中央卸売市場参事＝新市場担当（中央卸売市場参事＝特命担当）野口一紀▽中央卸売市場参事＝新市場建設技術担当（東部住宅建設事務所長）株木孝男▽中央卸売市場参事＝特命担当（中央卸売市場食肉市場場長）黒川享▽中央卸売市場築地市場場長（中央卸売市場築地市場副場長兼管理課長）森本博行▽中央卸売市場築地市場副場長兼管理課長（再開発事務所副所長兼管理課長）高木良明▽中央卸売市場食肉市場場長（中央卸売市場食肉市場副場長兼管理課長）漆原邦夫▽中央卸売市場食肉市場副場長兼管理課長（三宅支庁長）長澤徹▽中央卸売市場大田市場場長（中央・城北職業能力開発センター所長）深山光男▽交通局総務部長（交通局職員部長）柴田健次▽交通局安全管理担当部長（港湾局島しょ・小笠原空港整備担当部長）室星健▽交通局職員部長（総務局監察担当部長）岸上隆▽交通局電車部長（交通局参事＝特命担当）野澤美博▽交通局バス事業経営改善担当部長（交通局参事＝バス事業経営改善担当）松下義典▽交通局建設工務部長（建設局参事＝企画担当）吉原一彦▽交通局参事＝研修所長事務取扱（交通局参事＝㈶東京都交通局協力会派遣）佐藤俊雄▽交通局参事＝南千住自動車営業所長事務取扱（東京臨海高速鉄道㈱派遣）長谷川恵三▽交通局参事＝㈶東京都交通局協力会派遣（㈱ゆりかもめ派遣）小椋守▽水道局総務部長（水道局職員部長）小山隆▽水道局職員部長（総務局都区制度改革担当部長）森祐二郎▽水道局浄水部長（水道局給水部長）増子敦▽水道局給水部長（水道局研修・開発センター所長）吉田永▽水道局建設部長（多摩水道改革推進本部施設部長）今井茂樹▽水道局務担当部長＝水質センター所長（水道局水質センター所長）佐藤親房▽水道局参事＝サービス企画担当（水道局参事＝局務担当）坂内顕宏▽水道局研修・開発センター所長（水道局朝霞浄水管理事務所長）佐久間勝▽水道局水源管理事務所長（水道局浄水部浄水課長）◎木村康則▽水道局東部第一支所長（水道局南部第一支所長）松尾享▽水道局東部第二支所副支所長兼庶務課長（水道局北部支所副支所長兼庶務課長）江川勇司▽水道局南部第一支所長（水道局浄水部管理課長）◎小峰武▽水道局北部支所副支所長兼庶務課長（水道局東部第二支所副支所長兼庶務課長）入谷眞切▽水道局東村山浄水管理事務所長（水道局給水部給水課長）◎佐々木史朗▽水道局朝霞浄水管理事務所長（水道局浄水部設備課長）◎篠原義彰▽多摩水道改革推進本部施設部長（多摩水道改革推進本部参事＝技術調整担当）佐竹哲夫▽多摩水道改革推進本部参事＝技術調整担当（水道局水源管理事務所長）酒井晃▽下水道局総務部長（会計管理局管理部長）細野友希▽下水道局技術開発担当部長（下水道局東部第二下水道事務所長）東郷展▽下水道局施設管理部長（流域下水道本部技術部長）宇田川孝之▽下水道局中部下水道事務所長（下水道局参事＝局務担当）中坊正義▽下水道局東部第一下水道事務所長（下水道局参事＝日本下水道事業団派遣）三神景信▽下水道局参事＝東部第一下水道事務所砂町水再生センター長事務取扱（下水道局南部下水道事務所副所長兼ポンプ施設課長）森田茂▽下水道局森ヶ崎水再生センター所長（下水道局参事＝東部第一下水道事務所砂町水再生センター長事務取扱）杉田龍宣▽下水道局参事＝日本下水道事業団派遣（下水道局計画調整部計画課長）◎中島義成▽流域下水道本部技術部長（下水道局中部下水道事務所長）髙相恒人▽教育庁総務部長（教育庁人事部長）松田芳和▽教育庁教育政策担当部長（教育庁参事＝教育政策担当）石原清志▽教育庁都立学校教育部長（教育庁特命担当部長）森口純▽教育庁人事部長（教育庁人事企画担当部長）直原裕▽教育庁局務担当部長＝中央図書館管理部長（教育庁局務担当部長＝教育相談センター所長）関口栄一▽教育庁参事＝人事企画担当（教育庁参事＝中部学校経営支援センター支所長兼経営支援室長事務取扱）中島毅▽教育相談センター所長（中央図書館管理部長）伊藤一博▽中部学校経営支援センター所長（板橋ナーシングホーム所長）舟橋淳▽人事委員会事務局任用公平部長（生活文化スポーツ局消費生活部長）宮川雄司▽人事委員会事務局参事＝審査担当（人事委員会事務局任用公平部審査室審査担当課長）◎鷲見博史

統括課長級

▽知事本局外務部外務課長（知事本局基地対策室横田基地共用化推進担当課長）加藤英典▽知事本局政策部政策課長（知事本局政策部政策課長）◎金子潤一▽知事本局政策部報道課長（知事本局政策部報道課長）◎鈴木勝▽知事本局外務部局務担当課長＝㈶自治体国際化協会派遣（知事本局外務部局務担当課長＝㈶自治体国際化協会派遣）◎荒木誠▽総務局行政改革推進部行政改革課長（総務局行政改革推進部行政改革課長）◎打田武彦▽副監察員（生活文化スポーツ局都民生活部局務担当課長＝東京ウィメンズプラザ所長）長谷川昌伸▽総務局人権部企画課長（総務局人権部企画課長）◎村田和則▽総務局首都大学支援部副参事＝公立大学法人首都大学東京派遣（総務局首都大学支援部副参事＝公立大学法人首都大学東京派遣）◎加藤洋子▽財務局主計部予算第一課長（財務局主計部予算第一課長）◎篠原敏幸▽財務局財産運用部総合調整課長（産業労働局総務部企画計理課長）坂巻政一郎▽財務局建築保全部施設整備第一課長（財務局建築保全部施設整備第二課長）◎高田茂▽財務局建築保全部施設整備第二課長（中央卸売市場事業部施設課長）◎伊藤達也▽主税局税制部税制課長（主税局税制部税制課長）◎副島建▽中央都税事務所副所長兼総務課長（青梅都税支所長）秋山治▽板橋都税事務所副所長兼総務課長（主税局課税部課税指導課長）◎本庄寛▽青梅都税支所長（新宿都税事務所固定資産税課長）◎石井博▽町田都税支所長（町田都税支所長）◎飯塚三郎▽生活文化スポーツ局都民生活部管理法人課長（生活文化スポーツ局都民生活部旅券課長）寺井勝▽生活文化スポーツ局消費生活部局務担当課長＝消費生活総合センター活動推進課長（生活文化スポーツ局消費生活部局務担当課長＝消費生活総合センター活動推進課長）◎齋藤喜好▽東京ウィメンズプラザ所長（議会局管理部広報課長）◎柴田京子▽都市整備局総務部企画担当課長（都市整備局市街地整備部区画整理課長）◎森高志▽都市整備局都市づくり政策部政策調整担当課長（都市整備局都市づくり政策部政策調整担当課長）◎若林茂樹▽都市整備局都市づくり政策部土地利用計画課長（都市整備局市街地建築部建築企画課長）◎小野幹雄▽都市整備局住宅政策推進部民間住宅課長（都市整備局住宅政策推進部民間住宅課長）◎越秀幸▽都市整備局住宅政策推進部不動産業課長（都市整備局都営住宅経営部資産活用課長）◎小松達也▽都市整備局都市基盤部調整課長（都市整備局都市基盤部調整課長）◎桜井政人▽都市整備局都市基盤部交通企画課長（都市整備局都市基盤部航空政策担当課長）◎小野恭一▽都市整備局市街地整備部企画課長（都市整備局市街地整備部再開発課長）藤田雅人▽都市整備局市街地整備部区画整理課長（知事本局政策部政策担当課長）◎佐藤伸朗▽都市整備局市街地整備部再開発課長（都市整備局市街地整備部臨海部担当課長）◎山口省三▽都市整備局市街地建築部建設業課長（都市整備局市街地建築部建設業課長）◎寺内定雄▽都市整備局都営住宅経営部経営企画課長（都市整備局都営住宅経営部経営企画課長）◎堀真▽再開発事務所副所長兼管理課長（再開発事務所補償担当課長）青木吉秋▽再開発事務所補償担当課長（都市整備局都営住宅経営部滞納整理担当課長）◎樋渡隆▽環境局環境政策部経理課長（環境局環境政策部経理課長）◎久原京子▽環境局都市地球環境部計画調整課長（環境局都市地球環境部環境配慮事業課長）山本明▽環境局環境改善部計画課長（環境局環境改善部計画課長）◎村田政則▽環境局環境改善部大気保全課長（環境局自然環境部水環境課長）◎池田茂▽環境局自動車公害対策部計画課長（環境局自動車公害対策部計画課長）◎村山隆▽環境局自然環境部水環境課長（福祉保健局健康安全部環境衛生課長）仁科彰則▽環境局廃棄物対策部計画課長（環境局都市地球環境部計画調整課長）谷上裕▽福祉保健局指導監査部指導調整課長（福祉保健局指導監査部指導調整課長）◎村田佳▽福祉保健局保健政策部保健政策課長（福祉保健局生活福祉部地域福祉推進課長）◎筒井健治▽福祉保健局高齢社会対策部計画課長（福祉保健局高齢社会対策部計画課長）◎小室明子▽福祉保健局少子社会対策部計画課長（福祉保健局少子社会対策部計画課長）◎小林幸男▽福祉保健局少子社会対策部子育て支援課長（福祉保健局少子社会対策部子育て支援課長）◎稲葉薫▽福祉保健局障害者施策推進部計画課長（福祉保健局障害者施策推進部計画課長）◎望月秀夫▽福祉保健局健康安全部環境衛生事業推進担当課長（水道局浄水部水質担当課長）野田功▽福祉保健局保健政策部副参事＝東京都国民健康保険団体連合会派遣（福祉保健局高齢社会対策部施設経営課長）森高登志夫▽産業労働局総務部職員課長（産業労働局総務部職員課長）◎佐藤徳茂▽産業労働局金融監理室監理課長（産業労働局金融監理室監理課長）◎寺崎久明▽産業労働局観光部企画課長（産業労働局観光部企画課長）◎泉水一▽産業労働局農林水産部調整課長（産業労働局農林水産部調整課長）◎山巻毅▽産業労働局農林水産部農業振興課長（産業労働局農林水産部農業振興課長）◎武田直克▽産業労働局農林水産部森林課長（産業労働局農林水産部森林課長）◎植竹一郎▽中央・城北職業能力開発センター赤羽校長（監査事務局監査第一課長）◎木幡収治▽産業労働局農林水産部副参事＝東京都漁業協同組合連合会派遣（中央・城北職業能力開発センター赤羽校長）青木博之▽産業労働局雇用就業部副参事＝㈶東京しごと財団派遣（産業労働局観光部振興課長）◎西沢潤▽建設局総務部企画計理課長（建設局総務部企画計理課長）◎片山謙▽建設局用地部管理課長（建設局用地部管理課長）◎岩渕和夫▽建設局用地部調整課長（建設局用地部調整課長）◎滝澤達▽建設局道路管理部管理課長（建設局道路管理部管理課長）◎片岡正英▽建設局道路管理部監察指導課長（建設局道路管理部監察指導課長）◎星野宏充▽建設局道路建設部計画課長（建設局道路管理部安全施設課長）◎伊佐賢一▽建設局公園緑地部管理課長（建設局公園緑地部管理課長）◎日浦憲造▽建設局公園緑地部公園建設課長（建設局公園緑地部公園建設課長）◎細岡晃▽第一建設事務所副所長兼庶務課長（第一建設事務所庶務課長）三井正夫▽第六建設事務所管理課長（建設局河川部指導調整課長）◎熊本敬治▽西多摩建設事務所工事第一課長（南多摩西部建設事務所工事課長）井上幸夫▽港湾局総務部総務課長（港湾局臨海開発部開発企画課長）古谷ひろみ▽港湾局臨海開発部開発企画課長（港湾局港湾経営部振興課長）戸澤互▽病院経営本部経営企画部職員課長（病院経営本部経営企画部職員課長）◎高橋滋之▽中央卸売市場管理部市場政策課長（中央卸売市場事業部業務課長）◎松村大▽中央卸売市場世田谷市場長（財務局経理部契約第二課長）◎川島邦彦▽交通局総務部お客様サービス課長（交通局資産運用部資産活用課長）◎村山崇▽交通局職員部人事課長（交通局職員部人事課長）◎木村良一▽交通局電車部管理課長（交通局総務部お客様サービス課長）◎梅田雅義▽交通局自動車部車両課長（交通局車両電気部発電担当課長）◎関根暁夫▽交通局車両電気部管理課長（交通局車両電気部管理課長）◎仁田山芳範▽交通局車両電気部車両課長（交通局自動車部車両課長）野崎慎一▽交通局車両電気部信号通信課長（交通局車両電気部信号通信課長）◎菅野正平▽水道局総務部調査課長（水道局総務部調査課長）◎筧直▽水道局サービス推進部管理課長（水道局サービス推進部管理課長）◎冨田英昭▽水道局浄水部管理課長（水道局経理部契約課長）◎吉野明▽水道局浄水部浄水課長（水道局建設部技術管理課長）◎山田廣▽水道局浄水部設備課長（水道局水運用センター施設管理課長）落合秀次▽水道局給水部給水課長（多摩水道改革推進本部調整部技術指導課長）◎佐々木宏章▽水道局建設部管理課長（水道局建設部管理課長）◎太田寛▽水道局水質センター企画調査課長（水道局総務部施設計画課長）牧田嘉人▽水道局長沢浄水場長（水道局浄水部局務担当課長＝長沢浄水場長）◎古田功三▽水道局西部建設事務所庶務課長（水道局東村山浄水管理事務所特命担当課長）井手純一▽多摩水道改革推進本部立川給水管理事務所施設課長（多摩水道改革推進本部調整部局務担当課長＝立川給水管理事務所施設課長）◎原島武▽下水道局計画調整部計画課長（下水道局施設管理部管路管理課長）◎神山守▽下水道局施設管理部管路管理課長（下水道局計画調整部事業調整課長）長井陽一郎▽下水道局施設管理部施設保全課長（下水道局施設管理部施設保全課長）◎前田淳一▽下水道局建設部管理課長（下水道局経理部業務管理課長）星合光▽下水道局建設部設備設計課長（下水道局建設部設備設計課長）◎野村浩司▽教育庁地域教育支援部義務教育課長（教育庁地域教育支援部義務教育課長）◎松川桂子▽教育庁人事部選考課長（教育庁人事部選考課長）◎園田喜雄▽教育庁人事部職員課長（教育庁人事部職員課長）◎田中宏治▽教育庁福利厚生部福利厚生課長（教育庁福利厚生部福利厚生課長）◎磯貝達男▽監査事務局監査第一課長（監査事務局監査第三課長）石原健

課長級

▽知事本局総務部政策情報担当課長（知事本局総務部副参事＝政策情報担当）鈴木裕之▽知事本局地方分権推進室広域連携・首都調査担当課長（知事本局地方分権推進室副参事＝広域連携・首都調査担当）門柳明子▽知事本局地方分権推進室国政情報担当課長（知事本局総務部特別秘書担当課長）金子弘文▽知事本局外務部国際共同事業担当課長（知事本局外務部副参事＝国際共同事業担当）吉村美貴子▽知事本局基地対策室基地対策担当課長（病院経営本部経営企画部副参事＝小児総合医療センター開設準備担当）金子安秀▽知事本局政策部政策担当課長（知事本局政策部副参事＝政策担当）有金浩一▽知事本局政策部報道調整担当課長（知事本局政策部副参事＝報道調整担当）古川吉隆▽知事本局計画調整部計画調整担当課長（国土交通省都市・地域整備局企画課長補佐）長嶺行信▽知事本局計画調整部計画調整担当課長（知事本局計画調整部副参事＝計画調整担当）三木健▽知事本局総務部副参事＝特別秘書担当（知事本局地方分権推進室副参事＝国政情報担当）志村公久▽知事本局外務部副参事＝特命担当（広尾病院事務局管理課長）五十嵐裕▽知事本局外務部副参事＝国際共同事業担当（㈱新銀行東京派遣）福留敬一▽知事本局基地対策室副参事＝横田基地共用化推進担当（知事本局政策部副参事＝政策担当）佐藤竜太▽知事本局政策部副参事＝政策担当（第五建設事務所補修課長）杉山純▽知事本局政策部副参事＝政策担当（生活文化スポーツ局文化振興部副参事＝㈶東京都交響楽団派遣）山浦拓也▽知事本局政策部副参事＝政策担当（㈱東京国際フォーラム派遣）新田見慎一▽総務局行政監察室監察担当課長（総務局人事部局務担当課長＝㈶東京都福利厚生事業団派遣）長谷川栄司▽総務局行政監察室監察担当課長（副監察員）寺澤昭忠▽総務局行政部都区制度改革担当課長（総務局行政部副参事＝都区制度改革担当）村岡教昭▽総務局総合防災部震災対策担当課長（総務局総合防災部副参事＝震災対策担当）赤木宏行▽総務局総合防災部情報統括担当課長（総務局総合防災部副参事＝情報統括担当）齋藤實▽副監察員（総務局情報システム部副参事＝情報化推進担当）吉川正信▽副監察員（病院経営本部経営企画部副参事＝㈶東京都保健医療公社派遣）岩本弘明▽総務局人権部副参事＝同和啓発担当（知事本局政策部副参事＝政策担当）石黒洋子▽公文書館長（総務局人事部制度企画課課長補佐）◎卯月武司▽大島支庁総務課長（建設局公園緑地部計画課課長補佐）◎錦織一臣▽八丈支庁土木課長（港湾局離島港湾部計画課課長補佐）◎直井恒雄▽小笠原支庁港湾課長（港湾局港湾整備部計画課課長補佐）◎本多智▽総務局首都大学支援部副参事＝公立大学法人首都大学東京派遣（総務局人事部調査課課長補佐）◎石井英男▽総務局首都大学支援部副参事＝公立大学法人首都大学東京派遣（東京オリンピック・パラリンピック招致本部招致推進部競技計画課課長補佐）◎鈴木隆広▽総務局人事部副参事＝㈶東京都福利厚生事業団派遣（副監察員）井口哲男▽総務局人事部副参事＝㈶東京都福利厚生事業団派遣（財務局主計部財政課課長補佐）◎菅原雅康▽総務局行政部副参事＝東京たま広域資源循環組合派遣（水道局水質センター企画調査課課長補佐）◎三田村浩昭▽総務局行政部副参事＝㈶東京都島しょ振興公社派遣（総務局総合防災部防災管理課課長補佐）◎新井敬造▽職員共済組合事務局管理部企画担当課長（職員共済組合事務局管理部副参事＝企画担当）手塚雅之▽財務局経理部契約第一課長（財務局財産運用部利活用支援担当課長）藤原卓也▽財務局経理部契約第二課長（財務局経理部契約調整担当課長）岡本晃治▽財務局建築保全部技術管理課長（財務局建築保全部副参事＝建築構造担当）山田雅史▽財務局建築保全部土木技術担当課長（港湾局港湾整備部施設建設課長）大畑博▽財務局建築保全部特命担当課長（中央卸売市場管理部特命担当課長）堀江信之▽財務局経理部副参事＝契約調整担当（財務局財産運用部副参事＝利活用推進担当）五十嵐律▽財務局主計部副参事＝事務事業評価担当（都市整備局総務部副参事＝東京都住宅供給公社派遣）雲田孝司▽財務局財産運用部副参事＝収用担当（総務局総務部副参事＝訟務担当）鈴木朗▽財務局財産運用部副参事＝利活用支援担当（財務局財産運用部副参事＝収用担当）岩谷祐治▽財務局財産運用部副参事＝利活用推進担当（北都税事務所固定資産税課長）河田敦子▽財務局建築保全部副参事＝保全担当（東部住宅建設事務所住宅改善課長）小野寺弘樹▽財務局建築保全部副参事＝電気技術担当（㈱ゆりかもめ派遣）栗原康明▽財務局建築保全部専門副参事＝建築構造担当（多摩建築指導事務所専門副参事＝建築構造担当）小菅忠晴▽主税局課税部課税指導課長（主税局課税部軽油調査課長）長田稔▽主税局課税部軽油調査課長（環境局自動車公害対策部規制担当課長）白石真一▽主税局課税部査察課長（都税総合事務センター自動車税課長）大隈雅英▽主税局資産税部計画課長（主税局資産税部固定資産評価課長）大久保哲也▽主税局資産税部固定資産評価課長（主税局総務部副参事＝組織定数担当）川上秀一▽主税局総務部副参事＝組織定数担当（下水道局中部下水道事務所庶務課長）蓮沼正史▽新宿都税事務所固定資産税課長（大田都税事務所固定資産税課長）松本成史▽新宿都税事務所固定資産評価課長（下水道局総務部副参事＝局務担当）渡邊康雄▽新宿都税事務所徴収課長（主税局徴収部機動整理課課長補佐）◎今井勇蔵▽大田都税事務所固定資産税課長（江戸川都税事務所固定資産評価課長）上野里美▽北都税事務所固定資産税課長（主税局総務部副参事）高山千里▽葛飾都税事務所固定資産税課長（新宿都税事務所固定資産評価課長）吉越公明▽江戸川都税事務所固定資産評価課長（病院経営本部経営企画部副参事＝㈶東京都保健医療公社派遣）辻谷久雄▽八王子都税事務所徴収課長（人事委員会事務局任用公平部任用給与課課長補佐）◎笠井知己▽都税総合事務センター自動車税課長（主税局課税部査察課長）松本真琴▽生活文化スポーツ局都民生活部旅券課長（知事本局外務部国際共同事業担当課長）鈴木丈喜▽生活文化スポーツ局消費生活部取引指導課長（産業労働局金融部貸金業対策課長）千葉理恵子▽生活文化スポーツ局スポーツ振興部競技力向上担当課長（生活文化スポーツ局スポーツ振興部副参事＝競技力向上担当）井上佳昭▽生活文化スポーツ局総務部副参事＝施設担当（都市整備局都市づくり政策部副参事＝特命担当）細川保雄▽生活文化スポーツ局文化振興部副参事＝㈶東京都歴史文化財団派遣（生活文化スポーツ局私学部副参事＝㈶東京都私学財団派遣）星政典▽生活文化スポーツ局私学部副参事＝㈶東京都私学財団派遣（教育庁地域教育支援部義務教育課課長補佐）◎清水伸吾▽都市整備局総務部広報担当課長（都市整備局市街地整備部副参事＝用地担当）土屋太郎▽都市整備局都市づくり政策部多摩開発企画担当課長（再開発事務所工事課長）齋藤勝久▽都市整備局住宅政策推進部企画担当課長（都市整備局住宅政策推進部副参事＝企画担当）佐藤千佳▽都市整備局都市基盤部航空政策担当課長（都市整備局都市づくり政策部多摩開発企画担当課長＝都市づくり政策部小笠原担当課長兼務）安部文洋▽都市整備局市街地整備部臨海部担当課長（第一建設事務所補修課長）清水孝次▽都市整備局市街地建築部建築企画課長（都市整備局市街地建築部建築防災担当課長）山崎弘人▽都市整備局市街地建築部建築指導課長（水道局経理部営繕課長）松﨑徹▽都市整備局都営住宅経営部資産活用課長（都市整備局都営住宅経営部副参事＝管理制度担当）越和彦▽都市整備局総務部副参事＝連絡調整担当（都市整備局市街地建築部副参事＝建築紛争調整担当）小林忠雄

（6面につづく）

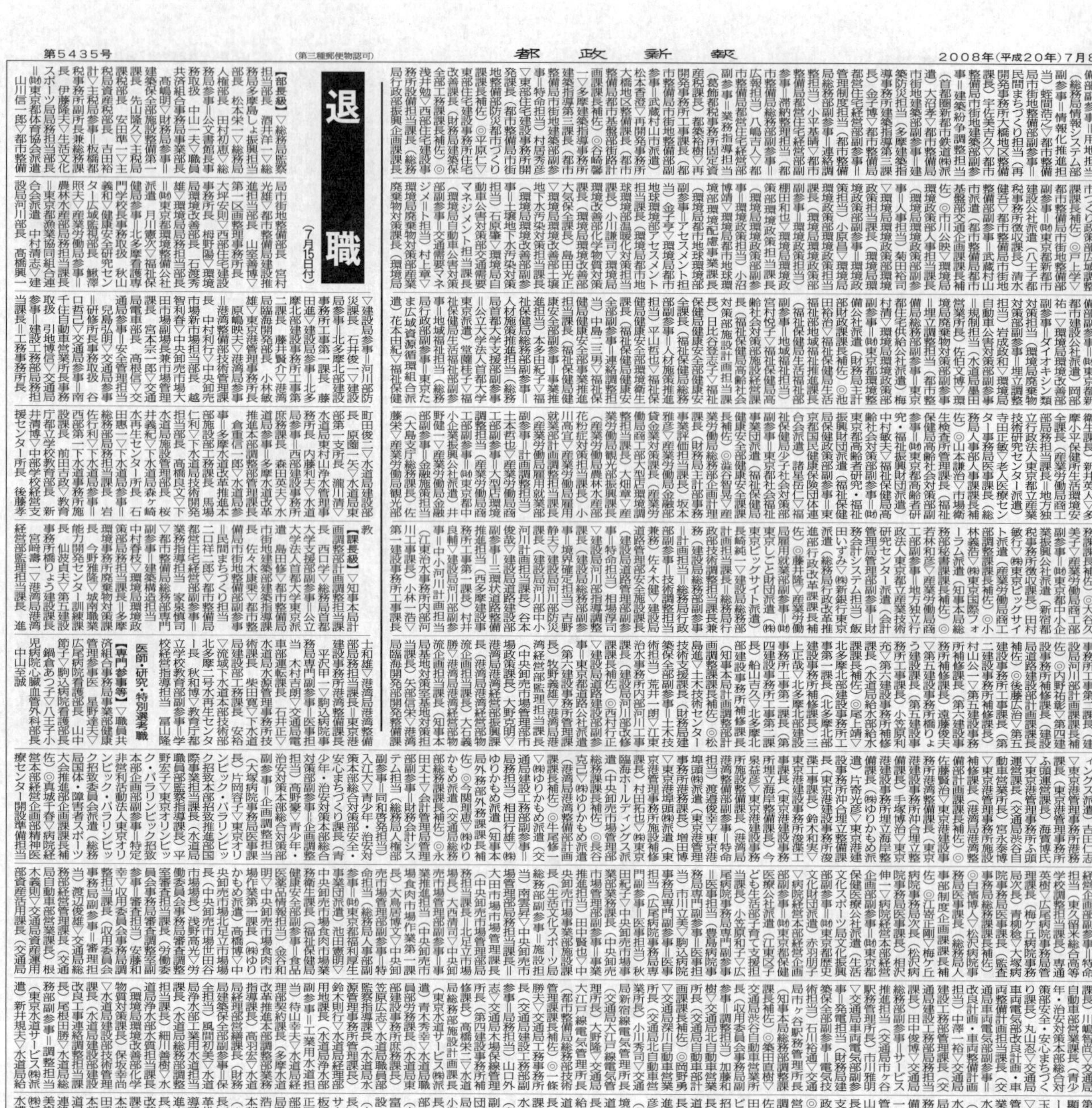

退職
（7月15日付）

医師・研究・特別選考職

20年度 主任試験講座 ― 38 ―

地方公務員制度⑥

前回、前々回に引き続き、問題と解説を掲載します。

問 題

【問題11】

地方公務員法に定める信用失墜行為の禁止に関する次の記述のうち、妥当なものはどれか。

① 信用失墜行為は、職務に関する行為が懲戒処分の対象となり、職務と関係ない行為については分限処分の対象となる。

② 信用失墜行為は、刑法や他の刑罰規定に該当した場合のみ懲戒処分の対象となり、該当しない場合は、そもそも懲戒処分の対象とならない。

③ どのような行為が信用失墜行為に該当するのかについて、事前に条例等の規程により定めなくてはならない。

④ 信用失墜行為は、勤務時間中に行った行為が対象となり、勤務時間外に行った行為は対象外である。

⑤ 信用失墜行為に関して、地方公務員法に罰則規定はないが、職務に関する行為であるか否かに拘わらず懲戒処分の対象となる。

【問題12】

地方公務員法に定める秘密を守る義務に関する記述として妥当なものは、次のどれか。

① 秘密を守る義務における「秘密」とは、官公庁が秘密の指定をしたものであり、実質的に保護に値する秘密であるか否かは問わない。

② 職務上知り得た秘密を漏らした場合は、懲戒処分の対象となるが、刑罰の対象となることはない。

③ 職員は、職務上知り得た秘密を漏らしてはならないが、これは在職中だけであり退職後は当該義務が課せられていない。

④ 任命権者は、秘密を公表することが公の利益を害する場合であっても、法律に特別の定めがあるとき以外は、秘密の公表を拒否することができない。

⑤ 職務に従事しているときに知り得た事実は、職務に関係なく偶然知り得たものであっても、職務上知り得た秘密となる。

【問題13】

地方公務員法に定める職員の職務専念義務に関する次の記述の中で、妥当なものはどれか。

① 職員は、職務上の注意力をその職責遂行のために注がなければならないが、その職務専念義務は、勤務時間内だけでなく勤務時間外も課せられる。

② 勤務時間中に、勤務条件に関する措置要求を人事委員会に対して行う場合であれば、仮に法律または条例に特別の定めがなくとも、職務専念義務は免除される。

③ 職員は、勤務時間中に職員団体の活動に従事することにつき、任命権者から職務専念義務の免除を受けたときは、原則として給与の支給を受けることはできない。

④ 職員は、勤務時間内に営利企業に従事することについて人事委員会の許可が必要である。また許可を受けた場合は職務専念義務を免除されるが、給与の支払いを受けることはできない。

⑤ 職務専念義務を法律または条例に基づき免除した場合、任命権者は、免除した勤務時間に対する給与を支払う必要がある。

【問題14】

地方公務員法に定める政治的行為の制限に関する次の記述のうち、妥当なものはどれか。

① 職員は、勤務時間であるか否かに拘わらず、政治的行為が制限されているが、職務に従事していない休職中や停職中であれば、制限されることはない。

② X市の職員が、地方公務員法改正に反対する目的にて、X市の区域内で署名運動を企画し、または主宰する等これに積極的に関与することは許される。

③ 職員は、公の選挙にて、特定の候補者に投票するよう勧誘運動を行うことは、当該職員の属する地方公共団体の区域の内外に関係なく許されない。

④ 職員は、政党その他政治的団体の役員になることは禁止されているが、これらの団体の構成員となるよう勧誘運動を行うことは禁止されていない。

⑤ 職員団体の業務に専ら従事しているX市の職員が、特定の政党を指示すべく、Y市の庁舎の掲示板に宣伝ポスターを張ることは許されている。

【問題15】

争議行為等の禁止に関する次の記述のうち、妥当なものはどれか。

① 職員は、争議行為を実行する行為またはこれを助長する行為を行ってはならないが、争議行為を実行した場合に当該行為に対する刑事責任を問われることはない。

② 職員は、争議行為を実行してはならないが、実行した場合に生じた地方公共団体の損害に対して、民事責任を問われることはない。

③ 職員は、原則として争議行為または怠業的行為を行ってはならないが、経済的な要求であれば怠業的行為を行うことが可能である。

④ 争議行為を禁止されているのは知事部局の職員のみであり、地方公営企業の職員は争議行為が禁止されていない。

⑤ 地方公営企業の職員が争議行為を実施した場合は、地方公営企業はロック・アウトでこれに対抗することが可能である。

解 説

【解説11】 正答⑤

① 誤り。信用を失墜させるときは、必ずしも職務に関連する場合だけでなく、直接職務とは関連のない行為も含まれ、そのような場合も懲戒処分の対象となる。

② 誤り。刑罰を科せられる場合でなくとも、服務違反等のように信用失墜行為に該当する場合がある。

③ 誤り。どのような行為が信用失墜行為に該当するかの具体的な基準を立てることは難しいため、社会通念により個々の案件につき具体的に判断する。

④ 誤り。職員が勤務時間外に飲酒運転を行った場合など、行為が個人的なものであっても、公務員としての身分により公務全体の信用が損なわれることから、勤務時間外の行為も対象となる。

⑤ 正しい（法第33条）。

【解説12】 正答④

① 誤り。実質的にも保護に値すると認められるものであることを要す。例えば、市町村が保管している犯罪者名簿や、勤務評定等が記録されている人事記録が、秘密事項とされている。

② 誤り。秘密を漏らした職員は、1年以下の懲役または3万円以下の罰金に処せられる（法第60条第1項第2号）。

③ 誤り。当該義務は、退職後も同様である（法第34条第1項）。

④ 正しい（法第34条第3項）。

⑤ 誤り。職務上知り得た秘密とは、職務執行に伴って知り得た秘密であり、偶然知ったものは含まれない。なお、担当職務以外の事項であっても、職務に関連して知り得たものは含まれる。

【解説13】 正答③

① 誤り。法第35条の勤務時間には、正規の勤務時間だけでなく、超過勤務時間や休日出勤の場合も含まれるが、勤務時間外は含まれない。

② 誤り。勤務時間中に行う勤務条件に関する措置要求であっても、法律または条例に特別の定めがない場合には、職務専念義務が免除されることはない（行政実例昭和27年2月29日）。

③ 正しい。職員は、原則として給与を受けながら職員団体の活動をすることはできないが、条例で例外を定めれば出来る（法第55条の2第6項）。

④ 誤り。人事委員会ではなく任命権者の許可が必要である（法第38条第1項）。また、勤務時間内であり別途職務専念義務の免除も受ける必要がある。さらに、給与の支払は、条例に給与減額免除の規定があるかどうかによる。

⑤ 誤り。職務専念義務を免除すれば、ノーワーク・ノーペイの原則により、給与を支払わないのが通常である。しかし、職員団体の在籍専従職員の場合を除き、条例で給与減額免除の規定があれば給与を支給することができる。

【解説14】 正答②

① 誤り。政治的行為の制限は、身分上の義務とされているため、勤務時間であるか否かに拘わらず、また休職・停職である職員であっても、制限は受ける。

② 正しい。法第36条第2項により禁止されている政治的行為には、行為者の特別な意図・目的が要件とされている。当該目的とは、「特定の政党その他の政治的団体または特定の内閣若しくは地方公共団体の執行機関を支持し、またはこれに反対する目的」または「公の選挙または投票において特定の人または事件を指示し、またはこれに反対する目的」である。従って、同法改正に反対する目的で、署名運動に積極的に関与することは許される（行政実例昭和27年7月29日）。

③ 誤り。職員は、公の選挙にて、特定の候補者に投票するよう勧誘運動を行うことは原則として禁止されている。しかし、当該職員の属する地方公共団体の区域外においては許されている（法第36条第2項但書）。

④ 誤り。職員が政党その他の政治的団体に関連して禁止されていることは、①結成への関与②役員となること③構成員となるよう、またはならないよう勧誘運動を行うこと——である（法第36条第1項）。

⑤ 誤り。職員は、特定の政党を支持する目的をもって、文書または図画を地方公共団体の庁舎等に掲示してはならない（法第36条第2項第4号）。また、この禁止は、休職中の在籍専従職員にも適用があり、職員が属する地方公共団体の区域の内外は問わない。

【解説15】 正答①

① 正しい。職員は、争議行為を実行する行為またはこれを助長する行為を行ってはならない（法第37条第1項）。争議行為の実行に対しては懲戒処分の対象にはなるが、刑罰の適用はない。なお、助長等の行為に対しては罰することとしている。

② 誤り。争議行為[illegible]した場合、当該行為に[illegible]方公共団体の損害に[illegible]は、不法行為による損[illegible]の責任を問われる場合[illegible]（民法第709条）。[illegible]民間企業の労働組合の[illegible]正当な争議行為という[illegible]あることから、損害が[illegible]も民事責任は免責とな[illegible]働組合法第8条）。

③ 誤り。禁止され[illegible]争議行為または怠業的[illegible]は、職員が組織的に地[illegible]団体の事務運営を阻害[illegible]率を低下させる一切の[illegible]いう。よって、怠業的[illegible]あれば、その目的が何で[illegible]これを行うことは許さ[illegible]い。

④ 誤り。地方公営[illegible]職員に対しては、争議[illegible]禁止を定める地方公務[illegible]37条の適用はない。し[illegible]地方公営企業労働関[illegible]条第1項に争議行為[illegible]れている。

⑤ 誤り。地方公[illegible]員が争議行為を行っ[illegible]あっても、地方公営[illegible]ロック・アウト（作業[illegible]をしてはならない（[illegible]企業労働関係法第1[illegible]項）。

20年度 主任・係長 論文講座 ★38★

特別区主任主事選考

直前対策②

今年度の特別区主任主事選考対策講座も、いよいよ最終回となりました。

前回は、想定論文の作成方法などを確認しました。今回も引き続き、直前対策として、頻出課題の整理、試験本番に向けての準備、試験当日の注意などを確認していきます。

頻出課題の整理

各区で比較的よく出題される課題を取り上げ、解決策をいくつか例示してみましょう。

(1)多様化する区民ニーズへの対応

区は、区民の価値観の変化によって、多様化した区民ニーズに即応し、より柔軟で、きめ細かな公共サービスを提供していかなければなりません。そのためには、区民のニーズを的確に把握し、その上で、事務事業の見直しを積極的に進めていく必要があります。また、地域の課題を解決するためには、区民との協働を推進することも重要です。

①区民ニーズの把握

中堅職員は、組織の第一線で、区民と接する機会が多いはずです。区民の声をしっかり受け止め、それをまとめ、整理した上で上司に報告し、職場内で共有し、事務事業の見直しのきっかけにしていくことが重要となります。また、新聞やテレビ、インターネットなどから、日常的に社会経済情勢の変化を理解しておくことも大切です。

②事務事業の見直し

区民の声、行政評価などを活用して、事務事業の目的を踏まえ、成果をあげているかどうか検証することが第一歩となります。また、事務事業の実施にあたっては、もっと効果的・効率的な方法がないか常にチェックすることも大切です。その上で、前例踏襲に陥ることなく、事務事業の執行方法を積極的に見直していくことが求められています。

③区民との協働

きめ細かなサービスを提供するには、行政だけでは限界があります。行政が直接やらなければならないことを見極め、民間事業者、地縁団体、NPOやボランティアなどと役割分担を明確にしながら、地域の課題を一緒に解決していくことが求められています。また、協働を進める上での前提となる信頼関係の醸成にも力を入れていく必要があります。

(2)区民との信頼関係の構築

区政は、区民の信頼の上に成り立っています。ところが不祥事や事故などが発覚する度に区民の信頼が損なわれています。区民との信頼関係を再構築するためには、職員の公私にわたる法令順守、意識改革、能力向上、接遇のレベルを向上させていくことも重要となります。

①法令順守

個人情報の保護、日々増加する関係法令など、事務事業を執行していく上で、中堅職員の立場で順守しなければいけないことはたくさんあります。また、組織全体で守られているかどうかチェックし、何か気が付いたら、速やかに上司に報告しなければいけません。

②意識改革

各職場の目標について理解を深め、職員一人ひとりが組織の目標を共有するため、主任主事として積極的に職場に働きかける必要があります。そして、各事務事業の目的・効果・課題を意識し、事業の見直しや事務改善に取り組み、効率的な業務の執行に努めなければなりません。

③能力の向上

地方公務員の労働生産性は低いのではないかと、国民全体から厳しい目が向けられています。中堅職員は、区民から満足される仕事を行うために、行政のプロとして自覚を持ち、自己啓発に積極的に取り組み、能力向上に努力する必要があります。

④接遇の向上

窓口や電話応対などを丁寧にするだけではなく、対応のばらつきをなくすためにマニュアルを作成し、苦情や要望などは、係内で共有した上で、改善していくことが重要です。

(3)活力に満ちた職場づくり

限られた行政資源で最大の効果を発揮するためには、組織力の強化が重要です。そのためには、職員が組織目標を共有した上で、係内のコミュニケーションを円滑にし、力を合わせて問題解決に取り組む必要があります。また、後輩職員を育てることも大切です。

①コミュニケーション

情報が共有され、円滑な人間関係が形成されていることが重要です。報告・連絡・相談だけではなく、係長と係員のパイプ役、係員間の潤滑油となることが求められています。

②組織目標の共有

中堅職員として、自分自身の組織目標の理解を深め、係員全員が理解できるように係長を補佐しながら周知徹底していく必要があります。また、目標の達成に向けて、係が一丸となって仕事に取り組めるように、チームワークを醸成していくことも必要となります。

③後輩職員の育成

後輩職員を指導する際には、知識や答えを教えるだけではなく、調べ方や考え方をアドバイスしていくことが重要となります。また、仕事に対する達成感を経験させるとともに、失敗した時のフォローを欠かさないようにすることも大切です。

試験本番に向けての準備

(1)自分の手で書く

職場でもパソコンが普及したことにより、手書きで文章を書く機会が減っています。また、読むことはできても、書けなくなってしまった漢字が増えています。

試験会場ではパソコンは使えません。少なくとも試験の2週間前になったら、原稿用紙を使って、実際にエンピツで書く練習を始めてください。1200字の論文を書こうとすると約90分かかります。練習に使う原稿用紙は、できれば試験本番の解答用紙と同じ桝目（字数×行数）の物が良いでしょう。筆記用具は、シャープペンシルよりも、Bまたは2Bの鉛筆をお薦めします。これは、採点するときにコピーをとるため太めで濃く書かれているほうが読みやすいからです。ただし、試験で使える筆記用具が決まっている場合は、それを使って練習してください。

また、原稿用紙に書いた文章の間違いを後から加筆訂正する方法も調べておきましょう。消しゴムを使うだけでは訂正する部分が多いと大変なことになります。

(2)問題に合わせる

前号でも書きましたが、事前に用意した想定論文を直前に暗記して、試験当日に丸写ししても合格は難しいです。試験当日に出題された問題に合わせ、事前に用意した想定論文などを材料にして、本番の会場で論文をアレンジする必要があります。そのためには、想定論文や頻出課題に対する解決策など論文を書くための材料の暗記は、試験の10日ぐらい前までに終わらせると良いでしょう。

次に、過去に出題された問題などを参考に、自分で色々な問題を用意し、暗記した材料などを使って、論文を書く練習を行ってください。その際は、必ずレジュメをつくって、問題と解決策をしっかり合わせるようにしましょう。この練習を何回か繰り返すことによって、初めて見る問題に対しても、論文が書けるようになっていきます。

(3)試験時間に合わせる

試験本番で注意しなければならないことの一つに時間配分があります。試験の1週間ぐらい前から、制限時間を設定して論文を書く練習をしましょう。試験時間は、区によって異なりますが、1時間30分から2時間ぐらいのところが多いようです。

例えば、試験時間が1時間30分だとすると、出題の意図を理解して全体の構成を考える時間が20分、原稿用紙に書く作業で60分、最後の確認作業に10分を充てることができます。論文を書くペースについては個人差がありますから、何度か試して自分に合った時間配分を決めてください。大切なのは、事前に時間配分を決めて書く練習をしておくことです。

試験日までの注意

試験は思いのほか体力を使います。前の日は早く寝ましょう。当日は、しっかり朝食をとって、余裕を持って試験会場に向かいましょう。服装は、会場の室温に合わせ調整しやすいものが良いと思います。

論文試験の場合、多くの区では、複数（2～3題）の問題の中から1題を選択して解答させる方式を採用しています。試験が始まったら、出題された問題をよく読んで速やかに選択してください。選択した問題を途中で変更して最初から書き直すと時間が無くなってしまいます。くれぐれも迷わないようにしましょう。

問題を選択したら、レジュメを使って、論文の構成を考えます。本番中は、時間の感覚が普段と違っているので、少し考え込んだだけでもあっという間に時間が過ぎてしまいます。なるべく事前に練習した時間配分で書くようにしてください。

試験開始から一定時間が過ぎると、途中退室が認められますが、制限時間いっぱいまで入念に確認作業を行うことをお勧めします。誤字や脱字に注意し、分かりやすい表現かどうかや、文末が「～である」等に統一されているかを確認しましょう。

最後に

主任主事試験で勉強したことはムダにはなりません。論文に書いたことをそれぞれの職場で実践してください。そうすれば職場が変わり、区が変わりますから。

20年度 教育管理職への道しるべ〈42〉

直前対策①

今回から3回連続で直前対策を掲載します。第1回は、法律分野の試験までの最終確認のポイントと出題の予想項目、第2回は、法律分野の最終確認のための問題、そして3回目は、経営管理・時事ものポイントと確認問題となります。

これらの直前対策とこれまでこの講座で連載してきた内容を読み返して、試験には万全の体制で臨んでください。

実際の試験では、憲法、教育基本法とも、ほとんど条文の知識で対応できますので、直前対策として、憲法については、特に基本的人権の条項について確認し、教育基本法については、前文を含め、各条項をすべて確認し、改正趣旨について理解を深めます。判例は、憲法第23条、第26条に関するものは重要で、「学テ判決」については、最低限確認することを勧めます。

■憲法・教育基本法

1 ポイント

憲法に関する選択肢は総じて、学問・教育の自由の条項、それ以外では、憲法前文と基本的人権の総則的内容、国民の義務、居住・移転、職業選択、国籍離脱の自由、勤労者の権利です。

教育基本法に関しては、全条項から満遍なく出題されています。その中でも、教育基本法は18年12月に改正されたことから、改正内容に関する事項に十分注意して下さい。

2 予想出題事項

【憲法】○思想・良心の自由○表現の自由○政教分離○学問の自由○教育を受ける権利○勤労の権利○憲法改正条文

【教育基本法】○改正法全文

特に、前文、第2条（教育の目標）、第8条（私立学校）、第9条（教員）、第11条（幼児教育）、第17条（教育振興基本計画）

■学校教育法

1 ポイント

学校教育法関連法令については、例年5問程度の出題となっています。学校教育法に関連する法令としては、学校教育法施行令、学校教育法施行規則、学校保健法、学校図書館法及び教育職員免許法など多数あります。特に施行規則に関し、基礎的理解を問う設問が多く出されているので、ぜひチェックしておいて下さい。また、教育基本法改正を受けた学校教育法を含むいわゆる教育関連3法の改正は、十分念頭においておく必要があります。

いずれにしろ、学校を管理運営するに当たり知っておかなければならない基本的事項を正しく理解しておくことが必要です。

2 予想出題事項

○学校設置基準○校長・教頭・主幹教諭の職務○教育課程○休業日○学校の管理・運営○教職員の組織・職務○児童生徒の懲戒○指導要録○中等教育学校○教科用図書・補助教材○入学進級卒業○学校と地域○学校と地域○特別支援教育○学校保健法

■地教行法

1 ポイント

「地方教育行政の組織及び運営に関する法律」（以下「地教行法」という）は、地方教育行政の根幹となる法律です。全部で63条の短い法律ですから、全文を読んでよく理解して下さい。

特に今回は地教行法の一部改正が行われ、平成20年4月1日より改正法が施行となっていますので十分注意して下さい。

主な法改正事項は、以下のとおりです。教育委員会の責任体制の明確化、教育委員会の体制の充実、教育における地方分権の推進、教育における国の責任の果たし方、私立学校に関する教育行政についてです。

改正内容に関しては非常に出題の可能性が高いと考えられますので、よく整理しておいて下さい。

また、教育委員会の組織、教育委員・教育長の身分、教育委員会及び地方公共団体の長の職務権限、県費負担教職員制度などの基本的な事項については、確実に自分の知識になっているかどうか確認して下さい。

2 予想出題事項

○教育に関する事務の管理及び執行の状況の点検及び評[illegible]

■教育公務員特例法

1 ポイント

[illegible]

■地方公務員法

1 ポイント

[illegible]

■最近の訴訟・その他法令

1 ポイント

[illegible]

「河童忌」に思う

芥川龍之介が描き続けた河童

墨田区立緑図書館　松島茂

『鼻』を夏目漱石に激賞され、華々しく文壇に登場した芥川龍之介は昭和2（1927）年7月24日未明、田端の自宅において服毒死を遂げた。前日の晩は両国の川開きで花火が上がった。

芥川は『西方の人』を脱稿し、同居の伯母に「みずはなや　はなのさきだけ　くれのこる」の短冊を、友人で主治医の下島勲に届けるよう頼むと、いつものように睡眠薬を飲んで床についた。未明から雨が降り出し、妻の文が異常に気づいたのは午前6時。伯母が急いで近くに住む下島医師を呼びに行き、カンフル2筒を打ったが助からなかった。

芥川龍之介の印象は、晩年の痩せた眼ばかりが煌々として睨みつけるような写真の影響が強い。長男の比呂志はその写真があるがために、書斎には近づき難かったと述懐しているほどだ。しかし、生きていたときの父芥川は比呂志にとって「微笑の人」であり、「へちま」と呼んでいた人であり、孫悟空のまねをして風呂に飛び込む英雄であったのである。

芥川は、体育会系の筋肉男子ではなかったが、徒歩旅行をし、18歳の時は槍ヶ岳にも登っている。なかでも得意なのは水泳で、夏には毎日のように、本所小泉町15番の家（両国3の22の11）からすぐ近くの大川、つまり隅田川の水練場に通った。現在安田庭園のある付近である。隅田川では、永井荷風も谷崎潤一郎も泳いでいる。

江戸の名物のひとつ業平しじみが獲れたと最近テレビで報道されていたが、隅田川は随分ときれいになってきた。明治の頃は、白魚（しらうお）が捕れたというから、芥川の育った頃の本所両国は、更に水の豊かで美しいところだったといえるだろう。芥川の精神の根底に大川があったことは、『大川の水』で述べられている。

川と堀に囲まれた本所両国辺りは、河童や「本所七不思議」など妖怪の伝説も少なくない。芥川は幼少の頃から妖怪の話を聞いて育ち、「一つ目」だの「から傘お化け」などをしばしば画帳に描いている。芥川が河童の絵を描き始めたのは、親友の画家小穴隆一によれば大正9年頃という。初め、河童は蒲のような長い草を釣り竿のように肩に掛けたものが多く描かれるが、死が近くなると両手を前に突き出して、救いを求めて駆け出すような、あるいは逃げ出すような河童になった。

最後の小説『河童』は伝説ではなく、自殺を決意した芥川の精神的鬱憤を吐露した寓意小説といわれる。ある精神病の患者の話として語られるのであるが、最後には「出て行け！この悪党めが！貴様も莫迦な、嫉妬深い、猥褻な、図々しい、うぬ惚れきった、残酷な虫の善い動物なんだろう。出て行け！この悪党めが！」と怒鳴られるのである。

芥川の天才ともいわれる明晰な頭脳と真面目に生きようとする姿勢は、かえって、自身をも世間をも嫌悪するにいたったのだろうか。大正10年の中国旅行の際は、文学の上で憧れていた国の現実を見ると同時に体調を崩してしまった。震災では自警団に加わっていたが、そこで、興奮して人が人を殺す愚かさを間近に見、その後も世間苦ともいえる数々の出来事に遭遇している。

列挙すれば、親友小穴の脱疽による右足切断、甥義敏の家出、養父の弟の病死、妻の弟の吐血入院、仲人をした友人の離婚話、友人清水の死と遺児の問題、無断収録があったと印税配分のもめ事、友人下島医師の娘の死、姉の夫の放火の嫌疑と鉄道自殺そして多額の借金、精神を病んだ文学仲間宇野浩二への配慮などである。

芥川は原稿の督促を受ける毎日であったが、これらすべてに真面目に取り組み世話をした。代々幕臣であるお坊主衆の家で育った芥川は、礼儀正しさや、気配り、心くばりが身に着いていた。座布団に座る時は、そこにいる者が誰であろうと断って座り、客の一人が先に退出するときは必ず玄関先まで見送ったといわれる。

芥川の身体は、医者からもう薬では治らないと匙を投げられるほど、胃腸はボロボロだった。数カ月前に妻の友人平山ます子と自殺未遂を起こしたときは、妻文からきつく叱られた芥川であったが、死の床の芥川の顔をみた妻文は「お父さん、よかったですね」と思わず声を掛けたというほどであったのだ。

本所の生まれの作家舟橋聖一は、当時はまだ帝大生であったが、芥川が自殺したのを聞いてすぐに思い浮かべたという言葉を日記に記している。「クリストは『狐に穴あり。空の鳥は巣あり。しかれど人の子は枕する所なし』といった」。『西方の人』の最終章の一節である。

芥川龍之介の命日7月24日は「河童忌」といわれる。小説『河童』と自画像のように描いた河童の絵にちなんだものだ。別に、芥川の号をとって「我鬼忌」ともいう。芥川の通った府立三中（現都立両国高校）の二年先輩の久保田万太郎の句に「河童忌や河童のかづく秋の草」がある。墓地は染井霊園に隣接する慈眼寺である（豊島区巣鴨5の37）。芥川の座布団を模った台座の上に小穴隆一の筆による芥川龍之介墓と刻まれた墓石が建っている。

芥川が晩年に描いたとされる「河童の図」＝墨田区立緑図書館蔵

がんばれ！公務員 33

恋愛講座・不倫のすすめ

文とマンガ　鈴木武征

ボーナスシーズンだ。

私には過ぎた昔の夢だが、貰える人はどんどん貰うが良い。自分が働いたことへの成果であり、当然の報酬だ。

インターネット内のある調査を見ていたら、受給額10～30万円という人が16％で最も多かった。

ウェブ内の自由参加型のアンケート結果だから正確さには欠けるが、回答者の添えられた一言が面白い。

金額の低い層ほど「天の助け」「貰えるだけ幸せ」と喜びに溢れている。

受給額が上がるに連れ「ここ数年同額」「ローン、借金を払ってパー」などと冷めたコメントが増える。

外資系不動産業の人など「会社に50億儲けさせて1千万円、0・2％かよ」とぼやいている。

察するに低額層ほど真に「サプライズ」「臨時収入」で、高額になるほど「折り込み済みの収入」なのだ。

人は思いもしなかったこと、予想だにしなかったことに感動する。

職場内である人が自分に好意を持っていることを知った時などもこの部類に入る。

「へー、そうなんだ～」と驚きつつも悪い気はしない。

好意が単なる好意の範疇であれば鬼のような上司に思われようと、新採のカワイコちゃんであれ大差はない。

「お世話になっています」とか「いつも有り難う」と自分も好意で反応していれば仕事もスムーズに運び、職場も明るくなって言うこと無しだ。

問題は好意が愛情となり、自分もそれに応える気がある場合だ。

独身者同士であれば誰に遠慮することは無い。少子化社会対策の最強策として職場の皆も応援してくれる。

しかし、世の中そうは問屋がおろさない。

むしろ自分は既婚者で相手は独身あるいはその逆、または双方既婚者同士というケースが多く、お待ちかね不倫劇の始まりだ。

身持ちが堅いと言われている公務員職場でも、いったん人が人を好きになったのを止めることは困難だ。

他人に知られぬよう逢瀬を重ねる二人の世界は秘密であるが故に一層燃え上がる。

恋愛自体は純愛であれ不倫であれ悪いことではない。人が人を想う気持ちは愛情の基本であり、人を成長させる要素でもある。

しかし事は不倫、やがて職場内に噂が流れ後ろ指を指される前に留意しておくべきことがある。

それは、①泥沼の愛憎劇にしないこと②泣いて別れて笑顔で再会できることだ。

恋愛は二人の自由だが家族を悲しみに巻き込むことは避けるべきで、特に子供がいる場合などは親の都合で安易に片親等にすることは考え物だ。

熟考の上でどうしても一緒になりたいという例もあるが、それは別途講座料を頂戴しないと何とも言えない。

不倫は楽しくもあり悲しいものだ。どこかで他人を傷付けている。ある時期が来たら意を決して泣く泣く終わらせるのも重要だ。

再び職場等で出会った際に、「あら！」「おう！」と笑顔で応えられる二人が最高だ。

恋愛は人生に彩りを添え夢を見せてくれる。生きていることを実感させてくれる。

ボーナスも不倫も有り難く頂戴し、名残り惜しく消えていくものかも知れない。

東京タワーの下でバスガイドと一緒に

エコで時空を超えた東京観光

はとバスにハイブリッドバス導入

平和のシンボル「鳩」のマークでお馴染みの「はとバス」では、開催中の洞爺湖サミットを見据え、地球環境にやさしいハイブリッドバス4台を、観光バス業界に先駆けて導入。1日に試乗会を開催した。

これまでも低公害車を積極的に取り入れ、エコドライブも率先してきた㈱はとバスが、今回導入したのは、日野自動車の「セレガハイブリッド」。電子制御システムによってエンジンやモーターなどの駆動・制御を最適にコントロールし、低燃費・低公害の走りを実現。「平成27年度燃費基準」も達成している。

8月14日で創立60周年を迎えるはとバスは、ハイブリッドバスの導入を60周年の旗艦事業と位置づけており、さらに地球環境によいものを目指していきたい考えだ。

はとバス60周年に合わせて多彩な特別企画のコースも組まれており、ハイブリッドバスは、その一つ「あの時この街東京紀行」に投入され、7月19日から毎日運行する。GPSを活用し、現在位置に沿った観光情報をバスに2台備えた液晶モニターでガイドするというツアートレーサーを搭載。オーディオも4チャンネルから選択ができ、4カ国語の音声ガイドが可能という。

この日の試乗会では、実際は東京タワーから三越本店でのランチ、日本橋やお台場、六本木ヒルズの自由散策を盛り込んだ7時間20分に及ぶコースの一部を堪能。東京駅から銀座の街に入ると、昭和初期にタイムスリップしたように、当時の銀ブラでの光景が映し出され、大きな窓からは現在の銀座の姿を見ることが出来るという仕掛けだ。「銀座カンカン娘」の唄と共に銀座を後にして、東京タワーへ。

6月26日に納車されたばかりの新車は、床が木材調で、グリーンで統一された車内は明るい雰囲気。車体も、はとバスのシンボルカラーのイエローから、エコをイメージするグリーンへのグラデーションが目を引く。

今月から運行を開始する「はとバス60周年特別企画」では、60周年に合わせて6660円の料金設定プランを多数取り揃えているほか、盛りだくさんの企画が用意されている。詳細は、http://www.hatobus.co.jp/。予約センターは☎03・3761・1100。

都〜区トーク

管理運営能力が問われている

6月初旬、各マスコミが一斉に国家公務員の深夜帰宅タクシーの問題を取り上げた。かなり詳細に実例を挙げ、いわゆる居酒屋タクシーという名称も固定化してきている。各マスコミはこぞってその利用実態に標的を絞り、いわば〝公務員〟と〝個人タクシー〟の庶民感覚とのズレを攻撃していた。

こうした中で、国はその利用実態にだけ反応。6月24日付の読売新聞では、冬柴国土交通相の〝鶴の一声〟で23日から2カ月間、タクシー券の使用禁止に踏み切ったとして、その後職員の働き振りを取り上げている。使用禁止という多少〝勘違い的〟な措置により、勤務実態に少しスポットライトが当たった。

そして、ようやく6月29日付の「スキャナー」という特集でこの問題の背景でもある、勤務実態について分析をしている。

「批判が高まる霞ヶ関の官僚からは、減らない深夜残業へのぼやきも聞こえる。背景には『国会待機』など、一般にはわかりにくい慣習もある。問題解消には、官僚の倫理観の見直しとともに、政官双方の意識改革も求められている」とし、その実態として「煩雑な仕事」「国会待機」「遠い宿舎」を深夜残業の原因と指摘する。そしてその担い手は、「ノンキャリア」であるとしている。

ただし、ここではその異常性については深く触れられていない。交通機関がなくなるまで働いて、自宅で3、4時間の睡眠をとって翌日勤務をする。このような勤務状況を異常と捉えるという感覚をなぜ持ち得ないのか。確かに〝居酒屋タクシー〟で金品の提供を受けることについては、申し開きの必要すらないけれど。

一方、都庁はどうなっているのだろうか。ここで、最近の都庁では異常な残業を強いるものとして、〝煩雑な仕事〟もあるが、〝訳のわからない指示による仕事〟が多いことを指摘しておきたい。〝訳のわからない…〟は着地地点が明確でなく、その時々の政治情勢や一部管理者の単なる思い付きによるところが大きい。自分の成果誇示のために、お先棒を担ごうとしていることこそ、都政の混乱を引き起こしている元凶であり、回りまわって職場に混乱状況を生み出しているといっても過言ではない。

管理者の本来の職務は、この〝訳のわからない…〟を減らすことであり、このことが明るい職場づくりに寄与するといえる。そうした意味からいえば、今回の居酒屋タクシーの問題は、職場の管理運営が適切に行われているかが問われている。（氷）

協力：(財)日本ファッション協会

シネマ夢倶楽部　オススメシネマ

Japan Fashion Association

ラストゲーム　最後の早慶戦

©2008「ラストゲーム 最後の早慶戦」製作委員会

1943年10月16日。それは、永遠に語り継がれる、特別な試合――。

青い空の下、グラウンドで無心に白球を追いかける若者たち。早稲田大学野球部の選手たちは、日に日に太平洋戦争が激化するなか、今日も練習に励んでいる。顧問の飛田穂洲（柄本明）が、たとえ六大学野球は廃止されても、部員たちの出陣のその日まで、野球を続けると誓っていた。しかし、周囲からの圧力は強く、部員の戸田順治（渡辺大）は父親から、「この非常時に」となじられていた。そんなある日、慶應義塾塾長の小泉信三（石坂浩二）が、飛田に〝早慶戦〟を申し込む。「二度と帰れないかもしれない若者たちに生きた証を残してやりたい――」、小泉の切なる願いを飛田も喜んで受けとめるのだが……。

太平洋戦争の真っただ中、〝野球は敵国のスポーツ〟と中止になった東京六大学野球。本作は、禁じられた野球にすべてを捧げた男たちの実話から生まれた感動作。

◆推薦委員コメント

藤原作弥（元日本銀行副総裁）

学徒出陣を前に、青春と友情の思い出にと、若き選手たちが戦った文字通り「最後の早慶戦」のドラマ。実話に基づくストーリーだけに感動を呼ぶ。両校応援団が相手校の応援歌や校歌を歌うエールの交歓が、期せずして、静かなレクイエム（鎮魂歌）ともプロテストソング（反戦歌）ともなっている。

三沢秀介（俳人）

「最後の早慶戦」この実現までのひたむきな姿を追う、文字どおり〝感動〟のドラマである。ただもう一度試合をしたい、させたいという一念が、挫折や逡巡を超えて実現する。それは、ミリタリズムが跋扈（ばっこ）する暗い時代への密やかな挑戦であったともいえるだろう。エンディングで、互いに校歌、応援歌を唄い鼓舞するシーンは、万感胸に迫って思わずも涙腺が震えるのである。神山征二郎監督渾身の作品。

◇

【2008年／日本／96分　配給：シネカノン　8月23日より、シネカノン有楽町1丁目、渋谷アミューズCQNほか全国ロードショー】

シネマ夢倶楽部　7月23日（水）午後6時30分～「ニッショーホール」で上映。※この上映会に10組20名様を抽選でご招待します。Eメールで件名「上映会招待希望」とし、住所・氏名を明記の上、henshu@toseishimpo.co.jpまでお申し込み下さい（16日必着）＝招待状を郵送します。

㈶日本ファッション協会では、「シネマ夢倶楽部」の会員を募集しています。各界の著名な推薦委員がお薦めする映画の先行上映会に年18本ご招待など様々な特典があります。

詳しくは同事務局（☎3242・1674　http://www.cine-culture.jp/）まで。

都政新報

発行所　都政新報社
〒160-0023 東京都新宿区西新宿7-23-1 TSビル
〈総務・読者〉03-5330-8781
〈企画広告〉03-5330-8784
〈編集〉03-5330-8786
〈出版〉03-5330-8788
〈セミナー事業部〉03-5330-9977
〈ファクス〉03-5330-8808
購読料　月1,680円（税込）
毎週火・金曜日発行
但し、祝祭日は休刊

紙面から

都議選に向け早めの始動

来年夏の都議選に向け、各党とも前回より早いペースで公認決定し、「首都決戦」の選挙態勢に入っている。自民党で1カ月、共産党で5カ月も早い。この背景には、国政の先行きが不透明な中で、いつ解散・総選挙があるか分からず、衆議院選挙を口実に都議選対応が遅れたという言い訳はできないという認識がある。民主党は、第一党の座を自民党から奪取し、自公中軸の都議会に風穴を開け、3年後の都知事選に弾みをつけたい考えだ。新銀行東京で失敗し、石原知事の人気に陰りが見える中で、都政の評価も焦点となる。

各党「衆院選挙の時期、読めぬ」

05年7月の都議選を例にとると、自民党都連は04年10月29日に第一次公認を発表した。今回は9月下旬の予定。前回より1カ月早い。八木洋治都連事務局長は「衆議院の任期満了は来年9月10日。それまでに総選挙があることは確かだが、その時期は読めない。都議選の前後、もしくは同日の可能性すらある。早めに都議選モードに入っておけば、いつ解散・総選挙があっても戦いに臨める」と話す。

こうした認識は他党も同じだ。公明党は、前回の第一次公認発表が04年8月26日だったが、今回は3カ月も早い5月22日に出した。第二次公認が7月3日で、すでに現有議席23人すべての公認候補を決めた。

また、民主党も候補者選考作業が始まり、第1回目の申請締め切りは7月18日となっている。二大政党化の流れに埋没し、前回は勇退した都議の後に出した新人候補が全員落選した共産党は、第一次公認決定を5カ月も前倒しで行い、失った議席の回復に向けて始動している。

05年7月の都議選で街頭演説する石原知事。知事が応援に入った自民党候補は、20人のうち14人が当選した＝品川区内で（一部画像処理をしています）

■自民党

自民党都連は4日に選対小委員会を開き、候補者の選考基準を決めた。柱は三つあり、①全選挙区に公認候補を擁立する②党や地域支部に対する貢献を最大限に重視する③身上調査をする――というもの。

この中で「党や地域支部に対する貢献」は、現職優先の考えに基づき、自動的に公認候補とする方針はとらないという意味だ。党員数の確保は、貢献度を測る指標の一つという。

党則では、党員は規律、品位、党議にそむく行為をしたら処分となっている。新銀行東京への400億円の追加出資が最大の争点となった第一回定例会では、本会議最終日の採決の際、佐藤裕彦氏と樺山卓司氏が体調不良を理由に欠席した。都議会自民党の規律委員会では、二人を都議会における役職停止を決めた。しかし、地方議員の党員の処分については、自民党都連党紀委員会が権限を持つ。このため都議会自民党から「党紀委員会に諮り、判断して欲しい」という上申書が提出されている。今後、上申書を受けて都連で対応を議論する。

4日の選対小委員会では、選挙区ごとの公認候補者数の原則を決定。1人区は1人、2人区・3人区が1人～2人、4人区は2人、5人区・6人区が2人～3人、8人区は3人～4人とした。自民党空白選挙区は小金井で、この解消をめざす。また、公認候補が80歳を超える場合は公認せず、新たな候補者を立てる。この定年基準に該当するのは、江東区の米沢正和都議という。

前回は57人を擁立し、当選目標50議席に対し、当選48人にとどまった。今回の擁立候補者数は、65人程度になると見られる。都連では、7日付で各総支部に公認候補の選考に入るよう指示し、9月8日までに申請を出すよう求めた。特に2人区、3人区で取りこぼしがないよう戦う方針。

■民主党

前回、候補者51人という大量擁立で選挙に挑み、19議席から35議席に倍増した民主党は、今回もこの路線を推進し、第一党をめざす。都議会民主党の田中良幹事長は「40台後半を目標議席に掲げ、それに向けて候補者の選定中」と話す。

都議選で過去に自民党が第一党からすべり落ちたことが一度だけあり、1965年の「黒い霧」解散で日本社会党が45議席、自民党38議席だった。このケースからも分かるように第一党には、最低でも40台半ばの議席獲得が不可欠となる。民主党としては、60人弱の候補者擁立をめざすという。都議会運営は、自公中軸で回るのが常のため、自公を過半数割れに追い込みたい考えだ。

都議選投票日の1カ月前に新銀行東京の08年度決算が発表になり、経営危機がさらに深まっていれば、追加出資に賛成した石原与党に逆風も想定される。田中幹事長は「間違っていることを、間違っていると言っているだけ。結果として、それが争点になることは十分あり得る」と語る。

■公明党

早々に23人の公認候補をすべて決定し、今回も公明党は全員当選をめざす。党の議員定年は、在任中に65歳を超えないこと。このルールに従い、石井義修氏と石川芳昭氏が勇退する。その一方、木内良明氏（江東区）、鈴木貫太郎氏（荒川区）、友利春久氏（足立区）の3人は、特例を党本部に申請し、公認とした。都本部の西岡稔事務長は「議員団の運営、選挙区事情など総合的に判断した」という。

たとえば、荒川区は定数2で、非常に厳しい選挙区。また、前回は公明党にとって世代交代の時期にあたり、新人を9人立てた。今回も新人を4人擁立する。全員当選したとすると、23人のうち13人が1期生、2期生の若い議員集団になる。こうした点を考慮し、木内氏を残した。友利氏の足立区は衆議院東京12区で、公明党の太田昭宏代表の地元。足場を盤石とする狙いがある。公明党にとって最重点選挙区は、荒川、目黒、町田の三つだ。

■共産党

5月13日に第一次公認で18人を決定。大田区の2人目の候補や豊島区、北多摩第一など3人区以上の選挙区の顔ぶれも、間もなく出そろう予定。ただし、全選挙区で候補者を立てるかどうかは、未定という。

共産党都委員会の根岸千明選対部長は「現有13議席を確保し、さらに1人でも、2人でも増やしたい」と語る。前回、現職が落選した江東区と北多摩第一、新旧交代に失敗した品川区、大田区、町田選挙区を除けば、間豊島区、葛飾区での議席回復、2人区の文京区と日野市の議席死守が至上命題となる。

根岸選対部長は「民主党に国政選挙と同じ風が吹くとは限らない。オール与党の一角を保つ民主党に比べ、新銀行東京、豊洲新市場問題で共産党都議団が果たしてきた役割は鮮明だ。躍進の条件はある」と話す。

■生活者ネット

9月27日に「東京政策」と6人以上の立候補予定者を発表する。前回10人を擁立したが、日野市で現職が落選するなど、6人から3人に議席が半減した。今回は、前回より候補者数を絞る見通し。北多摩第二で3期務めた大西由紀子都議は勇退する。

大気汚染医療費助成

環境影響の研究開始へ
PM2.5の健康影響も

東京大気汚染訴訟の和解を受けて創設された気管支ぜん息の医療費助成制度について、都福祉保健局は5年後の制度見直しに向けた調査を開始した。同局では、医療費助成を申請している患者に対し、健康・生活環境をアンケートで聴取。「患者基礎データ」としてまとめ、年齢別、地域別に分析する考えだ。また、微小粒子状物質（PM2・5）についての調査を年度内に開始する方針。PM2・5を巡っては、環境局が発生源の調査に乗り出すことを決めているが、福祉保健局は対象地域をある程度絞り、住民への健康影響について調査する。

気管支ぜん息患者を対象とする現行の医療費助成は18歳未満が対象だが、昨年の第4回定例会で条例改正され、対象を全年齢に拡大。また、気管支ぜん息だけでなく、慢性気管支炎なども新たに対象とした。5年間で200億円を、国と都が各3分の1、自動車メーカー7社と首都高が各6分の1を負担することになっている。

東京大気汚染訴訟の和解条項では、新しい医療費助成制度の創設から5年後に制度の見直しを行うとしている。都の大気汚染医療費助成検討委（会長＝大田健・帝京大教授）は8日、「大気汚染と健康影響との因果関係に関する研究や、制度を取り巻く状況の変化などに応じて、柔軟に対応することが必要」とする最終報告をまとめた。2010年には環境省が実施している疫学調査「そらプロジェクト」の結果が報告されるが、都でも大気汚染と健康影響との因果関係を研究し、5年後の制度検証に活用する方針だ。

同制度は8月に開始されるが、申請の集中を緩和するため、各保健所では現在、事前申請を受け付け中。6月30日までに約6500人の事前申請があったという。同制度では、約7～8万人が新規に助成の対象になるとみられている。

都産業労働局

環境配慮企業に低利融資
スキームの企画提案を募集

都産業労働局は8日から、企業の環境評価に応じて金利を優遇する「環境配慮取組支援融資」のスキームの企画提案を金融機関から募集している。

都は、環境に配慮した経営に取り組む企業向けの融資スキームを、08年度中に創設する。経済活動と環境保全を両立させ、「持続可能な経済社会」の確立に貢献する中小企業の活動を、円滑な資金調達の実現を通じて支援する。

融資期間は5年から7年程度。都が中核金融機関に対して預託する預託金を貸付原資の一部とし、融資比率を低減する。都と中核金融機関が互いに協議し、環境に配慮した取り組みに関する評価基準を策定。中核金融機関は、中小企業の環境に配慮した取り組みを評価し、評価結果に応じ融資利率などの優遇を行う。

都は貸付原資として、08年度中に最大10億円を5年間預託する。取り扱い実施当初に2億5千万円を預託し、融資実績や融資実行見込みに応じて、年度末に残額を預託する。

提出された企画提案書と、応募金融機関によるプレゼンテーションに基づき、外部委員を含めた都委員会の審査を経て、都が中核金融機関候補を選定し、融資スキームの詳細を協議する。

企画提案の締切は7月25日午後5時。8月中旬に中核金融機関候補を選定し、9月下旬に中核金融機関と融資スキームを決定する予定。

お台場でバイクイベント
三宅村など主催

10月に三宅島で石原知事の発案で開かれるバイクイベントに向けて、三宅村とNPO法人三宅島スポーツ振興会の主催によるプレイベントが6日、お台場で開催され、1万7千人の来場者が訪れた＝写真。

イベントでは、バイクで来場した人が愛車と写真撮影する撮影会や、市販バイクの試乗会、白バイのデモンストレーション走行やクラシックバイクのデモ走行、フリースタイルモトクロスが行われた。三宅島ブースも設けられ、特産品の販売や観光PRも行われた。

噴火災害からの復興を目指して開かれた昨年11月のイベントには、約900人が来島した。今年は、10月17日から19日までの日程で開かれる予定になっている。

ホームレス対策会議

「五輪までにゼロに」
都議会自民党

都議会自民党は9日、ホームレス対策会議（会長＝服部征夫総務会長）の幹事会を開き、東京五輪招致に向けて、「2016年までにホームレスの数を限りなくゼロにする」ことを目指して取り組むことを確認した＝写真。また、多摩川のように国が管理する河川敷のホームレス対策について、国の責任で対策を行うよう、秋の予算要望で求めることを決議した。

08年度の都内のホームレスは約2600人で、ピーク時の99年度（約5800人）に比べると半減。一方、23区でもホームレスの数が3桁に上る区が10区ある。会議には、ホームレス問題勉強会代表幹事の保坂三蔵・都連会長代行や都議、関係区議のほか、NPO2団体が出席。「NPOの活用をすべき」「近隣の区と連携しながら対策をとらないと、いつまでも隣の区に流れてしまう」といった意見が出された。

青海のP区画森ビルに決定
都港湾局

都港湾局はこのほど、臨海副都心青海P区画（江東区青海1）を開発する事業予定者を森ビル㈱に決定した。同社は約2万平方㍍の敷地に、地上18階・地下1階建ての施設を開設する。事業費は約721億円で、2012年8月に開業する。

森ビルは賃貸オフィス、商業施設のほか、都市や建築をテーマにした「都市ミュージアム」の開設を提案。年間を通して企画展や講演会を開催する。また、就業者により、年間で延べ155万人の来訪者の増が見込まれるという。

都政の東西
BCP

「もしも首都直下型大地震が起こったら」「新型インフルエンザが大流行し、日本を襲ったら」――。どの自治体でも、こんな想定で訓練を行ったり、行動計画を策定している。しかし、実際に被害が起きた際に、それが機能するかは未知数だ。

例えば、大規模地震を想定した図上訓練では、担当職員が参集し、関係省庁との連絡などを行っているが、これは職員がきちんと集まり、関係機関が機能していることが前提だ。しかし実際には職員も被災するし、関係省庁も被害を受ける。新型インフルエンザのパンデミック（世界的な感染爆発）が起これば、本人や家族が感染し、参集できないケースも確実に出る。

こうした「予期せぬ事態」が発生しても業務を継続できるようにすること。これがBCP（事業継続計画）の考えだ。聞きなれない人もいると思うが、民間では、すでに基本となりつつある。07年の新潟県中越沖地震の際、自動車部品工場が被災し、メーカーの生産ラインが止まったのは記憶に新しい。海外ではBCP策定が取引の条件になる例も多いという。

では、行政の現場ではどうか。07年6月に内閣府が中央官庁のBCPガイドラインを示し、国土交通省が第1号で策定。地方自治体では徳島県が今年3月に策定した。都も年度内に大規模震災を想定したBCPをまとめる予定という。しかし、こうした取り組みは始まったばかりで、特に区市町村レベルでは遅れているのが実態だ。

大規模地震や新型インフルエンザのパンデミックの際、行政の現場が機能しなければ、市民の生命に直接関わる事態にもなる。もはや「想定外」は通用しない。被災時に大打撃を被るであろう地元企業へのBCP策定支援も含め、早急な取り組みが必要だろう。

冗句ジョーク

都庁入庁者チェックもあったサミット閉幕
ホントはこれをしたかった管理者
「次は職員のオリンピック招致に関する踏み絵を予定しています」

千代田区の駐車場で石綿

2区が実態調査を開始

千代田区の機械式立体駐車場で、建築基準法の基準値を上回るアスベスト（石綿）が検出された。これを受け、千代田、文京両区は8日までに立体駐車場の実態調査を始めた。すでに調査が終わった荒川区を除き、他区では立体駐車場のリストアップに追われ、今後の調査は「検討中」「予定なし」など対応がまちまちだ。建築確認申請の台帳に立体駐車場と分かるように記載されていないなど、石綿の使用量などを調べてもらう所有者の特定がネックとなっている。石綿の使用の実態把握は難航しそうだ。

所有者の特定がネック

「石綿の基準値を上回る立体駐車場がある」。千代田区建築指導課の担当者は06年にメーカーから報告を受けた。今年5月、建築基準法で定める新基準の160倍の石綿が検出された事実を、立体駐車場の所有者から確認。その際、安全対策を取るようメーカー側に要請したが、着手されることはなかった。

千代田区は、立体駐車場79棟を見つけ、今後は鉄骨に防火用の吹きつけ材が使用されているかどうかを確認する。

文京区は7日、都環境確保条例で届け出が義務づけられている20台以上の駐車場が約210棟あることを確認し、鉄骨の吹き付け材の有無、所有者の確認などの実態調査に乗り出した。8日現在、75カ所を調査した中で、5カ所で石綿が含まれているとされる吹き付け材を確認。石綿がなかったのが2カ所、含有量の調査中が1カ所、未確認が2カ所だった。

調査対象外だった1千平方㍍未満の立体駐車場の調査を検討している新宿区では、所有者の特定の難しさを指摘する。都税である固定資産税の納税者リストがあれば駐車場の所有者を特定できるが、過去の調査では個人情報保護によりリストを入手できなかった。また、板橋区は建築確認申請台帳から駐車場と把握できても、立体式かどうかの判断がつかないという。所有者の特定がネックとなっている。

立体駐車場を調査する豊島区は、吹き付け材の石綿含有量を管理者に調べてもらうことをイメージし、「管理者は駐車場の中に入るので、ちゃんと調査する」と話す。

調査の予定なしの区もある。荒川区では、05年に500平方㍍以上の建築物で石綿の使用の実態調査が終わったためだ。

都は現在、駐車場メーカーでつくる立体駐車場工業会に、設置場所や連絡先などのリストを提供してもらおうと話し合いを進めている。実現すれば、リストを23区に提供する。その後、対応を考えているのは中野区、杉並区などがある。

石綿の使用が懸念される機械式立体駐車場＝千代田区内で

住民の不安の払拭を

【解説】　05年に国の石綿の使用実態調査が行われたにもかかわらず、機械式立体駐車場から石綿が検出された背景には、立体駐車場が調査対象外だったことが挙げられる。05年の実態調査は、作業が膨大になるとの理由で、調査対象の建築物が延べ床面積千平方㍍以上で線引きされたため、立体駐車場の調査が抜け落ちた。

立体駐車場は土地の少ない都心に多く設置されている。1台あたりの面積は15平方㍍とされ、コンパクトに収納できるように設計されているため、延べ床面積が1千平方㍍を超える立体駐車場は少ない。

ギリシャ語で「燃え尽きない」という意味のアスベストはその名の通り燃えないため、鉄骨で造られた立体駐車場、倉庫などにこれまで活用されてきた。石綿などを混入した吹き付け材が鉄骨などを覆うことにより、火災の際、鉄骨に燃え広がるのを遅らせる役割を担っている。

石綿を含んだ吹き付け材が劣化した場合にはひび割れなどのため、石綿が露出し、車の出入りがある立体駐車場では外に飛散するおそれがあるという。

06年に建築基準法が改正され、吹き付け材の中の石綿含有量が0・1％に引き下げられたが、それ以前は千代田区内で見つかった駐車場の含有量は違法ではなかった。今回、現行の基準量を上回る石綿が駐車場で見つかったのは、氷山の一角に過ぎないと思う。

1千平方㍍未満の建築物では駐車場以外にも、石綿が使われたとされる鉄骨造の倉庫、店舗などがあるという。根の深い問題だけに住民の不安を払拭する必要がある。今後、調査対象は駐車場以外にも広げていくことが求められている。（石）

住基ネットに全面参加へ

最高裁で区側敗訴が確定

杉並区

杉並区が国と東京都に対し、住民基本台帳ネットワークシステム（住基ネット）に、区民の参加選択を認めることなどを求めた行政訴訟で、最高裁第三小法廷（田原睦夫裁判長）は8日、杉並区の上告を棄却した。一、二審での杉並区の敗訴判決が確定した。

最高裁の棄却を受けて、山田宏杉並区長は「主張が認められず、非常に残念。最高裁の判断が下った以上、判決に従う。今後はこれまでの区の主張を踏まえ、対応する」とのコメントを発表。住基ネットへの全面参加の方針を明らかにした。16日開催の区議会委員会で、訴訟結果と今後の住基ネット参加の具体的な対応策について、区側が報告を行う予定。

2002年の運用開始直後、杉並区は住基ネットに参加しないと表明。翌03年には、住民の希望で参加を選択する方針を決定、横浜市が当時採用していた「全員参加を前提とした段階的方式（横浜方式）」の導入を打ち出した（横浜市は06年から全員参加）。しかし、東京都が同方式での情報受信を拒否したため、04年8月、国と都を提訴。提訴理由には「住民のプライバシーを守るために地方公共団体が採るべき責務と権限を明らかにすること」などを挙げていた。

06年の一審判決で東京地裁は、区側敗訴とした。杉並区の控訴による昨年11月の第二審判決でも、東京高裁は区側の主張を認めなかった。その判決で東京高裁は、住基ネットの情報送信に関して、「区市町村長は、住民が通知を希望しているか否かを問わず都道府県知事に対し、本人確認情報（氏名、生年月日、性別、住所など）を送信する義務がある」とした。その上で、地方公共団体が自らの判断で住基ネット参加の是非を判断することはできず、本人確認情報の送信の可否を住民の選択に委ねられないとの判断を示した。

住基ネットについては、憲法13条の侵害などを主張する住民が各地で提訴。大阪高裁では違憲判決も出ていた。しかし、最高裁は今年3月6日、本人確認情報は秘匿性の高い情報ではないと判断。また、住基ネットに「具体的な危険が生じているとはいえない」として、住民側敗訴の判決を出している。

個人情報保護で外部評価制度を

板橋区

板橋区はこのほど、庁内の個人情報保護を評価する外部機関を設置し、学識経験者など3人を民間から登用した。任期は2年間。同区は1996年の個人情報保護条例の制定以来、管理職向けの実務マニュアルの作成、区職員による内部評価点検を実施してきた。しかし、各自治体で個人情報の紛失などが相次いでいるため、今年度、全庁的に取り組むことにした。個人情報保護で外部評価制度の導入は、23区で初。

今年度の評価対象には、特別区民税・都民税の納税に関する業務と「おとしより福祉センター」の援護業務の2業務を選び、8月下旬に調査を実施する。各委員が所管部署へ赴き、職場点検や担当職員へのヒアリングなどを通じて業務内容の適正評価と問題点の抽出を図る。調査完了後、委員は、所管部署への直接的な結果の報告や問題点の指摘に加えて、区長へ調査報告書を提出する予定。

その後も、全庁的な改善対応を要する場合などは随時、区長へ意見を具申できる。

7日開催の第1回委員会では、中央大学法科大学院教授の佐藤信行氏、情報会社役員の中澤達彦氏、公認会計士の野口和秀氏が出席。委員互選で中澤氏が委員長に就任した。担当職員から庁内の個人情報保護体制について説明を受けた後、外部評価基準の策定に着手した。区では、評価基準が決定し次第、全職員に伝達する。区担当者は「全職員、全業務を対象に事故リスクの軽減や安全確保を徹底する。日常の保護意識の向上にもつなげたい」としている。

区民の声でまちづくりを

在住外国人への対応も

インタビュー　武井雅昭港区長に聞く

任期満了に伴い6月15日に行われた港区長選で、武井雅昭氏（55）が、自民、民主、公明、社民の推薦を得て再選を果たした。高層マンションが次々と建ち、人口が増え続ける港区。子育て環境の整備や将来を見据えたまちづくりは大きな課題だ。人口の1割を占める外国人への対応も求められている。また、豊かな税収を誇る同区だが、東京富裕論が取りざたされるなかでの区政のかじ取りはどうするのか。2期目のスタートを切った武井区長に聞いた。

——選挙戦を振り返って。

まちを回って、改めてこのまちの魅力を感じた。教育、子育て、たばこルール、あるいは投票所の設置場所の提案まで、さまざまなご意見や声を聞かせていただいた。いろいろな方と直接お話する機会があり、得るものが多かった。

——投票率は過去2番目の低さでしたが。

人口が増え、新しい有権者が増えるなかで、新しい人も含めて前回並みの投票率だったということは、選管の啓発活動の効果だと思っている。

——待機児解消が課題です。

認可、認証も含め、約2千人の保育所の定員枠を、この4年間で700増やした。それでも追いつかず、待機児がいる。何とか解消しないといけない。8月に港南で、11月には三田で施設がスタートするほか、浜松町や田町などでも施設整備を進めている。

——用地の確保が難しいのでは。

芝浦港南地域をはじめ、適地がなくて困っている。利用目的が決まっていない土地があれば、数年でもよいから暫定保育施設向けなどとして確保できないかなども含めて探っている。

——高層ビルの集中が顕著です。環境保全との整合性は、どう図りますか。

景観行政団体になろうと、現在、景観計画と景観条例の基本的方向性についてパブリックコメントを行っている。メリハリのあるまちづくりをしたい。にぎわいある駅周辺のためには歩行者空間や広場、緑などを配し、それら空間確保のためには、一定の高層化もやむをえない。その一方で閑静な住宅街では、高さ制限も必要かと思う。

——具体的には。

すでにつくったまちづくり条例がある。住民との話し合いのなかから、将来的なルールづくりをするためのものだ。地区計画などで法的に強制力を持たせることもできるし、区から専門家を派遣して、住民のまちづくりへの知識をバックアップする仕組みも設けた。これまではバブル後の定住人口の回復が至上命題だったが、人口は回復してきており、これからは住民の発意によるまちづくりをしていきたい。

——約2万人、人口の1割を占める外国人への対応について。

外国の方にも税金を払っていただいている。区民と同様のサービスは提供しているが、サービスの周知などの点でまだ必ずしも十分ではない。外国人モニター制度をつくって、具体的な区政への意見をもらい、国際化推進プランをまとめていきたい。

——区民向け住宅でのエレベーター事故から2年がたちました。区による調査の状況は。

現在、まとめの作業を進めている。シンドラーの協力がなかなか得られず、捜査機関による事故機の押収などもあり、区としてできることに限りがあるなか、できるだけのことをやってきた。調査報告はなるべく早い時期にお示ししたい。

——後期高齢者医療制度について自治体の立場から。

現場として大変困っているのが実情。8月には保険料をお知らせするが、見直しの軽減などは反映されていない。そういったことも合わせてお知らせしなければならず、現場の職員は苦労している。将来に不安なく暮らせるように社会保障全体の体系の再構築も必要だろうが、いま、区民の生活にどういう影響が出ているかが分かるのは我々であり、国なり関係機関に制度改善の要望を出していきたい。

——都区のあり方検討委員会の幹事会メンバーですが、23区再編をどう考えますか。

あらかじめ、こうしなさいといわれるものではなく、基本的自治権拡充の後に各区の話し合いのなかで必要性があれば進んでいくものだと思う。都市は変化するものであり、一時の姿だけをみて将来の大きな判断をするのはどうか。

——税収が豊かな港区として東京富裕論について。

入りの方ばかり強調されている。一方で特別な需要が考慮されていない。例えば、港区は地価にしても非常に高く、新しく土地を購入して何か建てようとすると100億円単位で莫大な経費がかかる。偏った議論かなと思う。

——そうしたなかで港区の今後の道は。

各特別区の権限と責任を強くすることが第一だ。一つの例だが、（都税であり、港区に直接は入ってこない）固定資産税は本来、地域とのつながりが強く、受益と負担の関係が分かりやすい。現在の枠組みにとらわれず議論することも必要だと思う。ただ23区では財政調整しており、23区の合意が基本。今後の都区間の税財政の協議の行方も見ながら区としての立場も主張していきたい。

◇

たけい・まさあき＝1953年生まれ。早稲田大学卒。77年港区に。区議会事務局次長、人事課長、区民生活部長などを歴任。2004年に区長に初当選。座右の銘は「誠実」。「人と人の心を通じ合わせることが大切。そのために誠実に物事に向かっていくことが何より大事」と語る。1月1日生まれで「子どものころはバースデーケーキが食べたかった」。何かと多忙な最近の趣味はウオーキング。

遊具事故受け点検

江東区

江東区は区立公園で起きた遊具事故を受けて、9日から11日までの間、区職員による公園遊具の緊急総合点検を実施している。

点検は、区立公園や児童遊園約250カ所で実施。目視だけでなく、部材に緩みがないか、テストハンマーで叩いて調べている。区では「重大さに鑑み、夏休み前でもあることから、慎重を期して進めている」と話す。

一方、区では、社団法人日本建設機械化協会の付属機関である施工技術総合研究所（静岡県富士市）に事故原因の究明を依頼した。

事故は今月2日、区立竪川河川敷公園で水上アスレチック遊具のロープを支える鋼鉄製の部材が破断し、ロープから吊り下げていたかごが落下。乗っていた女児3人がけがをした。

新たに4議員

都後期医療広域連合議会

東京都後期高齢者医療広域連合議会議員の補欠選挙（欠員4）が4日、行われた。無投票で、今野弘美氏（中央区議会）、池田博一氏（北区議会）、鯨井光治氏（足立区議会）、土屋國武氏（桧原村議会）の4氏に決定した。

前任である、鈴木久雄氏（中央区議会）、永沼正光氏（北区議会）、加藤和明氏（足立区議会）、尾作武夫氏（瑞穂町議会）の残任期間を引き継ぐ。任期は同日から来年7月1日まで。

記者席

面接官の研修の成果は

○……特別区のI類採用2次試験が7日から始まった。より多くの面接を行う「人物重視」とした結果、1次試験合格者は前年度比785人増となる3032人に。さらに、これまで事務のみ2回実施していた面接も、今年から全区分で2回行うよう見直した。面接予定回数は、前年度より2279回増の6062回となる。

このため、面接官も前年度より180人増やして650人体制に。さらに昨年度からコンピテンシー面接を実施しており、面接官は受験者の過去の行動を掘り下げながら、実際の行動に表われた能力や特性を評価するための研修も行ってきた。来春の区新入職員を見る際には、こうした努力の成果にも注目したい。

○……先週自宅で植えた風船蔓の種が早くも土曜日に発芽した。

8日、関東地方は各地で豪雨に見舞われた。自宅がある神奈川県でも朝の時点で雨が降る予報が出ていたので、風船蔓には水をやらずに自宅を出たのだ。案の定、新宿では午前中、バケツをひっくり返したような雨が降った。ところが、その夜自宅に帰ると、アスファルトは乾き、風船蔓の葉っぱがしおれているではないか。

結局この日、自宅周辺では雨が降らず、局地的豪雨で各地の川が増水した。地球温暖化恐るべし。

○……港区には地域ごとに五つの総合支所がある。地域ごとにキメ細かな行政サービスを行うのが目的で、これまでに地域の悩みの種であったごみ屋敷を解消させるなどの効果が出ているという。

しかし、人口増傾向にある同区での地域の課題は新旧住民の交流。オートロック式のマンションが増えるなか、新住民と旧住民が顔を合わせる機会がないようだ。

同じ話は江東区でも聞いた。人口急増地域である豊洲などでは「そもそも濃いご近所付き合いを望んでいない人もたくさんいる」という。人に迷惑をかけないで暮らしていけるならよいが、いざという時にお世話になるのは近所の人。区民として暮らす以上、地域に「顔」を見せる心がけが住民側にも必要だ。

推進委で指導方法を検討

3年後実施へ準備本格化

小学校外国語活動

小学校の学習指導要領に英語を原則とする「外国語活動」が新たに盛り込まれたことを受け、都教育委員会はこのほど、学識経験者や公立小・中学校校長会代表、区教委代表などを加えた「小学校外国語活動推進委員会」（委員長・岩佐哲男教育庁理事）を立ち上げた。2011年度から小学校で「外国語を通じてコミュニケーション能力の素地を養うこと」を目標にした授業が義務付けられることから、同委員会では外国語活動の指導指針や指導資料の作成などを検討し、小学校の授業が円滑に行われるようサポートする考え。また、夏季休業中には「教員研修」に全小学校教員が参加し、外国語活動に対する理解を深める。

夏季休業中に教員研修

小学校の学習指導要領は、これまで総則の中で「総合的な学習の時間」において国際理解に関する学習の一環として取り組むことができるよう位置づけられてきた。しかし、国際化社会が急速に進展したことを受け、「外国語を通じた積極的なコミュニケーション能力を育成する必要がある」と判断。今年3月に改訂した新学習指導要領では、3年後の11年度から小学5年生と6年生を対象に、英語を原則とする外国語活動の指導を義務づけた。週1時間で年間35時間の授業が予定されている。

改訂学習指導要領では、①外国語を用いて積極的にコミュニケーションを図る②日本と外国の言語や文化について、体験的に理解を深める——ことを取り上げ、具体的な指導内容として▽外国語を用いてコミュニケーションを図る楽しさを体験する▽積極的に外国語を聞いたり、話したりする▽外国語の音声やリズムなどに慣れ親しむとともに、日本語との違いを知り、言葉の面白さや豊かさに気付く▽日本と外国との生活、習慣、行事などの違いを知り、多様なものの見方や考え方があることに気付く——などを示している。

また、指導計画の作成と内容の取り扱いとしては、①原則として英語を取り扱う②2学年間を通して外国語活動の目標の実現を図る③授業ではネイティブ・スピーカーの活用に努め、外国語に堪能な地域の人の協力を得る、などを定めている。

これを受け、都教委は、学習指導要領で示された外国語活動の目標や内容にそった授業の円滑な実施に向けて、基本的な考え方について協議する必要があるとし、「小学校外国語活動推進委員会」を設置した。メンバーは教育庁指導部、都教職員研修センターのほか、学識経験者、公立小学校長会、公立中学校長会、特別区指導室課長会、都市管理指導室課長会の各代表が加わっている。

推進委員会では今後、学習指導要領の外国語活動の趣旨や目標、内容の周知に関することや外国語活動の指導指針、指導資料、教員研修、実践に対する支援に関することを検討する。このうち指導方法・指導資料については、教育課題等研究開発委員会（小学校外国語活動）を設置し、具体的に検討していく予定である。各小学校では現在、総合的な学習の時間を活用して、英語活動等に取り組んでいるが、指導方法は学校によってまちまち。このため、開発委員会の検討結果を踏まえて、外国語活動の基本的な指導指針を示すとともに、開発委員会では実践事例等を提示する予定。

一方、夏季休業中には、都教職員研修センターが企画、募集する教員研修が外国語活動の基本的な考え方と実践的な研修との2本立てで行われる。2年間かけて実施され、各小学校で毎年1人の教員（2年間で2人）が研修を受ける。

起草委設置で答申づくりへ

地域教育行政の役割など

都生涯学習審

第2次答申に向けて起草委員会を設置＝7日の都生涯学習審議会で

第7期東京都生涯学習審議会（会長＝大橋謙策・日本社会事業大学学長）は7日、地域教育システム構築のための具体的方策を示した専門部会の報告を受け、起草委員会を設置した。委員会は地域教育行政の果たすべき役割や都における施策展開の考え方などを検討し、今年10月頃に答申案をまとめ、11月頃に審議会として第2次答申を行う予定。

専門部会報告では、大人と子供とが共に学び育つために地域と社会全体の教育力を向上させるという観点から、「学びあいのコミュニティー」づくりを促す取り組みを進めることを「地域教育」と位置づけ、その条件整備として「コーディネート機能の強化・充実」と「多様な個人・団体の参加を促す」という二つの観点を提示した。

そのうえで具体的な方策として、区市町村における教育支援を機能させる仕組みと、都教育委員会が実施する都立高校、特別支援学校それぞれの教育支援を機能させる仕組みを提案している。

たとえば、区市町村の場合では、小・中学校と放課後子供教室など学校外教育支援のニーズを把握した上で、教育支援コーディネーターが支援プログラムを作成し、それを各学校に提示するという仕組みで、これを「地域教育プラットフォーム」と総称している。教育支援人材（教育サポーター）の養成講座や支援プログラムについては、企業やNPO、大学などと連携した地域教育推進ネットワーク東京都協議会が用意する。

この基本的な仕組みは都立高校も特別支援学校も同じだが、高校生の場合はキャリア教育やNPO活動など社会活動参加の促進が、また特別支援学校では自立と社会参加のための支援と、区市町村における学校外教育支援との連動した取り組みを加えている。

また、この日は第2次答申の構成案についても審議した。タイトルは「東京都が展開する『地域教育行政』の基本的考え方について（仮称）」とし、①社会教育から地域社会へ②地域教育の機能と地域教育行政の役割③東京都における地域教育行政の施策展開の考え方——の3章で構成。

このうち起草委員会には「地域教育」が活性化するための条件整備、地域教育支援活動の担い手の支援、地域教育プラットフォーム構想の具現化、教育支援コーディネーターの養成・支援、多様な主体（個人・団体）の教育参加、参画を促すための仕組みづくりなどの事項を検討してもらう。なお、起草委員会は大橋会長、田中副会長、坂井委員、鈴木委員、村上委員、山崎委員の6人で構成され、今後は3回程度の会合を重ねて答申案をまとめる予定。

民間のプログラムで副校長らが自主研修

民間企業の人材開発プログラムを活用した副校長等対象の自主研修会が12日、アーク森ビル36階（六本木アークヒルズ）の会議室で開かれる。都立向島工業高校定時制と都立蔵前工業高校定時制の両副校長が、GE社の協力を得て開催するもので、GEリアルエステート（GEの不動産部門）から講師を招き、GE社で実施している人材開発プログラムをもとに、コミュニケーション力の向上、フラストレーションや対立の軽減、より効果的なチームの開発などについて研修する。

講師はGEリアルエステート・アジアパシフィックの人事組織・人材開発担当の戸島妙子氏。自己分析のツールとして「Disc行動分析ワークショップ」の研修を実施する。Discは人間のもつ行動傾向を「主導型（D）」「感化型（i）」「安定型（s）」「慎重型（c）」の四つのパターンに分類し、自分のタイプを認識した上で、他者への関わり合いをより深め、同僚や部下とのコミュニケーションを円滑にすることを目的としている。

「生きる力」を育む

第2次教育ビジョン③

視点3 子供・若者の未来を応援する

『確かな学力』を育成する

児童・生徒の「確かな学力」を育成するため、小・中学校の各段階で、すべての児童・生徒が身に着けておくべき内容を指導する基準「東京ミニマム」を提示。また、都や国の学力調査の結果等に基づき、「授業改善推進プラン」の作成・実施・検証・改善のサイクルによる授業改善を推進する。基礎学力向上の観点から、習熟の程度に応じた少人数指導を充実する。

さらに、知識・技能を活用する力、思考力や判断力、表現力、学習意欲などを育成し伸ばしていけるよう、授業改善の視点や効果的な指導例を指導資料として示すなど、各学校での学力向上の取り組みを支援する。

■ICT計画の推進

都立学校でICTを活用した授業改善を積極的に進め、児童・生徒の学習意欲や学習の達成感等を高めていく必要がある。校内LANを整備することで教員同士が情報を共有し、相互に教材を開発・活用できる仕組みや生徒が自由にその教材を活用し、予習・復習できる仕組みを構築する。どの教室でもインターネット等を活用した授業が行えるICT環境を全都立学校に整備する。

ICT活用で、教材作成や校務処理の効率化・高機能化を進め、教員が教材研究や生徒の指導などの本来的な職務に取り組むことができる時間を確保するとともに、精度の高い分析データに基づく、児童・生徒一人ひとりに応じた一層きめ細かな指導を実現する。

都立学校の全教員がICTを活用した授業が行えるよう、教科別リーダーの養成や全教員を対象としたICT研修、コンピューターが苦手な教員への研修などを実施。その際、個人情報の取扱い及び管理に関する研修も併せて実施する。また、「情報教育ハンドブック」（仮称）を作成する。

■「法」教育の推進

公共の場での基本的なマナーや、自己をコントロールできない子供が増えているため、子供たちの発達段階に即して、社会の責任ある一員としての規範意識や公共心、思いやりの心などを育成する必要がある。このため、社会の担い手としての資質・能力の基礎を学校段階から育成するため、市民生活を送る上で必要な「法」に関する教育のカリキュラム開発や指導資料を作成し、教員研修等を実施する。

子供たちの心身のバランスの取れた発達を図るには、国際親善や世界平和に大きな役割を果たしているオリンピックや国際的なスポーツ大会の意義等を正しく理解し、運動やスポーツに親しみ人々と交流することで心身の調和的な発達を遂げ、進んで平和な社会の実現に貢献することが重要。

このため「東京都児童・生徒の体力テスト調査」で現状を分析。区市町村教委との連携や家庭の理解の下に、学校体育の充実や体力の向上に積極的に取り組む「スポーツ教育推進校」指定等でスポーツ教育を推進する。

■特別支援学校の就労支援等の充実

障害のある生徒の就労を従来の福祉就労から、可能な限り企業等への一般就労へ結び付ける教育を推進する必要がある。このため、働く喜びなどを体感できるよう、特別支援学校の小・中学部等の段階からキャリア教育を充実する。また、民間を活用した実習先・雇用先企業の開拓や都特別支援教育推進室による就労支援体制の構築、企業向けセミナーの実施等により、すべての特別支援学校で企業就労を促進する。

激しい国際競争社会を生きていく上で大切な人間関係を築く力を育成することで、自分と他者とのかかわり、社会の中での個人の役割や責任に対する自覚などを涵養し、社会への参画意識を高める必要がある。このため、子供一人ひとりが自己に自信を持ち、新たなことや困難なことに挑戦しようとする意欲を高めるために、子供の自尊感情の形成にかかわる研究を行い、その成果を生かした指導内容・方法の開発や教員研修を実施する。

■日本の伝統・文化理解教育を推進

国際社会の中で、異なる文化や歴史に敬意を払い、様々な人々と共生していこうとする態度や能力を育成するには、我が国や郷土の伝統や文化、歴史についての理解を深め、尊重する態度を身に着けさせる教育を推進する必要がある。

このため、都立学校では、学校設定教科として開設した「日本の伝統・文化」に関する推進者養成研修等を実施し、教員の指導力を向上させる。専門家についての情報の共有化や、講師として活用する仕組みを構築するなど、外部講師の活用を支援する。また、伝統・文化を我が国や郷土の歴史と関連させて学ばせることができるよう、高等学校用の「日本の伝統・文化カリキュラム」の改訂や教材の開発を行う。

小・中学校についても、我が国や郷土の歴史を踏まえた発達段階に応じた系統的なカリキュラムの開発・作成を行う。モデル地域の指定やそれらの実践に基づく指導資料の作成など、我が国や郷土の伝統や文化、歴史の理解教育も推進する。

伝統・文化理解教育に力を注いでいる都立白鷗高校には長唄三味線部も

12日に都庁内で高校総体結団式

都教育庁・都高体連

28日から開催される全国高等学校総合体育大会「彩夏到来08埼玉総体」に向けて、都教育庁と都高等学校体育連盟は12日、都庁大会議室で都役員・選手結団式を開催する。

全国高等学校総合体育大会には、都から総勢693人の選手たちが参加する。出場する種目は陸上競技、バレーボール、サッカー、柔道、弓道、ボクシング、アーチェリーなど27種目で、28日に「さいたまスーパーアリーナ」で総合開会式を開催。8月20日までの期間で熱戦が繰り広げられる。

結団式には、団長である都立桐ヶ丘高校の中川恵校長（都高等学校体育連盟会長）を筆頭に、役員や監督、コーチ、選手ら約800人が参加する予定。「限界を超え、飛び立つ君よ 永遠の風になれ」のキャッチフレーズの下、熱き闘いを繰り広げる選手を激励する。

毎週金曜3面は 教育オンライン

若手教員の育成 3

——東京教師道場を核に

若手教員（部員）の授業研究

「東京教師道場」は、初任者から4年目までに実施する授業力向上の研修の成果を基礎に5年目から10年目までの教員を対象として行う研修である。

東京教師道場に在籍する教員は約1千人。そのうち、約800人は指導を受ける若手教員（部員）であり、約200人は、優れた指導力を有する中堅教員（助言者）である。

「子供が学ぶ意欲をもって生き生きと学習課題に取り組む授業をしたい」「授業で子供に確かな学力を身に着けさせたい」という願いは、部員も助言者も共通しており、この強い思いこそ教師の「使命感」である。この願いを達成するために、部員は道場において、毎月1回、各部員の所属校で授業研究を行っている。実施にあたっては部員と助言者が校種（小・中・高・特別支援学校）別、教科別に班を編成し研修を進めている。

授業でその教科が目指すねらいを児童・生徒に身に着けさせるためには、授業での指導目標を明確にし、具体的に設定していくことが必要である。目標が設定できたら、児童・生徒の学習意欲やこれまでのどのような学習を積み上げてきているか、実態を捉え、指導目標を見直す。また、授業では、使用する教材（題材や資料を含む）が重要であり、価値ある教材を分かりやすく児童・生徒に提示するために、教材の内容を教師が十分に理解しておくことが必要である。児童・生徒がその教材とどうかかわっていくかといった具体的な授業での学習活動についての研究も欠かせない。

さらに、教師の発問（児童・生徒への問いかけ）や板書（黒板等での提示）、理解を深めるためのワークシートの活用、学習形態等、学習効果を上げるための様々な指導技術についても授業前に十分に検討しなければならない。

各月の研究授業を担当する部員は、授業前に具体的な指導計画や児童・生徒の実態、授業での教材等をもとに授業づくりを行い、学習指導案を作成する。この学習指導案はメールを使って他の部員や助言者、学習指導専門員（教授）に配信し、事前協議を行う。

授業研究当日は、メールを使って協議した学習指導案をもとに授業を行い、授業後は、部員と助言者が意見交換をしながら観察した授業における成果と課題を明らかにした授業評価を行う。課題については、具体的な改善方法を模擬授業（教員が児童・生徒役を担い、実際の授業場面を再現する活動）を実施するなどして、その有効性について検証している。

東京教師道場では、こうした一連の授業研究のスタイルを「授業研究PDCAのサイクル」として位置づけている。

2年間の研修を終えた部員からは、「助言者や学習指導専門員、指導主事からの具体的な指導により、授業改善の方策がよく分かる」「部員同士で協議することは、自分の授業のあり方を反省するうえでとても参考になる」といった感想が数多く寄せられた。また部員の所属校の校長からは、「授業研究のスタイルが学校にも広がり始めた」「部員が熱心に研究している様子が他の教員のよい刺激になっている」との評価をいただいている。

次回は助言者の役割について紹介する。

局ごとに効果判断し、検討へ

CMSの導入指針を提示

目指すべきHP明確に

都総務局は9日、都民が利用しやすいホームページの実現に向けて、CMS（コンテンツ・マネジメント・システム）導入指針をまとめ、各局に示した。導入にあたっての具体的な検討事項を盛り込んだもので、今後、局ごとに課題を踏まえながら、目指すべきホームページのあり方を整理し、導入効果の有無を判断した上で、費用検証や運用体制等の検討に入っていく。

■先行

CMSは一定のルールに従ったホームページを構築・編集することができる支援ソフト。都民の利用しやすさを向上させると同時に、業務改善の点からも有効なツールの一つとして期待される。

都民への情報発信を担うホームページだが、都全体では、8割近くの局が自前の職員で運用、残る局は業者委託により、作成にあたってきたという現状がある。

こうした中、交通局は、地下鉄やバス等の運行情報といった最新情報を随時、更新することなどを目的に、CMSを先行導入し、06年8月にホームページを一新。以前ならば、委託業者とのやり取りで、コンテンツの作成から公開まで最短で2日かかっていたものを、CMS活用により最短5分に縮めたほか、運用経費も約3割と大幅削減を実現した。

また福祉保健局も、1万ページを超える規模に加え、旧福祉局と旧健康局の統合という経過から統一感がなく、アクセシビリティの面で課題となっていたため、CMSを先行導入。コンテンツやデザインの統一や分野別案内の設置、読み上げソフト対応などを図るとともに、ページ数の圧縮にも努め、今年1月に全面リニューアルしている。

■効果

各局の円滑なCMS導入を実現するためのガイドラインにあたる導入指針だが、導入自体が目的化しないよう、各局には目指すべきホームページのあり方を明確にすることが求められる。その上で指針は、現行サイトの使い勝手や規模等から効果を見極め、導入の是非を判断する仕組みとしている。

利用しやすさの面では、音声読み上げや色覚特性への対応や配慮、デザインや操作の一貫性、アクセスしやすさなど、いずれの場合でもCMS導入効果は高い。

また規模に関しては、1千ページを超えるケースでは導入効果が大きく、逆に100ページ未満の場合はメリットが薄れる。現状にあてはめると、大規模が14局、小規模は4局、中規模な局も10局にのぼっている。

導入効果が見込まれると判断した局が、つぎに求められるのは、導入目的や費用、運用体制などの検討だ。情報の即時更新を最も重視するのか、ウェブデザインの統一化を目指すのかといった導入目的を明確化するほか、現状との費用比較なども検証する。

さらに運用体制面では、たとえばページ更新の際に、所管課長から広報担当を経ていた決裁方法について、コンテンツ作成部門による更新を認めるかどうかなど、各局の事情や取り扱う情報に応じて、業務改善の面から簡素化できないかといったことも検討する。

■契機

導入に向けた最終段階では、行政改革推進部や情報システム部等も加わって、具体的なCMSソフトの選定や移行計画などの詳細な検討に入る。

ソフトに関しては、必要となる機能をあらかじめ洗い出し、必要最小限の機能を持ったものとするため、行革推進部では多様な種類のソフトから、ある程度、絞り込んだ形で提示していく考えだ。

同時にCMS導入の効果を一層、高めるため、単純なデータ移行とせず、不要ページの削除など掲載すべき情報を精査し、構成見直しやサイト構築の再検討も進める。

移行計画に関しては、先行事例である交通局では10カ月、福祉保健局が1年を要したように、既存ページを同時並行で運用するため、人員体制面での負担も大きくなる。またサイト構成を変更する場合には、相互リンク等への影響も検討する必要が生じるが、行政改革推進部では「指針を契機に、改めて自局のホームページの抱える課題や必要な情報・機能などに問題意識を持ってもらいたい」と説明している。

特別区

特例転職選考を改正

出題科目を厳選

人事委「所属から受験の呼びかけを」

特別区人事委員会は、業務系職員や、専ら事務の業務に就いている技能系職員を対象に行う特例転職選考の筆記考査内容を見直す。転職率が低迷する中、択一問題の科目数の厳選などを行い、受験者が受けやすい制度とするのがねらいだ。

特例転職選考は、職種の統廃合などで事務職の仕事を行うことになった異種職務従事の技能系職員や、事務の補助的な仕事を行っている業務系職員を対象に、事務職への転職を図る制度。

対象者の増に伴い適時、期間を限って行っており、05年度からは3年間の予定で実施した。しかし、最終年度の07年度選考を実施しても対象者が多数残っているため、実施期間をさらに3年間延長し、10年まで行うこととなっていた。

今回の見直しは、この実施延長にあわせたもの。具体的には、まず択一問題の科目数を削減。これまで知能分野は5科目だったが、文章理解や数的処理などの3科目に、また知識分野も、現行の6科目から地方自治制度や地方公務員制度など3科目に厳選する。

作文は、区政や職務に関連する事柄を課題式で行っており、今後もそれ自体は変わらないが、特に事務職として日ごろから考えておかなければならない区民への対応や、組織における役割などを中心に記述してもらうよう見直す。

人事委員会では「対象者は、すでに実務経験を積んでいるため、選考の主眼を事務能力の確認・検証に置き、事務職として身につけておくべき文章理解力や基礎的法律知識等に厳選した」と話す。

◆

制度見直しの背景にあるのが、低迷する転職状況だ。有資格者に対する合格率は3年間の平均で34・8%にとどまっている。また、受験率の低さも深刻。例えば昨年の選考では、有資格者329人のうち受験者は半分に満たない139人。合格者は94人で、転職に至ったのは、わずか28・6%となる。

今年の有資格者数は確定していないが、単純計算でも200人以上となる見込みだ。

受験率低迷の要因の一つには、受験対象者の年齢問題がある。平均で45歳程度となるため、広い分野の受験範囲には取り組みづらい面もあったようだ。今回の見直しにより、分野を厳選することで受験者が取り組みやすい制度とする一方、内容を事務職としての職務遂行能力の確認に特化することで、合格者のレベルを維持するという。

区人事委は、8日に選考の改正内容を全区に配布した。「3年延長の機会に、筆記試験の内容を見直した。改正のあらまし等をよく参照して受験申し込みと準備をお願いしたい」と呼びかけている。

選考の受験資格は、各年度末現在の年齢が55歳未満で、業務（一般業務）の職務に在職する職員、および技能系職種に在職し、専ら事務の業務に従事している者として、任命権者が作成する名簿に登載された職員。実施要綱発表と申し込み受付開始は8月22日。11月29日に筆記考査を行い、最終合格発表は来年1月23日となる。

特別区特例転職選考の改正内容

	現行（05～07年度）	改正後（08年度～）
択一	☆40問・1時間45分 ①知能分野（15問） 文章理解、判断推理、数的処理、資料解釈、空間概念 ②知識分野（25問） 地方自治・地方自治制度（地方自治法・地方公務員法）、政治経済、現代社会（憲法・政治経済・現代社会一般）、行政管理一般（行政運営に関する用語・財務会計・区政事情）、時事問題（最近の社会動向）	☆40問・1時間45分 ①知能分野（15問） 文章理解、数的処理、資料解釈 ②知識分野（25問） 地方自治制度（地方自治法）、地方公務員制度（地方公務員法）、時事問題（最近の社会動向、区政事情）
作文	☆600～800字・1時間 区政または職務に関連する事柄に関する課題式	☆600～800字・1時間 区政または職務に関連する事柄に関する課題式 ※区民への対応、組織における役割等に関する問題意識や考え方を問う

首都大労組

「任期制撤廃、処遇改善を」

08年度の運動方針を固める　新委員長に前田庸介氏

首都大学東京労働組合は、「教員の任期制・年俸制の改善」や「固有職員の賃金・労働条件改善」を重点課題として取り組む08年度の運動方針を固めた。特に法人当局が掲げる教員の任期制問題では、「全員任期制」に反対する基本路線のもと、処遇改善を求めていく。

また、今年度の新委員長には前田庸介氏（文系・事務）が就任した。

教員の任期制問題で、課題の一つとなるのが「非任期制」教員の給与制度だ。都立大時代から引き継いだ教員で、期間の定めのない「非任期制」を選択した場合、職務基礎額の昇給がない上に、基本給の昇給も2010年度までの暫定措置となっている。任期制教員が10年に予定される再任判定で再任となれば、同じ職務を担う「非任期制」教員との職務基礎額の格差は20号に拡大する。

小林喜平書記長は「年収では準教授で50万～60万円程度の差になる。同じ仕事をしていても給与に差が出る制度は認められない」と語り、基本給昇給の制度化や職務給昇給の実施などを強く求める考えを示した。

また、任期制教員の再任基準については、昨年の交渉で当局から「大学教員として誰から見てもふさわしくない者以外は、再任される」との考えを再確認した。ただ、不安定雇用に変わりはなく、「雇い止めの不安を抱えながら、腰をすえて教育研究を行うことはできない」との立場から、引き続き制度改善を求めていく。

他方、大学の事務の基幹業務を担ってきた都派遣職員が、09年度末で派遣法の上限5年を迎える中、大学を担う職員の育成も課題となる。

固有職員の処遇については、非常勤職員から常勤契約職員、常勤契約職員から正規職員への登用制度が整備されたが、基幹的業務を担う非常勤職員も多い。今年4月には期限の定めのない雇用の正規職員を初めて採用したが、「定着するかは未知数。引き続き働く意欲と能力のある大学の非常勤職員を定着させることが大切」（小林書記長）として、非常勤職員の期限の定めのない雇用への転換を強く要求する。

さらに、今年度末で任期が終了する学長等の選任も課題の一つだ。これまで各大学では全教職員の選挙で学長等を選出してきた。法人化後の国立大では直接公選ではなくなったが、多くの大学で教職員の意向投票が行われ、結果が尊重されているという。首都大でも教職員の意思を反映させた学長選任を求めていく考えだ。

6月28日に行われた定期大会では、役員の改選が行われた。新三役は次の通り。

【執行委員長】前田庸介（文系・事務）【副委員長】田代伸一（理工系支部）、野元弘幸（文系・事務）【書記長】小林喜平（理工系支部）

ひと

新入職員が英会話講師に

中央卸売市場築地市場
水産農産品課水産品係
佐藤（さとう）　陽太郎（ようたろう）さん
管理課施設管理係
會田（かいだ）　恵梨（えり）さん

今年はOJT元年。そんななかで、ユニークな取り組みが今、色々と世間の耳目を集めている「築地市場」で行われている。

4月1日付の新規採用者が講師になるという「英会話教室」がそれ。「逆OJT」とも言えるこの試みで、イングリッシュティーチャーを務めているのが、この二人だ。

きっかけは、昨今の「TSUKIJI」ブーム。市場を訪れる外国人が増え、業務に支障が出るまでになり、職員に場内を案内し、禁止行為を伝えられるだけの英語力が必要だと考えた森本博行副場長からの依頼だった。

採用辞令をもらって職場に着任した途端、「君たち、英語力はどう」といきなり尋ねられ、會田さんは「何とか、日常会話は」、佐藤さんは「パリに居たことがあります」と答えたのが運のつき。

「市場の勉強になるし、皆も喜ぶから」という強引な誘いに断りきれなかったという。

ただ、普通の英会話ではなく、外国人に実際に場内を案内する場面を想定して、テキストを手作り。それを基に行うようにとの注文。早手回しに、外国人から道案内を頼まれることが多い場内警備の巡視職員から、よく使う文例も示された。

ところが、四苦八苦して作ったテキストを「こんなに長い文は覚えられないでしょう」と却下され、正規の表現を示した上で、最低限必要な単語にマーカーをつけるという方法にたどり着いた。

例えば、「この道をまっすぐ行ってください」ならば、「Please Go straight along this street」のうち、「Go straight」を言えば通じるというようにしたという。

交替制勤務の職員が多いので、同じ内容を3、4回は繰り返して欲しいという要望もあり、既に6月はワンクール3回を2度、計6回実施。7月はワンクール4回実施し、その後、毎月同じペースで進める予定。参加者は各職種から毎回10数人に上っている。

参加した受講者からは、実際に役立ったという声も聞かれる一方で、「そういう言い方しても外国人には分からないよ」といった意見もあって、勉強になることも多いという。これから、水産物や青果物の名前も勉強していきたいと二人で目を輝かせる。

會田恵梨さんは市場内の飲食店や関連業者の指導・監督が本業の仕事。業者から経営状態をヒアリングすることも。佐藤陽太郎さんは約2年パリに在住。水産仲卸業者の指導監督。週1回の宿直勤務では早朝から卸売場を巡回指導する。（門）

都内の観光消費は4.4兆円

産業労働局が調査結果まとめる

都産業労働局はこのほど、07年（1月～12月）に都内を訪れた観光客数や観光消費額、経済波及効果に関する調査結果をまとめた。外国人旅行者は約533万人で前年から10・9%伸びたほか、旅行者が都内で消費した金額は前年比4%増の4兆4千億円に達した。

調査結果について同局では、旅行者誘致に向けた都の取り組みのほか、外資系ホテルの開業が相次いだこと、都内観光スポットがミシュランガイドで三つ星評価となったことなどが理由と分析している。

昨年1年間の都内観光客数は、外国人旅行者（約533万人）に加え、国内旅行者も2・8%増の約4億4千万人だった。都を訪れた旅行者が、都内で消費した金額は4兆4千億円で、うち3592億円が外国人旅行者による消費という。

また観光消費による都内経済への波及に関しては、都内生産額の5・9%にあたる9兆8千億円の生産波及効果を生み出したほか、雇用効果は55万人となっている。外国人旅行者による効果は、それぞれ7880億円、4万4千人だった。

このほか同局では、今回初めて外国人旅行者の消費行動の特性や満足度などの調査も実施した。

夏休みは「パーク&ゆりかもめ」で

臨海3セクが連携企画

臨海ホールディングスグループの㈱テレポートセンターと㈱ゆりかもめは、ゆりかもめ1日乗車券の購入で、臨海副都心の駐車場を割り引く「夏休みキャンペーン」を実施する。駐車場利用者に、ゆりかもめの利用を促進することで、CO_2の削減に取り組むとともに、臨海副都心の持つ魅力を知ってもらうのがねらい。

対象となる駐車場は2カ所で、青海臨時駐車場では今月19日から8月31日まで、同駐車場での1日乗車券購入者に、駐車料金を300円割り引くとともに、テレコムセンター展望台無料券を進呈する。また、ニューピア竹芝サウスタワー駐車場では8月1日から31日までで、同じく最大2時間分の料金（1080円）を割り引く。

鈴木　堅之さん（すずき・けんじ＝荒川区議）5日死去、71歳。

田邊　きよさん（たなべ・きよ＝田邊厚夫・品川区まちづくり事業部建築課主査の母）6日死去、87歳。

特別区幹部人事異動

7月16日付　◎印昇任

■港区

【部長級】▽環境・街づくり支援部長（都都市整備局都市基盤部交通企画課長）◎福田至▽特定事業担当部長　福田至環境・街づくり支援部長兼務

【課長級】▽みなと保健所保健医療施設計画担当課長（都福祉保健局総務部企画計理課課長補佐）◎齋藤善照

■江東区

【部長級】▽土木部長（都下水道局建設部設計調整課長）◎坂根良平

【課長級】▽子ども生活部子育て支援担当課長（都病院経営本部経営企画部総務課課長補佐）◎橋本大

■目黒区

【部長級】▽街づくり推進担当部長　川島輝幸都市整備部長兼務

■大田区

【課長級】▽まちづくり推進部副参事＝臨海部整備担当（都交通局深川自動車営業所長）眞子武久

■中野区

【課長級】▽経営室財産管理担当課長（都市整備部公園・道路担当課長）安部秀康▽都市整備部公園・道路担当課長　石田勝大

■板橋区

【課長級】▽エコポリスセンター所長（都建設局道路建設部副参事＝東京都道路公社派遣）岩倉俊明

■東京二十三区清掃一部事務組合

【部長級】▽施設管理部参事（施設管理部環境対策・処理施設担当課長）◎寺門明良

【課長級】▽溶融処理技術対策室副参事＝溶融技術担当　寺門明良施設管理部参事事務取扱▽施設管理部副参事＝委託管理担当（都環境局自動車公害対策部計画課課長補佐）◎山田裕彦▽施設管理部環境対策・処理施設担当課長　寺門明良施設管理部参事事務取扱

昇任試験対策のページ

21年度 職員教養講座 [3]

合格体験記A ②

はじめに

今回は、技術系の体験記になります。

記述対策以外は、前回と重複するところもあろうかと思いますが、ご了承ください。

また、今年度受験された方は、面接対策を参考にしていただければと思います。

今にして思うと、私の合格は、局の研修や職場環境など、所属する局や部の恩恵に与った部分が少なからずありました。

いろいろな環境で受験される方がいると思いますので、まずは局の研修担当を通じて、ベストソリューションをもつ局や部と繋がりをもつことも有効な戦術かもしれません。

勉強を始めるにあたって

1 受験経緯

私は、上司や職場の管理職候補の先輩方から日々刺激を受け、自らの判断と責任において、都政の課題解決に積極的に取り組んでいきたいと思い、管理職試験を受験しました。

また、局の研修「管理職の魅力」で聞いた講師の話も、よい動機付けとなりました。

筆記考査通過後の2回にわたる口頭試問においても、「管理職を目指すこととしたきっかけ・理由」と、「将来どのような管理職になりたいか」は突っ込んで問われますので、「動機」と「理想」は早い段階から、自分の中でよく整理しておいた方がよいでしょう。

それが、受験勉強中のみならず、合格後においても、自らを支える骨になると思います。

2 開始時期

試験に向けた情報収集は3月から行いましたが、年度末まで都議会対応で忙しかったため、本格的に勉強したのは、4月、5月の2カ月間です。

また、4月に異動があり、平日は仕事で忙しかったため、GWや週末に集中して勉強するというスタイルでした。

たった2カ月間の間でも、途中で何度も挫折しそうになりました。

「今さら勉強しても間に合わないのではないか」「今は仕事を頑張って、係長になってから種別Bにチャレンジしてもよいのではないか」「まず技術士を取って、それからの方が試験は楽でよい」

このような中、最後まであきらめずに頑張ることができたのは、上司や管理職候補の先輩方の言葉や、先にあげた「動機」と「理想」に基づく志があったからだと思います。

勉強方法

1 択一対策

択一試験は一定のところで切る試験です。

この対策に多くの時間を割くよりも、記述対策や論文対策の方を優先した方がよいと考えて、まず、過去問や局の研修資料、「都政新報」「都政研究」の出題予想などを参考に、今年度出題されそうなポイントを徹底的に絞り込みました。

出題予想は、できるだけ当てたいという心理からか、穴や大穴が多く拾われていると感じます。各種の情報源で、「◎最重要」「○重要」とされている部分だけおさえれば十分だと思います。

特に、行政管理や経営に関する知識は、近年出題された分野は出ないと考え、出題予想で「△」とされている分野も積極的に切り捨てました。

その代わり、出題されそうな問題は、細かい数字まで覚えるよう努めました。中途半端に覚えても、2択まで絞れて最後で間違えるというパターンがあります。

また、頻出の「サミット」や「最高裁判決」「都の重点事業」「予算」などの時事問題は、ホームページや新聞などをファイルし、取りこぼしのないよう重点的に準備しました。

勉強にあたっては、都政事情、政治経済等事情や経営などについて、ポイントがよくまとまっていた「局の研修資料」を活用しましたが、ほかに『行政管理・経営・会計 民間に学ぶ』（都政新報社）を使いました。

年によって変動はありますが、技術系の平均点は5割程度です。

平均点より数点上で合格された先輩方の話を聞いていたので、自分も6割を目指しました。

結果、平均点より数点だけ多く取ることができました。

択一試験対策は、勉強を進めるうえで、精神的な第一関門です。

この暗記が面倒で、全く準備せずに会場へ向かう人も少なくないと思います。

できるだけよい点を取ろうと欲張らずに、絶対出ると思う20問程度だけおさえておけば、それだけでも、準備をしていない大多数の人と、格段の差が出ると思います。

2 記述対策

記述試験は、これまでの積み重ねが問われます。

私は、択一試験と同様、まず、過去問や、「都政新報」「都政研究」の出題予想などを参考に出題されそうなキーワードを書き出し、技術士試験の参考書やホームページなどを参考に解答をまとめました。

技術士試験の参考書は、『技術士第一次試験 建設部門 受験必修キーワード700』（日刊工業新聞社）と『技術士第一次試験の解答例 建設部門』（近代図書）を使いました。

しかしながら、準備していたキーワードはほとんど出題されず、実務の中で得た知識や技術士試験対策で得た知識、学生時代の断片的な記憶をつなぎ合わせながら、なんとか解答用紙を埋めたしだいです。

結果はよく分かりませんが、自分としては半分程度の出来だったように思います。

択一試験と違って、記述試験は出題を予想することが難しいので、これまで得た知識のおさらいの意味で、学生時代の教科書や技術士試験の参考書を広く浅く読んでおくのがよいと思います。

私の場合、出題予想に力を入れ過ぎて、狭く深く準備していたため、少なからず無駄があったと反省しています。

試験では、全く知らない内容ではないのに、簡単な言葉が出てこなくて苦労しました。なんとなく知っているのに上手く書けないことほど悔しいことはありません。

そこで、皆さんに、強くお薦めしたいのが「技術士試験の参考書」です。

近年、技術士受験対策の教科書が数多く出ています。どの本も、体系的によくまとまっていますので、学生時代の記憶や、実務で得た知識の定着の意味からも、一度手に取られてはいかがでしょうか。

試験前に一通り目を通しておくのとおかないのでは、だいぶ違うと思います。

今年度の技術士試験の受験申し込みは、一次試験、二次試験とも終わってしまいましたが、技術士試験の受験もぜひお薦めします。一次試験の勉強は管理職試験の記述試験対策に通じるものがありますし、二次試験まで合格することができれば、記述試験は免除になり一石二鳥です。

技術系の局であれば、どの局の研修担当も、講習会や勉強会など何かしらの情報をもっていると思いますので、技術士試験に興味のある方は一度相談してみるとよいでしょう。

3 論文対策

種別Aの論文は特徴的な試験です。

与えられた各種資料から課題を三つ抽出して簡潔にまとめ、反論や障害についても言及したうえで、解決策を展開する形式です。初めてだと戸惑う面もありますが、これはまさに、通常、私たちが、幹部レク資料の作成において行っているプロセスと同じです。

出題形式に慣れれば、資料の中に課題が提示されている分、どのような出題でも取り組みやすいと言えるでしょう。

逆を言えば、汎用性のきく論文のレジュメをいくつか暗記していっても、提示された課題と違えば、まったく使うことができないので、本当の意味で問題意識や政策形成力などを問われることになります。

私はまず、過去問や、「都政新報」「都政研究」の出題予想などを参考に論文のテーマを決めて、4月に1本、5月に1本、計2本書きました。

うち1本は、上司に何回か見ていただきました。

上司から、「自分が何を一番主張したいのかを絞り込み、具体的に、強調して書くこと」というアドバイスをいただき、施策を総花的に並べていただけの自分の弱点が見えました。過不足なくスマートに書くことよりも、自分の言葉を使って、力強さと迫力が出せるように意識しました。

論文を書くにあたっては、『実戦シリーズ 50点アップの論文技法』（都政新報社）と『合格者が書いた 合格レベル論文実例集PART3』（公人の友社）を読み、「これは上手いな」「自分の書き方に合っているな」と感じた論文の論理展開や表現などを参考にしました。

論文を1本仕上げると、だいたい「自分の形」ができあがってくると思います。そのあとは、できるだけ多くの引き出しが持てるよう、「10年後の東京」や各種上位計画を読み込みました。

試験本番では、準備していた論文テーマは出題されず、その場で論文を組み立てながら書くことになりましたが、「自分の形」を骨格として、時間ぎりぎりで書き上げることができました。

4 面接対策

筆記考査に合格すると7月中旬頃、口頭試問受験者の通知があります。

通知日から約1週間で、口頭試問面接票を提出しなければなりません。

面接票は、これまで担当してきた職務に関する目標と取り組み状況と成果、志望動機や管理職の理想像、今後取り組みたい仕事、都政の課題などについて箇条書きで記入します。

この面接票をもとに、2回の面接が行われるため、本来ならば、じっくり考え、時間をかけて作成したいところですが、1週間は時間的にかなりタイトです。

私は、管理職候補の先輩方が多い職場環境にあったため、いろいろと有効な助言を聞くことができました。

結果、本番の面接試験のやりとりをイメージしながら、面接票を作成することができてラッキーでした。短い時間の中で、どれだけ情報を集められるかが鍵となります。

面接票の提出後、約2週間で1回目の面接、その1週間後に2回目の面接があります。

口頭試問対策として、管理職候補の先輩方のアドバイスを受けながら、面接票をもとに聞かれそうなことや、都政・社会経済事情などの時事問題、人事・組織管理のロールプレイングなどについて想定問答を作成し、頭の整理を行いました。

また、局や部で模擬面接を数回行っていただけたので、その際指摘された反省点をメモにして、これらを意識しながら応答する練習をしました。

本番では、人事・組織管理の難しい局面における対応について繰り返し質問されるなど、かなり緊張しましたが、2回とも自分らしさが出せ、満足のいく面接ができました。

おわりに

近年、管理職試験は、確[illegible]に、日々の業務の延長線上[illegible]きています。

[illegible]

20年度 カレントトピックス 39

社会事情

■秋葉原通り魔無差別殺傷事件（6月8日）

6月8日午後0時35分頃、東京都千代田区外神田の秋葉原電気街で、男が運転する2トントラックが赤信号を無視して交差点に突入。通行人をはねた後、車から降りた男がはねられた人や通行人をナイフで次々と切りつけた。被害者17人が病院に搬送されたが、うち7人が死亡した。[illegible]

■岩手・宮城内陸地震（6月14日）

[illegible]

■平成19年自殺者数（6月19日）

[illegible]

20年度 特別区管理職試験講座 23

I類択一 ⑥

地方公務員制度

はじめに

管理職選考試験の択一式問題「地方公務員制度」は例年5問が出題されており、今後もこの傾向は続くと予想されます。

また、この出題は全体の8分の1を占めており、過去の昇任選考で一度は取り組んできた経験のある方も多く、全体の条文数も少ないことなどから、効率的な勉強により、確実な得点源としたいところです。

出題内容

過去の出題内容を分析すると、以下のような特徴がわかります。

まず、毎年同じ項目からの出題が見られます。別表（過去の出題内容）のとおり、「任用」「分限及び懲戒」「服務」については、ほぼ毎年出題されていることが分かります。平成19年度の問題も、条文と基本的な行政実例が理解されていれば、正答することができた問題です。

参考図書

地方公務員制度は全問正解も十分可能な分野です。しかし、ほかの択一式科目や記述式、課題式論文等の管理職選考全体を考えると、地方公務員制度に割り振ることができる時間も限られてくるため、効率的な勉強に努めてください。

参考までに、問題集などを紹介します。試験対策用としては、紹介した参考図書で十分対応可能と思います。なお、必ず最新版で勉強することをお薦めします。

◎六法

「地方自治ポケット六法」（学陽書房）※行政実例等が掲載されていますので、お薦めします。

◎基本書

「特別区職員ハンドブック」

「地方公務員法の要点」（学陽書房）

◎問題集

「地方公務員法101問」（学陽書房）

勉強方法

勉強方法としては、問題集を解きながら、その都度、ポケット六法などで条文や行政実例等を確認して、知識を確実にしていくことが必要です。過去5年間の出題と関係条文は次のとおりです。

《平成15年度》

一般職または特別職（第3条、第9条、第22条）、欠格条項（第16条、第61条）、懲戒処分（第29条）、政治的行為の制限（第36条）、争議行為等の禁止（第37条、第58条、第61条）

《平成16年度》

条件附採用または臨時的任用（第22条）、職員の任用（第15条）、秘密を守る義務（第34条）、分限処分（第27条）、職員団体と当局の交渉（第55条）

《平成17年度》

人事委員会（第8条、第39条）、職員の離職（第28条、第28条の2、第29条の2）、法令等及び上司の職務上の命令に従う義務（第32条）、給与または勤務時間（第24条、第25条、第26条、第26条の2、第26条の3）、勤務条件に関する措置の要求または不利益処分に関する不服申し立て（第46条、第49条の2 第50条）

《平成18年度》

一般職または特別職（第3条、第12条）、欠格条項（第9条の2、第16条、第60条）、分限処分（第28条、第49条）、営利企業等の従事制限（第38条）、争議行為等の禁止（第37条、第61条）

《平成19年度》

人事委員会または公平委員会の権限（第8条、第50条）、職員の任用（第17条、第18条、第21条）、懲戒処分（第29条）、職員団体または職員団体と地方公共団体の当局との交渉（第52条、第53条、第54条、第55条）、職務専念義務（第35条、第38条、第55条、第55条の2）

問題と解説

それでは、実際に19年度の問題を解いてみましょう。

【問題 1】

地方公務員法に規定する人事委員会または公平委員会の権限に関する記述として、妥当なのはどれか。

① 人事委員会または公平委員会は、給料表が適当であるかどうかについて、地方公共団体の議会及び長に同時に報告しなければならないが、給料以外の給与についての調査研究の結果を報告することはできない。

② 人事委員会は、職員に対する給与の支払いを監理する権限があるが、当該監理は給与の支払いのみならず、任命権者の給与決定の枠内にまで入って、個々の職員に対する特別昇給の妥当性についても監理することができる。

③ 人事委員会は、法律または条例に規定された事項以外でも、委員会の一般的運営について包括的な規則を定める権限がある。

④ 人事委員会は、職員に対する不利益な処分についての不服申し立てに対する裁決または決定に関する権限を当該人事委員会の委員に委任することができる。

⑤ 人事委員会または公平委員会は、法律または条例に基づくその権限の行使に関し必要があるときは、証人を喚問し、または書類若しくはその写しの提出を求めることができる。

【問題 2】

地方公務員法に規定する職員の任用に関する記述として、妥当なのはどれか。

① 人事委員会は、採用候補者名簿に記載された者の数が人事委員会の提示すべき志望者の数よりも少ないときは、他の最も適当な採用候補者名簿に記載された者を加えて提示することができる。

② 人事委員会は、その定める職員の職について任用候補者名簿がなく、かつ、人事行政の運営上必要であると認める場合でも、その職の選考に相当する国の選考に合格した者を、その職の選考に合格した者とみなすことはできない。

③ 人事委員会は、他の地方公共団体の機関との協定により、この機関と共同して競争試験を行うことができるが、他の地方公共団体の機関に委託して競争試験を行うことはできない。

④ 人事委員会を置く地方公共団体においては、職員の昇任については人事委員会の承認があった場合に選考によることができるが、職員の採用については競争試験によるものに限られ、選考によることは一切できない。

⑤ 人事委員会を置く地方公共団体で、職員の職に欠員を生じた場合に、採用または昇任のいずれかの方法によって職員を任命すべきかについての一般的基準は、任命権者が定めなければならず、人事委員会が定めることはできない。

地方公務員制度の過去の出題内容

地方公務員法		平成元年～14年度	15	16	17	18	19
1章	総則	2	1			1	
2章	人事機関	7			1		1
3章	通則	—					
	任用	14	1	2	1	1	1
	職階制	—					
	給与、勤務時間その他の勤務条件	2			1		
	分限及び懲戒	14	1	1		1	1
	定年	1					
	服務	15	2	1	1	2	1
	研修及び勤務成績の評定	1					
	福利及び利益の保護	—					
	公務災害補償	—					
	勤務条件に関する措置の要求	2					
	不利益処分に関する不服申立て	3			1		
	職員団体	8		1			1
4章	補則	—					
5章	罰則	1					

平成元年～14年度：14年間の出題数　15年度以降：各年度の出題数

【問題 3】

地方公務員法に規定する懲戒処分に関する記述として、妥当なのはどれか。

① 任命権者は、職員が、職務上の義務に違反した場合、勤務実績が良くない場合及び全体の奉仕者たるにふさわしくない非行があった場合のいずれかに該当する場合に限り、懲戒処分をすることができる。

② 懲戒処分について、条例をもって、これを執行猶予することができるよう規定したり、懲戒処分を受けた職員が一定期間職務に精励した場合にその処分そのものを消滅させるという規定を設けたりすることはできない。

③ 任命権者は、退職の申し出を認めて職員が退職した後に、在職中の窃盗行為が発覚した場合、その故をもって退職の承認を取り消し、日付を遡って当該職員に懲戒免職の発令をすることができる。

④ 一つの事実について、分限処分の事由と懲戒処分の事由が同時に存在する場合、任命権者は、懲戒処分と分限処分を併せて行うことは一切できず、諸般の事情を考慮していずれかを選択しなければならない。

⑤ 一つの職務上の義務違反に対し、2種類以上の懲戒処分を併科することはできるが、懲戒処分をした職員に対し、さらに民法上または地方自治法上の損害賠償を行わせることはできない。

【問題 4】

地方公務員法に規定する職員団体または職員団体と地方公共団体の当局との交渉に関する記述として、妥当なのはどれか。

① 職員団体は、条例の定めるところにより申請書に規約を添えて人事委員会または公平委員会に登録を申請することができ、登録を受けた職員団体は人事委員会または公平委員会に申し出ることにより法人となることができる。

② 地方公務員法に規定する職員団体とは、職員がその勤務条件の維持改善を図ることを目的として組織する団体をいい、その連合体は職員団体ではない。

③ 地方公共団体の当局は、登録を受けた職員団体から勤務条件に関して適法な交渉の申し入れがあった場合には、その申し入れに応じなければならないが、登録を受けていない職員団体とは交渉をすることができない。

④ 交渉は、職員団体がその役員の中から指名する者と地方公共団体の当局が指名する者との間において行わなければならず、いかなる場合においても職員団体は役員以外の者を指名することはできない。

⑤ 職員団体は、法令、条例及び地方公共団体の規則にてい触しない限りにおいて、当該地方公共団体の当局との交渉により団体協約を結ぶことができる。

【問題 5】

地方公務員法に規定する職務専念義務に関する記述として、妥当なのはどれか。

① 職員に職務専念義務が課せられるのは勤務時間中に限られるが、当該勤務時間とは、勤務時間、週休日、休暇等について定めた条例に基づくあらかじめ定められた正規の勤務時間のみをいう。

② 職員が任命権者から在籍専従の許可を受け、登録を受けた職員団体の役員としてもっぱら従事する場合は、その許可が効力を有する間は、職務専念義務は免除され、いかなる給与も支給されない。

③ 職員が勤務時間中に地方公務員法の規定により勤務条件に関する措置の要求をする場合は、法律または条例に特別の定めがなくても当然に職務専念義務が免除される。

④ 在籍専従職員以外の職員が、あらかじめなされた取り決めに基づき、勤務時間中に行われる適法な交渉の場に、職員団体が指名した者として出席する場合には、職務専念義務の免除について任命権者の承認は必要ない。

⑤ 職員が、任命権者から営利企業等に従事する許可を得た場合には、勤務時間中に当該許可に係る事務、事業を行う場合であっても、職務専念義務の免除について任命権者の承認は必要ない。

解説

【問題 1】

① 誤り。第8条第2[illegible]第26条。

② 誤り。第8条第1[illegible]8号。昭和27年9月30日行政実例。

③ 誤り。第8条第3[illegible]昭和26年8月15日行政実例。[illegible]

[illegible]

そこに行かせないため、その場を作らないために

人間と戦争の記録『タイガーフォース』

出てから1年になろうとしている本である。これまでにも何度か薦めてみたいと思ってきた。だが踏み切れなかった。難解なのではない。むしろ読みやすい。だが暗い本である。書かれている事実、掘り起こされた真実が暗く重いのである。そのことが容易に筆を進ませなかったのである。

だが、自国内に多数のスラム都市を出現させ、世界の人々を厳しい社会格差に引き裂き、そのうえ飢餓の淵に追いやるなど、軍事（防御だ先制だとアフガンやイラクを先端兵器で破壊し尽くしたのは言うまでもなく）、経済、政治、社会、文化のすべての領域にわたって世界に転落と荒廃をもたらしたアメリカ・ブッシュ政権の下において、かくも〝良心的〟なジャーナリズムの仕事が、しかも〝愛国心〟高揚の中で成されていたことを知ると、暗い、重いと敬遠してばかりではいられなくなる。

〝事実〟の記録があり、生きた証言者がいるにもかかわらず、国内外の歴史的事実を無かったことにし、さらに似たコースをたどろうとする動きが顕著な昨今、〝現場〟では何が起こりえるのかを知ることから始めてもいいのではないか。12万2千の住民を巻き込み、うち9万4千人が民間人だった沖縄戦から63年……暑い夏が来る。戦争を考える時が来る。それは戦場で人間であるとはどういうことなのかを確認する機会でもあるのだ。

ミライ事件をご存じだろうか？　ソンミ事件の名で記憶している人もいるかも知れない。ベトナム戦争のさなかの1968年。ソンミ村・ミライ集落でカリー中尉指揮の下、アメリカ軍部隊が5百余人の村民を殺害し村を焼き払った事件である。戦場でも、民間人殺害は戦闘行為ではなく犯罪である。軍部が隠蔽したその事実を週刊誌があばいたことから問題が表面化、軍法会議が開かれ、犯罪規模に比べればまことに軽微だが罪が確定した。しかし世論はこれを許さず、厭戦気分、反戦気分がアメリカ国内に広がり、この戦争を終結に向かわせた大事件だった。

本書が取り上げるタイガーフォースの軍事行動はその1年前である。ミライが1日の暴発的〝犯罪〟だったのに比べて7カ月間とはるかに長期の軍事行動であり、民間人を無差別に殺戮した犯罪であった。だがその実態は極秘のベールに包まれ、いったい何人殺害されたのかも、いまだ明らかではない。

ベトナム戦争は長期化し、アメリカに不利になっていた。だがワシントンは戦況有利と公言していた。タイガーフォースはこの時期に生まれた特殊戦闘部隊である。大量の北ベトナム兵が国境を越えて南下している。それを迎え撃ち、掃討しなければならない。だが兵隊の姿が見えない。それに対して――やるかも知れない、やるはずだ、やってほしい、やらなければならない――すなわち無差別攻撃を暗黙裡に奨励し、強制した犯罪行動だった。

風土も文化も言葉も違う戦場に放り込まれた兵にとって、高温多湿の気候、密林、水田、グロテスクな生物など、すべては不快感と違和感と恐怖をもたらすものだった。そのうえに、敵兵の姿が見えない。通訳も少数である。作戦はしゃにむに強行され、戦果が迫られた。起こるべきことが起こった。民間人射殺である。最初は制止する者もあった。上部に軍紀違反を訴える者もいた。だがそれは無視され、行動は過激化していく。良心や理性は周辺に追いやられ、暴力や破壊や狂気が主流になる。そして部隊は悪鬼の殺戮集団と化していく。

そのプロセスが、いつ、どこで、誰が、何をしたのか、点と点を結ぶようにして再現される。その克明で執拗な記述が本書の特色であり、またやりきれなさの主因でもある。36年前の事実を掘り起こすことだからだ。当人たちが忘れようとし、軍や国が隠蔽し切ってからの発掘だからである。記事にできるのは〝事実〟しかない。それを証するために、人物は実名で登場する。一点でも誤りがあれば事実全体がひっくり返される。証言の一々に克明なデータがついている。ベトナムの現場にまで行っての証言採取もされている。

この犯罪の事実は陸軍内部でもキャッチされていた。陸軍犯罪捜査部が動いていた。作戦終了から4年後のことである。ひとりの担当者がこつこつと検証にあたった。上官もついた。残虐行為は伝えられていたが、部隊の存在さえ抹消されていた。隊員を探し出し、拒絶を超えて証言を引き出す作業の積み重ねから、事実が明らかになっていった。1975年にまとまった調査の結果は、ベトナム戦争最大の戦争犯罪だった。上層部の訴追も免れない。知っていただけではなく実行させたのだ。ワシントンの政権そのものが揺らぐ。その段階まできて担当者は異動、上官は更迭された。この隠蔽に当たったペンタゴン関係者の中に、イラク戦争の推進者であり、アフガン、イラクでの捕虜や民間人拷問の陰の指示者とされるラムズフェルドの名が見えている。

事実究明から責任追求への道は断たれたが、更迭された高官が膨大な資料を秘匿し、オハイオ州の地方新聞記者に託して死ぬ。その資料の開封から、この発掘と検証作業が始まったのである。非愛国的行為！の抗議にめげずに完遂された衝撃の連載は、2004年度のピュリッツアー賞を獲得した。

最初は遠距離からの農民射殺だった。それがどんどんエスカレートしていった。彼らの〝人間〟が壊れていった。無差別殺戮になっていった。動くものすべてを殺した。農民が避難している地下壕を吹き飛ばした。殺した人間の耳を切り取り、それを首に下げて歩く兵士がいた。小児の首を切り落とし、血だらけの腕輪を奪った者がいた。幽鬼の群れだった。死者の総数は少なくとも数百人。

戦場から帰還した兵士たちは？　悲惨の極みにあった。マイノリティーが多かった。アル中、薬づけ、PTSD――すでに死んだ者のほかは、ほとんどが廃人状態にあった。そこには国家的大義も、愛国心も、栄光もなく、ただ壊れた人間がいるだけだった。

立場はどうでもいい。このところ、アフガン戦争、イラク戦争、南京事件、沖縄集団自決、自衛隊海外派兵、憲法改正などに関心をもった人であるなら、ぜひお薦めしたい。特別な人間がこのような行動をとるのではないということを教えてくれる。人は誰もこうなるのだ。だから戦場に送ってはならない。それよりも、戦場を作ってはならない。

本はWAVE出版刊。定価1995円。

（東京中流再生学会）

マイケル・サラ／ミッチ・ウェイス著『タイガーフォース』

サカナから見た大都市〝東京〟③

海の〝ゆりかご〟の復元

品川区京浜運河に残された干潟

干潟はどこへ

JR品川駅から横浜方面行きの京浜急行線に乗りかえ、青物横丁駅で下車して東へ歩くと、10分ほどで東京湾の京浜運河に突き当たります。運河内にはひっきりなしに小型船が行き交い、運河沿いには羽田空港へ向かうモノレールの赤い列車が走っています。

春4月、この運河の岸辺には小規模な干潟が顔を出します。そして水深10㌢ほどの砂底をのぞくと、そこには体長1㌢ほどのカレイの稚魚が、それこそ敷き詰めたように群れているのです。

干潟というのは、干潮の時に遠浅の砂泥底の浜辺が現れる場所のことをいいます。明治41年に発行された東京内湾の漁場図を見ると、東京、千葉、神奈川の海岸の大半が干潟であったことがわかります。そして今、実にその90%以上が埋め立てられてしまったのです。海岸線の多くはコンクリートで固められた垂直の護岸となり、その内側は港湾施設、工場、あるいは倉庫などとなってしまいました。

砂泥底によるフィルター作用と、そこに豊富に生息する生物の汚濁分解能力によって、莫大な水質浄化能力を備えた、いわば「天然の下水処理場」ともいうべき干潟や浅場の喪失に加え、無秩序な排水の垂れ流しによって、1950年代から70年代にかけての経済高度成長期、東京湾は「死の海」へと姿を変えていったのです。

海のゆりかご　アマモ場

かつての東京湾沿岸に広がっていた干潟には、アマモという海草が大量に茂っていました。〝海藻〟ではなくて〝海草〟です。アマモは海の中に生えるのですが、ワカメやコンブのような海藻類ではなく、むしろ陸上に生えるイネやムギなどに近縁の植物です。

このアマモの海中林は「アマモ場」と呼ばれ、生まれたばかりの稚魚や稚エビの隠れ場であり、またエサの供給場所、あるいは産卵場として多くの生き物を育んできました。まさに海の〝ゆりかご〟の役割を果たしていたのです。

しかし、残念ながら、海岸の埋め立てと水質の過栄養化に伴ってアマモ群落は姿を消していき、東京都の沿岸では皆無となってしまいました。現在では千葉と神奈川の一部に生えているにすぎません。

困難なアマモ場の復元

この数年、島しょ農林水産総合センターでは、この海のゆりかご「アマモ場」を復元して、豊かな江戸前の海を取り戻すべく、千葉や神奈川の海岸からアマモを採集して、お台場の浜辺に移植実験を行っています。

移植したアマモは、ある程度は根付いて増殖し、そこには魚の稚魚をはじめ様々な生き物が居着くこともわかってきました。しかし、完全な定着にはまだ至っていません。それもそのはずです。自然が何万年という歳月をかけて営々と築いてきた生態系を破壊してしまったのですから、易々と元に戻せるはずはないのです。それでも、これまでの実験結果から、定着に向けての様々な要件も解明されてきました。こうした試みとその記録は、破壊された自然を取り戻そうとして懸命になっている人々にとって貴重な財産となることでしょう。

干潟や浅場を守ろう

例えアマモ場はなくとも、冒頭述べたように、干潟には今も多くの稚魚が生息しています。東京湾における私たちのアユ調査では、体長1〜2㌢くらいの仔アユは、沿岸のごく水深の浅い波打ち際に群れていました。このような浅い場所には、仔稚魚を食べる大型魚が入ってこられないのです。逆にいえば、干潟のない人工護岸の海では、せっかくふ化した仔魚が育つことのできる〝ゆりかご〟がないということになります。また、たとえ干潮時に海底が干出しなくとも、水深が1㍍以下になるような自然の浅場にはハゼの産卵場が形成されるなど、多くの生き物にとって貴重な場所となっています。

現在、東京都内湾には奇跡のように残った自然の干潟や浅場が、大田区の羽田周辺、品川区の地先、旧江戸川河口などに点在しています。こうした江戸前の宝ともいうべき干潟や浅場には、もう決して手を付けてはなりません。加えて、可能なところでは人工干潟の造成も行っていくべきでしょう。お台場の人工干潟には、殻長が1㌢に満たないアサリの赤ちゃんがたくさん見られ、海の回復に一役買っていることが分かります。干潟に棲む生物の水質浄化能力は、人工干潟が天然干潟の1/4〜1/3程度という報告もありますが、現状ではこうした場所を増やしていく努力も大切だと考えます。そして、そう遠くない将来、青々としたアマモ場が江戸前の海によみがえる日の来ることを、私は信じています。

（東京都島しょ農林水産総合センター主任研究員　加藤憲司）

海のゆりかごとなるアマモ場＝千葉県富津

がんばれ！公務員 34

組織離れりゃ皆凡人

文とマンガ　鈴木武征

私がまだ駆け出し職員の頃、局長からの急な要求ということで上司の資料作りを手伝った。どうやら議員さんへの説明用に使うものらしい。

土曜の夜に完成したが、上司は避けられない予定があって、「じゃあこれを3部コピーして明日局長の自宅へ届けてくれ、頼んだよ」と先に帰った。

翌日、私はメモした住所を頼りに局長の自宅へ資料を届けに行った。

閑静な住宅地の中のごく普通の一軒家、表札を確認してチャイムに指がかかる。

その時、玄関横の庭で麦藁帽子に甚平姿で草むしりをしている人に気付き、「恐れ入ります、○○局長のお宅はこちらでよろしいでしょうか？」と尋ねる。

「はいそうですが」と顔を上げたのはまさしく局長その人であった。

事務所勤めだったから局長の顔を見るのは年に1回あるかないか、雲上人と思っていた人の草取り姿は思いもよらないことで呆気に取られた。

そんな私に局長もちょっと怪訝な顔を見せたあと、「鈴木君だろ？　ご苦労さん、まあ上がって」と室内に招き入れてくれた。

応接セットに座り資料に目を通す局長。優しいおばちゃん風の奥さんが「お休みなのにご苦労様」と麦茶を出してくれる。

用事は無事終了、局長宅を後にした私はその草取り姿にはすぐには得心がいかなかったものの、次第に「そうなんだ、局長とはいえ家では普通のおっさんなんだ」と思えるようになってきた。

考えてみれば不思議でも何でもない。サミットに出席する首脳と呼ばれる人々だって、家に帰れば普通の夫と妻あるいは親と子の関係だ。掃除もすれば草むしりもする、自分でお茶を入れることもあるだろう。

職場のお偉いさんを職場の中での位置づけ、イメージだけで見るのは間違いだ。

都庁という大きな組織に入って間もない私は組織の中での局長の姿が先行し、家でも局長らしい振る舞いをしているものと勘違いしていた。

都庁に限らず、組織や職制というのは時として非情だ。人間には建前と本音があるが、組織には建前しかない。

9時始業といえば5秒遅れても15分遅れても、遅刻は遅刻で救済できない。

優秀な係長の優秀な指示も、課長からの再指示には勝てない。

職員はそういう組織の非情さに反発を感じている。

組織を支える上で重要な役割を果たす職制に対しても、「課長には本心は明かせない」「部長には表面だけ従順さを見せていればいい」なんて思うこともある。

しかし、そんな組織の非情さを辛うじて緩和してくれるものは同僚との協調と、職制にある人の人間性にほかならない。

そりの合わない上司を敬遠しているだけでは職場が楽しくならない。

お偉い部長、冷徹な課長と決めつける前に、「部長は○○さんという酒好きのおっさん」「課長は○○さんという二児の母」という見方も必要だ。

歩み寄りが過ぎて局長から「あした一緒に俺んちの草むしりしない？」と言われたら、「むしり取るのは下の者から、まず私の家からやりましょう」と言ってやろう。

みにがいど

◆「夏の涼味・団扇展 江戸から昭和まで―中内コレクションから―」▽日時 〜8月10日(日)午前9時〜午後8時※日・月・祝日は5時まで。7月17日(水)休館▽場所 墨田区立緑図書館1階▽同時開催 ミニ文学コーナー「河童忌」(同3階)＝7月24日は芥川龍之介の命日。芥川が死を決意してから描いたとされる「河童の図」と、その幼少年時代に聞かされたという本所七不思議の絵などを展示する▽問い合わせ先 墨田区立緑図書館☎3631・4621

◆新選組のふるさと歴史館第1回企画展「鉄砲から見た近代の夜明け」▽会期 7月19日(土)〜8月31日(日)午前9時30分〜午後5時※月曜休館(休日の場合は翌日)▽入館料 大人200円、小人50円▽西洋流砲術演武(市役所西側・日野中央公園)＝8月3日午後1時ふるさと歴史館から隊列行進、1時30分〜2時演武※雨天中止、小雨は決行▽問い合わせ先 日野市立新選組のふるさと歴史館☎042・583・5100

都政新報

発行所　都政新報社
〒160-0023 東京都新宿区西新宿7-23-1 TSビル
〈総務・読者〉03-5330-8781
〈企画広告〉03-5330-8784
〈編　　集〉03-5330-8786
〈出　　版〉03-5330-8788
〈セミナー事業部〉03-5330-9977
〈ファクス〉03-5330-8808
購読料　月1,680円（税込）
毎週火・金曜日発行
但し、祝祭日は休刊

紙面から

豊洲新市場予定地の土壌汚染問題

リスク管理の協議会設置

負の情報、関係者が共有

専門家会議が最終報告案

「豊洲新市場予定地における土壌汚染対策等に関する専門家会議」（座長＝平田健正・和歌山大システム工学部教授）は13日、第8回目の会合を開き、最終報告案をまとめた。報告案は、これまで議論してきた土壌汚染対策に加えて、新市場予定地のリスクを管理する協議会を学識経験者も入れて設置し、土地管理者と土地利用者の間で、情報を共有していく考え方も示した。専門家会議は、報告案に対する都民の意見を募集し、26日に開かれる最後の会合で、最終報告として都に提言する予定。

会見に応じる専門家会議メンバー＝13日、都庁で

報告書案が提言した土壌汚染対策では、旧地盤面から2ｍ程度まで土壌の掘削・入れ替えを行い、その上に2・5ｍ程度の盛土を行う。旧地盤から2ｍ以上、深い土壌も処理基準以内におさめる。また、地下水については、排水基準以下に処理し、建築物が建つ場所では、将来的に環境基準の達成を目指す。

これらの対策を行えば、新市場予定地内に土壌汚染はなくなり、地下水についても、建物が建っていない場所を除き、汚染がなくなる。

建物が建っていない場所では、排水基準以内の汚染が残るが、地下水管理により地下水位が旧地盤面から2ｍ程度で管理されていれば、人の健康や生鮮食料品に影響を及ぼすことはないと断定している。

リスク管理については、こうした前提を踏まえて、日常的な管理や緊急時の管理の内容を示している。日常的な管理としては、地下水位のモニタリング、表面の窪み、段差、陥没、亀裂などの存在の有無の定期点検を行う。地下水位が上昇した場合には、地下水位を旧地盤面から深度2ｍ程度を維持するとともに、地下水中の汚染物質の濃度の状況を把握する。

緊急時の管理については、液状化により土壌や地下水が噴出した場合には、噴出した土壌や水を速やかに回収し、念のため環境の状況を把握した上で適切に処理する。

これらのリスク管理を行いながら、モニタリングや点検の結果を土地管理者と土地利用者の間で共有化し、両者が意見交換を行って、その結果をリスク管理に反映させる。そのための方策として、学識経験者が入った管理に関する協議会を設置し、共同でリスク管理を行う。

専門家会議がリスク管理のあり方を示したのは、設置以来初めて。

この他、今回の会議では、専門家会議が行った詳細調査の結果、引き続き行われる絞り込み調査の対象としなかった範囲でも、地下水調査で地下水環境基準を超過した区画については、環境確保条例に基づき、都がボーリング調査を行うことも明らかにされた。

専門家会議では、この報告書案について、意見募集を行い、次回26日の専門家会議で主な意見に対する回答を行う予定。

すべてはこれから始まる

【解説】日本には、リスク評価のルールがない。現在、豊洲新市場予定地の土壌汚染をめぐって争われているのは、ゼロか100かの議論だ。

豊洲移転に反対するグループが主張するのは、「リスクがゼロにならないなら、移転するな」だ。これに対して、都や都議会、市場関係者などの推進派が主張するのは、「リスクはあるが移転できる」だ。両者は、まったくかみ合っていない。

一方、専門家会議の立場は、「移転するかどうかは置いといて、人間が許容できるリスクまで軽減するにはどうしたらいいのか」だ。リスクの存在が前提にあるので、やはり反対派とはかみ合うわけもない。

今回、専門家会議が示した「リスク管理のあり方」は、デッドロック状態の議論には変化球になるかもしれない。

反対派や都民からすれば、専門家会議が提示した土壌汚染対策が有効に機能しているかどうかを監視することが可能になる。推進派や市場関係者からすれば、情報を的確に把握し、負の情報に即座に対応すれば、風評被害などマイナスイメージの払拭ができる。

ただ、リスク管理は、口で言うほど簡単なことではない。

日本には、こうしたリスクコミュニケーションの経験が、行政も住民も浅い。豊洲新市場のように日本を代表する中央卸売市場を舞台に、限りなく軽減されているとはいえ、現にあるリスクと向き合えるほど、日本の土壌汚染対策は成熟していないのではないか。

豊洲移転に至る経緯が経緯だけに、マスメディアの報道によって負の情報が独り歩きする可能性も否定できない。市場の設置者である都には、相当の覚悟が必要だ。

市場がどこに移転するのであれ、多かれ少なかれリスクは存在する。都や市場関係者は、リスクの度合いを評価して、移転を判断する。しかし、今回見ても分かるように、都民は、リスクの度合いに関係なく「ノー」と反応する。

平田座長は、「これで終わりではなく、ここから始まる」と繰り返す。リスク管理という観点では、まだ何も始まっていないのだ。（地）

都政の東西

授業の質

小中学校の学習指導要領が、10年ぶりに見直されることになった。内容は「ゆとり教育」から「学力重視」への方向転換である。しかし、これだけでは根本的な問題点が解決されるはずがない。

ゆとり教育への方向転換は知識の詰め込み批判を受け、1998年に決まった。授業時間が大幅に減らされた中で、教科書から習えないような生きる力を子どもに育んでもらおうと、小中学校では02年度に、総合的な学習の時間が初めて導入された。教師の裁量に任せた結果、中には自習にしてしまう教師がいた。また、どの中学校でも通り一遍に職場体験などが行われる結果となった。

併せて、週5日制も始まった。子供が家庭や地域で過ごす時間を増やし、子どもに考える力を身につけさせるのを狙っていたが、土曜には補習を行う学校が現れた。また、授業時間が減ったため、教師は試験直前になると出題範囲までむりやり終わらせ、子どもたちが授業についていけないという乱暴な授業も一部に報告されている。

この10年、教育現場でさまざまな試行と努力があり、それを多とするが、子どもの学力低下を防げなかった。そのため、ゆとり教育から学力重視に方向転換し、授業時間をこれまでよりも1割増やして学力向上を狙うという。

ゆとり教育がうまくいかなかった根底には、教師の教え方にも問題があったと思う。子どもの学ぶ意欲をどのようにしたら高められるかは永遠のテーマだが、子どものやる気を引き出すのは教師の役目だ。

考える力などを身につけさせるコンセプト自体に問題はない。新しい指導要領に移行しても、重要な点に変わりはない。そして、教師は授業力の向上に、さらに真剣に取り組むべきだ。

危機に挑む　新任局長に聞く　1

新任局長が就任し、石原都政の新執行体制が1日にスタートした。2016年オリンピック・パラリンピックの東京招致、新銀行東京の再建、豊洲新市場予定地の土壌汚染など、都政の難題が山積みとなっている。「10年後の東京」の実現など、石原都政の総仕上げに向けて、新任局長の抱負と決意、仕事をする上での気構えなどを聞いた。

自称「都庁の田舎っぺ」

吉川和夫・知事本局長

口を開くと吉川節が炸裂する。自称「都庁の田舎っぺ」。堰を切ったように持論を展開する様は、知事本局長になっても何も変わらない。

「プロの公務員とは、任命権者から与えられた職責を果たす者だと思ってきたから。これまでと同様、淡々とした自然体の姿勢を堅持し、知事から今求められている職責を、職員全員としっかりと愚直に果たすのみ」

知事本局は、吉川氏にとって22カ所目の職場だ。福祉保健局、環境局と、与えられた職務にだけ専念し、他の行政分野の動きや都庁内の噂話などにも関心を持たずに、「村社会という狭い世界」に埋没してきたという。一方、知事本局は、都政全般に関心を持たなければならない。

「その意味では、まったくの自己矛盾」と苦笑する。

最大のテーマは、新銀行東京の再建・再生と、16年オリンピック・パラリンピック招致の実現だ。

「積極的に相手の懐に飛び込んでのコミュニケーションに努めつつ、根本矛盾を見出し、オツムを多少ひねった上で果敢に行動し、職責を達成したい」

知事本局は「社長室」であり、知事本局長は「官房長官」と言える。

「先手、先手と、知事の行動・発言すべてに最大の関心を持ち、素早く動くことが肝要だと認識している。局としては、『10年後の東京』の実現に向けたスピードアップと、1円たりとも無駄にしない効果的・効率的な都政運営の徹底などに努力したい」

財政再建を果たした都庁は、公務員として採用された際に抱いたであろう「夢」の実現を目指すことが可能な組織だ。

「今の石原都政は、猛烈にチャレンジングな組織体だ。その意味では、仲間である都庁の全職員が本来有しているであろう『挑戦する志』を叶えるために必要な条件整備にも尽力したい」と意欲を語った。

座右の銘は、「独楽の前倒れ」。独楽がどの方角に倒れようと「前倒れ」という積極的な姿勢を堅持しようという意味。職員に対しては、「攻撃は最大の防御。決して消極的な守りではなく、積極性を堅持した黒衣役を演じよう」と呼びかける。中大法卒、54A、58歳。

300万人の「足」支える

金子正一郎・交通局長

「一度大きな事故を起こすと、組織の信頼が地に落ちる。JR西日本の脱線事故を見ても明らか。公共交通機関に対する世間の目は、物凄く厳しくなっている」。06年度決算で地下鉄は黒字に転換し、赤字が積み重なる段階から初めて脱した。サービス面でも改善が進む中、金子氏は「安全性の向上」を在任中の至上命題に挙げる。

都営交通は、1日300万人の乗客を約6500人の職員が昼夜分かたず支えている。乗務員、駅員だけでなく、線路の保線など「裏方」的な職場も少なくない。こうした現場に対し、「目立たない仕事をきちんと行うことが、都営交通の安全、信頼につながる。一人ひとりが自らの役割を十二分に果たしてほしい」とメッセージを送る。

全国的に公営交通が厳しい経営を強いられる中、都でも例外ではない。現在、都営地下鉄は全駅の約4割、都バスは3割弱の路線をそれぞれ、民間委託している。「極端に委託し過ぎると、安全やサービスが低下する。その一方、全然やらないと経営がいつまでたっても改善しない」と金子氏。バランスの取れた舵取りを迫られてもいる。

公務員生活の中で特に印象深いのは、総合防災部長という。自然災害からテロ、SARSまで、危機管理部門の守備範囲が拡大した時期で、「やりがいがあった」と振り返る。

また、世界都市博覧会の中止も忘れられない経験だ。当時、㈶東京フロンティア協会で国内都市室長として、4～5人の職員と全国を行脚し、都市博への参加を呼びかけていた。東京の一極集中への批判が強い時期で、「臨海部のお披露目イベントじゃないか」と反発を受けながら、「都市の魅力を発信する絶好機です」と説得して回ったという。「2～3年頑張っている間に、あちこちで手を挙げてくれたんだけど、『これでうまくいくかな』と思ってたら、中止になっちゃって……」と苦笑する。

座右の銘は「人事を尽くして天命を待つ」。趣味は、月2回ほど楽しむゴルフ。好きな作家は司馬遼太郎で、最近は『飛ぶが如く』を読んだ。「明治の元勲達が苦労して新しい国を創る生き様が好き」。中大法卒、56A、56歳。

債権管理

不能欠損額241億円（06年度一般会計）

私債権で放棄基準を明確化

債権管理条例の7月施行に伴い、都は14日、菅原秀夫副知事を座長とする「債権管理調整会議」を発足させた。各局に債権管理者（課長級）を設置し、マニュアルに基づいて債権の状況把握と管理台帳の整備などを進める。また、各局が回収努力をしても、それでもなお回収不能となっている私債権については、都として初めて私債権放棄基準を定めた。

一般会計で都の収入未済額をみると、02年度が1714億円、03年度は1535億円で、その9割は都税となっている。この間、主税局が滞納整理を強化する一方、04年度から未収債権の回収にトライアルで取り組んだ結果、傾向としては収入未済額は減少しつつある。しかし、それでも06年度で1259億円と巨額に上る。

06年度の不能欠損額は241億円で、このほかに私債権で事実上、回収不能になっているのに、放棄基準がないため積み上がった額が相当あるという。現在、私債権の回収不能額については、各局で精査中だ。

都が新たに作った債権管理制度では、債権管理の強化（徴収努力）と私債権の放棄手続きを明確化したのがポイント。債権管理マニュアルでは、公債権と私債権の判別の着眼点を示し、それぞれの回収手法、所在調査や財産調査などのノウハウ、法的措置・滞納処分のやり方などを盛り込んだ。

私債権に関しては「明らかに回収不能になっているのに時効の援用がないため、放置するのは不適切」という認識から、放棄の基準を明示した。具体的には、①徴収努力をしっかり行ったか②他の法令との関係でも私債権が消滅しないこと③時効の到来の確認④債務者が援用することが見込まれること⑤債務者が行方不明などの事情により、援用の確認ができないこと――とした。この五つの基準すべてを満たした時、財務局長、主税局長と協議した上で、各局長が私債権の放棄を行うことができる。

放棄後は、都議会への報告を義務づけ、東京都の説明責任を果たす。たとえば、08年度に放棄した債権は、09年第3回定例会に報告する。

冗句ジョーク

恐い河川増水、都発注呑川工事でも事故発生
芭蕉「五月雨の降りのこしてや光堂」
都庁「五月雨の降るたび出るや怒（いかり）堂」

早くしろ！すぐ行け！

訂正　11日付「大気汚染医療費助成」で、「慢性気管支炎なども新たに対象」は誤りで、18歳以上は気管支ぜん息のみ対象でした。なお、18歳未満は4疾患の患者が対象です。

単品スライド条項3区が適用

千代田区、補正予算で整備増額

板橋、足立、江戸川の3区は、公共工事中に鋼材などの建築資材が高騰した場合、値上がりした一部を工事契約額に上乗せして支払う「単品スライド条項」を11日までに発動した。また、千代田区では、資材価格の高騰を受け、第2回区議会定例会で保健所の施設整備費を増額する補正予算を組んだ。建築資材の高騰は、公共事業者の採算性を悪化させ、現在増えている契約不調の一因にもなっている。そのため、工事契約費などの見直しは、業者の公共工事離れを防ぐ有効策になるか期待がかかっている。

鋼材高騰

足立区は、工事中に鋼材と燃料油の価格が高騰した場合、値上がり分の一部を負担する。工事契約額の1%分は受注業者、1%を超過した分は区の負担となる仕組み。例えば、契約額5億円の工事で、鋼材などの契約当初の価格が1億円から工期中に1・5億円に高騰した場合、値上がりした5千万円のうち受注業者が500万円、区が4500万円を負担することになる。ただし、業者は、工事が終わる2カ月前までに適用申請の手続きを取る必要がある。

足立区では単品スライド条項を4日から発動し、新規工事や継続工事が対象という。区は「工事費を積算し直すと、発注者の負担が大きくなる」と指摘し、スライド条項の適用期間は、国、都が必要ないと判断するまで続けていく考えだ。

板橋区では、07年から08年にまたぐ大規模工事が3件あり、工事費は計17億5千万円に上るため単品スライド条項の対象になる可能性がある。

鋼材の高騰などに補正予算を組んで対応したのは、千代田区だ。旧区政会館別館跡地に建てる新保健所はこれから入札を行い、整備費の債務負担の限度額を約2億8千万円に増額した。資材の価格高騰は、事業者の採算を悪化させるため契約不調を避けることに期待がかかる。

千代田区は、保健所整備費の増額を余儀なくされた＝旧区政会館別館

スライド条項の適用を検討中の豊島区では、インフレになった場合の物価変動のための契約変更を定めているが、鋼材などの単品が高騰してもスライド条項の対象にならないという。そのため、区は「約款の変更が必要」と話す。

港区は「今後、さらに鋼材などの価格がアップすることもある。落札率が下がっているので、単品スライド条項というセーフティーネットを持たないといけない」という問題意識を持っている。

品質確保と適正支出

【解説】区の単品スライド条項は、第2次石油ショックが起きた1979〜80年にかけて、セメントやアスファルトなどの価格が高騰して以来、約30年ぶりの発動となる。

千代田区によると、1トンあたりの鋼材の価格は昨年12月現在で8万4千円だったが、今年2月に9万3千円、4月に12万円にまで高騰し、4カ月間で約1・5倍増となった。受注業者の人件費削減など企業努力だけでは立ち行かず、今回の資材高騰の対応は限界値を超えている。

発注後に建築資材が高騰すると受注業者の採算悪化を招き、手抜き工事に結びつくというおそれが指摘されている。神奈川県では、資材の価格高騰を受け、砂の代わりに安価な溶融スラグを混ぜたJIS規格外の生コンクリートを納入する問題などが現実に起きた。

また、受注業者が鋼材などの仕入れ値を偽装するおそれは否定できないため、偽装をチェックする方法を模索する必要がある。

資材の価格高騰はいつまで続くか不透明な中、工事の品質確保と税金の適正な支出という二つの命題にどう向き合うか、国、地方を通じた大きな課題となっている。（石）

保育士採用試験に先手

文京区　23区初の事前説明会

文京区は8月実施の保育士採用試験に先がけて、受験者対象の採用説明会を開催した。保育士採用試験で事前の説明会の開催は、23区で初めて。

説明会は7月3日に開催され、学生など約20人が出席。都内在住者だけでなく、埼玉県など近県からの出席者もいた。

文京区の紹介に加え、区立保育園長、男女3人の若手保育士が登壇。日常の仕事内容や志望した理由を説明した。

説明会は出席者からも好評。3交代勤務制などを詳細に紹介したことで「採用後の仕事がイメージできた」といった声が寄せられた。区担当者は「終了後も会場の隅で現役保育士に熱心に質問する出席者の姿が印象的だった」と話す。

文京区は今年度、約20人の保育士（福祉・Ⅱ類職員）の採用を予定している。8月6日まで申し込みを受け付け、第1次選考を8月24日に行う。

18カ所の区立保育園は全園で時間延長保育を実施。公立保育園では珍しい生後43日目以降の乳児預かりを一部の施設で行っている。こうした保育環境は、区の子育て支援で目玉施策の一つに掲げている。今回の説明会には「意欲的で優秀な保育士の確保を継続的に目指す」との狙いがある。

背景には、23区独特の保育士採用事情もある。保育士は区選考だが、23区は現在、採用試験日で「同日一斉開催」を原則として申し合わせている。同区の職員課は「受験者に23区から文京区を選んでもらう出願段階がカギ」と明かす。

文京区の保育士採用倍率は、約24倍（05年度）、約11倍（06年度）、約7倍（07年度）。"買い手市場"が続くが、今後は少子化などの影響で受験者の減少が予測される。また、近年の民営化の流れで、民間保育園も増加。自由な採用活動ができる点で脅威のため、人材獲得競争の可能性も否めない状況だ。

11項目を都に予算要望

特別区長会

特別区長会（会長＝多田正見江戸川区長）は10日、09年度の都の施策と予算に関する要望書を石原知事に提出した。治安対策、福祉、水害対策など11項目を要望した。

都民生活の世論調査で「治安対策」が4年連続で1位であるため、「今後とも特別区や地域住民との連携のもと、多角的な治安回復への取り組みを強力に進めていくこと」を求めた。

高齢者福祉の充実では、地域ケア構築の方向性を示す「第4期東京都高齢者保健福祉計画」の策定にあたり、認知症高齢者グループホーム、ケアハウスなど施設整備への補助制度の充実を求めた。

水害対策の推進については、下水道処理施設の処理能力の向上、護岸改修などの治水対策の推進、スーパー堤防の整備の早期実現などを要望した。

資源持ち去りを禁止

品川区

品川区は資源持ち去り行為を禁止するため、条例を改正した。命令に従わない場合は、5万円の過料を科す。7月1日から施行している。

同区資源循環推進課によると、資源回収ステーションや区民の自主的な集団回収などから値段の高い古紙やアルミ缶を集めて持ち去るケースが相次ぎ、区民から対策強化が求められていた。

改正したのは「品川区廃棄物の処理および再利用に関する条例」。資源持ち去り行為の禁止や原状回復を命じ、命令に従わない場合には過料5万円を科すことができるようにした。

また、同日付で、清掃事務所職員による資源持ち去りパトロール隊も発足した。パトロール車で区内を回り、持ち去りを監視している。すでに荏原地区で持ち去り行為の軽トラックを発見し、原状回復させ、厳重注意を行うなどした。

記者席

死に物狂いのわけ

○……国政選挙で自民党から公認を獲得するため、予定候補が党員集めに死に物狂いになっている様子は、新聞・テレビで知っていたが、その仕組みが初めて分かった。同党の場合、国会議員、都道府県議会議員、区市町村議員とクラス別に公認を得るのに必要な党員数が設定され、しかも計数上、重複が認められない制度だった。

つまり、A区議に誘われて自民党に入った党員Bは、A区議お抱えの党員であって、その地域を地盤とするC都議にとって公認獲得に必要な党員数の中にBをカウントすることはできない。要するに全く別の人を党に勧誘しなければ、公認が得られない。まさに自民党は「自分党」だ。

○……鉄道事業者が共同で製作した暴力行為防止ポスターが15日から各駅構内や電車内で掲示されている。JRや都交通局等の集計によると、鉄道係員への暴力行為は、07年度で1日あたり約2件発生し、依然、増加傾向にあるという。

ポスターは鉄道係員への暴力行為のほか、乗客同士のトラブルの防止を呼びかけるものだが、現在、利用している通勤列車でも、乗客同士のトラブルによる遅延が時折、車内放送される。

これから暑い夏が始まる。ポスターにもあるように「キレたとか、ムカついたなんて理由にはならない」。少しでも呼びかけが奏功することを願いたい。

○……大分県の教員採用試験をめぐる汚職事件が波紋を広げているが、10日の都教育委員会では、竹花委員が「採用試験制度に問題があるのか調べてほしい」「公益通報制度がどう運用されているのか知りたい」と発言。木村委員長も「大分県の事件を他山の石としてシステム化の検討を」と注文を付けた。

これに対し、中村前教育長は、公益通報制度が果たして機能しているのかどうか自信がないとしながらも、全教員へのパソコン導入に絡めて「制度を見直す余地があるかもしれない」と応じた。都教委委員長、都教育長とも全国を代表する立場にあるだけに、大分県の事件を契機に、都教委から改善策を発信する必要がありそうだ。

給食の材料高が深刻化

足立区 中央区　"緊急措置"で公費投入

世界的な食料価格の高騰が学校給食の材料費にも影を落としている。23区では、小学校で8区、中学校で9区が、今年4月に給食費を値上げした。当初、据え置きの品川区も2学期以降、小中学校の給食費を値上げする。給食費値上げを見送った足立区、中央区は6月、公費負担による緊急支援に踏み切った。先行きの見えない食材価格の動向に、長期的な対応策を検討し始めた区も出ている。

食材全般の価格高騰が止まらず、学校給食への影響が深刻化している。23区では、4月から給食費を値上げした区がある一方、公費の投入で支援する区がある。

足立区は6月、全109校の区立校で購入する米の代金を区が援助する支援策を決定した。年間約3740万円の費用不足が予測されたための緊急措置だ。全校で自校調理、給食会計の独自運用をしている。個別の補助は手続きが煩雑化するため、区の補正予算に小学校費、中学校費として計上し、各校の米代金をまとめて"肩代わり"する方式にした。

中央区は給食用食材の購入補助費用で790万円を補正計上し、6月の定例議会で可決された。区立小16校は一括調理、中学校4校は自校調理しているが、食材は学校給食管理委員会が一括共同購入している。今回の補助費用は、食材購入に使途を限定して支給する。

食材費の高騰に対する公費投入はあくまで暫定措置で、足立区、中央区とも、長期的な対策の検討を急ぐ方針だ。

穀物材料など主要食材の価格動向について、財団法人東京都学校給食会は「値上がりが全面的かつ長期的に続く状態は、過去に例がない」としている。都内の給食実施校へ多くの食材を供給している同会は今年度、主要材料の値上げに踏み切った。値上げ幅は、パンが9%増、スパゲティが40%増、食用油が18%増などになっている。

今後の見通しも厳しく、10月の輸入小麦の政府売り渡し価格の改定は、価格引き上げの公算が強い。現状で影響の少ない味噌、しょう油などの品目も、今後は原材料費の高騰のあおりを受ける可能性がある。

また、安価な外国産食材への代替が難しい状況が追い討ちをかけている。給食会の担当者は「今年初めに中国製の冷凍食品に農薬が混入した事件以降、国内産食材への需要が急激に集中した」と話す。食の安全に関わるだけに、この傾向は当分続くとみられる。

食材費の高騰が慢性化する中、長期的な給食対策に取り組む動きも出始めている。

荒川区は学校給食のあり方検討委員会を6月末に設置。女子栄養大学の香川芳子学長など学識経験者も交えて、公費負担の給食費援助、来年度以降の対応策を検討する。同区担当者は「単なるコスト削減論に陥らず、給食メニューの充実なども議論したい」と話す。

23区の小学校(高学年)給食費

(単位：円)

	給食費月額	回数	今年度増額
千代田	5,076	190	355
中央	3,870	185	―
港	4,570	190	―
新宿	4,540	192	―
文京	4,640	191	460
台東	4,700	192	―
墨田	4,810	195	90
江東	4,570	193	―
品川	4,343	195※	2学期値上げ
目黒	4,745	199	113
大田	4,200	190	―
世田谷	4,450	187	―
渋谷	4,503	192	192
中野	4,737	193	―
杉並	4,836	197	246
豊島	5,204	191	30
北	4,330	195	―
荒川	4,761	193※	80
板橋	4,360	190	―
練馬	4,491	190	―
足立	4,480	198	―
葛飾	4,260	191	―
江戸川	2,840	189	―

1食単価設定の区は単価×給食回数÷11カ月で算出。

※は平均回数。荒川区の給食費、増額は平均額。

杉並区の増額は回数増分を含む。

練馬区は給食センター校。単独校の給食費月額は4,076円。

【参考】(財)東京都学校給食会「2008年度学校給食費の状況」

値上げの幅や時期もちゅうちょ

【解説】学校給食法では、施設費や人件費などを学校負担、食材費や光熱費などを保護者負担としている。この原則に従えば、材料高を反映した給食費設定が妥当だが、給食費値上げに踏み切る場合でも、物価動向の先行きが不透明な現状では、適正な値上げ額、実施時期などが決定できないのが実情だ。

現に、給食費を値上げしたばかりの区も「材料費の高騰に給食費の値上げ分が追いつかない」と困惑。「2年連続の値上げは、何としても回避したい」と担当者は話す。

また、値上げには保護者の抵抗が強く、区の教育行政の評価にマイナスイメージを持たれる恐れがある。他方で、学校給食に関する公費負担部分の合理化を求める声や給食費未納問題への厳しい意見も根強く、先送りも難しい。そのため、身動きがとれない状況にある。

6月の学校給食法改正で、各校は来年度以降、給食での食育強化に取り組まなければならない。各区は、効率化と内容充実の両立を強いられる。しかし、給食費の値上げなどを通じて、世界的な食料価格の高騰や食糧危機、そして給食の意義を確認することも、食育の一環ではないか。（河）

篠崎に文化プラザ開設

大人向けの図書館も

江戸川区

書架は黒を基調とし、落ち着いた雰囲気の篠崎図書館

江戸川区は6日、都営新宿線篠崎駅西口に、区の複合施設である「篠崎文化プラザ」をオープンさせた。区の伝統工芸品を販売するカフェや社会貢献の人材育成を目指す「江戸川総合人生大学」拠点キャンパスなどのほか、大人向けの利用を念頭に置いた篠崎図書館も置いている。

図書館の利用を大人向けにしたのは、駅前という立地条件を考慮してのこと。仕事帰りのビジネスマン向けに、開館時間をほかの区立図書館より1時間30分長い午後9時30分までにした。パソコン持ち込みルームでは、インターネットにもアクセスできる。

蔵書は、新しいプラザの場所から徒歩10分の距離にあった旧篠崎図書館の大人向け書籍2万冊を移し変えると同時に、4万冊買い足して約6万冊そろえた。初年度の貸し出し冊数は33万冊を見込んでいる。

旧篠崎図書館は自然も豊かな住宅地にあり、子どもの利用が多かった。区はこの場所に、科学体験などができる「（仮称）子ども未来館」を2010年に開設予定で、このなかに子ども専用の図書館を併設する方針だ。

篠崎文化プラザ全体の運営は、指定管理者である「篠崎SAパブリックサービス」（スターツアメニティー、図書館流通センター、小学館集英社プロダクション、クオリティライフ・コンシェルジュの4社で構成）が5年間の契約で行っている。

江戸川区の区立図書館に指定管理者が導入されるのは初めて。

芸術文化支援制度 4事業の助成決定

台東区

台東区が今年度に創設した芸術文化支援制度で、4事業を支援対象に決定した。同制度は、区内で実施される企画に対して、助成金を支給するほか、台東区や外郭団体の台東区芸術文化財団などが助言も行う。

台東区の文化振興課が4月から5月に公募し、65件の応募があった。企画内容を選定した結果、浅草地区の街歩きツアーとダンスなどの公演、ダンスビデオの製作など4事業が選ばれた。

これらの事業は、7月から来年3月末までに台東区内で実施される。台東区芸術文化財団との共催で、プロのアーティストの参加を前提としている。入場料収入などを差し引いた経費について、4事業の総額で200万円まで台東区が助成する制度になっている。

都の学力調査を誤返却

杉並区立小

杉並区は11日、区立松庵小学校で都の学力調査結果の個人票29人分が、誤返却されていたと公表した。4日に誤返却された個人票は、出席番号で管理。5日後にようやく誤返却が判明したが、7人分は家庭で廃棄されて回収できなかった。

誤返却された個人票は、今年1月実施の都の学力調査のうち、昨年度の4、5年生分。副校長が誤って今年度の4、5年生の4学級の各担任に渡した。1学級で返却後に誤りに気付き、他の3学級分は未返却だったという。

東京国体が正式内定

施設整備費で各市苦慮

求められる全都的なPR

2013年に開かれる第68回国民体育大会の開催地について、財団法人日本体育協会理事会は9日、開催地を東京都に正式に内定した。都内全域で開かれる国体だが、メーンとなるのは多摩・島しょ地域。機運の盛り上げを図っているが、本格的な施設整備を前に、重い財政負担に頭を悩ます自治体もある。市民のスポーツ振興と地域間連携をキーワードに、多摩の魅力を発信していく国体開催に向け、どんな取り組みや課題があるのか、各市に聞いた。

■補助率アップを

国体で開かれる競技は約40種目。100カ所近くある会場地はほぼ決まり、各自治体では国体開催基準に基づく施設改修の準備などを始めている。

国体開催にあたっては、競技ごとに必要な競技場の仕様が定められているほか、選手の更衣室や、多くの観客を収容するための仮設スタンドの設置、夜間照明など、基準に基づく施設整備の必要がある。そのため、市民向けに作られた施設のほとんどが改修の対象となっている。

区市町村には施設整備費などで2分の1(1施設上限原則1億円、特例3億円)の補助額が都からすでに提示されているが、施設改修が現実として差し迫ってくる中、持ち出し分の財源をどうやりくりするか、頭を悩ます担当課も多い。

また、整備した施設を国体終了後もそのまま使うか取り壊すかについて、各市はこれから着手する施設整備計画に盛り込まなければならない。整備した施設をその後も有効に使いたい思いは各自治体とも同じだが、取り壊す場合は都の負担。山岳を種目にしている東久留米市では、新たな施設を作ることになるが、施設のメンテナンスや管理費などでかかるランニングコストが年間数百万円と見ており、厳しい財政の中では、取り壊しも検討項目のひとつにあげざるを得ない状況だという。

各自治体内部では、国体に費やされる費用について、「税金の使い道として市民にどう説明するのか」や、「現況では財政負担に見合ったメリットがあるか疑問」という声もある中、担当課では少しでも負担を減らしたい思いだ。2分の1の補助についても審査が厳しいため、「審査の緩和」や「補助率アップ」を都に求める声は切実だ。

(財)日本体育協会の森喜朗会長(右)から山口一久副知事に、第68回国体開催内定書が手渡された

■国体基準の改正

女子サッカーを開催競技としている清瀬市では、国体の趣旨である「スポーツ振興」を将来的に広げていくために、国体の競技施設基準の改正を求めて、都のサッカー協会に交渉中だ。

同市には、2面の人工芝のサッカー競技場があり、国体に向けては、人工芝のサッカー場をもう1面、新たに整備することにしている。人工芝の競技場にするのは、国体後の活用も視野に入れているため。天然芝では通年を通しての管理や管理費が必要で、財政的に市が負担するのは困難になるが、人工芝ではそうした問題はない。

さらに、芝の状態によって競技場が使用できないということがないため、市民の利便性も高まる。既存のサッカー場の利用率は高く、新たな競技場設置で、市民のさらなるスポーツ振興の広がりが期待できる。

しかし、国体のサッカーの施設整備基準は「準々決勝以上は天然芝とする」ことが定められているため、参加数が限られている女子サッカーの場合、同市で開催されるのは1回戦のみになってしまう。

体育課は「1回戦だけの開催はもったいない。人工芝の競技場は世界でも認められてきているので、せめて、準々決勝や3位決定戦までは、人工芝の競技場でも開催できるようにお願いしている」と基準改正を働きかけている。

■全都的な盛り上げを

国体について関連する内容を「スポーツ振興計画」に盛り込み、市民参加の促進などを示そうとする市もある。

計画を準備中または策定中の市の中で、福生市は、東京国体に市民をどう巻き込んでいくか、地域間連携をどうするかなどの内容を盛り込んでいく考えだ。同市スポーツ振興課は「国体をやる意義を踏まえ、競技会が行われたというだけでなく、市民と全国の人とのふれあいなどについても盛り込みたい」と話す。

また、地域間連携についても「西多摩の広域行政圏は、スポーツ連携が盛ん」とし、「国体の競技運営は多くのスタッフが必要だが、総動員しても大変な村などには、応援という話も出ている」と話す。西多摩としてのPRも一体となってやっていくなど、国体を通じた連携強化と協力体制の確認も進めている。

◇

通常のスポーツの全国大会とは格段にレベルが違い、国体の成功には、施設整備や宿泊、交通手段、市民参加など多岐にわたる課題をクリアする必要がある。今後、膨大な事務手続きもあり、全庁的な取り組みが不可欠だ。担当課の多くは「専門部署の設置が必要」と訴えるが、都で開かれる国体は54年ぶりで、職員はみな、初めて経験する事業。担当課以外には、国体がどういうものかという理解も得られていない中で、なかなか取り組みは進まないという。

9日の内定を受けた石原慎太郎都知事は「東京国体は『これまでにない国内最高の総合スポーツ大会』を目指し、オリンピック・パラリンピックの成功の原動力となるよう、スポーツムーブメントを盛り上げ、国体の成功を目指す」などとコメントしたが、まず関係する職員全体の意識を国体に向ける必要があり、自治体からは都の積極的なPRを求める声も出ている。

府中市

景観行政団体、効力は

ケヤキ並木保全とマンション建設

府中市のシンボルとなっている馬場大門のケヤキ並木。大国魂神社の参道に沿った南北約600㍍、ケヤキ約150本の並木は天然記念物として指定されており、市は「大国魂神社・けやき並木周辺」地区をマンション計画などにも配慮した景観形成推進地区としている。ここに、周辺でもっとも高層となるマンション計画が出され、地元住民と事業者の間でマンション紛争が勃発。今年1月、多摩地区で初めて「景観行政団体」になった市には、地元から高さ制限などを求める要望が出されており、対応が求められている。

マンションは、昨年8月に土地利用構想の届け出が事業者からあり、当初の計画では14階建て、高さ約45㍍だった。景観を損なうとして、地元住民らで作る「府中のけやきを守る会」から出された陳情は、①建物の高さをけやきの高さ(20〜23㍍程度)と調和し、壁面を後退させる②けやき並木沿道すべての建物の高さ規制を進める③当該マンションの1階に商業施設を入れる計画にする④住民との誠実な話し合いをし、意向に配慮した節度ある計画にする——の4点。これに対し、事業者は12階建て約39㍍に計画を変更し、市が3㍍後退を指導した壁面は4㍍後退。1階には商業施設の計画も盛り込んだ。

しかし、もっとも住民が重視した「けやき並木の高さとの調和」が計画に反映されていないため、建物の高さでケヤキが日陰になることや風がさえぎられることへの影響や景観配慮について、「景観行政団体」である市が積極的に取り組むよう、同会は6月に要望書を提出していた。

府中市は景観法に基づく景観行政団体になったことで、これまでは高さ30㍍以上等の建物に対して適用していた届け出基準を、高さ20㍍以上、延べ床面積3千平方㍍以上の建物に適用できるようになった。対象となる計画については、行政と事業者との間で協議を行うなど基準を厳しくしたほか、条例などで数値基準があるものについては、それに適合するよう計画の変更命令も出せる。

今回のマンション紛争で住民が期待しているのは、変更命令など行政の強い力。しかし、景観行政団体になったことを受けて改正した景観条例と景観計画、法に基づく景観形成基準には、高さについて具体的な数値での規制はない。市はケヤキ並木周辺地区を含む市内5カ所の地域を、景観形成基準が適用できる景観形成推進地区に指定しているが、同地区の高さについては「周辺建築物群のスカイラインとの調和」と定めており、今回のマンションは隣接する建物とほぼ同じ高さ。数値規制がない中で、民間事業者側の計画変更は基準を順守しているため、景観行政団体としての効力を及ぼすことは難しい。

市計画課は「周辺建物より著しく突出したものは指導できるが、事業者の計画変更に対しては、それ以上の合理的な根拠がない。また数値で高さ制限を設ければ、地区一体の権利制限にもなり、それを望まない住民も多い」といい、事業者に対して「あと10㌢でも20㌢でも高さを低く、ケヤキ並木に配慮したものにするよう、お願いしていくしかない」と話す。今後は景観審議会の意見を聞いて事業者に助言していくが、けやき並木周辺の景観に対しては「地元の意向を汲みながら、地区計画制度でアミをかけることも検討したい」と話している。

多摩市

建て替えも選択可能

廃校を民間事業者に貸付

多摩市は学校跡地の活用で、旧市立南落合小学校跡地施設を民間に貸し出すため、今月からプロポーザル事業者の提案を募っている。施設の市民開放を条件に、現在の校舎をそのまま使用するか建て替えるかを、事業者が選択できることが特色。市は施設を最大限活用できるように、応募対象者をできる限り広げ、利用の始期も事業者が提案できるなど、事業者側に使いやすい内容にして、特色ある教育施設の誘致を期待している。

少子化が進んだことで、多摩市では現在、6校の学校跡地がある。その有効活用のため、04年12月には「学校跡地施設の恒久活用方針」を策定しており、旧市立南落合小学校跡地については、「優先して整備すべき」施設として位置づけていた。

貸付する土地の敷地面積は約2万3300平方㍍。南側と北側の校舎と体育館は、それぞれ1979年に建てられたもので、現在の建築基準法等に適合しない状態になっているため、事業者がそのまま建物を使用する場合は、用途によって現行法に適合するよう改修が必要になる。建物とプールについては、借り受ける事業者の責任と負担で取り壊すことも可能だ。

市側が貸付条件としてあげているのは、事業者の事業運営等で支障のない範囲で行う施設開放。現在も市民団体等の利用が継続していることもあり、教室と体育館については平日夜間午後6時から9時までと、土日のどちらか一方、校庭に関しては土日のどちらか一方を開放計画に準じる提案をするよう求めている。

応募提案書の受付期間は、9月18・19日。10月中旬から11月中旬に選定委員会による選定があり、11月下旬に借り受け予定者を決定。09年4月以降に土地・建物の引き渡しが行われる。

はじめまして

新副市長です

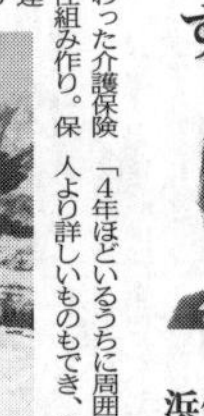

町田市 浜佳葉子氏

「市の中にも変えていかなければならないことがある。外部の経験のある人が必要」——石阪丈一市長の思いに白羽の矢が立ったのは、都庁で様々な部署を経験してきた浜氏。驚きは大きかったが「市の内部では疑問に思わないものも、違う見方ができるかもしれない」。周囲の協力を得ながら、幾度となく未知の職場で指揮をとった経験が、新天地への背中を押した。

都庁では臨海エリアのまちづくりから、文化、国際交流、保健医療など、幅広い分野にかかわった。印象に残る仕事のひとつは、旧衛生局企画主査のときに関わった介護保険導入に向けた仕組み作り。保険と福祉の関連制度の課題のありかを指摘し、周囲とコミュニケーションをとりながら勉強と意見を重ね、制度導入直前まで整合性を図る作業で号令役も務めた。港湾局など専門性の強い職場では「最初は用語も分からず途方に暮れた」と言うが、「4年ほどいるうちに周囲の人より詳しいものもでき、自信にもなった」と笑う。

副市長就任から1週間。市民とやる仕事の苦労や、他県と接する自治体を意識して行う仕事に、新たな発見があるという。「多摩地域初の女性副市長」については、浜氏本人に特別な意識はない。だが「子供を持つ母親の立場や共働きの女性の大変さなどは、私なりに気づいたことが女性ならではの視点になるのかもしれない」。

市は今後、女性の登用について具体的な検討を予定しており、浜氏の助言が新たな風となりそうだ。今後4年間については「市のために何が一番いいのか、市を客観的に見られる立場からお役に立てば」と話した。

◇ ◇

1962年8月生まれ。慶応義塾大学経済学部卒、85年入都。港湾局開発部副参事、知事本部企画調整部企画課長、港湾局総務部企画課長(統括)、同局参事などを歴任した。趣味はスキーと読書、伊坂幸太郎や宮部みゆきの小説などを通勤時間に楽しむという。

アウトドアもスポーツも、寒さも苦手の私ですが、スキーだけは例外です。吹雪の中でも外遊びするなんて、よく考えるとマトモではありませんが、朝食から夕食まで休憩する間も惜しんで、温泉などには目もくれず、ひたすらスキー。熱心な割にちっとも上手にならないので、近頃は夫のみならず娘にも置いて行かれてしまいますが、それでも年に数度の家族スキーは私の大の楽しみです。

写真は、苗場スキー場で娘と。快晴で気分爽快でした。

障害者福祉手当で最長19年支給ミス

多摩市

多摩市は10日、心身障害者福祉手当について、6歳から65歳までの27人(28件)に対し、支給額にミスがあったと発表した。支給不足については、最大で今年3月までの19年間、合計132万5200円が支払われていなかった。

同手当は、対象者が一度申請したあと、毎年6月に現況届を提出し、継続や変更、廃止の事務処理が行われている。今年度の現況届の確認で、身体障害者手帳の等級と手当の支給ランクが合致していないケースがあったため、全2421件を2度にわたって調査したところ、支給不足22件(計874万2600円)、支給超過6件(計70万4千円)があったことが分かったという。

不足額があった対象者には不利益分を補てんし、超過支給の対象者には返還してもらうよう個々に経過を説明して理解を求めている。

複数でのチェック体制がとられていなかったことが原因で、今後はチェック体制を徹底するとともに、制度改正で変化している福祉制度全般については、課内研修を充実するなどし、再発防止に努めるとしている。

食中毒対応訓練

青梅市

青梅市は10日、千ヶ瀬こどもクラブを中心に、ノロウィルスを想定した食中毒事故対応型訓練を実施した。

05年7月に学童保育所で発生した食中毒事故の教訓から、市や社会福祉協議会ほか関係機関が一体となり、緊急事態発生時の対処の習熟化や職員の危機管理意識を高めることが目的。

訓練項目は、市は対策本部設置や市職員現地派遣訓練、広報や病院搬送状況訓練などで、社会福祉協議会は、通報・連絡訓練、応急救急処置、保護者への連絡訓練等それぞれ6項目を確認。食中毒が発生しやすい夏の対応に備えた。

135世帯に過大賦課

狛江市

狛江市は10日、今年度の市国民健康保険税について、納税通知書にプログラムミスによる過大賦課が135世帯あったと発表した。

低所得者に対する国保税の軽減措置では、世帯主と被保険者1人の2人世帯で、軽減判定所得が57万5千円以下の場合は、均等割りと平等割りが4割軽減される。しかし、公的年金等特別控除の15万円が、プログラムミスでマイナスされなかったため、本来軽減対象となる世帯が軽減対象とならず、過大に課税・賦課していた。

納税通知書は3日に1万4715通を発送していたが、市民からの問い合わせで発覚。世帯別では500円から最大4万8800円の過大賦課であった。

原因は委託業者のプログラム入力ミスとチェック漏れ。健康保険課では今後、担当者によるチェックの前に、一定程度コンピューターによるチェックができる仕組みを導入し、再発防止に努めたいとしている。

同僚に暴行 主任を停職

東久留米市

東久留米市は7日、市職員懲戒分限審査委員会の調査に基づく答申を受け、都市建設部主任(49)を同日付で停職一カ月の懲戒処分にしたと発表した。

同主任は、今年3月10日から11日にかけて、同僚3人と資料作成のため残業していたが、11日午前3時45分頃、同僚から仕事上の注意を受けたことに腹を立て、同僚に暴行し全治2週間のけがを負わせていた。

野崎重弥市長は、「地方公務員としての信用と品位を失墜させるもので誠に遺憾。職員の綱紀粛正について周知徹底し、信用と品位の回復に努めていく」などとコメントを出した。

市が06年4月に定めた懲戒処分の指針の基準では、暴行により職場の秩序を乱した場合、停職・減給の二段階があり、懲戒分限審査委員会は、これを参考に処分を決めて市長に報告していた。

来年2月8日投開票

西東京市

西東京市選挙管理委員会は4日、任期満了に伴う同市長選挙を来年2月1日告示、同8日投開票とすることを決めた。

訂正 8日付3面、第2回市議会定例会意見書関連の記事中、「後期高齢者医療制度に関する意見書」の可否結果で、狛江市、小平市が可決となっているのは否決の誤りでした。お詫びして訂正します。

都夏期幹部異動分析

統括課長の掘り起こし進む

枢要部長級 若返り路線に一息

都の部課長級人事が16日付で発令される。今夏の局長級を含めた異動規模は、行政系が659人、医師・研究・特別選考職が61人となった。部長級以下の行政系は628人規模で、組織の名称変更等を除く実質的な異動は、昨年度を8人下回り、石原都政下で最も小さい規模となった。勧奨退職の抑制や在職期間の長期化方針が縮小につながった。局長級では、昨年に続き若手抜擢傾向が続いたが、総務部長や枢要部長級では、年齢面などを考慮して若返りが一息つく形となった。他方、次世代を担う統括課長級では、年次管理を緩和したことにより昇任者が倍増し、掘り起こしが進んだ。

■□局長級の昇任

行政系の局長級昇任者は、昨年より1人減となる13人で、今年も若手抜擢路線を引き継いだ。

年次では、種別Aで1年若返り、60Aから知事本局理事の川澄俊文氏(53)と、港湾局技監の飯尾豊氏(土・55)が抜擢された。同じく種別Bは2年若返り、今年は2Bから職員共済組合事務局長の加島保路氏(58)、3Bから建設局道路監の村尾公一氏(土・55)が起用された。

また、年齢的にも、昨年に続き、52歳から影山竹夫氏(59A)が教育庁次長に就任。行政系の昇任者(医師を除く)の平均年齢は55・6歳で、昨年(55・7歳)とほぼ同じなる。

局長級のポスト数は2増の54となった。増要素では、知事本局理事(調整担当)、都市整備局理事(住宅政策担当)、産業労働局次長を新設するとともに、職員共済組合事務局長や建設局道路監、教育庁次長の空席・兼務を解消した。

他方、減要素では、知事本局理事(都市再生機構派遣)と総務局理事(職員研修所長)が廃止になり、知事本局理事(調整担当)と生活文化スポーツ局次長が兼務・空席となった。

■□部長・統括の昇任

行政系の部長級以下の昇任規模は、特別区への派遣を除き160人となり、昨年夏の136人を上回った。職層別では部長級28人(10人減)、統括課長級78人(39人増)、課長級54人(5人減)で、統括課長級が大幅に増えている。これは、統括課長級の標準的な昇任年次を拡大したことによるもの。

統括課長の解禁年次は今春、総務課長などの枢要ポストのみ6A、10Bを可能としていたが、今夏はすべてのポストに解禁した。将来、都庁の屋台骨を支える本庁部長以上を担える職員を早期に掘り起こすのがねらいだ。この結果、統括課長の昇任は事務系57人、技術系21人となった。このうち、出先統括課長への昇任者は14人となる。

なお、出先部長の標準年次は3A、7B、出先課長は14A、17B、19Cで、今春と変わらない。

標準年次より早い年次での昇任は、統括課長で12Cから1人出たのみとなる。種別Cは局事業を熟知しているベテラン職員を、局で活用するのが制度趣旨のため、年次は早くても柔軟に対応したという。

また、種別Cの部長級では、8Cから吉岡秀樹氏(59)が板橋ナーシングホーム所長に昇任している。

特別区への派遣で昇任したのは部長級2人、課長級3人。都の仕事に密接に関わるポストへの派遣が基本で、夏期の派遣は春期の積み残しとなる。都では区から職員の引きあげを強める傾向にあり、派遣についても最小限にとどまった。

■□枢要・ライン部長

総務部長や枢要部長の異動は計23ポスト。種別Aは56A～62Aで、最も多いのは59Aの4人。種別Bは62B～6Bで2Bの4人が最も多かった。

種別Aでは、昨年夏に62Aから行政部長への抜擢があり、今回は若返りが進まなかった。次の年次となる63A事務の平均年齢が49～50歳となり、年齢などのバランスを踏まえた結果、今回は若返りを見送ったという。

これに対し、種別Bは昨年、3Bからの起用があったが、今回は6Bからも知事本局総務部長に大井泰弘氏(56)、中央卸売市場管理部長に後藤明氏(58)が抜擢された。一気に年次が三つ若返り、大抜擢に見えるが、種別Bは年齢幅が広く、経験や実績、年齢などを総合的に勘案しての起用となった。

また、5Bでは港湾局港湾整備部長に前田宏氏(土・54)、4Bでは総務局行政部長に笠井謙一氏(55)と、青少年・治安対策本部総合対策部長に小濱哲二氏(58)が就いた。

本庁ライン部長の昇任者も、一番若い年次が2A、6Bとなり、若返りは見送られた。

2Aからは今春、生活文化スポーツ局文化振興部長の廣瀬秀樹氏(51)が出ており、今回は同じく2Aから知事本局地方分権推進室に森山寛司氏(49)が抜擢された。

■□本庁課長の抜擢

本庁課長への標準的な配置年次は9A、13B、14Cとなる。これも今春は、本庁ライン課長に配置する場合のみ可能だったが、今夏はすべての課長に拡大。この結果、9Aから8人、13Bから14人が本庁課長に栄転となった。

また、種別Cは標準年の14Cから4人、1年早い15Cから3人を起用している。

若い年次からの本庁ライン課長への抜擢を見ると、9Aからは、福祉保健局健康安全課長の平山哲也氏(41)、産業労働局企画計理課長の坂本雅彦氏(44)が、それぞれ部の庶務担や経理担当に就いたほか、交通局契約課長に櫻庭裕志氏(43)が抜擢された。

また13Bからは、主税局固定資産評価課長に川上秀一氏(42)、中央卸売市場業務課長に田中賢也氏(45)の2人がそれぞれ起用された。

行政系の年次別昇任者数

	局長級		部長級		統括課長		課長級	
	事務	技術	事務	技術	事務	技術	事務	技術
52A					1			
57A	2							
59A	2							
60A	1	1						
61A			1					
62A			1		1			
63A					2	2		
1A			1			1		
2A			1		1			
3A			1	1	1	1		
4A					3			
5A					3	5		
6A					8			
14A							6	5
62B	2							
63B	1							
1B	1							
2B	1							
3B		1	1		1			
4B					2			
5B			1	2	2			
6B			3	5	1	2		
7B			5	6	4	1		
8B					5	2		
9B					8	4		
10B					9	2		
15B							1	
16B							4	1
17B							12	8
8C			1					
9C					1			
10C					1			
11C					3			
12C						1		
19C							8	11
合計	10	2	16	14	57	21	31	25
2医	1							
17運							1	

※網掛け部分は標準的な配置年次

執務環境改善キャンペーン開始

不要書類などを廃棄

今月末まで

職場で共通して取り組むべき必要最低限のノウハウをまとめた都庁標準ルール。このうちの柱の一つである執務環境改善に向けたキャンペーンが15日から始まった。異動に伴う引き継ぎ時期を利用して、不要書類の廃棄等を実施するなど、執務環境のリフレッシュを進めていく。キャンペーン期間は今月末まで。

都庁標準ルールは「庁内会議運営」「業務の視える化」「執務環境改善」の3分野に関して、それぞれ標語と5項目のルールを明記。都民サービスと業務運営の質の向上を目指して、職場単位や職員一人ひとりの取り組みを求めている。

執務環境に関連しては「重要資料のコピー・配布は必要最小限」「重要書類は施錠可能なキャビネットに収納」「退庁時には机上を整理・整頓し、資料を残さない」「不要な書類は小まめに裁断」「環境改善日を定め、定期的に資料を廃棄」という五つのルールを打ち出した。

今回のキャンペーンも、これらルールを踏まえて行われるもので、職場ごとに不要になった古い資料や書籍を廃棄するほか、公文書整理の面からは、保存期間を過ぎた文書の廃棄と長期保存文書の公文書館への引き継ぎ等を実施する。

文書の整理や廃棄に関しては、文書管理規則に基づいた取り扱いが必要になるため、都庁標準ルールを担当する総務局の行政改革課だけでなく、文書課も加わって、キャンペーンを進めていく。

さらに職場の取り組みでは、重要書類を施錠可能なキャビネットに収納するほか、来庁した都民に「情報管理について信頼のおける職場」と見られるよう、業務文書や保存箱を通路や打ち合わせコーナーに放置しないことなども挙げている。

一方、個々の職員には、公文書紛失事故の危険や資料探しに伴う業務能率の低下を招かないため、机周辺の整理・整頓などを求めている。

行政改革課では、今回のキャンペーン実施に合わせて「整理の達人」に関する情報提供も受け付けている。「整理が上手い人は仕事ができる」と言われることから、職場の中から達人を発掘し、紹介する予定だ。

地方会場で初実施 専門試験は廃止に

新卒看護選考

都病院経営本部は、来年4月1日付で採用する新卒看護師(II類)の募集を開始した。今年は初めて地方会場でも実施するとともに、選考も専門試験を廃止するなど見直しを図った。

新卒看護師(II類)の採用選考は、これまで東京会場のみで実施していたが、今年は仙台と新潟でも実施する。看護師不足が深刻化する中、地方在住者の受験機会を拡大し、人材を確保するのが狙いだ。

また、選考方法も見直し、看護師としての基礎・基本を筆記で問う専門試験を廃止する。面接でも専門性を問うほか、専門的な能力は、国家試験で実証されているというのが理由だ。専門試験を廃止するケースは、大学病院や他自治体でも増えているという。

採用予定者数は、欠員状況や退職見合いで、前年度より100人増の380人となる。

申し込みは持参、電子申請の場合、東京会場が9月5日まで、仙台と新潟会場は9月1日まで。筆記試験はいずれも9月13日に行う。

07年度運用状況を公表

情報公開と個人情報保護

都生活文化スポーツ局は10日、07年度の都の情報公開制度及び個人情報保護制度の運用状況をまとめ、公表した。情報公開制度では、開示等決定件数が前年度比7・1%増の4949件となり、内容別では工事設計書、建築計画概要書関係が上位を占めた。一方、個人情報保護制度での開示や訂正、利用停止請求の決定件数は1千件だった。

情報公開制度での開示請求の処理状況をみると、開示が2572件、一部開示が1764件、非開示は55件、不存在等は558件で、全体に占める開示決定の割合は52%に上った。

また開示請求者の区分については、都の区域内に住所を有する人(41・3%)、都の区域内に事務所または事業所を有する個人及び法人(40・2%)が高くなっている。

このほか非開示となった事例では、契約書等の印影部分といった犯罪予防・捜査等情報、私人の氏名などの個人情報を理由とするものが多かった。

一方、個人情報保護制度の処理状況では、開示決定は641件、一部開示決定が246件、非開示決定等が109件、訂正請求や利用停止請求の処理は、それぞれ2件あった。

請求内容別の決定件数では、診療情報関係が31・7%、身体障害者手帳関係は14%、職員情報関係が10・5%で上位を占めた。また非開示の理由別内訳としては、開示請求者以外の個人に関する情報での適用が214件と最多だった。

業務改善プレゼン 全庁展開へ

結果報告から事前審議に

事業所の課題解決力向上図る

08年度の都IT・業務改革会議の第1回全体会がこのほど開催され、事業所長による局長への業務改善プレゼンテーションについて、全庁展開するための実施要綱(骨子)を了承した。当面、二級事業所を所管する局が対象となる。「結果報告」の場であった従来の事業所長会を「事前の計画審議」の場に転換し、現場の課題解決力のレベルアップを図ることが狙い。総務局では8月を目途に実施要領を策定し、各局の判断を踏まえて、09年度から順次実施したい考えだ。

現在、出先事業所を抱える各局では、年1回から数回程度、局長出席のもとで事業所長会等が開かれているが、事後の結果報告が中心となっており、出先事業所によるマネジメント力強化の面では、十分に機能していなかった。

このためIT・業務改革会議は昨年度、主税局や病院経営本部の先行事例を参考に、業務計画等を事前審議する場として、業務改善プレゼンテーションの導入を検討。同時に下水道局でのモデル実施の検証作業を進めてきた。

業務改善プレゼンテーションは、事業所の自律的経営や活性化を目的に、事業指標等を活用したPDCAサイクルで行う。具体的には、まず各局事業や各事業所の特性に応じて、定量化できる目標を設定。たとえば局方針を反映した業務計画での組織目標、都民サービス向上や人材育成など局の中期計画を踏まえた単年度目標が想定される。

その上で各事業所長は、目標達成のための改善プランを策定し、局長にプレゼンテーションするほか、局長の指示により、目標や計画の修正も行っていく。計画の実行段階では、各事業所長が職員一体となって取り組む一方、本庁部門も各事業所の達成状況を確認・支援する。

取り組み成果に関しては、各事業所長はもちろん、本庁部門も検証を担当することで、多角的・客観的な観点から実施し、局長に報告する。成功例や失敗例は、次年度の目標設定や計画策定に活かすと同時に、他の事業所でも活用できるよう、局内で情報共有し、経営ノウハウとして蓄積していく。

このほか優秀事業所には、局長表彰を行うなどモチベーションの向上を図るほか、行政改革推進部も全庁に紹介するなど都全体として好事例の共有化を進めるという。

業務改善プレゼンテーションの対象となる出先事業所は、当面、二級事業所を予定。業務改革プレゼンテーション実施の判断は、基本的に各局に委ねられるが、できるだけ全庁展開となるよう、行政改革推進部としても導入に向けてサポートする考えだ。

出先事業所長による局長へのプレゼンテーションは、主税局や病院経営本部が先行的に実施。たとえば主税局では、年3回開催する全体所長会の中で、各都税事務所が作成する調定収入計画など具体的な数値目標について、目標達成に向けた事業所独自の取り組み案を発表、進捗状況などについてもプレゼンテーションを行ってきた。さらに実績等について、次年度計画に反映する仕組みを講じている。

また下水道局は、昨年度の業務改善プレゼンテーションのモデル実施の中で、個別課題に関する目標、現状と課題、改善の取り組み、効果、スケジュールを報告。臭気対策のほか、建設局や区との連携による浸水対策促進といった改善内容が提出されたという。

裁判外紛争解決

下請けセンター東京が認証取得

法的効果で調停に専念

(財)東京都中小企業振興公社の「下請けセンター東京」は9日、「裁判外紛争解決手続きの利用の促進に関する法律」(ADR法)に基づく、紛争解決事業者の認証を取得した。自治体関係機関としては全国初となる。

同公社では「代金を支払日に払ってもらえない」「納品後にやり直しをさせられた」など、下請取引に関連する紛争について、従来から相談や調停にあたっており、07年度実績では、調停が3件、相談は81件に上る。

今回の裁判外紛争解決手続きにあたる調停では、下請代金支払遅延等防止法や下請中小企業振興法などで規定する製造委託や役務提供委託といった下請取引のほか、これに準ずる売買や共同開発などを対象にする。

相談・調停ともに無料で実施し、成立手数料も必要としない。調停では、専門的な知識を有する公正な第三者(弁護士)を入れ、話し合いを持ち、原則1回2時間程度、3回までを目安とすることで、紛争の早期解決を目指す。

認証業務としての調停が、従来型の調停と最も異なるのは、法的効果が認められる点だ。利用企業側にとっては、調停によって時効を中断できるため調停に専念でき、かりに合意に至らず、裁判となった場合でも、権利の時効消滅を心配する必要がない。

また調停と訴訟が並行しているケースでも、裁判所の判断で訴訟手続きを中止できるなど自主的な解決が尊重されるため、相手方企業との信頼関係や取引関係の維持にもつながるとみられる。

一方、公社側には認証という法的裏付けによって信頼や知名度が向上するなどの効果に加え、認証に関わって法務省によるチェックを受けるため、組織体制の強化も図られることになるという。紛争解決事業者としては、これまで日本スポーツ仲裁機構、弁護士会や司法書士会など15事業者が認証を受けている。

港区

改革推進本部を新設

初の統括部長に井伊氏

港区は7月16日付で区役所改革推進本部を新設する。本部長には、区役所改革・人材育成担当部長の井伊俊夫氏が就任し、同区初となる統括部長となる。

同本部は、区役所改革を推進するために専管組織として設けたもの。同区では06年4月の区役所改革で総合支所制を導入。各種届け出や証明書の発行、申請、税金等の納付、相談などを身近な支所で行っている。引き続き現在も積み残した課題等を各部にヒアリングしており、今後、支所機能のさらなる強化や組織改革などを検討していく。

この改革推進を強く打ち出すため、本部長は、すべての部長に対する指揮命令権を持つ統括部長とした。組織は部長級の副本部長1、課長1、担当係長4、係員1の8人体制となる。

23区共通の職務級は1級(主事)から8級(部長級)までだが、昨年の制度改正により、部長級を統括する職が必要な区は9級の統括部長を設置できることとなった。23区では、これまで練馬区と杉並区が設置しており、3区目となる。

■港区人事異動

7月16日付 ◎印昇任

【統括部長】▽区役所改革推進本部長(区役所改革・人材育成担当部長)◎井伊俊夫

【部長級】▽区役所改革推進本部副本部長 小林進 芝地区総合支所長兼務

【課長級】▽区役所改革推進本部区役所改革推進課長(総合経営部区役所改革推進担当課長)佐藤雅志

20年度 主任試験講座 ―39―

前回までに引き続き、問題と解説を掲載します。地方公務員法の講義は、今回が最後です。

問題

【問題16】地方公務員法に定める営利企業等の従事制限に関する次の記述のうち、妥当なものはどれか。

① 職員は、報酬を得て他の事業に従事する場合、当該時間が勤務時間外であっても任命権者の許可を受けなければならない。

② 職員は、分限処分を受け休職中であるときは、任命権者の許可を受けずに、報酬を得て他の業務に従事することができる。

③ 職員は、他の業務に従事する場合、報酬がない場合であっても、任命権者の許可を受けなければならない。

④ 職員は、人事委員会の許可を得れば、自ら営利を目的とする私企業を営むことが可能である。

⑤ 職員は、自ら営利を目的とする私企業を営む場合、無報酬であれば、任命権者の許可を受けなくてもよい。

【問題17】地方公務員法に定める勤務条件に関する措置要求に関する次の記述のうち、妥当なものはどれか。

① 措置要求は、職員が勤務条件について地方労働委員会に対し、議会が適当な措置を取るよう要求する制度である。

② 措置要求は、職員が勤務条件について人事委員会または公平委員会に対して、地方公共団体の当局が適当な措置を取るよう要求する制度である。

③ 措置要求は、職員が地方公共団体の長に対して、職員が受けた不利益処分について適当な措置を講じるよう要求する制度である。

④ 措置要求は、職員団体が監査委員に対して、勤務条件に関して地方公共団体の長が適当な措置を講じるよう、要求する制度である。

⑤ 措置要求は、職員団体が人事委員会または公平委員会に対して、職員の不利益処分について地方公共団体の長が適当な措置を講じるよう、要求する制度である。

【問題18】地方公務員法に定める勤務条件に関する措置要求に関する次の記述のうち、妥当なものはどれか。

① 措置要求の対象となる勤務条件とは、給料・勤務時間・休暇等の職場環境の事項をいうが、勤務評定や職員定数の増減についても勤務条件と密接にかかわる事項であることから、その対象となる。

② 措置要求は、過去に行われた勤務条件について行うことができる。よって、退職者が退職手当について措置要求を行うことは認められる。

③ 措置要求は、新たな法律関係を生じさせ、またはすでにある法律関係をなくし、若しくは内容を変更するような行為に限られているため、現在の状況を変更しないという不作為の要求を行うことはできない。

④ 措置要求は、労働基本権が制限されていることの代償措置として職員に認められたものであるが、企業職員は措置要求を行うことができない。

⑤ 措置要求に対する判定及び勧告は、法的拘束力を有しており、当該判定等に不服がある場合には、人事委員会に対して不利益処分の申し立てを行うことができる。

【問題19】地方公務員法に定める不利益処分に対する不服申立に関する次の記述のうち、妥当なものはどれか。

① 不利益処分に対する不服申立を行うことができるのは、一般職の職員であり、条件附採用期間中の職員や臨時的に任用された職員も行うことができる。

② 不利益処分に対する不服申立は、人事委員会または公平委員会に対して行うが、処分庁や上級行政庁に対しても行うことができる。

③ 職員は、不利益処分に対する不服申立を行うことができる場合、当該不服申立を実施せずに不利益処分の取り消しの訴えを提起することができる。

④ 人事委員会は、不服申立の審査を行う場合、当事者の請求がなくとも口頭審査を実施する必要があり、任命権者からの請求があった場合には、口頭審査を公開しなくてはならない。

⑤ 人事委員会は、不服申立の審査結果に基づいて、当該処分を承認し、修正し、または取り消し、及び必要がある場合においては、任命権者に当該処分により受けた不当な取扱を是正するための指示をしなければならない。

【問題20】地方公務員法に定める職員団体に関する次の記述のうち、妥当なものはどれか。

① 管理職員とそれ以外の職員は、人事委員会または公平委員会の許可がある場合、同一の職員団体を組織することができる。

② 登録を受けた職員団体は、管轄内の法務局で登記することにより法人格を取得することができる。

③ 職員団体と当局は、交渉により合意したとき書面協定を締結することができるが、当該協定は、法律上その内容を執行する拘束力を有するものではなく、道義的な責任を生じさせるにとどまる。

④ 任命権者は、在籍専従職員に対して、職員としての在籍期間を通算して10年を超えない範囲内であれば、在籍専従の許可更新を拒むことができない。

⑤ 職員団体と当局が交渉を行う場合、予備交渉を行うことを原則とするが、予備交渉を行わずに本交渉の申し入れがあった場合についても、応諾義務がある。

地方公務員制度 ⑦

解説

【解説16】正答①

① 正しい。営利企業等への従事制限は公務員としての身分上の義務であることから、勤務時間の内外を問わず、職員は、報酬を得て他の事業に従事する場合には、任命権者の許可を受けなければならない。

② 誤り。上述のとおり、営利企業等の従事制限は身分上の義務であることから、分限休職中であっても、職員は、任命権者の許可なくして、報酬を得て他の事業に従事することはできない。

③ 誤り。無報酬で他の事業に従事する場合、法第38条第1項の従事につき任命権者の許可を必要としない。

④ 誤り。営利企業等の従事の許可は、人事委員会ではなく任命権者から受ける（法第38条第1項）。

⑤ 誤り。自ら営利を目的とする私企業を営む場合、たとえ無報酬であっても、任命権者の許可は必要である（法第38条第1項）。

【解説17】正答②

① 誤り。職員は、給与・勤務時間その他の勤務条件について、人事委員会または公平委員会に対して、地方公共団体の当局から適当な措置が取られるよう要求することができる（法第46条）。

② 正しい（法第46条）。

③ 誤り。措置要求を行う相手は、人事委員会または公平委員会である。また、要求の対象となるのは、職員が受けた不利益処分ではなく、職員の勤務条件である。

④ 誤り。勤務条件に関する措置要求を行うことができるのは、職員である。なお、ここでいう職員は、臨時職員や条件附採用期間中の職員は含まれるが、職員団体は含まれない（行政実例昭和26年10月9日）。また、要求の相手方は、監査委員ではなく、人事委員会または公平委員会である。

⑤ 措置要求を行うことが出来るのは職員であり、職員団体ではない。また、措置要求の対象となるのは、職員の勤務条件であり、職員の不利益処分ではない。

【解説18】正答④

① 誤り。措置要求の対象となる勤務条件とは、職員が自己の勤務を提供し、またはその提供を継続するかどうかの決心をするにあたり、一般的に当然考慮の対象となるべき利害関係事項である。具体的には、給料・諸手当・勤務時間等をいい、勤務評定や職員定数、予算の増減はこれに含まれない。

② 誤り。措置要求は、過去における勤務条件について行うことができるが、退職者は職員としての地位を有していないため、措置要求を行うことはできない（行政実例昭和29年11月29日）。

③ 誤り。これまでの勤務条件を変更せずに勤務時間を増やさないでほしいという「不作為の措置要求」も、勤務条件に関するものであれば行うことができる（行政実例昭和33年11月17日）。

④ 正しい。措置要求の制度は、労働基本権の制限の代償措置であるため、労働条件を団体交渉により定める権利を有し、また労使間紛争につき労働委員会による仲裁等の制度も有している企業職員には、措置要求の制度は適用されない（地方公営企業法第39条第1項、地方公営企業労働関係法附則第5項）。

⑤ 誤り。措置要求に対する判定及び勧告は、一般に法的拘束力を有するものではなく、措置要求者の権利を侵害するものではない（行政実例昭和33年10月10日）。よって、当該判定等に不利益処分があったとしても、人事委員会等に不服申立を行うことはできない。

【解説19】正答④

① 誤り。条件附採用期間中の職員及び臨時的に任用された職員は、不利益処分の不服申立を行うことができない（法第29条の2第1項）。

② 誤り。不利益処分を受けた職員は、人事委員会または公平委員会に対してのみ行政不服審査法に基づく不服申立を行うことができる（法第49条の2第2項）。

③ 誤り。人事委員会に不服申立を行い、その裁決または決定を経た後でなければ、処分取り消しの訴えを提起することはできない（法第51条の2）。

④ 誤り。人事委員会または公平委員会は、不服申立を受理した場合、当該職員から請求があったときは、書面審理だけでなく口頭審査を行わなければならない。また、職員から請求があれば、口頭審査は公開しておこなわれる（法第50条第1項）。

⑤ 正しい（法第50条第3項）。

【解説20】正答③

① 誤り。管理職員等とそれ以外の職員とは、同一の職員団体を組織することは認められていない。仮に同一の職員団体を組織したとしても、地方公務員法上の職員団体とはならない（法第52条第3項）。

② 誤り。登録を受けた職員団体は、人事委員会または公平委員会に申し出ることにより法人となる（法第54条）。

③ 正しい。職員団体と当局は、交渉が合意に達した場合、書面協定を締結することができる（法第55条第9項）。しかし、当該協定は法律上その内容を執行するための拘束力は有せず、原則として道義的責任を有するにとどまる。

④ 誤り。10年でなく、7年である（法第55条の2第5項、附則第20項）。

⑤ 誤り。予備交渉を行わない場合は、本交渉に応じる必要はない。

おわりに

地方公務員法は比較的短時間で実力を上げることが出来き、また出題数も多いだけに、択一試験突破のためのポイントとなる科目です。得意科目にするべく、着実に学習していきましょう。がんばってください。

20年度 主任・係長 論文講座 ★39★

特別区係長選考

暑い季節を迎えました。夏の過ごし方で合否が決まると言っても過言ではないほど、これからの時間の使い方は大切です。これまでの努力を無駄にすることがないよう、しっかりと準備を進めていきましょう。今回は、もう一度、論文の書き方を整理します。

想定論文の準備

試験本番では、誰もが、ものすごく緊張します。そのような状況の中で、制限時間内に全くの白紙の状態から試験で出題されるテーマに対し、自分の意見を整然と書き述べることは至難の技です。そこで、事前に、試験で出題されるテーマを想定し、何本か論文を作成しておくことが必要となります。想定するテーマは、各区の過去問などを参考にして、「区政の課題を問うもの」「職場の課題を問うもの」の両方を用意しておくと良いでしょう。

論文を書くにあたって

論文を評価する際の視点として、表現力、論理性、問題意識などが見られていると思われます。

表現力については、丁寧に書くことはもちろんですが、わかりやすく書くことが重要となります。主語、述語を明確にして、一つひとつの文章は短くしましょう。外来語（カタカナ語）については、国立国語研究所の言い換え案を参考に、できるだけ日本語で表現します。句読点の使い方、誤字・脱字にも気を付けてください。また、適切に改行することで論文が読みやすくなります。

論理性については、レジュメを使って、論理展開に矛盾を生じさせないことが重要です。レジュメの作り方に決まりはありませんが、書式例を載せてみましたので参考にしてください。

問題意識については、テーマを正しく把握しているか、実現可能な解決策を論じているかなどが、重要となります。

論文の構成

代表的な論文の構成としては、序論・本論・結論の三段論法と、起承転結の四段論法があります。どちらで書いても構いませんが、三段論法の方が字数を抑えることができるので、今回は、三段論法で解説していきます。全体のバランスは、序論が2割強、本論が6割、結論が1割強を目安にしてください。

また、序論、本論、結論のそれぞれに工夫して分かりやすい見出しを付けましょう。これによって論文の趣旨を読み手にアピールすることができます。

(1)序論について

試験論文における序論は、出題されたテーマに関する問題の核心を浮き彫りにし、その問題に対する今後の方針を明らかにするパートとして構成します。よく使われる序論のパターンを二つ例示するので参考にしてください。

【パターンA】

① テーマに係る社会的背景

② 区の現状や課題

③ 今後の望ましい方向性

④ 係長としての方針

このパターンは、広い視野から徐々に核心に向けて話を絞り込んでいく形です。①を受けて②が続き、②を踏まえて③が示され、③を前提として④が述べられますから、話のつながりが途切れません。

【パターンB】

① 事実Xとそれに対する考察

② 「一方」事実Yとそれに対する考察

③ ①と②を踏まえた今後の望ましい方向性

④ 係長としての方針

これは相対する二つの事実（例えば「増大する区民ニーズ」と「逼迫する財政」）と、それに対する考察を、「一方」などの言葉で対比し、その矛盾をどう解決していくかを述べるパターンです。①と②を冗長に述べてしまうと、肝心の③の部分で十分な掘り下げができなくなります。また、「一方」の前後で話が大きく振れますから、③でしっかりと論の流れを一本に収束させることが重要です。

いずれのパターンを選択するとしても、①や②の部分では、具体的な数字を入れて書くと説得力が増します。また、最後に「係長としてどういう方針で臨むか」をきちんと述べることが、不可欠となります。

論文の書き方の整理

(2)本論について

本論は、序論で書いた「係長としての方針」を実現するための具体的な手段を述べるパートとして構成します。

先ず、レジュメを使いながら「係長としての方針」を実現する上での「問題点」を三つ程度に整理し、それぞれの「問題点」を解決するための「具体的な取り組み」を複数用意してください。ここでは、一つの「問題点」と対応する「具体的な取り組み」のセットを解決策とします。三つの解決策を講じることで、序論で述べた「係長としての方針」が実現されるという関係をしっかりと保ち、「具体的な取り組み」を実施することで「問題点」の解決が可能であれば、論文の論理展開に矛盾が生じません。

また、序論が総論的な内容だとすれば、本論は各論を述べるパートですから、解決策の内容は、係長の立場を踏まえた実務的なものである必要があります。「財政構造を改革する」とか「人事制度を確立する」のように大上段に構えたものは論外ですが、一般職員でもできるような細かすぎるものや当たり前の内容でもいけません。この係長に任せておけば大丈夫だと読み手の管理職に思わせる実現可能かつ有効な方策を論じてください。

解決策を文章化する際には、最初に解決策の「ポイント」を述べ、「問題点」、複数の「具体的な取り組み」を論じた後、解決策の期待される「効果」を簡潔に書くと良いでしょう。

また、できるならば三つの解決策を単に並べるだけではなく、一連のストーリーとして読めるよう、配置の順にも気を使ってください。こうすることで、論文の流れがスムーズになり、読みやすくなるとともに、読み手に対する説得力も増します。

(3)結論について

結論は、それまでに述べてきたことを実行することで実現される将来像を明るく展望し、そのための決意表明で力強く論を締めくくるパートです。序論で提起した問題との関連を意識しながらまとめます。

この章がどんなに素晴らしい出来であったとしても、序論や本論の不出来をカバーすることはできません。新たに問題を提起して、それまでの論を台無しにしてしまうなどのミスを犯さないように気を付けてください。最後は、係長として前向きな決意表明で締めくくり、読み手に良い印象を残しましょう。

最後に

論文の組み立てについてざっと振り返ってみました。論文の全体の流れを意識しながら自分なりのパターンを確立してください。パターンができていると、想定したテーマと実際の出題とにズレがあった場合に、その場での調整がしやすくなります。

次週からは、「直前対策（全4回）」が始まります。試験でより良い論文が書けるようになるためのヒントを書いていきますので、皆さんも健康に気を付けて頑張ってください。

レジュメの書式（例）

テーマ

序論		① テーマにかかわる社会的背景 ② 区の現状や課題 ③ 今後の望ましい方向性 ④ 係長としての方針
本論		本論の導入
	解決策	（ポイント） （問題点） （具体的な取り組み） （効果）
	解決策	（ポイント） （問題点） （具体的な取り組み） （効果）
	解決策	（ポイント） （問題点） （具体的な取り組み） （効果）
結論		まとめ（効果と展望） 決意表明

20年度 教育管理職への 道しるべ <43>

直前対策 ②

解答は、なるべく対象となる根拠の条項などを記載しましたので、正解・不正解に関わらず、もう一度条文を実際に確認して下さい。

最終チェック問題

■憲法・教育基本法（判例）

① 検閲は原則禁止されているが、場合により検閲も例外的に認められる。

② 住民が直接選挙する地方公共団体の長の不信任決議の制度は認められていない。

③ 基本的人権は本来年齢に無関係であるため、未成年者についてその保障の特例を設けることはできない。

④ 憲法第20条第3項により、宗教的寛容を養う一般的な宗教に関する教育も国公立学校では禁止されている。

⑤ 職業選択の自由は、公共の福祉のために合理的な制限をすることができる。

⑥ 学問の自由は、教授の自由が含まれ、高等教育機関だけではなく小・中・高等学校においても制約されることはない。

⑦ 教育基本法前文に「公共の精神を尊び」「伝統を継承し、新しい文化の創造を目指す教育」「愛国心」の文言が盛り込まれた。

⑧ 新たに第8条で、私学助成の根拠があいまいだとの意見を踏まえ、国と自治体が私学教育振興の計画策定義務の規定を盛り込んだ。

⑨ 従来の幼児期の教育の条文に、新たに国と地方自治体の振興努力義務の文言を盛り込んだ。

⑩ 山口県光市の母子殺害事件の元少年の被告人に、平成20年4月、広島高等裁判所は、無期懲役を言い渡した。

⑪ 住民基本台帳ネットワークに関し住民が違憲だとし個人情報の削除を求めた訴訟で、平成20年3月、最高裁は、住民側の訴えを退けた。

⑫ 児童・生徒が通常の経路・方法で通学途中に交通事故にあった場合でも、学校の管理責任者としての校長に対し損害賠償責任を問うことができる。

■学校教育法

⑬ 校長は、所属教職員をして必要な校務の分担を処理させることができるが、教職員の同意が必要である。

⑭ 教頭は、原則として児童・生徒の教育を担当しないが、必要に応じ児童・生徒の教育をつかさどる。

⑮ 教育課程の基準としての学習指導要領につき、最高裁判所は法的拘束力を認めている。

⑯ 学校教育法には、教育基本法に規定する目的を実現するため、義務教育の目標が定められている。

⑰ 児童・生徒の懲戒については、教育基本法に規定されている。

⑱ 学校評議員は、学校運営について評議員会で議決する。

⑲ 小・中・高等学校は、学校運営に関する情報を、積極的に提供しなければならない。

⑳ 小・中学校等に副校長や主幹教諭を置かなければならない。

㉑ 義務教育の目標に、規範意識、公共の精神に基づき主体的に社会の形成に参画する態度を養うこととされている。

■地教行法関係

㉒ 地方公共団体の長は、委員のうちに保護者である者が含まれるよう努めなければならない。

㉓ 教育委員会は、「教育委員会の所管に属する学校その他の教育機関の設置及び廃止に関すること」を教育長に委任できる。

㉔ 教育委員会は、毎年、その権限に属する事務の状況について点検及び評価を行い、その結果に関する報告書を議会に提出するとともに、公表しなければならない。

㉕ 市町村教育委員会事務局に都道府県教育委員会と同様に、指導主事を置くことが明記された。

㉖ 学校における体育に関する事項を含め、スポーツに関する事務は、地方公共団体の長が管理及び執行できるようになった。

㉗ その独立性から、文部科学大臣はいかなる場合でも、都道府県教育委員会及び市町村教育委員会に対して、是正の指示をすることはできない。

■教特法関係

㉘ 任命権者は、10年次研修対象者の能力、適正等について評価を行い、その結果に基づき、研修計画書を作成し、研修を実施しなければならない。

㉙ 校長は、授業に支障の無い限り、教員の研修の申請を承認しなければならない。

㉚ 公立学校の教育公務員の政治的行為の制限については、他の地方公務員と異なり、当分の間、国家公務員法が適用される。

㉛ 区市町村立学校教員の初任者研修は、東京都教育委員会がすべての学校の年間研修計画を作成し実施している。

㉜ 教育公務員は、本務に支障が無いと任命権者において認める場合は、給与を受けながら、教育に関する他の事業に従事することができる。

■地公法

㉝ 成績主義の原則は職員の任用における根本的基準であるが、順守しなくとも罰則は適用されない。

㉞ 条件附採用期間中の職員は、正式任用の職員と異なり、法律の定める事由によらずその意に反して降任または免職することができる。

㉟ 分限処分としては、免職、休職、降任及び降給の4種類がある。

㊱ 懲戒処分としては、法律で定められているものとして免職、停職、減給及び戒告があり、条例で定めるものとして厳重注意及び訓告がある。

㊲ 介護休暇は、職員が老齢により日常生活を営むのに支障がある父母の介護をするために認められる休暇である。

㊳ 職員が育児休業を請求した場合、任命権者は代替措置を講ずることが著しく困難な場合にはこれを他の時季に変更することができる。

㊴ 登録を受けた職員団体が当局と適法な交渉を行う場合であっても、その交渉を勤務時間中に行うことは認められない。

㊵ 職員団体と当局は交渉の結果合意に達した事項につき書面協定を結ぶことができ、これは当事者双方を法的に拘束する。

解答

■憲法・教育基本法

①誤り。②誤り。地自法第178条。③誤り。参政権等。④誤り。⑤正しい。憲法第22条第1項。⑥誤り。「旭川学力テスト事件」判決。⑦誤り。教基法前文と第2条。⑧誤り。同法第8条。⑨誤り。同法第11条。⑩誤り。⑪正しい。⑫[illegible]

■学校教育法

⑬誤り。⑭正[illegible]育法第37条第5[illegible]最判51・5・21。[illegible]同法第21条。⑰[illegible]11条。⑱誤り。[illegible]⑲正しい。同法[illegible]同法第37条。[illegible]同法第21条第1項。

■地教行法関係

㉒誤り。同法第[illegible]㉓誤り。同法第[illegible]㉔正しい。同法第[illegible]㉕正しい。同法第[illegible]㉖誤り。同法第[illegible]誤り。同法第50[illegible]2。

■教特法関係

㉘正しい。同[illegible]項。㉙誤り。平成[illegible]日最高裁判例。[illegible]法第18条第1項。[illegible]法第23条第1項。[illegible]第17条第1項。

■地公法

㉝誤り。同法第[illegible]㉞正しい。同法[illegible]条。㉟正しい。同法[illegible]条。㊱誤り。同[illegible]項、第29条。㊲[illegible]介護休業法第2[illegible]号、第11条、㊳[illegible]介護休業法第6[illegible]㊴誤り。同法第55[illegible]㊵誤り。同法第55[illegible]第10項。

関東屈指の山車まつり
～八王子まつり～

名工による彫刻美を誇る山車

八王子まつり実行委員会専門委員　相原悦夫

8月1日から3日間、東京・八王子市で「八王子まつり」が行われる。このまつりの圧巻は19台の山車巡行である。彫刻で埋め尽くされた山車の巡行は江戸目黒、神田囃子の系流を継ぐ祭囃子とともに見る人を魅了する。毎年、50万人を超える見物人が八王子まつりに酔いしれている。2006年には八王子市制施行90周年記念八王子まつりが盛大に開催された。

270年の歴史を持つ山車を中心に行われる八王子まつりは、2002年から「関東屈指の山車まつり」のキャッチフレーズで関東一円に知られるようになった。

川越、栃木の江戸系人形山車、佐原の人形山車の山車まつりに匹敵する八王子まつりの山車は、江戸彫刻の名工、帝展出品作家、さらに戦後の村上彫刻師（日展作家）により競って造り上げられたもので、山車彫刻の粋が結集されているのが見所となっている。1970年には、12台の山車が八王子市有形文化財に指定されている。

また、山車の構造、形式も江戸後期から明治末期に隆盛を誇った八王子型一本柱立て人形山車、明治後期以降に八王子の山車の主流となっている二層構造の山車、さらに神社の社殿をかたどった堂宮形の山車と、多様な構造形式の山車が一堂に見られることも、大きな魅力となっている。江戸の山車とは異なる独自の「八王子型山車文化圏」を形作っており、それらを現在曳かれている山車を見ることで知ることができるのだ。

さらに、こうした山車の巡行が近年、大きな変化を見せている。明治期の山車人形が復元されたり新調されたりして、かつての山車人形が二層構造の山に飾られ、人形山車の世界を再現し始めている。「素盞嗚尊」「応神天皇」「雄略天皇」「浦島」「諌鼓鳥」が山車の上に乗せられ、6mを超える山車が、花笠鉾で飾られた甲州街道を巡行する祭り絵巻は、八王子まつりだけにみられる豪華絢爛な世界である。

今年また、平岡町で町民一体となって建造した山車が曳き始めされる。今年は1968年以来、最多となる19台の山車巡行となる。

華麗な山車照明と大辻合わせ

まつりは下地区の八幡・八雲神社、上地区の多賀神社の神輿渡御と山車19台、町神輿が甲州街道2㌔余りにわたって繰り広げられる。江戸、明治時代の山車人形の名から伝統的に呼び習わされた「雄略」や「神武」といった名を持つ各町の山車が美と囃子を競い合う。八王子では「ぶっつけ」と呼んでいる山車と山車が2台、3台と居合わせで囃子の競演が行われるほか、近年、甲州街道の下、上地区3カ所の辻（十字路）で、6、7台の山車が集合し、「大辻合わせ」も行われ、山車まつりのクライマックスを見せる。

また、夏の夜の山車巡行は、昼間とは全く異なる世界に一変する。山車につけられた80球近くの照明が映え、異次元の世界を創り出す。甲州街道をステージに、光の山にも似た各町の山車の明かりが幾重にも重なり、また離れていく光景は、まさに「光の競演」で、八王子の山車まつりだけに与えられた特権のようにみえる。

☆

2005年9月に行われた「江戸天下祭り」に、上八日町の山車が初参加し、注目を浴びた。日比谷公園から帝国ホテル横を通り、新丸ビル裏までを巡行。その彫刻と照明で彩られた山車は、伝統的な江戸型山車の川越や越谷の山車とははっきり異なる特徴を持ち、その華麗さは多くの人々を魅了したに違いない。

八王子まつりは、八王子の伝統文化と地域色を基調として展開しており、2003年度には「地域伝統芸能大賞」を受賞するなど、全国的にも高い評価を受けている。

山車まつりとして内外に広く知られているが、1977年から参加している多賀神社神輿、通称「千貫みこし」の渡御も75団体、1700人の担ぎ手により盛大に行われる。4千人を超える民踊流し、15団体の参加による関東太鼓合戦など、見所も多く、より魅力あるまつりにしている。

今年も、熱い八王子まつりがすぐそこまで来ている。

精緻な彫刻で埋め尽くされた元横山町の山車

まばゆい山車の明かりに映える「ぶっつけ」の光景

KYな部長の思い出

もう時効だと思うから書くのだが、サイクロン被害がミャンマーで起きたと思ったら中国では地震が起きている。と思ったら岩手・宮城内陸地震も起きた。「それっ、支援が必要だ」「さし当たっては『カンパ』をしよう」という声が各職場で起きただろうが、私は今から10年ほど前、日本海重油汚染事故が起きた時のことを思い出した。

当時環境セクションにいた私たちは、ロシアタンカーによる日本海汚染に心を痛めていた。都市に住み暮らす私たちに出来ることといえば、現地に対してのカンパを職員に呼びかけることしか思い浮かばなかった。結局、短期間ではあるものの、ウチの役場始まって以来の100万を超える金額が寄せられ、この取り組みは大成功に終わるのだが、そんな中、一つの出来事があった。

カンパの呼びかけ文も刷り上り、いざ始めようとなった時のこと。「そうだ、部長にもカンパしてもらおう」という声が起きて、「山田、部長にもらってこいよ」という声を背に私は部長室のドアを開け、「部長、ちょっとよろしいですか?」と部屋に入っていった。「例の日本海のタンカー事故ですけれど…」「職員にカンパを呼びかけようという話になりまして…」。いつの間にか課長が来てくれて説明してくれた。「うん、いいんじゃないか」と賛同していただいた、と思った。

「それで部長にもカンパを…」「ウン?」「お願いできないかと…」。しばらくして「ああ、そうか。カンパね」「ハイッ!」。今でも忘れないが、「少していいんだろ」と小銭入れから300円をカンパしてくれた。私も課長もどうもと頭を下げ、職場に戻った。

「いくら出した?」という同僚に、「300円だって」と伝えると、「何ッ！　300円だって！」と詰め寄られた。温厚で知られる上司までもが席を立ち上がり、「なぜ300円なんだよ！」。「持ち合わせがなかったんだろ」と課長が受けて、「後で私がもらっておくから…」と言ったのでその場はなんとか収まったものの、翌日から寄せられるカンパの額にみんな驚きながら集計に忙しくした。東尋坊に近いこともあって思い出があるのか、中には数千円のカンパを寄せる人もいた。その度に「300円かあ」という声が空しく職場に響いていたが、それもある日、課長が財布を取り出して「これ部長の分預かったから」と5千円をカンパしたことによって幕引きとなった。カンパというとそんな思い出がある。

（山田味彦）

coffee break

がんばれ！公務員 35

「福利厚生」を削るな

文とマンガ　鈴木武征

少し前に自衛隊基地内のゴルフ場に関し、次官は外で接待ゴルフに明け暮れ、隊員は内で国有地を使い放題とは呆れるという趣旨の報道があった。

しかし、私は基地内にゴルフ場があっても構わないと思う。それは基地内の保全空地を利用したいわば隊員による手作りゴルフ場で、なかには米軍が使用していたものをそのまま引き継いだ例もあるという。

保全空地は緊急時のヘリの離着陸などに必要な用地で、かといって日々そこを一般市民に開放するのも非現実的だ。行動や居住場所に制約の多い自衛官が、勤務明けに身近な空地を利用してリフレッシュ出来れば結構なことではないかと思う。

どうも日本人は、他人に楽しみを与えるより、奪う方が好きな人種らしい。

その後の経緯は聞いていないが、批判に萎縮した自衛隊が閉鎖などの措置を取っていないことを望む。

それにしても公務や公務員個人の不祥事が及ぼす影響は恐ろしい。このゴルフ場が俎上に乗ったのも年金問題を始めとし防衛省高官汚職、イージス艦と漁船との衝突事故と続いた不祥事と無縁とは思えない。

一部の組織や職員による不祥事が、関係のない多くの職員の楽しみを奪う。

典型的なのが福利厚生事業の縮小で、従来許されていたサービス、利便施設などが容赦なく切られていく。

組織のお偉いさんは住民、議員、マスコミからの批判が恐い、首長は人気取りが大事、更に財政難が格好の理由となる。

確かに福利厚生事業は中身が多様な故に、一部自治体のようにそれに名を借りて不当な配布等を行う例も皆無とは言えない。

しかし、正当な福利厚生は働く者に不可欠の装置で、充実しているに越したことはない。

人が職場に望むことは生き甲斐、経済的安定、昇進など種々考えられるが、「安心して働けること」も大切な要素だ。

福利厚生は職員の健康、育児、介護、文化教養、住宅取得、レジャーなどの幅広い分野を直接的、間接的にサポートすることで、その「安心面」を支えている。

先行き不透明、心の不安定が問題とされるこの時代に、充実はしても削ってはいけない。

確かに巷には、「俺達には集会所はおろか休むベンチも無い」「レジャーなど夢のまた夢」という声も多い。

しかし、組織の時代と言われる今日、多くの面でマスと個（小規模）の相違による格差が生じるのも現実だ。

むしろ官庁や大企業は福利厚生面でも先導役を果たし、その効用をより多くの人に広め、格差を解消していく責務があると心得るべきだ。

特に税を財源とする公にあってはその重みを十分踏まえ、個の立場にあってもマスに近い恩恵を得られる方法、仕組みを考えていくのも役割の一つだ。

マスと個が相互に、「俺が出来ないことはお前もやるな」と対立していては、世の中は良くならない。

最近は毎月送られてくる『きずな』の表紙写真を見るのが楽しみだ。

今月は朝顔、風が手の届かないあっせん品のページをめくっている。

みにがいど

◆夢の島熱帯植物園「夏休みスペシャルウィーク」　①熱帯スコール体験　▽ヤシの葉で作った傘をかぶり、大温室のスコールの中を歩く恒例の人気イベント▽日時　7月19日～8月31日の土・日・祝日午後2時30分～（約10分）※8月2日・3日中止▽集合場所　熱帯大温室入り口▽参加費　無料（入園料別途）▽定員　先着100人②夏休み大温室ガイドツアー　▽ボランティアガイドによる館内ツアー。自由研究に役立つ題材が盛りだくさん▽日時　同上の毎日午後1時～（約1時間）▽集合場所　エントランスホール▽参加費　無料（同）③食虫植物の展示即売会　▽日時　7月26日（土）、27日（日）午前11時～午後3時▽場所　エントランスホール④その他、多彩なイベントあり▽問い合わせ先　☎3522・0281

◆東京都健康安全研究センター「夏休み子どもセミナー」　▽日時　8月8日（金）、9日（土）午前10時～午後5時▽場所　健康安全研究センター▽実験と展示＝参加自由・無料　①「身のまわりの微生物を知ろう！」体験コーナー（微生物の顕微鏡観察、手洗い効果の体験等）、微生物のクイズに挑戦、寄生虫の標本の展示等②「身のまわりの水を調べてみよう！」体験コーナー（水質測定※持参した水でも可）、水生生物の展示と顕微鏡観察▽蚊取り線香づくり＝事前申込（各回12組・1組3人まで）▽対象　小学生及び保護者▽開催時間　両日とも10時～、12時30分～、3時～（1時間30分）▽申込　7月18日（消印有効）までに、往復はがきに希望日・希望の時間（第2希望まで）、参加者全員の住所・氏名・年齢・電話番号を記入し（応募多数の場合は抽選）、〒169-0073新宿区百人町3の24の1同センターまで▽問い合わせ先　☎3363・3938

◆親子はかり教室「夏休みに『バネはかり』を作ってみよう！」　▽日時・場所　①8月19日（火）午後1時～4時、東京都計量検定所②8月20日（水）同、同③8月25日（月）同、東京都多摩消費生活センター▽対象と定員　都内在住の小学生と保護者で各回15組30人（超えた場合は抽選）▽参加費　無料▽申込方法　往復はがきに、住所・氏名（保護者と小学生）・学年・希望日・電話番号を記入し、7月25日（消印有効）まで、〒105-0022港区海岸1の7の4東京都計量検定所管理指導課へ▽問い合わせ先　☎5470・6643

◆東大島駅で「霧吹き冷却」　▽場所　都営新宿線東大島駅1番ホーム▽期間　7月18日～9月30日午前7時～午後6時▽噴霧した人工霧の気化で熱を奪い、周辺温度を2～3度下げる▽問い合わせ先　交通局電力課☎5320・6174

都政新報

発行所　都政新報社
〒160-0023 東京都新宿区
西新宿7-23-1 TSビル
〈総務・読者〉03-5330-8781
〈企画広告〉03-5330-8784
〈編　　集〉03-5330-8786
〈出　　版〉03-5330-8788
〈セミナー事業部〉03-5330-9977
〈ファクス〉03-5330-8808
購読料　月1,680円（税込）
毎週火・金曜日発行
但し、祝祭日は休刊

紙面から

中央環境審議会土壌制度小委員会

自治体関与で塩漬け回避を

事業者任せにせず過剰対策をけん制

中央環境審議会土壌農薬部会土壌制度小委員会（委員長＝松本聰・東大名誉教授）は16日に2回目の会合を開き、汚染状況に応じた合理的な土壌汚染対策の促進方策について議論した。現状の土壌汚染対策では、汚染の度合いが軽くても周辺住民の反発や、土地購入者の要請によって土壌の掘削・除去が行われるケースが多い。委員からは、リスクコミュニケーションの重要性を指摘する意見や、民間に任せず自治体が土壌汚染対策に関与すべきとする意見が多く出た。

土壌汚染対策法では、法に基づく調査を行い、土壌の汚染状態が指定基準を超過した場合、指定区域に指定し、健康被害が生じる恐れがあるときには都道府県知事が措置を命じることができる。

具体的には、土壌であれば盛土、地下水であれば原位置封じ込めが原則となっている。掘削・除去が必要となる事例は、乳幼児が砂遊びする砂場のように、その形質が頻繁に変更されることで盛土の効果が薄れる場合などに限られている。

しかし、実態としては、周辺住民の反発を恐れて、法が求めていない掘削除去を行う事例が多い。また、法に基づく原位置封じ込めでは土地の売却先が見つからず、掘削除去するにはコストがかかりすぎることから、空き地となっている事例など、ブラウンフィールドの顕在化も顕著だ。

小委員会では、リスクコミュニケーションの際に第三者が間に立つ必要性を指摘する意見が相次いだ。委員からは、「一番重要なのは、土壌汚染の中身をどう説明するのか。事業者が住民に説明するのでは、どうしても納得していただけない」「地方行政がリスク面で、これでいいですよときちんと言える体制が必要」「専門家の意見を聞く場をつくってもらうような対応が必要」といった意見があった。

また、土壌汚染対策に対する地方自治体の関与が必要との議論もあった。民間に任せてしまうと、過剰な土壌汚染対策を求められてブラウンフィールド化したり、十分な対策ができていない可能性もあるからだ。事業者が自治体に土壌汚染対策の計画を提出するなど、自治体としての関与を求める声が強かった。

「民民」の取り組みに限界

【解説】　土壌汚染に関するリスクコミュニケーションでは、汚染の調査結果を一方的に説明するのではなく、周辺住民との間で双方向のコミュニケーションを行うことで、情報を共有して理解し合い、信頼関係を構築することが求められる。

土壌汚染対策法に基づくリスクを示す基準値は、「70年間、汚染土壌のある土地に住んでも健康被害がない」ことを想定している。だが、住民はわずかのリスクであっても、健康被害と関連づけてしまう。マスコミの報道でも、「環境基準の何倍」というセンセーショナルな見出しが躍り、数字だけ独り歩きし、具体的に健康にどんな影響があるのかという掘り下げがない場合が多いのだ。

豊洲新市場予定地の土壌汚染問題で専門家会議が示した提言案は、法の枠組みを超えた対策となった。その内容は、市場の移転を前提とするのではなく、70年間、汚染土壌のある土地に居住した場合を想定しており、同法と同じ概念で対策が組み立てられている。

だが、それでも関係者を納得させるのは難しいことは、この間の経過から分かる。

小委員会では、汚染土壌のある土地を公開空地にするなど、まちづくりの視点からブラウンフィールド問題に行政が関与すべきとする意見もあった。土壌汚染対策法の施行から5年、原則として土壌汚染対策は事業者と住民との間の〝民対民〟の取り組みだったが、公が積極的に関与していくことが期待されている。

ただ、様々な環境行政に汲々としている自治体が果たして、どの程度関与できるのかは懐疑的な見方もある。（地）

都政の東西

原油高の余波

原油の高騰が都政の現場で深刻な影響を落とし始めている。高騰への抗議の意思を込めて、全国の漁業関係者が一斉休漁した翌日の16日早朝。築地市場ではそれほど大きな混乱もなく、普段と同じようにセリが行われた。

「台風が近づいて海がしけると、休漁になることもある。1日～2日程度なら、それほど大きな影響はない」と築地市場関係者。休漁前の水揚げ分が流通したためだが、漁業関係者へのダメージが本質的に解決されたわけではない。現在の事態が続くようなら、品薄の懸念が再び高まる。

また、都内の介護を支える民間事業者にとっても死活問題だ。自動車を頻繁に使う訪問介護では、ガソリン代の高騰が運営を直撃。大手事業者も「どこまで高値が続くのか」と頭を抱える。特養老人ホームでも、デイサービスの送迎などで負担が増加している。

他方、ガソリン代の高騰が施策を後押しするケースもある。首都高速道路株式会社によると、6月の首都高の通行台数は1日あたり約112万台で、前年比3％減。担当者は「原油高だけが原因とは限らない。もう少しデータを検証する必要がある」と話すが、「これだけガソリン代が高騰すると、交通量が減る面はある」と都幹部。自動車での遠出を避け、高速バスの需要が高まり、近場の旅行先が人気という。結果、自動車から排出されるCO_2が減り、環境税を導入したのと同じような効果が上がっているとも言える。

原油高騰は世界レベルの問題で、一自治体が抜本策を打ち出すことは難しいかもしれない。だが、食や介護のように、生活に不可欠な「ライフライン」で値上げや事業の行き詰まりに直面する場合、都政として打つ手はないだろうか。各局が横串で検討すべきだ。

新宿駅でマイカー抑制

環境交通モデル事業　循環バスに乗り換えで

百貨店などが集積する新宿駅東側を訪れるマイカーを抑制するため、都環境局は西口の都庁周辺の駐車場などで循環バスに乗り換えてもらう「パーク&ライド」を08年度中にも実施することを決めた。新宿区では、新宿駅周辺の回遊性を高めるため、駅の東西を循環バスで結ぶことを決めており、都ではこの事業を活用してマイカーによる渋滞を緩和し、環境負荷を減らしたい考えだ。

新宿駅東口は、歌舞伎町などを抱える日本最大の繁華街。これに対し、西側は業務ビルやホテルなどが建ち並ぶオフィス街で、特に休日は東側で渋滞し、西側の駐車場が空いている。

そこで、新宿駅東側を訪れるマイカーを駅西側の駐車場に止めてもらい、そこから区の循環バスで東口に運ぶ仕組みだ。都と新宿区は現在、都庁周辺に適当な駐車場があるか調査中。ホテルなどのパーキングも候補地になりそうだ。

ただ、循環バスは有料で、「乗り換えるのが面倒」といった反応も予想されるため、いかにインセンティブを与えるかがカギになる。百貨店では一定額以上の買い物をすると、提携する駐車場の料金が無料になるサービスもあり、こうした仕組みも参考にインセンティブを検討中。

都ではこのほか、都庁の大型駐車場2カ所（計約600平方㍍）を共同配送の拠点に利用し、配送車両を減らす方針。また、甲州街道や青梅街道などの幹線道路に渋滞状況が分かる案内板を設置し、できるだけ交通量を平準化させる方策も検討する。

同局では環境交通モデル事業により、新宿御苑約8個分の面積の森林が年間に吸収するCO_2を削減できると見込んでいる。

都議会のあり方検討委員会

マスキングの基準を確認

都議会のあり方検討委員会は16日、政務調査費の領収書を公開する際のマスキングの基準、第三者機関の構成員と権能などで合意した。マスキングは議会局が主体となって行い、都議会情報公開条例第7条の「非開示情報」に該当するかどうかを基準とする。

個人情報のほか、会派活動に関する情報で公にすることによって会派活動に支障が生じる情報などは非開示とする。議会局がマスキングで判断に迷った時は、会派に相談する運用になる。

また、第三者機関は公認会計士、弁護士、税理士といった有識者で構成し、必要に応じて議員を呼ぶことができる制度にする。権能は、抽出検査に加え、提言、意見、指導、助言とする。

領収書公開は1円以上とするか一定額以上とするか、領収書の公表方法は閲覧か情報開示かは、結論が出ていない。検討委員会が7月に視察した兵庫県議会は、人件費と事務所費を除いた上で5万円以上としていた。

川井重勇委員長は「兵庫県は、人件費、事務所費を別途添付する仕組みだ。国の政治資金規正法も人件費を除いて領収書を添付している。都民の立場から事務量や添付書類の削減という議論があってもいい。今後、議論する」と話している。

災害復興テーマに　被災企業が体験報告

都総合防災部と「災害復興まちづくり支援機構」、東京商工会議所は16日、企業・商店街の復興や事業継続をどのように行うかについて、阪神・淡路大震災や新潟県中越地震で被災した企業の体験報告会を開催した＝写真。

体験報告会には、約420人の企業関係者が参加。阪神・淡路大震災で被害を受けた長田ケミカルシューズ企業の復興について、被災した企業の幹部が体験を報告した。また、新潟県中越地震で、地元業者が連携してライフライン企業やボランティア、被災者向けに弁当を提供した「小千谷弁当プロジェクト」などの例が報告された。

危機に挑む　新任局長に聞く②

秋山俊行・生活文化スポーツ局長

「記憶」に残る仕事を

生活文化スポーツ局は、2016年東京オリンピック・パラリンピック招致に向け、機運醸成の要になる。秋山俊行氏も在任中の課題として、文化、スポーツ、広報の三つの側面から、機運の盛り上げに軸足を置く。

「自分の仕事に専門性や誇りを持ってやることも大切だが、局・部の垣根を取っ払って、横断的にやる必要がある。これは仕事全般に通じることだけど」と秋山氏。昔から一つの部が一つの局と言われるほど、様々な部署を束ねているのが生活文化スポーツ局の特性。悪質商法の手口がウイルスのように自己変革し、次々と巧妙化する中、消費者行政にも力を入れていく考えだ。

局の幹部職員に対しては、新任あいさつで「職場で記憶に残る仕事をして欲しい」と訴えた。淡々と仕事をこなしているだけでは、毎日決まった時間に来て、やることだけやって帰ることになってしまう。「環境と課題がマッチすれば、大きな仕事ができる可能性がある。環境が変わることで、課題解決に結びつくような瞬間があって、それをとらえることで、記憶に残る仕事ができる」と語る。

前職の病院経営本部長のときには、医師から健康面でアドバイスされ、1日1400キロカロリーの食生活に挑戦した。▽朝はパン1枚、牛乳に野菜サラダ▽昼はおにぎり1個に野菜▽夜はご飯1杯と鶏の笹身80㌘、野菜。アルコールはなしという修行僧のような食事で、朝は2㌔を約15分でウォーキング。こうした生活を1カ月続けたら、一気に体調がよくなったという。「あのときは、自分でも大したもんだと思った。1カ月坊主だったけど…」と笑う。

入都の動機は「東京が好きで、離れたくなかったから」。東京は、エキサイティングで、新しい経済や文化が生まれる魅力的な都市という。

生活文化スポーツ局長ということで、「休日の文化活動は」と聞くと、「映画」という答えが返ってきた。シネマコンプレックスに行き、話題の映画を2～3本立て続けに観るという。

休日のイベントも多い局で、休日出勤も増えるだけに、「直接、土日にスポーツや文化に触れてみたい」とも。中大法卒、58A、53歳。

中井敬三・病院経営本部長

「個」を生かし、組織力に

入都して最初の職場が墨東病院医事課だった。今回、病院経営本部長に就任し、病院事業の勤務は30年ぶりとなる。「都庁人生のスタートが都立病院だったので、感慨深いものがある」と中井敬三氏。医療現場は、職員数も、職種も多く、多様な「個」を生かしながら、いかに組織の力に昇華していくか、その手腕が問われることになる。

「在職中、特に力を入れたい課題は」と聞くと、都立病院の再編整備と医療人材の確保をあげた。都は、広域基幹病院、センター的機能病院、地域病院の3類型に整理して都立の再編を進めてきたが、今後2年くらいが多摩メディカル・キャンパス、がん・感染症医療センター、精神医療センターなど中核施設の整備時期にあたる。

また、産婦人科や小児科は医師不足が深刻。都立や保健医療公社のような大都市の医療機関でさえ、確保が容易でない。旧衛生局の人事担当として医師等の採用に携わった経験があり、「当時も楽でなかったが、現在は難易度が違う」と話す。

その後、総務局人事課長、人事部長など人事畑を歩んだ。医療系と行政系の職種等の違いはあっても、共通する点は「人材育成機能を持っていない組織には、人材が定着しない」という思いだ。昨年、開講した「医師アカデミー」は、人づくりという観点からさらに推進したいという。

「若い職員と話をしていると、自分が都庁に入った頃と時代が違うなと感じる」と中井氏。仕事は一生懸命やるのに、責任ある立場に就く意思がない職員が増えているからだ。コミュニケーションの大切さ、とりわけ上司から部下へのアプローチが重要と語る。

最近、読んで考えさせられたのは、小山薫堂著の『考えないヒント』。「仕事を苦労と思わずにこなしていくスタイルに、自分もこうありたいと思った」。愛犬家で、自宅で飼っているのは3匹。そのうち1匹は迷い犬で、保健所などに届け出たが、飼い主が現れず、そのまま家に居ついた。毎朝5時ごろ、犬に食事の催促で起こされ、30分ほど人気が少ない街を散歩する。近場のハイキングも趣味の一つ。一橋大経卒、58A、53歳。

冗句ジョーク

ガソリン高で漁船一斉休業、心配な給食材料の欠乏

都内小学校を訪問したさかなクン「いっておきますが私は食べられません」

アジア大都市が感染症対策会議

22日からバンコクで

アジア大都市に共通する感染症に連携して取り組むため、22日から24日にかけて、バンコクで「第4回アジア大都市感染症対策プロジェクト会議」を開催し、東京都など6都市が▽新型インフルエンザ・鳥インフルエンザ▽結核▽エイズについて、共同調査研究に向けて議論する。

結核については、次年度以降の実態調査について、各都市の対策をもとに検討する。WHOの推計によると、06年の1年間に、全世界で約920万人が結核に感染し、そのうち約170万人が死亡しているという。

東京富裕論が再燃

区長会「はっきり言って心外」
総務相「ご趣旨を受けて対応」

財務相の諮問機関である財政制度等審議会（会長＝西室泰三・東証グループ取締役会長兼代表執行役）は、6月の建議の中で、23区などの積立基金、税収の突出ぶりに留意する必要があるとして、再び大都市自治体がターゲットにされた。昨年に続き、東京富裕論が再燃した。これに対し、特別区長会は08年度の予算要望の際、財務、総務両省に大都市需要があるため税財源に余裕があるわけではないと反論し、増田総務相は一定の理解を示している。抜本的な税制改正の議論が今秋から本格化し、区長会の主張がどこまで反映されるかが焦点だ。

「公正な税源を考えてもらいたい」と要望する区長会＝財務省で

特別区長会は4日、09年度の国への予算要望で、財政制度等審議会の建議について額賀財務相、増田総務相に意見を述べた。6月の同審議会で、08年度予算の都と23区の積立基金は07年度当初予算比で1兆円増の4兆円に達し、23区全域で中学3年生までの医療費が無料化されたことに、「留意する必要がある」と意見を表明しているからだ。

多田区長会会長は、今後10年間で学校改築費に約9千億円が必要で余裕があるわけではないと反論した。また、行革効果で浮いた税を子どもの医療費助成に充てており、「ぜいたくと言われるのは、はっきり言って心外だ」「公正な税源を考えてもらいたい」と額賀財務相に釘をさした。

これに対し、額賀財務相は、地方に税源を移すと東京に税収が一極集中することに触れた上、地域間で「格差があると中央政府として困る」と語り、「知恵を出していきたい」と述べるにとどまった。

また、区長会は増田総務相に対し、大都市需要があるのに税収が多いという理由で税金を吸い取られるのは「納得できない」と不満を述べた。さらに、道路特定財源の一般財源化により、まだ事業化されていない道路事業の財源を保障するよう要望した。

増田総務相は「地方財政は23区も含めて全国共通で疲弊している。東京に経済を引っ張ってもらうことは必要。（区長会の）ご趣旨を受けて対応したい」と理解を示し、道路特財の財源措置の必要性にも触れた。

すり替えの議論に警戒

【解説】東京富裕論がクールダウンすることなく、2年連続で再燃した根底には、08年度末には625兆円にも膨らむとされる国債残高がある。借金まみれである国の財政状況は、財政破綻した「夕張市よりも悪い」とアピールに躍起で、国は歳出削減に余念がない。そのため地方間で税収格差を是正する議論になり、都や23区の税収に注目するようになった。

08年度の税制改正では、都の法人事業税が吸い上げられる。全自治体の法人事業税（地方税）の半分の2兆6千億円は、人口と従業員数に応じ、地方法人特別譲与税として都道府県に再配分される。だが、都は差し引きで平年度3200億円の減収になるという。

09年度から地方に譲与される暫定措置であるため、財政制度等審議会は今秋から、抜本的な税制改正の議論を本格化する。その一方、原油高などの影響で日本経済は減速し、景気後退の基調に入った。そうした中での税制論議は小手先に終始し、その場しのぎで都市対地方の構図にすり替えるのが、これまでの常とう手段だった。

増田総務相は23区などの大都市事務への理解をにじませたが、どこまで税制改正に反映されるかは不透明だ。地方も都市部も疲弊させない抜本的な税制改正が求められている。（石）

地震被災地に見舞金
特別区長会

岩手・宮城内陸地震の被災地への支援として、特別区長会は16日、岩手、宮城の両県市長会に、各50万円の災害見舞金を送ると決めた。区長会が、地震被災地に財政支援するのは初めて。

区長会は、自前の予算から見舞金を支出した。被災した自治体とのパイプがないため、全国市長会に加盟している両県市長会に17日に送金した。両県市長会に、各自治体への見舞金の配分を一任したという。

区長会事務局は「地震が起きた時はお互い様。地震があった時は、その都度、判断して送っていく」と話している。

政調費190万円を返還
共産党新宿区議団「訴訟は望ましくない」

人件費として支出した政務調査費の一部が区条例に反して使われ、返還を勧告した住民監査結果を受け、新宿区共産党区議団は10日、190万円余りを区に返還した。07年3月に監査結果が出てから1年4カ月となり、区が提訴に踏み切る構えを示したため、同区議団は「訴訟によらない解決を図ることが望ましい」と返還に応じた。

区民が07年1月、自民、共産両区議団の政務調査費が選挙、組織活動など区条例の基準に反して使われているとして、政調費の一部返還を求めた住民監査請求を区監査委員に行った。監査の対象となったのは、両会派が控室に雇用した各2人に支出した05年1月～06年3月末までの人件費。

07年3月の監査結果によると、税務署への届け出書類に共産党区議団の「事業の種類」欄に「政党事務局」と記載されていたため、事務局長の肩書の一人は、党の機関である議員団の事務局長と見ることができると判断。そのため、政党活動などに従事していたという「疑念を払拭できない」などと指摘し、同4月末までに4人の人件費の一部返還を勧告した。

自民党区議団は、計49万5千円の返還を勧告された直後、納入した。一方、共産党は「使途基準通りに適正に支出した」として、173万7186円の返還に応じなかった。区が督促状を3回通知しても返還に応じなかった。

このため、今年6月、永木秀人副区長が「財産管理の観点から訴訟を考えなければいけない時期にきている」と指摘。共産党区議団は、延滞金20万5575円を上乗せした194万2761円の返還に踏み切った。区議団は「不当な監査結果」としながらも、訴訟になると「相当の時間と労力」を浪費するなど、「訴訟によらない解決が望ましい」と判断した。

住基ネット参加を議会報告
杉並区　共産区議らが区側を徹底批判

杉並区は16日の区議会委員会で、住民基本台帳ネットワークシステムへの全面参加を来年1月に実施すると明らかにした。8日の最高裁による上告の棄却決定を受け、総務財政委員会、区民生活委員会の連合審査会で報告した。

杉並区は、国や都などと連絡調整を今年中に行い、住基カード・電子証明書の発行、広域交付などを来年1月から開始する。自治体業務での住基ネットの本人確認情報の利用は、パスポートを来年1月、年金の現況届は、同3月分から開始する予定。

区は今後、住基ネットなどに関する研究提言機構を創設予定。住基ネットの運用を監視する第三者機関を設ける。同区は住基ネットのプライバシー保護を条例化しており、緊急時の接続解除などの運用を具体化する。

杉並区では今年7月時点で、区内の住基ネット対象者のおよそ16%、約8万3500人が非通知を希望。住基ネット全面参加の決定について、区側は、広報活動で周知徹底するとしている。

2004年の提訴以来、一連の訴訟に要した訴訟費用は、総額で約5798万円。この日の審査会に出席した山田宏区長は「最高裁の決定は、不当な内容だ。住基ネットの安全性への懸念も変わっていない。しかし、行政官として、今後は住基ネットへの参加に取り組む」と答弁した。

16日の審査会で厳しい批判にさらされる山田宏杉並区長（奥から4人目）

審査会委員の各区議による質疑では、共産党などの区議4人が区側を厳しく批判。執拗な批判に、山田区長が苛立つ表情を見せる場面もあった。

区議の1人は、今回確定した「住基ネット参加の可否を決める裁量権は区にない」との東京高裁判決（07年）について、「裁判所の決定は、住基ネット参加を強制化する内容ではない。国や都からの是正命令なども正式にはないのに、全面参加を即決したのはなぜか」と質問。「最初から『最高裁の判断が出たから仕方なく参加する』という筋立てではないか」と畳み掛けた。区側は「司法の判断が確定した以上、地方自治体として、住基ネットへの参加は当然」との答弁に終始した。

審査会を傍聴した区民の1人は「区側は当初、住基ネット参加を全面拒否するような強気の構えだったのが、一連の訴訟でいつのまにかトーンダウンした。そのことを知らない区民もいる。総括も含め、区は区民へ分かりやすく説明するべき」と話している。

第2回定例区議会
48件の意見書を可決
携帯電話リサイクルなど

23区の第2回定例区議会は、中央、品川、世田谷、杉並を除く19区議会で、提出された53件のうち48件の意見書を可決して終了した。携帯電話リサイクルの推進や子宮頸がん予防ワクチンの早期承認などを可決する区議会が目立った。

また、後期高齢者医療制度については、6区議会で取り上げられ、賛否が分かれた。

携帯電話リサイクルの推進は、7区議会で可決した。日本の産業競争力の要ともいわれるレアメタルを含む携帯電話だが、その使用済み機器の回収実績は減少傾向にある。

意見書は、携帯電話の買い替えや解約時に、個人情報の流出防止策を講じた上で、利用者に対して販売店からリサイクルに関する情報提供を行うよう定めることや、メーカーの拡大生産者責任を定めることを求めている。内閣総理大臣や総務大臣、経済産業大臣、環境大臣、衆参両院議長などにあてられている。

子宮頸がん予防ワクチンの早期承認は、6区議会で可決。日本では子宮頸がんの死亡率が高い。毎年7千人の診断で2400人が亡くなっているといわれる。近年、20代や30代の罹患も急増しているが、日本では、予防ワクチンが承認されていない。意見書は、子宮頸がんの受診率向上策の充実や、予防ワクチンの早期承認などを内閣総理大臣や厚生労働大臣などにあてて訴えている。

このほか、単独可決のなかでは、墨田区議会が原油価格高騰に伴う支援対策の拡充として、▽地方自治体が実施している生活支援策に対する財政支援▽中小企業への緊急融資など金融支援策の追加、延長▽便乗値上げの監視強化▽公正な取引価格の指導などを、内閣総理大臣や総務大臣、財務大臣、経済産業大臣などにあてて求めた。

また、後期高齢者医療制度をめぐっては、6区議会が意見書として取り上げた。そのうち、千代田と葛飾の両区議会では、現行制度での見直しや改善を掲げた意見書を自民、公明などの賛成多数で可決。

一方、共産党や民主系会派などが提出した同制度の廃止を含む意見書は、ほとんどの区議会で否決された。ただ、目黒区議会では、民主会派、共産などの賛成18、自民、公明の反対17の1票差で可決された。同区議会では2006年に政務調査費の不正使途問題で公明党区議団6人全員が総辞職。現在、同党は3人に半減している。

複数の区議会で可決した意見書

意見書	区議会
携帯電話リサイクルの推進	文京、渋谷、豊島、荒川、足立、葛飾、江戸川
子宮頸がん予防ワクチンの早期承認など	港、新宿、文京、江東、中野、板橋
地球温暖化防止対策の強化または「クールアース・デー」創設など	渋谷、荒川、葛飾、江戸川
福祉・介護従事者の待遇改善または福祉人材の確保に向けた施策の充実など	目黒、北、足立
原爆症認定制度の改善など	荒川、板橋、練馬
新型インフルエンザ対策の強化	江東、葛飾
日本映画への字幕付与	豊島、葛飾
青少年健全育成のためのインターネットの有害情報規制にかかる実効性ある法改正または違法・有害情報から子どもを守る総合的施策推進など	豊島、葛飾

可決した区議会	後期高齢者医療制度に関する意見書	否決した区議会
千代田、葛飾	後期高齢者医療制度の見直しや改善	――
目黒	後期高齢者医療制度の廃止や廃止を含めた抜本的な見直しなど	千代田、台東、渋谷、豊島

保険料通知で臨時窓口設置
後期高齢者医療制度

後期高齢者医療制度で各区市町村は、7月上旬から下旬にかけて、高齢者に今年度の保険料額の決定通知を行っている。今週中に手元に届くように発送したところが多く、各区には通知が届いた高齢者からの相談が増え始めた。週末や夜間の臨時窓口や電話相談で対応する区もある。

中央区では14日の夕方に通知書を発送。15日だけで電話や来庁を含めて180件を超える問い合わせがあった。保険料の納入方法などの質問が多かったという。同区では、15日から31日までの平日午後7時まで夜間窓口を開いて対応しているほか、19、20日の週末にも臨時窓口を開く。品川区も、19、20日と26、27日の週末に臨時窓口を開設する。

世田谷区では、19日に臨時電話相談を実施する予定で、平日も22日から25日までの午後6時30分まで臨時延長電話相談を行う。

今回の保険料額には、新たな保険料軽減策が反映されていないため、そのことを説明するお知らせも同封されている。

まちづくりでシンポジウム
墨田区

墨田区は13日、「都市計画マスタープラン・景観基本計画シンポジウム」を区内で開催した。

今回のシンポジウムは「新タワー」「下町」「水辺」がテーマ。景観を重視した都市計画の将来的な方向性を、専門家が提言、地域住民など約200人が参加した。

基調講演を行った芝浦工業大学教授の中野恒明氏は、近年、都市計画のあり方が「景観法の制定などで転換期を迎えている」と指摘。景観基本計画を3月に策定したばかりの墨田区に対し、新たな取り組みとして、構造物を単に建設するだけではなく、周辺環境との調和を重視する「景観設計」の発想が必要になると述べた。

押上・業平橋地区に建設中の新電波塔「東京スカイツリー」について、中野氏は、パリ市のエッフェル塔などとの比較を交えて説明。「タワー自体ではなく、都市空間の魅力が人を惹きつける」とし、区内の伝統的な下町風景や隅田川など水辺の再整備が並行して進むことが望ましいと述べた。

パネルディスカッションでは、都市計画の専門家らが討議。東京スカイツリーについて、観光事業の活性化などに期待が寄せられる一方、区内の景観を一変することへの不安も指摘された。結論として「観光優先の景観整備などは、うまくいかない。区民生活に根ざしたまちづくりが大切だ」との見解で一致した。

「東京スカイツリー」着工

墨田区の押上・業平橋地区に建設される電波塔「東京スカイツリー」が14日、着工した。竣工は2011年12月の予定。

建設現場で東武鉄道などが主催する安全祈願祭が行われた後、墨田区内のホテルで、起工式典が開催された。山﨑昇・墨田区長、吉住弘・台東区長が来賓として出席した。

記者席

土屋都議が知事に三行半

○……「皇室外交は憲法違反。親善が目的で外国に行くのであって、オリンピック招致で皇室を政治利用すべきでない」。民主党の土屋敬之都議はこう述べて、都議会オリンピック議員連盟から脱退を表明する記者会見を16日に開いた。

親石原の土屋都議が突きつけた三行半。オリンピック招致は知事が発想し、都議会も賛同。その結果は、知事と議員が引き受けるのが筋なのに、新銀行東京と同じように失敗の責任を皇室に押し付けようとしている点が許せないという。次の一般質問で取り上げる考え。「責任転嫁の名人石原」の本質を突いた質問を期待したい。

○……公金横領や不適切な公金管理など、職員による不祥事は後を絶たない。自治体が不正の公表を速やかに行っていることもあり、むしろ増加しているようにも思える。

公職の身で不正を働けば、その制裁は人生を左右するほど厳しいものであることは、職員であれば誰もが知っているはずだ。それでも汚職に手を染めるのは、「これくらいなら知られない」「自分だけは見つからない」という甘さがあるからなのだろう。

ある職員は「公務員の仕事は、性善説が前提。だから、不正防止のシステムも手ぬるい」と話した。一方で「性悪説では信頼関係の構築もままならない」。いたちごっこと言われるゆえんだ。

○……国では昨年に続き、東京富裕論が持ち上がっている中、特別区長会は国への予算要望で反論した。

08年度の税制改正では、都の法人税が吸い上げられ、地方に再配分されることになった。増田総務相は「不満があると思う」と理解を示したのに対し、額賀財務相は「いい知恵を出した」と語ったという。だが、「いい知恵」というには程遠い。東京の税収を吸い上げただけでは、税収格差の抜本的な解決にはならないからだ。

これまでの緩やかな景気回復で、東京は大幅な増収となった。だが、景気が悪くなる中、東京が減収になった場合、東京の税収には頼れない。その際、国は「いい知恵」を出せるのだろうか。

教職大学院

帝京大学と連携へ

医療系の教育課程で特色

新人教員やスクールリーダーの養成を目的とした都教育委員会と教職大学院との連携事業が今年度からスタートした。連携の協定を締結した創価、玉川、学芸、早稲田の4大学に都から現職教員18人、管理職候補者15人が派遣され、高度な専門性の修得に取り組んでいる。また、帝京大学教職大学院との連携にかかわる審査結果がこのほどまとまり、都教委が求める審査基準をクリアしていることが確認された。今後は文部科学省の設置認可を経て、12月に都教委と協定を締結し、来年度から帝京大学との連携を開始する予定。同大学では医学部の特色を生かした「教育と医療の連携」の基本方針を示しており、全国的にも珍しい医療系のカリキュラムが組まれる見通しである。

4大学には33人派遣

中央教育審議会は2006年の答申で、教員に対する揺るぎない信頼を確立するため総合的な改革を推進するとし、その具体策の一つとして「教職大学院」制度の創設を打ち出した。これを受け、文科省は省令を改正し、「教職大学院」の設置基準を定めた。標準の修業年限を2年とし、修了要件は2年以上在学、45単位以上修得としたほか、連携協力を行う小学校等を確保するとしている。

都教委は国に先駆けて06年3月に検討委員会を設置し、教職大学院の活用を検討。今年度から都内の教職大学院と連携し、制度を活用する方針を決めた。都独自の人材育成・確保の仕組みも加味した上で、新人教員の養成・確保と現職教員の育成について具体的な育成方針を示している。

新人教員の養成・確保では、修業年限を2年間（45単位）とし、都内公立学校の連携協力校での実習の実施。修了者については①特例選考の実施②初任者研修の一部免除――の2点を検討する。

現職教員の育成については、都の教育の中核を担うことが期待される教員と、教育管理職A選考合格者を派遣し、研修期間は1年間（35単位）としている。

また、都教委は新人教員の特例選考、初任者研修の一部免除、現職教員の派遣を担保する条件として、各教職大学院に共通するカリキュラムを提示。新人教員が実践的な指導力を発揮できるよう連携協力校での実習内容についても、都教委が提示する。さらに、カリキュラムの実施状況を実地調査するなど、点検評価するシステムを構築する予定である。

これを受け、創価、玉川、学芸、早稲田の4大学が東京都と協定を締結し、都のカリキュラム案を基に「ストレートマイスター」「現職教員」「管理職候補者」に対応したカリキュラム・シラバスを作成。

今年度は都から創価大に現職教員2人、管理職候補者4人、玉川大にそれぞれ1人と5人、学芸大にそれぞれ7人と6人、早稲田大に現職教員8人が派遣され、教育課程の編成・実施や各教科の実践的な指導方法、生徒指導・教育相談などについてのカリキュラムを受講している。

一方、帝京大学から申し入れがあった都との連携について、都教委は①教職大学院設置の基本的な考え方が都の求めているものと合致しているか②教職大学院で履修する内容に都の求めるカリキュラムが位置付けられているか③学生の定員に応じた指導体制が確保されているか――の三つの視点から内容を審査。

この結果、「実践と理論の融合を図り、高度な専門性と実践的指導力を備えた教職実践者の育成を基本方針に示している」「共通科目の内容に都教委の求めている共通カリキュラムの内容が遺漏なく位置付けられている」などと判断。今後、都教委は10月末に予定している文科省の帝京大学教職大学院の設置認可を受け、12月に帝京大学との協定を締結し、来年度からの連携開始を目指す。

帝京大学では、基本方針として、小学校教員の育成に特化するほか、医学部を有する特色を生かした教育と医療との連携を提示している。同大学は附属病院の医師による講義や医学部の学生とともに学ぶなど、脳の発達や感染症、発達障害、アレルギー疾患、スポーツと子供の健康など医療系のカリキュラムを用意し、最新の医学的な情報を学生に与えるという他の大学にはない特徴を打ち出していく考えだ。

このほか、ストレートマスターや現職教員、A選考合格者を対象とした共通カリキュラムでは、教育課程の編成・実施や各教科の実践的な指導方法など、すべての科目に到達目標を設定し、授業内容を工夫。学校の実習カリキュラムについても、段階的・計画的に学校における実習ができるように工夫するなど、都の求める内容が盛り込まれている。

都響マエストロ・ビジットが銀座中を訪問

生演奏による感動を

この4月に東京都交響楽団のレジデント・コンダクターに就任した小泉和裕氏による初めての「都響マエストロ・ビジット」が9日、中央区立銀座中学校で開催された。

これは、都響と前常任指揮者ジェイムズ・デプリースト氏が04年11月に立ち上げた教育活動プロジェクトで、指揮者と都響メンバーが学校を訪問し、生徒に音楽との出会いなど自らの経験を語りながら、生演奏による感動を味わって欲しいと実施しているもの。

7回目となったこの日は多目的室に集まった2年生120人に向けて、小泉氏が「本当の素直な感情が表れるのが音楽で、人間性を高めていく上でものすごく重要。音が充満しているが、美しい音を聞くように努力して欲しい」と語りかけた。

さらに「人間同士の愛情とか優しさがあってこそのハーモニー」と話し、バイオリン2人と、ビオラ、チェロ、クラリネットの都響メンバー5人によるモーツアルトの「クラリネット5重奏曲」が演奏された。ここで、指揮者がいる場合の違いを聞いてみようと突然、小泉氏が指揮を執り、もう一度演奏してみるというハプニングも。

「自分の心の中を主張できるのも音楽。人間が積極的に生きていける大事な要素なんです」との話もあり、エルガーの「愛のあいさつ」、クライスラーの「愛の喜び」も鑑賞。生徒からは「演奏している人の表情がはっきり見えて、とても楽しそうで、私も楽しくなりました」など感想や活発な質問が聞かれた。

「音楽は一生の宝物になる」と生徒たちに語る小泉氏

教職員のキーワード 68

転学・編入学

都教育庁から7月4日に、2008年度第2学期都立高等学校補欠募集の要項が発表されました。補欠募集の内容は、転学と編入学です。

編入学は、種類の異なる学校への入学や外国からの帰国者などが第1学年の当初以外の時期に入学する場合をいいます。転学は、学校に在籍している児童・生徒が同じ種類の他の学校の相当学年に移る場合をいいます。高等学校の場合、編入学、転学とも学校長の入学許可を受けることが必要です。

法令を見ると、学校教育法第59条では、高等学校に関する入学、退学、転学その他必要な事項は、文部科学大臣がこれを定めるとしています。この規定に基づき、同法施行規則第90条以下に具体的な規定があります。

編入学については、学校教育法施行規則第91条に、「第1学年の途中又は第2学年以上に入学を許可される者は、相当年齢に達し、当該学年に在学する者と同等以上の学力があると認められた者とする」と規定されています。また、同規則には、短期大学、高等専門学校の卒業者の大学への編入学に関する規定もあります。

なお、1988年には、高校における帰国子女の編入学の機会の拡充について、文部省初等中等教育局長、教育助成局長名での通知が出されています。

転学については、学校教育法施行規則第92条に、転学を希望する学校に教育上の支障がない場合に校長が許可することができるものとされています。

各高校では、特色ある教育課程を編成・実施しています。転学を許可するには、当該生徒が転入先の学校での学習についていけることが必要です。

そのためには、生徒の学力の水準とともに、教育課程が転学前の学校と類似していることが必要です。転入の試験により当該の生徒の学力等を把握することができますから、校長が総合的に転学の可否を判断します。

なお、全日制の2学年を修了した生徒が定時制に転学する場合に、4学年に転学することがあります。これは、修得した単位に応じて相当学年に転入したことによります。

都立高校の全日制課程の補欠募集では、二つの募集区分があります。第1は、転勤等による都外からの一家転住を対象としたものです。第2は、都内に保護者とともに住所を有する高等学校等の在籍者を対象とするものです。

なお、都立高校全日制の在学者が他の都立高校全日制の転学を希望する場合、在籍校及び志願予定校双方の校長の承認を得て1年度間に1回にかぎり出願することができます。

転学は同一課程間、同一学科間を原則とします。しかし、転学後に卒業に必要な単位の履修・修得が可能と志願先の校長が認める場合には、異なる課程・学科に出願することができます。また、第1学年では、第2学期補欠募集に限り特例として異なる課程・異なる学科への出願を認めています。

来年度教科書用の調査研究まとまる

都教育委員会

都教育委員会はこのほど、来年度に使用する都立高校（特別支援学校高等部等を含む）用教科書の調査研究資料をまとめ、各都立高校などへ配布した。今後は各学校に設置した「教科書選定委員会」でこの資料を活用し、教科書を選定。都教委はこの選定結果と研究資料等を総合的に判断し、都立高校等で使用することが適当と認めた教科書を採択する。

調査研究の対象となった教科書は、文部科学省作成の目録に登載された検定済み教科書のうち、2007年度に新たに検定に合格した47点（普通教科44点、専門教科3点）。学習指導要領の各教科・科目の「目標」などを踏まえ、事項別に「目標」などとの関連する各教科書の内容について調査研究し、その結果を数値データとして一覧表で示している。なお、一部の教科書については北朝鮮による拉致問題の扱いについても調査研究を行った。

「生きる力」を育む

第2次教育ビジョン ④

有識者に聞く《1》

国立教育政策研究所総括研究官　笹井宏益

東京都ビジョンの優位性

本年5月、東京都は、国に先駆けて、教育ビジョン（教育振興基本計画）を策定した。本来、行政計画とは、現状把握―分析―予測という社会状況の動態的認識のもとに、人や社会のあるべき姿を描き、その実現を図るための行政の対応を、具体的手順として示すものである。いうなれば、「計画を策定する」とは、社会的な営みを客観的に位置づけなおす作業でもあり、それゆえに、そこでは、経済分野の計画でしばしばみられるように、「数値」を具体的な指標として活用することになる。もともと、学校教育は、極めて目的的な営みであり、その構造自体が計画的にできているが、他方で、教育活動の内容（input）も成果（output）も、それが人間の内面の価値形成に関わるという特徴を有していることから、一義的に特定の指標をもって分析・評価することがなかなか難しい。

■リーディング・ケース

こうした点で、教育振興基本計画を、経済計画等と同様に考えることは明らかな間違いであり、その策定に当たっては、教育の本質を踏まえた独自の枠組みが必要になる。独自の枠組みとは、①社会との関係で教育の在りようが分析・予測されていること②これまでの実践経験に基づいて論理が組み立てられていること③教育活動について投入から結果に至るプロセスが示されていること④中長期的視野のもとで政策が構想されそれらのプライオリティが示されていること――と考えられるが、このたびの教育ビジョンは、この枠組みを踏まえて策定されており、地方自治体における教育振興基本計画のリーディング・ケースとなり得るものである。

教育ビジョンのうち理念の部分については、生涯教育の理念を具現化したと解釈できる事項が掲げられていて、大変興味深い。すなわち、「社会全体で子供の教育に取り組む」「生きる力をはぐくむ教育を推進する」という二つの事項は、学習者である子供たちの立場から見れば、「多元的に学ぶ場を得る」（Life-wide の理念）と、「生涯にわたって継続的に学び続ける」（Life-long の理念）のことであり、これらは、1965年のユネスコの会議においてポール・ラングランが、生涯教育の内実として、教育機会の「水平的統合」「垂直的統合」という表現で提示したことと同じ趣旨と解される。

これらの事項を教育ビジョンの基幹的理念として掲げていることは、位置づけとしても内容としても正しい。なぜならば、現代社会が情報社会から知識基盤社会へと移行しつつある中で、教育をつうじて、そのプラスの面を促進しマイナスの面を克服していく上で、生涯教育（生涯学習）の理念は、今もってその基盤となるものだからである。

いうまでもなく、昨今の子供をめぐる状況をみれば、子供の学ぶ場が学校だけであったり、生きる力が乏しかったり、と様々な課題があることがわかるが、今回の教育ビジョンが、こうした個々の課題への対応として構想されただけではなく、生涯教育という普遍的理念に支えられていることは、計画策定にあたって、多くの関係者が、社会の根底を流れる潮流をきちんと認識し、かつ教育システム全体の改革を視野に入れて方向づけを行っていることを示すものである。

そして、そのことのゆえに、合理的根拠のない、軽佻浮薄な「ゆとり教育」批判を排し、「生きる力」の内実としての「確かな学力」と「人間関係構築力」という二つの資質・能力をクローズアップさせている。これらの提示は、単なる「能力論」の紹介にとどまるものではなく、教育という営みを実践する上での原理的な方向を示しており、教育ビジョンにフィージビリティとダイナミズムを付与するものである。

■地に足が着いた計画

もう一つ、生涯学習との関連で指摘しておきたいことがある。それは、今回の教育ビジョンにおいて、理念の部分と政策実体の部分とがきちんと整理されて記述されていることである。

すなわち、「生涯学習」あるいは「生涯学習社会」という概念は、基本的には、抽象的な「理念」であるにもかかわらず、しばしば（公共的価値を含む）政策実体があるもののように誤解され、例えば、（生涯学習社会の構築に向けての）「学習機会の提供」とか「学習情報の提供」などといった施策が唱えられてきた。しかしながら、こうした施策は、公共的価値の在りようとは全く無関係であり、それゆえに、政策を立案・実施する上での価値原理・行動原理とはなり得ない。ひとことでいえば、政策が本来拠って立つべき「具体的な必要性」を欠いているのである。

今回の教育ビジョンは、子供の成長・発達に焦点化してはいるものの、現実の世界で起こっていることを率直に認識し、それへの対応を、例えば、「家庭の教育力」や「地域の教育力」への支援という形で、具体的な必要性に基づいて政策化を試みており、画期的な内容になっている。こうした知恵は、「生涯学習・スポーツ部」を「地域教育支援部」と改変した都の機構改革にも表れており、関係者の深慮遠謀がうかがわれる。

将来の教育の在り方は、誰しもが、論拠を明示しなくても論じられるテーマであり、それゆえに、これまでの構想や計画の中には、美辞麗句の羅列に終わっているものも少なくない。一見すると、美辞麗句が目につくこのたびの教育ビジョンだが、よく読むと、認識も構成も非常にしっかりしていることがわかる。こうした「地に足が着いた」教育振興基本計画が、都下の市町村でも策定され、実施されていけば、東京都の教育は、格段に充実していくものと思われる。

◇

ささい・ひろみ＝1956年生まれ。北海道大学法学部卒。1980年に文部省に入省し、職業教育課課長補佐、地域学習活動推進室長、北海道大学助教授などを経て、98年に国立教育研究所生涯学習体系研究室長に就任。その後、モンゴル国文部省政策顧問などを歴任し、2001年から現職。国立女性教育会館運営委員、東京都地域家庭教育協議会委員、中央教育審議会生涯学習分科会専門委員などを務めた。

「美しい日本語を」

ハートフルTAMA開催

多摩教育事務所

東京都多摩教育事務所は、子供の健やかな成長を目指して学校や地域社会、行政の関係者が一堂に会し、連携・協働の具体策を考えるための「心に響く言葉ハートフルTAMA」を25日、都多摩教育センターで開催する。

「豊かな人間関係をはぐくむ言語環境をつくろう」をテーマに、講演や受講者参加型の研修を通して、子供たちを取り巻く言語環境のあり方について、学校・家庭・地域ができることを考えようというもの。

講師は、『美人の日本語』などの著書がある作家の山下景子氏で、講演のテーマは「美しい日本語」（仮題）。日頃忘れかけている美しい日本語に触れることによって、毎日使っている自分の言葉を見直す機会となるよう、また豊かな人間関係を育むために大切なほめる言葉などについて話してもらう。

このあと、受講者参加型の研修を、舞台芸術センターが「美しい日本語の話し方教室」と題して行う。劇団「四季」で使われている発声法「母音法」や「友達はいいもんだ」の歌などの体験的研修で、「言葉は自分の意思や思いを伝えるためにある」「目を見てあいさつする」「少し口を開けるだけで大きな声が出る」ということを参加者に体感してもらう。

毎週金曜3面は　教育オンライン

interview

都労連らしく堂々と、粛々と

武藤弘道・都労連委員長に聞く

労使関係　対決すべきは対決し、要求解決

都労連は6月27日の第63回定期大会で、新執行委員長に武藤弘道氏を選出した。今期確定闘争では、現業賃金・任用と教員の職・給与に加え、勤務時間の短縮を最大の課題に、昨年以上の闘いを展開していくことが確認されている。さらに公務員総人件費削減など、公務員を取り巻く状況も厳しさを増すなかでの委員長就任となる。武藤新委員長に、労使関係や人事委員会への対応、都労連運動のあり方などについて聞いた。

――都労連委員長に就任した感想を。

職場状況は限界に達しているが、組合員は都民サービスを後退させまいと一所懸命頑張っている。書記長を6年間務めてきたが、都労連の役割が期待されていることをひしひしと感じている。単組と組合員の皆さんの期待に応えるために都労連執行部は全力を挙げることを決心している。

――昨年来、当局側の姿勢に対して、反発を強める場面も多くなっています。今後の労使交渉のあり方についての考えは。

都労連は、都に働く職員の賃金・労働条件を向上し、公共サービス、公教育など、都民のニーズにきちんと現場から応えることができるように働く環境を確立することを第一の使命としている。そのために統一3原則を確認している。都側と統一交渉を行い、対決すべきは対決し、組合員の要求を解決していくことが都労連の伝統だ。この伝統が変わることはない。

――都人事委員会へ働きかけを行うケースも増えてきています。

人事委員会は公務員の労働基本権を剥奪した代替措置として、公正中立な第三者機関として設置されているはずだが、現状は人事委員会自らその役割を放棄していると指摘せざるを得ない。人事委員会には、職員の期待に応えて、本来の機能を回復して頂く以外にない。そうでなければ、人事委員会が存在する意味がなくなる。

――今期確定闘争の最重要課題のうち、特に現業と教員の問題について、どうとらえていますか。

現業の任用制度は、3年前の確定交渉で、昨年の確定交渉期まで引き続き協議とし、昨年の段階で決着が付かないで、今年の確定交渉までに結論を得るようにと整理した経過にある。本を正せば級格付け廃止であり、都労連は苦渋の判断をしたが、現業職員はもろに賃金等の不利益を受ける。このままでは、都政の根幹を第一線で支えてきた現業職員の皆さんが果たしてきた役割と蓄積が否定される。我々は、不利益がないように制度を再構築しろと言ってきた。すでに4月の段階で要求を改めて出しているが、不退転でその早期実現を都側に求めている。

都側の現業賃金引き下げの主張は、公務員総人件費削減の政治的攻撃を利用した都側の言いがかりだ。まともに相手にはできない。論外だ。

教員給与に関しても同じだ。主任教諭だとかの職を設置しても教育現場が混乱するだけだ。混乱する教育現場で教育が立ち行くのか。狙いは教育現場の管理統制と教員給与の引き下げではないか。教育庁は6月に「主任教諭等の任用に関する基本的な考え方」を公表したが、都労連は都側に抗議して反対の立場を明確にし、都労連要求の実現を申し入れている。現場の教職員の意見を真摯に聞くことが教育庁の責務だ。

――国の公務員総人件費削減や公務員改革の動きも進んでいます。

国家財政赤字の政治責任を不問にして、大衆増税や社会保障に関わる国民負担の布石として、公務員総人件費攻撃が政治的に行われている。特に地方公務員をターゲットにしているが、地方財政計画で地方公共団体を締め付け、今や6割の自治体が何らかの給与削減を行っている実態にある。人事委員会勧告制度は事実上、形骸化している。公務員制度改革についても、労働基本権を完全保障する状況にない。

都労連は、賃金労働条件については労使協議、労使合意で決定することを積み上げてきた歴史があり、国がどうであれ、都労連らしく堂々と闘いを進めていくだけだ。

――非正規雇用など、社会格差が拡大する中、組合運動に期待する声も大きくなってきています。

都労連の運動方針に明確に記載しているが、公契約条例の制定やILO94号条約の批准、非常勤職員の労働条件改善、ワークルールの確立などを方針化している。すでに最低賃金の引き上げを含めて、要求としても都側に提出している。

政治的な総人件費削減の圧力に人事院、人事委員会は屈服し、事実上、勧告制度が形骸化されているが、これは労働者全体の賃金を引き下げる構造を作り出している。

都労連は、都における公共サービス、公教育を担っている非現業、現業、教員が参加している組合連合であり、その意味でも、都労連の闘いが社会的に求められていると認識している。

憲法25条が空洞化している実態の中で、労働者・国民の人権と生存権を確立し、誰もが希望を持って平和で安心に暮らせる環境を作り上げていくために積極的に取り組んでいきたいと考えている。

――今後の都労連運動はどうあるべきと考えますか。

都労連の62年は統一と団結。組合員の皆さんの要求と思いを、職場組合員の皆さんと一体となって、大衆運動の力で自主解決してきた歴史だと思っている。それは都労連の宝であり、引き継いでいく。労働組合は、弱い人々の立場に立って闘う人間集団だ。その基本を忘れずに、粛々と前に進む。

退職局長から一言　上

一歩引くことも大切

押元洋（前総務局長）

長い人生の間には何度か大きな「壁」に突き当たることがあります。そういうときは遮二無二体当たりしようとせずに、思い切って先ず一歩引き、あらためて「壁」全体を見つめ直してみてはいかがでしょうか。ものごとの渦中にいると、見過ごしたり、分からなくなることもたくさんありますよ。

また、どうにも煮詰まってしまったときは、しばらくの間、何もしないでいるという手もあります。ある程度の時間をおいてみると、気持がいくらか楽になってよい知恵が出るものです。この間の時の経過によって状況が変わっているかもしれません。

私自身、こうしたことを先輩から言われたときには「ふーん、そんなものか」と思って軽く受け流していました。でも、ある程度の経験を積むと、先輩の言葉が実感として分かるようになってくるんですね。皆さんにも「なるほど、そうだったのか」と思う日がきっと来ますよ。何とか道は開けます。ご健闘を期待します。

消費生活相談の充実を

渡辺日佐夫（前生活文化スポーツ局長）

平成18年7月の庁議において、生活文化局長就任のあいさつで4点について発言した。その趣旨は、①現場重視、現場第一主義で臨む②一方、何のための施策か、常に原点に立ち返って考える。前例や経緯にとらわれず、都民、国民のためかどうか③そうは言っても、空理空論ではいけない。行政である以上、具体的現実的な施策を考え、実行すべきである④最後に行政としてすべてに共通することではあるが、コンプライアンス（法令順守）を徹底し、都民、国民に対する説明責任を果たさなければならない。

この考えを基に局の運営を行ったつもりであったが、「お前は何をしてきたのかと吹き来たる風は問う」。評価は職員と都民の皆様に委ねるほかない。

一方、職場を去るに当たり、どうしても気になることがある。あえて問題提起をしておきたい。それは消費生活相談体制の充実、相談員の処遇改善である。

都の消費生活センターの相談は、現在のところ月曜から金曜日までであり、土曜と日曜は実施していない。消費者被害が続出していることを考えれば、せめて土曜日も開所すべきである。そのためには、相談員の人数を増加すべきだ。

また、相談員は、法律専門家に匹敵する法律知識を備え、被害救済と被害防止に取り組んでいる。消費者保護の専門家である。早急に専門家にふさわしい待遇に改善すべきである。在職中に解決できなかったことを恥じている。

最後に「裏を見せ、表を見せて、散るもみじ」。

職員の努力は都の財産

尾田俊雄（前港湾局前技監）

大島や小笠原などから出張で帰るとき東京港に入港すると、羽田空港、大井・青海のコンテナ埠頭、臨海副都心、レインボーブリッジ、天王洲アイルなど活気あふれる都市活動と、お台場などの海上公園の緑が調和したすばらしい光景が目に飛び込んできます。特に、夜は荷捌き中の明々とした埠頭と高層ビル群の夜景の美しさは、神戸や函館以上だと思っています。

東京港は、物流機能と都市機能の両立したすばらしい港です。昭和46年の入都時を思うと隔世の感があります。入都以来37年間、さまざまな分野で基盤整備に携わってきましたが、臨海副都心を見れば、共同溝やプロムナードなどを整備していた当時を思い出し、沈埋トンネルを通れば、設計をしていた当時を思い出します。一緒に汗をかき苦労を共にしてきた職員や、指導していただいた上司や先輩のことを思い出します。今日無事、卒業できましたのも、こうした皆様方の温かい支えのおかげであり、感謝しております。

仕事をするのは、組織であり、人であります。一人では限界があります。みんなで目標・目的をしっかりと共有し、一丸となって取り組むことによって、必ず課題は解決すると信じています。また課題を一人で抱え込まないことも大事です。同僚や上司の経験や知識や情報などで、新たな解決の糸口が見つかるものです。

職員一人ひとりの努力は、都の貴重な財産であります。少数精鋭の首都公務員の皆さんは、「個人の努力＋組織力」で都政の課題解決に大きな力を発揮するでしょう。都政の益々の発展、2016年のオリンピック開催、期待しております。皆さんの今後のご健勝とご活躍を心から祈念しています。

長い間、大変お世話になり、ありがとうございました。

仲間との一体感あれば

大野精次（前中央卸売市場理事）

35年に及ぶ都庁生活でしたが、現在のビックサイトの基本構想策定や二信組・コスモ信組破綻問題、産業振興ビジョンの策定、今も続く産業交流展など、その時々の都政の大きな課題に関わる仕事をする機会を持つことができました。

品川清掃事務所長時代には現場の責任者として、半透明ごみ袋の導入問題に対応しました。長年、現場できめ細かい住民サービスに携わってきた技能長の仕事にかける思いが事務所全体の取り組みに反映し、地元の商店街や町内会の人々が、駅頭でのビラ配りやシンポジウムの開催などの自主企画で応えてくれました。その時、当たり前のことですが、仕事とは人間関係というか、人と人との関係そのものだということを再確認することができました。苦しくて、忙しくても、特に一緒に仕事をする仲間との一体感があれば、困難は克服できるものです。そして全力を尽くせば、あとはすべて時間が解決してくれるものです。

都庁での最後の4年間は、新市場担当部長、市場管理部長として豊洲新市場の整備に全力を尽くしてきましたが、新市場予定地の土壌汚染問題が第2回都議会定例会で多くの議論を呼び、7月には専門家会議の提言がなされるという真只中で、都庁を退職することとなりました。

改めて、築地での再整備は不可能であり、専門家会議で示された手厚い土壌汚染対策の方向性を踏まえて、しっかり対策を講じることで、市場として安全性に問題のない豊洲新市場が実現することを確信しています。

最大の課題は「人づくり」

島田健一（前交通局長）

最近、人材育成の講師を依頼されることが多くなりました。私は自分の経験の中から、「一流の人に出会うこと」「明るく元気に大きな声で」の二つを柱にお話をさせていただいております。

振り返ってみれば、局長級ポストまで歴任できた要因の第一は、まさしく一流の先輩達に稽古をつけて頂いたおかげと思っております。一流の方々の志の高さ、感性の豊かさ、難局にある時の身の処し方、人を束ねるにあたっての愛情と厳しさ、日々自己研鑽する姿、そんな諸々の考えや行動が、一緒に仕事やお付き合いをさせて頂くうちに、少しずつですが吸収できるものです。

そうは言っても人生、良いことばかりありません。そんな時に、民間の経営者から「明るく元気に大きな声で仕事をすれば、仕事の7割うまくいく」というお話を伺いました。「そうかぁ、カラ元気でもいいか」と思うとすっかり気分が楽になり、いつの間にか「いつも元気ですね」と言われるようになりました。

「人は石垣、人は城」、組織を支え強くするのは「人」です。今、都庁が取り組むべき最大の課題は「人づくり」だと思います。都は「人財」の宝庫です。職員一人ひとりも、都政に対し熱き思いを持ち、仕事に汗をかいて、成功体験を積み重ねながら自己進化していくことが大切です。

こんなことを思いながら、先輩、同輩、後輩たちに感謝しつつ、35年余お世話になった都庁を後にします。本当にありがとうございました。フレー、フレー、都庁！

都庁でも居酒屋タクシー　29人がビール提供

中央省庁の職員がタクシー運転手からビールや金品を受け取っていた「居酒屋タクシー」問題を受け、都総務局が都庁全局の職員を調査した結果、29人が缶ビールの提供を受けていたことがわかった。

調査は、警視庁と消防庁、教員を除く全職員のうち、昨年度にタクシーチケットを使用した6407人を対象に実施。自己申告により、特定のタクシー呼び出しの有無や、現金等の授受、アルコール類の提供などの有無を確認したほか、所属長が請求書などから同一タクシーの連続使用の有無などを点検した。

この結果、29人の職員が缶ビールの提供を受けていたことが判明。20回以上提供された職員も4人おり、最高で40回提供された職員もいた。なお、現金や金券類、贈答品などの授受はなかった。

都は今後、アルコール類の提供を受けた職員について、個別状況を具体的に調査し、処分等を検討する。また、15日には全職員に綱紀保持の徹底を文書で通知。運転手から現金や飲食物など一切の金品の提供を受けないことや、特定のタクシーを利用しないよう求めた。

口頭試問の受験者決定　都管試

都人事委員会は16日、08年度の管理職選考及び運輸管理職選考の口頭試問受験者を決定し、所属を通じて受験者本人に通知した。口頭試問受験者数は、種別ABCの合計で前年度比33人減の264人となった。

口頭試問受験者数を選考区分ごとにみると、種別Aは前年度と同数の62人。種別Bは前年度比4人減の139人、最後の選考となった種別Cでは、前年度から29人少ない63人。運輸で口頭試問に進んだのは3人だった。

口頭試問の実施日は、種別A及びBの1回目が8月6日から8日の間で指定する1日、2回目は8月18日と19日のうち指定する1日としている。種別Cと運輸管理職は、8月6日から8日の間で指定する1日で行う。最終合格発表は8月29日を予定している。

選考区分	受験者数	口頭試問受験者数	合格予定者数
種別A	392 (425)	62 (62)	38 (38)
種別B	677 (712)	139 (143)	95 (100)
種別C	263 (315)	63 (92)	52 (75)
ABC合計	1332 (1452)	264 (297)	185 (213)
運輸	18 (21)	3 (3)	3 (若干名)

※記述のみ受験者は除く。かっこ内の数字は07年度のもの

夕張市の現状　派遣職員が報告

「民主的な職場が大切」

今年1月から財政再建中の夕張市に派遣された都の若手職員が、この間の成果などを報告するセミナーが15日、都庁の大会議室で行われ、若手職員400人が参加した。

夕張市総務課税務管財グループで働く百澤俊平主事は、破綻の一因となった閉山対策の観光開発に触れながら、「当時、携わった職員は『客が入らないのはわかっていたが、発言できる雰囲気ではなかった』と話していた。民主的な意思決定ができる職場の雰囲気が大切」などと訴えた。

同じく、市民課市民保険グループに派遣された鈴木直道主事は、財政再建プランの実態を報告。「職員の給与は40％減で若手は手取りで10万円に満たず、流出が止まらない。夕張の将来にとって良くない」と述べ、市民に安心感を与えるためにも、安定的な行政体制の確保が必要と訴えた。

猪瀬副知事は「夕張市は800兆円の借金を抱える日本の縮図。どう再生するか見届ける必要がある」と述べ、夕張のような町があることを意識しつつ複眼的な視点で働いて欲しいと呼びかけた。

伊藤　孝行さん（いとう・たかゆき＝元荒川区議会議長）12日死去、88歳。

米山　朋恵さん（よねやま・ともえ＝米山武志・品川区区民生活事業部税務課課税第三担当付主査の妻）14日死去、27歳。

昇任試験対策のページ

㉑年度 職員教養講座 [4]

合格体験記B ①

はじめに

ここ数年、管理職試験制度が大きく変わっています。その背景には、受験率の低下や、職務で頑張っている係長級の方々の申し込み者数の低下があると言われています。しかし近年の試験制度の変更で、種別Bは、平成19年度から択一試験の廃止や受験資格が拡大されるなど、ライフプランに応じた受験がしやすい環境ができてきたと思います。一方、平成21年度選考から種別Cが廃止されるため、従前の種別Cの対象者の方々には、種別B受験への不安をお持ちの方もいらっしゃるかもしれません。

私自身は、種別Aの不合格を経験し、さらにBに択一試験があった時代の不合格体験も持ちますが、年々高まる仕事への責任の中で、上司の期待、妻の期待と落胆を日々感じながら、受験を継続していくことが正直つらい時期もありました。しかし、何よりも自分自身が、管理職として都庁という組織に貢献していくことのやりがいを感じたとき、懸命に仕事と勉強を両立させようと努力することができました。

私は、今回こうして自らの合格体験を述べる機会を頂くことになったわけですが、これから管理職試験の受験を検討されている方に、試験勉強を通じて感じたことを率直に述べさせていただきたいと思います。

勉強を始めるにあたって

試験当日までの道のりは長丁場であり、誰しも幾度となく途中で挫折しそうになるものだと思います。そうした時に、決して受験をあきらめることのないよう、次の三つを心がけました。

一つは、自分自身の中で、管理職になるにあたっての明確な動機付けを行うことです。動機の内容自体は、各自異なるもので構いません。とにかく、どんな困難な状況になっても逃げ出さない勇気をもらえるような動機付けをまず行ってください。私自身も数回の不合格体験を踏まえて、もう受験をやめたほうがいいのではないかとも思いながら、最後には、「管理職になりたい」という動機付けがあったからこそ合格にたどり着いたと思います。

二つ目は、受験を応援してくれる人（仲間）を作っていくことです。管理職試験は、筆記考査、勤務評定、口頭試問及び適性評定により行われています。準備としては、筆記試験の勉強だけでは不十分です。職場では、同僚と協力しながら職務の遂行に全力で取り組むとともに、管理職としての心構えなどを先輩管理職である上司から学ぶことも必要です。よって、受験の意思を周囲に明確に伝えることで、情報交換しやすい環境を作ってください。そして何より、決意表明を行うことで、自分自身の気持ちを引き締めることにもなります。

三つ目は、自分で解答案を考えることです。受験勉強に取り組まれる中で、皆様も仲間から様々な資料や助言、上司の添削指導を受けると思います。しかし、その中には、不十分な情報や自分の考え方と異なる施策案もあるかもしれません。管理職試験は、決して唯一の正解を導き出すための試験ではありません。準備の段階では、いくらでも悩んでいいと思います。でも、最後は自分が管理職として、都政をどうしたいのかを考え抜いて、情報の取捨選択を行ってください。

勉強方法

それでは、私が合格した年の勉強方法について、具体的にご紹介します。

1　全体のスケジュール策定

私の場合は、前年度の合格者が世話役を務める勉強会に参加して、そのスケジュール管理に合わせました。11月頃に、合格者の体験談を聞き、その後、3月まで記述の解答案を参加者と交換しながら出題分野すべてについて作成しました。記述の解答案の準備ができたと思えたのは5月上旬でした。それから毎日暗記の作業を行いました。

また論文は、3月までは世話役の方に添削をしていただき、4月の異動後は、直属の上司と知り合いの本庁副参事に添削指導を仰ぎました。私は、2本の論文を準備したのですが、直前まで推敲していました。職場環境や勉強のスタイルは、それぞれ異なると思いますので、ご自身に合ったスケジュールを立てればよろしいと思います。ただ重要なのは、受験を決意したときからすぐに始めることと、5月の集中だと思います。

2　情報収集

先ほど述べたように、私は勉強会に参加したので、その情報交換が中心でした。さらに独自の取り組みとしては、まず記述対策では、とちょうー1や関係省庁のプレス資料などをホームページでチェックしました。出題されそうなキーワードは、ホームページで公開されている資料で解答案を整理することができました。

また論文対策では、まず自分が受験した職群の専門書を購入しました。専門的な基礎知識を改めて整理しておくと、白書、国・都の予算、10年後の東京など各種計画を読み込んで論文を作成する際に、論点の重要性を自ら判断できるようになりました。受験を考える皆さんは、まだ7月と試験日まで十分時間がありますので、是非該当する職群の専門書をお読みになることをお勧めします。また、新聞（できれば職群で定評のある専門紙）を読み、最新の動向を把握することもお勧めいたします。

3　項目別の勉強方法

平成20年度管理職選考から、種別Bの筆記考査では職群別の記述と論文試験のみとなりました。

《記述問題》

当然ながら、出題傾向を踏まえた予想問題の絞り込みが必須です。選択解答するものすべてを正答にしなければ、合格水準には達しません。まず、管理職選考の職群別出題領域を必ず確認してください。次に、過去の出題傾向から、予想問題を考えます。私の場合は、法律分野で20問程度、事情もので60問程度の予想問題を考え、自分なりに出題の可能性が高いと思うものを10問程度暗記して試験に臨み、2問予想が当たり、解答できました。

記述の解答は、レポート用紙1枚程度にまとめるのですが、プレス資料をそのままコピーするだけでは不十分です。どうしても資料の読み込みを行い、自分なりにまとめる必要があります。そのため、かなり準備に手間がかかりますので、合格者や受験生仲間との情報交換で、資料を入手するのが効率的です。ただし、もらった資料は、ただ闇雲に暗記せず、必ず自分でまとめることが必要です。

《論文問題》

論文を書き始めるにあたって、二つの準備が必要です。

まず、出題予想を立てなければなりません。過去数年間の出題傾向から、可能性の高いテーマを選びます。直近に発表された答申・プランに沿った形での出題も多いので、都政の動向には十分注意を払ってください。論点は、より実務や実態に即した内容を取り上げる必要があります。

次に、添削してくださる先輩を確保することです。できれば自分が目指す職群の合格者か本庁副参事級で、客観的に指導してくださる方を見つけることです。合格水準に達するまでには、かなりの書き直しが必要になると思います。論文指導者にじっくり指導していただけることが大切だと思いました。もちろん、直属の上司にも添削をお願いしてください。論文の添削のみでなく、管理職の先輩としてのアドバイスが必ずいただけると思います。

添削を複数回受けると、合格論文が完成すると思います。次に試験当日まで、暗記と推敲を行います。暗記の方法はいろいろあると思いますが、論文をレジュメに直すやり方をお勧めします。いくら完璧に全文を暗記したとしても、当日そのまま出題されるのはまれであり、大抵の場合、出題されたテーマに即して準備した論文をその場で修正しつつ、書くことになると思います。その際、レジュメで頭に入れておけば、比較的その場で柔軟に対応しやすいと思います。

その他に私が気をつけたことは、①本番と同じ用紙に手書き再現する練習を繰り返すこと。ワープロで推敲していると、本番で漢字を忘れることがあります②本番の時間感覚をつかんでおく。書くだけでも相当時間がかかります③常に最新の社会経済情勢に気を配り、適宜表現に工夫を加える、などです。

おわりに

試験勉強を通じて感じたことは、管理職試験とは、常日頃からいかに自分が高い問題意識を持ちながら職務に従事しているかを適切に表現する事を問う試験であるということです。私は試験勉強を通じて、国や他の自治体、民間や各国の動きを視野に入れ、今までの都政の取り組みを踏まえ、さらに管理職としての自身の問題意識や解決施策案を考える訓練をしました。さらに、それを分かりやすく表現することも学びました。もちろん、日頃から高い問題意識を持ちつつ、職場の核となって職務に励んでいる方々から見れば、管理職試験とは、日頃の職務の延長線上にあるものといえるでしょう。

最後になりますが、受験を決意したからには、「諦めない！」ことが重要です。私も数度の不合格を乗り越えて合格しました。ご自身とご家族の健康管理にも留意されてください。

皆様のご健闘を心より祈念いたしております。

20年度 特別区管理職試験講座 24

I類記述⑨

今回は、記述式問題「事件事故型」の2回目の問題例を掲載します。

平成14年度に現在の選考方法になってから、事件事故型の問題は1回（平成17年度の新潟豪雨）しか出題されていません。

これまでの出題傾向を見ると、選考で使用された資料の図表・新聞記事等は、施策提案型、事件事故型のいずれも23区での出来事を直接的に資料とした事例はありません（新聞記事内容の一部で2区の事例が紹介されたことはあります）。そのため、今年度の選考において、いずれかの区で起きた事件事故等を直接扱うということは、新たなメルクマールとなるので、そこまで踏み込んで出題するかどうか判断が分かれるところです。（例として、杉並区の小学校における児童転落事故、荒川区・江東区での遊園遊具事故、その他保険料の誤徴収・納税額通知間違え・USBメモリ紛失・文書廃棄等）

いずれにしても、求められている提案書は、例えば、①タイトル（目的）②概要③事件事故の原因と分析④未然に防ぐより効果的で実現性のある対策⑤まとめ――などのように、多忙な部長に提出する提案書には分かりやすさ、説得力が求められます。これは、採点する側も、そのように書いてあることを前提として読むのですから、よほどのことがない限り、この答案スタイルを崩さない方がよいと思います。その上で、自分なりの答え方のパターンを作成しておくことをお勧めします。

併せて、過去3カ年分程度の都政新報の「管理職試験講座」事例問題を、答案作成の参考例としてチェックすることもお勧めします。平成17年度は「高齢者施設の安全衛生管理」「個人情報の管理」、平成18年度は「高齢者施設の危機管理」「情報セキュリティ」、平成19年度は「区営プールの安全管理」「情報セキュリティ」、平成20年度（前回）は「食品衛生（冷凍ギョーザ）における危機管理」を掲載しています。都政新報の縮刷版が近くの図書館等になければ、特別区自治情報・交流センター（東京区政会館4階）に置いてあります。

今回の解答例と解説については、7月25日号に掲載します。

【問題】

次の資料は、職員の不祥事に関する新聞記事です。

特別区における職員の服務を担当する課長として、資料から読みとれる職員の不祥事の原因を分析し、これに基づき、事件を未然に防止するためのいくつかの具体的対応策を立案してください。この原因の分析から対応策の立案までを部長に提出する提案書としてまとめてください。形式は自由です。

事例問題④

《資料1》

生活保護費67万円着服　調布市職員　辞退申請手続きせず

調布市の男性職員が昨年、生活保護の受給辞退を申し出た市民の保護費を停止せず、本人には停止したことにして今年3月までの8カ月間に約67万円を着服していたことが28日、明らかになった。同市は、男性職員の懲戒免職処分や刑事告訴を検討している。

市によると、男性職員は昨年6月、受給者の1人から生活保護辞退の申請を受けながら、端末で一時停止の処理をしただけで、正式な手続きをしなかった。このため、同年8月以降、再びこの受給者分の生活保護費が金融機関から市役所へ届くようになり、男性職員は、これを着服していた。

男性職員は他部署に異動するため、今年3月に端末で正式な停止手続きをした。ところが、4月にこの受給者が生活保護の再開を申請して、着服が発覚した。

市の事情聴取に対して、男性職員は「盗もうという気はなかった。いつの間にかそうなってしまった」と話しているという。

（平成20年4月29日付読売新聞より）

《資料2》

出生届を放置2年10カ月戸籍なし　熊本の町職員ほかにも8件

熊本県城南町は14日、今春まで戸籍事務を担当していた男性職員が04～06年度に、出生届など9件の戸籍処理を放置していたと発表した。同日付で停職6カ月の懲戒処分にした。

放置されていたのは、▽05年7月に出された出生届1件▽同町に戸籍が残る海外居住者からの死亡届や婚姻事項記載申出書など6件▽国籍の訂正指示1件――など。出生届は戸籍作成の手続きをして、他の8件は法務局と対応を協議しているという。

出生届が戸籍処理されていなかった男児は、住民基本台帳への記載はなされていたため実質的な損害はないが、名前の一部に戸籍で使えない漢字が使われていたため、同じ読みの別漢字への変更を余儀なくされた。

職員は4月、別部署に異動。後任者が5月、書類を整理していて未処理の書類を発見した。町は「忙しくて忘れたのか、本人は放置していたという認識があまりないようだ」と説明している。

（平成20年5月15日付毎日新聞より）

《資料3》

税金238万円横領　市係長懲戒免職

埼玉県志木市は30日、税金計238万5600円を横領したとして、志木駅前出張所のF係長を同日付で懲戒免職処分にし、朝霞署に業務上横領容疑で被害届を提出したと発表した。

市によると、F係長は昨年5月から今年3月までの間、市民が同出張所窓口で納めた市民税などを計51回にわたり横領した。消費者金融の借金返済や生活費にあてていたという。市会計課に提出する書類の日付を改ざんし、後日の入金分で穴埋めしていた。

市が督促状を発送した市民3人から今月24日、「すでに納付している」と連絡があり発覚した。F係長は横領を認め、家族が返済したという。

（平成20年3月31日付読売新聞より）

《資料4》

酒気帯び現行犯で磐田市課長を逮捕

静岡県警磐田署は25日、同県磐田市道路建設課長S容疑者を道交法違反（酒気帯び運転）の現行犯で逮捕した。S容疑者は同日午前0時25分ごろ、自宅近くの市道で、乗用車を運転中、同署員に職務質問された。同署員が、S容疑者から酒のにおいがするのに気付いて呼気検査をしたところ、基準値を超えるアルコール分を検出した。

（平成20年1月25日付読売新聞夕刊より）

《資料5》

切手など無断換金　鴻巣市職員が着服

鴻巣市会計課に勤めていた男性職員が業務で使う切手や印紙を無断で換金し、小遣いなどに使っていたことが、27日わかった。市は着服された金額などを調査して、職員を処分する方針。

市職員課によると、職員は会計課に勤めていた06年4月から2年間、業務で使っていた切手など計4万4480円分を無断で、金券ショップで換金して私的に流用していたという。07年度決算を整理していて、帳簿の金額があわなかったため、発覚した。職員は24日、市の調査で着服を認めて翌日に全額返済した。

（平成20年6月28日付朝日新聞埼玉版より）

《資料6》

北九州市職員　出退勤システムを悪用　時間外など不正受給

北九州市は27日、出退勤システムを修正できる権限を悪用し、不正に時間外手当の受給や有給休暇の取得を繰り返し総額約410万円を得ていたとして、小倉北区役所まちづくり整備課のS職員を懲戒免職処分にしたと発表した。

市によると、S職員は04年4月から同課の庶務担当で、課員の出退勤時刻をパソコン上で修正できる立場になった。その直後から3年11カ月にわたり、時間外勤務をしていないのにしたように改ざん、1283時間分の時間外手当約360万円を不正受給した。

また同時期に、有給休暇を取得後にシステムの出勤簿画面から休暇を削除し、本来取得できる日数や時間を超えて年休や夏季休暇などを取得、50万円余りを不正に得ていた。

同僚職員が休日に出勤した際、S職員はいなかったのに出勤扱いになっていたことがあり、調査の結果、不正が発覚した。

昨年4月にS職員は庶務担当から外れたが、その後も出退勤システムを修正できる状態が続いていた。

（平成20年6月29日付毎日新聞より）

カレントトピックス 20年度 40

都政事情

■平成21年度国の施策及び予算に対する東京都の提案要求（前期）（6月23日）

国の予算編成・政府施策の策定に東京都の意見を反映させるため、国へ対して行う提案要求が知事本局から発表された。

重点事項は69項目で、選定のポイントは①地方分権改革の実現、「10年後の東京」及び「10年後の東京への実行プログラム2008」の実現に資するもので、国に強く働きかけるべきもの②石原知事と福田総理大臣との会談を踏まえ、平成19年12月に設置した首都東京の重要施策に係る「国と東京都の実務者協議会」で協議事項となっている13項目に関するもの――を挙げている。なお、重点事項のうち、新規の事項は14項目である。

■「東京と都政に対する関心」都政モニターアンケート結果（6月30日）

本アンケートは、インターネット都政モニターを対象に都内居住の意向や都政の満足感、今後取り組むべき分野などについて毎年聞き、今後の都政運営の参考とするものである。

東京都が取り組むべき分野は「治安対策」が1位で、「高齢者対策」が2位となった。「治安対策」は5年連続で1位である。以下「防災対策」「環境対策」「医療・衛生対策」と続いている。

関心を抱いた都政の出来事では「新銀行東京に400億円の追加出資」が1位で、「東京マラソン2008の開催」が2位となった。

■東京都観光客数実態調査結果（7月4日）

都産業労働局は、平成19年の都内観光客数、観光消費額及び経済波及効果を調査し、観光行政の推進の基礎資料として、調査結果をまとめた。

平成19年に東京都を訪れた外国人旅行者は約533万人（10・9％増）、国内旅行者は約4・4億人（2・8％増）であった。

旅行者が増えた要因として、アジアからの旅行者を中心とした訪日外国人旅行者の増加傾向、東京都が取り組んできた世界への東京の魅力発信、観光資源の開発、受け入れ体制の整備などの施策の効果や大規模複合施設など新たな都市空間の創出、相次ぐ外資系ホテルの開業、ミシュラン旅行ガイドによる都庁舎、明治神宮、高尾山など多様な観光スポットの三つ星評価などによると分析している。

キラリと光る 返還40周年の小笠原村

小笠原村副村長　石田和彦

40歳を迎えた小笠原村

抜けるような青空、透きとおる群青の海、生きるものすべてが活き活きと輝いている小笠原が、やっと40歳の誕生日を迎えました。

1968（昭和43）年6月26日、小笠原は日本に帰ってきました。この日を記念して、7月4日にはパレードから始まり、記念式典、祝賀会と、多くの来賓の方々を迎えて、南の島を全国にアピールしました。

式典前日はあいにくの小雨が降る中、小笠原への唯一の生活路線である「おがさわら丸」が定刻に入港し、国、都、友好都市を含む関係市町村、そして小笠原に関係の深い各団体の皆様が来島され40周年のお祝いがスタートしました。その日の午後には、海上自衛隊の救難飛行艇による来賓の方々の来島があり、また、式典当日の4日には、救難ヘリによる来賓の方々も到着され、お祝いムードが高まってまいりました。

式典当日の4日は、前日の小雨模様とは打って変わって、抜けるような青空に国旗が映える小笠原らしい天気になり、島外から170名を超える来賓の方々の御臨席を賜り、「小笠原諸島返還40周年記念式典」が行われました。

午後3時の花火を合図に、パレードからスタートし、式典、祝賀会へと三本立てで、この日をお祝いしました。パレードは、父島のメーンストリートである都道240号線を、式典会場の海上自衛隊父島基地分遣隊まで行進しました。パレードの先頭は、返還40周年を記念する横断幕を持った実行委員長である森下一男村長と小学校6年生が並んで行進し、その後ろに海上自衛隊横須賀音楽隊の30名がマーチを演奏しパレードを盛り上げてくれました。

小学校、中学校、高校の生徒も参加し、さらに母島からの参加者も含めた総勢470名を超える熱気あふれるパレードが繰り広げられました。

パレード終了後、分遣隊体育館において、国土交通副大臣、東京都知事等の来賓を含めた600名近い列席者による記念式典が盛大に執り行われました。

来賓の皆様からのご祝辞と小笠原村への熱い応援メッセージを頂いた後、森下村長から、島の発展に貢献されました42名の功労者に対して表彰が行われ、これまでのご努力に対し感謝の意が伝えられました。

その後、会場を地域福祉センターに移しての祝賀会では、来島いただいた来賓の皆様はじめ多くの方々のご出席を賜り、和やかな空気の中、村民の熱い思いが伝えられた祝賀会となりました。

島民をはじめ、関係機関の皆様の協力があってこそと、深く感謝しております。

総勢470人を超えるパレードが式典を盛り上げた

特異な歴史が独特な文化を

小笠原は4800万年前に、海洋プレートの沈み込みから成長して誕生したのがこの島であると言われています。小笠原諸島は、太平洋上に点在する大小30あまりの島々から成り立っており、硫黄列島から日本の最南端の沖の鳥島、最東端の南鳥島にも及ぶ広大な排他的経済水域をかかえ、これは日本の排他的経済水域の3分の1を占めているという特異な条件を有しています。また、島の誕生から一度も大陸とつながったことのない海洋島で、小笠原にしかない固有の動植物も多く見られます。

そして、最初に人間が定住したのは170年前といわれており、日本の領土となってからも120年程度しか経過していないという短い歴史の中にあって、欧米や南方諸島との深いかかわりもあり、定住・開拓・強制疎開を経験し、さらに米軍統治という特異な歴史を持つことから、小笠原の独特な文化が生まれてきたのではないかと思います。

一言で小笠原村を表現するとするなら、「東京都唯一の亜熱帯の島であり、限りない可能性を秘めた夢多き島」と言えると思います。さらに「世界に誇れる日本の財産」として、より多くの人々に小笠原村を訪れていただきたいと心から願っております。

中山峠から小港海岸を見下ろす

都民が誇れる東京の財産

小笠原では、まだまだ40周年の記念事業が続きます。

8月1日から始まる「サマーフェスティバル」から12月の「エコツーリズム大会in小笠原」まで、11にもおよぶ記念イベントが組まれております。（http://www.ogasawara40th.com を参照してください）

一方、内地では10月に「小笠原内地祭～内地でも体験できる小笠原～」が予定されており、また10月10日から16日までの1週間、写真展『東京～Subtropical Zone～』が六本木の富士フォトサロンで開催されます。

さらに、10月25日から26日の2日間ではありますが、「東京再発見！観光と産業フェア―小笠原返還40周年を記念して―」が、浅草にある都立産業貿易センター台東館で、東京都中小企業振興公社による自主企画事業として開催され、小笠原が紹介されます。是非ご覧いただき、小笠原の抜けるような青さと緑の風を感じていただければ幸いです。

そして、「都民が誇れる東京の財産！小笠原村」への御来島を、村民一同心よりお待ち申し上げております。

若くて、明るくて、熱い小笠原へ是非一度来てみてください。きっと好きになります。

ともに生きる 31

対等な構成員として（車いす考③）

「ただ今、お客様をご案内中です」というアナウンスを、電車の中やホームで聞いたことがあると思います。このアナウンスは、車いすの方の乗降に対応しているという説明です。また、駅の構内で車いすの方が駅員に案内されている光景をよく見ます。その際、駅員が手にしているのは、ホームと電車の段差解消のための「車いす用渡し板」（車いす渡り版）です。軽量で折りたたみ式ですので、持ち運びに便利になりました。最近、駅では車いすの方に即対応するようになりました。

以前は次のような手順を踏む必要がありました。例えば、東京駅で新幹線に乗る時は、1カ月前に乗車の日時を伝え、当日は1時間前に待合室で待機し、駅員を待ちます。その後、駅員の誘導で物品等を運搬する地下通路を通って、乗務員専用の鍵付きエレベーターに乗って、新幹線ホームに行きます。年に1回もない経験ですから、地下通路を物珍しげに見ながら行きましたが、よく使う方は大変だろうと思わざるを得ませんでした。

手続きと時間を要するこのような状況について、松兼功さんは『障害者に迷惑な社会』の中で、スウェーデンで出会った人たちにこうした日本の実情を話したところ、次のように言われたと書いています。それは、「日本の障害者は、社会からずいぶんひどい迷惑を受けているんだね」という言葉です。この逆転の発想には、感銘を受けました。社会の対等な構成員として、その尊厳を尊重されていることの体現と思われたからです。

以前、高等部の車いすの生徒が卒業後の自立のために、一人で外出できるようにする体験学習をした時のことです。本人のやれたという満足感・成就感に反して、思い切って一人で外出させたお母さんの感想は、「先生、近所の人に何て冷たい親、と言われてしまいました」でした。「外に出ると迷惑をかけるから……」と思いがちな体の不自由な方たちを支えるためには、社会の目、人々の理解などの「心のバリアフリー」の必要性を強く感じた言葉でした。

（元都立村山養護学校長　飯野順子）

がんばれ！公務員 36

コネは良いもの怖いもの

文とマンガ　鈴木武征

先の見えない仕事、課題の多い仕事に取り組んでいる時は心が滅入る。

それでもたまには「助かった！」「良かった」と思わずホッとすることもある。

例えば有効に流用できる先例が見つかった際、資料等の提出期限が延長された時などだ。

それにもう一つ、皆さんも経験があるだろうが、交渉先や資料の提出先に知人がいる場合だ。

こういう所に知った人がいるといないとでは気分が大きく違う。

資料提出一つ取っても知らなければ非情な催促、知っていれば「しょうがないなー、まあ明日の朝まで待つよ」で済む場合もある。

仕事の出来る人というのはこの人脈、コネの使い方が上手だ。

交渉先に直接の知り合いがいない場合でも、人づてを駆使してコネを付けてしまう。

石原知事などはさしずめその代表選手ともいうべき存在で、記者会見等でも自ら人脈の豊富なところを誇示する。

フツーの人が言えば嫌味に聞こえるが、その実行力、実績を思うと納得せざるを得ないことも多い。

最近、特に感じたのは羽田空港の国際化、米軍使用空域の一部返還、三宅島空路の再開などで、おそらくこの分野では大臣以上、当代随一の実力者ではないかと思ってしまう。

もとよりその陰には関係職員の大変な努力があるのだろうが、それを自分一人の手柄としてしまうのはトップの特権で、甘受するしかない。知事の誇らしげな顔を見て自分の苦労も報われたと思った方が、腹も立たずスッキリする。

石原さんほどのスケールは望むべきも無いが、我々も仕事を円滑に進めるという観点から人脈、コネは大いに利用すべきだ。

しかし世の中はいろいろで、これを上手に利用する人もいれば、そういうのは好きじゃないという人もいる。

実は私も他人が駆使するのは構わないが、自分では上手に使えないタイプで、あまり良い思い出が無い。

ある大規模開発事業のパンフレットを作成する際に予算が少なく、航空写真が撮れない。

やむを得ず自分で撮ることにし、珍しくコネを駆使して消防庁等に当ったが都合がつかず、コネのまたコネで某民間会社のヘリコプターを無償確保した。

当日、ヘリコプター基地へ行ったところ、ヘリの片側の扉が外してあり鉄パイプのアングルが外に突き出ている。

ヘリの運航者はプロの写真家が来るものと勘違いしてそういう仕様にしたのだが、コネを駆使した手前、今更イヤとは言えない。

意を決して冬の寒空、身を乗り出して撮りまくったが、身近に聞くエンジンの轟音と強風の中で約1時間、生きた心地がしなかった。

その間、もしここで事故でも起きれば私を仕事熱心と言う人は少なく、むしろ汚職と非難されるのではと公務員特有の心配も頭をよぎった。

仕事を続けていれば、知らず知らずのうちにあちこちに知った人が増えていく。しかし、それをコネの宝庫と見るか単に友人の輪と見るかは、人それぞれで良いと思う。

「知った人はいるけど、知っているが故に無理な事は頼めない」というのが大方の職員の本音と思うが、それも正解の一つだ。

みにがいど

◆お台場海浜公園における力キの水質浄化実験「もうすぐ1歳！お台場のカキをみてみよう」▽開催日　7月19日(土)※荒天時中止▽時間　午前10時～午後3時▽場所　お台場海浜公園おだいばビーチ▽内容　普段は見られない実験施設の見学もできる（当日参加可能、無料※かかとが低く滑りにくい靴でご参加を）▽問い合わせ先　港湾局港湾整備部計画課☎5320・5606

◆花火の季節が到来！「今年も都営地下鉄は臨時列車を運転します」▽隅田川花火大会＝7月26日(土)　浅草線8本（最寄り駅…浅草駅・蔵前駅・本所吾妻橋駅）▽いたばし花火大会＝8月2日(土)　三田線6本（最寄り駅…蓮根駅・西台駅・高島平駅）▽江戸川花火大会＝8月2日(土)　新宿線15本（最寄り駅…篠崎駅）▽神宮外苑花火大会＝8月7日(木)　大江戸線6本（最寄り駅…国立競技場駅・青山一丁目駅）▽東京湾大華火祭＝8月10日(日)　大江戸線3本（最寄り駅…勝どき駅）▽問い合わせ先　交通局電車部運転課☎5320・6081

本屋のお勧め本

大国からの翻弄と恩恵

「カラシニコフ」。世界で最も多く使用され、最も多くの人命を奪った、その武器は「銃」と訳されることはない。それだけで意味が通じるからだ。

20世紀後半の歴史的出来事の多くに、その銃は立ち会ってきた。ベトナム戦争やプラハの春、近年では、あの忌まわしいイラク戦争。数え上げればキリがない。

全世界で知らない者はいない「カラシニコフ」。だが、その設計者が銃と同じ名で、まだ存命であることは、それほど知られていない。なぜなら彼の故郷ソ連で、彼は国家機密の扱いを受けており、その存在は西側では闇のままであったからだ。ソ連が崩壊し、彼が自分の過去について重い口を開いたのは老体になってからだ。

『カラシニコフ自伝　世界一有名な銃を創った男』（朝日新書）では、スターリンの圧制によりシベリア抑留となりながらも逃走した少年時代。兵士として何度もドイツ兵に殺されかけた青年時代。打倒ファシズムのため銃開発に魅せられた設計者時代。そして、功績が認められ国会議員にまで上りつめたことが明らかにされる。

ソ連という未だ謎の多い、この国と共に生きた彼は祖国を守る銃を完成させることに人生を捧げた。

だから、ダイナマイトのノーベルや、水爆の父サハロフ博士のような殺戮兵器を発明した者に見られる後悔は彼にない。あくまで彼は職人で、それがどう使われるかは責任外であると固く信じている（さすがにビンラディンが自分の銃を持っている映像を見たときは嫌悪を感じたらしいが……）。当然、それに伴う報酬も受けていない。

そんな頑固者の彼の目に映る今のロシアは味気ないものらしい。資本主義がのさばっている現代は、「秩序」を重んじる彼にとっては汚れたものだ。

古き良き時代を懐かしむことは誰にだってある。だが彼の愛する時代とは、独裁者スターリンの時代だ。

ソ連に対する我々の認識に誤りがあるのか、彼がまだすべてを明かしていないのか、どちらかは分からない。一つ言えることは、彼ほどソ連という大国の恩恵を授かったと同時に、翻弄された者はいないということだ。

（三省堂書店都庁店　飯田紀男）

■都庁ベスト5

三省堂書店都庁店
2008／7／4～7／11

①東京都主任試験ハンドブック（都政新報社刊、2730円）
②主任試験精選問題集（都政新報社刊、2730円）
③1日10分資料解釈（都政新報社刊、1050円）
④地方公務員の政策形成（鹿児島重治著、学陽書房刊、1733円）
⑤磯崎新の「都庁」（平松剛著、文藝春秋刊、2300円）

都政新報

発行所　都政新報社
〒160-0023 東京都新宿区西新宿7-23-1 TSビル
（総務・読者）03-5330-8781
（企画広告）03-5330-8784
（編集）03-5330-8786
（出版）03-5330-8788
（セミナー事業部）03-5330-9977
（ファクス）03-5330-8808
購読料　月1,680円（税込）
毎週火・金曜日発行
但し、祝祭日は休刊

紙面から

interview

異論を唱える都庁文化を

猪瀬副知事就任から1年

作家の猪瀬直樹氏が副知事に登用されて1年。都政では終戦後の一時期、民間から招へいしたことはあるが、事実上、前例のない人事だった。財政再建団体の夕張市に都職員2人を派遣する提案をしたり、参議院宿舎の建設では反対の論陣を張るなど、4人の副知事の中では常に脚光を浴びる存在。しかし、その一方で、自民党との軋轢も表面化した。二元代表制のもとでは、都議会との対立は、副知事としての生命線にもかかわる大きな問題だ。都庁の官僚文化にどんな感想を持っているのか、都区のあり方や都議会との関係などについて聞いた。

国との戦い　都議会も共有を

■民間人副知事1年

僕が副知事として期待されたことは、外から都庁に入って、新しい風を吹き込むことだと思う。

具体的に新しい問題提起をどのくらいできるかに尽きる。30近い局が別々に動いている側面があるから、それを横串にして縁の下の力持ちみたいな仕事をやってきた。

■都議会との軋轢

自民党が問題にしているのは、参議院宿舎と調布飛行場の件だ。参議院宿舎について言えば、僕が来なかったら今ごろ工事中だと思う。衆議院宿舎が竣工し、世間で騒ぎになったのが昨年2月。世論は「なぜ建設したのか」という反応だった。ところが、都庁職員の意識はどうかと言うと、世論の反応が反射光としてはね返っていない。昨日やったことが今日も正しく、明日も正しいという認識でいる。僕の役割は、そういう体質の中で自由に異論を言える空気をつくることだ。

ある都庁幹部に言わせると、積み上げてきた結果が参議院宿舎の建設の受け入れだという。もっともな理屈に聞こえるが、積み上げがいつの時点の結論かという点が重要だ。衆議院宿舎を建てて批判が巻き起こったら、また別のものを新たに積み上げればいい。組織の人間は、どうしても過去に縛られて意思決定する。

1年前、個人都民税の軽減措置の問題があったことを思い出して欲しい。僕が見直した方がいいと言ったら「そうだ」「そうだ」となって止めた。組織には変える力があるし、そういう都庁文化ができればいいと思う。

■自民党に第一次勧告を手渡した理由

第2回定例会の一般質問が終わった後、石原知事と一緒に都議会にあいさつ回りした。その際、自民党に地方分権改革推進委員会の第一次勧告書などを手渡した。火に油を注ぐ行為とか言う人がいるが、そうではない。代表質問で「あなたは、副知事として何をしているのか」と言うから、こういうことをしていると第一次勧告を渡した。1年間に49回も委員会を開いてまとめたものだ。

実は、最後のページに税源移譲の提案も入れてある。第一次勧告では、僕は1・4兆円を地方に税源移譲してよいという提案をし、盛り込まれた。地方分権改革は、国家のビジョンを新しく更新する作業。そういう仕事をやりながら、僕が都庁にいる意味を考えて欲しいという趣旨で自民党に渡した。国との戦いの立場を都議会と共有したい。

分権に関連して言うと、都と区は、あり方検討委員会をつくって議論している。大事な点は、基礎自治体の概念をはっきりさせることだ。分権委員会の第一次勧告は基礎自治体への権限移譲が柱だが、移譲するのは市区町村ではなく市町村。区は入っていない。区が自治権を持ち、都から権限を移すのはいいが、区を市に置き換えると、都市計画を含めた東京全体のまとまりがなくなる。1東京市は考えられるとしても、23区それぞれが市になるという話は違う。

僕が都議会で答弁する時、答弁書は見ない。それは、都議会を尊重しているからだ。役人と議員の約束事で、事前に質問と答弁を出し合って読み上げるようなことはしない。議会の存在をアピールできるような議会にしたいというのが真意だ。

■残り任期で残す足跡

今年、ダボス会議に出席して、五輪とCO_2削減、地球温暖化対策を徹底的に重ねていくことが大事だと痛感した。1964年の東京オリンピックと88年のソウル五輪、08年の北京五輪は、インフラ整備に軸足をおいた発展途上型のオリンピックだ。これに対し、2012年のロンドン五輪は成熟国家のモデルで、東京都が目指すとしたらこのスタイルだ。今、日本に国家ビジョンがないから、東京が国を引っ張っていくことができればいいと思う。

石原知事は、3期目の当選直後、インタビューに応じて、一般論として後継含みの民間人副知事の考えを披瀝した。しかし僕は、一度も言っていない。国政は混迷が深まるばかりだから、もっと大きな流れに変わっていくと思う。

全国知事会

地方消費税の充実を提言

税率アップは明記できず

全国知事会議は17日から18日まで横浜市内で開かれ、2011年度に地方の財政調整基金が枯渇し財政破綻するという展望を示し、地方消費税の「充実」を国に提言した。会議では、各知事が消費税の引き上げでは一致したものの、原油高騰など国民生活が困窮していることから、タイミングや引き上げ幅などをめぐって慎重論が続出、税率アップなど具体的な表現は避けた。このため、一部の知事からは、「コンセンサス重視で政治的なメッセージが打ち出しにくい」と不満も漏れた。

17日午後には石原知事が出席。「なおいっそうのご支援を」と五輪招致をアピール

特別委員会試算結果

11年度に地方は財政破綻

17日の会議では、全国知事会の「地方財政の展望と地方消費税特別委員会」の中間とりまとめが報告された。

中間とりまとめは、三位一体の改革以降、地方の一般財源総額は厳しく抑制されており、今後もこの状況が続いた場合、財源不足を補てんする財政調整基金残高も年々減少。2011年度までに枯渇し、地方団体の財政運営は完全に破綻すると試算した。

その上で、消費税の1%相当分の地方消費税について、「税収の偏在性が小さく安定的な基幹税として、地方の財源にふさわしい税」との認識を示し、今後増加する身近な地域福祉等のサービスを安定的に提供するためには、地方消費税の充実が不可欠と主張している。

これを受けた全国知事会としての提言では、住民に必須の行政サービスを安定的に提供していくための財源として、地方消費税を充実すべきと主張。ただし、「その時期、拡充の幅等」は、景気の状況に配慮しつつ、国・地方を通ずる消費税を含む税体系の抜本的改革の中で検討し、実現を図ると述べるにとどめた。

松沢成文神奈川県知事は、「日本の政治に大きなインパクトを与える大胆なものでなければならない」と、税率アップと具体的な税率を示すべきと主張。石原知事の代理として出席した東京都の菅原秀夫副知事も、「消費税率の引き上げ幅など具体的な提言を行うことで、消費税論議をリードして、国を動かしていくべき」と発言するなど、具体的な時期や数字を盛り込むよう求める意見が出た。

これに対して、「景気が低迷しているときに消費税引き上げは、逆にインパクトに欠ける」（大分）、「もう少し時間をかけないと誤解を招く可能性がある」（島根）、「税率アップで本当に一致できるのか、よくよく論議する必要がある」（愛知）など慎重論も相次いだ。

翌18日も慎重な意見が続出し、「充実」という表現にとどまった。

経済情勢悪く尻込み

【解説】やはり分かりにくい。地方消費税を「充実」するというなら、現行の1%を引き上げる必要がある。国が自分の持ち分を地方に渡すとは到底思えない。それどころか、5%全部を年金財源にするという議論すらある。

ならば、この提言の結論は、税率アップ以外にはあり得ない。わざわざ「税率アップ」という言葉を回避する意味などあるのだろうか。

自称"ウルトラ急進派"の松沢神奈川県知事は、「こういう提言は、政策の技術論を並べるのではなく、他の政治勢力が何も言えない中で、知事会ここにありというアピールがないと意味がない」と不満を露わにした。

提言は、地方財政が2011年度に破綻すると明言している。それなのに「税率アップ」と言われると尻込みする。果たして国は、地方消費税の引き上げを本気で受け止めてくれるだろうか。それどころか、11年度に破綻というシナリオまで否定されることにはならないだろうか。

慎重派の知事が恐れるのは、現在の経済情勢だ。とりわけ、洞爺湖サミットで主要国の首脳が集まり、原油や食糧の高騰に何の解決策も見出せなかったことが、経済の見通しを暗くさせている。

知事会は18日に、「漁業用燃料等の原油・原料の高騰に関する緊急決議」をあげ、原油価格高騰から住民の暮らしと安全を守るための緊急的な財政支援を講じるよう国に求めた。

岩手県の達増拓也知事は、「今の経済情勢で消費税アップは、『蟹工船』を読んでいるような若い人を敵に回すことになる。しかし、『蟹工船』がブームになるような世の中はどこかおかしいと思う人たちを敵に回すことにもなる」と本音を語った。

この会議があと数カ月早く開かれていたら、もしかすると、"ウルトラ急進派"とはならなくても、急進派はもう少し増えていたのではないだろうか。（地）

都議会自民党

次期幹事長に高島氏

都議選「全員当選に努力」

都議会自民党は18日の総会で、次期幹事長に高島直樹氏を全員一致で選出した。任期は8月1日から1年間。政調会長、総務会長など他の役員は、30日の総会で決める。

来年夏には都議選を控え、高島氏は「最終的に何人が公認候補になるか分からないが、全員が当選できる思いで努力していかなければならない」と述べた。

また、猪瀬副知事との関係については「現執行部の考え方を続ける」という。昨年6月、猪瀬氏が民間から副知事に登用された際、高島氏は都議会自民党の政調会長で、石原知事に4副知事の仕事の割り振りを書いた文書を提出した経緯がある。このため、「そういう約束で副知事の就任を認めた。これからもそのスタンスは変わらない」との認識を示した。

猪瀬副知事が「副知事も議会も同じフィールドでプレーしている。イエローカードを出すのは都民」と述べた点について、吉野利明幹事長は「都民から負託された立場として、行政をチェックするのも仕事だ。我々が出すイエローカードは、まさに都民が出した審判だと受け取ってもらわないと困る」と語った。

高島氏は足立区選出で、現在3期目。東京都議会オリンピック招致議員連盟の会長を務めている。

都政の東西

隔靴掻痒

豊洲新市場予定地の土壌汚染対策等について調査検討してきた専門家会議が26日に最終報告をまとめる。すでに公表した汚染対策案に一般から意見募集を行い、当日は専門家会議の委員がこれに答える形で会議が予定されている。

昨年5月から計8回にわたる審議を振り返ると、化学分野の話だけに非常に分かりにくいというのが第一印象だ。そして第二に、傍聴者との意見交換を取り入れた会議運営は、今の石原都政下にあっては民主的で稀有な存在と言える。オープンな姿勢というのは、高く評価されて良い。

ただ、難を一つ言うと、専門家会議が「移転ありきの議論ではない」ということを強調したことが、かえって理解を妨げる要因になったのではないかという点だ。会議後の平田健正座長の記者会見を聞くと、移転を前提にした説明も行われ、対策の効果がクリアに理解できるのに、会議本体を取材するだけでは分からないという不思議な状態が、この1年続いてきた。

端的な例をあげて言う。調査不十分と批判する側は、意見交換の場で「汚染が不透水層（有楽町層）の下にまで拡大しているのではないか」[illegible]に対し、素人でも納得のいく説明が専門家会議では聞けなかった。ところが、記者会見では「工事の時は掘っていって底面管理で汚染がないかを目で確認しながら進める」と述べた。要するに有楽町層の上端の土を採取し、チェックしながら対策を講じるというのである。

底面管理は一例だ。移転ありきの議論ではないという姿勢より、説明が隔靴掻痒になっている。新市場予定地の汚染対策なのだから、もう少し移転前提で答えるべきである。

看護師の復職研修　今年度は29病院で

都福祉保健局

離職している看護師の現場復帰を支援するため、都福祉保健局は8月以降、復職支援研修や就業相談を行う「看護職員地域就業支援病院」を29病院に拡大する。

多摩地域はエリアが広く、離職中の看護師が自宅から遠い病院まで研修を受けにいくことが難しい場合もある。そのため、身近な病院で研修を受けられるよう、今年度は多摩地区で指定病院を15カ所に拡大する。

基本的な研修期間は7日間で、ブランクのある元看護師のために最新の医療に関する講義を行ったり、病棟での看護体験、注射の実習を行ったりする。研修終了後、希望者には訪問看護ステーションやクリニック、介護老人保健施設などで2日間の研修を受けるコースもある。

さらに、重症心身障害児施設でも看護師が不足していることから、29病院とは別に▽都立東大和療育センター▽都立東部療育センターの2カ所でも研修を実施することになった。重症障害児の[illegible]の取り方や食事のさせ方など、療育センターで必要とされる看護の復職支援研修を行う。

同局医療人材課は、07年度、看護師の復職支援事業として、24病院で離職中の看護師338人を受け入れ、うち147人が復職に結びついている。

川柳ジョーク

「親を困らせるために」14歳少年のバスジャック事件

都職員
「サー、子供を困らせるために夏休み取るぞ」

おことわり　「危機に挑む～新任局長インタビュー」は休みます。

区長会が大枠の方向性

法人住民税の動向に警戒

09年度都区財調協議

特別区長会税財政部会がまとめた09年度都区財政調整の「大枠の方向性」は、16日の区長会総会で了承された。今後は、財政課長会などが大枠の方向性を基に、都区協議に向けた区側の提案をまとめていく。昨年度に続き、区側は自主・自立性を高める区間配分の実現を目指す。区側の提案をまとめていく中で、焦点の一つになるのが税制改正への対応だ。抜本的な税制改正の論議が今秋から始まり、23区の法人住民税を大幅に地方へ再配分される事態が想定される。その際、都区協議では、配分割合の見直し議論に発展しそうだ。

配分割合見直しも視野

配分割合が07年度都区協議で決着し、激しい攻防戦が終結した中で、09年度の都区協議で区側は普通交付金の区間配分の実現を狙う。

現在、普通交付金は区の自主財源にもかかわらず、実質的には都条例に基づいて、都が交付金を各区に配布する仕組みになっている。ある区の幹部は「昨年度の財調協議では、区の提案した半分が取り入れられた。しかし、区の固有財源なのだから、本来なら都側は区側の提案を認めるべき」と本音を漏らす。

今回の大枠の方向性の項目は、「特別交付金のあり方」「税制改正への対応」「包括的算定」など昨年度とほとんど変わりはない。

各区の特別な事情に応じて配布される「特別交付金のあり方」では、「可能な限り普通交付金による対応を図っていく方向」などを検討課題に挙げる。昨年度から、特別交付金は、財調交付金に占める割合が2%から5%に変更になった。都側が各区をヒアリングして特別交付金の交付を決めるため、「特別交付金が多いのはよくない」と指摘する区もある。

09年度の税制改正では、状況に応じた対応が必要という。今秋から抜本的な税制改正の論議が始まり、「23区の法人住民税を大幅に吸い上げられたら困る」と懸念する区幹部もいる。実現した場合、法人住民税は財調交付金の原資であるため、交付総額の減額が予想され、交付額の多い周辺区ほど影響を受けることになる。区側は、財調協議で配分割合の追加提案を想定している。

そのほか、少子化対策など各分野で普通交付金で交付されなかった事業を一括りにして交付対象にする「包括的算定」は、昨年度の財調協議で提案し3事業が算定されたが、協議が整わなかった項目を再構築する方針だ。23区の決算をベースに、総務費などの需要額を実態に見合った形で、区側は普通交付金を交付してもらいたい考えだ。

大田清掃工場で塩酸流出

外部、職員への被害なし

東京二十三区清掃一部事務組合は15日、大田清掃工場（大田区京浜島3）の地下1階で塩酸が流出したと発表した。東京消防庁が塩酸を除去し、外部や職員への被害はなかった。

塩酸は、ボイラーに流れる純水をつくる装置を洗浄する際に使用されている。この純水装置に塩酸を送るポンプ入り口にある弁が破損したため、約277㍑の塩酸が流出したという。

巡回していた職員が15日午前9時50分、塩酸が流出していることを発見した。その後、流出を全館放送で流し、室内への立ち入りを禁止した。職員が流出を止めようとしたが、室内はすでに霧状の塩酸が充満しており、職員が被災するおそれが予想された。そのため清掃一組は、午前10時38分に東京消防庁へ通報したという。

消防庁は、室内を水で洗浄し、午後3時ごろ塩酸を除去したため、通常の塩酸濃度に戻った。流出した塩酸は、汚水処理設備でpH値を整えてから、処理された。そのため外部に塩酸が漏れたり、職員が被災することはなかった。

焼却炉は破損した弁の修理などのため、18日現在、停止している。清掃一組は、東京消防庁と塩酸流出の再発防止策を協議している。協議を経て、弁の修理を終えてから、来週にも焼却炉を再開する予定だ。

大田清掃工場では、1年に1回焼却炉を止めて施設内の不備を点検するオーバーホールを8月に予定していたという。

大田清掃工場は、1990年に完成し、1日あたり最大で600㌧の処理能力がある焼却炉を擁する。07年度から清掃一組と東京ガスの合弁会社「東京エコサービス」に運転管理を委託している。

ワースト3位返上へ

学校耐震化工事を前倒し

板橋区

板橋区はこのほど、区立の小中学校7校の耐震補強工事を前倒しで実施することを発表した。今回の工事前倒しで、2011年度をめどに全区立校の耐震補強工事、改築工事を完了する見込みとなった。

同区の学校耐震化率は今年4月時点で、63・7%。23区では中野区、品川区に次いで低いワースト3位だったが、汚名返上に乗り出した。

板橋区は「6月に中国で発生した四川大地震での校舎倒壊などを受けて、今回の緊急措置に踏みきった」としている。今年1月、区内の小中学校12校を対象とする耐震化計画を策定したが、新たに発表された7校は、含まれていなかった。

国の地震防災対策措置法が6月に改正され、学校の耐震化や改築工事に必要な費用に関して、国の補助割合が引き上げられたことも、今回の前倒し決定の後押しになったという。

板橋区の学校施設数は411棟。この中で、現行の耐震基準が制定された1981年以前に建築された施設は、344棟にのぼる。いずれも、23区では2番目に多く、耐震化の費用負担で苦慮してきた背景がある。早期の対策を求める区民の要望も多かった。

区担当者は「学校は地域の防災拠点としても、重要な存在。耐震化工事を早期に完了したい」としている。

小学校に不審な手紙 区内全域で警備強化

港区

港区は16日、区立小学校6校に「小学生の命をいただく」という内容の不審な手紙が届いたと発表した。区内全域で警備強化が図られたが、18日、区立小中学校や幼稚園は無事に終業式を終え、夏休みに入った。

手紙は15日に5校、16日に1校の小学校に同じ内容で届いた。「病院の医師に両親をいじめられている」とし、改善しないので、「事件を起こして世間を騒がせる」「小学生の命をいただく」など書かれていた。

区教委では、全区立小中学校や幼稚園、保育園に子どもたちの安全確保に努めるよう指示。警察に警備の強化を依頼したほか、小学校に配置している警備員の巡回を強化。登下校時の職員の付き添いや集団下校などで対応した。

夏休みも当面、警察の警戒警備、区職員によるパトロールを引き続き続ける。

横領主事を免職処分に

葛飾区

葛飾区は18日、現金120万円を横領した街づくり調整課の男性主事（48）を免職処分にしたと発表した。

男性主事は2日午後2時半ごろ、6自治体でつくる「地下鉄8・11号線連絡協議会」の分担金の預金通帳、銀行届け出印を、保管している自分の脇机から持ち出し、現金120万円を引き出した。全額を借金返済に充てたという。

この主事は2日、同協議会の担当係長に分担金の借り入れを依頼したが、断られた。同日夕方、担当係長が預金通帳から120万円が引き出されていることを確認。翌3日、街づくり調整課長が主事を事情聴取したところ、主事は横領を認めた。4日に120万円は全額返済されたが、区は刑事告発するという。さらに、都市整備部長ら3人を戒告処分とした。

保険料徴収金など盗難

葛飾区は17日、国民健康保険料などを徴収する女性嘱託員（58）が集金中に徴収金、督促状などを入れたかばんを盗まれたと発表した。

16日夕、女性嘱託員は納付者宅に向かう途中、後方からバイクに乗った二人組の男に、自転車の前かごに入れていたかばんを盗まれた。かばんには、徴収金など5万6420円、督促状などの個人データ30人分が入っていたという。

区は、個人情報が盗まれたことを本人に伝え、謝罪などを行った。嘱託員には、自転車の前かごに盗難防止用のネットを使用することなどを指導した。

低所得者生活安定化事業

江東区できょうから

8月中に他区もスタート

収入が生活保護並みの低所得者を対象に、都が就労支援する生活安定化事業が22日、まず江東区でスタートする。8月1日以降は他区市町村の窓口や社会福祉協議会でも順次対応が始まる。対象者は都内全域で約17万人と推計され、低所得者の生活を改善するセーフティーネットとしての役割に期待がかかる。一方、貸付金申請に必要な連帯保証人が見つけられるか、実際にどの程度の利用があるかなど不透明な部分もある。

◆関連施策とも連携

江東区は「困っている人がいるのであれば、一日でも早く」との山﨑孝明区長の考えから、他区市町村に先駆けて、22日から生活安定化事業を開始する。2階フロアに「生活相談総合窓口」を設置。庁内や生活保護に詳しいベテランの区職員OB2人と、委託した社会福祉法人からの相談員2人の4人で対応する。

同事業は、正社員雇用への意欲を持つ若年層やひとり親家庭、中高年層などを対象としているが、課税所得や貯蓄などで一定の要件がある。

江東区の相談窓口では、区職員OBが相談者が事業の対象となるかを判断。対象とならない場合は、区で行っている既存の就労支援事業を紹介したり、生活保護相談、債務整理相談、住宅相談などの関係施策につなげる。

事業の対象者である場合には、社会福祉法人からの相談員が、どんな生活を送っているかや職歴など詳細な聞き取りを行い、各種の職業訓練や就職のための都の支援メニューにつなげていく。

同区では、非課税者も含めると、区内で約1万2千人が対象になると推計したが、「厳密に対象者を絞るのではなく、生活に困っている人全般を救い上げるために、あえて"生活相談総合窓口"という幅広い名称にした」と話す。

MEMO

生活安定化事業の対象者の要件　①世帯の生計中心者であること②単身者世帯は課税所得が年額50万円以下、扶養がある世帯は生計中心者の課税所得が年額60万円以下であること③預金など資産の保有額が600万円以下であること④土地・建物を所有していないこと⑤都内に引き続き1年以上在住していること⑥生活保護受給世帯の世帯主または構成員でないこと――の6項目すべてを満たしている必要がある。

最初に相談を受け付ける区市町村の窓口は事業の要。適切な相談を行うため、シミュレーションを繰り返し、入念な準備を行った＝江東区役所で

◆不透明な要素も

生活安定化事業の中身は、大きく四つに分かれる。▽正社員への就職に意欲を持つ人に対して職業訓練の機会を提供する就職支援▽都が指定する職業訓練や就職のための講座の紹介▽職業訓練などの受講者を対象にした生活資金や就職一時金などの無利子貸付▽学習塾や通信講座などの受講費用や大学受験料などの無利子貸付だ。

各区市町村の担当課または社会福祉協議会などに窓口を設置。そこで受けた相談を、都内4カ所に開設される都の支援相談室や各種職業訓練などにつなげていくというのが大きな流れとなる。

しかし、課題もある。17日に開かれた区などの主管課長会では「貸付の場合の連帯保証人は見つかるか」「要件が厳しい。対象者をもう少し広げてもよかったのではないか」などの意見が出た。都では「不正受給の問題もあるので、立ち上げでは要件を厳しくした」という。

事業の実施期間は当面3年間。都では「実施期間や内容の見直しは実績を踏まえて検討する」と話す。仮に3年で終える場合、3年目の申し込み者へのその後の対応なども課題だ。

都では7月1日号の広報で特集を掲載したが、反応はさほど多くない。先行している江東区でも7月11日号の区報でお知らせを掲載したが、関連の問い合わせは2件。同区では「まずは、この事業をうまく軌道に乗せることが大切。若者は区報を読まないので、区のホームページで情報発信するなど周知も工夫したい」としている。

浜口京子選手らが台東区を表敬訪問

北京五輪に出場する女子レスリングの浜口京子選手と同パラリンピックに出場する女子走り幅跳び代表の佐藤真海選手が15日、台東区役所を表敬訪問した。

浜口選手は浅草3丁目在住で、区の観光大使も務める。佐藤選手は浅草1丁目在住で、大学時代、骨肉腫で右ひざ下を切断後、義足での走り幅跳び競技を開始。同種目の日本記録を保持する。

吉住弘区長は「区民としての誇りを胸に世界と戦ってきてください」と2選手を激励した。

この日は、浜口選手の父のアニマル浜口氏が同席。両選手の健闘を祈願し「気合だ！」コールを連発。吉住区長も加わり、北京へ向けた応援ムードが一気に高まった＝写真。

区では浜口選手と佐藤選手を応援する垂れ幕を区役所の正面に設置。オリンピック期間中、区民に応援を呼びかける。

花火師の天野さん 江戸川区長を訪問

北京五輪で、日本女性初の五輪柔道審判員を務める花火師の天野安喜子さん（37）＝江戸川区東小松川在住＝が17日、同区の多田正見区長を表敬訪問した＝写真。

天野さんは「オリンピックの審判員も、ジャッジの判断が選手の人生にもかかわってくるので、的確な判断が求められるという意味で花火と共通している」と話し、「体調を整え、いいジャッジができるように努めたい」と抱負を話した。

多田区長は「活躍を期待しています」と激励した。

天野さんは8月2日の江戸川区花火大会の現場責任者を務めた後、5日に北京入り。9日から15日までの北京五輪柔道で審判を務める。

来年度から夏休み短縮

江戸川区

江戸川区教委は15日、来年度から区立小中学校の全校で、夏休みを1週間短縮すると発表した。23区ではすでに、11区が夏休み期間の短縮を実施している。

同区では、現在7月21日から8月31日までの夏休みを8月24日までとする。目的は、児童や生徒の一人ひとりの学習状況に応じた学習指導時間の確保といい、小学校で2011年度、中学校で2012年度に学習指導要領が改訂されるのを前に、授業時間の確保を図る狙いもある。

実際に増える授業日数は5日間。区教委では、この間に、基礎学力が不十分な子どもには復習を、学習が進んでいる子どもには発展的な学習を行うなどとしている。

区教委では「学年が上がるにつれて学力の二極化がみられる。その改善のきっかけになれば」と話す。

現在、江戸川区内の小学校は73校、中学校は33校ある。

記者席

愛媛県知事の苦杯の経験

○……都総務局が全庁的に行った「居酒屋タクシー」調査では、29人がビールの提供を受けていたことが発覚。局はタクシー運転手から現金や飲食物など一切の提供を受けないよう全職員に通知した。ただ、金銭ならともかく、ビールの提供がどこまで悪いかは議論の分かれるところ。石原知事も18日の会見で「相手のサービスだし、どうしていけないのか。俺なら飲む」と言い切った。

しかし局は、通知について「特別な関係を生んでしまうような状況自体が望ましくない」と話す。一見、問題がなさそうに見えても、それが信用失墜行為につながるかもしれない。そんな想像力を持つことが大切だ。

○……「珍しく外務省はその気になってくれている」――風邪をひいて鼻声の石原知事が、17日午後、全国知事会議に出席。IOCの会長が「所詮、東京とシカゴの戦いだ」と語ったという情報を紹介し、招致活動への支援を呼びかけた。

文部省時代にソウルと名古屋で五輪招致を争った経験のある加戸守行愛媛県知事は、「外務省は協力的だったが、名古屋は大丈夫という情報ばかりで、活動にブレーキをかけられ、蓋を開ければ惨敗した。名古屋の二の舞いを踏まないようご健闘を」と楽観論に釘を刺した。

過去の失敗を教訓にできるのか。ちなみに名古屋も市民の支持は低かった。

○……クモ研究家の知り合いが講師を務める目黒区立の駒場野公園のクモ観察会に参加した。クヌギの雑木林や水田もあって、都会のなかに残った自然が楽しめる。

クモ観察会は20年近く行われており、これまでに100種類のクモが園内で観察されている。この日の参加者の多くは、地元小学生とその家族。ジグモ、ヒメグモ、ササグモなど34種類を確認した。

クモは環境の指標になるといわれている。まちなかで、これだけの種類を保障している自然は貴重だ。園内の一部ではバーベキューを楽しむ人の姿も。都会のなかで、こんな暮らしができる環境が、あちこちに広がるとよいと思った。

「患者本位」の地域連携開始
医療費、給付費軽減も期待
武蔵野市　医療、介護事業者とタッグ　三鷹市

北多摩南部医療圏（武蔵野市、三鷹市、小金井市、府中市、調布市、狛江市）の脳卒中治療に関わる病院などで構成する北多摩南部脳卒中ネットワーク研究会は、武蔵野市、三鷹市と共同で脳卒中患者を緊急医療から在宅療養まで切れ目なく支援する仕組みを作り、今月から本格始動した。地域の中核病院と医師会、行政が広域的なネットワークで連携するのは、全国でも例のない取り組み。障害が残りやすく、在宅療養の長い脳卒中患者のケアを医療、保健、福祉で連携して行うことで、より早い回復と回復後の身体維持につなげることができるほか、行政側は医療費や介護保険給付費抑制にもつながるとして、大きな期待がかかっている。

■分断する情報

脳卒中は、脳血管が詰まったり破れたりすることで脳の機能障害を引き起こす疾患で、片麻痺や言語障害などが後遺症として残ることが多い。全国では1年間で救急搬送される患者の約11%、寝たきりの原因の30%、介護が必要となる原因の26%が脳卒中。在宅に戻ったあと、そうした患者はケアマネジャーが作成するケアプランに基づき、日常生活の介護や介護保険の給付などで、行政の支援を受けながら身体機能の回復を目指していくことが多い。

こうした患者の機能回復に重要なのは、適切なケアやリハビリの継続。しかし、急性期の専門病院での治療、回復期医療機関でのリハビリ、在宅療養という流れは、実際にはそれぞれの機関が独立しているため、情報は分断されている。

そのため、患者が新たなステップに移行した際、これまでの病状や経過、リハビリの内容などについては、患者自らが説明しなければならない。在宅に移行し、介護保険のサービスを受けようとするときにも、ケアプランを作成するケアマネジャーに、「やってほしいケア」は伝えることができても、「やらなければいけないケア」を十分に伝えることができずに、入院中のリハビリで歩けるようになった人が、在宅に戻って歩けなくなるケースなどが後を絶たないという。

また、ケアマネジャーも、医療機関から引き継ぐ情報がない上、7割が福祉職。患者のニーズには応えられても、身体機能の回復に適切なサービスを過不足なく助言することができない。対象者を把握するために、ケアマネジャーが病院の医師に質問や面談を求めても、多忙を理由に回答を断られたり、面談料を請求されることがあるなど、必要な情報を得ることができず、対象者が目の前で悪化していくのを見て、不安を抱えるケアマネジャーも少なくなかったという。

■「地域連携パス」で情報共有

北多摩南部脳卒中ネットワーク研究会は、01年から地域における脳卒中の医療の質向上を目指した取り組みを検討してきた。その中の分科会「在宅・医師会・行政」に、昨年7月から武蔵野市の専門職や市の介護支援専門員が参加。そこで現場の実態として在宅での取り組みの重要性が強調され、医療から在宅まで、トータルに患者をつなぐ「脳卒中地域連携診療計画書（地域連携パス）」が完成した。

計画書は4種類あり、段階ごとに患者の病状や経過などの情報を記録。急性期医療機関→リハビリを行う回復期医療機関、回復期医療機関→老人保健施設・在宅療養など、次のステップにスムーズにつなげるために必要な情報が、A3用紙1枚に集約されている。その原本を患者本人や家族が保管することで、患者に関わるどの機関も、的確に現状を把握して必要なケアを提供することができるようになる。

昨年12月に、計画書を使って対象となる患者20例で試行したところ、急性期医療機関から回復期医療機関への移行の際に計画書を使用したケースでは、入院日数が平均1週間短縮されたという。これまでの診断や看護情報、身体機能の回復状況が計画書で分かるため、転院後すぐに適切な訓練に入ることができたためだ。

また、情報が家族にも的確に伝わるため、手すりの設置など家のバリアフリー化が必要な場合、対象者が入院中から準備することができる。自宅に戻ってからも、日常生活をできるだけ自力で行える状況を作っておくことで、寝たきりを防ぎ、リハビリで機能回復した状態を維持することも可能になる。

■在宅は患者のスタート

医療者はこれまで、「患者を在宅に戻すことがゴール」と認識していた。しかし、指示に従えば済んでいた医療機関から離れた後、長期に療養が必要な患者にとっては「在宅がスタート」だ。

それを地域でどうサポートするかによって、同じ患者でも「日常生活を自力で送れる状態」から「寝たきりの状態」まで、身体機能に大きな差が出てくる。それは自治体にとって、医療費や介護給付費の負担にも影響する。

武蔵野市高齢者支援課は「間接的に、介護給付費などの抑制につながる可能性はある」と話し、「それ以上に、切れ目なく情報提供できることで、市民が安心して在宅生活を送れる」ことに期待をかける。

今回の地域連携診療計画に参加するのは、北多摩南部医療圏の6市と、急性期を扱う武蔵野赤十字病院や杏林大学医学部附属病院など5病院、リハビリなどで連携する20の医療機関。武蔵野・三鷹、両市の医師会が参加し、当面は2市の患者が中心となる。

計画の中心となってきた武蔵野赤十字病院の富田博樹院長は「今後は、がんや糖尿病などの患者にも同様の仕組みを取り入れ、拡大していきたい」と話し、「成功例を増やすことで、他の医療圏にも同様の仕組みが広がれば」と期待している。

環境にも経済にも優しく
エコ庁舎　各市で工夫あれこれ

国をあげて取り組まれている地球温暖化防止策。今月開かれた洞爺湖サミットでは、各国プレス用に建築された国際メディアセンターで「雪冷房システム」が話題となったが、建物に自然エネルギーを積極的に活用する取り組みは、公共施設にも広がっている。新庁舎建設を控える市では、「エコ庁舎」は目玉のひとつだ。エネルギー消費量が上がる夏本番。自治体の庁舎にはどんなエコの工夫があるのか。

今年4月に全面開設し、26市で最も新しい庁舎を持つ福生市は、2030年までに温室効果ガスを50%削減する目標を定めている。その目標に寄与するひとつの取り組みが、庁舎の省エネルギー化。現在、天然ガスを利用して発電させたときの排熱を冷暖房に利用するコージェネレーションシステムや、豊富な地下水を利用して、空調用冷却水の予備冷却に利用するなどで、省エネ化を図っている。10㌔㍗の発電能力のある太陽光発電システムは、32㍗の蛍光灯で換算すると、5階建ての庁舎1棟分の蛍光灯をすべて賄える計算だ。

特徴的なのは、「外断熱と魔法瓶効果」。外壁と屋上を外断熱にし、熱エネルギーの損失を軽減しているほか、熱が失われやすい窓には、熱を遮断するアルミでできたルーバーを取り付け、内側の冷暖房効果を逃さないようにしている。退庁時には、それぞれ職員がルーバーを閉じて帰ることが徹底され、翌朝の日光が入らないため「朝も庁内はそれほど暑くない」と体感的にはかなり効果があるようだ。契約管財課では、今後1年間かけて、庁舎に施した様々なエコシステムについて効果を検証していくという。

合併に伴い、01年に新庁舎が建ったあきる野市では、当時としては先駆的に庁舎のエコ仕様に取り組んだ。大きく省エネに貢献しているものの一つに挙げられたのは、800㌧の貯水槽。夜間の電気を使って夏は水を10度に、冬は50度にして、昼間の冷暖房に利用している。夜間の電気代は昼間の4分の1のため、07年度1年間では、昼間に同じ時間利用するのと比べ、約218万円の電気代節約につながった。また、吹き抜け構造となっているアトリウム上部の窓を開けることで、温まった空気が抜け、自然換気できる仕組みもある。

しかし、夜間の涼しい外気を取り入れて、冷房効率を高める「ナイトパージ」という省エネ設備については、最近になって市民の指摘により、建設当初から利用されていないことが分かった。施設営繕課は「効果がなかったためなのかどうか。使われていなかった理由が分からない」ため、さらなる省エネの一助になるものなのか、今月7日から、ナイトパージの効果について改めて検証を始めている。

ほかに、新庁舎建設に着手している立川市では、屋上緑化を広範囲で展開して建物内外の熱付加を軽減したり、夜間に氷を作り、それを溶かして昼間の冷房に利用する氷蓄熱空調設備を導入。すでに他の建物で効果をあげている様々な環境配慮の仕組みを取り入れ、厳しくなる環境への取り組みに対応していく考えだ。

上＝吹き抜け上部の窓で、温まった空気を逃し、自然換気（あきる野市）、下＝ルーバーで窓からの熱を遮断。冷房効率に大きな差が（福生市）

週刊たま手箱

米軍機からアンテナ、ペットボトルが落下
都と周辺市が抗議

横田基地所属の輸送機C—130が14日、横田基地から北へ100㍄の往復飛行を行った際、重さ1・4㌔㌘のアンテナを落下させる事故が発生していたと、都基地対策室が発表した。

10日には、同基地所属のヘリコプターから飲料水入りのペットボトルが落下する事故が起きたばかり。都と周辺5市1町で構成する連絡協議会は、これらに強く抗議するとともに、事故の徹底した原因究明と再発防止の徹底などを求め、横田基地第374空輸航空団司令官などにあて、要請書を提出した。

米軍機飛行差し止め　東京高裁が請求棄却
横田基地訴訟

米軍横田基地の周辺住民が、夜間や早朝の航空機の飛行差し止めや騒音被害の損害賠償を国に求めた訴訟で、東京高裁は17日、国の損害賠償は認めたが、一審の八王子支部判決を支持し、飛行差し止めと将来の騒音被害への賠償については棄却する判決を言い渡した。

判決は、うるささ指数（W値）75以上の騒音被害については、「受忍限度を超えており、違法」と認定し、過去の騒音被害で約1億6千万円の賠償を命じた一審の判決を変更して、約1億9400万円を賠償額とした。

しかし、飛行差し止めについては、「支配の及ばない米国の行為の差し止めを求めるもので認められない」という最高裁判例を踏襲して退けた。住民側は上告する方針。

この判決に対して、騒音被害の影響を強く受けている昭島市は、「本裁判の動向を注視してきた。市としては引き続き基地周辺市町と連携し、騒音の軽減と良好な生活環境の保持に努力していく」とのコメントを出した。

職員の手作り箸袋で「省エネ国」登録増加
八王子市

八王子市は家庭を一つの国と見立てた「八王子省エネ国」事業を02年から実施しており、取り組みをさらに広げようと、「省エネ国」に登録した家庭に、職員手作りの「はし袋」を配布。市民から好評を得ている。

「省エネ国」に登録した家庭は、電気、水道、ガソリンなどの使用料を一カ月ごとに登録して省エネ生活を実践。一年間継続して取り組み、チェックシートの結果を市に送ると「省エネ国認定証」も発行される。家庭での温室効果ガスの排出量を削減することが狙いだ。

市では、職員の取り組みとして割り箸削減につなげる「マイ箸運動」を行っており、これにヒントを得て、環境政策課職員が市民の環境配慮のきっかけになるよう、「省エネ国」登録家庭に箸袋のプレゼントを発案。6月に行われた環境フェスティバルでは、登録申し込みが79件あり、大幅に登録家庭を増やした。

箸袋は一枚一枚職員が手作りで縫い上げており、15日からは同課の窓口に箸袋の見本を置くほか、ホームページなどでも周知。裾野を広げたいとしている。

学校給食費
滞納者に法的措置
申請書で徴収率アップも

給食の材料費高騰などを背景に、学校給食費の滞納問題が深刻さを増している。あきる野市では、悪質な滞納者3件に対する手段として、14日までに簡易裁判所による支払督促の申し立て申請を行ったと発表した。多摩地区で支払い督促を行うのは異例だが、同様に未納問題を抱える周辺市などでは、あきる野市の取り組みを参考に、法的措置を検討するところもある。申請書提出やプリペイドカード方式などで、未納率を減らしている市もあるが、負担の公平の観点からも、目指すのは給食費徴収率100%だ。

あきる野市は、給食費滞納に対してこれまで、督促状、電話催告、訪問徴収などで滞納整理を行い、滞納額を毎年減少させてきた。しかし、07年度以前分で2年の時効が経過していない徴収可能な滞納額は、08年度当初で約1100万円、約300人。

今回、市は、給食費に未納があり、長期滞納をしている62世帯に対し、今年1月下旬に内容証明郵便で催告書を発送。応じなかった45世帯に対しては、3月中旬に最終予告を発送した。そこで納付に応じるなどの回答がなかった28件のうち、滞納額が多く、特に悪質と思われる3世帯に対し、八王子簡易裁判所に支払い督促の申し立て手続きを行った。滞納額は19万～38万円、合計86万円に上る。

給食費などのいわゆる私債権について強制執行する場合、裁判所の手続きが必要になるが、法的措置を行ったことで、今後も支払いに応じない場合は、給料差し押さえなどが可能になる。

学校教育課は「給食費を集めて食材を購入しているため、滞納されれば直接、食材費にはねかえり、給食費の値上げにもつながってしまう。給食費滞納に対して法的措置をとる流れが広がる中で、踏み切ることができた」と話す。市は今後、給食費だけでなく、強制執行できない児童育成料、市営住宅使用料についても、民事執行の申し立てを検討し、私債権を減少させたい考えだ。

◇

給食費滞納防止として、羽村市や武蔵村山市では、申請書の提出を求め、保護者の意識に働きかけて効果をあげている。

口座振替による給食費の徴収を行っていながら、未納率が06年度2%と26市ワースト2だった羽村市は、教育委員会で検討委員会を立ち上げて、滞納者への対応を協議してきた。

昨年秋には、「未納の子どもの給食は、支払っている世帯で賄われている」ことなど、給食費の現状について、全保護者に文書で通知。保護者への意識調査では「義務教育だから給食費は無料」と認識している人が多いことが分かり、入学時の口座振替の手続きに加え、給食の提供を希望する旨の書類を、署名、押印して提出してもらう仕組みを開始するなど給食費の支払いに対する意識改革を図った。

申請書制度を始めて3カ月だが、学校からの報告をまとめたところ、未納率は1・3～1・4%にまで減少しているという。「効果は出ているが、まだ100%徴収はできていない。悪質なケースなどには、法的措置も検討していかなければならない」と話し、今後は厳しい対応も視野に入れている。

◇

東久留米市では、中学校で郵便局の口座と連動したランチカード方式を採用し、未納が発生しない状況を作っており、小学校については、未納に対して06年に滞納解消のマニュアルを作成。市税の滞納整理と同様の方式で、お知らせから最終警告まで5段階に分けた措置を示している。通常は個々の学校で対応するものだが、第3段階の「催告・納入相談」から、学務課が関与。未納率は0・3%（06年度）と低く、これまでに市が関わったケースはないが、市と一体となった取り組みは学校側の負担軽減にも寄与し、今後さらなる未納率減少につながることを期待されている。

一方、給食費徴収率100%を達成している東村山市でも、中学校ではプリペイドカードにチャージして給食を申し込む方式のため未納はないが、小学校では15校のうち13校で給食袋に現金を入れて持参、2校で口座振替を行っている。給食袋での持参は、校内の事務室に給食費を集めるポストを置いて対応。学務課保健給食係は「学校と保護者の協力で未納のない状態が続いている」と話した。

集中豪雨の被害防止に
武蔵野市　貯留浸透施設を設置

07年度の集中豪雨により市内各所が冠水する被害を受けた武蔵野市は、小中学校などに大型の貯留浸透施設を設置する事業を06年度から実施し、効果をあげている。17日からは、3校で貯留施設設置工事を開始した。雨水を地下に浸透させることで、将来的には湧き水の復活や地下水確保、水質保全など、水の循環システムが改善することも期待されている。

市は05年9月の集中豪雨により、土地が低くすり鉢状になった北町保育園で1・5㍍も浸水したほか、市内すべての道路が冠水するなど大きな被害を受けた。これをきっかけに翌年、緊急的に同保育園の園庭に370㌧の貯留槽を設置し、被害の軽減を図っている。

ヒートアイランド現象などで短時間に局地的な豪雨が多い昨今。国も近年の都市浸水被害を踏まえ、07年度から5年間、貯留槽を学校などに設置する自治体に対して、設置費用の2分の1を補助する事業を開始している。市で設置する貯留槽は、500㌧程度で設置費用は概ね4千万円。多摩地域では唯一、補助事業の対象市だ。

市では国庫補助を活用し、貯留浸透施設を2011年度までに18校で整備する予定で、これまでに3校で設置。今年度も夏休み期間中に3校で設置工事が行われている。その効果は大きく、これまで設置した学校の周辺では、冠水被害がなくなったという報告もある。

しかし、大型の貯留槽の設置だけでは、市内全体の集中豪雨などの浸水被害を防ぐには不十分。浸水被害をなくすためには、公共施設と宅地を合わせ、全体で2万7180カ所に貯留槽や浸透ますの設置が必要だが、現在設置されているのは概ね2割程度だ。

市下水道課では「市民の協力が必要で、目標達成までには20年程度かかるのでは」と話すが、住宅地や駐車場に雨水浸透ますを設置する場合、1平方㍍あたり千円の助成金制度を設けており、市民にも設置促進を呼びかけている。

特別区現業系の職場実態調査

区長会「職務間異動の弾力化も検討」

組合　基準の廃止、見直しを要求

区長会は、技能・業務系人事制度に関する実態調査の速報値をまとめ、14日の交渉で組合側に示した。05年度に4層制の人事・任用制度を導入して3年が経過するが、4月1日現在、清掃を除く技能職場で、技能長は6区、統括技能長は1区しか設置していない。区長会は09年4月までに全区で技能長を設置する考えを示しており、今後、設置基準の見直しや職務間異動のあり方などをめぐり、組合との交渉が本格化する。

区長会は、昨年の確定交渉で当時、清掃職場以外で4区しか設置していなかった技能長について、09年4月までに全区で設置する考えを示すとともに、職場実態を調査し、必要があれば設置基準を見直す考えを示していた。今回の調査はこれに基づくもの。

清掃職場を除いた区の技能職場（技能Ⅰ～Ⅳ）の4月1日現在の総数は7842人で、級別では1級職が6036人（77・0％）、技能主任（2級）が1760人（22・4％）、技能長（3級）が40人（0・5％）、統括技能長（4級）が6人（0・1％）となる。

技能主任は全区で設置しているが、技能長は葛飾区（21人）や港区（9人）など6区にとどまった。さらに統括技能長を設置しているのは葛飾区（6人）のみだった。

区の技能・業務系人事制度には以前、任用がなかったが、清掃事業の区移管に伴い、05年度に4層制の人事制度を導入。各区で任用を進めてきたが、制度導入後間もないこともあり、技能長以上の任用が進んでいないのが実情だ。

このため特区連は、昨年の確定交渉で、各区で技能長を設置するよう求めるとともに、「概ね20人に1人」となる技能長の設置基準について、少数職場が多い区の事情を踏まえて見直すよう求めていた。

区長会も必要に応じて設置基準を見直す考えを示すが、併せて検討するとしたのが同一職種内の職務間異動の弾力化だ。

例えば技能Ⅲの職種内には、調理や用務、学童擁護など五つの職務がある。この職務間の異動は、通常の人事異動では行っておらず、職務の改廃や本人希望など個別的な事情に限られている。

だが、区単位では20人に満たない職務もあり、職務や職場単位を厳格に運用すれば「概ね20人に1人」の設置基準では昇任できない。職務間の異動を柔軟化することで、一定の職員規模を創出し、昇任を促進したい考えだ。

区長会は「少人数職場の実態を踏まえると、設置基準の見直しに当たっては、同一職種内の職務間異動の弾力化は避けられない」との考えを示す。

しかし、さらなる行革につながりかねない職務間異動の弾力化に特区連は難色。「職務間異動の弾力化と技能長の設置基準の改正は、切り離して議論する課題」と反発する。

特区連の中條貴仁書記長は、「特別区に20人以上の現業職場はほとんどない。現行基準は特別区の実態に合わない」と主張する。

また、人数によって昇任者数が決まれば、昇任できない人も発生し、モチベーションの低下も懸念される。「少数職場でも、必要があれば技能長を置ける基準が必要。行政系の主任主事も同様の設置基準はない」（中条書記長）として、設置基準の廃止を求める。

他方、清掃職場（技能Ⅴ、Ⅵ）では、全区で技能長が設置され、統括技能長も荒川区を除く22区で設置している。そうした中、清掃労組が問題意識を示すのが技能主任の設置基準だ。

現行は「概ね4人に1人」もしくは「任命権者が必要と認める場合」となっているが、収集作業を2人1組で行う中、「清掃業務の実態に沿っているとは言えない」として見直しを求めている。

また、臨時職員等とペアを組んで作業を行う実態の中、設置基準の改善には臨時職員も含めて算定するよう要求。加えて、技能長を補佐する技能長補佐職の新設も求める。

設置基準について区長会は今後、職場単位の考え方のほか、非常勤や再雇用職員、委託とのかかわりなどを分析する。来年の人事に反映させるのに残された時間は少なく、今後、組合との激しいやり取りが予想される。

都庁職員食堂　「緑の東京募金」ランチ提供中

1食につき30円を寄附

都庁舎内の職員食堂で現在、「緑の東京募金」ランチを提供中だ。1食につき30円が緑の東京募金に寄附される仕組み。第一本庁舎32階と第二本庁舎4階にある4カ所の職員食堂で実施している。実施期間は8月15日まで。ランチ時間は平日午前11時30分から午後2時となっている。

都庁舎内の各職員食堂では、それぞれ工夫を凝らしてポップ等を作成し、募金ランチであることを説明している。たとえば、これまで「500円」だったAランチに、30円を上乗せした価格を表示するなどして、食べる人に募金を認識してもらう考えだ。

今回の募金ランチは、環境局と㈶東京都福利厚生事業団との協力で実現した。都福利厚生事業団によると、三宅島の全島避難等を巡っても、職員食堂で同様の募金ランチを設定し、提供したことがあるという。

業務改善NEWS創刊号を配信　職場での好事例をメルマガで紹介

都総務局はこのほど、各局・各職場が取り組む業務改善実践事例を紹介するメールマガジン「業務改善NEWS」の創刊号を発行した。今年度4回配信予定で、次回は10月発行の見通し。

業務改善NEWSは、職場で取り組むべき必要最低限のマネジメントノウハウを規定した都庁標準ルールについて、各職場などでの「その後」を紹介するもの。

創刊号では、まず主税局品川都税事務所が実施している「仕事の達人インタビュー」を紹介。ここでは、所内のベテラン職員に若手職員がインタビューすることで、ノウハウを聞き出し、所内報にも掲載しながら、知の継承を図っている。

また水道局中央支所給水課では、職員数が多く、執務室が複数に分散し、各係の課題が伝わりにくい状況にあったため、統一様式の業務記録をサーバのフォルダへ保存し、情報を共有化する仕組みを講じた。これにより、他の係の状況もリアルタイムで把握できるようになったという。

このほか都税総合事務センター、交通局深川自動車営業所、産業労働局森林事務所、下水道局森ケ崎水再生センターの好事例も取り上げている。

ひと

「太宰が生きたまち」を推進する

三鷹市生活環境部コミュニティ文化室文芸担当課長
（財団法人三鷹市芸術文化振興財団文芸課長）
矢野（やの）　勝巳（かつみ）さん

亡くなった地ではなく、「太宰が生きたまち・三鷹」を前面に出し、太宰没後60年の今年、生誕100年となる来年、さらに市制施行60周年を迎える2010年の3年間にわたって、太宰治顕彰事業を実施していく三鷹市。

その拠点施設に位置づけられた「太宰治文学サロン」は、3月1日の開設から4カ月足らずで、来館者1万人を突破した。サロンとあって、「展示施設だけではなく、市民の皆様の交流の場であり、ここを起点にゆかりの場所をご案内して、三鷹のまちの魅力を再発見してもらおうというものなのです」と話す。

市教育委員会では、武蔵野（野川流域）の水車経営農家の保存と活用に関わり、これらの経験を踏まえて地域まるごと博物館とも言うべき「三鷹エコミュージアム構想」をまとめ、99年度の「市政に関する職員提案論文」で優秀賞に。第3次市基本計画にエコミュージアム事業が明記され、水車はそのモデル事業として整備が進んでいる。

「太宰ゆかりの場所に案内板を設置するなど地域の記憶の継承に努めるとともに、拠点施設であるサロンは市民ボランティアとの協働により運営していますので、エコミュージアムの理念に基づいた事業でもあります」

サロンでは、ボランティアグループである「三鷹観光ガイド協会」会員に加え、新たにボランティア養成講座を開き、その修了生24人も活動中。昨年5月、それまで理事長が兼務していた三鷹市山本有三記念館の館長に就き、そのボランティア養成講座も今年度はじめて実施し、現在30人の方が登録されているという。

「市民に三鷹の街を楽しんでもらって、まちづくりへと定着していけばいいなと思っています。また、近隣の方にも三鷹の街を知ってもらいたいんです」

食わず嫌いだった太宰だが、没後50年事業の担当となって初めて大半の作品を読んだ。「前期、中期、晩年とイメージが違い、多様性がある。時代を超えた普遍性が常に評論の対象にもなるのでしょう」

没後50年太宰展は、10日間の日程にもかかわらず、5500人が来場し、図録も2千数百冊が売れたという。

「文学の専門家ではなく社会学部出身なので、また違った視点があるのかもしれない」。秋に開催される太宰展が楽しみだ。（門）

東京都生まれ。78年法政大卒。三鷹市へ。市民税課やケースワーカーなどを経て、この15年くらいは主に事業を担当。趣味は観劇など。阪神ファン。4月に文芸課長に。妻と。54歳。

退職局長から一言　下

夢をかなえる

前田正博（前下水道局長）

公害国会の翌年、国では環境庁が発足し東京都では下水道予算が前年に対して倍増する昭和46年に入都し、下水道局、都市計画局、知事本局などで都政生活を過ごしました。特に下水道事業については、東京都のみならず全国をけん引する様々な活動に参加しました。

この間、東京では、汚濁して人が誰も近づこうとしなかった水環境が見事に回復し、台風が来ると決まって浸水が生じていた下町でも安心した生活が確保できるようになりました。また全国的にも下水道の目覚ましい普及が効果を見せてきております。この37年間を見てきた私にとりまして隔世の感があります。

このような大切な仕事を担ってきた一人であることを心より誇りに思いますし、支えていただきました多くの皆様に心より感謝申し上げます。

しかし、これまでの都市問題の多くは以前の状態に回復したにすぎません。これからの東京は都市インフラの健全な運営を図りつつ、水と緑の都市づくりや浸水に安全な都市とするため新たな課題に挑戦していかねばなりません。また、低炭素型都市を実現するためにも、率先した取り組みが求められます。新たな都市環境の創造が目標です。

これまでも東京都はわが国をリードし、常に時代の先頭に立って直面する新たな課題を克服してきました。皆さんにはこれからも先を読み、先手を取って果敢に課題に挑戦してください。

「夢とはそれをかなえようとする心意気である」という言葉が好きです。一人ひとりが力を最大限発揮し、思い切り自分の責任で挑戦的に取り組むことが大切です。どんな時でも「明るく、楽しく、元気良く」そして「前向きに」。

首都東京の発展と皆様のご活躍を心よりお祈りいたします。

熱い想いがチームつなぐ

長岡敏和（前水道局理事）

昭和48年に入都して以来35年、水道局をはじめ衛生局、港湾局の19の職場で新鮮に、充実した仕事をすることが出来たのは、よき上司、先輩、同僚など多くの方々に支えていただいた賜物と、心から感謝をしております。

とりわけ、水道局では水源林、貯水池、浄水場、送配水施設から各家庭への給水管に至る、水源から蛇口までの維持管理から運用、建設工事など幅広く携わることが出来たのは大変幸せでした。また、それぞれの部所、職場で、水道事業や水道技術への熱い想いに触れられたのも忘れられません。

言うまでもなく、水道、いや、首都東京を支える都市基盤施設は、常に何事もなく安定的にサービスを提供し続けることを当然として求められています。これは大変なことで、それぞれの持ち場、立場での役割を、責任を持って果たすとともに、関係部所との細密な連携が必要です。また、それを支えるため蓄積された技術についても、常に維持、継承さらに向上させていかなければなりません。

これらは、決して一人の力で成し遂げられません。様々な課題に直面した時、チームとして今なすべきことを議論し、それを共有して一丸となり取り組むことが不可欠です。技術についても、先輩、後輩混成チームで試行錯誤を繰り返すことが、維持、向上、蓄積につながると思います。そしてチームのつなぎとなるものが、皆さんの熱い想いです。

皆さんの今後の御活躍を心から期待いたします。長い間本当に有り難うございました。

他に依りすがる心なき

滝沢優憲（前多摩水道改革推進本部長）

34年余、建設局での1年を除き、在職期間の殆どを水道局の施設管理から建設部署に至る技術の各部門で仕事ができたことに満足するとともに感謝している。利潤追求よりも、多くの人の役に立てる仕事に就きたいとの思いで、都市インフラを担う部門に職を得て、「公正・愚直・自然体」を信条として従事し、多くの人達に支えられて何とか卒業の日を迎えることができた。

係員時代、私のうっかりミスから局内他部署にまで迷惑をかけ、結果として局長名の文書叱責を受ける羽目となる大失態を演じた時、某部長から「君だけの責任でないことはわかっている。この失敗を引きずらないことだ。いつの日か後輩に対して教訓として話せる日が来る。失敗を生かすことを考えろ」と励まされ、徒に落ち込まずに済んだことが思い出される。

その様な私が偉そうな事を言えるはずもなく、これからの都政を担う若き職員には、ただ公務員の本旨を忘れることなく仕事に向かって欲しいとの思いを込めて、近年自戒の意からも時折読み返している福沢翁の次の言葉を贈りたい。

「独立とは、自分にて自分の身を支配し、他に依りすがる心なきを言う。自ら物事の理非を弁別して処置を誤ることなき者は、他人の智恵に依らざる独立なり。自ら心身を労して私立の活計をなす者は、他人の財に依らざる独立なり。人々この独立の心なくして、ただ他人の力に依りすがらんとのみせば、全国の人は皆依りすがる人のみにて、これを引き受くる者はなかるべし」

後輩諸氏の健闘を祈っています。

好奇心が成長の源

梶原康二（前選挙管理委員会事務局長）

入都は景気の良い時期で、公務員はあまり人気がなかったようです。採用面接では、広い分野にタッチできる、行政は人の役に立つ仕事だというようなことを言ったと思います。もとより、自治体行政の役割を住民福祉増進と唱えても、何のことやら判然としません。要は、都民のために、どのように、どれだけ役立っているかを自問しながら事務・事業を進めることだと思います。

若い頃は友人たちとかなり青臭い議論もしたし、近年は常に意義、効果を踏まえた仕事の質を強く意識しました。それぞれの時期、私個人の動きなど取るに足りませんが、組織として動くときのすごさは大いに実感してきたものです。

都庁は人材豊富です。それぞれの手法は違っているでしょうが、ここぞというときは都民のため、という最大の価値がばねとして働く都政人の良心を幾度も見てきました。都庁に就職して本当に良かったと思います。

若い人に元気がないということは中高年の決まり文句になっています。仕事に余裕がまったくないことに気づきます。それを乗り越えられる人は数少ないのかもしれません。でも、自分で問題を見つけ、どんな小さなことでも、帳票の改善ひとつでもできた喜びは、ぜひ味わってほしい。幸い情報環境は昔と違います。ネット中心にあらゆる情報が入手可能です。何にでも関心を持つ「好奇心」が成長の源だと確信します。後は、その検証です。その情報の真の意味は、先達、知己との話の中で知れてきます。広い交友が大事な所以です。物知りの友人を持ちましょう。

35年間、本当にお世話になりました。上司、先輩の導き、同僚の助けで無事卒業できました。都政の充実発展を心から願っています。

悠久の都政

矢口幸一（前人事委員会事務局長）

都庁を離れて10日経ちますが（原稿執筆時）、暇に飽かして存分にタウンウォッチングができる身となり、改めて東京という街のダイナミックさに驚かされています。都庁舎の中にいては、なかなか味わえない感覚で、変な話ではありますが…。

これという明確な目標のないまま入都し、爾来35年余り勤めました。その大半を都市計画局、生活文化局に属して、幸いにも都市基盤、都民生活に深く関わるハード、ソフトの公共財の形成を目指す、公務員ならではの悠久の流れの中での仕事に携わることができました。

悠久という点では、私が入都した当時にいた職員のほとんどは今、都庁におられません。毎年のように数多くの構成メンバーが交替するにもかかわらず、都庁という組織が不変であることは、当たり前とも不思議とも言えますが、その要因の一つに、私のようなボンヤリとした者でも日々の仕事や付き合いを通して鍛えられ、少しずつ成長させる土壌が都庁に内在していることが挙げられると思います。

「人に育てられた者は、人を育てる」と言いますが、在職中、多くの先輩、同僚、後輩から教えを受けました。私からはというと「?」と言わざるを得ませんが、それなりに役割を果たそうとはしてきました。こうした垂直的相互作用が積み重なることによって「悠久の都政」が保たれるのではないか、との思いをもっています。

長年のご厚誼に感謝いたしますとともに、これからの皆様のご健勝を祈念いたします。

激動の時代、さらなる活躍を

野本孝三（前都市整備局理事）

昭和42年に採用となって以降、都市整備局での退職まで41年にわたる都庁生活を終えました。大過なく、無事退職できたことに、ほっとしております。

振り返りますと、都庁では三つの分野で働かせていただきました。まず、営繕分野での仕事です。入都当時は大規模な公共建築の建設が相次いでおり、設計、積算、現場管理と様々な取り組みをしました。最近は、省エネ、省資源など取り巻く課題も大きく変化しており、営繕業務に携わる皆さんには、設計事務所などに負けないつもりで技術を磨いていただければと期待しています。

次に建築指導行政の分野の仕事です。忘れることのできないのが姉歯事件（構造計算偽装）です。国家資格を持つ1級建築士を信頼しての建築確認制度が、大きく損なわれてしまいました。都として、強度不足の建物の把握、対処方法の模索、再発防止のための制度改正など、局をあげての取り組みとなりました。いつの時代でも、安心、安全は何よりも優先すべきことであり、今後とも官民が連携しての取り組みが欠かせません。

最後に都市計画分野での仕事です。特に都市再生への取り組みは、東京が国際競争力のある都市として発展していくために、欠くことのできないことと思っています。それだけに楽しくもあり、一方、責任の重大さを痛感したものです。

いずれにしましても様々な重大局面で上司や職員の皆さんのご指導、ご協力が大きな支えとなりました。ありがとうございました。今後とも職員の皆さんには元気よく存分に活躍されるよう祈っております。

昇任試験対策のページ

20年度 主任試験講座 ― 40 ―

今回から「都政実務」について勉強します。今回は「都行財政」の問題演習を行います。

今回の問題を解くにあたって、本番での時間配分を考慮してみましょう。

問題

【問題1】

議会に関する記述として妥当なのは、次のどれか。

① 議員は、衆議院議員・参議院議員・他の議会の議員・地方公共団体の常勤職員などを兼ねることが禁止されているが、当該地方公共団体から請負をする者となることはできる。

② 議長・副議長の辞職には、議会の許可が必要であるが、副議長は、議会閉会中には知事の許可を得て辞職することができる。

③ 常任委員会の活動は、議会の開会中に限られているため、閉会中には審査・調査をすることができない。

④ 議会運営委員会は常任委員会と異なり、公聴会の開催や参考人からの意見聴取を行うことができない。

⑤ 特別委員会は、必要があるとき議会の議決で設ける委員会であり、原則として会期中に限って議会の議決により付議された事件を審査するが、議会の議決に付議された特定の事件については、閉会中でも審査することができる。

【問題2】

都における議会および知事の権限に関する記述として、妥当なのはどれか。

① 議会は、法律または政令に基づく選挙を行う権限を有するが、これには選挙管理委員の選挙は含まれない。

② 議会は、都の公益に関する事件につき国会及び関係行政庁への意見書提出権がある。

③ 議会の定例会は、毎年4回、臨時会は、必要の都度その事件に限って召集されるが、具体的な会期は毎会期の初めに知事が定める。

④ 知事は、都を統括し都を代表する機関であり、管理者の置かれた地方公営企業について、その経営を代表する権限を有するが、その業務執行に関しては、管理者が代表する権限を有し、知事の権限に属するものはない。

⑤ 知事は、その権限に属する事務の一部を分掌させるために、規則で支庁を設置することができる。

【問題3】

都区財政調整制度に関する記述として、妥当なのはどれか。

① 都区財政調整制度は、都と特別区間の財源の均衡化を図り、特別区の自主的かつ計画的な行政運営を確保するために設けられた制度であり、都区間の財源配分という重要な側面は持っているが、特別区相互間の財政調整という側面は持っていない。

② 都区財政調整制度の財源は、都が課する市町村法定普通税である固定資産税および市町村民税法人分とし、都の条例で定める一定割合の額を特別区に交付することが法定されている。

③ 都は、特別区に交付する特別区財政調整交付金に関する経理を処理するため特別会計を設置しており、都の条例で定める一定割合の額を一般会計から繰り入れ、交付金として交付している。

④ 普通交付金は、都が各特別区ごとに基準財政需要額と基準財政収入額を算定し、基準財政需要額が基準財政収入額を超える財源不足を特別区に対して交付されるが、基準財政収入額が基準財政需要額を超える場合には、その超える額を都に納付する。

⑤ 特別交付金は、交付金総額の3%であり、普通交付金の算定期日後に生じた災害等の特別の財政需要、または財政収入の減少等、特別な事情があると認められる特別区に対して当該事情を考慮して交付される。

【問題4】

附属機関に関する記述として、妥当なのはどれか。

① 附属機関を組織する構成員である委員その他の構成員は、常勤である。

② 附属機関は、法律またはこれに基づく政令に特別の定めがあるものを除き、その庶務はその属する執行機関が処理する。

③ 附属機関は、法律または条例の定めるところにより設置されるが、必要があると認められる場合には、要綱等に基づき設置することができる。

④ 附属機関は、原則として合議制機関であるが、合議制機関の長所としては、能率性、政治的中立性、責任の所在の明確性などが挙げられる。

⑤ 附属機関は、執行機関の行政執行の前提として必要な調停、審査、調査等を行うものであり、さらに直接住民を対象とした執行権も有する。

【問題5】

地方公営企業に関する記述として、妥当なのはどれか。

都政実務⑥

① 管理者は、地方公営企業の経営に関し識見を有する者のうちから、議会が任命する。

② 地方公営企業の事業には、水道事業、自動車運送事業、鉄道事業は含まれるが、軌道事業は含まれない。

③ 知事の指揮監督のもとに、地方公営企業の業務を執行させるため、事業ごとに管理者を置かなければならない。

④ 管理者は、一定の事由に該当する場合以外は、その意に反して罷免され、または懲戒処分を受けることはない。

⑤ 管理者は業務執行に関して都を代表するほか、企業管理規程の制定、主要な職員の任免、財産の取得・管理・処分、契約の締結など、知事部局の局長には与えられていない権限を有するが、予算の調整・議案の提出などは知事の権限として留保されている。

解説

【解説1】　正答 ⑤

① 議員は、衆議院議員・参議院議員・他の議会の議員・地方公共団体の常勤職員などを兼ねることが禁止されており、また当該地方公共団体から請負をする者となることはできないなど一定の兼業も禁止されている（職員ハンドブック157ページ）。

② 議長・副議長の辞職には、議会の許可が必要であるが、副議長は、議会閉会中には議長の許可を得て辞職することができる（職員ハンドブック157ページ）。

③ 常任委員会の活動は、原則として議会の開会中に限られているため、閉会中には審査・調査をすることができないが、閉会中も引き続いて審査・調査させる必要のある事件については、議会の議決により付議されれば、閉会中でも審査・調査することができる（職員ハンドブック157ページ）。

④ 議会運営委員会は常任委員会と同様に、公聴会の開催や参考人からの意見聴取を行うことができる（職員ハンドブック158ページ）。

⑤ 正しい（職員ハンドブック158ページ）。

【解説2】　正答 ②

① 議会は法律または政令に基づく選挙を行う権限を有するが、これには選挙管理委員の選挙は含まれる（職員ハンドブック158ページ）。

② 正しい（職員ハンドブック158ページ）。なお、関係行政庁というのは、国、地方の機関を問わず、意見書の内容に関係のある行政機関という意味である。行政庁に限られるため、裁判所は含まれない。

③ 議会の定例会は、毎年4回、臨時会は、必要の都度その事件に限って召集されるが、具体的な会期は毎会期の初めに議会の議決で定められる。また、この会期は議会の議決で延長することもできる（職員ハンドブック158ページ）。

④ 前半は正しい。管理者は、地方公営企業の業務に関して、予算の調整や議案の提出など知事の権限として留保されているものを除き、自己の名と責任において企業の業務執行に当たるものである（職員ハンドブック162ページ）。

⑤ 知事は、その権限に属する事務の一部を分掌させるために、条例で支庁を設置することができる。現在、総合地方行政機関として島しょ地域に置かれる支庁があり、大島、三宅、八丈、小笠原の4カ所に置かれている（職員ハンドブック161ページ）。

【解説3】　正答 ③

① 都区財政調整制度は、都と特別区及び特別区間の財源の均衡化を図り、特別区の自主的かつ計画的な行政運営を確保するために設けられた制度であり、都区間の財源配分と特別区相互間の財源調整という二つの重要な側面は持っている（職員ハンドブック172ページ）。

② 都区財政調整制度の財源は、都が課する市町村法定普通税である固定資産税および市町村民税法人分、特別土地保有税とし、都の条例で定める一定割合の額を特別区に交付することが法定されている（職員ハンドブック172ページ）。

③ 正しい（職員ハンドブック172ページ）。

④ 前半は正しい。基準財政収入額が基準財政需要額を超える額を都に納付する制度は、特別区の財政運営の自主性・自律性を高める観点から、平成12年4月の都区制度改革により廃止された（職員ハンドブック173ページ）。

⑤ 普通交付金は交付金の総額の95%、特別交付金は交付金総額の5%である。後半は正しい（職員ハンドブック173ページ）。

【解説4】　正答 ②

① 附属機関を組織する構成員である委員その他の構成員は非常勤である（地方自治法第202条の3第2項）。

② 正しい（地方自治法第202条の3第3項）。

③ 附属機関は、必ず法律または条例の定めるところにより設置され、要綱等に基づき設置することはできない（職員ハンドブック165ページ）。

④ 附属機関は、単独でも活動しうる自治紛争処理委員を除いて合議制の機関であるが、合議制機関の長所としては、専門技術性、政治的中立性、利害調整・民意反映などが挙げられる。

⑤ 前半は正しい。執行機関が直接住民を対象として行政を執行するのに対し、附属機関は、直接住民を対象とした執行権を有しない（職員ハンドブック165ページ）。

【解説5】　正答 ④

① 管理者は、地方公営企業の経営に関し識見を有する者のうちから、知事が任命する（職員ハンドブック161ページ）。

② 地方公営企業の事業には、水道事業、自動車運送事業、鉄道事業とともに、軌道事業も含まれる（職員ハンドブック162ページ）。都では、地方公営企業として交通局、水道局、下水道局の3局が置かれている。交通局では、軌道事業、自動車運送事業、鉄道事業、電気事業、水道局では、水道事業、工業用水道事業、下水道局では下水道事業を行っている。

③ 知事の指揮監督のもとに、地方公営企業の業務を執行させるため、事業ごとにあるいは数事業まとめて管理者を置く（職員ハンドブック161ページ）。

④ 正しい（職員ハンドブック632ページ）。

⑤ 管理者は業務執行に関して都を代表するほか、企業管理規程の制定、補助職員の任免、財産の取得・管理・処分、契約の締結など、知事部局の局長には与えられていない権限を有するが、予算の調整・議案の提出などは知事の権限として留保され、主要な職員を任免する場合においては、あらかじめ知事の同意を得なければならない（職員ハンドブック161・162ページ）。

20年度 主任・係長 論文講座 ★40★

特別区係長選考

直前対策①

はじめに

前回は、論文の書き方について、基本的なことを解説しました。これから4回にわたって、直前対策として、より良い論文を書くためのヒントを書いていきたいと思います。

係長職昇任選考の方法は、区によって異なりますが、論文試験の場合、複数のテーマの中から一つを選択して解答し、字数は1千字から1500字程度、試験（制限）時間は2時間ぐらいのところが多いようです。自分の区の選考方法を調べることが試験対策の第一歩となります。とても大切なことなので、実施要綱などで必ず確認してください。

出題テーマの予想

9月から11月までの間に係長職昇任選考を実施する区が多いようですから、そろそろ試験本番で出題されるテーマの予想を立て始めると良いでしょう。

残念ながら、一所懸命予想をしても当たるとは限りませんが、出題されるテーマの予想を通して、論文を書くうえで重要な問題意識を深めることができるようになります。もちろん、実際に出題されるものと近いテーマで想定論文を書くことができれば、有利になることは間違いありません。

試験本番で出題されるテーマを予想するに当たっては、ぜひ、次のような点を参考にしてください。

(1)区の最近の動向

論文試験の出題テーマは、その時々の区政の動向が反映されています。今、自分の区の課題は何か。政策的な目玉は何なのか。新たな計画はないか。こうした視点で区政の動向をつかめるよう、絶えずアンテナを張っておきましょう。予算編成方針や区長の所信表明などをチェックすることも忘れないようにしてください。

(2)過去の出題傾向

論文のテーマは、「区政の課題を問うもの」「職場の課題を問うもの」から出題されることが多いようです。当然のことながら、出題される論文のテーマには、区ごとに特色や傾向があります。まず、自分の区の過去数年分の出題を調べ、傾向をつかんでおきましょう。調べる方法としては、昨年合格した先輩などから聞くのが良いと思います。ほかにも色々なアドバイスをもらえるかもしれません。また、過去の問題を公開している区もあるようですから、職員課などに確認してみると良いでしょう。

過去の出題テーマを分析する際には、その時々の区政の動向や課題などと突き合わせてみると、出題傾向がより鮮明に見えてくるはずです。

区政を取り巻く環境

各区は、社会環境等の変化に合わせ、様々な政策を展開しています。論文のテーマを予想するに当たっては、自区の政策的な動向をチェックすることは欠かせませんが、そこからさらに一歩進めて、なぜ、そうした方針が打ち出されるに至ったのか、何を目的としてその政策がつくられたのかにまで思いを馳せていくことが大切です。また、論文の序章を書く際にも、論文のテーマに係る社会的背景を論じることが重要となります。

そこで、私たちを取り巻く社会環境の変化について、今回と次回で簡単にまとめていきます。

(1)経済状況

わが国の経済は、サブプライム住宅ローン問題を背景とするアメリカ経済の低迷による下振れリスクの高まりや長引く原油価格、原材料費の高騰、さらには円高・株安などの影響により、景気の先行きについては、これまで以上に不透明感が広がっています。

特に原油価格の高騰は、製造コストや輸送コストを押し上げ、幅広い商品の価格に影響を与えており、現状のまま推移すれば、中小企業の経営や区民生活をさらに圧迫していくおそれがあります。さらに、上場企業の来年3月期決算の予測では、その全体の業績が7年ぶりに減益の見通しとなるなど、日本経済全体の先行きには大きな不安を抱えているところです。

(2)地方分権

国民がゆとりと豊かさを実感し、安心して暮らすことのできる社会の実現を目指し、地方分権改革を総合的かつ計画的に推進するため、平成18年12月に地方分権改革推進法が成立しました。

同法は、地方分権改革の推進について、その基本理念や国と地方双方の責務、施策の基本的な事項を定め、必要な体制を整備するものです。また、同法に基づき、国と地方の役割分担や国の関与のあり方について見直しを行い、これに応じた税源配分等の財政上の措置の在り方について検討を進めるとともに、地方公共団体の行政体制の整備及び確立を図っていきます。

具体的には、同法に基づき平成19年4月に設置された地方分権改革推進委員会で調査審議が行われ、内閣総理大臣に勧告が行われます。その勧告を踏まえ、政府において、講ずべき必要な法制上または財政上の措置等を定めた「地方分権改革推進計画」を策定することになっています。

(3)東京富裕論

国の経済財政諮問会議などにおいては、法人2税を中心に税源が偏在するなど地方公共団体間で財政力に格差があることを踏まえ、地方税のあり方や国と地方の間の税目・税源配分の見直しなど、都市部と地方との税源の偏在を是正する方策が検討されています。いわゆる東京富裕論という見解に基づくものですが、もちろん東京都や特別区長会などは実情に合わない乱暴な議論であると反論しています。しかしながら、これらの議論の行方によっては、将来の財政運営に多大な影響を受けることが予想されるため、その動向を注視していく必要があります。

(4)都区のあり方

今後の都区のあり方について、事務配分や特別区の区域のあり方（再編等）及び税財政制度などを根本的かつ発展的に検討することを目的に「都区のあり方検討委員会」が平成18年11月に設置されました。

都区の事務配分の見直しについては、特別区の区域において、都は、特別区を包括する広域自治体として大都市東京のさらなる発展を支えるための施策の展開にできる限り特化し、特別区は、基礎自治体としてより幅広く地域の事務を担うという方向で行うことになりました。現在、都の事務の中から、444項目の対象事務を選定し、検討を進めているところです。今後は、都区の事務配分に加え、特別区の区域のあり方（再編等）や税財政制度などについても議論が行われることになります。

(5)官民の役割分担

限られた行政資源だけで、多種・多様化する区民の行政需要に応えていくことはできません。また、規制緩和が進んだことで、公共サービスの担い手は、行政だけではなくなりました。そこで、各区は、公共サービスの質の向上とコストの削減、民間部門での新たなビジネスチャンスの創造と雇用の創出のために、官民の役割分担を厳しく見直し、民間活用を進めているところです。ここでは、新たな民間活用の手法を三つ挙げておきます。

①指定管理者制度

公の施設の管理・運営を条例に基づき、民間事業者、NPO法人、ボランティア団体などに包括的に代行させることができる制度です。

②PFI

公共施設等の建設、維持管理、運営等を民間の資金、経営能力及び技術的能力を活用して行う手法です。

③市場化テスト

これまで国や自治体が実施してきた行政サービスについて、国や自治体と民間企業などが対等な立場で競争入札に参加し、質と価格の両面で最も優れた者が、そのサービスの提供を担っていくこととする制度です。

今後も各区においては、このような民間活用が積極的に進められていくはずです。しかし、耐震偽装事件や埼玉県ふじみ野市のプール事故など、行政が民間に委ねた部分で重大な事件・事故が起きるとあらためて行政の役割や責任が問われることになります。民間に任せることによって、いかに多くのメリットが存在したとしても、区民の安全が確保されなければ何の意味もありません。競争性や公平性を担保しながら、委託の仕様などを厳しく見直すとともに、徹底した検査、第三者評価などで質を確保していくことが重要となります。今後も様々な分野で民間活用が進められていくと思いますが、常に「行政の役割とは何か」という視点を持ち続けていくことが私たちの責務です。

20年度 教育管理職への道しるべ <44>

直前対策③

管理・事情分野

■学校管理

1 ポイント

学校管理に関する出題内容は、いずれも学校管理に関する基本的問題が中心です。

これまで、職員会議、報告・届け出、勤務条件、学校保健、児童生徒の進学・就労、備付表簿類、学校評議員制度、学校の施設・設備、学校事故、勤務時間、研修、休暇、服務、人権等が出題されていますので、この項目を重点的に再確認して下さい。

2 予想項目

【法律】○学校教育法○地教行法○労働基準法○青少年関係法○社会教育法○学校保健法○児童虐待の防止等に関する法律○人権教育および人権啓発の推進に関する法律

【その他】○個人情報の漏えいに関する対策（情報セキュリティ対策）等○教育3法の改正に伴う規定整備が行われた学校の管理運営規則等○危機管理（安全管理）

■経営管理

1 ポイント

経営管理の出題分野としては、「組織・人事管理」と「財務・施設管理」ですが、直近の2年間は「組織・人事管理」のみが出題され、組織や人事管理、人事考課制度等が繰り返し出題されています。この項目に重点を置いてチェックして下さい。

2 予想項目

【組織・人事管理】○組織原則○経営理論○情報管理○懲戒処分の基準○学校運営連絡協議会○人事考課制度

【財務・施設管理】○予算・決算○学校徴収金○財産管理○教育財産の使用許可

■都政事情

1 ポイント

この分野は、試験前年9月から当年6月までに発表された、計画、調査、答申、知事の施政方針、予算等を中心に再確認して下さい。

2 予想項目

○「10年後の東京」への実行プログラム2008○平成20年度東京都予算○都民生活に関する事項（世論調査等）○オリンピック招致関連

■教育事情

1 ポイント

教育事情の出題内容は、新聞などで話題になった身近な問題について正確な知識を問うものです。特に、都の教育目標や基本方針に基づく平成20年度主要施策等で教育施策の動向をしっかり押さえた上で、国や都が発表した答申・報告書（最終報告）を見ることが極めて重要です。答申等は文部科学省や都教育委員会のホームページなどで再確認して、ポイントは必ず押さえておいて下さい。その知識は、論文の役にも立ちます。

2 予想項目

【国レベルのもの】○平成18年度体力・運動能力調査（10月）○児童・生徒の問題行動等生活指導上の諸問題に関する調査（11月）○PISA2006年調査結果(12月)○青少年が利用する学校非公式サイト等に関する調査（4月）○子ども読書活動推進計画の策定状況に関する調査結果（6月）

【都レベルのもの】○平成18年度における児童・生徒の問題行動等の実態について（8月）○東京都特別支援教育推進計画(第二次)(11月)○平成19年度全国学力・学習状況調査(都の結果)(12月)○教育管理職等の任用・あり方検討委員会報告（第1次・第2次）（1月・4月）○東京都教育ビジョン（第二次）（5月）○平成19年度「児童・生徒の学力向上を図るための調査」の結果（6月）

■政治・社会事情

1 ポイント

政治・社会事情の出題の特徴は、特定分野の「最近の事情」を問う形式で設問が作成されています。出題範囲が広いにも関わらず出題数が少ないので、時事問題をまとめた問題集や新聞記事を扱った雑誌、インターネット等で効率的にまとめて下さい。

2 予想項目

○食育白書（10月）○犯罪白書（11月）○自殺対策白書（11月）○温室効果ガス排出量（11月）○少子化社会白書（11月）○生活安全プロジェクト（12月）○薬害C型肝炎訴訟和解協議（12月）○国民生活審議会報告書素案（2月）○個人情報の保護に関する基本方針の一部変更（4月）○福田ビジョン（6月）

■労働・経済・国際事情

1 ポイント

労働・経済・国際事情は、細かな数値や内容は問わず、増加傾向・減少傾向にある、前年に比べて増加・減少した、新たに・何年ぶりになど、変化の大きな流れに着目する出題形式です。そうした傾向を踏まえた上で、重要事項を再確認して下さい。

2 予想項目

○経済・労働関係白書（8月～）○APECのシドニー宣言（9月）○障害者雇用適正実施勧告（10月）○労働関係法改正（11月）○有効求人倍率（11月）○地方分権推進委員会（中間報告）（11月）○全国消費者物価指数(4月)○新雇用戦略（5月）○大学生就職率・高校生就職内定率（5月）

論文対策

■A論文

論文作成の能力は、試験直前のいわゆる「付け焼刃」で急激に向上するものではありません。これまでの試験対策を生かし、振り返りに重点を置くことが重要です。

時間のなさに焦る気持ちも察します。しかし、この時期に大切なことは、全く新たなテーマの論文を一から書くのではなく、これまでの学習を整理し、その成果を十分に発揮することに力点を置くことです。

まず、これまで収集した資料を論文のテーマ別に分類し、資料とテーマの関連性を整理して下さい。特に、ここ2、3年の間に話題となった教育界の動向や児童・生徒の意識の変化等を踏まえ、今何が課題となっているか、自分なりに把握・理解しておくことが大切です。また、教育界の外にも目を向けて、人材育成や危機管理に関連する事柄など、広く社会の動向をつかんでおくことは、今後の教育課題を考える上でも重要となります。分類した資料を基にテーマごとにレジュメを作成しておくことで、論文にどのような課題が出ても対応が可能となります。

すでに完成論文を複数作成された方は、論文の構成や切り口、論理の展開などを再度確認し、場合によっては再構成することも、論文の質を高めることにつながります。まだ完成論文を作成していない方は、必ず一度は論文を作成して上司や合格者から添削を受け、論文作成のコツをつかんでおく必要があります。

試験当日の対策として「制限時間」への対応があります。限られた時間の中で出題の意図を理解し構成を考えながら記述するためには、実際に時間を区切って「手書き」で論文を書いておく必要があります。ワープロに比べて手書きは、意外と時間もかかりますし手も疲れます。読みやすい字を心がけ、誤字・脱字がないようにするのは論文作成の基本中の基本です。また、やや濃い目の芯やよく消える消しゴムを用意するなど、筆記具にも気を配りたいものです。

■B論文対策

1 ポイント

直前になれば、新たなことにとりかかるより、国や都の教育行政に関する動きを押さえ、今日的な教育課題を整理した上で、これまで作成した論文を見直すことが効率的・効果的です。

そのために、今まで書いた論文のレジュメを作成することが有効です。レジュメを作成することで知識・課題や論理の流れが整理されます。

B論文は、例年、日常的に学校で起こり得る事例問題が出題されます。管理職として学校経営の視点から、事例における問題点を探し出し、管理職のリーダーシップ発揮による実効性のある解決策を述べます。特に、副校長として学校経営方針を具体化し、実現に向けて教職員組織をどう機能させていくのかが問われます。

このため、レジュメ作成のポイントとしては、地域・社会や学校の状況及び課題の的確な把握、リーダーシップの発揮と組織的な学校運営に向けた具体的な手だてという視点で再度整理して下さい。

そして、A論文対策と同様に、実際に手書きで試験時間を意識し、筆記用具を使って書いてみることが不可欠です。

2 予想項目

【組織・学校経営】○経営方針（経営計画）に基づく学校経営○校務分掌組織の活用○主幹の活用○リーダーシップの在り方○個人情報の管理の徹底○学力向上の取り組み

【教職員】○教職員の能力向上と人材育成○教職員のモラルの向上○教職員と研修（OJT含む）○教員免許更新制

【地域・家庭】○外部評価（学校評価）○学校運営連絡協議会○保護者・地域からの苦情（モンスターペアレント）対応

【その他】

―小中学校の課題―

○学習指導要領改訂

―高等学校の課題―

○教科「奉仕」の組織的な取り組み○教育課程の改善（未履修問題など）

―特別支援学校の課題―

○推進計画（2次実施計画）

チェック問題

① 学校運営連絡協議会は、保護者、地域住民等の意向を的確に反映し、開かれた学校づくりを推進するために置く。

② 学校に、特に高度の知識または経験を必要とする教論の職として、主任教論を置かなければならない。

③ プロジェクト組織は、特定の課題を達成するため編成された常設の組織であり、縦割り組織の欠点を補うために編成されたものである。

④ 「10年後の東京」への実行プログラムでは、計画期間を平成20年度から3年間とし、3年後の到達目標と、事業費総額、年次計画を明示している。

⑤ 「東京都教育ビジョン（第2次）」は、三つの視点から12の取り組みの方向と27の重点施策を掲げ、実現に向けた具体的な60の推進計画を示している。

⑥ 「確かな学力」の伸長を図るための調査結果では、中学校の「見通す力」の平均正答率は16・6%と評価の観点の中で最も低い。

⑦ 我が国の高校1年生の学力状況は、数学的リテラシーは国際的にみて上位グループで、科学的リテラシーはOECD平均と同程度である。

⑧ 2007年度「少子化社会白書」によると、平成18年は出生数と合計特殊出生率は6年ぶりに増加した。

⑨ 平成19年版「自殺対策白書」は、自殺対策基本法に基づき、初めて作成され、10年間で平成17年の自殺死亡率を10%以上減少させる数値目標を掲げた。

⑩ 「女性労働白書」によると、女性の正社員数は、10年前よりも133万人減少し1039万人となったが、女性の雇用者全体に占める割合は、12ポイント増の46・5%と上昇した。

⑪ 「新雇用戦略」では、3年間で、フリーター・ニートなどの若者100万人を正規雇用化しようとする数値目標を打ち出したが、女性や高齢者については数値目標を示していない。

解答

①正しい。②誤り（主幹教論）。③誤り。臨時的・流動的組織。④誤り。10の目標↓8の目標。⑤誤り。80の推進計画。⑥正しい。⑦誤り。科学的リテラシーは上位、数学的リテラシーは高得点グループ。⑧正しい。⑨誤り。10%↓20%。⑩誤り。12ポイント増↓減、46・5%と上昇↓減少。⑪誤り。女性・高齢者の数値目標120万人。

Gallery

飯田橋庁舎界隈

—昼休みの小散歩 ④

絵と文　大瀧安良

先月は地下鉄で本郷まで足を延ばしましたが、今月は神楽坂です。

神楽坂といっても大江戸線の牛込神楽坂駅の少し先までの往復コースで、昼休み時間の範囲では、ここまでがぎりぎりかなというところです。しかも、ただの散歩ではなく、区立図書館に立ち寄り、更においしい定食を頂くという欲張りコースです。

外堀通りの「神楽坂下」交差点から本来の神楽坂を上がっていくのですが、このメーンストリートは人が多過ぎるので、なるべく早く脇道に入るようにしています。老舗の「助六」さんの少し先を左手に折れ、神楽坂組合事務所の前を通り、あとはひたすら真っ直ぐに進みます。途中、若宮町、袋町を越え中町に。町名は「ナカチョウ」ですが、図書館は「ナカマチ」と名乗っています。保育園の地下にあり、床が木張りのところが何となく昔の図書館の面影を残しています。

私にとって図書館のない人生は考えられず、職場が変わるとまず、その地域の最寄りの図書館に行き登録を済ませます。人気本をリクエストすると順番待ちになるのですが、新宿区と私の地元杉並区とでは順番がまるで違ってくることがあり、区民の嗜好にそんなに差があるものか不思議でなりません(蔵書冊数の違いもあり)。

さて、図書館を出て、納戸町、細工町をかすめ、「牛込北町」交差点を少し過ぎたところ、箪笥町の一角に、今日ご紹介するもう一つの場所「キイトス茶房」があります。

路上に出ていた看板の「カレー」が目に留まり偶然入ったのですが、これが大当たりでした。飲み物付き900円の定食が5種類ほどあり、そのどれもが美味しいのです。夕方も同じメニューを出してくれるのも有り難い。店内の調度にもご主人のこだわりがあって、宣伝文句通り「気持ちがほっこりできる場所」となっています。都庁からも大江戸線一本で行けますので、一度いらしてみては…

…昼は無理なのでもちろん夕方の時間に、です。

正面のビル2階にキイトス茶房があります。8月1日から15日まで此処で絵の展示をいたします(下欄ミニガイド参照)。この道を進むと約5分で東西線神楽坂駅、途中に旺文社、新潮社、矢来能楽堂などがあります。ベルギービールの酒場、ブラッセルズもお忘れなく。

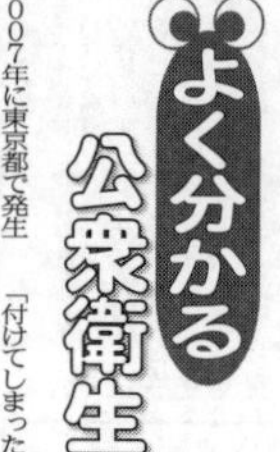

1

食中毒　大切な社会的責任

2007年に東京都で発生した食中毒は83件で患者数は2050人、過去10年間の平均値は98・9件で患者数は2220人です。このように事件数、患者数はともに横ばいの状態が続いており、全国的にも同じ傾向です。また、よく「夏は食中毒の季節」といわれますが、実際には季節に関係なく一年中食中毒は起こっています。

そして、食中毒の原因のほとんどは細菌やウィルスによるもので、食品に病原体を「付けてしまった」「増やしてしまった」、食品の病原体を「やっつけなかった」という3パターンで起こります。

「付けてしまった」ケースとしては、「下痢をしている調理人が調理した」「生肉を切ったまな板の上でサラダを作った」といったことです。体調の悪い人は調理行為をしない。手をよく洗う。清潔な器具を使い、器具の使い分けをする。清潔な場所で食品は取り扱うといったことが大切です。

ちなみに手に傷や荒れがある人の手には黄色ブドウ球菌がいますので、おにぎりをにぎるなど、食品を素手で扱うのは避けます。

「増やしてしまった」ケースとしては、「冷蔵庫に入りきらなかった鮮魚をしばらく室温に置いておいた」「昨日作って常温で保管していた食品を翌日弁当に入れた」といったことです。食品を保管する場合は細菌が増殖しにくくなる冷蔵(10℃以下)や温蔵(65℃以上)など、その食品に適した温度管理が必要です。特に夏の海には腸炎ビブリオという菌がいますので、海鮮のお刺身は必ず冷蔵庫で保管するようにします。

「やっつけなかった」ケースとしては、「肉、魚を加熱調理した時に食品全体に十分に火が通らなかった」「生食用ではない食肉や魚介類を刺身などにして客に提供した」といったことです。生の食肉や魚介類には病原体が付いている可能性があるので、加熱調理をしない食品は常に食中毒のリスクが高いといえます。また「新鮮だから生で食べても大丈夫」と言う人もいますが、鶏肉にいるカンピロバクターという細菌などは鶏肉が新鮮だと菌も一緒に元気なので危険です。なお、ほとんどの病原体は75℃1分間の加熱で死滅します。

これらのケースによる事故がなくなれば食中毒件数は80%くらい減少するのですが、実際に事故は起きてしまいます。また事故後の言い訳として、「体調不良でも店が忙しくて休めない」「店の生産能力以上の受注だった」「断れなかった」「他の店との差別化を図るためにリスクが高いのを承知で鳥刺し等を出してしまった」というのをよく耳にしました。

厳しい社会の経済状況のもとで売り上げを優先したいという気持ちもわからないでもありませんが、飲食店という衛生にかかわる職業についた以上、「お客の生命と健康を守る」という最も大切な社会的責任を忘れてもらってはいけません。

(元大田区保健所　伊東利和)※このシリーズは随時掲載します。

虫たちの生のドラマを写し撮った

今森光彦写真展「昆虫4億年の旅」

写真美術館

キサントパンスズメガと彗星ラン
1990年©Imamori Mitsuhiko

夏季限定で昔は「お化け映画」があった。恐怖から来る寒気に暑さがすっ飛ぶというのだった。冷房装置が行き渡った今は、そんな思いをする必要はない。その代わり夏のワンダーランドが出現した。このところは恐竜と昆虫である。

近年の昆虫展で、これは出色。見終わると豊かな気持ちにさせられる不思議な力を秘めている。

普通は特異でユニークな姿、美しい模様などを強調するため、特殊レンズで拡大し、ストロボをあて、高速シャッターで撮影する。ここにもその種の写真はある。あのエイリアンも恐怖で逃げ出しそうな顔のカマキリ、ワニの顔、ヤスリのような頭部をもつハゴロモ。確かに脅威で驚異だ。

そして、ここからがこの写真家独自の領域なのだが、その作品には「ドラマ」が写し撮られている。その虫が何を、どんなふうに食べ、どんな群れを作り、どんなふうに姿を隠しているかなど、その昆虫の生のドラマが写されているのである。必要としている植物も、無くてはならない環境も、一緒に一枚の写真になっている。共生の世界、生命の原理を見せているのである。

たとえば妖花・ラフレシアの花口のドームを飛ぶハエたち。周囲の色に合わせて変化するルリマダラのサナギ(まるで宝石のよう)。一点一点が感動もの。素晴らしい!

そのような写真にするには、その昆虫を知り尽くさなければならない。そのうえで、写し取るための技を考え、仕掛けを工夫する。そして待つ。だが一体、その瞬間はいつ訪れるのか。

たとえばファーブルの『昆虫記』で有名なフンコロガシ。その仲間がアフリカにいるのは知られている。だが政情不安のためにアプローチすること自体が不可能だったという。その〝奇跡〟の写真がある。ケニアでゾウの糞を転がしている。

〝嬉しそうに〟獲物の玉を転がしているその姿が、写真家の喜びと一体化しているようだ。土中で、糞玉のケアをしている親虫の姿も見られる。

目線が低い。人間の位置から見下ろしているのではない。人間から発した共生感覚がある。子供の頃から里山に暮らしてきた人だから、自然とは何かが体に染みついているのだ。

コーカサスオオカブトムシなどの超大物もいる。だがショウジョウトンボのような日本の昆虫もいる。濃厚なブルーチーズのあとの冷えた抹茶のようだ。そのさりげない姿が美しい。みんな生きている。みんな美しい。美しいことに優劣なんかない。だから、生きていることを大切にしたい。それを知らせてくれるこの写真家に、感謝!

【読者プレゼント】
8月17日(日)まで開催中のこの写真展のチケットを本紙読者5組10名様にプレゼントします。希望者は、Eメールで件名を「今森光彦写真展希望」とし、住所・氏名を明記の上、henshu@toseishimpo.co.jpまでお申し込み下さい(25日必着)。

ユカタンビワハゴロモの頭部
1983年　©Imamori Mitsuhiko

◆大瀧安良杉並の風景画展「記憶に残らない、けれど　だから　しかし記録したい身近な風景」
▽日時　8月1日(金)～15日(金)午前10時～午後9時30分(2日は休み、15日は6時まで)
▽会場・問い合わせ先　キイトス茶房/神楽坂(新宿区箪笥町25、野吾ビル2F☎5206・6657、http://kiitosryo.blog46.fc2.com/)

少数精鋭という詭弁

がんばれ!公務員 37

文とマンガ　鈴木武征

いつの時代にも新しいフレーズは新鮮で魅力的に聞こえる。

ここ15年ほどで日本人の働く形も多様化し、派遣、フリーター、SOHOなどの洒落た呼称とともにそのスタイルも定着化した。

この呼称が出始めた頃、何かと制約の多い公務員生活を送っていた私は「好きな時に働き、好きな時に遊ぶ」という自由、自在性に果たせぬ夢のようなものを感じていた。

しかし今、派遣やフリーターの人達の不安定な雇用実態が社会問題となっている。

適切な仕事が見つからない、賃金が低い、雇用期間が短い、社会保障や福利厚生制度の恩恵に浴しにくいなどだ。

雇用不安定は健康保険や年金掛け金などの滞納の一因ともなり、単に雇用問題にとどまらず、より広範な社会システムに支障を来たす恐れさえある。

その責任は社員や職員を正規で抱えることを嫌い、極力安い人件費を求め続ける企業、官公庁にもある。

さすがに国、自治体も本問題を見過ごす訳にもいかぬとして就業相談を初め技術、資格取得などの支援策に取り組んでいるが、悠長な策としか思えない。

本気で取り組もうとするのならまず企業や官公庁に正規社員、正規職員の採用増を具現化するルールを押し付けた方が手っ取り早い。

しかし、現状は企業、官公庁ともにほんの少数の新採者を前にしてお偉いさんが百年一日の訓示をのたまっている。

「君たちは我が社の希望だ、少数精鋭で頑張れ」と。

新しいフレーズが新鮮、魅力的な半面、四字熟語にも独特のうんちく、荘厳さがある。

入社式や入都式で「少数精鋭」とおだてられ、思わず奮い立つ若者もいるかも知れないが気の毒千万だ。私には人員削減に執着する経営者側の言い訳にしか聞こえない。

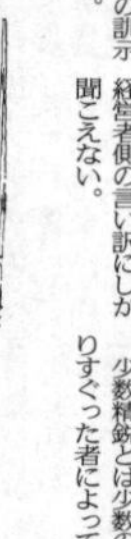

少数精鋭とは少数の選りすぐった者によって事に当たることやその者を指すが、初めから少人数の塊りを精鋭とおだて上げるのは大人の騙し文句だ。

我々もよく少人数の職場で「少数精鋭で頑張るぞ!」などと気合を入れることがあるが、少数イコール精鋭で無いことは言うまでもない。

真の少数精鋭を選りすぐるためには、その土壌が豊かであることが必須の要件だ。

大石内蔵助の持ち物と思われる分限帳(職員録)には藩士約500人の名前が記されていたというが、赤穂四十七士は志願者を含め、いわばこの中から選りすぐった少数精鋭だ。

また義士47人のうち分限帳に名前が載っていたのは38人、残る9人は藩士の子息や身分の軽い人たちだったというからバックにいた人数は更に上回る。

一握りの人間を少数精鋭とおだて上げてこき使う前に、正規雇用者の総数を充実させ、その一人ひとりを大切にするという心根が欲しい。

その心根に応え日々、地道に公務を遂行する者こそが真の人材であり精鋭だ。

私は例え自由度に乏しく、給料は抑制気味であろうとも、より多くの人が正規社員、正規職員として安心して働ける社会の方が望ましいと思う。

都政新報

発行所　都政新報社
〒160-0023　東京都新宿区西新宿7-23-1　TSビル
〈総務・読者〉03-5330-8781
〈企画広告〉03-5330-8784
〈編　　集〉03-5330-8786
〈出　　版〉03-5330-8788
〈セミナー事業部〉03-5330-9977
〈ファクス〉03-5330-8808
購読料　月1,680円(税込)
毎週火・金曜日発行
但し、祝祭日は休刊

紙面から

羽田空港
国際便の発着枠6万回に
昼間時間帯　近距離アジア・ビジネス路線

「羽田空港の国際化に関する国と都・関係県実務者分科会」が23日に開かれ、国がまとめた「首都圏空港における国際空港機能拡充プラン」を東京、千葉、神奈川の3都県が了承した。都は、羽田空港の国際線発着枠の拡大、就航距離の規制撤廃を要求していた。再拡張事業が終わって供用開始になる2010年10月からは、約6万回の国際線枠が認められた。現在は、石垣島がある2千キロ圏までしか飛べないが、マニラ、香港など3千キロ圏まで就航できるようになる。再拡張事業に都が1千億円、神奈川、横浜、川崎で計300億円の無利子貸し付けを行い、国際化の実現にこぎつけた。

都　国内線需要に問題提起

国際航空機能拡充プランは、2017年までに成田空港で約2万回、羽田空港で約15万回の発着枠の拡大を予定。両空港を一体的に運用することで、空港機能の24時間化や増大する航空需要に対応するという。

2010年3月から、まず成田空港で約2万回の増枠を実施。このすべてを国際線に割り当て、長距離路線や需要の高い路線のデイリー化などを図る。10年10月からは、羽田空港で約6万回の国際線を飛ばし、内訳は昼間時間帯が約3万回、深夜早朝時間帯も約3万回となっている。

羽田空港の国際化の考え方は、昼間は近距離アジア・ビジネス路線としてソウル、北京、上海、台北、香港などに就航。夜11時から翌朝6時までの深夜早朝時間帯は、成田空港が騒音対策で閉鎖されているため、世界の主要都市に飛べるようにする。また、成田空港の夜10時台の出発や朝6時台の到着は実際にはないため、この時間帯に羽田空港から国際線が就航できるようにする。

都は、23日の実務者分科会で国の努力を評価した上で、①昼間時間帯の国際線の拡大②就航距離の延長などをさらに求めた。その根拠としては、燃料高騰に伴い、エアライン各社が採算性の悪い国内線から撤退を発表していることがある。

また、新幹線が建設されると需要が落ち込み、航空路線が廃止されてきたのが実情。現在、整備新幹線は「長野—金沢」「八戸—新青森—新函館」などで着工し、数年以内に開業する。羽田空港に離発着する国内線が減少すれば、その分を国際線の増枠に回せるというのが東京都の主張だ。

就航距離については、シンガポール、バンコクなど5千キロ圏まで延長するよう求めた。

これに対し、国土交通省は「国内線のリストラは進んでいるが、より採算性の高い国内路線への再編成という要素が強い」と説明。首都圏に乗り入れを希望しながら、就航できない空港もあると反論した。整備新幹線との競合に関しては「中長期的な課題」という認識を示した。

就航距離は、どの程度、国際線に発着枠を振り分けるかという問題と表裏の関係にあるという。

「3万回は1日40便程度になり、5路線から10路線しか展開できない」と国土交通省幹部。航空交渉で近距離アジア路線から割り当てていくと、香港までが限界と説明した。昼間時間帯の発着枠をこれ以上拡大するのは難しく、2010年以降の航空需要の動向をみながら検討すると答えた。

会議後、猪瀬副知事は「大きな枠組みは勝ち取ったので、これからも国に働きかけていく」と語った。羽田空港の再拡張事業は、全体整備費が6700億円で、そのうち6500億円が緊急整備事業。国と都、神奈川、横浜、川崎は04年に協定を結び、国際化の推進を前提に6500億円の2割相当（1300億円）を無利子で貸し付けることで合意した。

羽田空港の国際化で一層の推進を訴える猪瀬副知事＝内閣府で

危機に挑む　新任局長に聞く　3

組織力で積極果敢に
中田清己・総務局長

石原知事から総務局長を命じられ「非常に緊張した」と中田清己氏。行政改革担当として総務局に身を置いたことはあるものの、下水道局をはじめ、公営企業の経験が長い。新任のあいさつでは「皆さんの力を借りることが多いと思う。協力し合ってやっていきたい」と訴えた。

入都時の職場が下水道局だったことが自分の公務員人生に大きな影響を与え、「公営企業だからこそできるセーフティーネットやサービスの実現が地方公共団体の役割」という意識が培われた。97年に下水道局、04年に水道局でそれぞれ料金改定に携わり、今も印象に残る仕事に挙げる。また、圏央道に関する収用事業や、知事本局で複数の局に関わる重要施策の策定に携われたことは、非常に勉強になったという。

テレビで海外サッカーを観戦するのが好きで、サッカーを通して組織力の大切さを感じるという。「球技の中でもコミュニケーション、コンビネーションが最も要求されるスポーツ。いい選手を集めたからといって、そのチームが必ずしも優勝するわけではない。1足す1が2ではなく、3になったり、0・5になったりする」と話す。仕事においても「個人の能力の向上を図りつつ、組織力で対処していきたい」という。

チームプレーでは、守備型と攻撃型の二つに類型化されるが、「私は基本的に守備型で、イタリアのカテナチオが好み」とのこと。

ただ、五輪招致、環境施策など国を動かすことに力点を置く石原都政。「守備型だけで、職責を十分に果たせる時代ではなくなっている。あらゆる分野で攻めていかなくては」と語る。各局事業が円滑に進むように下支えをしっかりやっていきたいという。

好きな言葉は「誠実に、したたかに」。「これは願望ですから」とも付け加えた。

映画鑑賞（特に洋画）が趣味だが、最近、観たのは『武士の一分』『相棒』などの邦画。「妻と行くことが多く、話題になっているミーハー的な映画が増えている」と笑う。2度目になるが、池波正太郎の『剣客商売』をまた読み始めた。健康法はウォーキング。早大法卒、55A、58歳。

一点突破、全面展開
有留武司・環境局長

「恍惚と不安、二つ我にあり」——現在の心境をベルレーヌの詩を引用して表現した。福祉畑を歩いてきたが、入都の動機の一つであった環境行政に従事することは、本人には喜びだった。

環境局は、日本の環境行政を牽引する専門家集団。有留氏にとっては初めての分野となるが、

「私は心配していない。環境局はリアリティーのある政策展開をやっていて、非常にモラールが高く、鍛えられている。昔と比べるとパワフルな組織になったなと思った」

常に逆風の中で仕事に挑んできた。港湾局では、バブル崩壊後の臨海開発、福祉局では、財政再建下での福祉改革に取り組んだ。「環境局の専門家集団と私の仕事のやり方がうまくつながれば、組織の総合力をもっと発揮できるのではないか」と自信を見せる。

温暖化対策は総論から各論の議論に入る。『10年後の東京』で掲げた取り組みのハードルも高い。有留氏は、「一点突破、全面展開」を呼びかける。

「他の自治体や国への波及だけでなく、東京で環境のムーブメントを起こしていかなければならない。東京から発信する"東京力"が試される。愚直に粘り強く取り組みたい」

課題は、区市町村とのパートナーシップ。「都庁から家庭は遠い。環境施策を競い合う区市町村の背中を押してあげるような仕組みをつくって、家庭や地域、中小企業などを巻き込み、地に足のついた環境ムーブメントを起こしたい」

就任時、石原知事からは、「前任の吉川局長は、今度は都庁の官房長官で、その上には俺がいる。他局を巻き込んで、がんがんやってくれ」と指示された。知事本局と連携して、都政全体を環境で横串することが求められる。

「逃げないでトライアルすれば展望は開ける。ここには、都庁の財産であるプロ集団がいる。オブジェクション大歓迎。組織の垣根を越えて、フラットな議論を重ねながら、付加価値の高い仕事をやっていこう」

外房に畑を借りて、無農薬野菜の栽培に汗を流す。帰りに朝獲れの魚を仕入れ、帰宅してビールを飲むのが最高。早大政経卒、56A、58歳。

（おわり）

青少年問題協議会
「非社会性」に警鐘
若者問題で意見具申案

都青少年・治安対策本部は24日、「東京都青少年問題協議会」の拡大専門部会を開き、社会性を持った大人を育てるための意見具申の素案を公表した。精神的に大人になりきれない若者が多数見られることを受け、「単に個人の問題として放置できず、枠を広げて青少年施策を構築し直す時期にきている」と警鐘を鳴らしている。同協議会は11月に総会を開き、知事に意見具申する予定。

素案では、具体策として、不登校や非行への対応などの相談窓口が18歳未満を対象としているため、大学進学や就職に伴い極端に狭くなるとして、より高い年齢層にも拡大するよう提案。中・長期的には、人々が掃き出されない社会が不可欠だとして行政の関与を求めている。

ニートやひきこもりなど、コミュニケーション能力不足が問題になっていることを背景に、同協議会では人との関わりが持てず、社会にうまく適応できない「非社会性」について議論していた。

具申案では、6月に秋葉原で起きた無差別殺人事件にも言及。同事件は現在も捜査中だが、犯人が携帯サイトに書き込んだ内容を見ても、テーマとリンクする部分が多いことから、「非社会性」の例として取り上げた。

都政の東西
理不尽な要望

弁護士役の米倉涼子が非常識な保護者に立ち向かうテレビドラマ「モンスターペアレント」が話題になっている。ドラマはやや誇張されてはいるが、保護者の理不尽な要求に振りまわされる学校現場のドタバタ劇は妙に生々しい。うなずきながら画面に見入っていた教師もいたのではないか。

モンスターペアレントとは、学校に対し、自己中心的で理不尽な要求を繰り返す保護者を意味する和製英語。アメリカでは、上空を周回するヘリコプターのように、常に自分の子供を監視し、何かあればすぐに学校に乗り込んでくることから、「ヘリコプターペアレント」と呼ばれている。いずれも1990年代から目立つようになった。

「模擬試験と運動会が重なったから、運動会の日程を変更してほしい」「うちの子はニンジンが大嫌い。給食からニンジンを取り除いてほしい」などと学校側に無理難題を突きつける。夜中に電話をかけまくり、教師をノイローゼに追い込むことも珍しくない。虚偽の告発事件や女性教師の自殺など深刻な事態を招いたケースもあった。

専門家は校内暴力の多発、バブル経済の後遺症、保護者の過剰な消費者意識など、あらゆる角度から背景説明を試みているが、原因を特定するまでには至っていない。文部科学省は、全国の教育委員会から具体的な対策を募り、来年度からモデル自治体を選んで実施する予定。都教委も検討委員会を設置し、実態調査に乗り出した。「モンスターペアレント」という表現が保護者と学校の対立を煽るとの指摘もあるが、いずれにしても教職員や学校だけで対応できる問題ではない。専門家による対策チームや学校現場で活用できるマニュアルづくり、保護者を交えた協議会設置など、多方面からのアプローチが必要である。

都議会民主党
「皇室の政治利用」で申し入れ
五輪招致協力要請　知事に「品位」求める

都議会民主党は22日、石原知事による皇室へのオリンピック招致活動の協力要請について申し入れを行った。

申し入れは、石原知事が五輪招致の旗頭として皇太子に協力を求める意向を示していることに対して、皇室の公務は、「知事が語る『一種の国家の総力戦』といったオリンピック招致活動を行うこととは、まったく相容れない」と指摘。「知事の発言は、皇室を政治利用し、オリンピックに関する一切の議論を封殺するがごとき危険な側面を持つ」と述べている。

その上で、石原知事に対して、招致委員会会長としての立場を顧みて反省を促すとともに、品位を保った招致活動にいそしむよう求めた。

政調会長に大沢氏　総務会長に酒井氏

都議会民主党は22日の総会で、新三役のうち政策調査会長に江東区選出の大沢昇氏（43）、総務会長に立川市選出の酒井大史氏（40）を選任した。

大沢昇氏　酒井大史氏

幹事長については、すでに1日に田中良氏の続投が決まっている。副幹事長、副会長については、30日に発表する予定。任期は8月1日から来年7月22日まで。

新役員は、以下の通り。

▽幹事長　田中良氏（4期）▽幹事長代行　山下太郎氏（2期）▽政策調査会長　大沢昇氏（2期）▽政策調査会長代行　増子博樹氏（1期）▽総務会長　酒井大史氏（2期）▽総務会長代行　石毛茂氏（1期）

都下水道施設で環境モデルビル
事業者を公募

都下水道局は22日、芝浦水再生センター（港区）で建設する雨天時貯留池の上部空間に、業務・商業系ビルを建設・運営する事業者グループを公募すると発表した。借地面積は約1万1千平方㍍で、延べ床面積は最大18万平方㍍。30年間の土地賃貸借契約を結ぶ。

事業グループが上部ビルと雨天時貯留池の設計・建設を行い、雨天時貯留池の建設費相当分は下水道局が負担する。また、「環境モデルビル」とするため、熱負荷の低減や下水再生水の活用など、最高水準の環境配慮を義務付ける。事業者は09年2月に決定する。

冗句ジョーク

まちは明るく庁舎内は暗く
都の外国人観光客約11パーセント増

観光情報センター
「見えにくいので外の公園で説明してます」

多摩川のコースでウォーキング大会
10月4日に開催

都はこのほど、羽村市から大田区にいたる多摩川河川敷約50キロメートルのコースの名称を「たまリバー50キロ」に決めた。ランニングやウォーキングに活用してもらうため、案内板や距離表示などを整備していく予定。都はコースを利用して、10月4日に「第1回多摩川ウォーキングフェスタ」を開催する。

9区が来年度までに導入

区立図書館の指定管理者

なじまないとの見解も

23区の区立図書館で、指定管理者を導入する動きが広がりつつある。昨年度までに千代田、大田、杉並、足立の4区が導入し、合わせて21館を指定管理者が運営している。その内訳は、民間企業が19館、NPO団体が2館。今年度は新たに板橋、江戸川区が図書館業務を外部に委ねた。港、新宿、練馬区は09年度の運営開始で、管理者の公募に着手している。しかし、公立図書館は教育機関としての役割から、指定管理者制度はなじまないとの意見も根強い。公立図書館のあり方を模索しつつ、各区が多様な取り組みを進めている。

■開館延長で好評

指定管理者による運営で昨年5月に再オープンした千代田区立図書館は、この1年間で延べ100万人の利用者があり、年間利用者数が従来を大幅に上回った。開館時間を午後10時に延長するなど、新しいサービス提供が好評だ。

同館は民間企業3社がグループで管理しており、館長の上位に置いたゼネラルマネージャー（GM）職以下、すべてを取り仕切る。施設の運営だけでなく、蔵書収集や事業企画も指定管理者側が代行する。

指定管理者を導入した各区では、図書館ごとに個別の管理者を公募し、複数の民間企業などが関わっているケースが多い。来年度に導入する港区は、区内の6館中4館に導入し、中央図書館の「みなと図書館」は、直営方式を継続するという。

図書館に指定管理者を導入していない区でも、窓口業務などを業者に外部委託する場合が多い。館長など数人のみが区職員で、実質的には指定管理者の導入と違わない図書館も少なからず存在するという。

北区中央図書館の「子育て情報支援室」。木製遊具も貸し出す

■営利活動と矛盾

しかし、図書館業務を全面的に代行させる指定管理者制度を、公立図書館へ導入することには、否定的な意見も根強い。

国連教育科学文化機関（ユネスコ）は、「公共図書館宣言」（94年）の中で「地方および国の行政機関が責任を持つものとする」と規定。指定管理者は公立図書館の本質に反するとの見解もある。

㈳日本図書館協会（JLA）は、公立図書館への指定管理者の導入については「基本的になじまないもの」との意見を表明している。

特に民間企業の指定管理者については、反対の意向だ。その理由として、公立図書館が従来から実施してきた地元学校への支援、住民との連携による読書普及活動、地域資料の収集などが民間企業の営利活動とは矛盾するとの見解を示している。

その上で、図書館の将来的な発展に活用しうるノウハウや人材育成は、指定管理者制度の下では蓄積できないのではないかとの疑問を呈す。

JLAが6月末に公表した全国調査の結果では、約400の地方自治体が「図書館に指定管理者を当面は導入しない」と返答したという。

指定管理者や民間委託による図書館運営の課題を具体的に指摘する声も聞かれる。

23区の図書館職員や地域住民が参画する「東京の図書館をもっとよくする会」は、「図書館は利用者の氏名、住所、貸出状況など個人情報の山。しかし、厳格な対応策、第三者の業務監査などを契約時に業者に義務づけていない場合が多い」という。区立図書館に絡む漏えいでは、過去に江東区と杉並区で、委託先の社員が絡んだ事件が発生している。

また、一部業務の委託では請負契約の形態が多く、区職員が業者側の社員に指示を出すと「偽装請負」になる恐れがある。そのため、現場は「ちょっとした連携さえも図りづらい状況だ」という。

公立図書館への指定管理者導入には、多くの問題点があるが、大半の利用者には「見えにくい」要素でもある。

加えて、公共図書館に対するニーズでは「開館時間の延長」「CDなどの無料貸出」「職員の対応」が重視される一方、IT活用などで検索作業が効率化された結果、レファレンスなどに必要な専門性は特化されてきた。

ある区立図書館職員は「23区の図書館は、専門職員を採用しておらず、司書の有資格者は一部。職員の専門性が高いとは一概に言い難い」と実情を漏らす。「図書館の地道な活動が区民に理解されていない可能性がある」と話すが、そうした問題の解決と指定管理者導入は「イコールではない」と強調する。

指定管理者を導入していない区でも、図書館の改革は進行中だ。

豊島区は、区民を交えた図書館経営協議会を12月にスタートする。同区の中央図書館は直営方式だが、開館時間を午後10時まで延長した。

北区は6月末開館の中央図書館をベースに、積極的な情報発信などにも取り組む。館内には23区初の「子育て情報支援室」を設置。室内遊び場を設けて乳幼児を連れた親も来館しやすいように工夫した。木製おもちゃの貸し出しも行う。

23区は、指定管理者の是非ではなく、区立図書館のあり方や区民ニーズの把握こそが、共通の課題といえる。

"お産難民"なくそう

大田区と病院関係者　周産期医療で検討会

大田区は周産期医療の崩壊を防ぐため、地元医師会や病院などとの連携を深めている。病院関係者らによる大田区周産期医療検討委員会にも参加。地域で"お産難民"を出さないための対策を関係者とともに考えていく。区内ではすでに、入院医療全般を考える大田区入院医療協議会も発足している。区では「病院関係者と協力して縦横のネットワークを構築し、地域で安心して医療にかかれる環境をつくりたい」としている。

新たに生まれてくる命のためにも周産期医療の充実が望まれている＝大田区内で

周産期とは妊娠22週から生後満7日未満までの期間をいう。大田区民の年間の出産件数は約5300件。そのうち、約6割弱が区内で出産している。8月以降、区内で出産できる病院は、東京労災病院、東邦大学医療センター大森病院、大森赤十字病院のみ。出産を扱う診療所は5カ所で、そのうち1カ所は継続が不透明だ。

病院での分娩予約は概ね来年1月まで満杯で、なかには11月と12月の分娩予約が各月80件を超える病院もある。産科医不足のなか、分娩中止に追い込まれる病院もあり、病院の負担は重くなっている。

妊婦の側も困っており、区にも「どこで出産ができるのか」と問い合わせの電話がかかってくることがあるという。

こうした状況を打開するため、今年6月5日、大森、田園調布、蒲田の各医師会と、区内で出産を扱う病院、診療所などが大田区周産期医療検討委員会を立ち上げた。呼びかけを受け、大田区も参加した。

委員会では、大規模病院に集中しがちな妊婦を分散させることなどを検討する。リスクのない人は診療所、ミドルリスクの人は普通病院、ハイリスクの人は特定機能病院といったルールづくりができないかを探る。診療所のなかには健診だけのところもある。また、妊娠途中からリスクが高くなることなどもある。区保健福祉部では「個別の場合に応じて行き先が変えられるルートづくりも話し合われるだろう。妊婦の集中が緩和されれば、妊婦も安心感が増し、現場の産科医も少しはゆとりをもって対応できるのでは」と話す。

同区はすでに、今年2月に発足した大田区入院医療協議会にも入っている。同協議会は、周産期医療検討委員会と同様、地元3医師会と区内の病院関係者らで設立。病院としては、区内の全29病院が参加している。

病院が参加しているのは、医師や病床数が減るなか、入院医療の崩壊を防ぎ、医療機関が相互に情報共有することによって、地域完結型医療を目指している。周産期医療検討委員会は同協議会へも参加し、縦横の連携を図る。

こうした活動のなかで、区報やホームページなどを通じた区民への情報発信の役割が期待されている。区では、医療現場の実態や医療機関選びのこつなどを紹介した区報の連載やホームページへの掲載をするほか、医師会と協力して、お産に関する講演会の開催なども行っていく方針だ。

「ネットワークを充実させ、区民も医療関係者も、安心して治療に専念できる仕組みができれば」と話している。

千代田区

環境モデル候補都市に

CO_2削減の実現に課題

温室効果ガスの大幅削減に取り組む「環境モデル都市」が22日に全国で6自治体が選定され、今後の取り組みの進捗状況によってモデル都市に追加選定される「候補都市」に千代田区が選ばれた。

23区では、豊島、北、江戸川の3区も応募したが、落選した。

環境モデル都市は、福田康夫首相が今年1月に施政方針演説で提唱した取り組み。政府が、低炭素社会の実現を目指すモデル都市に財政支援だけではなく、特区の指定なども適用していくという。

選定基準は、温室効果ガスの大幅な削減目標、実現可能性など5項目がある。すべてを満たさなければ、環境モデル都市に選定されない。

今回、89自治体から応募があり、6自治体がモデル都市に選定された。本来、10自治体を選ぶ計画だったため、今後の取り組みの進み具合に応じ選定基準を満たせば、環境モデル都市に格上げされる候補都市に、千代田区など7自治体が選ばれた。

千代田区は、新改築した建物の省エネ化、大手町の森の整備や大丸ビル東京店の撤去による風の道の拡充などのヒートアイランド対策などが評価された。

一方、区は二酸化炭素排出量を2020年までに1990年比で25％削減する地球温暖化対策条例を施行したが、実効性が具体的ではないという指摘があった。

区環境安全部は「千代田区だけではできない話。国、事業者なども入れて、どういう体制で二酸化炭素を削減していくのか」を課題に挙げた。

今後は二酸化炭素排出量の具体策を示すことなどができれば、環境モデル都市へ格上げされる可能性がある。

介護保険料の天引きでミス

北区

北区は22日、介護保険料の年金天引き分（特別徴収）の8月分で、1万4435人分の徴収ミスが発生したことを発表した。誤徴収の件数は、北区の特別徴収全体の2割強。区側は「対象者には、お詫びと今後の対応を文書で8月初旬に送付する」としている。

介護保険料の特別徴収は原則、4月、6月、8月に仮算定する。北区では、10月以降の本算定との金額差を小さくするため、仮算定額を調整して実際の徴収額を決定。今月4日に送付済みの「介護保険料納入通知書兼特別徴収決定通知書」には調整後の金額が記載されている。

しかし、年金の天引き処理を行う社会保険庁への調整額の伝送に失敗。その結果、調整前の仮算定額が天引きされる事態になった。北区によると、約9500人が過大額を、約5千人が少ない額を引かれるという。

今回発生した天引きの過不足額について、区側は、10月以降の徴収で調整する。調整できない場合、還付などを実施の予定。後期高齢者医療の対象者で徴収不足の場合、「不足額分の納付書を別途発行して対応する」としている。

特産の金魚キャラ決定

江戸川区

江戸川区は、特産である金魚を内外にPRしようと、金魚のマスコットキャラクターを決定した。

同区は、愛知県弥富町、奈良県大和郡山市とともに、日本の金魚の三大養殖地の一つといわれている。しかし、近年、都市化が進み、区内の金魚養殖業者は2軒のみ。金魚の養殖をしていることを知らない新住民も増え、区では「多くの人に特産の金魚を知ってもらおう」とキャラクターを募集した。

（左から）えど金ちゃん、おすずちゃん、ゆらっぴ

日本全国から998件の応募があり、そのなかから、「えど金ちゃん」「ゆらっぴ」「おすずちゃん」の3体のイラストと愛称が選ばれた。区職員、金魚養殖家の意見のほか、区内イベントでの人気投票などの結果、総合的に判断された。

キャラクターは、区と東京都淡水魚養殖漁業組合の主催で19、20日に開かれた「金魚まつり」でお披露目。金魚産業振興の募金に協力した人には、記念品として金魚キャラクターのイラストが入ったオリジナルのうちわやメモ帳がプレゼントされた。

区産業振興課では「これから各種イベントなどに登場して活躍してもらう」と話している。

町会PRにHPを

品川区

品川区は、町会や自治会のPR活動にホームページを活用してもらおうと、明治大学と連携して、関係者らにホームページ作成講習会を行った。今後は実際に作成を希望する団体に対して、アドバイザーを派遣し、支援していく。

町会や自治会の加入率が高いと犯罪抑止の効果があるほか、地震や火災など緊急時の対応でも安心感が増すが、同区は人口増に比べて、町会や自治会の加入が進んでいないとの声がある。区では「把握している限りでは6割くらいかと思われるが、地域差もある。マンションだとオートロックで新しい住民に声がかけられない現状もある」と話す。

区内の町会、自治会は203。このうち、12団体がホームページを活用してPRを行っている。ホームページがあると、新住民が町会や自治会情報に自由にアクセスできる利点があるという。

6月下旬に行われたホームページ作成講習会には28団体、35人が参加。すでにホームページを持っている団体の広報担当者から「マンション販売会社などを通じて宣伝しやすい」「直接、加入を勧める場合も説明しやすい」などの利点を聞いた。

続いて、区と研究協定を結んでいる明治大学の大学院生らから、ホームページ作成上の注意や簡単な画面へのデータ入力、写真挿入などの指導を受けた。

今後は、講習会参加者のうち、実際にホームページを作成したい団体を対象に、同大学からアドバイザーを派遣。通[illegible]回程度でホームページ作成にこぎつけるよう支援を行っていく。

区地域活動課では「ホームページが、地域のつながりを生むきっかけになってくれたら」と話している。

区長選と同時実施

荒川区議補選

荒川区選挙管理委員会は22日、議員死去で欠員が生じた区議会議員の補欠選挙を、11月に行う区長選挙と同時に実施することを決定した。区長選と同じく、告示は11月2日。同9日投票、即日開票となる。期日前投票と不在者投票は3日から8日に行う。

鈴木堅之氏（自民党）が5日に死去したことに伴う補欠選挙。現在の区議会（定数32）の主な会派は、自民党（13人）、公明党（6人）、共産党（6人）、民主党・区民の会（3人）など。区議の任期は2011年4月末まで。

記者席

「先生職場」のバランス感覚

○……就任早々、全国都道府県教育長協議会会長の大役をこなした大原教育長。管理職向けの就任あいさつでは、教育庁を「先生職場」と称して、「行政目的を達成するためには、先生方に頑張ってもらわないといけない」と力説した。

大原教育長は、教育庁が三つ目の「先生職場」になるという。一つ目は都立豊島病院、二つ目が職業訓練校とかで、いずれも「飯のタネは先生」。

とはいえ、先生と馴れ合いすぎてはいけないし、かといってギスギスした関係では業務に支障をきたすことになる。このバランスが難しいとか。典型的な「先生職場」といえる教育庁で、このバランス感覚をどう発揮していくのか、注目されそうだ。

○……テレビ放送が2011年7月から地上デジタルに移行するのを受け、千代田区は高齢者と障害者を対象に、デジタル放送の受信アンテナの設置工事の一部を助成している。

地デジに移行する場合、チューナーを取り付けるか内蔵テレビを購入した上で、アンテナの設置が必要になる。アンテナなどを取り付ける際、区が工事費の2分の1（上限額1万5000円）を助成する。

対象者は約6千人を想定しているが、7月中旬までの申請者はゼロ。地デジ移行まで残り1年を切ったが、視聴できない地デジ難民は減るのだろうか。

○……十数年ぶりに地元の盆踊り大会に出かけてみた。道路を通行止めにして行われる大規模なもので、昔と変わらない盛況ぶりだった。

反対に当時と違って目に付いたのは、浴衣姿の子ども達。家族全体にとってのイベント化が進んだ気がする。そのためなのか、お花見や花火大会のように道路上にシートを敷いて、夜店で買った物を飲み食いする親子連れの姿も数多く見られた。

かつては町会のテントが大人達の飲食の場所、子どもは「その辺で」というのが決まりだったのだが。低下しているのは、親子のモラルなのか、それとも地元町会の持つ地域力なのだろうか。

教育管理職等あり方検討委の最終報告

校務縮減で推進委を設置

OJTガイドライン策定を

副校長や主幹教諭、指導主事の任用・育成について検討してきた教育庁の「教育管理職等の任用・育成のあり方検討委員会」は24日、最終報告をまとめ、都教育委員会に報告した。第1次報告で示した教育管理職選考の実施状況と今後の方向性を提言する一方、第2次報告で示した副校長と主幹教諭の育成・職のあり方の中で今後さらに検討すべきとした10項目について具体的な方策を提示。指導教諭の職務内容や選考方法、校務の縮減と効率化に向けた調査・報告事務縮減推進委員会の設置、初任者から管理職までの任用体系に応じた教員人材育成基本方針とOJTガイドラインの策定などを求めた。これを受け、都教委は報告の提言内容をスケジュール化した「実施状況と今後の実行指針」をまとめ、着実に実施していく方針を決めた。

都教委 実行指針を作成

ベテラン教員の大量退職に伴う若手教員の増加傾向は、今後10年間は続くとみられ、初任者から管理職まで計画的・体系的な人材育成の仕組みを構築することが喫緊の課題となっている。

このため、検討委員会はまず、優秀な副校長・主幹教諭の確保、指導主事の確保と力量形成という観点から、主に選考と育成の制度改正について検討し、昨年12月に「これからの教育管理職・指導主事の選考・育成制度」について第1次報告をまとめた。さらに、副校長・主幹教諭の職務と権限の見直し、校務の縮減と効率化、学校組織や運営体制の見直し、学校を支える仕組みの構築、副校長・主幹教諭の人材育成について検討し、今年3月、「副校長・主幹教諭の育成及び職のあり方」について第2次報告をまとめている。

今回の最終報告では、今年度の教育管理職選考の応募状況や、第1次報告で提言した改善策の具体化の状況を示すとともに、今後の方向性を提言した。また、第2次報告の中で積み残していた10項目について検討を加え、改善策を示した。

教育管理職選考のABとも、受験資格年齢の引き下げなどを行った結果、A選考の応募者は若干増えたものの、B選考は減少した。このため、最終報告はA選考について①区市町村教委等による指導主事候補者の計画的な育成②「東京教師道場」修了者の継続的な育成（4月から錬成講座を開講）③教職大学院現職派遣者の指導主事候補者としての育成④若手人材の早期育成ルートの新設⑤指導主事の職務のあり方・仕事の進め方の見直し――の5点の方向性を示した。

B選考については、主幹教諭の中で副校長を担ってほしい人材に対し、必要な力量形成を図るとともに、副校長への動機付けを図る研修として「学校運営研修Ⅱ（仮称）」を来年度から実施すべきと提言。B選考合格者の一部を長期社会体験研修生として派遣する方向性も打ち出した。

主幹教諭選考についても受験資格年齢の引き下げなどを行い、今年度の応募者はわずかに増加した。最終報告では、主幹教諭の配置計画の達成と育成を図るため、来年度から任用予定の主任教諭の中で、校長が将来、主幹教諭として任用したいと考えている人材に対し、「学校運営研修Ⅰ（仮称）」を受講させるなど、主幹教諭への動機付けを図っていくべきとしている。

さらに、第2次報告で今後検討すべきとしていた10項目について、「課題解決のための方策」を提言。たとえば、学校教育法改正で設置可能となった指導教諭については、職務内容と教員キャリアの複線化、任用規模、選考方法の考え方を述べ、今後の設置・任用に向けて、さらに具体的な検討を求めている。

校務の縮減と効率化について、都教委は「調査・報告事務縮減推進委員会」を設置。都立学校4校を選定し、調査・報告事務の実態把握と分析を行うとともに、学校からの改善提案を随時受け付け、改善策を検討する。

同推進委員会については2区2市の4校にも設置を依頼しており、年度内に実態調査を行うこととした。区独自の調査の改善とともに、都の調査の改善項目などを報告してもらう予定である。

また、教員の人材育成に向けては、教員人材育成基本方針を策定し、校長の人材育成責任を明確に示すとともに、来年度から任用予定の主任教諭を含め、初任者から管理職までの任用体系に応じた包括的・体系的な方針とすべきであるとしている。

さらに、これをもとにOJTガイドラインを策定し、経験年齢や職層に応じて身につけるべき力を、学校現場での日常の職務遂行の中で確実に身につけていくための具体的なOJTの内容や方法を明らかにすべきだとしている。また、管理職等育成指針の策定を求め、教育管理職候補者の校内における育成のあり方を示すべきだと提言した。

このほか、職層ごとの研修の充実に向けて、都公立学校教職員の研修制度検討委員会を5月に設置し、研修体系の見直しを検討。教員人材育成基本方針やOJTガイドラインに連動した研修の構築、人材育成の三つの手段（通所研修、OJT、自己啓発）に関連した人材育成の仕組みの構築などを検討することを求めている。

これらの提言を受け、都教委は、教育管理職等の任用・育成上の課題解決のための改善策について「実施状況と今後の実行指針」を作成。各提言内容について、向こう3カ年間に取り組むべきスケジュールなどを明らかにした。

説得力や調整力を学ぶ

副校長の自主研修　民間のプログラムを活用

都立高等学校の副校長を対象にした自主研修会がこのほど、港区赤坂のGEリアルエステート株式会社の会議室で開かれた。民間企業の人材開発プログラムを活用したユニークな研修で、向島工業高校定時制の奈良井潔副校長と蔵前工業高校定時制の難波伸一副校長が主催。副校長8人、主幹教諭2人、教諭1人、実習助手1人の計12人が参加した。

研修会の目的は、副校長などに求められる説得力や調整力の向上。GEリアルエステート社でもリーダーシップ研修の一部として実施されているDiSC研修を、GEリアルエステート社（GE不動産部門）の戸島妙子氏（組織・人材開発担当）が講師となって行った。

コミュニケーションの向上に向けて研修に取り組む副校長たち

研修では、まず参加者が行動分析テストを受け、自分自身の「D」（主導型）、「i」（感化型）、「S」（安定型）、「C」（慎重型）の4パターンの要素の強弱を知る。次にパターンごとにグループを作ったうえで、部下に注意を与えるという場面を設定してグループワークを行い、全員の前でロールプレイングを実施。注意をしたときの気持ちなどを述べ合い、最後は各パターンの人々への適切な対応方法について学んだ。

参加者の多くは、パターンごとの注意の仕方や注意したときの気持ちの違いに驚いていた。また、「自分が相手からしてほしいと思うことが、必ずしも相手が自分にしてほしいと思っていることとは限らないということを、疑似体験を通して再認識した」「今までの失敗の理由がよくわかった」「この経験を今後に役立てたい」などの声があった。

若手教員の育成 ――東京教師道場を核に　4

助言者（中堅教員）の役割

第4回は助言者の役割について紹介する。

東京教師道場には、約1千人の教員が在籍し、うち、約800人は指導を受ける若手教員（部員）であり、約200人は、優れた指導力を有する中堅教員（助言者）である。

■助言者による模範授業

助言者は、部員の授業力向上に向けて助言を行うとともに、自らの資質・能力の向上を図ることを目的として東京教師道場で授業研究を行っている。現在、募集にあたっては、校内で若手教員育成の実績のある教員、教科等の指導において専門性が高い教員を校長が推薦し、東京都教育委員会が適格であると認めた教員を助言者として命じている。今後は、東京教師道場を修了した部員が助言者の役割を担うことが期待されている。

東京教師道場では、原則として部員8人当たりに助言者を2人配置している。助言者は、2年間の道場の授業研究開始時期である5月に「助言者による模範授業」を行い、授業後には、その授業に至るまでの指導計画や児童・生徒の実態、授業での教材や教員の工夫等の講義を行う。この「模範授業」では、授業力の構成要素を理解するために、授業の成果や疑問点等を書き出し、観点を整理したうえで、課題や疑問点などの共有化を図り、積極的な意見交換を行っている。

■授業研究への事前指導

2回目以降は、部員が実際の授業者となり授業研究を行う。授業研究では、毎月1回の授業研究で部員から事前に提出される学習指導案に対し、助言者は電子メールを通して助言を行う。具体的には、部員の学習指導案で課題となる点の指摘、この授業における部員からの質問や疑問点への回答、さらに、指導技術や授業展開についての相談等である。このような部員と助言者とのやりとりは、授業研究前日まで続くことがある。

■授業研究当日の指導

東京教師道場の授業研究当日は、授業観察のあとで、研究協議会となる。研究協議会では、助言者は司会を務め、部員一人ひとりが授業を参観して気付いた課題や疑問点、成果等を付せんに記入していく。

部員が協議する際にも、他の部員の意見を求めたり、助言者が適切な発言をしたりするなどして、協議が停滞しないように常に心を砕いている。協議の最中に助言を行うこともあるが、ここでの助言は、視点を絞った助言を行うことが多い。

協議会最後に行う、全体を総括した助言では、学習指導要領に基づき、助言者自身の経験をふまえて、授業者に適した言葉でわかりやすく丁寧に話をする。教科によっては、実験や実技の指導を行い、教科の専門性を高めるための教材研究の方法まで詳しく説明することもある。

授業の内容によっては、授業者にとって厳しい助言になることもあるが、部員である授業者は教員としての先輩である助言者の助言を素直に受け入れている。このように、東京教師道場では、学校で日々の授業実践を行っている助言者が、若手の部員に対して、具体的な実践に基づいた助言をすることによって研修効果をあげている。

次回は学習指導専門員（教授）の役割について紹介する。

「生きる力」を育む　第2次教育ビジョン　⑤

有識者に聞く《2》

東京大学大学院教育学研究科教授　市川伸一

都独自の問題に目配せを

現在の教育をめぐる問題を全国的な問題と都固有の問題とに分けて考えた場合、全国的には小中高生の学力問題が深刻になっている。また最近はフリーターやニートなどの問題に象徴されるように、仕事を通じて自分の役割を果たしていこうという意欲が減退している。いじめや不登校など学校での不適応の問題も深刻な状況になっている。

一方、都固有の問題としては、都内に私立学校が数多くあることもあって、「公私間格差」が大きな問題になっている。私立学校の独自の教育を受けるためというのならよいが、学力面から、公立では力が付かないと感じている保護者が多いのは問題だ。

また、東京には私立学校や塾が多く、受験環境は整っているが、その分、子どもの社会体験の機会が少なくなっており、それが大人になってからの夢や希望の欠落にもつながっている。さらに、都会ならではの問題として、高校生が、家庭学習、部活動、地域活動などよりも手近なアルバイトに走りやすいという点も指摘できる。

第2次教育ビジョンの大きな柱となっている「社会全体で子どもを育てる」「生きる力を育む」の2点については、国の中央教育審議会でもその方向性を示しており、それ自体はいいと思うが、都独自の問題に対する目配せ、その解決に向けた具体的対策をもっと明確に打ち出す必要があったのではないか。

■強い「塾依存」

たとえば、私は文京区の教育ビジョンを策定するため「学力部会」の部会長を務めたが、同区の場合、学業成績を見ると何の問題もないように見える。しかし、「塾依存」の傾向が強く、経済力格差が学力格差につながるという問題がある。また、4割から5割の小学生が私立中学校へ流れてしまい、その分、公立学校が落ち込むが、それでも塾に支えられているから学力水準は比較的高い。

だから、東京都心部の場合は学校改革と言っても、その取り組みは緩慢である。地方の学力問題はもっと深刻で、学校関係者は学力向上を目指して熱心に取り組んでいるが、東京では授業改革にそれほど敏感ではなく、保護者もいまひとつリアルに受け止めていないように感じる。それはいざとなれば塾があるからで、必ずしも学校での指導方法が優れているからとはいえない。この点を学校も保護者も見逃してはいけないと思う。

1990年代は「ゆとり教育」を奨励し、児童・生徒に自主的に考えることを強調してきた。しかし、基礎的学力の低下が問題となり、塾や私立志向が高まってきた現在、「教えて考えさせる」という授業の基本に立ち戻らないといけない。基礎基本をしっかり教えずにいきなり自力発見や討論を促すという探究型の方法を習得型の授業で行ってしまうと、基礎学力は身に着かない。それを地方の学校は敏感に感じているが、東京では成績がいいから反応が鈍く、授業改革に結び付いていないように見える。

また、文京区では少子化、私立への流出、学校選択制による公立中学校の小規模化など一種の過疎化が進んでいる。部活が立ち行かなくなる学校もある。文部科学省は複数学級のあることが適正規模と言うが、実態はかなりかけ離れた学校があり、教育上大きな問題になっている。そこに切り込んで対策を講じるというリアルさが教育ビジョンに見られないのが残念だ。

■地域教育重視を評価

ただし、教育ビジョンが「地域教育」の重要性を強調し、その関連施策を打ち出している点はたいへん評価できる。公立学校に通いながら学力・人間力を身に着けるには、地域教育を活性化させていくためのプランが必要である。地域教育の中では、学習指導要領の枠にとらわれずに、学習の補充・発展や、社会体験、自然・文化体験などに幅広く取り組んでいくことができる。

文京区をはじめいくつかの区では、地域教育の活性化を目指して「学びのポイントラリー」に取り組んでいる。これは内閣府「人間力戦略研究会」の報告書で提案された「授業外学習ポイント制度」の一種で、運営主体は市民団体だが、文京区教育委員会が活動を後援し、予算措置も講じてくれている。こども論語塾や学習ゲーム教室、親子環境教室など、さまざまなプログラムが登録されて、年間40ポイント以上の取得を子どもたちに促す。こうした取り組みは江東、杉並、台東、渋谷などの区。さらには、奈良や岡山にも波及し、地域教育の活性化方策として注目されている。

市民団体、PTA、企業、大学などが活動の中心的役割を担い、それを行政や学校がバックアップする、こうした取り組みが今後の目指すべき地域教育の指針になる。職業体験やボランティア、文化・スポーツなどを通して「人間力」を高めることにもなる。児童・生徒に地域や社会とどう関わりをもたせるかを、教育ビジョンでは重要視して方向性を示している。

杉並区立和田中学校の「夜スペ」が話題になったが、地域が民間の力を借りて教科学習を補うやり方は悪いことではない。むしろ、さまざまな学力層の生徒や、特定の学校の生徒だけが恩恵を受けるのではなく、幅広くカバーする方策を自治体は積極的に考えるべきだ。

いずれにしても、児童・生徒の学力・人間力をアップさせるための地域プログラムをいかに具体化させていくのか、それが教育ビジョンの今後の大きな課題になるだろう。（談）

◇

いちかわ・しんいち＝1953年生まれ。東京大学文学部卒、同大学院人文科学研究科博士課程中退。88年文学博士、埼玉大学、東京工業大学を経て、94年に東京大学助教授に就任し、99年から現職。専攻は認知心理学・教育心理学など。日本学術会議連携委員や文京区・教育改革区民会議副主査などを務めている。『学ぶ意欲の心理学』『学ぶ意欲とスキルを育てる』など著書多数。

企画展「アスリートたち」

都立日比谷図書館で

2016年の東京オリンピック招致の機運を盛り上げようと、都立図書館の企画展「アスリートたち～北京オリンピック直前！」が、都立日比谷図書館4階の大会議室で開かれている。期間は8月3日まで。

様々な雑誌を用いて北京オリンピックに出場する選手をビジュアルに紹介。また、オリンピック競技のルールを紹介した資料や「アスリート列伝」と題して過去に出場した選手の伝記・自伝、パラリンピックの過去の写真集、東京オリンピック公式報告書と当時のプログラムなどを紹介している。22日には、市川崑監督の映画『東京オリンピック』を上映した。

都立図書館では「アスリートに視点を置いた構成とし、スポーツの祭典『オリンピック・パラリンピック』の魅力が心に迫る企画になっている」とPRし、多くの参加を呼びかけている。

毎週金曜3面は 教育オンライン

研修やOJTなど具体的方策

スキルや配置面に課題も

IT人材育成で中間まとめ

都総務局はこのほど、IT人材育成実行プログラム（中間まとめ）を固めた。職場ニーズやIT人材の配置状況等の調査結果を踏まえて、職員に望まれるITスキルの目安を示したほか、研修の再構築や産業技術大学院大学の活用、OJTへの支援といった具体的方策を掲げている。育成とリンクした配置方針も検討を進め、年内を目途に最終まとめを打ち出す考えだ。

都は現在、ITを利活用した業務改革の推進に必要となるIT人材の育成・確保の取り組みを強化しており、行政改革推進部や情報システム部、人事部、職員研修所による検討PTを立ち上げ、現行の育成カリキュラムの検証や新たな育成方策の検討にあたっている。

都のIT人材を巡る課題には、まずITスキルのばらつきが挙げられる。一般ユーザーの研修ニーズの調査では、48・7%がノーツの基礎的な操作を要望、情報セキュリティ（44・5%）のほか、エクセルやワードの基礎研修を求める回答も40%前後と高かった。

これらの調査結果からは、原則1人1台配備されたTAIMS端末で、グループウェアであるノーツはもちろん、表計算や文書作成でも、都庁全体として十分に活用できていない実態が浮かび上がる。

管理職では、情報セキュリティ指導のスキルを重要視する声が多かったが、ITによる業務改善や職場マネジメントへの活用を挙げる回答が比較的少なく、情報システム部もこうした点への関心の低さを課題ととらえている。

一方、IT部門の核となる人材については、担当者数や担当歴に関連した問題が顕在化している。

たとえば3千万円以上のシステムの保守部門には、342人が配置されているが、うち48%にあたる162人はIT担当歴が「1〜2年」の職員で、「3〜4年」の中堅職員は13%の45人にとどまる。

また3千万円以上の50システムで、1人担当職場が11カ所もあり、3千万円未満の残る350システムでも、その傾向が強いと想定される。さらに研修受講率は、全体で35%、IT歴が「1〜2年」の職員では16%と極めて低いことが分かった。

このため中間のまとめでは、1人担当職場が多く、研修受講が困難で、職場実態としてOJTも難しい環境にあること、一定の経験を積んだ中堅職員の割合も少ないため、システム評価・調達のスキルが不足していることなどを指摘している。

そのうえで、今回のIT人材育成実行プログラムでは、まずITスキルに着目、ユーザー部門やIT部門のニーズに対応した形で、「都職員が今後保有していくことが望ましいITスキルの目安」を提示した。

ユーザー部門では、パソコン操作での資料作成やメール操作といった基礎を必須スキルに設定。ワープロや表計算等の応用機能の活用は、入都からの年数やITリーダー、管理職・監督職の区分ごとに、「取得が望ましい」「職務内容に応じて取得が望ましい」などのレベルを定めた。このほか業務改善への活用や情報セキュリティの面でも、それぞれ目安が設けられている。

またIT部門では、ユーザー部門の項目に加え、情報システムの開発・運用・技術支援といった面でもスキルの目安を示している。

人材育成の具体的方策では、研修、OJT、自己啓発の柱ごとに重点強化メニューを例示している。この中で最も注目されるのが、IT部門の研修として創設する考えのIT応用コース研修だ。IT部門の中堅職員を対象に、システム評価・調達などのプロジェクト管理等に関する実践的な研修を行うもので、産業技術大学院大学の行政担当者向けコースを活用する。

ユーザー部門の研修では、実践的なノーツ活用、ITリーダーに必要なネットワークやファイルサーバーの活用研修などの再構築を目指す。

研修に関しては、受講しやすい体制作りにも取り組む考えで、研修日程や時間の見直し、都庁内にあるITステーションの拡大等も検討する。

このほかOJTの面でも、テキストやガイドブックを整備するほか、ナレッジデータベースやFAQの提供などを挙げている。

特別区幹部異動分析

異動規模 大幅減に

都職員 すべて自治法派遣に

特別区の今夏の異動発令件数は、6区と清掃一組で計23件となり、昨年夏の93件に比べて大幅に減少した。横転が14件で昨年夏から26件の減となったほか、昇任が1件（昨年夏12件）、採用1件（同24件）、その他7件（同17件）となり、いずれも減少した。近年の夏期異動では、最も小さい規模となる。

異動規模の縮小は、都からの受け入れが減少したことが一因。都は、区からの職員引き上げを強める傾向にあり、派遣についても春期の積み残しで都に密接に関わるポストなど最小限にとどめた。また区内部の異動も、昨年は区長選後に組織改正等で異動するケースがあったが今回はなく、都からの受け入れに伴う異動が中心となった。

昇任者は、清掃一組の部長級（技術）1人のみで、07年夏の30人（うち18人は都からの交流による昇任）に比べ29人の減となる。

都幹部職員の受け入れは、これまで退職派遣を基本に行ってきたが、今回の異動から自治法上の派遣を基本に行うように改めた。

退職派遣については、07年7月に発覚した足立区の不正学力調査問題で、当時、区に交流していた都職員が都に戻ったため処分対象にならなかった事例があった。今年3月の予算特別委員会で三原将嗣委員がこの問題点を指摘し、当時の押元洋総務局長が都区交流のあり方を検討する考えを示していた。

今回の異動者では、すべて自治法派遣となり、採用はいない。都区間交流は転出者6人のみで、都から区への派遣7人との差し引きでは転入が1人超過となる。なお、区間の交流や派遣はない。

また採用は、中野区が民間から1人を採用したのみで、昨年の24人から大幅減となった。

このほか、港区が9級職を新たに設置し、事務で1人が昇任した。9級を設置したのは練馬、杉並に続き3区目となる。

特別区　異動事由状況

	部長級	統括課長	課長級	合計	07年夏期
横転	3	1	10	14	40
昇任	1			1	12
採用			1	1	24
その他	3	2	2	7	17
計	7	3	13	23	93

首都大支援部など7件が受賞

総務局職員表彰

都総務局の職員表彰が22日に局長室で行われた。受賞は組織6件、個人1件の計59人で、中田清己局長から直接、表彰状が手渡された＝写真。

表彰は、困難な課題や人材育成、業務改革・改善などに関する取り組みが対象。今回は、科学技術週間のイベント実施（首都大学支援部業務評価係ら・6人）や、駅前滞留者対策事業の立ち上げ（総合防災部防災事業推進係・6人）などの取り組みが受賞した。

また、今年度から新たに再任用・非常勤職員の活躍も対象としており、八丈支庁の伊勢崎全弘さんが、不在となった経理係長の職務を、前経理係長の経験を生かしてサポートした功績が称えられた。

中田局長は「表彰で取り組みが庁内外に広く知れ渡ることは、職員の励みにもなる。私も7月1日に就任したばかりだが、これを契機に、今後も皆さんとお互い啓発していきたい」などとあいさつした。

総務局職員表彰は職員の努力や成果をタイムリーに反映するため、7月と1月の2回実施する。

教職員の土曜メンタル相談

26日から都内2カ所に開設

都教職員福利厚生会

都教職員福利厚生会は、土曜日に臨床心理士が教職員の悩みに応じる相談窓口を開始する。都内公立学校の教職員であれば、誰でも無料で利用することが可能だ。また、臨床心理士の派遣相談も新たに実施する。

土曜相談は、教職員の精神疾患の高まりを受けたもの。厚生会の調べでは、02年から06年の4年間で精神疾患による休職者が5割増となるなど増加傾向にある。

特に新規採用教職員と新任管理職は、新しい職場や役割で高い意欲を持つ一方、適応が難しいケースもあり、精神疾患に陥るケースも多いという。現在も臨床心理士による電話相談を受け、必要に応じて面談も行っているが、さらに対応を強化した。

相談は完全予約制で、毎週土曜日の午前9時から午後5時までを予定。1回1時間程度となる。

窓口は都心部と多摩地域の2カ所に開設し、都心会場がイムス東京健診クリニック（東京駅八重洲口徒歩5分）、多摩会場がザ・クレストホテル立川（立川駅南口徒歩7分）。予約は☎0120・211・540（フリーダイヤル）で、予約時間は平日の午前9時から午後5時まで。

他方、派遣相談は、区市町村教育委員会や都内公立学校等の要請に応じ、臨床心理士等を希望の会場まで派遣して、面接相談やメンタルヘルスの講習などを行うもの。

現在も、臨床心理士とOB教員が学校を訪問して相談を受けているが、職場では心を開きづらいケースもあるという。新採教員や副校長の研修の場などに派遣して、相談を受けやすい体制を目指す。問い合わせは東京都教職員総合健康センター☎3291・6349。

局際を越えて

● 新任局長に聞く（上）

“首都”公務員をサポート

加島　保路　職員共済組合事務局長

「特別区や消防庁も含めて、“首都”公務員が120%能力を発揮できるようにサポートするのが役割。どの自治体にも負けない体制を取っていくべき」と明快に語る。

都職員共済組合は、08年度に組合員数と年金受給者数が初めて逆転する大きな転換期にある。基本的には今年1月策定の「共済事業プラン2008」に沿って、事業全体の再構築を図ることになるが、随所に自らのカラーも滲み出る。

短期給付での医療費抑制方策では、国保財政を持つ市町村行政の経験がベースになる。

町田市の助役時代、指標を設けて行った町田市と武蔵野市の健康比較を引き合いに「各局や区を同じ指標で比較し、どの位置にあるか知ることで、職員や扶養者の健康づくりを考えてもらう。そうした競い合いの必要もあるのではないか」と提起する。

年金一元化や医療保険など全国の共済組合が同じ課題を抱える現状には「全国のリーダーとして、先駆的に課題解決にあたる。局職員にはそうした気概で仕事をすることが求められる」とも語る。

これまでの経歴で印象に残るのは、都市博と主税局の構造改革。

都市博ではフロンティア推進本部の医療衛生担当室長として、医療衛生のほか、会場管理、観客サービス、消防対策、警備など、会期中の運営すべてを受け持つ運営管理部の庶務も担当した。「警視庁、消防庁、広告代理店、運送会社、JR等の混成部隊。先日も20数人が集まって、昔話や近況報告をしたばかり」という結び付きの強さだ。

都市博中止を受けて、副知事示達に始まる構造改革に取り組んでいた主税局に異動した。当時の主税局は、滞納額増大や徴収率低下という危機的状況にあり、労務担当として、示達に関わる労使交渉にあたった。「当時、労使の間に表に出せない取り決めがまだ残っていた。あの構造改革がなければ主税局は都庁の社保庁になっていた」と振り返る。

「新しい発想も課題も全部現場から出てくる。それに敏感に対応できることが現場を持つ都職員の強み」と話す一方で、OA研究会という勉強会を局や区など横断的に作った経験から「自発的な勉強が足りない」と都職員に苦言も。

座右の銘は、魯迅の「希望とは地上の道のようなもの」。町田市時代から職員とバンドを組み、年に数回、ボランティアで老人ホームを訪れる音楽人でもある。東京経大経卒、2B、58歳。

裏方の裏方として

野口　孝　収用委員会事務局長

自らをネコ型人間と評する。「イヌ型は集団で明るく楽しく元気よく飛び回る。ネコ型は逆で、何もしない。お腹が空いたときに食べるだけで、競争もしない。その典型です」と笑う。

だが、野口氏を知る人は、それを額面どおりに取らないだろう。よく表しているのが、自らも印象に残る職場という西東京市の助役時代だ。

合併直後で、当選した市長が議会で少数派という状況の下では、振り回されるのは職員だ。「表向きは総合計画の策定等が一番の課題だったが、職員が頑張って良いものを作ってくれた。だが、政治状況はグジャグジャで苦労している。そちらを何とかしようと」

高い調整能力が求められるが「好きな分野だったので、自分の土俵で仕事ができた」という。コツを聞くと、「他人は自分より偉いと思って接する」とのこと。「自分がいかに卑小な存在かわきまえている。あとは裏切らなければ大丈夫だ」

西多摩建設事務所の用地課長時代も、部下には買収に応じない地権者に毎日顔を出すよう伝えた。「難しいところは足が遠のくが、そういう所こそ行って来いと。会わなければ人間関係はできない。電話で済むところも顔を出すよう命じた。1回、2回でどうにかなると思ってはいけない」。仕事は人間関係が基本ということを熟知していればこその言葉だ。

用地課長の経験があるため、収用委員会も違和感はなかったが、驚いたのが職員の現場感覚だ。就任後、すべての現場を職員と汗かきながら電車と徒歩で回った。「机に座って処理するだけと思っていたが、職員は当然のように現場を歩き、納得した上で処理している。デスクワークだけではできないのが収用の仕事。これは間違いないね。実感として叩き込まれた」と笑う。

そんな仕事を「裏方の裏方」と表現する。「まちづくりで用地担当は裏方だが、その用地が苦労する中で、どうしてもできないものを持ち込むのがここ。だから裏方の裏方。そんな存在なので、高い使命感とプロ意識がないとできない」。職員を見て、そう実感したという。

一方で、収用される側の気持ちもよくわかる。先祖代々から福生市で、自身も50年以上住むが、産湯を浸かった生家は都市計画街路の整備で移転を余儀なくされた。「『因果は巡る』ですね。だが、考え方や価値観が多様化する中、全住民が賛成というのは難しく、今後も収用案件は増えるだろう」。使命感を持って臨む考えだ。

中大法卒、62B、58歳。

■大田区人事異動　7月16日付

【部長級】▽保健福祉部参事（選挙管理委員会事務局長）[illegible]
【統括課長級】▽保健福祉部国保年金課長 [illegible]
【課長級】▽上池台障害者福祉会館長（まちづくり推進部都市開発課長）小畑功▽まちづくり推進部都市開発課長（上池台障害者福祉会館長）[illegible]▽[illegible]平野秀康

人権啓発フェスティバルを開催

来月、都庁などで

都と法務省・文部科学省などの共催によるイベント、人権啓発フェスティバルが来月23、24日に、都庁及び新宿駅西口広場イベントコーナーを会場に開催される。今回は世界人権宣言から60周年の節目にあたる。

「ヒューマンフェスタ2008とうきょう」では、劇団ふるさときゃらばんのショー、タケカワユキヒデさんや水木一郎さんのコンサート、千住真理子さんの講演などが予定されている。

総務局人権部では「夏休みの終盤、とくに北京五輪の最終日にあたるイベントだが、たくさんの人に来てもらいたい」と話している。

都民の声月例報告

五輪招致に174件

最多は治安・防犯

都生活文化スポーツ局は、このほど6月分の都民の声月例報告をまとめた。分野別では、同月8日に起きた秋葉原無差別殺傷事件等を受けて、治安・防犯が265件と最も多かった。個別項目では、立候補都市承認に関連して、東京五輪招致への意見が174件に上った。このほかコンビニの終夜営業に関する意見も数多く寄せられた。全体の取扱件数は、前年度同月比で424件増の1878件だった。

昇任試験対策のページ

20年度 特別区管理職試験講座 25

事例解説 ④

Ⅰ類記述 ⑩

区民から信頼される職員を目指して
～職員の不祥事根絶のために～

1　提案の目的

公務においては、一人の職員の不祥事が、長い時間をかけて築いてきた区民からの信頼を一瞬にして失ってしまうことがある。そこで、他自治体の事例を検証し、区政への信頼回復の手立てについて提案する。

2　資料の概要

職員による不祥事に関する新聞記事

▽業務上の横領・窃盗…生活保護費の着服、税金の横領、切手や印紙の着服、出退勤システムを悪用して時間外勤務手当・休日手当を不正受給

▽その他の非違行為…職務怠慢（事務処理の放置）、飲酒運転

3　事件の原因・分析

職員の不祥事の原因として、以下のような問題点がある。

（1）職員の資質の問題

▽不祥事を起こした職員は、行為の重大性や違法性を認識する力が弱く、倫理意識が希薄であった。

▽我々の仕事が、区民の税金と区民からの信頼で成り立っているという公務員としての基本的認識の不足・モラルの低下があった。

（2）事務処理の方法の問題

▽非違行為を繰り返すことが可能となってしまった事務処理体制に問題があった。

（3）組織の管理運営の問題

▽管理監督者として、非違行為を生み出さない職場環境への配慮が十分とは言えなかった。

4　具体的な対応策

（1）職員の意識改革のために

○効果的な研修プログラムの実践

▽不祥事の事例集を作成し、問題点を検討する実践的な研修を実施する。

○メンタルヘルス相談室の設置

▽さまざまな悩みやストレスを抱えている職員が、気楽に相談できる体制を整備する。

（2）わかりやすい事務処理のために

○事務処理の透明性の確保

▽処理した事務を定期的、臨時的にチェックできる仕組みを構築する。

▽複数人で事務処理をチェックする体制を確保する。

○公益通報制度の周知・徹底

▽不適切な事例を見聞きした際に活用できる公益通報制度の周知を徹底する。

（3）良好な職場内コミュニケーション維持のために

○庁内メールの活用

▽上司への相談や仕事の提言等を、直接的に意見できるようなコミュニケーションルートの多様化を図る。

○予防監察の充実

▽人権の配慮をしながら、観察や声かけを行う。

5　まとめ

公務員の不祥事に対する厳罰化は、当然のことである。しかし、非違行為を根絶するまでの効果はこれだけでは足りない。むしろ、職員の意識改革、事務のチェック体制の充実、仕事へのやりがいの向上策など、多方面からのアプローチが重要である。

解説

今回の問題例は、職員の不祥事についてです。どの自治体においても、職員の不祥事ひとつで、それまで築いてきた信頼が一気に瓦解してしまうおそれがあることから、さまざまな対策を行っています。

さて、ご自身の区での取り組みなどを参考にしながら、改めて問題文を読み返してください。平易な文章なので、頭では十分理解しているつもりでも、自分が作成した解答文を再度目を通すと、意外に問題文をきちんと読んでいないことに気づく場合があります。

特に、忘れがちなことは、この提案書は多忙な部長に提出するものであること、そして事件を未然に防止するための具体的対応策を明示しなければならないことで、一般論を羅列してもあまり効果はありません。また、常識外な経費がかかるものや現実性が薄い奇抜な提案などは部長（採点者）の心には響かないでしょう。しっかりと当事者意識を持ち、自分の課に直面している問題として考えてください。その他、注意すべき事項として、なぐり書きで採点者に読みにくい提案書は論外として、誤字脱字は大きな減点対象となります。改めて、自分の答案を採点者の側に立って見直してみてください。

今回の解答例では、事例から分析した原因（問題点）を3点掲げ、具体的対応策を立案しました。

なお、今回の解答例は意識的に箇条書きで作成してあります。答案作成は、時間・スペース・読みやすさ等、いろいろな要素があります。自分にフィットした型で作成してください。

おわりに

10回にわたって連載してきた「特別区管理職試験講座・Ⅰ類記述式」の問題、解答解説は今回で、最終回を迎えることになりました。

これまでの特別区管理職試験の記述式で、事件事故型の出題は平成17年度のみです。事件事故型か施策提案型か二つに一つだけに、毎年、事件事故型が「今回こそ出題か?」と言われ続けています。

いずれにしても、本番で慌てることがないように、「施策提案型」「事件事故型」それぞれについて、自分なりの解答のパターンをまとめておくことをお勧めします。

また、例年、解答用紙はA3判です。縦、横どちらで使用しても自由とされています。とじしろ分を考えると、解答するスペースはひとまわり小さくなります。このほか、必ずコピーをしたものを採点用として使用されることから、筆記具の濃さ・筆圧にも気を配ること、実際の選考時間は、思っている以上に時間が足りないと感じる場合があること、パソコンでレジュメを作成しておくだけだと、実際の答案の雰囲気がわからないことなど、さまざまな確認が必要です。

管理職選考まで、残り40日です。今までの復習や整理に限られた時間を費やして、当日、ベストの体調で望まれますように。

カレントトピックス 20年度 41

政治事情

■公益法人改革―82法人で事業見直し（7月4日）

政府は7月4日、行政と密接な関係にある主要な350の公益法人を対象に実施した集中点検の結果を公表した。82法人について国発注の事務事業を見直し、53法人で役員数の削減など組織を縮減。42法人に対し国が発注する事業を随意契約から全面的に一般競争入札に移行する。

首相は同日の閣僚懇談会で「公益法人への支出を全体で3割削減するように」と述べ、国や独立行政法人が財政支出する1974法人について今年度予算の執行段階からムダの削減に取り組むよう指示した。

■教育振興基本計画―閣議決定（7月1日）

政府は7月1日、改正教育基本法に基づく教育振興基本計画を閣議決定した。教育に関する初の基本計画で、「教育立国」を宣言し、「公教育の質を高め、信頼を確立する」など今後10年を通して教育が目指すべき姿を提示。計画は冒頭で「子どもの学ぶ意欲や学力・体力の低下」「少子化の進行」などを課題として明示した。

10年間で世界トップの学力水準を目指し、教育内容、教育条件の質の向上を図るとした。5年間で「世界最高水準の卓越した教育研究拠点の形成」「いじめ、不登校、自殺などへの対応の推進」など77の施策に取り組む方針を示した。

■中央環境審議会答申―有害化学物質の見直し（7月11日）

国の中央環境審議会は7月11日、化学物質排出管理促進法（PRTR法）に基づいて国に報告義務がある有害化学物質を現行の354種類から463種類にすることを盛り込み環境相に答申した。

また、現在も対象物質のホルムアルデヒドを発がん性があるなどとして、特に報告基準などの管理を強化する「特定第一種指定化学物質」に分類した。現在の対象から、製造や輸入量が少なく一般環境中で検出のない物質を除外する一方、新たに有害性のデータが集まった物質を加え、特定第一種指定化学物質は今回の見直しで15種類となる。

21年度 職員教養講座 [5]

合格体験記B ②

はじめに

ここ数年の間に、管理職選考の審査方法は大きく様変わりしました。

種別Bの選考では、平成19年度から、択一試験が廃止され、1次選考は記述試験と論文試験のみ、2次選考が2回の口頭試問による選考となり、勉強量としては大幅に負担が軽減されたと言って良いでしょう。

この制度変更の背景には、種別Bの受験率の減少があるのではないか、というのは私の邪推でしかありませんが、実は私自身も「択一試験が無くなったなら受験でもしてみようか」と、資格を持ちながら数年間受験しなかった重い腰を上げた一人ですので、受験率の上昇には一定の効果はあったのでしょう。

しかし、実際に受験して、また、私と同時に合格した面々を見るにつけ、この試験制度の変更は、単に受験率の増加を目的としたものでは決して無く、むしろ東京都という組織が欲している人材の姿が変化した結果であると、今では強く感じています。

これからB種別を受験される皆さんは、その点を強く意識して今後の準備に臨む必要があるでしょう。

この体験記は、私の経験で感じられた、新しい試験制度での試験準備のあり方を書かせていただきたいと考えています。

なお、念のため申し上げますが、私は技術職種の選考を受験していますので以下の内容がすべての職種に当てはまる保証はございません。あしからず、ご了承のほどお願いいたします。

仕事の現場を知っているか

合格発表のあと、周囲の複数の方から、同じ言葉を耳にしました。

「今回は、受かるべき人が受かっていて、合格に首を傾げる人がいない」

つまり、合格者のほとんどが、日常業務の場でも高い評価を受けている方であったのです。逆に、仕事のできない人は合格できませんでした。

たしかに試験全体に一貫して感じられたのは、本当の業務能力を前提にした設問が多かったことです。

特に、記述試験の設問では、実際に仕事の現場を知っていればきわめて常識的な内容であっても、単に知識として勉強するだけでは、なかなか身に着けられないような一歩踏み込んだ説明を求める問題が多いと感じましたし、「～について留意すべき点を述べよ」というように、実務を知っている人間には、より解答を広げて記述しやすい訊ね方が多く用いられているとも感じられました。

また、論文試験では、毎年1題は比較的身近な現場の課題が提示されるのは変わらないのですが、私の周りの合格者の何人かが「実務の経験を基にして、自分の言葉で書けたのが良かったのかもしれない」と、話していたのが印象的でした。

やはり、現在の試験制度が求める種別Bの合格者像とは「仕事の現場を十分に知った、高い実務能力を持つ人間」であるのは、おそらく間違いないでしょう。

オンジョブ、オフジョブ両面から準備を

これから試験準備を進められる方には、まず、「仕事」と「試験」を切り離さないことをお勧めします。オンジョブ、すなわち日々の仕事にも試験につながる題材は無限にあると考えて下さい。その点を含めて、仕事のオンオフ両面から、試験準備における、私なりの留意事項をお話したいと思います。

1　記述試験

まず、過去問や先輩受験者の資料を調達し、出題傾向を十分に把握しました。先輩の資料はそのままでは自分の物には出来ませんので、自分なりの言葉に置き換えながらまとめ直すと、頭に入りやすいと思います。

また職群に関係する計画や答申などの全庁的な話題についても、2カ年程度を遡って一通りチェックしておく必要があるでしょう。

さて、オンジョブでの試験準備ですが、自分の担当業務をマニュアル通りに漫然とこなしていても勉強にはなりません。しかし、どんな些細な仕事であっても、積極的に問題意識を持ち、前向きに取り組めば、自ずと知識や知恵が蓄えられます。

例えば、業務の根拠となる法令は何か、上位計画はあるのか、技術基準の体系と内容は、最新の技術情報はないか、教科書には無い現場のノウハウがあるか?

このように、ひとつの仕事から知識の連鎖は大きく広がっていきます。一見非効率ではありますが、試験に役立つことはもちろん、自らの業務遂行能力の向上にもつながりますので、一石二鳥のつもりで取り組まれることをお勧めします。

また記述試験は、受験職群の幅広い分野から出題され、選択して解答することになりますが、私の場合、苦手な分野は最初から捨てることとし、自分の得意な分野を伸ばすことに注力しました。

多忙な日常業務をこなしながら準備を進める係長級の受験者にとって、自分の得手不得手を分析し、効率的に取り組むことはとても重要だと思います。

2　論文試験

私自身は、特に論文の添削指導は受けなかったのですが、一般的には課長級以上の方に論文の添削を受けるのが得策かと思います。ただし、論文というものは、技術的に必ず抑えるポイントはあるものの「好み」は添削者によってまちまちですので、最初に書いた論文は複数の方に見てもらい、自分と一番感覚の合う添削者を探すことが肝要です。

論文の書き直しは、時間のかかる地道な繰り返し作業ですから、納得できない添削は苦痛以外の何ものでもありません。少しでも自分の思いをぶつけられる添削指導者を探してください。

また、手書きであることも忘れてはいけません。試験当日は、記述試験から合計して4時間以上手書きを続けるのですから、その訓練は論文の内容とは別に進めておく必要があります。

私の場合、1日1ページの日記帳を購入し、毎日15分程度「子育て日記」をつけていました。

これは、筆記の疲労に慣れ、また漢字の復習という点でも有効なのですが、なによりも、頭で考えていることを簡潔にわかりやすく、書き直しをせずに書き付ける訓練になったと思います。

事前にどれだけ準備論文を練り上げても、試験にそのまま使えることは稀ですから、様々な知識やフレーズ、自分の考えを混ぜ合わせ、頭で組み立て直し、解答紙面に出力するには、このような「思考」と「手書き」を直結する訓練がとても有効だと感じました。

さて、論文試験に関するオンジョブでの準備ですが、何はともあれ、仕事の課題には常に真剣に取り組むことだと思います。

論文を書くテクニックは確かにありますが、合格レベルの受験者にとって、それを身に着けるのはさほど難しくありません。

一方で、他の受験者との差となる自分なりのボキャブラリーというものは、一朝一夕に形作られるものではなく、日常の業務の積み重ねによってのみ、培われるものです。

日常業務での問題意識が薄い人は、薄いボキャブラリーしか持てません。

論文の正否を決定づけるのは、日常業務での課題に向き合う真剣さだと、受験を通して確信しました。

3　口頭試問

1次試験を合格しますと、2回の口頭試問が待っています。しかし初対面の面接官とわずか数十分の会話で、どこまで自分の人となりを伝えられるかと言えば、心もとないと言わざるを得ません。

私の経験で重要と感じたことは、まず緊張をしないことです。緊張している時点でいつもの自分ではない訳ですから、ぜひ自分なりの緊張解消法を用意することをお勧めします。私自身は、1次試験合格後に所属で模擬面接を実施してもらったことにより、不安から来る緊張がだいぶほぐれました。

また、事前に提出する面接シートも重要です。「私」という人物について面接官が得る情報は、面接時の会話以外には、このシートだけしか無いと気合を入れ、十分に推敲しました。もちろんシートの内容に応じた想定問答も準備しました。

口頭試問は、面接官との会話形式で進められますので、当然、思いもよらない質問を投げかけられた時や、言葉は悪いですが、揚げ足を取られた時などは、解答につまることもあります。

そのような時ほど大切なのは、表面的な解答のうまさではなく、課題に対する信念であると感じました。考えの核がしっかりしていれば、自ずと回答に一本の芯を通すことが出来ます。そして、その信念とは、オンジョブの現場で培われることは言うまでもありません。

日常業務の延長に合格がある

私自身、試験のための勉強は、ごくわずかしかしませんでした。しかし、日常業務で培った知識や技術、信念が合格につながりました。

近年の管理職選考は、人物重視、実績重視と言われており、実際に受験した感想も、まさにその通りです。

試験だけでなく担当業務の実績も、合否に大きく影響しているように思えます。その点は、日常業務の場できちんと成果を上げられている係長の皆様には、とても大きなチャンスと言えます。

これから試験準備をされる方々は、試験勉強も大切ですが、まずは自分の業務に真剣に取り組み、実績を上げることこそが、一番の試験準備と言えるかも知れません。

環境にもお財布にもやさしい「エコドライブ」していますか？

都環境局自動車公害対策部交通需要マネジメント担当課長　村上章

大きな看板が目に付いた府中運転試験場

安全運転にもつながる

「エコドライブ」という言葉を聞いたことがあっても、その内容や効果まで知っている方は意外と少ないのではないでしょうか。

今、地球温暖化の進行とガソリン価格の高騰などによりクローズアップされ始めているのが、環境にもお財布にもやさしく、かつ、安全運転にもつながるエコドライブです。

一般的にはエコロジカル・ドライブ、エコノミカル・ドライブの略称といわれ、燃費であれば約10%の改善効果があり、年に1万キロ運転する方なら年間で約1万2千円程度の節約にもつながるといわれています。

エコドライブは、消費する燃料（ガソリン等）をできる限り少なくすることで、CO_2の排出を削減したり、燃料費の支出を抑えることになり、車を使用する際には、ぜひとも実践していただきたい運転技法です。

具体的には、

①ふんわりアクセル
②加減速の少ない運転
③早めのアクセルオフ
④エアコンの控えめな使用
⑤アイドリングストップ
⑥適切な暖機運転
⑦道路交通情報の活用
⑧タイヤの空気圧をこまめにチェック
⑨不要な荷物は積まずに走行
⑩駐車場所に注意

という10の項目を指します。

普段から運転している方で、すべての項目を実施している人は、かなりの「エコドライブ通」の方です。

この項目をご覧になって、アクセルをゆっくり踏み込む「ふんわりアクセル」とか、「タイヤの空気圧のチェック」とか、高だかこんな行為で本当に燃費が削減できるのか、たとえ出来たとしてもそれほど効果を生じないのではと思う方も多いのではないでしょうか。

発進の仕方	燃料消費量（%）
急発進	+34
少し急いだ発進	+7
普通の発進	基準
ふんわりアクセル※1	−9
スロー発進※2	−8

加速のしかたと燃料消費量の割合

発進から40km/hまで加速、その後40km/hを維持する条件で、加速のしかたを変えて200mまでの区間の燃料消費の比較
（30人のドライバーの平均・省エネルギーセンター調べ）
※1 ふんわりアクセル＝普通の発進よりほんの少しゆっくり発進
※2 スロー発進＝ゆっくりした発進

実際に練習してみて理解できたという声が多かった

少しの努力で効果

先日、警視庁府中運転免許試験場を会場に、社団法人東京指定自動車教習所協会に加盟する全自動車教習所の教官の代表者53名に集まっていただき、エコドライブを体験していただきました。エコドライブ推進の核となる人材を養成しようと、「東京都エコドライブインストラクター養成教習会」と銘打ち、燃費の測定器を装着した乗用車に試乗して体験してもらったのです。また、この日は、「学科教習コンクール」という座学の教え方を競い合うイベントも行われました。

すると、53名全教官の燃費測定の数値が、平均で25・1%も改善するという驚くべき結果が出ました。エコドライブは運転技術に長けている教官でも、それを学ぶだけでこんなにも効果が出るものなのです。

教官の方々の声として、実際にエコドライブを練習してみて初めて理解できたという方々が5割以上を超え、また、少しの努力で効果があると感じた方は7割を超えました。そして、今後、それぞれの教習所でエコドライブを教える時に、教習生の燃費をどのくらい改善させたいかという問いには、「10%〜20%改善させたい」という方が45・3%、「20%〜30%改善させたい」という方が30・2%と、多くの教官が大幅な燃費改善につながるエコドライブを、教習生に教えたいという結果も得られました。

☆

エコドライブは、教官だけに出来る運転技法ではなく、正確な知識と運転操作等を練習することで、だれでも出来る運転技法です。

今後、都はエコドライブを都民・事業者に幅広く普及させるために、区市町村・東京指定自動車教習所協会等と連携し、エコドライブの知識・技能を習得した教官の協力を得て、エコドライブ講習会を実施することを検討しています。

エコドライブは上記の運転技法のうち数項目実施するだけでも、かなりの燃費改善効果があります。

ぜひ、皆さんにも「エコドライブ講習会」の受講をお勧めします。

詳細は、自動車公害対策部交通量対策課ホームページ（http://www2.kankyo.metro.tokyo.jp/jidousya/kotsuryo-taisaku/index.html）を参照してください。

苦労は大抵報われない

がんばれ！公務員 38

文とマンガ　鈴木武征

暑い日が続く。うなぎでも食べたいところだが不当表示などいい加減なことが続くので、意地でも食べまいと自制している。

考えてみればおかしな話で、味は国産であれ外国産であれ専門家でも見分けがつかないというのだからブランド信奉の消費者側にも問題がある。

稚魚の頃から日本と中国・台湾等の養殖池を行ったり来たりして日本にいた期間が長い方を国産と表示するのだそうだから大した違いはない。

最初から「中国産、でも美味しい、安い、安全です」と正直に表示されていれば、進んで買っていたと思う。

人件費やエサ代の相違かも知れないが、国内の養殖池に長く居ただけで3倍近い価格が付くという仕組みも合点がいかない。

世の中には合点がいかないことが多く、現役の頃には「何で俺だけがこんな苦労をしなければならないんだ」と思うこともしばしばあった。

先の見えないキリのない仕事、他人のミスを修復するための残業が続く日々、病欠・産休などで急に穴のあいた職場などだ。

その多くは自分が原因者になる可能性も無いとは言えないのだが、苦労している際には苦労が先立ち不満の方が先行する。

研修担当をやっていた頃の話だが、たまには皆が驚くような講師を呼んであげようと千葉の著名な園芸家の家を訪ねた。

もとより紹介者がいての話で事前の電話のやり取りでは先方も大いに乗り気と感じていた。

ところが最後の講演料のところで折り合いがつかず、「無かったことにしてください」という結果に終わった。

園芸家の家は駅から遠く、電柱のゆらゆら揺るぐ炎天下の白い道を歩きながら、「何で俺がこんな所を歩かなければいけないんだ、こんな苦労他人には分からないだろうなー」と憤懣やるかたない。

正直言って当時の私の研修担当という仕事は、それまでの他の仕事に較べると楽だった。

年間計画さえ立ててしまえば後は粛々と実行するのみ、あえて苦労といえば中身より開催優先の悉皆（しっかい）研修の実施や研修常習者の参加希望をやんわり封ずることぐらいだ。

自分も楽だと思っているが、他人も当然「おう、楽してんなー」と言ってくる。

その後ろめたさも加わって夏空に、「俺だって苦労しているんだー」と叫びたくなる。

今思うに人間の本質は相当にジコチューだ。どんな仕事にも苦労は付き物なのだが自分だけが苦労している、耐えていると思いたくなる。

逆に言えばその対抗心、反発心があるからこそ日々職場に向かえるのだ。

「私だけが何でこんな苦労をしなければならないんだ」と怒っている間はまだまだ正常、健全だ。（病的な場合は別だよ……）

うなぎの稚魚は日本の池と外国の池では3倍近い差が出るにも拘わらず「そんなことオレ知るか」と元気に泳いでいる。あなたの苦労も人には理解されない、報われないと思った方がスッキリする。

うなぎに負けないよう、今日も元気に職場をのらりくらりと泳ごうではないか。

Book

『自治体のための債権管理マニュアル』

東京弁護士会弁護士業務改革委員会自治体債権管理問題検討チーム編　ぎょうせい刊

自治体の業務の多くは事業の執行などの支出面での仕事である。収入に係る業務は、職員にとってはあまり目が向かないと思われる。そのため、特に民事に属する自治体の債権管理にかかわる業務に精通する職員は、非常に少ないのではなかろうか。自治体の債権管理に関する行政実務的な解説書も不足しがちだったようである。

また、特に時効については、自治体が有する債権であっても、その種類によって、時効期間と要件が異なっている。そして、行政実例とは異なる時効に関する最高裁判決が近年多数下されていることもあって、自治体の債権管理実務は非常に難しいものになっている。

こうした中で、本書は、江戸川区と東京弁護士会が協力して取り組んでいった債権管理に係る検討の中で生まれた『債権管理マニュアル』を基に、これを全国バージョンにしたという画期的な手引書である。

すなわち、本書では、債権の発生から管理までの日常業務から、債務者に信用不安が生じたときの対応、裁判所の活用についてまで述べるほか、住宅資金貸し付け、公営住宅使用料など、いくつかの個別の債権についてその管理の要諦について触れている。また、債権管理条例を制定する場合の留意事項や学校給食費の扱いに関する詳細な検討が追補として収められている。

都内の区市町村では、他の地域と比べて債権管理条例の制定が進んでいる。各条例の内容は、必ずしも江戸川区の条例とは同じではないが、全国向けになった本書は、読者である自治体職員に向けて極めて分かりやすくまとめられているので、江戸川区以外の各区市町村の債権管理実務にも役立つと思われる。分権時代の自己決定・自己責任の能力を、歳入（債権管理）の面で高めていくためにも貴重な1冊となろう。

なお、自治体の債権管理については、理論的な研究が十分とはいえない状況にある。その点で、本書は、個々の重要な債権について踏み込んだ法解釈も行う点などで、行政実務に資するのみならず、理論的な検討素材を提供するものにもなっている。定価4300円。

（九州大学大学院法学研究院・准教授　田中孝男）

鈴木元都知事が後藤新平賞受賞

行政手腕が評価

日本の近代化の過程で100年先をも見通した大きな政策を構想し、「自治」と「公共」の精神を貫いて、「人」を育てながら地域や国家の発展に力を尽くした後藤新平。その功績を記念して、昨年創設された「後藤新平賞」（後藤新平の会主催）の第2回受賞者に、鈴木俊一元東京都知事が選ばれた。

昨年の第1回は、後藤の仕事と精神を継承して台湾の近代化に貢献してきた李登輝前台湾総統が受賞。鈴木氏は、後藤が戦前、都市計画などに尽力した東京で長く行政手腕を発揮したことが評価された。

なお、選考委員には、評論家の粕谷一希氏、青山佾元東京都副知事、御厨貴東京大学教授などが名を連ねている。

授賞式は9月11日に、千代田区の新丸の内ビルディング10階「エコッツエリア」で行われる。

みにがいど

◆元南葛高校教諭のドキュメントを上映　元都立南葛飾高校教諭で、卒業式の不起立で処分を受けて再任用不合格となり、現場復帰を求めて東京地裁で係争中の申谷雄二さんにまつわる長編ドキュメント映像『Paideia（魂の世話）』の上映会が、8月2日（土）午後1時から東京YWCA会館（千代田区神田駿河台1の8）で行われる。当日は、元宮城教育大学学長で、都立南葛高校での教育実践もある林竹二氏の講演記録映画『授業・人間について―狼編』も上映される。参加費は1000円。前売りなしで当日先着順（100人）となる。また、上映会は8月3日（日）午後1時から埼玉会館（さいたま市浦和区高砂3の1の4）でも行われる。問い合わせは径書房☎3350・5571まで。

都政新報

発行所　都政新報社
〒160-0023 東京都新宿区西新宿7-23-1 TSビル
〈総務・読者〉03-5330-8781
〈企画広告〉03-5330-8784
〈編集〉03-5330-8786
〈出版〉03-5330-8788
〈セミナー事業部〉03-5330-9977
〈ファクス〉03-5330-8808
購読料　月1,680円(税込)
毎週火・金曜日発行
但し、祝祭日は休刊

紙面から

豊洲新市場予定地土壌汚染問題

国内最大規模の土壌掘削に

専門家会議が最終提言　リスク管理のあり方が課題

豊洲新市場予定地の土壌汚染対策を検討する専門家会議（座長＝平田健正・和歌山大システム工学部教授）は26日、最終提言をまとめ、比留間英人中央卸売市場長に提出した。提言は、旧地盤面から地下2㍍まで土壌を掘削・入れ替えを行い、その上にさらに2・5㍍の盛土を実施。地下水も環境基準の達成を目指すという内容。土壌の掘削量は、国内最大規模となる見通しで、汚染土壌の処理技術や受け入れ先、膨大な費用負担が大きな課題となる。都は提言を受け、土壌汚染対策計画をまとめる。

会見に応じる専門家会議委員（左から2番目が平田座長）＝26日、都庁内で

専門家会議は、中央卸売市場長が委嘱した学識経験者4人で組織し、昨年5月から都の土壌汚染対策の妥当性を検討してきた。発足当時から専門家会議は、「豊洲への市場移転を前提とした議論をしない」とする立場を明確にし、人が一生涯、豊洲の地に生活して健康影響の生じることのない対策立案を目指した。

第3回目の会議からは、一般傍聴者と専門家会議委員との意見交換が行われ、毎回会議後に、市場移転に反対する市民と委員との間で厳しいやりとりが続いた。最終回となった26日も、200人の傍聴者が専門家会議を見守り、2時間にわたる意見交換が行われた。

最終提言を受けて、都は具体的な土壌汚染対策計画を策定する。

特に問題となるのは、膨大な量となることが見込まれる汚染土壌の処理。提言通り行えば、敷地面積は40㌶にも及び、全域を2㍍掘削することになる。さらに、2・5㍍分の盛土用の土、掘削除去後の入れ替え土壌も必要になる。

都の説明によると、土壌中の汚染物質処理には、熱を加えて除去する加熱処理や、土の粒子に付着している汚染物質を水で洗い流す洗浄処理、セメント原材料として汚染土壌を処理する手法もあるという。

盛土の土は、都内で発生した建設発生土の搬入を検討している。土壌の搬出の際には、散水のうえ防水シートで密封するなどの措置を講じ、さらに、市街地を通過しての土壌運搬を極力減らすため、船による輸送を主体とすると説明している。

また、現場ではすべての汚染物質が完全に浄化されるわけではない。例えば、建物建設地以外の汚染地下水は、当面、環境基準を達成できず、地下水管理が必要だ。

このため、リスク管理のあり方を市場関係者や都民に分かりやすく示す必要がある。提言に盛り込まれた学識経験者も入った協議会の開催方法や情報公開のあり方なども課題となりそうだ。

これは「安全宣言」ではない

【解説】専門家会議に対する評価は賛否両論あるが、都政史上、これだけの事業規模と期間、一般傍聴者と委員が直接意見交換を行ったという例はない。その意味では、画期的なものだった。行政が行う意見交換は形式的なものになりがちだが、意見交換の結果が、具体的な上乗せ対策へとつながったものもある。

例えば建物建設地以外の地下水も環境基準を目指すことには、平田座長は当初否定的だったが、意見交換のやりとりを経て、将来的には環境基準を目指すことにした。

意見交換では、都側の進行役が発言を制止したり、平田座長が発言を許したり、傍聴者の要請にこたえて時間を延長するなど、柔軟な対応を図った。平田座長には、時間が許す限り納得がいくまで議論したいという姿勢が垣間見える一方で、終盤の専門家会議では、終了後の会見で「かみ合わない」と空虚さを感じているようにも見えた。

かみ合わない理由は、専門家会議が、市場移転を前提とした議論を避けているからだ。移転ありきではないリスクコミュニケーションは行われたが、移転ありきのリスクコミュニケーションは行われていないのだ。

その役割は、都が担っている。専門家会議の提言は、豊洲新市場の「安全宣言」ではない。都は、市場移転を前提とした技術と費用、残されたリスクをどう管理するのかを明らかにし、都民と市場関係者に、提言を実施した場合のリスクを前提とした豊洲新市場の移転を問う必要がある。

この提言書を、次のリスクコミュニケーションに活用することが、都の最大の責務だ。新市場の豊洲移転に対する都民のコンセンサスは得られていない。ただのアリバイ作りに走れば、何度でも同じことが蒸し返されるだろう。

提言は、このままでは絵に描いた餅だ。豊洲新市場予定地が市場の移転先としてふさわしいかどうかは、まだ何の結論も出ていない。（地）

港湾審議会

大水深岸壁の整備を提言

コンテナ船の大型化が進行

東京都港湾審議会は24日、世界的なコンテナ船の大型化が急速に進んでいることから、大井・青海コンテナ埠頭や今後整備する中央防波堤外側地区の外貿コンテナ埠頭の機能強化を答申した。港湾局では、これを受けて06年3月に策定した第7次改訂港湾計画の一部変更に着手する。

海運業界では、経済性を追求する中でコンテナ船の大型化が進行。第7次改訂計画を作った時は7千TEU型を上限と想定していたが、今や8千TEU型が国際標準となり、1万TEU型にも対応した港湾施設の整備が不可欠になっているという。

また現在、パナマ運河の拡張工事が行われ、2015年に供用開始になると、最大で1万2千TEU型（船長366㍍）の船舶もパナマ運河を航行可能になる。これにより、さらに大型化が進むと見ている。

大井・青海埠頭には計12バースあり、一番深いところでも水深15㍍しかない。大型船に対応するには、16㍍の大水深岸壁の整備が必要になり、既存埠頭でも早期に具体化するよう答申した。

また港湾計画上は、中央防波堤外側地区に水深16㍍を3バース、水深11㍍を1バース整備することが盛り込まれている。コンテナ貨物を運ぶ膨大な交通量に対応した南北方向の道路の検討も提言した。

基幹航路である北米航路や欧州航路は、この10年間で1・7倍に航路数が増加し、その一方で日本への寄港率は相対的に低下しているのが現状。東京港でみると、寄港率は29%から15%に落ちている。この背景には、アジア諸港で大水深岸壁が次々と整備されていることがある。例えば釜山港はすでに3バースあり、将来30バースになる。

しかし、日本は整備が遅れ、水深16㍍以上の外貿埠頭は横浜港に2バースある程度。今後の港湾整備をみても、東京港と神戸港で各3バース、大阪港で1バース、名古屋港で2バース、横浜港で7バースへ拡大といった計画だ。

審議会答申は「東京港の対応が遅れると、基幹航路で超大型船の寄港がなくなり、アジア諸港のフィーダー輸送に依存することになる」と指摘。そうなれば、欧州から東京港が現在は26日だが、さらに2日ほど延び、輸送コストも3割から6割増になるとしている。また、必要な時に必要な量を調達するジャストインタイムが普及している中で、定時性、スピード性がなくなり、企業の物流戦略にも影響を与えるとしている。

認証保育所を国が支援

国と東京都の実務者協議会

東京港トンネル事業着手へ

概算要求へ前向き回答

羽田空港の国際化、外環の早期着工など13項目の実現を求めた「首都東京の重要施策」を協議する「第2回国と東京都の実務者協議会」が24日に開かれた。08年度税制改正による3千億円程度の減収を契機に、福田首相と石原知事の間で会談し、設置されたもの。今回の会合では、国道357号東京港トンネルの早期着工、認証保育所制度の承認などでは、政府予算の概算要求に向けて各省庁から前向きな回答があった。一方、外環の早期着工については具体的な発言はなかった。

協議会では、谷川副知事から、13項目のうち、①羽田空港の国際化②国道357号東京港トンネルの09年度事業着手③外郭環状道路の09年度事業着手④認証保育所制度を国の制度に位置づけ、国庫補助の導入を図る⑤2016年東京オリンピック・パラリンピックへの全面支援——の5点について、重点的に実現を求めた。

国道357号東京港トンネルや東京外郭環状道路などのインフラ整備については、都側から「道路特定財源の一般財源化の中でも着実に実施していただきたい」と要望。これに対して、国土交通省は、「これからの予算の状況や工事の進捗状況を見ながら、地に足をつけて都との意見交換を行い、しっかり進めていきたい」と答えた。

特に、国道357号東京港トンネルについては、「東京湾の環状道路の大事なパーツ」との認識を示し、08年度末に工事用道路の着手、09年度には共同溝の敷設を行う考えを明らかにした。

外郭環状道路の早期着工について、都は整備計画路線の策定や09年度事業着手を求めているが、国側から概算要求に盛り込むかどうかは、具体的な発言はなかった。

認証保育所については、都側は都内の待機児童が5500人近くにのぼる実態を示し、「こうした特殊事情に鑑み、待機児童の解消に向けて、ぜひお願いしたい」と発言。厚生労働省からは、「何らかの形で協力していけるような予算要求を行いたい」と、国庫補助の導入に前向きな姿勢を示した。

自動車排出ガス対策については、実効性のあるNOX・PM法ステッカー制度の実施を求めていたが、環境省は「東京都から具体的な提案をいただいているので、検討の材料になる。今後とも相談していきたい」と答えた。車検制度での位置づけについても、国土交通省から担当部局どうしで引き続き協議していく考えを示された。

羽田空港の国際化については、23日の第3回「国と都・関係県実務者分科会」について、国土交通省から報告があった。

協議会は昨年12月、法人事業税の一部を国税に移す税制改正をきっかけに、福田首相から石原知事に、①都の重要施策への最大限の努力②実務者による国・都の協議の場の設置——の二つを提案し、実現した。

税制改正に伴う都の減収は、平年度ベースで3千億円程度。いわば、13項目はその見返りとも言えるものだが、内閣府の担当者は、「そういう発想ではなく、契機は確かに3千億円だが、東京都が協力するから国も首都に目を向けてもらわないと困るという程度の意味であって、3千億円分になるまで続けるという話ではない。3千億円と今回の協議が一対一でリンクしているわけではない。もっと大人の議論をしているという印象を持っている」と話す。

会合を終えた猪瀬副知事は、「東京都から言わせると、3千億円盗まれたようなもの。3千億円は国が地方に仕送りするのとは逆に、都が国に仕送りするという逆パターンになった。なので、首都政府としての言い分を中央政府にきちんと伝えて、首都圏の具体的なニーズに直面している東京都が、それを中央政府に直接伝える場を、これから定期的に持っていくということだ」と語った。

会議後の関係者からは「前向き」という言葉が出たが……＝24日、中央合同庁舎2号館で

都政の東西

防災のリアリティー

今、ネット上では某日に大地震が来るという噂で持ちきりだ。東北地方で三つの大きな地震があったので、ますます盛り上がりつつある。

「地震雲」も同様に、ネット住民を興奮させている。大地震が起きると、「私は見た」情報が飛び交う。岩手で起きた地震なのに、なぜか東京で地震雲を見たという、あまりにも怪しい情報にすら一喜一憂する。

行政が成すべきは、地震に強いまちづくりである。ただ、これだけ大地震が頻発している日本で、人間が相変わらず陳腐な噂話に振り回されている現実にも目を向ける必要がある。

大地震を食い止めることは、誰にもできない。人間ができるのは、災害に立ち向かい、被害を減らすこと、減災に尽きる。

東京には、谷埋め盛土の造成地が多い。世田谷区や目黒区など、関東大震災以降に住宅街が形成された地域、多摩ニュータウンのように山を削って市街地を造成した場所は要注意だ。

耐震化で建物だけ頑丈にしても、何の意味もない。本来、地盤と建物の耐震化はリンクすべきものだが、現状では建物だけが先行している。

行政の側に、こうしたリアリティーと危機意識が欠如していると、住民はますます目の前の危機に鈍感になる。一方で、空に浮かぶ雲を探しては、大地震の到来に恐怖する。

行政と人間がリアルな「揺れ」と向き合わなければ、地震は天災でしかない。どんな大地震にも人間は果敢に立ち向かう強さがある。それを住民に教え、立証するのは、行政の責任だ。

立派な計画を順番通りこなすだけではなく、脅威が脅威として認識されれば、思い切ってリアリティーの欠如した既存の計画を壊す必要もある。住民を変えるには、まず行政が変わらなければならない。

ひきこもり若者 社会参加を支援

8月1日から

ひきこもりの若者の社会参加を後押しするため、都青少年・治安対策本部はNPO法人などと協働して、8月1日から支援事業を始める。具体的には、自宅を訪問して相談に応じたり、商店街や高齢者施設でのボランティア活動を通して社会参加に向けた準備を支援したりする。

事業を行うのは、▽青少年自立援助センター（福生市）▽星槎教育研究所（新宿区）▽文化学習協同ネットワーク（三鷹市）▽「育て上げ」ネット（立川市）▽㈳日本青少年育成協会（新宿区）の5団体。

また、同本部では8月23日、東京都教職員研修センター（文京区）で、各機関の支援事業についての合同説明会と、臨床心理士による相談会を開く。

川句ジョーク

教員試験合否の事前漏洩、都を含め各地で

今年の甲子園高校球児
「センセイ！　センセイはセンセイに負けないよう正々堂々と戦いましょー」

次期役員を再任 幹事長に大西氏

生活者ネット

都議会生活者ネットワークは24日の総会で、幹事長に北多摩第二選出の大西由紀子氏（57）、政務調査会長に南多摩選出の原田恭子氏（61）、副幹事長に世田谷区選出の西崎光子氏（54）をそれぞれ再任した。任期は8月1日から来年7月22日まで。

大西由紀子氏

原田恭子氏

発注工事の入札不調

実勢価格の反映が課題

国や都で発注工事の入札不調が急増する中、区の一部でも07年度の入札不調が前年度と比べ増えている。一方、入札不調が07年度で減っている区では、不調になりやすい工事が06年度に一時的に集中した面もあるようだ。また、すべての工事の予定価格を事前公表することで、結果的に不調を減らしている区もある。各区では、入札不調を出さないために試行錯誤している。

予定価格の公表で回避

07年度の入札不調が前年度と比べ増加しているのは、千代田、中央、港、江東、品川などの区だ。業者の見積もりが区の予定価格とかい離していたり、発注時期が繁忙期の年度末近くで工期が短すぎることなどが要因だ。

江東区では今年度、資材の高騰がネックとなり、入札を控える業者も出るなどしたため、単品スライド条項を適用した。

ある業者は「鉄などの価格高騰の変化に区がついていっていない。ボランティアではないので、損をしてまで取りにいかない」と話す。

一方、07年度の入札不調が減った区は目黒、世田谷、江戸川などだ。江戸川区は06年度、学校のトイレ改修工事を発注したが、工期が短いなどの理由で入札不調となり、一時的に不調が増えた。

不調になりやすい工事は、小中学校の耐震補強、道路掘削などだ。学校の耐震化工事は、鉄筋の使用量が多いため、利益率の低さが不調の要因の一つ。足立区では、学校の耐震化工事を2カ年で発注したが、業者から鋼材の価格高騰により負担が大きくなることを指摘され、工期を短縮したところ落札された。また、道路掘削工事などでは、施工場所が点在する契約もあり、手間がかかるため敬遠されやすい。

各区は不調後、再入札の他、最低価格の入札業者と協議して落札するかどうかを決める不落随意契約を結んでいる。また、台東区は不落随意契約で交渉がうまくいかなかった場合を想定し、入札していない業者と特命随意契約を結ぶという。

さらに、中央区では今年度から130万円を超す発注工事の予定価格を事前公表し、今年度はまだ契約不調が生じていないという。予定価格が分かることで、業者が参加しやすくなっている。

参加性と競争性の両立を

【解説】区の発注工事で契約不調になる原因には、共通点がある。

鋼材などの実勢価格と区側の見積もりにズレがあることだ。区側は都の単価表を活用して、建築資材などの予定価格を決めている。昨年度まで都は年4回、単価表を改定してきたが、鋼材の価格高騰に対応して、今年度から都は毎月1回の改定に切り替えた。だが、区によると、この単価表で積算した予定価格であっても不調が起きているため、実勢価格を十分には反映できていないという。

入札時期が繁忙期の年度末近くの工事は、業者から敬遠されやすい。工期が短く突貫工事になるため、人員を割かないといけなくなる。

年度末近くに発注工事が集中する背景には、単年度予算主義があり、そのほか、職員の人材不足を指摘する声もある。バブル崩壊後に職員の定数が削減され、人材不足の現状では工事の予定価格の算定などが遅れ、年度末近くに発注するケースもあるという。

業者が入札しやすい参加性と、価格が高止まりしない競争性を両立した入札制度を確立することが求められている。（石）

また問い合わせ殺到

後期高齢者医療制度　保険料の通知受け

後期高齢者医療制度で、高齢者からの問い合わせが、3連休の前後に各区に殺到した。7月上旬から下旬にかけて、今年度分の保険料の決定通知が、各区市町村を通じて高齢者のもとに送られているためだ。「何の通知だか、よく分からない」という基本的な質問も多く、一から説明する必要に迫られた職員も多かった。

品川区は、17日に保険料通知を発送。翌18日午前から電話が鳴り出した。週末の19、20日も窓口と電話相談を開設したところ、19日は一日で140件の電話が殺到した。3連休が明けた22日には窓口に246人が訪れたという。

港区も17日に発送した。19日から21日まで電話相談を開設。3日間で260件の電話がきたほか、22日には500件の電話が集中。担当係だけでは対応し切れず、ほかの係が電話を受けて、メモをとり、担当係が夜になって電話をかけ直して対応したという。保険料の軽減対象から少しはずれた所得層から「保険料が国民健康保険より上がった」と苦情が多い。

世田谷区も17日に発送。19日の臨時電話相談に240件の問い合わせがあった。その後も一日あたり平均700件から800件の電話や来庁での問い合わせが続いた。同区では「ケースによっては天引きでの徴収から納付書による徴収に切り替えができると知って、その相談が多かった」という。

どの区でも「送られてきた通知が何であるか、よく分からない」という基本的な問い合わせが多かった。制度をはじめから説明する必要も生じ、一人あたりの対応時間が1時間になることもしばしばみられたという。

今回の保険料の決定通知には、低所得者への新たな軽減策が反映されていない。軽減対象者には8月に改めて保険料変更通知が行くことを説明するお知らせも同封されているが、「そのことも、なかなか理解されない」と担当職員は四苦八苦している。

各区市町村では、制度発足時の混乱を教訓に、保険料通知後の対応準備をしてきたが、制度周知の難しさが改めて浮き彫りになった格好だ。ある区の担当者は「これからも引き続き、一人ひとりに丁寧に説明を続けていくしかない」と話している。

ビルの谷間で突風

街路樹が折れる被害　適度な風通しは必要

ビルの谷間は強い風が吹きやすい＝目黒区の恵比寿ガーデンプレイスで

今月12日、都心は大気の状態が不安定となり、各地で突風が吹き荒れた。江東区では、ビル外壁で作業中のゴンドラが宙吊りに。高層ビルが立ち並ぶ目黒区の恵比寿ガーデンプレイスでは、高さ10メートルに満たないプラタナスの街路樹11本の幹や枝が折れたり、倒れるなどした。そのうち5本は区道に植えられた街路樹で、1本は根元から折れたため、撤去された。

気象庁によると、突風は、発達した雷雲から強い下降気流が噴き出し、地面にぶつかってはね返るダウンバーストという現象。「高層ビルの谷間の狭い所を通る場合には、かなり威力を増すことが考えられる」という。

被害を受けた街路樹が植えられているのは、区道と、その両脇にある公開空地。公開空地は、建築基準法に基づく総合設計制度で設けられており、歩行者が自由に通行できる。両側にはホテルや住宅棟など高さ100メートルクラスのビルが林立し、近所の人は「強風のときは、すごいビル風で傘をさして歩けない。一番風が当たる場所の街路樹はしょっちゅう植え替えているみたい」という。

総合設計許可要綱で、風環境についての指導が定められている都では「高層ビルを建てることにより、風が部分的に強くなることはある。風洞実験の結果を報告してもらうことにはなっているが、建築後の管理は基本的に建築主の責任」。

同要綱によると、商業地域で計画建築物の高さが100メートル以上の場合、風害調査として風洞実験を行うことが必要だ。風向・風速計を設置して建設前後の観測を行い、環境調査の結果を都に報告するとされている。

公開空地を管理する恵比寿ガーデンプレイスでは「建設の際には風洞実験を行った。街路樹については虫食いで弱っていることもある。今後、目黒区などとも相談しながら樹種も含めて対応を検討したい」としている。

「行政がリーダーシップを」

風環境のコンサルタント会社「風環境リサーチ」を経営し、風害裁判の証人経験もある藤井邦雄さんは「風害は、建物の配置やデザイン、街路樹などで防ぐべきだが、竜巻やダウンバーストの影響まで考えた建築は事実上、不可能。ただ、日ごろ強い風が当たっている部分の街路樹には、さらに防風フェンスで補強するなどの対策はできる」と指摘。

「都会では、ヒートアイランドを起こさないために、ビル上部から吹き下りる風や海風などによる風通しのよさも求められている。しかし、地域全体の視点を持つことは個々の事業主では難しい。まち全体をどうデザインすればいい環境になるか、行政がリーダーシップをとることも必要」と話している。

耐震化で地元信金が協力

墨田区　住宅ローン金利を優遇

墨田区は24日、耐震化支援策の一環として、住宅建て替え時のローン金利を優遇する協定を、地元の東京東信用金庫と結んだ。8月から申請を受け付ける。区担当者は「耐震化の建て替え資金援助で、民間金融機関との連携は23区でおそらく初めて」と話す。

墨田区が実施する耐震診断、不燃化助成制度を利用して住宅を建て替える区民が対象。建て替え資金で東京東信金の住宅ローンを利用する場合、0・5％が融資期間全体を通じて優遇される。

対象のローン商品は3種。信金側の審査時には墨田区発行の決定通知書などを提出する。

耐震改修を条例化している墨田区は、木造住宅の耐震改修や不燃化事業などに各種の補助金を助成してきた。

建て替えのケースは、居住者側の負担が大きく、特に資金確保が足かせになることが多い。区側の助成負担にも限りがあるため、民間金融機関と連携した資金融資策を模索してきた。

締結した協定で墨田区は、東京東信金に「金銭面の補償などを行わない」としている。信金側は、「協定金融機関」として区民に周知化されることで、住宅ローンの融資対象者を獲得しやすくなるメリットがある。

ただし、世界的な原油・物価高の影響で、消費者物価と金利は現在、上昇局面にある。今後の動向が制度普及を左右しそうだ。墨田区は「金利優遇制度の利用者数や対象融資金額などの推移を慎重に検証していく」としている。

市川市と災害時協定

江戸川区

江戸川区は23日、江戸川をはさんで対岸の千葉県市川市と災害時の相互応援協定を結んだ。

協定の内容は、食料や生活物資などの救援物資の提供、救援活動、被災住民の受け入れなど。

江戸川区は、荒川や江戸川などの大河川と東京湾に囲まれ、区域の7割が海抜ゼロメートル地帯。すり鉢状の低地を形成しており、堤防が一度決壊すると、大量の水が流れ込み、浸水被害が想定される。

1947年9月のカスリーン台風の時には、約1万人が、総武線の鉄橋をつたって市川市内の国府台台地に避難したという。災害時における市川市の協力は、不可欠なものとなっている。

締結式で多田正見区長は「隣同士なので同時に被害を受ける可能性もある。いつ起きてもおかしくない災害に備え、手を取り合っていきたい」とあいさつし、市川市の千葉光行市長と握手を交わした。

翌24日に震災を想定して実施された江戸川区総合防災訓練では、地元消防署と陸上自衛隊のヘリコプターが連携し、負傷者を市川市の医療施設まで搬送する訓練も行われた＝写真。

また、互いに不足している物資があるとの想定で、毛布や薬品などの救援物資を届けあった。

新型インフル対策で文京区議会が研修会

文京区議会は25日、新型インフルエンザ対策を取り上げた議員研修会を開催した＝写真。文京区は、9日に新型インフルエンザ対策検討会議を庁内に設置したばかり。研修会には、区議34人全員が参加したほか、区側からも成澤廣修区長はじめ、幹部職員らが出席した。

研修会では、国立感染症研究所・感染症情報センター室長の谷口清洲医師が「新型インフルエンザの現状と対策」をテーマに講義した。約1時間半、新型インフルエンザのパンデミック（世界的流行）の危険性などについて解説。米国など海外の行政機関における危機管理体制や関連法制の整備状況などについて紹介した。

講義後の質疑応答では、参加した区議が「パンデミックに対して自治体は具体的にどのような対応が必要か」「23区でも行動計画や対応マニュアルの策定が進んでいるが、実効性はあるか」などと質問。

谷口医師は「日本の行政機関は、業務遂行の能力は優れているが、学校閉鎖など重要な局面の意思決定権の所在が明確ではない。全体計画の策定や、実効性を高めるための演習訓練などが重要だ」と指摘した。

文京区が設置した新型インフルエンザ対策の検討会議は、副区長が議長を務め、全庁の部長クラスがメンバーとなって構成する。11月上旬に『対策マニュアル』を策定し、12月の第4回定例議会に報告する予定。

加えて、地元医師会や都立駒込病院などと協議して、新型インフルエンザ発生時の区民への医療確保策などを具体化するという。

子どもの支援センター開所

目黒区

目黒区で今月、子どもや保護者の悩みに応える「めぐろ学校サポートセンター」が場所を改めてオープンした。

旧区立第二中学校を改修した施設を利用。歴史資料館となる1階を除いた2階から4階部分に入っている。

サポートセンターは三つの機能を持つ。学校を休みがちな子どもや子育てに悩みがある保護者への支援、肥満やぜん息の子どもの健康改善や特別支援教育に関する支援、研修などによる教職員への支援を行う。

施設の3階部分に、学習支援教室「めぐろエミール」が入っている。学校を休みがちな小学校1年生から中学校3年生に対して、学校復帰や社会的な自立を目指して学習指導や心理相談を行う。めぐろエミールに通うことができない場合には、会話や遊び、学習援助などを通じて触れ合いを深めるメンタルフレンドを派遣する。

同センターは、今年4月1日から子どもの教育に関する支援や教職員の研修の充実などを目的に、旧守屋教育会館を使用してきたが、施設の老朽化により、新施設に移転した。

記者席

地下水調査でデータ改ざん？

○……「汚染地下水の採取・分析でデータの改ざんがあったのではないか」。26日の豊洲専門家会議で、こんな指摘が傍聴者からあった。それによると、委託業者が役所に報告する際、作業風景の写真を資料として添付するのが通例。現場に置かれた黒板の日付は4月4日だが、この採取作業が行われていたのは6月28日という。都中央卸売市場では「濃度計量証明書が分析会社から提出されている。事実確認する」と話す。「データ改ざんは、コンサルタントにとって常套手段」という見方もあるが、何かの間違いであると信じたいのだが。

○……昭島市では、学童クラブ待機児のための居場所を提供する「マッテマスステーション」というユニークな事業を展開している。市は学校ごとに学クを設置しているが、全児童数が減っているにもかかわらず、学ク希望者は100人単位で増加。これを救済する事業で、今年度は3校で実施し、115人を受け入れた。学クとの違いは「見守り」で、土曜受け入れがなく30分短いなど。しかし、おやつは各保護者が300円程度のものを持参して皆で分け、宿題の時間なども ある。子どもたちが学クとの差を感じることは少なく、年間の登録料は1千円だ。救済事業ながら、最近は、おやつ代込み年間登録料が4500円の学クよりも人気があるという。親の立場に立てば、うなずける。

○……浜離宮恩賜庭園で10月、日本の伝統文化「茶の湯」を大勢の人に楽しんでもらう「東京大茶会」が開催される。420年前、豊臣秀吉が京都北野天満宮で開いた「北野大茶会」をモチーフに、従来にない規模で茶会を開くという。都では、2日間で約8千人の参加者を見込む。複数の流派が一堂に会する大茶会だが、イベントに協力する東京都華道茶道連盟の幹部によると、茶道の流派は数え切れないほどあるという。「なぜうちの流派に声をかけないのか」となりかねないので、茶席は各区の文化団体連盟などが担当する方向になりそうだ。

学童クラブ

独自運営？ 定数減？

厚労省基準の対応に苦慮

厚生労働省が昨年秋に示した「放課後児童クラブ（学童クラブ）ガイドライン」の対応に、多くの市が苦慮している。「大規模施設の解消」のため、1クラブの規模が最大70人を超える場合、2010年度から国庫補助が受けられなくなるためだ。女性の社会進出に伴い、年々増加する学童クラブへのニーズ。財政難から新増設の対応が厳しい市では、補助金を受けない独自運営や、逆に補助金を得るためにクラブの定数を減らす対応策を検討するところもある。受け入れを優先して待機児解消に努めた結果、クラブが大規模化した自治体からは、補助金カットに、努力が報われない嘆きの声も聞こえてくる。

■要対応は121クラブ

学童クラブは、保護者が労働などで昼間家庭にいない、概ね10歳未満の児童を主な対象に開かれている。2人以上の指導員の配置が義務付けられ、宿題の時間やおやつの時間などのほか、季節の行事などもある。児童にとっては、家庭と同様の「生活の拠点」となる場所だ。

学童クラブの運営については、これまで受け入れ人数などを一律に定めた基準などはなく、各自治体が環境や状況に応じ、条例などでクラブごとに定員を定めていた。

国からは、クラブの年間平均児童数に応じて、10人から71人以上まで、4段階に分けて補助金が交付されてきた。

しかし、昨年秋の厚労省のガイドラインでは、規模について「40人程度までとすることが望ましい」「1放課後児童クラブの規模については最大70人とすること」を定め、年間平均児童数が71人を超える学童クラブの補助金は、2010年度から廃止されることになった。補助金を継続するためには、児童数を分割してクラブを作る必要がある。

夫婦共働きの世帯が増えたことや、子どもたちの安全な居場所として、学童クラブのニーズは年々高まっており、多くの自治体では、待機児童をできるだけ出さないよう、弾力的な受け入れを実施してきた経緯がある。各市のそうした努力の結果、現状で、補助金の対象外となる71人以上となった大規模学童クラブは、26市中20市にあり、合わせて121クラブにのぼる。最も多い市は町田市で14クラブだ。

運営費にかかる国庫補助は、障害児の受け入れや開設日数などで変わるが、71人以上のクラブには、概ね220万円程度が交付されていた。しかし、大規模学童クラブを持つ20市では、09年度も年間平均児童数が71人を下回らなければ、国庫補助は打ち切られ、クラブ数の多いところでは数千万円の負担を強いられるところも出てくる。

■逃げ道のない負担増

各市では、利用する児童の定数を条例などで設けていても、部屋のスペースとニーズに合わせて登録児童数を2割増し程度で受け入れているところがほとんどだ。登録児童が毎日全員出席するわけではないため、70人の定員でも、80人から90人の登録児童がいる場合が多い。

学童クラブのニーズが高い町田市は、計画的に1学校区域に一つの学童クラブを設置し、今年度でやっと全学校区域に設置できたばかり。そうした中、今年度の状況で、70人以上になっている学童クラブは、39カ所のうち14カ所。受け入れを優先し、待機児ゼロを実現してきた結果だ。登録者数は、もっとも多い学童クラブで150人になるという。

さらに、現状で70人以上になっていない残りの学童クラブ25カ所のうち、半数近くが60人から65人の児童を受け入れている。「開発による人口増で需要が急増している」ことが要因で、学童クラブの登録要望は、毎年150人から200人も増加。ほかの学童クラブでも70人超えが出るのは必至の状況だ。

今回のガイドラインの対応について、同市の児童青少年課は「増築できそうなところもあるが、関係部署との調整も必要で検討中。もともと広さに余裕を持たせて作っているので、できるところは部屋を二つに分割するなどの対応を考えている」と話すが、「国の投げかけとしては良く分かるが、実態を無視したもの」と憤る。必要なだけ新増築すれば、補助を受けても億単位が必要だ。

「計画的に70人以上の学童クラブを解消していくならいいが、昨年ガイドラインが出て、代替案も示さずにこの3年間で対応するのは無理がある」。

また、多摩市は、19カ所のクラブのうち、現状で9カ所が70人以上。もともと80人の定員だったところもある上、周辺の環境上、増設や場所の確保はできない状況だという。「希望者が多く、70人にすることは難しい。定員を減らして待機児が出ることの方が問題」と話し、補助金なしの独自運営も「やむを得ない状況」と話す。

学童クラブの実施状況

	学童クラブ数	71人超のクラブ数※
八王子	63	9
立川	24	6
武蔵野	12	0
三鷹	21	3
青梅	18	0
府中	22	13
昭島	15	0
調布	22	5
町田	39	14
小金井	9	6
小平	24	2
日野	27	5
東村山	16	9
国分寺	13	3
国立	7	5
福生	10	2
狛江	10	0
東大和	10	5
清瀬	9	5
東久留米	15	7
武蔵村山	10	1
多摩	19	9
稲城	12	0
羽村	9	3
あきる野	10	4
西東京	28	5

※今年度（4～7月中）の現状数

■財政と市民ニーズの狭間

「補助金がなければ、学童クラブの運営が立ち行かない」とする市では、二つの対応がある。ひとつは、東久留米市などで、増改築での対応。財政的には厳しいが、「2010年度以降、学童クラブの施設整備費補助の締め付けが厳しくなる」ため、6割近く補助がでる今のうちに、起債とあわせて今後の需要に対応しようとするものだ。長期的な視野で見れば、補助金なしで運営を続けるより、施設整備で児童数を分割して補助金を得る方が財政的なメリットが大きいと判断した。

もうひとつは定数減の条例改正などでの対応。補助金が得られる70人以下に定員を抑え、それ以上の受け入れはしないという厳しい態度をとることだ。これを「検討せざるを得ない」と話す担当者も多いが、そうなれば待機児増の事態も予想される。

状況に危機感を抱く三多摩の課長会では、東京都に対して救済を求め、補助金の要請活動も行ってきた。「大規模化したのはニーズに応えてきたから。各市の取り組みの経過も違う中で、配慮が必要」。市民サービスの低下を招きかねない事態に、各市から悲鳴にも似た声があがっている。

市長会

交付金のさらなる改善を

09年度予算編成で都に要望

東京都市長会（会長＝黒須隆一八王子市長）は28日、09年度予算編成に対する要望書を都に提出した。重点・一般要望を合わせて、昨年より4項目増の計137項目を要望。新規に要望した事項は11点。そのうち重点事項は1点で、多摩地域におけるスポーツ施設の拠点整備を要望。新規一般事項では後期高齢者医療制度における特別養護老人ホーム等を多く抱えている市町村への財政援助や3環状道路の整備に向けた働きかけ、観光案内所に対する支援などが挙げられた。

要望書は黒須会長から山口一久副知事に手渡された。その後、市長会の4部会（総務・文教部会、厚生部会、環境部会、建設部会）に分かれ、各局に要望行動を行った。

内容は「原油高を背景とした景況感の悪化や、十分な税源移譲がなされないままの国庫補助負担率の引き下げ、都の事務事業の見直しなど、総じて厳しい状況が続いている」とし、「住民にもっとも身近な自治体として様々な対策に取り組んでいるが、財政負担の増大に苦慮している」と指摘。09年度予算編成などへの配慮を求めた。

黒須八王子市長（右）から山口東京都副知事に要望書が手渡された

09年度予算編成については、市町村財政の補完のため、市町村総合交付金総額のさらなる増額などの改善と、交付金額に急激な変化が生じないような配慮や、基盤整備の積極的な推進、循環型社会の構築のための支援強化、子育て支援交付金等の財政措置などを求めた。

ほかに、「防災事業の充実と財政措置の確立」「『東京多摩国体』を契機とした多摩地域の発展支援」「産科・小児科・麻酔科医師および看護師確保、小児医療の確保」を要望。医師等の確保については、都からの派遣の検討や都立看護専門学校の学級増を図るよう求めたほか、都立小児病院の移転統合の影響で小児医療が後退することのないよう求めている。

市長会の各部会から出された主な重点要望事項は次の通り。

〔総務・文教部会〕▽地方分権の推進と都の新たな行財政改革▽横田基地等周辺の生活環境整備（同環境）▽第68回国体開催に伴う財政措置の充実および弾力的運用▽特別支援教育推進のための専門家、教職員等の配置と人件費・学校施設整備補助――等。

〔厚生部会〕▽子育て環境の充実（同総文、建設）▽後期高齢者医療制度の円滑な実施のための財政支援等▽医師および看護師確保のための施策の充実（同総文）――等

〔環境部会〕▽地球温暖化防止策での新エネルギー対策への財政的支援の充実▽容器包装リサイクル法に関する拡大生産者責任等について▽流域下水道事業の促進と財政援助（同建設）――等。

〔建設部会〕▽業務核都市および核都市等の育成整備▽鉄道連続立体交差事業の促進、複線化・複々線化事業の推進および輸送サービスの改善と市町村負担の軽減▽道路整備財源の確保――等。

咲き誇る10万本のひまわり

清瀬市　盛夏に新名所誕生

清瀬市に誕生した新しい名所が、連日多くの人出で賑わっている。農地約2万平方㍍に咲く10万本のひまわりだ＝写真。農業と観光を組み合わせた「農ある風景」が、農業振興にも新たな活力を加えている。

2万平方㍍一面にひまわりを栽培している場所は都内では他になく、最大規模。市は「花と緑の公園都市」を目指して、花のあるまちづくり事業を進めており、19日から開かれている「清瀬ひまわりフェスティバル」は、土地の所有者で農業を営む石井義輝さんから「ひまわりの花を咲かせてはどうか」という提案があり実現した。

事業の推進のため、市は農家や学校関係者、農協などの人員で構成する「農ある風景を守る会」（松村新一会長・14人）を発足。5月の種まきには、近隣の小中学生約900人が参加して広大な土地に種を蒔き、ボランティアなども参加するなど、市と市民とが一体になってひまわりの成長を見守ってきた。

メーンの品種は、通常は草丈1㍍50㌢、花の直径は30㌢程度になる「ハイブリッドサンフラワー」。しかし、手入れと土質の良さから、大人でも背丈が隠れる2㍍前後で咲きそろった。夏休みにあわせた開催で、20日には2千人、21日には3千人が会場を訪問。フェスティバルは8月17日まで約1カ月続くため、市産業振興課は「これまで開催してきた市のどのイベントよりも多くの人出が見込める」と期待する。

また、市は農業振興に力を入れているが、市内の農地割合が26市で最も多い一方で、相続税の関係などで、毎年2～3㌫ずつ農地が宅地化されている現状がある。そうした中で、農地を利用した今回のイベントは、市の農業をPRする絶好のチャンス。ひまわり畑に続く道には清瀬産の様々な野菜を直売するテントが出て、全国でも北海道と清瀬市でしか作っていないために「幻」と冠される、白とうもろこし「ピュアホワイト」なども並ぶ。

「食への関心が高まる中で、安心安全な野菜を供給する場が身近にあることを、市民にも都民にも感じて欲しい」（市産業振興課）。土地所有者の石井さんは「たくさんの人に喜ばれてやりがいがあった。市全体のプラスになってくれれば」と話す。

地域の活性化に結びつけ、産業としての農業を守るため、市では農家の協力を得ながら、今後さらに観光的な要素を強めて、イベントを発展させていきたい考えだ。

子どもも大人も食育

多摩市が推進計画　市内の全世帯対象に

多摩市はこのほど、子どもだけでなく、全世代を対象にした「食育推進計画」を発表した。

キャッチフレーズは「食で育む多摩の子どもと市の未来」。地域ぐるみで取り組むことや、子どもだけでなく、青年・成人、高齢期にわけ、世代のステージごとに、食育推進の取り組みの視点と方向性を示していることが特徴だ。一人ひとりが「食」を楽しみ、生涯を健康で生き生きとすごしていけることを目指している。

計画は、各ライフステージで食育推進の取り組みを進めていくため、食に関する情報を発信・収集し、共有化することや、市民や家庭の食育を支援するため、家庭を取り巻く人々や地域、団体や組織などが共に取り組むこと、「食育は体験が大切」という考えから、農業・栽培体験、調理体験などの体験活動をあらゆる機会に行うことなどを盛り込んだ。

具体的には市民が主体となった「食育ネットワーク」の構築や、子どもたちには食に関する社会科見学、地域の祭りでの伝統食や行事食の体験など。また、青年・成人向けには、商店街を舞台にした世代間交流の食育活動の支援や環境にやさしい料理教室の実施、高齢者には、郷土料理や行事食の伝承、健康保持・自立の維持に対応する料理教室の実施などを通し、「食べる幸せ」が実感できる施策を推進していく。

計画は08年度から2012年度までの5カ年で、様々な取り組みに目標値も定めている。「朝食を毎日とる人を増やす」は、3歳児、小6、中3生で100％、20歳以上で90％以上、「子供の農業体験を行う保育所、幼稚園、学校等の増」は100％を目標などとしている。

同計画は、市のホームページでも紹介している。

週刊たま手箱

図書館相互利用で協定

あきる野・八王子市

図書館の広域的なサービスの拡充と、市民の読書環境整備のため、あきる野市と八王子市は25日、両市長や両教育長などが出席する中、図書館の相互利用に関する協定を結んだ。8月1日から利用できるようになる。

あきる野市では、これまでに、西多摩広域行政圏内8市町村と協定を結び、市民は37図書館での利用が可能になっていた。今回、八王子市と協定を結んだことで、八王子市内の図書館5館が新たに利用できるようになる。

あきる野市民が利用できるのは、同市の48万冊と西多摩広域行政圏内157万冊だったが、八王子市の図書館は、145万冊の蔵書と574タイトルの雑誌などがあり、市民は合わせて350万冊の蔵書を利用できるようになる。

職員を対象に防犯訓練実施

稲城市

稲城市は24日、昨今増加している理不尽な要求や暴力事件への対応について、職員を対象にした防犯訓練を実施した。

市には6月に包丁を所持した男が来庁する事件が発生。その際に、市職員の通報と多摩中央警察署の対応で大きな事件に発展することはなかった。しかし、そうした来庁者への対応を迅速・適切に行う必要があるとして、訓練と講演を実施した。

職員は庁内各階に2本ずつ配備した「さすまた」の使用方法などを学んだほか、悪質なクレームについて対応マニュアルも確認。最近の多摩地域の不当要求行為の状況については、多摩中央警察署から学んだ。柳川茂夫総務課長は「通り魔事件なども起きており、いつ職員も遭遇するか分からない。訓練で対応方法を身につけて欲しい」などと話し、今後の対応に備えた。

竹島領有権問題で交流派遣を中止に

武蔵野市

武蔵野市はこのほど、8月1日から4日まで予定していた第2回韓国ソウル特別市江東区青少年交流団を、中止すると発表した。

市は高校生10人と引率3人の計13人を派遣する予定だったが、竹島領有権の問題で、各地でも交流事業が中止されており、韓国側から「今の周囲の状況が交流の行事を進めるのには良い環境ではないため、行事を来年に延期できないか」という申し入れがあった。

市は協議した結果、団員の安全を考慮して派遣を中止した。

前企画財政部長の松原氏が副市長に

狛江市

狛江市議会は23日臨時会を開催し、企画財政部長の松原俊雄氏（56）を副市長に選任する議案に賛成多数で同意した。24日に就任する。任期は4年間。

6日付で退職した須田眞立前副市長の後任人事になる。矢野裕市長は「豊富な実務経験を生かして、職員を引っ張っていってくれることを期待している」などとコメントした。

松原氏は駒沢大学経済学部卒、1974年、狛江市役所入庁。企画広報課企画調整担当主幹、企画財政部市民協働課長、企画財政部理事を歴任し、07年4月から企画財政部長を務めた。

■稲城市人事異動

8月1日付　◎印昇任

【統括課長級】▽教育部学校教育課長（生活環境部経済課長）川崎寿治

【課長級】▽生活環境部経済課長（消防本部警防課防災係長）◎稲田基樹

職員採用・昇任選考不正問題

都でも事前通知発覚

行政系と教員採用で都議らに

ココに注目 巷のニュース

都庁でも議員らへの事前通知が発覚——。大分県で明るみになった教員採用の不正事件を受け、採用選考での不正な働きかけや事前通知の有無を調査していた都人事委員会は、都の行政系採用試験でも発表前に都議らに合否を連絡したケースが年10件程度あったことを明らかにした。また、教育庁では、部課長級職員6人が都議や国会議員らに、合格発表の1時間ほど前に合否を連絡していた事実を24日に公表した。いずれも点数の不正操作等は確認されなかったが、「誤解を招く可能性があり、不適切」などとして、事前通知を行わないよう徹底する。

不正はないが…

大分県の不正問題を受け、都人事委員会は関係部署の幹部職員に対してヒアリング調査を実施。この結果、大分県で行われていたような有利な取り扱いや不正を求める働きかけを受けた事実はなかったが、幹部職員2〜3人が、都議らに事前に合否を伝えていたことがわかった。

採用選考の場合、合否を受験者全員に郵送で通知するため、発表前夜に投函し、発表当日の午前10時にホームページで公表する。しかし、一部の幹部職員は投函後、公表時間までの間に、要望を受けた都議らに事前に合否を教えていた。照会の件数は05年度と06年度に、それぞれ10件程度あったという。

人事委員会任用公平部の山岸徳男参事は、「試験の点数操作の事実はなかったが、事前に公表すること自体が誤解を招く対応だった。今後は事前連絡を行わないよう徹底する」と話す。

教育庁では、本庁の管理職と、人事部選考課選考係、試験室に勤務する職員を対象に調査を実施。過去3カ年の選考での有利な取り扱いや、選考結果の事前に通知する働きかけを受けたことの有無を調査した。

この結果、試験そのものに不正な扱いはなかったが、事前通知が発覚。採用選考では、部課長級職員6人が、都議や国会議員、国会議員秘書らの依頼に対し、05、06年度の選考結果について、55人程度の結果を発表時刻の1時間程前に連絡していた。

このうち2人は、昇任選考でも、都議の求めに応じ、8人程度の合否について1時間程前から連絡していたという。

「不合格を合格にするなどの不正行為はなかったが、発表時間のルールがある中、一部の人に事前に通知するのは、広い意味で信頼性を損ねる」。調査結果について、教育庁選考課では、こう話す。

「許容範囲」の認識

なぜ、こうした事態が起きたのか。

幹部職員は議員と政策の企画・立案など接触する機会も多く、教育庁が行ったヒアリング調査では、そうした際に「支援者の身内が受験するので、ひとつよろしく」「ついては、結果を早く教えて欲しい」などと声をかけられたケースがあったことも明らかになった。本人も「すでに決定していることで、少々早めに連絡することは許容範囲」と受け止めていたという。

24日の教育委員会では、委員から「口利きなどの働きかけがあれば公表すべき」との意見もあったが、大原正行教育長は「事実上、線引きが難しい面もある」などと説明。再発防止に向けた具体的な取り組みは、示されていない。

ただ、木村孟委員長は、「選考の信頼性確保の観点から見れば、軽率のそしりを逃れず、不適切」と述べ、今後、こうした事前通知を行うことがないよう命じた。

他方、教員の選考システムについては、「不正防止の仕組みを講じており、運用も適切に行っている」（木村委員長）ことが確認されたという。

例えば採用選考の場合、大分県では、同じ部署の特定の人物が選考と問題作成に携わっていたが、都では、問題作成は人事部試験室、選考業務は選考課選考係と明確に分離している。

また、選考データの集計も、大分県では内部で行っていたが、都は外部へ委託し、修正等を行った場合も履歴が残るよう措置を講じている。「採点などを内部で行うことが悪いわけではないが、都の場合、一部の人が暴走できない仕組みになっている」（選考課）という。

一方で、改善点として示されたのが公表のあり方だ。

採用選考の場合、択一問題の解答は都民情報ルームで公開しているが、問題ごとの配点は公表していない。しかし、選考の透明性をより高めるため、今後は配点基準の公表や、解答のホームページでの掲載について検討する。

また、昇任選考は内部選考であり、そこまで配慮する必要はないとの観点から解答自体を公表していなかったが、行政系では公表していることから、今後は、より透明性を高めるため、公表についても検討する。

行政対象暴力

各局に対処基本指針示す

職員や組織の対応を明記

都総務局はこのほど、「行政対象暴力対処基本指針」をまとめ、各局に示した。基本指針では、行政対象暴力排除の姿勢を明確にするとともに、職員や組織の対応などを定めている。

暴行や威迫などにより、地方公共団体へ不正な利益を要求する行政対象暴力は、ここ数年、判明しているだけで2千件を超える届け出があるなど、全国的に問題となっている。

警察庁がとりわけ暴力団による行政対象暴力への取り組みを強化し、各自治体への働きかけを進める中、都は今年5月、各局総務課長や警視庁等で構成する対策連絡会議を設置。現在、情報収集や職員への周知、全庁的な取り組みを実施する際の調整、関係機関との連絡などの動きを本格化させようとしている。

今回の基本指針は、都職員を対象とした行政対象暴力への職員や組織の対応の拠り所となるもので「詳細な規定ではなく、大原則を取りまとめた」（総務局総務部）と説明する。

まず職員に関しては、職務の遂行にあたって法令順守の姿勢を堅持すること、行政対象暴力に対して厳正な態度で臨むことなどの基本姿勢を明示。さらに行政対象暴力が発生した際や発生の恐れがあるケースでは、速やかに所属長に報告することを挙げている。

一方、組織対応としては、行政対象暴力の未然防止の観点から、所属長に職員の意識啓発や適正で適切な職務が遂行される職場づくりを求めた。その上で、職員から行政対象暴力発生などの報告を受けた場合には、担当職員を孤立させることのないよう組織的な対応策を講じるとともに、対策連絡会議委員に事実経過を報告し、さらに必要に応じて管轄する警察署等へ助言・協力を求めるなどとした。

このほか基本指針では、警察署や㈶暴力団追放運動推進都民センターなど関係機関と連携しながら、研修や講習会等に積極的に参加すること、警視庁組織犯罪対策第三課との情報交換を進めていくことなども盛り込んだ。

今後は、基本指針を踏まえて各局の事情に応じた形で、必要であれば個別に対応マニュアル等を作成していくことも予想される。

IT分野の消費電力削減へ

グリーンITをテーマに講演会

都総務局情報システム部

講演会ではIT利活用によるテレワークの普及・推進なども訴えた

都総務局情報システム部は23日、グリーンITをテーマに講演会を開催した。会場の都庁第二本庁舎の二庁ホールには、各局情報化推進やシステムの担当者、委託事業者、区市町村職員ら130人が出席。紺野情報システム部長は「グリーンIT推進のため、セミナーを機会に、業務に活かして欲しい」と呼びかけた。

今回のテーマであるグリーンITは、急増するIT分野での消費電力量の削減やカーボンマイナスに取り組むもの。IT分野での消費電力量は、2000年から05年にかけて2倍となり、現状のままでは25年には国内全体の電力消費量の20%に達するとの経済産業省の見通しもあり、IT機器自体とIT利活用による省エネやCO_2削減につながるグリーンITが注目を集めている。

都では「20年までに東京の温暖化ガス排出量を00年対比で25%削減」という目標を掲げ、「カーボンマイナス東京10年プロジェクト」として、現在、部門別対策等を推進している。同日の講演会は、とりわけIT分野でのカーボンマイナスの取り組みを加速させるために行われた。

講演では、まず前総務省情報流通高度化推進室長の藤本昌彦氏が、地球温暖化問題に対応したIT政策に関する研究会報告書について説明。また松野泰也東京大学大学院准教授は、資源採取から廃棄までのライフサイクルアセスメントの観点から、グリーンITの動向を紹介した。

藤本氏は12年段階でのIT分野のCO_2排出量が3千万トンに達する一方、IT利活用による削減効果で、差し引き3800万トンの排出削減につながるとの試算を示した。さらにITU（国際電気通信連合）での検討状況も報告しながら、CO_2排出削減効果の評価手法の国際標準化などの課題にも触れた。

また松野氏は「グリーンITは、ユーザー、製造者、電力会社、政策担当者の誰にとっても利益がある」と指摘。消費電力削減や資源リサイクルにあたる「グリーン of IT」、効率化やTV会議等の脱移動による「グリーン by IT」の二つの視点を掲げ、具体的な取り組みを例示した。

局際を越えて　新任局長に聞く ㊥

任命権者と意思疎通密に

中村　晶晴
人事委員会
事務局長

人事委員会事務局には、採用や昇任、給与、公平審査など独自の役割があり、それぞれの部署で専門的な知識・ノウハウが求められる。「ある意味で専門家集団。職員一人ひとりが能力を高めていく必要がある」

専門家集団であっても、単独で存在している訳ではない。採用や昇任は、任命権者側の需要と関連しており、知事部局ならば人事部がどう考えるのか。教育庁はどうか。任命権者側との意思疎通が重要になる。

また給与についても、任用制度と密接に関わっているだけに「任命権者側が組織をどう考えていくのか。我々も、それに相応しい処遇や給与をどうするのか。日々、研究していかなくてはならない」と語る。

一方、不服申し立てや措置要求に関する審査では、準司法的判断を行ううえで、法律的な知識を要するが、職員が法律に十分精通している訳ではない。困難なケースについては、弁護士など専門家のアドバイスも活用する必要があると考えている。

前職は危機管理監。総合防災部長と合わせて、災害対策の最前線で3年11カ月を過ごした。家族と離れて災害対策住宅に入居し、生活の制約を受けながら、緊張感ある、まとまった仕事をやったという意味で、一番印象深い仕事に挙げる。

「災害対策に絶対はない。1回勝負、その時に上手くいくかどうかが評価の分かれ目になる」

「他の仕事では、一応の区切りはあるが、いつまでも区切りがなく、終わりのない仕事」という厳しい現場だ。

ニューヨーク事務所最後の所長でもある。「海外研修が復活したが、海外の動向を知ること自体は重要だ。人づくりも、サービスも、自分たちの尺度で考えていては、東京は国際競争に勝てない。組織として経験を共有化して、活用するための配置といったものも考える必要がある」と訴える。

「公務員の仕事は、住民の生命財産を守ることが原点」。それが最も端的に表れるのが災害時であり、自らの経験と重なる。もうひとつ経験から導き出された哲学は「住民の所で何ができるか。都民と目線を一緒にして、考えていくこと」。とりわけ若い職員に、この重要性を呼びかける。

座右の銘には「一期一会」を挙げる。災対時代は、小説は読まず、手にするのは防災や危機管理に関係する本ばかりだったという。「電波が届かない場所には行けない」として中断していた趣味の山登りも再開が近そうだ。都立大教卒、55A、58歳。

社会の変化 つかむ感覚を

関　敏樹
労働委員会
事務局長

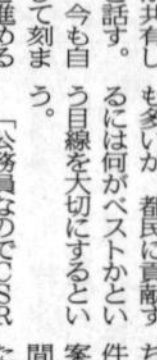

生まれは区部だが、武蔵野市で育ち、現在は府中市に住む「多摩っ子」。印象に残る職場を聞くと、管理職最初の職場となる市町村自治調査会という返事が返ってきた。「都庁にいると、府県行政の視点や基礎的自治体への配慮が弱くなるが、市町村現場の仕事が経験できたし、外から都も見ることができた」

多摩島しょの自治体シンクタンクとして調査・研究し、行政に還元するのが仕事だが、一歩踏み込んで、一般都民向けの情報発信にも努めた。面白いデータが集まるが、役人だけで終わらせるのはもったいないと、多摩の歴史やごみ問題などの書籍にまとめて市販した。「行政施策が社会にどう効果を与えているかは分かりにくい。最終的には都民、市民が共有してくれないと」と話す。

そんな思いは、今も自身の公務員観として刻まれている。仕事を進める上では、行政の論理や前例踏襲にとらわれることも多いが、都民に貢献するには何がベストかという目線を大切にするという。

「公務員なのでCSR（社会的貢献性）は当たり前だが、最終的に都民に貢献しているかどうか、その観点を忘れないようにしたい」。

労働委員会にきて驚いたのは、紛争解決に向けた委員の真摯な取り組みぶりと、事務局ベテラン職員の専門性の高さだ。「知識や情報などの専門性と思っていたが、高い識見を持つ委員と率直に議論し、意見を交し合うまでのレベル。都庁ではなかなかない光景」という。

業務上の課題は、労使関係の安定化に向け、迅速かつ的確な審査・調整を行うこと。不当労働行為の全国の取扱件数のうち、約5割が都労委の案件となる。「複雑多様な案件が多いため、処理期間が2年程度かかっていたが、今年から1年半を目標に行っている。一方、都では新しいタイプの労働紛争が多く、的確に処理するという課題もある。全国への影響力も大きく、両立が大切」と話す。

専門性の向上とともに、職員に求めるのは社会のニーズや変化をつかむ開かれた意識だ。「派遣や非常勤の雇用問題もそうだが、社会変化が激しい。最新の社会情勢や海外の情報にも目配りする感覚が大切」という。

最近読んで印象的だった本は、登山家・山野井泰史さんの『垂直の記憶』。高所登山で手足の指10本を失いながらも、挑戦する不屈の精神に感銘を受けた。自身も登山はと聞くと、「無理ですよ。ウォーキングが精一杯です」と笑う。中大法卒、1B、57歳。

88職場に実習生 111人を受け入れ

都庁インターンシップ

今夏に行われる都庁インターンシップの実習生が決定した。41大学から111人が参加し、88職場で実習を行う。期間は8月4日から9月5日で、受け入れ職場の定める2週間以上1カ月以内の期間となる。

実習生の募集に当たり、総務局人事部では初めて民間主催のインターンシップフェアに出展。500人を上回る学生が都庁ブースを訪れた。この結果、今年の応募者は前年度比で3割増の365人となり、過去最高となった。受け入れ職場数は平年並み。

実習生に人気が高かった職場は、①都市整備局都市づくり政策部まちづくりプロジェクト係②環境局自然環境部校庭芝生化担当係③知事本局計画調整部計画調整課（都市ライン）——の順。全般的に環境分野の人気が高かったという。

過去最短2日目で定員突破

東京マラソン2009

都生活文化スポーツ局は24日、来年3月22日に開催される「東京マラソン2009」の申込状況を発表した。マラソンの部では、過去最短となる申込開始から2日目で定員3万人を突破し、抽選となることが確実になった。申込締切は9月22日、当選者の発表は11月中旬を予定している。

昇任試験対策のページ

今回は「人事」の問題演習を行います。

曖昧な点や不安な部分はハンドブックや法令の条文を見直しましょう。

問題

【問題1】

地方公共団体の当局と職員団体との交渉に関する記述として妥当なのは、次のどれか。

① 職員団体は、職員の給与、勤務条件等に関して当局と交渉する権利を認められているが、交渉の結果として、当局と団体協約を締結することができる。

② 地方公共団体の当局は、登録を受けた職員団体から、勤務条件に関して適法な交渉の申し入れがあった場合においては、その申し入れに応ずべき地位に立つが、地方公共団体の事務の管理及び運営に関する事項についても交渉の対象とすることができる。

③ 地方公共団体の当局は、職員団体の交渉にあたり、事前に交渉に関する出席者、議題、時間その他必要な事項について、職員団体とあらかじめ取り決めを行わなければならない。

④ 地方公共団体の当局は、当該地方公共団体の職員以外の者を指名して交渉にあたらせることができないが、職員団体は、特別の事情があるときは、役員以外の者を指名することができる。

⑤ 地方公共団体の当局は、職員団体と交渉するにあたり、勤務時間外に交渉しなければ適法な交渉とはならない。

【問題2】

厚生福利制度に関する記述として、妥当なのはどれか。

① 都の厚生福利制度は、厚生制度、公務災害補償制度、安全衛生管理制度の三つから成り立っている。

② 厚生制度では、職務による疲労の解消、気分転換のための元気回復事業が含まれるが、住宅に困窮している職員の居住のための職員住宅の設置は含まれない。

③ 公務災害補償制度では、地方公務員災害補償法に基づき、地方公務員に対する災害補償が全国統一的に行われているが、地方公務員災害補償法の適用を受ける職員は、常勤職員及び非常勤職員である。

④ 都では、安全衛生管理のために、組織を都、局、事業所の3段階に区分し、それぞれに安全衛生委員会を設置している。

⑤ 都における職員互助組合として、㈶東京都福利厚生事業団が設立されているが、この構成員は都の一般職の職員等と都の定年退職者または勧奨退職者のみである。

【問題3】

都の給与に関する記述として、妥当なのはどれか。

① 給与や手当は、法律またはこれに基づく条例に基づき支給されるが、地方自治法に定められている以外の手当を条例で独自に定めて支給することができる。

② 給与は、法律または条例により特に認められた場合を除き、通貨で、直接職員に、全額払いなど賃金支払い上の5原則が条例により規定されている。

③ 職員の給与は、その勤務に対する報酬として支給されるものであるから、前提となる勤務が行われないときには、給与は支給されないが、その具体的な例としては、給与の減額制度がある。

④ 給与は、職務の質と責任に応ずるものでなければならないため、給与決定にあたっては、生活費については考慮することができない。

⑤ 教育公務員や地方公営企業職員の給与は、一般職と同様に、給与条例により支給される。

【問題4】

都における職員の勤務時間に関する記述として、妥当なのはどれか。

① 一般職員の勤務時間は、条例により定められるが、条例の委任があれば、規則でこれを全面的に定めることができる。

② 企業職員の勤務時間については、法律の規定により、勤務時間について条例で定めることを要しないが、労働基準法がほぼ全面的に適用されることから、就業規則を作成する必要がある。

③ 教職員の勤務時間については、一般職員と同様に、職員の勤務時間、休日、休暇等に関する条例に規定されている。

④ 職員の勤務時間については、国や他の地方公共団体の職員との間に権衡を失わないように適当な考慮が払わなければならず、給与と同様に、人事委員会による勧告制度が設けられている。

⑤ 職員の勤務時間は、給与と同様に、民間事業の従事者の勤務時間を考慮して定められなければならない。

【問題5】

分限処分および懲戒処分に関する記述として、妥当なのはどれか。

① 分限処分は、規律と公務遂行の秩序を維持することを目的としているが、懲戒処分は、公務能率の増進を主たる目的としている。

② 分限処分には、降給、休職、降任、免職の4種類があり、その手続き及び効果は、法律に特別の規定がある場合を除いては、条例で定めることとなっている。

都政実務 ⑦

③ 任命権者は、条件附採用期間中の職員の勤務実績が良くない場合には、その職員に対して、分限処分を行うことができる。

④ 懲戒処分には、戒告、減給、停職、免職の4種類があり、条例によりこれ以外の懲戒処分を新たに規定することができる。

⑤ 任命権者は、職員の職務上の義務に違反があった場合に、臨時的任用職員については、懲戒処分を行うことができるが、条件附採用期間中の職員については、懲戒処分を行うことができない。

解説

【解説1】　正答③

① 誤り。職員団体は、職員の給与、勤務条件等に関して当局と交渉する権利を認められているが、地方公務員の給与等の勤務条件が法律、条例等究極的には住民の意思により決定されることを反映して、団体協約を締結する権利は認められず、法規範性のない書面協定を締結できるにとどまる（地公法第55条、第55条第2項・第9項、職員ハンドブック358ページ）。

② 誤り。前半は正しい。当局は、地方公共団体の事務の管理及び運営に関する事項（いわゆる管理運営事項）については交渉の対象とすることができない（地公法55条第3項、職員ハンドブック359ページ）。

③ 正しい（地公法第55条第5項、職員ハンドブック360ページ）。

④ 誤り。当局は、当該地方公共団体の職員以外の者を指名して交渉にあたらせることができる。また、職員団体は、特別の事情があるときは、役員以外の者を指名することができる（地公法第55条第5項、第6項、職員ハンドブック359ページ）。

⑤ 誤り。当局は、職員団体と交渉するにあたり、適法な交渉は、勤務時間内でも行うことができる（地公法第55条第8項）。

【解説2】　正答④

① 誤り。厚生福利制度は厚生制度、公務災害補償制度、安全衛生管理制度の他に、共済制度がある（職員ハンドブック304ページ）。

② 誤り。前半は正しい。職員住宅も厚生制度に含まれる（職員ハンドブック304ページ）。

③ 誤り。地方公務員災害補償法の適用を受ける職員は、常勤職員である。非常勤職員に対する補償制度は各地方公共団体が条例で定めることとなっている（職員ハンドブック316ページ）。

④ 正しい（職員ハンドブック314ページ）。

⑤ 誤り。東京都福利厚生事業団の構成員は、都の一般職の職員等、都監理団体等の職員、都報告団体等の職員、都の定年退職者または勧奨退職者のうち希望する者である（職員ハンドブック306ページ）。

【解説3】　正答③

① 誤り。前半は正しい。地方自治法に定められている以外の手当を条例で独自に定めて支給することはできない（職員ハンドブック270ページ）。

② 誤り。賃金支払上の5原則は、法律により規定されている（地公法第25条第2項、労基法第24条第2項、職員ハンドブック271ページ）。

③ 正しい。これが「勤務なきところに給与なし」とするいわゆるノーワーク・ノーペイの原則である（職員ハンドブック271ページ）。

④ 誤り。給与は、職務の質と責任に応ずるものでなければならないが、半面、給与は職員の生活を保障し、労働力の再生産を賄いうる程度のものであることも必要であることから、給与決定にあたっては、生活費についても考慮を払わなければならない（地公法第24条、地公企法第38条第3項、職員ハンドブック272ページ）。

⑤ 誤り。一般職の給与は、給与条例により支給されるが、教育公務員には学校職員の給与に関する条例が適用され、また、地方公営企業職員には東京都公営企業職員の給与の種類及び基準に関する条例が適用される（職員ハンドブック273ページ）。

【解説4】　正答②

① 誤り。一般職員の勤務時間は、条例により定められることとされている（地公法第24条第6項、職員ハンドブック290ページ）。

② 正しい。企業職員の勤務時間については、地公企法第39条第1項の規定により、地公法第24条及び58条第3項（災害補償に係る部分を除く）が適用を除外されているため、条例で定めることを要しないが、就業規則を作成する必要がある（職員ハンドブック290ページ）。

③ 誤り。教職員の勤務時間については、一般職員とは異なり、学校職員の勤務時間、休日、休暇等に関する条例が規定されている（職員ハンドブック292ページ）。

④ 誤り。前半は正しい。給与と異なり、人事委員会による勧告制度が設けられていない（地公法第24条、職員ハンドブック290ページ）。

⑤ 誤り。前半は正しい。給与と異なり、民間事業の従事者の勤務時間を考慮することとは規定されていない（地公法第24条、職員ハンドブック290ページ）。

【解説5】　正答②

① 誤り。分限処分は、特定の行為について責任を問うというよりも、職員の一定の状態についての責任であり、公務能率の増進を主たる目的としている。一方、懲戒処分は、任命権者が職員の一定の義務違反に対し、道義的責任を問う処分であり、規律と公務遂行の秩序を維持することを目的としている（職員ハンドブック331ページ）。

② 正しい（地公法第28条第3項、職員ハンドブック332ページ）。

③ 誤り。任命権者は、条件附採用期間中の職員については、分限処分を行うことができない（地公法第29条の2、職員ハンドブック334ページ）。

④ 誤り。懲戒処分は、地公法に定める、戒告、減給、停職、免職の4種類のみであり、これ以外はない（地公法第29条第1項、職員ハンドブック334ページ）。

⑤ 誤り。任命権者は、職員の職務上の義務に違反があった場合に、条件附採用期間中の職員についても、懲戒処分を行うことができる。

特別区係長選考

20年度 主任・係長 論文講座

★ 41 ★

いよいよ夏本番です。猛暑に負けないように、くれぐれも健康に気を付けて試験勉強を頑張ってください。今回は、前回に引き続き区政を取り巻く環境から確認していきます。

区政を取り巻く環境

(1)少子化と人口減少

最近、今年受験する方の論文を添削していて気になったことがあります。例えば、「合計特殊出生率が年々下がり続けている」とか「日本は平成17年から人口が減り続けている」のように、最新の情報を手に入れないで書いているのではないかと思われる論文が多いことです。これは、勉強不足と見なされ、論文の印象をとても悪くするので気をつけてください。

平成17年の人口動態統計では、出生数が約106万人、死亡数が約108万人となり、明治32年に人口の統計を取り始めて以来、初めて約2万人の自然減となりました。この年は、合計特殊出生率（1人の女性が生涯に産む子どもの平均数）も、1・26と過去最低を記録しています。

ところが、平成18年の人口動態統計では、出生数は約109万人、死亡数は約108万人となり、差し引きで約1万人の自然増に転じました。合計特殊出生率も、1・32と増加に転じています。

平成20年6月4日に厚生労働省から発表された平成19年の人口動態統計では、出生数は約109万人、死亡数は約111万人となり、今度は、差し引きで約2万人の自然減となりました。一方、合計特殊出生率は、1・34と引き続き増加しています。

合計特殊出生率が、平成17年の1・25から平成19年は1・34へ回復したとはいえ、まだ、日本の人口置換水準（将来的に、人口が増えも減りもしない状態を維持するために必要な合計特殊出生率の水準）の2・08を大幅に下回っています。ここ数年、日本の人口は増加から減少への踊り場と言え、中長期的に見れば、人口減少局面に入ったと言われています。

このような状況の中で、政府は、平成62年までに合計特殊出生率を1・39まで回復させるという目標を掲げています。現実的には、人口置換水準の2・08を目指すことは難しく、この程度、少子高齢化の進展を遅らすことができれば、年金などの社会保障改革を進められると考えているからです。

(2)高齢化と生産年齢人口

平成18年には、65歳以上の高齢者人口は、過去最高の2660万人となり、高齢化率（総人口に占める割合）も約21%まで上がり、国民の5人に1人が高齢者となっています。今後、第1次ベビーブーム（昭和22～24年）の時に生まれた、いわゆる「団塊の世代」が、毎年200万人以上、高齢期を迎えることから、平成22年度以降には、4人に1人が65歳以上という超高齢社会になると言われています。

65歳以上の高齢人口と15～64歳の生産年齢人口の比率をみてみると、平成17年は高齢者1人に対して現役世代3・3人になっています。今後、高齢化率は上昇を続け、現役世代の割合は低下し、平成67年には、1人の高齢人口に対して1・3人の生産年齢人口という比率になると推計されています。

ここでは、日本全体の人口構造とその変化を書きましたが、皆さんは、この機会に自分の区の人口構造とその変化も勉強してください。

直前対策 ②

主な区政課題

各区は、多種多様の区政課題を抱えていますが、ここでは、比較的多くの区で共通なものをいくつか例示してみます。

(1)子育て支援

合計特殊出生率が低下した原因としては、未婚化、晩婚化及び夫婦出生児数の減少があげられます。平成18年版少子化社会白書によれば、なかなか若者が結婚しない未婚化・晩婚化の進行の背景には、よい相手にめぐり合えないこと、独身生活に利点があること、結婚や結婚後の生活の資金がないこと、雇用が不安定であるため将来の生活設計が立てられないこと、結婚すると仕事と家庭・育児の両立が困難になること、結婚をしなければならないという社会規範がなくなったことなどがあるとしています。また、結婚してからの子どもの数が減少傾向にあることの要因としては、仕事と子育ての両立の負担が重いこと、育児や教育にかかる費用が重いこと、妻の精神的・身体的負担の増大、夫の育児・家事の不参加、出産・子育てによる機会費用（出産・子育てにより仕事をやめた場合に失われることとなる収入）の増大等があると言われています。

このように少子化の原因とその背景や要因には様々なものがあり、少子化対策としては、どれか一つの政策を講ずれば効果があらわれるというものはなく、子育て世代のニーズを踏まえつつ、総合的な政策を展開していく必要があります。

各区においても、次世代育成支援対策法に基づき、平成17年度から21年度までの行動計画を策定し、子育て支援策の充実を図っています。親の就労形態に合わせ、夜間・休日保育、病児保育を拡充するなど、仕事と子育てが両立しやすい環境を整備するとともに、在宅で子育てする家庭も視野に入れ、子育て相談や一時保育の充実、子育てサークルへの支援などにより、子育ての不安解消や自己実現のための施策にも力を入れています。また、経済的な負担を解消するための施策として、児童手当・医療費助成制度の拡充の他に、妊婦健康診査や特定不妊治療の助成等を実施する区も増えています。

(2)元気高齢者施策

いよいよ昨年から「団塊の世代」が60歳に到達し始めました。この世代の退職後の活動意欲は旺盛で、多くの人たちが、再就職やボランティア、趣味等に取り組みたいという希望を持っています。また、地域社会としても企業退職者を大量に迎え、この人たちを知識や経験を持つ人材として地域活動に取り込めるかどうかが課題となっています。これからも団塊の世代の人たちが、住み慣れた地域で、自分らしく、いきいきと生活していけるように、そして、現役時代に培ってきた経験や技能などを十分に発揮して、ボランティアなど社会貢献活動にも積極的に参加してもらえるように、そのための仕組みづくりや活動を積極的に支援していく必要があります。

(3)災害対策

平成18年3月、東京都が9年ぶりに「首都直下地震による被害想定」を発表しました。これに基づき、地域防災計画の見直しを進めている区も多いようです。災害に強いまちづくりのためには、密集住宅市街地等における広場の整備や細街路の拡幅、建物の不燃化などが必要となります。また、区民の避難所となる学校施設の耐震補強工事、避難所の機能を高めるため、飲料水を確保できるように受水槽の改修、非常用自家発電装置等の設置等も重要です。

しかしながら、このようなハード面の整備だけでは不十分で、区民との協働によるソフト面の施策も必要となります。例えば、一人暮らしの高齢者や障害者に対する災害時の救援・救護の仕組みづくり、民間事業所や地域ボランティアとの協力体制の構築なども積極的に進めなければなりません。さらに、災害時の情報の収集・伝達機能の強化や各種マニュアルづくり、地道な防災訓練の実施なども大切です。これ以外にも地域の特性に合わせた災害対策があります。皆さんも自分の区でどのような取り組みが行われているのか確認してください。

(4)生活安全対策

生活安全面では、下校時に子どもが襲われる事件などが多発しており、区民の不安が増大しています。多くの区では、学校に防犯カメラやセンサー、電子錠などを設置するほか、児童全員に防犯ブザーを配布し、安全対策に力を入れています。また、地域ボランティアによる巡回パトロールや、登下校時の通学路の見守りなど、地域の力で子どもたちの安全を守るという取り組みも進められています。さらに、地域の人たちが、自らまちの危険な場所を点検し、自分たちで直せるところは直し、できないところは行政などに改善を働きかけるという取り組みが進んでいる区もあります。

このように安全なまちづくりを推進するためには、区民と行政の協働が不可欠となります。

(5)環境対策

国は、地球温暖化問題への対策として、平成17年に「京都議定書目標達成計画」を閣議決定し、特別区長会としても、23区が共同して取り組むべく「京都議定書の発効に当たっての特別区長会共同宣言」を平成17年2月に行い、「地球温暖化対策連絡協議会」を同年6月に設置して対策に取り組んでいます。

区によっては、これらの対策方針や、「地球温暖化対策の推進に関する法律」に基づき、地域レベルで地球温暖化対策を進めるために、温室効果ガスの削減目標を事業量として定め、区民・事業者・区の主体別に取り組むべき具体的な行動を計画として策定しているところもあります。

各区は、ほかにも多くの課題を抱えています。皆さんも、ぜひ、基本計画や区長の所信表明などを参考にして、自分の区の課題を整理してください。

20年度 教育管理職への 道しるべ

<45>

はじめに

個別面接は、筆記試験では検証できない管理職として職務を遂行することができるかどうかを、受験者から実際に話を聞いて検証するものです。この個別面接については、短い時間で管理職としての適性がわかるのかということが言われたり、また、面接官によって、受験者の運不運があると言われたりすることもあります。

しかし、面接官には、短い時間の個別面接でも、受け答えを通して、受験者がどのような姿勢により、またどのような経験を背景として、どのような考えにより、答えているのかはわかります。管理職としての適性はわかるものです。

なお、個別面接で失敗した経験のある受験者の方は、面接官との相性が悪かったと自分に言い聞かせて、自分自身で納得するのではなく、失敗したことに向かい合い、自分の欠点を知るため、管理職できたら行政職の管理職にも、模擬面接をしてもらい、欠点を修正するためアドバイスをしてもらうことが効果的です。

どのような観点で評価されるのか

個別面接においては、一般的には次のような事項を意識して答えることが重要となります。

①まず、管理職としては、積極性が重要です。現在、学校において様々な課題が累積しています。管理職として、積極的にこれらの課題を解決していくことが求められます。課題があるのにそのままにしていくような答えや、答えが消極的では管理職として課題を解決していくことは期待できません。受験生の中には、面接で、そのような答えをするはずがないと思っている方も多いと思われます。日ごろから課題に対して、積極的に解決しようとしていないと、準備したうわべだけの答えでは、積極性が見られません。

②次に、表現力が求められます。管理職として考えていることが、外部に正確に伝わるのか、わかりやすく説得できるのか、部下への指示は明確であるのか等、管理職として重要なことです。表現力がないということは、問いに対する答えとしては、説明時間が長くなり、要を得ない説明となるということです。

③理解力もあります。学校における課題解決のため、様々な情報を収集・分析し、対応策を練るのには、理解力が必要です。また、特に重要なのが人を理解することです。教職員の気持ちを一つにして、学校の教育目標に向かわせるだけではなく、校長の学校経営の方針に反対意見を持つ教職員や学校の対応に不満を持つ保護者は、なぜ、そのように言うのかを理解すること、相手の立場に立つことも必要となります。その上で対策を立てることが効果的です。

口頭試問

④管理職には判断力も重要です。管理職は決定権を持つことになりますが、課題の解決に対して、適切・迅速に判断することが重要です。判断は理解力とも関係しますが、情報分析を行い、適切な判断を行うとともに、課題の対応は先送りにせず、迅速に判断することが必要です。

個別面接を受ける心構え及び対策

次に、個別面接に対して、どのような視点で答え、どのように対策をしていくかについて述べます。

(1)視点

個別面接を受ける際、重要なのは管理職としての視点です。個別面接を受けるということは、管理職の立場で答えなければならないのです。指導主事としてどうか、副校長としてどうか、校長としてどうかということを問われています。

まだ管理職になっていないからということで、現在の職の視点で、答えをするのは適切ではありません。自分が管理職となって、どう学校経営に携わっていくかという視点で答えることです。

(2)対策

①新聞報道された教育関係の記事や、学校では当然知っておかなければならない知識は整理しておきましょう。注意を要するのは、知識以外で準備した答えが正しいかということがあります。答えの内容としては、自分で作成すると日々の仕事への取り組みが反映されることになりますので、管理職にアドバイスをしてもらうとよいでしょう。このことにより管理職としての視点を学ぶことになり、自分で作成した答えが、いかに管理職としての視点ではなかったか等が明らかになります。時間をできるだけかけ、自分の考えにできるようにすることが必要です。

②質問例としては、次のように分類できます。

ア　知識編

○文部科学省や教育委員会の動き○勤務校の現状と課題○勤務校の予算概要○勤務校、教育委員会の教育目標○学校経営計画（方針）内容○PDCA○主幹制度○人事考課制度○学校評議員制度

イ　課題編

○保護者への対応○指導力不足教諭への対応○授業改善○特色化○危機管理○組織活用・活性化○教職員のモラール向上○外部人材活用○保護者・地域との連携○目指す学校経営○教職員とのコミュニケーション○情報収集・分析・活用○教職員の服務

個別面接の受け方

面接ではかなり緊張をすると思いますが、緊張感があれば、頭の回転も速くなると考えて、落ち着いて受けてください。予想外の質問は必ずありますが、他の受験者も同じです。自分が管理職であったならこう考えるということを、わかりやすい言葉で簡潔に誠実に説明してください。

最後に

昨年の9月から連載してきた「20年度教育管理職への道しるべ」は、今回が最終回となります。

8月3日の試験日まで、1週間をきりました。この期間に皆さんのすべきことは、択一試験については、この講座の直前対策や以前に紹介した問題集などで、最終チェックをしてください。また、論文については、これまで完成させた論文やレジュメなどを何度も読み返し、論文が①教育課題を自分の課題として認識し論述されているか②学校の経営者（管理職）としての視点・立場で記述されているか③内容が抽象的な教育論になっていないか――などどうしても論文で陥りやすい内容になっていないかを最終確認してください。

そして、最後は皆さんの健康管理です。体調不十分では、折角のこれまでの成果を十分に発揮することはできません。試験日まで、健康には最大限注意をはらい、万全の体制で臨んでください。

何度も記述していますが、教育管理職試験で必要な視点は、「日常の学校経営・管理の中にある」ということです。日常的に主任など校内のリーダーとして学校運営や児童・生徒の指導に主体的・積極的に取り組み、自らの資質を高める努力をしていれば、決して難しいものではありません。

◇

最後に、皆さんの健闘と今後のご活躍を祈念して、本講座を終了いたします。

中野区コンピテンシーモデル

田中区長の改革はどこまでいく？

区政潮流

出来るヒトをコピーする

■コンピテンシーモデルって何？

コンピテンシーとは、「能力」「職能（職務遂行能力）」のことを言い、コンピテンシーモデルとは、組織における高業績者の行動特性を分析し、それを言語化した標準型のことをいう。1990年代の半ば頃から民間で流行りだした。高業績者の行動を科学的に分析し、成果をあげる行動に絞り込んでいく。そして、どのような行動が期待されているかがわかるように具体的な行動としての言語化を行う。

中野区でも区職員100人から聞き取り調査を行い、成果につながる行動を抽出、重要な要素として目標達成志向から組織力向上までの六つにまとめている。これを中野区ではN'mapと称する。能力開発を進めるための基準として活用するという。コンピテンシーについては、宇都宮市（2001年）、岸和田市（04年）、佐賀県（05年）に続くものだ。中野区は2年かけてこのモデルをつくりあげ、導入に踏み切った。分野別組織、3人副区長に続く人事・組織の改正であり、2000人体制を目指す田中区長の改革はトップギアに入りそうだ。

■キャリアデザイン

中野区では「長期的な人材育成を図る」とし、複線型人事制度や公募制人事と関連づけながら「職員のキャリアデザインに役立たせる」という。「キャリアデザイン」とは、個人のキャリアに関わる組織（のマネジメント）と当該個人（のプランニング）による協同デザインのことだ。なんだそれ?と思われる向きが多いことだろう。「キャリアの道筋（戦略）を考えるための組織と個人の計画づくり」と定義しておこう。その意味ではきわめて未来志向の概念である。「元気な社会」をつくるため、「頑張る個人」をより多く輩出しようとする大きな狙いがあるからだ。

しかし、本来個人の問題であるはずのキャリアに人事が関与する点に、「超高齢社会」や「定常型社会」を背景とした社会問題への対策が頭をよぎる。人生80年時代の豊かな老後を生き抜くための職業訓練の一環ともいえるからだ。

キャリアデザインは、達成動機の高い人々が歩むキャリアが多く集まれば集まるほど「元気のある区」「元気のある国」になると考え、つくってきた概念といえる。それゆえに、中野区だけの話で終わらない普遍性を秘める。各区事項とはいえ、特別区人事委員会も無関心ではいられない。

■メリットと「見える化」の意義

コンピテンシーモデルはあまり無理をしない。「人生における節目さえデザインすれば、あとはその通りにいかなくてよい」という考え方だ。キャリアがどうなるかは、実際やってみないとなんとも言えないからだ。煽って熱くさせるが、その身の処し方は個人の問題というのではいささか冷たい話だ。

メリットはある。①どの分野の土俵でなら力を発揮するのかを見定めていくことは有用だ。また、②個人レベルの競争力・強みがどこにあるかを考えていくことはよきキャリア構築に不可欠といえる。さらに、③磨きをかけたいところに研修を実施するなど資源を集中して投入できる。組織としても、④得意分野が異なる者を同じチームにしたほうが業績向上には効果的だ。つまり標準的モデルの人間を基準とした数の論理から、少ない人間でも個性の組み合わせで機能を維持するという質の論理を可能とする。定数概念が一変することになる。

中野区が2000人体制となった暁には、キャリアデザイン（職務の長期目標）を達成しながら、人の組み合わせの妙で人員不足をカバーし、従前より成果をあげる区に脱皮しそうだ。その意味でキャリアを人事担当と個々人の間で「見える」ようにすることの意義は大きい。

■人材育成上の課題・N'map

N'mapにより職務適性を予測し、人事異動（公募制含む）・昇任に活用するという。複線型人事の「専任職員認定制度（中野区）」にも役立てる。つまり、短期と長期の昇任制度の中で乗り換えを繰り返すのではなく、急行（短期）と普通（長期）の区間を予め想定し、より意欲的で快適に（無理せず指定席で）目的地へ向かうプランがお奨めになりそうだ。

しかし、高業績者（ハイパフォーマーともいう）の行動特性を析出する過程で、スタッフ的な専門職（中野でいえば専任職）の行動特性はどのように分類されるのだろうか。「好きこそものの上手」とはいうが、キャリアデザインといいながら低業績者の「わがまま」がまかり通るシステムにならぬともかぎらない。

■中高年のキャリアデザインに有効か？

公務員は額に汗しての働きが少ないという評価がある。身分保障の故だろうか。社会保険庁の実態をきくにつけ思い当たることも多い。猛烈に集中して作業する経験が少ないため、公務員の能力は伸びないのか。優秀な者とそうでないものの評価などしなくても一目瞭然だ。行動特性による評価と毎年の業績をどう扱うのか、制度のメンテナンスも難しい。職員の意識の多様化が進むなかコンピテンシーモデルに乗れない中高年はどうすればいいのか?など課題も多い。人事という本丸に切り込んだ中野区はいま一番ホットだ。

（特別区自治問題研究会）

エッセー

世界を小さな地域のかたまりに

未来バンク事業組合理事長　田中優

G8が日本で催されていた頃、私はアイスランドにいた。地球温暖化の解決に向けて、自らの呼び方によれば「頂点」の人々が何やら論議を続けている。それらの国だけで世界の大部分の二酸化炭素を出している割には対策が進まない。頂点にいる人たちは、「不都合な真実」を作ったアル・ゴアから、「不経済で対策にならない」と指摘されている原子力発電をいまだに進めようとしている。

しかしここアイスランドはすでに、自然エネルギーだけで約7割の電気をまかなっているのだ。地熱発電装置を見た。たくさんパイプがつながっているために「タコ」の愛称のついた装置には、なんとカタカナで「オクトパス」と書かれている。日本製なのだ。その脇には余熱を利用して作った「ブルーラグーン」という巨大温泉施設がある。日本語に訳すと「青いサンゴ礁」、広々とした温泉につかって風に吹かれるのも悪くない。ここからさらに温水が各家庭に届けられている。

アイスランドで「日本は地熱発電が進んでいるんだろ」と聞かれた。そりゃこんなすぐれたプラントを輸出する火山国なのだから、当然進んでいると思うだろう。しかし進んでいない。地熱だけで、今の日本の消費電力量の3割を供給できると見積もられている国なのに。

「鬼押出し」で発電して、ついでにブルーラグーンにしたら、きっと楽しい場所になるだろう。しかし、頂点の人たちは一気呵成の解決策が好きだ。「今の電気を一気に賄うには」と考える。

事業向けのエネルギーを省エネさせれば消費電力は減らせる。使えば使うほど安くなる料金を、使えば使うほど高くなる料金に改めればいいのだ。さらに電気は貯めることができないから、ピーク時の電力消費量を減らせば発電所を減らせる。ピークは「夏場、平日、午後2～3時、気温が31度を超えたとき」に集中しているし、その消費の大半は事業系だから、その時だけ事業系の電気料金を高くすればいい。それで発電所の半分はいらなくなる。そのとき地熱発電は、全体の6割をまかなうことになる。

余熱を利用して作った巨大温泉施設「ブルーラグーン」

アイスランドは小さな国だから、小さく解決しようとする。それが問題解決の早道なのだ。豪華な食事をしながら「世界の飢餓問題」を論じたり、莫大に燃料を消費する軍用機を飛ばしながら「地球温暖化問題」を論ずるG8は、頂点というより有頂天に見える。巨大な国のサミットより、世界が小さな地域のかたまりになるほうがずっといい。

お断わり　「がんばれ！公務員」は8月22日付号から再開します。

開園50周年　まるごと多摩動物公園　■3■

出かけてみよう、夏の夜の動物園

地球温暖化のせいではないでしょうが、今年の夏は特に暑く感じます。動物園の動物はどんな方法で暑さをしのいでいると思われますか。チンパンジーはアフリカの熱帯出身ですが、お日様のかんかん照る日中は暑さを避けて日陰で活動します。マレーバクは鼻先だけ水面に出し、全身をプールに沈めて涼をとります。ニホンザルはサル山内のプールに水しぶきをあげて飛び込みます。サル山に近づくと、ドボン、ドボンという音が立て続けに聞こえるので、すぐにわかります。しかしニホンザルは人間の子供のように泳ぎを楽しむということはありません。水に飛び込んで体を冷やすことが好きなようです。中央アジアの涼しい山岳に生息するユキヒョウにとり、夏は大変な季節です。歩き回るのは朝と夕方だけで、日中は木陰をみつけてじっとしています。それでも息は荒くなってしまいます。

多摩動物公園は東京郊外の雑木林の中にある施設です。都心にくらべ外気温が3度以上は低いのですが、遊びにいらっしゃるお客さまにとり暑いさなか、動物を見て回るのは楽ではありません。暑い日中を避けて、土曜の夜、動物園にお出かけ下さい。8月の2、9、16、23日の各土曜日、サタデーナイト＠TAMAZOOと題して、夜8時30分まで開園時間を延長しています。

座って夕涼みをするアミメキリンの群

涼しい夕方になると動物は再び動き出します。哺乳類は夜活動する種類が多いため、昼間は見ることのできない生き生きとした姿を見ることができます。夜の動物園は魅力いっぱいです。皆様の疑問にお答えするため、キリン、ライオン、ゾウ、カワウソなどの動物舎には飼育係が待機しています。難しい質問大歓迎です。昆虫園ではチョウの幼虫などに触れることができるコーナーが開設されます。

動物ばかりではありません。シマウマやキリンの模様に塗った動物園で働く車が正門付近に大集合します。飼育係の衣装を着て記念撮影もできます。昆虫園に向かう坂ではゾウやシカなどを形どった動物イルミネーションが皆様をお待ちしています。生きた動物と光の動物の双方を同時に楽しめるのも、この時期にご来園されたお客様の特権です。三遊亭白鳥師匠をお呼びしての動物園寄席やクラシックや民族音楽を生演奏する夕暮れライブもお楽しみ頂けます。皆様のお越しをお待ちしています。

（多摩動物公園飼育展示課長　成島悦雄）

「肉声」の影響力

日本経済新聞の7月20日付コラム欄『風見鶏』に次のような記事が掲載された。

見出しは「響かなかった首相の『肉声』」で、「指導者にとって言葉は最大の武器である。紙に書けばなんでもない内容でも、それが指導者の意向や熱意がこもった肉声となったとき、政策を動かす原動力になり得る」と前置きし、サミットでの各国の首脳の言動をコメントしている。「メドベージェフ・ロシア大統領や、ブラウン英首相は、メモに頼らず持論・熱弁をふるっていた」とし、「それに引き換えパフォーマンス嫌いの福田首相は、専門家や関係者からの評価はされているが、国内の各種世論調査では、指導力を発揮したと見る人は4分の1程度にとどまっている」としている。

要は、持論を伴った熱弁が聞いているものにとって、ある種の共感や感動を与えるということであろう。

同様に持論を伴った熱弁をふるっている人が都にもいる。石原知事である。先日、MXテレビで知事の記者会見をみた。まさにメモに頼らず持論・熱弁をふるっていた。サミットのコメントしかり、オリンピックの宮内庁しかりである。ただ、持論を持っていない（まだか、確信的か、は別に）部分のコメントはそっけない。肉声を聞いているからこそ、この辺りの感じがよくわかる。

以前、ある局長が言ったことがある。「局対（議会のための局内の対策会議）の答弁書の読み上げのとき、何を聞いているか。僕は文章の中身は聞いていない。文の抑揚とか、強弱とか、そして何よりどの程度の自信を持って書いたかを、言葉から聞いている」

言葉が相手にどう伝えられるかを試しているということであろう。

役職にある人はどのように仕事の指示をしているのであろうか。メモや事務分担表で済ましてはいないだろうか。上からの指示を単に横流ししてはいないだろうか。上司の熱意を敏感に職員は感じている。

上司の熱意と持論が、自らの思いと重なって目的が達成されたとき、始めてその職場に"明るさ"がやってくる。

（朱夏）

みにがいど

◆第17回"明日のTOKYO"作文コンクール作品募集　▽応募資格　都内在住または在学の中学生▽テーマ　「地球に優しいまち」をつくるために、私ができること▽応募方法　①400字詰め原稿用紙（B4横）を使い、縦書き、日本語で4枚（1200字以上1600字以内）にまとめる（1行目に題、2行目から本文を書く）※作品の題はテーマにそって自由につけてください②氏名（ふりがな）、性別、学校名、学年を原稿用紙と別の紙に書き、作品に添付③学校でまとめる場合は、所定の用紙を学校に送ります▽締切　9月5日（金）当日消印有効▽表彰　①表彰式は12月25日（木）に実施②上位入賞者を都民コンサートに招待し、観客に紹介▽送付先及び問い合わせ先　〒163－8001都庁本庁舎17階㈶東京都福利厚生事業団管理部企画課「作文コンクール」担当☎5320・7448

◆テーマ展シリーズ"平和を考える"「渋沢栄一と青い目の人形」▽日時　～8月24日(日)午前10時～午後5時※月曜休館▽会場　渋沢史料館企画展示室▽入館料　一般300円、学生100円※三館（飛鳥山3つの博物館）共通券　一般720円▽アメリカで「排日移民法」が成立する前後、日米関係の改善に民間から取り組んだ渋沢栄一と親日家のシドニー・ルイスギューリック。ギューリックが中心となり、全米48州から集めた平和の使者「青い目の人形」は約1万2千体に上り、日本からも58体の「答礼人形」を贈った。戦争によりその多くが失われたが、東京で現存する10体のうち8体の人形を展示▽問い合わせ先　渋沢史料館☎3910・0005

とうきょうと川柳会

●7月の宿題1「通販」

テレビから今すぐ電話してる妻　荒川育子

お取り寄せグルメが眠る冷凍庫　斎藤弘美

通販は明日一杯待つまでは　新井良夫

☆怪しげなモノを注文買い続け　大戸和興

●7月の宿題2「呼吸」

ただの息もはずんだ二重丸　清水高明

そっと寄り息だしかる妻がいる　松尾仙影

呼吸と意識せぬ日の大丈夫　大澤無月

☆ひと呼吸おけば明が見えてくる　山本由宇呆

（☆は選者の句）

とうきょうと川柳会の協力で本紙読者からも川柳を募集します。8月の宿題は「返品」と「まばゆい」で、それぞれ2句を作句し、Eメール（t.senshu@toseishimpo.co.jp）またはハガキで「編集部あて」に応募下さい。8月18日必着。

発行所 都政新報社
〒160-0023 東京都新宿区西新宿7-23-1 TSビル
〈総務・読者〉03-5330-8781
〈企画広告〉03-5330-8784
〈編　　集〉03-5330-8786
〈出　　版〉03-5330-8788
〈セミナー事業部〉03-5330-9977
〈ファクス〉03-5330-8808
購読料 月1,680円（税込）
毎週火・金曜日発行
但し、祝祭日は休刊

紙面から

予算見積もり依命通達

かじ取り問われる年に

09年度税収 6年ぶりに大幅減は必至

都は7月31日、副知事名で09年度の予算見積もりと組織・定数要求、「10年後の東京」への実行プログラム2009策定方針を通達した。「10年後の東京」に盛り込まれた事業はシーリング対象外とするなど、前向きに施策展開しようという姿勢が貫かれている。予算をつけたものの、執行が追いつかない面もあることから、非常勤職員、任期付職員など多様な雇用形態の活用も通達した。しかし、他方で景気減速傾向が加速し、法人事業税の一部国税化の影響などにより、6年ぶりに大幅な税収減になるのは必至。こうした潮目の変化を読んで、どう予算編成するかが問われる年になる。

予算見積もり依命通達のポイントは、税収減が見込まれる中にあっても「10年後の東京」実行プログラムで掲げた目標の着実な推進、都民が抱える災害への不安、食の安全・安心など都民生活を脅かす課題に的確に対応していく考えを打ち出したことだ。

また、事業執行に際しては「技術者などの人材不足に陥っていないか」「執行率が低下していないか」など、業務を遂行する観点から多様な雇用形態の活用と、スリムで機能性が高い執行体制の構築をうたった。

財務局が06年7月に策定した「今後の財政運営の指針」では、07年度から09年度までの3年間、状況が激変しない限り、予算要求枠はゼロシーリングでいく方針を明らかにした。今回の依命通達もこの方針どおり、ゼロシーリングの継続を基本としている。

政策的経費は、後年度負担を精査した上で経費を見積もり、原則として08年度予算額の範囲内とする。しかし、これが難しい時は事前に財務局と協議し、必要な経費の要求を認めることで、事実上、シーリング対象外とした。また「10年後の東京」実行プログラムに入っている施策もシーリング対象外となる。

ただ、09年度予算編成のベースとなる都税収入は、6年ぶりに大幅な減が避けられない見通し。

来年度の税収を算定する場合、①08年度税収がどうなるか②来年度の税制改正の動向という二つの要素を加味して見込む。

まず、08年度税収をみると、原油高騰と円高などにより企業収益が落ち込んでいる。たとえば法人2税の収入実績は、第1四半期（4月～6月）で年間税収の45％程度を占める。07年度の第1四半期は1・2兆円だったが、08年度は1・1兆円で5・6％（653億円）も落ちている。

このペースで1年間推移すれば、09年度税収を見込む際に発射台となる08年度は、07年度に比べて1千億円以上の減収になり、2・4兆円程度になる。この減収傾向が09年度も続くならば、税収の落ち込みはさらに拡大する。

これに加え、09年度は法人事業税の一部国税化に伴い、2800億円程度の減収が確定的になっている。

都では、財政再建の中で培ってきた基金などの財政対応力を最大限に活用し、施策を実施するための財源を確保することで、財政の安定性と継続性の維持をめざすことになる。しかし、かじ取りを誤れば、バブル崩壊後と同じてつを踏むことになり、その見極めが重要になる。

07年度税収は5.5兆円

07年度一般会計決算の見込みは、実質収支（剰余金）が946億円の黒字。06年度決算の1366億円に比べて、剰余金の額自体は420億円少なかった。

都税収入が初めて決算ベースで5兆円の大台に乗り、5兆5095億円となった。06年度決算と対比すると、実に11・9％増（5859億円）になる。徴収率は、0・1ポイントアップの97・9％で、過去最高を更新した。どん底の95年度は90・2％で、それ以降、12年連続で改善してきている。主税局では「高い徴収率を今後も落とさないようにしていきたい」（徴収部）と話す。

税収が増えた要因としては、法人2税が引き続き堅調な企業収益を反映して、9・3％増（2235億円）となったのが大きい。07年度の2兆6163億円というのは、バブル期の1989年度と同水準。

また、個人都民税は3295億円増の7780億円だった。これは所得税から住民税への税源移譲によるもので、徴収率は94・7％だった（1ポイントアップ）。

「10年後の東京」

実行プログラムを改定

五輪招致へ取り組み進化

都は、「『10年後の東京』への実行プログラム2009（仮称）」を年内を目途に策定する。

昨年12月の「実行プログラム2008」の策定以降、五輪立候補都市に選定されたこと、環境確保条例が改正され、温暖化対策の具体化が急がれること、中国四川などの大地震や、頻発する通り魔事件など安全・安心に対する危機意識の高まりなど、新たな都民ニーズや時代の変化に的確に対応する必要がある。

こうした観点から、「実行プログラム2008」を改定し、取り組みを「進化」させる。計画期間は、09年度から11年度までの3カ年。都民、民間事業者、区市町村など、多様な主体との広範なムーブメントを展開。都政の重要課題には、横断的戦略会議で検討するなど、局をまたいで全庁的な取り組みを進める。

また、「地球温暖化対策推進基金」など、都独自の基金を有効に活用。国と都の実務者協議会が協議している「首都東京の重要施策」について、協議の状況を踏まえて施策構築を図る。また、五輪招致に向けて、国際会議やイベントでプロモーションを展開するなど招致機運の醸成も図る。

事業案の策定にあたっては、若手職員など都庁内の意見、議会や都民、区市町村の要望などを反映させる考え。

岐路を迎えた薬用植物園

民間委託の行方は？

委託費がネックに 「園の立ち枯れ」危惧も

約60年の歴史を持つ「東京都薬用植物園」（小平市）が今、岐路を迎えている。05年度の行政評価で廃止を含めた抜本的見直しを迫られ、都は栽培など業務の一部を民間に委託。現在も委託拡大が検討されている。これに対し、市民団体は「立ち枯れで廃園に陥るおそれもある」と危機感を募らせ、都議会各会派も、存続の要望を出している。09年度の予算要求に向けた動きが始まる中、福祉保健局では将来的な運営スキームを検討している。薬用植物園の行方は――。

◆廃園？存続？

フェンス越しにケシや大麻といった「違法」な植物が咲き誇る。3万平方㍍余りの敷地に、約1700種類の植物が栽培されている薬用植物園に衝撃が走ったのは、3年前だった。

「廃止を含めて抜本的に見直す必要がある」。05年度の行政評価で、こんな評価が突きつけられた。薬事監視を所管する福祉保健局でも「栽培種の精査が必要」とは認識していたが、「廃止」は想定外。当時の関係者は「晴天の霹靂。あのやり取りで、なぜ『廃止』とされたのか……」と驚いたという。

この評価を受け、同局は事業の再構築に着手。05年度の行政評価以前に7・8人（常勤換算）いた職員は、薬剤師と農業技術系職員の3人に削減し、栽培農作業や「薬草教室」などの普及啓発事業を㈳東京生薬協会に委託した。

薬用植物園には、年間約10万人の来園者があるが、市民団体「東京都薬用植物園を守る会」も廃園に危機感を強め、1万人を超える署名を都に提出。06年度の行政評価では、「廃止」の文言がなくなった。都幹部の一人は「市民の意向も無視できなかったはず」と見る。

とはいえ、委託業務や栽培する植物の種類・規模の検討を求められている状況は変わらない。09年度は現行の運営が続く見通しだが、福祉保健局は将来的なスキームについて検討中という。

◆限られる担い手

では、どんな形態が考えられるのか。

都では敷地の売却は考えていないという。仮に売却するにしても、敷地は「都市計画公園」に、敷地内の樹林は「歴史環境保全地域」に指定され、建設できる住宅は低層のものに限る「第一種低層住宅専用地域」でもあるため、民間が商業用に使える土地ではなく、買い取るメリットはないに等しいという。

都の担当者は「薬事監視のためには必要」としているため、都が敷地を所有し、委託業務を拡大するか、一部運営を民営化することが想定される。

だが、委託・移譲先があるのかには、疑問の声もある。都では、「日比谷アメニス夢の島グループ」が都立夢の島熱帯植物園（江東区）を指定管理者として運営する例もあるが、薬用植物の栽培や管理にノウハウを持つ団体は限られるからだ。

また、委託費が削られ、経営上のメリットが見出せなければ、撤退も考えられる。現在、栽培やイベントを担う㈳東京生薬協会も、採算はギリギリという。人件費を含めた薬用植物園の仮定総経費は、約1億円（05年度）で、委託費に回せる金額も限られるのが実情だ。

最も手間がかかるのが栽培で、人手を減らすためには、植え付け面積を削るしかない。しかし、専門家によると、移植にはリスクも伴い、品種によって栽培の仕方も異なるという。デリケートな手入れが欠かせない。

都の担当者とも意見交換した広島大学薬学部附属薬用植物園の神田博史准教授は、「貴重な研究施設で、学術的レベルは高い。垣根を低くして、より多くの人に活用してもらう方策を考えてもらえれば」と話す。ボランティアなどの活用も含め、運営を継続できる委託にできるかが問われている。

MEMO 薬用植物園　薬用植物やハーブを栽培・研究し、薬事監視を担う都の研究施設。1945年、「薬用植物栽培場」として世田谷区用賀に設置され、52年、小平市に移転・統合された。植物園として一般にも開放され、年間約10万人の来園者がある。

薬用植物園では薬草観察会も随時開かれている

09 都議選

自民党

佐藤裕彦氏が不出馬

後継者は8日に発表

都議会自民党の元幹事長で、品川区選出の佐藤裕彦氏(50)は7月24日、品川区内の区民会館で開いた後援会の会合で、来年の都議選に立候補しないことを表明した。任期満了までは務めるという。

佐藤氏は本紙の取材に対し、「随分前から決めていた」とした上で、「あまり長く続けても、後継者が出てこなくなる。（都議を務めた）四半世紀を一つの目途と考えた」と述べ、後進に道を譲ることを不出馬の理由に挙げた。新銀行東京への追加出資の採決で本会議を欠席したことや、都議会議長選問題でしこりが残ったとの見方もあるが、本人は「全く関係ない」としている。

後継者については、議員団に一任されたとして、8日に後援会に集まってもらい、発表する予定。今後の進退については、国会などに転じることは、現段階では考えていないという。

7月28日に佐藤氏から報告を受けた都議会自民党幹部は「年齢から考えても、あと20年くらい出来たのでは。後継者が決まっているような口ぶりだったので、大きな問題にはならないと思う。来年の都議選までは、責任を持って務めてもらわないと」と述べた。

佐藤氏は85年に都議に初当選し、現在6期目。2000年に幹事長を務めた。

都政の東西

ビル風の対策は

夏場は大気が不安定になり、大雨や落雷、突風などが起きやすい。都会の突風で怖いのは、ビル風で強さが増す場合だ。

一般に風環境は、単に自然現象なのか、それとも人工構造物の要素も絡んでいるのか、区別がつきにくいとされている。

行政は、防災としての風対策には関心が薄い。高層ビルによるビル風対策ならば行政の範疇と思いきや、そうでもない。周辺民家が防風フェンスを設けても「住宅は個人所有物だから個人の責任」とされ、自治体による助成はないのが通常だ。

では、高層ビルによる風害は野放しかというと、まったくそうではない。建築主は行政に対し、風洞実験の結果報告を行うこととされている。風向や風速の事前事後調査も行われる。しかし、実験が行われるのは計画がほぼ固まった段階で、建物の形状や配置の変更は難しく、防風のための植栽などでの調整にとどまることが多いという問題点も指摘されている。

23区では、高層ビルが集中する港区がビル風の問題に関心を持っている。同区では1995年から環境影響調査制度を持っており、アセスメントの項目の一つとして風が入っている。

昨年度はアセス審査会委員を中心とした専門家とまちづくり関連の各課長らでビル風環境対策検討会を設置。現状把握と対策などを話し合った。同区では「アセスの前に、建築や開発部署に高層ビル建設の話が持ち込まれた段階から風環境への配慮を求める、あるいは報告手続きだけのアセスを一歩踏み込んで、実際の防風効果の検証方法を指導するなども課題」と話す。

建築段階では問題なくても、後で隣にビルができて風環境が悪化するケースもあるようだ。より広域を視野に、都会における好ましい風環境を形成することが重要だ。

政調会長に三宅氏 総務会長に鈴木氏

都議会自民党

都議会自民党は7月30日の総会で、新役員体制を決めた。政務調査会長には世田谷区選出の三宅茂樹氏(53)、総務会長には鈴木一光氏(52)が就任した。任期は1日から。

会見で高島幹事長は、「世の中はアゲインストの風だが、しっかりスクラムを組んでがんばっていきたい」と語った。

三宅氏は、「選挙の執行部にはたくさんのドラマが生まれている。都民にとって良い結果の出るドラマを作り上げる」とあいさつ。鈴木氏は、「厳しい戦いが待っている。逆風の中、負けないよう結束して戦いを進めていきたい」と述べた。

鈴木一光氏　三宅茂樹氏

副幹事長と副会長は全員1期生

都議会民主党

都議会民主党は7月30日の総会で、新役員を選任した。副幹事長には、町田市選出の今村路加氏(39)、政策調査会副会長に小平市選出の斉藤敦氏(41)、総務会副会長に墨田区選出の小沢昌也氏(54)など、副幹事長・副会長には全員1期生の布陣を組んだ。

田中良幹事長は、「自民党以外の保守中道勢力は、体制の補完的役割に甘んじてきた。私たちは、それを乗り越えて、自公体制に対して対抗勢力として、政策、主義主張を明確に打ち出して、都民にそれを理解していただく。その結果として数の上でも対抗勢力として確保することが来年に向けて最大の課題」と語った。

次期役員を再任 幹事長に中嶋氏

都議会公明党

都議会公明党は7月28日の総会で、幹事長に中嶋義雄氏(58、世田谷)、政務調査会長に藤井一氏(55、大田)をそれぞれ再任した。任期は1日から来年7月22日まで。

役員体制は以下の通り。▽議員団長 木内良明氏（3期）▽幹事長 中嶋義雄氏（3期）▽幹事長代行 友利春久氏（2期）▽政務調査会長 藤井一氏（4期）▽政務調査会長代行 東村邦浩氏（2期）

中嶋義雄氏　藤井一氏

冗句ジョーク

天皇陛下、都のスーパーエコタウン事業選定工場をご訪問

知事の対宮内庁発言に縮む都職員「環境に配慮し静観するのみです」

包括外部監査

新公会計で再注目

テーマ選定では苦労も

公認会計士や弁護士などが行財政をチェックする包括外部監査が自治体に導入されて10年余り。23区では、7月から始めた江東区を含め、現在7区が実施している。一度導入して止めた区もあるが、公会計制度が変わっていくなかで、包括外部監査は、今後、重要性を増すともみられる。公的資格を持つ監査人が独自の視点を生かし、行政と緊張関係を保ちながら、「お目付け役」となることが重要だ。

文京、豊島は過去に廃止

◆7区で実施

包括外部監査を定めた改正地方自治法は、1997年に施行された。公認会計士や弁護士など公的資格を持つ専門家が行財政の効率性などをチェックする。

都道府県、政令市、中核市は義務付けだが、区市町村は任意で、条例を定めればできるとされている。

23区では、港、江東、目黒、大田、世田谷、荒川、足立の7区が実施。千代田、葛飾の2区では導入を検討している。

包括外部監査人は8割方、公認会計士がなることが多い。地方自治の現場では、2008年度決算から新しい公会計制度に基づく財務諸表4表の整備、公表が求められており、そうした変化のなかで、専門家ならではの視点に期待もかかる。7月から包括外部監査制度を導入した江東区では「公認会計士の視点でチェックしてもらえる利点がある」と話し、世田谷区も「新公会計制度の財務諸表の見方など参考になる意見がもらえると思う。今後、包括外部監査の重要性は増していく」と話すなど、その役割に改めて注目が集まりつつある。

◆テーマは自由だが

既存の監査委員が主として月例監査や定期監査、決算監査など日常的な監査を中心とするのに対し、包括外部監査人は、区政全般をターゲットにして自由に監査のテーマを選べる点に特徴がある。

目黒区は06年度に、貸付金を中心とする債権管理事務などの監査を受けた結果、「不納欠損処理には条例をつくった方がよい」との指摘を受けた。（仮称）債権管理条例案を今年の第4回定例区議会に上程する予定だ。同区では「監査をやった時期が古いものほど、改善状況がアップしている」と話す。

一方で、包括外部監査を止めた区もある。

文京区は05年度までの6年間、10テーマを実施。指摘については可能な限り改善を図った。しかし、行政サービスコストや補助金、委託などのテーマで重なりがあった。「選定のテーマが重複するなどの傾向もあり、一定の役割を果たした」として条例を廃止した。

豊島区は03年度までの4年間実施。その後、条例廃止にあたって、高野之夫区長はマスコミの質問に対し「一定の意義のあるものだった」としながらも「予想される範囲を超えるものではなかった」などとした。

テーマ選定では、現在実施中の他区も苦労している。テーマを決めるのはあくまで監査人だが、行政側はヒアリングや資料提供などで協力が求められる。「補助金など大きいテーマを終えてしまった」「テーマに選ばれた部への負担、プレッシャーがある」など頭の痛いところだ。港区では「政策誘導にならないよう、事業の説明にあたっては気を遣う」と話す。

◆緊張関係が大事

包括外部監査を「とくに導入予定がない」と答えた14区は、▽必要に応じて個別外部監査をやっている▽監査委員のなかに公認会計士がおり、すでに専門性がある▽外部行政評価をやっている――などの理由から、特に包括外部監査を導入する理由がないなどとした。

また、包括外部監査人と補助者分も含めた単年度の契約料は、目黒区の600万円から港区や江東区（7月から今年度末）の900万円前後まで幅があるが、こうした経費負担が導入に二の足を踏ませている部分もある。

全国自治体の包括外部監査報告書をランク付けしている全国市民オンブズマン連絡会議は、包括外部監査の意義について「従来の監査委員や行政評価に比べて一点集中型。区長直属で、場合によっては区長自体を監査対象にもできる。何をみるか分からんぞ、という独立性こそ持ち味」と話す。しかし、「監査法人所属の公認会計士の場合には、依頼主に甘い企業監査に慣れているおそれがある」と指摘。「監査法人の体質を行政の監査にまで持ち込んではならない。行政から独立した緊張関係のもと、厳しく監査に臨むべき」と訴える。行政に対しては「監査報告を受けて、できるものは半年から1年のうちに改善を」と注文を付けている。

千代田区

30棟で使用の可能性

立体駐車場の石綿問題

千代田区の機械式立体駐車場で建築基準法の基準値を上回るアスベスト（石綿）が検出された問題で、区は79棟ある機械式立体駐車場のうち、30棟で鉄骨を覆う耐火材を確認した。耐火材には、アスベストが含まれているおそれがあるため、駐車場の管理者などに石綿が含まれているかどうかの調査を依頼していく。

機械式立体駐車場では、鉄骨を覆う耐火材以外にも、ブレーキパッド、柱などにも石綿が使用されている可能性がある。中でも、1960～70年代半ばに製造された機械式立体駐車場に石綿が多用されているという。

調査対象となった79棟のうち、駐車場内部を確認できたのは65棟。そのうち、30棟に耐火材が確認されたという。耐火材に石綿の有無の調査を実施しているかどうか、駐車場の管理者か所有者に確認する。未実施の場合、区建築指導課は「古くなれば、駐車場内に石綿が落ちるかもしれないので、当面は耐火材の調査をお願いしていく」と話す。石綿の飛散が微妙なブレーキパッドなどは、調査対象に入れるかどうか検討していく。

区建築指導課の担当者は2年前から、機械式立体駐車場で基準値を上回る石綿の検出を把握しており、飛散防止を要請したが着手されることはなかった。区によると、石綿の有無の調査に数十万円、除去工事に1千万円以上がかかるという。機械式立体駐車場の大半の所有者は、中小や零細企業、個人で、費用負担が難しいためだ。

足立区

AEDに異常あり

医療機器製造販売会社「日本メドトロニック」が米国から輸入し、小中学校などに納品されている自動体外式除細動器（AED）計2万6823台の自主回収を始めた問題で、足立区は7月30日、区立小中学校のAEDに異常を見つけたと発表した。

足立区では、区立小中学校、幼稚園などの施設管理者にメーカーから通知された方法で緊急点検を指示した。小学校で10台、中学校で7台のAEDに電源が入らなかったり、音声案内が出ないなどの異常があったという。

米国では、AED「ライフパックCR Plus」の内部でショートが発生し、電源が入らなくなる事例が3件報告された。日本では不具合がなかった。回収対象は、06年11月～今年3月までに製造されたAED。AEDは、心肺停止した患者に電気ショックを与えて救命を図る装置。

荒川区

宿泊施設事業者に助成

外国人旅行者の集客対策

荒川区は1日、区内のホテルなど宿泊施設を対象に、外国人旅行者の受け入れを支援する助成制度の募集を開始した。

宿泊施設事業者が外国人向けのウェブサイトやパンフレットを制作する際、費用の一部を荒川区が助成する。区担当者は「外国人旅行者の集客対策を意識した助成制度は全国的にも少ない」としている。募集期間は8月29日まで。

荒川区内の宿泊施設が助成の対象。ただし、風俗営業などに関わる施設は除く。外国語による広報ツール（ウェブサイトのページやパンフレット）の作成時に要する、システム設計委託料、翻訳料、印刷製本料などを申請できる。補助額は対象経費の3分の2以下とし、上限は20万円。当初費用のみが対象で、維持費、更新費などは対象外。

荒川区と台東区の区境にある山谷地区には、日雇い労働者向けの簡易宿泊施設などが集積。台東区側を含む地区全体で約180軒が営業している。近年、中国などアジア方面からの旅行者を中心に、安価な宿泊先として人気を集めている。

また、日暮里地区を合わせ、上野、浅草、秋葉原など都内の有名観光地や成田空港への交通の利便性が高いことでも、評価を受けている。

区の観光振興課は「都の調査などによると、旅行者側での観光地情報の入手方法は、約半分がインターネットだという。今回の助成事業を機に、外国人旅行者の集客に取り組む事業者が増えることを期待したい」としている。その上で、宿泊施設周辺の飲食店や物販店などへの波及効果を狙うという。

厚生労働省に緊急要望提出

東京都広域連合議会

東京都後期高齢者医療広域連合議会の桜井正議長は7月28日、舛添要一厚生労働大臣あてに、後期高齢者医療制度の軽減対策についての緊急要望を提出した。

緊急要望は、▽今年度の均等割額、所得割額の軽減と来年度以降の保険料軽減での経費については、国の責任で全額負担すること▽今年度、来年度での広域連合と区市町村の電算システムなどの改修経費や付随する経費についても、国が全額負担すること▽国は、理解と信頼回復のために、真に必要な情報の積極的な周知を行うとともに必要な準備期間を設けること――などを求めた。

「国は周知に積極的に取り組んでいるとはいえない」とし、「広域連合と区市町村が国に振り回されているのが実情」と指摘。「被保険者に無用の混乱や過誤を生じさせないように広域連合や区市町村が適切に対応することができるようにしてほしい」としている。

23区で公衆トイレ改革

「5K」など悪評改善へ

「有料化」も論点に

5K（汚い、臭い、壊れている、怖い、暗い）など悪評が多い「公衆トイレ」。23区では、清掃回数を増やすなど抜本的な対策に乗り出す区が増えている一方、バリアフリー型の「誰でもトイレ」の設置推奨など、新たなニーズも表出。公衆トイレの維持管理に要する費用の捻出が、各区の共通の課題に浮上している。千代田区が2年前に有料化トイレに踏み切り、費用負担のあり方に一石を投じた。「快適さ」「安全」「清潔」に要するコストとその負担方法などを通じて、各区は公衆トイレのあり方を模索している。

「悪名」高い公衆トイレについて、改善とイメージアップに取り組む動きが、23区の中で進んできている。

台東区は「さわやかトイレ整備方針」に基づき、公衆トイレの改修・改築を進める一方、毎日の清掃回数を2回程度から3～4回に増やして、改善を図っている。同区は「国際観光都市にふさわしいトイレ整備を目指したい」とし、観光事業の振興にもつなげる考えだ。

荒川区も今年度、区内84カ所の公衆トイレについて、清掃回数を増やすことなどに取り組む。約1億3千万円を予算で確保。全施設に、消臭剤と清掃用ブラシを新たに設置した。

清掃ブラシは、利用者自身に簡単な清掃をしてもらうために設置。同時に、美化意識を醸成したいとの狙いがある。だが、区担当者によると「消臭剤と清掃ブラシの約7割が設置直後に盗まれた」という。予想外の事態に区は見回りを強化した。

同区はトイレットペーパーの設置も始めた。放火やいたずら防止のため、未設置の自治体が多い。常備は費用増にもつながるが、区担当者は「水に溶けないティッシュ、ひどいときは布などをトイレに流され、配水管を損傷する深刻な事故も起きている」といった実情から、決断したという。同区は「公衆トイレは区の『顔』。汚いと、区の景観やイメージを損ねる」と意義を強調する。

福祉トイレ設置を都が助成

既存の公衆トイレ施設の中には、老朽化などで「清掃回数の増加では改善が困難な施設も多い」という。加えて、車いす利用者、高齢者、子ども連れの親、オストメイト（人工肛門・膀胱保有者）など、多様な利用者を想定した福祉型の「誰でもトイレ」の設置ニーズなどへの対応も、新たに必要になってきた。

しかし、新改築費用の負担は、各区にとって既存施設の運用費以上に頭の痛い問題だ。そのため、建て壊しを機に、公衆トイレ自体を廃止するケースも目立つ。

東京都は昨年度、区市町村への助成制度として「とうきょうトイレ整備事業」を創設した。「誰でもトイレ」の設置を中心に、都内全域における公衆トイレの適正配置を狙っており、各自治体の申請に基づき補助金を出す。23区では江東、葛飾区の全域と、大田区の一部地域が、昨年度に認可を受けた。都は「民間の施設も含めて、トイレ空白地帯をなくす」としている。

荒川公園トイレ（荒川区）。清掃ブラシ、消臭剤を今年度から設置

有料化は浸透するか？

公衆トイレに関するコスト増と、効率化に伴う受益者負担の観点から、近年、有料化の議論も浮上している。

千代田区は06年、都内初の区営有料トイレ施設を、秋葉原駅東側に設置した。同施設には、外部委託の係員が常駐。利用料金は1人100円で、障害者、小学生以下は無料。パソコン設備のほか、喫煙コーナーを併設している。区によると「1日平均200人ほどの利用がある」という。

千代田区は03年度、有識者などの「公衆トイレに関する検討協議会」を庁内に設けて、公衆トイレ運営の方向性を議論。その過程で有料化が浮上してきた。

利用者から直接徴収する方法のほか、屋外広告との連動などもコスト削減の方策として挙がっている。いずれも世界各国での事例は多いが、日本での導入ケースはまだわずかだ。

千代田区の有料トイレ施設横で通行人に尋ねたところ、「秋葉原駅やビルにきれいなトイレがあるので、わざわざお金を払って使わない」と答えた人が多かった。公衆トイレに料金を払うことへの抵抗感はまだ根強いようだ。

有料トイレの浸透を含め、公衆トイレの費用負担をめぐる、利用者側の意識改革の可能性は、現状で未知数のようだ。

港区

防犯設備に助成金 共同住宅の共用部

港区は共同住宅の共用部分に防犯設備を設置する際の助成事業を始めた。

助成対象となるのは、防犯カメラシステム、センサー付きライトやセンサー付きアラーム、オートロックシステムなど。かかった費用の2分の1（上限50万円）を助成する。対象者は区内の分譲マンション管理組合や賃貸住宅所有者。建造物の条件は、▽建築基準法そのほか関係法令に適合していること▽現に住宅として使用されていること▽一棟の戸数が7戸以上。

助成は7月31日まで受け付け、30日現在で59件の申し込みがあった。過半数は分譲マンション管理組合という。

区によると、2003年の区内の住宅総数は9万2640戸で、そのうち共同住宅が8万330戸で87%を占めた。その後も同区では人口増に伴い、マンションが増加する傾向が続いている。

区では、06年度から、個人の住宅については、玄関や窓に補助錠をつけるなどの防犯対策を行った場合、費用の2分の1の助成を行ってきた。今回、区内の住宅の大半を占める共同住宅についても対象とし、区民の不安解消に努めることにした。

区防災・生活安全支援部では「共同住宅に外部から侵入して犯罪が起こることも考えられる。防犯設備設置への助成で、区民が安全で安心して生活ができることを目指している」と話している。

記者席

静かに深まる怒り

○……区役所で取材先の係を目指して歩いていたら、職員から「後期高齢者の関係ですか」と呼び止められた。ふと見ると、すぐ傍らの札に「後期高齢者医療制度の方はこちら」などと書かれている。受付の前には、高齢者や付き添い者の行列。今年度の保険料通知を行ったことで、問い合わせに来た人たちだ。「いえ、別の用事です」と断って取材先の係に行った。

取材を終えてエレベーターに乗ると、同時に乗り込んだお年寄りが、妻と思われる人に向かって言った。「今度の選挙は、共産党に入れる」。言葉に怒りがにじんでいる。後期高齢者医療制度に関して、納得のいく回答が得られなかったのだろう。4月の混乱から3カ月余り。高齢者の怒りが静かに深まっている。

○……国政与党で「福田降ろし」の動きが活発になり、都議選前の解散総選挙が避けられない情勢となっている。衆院選は、都議選の前なのか、後なのか。7月30日、都議会自民党の新執行部が石原知事と会見した際にも、「どうなの」と心配されたという。

高島直樹幹事長は、「一概には言えないが、今の状況の中では、できれば都議選の前に、きちんと国会の姿、選挙の姿を出していただきたいという思いがある」と語った。

○……公費での出張時に取得した航空会社のマイレージを国家公務員が私的に流用している問題を受け、政府は職員に出張専用のカードを作らせ、各省庁で管理する方針を決めた。すでに取得しているカードとは別会社のものを作り、所属省庁に届け出を義務付ける。各省庁はマイレージの利用状況を確認し、不正利用がないかチェックする。具体的な管理方法などは各省庁で検討するという。

民間ではあまり問題とならないマイレージ取得も、公務員に対しては国民の目線も厳しい。某インターネットのアンケートでは「国は損しなくても、公務員個人が得をするので反対」という意見が4割近くと最も多かった。マイレージに限らず、公費で得た利益は公務に還元する仕組みづくりが必要だろう。

大原正行教育長インタビュー

常に緊張感を持って仕事を

各局と連携しビジョンを推進

大原正行氏が7月13日付で教育長に就任した。いじめや学力低下、教員の資質向上など数多くの難問を抱えるなかで、今後は第2次教育ビジョンに盛り込まれた施策をいかに具体化していくかが大きな課題になる。また、教育委員会制度を有効に機能させるための事務局トップとして重要な役割も担っている。そこで、第2次教育ビジョンをはじめ、学校教育や教育行政、教育委員会制度などについて、大原教育長にインタビューした。

求められる教育行政の透明性

――教育長に就任してどんなことを感じていますか。

いじめや非行、学力低下、教員の資質向上など、いずれも難しい問題で、決め手となる解決策があるわけでなく、あらゆる対策を講じて対応していかなければならない。教育行政の重要性と責任の重さを痛感している。

――教育長に就任してすぐに大分県での全国都道府県教育委員会連合会総会に出張となりました。大原教育長は全国の教育長協議会の会長も務めていますが、率直な感想はいかがですか。

今回の会議では、大分県で汚職事件が起こったことに鑑みて、教育委員長協議会と教育長協議会が合同で、教員の採用及び昇任選考に関する信頼の確保についての宣言を出した。これは、都道府県教育委員会として、国から指示があってから動くのではなく、自ら主体的に点検を行っていくという姿勢を示したもので、極めて重要なことだ。協議会や各都道府県教育委員会が主体的に動かなければ、教育行政に対する国民の信頼を取り戻すことはできない。この事件に直面して、我々は常に緊張感をもって仕事をしていかなければならないとの思いを新たにした。

――学校教育ではどんなことが大切だと考えていますか。

都内の公立学校には約90万人の子供が通っており、6万人を超える教職員が勤務している。学校教育では、いつの時代でも学力の確保と健全育成が重要であることは変わらない。その上で、新しい教育課題に対応して指導を行っていくことになる。教育改革を大胆に行うことはもちろんであるが、教育活動を積み重ねた成果を踏まえて様々な施策を推進していくことを忘れてはならない。子供たちが現実に成長した姿を都民が実感してこそ、教育に対する信頼が高まるものと考えている。

――都教育委員会では5月に「東京都教育ビジョン（第2次）」を策定しましたが、どういうことに重点的に取り組んでいきますか。

ビジョンでは20の推進計画について今後の5年間で特に重点的に取り組んでいくとしている。この中には、学校がこれまで努力を重ねてきたことに加え、外部の人材の力を取り入れて、一層効果的に教育を進めていくことも示している。外部人材の活用については国の教育振興基本計画にも記載されている。外部人材の活用には、教職員の自分たちだけで教育活動を行っていくという意識を改革することが必要だ。

また、小学校に入学する前の段階で、幼稚園でも保育所でも共通して子供が学ぶべき内容について就学前教育として取り組んでいくことも示している。保育所は福祉保健局が所管しており、私立の幼稚園は生活文化スポーツ局が所管している。就学前教育は、局を越えた取り組みになる。教育の対象となる範囲は幅広く、学校生活にとどまらず子供の生活全般に目配りし、各局と連携して教育行政を進めていくことが必要だ。

――教育委員会の制度についての議論がありますか、どのような意見を持っていますか。

都教育委員会は、高い見識、広い視野、豊富な経験と実績を持つ委員から構成されており、都の教育行政の改革に不可欠な存在である。委員は、月2回の定例委員会で、教育に関するあらゆる施策について精力的に討議、決定するとともに、日常的にも事務局と連携をとって、レイマンコントロールの実をあげている。教育委員会制度を有効に機能させて、教育行政を充実させ、都民の信頼を得ることが我々事務局の役割であると考えている。

――前職の知事本局長の経験から見て、教育行政についてどんなことを考えていますか。

オール都庁では「10年後の東京」が出されており、施策をローリングするとしている。教育庁でも「東京都教育ビジョン（第2次）」では、推進計画を5年間の年次計画として具体的に示している。また、地教行法では教育委員会には点検・評価の実施が義務付けられた。

こうした動きを見ると、教育行政に関して、教育施策の内容の充実とともに、政策の進行管理や点検・評価、その結果の都民への公表ということにも焦点が当てられ、教育行政に一層の透明性が求められていると考えている。

――最後に、職員に期待することをお願いします。

私はこれまでに都立病院、職業訓練校に勤務した経験があり、今回、教育長に就任した。いずれも「先生」が組織目標達成のための立役者という「先生職場」だ。目的を達成するには、先生方にいい仕事をしてもらわなければならない。我々事務方が、先生におもねったり、馴れ合ったりしてはダメで、節度と尊敬の念をもって接していくことが大切だ。職員にも、その意識を持って仕事に取り組んで欲しい。

趣味も、座右の銘も「特にない」という。ただ、太りすぎには気をつけているとか。中大法卒、58歳。

「生きる力」を育む

第2次教育ビジョン ⑥

有識者に聞く《3》

東京家政大学家政学部教授　網野武博

重要な幼稚園・保育所の役割

第2次教育ビジョンにおける施策展開の三つの視点の第一にあがっているのが、家庭や地域の教育力向上を支援する視点です。その方向は、「家庭の教育力の向上」「幼稚園・保育所における教育的機能の向上」「すべての都民の参加による地域教育力の向上」です。

そこで、筆者は東京都教育ビジョンの点検・評価に関する有識者の一人として、この三つの方向を踏まえつつ、とくに家庭や地域の教育力向上に果たす幼稚園・保育所の役割について述べたいと思います。

近年、わが国における幼稚園と保育所の役割の広がりは、ビジョンに示されている幼稚園・保育所における教育的機能の向上に関する現状と課題、そして重点施策の1～5と最も深く関連しています。

一つは、一人ひとりの子どもの発達の連続性を踏まえた教育の連続性の重視であり、もう一つは、家庭養育、家庭教育を支援する幼稚園、保育所の役割の重視です。このことは、東京都における幼稚園や保育所への就園率の高さ、特に義務教育就学の1年前の殆どの子どもたちが、幼稚園か保育所に通っている現状を踏まえるとき、一層重要なものであると考えます。

■教育の連続性

2007年の学校教育法改正によって、幼稚園が同法第1条で定義する学校の最初に位置づけられたことは、幼稚園から大学までの連携を視野に入れた協働の重要な一歩と考えています。

乳幼児期を生涯にわたる発達の連続性、教育の連続性の出発点として重視するとき、教科教育の前段階にある幼稚園が生涯にわたる人格形成の基本を形成する場として、生きる力の基本を身に着ける場として、これまでより一層その重要性が問い直されてきます。

その場合、考慮すべきことは、小学校との連続性を踏まえた教育の充実が、小学校におけるいわゆる教科教育との連続性に視野をおきすぎないことです。幼児期の子どもたちにとって、親や魅力ある大人たちから十分に慈しまれ、信頼され見守られる環境の中で、心豊かな人間性、創造性を育むことが、必ずや一人ひとりの個性と可能性を開花させる基盤となることを銘記したいものです。

例えば小1問題といわれる状況への対応も、小学校への準備教育的視野よりも、この視点を重視した親や教員、子ども同士そして地域の様々な人々とのヒューマンな関わりを重視する方向が、きわめて重要であると考えます。むしろこの視点で、の小学校との連続性や、幼小連携についても考慮する必要性があるように思います。

また、保育所が従来型の児童福祉施設としての役割を超えた重要な乳幼児期の保育・教育の機能を一層果たしつつあり、また幼保一体化がすすんでいる状況は、いよいよ本格的な保育所と小学校との連携が求められる時代を迎えています。

認定こども園設置や、幼保連携を促進する施策とともに、保小連携の促進は、今後一層必要となり重視されることが予測されます。とくに来年度から施行される新保育所保育指針では、保育所が市町村の協力の下、就学前の幼児の卒園の際に、子どもの育ちを支えるための資料（「保育要録」）を小学校に報告する義務が生じたことは、画期的なことです。

■子育て支援の促進

ビジョンの中でも家庭の教育力に関する様々な現状と課題が指摘され、そのための家庭教育力の向上や親への支援体制の充実が謳われており、社会教育、家庭教育の充実を通した重点施策の展開が期待されるところです。保育所は、まさにそれ自体が役割・機能の一つとなっていますが、ここでは、幼稚園の役割と課題についてふれたいと思います。

幼稚園、保育所における家庭教育支援、子育て支援としては、いわゆる保育に重きを置いた支援、子育てに関わる相談・助言、様々なテーマに関する諸活動・行事などが主となります。

保育に重きを置いた支援は、本来の幼稚園の目的とは馴染まないものと考えられていたにもかかわらず、今世紀に入り、特に幼稚園が教育課程に係る時間終了後に行うとされている預かり保育は、幼稚園における子育て支援の典型として非常に普及しました。ビジョンでは、この視点は含まれていません。

一方、地域子育て支援を重要な目的の一つとしている認定こども園については、その設置促進を図ろうとしています。また、相談・助言を通した支援へのニーズは非常に高まっていますが、幼稚園の役割としては現状では、重視されていません。

このような状況の中で、とくに地域子育て支援の対象とされる乳幼児を育てている保護者の方々に対して、幼稚園がどのような役割を果たすのか、今後少なくとも検討はしておく必要があるのではないかと考えます。

◇

あみの・たけひろ＝厚生省児童家庭局児童福祉専門官、日本総合愛育研究所研究第5部長、調査研究企画部長、東京経済大学教授、上智大学教授を経て現職。社会保障審議会委員、東京都児童福祉審議会委員長、全国ベビーシッター協会会長などを歴任。著書に『児童福祉学』『家族援助論』（編・共著）『福祉心理臨床』（同）など。

＝おわり

教職員のキーワード 69

大分県教育委員会の教員採用をめぐる汚職事件についての報道が続いています。ところで、教員の採用は選考によるとされています。首長部局の公務員の採用とは、どこに違いがあるのでしょうか。

選考と競争試験

公立学校の教員の採用に関係する法律には、地方公務員法と教育公務員特例法があります。二つの法律の関係では、特別法である教育公務員特例法の規定が一般法である地方公務員法の規定に優先します。

地方公務員の任用について地方公務員法第15条は、「職員の任用は、この法律の定めるところにより、受験成績、勤務成績その他の能力の実証に基づいて行わなければならない」と定めています。これは、成績主義（メリット・システム）をとるということを示しています。

首長部局の職員の採用については、選考が行われる一部の職種を除いて、競争試験が行われます。競争試験の受験資格については、地方公務員法第19条に「競争試験は、人事委員会の定める受験の資格を有するすべての国民に対して平等の条件で公開されなければならない」と規定されています。競争試験に受験資格を設ける場合については、この趣旨を踏まえて、同条第2項は、「人事委員会は、受験者に必要な資格として職務の遂行上必要な最少且つ適当の限度の客観的且つ画一的要件を定めるものとする」と定め、制限を最小限にするようにしています。

一方、教育公務員特例法第11条は、「公立学校の校長の採用並びに教員の採用及び昇任は選考による」ものとしており、その選考は、大学附属の学校以外の公立学校にあっては「その校長及び教員の任命権者である教育委員会の教育長が行う」と規定しています。

選考というのは、特定の候補者について、その職にふさわしい能力があるかどうかを実証する方法です。対象者が限られているという点が、競争試験と異なります。教員は教育職員免許法に基づく免許状を持っていることが必要ですから、免許状取得者及び取得見込み者を対象に選考が行われます。

競争試験と選考は、受験者の対象についての扱いが異なるだけで、実施する目的は同じものと考えられます。

地方公務員法第20条では、「競争試験は、職務遂行の能力を有するかどうかを正確に判定することをもってその目的とする」と定めています。さらに、競争試験の方法について、「競争試験は、筆記試験により、若しくは口頭試問及び身体検査並びに人物性行、教育程度、経歴、適性、知識、技能、一般的知識、専門的知識及び適応性の判定の方法により、またはこれらの方法をあわせ用いることにより行うものとする」と定めています。

教員採用の選考では、筆記試験、面接、実技などが実施されています。これは、法の趣旨を踏まえて、職務遂行の能力を有するかどうかを見るために、複数の方法をあわせ用いているわけです。

大田桜台高が来春開校

特別支援学校の青峰学園も

都教育委員会はこのほど、都立大田桜台高校と都立青峰学園を新設するため、都立学校設置条例と同施行規則を一部改正することを決めた。第3回都議会定例会に改正案を上程し、来年4月に開校する予定。

大田桜台高校は、都立赤坂高校と市ヶ谷商業高校を統合し、全日制進学型専門高校として設置するもの。学校像として「ビジネスを通して、社会への興味・関心を育み、将来の進路を選択できる学校」などを掲げ、ビジネスコミュニケーション科を設置。前期・後期の2学期制で、学級数は18学級（630人）を予定している。

私大文系への進学を想定し、カリキュラムを編成。英語や国語を重視するとともに、キャリア教育も行う。また、開設準備室では、学校PRの一環として外国語（英語）やビジネス（商業）などの「出前授業」を実施している。

大田桜台高校は都立赤坂高校敷地で開校するが、2011年度には大田区中馬込の旧都立南高校敷地に建てる新校舎に移転する。

一方、青峰学園は、知的障害が軽い生徒を対象として専門的な教育を行う知的障害教育部門と、肢体不自由の児童・生徒を対象として専門的な教育を行う肢体不自由教育部門を設置する。知的障害教育部門は各学年4学級（40人）で合計12学級（120人）、肢体不自由教育部門は通学区域の児童・生徒を対象とする。

同学園は知的、肢体不自由の両教育部門を併置した特別支援学校として、地域での特別支援教育のセンター的機能を発揮することが求められており、「地域社会・保護者に信頼される開かれた学校づくりを推進する」ことを教育目標に掲げている。

知的障害教育部門では、生徒全員の企業就労に向けた「就業技術科」を設置するほか、実際の職場を想定した模擬職場体験、インターンシップなどの教育課程を予定。肢体不自由教育部門では「個に応じた指導方法を工夫して、学習への興味、関心、意欲を育てながら学力の伸長を図る」などとしている。設置場所は、青梅市大門の旧都立青梅東高校敷地。

高校進学率が過去最高

中学卒業者の進路調査

都教育庁

今春卒業した都内公立中学生の進学率が97・28%と過去最高を記録したことが、都教育庁がまとめた2007年度の「公立中学校卒業者の進路状況調査（中間発表）」結果で明らかになった。10月下旬には小学校、高等学校、特別支援学校などの進路状況を含めた「公立学校統計調査報告書」を公表する予定である。

調査は、公立中学校643校の卒業生7万2690人を対象に実施した。この結果、就職進学者を含む進学者は7万7710人で、進学率は前年度と比べて0・21ポイント増加した。このうち高等専門学校を含む高等学校全日制への進学者は6万5888人となり、同0・33ポイント増加。内訳は都内公立が3万9941人、同私立が2万2895人、同国立が306人、他県への進学者が2746人となっている。

一方、高等学校定時制への進学者は3322人となり、進学率は0・06ポイント減少。専修学校や就職者についても、それぞれ621人、492人で、入学率、就職率いずれも前年度を下回った。

また、在家庭者も734人で、前年度に比べて13人減少した。

来年度使用の教科書採択へ

特別支援小中学部

来年度に使用する都立特別支援学校の小学部と中学部の教科書採択について、東京都教科書図書選定審議会はこのほど、教科書採択案は適切であるとする答申をまとめた。これを受け、都教育委員会は、特別支援学校用の教科書採択案や調査研究資料などを参考に、都教委の責任と権限のもとに教科書採択を行うことになる。

毎週金曜 3面は 教育オンライン

地上43階建て、総戸数828戸　定期借地権付タワーマンション

「シティタワー品川」堂々完成。

外観(平成20年5月撮影)

家族で住む都心

東京を代表する最先端エリアのひとつ、都心・港区。その中で、ここ数年東海道新幹線の発着駅となるなど、ダイナミックな変貌を遂げた「品川」駅から徒歩10分に誕生した「シティタワー品川」。43階建てのスタイリッシュなフォルムが際立つこのタワーマンションは、豊かでいきいきとした東京居住の実現を目的に計画された住まいです。大都市・東京で、数多くのファミリー世帯が安心・快適に暮らすことのできる良好な居住環境、「家族で住む都心」を創出しました。様々なファミリーライフを想定し、3LDKを中心に2LDK～4LDK、25タイプの多彩なプランバリエーションをご用意。JR主要路線、京浜急行本線が乗り入れる快適なアクセスで、都心通勤だけでなく、出張にも便利な職住近接の生活スタイルを叶えました。

コンセプト

数多くのファミリー世帯が安心・快適に暮らすことができる良好な居住環境

「家族で住む都心」を創出しました。

豊かでいきいきとした東京居住の実現を目的に計画された住まいです。

事業の目的

定期借地権制度の活用により、都心において、一般のファミリー世帯向けの分譲住宅を供給します。

本プロジェクトは、東京を活力と魅力にあふれた都市として再生するため、都心居住の推進、少子・高齢化対策等を目的として、品川新拠点にふさわしい職住近接の街の形成を図っていくものです。
具体的には、定期借地権制度の活用により、都心部での一般のファミリー世帯向けの定期借地権分譲住宅の供給および周辺地域に必要な生活利便施設等の整備を図るとともに、転貸方式を採用する等、定期借地権を活用する具体的なモデルを示すことにより同制度の普及促進を図ることをねらったものです。

施設計画・事業計画

◎施設全体・まちづくり・周辺環境との調和

八角形の個性的なフォルムを形成し、敷地を四隅の広場とすることで、地域の道路や公園とつながりを持たせるなど、周辺環境との調和を図るようつとめています。

◎快適性に配慮した住宅

将来の更新に対する具体的な案として、ダブルチューブ構造とすることで、大梁以外の梁を大幅に減らし、プランニングのフレキシビリティを高めています。また、SI思想に基づき、共用竪管を共用廊下に添って設置することにより、ライフスタイルやライフステージの変化に対応可能としています。また、共用竪管の更新については、更新用のスペース(住戸専用のトランクルームスペース)をあらかじめ確保することで配慮をおこなっています。

◎生活利便施設

都心居住像を盛り込んだ施設のプランニングに関しては、立地環境を踏まえて、スーパーマーケット、医療施設および保育所等、都心居住にふさわしくかつ、地域に必要な施設を具体的に提案しています。

※将来施設内容等が変更となる場合があります。

販売スケジュール

■現地サンプルルーム公開期間

平成20年7月31日(木)～平成20年8月18日(月)

※公開受付時間は午後4時までとなります。ご予約は受付しておりません。

※ご見学いただく住戸およびご見学時間は、指定させていただきますので、あらかじめご了承ください。

※ご来場多数の場合および天候などにより、入場の制限・中止をさせていただく場合がありますので、あらかじめご了承ください。

※駐車場はございませんので、お車でのご来場はご遠慮ください。

■パンフレット配布期間

平成20年7月31日(木)～平成20年8月25日(月)

【パンフレット配布場所】

- 「シティタワー品川」販売センター(住友三田ビル2階)/東京都港区芝5-37-8
- 新宿住友ビル別棟1階/東京都新宿区西新宿2-6-1
- 「シティタワー品川」現地/東京都港区港南4-2-6および7

※「シティタワー品川」現地は、平成20年8月18日(月)までとなります。ご注意ください。

※駐車場はございませんので、お車でのご来場はご遠慮ください。

■郵送登録受付期間

平成20年8月19日(火)～平成20年8月25日(月)

※平成20年8月25日までの消印のみ有効

「シティタワー品川」の魅力

■定期借地権制度を活用した新しい住まい

■JR「品川」駅へ徒歩10分、東京モノレール「天王洲アイル」駅へ徒歩15分の好立地

■3LDKを中心に2LDK～4LDK、全25タイプの多彩なプランバリエーション

■「住宅性能表示」「マンション環境性能表示制度」に基づいた表示の取得

■大規模マンションならではの充実した共用施設と上質なサービス

■大梁以外の梁を大幅に減らしプランニングのフレキシビリティを高めるダブルチューブ構造の採用

■24時間有人管理のセキュリティ

■敷地内にスーパーマーケット、医療施設、保育所などの店舗や生活利便施設が充実

■公園や教育機関などが多く良好な周辺環境

充実のサービス、施設

「シティタワー品川」は、「家族で住む都心」にふさわしい様々な魅力を備えています。空に伸びる八角形の個性的な外観フォルムは、明日の豊かな東京生活をシンボライズ。敷地の四隅を広場とし、地域の道路や公園とつながりを持たせるなど、近隣や周辺環境に対しての配慮も行っています。また、ゆとりや便利さ、美しさをもたらすサービスや施設の充実も注目のポイント。

開放感とグレード感を創出したエントランスホールには、コンシェルジュカウンターを設置。コンシェルジュが日々のこまごまとした取次、手配、紹介など、ホテルライクなコンシェルジュサービスで暮らしをサポートし、利便性を高め、安心と充実の毎日を演出します。

ライフシーンを彩る共用施設に目を向けると、記念日のお祝いなどに利用できるパーティルーム。ゲストの方の宿泊のためにご用意した2室のゲストルーム。お子様がのびのび遊べるキッズコーナー。それに会員型レンタカーサービスやレンタサイクルサービスも暮らしに合わせて活用できます。さらに、本物件内には店舗や生活利便施設が充実。スーパーマーケット、医療施設、保育所などが、快適で便利な都心ライフをサポートします。


【エントランスホール】

内部の上質な住まいを物語る優美で重厚感あるしつらえを施しました。広さと高さを兼ね備えた明るく開放感のある空間が、リラックスした心地を与え、ここに住む誇りを感じさせます。

エントランスホール(平成20年5月撮影)

新しい住まいのあり方、定期借地権付マンション

「家族で住む都心」の実現―そこには、大きな要因があります。定期借地権制度の活用です。定期借地権とは、土地の所有者から50年間以上の一定期間を定めて土地を借り、建物の敷地として利用する権利。「シティタワー品川」は、その定期借地権付マンションとして登場しました。土地所有者は東京都で、土地の賃借期間は72年間。建物は所有者、しかし、土地は所有ではなく利用する、新しい住まいのあり方を提唱しています。定期借地権だからこそ、同じ広さ、同じ設備・仕様の空間をより安く購入できるメリットがあります。

権利形態について

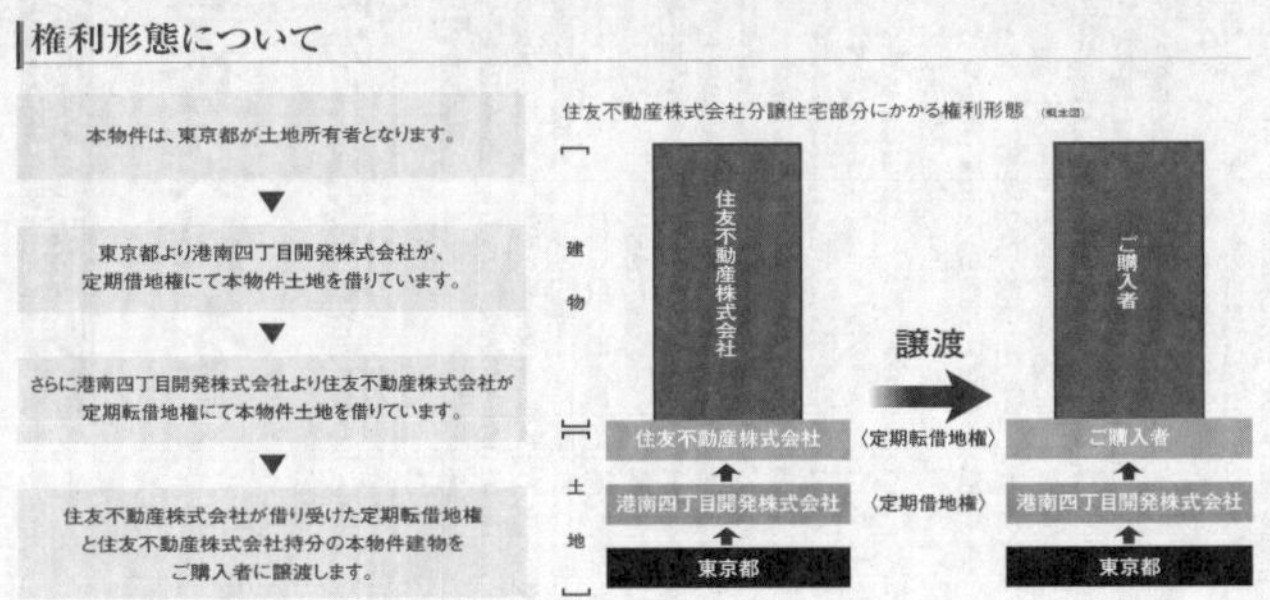

役割について

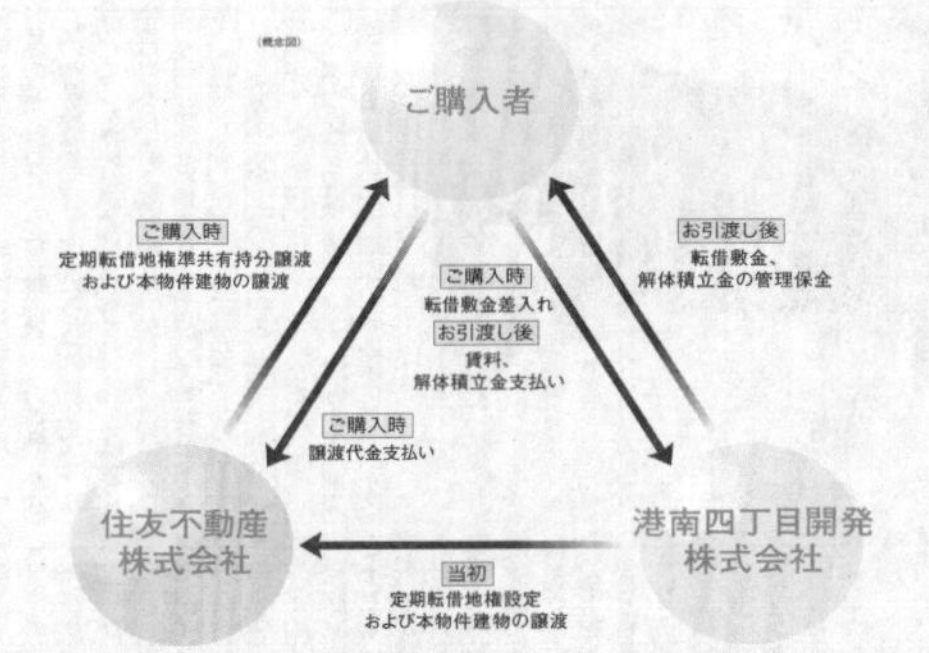

港南四丁目開発株式会社について

商号：港南四丁目開発株式会社／本店：東京都新宿区西新宿二丁目4番1号／会社成立の年月日：平成17年9月15日／株主：住友不動産株式会社、住友不動産建物サービス株式会社、株式会社竹中工務店、東京瓦斯株式会社、株式会社日立ビルシステム（平成20年6月2日現在）／目的：1．東京都港区港南四丁目における「港南四丁目第3団地建替プロジェクト（民間施設ゾーン）」における定期借地権共同住宅、店舗、保育所、医療施設の開発、販売　2．前号の諸施設の敷地の賃貸借　3．第1号の諸施設の管理業務受託　4．前各号に付帯関連する事業

都心立地が生み出す、ゆとりの時間

ＪＲ「品川」駅からは、東京駅、新宿駅、新橋駅などビジネスエリアへのダイレクトアクセスが可能。世界有数のファッションエリアである銀座などレジャースポットへのアクセスもスムーズ。さらに、りんかい線「天王洲アイル」駅からはお台場方面へ、東京モノレール「天王洲アイル」駅からは羽田空港も身近です。軽快なフットワークを実現する利便性に優れたロケーションです。

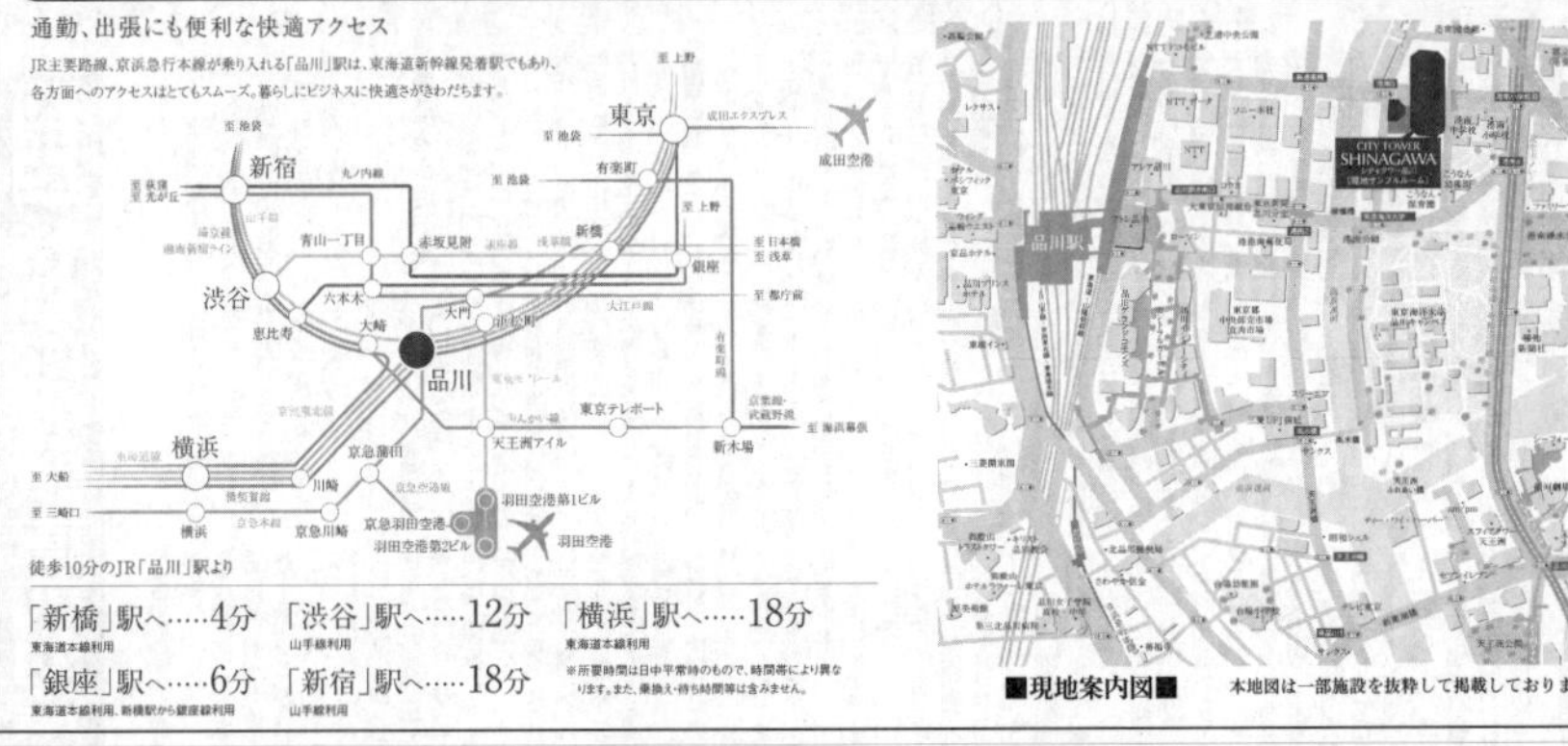

■現地案内図■　本地図は一部施設を抜粋して掲載しております。

家族の安心・快適な東京生活へ

上階から眼下に広がる都心やベイサイドのダイナミックな眺望も、言うまでもないタワーマンションならではの醍醐味。この景観が暮らしを彩り、日常に感激を与えます。

また、「シティタワー品川」は、安全・安心な住まいの証として「住宅性能表示制度」による性能評価を受け、家庭部門の温暖化対策として東京都が実施している「マンション環境性能表示制度」でも、評価を得ています。

「家族で住む都心」を実現したこの定期借地権付マンションで、ご家族の新しい快適な東京生活を始めませんか。


家庭部門の温暖化対策でも評価を得ている「シティタワー品川」

家庭部門の温暖化対策として、東京都が実施しているマンション環境性能表示制度。これは、都民の健康と安全を確保する環境に関する条例（環境確保条例）に基づき、「建物の断熱性」「設備の省エネ性」「建物の超寿命化」「みどり」の4項目の評価について、星印(★)の数で示したラベルを販売広告に表示することを義務づけたもので、「シティタワー品川」は、★2つ以上となっています。

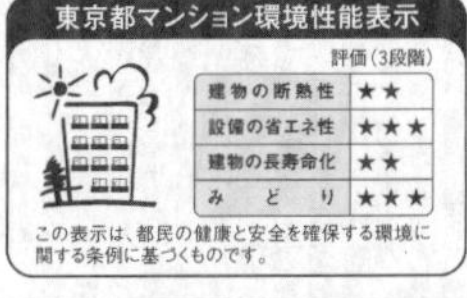

住友不動産

お問い合わせは「シティタワー品川」販売センター
フリーダイヤル 0120-470-032
携帯電話からは 0570-064-708 (通話料 有料)
営業時間／午前10時～午後6時
www.ct-shinagawa.com

■物件概要　●名称／シティタワー品川●所在地（地名地番）／東京都港区港南四丁目4番13号●交通／山手線「品川」駅 徒歩10分、東京モノレール「天王洲アイル」駅 徒歩15分●用途地域／第一種住居地域●建ぺい率／60％●容積率／400％(総合設計制度による容積割増あり)●敷地面積／10，092．03㎡●建築面積／5，087．67㎡[うち東棟：4，213．95㎡／西棟：873．72㎡]●延床面積／96，148．41㎡(容積対象面積78，913．41㎡)[うち東棟：94，011．32㎡(容積対象面積76，872．19㎡)／西棟：2，137．09㎡(容積対象面積2，041．22㎡)]●構造・規模／東棟：鉄筋コンクリート造地上43階塔屋1階建　西棟：鉄骨造地上3階建●建築確認番号／東棟：東防建確第0555号（平成18年2月1日付／西棟：東防建確第0600号（平成18年2月2日付）●計画変更確認番号／東棟：東防建確第0555の5(平成20年4月7日付)／西棟：東防建確第0600号の3(平成20年4月7日付)●総戸数／828戸●駐車場台数(全体)／311台●駐輪場／1，245台●バイク置場／30台●分譲後の権利形態／土地：専有面積割合による定期借地権(定期転借地権)の準共有、建物(専有部分)：区分所有権、建物(共用部分)：専有面積割合による所有権の共有●管理形態／区分所有者全員により管理組合を結成し、管理会社に管理を委託●管理会社／住友不動産建物サービス株式会社●建物竣工日／平成20年4月21日●入居予定／平成20年11月上旬●事業主体／港南四丁目開発株式会社●売主／住友不動産株式会社：国土交通大臣免許(13)第38号、(社)不動産協会会員、(社)首都圏不動産公正取引協議会加盟 〒163-0820 東京都新宿区西新宿二丁目4番1号（新宿NSビル）Tel：03-3346-8990●設計・監理／株式会社 竹中工務店　東京一級建築士事務所●施工／株式会社 竹中工務店　東京本店
■販売概要　●販売戸数／809戸●間取り／2LD・K～4LD・K●住戸専有面積／73.89㎡～114.27㎡●バルコニー面積／10.35㎡～19.63㎡●ポーチ面積／1.89㎡～3.65㎡●花台下部室外機置場面積／0.28㎡～0.92㎡●販売価格／2，247万円(2戸)～4，347万円(1戸)●最多価格帯／3，200万円台(129戸)●管理費(月額)／12，477円(80戸)～18，463円(1戸)●修繕積立金(月額)／7，020円(80戸)～10，856円(1戸)※初年度●賃料(月額)／13，891円(80戸)～21，483円(1戸)●解体積立金(月額)／2，438円(80戸)～3，771円(1戸)●転借敷金(引渡時)／416，730円(80戸)～644，490円(1戸)●修繕積立基金(引渡時)／354，672円(80戸)～548，496円(1戸)●管理準備金(引渡時)／22，020円(80戸)～34，052円(1戸)●駐車場台数／278台(月額使用料：24，500円～48，000円)●駐輪場／1，220台(月額使用料：250円～350円)●バイク置場／27台(月額使用料：1，000円)●取引条件の有効期限／平成20年8月25日

都09年度 組織・定数 人材派遣を積極活用

病休など欠員時も 執行体制を確保
削減目標の達成に危機感も

都総務局人事部は7月31日、来年度の組織・定数および監理団体職員数等の調整方針を各局に通知した。組織と定数の一体的な管理を推進し、既存の枠にとらわれない抜本的な見直しなど、徹底した内部努力を行い、少数精鋭による効率的な執行体制の構築を求めた。07年度から3カ年で4千人の定数削減を掲げた「行財政改革実行プログラム」の最終年度に向け、各局にはさらなる改革が求められる。組織改正計画および所要人員計画の提出は9月18日、再雇用関係は10月2日となる。

4千人の削減目標に対し、過去2年間の削減実績は2267人。目標を達成するには最終年度となる09年度に43％にあたる1733人を削減しなければならず、人事部の危機感は極めて高い。今年の組織定数査定では、これまで以上の厳しいやり取りが予想される。

そうした中、今回の組織・定数方針で、人事部が特に強調しているのが「最適な組み合わせによるスリムで機能的な執行体制の構築」だ。これまで通り、民間にできることは民間に委ねる原則のもと、非常勤職員や人材派遣、任期付職員などを積極的に活用した執行体制の確保を明確に示した。具体的に表したのが、人材派遣の活用だ。

例えば、病休者の増大や育児短時間制度の導入に伴い、知事部局等の長期休暇者は1750人（06年度）に及ぶが、少数精鋭体制で突発的な欠員が出れば、残された職員の負担が増大し、業務遂行力も低下する。こうした場合にも執行体制を維持できるよう、人材派遣を活用する仕組みを構築。人材派遣を希望する局は必要数を算出し、調査課に要求できるよう見直しを図る。調査課で精査した後、主計部に人材派遣経費の予算措置を申し入れる予定だ。

また、㈶東京都福利厚生事業団では、09年度から都OBを活用した人材派遣事業を開始する考えで検討を進めており、こうした活用も図っていく。

都の人材派遣の導入は秘書など26業種に限っており、知事部局での導入実績も07年4月で22人にとどまっていた。だが今回、人材派遣の活用を打ち出したことに伴い、すべての業種に導入できるよう指針を見直した。

他方、年度途中の突発的な業務増などに対応するため、07年1月には年度途中での係等の設廃や定数内での変更を各局が主体的にできるよう見直しを図ったが、この間、活用が進んでいない。定数内での変更となるため、局からは削減となった部署の実績が次年度査定の基準となることを懸念する声も聞かれたという。

このため人事部調査課では、年度途中で係の設廃や配分定数を変更した場合でも、削減のみ実績として認めることはせず、次年度は変更前の組織定数を基準として要求できる考えを明示した。

さらに方針では、昨年度に続き、局の管理部門と企画部門の見直しを求めた。今年4月の組織改正で課レベルの再編が全局で完了したが、実務レベルではさらなる効率化を図れるケースも見受けられるため、引き続き簡素で機能的な組織への再編を求める。

また、管理職ポストについても、人事管理上の理由から設けたポストを含め、スタッフ職等の積極的な見直しを引き続き求めていく。

人口減少社会の到来により、働き手の確保が一層困難となる一方、多様化する都民ニーズに的確に応える執行体制の整備に向け、どのようにマンパワーを確保するか。人事部にも高いハードルを越えることが求められ、試練の年を迎える。

局際を越えて
● 新任局長に聞く ㊦

政治活動の相談所に

矢口　貴行
選挙管理委員会事務局長

国の内閣官房にいた昨年夏の参院選で自民党敗北を目の当たりにした。「国民向けに、地方や都市部でどういう政策を打ち出すのか、衆院解散総選挙が話題の中心だったので、選挙の実働部隊を任ぜられたことに巡り合わせを感じる」と話す。

選挙管理委員会事務局の仕事は、公正な選挙の執行だけではない。政治資金規正法を所管し、扱う政治団体数は4千を超える。「具体的な政治活動や選挙運動の相談が多く、看板や寄附など『政治活動の相談所』といった感がある」

だからこそ局職員には「区市町村や議員などからの相談も多いので、都選管を代表する気概を持って、しっかり的確に助言してほしい」と期待を込める。

いつ解散総選挙となるか分からない衆院選挙、来年夏の都議選への対応が、当面の課題となる。選挙制度は民主主義の根幹であり、都区市町村の選管が一体となって、万全の体制で一大イベントに取り組むことの重要性を強調する。

東京港管理事務所ふ頭管理課長で課長昇任。50数人の職員、ふ頭ごとに散在する係、港湾運送事業者との調整など「職員と仕事の管理の勉強になった」と振り返る。

第一回目の東京湾大華火祭開催にも携わった。「それまでふ頭に人を入れることはなかった。新聞の巻き取り紙の取り扱いが多く、都民の安全確保、物流業者の仕事の調整などで非常に印象深い」

総務部長として、東京スタジアム建設の融資依頼に奔走した。知事から「独立採算でやれ」と言われ、コンサートやイベントを企画して収益増を図るため、社内で議論の上、陸上競技場のトラック部分を止めて、人工芝に変更した。知事発言に対する危機意識の表れと言える。

都職員は「都民からの仕事の請負人」と定義する。組織には、耕すところから種まき、水遣り、収穫まで、巡り合わせで様々な仕事があり、公務員は異動の都度、新しい仕事を請け負うことになる。「請け負った仕事はきちんとやる」と同時に「言い訳するような仕事のやり方はしない」ことも自ら培った哲学だ。

休日はデジタルカメラを片手に、公園や奥多摩を歩き、花や植物を中心に写す。撮影した画像は「ジャズのピアノトリオを聴き、ウイスキーを口にしながら、ゆっくりパソコンで編集する。それが一番」とのこと。長女の結婚式では「娘の親は出番がないから」と長渕剛の『乾杯』を弾き語りした。東大教卒、55A、57歳。

福本英也・区人事委試験研究室長に聞く

「まずは筆記考査突破を」

チャンス到来 過去最高の合格予定者数

特別区管理職選考が、9月6日に渋谷区の青山学院大学で行われる。大量退職期に入り、管理職の需要数が高まる中、合格予定者数は過去最高となった。その一方、申込者数は前年並みで、受験者にとっては大きなチャンスといえる。出題範囲やポイントについて、特別区人事委員会の福本英也試験研究室長に聞いた。

――まず、今年度の申込状況、合格予定者数について伺います。

「今年度の管理職選考の申込人数は1212人で、昨年度と比べて18人増えています。内訳はⅠ類事務761人、同技術198人、Ⅱ類事務213人、同技術40人で、昨年度よりⅠ類事務は7人、技術は3人の減ですが、他は微増または同数となります。他方、今年度の各区の管理職需要数の合計は207人で、過去最高の合格予定者数となっています。管理職を目指してがんばっている職員には、大きなチャンスだと思います」

――Ⅰ類択一式問題の出題範囲に変更点はありますか。

「ありません。Ⅰ類択一式試験は40題であり、そのうち、事務・技術系の共通問題は28問です」

――択一の共通問題のポイントは。

「まず地方自治制度と地方公務員制度は、条文を中心として関連する重要な判例や行政実例も出題します。いずれも基礎的知識を問うものですから、基本書を繰り返し学習して条文の趣旨を正確に把握することに努めてください。自治六法などにあたる時には、行政実例にも目を通しておくとよいでしょう。時事問題は、区政、地方自治、政治、社会、経済または労働の諸事情など、区管理職として職務を遂行する上で把握しておくべき事項を中心に出題します。新聞の記事を自分なりにリストアップし、その骨子とともに整理しておくことをお勧めします。資料解釈は、グラフや表の読み取り能力を重視し、複雑な計算を要せずとも傾向を捉えることで解答できる問題を中心に出題しますので、得点源として着実に得点してください。07年度の共通問題の平均正答率は約46％でした。過去の問題も公表していますので、有効に活用して効率的な勉強を行ってください」

――専門問題はいかがですか。

「事務専門問題の行政法は、政策立案や実務上の判断に有効な法の適正な解釈、適用に必要な専門知識について、また、財政学・地方財政制度では、行政経営に必要な財政学の基本的な理論や、地方財政の役割・仕組み等に関する専門的知識について、それぞれ基礎的問題を出題します。技術専門問題では、各選考区分の基礎的専門知識に関する問題や関連する法令、技術情勢、技術判断の分野から出題します」

――Ⅰ類記述式問題で気をつける点は。

「Ⅰ類記述式問題では、白書や新聞記事などの資料に基づき、施策立案や事件事故対策などについて部長に提出する提案書としてまとめることで、企画立案能力や政策形成能力を問うものです。答案の中には、提案書として備えるべき現状の分析や課題の設定が不足しているものや、課題と解決策等の間に論理的に結びついていないものも見受けられます。形式は自由ですが、課題に的確に対応した実行性のある施策を立案するとともに、読み手にわかりやすく、説得力や創造性に富んだ内容であることが他に差をつける上で重要です」

――Ⅰ類論文で問われることは。

「Ⅰ類論文では問題意識、論理性、表現力等を検証します。課題は特別区政に関連する一般的なテーマですが、課題に込められた狙いを読み込んで、管理職の立場から、明確な視点を持って、借り物の論ではなく自分なりの問題意識や主張を展開してください。課題に果敢に取り組む姿勢や迫力が伝わる論文を期待しています」

――Ⅱ類の事例式論文で留意すべきことは。

「事例式論文では、職場で起きた具体的な問題に対し、その問題に関する現状認識などを記述した上で、その解決過程を論述してもらい、問題認識、表現力、理解力、判断力等を検証します。即戦力としての管理職が求められていますので、経験等を踏まえて課題を整理、分析し、管理職の立場で自分であればどのように解決するかを論理的に組み立てて、解決策を示してください」

――試験1カ月前です。受験者にアドバイスを。

「仕事が多忙で思うように受験準備が進まない方もいるとは思いますが、筆記考査の合否を左右するのは、最後の詰めとなるこの時期の努力いかんにかかっています。択一式では、これまで勉強してきた事柄をチェックし、ポイントとなるところを確実に自分のものとしておいてください。記述式や論文では、実際の試験時間内で書いてみることもよいでしょう。また、管理職選考は、日々の実務の取り組みや成果に関する勤務評定も重要な要素です。日々困難な課題に前向きに取り組み、成果を出す努力を重ねることも怠らないでください。口頭試問にはⅠ類事務系は合格予定者の1・5倍程度、技術系は1・5倍程度が進出できるので、まずはあきらめずに最大限努力し、筆記考査を突破してほしいと思います。暑い日が続きますが、体調に十分気をつけて、試験当日は、心身ともに万全な状態で臨んでいただきたいと思います。ご健闘をお祈りします」

合格への第一歩は会場へ足を運ぶこと

1千カ所以上で受診可能に
被扶養者等の特定健診

今年度から導入された特定健康診査・特定保健指導で都職員共済組合は、40歳から74歳までの被扶養者・任意継続組合員に対して、特定健診の案内を個別送付した。今月上旬から受診開始となる。一方、組合員への特定健診は、各任命権者が実施する職場での健康診断で対応している。

特定健診・特定保健指導では、実施率や内臓脂肪症候群減少率などの目標値を設定。達成状況に応じて、後期高齢者支援金等へ影響が生じることから、共済組合でも約3万1千人と推計される被扶養者への働きかけが重要になっている。

このため特定健診は、民間の取りまとめ機関を活用、47都道府県の1千カ所以上の医療機関で受診可能とし、利便性の向上を図った。また被扶養者がパート先等で健診を受診したケースでは、データの把握が難しいとして、健診結果を共済組合まで送付するよう呼びかけも行っている。

■都人事異動

8月1日付　◎印昇任

【課長級】▽港湾局離島港湾部副参事＝航空保安担当（国土交通省航空局管制保安部管制課空域調整整備室航空管制調査官）近藤匡生▽東京オリンピック・パラリンピック招致本部招致推進部国際事業担当課長（東京オリンピック・パラリンピック招致本部企画部局務担当課長＝東京オリンピック・パラリンピック招致委員会派遣）鈴木研二▽東京オリンピック・パラリンピック招致本部企画部副参事＝東京オリンピック・パラリンピック招致委員会派遣（主税局税制部税制調査課課長補佐）◎吉野真穂▽東京オリンピック・パラリンピック招致本部企画部副参事＝外務省派遣（教育庁総務部教育政策室課長補佐）◎遠藤善也

◆都退職　7月31日付

【課長級】▽港湾局離島港湾部副参事＝航空保安担当　稲光裕士▽駒込病院内科医長　日比野俊▽府中病院外科医長　神崎正人

小澤　一雄さん（おざわ・かずお＝小澤達也・品川区福祉高齢事業部高齢福祉課庶務係主査の父）28日死去、81歳。

石井　正男さん（いしい・まさお＝石井修二郎・品川区まちづくり事業部道路公園課公園維持係主査の父）28日死去、87歳。

20年度 特別区管試直前対策

特別区管理職選考は9月6日、青山学院大学（東京）で実施されます。例年、問題は基礎的な知識を問う出題内容です。残り1カ月間は、本番で力を発揮できるように、ラストスパートをかけましょう。

■地方自治制度

地方自治制度は、択一式問題40問のうち、例年9問出題されており、大変ウエートが大きくなっています。択一式問題の突破のためには、この科目での高得点を目指してください。

【出題傾向】

過去5年間の出題分野は、次のとおりです。

（平成15年度）①市町村の区域②議員の兼職または兼業③議会の議決④議会の検査または監査⑤収入役⑥選挙管理委員会または選挙管理委員⑦基金⑧地方公共団体相互間の協力⑨外部監査

（平成16年度）①解職の直接請求②百条調査権③議会の委員会④議会の会議⑤副知事または助役⑥長の専決処分⑦監査委員⑧公の施設⑨広域連合

（平成17年度）①議長または副議長②請願③議員の懲罰④長と議会との関係⑤長と委員会または委員との関係⑥地域自治区⑦住民監査請求⑧行政財産または普通財産⑨国地方係争処理委員会

（平成18年度）①地方公共団体の名称②条例または規則に定める罰則③議会の議員④議会の議決⑤百条調査権⑥監査委員⑦附属機関⑧継続費または債務負担行為⑨国または都道府県の関与

（平成19年度）①条例の制定または改廃の請求②地方公共団体の事務③議員の兼職または兼業④議会の会議⑤選挙管理委員会または選挙管理委員⑥長の権限⑦長の専決処分⑧公の施設⑨一部事務組合

【出題予想】

過去の出題を見ると、毎年、「議会」と「執行機関」から5問以上が出題されています。今年度も同様と思われますので、この分野に関する知識は確実なものにしてください。

また、ここ数年の出題傾向として、前年度と同じ項目を続けて出題することは少ないようです。

その他、最近の法改正についても出題されやすいといわれています。平成18年には、次のような地方自治法の改正がありました。

①副知事及び助役制度の見直し②出納長及び収入役制度の見直し③吏員制度の廃止④監査委員制度の見直し⑤財務に関する制度の見直し⑥地方6団体への情報提供制度の創設⑦議会制度の充実（ア議長への臨時会の招集請求権の付与、イ専決処分の要件の明確化、ウ委員会制度、エ専門的知見の活用。※アは平成19年度出題）⑧中核市の指定要件の緩和⑨派遣職員に係る退職手当の負担の弾力化

【勉強方法】

試験日までは、これまで使ってきた問題集を繰り返し、知識の定着に努めましょう。

なお、多数の行政実例からも出題されますが、条文を正しく理解しているかが出題の基本です。あまり勉強がはかどらず、不安を感じている方は、問題集の各選択肢や解説文に引用されている条文の理解に重点を置いてください。

■地方公務員制度

地方公務員制度は、例年5問が出題されており、今後もこの傾向は続くと予想されます。地方自治法と並び、地方公務員としての基礎となる分野です。全体の条文数も少ないことから、個々の条文、判例および行政実例の知識を確実なものにし、全問正解を目指してください。

【出題傾向】

過去の出題内容を分析すると、毎年同じ項目からの出題が見られます。「任用」「分限及び懲戒」「服務」については、ほぼ毎年出題されています。

過去5年間の出題と関係条文は次のとおりです。

（平成15年度）①一般職または特別職（第3条、第9条、第22条）②欠格条項（第16条、[illegible]）③懲戒処分（第29条）④政治的行為の制限（第36条）⑤争議行為等の禁止（第37条、第61条）

（平成16年度）①条件附採用または臨時的任用（第22条）②職員の任用（第15条）③秘密を守る義務（第34条）④分限処分（第27条）⑤職員団体と当局の交渉（第55条）

（平成17年度）①人事委員会（第8条、第39条）②職員の離職（第28条の1～2、第29条の2）③法令等及び上司の職務上の命令に従う義務（第32条）④給与または勤務時間（第24条、第25条、第26条の1～3）⑤勤務条件に関する措置の要求または不利益処分に関する不服申立て（第46条、第49条の2、第50条）

（平成18年度）①一般職または特別職（第3条、第12条）②欠格条項（第9条の2、第16条、第60条）③分限処分（第28条、第49条）④営利企業等の従事制限（第38条）⑤争議行為等の禁止（第37条、第61条）

（平成19年度）①人事委員会または公平委員会の権限（第8条、第50条）②職員の任用（第17～18条、第21条）③懲戒処分（第29条）④職員団体または職員団体と地方公共団体の当局との交渉（第52～55条）⑤職務専念義務（第35条、第38条、第55条の1～2）

【出題予想】

前述のとおり、他の分野に比べて出題範囲が限られており、知識を習得することが比較的容易ですので、確実な得点源となります。

・ほぼ毎年出題されている項目
①「任用」（第15～22条）
②「分限及び懲戒」（第27～29条の2）
③「服務」（第30条～38条、第60～62条）

・ほぼ毎年出題されている項目の他に、出題傾向から、今年度出題が予想される項目
①「総則」（第1～5条）
②「給与、勤務時間その他の勤務条件」（第24～26条の3）
③「不利益処分に関する不服申立て」（第49～51条の2）
④「職員団体」（第52～56条）

特にこれらの項目について、条文の内容をおさえてください。また罰則規定と関連させて出題されることがありますので、要点を整理しておくと良いでしょう。この時期は、習得した知識や記憶を残りの時間で確実なものにしてください。

■都区政事情

都区政事情は、択一式問題40問のうち例年4問程度出題されています。

【出題傾向】

例年、特別区の動向、都区合意事項、都の計画・条例などが出題されています。近年はこれらに加え、特別区の事務に関わりの深い法律の改正や国の地方分権改革推進に関する出題がみられます。

なお、都区財政調整制度に関する問題は例年出題されていますので必ず目を通しておいてください。

（昨年度の出題）

○19年度都区財政調整（1月）○「都区のあり方に関する検討会」の「とりまとめ結果」と「都区のあり方検討委員会」（10～11月）○「地方公共団体の財政の健全化に関する法律」（6月）○地方分権改革推進委員会「地方分権改革推進にあたっての基本的な考え方」（5月）○東京都「10年後の東京」（12月）

また、今年の東京都管理職選考に出題された事柄は過去特別区管理職試験には出題されていません。

（都の今年の出題）

○東京都「今後のIT化取組方針」（9月）○「東京自治制度懇談会 議論の整理」と「第二次特別区制度調査会報告」（11～12月）○東京都「『10年後の東京』への実行プログラム2008」（12月）○東京都「子育て応援都市東京・重点戦略」（12月）○2016年開催のオリンピック競技会・パラリンピック競技会（9～1月）○東京都平成20年度予算（3月）

【出題予想】

○「オール東京62市区町村共同事業推進会議」CO_2削減共同宣言（10月）○「都区のあり方検討委員会・幹事会」23区再編議論・上下水道移管議論・移管事務の検討、合意（10～7月）○法人2税の格差是正策論議「特別区長会」要請文（10月）・「全国知事会」で意見対立（11月）○「東京都後期高齢者医療広域連合」保険料条例可決・10カ年計画発表（11～12月）○都学校経営診断の実施結果を発表（11月）○「地方分権改革推進委員会」中間的な取りまとめ・第1次勧告・第1次要綱（11～6月）○「新銀行東京」赤字の中間決算発表・都の追加出資（11～2月）○東京都地域ケア体制整備構想を策定（12月）○「低所得者生活安定化プログラム検討会」開催（12月）○「第二次特別区制度調査会」都区制度の廃止を提言（12月）○「特別区長会」国保料率了承・道路特定財源確保の要望・ごみ処理負担金了承（1～3月）○平成20年度都区財政調整協議決着（1月）○都「第2次教育ビジョン」中間のまとめ・策定（1～4月）○都「介護給付適正化プログラム」（3月）○「八都県市首脳会議」広域行政のあり方議論（4月）○「東京都消費生活対策審議会」原産地表示答申（4月）○「特別区制度懇話会」設置（5月）○都温室効果ガス排出量取引制度を条例化（6月）○東京五輪1次選考通過（6月）○地震防災対策特別措置法改正（6月）○副都心線開業（6月）

■時事問題

【出題傾向と対策】

時事問題の出題数は10問。区政、地方自治が4～5問、政治・社会・経済・労働分野の出題が5～6問です。出題範囲は、前年10月から本年7月頃までとなっています。労働情勢や最高裁判例など網羅的な出題方式を除くと、例年4月以降の事項が中心となっているようです。

昨年は国の予算が出題され、出題傾向の把握には予断を許しません。国際会議の声明、法律の制定・改正、審議会等の答申及び白書などを押さえておく必要があります。

また、都で出題された事項は特別区管理職試験には出題されていません。

【出題予想】

《政治・社会》

（1月）新テロ対策特措法、薬害肝炎被害者救済特措法、「警察捜査における取り調べ適正化指針」「ダボス会議」、米大統領一般教書演説

（3月）住基ネット合憲・最高裁、海洋基本計画、原子力白書、道州制ビジョン懇談会中間報告、暴力団対策法改正案・閣議決定

（4月）米ロ首脳「ソチ会談」、日韓首脳会談、日ロ首脳会談、長寿医療制度施行、特定健診・保健指導、高齢社会白書、少子化社会白書、新型インフルエンザ対策法、防災会議・首都直下型地震試算、ふるさと納税、宇宙基本法、改正道路整備財源特例法

（5月）日中首脳会談、「アジア防災・防疫網」構想、障害者白書、G8環境相会合、教育再生懇談会・第一次報告、クラスター爆弾禁止条約案合意、アフリカ開発会議「横浜宣言」

（6月）エネルギー相会合、ガス田開発日中合意、国家公務員制度改革基本法、有害サイト規正法、ハンセン病問題基本法、東京・五輪候補第一次選考通過、食料サミット、合計特殊出生率、国籍法の規定・最高裁違憲判決、温暖化対策「福田ビジョン」、改正特定商取引法、改正割賦販売法、消費者行政推進会議「消費者庁に関する最終報告」、社会保障国民会議・中間報告骨子

《経済・労働》

（1月）消費者物価指数

（2月）有効求人倍率

（3月）地方財政白書、賃金構造基本統計調査、公示地価、女性労働白書、新銀行東京・追加出資案可決、平成20年度国家予算

（4月）OECD「対日経済審査報告」、IMF「世界経済見通し」、日銀「経済・物価情勢の展望」完全失業率、厚生労働省「新雇用戦略」、労働力調査

（5月）農業白書、エネルギー白書

（6月）GDP速報値、OECD・世界経済見通し、G8財務相会合・共同声明、「骨太の方針08」原案

■行政法

行政法は、択一式問題40問のうち、例年8問出題されており、ウエートが大きいため、択一式問題を突破するためには、ぜひ、得意科目にしておく必要があります。

行政法は、出題範囲が広いことに加え、学問的で聞き慣れない用語が多く用いられるため、難解なイメージもありますが、基本的な論点を理解していれば対応できるものがほとんどです。

したがって、ある程度勉強しておけば必ず得点が取れますし、他の科目に比べて決して難しい科目ではありません。あきらめずに、自信を持って取り組んでください。

（7面につづく）

㉑年度 職員教養講座 [6]

はじめに

管理職試験の筆記考査の中で、特に論文試験は配点が高く、論文の出来が合否を左右すると言われています。その一方で、合格水準の論文を書き上げる力は、直前の対策だけでは不十分であり、一定の準備期間が必要となります。

このため、来年度の受験を考えている人は、論文の重要性を踏まえて、早い時期から論文試験の準備を始めた方が良いでしょう。

今回の講座では、大きく分けて、論文試験の概要と勉強方法について述べていきます。受験生のみなさんが、スムーズに論文対策を始められる一助になれば幸いです。

論文試験の概要

(1)出題形式

A論文の出題形式については、以下の通りです。

《出題数》
2題中1題を選択

《試験時間》
2時間50分

《論述形式》
①各種統計資料や、意識調査、新聞記事など、与えられた資料から都政にとって特に重要と思われる課題を三つ挙げ、簡潔に述べます。箇条書きで400字程度。罫線用紙が与えられます。

②先に挙げた三つの課題について分析、検討を行い、具体的な解決策を論じます。なお、施策に対し、強い反対や大きな障害が予想される事項についても言及します。1300字から1800字程度。

(2)出題のねらい

論文試験のねらいは、受験者の「政策形成力、論理性、表現力及び実践的な能力の検証」にあります。広い視野を持ち、多角的な思考をもとに課題を発見・分析しているか、具体的・効果的かつ実現可能な解決策となっているか、論理一貫性があり、簡潔な表現になっているか、などが評価のポイントです。

(3)出題傾向

平成16年度選考から、論文の出題形式が変更されました。改正後の出題は以下の通りです。

《平成16年度》
【問題1】資料・地球温暖化に関するデータ等
都民や事業者の理解と協力を得ながら、温室効果ガスの排出量を削減するための方策について、あなたの考えを論じなさい。
【問題2】資料・外国人の訪日観光の状況等
東京への外国人の訪日観光を振興するための方策について、あなたの考えを述べなさい。

《平成17年度》
【問題1】資料・PPPの理論と近年の公共サービスの提供のあり方に関する状況等
今後、公共サービスの提供をどのように進めていくべきか、あなたの考えを論じなさい。
【問題2】資料・若者の就業の状況等
東京の若者の自立・就業を支援するための方策について、あなたの考えを論じなさい。

A論文(勉強方法)

《平成18年度》
【問題1】資料・人口減少社会に関する状況等
人口減少を前提として分析を行い、新たな取り組みを進めていくための方策について、あなたの考えを論じなさい。
【問題2】資料・社会資本の維持管理や更新の状況等
今後、社会資本の維持管理や更新をどのように進めていくべきか、あなたの考えを論じなさい。

《平成19年度》
【問題1】資料・国際競争力を高める都市づくりや産業の育成に関する状況等
今後、都は、国際競争力を高める都市づくりや産業の育成をどのように進めていくべきか、あなたの考えを論じなさい。
【問題2】資料・公共工事の品質の確保に関する状況等
今後、公共工事の品質をどのように確保していくべきか、あなたの考えを論じなさい。

《平成20年度》
【問題1】高齢者数の増加に関する状況等
今後、都は、高齢者の増加にどのように対応していくべきか、あなたの考えを論じなさい。
【問題2】わが国の食に関する状況
今後、都は、食に関する施策をどのように進めていくべきか、あなたの考えを論じなさい。

以上の出題を見ると、いずれも重点事業に選定されている都政の主要課題や、国の重要課題となっています。都政を取り巻く情勢が著しく変化するなかで、管理職として時期を逸することなく、中長期的視点から政策を立案する能力が試されているといえます。

勉強方法

主任試験では、事前に完成論文を数本用意し、それらを暗記した上で、当日の出題内容にあわせて修正しながら論述するという方法を採った人が多かったと思います。しかし、管理職試験A論文においては、与えられた資料の中に、抽出すべき課題が示されており、それに対応した解決策を論述しなければならないため、完成論文の暗記だけでは合格水準の論文を作成することはできません。したがって、勉強方法としては、①都政や社会経済情勢の動向に常に関心を持ち、広く情報収集を行うとともに、出題分野を予想する②実際に論文を書く③添削してもらう④課題と解決策のレジュメを準備する――といった手順が良いでしょう。

以下、順に述べていきます。

1 情報収集と出題分野の予想

本試験では、都政の課題が問われていますが、その課題の背景には、最近の社会経済情勢や国の動向が大きく関わっています。まず、都政の課題は、「知事の施政方針表明」や「重点事業」を読み込むとともに、日々の動向を「とちょう――1」で確認し、さらに重要な計画・答申に目を通すことにより把握します。次に、毎日の新聞や国の発行している白書、重要な計画や答申を参考にして、都政の課題の背景にある最近の社会情勢や国の動向を把握します。こうして集めた情報をもとに、いくつかのテーマを選択し、出題予想を行います。

2 実際に論文を書く

1で予想したテーマの中から、特に出題の可能性が高いと考えられるものを選び、実際に論文を作成してみます。

(1) 課題の整理

テーマについて、都政にとって特に重要と思われる課題を三つ挙げます。本番では、与えられた資料に言及する必要があります。ここでは、資料から読み取れる客観的な事実や、それにより何が問題となっているのかを課題として示すことに留め、その分析や解決策は(2)の本論で述べます。

(2) 課題の分析と解決策の提示

(1)で挙げた課題ごとに、課題の分析、解決策の提示、反論・障害に対する対応策を論じます。

「課題の分析」では、現状では何故このような事態が生じているのか、その背景や原因について具体的に論述します。

「解決策の提示」では、前述の原因を除去する手段として有効な政策、事業について論述します。解決策は、具体的、効果的かつ実現可能なものである必要があります。

「反論・障害に対する対応策」では、施策と利害関係にある住民や議会、予算や法律上の制約などについて、どのような調整を行うべきか論じます。

3 添削してもらう

書き上げた論文は、上司や管理職試験合格者などできるだけ多くの人に添削してもらいます。課題の設定は適切か、解決策は妥当か、論理は一貫しているか等を確認してもらいます。添削者から指摘を受け、再度書き直す作業は、論文の精度を高めるために非常に重要です。

4 レジュメを作成する

完成論文は、自分の論文のスタイルを確立する意味においても、数本用意することをお勧めしますが、予想されるすべてのテーマについて論文を作成するのは非常に困難です。

そこで、出題予想の中で、論文を作成しなかったテーマについては、論文の骨子となるレジュメを準備します。レジュメの準備にあたっては、課題と解決策を三つに絞らず、またレジュメもできるだけ多く用意して、試験当日、完成論文以外のテーマが出題された場合でも対応できるようにしておきます。

おわりに

論文試験の重要性は冒頭に述べましたが、そうは言っても論文を書くことに苦手意識を抱いている人は少なくないと思います。しかし、管理職試験合格のためには、論文は避けて通れない道です。まずは、臆することなく、最初の1本を自分の力で書き上げることが重要です。時として厳しい添削に自信を無くしそうになりますが、合格者の誰もが経験したことですから、落ち込むことはありません。

真っ赤に添削された論文を繰り返し書き直すことで、自分の弱点を克服し、論文を書くポイントを習得していってください。自分の論文のスタイルを確立することが重要です。

では、次回は、今年度の論文の解説をしていきます。

◇

20年度 特別区 管理職試験講座 26

I類択一 ⑦

都区政事情

はじめに

都区政事情は、択一問題のうち例年4題程度出題されています。今年も出題数は3~5題と予想されます。

出題の傾向

平成15年度以降の出題テーマを整理してみました(表1)。傾向として、例年、特別区の動向、都区合意事項、都の計画・条例などが出題されていましたが、近年これらに加え、特別区の事務に関わりの深い法律の改正や国の地方分権改革に関する出題がみられます。

なお、都区財政調整制度に関する問題は例年出題されていますので必ず目を通しておいてください。

また、昨年も出題された地方分権改革推進関係や都区のあり方検討などはホットな話題ですので、しっかりと確認しておきましょう。

出題の範囲

出題の範囲は、およそ昨年10月から今年7月までのものと考えてよいでしょう。試験直前の8月に発表された事柄からは出題されていません。

また、同年の東京都管理職試験選考に出題された事項(表2)は、過去出題されていませんので、これらは対策から除外してよいと思います。

勉強の仕方

最も一般的な試験対策の方法としては、各種新聞、都のホームページ、広報東京都、区政会館だより等の記事をスクラップブックに蓄積していくことです。これからの1カ月間は、その資料を今までの出題傾向から自分なりに予想をたてながら整理し、暗記に専念してください。

また、事前の準備ができなかった方は、都政新報社から出版される「時事問題総まとめ(2008年)」が役に立ちます。今年は8月上旬に出版予定ですので、出題の傾向・範囲を事前に確認のうえ、ラインマーカーを引きながら覚えていくとよいでしょう。

「都区政事情」と「時事問題」は、事前に十分な準備を行うにこしたことはありませんが、設問数が合わせて10題と多く、暗記ものですので、これから1カ月間で効率的に勉強をすれば得点を簡単に稼ぐことができます。

【表1】区管試　最近5年間の出題

年度	出題テーマ
15	・住民基本台帳ネットワークシステム（平成14年8月～15年7月） ・15年度都区財政調整（15年2月） ・東京都安全・安心まちづくり条例（15年7月） ・東京都保健医療計画の改定（14年12月）
16	・最近の特別区の動向（15年11月～16年6月） ・16年度都区財政調整（16年2月） ・東京都青少年の健全な育成に関する条例（16年3月） ・東京都教育ビジョン（16年4月）
17	・最近の特別区の動向（17年1月～7月） ・17年度都区財政調整（17年2月） ・東京都食品安全推進計画（17年3月） ・東京都教育ビジョン（17年4月）
18	・特別区制度調査会「東京における新たな自治制度を目指して」（17年10月） ・18年度都区財政調整（18年2月） ・地方制度調査会「道州制のあり方に関する答申」（18年2月） ・健康保険法等の一部を改正する法律（18年6月）
19	・19年度都区財政調整（19年1月） ・「都区のあり方に関する検討会」の「とりまとめ結果」と「都区のあり方検討委員会」（18年10月～11月） ・「地方公共団体の財政の健全化に関する法律」（19年6月） ・地方分権改革推進委員会「地方分権改革推進にあたっての基本的な考え方」（19年5月） ・東京都「10年後の東京～東京が変わる～」（18年12月）

【表2】都管試　平成20年度の出題

年度	出題テーマ
20	・東京都「今後のIT化取組方針」（19年9月） ・「東京自治制度懇談会、議論の整理」と「第二次特別区制度調査会報告」（19年11月～12月） ・東京都「『10年後の東京』への実行プログラム2008」（19年12月） ・東京都「子育て応援都市東京・重点戦略」（19年12月） ・2016年開催のオリンピック競技会・パラリンピック競技会（19年9月～20年1月） ・東京都平成20年度予算（20年3月）

問題

昨年の問題を3題紹介しますので、レベルを確認してください。

【問題1】
本年1月、都区協議会で合意した平成19年度都区財政調整の内容に関する記述として、妥当でないのはどれか。

① 区の配分率を52%から55%に3%アップし、そのうち1%分で、乳幼児医療費助成事業補助など都の補助事業の一部を特別区の自主事業とすることに対応した。

② 交付金総額の当初見込み額は、市町村民税法人分の増収や都区間の配分割合の変更等により、前年度に比べ12・7%の増となった。

③ 交付金総額に対する特別交付金の割合は2%と変更がなく、今後改めてその割合及び配分方法等を協議することとした。

④ 基準財政収入額の当初見込み額は、三位一体改革の影響等により、前年度に比べ1・6%の減となった。

⑤ 基準財政需要額の当初見込み額は、子育てひろば事業費など6項目の新規算定や福祉タクシー事業費など31項目の算定改善等により、前年度と比べ3・4%の増となった。

【問題2】
昨年10月に「都区のあり方に関する検討会」が整理した「とりまとめ結果」または昨年11月に設置された「都区のあり方検討委員会」に関する記述として、妥当なのはどれか。

① 「とりまとめ結果」では、都区の事務配分について都の事務を特別区に移管する場合、特別区全体で一部事務組合または広域連合を作り、移管の受け皿とする考え方をとるとした。

② 「とりまとめ結果」では、都区の事務配分の検討の基本的方向として、大都市の一体性の確保のために都が行う必要があるとされた事務についても、特別区へ事務移管するとした。

③ 「都区のあり方検討委員会」では、都区の事務配分、特別区の区域のあり方、都区の税財政制度などについて検討する。

④ 「都区のあり方検討委員会」は、東京都知事、特別区長会会長などのメンバーで構成され、会長には東京都知事が就任した。

⑤ 「都区のあり方検討委員会」では、平成19年度末を目途に、都区のあり方の基本的方向をまとめる。

【問題3】
昨年12月、東京都が発表した「10年後の東京～東京が変わる～」の内容に関するA～Dの記述のうち、妥当なものを選んだ組み合わせはどれか。

A 全体を貫く三つの視点として「最先端の科学技術の活用」「新たな人材育成システムづくり」及び「東京オリンピックの開催」を掲げた。

B 水と緑の回廊で包まれた、美しいまち東京を復活させるとし、新たに1千㌶の緑を生み出すとともに、無電柱化などを進めるとした。

C 災害に強い都市をつくり、東京の信用を高めるとし、首都機能の一部移転により空地を確保するとともに、住宅の100%耐震化などを進めるとした。

D 世界に先駆けて超高齢社会の都市モデルを創造するとし、「福祉・健康安心基金」を創設するとともに、障害者雇用の3万人以上の増加をめざすなどとした。

① A B　② A C　③ B C　④ B D　⑤ C D

解説

【問題1】
① 正しい。
② 正しい。
③ 誤り。2%から5%に変更するとした。
④ 正しい。
⑤ 正しい。

【問題2】
① 誤り。一部事務組合などを移管の受け皿とする考え方はとらない。
② 誤り。大都市の一体性確保のために都が行う必要がある事務を除く。
③ 正しい。
④ 誤り。東京都知事はメンバーではない。
⑤ 誤り。平成20年度末を目途にまとめる。

【問題3】
A 誤り。東アジア諸都市との連携・連帯・啓蒙。
B 正しい。
C 誤り。住宅は90%耐震化。
D 正しい。
よって、正答は④。

カレントトピックス 20年度 42

経済事情

■平成20年分の路線価公表(7月1日)

国税庁は1日、相続税及び贈与税の課税における土地等の評価額の基準となる平成20年分の路線価を公表した。

全国38万地点の標準宅地の平均額は、1平方㍍当たり前年比10・0%増の14万3千円となり、3年連続で上昇した。

三大都市圏の平均額は、東京圏が35万1千円(前年比14・7%増)、大阪圏が17万5千円(同7・4%増)、名古屋圏が12万2千円(同10・9%増)でいずれも上昇したが、大阪圏の伸び率は縮小した。都市部での上昇に対し、地方圏では横ばいの状態が続いている。

■平成20年版労働経済白書(7月22日)

厚生労働省は22日、平成20年版労働経済白書を発表した。

労働者の仕事に対する満足感を初めて取り上げ、雇用の安定や仕事のやりがいなどの面で満足度が長期的に低下しており、その原因として非正規労働者の増加や成果主義賃金の導入などをあげた。

1980年代以降減少傾向にある正規の職員・従業員の割合は2007年も引き続き低下し、また正社員での就業を希望したが不本意ながらパートや派遣などの非正規労働者として働く者が増加しており、正社員での雇用機会を拡大し、安定的な雇用を実現することが課題としている。

また、1990年代以降導入された業績・成果主義的な賃金制度について、処遇や賃金に満足できない労働者も多く、「必ずしも成功していない」と評価し、評価基準の明確化などの運用改善が必要とした。

■平成20年度版経済財政白書(7月22日)

内閣府は22日、平成20年度版経済財政白書を発表した。副題は「リスクに立ち向かう日本経済」で、「短期」「中期」「長期」の三つの視点から日本経済を取り巻く様々なリスクを分析している。

「短期」のリスクは、アメリカ経済や原油価格等の動向など景気に影響を与える諸要因を指し、今年に入って日本の景気回復が足踏み状態となった要因でもあるとした。これら短期のリスクに対応するだけではなく、「中期」の課題として日本経済の体質的な問題をあげ、為替変動や資源価格高騰へのリスクヘッジをした上で、企業、家計は積極的なリスクテイクをしていくことが必要であるとしている。

さらに「長期」では、高齢化・人口減少が進む中で増大する社会保障給付費の増大と負担のあり方をあげ、財源として期待されている消費税を初めて本格的に取り上げた。

(6面からつづく)

【出題傾向】

最近5年間の行政法の出題分野は、次のとおりです。「行政行為の効力や種類」「行政手続」「行政不服審査制度」「行政事件訴訟」「国家賠償制度」に関する出題が多くなっています。

(平成15年度)○行政行為の附款○行政裁量○行政計画○代執行○行政刑罰○国家賠償法に規定する公務員の公権力の行使に係る損害賠償責任○行政不服審査法上の不服申立て○行政手続上の聴聞

(平成16年度)行政法学上の特許○行政行為の撤回○法規命令・行政規則○行政法学上の行政調査○行政上の秩序罰○損失補償○教示○警察下命・警察許可

(平成17年度)○行政法の法源○準法律行為的行政行為○瑕疵ある行政行為○通達○公の営造物または管理の瑕疵に基づく損害賠償○執行停止○取消訴訟○行政指導

(平成18年度)○行政行為の取り消し○行政裁量○行政代執行○行政刑罰または秩序罰○審査請求の審理手続○義務付け訴訟○不利益処分○行政法上の公物

(平成19年度)○行政行為の無効○行政行為の附款○行政契約○損失補償○公務員の公権力の行使に係る損害賠償責任○行政不服審査法上の不服申立て○行政事件訴訟法上の行政事件訴訟○行政手続法上の申請に対する処分

【勉強方法】

一通りの勉強を済ませた方は、ある程度の手ごたえを得ているはずです。これまで使用してきた問題集を繰り返すことで、知識の定着に努めましょう。その際、間違った部分に重点を置き、徹底的に覚えることが大切です。また、適宜、関係法律の条文を参照すると、より一層、理解が深まります。

一方、これまであまり時間を割けず、行政法の基礎に不安を感じている方は、ページ数の少ない概説書を短時間でざっと目を通し、科目の全体像をつかんでください。その後、試験日までには繰り返せそうな問題集に取り組みましょう。その際、時間を節約するために、問題の解説を読みながら解いても構いません。行政法という科目、パターン化された択一式問題に慣れることに心がけてください。

■財政学

財政学・地方財政制度の出題数は、平成14年度以降毎年4題です。出題分野は、財政学及び地方財政制度で、問題数がそれぞれ2問となっています。

出題内容は、純粋な財政学というより、財政実務に関する基本的知識を問う問題が多く出題されており、必ずしも難しいものではありません。短時間でも、集中して読み込んでポイントを押さえれば一定の得点を得ることも可能です。

【出題予想】

・国の予算・財政制度等
○財政運営の原則
○国の予算の経費分類
○国の予算の種類・形式
○最近の国の財政運営の動き

・財政理論
○公共財
○IS・LM曲線(図)
○租税原則・租税理論
○租税の転嫁・帰着(図)
○財政論
○乗数理論
○公債論

・負担と効果

・地方財政制度
○地方財政法
○地方交付税
○地方債
○地方財政白書概要
○地方財政計画
○国庫支出金
○超過負担
○地方財政用語の語句説明(義務的経費、投資的経費、経常収支比率、公債費負担比率など)

地方財政用語の語句説明については、「地方財政白書」の冒頭、または「特別区職員ハンドブック」を参照してください。

【直前の勉強方法】

財政学を苦手としている人や、勉強不足の人にとって、新たに問題集にとりかかるのは、非効率であると言えます。時間もない中で効率的に勉強するには、以下のことを参考にしてください。

【財政学が苦手な人・勉強が進んでいない人】

地方財政法及び特別区職員ハンドブックの「地方財政制度」の部分を何回か熟読してください。これだけでも効果はあります。

問題集を持っている人は、出題予想分野についてだけでも問題と解答を読んでみてください。

【勉強が進んでいる人】

財政学の問題集の各章の代表的な問題を数問復習し、完璧に理解してください。

地方財政制度については、地方財政法及び地方財政白書の冒頭の地方財政用語の語句説明を熟読してください。

■資料解釈

資料解釈は例年40問中4問出題されています。今年もこの傾向に変わりはないと思われます。時間をかければ確実に解ける問題になっています。

【出題傾向】

過去の出題傾向を分析してみますと、表から2問、グラフから2問出題されています。グラフは折れ線・棒・円・三角グラフです。出題内容としては、増加率・構成比・指数の推移を求めるものに限られています。

【直前対策】

資料解釈は、問題への慣れが一番重要になります。1問を5分程度で解答できるよう、なるべく多くの問題を1日1問でも取り組めるよう時間を作ってください。

試験直前は、他の科目の対策や暗記に時間を取られがちになりますが、「頭の体操・リフレッシュ」のつもりで、トライすることをお勧めします。

勉強方法としては、限られた時間の中で正解を導くために、「切り上げ」「切り捨て」を的確に行い、概数を利用しながら必要最小限の計算にとどめる必要があります。上位2~3桁程度で計算しましょう。時間がかかる「割り算」はなるべく「掛け算」や「分数」に置き換えて計算することも必要です。

【試験当日は】

本番で慌てず、冷静に解答するためには、資料解釈は最後に取り組んだ方が良いでしょう。先に法律や時事問題等の暗記物を解答することで頭のウォーミングアップを進め、落ち着いて解答することができます。4問20~30分で解答できるよう時間配分を想定してください。

問題に取り組む際は、五つの設問をすべて解くのではなく、最大限解いても4問までとします。解答が見つかった時点で、それ以上の設問には手をつけません。4問すべてが誤りであった場合は、残りの1問が正解です。また、設問をやみくもに1番から解くのではなく、自分の得意にしている計算で済む設問から解くようにしましょう。時間短縮ができます。

グラフの問題では計算をせずにグラフを見ただけで解答できる問題もあります。問題文、表の注意書き等を十分確認し、実数なのか、増加率なのか、構成比なのか、きちんと把握してから取り組んでください。特に、「増加率」と「増加数」の違いには注意。

また、表やグラフの数値の単位と問題に使用している単位が違う場合もあります。読み違えないよう落ち着いて取り組みましょう。

ご健闘を祈ります。

まだ間に合う夏の切符大作戦㊤

環境局環境改善部副参事　岩成政和

　いよいよ夏休みも佳境。今年は海外旅行の人気がさっぱりで、国内旅行が人気だという。しかし夏休みといえばもちろん長距離交通機関最大の繁忙期。仕事が忙しくてとうとう切符を取るヒマがなかったという方にも、急に思い立っての旅行という方にも、なかなか厳しい季節である。

　しかし、「求めよ、さらば開かれん」。どこでも何でもとは言わないが、行き先によっては大きな狙い目があるものだ。ここでは、本州各方面に限ってであるが、知っている人だけが知っている、ちょっとした極意のネタを読者に紹介したい。もちろん、補助席まで一杯の会員制高速バスとかではないので、ご安心を。

東北・北陸はJRがおトク

　東北、北陸方面は高速道路、高速バスと新幹線との競合が厳しい区間であり、JRに破格の往復割引切符が設定されている。この時期お勧めなのが「青森・函館フリーきっぷ（7日間有効、2万9100円）」「秋田・大館フリーきっぷ（7日間有効、2万8100円）」「北陸フリーきっぷ（4日間有効、2万1400円）」である（価格はいずれも東京都区内から）。

　この切符は往復の新幹線指定席と、現地の自由周遊区間がセットになったもので、現地でも特急の自由席は何度でも乗降できる。例えば青森・函館フリーきっぷなら、単純に青森まで往復してもおトクだが、弘前や函館までだと相当おトク、青森函館を特急で何往復もすれば抜群におトクとなる。なお往復は新幹線の指定席が利用できるが、自由席に乗ることももちろん勝手である。また、寝台列車も「あけぼの号」「北陸号」に限り利用できる。

　この種のフリーきっぷは昔からあるのだが、特筆すべきなのは、この3種類のきっぷは繁忙期でも普段と同一価格で発売され、使用可能ということである。北陸フリーきっぷなら、石川県の加賀温泉駅までフリー区間であるので、福井くらいまでなら飛び出しの別料金を払っても利用メリットが出てくるはずだ。関東のJRのみどりの窓口のほか、JR券を扱う旅行会社の窓口ならだいたい発売している。旅行当日でも発売しているし、指定券を取るのは購入後でも旅行開始後でもかまわないので、例えば、帰りの指定券を現地で取ってもかまわない。

始発でなくても座れる東北新幹線

　繁忙期の東北新幹線は満席の列車ばかり。便利な「はやて・こまち」は全車指定席なので手の打ちようがない（立席でよいと当日窓口で申告すれば立席特急券が発売されるが……）。となると、頼みの綱は「やまびこ」の自由席ということになる。行きは東京駅で並んでおればいいわけだが、問題は帰りだ。

　本数の多い仙台以南ならともかく、盛岡から自由席を狙うとなると相当前から並ぶ覚悟が要るし、あなたの故郷が北上や一ノ関といった岩手県内の新幹線の途中駅だと、ほとんどの列車で自由席に座るのは絶望的だ。

　ところが、定期列車で言うと1日に3本だけ、どんな繁忙期でも、盛岡はもちろん、岩手県内の新幹線途中駅ならまず座れるだろうという上り東京行きやまびこがある。それがやまびこ42、58、64号の3本である。

　座れる秘密は、大きな時刻表の「列車編成表」をよく見ればアッと気が付く。なんと繁忙期でも自由席がドーンと8両も付いているからである。

　この上りやまびこは、「はやて・こまち」と同じ編成を使っている。つまり、「やまびこ」なのに、「はやて・こまち」の合体状態である16両で運行されている。「やまびこ」の1〜3号車が自由席（この列車では繁忙期以外は4号車も自由席）なのはご承知の方も多いだろうが、ここで注目したいのは「こまち」編成。なんとこまち編成側の普通車（12号車から16号車）が、繁忙期でも全部自由席扱いとなっていることである。

　このことは時刻表をじっとにらんでいないと気が付かないから、当日その時間に駅で案内放送に気が付いた人以外は、まずありつけないのである。とくに東京着が夕方から夜と便利な58号と64号は、繁忙期の利用メリットは大きいので、岩手県内の新幹線途中駅が帰省先の皆さんは絶対に覚えていたほうがいい（将来ダイヤ改正があると変わる可能性があるので念のため）。

　なお、このこまち側普通車が全部自由席という16両列車は、下り盛岡行きはもちろん、仙台発着の「やまびこ」でも、また「なすの号」でも時折あるので、ぜひじっと大型時刻表を睨んでみてもらいたい（この判断はJTB版大型時刻表のほうがJR版大型時刻表よりやりやすいというのも不思議なことだ）。

（つづく）

都会の喧騒を離れ、ひた走る東北新幹線＝埼玉県内で

考　老舗の地域活性化力　1

　近年、地球環境対策を始め、多くの分野で持続力をキーワードとした議論がかまびすしい。このような視点は企業経営の分野においても例外ではない。とりわけ老舗企業の地域環境を踏まえた企業行動は、地域からみて単なる経済的価値評価にとどまらない。地域活性化要素としては重要な役割を担っている。つまり、老舗（長寿）企業の経営行動の結果は、地域の課題解決と地域社会の未来に向けた経済社会活性化のための高い可能性要素を有しているものと考えられる。地域活性化情報研究会では、この2年間全国の老舗を訪問し、その長期的経営持続要因について議論を重ねてきた。

　本稿では全国調査の中から、東京、群馬、長野、新潟における特徴的な老舗の4事例を紹介し、地域活性化へ向けたヒントの提供を試みる。

◇

埼玉屋（東京・八王子）

知恵の蓄積と柔軟な発想

歴史漂う商店街

　八王子市八幡町。甲州街道沿いに古くから開けた商店街である。各店舗は広い道路に面してはいるものの、JRの駅前からは数百メートルも離れた場所にある。また、街路の歩道部分には、今ではあまりみかけることもなくなった片側アーケードが残るなど、甲州街道の歴史が漂う。同時に寂れた感じもする商店街である。そして、ここでも全国多くの商店街と同様、シャッターの下りている店が目立つ。それだけに営業している店舗は、照明が点灯している分だけ昼間でもまぶしいほどの明るさを感じる。なお、開店している店舗の多くは、日用食料品を提供する小規模スーパーか、一見して甲州街道の歴史を感じさせる文化財的な様相を呈した店構えの店舗である。これら店舗で取り扱う商品は食品（特に非生鮮品）が目立つ。

安全・安心食材特化&多品種の品揃え

　商店街内の店舗の中で特に活気が感じられる「埼玉屋」を訪ねた。主取扱商品は、〝豆と乾物・お味噌の材料〟であるが、品揃えは、まさに多様多品種だ。これらの商品は〝豆類製品〟を中心に特化した形で品揃えされている。その大部分は、現在注目されている健康によい安全・安心系食材に分類されるものだ。したがって、顧客ニーズは各年代層を広く包含し、売り上げも好調な様子だ。さらには、店員の元気で明るさ溢れるあいさつと、きびきびとした動作が店内を活気あるものとしていることが印象的だ。社長へのインタビューをお願いすると、2階に案内され、6代目社長（多忙で普段はなかなかお目にかかれない！）と経営パートナーの奥様から同時にお話を伺う機会を得た。

経営持続は創業以来の知恵と柔軟な発想

　「埼玉屋」という店名の由来は、創業者が埼玉県出身であることからきている。しかし、創業は江戸末期にまで遡る。爾来150年近くの歴史を積み重ねてきた。創業当初は青果物を主体とした店で、開・廃業の激しい当業界にあって、いつ消滅してもおかしくない業種だ。しかし、代々の社長の才覚で今日まで生き残ってきた。特に現社長の代の店舗改装を機会に取り扱い商品を豆類への特化した。同時に多様・多品種な品揃えへと新たな展開も試みた。その結果、現在の活気ある店に変貌することになった。

　しかし、時代に取り残されつつある甲州街道沿いの商店街という立地環境では、上記の工夫だけで売り上げを伸ばすのは容易なことではない。そこには、共同経営者である奥様の消費者視点に立ち優れた感性発揮による貢献要素も大きい。そのひとつが店舗2階のスペースを活用した料理教室である。ここでは、「味噌作り教室」や「和菓子作り教室」を頻繁に開催している。本教室で使用される食材は、階下で販売されている大豆系安全・安心食材である。こうした教室などへの参加者を通じ、当店で販売される商品購入者のさらなる拡大が図られている。同時に、顧客や人材のネットワークの構築も実現させている。こうしたイベント的料理教室を採算ベースに乗せるにはそれなりの工夫と一定程度の準備期間、さらには講師などに魅力的な人材が必要とされる。

　幸いにも当店には、既に150年になんなんとする老舗ならではの長期持続経営。これに根ざした優れた地域経営ノウハウの蓄積と最適経営者としての現オーナーの品格が具備されている。この点、長きにわたる創業歴に根ざした知恵の蓄積、加えて柔軟発想な人柄と過去にとらわれない発想の柔軟性などは、他店の追随を許さない点だ。これらは、今後の店舗経営持続のための大きな力になることは疑いない。

（地域活性化情報研究会代表　君波健治）

活力ある多様・多品種の品揃え

協力：(財)日本ファッション協会

シネマ夢倶楽部　オススメ シネマ

Japan Fashion Association

幸せの1ページ

人生なんて、たった1行で変えられる。

　ベストセラー冒険小説家のアレクサンドラ・ローバー（ジョディ・フォスター）は、自分が書くヒーロー、アレックス・ローバー（ジェラルド・バトラー）とはまったく正反対の人物…、対人恐怖症で外出恐怖症、おまけに潔癖症の引きこもりだった。新作の執筆はなかなかはかどらず締め切りが迫るなか、孤島に暮らす海洋生物学者ジャックの記事に目を留めるアレクサンドラは、彼にメールを送って協力を仰ぐことに。だが船旅に出ているジャックの代わりにメールを受け取った娘のニム（アビゲイル・ブレスリン）は、送信者〝アレックス・ローバー〟の名前に大喜びする。一方、ニムをジャックの助手と勘違いしたアレクサンドラとふたり、メールのやりとりを始めるのだが…。

　オーストラリアの人気作家、ウェンディ・オルーのベストセラー小説を映画化した、最高にハッピーでチャーミングなハートフル・アドベンチャー！

◆推薦委員コメント

秋山茂（元映倫外画審査員）

　ベストセラーの映画化で、原題は『ニムの島』。荒唐無稽？　奇想天外？　まるでお伽噺の世界だ。『幸せの1ページ』邦題よし、ランニングタイム（1時間36分）もいい。自ら望んで射止めて新境地を拓いた久々のジョディ・フォスターも嬉しかったが、それよりもニム役の天才子役アビゲイル・ブレスリン（12歳）の大人顔負けの活躍（プレイ）に大拍手した。

山形泰雄（元株式会社松屋副社長）

　「映画をこんなに楽しく見せてくれるのは、やはりアメリカかなあ」と思わせられた。奇想天外な物語だが、観ている方は大海原と孤島で繰り広げられるアクションと映像の美しさに酔いしれてしまうのだ。「映画って本当に…」と名言を残した評論家のお言葉を、そのままお借りしたい。

【2008年／アメリカ／96分　配給：角川映画　9月6日より、丸の内ピカデリー2ほか全国にてロードショー】

◇

　シネマ夢倶楽部　8月18日（月）午後6時30分〜「ニッショーホール」で上映。※この上映会に10組20名様を抽選でご招待します。Eメールで件名「上映会招待希望」とし、住所・氏名を明記の上、henshu@toseishimpo.co.jpまでお申し込み下さい（8日必着）＝招待状を郵送します。

㈶日本ファッション協会では、「シネマ夢倶楽部」の会員を募集しています。各界の著名な推薦委員がお薦めする映画の先行上映会に年18本ご招待など様々な特典があります。

詳しくは同事務局（☎3242・1674　http://www.cine-culture.jp/）まで。

『都庁俳句』作品抄（8月1日発行）

どこからも見えて届かぬ浮巣かな　鈴木征子
葉桜はどこかに刃物を隠しもつ　横坂けんじ
守宮出づ舌一枚の長きこと　阿部つとむ
包丁を研ぎてトマトに試しみる　中鉢卓花
保育園トマトの苗のまた伸びて　岩井恵子
暇ひとつなき青梅の落ちにけり　丸山了
短夜の夢の名残りの夫若き　染谷栄都子
ゆるやかに衣紋繕ふ西鶴忌　足立和子
雨あがる田圃にふはり夕螢　別府智栄
緑陰にゐて人の和の外にをり　大熊虎阿
病葉の積み重なりて毛塚かな　間中恵美子
さりげなく話題を変へて古茶啜る　奥田弘學
聞き耳を立てて昼顔知りたがり　伊達天
卵塔の影の繋がる夏落葉　植松ふみ
白地着て下町育ち明らかに　内田香晴
色濃ゆし嬬恋村の遅桜　和田しずえ
数合はぬお化け階段鼓草　佐々木いつき

ともに生きる　32

目や手の高さに配慮を（車いす考④）

　ある球場に車いすの人と野球観戦に行った時のことです。車いす席に案内されて安堵したのも束の間、「選手が見えない！」とのことですので、車いすの目の高さで見てみました。目の前に防護柵の手すりがあり、その人の視界をさえぎっているのです。

　皆さん、ボールペンを横にして、目の前に置いてみてください！　肝心の見たい部分がほとんど見えないことがよく分かります。手すりは、ボールペンの数倍の太さですから、如何に見えないかが想像できると思います。その時は、選手が見えるように、漫画雑誌を数冊重ねて、見る位置を高くしました。

　公園や音楽ホールなどでも、同様なことに出会うことがあります。車いすの人の目の高さへの意識と配慮は、どんな場でも、どんな時にも、忘れてはならないことです。

　1991年8月に車いすの人が駅のエレベーターに一晩中閉じこめられ、14時間ぶりに助け出された事件が起こりました。エレベーターの開閉ボタンが車いすの人には手が届かない高い位置にあったことが、その事件を招来させた一因でした。更に、そのエレベーターは、障[illegible]た。いつでも、だれでも乗れるエレベーターであれば、[illegible]こめられ[illegible]られたでしょう。

　このこ[illegible]障害者の[illegible]いう「専[illegible]克服し、[illegible]にという[illegible]に切り替[illegible]す。例え[illegible]トイレは[illegible]多機能ト[illegible]車いすの[illegible]乳幼児、[illegible]ルマーク[illegible]います。[illegible]メイト[illegible]造設した[illegible]レも次々[illegible]います。

　一方で、車いすの人が使いたい[illegible]ないという[illegible]す。狭いトイレで悪戦苦闘していた時代とは、比べ[illegible]ど進化した[illegible]が、電車の優先席以上に、社会のマナーが問われています。

（元都立川養護学校長　飯野順子）

都政新報

発行所　都政新報社
〒160-0023 東京都新宿区西新宿7-23-1 TSビル
〈総務・読者〉03-5330-8781
〈企画広告〉03-5330-8784
〈編集〉03-5330-8786
〈出版〉03-5330-8788
〈セミナー事業部〉03-5330-9977
〈ファクス〉03-5330-8808
購読料　月1,680円（税込）
毎週火・金曜日発行
但し、祝祭日は休刊
©都政新報社 2008

紙面から

地方分権改革推進委員会

国の出先機関見直しで中間報告

年内に2次勧告　地方移譲でガバナンス強化

政府の地方分権改革推進委員会（委員長＝丹羽宇一郎・伊藤忠商事㈱取締役会長）は1日、国の出先機関の見直しに関する中間報告をまとめた。第2次地方分権改革では、国の出先機関の見直しが最重点課題となっている。中間報告では、北海道開発局の官製談合事件などを例にあげ、「構造的なガバナンスの欠陥」を指摘。地方移譲による二重行政の解消や、総合的な出先機関への事務・権限の集約化などを提言した。同委員会は、関係機関とのヒアリングを経て、年内に第2次勧告をまとめる。

分権の受け皿に広域連合も

国の出先機関の見直しについては、今年5月の第1次勧告で、事務・権限の仕分けについて、①重複型②分担型③関与型④国専担型の四つの分類に整理し、廃止、地方移譲、本府省への移管、存続を検討することを明らかにしていた。

中間報告では、道路特定財源をめぐる国の出先機関での無駄遣い、北海道開発局の事業をめぐる官製談合事件など、「出先機関における構造的なガバナンスの欠陥が問われる事態」と指摘。国の出先機関が行っている事務・権限を地方へ移譲することで、透明性を高め、議会や住民による監視や民意の反映が可能になる」と指摘している。

事務・権限の仕分けについては、廃止や地方移譲以外にも、国が自ら主体となって直接に実施する必要がなければ、独立行政法人化の可能性を検討する。現在は主に国のみで行っている「国専担型」であっても、地方自治体が独自に行わざるを得ないものは、地方移譲の対象とする。

組織の見直しについては、国の出先機関のうち、重複型、分担型、関与型の事務・権限、地方自治体が独自に行わざるを得ない施策に関連する国専担型の事務・権限が多くを占めるものは、原則組織を存続しない。存続させる場合にも、他の出先機関への吸収や、府省を超えた総合的な出先機関への集約化を検討する。また存続する出先機関について、管轄区域内の自治体による協議会を設けて、ガバナンスの強化や地域の声を反映させる。

その他、広域的な事務・権限の受け皿として、都道府県による広域連合も選択肢の一つとする考え方も示した。

地方は腹を固めろ

【解説】地方は、外部監査や住民監査請求なども含めた監査など、税金の使い方に対するチェックシステムが充実している。これに対し国は、国会や会計検査院、行政評価などがあるだけで、出先機関の場合、中央からの距離があり、チェックが行き届かない。

中間報告は、民主的ガバナンスの観点から、出先機関の抜本的改革を打ち出した。

しかし、大分県教委の汚職事件をはじめとして、地方行政でも、民主的ガバナンスが働かなかった例は数多い。

地方のチェック機能が働かない理由は、議会のオール与党化、目的意識が希薄で総花的な監査、前例踏襲型の組織風土などがあるだろう。

事務・権限を受け入れる側の都道府県が、地域の声を反映した行政を展開しなければ、分権の意味が薄れる。

さらに言えば、分権委員会がいくら威勢のよい勧告を出しても、地方が及び腰では勧告は空文になる。

現在、国と地方は第1次勧告で示した道路・河川の移管を具体的に協議している。地方側は、三位一体改革で大損した苦い経験から、税源がなければ事務・権限はいらないという構えで、今ひとつ迫力不足だ。

委員の猪瀬直樹副知事は、「死にものぐるいでリターンを獲るということで攻め込まないと、向こうから指定するのを待っていたら喧嘩にならない」（7月25日）と知事会に発破をかけた。

その意味では、中間報告は国に対して抜本的改革を求めるだけでなく、地方側に問われている課題が多い。まず腹を固めるべきは、攻め込む側の地方だし、分権の受け皿としての自己改革が求められる。（地）

「一日でも早く」

4都県市の首長が羽田再拡張を視察

2010年10月末の完成が予定されている羽田空港の4本目の滑走路（D滑走路）の建設工事現場を、石原都知事と松沢成文神奈川県知事、中田宏横浜市長、阿部孝夫川崎市長の4都県市首長が7月31日に視察した＝写真。

再拡張事業では、3120㍍の空港島に2500㍍の滑走路を建設中。このうち、多摩川河口域に差し掛かる1100㍍は、水の流れを確保するため、桟橋構造になっている。4首長はこの桟橋部分を視察し、石原知事は記者団に「国家にとって致命的に大事なインフラ。一日でも早くやってもらいたい」と語った。

一方、羽田空港の神奈川県側に多摩川を渡る連絡路などを整備する「神奈川口構想」を都などに働きかけている神奈川県の松沢知事は、「なかなか難しいのは、橋やトンネルを作るということ。東京都や大田区の理解も頂いて、（再拡張の）効果を全体に広めるよう努力したい」と述べた。

再拡張により、羽田空港の発着容量が年間29・6万回から40・7万回に増加する。

視点

09年度予算依命通達

09年度予算編成の副知事依命通達は、ゼロシーリングを維持するものの、シーリングの例外を認めることで、折り返し点にさしかかる石原都政3期目の施策展開を加速することを目指す内容だ。そこには、知事と知事を補佐する首脳部たちの意思、さらには来年夏の都議選への配慮も透けて見える。しかし、他方で都の歳入は減収局面に入り、これからの財政運営をどうしていくか、難しいかじ取りと選択を突きつけている。

減収局面に入った都財政

◆ピークアウト

原油や穀物価格の世界的な高騰など、日本経済を取り巻く情勢は厳しさを増す一方だ。「法人企業統計調査」をみると、07年度第1四半期までは経常利益が前年同期比12・0％増と好調だったが、07年7月から9月は0・7％減のマイナスに転じた。いま振り返ると、この頃が景気の変わり目だった。10月から12月は4・5％減、今年1月から3月は17・5％という大幅なマイナスになっている。

こうした景気の減速傾向は、都の法人2税収入実績に如実に表れている。08年4月から6月の第1四半期は、前年同期比で5・6％減となっている。もともと07年度最終補正後予算に比べて1・6％減で手堅く見積もっていたが、それを上回るペースで企業収益は落ち込んだ。

仮に、1年を通して基幹税目の法人2税が5・6％減で推移しただけでも1千億円規模の減収になり、今年度の都税収入5兆5009億円も当初予算割れのピンチになる。07年度都税収入決算は5・5兆円と都政史上最高だったが、すでにピークアウトしているならば、安閑としていられる状況ではない。

これに加え、09年度は法人事業税の一部国税化により、2800億円程度の減収が税制改正で見込まれている。知事と福田首相のトップ会談では「消費税を含む税体系の抜本改革が行われるまでの暫定措置」という約束で、期間の目安としては2年程度という触れ込みだった。しかし、政府・与党が消費税率引き上げを打ち出せる状況にはなく、暫定措置を終えるには相当な覚悟と努力がなければできない。

財政再建の取り組みと景気回復の追い風を受け、他の道府県から「東京ひとり勝ち」と言われるほど健全性を回復した都財政だったが、歳入の足元が怪しくなっているのが、08年度という年のポジションなのである。

◆指針の前提

一方、「10年後の東京」実行プログラムの具体化をはじめ、老朽化した施設の改築・改修、耐震化の促進、高齢社会の進展に伴う負担増、緊急性の高い事業への着実な対応など、今後の歳出拡大要素は多い。

06年7月に策定した「今後の財政運営の指針」では、09年度まで予算要求枠はゼロシーリングを基本とし、依命通達もこの方針を継続するとしている。しかし、指針には「状況が激変しない限り」という前置きも付いていた。これを読み込み、早めにかじを切ることも財政運営にとって大事なことではないか。

08年度当初予算は、07年度最終補正予算と一体的に編成し、知事は「攻め」と「備え」の予算と銘打った。減債基金を除く主な基金残高は合計1・6兆円に上り、確かに「備え」は行った。これだけの基金残高があれば、この1年ないし2年は積極予算の編成も可能だろう。しかし、虎の子の基金の安易な取り崩しは、バブル崩壊後と同じ道をたどる危険がある。都債の大量発行と基金の取り崩しに頼り、背伸びした予算編成で税収と歳出のギャップを拡大させ、都は10年以上にわたる財政再建の道を歩まざるを得なかった。

かつて福祉と公害対策で名を残した美濃部都政が惨たる幕引きとなったことや、「地方自治の神様」と言われた鈴木知事が後年に「箱もの行政」で批判を受けるなど、都知事の最終期には何かと批判的な目が向けられがちである。

今回の依命通達からは、税収減になっても前向きに施策を進めようとする姿勢が見えるが、歳入面の不安要素を踏まえれば、闇雲な拡大路線は禁物だ。石原都政において美濃部、鈴木都政と同じ事態を再び招くかどうか、09年度予算編成はその試金石になる。（吉）

豊洲新市場建設

工法などを民間公募

技術会議で評価・検証

豊洲専門家会議の土壌汚染対策の提言を踏まえ、都は技術・工法などの評価・検証を行う「豊洲新市場予定地の土壌汚染対策工事に関する技術会議」（座長＝原島文雄東京電機大学教授）を設置することを1日に明らかにした。民間企業から新しい技術などの公募もあわせて行い、11月には都として土壌汚染対策計画をまとめる予定。

技術会議は、原島座長のほか、環境、土木、情報処理の学識経験者5人で構成し、土木施工、汚染物質処理、システム構築などが主な検討事項になる。専門家会議の提言では、40㌶の敷地全体にわたり、旧地盤面から2㍍の土壌を掘削・入れ替えを行い、2㍍以上の深い所にある高濃度の汚染土壌も処理基準以下にすることが提言された。処理する土の量は、一つの産業廃棄物処分場が埋まるくらいの膨大な量になるため、汚染物質の都域内処理を前提に処理・処分方法を検討する。

また、豊洲新市場を建設する際は液状化対策を行い、市場完成後も地下水管理を継続して行う必要がある。このため実効性の高い耐震対策や汚染地下水の処理・管理の工法、地下水の水位・水質管理システムなども技術会議で評価・検証をするという。

新しい技術の採用も含めたビッグプロジェクトになるため、予算の積算でも専門家の助言を受ける考えだ。

技術会議は3カ月程度で評価・検証を終え、都が策定する土壌汚染対策計画では、工事の詳細、経費、スケジュールなどを明らかにする。

結核で共同調査

ハイリスク層に

都福祉保健局

都福祉保健局は09年度、高齢者とホームレスを対象に結核の実態調査を行う。「アジア大都市感染症対策プロジェクト会議」で、結核のハイリスク層の実態と対策について共同調査研究を行うことで、バンコクなど6都市と合意した。今後、会議に参加していないソウルやデリーなどにも働きかけ、11都市で連携して取り組みたい考え。来年2月頃に東京で会議を開き、共同調査研究計画を決定する。

結核は、世界で人口の3分の1（21億人）が感染し、東京の新規患者数は3351人（06年）。都では07年3月、「結核予防推進プラン」を策定している。

都産業労働局

"いきいき職場"DVDでPR

ワークライフバランス認定企業を募集

都産業労働局は今年度から、仕事と生活の調和（ワークライフバランス）など、働き方の見直しに取り組む企業の認定制度「いきいき職場推進事業」を始める。1日から、その取り組み企業の募集を始めた。

仕事と生活を両立しながら、いきいきと働き続けられる職場の実現に向けて優れた取り組みを実施している中小企業を、都が10社程度認定。認定された企業については、取り組み内容を紹介するPR用DVDを作成するなど、広く公表する。また、09年2月に開催予定の「いきいき職場東京大会・交流会」で、認定されていない企業とも交流し、働き方の見直しの社会的機運を高める。

対象は、都内で従業員が300人以下の企業・団体。応募は、①長時間労働削減②年休取得促進③育児・介護休業制度充実④多様な勤務形態導入の4部門で募集する。応募書類の審査だけではなく、企業に出向き、実際に制度が運用されているかどうかも評価する。

同局雇用就業部では、「大企業ならワークライフバランスに取り組む環境があるが、中小企業では先進的な経営者でないと難しく、どう取り組んだらいいか分からないと困っている企業もある。認定企業は、取り組みをPRして、信用力の高めることができ、優れた人材確保にもつながる」（労働環境課）と話している。

冗句ジョーク

福田改造内閣発足、売りは「国民目線」

都庁女性職員
「ウチのオリンピック目線と上司の流し目よりはマシね！」

都政の東西

値上げの夏

ブランド卵が、チーズが、マヨネーズが、そして相変わらずガソリンが、8月に値上げをした。価格を据え置き、容量を減らす実質値上げもレトルトカレーなどの複数の食品で行われるという。

ガソリンは、消費者の買い控えで店頭価格を値下げしているものの、道路特定財源の暫定税率期限切れ当時はもちろん、復活直後と比べても、リッター20～30円上昇している。サンデードライバーはともかく、生活の足として車が必需品の地域では死活問題だ。

様々な値上げは、すでに4月から始まっており、今回の8月値上げに加えて、10月にはガス料金、来年1月には電気料金も値上げに踏み切るらしい。原油高、穀物高による飼料の高騰、原材料価格の高騰と、すべてにおいて「高」が付いて回る以上、物価の上昇も仕方ない。本当にそうだろうか。

様々な「高」を引き起こしている要因は、世界中で行き場を探している溢れ返るほどの金だ。サブプライム問題で原油市場、穀物市場に投機マネーが流れ込み、実勢価格を大きく上回る事態となっている。

我々のあずかり知らぬ場所で行われているマネーゲームが、目の前の生活を圧迫している。以前、知事が言ったように、こうした投機マネーをある程度規制し、統制していく方策を政府も真剣に考えるべき段階にあるのではないか。

さて、我々にできる防衛策は何だろうか。食品に限っては、可能な範囲で地産地消を心がけることか。余計なコストもかかっていない。安心だし、何より旬のものは美味しい。代替できない食品も多いが、ささやかな抵抗ではある。

出かけるにしても、家に居ても、あらゆる物が高くつく。値上げの夏をどう過ごそうか。

都区のあり方検討委幹事会

都市計画事務折り合わず

引き続き検討は16項目

都から区への事務移管を議論している都区のあり方検討委員会幹事会（座長＝山﨑昇墨田区長）の14回目の会合が7月31日に開かれた。面積1㌶を超える都市計画決定に関する事務や景観行政団体の事務など、16項目（一部一致したものを含む）で都と区の意見が合わず、引き続き検討とされた。一方、宅地造成工事規制区域の指定などに関する事務など5項目は、区に移管する方向で検討することで合意した。

景観行政も都が権限主張

今回、移管を検討したのは21項目。主として、前回に引き続き、法律により、一定の要件を満たす市（政令指定都市や中核市）が処理できることとされている事務で、特別区は一定の要件を満たす市に含まれていないものを取り上げた。

都市計画決定に関する事務（特定街区で面積1㌶を超えるものなど）では、都と区の見解が相違。区は「1㌶以下のものは区が処理しており、それを超えるものについても、地域の実情に応じて計画決定できるよう、区が担う方向で検討すべき」、都は「影響が区域を越え、広域に及ぶなど広域的観点から定めるべき都市計画については都が定めるべき」と主張して折り合わず、引き続き検討することとされた。

また、景観行政団体の事務なども、「良好な景観形成は地域の特性と密接に関連するもので区が担うべき」（区）、「東京は街並み、景観が行政区域を越えて連続しているため、東京全体の景観保護のためには統一的な意思決定のもとで一体的に事務を行うことが効果的。都に残すべき」（都）など食い違い、全部で16項目（一部一致を含む）が引き続き検討となった。

一方、宅地造成工事規制区域の指定などに関する事務やマンション建替組合の設立の認可などに関する事務など5項目は、区に移管する方向での検討に合意した。

そのほか、区側は「区の人口を50万人以上にすることを移管の条件と考えているのか」と再確認。都は「50万人というのは各局に意見を聞くときに目安としたまで」とした。また、区側は猪瀬副知事が先頃「東京市は考えられるとしても、23区がそれぞれ市になるという話は違う」と発言したことに遺憾の意を表明した。

都側は資料として、昨年7月に東京商工会議所が実施したアンケート調査を提出。「23区の数を少なくまとめるべきとの意見が3分の2を超えた」との結果を示した。

同幹事会では、今回の分も含めると、これまでに29項目について基本的に区に移管する方向での検討に合意。40項目について引き続き検討を決めたことになる。

◆今回の会合で決まった21項目の方向性

【区に移管する方向で検討する事務】

▽宅地造成工事規制区域の指定など
▽流通業務地区公共施設都市計画決定など
▽マンション建替組合の設立の認可など
▽交通結節機能高度化構想の作成及び国土交通大臣との協議など
▽雨水浸透阻害行為の許可、条件の付加など

【引き続き検討する事務】

▽都市計画決定（特定街区で面積が1㌶を超えるものなど）
▽延べ床1万平方㍍超の建築物にかかる建築確認など
▽土地試掘許可など都市計画
▽組合施行者に対する監督など土地区画整理事業
▽住宅改良区域内の建築行為の許可など
▽再開発事業計画認定など
▽都市計画施設区域内の土地有償譲渡の届け出受理など
▽保全区域内の建物建築届け出受理など
▽土地の権利移転届け出受理など
▽住宅街区整備事業の認可など
▽被災市街地復興支援地域内の建築行為許可など
▽防災街区計画整備組合の合併の認可など
▽造成敷地などに関する権利の処分の制限など
▽都市計画区域内の開発行為許可など
▽監視区域の指定
▽景観行政団体の事務など

住民ニーズ念頭に議論を

【解説】今回、協議の対象となったのは、まちづくりに関する事務だった。国の地方分権改革推進委員会の第一次勧告では、指定都市や中核市などに移譲されているものを中心に「一般市に移譲すべき」とされたものも多くある。区側には、国レベルで検討中の地方分権の流れを、この「あり方検」の場にも反映させたい思いがある。

都市計画決定について、区は「本来、基礎自治体の事務であり、面積規模で決定権者を区分けする必然性はない」との考えを示した。都は「特別区の区域は一つの都市計画区域として指定されており、一体の都市として総合的に整備・開発・保全することとされている」として、「周辺市街地を含め、良好な環境の街区形成を図る必要」を主張した。

こうした議論を進める上で忘れてならないのは、地方自治の主役は住民であるということだ。まちのデザインを描く上で行政の一定のリードは必要だが、強引であってはならない。役割分担のせめぎ合いに終始することなく、実際に区域で暮らす個々人のニーズをどのような形で汲み上げることがベストなのか、問い続けながらの検討にできないものか。（糸）

特別区の人口

1年間で7万4千人増

マンション建設で都心回帰

総務省が7月31日に発表した住民基本台帳に基づく人口の調査結果（08年3月末）では、渋谷区を除く22区で人口が7万4千人余り増加していることが分かった。

08年3月末の東京都の人口は、前年比で10万4860人増加し、1968年の調査開始以来、初めて10万人超となった。増加数2位の神奈川県（5万7264人）の約2倍のペースで、東京都に流入したことになる。

23区の人口は、前年比で7万4188人増加し、都内全体の人口増のうち74%を占めた。区別の人口増では、江東区が7255人と最多で、港区が6392人、練馬区が5846人と次いだ。

また、人口増加率では、中央区が4・6%、港区が3・4%、千代田区が1・8%と、マンション建設の都心回帰を裏付ける結果となった。

港区は、05年から人口が急増し、予想を超える増加だったという。区は「今後10年間は同じように増加するという見込みは立てていない」としながらも、三田、芝公園などでのマンション開発が進むため、人口増を見込んでいる。

中央区は「一時期、人口が減ってから、定住人口の増加に取り組んだ成果」とし、今後も晴海、勝どきが開発されるため、人口増が見込まれるという。

渋谷区では昨年3月末と比べ6人減少しているが、6月末では507人の増加となっている。3月末時点で、人口の流出がピークを迎えるほか、マンションを建てる空き地がなかったり、マンションが飽和状態であることも要因し、区は「人口がほとんど変わらない」と分析する。

「"納得"を大切に」高齢者の口腔ケア

歯科保険医協が講習会

後期高齢者の医療のあり方が関心を呼ぶなか、在宅の高齢者に対する訪問歯科診療や口腔ケアの進め方などについて学ぶ講習会が7月31日、中野区内で開かれた。東京歯科保険医協会が主催し、歯科医師や歯科衛生士ら約130人が参加。

現在、改正介護保険法や後期高齢者医療制度を通じて、高齢者の口腔ケアの重要性が注目されている。主催者側は「後期高齢者医療制度については廃止を求める立場だが、運動は運動として、今日の内容は実際の場で生かされてくると思う」とあいさつした。

講演では、東村山市で内科・小児科の診療所を開き、高齢者の治療にあたっている和田医院の和田知可志院長が、歯科診療の訪問先で高齢者の容態急変に遭遇した場合の救命処置の方法をアドバイス。また、「高齢者の場合、自覚症状があてにならない。診察する側での判断が必要」などと話した。

訪問歯科診療と口腔ケアの専門家である米山歯科クリニック（静岡県）の米山武義院長は、2015年には高齢者の独り暮らし世帯が570万世帯になることなどを引き合いに出し、「我々は医療人としてその人の最期まで関わらなければならない」と述べた。

舌の不随意運動が激しかった高齢者に入れ歯を作ったところ、低栄養状態が改善され、言葉が話せるようになり、こわばっていた表情も明るくなった例をビデオで紹介。歯垢をとるなどの口腔ケアにより誤嚥性肺炎が減った研究結果も示し、「介護する側、される側の納得を大切に、口腔を通して全身と心の健康を守ることが歯科医師の役割」と呼びかけた。

引きこもり対策

都モデル事業開始へ

生活保護への予防を

都青少年・治安対策本部は、引きこもりセーフティネットモデル事業を新宿、足立両区に委託し、今後、同事業が始まる。不登校経験者らの引きこもりの未然防止やすでに引きこもっている若者を就労支援する取り組みなどを試行錯誤しながら進めていく。2区だけでも、引きこもりの若者は約1800人と推計されているが、実態把握の難航が予想されるだけに、地域との協力体制の構築が必要になる。

都青少年・治安対策本部によると、引きこもり実態調査に回答した15～34歳の男女1388人のうち、引きこもりは10人と判断し、都内全体では2万5千人に上ると推計した。

引きこもりの若者は「25～27歳」を中心に、「家族との関係が希薄」で、「職場不適応」「病気」などをきっかけに、「3～5年」引きこもるケースが多かった。また、若年層でつくる機関に相談したいと答えたのは、8割以上だったという。

都は、「引きこもりセーフティネットモデル事業」を、新宿、足立両区に委託した。教育、福祉、就労支援の各担当課の連携体制を取り、不登校を経験したが、登校している生徒に対し引きこもりの未然防止を狙う。都は「試行しながら検証して、今後は事業を広めていきたい」と話している。

新宿区では、保護者を対象にした訪問相談などを実施する。引きこもりの若者と接点がある保護者に、接し方などを身に着けてもらう考えだ。新宿消費生活センターの担当者は「親御さんが変われば、子どもも変わると踏んでいる。保護者にPRしていく」と語る。

訪問後、引きこもりの若者が相談する意欲を示した場合、職業や農業体験のほか、区と連携した東京福祉専門学校でコミュニケーション能力を向上させながら資格を取得させ、ハローワークを通して就職につなげていく。

一方、足立区は9月1日、保護者らを対象にした電話相談窓口を区内に開設する予定だ。不登校経験者は、引きこもり予備軍であるため、一番のターゲットにしている。区は「不登校経験者らは、同じことを繰り返すおそれがある。根を絶たないといけない」という。今後、中学校や高校の校長らに相談窓口をPRする。また、すでに引きこもっている若者を戸別訪問し、就労支援機関などに誘導していきたい考えだ。

だが、引きこもりの若者は新宿区に約700人、足立区に約1100人と推計されているが、実態把握が難しい。無職のままだと、両親の死後は生活保護受給者になりかねない。実態把握には、民生委員、地域ボランティアらとネットワークの構築が必要だ。

青少年自立援助センター　工藤定次理事長の話

行政が引きこもりの若者の親にアプローチしていくのがオーソドックス。引きこもりの若者は親を拒むけれど、家にいる。自己矛盾を抱えるが、実は親を頼っている。

引きこもっていると、（普通に）ものの考え方ができなくなるので、引きこもりから抜け出せたという体験談などを引きこもりの若者に伝えることが重要。こうしたきっかけをつくるのは親だ。

引きこもりの一番の問題は、無力で人とも接しない社会性の欠如。社会性を身につけるのは、社会がやるべき。就労の再チャレンジをつくることが必要だ。

区のイメージ向上に着手

中野区が3カ年計画で

起創展街
中野で未来が動きだす

中野区はこのほど、区の対外イメージを向上させる「イメージアップ3カ年戦略」を開始した。区の特徴などを広範囲に発信して、区内産業のブランド化、企業誘致を図る考え。開始時期について区側は「中野駅周辺の再開発を控え、一見凡庸とした中野のイメージを一新するのに絶好の時期」としている。

中野区は昨年度、有識者による戦略策定会議を庁内に設置し、並行して、民間PR会社に委託する形でイメージアップのための具体策の提案を受けた。委託費はおよそ1千万円。

中野区は今回、キャッチフレーズとして「起創展街（キソウテンガイ）」を採用＝写真。ロゴを入れたうちわやクリアファイルなどを製作して周知するという。1日から区役所に横断幕を設置した。今後はイベント開催やウェブサイトでの区内の商店街、観光情報などを提供する予定。

事業の柱の一つは「中野らしさ」のアピール。区内には2千以上の飲食事業者があり、メディアに露出する機会も多い。最近はアニメ関連の小売店などの集積する「中野ブロードウェイ」周辺が、秋葉原に次ぐ「サブカルチャーの街」として注目を集めており、海外からの観光客が訪れるなど、新しい動きも生じている。区では第一弾として、食料品対象の「中野の逸品グランプリ」を3月に初開催。「中野ブランド」として押し出す考えだ。

他方で、新たな産業創出を狙いたい思惑がある。小売業主体の産業構造を反映して、中野区内の事業所の法人（企業）割合は、約47%（06年度）にとどまる。個人事業主の比率が高いという。税収増を図る上で企業の存在は重要なため、中野区では誘致に注力する考え。具体的には「20年後の法人割合を57%に引き上げる」との目標を掲げる。区担当者は「イメージアップ戦略では、中野駅再開発事業など新しさもアピールして、誘致に弾みをつけたい」と話している。

米軍ヘリポート問題で都に要請

港区

港区の武井雅昭区長と区議会の正副議長、各会派幹事長は7月31日、都庁を訪れ、石原知事あてに、区内にある米軍ヘリポート基地の早期撤去を求める要請書を提出した。

同区には、都内で唯一の米軍基地である赤坂プレスセンターのヘリポート基地がある。要請書は、「近隣住民はヘリポート基地使用による騒音や事故発生の不安に悩まされている」と指摘。今年4月からは、同ヘリポートを利用して東京消防庁のヘリコプターによる救急患者搬送が行われている点について「米軍基地の機能拡大と恒久化につながることを懸念している」とし、ヘリポート基地の早期全面撤去について都の尽力を求めている。

都は昨年1月、都立青山公園の一部を利用した臨時ヘリポートを認める代わりに代替地の提供を受けることで合意。ただ、赤坂プレスセンター自体の返還については「国に求めていきたい」としている。

わいせつ画像を保存し懲戒処分

足立区

足立区は7月31日、福祉部の男性係長（52）が勤務中などにインターネットからわいせつ画像を保存し、停職1カ月の懲戒処分にしたと発表した。また、係長から主査に降格した。

元係長は勤務中、異動する前の昨年6月～今年3月までの58日、計77時間、わいせつ画像をUSBメモリーなどに保存していた。また、今年4～5月の土日にも、画像の保存を繰り返していたという。情報システム課が随時行うインターネットの履歴点検で明らかになった。

閲覧時間分の給与約24万円、勤勉手当削減分約42万円を返納した。

記者席

今は昔のラジオ体操風景

○……ラジオ体操80周年記念となる「1千万人ラジオ体操・みんなの体操祭」が7月27日、東京ビッグサイトで開催され、約6千人が参加したという。

2週間ほど前、近所を散歩していると、カードを首から提げた小学生、親の姿を見かけ、ついていくと小学校でのラジオ体操だった。何十年振りで参加したが、第1はともかく、第2は忘れてしまった体操もあった。

かつては校庭いっぱいに、全校生徒に近い数の児童とその家族が参加していたが、その日の参加者は全部で50人程度。聞けば、夏休み期間中のラジオ体操も、昔と比べて随分、日数が減っているらしい。「夏休みと言えばラジオ体操」は、今や昔の話か。

○……足立区は、勤務中にインターネット上からわいせつ画像を保存していた福祉部の係長を停職1カ月の懲戒処分にした。

わいせつ画像を保存していたのは、パソコンのほか、USBメモリーだった。便利な媒体である半面、不正利用の温床になりやすい。

現在、区ではUSBメモリーをパソコンに接続すると、データの読み込みも書き込みも可能という。USBメモリーの使用制御を検討している。

区ではこれまで個人情報漏えいなどもあり、区民から不正のデパートと思われかねない。イメージ悪化は信用失墜になる。今回、口先だけの再発防止に終わらせてはいけない。

○……港区教育委員会が小中学校のトラブル相談で弁護士を配置して約1年が経過。この間、法律事務所に持ち込まれた相談件数は13件で、「想定したよりも少なかった」（区教委）。

しかも、相談内容が子供同士、保護者同士のトラブルがほとんどで、いわゆる「モンスターペアレント」的な、保護者の理不尽な要望で学校現場が混乱するという深刻な相談内容は見当たらなかったという。

区教委では「弁護士を配置した効果はあった」と評価しているが、「様子を見ている保護者も少なくない」との声もあり、引き続き警戒心をもって今後の行方を見守る考えだ。

駅前庁舎の是非を問う

住民投票に向け署名活動へ

小金井市　市議選への影響も

小金井市などが進めているJR武蔵小金井駅南口地区再開発事業に、新たな課題が浮上している。市は、来年の都市計画決定を目指している同再開発事業第二地区（約1・9㌶）に市庁舎を建設する方針を2000年に打ち出しているが、これに住民が反対。6月に発足した「駅前庁舎の是非を問う住民投票を実現する会」は2日夜、総会を開き、住民投票条例制定を求める署名活動を9月22日から開始することを決めた。12月議会に上程することを目標としており、市議会与党や市の対応が注目される。

◆市庁舎建設

同再開発事業は、第一地区（約3・4㌶）と第二地区に分けて事業を進めており、第一地区は2010年度の完成を目指して工事が進められている。第二地区は都市計画決定されていないが、市は再開発事業の成立には、再開発ビルの保留床を購入して市庁舎にすることが欠かせないとして、2000年に市庁舎を第二地区に建設する方針を決定している。

一方、市庁舎については、91年に利息を含めて119億円で蛇の目ミシン跡地（約1万1千平方㍍）を庁舎建設予定地として購入している。しかしその後、財政的に庁舎建設に手をつけられない状況になっていた。

この跡地は、二枚橋焼却場と並び、ごみ焼却場の建設候補地としてもあがったが、6月下旬、市民検討委員会は新ごみ処理施設建設地として「二枚橋」を答申。市は蛇の目跡地を売却して、再開発地区での庁舎建設にあてる考えを示した。

再開発ビルに市庁舎を建設する場合には、土地購入費36億円、工事費44億円、経費11億円などで、92億円が必要になる。その財源について市は、蛇の目跡地の売却（43億円）、現在の本庁舎の処分（15億円）、暫定集会所処分（2億円）などで60億円の財源を作り、残りの32億円を起債で賄う考えだ。

◆税金のムダに待った！

住民投票を実現する会は「蛇の目跡地は、バブル経済期の購入から大幅に資産価値が下落しており、売却すれば76億円の税金がドブに捨てられることになる」と話す。さらに、駅前市役所になった場合の敷地面積は4千平方㍍で、蛇の目跡地の3分の1程度。「災害時に、人や物が集中する防災の拠点としての機能も低くなる」という。

また、第二庁舎は民間から年間2億円以上で賃借している「リース庁舎」だが、94年から10年間の賃借契約を5年間延長した期限が、今年12月に迫っている。再開発第二地区の市役所建設計画が不透明なため「リース庁舎の賃借の長期化で、さらにムダな税金が使われることになる」ことも懸念する。ほかに「夜間に人の流れがなくなる駅前庁舎は、商業的にもマイナス」とも言う。

こうしたことから同会は「巨額な血税のムダ遣い」と強く批判。住民投票の実現で、市の方針撤回と蛇の目跡地での早期着工を促したい考えだ。

直接請求には、有権者の50分の1以上の署名が必要で、小金井市では1800人程度。だが、会は「市長と市議会を動かすために」1カ月で1万人の署名を目指す。

署名が集まれば、実現は、12月市議会の議決にかかっている。現在の与野党のバランスでは不利だが、来年3月には市議選も控える中で、どのような判断が下されるのか、注目される。

「駅前庁舎のムダ」を説明する橋詰雅博代表。住民投票実現に、署名1万人を目指す

東京国体基本構想

国内最高の大会へ

企業協賛システムを構築

2013年に東京で開催される第68回国民体育大会について、東京都準備委員会（会長＝石原慎太郎都知事、会員240人）は7月31日、第2回総会を京王プラザホテルで開いた＝写真。報告事項として同大会の開催基本構想を発表。国民的な関心を集める国内最高のスポーツ大会にしていくための方向性を示しており、国体のあり方を変え、オリンピックムーブメントにもつなげる魅力あるイベントを目指すとしている。

構想は①東京開催の意義②新しい国体像の発信③改革への取り組み④生涯スポーツ社会の実現——について、取り組むべき方向性と、国体を成功させるための手法や検討事項などを盛り込んだ。

開催意義では、はじめに課題を確認。国体は、国内最大の体育・スポーツの祭典でありながら、現状は「スポーツを取り巻く環境の変化についていけず、国民的な関心を集められない大会」になっており「地域振興の効果に限りがあり、地方の財政負担が重くなっている」ことを指摘した。

この国体のあり方を変え、都が目指す生涯スポーツ社会の実現貢献と地域振興やスポーツのすばらしさを広く国民にアピールするために、「国内を代表するトップアスリートがハイレベルな勝負を繰り広げること」の重要性に着目。関心を高めて国民の国体への目線を変えることで「次代を担う子供たちに夢を与え、スポーツの様々な可能性を追求し、広く国民の共感を得られる大会の実現」を基本姿勢に据えた。

改革への具体的な取り組みでは、「トップアスリート出場の働きかけ」で、選手自身にメリットが感じられるよう、賞金等の授与や、優秀な成績を収めた選手や団体に継続的な支援の仕組みを作ることなどを検討。また、全国障害者スポーツ大会を同時にひとつの祭典として開催することなどで、より多くの人の関心を高めるとした。

東京ならではの国体にするため、環境問題を考えるきっかけになるような取り組みを検討し「東京国体環境指針（仮称）」の策定や、利便性と同時に多摩や島嶼の自然環境など、東京の多様な魅力を発信。さらに、自治体の財政負担軽減と民間企業などとの多様な連携事業の展開を図るため、協賛システムを構築。PR活動の連携などにもつなげ、東京五輪招致機運醸成にも役立てるとしている。

石原都知事は総会のあいさつで、「国体の先にある東京五輪をなんとしても催すことで、国民の心の結束と東京の存在感を出していきたい」と話した。そのためにも都民の機運盛り上げの必要性を指摘。「日本の首都東京の国体として、目を見張る成果をあげたい」と語り、集まった関係団体の首長などに協力を呼びかけた。

懲戒処分指針を厳正化

東大和市

東大和市は7月28日、市職員の懲戒処分に関する指針を一部改正した。近年、全国の自治体で個人情報紛失や不祥事などが目立っていることから、処分をより厳正・明確化。職員の意識を律し、法令順守を改めて徹底する。

改正は都の指針に準じ①非違行為のあった職員が管理監督者の場合懲戒処分に加え、分限降任処分の可能性があることを加筆②内部通報の促進のため、自らの非違行為を発覚前に申し出た職員には、懲戒処分の量定を軽減できることを加筆したほか、懲戒処分の公表基準を厳格化。すべての懲戒処分に適用されるほか、管理監督者の懲戒処分と合わせて行った分限降任処分や、市民の関心や社会的な影響が大きい事案で懲戒処分に至らない訓告や厳重注意についても公表するとした。

また標準例を見直し、一般服務関係に個人情報関連や、公務外非行関係で占有離脱物横領の処分を加えたほか、コンピュータの不適正使用、賭博や淫行、わいせつ行為などについて、個別具体例の細目に改め、処分量定を重くした。

指針は同日付で施行している。

五輪招致機運醸成とタイアップ

地域活力にも期待

オリンピックムーブメント　共同推進事業

東京都は2016年のオリンピック・パラリンピック招致機運を盛り上げようと、今年度、各区市町村とともに「オリンピックムーブメント共同推進事業」を展開している。「オリンピズム」の普及啓発を通じて、スポーツ・文化の振興や青少年の健全育成などを目指すもので、各自治体には推進事業費として上限1千万円の委託金が都から支出される。年間予算が組まれた後の事業のため、各市では補正予算を組んだり、実行委員会形式にするなど対応に追われているが、五輪招致機運とタイアップして地域活性化にも結び付けたいと、知恵が絞られている。

■世論の盛り上げを

五輪については、開催地候補として6月にIOCが4都市を選定。東京は総合評価で1位を得たものの、IOCによる都市の世論調査の結果が59%と最も低い支持率で、最終的な開催地選定の際に及ぼす影響が懸念されている。

五輪に対する関心や期待感を高めるため、各自治体とともに、東京五輪やそのテーマとなる環境や平和事業を通して機運盛り上げを推進するのが「オリンピックムーブメント共同推進事業」だ。

事業決定には都及び五輪招致委員会で作る事業選定委員会を経る必要があり、7月現在、都内全体でオリンピックムーブメント共同推進事業の実施が決定しているのは7区7市3町1村（実施済み含む）とまだ少ない。

「人員削減の中で、年間の計画をこなしながら新たに事業を起こすのは難しい」という声も聞こえる一方、「せっかく事業費が出るのだから、できるだけ活用したい」と、複数の事業に取り組む自治体も多い。

■地域活性化に寄与

26市では、府中、羽村、あきる野、東大和、調布、国立、多摩の7市の事業が決定しており（実施済み含む）、そのほかの市でも、事業申請の手続き準備を進めている。

新規事業が難しいというのは共通の悩みだが、決定している市の中では、国立市が新規で「自動車史から環境とオリンピック招致を考える」と題し、1日に講演会、12月には自動車パレードの開催を決定した。1908年8月1日、皇族の呼びかけで、国内初のガソリン自動車が加わり、日比谷公園から国立の鎮守谷保天満宮までのドライブツアーが開催されてからちょうど100年にあたっており、「環境に配慮した東京オリンピック招致について考えてもらおう」と企画。12月には、1964年開催の東京オリンピック聖火リレーとマラソンコースを取り入れた自動車パレードを行う予定で「地域住民はもちろん、国立を訪れたことのない市外の人も巻き込み、交流の活性化を図りたい」考えだ。

また、調布市は23日に予定している恒例の花火大会に事業を盛り込んだ。五輪をイメージした仕掛け花火のほか、音楽と花火のコラボレーションが人気の「花火イリュージョン」では、五輪に関連した音楽を選曲して盛り上げる。担当課では「調布は64年の五輪でアベベ選手などが走ったマラソンコースの折り返し地点となり、そこに記念碑も建っている。まちの発展の記憶と五輪の記憶が重なり、鮮明に憶えている人が多い」と話し、「北京五輪が話題になっている時期と重なった。事業を盛り込むことで、花火数が増え、演出効果も高まる」と事業のグレードアップで市内外の多くの人にアピールできると話す。

26市オリンピックムーブメント共同推進事業（7月4日現在）

	イベント名称	企画内容
府中	元気一番まつり※	PRブース設置、子供向けリズム体操で親子にPR、ロゴ入りエコバッグ・うちわ等記念グッズ作成等
	地域まつり※	
調布	調布市花火大会	ロゴ仕掛け花火、花火イリュージョン等
国立	自動車史から環境とオリンピック招致を考える※	講演会、自動車パレード、オリンピアンとウォーキング、市内散策コースの入ったウォーキングマップの配布等
	くにたち春うららウォーキング	
東大和	スポーツ大会※	五輪記録を体感できる高飛びのバーや三段跳びの足跡などの展示、ロゴ入り記念品タオル作成等
	ふれあい市民運動会	
多摩	スペシャルスポーツスリーデー	オリンピアンのトークショーやスポーツ教室、大学との連携等
羽村	はむら夏まつり※	東京五輪トーチや写真展示、ロゴ入りうちわ作成等
あきる野	あきる野映画祭※	映画『東京オリンピック』上映、オリンピアントークショー、PRブース設置、ロゴ入りエコバッグ・うちわ作成等
	あきる野夏まつり※	

※はすでに実施または一部実施済み

■メリット生かす

事業の趣旨として、東京五輪が目指す「オリンピズム」の普及やPRはもちろんだが、相乗効果による自治体のメリットも大きい。

2016年の東京五輪が目指すものの一つは「環境にやさしい五輪」。そのテーマにあわせたイベント参加者などに東京五輪のロゴマーク入りエコバッグでPRを考える市もある。

あきる野市では、2日に行われた夏祭りで、新体操でロサンゼルス五輪やソウル五輪代表に選ばれた秋山エリカ氏と俳優の井上純一氏とのオリンピックトークショーや、オリンピック関連ブースを設置。ブースを訪れた人には、東京五輪のロゴ入りエコバッグを配布した。「環境にやさしい五輪を記憶に刻み、形に残せて東京五輪をアピールできる。環境負荷の軽減にもつながる」として、府中市などでもイベントを通して、エコバッグを記念品として配布。日野市でも事業候補の一つとして考えている。

小金井市では市制50周年記念事業の一つとして、環境問題啓発に「黄金井（こがねい）11万人のキャンドルナイト」を予定。市内のライトダウンなどで地球温暖化防止を考える機会とするが、蝋燭を入れるリユースカップに東京五輪のロゴを入れることを検討。

また、町おこしとして映画の看板制作などで明星大学造形芸術学部の学生の協力を得てきた青梅市は、事業候補の一つとして大学や学生とのコラボができないか検討中だ。「『オリンピックアート』などとして、学生に関わってもらい、広く関心が高まる取り組みができれば」と期待する。

ほかに、既存のスポーツイベントなどに五輪出場者を招いて、青少年への実技指導や子どもたちとのふれあいの場を設けたり、トークショーや講演会などを検討している市は多い。「市の予算だけでは、一流選手を呼べる機会はめったにない。青少年を中心にふれあいの場を多く作り、オリンピズムを伝えることができたら」（国分寺市）。

年度後半にむけて、新たな事業を検討する市では、事業の活用により、オリンピズム普及と市のメリットの一致点の模索が続いている。

小平市

目指すは品質日本一

ブルーベリーご飯も登場

日本で初めてブルーベリーの経済栽培が始まり、「ブルーベリー栽培発祥の地」としてまちおこしに力を入れる小平市は、コミュニティバス「にじバス」利用者に、小平産ブルーベリーを無料配布するイベントを6日に実施する。ブルーベリーのブランド化を目指し、特産化して地域振興を図る同市だが、市民にも認知度はまだ低い。

「小平ブルーベリー協議会」も7月に立ち上げて走り出した市目標は、ブルーベリーの品質日本一、生産量東京一だ。

現在、小平市では26軒の農家が所属する「ブルーベリーの会」を中心に作付けが行われており、全体では50〜60軒でブルーベリーが生産されている。ブルーベリーは機械摘みができず、一粒ずつ手作業で収穫しなければならないが、栽培にはあまり手間がかからないことや、最高級品では1㌔3千円程度で取引されるなど単価の高さが魅力。市の働きかけもあり、ブルーベリーを栽培する農家は増加し、03年に2・13㌶だった作付面積は、現在3・6㌶にまで広がった。年間の生産量は約20㌧。都内でブルーベリーを生産している自治体の中で、05年度現在、立川市、日野市について第3位だ。

ブルーベリーの品種は300〜400あると言われているが、小平市で主に栽培されているのは、甘みと酸味のバランスが良い「ティフブルー」という品種。ブルーベリーは濃い紫色に色づく期間は2週間程度あるが、収穫に適した時期はその中のたった2日で、それを見極めて収穫する技術が難しい。小平市内の農家は、それらを勉強して習得しているため、均一に品質のいいブルーベリーが提供できるという。

イベントは、そうした小平産の生のブルーベリーのおいしさを知ってもらうことを目的に開催。今回は、市民の足となりつつある「にじバス」利用者に配布することで、「にじバス」の認知度アップも狙った。

産業振興課は「ブルーベリーワインなど、加工品を作るのにも手摘みなので多くの人手が必要になる。現在は、観光客を受け入れるほど、作付面積がないが、積極的に農家にブルーベリー栽培を勧め、将来的にはバスツアーなども考えたい。希望者に摘み取りをしてもらって、生食用ブルーベリーをお土産にしてもらうなど、観光にも広げていけたら」と話し、「品質日本一、生産量東京一」への夢に向かう。

また、市は4日から、ブルーベリーを炊き込んだ「ブルーベリーご飯」を商品化。ヘルシー弁当（600円）を市役所食堂で販売開始するほか、9日には小平ブルーベリーまつりも開催。生食用や苗木の販売のほか、まつりのポスターを作成した武蔵野美術大の学生らが、ブルーベリーポップコーンの販売などを実施する。

「ブルーベリーの新たな魅力を発信していく場にしたい」（産業振興課）と話している。

将来は観光など産業振興の広がりに期待がかかる

都福利厚生事業団

一般財団法人へ移行目指す

研修業務や派遣事業の展開も

㈶東京都福利厚生事業団はこのほど理事会を開催し、「これからの東京都福利厚生事業団のあり方（案）」を決定した。公益法人制度改革関連法が今年12月に施行されるなか、一般財団法人への移行を掲げ、新たな事業展開としては研修業務の受託・実施、都退職者等の派遣事業の検討を盛り込んでいる。事業団評議員などによる福利厚生検討会で議論を進め、今年度中を目途に経営計画（仮称）を策定する予定だ。

都の福利厚生事業を巡っては、総務局が今年5月に基本的な考え方を示しており、今回の「あり方（案）」は、これを踏まえた形で事業団として事業や運営の基本的方向性を打ち出したもの。

まず事業団が展開する福利厚生事業については「安心して生活を送る」「安心して仕事ができる」「いきいきと働く」「自分を高める」という四つの支援に基づき体系化し、事業の再構築を図る。

また事業団運営に関しては、公益法人制度改革に伴って、一般財団法人への移行を目指す。移行時期は13年11月末までとした。公益法人制度改革では、今年12月に関連法が施行され、現行の公益法人は経過期間内に新たな法人に移行する必要がある。

一般財団法人への移行に向けては、公益目的支出計画の策定や税負担増への対応、理事会等の組織形態見直し、寄附行為から定款への変更などに取り組んでいく。

さらに新たな事業展開では、都の方針に沿った人材育成事業として、都職員の研修業務を受託し、実施するほか、都退職者等の派遣事業の検討も打ち出した。能力開発支援や退職後の就業支援など、いずれも会員ニーズに即した内容だが、すでに総務局が考え方で示した「より都政に密着した事業展開」とも合致する。

労働者派遣事業では、都退職者や再任用・再雇用を終了した職員などで勤労意欲が高く実務能力のある職員を対象とし、派遣先には都や監理団体等が想定されている。

今年度中に策定する予定の「経営計画（仮称）」では、各事業の具体的な見直し内容が盛り込まれる見通しで、実施可能なものから来年度予算に反映し、より効率的・効果的に事業団を運営していくこととしている。

節目の年に大きな転換

【解説】　事業団を取り巻く環境変化のうち、最も影響が大きいのは公益法人制度改革だ。

今回の基本的方向で事業団は、公益法人ではなく、一般財団法人への移行を掲げた。公益法人への移行認定基準である「公益目的事業費の割合が5割以上」に満たないためだ。

実際に08年度予算でみると、公益目的事業費は、地方自治振興や社会福祉促進に関わる事業など約4千万円で、全体から見れば1％未満の水準にとどまる。それだけに「一般財団法人の選択肢しかない」というのが実情だろう。

一般財団法人に移行する場合には、公益目的支出計画の策定が最大の課題となる。移行時の純資産を基礎に算出した公益目的財産額の相当額を公益目的に支出し、ゼロにするための計画にあたる。

一方、公益認定等ガイドラインでは、引当金や準備金等は公益目的財産額から控除することが認められている。事業団としては、現在保有する積立金や引当預金を引当金や準備金等へどう位置づけていくかがポイントになる。

しかし、引当金や準備金等への位置づけが認められるかどうかは、国等の委員会が審査する仕組みで、個別事例を積み上げる中で判断基準が固まってくることも予想される。事業団が一般財団法人への移行時期を経過期間ギリギリに設定した背景には、こうした事情もありそうだ。

一般財団法人化では、税制上の問題も課題となる。財団法人には税制上の優遇措置があるが、収益事業への税率は現行の22％から、一般財団法人化に伴って30％に引き上げられる。しかし事業団では、試算などを踏まえて、過大な影響はないとの見方だ。

「あり方」では、公務員の福利厚生への公費支出に対する住民の厳しい視線にも触れている。05年に明るみになった大阪市による職員互助会への不適正な公費支出を契機に、妥当性をめぐる議論は全国的に広がりをみせた。

昨年の総務省の調査では、すべての都道府県が互助会等に対する公費支出の見直し等を実施しており、17道府県では互助会等への公費支出を全廃したという。

都も99年度に会員掛金と交付金の割合を1対1とし、また06年度には慶弔見舞金など給付的な事業について交付金を充てずに実施する独自事業に区分するなど、見直しを行った経緯がある。

ただし、福利厚生事業は、地方公務員法42条に基づき、事業主に実施する責務があるとされ、職員互助組合条例により、事業団が都から交付金等を受けて事業を担っているものだ。

それだけに今回の「あり方」では、厳しい視線と法的な裏づけが両立するよう、都民の理解を得るため、公費支出の妥当性や透明性の確保を明確に打ち出している。

一般財団法人の移行時期とした13年度には、団塊世代の退職等に伴って会員数が1万人程度減少し、会費と交付金を合わせた収入も6億2千万円減収との見通しがある。会員の年齢や男女構成、ニーズの変化への対応も求められる。89年の設立から今年で20年目を迎える事業団にとって、節目の年は大きな転換期となる。（大）

都の09年度組織・定数要求

なるか？要求事務の負担減

一部の資料、統一様式を廃止

都総務局調査課は、各局が作成する来年度の組織改正計画、所要人員計画等の作成にかかわる事務の負担軽減策に取り組んでいる。これまで統一様式での提出を求めていた一部資料を廃止したほか、各局独自の様式への変更などを行った。また、査定のピーク時でも水曜日の定時退庁を徹底する。昨年度の組織・予算要求時は、担当職員の事務量が膨大となり、作業が深夜に及ぶことも多かったが、果たして効果の程は——。

水曜の定時退庁も徹底へ

組織定数要求に伴う事務の軽減に向けた取り組みは、すでに06年度から始まっている。それまで組織管理課（当時）と調査課に分かれていた組織と定数の扱いを、調査課に一元化したのが皮切りだ。翌07年度には、組織改正説明書の提出を廃止。組織の改廃や定数の要求理由を記載するものだが、各局の事務量が膨大となっていたため、廃止は好評という。

引き続き今回の査定に向け、事務分担表の提出方法を見直した。職員の生年月日や年齢、在職年数、職員一人ひとりの担当事務を課ごとに所定様式にまとめたもので、組織の職員が入れ替わるたびに新たに作り直していた。局によっては、8㌢の極厚ファイル2冊分の量になるという。

しかし、年齢や在職年数のデータは人事部が別途保有しているため、再度提出してもらう手間を省いて廃止する。また、事務分担表は提出してもらうが、調査課が定めた統一様式ではなく、各組織が独自に作ったものをそのまま提出してもらうよう見直した。

様式がバラバラになるため、調査課の査定作業の手間が増えるが、「全局で作成する手間とは比べ物にならない」（調査課）という。

さらに、知事本局や総務局、財務局に集まる計画や組織定数、予算に関する資料や情報を共有化する。例えば、知事本局が重点事業を決定する際に各局に求める資料等も、総務局や財務局に提出された資料をベースに足りない部分だけ求めるよう改める。

こうした事務量縮減に向けた取り組みは、担当者の負担軽減がねらいだ。次年度の組織や予算要求時は、担当職員の事務量が膨大になり、作業が深夜に及んでいる。調査課も含め、全庁的に組織のスリム化が進む中、旧来のやり方では職員一人ひとりの負担がどんどん重くなってしまう。

調査課では「公務員は、内部資料を作るのが本来の仕事ではない。少数精鋭の中でも、事務量を減らすことで得られるマンパワーを都民サービスに振り向けていきたい」と話す。

さらに今回、調査課が各局に示したのが超勤の縮減策だ。都庁では、毎週水曜日は定時退庁日としているが、査定作業がピークを迎える10月以降も、これを徹底するよう求めた。調査課としても水曜日の夕方や木曜日の朝一番での資料の提出依頼を避けるほか、局との協議や会議、電話連絡等も取らない考えという。

定時退庁すれば仕事が残り、翌日以降の負担が重くなることが懸念されるが、メンタルヘルス的には連日、長時間労働するよりも、間に1日、定時退庁した方が良いとも言われている。調査課では「仕事を長いスパンで捉えれば、効率化して時間を作ることは可能。心がけが大切だ。水曜日の夕方は何もしないものとして意識して欲しい」と話す。この秋、都庁に遅くまで灯る蛍光灯がどこまで減るか、注目される。

下町5区が合同採用説明会

エリアの魅力をPR

下町に位置する墨田、江東、足立、葛飾、江戸川の5区は7月28日、特別区の採用試験受験者を対象にした説明会を合同で行った。都心区にはない下町エリアの魅力を受験者に知ってもらうことが目的。ブロック合同での説明会は他に例がなく、特別区では初の試みとなる。

特別区では毎年この時期に、Ⅲ類の採用試験受験者を対象とした23区合同の説明会を行っている。しかし、今年は行われないため、下町に位置する近隣5区が合同で実施した。Ⅰ類や経験者採用を含め、全試験区分の受験者を対象にしており、開催に当たり、各区が周辺の高校や公務員予備校などへのPRを行ったという。

会場は葛飾区役所7階の会議室で、当日は150人の想定人数を上回る約300人が参加。試験制度や申込方法などの全体説明の後、各区のブースで区の紹介や区政の方針などの説明、質疑応答が行われた。

葛飾区のブースでは、参加者を10人前後の5グループにわけ、人事担当職員とのグループディスカッションが行われた。参加者からは「公務員にとって必要なものは？」「苦情者が来たときの対応は？」など、仕事に関する質問や労働条件の質問などが活発に出された。また、「人事担当と直接話ができ、公務員の仕事がイメージできた」などの感想が聞かれたという。

葛飾区の吉田義仁職員課長は「採用市場は、いわゆる『売り手市場』に転じており、有為な人材をいかに確保するかが喫緊の課題。今後も、様々な手法でリクルート活動を展開し、人材確保に努めたい」と話す。

葛飾区のブースの様子。説明にも力が入る

ひと

民間から市で初の管理職に

町田市広報広聴担当部長

川崎（かわさき）　宗二（しゅうじ）さん

「未知の分野に挑戦するのは、エキサイティング」。その思いに突き動かされて、日産自動車を退職後、4度の転身を図ってきた。

今回は、町田市が初の公募を行った広報広聴担当部長への就任。

自動車のリサイクルシステムを立ち上げる時期に、自動車工業会のPTの一員として当時の通産省と仕事をした経験がある。それもあって、行政の仕事に興味があったが、「正直なところ受かるとは思っていなかった」。

受諾には逡巡もあったが最終的に決断したのは「石阪市長の町田市を変えようという意欲」に共鳴したから。

「市長は市の最高のPRマン。もっともっとメディアの前に出てもらいたい。月に2回記者会見を行うなど広報活動に熱心であり、それをできるだけサポートしていきたい」

応募論文で、市のホームページの課題を求められ、都道府県と政令指定都市のHPコンテストで、最優秀にランクされた川崎市のケースに言及。「郊外都市で町田と似通ったイメージの川崎が評価されたのは、目指すべき方向がはっきり打ち出されていたからではないかと考えたんです」

管理職や経営陣の一人として様々な仕事を手がけ、「自分の力だけでは何も出来ない。マネージャーの仕事は色々な人の助けを借りて、チームとして仕事を作り上げていくことなんです」。目指してきた仕事人像はアルファベットのT。深い専門性が縦線で幅広い知識が横線。「できれば縦線が複数あるのが理想です」。広報紙やHP刷新も、幅広く多くの人の意見を聞いて、優れたアイデアを取捨選択していきたいと。

「残された仕事人生を身近な市民のお役に立ちたい」。これまでも自動車ユーザー、医薬品会社では患者さんなどの立場で、「嘘を言わない。出来るだけオープンに情報開示することが大事」というスタンスに立ってきたことの集大成。「行政の最前線で働けるのはやりがいがあります」

ルノーの傘下に入る前、「色々なことを変えていこうと思っても個人の力では限界がある」と退職したが、大好きだった日産を辞めたことを後悔したくないという思いで、その時々にベストを尽くしてきた。「やっと選択は間違いでなかったと思えるようになりました」と笑った。（門）

福岡県生まれ。74年早大商卒。日産に。ベンチャーや外資系医薬品会社などを経て5月から現職。趣味はゴルフと、妻が休日仕事に出ることになったのを機会に50歳から始めた料理。社会人の2男と4人暮らし。58歳。

食品の安全性に85％が不安

生活文化スポーツ局が調査

都生活文化スポーツ局はこのほど、インターネット都政モニターアンケートの結果を公表した。食品の偽装表示問題や悪徳商法をはじめ、不適正な取引による被害が多発する中、今回のアンケートは消費生活をテーマに実施された。モニター500人のうち、回答者数は479人、回答率は95・8％だった。

調査結果では、消費生活での不安に関しては、食品の安全性が85・4％と最も多く、食品・商品やサービスに関する適切な表示、価格が続いた。

また消費者トラブルの経験の有無についての設問には、27・8％が「経験あり」と回答している。

行政に対しては、商品やサービスの安全・安心面で、危険情報の早期提供を68・7％が望み、消費者被害の防止・救済等を巡っては、悪質業者等への取り締まり強化を求める声が88・3％に達している。

都では消費生活基本計画の改定を進めており、今回の調査結果などを今後の取り組みの参考としていく考えだ。

英会話教室倒産などで相談急増

都消費生活相談

都生活文化スポーツ局は7月31日、07年度の消費生活相談概要（東京都全域分）を取りまとめた。全体の相談件数は14万2760件にのぼり、前年度から約6千件増加した。英会話教室やエステサロンの倒産に関連した相談が急増したほか、架空・不当請求の相談が再び増加した点などが特徴となっている。

英会話教室やエステサロンを巡っては、倒産や閉鎖が相次いだことを受けて、長期契約した消費者から、返金やサービスの継続等の相談が急増した。相談件数は、外国語・会話教室で前年度の3・7倍、エステティックサービスでは前年度の1・6倍にも達した。いずれも20～30歳代からの相談が多いという。

有料サイトの利用料金や債権など、身に覚えのない架空・不当請求については、04年度をピークに減少していたが、07年度は相談件数が3万2742件となり、再び増加に転じた。特に携帯電話の番号対応メールを悪用した架空請求メールによる手口が目立った。

若年層支援で「就ゼミ」開催

しごとセンター多摩

しごとセンター多摩では、若年層の就労を総合的に支援するための「就ゼミ」を8月27日から29日の3日間で行う。これから就職活動をスタートする若手にターゲットを絞ったもので、就職活動の基礎的な部分から学んでいく。

若者の早期離職を防止し、企業で長く勤めることを視野に、ワークライフバランスを考慮した「生活力」、多くの企業が就職希望者に求める「コミュニケーション能力」、将来の目標を達成するための行動を探る「目標達成力」などを学ぶ。

このほか9月20日から随時、自己分析やエントリーシート対策、筆記試験対策など、ポイントごとに就活のノウハウを学ぶ講座も行う。

いずれも無料。申込は東京しごとセンター多摩セミナー事務局☎042・329・4524。

今回は「文書」と「仕事の進め方」の問題演習を行います。

問　題

【問題 1】

文書の事案決定に関する記述として、妥当なものは次のどれか。

① 文書の起案者は、起案文書の内容について責任を有する者という意味であるから、自らペンを執って起案文書を作成する必要がある。

② 決定権の委譲は、事務事業をよりご合理的かつ実際的なものとするため、知事から副知事へ移譲する場合と知事から局長へ移譲する場合の二つの場合が認められている。

③ 決定の例外措置とは、当該事案を決定すべき者が、当該事案の決定の結果の重大性が自己の負いうる責任の範囲を超えると認めるときは、その理由を明らかにして上位の職にある者の決定を求めることである。

④ 決定の効果は、それにより行政体の当該事案に関する意思が内部的に決定することであるが、行政処分の要素としての行政機関の意思表示としては、この内部的決定で足りる。

⑤ 決定関与には、審議、審査、及び協議の3種類があるが、審議とは主として法令の適用関係の適正化を図る目的で起案文書について調査検討し、その内容及び形式に対する意見を決定権者に表明することをいう。

【問題 2】

公文書作成の基準に関する記述として、妥当なのはどれか。

① 公文書作成の基本的な心構えとしては、努めて平易な言葉、無理のない言い回しを用いること、できるだけ簡潔な言い回しを用いることの2点に留意する必要がある。

② 決定案文の作成の留意点としては、形式基準と内容審査基準があり、内容審査基準は法律的観点と行政的観点の二つがある。

③ 起案は、行政の実施、内部管理事務の処理の出発点であり、基礎であるため、起案者は、決定権者の指示に従うほか、決定事案について、よく研究し関係法規や通知等に精通する必要があるが、判例や行政実例等までは参考とする必要はない。

④ 起案された決定案は、意思決定前に、決定関与者の関与を受けるが、その内容は決定関与者が誤りなく関与でき、決定権者が正しく判断できるように、正しく、要領よく、簡明に記述されなければならないが、関係書類や図面などの資料を添付することまでは求められていない。

⑤ 決定案は、決定され施行すると、その内容が都の意思として一定の効果が発生することとなるので、その内容には、効果意思が明確かつ十分に盛り込まれていなければならない。

【問題 3】

東京都における行政広報に関する記述として、妥当なのはどれか。

① 行政広報は、行政の行う広報と広聴をあわせたものであるが、広報とは広く住民の意見や要望などの情報を聴くことであり、広聴とは広く住民に行政情報を伝えることである。

② 職員広報は、職員が都政に関する情報を入手し、職場や毎日の仕事の中で都民に適切に対応するために非常に重要な役割を果たしているが、「とちょう――i」は職員広報には含まれない。

③ 自主媒体による広報とは、都が経費をかけて広報を行う媒体のことであり、広報東京都や各局で発行・作成しているパンフレットやポスターなどの印刷物などがある。

④ 依存媒体による広報とは、新聞・放送等の報道機関にニュースとして報道してもらう広報手段のことであり、都がスポンサーとなっているテレビ・ラジオの都政広報番組も依存媒体に分類される。

⑤ 都が行う広聴活動の一つである一般広聴は、集会広聴、調査広聴の二つに分類される。

【問題 4】

組織原則に関する記述として、妥当なのはどれか。

① 命令一元性の原則とは、命令は一人の上司から一元的に行わなければならないとされるが、一人の部下に対して、複数の上司から命令が出されてはならない。

② 権限移譲の原則とは、権限は、組織の各階層に適切に配分しなければならないとされるため、上司の権限は部下に委譲され、責任が分担されなければならないが、日常的な仕事については、部下に権限を委譲してはならない。

③ 権限と責任の原則は、権限と責任は、常につりあいが保たれなければならないとされるが、権限とは担当する職務を果たすべき義務であり、責任とは担当する職務について決定ができ、定められた行為をすることが認められている権利あるいは力である。

④ スパンオブコントロールとは、一人の上司が直接指揮監督する部下の人数は制限されなければならないとされるが、スパンは一定の数字をもって示すことができる。

⑤ 階層短縮平準化の原則とは、管理階層はできるだけ短く、また平準であることが望ましいとされるが、階層が長いと命令が下部に到達する時間がかかるが、命令内容がわい曲されることはない。

【問題 5】

問題解決の技法に関する記述として、妥当なのはどれか。

① ブレーンストーミングとは、一見まとめようもない多種多様な事実をありのままにとらえ、それを構造的に統合することにより、何か新しい意味、アイデアを発見する創造性開発技法・発想法である。

② KJ法とは、5人から10人のメンバーにより1時間程度の間、一つのテーマについて、アイデアを自由に出し合い、その連鎖反応を促進することにより、問題解決のアイデアを求めるものである。

③ PERTとは、いま取り上げている問題点に影響を与えている原因を系統的に洗い出し、その原因と問題の結果との関係を表すことである。

④ SWOT分析とは、主に企業の経営戦略やマーケティング戦略を立案する際に使われる分析方法で、経営環境分析、すなわち内部環境要因・外部環境要因を分析することにより、経営戦略を導き出すための手法である。

⑤ 特性要因図とは、計画をたて、それを実施統制するための日程計画と進行管理のための技法である。

都政実務 ⑧

解　説

【解説 1】　正答 ③

① 誤り。前半は正しい。起案者は、必ずしも自らペンを執って起案文書を作成する必要はない。起案文書を作成する者が起案者と別に存在しても差し支えなく、この場合の起案文書の作成者を事務担当者という(職員ハンドブック372ページ)。

② 誤り。知事から副知事へ移譲する場合と知事から局長へ移譲する場合の他に、局長から部長へ、または部長から課長へ移譲する場合の三つの場合に決定権の委譲を認めている(職員ハンドブック373ページ)。

③ 正しい(職員ハンドブック373ページ)。

④ 誤り。前半は正しい。決定による意思決定の効果は、あくまでも内部的なものにすぎないから、行政処分の要素としての行政機関の意思表示としては、単に行政機関の内部的決定である「決定」があったのみでは成立せず、これが外部に表示されて初めて意思表示としての効果が生じるものであると同時に、意思表示がなされたか否かは、すべて外部に表示されたところによって判断されるべきであるとされている(職員ハンドブック373ページ)。

⑤ 誤り。前半は正しい。後半は、審査の説明である。審議とは、主管の系列に属する者がその職位との関連において、事案決定のための案を記載した電子文書または文書について調査検討し、その内容および形式に対する意見を決定権者に表明することをいう(職員ハンドブック374ページ)。

【解説 2】　正答 ⑤

① 誤り。公文書作成の基本的な心構えとしては、他に、誤解の生ずるおそれのない言葉、行き届いた言い回しを用いることがある(職員ハンドブック377ページ)。

② 誤り。前半は正しい。法律的観点と行政的観点の他に、財政及び会計的観点がある(職員ハンドブック379ページ)。

③ 誤り。前半は正しい。判例や行政実例、慣例等も参考としなければならない(職員ハンドブック378ページ)。

④ 誤り。前半は正しい。事案の内容によっては、関係書類またはその写し、図面等の資料を添付して、決定関与者の理解の判断を助けるようにすることも必要である(職員ハンドブック378ページ)。

⑤ 正しい(職員ハンドブック378ページ)。

【解説 3】　正答 ③

① 誤り。前半は正しい。広報とは広く住民に行政情報を伝えることであり、広聴とは広く住民の意見や要望などの情報を聴くことである(職員ハンドブック505ページ)。

② 誤り。前半は正しい。「とちょう――i」は職員広報に含まれる(職員ハンドブック509ページ)。

③ 正しい(職員ハンドブック509ページ)。

④ 誤り。前半は正しい。都がスポンサーとなっているテレビ・ラジオの都政広報番組は、放送局が制作しているが、都が制作にかかる経費を負担していることから、自主媒体に分類される(職員ハンドブック509ページ)。

⑤ 誤り。都が行う広聴活動の一つである一般広聴は、集会広聴、調査広聴の他に、相談提言がある(職員ハンドブック511ページ)。

【解説 4】　正答 ①

① 正しい(職員ハンドブック564ページ)。

② 誤り。前半は正しい。日常的な仕事については、部下に権限を委譲しなければならないとされる(職員ハンドブック564ページ)。

③ 誤り。前半は正しい。権限とは担当する職務について決定ができ、定められた行為をすることが認められている権利あるいは力であり、責任とは担当する職務を果たすべき義務である(職員ハンドブック564・564ページ)。

④ 誤り。スパンは一定の数字をもって示せるものではない。いろいろな条件、部下の訓練の程度、権限移譲の程度、職務の計画の緻密さ、手続きや方針の変化の速さ、コミュニケーション能力・手段などによって伸縮するとされる(職員ハンドブック565ページ)。

⑤ 誤り。前半は正しい。階層が長いと、命令が下部に到達する時間がかかり、その際に命令の内容がわい曲される可能性が大きくなることから、命令伝達がうまくいかなくなる(職員ハンドブック565ページ)。

【解説 5】　正答 ④

① 誤り。KJ法の説明である(職員ハンドブック585ページ)。

② 誤り。ブレーンストーミングの説明である(職員ハンドブック585ページ)。

③ 誤り。特性要因図の説明である(職員ハンドブック588ページ)。

④ 正しい(職員ハンドブック588ページ)。

⑤ 誤り。PERTの説明である(職員ハンドブック585ページ)。

特別区係長選考

20年度 主任・係長 論文講座 ★42★

8月に入りました。特別区係長選考論文講座も残すところあと2回です。今回は、最初に、皆さんが論文を書くうえで踏まえておかなければならない「係長の役割」についてもう一度整理し、次に論文の「自己診断」等について、解説していきます。

係長の役割について

自治体ではよく「係長行政」という言葉が使われます。それだけ係長の果たす役割が重要だということです。係長の役割は、監督者の立場でマネジメント活動をすることだと言われています。マネジメントという意味では、課長の役割と共通する部分もありますが、課長が係長を介して組織を動かすのに対して、係長は直接的に部下を指揮して仕事を遂行する点において、違いがあります。

ただし、係長といっても、部下を持たないスタッフ職の担当係長もいますし、一方で、10人以上の係員を率いる係長もいます。また、課長補佐の役割が色濃くなる庶務担当係長や専決事案が多い出先事業所の長もいます。

このように係長といっても多様な役割がありますが、一般的には、次の四つに整理することができます。

(1)仕事の遂行

区は、事務事業の執行を通じて区民福祉の向上を実現させていきます。係組織が果たすべき最大の使命は、事業を適切に執行することです。

係長は、係全体の事務事業の進行管理はもとより、多くの場合、係長自身も仕事を持っています。以前は、自分自身は業務に従事しないで、監督者としての役割だけを果たせば良い場合が多かったのですが、最近は、いわゆるプレイングマネージャーとして自ら業務を執行しつつ係員を監督していかなければならない場合が多くなりました。

そのため、マネージャーとして、係員が仕事を進めやすいように条件整備や調整を行いながら、その一方で、プレイヤーとして、率先垂範を心がけ、係員時代の経験を生かし、質の高い仕事をしていかなければなりません。また、プレイングマネージャーとして、責務を果たすためには、優れた判断力やバランス感覚を常に磨いておくことも重要です。

(2)組織の管理

係は、実際に事務事業を執行し区民サービスを提供する、まさに区政の最前線です。区政の中で、係は最小単位の組織ではありますが、その係が十分に機能しなければ、区民サービスは低下し、区政課題を解決していくことはできません。

係長は、監督者として、係員の力を結集し、係の組織力を向上させていく必要があります。そのためには、係長が効果的なリーダーシップを発揮していくことが不可欠となります。ここでは、まず、一般的なリーダーシップの型について、確認しておきましょう。

①専制型

方針をリーダーが決定し、作業手順、分担等をリーダーが権威に基づき命令する。

②民主型

方針をリーダーの援助の下で集団の討議により決め、作業分担等も集団で決定する。

③放任型

方針をリーダーの関与なしに構成員が自由に決め、作業分担等も構成員が自由に決定する。

長期的な視点や人材育成の観点から組織を運営する際には、②の民主型が良いと言われていますが、事件や事故が発生した時などは、①の専制型のリーダーシップを発揮する必要もあります。また、リーダーシップを有効に発揮するためには、係員の能力や個性、価値観に応じた行使が重要となります。

その他に組織管理では、良好なコミュニケーションを保ち、情報の共有化や協働意欲の向上を図ることも大切です。

(3)職員の育成

限られた職員数の中で、組織力を発揮するためには、職員一人ひとりの能力を向上させていかなければなりません。部下を直接監督して仕事を遂行する係長にとっては、係員の指導・育成は欠かすことのできない役割と言えます。指導・育成の際には、係員の能力や個性を見極め、モチベーションを高めていくことが重要となります。例えば、係員一人ひとりに、組織目標を理解させたうえで、その達成に貢献できるような個人目標を設定させます。次に、個人目標を達成するために必要な知識や技術の習得をアドバイスしていきます。そのため係長には、日頃から個々の係員の状況を十分に把握し、係員ごとにOJTの計画を立て、実施していくことが求められています。さらに、目標を達成できたときの評価と達成できなかった時のフォローを欠かさないようにしましょう。

(4)課長の補佐

課長を補佐するのも係長の大切な職務の一つです。そこで、係長は、掌握している係の状況や課題への対応について、適切な時期に、適切な方法で課長に報告し、時期を失することなく、課長の判断を求められるようにしておく必要があります。

また、職務を遂行するうえで、課内の係間を調整することはもちろんですが、他の部署との調整や連携を必要とすることも多々あります。こうした場合に、係長は、課長を補佐して必要な連絡調整を担うことが求められています。

直前対策 ③

論文の自己診断について

論文の練習を重ねていくうちに、本当に自分の論文が進歩しているのか、もしかして後退してはいないかという疑心暗鬼に陥ることはありませんか。以前にも解説した内容ですが、セルフチェック(自己診断)の指針として、良い論文とはどんなものなのかを簡単におさらいしておきます。

(1)テーマに答えること

皆さんが試験当日に取り組む論文のテーマには必ず「こういうことを考えてほしい」「こうしたことを答えてほしい」という、区の現状や課題を踏まえた出題者の意図があります。出題者からの皆さんへの問いかけと言い換えても良いでしょう。この問いかけに対して真正面から真っ直ぐに答えている論文が良い評価を得ます。

(2)主張が明確なこと

良い論文には一本のしっかりとした芯が通っています。書き手の首尾一貫した主張、課題解決に向けた明確な方針がこれに当たります。こうした芯がなければ、論文そのものがぶれてしまい、結局何が言いたいのかわからない、曖昧な論文になってしまいます。

(3)説得力があること

皆さんが打ち出す主張や方針がどんなに優れたものであったとしても、それだけでは読み手に伝わりません。なぜそうした主張に至ったのか、その根拠をきちんと示すことで説得力が生じます。その逆に、事実関係だけを淡々と述べ、「ね、だからわかるでしょ」式の論文はいただけません。まるで論が深まってきませんし、主題が不明確になるばかりです。

(4)立場に基づくこと

特別区の係長を選ぶための論文ですから、係長の立場を満たして論を構成するのは当然のことです。傍観者や評論家のような論調では良い評価を得られません。また、「財政構造を改革する」とか「人事制度を確立する」のように大上段に構えたものは論外ですが、一般職員でもできるような細かすぎるものや当たり前の内容でもいけません。

(5)論理的であること

書き手の考えを、順を追って根拠を示しながら主張し、読み手を納得させるのが論文です。途中で話が飛躍すると書き手の論理性が疑われます。最後まできちんと意味をつなげていきましょう。前の文章を受けて次の文章が来るという流れを大切にします。また、レジュメを使って、論文全体の構成をしっかり整えることも重要です。

(6)わかりやすいこと

ひとつの語句にまでこだわって仕上げた論文ですから、じっくりと行間まで読んでほしいのが人情ですが、多くの場合、採点者は一読しただけで評価します。最初から最後までよどみなく読め、書き手の主張が無理なく伝わる論文が良い評価を得ます。平易な表現を心がけましょう。もってまわった言い回しや難解な専門用語はマイナスになります。

添削について

想定論文が完成したら、必ず、上司や先輩に添削してもらいましょう。上司に見てもらうからには、内容の充実したものを提出したいと考えるのは当然のことです。時間制限などは設けずに、資料を見ながら内容を重視した論文を丁寧に書いてください。最初の段階では想定論文の内容を高めることが最も重要です。

とはいえ、どんなに頑張って丁寧に書いた自信作でも、完璧なことはありえません。それどころか、上司などに厳しく添削されてがっかりすることもあるでしょう。それに、へこたれず、再度、書き直してください。それを繰り返すことが、論文の力をつける最も有効な方法です。

20年度 都主任試験直前対策

都主任選考は、9月28日に筆記考査が行われます。択一式は、I類事務Iが55題、土木、建築、機械、電気は45題、II類は30題となっています。資格試験化され、教養問題の成績が一定の基準に達しない場合は、論文が採点の対象となりません。択一式、論文の最後の追い込み時期となり、その直前対策を掲載します。

■統計資料の見方

1 出題傾向

統計資料の見方は、18年度以降、資料解釈4問と統計知識1問の計5問が出題されています。

資料解釈については、統計表から1問(構成比)、グラフから3問(増加率1問、構成比1問、指数1問)出題されています。

出題形態は、実数値、増加率、構成比を表す統計表及びグラフから、表中に示されていない数値、増加率、構成比を導き出し、大小を判定するというパターンとなっています。

統計知識については、職員ハンドブック(第III編第8章)から統計上の用語や概念を問う問題が出されています。

2 直前対策

資料解釈は、出題パターン別の解法パターンを再確認し、整理しておきましょう。試験直前は、知識問題に多くの時間が割かれ、資料解釈のカンが鈍りがちになります。ですから、出題パターンを変えながら、1日1問でも継続して問題を解くことが重要です。その際には、実戦を意識し、①1問5分前後(1問だけ解く場合でも、1問5分というより5問25分の意識で。3分で解ける問題もあれば、5分以上かかってしまう問題もあるはずです)②表頭・表側・注は必ず確認③なるべく計算をしない④計算は簡単に(「切り上げ」や「切り捨て」を行い、概数を利用して計算すると時間短縮が図れて便利です)――を念頭に置いて解くようにしましょう。

なお、試験当日は時間配分に注意しながら、資料解釈は択一試験の最後に回し、まず知識問題から解いてしまうとよいでしょう。

統計知識については、難易度がさほど高くなく、職員ハンドブックの該当部分を熟読すれば容易に正答を得ることができます。直前に再度見直し、確実に押さえておきましょう。

■行政法

1 出題傾向

行政法は、平成18年度の制度改正以降は、事務では7問出題されています(ただし技術は3問)。

なお、過去10年間の出題は、次のとおりです。

【10年度】①行政契約②公の営造物の設置または管理の瑕疵に基づく損害賠償

【11年度】①行政立法②行政上の強制執行・行政罰

【12年度】①行政行為の附款②行政不服審査法に定める不服申立て

【13年度】①行政行為の効力②抗告訴訟

【14年度】①行政行為の取り消し・撤回②損失補償

【15年度】①行政行為の附款②行政事件訴訟の種類③行政契約

【16年度】①行政計画②国家賠償法に定める公の営造物の設置または管理の瑕疵に基づく損害賠償③行政事件訴訟法に定める執行停止及び内閣総理大臣の異議

【17年度】①行政立法②行政行為の効力③行政裁量

【18年度】①行政行為の学問上の分類②行政行為の撤回③行政契約④行政指導⑤即時強制⑥公権力の行使に基づく損害賠償⑦取消訴訟

【19年度】①行政機関の種類②行政行為の瑕疵③行政計画④行政罰⑤損失補償⑥行政不服審査法に定める教示⑦行政事件訴訟法に定める執行停止

2 直前対策

出題数が7問と多いため、広い範囲にわたって出題されています。難易度は引き続き基本的な知識を問う出題になると思われます。また、出題内容も、各分野からバランスよくなされているといえます。このため、安易にヤマをはらず、行政行為、行政救済等の頻出分野を中心に、まんべんなく学習し、確実に得点源としましょう。この時期は、問題演習を中心とした学習で、条文や判例の知識を効率的に身に着ける必要がありますが、新しい問題集に手をつけるよりも、これまで使用した問題集で反復演習する方が効果的です。

行政法は、学習量が成果に結びつきやすい分野です。また、職員がその職務を遂行するにあたり、職種を問わず、必ず何らかの関わりがあるものです。

最後まであきらめず頑張ってください。

3 出題予想

過去の出題傾向から予想される出題項目は、次のとおりです。

①行政庁の権限の委任、代理、専決
②法規命令と行政規則
③行政行為の種類
④無効な行政行為
⑤行政行為の附款
⑥行政行為の取り消しと撤回
⑦行政代執行
⑧公の営造物の設置または管理の瑕疵に基づく損害賠償
⑨行政上の不服申立て
⑩行政事件訴訟

■地方自治法

1 出題傾向

地方自治制度の出題数は、19年度は事務Iで10問、技術で6問でした。今年度も同程度の出題が見込まれます。過去10年間の出題項目は、次のとおりです。

【10年度】①直接請求②副知事③会計年度④地方公共団体の協力方法

【11年度】①条例②公の施設③監査委員と外部監査制度④特別地方公共団体

【12年度】①地方公共団体の事務区分②長の補助機関③地方債④大都市に関する特例

【13年度】①直接請求②長の地位・権限③行政委員会④分担金・使用料・手数料

【14年度】①条例②議会の議決③副知事④再議

【15年度】①議会の権限②公の施設③長の専決処分④直接請求

【16年度】①規則②副知事・出納長③監査委員④指定都市・中核市・特例市

【17年度】①議会の委員会②議会の運営③再議④基金⑤職員の賠償責任

【18年度】①地方自治の意義②条例制定権③長の権限④監査委員⑤区域または市町村合併⑥長の専決処分⑦議会の定数・町村総会・副議長・事務局⑧議会の会議の開催⑨附属機関⑩長の事務分掌組織

【19年度】①直接請求②議会の権限③副知事④指定管理者制度⑤規則⑥外部監査契約に基づく監査⑦議会の委員会⑧会計管理者⑨長の再議権⑩中核市または特例市

2 直前対策

地方自治法の分野は、全体の中でも大きなウエートを占める負担感の大きい分野です。反面、同種の問題が年をおいて繰り返し出題される傾向があり、試験直前のこの時期は、過去何度も問われているにも関わらず、最近出題されていないような分野や、長の補助機関のように毎年形を変えて出題されるような分野に的を絞ることによって、効率的な得点源とすることができます。

基本的には、地方自治法の条文知識を問うオーソドックスな問題が多く、条文を確認しながら同じ問題を何度も解くことによって知識の定着を図ってください。

3 出題予想

○地方公共団体の事務○国と地方公共団体の関係○議員○議会の招集と種類○議会の運営○長の補助機関と補助組織○長の権限○行政委員会○予算・決算○基金○事務監査請求・住民監査請求・住民訴訟○条例による事務処理特例○大都市に関する特例

■地方公務員法

1 出題傾向

地方公務員制度の出題は、17年度まで3題でしたが、18年度の制度改正により、全体の出題数が増えたこと等に伴い、事務で「10問程度」、技術で「8問程度」と大幅に増えました。なお、過去10年の出題項目は次のとおりです。

【10年度】①特別職②営利企業等の従事制限③勤務条件に関する措置要求

【11年度】①人事委員会・公平委員会②任用の根本基準③法令及び上司の命令に従う義務

【12年度】①任命権者②政治的行為の制限③職員団体

【13年度】①守秘義務②分限③勤務条件に関する措置要求

【14年度】①任命権者②欠格条項③営利企業等の従事制限

【15年度】①法令及び上司の命令に従う義務②懲戒処分③政治的行為の制限

【16年度】①一般職・特別職②分限③勤務条件に関する措置要求

【17年度】①臨時的任用②営利企業等の従事制限

【18年度】①任用上の原則②法令及び上司の命令に従う義務③信用失墜行為の禁止④守秘義務⑤労働基本権⑥一般職・特別職⑦懲戒⑧任命権者⑨給与⑩再任用

【19年度】①条件附採用②政治的行為の制限③営利企業等の従事制限④勤務条件に関する措置の要求⑤職員団体⑥欠格条項⑦分限⑧人事委員会⑨臨時的任用⑩争議行為等の禁止⑪特別職⑫給与⑬懲戒(①~⑤は共通、⑥~⑩はI類、⑪~⑬はII類)

2 直前対策

試験直前は、新しい事を学び知識を広げるより、これまで覚えた知識の確認を中心に勉強を進めると良いと思います。これまでに使用した参考書や問題集を再度見直しましょう。また、地方公務員法の条文は62条しかないので、知識の確認の際、条文を一通り見ておくと良いでしょう。あまり勉強の進んでいない人も、地方公務員法は出題項目が多いので、次の出題予想分野を中心に勉強をしてください。

3 出題予想

○一般職と特別職○任命権者○任用○懲戒処分○法令及び上司の命令に従う義務○信用失墜行為○秘密を守る義務○職務専念義務○政治的行為の禁止○不利益処分に関する不服申立ての要求

■都政実務・都政事情

1 出題傾向

18年度から「都政実務」は出題数増の対象科目となっており、I類では「15問程度」と大幅に増えることになりました。なお「都政事情」は5問程度となりました。

過去の問題をみると、都政実務は職員ハンドブック第II編及び第III編から、まんべんなく出題されています。都政実務は、人事・文書・財務など、都の内部事務に関する問題が多いだけではなく、都と特別区との関係など、都の基本的な行財政のしくみに関するものも出題されています。

都政事情は、内容を分類すると、計画・方針、答申・白書、調査等について出題されています。それぞれが重要な事項で絞り込むのは大変ですが、出題事項の発表時期は、その年の2月から7月が中心です。ただし、15年度は8月に発表された事項が1問、14年度は12月及び1月に発表された事項が各1問出題されましたので、1月頃から8月まで、重要事項はなるべく広範囲に押さえるようにしましょう。

2 直前対策

「都政実務・都政事情」は暗記により確実に得点できる分野です。したがって、都政実務では「職員ハンドブック」を、都政事情では「とちょう――i」や「東京都ホームページ」で集めたプレス発表資料等を読み込むとともに、問題演習の反復等により、知識を確実なものにしてください。

3 出題予想

①都政実務

○都と市町村の関係○給与○勤務時間○介護休暇・育児休業○厚生福利○事案決定○印刷物規程○予算○収入手続○広報・広聴○組織原則○問題解決の技法

②都政事情

○子育て応援都市東京・重点戦略(12月)○「『10年後の東京』への実行プログラム2008」(12月)○第二次都立病院改革実行プログラム(1月)○東京都犯罪被害者支援推進計画(1月)○東京都保健医療計画(20年3月改定)(3月)○東京都医療費適正化計画(3月)○東京都介護給付適正化プログラム(3月)○東京都健康推進プラン21新後期5カ年戦略(3月)○東京都教育ビジョン(第2次)(5月)○東京と都政に対する関心~都政モニターアンケート結果(6月)

■論文

1 出題傾向

I・II類とも課題式により、2題中1題を選択して、2時間30分で1500字から2千字程度でまとめます。出題は、I・II類ともに、「都政」と「職場」の各分野から1題ずつで、共通の出題になります。

「都政」では、自己の職務等との関連を踏まえた記述が求められます。都政全体を視野に入れた問題意識を示し、課題を様々な角度から分析した上で、具体的かつ実現性の高い解決策を論述する必要があります。

「職場」では、自己の職務・職場における課題について、職務に即した、具体的かつ実現性の高い改善策を記述することが求められます。模範論文をアレンジするだけでは、対応できません。

過去取り上げられたテーマは、16年は「東京の活力」、17年は「少子高齢化」、18年は「都民生活の安全・安心の確保」「職員の人材育成」、19年は「環境負荷の少ない都市の実現」「効率的な行政運営」となっています。

2 直前対策

第一に、「都政」「職場」の両方とも、自己の職務、職場との関連が問われる出題になりますので、局・部・課・係の組織方針を理解しておくことが重要です。

第二に、まずは想定される課題で論文を最低1本完成させてください。書き上げることにより、論文の書き方がつかめてきます。なお、試験まで2カ月弱という現在では、今まで書いた論文を書き直し、質を高めることを中心にした方がよいでしょう。

第三に、完成論文以外の課題についても、レジュメを用意して、論文の骨組みを構築し、試験場で再現できるようにしておきましょう。本番で、全く同じでなくても、同一分野に属するテーマが出題されれば、応用して使うことができます。

最後に、制限時間内で論文を書き上げられるように、一度は手書きで論文を完成させてください。思った以上に時間がかかり、手が疲れることを実感できます。同時に、時間配分の目安をつけておいてください。

3 出題テーマの予想

①「10年後の東京」の実現
②東京の再生
③災害に強い都市づくり
④行財政改革
⑤努力していること
⑥仕事の進め方の改善で工夫していること
⑦能力向上に向けて取り組んでいること
⑧チャレンジしていること

隅田川八景

歌川豊広が「江戸八景」に描いた「両国夕照」（資料提供＝墨田区立緑図書館）

すみだがわ アレコレ

隅田川の勝景の所を中国「瀟湘八景」に擬し、「隅田川八景」として、いくつかの組物の錦絵が出されている。そのうちの古いものが、磯田湖竜斎の中判「風流隅田川八景」で、「待乳晴嵐」だけが知られ、雲形で上部を区切ったところに「まつち山松のあらしに夕くれて角田河原に霞はれゆく」の和歌がみられる。

また、同じタイトルで葛飾北斎も「三囲の晴嵐」「両国の夕照」二景を残している。そして、北尾政演も「角田川八景」として、「しほ入の夕照」「すさきの晩鐘」を残すが、残りの六景はそれぞれ現存せず不明である。安藤広重は「隅田川八景」として、「真崎夜雨」「今戸夕照」「三囲暮雪」「木母寺秋月」「渡場落雁」「吾妻橋帰帆」「真乳山晴嵐」「金竜山晩鐘」を、天保後期に板にしている。

漢詩・和歌等での「隅田川勝景」の場所は多く、「墨水遊覧誌」（文政11年＝1828）では、砂尾汐入・厄除大師・今戸瓦竈・牛島黄檗・石浜古跡・白鬚眺望・小梅露径・庵崎秋葉・寺島独歩・雨中関寂於梅屋囲碁・橋場渡舟・待乳夕陽の十二景を挙げている。

また、嘉永6年（1848）の「隅田川往来」（隅田川八景詩歌）では、隅田川秋月・関屋落雁・潮入夕照・橋場夜雨・待乳晴嵐・駒形帰帆・洲崎晩鐘・冨士暮雪を挙げている。嘉永3年（1850）板の「墨水禊詠」（墨水四時雑詠）では、墨水三十律として30カ所を漢詩で詠っている。また、刊行不明の「隅田川八景詩歌」（尚魚挿絵入）では、隅田川秋月・関屋落雁・潮入夕照・橋場夜雨・待乳晴嵐・駒形帰帆・洲崎晩鐘・富士暮雪を挙げているが、「隅田川往来」（隅田川八景詩歌）の八景と同じである。

「墨水遊覧誌」「隅田川往来」「墨水禊詠」「隅田川八景詩歌」の中でも、「汐入夕照」「真乳山晴嵐」「洲崎晩鐘」は3書に、「橋場夜寒」「冨士暮雪」「隅田川秋月」「関屋落雁」「駒形帰帆」は、2書に挙げられている。

現在の隅田川沿いにかつての面影を求めるのは難しいが、私達下町の人間にとっては、広々とひろがる隅田川の空間と、岸辺に寄せる通船の大波、橋上から眺める月、家路に帰る時必ず母の胎内に戻るかのように、あの白鬚橋のアーチをくぐると安心する。

（元墨田区立緑図書館長　小島惟孝）

まだ間に合う夏の切符大作戦（下）

環境局環境改善部副参事　岩成政和

本州西部なら飛行機だ

大阪から先、岡山、広島、山口といったあたりを考えてみよう。このあたりは、実は新幹線が猛烈に速くなり、便利になっている。「のぞみ」に乗れば新大阪が2時間半、岡山が3時間ちょっと、広島が4時間弱、そして博多が5時間といったところだ。一昔前、新幹線で7時間かけて博多まで乗り通すというと、よほどの鉄道マニアさんか飛行機嫌いと思われたものだが、5時間というなら、飛行機の細かな手続きを考えると、たまの旅行なら博多まで新幹線も悪くはない。

これが大阪はもちろん、特に空港の位置が市内から離れている岡山や広島となると、ビジネスマンとしても飛行機か新幹線かを迷うことになる。かくして大阪、岡山、広島、そして山口宇部空港あたりでは、航空会社側が思い切った割引運賃を設定している。

いまどき飛行機の各種割引運賃など珍しくもないが、東京からこれらのエリアへの割引航空運賃は、新幹線と張り合ってのビジネスマン獲得という前提であることから、他の区間と異なる特徴がある。すなわち、

①新幹線と張り合わないと話にならないから、半額以下の大割引が当たり前。

②ビジネスマンの出張は急なことが多いから、少なくとも前日発売分までは、大割引運賃の設定がある。

③ビジネスマンの出張では急な取り消しもあたりまえだから、取消・払戻手数料もリーズナブル、早期購入割引の取り消しで食らうような「半額没収」などはない。

④夏休みはビジネスマンの客足が落ちるが、発着本数は落とせないので、結果的に普段の大割引運賃をそのまま設定して集客。

かくして、例えば日本航空でも全日空でもいいので、航空会社の予約・空席状況のホームページを見て欲しい。例えば東京—広島線。帰省シーズンの繁忙期でも実に正規運賃の3分の1近い割引運賃の席が設定されており、かつそれに空席があるという状況が見られるはずだ。ここ数年、東京—広島、東京—岡山間は、航空2社と新幹線の死闘が繰り広げられており、どちらかがギブアップするまではこの状況が変わることはないだろう。こういうことは残念ながら他の路線ではない（東北・秋田新幹線と競合する東京—秋田、東京—三沢の空路が若干これに近い状況であるが、ここまで極端ではないし、繁忙期の空席も少ない）。

広島や岡山が故郷の方は、こうした事情をご承知の方も多いかと思われるが、その周辺が目的地の皆さんも覚えておいた方がいい。というのは、周辺地域の方は、岡山空港や広島空港が広島や岡山の市街地から不便なところにあるということが、逆のメリットになるからだ。空港周辺の渋滞もないし、かえって目的地に近くなる。ここでは各空港のホームページを見て欲しい。豊富なレンタカー会社、そして、市販の時刻表には載っていない格安な相乗りタクシーの定期ルートがあるのがわかる。これは空港が不便な場所にあるからだ。

例えば四国の今治に行くのなら、繁忙期にはなかなか取れないうえに割引もない松山空港便を狙うのではなく、広島空港から相乗りタクシーで竹原港に出てフェリーに乗るか、高速バスの乗り継ぎで瀬戸大橋（尾道今治ルート）を渡っていけばいい。同じ手は大阪でも関空の場合には使える。関空から徳島や和歌山に行くのに、安くて早い手段があることがわかるだろう。

夏の家族旅こそ公共交通機関

ガソリンが高いと言っても、家族旅行ともなるとクルマが楽と考えるのはもっともだ。だが、夏休みという機会だからこそ、公共交通機関の利用も考えてはどうだろうか。改札口を通ることも、列を作って並ぶことも、子供にとっては貴重な体験、そして社会のしくみの理解のはずだ。

自宅は個室、お出かけはいつもクルマでの家族旅行という結果、高校生になって通学定期を持つまで、公共のマナーを体験しない子供がたくさん生じているのが現代ではないだろうか。全国どこでも見られるようになった、電車の床に座り込んでひたすらケータイを打ち続ける高校生達を見るたびに、そんなことも考えている次第である。

【東京—広島の8月の値段】

■新幹線のぞみ号
所要時間約4時間
値段（運賃＋のぞみ号特急券）指定席1万8750円、自由席1万7540円

■飛行機（日航・全日空）
所要時間約1時間半（空港—市街地の所要時間や手続時間を除く）
値段（普通席）正規運賃3万3千円
前日までに購入の場合の割引購入運賃
8月8日から18日　便により最安1万5千円〜最高1万8千円
上記以外の8月　便により最安1万4千円〜最高1万7千円

参考
①JR、飛行機ともに8月の値段（繁忙期、ピーク期の割増制度適用期間）
②広島空港から広島駅までリムジンバスで40分、運賃1300円
③JRのぞみ号を往復で買うと往復割引で片道あたり指定席1万7610円、自由席1万6400円
④飛行機では、前日まででも正規運賃の席ならあり、割引運賃の席はないというケースもある。これは航空会社ホームページの空席状況表示で確認できる

考 老舗の地域活性化力 2

有田屋（群馬・安中市）

近代文明の曙期から地域貢献

歴史・文化の町、安中

江戸五街道の一つ中山道安中宿は、日本橋から数えて15番目の宿場町、同志社の創立者・新島襄ゆかりの地で知られる。当地は、現在でも「武家屋敷」や「安中教会（明治11年建築）」を伝えるなど、古い家並みと静かなたたずまいが残る町だ。

近年では並行して、上信越自動車道や軽井沢方面に向かう国道18号線の高規格道路バイパスが走る。これらの環境変化などから当地域の商流は、新規出店大規模小売店舗やロードサイド・ショップを中心としたものにシフトし、旧道沿い商店街の淋しさが一層増幅されたことは否めない。

136年前から地域貢献

そんな旧街道の中ほどに、重厚な建物群を構成した醤油の醸造元「有田屋」がある。同社の創業は天保3年（1832年）というから、今年で創業176年を迎えたことになる。社名の〝有田〟は、九州の焼き物産地ではなく、醤油発祥の地、紀州和歌山の〝有田〟である。ここの有田には現在も醤油開発メーカー湯浅醤油が存在している。

今回訪問した安中の醤油醸造元「有田屋（経営は安中・湯浅家）」は、モダンなデザインの事務所と歴史を感じさせる工場とが広大な敷地内に一群として同居している。当地域の住民には周知の老舗である。その事務所・工場の向かい側には、道路を隔て、わが国初の図書館「便覧舎址」の石碑が建っている。ここに石碑がある理由は、「有田屋」の三代目当主、湯浅次郎氏（1850〜1932＝「廃娼運動」でも著名、弟・半月は詩人、長男・一郎は画家として著名）により、私設図書館「便覧舎」が創設されたからである。それから四代後の現社長が七代湯浅康毅氏である。

このように華麗なる歴史・文化に彩られた一族の創業の地、ここ安中でユニークな老舗経営と地域貢献を現在も続けてきている。

日本初の図書館を記念する石碑

溢れ出る若社長の知性と人柄

事業に活きる華麗なセンスともてなしの心

上述したように、地域で多様な歴史・文化的貢献をしてきた当社の本業は、醤油醸造業である。商品は、主製品の「無添加丸大豆仕込天然醸造醤油」を筆頭に、「再仕込醤油」「ぽん酢醤油」「ごまだれ」「特選あじつゆ」等々と多彩だ。圧巻は、本醸造醤油を使用した「さぶれい（サブレ）」である。醤油の香ばしい香りとほんのりした甘さとナッツの混じった食感がなんともいえない。

以上のバラエティーに富んだ人気商品の数々の機能的な魅力の存在があれば、洒落たパッケージや広告は不要なものと思われる。しかし、ここでも当老舗では、手抜きがない。パッケージはブラックを基調として、一見判別できないレベルながら安中の地図を沈み込ませ、その上にホワイト、シルバーでさりげなく店名が入っている。なんともニクイ演出のパッケージデザインである。醤油が隠し味つきなら、パッケージも隠しデザインつきである。贈答品としての重みが倍加する。

このほか当社では、醤油関連新製品の開発にも熱心だ。このように醤油という製品をモノカルチャーにとどめておかない経営姿勢が当社の今後の100年を保証しているようだ。若社長自らも他地域（松本市内著名醸造元）での修行を実行している。

このような外部に向けた熱心な研究姿勢、優れた感性、ひたむきな経営と人材ネットワーク構築への姿勢は、当社の長期・持続的発展のみにとどまらず、今後の安中市再生・発展のためのまちづくりなど、老舗の強みを活かした地域貢献にも大いに発揮されよう。

（地域活性化情報研究会代表　君波健治）

みにがいど

◆さあ　でかけよう！「版画で旅気分！」▽会期　8月9日（土）〜9月28日（日）午前10時〜午後5時（月曜休館※祝日は開館、翌日休館。土日祝は午後5時30分まで）▽会場　町田市立国際版画美術館▽料金　400円／学生及び65歳以上200円／中学生以下無料※8月9日は無料▽内容　版画の世界なら海外から、遠い昔の街並みや天国や地獄にも出かけられる。近現代の版画約150点により旅に誘う▽問い合わせ先☎042・726・2771

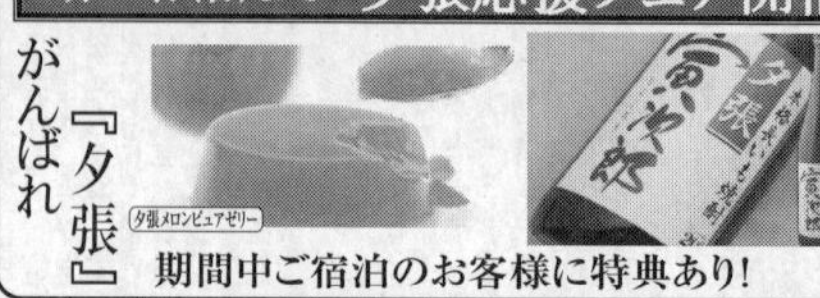

都政新報

発行所　都政新報社
〒160-0023 東京都新宿区西新宿7-23-1 TSビル
〈総務・読者〉03-5330-8781
〈企画広告〉03-5330-8784
〈編集〉03-5330-8786
〈出版〉03-5330-8788
〈セミナー事業部〉03-5330-9977
〈ファクス〉03-5330-8808
購読料　月1,680円（税込）
毎週火・金曜日発行
但し、祝祭日は休刊

紙面から

移転の是非、合意形成はこれから

interview

豊洲新市場予定地土壌汚染対策専門家会議・平田健正座長に聞く

食の安全を得ることに重点

地下水管理は十分可能

「豊洲新市場予定地の土壌汚染対策等に関する専門家会議」が、7月29日に最終提言をまとめた。土壌汚染対策の対象となる面積、処理する土壌の量は国内最大規模。汚染のレベルは、基準の4万3000倍のベンゼンなど、桁違いの数字。しかも、専門家会議の委員が、市場関係者や都民と会議終了後に直に意見交換を行うという、都政史上異例中の異例の会議だった。本紙では、座長の平田健正・和歌山大学システム工学部長に、専門家会議の背景や土壌汚染対策の課題を聞いた。

——専門家会議が「豊洲移転を前提としない」という方針をとった理由はなんですか。

「移転できるかどうかではなく、移転しても大丈夫な土地にするためにはどのような対策が必要かという観点で、科学的知見から検討。提言のレベル、あるいはそれ以上の対策を行って豊洲へ市場を移転させるのか、豊洲への移転はやめるのか、専門家会議はどの選択肢も消していない」

——ベンゼンが環境基準の4万3000倍という数字が出たときは、どう思いましたか？

「都はおたおたしていたが、こちらは腹を固めていた。むしろ昨年秋に1000倍という数字が出たときのほうがショック。あそこの地下水は、きれいだと思っていたから。調べてみたら、やはり調査が不十分だった」

——会議では、傍聴者との意見交換が行われました。リスクコミュニケーションは、成功したと思いますか？

「できるだけ丁寧な説明を心がけた。土壌汚染の調査結果は、ある程度理解していただけたと思うし、傍聴者が疑問に思ったり不安に思った部分について、追加調査に反映できたと思う。傍聴者などの危惧や意見が、調査方法や対策に大きな影響があった。市場移転を前提にしないことを理解いただいた方とはリスクコミュニケーションが成り立ち、土壌汚染の状況や提言した土壌汚染対策の考え方について相互理解を得ることができた」

——最後まで議論がかみ合いませんでした。

「移転に反対する理由は、汚染だけではない。合意形成については、これから都が具体的な技術工法の選定も行いながら、築地市場関係者や都民などとの間で行っていく必要がある」

——最後まで移転に反対した日本環境学会の方々の指摘で、もっともだと思ったことは。

「彼らの成果は、これだけのデータをオープンにさせたことだ。彼らが何もしなければ、専門家会議もなかったかもしれないし、追加の対策もなかった。揮発性物質のリスクについては、日本には揮発性物質のリスクを評価するルールがないので、私たちは躊躇していたが、彼らの指摘が背中を押してくれた」

——専門家会議の提言は、「都の考え方を代弁している」という批判もありますが。

「都の職員には、これだけの文章は書けない。報告書は、専門家会議と専門家会議に付置した事務局が作成しており、都からは独立している。事務局に入っている民間の方は、日本でリスク評価ができる数少ない人だ」

——傍聴者からは地下水管理の難しさについて指摘がありましたが。

「広大な範囲を仕切ることなく、少ない井戸による地下水揚水で均一な高さの地下水面を維持することは容易ではなく、豊洲のように不透水層の上端の深さが異なっていたり、帯水槽の途中に粘土層が分布していたりすると難しい。しかし、各街区の内と外、各街区内の建物建設部とそれ以外の部分を鋼矢板等で遮水し、さらに細かく鋼矢板等で仕切りながら汚染土壌を掘削し、そのときに地下水も汲み上げるのであれば、一般的な掘削工事で行われていることであり、十分可能だ」

——豊洲新市場予定地であまりにも贅沢な対策をとることは、他の地域で塩漬けの土地を増やすことになりませんか。

「それは危惧している。あくまでも生鮮食料品を扱う市場が移転をする可能性のある土地であり、食の安全を得ることに重点を置いたためだ。これが雛形ではない。環境省も課題としているが、土壌汚染による環境リスクというものを国民に正しく理解してもらうため啓発活動が重要であり、リスクを定量的に評価するための手法を我が国でも検討する必要がある」

——「管理のあり方」を提言に盛り込んだのはなぜですか。

「地下水管理を継続して行う必要がある。万が一の震災クラスの地震時の対応を危惧する意見が市場関係者から出ていることを考慮し、提言の内容では安心していただけない部分は、管理を一緒に実施していく中で安心していただこうという考え。管理が必要な危ない土地という言い方をされる向きもあるが、ほとんど安全な土地について、絶対はないから駄目だという意見まで手厚くフォローした部分もある」

——都が技術会議を設置します。提言の内容は実現可能ですか。

「ベンゼンやシアンは生物分解できるので可能だと思うが、問題はお金だ」

平田健正氏（ひらた・たてまさ）＝1950年生まれ。大阪大工卒。環境庁国立環境研究所などを経て、95年から和歌山大工学部教授。03年から同学部長。昨年5月から「豊洲新市場予定地の土壌汚染対策等に関する専門家会議」座長。

都環境局

グリーン熱証書制度を創設へ

検討会が提言　条件整った分野から先駆的に

太陽を熱源として家庭の暖房や給湯などを行う機器を設置し、省エネにつながった熱量を証書化する「グリーン熱証書」について、都環境局の検討会（座長＝宇田川光弘・工学院大工学部建築学科教授）が4日、制度創設に向けた課題をまとめた。石油価格の低迷や、メーカーの市場からの撤退により、太陽熱利用機器の普及は低迷している。一部の分野では技術的・コスト的課題が残されているが、証書として信頼性のある設備の要件や計測方法が整った分野から、先駆的に証書の発行を進めるよう提言した。

全国的な広がりも想定

都は、地球温暖化対策として、2016年までに100万キロワット相当の太陽エネルギーを都内に導入することを目標に掲げている。そのため、09年度、10年度に、毎年2万世帯への太陽エネルギー利用機器の設置を目指していく。今回導入を目指すグリーン熱証書制度は、都だけでなく、全国的な広がりを想定している。

太陽光発電を対象としたグリーン電力証書制度は、すでに01年度から民間主体で開始されている。グリーン電力は、電力量を計測すればエネルギー削減量を直接計測できるのに対し、グリーン熱は、熱源の違いや用途によって、熱の計測方法が多岐にわたる。

グリーン熱証書の発行手続きは、グリーン電力証書と同程度の透明性、公平性、信頼性を確保することが課題だ。

太陽熱によって生み出された環境価値は、集熱された熱量ではなく、実際に使用された熱量で計測する。太陽熱利用機器を稼働させるために電力を使用する必要がある場合は、必要な電力量をグリーン熱相当量の算定に際して控除する。

計測方法については、設備の規模や用途、機器の方式によって、技術的・コスト的に積算熱量計を用いた計測が困難な場合もある。このため、熱量の計測方法の課題が解決したものから、先行的に証書化の対象とする。報告書では、太陽熱利用機器の規模や用途、方式別に代表的な設備の熱量の計測方法を比較し、「住棟セントラルシステム」について、「技術的、コスト的課題はほぼクリアされている」と評価した。

環境価値を表示する単位は、国の省エネ法や都の地球温暖化対策計画書制度でも使用されているジュールを用いる。機器の稼働に必要な電力量は、ジュールに換算する。

報告書は、太陽熱利用機器におけるすべての規模、用途、方式において、設備の要件や計測方法の技術的・コスト的課題がクリアになるまでグリーン熱証書制度を先延ばしにするのではなく、証書としての信頼性が確保できる設備の要件や計測方法が整った分野で、先駆的にグリーン熱証書の発行を進めていくべきと提言した。

MEMO

グリーン熱証書制度　自然エネルギーにより生産した熱の環境価値を評価し、証書の形で取引を行う仕組み。

対象となるエネルギーは、再生可能であり、かつ持続可能であることが求められ、バイオマスや太陽熱、氷雪など、様々な熱源がある。海外では、オーストラリア、米国・テキサス州、オランダ（終了）の例がある。

再生可能エネルギーで生み出された環境価値を認証し、取引する仕組みはグリーン電力証書と同じだが、貯湯中の放熱ロスや、使用する温度による質の差など、信頼性を確保する上では課題が多い。

下水道死亡事故

当面「雨なら工事中止」

調査委を設置　再発防止策を見直し

5日の集中豪雨で、豊島区内の下水道工事で現場にいた作業員6人のうち5人が急流に流され、死者が出る事故が発生した。都下水道局は中村益美技監をトップとする事故調査委員会を設置。同局は、調査委の結論が出るまでは、雨が降った場合は、すべての地下工事を中止することを決めた。作業を再開する場合も、上流域の降雨状況や管内の水位を確認した上で実施するという＝2面に関係記事。

事故が起きたのは、豊島区雑司ヶ谷で行われていた下水管内で管を新たに敷設する工事（SPR工事）。5日の集中豪雨で下水管内が増水し、逃げ遅れた作業員5人が流された。

下水道局では、注意報・警報が発令された場合は作業の中止を規定するよう、工事を受注した会社に義務付けている。今回の工事を請け負った㈱竹中土木も、この基準に沿う施工計画書を提出し、水深約30センチに達した場合は作業を中止して地上に退避することや「東京アメッシュ」などで降雨状況を確認することも盛り込んでいた。だが、都側は、現場の責任者が注意報の発令を把握していなかったという見方を示している。

同局は6日、管きょや施設工事などすべての地下工事を中止し、安全に履行しているか確認するよう各事務所に指示。降雨状況を確実に入手できる方法など、再発防止策を今月中にまとめる。ただ、雨天時の工事中止は、下請け業者へのしわ寄せも懸念される。

都の下水道工事では、04年10月に港区赤坂で防護壁が破損し、水が流れて作業員1人が死亡する事故が起きている。

都政の東西

第一印象

東京に隣接する自治体に引っ越した友人が、転入の手続きで新しく住む街の市役所を訪れたとき、窓口職員のあまりに事務的な応対に「その街への期待感を失った」と話していたことがある。友人いわく「大歓迎とまではいかなくとも、新たな納税者となるのだから『ようこそ』という気持ちを笑顔で表してもいいじゃないか」というのだ。

めったに会うことのない人や、めったに行かない場所は、第一印象がすべてを決定付けてしまうことが多々ある。市役所に良い印象を持てなかったその友人はその後、市役所から税金の通知などが来るたびに、窓口職員の応対を思い出して嫌な気持ちになるそうだ。市の取り組みに積極的に協力しようという気持ちもないという。

たった一度の来庁で、このような印象をもたせてしまうのは、自治体にとって大きなマイナスだ。「市民との協働」を打ち出しているならなおのこと。市役所を市民に支えてもらうためには、市民と市役所とを「つなぐ気持ち」の醸成が必要だが、その根幹を作るも壊すも、最初の印象だといってもいい。とはいえ、それは難しいことではない。明るく親切な応対を心がけるだけだ。

広島県庄原市は、出生届が提出されたとき、届け出人の承諾を得てから庁内に「こんにちは赤ちゃん」のメロディーを流しているそうだ。「新生児誕生への祝福の気持ちを伝えたい」と、同市民生活課が提案したものだというが、届け出を出した人の笑顔が浮かんでくるような心温まるアイデアだ。

市役所と市民をつないでいくのはおそらく、このようなささやかな取り組み。市役所に対するプラスの印象は潜在的に残り、市民の協力が必要な場面で、その効果が発揮されるのだと思う。

「指導医、実習機会が不足」

メディカルスクール有識者検討会　医学教育の現状で報告

新しい医師養成システムの構築について検討していた都の「メディカルスクール有識者検討会」（座長＝鴨下重彦・国立国際医療センター名誉総長）は5日、第4回会合を開き、永井良三・東大院教授らのワーキンググループが医学教育の現状と都の関与のあり方について、報告を行った。

報告書では、現在の医学教育の最大の問題点は「教員、臨床医学指導医の絶対数と、臨床実習の機会が少ないこと」と指摘。また、04年度から始まった「新医師臨床研修制度」で、03年度に1707人だった都内の研修医は、1317人（07年度）に減少していることから、「都内の大学病院における臨床研修体制が必ずしも研修医の要望に応えていない」としている。医学教育を強化する都の方策としては、▽医学教育や臨床講座への支援、人件費補助▽奨学金制度などを例示した。

ただ、メディカルスクール構想を都が政策として取り上げることについては、「医学教育のあり方に一石を投ずる反面、大きな混乱を招く可能性がある」ともしている。

検討会は当初、07年度中に報告をまとめる計画だったが、医療界からの慎重論も強く、まず現在の医学教育の問題点を洗い出すことにした。検討会は、来年3月末までに報告書をまとめる。

9月に泊まり込み勉強会と現地視察

八ッ場ダム考える会

1都5県議会の超党派の議員らで作る「八ッ場ダムを考える1都5県議会議員の会」（代表世話人＝関口茂樹・群馬県議）の第1回世話人会が4日開かれ、民主、共産、ネットの各会派から都議が参加した。

会合では国土交通省や国会の動きなどが報告され、「本体工事に入る前に見直しを求める必要がある」「（群馬県を地盤とする）福田首相の足元でも、こうした無駄な公共事業が行われている。大きく取り上げていきたい」といった意見が出た。

9月上旬、泊まり込みで勉強会・現地視察を行う予定。

青海地区0.5ヘクタール　55億円で売却

不動産開発会社に

都港湾局は4日、臨海副都心の青海・有明北地区への進出事業者を決定した。青海F1—S区画の0・5ヘクタールは、不動産開発会社「プロパスト」に約55億円で売却する。同社の事業計画によると、オフィスのほか、宿泊機能を備えた研修施設等を整備する。アート、デザイン、音楽関連まで対応できる研修施設にするという。敷地面積の40％は緑地を確保し、施設利用者に開放する屋上庭園も設ける。地上10階、地下1階、塔1階のビルは、2012年に完成する。

また、青海C1区画0・5ヘクタールは海上保安庁、有明北地区の2ヘクタールは江東区に売却する。

冗句ジョーク

平和の祭典の意義を再考、軍隊に守られた北京オリンピック開幕

現地で東京招致をPR中の職員「街なかで自動小銃を見ることのない日本へどうぞ！」

東京都後期高齢者医療広域連合議会が臨時会

"軽減外"は110万人中60万人

東京都後期高齢者医療広域連合議会の臨時会が4日に開かれた。政府・与党が決めた低所得者の保険料の軽減策を受けて、条例を一部改正する条例案を全会一致で可決した。質疑では、保険料の賦課は個人単位であるのに、均等割の軽減は世帯単位で判定される"ねじれ"が指摘された。国による軽減策外の人は110万人中60万人という。

世帯単位での判定に疑問も

条例改正案については、東京都広域連合から提案理由の説明があった。

政府・与党が決めた保険料軽減策の内容は、ひとつは、均等割7割軽減世帯のうち、年金収入80万円以下の世帯について9割軽減を決めており、暫定措置として、今年度は7割軽減世帯の全体を8・5割軽減とする。また、もうひとつは、年金収入210万円程度までの所得割負担者について、一律50％程度軽減するというもの。

東京都広域連合の独自軽減として、年金収入193万円から208万円までの25％軽減だった人は、今回の措置により50％軽減に引き上げられる。また、年収208万円超から211万円で軽減がなかった人も一律50％軽減になる。両方合わせて約2万6千人で軽減内容が上乗せされることになる。

また、東京都広域連合は▽年金収入153万円から168万円の人は100％軽減▽168万円超から173万円の人は75％軽減――としているが、国の軽減策ではこれら該当者も一律50％軽減どまり。東京都広域連合では、この部分の軽減率を50％に引き下げることは行わず、引き続き、独自の軽減策として、費用約9千万円を持ち出して継続する。この部分の該当者は約3万6千人。

提案理由の説明に続いて、議員による質疑があった。佐藤洋子議員（町田市議会）からの「負担軽減からはずれる人は何人か」との質問に、東京都広域連合は「軽減されるのは、均等割で44万2千人、所得割で9万5千人とみている。所得割の大部分は均等割での軽減にも該当しており、軽減に該当しない人の総数は、110万人の被保険者のうち、約60万人と推測している」と述べた。

次いで佐藤議員は「均等割の軽減策は世帯単位。夫婦の収入合算額は同じでも、夫と妻の収入内容で世帯の保険料が異なってくるなど問題があり、13倍以上の格差も生じている」と指摘。東京都広域連合は「東京都広域連合としては、軽減の仕組みは変わっていない」とした上で、保険料に差が出ることはありうるとの見解を示した。

保険料の賦課は個人単位であるにもかかわらず、軽減策における均等割は世帯単位で判定されるという、制度の"ねじれ"に対して異議が出ていることは国も承知しており、「他制度との関連も含めて引き続き検討し、早急に結論を得る」としている。

低所得者の保険料軽減後の保険料額は今月中旬ごろ、区市町村を通じて通知される。

◇

臨時会は、冒頭、新議長に須藤安通氏（品川区議会）を選出。新監査委員に遠竹ヨシコ氏（豊島区議会）、新副広域連合長に黒須隆一氏（東京都市長会会長、八王子市長）と合田進氏（前江東区総務部長）を選出した。

保険料の軽減策をめぐり、熱心な質疑が交わされた＝区政会館で

都内被保険者の所得階層別保険料（単身世帯）

所得割率	6.56%	均等割額	37,800円

※単身世帯の本人の収入が年金のみの場合　（年額）

公的年金収入額	旧ただし書き所得(基礎控除後)	所得割額 軽減率	所得割額	均等割額 軽減率	均等割額	保険料額
0	0	-	0	8.5割	5,400	5,400
180,000	0		0		5,400	5,400
500,000	0		0		5,400	5,400
800,000	0		0		5,400	5,400
1,000,000	0		0		5,400	5,400
1,200,000	0		0		5,400	5,400
1,530,000	0		0		5,400	5,400
1,600,000	70,000	100%	0		5,400	5,400
1,680,000	150,000		0		5,400	5,400
1,700,000	170,000	75%	2,788	2割	30,240	33,000
1,730,000	200,000		3,280		30,240	33,500
1,800,000	270,000	50%	8,856		30,240	39,000
1,925,000	395,000		12,956		30,240	43,100
1,930,000	400,000		13,120		30,240	43,300
2,000,000	470,000	50%	15,416		30,240	45,600
2,010,000	480,000		15,744		30,240	45,900
2,030,000	500,000		16,400		30,240	46,600
2,080,000	550,000		18,040	軽減なし	37,800	55,800
2,110,000	580,000		19,024		37,800	56,800
2,200,000	670,000	軽減なし	43,952		37,800	81,700
2,380,000	850,000		55,760		37,800	93,500
2,400,000	870,000		57,072		37,800	94,800
2,500,000	970,000		63,632		37,800	101,400
3,000,000	1,470,000		96,432		37,800	134,200
3,500,000	1,920,000		125,952		37,800	163,700
4,000,000	2,295,000		150,552		37,800	188,300
4,500,000	2,710,000		177,776		37,800	215,500
5,000,000	3,135,000		205,656		37,800	243,400
5,500,000	3,560,000		233,536		37,800	271,300
6,000,000	3,985,000		261,416		37,800	299,200
6,500,000	4,410,000		289,296		37,800	327,000
7,000,000	4,835,000		317,176		37,800	354,900
7,500,000	5,260,000		345,056		37,800	382,800
8,000,000	5,715,000		374,904		37,800	412,700
8,500,000	6,190,000		406,064		37,800	443,800
9,000,000	6,665,000		437,224		37,800	475,000
9,400,771	7,045,732		462,200		37,800	500,000
9,500,000	7,140,000		468,384		37,800	500,000

※被用者保険の被扶養者については、保険料凍結措置により、2008年度は年額1800円（不均一地区を除く）となる。
※均等割の軽減判定は、世帯の構成や被保険者と世帯主の総所得金額の合計により変わる。
※所得割の軽減判定は、被保険者の所得により変わる。
※公的年金収入額で区切りのよい金額ごとに示している。

高額療養費の通知説明文に誤り

東京都広域連合

東京都後期高齢者医療広域連合は6日、後期高齢者医療高額療養費の支給決定通知書の説明文に誤りがあったと発表した。高額療養費の算出には影響なかったが、発送した1万2990通について訂正とお詫びを郵送する。

誤りがあったのは、自己負担限度額を所得区分ごとに説明した表の所得区分の部分で、低所得者の「I」「II」の枠が逆になっていた。

東京都広域連合では、問い合わせがあった場合は、正しい自己負担限度額を伝えると同時に、支給金額には変更がないことを説明する。

矢田美英・中央区長に聞く

「跡地利用のビジョンが不明瞭」

築地移転問題

都が築地市場の移転先とする豊洲新市場予定地は、国内最大規模の土壌掘削と入れ替えで土壌汚染対策をとる。だが、移転への具体的なスケジュールや経費は、現時点ではまだ示されていない。築地市場を抱える中央区は、区の将来ビジョンを左右する現在の状況をどうみているのか。矢田美英区長に聞いた。

――築地移転に対する中央区の方針について。

「中央区はかねてから終始一貫して移転に反対し、現在地での再整備を強く要望し、努力してきた。しかし、築地市場の開設者は東京都。都は豊洲への移転に向けて進めている。私達の要望が受け入れられず、万が一、市場が移転された場合には、市場跡地に新たな鮮魚マーケットを設置し、築地ブランドを継承し、活気とにぎわいをさらに発展させたいと考えている。行政、区議会、11万区民のほぼ一致した考えだ」

――区ではこれまで、現在地再整備に向けて、種地の確保など行ってきましたが。

「現在地再整備に必要な市場の敷地を増やすため、都に協力して、築地川東支川の埋め立てをしたり、新しい駐車場や再開発用仮店舗を整備するなど、50億円も費やして、努力してきた。区や関係団体でつくる『築地市場移転に断固反対する会』が行った移転反対の署名は、約10日間で10万6032人にものぼった。しかし、（移転の是非を決める権限が中央区にないなか）行政としては、万一のことを考えて、移転も視野に入れて考えないといけない」

――移転のスケジュールが見えないなか、地元区として不安は。

「不安はいろいろある。移転後は売却とされている築地市場跡地の利用に具体的なビジョンが示されていない。都心に残された23万平方㍍もの広大な公有地が乱開発されては困る。これは都民、国民の問題だ。環境問題についても考える必要がある。しかし、乱開発にならないよう、区としては見張っていく所存だ」

――地域では環状2号線の問題もあります。

「地域の交通環境、生活環境に深刻な影響を及ぼすので、地域の総合的なまちづくりの課題解決に向けて、地域が納得できる都としての取り組みを強く要請していく」

――跡地に、東京五輪招致に関連してメディアセンターをつくる計画は、別の場所に変更になるともみられています。

「今後の都の動きを見守っていく」

――市場関係者の移転への賛否は。

「場内6団体中4団体が賛成、2団体が反対。場外は反対で一致しているが、移転した場合についても行政と話し合いを続けている」

――鮮魚マーケット構想を具体的に。

「個人経営の場外の人たちを支援するような公設民営の施設を考えている。飲食店の方などが遠くまで魚の買い出しに行かずともすむ。区有地を活用して、移転に先行して営業できればよい。ただ、区有地だけでは狭いので、都と話し合って用地を譲渡してもらう必要がある」

――豊洲の土壌汚染対策については、専門家会議の最終提言がありました。

「都は、提言を踏まえ、技術会議を設置し、技術や工法などの評価、検証を行うと聞いている。今後、区は都から対策や経費、スケジュールなど十分に説明を受け、疑義があれば、しっかりとただす。都議会や国会での動きなども見守っていく。食の安全・安心、人の健康、関係者の生活にかかわる非常に重要な問題なので、冷静に対処していきたい」

4区48戸で浸水被害

23区の局地的豪雨

足立区の道路陥没現場＝6日午前

5日に発生した局地的な豪雨で、23区では家屋浸水で48戸が被害を受けたほか、雨漏りや道路冠水などが広い範囲で発生。足立区では道路陥没が発生し1人が重傷。豪雨との関係について、都などが調査を開始した。

23区には大雨洪水警報が5日の午前11時35分に発令された。気象庁の観測によると、同日の都内（大手町）における1時間降水量は58・0㍉、日降水量は115・5㍉をそれぞれ記録した。

東京都の調査によると、家屋の床下浸水は、千代田、新宿、文京の3区で合計34戸に発生。床上浸水は、千代田、新宿、文京、豊島の4区で合計14戸だった。

新宿区では、幼稚園、小中学校などを含む31カ所の区有施設も被害を受けた。西早稲田中学校（戸山3丁目）では体育館と校舎（コンピュータ室など）が浸水、一時エレベーターが停止した。早稲田幼稚園（早稲田南町）では、職員室が浸水で一時停電したほか、火災報知器が誤作動した。

豪雨被害などを受けて東京都下水道局は、新宿区内の落合水再生センターで7日に予定していたイベントを中止した。

足立区では5日午後12時52分頃、千住4丁目の道路が、縦約5㍍、横約5㍍、深さ約6㍍にわたって陥没。通行中のバイク1台が転落し、男性が重傷を負った。

同区によると、事故当時、陥没現場付近では「雨はほとんど降っていない状況だった」という。現場付近の地下では、老朽化した水道管の交換工事が行われていたため、都下水道局が事故との詳しい関係を調査するとしている。

陥没後、現場付近のガス供給管1本に破損が見つかった。現場周辺の立ち入りを規制し、ガス管の補修と陥没箇所の埋め戻し作業が行われた。

区では区立千住本町小学校に避難所を設置。現場周辺の住民13世帯43人が一時避難した。ガス供給の復旧が翌日以降になったため、3世帯13人が東京ガスの用意した宿泊施設へ移動。他の30人は自宅へ戻った。

記者席

緊張の連続の15カ月

○……「昨年5月から緊張の連続でした。今は、解放されてホッとしています」。豊洲専門家会議の平田健正座長にインタビューすると、にこやかな表情をしながら、こんな答えが返って来た。

会議では、傍聴者と意見交換の場を設け、発言のほとんどは移転反対。本来、都が負うべきことまで激しく追及され、それにキレることなく、丁寧に対応していた。都庁内でもこの対応に感心する幹部がいたが、大きな問題だけに相当、プレッシャーはかかっていたようだ。平田座長は「報告書が出て終わりでない。これからが始まり」と話した。今後は、市場開設者である都が辛抱強く合意形成に努める必要がある。

○……武蔵小金井駅南口再開発に絡む小金井市庁舎の是非について、住民投票条例制定に向けた署名活動の動きが本格化している。

問題は市庁舎建設地がありながら、再開発を成立させるためという理由で、市が庁舎を再開発ビルに入れる方針を決めていること。市民らでつくる「住民投票を実現する会」総会では「おかしな計画だが、市に考えがあってのことではないか。市長の考えを聞いてみたい」という意見も。

会は署名活動を前に、市に意見交換できる場を申し入れする予定だが「市内のマンションは作れば完売する状況。保留床はマンションで解決する。市庁舎を入れなければ再開発は成立しないという理由付けは、すでに破綻している」という声もあり、これらにどう答えていくのか。市の対応が注目される。

○……今日8日、北京オリンピックが開幕する。IOC関係者が一堂に会する場でもあり、石原知事や五輪招致議連の都議も北京を訪問。東京都、シカゴ、マドリード、リオデジャネイロの五輪招致委関係者も、都市の「売り込み」に凌ぎを削ることになる。

都議会自民党の幹部は「北京五輪で選手の皆さんが一生懸命頑張ってくれると、グッと支持率が上がるかなと期待はしているけど」と話した。五輪招致の支持率が伸び悩む中、支持率アップのカンフル剤になる?

「鉄道立体化の早期実現を」

議長会が都に予算要望

特別区議会議長会（会長＝桑原公平新宿区議会議長）は4日、09年度都の施策及び予算に関する要望書を石原知事に提出した。

桑原会長（左）が山口副知事に要望書を手渡す

要望書は、「放置自転車対策」「路上生活者対策」「地域密着型サービス」「鉄道立体化事業」の4項目で構成されている。

放置自転車対策の推進では、中でも駅周辺の放置自転車は通行の妨げになり都市景観を損なうと弊害を指摘する。自転車や自動二輪の駐車場の設置、「都営地下鉄が管理する土地の無償使用などの協力を図ること」などを要望した。

地域密着型サービスでは、都の認知症高齢者グループホームの整備率は全国で最下位という。用地確保の難しさ、介護報酬の引き下げに伴う人材不足などにより、参入事業者が少ないことが要因だ。都の施設整備補助の充実、「都有地等の活用についてさらに積極的に推進すること」などと、助成制度の拡充、用地確保の支援を求めた。

鉄道立体化事業では、開かずの踏み切りによる交通渋滞、排ガスなどさまざまな問題が起きている中、「都が進める東京オリンピック招致を実現するためにも鉄道の連続立体交差事業の早期実現に向け、立体交差事業予算を拡大し、『鉄道立体化の検討対象区間』の早期事業化に取り組むこと」などを要望した。

児童転落事故で区長の給料減額

杉並区

区立杉並第十小学校（宮山延敬校長）で6月18日に発生した小6児童の天窓からの転落死亡事故で、杉並区は、山田宏区長の給料1カ月分について、2分の1を減額することを公表した。

山田区長は「四十九日を過ぎ、改めて亡くなった児童のご冥福をお祈り申し上げる。ご両親、ご親族に深くお詫びし、二度とこのような事故が起こらないように引き続き徹底した対応に努める」との謝罪を発表した。

杉並区は、井出隆安教育長についても、区長と同様に給料を減額する方針。特別区人事委員会の手続き後に、区側が処分を下すという。

井出教育長は「学校管理者としての責任を痛感する。再発防止策を策定して学校の安全を確保する」としている。

区教委では事故調査委員会を設け、事故の詳細を究明中で、8月末に報告書を公表する予定。

都教委
クレーマー対応で検討委
トラブル解決の具体策を

学校に理不尽な要求を突きつける保護者の問題に対応するため、都教育委員会はこのほど、区市の教育委員会代表や校長代表などを交えた「公立学校における学校問題検討委員会」を設置し、学校と保護者とのトラブル解決に向けた施策の検討に乗り出した。まずは公立小中高・特別支援の学校現場の実態調査を行い、その結果を踏まえ、学校組織としての対応力の強化やトラブル解決に向けた支援策などの具体策を秋口までにまとめ、来年度予算に反映させる考えだ。小中学校を抱える23区では、弁護士による相談制度や臨床心理士などを加えた「アシストチーム」の編成などに取り組んでいる区教委もある。検討委員会ではこれらの事例も参考に、具体的な施策の方向性を示す予定である。

専門家による組織対応も

最近は、理不尽な要求を突きつけ、教育現場を混乱させる「モンスターペアレント」「クレイマー」と呼ばれる保護者や地域住民への対応が大きな課題になっている。保護者の執拗なクレームで授業に支障をきたしていると受け止めている学校長も多く、教職員が個人で訴訟費用保険（教職員賠償責任保険）に加入するケースも増えている。

このため、国の教育再生会議は昨年6月の第2次報告の中で、学校の問題を速やかに解決する体制づくりとして、大学教員や弁護士、臨床心理士、警察OBなどの専門家を加えた「学校問題解決支援チーム」の創設を提言した。

これを受け、大阪府豊中市は、弁護士や臨床心理士ら専門家からなる「学校問題解決支援チーム」を設置。学校や保護者から事情を聞き、専門的な見地からアドバイスするという対策を講じている。京都市でも同様のチームを発足させ、学校や保護者への指導、支援などを行っている。

都内23区では、港区が昨年6月から、区内5地区に計10人の弁護士を配置した。区教委が相談を受け、法律事務所に持ち込むというやり方をとっている。「苦情が多くて先生が子供の教育に専念できない」という教育現場の悩みを踏まえて実施したものだが、この1年間の相談件数は13件と少なく、その多くが子供同士、保護者同士のトラブルだったという。

杉並区では、「教育サット」と称するスクール・アシストチームを済美教育センター内に設置。指導主事をはじめ、正副校長OB、ソーシャルワーカー、臨床心理士などが、組織的に学校問題に対応している。目黒区でも弁護士と契約して、トラブル解決にあたっている。

こうした背景を踏まえ、都教委は、保護者らの多様化、複雑化する要望についての諸課題や、今後の施策の方向性を検討するため、今年6月に教育庁の関係部長級や区市教委代表、小中高・特別支援の学校長代表で構成する「公立学校における学校問題検討委員会」を設置した。同検討委員会の下には関係課長級らの幹事会が設けられ、すでに2回の会合を重ねている。

検討委員会では現在、公立学校で保護者らの理不尽な要望にかかわる問題がどの程度あるのかを調べる実態調査に取り組んでおり、その結果を踏まえて、具体的な施策を検討する予定。トラブルを未然に防ぐための教職員の対応能力の向上や早期解決に向けた学校組織としての対応力の向上、トラブル解決に向けた支援策などについて検討していく考えである。

教育管理職
631人が1次選考を受験
最終合格発表は12月5日

2008年度東京都公立学校教育管理職選考の第1次選考が3日、都立戸山高校で行われた。猛暑の中、教育管理職をめざす教員ら631人が受験した。A選考は47人だったが、今年度から新設された推薦区分（1次免除者）として71人が今後受験する予定。一方、B選考については、147減の584人となった。このほか、C選考受験者として小中高・特別支援あわせて51人の受験申し込みがあった。

筆記試験では、A選考は資料を提示し、B選考については「学校経営に関する具体的問題」を事例式で出題。1500字から2千字を2時間で課する論文と、「教育に関する基礎法令」などの30問を60分で解答する択一試験となっている。今後は第1次合格者、A選考推薦区分受験者（1次選考免除）、C選考受験者に対して、10月中旬から11月中旬にかけて個別面接を行い、日常の勤務実績の評定を合わせて最終合格者を12月5日に発表する予定。

東京都公立学校では校長や副校長の退職者数がピークを迎えているが、年齢構成の偏りによる教育管理職選考の有資格者の減少や、いわゆる「管理職離れ」による受験率の低下などで、受験者の減少や受験倍率の低下が続いている。

このため、都教育委員会は「教員任用制度あり方検討委員会」の報告を受け、06年度選考から主幹を対象とした推薦制（C選考）の新設、1次選考合格者の3年間択一試験免除などの制度改善を実施。また、今年度からはA選考の推薦区分の新設や、A・B選考における年齢要件の引き下げなどの制度改正を行っている。

なお、今年度の校長選考については、受験者数926人となっており、昨年の1091人より165人減少した。

2008年度東京都公立学校教育管理職選考受験状況

※ 下段の数字は択一免除者（内数）

◎ A選考

	有資格者数 A	申込者数 B	欠席者数 C	受験者数 D	申込者に対する受験率 D／B	有資格者に対する受験率 D／A
A選考・計	9,013	48 7	1 1	47 6	97.9％	0.5％

※A選考申込者数には、一次免除者（71人）は含んでいない

◎ B選考

校種	有資格者数 A	申込者数 B	欠席者数 C	受験者数 D	申込者に対する受験率 D／B	有資格者に対する受験率 D／A
小学校	2,660	195 27	2 1	193 26	99.0％	7.3％
中学校	1,636	225 77	1 1	224 76	99.6％	13.7％
高等学校	1,065	133 32	2 0	131 32	98.5％	12.3％
特別支援学校	499	39 18	3 1	36 17	92.3％	7.2％
B選考・計	5,860	592 154	8 3	584 151	98.6％	10.0％

◎ A・B選考合計

	有資格者数 A	申込者数 B	欠席者数 C	受験者数 D	申込者に対する受験率 D／B	有資格者に対する受験率 D／A
A・B選考 合計	14,873	640 161	9 4	631 157	98.6％	4.2％

※中学校には「都立附属中学校」、高等学校には「中等教育学校」、特別支援学校には「区立養護学校」を含む。

学校を支える人材育成〈上〉
—検討委の最終報告—

副校長や主幹教諭、指導主事の任用・育成のあり方を検討してきた教育庁の「教育管理職等の任用・育成のあり方検討委員会」が最終報告をまとめた。積み残した検討項目について具体的な方策を提言する一方、校務の縮減と効率化に向けた推進委員会設置や、教員人材育成基本方針の策定などを求めている。これを受け、都教委は提言内容をスケジュール化した「実行指針」を取りまとめた。ベテラン教員の大量退職に伴う計画的な人材育成が喫緊の課題となるなか、今後は検討委員会の最終報告をどう具体化し、実施していくかが今後問われることになる。そこで、最終報告の提言内容を3回にわたって詳述し、目指す方向性を整理してみた。

■A選考

A選考では①受験資格年齢の引き下げ（満32歳以上）②第1次選考における推薦制度の導入③A選考合格者の指導主事任用を明確化し、継続的任用を原則化した。

このような選考・任用制度の見直しにより、2008年度のA選考応募者は、昨年度に比べ、若干増となった。しかし、選考制度見直しの周知期間が短かったことや、これまでの計画的な人材育成が不十分だったことなどにより、応募者は当初の見込みを下回った。

今年度の状況を踏まえ、今後も各区市町村教育委員会等と連携を図りながら、より一層計画的に人材育成に取り組む必要がある。そのために①区市町村教育委員会において将来指導主事として活躍することが期待できる人材のリストアップ及び中期的な育成計画の推進②東京教師道場錬成講座修了者を教育行政研修に推薦する仕組みの検討③教職大学院現職派遣者の指導主事候補者としての育成④指導主事として特段の資質・能力があると認められる若手教員の早期選抜・育成ルートの新設⑤指導主事の業務運営の効率化と統括指導主事の果たすべき役割の検討――を進めていくとしている。

■B選考

B選考では、①受験資格年齢の引き下げ（満39歳以上）②受験要件の「現に主幹教諭である者」への変更を行った。

このような選考制度の見直しを行い、新たに対象となった満39歳以上満44歳未満の受験応募者数が全応募者の約1割に当たるなど一定の成果がみられた。しかし、満44歳以上の有資格者については、現に主幹教諭であることを受験要件にした影響もあり、依然として応募者の減少に歯止めがかからなかった。

B選考の受験有資格者である主幹教諭を増やすとともに、主幹教諭の中で将来副校長を担って欲しい人材に対する必要な力量形成と、動機付けを図る研修を実施していくとしている。

■主幹教諭選考

主幹教諭選考では、主幹教諭の任用数の安定的な確保のために受験資格年齢を引き下げ、推薦制の拡大を行った（満34歳以上）。

選考制度の見直しなどにより、選考応募者はわずかに増加傾向にある。今後、主幹教諭の配置計画達成と育成を図っていくため、2009年度から任用が予定されている主任教諭に対し、研修等を通して育成と主幹教諭への動機付けを図っていくとしている。

教育管理職A選考の応募状況（単位：人、倍）

	2006年度	2007年度	2008年度	
有資格者数	9,837	9,076	9,013	
応募者数a	170	111	117	71推薦 46申込
合格予定者数b	80	80	90	
倍率a／b	2.1	1.4	1.3	

※応募者数は、2007年度及び2008年度は当初申し込み時点での人数である。

※実際の合格者数は、合格予定者数と異なる。

教育管理職B選考の応募状況（単位：人、倍）

	2006年度	2007年度	2008年度
有資格者数	20,276	19,565	5,872
応募者数a	868	741	578
合格予定者数b	290	360	385
倍率a／b	3	2.1	1.5

※応募者数は、2007年度及び2008年度は当初申し込み時点での人数である。

※実際の合格者数は、合格予定者数と異なる。

※2008年度の有資格者減少は、受験要件を「現に主幹教諭である者」に変更したため。

主幹教諭選考応募状況（単位：人、倍）

	2006年度	2007年度	2008年度
有資格者数	27,428	26,456	25,226
応募者数	517	580	588
合格予定者数	1,000	900	900

※応募者数は、当初申し込み時点での人数である。

※実際の合格者数は、合格予定者数と異なる。

注）数字はすべて速報値

択一と論文問題の要旨

教育庁人事部試験室では試験終了後、問題作成の考え方と出題の意図についてコメントを発表した。問題の説明（要旨）は次の通り。

【択一試験問題】

今年度は昨年度と同様、問題数30題、時間60分で実施した。出題の内訳は「教育に関する基礎的法令」分野から20問程度、「経営管理の基礎的理論」分野から5問程度、「教育事情・都政事情・時事問題」分野から5問程度とし、出題分野を一層明確化。問題を丁寧に読むことによって正答を導くことができるように、基礎的・基本的な内容となっている。

「教育に関する基礎的法令」分野では、日本国憲法、教育基本法、学校教育法、学習指導要領、地方公務員法、教育公務員特例法、地方教育行政の組織及び運営に関する法律などの問題を出題。

「経営管理の基礎的理論」分野では、組織管理、経営管理、人事管理、人材育成などについての問題を出題した。「教育事情・都政事情・時事問題」分野では、学習指導要領の改訂、東京都の教育事情、国内政治、科学事情などに関する問題を出題している。

時事問題の出題範囲はおおむね過去1年間の主な新聞記事を中心とし、受験者が日頃から社会一般の動向に対して関心をもって接していれば容易に解答できるものと考えている。

【A選考論文問題】

A、Bの二つの問題から、どちらか一つを選択して論述する形式。選択A問題ではグラフ等の資料、選択B問題では文章資料を提示している。

（A問題）

資料「教員の仕事や職場に対する意識」をもとに、受験者が把握・分析した学校教育の課題に対する考えや意見を問う問題となっている。

資料から、今の仕事にやりがいや誇りをもっていると回答した教員は85％を超えているが、自分に向いているか、自分の能力を十分に発揮できているかについては、肯定的な回答をした教員は約5割から6割になっている。また、4割強の教員が、これまでの知識や経験だけでは対応できないことが多すぎると感じているが、他の教員から学ぶことは多く、一緒に仕事をすることが楽しいと回答しており、職場の人間関係で悩むことが多いと回答した教員は2割弱だった。

このことから、教員の多くは仕事に充実感を感じ、適応度も高い傾向にあることが分かる。その一方、自分の能力を十分に発揮できているとは言い切れないことや、これまでの知識や経験だけでは対応できないことに悩んでいると読み取ることもできる。教員の意欲や誇りを大切にするとともに、研修の充実を図り、教員集団を効果的に機能させる方策を講じる必要があるといえる。

資料から読み取れる教員の仕事や職場に対する意識について、行政における教育管理職として課題意識を持つとともに、課題解決に向けた具体的な方策を論じることになる。学校教育の課題や方向性について、広い視野から柔軟にとらえ、その推進の手だてを具体的に論述することを出題の意図としている。

（B問題）

提示された文章資料を読み、学校における課題について、受験者の考えや識見を問う問題。

文章の中では「自分の業務だけを見るのではなく、チェーン全体の品質を意識しなければならない」「現場力とは、放っておくと途切れたり、部分最適になってしまう『業務の連鎖』の結束を強め、一連の仕事の流れから生み出される価値と言い換えることができる」とし、組織間の連携の意義について述べている。

このようなことは、学校における教育活動の充実にも当てはまる。各教科や分掌組織の取り組みを関連付けて学校の組織的な指導力の向上につなげたり、他の学校や地区内での連携を図ったりすることができるよう指導・助言することは行政における教育管理職の果たすべき役割の一つ。

以上のことから、各受験者が組織的に仕事を進めることの意義を十分理解し、行政における教育管理職として、学校の課題を踏まえてどのような施策を講じ、課題の解決を図るかについて論述することを出題の意図としている。

【B選考論文問題】

満39歳以上54歳未満の者を対象に、学校現場における教育管理職の育成を図ることが目的。問題は、学校経営に関する具体的な事例を想定し、小中高・特別支援の校種別の事例問題とし、学校現場における教育管理職としての適性を評価できるよう、組織的な学校運営を行う上での課題や教員の意識改革等を主に取り上げている。また、受験者の経験や識見に基づく多様な解決策を導き出せるよう、「教員の資質向上」「組織的な学校運営の推進」「主幹教諭・主任層の活用や育成」などに焦点を当て、副校長として、校長が示した学校経営方針や学校改善の方向性を具体化するという視点から問題を作成している。

受験者が事例の学校の現状を的確に把握し、学校経営上の課題を指摘し、そのことに対する自らの考えを明確に述べるとともに、学校を組織として適切に運営するための具体的な方策を論述することを求めている。

受験者の教育管理職としての自覚と識見、これ[illegible]

※08年度教育管理職選考の正答と解説は、5面に掲載しました。

多様な現行制度継続
高校入学者選抜

東京都高等学校入学者選抜検討委員会はこのほど、今年度の入学者選抜を検証した報告書をまとめた。これを受け、都教育委員会は2009年度の入学者選抜実施要綱及び細目を今年9月に定めるが、新たな制度は導入せず、多様な入学者選抜制度の定着が図れるよう努めていく。推薦に基づく選抜制度については、今後も引き続き中長期的視点に立って、検討を進める方針。

報告書は、①評価及び評定の精度の向上と入学者選抜への活用②文化・スポーツ等特別推薦③自己PRカード④外国籍生徒への措置⑤入学選抜の多様化と意義――の5点について検証結果をまとめている。

このうち文化・スポーツ等特別推薦については、高校の個性化や特色化の観点から有効であるとし、自己PRカードについては「点数化せず選抜資料として総合的に活用していく」とした。外国籍生徒の受検措置（ルビふり）については、一層の周知を図り、今後も実施するとしている。

入学選抜方法については面接点や実技検査点等の本人開示、特別選考、男女別定員制の緩和、分割募集、推薦選抜、中学校・高等学校・教育委員会の対応の6点について検証結果を示した。面接点や実技検査点等の本人開示は今後も継続し、推薦選抜についても効果が認められることから、継続して実施していくとしている。

毎週金曜 3面は 教育オンライン

若手教員の育成
——東京教師道場を核に
5

学習指導専門員（教授）の役割

東京教師道場では、研修のための組織として、組及び班を置いている。組は、同一教科等の教員で編制し、校種を超えた相互研さんを行うことを目的としている。さらに、組には、5人から10人程度の班を置き、同一校種での相互研さんを行っている。毎月の授業研究は、この班を単位として行い、校種を超えた相互研さんのために、2年間で3回、組を単位とした授業研究を行っている。

それぞれの組には、教科や校種等に応じた指導者として、指導主事、学習指導専門員（教授）を充て、東京教師道場の企画・運営を行うとともに、助言者及び部員に対して指導・助言を行っている。

学習指導専門員（教授）とは、小学校・中学校・高等学校・特別支援学校で長く校長職を務め退職した者で、通常、教授と呼んでいる。

教授の職務は、部員の授業力向上のための様々な指導である。具体的には、毎月の授業研究の企画・運営、助言者・部員への指導・助言、授業研究の報告書の作成と多岐にわたる。

授業研究の企画・運営では、部員の授業研究の日程調整、授業会場の確保、班の授業研究のテーマや研究の方向性の検討等がある。1人の教授が担当する班は、1年次と2年次を合わせて4班から5班であり、教授によっては、部員・助言者合わせて40人を担当する場合もある。

東京教師道場は、4月最初の開講式と2年目の3月の修了式は、東京都教職員研修センターで行い、他はすべて部員が所属する学校で行うため、年間の道場の開催日を、部員や助言者の学校行事等を配慮したうえで決定している。

部員への指導・助言は事前の指導、当日の指導、授業研究後の指導である。事前指導とは、授業研究前に授業者が作成し、他の部員・助言者に送付される学習指導案の指導である。多い月には、10回近くの授業研究を実施し、指導する指導案の数も相当な量になる。教授は、一つひとつの学習指導案に対して、丁寧に指導を行うため、その指導に割かれる時間は膨大である。

授業研究当日は、授業観察と研究協議を行う。研究協議会では、教授は部員・助言者の協議を聞きながら助言したり、協議の最後に、助言者が助言で触れなかった事柄や事項等について指導・助言したりするなどして、協議を締めくくる。

授業研究の翌日は、授業研究の内容についてまとめた報告書を作成している。報告書では、当日の授業研究がどのように運営されたかをまとめるだけではない。授業研究での成果や課題は何か、次回の授業研究の改善のための方策は何か、部員や助言者の取り組みで共通理解を図るべき内容はないかといった多角的な視点から検討を加え、報告書を作成。また、授業者から協議後に再度作成した改善指導案を提出させ、保管している。

こうした教授が作成した一つひとつの報告書をもとに、指導主事が道場の授業研究の状況を把握し、授業研究の企画・運営を見直し、改善策を教授とともに検討し、毎月の教授連絡会で東京教師道場の指導体制や指導方針等を共通理解して授業研究を進めている。東京教師道場は、教授の真剣な取り組みと熱意、指導主事との緊密な連携によって支えられている。

次回は東京教師道場修了者の活躍と錬成講座について紹介する。

水道局

「技術エキスパート制度」を新設

組織を超えてアドバイス

団塊世代が大量退職期に入り、多くの技術職場でベテラン職員の技術継承が課題となる中、都水道局では「水道技術エキスパート制度」を新設した。高度な技術や貴重な職務経験を有するベテラン職員をエキスパートに認定し、他の部署にいても職務上の助言を得られる仕組みや、ベテランが持つ暗黙知を形式知化する取り組みを進めるという。ベテラン職員を局内研修の講師等に充てる事例は他の組織でも見られるが、通常業務の中で組織を超えた技術継承を図ろうとする取り組みはエポックメーキングとも言え、注目が集まる。

暗黙知の形式知化も推進

水道局のエキスパート制度のねらいは「職員が助言を得られる仕組みの構築」と「暗黙知の形式知化」の二つ。

かつては、長年にわたり同じ職場で働く職員も多く、「業務の中で分からないことは、あの人に聞けばわかる」といった生き字引のようなベテランが職場にいた。そして、その技術力は職務を通じて継承されてきた。

しかし、団塊世代が大量退職期に入り、局では今後10年間で4割の技術職が退職する。ベテラン職員が持つ知識や技術を蓄積・継承することが喫緊の課題となるが、最近では局間交流なども活発で、業務上の助言が欲しくても、精通した職員が周りにいないケースも少なくない。こうした現状を打破しようとする試みが、エキスパート制度だ。

同制度では、水道局の設計施工管理、浄水、配水、給水、水運用、水質、水源管理、営繕――の8分野について、すぐれた見識や経験、後進の指導姿勢、職務に対する積極性などを有する職員をエキスパートとして認定。局内LANに所属と名前を掲載し、特定の職務分野で質問したい事項があれば、面識がない職員でも直接、メールでやり取りできる。

質問と回答内容は後日、LAN上に掲載して共有化し、別の職員が同じ内容について聞きたい場合は、過去の質問・回答内容を参照することも可能だ。

エキスパートは通常の業務を行いながら対応するため、やり取りは過度な負担がかからないようメールを基本とし、直接面会や電話での質問は必要な場合のみとする。

また、あくまでエキスパートの持つ知識を伝えることが狙いのため、知っている範囲内で答えてもらうようにする。質問が多岐にわたる中、エキスパートが時間をかけて調べて回答することは避ける考えという。

他方、暗黙知の形式知化は、エキスパートが経験から得た言語化できない知識やノウハウを文章や映像で残し、後進に伝えようとする試み。対象とする暗黙知は、エキスパート自身に提案してもらい、選定する。年度内にも具体的な形式知化を図る考えだ。

このほかエキスパートには、局の技術検討会などにアドバイザーとして参加してもらい、意見を述べてもらうことも予定している。

エキスパートの認定は、課長級で構成する選定委員会で候補者を選定後、職員の所属長が本人の同意のもとに推薦書を作成。部長級で構成する審査委員会を経た上で局長が認定する。選任ではなく、通常業務の一環として行い、手当等は支給しない。

7月11日には第1号として計30人が認定された。各分野から選ばれた職員の平均年齢は57歳で、再任用職員も数名いる。技術管理課では「技術者が縮減される中、組織的に上手く回していく仕組みを作った。今後の認定については運用状況を見ながら検討していく」と話す。

東京ビッグサイト

エスカレーター事故で10人軽症

都有施設の安全対策徹底も通知

東京ビッグサイトで3日のイベント開催中に起きたエスカレーター事故では、来場者10人が軽症を負った。施設内の全エスカレーターは7日現在、安全確認作業を行っており、東京ビッグサイトでは8日に予定されているイベント時には再開したい考えだ。また、事故を受けて都財務局では、都有施設のエスカレーターの点検・安全対策の徹底を各局に通知した。

事故が起きたのは、アニメキャラクターのフィギュアを展示・販売する「ワンダーフェスティバル」。開場直後の午前10時過ぎに、来場者が西展示ホール4階に向かうエスカレーターに乗ったところ、途中で急に停止し逆走。約50人が転倒し、うち10人が軽症を負って病院に運ばれた。同日中に全員が帰宅している。

目撃者からは、ステップ1段に2～3人が乗る「すし詰め状態」だったとの証言もあり、警視庁では、重量超過によりブレーキが耐え切れず、逆送したものと見て調査を進めている。

事故時には、主催者側が配置した警備員がエスカレーターの先頭に立ち、駆け上がらないよう両手を広げて静止していた。また、エスカレーターの上下には警備員を配置し、ほかにもスタッフが数名いたという。ビジネスショーなどでは、こうした配置は取らず、観客が殺到することを想定したものだった。

しかし、関係者からは、主催者側がエスカレーターの人数制限をしている様子はなかったとの証言もあり、運営上の問題も問われそうだ。

東京ビッグサイトでは今後もイベントの予定が詰まっており、特に15日からは1日20万人が来場するイベントが開かれるため、警備強化を主催者と調整している。

一方、事故を受け、都財務局では都有施設のエスカレーターの安全対策を徹底するよう各局に通知した。エスカレーターは年に1度の法定点検が義務付けられているが、この際に点検者に注意喚起するとともに、必要に応じて再点検を実施するよう求めた。

また、事故要因として重量超過の疑いがあるため、設計で定められたステップ1段当たりの積載荷重を踏まえて適切に利用するよう求めた。ただし、原因が究明されていないため、現時点での緊急点検は行わず、究明された段階で検討するという。地下鉄などを除く都有施設には計122基のエスカレーターがある。

職員会議の挙手禁止問題

「都教委は公開討論を」

三鷹高校・土肥信雄校長が訴え

都教育委員会が職員会議の挙手採決を禁止するのはおかしいと訴えていた都立三鷹高校の土肥信雄校長（写真右から2人目）が、都教委に公開討論を開くよう求める記者会見を4日、都庁で開いた。「お互いの意見を述べ合って国民に判断してもらうのが民主主義」と訴えている。

土肥校長は、都教委が06年4月に都立公立校の職員会議で教員の意向を確認する挙手採決の禁止を通知したことに対し、「子どもに民主主義を教えなければならない教育現場で、言論の自由の尊重は一層重要」などと異議を唱えていた。

昨年11月の校長会でも通知の撤回を求めたが応じられず、納得できる回答も得られなかったという。このため、先月10日に都教委に対し、「挙手裁決の禁止」に関する公開討論を申し入れたが、これも応じられなかった。

会見で土肥校長は「お互い、生徒のため、東京のため、日本のために教育活動を行っているので、どちらが正しいか国民、都民に判断してもらいたい。公開討論の結果、都教委の支持が多ければ、それに従いたい」と思いを述べた。

また、同席した賛同者の藤田英典・国際基督教大学教授は「教員の挙手は、校長の最終的な決定権を何ら侵害するものではない。挙手を禁止する通達行政が非常に問題だ」と都教委を批判した。

同じく、教育評論家の尾木直樹氏も「多様な意見を封じ込めれば、校長の力量を発揮できない事態にもなる。都教委の閉塞性は大分県の教員採用不正問題とも通底する」と指摘した。土肥校長は、今月20日までの回答を求めている。

都小委交渉

都教委要望受け、教員の議論

業務職給料表見直しで方向性

都と都労連は5日、小委員会交渉を行い、教員の人事制度、現業系職員の給与、行政系職員1・2級職のあり方について協議した。教員に関しては、主任教諭設置に伴う新たな職務の級の設置や小中学校と高等学校の教員給料表の一本化などを取り上げた。また現業系職員の給与では、都側が具体的な引き下げ水準を盛り込んだ業務職給料表見直しの方向性を示した。行政系職員の職級では、1・2級職の統合を含め、見直す考えが打ち出された。

行政系1・2級職の統合も

教員の人事制度を巡っては、都教委が7月18日、都人事委員会勧告に関する要望を行っている。この中では、「主任教諭」設置に伴う新たな職務の級の設定、都行政職を基礎に教員の職務の特殊性を踏まえたメリハリある給与、小中学校教員と高等学校教員の給料表の一本化――の3点を掲げた。

同日の小委で都側は、主任教諭設置に伴う分化後の教諭について「現行の教諭の役割と比較して、職務内容や職責が相対的に軽減される」と指摘。それぞれの職務内容や職責に相応しい水準の職務の級を設定していくべきとの考えを示した。

また現在、従前の国準拠制の経過から二本立てとなっている小中学校と高等学校の教員給料表に関しては、採用時の資格要件や職務内容で給料表を分けるほどの違いがないことに加え、中高共通枠での採用選考、中高一貫校の開設に伴う人事交流の拡大などから、給料表の一本化に言及した。

業務職給料表見直しの方向性では、国行（二）給与水準との均衡や都内類似の民間企業従業員の給与水準を踏まえるといった考え方を改めて示した上で、具体的な引き下げ水準として、少なくとも国並みとした場合、07年度ラス指数122・3が100になるよう引き下げることとした。

見直し方法は、現行の業務職給料表の作成方針を基本に作成した給料表から、給料月額を引き下げる方向で検討する。あわせて昇給カーブのフラット化により、年功的な給与の伸びを抑制する。級構成は現行給料表の4級制のまま。見直し時期は09年4月とした。

技能・労務関係職種を巡っては、都人事委員会が現行4職種以外の類似職種も含め、追加調査を実施しており、都労連が反発を強めている。

人事委員会による技能・労務関係職種の給与実態調査は、従来、警備員・自動車運転手・用務員・電話交換を対象職種に実施していた。

都側は、これに加えて対象職種や企業を拡大した調査を要望。人事委員会としても、より正確に民間の実態を把握するため、本調査を補足する形で調査を実施した。

追加調査では、設備管理や利用者サービスの観点から、対象職種を現行4職種のほか調理員・ビル施設管理員に拡大。さらに調査対象企業では、たとえば警備業を本業とする企業等への調査も行っている。

行政系職員の1・2級職については、職務・職責が同質化しているとの問題認識に加え、都職員人材育成基本方針でも1・2級職を「新任期」に位置づけるなど、実質的に同一級として人事管理を実施しているため、「職級の統合を含め、あり方の見直しを進めていく」と表明した。

一方、都労連では、まず教員の人事制度に関して「教員の職の分化は必要ない」と主張し、学校の現場を素直に見直して、職の分断を断念するよう改めて強く求めた。

またメリハリある給料表構築では、従来の年功的・一律的な処遇でも問題はないとして「都側の主張は総人件費削減の手法を無理に教員に押しつけるもの」と反発したほか、給料表の一本化にも「給料表の水準を引き下げることが狙いである以上、断固反対である」との立場だ。

現業系職員の給与では、都政の中で果たしている役割と責任から「比較論だけで給与水準を引き下げようとする主張は断じて許せない」と都側の姿勢を批判。人事委員会に対しても、追加調査を実施したことに関連して、都側の要望を無批判かつ一方的に受け入れたとして「到底容認できるものではない」と厳しく非難している。

行政系職員の職級については、1・2級職だけを切り離して考えることはできないとし、級格付け廃止を踏まえながら、都労連が提出している行政系人事制度や現業系人事制度の改善要求の検討などを求めている。

今年度の重要課題について、労使交渉は早くも激しさを増しており、今後も目が離せない状況が続きそうだ。

区Ⅰ類採用

最終合格者を発表

合格者数は過去最多

特別区人事委員会は4日、今年度のⅠ類採用試験の最終合格者を発表した。全試験区分で計1827人となり、前年度より400人増となった。最終合格倍率は4・1倍（前年度5・2倍）となる。

団塊世代の大量退職の影響等で各区の採用予定者数は増加傾向にあり、最終合格者数は、これまでで最も多かった87年の1487人を大幅に超えた。他方、合格倍率は、これまで最も低かった87年などの3・0倍に比べて高い。従前は採用予定者数に近い数字で合格者を出していたが、近年、合格を辞退するケースも多く、余裕を持って合格者数を出したという。

人事委員会では今回、より人物重視の観点から有為な人物を多く確保するため過去最大規模の面接を実施した。また13日には、合格者に対する講演会も初の試みとして実施する。特別区制度調査会会長の大森彌・東京大学名誉教授を招き、特別区の現状と将来、職員としての心構えなどを話してもらう。

今後は各区が合格者に対する面接を実施し、今月末頃には採用予定者を概ね確定する予定。

居酒屋タクシー問題で職員処分

29人に訓告など

公費によるタクシー使用の際に、職員が運転手からビールの提供を受けていた居酒屋タクシー問題について、都総務局は5日、当該職員に対し、訓告等の措置を行った。

局の調査では、職員29人がビール等の提供を受けていたことが判明。このうち、特定の運転手から概ね30回以上にわたり提供を受けたり、管理職で、かつ部下も提供を受けていた職員6人を訓告とした。

また、提供を受けた回数が10回から20回程度の職員9人を口頭注意とし、たまたま乗車したタクシーで提供を受けたなどの14人については各所属長が注意を行った。

■江東区人事異動

8月4日付

【部長級】▽総務部長（区議会事務局長）岡部正道▽福祉推進担当部長　須田雅美保健福祉部長兼務▽区議会事務局長（福祉推進担当部長）田辺英之輔

◆退職　8月3日付

【部長級】▽総務部長　合田進

藤田　典子さん（ふじた・のりこ＝都立久留米西高校教諭）7月31日死去、49歳。

小池　博さん（こいけ・ひろし＝都下水道局基幹施設再構築事務所工事第一課工務係主任）2日死去、59歳。

後木　智さん（うしろぎ・さとし＝後木学・台東区総務部交流促進課交流促進担当係長の父）2日死去、72歳。

岡島　三郎さん（おかじま・さぶろう＝東京都立大学名誉教授）4日死去、100歳。

21年度 職員教養講座 [7]

A論文(論文の書き方)

はじめに

今回は、平成20年度の論文の試験問題を取り上げ、作成時の留意点について学んでいきます。

なお、論文の書き方の正解は一つではないことにご注意の上、本論文は今後の勉強における参考にしてください。自分の論文のスタイルを確立することが重要です。

問題

別添の資料は、高齢者数の増加に関する状況等をあらわしたものです。

(1) これらの資料から、都政にとって特に重要と思われる課題を三つあげ、簡潔に述べなさい。(箇条書きで400字程度)

(2) (1)で述べた課題について検討し、今後、都は、高齢者数の増加にどのように対応していくべきか、あなたの考えを論じなさい。

高齢者数の増加への対応に当たって、予想される困難があれば、あわせて論じなさい。

(1300字以上1800字程度)

(注)資料については、著作権等の関係から掲載しません。

論文例

(1)

1 高齢者の就業促進

▽都は、2025年には、総人口の25%以上が65歳以上の高齢者となり、超高齢社会を迎えることがわかる。また、全国の生活保護受給者の約4割が65歳以上の高齢者である。

▽活力ある社会の構築には、高齢者をマンパワーとして活用する必要があるため、高齢者の継続的な雇用が求められている。

2 高齢者の地域活動の参加促進

▽核家族化や近所付き合いの薄まりで、高齢者を支えてきた家族や地域の機能が低下している。

▽地域の人間関係や共同体を再生し、地域力を高めるために、高齢者の地域活動への参加促進が求められている。

3 高齢者の地域における安心した生活の確保

▽都は、2025年には、総人口の25%以上が65歳以上の高齢者となり、高齢者世帯数のうち単身世帯数が約15%となることがわかる。また、ユニバーサルデザインに配慮したまちづくりが不十分である。

▽高齢者が地域において、安心して自立した生活を送ることが重要である。

(2)

1 超高齢社会の到来に備えて

超高齢者社会における課題の背景として、以下の3点が挙げられる。

第一に、就業意欲のある高齢者が適当な職に就けていない。現在の高齢者は65歳になっても元気な人が多く、就業意欲も高い。しかし事業者は、高齢者は意欲や体力が低下し、高齢者に適した仕事がないと考え、若者や中年層の雇用を優先するため、高齢者の雇用に消極的である。このため、休職と求人のミスマッチが生じている。また、高齢者は、事業者の求める職業能力が把握できていないため、事業者が求める必要な能力の開発や自己啓発を行えていない。

第二に、高齢者の地域活動に参加できる基盤が十分に整備されていない。現在の高齢者は、豊富な知識や経験を持ち、地域活動の参加に意欲や関心を持っている。しかし、地域活動に関して十分な情報がない、気軽に参加できる活動がないなどの理由から、地域活動に参加していない高齢者も多い。特に、IT技術の急速な進展の中、高齢者はパソコンなどのIT機器に触れる機会がほとんどなく、高齢者はインターネット利用率が低いため、地域活動の十分な情報が得られない。

第三に、高齢者が地域で安心して暮らしていく環境が整備されていない。東京都は、認知症高齢者グループホームなどの施設を整備し、高齢者の生活を支援してきた。しかし、一人暮らしの健康な高齢者は、自宅で過ごしたいにもかかわらず、頼れる人がいないなどの理由から、一人暮らしに不安を感じている。また、今までのバリアフリーは、高齢者等の移動障害を取り除くためのエレベーター等の施設整備が主であり、高齢者が安心して生活を送るという視点が欠けていた。

2 超高齢社会の都市モデルの創造

以上の分析を踏まえ、次のような対策を講じる必要がある。

第一に、高齢者の意欲を活かし、働きやすい環境を整備する。まず、商工会議所と連携し、高齢者と事業者における雇用のミスマッチを解消する。具体的には、企業に対して、高齢者の体力や能力に合わせた短時間正社員制度やトライアル雇用制度、テレワークの導入についてのマニュアルを配布し、積極的な活用事例を紹介し、高齢者の多様な就業機会を創出する。次に、高齢者の能力や職務経験等に合った職業能力開発向上に対して支援していく。具体的には、首都大学東京に高齢者に対する職業能力の相談窓口を設置し、個人の能力等に見合った専門・職業に関する公開講座をコーディネートしていく。ここで、事業者は短時間正社員制度やトライアル雇用制度、テレワークの導入にあたり、制度の情報が不足することが懸念される。そこで、地域での研修会の実施や相談窓口を設置し、相談、支援体制を充実する。

第二に、高齢者の地域活動に参加しやすい環境を整備していく。まず、区市町村などと連携し、ボランティア活動の情報提供や、相談窓口の設置、地域活動に参加したい人の登録、ボランティアを必要とする人の紹介など、高齢者と地域社会をつなぐ取り組みを行っていく。次に、NPOと連携してパソコン教室を開催など高齢者の情報リテラシー教育を行う。講師はNPOから高齢者をボランティアとして活用することで、高齢者の教える側の生きがいにもつなげていく。ここで、パソコン教室の運営にあたり、運営費の増大が懸念されるが、都の既存施設や学校の余裕教室を開放することで対応する。

第三に、高齢者が地域で安心して生活できる環境を整備する。まず、区市町村や介護サービス事業者と連携し、高齢者に対する24時間対応できる安否確認、緊急時の対応などの見守りサービスを提供していく。また、高齢者の安心できるまちづくりのため、都民や事業者、行政が参加するユニバーサルデザイン協議会を設置する。協議会では、お互いの意見を取り入れつつ、高齢者の自宅から交通機関、街なかまでのハード・ソフトの両面にわたりバリアフリー環境を整備していく。ここで、24時間対応の見守りサービスの提供には、介護人材の確保が懸念される。そこで、民間就職支援会社の活用によるヘルパーなど介護サービス有資格者の再就職を促進する。

3 活力ある明日の東京へ

高齢者数の増加への対応は、行政だけで取り組めるものではない。都民や事業者、区市町村と連携して、前例のない超高齢社会の都市モデルを創造していくことが都の重要な責務である。そのために都は、不断の努力を続けていかなければならない。

解説

それでは、設問ごとに解説していきます。

(1)では、与えられた資料から都政の重要課題を三つ挙げます。課題を挙げる際には、資料が示す事実を的確に読み取ることが必要です。三つ以上の課題が読み取れる場合もありますが、その場合には、都政にとってより重要なもの、緊急性の高いものを選びます。また、評価のポイントである「多角的な思考」を意識し、分野に偏りがなく、多方面からバランスの取れた課題設定をすることも大切です。

ただし、やみくもに課題を設定してしまうと、具体的な解決策を提示できず、書き進めるうちに筆が止まることになりかねません。したがって、書き始める前に必ずレジュメを作成し、解決策まで一貫した論理展開ができる課題を選ぶというのも現実的な対処法といえるでしょう。

また、(1)の部分では資料から読み取れる事象と課題を記述するにとどめます。課題の原因・背景等の分析は(2)で論述するため、ここではあまり触れない方が無難でしょう。

(2)は、3段構成か4段構成のいずれでもかまいません。本講座では、4段構成で説明していきます。ただし、(1)が論述の導入の役割を果たしていると考えられるため、「起」の部分は省略し、「承転結」の3章構成としてあります。

第1章は、課題の原因・背景を論述します。第1章におけるポイントは、自分で取り上げた事柄がどうして都政で課題となっているのか、現状をよく分析し、後述する解決策の方向性を示します。

第2章は、解決策を提示するとともに、反論・障害に対する対応策を論じます。都政における現状の方針や施策に沿ったものにし、さらに独自の視点を加えて論じます。特にオリジナルの解決策を書く必要はありませんが、すでに実施している施策を取り上げる場合は、工夫する点や改善策を加えることで説得力が増します。採点者は、ここで書き手の「政策形成力」を見ますので、具体性、実現可能性、施策の効果などを念頭に論述します。また、解決策に対して予想される障害及びこれらに対する対応策についても必ず言及します。予算や法令上の制約、住民・議会・職員組合からの反対、施策の実効性に関する反論など、パターン化して用意しておくとよいでしょう。

第3章は、これまでの主張を総括して締めくくります。課題を解決することの意義や将来展望を述べます。ここでは、新たな問題提起をしないように注意します。

次回は、創作事例を取り上げます。

カレントトピックス 20年度 43

社会事情

■大分県不正採用教員の合格取り消し (7月16日)

大分県の小学校教員の採用試験をめぐる汚職事件で、大分県教育委員会は7月16日、臨時委員会を開き、過去の採用試験で不正な点数操作などによって合格したことが確認できた場合、教員の採用を取り消すことを決めた。校長や教頭への昇任人事についても、同様の不正があれば懲戒処分などを行う。一方、不正行為で合格した人のため不合格となった受験者については、本人の希望があれば採用することとした。

また、臨時委員会は、収賄容疑で再逮捕された同県教育委員会義務教育課参事と、贈賄容疑で再逮捕された同課参事の2人を7月16日付で懲戒免職処分とした。

なお、文部科学省によると、採用試験をめぐる不正で教育委員会が教員の採用を取り消した事例は過去にないと思われる。

■八王子通り魔殺傷事件 (7月22日)

7月22日午後9時40分頃、東京都八王子市の京王八王子駅ビル9階の書店内で、アルバイト店員で大学生の23歳女性が男に包丁で刺され、女性は間もなく死亡した。ほかに書店の客1人も刺されて負傷した。警視庁八王子署は、容疑者の男を近くの路上で緊急逮捕した。容疑者は八王子市内在住で33歳の工員であり、試用期間中に指を負傷し、休職していたという。容疑者は調べに対し、「職場に関する悩みを両親に相談したが乗ってもらえず、両親を困らせるため事件を起こした」などと供述しているという。

なお、都内では、6月8日に秋葉原で通り魔による殺傷事件が起きたばかりである。

■岩手県沿岸北部における地震 (7月24日)

7月24日午前0時26分頃、岩手県沿岸北部を震源とする強い地震があった。同県洋野町で震度6強、岩手県野田村と青森県八戸市等で震度6弱が観測されるなど、東北地方を中心に広い範囲でゆれが観測された。震源の深さは約120キロ、マグニチュード6.8と推定される。

この地震による被害は、総務省消防庁の調べによると7月25日現在、負傷者200人(うち重傷38人)に上った。

なお、東北地方では6月14日に「岩手・宮城内陸地震」が発生し、多くの被害が発生したばかりであった。

20年度 管理職試験講座 特別区 27

Ⅰ類択一⑧ 時事問題

はじめに

時事問題の出題数は10問です。区政、地方自治が4~5問。政治・社会・経済・労働分野からの出題は5~6問となっています。短期集中して取り組み、成果をあげることが可能な分野です。

出題傾向

政治・社会・経済・労働分野の出題範囲は、前年の10月から本年の7月頃までが対象となっています。昨年度は、国の予算が出題され、出題傾向の把握には予断を許しません。これまでの出題傾向をみると、国際会議の声明、法律の制定・改正、審議会等の答申及び白書などの内容について出題されています。労働情勢や最近の最高裁判例などといった網羅的な出題方式を除くと、特に4月以降の事項からの出題が目立っているように思われます。過去5年間の出題項目は次のとおりです。

【平成15年度】

個人情報保護に関する法律など(5月)、武力攻撃事態対処法及び改正自衛隊法(6月)、東海地震対策大綱(5月)、世界水フォーラム(3月)、経済財政運営と構造改革に関する基本方針2003(6月)、職業安定法等改正法(6月)

【平成16年度】

シーアイランドサミット議長総括(6月)、道路関係四公団民営化関係4法(6月)、裁判員法(5月)、国民生活白書(5月)、通商白書(6月)、働く女性の実情(女性労働白書)(3月)

【平成17年度】

衆参両院の憲法調査会報告書(4月)、最高裁判例(4~6月)、情報通信白書(6月)、個人所得課税に関する論点整理(6月)、経済財政運営と構造改革に関する基本方針2005(6月)、労働情勢(12~7月)

【平成18年度】

最高裁判例(12~6月)、郵政民営化に関する法律(10月)、簡素で効率的な政府を実現するための行財政改革の推進に関する法律(6月)、中央防災会議が決定した「首都直下地震の地震防災戦略」(4月)、通商白書(6月)、労働情勢(1~6月)

【平成19年度】

「日本国憲法の改正手続に関する法律」(5月)、海洋基本法(4月)、日中首脳会談(4月)、日本の平成19年度一般会計当初予算、最近の労働情勢(前年12月~6月)

勉強方法

区民の生活に密接に関係する法律(法改正)、政策、答申、重要な最高裁判例など、さらに国民生活の動向を示す白書や調査、国際会議の声明などについて、新聞やインターネットで情報収集していることと思います。区政ものは、本紙の「カレントトピックス」、「区政会館だより」が参考となります。

試験まで1カ月を切りましたので、他の科目とのバランスを考慮し、インターネット検索などに熱中しすぎないよう時間管理に注意しましょう。かえってこの時期は、収集した資料を各自の方法で、暗記しやすく整理しておく必要があります。まとめとして、も、成立した法案のチェックや、政治・経済など分野ごとに国内事情・国際事情といった視点から漏れがないか、最高裁判例や労働事情の動向、白書の整理など、出題されそうなテーマを絞って重要事項を暗記することが必要です。

なお、都の管理職試験で出題された時事問題は特別区管理職試験には出題されていません。今年度は次のような項目が出題されました。

○平成19年度国民生活白書○平成19年度労働経済白書○「広島市暴走族追放条例違反被告事件」最高裁判決○郵政民営化に関する出題○「在外被爆者の損害賠償請求事件」最高裁判決○ASEAN○地方分権改革推進委員会・中間まとめ○経済財政諮問会議「日本経済の進路と戦略」○教育再生会議の最終報告○「公務員制度の総合的な改革に関する懇談会」報告書

これまで積み重ねてきた時事問題の情報収集は、記述式や口頭試問対策にも活用できるでしょう。

参考図書

『時事問題総まとめ』(都政新報社)、『新聞ダイジェスト』など。

重要事項

今年1~7月までの重要と思われる項目をあげました。参考にしてみてください。

【政治・社会】

(1月) 新テロ対策特措法、薬害肝炎被害者救済特措法、「警察捜査における取り調べ適正化指針」、世界経済フォーラム「ダボス会議」、米大統領一般教書演説

(3月) 住基ネット合憲・最高裁、海洋基本計画、原子力白書、道州制ビジョン懇談会・中間報告、暴力団対策法改正案・閣議決定

(4月) 米ロ首脳「ソチ宣言」、日韓首脳会談、日ロ首脳会談、長寿医療制度施行、特定健診・保健指導、高齢社会白書、少子化社会白書、新型インフルエンザ対策法、防災会議・首都直下型地震試算、ふるさと納税、宇宙基本法、改正道路整備財源特例法

(5月) 日中首脳会談(日中共同声明)、「アジア防災・防疫網」構想、障害者白書、G8環境相会合、クラスター爆弾禁止条約案合意、アフリカ開発会議「横浜宣言」

(6月) 5カ国(日米中印韓)エネルギー相会合、ガス田開発日中合意、国家公務員制度改革基本法、有害サイト規正法、改正少年法、ハンセン病問題基本法、東京・五輪候補第一次選考通過、食料サミット、合計特殊出生率、国籍法の規定・最高裁違憲判決、温暖化対策「福田ビジョン」、改正特定商取引法、改正割賦販売法、消費者行政推進会議「消費者庁に関する最終報告」、社会保障国民会議・中間報告骨子、北朝鮮・核計画申告

(7月) 洞爺湖サミット

【経済・労働】

(1月) 消費者物価指数

(2月) 有効求人倍率・厚労省

(3月) 地方財政白書、賃金構造基本統計調査、公示地価、女性労働白書、新銀行東京・追加出資案可決、平成20年度国家予算

(4月) OECD「対日経済審査報告」、IMF「世界経済見通し」、日銀「経済・物価情勢の展望」、総務省・完全失業率、厚生労働省「新雇用戦略」、労働力調査

(5月) 平成19年度農業白書、エネルギー白書、

(6月) GDP速報値、OECD・世界経済見通し、G8財務相会合・共同声明、「骨太の方針08」原案

(7月) 規制改革会議・中間とりまとめ、「21世紀版前川リポート」、就業構造基本調査

問題

問題の難易度の参考として、19年度の試験問題を例示しました。

【問題 1】

本年5月に公布された「日本国憲法の改正手続に関する法律」の内容に関する記述として、妥当なものはどれか。

① この法律は、公布の日から起算して3年を経過した日から施行するとしたが、施行されるまでの間にあっても、衆参両議院に設ける憲法審査会が憲法改正案の原案を発議または審査することを妨げないとした。

② 国民投票の対象は憲法改正に限定せず、国政の重要問題も含むものとし、その投票権を有するのは、日本国内に住所を有する年齢満20年以上の者とした。

③ 憲法改正について日本国憲法に規定する国民の承認があったものとするためには、国民投票において、憲法改正案に対する賛成の投票の数が投票権を有する者の総数の2分の1を超えなければならないとした。

④ すべての公務員は、在職中、憲法改正案に対し賛成または反対の投票をし、またはしないよう勧誘する国民投票運動が禁止され、違反者は罰金に処するとした。

⑤ 議員が憲法改正案の原案を発議するには、衆議院においては議員100人以上、参議院においては議員50人以上の賛成を要し、その発議に当たっては、内容において関連する事項ごとに区分して行うものとするとした。

【問題 2】

最近の我が国の労働情勢に関する記述として、妥当なのはどれか。

① 昨年12月に厚生労働省が発表した「労働組合基礎調査」によると、平成18年6月末時点の労働組合の推定組織率は、パートタイム労働者の労働組合員数の増加により、31年ぶりに上昇した。

② 本年1月に厚生労働省が発表した「職業安定業務統計」によると、平成18年の平均有効求人倍率は、4年連続で1倍を上回った。

③ 本年1月に総務省が発表した「労働力調査」によると、平成18年の平均完全失業率は、14年ぶりに前年平均を下回った。

④ 本年3月に総務省が発表した「労働力調査」による と、若年のパート・アルバイト及びその希望者の数が、3年連続で減少し、平成18年の平均では200万人を下回った。

⑤ 本年6月に公布された「短時間労働者の雇用管理の改善等に関する法律の一部を改正する法律」では、業務の内容が通常の労働者と同一であるすべての短時間労働者に対して、賃金決定等の待遇についての差別的扱いが禁止された。

解説

【問題 1】 正答⑤

① 誤り。案の審査、提出はできない。

② 誤り。投票権は日本国民で年齢満18年以上の者。

③ 誤り。投票総数の2分の1を超えた場合。

④ 誤り。すべてではない。裁判官、検察官など除く。

⑤ 正しい。

【問題 2】 正答④

① 誤り。31年連続減少傾向。

② 誤り。14年ぶりに1倍台。

③ 誤り。4年連続で低下。

④ 正しい。

⑤ 誤り。一部の短時間労働者。

教育管理職選考正答と解説《上》

教育管理職選考筆答試験が3月に行われました。今年度からの制度改正の主な点は、A選考、B選考、C選考の年齢要件を変更したこと、A選考に推薦区分を新たに設け、第二次選考で専門論文を課すことにした点です。択一試験は、問題数30題、時間60分で行われました。正答と解説を3回に分けて掲載します。

問題番号	正答
1	2
2	5
3	5
4	2
5	4
6	2
7	1
8	3
9	4
10	3
11	5
12	4
13	5
14	3
15	2
16	1
17	4
18	1
19	1
20	5
21	2
22	5
23	3
24	4
25	1
26	2
27	3
28	4
29	5
30	1

■憲法・教育基本法その他法令

憲法、教育基本法の分野での出題は、15年度まではいずれかの分野で1問出題されていました。16年度は、この分野からの出題はほとんどなく、17年度から19年度は、憲法、教育基本法各1問ずつの出題となりました。今年度は、憲法の出題は、第13条、第21条、第22条、第25条、第89条、第98条の条文が関連したもので、内容は基本的なものでした。

また、教育基本法は改正法に関する出題でしたが、こちらも内容的には基本的なものでした。

その他法令として学校保健法が出題されました。法令について幅広い分野からの出題は、今後もありえるので、対応が必要です。

■学校教育法

学校教育法関連は法改正があり、7問の出題となりました。学校教育法等の改正に関連した出題は、予想されたことです。教育基本法を含めて、改正のポイントを押さえておけば、回答できる水準でした。

その他の出題内容については、例年どおり概ね基本的な項目についてのもので、学校教育法、規則、令ほか、関連法令を通読してポイントをつかんでおけば、正答が導き出せるものと考えられます。学校教育法等は基礎的な法令であるので、今後も相当数の出題が予想されます。

■教育公務員特例法

教育公務員特例法の出題数は、昨年、独立した問題として1問、他の分野との混合問題が1問の出題でしたが、今年度は独立した問題として2問、他の分野との混合問題が1問の出題でした。

出題内容は、公立学校の教員の任用に関するもの、指導力不足等教員の取り扱いに関するもの、教育公務員の研修に関するものでした。教育公務員の研修は、14年度及び18年度を除いて毎年出題されていることから、今後も出題が予想されます。

■地方公務員法

地方公務員については、今年度は4問出題されました。内容は、服務、勤務時間等、分限・懲戒、職員団体に関するもので、ここ数年、頻出されている分野からとなっています。この傾向は、今後も続くものと思われます。

■地教行法

地教行法は1問の出題で、教育委員会の組織に関する内容でした。教育委員の任命、教育長の任命など、基礎的な内容でした。

■学校管理

学校管理の出題数は、昨年、6問が出題されていましたが、複合問題を含め、今年度は4問出題されました。内容は、公立学校の管理運営に関すること、公立学校の施設及び予算等に関すること、職場研修(OJT)、学校運営連絡協議会、主幹制度に関するものなどで、いずれも学校管理に関する基本的な問題でした。

学校教育法、学校教育施行規則、地方教育行政の組織及び運営に関する法律、東京都立学校の運営管理に関する規則、OJTハンドブックなど、日常、学校で必要とされる職務の範囲内の出題でした。

■経営管理

経営管理の出題数は、昨年度は5問でしたが、今年度は2問でした。出題内容は、組織管理と経営管理から各1題の出題で、基礎的な事項を問われているという点は、例年と同じと言えます。

経営管理の分野は、類似の問題が繰り返して出題される傾向にあり、今年度も同様の傾向にありました。出題範囲が狭いため、この傾向は今後も続くと考えられます。

■教育事情

教育事情の出題数は、昨年と同様、今年度も2問でした。出題内容は、3月に公示された新学習指導要領に関する基本的な問題や、最近の都の教育施策に関して五つの施策の中から正解を問う内容でした。いずれも、昨年10月以降に発表された施策が中心で、国及び都の教育施策の動向を把握していれば正解できる問題です。こうした傾向は、今後も続くものと考えられます。

■都政事情

都政事情は昨年に引き続き、1問の出題でした。昨年12月に策定された「10年後の東京」への実行プログラム2008に関する事項で、都政における重要施策が出題されました。アクションプランの具体的内容まで踏み込んだ内容が出題されましたが、受験者は「10年後の東京」の出題を予想した方も多かったのではないでしょうか。今後も「10年後の東京」や「予算」など都の重要施策が1問から2問出題される傾向は続くと思われます。

■政治社会事情

政治・社会事情の出題は、昨年よりも1問増え、今年度は2問でした。出題分野は、政治事情と科学事情でした。政治事情については、国内政治に関するもので、五つの選択肢は、改正政治資金規正法、新テロ対策特別措置法、消費者庁の設置、改正租税特別措置法(ガソリン税暫定税率)、後期高齢者医療制度でした。

また、教育管理職選考の問題としては、新たなカテゴリーである「科学事情」から出題され、五つの選択肢は、人工多能性幹細胞の開発、金星探査観測(欧州宇宙機関発表)、南極氷床減少(米航空宇宙局ジェット推進研究所発表)、温室効果ガス削減目標(産業構造審議会・中央環境審議会合同会合の最終報告)、有人宇宙施設「きぼう」(宇宙航空研究開発機構発表)でした。いずれも昨年11月以降に発表されたものが中心でした。今後とも、社会事情の対象分野を広げた出題が続くと考えられます。

問題

【問題 1】 正答②

① 居住及び移転の自由、通信の秘密は、それぞれ憲法第22条第1項、第21条第2項に規定されているが、いずれも「法律の範囲内において」との文言はない。

② 正しい(憲法第98条第1項)。

③ 憲法第89条は、いずれに対しても「支出し、またはその利用に供してはならない」と規定されている。

④ 憲法第25条の規定は、そのようにはなっていない。生活保護法第1条の規定である。

⑤ 憲法には、そのような規定はない。教育基本法第15条1項の規定である。

【問題 2】 正答⑤

① 旧法第2条の規定である。

② 改正法第11条は、国及び地方公共団体の振興義務を定める。

③ 改正法第13条の条文は、このようなものとなっている。

④ 旧法第10条は不当な支配について規定していたが、役割分担及び相互の協力についての文言はなかった。

⑤ 正しい(改正法第16条第3項)。

【問題 3】 正答⑤

① 誤り。小学校のみ正しい(法第46、51条)。

② 誤り。指導教諭は、置くことができる(法第37条2号)。

③ 誤り。公立大学法人は今回の改正で設置できることになった(法第2条)。

④ 誤り(法第76条小・中学部のみ必置)。

⑤ 正しい(法第42条)。

【問題 4】 正答②

① 誤り。欠けた時は、その職務を行う(法第37条6号)。

② 正しい(法第37条5号)。

③ 誤り。職務命令を発することができる。

④ 誤り(法第37条1号)。

⑤ 誤り。副校長は、置くことができる(法第37条2号)。

【問題 5】 正答④

① 条件附任用期間は1年である。

② 学校教育法に規定する学校の範囲には、私立学校も含まれる。

③ 教員の採用は選考により行われる。

④ 正しい。

⑤ 地方公務員法と教育職員免許法では禁錮以上の刑に処せられた者に関する欠格事由が異なる。

【問題 6】 正答②

① 勤務時間外に行われた行為や職務に関する行為ではない個人的な非行行為についても、処分される場合がある。

② 正しい。

③ 職務命令が有効に成立するためには、「権限ある上司が発出」「その職員の職務に関する命令である」「法律上許された内容の命令である」「事実上実行可能である」という要件を満たす必要があるが、必ずしも公印付文書であることは要さず、口頭による命令も成立する。

④ 法令による証人や鑑定人等となり、職務上の秘密に属する事項について、任命権者の許可を受けていれば発表される。

⑤ 承認を得る必要がある。

【問題 7】 正答①

① 正しい。

② 一斉付与の原則は適用される。

③ 請求された時季に休暇を与えることが職務に支障を生じさせる場合には、他の時季に与えることができる。

④ 断続して利用することもできる。

⑤ 当該期間内に週休日及び休日がある時は、その日も当該期間に含まれる。

【問題 8】 正答③

① 「休職」は分限処分であるので、誤り。

② 刑事事件で起訴された場合には、分限処分として休職とすることができる。「停職」は懲戒処分である。

③ 正しい。

④ 挙げられている4処分は、すべて懲戒処分に関するものである。分限処分は「免職」「休職」「降任」「降給」。

⑤ 懲戒処分に関する規程は、条件附採用期間中にも適用される。

【問題 9】 正答④

① 登録を受けていない職員団体については、交渉に応じる義務はない。

② 特別の事情がある時を除き、職員団体が役員の中から示した者以外の者が交渉に当たることはできない。このような場合には、交渉を打ち切ることができる。

③ 措置要求の対象とできるのは、給与、勤務時間、その他の勤務条件に関してであり、管理及び運営事項については対象とすることはできない。

④ 正しい。

⑤ 給与は支給されない。

【問題 10】 正答③

① 誤り。退学、停学、訓告の処分は、校長が行う(規則第26条2項)。

② 誤り。認められない(通達昭24・8・2)。

③ 正しい(行政実例)。

④ 誤り。出席停止は、教育委員会が命じることができる(法第35条)。

⑤ 誤り。義務教育では認められない(規則第26条4項)。

【問題 11】 正答⑤

① 誤り。保護者の申請に基づくものではない(令第1条)。

② 誤り。報告する義務はない。

③ 誤り。学齢未満の子は入学させることはできない(法第36条)。

④ 誤り。保護者に対し、通知しなければならない(令第5条)。

⑤ 正しい(教基法第4条3項)。

【問題 12】 正答④

① 誤り。通知表は、備付表簿ではない(規則第28条)。

② 誤り。学力検査は行わない(規則第110条2項)。

③ 誤り。原本を送付する(保健法第6条2項)。

④ 正しい(規則第92条)。

⑤ 誤り。入学、学籍に関する記録は20年間(規則第28条2項)。

心の唄が聞こえる

8月30日新宿文化センターで

まちの音楽家／NPO平塚・暮らしと耐震協議会理事長　木谷正道

都庁を退職して1年余だが、正直、10年経ったような気がする。

時折、「木谷さん、何やっているのですか？」と聞かれる。「唄を歌っている」と答えると怪訝な顔をされる。

【07年7月8日】

思いがけなく、NHKラジオ深夜便「こころの時代」に出演した。

たくさんのお便りをいただき、早朝からラジオに耳を傾けている人がいることを知った。その頃、僕は8月に九段で開く「心の唄～共に生きる」の準備をしていた。

数日後、ある音楽グループの会合で竹DSさんに出会った。

竹さんは僕の唇を読み、美しい手話唄を舞った。『島唄』では沖縄の悲しみが本当に海を渡っていくような気がした。

「竹」は大好きな70年代フォークのかぐや姫、「DS」はDeaf Singer（聴覚障がい者の唄い手）。3歳で聴覚障がいになり20歳で音を失ったが、「創作ソロ手話唄」で再び音楽にかかわり始めていた。

唄の力を感じるひととき＝地元の宅老所で

【07年8月4日・九段会館】

2人の障がい児を持つ石崎夫妻をはじめ友人が応援出演してくれて、胸が熱くなる会になった。

感想文が150通届いた。

戸山高校同期の高橋俊一君のメール。

「竹さんの手話唄は、唄の持つ意味、解釈、感情を身体いっぱい使い、極めてリズミカルに表現する。オーケストラの指揮者のようで、しばし見とれた。『百万本のバラ』は、真っ赤な色と黒い装束の静謐さのコントラストも手伝って、とりわけ印象的であった」

【07年8月10日・広島県鞆（とも）の浦】

一週間後、僕は朝鮮通信使が「日東第一景勝（日本で一番美しい）」とうたった港町を初めて訪れた。新幹線福山駅から車で30分走ると江戸時代にタイムスリップする。

築200余年のお酢屋を改修した「さくらホーム」で唄を歌わせてもらった。『崖の上のポニョ』の舞台になった素敵な老人ホームである。以来、僕は鞆に行くたびにここを訪ねる。

11月に「全国耐震まちづくりフォーラム～鞆・日本の心」を開いた。常夜灯前の百面打ち囲碁祭に大竹英雄さん（名誉碁聖）や小川誠子さん（棋士六段）が来てくれた。

僕たちはまちなみ保存の活動を始めた。

鞆では40年間に人口が6割減り、高齢者は4割を超えた。

大変は大変なのだが、ここには人が住み、豊かな文化がある。まちのことは、まちの人々がやる。

日本が失い、何を失ったのかも既に分からなくなっているものが当たり前のようにある。

「ここのお年寄りは日本で一番幸せだ」と言われた。僕もそう思う。

【08年6月17日・平塚】

地元の宅老所で僕は7年間歌っている。唄には不思議な力があり、一緒に歌っていると回路がつながる。

老人ホームに移った金子さんの誕生祝いに招かれ、『群青』を歌ったら、ある男性が突然話し始めた。

「自分は呉港を出る大和を見送った。少年兵だった。島のような船が目の前を通った」。普段は話をされない方である。

まだ63年。簡単に風化させるわけにはいかない。先に死んでいった人間たちの目に、今の日本はどう映っているのだろうか。

【08年7月12日・鞆の浦】

「お手火祭」で6度目の鞆の浦訪問をした。

海に飛び込み、バケツで水をかぶりながら、燃え盛る200キロの大松明を若者たちと一緒に担いだ。

僕たちには、古民家を改修して宿屋を開く夢がある。

鞆を愛する若者が管理人になり、まちの人々と共にまちを支える。一人一人の生き方が伝われば、若者が戻ってくるだろう。

失敗続きの過密過疎問題を身の丈で解く事例になるかもしれない。

【08年8月30日・新宿・心の唄08】

渡部陽子先生が世話人代表、新宿区と日本棋院の後援、140団体が共催・協力して下さる。

僕は弾き語りで『涙そうそう』『島唄』『この街で』など14曲を歌う。

共演は竹DSさん、小川誠子さん、中川誼美さん（銀座吉水女将）、宇津崎光代さん（京都「母ちゃんの家」）など。

縄文笛毅さんは中学まで盲学校に通っていたが、高校でリコーダーに出会い、音大でフルートを専攻した。縄文土笛の一吹きが僕たちを1万年前に連れて行ってしまう。

元気が出る会になると思う。大事な休日だけれど、都合がついたらぜひ来てほしい。

【同じ世代へ、そして若い皆さんへ】

あらゆるものが崩れてきた感がある。大地の異変（大地震の切迫）、環境の異変（地球温暖化の加速）、心の異変（子どもも大人も）。崩れ方が速く激しいことに僕は愕然としている。

超高密度首都への直下地震は破局的な被害をもたらすだろう。

それとて、地球環境の崩壊に比べたら一時のローカルな厄災にすぎない。心の崩壊、人間の崩壊はさらに恐ろしい。

「何なのだ！これは」と叫びたくなる出来事が毎日報道される。

僕の世代、僕自身がこの数十年の日本の変貌に責任があることは間違いない。何を非難しても、唾が上から降ってくるのだ。

嘆いているわけにはいかない。旅はまだ終わっていない。

僕は長い遠征が終わってフランチャイズに戻ってきた気分でいる。自分なりにやってみる。

変だと感じるなら、本気で立て直しに取りかかった方が良いと思う。そうでないと僕たちはこの数十年、何をやってきたのか分からない。

「あの雲を追いかけ、夢を追いかけて／喜びも悲しみもあなたとこの街で」（『この街で』）。

高橋君は今年は来れない。3月に急逝の報せが入った。

◇

「心の唄2008」は8月30日（土）午後2時から開演（1時開場）、新宿区立新宿文化センター大ホールで。入場料は1500円（小中学生は1千円）。

連絡先は☎03・5272・5550（ほっとステーション）、kitanimasa@hira-taishin.jp。詳細は"www://kokorono-uta.net"。

赤塚不二夫氏死去に
青梅市長が哀悼の意

8月2日、『天才バカボン』や『おそ松くん』など数々のマンガで愛された赤塚不二夫氏が亡くなった。昭和をテーマに町おこしをする青梅市では、2003年に「昭和の元気の象徴」として、赤塚不二夫会館を氏の協力を得て開館。周辺の商店街の活性化に大いに貢献してきた。その訃報に接し、青梅市では3日、竹内俊夫市長が追悼のコメントを発表した。また現在、赤塚不二夫会館（住江町66☎0428・20・0355）では、記帳台を設けて、弔問客にこたえている。

竹内市長のコメントは以下の通り。

「赤塚不二夫さんのご逝去の報に接し、謹んでお悔やみ申し上げますとともに、心からご冥福をお祈りいたします。

住江町商店街では、昭和をテーマにまちおこしを進めていました。そのような中、平成15年に赤塚さんの温かい御理解、御協力を賜り、『青梅赤塚不二夫会館』がオープンしました。以来、その名は全国に広がり、青梅の名を高めていただきました。

赤塚さんの、元気あふれる漫画キャラクター、そして一世を風靡した数々のギャグは、日本全国を笑顔にしました。

赤塚さんの頭の中には、まだまだ、漫画のアイデアが泉のように湧いていたと思います。このたびの訃報を一番悲しんでいるのは、誰でもない赤塚さん自身なのかもしれません。

赤塚さんからいただいた多くの元気を胸に、青梅に暮らす人や訪れる人が笑顔になれるまちづくりを進めてまいります。

72年の人生を全力で駆け抜けた赤塚さん。どうか、安らかにお眠りください」

いわ・たろうさんを偲ぶ
生涯を台東区川柳人として

とうきょうと川柳会長　松尾仙影

いわ・たろうさん（本名・岩敏雄）が7月8日の早朝に亡くなられました。法号釈恭敏信士。享年80歳でした。"たろうさん""いわさん"の名で知られ、70年代の台東区役所職員労働組合の執行委員長として異色の存在を見せられました。

昭和3年1月31日生まれのたろうさんは、台東区役所に勤務するかたわら、川柳活動にも終生の情熱を燃やしてこられました。（以下、句はたろう作）

すて去ってすて去ってみて作句する

とばかりにひねりのない素直な姿勢で五七五を楽しんで作られてきました。在職中に同じ区職員だった故・中村二恵さんや故・長谷佳宝さんといった先輩川柳家の下で、昭和26年11月、台東川柳人連盟の創立を手伝いました。

お茶席の気品を保つ師の微笑

夕焼けは神シルエットみんな和し

川柳は中学時代から始め、ほかに短歌や都々逸などもたしなまれてきました。そして、台東区民新聞には毎号のエッセイを掲載され、下町風景の世俗を軽妙に語ってこられました。私も毎号を楽しみにして読ませていただきました。

踊り子に芋ようかんが届けられ

お祭りの鉢巻すると男前

台東区への愛着が強く、「台東区文化人の会」の世話人として、"文化活動は町おこしだ"と続けてこられました。地元のきれいどころや歴代の区長を引きずり込んだ新年会は、いつも賑やかでした。

小学校以来の友とあう時間

めずらしい石けりの子に声をかけ

都庁職員を中心にした『とうきょうと川柳会』が10年前からスタートしました。本紙でも作品募集が始まってからは毎月の投句を欠かされませんでした。最後の応募句となりましたのは本年6月分でした。

退院日自分勝手に決めてみる（課題「期待」）

電線にふれる庭木をまだ切れず（自由吟）

昨年、浅草を中心にして川柳発祥250年記念行事が盛大に開催され、たろうさんも喜んでおられました。亡くなられた7月8日は、復活した地元での「朝顔川柳大会」の当日でもありました。

オリンピック大丈夫かなとひとりごと

人生のまぐれ当りを不思議がり

（『台東川柳』59号を編集された尾藤一泉氏から情報・写真提供をいただきました）

みにがいど

◆シューレ大学国際映画祭「生きたいように生きる」▽期間　8月29日（金）～31日（日）▽場所　シューレ大学特設シアター▽プログラム　29日＝海外・公募・シューレ大学作品。30日＝原一男監督推薦作品、海外・公募・シューレ大学作品。31日＝「ゆきゆきて、神軍」、原監督講演会等▽参加費　各回1200円（28日まで申込は1千円）、フリーパス3千円▽問い合わせ先　シューレ大学☎5155・9801。http://www.tokyoshure.jp/

気をつけよう！金融トラブル　▽9月3日（水）午後2時▽東京ウィメンズホール▽講演　住田裕子弁護士▽参加費無料▽申込及び問い合わせ先　東京都消費生活総合センター活動推進課☎3235・1157

考 老舗の地域活性化力 3
醸し出される誠実な癒し空間
おきな堂（長野・松本市）

リピート客を離さない魅力

加藤登紀子の歌う曲に"この街には不似合いな"という唄いだしの、ややアップテンポな『時代おくれの酒場』という歌がある。この歌詞ならぬキャッチコピーで「時代おくれの洋食屋」としているのが当店である。

市内オフィス街の一角にある当店にランチタイムに一顧客として訪問した。店内に足を踏み入れてみると、ほぼ満席。確かに内装はレトロを感じさせる。しかし、店全体の雰囲気は"時代おくれ"という表現が必ずしも当たらない。当店自慢の食材、独特の料理メニューと味の人気の高さなどから考えると、むしろ、安易に時代顧客ニーズに迎合せず、レストランとして不易ともいうべき経営姿勢への好感度が客の心を捉えて離さないようだ。

特に昼時の店内は、満席にも関わらず、喧騒さは感じられず、えもいわれない癒しと安心・安全感が醸し出されている。これには、長年にわたる店主の人柄から滲み出る最高級のもてなしの心が大いに貢献している。こうしたことを反映し、顧客にはリピーターが目立つ。さらに、夜には、アルコール類の提供も可能な2階では、昼時とは異なる別の魅力的な雰囲気が醸しだされる。いずれにしても当店独特の落ち着いた雰囲気が、ここを一度訪れた客を魅了して離さない。こんなユニークでオシャレな魅力ある店が松本に残っている。冒頭の歌詞とは反対にむしろ"この街によく似合う店"といえるだろう。

持続力高い経営に後継者難も解消

立地する場所は松本市内で活力ある商店街"縄手通り"と"中町通り"の間の路地。創業以来、今年で4分の3世紀の75年を迎えた。女鳥羽川に面したクラシックな3階建ての建物は創業当時の姿をよくとどめている。凝ったつくりの店内は、それなりに改装を重ねてきたものの、分厚い天然木のカウンターテーブル、いすは本革張りなど贅を尽くしていることに変わりはない。このオシャレな内装と店内に流れているクラシック系音楽、外国語系ボーカルのBGMが店内の落ち着きをさらに醸成する。

こうした雰囲気を懐かしんで旧制松本高校のOBや作家・実業家達も好んで訪れるという。そればかりでなく、後継者難にあえぐ多くの老舗が存在する中、当店では、ご子息が自ら希望し、安定した勤務である銀行を退職、後継者となった。

癒しと安心感漂う誠実な雰囲気

ユニークなハードとソフト兼備の店

主要メニューはイタリア料理で自家製手打ちパスタがお奨め、大正ロマンの味一筋のカレーも人気メニューだ。食後に当店ならでは味と香りの無農薬栽培コーヒーをゆったりと味わう瞬間は、まさに至福の時といえよう。なお、昼時に人気の定食メニューは早めに完売してしまう場合が多い。また、店内では昔懐かしいチャップリンの名作（ビデオ）を常時流しているのも独特の雰囲気として感じられる。これら無声名作短編映画は客に観ることを強制しないし、チャップリンの名演技に関心のある人には音声なしでも十分楽しめるところがいい。

顧客にとって、さらなる魅力は1階が全面禁煙であること。このような独特の安全性と落ち着いた雰囲気が、乳母車に乳幼児を乗せた客まで安心して来店し、友人と時間をかけてゆっくりとした食事や会話の時を過ごすことができる。

こんな今どき求めても得がたいハードとソフトなサービスを兼備したユニークな店は、地域にいつまでも存続し続けて欲しいものだ。

（地域活性化情報研究会代表　君波健治）

coffee break

茶色いノート

先日、お盆の用事で実家に寄ると、父親が古ぼけたノートを出してきた。以前、オリンピック招致活動の協力が大変だと私が言っていたので、私に見せようと思って出してきたという。

「お前は英語が出来るんだろう、これ何て書いてあるんだ、お宝かもしれないよ」

茶色く黄ばんだ紙に太い鉛筆のようなもので書かれたサインの数々。名前らしき筆跡がいくつかあるが、崩し字だし、肩書も日付もない。

「わからないよ。一体、いつ、どこでもらったんだい」

「オリンピックのとき、お前が集めてきたんだよ」

親父が話してくれたところによると、当時まだ小学校の低学年だった私は、東京オリンピックの期間中、入場券がないのに、親にせがんで代々木や国立競技場の周りに連れて行ってもらっていた。そして、外人さんを見つけると、訳もなく「サイン、サイン」と駆け寄っていったのだという。

「これは、背の高い黒人さんだったよ。ダッコしてくれたんだよ。こっちは、女の人2人だったね」

「親父よく覚えているなあ、俺はもう全然忘れていた。でも、外人さんたちだったら、誰にも寄っていったんだろ。それじゃあ選手かどうかもわからないじゃないか」

「ははは、そういわればそうだな」

実に、親というのは半世紀たっても子供のことを覚えているものだ。そんな会話のあと、ふと考えた。

東京の有利な点はセキュリティーなんだそうである。次に東京でオリンピックが行われるとき、外国の選手たちはまたあの時のように、街を勝手気ままに歩くのだろうか、そして子供がノートを持って駆け寄ってきたら、抱き上げてサインしてくれるのだろうか。

時代は変わった。世界情勢も変わった。とりあえず、北京の街ではどういう光景が見られるのだろうか。出かけた同僚が帰国したら聞いてみたい。

（16年には退職）

都政新報

発行所　都政新報社
〒160-0023　東京都新宿区西新宿7-23-1　TSビル
〈総務・読者〉03-5330-8781
〈企画広告〉03-5330-8784
〈編集〉03-5330-8786
〈出版〉03-5330-8788
〈セミナー事業部〉03-5330-9977
〈ファクス〉03-5330-8808
購読料　月1,680円（税込）
毎週火・金曜日発行
但し、祝祭日は休刊

紙面から

決戦に挑む

主要会派幹事長に聞く㊤

都議会自民、民主、公明の各会派が8月1日に新体制を発足させた。来年夏の都議選まで残り1年、すでに公明、共産は一次公認も発表、各党は解散総選挙の行方もにらみながら、4年前よりも早めに決戦への準備を進めている。各党は、築地市場移転問題、新銀行東京の再建など、都政の重要課題と対峙し、いかにして1年後の決戦を勝ち抜こうとしているのか。今号では石原与党の自民、公明に、15日号では野党の民主、共産の幹事長に聞いた。

自民党　髙島直樹氏

都民の目線で粛々と

「都議選をしっかり勝ち抜くための選挙執行部」と髙島幹事長。公認候補全員の当選をめざし、現有48議席の維持は最低目標という。「第一党を堅持することで都政の安定化を守れる。都政の課題はたくさんあるが、都民の目線でやっていく」と話す。特に力を入れて取り組むのが景気対策だ。原油高騰、鋼材の値上がりなどがあり、経済は後退局面に入っている。「景気対策は国の役割だが、都政でも自治体としてできる仕事があるはず」

しかし、08年度税収はすでに当初予算割れを危惧される状況にあり、バブル崩壊後に行った景気対策が都債残高の増大を招いたのは記憶に新しい。07年度は5・5兆円と過去最高の税収だったが、今のペースで景気後退が続くと、法人事業税の一部国税化による約2800億円減収も含め、09年度税収は08年度当初比で数千億円規模のマイナスになる見通し。

「同じてつを踏むのでは」とただすと、「税収が落ちてるから景気対策ができないではなく、都民に納得いただけるような知恵を出しながら景気対策を行っていきたい」と話す。基金の活用も「ただ取り崩すというのは簡単な話で、その結論に到達するまでの間に、私たちがやるべきことがあると思う」と語る。

喫緊の課題である豊洲新市場予定地の土壌汚染問題では、旧地盤面から2㍍の土壌を掘削・入れ替えを行い、その上に2・5㍍の盛土をする提言が専門家会議から出された。髙島氏はこれを評価し、「専門家会議から安全宣言していただいたのなら、粛々と決めていけば良い。技術会議を立ち上げ、コスト圧縮を図りながらやっていくのだから、それで良いと思う」と話す。さらにメッキ屋、クリーニング店、ガソリンスタンドなどの業界に対し、土壌汚染対策の新技術が提案されるいい機会になって欲しいと期待を込める。

また、都区のあり方については、足立区議時代から関心を持ち、都議会自民党都区制度改革推進議員連盟会長を務める。「総論を決めて、その中で事務配分をどうするか、そういう考え方だってある。まず事務を都と区で割り振ろうとすると、何年たっても議論が終わらない」

猪瀬副知事に対しては、第2回定例会で前執行部がイエローカードを突きつけた。この姿勢を踏襲し、副知事としての言動に逸脱があれば、ただしていく考えだ。

新銀行の再建に行き詰まり、五輪招致にも失敗して石原知事が任期半ばに辞職するのではという見方は、3選直後から出ている。髙島氏は「知事も有権者の審判を得て当選された。途中で辞めることはないと思う。任期4年間、与えられた職責を全うされると思っている」と否定した。

公明党　中嶋義雄氏

23人全員当選が使命

今期の幹事長の最大の使命は、「都議選に勝利すること」と断言した。

都議選では、民主党が第一党を目指す方針で、築地市場移転問題や新銀行東京の経営再建など、「石原与党」にとっては厳しい戦いが予想される。

「知事選では与党的態度をとったが、我々はあくまでも都民与党。自民党にはがんばってほしいが、どのような条件にあっても、我が党は23人全員の当選を勝ち取る」

前回の参議院選挙では、自民党のみならず、公明党にとっても大きな逆風が吹いた。国政の争点が都議選に持ち込まれる可能性も高い。

「都議選だから、最終的には地元で住民とどれだけ密接にコンタクトをとったのかが問われる。住民の生の声と、どれだけきちんと接したか。候補者には口をすっぱくして伝えている」

逆風は止まったのか。

例えば、「差別的」と批判が強い後期高齢者医療制度。「後期高齢者という言葉には、75歳以上にきめ細かく医療を施そうという意味がある。今のままで国民皆保険、高齢者医療を支えられるのかという議論を抜きに、政局がらみで反対するだけでは、物事は解決しない」

各議員は、地元の一対一の対話や小集会などで、こうした話を丁寧に説明し、理解の輪が広がっているという。「生産的な議論をする環境は少しずつ整いつつある」と自信を見せる。

都議選の争点については「分からない」としながらも、「野党は、豊洲新市場、新銀行東京を争点にするだろう。二つとも大事な問題だけど、本当はちょっと違うんじゃないかと思う。5年後、10年後の社会を、現実感覚を持って想定することは難しい。どうしても日常性に流される。オリンピックがある2016年までに東京をどう持っていくのかという観点が必要」

築地市場の移転問題については、都議会公明党が設置した特別チームが、早朝の築地市場や、豊洲新市場予定地の土壌汚染の現状視察など、活発に動いている。第2回定例都議会では、公明党が「豊洲移転の再検討」を表明した。

「知事が臨海部にこだわる必要はないと言った。本気で臨海部以外に可能性を探すなら、思い付きではなく、本気で検討する必要がある。思いつきでないなら、それなりの根拠を示すべき」

都は、技術会議を設置して土壌汚染対策の技術工法を評価・検証する。

「具体的にどんな工法で、どれだけの期間と費用がかかるか、専門的な技術畑の立場からきちんと提示してほしい」

新銀行東京については、「粛々と再建計画を進めてもらいたい。リスクをできる限り排除し、縮小銀行は縮小銀行でいいから、きっちりと単年度黒字に持っていき、ソフトランディングしてほしい」と語った。

生活・治療・教育　一貫したケアを

児童福祉審議会　新施設の整備を提言

提言をまとめた児福審

東京都児童福祉審議会（委員長＝網野武博・東京家政大教授）は7日、虐待を受けた子どもの専門的ケアについて、新しい治療的ケア施設の創設を検討することなどを盛り込んだ提言を行った。都内の児童養護施設でも被虐待児の割合が増えていることを背景に、マンパワー的にも対処が難しくなっているのが現状。そのため、生活支援と心理治療、教育を一貫して提供できる新しい施設の整備を求めている。

児童養護施設は、保護者がいなかったり虐待を受けたりした子どもを養育する施設。だが近年、被虐待児の割合が増加。都内の児童養護施設の入所児でも、虐待を受けた子どもの割合は98年度には3割弱だったが、05年度には過半数に倍増している。特に、人間関係がうまくいかなかったり、感情を抑え切れずに暴力に走るなど、情緒的な問題を抱える児童は約3割を占める。

都内児童養護施設の入所児に占める被虐待児の割合

在籍児童数（人）（左目盛り）　被虐待児の割合（%）（右目盛り）
（左目盛り：0～3500人　右目盛り：0～60　横軸：98、99、00、01、02、03、04、05年）

こうしたケースは、過去に虐待された体験によるトラウマや、大人への不安感が原因とされ、集団生活に馴染めなかったり、激しく暴力を振るったりする子どもへの対応が難しくなっている。

そのため審議会では、生活支援と心理治療、教育で一貫した治療的ケアを行う新施設の整備を提言。国基準では、子ども6人に対して1人の職員配置（6歳以上）を手厚くし、精神科医や心理療法担当職員を配置することも求めた。

類似の施設としては、「情緒障害児短期治療施設」が全国に32カ所ある。ただ、職員の配置基準は児童養護施設より手厚いものの、被虐待児を想定した施設ではなく、病院に併設されたケースもあるなど、治療機能がメーンだ。各部門が独立したプログラムを組んでいて、いじめ、物を壊す、無断外泊など「施設崩壊」も指摘されている。

提言では、日頃の生活に配慮した上で、一貫した治療や学習指導を行い、生活ルールを定めて、生活そのものが治療につながる体制を求めている。また、6～8人以下の小規模ユニットを基調とするなど、きめ細かいケアを目指すのも特徴だ。

ただ、小規模で専門的ケアになるほど、職員の経験や高いスキルが必要とされる。そのため提言では、児童養護施設の実態に合った人材育成カリキュラムの研究・開発も求めた。

審議会ではまた、乳児の養育家庭を進めることも提言。これまで、養育家庭への委託は2歳以上がほとんどだが、乳児期に特定の大人との愛着関係を作ることが重要であるとして、入所後半年や満1歳になった時点で委託を検討するなどのルール作りを求めた。ただ、乳児の養育には24時間の対応が求められるなど、養育家庭の負担も大きい。成長過程での相談など、里親へのサポートも課題になる。

MEMO　情緒障害児短期治療施設　軽度の情緒障害のある児童を治療する施設。1961年に児童福祉施設として加えられた。都では、情緒的問題のある児童のケアは、児童養護施設などが児相・医療機関と連携して対応する方針をとってきたため、設置されていない。都では09年度から、精神科医・心理職を配置する児童養護施設に対し、独自に加算している。

都政の事業継続計画で素案公表

非常時優先業務を洗い出し

都総務局は7日、首都直下地震が発生した場合を想定した「都政の事業継続計画（BCP）」の素案を公表した。地震が起きた時は都庁自身も被災するため、平常時より少ない人員と制約された執行環境のもとで都民の生命・財産、都市機能維持を図る必要がある。このため人員と資機材を効率的に投入できるように非常時優先業務を事前に選定し、個々の業務の目標復旧時間を計画の中で明らかにした。

計画策定にあたっては、都庁で行っている2892の通常業務をすべて洗い出し、そのうち1068を非常時優先業務とした。1068をさらにA、B、Cで優先順位をつけ、発災後すぐに着手しないと都民の生命・財産、都市機能に重大な影響を及ぼす業務が697、3日以内に着手を求められる業務は206、遅くとも1週間以内が165となっている。

たとえば、発災後ただちに行う業務としては、入院患者や児童・生徒の安全確保、上下水道などの被害状況把握などがあり、1時間以内では東京DMATの派遣調整、緊急道路障害物除去作業などが入っている。

発災後3時間以内の初動対応で必要な人員は、推計で1万4400人。ところが、参集できる都職員は約1万2800人で、初動時にどう職員を確保するかが計画の実効性を高める上で課題になっている。

また、東京が被災し、他県市から広域支援をスムーズに受け入れるための体制づくりでは、応援者の参集場所、活動拠点までの輸送手段、宿泊場所などをあらかじめ決めておく考えだ。

素案をもとに各局で検討を深め、11月に事業継続計画を策定する。

大気汚染訴訟で原告団と連絡会

交通環境改善で

東京大気汚染訴訟の和解を受け、原告団と国、都、首都高が意見交換する「東京地域の道路交通環境改善に関する連絡会」が7日に開かれ、和解条項に盛られた対策の進捗状況などについて質疑が行われた。

原告団は汚染が激しい「激甚交差点」対策が一向に進んでいないとして国を批判。都には、環状七号線の車線削減や大型トラックの走行規制についてただし、都側は今後の進め方について検討するとした。

公共工事代金の債権信託を拡大

新銀行東京

新銀行東京は、公共工事代金債権信託をこれまで都発注工事に限っていたが、9月から監理団体発注工事にも対象を拡大する。このスキームを利用する工事代金の規模は1億円未満の小規模が多く、中小零細企業の資金繰りを支援する。

また、2億円以上の大規模な公共工事に対しては、公共工事代金債権信託の仕組みを利用した融資商品を8月から取り扱う。元請企業から下請企業への資金供与を後押しするのが狙いで、①下請企業への支払計画書の提出②工事進捗率40％以上で、都から工事代金債権の譲渡承諾を受けられることが融資条件となる。利率は、企業の信用力などで決まる。

都政の東西

汝、身を知る

「お前、そういうのが一番まずいんだよ」――。大学時代の友人らと居酒屋で飲んでいたとき、大手情報通信社に勤める友人に、そう指摘された。原因はテーブルの上に置いた携帯電話だ。自治体担当でセキュリティーに関する研修なども手がける彼いわく、まず指摘するのが携帯電話の扱いだという。特に酒席でテーブルに置いたまま、というのが事故につながりやすい。普段、何気なくやってしまう行為に、そんな危険性があることを再確認した。

個人情報保護意識の高まりに呼応するように、連日、USBメモリーの紛失や、パソコンのウイルス感染による情報漏えい事故が新聞紙上を飾っている。過失による漏えいが一向に減らないのは、やはり人間の意識による部分が大きいからだろう。酒を飲めば意識も薄れる。頭でわかっていても、「まさか自分が」という危機意識の欠如だ。手軽に利用できる点も、それを後押しする。まずは人間の弱点を補うツールを積極的に活用することが有効だ。例えば、特定の人以外のUSBメモリー使用を防ぐソフトなども広く普及しており、上手く利用することが不可欠だろう。

他方、意識改革の面はどうか。便利なツールは使用したほうがよいが、その便利さは本当に必要か、今一度、問いただしてみることを勧めたい。情報通信社の彼いわく、「俺なんて、落とすの怖いから退社後は会社の携帯も持ち歩かないよ。上司には怒られるけど」と言い切る。

便利な道具も使わなければ意味がないが、反面、便利さにはリスクも付きまとう。それを自覚できなければ、幼児にナイフを持たすようなものだ。情報をうっかり流出してしまうような粗雑な扱いをする人間に、便利さを享受する資格はない。自戒を込めて肝に銘じたい。

川柳ジョーク

北京五輪開会式、先を越された石原知事の空飛ぶ聖火ランナーのアイデア

テリー伊藤氏「今回だけは"口は災いのもと"と思うことでしょう」

普通交付金が過去最高

都区財調区別算定

法人住民税が堅調な伸び

都総務局行政部は8日、08年度都区財政調整の区別算定結果を発表した。特別区の自主財源となる普通交付金総額が約9452億円と、過去最高額を記録した。緩やかな景気回復に支えられ、法人住民税の増収などが要因となった。普通交付金は財源超過の港区を除き、22区に交付された。特別区長会は8日の総会で、区別算定結果を了承した。

08年度の普通交付金総額は、9451億9800万円と、前年度比244億円、2・7％の増加となった。07年度は都区財調の配分割合を区55％、都45％に変更し、普通交付金は前年度比731億円増、8・6％増の9207億6400万円と、過去最高額を記録した。08年度の交付額は景気回復の恩恵を受け、法人住民税などの伸びが堅調だったため、前年度の最高記録を塗り替える形となった。

普通交付金額は、足立区（約1029億円）、江戸川区（約898億円）、練馬区（約771億円）の順に多い。初めて1千億円を突破した足立区は「ありがたいことは、ありがたい。だが、景気が悪くなると福祉の需要が伸びる歳出構造で、すでに扶助費が伸びているのが目に見えている。来年度以降は、交付額がどのくらい落ち込むのか」と懸念する。

昨年度と上位3区は同じだが、昨年度の4位の大田区、5位の葛飾区が入れ替わった。また、交付額は財源超過の港区を除き、16区で増加したが、新宿区、世田谷区など計6区で減額となった。減額の要因として、減税補てん債の返済経費を前年度比で約240億円を減額したことなどが挙げられる。

基準財政収入額は1兆237億円と、前年度比で389億円、4・0％増えた。マンション建設が進む特別区では、人口が今年3月末で、前年同月と比べ約7万4千人増えたため、特別区民税の増収が要因となった。

基準財政需要額は1兆9596億円と、前年度比595億円、3・1％増となった。放課後子ども教室推進事業費など4項目の新規算定、公共施設改築経費など6項目の臨時的算定のほか、19項目の算定改善などを行った。

02年2月から始まった戦後最長の景気回復は終了し、後退局面に転じた可能性がある中、都は今年度の法人2税（事業税、住民税）が前年度比で減収になる可能性を示している。08年度の普通交付金総額が「ピーク」との見方が支配的だ。

2008年度都区財政調整区別算定結果（当初算定）

（単位：千円）

区名	基準財政収入額	基準財政需要額	内訳 経常的経費	内訳 投資的経費	普通交付金
千代田	21,016,774	27,813,332	20,868,444	6,944,888	6,796,558
中央	25,327,025	38,917,366	30,793,244	8,124,122	13,590,341
港	61,383,460	52,068,324	41,984,107	10,084,217	0※
新宿	45,452,371	70,913,105	59,815,307	11,097,798	25,460,734
文京	29,244,913	49,058,305	41,443,234	7,615,071	19,813,392
台東	20,755,025	51,145,402	43,062,354	8,083,048	30,390,377
墨田	22,168,045	60,416,229	50,783,101	9,633,128	38,248,184
江東	43,124,421	95,924,107	81,035,140	14,888,967	52,799,686
品川	42,969,307	82,006,362	69,207,055	12,799,307	39,037,055
目黒	41,337,479	59,085,421	49,013,814	10,071,607	17,747,942
大田	77,345,114	144,795,574	121,579,554	23,216,020	67,450,460
世田谷	114,185,189	152,832,752	122,929,105	29,903,647	38,647,563
渋谷	46,862,081	47,670,101	39,974,771	7,695,330	808,020
中野	33,348,572	67,498,701	57,316,422	10,182,279	34,150,129
杉並	66,202,709	103,378,392	85,687,800	17,690,592	37,175,683
豊島	29,880,288	59,706,743	49,510,162	10,196,581	29,826,455
北	29,170,360	79,876,836	67,586,861	12,289,975	50,706,476
荒川	16,166,047	55,516,375	46,606,115	8,910,260	39,350,328
板橋	48,024,602	112,558,980	94,901,642	17,657,338	64,534,378
練馬	67,667,885	144,719,629	118,873,957	25,845,672	77,051,744
足立	49,926,812	152,818,247	128,694,853	24,123,394	102,891,435
葛飾	35,688,879	104,634,981	88,495,265	16,139,716	68,946,102
江戸川	56,475,969	146,250,538	121,928,639	24,321,899	89,774,569
合計	1,023,723,327	1,959,605,802	1,632,090,946	327,514,856	945,197,611

※財源不足額が生じていないため不交付となる。

品川区

在宅障害者に新支援金

自立と通所の促進狙う

品川区は在宅障害者を対象に区内通所施設利用促進支援金の支給事業を始めた。

対象となるのは、身体障害者または知的障害者で、通所授産施設や更生施設、あるいは自立支援法新体系による生活介護、就労継続支援B型の利用者。該当する月の利用可能日の約9割以上を利用した場合に適用される。支給は月額3千円で、公共交通機関などを使って自力で通所する場合は月額6千円。

区障害者福祉課では「在宅の障害者に毎日、施設に通ってもらうことを目指している。もっと施設を利用することで、生活のリズムができ、社会参加につながれば」と狙いを話す。

国は、今年7月から、障害者自立支援法によるサービス利用料金について、利用者の負担上限額を引き上げる緊急措置を実施。品川区では、従来、国の制度に加えて、預金や資産のある世帯についても資産のない世帯と同程度とする独自の負担軽減策を行っていた。

しかし、7月からの緊急措置により独自軽減と重なる部分がでてきたため、従来の上乗せは廃止。新たに、この通所施設利用促進支援金を導入した。

同課では「今回の国の緊急措置では、所得区分が世帯単位から個人単位に変更になった。それにより、大部分の人が負担の軽い低所得に属することになったため、区としては別の方法での支援策が有効と考えた」としている。対象者は約300人とみている。

23区とことん討論会

全区で廃プラ資源化を

ごみ発生抑制も課題

行政、住民、事業者がごみ問題を討論する「東京23区とことん討論会」が8、9両日、葛飾区内の施設で開催された。13回目を迎えた今回は、23区の廃プラ処理の現状などがテーマ。廃プラのサーマルリサイクルは23区で今年度内から本格実施されるが、ペットボトル、白色トレーを除く廃プラを資源化したり、燃やしたりと処理方法に温度差がある。参加者は、廃プラの資源化に23区が足並みを揃えることでごみを減らせると結論づけた。

ペットボトル、白色トレーを除く廃プラをすべて燃やしている区は10区で、残りの13区は資源化している。

清掃事業は00年、都から23区に移管された際、リサイクルは各区事項とされていることが根底にある。また、廃プラの圧縮、梱包などを行う中間処理施設の確保が難しいことも、廃プラ処理に温度差がある要因となっている。

廃プラの資源回収は、容器包装リサイクル法に基づき実施されている。日本容器包装リサイクル協会によると、商品の容器包装が家庭ごみの約6割を占めている。

初日の第2分科会では、「それぞれ違う、23区の廃プラスチック処理」

リサイクルに向かない商品にプラマークがついているという指摘も

をテーマに、区、住民、事業者が廃プラ処理のあり方を話し合った。

港区在住の参加者は「廃プラをすべて水洗いして、魚の臭みを取るためには洗剤を使っているが、環境のためにいいのかな」と首をかしげた。

同協会は「ケチャップ（などの容器）はきれいにするのが大変。資源化は、商品の容器包装に限っている。これでいいのか」と問題提起する。

また、ペットボトル以外の「その他プラ」は、複数の素材を使用しており、リサイクルしにくい素材という。参加者は「同じものにリサイクルされないと、ごみの発生抑制をできないのでは」と釘をさした。

葛飾区は発生抑制の対策として、「デポジット」を例示した。住民の清潔意識の高さがあるため、ペットボトルなどのデポジットの導入見込みは不透明だが、国に「声を伝えていくこと」を考えているという。協会はペットボトルのデポジットを始めた際、臭いが残る問題点などを示し、「消費者が受け入れてくれるのか」と疑問を投げかけた。

最終日、各分科会から報告が終わった後、住民からさまざまな意見が飛び交った。東京二十三区清掃一部事務組合のごみ量の推計では増加傾向にあるが、実際は減少傾向にある。大田清掃工場の建て替えでは、住民から処理能力300㌧の焼却炉を計4基設置する計画にも疑問の声が上がった。

司会は「廃プラの資源化はごみを減らす有効手段だし、ごみを減らせば清掃工場を減らせないことはない」と締め括った。

江東区

マンション実態調査実施へ

全世帯の8割が集合住宅に居住

江東区はマンションなど集合住宅約2千件の実態調査を行う。同区民の約8割がマンションなどの集合住宅に居住していることの調査結果もあり、集合住宅の現状を把握することで、今後の住宅施策や防犯対策の資料とする。

対象とするのは、民間の分譲マンション900件、民間賃貸住宅900件、公共住宅157件など約2千件。区では「1棟6戸以上のものについては、できれば全件把握したい」と話す。

調査内容は、住宅の居住者構成の概況やマンション居住者の特性、マンションの管理・運営実態と修繕・改修や建て替え動向、マンション建設と地域コミュニティーの関係、防犯設備の設置状況など。調査アンケートを、分譲マンション管理組合や賃貸住宅事業者、マンション地元町会などに郵送する。町会などにはヒアリングも考えているという。

8月中に対象リストを作成し、9月から10月にかけて調査を実施、11・12月に集計・分析を行う。

区では「区の住宅基本計画である住宅マスタープラン改定の基礎資料とするほか、区民の関心の高い防犯、防災対策などの施策の参考としたい」と話す。区は01年度に民間分譲マンションだけの調査を実施したが、山﨑孝明区長は「そのころと実態は変わっている。新旧住民の融和も課題。実態把握が必要と考えた」と説明する。

05年の国勢調査結果では、全世帯18万3015世帯のうち、82％の15万496世帯がマンションなどの集合住宅に居住していた。

墨田区

新タワー建設工事が本格化

墨田区の押上・業平橋駅周辺地区に建設中の東京スカイツリーに関して、事業者の東武鉄道側はこのほど、第1期の基盤整備工事へ本格着手したことを発表した。

4日に開催されたまちづくり連絡会で地元町会に示された計画によると、基盤整備工事では、建設予定地内の住友大阪セメント社の建物の建て壊し作業、汚水管などの下水道工事を来年2月までに実施。大林組と坂田建設の共同事業体が作業を行う。

同期間中の工事用車両の出入り状況について、事業者側は「最大で1日35台程度」と報告。国道6号線（水戸街道）などの幹線道路を運行ルートとして定めるという。

建設工事の本格化に伴い、周辺地域への電波障害対策が開始されている。NHK関連会社に委託して、町会や自治会への事前説明会を8月以降に各地域で実施する予定という。

同日の連絡会では、地元町会から「9月中旬に行われる牛島神社のお祭りの日は、工事用車両の出入りを規制して欲しい」という要望が出された。同神社の祭事は、建設現場の近隣一帯の町会などで行われるため、事業者側は「車両の出入り時間を調整するなどして、対応したい」と答えるにとどまった。

連絡会の調整役の墨田区は「事業者側で対応策が決定次第、報告を受ける」としている。

東京スカイツリーは7月14日に着工式が開催された。竣工は11年12月、開業は12年春の予定。

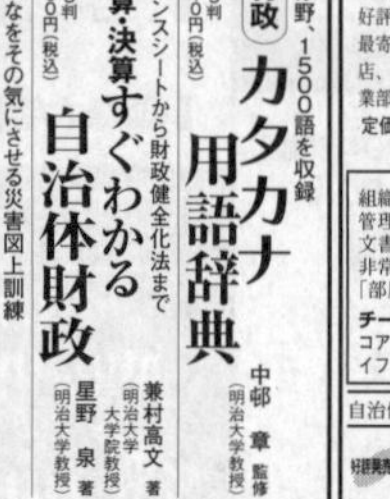

東京スカイツリーの建設現場＝業平橋駅付近

足立区

区画整理の土地で高濃度の有害ガス

足立区は8日、区施行の佐野六木地区の土地区画整理事業区域内の土壌から、高濃度の有害ガスを検出したと発表した。

区では、区域内の金属加工会社「日本コーティング株式会社」の跡地454平方㍍を、都環境確保条例に基づき土壌ガス調査した結果、最高濃度で770ppmのトリクロロエチレン、810ppmのシス―1・2―ジクロロエチレン、1・0ppmの1・1―ジクロロエチレンを検出。特にトリクロロエチレンとシス―1・2―ジクロロエチレンは敷地からまんべんなく検出された。

区環境保全課によると「通常の土壌に含まれる場合は1ケタから2ケタ台が多い。今回はかなり高い濃度」という。不燃性で引火や爆発のおそれはないが、同日までに地表面をコンクリートで覆い、拡散を防止した。地下水は飲用には利用されていない。

同社は現地で今年6月まで稼働していた。金属加工の際に金属に付着する油の洗浄剤としてトリクロロエチレンを使用していた。ほかの2種はトリクロロエチレンから変化して生じる可能性があるため、土壌ガス調査項目に加えていたという。

区では今月末ごろにも最終的な汚染の有無、濃度、範囲などを判断するための詳細調査を実施。「区画整理事業者として同社と協議しながら、法に照らし合わせて必要な土壌汚染対策を進める」としている。

荒川区地域振興公社

元職員が不正支出

荒川区の外郭団体、地域振興公社は、昨年度に経理担当の男性職員（50）が不正出金し、一部を私費流用していたことを公表した。元職員は退職金返上を申し出た上で、依願退職を7月22日付で承認された。公社側は8日、ホームページ上に経緯とお詫びを掲載した。

公社の発表によると、4月下旬、昨年度の決算事務の過程で約28万円の使途不明の過大出金が見つかり、元職員が不正処理していたことが判明。公社は元職員に全額を返還させた。

その後、詳しく調査したところ、公社の事務所の「手許現金」分の出金帳簿に、「負担金」「共済金」などの架空の名目があり、計45回、約204万円が不正処理で出金されてきたことが明らかになった。元職員に再度、事情を聴いたところ、一連の不正行為を認めた。

不正の動機について元職員は、子どもの学費や大学入学金欲しさに行ったとしている。この間、抜き出した金銭については「公社の金庫内で、私物として隠し持っていた」としており、学費支払いのために昨年7月、15万円を持ち出し、流用するなどしたという。

その後、元職員はプールしていた金銭を、業務中の他の公金支払いなどに使用。会計全体の帳尻あわせによる隠ぺいを図っていたとみられるが、約28万円が残り、今回の発覚につながった。

公社では、理事による懲罰審査委員会などで、懲戒解雇や刑事告訴などの処分を検討したが、被害額の返金を受けていることや退職金の返上などに鑑みて、最終的に本人からの依願退職を承認することとした。

元職員は公社設立時の1988年に入社したベテラン職員。区からの派遣職員の場合は3年ほどで異動するが、同職員の業務上での権限は小さくなかったという。

公社担当者は「信頼感が逆に隙になってしまった」と反省。今後、不正の防止に関して「金庫は日常的に出金が多いため、これまでチェックが足りなかった。今後は保管額の少額化、チェック期間の短縮と厳重化などを図っていく」としている。

訂正　8日付の東京都後期高齢者医療広域連合議会の記事で「国による軽減策外の人は110万人中60万人」とあるのは「あらゆる軽減から外れる人は110万人中60万人」の誤りでした。

記者席

東京の脅威となった豪雨

○……ゲリラ豪雨という言葉は、05年9月4日の中野区、杉並区での水害から広く使われるようになった。豊島区内の下水道の事故を見ると、やはり危惧したことが現実になったと痛感する。05年当時、杉並区では、警報発令は豪雨の直前、警報発令に伴う要員が参集したのは、豪雨の最盛期だった。気象庁が発表する警報が、ゲリラ豪雨にいかに無力か。数値に頼った気象観測の限界を思い知らされる。3年を過ぎてゲリラ豪雨は、「中野・杉並」ではなく、「東京」の脅威となった。

○……インドネシアから看護師・介護福祉士の候補者ら200人余りが来日した。日本語研修を終えた後は、実際に病院や介護施設で働きながら、日本の国家資格の取得を目指すという。世界の言語の中でも難しいといわれる日本語に慣れ、生活習慣や文化の違いを乗り越え、かつ人手不足などで厳しい状況にある医療や福祉現場での経験を積まねばならない。患者や高齢者とのコミュニケーションが気になるところだが、インドネシア旅行の際、あちこちで笑顔いっぱいに迎えてくれた国民性を思い出す。とくに介護では、異文化ゆえにうまくいく面もあるか。外国に頼る是非もあるが、メンバーが笑顔と志を失わないよう、周囲の配慮はあってほしい。

○……杉並区役所庁舎前の広場で先日、区職員が近くの保育園児らと打ち水を行った。今年6年目を迎えた「打ち水大作戦」。温暖化対策への関心が高まる中で、改めて注目を集めてきた。区職員が使用したのは、庁舎で貯留した雨水約1㌧。打ち水前に30・6℃だった外気は、29・8℃に下がった。今年度からは、区庁舎壁面に「緑のカーテン」を設置。キュウリ、ヘチマなどを栽培し、5階の高さにまで生育。園児らは緑のカーテンも見学し、打ち水とあわせて身近なエコ活動を体感した。良いことばかりに見えるエコ活動だが、「そこそこ」の費用を要するという。費用対効果の向上が普及のカギとなりそうだ。

小金井市新ごみ処理施設建設問題

国分寺市が広域支援継続へ

建設場所決定は年内にも

クローズアップ

小金井、調布、府中の3市にまたがり、共同処理を行ってきた二枚橋焼却場が閉鎖して1年半。新ごみ処理施設建設候補地について、市民検討委員会から「二枚橋焼却場跡地」の答申を受けた小金井市は6日、8月末に期限切れとなる国分寺市への一部可燃ごみ搬入について、「来年の3月末まで広域支援継続」を盛り込んだ覚書案（その3）を市議会に報告した。国分寺市も7日に市議会に報告し、今月下旬には覚書が締結される見通しだ。継続の条件は「来年2月までに新焼却施設の建設場所を決定すること」。「二枚橋」への新ごみ処理施設建設に反対する調布市や府中市との協議もまもなく始まるが、両市の理解を得られるかどうかが焦点だ。

2市の理解が焦点

■共同処理

二枚橋焼却場で市内の可燃ごみの全量を処理していた小金井市は、同焼却場の閉鎖により、現在では国分寺市に年間6千トン、そのほかの可燃ごみを8施設に分散して焼却している。

同市は将来、ごみの共同処理を国分寺市と行いたいとしており、それにあたっては「建設地を小金井市が責任を持って確保する」ことを約束。一方、国分寺市は85年に清掃センターを建設し、単独処理を行ってきたが、焼却施設が老朽化。焼却施設を作るのには7～8年はかかるため、単独で行うならば施設の更新に向けた取り組みを、来年にも具体的に考える時期にきている。

国分寺市内から焼却場の煙突がなくなるという大きなメリットもあり、将来のごみ処理については共同処理を視野に入れているが、小金井市がスケジュール通りに進めなければ、ごみ処理が立ち行かなくなる不安もある。小金井市のごみの受け入れについては、建設地確保までのスケジュールの確実な履行を条件に覚書を交わし、受け入れてきた。

2度目に結んだ覚書の主な条件は、8月までに市民検討委員会による答申を出すこと。この条件をクリアしたことで、3回目の覚書締結が了解された。

■リミットは12月

覚書は9月1日から来年3月31日までを期限とし、「小金井市は09年2月までに、市民及び関係自治体の理解を得て、新焼却施設の建設場所を決定する」ことが明記されている。

しかし、「2月まで」と書かれている建設場所決定の期限は、実際には議会の承認や住民説明会を開く必要があることや、新年度予算を組む時期から12月末か遅くとも1月初旬までには小金井市が結論を出さなければならない。

また、国分寺市は共同処理を視野に入れてはいるが決定したわけではなく、建設地が決まることが共同処理を進めるためのスタートラインと考えている。

小金井市のごみを受け入れている他の8施設も、期限を来年3月31日までとしており、その更新は国分寺市との覚書が履行されるかどうかにかかっている。

小金井市が期限までに建設地を決定できなければ、来年4月以降の同市のごみは受け入れ先を失い、共同処理も不可能な状況になる。

■関係自治体の理解

覚書でもっとも困難なのは、「関係自治体の理解」だ。

小金井市は、7月31日付で、調布市と府中市に対し、新焼却場施設建設地についての協議を申し入れており、事務レベル協議後、早急に話し合いの場を持ちたい考えだ。

しかし、短期間でクリアするには大きな問題が立ちはだかる。

小金井市は市民検討委員会で答申された「二枚橋焼却場用地」を尊重して建設を推進したい考えだが、これまでに調布市議会が同用地に新たに焼却施設を建設することに反対する内容の決議をしている。また長友市長も、二枚橋衛生組合が今年度中に解散するにあたり、3市それぞれ3分の1の権利が発生するため、調布市分については「焼却炉を認めない」と議会答弁などでも明言。その方向性は変わらないまま、協議に入る見込みだ。

また府中市は、「調布市の動向を勘案しながら、小金井市が出す新焼却施設の具体的な内容について判断していく」としており、結果的に調布市の考え方が小金井市の明暗を握っている。

調布市が強く反対する理由の一つは、調布市議会の反対決議。過去に3市で構成する二枚橋衛生組合で、新施設建て替え計画について組合議会がいったん了承したが、小金井市議会が反対を決議。焼却施設周辺には小金井市民の居住が多く、これまでと同規模の焼却能力550トンは認められないというものだった。そのため、200トン規模での建設で話が進められたが、3市ともに分散処理が避けられず、実現困難と結論。二枚橋での更新ができないため三鷹市と共同処理を決めたにもかかわらず、小金井市が焼却施設を二枚橋に建設するのは「信義に反する」というものだ。

また、「住民への説明もつかない」とし、現在進めている三鷹市との共同処理への影響も懸念されることは大きい。

国分寺市との覚書に書かれている「関係自治体の理解を得る」という条件は、こうした大きな問題をクリアすることだが、小金井市はこれをわずか4カ月余りでやらなければならない。

7日開かれた国分寺市の建設環境委員会でも、市議らから、「関係自治体の理解」について質問が集中。理解が得られた場合には、文書など形に残るものを求める声が相次いだ。

ごみの焼却をストップさせないためには、小金井市がスケジュールを着実に履行するよりほかにない。交渉のカードが限られる中で、2市の合意が得られるか。正念場を迎えようとしている。

国分寺市の清掃センターのあり方も、小金井市の覚書履行にかかっている

指定収集袋をレジ袋に

町田市　ごみゼロ実験第2弾

町田市が市内のスーパーと市民団体とで協定を結び、3月から行ってきたレジ袋廃止実験は、マイバッグ持参率を96%にまで高め、効果をあげている。そこで「ごみゼロ」を実現するため、残りの約4%の人に対し、マイバッグと買い物袋の代替品を有料で用意することを決め、15日からレジ袋廃止実験第2弾を実施。買い物袋の代替品には町田市指定の可燃ごみ収集袋を準備するなど新たな取り組みで、レジ袋削減を市内全域に広げていきたい考えだ。

これまで市と協定を結んでレジ袋廃止実験を行っていたのは、市内のスーパー㈱三和小山田店。市民団体「町田発・ゼロ・ウェイスト宣言の会」の協力で、レジ袋を持参しない人のためには市民提供の紙袋を準備するなど、レジ袋ゼロの取り組みを進めていた。

紙袋はこれまで約8千枚が市民から提供されてきたが、市は「地域の協力でできたことで、全市的な展開は不可能」と、代替手段を検討。15日から行う実験では紙袋も廃止して、袋が必要な買い物客には、マイバッグの代替品として「エコフクロ」を1枚50円で、買い物袋の代替品として町田市のゴミ収集袋を1枚40円で販売する。

「エコフクロ」は容量約17リットル、ポリプロエチレンの不織布製。約20回程度利用でき、使用後は店舗で回収する。回収したエコフクロのうち約30%はエコフクロに再生し、残りはパレットやハンガーなどにリサイクルされるという。不要になったエコフクロを持ち込んだ利用者には、店舗で使えるポイントが5点付く仕組みで、確実な回収を目指す。

また、買い物袋の代替品には、市の指定収集袋（容量20リットル）をばら売りすることで対応。通常は10枚1組で販売されるものだが、必要な場合は指定収集袋を購入し、利用後はそのままごみ袋として家庭で再利用してもらう。

実験は1カ月。実験と並行し、市はレジ袋廃止推進のために、マイバッグと買い物袋の代替品となるエコフクロと市指定収集袋のばら売りを、スーパーなど市内全域に協力を呼びかけていく考えだ。

「エコフクロ」（右）と市指定ごみ袋で、レジ袋ゼロに向けた実験を開始

都県境を越えた連携を

町田市・相模原市首長懇談会

町田市の石阪丈一市長と相模原市の加山俊夫市長は5日、「小田急相模原駅文化交流プラザ　おださがプラザ」で首長懇談会を開催した。懇談会は今回で16回目。最初に両市の現状の取り組みを紹介。相模原市からは「相模原駅周辺地区まちづくり構想」について、町田市は「市制50周年の取り組み」についてそれぞれ説明した。

今後の連携を視野に入れた意見交換では、リニア中央新幹線・小田急多摩線の延伸などの交通網や、まちづくりにおける都県境を越えた機能分担の必要性などについて、意見を交わした。

境川をはさんで行政区域が接している両市は、文化、経済、交通などで市民の交流も活発に行われており、一体となった生活圏が形成されている。共通する行政課題や市域を越えた市民サービスの充実などで、これまでも首長懇談会を通して連携事業を実現。図書館、宿泊施設、高齢者福祉センター等の相互利用、災害時における相互応援協定締結、大学と地域の連携方策に関する共同研究などについて合意し、具体的な成果をあげてきた。

両市長は、今後も情報交換を活発に行い、広域的なまちづくりに向けて連携を深めていくことを確認した。

町村会と議長会

総合交付金の充実を

09年度都予算編成で各局へ要望

東京都町村会（会長＝青木國太郎日の出町長）と町村議会議長会（会長＝土屋國武檜原村議会議長）は5日、09年度東京都予算編成に対する要望書を提出した。要望件数は、前年度より3項目多い144件。そのうち新規要望は、原油価格高騰に対する補助制度の創設など5項目、継続要望では市町村総合交付金の充実などをあげている。

町村会、町村議会議長会は3班に分かれ、各局に要望行動を行った。

新規要望にあがった5項目は、①原油価格高騰に対する補助制度創設②住宅用火災警報器設置経費に対する補助制度の創設③特別養護老人ホームの大規模改修に対する補助制度の創設④健康増進事業に対する財政支援⑤普通河川及び危険渓流等の整備事業に対する補助制度の創設。

原油価格高騰については「島しょ地域の住民は地理的環境条件の中で、常に本土との経済的な格差を強いられており、ガソリン・軽油等の価格に本土と大きな格差が生じている」と指摘。

特に近年、原油価格は著しく高騰していることに対し「住民の不安だけでなく、島しょ地域の基幹産業である漁業・農業の関係者はじめ、住民には厳しい経済負担が強いられ、生活の維持にも困難をきたしている」とした。連動して貨物運賃も高くなり、物価に反映されるなどの窮状を訴え、補助制度の創設を求めた。

また、2010年から設置が義務付けられている住宅用火災報知器については「都の火災予防条例による火災警報器の設置は、消防法に定められた設置数よりも手厚く、高齢者等にとっては大きな負担」とし、高齢者世帯等に設置経費補助を自治体が行う場合、「都もこれを支援する補助制度を早急に創設する必要がある」とした。

地球温暖化により集中豪雨なども頻繁に発生する中、地方分権により市町村が管理することになった普通河川の整備については、護岸が未整備なため山間地域は危険な渓流となっている。07年度台風では甚大な被害が発生したが、財政的負担が大きく復旧等の整備が遅れているとし、補助制度の創設を求めている。

継続して要望した事項では、市町村総合交付金の充実などをあげている。「町村の財政運営にとって非常に重要な財源」と位置づけ、財政力の弱い町村で、行政水準の維持向上や、行政需要の高度多様化による公共施設の整備促進などが困難とした。「弾力的・効果的な採択基準の設定、対象事業の拡大等を図ることが重要」として、交付金のより一層の充実強化が必要」だと訴えた。

そのほかの主な要望としては、市町村土木補助の充実、森林環境税（仮称）の創設、公共下水道整備への支援措置、高齢者福祉対策の充実強化、総合的観光対策及び補助制度の確立、都道の整備促進等――などが挙げられた。

各局要望で、中田清己総務局長（左）に要望書を手渡す青木國太郎町村会会長＝都庁で

官民共同で『くらしのガイド』

青梅市

費用負担ゼロ！

青梅市は8日、『くらしのガイド』の制作・発行に関し、㈱サイネックスと協定を結んだ。行政情報の原稿作成を青梅市が行い、同社はくらしのガイドに掲載する広告を募集。広告収入で制作から配布までの業務を賄い、市の費用負担はない。西多摩では、初めての試みになる。

同社とのガイドブック作成は、全国展開されているが、都内では三鷹市が実施しているほか、日野市でも7月に協定を結び、作成作業を進めている。青梅市が3番目の取り組みになるという。

これまで同市のくらしのガイドは、2色刷り一部カラー、90ページ程度で、主に転入者向けに4千部を作成。作成と配布で約900万円の予算計上をしてきた。

今回のくらしのガイド作成は広告収入を基にするため、市の負担はゼロ。市の世帯数は現在約5万7千世帯だが、6万部を作成することとし、初めて全戸配布も可能になる。また、約180ページすべてがカラー刷り。これまでのくらしのガイドとは異なる「総合ガイドブック」を目指すとしており、市の観光情報や健康などの関連情報なども盛り込む予定だ。

広告業者の負担を踏まえ、改訂は2年に1度を予定。組織改正など変更される部分については、市の広報紙やホームページの周知で対応していくという。

市は民間による優れたページレイアウトにより、ガイドブックとしての魅力が高くなるものと期待。協定の調印式で竹内俊夫市長は、「民間のノウハウを使ってもらい、市民生活の向上が図れることを期待している」などと話した。

国保税額を誤課税

調布市

調布市は8日、国民健康保険税の課税について、誤って減額していたことが分かり、20人に対して合計92万3900円の追加課税をしたと発表した。

世帯主が後期高齢者医療制度に移行した社会保険の被扶養者は、国保に新たに加入することになるが、被扶養者が65歳以上の場合は、均等割で5割、所得割で10割それぞれ減額の適用を2年間受けられる。

誤課税の例では、夫が組合保健に加入していて、4月から後期高齢者医療制度に加入した場合、被扶養者だった妻は新たに国民健康保険に加入することになるが、今回、この妻の国保税を社会保険と同様の扱いとし、減額対象としていた。

7月30日に誤りを発見し、4日には該当者20人を確定。市は減免の決定処分を取り消して納税通知書を再発行するとともに、8日からは戸別訪問して該当者に説明している。

市は①減免申請を受け付ける際、以前加入していた健康保険の種類確認の徹底②減免事務担当者の再確認の徹底③国保を担当する職員への周知徹底――などで再発防止に努めるとした。

自治会が自主憲章

東久留米市

東久留米市の学園町自治会（572世帯）で、「緑豊かな住環境の存続と住み良いまちへの進化」を目指し、「学園町憲章」を制定した。自治会が自主的に憲章を作ることは珍しい。

同自治会周辺の住環境は、樹木などが多く、敷地面積の広い家が多い街並みだったが、相続などで土地が細分化。住環境や住民意識が変化していることに危機感を感じた自治会が、住民共通の「理念」を構築。今後の宅地開発や土地所有権移転等に対して、「極力格調と秩序ある景観保全に努めること」などを憲章としてまとめている。

自治会の自主的な取り組みのため、市は憲章作りに関わってはいないが、市民文化課は、「地域の問題を地域で考える活動が活発になれば、行政課題の解決の下地作りになるかもしれない」と期待している。

都教職員福利厚生会

教職員のメンタル障害を抑止せよ！

臨床心理士の相談体制を強化

現場最前線

年間384人――。これは06年度の1年間に、精神疾患で病気休職した都の教員数だ。り患率は1000人中6・6人となり、全国の教員の平均5・1人を上回る。こうした状況に危機感を強める東京都教職員福利厚生会が、この夏、新たに取り組んでいるのが臨床心理士による相談体制の強化だ。学校や区市町村教委の要望に応じ、臨床心理士を希望の会場まで派遣するほか、土曜日にマンツーマンで相談できる窓口を新設した。果たして、教職員の精神疾患は減らすことはできるのか。

■緊張をコントロール

学校が夏休みに入った8月上旬、埼玉県内の研修施設の一室で、教員約30人が二人一組となり、ストレッチ運動のような講習を受ける姿が見られた。メンタルヘルス・カリキュラムの様子だ。

その一つ、「肩押しゆるめ」では、座っている一人の肩をもう一人が後ろから押し、体がストレスを感じている状態を作り出す。押された側が力を抜いて肩をストンと落としたところで押すのを止めると、肩がスッと宙に浮くように軽くなる。ストレスを感じた時、体の力を抜き、緩めることのリラックス効果を感じてもらうのがねらいだ。受講生からは、「体がリセットされた気がする」など、驚きの声が漏れた。

会場となったのは、今年度採用となった高校教員225人が参加する宿泊研修。例年は授業力の強化を目的に行っているが、今年は新たな試みとして、ストレスへの対処法を学ぶ講座を加えた。教職員福利厚生会の派遣相談を利用したものだ。

「メンタルヘルスをマネジメントするには、まず自分の体が緊張していることに気づくことが大切です」。こう話すのは、講師で臨床心理士の坂上頼子先生。「気づき」がないと体の中にストレスを溜め込み、メンタル障害を引き起こす原因にもなるという。

心の緊張原因（ストレッサー）は、体にストレス反応となって表われる。坂上先生は、「体をほぐすことで、心の緊張を緩めることができる。自分で体の緊張をコントロールできるようになってほしい」と説いた。

夜には、希望者に対する個別のカウンセリングも行われた。

■意欲と現実のギャップ

公務職場では、年々増加する精神疾患が課題となっているが、これは教育職場も例外ではない。メンタル障害による教員の病気休職者数は03年度に259人だったが、06年間は384人と、3年間で実に5割増となった。病気休職者全体の中に占める割合も6割以上に達し、現場での危機感は強い。

「新採教員や新任の副校長など、意欲に燃える教員が、現実とのギャップに悩むケースが少なくない」。研修を企画した東京都教職員福利厚生会の小関浩志事務局長は、こう話す。

都教委もこの間、手をこまねいていたわけではない。06年度からは、臨床心理士と教員OBがペアを組み、学校に出向く派遣相談を開始。新任の管理職が配属された学校を中心に、年間250校、延べ750回行っている。だが、一定の効果を上げる一方で、学校では同僚や上司の目もあり、相談しにくいといった不満も聞かれた。

これに対し、厚生会の新たな派遣相談は、学校に限らず希望の会場に派遣するのが特徴だ。

区市町村の教育委員会や都内公立学校等の要請に応じて、臨床心理士を希望の会場まで派遣する。例えば今回のような新任教員の研修の一環として行うことも可能だ。カリキュラムも、今回のようなワークショップ形式のほか、講義形式や面接相談など、要望に応じて編成できる。

「新採教員や新任管理職など、同じ壁にぶつかっている同僚同士なら、心も開きやすい」と小関副参事。予防が大切となるメンタルヘルス対策の一助となるよう、現場での積極的な活用を呼びかけている。

■「相談できる環境を」

もうひとつ、福利厚生会が今年度からスタートした事業が、土曜日の相談業務だ。都心部と多摩地域の2カ所に窓口を設け、臨床心理士がマンツーマンで相談に対応する。

2人1組で講習を受ける新採教員たち。簡単な動作でも、驚くほどリラックスすることができる

これまでも三楽病院で電話相談やメンタルヘルスの対面相談を行ってきたが、同僚が通院や入院していることもあり、相談者が気を遣うことも多かった。今回は、別の場所で行うことで、気兼ねなく相談してもらえるよう配慮した。

「相談件数は年々増加しています」と話すのは、事業を受託する教職員互助会三楽病院臨床心理士長の溝口るり子先生。03年度に423件だった電話での相談件数は、07年度には倍以上の880件にまで膨らんだ。精神神経科の初診患者も増え続け、今年度から予約制に見直したところだ。

相談内容は、子どもに関することを中心に、保護者や同僚、上司など、人間関係に関することが多くを占める。「先生は多様な人間に囲まれて仕事をしており、様々なストレスを感じる人が多い」（溝口先生）

最近、特に目立つのが、新任教員や異動1年目の教員の相談だ。学校ごとにシステムが異なり、同僚や子供の特性も異なる。環境の違いで適応できなくなるケースが少なくないという。

まじめな教員が、問題を一人で抱え込んでしまうことが多く、ベテランになると、周りに相談しにくくなる人もいる。溝口先生は「愚痴が言える職場、気楽に相談できる環境が大切」と話す。

在住外国人支援

助成対象の10事業を決定

健康相談や防犯情報提供も

都生活文化スポーツ局は6日、在住外国人支援事業助成の対象となる10事業を決定した。今年度に新設された助成制度は、在住外国人の自立支援を図り、地域社会への参加を促すため、民間団体が実施する相談や情報提供、日本語教室などの事業を資金面からバックアップするもの。21団体から応募があり、うち10団体が選定された。助成金額は総額で約1900万円。

都内の外国人登録者数は、今年1月1日現在、39万人を超え、都民の約3％を占める状況にあるが、定住傾向が強まる一方、言葉や生活習慣の違いから地域社会への参加が進んでいないなどの課題も指摘されていた。

このため同局では、昨年7月に出された地域国際化推進検討委員会答申を踏まえた形で、今年度から在住外国人支援事業助成を開始。従前の市民協力事業助成と留学生支援事業助成については、07年度で終了した。

助成対象に決定された10事業のうち、健康相談事業を実施するNPO法人シェアは、保健医療面での総合窓口を目指す。

在住外国人の一部は、健康保険制度に加入せず、費用面等から医療、健康診断を受けていないケースもある。保健医療サービスへのアクセスが困難な外国人のための活動を続けてきた同法人では、今回の助成制度を活用し、都内会場での無料・通訳付きの健康診断や健康相談のほか、教会や外国人コミュニティーに出向いての健康情報の提供、感染症の予防啓発にあたる。また電話による健康相談、医療通訳派遣も展開していく。

㈶東京基督教女子青年会による情報提供・相談事業では、留学生を含む在住外国人に対して、生活・経済支援に向けた受け皿としての役割が期待される。同団体が設置する留学生談話室やホームページを通じて、防犯や防災、生活情報を提供するほか、ホームステイ先となる日本人家庭の紹介、宿舎保証人支援、危機回避のサポートにも取り組む。

コミュニケーション支援、生活支援、普及啓発の3本柱を対象事業に据えた今回の助成制度だが、初年度の申請・交付の状況を見る限りでは偏りがあったようだ。申請段階では、21団体中16団体が、また交付決定を受けた10団体中9団体が生活支援事業となっている。同局都民生活部では「エスニックメディアを活用した情報提供など、周知を図る必要がある」と話している。

交付決定にあたっては、学識経験者を含む審査会が、申請事業者の適格性、事業内容の妥当性や効果等の観点から判断した。対象者や地域が限定された事業、都内での活動実績が十分でない事業者など、決定に至らなかった例もあったという。交付決定後についても、ヒアリングや現地調査を行うほか、事業の中間報告等を求めるなど、検証も行う仕組みとなっている。

各資金ともに利回り低下

第1四半期の資金管理実績

会計管理局

都会計管理局は7日、08年度第1四半期（4月1日から6月30日まで）の資金管理実績を取りまとめ、公表した。この中では、公金の保管や運用実績及び金融機関種別の預金内訳について、明らかにしている。

平均残高は全体で3兆2843億円、利回りは0・729％、運用収入は59億6600万円だった。前期（07年度第4四半期）と比較した場合、歳計現金等や準公営企業会計で、例年と同じく季節的要因を反映した結果となっている。

具体的には、歳計現金等では、年度当初に都税収入がほとんどないことに加えて、基金への積立を行ったため、平均残高は対前期比で5769億円減の7397億円となっている。前年同期比では480億円の減。

また利回りは、例年通りに5月末時点の残高減に備える観点から、運用期間の短期化を図ったほか、定期性預金の割合も低下したことで、前期を0・038％下回る水準となった。

基金については、東京オリンピック開催準備基金等の積立により、平均残高は2兆1194億円に増加した。

一方、利回りに関しては、昨年夏以降のサブプライムローン問題に伴って、信用リスクがクローズアップされたことで、都が運用商品として選択している国債や政府保証債、金融債等の債券利回りも低下。このため前期を0・012％下回る0・883％となっている。ただし、運用収入は、基金の平均残高規模が大きいこともあって、前期から7億7千万円増の46億6500万円に上っている。

このほか病院事業、臨海地域開発事業、港湾事業、市場事業、都市再開発事業の5事業会計からなる準公営企業会計では、企業債の償還などの影響で平均残高が3844億円減の4253億円となった。支払準備などで定期性預金の占める割合が低くなり、利回りはわずかに前期を下回った。

ひと

生活保護家庭の高校進学を支援

江戸川区都市開発部住宅課計画係

徳澤（とくざわ）　健（たけし）さん

区内の生活保護家庭などの中学生に勉強を教える活動を続ける「江戸川中3勉強会」の代表がこの人。

「1年生では、自分を動かすものがまだない。自分に気付くきっかけが高校受験なんです。勉強できないし、行ける高校なんてないよと言いながら、ほとんどの子は行きたいんです。分からないところからマンツーマンで手をかけてあげると、自分のことを見ていてくれるという安心感につながると思います」

勉強の場というより「居心地のいい場所」だ。「よく出来たね、というような言葉を掛けられていない子が多い。問題が解けて認めてもらえて、来週も来るよねとか何気ない言葉だけでも、彼らは気にしてくれていると感じて、ちょっと頑張ってみようかとなるんだと思います」

それが、受験が近づく頃の三者面談で教師から「お前なんか行ける高校ないよ」と言われ、傷つく子もいる。「子どもたちはちょっとのことで動揺します。勉強会では頑張っているので考えて欲しいと、学校に行くこともあります。不登校の子の事情を理解してくれる先生もいますが、学校に任せておけばいい、ただのボランティアが何を言うというような先生もいますね」

「夜間の定時制に行け」と進路指導の最初から言われ、納得してしまう子どもに、まずは全日制を受験しようと促す。「目の前の壁に向かって、自分には何が足りなくて何を努力しなくてはいけないか。一度はチャレンジしてみようと思ってくれたら、今後の生き方の中で役立つことがあるはずなんです」

教育学部にいて、会を立ち上げた人の『福祉が人を生かす時』を読んで、ボランティアを志願。学校からはじかれた子を手厚く見る機会を持ちたいと、教職には就かなかった。

希望した生保ケースワーカーに4年携わった。「福祉事務所の職員に積極的に会のニュースを流して、どんどん関わって欲しいと思っています。昼間の家庭訪問では子どもの姿を見ることがないので、仕事での関わり方も違ってくると思う」

9月からは週2回開催、最後まで続けた子のほとんどが高校進学を果たす。教育格差の中、全国の福祉事務所に、この取り組みが広がっているのが何よりも心強いと。（門）

足立区生まれ。93年早大教育卒。95年学芸大卒。障害児教育を学ぶ。96年江戸川区に。4月から現職。会は現在、区職員と学生・社会人ボランティア15人程で担う。温泉巡りが趣味。区職員の妻と2男と暮らす。38歳。

08年度都職員採用

Ⅰ類A・B最終合格者を発表

Ⅰ類A事務は8.9倍

都人事委員会事務局は8日、08年度都職員Ⅰ類A・B採用試験の最終合格者を発表した。大学院修了者や民間企業経験者等を対象とするⅠ類Aでは、事務と技術あわせて128人が合格した。

Ⅰ類Aでは、事務で採用予定者数を07年度よりも15人程度増やし、60人程度とし、66人が合格した。受験者に対する合格者の割合（合格倍率）は、申込者数が500人余の大幅減となった影響もあり、前年度の19・6倍から8・9倍と低下した。

Ⅰ類Aの技術は、土木、建築、機械、電気の合計で53人程度の採用予定者数に対して66人が合格。合格倍率は前年度を1・9ポイント下回る3・1倍だった。

Ⅰ類Bについては、採用予定者数を前年度と同数の300人程度とした事務で393人が合格。技術の合格者数は、採用予定者数88人に対して121人だった。このほか専門的な職種では、5年ぶりの実施となった「造園」の区分で2人が合格している。

10月13日に1次選考

採用予定数は15人

特別区身障者採用

特別区人事委員会は、今年度の身体障害者を対象とした職員採用選考の申し込みを開始した。インターネットと郵送は9月12日まで（消印有効）、持参は9月17日まで受け付ける。第1次選考は10月13日に行う。採用予定者数は15人で前年と同数。

特別区では法定雇用率2・1％を上回る3％を目標に障害者雇用を進めており、昨年6月1日現在で2・9％となっている。

若者就業支援

4事業を選定

都産業労働局

若者の就業を支援する助成事業の企画提案をNPO法人から募集していた都産業労働局は4日、今年度助成する4事業を選定した。300万円を上限に経費の2分の1を補助する。

今回は全部で5件の応募があり、このうち、フリースペースに集う若者を対象に、就労支援機関と連携して情報を提供する事業や、様々な業種を長期間にわたり体験するインターンシップ事業など4件を選定した。

同事業は06年度から実施しており、助成した事業数は延べ14件。今年度が最終となる。

事業の進捗状況は雇用就業部のホームページ「TOKYOはたらくネット」に掲載する。また、11月には昨年度の選定事業の成果報告会を行う予定。

紛失USBメモリーを発見

都立広尾病院

先月29日に、個人情報を含むUSBメモリーを紛失したことを明らかにしていた都立広尾病院は、4日に院内で当該USBメモリーを発見したと発表した。

検査科職員が試薬等を保管する検査科保冷室内部を操作していたところ、床にあった「すのこ」の隙間にUSBメモリーが落ちているのを発見。データ内容が紛失時と一致していることを確認した。情報の流出は現時点では確認されていない。

事件後、病院経営本部では適正管理の周知徹底と緊急自己点検を実施するとともに、職場内への私物USBメモリーの持ち込みを禁止している。

新しい公式応援グッズ販売開始

東京五輪招致委

東京オリンピック・パラリンピック招致委員会は、新TOKYO2016招致公式応援グッズの販売を8日から開始した。東京が立候補都市に選定され、招致ロゴなどが新しくなったため、応援グッズのデザインも一新。お菓子類やクリップマーカーといったアイテムも加わった。

■都人事異動

8月16日付

【課長級】▽知事本局外務部副参事＝特命担当（産業労働局農林水産部副参事＝㈶東京都農林水産振興財団派遣）立田康雄▽産業労働局農林水産部副参事＝㈶東京都農林水産振興財団派遣（知事本局外務部副参事＝特命担当）五十嵐裕

都政実務 ⑨

今回は「予算」の問題演習を行います。

問題

【問題 1】 予算の諸原則に関する記述として妥当なのは、次のどれか。

① 総計予算主義の原則とは、一会計年度における一切の収入及び支出は、すべてこれを歳入歳出予算に編入しなければならないとする原則であり、例外規定として専決処分があげられる。

② 予算統一の原則とは、予算を単一の見積表により、あらゆる歳入・歳出を包括せしめ、かつ、予算の調整は一年度1回を適当とする原則である。

③ 事前承認の原則とは、予算は始期以前に議会の議決を経て、始期と同時に効力を生じるものとする原則であり、年度開始前20日までに議会に提出する必要がある。

④ 会計年度独立の原則とは、各会計年度における歳出は、その年度の歳入をもって、これに充てなければならないとするものであり、例外規定として一時借入金の収支があげられる。

⑤ 予算公開の原則とは、予算を民主的かつ能率的な行政を確保するためのものにするには、予算を住民に公開する必要があるという原則であり、予算要領の公表と財政状況の公表がある。

【問題 2】 公営企業の予算に関する記述として、妥当なのはどれか。

① 公営企業の予算は、一般予算と同様に議会の議決が必要であり、公営企業の管理者は予算を調整し、議会に提出しなければならない。

② 公営企業の予算は、支出規制に重点が置かれ、現金主義による拘束性の強い予算である。

③ 公営企業の予算は、収入と支出が密接に結びついているが、一般会計予算は、収支の相互関連性が極めて希薄である。

④ 公営企業の予算は、業務量の増加に伴い収益が増加する場合であっても、当該業務に要する経費について、予算超過の支出は認められない。

⑤ 公営企業の予算は、議会の議決を経なければ流用できない科目として予算で定める経費を除いては、管理者限りで項以下の流用を行うことができる。

【問題 3】 収入に関する記述として、妥当なのはどれか。

① 歳入を収入しようとするときは、納入義務者に対して納入の通知をしなければならないが、地方交付税等は、その性質上、歳入の調定や納入通知を省略することができる。

② 納入義務者は、納入通知書等の交付を受けた時は、これに現金を添えて、指定金融機関または収納代理金融機関へ納付することとなる。

③ 口座振替による納付は、納入義務者からの申し込みに基づき、納入義務者の通常郵貯金口座から指定金融機関にある地方公共団体の預金口座に振り替える方法により歳入を納付することができる制度である。

④ 収入証紙による納付は、納入義務者の利便と収入の簡素化、効率化を図るために、少額で取扱件数の多い使用料または手数料の徴収について認められるが、都においては、条例の定めるところにより使用料についてのみ適用している。

⑤ 公金の徴収または収納の事務は、原則として私人をして行わせてはならないとされるが、収入の確保及び住民の便益の増進に寄与すると認められる場合には、私人にその徴収または収納の事務を委託することができる。

【問題 4】 物品に関する記述として、妥当なのはどれか。

① 物品とは、普通地方公共団体の所有に属する動産のうち、現金または公有財産に属するものを除いたものである。

② 物品は、その用途や性質など一定の基準のもとに、備品や消耗品、材料品等に区分され、品名別に整理されるが、物品管理者は、物品の区分を明らかにし、重要な物品を定めなければならない。

③ 物品管理者は、局の課及び所に1人置き、局にあっては課長、所にあっては物品の契約事務または調達事務を取り扱う課長をもって充てている。

④ 出納手続きの省略は、物品のうち、取得後直ちに消費してしまい、出納機関が出納及び保管を行ういとまがなく、かつ、出納手続きを省略しても物品管理上支障がない物品について認められるが、具体的には新聞や官報のみが認められている。

⑤ 証紙取扱者とは、収入証紙の売りさばきその他収入証紙の取り扱いに関する事務を行う者をいい、局長が局または所管に属する所の物品出納員のうちから指定しなければならない。

【問題 5】 都における基金に関する記述として、妥当なのはどれか。

① 基金は、特定の目的のために財産を維持し、資金を積み立て、または定額の資金を運用するために、条例により設置することができるとされ、都が設置している基金はすべて条例に基づき設置されている。

② 都は、特定の目的のために定額の資金を運用するための基金として、東京都用品調達基金と東京都減債基金を設置している。

③ 特定の目的のために財産を取得し、または資金を積み立てる基金については、毎年度その運用の状況を示す書類を作成して監査委員の審査に付し、その意見を付けて議会に提出しなければならない。

④ 基金の運用から生ずる収益及び基金の管理に要する経費は、それぞれ会計年度の歳入歳出予算に計上して執行しなければならない。

⑤ 基金の管理及び処分に関し必要な事項は、規則でこれを定めなければならない。

解説

【解説 1】 正答⑤

① 誤り。前半は正しい。総計予算主義の原則の例外規定として、一時借入金の収支、宝くじの発売等があげられる（地方自治法第210条、職員ハンドブック429ページ）。

② 誤り。単一予算主義の原則の説明である。予算統一の原則とは、単一予算主義を原則としつつも、分科された各予算を通じて、一貫した秩序がなければならず、また収入・支出についても一定の基準に基づいて計上され、相互に関連付けられ、収入の源泉及び支出の目的が一義的に理解できるように表記されていることが必要である（職員ハンドブック429ページ）。

③ 誤り。前半は正しい。年度開始前の30日までに議会に提出する必要がある（地方自治法第211条、職員ハンドブック429ページ）。

④ 誤り。前半は正しい。例外規定として、継続費の逓次繰越し、繰越明許費及び事故繰越し、翌年度歳入の繰上充用などがあげられる（地方自治法第208条、職員ハンドブック429ページ）。

⑤ 正しい（地方自治法第219条第2項、第243条の3第1項、職員ハンドブック430ページ）。

【解説 2】 正答③

① 誤り。前半は正しい。公営企業の予算については、管理者は予算の原案作成権は与えられているが、予算の調整、議案の提出権等は長の権限である（地法公営企業法第9条第3項、職員ハンドブック441ページ）。

② 誤り。公営企業の予算は、企業の効率的運営に主眼が置かれることから、毎事業年度における事業計画の概要並びにこの事業計画に伴う収入の見込み及び必要な支出の大枠を定めることとされている。現金主義による拘束性の強い予算は一般会計予算である（職員ハンドブック441ページ）。

③ 正しい（職員ハンドブック441ページ）。

④ 誤り。公営企業の予算では、業務量の増加に伴い収益が増加する場合においては、当該業務に要する経費について、予算超過の支出が認められる（職員ハンドブック441ページ）。

⑤ 誤り。公営企業の予算では、議会の議決を経なければ流用できない科目として予算で定める経費を除いては、管理者限りで目以下の流用を行うことができる（職員ハンドブック441ページ）。

【解説 3】 正答⑤

① 誤り。前半は正しい。地方交付税等は、その性質上、納入通知を省略することができるが、歳入の調定を省略することはできない（職員ハンドブック451ページ）。

② 誤り。納入義務者は、納入通知書等の交付を受けた時は、これに現金を添えて、指定金融機関または収納代理金融機関、金銭出納員に納付することとなる（職員ハンドブック450ページ）。

③ 誤り。自動払い込みによる納付の説明である。口座振替による納付は、納入義務者が地方公共団体の公金取扱金融機関に預金口座を設けているときに、当該金融機関に請求することにより、納入義務者の預金口座から地方公共団体の預金口座へ振り替える方法によって歳入を納付することができる制度である（職員ハンドブック452ページ）。

④ 誤り。都においては、東京都収入証紙条例の定めるところにより手数料についてのみ適用している（職員ハンドブック453ページ）。

⑤ 正しい。東京都においては、パーキングメーター等の徴収事務、コンビニエンスストアでの都税に係る収納事務等を委託している（職員ハンドブック453ページ）。

【解説 4】 正答③

① 誤り。現金または公有財産に属するもの、基金に属するものを除いたものである（職員ハンドブック487ページ）。

② 誤り。会計管理者が、物品の区分を明らかにし、重要な備品を定めなければならない（職員ハンドブック488ページ）。

③ 正しい（職員ハンドブック488ページ）。

④ 誤り。出納手続の省略が認められているのは、新聞、官報の他に、賄品及び賄材料、式典、会合等の催物の現場で消費する物品などがある（職員ハンドブック489ページ）。

⑤ 誤り。証紙取扱者は、局長が局または所管に属する所の金銭出納員のうちから指定しなければならない（職員ハンドブック489ページ）。

【解説 5】 正答④

① 誤り。災害救助基金は、災害救助法により設置されている（職員ハンドブック495ページ）。

② 誤り。都は、特定の目的のために定額の資金を運用するための基金として、東京都用品調達基金と東京都区市町村振興基金を設置している（職員ハンドブック496ページ）。

③ 誤り。特定の目的のために定額の資金を運用するための基金の説明である（職員ハンドブック573ページ）。

④ 正しい（職員ハンドブック496ページ）。

⑤ 誤り。基金の管理及び処分に関し必要な事項は、条例でこれを定めなければならない（地方自治法第241条第8項）。

20年度 主任・係長 論文講座 ★43★

特別区係長選考

直前対策 ④

今年度の特別区係長選考論文講座も、いよいよ最終回となりました。

今回は、直前対策として、頻出テーマの解決策の例示と試験本番に向けての準備、試験当日の注意などを確認していきます。

頻出テーマの解決策

各区の係長職昇任選考の論文試験で出題されるテーマを分類すると、「区政の課題を問うもの」「職場の課題を問うもの」に分けることができます。紙面に限りがあるので、ここでは、それぞれから頻出テーマを一つずつ取り上げ、解決策を例示してみましょう。

(1)区民やNPOとの協働

地方分権の進展によって、基礎自治体の権限と責任は拡大し、規制緩和によって、民間が担うことができる公共サービスの分野は広がっています。また、社会環境等の変化により多様化している区民ニーズに対して、区の力だけで応えていくのは当然限界があります。地域の実情に合わせ、柔軟で、きめ細かなサービスを提供するためには、区民やNPO等とも力を合わせていかなければなりません。そこで、この問題にどのように取り組むか、解決策の例示を「レジュメの例（A）」に載せたので参考にしてください。

なお、レジュメを使った論文の書き方については、第5437号（7月15日）の論文講座をご覧ください。

(2)活力ある職場づくり

限られた行政資源で最大の効果を発揮するためには、組織力の強化が重要です。そのために、係長として、どのように取り組むか、解決策の例示を「レジュメの例（B）」に載せたので参考にしてください。

「職場の課題を問うもの」からは、職員の育成についても、よく出題されるので準備しておくと良いでしょう。時間が無い場合は、この「レジュメの例（B）」を少し変えるだけで出題に対応することも可能です。

本番に向けての準備

(1)自分の手で書く

パソコンで論文を作成している人が多いと思います。しかし、試験本番では、当たり前ですが、パソコンは使えません。職場でもパソコンが普及したことにより、手で文章を書く機会が減っています。ワープロの辞書（変換）機能に頼っているため、読むことはできても、書けなくなってしまった漢字が増えているはずです。ある程度、想定論文が完成するまでは、パソコンを使っても良いのですが、少なくとも試験の2週間ぐらい前になったら、原稿用紙などを使って、実際に自分の手で書く練習を始めてください。練習に使う原稿用紙は、できれば試験本番の解答用紙と同じ枡目（字数×行数）の物が良いでしょう。筆記具は、シャープペンシルよりも、Bまたは2Bの鉛筆をお勧めします。これは、採点するときにコピーをとるため太めで濃く書かれているほうが読みやすいからです。ただし、試験で使える筆記用具が決まっている場合は、それを使って練習してください。また、原稿用紙に書いた文章の間違いを後から加筆訂正する方法も調べておきましょう。消しゴムを使うだけでは訂正する部分が多いと大変なことになります。

(2)問題に合わせる

以前も書きましたが、出題される論文のテーマを予想するのは至難の業です。事前に用意した想定論文を暗記して、試験当日に丸写しするだけでは合格できません。試験当日に出題されたテーマに合わせ、事前に用意した想定論文などを材料にして、本番の会場で新たな論文を書けるようにすることが大切です。そのため、想定論文や頻出テーマに対する解決策など論文を書くための材料の暗記は、試験の10日ぐらい前までに終わらせると良いでしょう。次に、過去に出題されたテーマを参考に、自分で色々なテーマを用意し、暗記した材料などを使って、論文を書く練習を行ってください。その際は、必ずレジュメをつくって、テーマと解決策をしっかり合わせるようにしましょう。この練習を何回か繰り返すことによって、初めて見るテーマに対しても、論文が書けるようになっていきます。

(3)制限時間を設ける

試験本番で注意しなければならないことの一つに時間配分があります。試験の1週間ぐらい前から、制限時間を設定して論文を書く練習をしましょう。試験時間は、区によって異なりますが、1時間30分から2時間ぐらいのところが多いようです。例えば、試験時間が2時間だとすると、出題の意図を理解して全体の構成を考える時間が30分、原稿用紙に書く作業で80分、最後の確認作業に10分をあてることができます。論文を書くペースについては個人差がありますから、何度か試して自分に合った時間配分を決めてください。

大切なのは、事前に時間配分を決めて書く練習をしておくことです。

試験当日の注意

試験は思いのほか体力を使います。前の日は、無理せず、早く寝て、当日は、しっかり朝食をとって、余裕を持って、試験会場に向かいましょう。服装は、会場の室温に合わせ調整しやすいものが良いと思います。

論文試験の場合、多くの区では、複数のテーマの中から一つを選択して回答させる方式を採用しています。試験が始まったら、出題された問題をよく読んで速やかに選択してください。選択したテーマを途中で変更して最初から書き直すと時間が無くなってしまいます。くれぐれも迷わないようにしましょう。

問題を選択したら、レジュメを使って、論文の構成を考えます。本番中は、時間の感覚が普段と違っているので、少し考え込んだだけでもあっという間に時間が過ぎてしまいます。なるべく事前に練習した時間配分で書くようにしてください。

試験開始から一定時間が過ぎると、途中退室が認められますが、制限時間いっぱいまで入念に確認作業を行うことをお勧めします。誤字や脱字だけでなく、分かりやすい表現になっているか、「～である」に文章が統一されているかなども確認しましょう。

最後に

この夏をいかに有効に使うかが、合否の分かれ道となります。とはいえ、猛暑を乗り切るためには、適度なリフレッシュや休養も必要です。健康に気を付けながら、計画的に勉強してください。

ここで私から皆様に一つお願いがあります。論文に書いたことは忘れずに実践してください。そうすれば、私たちの職場は必ず変わります。一緒に頑張りましょう。

◇

最後に、皆様の係長職昇任選考合格と益々のご活躍を祈念して、この講座を終了いたします。

レジュメの例（A）

テーマ
区民やNPOとの協働を進めるに当たって、あなたの考えを述べなさい。

序論	① 地方分権と規制緩和 ② 社会環境などの変化によって多様化する区民ニーズ ③ 限られた行政資源の中で、より柔軟で、きめ細かな公共サービスの提供 ④ 区民やNPO（以下「区民等」とする）との協働の推進		
本論	本論の導入		
	解決策	（ポイント）	区民等の声に耳を傾ける
		（問題点）	区民の期待に応えることができない
		（取り組み）	区民からの要望や苦情を分析する 各種世論調査や統計資料にも目を通し、課題を把握する 協働で実施できる事業を公募する
		（効果）	多様化する区民のニーズを把握することができる
	解決策	（ポイント）	役割分担を明確にする
		（問題点）	きめ細かな公共サービスは行政だけでは提供できない
		（取り組み）	協働で実施する事業を選定する 区民等の主体性を損なわない役割分担 行政の側面支援
		（効果）	柔軟で、きめ細かな公共サービスを提供できる
	解決策	（ポイント）	協働意欲を醸成する
		（問題点）	行政の肩代わりを押し付けても区民等は動かない
		（取り組み）	事業立案への参画 事業の目的や成果を区民等にわかりやすく説明 一部の区民等に過剰な負担をかけない
		（効果）	協働の担い手を確保し、事業の継続性を担保できる
結論	まとめ（効果と展望） 決意表明		

レジュメの例（B）

テーマ
係長として活力ある職場をつくるためにどうすべきか述べなさい。

序論	① 景気の低迷と厳しい財政状況 一方 ② 多様化する行政需要と山積する区政課題 ③ より効果的・効率的な行政運営 ④ 目標による管理を活用し、組織力を強化する		
本論	本論の導入		
	解決策	（ポイント）	組織目標を共有する
		（問題点）	職員が効果的・効率的に仕事ができていない
		（取り組み）	区の計画や方針、課の目標を職員に理解させる それに貢献できる係の目標を職員と一緒に考える 定期的に係目標の達成状況を職員と一緒に評価する
		（効果）	目標の達成に向けて職員が自主的に仕事を行える
	解決策	（ポイント）	適正に職員の役割を分担する
		（問題点）	職員のやる気を十分に引き出せていない
		（取り組み）	係目標の達成に向けて職員の役割分担を明確にする 若手職員には困難な課題を与え、やる気と自信を育てる ベテラン職員には新しい仕事を任せ、刺激を与える
		（効果）	職員の向上心と責任感が強くなる
	解決策	（ポイント）	職員を育成する
		（問題点）	職員が十分に力を発揮していない
		（取り組み）	係目標に貢献できる個人目標を各職員に設定させる 個人目標の達成を目指し各職員の研修計画を作成する 定期的に個人目標の達成状況を各職員と評価する
		（効果）	職員の能力が向上する
結論	まとめ（効果と展望） 決意表明		

教育管理職選考正答と解説《中》

【問題 13】 正答 ⑤

① 職務命令を受ける職員の職務に関することは、職務命令の原則の一つである。

② 高等学校は、学校教育法第37条第3項の準用規定、置かないことができる例外規定がない。

③ 校長の補助機関として、校務運営上、必要と認めるときに置くことができる。

④ 都立学校の管理運営規程は、東京都教育委員会と協議して定めるものとされていた。

⑤ 正しい。

【問題 14】 正答 ③

① 学校保健法第6条第1項より前段は正しいが、後段は、正しくは学校保健法施行規則第3条第1項より6月30日までである。

② 学校保健法第7条より、後段が誤り。

③ 正しい（学校保健法第2条、同施行規則第22条の5第1項）。

④ 学校保健法第13条は、一部または全部の休業と定める。

⑤ 学校保健法第12条は政令で定めるとし、同施行規則20条がこれを定める。

【問題 15】 正答 ②

① 精神疾患その他の疾患以外の理由である。

② 正しい。

③ 指導力不足等教員を対象とした研修である。

④ 原則として教員の定期異動の時期に合わせて行う。

⑤ 東京都教職員研修センターが行う。

【問題 16】 正答 ①

① 正しい。

② 副校長、教頭、主幹教諭、指導教諭、教諭または講師のうちから、指導教員を命じる。

③ 初任者研修の対象としない者について、政令で規定している。

④ 臨時的に任用された期間を除く。

⑤ 任命権者が作成する。

【問題 17】 正答 ④

① 誤り。都教委は、区市町村立小中学校については、採択しない（無償措置法10条）。

② 誤り（同法規則第1条）。

③ 誤り。承認は不要。

④ 正しい（学教法規則第139条）。

⑤ 誤り。

【問題 18】 正答 ①

① 正しい（規則第52条）。

② 誤り（地教行法第33条第1項）。

③ 誤り。変更を命じることもできる（初中局長回答）。

④ 誤り。学校行事は、特別活動の一つである。

⑤ 誤り。教務主任に権限はない。

【問題 19】 正答 ①

① 正しい。

② 誤り。保護者であるものが含まれなければならない。

③ 誤り。教育委員会を召集するのは委員長。

④ 誤り。教育委員会が任命する。

⑤ 誤り。議会の同意を得て、地方公共団体の長が任命する。

【問題 20】 正答 ⑤

① 同法第2条の規定である。

② 文部科学省は、数次にわたって調査研究の結果を公表している。

③ 東京都は、平成12年に掲記の人権施策指針を定めた。

④ 東京都教育委員会は、掲記の内容を基本方針の一つとして平成13年1月に定めた。

⑤ 誤り。1995年から2008年での10年間である。

【問題 21】 正答 ②

① 階層制のため決定権者が決まっており、状況の変化に硬直的な組織で、適応力を欠く。

② 正しい。

③ プロジェクト組織の説明である。

④ インフォーマル組織は、フォーマル組織の運営に影響を及ぼす。

⑤ マトリックス組織の説明である。

【問題 22】 正答 ⑤

① 組織における意思決定の「ゆるみ」ではなく、貢献と誘因との差のこと。

② 専制的リーダーシップではなく、民主的リーダーシップを行使する。

③ 作業の科学化と職能化の二つの原理に基づく、人事管理方式のこと。

④ 各個人の目標設定にあたっては、上司との相談や協議が重視される。

⑤ 正しい。

【問題 23】 正答 ③

① 費用徴収は、学校設置の認可手続において学則の必要記載事項である。

② 3分の1。義務教育費国庫負担法第2条ただし書の規定に基づき教職員の給与及び報酬等に要する経費の国庫負担額の最高限度を定める政令による。

③ 正しい。地教行法第24条及び地方自治法第180条の2による。

④ 補助の対象である。

⑤ 地方公共団体の長は、教育委員会の意見を聞かなければならない。

【問題 24】 正答 ④

① 正しい。

② 正しい。

③ 正しい。

④ 勉強会など集団での取り組みも含まれる。

⑤ 正しい。

【問題 25】 正答 ①

① 正しい。

② 管理職ではない。

③ 手当の支給はない。

④ 教員定数内の配置である。

⑤ 第一評価者ではない。

【問題 26】 正答 ②

① 「生きる力」を育むための具体的な手立てを確立する観点から改定した。

② 正しい。

③ 小中学校とも、すべての学年で総合的な学習時間が縮減し、小学校5学年の国語が縮減した。

④ 小学校高学年。

⑤ 縮減した。

【問題 27】 [illegible]

【問題 28】 [illegible]

【問題 29】 [illegible]

【問題 30】 [illegible]

会発足25周年を富士山で祝う
「日本1おいしい水」で乾杯

羽村市役所ランナーズクラブ「遅かったの会」代表　雨倉久行

会の始まりは？

我がクラブは1983年、現在総務部長の職にある方に触発されて発足しました。というのも、この部長、あの「青梅マラソン」で有名な青梅市出身で、好むと好まざるとにかかわらず、当然、毎年青梅マラソンを目にしている。いつかは、見ている側から走る側へと考えてはいたそうだが、なかなか実行に移せない。とある朝、部長（当時は主事）が歯磨きをしていると、口から歯磨き粉が落ちた。どこに落ちたのか床を探したが見つからず、よくよく見ると自分のせり出したお腹についていたという。このことに愕然とした部長、何を思ったのか痩せることと青梅マラソンの出場という一石二鳥で思いついたのがジョギングであった。

また、この部長、困ったことに自分が「良し」と思ったことは、すぐ人に勧める。そんなことで被害を被ったのが当然近くにいた3人である。

そして職場の仲間4人で「青梅マラソン」に参加することを第一の目標に始まった。その時に、同じやるなら会の名前を決めようということになり、酒を酌み交わしながら、いろいろ悩んだ挙句に考えついたのが、これといって陸上競技を本格的にやっている者もなく、決して速い者がいるわけではないので、佐川満男さん（相当昔の歌手なので、今の若い人は知らないと思います）の歌『今は幸せかい』の出だしの歌詞、「遅かったのかい、君のことを、好きになるのが、遅かったのかい……」から引用し、会の名を「遅かったの会」としました。

富士山頂で「水はむら」で乾杯

会の活動は？

この「遅かったの会」は、全員での合同練習はなく、多くが各自で練習を積んでいますが、青梅マラソンや近隣市での駅伝大会などへは大勢で参加しています。今では、ホノルルマラソンやベルリンマラソンに出場するほどの実力の仲間もおります。

発足してから四半世紀、今年の2008年で25年を迎えました。

この間、1991年には今までの羽村町が羽村市になったことから「市制施行記念たすきリレー」を挙行し、「祝・羽村市誕生」のたすきをリレーしながら、姉妹都市である清里高原の高根町（現在の北杜市）まで150㌔を走破し、高根町長に羽村市長の親書を届けるとともに羽村市のPRにも一役買いました。

また、2003年の玉川上水開削350周年記念事業においては、走るクラブとして何か貢献できないかということで、思いついたのが玉川上水の取水堰がある羽村市から終点の新宿区四谷大木戸までの43㌔を走るという「玉川上水開削350周年記念たすきリレー」でした。玉川上水の始まりである羽村堰の水をペットボトルに入れ、ちょんまげ姿で玉川兄弟像の前をスタートし43㌔離れた新宿区の四谷大木戸までリレーし、その水を羽村市長と新宿区長が一緒に記念碑にかけ、当時の兄弟の偉業を称えるとともに羽村市と新宿区の友好を深めました。その後、会のメンバーで玉川兄弟の眠る台東区のお墓に参り、やはり羽村堰の水を手向けました。

会の催しも楽しいことばかりではなく辛いこともありました。1998年に走る仲間が病気で急死してしまったのです。このときはかなり凹みましたが、やはり会で亡き友に何か出来ないかと考え、走ることとお祭りごとの好きだった亡き友のために「追悼24時間リレーマラソン」を計画し、タスキの中に友の写真を縫い込み、24時間、仲間が代わる代わる公園内のコースを周回し、亡き友を偲ぶとともに冥福を祈りました。

25周年記念イベント

今年は当会が発足して25年を迎えることから、またまた何かできないかということで、考えだされたのが、日本一の山「富士山」の頂上で、「日本一おいしい水、はむらの水」で乾杯しようという企画でした。

現在、羽村市では「水はむらプロジェクト」（「水はむら」としてペットボトル500㍉㍑を1本100円で販売中）を立ち上げ、はむらの水のPRを行っているので、この企画に一役買おうということもありました。

8月1日（金）午前3時に会員18名（男性13名、女性5名）でアタックを開始し、約7時間かけて全員無事登頂することができ、持参した「水はむら」で乾杯しました。途中は、酸素が薄くなることや余りにもきつい急勾配に体力を消耗し、脱落しそうな仲間もいましたが、互いに励まし合い、全員が登れたことに一同感動しました。

これからも…

現在は、走る仲間も増え、39名という大所帯になりました。今後も30周年、40周年と続き、その時には、またお祭り好きの仲間たちはきっと何かをしでかすのだと思います。

最後に、「一人はみんなのために、みんなは一人のために」、このことばが、この「遅かったの会」にいると何気に実感できる気がします。

（羽村市子ども家庭部保育課長）

考 老舗の地域活性化力　4

竹田下駄屋（新潟・上越市）

豪雪地の伝統技術承継し76年

心和む歴史的な家並み

狭い町並みに沿って、派手な看板を見かけることもない商店街。昔ながらの雁木（元祖アーケード？）を備え、落ち着いた佇まいの家並みが続く雪国上越市（旧高田市）の古い家並み。ここの路上には、不思議とゴミの散乱がまったく見られない。通りに面した各戸の表玄関の引き戸は、これも昔ながらの木枠のガラス戸、アルミサッシュの引き戸がほとんどだ。ここでは、シャッター通りと揶揄すべきシャッターの鎧戸さえみられず、商店と住居が混在している。そんな風景が訪問者の心を和ませる町だ。

一代で老舗の歴史に匹敵

この町で大工の父親と雪下駄作りを生業とする母親のもとで育ったのが雪下駄職人の竹田亀治さん（90歳）だ。彼が母親の雪下駄作りを引き継いだのは14歳。今から76年も前だ。彼一代で優に老舗に匹敵する営業歴を達成している。現在では、この雪下駄も靴にとって代わられ需要は大きく減少した。というより、実用では殆ど需要がない。それでも竹田さんは、国内で唯一人の雪下駄づくりの職人としてこの技を承継した。そして毎日、店舗兼工房で、生産を続けている。

駐車場問題も相互融通で解決

一般に多くの商店街では十分な駐車場がない。これがネックとなって、駐車場を備えた郊外型店舗に顧客が吸引されるといわれる。しかし、駐車場を整備しさえすれば、商店街問題が解決するほど、この問題は単純ではない。このことは商店街の空地（多くは撤退店舗の跡地）を取りあえず駐車場として整備しても、駐車場の利用率は必ずしも高くはならない。おまけに、来街者や店舗の売り上げ増にも反映されない。したがって、地域活性化にストレートには貢献しない。

ものづくりの原点を実践

今回のインタビュー先の竹田下駄屋にも、駐車スペースはない。インタビュー当日も駐車に困った。店主の竹田さんに相談すると「向かいの自転車屋に聞いて！」との返事。言われるままに、向かいの商店主に問うと、駐車場使用の快諾を得ただけでなく、親切にも店主自らが駐車場所へ案内誘導までして下さった。

昔ながらの雁木が続く家並み

このように地域内で限られた駐車資源活用のための小さな互助と知恵の集積がリピート客を促してもいる。まさに地域コミュニティーの原型をみる思いだ。商店街活性化には、いたずらに再生のために駐車場などに資金を投じるのでなく、当地のように地域コミュニティーに根ざした相互融通などによる有効なもてなしソフトが自然体で発揮できることも重要だ。今や地域活性化には経済至上主義の競争よりも、地域独自のもてなしソフト構築と域内協調を基にした地域独自の差別化戦略が望まれる。

冴える匠の技

竹田さんは高齢にもかかわらず、毎日朝8時から夕の5時まで狭い店舗兼作業場に立つ。雪下駄の全体需要が減少するなかで、彼のような優れた技術を持つ職人がいないこともあって、国内全体にみた仕事量は反対に増加傾向にある。槌とノミを振るいつつ直方体の木部材から瞬く間に雪下駄の原型が作り出される。

「ここに座ると心身ともに〝ジャキ〟とするんですよ！」と何とも幸せそうな顔で言う。本人は勿論、みている人も幸せな気分になるひと時だ。

しかし、現在のところは、残念ながら彼の冴えた匠の技を承継する人はいない。後継者問題はどこでも深刻だ。竹田さんの雪下駄づくりに限って言えば、健康そうな彼の様子からみて、100歳までも現役が可能な様子だ。経営的側面からみると問題がなくもないが、とやかくいわずに、こうして作品として雪下駄を作り続けてさえいただければ、それで十分な地域社会への貢献となろう。

（地域活性化情報研究会代表　君波健治）

＝おわり

リュウゼツランが咲きました！
夢の島熱帯植物館

センチュリー・プラントと言われる貴重な花

2年続けて開花したアオノリュウゼツラン

リュウゼツランは、南アメリカのメキシコが生まれ故郷の、巨大な常緑多年性の多肉植物です。こんなに大きくなる植物ですが、草なのです。また、多肉植物とは、葉などにたくさんの水を蓄えて極度な乾燥から身を守っています。

リュウゼツランは江戸時代後期に渡来しました。最初は、葉に派手な斑入りが入るタイプの園芸種でした。リュウゼツランの名前の由来は、葉の縁取りにかぎ爪のような刺がずらりと並んでいて、葉の先端には、釘を鋭く研いだような刺があり、とてもまがまがしい姿の所から、竜の舌を持った蘭という意味の和名がつけられました。

当時、高級そうな普段見慣れない植物にランと名付ける風習があったためで、カトレアなどのラン科の植物ではありません。類縁関係で言うと、ユリやヒガンバナなどにやや近縁で、リュウゼツラン科として分類されています。後世になり基本的な緑葉のリュウゼツランが遅ればせながら日本に導入されました。これが原種です。

当館で1日に開花したのは、この原種の方です。ただ、既に斑入り品種の方に竜舌蘭の和名をつけてしまっているので、青葉の物にはつけられないため、青葉の方は「アオノリュウゼツラン」と名付けられました。

リュウゼツランは一生に一度、枯れる前にだけ開花する植物で、こうした一度だけ咲いてその後枯れてしまうタイプの生活系の植物を一回結実性植物と呼びます。こういうサイクルを持った植物は日本ではタケ類が有名です。また、元来リュウゼツランは、とても成長がゆっくりしていて20～50年もかけて大人になります。あまりに成長が遅いので、南米から欧州に伝わったとき、大げさに100年に一度咲くと言われて紹介されたため、一世紀に一度だけ咲く植物と言う噂が広まりました。その噂からセンチュリー・プラント（Century Plant）という英語名がつけられました。

それでも、20～50年もかかって開花するため、花が咲く事はとても珍しいことです。また、滅多に咲かない上に、人生最後の開花の姿が劇的なので、開花するとニュースで報じられることが多いのです。

昨年11年ぶりに1株開花したのに続いて、今年は2株が開花しました。およそ1カ月間は十分に楽しめます。どうぞこの機会に夢の島熱帯植物館に足をお運び下さい。

問い合わせ先は☎3522・0281まで。

7点が一堂に！至福の「フェルメール展」
東京都美術館で開催中

やわらかい光の中の小さなドラマ──。

多くは左方向からの外光、時にははっきりしない光源が生む微妙な階調に、登場人物の肌の色や表情や、布地の種類、質感、色彩などがあざやかに浮かび上がる。

日常生活の中のささいなドラマの一瞬なのだが、他の画家のように、画面のすべてがその一点に向かってわざとらしく緊張しているのではなく、主役が目を閉じていたり、召使いの女性がよそ見をしているなどのズレを含む、不思議なリアリティー。

と同時に、画面の各所に配された寓意的な意味を伝える品々。その全体を包み込む品位と抑制……などと言っても、その魅力は伝えられそうにない。

多くの人が、言葉にはできないと言っている。あのマルセル・プルーストも、『失われた時を求めて』の主要人物のひとり、ユダヤの大ブルジョワをフェルメール愛好者にしているが、彼もその魅力を直接的な言葉にしていない。それがかえって寡黙なスワンの内面を表しているようで、そこにもプルーストの周到なたくらみがあるだろう。

昔から、そのような画家だったのだろうか。しかし……わずかに30数点の作品しか現存しておらず、その生涯にも明らかでない点が多いというのに、この人に焦点が当てられ、長く伝えられてきたその魅力の核心とは何なのだろう。

日本でも、意外な人がフェルメール作品への敬虔な信仰告白をして、驚かされたり、納得させられたりするのだが、潮が満ちてくるような日本でのこの画家への関心の高まりが、ついに7点の同時展示という奇跡のような展覧会実現となった。同じ時代を生きた画家たちや、フェルメール自身の、絶頂期とその前後の作品を展示して、この作家の実像を身近に感じさせるものとなっている。

ヨハネス・フェルメール《ヴァージナルの前に座る若い女》 A Young Woman Seated at the Virginals　個人蔵

世界の各地に分散している作品をすべて訪ねたという愛好者の話を聞くが、その旅の果てに遭遇した小品1点には、よほどの予備知識や思い入れがなければ、とまどいを感じることがあるかもしれない。だがありがたいことに、こうして一堂に集められると、すべてを相互に関連づけて見ることが出来る。すべてが重要な意味を持って見えてくる。あのフェルメール、そこに至るフェルメール、そこから離れていくフェルメール。何という至福！

会期は長いが、二度三度と見たくなるかも知れない。大量の入場者も予測されるので、タイミングをはかり、至近でじっくり鑑賞していただきたい。作品は、意外に小さいのだから。

【読者プレゼント】
「フェルメール展　光の天才画家とデルフトの巨匠たち」は東京都美術館で12月14日（日）まで開催。問い合わせは、展覧会ダイヤル☎0570・060・060。この招待券を抽選で5組10名様にプレゼントします。希望者はEメールで件名を「フェルメール展希望」とし、住所、氏名を明記の上、henshu@toseishimpo.co.jpまでお申し込み下さい（18日必着）。

発行所　都政新報社
〒160-0023　東京都新宿区西新宿7-23-1　TSビル
〈総務・読者〉03-5330-8781
〈企画広告〉03-5330-8784
〈編　集〉03-5330-8786
〈出　版〉03-5330-8788
〈セミナー事業部〉03-5330-9977
〈ファクス〉03-5330-8808
購読料　月1,680円（税込）
毎週火・金曜日発行
但し、祝祭日は休刊

紙面から

決戦に挑む

主要会派幹事長に聞く（下）

民主党　田中良氏

自公の対抗勢力めざす

34人のうち3期生以上が4人で、2期生20人、1期生10人という若い議員集団。06年8月に幹事長に再登板し、田中体制は3年目に入る。「都議選までの一番厳しい時期だが、一緒に執行部をやって、僕のいい面も悪い面も勉強して欲しい」と2期生から大沢昇氏、酒井大史氏を政調会長と総務会長に起用した。

「民主党は、国でも政権交代をかけて臨戦態勢になっている。都政で第2会派とはいえ、自公が安定多数を確保している。二大政党化のもとで体制の補完的な勢力ということでは、都民の期待に沿っていない。我々は対抗勢力という自覚と戦略・戦術を持ち、随所に明確に打ち出していきたい」と決意を語る。

具体的には、新銀行東京、築地市場移転問題などを例に挙げる。「新銀行に追加出資を認めたのは、都政史に残る誤った判断だ。誰も責任を取らず、石原都政の生命維持のためにやっている」と批判。「今や石原知事は無党派でも何でもない。自民党の宣伝部長だ。ご子息が東京で二つも小選挙区で議席を持ち、都政が最大のバックヤードになっている。そういう状態を健全化する象徴として、新銀行東京の問題は議論し続けていく必要がある」と話す。

築地問題も今までの経過にこだわるべきでないという考えだ。「当初から豊洲は土壌汚染があるから、移転候補地として適当でないという意見が庁内にあった。ここまで汚染実態が明らかになると、別の選択肢を真剣に検討すべき」という。

都議選では60人前後を擁立し、40台後半の議席獲得をめざす。自公の過半数割れを目標に掲げ、画一的に何人区だから候補者何人という戦法ではなく、個々の選挙区ごとに情勢分析して候補者を立てる。「過半数は64。公明党23人は当選確率が高いから、自民党が40を割るか割らないか、ここが攻防」と田中氏。

かつて社会党のマドンナブームや日本新党ブームで逆風が吹いた時は、自民党が44議席程度まで落ち込んだ。「45を下回る可能性は十分にあり、40議席の攻防は現実にある」という見方だ。

都議選は国政のテーマが争点になり、国政の影響をもろに受ける選挙。各党とも異口同音に「衆議院選挙がどう影響するか、その時点になってみないと、読めない」と話す。田中氏は「自公サイドは、石原都政の負の問題の争点化を避けたい心理があると思う。しかし我々は、問題点を徹底的にただす」と語る。

五輪招致も負の問題のかき消しに使われてしまうのでは、という警戒感が民主党内にある。「僕が五輪で重視しているのは、平和を希求する意思を世界にアピールすることだ。都市間競争のような発想ではなく、広島、長崎と共同開催してメッセージを発信すべきだ」

共産党　吉田信夫氏

新たな情勢で前進切り開く

衆院選が、政権交代の可能性をはらむもとで、「自民か、民主か」の政権選択のキャンペーンが厳しくなることが予想される。前回都議選では、民主党が大きく躍進した一方で、共産党は二大政党化の流れの中で議席を減らした。

だが、来年の都議選は、「これまでにない新たな特徴を持った情勢で戦われる」と指摘する。

「共産党の国会での論戦や提案が政府を追い詰め、世論を動かす劇的変化が起きている。後期高齢者医療制度は、当初、廃止を主張したのは我が党だけだったが、今は医師会などを含めて共通の声となった。日雇い派遣の原則禁止も、発端はわが党の質問だ」

都政レベルで言えば、かつては石原都政への批判が、都民の多数の支持を得ることはできなかった。ところが、今日では都政モニターで58%が石原都政に不満を表明している。

「格差と貧困が非常に深刻。後期高齢者医療制度への怒り、原油物価高騰の深刻な影響の広がりなど、どの党が暮らしや中小企業を守るのかが鋭く問われる」

同時に、石原知事のトップダウン事業の破綻が明らかになる中での都議選となる。「都民の暮らしを守る議席、石原知事の暴走を食い止める議席、平和を守る議席を正面から打ち出せば、前進を切り開くことは可能だと思う」

目標は、現有13議席を確保し、さらに議席増を図る。前回、新旧交代で失敗した議席を取り戻し、さらに議席増を目指す。新旧交代で失敗した選挙区では、前回より早めに新人を確定して活動を始めているという。

争点は、「知事のトップダウンによる浪費にストップをかけ、高齢者対策をはじめ福祉や教育、中小企業支援など都民の暮らし第一に、税金の使い方を転換させること」と意気込んだ。

都議選で争点となりそうな築地市場の移転問題。専門家会議の提言については、「あくまで豊洲移転容認の立場に立っている上、前提となる調査が極めて不十分」と批判している。

「東洋一と言われた東京ガスの跡地に築地市場を移転しようとしたこと自体が根本的な誤りだと指摘してきたが、失敗を認め、現在地での再整備に転換すべき」

新銀行東京については、石原知事と推進した会派の責任を引き続き追及していく。

吉田氏は、「『再建計画』では、新銀行東京はもはや困っている中小企業に融資せず、預金は大幅に縮小するなど、銀行ではなくノンバンクというべきで、存在の意味はなくなっている。預金者保護と中小企業の貸付を保全しながら自主精算をすることは可能。400億円を再びドブに捨てるような事態は、中止すべきだ」と主張した。

ゲリラ豪雨で対策検討

各局事業を総点検へ

9月の都技術会議で

局地的な集中豪雨により、都の下水道工事や河床整備工事で死者が出たことを受け、都は13日、各局の所管事業を総点検し、9月に開催する「東京都技術会議」で横断的に対策を検討することを決めた。また、都総務局総合防災部は緊急会議で各局の危機管理担当部長を集め、突発的な集中豪雨への対策を周知した。局地豪雨を巡っては、都議会からも全庁的に事業を総点検するなどの対策を求める声が上がっており、第3回定例会の論点に急浮上している。

会議の冒頭、島田幸太郎危機管理監が05年9月に杉並区で発生した集中豪雨を例に挙げ、「最近では、ゲリラ豪雨と呼ばれる集中豪雨が頻発している」として、気象情報を適切に把握し、迅速な対応をとるよう各局に求めた。

死者が出た下水道工事と河床整備工事に共通するのが、現場は激しい降雨ではなかったという点だ。下水道工事のケースでは、事故から約50分後に気象庁の警報が発令されている。都内を5分割して発令される注意報・警報では、事故を未然に防ぐ決定打にはならなかった。

13日の緊急会議では、気象庁の予報官が積乱雲の発生メカニズムなど、都市型災害につながる気象現象について説明。集中豪雨は予測が難しく、気象庁でも苦慮しているのが実情という。

実際、都下水道局の「東京アメッシュ」を見ると、事故当時には現場に雨雲がかかっていなかった。また、先月の河床整備工事でも「工事を中止するほどの雨ではなく、施工計画書の通りに行われていた」（建設局）という。

ハード局幹部は「工事を中止するかは、事業者の判断が基本になる」とした上で、「この気象情報を得れば確実に大丈夫というものがない」と漏らす。

■　■

5日の事故を受け、下水道局は事故調査委を設置。14日に第3回会合を開き、8月中に結論を出す予定。

物理的には、上流に水位を測るセンサーを装着すれば、増水の前に退避することはできる。だが、管路のルートが複雑にあるため、不可能に近いという。現場では携帯電話が使えないなど、通信手段が限られるケースもあり、気象情報の入手経路も難題だ。

同局職員は「いろいろな気象情報を駆使しながら、請負者の責任で判断してもらう部分になるが、単に『情報を集めろ』というだけでは受け入れられない」と話す。

建設局でも、担当者レベルで工事中止の基準がどうあるべきか、考えている段階だ。同局幹部は「（基準を作ることで）安全弁のように錯覚されるのは怖い。現場の責任者が気象情報や経験に照らして判断することになるが、最低限のルールができるか、悩んでいる」と話す。

■　■

都は9月、「東京都技術会議」で各局の所管事業を洗い出し、対策を検討する方針だ。豪雨対策が必要な事業としては、上下水道や港湾などが考えられる。また、地下関連の工事も検討対象になりそうだ。

他方、都議会自民党からは、関連事業の総点検を全庁的に行うよう求める声が上がるなど、局地豪雨対策は第3回定例会でも論点の一つになりそうだ。

豪雨対策の緊急会議には各局総務部長らが出席

冗句ジョーク

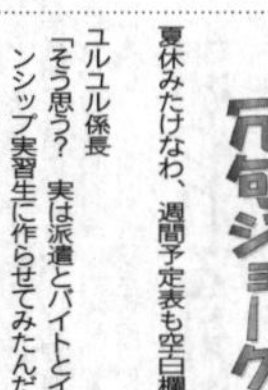

夏休みたけなわ、週間予定表も空白欄多し

ユルユル係長
「そう思う？　実は派遣とバイトとインターンシップ実習生に作らせてみたんだ」

「多摩談合事件」が審決

都、公社が業者を指名停止

都財務局は、㈶新都市建設公社の発注工事に関連して10年前に起きた「多摩談合事件」の29社を7月30日から4カ月間、指名停止にした。この中には大成建設、清水建設など大手ゼネコンも含まれているが、ハード局でこれから発注する都施行工事への影響は少ないと見られている。09年第1回定例会に提案する工事契約には、日程的に間に合う見通し。

多摩談合事件は01年12月、公正取引委員会が34社に対し「97年10月から2000年9月までの3年間に新都市建設公社で受注した工事で談合を行っていた」と判断し、課徴金納付命令を出した。これに対し、業者が02年1月に不服申し立てを請求し、審判手続きが続いていた。

今年7月、34社のうち1社は「白」で、33社は「黒」の認定が行われ、これに基づいて財務局が都に登録のある29社を指名停止にした。公社でも27社を6カ月間の指名停止にしている。

3市と委託廃止で協定

都水道局

都水道局は22日、青梅、調布、国立の3市と水道事務の委託廃止について基本協定を結んだ。2010年度から都に業務を移行する。

水道局は、03年6月の「多摩地区水道経営改善基本計画」に基づいて統合を進めており、今回の3市を含めて事務委託廃止協定を結んだのは、21市と瑞穂町、日の出町になる。残るは三鷹市と稲城市で、2012年度までに統合する。

25市町への委託解消で重複業務等がなくなり、現在に比べて約40億円のコスト削減になるという。なお、武蔵野、昭島、羽村の3市は、自前の水源を持ち、今のところ統合の予定がない。

公共下水道の整備区域を見直し

都都市整備局

都都市整備局は、97年6月に策定した「汚水処理施設整備構想図」を11年ぶりに改訂し、八王子市、青梅市、八丈町などで公共下水道を整備するとしていた計2927㌶を合併浄化槽で整備する区域に変更した。費用対効果のコスト比較などをして見直すよう国から指導があり、都は市町村と協議していた。今回、変更された区域は、山間部や島しょ地域で人口減少や過疎化が進むと見られる地域。

産廃処理業者の相談事業を開始

環境整備公社が実施

都は、環境への負荷の少ない廃棄物処理・リサイクル技術の開発促進や、先進的な事業者の育成を図るため、相談事業、実証研究、情報発信の3分野からなる技術開発支援センター機能を整備する。その第一弾として、産業廃棄物処理業者を対象に相談事業を開始した。

相談料は無料。再資源化率の向上・処理システムの改善・公害防止設備の改善など、技術の高度化に関する相談や情報提供などに応じる。募集は、先着30件で、09年1月30日まで受け付ける。申し込みは、財団法人東京都環境整備公社まで。

知事の靖国参拝中止を申し入れ

共産党都議団

共産党都議団は8日、石原知事の靖国神社参拝の中止を求める申し入れを行った。

申し入れでは、「日本の首都・東京の代表である都知事が、過去の痛切な反省と世界の流れをかえりみることなく、かつての日本の植民地支配を美化することなど侵略戦争正当化の先頭に立ち、靖国神社の参拝を強行することは、断じて許されない」と述べている。

次号は8月22日付発行

来週火曜日号は社員夏季休暇のため、休刊とさせていただきます。予めご了承願います。

都政新報社

都政の東西

今なぜ夏時間？

春先から夏まで、時計の針を1時間進ませるサマータイム（夏時間）制度。これまで導入論議は繰り返されてきたが、洞爺湖サミットの開催もあり論議が再燃している。

サマータイムは、欧米で世界大戦中に戦争で使う燃料確保を理由に始められたが、今では太陽の出ている時間帯の有効活用が狙い。標準時の午後5時に退社する場合、サマータイムでは午後4時になる。趣味などに時間を費やすことも可能だろう。

またサマータイムでは、標準時の午前8時に出社する場合、サマータイムでは午前7時になる。サマータイム推進派は、涼しい時間帯に仕事を始めることで、冷房など光熱費を抑えられ、省エネ効果を期待している。

日本では、連合国軍総司令部（GHQ）が1948年、石炭などの使用抑制でサマータイムを導入し、51年まで実施した。残業時間の増加が廃止の要因の一つ。翻って現代はどうか。

厚労省東京労働局によると、東京では07年の正社員ら一人当たりの残業時間が188時間で、10年前と比べ31時間増えている。残業時間を減らす努力をしなければ、結果として〝増エネ〟になってしまう。今も残業時間の短縮が課題なのである。

また、時計を1時間進めると、社会的コストも大きい。鉄道などのダイヤ調整にも莫大な費用がかかる。景気が後退局面に入ったことを政府が認める中、公共団体などが費用負担することになれば重荷でしかない。

さらに、日本睡眠学界は、サマータイムの導入で睡眠や生体リズムの乱れなどを指摘する。ごみ収集車、都バスなどが交通事故を起こさないよう、さらなる手立てが必要になる。

社会的影響が大きいだけに、サマータイムの一長一短を周知し、自治体、事業者、市民の意見を聞くことから始めるべきだ。

墨田区

北斎画購入で監査請求へ

総額14億円　市民団体が猛反発

墨田区は、江戸時代の浮世絵画家、葛飾北斎を顕彰する「北斎館」建設を今年度に再始動し、2011年の開館を予定している。同計画は20年以上前に立案され、墨田区は資料収集に特化した基金を通じて、総額で約14億円（約1400点）の収蔵予定品を公費購入してきた。しかし、基金運営に不透明な点があるとして、区内の市民団体が今年中にも住民監査請求を起こす考え。購入価格の適正さとともに、購入前のチェック体制なども問題視する構えだ。区側は「適正に運営してきた」と主張しており、両者の見解は真正面から対立している。

区では「適正に運営」

墨田区は1989年、「北斎館資料取得基金」を条例で設置した。定額運用基金で、毎年度1億円を上限に北斎に関連する版画、直筆絵画などを購入してきた。購入作品は、同区が基金から買い取る形で、一般会計に繰り入れている。昨年度は、基金側で約9600万円分の北斎作品などを購入。区側は今年度の一般会計予算で、昨年度以前の購入分を含めた1億円近い作品を基金から買い取った。

市民団体「すみだ行革110番」の大瀬康介氏は、墨田区の基金運営に疑問を呈し、年内にも住民監査請求を起こす意向を示している。

同氏が問題視するのは、区が購入してきた作品について、鑑定書などの評価文書が一切ないという実態。大瀬氏によると、今年6月、北斎館関連資料に関する鑑定書などの資料開示を墨田区に請求したが、区側からは「区政情報不存在通知書」が7月4日付で発行された。同氏は「鑑定書は古美術品や宝石など、高額な物品購入時には、売り主側に要求するべきではないか。これでは、購入作品に贋作が含まれている可能性も否めない」と指摘する。

これに対し、区では「江戸時代の浮世絵版画の場合、初版などの一部を除き、鑑定書がないのは普通だと認識している」と説明。購入先の美術商に対しても、特段、証明文書の発行などを求めていないという。

また、「鑑定書のない作品ゆえに、購入計画、購入金額など評価は外部の専門家に依頼している」としている。

区側の説明では、作品の具体的な購入計画は、学芸員など区の専門職員が情報収集して起案、外部評価組織の「資料評価委員会」が購入価額の適正さなどを評価の上、区長が決裁するという。区担当者は「鑑定書の代わりに、評価委員会の厳正な評価が行われている」と強調する。

しかし、市民団体側が入手した昨年度の「資料評価書」を見ると、査定評価は「作品名」「購入金額」「購入先」のみを記した一覧表に、評価委員が「承認」を意味する丸印を付けているだけだった。区側の購入提案理由や作品の詳細情報の記載などと、それに対する評価委員のコメント欄も空白だった。区側は「評価委員会では、3人の委員が関連資料や現物を参照しつつ、論議の上で承認した」とするが、評価の過程に関する文書や議事録などの記録は「ない」という。昨年度、起案された全作品は、購入を承認された。

市民団体の大瀬氏は「鑑定書に代わるべき評価書が〝○印〟だけとは、あまりにずさんだ」と怒りをあらわにする。

さらに「外部評価を行う評価委員会の構成に問題がある」と、市民団体側は主張している。

一般に、公立美術館の資料収集費の決定では、購入提案者（美術館など）と決裁者（自治体）から独立した第三者で、外部評価組織を設置している場合が多い。

墨田区の評価委員は、区の非常勤職員として「北斎館施設整備推進監」に就く美術評論家、区立図書館の元館長、版画職人が就任。市民団体側は「区の購入提案を、区に近い委員が評価しているのでは、外部評価と言えない」として、形骸化を指摘する。

評価委員3人は、墨田区の資料購入計画を監査・検討面で支援するとする「資料収集委員会」にも名を連ねている。制度上、起案側と査定側の両方に同じ委員が関わっている形だ。区側は「3人の委員は評価者であり、購入計画の具体的な起案に一切関わっていない」と強調するが、純粋に「第三者」として区の購入計画を外部評価できているかに疑問は残る。

この点について、区担当者は「両委員会の委員は別個にしたほうがよいとの認識はある。ただ、北斎に精通した専門家が限られており、現状の運用にならざるをえない」と説明する。

市民団体側は「外部評価制度、購入起案の仕組みなど、基金運営の全体が不透明で、責任範囲もあいまい」と疑いの目を向ける。

14億円の購入作品は墨田区の区有財産であることから、同団体は各作品の購入価格の適正を調査するため、住民監査請求を行う方針だ。その際、契約の詳細や購入品の選定過程についても情報開示を求めていくという。

区では「適正な価格で基金は購入してきた」と主張。担当者は「北斎に特化した美術館の性質上、誤解を招きやすい要素があるかもしれない。改善できる要素は改善し、区民への情報公開なども促進したい」としている。

問われる外部評価体制

【解説】墨田区を含め、公立美術館の美術品は美術商との随意契約による購入がほとんどで、市場価格との比較も困難なことから、厳格な内部統制が不可欠だ。

横浜市は1988年、外部評価制度を要綱で設置。現在は7人の専門家（他県の美術館長など）を委員として置く。作品の購入先などに応じて、「利害関係者の場合は評価者から除く」ことを明文化。評価結果などはウエブサイトで毎回、一般に開示している。同市の今年度の資料購入費は2000万円だ。

都立の美術館などを運営する㈶歴史文化財団によると、現代美術館、写真美術館、江戸東京博物館における資料購入の年間予算額は、3館合計で約1億5千万円（07年度、08年度）。北斎館の昨年度の資料収集費は、都立美術館1館あたりの収集額よりも多いことになる。これだけの大規模な基金を運営し、14億円分の作品を区有財産としてすでに購入してきた墨田区には、透明性の確保と説明責任を果たすことが、急務として課せられる。（河）

ごみの負担の公平

清掃工場建て替え中は半額

部長会が財源を検討へ

23区の可燃ごみ処理に負担金を導入する制度で、清掃工場のある区が工場の建て替え期間中は、半額負担することが決まった。

特別区長会（会長＝多田正見江戸川区長）は今年3月の総会で、可燃ごみを自前で処理しきれなかった区などが1㌧あたり1500円を、ごみを引き受けている区に支払うことで合意した。さらに、5月の区長会総会で、建て替えをしている清掃工場がある区には、「一定の配慮」を行うことを了承した。

負担金制度は、今後10年間で区民一人当たり20％のごみ削減を達成した際、見直しが図られる暫定措置だ。この間に清掃工場の建て替えが控えている区は、負担金を受け取る側から支払う立場に逆転してしまうため、「なぜ負担しないといけないのか」という不満があった。

一方、建て替え期間中は可燃ごみを他の清掃工場に持ち込むことになるので、他区から「なぜ負担しないのか」という疑問の声が上がった。

特別副区長会（会長＝水島正彦豊島副区長）では、6月から一定の配慮について慎重な議論を重ねてきたが、双方の主張のバランスを取る形で、清掃工場のある区が建て替え期間中は、負担金を半額支払うことで今月了承した。区長会に8日報告した。

負担金は、区の独自財源から支出されることが区長会ですでに合意されている。だが今後は、建て替え期間中の区の負担金の財源にも「一定の配慮」を行えるのかどうか、23区の企画・財政担当部長会が検討していくという。

可燃ごみ処理の負担金制度は、08年度の各区のごみ発生量が09年度途中に集計されるため、10年度から開始される。

練馬、杉並両清掃工場はそれぞれ10年度、12年度から建て替えが始まる計画だ。練馬、杉並両区はそれぞれ12年度、14年度から負担金を支払うことになるという。

温暖化を考えるイベントを開催

特別区協議会

特別区協議会は、23区などと連携し、地球温暖化問題を考えるイベントを27日から区政会館で開催する。イベントは、写真展、資料展示、講演会の3本柱。国連環境計画（UNEP）の写真展などを開くNPO、23区、東京ガス、東京電力の協力を得て、講演会などを同時開催するのは、今回が初めてという。

写真展では、世界169カ国が参加する「UNEP世界環境フォトコンテスト」に入賞した作品から、海草の異常発生、ごみの山など地球の今の姿を映し出した約40点がパネル展示される。

資料展示では、23区の温暖化防止対策の資料、東京ガスと東京電力の環境対策への取り組みパネルが並ぶ。講演会では、国立環境研究所の藤野純一、亀山康子の両氏を講師に招いて、低炭素社会の必要性などをテーマに講演してもらう。両講師が参加した「脱温暖化2050プロジェクト」の研究結果は、洞爺湖サミットの長期目標である「温室効果ガス排出量半減」に反映されたという。

27、28両日は区議、29日午前は一般、午後は職[illegible]議会事業推進課☎03・5210・9079。

戦後63年　語り継ぐ戦禍と平和

各区で慰霊祭などを開催

終戦から63年がたった。空襲で大きな被害を受けた東京には、今でもあちこちに戦火の傷跡が残る。それを語り伝える戦争体験者の高齢化が進むなか、次世代にどのように平和の尊さを語り継いでいくかが問われている。各区は、鎮魂と平和への祈りとともに、今年も8月15日を迎えた。

戦争の愚かさ伝える

江東区元職員　学童疎開の「語り部」

「平和の大切さを伝えたい」と語る長川さん

元江東区職員の長川雅洋さんは、東京大空襲で父、弟、祖母を失った。自らも新潟県に学童疎開。つらかった当時の体験を毎年、語り続けている。

長川さんは現在、72歳。1944年8月、江東区の元加賀小学校（当時の元加賀国民学校）3年生のときに、他の児童らとともに、新潟県に学童疎開した。

絶えずおなかがすいているので、ヤマユリの根やヘビ、カエルなど食べられるものは何でも食べた。冬になると雪が積もるが、薄いゴム製の運動靴しかない。たちまち足がしもやけになり、親に「長靴を送ってくれ」と手紙を出したが送ってはもらえなかった。当時は先生が手紙の不都合な部分は消していたという。

年が明けて、受験を控えた6年生は東京に帰ることになった。しかし、その半数が、3月の東京大空襲で亡くなった。

東京大空襲は死者10万人といわれ、東京の4分の1が焦土と化した。なかでも現在の江東区一帯への攻撃は激しく、3万人を超える犠牲者を出した。長川さんの母は押し寄せる火の海のなか、防空壕に飛び込んで火をよけたという。

長川さんが戦争を語り始めたのは、35年間勤めた区役所を95年に退職してから後のこと。区が学童疎開の資料室をつくることになり、疎開経験者の一人として集まった。並行して、疎開当時の同窓生らでつくる「月岡会」メンバーとして、疎開先の新潟県の小学校を訪問。感謝を伝えるとともに、児童らに当時の体験を語り継いだ。江東区内でも小学校に赴いて学童疎開の体験談を語るなどしてきた。

「今、学校の教科書に学童疎開のことは1、2行あるかないか程度。当時のことは話したくないという人も多いが、私たちが伝えないと忘れ去られていく」と危惧する。

「いかに戦争が愚かだったか、平和の大切さを伝えたい」。今月13日から15日まで、江東区の豊洲文化センター1階展示ロビーでの平和祈念パネル展「東京大空襲と学童集団疎開」の語り部として会場に詰めている。

◇

15日は午後6時30分から、江戸川区と江東区の境を流れる旧中川ふれあい橋付近で、両区の住民や関係者らが出席して、1945年3月10日の東京大空襲での旧中川での戦没者慰霊のための第10回東京大空襲犠牲者慰霊灯籠流しが行われる。

東京大空襲では下町の被害が最も大きく、旧中川では川に飛び込んだ3千人以上が犠牲になった。両区の住民らが始め、10周年となる今年の灯籠流しは、尺八奏者の藤原道山氏の演奏が予定されている。

軍用施設跡などを見学

北区の小学生

北区は毎年、8月の第1週を平和祈念週間として各種の行事を催す中で、区独自の歴史を区民に学んでもらおうとしてきた。

今年は8日に中央図書館で、小学生を対象に、区内に残る軍事施設跡などを見学するイベントを開催。小学生9人と保護者7人が参加した。

同区はかつて兵器工場などが数多く作られ、最盛期には区全域の約10％が軍用地だったこともある。北区によると「23区の中で区の面積に比して軍用地の占める割合が最も高かった区」で、「軍都」と呼ばれていたこともあるという。そのため、区内にはこうした軍用地だった痕跡を残す史跡などが数多く残っている。

今回のイベントについて中央図書館の担当者は「子どもと大人が一緒になって戦争や平和について考える機会にしたいと企画した。区内の戦跡をめぐるツアーは開催してきたが、小学生対象のツアー開催は今回が初めて」と話す。

見学の出発点になった中央図書館は、旧陸軍の東京第一陸軍造兵廠の建物を一部保存・活用して建てられ、今年6月に開館したばかり。同館とその周辺各所に遺る戦跡を、参加者は同行した地域資料専門員とともに歩いて見て回った。

見学先の一つ、区の中央公園文化センターは、第二次世界大戦の終戦まで旧東京第一陸軍造兵廠本部として使用された後、米軍が接収。1961年に「キャンプ王子」となり、68年にベトナム戦争の激化に伴い「米軍王子野戦病院」が開設された歴史を持つ。見学した保護者は「ベトナム戦争も北区に関わりがあったことは、知らなかった」と感想を話した。

約1時間半の見学後、中央図書館に戻った参加者には、区内の戦跡を網羅した「北区平和マップ」などを記念に贈呈。担当者は「区内にはまだ、たくさんの戦争の跡がある。みなさん自身でも是非回ってほしい」とあいさつした＝写真。参加した児童は、「自分が普段通っているような場所にも、戦争の跡地があることに驚いた。他の施設も見学したい」と感想を話した。

被爆2世の木　玄関の左右に

港区

長崎市から贈られたクスノキ

広島市から贈られたアオギリ

港区役所玄関の左右には、植木鉢に植えられた被爆2世のアオギリとクスノキが置かれている。

2005年に港区が平和都市宣言20周年記念行事を行った際、日本非核宣言自治体協議会を通じて、アオギリは広島市から、クスノキは長崎市から苗を分けてもらったものという。当初は区立芝公園の「平和の灯」の脇に植えられたが、公園で遊ぶ人たちのボールがぶつかるといけないため、鉢に植え替え、現在の場所に置いた。

玄関前の植栽に水やりしている庁舎管理の委託業者や、周囲の花のプランターに水やりしている「みなと障がい者福祉事業団」のメンバーなどが、それぞれ気づいたときに水を与えているという。

アオギリは高さ1㍍を超えるまでに成長し、クスノキも子どもの背丈くらいになり、青々した葉を茂らせている。区は「善意の気持ちに支えられて成長している」と話す。

港区の空襲被害は死亡者1051人、被害建物数は4万4859戸と空襲前にあった建物の64％が被害を受けたといわれる。区では、区役所1階ロビーで、広島、長崎の惨状を伝えるパネル展や学童疎開の絵画展を実施中で、会場には平和への願いをつづった短冊も。

平和を願うメッセージが書かれた短冊

芝地区総合支所地区政策課が「環境と平和を考える事業」の一環として企画した。同地区に住む親子が参加。「世界中から戦争がなくなりますように」「子どもたちが平和にくらせますように」「人間が戦争をやめますように」などと思いを込めた。同課では「これをきっかけに子どもたちが平和について考えてくれたら」と話している。

平和の石のつどい

目黒区

目黒区には、広島市から贈られた「平和の石」がある。区役所庁舎の向かいにある中目黒しぜんとなかよし公園の一画。「石」は、被爆した旧広島市庁舎の階段の一部だった。かすかに茶色の焼け焦げの跡を残す。

国際平和年の1986年に、広島市が旧庁舎の取り壊しにあたって建物の一部を分けるという話を目黒区職員労働組合が知ったのがきっかけで贈られた。設置してから風雨にさらされて黒ずんでいたが、今年は水で汚れを洗い流した。

広島に原爆が投下された今月6日には、石の前で「平和の石のつどい」が開かれ、約100人が午前8時15分に合わせて1分間の黙祷を捧げた。区内の広島、長崎の被爆者でつくる萠友会の朝倉大海会長は「63年前を思い出す。ピカドンの恐ろしき瞬間を目にした。あまりにも悲惨だった。私どもは日々、平和を願っている」とあいさつ。佐々木一男副区長、木全繁太郎区職労副委員長とともに平和の石に献花した＝写真。

記者席

口で言うのは簡単だが

○……数年前に取材した某職場の技術継承に伴う人材育成の取り組みについて、先日、その後の状況を取材したところ、「特に動きはありません」との返事をもらい、拍子抜けした。当初は団塊世代の大量退職に伴い、局の喫緊の課題として取り組んだはず。導入後3年目に入ったが、この間の取り組みの検証もしておらず、現在の課題を聞いても困惑気味の返事が返ってきた。なんとも、のんびりした話だ。

制度を導入したはいいが、その後、形骸化する例は少なくない。当初のビジョンが甘かったのか、運用状況を検証する体制がないのか、はたまた、それをフィードバックする仕組みが機能していないのか。理由は様々だろうが、その根底には導入理念を組織が共有化していない点が大きいように感じる。口で言うのは簡単だが、これが難しいようだ。

○……据え置きとなった今年の人事院勧告では、医師の給与のみ特別に改善することとしている。国立がんセンターでの麻酔医の相次ぐ退職など記憶に新しい。勤務医の確保が社会問題となる中、適切な給与水準が不可欠となっているためだ。

民間病院とは、10年前でも10％程度、この10年でさらに10％の較差が生じ、独立行政法人との比較ですら11％程度下回る状況に、人事院は「看過できない」という認識を示す。かつては研究費や豊富な症例といった環境面等でのメリットも、この較差には太刀打ちできないようだ。

○……公立小中学校での暴力行為が急増していることが、都教委のまとめた2007年度「児童・生徒の問題行動等の実態調査」で明らかになった。とはいえ、中学校の多くの教員は、「学校が荒れているという感じはない」との反応を示しているという。

実は、暴力行為の発生件数を押し上げているのは、一部学校で特定の生徒が暴力行為を繰り返しているためで、この生徒が卒業すれば件数は減るという。しかし、今度は高校での暴力行為が増えるのでは心配すると、「そういう生徒に限って、高校に入るとガラッと変わる」とか。

「単位制」「無学年制」高校の今

～かつて人気を誇った都立校の現状と未来～

座談会

「新宿山吹高校」復活へ向けて

都立新宿山吹高校は、1991年4月に開校した都立初の単位制・無学年制の高校。昼夜間開校の定時制課程（普通科、情報科）と通信制課程を併設するユニークな学校として全国的に知られ、多くの受験生が殺到した。しかし近年はその人気にかげりが見え、競争率も低下の一途を辿っている。その原因はどこにあるのか、また人気校へ復活する糸口は何なのか――。今年度から同校の副校長に就任した大川登喜彦さん、同校の本来の魅力を訴えるNPO法人教育支援協会連合会東京支部理事の杉浦孝宣さん、同校の卒業生で現在は小学校教諭を務める廣田就子さんの3人に話し合ってもらった。（文中敬称略）

進学実績が上がれば打開策になり得る

杉浦　新宿山吹高校の入試倍率は近年凋落しています。原因はさまざま考えられますが、私はその一つに、偏差値58という数値がいまだに独り歩きしていることもあると思います。

大川　そうですね。実際に今はそこまでないので、その数値を見て敬遠されている可能性は大いにあるでしょうね。

杉浦　とくに不登校を経験した生徒は学力に不安を覚え、どうしてもチャレンジスクールに目がいってしまうと思います。もっと入りやすい高校ですよ、ということを具体的にPRする必要があるのではないでしょうか。

大川　生徒の質も昔とは変わってきているのも問題です。何でも自主的にやるというのが山吹の特徴でもあるんですが、最近は自分の時間割も作れない生徒が増えてきています。結果的にこれが退学者数の多さにつながっていると思います。

廣田　私たちが在学していたころは、その自主性が自慢できるところだったんですが……。ほかの高校に通う友だちに聞くと、受験に関係ない科目を受けることが多く、苦痛だという話をよく耳にしました。でも私たちはどの先生のどの授業を聞けば、受験にも効率がいいというのがわかっていたので、とてもいい高校なんだ、と再認識したものです。

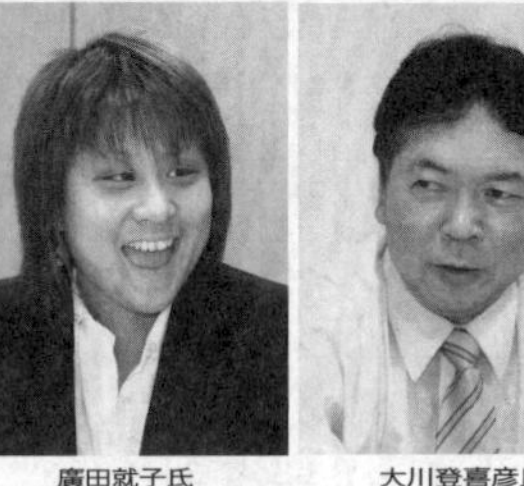

廣田就子氏

大川登喜彦氏

大川　その受験でいうと、現在でも約7割が大学・短大への進学を希望しています。昔は受験に向け、自分で教科を選んで時間割を作っていたんです。ところが今はそれもできないから結果的に合格率も低い。

杉浦　それだけ進学希望者が多い状況でしたら、進学重視という面を打ち出す必要はありそうですね。

大川　そうなんです。だから進学校を回って、そこでドロップアウトしたような生徒に再チャレンジの場として活用してもらうというのも一つの手かもしれないと思っています。

杉浦　再チャレンジできるという特徴は、建学の精神そのものだと思いますが、中退者が一番出やすい1年次の転編入が認められていないのは残念です。1年生で転編入の募集を行い、偏差値の高い子が入ってきて進学実績が上がれば、打開策になり得ると思います。

本来の山吹の良さ活かした指導を

大川　生徒が学校に来やすい環境作りも大切だと思います。例えば生徒が休んだとき、熱心に電話をかける教員は多いんですが、「どうして来ないの？」という風に聞いてしまう。どうして来ない、といわれても生徒は答えようがないんです。

杉浦　「WHY?」は人に過去の反省を促してしまう。だから私は「HOW」を使うようにしています。「どうしたら来ることができるか」といったニュアンスで。

廣田　山吹高校には、そんな感じで接してくれる先生がたくさんいましたよ。みんなどれだけ救われる思いがしたでしょうか。

大川　だから当校の教員には、本来の山吹の良さを活かした指導をして欲しいと思いますね。全教員がそういう意識を持てるような、組織的な取り組みの必要に迫られているんです。まず中にいる我々が変わることで、どの生徒にも「山吹に来て良かった」と思われるようにしたいんです。

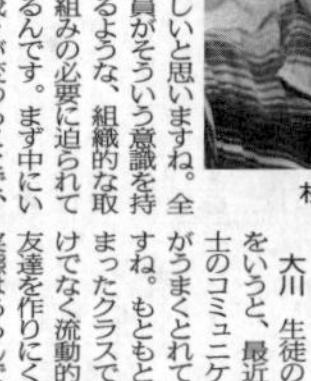

杉浦孝宣氏

杉浦　山吹高校の〝応援団〟の一人として、ぜひその改革を望みたいと思います。

山吹は生徒も教員も転換期に来ている

大川　生徒の側の問題をいうと、最近は生徒同士のコミュニケーションがうまくとれていないですね。もともと授業は決まったクラスで受けるわけでなく流動的なので、友達を作りにくいという実態はあるんですが。

廣田　私たちの時は、入学後すぐに1泊のオリエンテーションに行ったんですが、ああいった行事は今もあるんですか。

大川　なくなってしまいました。それも原因の一つなんでしょうか。

廣田　それがあるのとないのでは、友達を作るという観点では全く変わってくると思います。飯盒炊飯をしたりグループ活動をしたりして。振り返れば、あのオリエンテーションのおかげでその後の3年間を充実して過ごすことができたといってもいいくらいです。

大川　山吹は生徒も教員も転換期に来ていると思っているんです。進学も重視しながら、生徒に生きる力を身につけさせる、そういう学校にできたらと願っています。

廣田　私は山吹高校を卒業したおかげで教師になれたと思っています。私も中学時代、不登校を経験したんですが、本来はそういう生徒が過ごしやすい学校なんです。一度でも挫折を味わって、山吹でじっくり自分と向き合うことができたら、社会に出てからも強い人間になれると思います。

杉浦　そういう部分も学校側はオープンにアピールすべきなんでしょうね。

インタビュー

10年目を迎えた「桐ヶ丘高校」の課題

「楽校」。楽しく学ぶことのできる学校としてチャレンジスクールの第一号として9年前にスタートした都立桐ヶ丘高校。多部（3部）定時制、単位制、総合学科という仕組みに加えて、不登校を経験した生徒を受け入れ、元気にさせる工夫が随所にみられる。10年の節目を前に、その現状と展望を中川恵校長に聞いた。

中川恵校長

75％が小中学校時代に不登校を経験

――学校の雰囲気はどんなものでしょうか。

定時制といっても全日制と違いはないと思います。以前は夜間に授業をする定時制が中心でしたが、都立では新宿山吹高校ができてから、昼間定時制も開校しています。学校の雰囲気としては静かな学校だと思います。

――その静かな雰囲気というのは、不登校の生徒を多く受け入れているからでしょうか。

そうですね。約75％が小中学校時代に不登校経験者です。ですから、全体的には物静かな感じの子が多いですね。1学年の定員が150人で、男女比は110対30くらいです。残り定員枠10人は9月募集枠です。

――生徒の出席率は。

平均してみると、6割弱ですね。学則では一応在籍年数は6年までとしていますので、6年経っても卒業単位がそろわない生徒については、退学ということになります。

――ほかのチャレンジスクールよりも、辞める生徒は少ないように見えますが。

それは、6年目で辞める数が多いということだと思います。途中で辞めないけれども、そのまま在籍の最長年限まで在籍して、そこで退学、または転学ということになる生徒がいるということです。この点は、当校でも課題だとは思っているのです。ちなみに、卒業率は約7割前後を推移しています。

石をどけたら役割を果たせない

――クラスはあるのですか。

15人単位で「ホーム」と呼んでいます。それを担任一人が見るというような形でやっています。全員対象の行事は、1泊2日のアットホームキャンプと3年次の研修旅行です。キャンプは入学直後で9割くらいの生徒が参加しますが、研修旅行はやはり少ないですね。

――授業で気を遣うところはありますか。

あまり当てないで欲しいとか、答えるのが嫌だとか、そういう生徒もいます。でも当てないのが本当にいいのかどうか、私には疑問です。社会に出たら、ハードルを越えなければいけないことがあるし、壁にもぶち当たります。つまずくところを見ていられなくて石をどけてあげたら、チャレンジスクールの役割を果たせないのではないかなと思います。

――進学へのアプローチはどのようにされているのですか。

進路指導は非常に熱心です。総合学科ですから、キャリア教育の観点で入学当初から積極的に取り組んでいます。卒業後の進路としては、大学、短大への進学希望が多いです。今のところは、指定校推薦とAO入試がほとんどです。

キャリア教育と生徒の活性化

――今後の取り組み方針をお聞かせください。

卒業生の進路についての改善を考えています。昨年度の卒業生は94人ですが、就職が8人、あとは大学と専門学校への進学などで、残りは「その他」で40数％です。その他というのは進路未決定の状態で卒業している状態です。今までもキャリア教育は積極的に取り組んでいたのですが、出口での結果をきちんと示せるようにしたい。そのためにはやはり生徒が元気じゃないといけないと思っていますから、生徒の学校生活の活性化ということを考えています。その二つがこれからしばらくのテーマではないかと思います。当校も入試倍率が7倍とか8倍の頃はプラスの選択ができる生徒が入っていました。これをやりたいという気持ちを持った生徒です。それが2倍くらいになった今は、やはりどちらかというと負の選択ですね。これもやりたくない、あれもやりたくない。今までは不登校だったけど、この学校だから来られるようになった、そういう生徒が増えてこないと、チャレンジスクールも存在意義を問われることになると思います。

取材協力　NPO法人教育支援協会連合会＝不登校中学生の高校進学、高校生の転校・転入・編入・転学などの進路相談を受け付けている。問い合わせは、☎03・6806・8366　URL http://tokyocampus.kir.jp/joomla/　Eメール:info@tokyo-campus.jp

学校を支える人材育成〈中〉

―検討委の最終報告―

職層ごとの研修の充実を

■副校長・主幹教諭の職務や権限の見直し

検討委員会では、学校経営における副校長の役割の明確化として、副校長が校長とパートナーシップを組み、学校経営上の役割を積極的に果たしていくため、①学校経営計画原案の作成②教育課程の編成・実施・管理③校業績評価原案の作成④校務分掌の人事配置原案の作成――の4点について提言している。

指導教諭のあり方については、自ら授業を担当しながら他の教員に教育指導の改善等の指導助言を行う職として指導教諭を設置し、個々の教員の指導力向上と、学校全体の指導体制を強化すべきとした。今後、具体的な職務内容、任用規模、選考方法、年次配置計画等についてさらに検討、関係機関との調整を行うよう求めている。

■校務の縮減と効率化

都立学校については、都教委に「調査・報告事務縮減推進委員会」を6月に設置した。都立学校4校を選定し、調査・報告事務の実態把握と分析を行い、学校現場から見て、調査内容が重複していたり、回答の負担が大きい調査などの改善提案を随時受け付け、改善策を検討することとしている。これらの取り組みについては、2009年度以降も、恒常的に継続していくよう求めた。

区市町村立学校についても、2区2市の教育委員会に同推進委員会の設置を6月に依頼した。推進委員会設置区市の4校で実態調査を行い、区市独自の調査で重複しているもの等があれば改善するとともに、都教委が行う調査の課題や改善項目を都の推進委員会に報告してもらう予定である。この取り組みが今後、各区市で主体的、継続的に取り組めるよう都教委は働きかけるべきだとしている。

■学校組織や運営体制の見直し

小・中学校事務職員の活用では、事務職員の学校経営への参画を一層促進するため、区市教委における事務職員の活用状況等の実態調査や意見交換を実施するとともに、その結果を踏まえ、事務職員活用のあり方について、当面、都教委と連携・協力が可能な区市教委と検討組織を設け、改善の検討を進めることを提言した。

その上で、必要に応じて事務職員の職務内容や職責等について都教委の見解を示すとともに、円滑な学校運営に貢献している事務職員の実例なども周知していく必要があるとしている。

都立学校経営企画室の経営企画機能の充実では、今後、経営企画室は、学校経営に関する機能を一層発揮できるようにする必要があり、現状において学校経営に積極的に参画し成功している事例などの収集と紹介をしていくべきとした。

■学校を支える仕組みの構築

地域による学校支援の体制作りでは、「学校支援ボランティア推進協議会」の積極的な活用を期待し、地域コーディネーター研修の実施や各地域の多様な活動事例の紹介など、設置にむけた都教委の支援を提言した。

学校への理不尽な要望等に対する対応支援では、都教委が6月に設置した「公立学校における学校問題検討委員会」で問題の実態調査を行い、その結果を踏まえ、具体的な施策を検討するとしている。

■人材育成の充実

教員人材育成基本方針の策定については、経験や職層に応じた人材育成を意図的・計画的に進める必要があることから、校長の人材育成責任を明確に示すとともに、初任者から管理職までの任用体系に応じた包括的・体系的な方針を示すべきとしている。

OJTの充実では、OJTガイドラインを策定し、教員が経験年数や職層に応じて身に着けるべき力を、学校現場における日常の職務遂行の中で確実に身に着けていくための具体的な内容及び方法を明らかにすべきとしている。

また、管理職等育成指針を策定し、管理職候補者から副校長、校長の各段階に応じて必要な能力を明確にすることにより、育成対象者と育成責任者の双方に自覚を促すとともに、段階に応じた能力育成の手立てと道筋を示すべきであるとした。

職層ごとの研修の充実では、都教委が5月に設置した「都公立学校教職員の研修制度検討委員会」で、09年度からの実施に向け、教員人材育成基本方針やOJTガイドラインと連動した研修の構築など、任用体系に応じた研修体系の構築を中心に再編整備を図っていくべきとしている。

小中で暴力行為が増加

問題行動実態調査　いじめは4割も減少

公立小中学生の暴力行為が増加する一方で、いじめの発生件数が約4割も減少したことが、都教育委員会が実施した2007年度「児童・生徒の問題行動等実態調査」で明らかになった。暴力行為では生徒間の暴力行為が急増し、なかでも小学生の発生件数の増加が目立つ。ただ、小中学校とも発生学校数はわずかに増えているだけで、特定の児童・生徒による暴力行為の繰り返しが全体の発生件数を押し上げている。一方、いじめについては小中高とも大幅に減少し、小学校は昨年度に比べて半分近くまで落ち込んだ。学校現場の取り組みと、24時間電話相談や「ふれあい（いじめ防止強化）月間」、専門家派遣による学校支援など一連のいじめ対策事業の成果が出たと言えそうだ。

調査は、文部科学省の依頼を受けて実施されたもので、都内の公立小中高・特別支援学校を対象に、07年度における「暴力行為」「いじめ」「不登校」のほか、高校の長期欠席者・中途退学者について実態を調べた。

暴力行為については、対象となる内容や程度の扱いの変更もあって、07年度の発生件数は、前年度の1364件を大幅に上回る1770件となった。形態別では小中高とも学校内での生徒間暴力が増加。とりわけ中学校は全体の28・6％にあたる666件となり、前年度より158件も増えた。ただ、小中学校とも暴力行為の発生学校数はそれほど増えておらず、一部の学校で特定の児童・生徒が繰り返し起こしているため、発生件数が増加した。

一方、いじめについては、06年度から「いじめ」の定義と件数の捉え方が変更され、いじめられた児童生徒の立場に立って「当該児童生徒の精神的な苦痛」などがいじめの判断基準に加わった。このため、06年度調査ではとくに小中校で認知件数が大幅に増加し、小学校3841件、中学校2759件となった。

しかし、07年度調査では、学校現場の取り組みや都教委の一連の対策事業が功を奏し、いじめの認知件数は小学校1970件、中学校2052件と大幅に減少。とくに小学校では半分近くまで落ち込んだ。

毎週金曜　3面は　教育オンライン

人事院勧告

月例給・特別給とも据え置き

勤務時間は7時間45分に短縮

医師給与は独法並みに改善

人事院は11日、官民給与を比較した結果、民間との較差が0・04%と極めて小さいことから、国家公務員の月例給の水準改定は行わないことを国会と内閣に勧告した。据え置きは06年以来で2年ぶり。医師の給与は、人材確保の観点から特別に改善する。特別給も民間の支給割合と概ね均衡していたため改定しない。このほか本府省業務調整手当を新設。職員の勤務時間は短縮し、1日7時間45分、1週38時間45分に改定する。

■給与改定

今年の民間給与実態調査は、比較企業対象規模50人以上の事業所で、前回調査を約900上回る1万1037所について実施。完了率は89・0%と非常に高かった。

調査の結果、民間給与が公務員給与を136円（0・04%）上回ったものの、「較差が極めて小さく、俸給表の適切な改定には十分でない」などとして、月例給の水準改定は行わないことが適切と判断した。

ただし、国の医師の給与については、民間病院との差が22・8%、独立行政法人国立病院機構と比べても11・2%の差があり、とくに30～40歳代の勤務医を確保するため、特別に改善を図る。

具体的には、国立病院機構と均衡するよう、初任給調整手当を改定。最もへき地に適用される1種で最大10万4千円引き上げる。また国立高度専門医療センターでは、現在の適用区分を1段階高くする。

特別給は07年8月から08年1月までの下半期に比べて、08年2月から7月までの上半期が下がったこともあり、結果的に公務と民間で概ね均衡し、期末手当及び勤勉手当の支給月数の改定を行わないこととした。

このほか自宅にかかる住居手当は来年の勧告に向けて廃止を検討。非常勤職員の給与に関しては、府省や官署によって決定方法が異なっている実情から、人事院として各庁の長が給与を決定する際に考慮すべき事項を示した指針を策定する。

■給与構造

06年から5年間で取り組んでいる給与構造改革では、俸給表水準を平均4・8%引き下げ、これを原資に地域手当や広域異動手当を新設、俸給カーブのフラット化等を進めている。

今回の勧告では、国家行政施策の企画・立案、諸外国との折衝、関係府省との調整、国会対応といった本府省の業務の特殊性や困難性を踏まえて、本府省業務調整手当を新設する。

現行でも本府省の課長補佐を対象に特別調整額が支給されているが、これを廃止し、係長や係員も対象に加えた形での手当とする。課長補佐は基本的に現行と同額、係長は中位の号棒の俸給月額の4%、係員は同様に2%とする。

■勤務時間

職員の勤務時間は92年の完全週休2日制導入以降、1日8時間・1週40時間となっているが、昨年の報告では、08年を目途に、勤務体制等の準備を行った上で民間準拠を基本として勤務時間見直しに関する勧告を行うこととしていた。

民間企業の所定労働時間の状況は、04年から08年の平均で1日7時間44分、1週38時間48分だった。このため職員の勤務時間を1日15分、1週で1時間15分短縮し、1日あたり7時間45分、1週あたり38時間45分に改定することを勧告した。

ただし、勤務時間の短縮にあたっては、これまでの行政サービスを維持するとともに、行政コストを招かないことを基本とする。また公務能率の一層の向上に努める必要性にも言及している。

人事院によると、時間短縮の措置を講じる一方で、コストをかけないことが原則であり、「時間短縮に伴う非常勤などの人員増は認められず、職員の生産性を上げることで対処するため、超勤増もないものと理解している」と話している。

■都への影響

今年の給与改定では、136円（0・04%）の公民較差について、改定には十分ではないとして、月例給の据え置きを判断した。同様に「勧告なし」となったケースは、最近10年でみると04年（較差0・01%）、06年（較差0・00%）に続き、今回が3度目となる。

一方、都は昨年、公民較差が0・07%（309円）という極めて低い数字ながらも、引き下げを勧告した。都の場合、2010年度までは、地域手当の支給割合拡大と本給引き下げを行う関係から、公民較差がゼロの場合でも毎年、給料表を勧告することになるため、国と異なり、わずかな較差でも実施し易い面があると思われる。

民間給与実態調査の結果についても、近年、国と都で異なる傾向を示している。たとえば06年は国の0・00%据え置きだったが、都は0・31%のマイナス勧告。昨年は0・35%のプラス勧告だった国に対して、都は0・07%の引き下げを勧告した。いずれにしても、都の民間給与実態調査の結果が注目される。

医師給与では、04年3月まで同じ国立病院だった国立病院機構の医師との均衡を図るため、年間給与を平均で約11%引き上げるよう、初任給調整手当を特別に改善した。

民間病院との差は、10年前でも10%程度あったというが、国立病院には処遇面などで優位性もあり、これまで人材確保が問題となることはなかったという。勤務医の確保は、官民問わず重要な課題だが、都では昨年の都勧告を踏まえて、すでに初任給調整手当等の改善を実施済みだ。

勤務実績の給与への反映では、昨年の国家公務員法改正により、来年度から新たな人事評価制度が施行され、人事管理への活用の基本的な枠組みを提示したが、都は国に先駆けて制度を運用し、昇任選考や昇給制度、成績率など処遇への反映を進めてきた実績がある。

勤務時間に関しては、国が15分の時短を勧告したが、行政サービスを維持する一方、行政コスト増を招かないことが前提となる。各府省の業務効率化、職員個々の公務能率の向上のほか、超勤縮減の取り組みも挙げている。

都人事委員会も昨年、職員の勤務時間に関して、「民間準拠を基本としつつ、国や他団体との制度的な均衡を図りながら、定める必要がある」としており、勧告での大きなポイントとなる。

民間企業の客観的なデータに基づいた時短勧告ではあるが、幹部公務員の不祥事など公務や公務員のあり方を巡る問題が相次いで明るみになる中、「事態を深刻に考えており、国民がどう考えるか懸念がないわけでもない」（谷人事院総裁）と話すように、公務員に向けられる視線も依然として厳しい。政府がどう判断するか、今後の政治情勢も含めて、注目されるところだ。

都労連

勤務時間短縮で明確な勧告を

人事委員会に申し入れ

都労連は13日、人事院勧告を受けて、都人事委員会に要請を行った。この中では、据え置き勧告に反発する一方、勤務時間の短縮を勧告するよう強く求めた。また技能系職員や教員の給与制度等では、労使協議を見守ることを改めて要請している。

11日の人事院勧告では、国家公務員の月例給を据え置き、特別給も改定を行わなかった。また職員の勤務時間は1日7時間45分に短縮した。

都労連の要請では、まず月例給と特別給の据え置き勧告について「官民比較方法の改悪が強行された結果によるもの」とし、「比較対象企業規模を従来の100人以上に戻せば、改定の見送りにはならない」と批判。生計費原則を重視し、都人事委員会が独自性を発揮するよう申し入れている。

勤務時間の短縮では「実態調査結果からも当然」との立場を示しながら、都内の民間企業の実態は人事院調査よりも短時間となっていると指摘し、人事院と同様、明確な勧告を求めた。

このほか「技能系職員の給与水準・任用給与制度」「教員の給与制度」などの労使協議事項については「第三者機関として中立・公正の立場で、踏み込んだ意見表明など行わず、労使協議を見守るよう重ねて求めておく」と述べた。

これに対して人事委員会は、勧告作業の状況を説明。さらに勤務時間では、3年間の調査結果を集計・分析を行った上で、他団体の動向等を踏まえ、あり方を検討していく考えを示した。また行政系職員の1・2級職に関しても、給料表の級構成が勧告事項であるとして、「取り扱いについて検討していく必要がある」などと回答した。

足立区

コンプライアンス研修を実施

職場全員で徹底討論

公務職場や公務員個人の不祥事が起こるたび、国民の厳しい目線が公務員全体に送られる。不祥事撲滅を願うのは、どの公務職場も同じだが、中でも職員のわいせつ行為や、通勤手当の不正受給など、相次いで起こる不祥事に高い危機意識を持つ足立区では、7月から「新コンプライアンス研修」をスタートさせた。これまでは管理職等を対象にコンプライアンス研修などを行っていたが、今回は管理職が講師となり、すべての職場で全職員が身近にある不祥事問題をテーマに徹底的に討論し、原因や防止策を探るもの。人事課では「不祥事は身近に存在している。それを考える重要性に気がついて欲しい」と訴えている。

身近な不祥事テーマに

足立区が取り組んでいる「新コンプライアンス研修」は、管理職が講師となり、起こりやすい事故や不祥事の具体的事例をもとに、職場ごとに全職員が討議するもの。研修は基本的に5人程度を1グループに、2班に分かれて実施する。

例えば「勤務時間中の公用車での私的な買い物行為」をテーマにした場合、①その行為の問題点は何か（例=同僚の行為を疑問に思っても注意したり上司への相談がしづらい職場風土がある）②再発防止策として、考えられる取り組みは何か（例=朝礼等により、目的以外の使用禁止意識を喚起する）③再発防止に向け、職場で実行すべき具体的な行動（例=車内の目に付く位置に注意喚起の張り紙をする）――について、それぞれの班が考えをまとめる。

その後、片方の班が結果を発表し、もう一方は、それに対して質問して議論を深める。最後に講師が問題点と再発防止策について職員にアドバイスし、自らの所属で実行すべき具体的な防止策を検討、実行する。

一度に10人が集まるのが難しい場合は少人数で行うなど、状況にあわせて実施する。保育園など、出先の事務所長が係長級の場合は、係長が講師になる。

研修では、まず講師となる管理職が「モデル研修」を受講した。外部講師を招き、7月中に3回に分けて実施。計220人が学んだ。

この際、特に力を入れたのが、職員から意見を引き出すスキルの習得だ。研修では、公務職場で起こりやすい事故や不祥事の具体事例を基に、職員が当事者意識をもって原因や防止策を討議する。しかし、普段仕事をする仲間内では意見が出しづらいこともある。また、自分の問題として考えてもらうためにも、受け身ではなく積極的に意見を出してもらうことが大切となる。質問のテクニックや、職員の中に眠っている意見を引き出す技術を磨くことが、研修を成功させるカギを握る。

実際に職場で行われた研修では、様々な課題が浮き彫りになっているという。例えば「勤務中の私的な行為」をテーマにした職場では、若手職員がきちんと判断するケースが多かったのに対し、ベテラン職員は、少しくらいなら許容範囲だと捉える向きが強いなど、世代によるコンプライアンス意識の違いなども表れた。

人事課では「一人ひとりが不祥事の意識を自覚し、気づいてもらうことが大切。CS（顧客満足）の視点で考えていくことが重要だ」と話す。

◆

足立区では昨年、不祥事の嵐が吹き荒れた。6月には区立公園のタイヤブランコが落下し、小学生3人がケガをして課長らが書類送検された。翌7月には、部長級職員が国家資格を不正取得して処分。懲戒処分の公表など対応の遅さも指摘された。

また9月と10月には、店内や電車内での盗撮、痴漢行為で3人の職員が逮捕。10月には通勤手当の不正受給で5人が減給等の処分を受けている。

学力テストの不正問題が発覚したのも、この年だ。今年に入ってからも、7月に係長級職員が土日や勤務時間中にインターネットでわいせつ画像を閲覧していたなどとして処分を受けている。

度重なる不祥事を食い止めるにはどうすればよいのか。不祥事の原因究明や再発防止策を検討するため、区は昨年11月に学識経験者や民間人らをメンバーにした「職員の不祥事根絶対策懇談会」を設置。そこで不祥事防止に向けた取り組み提言の一つとして示されたのが研修の充実だった。

区では、これまでも管理職や新採職員を対象に、コンプライアンスや公務員倫理の研修を実施してきたが、3千人を超える職員全員への研修は手が届かなかったのが現状。だが、度重なる不祥事は、研修効果や取り組みが不足していることを如実に物語っている。このため提言では、起こりやすい事例を基にした研修や管理監督者の研修の充実などを求めていた。

研修は11月中をメドに全職場で実施する予定だ。

管理職が受講したモデル研修の様子。講師として、職員の意見を引き出すテクニックを学んだ

都主任試験

AI類申込率は43・8%

申し込み状況を発表

都人事委員会は12日、08年度主任級職選考等の申込状況（速報値）を発表した。主任級職選考AI類では、有資格者数が引き続き減少したこともあり、事務と4大技術全体の申込者数は前年度比214人減の1435人、申込率は2・1ポイント増の43・8%となった。AII類の申込者数は、全体で60人減の645人、申込率は25・0%だった。

種別Aでの教養問題の前倒し受験は、I類全体で有資格者422人の91・9%にあたる388人が申し込んだ。このうち事務の申込率は、前年度と同じ90・9%、技術は土木が95・3%、建築、機械、電気はいずれも100%だった。

種別Bでは、全体の申込者数が708人に上り、前年度から77人増加した。申込率をみると、事務系で27・3%、一般技術系が30・4%、医療福祉系は12・3%となっており、全区分で前年度を上回った。

運輸系主任級職選考については、種別Aの高速で115人（申込率54・5%）、路面で43人（同91・5%）、交通技術は25人（同89・3%）が申し込んだ。教養問題の前倒し受験は、3区分合計で有資格者33人のうち29人に上った。申込率は前年度比で16・1ポイント伸びている。

准看護師3級職選考については、今回、有資格者15人に対して申込者はいなかった。

主任級職選考申込状況（速報値）			08年度 有資格者数	申込者数	申込率	合格予定者数	07年度 有資格者数	申込者数	申込率	合格者数
A	I類	事務I	2,348	937	39.9%	243	2,837	1,084	38.2%	292
		土木	335	165	49.3%	36	407	191	46.9%	41
		建築	55	32	58.2%	7	71	41	57.7%	8
		機械	218	122	56.0%	18	252	130	51.6%	22
		電気	322	179	55.6%	19	386	203	52.6%	24
		小計	3,278	1,435	43.8%	323	3,953	1,649	41.7%	387
	II類	事務II	28	9	32.1%	2	45	11	24.4%	3
		福祉I	132	27	20.5%	4	241	37	15.4%	8
		福祉II	38	20	52.6%	2	39	12	30.8%	2
		産業技術I	107	77	72.0%	11	89	56	62.9%	9
		産業技術II	76	37	48.7%	9	108	52	48.1%	11
		産業技術III	35	20	57.1%	3	42	26	61.9%	3
		医療技術I	99	63	63.6%	6	130	66	50.8%	9
		医療技術II	245	89	36.3%	8	298	89	29.9%	9
		看護	1,817	303	16.7%	31	2,123	356	16.8%	37
		小計	2,577	645	25.0%	76	3,115	705	22.6%	91
	合計		5,855	2,080	35.5%	399	7,068	2,354	33.3%	478
B	事務系		1,142	312	27.3%	81	1,108	250	22.6%	79
	一般技術系		642	195	30.4%	56	672	186	27.7%	59
	医療福祉系		1,630	201	12.3%	87	1,668	195	11.7%	88
	合計		3,414	708	20.7%	224	3,448	631	18.3%	226

星 幸男さん（ほし・ゆきお=都下水道局建設部管理課庶務係主任）6日死去、57歳。

田澤 耕吉さん（たざわ・こうきち=茂木玲子・都立墨東病院看護部看護科看護担当科長の父）6日死去、83歳。

岩本 あけみさん（いわもと・あけみ=岩本弘明・都総務局行政監察室副監察員の妻）8日死去。

鈴木 発雄さん（すずき・はつお=鈴木朗・都財務局財産運用部収用担当副参事の父）9日死去。

青柳勢司さん（あおやぎ・せいじ=青柳正俊・都下水道局西部第二下水道事務所新河岸水再生センター設備担当係長の父）10日死去、80歳。

戦略的事業承継セミナーを開催

ライブドア経営陣が登壇

都産業労働局と(財)東京都中小企業振興公社は、今年度3回目となる「事業承継セミナー」を9月4日に開催する。講師に(株)ライブドアの執行役員である高岳史典氏を招き、「事業の再生と承継に必要な経営戦略」をテーマに講演してもらう。

多くの中小企業では「後継者がいない」「子どもが事業を継いでくれない」などの事業承継が課題となっている。同セミナーは、都内中小企業経営者を対象に、事業を後継者に受け継いでもらえるような魅力的なものに再生するためのヒントにしてもらうのが目的。

講師の高岳氏は、欧米で10数年間、日本でも数年間にわたり事業再生の実績を積んでおり、今年から(株)ライブドアの執行役員に就任。再生請負人としての現場での実践や、円滑な事業承継に向けたノウハウなどを話してもらう。

場所はゲートシティ大崎1階ゲートシティルームDで、時間は午後2時30分から4時30分まで。定員は50人で先着順に受け付ける。申し込みは(財)東京都中小企業振興公社ホームページのフォームから入力する。

京浜3港が長野で共同PR

9月3日に初のセミナー

東京港、川崎港、横浜港の京浜3港は、9月3日に長野県松本市で「京浜利用促進セミナー」を開催する。京浜3港の共同セミナーは初めての試み。

今年3月21日に締結した京浜港の広域連携強化に関する基本合意に基づくもので、長野県内の輸出入貨物関連事業者を対象に、京浜3港の利用促進に向けてPR。新たに進出した工場などの開拓を図りたい考え。慶応義塾大学商学部の中条潮教授の講演や京浜3港のプレゼン、意見交換会を行う予定。

㉑年度 職員教養講座 ［8］

はじめに

今回は、創作問題の論文例と解説から、論文の書き方を学んでいきます。資料となるデータについては紙面の都合上掲載できないため、出典を記載するにとどめることをご了承下さい。

問題

別添の資料は、災害に関する状況等についてあらわしたものです。

（1）これらの資料から、都政にとって特に重要であると思われる課題を三つあげ、簡潔に述べなさい。（箇条書きで400字程度）

（2）（1）で述べた課題に関して検討し、東京における災害の被害を軽減させるための方策についてあなたの考えを論じなさい。あわせて、災害の被害を軽減させる方策に対し、予想される障害について論じなさい。（1300字以上1800字程度）

資料（概要）

1　都道府県別自主防災組織の組織率…防災白書（平成19年度版内閣府）

2　防災市民組織への参加の有無…都政eモニターアンケート（平成15年度東京都）

3　万全の備えへ国民運動を（平成17年6月20日神戸新聞社説）

4　今後の取り組むべき防災対策…企業の防災への取り組みに関する特別調査（日本政策投資銀行HP）

5　首都直下地震における帰宅困難数予測（平成17年7月中央防災会議）

6　都内建物の耐震化の現状…「平成15年度住宅・土地統計調査」（平成17年6月総務省統計局）

7　阪神・淡路大震災における死因（平成7年4月警察庁調べ）

8　住宅の全体戸数における耐震性（国土交通省資料をもとに内閣府作成）

論文例

（1）

1　地域の防災力の向上

○都民の自主防災組織への参加率は13・4%と低い状況である。

○初動態勢を整備し災害を最小限にとどめるために、地域の防災力の向上が求められている。

2　企業の防災への取り組みの支援

○企業防災の役割の重要度は高まっていることが分かる。

○企業の防災への取り組みとして、60・5%の企業が防災計画・マニュアルの整備を必要と考えている。

○企業による地域防災が求められる中、企業の防災への取り組みの支援が重要である。

3　災害に強いまちづくり

○住宅の約25%は、耐震性が不足していることが分かる。

○阪神・淡路大震災の死因の大半は建物倒壊によるものであり、住民の生命・財産の保護のため、災害に強いまちづくりが必要である。

（2）

1　災害対策の必要性

災害対策を図るため、都における課題の背景は以下の3点である。

第一に、地域の災害に対する防災力が不十分であることが挙げられる。その背景には、核家族化や少子高齢化による単身世帯の増加等で地域コミュニティーが希薄化し、地域の課題解決力が衰えていることがある。また、近年では、住民のボランティア活動など社会参加への関心が高まりつつある。しかし、防犯や介護などの日常的な課題と比較すると、防災は非日常的な課題であるため、住民の防災に対する意識が低い。このため、地域の自主防災組織への参加率は低くなっており、災害発生時の初期救助活動に支障が生じる恐れがある。

第二に、企業の防災への取り組みが不十分であることが挙げられる。金融、流通の高度化や国際化の進展に伴い、災害時には都市機能の早期復旧が求められる。しかし、企業では社内の早期復旧に対する意識が低く、また人材に余裕がないことから、災害時業務継続計画を策定する余裕がない。また、企業の地域貢献は、従来は企業の自主的な判断に因るため、地域との連携が不十分である。

A論文（創作事例）

第三に、都民が住家の耐震化に取り組む環境が整備されていない。昭和56年以前に建築された住家は耐震性が不十分である。しかし、都民は震災時における自分の住家の危険性を理解していない。また、住家耐震化の費用のため、都民は簡単には耐震化に取り組むことができないと考えている。このため、震災時に大規模な被害が想定されているにもかかわらず、住家の耐震化は進んでいない。

2　災害に強い都市へ

以上の分析を踏まえ、課題解決へ向けて具体的施策を展開する。

第一に、地域力を活かした防災力の強化が必要である。まず、地域の自主防災組織の活動を充実強化する。具体的には、防災NPO法人による自主防災組織の連絡協議会を設置する。協議会では、防災リーダーの育成や、組織相互間の情報交換を行う。また、住民の防災に対する意識改革を推進する。具体的には、町会や自治会と協働して、防災週間等の各種行事を開催し、屋外において防災実演や暴風雨体験装置の体験を通じて、防災に関して一層の普及、啓発を推進する。さらに、市区町村や防災NPO法人と連携して、優れた防災教育を収集、紹介し、小中学校の防災教育を促進する。

なお、自主防災組織の連絡協議会の運営にあたり、運営費や人件費の増大が懸念される。そこで、活動場所として、都の既存施設や学校の余裕教室を開放する。また、企業OBをボランティアとして活用する。

第二に、企業の力を活かした防災力の向上を推進する。まず、企業と地域の連携を強化する。具体的には、防災NPO法人が地域貢献の意思を有する企業と自主防災組織を仲介し、協働して災害訓練や災害教育などを実施する。さらに、企業と自主防災組織の協働事例の紹介を行う。また、企業の災害時業務継続計画の策定を支援していく。企業に対して、相談窓口開設や計画作成マニュアルの配布、担当者育成のための専門家の派遣などを行う。

なお、災害時業務継続計画策定が直接経営に貢献しないと企業が判断し、計画策定が進捗しない懸念がある。そこで、企業に計画策定のインセンティブを与えるため、都の入札参加資格の格付順位に企業の防災活動を適切に評価する。

第三に、災害に強いまちづくりを促進するため、耐震性が不足する住宅の耐震性を強化する。まず、都民の住宅の耐震化に対する意識を高揚する。具体的には、市区町村と連携して、個人の住宅の状況が認識できる詳細な地震防災マップを作成、公表し、耐震化の重要性の周知を徹底する。また、産学公の連携を活用し、耐震化に関する技術開発を推進する。具体的には、産業技術研究センターが、大学や公設試験研究所と連携しつつ、安価で信頼できる耐震改修技術を研究開発し、企業に提供する。

なお、住宅の耐震化を推進するにあたり、個人が負担する費用が問題となる。そこで、住宅の耐震化をした際には、固定資産税の減税措置を講じ、費用負担の軽減を図っていく。

3　活力ある明日の東京へ

都には、都民の財産と生命を守るため、公助、自助、共助すべての力を結集して、災害に立ち向かう社会全体の危機管理体制を構築し、災害に強い都市を実現する責務がある。私は、管理職として有効な施策を立案し、リーダーシップを発揮して東京の防災機能の強化に尽力する決意である。

解説

本問題は、防災対策がテーマです。東京の防災力強化については、「10年後の東京」にも挙げられており、都政が特に取り組むべき課題の一つと言えるでしょう。

情報収集源としては、「10年後の東京」や東京都震災対策事業計画等を注視しておきます。

それでは論文例を解説していきます。まず資料から読み取れる課題として①地域の防災力の向上②企業の防災への取り組み③災害に強いまちづくり――を挙げました。資料からは、他に帰宅困難者対策が読み取れます。

次に、課題の分析と解決策の提示については、一体的に解説していきます。ポイントは、課題の分析と解決策を対応させることです。

①については、地域の課題解決力の低下や自主防災組織への参加率の低さを背景として触れ、解決策として、自主防災組織の活動強化や住民の防災への意識改革への取り組みを提示しています。

②については、企業防災の地域での連携が不足していること、また企業の災害時業務継続計画の策定が今まで十分ではなかったことを背景として触れ、解決策として、企業と地域の連携の強化及び企業BCPの作成推進を提示しました。

③については、都民の自分の住家の危険性への理解が不十分であること、また住家の耐震化の費用が高いことを背景として触れ、解決策として、都民の住家の耐震化に対する意識の高揚と、住家の耐震化費用の安価に向けた技術開発を提示しました。

おわりに

試験当日、2時間50分以内に400字＋1800字＝2200字を、考えながら書き上げることは、容易な作業ではありません。日頃、手書きで文書を作成しない人はなおさら大変です。そのためにも、まずは自分なりの論文の型を確立させることが先決ですが、試験の直前期には、その場で与えられたテーマについて、時間内に書き上げる本番さながらの訓練をすることをお勧めします。

皆様のご健闘を心よりお祈りいたします。

20年度 特別区 管理職試験講座 28

II類論文⑩

講座終了にあたって

平成20年度の特別区管理職選考まであと20日あまりとなりました。受験生の皆さんは、自分流の方法で試験勉強に打ち込んできたことと思います。多くの方は計画どおり勉強が進み最終チェックに入っていることでしょう。でも、中には、仕事と家庭生活の両立で思ったほど勉強が進んでいないと感じている方もいるかもしれません。でも、まだあきらめないでください。今からでも、集中して勉強すれば、力を付けることができるはずです。これまでの取り組みの総仕上げとして、試験当日までの期間を最大限に活用し、是非合格していただきたいと思います。

今回は最終講にあたりますので、①試験直前で、どのような内容が予想されるか②論文作成にあたっての注意点③試験日までの準備と試験当日の注意点――について、述べたいと思います。

予想される出題について

すでに、説明させていただいていますが、区II類の論文では、事例問題に答える際に、必ず「特別区における○○○のあり方について、あなたの考えを述べた上で……」という条件が付されます。まず、この課題について、自分の考えを述べることが必要です。

また、ほとんどの事例の中で町会や地域団体が関係してきます。したがって、区民感覚や区民団体等との協働のあり方について自分の考え方を整理しておいてください。

繰り返しになりますが、過去5年間に出題された課題は以下のとおりです。（）内は、事例における課題です。

【15年度】特別区における区民との協働のあり方について（区民センターの運営を見直すための懇談会の設置）

【16年度】特別区における高齢社会への対応のあり方について（高齢者福祉センターの設置場所の検討）

【17年度】特別区における公共施設の整備・運営のあり方について（公会堂の建て替え案の作成）

【18年度】特別区における住民参加のまちづくりについて（中央公園の整備計画の見直し）

【19年度】特別区における公共施設の民営化の進め方について（民間委託する保育園の選定）

20年度の出題予想としては、次の3点を挙げさせていただきます。

①高齢社会の対応について（退職を迎えた団塊の世代を含めた元気な高齢者たちが住み慣れた地域の中で、現役時代に培ってきた経験や技能などを発揮して、ボランティアなど社会貢献活動にも参加してもらえるような仕組みづくりや活動への支援が必要となっています）

②災害対策のあり方について（東北地方で大きな地震が続きました。東京でも、南関東直下型地震の発生が懸念されています。災害に強いまちづくりには、ハード面の整備が不可欠ですが、一人暮らしの高齢者や障害者に対する災害時の救援・救護の仕組みづくりや、地域ボランティアとの協力体制づくりなど区民との協働によるソフト面の施策が必要です）

③地域の安全対策について（下校時に子どもが襲われる事件などが多発しているため、安全対策が重要になっています。地域ボランティアによる巡回パトロールや登下校時の通学路の見守りなど、地域の力で子どもたちの安全を守るという取り組みも進んでいます）

このような課題が出題された場合に、自分なりのイメージを持っていれば、特に文章にまとめてなくても、これまでの知識と経験を活かして書くことができると思います。

試験の心構え

論文作成にあたっての注意点

《自分の手で書く》

論文の作成をパソコンで行っていた方は手書きの練習に切り替えてください。試験本番では、手で文章を書くことになります。2千字を手で書くのは結構大変です。また、実際に手で書いてみると、書けない漢字も多々出てきます。

また、400字を書くためには、どの位の時間がかかるのか、確認しておいてください。万一、試験場で残り時間が少なくなっても、あと何分あれば、書き終えることができるという安心感を持つことができます。残り5分でもがんばれるものです。

それから、試験場で使用する筆記具も、シャーペンシルを使うか、鉛筆を使うか、あらかじめ決めて置くとよいです。シャーペンシルにはいろいろな種類があるので、自分に合ったものを見つけておくとよいです。鉛筆の場合は、芯がすぐに減ってしまうので、多めに準備してください。要は、決めた筆記用具に、使い慣れておくことです。

《問題に沿って書く》

この時期なので、事前に用意した完成論文が少なくとも1本はあると思います。できることなら、その内容を確実に覚えることをお勧めします。しかし、丸暗記が苦手な方もいると思います。その場合には、第1章と第4章は覚えるようにしてください。ただし、覚えた論文を試験場でそのまま丸写しするためではありません。試験当日に出題された問題に沿って、覚えている論文を材料にして、論文を書くことです。これは決して難しいことではありません。4段構成の論文で説明します。

第1章は、まず与えられた課題に答えなければなりません。これは覚えた論文をそのまま活かせることができる場合もありますが、課題が予想外だった場合は、その場で考えをまとめなければなりません。ただし、この場合でも、第1章の終わりの部分は、課長としての対応を書くので、覚えたものが活きてきます。

第2章では、通常の場合、最初に、①課長自身の判断や対応のまずさを指摘します。次に、②係長の問題ある行動や対応を指摘します。そして最後に、③職場全体または職場風土の問題点を指摘することになります。

それぞれの問題点の指摘にあたっては、ある程度パターン化されています。したがって、ここでは、丸暗記していなくても、パターンを押さえておけば、事例に沿って、問題点を指摘することができます。もちろん、覚えた論文があれば、それを材料として是非とも活用してください。

第3章では、問題に即して早急に対処すべきことから、順番に書いていくことになります。苦情やトラブルのあった○○会長等への説明やお詫び、部長への報告、計画案等の立て直し、課内体制の見直しなど、ここでも、パターン化したものを覚えておけば、事例に即した対応策を書くことができます。もちろん、第2章同様、覚えた論文があればその材料をかなり活かせますので、是非とも使ってください。

第4段では、全体のまとめと課長の決意を書くことになります。この最後の決意表明の部分は課題に即したものが良いのですが、わりと、時間が足りなくなります。その場合は覚えたものをそのまま書くようにしてください。とにかく最後まで書き終えることが最優先です。

試験日までの準備と試験当日の注意点

《体調管理を万全に》

連日猛暑が続き、かなり大変かと思いますが、夏風邪などひかないように、十分に注意して、試験当日はベストの体調で臨んでください。睡眠や栄養などの基本的なことにできるだけ留意して、試験まで体調管理に万全を期してください。

《無理のない対策を》

試験までに残された時間は限られています。どうしても気持ちばかりがあせってきますが、これからは新しいことに取り組むのは止めましょう。これまでに書き上げた論文や、課題対策用に集めた資料を読み返し、確認することがなによりも重要です。

《試験当日の持ち物》

試験会場と開始時間は必ず確認しておいてください。また、試験当日持っていく、①受験票②筆記具（鉛筆・消しゴムなど）③時計（携帯電話での代用は不可）の確認もしてください。時計は忘れやすいので特に要注意です。

試験会場の教室では、冷房が効かない場合がありますので、汗を拭くためのタオルや水分補給用のペットボトルを持っていくと便利です。また、逆に冷房が効きすぎる場合もありますので、念のために薄い衣類を1枚余分に持参しておいたほうが良いと思います。もちろん、試験に向けて作成した完成論文と資料（課題対策用の資料）も試験直前まで読み返せるように持っていってください。

《最後まで全力で》

試験開始から一定時間が過ぎると、途中退室が認められます。論文が書き上がっていても、制限時間ギリギリまで入念に確認作業を行ってください。誤字脱字だけではなく、分かり易い表現になっているか、最後まで慎重に確認してください。

また逆に、時間が足りなくなりそうになった場合でも、最後まで決してあきらめずに、最後までがんばってください。

おわりに

区II類の論文講座も、今回で最終講を迎えました。読者の皆さんのこれまで行ってきた努力が決して無駄にならないように、試験までの残された時間を有効に使ってください。絶対に合格して、管理職として区政の一翼を担うという強い気持ちを持って試験に臨んでください。

皆さんのご検討を心からお祈りします。

カレントトピックス 20年度 44

都政事情

■平成19年度一般会計決算（見込み）（7月31日）

平成19年度の歳入額は6兆8403億円、歳出額は6兆7195億円となった。実質収支は946億円で、平成14年度以来5年ぶりの減少となった。これは、税制改正などにより都税が増収となったものの、インフラ整備や産業の振興などに積極的に取り組んだことを反映したものである。

現在、原油価格の高騰や円高などにより、企業収益が大幅に落ち込んできていることに加え、平成21年度からは法人事業税の一部国税化を控えており、今後の歳入は、本格的な減収局面を迎える。20年度4月から6月の法人2税収入は1兆1081億円で、前年同期と比較して653億円の減少となっている。

■「10年後の東京」への実行プログラム2009（仮称）策定方針（7月31日）

東京都は「実行プログラム2008」のすべての取り組みを検証の上、着実に進めていくとともに、新たな課題への迅速な対応を図るため、3年後の到達目標、事業費総額及び3カ年のアクションプランを新たに策定する。計画期間は平成21年度から23年度までの3カ年。

策定方針には、都民、民間事業者、区市町村など、多様な主体との広範なムーブメントを展開すること、都政の重要課題には横断型戦略会議で検討するなど局をまたいで全庁的な取り組みを進めること、「地球温暖化対策推進基金」など東京都独自の基金の有効な活用を図ることなどが挙げられている。

■「東京都スポーツ振興基本計画」を策定（7月31日）

本計画は、平成14年に策定した「スポーツ振興基本計画（東京スポーツビジョン）」を全面的に見直し、平成25年の東京国体や、その3年後に開催されるオリンピック・パラリンピック競技大会を視野に入れ、平成28年度までを計画期間とする新たな計画である。

基本理念は「スポーツ・フォア・オール」で、だれもが生涯を通じてスポーツに親しむことにより、健康的で豊かな人生を楽しむことができる社会の実現を目指す。

現在、東京都における成人の週1回以上のスポーツ実施率は39・2%であるが、本計画では都民の週1回以上のスポーツ実施率を60%以上とすることを目標としている。

教育管理職選考正答と解説《下》

■A論文

昨年と同様、A問題は教育に関する統計データを用いた出題、B問題は学校経営に関連する文章からの出題だった。

日頃から教育改革等の動向に関心をもち、学校教育や社会の現状を踏まえ、自らの課題に置き換えて職務を遂行していれば、十分に論述可能な問題である。

【A問題】

教員の仕事や職場に対する意識に関する調査をもとに、受験生が把握・分析した学校教育の課題に対する考えや教育管理職としての見識を問う問題である。資料からは、教員の多くが今の仕事にやりがいや誇りをもっていることが読み取れる一方で、これまでの知識・経験だけでは対応できないことが多すぎると感じている者も4割以上いることがわかる。

また、他の教職員から学ぶことが多く、一緒に仕事をするのが楽しいとする回答が多いことから、教員の意欲や誇りを大切にするとともに、研修の充実を図り、教員集団を効果的に機能させる方策を講じる必要があることが指摘できる。

論述にあたっては、行政における教育管理職として課題意識をもつとともに、学校に期待される役割を明らかにした上で、学校教育の課題を明確にし、OJTや学校組織マネジメントの活用等、課題解決に向けた具体的な方策を論述することが求められるものと思われる。

【B問題】

企業現場における「業務連鎖」の必要性について述べ、一人ひとりの意識の重要性とともに、全体観に立って考えることが業務の質や組織の力の向上には不可欠であることを述べている。直接、学校教育について述べた文章ではないが、こうした企業努力について、受験者が学校教育の課題としてどう受け止め、その解決策をどう見出していくかを問う問題である。

学校教育において、教員個々の仕事で完結してしまい、組織目標が必ずしも共有されていないことが指摘されることがある。組織の一員としての目標の在り方や組織体としての目標の共有化、さらには品質向上の視点等については、学校教育においてはなじみがないと思われている部分もあり、そうした現状を踏まえて記述することが求められる。

論述にあたっては、学校教育の特質を踏まえつつ、学校教育法の一部改正を受けて新たに規定された学校評価の実施や人事考課制度など、教育行政の施策に触れながら、それらの制度をより一層機能させ、児童・生徒や保護者、地域住民等の期待に応えるための方策について、幅広い視野から独創的な発想で、具体的に分かりやすく論述することが求められるものと思われる。

■B論文

校種別で、人材育成、授業力、モラールや組織運営等に関する事例問題である。学校において、管理職には、限られた人材を活用して、組織的に取り組むことにより、学校教育を向上させることが求められている。副校長として、具体的な、実効性のある解決策を述べることが問われている。

■B論文（高等学校）

高等学校の事例は、大学進学希望生徒の進路実現に課題がある中堅校を想定している。校長の経営方針を受け、大学進学希望生徒への指導に、副校長としていかにリーダーシップを発揮するかが問われている。特に分掌の都合を優先する消極的な主幹教諭を動かし、異なる意見を建設的に調整して、組織的な取り組みとする具体策の記述が求められる。学力向上と進路実現は、どの学校にも共通の課題だけに、学校経営の中・長期的な視点をもち、学校におけるこれまでの自己の実践も織り込みながら、実現可能な説得力ある具体策を提案することが肝要である。

■B論文（小学校）

教員が組織内での役割を自覚できず、学校運営への参画意識に欠けている事例である。課題解決のためには、第一に副校長が教員の特性等を的確に把握すること、第二に副校長が適切に主幹教諭を育成・援助すること、第三に教員の学校運営への参画意識を高めOJTによる人材育成の重要性を認識させることである。副校長の職責に触れながら、校長の経営方針を具現化する具体策を論じる必要がある。

■B論文（中学校）

この学校は、力量のある教員は多いものの、新規採用教員の組織的な育成が課題となっており、保護者の不安も出始めている。副校長には、校長の学校経営方針の実現に向けて教職員の力量の差を互いに補完させ、組織として安定感のある学校経営を行うとともに、常に次のミドルリーダーを育てる循環型の人材育成を行うことが求められる。

論述にあたっては、①学校経営方針を具現化し、管理職としてのリーダーシップを発揮すること②分掌組織によるOJT等を活用し、力量のある教員の指導力等を共有化して新規採用教員の人材育成を行うこと③実践的活動を通して、ミドルリーダーの育成を図ること――などを視点として、中学校の実態に即して実効性のある方策を具体的に展開することが求められる。

■B論文（特別支援学校）

特別支援学校の事例は、副校長が教員の指導力の向上を図る校内研修をより効果的に実施するため、主幹教諭等を活用してどのように組織的に進めていくかを問うている。

特別支援学校では、研修に力を注いでいる学校も多い。しかし、本事例のように校長の学校経営計画の実現のための研修であることを、教員一人ひとりが自覚して取り組まれている学校は多くない。一部の教員の興味・関心等で校内研修が計画・実施されている学校もある。こうした特別支援学校の校内研修の課題等に着目して、副校長として主幹教諭等を活用しながら、組織的に効果のある校内研修を実施していく具体的な方策を論述していく必要がある。

例えば、校内研修が学校経営計画を実現するための重要な方策の一つであることを明確に意識づけるため、教員一人ひとりの自己申告に研修による改善目標や改善策を明記させていくと効果的である。また、それだけ大切な研修であるため、授業公開に参観できない教員にビデオによる授業記録を視聴する機会を設定することや、研修ごとに改善策を整理するための改善シート等の書式を作成することなどを主幹教諭に指示していくことも大切である。

このような改善策を自校の課題等に応じて、主幹教諭等へ指示することなどを通して、教員の意識改革を図り、効果的な研修が組織的に実施できるよう具体的に示していく必要がある。

Gallery

飯田橋庁舎界隈
―昼休みの小散歩 ⑤

絵と文　大瀧安良

この可愛らしい書店は、JR飯田橋駅西口から徒歩数分のビルの1階にあります。

欧明社。フランス関係の書籍専門の店で、創業は1947年だとか。フランス語を勉強する日本人やフランス語が母国語で日本に滞在している人々で、この書店の存在を知らない人はいません（多分）。名前を知らなくても、日仏学院やアテネフランセで勉強した人はこの店の支店を利用しているはずです。

さて、この店の社長とのお付き合いは私が都庁に入りたての頃に遡ります。

学生時代に第2外国語として仏語を選択したのは、美術が好きだったという単純な理由です。偶然とはいえ当時仏語を教えてくれた先生が、ルソー研究家で後にパリ日本館の館長を務めた小林善彦氏、映画評論家で後に大学総長となった蓮實重彦氏など勿体ないほどの顔ぶれでした。教科書の読解だけでなくもう少し突っ込んで仏語を習得したい、という思いは卒業後に持ち越され、都庁で最初に配属された教育庁西多摩支所時代、勤務終了後に無理を承知で青梅から御茶ノ水のアテネフランセに通った時期がありました。そこで一緒に勉強した仲間の一人が後に欧明社の社長となる奥山氏だった、というわけです。

学校修了後は特にお付き合いも無く、たまに研修などで飯田橋庁舎に出かけた際、書店の前をブラブラすることはあっても店内に入ることはありませんでした。が、年1回の年賀状のやりとりは30年近く続きました。

2006年春、飯田橋庁舎の勤務となり、にわかに「彼に連絡してみよう」という気持ちが頭をもたげてきました。実際に行動を起こしたのは秋になってからですが、会ってみると忽ち昔の付き合いにもどりました。きっかけとなった飯田橋勤務に感謝。今回はフランス語のことばかりで失礼しました。その後上達したかどうかは聞かないで下さい。

欧明社が現在の千代田区富士見に店を構えたのは34、5年前のことで、それ以前は四谷の上智大学の前にあったそうです。その時期は奥山氏の父上が社長で、場所柄、川端康成氏などがお見えになったとのことです。

サカナから見た大都市"東京"④

住民の生活環境を守る農林水産業

集中豪雨と魚の大量死

梅雨時から秋の台風シーズンにかけて、東京はしばしば集中豪雨に見舞われます。そして、神田川や目黒川などの都市河川では、川からあふれた水によって、沿川の建物がよく浸水被害を受けます。また、こうした集中豪雨の後には、河川の下流域や河口域でコイやハゼなどの大量死が報じられることがあります。

集中豪雨による出水は、下水管や川底にたまっていたヘドロなどを河川水中に巻き上げます。あるいは、大量の出水により下水処理場で処理しきれなくなった汚濁水が河川に流れ込むことがあります。そして、これらの汚濁に含まれる有機物は分解されて無機物になる過程で水中の酸素を大量に消費するのです。とくに夏場は水温が高く、この分解反応が急激に進むので、集中豪雨のあとの河川や河口の水は貧酸素状態となります。このため水中の生き物は酸素欠乏によって大量死を起こすのです。

ですから、こうした魚の大量死は、いくら雨が降ったとしても、汚濁の少ない川の上流部で起こることはありません。

開発と都市型洪水

かつて、東京23区内にも武蔵野の雑木林や田畑が広がっていた頃ならば、多少の雨はいったん地面に浸透し、地下水として少しずつ川に流れ出していました。ですから、河川の流量は安定していたのです。

ところが都市開発が進み、宅地化や地面の舗装などによって、雨水の浸透面が極端に狭まってしまいました。さらには、それまでは宅地として利用されていなかった川岸近くにまで家が建てられるようになりました。こうした開発の結果、地表に降った雨は舗装面の上を流れ、ほぼその全量が一気に川へ流出し、河道内からあふれて、川岸の建物に浸水するようになったのです。これがいわゆる都市型洪水です。

三面張りの都市河川＝目黒川

こうした洪水を防ぐために、多くの都市河川では、降った雨を一刻も早く海に流そうとして「川の樋（とい）化」が行われました。川の両岸はもちろんのこと、底までコンクリートで固めてしまったのです。

環境指標としての"さかな"

さて、夏の集中豪雨による魚の大量死については先ほど述べました。また、本連載では、東京の海や川から姿を消した魚について幾度か述べてきました。では、こうした魚たちの消長は、私たちに何を語りかけているのでしょうか。

昭和30年代初頭まで、多摩川下流域や東京湾は水泳場となっていました。そこでは魚たちと人間の子どもが一緒になって泳いでいたのです。その後30年代の後半になって、急激に水が汚れ、遊泳禁止になるのと時を同じくして、シラウオやタナゴ、トゲウオなどの魚が姿を消していきました。魚たちと一緒に泳いでいた時、当然のことながら、子供たちは川や海の水を飲みながら泳いでいたはずです。つまり、当時の多摩川や東京湾の水は、そのまま飲める水だったのです。

現在、川や海の水質指標としては、様々な化学物質の濃度が用いられています。しかし、化学物質の濃度というのは往々にして一時的なものです。例えば、沿岸の工場が汚濁物質を放出したとしても、放出した直後に計測しなければ正しい濃度は記録できません。ところが、そこに棲んでいる生物というのは、汚濁の影響を受けて死んでしまえば、かなりの期間復活することができません。ですから、川や海の生物を、長期間にわたって定期的に調査することは、人間の生活環境を調べる上でも、とても大切なことなのです。

豊かな"さかな"育む水環境

島しょ農林水産総合センターは、産業経済行政推進のための試験研究および普及指導機関です。水産部門でいえば、漁獲量の増大や漁獲物の鮮度保持などを図ることによって漁師さんや水産加工業者の経営を改善することを第一の目的としています。しかし、私たちの仕事はそれだけに終わるものではありません。次いで、地元産物の開発や釣り人、観光客などの増加を通じて観光産業の振興あるいは雇用の拡大など、周辺地域経済全体の振興を目指しています。

一般住民
・良好な生活環境
漁師・水産加工業者
・水産経営の向上
観光業者・釣り人など
・地域経済全般の振興
・雇用の拡大
・釣りの楽しみ

私たちの仕事と対象住民

これまで見てきたように、水産資源を保護・増殖するためには、良好な水質の保全をはじめ、周辺の樹林や農地の確保など、流域生態系全体の保全も図っていかねばなりません。そして、こうした取り組みは、住民の快適な生活環境を守っていくことにほかなりません。「豊かな"さかな"たちを育む水環境」というのは、人々が健康に暮らしていく上で、欠かせないものだということを、常に念頭に置きながら、私たちは仕事を進めているのです。

（東京都島しょ農林水産総合センター主任研究員　加藤憲司）

みにがいど

◆まちづくりフロンティア2008「21世紀の都市モデルを目指して」①8月26日（火）午後1時30分～4時45分「生き生きと暮らせる安全・安心なまちの実現に向けて」＝秋山哲男・首都大学教授「人々の移動とまちづくり―まちづくりとアクセシビリティー」、原利明・鹿島建設㈱環境・性能グループチーフ「見やすさ・解りやすさと空間のデザイン―超高齢社会における空間づくりを考える」②10月3日（金）同「都市災害に強いまちづくり」③10月23日（木）同「運河に浮かぶ緑豊かな住環境～芝浦アイランドプロジェクト～」④11月6日（木）同「持続可能な社会への転換」同⑤12月3日（水）同「より長く大切に使う、これからの住宅」⑥1月21日（水）同「都市のアイデンティティーと建築」▽会場　③のみ田町交通ビル。他は住宅供給公社研修室▽参加費　各回一般4千円（全6回を一括で申込は2万円）、都・特別区所属職員1千円▽申込方法　㈶東京都防災・建築まちづくりセンターのウエブサイトhttp://www.tokyo-machidukuri.or.jp/より申し込む▽申込期限　参加日の1週間前まで▽定員　100名（先着順）▽問い合わせ先　☎5466・2103

◆東京雑学大学開学13周年記念「久元祐子レクチャーリサイクル」▽日時　8月16日（土）午後2時開演▽会場　コール田無多目的ホール▽入場券　一般1千円、東京雑学大学会員500円▽問い合わせ先　☎042・52・0908

◆日本初！「スバールバルライチョウ」の人工ふ化に成功　▽場所　恩賜上野動物園▽ふ化数　5羽▽ふ化日　8月5日▽公開日　安定した状態になって一般公開▽問い合わせ先　飼育展示課☎3822・5810

ともに生きる ㉝

子ども達の生命を守る備え

月探査衛星「かぐや」が映し出す地球は、美しく青く輝き、宇宙の一粒の真珠のように浮かんでいます。しかし、岩手宮城内陸地震や四川大地震では、地球のエネルギーの脅威を見せつけられました。もうすぐ防災の日です。そこで、都内の肢体不自由特別支援学校では、地震等の備えをどのように整えているかを紹介します。

例えば、都立城北特別支援学校の校門には「足立区指定災害時第二次避難所」のプレートがあります。これは「障害者等を対象とした避難所施設利用に関する協定書」を足立区と締結しているという表示です。この方策は、阪神・淡路大震災時に一般の避難所での生活で、「車いす対応の施設設備がない」「環境に慣れないため、パニックを起こす」など、家族の方々が様々なご苦労をされた経験に基づいています。

非常災害用備蓄品としては、毛布や3食3日分の食糧等があります。肢体不自由の子どもの中には、食べる際の飲み込み（嚥下）が上手でない子どもがいますので、給食は普通食・中期食（プリン状）・初期食（ヨーグルト状）等と子どもの食べる機能に応じた形態別の調理をしています。そのため、備蓄食糧も普通食と中期食を用意しています。

中期食は、はちみつ、ぱく質やはちみつ等を原料とする流動食も用意しています。また、電動吸引器による痰の吸引の必要な子どもや人工呼吸器をつけた子どもがいます。電源の有無が子どもの生命を左右しますので、各特別支援学校には災害時非常専用電源が校内3カ所に設置され、自家発電の備えがあることは、ひとまず安心です。

地震による避難訓練の際、「関東大震災以来地震周期の70年を遥かに越えているので、地震は何時起こってもおかしくない」と必ず言われる昨今です。備蓄食糧は3年周期（経管栄養摂取対応食糧は1年）の更新です。食糧の更新時には、使わなくて済んだことの意義をしみじみと思い、感謝の念でいっぱいになったものです。

（元都立村山養護学校長　飯野順子）

ワークライフバランスを考える

8月5日付本紙に、「"いきいき職場" DVDでPR」との見出しで「ワークライフバランス認定企業を募集」の記事が掲載されていた。「仕事と生活を両立しながら、いきいきと働き続けられる職場の実現に向けて優れた取り組みを実施している中小企業を、都が10社程度認定。認定された企業については、取り組み内容を紹介するPR用DVDを作成するなど、広く公表する」。続けて、「対象は、都内で従業員が300人以下の企業・団体。応募は①長時間労働削減②年休取得促進③育児・介護休業制度充実④多様な勤務形態導入の4部門で募集する。企業に出向き、実際に制度が運用されているかどうかも評価する」とある。

これは07年末、政府、地方公共団体、経済界、労働界の合意により、「仕事と生活の調和（ワークライフバランス）憲章」が策定され、現在、官民を挙げて様々な取り組みが進められている一環としての事業だと思う。

しかし、この事業が本当の意味で推進に寄与するか疑問を持たざるを得ない。ワークライフバランスというのは、個人の生き方や生活環境によって大きく異なるものである。他人から見て異常なほどのワークホリックでも、本人にとって居心地のいい環境かもしれない。そこまで極端ではなくとも、人には人のバランスがあるはずだ。それを仕組みの面からの評価で認定するというのは、いかがなものであろうか。

また、実際に制度の運用状況を調査するとのことだが、都には50万を超える中小企業がある。その中からどの程度の応募と考えているのだろうか。調査とは客観的かつ適正に行わなければならない。審査側に十分な説明責任の体制がとられているか不安を覚える。いきなり10社限定というより、一定の基準なり制度の有無を示して、それに適うもののすべてを認定してあげるということはできないのだろうか。その上で、効果的な運用をしている企業を優秀企業とするほうが効果的であると思うのだが。

なお「98％の労働者が"会社のワークライフバランスプログラムは無意味"―米調査」（マイコミジャーナル）という記事もあり、運用次第では、逆効果も指摘されていることに注意したい。（仕事虫）

都政新報

発行所 都政新報社
〒160-0023 東京都新宿区西新宿7-23-1 TSビル
(総務・読者) 03-5330-8781
(企画広告) 03-5330-8784
(編集) 03-5330-8786
(出版) 03-5330-8788
(セミナー事業部) 03-5330-9977
(ファクス) 03-5330-8808
購読料 月1,680円(税込)
毎週火・金曜日発行
但し、祝祭日は休刊

紙面から

認証保育所

厚労省が国庫補助を検討

休日・夜間などが候補に

厚生労働省は、認証保育所で行っている個別事業に国庫補助の導入を検討し、8月末の概算要求に盛り込む方向だ。政府予算に入れば、09年度にも補助制度がスタートすることになる。都では、認証保育所制度の「承認」を要求しているが、そこまで一気に持ち込むのはハードルが高く、当面、国から保育所の基準緩和なども引き出したい考えだ。09年度から法人事業税が一部国税化され、平年度ベースで3千億円程度の減収になる見返りとして、都は国との間で実務者協議会を設置し、「首都東京の重要施策」(13項目)の実現に向けて昨年末から協議を始めた。13項目は、外かく環状道路の整備、開かずの踏み切りの早期解消などハード事業が中心だが、その中で唯一、福祉分野で盛り込まれたのが認証保育所制度の承認だった。

都「全国一律からの脱却は前進」

「保育は福田首相も関心が強い。前向きに検討したい」。7月24日、霞ヶ関で行われた国と都の実務者協議会で、出席した厚生労働省幹部はこう語ったという。認証保育所制度の「承認」についても、何らかの検討を行う姿勢を示した。しかし「いきなり制度の承認までいくのは難しい」というのが都側の認識。そこで都幹部が個別事業の補助制度に着目し、国と交渉していた。

国庫補助事業のメニューとしては、休日・夜間保育が候補に上がっている。国は、日曜・祝日に保育所を開ける場合、児童数210人以下なら年間63万円を補助。夜10時まで開所する保育所には、年間150万円を出している。

また、保育ママも国庫補助メニューの候補の一つになっている。国制度では、保育ママの相談や代替保育を行う「連携保育所」に対し、年間120万円を補助している(保育ママ5人と連携のケース)。

ただ、これらの補助金は仕組み上、保育所運営費補助とは別枠。そのためサービスの拡充にはつながるが、国と都、区市町村も補助金を負担し合うため、自治体の負担は軽くならない。また、これらの事業を行う保育所数は、伸び悩んでいるのが実情。たとえば夜間保育の補助対象は、全国でわずか74カ所にとどまっている。それでも都福祉保健局では「規模は大きくないが、国庫補助の仕組みが入ることが、突破口になる」と期待を込めている。

◆基準緩和

都は、認証保育所制度の承認を国に要求している。しかし見通しは平坦でなく、今回の認証保育所への財政支援も待機児解消のメニューの中で、補助基準を拡大して行うという位置づけだ。したがって、国庫補助の創設に加え、保育所の面積基準や職員の資格要件がどこまで緩和されるかも焦点になる。

認可保育所の場合は全員が保育士だが、認証保育所は6割以上いれば良く、都によると、全員が保育士の認証保育所は、設置時で全体の6割程度という。資格要件については「保育の質が下がるおそれがある」(雇用均等・児童家庭局)として慎重な姿勢だ。現在、国では、保育所の面積基準や形状など、ハード面の基準緩和を検討中。

厚生労働省は、今年2月、「新待機児童ゼロ作戦」を発表し、10年間で待機児解消を目標に定めた。国の待機児童数は約1万8千人で、このうち都が約5千人を占める。待機児童は、都市部で大きな課題となっているため、認証保育所への支援策は、国と都の思惑が一致した結果とも言える。都幹部は「全国一律の保育からの脱却という意味では、国の動きは前進」と受け止めている。

福祉改革の一環でスタートした認証保育所は、現在、都内に約400カ所に拡大した

都議選1次公認

民主党39人を擁立

大田区は早くも乱戦の様相

民主党は19日、都議選第1次公認39人を発表した。内訳は、現職30人、元職1人、新人8人。9月24日に民主党都連大会を麹町会館で開き、第2次公認以降は、それまでにできる限り発表したいという。

ただ、党本部の代表選挙があり、9月21日に代表選出の党大会が予定されている。その関係で公認候補を決める党本部常任幹事会を開くのがスケジュール的に厳しく、第2次以降の公認発表が都連大会に間に合わない可能性もある。

現職都議34人のうち、第1次公認では、中村明彦氏(台東区)、名取憲彦氏(大田区)、野上幸絵氏(練馬区)、初鹿明博氏(江戸川区)が載っていない。初鹿氏は、東京16区から衆議院選挙に出馬する。残り3人は、都議選に立候補の意欲を持っている。中村氏と野上氏は、総支部での公認申請手続きが間に合わなかったためという。

名取氏の場合、07年4月の都知事選挙で石原慎太郎氏を支持するハガキを出したため、1年半の党員資格停止になっており、処分が明けるのは09年3月。定数8のこの選挙区では、第1次公認ですでに現職の岡崎幸夫氏のほか、新人2人の擁立を決定。名取氏が出馬すれば、民主党候補は4人となる。大田区では、自民党3、公明党2、共産党が1の現有議席を持ち、さらに共産党が2人目の新人擁立を決めていることから、早くも乱戦の様相だ。

ちなみに同じ定数8の世田谷区は、民主党は現職2人の第1次公認にとどまっている。

都内には、定数4の選挙区が6カ所あり、品川区と北区で2人を擁立。北区の元職では、和田宗春氏(当選2)がカムバックをめざす。江東区は、柿沢未途氏が飲酒運転で交通事故を起こし、都議を辞職したが、その後任は今回発表になっていない。新宿区、江東区、中野区、葛飾区が公認1人となっている。

板橋区、江戸川区、八王子市の定数5人区、杉並区と足立区の定数6人区は、いずれも各2人の公認を決めた。

前回、定数2の府中市で民主党現職の尾崎正一氏をわずか28票差で破り、初当選した無所属の備邦彦氏は、この3年あまり、都議会民主党への会派入りを希望したが、認められなかった。民主党は、新人の小山有彦氏を公認したため、無所属で出馬する考え。次回も備氏は「連合東京が私を推しているので、民主党公認はないが、民主党推薦の可能性はあり得ると思う」と話している。

民間から新技術・工法を公募

豊洲新市場土壌汚染対策

都中央卸売市場は18日から、豊洲新市場予定地の土壌汚染対策工事に関する新技術や工法を公募している。

豊洲新市場予定地では基準の4万3千倍のベンゼンなど高濃度の汚染が見つかり、専門家会議が今年7月に土壌汚染対策について最終提言をまとめた。都は専門家会議の報告を踏まえ、豊洲新市場予定地における土壌汚染対策計画をまとめるにあたり、民間企業などから広く新技術や工法を募ることを決めた。

公募の内容は、汚染土壌・汚染地下水対策、液状化対策、市場施設完成後の地下水管理システム、専門家会議の報告と同等またはそれ以上の効果が期待できる総合的な対策。

新技術等の評価基準については、実効性や施工性、周辺環境への影響の防止対策、経済的に優れていること、短い期間での施工が可能であることなどをあげている。

公募は9月26日に締め切る。都が設置した技術会議で評価・検証を行った上で、10月下旬に新技術等の選定結果を公表する予定。

08年度の財源超過額は1兆6684億円

普通交付税算定

都財務局は15日、08年度普通交付税の算定結果を発表した。東京は、都と23区をあわせて算定され、財源超過額は1兆6684億円、前年度対比468億円増となっている。これは、高齢者対策費、公債費などで基準財政需要額が526億円膨らんだが、それ以上に基準財政収入額が994億円増えたことによる。基準財政収入額では、法人2税の伸びが大きい。

財務局では「交付税算定上、昼間流入人口などが十分に反映されず、都財政の実態を反映していない」としている。昼間流入人口は、特別区で335万人とされながら、72万人に割り落とされているという。

また、東京富裕論の素材として下位8県の財源不足額と東京の財源超過額が同水準と表現されるケースが多い。しかし、道府県分と23区が行う大都市分を分けると、都の財源超過額は7753億円としている。

道路特定財源

揮発油税地方移譲の現実味

道路の分権論議と一体

政府・与党は、09年度から道路特定財源を一般財源化することを決めた。全国知事会は、必要な道路を整備するための「地方枠」の確保を国に求めている。一方で、政府の地方分権改革推進委員会の第1次勧告では、直轄国道の地方移管が盛り込まれており、国交省と知事会が見直しの中身を協議している。道路の分権は、財源問題を切り離しては考えられない。国の公共事業の無駄づかいが指摘される中、地方の道路財源をどう確保していくのかという問題は、まだ不透明なままだ。

■逃げ腰

「こんな言い方をされて、知事さんは黙っているのか」

7月17日、全国知事会の席上、政府の地方分権改革推進委員会の丹羽宇一郎委員長は、強い口調で語った。

丹羽委員長が指摘したのは、7月9日、冬柴国土交通大臣(当時)の日本記者クラブでの講演だった。

今年5月の第1次勧告は、一級河川や直轄国道の一部を地方に移管するよう求めた。ところが、その後、冬柴大臣のもとに移管に反対する陳情が地方から「いっぱい」来たというのだ。

国交省は、直轄国道のうち、同一都府県内に起終点がある区間など、15%程度を移管候補とする考えを示している。ただし、実際にどの程度の規模で移管が実現するかは、知事会と国交省の協議次第。規模を増やすも減らすも、地方の側の出方が鍵を握る。

知事会は、三位一体改革の苦い経験から、仕事だけ下りてきて、財源や人員の移譲が伴わないことを懸念している。実際、国交省は、地方側との協議を行いながらも、財源措置の考え方については第3次勧告後に示す考え。国交省側からは「地方は逃げ腰」と、足元を見られているわけだ。

丹羽氏は、「地方分権改革は、地方が中央政府と対等に戦って勝ち取るもの」と、全国の知事に発破をかけた。

仮に直轄国道の15%が都府県に移管されるとすると、移譲される財源はいくらになるのか。

猪瀬副知事が分権委に提出した資料によると、直轄国道の事業費を06年度ベースの1・8兆円と仮定した場合、600億円にしかならない。

地方移管の対象が拡大すれば、移譲する額も増えるが、地方の側が逃げ腰では交渉にならない。

■知事発言

「まさに税源移譲ですよ」。ガソリンの暫定税率が復活して最初の会見(5月2日)で、石原知事は道路特定財源の一般財源化と地方への移譲を主張した。

「地方分権というものの一つの取っかかりとして、こういったものは場合によったら一般財源化して、しかも軽油と同じように引取税にして、地方の税源にして、その使い方は道路に使うもよし、何に使うもよしと地方の裁量に任せた方がいいんじゃないか」

参議院で民主党が多数を握り、暫定税率の失効という失態を前にして、福田首相は09年度から道路特定財源の一般財源化を打ち出さざるを得なくなっていた。

知事の発言は、こうした動きを受けたものだった。猪瀬副知事もメンバーに加わる地方分権改革推進委員会も、第1次勧告で、道路財源の一般財源化に言及し、税源移譲を含め地方自治体の税財源を充実強化する方策を講じるよう求めた。

税源移譲の念頭にあるのは、揮発油税だ。

揮発油税の08年度税収は、暫定税率で試算すると2兆7300億円に達する。本則ならその半分だ。600億円というケチな話ではない。

同税の1世帯あたりの負担額は、全国平均5万5080円。東京都は1万9860円しかない。軽油引取税のように消費実態に近い場所で課税すれば、東京一人勝ちになることはない。

全国一律の税率にしなければ、都府県境に近いガソリンスタンドが混乱する。

地方独自の課税ではあるが、全国が一致しなければならない。

問題は、道路財源を移譲するのであれば、仕事も移譲しなければならないということだ。600億円程度の移譲なら国も地方もお互い痛くも痒くもない。

が、桁が変われば、痛みも責任も伴う。

現行の道路財源では、全体の9割以上は国直轄事業か、国のひも付き財源で、地方の裁量で自前の税収として賄える地方単独事業はほんのわずかしかない。実際には、地方はその事業に道路財源以外の財源や地方債も投入している。

直轄国道の15%程度の権限移譲で、果たして地方は自立できるのか。現行の道路財源を見直さなければ、突破口が見えてこない。

川句ジョーク

惜敗の多い日本、期待するだけにイライラもする北京五輪の結果

職場に出た課長「いつもヤキモキさせられる職員でウサ晴らしだよ」

都政の東西

河川の減災

小金井・調布市などを流れ、世田谷区で多摩川に合流する野川。今の季節、その名を冠した都立野川公園を流れる川の岸辺は緑で溢れ、家族連れで賑わう。まれに蛇が川を泳ぐ姿も見られるほど豊かな自然が残る、東京都を代表する川の一つだ。川と親しんでもらうため、都も川と触れ合いやすい河川整備に努めている。

だが近年、にわかに頻発するようになった局地豪雨が、都市圏で深刻な被害をもたらしている。先月、大田区の呑川で都の河床整備工事を行っていた作業員が死亡。また、神戸市の都賀川で、鉄砲水が児童らを襲った事故も記憶に新しい。

都建設局によると、六甲山を下る都賀川ほどの傾斜がある河川は都内にはないという。また、区部には川底まで降りられる河川もないことから、都賀川のような事故が起きる可能性は低いと見ている。

しかし、最近の局地的な集中豪雨は、河川の整備計画のペースを上回って発生している。都は現在、時間50ミリの降雨に対応できるよう整備を進めている。振り返れば、1960〜70年頃に50ミリの対応整備に着手し、今も継続中の状況だ。現在の護岸の整備率は約6割で、調整池の効果を見込んでも75%という。

河川の整備は、下流から徐々に進めなければならないため、長時間を要する。時間100ミリを超す局地豪雨の頻発を受け、急に「100ミリ対応を」と叫んだところで対策が済むのは何十年も先になってしまう。

危険を完全に封じることはできない以上、細かい対応は不可欠だ。例えば多摩では、野川のように野原を流れる河川が多いが、区部では掘り込み河道が多い。川ごとの避難経路や、上流が豪雨になった際の危険箇所の想定も必要だろう。河川の氾濫と付き合う「減災」の視点が改めて必要な時代になっている。

古紙の持ち去り

禁止条例8区で再び増加

業者の横行に苦悩

区「知恵がない」

古紙の価格高騰を受け、古紙持ち去りの禁止条例を施行した10区のうち、8区では持ち去りが一時的に減っても再び増加していることが分かった。世田谷区の古紙持ち去り事件をめぐり、最高裁は罰金20万円とした東京高裁の判決を支持した後も、同区では持ち去りが減る気配がないという。また、中野区全域では、持ち去りの抑止になるという集団回収を始めたが、やはり一時的に減ったが増え出した。業者の横行が目立つ中、区は古紙の回収量を増やしていけるか苦悩している。

世田谷区の条例は、禁止命令などに従わない場合は20万円以下の罰金を科している。03年12月に条例を施行後、04、05年度の古紙持ち去りは一時的に減った。だが、毎年人口は増え続けているにもかかわらず、06年度から再び古紙の回収量が減ったため、区は「持ち去りが増えているのでは」と推測する。

世田谷区のごみ集積所から古紙を無断で持ち去った業者12人に、最高裁は原告（業者）の上告を棄却し、罰金20万円とした東京高裁判決が7月に確定した。だが、判決後も古紙の持ち去りが減る気配はないという。

古紙再生促進センターによると、古紙の価格は08年7月で1㌔あたり24円と、06年同月と比べ倍増しており、古紙問屋に高く売りさばけるために持ち去りが後を絶たない。そのほか、他区は「条例の罰則が業者の痛みになっていない」「業者に逃げられてしまっているのでは」と分析する。

持ち去り禁止条例を施行した10区のうち、7月に施行したばかりの品川、目黒両区を除く8区では、持ち去りが再び増加の傾向にある。

町会などの集団回収は、持ち去りの抑止になるという見方が強い。私有地が古紙の回収場所となるため、業者が勝手に立ち入れば住居侵入に問われるためだ。

中野区は昨年4月から、区内全域で古紙の集団回収を始め、持ち去りがほとんどなくなったが、最近では増えている。町会と業者の民事に区が介入できないため、町会などのバックアップを考えているという。

品川区では、集団回収の古紙の持ち去りも禁止する条例を7月から施行し、持ち去りが減っている。「うまく効果は出ているが、持ち去りがぶり返す可能性はある」と警戒する。

古紙持ち去りは条例施行などで一時的に減っても、再び増えるといういたちごっこが続いている。ある区の担当者はこう嘆いた。「知恵がない。どうしたらいいのか」

【古紙持ち去り禁止条例を施行した10区】

墨田、江東、品川、目黒、大田、世田谷、中野、杉並、板橋、練馬

持ち去りにくい環境を

【解説】　最近の傾向として、持ち去り業者の巧妙さ、悪質さが目につくようになり、区の取り締まりが難航している。

持ち去り業者の連携プレーも確認されている。業者のトラック1台が区のパトロールのおとりになって逃げ回り、その間に仲間の運転手に携帯電話で連絡し、古紙の持ち去りを実行させる陽動作戦が起きている。

また、業者のトラックが逆走したり、猛スピードで通学路を逃げたり、区のパトロール隊が交通事故を危惧し、追跡を断念する事態もある。

持ち去り業者が、カッターナイフや刃物をちらつかせたり、けがを負わせようとしたりする行為も見受けられた。

業者を取り締まるには、さらなる警察との連携強化が必要だ。警察には、住民の通報、苦情が欠かせない。世田谷区は「住民の通報は点でしかないが、多く集まれば面で持ち去りの被害を把握できるようになるので、力になる」という。

さらに、品川区では、集団回収と行政回収の古紙集積所が一部で同じであるため、集団回収の古紙を持ち去った場合も、5万円の過料を科している。各区は、地域事情を考慮しつつ、持ち去りをしにくくする環境整備が求められている。

（石）

「介護報酬の適切な改定を」

議長会が国に予算要望

介護保険制度の改善を求める議長会＝厚労省で

特別区議会議長会（会長＝桑原公平新宿区議会議長）は18日、09年度の国の施策と予算に関する要望書を厚労相や環境相ら6人に提出した。今回は、特別区議会からの要望が8項目、各区の議長会からの要望が2項目で構成されている。

事業者に支払われる介護報酬が低いため、東京では介護サービスの質の低下、介護職員の人材不足に陥っている。高齢者の増加に伴い、今後10年間で40万～60万人の介護職員が必要になる。介護報酬の改定が来年に控えている中、「キャリアと能力に見合った給与体系となるよう、次期介護報酬改定で適切な措置を取ること」などを舛添厚労相に要望した。

今年5月末の地方分権改革推進委員会第1次勧告では、「基礎自治体優先の原則」をベースに、市町村の自治権の拡充などが勧告された。都市計画決定、福祉分野、教育分野などの権限委譲とともに、「具体的な配分目標値をもった税源移譲の実施」を増田総務相に求めた。

31種類あるレアメタル（希少金属）は現在、携帯電話など電子材料の分野で、需要が世界的に急増している。中でも、携帯電話にはレアメタルが多く含まれ、「都市鉱山」として資源回収が期待されているため、「携帯電話の回収促進のために必要な法整備を行うこと」などを斉藤環境相に要望した。

後期医療で処理に誤り

足立区

足立区は18日、後期高齢者医療保険料の月割り計算で誤りがあったと発表した。年間の保険料には変わりがない。

誤りがあったのは、保険料の端数処理の取り扱い。本来、100円未満を端数とするところを10円未満で処理していた。例えば、保険料年額が8万7千円の場合なら、7月は1万200円、8月以降3月までは9600円とすべきところを、7月は9720円、8月以降3月までは9660円として通知した。

該当者は7557人という。区では混乱を避けるため、該当者にはすでに送付した期割保険料額での納付を依頼するとしている。

コミバスで2区が連携

北・文京区

北区と文京区は9月1日から、両区が運行するコミュニティバスの回数券について、相互利用を開始する。回数券（11枚）の値段は、両区とも千円。コミュニティバス事業での自治体の連携は、23区で初めて。

北区と文京区のコミュニティバスは双方とも、JR駒込駅周辺を運行ルートに含む。駒込駅近くで両路線は近接しており、乗継客が少なくない。文京区側の路線に複数の医療機関のバス停があり、北区からの通院等の利用者も見受けられるという。

北区、文京区とも「従来からの乗継客の利便性を高めつつ、双方のコミバスの周知を図り、さらなる需要を喚起したい」との意向が合致し、回数券の相互利用に合意した。

文京区のコミュニティバスの1日の平均乗車数は約1100人。

北区のコミュニティバスは今年4月、2ルートのモデル運行を開始。1日の平均乗車数は、2ルート合計で千人超。

北区の担当者は「回数券の相互利用の状況など調査した上で、文京区側と協議して新たな連携も模索したい」としている。

認知症高齢者グループホーム

地価高騰で参入困難

江東区は補助を拡充

区部では、用地確保の難しさや地価の高騰などが影響して、認知症高齢者グループホームへの事業者参入が困難になっている。東京都が目指すグループホーム整備率0・23％に対し、実際の整備率は0・17％。江東区では、施設整備が遅れている地域ほど建設費の補助額を高く設定することで、事業者参入の支援に乗り出した。

■貴重な用地

運河や道路沿いに中小の事業所が建ち並び、その間から、天を突く高層ビルがあちこちに見え隠れする江東区枝川。認知症高齢者グループホーム「たんぽぽ」は、その一角にある。5階建てに74歳から90歳までの18人が暮らしている。

「このあたりは以前から町工場が多いので、（グループホームをつくろうにも）なかなかまとまった土地がないのが現状だろう。仮に工場移転で跡地ができても、大抵はマンションになってしまう」。「たんぽぽ」事務局長の岩室賢治さんは、こう話す。

「たんぽぽ」が誕生したのは、岩室さんが経営する鉄工所が鋼材の高騰で工場をたたんだからだ。約70坪の土地が生まれた。「普通に考えたらマンション経営だろうが、グループホームを建設すれば都の補助があると聞いた」。マンション管理人でおさまるよりは、医療クリニックでの総務の経験を生かしたい。グループホーム建設にとどまらず、運営も自ら手がけようと、㈱たんぽぽを設立した。建物建設費は総額約1億9千万円。都から4千万円、区からは2千万円の補助があったが、残り1億3千万円は20年かけて返済する。

■整備率0・17％

都では、都内の認知症高齢者グループホームの整備率の目標を0・23％としている。全高齢者のうち、グループホームに入るのが望ましいと思われる人が全員入居できた場合の割合だ。しかし、7月1日現在、区部合計、都内合計とも0・17％にとどまっている。

都福祉保健局高齢社会対策部グループホーム整備推進担当の梅村暁美係長は「23区では土地が高く、事業者が土地を見つけられない」と話す。グループホームをつくるには、それなりの広さが必要だ。居室、食堂、スタッフルーム。仮に狭い土地が見つかっても、床面積を広げるには階数を高くする必要があり、建設コストがかさむため、敬遠されるという悪循環を生んでいる。

臨海部に位置する江東区でも、マンションは増えてもグループホームの整備は遅れている。区は今年度末までに区内全域で8施設の整備を目指していたが、現時点で4施設にとどまっている。

一般的に江東区で200平方㍍から500平方㍍規模の用地取得費は1億円以上、鉄骨4階建て建物建設費は1億4千万円程度がかかる。区高齢福祉課では、グループホームの施設整備が進まない現状を「定員18人で運営する小規模事業でスケールメリットが生かしにくい上、用地取得費、建設コストが高いため」と分析する。

地価高騰や高い建設コストが響いて認知症高齢者グループホームの整備は進まない＝江東区で

■都と区で補助増額

そこで区は、この8月から、整備が遅れている地域ほど、建設費補助額を高く設定し、事業者の参入を促すことにした。区内4圏域のうち、施設がひとつもない深川北と砂町圏域では、国や都の補助も含めてそれぞれ1億1500万円と1億500万円、すでに2施設ずつある深川南と亀戸・大島圏域では9500万円とし、差をつけた。

昨年度までの補助は、都と国で4千万円（うち国が1500万円）、区が2千万円の一律6千万円だった。今年度は、国と区からの補助額は変わらないが、都が独自に6千万円に補助を増額。さらに、今回の区の新制度により、施設がない2圏域に対しては、区からさらに1千万円と2千万円が上乗せされることになった。

江東区の高齢者人口は現在、8万6千人。7年後には11万3千人になると推計されている。高齢者人口が増えれば認知症高齢者の数も増える。グループホームの待機者は現在でも約50人。区では新制度の活用による施設数の拡充を期待する。

■厳しい介護現場

ただ、施設建設がクリアされても、介護報酬の低さから来る現場の人材不足や経営難は変わらない。「たんぽぽ」も、昨年2月の開設当初から残っているスタッフは7人のうち2人。募集広告を出しても集まらず、最近は他県在住者にも門戸を広げている。14人いるスタッフの夜勤の人手が足りないときは岩室さんが無償で夜勤に入る。それでも介護報酬の8割近くは人件費に費やされる。「介護報酬は働く側の立場に立って決めてほしい」と岩室さんは訴える。

制度面については、建物だけを建てて、運営は事業者に任せるオーナー制度もあるが、その場合、オーナーは固定資産税を払い続ける必要がある。岩室さんは「建設段階の補助だけでなく、固定資産税が軽減されるなどの措置があれば、オーナーになることを考える人ももっと出てくるのではないか」と話している。

外国人区政モニター募集

港区

港区は、在住外国人の区政モニターを募集している。モニターによる会議を行い、外国人の現状やニーズを把握し、行政サービスにつなげるのが狙い。

モニター対象者は、港区在住の20歳以上の外国人。募集人数は16人。会議の開催は10月、12月と来年2月の計3回を予定しており、日本語と英語の2カ国語で進行させる。モニターには謝礼として1回千円分の図書券が贈られる。

応募は、区政モニター会議の討議テーマ案である①区発行の日常生活に関係する情報パンフレットや区内の案内板などについて②防犯対策やごみのリサイクルのルールなどについて③そのほか、身近な行政サービスに関することについて――の三つから一つを選び、日本語200字または英語100単語以内で、テーマを選んだ理由について簡単な意見を書いて、郵送かファクス、または持参する。

応募多数の場合、国籍や男女比、居住エリアなどを考慮した上で選考する。8月29日必着。

応募先は〒105－8511　港区芝公園1の5の25、港区役所地域振興課国際化推進担当。

同区は、この20年間で在住外国人が約2倍に増えた。今年7月1日現在、2万2152人で人口の10・1％を占めている。国籍は120カ国におよび、国際化に関する幅広い施策展開が求められている。

区政モニター募集のほか、在住外国人を対象としたアンケート調査、外国人インターン（研修生）による在住・在勤外国人へのインタビュー調査も行う予定。

休止遊具を一部再開

江東区

江東区は区立竪川河川敷公園の遊具事故を受けて、使用を休止していた区立公園などの15施設の類似遊具のうち、安全が確認できた4施設の遊具の使用を20日から再開した。

残り11施設については、ただちに危険な状況にはないが、木製支柱に腐食が見つかるなどしたため、引き続き休止し、できる限り早い時期に補修または更新する。

事故は、7月2日、区立竪川河川敷公園で吊り具にぶら下がって2本の支柱間を空中移動する遊具の吊りかごが落下し、女児3人がけがをした。

記者席

皮算用の結末は？

○……「想定内ですから、全然、驚いてませんよ」。府中市選挙区は、民主党第1次公認で市議の小山有彦氏に決まったことについて、民主フォーラムの備邦彦都議に感想を聞くと、こんな反応が返ってきた。

備氏は、府中市議時代、民主系会派の代表を務め、当選後は都議会民主党入りを希望したが、適わなかった。28票差で現職の尾崎正一氏を破ったしこりが府中総支部の中にあり、それが今日も続いているという。

定数2の選挙区で自民、民主の党派選挙が予想されるが、連合東京の推薦を受け、無所属で戦う今のポジションが自分に有利と情勢を読む。さて、この皮算用、1年後、どうなることか。

○……「マンションに住んでいますが、大きい地震で揺れると間髪入れず風呂に入り、カップ麺でも何でもいいから飯を食うんです」。危機管理部門に従事して長い都職員は、休日の「有事」対応として、まず食事と入浴を挙げた。大地震が起きて参集がかかると、数日間は風呂に入れない可能性もあるからだ。

絶えず災害に神経を尖らしているとなると、身体も休まらないのではと思うが、本人は「慣れですよ。出来ない人は、この仕事に向かないのかもしれません」。事後の初動対応がカギを握る危機管理部門。つくづく瞬発力が肝要な仕事だと思った。

○……足立区は19日、障害福祉センター「あしすと」が震災時の避難施設として必要な強度を満たしていないと発表した。震度6でも倒壊のおそれはなく、建築基準法を満たしていたため、施設利用は継続する。

震災時の避難施設として改良するには、約30㌧の軽量化が必要であるため、屋上の高架水槽などを撤去する。改修費は、約3千万円を想定している。

積載荷重が問題だったため、設計した石井桂建築研究所に改修費などを求める考えだ。だが、同研究所は設計事務所として機能していないという。区は改修費を先払いし、工事が終わった後に費用請求するが、計画通りいけばいいのだが。

使用済み携帯電話の再利用促進へ

焦点　キャンペーンなどPR検討

携帯電話の回収率向上をめざして、都環境局が事業者や区市町村とともに3月下旬に設置した「希少金属等含有製品回収促進協議会」が、具体策の検討を進めている。事業者による携帯電話の回収システムの活用策やレアメタルの再利用促進をPRするイベントの開催などが中心で、今秋には都道府県レベルで初めて携帯電話の回収促進に乗り出す予定。今後は携帯電話利用者のリサイクル意識をどう高めていくかが大きなポイントになる。

電気通信事業者協会の調べによると、今年3月末現在のPHSを含めた携帯電話の加入件数は1億を超え、1億734万件となった。しかし、使わなくなった携帯電話の回収台数は年々減少しており、2006年度は6年前に比べて半減、662万台にとどまった。

回収が進まない要因を探るため、事業者団体が2千人アンケートを実施したところ、「コレクション・思い出として残す」と答えた人が最も多く、次いで「個人情報漏れが心配」「電話帳として活用」「データのバックアップ」などと回答。「何となく」手元に置いている人も3割にのぼった。

使用済み携帯電話の処分方法では、7割が「店頭で引き取ってもらった」が、「一般ゴミとして捨てた」人が15・8%もいた。2001年4月から開始されたMRN（モバイル・リサイクル・ネットワーク）を知っている人は半数程度と低いことも明らかになった。

◆「都市鉱山」

パソコンや携帯電話などの電子機器類には、様々な希少金属（レアメタル）が使われており、国内で流通・破棄されたレアメタルの量は、世界有数の資源国の埋蔵量に匹敵。中でも液晶ディスプレイなどに使われるインジウムは、世界天然鉱山の現有埋蔵量の約6割に相当するといわれる。

このため、環境局は「大都市東京で、不要になった製品からレアメタルを回収し、それを資源として再生すれば、世界でも有数の埋蔵量を有する、いわゆる『都市鉱山』になり得る」とし、携帯電話の回収率向上策の検討に乗り出した。

協議会のメンバーは環境局、区市町村代表、情報通信ネットワーク産業協会、電気通信事業者協会など事業者団体。「事業者がさらに取り組むべきこと、行政が協力できることなどを整理」（環境局）したうえで、具体的な回収促進策を検討。今秋には社会実験等を通じてPR、今年度中に結果や方向性をまとめる予定だ。

◆歓迎ムード

事業者が共同で行っているMRNでは通信事業社やメーカーに関係なく、すべての使用済み携帯端末を販売店などで無償回収し、100%リサイクル処理している。しかし、思い出のメールや写真を残したいとの理由で、使用済み携帯を手元に残しておく人は多い。個人情報が漏れることを心配する人もいる。また、携帯電話の買い換えや解約時に販売員がリサイクル情報を伝えないため、MRNのリサイクルシステム自体を知らない人が意外と多かった。

こうした点を踏まえ、協議会では、貴重なレアメタルという資源の再利用を周知徹底するためのキャンペーンや広報活動のあり方を検討。具体的な回収策としては、買い換えや解約時の販売員によるリサイクル情報提供の徹底、個人情報保護の観点からの端末破砕機の設置、大手量販店や公共施設などへの回収ボックスの設置などを検討する。

都環境局では「協議会では現状の問題点と事業者、行政それぞれの役割などについて意見交換した。これを踏まえて現在、具体的な回収促進策を検討している」（廃棄物対策部）としている。一方、事業者団体の情報通信ネットワーク産業協会では「新しい試みなので手探り状態の面もあるが、これまでの経験を踏まえ、現状で考えられる対策を提示し、それをベースに議論を進めてきた。今後、行政の協力が得られれば、回収率アップが期待できる」（サービス部）と歓迎ムードだ。

都内の量販店に設置されている「ケータイ回収BOX」

◆コスト負担

ただ、回収促進に向けて解決すべき課題も少なくない。その一つがリサイクルコストの問題である。通信事業者ではない大手量販店の場合、過当競争が進むなか、携帯端末の売り上げをいかに伸ばすかが至上命題。「回収ボックスや個人情報処理など、経費増に結びつくことは極力避けたい」（量販店）というのが本音である。町中の小さな携帯ショップとなればなおさらで、今後、販売店のリサイクル意識をどう高めて、経費負担の問題を解決していくかが大きな課題となる。

事業者や行政がいくら対策を講じても、肝心の都民が回収に協力してくれなければ貴重なレアメタルは眠ったままとなる。都民のリサイクル意識を高めるPR対策はもちろん、場合によっては、都民が回収に積極的に応じるための何らかの「インセンティブ」が必要になるかもしれない。

この人

NPO目黒体育協会会長（元都建設局）　石塚　友宏さん

体協で区の指定管理者に

東京オリンピックを控え、造園職を多く採用した1962年に都に入り、38年間を公園行政に費やした。

今は、NPO目黒体育協会会長として、目黒区の体育館と野球場を指定管理者として管理運営する立場だ。

もともとは東京農大の相撲部で豊山とは同期生。「体が小さくてレギュラーにはならなかった」と言うが、卒業した年の4月には、目黒区相撲連盟理事に就任し、86年からは理事長を務めている。

スポーツも多様化する中、今でも「わんぱく相撲」には区内から約250人の子どもが集まってくると言い、「一昨年は目黒区の子が東京都大会で2位になり、今年は3位になった」と嬉しそうだ。

体育協会の理事も兼ねるようになり、昨年会長に就任、4月から指定管理者に。託された中央体育館は、武道を中心とし、区内で最も古く、一番大きい。「指定管理者のメリットは経費を安く、サービスを向上させ、利用しやすくすること。条例・規則に縛られることもあるが、それを超えた発想も出来る」

6月にはフィットネス・サロンがオープンし、好評だと言う。

一方、行政からは、「こうしちゃダメ、あしちゃダメと口を出されることが多く、民間から来た人は愚痴をこぼしますね。最初のうちは我慢してよと言うんですが」とも。

海上公園の計画や、都立公園最大の野山北・六道山公園の都市計画決定から、最後は工事を担当して退職と、思い出が詰まった公園だが、「昔の公（おおやけ）の公園から、民間の公園に変わったのではないか。制約も多かったが、今はどんどん新しい物を取り入れて、親しみやすいものになっています」。観覧車を設置してはどうかと言って、却下されたというが、今はそれも実現している。

しかし、公園の管理費が削られている現状は寂しい。「街路樹も基本は年に2回剪定すればいいんだが、1回でみな切っちゃうので木が弱るんです。環境と言いながら、今ある樹木が大事にされていないんですね」

いい時代を歩んでこられた都庁人生だったとの感は深い。次の東京オリンピックに向けて、造園が見直されればという思いもある。

これからの5年間は指定管理者としての正念場。「体育館を利用してもらい、利益を上げて、体育協会をもっともっと発展させて、利用者に還元していきたい」（門）

東京都生まれ。61年東京農大卒。62年建設局神代植物公園管理事務所に。大島公園、多摩動物公園、都市計画局公園係長などを経て、99年西部公園緑地事務所課長補佐で退職。伊藤忠林業㈱参事を03年退職。クレー射撃を45年続ける。一男一女は独立し、妻と。70歳。

都政NOW

このページは随時掲載です

地方分権時代の議会
自治の一翼を担う地方議会へ

山梨学院大学法学部
政治行政学科教授
江藤俊昭

中央集権的時代は、首長が重要な役割を果たした。地域のさまざまな意見から自治体の方向を討議して決定する議会は、「蚊帳の外」におかれていた。しかし、地方分権時代は違う。それにもかかわらず、議会は自治の主役としては登場していない。地方分権にともなって、自治体改革が急激に進んでいる。住民参加・協働や行政改革でも、議会は主体的にかかわってはいない。まさに、自治体改革が進んでいる自治体ほど議会は「蚊帳の外」におかれている。

議会改革は焦眉の課題である。議会が「蚊帳の外」に置かれすぎたから、議会の役割を強調しているわけではない。むしろ、住民自治の中に正当に位置づけることを主張しているのである。

■抜本的な改革を

行政改革と比べて、議会改革はあまりにも遅い。時には、「議会不要論」もささやかれている。「焦り」からくる不要論の気持ちは分からなくはない。しかし、ワイマール共和国では議会は「死亡宣告」（C・シュミット）を下され、大統領独裁（ナチズム体制）がつくりあげられていった。この歴史的経験からすれば、議会否定は踏み込んではならない道である。同時に、それは議会改革の思考停止へと導く考え方である。

そもそも、首長は独任制の機関であり、リーダーシップに適している。

それに対して、議会は様々な価値観を有する議員の合議制の機関である。議会にとって、リーダーシップは首長ほど得意とする分野ではない。しかし、多様な意見をくみ上げ論点をさまざまな角度から討議するという民主主義からすれば、第一級の役割がある。地方分権の時代に地域経営を担うには、議会はより適合的である。しかし、その役割を担うには議会運営の抜本的な改革を伴わなければならない。

■広がる議会の権限

議会は、そもそも重要な役割を割りあてられているし、重要な権限を持っている。分権時代に適合するように改正された自治法第138条の2を読もう。執行機関が執行管理するものは当然、当該自治体の事務に限定された。それは「条例、予算その他の議会の議決に基づく事務及び法令、規則その他の規程に基づく当該普通地方公共団体の事務」である。規則（条例に匹敵する首長の「規則」制定権はある）が入っているので例外があるのは承知の上で単純化すれば、執行機関は、議会が議決した事項を執行することになっている。執行機関が議会の後の章として挿入されている意味も再確認すべきである。執行機関は、原則的に言えば「執行する機関」なのである。

さらに、議会の権限も広がっている。周知のように議会の議決事件は自治法第96条1項に15項目列挙されている。条例、予算、決算、契約といった事項は議会の議決が必要である。市町村の場合、基本構想も議会の議決事項である。制限列挙として狭く解釈されてきた事項であっても自治の根幹にかかわるものである。地方分権の時代、それだけではなく、条例に基づき議決事件の追加を行う議会も増えてきた。基本計画や、都市計画マスタープラン、介護保険計画といったマスタープランを議会の議決事件に追加している。

制限列挙されている15項目以外の「事項についての団体意思の決定は、長その他の執行機関が、自己の権限内の事項につき行う」と解釈されてきた時期もあった（長野士郎）。最近では、総務省から必要的議決事件（従来の制限列挙）と任意的議決事件（議決事件の追加）という新たな区分が提出されている。制限列挙という用語は「制限していると誤解を与える面があるのではないかと。……今の制度に近い表現をした方がいいのではないかということで、必要的議決事件、任意的議決事件という形で表現を修正させていただいた」と（第29次地方制度調査会第11回専門小委員会議事録）。隔世の感がある。

■議会基本条例制定の動き

議会は、民主主義にとって重要な機関であるとしても、それを担えるかどうかは別問題である。議会は、住民の多様な意見を持ち寄り、議員同士でそれを調整し決定し、執行機関に執行させ、それを監視する。そうした当然の役割を担ってきたとは言いがたい。むしろ、多くの議会では、議会の存在意義である議員同士の討議もせず、単なる首長から提出される議案の「正統性機関」「承認機関」に成り下がってきた。

従来の議会とは異なる新しい議会運営は広がってきた。住民に開かれ住民参加を促進するために、情報公開はもとより、請願、陳情を町民からの政策提案として位置づけ、議員と住民との会議や議会報告会などによる議会への住民参加が行われている。また、首長とも切磋琢磨し機関競争主義を作動させるために、首長等に反問権を付与し、首長提案には資料の提出を義務づけたり、議決事件を議会としてしっかりと審議する。さらに、議員や会派による質問の言いっぱなしではなく、議員相互間の自由討議を促進している。

このような新しい議会運営を議会基本条例として規定しているところもある。2006年5月の北海道栗山町議会にはじまる議会基本条例制定の動きは、19自治体にまで広がった。地方分権時代には、住民と歩む議会、執行機関と切磋琢磨する議会、議員同士が十分に討議する議会に変わらなければならない。その運営を最高規範としての議会基本条例で規定している。多くの議会が新しい議会として登場することを期待している。

◇

えとう・としあき＝1956年東京都生まれ。79年中央大学法学部卒。86年同大学院法学研究科博士後期課程修了。博士（政治学）。専攻は地域政治論。現在、甲府市事務事業外部評価委員会委員長、第29次地方制度調査会委員などを務める。主な著書に『図解　地方議会改革』（単著、2008年）『増補版　自治を担う議会改革』（単著、07年）、『新しい自治のしくみづくり』（共著、06年）、『協働型議会の構想』（単著、04年）。

風見鶏

「モンスター」退治

テレビドラマで一躍有名になった「モンスターペアレント」という言葉がどうも気になる。「モンスター」を直訳すれば「怪物」である。保護者を「怪物」に見立て、一方的に悪者扱いにする風潮をつくらないか。「モンスター」の言葉を使うことによって、学校と保護者との溝をより一層深めることにならないかと心配はつきない。

たしかに、理不尽な言動を繰り返し、先生を困らせる保護者は少なくない。ある小学校で、こんなことがあった。運動会の50㍍競走で、ビデオを手にした父親がわが子に接近しすぎて、走ってきた隣の児童に衝突するというアクシデントがあった。女性の先生が飛んできて注意したものの、その父親は謝らないばかりか、逆ギレ。「ビデオを撮って何が悪いんだ!」と先生にくってかかり、大騒ぎになった。

この一件が面白くなかったのか、父親はその後、授業参観日で文句を言ったり、PTAの会合で名指し批判したりと、先生への個人攻撃をエスカレートさせた。明らかに常軌を逸している父親の言動に周囲もあきれていたが、しばらくしてその先生は鬱状態になり、学校を休みがちになったという。

「自己主張」と「わがまま」をはきちがえた自己中心的な保護者が増えている。学校への理不尽な要求に振り回されて、授業や部活動などが思うように進まなくなった。事態を重くみた学校側は、「学校問題対策チーム」を編成するなど、組織的に対応する動きが出てきている。

ただ、少し心配なことがある。学校に対する保護者の正当な要求までが「学校問題」としてくくられ、「モンスターペアレント」と同一レベルで処理されないか。まさか学校関係者が「モンスター」という言葉を不用意に使うとは思えない。しかし、「モンスター退治」の社会的風潮が強まれば、先生たちが無意識的でもその表現を受け入れてしまう可能性は否定できない。学校と保護者との間に高い壁をつくらないためにも、慎重な対応を臨みたい。（紋次郎）

都職員採用

試験制度を改正

中途採用で年齢制限撤廃

都人事委員会事務局は21日、職員採用試験制度の改正を発表した。中途採用で実施している現行の専門人材（主任）採用試験を見直し、受験資格の年齢制限を撤廃、学歴に応じた職務経験を要件に加えたキャリア活用採用選考とする。年齢制限の撤廃は、雇用対策法の改正に対応したものだが、係長級職での採用も想定して、任用や初任給も含めた独自性の強い見直し内容となっている。また新規学卒採用では、I類A採用試験で受験資格を年齢要件のみとし、I類B採用試験とともに上限年齢を2歳引き上げる。いずれも09年度から実施する。

係長級職での採用も想定

雇用対策法の改正では、高齢者や年長フリーターなど、一部の労働者の応募の機会が閉ざされている状況を改善するため、これまで努力義務としてきた募集や採用にかかる年齢制限の撤廃を「禁止」へと変更した。公務員でも、職務経験を要件とする中途（経験者）採用の場合、年齢制限を外すことが求められている。

都人事委員会では、事務と技術（土木・建築・機械・電気）職種の採用試験制度を改正。まず中途採用では、07年度に開始した専門人材（主任）をキャリア活用採用選考にリニューアルした。

主な変更点は、現行の専門人材で29歳以上37歳未満としていた年齢制限を撤廃。都の定年に合わせて「年齢60歳未満」とした。また学歴に応じた職務経験を要件に加え、「大卒7年以上」「大学院卒5年以上」「高卒11年以上」等とした。実質的に専門人材（主任）と同等の職務経験及び下限年齢になる。

任用面では、現行と同じく、主任級職で採用され、採用後3年目から係長選考の対象となる。ただし、職務経験や能力、専門性のほか、係長ポストの状況など条件が整った場合には、係長級職での採用も可能としており、この点は制度改正の大きな特徴と言える。

また初任給の加算に関しても、年齢制限撤廃に合わせ、かりに59歳で採用されても対応可能となるよう、専門人材で設けられている加算限度の定めを設けないこととされている。

試験や選考内容では、新たに職務履歴書とエントリーシートによる書類選考を導入。筆記試験には論文のほか、知識・知能をみるための教養試験を入れている。

このほか採用区分に関しても、各局の意向を踏まえて、新たな区分の設置なども含め、より門戸を広げていきたい考えだ。

採用試験での年齢制限撤廃に関しては、すでに市川市が03年度試験から一般行政職の採用で実施。この間、20歳代で164人、30歳代で51人、40歳代は13人、50歳代も1人採用している。

当時、不況による会社倒産が相次ぐ中、市川市では「優秀な人材を確保するうえで年齢にこだわる必要はない」「民間企業での知識・経験を活用したいという人も多い」との発想から、年齢・学歴を撤廃した。04年度以降は、一級建築士や法律事務所での職務経験者、SEなど即戦力となる人材を採用、組織の活性化にもつながったという。スタッフ職である係長級の副主幹として採用した例もあるが、「前歴換算は10割みる訳ではないので、同年齢で処遇面の差が生じることになる。応募者も承知しているとはいえ、検討の余地もあるだろう」（安井・市川市人事課長）と話す。

改正雇用対策法の年齢制限禁止の義務化は、07年10月1日から施行されている。すでに千葉県、神奈川県など複数の自治体で、今年度から年齢制限を撤廃しており、他団体も対応に迫られている状況だ。

一方、都人事委員会では、法改正の影響を直接受けない新規学卒採用についても、制度改正を図っている。

大学院修了や民間企業での職務経験2年以上としたI類Aは、学力主義の都庁で唯一、学歴要件が含まれていたが、今回の中途採用の改正に合わせて、受験資格を年齢要件のみとし、年齢も上限の「30歳未満」を「32歳未満」に引き上げた。2歳の引き上げは、I類Bと同様に、採用後の昇任、育成等、長期的なキャリア形成の観点を踏まえて設定した。

またI類Bも「22歳以上28歳未満」としていた年齢要件で上限を「30歳未満」に2歳引き上げた。この間、他団体でも人材確保の観点から年齢が引き上げられ、「22歳以上30歳未満」が多いことに加え、I類Bの専門的職種の上限年齢にもそろえた格好だ。

新規学卒採用では、試験内容なども変更した。I類Aは、教養試験と論文、成果論文という構成だったが、法律や経済等に関する知識を問う記述式の専門試験を新たに実施する。いずれも大学院卒レベルの高度な知識・能力を検証する試験内容となるが、国や地方自治体を含めて、院卒レベルの専門試験の実施は前例がないものだけに、注目を集めそうだ。

またI類Bは、事務で実施していた専門I（択一式）を廃止し、記述式の専門試験を充実させる方向が示されている。I類A・Bともに記述を強化した形だが、入都後に必要とされる思考力や応用力、説明能力を重視した改正と言える。

さらに同じ日程だったI類A・Bの試験を別日程で実施することで、併願を可能とし、技術職を中心により優秀な人材確保を目指す。

都人事委員会では、10月中に、制度改正の概要を記載した受験者向けのリーフレットを作成する予定としている。

区経験者採用

主任主事IIは146倍

申込数、採用予定数ともに増

今年2年目となる特別区の経験者採用試験の申し込みが8日に締め切られた。全区分の採用予定者数228人に対し、申込者数は6184人となり、倍率は27・1倍となった。特に今年初めて行われる3級の主任主事IIの事務は、採用予定者13人に対して1908人が申し込み、146・8倍の高倍率となった。同じく申し込みを締め切ったIII類採用試験は160人程度の採用予定者数に対して3105人が申し込み、倍率は19・4倍だった。

特別区 経験者採用申込状況（速報値）

試験区分		採用予定数	申込者数	倍率
2級職	事務	100(44)	1,403(1,218)	14.0(27.7)
	土木造園（土木）	9(5)	71(80)	7.9(16.0)
	建築	13(8)	58(44)	4.5(5.5)
3級職 主任主事I	事務	50(12)	2,094(1,786)	41.9(148.8)
	土木造園（土木）	6(4)	176(198)	29.3(49.5)
	建築	14(9)	105(115)	7.5(12.8)
	機械	7(7)	30(36)	4.3(5.1)
	電気	9(8)	40(48)	4.4(6.0)
3級職 主任主事II	事務	13(−)	1,908(−)	146.8(−)
	土木造園（土木）	2(−)	195(−)	97.5(−)
	建築	1(−)	92(−)	92.0(−)
	機械	2(−)	6(−)	3.0(−)
	電気	2(−)	6(−)	3.0(−)
合計		228(97)	6,184(3,525)	27.1(36.3)

※（　）内は07年度の数値

経験者採用試験の平均倍率は27倍を超えたが、昨年の36倍に比べると低下した。事務の場合、2級職（28歳以上32歳未満）は採用予定数100人に対して1403人が申し込み、倍率は14・0倍。前年度比で13・7ポイントの減だ。同じく3級職の主任主事I（32歳以上37歳未満）も倍率は41・9倍で、前年度の148・8倍から大幅に下がった。

ただ、いずれも申込者数は増えており、倍率の低下は採用予定者数が増えたことが要因となる。2級職の事務の場合、昨年の募集は16区だったが、今年は20区が募集。3級職主任主事Iの事務も、同じく9区から12区に増えた。

人事委員会任用課は、「昨年は導入初年度で様子見の区も多く、当初は採用を予定していなくても、最終的に採用した区もあった。今年入区した職員の評判もよく、採用数を増やす区が多くなったのでは」と話す。

なお、2級および3級主任主事Iの技術の採用予定者数は、各区分とも前年度比で同数もしくは増となったが、申込者数は2級の建築で増となった以外は微減となっている。

また、3級職の主任主事II（37歳以上46歳未満）は、昨年度は採用する区がなく、実施しなかったが、今年は文京区と荒川区で計20人を募集。事務は146・8倍と高い倍率となった。技術も、土木が97・5倍、建築が92・0倍となり、受験者の関心は高い。

しかし、受験率は昨年度、58・8%にとどまるなど決して高くはない。仕事を続ける中で受験できないケースや、インターネットで手軽に申し込めることが背景にあるようだ。今年も全体の申し込みのうち74・3%にあたる4595件がインターネットでの申し込みとなった。

III類採用試験も申込者数が前年度比125人増となり、倍率は5・7ポイント増の19・4倍となった。人事委員会では採用予定数が前年度比25人程度増えて160人程度となったことに加え、インターネット申し込みが昨年度の約20%から30%になるなど浸透したことが要因と見ている。

経験者採用、III類採用とも、第1次試験が都内の大学で15日に行われる。最終合格発表は経験者採用が12月5日、III類採用が11月11日の予定。

退職局長からひと言

仕事づくりはファンづくり

前都市整備局理事　安藤明

入都間もない私が「えっ？」と聞き返すと、「君たちは、都民が施策を通じて東京都へのファンになるように仕事をしていかなくてはいけない。そのことを常に忘れるな」と、時の上司が続けました。正直、当時はその言葉の意味するところがあまりよくわかりませんでした。

ところが妙なもので、長い間忘れていたその言葉が、悩んでいたそのときに思いがけずによみがえってきました。それが「思い出ベンチ」です。

ある晩、テレビで印象的なシーンに遭遇しました。それは夕暮れに老女がひとりベンチに座っている姿でした。イギリスの番組の一シーンで、亡き夫を偲んで寄付したメッセージ入りのベンチに座っている場面が、なんとも心を打ちました。「あっ、これだ！」と思いました。

当時はさまざまな方面から公園に広告入りベンチを寄付したいとの申し出があり、その対応に追われていました。そこで当時の課長に番組の話をし、公園の景観を維持し、しかも都民に公園のファンになってもらう寄付ベンチのアイデアを話しました。それは①都がベンチの仕様を定め②そこに名前と記念となる思い出の文章を入れるプレートをつける③寄付は個人に限定、宣伝文句は一切載せない——というものでした。

実際に放送を見た私は、「人は自分の思い出となる場所を求めるもの。公共がその場を提供する。だから絶対に成功する」と話しましたが、いかんせん前例もないため、その「企業からの広告を認めないと個人では集まりません」と課長から半ば否定されることとなり、よく議論しました。仕事をする上では何よりも揺るがない信念が大切なことを、今更ながら痛感した次第です。

最後に、昔の厳しかった上司に感謝を込めて、私も次の言葉を贈らせていただきます。「仕事づくりはファンづくりだ」と。

区I類採用

合格辞退者を食い止めろ！

人材獲得競争が過熱

内々定の日程前倒し
採用候補者に講演会

特別区では、来年4月に入区となるI類採用試験合格者の内定辞退を防ぐ取り組みを強めている。各区で例年より1カ月程度早く内々定を出す日程で採用面接を進める一方、人事委員会は採用候補者を対象にした講演会を開催。特別区で働くモチベーションアップを図りたい考えだ。取り組みの背景には、自治体間の激しい人材獲得競争がある。

世間がお盆休みとなった今月13日、文京区のシビックセンターで「これからの特別区と特別区職員」と題した講演会が行われた。対象となったのは、4日に最終合格が発表されたばかりの採用候補者。当日はI類全体の最終合格者（1800人）の半数となる約900人が参加した。

登壇した特別区制度調査会長の大森彌東京大学名誉教授は、「特別区こそが東京の住民に最も身近な地方政府であり、区民の暮らしに直結した責任ある仕事を任される。そこには厳しさとやりがいが待っている」などと訴え、「4月から特別区職員となり、自分を磨きあげ、仕事のプロになってほしい」とエールを送った。

参加者の中には熱心にメモを取る者もおり、会場は静かな熱気につつまれていた。

区人事委員会が来年の採用候補者に対し、この時期に講演会を行うのは初の試み。狙いは合格直後のホットな状態の採用候補者に、特別区への就職の意思を固めてもらうこと。言い方を変えれば、合格者が辞退することを食い止めようとするものだ。

団塊世代の大量退職期を迎え、全国の自治体で採用予定者数が増える中、かけもち受験や複数内定取得者が増加し、内定辞退者が多数出ることが予測される。優秀な人材ほど、他に内定をもらうケースも多いため、積極的に引き止め策を講じ、早めに確保しようという作戦だ。

こうした取り組みは各区での採用面接にも見られる。特別区とかけもち受験、競合する主な団体は、国家II種や関東近県、政令市で、これらは8月下旬から9月上旬に最終合格発表を予定している。特別区では、それよりも早く最終合格を発表し、内々定を出すことを計画。例年は9月から10月にかけて内々定を出していたが、今年は1カ月程度早め、8月中に内々定を出す日程（内定は10月1日）で各区が採用面接を進めている。

引き続き各区では、正式採用までの約7カ月間、内定者に対し、区内の施設見学や事業説明会の開催、先輩職員（メンター）による相談体制を組むなど、積極的な内定者の定着に取り組む予定だ。

区人事委員会では人物重視の選抜や、各区との連携による積極的な人材確保策など様々な工夫を凝らしており、これらの成果は来年4月に現れることになる。

13日に行われた講演会の様子。大勢の採用候補者を前に大森教授がエールを送った

仕事と家庭生活の調和
8都県市が推進キャンペーン

都は19日、8都県市が共同して取り組む「仕事と家庭生活の調和（ワークライフバランス）推進キャンペーン」の実施を発表した。11月をキャンペーン月間に設定し、11月5日を8都県市一斉定時退庁日とするほか、共同アピールや企業・事業所への共同アンケート等も実施する。

8都県市ワークライフバランス推進キャンペーンは、今年度が3カ年計画の2年目にあたる。就業者の多くが各都県市の区域を越えて通勤しており、また「出生率が低く、少子化に歯止めがかからない」「子育て期にある男性の就業時間・通勤時間が長い」といった共通課題を抱えることから、一体的な取り組みが求められている。

今年度のキャンペーン内容では、新規に企業・事業者や住民に対する共同アピールを実施、また企業の取り組み状況についてアンケート調査も行う。またロゴマーク・シールを作成し、趣旨に賛同する企業の従業員等が名刺に貼付するなど、普及啓発を進める。

昨年度からの継続事業では、ワークライフバランスの実践アイデアを募集するほか、中小企業の先進的な取り組みを盛り込んだ事例集も作成していく。

8都県市内の企業に向けた定時退庁の呼びかけにも引き続き取り組む。8都県市職員の定時退庁は11月5日のほか、これに先駆けて8月15日にも実施する予定。

障害者就業状況　パネル展で紹介

東京しごとセンター

東京しごとセンターは、障害者雇用支援月間となる9月に、障害者の就業状況を紹介する特設パネル展を開催する。障害者の就業機会拡大を目指し、障害者の就業状況を広く情報発信するもの。パネルや写真の展示のほか、障害者が製造しているパンの出張販売なども行う。

会場は飯田橋の東京しごとセンター1・2階の特設展示コーナーで、期間は9月1日から26日まで。パンの販売は期間中の木曜、金曜の午前11時30分から午後1時まで。

また25日には、講師に都立あきる野学園主幹の原智彦氏を招いたシンポジウムも開催する。時間は午後2時から5時まで。定員は100人で要申込。問い合わせは東京しごと財団心身障害者職能開発センター☎3202・7285まで。

残留農薬に6割が不安

「食の安全」でアンケート

都福祉保健局は20日、「食の安全」をテーマに実施したインターネットアンケートの結果を公表した。97・4%が食の安全性に「関心がある」と回答しており、輸入冷凍餃子による健康被害や食品の偽装表示問題等を背景に、都民の意識の高まりがうかがえる結果となった。

食の安全性を巡っては、残留農薬への不安を挙げる声が62・6%と最も多く、偽装表示（51・8%）、食品添加物（45・6%）と続いた。また食品購入時の原材料や産地等の確認に関する設問には「いつも確認」と「物によって確認」との回答が、合わせて97・5%に達している。

都が実施している食品衛生自主管理制度については、認知度が17・9%と低かったものの、飲食店を利用の際に参考にしたいと回答した人は86・7%にのぼった。今後、都に求める取り組みでは「輸入食品の検査体制の強化」「残留農薬の検査体制の強化」「食品表示の適正化の推進」などが挙げられた。

谷　慎一郎さん（たに・しんいちろう＝都交通局車両電気部管理所大門変電区長）7日死去、60歳。

島田　泰平さん（しまだ・たいへい＝元小金井市議）12日死去、87歳。

藤原　幸枝さん（ふじわら・ゆきえ＝藤原道彦・多摩市議会議長の母）13日死去、92歳。

㉑年度 職員教養講座 [9]

はじめに

試験制度改正から2年目となる20年度の管理職選考は、前年度ほどではありませんが、旧制度（18年度）と比べると、受験者、受験率ともに高い結果となりました（選考区分B事務）。また、「記述のみ」の受験者は6人（19年度4人）にのぼりました（選考区分B事務　福祉・保健医療）。

効率よく試験を突破していくためには、自らのライフステージを考慮しながら受験科目を選択することとあわせて、選択した2題についてほぼ完全に答えられるような準備をしていくことが必要でしょう。

記述試験の出題内容は、基礎的な法令や保健福祉医療の新制度、国や都の動向など、日常業務を進めていくうえでの知識としても十分役立つものです。

また、時事問題のために収集した情報は、論文を作成する上で、都が直面している課題、今後の方向性を整理するためにも大変貴重なものとなります。

過去の出題と傾向の分析

過去10年間の出題を六つの分野ごとに分析します。（○内の数字は出題年度）

(1)社会福祉法

※平成12年の法改正により、「社会福祉事業法」は「社会福祉法」に改名された。

【過去の出題】

⑪社会福祉法人の管理⑫社会福祉基礎構造改革の具体化としての社会福祉事業法の改正⑬社会福祉法に設けられた福祉サービスに関する苦情解決のしくみ⑭社会福祉法人に対する一般的監督⑮福祉サービス利用契約の締結にあたっての社会福祉法に定める利用者の保護策⑯社会福祉法に基づく地域福祉計画⑰社会福祉主事⑱社会福祉法人の管理⑲地方社会福祉審議会⑳社会福祉法人の設立手続

【出題の傾向】

最近の管理職選考の出題は基本的な内容を問うものとなっています。過去に出題されている事項を中心に、社会福祉の基本事項について確実に押さえて下さい。追加・大改正された部分は出題される可能性が高いので、予想問題に加えておいてください。

(2)生活保護法

【過去の出題】

⑪基準及び程度の原則⑫介護扶助⑬世帯単位の原則⑭被保護者の権利及び義務⑮保護者の権利及び義務⑮保護の補捉性と民法に定める扶養義務者の扶養との関係⑯申請保護の原則⑰生活扶助住宅扶助、医療扶助及び介護扶助⑱世帯単位の原則⑲基準及び程度の原則⑳被保護者の権利及び義務

【出題の傾向】

生活保護法は条文も少なく、問題となりうる個所も限定されています。20年度の被保護者の権利及び義務は14年度にも出題されています。このように、過去に出題された事項と関連する条文、判例などを確実に押さえることにより、得点源とすることができます。

(3)地域保健法

※平成9年度から試験範囲に追加。

【過去の出題】

⑪保健所の設置及び保健所の事業⑫～⑳出題なし

【出題の傾向】

「地域保健法」は過去2回しか出題されておらず、出題の可能性は低いと考えられますが、短い法令ですので、概要の整理をしておくとよいでしょう。

B事務（福祉・保健医療）記述

(4)社会保障・保健医療制度

【過去の出題】

⑪「年金制度改正案大綱」の要旨⑫確定拠出型年金⑬政府・与党の社会保障改革協議会がまとめた「社会保障改革大綱」の要旨及び医療保険制度の主な改正点⑭政府・与党の社会保障改革協議会がまとめた「医療制度改革大綱」の要旨⑮～⑰出題なし⑱政府・与党医療改革協議会がまとめた「医療制度改革大綱」の趣旨⑲政府・与党協議会がまとめた「被用者年金一元化の基本的な方針と進め方について」の概要⑳出題なし

【出題の傾向】

「社会保障・保健医療制度」では、主に医療保険制度や年金制度などの社会保障に関する制度改正の改正点やポイント、大綱の「要旨」等が出題されています。この分野における国の動向を把握し、制度改正や大綱作成の背景・意義等を押さえたうえで内容を理解してください。

(5)その他の福祉・保健医療

【過去の出題】

⑪～⑬出題なし⑭都が改正した「認可外保育施設に対する指導監督要綱」の改正のねらい及び主な改正点⑮障害福祉サービスにおける支援費制度の概要⑯次世代育成支援対策推進法の概要、東京都福祉のまちづくり推進協議会が提言した「21世紀の福祉のまちづくりビジョンのあり方について」の概要⑰16年度の児童虐待の防止等に関する法律の改正点及び都の取り組み、政府「少子化社会対策大綱に基づく重点施策の具体的実施計画について」（子ども・子育て応援プラン）の概要⑱都が発表した「福祉・健康都市東京ビジョン」の概要⑲認定こども園の概要及び都が定めた東京都認定こども園の認定基準⑳「児童虐待の防止等に関する法律」の主な改正点

【出題の傾向】

「その他の福祉・保健医療」では、（4）の社会保障・保健医療制度以外の、法制度や要綱の概要や改正点、都の施策や現状、課題等について出題されています。20年度の大きな法改正、制度改正とそれに関連する都の動きに十分注意を払い、内容の把握に努めてください。

(6)時事的問題

【過去の問題】

⑪東京都児童福祉審議会意見具申「新たな子どもの権利保障の仕組みづくり」の概要、「東京都保健医療計画」に述べられている「地域支援病院」⑫「健康日本21」の概要、「都立病院における診療情報の提供に関する指針（ガイドライン）」、「福祉施策の新たな展開」⑬「東京構想2000」に述べられている戦略「都民の命を支える救急医療体制を確立する」の概要、都立病院倫理委員会最終報告書「都立病院における末期医療の在り方について」の概要⑭「21世紀の東京都保健所」の概要、「都立病院改革マスタープラン」のうち（1）「行政的医療」（2）「都立病院再編の六つの視点」⑮「第2期東京都介護保険事業支援計画」のうち「介護サービス充実のための取り組み」、「東京都保健医療計画」の計画の性格及び「保健医療施策の三つの変革」、「都立病院改革実行プログラム」のうち（1）「経営革新の概要」、（2）「女性専用外来」及び「セカンド・オピニオン外来」の語句説明⑯医療のより良い関係を考える会が提言した「医療のより良い関係に向けた提言」の概要、「東京都食品安全条例」の概要⑰都立病院経営委員会及びバランス・スコアカード、「東京都薬物の濫用防止に関する条例」の概要⑱東京都児童福祉審議会が提言した「社会的養護の下に育つ子どもたちへの自立支援のあり方　少子社会の進展と子どもたちの自立支援（中間のまとめ）」の概要、東京都が策定した「東京都新型インフルエンザ対策行動計画」の概要⑲東京都地方精神保健福祉審議会答申「精神保健福祉施策の構造変革について」の概要、「東京の福祉保健の新展開2007」に述べられている「保健・医療分野」⑳都が策定した「東京都地域ケア体制整備構想」、「第二次都立病院改革実行プログラム」、「東京都保健医療計画（平成20年3月改定）」

【出題の傾向】

「時事的問題」では、都の福祉・保健医療に関する、審議会・協議会・委員会の「答申・報告・提言・意見具申」の概要、都の計画・構想の中の福祉・保健医療に関連する部分が出題されています。

年度により、内容の一部や語句について問うような細かな出題もなされています。重要施策や計画は、深く掘り下げて読みこみ、計画策定の趣旨、ポイント、重要なキーワードを正確に把握しておく必要があります。

勉強方法

記述試験は6題のうち2題を選択して1時間で解答するため、1題あたり30分で600～800字程度の解答を書くことになります。30分でA4横書きの罫紙1枚を埋めるためには、考えている余裕はあまりありません。このため、事前に出題予想をしっかり行い、作成した模範解答やレジュメをいかに効率的に再現することが出来るかが、記述試験をクリアするポイントとなります。

(1) 情報収集及び出題予想

まず、過去の出題傾向を分析し、出題予想を作成してください。法律分野は基礎的、オーソドックスな出題が何年かサイクルで繰り返し出題されています。

その他の分野については、関係各局のプレス発表資料、各種審議会答申、計画、その他関連する国の発表資料について、東京都や福祉保健局、病院経営本部、厚生労働省等のホームページの閲覧などにより最新情報を収集し、全体の流れを把握したうえで、重要と思われる事項を絞り込んでいきます。

(2) 模範解答の作成

次に、模範解答の作成です。実際に再現することを考慮しながら、長めに、あるいはレジュメ形式で作成をしましょう。ポイントとなるキーワード、基礎的なデータ、最新の情報は必ず盛り込んでください。

出題分野、内容によって答案のパターンは異なりますが、①背景（意義）②内容③関連事項（関連施策、国の動向、他の比較など）――といった標準的なフレームを基本に、簡潔に分かりやすくまとめてください。

(3) 覚えこみ

模範解答ができたら覚えこみを行います。キーワードは確実に暗記し、出題確率が高そうなものから優先順位をつけて覚えるようにしてください。

私は、模範解答を一字一句暗記して当日再現するより、キーワードを覚えて当日構成を考えながら再現していくことが得意なタイプなので、通勤途中の電車の中や家で寝る前に、模範解答や関連する資料を数回読みながら、キーワードを視覚的に覚えることに多くの時間を費やしました。

模範解答を読み、あるいは書くことにより覚えこみ、時間をおいて実際に書いてみることを繰り返していくという方法も効果的だと思います。

いずれにしても、自分に合ったやり方で覚え、当日はそれを可能な限り忠実に再現していくことになりますが、当日の時間の感覚を身につけるために、一度は実戦を想定して書いてみることを強くお勧めします。

おわりに

管理職選考Bを受験される方々は、仕事に家庭に多忙な日々を過ごされていると思います。思うように時間が取れずに勉強が進まない、といった焦りを感じる時期もあると思いますが、最後まで諦めず頑張ってください。

みなさんのご健闘を心よりお祈りしております。

カレントトピックス 20年度 45

政治事情

■厚生労働白書（8月5日）

政府は8月5日、08年版厚生労働白書を閣議決定し公表した。社会保障の給付水準を維持するための負担増を容認する人が3割を超えるとする意識調査結果を紹介するなど、社会保障費の抑制路線を牽制する内容になっている。

白書では、20歳以上の男女約1万1千人に聞いた「高齢期における社会保障に関する意識等調査」（06年実施）を掲載。社会保障制度の給付と負担の関係について、「給付水準を維持する必要があり、少子高齢化にともなう負担増はやむを得ない」が35・2%で最も多かった。「負担増は極力抑制し、給付の見直しもやむを得ない」は23・8%、「負担水準が上がらないようにすべきで、給付水準の大幅引き下げもやむを得ない」は8・0%だった。また、老後の生活は「なるべく社会保障でみてもらいたい」と考える「社会保障重視派」は23・9%で、前回調査（00年）より3・6ポイント増。「若い時から老後の生活の準備をする。社会保障にはあまり期待しない」は前回比0・1ポイント減の11・2%、「まず自分で準備するが、足りない部分は社会保障で」が0・3ポイント減の51・1%だった。今後充実させるべき分野（複数回答）は「保育などの育児支援」が42・7%と最多で、「老人医療や介護」36・5%を上回った。

■総務省が公共事業13カ所6省に改善を勧告（8月8日）

総務省は8月8日、一部の公共事業で需要予測や見直し、検証が適切に行われていないとして、事業を所管する総務、厚生労働、農林水産、経済産業、国土交通、環境の6省に改善勧告した。

昨年4月から今月まで国道、空港、地下鉄、農[illegible]道など15分野について[illegible]計75カ所の事業を調査[illegible]ころ、13カ所で需要[illegible]備があったり、不備を[illegible]見直しを行っていなか[illegible]内容としては、新北九[illegible]岡県）、花巻（岩手県[illegible]登（石川県）の3空[illegible]開始前に予測した路線[illegible]降客数に達しなかった[illegible]漁港（北海道）は陸揚[illegible]どで最新データを用い[illegible]要予測を立てていた。

■人事院勧告（8月11日）

人事院は8月11日、国家公務員一般職の08年度給[illegible]いて、月給、期末・勤[illegible]（ボーナス）ともに現[illegible]のまま据え置くよう国[illegible]閣に勧告した。給与改[illegible]りは06年度以来2年ぶ[illegible]だ、医師不足に対応す[illegible]国の医療機関で働く医[illegible]与だけは引き上げを求[illegible]医師に限定した引き上[illegible]は1960年以来48年[illegible]また、原則1日8時[illegible]められた国家公務員の[illegible]間を、民間企業に合わ[illegible]年度から15分短縮する[illegible]告した。このほか、超[illegible]が常態化している本府[illegible]長補佐以下を対象に、[illegible]から「本府省業務調整[illegible]を新設することも求め[illegible]

20年度 特別区 管理職試験講座 29

Ⅰ類記述 ⑪

記述式試験の狙い

記述式試験の出題は、第一次的資料（白書・世論調査・アンケート調査から引用した統計図表、新聞記事）を基に、区政の課題を設定し、課題を解決するための施策を部長に提出する提案書としてまとめあげるものです。出題のタイプは次の二つで、どちらか1題が出題されます。

◎タイプ1（施策提案型）

第一次的資料を分析して、区政（組織運営上）の課題を設定し、複数の具体的な解決策を提示し、評価した上で最善策を選択し提案するもの。

◎タイプ2（事故事件型）

新聞記事から読みとれる事故（事件）の原因を分析し、これに基づき、事故等を未然に防止するための複数の具体的な対応策を立案し、提案するもの。

解答時間は2時間で、解答用紙はA3判1枚で、使い方は縦横自由です。

出題の狙いは、管理職としての企画立案能力、政策形成能力、危機管理能力等を検証することにあり、部長を説得できるだけのレベルが要求されています。

出題傾向

◎タイプ1（施策提案型）

【平成14年度】地域と高齢者との協働、活用などに関する施策提案

【平成15年度】身体運動を通じた区民の健康増進に関する施策提案

【平成16年度】地域との協働による子育て支援に関する施策提案

【平成18年度】地域に戻ってくる団塊の世代との協働、活用に関する施策提案書

【平成19年度】地域との協働により、子どもを犯罪から守るための施策提案書

◎タイプ2（事件事故型）

【平成17年度】新潟豪雨による被害と災害時避難対策に関する提案

このように平成17年度以外は、すべてタイプ1が出題されています。

解答の要点

1　タイプ1・2共通

(1) 解答のフォーマットを用意すること。

(2) 提案する施策の実施責任者は、自分（課長）であることを意識して記述すること。

(3) 提出先が部長なので、論理的に筋道立てて要領よくまとめること。

2　タイプ1のフォーマット

①タイトルの設定（副題をつけるとよい）

「○○の実施について～△△をめざして～」

②提案の目的

何のために提案するのか、提案の目的を明示する。

③資料の分析

グラフや図、報告書から指摘される事実を抽出・分類し、個条書きで記載する。文末に根拠資料として「資料○○より」と記載する。これを、全ての資料にわたって書き出していく。

④区政の課題

資料の分析結果から区政の課題を具体的に提示する。課題は一つに集約するのがいいと思います。（課題が一つだから複数の施策を評価することができます）

⑤具体的な施策の提案（三つ程度）

設定した課題を解決するための施策を三つ程度記述します。具体的かつ、実現可能性のある施策とします。

⑥施策の評価

表にして各施策を3段階（ABCなど）のランクで評価をします。評価の基準は、以下を参考にしてください。

実現可能性○費用対効果○区民との協働による効果○総合評価など。施策の評価が苦手な方は、メリットとデメリットを個条書きにし、表にまとめることをお勧めします。

⑦最善策の選択とその理由

総合評価がAの施策を選択し、その理由を述べます。最善策の選択のポイントは、資料の分析結果から、たとえば「住民が行政に最も望んでいること」や、「潜在的な意欲（たとえばボランティア活動への参加意欲）が高いのに、実際には参加できていない」などの最大の問題点を、この施策を実施することで解決できるという理由を述べることが重要になります。

試験の心構え

タイプ2のフォーマット

①タイトルの設定（副題をつけるとよい）

「○○の安全確保について～△△を未然に防止するために～」

②提案の目的

「△△を未然に防止するため」の施策であること。その目的を具体性をもって示すこと。

③事件・事故の概要

資料から、事件事故の概要を個条書きにします。時系列にまとめるのがよいです。それと、どの資料から引用したのかわかるように、文末などに「資料○○より」と表記しておくこと。資料から読み取れる問題点としては、「行政の対応の遅れ」が指摘されることが多いので、時間軸の認識が必要となります。

④問題点と原因の分析

表形式にまとめます。縦軸は「問題点」、横軸は「原因の分析結果」です。問題点は三つ程度に分類し、各問題点に対応させる形で、原因の分析結果を、個条書きで記述します。

⑤具体的な対応策

原因分析の結果を踏まえて、具体的な対応策を、緊急性・優先度・重要度の高い施策から順番に三つから四つ程度、記述します。

この出題は、管理職としての危機管理能力が問われる試験ですので、対応策の優先順位付けが大切です。緊急に対応する必要がある施策、中期的に対応する施策、長期的に対応する施策のように、優先順位をつけて、記述することが肝要かと考えます。

直前の勉強方法

1　新しい問題に取り組むのではなく、これまで作成した提案書を繰り返し読み返し、復元できるようにすること。

2　平成19年度（施策提案型）と17年度（事件事故型）の問題をもう1度読み返し、フォーマットにポイントを書き込み、復習すること。

3　区の実施計画にもう1度目を通しておくこと。本番で具体的な施策が思い浮かばないことを想定して、予め次の視点から施策の骨格を用意しておくと安心して試験に臨めます。

タイプ1では、

○区民との協働の視点

○地域とのネットワークづくりの視点

○区民への情報伝達の視点等

タイプ2では、

○防災対策

○危機管理対策等

本番では、この骨格を基に、課題にあわせて施策の内容を変えていけばいいようにしておきます。

記述式に不安を感じている人へのアドバイス

1　本番で区政の課題がどうしても思い浮かばない場合の対処法について

【平成19年度の出題から】

試験問題はかなり親切にできていると思います。区政の課題が浮かばなかったら、資料中の新聞記事のタイトルに注目することです。

資料6を見てください。タイトルに「苦悩の通学路～いつまで、どう続ける～」とあります。記事の中には、「地域の自主防犯組織は急増しているが、いつまでどのようなやり方で続ければよいのか」という住民の苦悩の声が掲載されています。つまり、区政の課題としては、「住民の負担を減らし、防犯活動を継続させていくには、区としてどうすればよいのか」ということが課題になります。

事件事故型の出題についても同様です。平成17年度の出題から、資料2を見ると、新聞記事のタイトルは「避難勧告の時間の差～遅い地域に犠牲者集中～」とあります。記事には、「避難勧告を早く出すことによって死者、行方不明者が出なかった自治体」と「避難勧告の遅れから犠牲者を多数出した自治体」の事例がのっています。人命救助が第一ですので、避難勧告を早く出すための施策が優先順位のトップにくると思います。

このように、区政の課題や記事のタイトルに注目することで、思い浮かんできます。ですから、本番では、ヒントは必ず、資料の中に目立つように記載されていると思って、落ち着いて読み込んでください。

2　平成19年版「国民生活白書」の「第2章地域のつながり」に目を通しておくことをお勧めします。例えば、74ページと75ページに図が四つ掲載されています。その中で、図15、図16、図17を分析すると、次のことがわかります。

まず、「人々のつながりは、生活全般の満足度を高める効果をもつ」との前提がありますが、図15からは「高齢者は若い世代（特に子ども）との交流が少ない」との実態が伺えます。しかし、図16から、「高齢者は、若年者と交流への参加を希望している人が多い」ことがわかります。図17では、世代間の交流を促進するためには、「交流機会の設定」が一番多いことが示されています。

このあたりから、「高齢者と若年者との交流を促進していくには、区としては、どのようにして交流の機会を創出していくか」が、課題となってきます。

このパターンを覚えておくと、資料の分析、区政の課題抽出に役立つと思います。

本番では

仕事で提案書を作成する場合、エクセルを使い「表を入れよう」とか「図で表現しよう」とか、キーボードを操作しているうちにどんどんアイデアが浮かんでくると思います。しかし、本番は、緊張した中で、しかも手書きで課題に答えるので、頭の回転もなかなかうまくいきません。これまで作成してきた提案書を復元し、加筆することで精一杯になります。ですから、自分なりのフォーマットを完成させることが最も大切になります。

本番では、はじめに、問題の裏面（A4判の白紙）に、フォーマットの項目を適度な間隔を開けて書き込み、下書き用の解答用紙を作ります。そして、資料を読みながら「ここがポイントだ」と思う文章やデータに、線や印をつけていきます。その後、再度、資料を読み返しながら、この下書き用の解答用紙にキーワードを書き込んでいきます。ここまでできれば大丈夫です。あとは落ち着いて、見やすさとバランスに配慮をし、答案用紙を完成させていきます。

私からのアドバイスは以上で終わりにさせていただきます。試験前日は十分に睡眠をとり、当日はゆとりを持って試験に臨んでください。

皆さんのご健闘をお祈りします。

図14　年齢層別のつながり状況

孤立化	15～19歳 11	20～39歳 26.7	30～39歳 24.2	40～59歳 11.9	50～59歳 13	9.6	
つながり持ち	2.5	3	11.1	12.5	25.1	25.3	20.6

39歳以下：61.9%　60～69歳　70～79歳　50歳以上：70.9%

0%　20%　40%　60%　80%　100%

（備考）
1　内閣府「国民生活選好度調査」（2007年）により特別集計。
2　つながり持ちは、「町内会・自治会」「その他の地域活動」「スポーツ・趣味・娯楽活動」「NPOなどのボランティア・市民活動」のいずれかの地域活動に月1日以上参加し、「あなたのご近所づきあいについてお聞きします。次に挙げる項目にあてはまるご近所の人数をお答えください」という問いに対し、「互いに相談したり日用品を貸し借りをするなど生活面で協力し合っている人」が1人以上いる人。孤立化は、いずれの地域活動にも参加せず、「あなたのご近所づきあいについてお聞きします。次に挙げる項目にあてはまるご近所の方の人数をお答えください」という問いに対し、「あいさつ程度の最小限のつきあいの人が1人以上いるまたは近所付き合いがまったくない人を示す。
3　回答者は、全国の15～80歳未満の男女3311人。

図15　高齢者の若い世代との交流状況

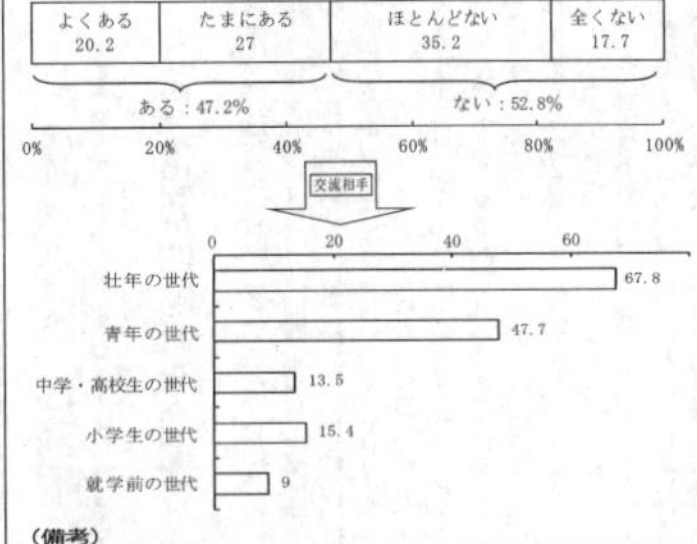

（備考）
1　内閣府「高齢者の地域社会への参加に関する意識調査」（2003年）により作成。
2　「あなたは、普段の生活で、家族以外に若い世代との交流の機会はありますか」という問いに対し、回答した人の割合。
3　回答者は、全国の60歳以上の男女2860人。
4　上記2で「よくある」または「たまにある」と答えた人に、「その交流は、どのような世代と行っていますか。この中であてはまるものをいくつでもお答えください」と尋ね、回答した人の割合。

図16　高齢者の若い世代との交流への参加希望

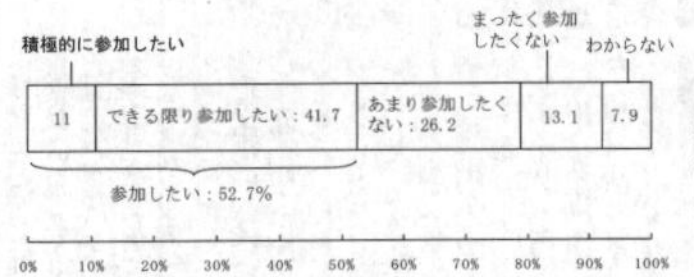

（備考）
1　内閣府「高齢者の地域社会への参加に関する意識調査」（2003年）により作成。
2　「若い世代との交流の機会があった場合、どうされますか」という問いに対し、回答した人の割合。
3　回答者は、全国の60歳以上の男女2860人。

図17　世代間交流促進に必要なもの

項目	割合
交流機会の設定	26
高齢者が参加しやすくするための交通機関の整備	22.8
学校や老人福祉施設など公共施設の併設、開放	22.2
世代間交流の世話役的リーダーの存在	19.5
世代間交流の意義・重要性等についての広報・啓発	18.2
若い世代からの働きかけ	17.9
若い世代のゆとりの拡大	9.3
その他	1.2

（目盛：0　10　20　30）

（備考）
1　内閣府「高齢者の地域社会への参加に関する意識調査」（2003年）により作成。
2　「あなたは世代間の交流を促進するために、どのようなことが必要だと思いますか。この中からいくつでも選んでください」という問い対し、回答した人の割合。
3　「わからない」は記載省略。
4　回答者は全国の60歳以上の男女2860人。

日本地方自治研究学会が25周年記念大会

「自治体経営と財政改革」テーマに一般公開

東京都会計基準委員会委員長　米田正巳

都の新公会計制度構築の経緯

現在、総務省は各自治体に新しい自治体会計（公会計）を推進しているが、東京都では2001年3月に「機能するバランスシート」を公表した。この報告書は、単に民間の視点でコスト意識を持つという意味だけでなく、部門別（事業別）にバランスシート等を作成し、それに対して責任の所在を明らかにするようなバランスシート等の活用のあり方まで言及してきた。

しかし、この方法は現行の現金主義・単式簿記からの加工にすぎなく、公会計のツールとすることには、①速やかな財務諸表の作成②インフラ資産などの残高把握③主体的な事業別バランスシート作成――について限界があることが認識されていた。

そこで、2002年9月より真の公会計のツールを開発するために、発生主義・複式簿記による財務情報などの構築の検討を行い、03年5月に、「東京都の会計制度改革の基本的考え方と今後の方向」を公表した。

引き続いて、東京都会計基準の作成、公会計システム等の開発を行った。03年度から3年間で財務会計システムの再構築を行った結果、06年度より都の財務会計システムを発生主義・複式簿記へ移行することになり、07年9月に新公会計制度による我が国初の財務諸表を作成・公表した。

新財務会計システムによる財務諸表の作成と公表

○新財務会計システムの特徴

東京都の新財務会計システムは出納整理期間の歳入歳出を考慮する処理等を除いて、国際公会計基準に準拠しており、以下の五つの特徴がある。

①現行の官庁会計を継続して、それと併存し発生主義・複式簿記の会計処理を行う。

②日々の予算執行の都度仕訳を行い、迅速に財務諸表を作成し、その結果を翌年度の予算要求に反映させることが出来る。

③自動的に仕訳を起こすことにより、職員の事務負担を軽減させる。

④他の外部サブシステムの情報を活用し、データの連携を行う。

⑤マクロ的視点とミクロ的視点による多様な財務諸表を作成する。

○06年度より財務諸表などの作成と公表

東京都は07年9月に、新財務会計システム（正規の簿記の原則）による「東京都年次財務報告書」などの財務諸表などを都議会に提出し、都民等に公表した。現在、07年度の決算書を作成中である。

○都の公会計制度はさらに進化する

東京都の会計制度改革は、発生主義・複式簿記による決算書であるが、今回の公会計制度改革は06年度で終わるものではなく、第一段階である。都が目指す公会計制度改革は、単なる会計処理方法の変更ではない。発生主義・複式簿記による会計処理を通じて、これまでに不足していた情報をより高い精度で入手し、今後の財政運営・事務事業の不断の見直しを行い、都民に対する一層の責任を果たすことである。真のマネジメント・サイクルを確立するためには、決算だけでなく予算も発生主義を導入すべきである。また、財務諸表の外部監査も必要となろう。

今後とも、公会計・監査制度の一層の改善や、財務諸表の制度を高める努力を続けるなど、新たな時代にふさわしい行政を目指して、行政組織改革を視野にいれた構造改革の継続が求められるのである。

日本地方自治研究学会全国大会を開催

日本地方自治研究学会（河野正男会長）は、財政学・行政学・会計学などの学者、自治体職員、公認会計士など約300人の会員を擁する学会である。学会発足25周年となる本年の全国大会は、8月30日、31日の2日間にわたって、青山学院大学青山キャンパス（16号館とガウチャー・メモリアル・ホール）で開催。統一テーマは「自治体経営と財政改革」となっている。

30日（土）は午前9時に受付を開始。午前9時45分から「一般セッション」「院生セッション」「特別セッション」「記念セレモニー　三枝修一東京都会計管理局長『公会計改革の行方』」と、報告・討議が続く。午後1時30分からは「記念シンポジウム」として、「自治体改革と財政改革」をテーマに、北川正恭・元三重県知事、浅野史郎・元宮城県知事、青山佾・元東京都副知事、桑原敏武・渋谷区長、磯道真・日本経済新聞社編集委員他による報告・討議が予定されている。

31日（日）午前9時45分から「研究部会報告」、午後12時30分から「自治体経営と公会計改革」をテーマとして、総務省自治財政局財務調査課長、東京都会計管理局管理部担当課長（東京都方式）、浜松市財政部長（総務省方式改訂モデル）、倉敷市総合政策局長（基準モデル）他による報告・意見交換が行われる予定である。

◇

本大会は一般公開されますので、当学会の会員でない方の参加も歓迎いたします。

詳細・問い合わせやお申し込みは、学会HP　http:// www soc.nii. ac.jp /umlgr/

（東京富士大学・大学院経営学部教授）

恋愛講座・ビバ職場結婚

がんばれ！公務員 39

文とマンガ　鈴木武征

都庁に就職したばかりの頃、職場を颯爽と歩く魅力的な女性職員の姿が印象的だった。

私は比較的マセたガキで高校生の頃から新宿、銀座などに出掛けていたが、OLと呼ばれる人と身近に接するのは初めての体験で、変なところで自分の就職は正しかったと確信した。

しかし、住宅管理事務所から住宅建設事務所へと現場勤務が続き、憧れの丸の内（有楽町）OLと席を並べることが出来たのは6年後のことであった。

結婚はしたいが相手が見つからないという人には、職場は配偶者選択の宝庫だ。

よく「私は職場結婚はイヤ、絶対しない」という人もいるが、それは各人の自由で他人がとやかく言うことではない。

確かに公務員の職場結婚、特にその後の共働きを前提とした場合には、それなりのメリット・デメリットは避けられない。

まず、メリットとしては、①生涯の伴侶の人柄や事に当たっての考え方などを良く知った上で選択可能②とかくの安月給を二頭立てで補完するなど生活設計が立て易い③結婚後も共通の話題や友人知人が豊富なこと等が挙げられる。

一方、デメリットとしては、①良い面と同時に悪い面、嫌な点も見え過ぎてしまう②共働きの場合、人事配置などに制約が生じ易い③どうしても誰々さんの奥さん、旦那さんなどという見方から逃れられないこと等である。

というともっともらしく聞こえるが、その前に重要なことがある。

結婚は何よりも本人同士がいかに好きあい、愛しあっているかということが大切で、真に好きになったら職場結婚の是非など考える必要はない。

死ぬほど好きでも実らぬ恋も多い中で、めでたくゴールイン出来るのであれば後はいかようにでもなる。

対処のコツは恋愛時代から結婚後の共働きを通し、宝塚方式で「清く正しく美しく」だ。

まず、清くでは、男女ともに内面、外面ともに清潔でこざっぱりとしていることが大切でいつもウジウジしているようでは職場の皆も応援する気が失せてしまう。次の正しくは、公私の分別でいったん職場に出れば例え同じ係であっても独立した別個の職員として振る舞えるようでなければ失格だ。美しくは、いつまでも活き活きと颯爽としていることだ。

我々の職場は人一倍気のいい、かつ遠慮深い仲間が多い。初めの内は誰々さんのご主人、奥さんという人間関係に妙に気を遣うだろうが、二人が宝塚方式で臨めばそれぞれが独立した一人の職員としての見方の方が定着する。

一方、私が晴れて丸の内OLと同席するようになって知ったことは、男も女もこれはと思う人は殆どが既婚者だということだ。

駆け込み乗車は危険だが、乗り遅れも残念なものだということをお忘れなく。

（追記）本欄を毎回広く温かい心でお読み戴き誠に有難うございます。

複数の方から貴重なご感想が寄せられていますが、何よりの励みであり喜びであります。

今回の題材はあるご感想の内容から選択させて戴いたものですが、お名前等が分かりませんのでこの場を借りて厚く御礼申し上げます。

Q&A児童虐待防止ハンドブック

児童虐待問題研究会編著　㈱ぎょうせい刊

Book

本書は、福祉保健局OBのグループによるものであり、本年1月の上梓以来、わずか半年で再版を世に送り出している。

著者グループは、前書『Q&A　DVハンドブック』初版時には覆面であったが、今回ははじめから素顔を見せている。あらためてメンバーを見ると、全員が児童相談所や女性相談センター、あるいは本庁において、児童・女性・家庭福祉に携わってきた私の友人・知人であった。

旧厚生省が、児童相談所の業務統計に児童虐待の項目を設けたのは1990年度のことである。当初、約1千件であった受理件数は、昨年度4万件を超すまでに至った。

今や大きな書店に入れば、児童虐待だけで1コーナーを形成するほどである。

翻訳も専門書もこの10年の増加は著しい。しかし、入門書は意外に少ない。さらに、Q&A方式というのは希少価値である。

本書は、5章、縁起よく77のQ&Aで構成されている。しかも、単なる解説書ではない。随所に著者グループの見解・主張が述べられている。

例えば、2007年法改正の課題についても、「虐待する保護者に対する厳罰化の傾向が見られますが、（中略）虐待の根本的解決にはなりません。虐待する保護者への福祉的、医療的、経済的な支援体制の必要があります（以下略）」といったようにである。

また、虐待されている子どもの心情に迫る問いには、「子どもは、なぜ虐待されていることを隠すのですか？」「子どもは、なぜ助けを求めないのですか？」「子どもは、なぜ虐待する親を責めないで、自分が悪いからと思うのですか？」といった問いが用意されている。答えは本書をご覧いただきたいが、まさに現場で闘ってきた者にしか書けない温かさが伝わってくる。

世の中には「今さら聞けない」人や「知ってるつもり」の人も多い。入門書とあなどらずに手に取っていただきたい。そして、本書が暴力のない優しさに満ちた世の中を創るための一助となることを期待している。

定価　1600円。

（玉川大学教育学部長・子どもの虐待防止センター理事・元福祉局子ども家庭部長　河津英彦）

【読者プレゼント】

この本を編著者のご厚意により、本紙読者5名にプレゼントします。希望者は、Eメールで件名を「児童虐待防止の本希望」とし、住所・氏名を明記の上、henshu@toseishimpo.co.jpまでお申し込みください（29日必着）

東京都写真美術館

観覧者400万人を突破

記念セレモニーを開催

東京都写真美術館は9日、95年1月の総合開館以来の総観覧者数が400万人を突破し、記念セレモニーを開催した。

正午から2階エントランスロビーで行われたセレモニーでは、世田谷区在住の伊藤恵子さん、燿君（6歳）の親子が400万人の観覧者として、福原義春館長から感謝状と同館オリジナルグッズを贈呈された。

毎年、カブトムシとクワガタを育てているという燿君は、開催中の「今森光彦写真展　昆虫4億年の旅」を訪れて、今回の幸運に。「ヘラクレスオオカブトムシが一番好き。楽しかった」と話し、出品作家の自然写真家・今森光彦氏と一緒に記念写真に納まった。恵子さんも「忘れられない夏休みになりました」と喜んでいた。

福原館長は、400万人目の観覧者を迎え、「写真・映像文化の総合センターとして設置され、都民をはじめとする多くの方々に愛され親しまれてきた写真美術館の館長として誠によろこびにたえません」とし、「社会状況は日々変化しておりますが、芸術・文化に対する人々の期待は脈々と受け継がれていきます。今後とも、美術館の使命である芸術・文化の蓄積と継承を通じた社会発展への貢献を果たすために努力を積み重ねてまいります」と談話を発表した。

写真美術館では、23日から2階・地下1階展示室で「スティル／モーション　液晶絵画展」、30日から3階展示室で「ヴィジョンズ・オブ・アメリカ　第2部わが祖国1918―1961」を開催する。

自然写真家の今森光彦氏（右）と伊藤燿君

発行所 都政新報社
〒160-0023 東京都新宿区西新宿7-23-1 TSビル
〈総務・読者〉03-5330-8781
〈企画広告〉03-5330-8784
〈編集〉03-5330-8786
〈出版〉03-5330-8788
〈セミナー事業部〉03-5330-9977
〈ファクス〉03-5330-8808
購読料 月1,680円(税込)
毎週火・金曜日発行
但し、祝祭日は休刊

紙面から

豊洲新市場予定地土壌汚染問題

専門家会議提言は絵に描いた餅

日本環境学会会長・畑明郎氏に聞く

豊洲新市場予定地の土壌汚染問題で、専門家会議が7月26日に最終提言をまとめた。これを受け、都は土壌汚染対策の技術と工法について、民間からアイデアを公募し、専門家による技術会議がそれらを評価する。こうした中、当初から豊洲移転に反対していた日本環境学会は8月9日、移転準備作業の中止や、公正が担保される中立的な調査・研究組織を設けて、再調査を行うよう声明を出した。同学会会長の畑明郎氏に、専門家会議の提言や土壌汚染問題について聞いた。

ゼロリスクでないなら移転反対

■地下水管理

専門家会議の提言は、技術的に見ると、絵に描いた餅だ。

例えば、地下水を旧地盤面から2㍍以下に保つとあるが、簡単なことではない。なぜなら、あそこの地下水は、場所によって高さが違う。5街区は浅く、6街区・7街区は深いから、フラットに2㍍にならない。土の中に含まれた水分を抜くという作業は難しい。専門家会議の提言通りにはならず、入れ替えた2㍍の土壌も、地下水によって再汚染される危険性がある。

建物の下では地下水の環境基準を目指すが、建物の外では環境基準の10倍である「排出基準」としている。しかも、汚染土壌が一部残っているので、地下水をきれいにするには、10年、20年といった膨大な時間がかかる。

止水矢板で街区周縁部や建物周囲の地下水を遮水するとしているが、止水矢板で完全に地下水を遮水することはできない。コンクリートやセメントを使っても、完全遮水は不可能で、汚染地下水は行き来する。

提言の内容が、本当にできる対策かどうかは疑問。平田座長自身がかつて雑誌などで、地下水を環境基準にするのは難しいと述べていた。それが、専門家会議が進むにつれて、環境基準を目指すという。できないことをできると言っているのなら、リップサービスでしかない。

■汚染土壌の問題

2㍍の土壌を掘削するというが、40万平方㍍あるので単純に計算すると、土壌の量は80万立方㍍にも達する。さらに2㍍より深い場所も一部掘削するというので、100万立方㍍以上あるかもしれない。これは、産業廃棄物処分場一つ分の量になる。掘削した場所を埋める新たな土も、同じ量が必要となる。

もしも東京都の公共事業の残土を使うなら、汚染土壌が混じっている可能性があるので、十分なチェックが必要だ。いずれにせよ、コストと時間がかかる。

実績のない新技術は危険

■有楽町層は不透水層か

専門家会議は、有楽町層は、不透水層という理由で、それより深部の調査を行わなかった。有楽町層は、粘土ではなく、粘土と砂の間のシルトだ。しかも砂まじりのシルト層なので水を通す。専門家会議が示した透水係数はあくまで室内実験の結果であって、新市場予定地全体が同じ係数ではない。水は、流れやすいところに流れるので、砂まじりの場所に流れ、シルト層の一部も汚染されている可能性がある。

新市場予定地では、ゆりかもめの橋脚や環状2号などの工事が行われており、すでに穴が開いていて、不透水層という状況ではなくなっている。

■市場の移転

新市場予定地は、東京ガスが独自にまちづくりをするつもりだった土地だ。土地の用途によって浄化の必要性も変わってくる。汚染が残っている場所に、生鮮食料品を扱う市場をつくるべきではない。ここはここで、それなりの土地利用をすればよいではないか。

ゼロリスクでなければ、市場を移転すべきではない。食品の偽装問題など、消費者の目は厳しい。とことん汚染を取り除けば、リスクはゼロにできるが、膨大な金がかかる。何千億円もかければ、リスクをゼロにすることは不可能ではないが、そこまでして市場を移転すべきだろうか。築地で現在地整備すれば安上がりだ。

■技術会議

技術と工法を民間から公募するが、新しい技術には実績がない。やってみなければ分からないという技術になる可能性がある。非常にリスクがある。安かろう、悪かろうという技術になると、目的が達成できない。

今度設置された豊洲新市場予定地の土壌汚染対策の技術会議は、座長が電気工学の専門家だし、技術を評価できる構成にはなっていないと思う。土壌汚染対策の現場を知る良い専門家を入れなければ、ただの飾りの会議になってしまう。

畑明郎氏（はた・あきお）＝46年、兵庫県加古川市生まれ。京大院工学研究科卒。大阪市立大院経営学研究科教授。日本環境学会会長。専門家会議の平田健正座長とともに、大阪アメニティパーク土壌・地下水汚染問題に携わった経験を持つ。

「雨、即中止」を新基準に

下水道工事死亡事故

「途中で作業やめられぬ」の声も

突然の豪雨で作業員5人が流された事故現場＝5日、豊島区雑司ヶ谷で

豊島区雑司ヶ谷の下水道工事で作業員5人が流されて死亡した事故を受けて事故調査委員会を設置した都下水道局は22日、一滴でも雨が降れば即刻作業を中断することなどを盛り込んだ対策の骨子をまとめた。局地豪雨を巡っては、国土交通省も安全対策検討委員会（委員長＝古米弘明・東大院教授）を設置。その一方、現場には「作業に一度取り掛かったら、終わるまでは中止しにくい」という事情もあり、基準を厳格化するだけでは対応が難しいとの指摘もある。

5日の事故が起きた後、都下水道局は暫定的な措置として、「現場で一滴でも雨が降れば即刻作業を中断する」ことを決めていた。だが、局地的な集中豪雨の場合、警報や水位上昇などの基準だけでは退避が間に合わないことから、このルールを同局の基準とする。

また、注意報・警報などの気象情報が請負事業者に自動的に送信される体制を義務付ける方針。雑司ヶ谷の事故で、請負事業者は注意報を把握していなかったためだ。

作業を中止する場合の退避ルールとしては、資機材を放置し、直ちに退避することを明記する。雑司ヶ谷工事の施工計画書では、「退避」「資機材の撤去」が併記されていて、どちらを優先するかが明確でなかったという。

同局は9月1日、5回目の事故調査委員会を開き、最終の報告書としてまとめる予定だ。

国交省も21日、気象予測の現況や作業の中止・再開基準について検討を開始。局地豪雨への安全対策は、全国的な課題になっている。ただ、施工業者からは「基準を厳しくするだけでは負担が増すだけ」との指摘も挙がっている。

■　■

「途中でやめたら、材料がパーになる。やめられない」。雑司ヶ谷の工事は、老朽化した既設管の内面を樹脂で補強する「SPR工法」だったが、別の企業の担当者は、作業員が逃げ遅れた背景について、こう推測する。

工法を問わず、少しでも経費を節約したいのが事業者の本音。ある企業では「朝礼が始まった段階で日当が発生するため、途中で作業を中止すると経費が余分にかかる」と打ち明ける。雲行きが怪しくて作業前に工事を中止しても、事務所費など現場管理の経費は負担しなければならない。担当者は「安全対策の経費を上積みしても、落札価格で圧縮されるのでは意味がない。別枠で支給されないと、結局、安全面にしわ寄せが来る」と話す。

下水管の更新を巡っては、都は95年度から、本格的な再構築事業に着手。砂町など4処理区の約1万6千㌶を重点地域として、07年度までに都心部の約2500㌶の面積にある下水管を更新した。だが、高度経済成長の時代に集中的に整備された管路が老朽化することを考えると、一層のペースアップが要求されている。

今後、下水道工事の件数が増えることが予想される中、基準作りだけでは対症療法に終わる恐れもある。施工業者が安全対策を重視できるよう、工事の受発注の仕組みを見直すことも必要になっている。

グリーン熱証書制度創設へ

09年4月から　コストと技術にハードル

検討会が最終報告

「太陽熱の利用拡大に向けたグリーン熱証書検討会」（座長＝宇田川光弘・工学院大工学部建築学科教授）が22日、太陽熱を熱源としたグリーン熱証書制度の創設に向けた最終報告をとりまとめた。都はこれを受けて、09年4月に熱証書制度の開設を目指す。

太陽光発電を対象としたグリーン電力証書制度は、すでに01年度から民間ベースでスタートしている。一方、太陽熱については、石油価格の低迷やメーカーの撤退などにより、市場が低迷していた。都では、家庭部門のCO_2削減対策の柱として、09年度、10年度に、毎年2万世帯への太陽エネルギー利用機器の設置を目指している。

グリーン熱証書の発行に向けては、熱量の計測方法についてコスト的課題が大きく、一部のシステムでは技術的課題も残されている。最終報告では、こうした課題をほぼクリアしたものとして、住棟セントラルシステムを例にあげた。

これは、建物屋上に集熱器を設置して、回収した太陽熱を建物内の熱源プラントから各住戸に温水として循環供給し、給湯・暖房に利用する。

このシステムは集合住宅に利用されるが、委員からは、「管理組合などが全体として熱量を計測するには問題ないが、住人が各戸別に熱量を計測するには課題がある」と指摘する声もあった。

最終報告は、証書としての信頼性が確保できる設備の要件及び計測方法が整った分野から、先駆的にグリーン熱証書の発行を進めていくべきと提言した。

現在、国では、カーボンオフセットに用いられるVERの認証基準について検討している。都は、熱証書制度を国のVERに反映させるよう働きかける考え。また、検討会の最終報告を受け、都は27日に、グリーン電力証書の認証を行っている日本唯一の認証機関・グリーンエネルギー認証センターに、検討会の結果について説明に赴く予定。

さらに、都は、09年度から飛躍的に太陽エネルギーを導入していくため、都と連携して太陽エネルギーの利用拡大を進めていく事業者等とともに、「太陽エネルギー利用拡大連携プロジェクト・キックオフ大会」を29日午後3時半から都庁で開催する。

冗句ジョーク

開会式も閉会式も人が飛んだ北京五輪閉幕
東京は早くも秋の長雨模様

夏バテ職員
「オレも飛んで帰りたいよ」

都政の東西

蓄えた3億円

都政の本筋とは離れたところで今、3億円問題が議論になっている。きっかけは2月の包括外部監査である。そして、それをさらに拡大して問題視しているのが猪瀬直樹副知事である。

事実の経緯は、こういうことだ。住宅供給公社の賃貸住宅に入る場合、法令上、連帯保証人が必要。しかし、大都市では保証人の確保が難しいため、公社OB（元都局長）が21年前、私財を投じて「株式会社東京公社住宅サービス」を設立した。入居者が所定の保証料をこの会社に支払えば、公社住宅に入れる仕組みを作った。いわゆる機関保証制度の創設である。

87年当時、保証人を立てられずに入居を断念する人が少なくなかった。設立の意義は今日も変わらず、06年度実績でみると世帯総数7万9千のうち、機関保証を求めた世帯が約14%に上る。包括外部監査が指摘したのは「1社独占の状況にあるので他社の参入を促すこと」「公社は、保証料率が適正水準であるかの検討を行うべき」という2点だった。ここまでは、誰もが首肯する内容だろう。東京公社住宅サービスは、保証料率を2%から1・5%に引き下げ、6月からはオリコが参入した。

問題は、株主配当も行わず、21年間にしこしこ蓄えた3億円の利益剰余金である。猪瀬副知事は「1社独占で高い保証料率を設定した時代に稼いだ金は本来、負担した人に返すべき。しかし、それは現実に難しいから、3億円の大半を社会貢献として、緑の東京募金などに寄附すべき」と主張する。

しかし、リスクを伴う保証業務には、そもそも一定の内部留保が不可欠。住宅供給公社との間に資本関係は一切なく、都に公益還元を迫る権限はない。設立した公社OBも、道路公団のファミリー企業と一緒にされてさぞ心外だろう。

個人住民税の徴収支援

都が約500件を引き継ぎ

件数は過去最多

都主税局は個人住民税の徴収支援策として、今年度は44区市町から約500件（約12億6300万円分）の事案を引き継いで滞納整理にあたる。引き継ぎ件数は過去最多になる。07年度は156事案を処理し、徴収額は5億9千万円だった。

個人都民税の徴収率は07年度が94・7%で、06年度より1ポイントアップした。しかし、現年課税分だけでみると、0・9ポイントダウンの96・8%になり、調定額が増える中で厳しい結果だった。滞納額が増えていることから、直接支援を強化する。

また、間接支援では、足立区、葛飾区、立川市、武蔵野市に対し、2カ月間の都職員派遣を予定する。そのほか、実務研修や業務体験研修を区市から受け入れる。

00年度から主税局が力を入れている自動車税は徴収率98・0%で、全国第5位だった。コンビニ収納が定着し、自動車税全体の33・4%を占めるまでになった。タイヤロックは157台で行い、事案解決に効果が大きかったという。

中小企業の受注力・技術力強化を支援

第1号グループを選定

都は今年度から㈶東京都中小企業振興公社と協力して、受注力強化や技術力強化を目的としてグループ化を進める中小企業に対し、その仕組みづくりや事業展開を支援する「基盤技術産業グループ支援事業」を始めた。このたび、その第1号となるグループを選定した。

選定されたグループは、「一括受注ジャパン」（㈱桂精密・八王子市）、「FHJ一貫生産受注強化ネットワーク」（㈱ハートフルジャパン・大田区）、「脱下請プロジェクト」（㈱協立工機・大田区）など五つ。これらのグループには、今後最長3年にわたり、共同事業に要する経費を助成するほか、経営に関する専門家等を継続的に派遣し、きめ細かくサポートする。

子育て支援カード

23区で導入広がる

江東・台東・北区が今年度開始

小売店などで利用証を提示して割引などの優待サービスを受けられる「子育て支援カード」を導入する自治体が全国的に増えている。地元の企業、商店が協賛者になることで、地域経済の活性化策としても期待が寄せられている。23区でも導入する区が増えており、導入事例からは「飲食店などで、子ども連れでも大丈夫な店だと分かって便利だ」といった利用者の声も出ており、副次的なメリットも見えてきた。ただ、景気低迷の影響もあり、導入には協賛店の確保がカギになるという。

■5％割引を原則

足立区は昨年7月、「子育て支援パスポート」を導入した。中学生以下の子どもがいる世帯、妊婦のいる世帯が対象で、およそ5万世帯にのぼる。区内の商店街など、各協賛店での買い物時にパスポートを提示すると、5％の割引を受けられる仕組み。

割引は、あくまで各協賛店の協力に基づくもので、区からの直接的な助成はない。区側は店頭張り付け用の「協賛店ステッカー」を各店に配布。子育て世帯に、支援パスポートと一緒に「協賛店舗一覧」を添付するほか、区の広報紙などで店舗の紹介・情報提供を継続的に行っていくという。

区では、子育て中の世帯を家計で支援しつつ、区内にある商店についても、「子育て世帯の集客が見込まれ、店舗の活性化が期待できる」としている。

事業開始前には、商店街とサービス内容などの協議を重ねた。割引について、小規模の商店側は「難しい」との声も聞かれたことから、区の担当者は「割引の実施日、割引対象商品を限定するなどの工夫で、何とか5％割引を原則にした」と苦労を明かす。商店の中には、独自に支援サービスを上乗せするケースもあり、区側は「協力に感謝している」と話す。

足立区内の小売店に張られた協賛ステッカー。イラストも好評だという

事業開始後、約140店が新規に参画し、8月時点で598店が協賛している。7月には、東武動物公園（埼玉県南埼玉郡）とも提携し、入園料などの割引を開始した。区担当者は「区内の小規模商店の振興が原則。地元と競合しない、郊外のレジャー施設などとの連携で、カードの付加価値を高めたい」と話している。

■各店で内容考案

足立区と同様に、台東区は「たいとうすくすく手形」を10月に開始する。配布対象は約1万1千世帯。事業者側は8月20日時点で、227店が協賛を決めている。

導入に際しては、台東区でも、サービス内容が焦点となった。「5％割引」を基本としつつ、支援サービスの内容を協賛店側で自由に設定できる仕組みにした。区担当者は「景気動向などで経営上、割引サービスが難しい小売店などもある。敷居を低くすることで、事業へ参加しやすくした」と説明する。

協賛店が考案したサービス内容は「子どもの来店者に玩具等のプレゼント」「飲み物無料サービス」などがあり、各店が趣向を凝らしている。

■高齢者なども対象

江東区が4月に開始した「さざんかカード」事業は全国で初めて、支給対象を子育て世帯だけでなく、65歳以上の高齢者、障害や病気の人などにも広げた。発行枚数は約13万枚。

同区では昨年度、割引などのサービス内容、受給範囲などの検討を重ね、最終的に「社会貢献事業」として位置づけることにした。同カードは配付対象者に加え、同居家族、介護者も利用できる仕組み。

区内の事業者は有料（3千円）で協賛登録を行う。区側は事業者に、のぼり（フラッグ）を提供するほか、専用のウェブサイト、オールカラーの冊子で宣伝活動を支援。サービス内容は各店が独自に設定しており、割引、粗品の進呈、ポイント加算などが主となっている。

現在、715店が協賛。区では「今秋に第2期の協賛者募集を行う」としている。

地域振興と一石二鳥も

【解説】「優待サービス型」の子育て支援カードは、一昨年頃から全国の地方自治体で導入が活発化してきた。施策のモデルは、フランスの「大家族カード」といわれている。同国の制度は2005年の大幅改正で、3人以上の子どもがいる世帯に政府がカードを支給し、日常品購入や交通費などの割引を受けられる仕組みだ。

23区では、足立、江東、台東区に次いで、北区が「にっこりパスポート」を今年度に開始する。また、文京区は06年度から商店街発行の既存カードと組み合わせたポイント制の「子育てアシストカード」を配布している。

いずれも「地域商店との連携・振興」を、施策の目標に掲げている。都の「子育て支援基盤整備包括補助事業」に申請すれば、経費の半額の助成を受けられる。

23区では「チケット（利用券）型」の子育て支援策もあり、杉並区の「杉並子育て応援券」、板橋区の「すくすくカード」などが代表的だ。これらは公費による補助のため、教育、福祉など公共性の高いサービスに特化している場合が多い。

「優待サービス型」の支援策は、民間企業の協力に基づくため、民間サービスの多様さ、柔軟さを生かせる。公費の投入をわずかで済ませることができる「手軽さ」と、施策の「わかりやすさ」が、各自治体には魅力になっている。

現状は「子育て支援」の側面が強調されているが、内容的には「家計支援」のため、江東区のように支給対象を拡大する取り組みも注目される。

課題は、協賛店の確保といえる。導入済みの区の実情からも分かるように、事業者への負担を十分に考慮した制度の設計が肝要だ。

今後、さらなる普及を図るためには、導入成果の測定と評価方法の確立がカギになる。「来客数がどれだけ増えたか」「家計にどれだけ貢献したか」などの成果を通じて、制度の実効性を配布対象者、事業者の双方に示すことが有効だ。（河）

特別区制度研究会が発足

職員の視点で調査研究

23区の職員らでつくる特別区制度研究会が20日、発足し、初めての会合を開いた。特別区長会（会長＝多田正見江戸川区長）の方針を受け、特別区協議会が研究会を設置するのは今回が初めてという。

区長会は今年4月の総会で、今後の特別区のあり方を検討するため、特別区制度懇談会、研究会の設置を了承した。

今回、懇談会も研究会も異例の設置となった。これまで、特別区制度調査会は2次報告まで出しているため、通常であれば3次調査を始めるはずだが、国の地方分権改革などの検討段階では本格的な調査研究は時期尚早と判断された。

懇談会は、第2次制度調査会の委員一人を除く学識経験者らで構成されている。テーマを設けずに各委員が述べ合う意見を基に、区長会は区のあり方を考えていくのが目的だ。

一方、特別区制度研究会は23区職員で構成。各課の実務者レベルの視点から、区のあり方の基礎的な調査研究を実施する。懇談会からの助言を受けながら、4項目あるテーマの課題などを探っていく。

まだ大枠でしか決まっていないテーマは、国の地方分権改革などに対応した区としての考え方▽区と他の自治体の連携のあり方▽第2次特別区制度調査会が区から市への転換の方向性を示し、対等・協力関係での財政調整などのイメージの想定▽同調査会の報告を踏まえた自治モデルの具体化への課題の整理――がある。

参加メンバーは、特別区協議会から23区の副区長に依頼され、企画課を中心に人選された係長、主任、主事ら全25人からなる。メンバーは、6〜7人のチームを編成し、国の分権改革、都区のあり方などをにらみながら、具体的にテーマを絞り込んで調査研究を進めていく。

各チームは自主的に運営していくが、毎月1〜2回の調査研究が想定されている。2010年3月末までを調査研究の期限と定め、区長会、副区長会に中間報告、結果報告などを行う考えという。

区幹部は「研究会の調査研究は、どこまでできるかわからないが、各テーマの課題の解決策まで見いだせれば」と期待を寄せている。

家庭ごみ有料化の検討を本格化

中野区　第3期審議会が答申

中野区は22日、家庭ごみ収集の有料化について、本格的な検討を開始することを発表した。田中大輔区長が同日の定例会見で明らかにしたもので、田中区長は「審議会の答申を受けて、中野区として導入に向けた具体的な対応を進めていく。隣接区など特別区に理解を求めつつ、取り組む」としている。

中野区は2015年度までに、区内のごみ排出量の半減をめざす第2次処理計画を06年度から実施中。しかし、現状では当初目標の実現が困難なことから、第3期中野区廃棄物減量等推進審議会（会長＝山谷修作東洋大学教授）で検討してきた。

今月5日、ごみ減量の具体策として、家庭ごみの収集有料化を提言した。

同審議会は収集の有料化について、①課金体系は有料袋の採用が望ましい②手数料は1㍑あたり約2円が妥当③排出者責任を明確化する個別収集が望ましいが、実情を勘案する④オムツの必要な家庭、生活保護世帯に配慮し、ボランティア清掃などは無料とする⑤手数料収入は特定財源化が望ましい⑥情報公開、有料化効果の点検などが必要⑦不法投棄対策などが必要――の7項目を検討課題として区側に提示した。また、事業系ごみについて、事業所の指導対象を、延べ床面積1千平方㍍以上（現行3千平方㍍以上）に拡大する必要性を指摘している。

答申内容について、同審議会は、有料化を実施している多摩地域など、全国の自治体の動向を参照したという。

会見で田中区長は「家庭ごみ有料化は原則、区の専管事項だが、隣接する杉並区などにも説明をして理解を求めていく。区内に清掃工場を持たない中野区としては、率先して区長会などでこの問題を取り上げ、理解を求めていきたい」として、他区との関係が重要との認識を示した。

具体的な実施時期については区民への説明や条例の改正などに時間を要するために未定だが、田中区長は「なるべく早く実施したい」とコメント。

中野区は10月、区内全域で、プラスチック製容器の資源回収、サーマルリサイクル、ペットボトルの分別回収を開始する。区では、これらの動向を見定めながら、家庭ごみ有料化の検討を進めていくとしている。

羽田跡地の基本プラン素案

大田区　「玄関口にふさわしい整備を」

大田区は22日、羽田空港の沖合展開と再拡張事業に伴って生じている跡地の一部について、基本プランの素案を発表した。今後、パブリックコメントを経て、10月を目途に策定する。羽田空港は、4本目の滑走路や国際線旅客ターミナルなどが2年後の10月に供用開始となる。松原忠義区長は「地元区として、東京の玄関口にふさわしいような跡地整備を目指す」と話す。

今回、基本プランの対象としたのは、全体で53㌶ある跡地（国有地）のうち、市街地に隣接する約18㌶。区のまちづくりに最も関係の深い地域であることからコンセプトを固めた。

国内外の文化の交流スポットとなる「文化・交流エリア」では観光拠点案内所や航空産業博物館、区内工業の技術などを発信する。「産業支援・交流エリア」では産学連携施設やコンベンショ[illegible]

防犯啓発アニメを制作　新宿区

「アンパンマン」の作者で知られる漫画家、やなせたかし氏の協力を得て、新宿区は子ども向けの防犯啓発アニメ「新宿シンちゃんパトロール〜わるい大人に気をつけて」を制作した。

区の各部に与えられている2億円の予算枠から、創意工夫した新規事業などに配分されるプラス・ワン事業の一環で、今回のアニメが誕生した。製作費は2500万円。

防犯アニメは、子どもが「車の運転手から声を掛けられた時」「誰もいない家に、一人で帰った時」などの場面ごとに、危機を切り抜けるための対処法を新宿シンちゃんが教えてくれる。

やなせ氏にはキャラクター、区にはアニメの著作権がある。新宿区の名誉区民であるやなせ氏が全面協力したおかげで、キャラクターの使用料は発生しなかったという。

区は今後、小学校全29校に配布し、ホームページ上で動画配信する。

©やなせたかし

「ミュージアム・ネットワーク」発足　港区

港区内の美術館や博物館が連携を図る「港区ミュージアム・ネットワーク」が21日、発足した。

港区には50を超える美術館や博物館などがある。古くからある館のほか、昨年には国立新美術館も開館するなど新旧が混在し、質、量ともに充実している。

港区立港郷土資料館では、3年ほど前から区内の美術館や博物館を結んだネットワークを構想。同じころ、千代田区では千代田区ミュージアム連絡会が発足し、それを知った港区内の美術館関係者の間でも「港区でもネットワークを」との機運が高まった。大倉集古館、根津美術館、サントリー美術館、NHK放送博物館、区立港郷土資料館が発起人となり、24館が参[illegible]

記者席

「お祝い事」と対応

○……北京オリンピックで日本選手のメダル獲得に、各選手の地元は喜びに沸いた。23区でも、水泳の北島康介選手の実家がある荒川区、レスリングの浜口京子選手が住む台東区などでは、区役所も連日の対応で多忙だったようだ。

区役所への問い合わせも増え、中には「○○選手の家の場所を教えて欲しい」など、返答に困る内容も少なくなかったという。お盆休みで人手が少ない中でも、「お祝い事ですから」と丁寧に応対していた職員には選手同様、拍手を贈りたい。

[illegible]

交付決定額9.2%増

2008年度普通交付税算定結果

青梅市が不交付団体に

都総務局は15日、国の閣議決定を受け、08年度普通交付税都内市町村分の算定結果を発表した。都内市町村分の交付決定総額は約263億7400万円。基準財政需要額の増加分が基準財政収入額を上回ったため、前年度と比べて22億2500万円、9・2%の増額となった。今年度は、青梅市が不交付団体となる中での増額で、交付税額が増額となるのは11年ぶりになる。

今回決定した普通交付税の全国交付決定総額は14兆4816億円で、そのうち市町村分は6兆4675億円、前年度に比べ2375億円、3・8%増となっている。

都内市町村分では、基準財政需要額が約5398億8200万円で、前年度と比べて1・5%増加した。主な増要素には、地方が自主的・主体的に行う活性化施策に必要な経費を基準財政需要額で包括的に算定し、特に財政の厳しい地域に重点的に配分する「地方再生対策費」の創設や、後期高齢者医療制度の施行に伴う事業費増、同医療給付費負担金増など高齢者保健福祉費の増などがある。ほかにも、既発債の償還費の増による公債費増などがあり、公務員定数や給与見直しによる給与費の減や投資的経費の減などの要素を上回った。

基準財政収入額は約5816億2700万円で、前年度に比べ1・1%増加した。道路特定財源が4月に入らなかった影響で自動車取得税交付金の減や、地方消費税交付金、法人税割などの減があったが、マンションや住宅の増加、農地から宅地への変換で土地の評価額が上がっていることなどから、家屋や土地の固定資産税増や、利子割交付金、所得割などが増に。また、住宅借入金等特別税額控除の実施に伴う地方公共団体の減収を補てんするために交付する「減収補てん特例交付金」の創設による増などが、減要素を上回り、全体として増額となった。

また、今年度は青梅市が不交付団体となり、都内市町村全39団体中、交付団体は22、不交付団体は17になった。

全体として基準財政収入額の法人税割が減となる中、青梅市内の一部企業の法人税割が06、07年度と大幅に増えていることが主要因となった。同市財政課は「市内の土地の有効利用や企業誘致で増収を図り、不交付団体でもやっていければとは思うが、たまたまこの数年間、一部企業の高収益に助けられている状況。景気後退で来年には需要額が収入額を上回ると見込んでいる」と話す。離島などでは補正率の見直しなどもあり、交付税額が手厚くなる中、「東京都といえども田舎の市。補正などでは不利になり、今年度厳しい財政状況の中で算定上高く見られてしまった」という。

武蔵村山市などでも06年度の大型ショッピングモール開業で、法人市民税がアップ。今年度の交付税額は、昨年度と比べ約4億3千万円減額となった。来年度以降については景気の動向で基準収入額が減額する見込みで、このまま不交付団体へ移行する可能性はないという。

2008年度　普通交付税決定額　（単位：千円）

区分	基準財政需要額 ア	基準財政収入額 イ	交付基準額 ウ	調整額 ア×0.001620898 エ	普通交付税決定額（ウ－エ） オ
特別区	1,429,505,258	2,322,572,879	0	0	0
八王子市	72,699,472	75,867,654	0	0	0
立川市	23,725,112	29,819,894	0	0	0
武蔵野市	17,558,223	28,563,252	0	0	0
三鷹市	22,036,237	27,358,507	0	0	0
青梅市	19,235,827	19,245,118	0	0	0
府中市	29,513,642	40,023,635	0	0	0
昭島市	14,310,757	16,233,851	0	0	0
調布市	25,034,373	33,912,615	0	0	0
町田市	48,445,971	56,208,579	0	0	0
小金井市	13,623,629	15,890,942	0	0	0
小平市	22,556,807	24,569,760	0	0	0
日野市	22,273,527	23,512,864	0	0	0
東村山市	19,338,069	16,924,097	2,413,972	31,345	2,382,627
国分寺市	15,765,619	17,227,097	0	0	0
国立市	10,343,867	11,079,844	0	0	0
福生市	8,835,968	6,987,943	1,848,025	14,322	1,833,703
狛江市	10,386,753	9,483,078	903,675	16,836	886,839
東大和市	10,897,691	10,298,847	598,844	17,664	581,180
清瀬市	10,591,651	7,734,869	2,856,782	17,168	2,839,614
東久留米市	15,307,653	13,172,362	2,135,291	24,812	2,110,479
武蔵村山市	9,574,166	8,767,206	806,960	15,519	791,441
多摩市	18,517,305	22,705,887	0	0	0
稲城市	11,214,341	10,711,554	502,787	18,177	484,610
羽村市	7,975,900	8,939,284	0	0	0
あきる野市	12,070,837	9,586,818	2,484,019	19,565	2,464,454
西東京市	26,452,757	24,291,773	2,160,984	42,877	2,118,107
市計	518,286,154	569,117,330	16,711,339	218,285	16,493,054
瑞穂町	4,682,146	5,504,805	0	0	0
日の出町	2,813,907	2,375,463	438,444	4,561	433,883
檜原村	1,080,218	247,103	833,115	1,751	831,364
奥多摩町	1,966,585	852,151	1,114,434	3,188	1,111,246
西多摩計	10,542,856	8,979,522	2,385,993	9,500	2,376,493
大島町	2,554,500	1,042,533	1,511,967	4,141	1,507,826
利島村	267,837	45,293	222,544	434	222,110
新島村	1,252,215	376,901	875,314	2,030	873,284
神津島村	901,781	213,756	688,025	1,462	686,563
三宅村	1,376,981	364,779	1,012,202	2,232	1,009,970
御蔵島村	239,415	47,648	191,767	388	191,379
八丈町	2,870,183	1,011,568	1,858,615	4,652	1,853,963
青ヶ島村	273,371	39,721	233,650	443	233,207
小笠原村	1,316,704	388,189	928,515	2,134	926,381
島しょ計	11,052,987	3,530,388	7,522,599	17,916	7,504,683
町村計	21,595,843	12,509,910	9,908,592	27,416	9,881,176
市町村計	539,881,997	581,627,240	26,619,931	245,701	26,374,230

※あきる野市、西東京市は合併算定替適用後の数値を使用

区市町村に262億円

08年度地方特例交付金・特別交付金

都総務局が同日発表した08年度地方特例交付金および特別交付金の都内区市町村算定結果は、総額約262億1千万円だった。

今年度は地方特例交付金に、新たに減収補てん特例交付金を創設。これは、08年度から適用される個人住民税での住宅借入金等特別控除（住宅ローン控除）実施で、地方公共団体の減収分補てんを目的にできたもの。

また、児童手当特例交付金は、子育て家庭の経済的負担の軽減等を図る観点から、児童手当拡充に伴う地方負担増に対応するために交付。

昨年度、減税補てん特例交付金が廃止されたことに伴う経過措置として設けられた特別交付金は今年度も継続。全交付金を合わせた額は、区部が約174億9800万円、市部が85億8千万円だった。

2008年度　地方特例交付金・特別交付金　区市町村別交付額　（単位：千円）

区市町村	交付額 地方特例交付金 児童手当特例交付金	交付額 地方特例交付金 減収補てん特例交付金	交付額 特別交付金	区市町村	交付額 地方特例交付金 児童手当特例交付金	交付額 地方特例交付金 減収補てん特例交付金	交付額 特別交付金
千代田区	10,518	8,353	197,244	小金井市	30,949	73,416	99,414
中央区	25,490	55,982	207,695	小平市	68,228	163,590	119,762
港区	40,662	54,226	1,194,666	日野市	69,924	168,011	128,092
新宿区	62,122	88,836	442,792	東村山市	59,496	174,066	57,475
文京区	37,889	32,396	408,014	国分寺市	35,491	92,977	101,884
台東区	52,889	124,757	105,547	国立市	23,626	51,641	77,643
墨田区	86,674	201,930	89,523	福生市	28,424	43,589	24,245
江東区	150,185	417,589	168,954	狛江市	22,829	54,856	52,061
品川区	99,580	157,456	344,781	東大和市	38,947	93,918	48,076
目黒区	51,572	72,700	572,247	清瀬市	30,618	90,011	25,145
大田区	227,066	549,629	603,778	東久留米市	44,259	124,334	51,960
世田谷区	194,804	324,071	1,501,286	武蔵村山市	36,148	107,497	19,653
渋谷区	36,246	40,162	843,486	多摩市	55,793	113,121	146,257
中野区	68,114	106,274	277,959	稲城市	33,607	94,188	38,801
杉並区	139,050	167,841	716,011	羽村市	28,209	61,175	48,434
豊島区	57,974	104,365	219,968	あきる野市	38,382	87,824	25,722
北区	86,896	142,490	143,378	西東京市	69,688	213,351	119,122
荒川区	67,467	127,588	66,310	市計	1,544,084	3,917,972	3,118,830
板橋区	184,215	364,397	254,496	瑞穂町	17,385	39,652	17,261
練馬区	242,265	438,708	526,437	日の出町	6,162	10,516	11,368
足立区	277,499	656,539	188,165	檜原村	986	394	75
葛飾区	182,953	430,824	132,990	奥多摩町	1,797	1,081	571
江戸川区	307,566	674,092	262,095	大島町	2,925	2,598	868
特別区計	2,689,696	5,341,205	9,467,822	利島村	79	107	5
八王子市	228,967	545,433	376,714	新島村	1,107	1,020	1,203
立川市	70,905	193,793	158,487	神津島村	963	474	399
武蔵野市	29,875	40,100	295,990	三宅村	633	270	107
三鷹市	57,949	143,232	185,391	御蔵島村	206	71	20
青梅市	62,035	131,114	60,467	八丈町	3,423	1,782	1,113
府中市	93,062	277,344	227,792	青ヶ島村	128	0	24
昭島市	47,526	125,441	54,911	小笠原村	1,310	1,607	468
調布市	72,956	186,231	252,479	町村計	37,104	59,572	33,482
町田市	166,191	467,719	322,853	区市町村計	4,270,884	9,318,749	12,620,134

O—26発生で注意喚起

八王子市

八王子市保健所はこのほど、市内の保育園で腸管出血性大腸菌感染症（O—26）の集団発生があったと発表した。市内の医療機関から、同保育園に通う1歳児からO—26が検出され、その後の保健所の調査で、同園に通う園児20人や園児の家族などからもO—26を検出。5人に下痢症状があったほかは、いずれも軽症だという。

市保健所によると、感染経路は不明だが、検査では職員からO—26は検出されていない。そのため接触感染で広がったとみられ、同園からの発生の可能性は低いとみられている。

13日現在、最初の患者を含めた5人に下痢症状があったが軽快し、他の感染者は軟便程度が10人、無症状が9人だった。

保育園の通園者への検査は19日現在も続いているが、2次感染を予防するため、手洗いや消毒の徹底を行うとともに、家庭での2次感染予防のため、保護者への説明会も開催している。

同様の感染症にはO—157があるが、O—26は軽症の場合が多いという。例年夏に発生しやすく、食中毒や人から人への感染症としての対策も必要だ。市保健所は、食品をしっかり加熱調理することや、トイレやおむつ交換後、調理前や食事前などに、しっかりと手洗いすることを呼びかけている。

国分寺駅再開発事業協力者決定

国分寺市

国分寺市は20日、国分寺駅北口地区第一種市街地再開発事業の事業協力者を、野村不動産㈱（新宿区西新宿）に決定したと発表した。保留床処分の考え方や持続性あるテナント誘致などについて、具体的な考え方が示されたことが高評価につながった。市は09年度中に特定建築者を決定する予定。

事業協力者の提案は、市と事業を行う上でのパートナーとしての資質を評価したもので、7企業、4企業グループから応募があり、3企業3企業グループから事業企画提案書が提出されていた。

「事業協力者選定審査委員会」（委員長＝日端康雄慶應義塾大学名誉教授）の答申では、同社が「住みたい街・国分寺」を計画コンセプトとし、事業の課題だった保留床等処分やテナント誘致、コスト縮減などの点で、具体的な提案がされ、「事業協力者＝パートナー」としてふさわしい事業者と評価している。

同事業は総事業費537億円、約2・1㌶。事業協力者の決定をうけ、今後は市民参加によるワークショップを開催。2010年に着工し、2013年の完成を目指す。

〝走る写真館〟出発進行

多摩モノレール

多摩モノレールでは、沿線の四季折々の風景を撮影した写真約200点を展示した「モノレール写真館号」が9月15日まで運行している＝写真。

これらの写真は、多摩都市モノレール㈱が主催して、沿線5市（八王子・立川・日野・東大和・多摩）の後援で行った「多摩モノレールと四季の写真コンクール」の応募作品。158人、714点の応募があった。4両編成の車両では、春・夏・秋・冬の季節別に、すべての中吊り、窓上広告スペースを活用して、応募された作品から約200点を展示している。

写真館号の運行ダイヤは、同社ホームページ上で掲載している。車両のヘッドマークが目印だ。

また、沿線5市の名前を冠した特別賞を含む39点の入賞作品については、第一会場となっているモノレール立川北駅構内の展示コーナー「ふれアート」で、31日まで展示。最優秀作品1点と優秀作品12点については、「09年多摩モノレールカレンダー」で使用することになっている。B3壁掛けで、10月上旬に発売される予定だ。

同社は沿線5市から固定資産税減免など支援策を受けており、5市との連携や地元への貢献が課題だった。初めて開催した今回のコンクールは大好評で、同社では「来年も違う形で実施したい」と話している。

元職員を告訴

青梅市

青梅市は19日、生活保護費の横領や不適正な事務処理などで懲戒免職した元福祉総務課生活福祉係職員の告訴について、15日に青梅警察署に正式に受理されたと発表した。

被告訴人が横領した総額は3件170万円を超えるが、いずれも事件発覚の前後に全額返還しているため、市側は告訴理由を「市職員として市民や市に大きな損害を与え、市民に対する信頼を大きく傷つけ極めて悪質」とし、公文書偽造と行使、業務上横領の2点で量刑を争うことになる。

■国立市人事異動

7月1日付

【課長級】福祉部福祉計画課長（福祉部子育て支援課長）兼松忠雄

8月22日付　◎印昇任

【課長級】▽福祉部子育て支援課長（福祉部生活福祉課生活福祉係長）◎中川智幸▽建設部国立駅周辺まちづくり推進室長（建設部国立駅周辺まちづくり推進室国立駅周辺整備担当主査）◎門倉俊明

基地交付金の増額を

基地関係税務協議会　総務相に要望書提出

米軍横田基地と立川飛行場（自衛隊立川駐屯地）の周辺5市1町（立川市、昭島市、福生市、武蔵村山市、羽村市、瑞穂町）で組織する「基地関係税務協議会」（会長市・福生市）は19日、09年度予算編成に向け、国有提供施設等所在市町村助成交付金（基地交付金）、施設等所在市町村調整交付金（調整交付金）等の増額等を求める要望書を総務大臣宛に提出した。

要望活動には、加藤育男福生市長と各市町の副市長6人が参加した。

各市町は、航空機の騒音問題や住民の安全対策、税財政上の問題、都市基盤整備等に大きな影響を受けているとして、基地等に対して5点を要望。内容は、①基地交付金、施設等所在市町村調整交付金（調整交付金）は固定資産税相当額の予算を確保して交付②自衛隊駐屯地の施設や営舎施設、飛行場周辺の指定区域内で国が買い入れた土地など、対象資産範囲の拡大③普通交付税不交付団体に対する減額措置の廃止④対象資産の早期提供合意⑤調整交付金の対象試算の明確化。

基地交付金は固定資産税の代替措置という意味合いがあり、それに当てはめれば対象資産価格の100分の1・4%が交付金として交付されることになる。面積約8平方キロメートルの米軍基地と立川駐屯地について、国有資産台帳から推計すると、全体の固定資産税額は08年度で95億8400万円になるが、基地交付金額は約27億500万円。交付割合は28・23%にとどまっている。

国は3年ごとの予算見直しで交付額は増額してきたものの、土地や資産価格の上昇で、交付割合は年々下がっている状況だ。

要望活動で総務省を訪れた加藤福生市長ら協議会メンバーは、固定資産税課長と面会。基地交付金の増額要望に対して国側は「事情は分かるが、国の財政状況や財務省との折衝などから増額は厳しい」と説明した。協議会メンバーはその後、都庁に赴き、都知事宛に支援要請活動を実施。支援協力については、前向きな回答を得た。協議会では、今後も基地交付金増額実現に向け、働きかけを続けていく。

課税漏れで313人に影響

羽村市

羽村市はこのほど、公的年金受給者の一部に市・都民税の課税漏れがあり、313人に税額変更など影響が出ることを公表した。これにより国民健康保険税など他の税目にも影響が及び、最も影響の大きかった個人では44万3100円の課税が新たに発生することになる。市は13日から職員が戸別訪問して説明にあたり、対象者に理解を求めている。

影響がある税目と人数は、市都民税（232人）、国保税（177人）、後期高齢者医療保険料（46人）、介護保険料（55人）、自立支援医療（1人）で、今回税額等が変更になるのは313人、変更総額は752万200円に上った。

原因は資料の適正な管理が行われなかったこと。課税課には、市都民税の課税に必要な「公的年金等支払報告書」が、毎年1月下旬頃、各団体などから送られてくるが、そのうち2団体から送られてきた2100人分の同報告書が本来の保管場所から移動してしまい、未処理になっていた。

課税課によると、長く時間が経過しているため、移動した理由は不明だという。7月8日になって、保健年金課職員が、同課が管理する棚に、開封されずに小包状態になっていた資料を発見。データ入力されていなかったことが分かり、第2期納期の8月に更正することになった。

課税課は「国保や介護保険などの制度が難しい上に、対象者は退職者など高齢の人が多い。できるだけ戸別訪問して説明していく」としている。

再発防止策として、これまで箱で管理していた資料の保管場所を明確にし、職員一人ひとりの自覚を再確認してもらうほか、資料については「いつ受領し、何件あったか」など必要な情報のリストを作成。複数でチェックするなど、課税漏れの防止に努めるとしている。

都水道局　震災時、断水のない高水準な水道の構築を推進

原水連絡管の二重化など　バックアップ機能の強化図る

東京水道は、1200万人の都民生活、都市活動及び首都中枢機能を支える役割を担っており、震災時における給水の確保は、極めて重要と認識している。このような状況を踏まえ、当局では、「東京水道長期構想STEPⅡ―世界に誇る安心水道―」において、震災対策を最重要課題の一つとして位置づけ、「断水のない高水準な水道」を目指すこととしており、予防対策を推進する「東京都水道局震災対策事業計画」、応急対策活動を確立した「東京都水道局震災応急対策計画」を策定し、ハード、ソフトの両面から計画的に対策を実施している。本稿では、ハード面の対策として取り組んでいる、「震災に強い水道の構築」「バックアップ機能の強化」及び「震災時における飲料水の確保」に向けた施設整備について紹介する。

地震に対する基本的な考え方

首都直下地震の切迫性が指摘されている中、東京都は、震災対策の一層の推進を図るため、2006年5月に「首都直下地震による東京の被害想定」を発表した。本被害想定では、東京湾北部地震及び多摩直下地震（プレート境界多摩地震）の2地震を想定地震とし、阪神・淡路大震災と同レベルのマグニチュード（以降Mと表記）7・3及び、より発生する頻度の高いM6・9の地震における断水率及び復旧日数を算出している。

その結果、東京湾北部を震源としたM7・3の地震でもっとも断水被害が生じるとしており、東京都で34・8％の断水率、復旧に30日を要するとしている（表1）。

東京水道は、1200万人の都民生活、都市活動及び首都中枢機能を支える役割を担っており、首都東京では、震災時においても給水を確保することは、わが国全体の国民生活及び社会経済活動を維持するうえで極めて重要である。

このような状況を踏まえ、当局では、2006年11月に策定した、今後おおむね四半世紀に行っていく施策の方向性を示した「東京水道長期構想STEPⅡ―世界に誇る安心水道―」において、「震災に強い水道の構築」と「バックアップ機能の強化」を重要施策と位置付け、「断水のない高水準な水道の構築」を目指すこととした。

さらに、07年度から09年度の3年間の事業計画と財政計画を明らかにした「東京水道経営プラン2007」において、「危機管理対策の一層の推進」を主要施策の一つと位置付け、震災時をはじめとした危機管理対策に向けた取り組みを着実に推進している。また、震災時にはある程度の被害が発生し、一時的及び局所的な断水は避けられないことから、震災時の飲料水を確保し、応急給水できるよう施設の整備に努めている。

現在、都水道局が実施している予防対策を、表2に示す。

表1　断水率と復旧日数（「首都直下地震による東京の被害想定」報告書）

		東京湾北部地震		多摩直下地震	
		M6.9	M7.3	M6.9	M7.3
断水率	東京都全体	24.5%	34.8%	17.7%	29.1%
	区　部	34.1%	46.3%	20.0%	31.4%
	多　摩	4.6%	10.9%	12.8%	24.5%
復旧日数		21日	30日	11日	16日

表2　水道局が実施している予防対策

断水のない高水準な水道	震災に強い水道の構築	耐震性の評価及び補強
		送配水管の取替
		大口径給水管の耐震化
		塩素設備の改良
	バックアップ機能の強化	導水施設の二重化
		給水所の新設・拡充
		送水管ネットワークの構築
		自家用発電設備の整備
		近隣事業体との連携
飲料水の確保	給水体制の充実	応急給水槽の整備
		給水拠点の整備

断水のない高水準な水道の構築に向けて

当局では、「断水のない高水準な水道の構築」に向け、施設の被害箇所をできる限り軽減するための「震災に強い水道の構築」と断水区域及び断水時間の軽減を図る「バックアップ機能の強化」に取り組んでいる。

このうち、「震災に強い水道の構築」については、次のような取り組みを実施している。

【耐震性の評価及び補強】

貯水池、浄水場（所）や給（配）水所、ポンプ所等の構造物や水管橋、主要送配水管路等の既存施設の耐震性の評価を行い、耐震性の劣るものは、必要に応じて耐震補強工事を実施している。

〈補強前〉

〈補強後〉

図1　配水池の耐震補強の状況

【送配水管の取り替え】

経年劣化し耐震性の劣る経年管、初期ダクタイル管については、耐震性に優れた材質や継手構造のダクタイル鋳鉄管や鋼管への取り替えを実施しており、経年管については2013年度までに、初期ダクタイル管については2021年度までに取り替えを完了させる予定である。

特に、震災時における重要施設への供給ルートについては、耐震化を優先して実施することとし、三次救急医療機関、首都中枢機関及び災害拠点病院への供給ルートについては2011年度までに、二次救急医療機関並びに区・市役所等への供給ルートについては2016年度までに耐震化を完了させる予定である（図2）。

【大口径給水管の耐震化】

給水管については、過去の地震被害事例などから破損等の被害が多数発生することが予想されることから、これまで取り組んできた50㍉以下の給水管のステンレス化に引き続き、75㍉以上の給水管についても耐震継手管への取替を行い、2013年度までに完了させる予定である。

【塩素設備の改良】

消毒に液体塩素を使用している浄水場において、塩素の漏洩による二次災害を防止するため、既存の設備をより安全性が高く、取り扱いが容易な次亜塩素酸ナトリウム設備へ転換している。

一方、「バックアップ機能の強化」として、次のような取り組みを進めている。

【導水施設の二重化】

朝霞浄水場と東村山浄水場との間で、利根川水系の原水と多摩川水系の原水とを相互融通する重要な施設である原水連絡管について、震災時や事故時においてもバックアップできるよう、15年度完成を目指し、二重化の整備を進めている。

【給水所の新設・拡充】

給水所については、地域的な偏在や、配水池容量の不足等を解消するため、計画一日最大配水量の12時間分の配水池容量の確保を目標に、給水所の新設・拡充を進めている。

【送水管ネットワークの構築】

効率的な水運用や非常時におけるバックアップ機能を強化するため、浄水場と給水所との間及び給水所間を連絡する送水管ネットワークの構築を図っている（図3）。

【自家用発電設備の整備】

震災時には広域的な停電時の発生も予想されることから、このような状況においても必要な給水を確保するため、浄水場等に自家用発電設備の整備を進めている。

【近隣事業体との連携】

震災時や大規模な水源水質事故等の非常時において、広域的な水の相互融通を行う体制を構築するため、近隣の水道事業者と共同で連絡管を整備している。

図2　重要施設への供給ルートの耐震化

送水幹線の工事の様子

図3　送水管ネットワークの概念図

飲料水の確保

管路については、耐震強化を極力図ったとしても、震災時にはある程度の被害が発生し、復旧までの間、断水の発生が想定される。このため、浄水場、給水所、応急給水槽等を給水拠点として位置付け、震災時の飲料水を確保し、応急給水できるよう努めている。

【応急給水槽の整備】

居住場所からおおむね2㌔㍍の距離内に1カ所、給水拠点を設けることを目標に78カ所の応急給水槽を整備しており、2008年4月1日現在、浄水場、給水所等を含めた給水拠点は、都全域で200カ所となっている（図4）。

【給水拠点の整備】

震災時の応急給水活動を迅速、的確かつ安全に実施することを目的に、浄水場、給水所及び応急給水槽等に、給水タンク、エンジンポンプ、応急給水栓などの応急給水用資器材及び収納倉庫を整備するとともに、応急給水に使用する設備の整備改良を行い、給水拠点としての充実を図っている。

なお、震災時における、当局（多摩地区は都営水道に統合された水道部）と区市町の役割分担は、東京都地域防災計画に基づき、給水拠点での飲料水の確保は都が、被災者への給水は区市町が実施することとしている。

図4　応急給水槽概念図

今後の方向と課題

当局では、これまでも最重要課題として震災対策に取り組んできたが、ライフラインである水道は、日常生活はもとより都市活動を支える上で極めて重要な役割を担っており、今後も着実に取り組んでいかなければならない。

そこで、当局では、「東京水道長期構想STEPⅡ―世界に誇る安心水道―」において、10年後の施設整備の目標として業務指標を設定している。

例えば、水道施設の耐震化項目として「浄水施設耐震率」「配水池耐震施設率」「管路の耐震継手率」などを掲げ、現状把握と目標設定により、目指すべき方向を明確にした上で、着実な事業運営に活用していくこととしている。

震災対策ピック・アップ

給水所の新設工事〈（仮称）大井給水所〉

村山下貯水池堤体強化工事

抜け出し防止継手の水道管

給水拠点の現況（平成18年3月末現在）

○給水拠点まで2kmの範囲面積「充足率」　97％

● 浄水場・給水所等（122箇所）
● 応急給水槽（78箇所）

水道緊急隊　水道危機管理のエキスパート集団

重要施設への水供給ルートを確保

隊長以下71人で構成の本庁直轄組織

水道は、都民生活を支える重要なライフラインであるとともに、政治・経済の中心である首都東京の都市機能を維持するという重要な役割を担っている。このため、水道局では、水道施設全体の耐震化及び機能の二重化を推進するなど、断水のない高水準な水道を目指した施策を展開している。しかし、震災時においては少なからず水道施設の被害が予想されることから、一刻も早い平常給水への回復が必要であり、また突発事故発生時には、管路被害の拡大を最小限に抑制しなければならない。初動態勢を強化し、危機管理対策の積極的な推進が求められるなか、有事においても迅速かつ機動的に対応できる新たな危機管理組織として、この4月、水道緊急隊が発足した。

設置の背景

2005年9月、国の中央防災会議は、地震の予防段階から発災後のすべての段階において対応すべき基本指針として、「首都直下地震対策大綱」を策定した。

同大綱では、首都中枢機能の継続性確保が不可欠であり、水道などのライフラインについても機能低下が生じることのないよう、耐震性、多重性、代替性を確保するとともに、機能停止した場合でも、できるだけ早期に復旧するような体制を整備しておく必要があるとしており、発災後3日程度を念頭に置いて果たすべき機能目標と対策を定めている。

具体的には、ライフライン事業者は、①首都中枢機関への供給に関わるライフラインの多重化と拠点施設の耐震化を進めること②万が一被災した場合には、優先的に復旧すること③第三次医療機関等の人命に関わる重要施設への供給ラインの重点的な耐震化を進めること――としている。

水道局は、国の大綱や都が策定した「首都直下地震における東京の被害想定」をうけ、06年6月に「東京都水道局震災応急対策計画」を改定した。

計画では、震災時における応急復旧および応急給水活動を迅速に実施するため、機動性・実行性を重視した体制を整備するとともに、首都中枢機関等への供給管路の被害については3日以内の復旧を目指すことを定めた。

また、首都機能の維持や救急医療の観点から、首都中枢機関に第三次医療機関・災害拠点病院を加えた107施設（08年1月現在。区部）を、発災後3日以内に水道の供給を確保すべき施設とした。

この計画のもとに、震災時において首都中枢機関等への水の供給ルートの確保を迅速かつ機動的に行う組織として設置されたのが水道緊急隊である。

水道緊急隊の概要

水道緊急隊は、いつ発生するかわからない地震災害や突発事故に備え、24時間体制で対応を行っている。

隊の構成は、隊長以下（課長級管理職1人）、五つの副隊（各副隊12人×5隊）、工務係（10人）の計6係・71人であり、本庁直轄の組織となっている。隊長の指揮の下、五つの副隊が実動部隊として活動し、工務係が各種訓練の企画や調整、災害時における実動部隊のサポートの役割を担っている。

水道緊急隊は、危機管理体制の強化に効果的な機能を有する二つの組織（「水道特別作業隊」と「給水部給水課技術係」）を母体に、首都中枢機能の継続性の確保という新たな課題に応える機能を付加して設置された。

水道特別作業隊は、突発事故時における初期広報、応急給水及び事故現場の保安措置等の初期活動の実施等を目的として1979年に設立した組織。都内の事故対応のみならず、95年の阪神・淡路大震災や、04年の新潟県中越地震などの際に現地にいち早く駆けつけ、応急給水などの支援活動を行ってきた。

一方、給水部給水課技術係は、水道局において漏水防止技術の指導的な役割を担ってきた組織。新たな漏水防止技術導入のための実証試験等の実施のほか、突発事故時においては、地表からでは確認することが困難な漏水を各種調査機器等を用いて探査するなど、東京の漏水率低下に寄与してきた。その技術は国内外において高く評価され、JICA等の依頼のもと、諸外国への研修・指導等も行ってきた。また、07年には㈳日本オーディオ協会から「音の匠」として顕彰を受けている。

水道緊急隊は、これら二つの組織の技術を継承する職員と、水道の断・通水や配水作業のエキスパートとして水道局の各事業所において活躍してきた職員達で組織されており、危機管理能力の向上を図っている。

水道緊急隊の業務及び活動状況

水道緊急隊の業務は、震災時や突発事故時などの有事における業務と、訓練や各種調査などの平常時の業務に大別される。

震災時及び事故時

震災時においては、首都中枢機能の継続性を確保するため、発災後、各隊員がいち早く現場に向かい被害状況等の調査を行い、現場状況を迅速に把握する。

大規模な漏水や管路の寸断など供給に支障をきたすような被害が確認された場合には、水道管路のバルブを操作する等の作業によって配水を調整し、首都中枢機関等への水の供給ルートを確保する。

また、都災害対策本部から第三次医療機関等に対する応急給水について緊急の要請があった場合には、給水車等による応急給水活動を行う。

夜間・休日等に大地震が発生した場合には、情報連絡の初動要員として、水道局給水対策本部へいち早く参集し、衛星携帯電話などの通信機器を設置するとともに、情報収集活動を行う。

突発事故発生時においては、被害の拡大を防止するため、断水作業等を迅速に行うほか各事業所の応急復旧支援及び情報連絡活動を行う。

これらの活動には、給水車のほか制水弁開閉車（人力で操作することは困難な大型バルブの開閉器を搭載する）、また今年度新たに導入した特別緊急車（データ通信用携帯電話、パソコン、プリンタ・スキャナ複合機、業務用無線を装備）を活用するなど、迅速な業務を行う。

平常時

平常時には、震災時及び突発事故時に対応できるスキル等を向上させるため、各種調査業務のほか日夜訓練を行っている。

具体的には、制水弁開閉車や特別緊急車及び給水車などにより、本管断水・通水訓練、情報連絡通信訓練、応急給水訓練及び本管切断訓練など危機管理に資する訓練を実施している。

また、杉並区にある隊本部から都庁舎までマウンテンバイク（道路が地震によって損壊し車が通行できない状況を想定）で昼夜間を問わず定期的に参集し、発災直後の情報収集のための本部設営訓練を行っている。

さらに、区市等の防災訓練においても応急給水・応急復旧訓練等を実施し、都民の防災意識の高揚を図っている。

水道緊急隊の主な業務

水道緊急隊

震災、突発事故発生時
- ○ 首都中枢機関等への供給ルート確保
- ○ 水道管等の応急復旧作業支援
- ○ 水道管の断水作業支援
- ○ 情報連絡活動支援
- ○ 応急給水活動

平常時
- ○ 震災・事故対応訓練
- ○ 水道管の断水・供給ルート変更作業
- ○ 給水装置検査
- ○ レーダー探査等の漏水防止作業
- ○ 水道管切断・バルブ等補修作業

今後の活動の展開

水道緊急隊の大きな特徴は、首都中枢機関等への水の供給ルートの確保、漏水調査、断水作業、応急給水など、震災時および事故発生時に必要な作業をトータルで行うことができるよう編成されていることである。これにより今まで以上に迅速で的確な対応と、事故対応のエキスパートといえる職員の育成が可能となる。

隊が発足して4カ月以上が経過した。この間、発足間もない5月には皇太子殿下の前で訓練内容を披露し、また訓練を積み重ねることで、隊員も自信と誇りを自覚してきており、「東京水道の危機は、緊急隊が助ける」という気概をもって活動に取り組んでいる。

近年は、日本各地で大規模な地震が頻発している。水道緊急隊は、他都市の水道事業体が被災した場合にもいち早く被災地に向かい、支援を行うことも可能である。

東京のみならず、全国の水道事業体から頼られる水道緊急隊となるため、日々厳しい訓練を続けている。今後の活躍に期待していただきたい。

水供給ルート確保のためのバルブ操作訓練を行う緊急隊員

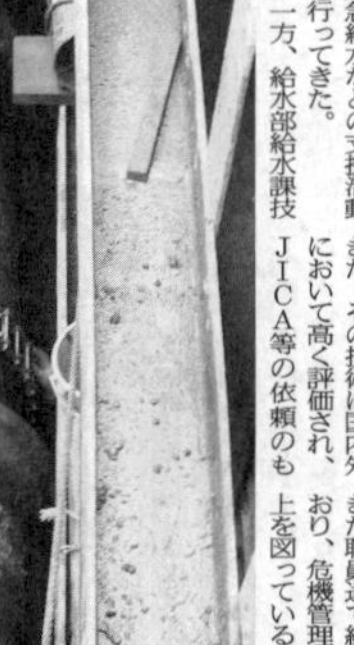

緊急対応を想定した水道管切断作業

総合診療所の特徴活かす

青山病院廃止など環境変化に対応

シティホール診療所

都職員共済組合のシティホール診療所を取り巻く環境が、大きく様変わりしてきている。一つは08年3月の青山病院廃止に伴い、唯一の直営医療機関となったこと。健康を取り戻すサポート拠点に位置づけられた同診療所では、青山病院から最新鋭機器を持ち込むなど、診療や検査の体制充実を進める。一方、今年度に自己負担が2割から3割に見直されたことで、患者数の見通しも気になるところだ。昨年度の年間患者数が約5万3千人に達した同診療所のいまを取材した。

「シティホール診療所の最大の特徴は、総合診療所であること」と木村恒夫所長は話す。

内科・外科・整形外科・皮膚科・眼科・耳鼻咽喉科・歯科・口腔外科があり、色々な診療科を短時間に受診することが可能だ。さらに診療科が違っても、医局で医師同士が相談する機会も多いため、こうした連携により、解決に至った以下のような事例もみられる。

■ケース①

「喉が痛く、タンが出る」と訴える患者が内科を訪れた。声がかれも以前からあったという。カゼでも同じような症状が見られるが、用心のために耳鼻咽喉科で診察したところ、咽頭がんであることが判明した。

■ケース②

ある患者が足裏に水泡ができ、外科を受診した。とげが刺さり、ばい菌が入ったとも考えられたが、皮膚科に依頼診断した結果、顕微鏡で水虫が発見された。ばい菌による水泡と水虫では、抗生物質が異なるという。

▽　▽　▽

同診療所だけで複数の診療科を受診できることで、費用面のメリットも大きい。別々のクリニックで、いくつかの診療科を受診するよりも、初診料や再診料を重複して請求されない分、安くなるのだ。

設備面もアピールしている。実際に、同じ規模の診療所とは比較にならないほど、最新鋭機器が充実している。これらの機器は、閉院した青山病院から持ち込まれたものだ。

内視鏡検査機器を使用した食道や胃、十二指腸の検査は、10～15分程度で済むという気軽さもあって、今年4月の開始以降、週2回の検査が常に埋まっている。

前腕骨で測定する骨密度測定器は骨粗しょう症診断に、また脈波測定器は動脈硬化の診断に活用される。ほかにも紫外線照射装置、超音波診断装置、レーザー治療器など、病院並み以上の設備だ。

設備ばかりでなく、機器に精通した職員も青山病院から移ってきており、信頼性を高めている。

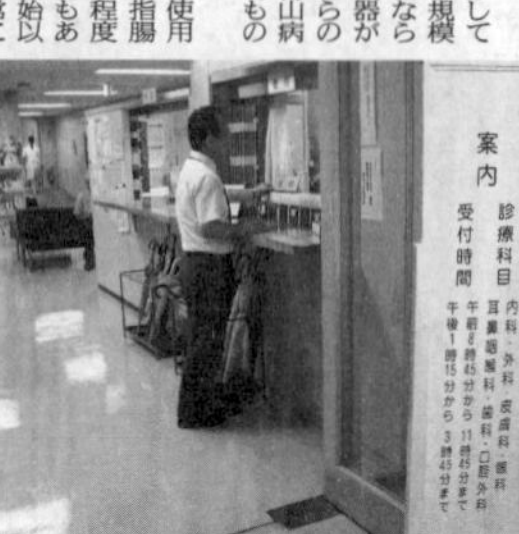

職員が執務中に体の異変を感じてやってくることもある。緊急疾患であれば、一刻を争う事態となるが、同診療所の周辺には、連携している2次救急、3次救急の病院が多くあり、「地の利」にも恵まれている。

たとえば内科では、07年度、310人の患者について、こうした病院へ治療や検査の依頼をした。なかでも心筋梗塞(狭心症)は、9人の患者があったが、うち6人が著しく緊急に治療を要するレベルで、心臓専門医のいる大久保病院や心臓病センターのある社会保険中央病院等へ救急車で搬送し、カテーテル治療を行うなど実績を積み重ねている。

薬の処方は現在、院外処方が一般的だが、同診療所は院内処方にこだわる。職員が庁舎外に出て、薬を受け取るのは時間もかかり、非効率であり、そもそも院内処方の方が、自己負担が軽いことを理由に挙げる。

院外処方箋を発行した場合、処方箋料、調剤技術料、調剤料、薬学管理料等が別に加算されるという。かりに内服薬1種類を30日分処方された場合の加算額は5000～6000円だが、院内処方ではこの負担がない。

ただし、院内処方では、薬の在庫を抱えることになるので、いかに必要な薬を必要な量だけ用意しておくか、患者の負担軽減に向けた後発薬品の導入とともに、薬局の努力が続いている。

同診療所では、今年4月から自己負担が2割から3割へと見直された。1割負担から2割負担となった05年度は7％程度の患者減だったが、これまでのところ2～3％減で、予想していた程の落ち込みではなく、7月には前年度並みまで回復している。その一方で、再診患者数が減っていないことにも自信を深める。

木村所長は「経験ある医師が多く、診療レベルも高い。総合診療所として、診療科相互にいい意味で競争もし、刺激になっている。どんな患者でも受け入れることも可能だ。健康を取り戻すサポート拠点として、何かあれば是非、利用してもらいたい」と話している。

落ち込みも予想された患者数だが、7月には前年度並みの患者数に回復した

都の専門人材採用申込状況

土木は3割以上の減に

都人事委員会は21日、今年度の専門人材(主任)採用試験およびⅡ類(栄養士)、Ⅲ類(事務)採用試験の申込状況を発表した。これまでの経験者採用を改めて2年目を迎える専門人材採用試験は、採用予定者数を前年度より増やしたが、申込者は56人の減となり、倍率は同7・2ポイント減の7・3倍となった。

専門人材の採用予定者は、財務で前年度比8人程度の増、システムで同5人程度の増となるなど、全体で前年度比18人程度の増となった。即戦力となる優秀な人材を確保できる専門人材へのニーズが高まった形だ。

一方で申込者数は全体で56人(14・9％)の減。特に土木職は、前年度より55人(33・3％)の大幅減となった。民間企業の採用が旺盛な上、昨年度の倍率が16倍を超えたため、受験者が敬遠したことなどが考えられる。

このほか、Ⅱ類(栄養士)は、採用予定者数49人程度(前年度29人程度)に525人(同377人)が申し込み、倍率は前年度比2・3ポイント減の10・7倍となった。同じくⅢ類(事務)は、採用予定者数30人程度(同人程度)に642人(同454人)が申し込み、倍率は同6・3ポイント増の21・4倍となった。

専門人材、Ⅱ類、Ⅲ類選考の1次試験は9月15日に行われ、最終合格発表は専門人材が11月28日、Ⅱ類、Ⅲ類が11月7日となる。

■専門人材(主任)採用試験の申込状況

試験区分		採用予定数(程度)	申込者数	倍率	増減(人)	増減率(%)
事務	資金運用	4(2)	9(12)	2.3(6.0)	▲3	▲25.0
	財務	15(7)	54(61)	3.6(8.7)	▲7	▲11.5
	システム	10(5)	126(120)	12.6(24.0)	6	5.0
	不動産	1(1)	11(8)	11.0(8.0)	3	37.5
土木		12(10)	110(165)	9.2(16.5)	▲55	33.3
建築構造		2(1)	11(11)	5.5(11.0)	0	0.0
計		44(26)	321(377)	7.3(14.5)	▲56	▲14.9

※( )内は07年度の数値

都庁職

依命通達で見解と態度

「10年後の東京」重点投入を批判

都庁職は21日、09年度予算編成に関わる副知事依命通達等に対して、見解と態度を明らかにした。この中では、「10年後の東京」の実現に重点的に予算を投入する都の姿勢に強く反発し、あわせて09年度の予算人員要求闘争への決意を表明している。

予算見積もりに関する副知事依命通達については、「都庁職の主張に耳を傾けず、オリンピック招致を目指す『10年後の東京』の実現には、シーリングの枠外として重点的に予算を投入する姿勢は許し難い」と強調。事務事業について、行政と民間の役割分担の見直しや民間活力の積極的活用を図るとの内容には、都民サービス低下に拍車をかけるものと批判を強めている。

また知事決定とされた「10年後の東京」への実行プログラムの策定方針を巡っては、大規模都市再開発にアクセルを踏み込む知事の強い姿勢が示されたと指摘した。そのうえで「オリンピック・パラリンピック招致に名を借り、大企業に利潤を生み出すための都市再生には強く反対する」などと述べている。

このほか組織・人員の面でも、来年度が行財政改革実行プログラムの最終年度にあたることから、都庁職は「当局は4千人の削減目標をやりきろうとする姿勢に満ちている」と警戒感を示す。なかでも人材派遣活用の拡大には「正規職員での代替を求めている病休者や育児短時間勤務職員への対応に人材派遣を導入することは極めて問題」と訴える。

こうした見解を明らかにしたうえで都庁職は、都政が地方自治体本来の役割を果たすため、格差社会の進行にあえぐ都民生活改善への積極的な施策展開、庁舎の改修・改善、庁有車の更新などに予算を大きく配分すべきと主張。その一方で、職員定数削減に反対するほか、業務量に見合う職員配置や大量退職に対応する新規採用、現業職の計画的採用などを求めている。

東京都とロンドン市 相互協力で観光PR

都庁でも25日から

都とロンドン市は、庁舎内の一部を展示会場として提供し、相互に観光PRを開始した。両都市の認知度向上や旅行者誘致が狙い。ロンドン市庁舎では21日から、また都庁も25日から観光スポットの紹介等を始めた。

東京でのロンドン市PRは、今月31日までが第1庁舎南展望室、また9月1日から12日までは第1庁舎1階の観光情報センターで行われ、ロンドン周辺の観光スポットなどが紹介される。

秋本　公太郎さん(あきもと・こうたろう＝葛飾区議会議長)22日死去、59歳。通夜は27日午後5時30分から、告別式は28日午前9時30分から、四ツ木斎場(葛飾区白鳥2の9の1☎3601・0424)で行われる。

特別区団交

特区連 人事院勧告踏まえて要求

昇格時の号給決定　区長会が定額方式検討

確定交渉が本格化するのを前に、特別区の労使が早くも火花を散らしている。国の人事院勧告が11日に出されたことを踏まえ、特区連は20日、区長会との団体交渉で、今給与改定交渉に向けた重点要求を提出。賃金水準の改善のほか、今交渉期の最大の課題となる技能・業務系人事制度の改善や労働時間の短縮などを求めた。これに対し区長会は、今交渉期までの協議事項となっている技能・業務系の昇任・昇格時の号給決定方法の見直しについて、新たに一定額を加算する方式を検討する考えを明らかにした。このほか、準定年制度の廃止や病気休職者にかかわる給与制度、勤勉手当の成績率などを見直す必要性も示した。この時期の団交は異例で、今年の確定交渉も例年以上の厳しいやり取りが予想される。

技能・業務系給与制度

今交渉期の最大の課題となるのが、技能・業務系人事制度の改善だ。

昨年の交渉では、技能・業務系の給料月額の平均9％削減が行われた。この際、現給保障されたが、昇任しても現給額を超えず、昇給がないケースが多く発生する。

特区連は「今年4月時点で昇任・昇格しても、人事評価がAでも、給与に反映されなかった職員が中高年齢層を中心に大半を占めている」と訴え、昇格メリットの改善や、技能主任職以上の設置基準の廃止などを改めて求めた。

これに対し、区長会が新たに示したのが昇任・昇格時の号給決定方法の見直しだ。

特別区では現在、昇格時は、平均9％削減された本来の給料表の号給の直近上位に4号加算することを基本としているが、これについて、一定額を加算する方式への見直しを検討していることを明らかにした。これは行政系も同様となる。

加えて、技能長職の設置基準についても言及。実態調査の結果を踏まえて必要があれば見直すとともに、「見直しに当たっては、同一職種内の職務間異動の弾力化についても検討を行うことは不可欠」との考えを改めて示した。

区長会が示した定額加算方式に対し、特区連は「給料表の枠外者や昇格しても給料月額が上がらない者も、昇格メリットが生じる制度とすること」を強く求めた。具体的な提案は今後となるが、昇格時に現給を超えることができるか、昇給抑制期間が短くなるかなど、どこまで昇格メリットが得られる制度となるかが焦点となる。

準定年制度、病休制度

さらに今回の団交で、区長会が新たな検討事項として示したのが「準定年制度」と「病気休職者に関わる給与制度」の見直しだ。

準定年制度は58歳以上で退職した場合に、定年退職と同様に退職金を支給する制度だが、自己都合で年度途中に退職しても一律に定年退職と同様に扱う点に問題意識を示し、勧奨退職制度との関連を考慮しながら、制度の廃止を含めて検討する必要性を示した。

また、病気休職に関しては現在、3年間の取得が認められ、うち2年間は給与の8割を支給しているが、国や都が8割支給するのは1年間のみとなっている。区長会は、こうした国や他団体との均衡を図る観点から見直しを行う必要性を示した。

これに対し、特区連は、準定年制度について、「中途退職せざるを得ない者にとっては重要な制度」と述べ、慎重な検討を要求。

また、病気休職者に関わる給与制度については、「各区交渉事項も含まれ、統一交渉事項だけを見直す課題ではない」と述べるとともに、近年、メンタルによる病休者が増えている点に触れ、「こうした状態に対する適切な対処方法が確立されていない中、制度の見直しは当局側の責任放棄につながる」と釘を刺した。

勤務時間の短縮

今年の人事院勧告では、月例給の官民較差が136円と極めて小さいため、医師を除いて俸給表の改正は行わず、一時金も据え置くとした。また、民間給与実態調査も、小規模事業所数の割合を昨年の20・2％から21・7％に増やした。

特区連はこの勧告について「官民較差を意図的に低くしているとしか受け止められない」と批判。大都市東京の生活実態にふさわしい賃金水準への改善を求めた。

また人事院勧告で、所定勤務時間を民間実態に合わせて来年4月から「1日7時間45分、1週38時間45分」に見直すとしたことを受け、特別区では国に先駆け、来年1月1日からの実施に向けて検討するよう求めた。

これに対し、区長会は「勧告では、勤務時間を短縮する際、これまでの行政サービスを維持し、行政コストの増加を招かないことを基本に公務能率の一層の向上に努める必要があるとしている」と述べ、区人事委員会の動向や、国、他団体の取り組みを注視していく考えを示した。

このほか区長会は、勤勉手当についても、職員の能力や業績をより的確に処遇に反映させるため、成績率を見直す必要性などを示したが、特区連は、今年から処遇への反映が始まったばかりであり、「見直しは時期尚早」と指摘した。

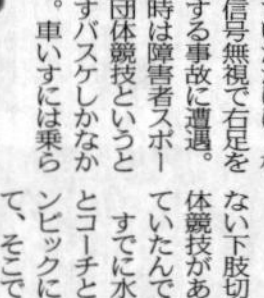

バレーでパラリンピックに

港区スポーツふれあい文化健康財団スポーツ健康部
竹田(たけだ)　賢仁(よしひと)さん

北京パラリンピックで、シッティングバレーボールに出場するこの人は、日本でのシッティングボール界の草分け的存在。小学生では水球のチームでジュニア国際大会参加。中学から高校、大学とバスケットボール一筋。団体競技の楽しさを満喫していただけに、相手の信号無視で右足を切断する事故に遭遇。

「当時は障害者スポーツで団体競技というと車いすバスケしかなかった。車いすには乗らない下肢切断者にも団体競技があればと思っていたんです」

すでに水泳では選手とコーチとしてパラリンピックに参加していて、そこでシッティングバレーに出会う。ちょうど1994年に北京で開かれた極東・南太平洋身体障害者スポーツ大会に日本からもシッティングバレーの参加をと言われ、水泳の仲間などに声をかけ、チームを編成したのが最初だという。

92年にはシッティングバレーの団体を立ち上げ、会長に就任。現会長に選手に専念するよう勧められ、今は副会長だ。「10人位から始めて、今は会員が300人。登録チームも30になっています」

シッティングバレーは、健常者のスポーツが元ではなく、障害者から始まったスポーツがルールを変えずにニュースポーツとして健常者にも広まっていった点が大きな特徴。ルールは6人制バレーボールと一緒で、パラリンピックでは障害者だけの参加だが、普段は両者が共に楽しむ。

「座ってバレーボールをするわけで、お年寄りから子どもと誰でも出来る。健常者は両足があってかえって邪魔になったりします」

9月6日に開会するパラリンピックに3回目の出場を果たすシッティングバレーボールは、文字通り勝負の世界。アテネでの7位を上回ること。入賞が目標だ。セッターとして出場するが、「ジャンプがないので、小細工が少ない。相手の高さやローテーションを見ながら、試合を組み立てていくしかない。体調を万全にしてベストを尽くしたい」と。

水泳・スキー選手として参加した国際大会では成績を残せなかった。しかし、「一人の力では出来ないことが団体では出来るんです」。是非、シッティングバレーを見て楽しんでほしいとも。(門)

港区生まれ。スポーツ医学トレーナーかスポーツライターをと志し、国際武道大に。20歳で事故に遭う。90年卒。港区に。03年から現職に派遣。区職員の妻と1歳と2月に生まれたばかりの2女と。妻には「子供が3人いる」と言われてしまうとか。41歳。

20年度 主任試験講座 ―44―

はじめに

今回から4回にわたり「都政事情」を勉強します。

17年度までの「都政事情」は、全40問中7問の出題でした。18年度からは、制度改正により、全55問中5問程度の出題と、全体に占める割合は大きく低下しましたので、効率的に取り組む必要があります。

しかし、知識の有無がものを言う内容なので、短期間でも集中して勉強すれば、確実に得点源となる分野です。直前の追い込みが効きますので、是非、効率よく勉強して高得点を狙ってください。

出題傾向

過去5年間の出題内容は、別表のとおりです。出題分野は概ね計画・方針、答申・白書、調査等に関するものに分類することができます。

出題形式では、最近の傾向として、一つの設問の中に、複数の関連した答申や調査結果等を盛り込んだ形式が出題されていますので、各項目を関連づけて把握することが必要となります。

出題事項の発表時期は、2月から6月までが中心となりますが、それ以前のもの、あるいは7月以降に発表されたものの中でも重要事項については、出題の可能性がありますので注意してください。

項目としては、第1回定例会での知事の施政方針、第2回定例会での知事の所信表明、重要施策・重点事業で言及されている事項は、押さえておく必要があるでしょう。

また、新聞等や都政新報で取り上げられた事項も要注意です。

なお、管理職選考で出題されたものでも、特に重要な項目は、主任選考で関連事項が出題されることがありますので、こちらもチェックしておく必要があります。

勉強方法

都政事情では、正答できるよう正確な知識を身に着けることがカギとなります。漠然とした記憶では正解につながりませんので、試験までの限られた時間の中では、的を絞って効率よく覚えていきましょう。

勉強の進め方としては、まず、情報の収集が必要です。

都政事情①

「とちょう——i」の「都政ニュース」や「知事チャンネル」、また「東京都ホームページ」の「報道発表資料」などから、都政の重要事項と思われる項目をピックアップしましょう。膨大な情報の中から重要事項をピックアップするのは大変だと思いますが、判断の目安としては、知事の施政方針・所信表明と関連するもの、重要施策・重点事業に盛り込まれているもの、新聞報道等で注目されたもの、過去に出題されたもの、都政新報の一面で取り上げられたものなどを重要度の高い項目としてピックアップしていきます。次に、事項の内容把握ですが、概要版や報道発表資料などは、その事項のポイントがよくまとまっているものなので、まず、それらにあたってみます。その際、ねらいや最も都民に伝えたいことは何かということを把握してください。また、数字については、目標年度はいつか、何割の増減か、半数を超えたか否か、順位付けされているものについては、その順位等にも注目してください。

これらの事項について、さらに調べたい場合には、各局のホームページに詳しい情報が記載されていますので、検索してみます。

基本的には、収集した資料を読み返して覚えていくことになりますが、これと並行して問題演習を行うことが、要点整理のうえでも効果的です。問題演習にあたっては、『主任試験ハンドブック』や『時事問題総まとめ』の問題を活用するとよいでしょう。

答え合わせをする時には、全選択肢について、収集した資料の該当部分と突き合わせてください。その項目のポイントが五つの選択肢を通して明らかになり、さらに効率よく把握できるようになります。

それでは、実際に問題にあたってみます。

問題

【問題1】

昨年12月に都が発表した「10年後の東京」への実行プログラム2008に関する記述として、妥当なのはどれか。

① オリンピック招致を目指す10年後の東京の姿と、それに向けた政策展開の方向性を国内外に明示したものであり、今後5カ年(20～24年度)のアクションプランとして日本全体で広範なムーブメント創出を目指すとしている。

② 総事業数は49施策、334事業であり、この内、約2割にあたる70事業を新規事業として打ち出している。

③ 事業期間における総事業費は約1・2兆円で、平成20年度事業費として約2700億円計上している。

④ 「10年後の東京」を確実に実現するため、当初のプランの策定にとどまらず、計画のPDCAサイクルを強化、確立することが必要であることから、検証の仕組みを充実し、3カ年に1度、アクションプランをローリング(改定)する。

⑤ 実行プログラムで掲げた新たな課題に挑戦できるよう、都自ら不断の行財政改革に取り組むことが重要であり、さらなる行財政システムの改革と、実行プログラムに基づく政策展開を「車の両輪」として、都政の構造改革を進めていくとしている。

解説

【解説1】　正答⑤

① 誤り。アクセルを踏み込む3カ年(20～22年度)のアクションプランとして、東京全体で広範なムーブメントを創出するとしている。

② 誤り。総事業数＝39施策、334事業であり、この内、新規事業は154事業である。

③ 誤り。事業期間3カ年で、事業費＝約1・7兆円、平成20年度事業費は約4700億円と計画している。

④ 誤り。各局が主体となり、目標管理型の進行管理を行うとともに、今後、毎年度、アクションプランのローリング(改定)を行う。

⑤ 正しい。

過去5年間の出題

発表時期【○…2月～6月、☆…7月以降】

	平成15年度（7問）	平成16年度（7問）	平成17年度（7問）	平成18年度（5問）	平成19年度（6問）	※平成19年度 管試A
財政・事業等					・水道事業、工業用水道事業、下水道事業	・2016年オリンピック競技大会・パラリンピック競技大会 ・平成20年度予算
計画・方針等	・東京港に関して ○区部における都市計画道路の方針（中間のまとめ）（3月）	・多摩地域に関して ○賃貸住宅紛争防止条例（3月）	・東京の地勢 ○次世代育成支援東京都行動計画（4月） ・多摩リーディングプロジェクト（1月） ○東京都におけるNPO法の運用方針（4月）	・施設等の所在区市町村 ☆今後の財政運営の指針（7月） ○京都文化振興指針（5月）	・電子都庁推進計画の進捗状況 ○東京都景観計画（3月） ○東京都障害者計・京都障害福祉計画（5月） ○東京都気候変動対策方針（6月）	・今後のIT化取り組み方針（9月） ・「10年後の東京」への実行プログラム2008（12月） ・子育て応援都市東京・重点戦略（12月）
答申・白書等	☆東京都雇用・就業対策審議会答申（7月） ○東京都公園審議会答申（6月）	○東京都環境白書2004（5月） ○東京都児童福祉審議会意見具申（5月） ○東京都廃棄物審議会答申（5月） ○東京都中小企業振興対策審議会答申（5月）	○東京都港湾審議会答申（2月）	○汚職等防止策検討結果報告書（6月）		・東京自治制度懇談会議論の整理（11月）及び第二次特別区制度調査会報告（12月）
調査等	・東京都の各種統計 ☆都民のくらしむき（生計分析調査）（8月） ○東京の土地2002（6月）	○労働力調査、東京都の賃金、労働時間及び雇用の動き（2月）	○東京都社会指標（3月） ・東京の経済（都内総生産、観光客、有効求人倍率）	○人口の動きの概要（2月）、住民基本台帳による東京都の世帯と人口（3月）	・都民生活に関する世論調査（12月）	

20年度 論文講座 主任・係長 ★44★

主任試験まであと1カ月

主任試験まであと1カ月となりました。主任級職選考の変更から今年で3年目になり、論文試験だけを受験する方も多いかと思います。これからの取り組み次第で十分に合格を勝ち取ることができますので、諦めずに最後まで頑張ってください。

既に、一度論文を書き上げた方は、言葉の選び方や表現の仕方を精査して、論文の完成度を高めてください。まだ論文を書いていない方は、合格論文を見ながらでも結構ですから、とりあえず論文を書いてみましょう。一つでも論文を書き上げると不思議と気分的に余裕を持てるものです。

この1カ月間、焦ることなく、また、諦めることなく、ベストを尽くしましょう。

論文試験の概要と採点の考え方

都主任選考

平成18年度、主任級職選考の論文試験が改正され、新たな論文試験の概要が示されました。その内容は、人事委員会事務局から出された二つの文書、「主任級職選考における新たな論文試験の概要」(平成18年3月30日)「主任級選考Aの新たな論文における出題所属等の記載について」(平成18年4月19日)に出ています。まだ見ていない方は、TAIMSの人事委員会掲示板に掲載されていますので、必ず確認してください。また、都政新報社発行の『東京都主任試験ハンドブック』には、昨年の合格論文の再現や論文攻略法、論文例などが記載されていますので、参考にするのも良いでしょう。

ここでは、「主任級職選考における新たな論文試験の概要」に基づいて、論文試験のポイントをおさらいします。

(1)主任A

①出題の狙い

出題の狙いとして、「東京都職員人材育成基本方針」における新任期から主任期までの一般職員の到達目標の一つである、「都政全体のかかわりを意識して、職場の課題を発見し、改善の提案をすることができること」を検証するとしています。具体的には、論文の中で、都政の課題と自己の職場における施策との関連や、自己の職場・職務における課題を簡潔にまとめた上で、改善策を論理的に提案することが求められています。

②論文形式・出題方式

形式は、都政全体に関する出題または職務・職場に関する出題のうちから一つを選択します。試験時間は、2時間30分で、2部構成で論述します。

第1部は、自己の職務、職場等における問題点の発見及び整理を行います(300から500字)。第2部では、第1部で述べた内容について、自己の経験等を踏まえた具体的改善策の提案とその理由を論述します(1200から1500字程度)。

③論文のポイント

論文のポイントは二つです。第1に、担当職務において取り組むべき課題や自らの果たす役割を理解しているか。特に、自己の組織が直面する状況を踏まえているか。第2に、都政全体に関する出題では、都政全体を視野に入れた問題意識を持っているか。職務・職場に関する出題では、職務遂行において常に自分なりの問題意識を持って改善努力を行っているか。また、課題について様々な角度から分析を行った上で、具体的かつ実現性の高い解決策を論述しているか、がポイントになります。

(2)主任B

主任Bの出題数は5題で、より職務に即した出題となっています。そのため事前準備が非常に重要です。字数は1千字から1500字程度、試験時間は2時間です。

(3)論文評価のポイント

論文試験で、評価される項目は、「問題意識」「問題解決力」「論理性」及び「表現力」です。

①問題意識

四つの評価ポイントの中で、最も重要なのが「問題意識」です。都政全体に関する出題では、都政全体を視野に入れた問題意識を持っているか、また、職務・職場に関する出題では、職務遂行において常に自分なりの問題意識を持っているのかが検証されます。現状の都政や職場はどのようになっているのか、どこに問題があるのかを意識して論述してください。

②問題解決力

問題解決力では、①の「問題意識」で抽出した課題に対し適切な解決策を提示しているかが問われます。自らの経験等を踏まえた具体的な改善策を提示できるかが検証されます。

③論理性

①の「問題意識」を掘り下げ、課題として整理し、現実的な改善策を順序立てて首尾一貫した構成で述べることができるかが検証されます。「問題意識」をきちんと課題として整理できれば、おのずと解決策が見えてくるものです。「問題意識」は「論理性」と密接に関係しています。論旨に一貫性があり、飛躍や矛盾がないか、課題と解決策が、きちんと対応しているかについて、気を付けて論述してください。

④表現力

自分の考えを他人に正確に分かりやすく伝えて理解してもらう能力のことです。誰が読んでも分かるように一文を短くして、簡潔明瞭に書くことが重要です。誤字・脱字がなく、文法上も主語と述語の関係が明確な文章にしなければなりません。

直前対策①

これから論文を書き始める方のために

ここでは、これから論文を書き始める方を対象に、直前対策をお示しします。既に、論文を書いたことのある方は、論文の完成度を高める意味で、参考にしてください。

(1)主任A

課題は、都政ものは所属局・所属職場の施策に関連した幅広い観点からのテーマを設定します。また、職場ものは、自己申告制度での目標管理の基礎になっている組織方針や組織目標を踏まえ、自分の職務上の課題を参考にするなどして設定しましょう。

①第1部(300字から500字)

論文の書き出しは、そこで論文の評価が大方決まってしまうと言われるほど重要な部分です。ポイントは、先ほど挙げた「問題意識」です。課題やその背景について的確な認識を示しながら、分かりやすく表現できるように何度も書き直して納得のいくものに仕上げます。

都政ものについては、まずテーマの都政全体の中での位置付け及びテーマの今日的背景を述べます。都政を取り巻く環境の変化やテーマの重要性を示す数字を示しながら、問題点を明らかにします。次に、テーマと自分の担当職務・職場または所属局の施策との関連を述べます。都政の重要テーマとストレートに自分の職務・職場とを関連させて問題点を論ずることは難しいかもしれません。その場合は、テーマと所属局の重要施策との関連を論じながら、自己の職務・職場に関係付けて記述してください。最後に、取り組むべき課題を簡潔に三つ提示します。これから論文を書き始める方は、「第一に、○○である」というように書き方を固定した方が書きやすいでしょう。

職場ものについては、まず、自分の担当職務や職場を簡潔に説明します。この部分は、どのような課題が来ても同じですから、予め用意しておくことが重要です。次に、都政を取り巻く環境変化を述べ、その環境変化を背景として、職場における自分の担当職務の役割と課題を具体的に記述します。最後に、自分の役割を踏まえて、問題文から提示されている課題解決に向けて取り組んでいる事項を簡潔に三つ提示します。書き方は、都政ものと同じです。

なお、「主任級職選考Aの新たな論文における所属等の記載について」(平成18年4月19日)において、受験者が特定されないよう、氏名や受験番号、所属名(部・課・係)の記載については、記載を認めない例、記載して差し支えのない例について示されていますので、必ず確認しておいてください。

②第2部(1200字から1500字程度)

都政もの、職場ものともに、第1部の最後に提示した三つの課題について、まず現状及び問題点を紹介します。その上で、様々な角度から分析を行います。具体的かつ実現性の高い解決策を提示することができれば、高い評価を受けることができるでしょう。

構成についても注意が必要です。ここでも、「第一に、○○を推進することである」という書き方か、または、解決策ごとに見出しを付けてください。

解決策の内容を論述するポイントは、「当たり前のことを当たり前のように書く」ことです。つまり、誰でも知っているような、一般的な内容で、きちんと論理立てて簡潔明瞭に書くことが重要です。このことが、実現性のある具体的な解決策を提示することに繋がります。また、職場ものについては、自己の取り組みや努力した経験を書くとよいでしょう。実際の職務・職場を想起させることができれば、内容がよりわかりやすくなります。

まとめや決意表明は、これまでに論じてきた内容を広げて総括します。これまで論じていないことを新たに書かないように注意してください。決意表明を書くと、積極性が感じられ、論文が引き締まります。ただし、解決策の繰り返しや、取って付けたような文句を書かないように気を付けてください。

(2)主任B

主題数5題の中から1題選択ですから、事前の準備が合否を大きく左右します。また、得意分野で論文を書くことができることから、より質の高いものが求められることになります。そこで「主任級職選考における新たな論文試験の概要」(平成18年3月30日)に示されている五つの課題(局重要課題、チームワークの重視、中堅職員の役割、質の高いサービス提供、ノウハウなど経験の生かし方)の中から、いくつか完成論文を仕上げておくことをお勧めします。主任Bは、過去の合格論文をできる限り収集して、自分なりの形式を確立することが合格への早道です。

(3)留意点

①当事者意識を持つ

主任論文は、評論ではありません。行政の当事者としての論述となるよう心がけてください。また、これから主任になろうとする者として、主任の役割を意識しながら論述することも重要です。

②独創性を強調しすぎない。

他人に差をつけようと独創的な解決策を提示する必要はありません。むしろ、独創性にこだわるあまり、実現不可能な解決策を提示したり、無理な論理展開とならないよう注意してください。

③論文の添削を受ける

完成した論文は、所属の係長や課長に添削してもらいましょう。特に、職場ものは、職場の課題を論述するわけですから、問題意識や課題の設定など、有用なアドバイスを受けることができます。添削を受けた論文は、OKが出るまで繰り返し添削を受けましょう。なお、複数の添削者から同じ指摘を受けた場合は、必ず修正しましょう。

最後まであきらめない

試験当日までの論文対策を、随分と負担に感じる方も多いかと思います。しかし、「論文を利用して日頃の自分の問題意識の高さをアピールしてやる」くらいの気持ちで取り組まれると、心持ちも随分と変わるのではないでしょうか。これからの最後の1カ月の時間の使い方がまさに合否を左右します。

最後まであきらめず、健康に留意され、試験当日を迎えてください。

八ヶ岳山麓週末生活
夏の盛りにも秋の気配が

都教育庁　安部和夫

ビルや車の排熱が不快な暑さを増幅させている東京を抜け出して、八ヶ岳山麓へと来ました。8月も下旬になれば、眩しい日差しの中にもわずかずつ秋の気配が混じってきます。ヤナギランは白くほおけだし、ハギは咲き、ツリフネソウやキツリフネ、ノコンギク、アザミ、ワレモコウ、トリカブトなどなど、初夏には負けないほど多様な草花があたりを彩ります。

「ももくさの　花のひも　とく秋の野に　思ひたはれむ人なとがめそ」と古今和歌集にありますが（秋上　詠み人知らず）、目の前に広がっているのは、中古の昔にうたわれた情景と同じものなのです。

今は薪作りの時期でもあります。冬の寒さへの不安から、汗をぬぐいながら斧を振り下ろし、振り下ろし、ひたすら作業に没頭しますが、あまり根を詰めないように時折休みます。置いた斧の柄の先端にアキアカネが、音もなく止まります。薪はほとんどカラマツです。成長が早く、太くても柔らかいこの木は、すぐに燃え尽きてしまうので、ナラやクヌギなどと比べて薪としてはあまり喜ばれません。それで私たちにでも割合簡単に手に入るのです。

知り合いとの会話の中でそのことが話題になり、彼が言いました。「だから、いいんですよ」。何故か「ストーブの楽しみの一つは、薪をくべることで、カラマツはその機会がいっぱいあるじゃないですか」。負け惜しみでなく、心底そう思っているのです。何という素敵な発想でしょう。

やがて、アカハラのキョロン、キョロンという鳴き声が響き渡れば、黄昏にはまだ間がありますが、作業はおしまいにします。

昨夏は、古くなって一部腐り始めたデッキを作り直しました。その前年に伐採した庭の木を、近くの製材所で板に挽いてもらったら、たっぷり取れたので、それを材料にしました。「この庭で育った木で、この庭のデッキを作る」。そのことが私たちには嬉しいのです。製材所は老夫妻でやっていて、高齢と不景気で、私たちの頼んだこの仕事を最後に廃業すると言っていました。大きな屋根の作業場に寄り添ってある小さな休憩室には、土間に面した古畳の上にくたびれた座布団が2枚、並んでいたのが印象的でした。先日、その前を車で通ったら、跡形もない更地になっていました。

阿弥陀岳　安部みつ子／08年7月

今年の夏は、古くなった物置の屋根を改修しました。これも伐採した庭の木から製材した角材をタルキなどとして屋根を補強し、防水布を敷き詰め、水切りを施し、屋根材を張ります。10年以上前の母屋での作業を思い出しながら、当時は1梱包を一度に屋根の上に持ち上げられたのが、今では下でほどいて3・4枚ずつでないと上げられなくなりました。そんな体力の衰えをそのまま受け入れて、私たちなりの速度で作業を進めたのです。

往復で一時間弱の何とか歩いていける距離に、小さなホールがあります。時間が許せば歩いて行くことにしています。時折、音楽会が催されるのです。先日はチェロの演奏会がありました。クラシックは不案内なのですが、メーンはラフマニノフのソナタで、伴奏のピアノと相まって感動的でしたが、わたしでも馴染みのサンサーンスやピアソラやグノーなどの小曲も楽しく聴き、目の前での演奏者の姿に、愛おしい人を心を込めて抱擁するイメージが重なって、チェロという楽器のすばらしさを実感しました。その翌月にはチェンバロの演奏会がありました。ろうそくの照明の下で曲の合間にぼそぼそ語るシャイな演奏者の話も興味深く聞きました。

バロック音楽は当初、王の権威を表す手段だったのが、やがて貴族のそれぞれが自分たちのものとして育てるようになった云々。わたしには、日本の古代から中世にかけての和歌の存在や、下っての能や茶などが連想されたのです。既知の曲は、アンコールでのゴールドベルグ変奏曲だけのお粗末な聴者ですが、繊細で美しく、テクニカルな曲の数々に満ち足りた気分で家路についたのでした。

時間を作って近くの山を散策します。林道を歩いていくと、一声鳴き声がするので、その方を見ると、鹿です。警戒した印の白い尻が林の中を一気に駆け下っていきました。秋霖前のこの時季は花ススキが風に一斉にたなびき、暗い森ではベニテングダケに見詰められ、明るい斜面では、ドウダンやコヨウラクツツジの葉が赤くなり始めています。辿り着いた頂上では、逃げ場のない位厳しい盛夏の光はもうありません。咲き残ったマツムシソウが緩い風に揺れているばかりです。

やがて、月が変われば、家の周りのウルシやハゼの葉が1枚、2枚と赤くなり始めてきます。このように山麓では時間が夏の終わりの風に揺れながら、花を咲かせ、葉を染め、実を成らし、緩急をつけてわたしを追い越して去っていくのです。わたしは、その後ろ姿をぼんやり見つめながらゆっくり自分の時間を進んでいくのです。

がんばれ！公務員 40
大波に呑まれない気概

文とマンガ　鈴木武征

我が家の外灯は未だに従来型の白熱電球だ。外気の寒暖に耐えて頑張っているので寿命は半年ぐらい、今度切れたら省エネのため蛍光灯型に替えようと思っている。

しかし妙なもので、そう思うとなかなか切れず、もう1年以上持っている。

『広報東京都』などを見るたびに後ろめたく思うが、寿命のあるものを強制的に替えてしまう気にはなれない。

世の中には大きな波や流れがあって、いったん動き出した流れに逆らうことは難しい。

例えばエコ活動もその一つで、省エネ、省資源などの重要性は十分理解できるし、個人としても精一杯協力したい。

しかし、それが余りにうるさく、細かく、あるいは便乗的だと反発したくなるのも人間の性だ。

私は都庁のゴミ分別化が厳しくなったころ、文書係長として局の分別廃棄の指導役を仰せつかった。

分別の必要性は誰もが承知しているが、課題や締め切りに追われシッチャカメッチャカで仕事している職員または万事ズボラな職員に徹底するのは存外難しい。

机横のごた混ぜのごみ箱を注意すると、「ゴメンネ、後で分けるから」と言うが、「後で」は無いと思った方がいい。

結局は文書係総動員で集積コーナーの大きなごみ袋を漁っての再分別となるが、それとてしょっちゅうという訳にはいかない。

指導局による抜き打ちの検査があり、それがいつなのかを見抜くのが最大の関心事になってしまう。

そうなると馬鹿らしくなってきて、システム自体に欠陥があるのではと思ってしまう。

検査に来た人に、各人別のごみ箱を最初から四つに仕切った物にするなど、発生の段階から分別しないと無理と提案したが全く相手にされない。

それでもこの時の習慣が身に着いたのか、退職後も家の近くのごみ集積所の分別に精を出していたところ、市の清掃協力員になってくれと言われた。

こういうことは任意でやっている分には気楽にやれるが、正式に何々と言われると堅苦しくていけない。

固辞し続けていたが、「作業中の怪我などに保険があって市側も安心できるから」という親心にほだされて拝受してしまった。

それにしても、通りすがりや心無い市民のごみ捨てのいい加減さは都庁職員の比ではない。

嘆かわしいと同時に、エコやリサイクル活動の全体が誰にでも見通せるもの、ルールは簡単なものでなければならないと痛感する。

一人ひとりが良かれと努力する一方で、回収資源の横流しや家電リサイクルのいい加減さを見聞きすると、全体の流れはどうなっているのか、守るべきものは何かということに疑問を持たざるを得ない。

環境保全、資源保護の流れに反対する気持ちは毛頭ないものの、その考え方が余りにも単一思考、横並び主義だと、すべてを鵜呑みにするのは危険だ。

性格に違いはあるものの五輪招致運動なども仕掛ける側はそれが仕事で、次々と大きなうねりを作っては押し寄せる。

決まったものは仕方ないという気持ちは分かるが、消化不良は身体に悪い。

準備体操のふりをしながらも安易に流されないという気概が大切だ。

本屋のお勧め本
身近な人の声に耳を

毎日、我々は報道で犯罪を目撃している。多くの人にとって、これらは「自分には無関係」と考えられがちだが、加害者と被害者、そして我々に明確な違いなどあるのだろうか？

通り魔事件を例に挙げてみても、襲われたのは何の罪もない一般人。つまり、時と場所によっては、自分も被害者になる。

同様に、我々の中に眠る犯罪性について言及しているのが、『雑学3分間ビジュアル図解シリーズ　犯罪心理学』（福島章監修、PHP研究所刊）だ。マスコミが連日、事件を取り上げ、我々がそれらを享受する時に起こる感情は「興味」だ。人間の本能には誰かが傷つけられて欲しいという願望が備わっていて、我々は事件を見て代理満足を味わっているのだという。マスコミも、それを察知して連日無惨な事件を大々的に取り上げるのだ。

人が傷つく行為を自ら起こして、その欲求を解消しようという人は少ないが、いつその境界線が崩れるか分からない。そのキッカケは、「個人の問題だけでなく、時代や社会環境の変化で起こり得る問題」だという。

犯罪が身近になった社会、そういう時だからこそ、必要とされるのは「犯罪心理学」なのだ。

この本では、その定義を「犯罪者を研究し、捜査に役立て人間全体への理解を深めようとする学問」としている。

「学問」という言葉を聞くと、取っ付き難い印象を受けるが、本書では、その読者の要求に答えるが如く、犯罪者の心理から、それを未然に防ぐにはどうすれば良いかを図を用い、初心者にも分かりやすい言葉で丁寧に教えてくれる。

犯罪を根絶するのは不可能だが、犯罪心理学を理解することで、数は減少できる。ただ、我々には、[illegible]ころケースが多い。相手を理解することに重きを置けば、犯罪は抑止できるはず。それは、理想にすぎないのだろうか。

（三省堂書店都庁店　飯田紀男）

■都庁ベスト5

三省堂書店都庁店　2008／8／12〜8／19

①時事問題総まとめ（都政新報社刊、2940円）
②東京都主任試験ハンドブック（都政新報社刊、2730円）
③主任試験精選問題集（都政新報社刊、2730円）
④1日10分資料解釈（都政新報社刊、1050円）
⑤地方公務員法101問（学陽書房刊、1733円）

みにがいど

◆第21回「都市問題」公開講座「自給率を上げて食の安全を守る！―その課題と方法―」▽日時　9月27日（土）午後1時30分〜4時30分▽会場　日本プレスセンター10階ホール▽基調講演　生源寺眞一・東京大学農学部長▽パネルディスカッション　大木美智子・消費科学連合会長、佐藤弘・西日本新聞社編集委員、人見みゐ子・酪農経験者（体験館TRYTRY館長）他、司会＝新藤宗幸・千葉大学教授▽参加費　無料▽申込方法　東京市政調査会ホームページhttp://www.timr.or.jpから申し込む▽申込期限　9月19日（金）※満席となり次第受付終了。早めにお申し込みを▽問い合わせ先　東京市政調査会研究室☎3591・1261

◆平成20年度多摩西人権啓発活動地域ネットワーク協議会事業「講演と音楽のつどい」▽日時　10月4日（土）午後1時〜4時▽会場　町田市民ホール▽講演　「江戸のしあわせ」田中優子・法政大学教授▽音楽　町田市立鶴川第二中学校による合唱（曲目＝ハナミズキ、手紙、カナカナ）・玉川大学農学部農場太鼓（曲目＝謝恩、笑神楽、新玉）▽町田市制50周年記念協賛事業▽入場無料※車いす席、手話通訳、要約筆記、保育（12カ月〜就学前）あり▽申込方法　町田市コールセンター（☎042・724・5656）へ電話で申し込む※定員（853席）になり次第、締め切り▽問い合わせ先　町田市政策経営部広聴課☎042・724・2102

協力：（財）日本ファッション協会

シネマ夢倶楽部 オススメシネマ
Japan Fashion Association

おくりびと

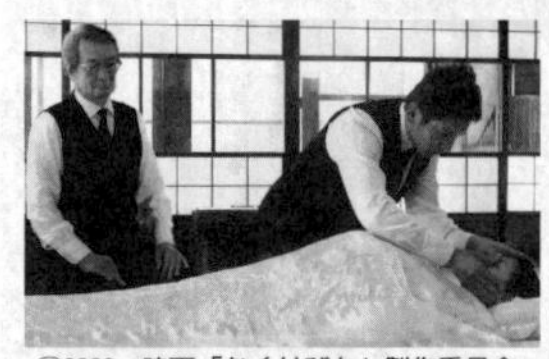

©2008　映画「おくりびと」製作委員会

お会いしたばかりですが、お別れです。

東京でオーケストラのチェロ奏者をしていた大悟（本木雅弘）は、楽団が解散したために妻の美香（広末涼子）とふたり、故郷の山形に戻ってきた。そんななか大悟は、〝旅のお手伝い〟と書かれた、願ってもみない好条件の職を見つける。早速面接に向かった彼は、顔を見るなり一発で採用を決めた社長の佐々木（山﨑努）に呆気にとられながらも、仕事の内容を尋ねると思いもよらない仕事を聞かされる。〝旅のお手伝い〟でなく、安らかな〝旅立ちのお手伝い〟…それは遺体を棺に納める〝納棺師〟の仕事だった。

さまざまな境遇の死や別れと向き合うことで、そこに息づく愛の姿を見つめ、夫婦の愛、わが子への無償の愛、父や母、家族への想い、友情や仕事への矜持などを描き出す。〝納棺師〟という一見地味で触れ難いイメージの職業をテーマにしながらも、ユーモアを絶妙に散りばめて、愛すること生きることを紡ぎだした異色の感動作。

◆推薦委員コメント

安藤紘平（映画監督）

楽団でチェロを弾く青年が、解散により失業し、妻と故郷へ帰って勤めた仕事が、死体を棺に納める「納棺師」。やりたくて始めたわけではない仕事への戸惑い、そして妻や友人の嫌悪感など、さまざまな道のりを経てたどりつく〝おくりびと〟なる作業への価値観。

藤原作弥（元日本銀行副総裁）

〝生〟と〝死〟の間の人生の哀歓を描く題材として、納[illegible]着眼した発想がユニーク。[illegible]主演の本木雅弘から[illegible]〝死〟を見詰めること[illegible]見詰めること。悲喜[illegible]ードを通じ、死者を[illegible]つ。

庄内平野の四季の[illegible]久石譲作曲のチェロ[illegible]な葬送曲。多くの人[illegible]ロジー（死生学）入[illegible]

滝田洋二郎監督の手による生と死へのまなざしが絶妙。

【2008年／日本／130分　配給：松竹　9月13日より、丸の内プラゼール、新宿ピカデリーほか全国にてロードショー】

◇

シネマ夢倶楽部　9月9日（火）午後6時30分〜「ニッショーホール」で上映。※この上映会に10組20名様を抽選でご招待します。Eメールで件名「上映会招待希望」とし、住所・氏名を明記の上、henshu@toseishimpo.co.jpまでお申し込み下さい（9月1日必着）＝招待状を郵送します。

(財)日本ファッション協会では、「シネマ夢倶楽部」の会員を募集しています。各界の著名な推薦委員がお勧めする映画の先行上映会に年18本ご招待ほか様々な特典があります。詳しくは同事務局（☎3242・1674　http://www.cine-culture.jp/）まで。

都政新報

発行所 都政新報社
〒160-0023 東京都新宿区西新宿7-23-1 TSビル
〈総務・読者〉03-5330-8781
〈企画広告〉03-5330-8784
〈編集〉03-5330-8786
〈出版〉03-5330-8788
〈セミナー事業部〉03-5330-9977
〈ファクス〉03-5330-8808
購読料 月1,680円(税込)
毎週火・金曜日発行
但し、祝祭日は休刊

紙面から

カーボン・オフセット

「追加的」な削減にVER発行

「順守」「自主」の2通りに区別

環境省が「基本的考え方」

環境省は27日の「カーボン・オフセットに用いられるVERの認証基準に関する検討会」（座長＝新美育文・明治大法科大学院教授）に、国内クレジット（VER）に必要な条件の基本的考え方を提示した。京都クレジットなど排出目標の順守に充てることができる「順守VER（c－VER）」と、自主的なカーボン・オフセットへの利用のみが可能な「自主VER（v－VER）」を区別。市場取引における信頼性を確保する観点から、ISOに準拠し、基本的な認証プロセスの構造は共通のものとする。

ISO準拠で信頼性確保

カーボン・オフセットに用いられるクレジットには、京都議定書に基づいて発行される京都クレジット、秋からの排出量取引の国内統合市場の試行的実施での排出枠などがあるが、これら以外に一定の基準を満たし、第三者機関が認証するVER（Verified Emission Reduction）もある。

基本的考え方では、排出目標順守への充当と、自主的なカーボン・オフセットへの利用の双方が可能なものを「c－VER」、自主的なカーボン・オフセットへの利用のみが可能なものを「v－VER」と区別して取り扱うこととした。

市場取引における信頼性確保の観点から、一定レベルのモニタリング・報告・検証が必要となるため、これらの基本的な認証プロセスの構造は共通のものとする。

こうして発行されるVERは、このスキームが存在しない場合に対して「追加的」な温室効果ガス排出削減をもたらすことが求められる。このため、「追加性がある」と判断されるプロジェクトについては、制度運用側で整理して、「ポジティブ・リスト」として公表する。

c－VERは、ポジティブ・リストの条件を満たし、排出目標を持たない事業者による追加的排出削減のうち、一定期日以降に生じたものと整理。ただし、国内での森林管理に伴う吸収量は、全量を国が京都議定書達成のために用いるため、対象から外す。

v－VERは、新規植林や森林管理プロジェクト由来のもの、またはポジティブ・リストの条件を満たし、排出枠を持つ事業者による追加的排出削減によるものと整理した。

【解説】　環境省の考え方に基づくと、c－VERとv－VERという二つの色違いのクレジットが市場に出回ることになる。

例えば、京都議定書に基づく排出枠として活用したい事業者は、購入するクレジットがc－VERでないと排出枠としては認められない。一方、単純にカーボン・オフセットでCO_2削減につなげたいだけなら、v－VERで十分だ。

双方とも同じ認証システムなので、排出削減・吸収量の正確さや信頼性については同じ。ただ、一般的にカーボン・オフセットに使用されると、v－VERは無効化されてしまうが、c－VERの場合は複数回の売買が想定される。

VERを国内排出量取引の中で用いることのできるクレジットとして発行するためには、目標達成計画に盛り込まれた削減ではなく、それを上回る「追加的」な削減であることが必要だ。具体的には、中小企業による削減活動や森林バイオマスの活用、グリーン電力証書など再生可能エネルギーの活用などが想定されている。

都は、太陽熱を熱源としたグリーン熱市場を09年度に創設する予定。また、太陽光発電によるグリーン電力証書はすでに制度がスタートしている。こうした既存のプロジェクトや新たに予定される枠組みに対して、VERを発行する場合の整合性も論点となる。

カーボン・オフセットの信頼性を確保するには、ある程度ハードルの高い認証基準を設ける必要があるが、地域のNPOなどの自主的な取り組みを阻害するものであってはならない。国民に分かりやすく、シンプルな仕組みづくりが求められる。（地）

特殊疾病対策協議会

人工透析を抑止へ

腎不全で対策部会

重症化すると人工透析が必要になる慢性腎臓病の患者を減らすため、都福祉保健局は26日、「特殊疾病対策協議会」の腎不全対策部会（部会長＝長澤俊彦・杏林大学学長）を設置し、慢性腎臓病の診療の現状や人工透析への進行を防ぐための医療について検討を始めた。

慢性腎臓病は、蛋白尿などの腎障害や腎機能低下が3カ月以上続く状態。脳梗塞や心筋梗塞などのリスクが増え、重症化すると人工透析が必要になる。

06年12月現在、都内の透析患者は約2万4千人で、年間約3千人が新たに人工透析を導入＝グラフ。このうち、糖尿病を原因とするケースが多数を占めている。

都では透析医療費の自己負担分を助成しているため、患者の負担はほとんどない。しかし、1人あたりの医療費は年間400～500万円に達し、医療費が膨らむ一因にもなっている。

26日の部会では、「医療水準が向上しているため、高齢化で生活習慣病のリスクが増えている」「かかりつけ医がどのようなタイミングで専門医につなぐか、基準がない」といった指摘も出た。

次回の部会は来年2月に開催し、2010年度以降の施策や国への提案・要求に反映させる。

■東京都における透析患者数の推移
（透析患者数と透析導入患者数は年、医療費助成認定者数のみ年度）

透析患者数
透析導入患者数（左目盛り）
医療費助成認定者数（右目盛り）
（人）25000 20000 15000 10000 5000 0
（人）3400 3300 3200 3100 3000 2900 2800 2700 2600
01 02 03 04 05 06

燃料高騰

運送事業者が全国一斉行動

菅原副知事「市場原理主義の再構築を」

自民党や政府閣僚に窮状を訴えるトラック協会＝26日、自民党本部8階大ホールで

「5月以降、わずか4カ月間でリットル35円も燃料が高騰し、経営は自助努力ではどうにもならない」とトラック運送事業者が26日、高速道路料金の引き下げや燃料サーチャージの実現などを求める全国一斉行動を展開した。

自民党本部で開かれた「燃料高騰経営危機突破総決起大会」には、石原知事の代理で関東1都7県を代表して菅原秀夫副知事があいさつし、都議会自民党からは内田茂氏や高島直樹氏、三宅茂樹氏らが出席した。

大会に招かれた谷垣国土交通大臣は「燃油価格が極めて高く、03年に比べると、2倍まで高騰した。トラック業界全体で軽油が1円上昇すると、160億円の事業負担が発生する。業界の苦境を打開するため、燃料サーチャージ制度の導入促進を図る」と述べた。政府としては、低公害車への買い替えや金融支援などに取り組み、29日までに総合経済対策をまとめると話した。

また、菅原副知事は「行き過ぎた市場原理主義を再構築し、現在のようなマネーゲーム化している状況を終息させて、世界各国の行動を秩序あるものにしていくことが喫緊の課題」と語った。

最近、原油価格は下がる気配を見せているが、会場からは「高速道路料金を半額にしろ」「国会議員は、やる気があるのか」などと野次が飛び、必ずしも雰囲気は良くなかった。

救急医療対策協議会

地域救急センターを提言

「たらい回し」防止へ

東京都救急医療対策協議会（会長＝島崎修次・杏林大学教授）は28日、地域ごとに救急搬送先の調整を担う「東京都地域救急センター（仮称）」の設置などを盛り込んだ中間まとめを公表した。搬送先が見つからず、救急車が行き場のない事態を避けるため、患者を一時的に受け入れ、転送するシステムも提言。また、重症度に応じて治療の優先順位を判断する「トリアージ」を実施し、小児だけでなく一般救急への拡大を求めている。

■最後の砦

一時受け入れ・転送も

通常の救急搬送は、救急隊が直近の医療機関を中心に受け入れを要請する。搬送先探しに時間がかかる場合は、東京消防庁司令室も並行して探すことになっている。

だが、「複数の診療科にわたって専門医がいない」「ベッドが満床」などの理由で受け入れ先が見つからず、手当たり次第に要請するケースも少なくない。搬送件数の9割以上は30分以内で受け入れ先が決まるが、救急隊が現場到着後、搬送を始めるまでにかかる時間は、5年前より約4分伸びているという。

協議会の中間まとめでは、主に医療圏ごとに二次救急医療機関を「地域救急センター」に指定し、搬送先を調整してもらう。また、地域内で搬送先が見つからない場合は、東京消防庁司令室に配置するコーディネーターが他地域と調整する。長時間、救急車が立ち往生しないよう、患者を一時的に受け入れ、応急処置する仕組みも提言している。

ただ、センターの調整役は、他の医療機関に協力を求める以上、地域内の救急医療現場を熟知していることが必須。また、東京消防庁によると、搬送先の決定までに30分以上かかったり、5件以上に要請した事例は全体の6・3%あり、調整の負担は小さくない。

どうしても搬送先がない場合、地域救急センターは、一時的に患者を受け入れる「最後の砦」になる。しかし、こうした施設を作ることで「ウチで受け入れなくても大丈夫」と考える医療機関が出れば、システムの根底が崩れかねない。医療機関の理解も不可欠と言える。

■トリアージ

もう一つの柱が、トリアージの普及だ。救急車で搬送された患者の6割は軽症で、重症は1割程度。また、「昼間は病院に行けない」という理由で、休日・夜間に救急医療機関を利用する「コンビニ受診」も問題になっている。

02年からトリアージを始めた武蔵野赤十字病院（武蔵野市）。平日午後5時～翌午前9時と休日は看護師が待合室に出向き、患者の顔色や体温、脈拍を一人ずつチェックして回る。

インフルエンザが流行する冬場は、一晩に30～40人の子どもが押し寄せ、1～2時間待ちは当たり前だ。子どもに付き添う親の不安感も大きい。トリアージは看護師による「事前の診察」という効果もある。同病院では患者の苦情が減ったという。

ただ、「痙攣が治まっても震えが止まらない」など、看護師が判断に悩むケースもある。同病院ではトリアージの研修を行っているが、指導者の養成も課題になっている。

都は現在、同病院と東邦大学医療センター大森病院（大田区）で、小児救急トリアージのモデル事業を実施中。普及に向けた検証を行う予定だ。

患者の重症度から治療の優先順位を判断する看護師の養成も課題になる＝武蔵野赤十字病院で

都政の東西

60年目

英国の医療保険制度、NHS（ナショナル・ヘルス・サービス）が開始されて今年で60年目を迎える。日本を含む世界各国の社会保障制度のモデルとなり、いわゆる「福祉国家」の基盤として、多大な影響を及ぼしてきた。

しかし、英国では1970年代以降、制度運営のコスト増大や財政難を受け、制度の改革が国家的な課題になった。特に1980年代のサッチャー保守党政権下では、コスト削減に加えて、「内部市場システム」など民営化の仕組みを導入。同政権は改革の成果を喧伝したが、実際には福祉サービスの「商品化」を招き、現場の混乱を招いた。

1990年代半ば以降、極端な民営化の反省も踏まえ、「公益性と効率化」の両立を目標に掲げて公民が協力した「協働アプローチ」による改革が進められてきた。

97年以降の労働党政権下では、予算増なども行われてきたが、2004年度、05年度は赤字に転落。「総合かかりつけ医（GP）」の導入など意欲的な改革も実施されてきたが、総じて医療スタッフと受診者の両方から不満が出されるなど、散々な状況にあるという。

60年目を迎えた今、NHSの運営組織を国の保健省から独立させるなどの分権案が出ている。同じ文脈で、地方自治体への医療行政の分権化が、俎上に載せられているという。

ここで記した状況は、日本の健康保険制度にも共通する。「少子化」による逆ピラミッド型人口構造、所得階層の多様化といった社会構造の変容で、「保険自体の概念が限界」と指摘する声もあるが、現状で替わりうる画期的な新制度が出ていないのも事実。節目の年ゆえに、社会保障制度の歩みと、地方自治体が今後に果たすべき役割を考えてみるのも一考だ。

芸術文化評議会

庭園美術館の改修 未公開部屋活用を

東京芸術文化評議会（会長＝福原義春・㈳企業メセナ協議会会長）は27日、東京都庭園美術館（港区）改修の方向性について、検討部会が報告を行った。

朝香宮邸をそのまま美術館として利用している本館は、1920～30年代に欧州を席巻した装飾様式の「アール・デコ様式」を現代に伝える貴重な文化財であるとして、維持・保存。未公開の部屋は、可能な限り建築当時の状態に復元し、活用していく。耐震診断で補強が必要と判定された新館は建て替えを行い、新たに展示室を整備する。

旧朝香宮邸は戦後、50年から西武鉄道が所有。81年に都が買い取り、83年に庭園美術館として開館した。西武所有時に内装を一部変えた以外は、構造や装飾品は建築時のまま保たれている。現在、壁が汚れているなど、未公開の部屋が数室あるという。

評議会では、舞台芸術活動を支援するため、都の遊休施設に「活動支援アートセンター（仮称）」の開設や、芸術活動の助成制度の拡充・見直しなどが報告された。

耐震化推進都民会議を開催

都都市整備局

都都市整備局は、8月27日に第1回耐震化推進都民会議を開き、9月の防災週間と1月の阪神・淡路大震災の発生時期にあわせて耐震キャンペーンを実施することを決めた。

住まいの耐震フェア展示会、相談会、耐震セミナーなどを実施する。耐震化普及啓発のDVDも作り、都のホームページで動画配信するほか、区市町村の窓口や図書館などで貸し出しを行う。

整備計画への格上げを要望

外環建設促進議員連盟

都議会東京外かく環状道路建設促進議員連盟は26日、外環の09年度事業着手に向けて必要な手続きと予算確保などを谷垣国土交通大臣に要望した。国では現在、スパンが5年間の新たな道路整備計画を策定中。この中に外環を位置づけるとともに、国土開発幹線自動車道建設会議の開催と整備計画への格上げなどを求めた。

谷垣大臣は「この秋以降、道路事業の再評価を行うことになっている。東京の渋滞解消、国際競争力向上のために外環整備が重要なことは、十分承知している」とコメントした。

川柳ジョーク

交通局、ホームページで遅延証明書発行

遅刻常習者
「弱ったね、遅延理由を電車からコンピューター入力ミスに切り替えるよ」

5分じゃないよ 15分だよ

家庭ごみ有料化

杉並・中野区が導入検討

23区に波及の可能性も

家庭ごみ回収の有料化について、杉並区に続き、中野区が本格的に検討する方針を示した。全国の自治体では約6割が、すでに有料化を実施。東京都内では、19市町が実施済みだが、23区はゼロ。背景には特別区への清掃事業の移管の遅れなどで後手に回ったこともあるが、課金体制の整備、合意形成など、実務上の困難さが想定されるため、着手に消極的な実態が見え隠れする。杉並、中野両区の検討開始で、家庭ごみ有料化では「横一線」だった23区に、変化が生じている。

負担額、方法などに焦点

「現在推進中の『一般廃棄物処理計画』において、家庭ごみ回収の有料化も視野に入れているが、あくまでごみ減量策の一環として位置づけている」。杉並区の担当者は、このように強調する。同区は昨年秋、外部有識者による審議会の答申に基づいて、家庭ごみの有料化をめぐる検討を庁内で本格化した。

区側は導入を前提とした具体的な計画案を年内にも公表し、今後の議論での下地とする考えだ。有料化の導入を決定した場合、条例の整備や区民からの意見聴取、周知期間を設けるため、実施は、最短でも2010年度以降になる見込みだという。

杉並区は、今年4月に条例化したレジ袋有料化などへ積極的に取り組んでおり、こうした他施策と有料化の関連づけを重視していくという。「サーマルリサイクルや資源ごみ回収率の向上などと相乗効果を図れる制度にしたい」としている。

家庭ごみは、直接の排出者である各世帯が費用負担するが、製品の製造者や販売者に対しても、拡大生産者責任の観点から、自ら回収するリサイクル活動などを促したいとしている。

同時に、不法投棄などを監視、通報する仕組みを整備する方向。戸別収集の実現も、視野に入れる。庁内の事務的な課題としては、廃棄物会計の導入、経費情報の公表方法などが挙がっているという。

杉並区に隣接する武蔵野市は、04年度にごみ回収を有料化した。若干ながら、杉並区側への「越境ごみ」が発生したという。こうした経緯を踏まえて、杉並区は周辺自治体との関係も重視する方向だ。

家庭ごみ有料化の検討開始を8月22日に発表した中野区は、一部報道で「有料化へ」と報じられた。大きな混乱はなかったが、「区民の意見聴取、隣接自治体との協議などを重視して検討する」としているだけに、区は困惑の色を隠せない。

「1㍑あたり約2円」「有料袋による課金」などの具体的項目は、今後のたたき台として公表した。区民と行政で意見を交換して合意を形成していきたいとしている。中野区は「約1年半、『区民フォーラム』などを開催し、基盤をつくってきた」と自信を見せている。

しかし、区側の思惑に反して、有料化への反対は根強い。

同区で長年、ごみ問題に携わってきた区民の1人は「有料化すればごみが減ると、行政は思い込んでいる。有料化した自治体でも一時はすごく減ったが、再び増えていった事例がある」と懸念。「減量の仕組みを整備すれば、ごみは自然と減る」として、有料化は不要と主張する。

杉並、中野両区は現在、有料化をあくまで「ごみ減量化の一手段」と位置づけており「賛否両方の意見を尊重しつつ、慎重に検討する」ことを強調している。だが、有料化が前提の検討である以上、具体化の段階では、一定の論議は不可避の様相だ。

住民の合意形成が課題

【解説】　環境省による「一般廃棄物処理実態調査結果」の最新統計（2006年度）では、事業系ごみ以外の「生活系ごみ」で、粗大ごみを除いたごみに関して、一部または全部を有料化している自治体は、全国で1046自治体。全体の57・3％を占める。

全国に広がる家庭ごみ有料化の実施事例では、導入直後に排出量は減少するもの、徐々に増加に転じる「リバウンド現象」が報告されている。これに関連して、「課金額を高くして、負担感を増やすべき」との見解がある。

環境省が昨年度実施した自治体調査では、排出量すべてに課金する仕組みで、大袋（40㍑程度）1枚で80円以上の課金を「高額設定」、同15円以下を「低額設定」としている。しかし、「高額設定」に該当する自治体でもリバウンド現象が見られ、課金の適正額を含めて検討を重ねる必要がある。

有料化の定着は、負担の公平の維持とインセンティブの成否が左右しそうだ。ごみの出所を明確にできる戸別回収は、住民の評価が高く、武蔵野、調布、日野など多くの市で実施している。不法投棄の見回りも必要になる。ただし、いずれも集合住宅の多い区部では、実施方法の仕組みづくりが課題になるだろう。

2000年に有料化に踏み切った日野市は、導入前に行ったアンケート調査で、実に約8割の市民が「反対」。市長による駅前街頭演説、約600回の住民説明会で必要性を訴え、導入後にようやく「賛成」が5割超になったという。行政側には、相応の覚悟と根気強い努力が必要だ。（河）

清掃事業の移管の遅れも影響か　山谷修作東洋大学教授の話

家庭ごみ有料化について、全国の自治体と比較すると、23区の状況は特異だといえる。全国の実施例に鑑みれば「区部だからできない」のではないことは、明白だ。

一因には、ごみ行政の都からの移管の遅れも影響していると推測される。清掃一組に事務移管している現状もあり、各区とも横並びで互いの出方を見ている消極的な状況だと推測する。

杉並、中野区などの動きは、今後、他区へ波及していく可能性がある。多摩地域での導入例を挙げると、一部の市が導入後、01年に市長会で導入に合意した結果、一気に拡大した。23区では、区長会などで今後、この問題が取り上げられることで、同様の普及パターンが生じるかもしれない。

有料化は、広範な波及効果が期待できる。例えば、当初、自治体が課金袋を独自に策定する際、ごみの内容を詳細に区分しておけば、ごみ回収の細分化、資源回収率の向上などにつながる。

また、資源ごみなど特定物を有料化の対象外とするなどして、再資源化の促進を図る自治体もある。制度設計の組み合わせによって、有料化をインセンティブに変えていくことも可能だ。

ただし、制度の基盤には、住民の合意が欠かせない。各自治体は政策の説明や啓発活動に注力し、拙速な取り組みは回避しなければならない。一定の周知時間をかけ醸成していくべきだ。

庁舎耐震化スタート　品川区

築40年がたち、耐震化工事がスタートした品川区役所（左が第一庁舎、右が議会棟）

品川区の総合庁舎の耐震化工事が8月からスタートしている。

総合庁舎は第一庁舎、議会棟、第三庁舎からなっており、いずれも1968年に建てられ、築40年が経過している。

同区では、3年前に総合庁舎の耐震診断を実施したところ、「望ましい耐震性能を保有しておらず、早急な対応が必要」との結果が出た。

現在地での新庁舎建設も検討したが、仮移転先の用地確保が難しく、仮移転費用や新築のための費用を足すと150億円以上がかかるため、現在の建物を耐震化することにした。現在地での工事だと、移転で機能が分散することによる区民サービス低下も避けられると判断した。

工事期間は8月1日から2011年3月までの約2年半。第一庁舎と議会棟は約34億5千万円かけて免震構造とし、第3庁舎を約1億5千万円で耐震構造とする。

免震構造は、建物とそれを支える地中の杭との間に免震装置を入れることで、揺れを吸収。耐震構造は、壁の増設や柱の補強などで耐震性を上げる仕組み。免震構造の方が費用はかかるが、建物には揺れが伝わりにくい。また、免震は地面を掘り下げての工事であるため、建物内での業務への影響はほとんどない「居ながら工事」が可能な利点がある。区では「区民サービスになるべく影響が出ないよう、窓口があり、区役所の中心機能が集中している第一庁舎などを免震構造にすることにした」と話す。

免震の工事は現在、仮囲いなどを行っており、建物の下部の掘削が始まるのは来年2月ごろとなる。第三庁舎の耐震の工事は09年度から10年度ごろの6カ月間、庁舎を閉鎖して行う予定。

第一庁舎は鉄骨鉄筋コンクリート、議会棟と第3庁舎は鉄筋コンクリート。コンクリートの構造物は、一般に65年もつといわれている。区では「いま40年なので、単純計算だとあと25年もつ。新庁舎建設の話が出てくるまで、この耐震化工事でつなぐことになる」としている。

「23区内につくれるように」　23区プラスチック懇談会

市民団体でつくる「23区プラスチック懇談会」が25日、国、都、区の担当者らを交えて、廃プラの中間処理施設をテーマに話し合った。

区が回収した廃プラは、中間処理施設で選別、圧縮、梱包してから、リサイクル業者に引き渡される。

同懇談会に参加した板橋区の担当者は、近場の中間処理施設に運搬した場合、年間8億～9億円のコストがかかるという。だが、23区内で中間処理施設の確保は困難であるため、郊外の千葉県習志野市などまで廃プラを運ばざるを得なくなり、運搬コストは15億円に跳ね上がると試算する。区担当者は「中間処理が近くで確保できなかった」ため、廃プラのサーマルに踏み切ったという。

一方、中間処理業者は法律の見直しを指摘する。1日の処理能力が5㌧を超える施設を建築する場合、準工業地域などでしか設置できず、都市計画審議会の合意が必要になる。業者は、法律が施設整備を妨げている現状を問題視した。

世田谷区議は、郊外に中間処理施設を整備するのは「違う」とし、「住宅地に（不燃ごみの）中継所をつくれて、中間処理施設はつくれないのか」と疑問を投げかけた。

23区内にある中継所10カ所は不燃ごみの減量に伴い、半減させる方針だ。閉鎖する中継所の跡地利用は、「中間処理施設に」という提案も出た。

さらに、世田谷区議は「23区内にもつくれるような都市計画の見直しを、都が後押ししてくれれば」と期待を込めた。

これを受け、都は「相談にのる」と話している。

23区では中間処理施設の設置も確保も困難だ＝区政会館で

モバイル放送㈱廃業へ

地震速報廃止に怒りの声

多チャンネルのデジタル放送などを有料で配信するモバイル放送㈱が、09年3月末で廃業する。同社の緊急地震速報サービスは、今年3月に運用したばかりだった。23区のうち新宿、品川、世田谷の3区が同社の地震速報の受信端末を導入しており、「ありえない終わり方」などと怒りの声が上がっている。損失補償の有無は判然としない中で、業者選びに追われることになる。

緊急地震速報は現在、放送衛星、電話回線などを使って配信されている。中でも、衛星を利用する受信方式は、地震後も断線せず余震情報を配信してくれるため、信頼度は高い。今回、3区がモバイル放送のシステムを導入した理由だ。

新宿区では、モバイル放送の緊急地震速報を本庁舎などに導入した。ところが、設置工事が終わってから、モバイル放送の事業終了のニュースが伝えられた。区では「やめるのはおかしい」と話し、「影響が大きいのだから、サービスを3～4年間続けるのがベター」と事業継続を求めた。

品川区では昨年末、庁舎、小学校など計15カ所にモバイル放送の緊急地震速報を試験的に導入し、約700万円のコストをかけた。モバイル放送と組んで営業した日本気象協会は品川区に対し、損失補償に触れていないという。区では「こちらで（撤去工事などを）やれというのは、本末転倒。お金を使わせておいて、それで終わりではない」と不満を述べた。

世田谷区は、本庁舎、総合支所など計6カ所に導入した。区は「公共性の高い事業は採算のベースにのらないことがあったとしても、続けてほしかった。行政の継続性から、代替措置を取る」と話している。

3区は、緊急地震速報を今後も続けていくため、システム選びに追われている。

◇　◇　◇

現在、緊急地震速報の受信方法は、電話回線、衛星などがあり、各社のサービスは多彩だ。ある区の担当者は「売り込みがあって、どれもがいいように聞こえる」と惑わされているように、サービスの絞り込みが難しい状況だという。

通常、衛星を使う防災放送の端末は1台100万～数百万円程度かかるが、モバイル放送の受信端末は1台20万円強と割安だ。ケーブルテレビの回線を活用した受信方式はさらに安い。墨田区では、小中学校など約110カ所にケーブルテレビの緊急地震速報サービスを導入した。端末の月額利用料は貸与の場合、最低で約500円。事業者によると、断線の可能性はないとうたう。

特別区で緊急地震速報を導入していないのは8月27日現在で13区あり、安価でも導入には二の足を踏む区もある。誤報が流れるなどシステム上の問題点を抱えるためだ。

また、杉並区では水害に見舞われることもあるため、水害情報などの付加サービスを求めている。

緊急地震速報が発展途上の段階では、システムの信頼性、コストの妥当性を見極めた上で導入の判断が必要になる。

MEMO

モバイル放送㈱　電車などでの移動中にデジタル放送を有料で提供する衛星放送サービス会社。筆頭株主の東芝、トヨタ自動車など90社が約369億円を出資して98年5月に設立した。04年10月からデジタル放送を配信し、今年3月から緊急地震速報サービスも開始した。モバイル放送の会員数は100万～200万人が目標だったが、無料で視聴できるワンセグ放送がスタートし、約10万人にとどまった。会員数が伸び悩み、09年3月末で事業終了を決めた。

記者席

釈然としない名称変更

○……トラック協会の燃料高騰経営危機突破総決起大会では、自民党総務会長や閣僚などが壇上に並んだ。運送業界の陳情に対し、どんな約束をするのだろうと思ったら、約束のたらい回しだった。

笹川総務会長が業界の苦境に理解を示した上で「この後、谷垣国土交通大臣が政府の対策について細かに述べますから」と期待を持たせた。ところが、谷垣国土交通大臣は「二階経済産業大臣がおられますので、のちほど話があると思う」。二階経済産業大臣は、決意表明で終わった。

○……都生活文化スポーツ局が「都への提言、要望等の状況」の7月分を発表した。これまでの「都民の声」をリニューアルしたものだ。96年10月分から月報で、それ以前も年報で使用していた由緒ある名称を、今なぜ変えるのか。担当者いわく「都民の声だと世論全体の動向と捉えられてしまう恐れがあるため」と説明するが、釈然としない。

思い当たるのは7月18日の知事記者会見。都民の声課に寄せられたオリンピック賛成の意見が17％にとどまった点について質問され、石原知事が「それは限られたもの。そういうところに熱心にものを言う人も限られるし、数値は当てにならない」と憮然とした態度で一蹴した。会見と名称変更は関係ないというが、このタイミングだ。

7月分は、目次を除いて2ページと内容も薄い。「新たな切り口の声がなかった」というが、都民の声が都政に生かせる機会が縮小するのならば、問題だろう。

○……「クレーム処理で本来の教育に専念できない」と嘆く学校現場の声を受け、弁護士を配置して対策に乗り出す自治体が増えてきた。都内では、港区が昨年6月から弁護士を配置したが、この間の相談件数は13件にとどまり、「訴訟に持ち込まれるような深刻なケースはなかった」。

弁護士事務所から書面が届けば保護者はあわてるし、なによりも弁護士を介在して大事になることを嫌う。その意味で弁護士効果は絶大と言えるが、「様子見の保護者もいる」との声も。

来年2月1日投開票　千代田区長選

千代田区選挙管理委員会は25日、09年2月7日で任期満了になる区長選の日程を決めたと発表した。告示は1月25日、投票は2月1日、開票は即日となる。

給食費280万円が不明　足立区の中学校

足立区は26日、区立千寿桜堤中学校で郵便局の口座に預けている給食費が約280万円不足していると発表した。

同校の校長が、区の監査が入る前に給食費をチェックしたところ、残高不足に気づき、区教委に連絡した。その後、区教委は通帳などをチェックしたが、不足額の要因を特定できなかった。

給食費は、保護者から郵便局の口座に振り込まれてから、各業者に支払う額を入力したフロッピーディスクを郵便局に提出し、業者に支払われるという。

580万円あるはずの口座には、300万円しかなかった。区は不足の要因の特定を難しいと判断し、千住警察署に事件相談を行っている。

全校に地震速報機器導入へ

学校の震災対策

緊急連絡システムを開始

訓練に高校生ボランティア

地震発生時には避難所として機能する都立学校の震災対策が、着実に進行中である。一昨年度、不測の事態を想定して「学校危機管理マニュアル」を策定し、各学校に危機管理委員会設置による組織的な対応などを求めた。今年2月には、携帯電話のメール機能を活用した「災害時等緊急連絡システム」の運用を開始。現在は、緊急地震速報を活用するための機器を全都立学校に導入する計画を進めており、帰宅支援ステーション機能の強化とあわせて都立学校の震災対策をより推進する考えだ。9月1日の「防災の日」にちなんで、都立学校における震災対策の取り組み状況をみてみた。

従来の「学校防災マニュアル」を再点検した上で一昨年度に作成した「学校危機管理マニュアル」は、①危機管理体制の整備・充実②緊急連絡体制の整備・充実③自然災害以外の危機への対応などが柱。具体的には、地震災害時の具体的な対応策をきめ細かく示したほか、各都立学校に防災組織としての危機管理委員会と危機管理部の設置などを求めている。

マニュアル策定過程で連絡体制整備の必要性が判明したことから、教育庁は今年2月、主に携帯電話の電子メールや通話機能を利用した「災害時等緊急連絡システム」を導入した。大規模な災害が発生すると、固定電話などによる連絡が困難になることが予想されるが、システムにはこれを補完する目的がある。

都立学校や事業所と本庁との迅速な連絡・支援を実現するもので、①学校等と本庁が災害時に双方向の連絡をとり、情報を共有。速やかに全庁的な支援につなげていく②安否確認や参集・配備要請にとどまらず、画像情報を含む被災状況情報までも携帯電話から送信する③被災現場の状況を踏まえ、簡単な操作で送信でき、迅速かつ自動的な集計機能をもち、不通時に音声を含む呼び出し機能を有する――などの特色をもっている。

具体的には、本庁の危機管理担当者が各学校などのシステム登録者に対し、参集要請や被害情報収集要請を送信。電子メールで受信したシステム登録者は必要な回答を行うことができるというシステムで、この発信・回答機能によって、生徒や教職員の軽傷者数、重傷者数などの情報、学校や事業所の被災状況の情報を集約でき、全庁的な支援へとつなげることができる。

システムの利用者は都立学校、事業所、本庁のすべての管理職と所属ごとに選出された危機管理担当者で、全体で約1300人。洞爺湖サミットに備えた6月の「テロ警戒強化月間」では、都立学校、事業所、本庁間の連絡体制の強化を図るため、システムによるテロ対応連絡訓練を実施した。

さらに教育庁では、全都立学校へ緊急地震速報を活用するための受信端末を、年度内を目途に全都立学校約250施設に導入・設置する計画に取り組んでいる。気象庁は昨年10月から緊急地震速報の情報提供を開始したが、これを受信する端末を全都立学校に設置。緊急地震速報時には校舎全域に放送を流し、児童・生徒の安全を確保する計画だ。

また、都立学校は災害時に徒歩で帰宅する人たちを支援する「帰宅支援ステーション」に位置づけられており、この機能を強化する。具体的には、都立学校に発電機や投光機、保存水など必要な物資を整備するとともに、教職員の訓練も行い、帰宅困難者が早期に帰宅できるための支援体制を整える計画である。

東京都は中央、江東両区と合同の総合防災訓練を31日、晴海、銀座、木場公園などの会場で展開する。今年の統一テーマは災害時の「即応力と連携」だが、今年も都立高校生がボランティアとして参加。土嚢づくりや炊き出し、搬送などでマンパワーを発揮する予定である。

西東京市の総合防災訓練には、都立田無工業高校の生徒も参加した

「キラリと光る企業を探そう」

中央図書館の就活セミナー

都立中央図書館は9月18日、就職活動セミナー「キラリと光る企業を探そう@図書館2008」を、都立日比谷図書館で開催する。ビジネス情報サービスの一環で、東京しごと財団と連携して取り組む。

中央図書館では「図書館でしか手に入らない秘密の情報が満載」とPRしている。

講師は、中小企業診断士・社会保険労務士で、東京しごとセンターの就職支援アドバイザーを務める小原伯夫氏。東京商工リサーチが収集した50万社の情報CD-ROMや帝国データバンクの「全国企業あれこれランキング」、会社四季報などの情報資料を使って、就職活動を進める方法について講義する。

セミナーの対象は、おおむね34歳までの人。参加費は無料で、募集人数は50人程度。申し込みは、☎03・3442・8451（内線1423）、受付時間は午前10時から午後8時まで。ホームページや来館でも申し込める。

学校を支える人材育成〈下〉

―検討委の最終報告―

自らを成長させる人材育成

検討委員会最終報告を受け、現在教育庁人事部では、これからの教員の人材育成の方向性を示す「東京都教員人材育成基本方針」、若手教員を学校内の日常の職務遂行を通して育成するための実践書である「OJTガイドライン」、管理職候補者から校長に至るまでの具体的な育成方法を示す「管理職等育成指針」の3点について、検討している。ここでは、教員人材育成基本方針策定に当たっての背景等基本認識とOJTガイドラインの狙いについて記載する。

■教員人材育成方針策定の背景

教員の人材育成の強化が求められる背景として次のことが挙げられる。

第一に、学校を取り巻く社会状況や子供の変化等を背景に、学校教育における課題が一層複雑・多様化していることである。学校現場においては、学力の向上、規範意識の醸成、地域との連携、保護者の要望・苦情への対応等に関して、今までの経験や方法では対応しきれない状況が生まれてきている。これからの教員には、今までの指導方法を見直し、工夫・改善していくことが求められるとともに、地域や保護者、関係機関等、外部と連携・協働する力の育成が必要である。更に、学校全体の組織的取り組みを強化していくことが大きな課題である。管理職には、地域の期待を把握し、地域と連携・協力して学校経営を行っていくことが求められる。

第二に大量退職・大量採用時代の到来である。

都公立学校教員の年齢分布によると、今後10年間、毎年2千人規模の退職者が出る見込みであり、それに伴い大量採用が継続する。経験豊かな教員が去り、経験の浅い若手教員が激増することから、若手のうちから組織の重要な役割を担わなければならない状況になることは確実である。多数の若手教員を計画的に育成すること、更に、若手教員を育成する側である主幹教諭や教育管理職をいかに育成していくかが大きな課題である。

■計画的な人材育成の必要性

これまでも、校内研修や集合研修など人材育成の機会は設けられていたが、個人の意欲や自己研鑽に基づくという考え方が根底にあり、教員個々の意識に委ねられている面が多く、意図的・計画的な人材育成という発想が弱かった。また、校長等管理職についても、人材育成が自己の重要な職務であるという意識や取り組みに差が大きく、校内の人材育成の状況は学校によって違いが見られる。

今後は、学校において、組織的に人材育成を行う体制を築くとともに、人材育成を意図的・計画的なものへ転換させる必要がある。

■今後の人材育成のあり方

初任者の段階から職層に応じた意図的・計画的な人材育成の仕組みを構築し、教員一人ひとりが経験や職層に応じた自らの役割や責任を自覚し、確実に職責を果たす力を身に着けることが重要である。

教員の人材育成は、「OFF-JT」「OJT」「自己啓発」の三つの手段が相まって効果的な育成が可能となる。管理職や先輩からの指導はもちろん、教員個人の自己啓発、教員同士の相互啓発が醸成され、互いに高め合う職場環境をつくることが大切である。日々の職務を通した人材育成であるOJTは、その結果が学校の課題解決に直接つながるものであり、学校における人材育成の基本となる。一方、若手教員の人材育成を図る研修や経験や職層ごとに求められる力に応じた研修等、集合研修（OFF-JT）の充実も求められる。OFF-JTとOJTの連携を図り、効果的な人材育成を図ることが必要である。

■OJTガイドライン

初任者から主幹教諭に至るまでに経験や職層に応じて身に着けるべき力を、学校内の日常の職務遂行を通して培っていくための方法や道筋を示すものが、OJTガイドラインである。

学校現場においては、既に様々なOJTが日常的に行われている。今回策定するガイドラインは、そのような具体例を校種別、育成段階別に整理して提示する。OJTとは、何か特別なことを新たに行うことではない。育成側と育成対象者側双方がOJTの意識を持って職務に当たることで、普段の職務遂行が効果的な人材育成の場に変わるのである。OJTガイドラインは、学校現場が負担を感じずに取り組むことができ、育成する教員に応じたOJTのヒントがすぐ得られるよう、わかりやすく具体例を記載し、なにより使いやすいものを目指して作成中である。

＝おわり

人権教育、生活指導の徹底を

都教委　知的障害者暴行事件で通知

青梅市内の中学生ら少年による知的障害者をねらった暴行・強盗事件を受け、都教育委員会は25日、区市町村教育委員会教育長と都立学校長に対し、人権教育の推進と生活指導の徹底を求めた通知文を提出した。

警視庁によると、今年1月中旬、市立中学3年生6人と少年2人の計8人が、知的障害のある男性（20）に因縁をつけて暴行し、現金約8万円を奪った。また、5月末には知的障害のある少年（15）を仲間の自宅に連れ込み、暴行を加えるなど7件の暴行、恐喝などが行われたとし、同庁は22日、中学生ら8人を逮捕した。

これを受け、都教委は「今回の事件を深刻に受け止め、再発防止に最善の努力をする」とし、区市町村の教育長と都立学校長に「人権教育の推進及び生活指導の徹底について」通知した。

通知文は①学校教育全体を通した人権教育の推進②生活指導の徹底――の2点を掲げ、人権教育の推進では児童・生徒の発達段階に応じて指導の徹底を図る必要があるとし、「偏見や差別のない社会の実現に向け、様々な人権課題についての正しい理解と認識を深め、特に障害者に対する偏見や差別意識の解消を図る」「正義感や公正さを重んじる心などの大切さについて理解させ、児童・生徒の規範意識を高めて、正しい判断のもとに行動できる能力や態度を育成する」ことなどを求めている。

また、生活指導の徹底については、問題行動の未然防止、早期解決を図ることを目指して、▽暴力によって他人の金品を奪うことは強盗という重大な犯罪であり、人間として絶対に許されないという認識を一人ひとりの児童・生徒に徹底して指導する▽校内はもとより校外での問題行動の情報に対しては、積極的に学校間や関係機関と連携し、早期対応、早期解決を図るよう努める――ことを要請している。

全国高校文化祭の優秀校が東京公演

30、31日国立劇場で

第19回全国高等学校総合文化祭に出場した中から選出された優秀校の東京公演「きずな　国立劇場の夏」が30、31日の2日間にわたって、国立劇場で開催される。

高校生の優れた文化活動の成果を広く一般の人たちに公開し、芸術文化の振興を図ることが目的。全国都道府県代表の高校生による芸術文化活動の発表の場として、全国高等学校総合文化祭が6～10日まで群馬県で開かれた。この全国大会に出場した学校の中で、特に優秀であるとの推薦を受けた学校を招き、東京公演を開催する。優秀校は、演劇が島根県立三刀屋高校、長野県岡谷南高校、青森県立青森中央高校、新島学園高校（群馬県）、日本音楽が兵庫県立北摂三田高校、神奈川学園高校、創価高校（東京都）、静岡県立修善寺工業高校、郷土芸能が大分県立由布高校、静岡県立修善寺工業高校、岩手県立北上翔南高校、熊本市立必由館高校。

オープニングでは、東京都高等学校文化連盟推薦校の日大豊山高校による朗読、明星学園高校による和太鼓と、新島学園高校（群馬県）によるハンドベルが行われる。また、特別出演として、東京都高等学校文化連盟推薦校の京華学園による演劇が予定されている。

「学び合える子の育成」

11月21日に研究発表会

港区立赤羽小

港区教育委員会の研究奨励校となっている港区立赤羽小学校（山越正秀校長）は11月21日、第1次の研究発表会を同校で開催する。

生活科や総合的な学習の時間、幼稚園との連携を通した「学び合える子の育成」が研究主題となっている。具体的には、「新しい教育課程を踏まえて」と題した生活科・総合的な学習の時間のカリキュラム、円滑な接続に向けての連携と交流、「学びの自立と共有」をテーマにした学び合える資質・能力を伸ばす指導、安心して思いを伝え、互いを認め合う指導などを工夫した研究発表が行われる。

また、「学びの連続性」をテーマに、幼稚園から小学校への発達段階に応じた指導の工夫についての研究も発表される予定。

当日は、幼稚園の公開保育、小学校全学級・特別支援学級・幼稚園の公開授業のあとに研究発表が行われ、その後、国立教育政策研究所統括研究官、帝京短期大学講師、聖心女子大学准教授によるシンポジウムが予定されている。

公開教員研修会開催

都立稔ヶ丘高

都立稔ヶ丘高校（坂井秀敏校長）は25、26の2日間にわたって、不登校生徒を支援するための公開教員研修会を同校視聴覚室で開催した。

同校は、不登校生徒の支援のため、教育相談の充実と人間関係を円滑にするための科目「コーピングリレーションタイム」を行っているが、同じ課題を抱える都立高校や教育関係者とともに考えることを目的に公開教員研修会を実施した。

研修会の両日、坂井校長が「本校の教育活動」の概要を説明したのち、25日には早稲田大学の菅野純氏が「学校での不登校生徒への支援の方法」について、26日には同大学の嶋田洋徳氏が「生徒の人間関係を育てる授業」についてそれぞれ講義した。

毎週金曜3面は　教育オンライン

教職員のキーワード 70

指導主事の任用

東京都教育委員会では、7月24日に、「教育管理職等の任用・育成あり方検討委員会最終報告」を公表しました。これに先立ち、昨年12月には、第1次報告として「これからの教育管理職・指導主事の選考・育成制度について」を公表しています。

検討委員会は、教育管理職の大量退職の時期を控え、今後の教育管理職の育成などを検討していくことを主たる目的としていますが、指導主事の任用や育成についても検討が行われました。

法令では、地教行法第19条の第3項に、「指導主事は上司の命を受け、学校における教育課程、学習指導その他学校教育に関する専門的事項の指導に関する事務に従事する」とその職務内容が定められています。そして、その任用については同条第4項に、「指導主事は、教育に関し識見を有し、かつ、学校における教育課程、学習指導その他学校教育に関する専門的事項について教養と経験がある者でなければならない。指導主事は、大学以外の公立学校の教員をもって充てることができる」と定められています。

東京都では、2000年度に教育管理職任用制度について大きな見直しを行いました。それ以前には、指導主事選考と教頭選考が別々に行われていましたが、これを教育管理職選考に一本化しました。そして、A選考合格者については、5年間の管理職候補者期間及び管理職任用後に、行政職場と学校間でのジョブ・ローテーションを積極的に行い、能力開発を行うとともに、その適性に応じて、行政管理職または学校管理職に育成することとしました。

これにより、2000年度からは、A選考に合格した「12A」から、5年間に、学校の基幹要員（主幹制度の導入後は主幹）や指導主事としてジョブ・ローテーションが行われるようになりました。

従前の指導主事選考では、校種や専門教科・領域（例えば「小学校・国語」）ごとに選考が行われていましたが、A選考のジョブ・ローテーションでは、教科・領域の専門性が明確でない場合も生じました。

さらに、A選考そのものの倍率が、2000年度に7・8倍であったのが07年度には1・4倍まで低下しました。受験の有資格者のうち受験する者の割合も、5・6%から1・3%へと大きく低下しました。

昨年末に出された第1次報告では、A選考合格者は原則として指導主事に任用することを明確にし、指導主事として力量を発揮したいという明確な意思をもつ人材から選抜すること、選考において教科等に関する専門的能力の検証を行うこと、B選考合格者からも学校経営支援主事や指導主事に任用を行うこと、等が提言されました。

2008年度実施の選考からは、こうした提言を踏まえて、A選考では、受験資格年齢の引き下げ、選考における推薦制度の導入、指導主事任用の明確化と継続的任用の原則化などの見直しが行われています。

8月31日 都と中央区・江東区が合同で防災訓練

今年度の東京都総合防災訓練は、中央区及び江東区と合同で実施します。訓練日時は、防災の日の前日にあたる2008年8月31日（日曜日）の概ね午前9時から正午までの時間帯を予定しています。なお、訓練時間は、会場により異なります。訓練の目的は、首都直下地震の発生直後を想定し、東京都、中央区、江東区及び各防災機関、さらに地域の住民の方々が参加して救出救助等の訓練を実施することで、地域における自主防災能力及び隣接区との相互連携を充実させるとともに、これを支援する東京都及び各防災機関の即応力と連携の強化により、災害対応力の向上を図ることにあります。また、この訓練では、首都圏の八都県市間の広域的な連携訓練もあわせて実施します。

「即応力」と「連携」を訓練
八都県市間の広域連携も

訓練実施計画の概要

訓練のテーマ

今回の訓練のテーマは、地震発生直後における「即応力」と「連携」です。

「即応力」については、地震発生後、被災地に警察、消防、自衛隊などの救出救助部隊が迅速に駆けつけられるようにするため、連絡方法、移動手段や受入場所などをあらかじめ定めておき、訓練で確認しておくことが重要となります。

また、「連携」については、震災時における自治体や防災機関の応急対応と地域の住民の自助・共助による自主的な防災活動との連携による訓練を行うことで、被害を大きく軽減させることが期待できます。

この二つのテーマの下で、次の項目を検証・確認します。

①地域住民の自主的な防災活動と自治体や防災機関の応急活動との連携

②被災情報に基づく自治体や防災機関の迅速な応急対策

③自治体間（中央区及び江東区）の相互支援

④要介護高齢者や障害者、外国人等の災害時要援護者に対する避難誘導や的確な情報提供

⑤地下鉄、船舶、航空機等による陸路・水路・空路を活用した救援部隊の進出

⑥他県、在日米軍及び海外都市からの広域支援の受け入れ

⑦八都県市間の相互支援

被害想定

訓練における被害想定は次のとおりです。

2008年8月31日（日）午前9時頃、東京湾北部を震源として、マグニチュード7・3の強い地震が発生し、区部東部の広い範囲で震度6強を記録した。

特に中央区及び江東区の被害は深刻であり、建物倒壊、火災の発生、エレベーター閉じ込めの発生など住宅、商業施設等の大きな被害、道路や鉄道などの交通網の寸断、電気、通信、水道、ガス供給等のライフラインの遮断等が発生した。

東京都では、直ちに災害対策要員が都庁防災センター等に参集し、災害対策本部を設置し、初動対応を開始した。

一方、中央区と江東区では地震発生後、直ちに災害対策要員が区役所及び区内の拠点に参集し、それぞれ災害対策本部を立ち上げ、被害状況の情報収集を開始した。

都知事は、区部東部の被害が甚大であると判断し、自衛隊に派遣を要請した。

午前11時、東京都災害対策本部を開催し、これまでの情報を共有するとともに、今後の対策を検討した。

訓練会場及び主な訓練

各会場の主な訓練内容は、次のとおりです。なお、雨天でも訓練は実施しますが、訓練内容が変更となる場合があります。

1 晴海会場

海上保安庁の巡視船が持つ医療設備を活用し、東京DMATなどが負傷者の搬送・応急処置などの医療救護を実施。

アジア大都市ネットワーク21の会員都市であるソウル特別市、台北市の救援隊が東京消防庁レスキュー隊と連携して倒壊家屋からの救出救助を実施。

晴海会場に隣接する中央清掃工場に広域救援部隊が集結後、救出救助を実施。

そのほか、防災機関が連携した大規模災害医療救護、ヘリによる医療搬送、道路障害物の除去、ヘリによる水難救助、高層ビルからのヘリによる救出救助、炊き出しによる応急給食、応急給水、ライフライン復旧、避難所の開設・運営、災害時要援護者への支援、八都県市支援物資の集積・配分、各種展示・体験などを実施。

東京都災害対策本部室

2 銀座会場

自衛隊と東京メトロが連携した地下鉄構内からの救出救助、警視庁及び東京消防庁による高層建物からの救出救助を実施。

自衛隊救急車及び都バスによる負傷者の聖路加病院への輸送と医療連携を実施。

地元の銀座震災対策委員会・消防団などによる初期消火、救出救助、外出者・帰宅困難者の避難誘導、救護所の設置運営を実施。

そのほか、警視庁の騎馬隊による災害時交通整理、事業所による職員避難、帰宅困難者の徒歩帰宅、展示体験などを実施。

3 木場公園会場

緊急輸送道路、荒川及び地下鉄大江戸線を使った自衛隊の救援部隊の進出、及び被災地への転進を実施。

東京消防庁及び自衛隊による倒壊家屋からの救出救助、警視庁による被災車両からの救出救助を実施。

東京消防庁、地元消防団などによる避難地確保のための一斉放水を実施。

木場公園会場に隣接する深川北スポーツセンターで、警視庁・地元医師会などによる検視・検案・身元確認を実施。

そのほか、避難所開設・運営、災害時要援護者の支援、道路障害物除去、ヘリによる医療搬送、炊き出しによる応急給食、応急給水、ライフライン復旧、ボランティアセンターの設置・運営、被災者収容、夜間避難所運営、八都県市支援物資集積・配分、各種展示・体験などを実施。

4 亀戸駅周辺会場

エレベーター閉じ込めからの救出、応急給水、帰宅困難者の支援、帰宅困難者の徒歩帰宅、展示体験などを実施。

5 羽田空港会場

空自機が輸送する静岡県からの広域救援部隊の受け入れ、被災地へのヘリによる輸送を実施。

6 横田基地会場

空自機が輸送する宮城県からの広域救援部隊の受け入れ、基地周辺5市からの支援物資の受け入れ、被災地へのヘリによる輸送を実施。

7 赤坂プレスセンター会場

ヘリによる医療搬送を実施。

8 臨海部会場

海上保安庁、自衛隊、在日米軍の船舶により、銀座などで被災した近隣県民の帰宅困難者の輸送を実施。

東京都・中央区・江東区合同総合訓練のイメージ

木場公園会場
○河川、大江戸線等を使った自衛隊の部隊進出
○自衛隊・警視庁・東消による救出救助
○ヘリを使った医療搬送
○東消・消防団・自主防災組織による消火活動
○警視庁・医師会が連携した検視・検案・身元確認

亀戸駅周辺会場
○エレベータ閉じ込めからの救出

横田基地会場
○広域救援部隊の空自機による輸送
○ヘリによる被災地への転進
○支援物資のヘリ輸送

銀座会場
○自衛隊・東消・東京メトロによる救出救助
○陸自救急車・都バス等による医療搬送
○地元商店街等による消火、救助、帰宅困難者支援

赤坂プレスセンター会場
○ヘリを使った医療搬送

晴海会場
○ソウル特別市、台北市の救援隊と東消レスキュー隊とが連携した救出救助
○ヘリを使った広域医療搬送
○海保巡視船を活用した東京DMAT等による医療救護
○清掃工場を救援部隊の集結拠点として活用

羽田空港会場
○広域救援部隊の空自機による輸送
○ヘリによる被災地への転進

臨海部会場
○海自船・海保船・米艦船による帰宅困難者輸送

横田基地　赤坂プレスセンター　銀座　木場公園　亀戸駅周辺　晴海　臨海部　羽田空港

より現実に近い訓練を

東京都危機管理監　島田幸太郎

今年5月に、中国で四川大地震が発生し、死者・行方不明者は8万人以上にものぼりました。

また、日本でも6月に、岩手・宮城内陸地震が発生して、大きな被害があったことは記憶に新しいところです。

東京のある南関東では、およそ200年ごとに海溝型の大地震に見舞われていますが、その間を見ると、静穏な時期が続いた後に直下地震が頻発する活動期に移る傾向があるといわれています。1923年に海溝型の関東大震災が発生してから、80年以上経過し、すでに活動期に入っている可能性もあります。

政府の地震調査委員会の推定では、南関東での直下型地震の発生確率は今後30年間で70パーセントと非常に高いものとなっており、いつ東京が直下地震に襲われてもおかしくありません。

天災である地震は、避けることができず非常に恐ろしいものですが、普段から準備をしておけば、その損害を最小限に止めることはできます。

都では、昨年、地域防災計画を見直し、想定される地震による死者の半減や避難者の減などの減災目標を定め、10年以内に達成することとしました。

そして、この目標を着実に達成するため、震災対策の年次計画を策定し、建物の耐震化や初動体制の整備などに取り組んでいるところです。

地震への備えとして、大きな力となるものは「訓練」です。

これまで毎年9月1日の防災の日に総合防災訓練を実施してきましたが、今年度は、夏休みの最後の日曜日である8月31日に、中央区及び江東区と合同で実施します。

これは、都心に観光客や買い物客が集まっている状況を想定し、多くの都民の方々にも参加していただいて、実践的な訓練を展開することを狙ったものです。

今回の訓練の特徴のひとつは、地震発生直後の即応力を実動で検証することです。

自衛隊などの救援部隊が船舶、地下鉄、航空機など様々な手段で被災地に進出して救出救助活動を行うなど、より現実に近い形で訓練を行います。

そのほかにも、帰宅困難者の輸送やエレベーター閉じ込めからの救出といった都市型災害への対応や、海外からソウル特別市と台北市の救助隊が参加した救出救助など、各防災機関が特色のある訓練を展開します。

これを機会として、都民の皆様も、自助または共助として、自宅の地震対策の点検や、地元の防災訓練への参加などに取り組んでいただければ、幸いです。

東京都地域防災計画（震災編）「減災目標」の達成のための対策と実施計画

減災目標を初めて設定

防災訓練の成果も反映

地域防災計画（震災編）の見直し

2008年5月12日に中国の四川省でマグニチュード7・9の地震が発生し、6万人以上の死者が出るなど、大きな被害をもたらした。日本国内でも6月14日に発生したマグニチュード7・2の「岩手・宮城内陸地震」で、11名の死者を出した。関東大震災（1923年、マグニチュード7・9）をはじめ、我が国は1995年の阪神・淡路大震災等の数多くの大地震に襲われてきた。

首都東京を含む南関東では、今後30年間以内に、マグニチュード7クラスの大地震が発生する確率は70%といわれていることから、早急に取り組みを進める必要がある。

06年5月に新たな首都直下地震の被害想定を公表したこと、04年の新潟県中越地震や05年の千葉県北西部地震など最近の地震から得た教訓等を踏まえ、都は、07年5月に東京都地域防災計画の抜本的な見直しを行った。

（1）計画の特徴

地域防災計画の特徴は次の4点である。

ア　減災目標を初めて設定

イ　都市型災害対策を強化

○　エレベーターの閉じ込め防止機能の向上を図るとともに、救出体制や早期復旧体制を構築する。

○　ターミナル駅の混乱防止対策の推進、帰宅支援、鉄道の早期回復などにより、外出者対策を強化する。

ウ　訓練の成果を反映

エ　マスタープランからマニュアルへ

（2）減災目標の設定

地域防災計画において、3つの減災目標を設定し、10年以内（2015年度）の達成を目指す。それぞれの目標と主な対策は、以下のとおりである。

【目標1　死者の半減】

［目標1―1　住宅の倒壊による死者の半減］

東京湾北部地震M7・3、朝5時のケースで、住宅倒壊や家具類の転倒を原因とする死者を半減する（約3千人⇒約1500人）。

＜目標を達成するための主な対策＞

ア　建物の耐震化

イ　家具類の転倒防止対策の推進

ウ　救出・救護体制の強化

［目標1―2　火災による死者の半減］

東京湾北部地震M7・3、夕方6時、風速15m／sのケースで、火災による死者を半減する（約3500人⇒約1700人）。

＜目標を達成するための主な対策＞

ア　木造住宅密集地域の不燃化

イ　消防力の充実・強化

ウ　都民や事業所の火災対応力の強化

エ　救出・救護体制の強化

【目標2　避難者の減】

［目標2―1　住宅の倒壊や火災による避難者を3割減］

東京湾北部地震M7・3、夕方6時のケースで、住宅倒壊や火災による避難者を3割減する（約300万人⇒約210万人）。

＜目標を達成するための主な対策＞

ア　建物の耐震化

イ　木造住宅密集地域の不燃化

ウ　消防力の充実・強化

エ　都民や事業所の火災対応力の強化

［目標2―2　ライフライン被害等による避難者を7日以内に帰宅］

東京湾北部地震M7・3、夕方6時のケースで、ライフライン被害等による避難者を7日以内に帰宅できるようにする（約100万人⇒解消）。

＜目標を達成するための主な対策＞

ア　応急危険度判定の迅速化

イ　ライフラインの早期復旧

ウ　エレベーターの早期復旧

【目標3　外出者の早期帰宅】

外出者を4日以内に帰宅

東京湾北部地震M7・3、夕方6時のケースで、外出者を4日以内に帰宅できるようにする（約144万人⇒解消）。

＜目標を達成するための主な対策＞

ア　ターミナル駅混乱防止対策の推進

イ　帰宅支援の強化

ウ　鉄道の早期復旧

※「減災目標」とは

被害想定をもとにして、人的被害や経済被害の軽減について達成時期を定めた具体的な被害軽減量を示す数値目標である。想定される被害が甚大かつ深刻である大規模地震について、効果的かつ効率的に被害軽減策を講じるため、具体的な被害軽減量を数値目標として定め、効果的な対策を選択し、戦略的に集中して推進していく。

災害時には、徒歩帰宅する皆様を支援します。

災害時帰宅支援　ステーション

During a natural disaster, we will assist those who have to walk home.

震災対策事業計画による推進

都は、10年以内の減災目標の達成に向けた2010年度までの3年間の取り組みを中心として、都が実施する震災対策に関する事業を計画化した「東京都震災対策事業計画」を、08年3月に策定した。

本計画は、東京都震災対策条例（平成12年東京都条例第202号）に基づく計画であり、首都直下地震による被害の軽減を目指し、震災に強い東京を実現することを目的としている。

（1）計画策定の基本方針

計画の策定に当たっては、次の3点を基本方針とした。

ア　東京都地域防災計画で定めた減災目標を達成するための事業については、10年以内に目標を達成することを見据え、3年後の目標を設定した。

イ　「10年後の東京」への実行プログラム事業との整合性を図った。

ウ　事業内容を分かりやすく表記し、事業ごとに実施による効果を明記した。

（2）計画事業数及び事業費

計画事業は186事業4971億2300万円。うち減災目標関連事業は133事業4581億4500万円である。なお、減災目標関連事業の体系は（別表＝7面）のとおりである。

（3）効果

減災目標関連事業が計画どおりに実施された場合には、3年間で減災目標について以下のような効果が見込まれる。

【目標1　死者の半減】

［目標1―1　住宅の倒壊による死者の半減］

＜事業達成による効果見込み＞

住宅の倒壊による死者を約20%減少する（目標の約4割を達成）

［目標1―2　火災による死者の半減］

＜事業達成による効果見込み＞

火災による死者を約20%減少する（目標の約4割を達成）

【目標2　避難者の減】

［目標2―1　住宅の倒壊や火災による避難者を3割減］

＜事業達成による効果見込み＞

住宅の倒壊や火災による避難者を約12%減少する（目標の約4割を達成）

［目標2―2　ライフライン被害等による避難者を7日以内に帰宅］

＜事業達成による効果見込み＞

ライフライン被害等による避難者を7日以内に帰宅可能とする

【目標3　外出者の早期帰宅】

外出者を4日以内に帰宅

＜事業達成による効果見込み＞

駅周辺混乱防止対策協議会の設置や帰宅支援ステーションの充実、現地機動班の配置など帰宅支援体制の整備が進む

減災目標達成への具体的な取り組み

震災対策事業計画では、減災目標達成のため133事業を計画しているが、ここでは、そのうち3事業を紹介する。

【目標1　死者の半減】

「建物の耐震化」

ア　住宅の耐震化

10年以内の目標は、76%（05年度末）の都内の住宅の耐震化率を90%にすることであり、10年度末では82%を目指している。

そのため

○　ローラー作戦の展開

○　木造住宅のための安価で信頼できる耐震改修工事・装置の普及

○　耐震化助成事業の実施

○　耐震シェルター等設置の支援

○　マンション耐震化助成の実施等

を行う。

これにより

○　積極的に普及啓発活動に取り組む区市町村に対して都が支援し、取り組みを加速・拡大することで建物の耐震化を強力に促進する。

○　耐震改修工法・装置の普及により、建物所有者の選択肢が広がるとともに、中小事業者の技術力を支援する。

○　区市町村との連携した助成制度が普及することにより、木造住宅の耐震化、分譲マンションの耐震化が加速する。

イ　緊急輸送道路沿いの建築物の耐震化

緊急輸送道路とは、防災拠点相互間や他県とを連絡し、震災時の避難や救急・消火活動、緊急物資輸送の大動脈となる幹線道路である。震災による被害を最小にし、早期復旧を果たすためには、緊急輸送道路の沿の建物の耐震化することが重要となっている。

都内の緊急輸送道路は総延長約2千㌔にも及び、その沿道で地震時に倒壊し道路を塞ぐ恐れのある建物は約1万棟と推計される。

10年以内の目標は、緊急輸送道路沿道の建築物を100%耐震化することであり、このため、07年度は、第一京浜など、3路線を対象に耐震化費用の助成等を実施した。08年度からは、対象を全路線に拡大するとともに、区市町村と連携して所有者への働きかけや支援を強化し、3カ年で対象となる建物の3分の1の耐震診断を完了する。

そのため

○　地震発生時に閉塞を防ぐべき道路の指定・支援等を拡大

○　ビルやマンションの耐震改修事例の情報提供

○　区市町村・関係団体と連携した普及啓発

を行う。

これにより

○　緊急輸送道路沿道の建築物の耐震化が進むことにより、地震発生時に倒壊し閉塞するおそれのある建築物が減少し、避難・救急活動や緊急物資輸送ルートが確保され、迅速な応急活動ができる。

○　避難ルートが確保されることにより、被災者の安全な帰宅が可能となる。

ウ　防災上重要な公共建築物の耐震化

10年以内の目標は、都が所有する防災上重要な公共建築物の耐震化を完了することであり、震災時の拠点となる消防署や警察署、都立学校、都立病院など、防災上特に重要な都立建築物は2010年度までに耐震化を完了させる。公立小中学校など、防災上重要な区市町村立建物については、耐震診断実施状況の公表や耐震化整備プログラムの作成を行うよう働きかけるとともに、建物の耐震率を85%に引き上げる。

私立学校や民間病院については、助成制度の拡充などにより、耐震化を加速させ、百貨店、ホテル、劇場など不特定多数の人が利用する民間建築物については、区市と連携して、建物所有者に対する指導・助言等を行い3カ年で大規模な百貨店・ホテル・劇場等の耐震診断の完了を目指す。

そのため

○　「耐震化整備プログラム」の作成にあたっては、建替え予定等を除き、08年度末までに耐震診断を実施するとともに、避難所となる学校や応急救護の拠点となる病院など防災上特に需要な公共建築物は10年度に耐震化を完了する。

○　その他の防災上重要な公共建築物については15年度末までに耐震化を完了する。

○　07年度に東京都が所有する防災上重要な公共建築物について、現在の耐震性の状況を「耐震性に係るリスト」として作成・公表するとともに、耐震化が必要な建築物の耐震化目標を示した「耐震化整備プログラム」を作成・公表した。

これにより

○　災害時に震災対策指示や応急復旧を行うなど防災上重要な建築物の耐震化が完了する。

○　都は率先して計画的な耐震化を実施することにより、民間・区市町村の耐震化推進のムーブメントを醸成する。

【目標2　避難者の減】

「総合的なエレベーター対策の推進」

05年7月の千葉県北西部地震では、都内で13年ぶりに震度5強を観測して、都内で42台のエレベーターで閉じ込めが発生した。

また、06年の「首都直下地震の被害想定」では東京湾北部マグニチュード7・3で約9200台のエレベーターの閉じ込めが発生すると想定されている。

そのため、エレベーターに閉じ込められた人を迅速に救出するとともに、閉じ込めが発生しないよう予防策を講じる必要がある。

また、エレベーターは、現在の高層ビルやマンションなどにおいて、縦動線として必要不可欠である。マンションなどのエレベーターの早期復旧のため、エレベーターの停止により避難をしている方について、避難住民の減少や避難期間の短縮を図る必要がある。

エレベーターの閉じ込め防止の予防には、①リスタート機能②停電時自動着床装置③P波感知型地震時管制運転装置を付加していくことが有効であるため、震災時にけが人を等を収容する都立病院、災害時要援護者を収容する福祉施設、救出救助の拠点となる警察署や消防署、多数の人が利用する大規模集客施設について、優先的に設置して、安全性を高める。

救出体制の強化のためには、①エレベーター保守会社への連絡体制の強化②緊急通行証の交付③常駐しているビルメンテ業者等の対応強化を行う。

また、エレベーターの早期復旧によって、災害時のライフライン被害等による避難者を7日以内に帰宅させるという減災目標達成のために、施設管理者や利用者の理解を得て、「1ビル1台」の復旧ルールの徹底を図る。

【目標3　外出者の早期帰宅】「駅前滞留者対策事業」

大地震が発生した場合、交通機関の停止により、ターミナル駅周辺は多くの滞留者で混乱するおそれがある。発災直後は、行政機関は被災者の救命救助を第一に活動するので、駅前の滞留者に対する支援には限界がある。

このため、ターミナル駅のある区市と共同して、駅周辺の事業者からなる協議会を立ち上げ、協議会を中心とした避難誘導訓練等を行ない、情報提供、一時収容施設確保等、混乱を発生させない避難誘導方法を検証し、地域の特性に応じた駅前滞留者対策を講じる。

10年以内の目標は、駅周辺における滞留者の混乱を防止し、駅前滞留者の避難・誘導体制を整備する。

3年後の目標は、8カ所のターミナル駅に事業者を主体とした協議会を設置し、協議会を中心とした訓練を行い、情報提供、一時収容施設確保等、混乱を発生させない避難誘導方法を検証し、地域の特性に応じた駅前滞留者対策を講じる。

07年度は、モデル事業として、北千住駅では約1200名、新宿駅では約2100名が参加して、避難誘導訓練や災害情報受信訓練、帰宅支援訓練を行った。

08年度は品川駅、池袋駅において、訓練を行なう予定である。また、各駅ごとの協議会、警視庁、東京消防庁、事業者団体等を構成員として設置する連絡会を通じ、各地域に共通する課題の検証や地域相互間の情報交換等を実施することにより、地域間相互の取り組みのレベルアップを図る。

（減災目標と減災目標関連事業133事業一覧は7面に掲載）

防災の日を前に

東京の主要団体が決意新たな防災メッセージ

指定地方公共機関の使命を果たす

東京都医師会長　鈴木聰男

災害時の医療救護活動は、都民の生命と身体を守る要となる重要なものです。今年も6月、7月に連続して震度6を観測する大規模な地震が発生して、大きな被害をもたらしました。東京都においても「いつ」大規模地震が起こるか分かりません。さらに近年は、無差別通り魔事件の発生もあり、大規模災害や国内でのテロの発生に機敏に対応する体制の強化が求められております。

東京都医師会では、これまで防災訓練等を通じて各機関が積み重ねてきたノウハウを存分に発揮し、専門的見地からの対応や最新機器を使用した医療救護訓練を実施してきました。本年度も「東京都総合防災訓練」に指定地方公共機関として医療救護班を編成し訓練に積極的に参加します。

災害はいつ起こるかわかりません。平時の備えが重要であり、ひとごとではなく切実なものとして、できる備えをしておくことが大切です。

東京都医師会は、今後とも東京都の災害医療体制に積極的に協力し「災害時に一人でも多くの都民を救う」を合言葉に、地区医師会及び各関係機関との連携の下に一丸となって指定地方公共機関としての使命を果たしてまいります。

マンション耐震で協議会設立

東京建設業協会会長　山田恒太郎

近年、毎年のように大きな自然災害が発生しています。本年も大地震や集中豪雨など、国内外において相次いで自然災害が発生し、毎日の安全な暮らしが脅かされています。このような自然災害の恐ろしさを目の当たりにし、「まちづくり」の一端を担う建設業の責務の重大さを改めて実感することとなり、私たちが長年にわたり培ってきた「技術」と「ノウハウ」を駆使して、都民の安全・安心な暮らしを支えていかなければならないと強く思っています。

当協会では、「災害に強いまちづくり」への取り組みの一環として、今年3月に東京都ほか8団体とともに東京都マンション耐震化促進協議会を設立、TOKEN耐震相談窓口を開設して、マンション耐震改修の設計および工事に関する様々なご相談に対応しています。また、来る9月28日から3日間にわたり、新宿駅西口広場イベントコーナーで「都市環境への取り組み」と「安全・安心なまちづくり」をテーマに『建設技術展示会2008』を開催致します。

この展示会では、「災害に強いまちづくり」に資する建設技術等をご紹介し、都民の皆様の防災意識の向上や建設業への理解の促進に努めていきたいと考えておりますので、この機会に、是非多くの皆様にご来場頂きたいと思います。

250万組合員と都民のくらしを守る

東京都生活協同組合連合会会長理事　名和三次保

当会には87の生活協同組合が加入し、250万人の組合員が地域で生活しています。

予測される首都直下地震に対し東京の生協は、96年、当会と東京都が締結した「災害時における応急生活物資供給等に関する基本協定」履行のため、都が毎年実施する総合防災訓練への参加や、災害対策書の整備、対策書を検証するため東京都や中野区の後援を受け図上演習を実施、組合員に対しては「防災まちあるき」をはじめ、防災や減災に関する研修に取り組んでいます。

また、05年の三宅島帰島支援事業終了後も、三宅島物産の組合員への供給、会員生協による三宅島での職員研修等、継続した支援に取り組んでいます。

今年で8期目となる東京都生協連災害ボランティア・リーダー養成講座の充実と、講座修了者で構成するコープ災害ボランティアネットワークは250名を超える組織となりました。

首都直下地震に対し東京の生協は、東京都をはじめとする八都県市及び日本生協連、首都圏の生協と連携、協同の力を蓄え、地域社会への責任を果すべく、その取り組みを強めていきます。

災害時にはトラック輸送に出動

東京都トラック協会会長　星野良三

東京都トラック協会は、都内のトラック運送事業者約4千社の団体として、社会との共生を図り、健全な業界発展のため様々な活動をしています。

緑ナンバーの営業用トラックは、全国の自動車約7900万台（08年4月末）のうち、僅か1・4%ですが、生活や産業を支える国内貨物運送の大半を担っています。

災害対策では、当協会は防災機関として都に指定され、都や東京消防庁と出動に備えた契約をしており、緑ナンバーの営業用トラックが、地震等の災害直後から必要となる医薬品・消火資機材の緊急輸送、食料品・飲料水・毛布等の救助物資輸送にあたります。そのため、訓練を重ね、情報連絡体制を整備し、緊急輸送センターも設置して出動に備えており、阪神・淡路大震災や新潟県中越地震、新潟県中越沖地震等にも出動しております。

今後も期待に応えられるよう努めてまいります。

港運関係団体が一丸で災対活動

東京港運協会会長　鶴岡元秀

今年に入り中国四川省そして我が国東北地方と立て続けに大地震が起こっています。中国での例を見るにつけ、震災時には救援物資の迅速な輸送が何よりも重要です。その意味で地震列島日本では港湾の果たす役割はまことに大きなものがあります。

東京で震度6弱以上の地震が発生した場合、当協会は直ちに災害対策本部を立ち上げることとしております。この災対本部は東京港港湾運送事業協同組合及び㈶東京港湾福利厚生協会と合同で設置することとしており、三者の間ですでに「防災対策に関する覚書」を締結しています。東京港の港運三団体が結束して災害対策に当たることにより、東京都との間で確実な協力関係を構築するとともに、緊急物資などの港湾荷役体制を迅速に整えることができます。

地震が夜間休日に発生した場合、荷役作業に必要な人員をいかに確保するかが問題となりますが、福利厚生協会では震災時港湾荷役要員確保の機能を有する福利厚生センター（仮称）の整備を進めています。このように東京港では港運関係団体が一丸となって機動的に災対活動を進めてまいります。

応急住宅の迅速な提供

東京都宅地建物取引業協会会長　池田行雄

道路啓開訓練の模様

6月14日に発生した最大で震度6強の岩手・宮城内陸地震においては、被災された住民が避難先での狭く、プライバシーも十分確保されない不便な生活を余儀なくされましたが、避難所での生活が長期になるにつれ、ストレスなどでエコノミー症候群を発症するなど高齢者を中心として体調を崩す被災者が見られたとのことです。こうしたことから、被災者への対策としては応急住宅の確保が緊急かつ最も重要であると考えます。

東京においても近年関東大震災クラスの大規模地震の発生が予想されておりますが、今回の岩手・宮城内陸地震と同規模の直下型地震が大都市東京で発生した場合、被災者の数は比較にならないほど多いと思われます。

本会では震災時における応急住宅としての民間賃貸住宅の情報提供や住宅提供について、東京都と締結した「震災時における民間賃貸住宅の提供に関する協定」及び「震災時における民間賃貸住宅の提供に関する覚書」に基づき、東京都に協力する本会の登録会員約9千社による協力体制を整えております。今後更なる協力体制の強化を図り、発災時には被災者に迅速に応急住宅を提供する、震災対策の重要な役割を担ってまいります。

新たな危機管理も視野に

東京電力㈱総務部防災グループマネージャー　今井康友

東京電力では、地震や風水害などの大規模自然災害時に、効率的で迅速な復旧対応が図れるよう、日常からの資機材・要員等の準備や、各種訓練を通じて臨機応変な対応が図れるよう体制の整備を進めています。

地震のほかにも、最近では、社会的に「新型インフルエンザ」が大きく取り上げられており、いつ大流行が発生してもおかしくないとの警告も発せられています。新型インフルエンザは、人類が免疫を持たない全く新しいインフルエンザで、ひとたび発生すると全世界で大流行し、政府の想定では、全人口の25%に当たる3200万人が感染、死者数も17～64万人に上るとされており、これは首都直下型地震の被害想定死者数1万1千人と比べても、いかに甚大な被害であるかご理解いただけると思います。

当社では、いかなる非常事態においても安定して電力を供給するために、昨年4月に行動計画を策定・公表し、現在も、本年7月末の「事業者・職場におけるインフルエンザ対策ガイドライン（改定案）」に示される、従業員40%程度の欠勤を視野に入れた事前準備も進めています。引き続き、より具体的な行動計画とするために、大規模地震時の対応策と同様、国・地方自治体やライフライン企業等と協同での体制整備を図っていきたいと考えています。

事業継続と二次災害防止に取り組む

東京ガス㈱防災・供給部長　坂口央一

東京ガスではお客さまの生活や経済・社会への影響を最小限に留めるよう、予防、緊急、復旧の三本柱で地震防災対策を推進しています。

予防対策では都市ガスの製造・供給に関わる主要設備は大地震に耐えられる強固なものにしており、中圧・高圧のお客さまには基本的に供給を継続できるよう対策を進めております。

緊急対策では二次災害防止のため被害の大きい地域の供給を停止する一方、被害の小さい地域にはガス供給を継続します。このため、ご家庭のガスメーターは震度5程度で、地域の供給施設は震度6程度で自動的にガスを遮断する仕組みを導入しているほか、首都圏の供給区域内の約4千カ所に設置した地震計で地震を常時監視し、被害の大きい地域を平均10万軒程度の地域ブロック単位に遠隔操作で停止できる地震防災システム「SUPREME」を開発・運用しています。

復旧対策では供給停止した地域を一日も早く復旧するため、全国のガス事業者間で相互応援体制を構築するとともに、社会的優先度の高い病院等へ臨時供給できる設備も準備しています。また、復旧要員となる社員等が被災しないよう自宅等で防災対策を実施することを促しています。

今後も「明日来るかもしれない」心構えで地震防災対策を進めてまいります。

広範な社会インフラの充実に貢献

NTTインフラネット㈱事業開発本部部長　山本隆宣

去る6月14日に発生した岩手・宮城内陸地震にて被害に遭われた方々に心よりお見舞い申し上げますとともに、被災地域の早期復旧を祈念いたします。

NTT東日本グループにおいては、同日9時過ぎには「災害用伝言ダイヤル（171）」及び「災害用ブロードバンド伝言板（Web171）」を運用開始するとともに、避難所等の必要地区に衛星携帯電話、特設公衆電話の配備等により連絡・通信手段の応急確保に努めました。また、NTTグループ地下設備の構築・運営を担う弊社（NTTインフラネット㈱）においても、関係機関と連携しつつ被災地区の設備点検調査、補修に向け鋭意取り組んでいるところです。

弊社では、各道路管理者等と連携しつつ通信トンネル（とう道）、管路・マンホールなどの通信基盤設備について、日常の管理点検における構造物本体、各種監視機器の健全性確保、必要に応じた耐震性・防水機能向上対策の実施、加えて、「10年後の東京」実行プログラムに基づく架空設備の地下配線化により情報通信ネットワークの信頼性向上に努めております。

また、光ファイバーをセンサーとして用いた構造物変位監視システム、アラミド繊維を用いた柱状物補強技術、各種非開削・非破壊探索機器による地下埋設物点検・データベース管理システム（ガイアクルーズAI）の開発実用化など、NTT設備に限らず、広範な社会インフラの充実、高度化への貢献に寄与したいと考えています。

民間諸団体も震災に備える

東京都(各局)とそれぞれの機能を活かし防災協定を結ぶ

東京都（各局）と防災協定締結団体（報道・自治体・公共機関は除く）

〈災害時の応急対策〉東京建設業協会・日本道路建設業協会・東京都中小建設業協会ほか3団体とプレハブ建築協会
〈災害時の徒歩帰宅者支援〉東京都石油業組合
〈災害時の帰宅困難者支援〉㈱エーエム・ピーエム・ジャパンほか16社
〈災害時の容器入飲料の調達〉全国清涼飲料工業会
〈復興まちづくりの支援〉東京弁護士会ほか13団体
〈アマチュア無線による災害時情報収集〉日本アマチュア無線連盟
〈災害時の普通貨物四輪駆動車の優先供給〉㈱トヨタレンタリース東京ほか3社
〈災害時の応急対策用天幕等の確保〉ティ・エス・ピー太陽㈱
〈災害時の応急生活物資供給等〉東京都生活協同組合連合会
〈災害時のボランティア支援〉東京都社会福祉協議会
〈震災時の民間賃貸住宅の提供〉東京都宅地建物取引業協会、東京共同住宅協会、全日本不動産協会東京都本部
〈災害時の食料品の調達〉日本即席食品工業協会
〈災害救助とその応援〉日本赤十字社東京都支部
〈災害時の医療救護活動〉東京都医師会
〈災害時の歯科医療救護活動〉東京都歯科医師会
〈災害時の救護活動〉東京都薬剤師会
〈災害時の応急救護活動〉東京都柔道接骨師会
〈災害時の救護活動〉日本助産師会東京都支部
〈災害時の医薬品等の調達〉東京医薬品卸業協会
〈災害時の医療機器等の調達〉東京医療機器協会
〈災害時の歯科医薬品等の調達〉大東京歯科用品商協同組合
〈災害時の衛生材料の調達〉日本衛生材料工業連合会
〈災害時の医療ガス等の調達〉日本産業・医療ガス協会
〈災害時の遺体の搬送〉全日本冠婚葬祭互助協会ほか1団体
〈災害時の遺体保存用ドライアイスの供給〉ドライアイスメーカー会ほか1団体
〈災害時の火葬の実施〉東京博善㈱ほか2社
〈災害時の血液製剤の供給〉日赤東京都支部ほか1団体
〈災害時の棺等葬祭用品の供給〉全東京葬祭業連合会ほか1団体
〈災害時等の航空機による医療搬送等〉日本救急医療財団
〈大規模災害時の生鮮食品の調達〉東京都水産物卸業者協会ほか3団体
〈大規模災害時の生鮮食品の調達及び輸送〉東京荏原青果㈱ほか13団体
〈大規模災害時の生鮮食品の調達〉東京豊島青果㈱ほか13団体
〈大規模災害時の生鮮食料品の輸送〉大田市場流通事業協同組合ほか3団体
〈大規模災害の軽油の供給〉大田市場石油㈱
〈災害時の応急対策〉東京しゅんせつ工事安全衛生連絡協議会
〈災害時の水門等の応急復旧〉㈱ＩＨＩほか7社
〈災害時の排水機場の応急復旧〉㈱荏原製作所ほか5社
〈震災時の船舶による輸送等〉東京都公園協会、東京都環境整備公社
〈災害時の水門門扉等の応急対策〉㈱ＩＨＩほか6社
〈災害時の排水機場のポンプ等の応急対策〉㈱日立製作所ほか4社
〈災害時の水上輸送基地の利用〉東京湾遊漁船業協同組合ほか1団体
〈災害時の緊急輸送に必要なフェリー埠頭の使用〉東京港埠頭㈱ほか5社
〈災害時の緊急物資の受入れ等〉東京港運協会、東京港湾運送事業協同組合
〈災害時の応急対策〉日本埋立浚渫協会
〈災害時の船舶による輸送等〉関東旅客船協会ほか3団体
〈災害時の航空機による緊急輸送〉調布空港協議会、東京ヘリポート協議会
〈災害復旧用水道資材の供給〉東京水道サービス㈱ほか5社
〈震災等非常災害時の水道工事用材料の供給〉日本ダクタイル鉄管協会ほか3団体
〈地震災害時の応急復旧〉東京水道サービス㈱ほか1団体
〈震災時の給水装置の応急措置〉東京都管工事工業協同組合ほか1団体
〈災害時の応急対策用建設機械の供給〉東京建設重機協同組合
〈災害応急対策用貨物自動車の供給〉東京都庁貨物自動車輸送協同組合
〈災害時の応急対策用大型バスの供給〉国際興業㈱ほか1社
〈災害時の下水道管路施設の応急復旧〉下水道メンテナンス協同組合
〈災害時の処理場等の応急復旧〉東京下水道設備協会ほか1団体
〈緊急時の補修工事、水再生センター・ポンプ所内の緊急時の応急措置〉下水道メンテナンス協同組合
〈災害時の交通指導、警戒〉東京都警備業協会
〈震災等大規模災害時の疾病者の搬送〉東京民間救急コールセンター登録事業者連絡協議会
〈大規模災害時の疾病者の搬送〉国際自動車㈱
〈災害時の救急用酸素の調達〉日本産業・医療ガス協会、東京都医薬品卸業協会、日本衛生材料工業連合会、東京医療機器協会
〈震災時の消防活動業務への協力〉東京セメント建材協同組合
〈震災時の消火活動〉東京都生コンクリート工業組合ほか6団体
〈震災時の消防職員及び消防資器材の搬送〉東京都公園協会ほか1団体
〈災害救助犬の出動〉ジャパンケンネルクラブほか2団体

医療救護（羽村市）

警備犬（瑞穂町）

消火体験（昭島市）

帰宅困難者（臨海部に向かう途中）

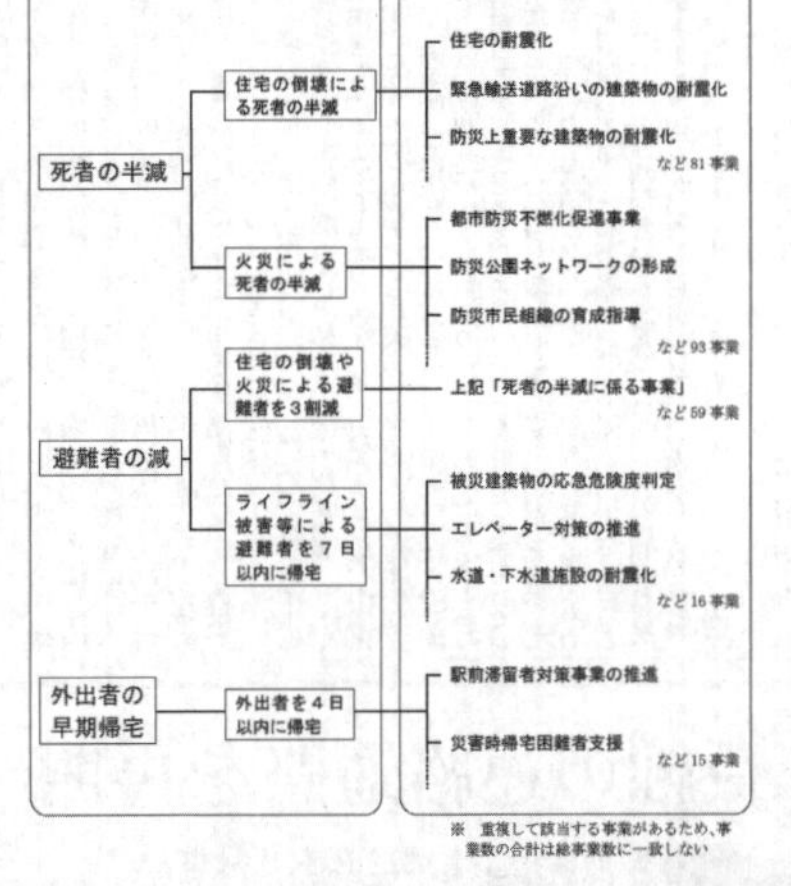

※　重複して該当する事業があるため、事業数の合計は総事業数に一致しない

首都直下地震被害想定（東京湾北部、M7.3）

主な被害			東京都全域	区部	中央区	江東区
震度	震度別面積率	6弱	33.2%	51.3%	23.9%	0.4%
		6強	17.1%	48.7%	76.1%	99.6%
建物	建物全壊棟数		126,523	124,509	1,868	10,117
火災	出火件数(件)		1,145	1,008	36	62
	焼失面積(km²)		97.75	87.46	0.00	2.67
	焼失棟数(棟)		310,016	287,190	18	7,096
人的被害	死者(人)		5,248	4,967	66	313
	重傷者(人)		22,961	21,872	1,097	1,791
その他被害	自力脱出困難者(人)		22,713	22,478	1,080	1,561
	ｴﾚﾍﾞｰﾀ閉込件数(件)		9,161	8,502	632	459
	避難者(1日後)(人)		3,854,893	3,550,678	32,799	212,046
	帰宅困難者(人)		3,918,359	3,457,113	381,583	125,245
ライフライン被害	電力(停電率)		16.9%	22.9%	11.2%	38.2%
	通信(普通率)		10.1%	13.2%	1.6%	13.2%
	ガス(供給停止率)		17.9%	22.9%	100.0%	100.0%
	上水道(断水率)		34.8%	46.3%	68.7%	78.8%
	下水道(管きょ被害率)		22.3%	25.4%	28.8%	30.4%
交通被害	道路(箇所)		607			
	鉄道(箇所)		663			

全科目で「適切」とB評価

東京都版市場化テスト モデル事業評価を公表

目標設定など反省材料も

都総務局は27日、07年度からモデル実施している公共職業訓練業務での市場化テストに関して、後期就職率等のモニタリング結果及び07年度モデル事業評価の結果を公表した。前期・後期合わせた事業評価では、民間事業者による6科目と都実施の1科目すべてで「適切である」との総合評価だった。評価結果を踏まえて、都では今年度中に東京都版市場化テストの制度構築を行う予定としている。

東京都版市場化テストは、06年7月の行財政改革実行プログラムに基づき、民間開放手法のひとつとして導入。受け皿となる民間事業者が多数存在している点などを考慮して、公共職業訓練業務を対象にモデル事業の実施を決めた。

官民競争入札の結果、ネットワーク構築科や貿易実務科など延べ7科目のうち、6科目で民間事業者を選定し、07年度から業務を開始した。残る1科目は都立多摩職業能力開発センター八王子校が継続して実施している。

今回の事業評価では、対象事業の実施状況や事業効果を3段階で評価したほか、総合評価も実施し、評価理由等を明示している。

前期・後期の訓練修了後3カ月の就職率に基づく事業効果の評価結果をみると、民間事業者が実施した訓練科目のうち、ネットワーク構築科の就職率は78・6％、貿易実務科が75・5％、医療事務科で74・0％と目標就職率である70％を上回った。医療事務科を実施した多摩職業能力開発センター八王子校は89・1％だった。これら4科目に関しては「概ね従来と同水準の事業実施状況」として、総合評価でB（適切である）と判断している。

一方、ビジネス経理科、2校で実施した経営管理実務科の延べ3科目は、いずれも民間事業者によるものだったが、就職率は70％以下で低迷した。ビジネス経理科では56・1％、経営管理実務科では中央・城北センター高年齢者校が53・3％、多摩センター府中校が62・2％となっている。

ただし、いずれの科目も高齢者が対象であるため、「過去も就職率が低迷した」「景気動向の影響を受けやすい」などが就職率低迷の要因に挙げられ、総合評価はBとしている。

事業評価では、総合評価の結果を踏まえて、民間で実施した科目は、引き続き民間委託により実施していくこととした。

また都が実施した科目については、所管部署による実施としながらも、今回のモデル事業対象以外の科目も含め、可能なものは民間委託を進めるとの考えを打ち出している。

【解説】今回のモデル事業は、東京都版市場化テストの制度設計を図る上で、必要な事項の検証という位置づけで実施されたが、モデル事業により、明確となった課題のひとつに、事業目標の設定が挙げられる。

公共職業訓練業務では、全科目で一律に目標就職率70％を掲げたが、高齢者向け科目で就職率が低迷したように、過去の実績や景気動向など、科目の特性に着目し、きめ細かい設定が必要であり、行政改革推進部も反省点に挙げている。これは公共職業訓練業務に限らず、市場化テストを実施していく上で重要な視点だろう。

また監理委員会の委員からは、必達目標に届かなかった事業者に対するペナルティー等に関する発言もあった。職業能力開発センターでは、就職率60％を切る科目を見直し検討の対象としているが、契約解除や委託料の増減といった対応はしていないという。

目標を数字のみで客観的に判断できれば、委託料を増減させるような契約も可能だろうが、取り組みの評価など主観性が加われば、契約に際して困難な面が生じることも容易に想像がつく。

さらに事業者の工夫を促がすインセンティブとして、金銭だけでなく、次回以降の入札時の加点なども考えられるが、インセンティブを拡大すれば入札参加を狭めることになり、さじ加減の難しさもあるだろう。

今後の対象事業の選定も課題になる。都では、すでに事務事業の民間委託、指定管理者制度など、民間開放手法を活用しており、「市場化テストの余地は余り残されていない」との指摘もある。実際に、昨年5月に都庁内外から対象事業に関する意見募集を行ったが、新たな市場化テストの事業選定に結びつくものはなかった。

ただし、行政改革推進部は「民間開放のツールのひとつとして、市場化テストの制度自体を確立しておくべき」との立場で、様々な手法の中から必要に応じて活用していきたいとの考えを示している。制度構築の中身やツールの選択はもちろん、今後の民間開放自体への対応も注目される。（通）

メダリストが知事を表敬訪問

北京五輪レスリング選手ら

北京オリンピックのレスリングでメダルを獲得した6選手や日本レスリング協会の福田富昭会長らが27日、都庁を訪れ、石原知事を表敬訪問した。

石原知事は「皆さんに救われました」と選手をねぎらう一方、メダリスト6人のうち女子が4人を占める結果に「日本の男は頼りないな」とチクリ。北京オリンピックの日本選手団長でもある福田会長は、「こんなはずではなかったが、力の差、メンタル面の差があった」と話した。

知事の印象について、選手たちは「力強いやさしい方。会えてよかった」（女子55キロ級金メダル・吉田沙保里選手）、「テレビでは怒って怖い感じがしたが、優しかった。これから見る目が変わる」（女子48キロ級銀メダル・伊調千春選手）などと感想を漏らした。

また、都が招致を目指す2016年のオリンピックについては「前回の64年には生まれていなかった。ぜひ実現して欲しい」（女子63キロ級金メダル・伊調馨選手）、「エコなオリンピックになると思う。心の底から実現を願っている」（女子72キロ級銅メダル・浜口京子選手）などとコメントした。

女子選手らに囲まれて「幸せいっぱい」と上機嫌の石原知事

中小企業 半数が技術継承「問題あり」

都産業労働局は25日、人材確保と技術・技能継承に関する調査結果を公表した。7月の都内中小企業の景況調査の付帯調査として実施したもので、技術・技能継承の状況では、半数以上が「問題あり」との認識を持ちながら、未対応の企業も18％に上ることが分かった。

人材確保と技術・技能継承に関する調査によると、回答企業の従業員の平均年齢では「40〜49歳」が38・9％と最も多く、「50〜59歳」「30〜39歳」が24％弱で並んだ。さらに「60歳以上」の企業も12・4％を占めている。

技術・技能継承を巡っては、「非常に深刻」「やや問題」とした企業の割合は計56・7％に達した。企業側では「継承を受け継ぐ若手の採用」「現場での実地教育や研修」「定年の延長」などを対応策に挙げるが、未対応の企業も18％あり、課題となっていることがうかがえる。

都庁 大江戸線の連絡通路を再開

カメラ増設 警戒態勢は維持

テロ対策のため閉鎖していた都庁と都営大江戸線の改札をつなぐ連絡通路が25日、再開された。洞爺湖サミットが無事に終わったことがひとつの契機となったが、都民からの要望も高かったという。庁内利用管理課では、今後も警戒レベルを落とさずに管理する。

連絡通路は都庁第一庁舎1階と都営大江戸線の改札を結ぶもの。04年にスペインのマドリードで起きた列車同時爆破テロや、日本を含め、数カ国を名指しにした報復テロの報道を受けて04年4月に閉鎖。その後、05年4月に一度再開されたが、同年7月にロンドンで起きた地下鉄とバスの同時爆破テロを受けて再び閉鎖していた。

今回、洞爺湖サミットが無事に終了したことに加え、再開の理由となったのが都民の強い要望だ。都庁と地下鉄とのアクセスは、一度外に出て若干の遠回りになるため、雨天時や高齢者から不平が聞かれた。既存の施設を利用しないことを無駄と思う都民も多かったようだ。庁内利用管理課では、「都庁の総合案内に訪れた都民からの意見・要望のうち、3割近くが連絡通路に対する不満だった」と話す。

ただし、警備レベルは緩めない。通路には警備員が常駐するほか、監視カメラも増設した。同課では「セキュリティーレベルはこれまで通り維持し、管理していく」という。

ココに注目 巷のニュース

超勤の不払い問題

申請の有効性めぐり係争

原告 申請の9割減に「唖然」

都側 「適正な処理」と反論

「残業代はきちんと支払われるべき」――。不払いの時間外賃金の支給を求め、現役職員が都を相手に訴えを起こした。出先事業所に勤めている時、実際の超勤時間の10分の1しか認められなかったという。背景には、事業所独特の超勤支払いシステムがあった。現役職員が超勤にからんで訴えを起こすケースは過去にも数例あり、いずれも都が一定の支払いを行っているが、申請した超勤の有効性を争うのは初めてのケースで、行方が注目される。

「削られて支給されるのが超過勤務手当と不満を感じつつも仕方ないと思っていたが、受容にも限度がある。都には、正しく超過勤務手当を支給する責任がある」――。訴えを起こした都教育庁の坂本通子さんは、7月3日の初公判の意見陳述で力強く主張し、都の超勤支払い状況に疑問を投げかけた。

事の発端は、坂本さんが多摩教育事務所に勤務していた06年3月に遡る。同月、坂本さんは「14日間で延べ40時間」の超勤を行ったが、このうち超過勤務時間数として認められたのは「2日で延べ4時間」のみだったのだ。

なぜ、このような事態になったのか。

都では通常、超勤の必要がある場合は、事前に「超過勤務処理簿」に勤務の理由や予定を書き込み、上司に決裁をもらう。これに沿って実際に超勤が行われれば、その分の超勤が支払われる。予算の枠内という縛りはあるが、各職場では、概ねその範囲内で超勤命令を出しているのが実態だ。

しかし、坂本さんが勤務していた多摩教育事務所の場合は違った。坂本さんによれば、今回の場合は「超過勤務処理簿」ではなく、同様の体裁をした「補助簿」に超勤の予定を記入。上司の確認を受けた後、給与支給事務担当者が超過勤務時間数を集計し、予算執行上の減額調整を行い、これに沿った「超過勤務命令簿」の作成を各職員に指示していたという。

このやり方で、これまでも申請の6割程度しか認められないことはあったが、10分の1しか認められない事態に坂本さんは「唖然とした」と振り返る。強く不満を感じた坂本さんは、都人事委員会に超勤の支給を求める措置要求を提出した。

■ ■

措置要求での坂本さんの主張は、「超勤命令簿作成方法を再点検し、減額支給している超勤を正確に算定し直して支給すること」。

これに対し、都教委は「支給すべき額を減額している事実はない」と反論した。補助簿は職員の退勤時間を記録するための備忘録のようなもので、命令簿によって命令を受けていない時間帯は、超勤とは認められないというのだ。

両者の主張がぶつかり合う中、人事委員会は「超過勤務命令簿に基づかないものは、命令があっての時間外勤務とは認められない」と都教委の主張を受け入れた。

しかし、両者が意見を戦わせることなく、書面だけの審査で出された判定は納得できるものではない。坂本さんは5月28日に東京都を相手取り、東京地裁に提訴。02年4月から06年3月までの間の支給されていない超勤手当44万3070円の支払いを求めた。

争いの場を裁判所に変えても両者の主張はぶつかりあう。坂本さんの主張に対し、都は裁判所に請求の棄却を求め、「一般に、職員から超勤をしたとの申し出があっても、当該勤務が確認できたとしても、超勤の業務の緊急性や必要性がなければ給与の支払いの請求権は発生しない」などと主張。本件もこの観点から適正に処理したと述べた。

人事委員会の審査時には「補助簿は命令ではない」との主張を展開したが、裁判では、システムの有無にかかわらず、超勤の根拠となる緊急性・必要性を問う構えにもとれる。

他方、原告側が争点と捉えるのが補助簿を用いた残業システムの問題だ。第1回の公判後、弁護団主任代理人の笹山尚人弁護士は、「処理簿をつくり、その中から予算上支給できるもののみ支払っている。都庁では5〜6割しか支給されていない例も多く、一人の賃金未払いだけではない問題だ」として、申請の仕組み自体が裁判の争点となるとの考えを示した。

■ ■

過去に、現役の都職員が超勤に関して裁判を起こしたケースは3件あり、二つが病院職場、もう一つが消防庁だ。

このうち病院職場では、看護師の交替制勤務時の残務整理の時間が超勤に当たるかについて争われた裁判で、02年の地裁判決により都側が一部を支給。同じく看護師の着替え時間をめぐる裁判では、04年の和解勧告で都側が和解金を支払っている。

ただ今回は、業務が超勤に当たるかを争うのではなく、超勤申請の有効性を争うもので、これまでのケースとは異なる。

坂本さんは「いくら『超過勤務縮減』を口にしても、入り口の『超過勤務の認知』に誤りがあっては意味がない」と憤りを示す。

これに対し、教育庁は「現在、係争中であり、事実については裁判の中で明らかにしていく」とだけコメントした。

9月11日に行われる第2回公判では、都側が反論を行う予定だ。

7月3日の初公判後、支援者らを前に決意を語る坂本さん（中央）

人権啓発フェスティバルを開催

都民広場などでイベント

都と法務省・文部科学省等が共催した「人権啓発フェスティバル ヒューマンフェスタ2008―とうきょう―」が23、24の両日、都民広場を中心に開催された。

フェスティバルでは、都各局や東京法務局等が出展ブースで、様々な人権問題を啓発。都民広場ステージでは、子どもに大人気のアンパンマンショーが行われ、急きょ、いす席を追加するほどの盛況ぶりだった。また同広場に設置された人権メッセージボードには、来場者が書き込みを行った＝写真。

総務局人権部では「時折雨に見舞われながらも、多数の来場者があり、世界人権宣言60周年の節目にふさわしいイベントとなった」と話している。

■都人事異動

9月1日付 ◎印昇任

【課長級】▽大田都税事務所徴収課長（主税局課税部軽油調査課課長補佐）◎鈴木義治▽大田都税事務所特命担当課長（大田都税事務所徴収課長）成田次郎▽北都税事務所固定資産税課長（主税局徴収部徴収指導課課長補佐）◎岩本浪砂▽北都税事務所特命担当課長（北都税事務所固定資産税課長）高山千里

◆退職 8月31日付

【専門副参事・課長級】▽広尾病院脳神経外科医長 足立圭司▽豊島病院外科医長 伊藤哲思

町田 隆二さん（まちだ・りゅうじ＝町田静隆・都立王子工業高校校長の父）21日死去、83歳。

21年度 職員教養講座 ［10］

B事務（福祉・保健医療）論文

はじめに

論文試験では、問題意識、政策形成力、論理性、表現力等が評定されます。読み手に対して、わかりやすく、言いたい内容を正確に伝える文章を書き、課題解決に向けた実証性・具体性のある道筋を示すことが求められます。また、課題を、組織あるいは都として、どう解決していくか、管理職としての視点から捉える必要があります。

勉強会や信頼できる上司、管理職の方の添削を受けながら、準備を進めてください。

出題傾向と分析

まずは、過去10年間の出題を整理し、傾向を分析してみましょう。

【平成11年度】

①平成12年4月から介護保険法が施行されますが、準備段階で明らかになっている介護保険制度の問題点とそれへの対策を述べながら、これからの高齢者福祉について論じなさい。

②国際化の進展により、人や技術などの国境を越えた移動が増え、保健医療分野において様々な問題が生じています。あなたが、重要と考える課題を中心に、国際化時代の都の保健医療について論じなさい。

【平成12年度】

①福祉のまちづくり条例が施行され、5年が経過しました。これまでの到達点とその評価を述べたうえで、東京をさらに社会のあらゆる分野に福祉的配慮が行きわたったまちにするための行政の課題について、あなたの考えを具体的に論じなさい。

②最近、医療分野における事故が多発しています。なぜ、このような事故がおこるのか、原因を考察し、病院を始め、人命と深いかかわりをもつ医療、保健などの施設での事故を防ぐための行政の課題と方策について論じなさい。

【平成13年度】

①わが国の社会福祉基礎構造改革に伴い、障害者福祉のあり方も大きく変化しようとしています。都におけるこれまでの障害者施策の問題点を明らかにし、障害者施策をどのように再構築するべきか、あなたの考えを具体的に論じなさい。

②医療の分野において、「患者中心の医療」を確立することが求められています。患者のニーズに応じた質の高い効率的なサービスを提供するため、都が取り組むべき課題について、あなたの考えを具体的に論じなさい。

【平成14年度】

①サービス利用者の立場にたった、大都市東京にふさわしい福祉の実現が今、都政に求められています。高齢者福祉の分野において、行政が抱える問題点を踏まえ、あなたが考える、新しい福祉の将来像及びその達成をめざすための方策について、具体的に論じなさい。

②食品や医療品等の安全が問われる事件が、近年頻発に起こっており、生命と健康の危機からいかに都民を守るべきかが都政の課題となっています。都民の安全と安心を実現するための都の取り組みについて、あなたの考えを具体的に論じなさい。

【平成15年度】

①福祉の様々な分野で、保健・医療との連携が必要とされています。高齢者福祉・障害者福祉・子ども家庭福祉などの中から一つの分野を取り上げ、福祉と保健・医療との連携がなぜ必要とされているかを述べ、連携を実現するための具体的方策について、あなたの考えを論じなさい。

②本格的な少子高齢社会を迎えた現在、活力ある社会を築いていくために、都民一人ひとりが健やかで心豊かに充実した生活を送ることが必要です。都民がそれぞれの年齢層に応じて、心身の健康づくりを進めていくには、都はどのような取り組みをする必要があるか、あなたの考えを具体的に論じなさい。

【平成16年度】

①今日、虐待によって幼い命が奪われるなどの痛ましい事件が後を絶たず、児童虐待が深刻な社会問題となっています。児童虐待を防止し、子どもの健やかな成長を図るために、都が取り組むべき方策について、あなたの考えを具体的に論じなさい。

②今日、直下型地震など自然災害にとどまらず、ビル火災、大規模な交通事故、NBCテロなど都市型災害にも迅速に医療を提供できるよう、危機管理体制を構築していくことが求められています。災害時における医療提供体制の充実に向け、都が取り組むべき方策について、あなたの考えを具体的に論じなさい。

【平成17年度】

①全国的に少子化が進む中、都市化に伴う家族、地域や就業環境の変化などによって、子育て家庭の負担が高まっており、子育て支援においては、保育サービスの充実を図ることが不可欠になっています。東京における保育制度の問題点を指摘した上で、都はどのような都市型保育サービスの転換を進めていくべきか、あなたの考えを論じなさい。

②わが国では、平均寿命が生活環境の改善や医学技術の進歩などにより飛躍的に延びる一方、高齢者人口の増加を上回るスピードで要介護高齢者が増えることが予測されます。高齢になっても健康に暮らしていけるように、健康づくりを推進するため、都はどのような施策に取り組むべきか、あなたの考えを論じなさい。

【平成18年度】

①今日、すべての障害者が可能な限り、人間関係や社会関係を大切にしながら、地域で自立した生活を続けていくことが求められています。障害者の地域生活を支える体制を充実するために、都として取り組むべき方策について、あなたの考えを論じなさい。

②今日、都民の健康を脅かす医療課題に対応するため、医療の質の向上を図り、「患者中心の医療」を実現することが求められています。都立病院の再編整備やネットワーク機能の充実強化を通じて、都民に対する適切な医療サービスを提供するための方策について、あなたの考えを論じなさい。

【平成19年度】

①急速な少子高齢化の進展により、都民のおよそ4人に1人が高齢者という超高齢社会が到来するといわれ、高齢者全体の約1割は、認知症の高齢者で占められると予測されています。認知症の高齢者が地域の中で安心して生活していくために、都として取り組むべき方策について、あなたの考えを論じなさい。

②健康づくりは、一人ひとりの自覚と実践が基本であり、日々の生活習慣の改善など、都民自らが積極的に健康づくりに取り組むことが求められています。都民のライフステージを通じた健康づくりを推進するために、都として取り組むべき方策について、あなたの考えを論じなさい。

【平成20年度】

①安心して子どもを産み育てることができ、子どもたちが健やかに成長できる環境を整備することは、社会全体で取り組むべき重要な課題です。すべての子どもと子育て家庭を支援していくために、都として取り組むべき方策について、あなたの考えを論じなさい。

②今日、地域や診療科による医師の偏在や看護職員の不足などが、安心して医療を受けるうえで大きな問題となっています。東京の地域医療を支える医療人材をどのように確保していくのか、都として取り組むべき方策について、あなたの考えを論じなさい。

◇

「福祉・保健医療」の職群では、1題は福祉、もう1題は保健医療の分野から出題されています。ここ数年の試験問題は、非常にオーソドックスなものばかりです。主要な計画、知事の議会等における発言、国の大規模な制度改正等は、確実に押さえてください。

論文の書き方

管理職選考では、字数は1500～2千字程度とされていますが、構成や都政の課題に対する自分の考えを伝えるためには、2千字を目安に書くことが適当です。

なお、一つの文章はできるだけ短く、簡潔に書いてください。

1　論文の構成

構成は起承転結の四段構成が一般的で、それぞれ400字、600字、700字、300字程度の字数配分がバランス的にまとまりあるものになると思います。

第一章では、課題に対する現状認識や問題意識を述べます。世の中の動き、都政の課題、あるべき姿と絞り込んでいき、論文全体を通じて核となる主張、政策を提示します。第一章の書き出しは、他の受験生との差別化を図る上で、重要なポイントとなります。

第二章は、第一章の問題意識を受けて、三つの問題点を提示します。冒頭ひとことで何を問題としているのか述べ、次に少し詳しく説明し、さらに具体的な事例を二つから三つあげるというのが、オーソドックスな書き方です。いきなり「第一に…」と書き出すのではなく、ひとこと全体を総括する概念を、キーワードを使って記述すると論文が引き締まります。具体的なデータを用いて問題点を述べましょう。

第三章は、第二章で指摘した問題点を克服し、第一章で示した政策を実現するための具体的な三つの解決策を論じます。第二章と同様に、解決策の全体を統括する概念を述べ、その後に解決策を提示します。問題点と解決策をそれぞれ順番に対応させてください。解決策には独自性も求められるところですが、現実と乖離した理想論となってしまうことは絶対に避けるべきです。

第四章は、論文の締めくくりです。論文全体を通して主張してきた政策、解決策の必要性を、一段高い視点、広い視点から再度強調します。

2　論文の作成

論文の作成はレジュメを作りながら行いましょう。レジュメは見出しと箇条書きで構成し、第二章の問題点と第三章の解決策は左右対照とし、視覚的に論文構成がわかるようにするとよいでしょう。レジュメどおりだと文章がつながらない場合や、論文をレジュメにすると論理的な矛盾が見つかる場合もあります。論文とレジュメに手を入れながら、よりよいものを作り上げてください。

3　添削と書き直し

作成した論文は必ず添削をお願いしましょう。自分では気がつかなかった欠点が明らかになります。最初は厳しい指導を受けると思いますが、指摘は素直に受け止め、何度も書き直し、添削してもらってください。

時間内に手書きで再現できるような練習も重要です。レジュメをもとに、重要なキーワードやフレーズを確実に暗記するように心がけてください。

おわりに

論文の推敲は時間がかかるため、時間がない場合には完成論文を1、2本書き上げ、その他の予想テーマに関するレジュメを作成する程度でもかまいません。

最後まで諦めず頑張ってください。

昇任試験対策のページ

20年度 特別区 管理職試験講座 30

Ⅰ類択一 ⑨

はじめに

特別区管理職選考合格を目指すみなさん、調子はいかがですか。いよいよ9月6日の筆記試験まで、約1週間となりました。みなさんにおかれましては、最後の追い込みの時期だと思われます。今回は、本講座の締めくくりとして、択一試験直前と択一試験本番の心構えや対策について、私の経験に基づき、役に立てる留意点を述べていきたいと思います。

択一試験のウエート

択一試験は、40問を1時間30分で解答します。5肢択一です。出題科目及び出題数は以下のとおりです。

○地方自治制度9問
○地方公務員制度5問
○時事問題（区政、地方自治、政治、経済、社会、労働）10問
○資料解釈4問
○専門問題12問（事務の場合は行政法8問、財政学・地方財政制度4問）

実際に試験を受験した私自身の経験、合格者、不合格者の話を総合すると、筆記試験の中で択一のウエートはさほど高くありません。ただし、軽視し過ぎるのも禁物です。択一試験の点数が悪すぎると、記述式試験及び論文式試験のできが良くても、採点されないといわれています。そのため、択一試験の目標として、高得点は必要ありませんが、平均点プラスアルファを目指してください。もちろん、高ければ高いほどに越したことはありません。

択一試験の直前対策

試験まで約1週間というこの時期、やれることは限られています。択一の勉強がある程度進んでいる受験者は、時間の許す限り、今までの復習をするのが良いでしょう。逆に、択一の勉強がそれほどか、またはほとんど進んでいない受験者は、復習よりも新しい知識を少しでも習得するように努力すべきです。その際、過去に出題されたが昨年度は出題されなかった分野等に絞ってみるのも良いと思います。

特に、時事問題は10問と択一試験の出題数の4分の1を占めるので、これからの努力が一番報われる科目です。それでは以下、科目別に対策を述べていきます。

【地方自治制度】

主に地方自治法から出題されています。過去問の出題分野を見てみると、ここ数年は議会関係から3問、長の機関関係から3問、その他の分野から3問の出題、というパターンが続いています。ただ、19年度については、議会関係からの出題は2問でした。時間がない受験者は、議会と長の機関に絞って勉強すると良いと思います。また、条文の新設や改正があったところは、かなりの高確率で出題される傾向があるので、押さえておくべきです。対策としては、今までやってきた参考書・問題集の見直し、地方自治法を素読するのが良いでしょう。

【地方公務員制度】

主に地方公務員法から出題されていますが、労働法や地方公営企業法などから出される場合もあります。過去問の出題分野を見てみると、広範囲から出題されています。特に、「任用」「分限・懲戒」「服務」の分野がほぼ毎年出題されています。また、条文の新設や改正があったところが出題されやすい点は、地方自治法と同様です。対策としては、今までやってきた参考書・問題集の見直し、地方公務員法を素読するのが良いでしょう。

【時事問題】

大きく①都区政・地方自治関係②政治・経済・労働事情関係――に分かれます。前年10月から本年7月までが出題範囲です。毎年度いくら勉強しても絶対分からない問題が出ますので、ほどほどにしておくのが良いと思います。日頃から新聞の切り抜き等をしている方は、それにしぼっても良いと思います。

①都区政・地方自治関係

近年の傾向だと、特別区に共通の課題、都の計画、条例、地方自治関係の国の動向などから出題されます。以前は都に関する問題が必ず出題されていたのですが、平成18年度は出題されませんでした。もう出ないだろうと思っていたところ、平成19年度は再び都政ものが出題されて面食らいました。今年度も、出題されると思っていた方が良いでしょう。区政に関しては、財政調整制度が毎年度出題されていますので要チェックです。また、5月に行われる東京都管理職選考に出題された問題は出題されないと言われています。

対策としては、『広報東京都』と『区政会館だより』を集中的に読み込んでください。余裕があれば、過去の都政新報の記事もチェックしておくと良いでしょう。

②政治・経済・労働事情関係

都区政・地方自治関係と同様、東京都管理職選考に出題された問題は出題されません。単独では問題になりえない事項でも、「最近の～」という形で出題されることがあります。

対策としては、『時事問題総まとめ』（都政新報社）、『月刊新聞ダイジェスト』（新聞ダイジェスト社）をとにかく読み込むことです。

【資料解釈】

得意だったり、苦手だったりする受験者がいる科目です。根気よく時間をかければ解けると言われています。今までやった過去問や問題集を継続的にやっていけば良いと思います。主にグラフ問題が2問、表問題が2問出ます。ポイントは、ⓐできるだけ計算を省くⓑ概数計算を使うⓒ引っかけ問題に注意するⓓ増加率、構成比、指数、寄与度、寄与率等の統計用語を十分理解する――ことです。他の科目に自信があれば、あえて積極的に勉強しなくてもかまいません。

【行政法】

分野によっては、条文がなく、概念になじみがないので苦手の方が多いようです。出題傾向としては、行政行為が2問、国家賠償法、行政事件訴訟法、行政不服申立法、行政手続法、その他が各1問程度出題されます。対策としては、今までやってきた参考書・問題集の見直し、各法律の条文を素読するのが良いでしょう。

【財政学・地方財政制度】

あまり勉強していない受験者が多いと思われます。地方財政制度から2問、財政学から2問出ます。対策としては、今までやってきた参考書・問題集の見直し、地方財政用語の意味の確認、地方財政法、地方交付税法等の条文を素読するのが良いでしょう。

試験の心構え

試験前日までの注意事項

体調管理について

試験本番は、ベストの体調で臨むべきです。せっかく実力があっても、風邪や頭痛等で本番で力を発揮できないと悔いが残ります。うがいと手洗いの徹底、生ものは極力取らず、腹八分目を心がけてください。睡眠も大事です。しかし、この追い込みの時期、睡眠が普段より減るのは仕方ないでしょう。十分に勉強が進んでいない受験者ならなおさらです。ただし、この場合であっても、せめて試験前日には十分な睡眠をとってください。

当日の準備

前日の夜に、受験票、筆記用具、会場までの所要時間の確認を行ってください。当日、電車が止まるということもあるので、余裕を持って家を出るのが良いと思います。私の場合は、少し早めに会場付近について、喫茶店でコーヒーを飲んでリラックスしていました。また、可能なら時計を2個持っていった方が良いです。試験中に、実際に時計が止まってしまうこともあるからです。服装については、確か冷房が入っていたと思いますので、暑いからといってあまり薄着にし過ぎない方が良いと思います。

試験本番の時間配分について

40問を1時間30分で解答するため、単純に考えると1問あたり2分余りで解答することが求められます。しかし、皆それぞれ得意不得意があり、解き方の順番を決めている場合もあるでしょうから、1問あたり2分にこだわる必要はありません。私の場合、法律科目に時間をかけ、確実に正答する作戦でした。

ちなみに、昨年度受験したときは、地方自治制度、地方公務員制度、行政法、財政学・地方財政制度を全部解き終わった時間が、終了15分前でした。残り14問を15分で解きましたが、結果は30点でした。とにかく、自分の得意なペースで解きやすい順番で解答すべきです。

最後に

試験中、猛然としたスピードで解答する受験生がいても気にせず、自分のペースを守ることです。自分自身が今までやってきたことをすべて出せるように、最後まで粘り強く取り組んでください。

皆さんのご健闘をお祈りいたします。

＝おわり

カレントトピックス 20年度 46

経済事情

■地域別最低賃金、平均15円引き上げ（8月6日）

平成20年度地域別最低賃金額改定の目安を審議してきた中央最低賃金審議会は6日、厚生労働大臣に対し、審議会で意見の一致に至らず公益委員見解を地方最低賃金審議会に提示するという内容で答申を行った。公益委員見解として示された平成20年年度地域別最低賃金の引き上げ額の目安は、全国の都道府県を四つのランクに分け、Aランク15円、Bランク11円、Cランク10円、Dランク7円とした。

また、本年7月に施行された最低賃金法の改正を踏まえ、最低賃金額が生活保護を下回る12都道府県については、乖離額（東京は80円）を最長5年で解消することとし、ランクごとの引き上げ額と比較して大きい方の額を目安とする。目安を基に各都道府県の最低賃金審議会が具体額を決めるが、引き上げ額の全国平均は15円で、最低賃金が初めて700円を超えるとみられる。

■景気後退局面へ（8月7日）

内閣府は7日に発表した8月の月例経済報告において、「景気は、このところ弱含んでいる」との基調判断を示した。前月まで「景気回復は足踏み状態にある」としていたが、平成16年1月から盛り込んできた「回復」の文言が4年8カ月ぶりに外され、景気が後退局面に入ったことを事実上認める表現に下方修正された。

景気拡大期間の正式な認定は有識者で構成する内閣府の景気動向指数研究会が行うが、平成14年2月に始まった戦後最長となる景気回復局面は6年5カ月で終わったと見られる。

■総合経済対策の骨格発表（8月11日）

政府・与党は11日、原油・食料価格高騰や景気悪化に対応した総合経済対策である「安心実現のための総合対策」の骨格を発表した。骨格では、①物価高等に直面する国民生活の不安を解消し、国民が安全・安心を実感できる対策②「持続可能社会」への変革加速化のために必要な措置③新価格体系への適応を円滑化するために必要な措置、からなる三つの柱が示されている。

8月末に向けて具体策の取りまとめを急ぐが、与党内でも歳出圧力が高まる中、総合対策の実行にあたっては、財政健全化路線の下、「真に必要な対策に財源を集中するなど旧来型の経済対策とは一線を画する」としている。

目次

関東大地震から85年

墨田区立緑図書館　松島茂

被服廠跡の無残な風景

9月1日、墨田区横網にある東京都慰霊堂を訪れる人の列が清澄通りにみられる。3月10日にも同じように参拝の人が続く。関東大震災と東京大空襲の被災者を弔うためである。しかし、そこに関東大震災の体験者を探すことは、85年を経た今では難しくなった。

慰霊堂に近い墨田区立緑図書館では大震災の資料展を催しているが、震災の写真を見て、これは大空襲の写真ではないかと疑う人が少なくない。本所被服廠跡の写真である。焼け跡に累々と折り重なっている死者の写真は、見る人にまず、空襲を想起させてしまうのだ。

焼け死んだ人の個性も、その時代をあらわす物も、すべて焼き尽くされた無残な風景には解説がなければ、あるいは直にそれを見た人でなくては分からないのだろう。

現在、都の慰霊堂の建つ本所被服廠跡は軍の被服など軍用品を造っていたところで、2万430坪あったといわれる。そこが運動公園と学校の建設予定地とされ広い空地になっていたのである。

1923年（大正12年）9月1日正午近く大地震が起こると、その空地には5万人近い人が避難しはじめ、3時間半ほど経過した頃には人や家財で溢れるほどになっていた。その時、猛火となった旋風が突然空地を襲ったのである。荷物や人が猛火に巻き上げられ避難者のほとんどがその場で命を奪われた。『東京府大正震災誌』に警視庁調べとしてあげられた数字は4万4130人。男女の区別もわからない死体が3万9277人にのぼっている。『大正大震火災誌』（警視庁）によれば臨時も含め80カ所の火葬場で焼かれた死体は11万9776体、その内37％にあたる4万4506体が被服廠跡でのものだ。遺骨は山となり、見かねた人が沢山の大甕を寄付した。

犠牲となった人々の遺骨

安政大地震の記憶

当時の人々の記憶にあった安政の大地震では、死者は町家でおよそ4714人といわれる（『安政江戸地震災害誌』東京都）が、その多くが建物の倒壊によるものだったのである。その記憶が余震の怖れとなり、広大な空地への避難となったと思われる。

巡査もしきりに「被服廠跡へ」と誘導していた。路上や橋のたもとでは、逃げる人同士でぶつかり合い混乱を極めていたのである。

また、被服廠跡を火が襲うまで3時間半ばかりの時間があり、いったん被服廠跡に避難した人の中にも、家財を取りに帰る者があった。家具で家族を囲い屋根代わりに戸板をのせるという江戸以来の避難スタイルをとるものが少なくなかった。

避難する人々の意識には、ほぼ正午の昼食時に起こった震災にもかかわらず、火の心配をする者がなかった。江戸っ子の性で火になれっこになっていたのかも知れない。やがて持ち込んだ家財に火がつき、旋風が起こると避難者のほとんどが窒息と焦熱で命を奪われたのだ。わずかに生き残った人は、水たまりに倒れ地表のわずかな空気を吸い、上に人が折り重なり焦熱を免れた人たちであった。

空襲を想起させる本所被服廠跡の写真

流言虚言が被害を拡大

大震災をさらに悲惨なものにしたものに、流言による殺人が公然と行われたことがある。朝鮮人が爆弾を投げつけ、井戸に毒を入れた、などというものである。米騒動の時のような民衆蜂起を恐れた治安当局が戒厳令の発令を促すため朝鮮人や社会主義者の暴動があったとのデマを流したともいわれる（『朝鮮人虐殺関連官庁史料』緑陰書房）。

焼け残った町々で組織された自警団は東京府でおよそ1600カ所に及び、刀やとび口、棍棒などを持って、朝鮮人と疑うや殺したり警察に突き出したりした。被害者は1千人以上とも6千人とも言われ、被害者数の差は、この事件が十分解明されないまま暗い時代へ突入していったことと無関係ではない。

墨田区の八広図書館に『荒川土手にほうせん花が咲くとき』という資料がある。荒川放水路の土手で殺され河川敷に埋められたという証言を集め、遺骨を発掘し慰霊しようという資料である。発掘は1982年9月に行われたが、遺骨は出なかった。しかし、慰霊の催しは荒川河川敷で毎年9月に行われている。

後に作家となる佐多稲子は震災の時19歳で日本橋の丸善に勤めていた。佐多は混乱する吾妻橋を渡り、曳舟駅に近い寺島の長屋に帰っている。その2、3日後、朝鮮人に一晩中追いかけられたという人に向かって、「何言ってるんだよ。朝鮮人が追いかけられたのさ。その前をまた逃げたんだよ。日本人のほうがどうしたって数が多いじゃないか。こわがることはないよ」と同じ長屋のおかみさんが言った、その判断に感服している（『私の東京地図』）。

また、倒壊をまぬがれた向島の幸田露伴は、少しでも避難民の慰めにでもなればと庭を開放し、娘の文は炊き出しの世話をした。露伴は、人心を恐怖させる虚言を見たことのように言う輩を強く戒め、「おれは河原の枯れすすき……」という『船頭小唄』が前年、此度の惨事を予言したかのように流行ったのを、苦々しく思い起こしていた。

◇

私たちは、震災や空襲の瓦礫の上で暮らしている。その暮らしぶりは過去の経験を凌駕するほど変化している。今度、震災が起こったらどんな予想外のことが起きるか知れない。しかし、その時発した一言、判断が自分ばかりではなく、多くの人命に与えるかもしれない影響の重さを今更のように思うのである。

がんばれ！公務員 41

公務員の怖いものとは

文とマンガ　鈴木武征

若い頃は「お仕事は？」と問われるのが好きでなかった。

素直に「公務員です」と答えると、「いいですねー、天国ですね」とか「フーンお役人ですか」などと微妙なニュアンスが帰ってくるのが嫌だったからだ。

相手がどう受け止めようと正直が一番と思えるようになったのは、それなりの経験を積んでからのことだ。

公務員職場が天国と言われる理由も分からない訳ではないが、公務員に限らず職場はどこでも天国であり地獄でもある。

私の上司に「これで議会と監査が無ければ天国だなー」というのが口癖の人がいたが、怖いものは本庁、現場、窓口の有無など職場によっても異なる。

我が国で怖いものといえば長い間「地震、雷、火事、親父」だったが、これを今の公務員職場に当てはめてみると「議員、住民、知事、監査」が妥当なところではと思う。

議員の怖さはその影響力の大きさで、特に管理職層に及ぼす影響は大きい。当初対応の職員はケロッとしたものだが、それが部長、局長へと上申されるごとに大騒ぎになっていく様子は漫画よりも面白い。

議会が行政をチェックする機能に異存はないが、最も怖いのは一部の人による無態な注文だ。

教員試験結果の事前告知や特定業者の紹介はその一例に過ぎないが、これとて相手が納得するまで下手に出なければならないのは議員対応の良し悪しがその後の評価に繋がるからに他ならない。

次に住民が怖いのも公務員の宿命だが、重大なミスでも犯さない限りはハナから敬遠する理由は全くない。

最近では意図的に文句を付けに来る人や、対行政暴力に十分な注意を必要とする点が最も恐ろしい。

次いで知事が怖いのは、何と言っても我々の親方であり、親方がこうしたい、ああしたいということに逆らうことが難しいという怖さだ。

青島さんの世界都市博中止や石原さんのオリンピック招致がいい例で、赤信号、青信号のはざまで職員は右往左往している。

あえて進言しても一度ダメ職員の烙印が押されると修復困難なのも恐ろしい。

最後に監査は怖いというよりは対策が面倒といった方が良いのかも知れない。

私も監査が近づくと、日頃メモで済ましていたタクシー券の受け払いを正規の受払簿に書き移すのに苦労した。

使用者の出勤、退庁時刻、出張の有無、距離と代金の整合性、同方向への帰宅者の有無、残額分の返還状況などを辻褄の合うように整理するのは結構時間がかかる。

「普段から整理しておけばいいんですよ」とサラリと言う監査事務局も怖いが、理由の明言できない使用分を整然と整理された受払簿に押し込んだ自分も怖い。

人は何らかの規制が無ければ仕事も日常生活も安易な方に流れ易い。

議員、住民、知事、監査に代表されるチェック機能や監督機能も我々のセーフティーネットの一つなのだ。

それが怖く、かつ面倒なのも給料の内だと思えば納得し易い。

誰もがいずれは天国（地獄かな？）に行くのだから、職場に天国を求めるのは諦めた方がいい。

開園50周年　まるごと多摩動物公園　■4■

キリン飼育の蓄積と新たな挑戦

キリンはアフリカを代表する大型草食動物の一つで、陸に住む動物のなかでは最も背の高い（4・5～5・5㍍）動物です。地域により体の色の模様は異なります。多摩動物公園のキリンは、網目の輪郭が最も明瞭で美しい、アミメ（網目）キリンという種類（亜種）です。

このキリンの多摩への導入は、都民の強い要望から実現されました。開園当初の計画にはなく、要望に基づいて、その後のアフリカ園増設計画が論議され、導入されました。多摩でのキリン飼育史はアフリカ園開園に先立つ2年前の1960年、アフリカからの長い船旅の末に到着した雌雄2頭から始まります。更にメス2頭が加わり、キリンの群飼育の母体が形成されます。そして開設から2年後の64年、多摩では最初のキリン誕生に繋がっていきます。

今では、このキリンの末裔達12頭が、4200平方㍍のサバンナ放飼場に、シマウマやオリックス、ダチョウなどのアフリカの仲間達と一緒に暮らしています。この広大な「サバンナ」放飼場の中で、集団で暮らすことが、健康で高い繁殖活性を維持する秘訣です。これまでおよそ50年間の先輩飼育員の努力とあいまって、多摩生まれのキリン達は、国内外で親善大使として大活躍し、現在165頭の繁殖記録を更新中です。

園内で最大規模の放飼場の一つとはいえ、限りあるエリアの中で、常に10数頭ものキリンをシマウマやオリックスと混合飼育しながら、快適に安定的に維持することは容易なことではありません。動物たちは一見、のんびり暮らしているように見えるかもしれません。しかし、常に群の中の序列や他種との力関係に気を配り意識するなど、野生にも劣らない緊張状態にあるようです。

ある日、急死したオトナのオスキリンの胃に大きな潰瘍が発見され、私達関係者は大変ショックを受けました。この直接的な原因については分かりませんが、餌の内容や個体関係に起因する社会的な要因（ストレス）も考えられました。このため、給餌時はもとより普段の観察を怠ることなく、日々の飼育に工夫を重ね、動物達の更なる生活の質的向上を目指しています。

一方、争いが無いことがキリンにとって必ずしもよい飼育法だとは限りません。「ネッキング」はオス同士が、長い首を叩き合う力比べで優劣を競い合います。オスのコドモ達は、このネッキングを通して、社会的にも身体的にも切磋琢磨され、成熟したオトナへと成長できるのです。

しかし、移動や飼育スペースの関係や、キリンのオス間での闘争回避の必要から、オスのコドモを搬出し、単雄複雌群で群を維持しようとすれば、キリンのオスとして成熟できる「ネッキング」の機会を奪ってしまうことになってしまいます。

飼育下生まれのオスキリンは、メスに比べ短命で終わることが分かっています。要因の一つに、コドモ期のオスとしての健全な成熟を阻害する前述のような社会的背景が存在することも、50年にわたる飼育の蓄積のなかから、ようやく見えてきました。

飼育とは新たな発見の連続であり、終わりなき挑戦です。多摩50歳の節目に、この蓄積を糧とし、新たな課題に挑み、さらなるキリンの飼育改善と技術開発に繋げたいと考えます。

（東京都多摩動物公園飼育展示課　吉原正人）

オス同士が「ネッキング」で力比べ＝㈶東京動物園協会提供

みにがいど

◆関東大震災資料展　▽日時　～9月7日(日)午前9時～午後8時※日・月・祝日は5時まで▽場所　墨田区立緑図書館▽内容　震災直後の報道写真や街頭で売られていた写真。画家による震災スケッチ、震災地図、当時の雑誌・新聞などを展示。震災関係の資料を特集し貸し出しも▽同時開催　ミニ文学コーナー「作家と大震災」＝墨田区ゆかりの作家である幸田露伴、芥川龍之介、堀辰雄、佐田稲子らが大震災との遭遇に際して考えたことや、その影響を作品などで紹介▽問い合わせ先　☎3631・4621

◆貸家・持家震災対策セミナー＆個別相談会　▽日時　9月6日(土)午後1時～4時30分（個別相談は5時まで）▽会場　都庁第一本庁舎5階大会議室▽対象　都民すべて500名（先着申し込み順）▽参加費　無料▽講演　①災害時における借地借家の法的問題②地震に負けない家！～建物崩壊を防ぐために③建物の耐震化に伴う東京都の助成金～耐震化にはいくらかかる？④震災に強い建物へ建て替えるために～アパート立ち退き問題・解決のコツ▽申し込み・問い合わせ先　NPO法人日本地主家主協会　☎3320・6281

◆岡本太郎の巨大壁画「明日の神話」を渋谷に設置　▽恒久設置候補地の中から渋谷区を恒久設置先に決定▽設置場所　渋谷マークシティ内連絡通路▽一般公開　11月17日(月)から

とうきょうと川柳会

●8月の宿題1「返品」

平成も返品したい血のり跡　松尾仙影
返品を逃しのがして真珠婚　高松孝子
返品のギョーザ重い口開く　貝田誠作
☆我が物になると返品したくなる　加藤佳子

●8月の宿題2「まばゆい」

連覇する気力まばゆいど根性　伊藤嘉枝子
嫁ぐ娘の目をさけている父の酒　清水高明
十秒も走らずさらう金メダル　田村昭雄
☆メダルよりまばゆい顔のメダリスト　斎藤弘美

（☆は選者の句）

とうきょうと川柳会のご協力で本紙読者からも川柳を募集します。9月の宿題は「不発」と「染める」で、それぞれ2句を作句し、Eメールでhenshu@toseishimpo.co.jpあてか、ハガキで編集部あてにご応募下さい。9月16日必着。

都政新報

発行所　都政新報社
〒160-0023　東京都新宿区西新宿7-23-1　TSビル
〈総務・読者〉03-5330-8781
〈企画広告〉03-5330-8784
〈編集〉03-5330-8786
〈出版〉03-5330-8788
〈セミナー事業部〉03-5330-9977
〈ファクス〉03-5330-8808
購読料　月1,680円（税込）
毎週火・金曜日発行
但し、祝祭日は休刊

紙面から

第3回定例都議会に補正予算案を提出

新銀行の減資対応　野党「負の処理のもみ消し予算」

都は、18日から始まる都議会第3回定例会に一般会計935億円の補正予算を提案する。小中学校等の耐震化、新型インフルエンザ対策、中小企業や雇用対策などのほか、新銀行東京の減資に伴う減債基金への540億円の積み立てを行う。最終補正を除けば、都が年度途中に補正予算を組むのは、青島知事時代の98年第3回定例会以来、10年ぶりとなる。400億円の追加出資が最大の対決議案となった第1回定例会の時から、新銀行東京の減資対応は第3回定例会で行うというのが石原与党との暗黙の合意。補正予算案は、景気対策などとの「合わせ技」になった。野党からは「負の処理をカムフラージュするもみ消し予算」という指摘も出ている。

景気対策などに935億円

9月補正は10年ぶり

補正予算案は一般会計935億円、09年度・10年度の債務負担行為136億円、合わせて1071億円。しかし、新銀行東京の減資対応の540億円は、都民サービスに直接つながらないため、実質的な事業規模は531億円となる。

事業費の柱は二つあり、一つは緊急安全・安心対策。新型インフルエンザ対策に88億円、小中学校等の耐震化に29億円、太陽エネルギーの導入拡大に90億円（債務負担行為）を盛り込んだ。

都では、新型インフルエンザの流行に備えて、タミフル100万人分、リレンザ2万人分を備蓄しているが、さらにタミフル100万人分、リレンザ200万人分を備蓄する。目標は人口の6割分で、補正予算によって目標の3割分まで備蓄したことになる。

また、小中学校の耐震化は、今年度から3年間の時限措置で国庫補助率が2分の1から3分の2にかさ上げされることを受け、都も補助を拡大する。都内7467棟のうち、大規模地震で倒壊の恐れがある校舎・体育館は360棟ある。補助スキームで設置者負担とされている3・3%分や、1平方㍍あたりの工事費国単価と実勢価格との差を1万4千円まで都が補助する。これにより区市町村負担は、ほぼゼロになるという。

さらに、耐震性がないとされている1365棟に対しても、設置者負担の12・5%分を都が補助する。また執行面では、技術系職員が少ないことが区市町村でネックになっているため、民間コンサルタントの派遣を新たに支援する。

太陽エネルギーの導入拡大では、地球温暖化対策推進センターに環境価値を譲渡することを条件に、太陽光発電で30万円程度、ソーラーシステムで20万円程度、太陽熱温水器で3万円程度の補助を行う。新築工事にあわせて機器を設置するケースが多いため、09年4月から補助事業が円滑に進むように債務負担行為を計上した。対象は戸建住宅やマンションで、2年間に約4万件を見込んでいる。

もう一つの補正予算の目玉は、緊急中小企業支援・雇用対策。制度融資では、国や都が不況業種に認定している企業を対象にした「経営セーフ」「経営一般」の融資目標を300億円増の1500億円にする。最高1・72%の信用保証料に対しても、都の補助率を10分の1から2分の1に大幅に引き上げる。

中小企業設備リース事業では、中小企業振興公社に100億円の基金をつくり、資金調達に苦しむ企業に設備のリース等を行う。

雇用対策では、就職氷河期にぶつかった30代後半の年長フリーターが正社員として採用されるよう、東京しごと財団に専用窓口の開設、専門相談員による各種支援、採用した企業への助成金交付などを行う。

二面性の予算

今回の補正予算の性格は、景気対策や学校耐震化など都民ニーズに応えようとする側面と、新銀行東京の累積損失（1016億円）の減資に義務的に対応するという二面性がある。都幹部は「減債基金への積み立ては、今年度中に行わなければならないが、第3回定例会でなくても良い。来年の第1回定例会でも間に合う」と話す。

しかし、これは表向きの説明。自民、公明からは「来年夏の都議選に影響しないよう、できるだけ時間をあけて欲しい」という要望があり、政治日程としては第3回定例会をおいて他に選択肢はなかった。補正予算を提案するにあたり、財務局が知恵を絞ったのは、財源として決算剰余金998億円をフルに活用したことだ。

減資対応の540億円は、いわば「死に金」。財調基金からの取り崩しでねん出したのでは、都民サービスの低下を招く。決算剰余金は、地方財政法で「2分の1を下回らない額を基金に積み立てるか、地方債の繰り上げ償還に充てなければならない」とされていることもあり、今回、このルールに則って減債基金に積んだ。

都民施策と抱き合わせにすることで、負の処理が目立たなくなっているが、新銀行東京の存続そのものに反対している民主、共産などからは批判が出そうだ。

巧妙化する悪質商法

スキルの蓄積が必要

「アンバランスな処遇」指摘も

消費生活相談

福田首相肝いりの「消費者庁」実現に向けて国で調整が進む中、都生活文化スポーツ局は8月29日、「消費生活基本計画」を10年ぶりに改定した。「都消費生活総合センター」の強化や国に法制度の見直し要求などを緊急対策として盛り込んでいる。政府は12日に開会する臨時国会に、消費者庁の創設を含む関連法案を提出する見通しだが、ウイルスのように進化する悪質商法に対し、都では消費者問題の「入り口」で対応を充実させたい考えだ。

■30億円を「救済」

短歌を詠むのが趣味の80歳代の女性が、出版社から電話で自費出版を持ちかけられ、半年で1千万円の契約――。06年、こんな相談が飯田橋の都消費生活総合センターに寄せられた。

「業者は、不必要と言える契約を短期間にさせている。契約書面には、業者の義務の具体的内容が書かれていない」。都は「クーリング・オフが可能」と判断。出版社と交渉し、500万円以上を返還させた。

センターには、1日約150件の電話相談がかかってくる。契約・解約に関する相談が全体の8割に上り、こうした「次々販売」などの悪質商法も増加。解決までに数週間から1カ月近くかかるケースもざらにあるという。

相談員34人を抱える同センターは専門的な相談に対応するため、▽架空請求・多重債務▽金融▽美容▽高齢者支援――など専門分野別のグループを設置。各グループで月2回、半日かけて事例を集中的に研究している。

昨年度は、都に約4万件の相談があり、試算では消費者相談で解決した救済額は、30億円に達するという。

専門知識が豊富な相談員を確保し、平日以外にも相談窓口を開設する方針。また、行政処分を受けた事業者の役員が別の会社を立ち上げられるなど、不備のある法制度の見直しを求める方向だ。

■待遇面に課題も

消費生活総合センターを「思い切って」強化する――。都消費生活対策審議会（会長＝松本恒雄・一橋大院教授）が先月22日に出した提言には、こんな見出しがついた。背景には、複雑な消費生活相談の急増や、仕事の割に低い相談員の処遇の問題がある。

区市の相談員は1人あたり年間500件弱の相談を受けるのに対し、都では1千件を超える。相談の合間には事例研究を重ね、区市への助言も重要な仕事になっている。

一方、都の相談員の月給は都庁OBの再雇用職員と同水準で、20万円を切る。自治体によって給与にバラつきはあるが、30万円弱を支給する例もあり、都センターの給与は区平均より低い。昨年は7人が退職している。

スキル的には、都の相談員は「引く手あまた」という。それだけに、都幹部は「相談員が毎年入れ替わると、スキルが蓄積されず、組織のレベル低下につながる。区市町村への影響も大きい」と懸念する。

都は今年度から、「非常勤職員の更新は4回まで」という規定を設けた。退職で支障がある場合は再採用も認めてはいるが、任期に制限があると、長く勤務するのが難しくなる。

従来、消費生活相談は、簡単な商品トラブルなどが多く、時間や経済的に余裕のある主婦が担ってきた経緯がある。だが、近年は金融や医療保険など、法的知識を要求されるケースも急増。待遇面でのアンバランスを改善することが急務になっている。

「相談員の質の確保を」

㈳全国消費生活相談員協会　山上紀美子専務理事の話　非常勤職員の任期に制限がある環境は、相談員は「勤めたい」と思いにくい。雇い止めのある職場には、新人か定年間近の人しか応募してこないことも多い。

相談員は、5年の経験で一人前と言われる。ただ人数を増やせばいいというものではなく、資格取得後も、法律改正や手口の巧妙化に対応できる研修の時間を確保しないと、相談員の質を維持するのは難しい。

国は消費者庁の設立をうたうが、実際に消費者から情報を集めるのは全国の窓口だ。パイロット的な取り組みをしている都には、模範的な相談体制を敷いてほしい。

汚染土壌の搬出抑制を

指定区域外も対象に

中環審土壌制度小委員会

中央環境審議会土壌農薬部会土壌制度小委員会（委員長＝松本聰・㈶日本土壌協会会長）は8月28日に第4回目の会合を開き、搬出される汚染土壌の適正処理を担保するための制度の充実について議論した。

土壌汚染対策法の指定区域から搬出される汚染土壌の処分については、一定の規制があるものの、不適正な処分を防止する制度が不十分だという。また指定区域外から搬出される汚染土壌については、法的規制がまったくない。このため、汚染土壌の適正処理を確保するための法規制の充実や、発生から最終処分までの管理システムなどが求められている。

主な論点として、「汚染土壌の搬出については、汚染土壌の拡散の恐れがあることから、抑制すべきことを位置づけるべきか」「土壌汚染地等から土壌を搬出する段階、または土壌を受け入れる段階でチェックする仕組みとしては、どのような方法が適当か」「指定区域以外の土地から搬出される汚染土壌も対象とすべきか」などが議論になった。

委員からは、「指定区域から搬出される土壌をチェックする必要があるとともに、指定区域外から搬出される土壌をどうするのかが問題」「自然由来の汚染土壌は、原則搬出しないようにすべき」といった意見が出た。

この他、調査の信頼性確保のため、指定調査機関の技術的能力を向上・維持させる方策などを議論した。同小委は年内に答申をまとめる予定。

都政の東西

少年犯罪

青梅市内の中学生らが知的障害者に暴行を加え、現金を奪うという事件があり、少年8人が強盗や恐喝などの容疑で逮捕された。ホームレスの人たちに殴る、蹴るの暴行を加えた事件があったばかりだが、このところ、少年による「弱者」いじめ・暴行事件が目立つ。

事態を重視した都教育委員会は、区市町村教育長と都立学校長に、人権教育の推進と生活指導の徹底を求める通知文を提出。障害者に対する偏見や差別意識を解消させる取り組みや強盗が重大な犯罪であることを児童・生徒一人ひとりに認識させる指導の徹底を要請した。少年犯罪に心を痛める保護者からすれば、通知内容は当然である。その反面、人権教育や生活指導のこれまでの努力を嘲笑うかのような少年犯罪の多発に、ある種の虚しさを感じている学校の先生もいるのではないか。

一連の事件を踏まえ、ある区教委は「依然として一部の不良の犯罪と受け流す傾向がある。しかし、事態はもっと深刻で、普通の生徒でも従来の人権教育や生活指導では対応できなくなっている」と危機感を募らせている。教育現場からは「子どもたちに命や人権の大切さを説いても言葉が届かない」「従来の倫理観がもはや通じなくなった」と嘆く声もあった。

強盗事件を起こした少年は「いじめてなぜ悪い」と開き直った。あるテレビの討論番組では、青年が「なぜ人を殺してはいけないのか」と発言し、有識者を凍りつかせたことがあった。都教委では「今回の事件を教訓に、しっかりとした対策を」の意見が出たが、変容しつつある少年たちの倫理観や道徳観を見据えずに、従来の人権教育、生活指導を繰り返しても、効果を上げることは難しい。対策のあり方を根本的に見直す時期に来ているのかもしれない。

五輪立候補4都市が北京で座談会　河野氏「五輪開催の新しいモデルに」

オリンピック開催中の北京市内で8月23日、2016年五輪立候補4都市による座談会が開催された。代表的なオリンピック専門ニュースメディアである『アラウンド・ザ・リングズ』が主催した。東京からは、東京オリンピック・パラリンピック招致委員会の河野一郎事務総長が出席し、五輪招致をアピールした。

各立候補都市の強みについて、河野事務総長は「東京の強みは、世界最先端のテクノロジー、環境対策、大都市における新しいオリンピック開催のモデルケースとなる強い意思とその準備がある」と訴えた。

シカゴの代表は「アメリカの真ん中に位置するというロケーションの良さ、ホテルやレストランなど徒歩圏内にある都市のコンパクトさと、そこに住む人々の情熱」と発言。リオデジャネイロの代表者は「ブラジル特有の家族的雰囲気」と語った。マドリードの代表者は「優れたホスピタリティー、ラテンのパッションとカルチャーがある」と答えた。

巨大だった北京五輪と比べて2016年五輪の規模については、河野氏が「北京での経験を非常に楽しんでいるが、TOKYO2016では違う計画になると思う。大会会場の95%が8㌔圏内に位置するなど、これまでになく、最もコンパクトな大会となる」と自信を見せた。

他の3都市は、「より簡易になる」（マドリード）、「比較は難しい」（リオデジャネイロ）、「それぞれ都市によって異なる」（シカゴ）と語った。

医師の勤務環境改善で補助事業

小児救急など37病院

周産期、小児、救急医療を担う中核病院で医師の勤務環境を改善してもらうため、都福祉保健局は9月上旬から、周産期母子医療センター、小児二次救急医療機関、救急救命センターなど37病院を対象に勤務改善事業を始める。実施は2010年度までの3年間。

具体的には、交替勤務制やワークシェアの導入、医師の代わりに医療事務を担う医療クラークの研修など、勤務環境を改善する経費について6分の5を補助。また、出産や育児で離職した医師が職場復帰してもらうための研修にかかる経費を全額補助する。さらに、病院内で放課後の学童保育を行う場合にも4分の3を補助する。

ハード面では、当直室や更衣室、院内助産所の整備の経費を4分の3補助する。

赤ちゃんふらっと　7施設で事業開始

都福祉保健局

都福祉保健局は8月25日、授乳やおむつ替えができるスペース「赤ちゃん・ふらっと」の事業開始届け出があった施設に第1回交付を行った。対象は、都内のジャスコ3店舗や東京ウィメンズプラザなど7施設。同局は2010年度までに都立公園や児童館などに「赤ちゃん・ふらっと」を600カ所整備する計画。

路上工事縮減で5カ年計画策定

国・都・首都高

国や都、首都高速道路株式会社などで構成する東京都道路工事調整協議会は、路上工事対策5カ年計画を8月26日にまとめた。07年度の工事規制総時間は80・6万時間で、02年度比で2割縮減を達成した。今後も路上工事縮減を継続し、工事の平準化、共同施工による工事の集約化などに取り組む。

渋滞の経済損失一日で3億円超

首都高事故

首都高速5号線で8月3日に起きたタンクローリー火災事故の結果、通行止めによる渋滞の経済損失は、1日あたり3・1億円に上ることが国土交通省などの試算で明らかになった。

事故発生後は、部分開通している外環道や圏央道などに車が迂回し、1日あたりの交通量が1・2万台から0・7万台ほど増加した。また、目白通り、環7、山手通りなどの一般道路でも、数千台の交通量の増加が確認された。

冗句ジョーク

意義は認めるが他施策に比し金持ち優遇感が否めないソーラー発電機器の購入補助

担当職員「実は私も機器が載せられるような家がユメなんです」

お客さん 耐震が まだだね

区議「地元区として主張を」

大田区

都、国への働きかけ要求

羽田跡地利用で区議会特別委

本格的な国際化を2年後に控えた羽田空港。周辺には、沖合展開と再拡張に伴い生じた空港跡地（国有地）がある。地元・大田区は、そのうち市街地に隣接する区域について、どんな利用が望ましいのかを示す基本プラン素案を発表した。第一義的な土地取得権を持つと目されながら、明確な意思を示さない都に対し購入を促す一方、区自ら取得することも視野に入れる。そんななか、8月27日の区議会羽田空港対策特別委員会では、委員から「地元区として、もっと主張すべき」「買うのはナンセンス」など区に厳しい意見があった。

神奈川口構想は「非常識」

◆基金はあるが…

大田区は「羽田空港対策積立基金」を積み立てている。今年度末で、およそ168億円となる。同基金は、羽田空港の跡地開発のため、1991年から積み立てられてきた。しかし、それが、跡地開発のどんな用途にどの程度使われるかは、まだ未定だ。

羽田空港は、31年に国営の東京飛行場として開設。空港島内には約3千人の住民がいたが、45年に連合国軍総司令部（GHQ）が飛行場を接収した際、強制退去させられた歴史がある。そのため、跡地を買い取る、あるいは借り受けるという考え方について、地元には抵抗感もある。

「はっきり申し上げて私たちの土地。買うものではない。ナンセンス」。27日の羽田空港対策特別委員会で安藤充委員（大田区議会自民党）はこう述べた。「もう少し区として遠慮しないで強く出るべき」。

区は、国、都、品川区とともに羽田空港移転問題協議会を77年から設けている。同協議会は今年3月、53㌶の跡地を「市街地近接」（第1）、「国際線地区隣接」（第2）、「B滑走路隣接」（第3）の3ゾーンに分けて、それぞれの用途の大枠を示した基本計画をまとめた。今回、区が示した基本プラン素案はそれに沿った形。市街地に最も近く、区のまちづくりに関係が深い第1ゾーンについて街区や施設を例示した。公共的な色彩が強いことはうかがえるが、具体的な施設の配置や事業手法、費用までには踏み込んでいない。

区では「第1ゾーンの地下には上下水道や電気、ガスなどのライフラインが埋設されており、これらの取り扱いについて、まだ国や都と協議が必要」と話す。道路や護岸整備も同様という。

◆土地処分の行方

それら基盤整備と並行して課題となっているのが土地処分の問題だ。土地は52年にGHQから国に返還され、その後、81年に国と都の間で「基本的に都が取得する」との確認書が取り交わされている。だが、この間、都の購入への態度は不明。「2年後に国際化されたとき、周囲が草っぱらでは困る」（松原忠義大田区長）。

業を煮やした区では、今年5月、都に対して確認書に沿って土地購入を求める文書を改めて提出したが、返答はとくにない。

都都市整備局の安部文洋航空政策担当課長は確認書について否定も肯定もせず、「都としては、空港に隣接したまちをどうつくるか、国と区の間に立って調整を進める立場」と言葉を選ぶ。「上下水道など既存の容量で足りるのかといった基盤整備上の課題もある」と慎重だ。

一方、国は「国と大田区は、確認書は今でも生きていると考えている」と話す。「早く買ってもらえないかと事務レベルでは都に話している」という。

◆「神奈川口構想」

跡地計画に絡む話として、神奈川県側で独自に進められている「神奈川口構想」がある。神奈川県経済の活性化を狙う神奈川県と川崎市が構想。川崎市側と羽田空港を結ぶ連絡道路の三つのルート案などを示しているが、大田区は「跡地利用に障害を及ぼす」と反対の態度を表明。区空港臨海担当の玉川一二課長は「連絡道路からタンクローリーなどが羽田側へ入ってきたら、交通渋滞を巻き起こす」などと説明する。羽田空港対策特別委員会では、安藤委員が「神奈川口構想を唱えること自体が非常識」と憤った。再拡張の終了前に、関係機関によるさまざまな調整が必要となっている。

2年後をにらみ山場

【解説】羽田の跡地利用は、かつて住民がGHQにより、48時間以内で強制退去させられた歴史を抜きには語れない。議員が区の主導による跡地利用を切望するのは、強制退去で苦い経験をした住民の存在を知っているからだ。「当時、国や都は責任回避。強制退去後の住民がどんな暮らしをしたか、きちんと把握もしていないはず」。8月27日の区議会特別委員会では、国や都に怒りの声が上がった。

住民に最も近い区は、基本プラン素案の作成にあたって、有識者だけでなく、区内の各界代表者や地元住民らの意見を聴取。「緑地を多く」「避難できる場所を」「羽田の歴史を伝える施設を」などの意見を採り入れた。

さらに「第2ゾーンにどんな施設がくるのか分からないと、第1ゾーンの計画が立てにくい」との理由から、4月から5月にかけて、ホテル、アニメ関連会社、航空会社など15社に、第1・第2ゾーンで考えられるビジネスについてヒアリングを実施し、参考にした。

区が跡地利用に活発な動きを見せる一方、問題は都の意思表示となる。「現時点では、都に買ってもらう、あるいは大田区が買うという、両方をにらんでいる」という大田区に対し、都は「だれが買うのかを問題にする前に、こういうまちづくりをしていきましょうというのがまず基本」とかわす。国は、商業施設などが入る第2ゾーンについては、民間に売却し歳入とする考えも選択肢として捨てていない。

課題山積の跡地利用だが、完全な整備は間に合わなくても、将来的な利用ビジョンを固めて2年後を迎えたいというのが大田区の考えだ。国と都にはっぱをかける意味合いも込めて、発表した今回の基本プラン素案。今後の都の動きがカギを握っている。（糸）

（上）第1ゾーンの基本プラン素案（下）京急・東京モノレールの天空橋駅付近に広がる第1ゾーン。雑草が生い茂る土地は何に生まれ変わるのか＝大田区羽田空港で

開発紛争を予防

杉並区

事前届け出制の整備へ

杉並区はこのほど、まちづくり条例の改定に向けた懇談会の中間報告を受けて、大規模開発で事前届け出制の導入を検討する方針を公表した。

近年、中高層建築物に関する規制緩和などが進み、国土利用計画法、都市計画法などでは適法の開発事業でも、近隣住民と紛争化するケースが増加している。自治体の中には、一定規模以上の開発について、事業者側に土地売買取引など早い段階から、届け出を独自に義務づけるケースが増えている。

23区では練馬区が2006年に条例設置。用途地域に関わらず、区内全域で一定以上の面積の土地取引については、売買契約の締結後、14日以内の届け出を義務化した。

「杉並区まちづくり条例に関する懇談会」は、03年施行の同条例について、5年間の運用を検証しつつ、改定の方向性を検討中。7月末に公表した中間報告では、①大規模開発に関する独自の「事前届出調整制度」の導入②住民による「まちづくり協議会」の認定要件の明確化③住民主体の「まちづくりルール」の普及――などを今後の検討項目とした。区側は「国の制度を補完する区民主体のきめ細かいまちづくりの仕組みを整備したい」としている。

事前届出調整制度については、同懇談会は「周辺の住環境に大きく影響する懸念がある開発計画などに対して、土地取引行為が完了するかなり前の段階での事前届け出を義務化し、土地所有者、売り主に対して、第三者機関の意見を聴きながら、区が適切な助言・指導を行える仕組みを条例に加えること」を提起した。

一般に、中高層紛争予防条例などの規制下では、事業者側の計画がかなり固まった時点で住民説明会などが開催されることがほとんどで、周辺住民から計画変更などの要望が出ても、調整が困難な場合が多いという。

杉並区は第一種低層住居専用地域が多く、区担当者は「紛争を未然に防ぐ仕組みを整備し、事業者と住民の合意に基づく都市開発を促していきたい」と話す。

懇談会は、学識経験者などによる第三者機関の新設も提言。「従来、都市計画審議会の専門部会が担ってきたが、都市計画法に基づかない条例独自の制度に関しては、独立した組織で行うのが適切と考える」とした。事前届出調整制度案においても、調整機関として組み込まれている。

杉並区は、今秋予定の懇談会の最終報告を受けた後、条例改正の手続きを行う予定。

子育てタクシーを構想

練馬区 採算割れの懸念も

練馬区は8月29日、母親や乳幼児らの外出を支援するタクシーを運行させる方針を発表した。実現すれば、23区内で初めての子育てタクシーが誕生する。

現在、区内には地下鉄など計5路線の鉄道が東西に走っており、バスが南北を結んで運行している。子育て中の母親らから「交通事情がよくない」などの声が聞こえてきたという。志村豊志郎区長は「（交通）ネットワークが完成していないと言っても過言ではない。（母親らが）病気になったら、安心して病院にいける方法がない。交通手段を別途考えないといけない」と、子育てタクシーの考えを固めた。

区は、民間のタクシー会社と協力して、子育てタクシーを走らせる考えだ。道路交通法施行令では使用義務のないチャイルドシートを常備させたり、出産や育児の知識を持ったドライバーに運転してもらったりと、妊婦、母親や乳幼児が安心して外出できるタクシーを想定している。

今後は、検討すべき課題がある。区は、走行距離に応じて、タクシー代を支払うメーター制を考えている。そのため、病院に向かっている途中に渋滞に巻き込まれたり、病院でタクシーを待たせたりする場合、母親の負担の問題が生じる。

また、子育てタクシーは町中を流すのか、予約制を取るのかという課題もある。町中を流す場合、出産などの緊急時に対応できなくなるおそれがあり、予備車の配備が必要になる。コストがかかるため、需要が低迷した場合、採算ラインを割る懸念もある。

そのため、区はタクシー会社、利用者にどういう形で協力できるか検討していく。

区は現在、複数のタクシー会社と交渉を進めており、協力したい会社もあるという。今後、子育てタクシーの需要調査などを経て、来年4月から子育てタクシーを走らせたい考えだ。

「防災メール」の配信を開始

文京区

文京区は1日、区民、区内勤務者、通学者などを対象に、防災用の電子メール配信を開始した。大雨、地震などの災害気象情報について、事前に登録したアドレスへ無料で配信される。

内容は、①震度情報②気象警報・注意報③神田川の水位情報④区内の雨量情報⑤週間天気予報⑥区のお知らせ――など。

①から④の情報は、初回登録時に利用者が受信内容などを選択。④は文京区内の雨量計から、必要な箇所を選択できる。

登録方法の詳細は文京区の防災ホームページに掲載。

外郭団体不祥事で処分の再考を要望

荒川区

荒川区は8月28日、外郭団体の㈶荒川区地域振興公社で昨年度に起きた元職員による不正経理に関して、管理監督者である区派遣職員2人を処分し、公社側には今回の不祥事への対応について再考を促す旨の要望書を提出したと発表した。

荒川区は公社側から事件の報告を受けた後、外部有識者による不正防止委員会を8月21日に開催。委員からは「抜本的な再発防止策の検討、区派遣職員の管理責任の明確化などを行うべき」との意見が出ていた。

処分の内容は、区民生活部主事が戒告、産業経済部副参事が訓告。

公社に対しては、西川太一郎区長の名で「不正防止委員会の意見を参考にして、改めて今回の不祥事に対する対応について議論してほしい」との要望書を送付。元職員の処分内容も含めて、再検討するよう求めている。

元職員は、公社が独自に採用した専門職。処分について、公社は7月、理事による懲罰審議会などで懲戒解雇、刑事告訴などを含めて検討。最終的に、職員の依願退職の受け入れを承認した経緯がある。

大田区で工場見学会 未経験者と女性対象

大田区の外郭団体である㈶大田区産業振興協会は、10日にものづくり未経験者と女性を対象にした工場見学会を行う。

中小の製造業は、近年、若手の人材確保に悩んでいる。見学会は、同協会が経済産業省から委託を受けている「若者と中小企業とのネットワーク構築事業」の一環。製造業に就職経験のない人や女性でも、気持ち次第で製造業の世界で働いていけることを実感してもらうことが狙い。

午前中に区内製造業の経営者によるレクチャーを行い、区内製造業の基礎知識や経営者の生の声を聞く。午後は鉄道保安装置およびその周辺装置の製造を行う区内の工場を見学。その後、都立城南職業能力開発センターで、CAD・CAM、NC工作機械などを動かして、ものづくりを体験学習してもらう予定。

同協会では「大田区製造業が有する高度な技術や技能を間近で見学し、体験学習では未経験者にもものづくりの醍醐味を肌で感じ取ってもらいたい」としている。

廃食油利用で清掃車稼働中

江戸川区

江戸川区の清掃車のうち、ディーゼル車1台が先月から、廃食油を原料に走っている。

同区では、昨年1月、区、区内企業、環境NPOが連携しての「えどがわ油田開発プロジェクト」を発足させた。使用済みの食用油をバイオディーゼルにリサイクルしている。

現在、小中学校や保育園、飲食店など113施設や店舗が、給食調理や揚げ物で出る大量の廃食油を供給。プロジェクトの参加企業であるエコデス㈱が回収、精製してバイオディーゼルにしている。

エコデス㈱によると、バイオディーゼルは、排気ガスの硫黄分や黒鉛が軽油よりも少ないなど環境によいことが実証されている。

同区内ではこれまでに、総合レクリエーション公園内を走る汽車型自動車「元気くん」のほか、区内企業のトラックや乗用車などに利用されている。

今回の導入はバイオディーゼルの利用拡大のため。現在、区で保有する清掃車は全部で65台。そのうちディーゼル車は2台あるが、まだバイオディーゼルは検証段階であるため、そのうち1台だけを専用車にしている。

区清掃課では「2台目は検討中。軽油と比べた場合のエンジンへの負荷や燃費などをみて判断することになるだろう」と話す。

エコデス㈱では、「バイオディーゼルの使用が拡大されてうれしい。廃食油のバイオディーゼル化を継続するためには、一般家庭からの回収を増やすことが課題。プロジェクトの活動をもっと知ってもらい、回収ステーションを増やして需要供給ともに増やしたい」と話している。

記者席

生と死に直面する現場

○……「総合診療所であることに加え、医療機関との連携で、どのような患者でも受け入れることができる」とシティホール診療所の木村所長は話した。

医療機関へ依頼したケースでは、紹介理由に心筋梗塞、がんなどのほか、精神疾患という項目もあった。患者総数14人、うち3人は著しく緊急に治療を必要とした患者だ。

聞けば、首に自ら絞めた跡が残ったまま、診療所にやってきた患者もあったという。都庁内にありながらも、生と死に直面した現場であることを改めて実感した。

○……17日に新宿パークタワーで開催する石原知事との「東京ビッグトーク」で、都職員に「協力」が呼びかけられていることが分かった。「職務に関連があれば、出張扱いで日当が出る」（担当者）といい、今までも出張扱いだったケースがあるという。都民公募の枠を食わないよう、担当課が各局に10人をめどに参加を募っている。

今回の定員は3000人で、都は7月から公募。テーマが「先端技術と低炭素型都市づくり」と硬いため、庁内には「参加者が足りないのでは」との声もある。だが担当者は「あくまで都民優先で、職員にも『興味のある方は参加を』と、毎回案内している」と話す。出張扱いか否かについては、局判断になるとのこと。ちなみに、応募締め切りは5日まで。

○……原油価格がようやく下落してきた。経済の安定化に好転するきっかけにもなるので、歓迎すべき事だ。

原油高対策として、燃料費の補助を始める区もある。原油価格が下落してきた中で、助成は時宜にかなっているのかという声もある。

下落しているとはいえ、現在の原油価格は約1年半前と比べ、約2倍で、依然として異常な高さを示している。原油価格の値下がりが、さらに進むかどうかは不透明。石油輸出国機構の減産の動きもある。再値上げの可能性が否定できない状況下で、助成はあることに越したことはないだろう。

一度助成を始めたら、なかなかやめられない。いつまで助成を続けるかが課題だ。

市民の分別モラルに苦慮

違反に毅然と対応の市も

容リ法　26市の選択　上

家庭から出る資源プラスチックの品質向上に、各市が苦慮している。分別により容器包装リサイクルプラスチック（容リプラ）の収集量は増えているものの、食品の汚れが付着したものや、容器包装リサイクル法（容リ法）に適合しないものが混入すれば、資源化施設で引き取りされなくなる可能性があるためだ。中間処理を行う清掃工場での分別は、資源ごみが流れるラインの改善や人的配置などの面で、すぐに対応できない自治体が多い。そうした中、市民が資源ごみを出す時点で分別やルール厳守を徹底し、異物混入や汚れ付着をほぼ排除している市もある。資源化への流れをどう作るか、自治体の知恵が試される。

■容リプラの引き取り

容リ法が全面施行されて11年。プラスチックについては、自治体がプラスチックマークのついた袋や容器を分別収集し、プラスチック製品に再商品化する「マテリアルリサイクル」、元の石油や基礎化学燃料に戻して再利用する「ケミカルリサイクル」、焼却する際の熱エネルギーを回収利用する「サーマルリサイクル」のいずれかのリサイクルの流れに乗せることが義務付けられている。

このうち、法で最も望ましいとされるのは「マテリアルリサイクル」。しかし、このリサイクルでは、汚れなどが付着していない高品質のプラスチックを集める必要があり、自治体は高品質のものを選別し、圧縮・梱包。ベールと呼ばれる塊にし、㈶日本容器包装リサイクル協会（容リ協）に引き渡す。このとき市町村にかかるのは、資源化費用の約4％。残りは容リ協が負担する仕組みだ。

26市ではこれまでに、5市（昭島、町田、狛江、稲城、あきる野）を除く21市が同協会に容リプラのベールを持ち込んでいるが、同協会の引き取りには厳しい基準が設けられている。毎年の抜き打ち検査で、汚れが付着したものが15％以上混入していたり、容リプラ以外の異物が一つでも混入していれば項目評価がD（不適合）とされ、総合評価でD判定がでれば、容リプラ不適合品として再調査となる。その再調査で状況が改善されていなければ、翌年度からの引き取りが拒否されることもある。

昨年度、すべてAランクで基準をクリアしたのは八王子、小平、東大和、武蔵村山、羽村の5市だけで、立川、府中、小金井、国分寺の4市が再調査後の合格だった。

プラスチック分別収集

圧縮・梱包されたベール（国分寺市）。容リ協は、ベールから三つをランダムに選び、それぞれの一部を抜き出して汚れや異物混入を調べる

■2億円の危機感

「学生の多い集合住宅からは、どうしても汚れや異物が混入したものが出される」——国分寺市は市報やホームページでのPR、分別の仕方を指導する出前講座、分別チラシのポスティングなどで分別の徹底を呼びかけているものの、戸別収集ができない集合住宅では、資源ごみの品質が上がらないことが悩みだ。

同市は、容リ法で定められているプラスチック製容器包装の収集を02年度から行っており、開始当初は分別水準も高かった。しかし、06年度からは連続して同協会から再調査を受けている状況で、今年度の検査でも、汚れだけでなく、乾電池や携帯電話のバッテリー、剃刀、インシュリン注射器などが混入。10月に再調査が決定している。

現在、容リ協に支払う同市の負担金4％は、1トンあたり3千円で、年間800万円程度。再調査でD判定となり、協会が引き取りを停止すれば、市は独自に民間の資源化施設と契約が必要になるが、平均的な民間業者の引き取り価格は1トンあたり7万5千円程度にもなり、年間2億円以上もの負担が想定される。

集めたプラスチック類の異物は、数人が手選別しているほか、ベールにする前段階では磁石の上を通して、剃刀の刃など小さな金属類を取り除く工夫もしているが、資源ごみの量が多く、異物の完全除去は難しい。市は、現状を「危機的な状況」として市民に知らせ、市報で特集号を出すなど分別の徹底を呼びかける。

再調査を受けていない市でも、国分寺市と同様の不安を持っている市は多い。「検査時に選ばれたベールに、たまたま異物が混入していなかっただけかもしれない」「曜日ごとに他のごみも同じラインで流れるので、容リプラの収集日で最初に流れるものに、ほかのごみの汚れが付着してしまう」と話す担当課もある。

また、A評価を取り続けている市でも「ボトル形のものと、発泡スチロールやペットボトルの蓋など、収集する品目を限定しているので、もともと汚れや異物混入も少ない」（八王子市）、「市民の協力が大きいが、容リプラの回収は全世帯の1割にあたるモデル地区での実施。量が少ないので選別もしやすい」（東大和市）など、高評価の理由があるようだ。来年度から容リプラの収集を全市に拡大するという東大和市では「量が増えれば、Aの評価が落ちるのでは」と懸念する。

■ルール徹底で高品質維持

そんな中、容リ法に基づく14品目すべてを収集しながら、A評価を取り続けているのが羽村市だ。その秘密は「市民、事業者、行政の協働」だと生活環境課は話す。

もっとも効果的なのは、問い合わせに対し、職員が現場に行って直接市民に説明することと、ルール違反のごみの回収をしないこと。多くの市では、汚れや異物が混入して出された袋には警告シールを張り、見せしめ的に1～2週間置いてから回収しているが、羽村市では、警告シールを張るだけではなく、そこに「金属混入」や「汚れ」など回収しない理由を明記。排出者がそのまま放置しても、回収は絶対にしないという。

集合住宅の集積場にルール違反のごみが溜まると、周辺の住民やオーナーなどから問い合わせや苦情の連絡が入るが、その場合は職員が直接現場に行って、何をどう分別するかを説明し、分別すれば回収するが、そうでなければ民間業者などで処理してもらうようにアドバイスする。不動産業者やオーナーは産廃として高い費用を払って処理しなければならず、市の出前講座などを利用して住民にごみの出し方を勉強してもらうと、二度と違反ごみが出ないように意識が変わるという。毅然とした態度を貫くことで、資源ごみ分別の精度は格段に良くなった。

さらに、収集・分別を委託している業者との連携も大きい。同市は3カ月に1度は収集員を全員集めて、警告シールや分別などについての研修を行うほか、収集の開始時刻から資源ごみが搬入されるまでの約2時間、中間処理業者が自転車で集合住宅を回って違反ごみがないかチェック。先に警告シールを張ることで、収集業者の負担を軽減している。

中間処理業者に対しては、1～2カ月に1度、容リ協と同様の抜き打ち調査を職員が実施しており、選別業者の高いレベルを維持。選別も、集まった資源ごみを流さずに、動かない作業台に広げてチェック。確認されたものだけを手で圧縮機に落としてベールにしており、異物が混入することはほとんどない状況だ。

同課は、6カ国語の資源リサイクルマニュアルも作り、市民一人ひとりのモラルに働きかける。同市が目指すのは「容器包装比率99％」。不可能と思われるこの数字も、同市では目前だ。

（つづく）

日野市セーフティーネット事業

日常生活の不安、解消します

包括支援で健康寿命延伸へ

日野市は10月から、低所得者層のうち、法に定められている生活保護や障害福祉事業に該当しないが、安定的な生活のためには支援が必要な人を対象にしたセーフティーネット事業を開始する。様々な立場の生活不安定者を、相談から個別具体的な支援までつなぎ、生き生きとした生活へと導くことが目的で、包括的に支援事業を実施するのは珍しいという。市民の安定的な生活と健康寿命を延ばすことを目指す。

高齢者、障害者、ひとり親、多重債務者など、生活に不安を持っている人に対しては、多くの自治体が各担当課などで相談を受け付けている。しかし、生活の不安定要素が複数にまたがる場合も多く、どこに相談していいか分からなかったり、特定の課に相談に行くことに抵抗を感じる市民も多い。日野市は、そうした不安を抱える市民に対して、相談窓口を一元化することで、必要な支援に結び付けていこうと、4月から庁内にプロジェクトチームを作って検討してきた。

対象者は「日常生活に不安を持っている人」と幅広いため、支援につなげるために、「セーフティーネットコールセンター」という事業全体の相談窓口を設置。市民が避けて通れない事柄にあたったとき、今後の生活や、支援の可否などについて、まず専門の相談員や市の職員が相談に乗り、対処法を伝授し、必要な窓口につなげていく。支援には、貸付金制度や就職チャレンジ支援事業など都からの委託事業「生活安定化総合対策事業」や、日野市が実施している、ひとり親家庭向けのセミナーや雇用機会促進事業などの既存事業だけでなく、新たな支援メニューも追加した。

ひとり親を対象とした新たな事業には、市営住宅に2年間の期限付きで優先入居できる制度に提供戸数を増加。就労などの支援を積極的に行うとともに、特に、一つの市営住宅（72戸）では7戸を優先入居用の住居とし、同じ境遇の人の居住を斡旋する。希望者には市が仲介して、仲間作りや交流ができるように取り持ち、「精神的にも早く次のステップに移れる機会となれば」と期待する。

また、外出のための身分証明として免許証を持ってはいるが、車の運転は不安になっているという75歳以上の高齢者に対しては、「免許証返納者支援事業（仮称）」を導入。免許を返納する場合、通常500円かかる住基カードを無料で交付するほか、車代わりとなる外出の足として、都が発行しているシルバーバス購入費の千円を市がキャッシュバック。自宅での閉じこもりを防ぐことが狙いだ。

ほかに、生活関連業種の事業主に対しては、下水道使用料の減免制度拡大や、介護保険制度の中で提供できない買い物や話し相手などのサービスを提供する一人暮らし高齢者への安心サポート事業なども、今後取り組む事業として盛り込んだ。

市企画調整課は、「『困ったことがあっても日野に住んでいれば明るく生きていける』というような生き生き暮らせる町になることで、市民の健康寿命の延伸と、結果的には医療費削減などにもつながれば」などと話している。

三鷹市

自転車道で事故減へ

全国初　モデル指定路線で整備

三鷹市は8月26日、自転車道のモデル指定路線を、基礎的自治体としては全国で初めて整備すると発表した。近年増加している自転車と歩行者との接触事故に対し、環境整備で対応していくもの。幹線道路での自転車走行空間をネットワーク化し、将来的には道幅の狭い生活道路でも、自転車の通行空間を検討したい考えだ。

三鷹警察署管内では、交通事故の発生件数は減少傾向にあるが、自転車による事故が増加。07年度の総事故件数は680件程度あり、そのうち約半数が自転車と歩行者の接触事故などだった。環境負荷が少なく、健康にも役立つため、自転車の利用については職員の移動手段として自治体でも進めているが、安全な自転車通行空間の確保が課題だった。

三鷹市は、今年1月に国交省と警察庁が実施する「自転車通行環境整備に関するモデル地区事業」として指定を受けており、全国に先駆けた取り組みとして実施。三鷹市と武蔵野市にまたがる武蔵境駅南口から東八道路の約2・1キロメートル区間で、三鷹市が行政区域内1・6キロメートルを整備し、0・5キロメートルは武蔵野市が行う。

車道の左側に縁石やガードパイプなどで、幅約2メートルの自転車専用空間を設置する。今年11月頃着工、09年度の2カ年で、三鷹市の整備費は今年度5600万円、全体では1億3千万円を見込んでいる。

自転車走行空間整備は、東京都も東八道路の整備事業を計画しており、三鷹市道路交通課は「都と武蔵野市との連携で自転車走行空間整備が進めば、幹線道路での自転車走行空間のネットワーク化が図られ、安心して安全に移動できる道路環境が実現する」と期待。

「住民にも自転車のマナーを周知し、事故件数の減少を目指したい」と話している。

自治体初！宮崎駿氏のイメキャラ

小金井市

市のPRに一役

小金井市はこのほど、市制50周年を記念した市のイメージキャラクターを発表した＝写真。イメージキャラクターは同市内に事務所を構える㈱スタジオジブリの宮崎駿氏が手がけたもので、宮崎氏が手がける自治体のイメージキャラクターは全国でも小金井市だけ。市はキャラクターの名称を9月15日から公募し、全国的に市のイメージアップとPRを図りたい考えだ。

キャラクターの引き渡し式には、スタジオジブリの星野康二代表取締役社長が出席した。

イメージキャラクターは、小金井市の「金」の文字が書かれた赤い腹巻をした子ども。宮崎氏はキャラクターとともに「子どもが元気なまちが発展するんです」というメッセージを添えている。

星野社長はスタジオジブリ内で始めた社内保育で、子どもたちのエネルギーが与える大きさを目の当たりにしたとして、「メッセージは地域に当てはまる一つのテーマとして考えていければ」などと話した。稲葉市長は「大変感激している。小金井の子どもたちは学力やスポーツ、文化などに大きな成果をあげており、これをジャンピングボードに、街を発展させていきたい」と笑顔を見せた。

キャラクターの活用については、今後検討していくとしており、名称の募集は、10月6日まで行っている。

制度理解にチャレンジ

介護支援ボランティア制度検定

稲城市

稲城市はこのほど、介護支援ボランティア制度開始1周年を記念して、制度に関するクイズ検定を作成した。検定は3段階のレベルがあり、楽しく制度を理解してもらいながら、関心を高めるもの。当初の予想を超える登録者があるものの、市は検定などを通してさらに登録者を募り、元気高齢者を増やしたい考えだ。

同市の介護ボランティア制度は、介護保険の被保険者となっている高齢者がボランティア活動を行うと、活動内容により市からポイントが付与され、最大5千円が還元されるというもの。登録者は高齢者人口の1％程度を見込んでいたが、7月末現在、約2％にあたる272人が登録。ポイント付与を励みにしたり、ボランティアを通しての交流を楽しみにしたと、元気高齢者も増加している。

市では、同制度を理解してもらい、さらに登録者を増やしたいと、ホームページで制度に関するクイズ検定を作成・公開している。すべて3択問題で、入門編の3級問題から超難問レベルの1級問題まであり、問題のレベルに合わせて設問数と合格ラインを決めた。

問題内容は、「介護支援ボランティアになるための申請場所は」「活動として正しいものは」などのほか、「ボランティア登録者の最高年齢者は」「07年度にポイントを獲得した人数は」など。合格しても特典はないが、楽しみながら制度の仕組みを理解できるものになっている。

高齢福祉課では、「数値に表れてはいないが、元気な高齢者が増えれば、介護給付費の減額にもつながる」と話しており、クイズ検定でさらに制度への関心を高めたい考えだ。

8月29日には同制度に協賛する東京ヴェルディからクラブ応援グッズやロゴ入り歩数計の贈呈があった。市は昨年ボランティア活動を10回以上行った150人を対象に、贈呈されたプレミアムグッズを配布する予定。

週刊　たま手箱

図書の盗難防止へ　貸出確認装置導入

福生市

図書館資料の盗難防止や、利便性向上に役立てようと、福生市は10月7日から中央図書館に「貸出手続き確認装置（BDS）を導入する。

同市の昨年度の資料盗難による紛失は、中央図書館で687冊、全4館すべて合わせて1425冊に上る。資料にICタグを張り付けて電波で管理するのは盗難抑止が目的だが、将来的には利用者自ら貸出手続きが可能になるほか、蔵書点検が容易になるなどのメリットもある。

同システムの採用は、多摩地域で8番目。

クリーンセンター建て替えでシンポ

武蔵野市

武蔵野市のクリーンセンターは、稼働から24年が経過し、建て替えに向けた具体的な検討を始めている。7日午後1時半からは、これからのクリーンセンター建設に向けたフォーラムを、同市役所で開催する。

有識者や市民からなる「新武蔵野クリーンセンター施設まちづくり検討委員会」も発足しており、新施設の整備用地や新施設のあり方、周辺地域のまちづくりなどについて検討が進められる中、フォーラムでは、市民全体に施設建て替えについて周知したい考え。市は基本的に単独処理の方針。

都合同防災訓練

「即応力」と「連携」を検証

より実践を意識　初動態勢確立など力点

夏休み最後の日曜日、銀座や晴海に消防車や救急車のサイレンが響きわたった――。都と中央区、江東区の合同総合防災訓練が8月31日に行われた。訓練想定は午前9時ごろ、東京湾北部を震源とする強い地震が発生し、区部東部の広い範囲で震度6強の揺れがあり、特に震源に近い中央区や江東区で大きな被害が発生したというもの。訓練には約1万5千人が参加した。

石原知事「自衛隊と相乗効果」

■オリンピックも視野に

合同防災訓練は例年、「防災の日」の9月1日に行うが、今年は1日早めて夏休み最後の日曜日に実施した。救助部隊の出動や物資の輸送訓練などで大規模な交通規制が必要となる上、多くの観光客に対応した訓練を行うためだ。

また今回の訓練は、2016年の招致を目指しているオリンピックも見据えたものとなる。会場となる晴海はメーンスタジアムの建設が、江東区は選手村の整備などが計画されている。こうしたエリアで人手の多い休日に実施することは、オリンピック時に観光客が集まった状況を想定したものともなる。

訓練には、都や区の関係部局のほか、米軍や自衛隊、地元の町会など200団体が参加。また海外の行政機関では、一昨年にソウル特別市消防局、昨年に台北市の消防局が参加したが、今年は両市の消防局が同時に参加。アジア大都市ネットワークの会員都市として、東京消防庁のレスキュー隊と連携し、晴海会場で倒壊建物からの被災者救助訓練を行った。

さらに静岡県からは、警察や消防、医療関係者が一団で参加。飛行機で羽田空港に降り立ち、晴海会場で救助訓練等に加わった。他自治体の参加は毎年あるが、一自治体から複数の機関がユニットとして参加するのは初。

銀座での訓練は8年ぶり。帰宅困難者の避難誘導訓練も行われた。

■自衛隊の存在感

訓練の統一テーマは、ここ数年「連携」だったが、今年はそれに「即応力」を加えた。実際に災害が起こった際の現実的な対応として、可能な部分から早急に手を打っていこうというもの。その具体的な訓練の一つが、陸上自衛隊の救出救助部隊の進出だ。

通常、救助隊は情報をもとに計画を立てた上で派遣するが、一刻も早く対応するため初動態勢を見直し、情報を受けた後に迅速に大部隊を救助活動拠点に投入。道路等のアクセスが寸断される中、救出部隊となる練馬駐屯地の自衛隊員60人が被害の少ない大深度の都営地下鉄大江戸線を利用し、被災地域にある都立木場公園に集結した。

大江戸線を使った進出訓練は、2000年の総合防災訓練（ビッグレスキュー）でも行ったが、当時、環状部は開業しておらず、全線開業後に行うのは初となる。

また、銀座会場では、自衛隊員が地下鉄駅構内で負傷した市民の救出訓練を実施。負傷者の搬送は通常、消防庁の救急車で行うが、現場での「即応力」を発揮するため、自衛隊の救急車や都営バスを使った搬送訓練も行われた。

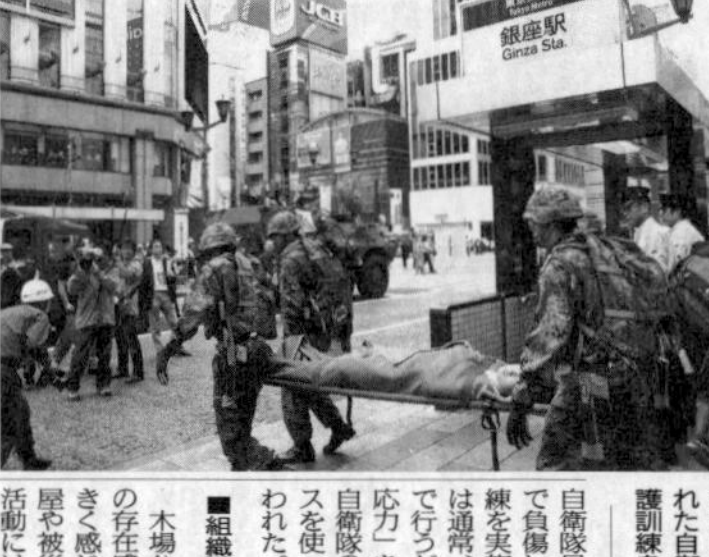

装甲車とともに銀座に現れた自衛隊員が負傷者救護訓練を実施

■組織融合で底力を発揮

木場公園でも、自衛隊の存在感は例年以上に大きく感じられた。倒壊家屋や被災車両からの救出活動には陸上自衛隊と航空自衛隊も参加。連携のとれた動きで、要救助者を救出し、消防庁の仮設救護所に搬送する訓練などが行われた。

訓練後の講評で石原知事は、「陸海空の三軍の力も得て、警察、消防、そしてなんといっても地元の皆さんの力を合わせて訓練を続けてきた。訓練は繰り返すことで身につくもの。これが大きな成果をもたらすことを信じて来年も繰り返していきたい」と述べた。

また、記者団から自衛隊との連携訓練の狙いについて聞かれると、「相乗効果だ。自衛隊が持てない情報、警察が持ってない技術、消防が及ばないもの、それらを融合させることで組織の底力が出る」と力説。

さらに自衛隊の参加に批判的な報道等があることに触れながら「税金で運営されている組織なんだから、いざというときは活用しないといけない。（2000年に）最初にやったら『銀座に戦車が近づいてくる』なんて書かれた。地震は近づいてくるかもしれないが、そんなことありえない」と一蹴した。

08年度都管試合格者を発表

前年度比32人減の183人合格

都人事委員会は8月29日、08年度管理職選考及び運輸管理職選考の合格者を発表した。管理職選考に関しては、種別Bの事務と、今年度で最後の選考となる種別Cで合格予定者数が減少したこともあって、全体の合格者数は、前年度よりも32人少ない183人だった。運輸管理職は3人が合格している。

選考区分ごとの合格者の内訳をみると、事務系ではAが30人、Bが65人、Cは35人、技術系ではAが8人、Bは30人、Cは15人に上っている。

合格率については、種別Aで事務が11・7％、技術系が5・9％、種別Bは事務が19・8％、技術系が8・6％だった。A、Bともに事務の合格率はわずかに上昇する一方で、技術系はほぼ横ばいの状況だった。種別Cでは事務が20・5％、技術系は16・3％で、いずれも前年度を下回る結果となっている。

都主任選考

三代川義明試験課長に聞く

論文では日々の仕事の分析を　あと1カ月が合格を左右

08年度の東京都主任選考が9月28日に立教大学（池袋キャンパス）で行われる。前倒し受験の定着など制度改正の効果が表れ、06年度以降、受験率も高い水準で推移しているという。選考まで1カ月を切るなか、都人事委員会試験室の三代川義明試験課長に、筆記考査にあたっての留意点、受験生へのアドバイスなどを聞いた。

■申込状況

――今年の申込状況や倍率はどうですか。

「申込者数はA・Bあわせて2788人で、申込率は昨年度よりもA・Bともに上昇しています。申込者ベースの合格倍率は、昨年度と比べて高い区分もありますが、AI類では昨年度と同じ4・4倍です。

また教養試験の前倒し受験については、計画的に受験できることもあり、受験者の関心が高く、AI類で昨年度と同様、90％を超える非常に高い申込率となっています」

■制度改正の効果

――06年度に制度改正し、2度の選考を実施しましたが、その結果をどう分析していますか。

「制度改正前と比べ、受験率は対有資格者、対申込者のいずれも上昇しており、『意欲ある職員が受験しやすい選考に』という改正の趣旨に沿った結果が出ていると考えています。

有資格者をベースにした受験率をみると、種別A区分は03年度以降低下傾向でしたが、05年度の27・2％から改正後の06年度が28・4％、07年度が28・5％に上昇しました。これは種別Aにおける教養試験の免除制度の導入が受験者に受け入れられた結果ととらえています。種別B区分でも同様に上昇しています。

申込者に対する受験率は、ここ10年ほど70％台で推移していましたが、06年度及び07年度はA、Bいずれも80％を超えました」

■問題意識をアピール

――論文試験でのポイントや留意すべき点は、何でしょうか。

「論文試験で検証し、評価する主な項目は、『問題意識』『問題解決力』『論理性』及び『表現力』で、中でも最も重要なのが『問題意識』です。

種別A、種別Bどちらの区分についても言えることですが、職務に精励して、自己の仕事の分析を的確に行うことがポイントではないかと思います。論文のための勉強をしなければならないと考えると負担感があるかもしれませんが、日頃からの自分の問題意識の高さを、この機会にアピールするつもりで取り組んでほしいと思います。

また事前に用意した論文を出題内容と関係なく機械的に再現するようなものでは評価することはできません。この点は従来も同じだと言えますが、日々の仕事の中でどう問題意識を持ち、改善策について考えているかが、より問われる形になっています。日々の仕事の中で持つ問題意識を掘り下げ、具体的な解決策を自分の頭で考え、自分の言葉で展開している論文が評価されると認識していただきたい。

なお、主任Aの論文については、受験者が自己の担当職務に関しての課題や提案を論ずる必要がありますが、受験者が特定されないよう、氏名や受験番号、所属名（部・課・係）の記載は認めていないので、注意してください。受験前にTAIMS掲示板の『主任級職選考Aの新たな論文における所属等の記載について』をよく見ておいてください」

■分野別出題数

――択一試験では、昨年度と何か異なる部分はありますか。

「択一試験の分野別出題数は06年度に初めて公表しましたが、今年度も特に変更はありません。TAIMSの掲示板に掲示している、06年7月28日付『主任級職選考等教養問題（択一式）分野別出題数について』を参照してください」

■残り1カ月

――最後に受験生へのアドバイスを。

「受験を申し込んだ方には、9月3日以降、受験票が届くと思います。ラスト1カ月の時間の使い方が合否を大きく左右しますので、体調に留意して、最後まであきらめずに頑張ってください。

また教養問題と論文の両方を申し込んだ方は、教養と論文をともに受験しないと、翌年度以降の教養問題免除の対象となりません。たとえ教養問題の成績が良くても、教養免除のチャンスを逃すことになりますので、注意してください。

今年度の選考会場は、立教大学（池袋キャンパス）です。筆記考査の行われる9月下旬は天気の崩れやすい時期です。電車の運行状況等にも注意して、それぞれの指定時刻までに余裕を持って到着してほしいと思います」

指定時刻まで余裕を持って到着を（昨年の選考会場の様子）

08年度都管試（1次選考）合格者名簿

■A事務（30人）▽繁宮賢（知事本局）▽福田陽代（知事本局）▽若月真理子（知事本局）▽渡部将晃（知事本局）▽小澤常裕（総務局）▽齋藤貴之（総務局）▽佐々木康隆（総務局）▽柳田拓人（総務局）▽原田幸定（総務局）▽渡邊昇（総務局）▽岡誠太郎（総務局）▽西田雄一郎（総務局）▽吉川健太郎（総務局）▽前林一則（総務局）▽田中正之（主税局）▽南茂昭彦（主税局）▽島村美也子（主税局）▽砂原啓毅（都市整備局）▽熊井良子（福祉保健局）▽松田義史（産業労働局）▽糸賀宏平（産業労働局）▽藤生智之（港湾局）▽阿達佳夫（会計管理局）▽柳橋祥人（中央卸市場）▽横田浩志（水道局）▽間瀬努（水道局）▽菅田明子（教育庁）▽勝田健一（教育庁）▽佐藤祐樹（東京オリンピック・パラリンピック招致本部）▽髙橋正和（東京オリンピック・パラリンピック招致本部）

■A技術系（8人）【土木】▽草深玲安（建設局）▽山本諭（建設局）▽安孫子昌弘（水道局）【建築】▽寺沢智博（財務局）【機械】▽川田秀孝（財務局）【電気】▽加納雅之（交通局）【生物】▽橋本良子（産業労働局）【医化学】▽中島真弓（福祉保健局）

■B事務系（65人）【福祉・保健医療】▽福谷純也（主税局）▽西脇誠一郎（福祉保健局）▽荒畑克彦（福祉保健局）▽新内康丈（福祉保健局）▽八木良次（福祉保健局）▽柳沼恵美（福祉保健局）▽新倉吉和（福祉保健局）▽鈴木香奈子（福祉保健局）▽井上俊治（福祉保健局）▽石山俊裕（福祉保健局）▽前田千歳（福祉保健局）▽石川重正（病院経営本部）▽東謙一（病院経営本部）▽江口耕一（病院経営本部）▽持永知良（病院経営本部）【教育・文化】▽山本理（知事本局）▽池野大介（総務局）▽大内篤子（総務局）▽福田洋之（生活文化スポーツ局）▽猪俣聖人（生活文化スポーツ局）▽見目充幸（教育庁）▽高澤裕治（教育庁）▽渋澤明（教育庁）▽天津利男（青少年・治安対策本部）【産業・労働・経済】▽石岡由江（生活文化スポーツ局）▽森勝（産業労働局）【財政・税務】▽久保優（知事本局）▽小野勝利（総務局）▽前田哲也（総務局）▽中川恵一（総務局）▽上村淳司（総務局）▽原田一紀（総務局）▽渡辺正敏（総務局）▽平賀隆（財務局）▽丹直美（財務局）▽谷合紀浩（財務局）▽平松紀晴（財務局）▽中野忍（主税局）▽永田史子（主税局）▽遠藤尊志（主税局）▽藤浩之（主税局）▽新原寛史（主税局）▽浜崎裕（主税局）▽田中健（都市整備局）【環境】▽野村健一（総務局）▽佐藤祐司（環境局）▽根岸潤（福祉保健局）▽本間義治（水道局）▽東国夫（水道局）▽市川健（水道局）▽宮本彰彦（下水道局）▽田口政男（下水道局）【都市づくり】▽宮崎成史（都市整備局）▽大野貴博子（都市整備局）▽樋田正実（都市整備局）▽村大和田隆夫（建設局）▽鈴木直也（建設局）▽赤塚慎一（港湾局）▽江袋晃弘（港湾局）▽千台久美子（交通局）▽木元隆平（交通局）▽堀克典（交通局）▽大村真人（下水道局）▽星智雄（下水道局）

■B技術系（30人）【土木】▽佐々木啓文（都市整備局）▽廣田直人（都市整備局）▽鈴木俊一（都市整備局）▽神子信之（都市整備局）▽小田中光（建設局）▽西園寺英華（建設局）▽香月高広（建設局）▽岡村浩志（建設局）▽有江誠剛（建設局）▽上本竜太郎（建設局）▽今野隆久（港湾局）▽染次治仁（交通局）▽田原功（水道局）▽柿沼誠（水道局）▽木我亘（水道局）▽泉谷信夫（下水道局）▽永田有利雄（下水道局）▽葛西孝周（下水道局）【建築】▽小久保信一（財務局）▽織田淳（財務局）▽相羽芳隆（都市整備局）【機械】▽吉田晃章（港湾局）▽妓津佳孝（下水道局）【電気】▽鵜野正志（水道局）▽漆原隆浩（下水道局）【生物】▽遠藤佳成（産業労働局）▽根来千秋（建設局）【医化学】▽早乙女芳明（福祉保健局）▽近藤寛伸（中央卸市場）▽吉沢健一（水道局）

■C事務系（35人）【福祉・保健医療】▽坂田早苗（財務局）▽菅田弘之（福祉保健局）▽東條恭久（福祉保健局）▽渡辺秀子（福祉保健局）▽佐野修（病院経営本部）▽廣瀬肇（病院経営本部）▽渡邉義浩（病院経営本部）【教育・文化】▽高塚邦夫（総務局）▽佐々木勝広（生活文化スポーツ局）▽曽根稔（教育庁）▽滝沢毅（教育庁）▽北澤多美（教育庁）【産業・労働・経済】▽丸山弘之（総務局）【財政・税務】▽飯塚晃一（総務局）▽鳥海正富（財務局）▽安藤文子（主税局）▽増田浩一（主税局）▽長谷川栄一（主税局）▽市川孝雄（主税局）▽伊藤裕之（主税局）▽葛西正信（主税局）▽米山美恵子（主税局）▽秋元哲夫（会計管理局）【環境】▽中島一秀（水道局）▽山上徳一（水道局）▽小島良之（水道局）▽吉井真理（水道局）【都市づくり】▽鬼倉慎次郎（総務局）▽若松宏一（総務局）▽安部倫世（総務局）▽古橋豊三（建設局）▽吉野茂（建設局）▽網野康之（建設局）▽青木隆（建設局）▽小倉由紀（選挙管理委員会事務局）

■C技術系（15人）【土木】▽清水正明（都市整備局）▽根津和近（建設局）▽高橋義明（建設局）▽藤野文隆（建設局）▽江澤直人（建設局）▽大森正泰（建設局）▽池田敏克（建設局）▽北野守康（港湾局）▽対馬一郎（水道局）▽坂巻和男（水道局）（下水道局）【機械】▽岡部貞夫（水道局）▽岡安潔（下水道局）【電気】▽鎌田功一（下水道局）【生物】▽木下邦雄（水道局）【医化学】▽田﨑達明（福祉保健局）

■運輸（3人）▽佐々木英二（交通局）▽齋藤一夫（交通局）▽和田健司（交通局）

奥田　佳孝さん（おくだ・よしたか＝都建設局第四建設事務所練馬工区主任）24日死去。

昇任試験対策のページ

20年度 主任試験講座 ―45―

都政事情②

引き続き実際に問題にあたっていきます。「10年後の東京」への実行プログラム2008については、さまざまな政策・取り組みが記述されていますが、いずれも重要なものですので、細部まで確認しておきましょう

問　題

【問題2】　昨年12月に都が発表した「10年後の東京」への実行プログラム2008に関する記述として、妥当なのはどれか。

①　空港・港湾機能の拡充に合わせたネットワーク機能の強化として、羽田空港の再拡張・国際化を目標としているが、横田飛行場の返還については触れていない。

②　3環状道路の整備促進について、今後3カ年の事業展開として東京外かく環状道路の関越道〜東名高速間が開通するなど、約8割が完成するとしている。

③　グリーンロード・ネットワークの形成として、今後3カ年で街路樹を現在の1・5倍にあたる70万本に増加するとしている。

④　更新期を迎える膨大な社会資本ストックのマネジメントとして、都が管理する主要な社会基盤施設の建て替えや統廃合計画を策定するとしている。

⑤　美しい都市景観の創出として、景観形成特別地区内で現在規制中の屋上広告物のほぼ全数を撤去するとともに、日比谷公園等において民間事業者と一体的な景観整備を展開するとしている。

【問題3】　昨年12月に都が発表した「10年後の東京」への実行プログラム2008に関する記述として、妥当なのはどれか。

①　2020年までのCO2削減に向けて、家庭部門では、住宅用太陽光発電の拡大、高効率給湯器等の普及拡大及び電球型蛍光灯一掃作戦の展開を掲げている。

②　都民・企業と協働した低CO2型自動車社会の実現として、低公害かつ低燃費な自動車の導入・使用促進を図るとともに、バイオディーゼル燃料やバイオガソリン燃料の利用縮減を目指すとしている。

③　大地震に備えた建物・インフラの耐震化として、小中学校等の防災上重要な建築物について、耐震化率100％の実現を3カ年目標としている。

④　集中豪雨の発生などから都民の安全を早急に確保するため、浸水対策や土砂災害対策を図り、対策促進流域内の治水安全達成度84％実現を3カ年目標としている。

⑤　官民のパートナーシップ構築によるテロ対策の推進として、民間大規模集客施設等と行政を緊急ネットワークで結び、23区全域で大規模テロ対処訓練等の実験的取り組みを実施するとしている。

【問題4】　昨年12月に都が発表した「10年後の東京」への実行プログラム2008に関する記述として、妥当なのはどれか。

①　「地域」と「技術」で支える超高齢社会の都市モデル創造として、認知症高齢者グループホームの定員を1万人に増員するほか、平成22年度に健康長寿医療センター（仮称）を地方独立行政法人型組織として開設するとしている。

②　障害者雇用を3カ年で1万人増加させるため、グループホーム等の居住場所を整備やコーディネーターの活用による地域生活への移行促進を図るとしている。

③　社会全体で子育てを応援する東京の実現として、保育サービス定員を3カ年で15万人分整備し、事業所内保育施設を50カ所設置するとしている。

④　365日24時間安心できる医療システムの構築として、東京医師アカデミーで専門臨床研修医を育成するとともに、新たに都立のがん専門医療センターを設立するとしている。

⑤　新技術の活用による東京の防災力向上として、新たな災害情報システムの運用を開始するとともに、東京都独自の災害予防計画を策定するとしている。

【問題5】　昨年12月に都が発表した「10年後の東京」への実行プログラム2008に関する記述として、妥当なのはどれか。

①　東京から世界へ新たな文化の創造・発信として、演劇・美術・音楽など様々な分野で大規模文化プロジェクトを展開するとともに、江戸東京博物館を新たな文化の発信拠点としてリニューアル開館するとしている。

②　外国人旅行者1千万人誘致を実現する観光振興として、3カ年で年間600万人の外国人旅行者を誘致するため、東京のホスピタリティを醸成していくとしている。

③　ユニバーサルデザインのまちづくりとして、3年後に鉄道駅のエレベーター等の整備を完了させるとともに、ユビキタス社会の実現に向けて、民間参画の実証実験を渋谷・新宿で実施するとしている。

④　多摩シリコンバレーの形成として、企業立地を促進する長期かつ低利の融資制度を創設するとともに、中小企業の自動車産業への参入を促進するとしている。

⑤　アジアの将来を担う高度な人材の育成として、アジア人材育成基金の創設やアジア人材バンクへの登録を図るなど、アジア諸都市と連携した人材育成を強力に推進するとしている。

【問題6】　平成20年度東京都予算として、妥当なのはどれか。

①　平成20年度の一般会計の予算規模は6兆8560億円で、前年度に比べて2540億円、5・5％の減となった。

②　一般歳出は、前年度に比べて1・8％増の4兆4137億円となり、3年連続で増となった。

③　「10年後の東京」への実行プログラム2008における20年度事業の予算化状況は、全会計で8706億円となっている。

④　持続可能な財政基盤構築を目指すため、法人事業税の国税化による減収に備えた基金の積立を行うとともに、地球温暖化対策推進基金等について基金の取り崩しを見送った。

⑤　歳入の状況として、都債の発行は、前年度比1・2％増となり、起債依存度、起債残高とも年々上昇傾向にある。

解　説

【解説2】　正答③

①　誤り。横田飛行場における空域の一部返還を図り飛行時間の短縮、経済効果の創出を見込んでいる。

②　誤り。東京外かく環状道路の関越道〜東名高速間で事業に着手するなど、約6割が完成するとしている。

③　正しい。

④　誤り。都が管理する主要な社会基盤施設への予防保全型管理の導入及びシステム化を図るとしている。

⑤　誤り。井の頭恩賜公園等において、周辺地域と一体的な景観整備を展開するとしている。

【解説3】　正答④

①　誤り。白熱球一掃作戦によるムーブメントを起こすためスーパー・コンビニなどの販売店での呼びかけ等を行うとしている。

②　誤り。バイオディーゼル燃料やバイオガソリン燃料の利用促進を目指し、都バスでの事業継続と民間事業者への展開を図るとしている。

③　誤り。小中学校の耐震化率85％の実現、大規模救急病院の耐震診断完了等を目標としている。

④　正しい。

⑤　誤り。官民パートナーシップの構築に向けた試験的運用を開始するとして、モデル地区を選定し、実験的な取り組みを実施するとしている。

【解説4】　正答②

①　誤り。認知症高齢者グループホームの定員を6200人に増員するほか、平成24年度に健康長寿医療センター（仮称）を開設するとしている。

②　正しい。

③　誤り。保育サービス定員を3カ年で1万5千人分整備し、事業所内保育施設を100カ所設置するとしている。

④　誤り。都立病院の再編整備は、多摩広域基幹病院、小児総合医療センター、がん・感染症医療センター、精神医療センター（いずれも仮称）としている。

⑤　誤り。都政のBCPを策定するとしている。（平成20年度）

【解説5】　正答⑤

①　誤り。東京都美術館を新たな文化の発信拠点としてリニューアル開館する。（平成24年度）

②　誤り。今後3カ年で年間700万人の外国人旅行者を誘致する。（平成23年度）

③　誤り。ユビキタス社会の実現に向けて、民間参画の実証実験を銀座で実施するとしている。

④　誤り。中小企業の航空機産業への参入を促進するとしている。

⑤　正しい。

【解説6】　正答②

①　誤り。前年度に比べて2540億円、3・8％の増となった。

②　正しい。

③　誤り。全会計で4706億円を予算化している。

④　誤り。「スポーツ・文化」「環境」「福祉・医療」の三つの分野の基金を取り崩し、施策を積極的に推進する。

⑤　誤り。都債は前年度比4・8％減の2666億円となり、起債依存度、起債残高とも低い水準を維持している。

20年度 主任・係長 論文講座 ★45★

都主任選考　直前対策②

繰り返し考える

今回は、都政と自己の職務・職場との関連、課題を論ずる上で参考となる基本方針等の記述を確認します。

施策の背景や都の役割の変化、職場に期待される役割、都政全体の改革の本質を理解し、自己の職務との関連を「繰り返し考える」ことで、論文の精度を高めてください。

なお、紙面の都合上、概要のみの掲載となりますので、気になる個所がありましたら、ホームページなどを活用して必ず原文を確認してください。

「10年後の東京」実現に向けた実行プログラム2008（19年12月）

第1章　「10年後の東京」の実現に向けて

2　「10年後の東京」への実行プログラム2008策定の考え方（5〜6頁）

【策定の意義】

○「10年後の東京」に掲げた八つの目標の実現に向けた政策を着実かつ迅速に実施する。

○2016年東京オリンピック開催を目指し、21世紀の都市モデル実現に向けた先進的な取り組みを展開していくため、「10年後の東京」への実行プログラム2008を策定する。

【実行プログラムの位置付け】

○「10年後の東京」の実現に向けて、取り組みを加速する3カ年のアクションプランを策定することにより、今後の都の事業展開を明らかにし、これからの行財政運営を先導していく。

【実行プログラムの内容】

○計画期間を平成20年度から22年度までの3カ年とし、3年後の到達目標と事業費総額、年次計画を明示する。

○新規性・先進性を持つ取り組みや今後3カ年で加速化して進める取り組みを積極的に取り上げ、集中的・重点的に施策を展開する。

○「10年後の東京」策定後の東京を取り巻く社会状況の変化に迅速かつ的確に対応するため、新たな課題についても、対策を講じる。

【10カ年プロジェクト】

○都民、民間事業者、区市町村等と連携して実施する長期的取り組みについては、「10カ年プロジェクト」として取り組みの方向性を明示する。

○10カ年の取り組みを踏まえ、3カ年で集中的に取り組む事業展開を、「緊急3カ年プロジェクト」として位置付ける。

【東京を支える多様な主体とのムーブメントの創出】

○「10年後の東京」の実現に向けては、東京に集積する様々な主体と協働し、ネットワークを広げながら、東京全体で取り組みを進める。

○緑の東京募金、家庭における省エネ促進、建物の耐震化、子育て支援など広範なムーブメントを展開し、都民運動を促す仕組みを積極的に取り入れる。

○アジア諸都市や近隣自治体と連携・連帯して取り組む課題の解決については、「アジア大都市ネットワーク21」や八都県市首脳会議等の広域的なネットワークを十分活用していく。

【オリンピック招致計画のバックアップと招致機運の醸成】

○東京オリンピックの実現を確かなものにしていくため、オリンピック招致計画をバックアップし、招致機運の醸成を図る。

第3章　10カ年プロジェクト（23〜32頁）

第4章　3カ年のアクションプラン（35〜190頁）

※取り組みの方向性、具体的な施策が示されているので、担当職務に関連している分野については、内容を把握されることをお勧めします。

第5章　実行プログラムの推進（193〜194頁）

1　10年先を見据えた着実な施策展開

【確実な実現に向けたプログラムのローリング】

○検証の仕組みを充実し、今後毎年度、アクションプランをローリング（改定）する。

○横断型戦略会議や所管局による自己検証の仕組みと、実行プログラムにおける目標管理を連動することで、計画のPDCAサイクルを確立する／検証の結果を、新たな目標設定、事業展開に着実に反映させるとともに、社会状況の変化を踏まえた新たな施策展開を行っていく。

【さらなる都政改革の推進】

○平成18年7月に策定した「行財政改革実行プログラム」に掲げた①行財政サービスの提供や公共的な課題の解決に多様な主体が関わる、豊かな「公」の構築②政策対応力の高い執行体制の確立③スリムで効率的な行政運営の実現――について、一層の推進を図る。

【国への働きかけ】

○日本の発展を支える重要施策については、国との協議の場などを活用しながら、実現に向けて、国へ強く働きかけていく。

【区市町村との連携】

○現場ならではの意見を重視し、区市町村とともに、東京の魅力のさらなる向上を目指し、一丸となった取り組みを進めていく。

2　オリンピック立候補ファイルへの反映

○今後、オリンピック・パラリンピック競技大会の詳細な計画書である立候補ファイルにおいて、卓越した大会運営の計画を示すとともに、長期的な戦略である「10年後の東京」及びその実行計画である「10年後の東京」への実行プログラム2008を反映していく。

20年度予算の執行について（20年4月）

○都財政は、これまでの財政再建の取り組みが実を結び、ようやく将来に向けた取り組みに目を向けることのできる状況に到達した／これまで堅調に推移してきた都税収入の伸びの鈍化や、不合理な法人事業税の暫定措置など、都財政を取り巻く環境は厳しさを増している。

○今後の膨大な財政需要に対して的確に対応するとともに、従来から進めてきた財政構造改革をさらに徹底し、財政対応能力の強化を図る。

○平成20年度予算は、「『10年後の東京』の実現に向けた取り組みを加速させるとともに、いかなる状況変化の下でもその取り組みを支え得る持続可能な財政基盤を築き上げる予算」と位置付けられている。

○予算編成の第1のポイントは、将来の東京を見据えた施策を積極的に推進するとともに、山積する諸課題に真正面から取り組み、都民の負託に的確に応えることである。

○第2のポイントは、将来にわたり財政需要が増大していく中にあって、施策の目的を確実に実現し、都民サービスを向上させるために、財政構造の弾力性を高め、強靭な財政基盤の構築を目指すことである。

21年度予算の見積もりについて（20年7月）

○都財政は、長らく続いた財政の危機的状況を脱し、将来に向けて東京を21世紀の都市モデルにすべく、地球環境対策をはじめとした本格的な取り組みを始めている／都民は、物価高騰や食への信頼の低下などにより経済面や安全面において不安を抱いており、都政がこれにどう応えるのかも問われている。

○景気の減速傾向が加速する中、今年度の都税収入は、法人2税が前年度を下回る可能性が高まっている／さらに、法人事業税の不合理な暫定措置による2800億円の税収減のため、平成21年度の都財政は、6年ぶりに大幅な収入減少になることを覚悟せざるを得ない。

○今日の都政に求められている課題は、いかにして東京の将来を見据えた施策と現下の都民生活を守る施策の両方を、確実かつ継続的に実施し、都民の期待に応えるかという点にある。

○これまで財政再建の中で培ってきた財政対応力を最大限活用し、必要な施策を着実に実施するに足る財源を確保することで、財政の安定性、継続性を持続していく必要がある。

○一つひとつの施策内容において、効率的で無駄のない有効な施策を構築、実施することにより、質の高い都民サービスを提供していく不断の取り組みが不可欠である。

○東京発の新たな公会計制度や昨年スタートした予算編成手法の改革をさらに発展させ、各局の主体的な事後検証を基に予算の立案段階から庁内の議論を一層深め、現場に即したより実効性の高い施策へ磨き上げ、それらを着実に執行していくことがより一層重要となってきている。

21年度組織及び職員定数方針並びに監理団体職員数調整方針について（20年7月）

○都は、これまでも国や他の自治体に先駆けて、不断の行政改革に取り組み、組織及び職員定数並びに監理団体職員数等の適正化を進めてきた。

○今後も、職員の本格的な大量退職期が続くとともに、人口減少社会が到来する中、労働市場の縮小に伴い質・量ともに働き手の確保が困難になることが予想される／そのためには限られた人材をこれまで以上に有効活用していく必要がある／「行財政改革実行プログラム」における定数削減目標を踏まえ、組織と定数の一体的な管理を推進し、徹底した内部努力を行い、少数精鋭による効率的な執行体制の構築が不可避である。

○都政は、社会経済環境が大きく変化する中にあっても、多様化する都民ニーズに的確に応えるとともに、オリンピック招致をはじめ「10年後の東京」に掲げられた施策を着実に推進していかなければならない／そのためにはラインの枠を超えて今まで以上に横断的かつ迅速、的確に対応していかなければならない。

○公民の役割分担を明確化し、民営化やアウトソーシングを徹底する／多様な雇用形態のマンパワーを確保することで、最適な組み合わせによるスリムで機能的な執行体制を構築し、都政運営を実現していくことが必要不可欠である。

○「首都公務員」としての自覚と能力を有する職員や専門人材の育成機能を強化する／都政で長年培われた幅広い技術やノウハウの継承を円滑に行わなければならない。

区政潮流

柔軟な組織をどのように構築するか

グループ制の課題と将来を展望する

■部課を跨ぐ組織には上司が必要

柔軟な組織をいう場合、プロジェクトチームやタスクフォースをいうのが従来であった。部課や係を跨ぐ諸課題は次々と生まれてくる。IT化などは単独の課だけで解決できるということはまずない。役所の中央（ゼネラルスタッフ）が人事・組織を運営するのでは社会情勢の変化に的確に対応できないといわれる。現場の臨場感がないというわけだ。その反省にたって横断的で臨時的な組織をその都度つくってきたともいえる。「○○対策本部」や「△△プロジェクトチーム」がいい例だ。といっても、これら臨時の組織では、事務局が各部課の課題を吸い上げ、意見を調整しながら、「合意形成」と「参加的職員自治」を実現しているに過ぎない。

本来、部課長が問題を詳細に把握しておれば、区長が関係部課長と議論して決めれば済む話である。時間と手間を掛けたあげく参加者全員の顔をたてる「ガス抜き」の会議体となりがちだ。区では上から下までこの種の会議体が大好きだ。

会議とは、権限と知識・経験をもちあわせた関係者が課題解決のための調整と決定を行うものである。権限がない者を集め、参加と称するところに非効率を生む根っこがある。同列の部長や課長がいくら集まっても会議は踊る。議論を整理し結論を導く、権威ある＝一段上の上司たる「議長」が不可欠である。

■特別区のグループ制とは、どんな組織？

千代田区、板橋区、豊島区などでグループ制は広がりをみせつつある。墨田区の主査制もグループ制に含めてよい。他自治体では、所沢市や多治見市が有名なところだ。係制では通常1年ごとにしか課の事務分担を見直さず、係ごとの「シマ」になりやすい。係が「課内課」の様相を呈すればセクショナリズムの弊害が倍加する。

グループ制は、課のなかの業務ごとに編成するグループを組織の単位とする。課の組織目標や業務の繁閑・難易などのあり方にあわせ柔軟（年の途中に編制替え・複数グループに同一人をメンバーに加えるなど）に編制できるところがミソだ。

現業系の職場ではすでに作業グループとしての班やグループが存在してきた。また、税務や国保年金など大規模な課のなかの大きな係でも班やグループが非公式・公式に編制されてきた。技能長や技能主任といった職層も作った。作業量にあわせて人員体制を柔軟に組みなおす発想は現業系の方が優れているのかもしれない。

グループ制のメリットは、業務ごとにふさわしい者をリーダーとメンバーに選び、業績を挙げるチーム編成が可能になることである。デメリットは、できる職員に仕事が集中するも、人事制度における報酬が十分でないときに悪不平等を生むことだ。

■グループ制導入とモンスター職員

民間会社の組織の最小単位としては課が多い。その課の単位も3人前後のところから10人・20人といった単位がせいぜいだ。その意味で民間では大規模会社になっても最小の単位（ユニット）は細分化されたままともいえる。区の最小単位である係には、出先事業所も含めて20人前後のところは珍しくない。民間と特別区の組織の比較は簡単ではないが、大規模会社や中小零細会社と比較しても、係長（特別区）は民間の課長職相当と評価することも十分可能だ。

しかし、特別区の職と民間の職のグレード対比にアンバランスがあるにしても、特別区の係長が民間の課長と同等かといえばまた別である。係長の意識レベル、マネジメント力には、個人によって大きな格差があるからだ。部下の意見は聴くが課や係の目標に向かって部下を意識づけ統制することができる係長とできない係長の差は顕著だ。意識、姿勢の差といえばそれまでだが、モンスター職員の存在によりリーダーシップが発揮できないことも無視できない。

また、係長のなかには、職制における係長としての意見と職員団体メンバー（組合員）としての意見を区別することができない。言いたいことだけをいうモンスター職員を抱える現場の係長には苦労が多いが、その影響で職制としての筋を通せないひ弱な係長として成長してしまうことも否定できない。モンスター職員が我がもの顔で仕事をしている課、あるいは自らのなすべき職務をこなさないフリーライダーが属する係でこそ、グループ制の導入が必要ともいえる。しかし、フリーライダーや安定圏にある（55歳を超えた）係長自身にはグループ制は理解されないのが普通だ。

グループ制を導入するかどうかは、現場の組織を預かる部課長の専権事項である。しかし、モンスター職員に対峙する中間管理職層を厚くする体制づくりが前提となる。ひ弱な課長・係長にはグループ制を運営することが難しいからだ。

■勤勉を尊ぶグループ制は未来志向

中野区の分野別組織は、政策評価を組織評価にも活用していくスタンスで設計されている。つまり成果志向の経営システムを組織の評価にも貫いている点が大切だ。組織の評価こそ政策マネジメントの基本中の基本といえる。部の評価はバランススコアカード（BSC）でやるとして、課や係の評価はどうするか。別々には行いにくいため、課の組織目標とそれをブレークダウンした業務別の組織目標ごとに達成度と達成努力を評価するよりない。グループ制がいいかどうかの評価は、部や課の組織評価を積み上げ経年で評価するしかない。しかも、一段上の上司（＝議長）に評価してもらわねばなるまい。

組織効率を高めながら組織の有効性を発揮するには、組織（グループ）ごとにメンバー間の関係性を確かめながらチームとして作り上げていかなくてはならない。額に汗して働くという「勤勉さ」を競わない組織に活力はない。「勤勉さ」の原点に返りつつ、グループ制で能力発揮する公務員のプラスイメージこそいま求められている。

（特別区自治問題研究会）

よく分かる公衆衛生　2

都民の30%が罹患の予測

今年の6月30日に厚生労働省が新型インフルエンザの発生に備えて初の訓練として「省内初動体制参集訓練」を行いました。この訓練を手始めに今後さらに一連の訓練が実施され、実際の感染発生時における事務局体制の強化を図っていくようです。

東京都においても「新型インフルエンザ対応マニュアル」（2007年3月）や「新型インフルエンザQ&A」が作られ、各区市町村でもマニュアル作りや訓練などが行われています。

なぜ、行政がこのように新型インフルエンザの発生に危機感を持っているのでしょう。それは、新型インフルエンザは近いうちに必ず出現し、その流行により多数の患者と死亡者の発生が見込まれているからです。

新型インフルエンザは鳥などのインフルエンザウィルスが変異して、人から人に感染する能力を得たものをいいます。いままでにも1918年スペインかぜ、57年アジアかぜ、68年香港かぜ、といった新型インフルエンザが出現し大流行しています。いずれの時にも大変な数の患者と死亡者が発生し、物流の停滞など社会の大混乱をきたしました。特にひどかったのは18年のスペインかぜで、世界人口の25%から30%が罹患し、患者数は6億人その内2千万から4千万人が死亡したといわれています。日本でも2300万人が罹患し39万人が死亡しました。

現在、新型インフルエンザに変異するのではと恐れられているのが、「高病原性鳥インフルエンザ（H5N1）」です。この鳥インフルエンザウィルスは今のところ人から人へ感染する能力は無いのですが、すでに鳥から人への感染が確認されています。WHOの集計では今年の6月19日の時点で385人が感染し、その内243人が死亡していることが確認されています。なんと死亡率は60%以上！　この強毒性のウィルスが新型インフルエンザに変異したとしたら本当に恐ろしいことになるでしょう。

05年10月の東京都新感染症対策会議による「東京都の新型インフルエンザ対策について（報告）」によれば、都内での新型インフルエンザの流行予測として都民の30%が罹患し、患者数は378万5千人という数を示しています。医療技術が進んだ現代でも、これだけの患者が短期間のうちに発生してしまっては医療機関も対応しきれません。

新型インフルエンザの出現はカウントダウンに入ったとも言われています。日本でのインフルエンザの流行時期は冬ですが、今年の冬にも新型インフルエンザが出現し、日本に侵入するかもしれません。その時になってあわてないために、私たちも今から物心両面での準備をしておきたいと思います。今回から6回にわたって具体的な対策のお話をしましょう。

（元大田区保健所　伊東利和）

「がんばれ！公務員」は休みます。

みにがいど

◆第4回「WHO世界自殺予防デー」シンポジウム～「自殺事態白書2008」報告　▽日時　9月14日（日）午後1時～5時30分▽会場　東京ビッグサイト▽登壇者　姜尚中・東京大学、宮台真司・首都大学東京、町永俊雄・NHKキャスター、清水康之・ライフリンク、他▽申し込み　メール＝info@lifelink.or.jp、FAX3261・4930、☎3261・4934、ハガキ（〒102−0071千代田区富士見2の3の1の302　NPO法人ライフリンク「WHO世界自殺予防デー」係）で、①氏名②住所③電話番号④どうやって知ったかを記入して申し込む※入場券を郵送▽問い合わせ先　☎3261・4934

◆ただのいぬ。プロジェクトvol・5「ただしいいぬ。展」～犬鑑札のこと、暮らし方のこと～　▽日時　9月11日（木）～24日（水）午前9時～午後8時▽会場　世田谷文化生活情報センター生活工房▽入場無料▽保健所や動物愛護センターで悲しい運命を辿る犬の一部は希望者に譲渡される。そんな名も値段もない「只の犬」「無料の犬」の存在をアートやデザインの力で訴えるプロジェクト▽問い合わせ先　☎5432・1543

『都庁俳句』作品抄（9月1日発行）

何時からを晩年と言ふ籐寝椅子　大熊虚阿
遠雷に鎌研ぐ男手を止めし　阿部功
蜜豆を待つ小さくて固き椅子　豊田眞佐子
降らずみの降るより暗し桜桃忌　和田しずえ
泡ひとつ泪のごとく水中花　上部隆男
辻に来て考へてをり道をしへ　間中恵美子
でで虫と顔合はせたる雨あがり　原田佳子
尺角の欅の柱夏炉燃ゆ　片野信子
風死してをんなの胸のひろさかな　澤野信一
路地伝ふ夏越の笛や小舟町　伊達天
古団扇いつもの風を生みにけり　岩井恵子
太古よりをんなは蛇になりたがる　横坂けんじ
川風を味に加へし鮎の宿　奥田弘學
蜜柑咲く故郷はいま母一人　髙橋弘
短夜や字画を拾ふ虫めがね　小林しげと
夏座敷裏戸へ抜ける風の道　鈴木征子
息遣ひまでも聞こへし梅雨の蝶　佐々木いつき

coffee break

市民病院はいま

帰省しておどろいた。近所の元小学校長の爺さんが脳梗塞で入院していた。幸い軽症で退院できるらしい。問題はその入院先が100キロも離れた隣県の県庁所在地であること。そしてそれを知っているわが親や、近所の反応だ。

「よかったよかった、あっちで倒れて」

「家で倒れていたら、助からなかったかもしれん」

元気な姿で同窓生と会えるのもこれで最後と、高血圧をおして大学の同窓会に出たのが仇となったようだが、幸か不幸か母校の大学病院に直行で事なきを得た。ついているのかいないのか、泣き笑いの話だ。ただ、我が故郷の実家は腐っても繁華街といわれた街にあり、近くには立派な市民病院がある。

「だめだよ、手術は週3日らしい」

「だいたい脳外科がないから」

小生も多少は世の中知っているつもりであるから、聞いてみる。

「お産はどうだい」

「ああ、まだやっていたかな、ああ、年内は大丈夫と言っとった」

「精神科がなくなったのが困る。あそこの娘さんも、東京の仕事が辛いって戻ってきて、薬飲んでいたがな、また戻っていったわ」

さびしい話がいつまでも止まらない。

「そういえば、公社になるとか言っていたが、お前、役所勤めだろう。東京だと、公社になると医者は増えるのかい」

「おれに聞かれても困る」

「爺さん、リハビリまであっちでやるそうだ」

「それがいいそれがいい、あそこに会社勤めの息子さんがおられたろう」

「息子さんがアパート借りてくれたとかで、婆さんがリハビリの間は行くらしい」

「それはよかった、孝行な息子さんで、よかったよかった」

なんだかよくわからないが、これはとてもハッピーで、ラッキーな話らしい。（運）

都政新報

発行所 都政新報社
〒160-0023 東京都新宿区西新宿7-23-1 TSビル
〈総務・読者〉 03-5330-8781
〈企画広告〉 03-5330-8784
〈編集〉 03-5330-8786
〈出版〉 03-5330-8788
〈セミナー事業部〉 03-5330-9977
〈ファクス〉 03-5330-8808
購読料 月1,680円(税込)
毎週火・金曜日発行
但し、祝祭日は休刊
©都政新報社 2008

紙面から

09▼▼▼都議選

ネットの牙城に民主が独自候補

多摩地域の選挙協力に変化

来年夏の都議選で民主党が全選挙区に独自候補を擁立する方針を立て、これまで友党だった東京・生活者ネットワークとの選挙協力に変化が表れている。定数2の日野、南多摩、北多摩第二の各選挙区では、前回、民主党は公認候補を見送り、生活者ネットの候補を推薦してきた。しかし、今回は戦わずして議席を譲ることをせず、新人を立てる考え。都議会で自公の過半数割れを狙う民主党の戦略の一環だが、そのあおりを受け、生活者ネットの多摩地域での議席維持が非常に厳しくなっている。特に、1985年から生活者ネットが死守してきた北多摩第二選挙区(国立、国分寺)では、自民党内でも公認候補の調整が難航し、乱戦になる気配だ。

小会派の存亡かかる選挙に

自民党は、9月中下旬に第1次公認を発表する予定だが、多摩地域の18選挙区の中で注目を集めているのが北多摩第二(定数2)。ここは、四半世紀にわたって自民党と生活者ネットの指定席で、事実上、無風選挙区だったが、この構図が崩れる公算が出ている。

自民党からは、元都議会議長で7期の三田敏哉氏が続投に意欲をもち、国立総支部が自民党都連に公認申請した。「多摩地域で国体を開催するには、体育施設や都市基盤の整備で都の財源を充てる必要がある。私は、自民党三多摩支部連合会の会長として、23区との格差解消に向け、全力でまい進したい」と三田都議は話す。

ところが、有権者数では国立市より多い国分寺市から高椙健一市議が名乗りを上げ、8月末に国分寺総支部が公認申請した。高椙氏は、自分に公認が出ると読み、現在、自民党都連の裁定を待つ状況。

7月4日の都連選対小委員会では、現職優先の考えに基づき自動的に党公認とはしないことを打ち出した。しかし、一般論として現職が出たいと言っているのに、公認を外すのは容易でない。三田氏、高椙氏のどちらかに決めかねる場合、「都連が2人公認もあり得るのでは」と話す自民党関係者もいる。

高椙市議は「前回の都議選でも私の名前が挙がったが、その時は降りた。今回は、国分寺総支部から出ろと強く推されている」として、仮に党公認を得られなくても無所属で出馬する構えだ。

■日野市で擁立断念

自民党内の足元が割れている中で、民主党と生活者ネットの選挙協力関係も微妙になっている。民主党都連では「党の選挙方針で空白区の解消と言っているのだから、定数の少ない選挙区では、理解してもらう以外にない」と語る。

1日の民主党第2次公認では、台東区と日野市で候補を決めた。都議会の田中良幹事長は、生活者ネットの現職がいる南多摩(多摩、稲城)と北多摩第二でも「公認候補を立てる」と話す。前回まで日野市で生活者ネットは議席を持っていたが、民主党が公認を立てたことから、来年夏は断念を決めた。

北多摩第二は、生活者ネットが初めて都議会に進出した地域。3期ローテーションの原則で大西由紀子都議が引退するが、議席維持に強いこだわりを持つ。27日の都議選政策発表集会で新人候補を発表する予定。

これに対し、民主党では、国分寺市議と国立市議が立候補に名乗りを上げ、地元で調整中。福田首相の辞任に伴い、解散・総選挙が早まる中で小平、国分寺、国立、西東京をエリアとする衆議院東京19区で民主党が自民党に勝つには、生活者ネットの支援が不可欠。このため自民党関係者からは「都議選で民主党の公認候補擁立は、実際には難しいのでは」という見方が出ている。

このほか、共産党も公認を立てる方針だが、01年、05年とダブルスコアで負けている選挙区ということもあり、擁立の取り組みが遅れている。北多摩中部地区委員会では「政治目標も含めて、検討中」としている。

北多摩第二・過去の得票 《定数2》

	氏名	党派	得票
■05年7月5日(投票率46.09%)			
当	大西由紀子	ネ現	23.858
当	三田 俊哉	自現	22.385
	高島 美秋	無新	11.166
	前田 武彦	共新	10.630
■01年6月24日(投票率53.16%)			
当	三田 俊哉	自現	29.285
当	大西由紀子	ネ現	21.788
	力久 博	共新	11.075
	青木 健	無新	9.546
	高野 文生	無新	3.483
■97年7月6日(投票率40.56%)			
当	三田 俊哉	自現	16.882
当	大西由紀子	ネ現	15.259
	武田 栄一	共新	12.651
	田中 稔	社新	5.593
	伊藤 太郎	無新	3.116

■民主「定数の多い選挙区では推薦」

生活者ネットは、杉並区、世田谷区、練馬区、八王子市、南多摩、北多摩第二の計6選挙区に候補を擁立する考え。

総選挙の結果が来年夏の都議選にどう影響するか、「風」の吹き方は誰にも予測がつかないが、生活者ネットの過去の得票状況を見ると、05年の都議選では、練馬区で最下位当選、杉並区と世田谷区で議席を失った。区部での選挙は必ずしも強くない。多摩地域で民主党候補と競合し、せり負けた場合、都議会の議席をすべて失う可能性も現実味を帯びる。

田中良幹事長は、生活者ネットとの選挙協力について「定数の多い選挙区では推薦を出すとか、できるだけ協力する」と話す。しかし、民主党の60人程度の大量擁立方針と二大政党の潮流の中で、小会派の存亡がかかる選挙になる。

政務調査費

3定に条例提案を再度確認

都議会あり方検討委 17日に最終の会合

政務調査費の領収書添付などを議論する「都議会のあり方検討委員会」が1日に開かれ、第3回定例都議会に条例案を提出することを再度確認した。次回の検討委は17日に開かれ、最終案をまとめる予定。

1日の検討委では、冒頭、川井委員長から、第3回定例都議会に条例提案したい意向を再確認したうえで、領収書の添付基準、議員の職務内容の明確化、領収書の公開方法などについて議論した。また、第3回定例都議会に条例案を提出するには、22日の議会運営委員会に提案しなければならず、17日までに内容をまとめなければ間に合わないことも確認。最終の検討委を17日に開くことを了承したという。

その上で、川井委員長は、「17日までにまとめられないようでは、都議会の恥だと認識していただきたい。委員長と各会派で最終案のすりあわせを行い、17日の検討委では最終案に同意してもらう」と提案した。

また、「何のための条例をつくるのか、もう一度考えてもらいたい。政務調査費が有効かつ、都民にとって必要な使われ方をされ、できるだけ情報公開できるよう、各会派が努力し、汗をかいてきた。自分のところが気に入る、気に入らないではなくて、みんなで汗をかいた条例にすべき」と述べた。

都議会のあり方検討委員会は昨年12月に、自民、民主、公明、共産、生活者ネットの5会派が参加して発足した。会議は非公開。ここでの検討結果をもとに、政務調査費の新たな定義や使途基準を決め、4月1日から試行的に実施している。

下水道工事死亡事故で調査委報告

退避計画作成を義務化

工事中断の経費、負担も

豊島区雑司ヶ谷の下水道工事で作業員5人が死亡した事故を受け、都下水道局の事故調査委員会(委員長=中村益美技監)は1日、「現場に一滴でも雨が降ったら、即刻地上に退避する」などの対策を盛り込んだ報告書をまとめた。従来、「水位上昇が確認された場合、作業を中止し、地上に避難」することを決めていたが、雑司ヶ谷の事故では増水するまでの時間が短く、退避の時間が確保できなかったとして、退避計画の作成も義務付けている。

報告書では、従来の安全対策が局地豪雨を想定したものではなかったと指摘。従来の注意報・警報が発令された場合に加え、現場に雨が一滴でも降った場合も即刻作業を中断し、退避することを定めた。

また、リアルタイムに気象情報を取得できるよう、気象担当者の携帯電話に注意報・警報が自動配信されることを義務づける。

雑司ヶ谷の事故では、急激な増水に作業員の退避が間に合わなかったことから、あらかじめ退避ルートを盛り込んだ「退避計画」の作成を義務化。退避する際は、資機材を放置することも義務づける。雑司ヶ谷の施工計画書では、「退避」と「資機材の撤去」のどちらを優先するか明記されておらず、作業員が逃げ遅れた可能性があるためだ。

また、作業員が流されることも想定し、下水管内に救助ロープを張ったり、マンホールから縄梯子を吊るすなどの対策を例示した。

これまでコストに上乗せしていた安全対策の経費以外に、作業の中断などで発生した経費は、都が負担する方向。降雨による工事中止で延びる工期については、現在は14%余分に見積もっているが、建設局が現在、都としての基準の見直しを進めている。

㈳日本下水道管路管理業協会 田中修司専務理事の話 報告書の焦点は「豪雨」だが、下水管内の増水は雨でなくても起こる。例えば、上流域にあるポンプ場が予期しない形で作動したり、大量の工業排水が発生したりする場合だ。また、地震で水道管の幹線に亀裂が入って増水するなど、下水管内の作業には危険が幾つも考えられる。下水管内の作業に「下水道管路管理技士」の資格を要件にする自治体もあるが、豪雨対策は下水管内の危険の一環として捉えることも必要だ。

安全対策守れる環境を

【解説】 都の新基準は、工期延長や経費の増加につながるが、人命が最優先である以上、事業者側には悩ましいところだ。

今回の事故では、現場の上流域を豪雨が襲った。上流の気象状況の把握は不可欠で、下水道局によると、「工期の長い補修工事などでは、事業者は上流域について把握しているはず」という。

だとすると、事業者の過失とも思えるが、同局幹部は「今までの経験ではあり得ない。上流域の天気の急変を知らなかったことは、責められない」とかばう。気象情報にしろ、今の技術では限界があるからだ。

ある都幹部は「五感を研ぎ澄まし、現場で判断してもらうしかない」と吐露した。基準作りで終わらせるのではなく、現場が安全対策を順守できる環境作りを進める必要がある。(祐)

5回にわたって開催された事故調査委員会

介護・診療報酬の返還額は14億円

前年度の倍近くに

都福祉保健局は1日、介護事業者や医療機関などを対象に行った07年度の指導検査の報告書を発表した。介護報酬や診療報酬の不正請求により返還された金額は約13億9千万円で、前年度(約7億2千万円)の倍近くに達した。訪問介護大手コムスンによる不正請求などが要因という。

同局が07年度、実地指導検査を行ったのは約3400カ所。訪問介護系サービスでは、居宅サービス計画・訪問介護計画の作成・変更が不十分だった例が多く見られた。

また、特養老人ホームなどの介護保険施設では、感染症や食中毒の予防が不十分だったり、要件を満たしていないのに介護報酬を算定していたりする例が見られた。

共産が2次公認を発表

都議選候補者

日本共産党東京都委員会は3日、09年夏の都議選の第2次公認を発表した。第2次公認は大田区の黒沼良光氏(60)、北多摩1区の尾崎あや子氏(49)の2人で、いずれも新人。

廃棄物処理技術で研究事業者を公募

都環境局

都環境局と㈶東京都環境整備公社は、廃棄物処理やリサイクルに関する技術レベルを高めるため、実証研究を行う事業者の公募を始めた。

具体的テーマとしては、プラスチックを機械的に分別したり、資源から有害物質を取り除くなど、廃棄物処理・リサイクル技術の高度化促進に役立つ技術を想定。公募で選定された事業者は、「環境科学研究所」中防分室(江東区青海2)にある実験スペースを3年間、無料で使用できる。11月中旬に事業者を決める予定。

同局は廃棄物処理・リサイクル技術の開発促進を目的として、①相談事業②実証研究③情報発信の3分野からなる技術開発支援センター機能を整備する方針。すでに都内の産廃処理業者を対象に、再資源化率の向上や処理システムの改善など技術の高度化に役立つ相談事業を始めている。

ウィメンズプラザフォーラムを開催

10月3日、4日

東京ウィメンズプラザでは10月3日、4日、「東京ウィメンズプラザフォーラム」を開催する。「実践しよう!ワーク・ライフ・バランス」をテーマに公開シンポジウムを行うほか、家庭・職場でのコミュニケーションについて考えるワークショップや映画など22のイベントが実施される。

都政の東西

さよなら癒し系

福田康夫総理が辞任した。就任以来、ろくな話題がなかった福田総理だが、前任者の負の遺産処理に振り回されて、リーダーシップを発揮できなかった。そういう意味で、同情すべきところもある。

政治理念のハッキリしない人だった。逆にそれが魅力だった。正直、国民は「改革」という名の新自由主義路線に疲労していた。ほんの10年ほど前なら、小泉純一郎氏や石原慎太郎氏のように、個性が強く、しがらみにとらわれずに我を貫き通す「改革派」のリーダーにあこがれた。

だが、ここ数年、国民が求めるものは、「改革」ではなく、安定だった。小林多喜二の『蟹工船』を読んで共感するワーキングプアの若者たちは、「改革」の犠牲者だ。

政治理念のない頼りないリーダーは、そんな時代に必要な癒し系の存在だったように思える。

福田総理は、総理のいすに座れば、それ以上に野望を燃やす男ではない。親父が座った総理のいすに自分も座ることだけが、彼の最大の政治使命だ。

北京五輪の選手たちに投げかけた「せいぜい頑張れ」という言葉がすべてを象徴している。

「頑張らなくていい」というメッセージを発することができるリーダーなど、日本にはそんなにいない。

そう考えると、あっさり政権を投げ出したのも、彼らしい幕引きだと言えるだろう。

次期総理には、「改革派」の小池百合子氏の名前が挙がっているという。初の女性総理となれば、マスコミは右も左も大声援をおくるに違いない。小泉旋風を煽ったのは、マスコミだった。

首相指名、解散総選挙と、政治日程がにぎやかになる。来年夏には、都議選も待っている。おそらく、都議選はこれから始まる劇場政治の集大成となるだろう。「せいぜい」頑張ってほしい。

冗句ジョーク

福田首相、突然の辞意表明

文書係
「都庁にもよくあることです、一身を投げ打ってと"投げ出して"の違いです」

『教育管理職への道しるべ』スタート

毎年、8月に行われる教育管理職選考では、学校教育を適正に進めるため、教育に関する基礎的法令、学校の管理運営、社会の状況などに対する知識が幅広く出題されます。そこで本紙は、5日号から49回にわたり『教育管理職への道しるべ』を連載します。日々、第一線の現場で努力されている教員の皆様にとり、効率的・効果的に勉強する際のお役に立てればと思います。

教職員の人事権　移管の方向で合意

「広域的な調整は必要」

都区のあり方検討委幹事会

都から区への事務移管を議論している都区のあり方検討委員会幹事会（座長＝山﨑昇墨田区長）の15回目の会合が3日に開かれた。県費負担教職員の任免、給与決定などに関する事務をはじめ8項目で、区に移管する方向で検討することに合意。しかし、産業廃棄物の処理や中央卸売市場の開設、一級河川の管理など9項目については引き続き検討とされた。

産廃など引き続き検討

今回、対象となったのは17項目。12回目の会合から引き続き、法律により、一定の要件を満たす市（政令指定都市や中核市）が処理できることとされている事務で、特別区は一定の要件を満たす市に含まれていないものを取り上げた。

県費負担教職員について、都は「本来、義務教育については、その実施主体として、自主的・主体的な教育活動を推進するため、区市町村が責任を負うべきであり、教職員の人事権の行使と給与の負担についても区市町村が負うべき」とした。区も「指定都市に移譲されている事務。より地域に根ざした意識を持った教職員の確保が図られるよう、特別区が担う方向で検討すべき。地域の実情に応じた特色ある学校教育を推進することができる」として、区が担うとの方向性で一致した。

ただ、「採用や異動、昇任などについて、区市町村相互の間における広域的な調整が不可欠。給与負担とともにすべての区市町村に対して移管を検討すべきで、都区の事務配分の見直しという枠組みだけでは解決が困難という課題がある」（都）、「区市町村間で教職員の人材確保に格差が生じる懸念が指摘されており、一定の広域的対応の考慮が必要」（区）という点で検討の余地があることを示した。

このほか7項目について、区に移管する方向での検討に合意した。

一方、引き続き検討とされたのは9項目。都は「都が担う」、区は「区（一部は都および区）が担う」などと主張し、一致しなかった。

9項目のうち、産業廃棄物の処理関連が4項目を占めた。産廃処理業の許可や一般廃棄物処理施設の許可などにまつわる「基本方針の策定および変更にかかる意見の申出などに関する事務」では、都側は「経済活動の広域化に伴い、産廃の処理が都県境を越えて処理されるなど広域的に実施されている」などとして、都が担うことを主張。区側は「広域化する産廃処理の状況を踏まえた対応を考慮する必要がある」としながらも、「区が行う清掃事業と合わせ、地域の実情に応じた廃棄物の適正な処理が行えるよう、特別区が担う方向で検討すべき」として、相いれなかった。

中央卸売市場の開設は、都側は「築地、大田市場と食肉市場は極めて広域性の強い施設。そのほか8市場は取扱数量、金額が減少傾向にあり、広域的な視点で市場のあり方を検討する必要がある」として「都に残す」としたのに対し、区側は「中央卸売市場の整備については、都区が連携して対応できるよう、都のみでなく、特別区も開設できる方向で検討すべき」として「都・区で担う」ことを提案した。

一級河川の管理は、現行では事務処理特例により、事務の一部を区が実施している。判断としては「引き続き検討」のカテゴリーに分類されたものの、一部は区への移管を検討することで合意した。

事務移管の検討のほか、区域のあり方については、都側が「諸外国の大都市制度」の資料を提出。ロンドン、パリ、ニューヨーク、ソウルの事例を紹介した上で、「東京の都区制度は成熟した制度であり、都区がそれに留意して運営していくことが大切」などと説明した。都側は、すでに学者などが示している区域の再編案を素材に次回、資料を提出することを表明した。

◆今回の会合で決まった17項目の方向性

【区に移管する方向で検討する事務】

▽県費負担教職員の任免、給与決定など▽重要文化財の現状変更許可など▽社会福祉法人設立にかかる定款審査など▽指定区域内建築物用地下水採取許可など▽非課税証明書の発行など▽貸付金償還免除など▽動物取扱業者の登録など▽構造改革特別区域内の特別養護老人ホーム不足区域における特別養護老人ホーム設置認可申請の審査など

【引き続き検討する事務】

▽特定周辺整備地区の指定など（産廃関連）▽不在者投票にかかる障害認定など▽中央卸売市場の開設など▽事業者などからのポリ塩化ビフェニル廃棄物の保管および処分の状況に関する届け出の受理など（産廃関連）▽救援の実施など▽一級河川の管理など▽特定物質の価格の動向および需給の状況に関する調査など▽基本方針の策定および変更にかかる意見の申し出など（産廃関連）▽対象建設工事受注者に対する特定建設資材廃棄物の再資源化などの実施に関する助言または勧告など（産廃関連）

教職員人事権で期待感

【解説】今回は県費負担教職員の任免、給与決定などが、区に移管の方向で検討することで合意した。実現には法改正が必要とはいえ、区教委などからは早くも歓迎の声が上がる。

現行制度では、都が区市町村立小中学校の先生などの人事権を握っている。人材がまんべんなく配置されるのはよいが、異動のために「せっかく地域で育った教員を外に出さざるをえず、管理職候補として残ってもらえない」など人材流出を惜しむ声がある。また、都教委と区教委の間では異動申告カードに基づき、どんな人材が欲しいかのヒアリングがなされているが、フタを開ければ「区が望む意中の人に来てもらえない」実情もある。人事権が移れば、そうした問題の解消につながる。

ただ、実現にはいくつかハードルがある。都内市町村には「（特別区を想定した）中核市との人事交流が困難になり、市町村にとっては教職員確保が困難になる」との意見がある。23区は人事権移譲に賛成で、「区部で先行させては」との声さえあるが、都は「機会均等」の観点から全区市町村でやるのが不可欠とする。

また、今回、都は改めて「給与の負担もともに移管すべき」とし、財源の問題もある。区立小中学校の教育職員と行政系職員は約3万人。その人件費となると負担は大きい。ある区の教育担当者は「全額負担は無理。都区財調でみてもらえないものか」と話す。

県費負担教職員の人事権は、2005年の中央教育審議会の答申で市町村への移譲が提言され、昨年3月の同審議会の答申で「小規模市町村の教育行政体制の整備の状況を踏まえつつ、広域での人事調整の仕組みや給与負担のあり方などとともに、引き続き検討していく」とされた。今年5月の地方分権改革推進委員会の第1次勧告は「都道府県から中核市へ先行して権限を移譲すべき事務」と整理。都教委は06年度に「中核市のみでなく、すべての市町村に対して、給与の負担と合わせて移譲すべき」と文部科学省に回答しており、そうした経緯を踏まえての今回の都区間での合意となった。（糸）

荒川区　区議会で厳しい批判

外郭団体の不正経理問題

㈶荒川区地域振興公社で昨年度に発生した元職員の不正経理問題について、1日開催の荒川区議会の福祉・区民生活委員会の席上、複数の区議が区側の姿勢を厳しく批判した。不正処理額は総額で約204万円で元職員に全額を返還させている。公社は理事による懲戒審議会などを経て、7月下旬、最終的に退職金返上による依願退職を受理した。この処分内容に対して、一部の区議、区民から批判が相次ぎ、区側は庁内に不正防止委員会を設置。8月28日、区派遣職員2人の処分と、西川太一郎区長名で公社側に処分内容の再考を促す異例の要望書を出している。

区立町屋文化センター内にある㈶荒川区地域振興公社。現在、区派遣職員は7人

委員会の冒頭、区側から区民生活部長と同課長が、不祥事の概要と区側の対応を説明し、改めて謝罪した。続いて参考人として、同公社の事務局長（区派遣職員）が、処分決定までの経緯を説明し、「区に多大な迷惑をかけた」と謝罪した。

一部区議は、公社の理事長（小泉定弘日本大学教授）について、参考人招致を要求したが、委員会開催前の議決で、不招致を決定している。

引き続き、複数の区議が、区側と公社側に対して質問を行った。

不祥事の発覚で一部の新聞報道が先行したことについて、「公表が遅い」との批判が集中した。公社側は「7月末に行った理事会決定の報告後、区側と謝罪文の文言調整など行い公表の準備を進めていたが、結果的に後追いになった」と説明。区側も、ほぼ同趣旨の答弁を行い、「報道の有無に関係なく、公表の意志は当初からあった」と強調した。

元職員の処分内容については「懲戒解雇などが必要だったのではないか」「刑事告訴すべきだったのではないか」との意見、疑問が委員側から続出。区側は「庁内における職員の不祥事ならば、懲戒免職に準ずる行為」との認識を示す一方、「窃盗、横領事件として刑事告発できる構成要件は、あったと考えている」と答弁。

その上で、公社で決定した処分内容を区として最終的に承認したことについて、「公社と区はあくまで別組織。独立した組織としての意思決定を尊重した」と説明した。

■「区が主体的に対応せよ」

委員側で最後に質問を行った浅川喜文区議（あらかわ正論の会）は、公社の運営状況に触れて、「『公社は独立した組織』と説明したが、区が運営を主導している実態は周知の事実。理事会にも、副理事長を筆頭に3人の区の幹部が加わっている。区は主体的に、公社とともに責任をもって対応すべきだ」と強く主張した。

同区議は、公社に対応の再考を促した区側の要請について「理事としてこのほど区幹部が深く関与した決定に、再考を求めるというのでは、矛盾ではないか」と指摘し、区側の姿勢を厳しく非難した。改めて「区として根本的に改善を図るべきだ」との見解を示した。

区担当者は「今回の不祥事に関して、一般区民から区に数十件の意見が寄せられたが、区と公社を同一視した内容が多かった。こうした点を反省課題としつつ、今後の改善につなげる」と答弁。

今後の対応について、公社側は「不祥事の原因となった社内での現金管理について、チェック回数を増やし、また扱う金額を少なくするなど改善策をとりまとめている。信頼回復に努めたい」としている。

背景に外郭団体の二重性

【解説】荒川区地域振興公社（ACC）は、1988年に財団法人として設立された。区は5億円を拠出。芸術・文化、スポーツなどの各種催物の企画・実施を担うほか、町屋文化センター、あらかわ遊園の指定管理者として認定されている。

ACCを含めて、自治体設立のいわゆる「外郭団体」「第3セクター」は、自治体の行政に深く関係した業務を扱いつつ、組織としては独立した運営を原則とする。公益法人として公と民の「二重性」を持たせることで、柔軟な施策対応が可能になるという考えが根本にある。

しかし、今回はこうした二重性が、「責任の所在の不明確さ」という弊害になっている。

処分内容と公表時期について、区側の「独立した組織として、公社側の自主性を尊重した」とする主張は、組織原則としては理解できる。だが、運営の実態などをみると、一般感情として「区とは別物」とする主張や見方は受容しがたく、「区の不祥事」と見られてもやむを得ない。

組織規模も大きく、強い独立性を有する外郭団体がある一方、他方で小規模の形式的な組織は少なくない。

ある団体関係者は「小さな組織では、内規などの整備が形骸化して、内部統制が不十分な場合もある」と明かす。

庁内の整備に積極的な自治体でも、所管の外郭団体に対する管理監督は「自主性」の名目下で放置されているケースや、「自治体の規定に準ずる」とのみ定めている組織もあるという。自治体の能動的な対応が望まれる。（河）

江戸川区教委が「出前」

教職員らと意見交換

江戸川区教育委員会はこのほど、教育委員と、小中学校や幼稚園の教員らが意見交換する今年度の「出前教育委員会」を実施した。

同区では、教育委員がブロックごとの学校に出向いて、教員の生の意見を聞く「出前教育委員会」を2年前から実施している。今年度は、7月29日、8月1日、同月22日に、それぞれ松江、鹿本、瑞江・篠崎地区の3ブロックで行われ、幼稚園1園、小学校19校、中学校7校が参加した。

教育委員会側では、話し合うテーマはとくに定めない。昨年度までの6回の「出前」では、「学力向上」「生活リズムの向上」がテーマとして混在していたが、今年は3ブロックとも「生活リズムの向上」をテーマに選んだ。

区教委事務局では「遅く寝て、遅く起きる子が増えている。ひとりで朝食を食べる孤食も多い。今の学校現場が抱えている大きな課題といえる」と話す。

話し合いには、5人の教育委員のほか、ブロック内の各学校から校長や教員らが参加。学校側は「朝食をきちんと食べてこないので、授業に集中できない」「3、4時間目に体育をすると、走れずにしゃがみこむ子がいる」など、学校現場の状況を委員に話した。ユニークな試みとして、朝の学習の時間に、有名な文章を書き写す「銘文筆写」をすると、子どものリズムによいなどの事例も紹介された。

同区の教育委員はジャーナリストや医師、元校長、区議など。区教委事務局では「現場の声を聞いて、食育の大切さ、生活リズムの重要性について、改めて実感されたようだ」と話している。

O157で男性死亡

江戸川区

江戸川区は、腸管出血性大腸菌O157により、同区在住の85歳の男性が死亡したと1日に発表した。

男性は先月19日に血便と嘔吐の症状を発症。21日に都内医療機関に入院し、23日にO157によるものと診断され、24日に死亡した。

家族と4人暮らしだったが、ほかの3人の家族は検査の結果、陰性だった。江戸川保健所では食中毒と感染症の両面から調査を行っているが、感染源の特定には至っていない。ただ、現在までの調査では食中毒の可能性は低いという。

江戸川区内での今年8月の腸管出血性感染症の届け出は過去3年で最多。江戸川保健所はホームページで、予防方法として「食品を十分に加熱する」「若齢者や高齢者などには生肉や加熱不十分な食肉を食べさせないようにする」「手洗いの励行」などを呼びかけている。

住民監査請求を棄却

渋谷区監査委員

渋谷区教育委員会が神宮前小学校の一部を民間の学校法人に無償提供したのは区条例などに違反するとして、区民が6月下旬に使用許可を取り消す住民監査請求を起こしたが、同区監査委員は8月29日、違法性はないため使用許可を取り消す必要がないとする監査結果を出した。

住民監査請求によると、区行政財産使用料条例には「特に必要があるとき」など小学校の使用料の減免が認められると定められているが、年間160万円の授業料を取る私立のインターナショナルスクールに神宮前小学校の一部を無償提供するのは「破格の利益供与」と主張し、使用許可の取り消しを求めた。

一方、区監査委員は、インターナショナルスクールとの交流を通して日本の児童の英語教育の推進に貢献していることなどに触れ、「教育効果が期待される以上、使用料の免除は裁量権の逸脱であるとまではいえない」と、監査請求を棄却した。

棄却を受け、住民代表の久保田正尚氏は「東京地裁に提訴する準備を始めている」と話している。

区が05年9月、トルコ共和国イスタンブール市ウスキュダル区と友好都市協定を結び、同国大使からトルコ人の子どもを中心とした教育施設の提供を要請された。その後、英語教育に力を入れていた神宮前小学校の一部が、同国大使から紹介されたホライゾン学園に無償提供された。

記者席

知事に返したい言葉

○……「あの人、やる気あるのかね？ 理念を感じない」。福田首相の突然の辞任表明に対し、石原知事は2日、記者団にこう語った。「走り回るチームリーダー、キャプテンがその気になって迫力がなかったら、チームは動かない」とコメントした。しかし、福田首相に投げ掛けた言葉は、そっくりそのまま知事自身に返ってこないのだろうか。

○……荒川区地域振興公社での不祥事対応に関する取材で、元職員に対する厳罰として、刑事告訴を求める声に少なからず直面した。今後の公社側の対応は未定だが、少なくとも、当初の対応として告訴を見送った公社側、区側の対応は、一定の評価をできるのではないか。刑事告訴のインパクトは確かに強烈だが、処分や真相究明の権限を捜査機関に委ねてしまうことで、自治体内の自浄機能を阻害しかねない。また、「不正者個人に責任を負わせて終幕」という、とかげの尻尾切りになる恐れもある。当初の処分に関して公社は「事件発生を許してしまった組織の管理体制や事務処理のあり方に問題があった。組織全体として十分反省するとともに、チェック体制の強化を図るなど、今後の再発防止策に力を入れる」とした。この言葉の実行を信じたい。

○……多摩市は、元職員からの100万円の寄付金で、図書館の新たな蔵書購入の企画を考案した。それは「市民が市民に本を紹介する企画展示」。市民がほかの市民に読んでほしいと思う本を「本のナビゲーター」となって、広く市民に紹介する試みだ。ナビゲーターとなった市民は、テーマなどに沿って本を選定。リストにあがった本のうち、図書館にない本は購入を提案する。図書館は、それを踏まえて選書・発注。市民目線での本選びを企画展示することで、潜在ニーズの高い本の購入や、書庫にある本の活用も期待できる。誰にも好きな作家や思い出深い本はあるものだ。市民がナビゲーターとなることで、本を介した市民の交流の深まりにも期待がかかっている。

年代ごとの方向性を示す

インターネットで情報提供

第2次子供読書活動推進計画

児童・生徒の活字離れが懸念されるなか、都教育庁はこのほど、第2次東京都子供読書活動推進計画（案）について意見募集を開始した。第1次計画を推進する中で浮かび上がった課題を踏まえ、計画案は乳幼児期から青少年期まで年代ごとの状況や課題に対応する形で、読書活動推進への取り組みの方向性を示しているのが特徴。また、広域行政の立場から、区市町村と各学校に期待する取り組みの方向性を盛り込んだ。計画案に対する都民の意見を踏まえ、都教育委員会は10月に計画を決定し、来年度を初年度とする5カ年間の第2次計画をスタートさせる。

国の「子どもの読書活動推進法」を受け、都教委は03年3月、第1次東京都子供読書活動推進計画を策定した。この中では、家庭・学校・地域それぞれの役割を明らかにし、これまで啓発・広報事業や図書館職員、ボランティアリーダーなどの人材育成、学校図書館活用のガイドブック作成、都内公立図書館の支援などに取り組んできた。

この間、文字・活字文化振興法の成立や教育基本法の改正、子どもの読書活動推進法の改正、学習指導要領の改訂など子供の読書活動に関連する法改正や制度改正が相次いだ。また、都の第1次計画を推進する中で、①地域間で子供の読書活動の推進状況に差がある②子供と本を結ぶ人材の育成のニーズが高くなっている③司書教諭などを中心とした読書活動をさらに推進していく必要がある④都内の子供の読書活動に関する情報の集約・提供が不十分——などの課題が浮かび上がった。

これを踏まえ、都教委は、関連部局や学校関係者、公立図書館関係者、学識経験者らで構成する「計画検討委員会」を設置し、第2次東京都子供読書活動推進計画策定に向けた施策の方向性などを検討してきた。

第2次計画では、家庭や地域、学校が担ってきた役割と取り組みを踏まえるとともに、子供の年代によって読書活動をめぐる状況や課題が異なることに着目。子供の年代ごとの状況や課題に対応する形で、家庭・学校・地域を通じた読書活動の方向性を示したのが特徴だ。さらに、区市町村に期待される取り組みと東京都の取り組みを明らかにし、それぞれの施策の方向性を提示した。

具体的な取り組みは、①乳幼児期から学童期前半までの子供の読書活用の推進②学童期から青少年期までの子供の読書活用の推進③各年代を通じ、推進のために必要な事項——の3章で構成。

乳幼児期から学童期前半までは、保護者や身近な大人が子供とともに読み聞かせや絵本を楽しむことを地域全体で支援するとし、区市町村に期待される取り組みとして、家庭への啓発、公立図書館での乳幼児を含む児童サービスの充実、保健所等での読者の啓発事業の推進などを挙げた。都の取り組みでは、保護者を対象とした啓発資料の普及のほか、読書活動推進セミナーの実施、放課後子供教室指導員向け研修での読書活動事例の紹介などを盛り込んだ。

学童期から青少年期では、読書環境の整備と多様な読書の機会の提供などに力点をおき、各学校には学校経営における読書活動の位置付け、各教科での学校図書館の利用、中高生と幼児の読み聞かせ等による交流などを求めている。また、区市町村には、公立図書館の児童・青少年サービス充実のほか、公立図書館と学校の連携、児童館や放課後子供教室などでの本の紹介などの取り組みを期待。都としては現在ある読解力向上のための学校図書館ガイドブックの普及、教科内容に沿ったブックリストの作成、学校の教育活動への支援などを計画化した。

各年代を通じた取り組みでは、学校・図書館の資料や施設の充実、司書教諭や図書館職員などの人材育成、子供の読書活動の基盤整備が柱。具体的には、区市町村に子供読書活動推進計画の策定を求めたほか、学校図書館の資料の充実、司書教諭の業務支援、子供の読書活動にかかわるボランティアの育成などの取り組みを期待している。

一方、都は「東京都子供読書活動推進ホームページ（仮称）」の開設、都立学校におけるインターネット接続環境の整備、司書教諭・公立図書館職員の研修、各施設とボランティアの連携を進める人材育成などを計画している。

公立図書館の児童・青少年サービスの充実も期待される（北区立こども図書館）

立川市立
立川第一中学校長
嶋﨑（しまざき）　政男（まさお）さん

かお

『学校崩壊と理不尽クレーム』を出版

「モンスター・ペアレント」という言葉がすっかり定着したが、保護者をモンスターと蔑称するのでなく、理不尽な要求をするクレーマーと捉え、解決策を示したのが『学校崩壊と理不尽クレーム』（集英社新書）だ。

「まず、基本を押さえなくてはいけないのが、親御さんにとって子どもは可愛いのだから、苦情・要求が出てくるのは当たり前だということなんです」

日本学校教育相談学会の事務局長を務めるこの人が一貫して主張するのが、「保護者と教師はパートナー」として、共に手を携え、子どもの豊かな成長を支援するものだということ。

しかし、生徒指導や教育相談の研修会に招かれて全国で講師を務めるなかで、10年ほど前から、教師が精神的に追い詰められていく厳しい事例が目に付くようになってきたという。それらを記録した約200事例にも及ぶ中から、今回の本に取り上げた実態は、まさに教師が「壊れていく」様子がリアルに伝わってくるものだ。

2006年には小野田正利・大阪大学大学院教授が中心になり、日本学術振興会の交付を受け、「学校保護者関係研究会」が設立され、メンバーにと声を掛けられた。「この趣旨も保護者と学校の良好な関係性の構築を目指すものです。様々な専門の大学教授や学校関係者、医師や弁護士など約20人で構成し、今年が3年計画の最後の年に当たります」

新書の執筆依頼があった時も、「親と教師がお互い分かり合い、助け合ってやっていくための本にしたい」と研究会のコンセプトと同じ編集者の言葉に共鳴し、「敵対視するのでなく、親にとっては当たり前のことだと、まずきちんと受け止めようということから始めたんです」と話す。

給食費の未払いなど保護者のモラルが関心を集めた時期にも当たり、「教育だけの問題ではない。放っておいたら日本の社会はどうなってしまうんだろうという思いに駆られ、世に問うべきだというのがエネルギーになったんです」とも。

今や医療やあらゆる現場で起きているクレーマー問題だが、怖いのは「ものを言ってはいけない」という誤ったメッセージが伝わってしまわないかということだ。「ものをきちんと言うことは正しいことです。不利益を取り戻したいというのは正当な権利だということも伝えたかった」

実態は、教師が自ら命を絶つような悲惨な例もある。こうした悲劇を起こさないために「一人で対応しない、一人では対応させないということを絶対に守って欲しい」と。本では、組織での対応を強調し、実際の場面を想定しての詳細なマニュアルを提示した。

さらに、「クレーム社会からの脱却」として、示唆に富んだいくつかの指摘も。その中には、自己表現力や人間関係調整力の低下は保護者、教師にも深刻で、トラブルを受け止める「保水力」が弱まっているとする一方、管理職には自らの保水力と共に、学校全体の保水力を高める努力が求められるとして、校内における生徒指導・教育相談体制の再構築を促している。

「開かれた行政は好ましいことですが、それを否定するような極端から極端に振れる意見も目立ちます。小野田教授が要因の一つとして指摘する急激な教育改革についても同じことが言えます」

教育現場に戻った今「やっぱり子どもの元気な声、顔は何ものにも代えがたい」と笑顔を向けた。

東京都生まれ。74年都立大心理学科卒。中学教諭から都立教育研究所教育相談研究室指導主事等を経て、44歳で杉並区立西宮中学校長に。福生市教委参事から07年4月現職。民俗学から文学、落語、旅行と趣味は多彩。妻と1男1女。57歳。

都立拝島高校

今年も「巨大貼り絵」

ルノアールの作品に挑戦

都立拝島高校が19・20日の2日間にわたって開催する第30回「清流祭」（文化祭）で、今年も同校の伝統行事、生徒による「巨大貼り絵」を展示する。10回目を迎えた今回は、印象派の巨匠といわれるルノアールの傑作『ムーラン・ド・ラ・ギャレット』の制作に挑戦した。

「巨大貼り絵」は、一滴の絵の具も使わず、小指大の紙をちぎりノリで貼り付けて、校舎3階にもとどく高さの大画面を表現する同校の名物。友との出会いや学ぶ喜び、制作の歴史への感謝など、熱い思いを昇華させるように話し合いを重ね、「いのち輝く刻（とき）」というテーマと題材作品を決めた。

貼り絵のサイズは横幅約12㍍、高さは9㍍を超えるベニヤ板65枚分の巨大さ。制作する生徒は、美術部を中心に美術選択者や有志、そして卒業生の応援を含めて200人にのぼる。光に溶け込むような繊細なタッチの『ムーラン・ド・ラ・ギャレット』を貼り絵で表現することは困難を極めるが、生徒達は夏休みも登校して制作に打ち込んだ。

1999年度から始まった「巨大貼り絵」では、これまで、葛飾北斎『富嶽三十六景より神奈川沖浪裏』、レオナルド・ダ・ヴィンチ『聖アンナと聖母子』、同『最後の晩餐』、同『モナ・リザ』など9作品を手がけてきた。文化祭ではアンケートで「もう一度見たい作品」の第1位の作品を、ルノアールとともに校内に併設展示する予定。

除幕式は19日午前11時30分で、一般公開は20日午前9時から午後3時まで。担当は都立拝島高校・渕脇英二副校長と松岡健太郎教諭。

「中学生の主張」都大会

15日に都民ホールで

東京都と心の東京革命推進協議会（青少年育成協会）は、中学生の自立心を育むとともに、多くの都民に中学生の考え方や意識について理解を深めてもらおうと、15日、都民ホールで「中学生の主張東京都大会」を開催する。

都が取り組んでいる「心の東京革命」事業の一環で、入賞した中学生10人が主張を発表。この中から最も優れた発表者1人に最優秀賞（知事賞）を、その他の発表者には優秀賞（協議会会長賞）または会長奨励賞を授与する。また、発表者以外の優れた作品に対しては、ふれあい賞及び会長特別賞の授与が行われる。

審査員は、心の東京革命推進協議会会長の松平康隆氏をはじめ、都地域婦人団体連盟事務局長の秋元洋子氏、都公立中学校PTA協議会会長の野口和正氏など7人。当日は会長あいさつのあと、中学生の主張発表、全日本鼓笛バンド・フォームバトン連盟東京都支部によるアトラクション、表彰式が予定されている。

相続・遺言等の知恵で講演会を

都立中央図書館

都立中央図書館は10月1日、「知っておきたい相続・遺言・成年後見の知恵」と題した法律情報サービス講演会を、都立日比谷図書館で開催する。日本司法支援センター東京地方事務所と連携し、講師に副所長の若江健雄弁護士を招く。

例えば、「子どもがいない私の財産の全部を配偶者に残すにはどうしたら良いのか」「遺言を作るときの注意は?」など相続や遺言、成年後見にかかわる知恵について講演し、そのあと質疑を行う。定員は80人で参加費は無料。

来年度の都立高用の教科書839種類を採択

都教育委員会は8月28日、2009年度に使用する都立高校用（都立中等教育中学校の後期課程と都立特別支援学校高等部を含む）の教科書を採択した。採択した教科書は、来年度使用の「高等学校用教科書目録」の第1部（現行の学習指導要領に基づいて編集された教科書）に登載された教科書897種類のうち839種類。

都教委の採択に先立ち、各学校では校長の権限と責任のもと、校長を委員長とする「教科書選定委員会」を設置。都教委が作成した「高等学校用教科書調査研究資料」などを活用し、教科書の専門的な調査研究及び適正な選定を行ってきた。

競技力アップへ 都立高生に講義

都教委

都立高校生の競技力向上をめざして、東京都教育委員会はこのほど、元オリンピック選手を招いて特別講演を開くとともに、強化練習会としてスポーツ栄養学などの講義と、サッカーや剣道などの実技練習を行った。

特別講演では、シドニーオリンピックで銅メダルを獲得した元水泳オリンピック選手の田中雅美氏が講師になり、「オリンピックと私」と題して講演した。

このあと、講義と実技を組み合わせた強化練習会が行われ、講義ではスポーツ栄養とフィジカルトレーニング、テーピング、メンタルトレーニングを実施した。

また、実技については、東京都体育館や駒沢公園の陸上競技場、東京武道館などが会場となり、元日本代表選手らが講師となって、バスケットボール、サッカー、陸上競技、バレーボール、剣道、テニス、硬式野球の実技が行われた。

毎週金曜 3面は 教育オンライン

若手教員の育成 6
——東京教師道場を核に

修了者に継続的な人材育成

東京教師道場は、研修期間を2年間としている。研修期間を3期に分け、それぞれ「課題・点検期」「発展・充実期」「自立・完成期」としている。第1期、第2期では、部員の指導技術や専門性を高め、自分自身の授業力の向上を目指すことが研修の中心であった。第3期では、「新しい教育課題の解決を図るための指導法を取り入れた授業実践」や「授業者への適切な助言」をする力を高めることをねらいとし、授業改善の方法や研究協議の在り方等について、積極的に校内や地域に伝え、授業研究の活性化に寄与できる資質・能力を育成している。

東京教師道場では、2年間の研修のまとめとして、12月ごろから翌年2月までの間、東京教師道場で研修した部員が所属校において成果を広く公開し、各学校における授業研究の活性化に資することを目的とした「東京教師道場部員による授業公開」を実施している。

また、部員による授業公開に加えて、道場の助言者による模範となる授業を映像として残し、授業づくりの過程から学習指導案、実際の授業の様子を15分程度にまとめた「東京教師道場授業研究VTR」を作成し、道場の研修成果を広く発信している。

2008年3月に部員375人、助言者112人が第1期生として東京教師道場を修了した。道場の授業研究を修了した部員に対して、初任者研修の講師や授業研究の提案者、2、3年次授業研究の指導者や様々な教科等研究会等の研究授業提案者など、道場で学んだ成果を広げるとともに、部員修了者のさらなる授業力等の向上をめざし、継続的な研修として、4月より東京教師道場錬成講座を開講した。

東京教師道場錬成講座では、研修を通して育成したい資質・能力を「Ⅰ 校内研修や授業研究等の推進・若手教員育成の指導的役割を担う能力」「Ⅱ 教科等の専門性をさらに向上させ、新しい教材を研究・開発する能力」「Ⅲ 教育課程全般に関する知識・理解」「Ⅳ 組織マネジメント（人材育成）等の知識・理解」の四つに整理し、研修内容を構成している。

「Ⅰ 東京教師道場修了者の役割の実践プログラム」では、前述の講師や授業提案者、指導者としての実践が単位として認定される。8月末現在で70を超える実践が行われた。

初任者研修の授業研究では、部員修了者が、初任者の授業に対して、教師と生徒とのやりとりを大切にしていることや分かりやすい板書であることを評価した。また、授業改善に向けた具体的な指導技術や指導計画について、いくつかの事例をもとに講義を行った。学校長からは、授業観察の視点が的確であり、初任者が授業改善に何をすればよいか、十分に理解できた授業研究であったとの報告があった。

「Ⅲ 教育課程全般に関する知識理解」を受講した修了者からは、「関係法規や教育課程の意義・体系について理解を深めるとともに、教育課程の中での自分の担当する教科指導の位置付けを再確認した」等の感想が寄せられている。

東京教師道場は、今後、毎年400人の部員を計画的に育成していく。道場で学んだ若い教員が様々な場面で活躍するとともに、全都の公立学校の教員の授業力向上に向けた研修がさらなる改善と充実を図られることを強く願い、連載を終了する。

＝おわり

「管理職の質」どう確保

区管理職選考のいま

特別区の管理職選考が、明日9月6日に渋谷区の青山学院大学で行われる。「管理職離れ」が叫ばれて久しい中、区政の現場では管理職の確保とともに、レベルの担保も課題となっている。管理職選考の受験者の推移や選考の改正状況など、この間の動きを振り返りながら、区管理職選考を取り巻く課題などを考えてみた。

■□鍛えられていない

「課長に昇任させたのはいいが、議会対応がうまくできない」「区民団体とコミュニケーションができない」「課のマネジメントができていない」「視野が狭い」「課題対応がスピードに欠ける」――。

最近の管理職選考の合格者について、区の部長やベテラン課長に話を聞くと、こうした「質の低下」が話題になることがある。最近の課長は小粒になったという声もよく聞く。

新任課長をハラハラしながら見守っているベテラン管理職の様子が伺えるとともに、その意識の裏側には「自分たちは、厳しい管理職選考を通過してきた」という自負もあるようだ。昨今の選考は申込者が減少して十分な競争になっておらず、合格しやすくなったため、管試で鍛えられていないというのだ。

「需要数」も受験者減に拍車？

確かに、近年の管理職選考は、過去に比べて合格しやすい状況にある。I類事務の申込者数は96年度をピークに減少し続けている。逆に団塊世代退職の影響もあり、管理職の合格予定者数は年々増加している。

例えば10年前の98年度には、I類事務の申込者数が1589人、受験者数909人、最終合格者55人、合格倍率16・5倍の難関だった。

これに対し、07年度は、申込者数768人、受験者数568人、最終合格者94人、6・0倍だ。この10年間で申込者数は半分以下、合格者数は逆に1・5倍以上になり、先輩管理職が今の管試合格者を頼りなく思うのも無理はない状況だ。

合格後の育成こそ重要

■□同僚がライバル

申込者の減少で、よく言われるのが、管理職の魅力低下だ。

「行政課題が複雑化している」「スピーディーに結果を求められる」「行事が多くて土日も満足に休めない」「仕事量が増えても人員増はない」「組織運営も難しい」「区政全体を見渡す余裕すらなく、目の前の仕事をこなさないとやっていけない」――。管理職なら誰もが感じているところではないだろうか。

多くの課長は、責任の重さと仕事の忙しさの狭間で歯をくいしばっている。そんな課長の姿を横目で見ながら、管理職になる力量があるにもかかわらず、志願しない職員が増えているという。申込者が減少するのは当然かもしれない。

もう一つ、要因として挙げられるのが04年度の選考改正だ。I類、II類の事務は、各区合格予定数が明示されることになった。これまでは23区全体の合格予定数の中に滑り込めればよかったが、各区の合格予定数という新たなハードルができた。

自区の合格予定数が少なければ、それだけでハードルが上がってしまう。そして本当のライバルは自区の受験者になった。その時点で申し込みを躊躇する職員がいても、うなずけるところだ。

この改正の背景には、合格に対する各区の意向をより強く反映させたいとの思いがある。23区共通財産としての管理職から、各区の管理職の選抜になったという点で大きな転換だった。

合格者数（表）は、04年度以降は各区の合格予定数、03年度以前は23区全体の合格予定数に見合った数なので、数字の裏側にある意味合いが大きく異なる。

各区別になったことで、申込者数の減少と合格者数の増加が、より一層危機的な状況をもたらしているように見える。

■□レベルの担保

管理職選考に対する期待は大きい。なぜなら、管理職への昇任を自ら志願し、難しい試験を突破するために貴重な時間を割き、気概と覚悟を持った者しか通過できない仕組みだからだ。

その意味で管理職選考は、いつの時代も管理職としての資質、必要な能力を厳正に試験し、ふさわしい人物を的確に選抜することが求められている。

特別区の管理職選考が始まったのが人事委員会発足翌年の79年度から。その後幾度もの改正を経て今日に至っている。

直近の筆記考査の改正は02年度で、現在の記述式の問題形式が導入された。管理職として必要な政策形成能力、危機管理能力を試す出題だ。出題内容は、時代の要請に応えて常に改良され、ワンパターンにならない工夫が必要だろう。

また、口頭試問が大きく変わったのが04年度。各区合格予定数になったことを踏まえて、面接は各区別、当該区の面接官が加わることになった。

だが、個別具体の面接が可能になった一方で、担当者からは「厳しい議会対応や区民対応が多くなっており、より口頭試問の位置づけが重要になった。他区の面接官が対応能力の有無をより客観的に見て、厳しくレベルチェックするほうがよい」といった指摘もある。

さらに自治法派遣制度を積極的に活用し、課長の交流・他流試合の機会を増やすのもレベルアップにつながるという意見もある。

いずれにしろ、管理職のレベル低下が叫ばれる中、レベルをいかに担保していくかが大きな課題となっている。

■□合格はスタート

いつの時代も、申込者は区政を担う使命感を強く持ち、毎日の職務に励みながら全力で試験にチャレンジしている。選考に申し込むだけでも拍手ものだ。

そうした中、筆記考査当日の受験率は上昇傾向にあり、昨年度は過去最高の74％となった。これまでは申し込むだけの人が多かったのが実情だが、近年は管理職として区政を担いたいという目標を強く持つ人が増えていると言える。

数字的には合格しやすくなっているかもしれないが、それだけでレベル低下と決め付けるのは早計だろう。管理職選考の合格は課長のスタートラインであり、そこから先は、本人の弛まぬ努力と、人事・研修セクションの適切な支援、そして何より先輩管理職の厳しく温かい指導が、次世代を担う管理職育成のカギを握っている。

I類事務 各区別合格者数

	（制度改正前）				（制度改正後）			
	2000	01	02	03	04	05	06	07
千代田	0 43	0 29	1 29	0 24	2 21	2 21	2 23	1 15
中央	3 52	2 39	1 34	1 30	3 30	3 29	2 21	3 26
港	0 72	1 65	1 66	1 68	1 46	3 45	2 38	6 31
新宿	3 50	4 51	3 45	2 40	3 36	3 44	2 32	3 39
文京	4 45	1 34	1 33	2 35	3 32	3 28	3 20	4 25
台東	1 62	1 49	2 49	1 51	5 48	2 40	3 43	3 37
墨田	1 47	1 44	3 38	4 39	3 34	3 32	5 27	5 29
江東	5 59	0 44	0 41	1 42	3 42	3 40	6 45	5 50
品川	0 41	1 35	1 27	1 29	2 38	4 39	4 32	5 27
目黒	1 52	2 44	1 38	1 28	2 32	3 34	3 36	3 44
大田	8 121	8 95	4 91	3 84	3 73	3 67	6 63	6 60
世田谷	11 107	9 92	9 99	6 89	4 77	3 63	3 52	6 51
渋谷	1 56	1 45	2 26	3 25	3 22	2 19	3 32	3 28
中野	2 49	4 50	4 41	3 29	3 30	2 27	3 29	4 23
杉並	5 51	3 45	2 40	3 30	3 23	3 23	3 21	5 26
豊島	0 37	3 41	5 36	3 34	4 25	3 25	3 28	6 24
北	2 26	1 21	1 21	2 20	3 21	3 22	3 23	3 19
荒川	1 37	0 24	0 15	0 17	2 21	2 17	2 15	2 11
板橋	6 95	2 72	2 56	1 61	2 53	4 43	4 42	5 37
練馬	3 42	3 36	4 36	2 37	4 39	6 44	6 38	4 32
足立	5 69	4 70	4 64	4 55	5 58	4 51	5 58	5 44
葛飾	2 64	4 48	3 37	1 27	4 38	4 36	4 32	4 28
江戸川	1 109	1 66	1 45	0 50	2 48	1 38	3 37	2 49
特人厚	2 20	1 14	0 9	0 11	1 8	2 8	1 5	1 5
競馬	0 2	0 1	0 0	0 2	0 2	0 4	0 4	0 8
清掃	— —	— —	— —	— —	— —	— —	0 1	0 0
計	67 1.408	57 1.154	55 1.016	45 957	70 897	71 839	81 797	94 768

※上段＝合格者数、下段＝申込者数

食習慣改善・禁煙でチャレンジ

都職員共済組合　写真から食事内容を分析

健康づくり支援　若年層を意識

都職員共済組合は、食習慣改善と禁煙の二つのチャレンジに向けて、今月中旬から参加者の募集を開始する。いずれもメタボリック・シンドローム対策も視野に、組合員自らの健康づくりを支援する取り組みだ。

共済組合では、従来から生活習慣改善や禁煙に向けたサポートを実施していたが、人数や期間に限りもあったという。今回は、プログラムを提供している民間事業者に外部委託し、食習慣改善は2千人、禁煙は800人という大量募集となる。参加費用は無料。

食習慣改善チャレンジは、デジカメで撮影した食事の写真を実施機関に送信すると、管理栄養士が食事内容を分析し、アドバイス等を送り返してくる仕組み。初回は3日分、1カ月後と2カ月後にそれぞれ1日分の食事写真を送信する。

実施機関では、送られてきた食事写真を基に、管理栄養士がエネルギー量や食品群を分析し、「油分が多い」や「野菜が少ない」といったアドバイスのほか、参加者にあったレシピ等も紹介する。

初回送信分の食事写真については、4日以内に分析結果等が返信され、参加者はアドバイスを踏まえて食生活を改善する。また1カ月後と2カ月後に送信する食事写真により、フォローアップにつなげる考えだ。

これまで共済組合が実施していた生活習慣改善では、食事内容や時間などを詳細に記録していたが、今回のチャレンジでは、デジカメのほか、携帯電話のカメラでも撮影できる手軽さが売りだ。撮影時間も合わせて送信されるため、自宅はもちろん、外食時の記録も簡単で、継続しやすい仕組みとなっている。このほかプログラム期間中には、応援メールや健康情報などのメールマガジンも届けられる。

一方、禁煙チャレンジは、24時間の相談体制が設けられ、質問の内容ごとにドクターやサポーターと言われる禁煙継続者などが対応する。また携帯電話やパソコンのメールを利用して、1日1問（12週計84問）の問題を解きながら、たばこの有害性や禁煙の方法などを学びつつ、禁煙を継続させる。

さらに禁煙マラソンの他の参加者から応援メッセージが送られてくるほか、全国の禁煙者が投稿する掲示板も利用できるなど、双方向でのサポートが特徴という。

メタボリック・シンドローム対策に関しては、4月から特定健診・特定保健指導がスタートし、40歳以上の組合員等をカバーしている。ただし、予備軍となる若年層は対象外で、健康づくり支援が課題とされる。今回のチャレンジは、携帯端末の扱いに慣れた、これら若年層を意識した取り組みともいえる。

食習慣改善チャレンジは今月10日、禁煙チャレンジは16日からそれぞれ募集を開始する。参加希望者は、いずれも共済組合ホームページで、組合員メニューのトップページ上に掲載するバナーから申し込む。

都交通局

地下鉄職員が強姦未遂で逮捕

勤務中の事件、現場に動揺

都交通局の地下鉄駅係員が、勤務中に女子高生を乱暴しようとしたとして2日、警視庁神田署に強姦未遂の疑いで逮捕された。勤務中に起きた前代未聞の事件に、局には大きな衝撃が走った。

逮捕されたのは、都営三田線の御成門駅に勤務する日比谷駅務管理所の杉﨑徹容疑者（33）。調べによると、杉﨑容疑者は先月25日の夕方、子供用の切符で御成門駅の改札を通った女子高生(17)に対し、「切符がおかしい。話があるからちょっときて」と追いかけて呼び止め、改札の隣にある駅員休憩室に連れ込んで暴行しようとした疑いがもたれている。

女子高生が抵抗し、部屋から逃げ出したため未遂に終わった。杉﨑容疑者は、声をかけたことは認めているが、容疑は否認しているという。

事件当時、駅には他に3人が勤務していたが、改札付近には容疑者しかおらず、他の職員は事件に気が付かなかった。改札近くにある防犯カメラには、容疑者と女子高生が休憩室に入る映像が映っていたという。

杉﨑容疑者は98年に入都し、都営三田線の駅員として勤務。普段の勤務状況について、現場の上司は「明るく、特に問題はなかった。これまで乗客との大きなトラブルもなかった」と話す。

事件があった25日の夜9時過ぎには、警察が杉﨑容疑者を含む当日の勤務者全員から名前等を確認したが、同容疑者は普段と変わらない様子で、事件後も通常通り勤務していたという。

2日の夕方に都庁で開かれた記者会見には、交通局の野澤美博電車部長らが出席。野澤部長は、「勤務中のこのような不祥事は、絶対にあってはならないこと。局として極めて重く受け止めている」と述べ、深々と頭を下げた。

再発防止策についての質問に対し、野澤部長は「今回の事件は本当に信じられない、まったく想定していないもの。まず何が事件の背景になったか、しっかり把握しなければならない」と述べた上で、所長らによる巡回の強化などを検討する考えを示した。

さらに、「現場では一人で行う仕事が多く、職員が仕事に対する意義をしっかり持たないと良い仕事ができない。職員一人ひとりの気持ちをしっかりとらえ、技量を高めるとともに、局で働いてよかったという気持ちを持たせられるかが重要」などと語った。

局は本人から事実関係を聴取できておらず、処分については今後、接見し、事実確認後に厳正に対処する考えだ。

都専門人材試験

1次免除の有資格者43人

人事委が決定通知

都人事委員会は2日、専門人材（主任）採用試験の1次試験免除者を決定し、通知した。1次試験が免除される国家資格の有資格者は、全体で計43人に上っている。

1次試験の免除資格に関しては、まず財務区分で申込者54人のうち、21人が公認会計士の資格を有していた。また不動産区分では不動産鑑定士が1人、建築構造区分で一級建築士が9人となっている。土木区分では技術士の有資格者が31人だった。

今年度の専門人材（主任）採用試験では、採用予定者数を前年度より18人増やし、計44人とした。が、申込者数は56人減の321人にとどまり、とりわけ土木区分は前年度比55人の大幅減となった。

1次試験免除資格の有資格者数について、前年度からの推移をみると、財務で3人、不動産が3人、建築構造で2人、それぞれ減少した。ただし、土木に関しては、有資格者数は35人から31人と大きな変動ではなく、申込者数の大幅減を踏まえると、前年度以上にレベルの高い試験となることが予想される。

安藤　富雄さん（あんどう・とみお＝元墨田区収入役）8月28日死去、83歳。

越後　忠さん（えちご・ただし＝越後正彦・首都大学東京総務部会計管理課契約係長の父）8月30日、87歳。

小森　弘雅さん（こもり・ひろまさ＝江東区議）1日死去、46歳。

江寺　新作さん（えでら・しんさく＝江寺恭子・都生活文化スポーツ局都民生活部旅券課池袋分室長の父）1日死去、83歳。

『行政カタカナ用語辞典』に関わった

国分寺市都市建設部都市計画課

芦田（あしだ）　隼人（はやと）さん

『行政カタカナ用語集』（03年刊）を発展させた『行政カタカナ用語辞典』（イマジン出版刊）のたたき台を作ったのがこの人。

「監修の中邨章氏が大学院の指導教授で、以前は先輩が担当されたが、今回は私にやらせてくださいとお願いしたんです」

06年の冬近くにスタートし、翌春に国分寺市に就職というタイトな日程の中、「もう日本語になっていて入れるまでもないとか、今後使われるだろうとか言葉を取捨選択して、解説を書いたんです」。さらに2人の著者が加わり、内容を精査し、刊行したものだ。

勉学の傍ら、05年4月に本格始動した「こくぶんじ市民活動センター」のスタッフとなり、研究テーマの「自治体と住民との協働」を実践。「行政は理屈だけでは割り切れない。実践に身を置きながら研究されている先輩も多い」と自身も研究者への道を転換。「嬉しかったのは、市民の方々が公務員になるなら他の自治体に行ったらダメだと。そう言ってくれるなら、国分寺市に骨を埋めてもいいかなと思ったんです」と笑う。

センターでは、環境などテーマ別の団体に主として対応したが、地域には自治体、町内会もあり、それらのネットワークの大切さも痛感した。

市職員になり、昨年度は主に防災まちづくりを担当。国分寺市は30年も前から、防災を核にした地域づくりという先進的な施策を推進。「30年で面積では市全体の3割位だが、コミュニティーをつくるのは簡単ではない。市民の自主性を重視し、自主的な動きを待って、市がまちづくりを応援する仕組みなので、価値のあるものだと思います」

本の用語選定では、「引き受けたのはいいが、行政の守備範囲は広く、一時は途方に暮れた」と苦笑するが、行政改革も網羅し、満足の行くものになった。「自戒も含めて、カタカナ語を安易に使わないで、理解して自分の言葉で住民に説明できる仲間が増えて欲しいんです。色々な使い方があるので、自由に活用して欲しい」

就職と同時に「市民と本音で話がしたい」と国分寺市民に。父親は他界したが、大阪の母親を退職後には呼び寄せ、「いい町だね。働いていて良かったね」と言ってもらえるようにしたいのだと。（門）

大阪府生まれ。07年明大大学院政治経済学研究科政治学専攻博士前期課程修了。国分寺市に入る。趣味は映画（特に邦画）。「今は邦画が元気で嬉しい」と話す。27歳。

昇任試験対策のページ

職員教養講座 ㉑年度 ［11］

技術（土木）記述・論文

はじめに

8月29日に平成20年度の合格者が発表になりました。これから、来年の試験に向けてスタートを切る方もいるかと思います。

仕事やプライベートの時間を確保しながらの勉強は大変かと思いますが、筆記試験までは約9カ月間あります。忙しくても最後までやり通す、という固い決意を持って勉強を進めていけば、必ず良い結果がでます。途中で息切れしないように、ゆとりある無理のないスケジュールを立てて勉強を進めていきましょう。

また、過去3年、土木Bにおける申込者に対する受験者数の割合は上昇しており、受験される方の試験に対する意識の高まりと、前向きに取り組む姿勢が感じられます。

勉強を始めるにあたり、上司や家族などに受験宣言をするなどして、自分の意識を高めるとともに、理解と協力を得るようにしましょう。

記述試験

記述試験の制度が変わってから3年が経過し、次回の記述試験を免除されたという話も聞くようになってきました。

一定の基準を超えることが記述試験の到達目標となりますので、御自身の得意分野を中心に準備を行い、確実に得点を得るようにしましょう。

1 出題傾向

基本分野（構造力学、水理学、土質力学、コンクリート）から4題、専門分野（都市計画、土木施工、道路、上下水道、河川、港湾、語句説明）から6題の計10題出題されます。そのうち、種別Aは基本分野2題、専門分野2題、種別Bはそれぞれ、1題、3題の計4題を選択し、解答します。

いずれの分野も学校の教科書に載っている基本的・基礎的な内容を問う問題や、都の重要な計画・施策等から出題されています。

机上の学習からだいぶ時間がたっている人も多いと思いますが、昔の教科書を出したりして勉強を進めてください。

過去5年の出題は次の通りです。（○数字は出題年度）

【基本分野】

（1）構造力学

⑳影響線を用いた単純ばりの解法、断面二次モーメント⑲モールの定理による単純ばりと片持ちばりの解法、たわみ角法を用いたラーメンの解析⑱オイラーの座屈荷重、三連モーメントの定理を用いた連続ばりの解析⑰短柱の応力度、ゲルバーばりの解析⑯トラスの安定及び静定、節点法を用いた部材力

（2）水理学

⑳ピトー管の原理、レイノルズ数を用いた円管内の水の流れ⑲ハーディ・クロスの計算法、開水路における損失水頭⑱等流が流れる開水路（複断面の流量、水理学上最も有利な断面形状）⑰開水路の流れ（比エネルギー、常流・射流）⑯オリフィスに関連した定理、流速、流量

（3）土質力学

⑳圧縮性を表す係数・指数、圧密降伏応力と正規圧密・過圧密との関係⑲東京の地盤（関東ローム層、東京礫層、沖積層）、土砂災害と都における対策⑱地盤の破壊（クイックサンド現象、ボイリング、ヒービング）⑰斜面の安定（円弧すべり）⑯土圧、擁壁の安定

（4）コンクリート

⑳アルカリ骨材反応、締固め⑲高流動コンクリートの特徴、非破壊検査⑱フレッシュコンクリートの性質、鉄筋の加工・組立の留意点⑰養生の目的・方法（暑中・寒中コンクリート含む）⑯レディーミクストコンクリートの受け入れ検査、打ち込み作業における留意点

【専門分野】

（5）都市計画関係

⑳都市施設とその都市計画基準、立体都市計画⑲10年後の東京⑱市街地再開発事業、土地区画整理事業、開発許可制度、都市再生緊急整備地域⑰都市計画決定及び変更⑯社会資本整備重点計画、都市計画区域マスタープラン

（6）土木施工

⑳アイランド工法、トレンチカット工法、重力排水工法、強制排水工法⑲都市における山岳工法の留意点、シールド工法における二次覆工の省略⑱東京都土木工事標準仕様書の改正点、発生土の運搬⑰都市部の道路区域における開削方法を用いたトンネル工事⑯基礎形式選定の検討、場所打ち杭施工時の留意点

（7）道路

⑳道路構造令に定める道路の区分、歩道の構造⑲単路部の交通容量に影響を及ぼす要因、道路の線形設計における留意点⑱多摩地域における都市計画道路の整備方針（第三次事業化計画）⑰都における道路アセットマネジメント⑯視距、平面線形と縦断線形の組み合わせの留意点

（8）上下水道・河川・港湾

⑳スーパー堤防と緩傾斜型堤防の比較、水制と床止め、河川水の取水施設の種別、伏越しの構造と設置の留意点⑲東京水道長期構想STEP II、雨水の流出（流出モデル・計算式、雨水流出抑制施設）⑱総合物流ビジョン、上水道の高度浄水処理と下水道の高度処理⑰安全でおいしい水プロジェクト推進計画、新クイックプラン⑯東京港第7次改訂港湾計画

（9）語句説明

⑳地下鉄副都心線、PS検層、海岸保全施設、流動化処理土、ローゼ橋⑲女性の坑内労働、BCP、ポンツーン、横田空域、ロングレール⑱オープンハウス、つくばエクスプレス、流域連絡会、東京都ICタグ実証実験、宅地造成等規制法⑰平成16年度東京都環境物品等調達方針（公共工事）、ITカーナビによる駐車場案内・誘導システム、制限表面、スラック、排水機場⑯東京都入札監視委員会、水位流量曲線、二重弾性締結、水の相互融通、除害施設

2 勉強方法

過去の問題から出題傾向や繰り返し出題されている問題等の分析を行い、さらに、最近の都政や社会の動きを踏まえ、各分野ごとに予想をします。

予想した問題は、目的や背景等をきちんと押さえ、重要となるキーワードを考えながら整理し、600～800字程度を目途に模範解答を作成しましょう。

基本分野の計算問題や定理、公式、各種現象のプロセス等については、大学の教科書、各種試験の参考書や問題集等を用いて、繰り返し学習する必要があります。

コンクリートや土木施工については、過去に出題された問題が繰り返し出題される傾向にありますので、過去問題をしっかり押さえておくことも重要です。

また、仕様書の改訂、新しい法律・条例の施行や各種計画の策定など最近のトピックス的事項も、新聞、業界誌や省庁のホームページなどから幅広く情報の収集・整理を行い、内容を把握して、確実に解答できるようにしてください。

東京都の各種計画については、「とちょう－i」の「iポケット」内に「都の主な計画」として掲載されています。各局が策定している計画等の項目が整理されており、詳細は報道発表等へリンクしていますので、参考にすると良いでしょう。そして、重要な計画をキーワードとともに体系的に整理・理解して、確実に点を取ってください。

B論文試験

記述試験の制度が変わり、論文試験の重要性が一段と増しています。

合格論文を書き上げるためには十分な繰り返しの練習が必要です。試験当日は手で論文を仕上げます。普段ワープロで論文の作成をしている人も、試験直前には本番と同じ制限時間内に手で論文を書く練習をすることをお勧めします。

1 出題傾向

最近は概ね「社会資本の整備に関する課題への取り組み」と「様々な課題に対する土木技術者としての取り組み」について自分の考えを論じる問題から2題出題されており、そのうち1題を選択して回答します。

過去5年の出題は以下のとおりです。（○数字は出題年度）

⑳1　交通政策の進め方
　2　社会資本の安全性を確保する取り組み
⑲1　広域的課題解決
　2　住民との合意形成
⑱1　ヒートアイランド対策
　2　公共工事の品質確保
⑰1　美しい景観の創出・観光資源の活用を踏まえた東京の再生
　2　災害対策
⑯1　行政と民間の役割分担
　2　土木技術職員の技術力の維持・向上

2 勉強方法

過去の問題から出題傾向や繰り返し出題されている項目を整理・分析し、加えて最近の都政や社会の動きに注目して複数の問題を予想します。なお、このように問題を予想し、分析することは、論文試験だけでなく記述試験や1次試験合格後の2次試験の面接の準備にもなると思いますので、幅広い視点で検討してください。

次に、用意した問題から自分が書きやすいと思う二つのテーマについてレジュメを作成します。作成にあたっては、出題文をよく読み、その意図を理解して、課題を論じる上で重要となるキーワードは何かを考えながら、論文の構成をしっかりと組み立てます。そのレジュメをもとに何回か論文を書き直しながら、早い時期に完成論文を1本作成させましょう。

仮に、試験において問題の予想が外れても、自分の論文の組み立て方が確立されていれば、臨機応変に落ち着いて対応できると思います。

その後は、予想した問題の中から数題について論文を作成し、論文の書き方を練習します。

作成した論文は必ず何度も読み返して、話の流れがスムーズで、論点にずれがないか自分で確認を行うとともに、職場の上司や試験合格者の方に添削してもらったり、職種の異なる人や家族等などに読んでもらい、意見を聞いたりすることも良いと思います。

作成した論文の修正を繰り返して、質を高め、合格論文を完成させてください。

試験1カ月前には、手で書くことをお勧めします。ワープロで仕上げた論文を書き写すだけでも思った以上に時間がかかったり、あたりまえのように読める漢字も、なかなか書けなかったりするものです。本番の試験では2時間があっという間に経ち、読み返す時間もありません。できれば、参考書や、誰かに作成してもらった問題により、本番と同じ2時間で、レジュメの作成から始め、論文を完成させて、自分の時間配分を体で覚えるようにすると良いと思います。

おわりに

今回解説した勉強方法は一例にすぎません。みなさんが勉強を進めるにあたっての参考にしていただければと思います。

今年の結果が発表され、来年への決意を新たにした方もいらっしゃるのではないでしょうか。時には息を抜いて、最後まであきらめず持続させることが大事です。

皆様のご健闘を心からお祈りします。

21年度 教育管理職への道しるべ ▶1◀

はじめに

選考制度の改正

平成20年度東京都公立学校教育管理職選考（第一次選考）が、8月3日（日）に行われました。A選考には47人が受験しましたが、今年度から新設された一次免除者71人が二次選考を受験する予定です。B選考は584人、計631人でした。

選考・任用制度が今年度から改正されており、選考制度では、特にA選考を中心に大きく改正されています。8月4日の都教育委員会発表によれば、『教育管理職の大量退職に伴い、優れた教育管理職を安定的に確保するとともに、年齢構成の変化に対応し、若年層から任用を一層推進するために、平成20年度に東京都公立学校教育管理職選考及び任用制度の見直しをしました。平成20年度の主な改正点は、A選考、B選考及びC選考の受験資格における年齢要件を変更したこと、A選考において推薦区分を新たに設けるとともに、第二次選考で専門論文を課すこととしたことなどです。また、A選考合格者について原則として、主幹教諭の場合は5年間指導主事として任用し、主幹教諭未経験者の場合は1年間現任校で主幹教諭として任用した後5年間指導主事として任用することとしたことです』とあり、校長や副校長の退職がピークを迎えているなか、年齢構成の偏りによる教育管理職の有資格者の減少や、いわゆる「管理職離れ」による受験率低下などに対応していくとしています。

講座連載の予定

概ね次のスケジュールで、来年8月まで49回にわたって連載する予定です。

【次号～年内】
▽A論文①～③▽B論文（書き方・小・中）▽学校教育法①②▽経営管理①②▽憲法・教育基本法①②▽教特法①②▽地方公務員法①

【1月～3月末】
▽地方公務員法②③▽B論文（特別支援）▽地教行法①～③▽学校教育法③④▽その他法令①②▽学校管理①

【4月～6月末】
▽学校管理②③▽学校教育法⑤⑥▽最近の訴訟　教育事情①②▽政治社会事情▽労働経済・国際事情▽都政事情①②▽直前対策①

【7月～8月】
▽直前対策②～④▽口頭試問対策▽択一問題の解説

選考制度の概要

（1）受験資格

〔A選考〕　年齢満32歳以上44歳未満　教職歴7年以上（都教職歴3年以上）

〔B選考〕　年齢満39歳以上54歳未満　主幹教諭の職にあるもの

〔C選考〕　年齢満50歳以上58歳未満　教職歴14年以上　主幹教諭歴3年以上

なお、平成19年度までの「主幹」歴は「主幹教諭」歴とみなされます。また、C選考は、筆記試験はなく個人面接と業績評価で選考されます。

（2）一次選考

〔A・B選考〕　択一試験・課題論文・業績評定

なお、A選考については、区市町村教育委員会等からの推薦を受け、「教育行政研修」を良好な成績で修了した者は、択一試験と課題論文が免除されます。

（3）二次選考

〔A選考〕　専門論文（教科指導や生活指導などに関する論文・事前提出）・個人面接（研究実績調書を資料として活用）

〔B選考〕　個人面接

（4）問題作成の考え方

都教育委員会は、平成20年度教育管理職選考筆答試験問題（A選考、B選考）を、次の五つの考え方に基づいて作成しているとしています。

①日本国憲法及び教育基本法等の示すところに基づいて、学校教育を適正に進めるための自らの信念や理念をもっていることを見いだす。

②広い視野と豊かな経験及び高い識見をもって教育上の諸課題を把握し、その解決を図る能力や態度をもっていることを見いだす。

③公立学校の管理運営や教育に関する基礎的事項、法令及び社会の状況等に関する理解や関心をもっていることを見いだす。

④教育実践に日々誠実に取り組み、自校の教育の改善に努めていることを見いだす。

⑤教育者としての責任感や意欲、実践の姿勢を見いだす。

（5）問題数・時間等

平成20年度筆記試験は次のとおりでした。平成21年度も同様と想定できます。

①択一試験（A・B共通）

「教育に関する基礎的法令」20問、「経営管理の基礎的理論」5問、「教育事情・都政事情・時事問題」5問、計30問、時間60分

②論文試験（字数1500字～2千字、時間120分）

〔A選考〕　グラフや文章資料をもとに、今日の学校教育や社会の現状を踏まえて、大局的に課題を把握・分析し、行政における教育管理職としてどのようなことを行うのか、課題解決のための方策などを問う。課題2題から選択する形式。

〔B選考〕　校種別に提示された学校経営に関する事例をもとに、事例の学校の現状をどのように把握し学校経営上の課題をどのように捉えるか、そのことに対する考えとともに、学校を組織として適切に運営するための方策などを問う。

おわりに

本講座とともに参考図書を紹介します。

○『教育管理職選考　手引き・問題集』（斎藤尚也監修　都政新報社発行）
○『教職員ハンドブック』（教職員研修センター監修　都政新報社発行）
○『学校現場の事例解決策』（学校事例解決策研究会編著　都政新報社発行）
○『教育管理職選考　論文・択一・面接試験問題集』（教育管理職問題研究会編著　学陽書房発行）

などです。

◇

中堅教員として、日々第一線で活躍している皆さんにとって、勉強時間を捻出し初志を貫くことは並大抵のことではありません。しかし、これまでの本講座でもお話しているとおり、試験勉強は自宅だけですることではないということです。

効果的・効率的に継続していく視点は、「試験突破のヒントや学習機会は、日常の学校経営の中にある」のです。基礎的法令等が出題される択一試験は、日常での学校経営の中での許可や承認、処分をはじめ、文科省や都教委からの通知や報告などからその根拠や背景を学び取ることができます。

また、論文試験の事例や資料は、日々の仕事の中にあるのです。新聞や本・雑誌等からも得ることができるでしょう。そういった課題に対して日頃から考える習慣を身に着けておくことです。

このことは何も教育管理職になるためでなく、より良い教育者を目指す者にとっての当然の心構えとも言えます。結果の成否にとらわれず、果敢にチャレンジしましょう。そして、1年後には栄冠を勝ちとっていただきたいと思います。

カレントトピックス 20年度 47

社会事情

■日本人の平均寿命、過去最高に　（7月31日）

厚生労働省が7月31日に発表した「簡易生命表」によると、平成19年における日本人の平均寿命は男性が79・19歳、女性が85・99歳であり、前年をそれぞれ0・19歳、0・18歳上回り、過去最高となった。がん、心疾患、脳血管疾患の3大疾患で死亡する確率は、平成19年で男性が55・57%、女性が53・02%であり、前年よりそれぞれ0・43ポイント、0・55ポイント下がっており、このことが平均寿命の増加に大きく寄与した。

厚生労働省によると、女性の平均寿命は23年連続で世界第1位であり、香港85・4歳、フランス84・1歳と続く。男性はアイスランド79・4歳、香港79・3歳に次いで第3位である。

■不登校の小中学生、2年連続増加　（8月7日）

文部科学省が8月7日に発表した学校基本調査（速報）によると、平成19年度に学校を30日以上欠席した「不登校」の小中学生は計12万9254人で、2年連続で増加したことが分かった。特に中学生は34人に1人が不登校であり、過去最高となった。

不登校の小学生は2万3926人（0・34%）、中学生は10万5328人（2・91%）であり、学年を追うように連れ人数は増えている。

不登校のきっかけとなった原因（複数回答）は、「いじめ」が3・5%で、初めて項目に加わった昨年度から0・3ポイント増加した。そのほかに多かった理由は、「いじめを除く友人関係」が18・4%、「親子関係」が11・1%、「学業の不振」が9・6%であった。

■平成20年「国民生活に関する世論調査」　（8月16日）

内閣府は8月16日、「国民生活に関する世論調査」の結果を発表した。その結果、日常生活で悩みや不安を感じている人は70・8%（前年比1・3ポイント増）で、過去最高となった。

悩みや不安の内容（複数回答）は、「老後の生活設計」が57・7%（前年比4ポイント増）で最も多かった。昨年との生活の比較では、「低下している」が34・1%（前年比9・6ポイント増）で、「向上している」は4・4%だった。政府に力を入れてほしい政策（複数回答）は、「医療・年金等の社会保障構造改革」が72・8%で、5年連続で最も多かった。

この調査は平成20年6月に全国の20歳以上の男女1万人を対象に行い、回収率61・5%であった。

「公共政策」に実感と納得

ジョージタウン大学院派遣プログラムを終えて

東京都職員研修所研修課研修担当係長　林さやか

今年度から海外研修が再開されました。研修には、若手職員が単独で海外において自主研究を行う「政策課題プログラム」と、管理職や管理職候補者を対象にした「大学院派遣プログラム」があります。

4月から3カ月間、米国ワシントンDCにあるジョージタウン大学院への派遣プログラムに、私を含む都庁職員6名が参加しましたので、研修状況をお話ししたいと思います。

ワシントンにある国会議事堂を前に研修生と高橋誠職員研修所教授（当時）

ジョージタウンという環境

ジョージタウンは、ワシントンDCの西側に位置し、落ち着いた雰囲気の高級住宅街で、メーンストリートにはブランド店やレストランがずらりと並んでいます。週末等は夜中の12時をすぎても食事やお酒を楽しむ観光客も多く、ワシントンの中では非常に治安のよいエリアです。物価は少々高いですが、バスや地下鉄など公共交通機関も充実しており、アメリカにしては珍しく乗用車がなくても生活できる大変便利な環境でした。

ジョージタウン大学は1789年に創設された学生数1万2千人程の大学で、元米国大統領ビル・クリントン氏や、元国連難民高等弁務官の緒方貞子さんの母校でもあります。ワシントンDCという場所柄と、大統領予備選の真っ只中という時節柄、大学には著名な政治家や財界人等が訪れ、興味深い講演会が数多く開催されていました。なかでも、通算6期上院議員を務める民主党のJoe Biden氏の講演は、プレゼンテーションが非常に上手で、さすが大物政治家と恐れ入りました。

都庁オリジナルのプログラム

今回の研修目的は、プレゼンテーションや交渉力などを含めた実践的な英語力の向上を図るとともに、米国における公共政策について学ぶというものでした。プログラムは都庁職員を対象にオリジナルで組まれ、主な内容は次のとおりでした。

○公共政策

大学院の教授や政府関係者を招いての講義が週1回あり、米国の政治制度や議会制度、予算、人事制度、危機管理や教育政策など、幅広いテーマについて学びました。大統領予備選挙というタイムリーな話題をもとに、選挙制度や現情勢についての解説講義もありました。また、講義の後には、その内容について、毎回ディスカッションを行いました。

○プレゼンテーション

研修生が自ら選んだテーマに基づいてリサーチを行い、その内容について毎週1回パワーポイントを用いてプレゼンテーションを実施しました。観衆を惹きつける導入部分の工夫、わかりやすい内容と構成、聞き手の理解を促進するビジュアル効果などについて、指導教師や仲間から毎回評価とアドバイスを受けました。特に、日本人が不得意とする堂々としたジェスチャーやしっかりとしたアイコンタクトについての指摘はとても勉強になりました。また、各自のプレゼンをビデオ撮影したものを見ながらそれぞれ自己評価を重ね、技術の向上を図りました。

○ネゴシエーション

交渉手法について、ハーバード・ビジネススクールのテキストや教材用ビデオを用いて理論的に学ぶとともに、大学内の他クラスと合同での課題演習も行われたため、多様な国籍の方々を相手に実践的なコミュニケーション能力を磨くことができました。

○現場視察

国会議事堂の視察、米国上院委員会のヒアリング（公聴会）傍聴、連邦選挙委員会やその他政府関係機関への訪問等を、週1回ペースで行いました。政府機関関係者等を訪問し、政策や考えについて直にお話を伺う機会を得ることができ、公共政策についての知識を深める上でも、生きた英語を学ぶ上でも非常に勉強になりました。

公共政策講義の前に毎回渡される数十ページにわたる教材や、毎週のプレゼンテーションのためのリサーチ、現場視察前の情報収集等、事前準備を要することが多く、徹夜に近い状況になることもしばしばありました。

多様性と権力

上記のプログラム内容を通して学んだことは数多くありますが、なかでも今回の米国滞在で特に印象深かったのは〝diversity（多様性）〟と〝power（権力）〟でした。

まず、〝diversity〟ですが、アメリカには様々な人種、宗教や文化を持った人々が集まっています。多様な価値観を持つ人同士が同じ社会で生活していくためには、個性や違いにお互いが寛容である必要があるとともに、コミュニケーション手法として、わかりやすい言葉で伝えたいことをはっきりと口にする必要があります。これは、価値観の多様化した現在の東京都においても、応用できるコミュニケーション方法だと思います。

次に、〝power〟についてですが、米国の政治の中心地、ワシントンDCで強く感じたことは、アメリカでは自由が尊重される結果、一部の人々に富や権力が非常に集中しやすく、それが濫用されるのを防ぐため、権力の分立や透明性の確保が重視されているということです。例えば、大統領予備選において、あらゆる候補者に寄付金を提供した人の名前、住所、金額などがインターネット上で公開されていることを知り、情報公開の徹底振りに驚かされました。透明性の確保とプライバシー保護とのバランスは、時に非常に難しい問題ですが、目的をはっきりさせることにより、思い切った情報公開に踏み込む姿勢には見習うべきものがあります。

また、全体を通して感じたことは、海外に実際に身を置いて学ぶことで、様々な角度から生きた知識を吸収できるということです。公共政策の授業も、現実のアメリカ人の生活を間近に見ながら学ぶことで、より問題意識をもって臨み、実感と納得を得ることができました。東京都や日本を外から眺めることにより、自国への理解も深まりました。

◇

今回、このような機会を得られたことは、私にとって非常に貴重な経験になりました。特に、大統領予備選の真最中という特殊な時期に、米国政治の中心地であるワシントンDCに滞在し、日々の報道や演説会などを目の当たりにできたことは、とても良い経験となりました。この経験を都政に活かしていきたいと思います。

親切に潜んだ落とし穴

がんばれ！公務員 42

文とマンガ　鈴木武征

仕事に臨む公務員の基本は公正、公平、次いで誰にでも親切に接することだ。

この親切な心というのが個人差もあって結構微妙なものがある。

窓口にすこぶる付きの美人やイケメンが来た時の職員の対応が面白い。

内心は満更でもないのだが、そういう来訪者は他の職員もそれとなく見ている。

後で同僚に「お前デレデレしちゃってさ」なんて言われないように、必要以上に淡々と接することに努める。

更には変に親切に受け止められないようきっちり指導するから、美人、イケメンもいいことばかりとは限らない。

上司は応対が無愛想な職員、揉め事を起こしやすい職員を「もうちょっと何とかならんものかねー」と嘆くが、むやみに親切なら良いという訳でもない。

以前の都営住宅には風呂場が設置されておらず、身体の不自由な方や近くに銭湯の無い人など事情に応じて個人負担による後付けを認めていた。

所定の申請書と図面を提出すると2週間ほどで許可書が交付される。

この辺のルールは入居時の案内書に明記されているのだが、実際にはざら紙に鉛筆書きの見取り図などを付けて、「これ以上のものは書けない」というお年寄りも多い。

係員は「簡単な図面だから工事をする人やお家の若い方に言えば書いてくれますよ」と見本を渡して助言するのだが、お年寄りは「そんな人はいない、困った困った」の繰り返しだ。

その多くは近所の器用な人に工事を頼んだものの図面までは言い出せない、工事費はともかく図面代は予定していなかったという類だ。

ある日、このお婆さんにはどう助言しても無理と判断した係員は、「分かりました。私が後で書いておきます」と申請書を受理した。

かかる例について以前から上司に相談しても、「書かせなきゃダメ！」の答えしか返ってこない。

5時過ぎに図面を書きだした職員は、申請書の間に千円札が挟んであるのに気づいた。

想像するにその取り扱いに大いに悩んだであろう職員は、結果的にそれを超勤代の代わりにと財布に収めてしまった。

元はといえば困り果てたお婆さんへの親切心で始まったことだが、これが命取りとなる。

その後「書けない」という申請者に、「しょうがないですねー、私の知り合いに千円で書いてくれる人がいますが…」という「親切」を繰り返した職員は、ある日忽然と都庁から姿を消した。

この例では本人が消えただけで済んだが、職場の汚職や不祥事が明るみになった管理職は気の毒だ。報告やマスコミ対応に追われ、営々と築いてきた実績や将来も危うくなる。

「まさかあのいい人が」と悔やむ前に、職場の全員がニコニコしているような理想像は求めない方がいい。

職場には親切な職員やぶっきらぼうな職員、問題職員も混在しているから面白く、それ故に管理職の必要性も重要視される。

職員にやたらと親切心を求める前に、苦手な職員に自分から親切に接する方が先かも知れない。

もとより一人ひとりの職員が親切は大いに施しても、越えてはならない一線があることを自覚しなければならないことは言うまでもない。

ともに生きる 34

北京パラリンピックを応援しよう！

北京オリンピックが終わりました。さて、今度は、9月6日から北京パラリンピック競技大会（17日まで）が始まります。障害のある人のスポーツ競技大会の最高峰。スローガンは北京オリンピックと同じ、「One World One Dream、ひとつの世界、ひとつの夢」、障害のある人たちも、夢を追いかけることになります。

パラリンピックの語源は、当初、「下半身不随（Paraplegia）＋オリンピック（Olympic）」でしたが、その後、下半身不随の人以外の身体障害者も大会に参加することから、「もう一つの（Parallel）＋オリンピック（Olympic）」と意味付けているそうです。競技種目は20競技。主な競技は、陸上、水泳、柔道、自転車、アーチェリー、車いすテニス、車いすバスケット、車いすラグビー、車いすフェンシング等々です。

独自の競技は、〝ボッチャ〟です。ボッチャは、「ジャックボール（目標球）」と呼ばれる白いボールに、赤・青のそれぞれ6球ずつのカラーボールを投げたり、転がしたり、他のボールに当てたりして、いかに近づけるかを競います」（日本ボッチャ協会）。ランプという傾斜した投球器具を使うなど、ボールを持てない人や投げられない人も参加できる競技です。

高校生の時に鉄棒から落下して、障害を負ったKさんは、「私は、健常者（本人の表現）の人生と車いすの人生と二つの人生を経験できた」と振り返りました。そのような心境に至るまでには、ショック期→否認期→混乱期→解決への努力期→受容期（上田敏）と一般的に言われる心理的なプロセスを経たと言っていました。このプロセスは、新たな可能性や内的な価値を求めることへのチャレンジです。

近年、障害者ではなく、「挑戦という使命やチャンスを与えられた人」というポジティブな意味を込めて〝チャレンジド〟と言うようになりました。パラリンピック参加に至るまでには、多くの困難とそれを越えるためのチャレンジがあった方も多いと思います。放送なども予定されていますので、パラリンピック参加者の夢が叶えられるように、大きな声援を送りましょう。

（元都立村山養護学校長　飯野順子）

みにがいど

◆自殺防止！東京キャンペーン「〝自殺の悩み〟特別相談週間」　①24時間特別相談　9月6日（土）・7日（日）の全日☎03・5286・9090②自死遺族相談ダイヤル　9月8日（月）～10日（水）午前10時～午後10時☎03・3261・4350③自殺予防いのちの電話　9月10日（水）午前8時～翌日午前8時（24時間フリーダイヤル）☎0120・738・556▽問い合わせ先　福祉保健局保健政策部保健政策課☎5320・4310

◆障害者自立支援法の抜本的見直しを求める東京大集会―東京の福祉水準を考える―　▽日時　9月6日（土）午後1時～5時▽場所　文京学院大学・仁愛ホール（東京メトロ南北線東大前）▽定員　800名▽参加費無料▽内容　①主催者大会趣旨説明②障害者自立支援法の問題点と状況説明③東京都議会議員・当事者団体意見発表④当事者意見表明⑤大会アピール採択▽問い合わせ先　東京都社会福祉協議会福祉部児童・障害担当☎3268・7174

◆第12回残暑見舞はがき絵展　▽日時　9月10日（水）～20日（土）午前11時～午後6時（初日は12時から、最終日は5時まで）▽会場　東京都健康プラザハイジア1階正面ロビー▽主催・問い合わせ先　新宿の街を描く会（佐野直文会長）☎3203・6342

◆消費者行政シンポジウム　▽日時　9月11日（木）午後6時～8時▽会場　牛込箪笥区民ホール▽内容　①基調講演「消費者庁創設の意義と消費者行政の課題」松本恒雄・一橋大学大学院法学研究科教授（東京都消費生活対策審議会会長）②「パネルディスカッション」佐野真理子・主婦連合会事務局長、柴田純男・ACAP研究所長、木村茂樹・内閣官房消費者行政一元化準備室参事官、清宮眞知子・都生活文化スポーツ局消費生活部長、中山弘子・新宿区長▽参加費無料▽申込方法　9月10日（水）までに電話またはファクスで新宿消費生活センター☎3365・6100、ファクス3365・6110へ※先着390名▽問い合わせ先☎3365・6100

◆日本文化体験交流塾「能楽入門講座と粋なまち神楽坂探訪」　▽日時　9月20日（土）午後1時～4時30分▽内容・スケジュール　①1時＝神楽坂通りの毘沙門天善国寺に集合（12時30分から受付開始）牛込城跡に立つ光照寺、牛込中央通りなどを少人数でのまち歩き②2時～3時＝能楽入門講座（矢来能楽堂）佐久間二郎能楽師による講座と実演、能楽堂の視察③3時～4時30分＝赤城神社、軽子坂、かくれんぼ横丁、芸者新道などを歩いて、毘沙門天に▽受講料　3600円▽申込方法　日本文化体験交流塾ホームページhttp://www.ijcee.com/から申し込む（15日締め切り。定員50名先着順）▽問い合わせ先☎090・1607・5099、メールアドレスinfo@ijcee.com

◆㈶東京都福利厚生事業団公益事業都民コンサート「音楽のオアシス」　▽会場　東京国際フォーラム・ロビーギャラリー（ガラス棟地下1階）▽入場無料▽日時・内容　①9月12日（金）「アジア～心をうつ音」佐藤容子（ソプラノ）、小林将（バイオリン）他＝歌劇「トゥーランドット」より「誰も寝てはならぬ」、「落葉松」他②10月20日（月）「ヨーロッパ～情熱を呼ぶ音」建孝三（ギター）、三津山和代（メゾソプラノ）他＝「ブラジル風バッハ第5番」「アルハンブラの想い出」他③11月17日（月）「世界～感動をつなぐ音」佐藤容子、佐藤寛子（メゾソプラノ）他＝歌劇「ジャンニ・スキッキ」より「私のお父さん」、童謡他※各回とも午後6時～6時40分▽問い合わせ先　㈶都福利厚生事業団管理部企画課☎5320・7448

都政新報

発行所　都政新報社
〒160-0023 東京都新宿区西新宿7-23-1 TSビル
（総務・読者）03-5330-8781
（企画広告）03-5330-8784
（編集）03-5330-8786
（出版）03-5330-8788
（セミナー事業部）03-5330-9977
（ファクス）03-5330-8808
購読料　月1,680円(税込)
毎週火・金曜日発行
但し、祝祭日は休刊

紙面から

記録的降水量に対応不能

東京など都市部で、短時間に局地的に降る豪雨が増えている。ほんの少し前に晴れていた場所で突然、積乱雲が現れ、雷を伴ってバケツをひっくり返したような雨が降る。最近では雨量が1時間に100ミリを超えるケースも少なくない。それはまさに「ゲリラ雷雨」の名がよく似合う。都の治水整備は、1時間50ミリに対応するのが精一杯。区市町村ができることには限界がある。神出鬼没で治水の限界を超えた豪雨に、行政と住民はなすすべもないのか。減災に向けた課題を追う。

減災に挑む　検証・ゲリラ豪雨対策 [1]

連夜の警報に職員ヘトヘト

神出鬼没

■8月末豪雨

8月29日、愛知県岡崎市で、1時間あたりの雨量が観測史上初の146・5ミリに達する豪雨が降り、住家の浸水により2人が亡くなった。

8月28日から31日にかけては、日本の南海上の低気圧から、本州付近に停滞した前線に向かって非常に湿った空気が流れ込み、大気の状態が不安定となり、東海、関東、中国、東北地方などで記録的な大雨が降った。

29日未明、関東地方では、東京都八王子市で1時間の降水量が63ミリ、府中市で58・5ミリを記録した。いずれも、観測史上1位を更新した。

八王子市では、市内を流れる初沢川が氾濫。床下浸水約150棟、床上浸水35棟、建物全壊・一部損壊が5棟、土砂崩れ1カ所などの被害があった。

町田市でも、床上浸水17カ所、床下浸水14カ所、土砂崩れは13カ所にのぼり、建物の一部損壊、土砂の流入などがあったという。

都のハザードマップは今年できたばかりで、両市とも住民向けに洪水ハザードマップを配布する準備をしていたが、今回の豪雨には間に合わなかった。

防災担当者からは、「ハザードマップがあれば、市民の意識も違い、早めに行動することができたのではないか」といった反省の声も聞かれる。そういう側面も確かにあるが、今回の雨が一般的な水防の常識を超えていることも事実だ。

気象庁が発表している降水量の時系列データを見ると、八王子市では8月28日夜から29日未明にかけての豪雨により、24時間の降水量が218ミリを記録。8月の月間降水量の平年値223・8ミリにほぼ匹敵する雨量が、たった1日で降ってしまった計算だ。

■警報でも空振り

今回、23区内では大きな被害がなかったが、連日連夜にわたる警報発令に、参集する職員の疲労はピークに達した。

杉並区では、05年9月4日の水害を契機に、職員による「都市型水害対策緊急部隊」を編成した。4夜連続の警報発令で、区は「部隊員に過度な負担がかかっている」（防災課）と嘆く。

ゲリラ雷雨は神出鬼没。空が晴れていたからといって、安心できない。昼間は晴れていても、日が暮れるとどこからともなく、真っ黒な雲が押し寄せてくる。

ゲリラ雷雨の場合、警報が発令されてから参集しては被害に間に合わないこともあり、注意報の段階から早めの参集が求められる。部隊員は、夜もケータイを握り締めて参集を待つ。

立ち上がりが早ければ早いほど、空振りの可能性も高くなる。4夜連続で警報が発令されても、杉並区内の浸水被害はゼロだった。

区では、「このままでは本当に何か起きたときに、疲労で対応できなくなる」と、ローテーションの見直しなど部隊の再編成を検討している。

■都の治水整備

水害を防ぐ第一の手段は、治水整備だ。

都は、1986年7月に総合的な治水対策を策定し、それに基づく目標に沿って治水対策を進めている。だが、20年以上を経過した現在でも、基本計画である100ミリ対応はおろか、暫定計画である50ミリ対応すら達成されていない。

9・4水害を受けて、都は豪雨対策の基本方針を07年8月に策定し、10年後までに対策促進エリアで概ね55ミリの降雨で床上浸水や地下浸水被害を可能な限り防止する方針を打ち出した。75ミリの降雨での被害軽減は30年後だという。昨今、全国各地で起きているゲリラ豪雨の被害を考えると、目標とのギャップはあまりにも激しい。

都都市整備局都市基盤部では、「豪雨が降る期間は限られており、100ミリの雨はまれだ。治水整備には莫大な予算が必要で、投資的効果を考えると、厳しいのが現実」と吐露する。

予測できない豪雨。連夜の参集で疲労する職員。遅々として進まない治水整備。私たちは、減災にどう挑んでいけばよいのだろうか。（つづく）

記憶に新しい9・4水害＝中野区内の妙正寺川で（05年9月）

八王子での降水量

8月の月間降水量　平年値＝223.8ミリ
26日からの総降水量（右目盛り＝ミリ）
1時間降水量（左目盛り＝ミリ）
左目盛り：0, 10, 20, 30, 40, 50, 60, 70
右目盛り：0, 50, 100, 150, 200, 250
28日　29日
東京管区気象台のデータから作成

補正予算など48件を提案

第3回定例都議会　18日に開会

▽企業再生で権利放棄を条例化
▽都立病院でも先進医療を実施

都は、18日から始まる都議会第3回定例会に予算案2件、条例案29件、契約案4件、事件案12件、諮問1件の合計48件を提案する。

新設の条例では、経営危機に陥った中小企業の再生を促進するため、信用保証協会が求償権を放棄し、都も信用保証協会の回収納付金を受け取ることを放棄する仕組みを整備するもの。都道府県では、千葉、新潟に次いで3番目になる。

現在の制度融資は、金融機関が中小企業に貸して返済不能になった場合、金融機関は信用保証協会に求償権を行使し、信用保証協会が代位弁済している。そして信用保証協会は、融資先の中小企業に返済を迫り、一定の回収金があったら都に納付するとともに、代位弁済した一部に対し都から損失補助を受けるスキームになっている。

今回の条例では、企業再生を前提にし、金融機関などの関係権利者が返済の減額、繰り延べ、債権放棄などの計画を策定。信用保証協会も再生支援協議の中で求償権を放棄し、都も信用保証協会の回収納付金を放棄することを明確にする。

条例がない現在の状態では、自治法に定める自治体の権利放棄になるため、特別の定めがある場合を除き、1件ずつ議会の議決が必要になる。企業再生は迅速性を要するため、条例整備することにした。07年度の回収納付金は、約12億円だった。

回収納付金を受け取る権利の放棄にあたっては、弁護士、公認会計士などの有識者から意見聴取し、放棄後、都議会に報告する。

このほか条例の一部改正では、都立病院で「先進医療」を行うため、病院条例に使用料の規定を整備する。国が定める96種類の先進医療のうち、駒込病院で「乳がんにおけるセンチネルリンパ節の同定と転移の検索」を始める。診療料は、医療機関の実費相当額として6万6100円とする。すでに都では、第1回定例会で老人医療センター条例を改正し、「末梢単核球移植による血管再生治療」という先進医療に取り組んでいる。

また、09年4月に地方独立行政法人「東京都健康長寿医療センター」を立ち上げるため、定款や権利の承継、評価委員会に「高齢者医療・研究分科会」の設置などを内容とする議案を提出した。

民主都議が「盗作」　海外視察報告書で

謝罪する大沢昇都議（左）と田中良幹事長

「最後だけ急に専門的になっていたが、なるほど」——。4日、民主党都議による海外視察の報告書が「盗作」との指摘を受け、庁内からはこんな感想が漏れた。

盗作と指摘されたのは、大沢昇、岡崎幸夫、猪爪まさみ、大西智の4都議が06年に行ったブラジルの視察報告。全27ページ中、締めの部分の4ページにわたって、ジェトロ職員の論文を「丸写し」したことが、共産党都議団の指摘で分かった。

民主党によると、経過はこうだ。まず、大沢氏が参考資料として添付する論文をパソコンで打ち直し、編集担当の大西都議にフロッピーで手渡した。その際、出典を明記しなかったため、大西氏は「大沢氏が書いた報告文」と勘違い。「概観的に論じてみたい」と前文を書き足し、報告書に組み込んだ。

大沢氏は07年3月の発行後に初めてミスに気付き、「机上配布されていたし、どうしようか」と思ったが、結局、1年半放置してしまったという。田中幹事長は「気付いたときに対応するのが、誠実な対応と思う。放置していた問題意識の持ち方に問題があった」と述べた。

一方、編集を担当した大西氏。記者から「文章を受け取ったとき、プロが書いた可能性が高く、と疑問を持たなかったのか」と聞かれ、「我々が勉強したことを端的にまとめられたと感じた。私も書けるようにならなければと思った」という。

民主党は正副議長に謝罪した上で、「議会としてどう処置していくか、ご指示を頂きたい」と報告。田中幹事長は「都議会の海外視察として公的に行われている。今回、不祥事を起こしたことを踏まえれば、自粛も含めて、あり方を会派の中で考えていかざるを得ない」と述べた。費用の全額返還については、会派内や議会の中の意見を聞き、判断するという。

4都議は06年10月、ブラジルのサンパウロなど10日間視察。経費は計765万円だった。海外視察は、都議会改選の度に申し合わせを行い、議員全体で年間15人まで、1回10日以内などを確認している。

海外視察の報告書を巡っては鈴木章浩都議が大田区議時代、大学名誉教授の講演をほぼ丸写ししたことが問題になった。

冗句ジョーク

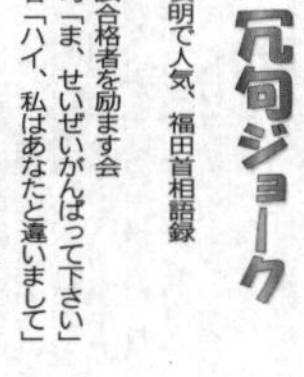

辞意表明で人気、福田首相語録
都管試合格者を励ます会
上司「ま、せいぜいがんばって下さい」
合格者「ハイ、私はあなたと違いまして」

3大学と協力して　高校生選手強化へ

競技力向上推進本部

都生活文化スポーツ局は09年度、都内3大学と協力し、高校生アスリートを医科学面でサポートするモデル事業を行う。5日、「東京都競技力向上推進本部」（本部長＝谷川健次副知事）で発表した。

モデル事業を行うのは、日本体育大、日本女子体育大、国士舘大の3大学。競技団体のニーズなどを踏まえ、大学生との合同練習、メンタル面の講習会、選手個人・チームの課題・特徴の分析による戦略の検討などのサポートを提供する。対象選手は、各競技団体が推薦する方向。水泳や陸上などの個人競技を中心に、10種目程度が対象になりそうだ。㈶東京都スポーツ文化事業団に「大学連携推進室」（仮称）を設置する予定。

都は、2013年に開かれる「東京国体」で最高得点を獲得して優勝することを目標に掲げている。そのため、指導環境の改善も取り組みの柱の一つ。来年度、現場の監督やコーチを対象に、「コンディションと疲労」「発達発育に応じたトレーニング」などのテーマで、講習会を実施する方針。

また、選手や指導者の意識を高めることを目的に、「東京都ジュニア強化選手」「国体選手強化指導員」を認定する方針。ジュニア強化選手には、競技団体による強化合宿の参加や保護者へのサポートプログラムが提供される。

振り込め詐欺の防止で対策会議

官民共同で

振り込め詐欺の被害が後を絶たないことから、都青少年・治安対策本部と警視庁は3日、「振り込め詐欺官民緊急対策会議」を開き、金融機関やコンビニでの防止対策、犯罪に使われる携帯電話の契約時の本人確認強化などについて検討を行った。

都内における振り込め詐欺の被害は、7月末現在で2740件。被害総額は約42億円で、前年同期比で約14億円も増加している。都の担当幹部は「ほとんどの被害者は、振り込め詐欺を認知しているが、実際に『還付金を返します』と電話がかかってくると、詐欺とは別物と捉えてしまう」と話す。

会議には、㈳東京銀行協会、㈱ゆうちょ銀行、㈳日本フランチャイズチェーン協会なども参加。都は今後、ATM（自動現金預払機）対策や、高齢者への注意喚起を進める方針。

東電の旧単身寮でダイオキシン調査

都環境局

都環境局は東京電力㈱の旧赤羽単身寮（北区赤羽西2）の敷地内で、土壌環境基準を超えるダイオキシン汚染があるとの報告を受け、3日に地下水の採取を行った。調査結果は今月末に分かるという。

同社は敷地内の37地点で土壌汚染状況調査を実施したところ、表層の30地点で環境基準を超えるダイオキシン類が検出されたという。敷地内で86年以前に操業していたコンデンサー製造工場で使われた油が原因とみられる。同社は応急の飛散防止措置として、ブルーシートで被覆。今後、アスファルト被覆も行うとしている。

都政の東西　国際化を前に

羽田空港では、2年後の10月に4本目の滑走路と国際線旅客ターミナルが供用開始となる。本格的な国際化のスタートだ。

そこで、ふと、羽田空港が大田区にあると知っている人はどれくらいいるだろうかと考えた。自分自身、東京に住んでいながら、同区担当になるまで羽田空港は「大田区羽田空港」という住所であることを知らずにいた。

国際派で知られる元港区長の原田敬美氏が地方自治とからめて、こんな話をしている。「アメリカへ行くと、市が空港を持っている。空港へ着くと『ウエルカム　○○シティ』と迎えられるのに、日本はどうだ」と。

日本の場合、確かに、海外から成田や羽田に降り立っても、あくまでそこは通過点にすぎない。空港周辺に、どんな歴史や文化、産業を抱えたまちが広がっているのかに関心が及ぶことは少ないように思う。空港を持っているのが市ではないということはいたし方ないとしても、初めて日本に足を踏み入れたとき、その地元の表情が分かると、どんなに魅力が増すだろう。

地元をPRするには、地元自治体が大きな役割を果たすことができる。

羽田国際化を見据えた大田区は、現在、どうすれば魅力的な空港周辺エリアの開発ができるか、国や都と真剣に話し合いを進めようとしている。同区は中小製造業の集積地。羽田空港の沖合展開と再拡張で生じた空港跡地を利用して、地元のものづくり産業を紹介する施設や国際文化交流施設、羽田の歴史を紹介する資料館などはどうかと、模索中だ。周辺には、ホテルや飲食物販など商業施設のエリアも構想されている。

「OTA基本プラン」と名づけられたこの素案。東京23区の1区から、世界の羽田を擁する「OTA」へ。区の将来をもかけた飛躍の可能性を秘めている。

景気反映し、財政良好

07年度特別区決算

積立金は過去最高額

都総務局行政部は4日、07年度特別区普通会計決算を発表した。決算規模は、歳入が5年連続、歳出が4年連続の増となった。歳入歳出総額、積立金現在高は、いずれも過去最高額を更新した。財政構造の弾力性を示す経常収支比率は75・3%で、70%台を維持。将来にわたる財政負担額も前年度より96・6%の大幅減となるなど、景気回復による増収や行革の取り組みを反映し、特別区の良好な財政状況を示す結果となっている。

07年度決算は、歳入総額が3兆1120億9400万円で、前年度に比べて2・3%増、歳出総額が2兆9771億6600万円で2・4%増となり、歳入・歳出ともに増加し、過去最高額となった。決算収支は実質収支が2・1%減の1205億8500万円となり、1978年度以降、30年連続して全団体が黒字となった。

歳入では、特別区財政調整交付金が前年度に比べて10・0%増の1兆1776億4千万円。増加率のうち5・5%は都区間の調整率の増加（52%から55%へ）による増収分で、そのほかの4・5%は市町村民税法人分の伸びなどを反映している。

特別区民税は、定率減税の廃止や都心回帰による納税義務者数の増加、景気回復による所得の伸びなどにより、4・4%増の8697億5000万円となった。

歳出では、義務的経費が2・7%の増で、歳出全体に占める割合は0・2ポイント増の48・8%となった。子ども医療費助成の拡充や児童手当の制度改正などで扶助費が5・5%増となったことなどが影響している。投資的経費は6・2%増で、3年連続の増となった。歳出全体に占める割合は0・5ポイント増の12・3%。財政が厳しいときに抑えていた公共施設の改修・改築などに振り向けられている。その他の経費は積立金が減となったが、物件費、操出金が増となり、全体では0・8%の増加。歳出全体に占める割合は、0・6ポイント減の38・9%となった。

財政構造の弾力性を示す指標である経常収支比率は前年度を2・3ポイント上回る75・3%。これは経常収支比率の分子となる経常的経費充当一般財源等が扶助費や物件費などの増で3・7%増えたため。経常収支比率の適正水準は70%から80%といわれているが、80%を超えたのは、前年度の墨田区1区から、墨田、北区の2区になった＝表1。弾力性が若干悪化したとはいえ、都内市町村平均の経常収支比率91・3%に比べると、はるかに高い余力を示している。

特別区債現在高に債務負担行為翌年度以降支出予定額を加えた額から積立金現在高を差し引いた将来にわたる財政負担は、前年度に比べて2585億5500万円、96・6%減少し、89億9300万円にまで減少。バブル崩壊以前の将来にわたる財政負担の状況よりもさらに改善された＝表2。起債の抑制や繰り上げ償還で一括して債務返済していることなどの表れといえる。積立金現在高は1兆2656億4200万円で、過去最高額を更新した。

このように特別区の07年度の財政状況は景気回復の影響を受け、全体として良好だ。しかし、裏を返せば景気変動の波を受けやすい歳入構造。すでに景気が停滞局面を迎え、今後は財調財源である市町村民税法人分や、区民税自体も減少すると思われるなか、区財政の先行きは予断を許さない状況にある。

区政課では「行革に取り組んできたとはいえ、全国的に見ると人件費比率はまだ高く、改善の余地がある。近年の良好な財政状況を背景に、特別区の施策に国や他団体から東京富裕論など厳しい視線が向けられている。将来を見据え、景気変動にも柔軟に対応できる強固な財政基盤の構築が必要」と話している。

【表1】　2007年度特別区普通会計決算　（単位：千円、%）

区名	歳入総額 A	歳出総額 B	歳入歳出差引額 A−B＝C	翌年度に繰り越すべき財源 D	実質収支 C−D	実質収支比率 ※1		経常収支比率 ※2		公債費比率
千代田	53,036,765	51,235,717	1,801,048	260,339	1,540,709	4.9	(5.0)	69.0	(69.0)	3.3
中央	69,052,950	66,320,805	2,732,145	841,757	1,890,388	4.4	(4.5)	73.3	(73.3)	4.1
港	110,181,028	103,364,944	6,816,084	0	6,816,084	9.3	(9.7)	62.5	(62.5)	1.7
新宿	125,673,030	118,085,295	7,587,735	20,576	7,567,159	9.0	(9.6)	76.8	(76.8)	4.4
文京	73,171,998	69,736,284	3,435,714	600,970	2,834,744	4.9	(5.2)	72.8	(72.8)	6.7
台東	87,768,927	85,226,728	2,542,199	0	2,542,199	4.5	(4.7)	76.9	(76.9)	8.8
墨田	92,736,400	89,502,574	3,233,826	55,470	3,178,356	4.8	(5.1)	83.9	(83.9)	6.2
江東	148,188,326	143,384,628	4,803,698	1,204,329	3,599,369	3.4	(3.6)	75.3	(75.3)	3.8
品川	129,144,912	126,185,008	2,959,904	161,080	2,798,824	3.0	(3.2)	72.5	(72.5)	6.1
目黒	93,626,145	90,470,854	3,155,291	100,791	3,054,500	4.3	(4.5)	79.2	(79.2)	12.3
大田	221,635,103	210,025,777	11,609,326	3,539	11,605,787	6.8	(7.2)	72.3	(72.3)	6.4
世田谷	236,448,247	228,778,833	7,669,414	2,072,865	5,596,549	3.0	(3.2)	77.0	(77.0)	7.0
渋谷	86,935,166	79,742,193	7,192,973	820,084	6,372,889	10.3	(10.9)	73.5	(73.5)	4.4
中野	109,469,404	106,282,390	3,187,014	59,988	3,127,026	4.1	(4.4)	79.9	(79.9)	8.0
杉並	159,643,121	150,887,199	8,755,922	630,265	8,125,657	6.6	(7.1)	77.5	(77.5)	5.4
豊島	95,035,607	91,261,387	3,774,220	585,000	3,189,220	4.7	(5.0)	77.7	(77.7)	9.7
北	129,520,949	120,940,920	8,580,029	1,991,549	6,588,480	7.5	(8.0)	84.0	(84.0)	11.7
荒川	85,812,181	83,339,067	2,473,114	347,883	2,125,231	3.7	(3.9)	76.9	(76.9)	7.3
板橋	172,012,753	167,699,640	4,313,113	47,547	4,265,566	3.3	(3.5)	78.1	(78.1)	6.9
練馬	217,454,647	206,024,668	11,429,979	191,707	11,238,272	6.7	(7.2)	76.6	(76.6)	7.2
足立	235,886,032	227,644,290	8,241,742	465,009	7,776,733	4.6	(4.9)	74.9	(74.9)	8.4
葛飾	158,720,422	151,200,913	7,519,509	1,611	7,517,898	6.5	(7.0)	72.4	(72.4)	4.9
江戸川	220,940,151	209,826,103	11,114,048	3,880,714	7,233,334	4.4	(4.7)	70.2	(70.2)	3.0
合計	3,112,094,264	2,977,166,217	134,928,047	14,343,073	120,584,974	5.3	(5.7)	75.3	(75.3)	6.4

※1のかっこ内は、臨時財政対策債発行可能額を分母に加えない率

※2のかっこ内は、減収補てん債（特例分）・臨時財政対策債を分母に加えない率

【表2】　特別区の将来にわたる財政負担の推移

（億円）25,000／20,000／15,000／10,000／5,000／0／5,000／10,000／15,000

債務負担行為額　特別区債現在高　積立金現在高

433　8,534　8,825　15,420　17,164　6,237　5,667　8,913　90　10,907　12,856

【将来にわたる財政負担】＝特別区債現在高＋債務負担行為額−積立金現在高

1989　90　91　92　93　94　95　96　97　98　99　2000　01　02　03　04　05　06　07（年度）

無認可工場の取扱見直し

練馬区　設置要件クリアで認可に

都環境確保条例の認可を取らず、建築基準法の用途制限に違反している既存の工場が、同条例に基づき認可申請し設置要件を満たせば、練馬区は1日から認可することにした。無認可工場を放置しておくと、公害指導が徹底されない状況を是正するのが狙い。

現在、23区で工場を設置するには、環境確保条例に基づき申請書を各区に提出し、区の認可を受ける必要がある。だが、同条例の申請手続きを踏まない無認可工場が増えている。

練馬区は区内の工場の実態調査を行い、回答しなかった工場を調べたところ、すでに廃業になっているところもあるが、今年3月末現在で無認可工場が600余りあると推計している。

無認可工場を放置すると、区が公害防止の事前指導をできなかったり、工場の廃止後も区への廃業届がないため土地の利用履歴の情報提供ができないといった問題がある。そのため、環境確保条例の申請手続きを踏まず、建築基準法の用途制限に違反している無認可工場が同条例の申請を行った際、区の立ち入り検査などを経て、同条例の設置要件を満たしていた場合、認可するように見直した。建築基準法の用途制限違反に変わりはないため、是正指導を継続する。

区の担当者は「用途制限違反で門前払いにしてしまうと、環境保全面での協議ができなくなるのは、いかがなものか」と疑問を投げかけた。

今後、区は工場認可制度の運用の見直しを通知し、無認可工場に認可申請してもらうように働きかける。また、区はどの地域に、どんな無認可工場があるのか実態調査を行う考えだ。

耐震工法の実験を　建築業者らと協力

品川区

品川区は3日、既存の木造家屋のための新たな耐震工法の実験を行った。同区では、従来の木造家屋を簡便に補強するための耐震工法の開発に取り組んでいる。

区内工務店や建設会社でつくる品川建設防災協議会のほか、東京都建築士事務所協会品川支部、品川区住宅センター協議会の代表者と、日本大学理工学部建築学科の教授らと連携。今年4月、（仮称）品川シェルター調査研究開発検討会を設置して研究を続けてきた。

実験では、実際の2分の1スケールで木造住宅軸組モデルを用意。新工法である格子状の木材を外付け補強したものと、補強しないものの2例に振動試験装置を設置した。小さな揺れから阪神・淡路大震災と同程度の振動を発生させて効果を検証した。

その結果、補強しなかった方は、柱と土台をつなぐ金具の接合部が浮かび上がり、斜めになったが、新工法の方は浮き上がりは見られなかった。

通常、すじかいなどの補強による住宅耐震化であると、かべを壊して土台にすじかいを入れるなど、作業が大がかり。古い木造住宅の場合には、土台が腐っているなどで、工事に多大な費用と時間がかかることもある。

それに対して、今回の格子状の木材の外付け補強の場合には、家に居ながらにして比較的簡単に工事ができ、安価で補強を行うことができる。

区建築課では「将来、根本的な耐震化を行うまでのつなぎ的な緊急対策として有効」とした上で、「製品化するのではなく、関係業者がそれぞれの業務のなかでこの工法を生かしてもらい、区として支援の対象にしていければ」と話している。

記者席

親思う心に勝る親心

○……自民党総裁選に石原伸晃氏が出馬の意向を示し、父・石原知事は5日の記者会見で「私の息子もいるみたいだが、全然、相談も何もない」と苦笑しながらも、ご機嫌な表情を見せた。やはり、親思う心に勝る親心だ。

石原知事もかつて総裁選に立候補した経験があり、親子二代の挑戦となる。顧みて気になるのは、知事自身の心残りか。知事就任当時は、首相待望論もささやかれたが、小泉旋風とともに、すっかりかき消されてしまった。

総理のいすを狙う息子へのアドバイスは多いはずだが、「ありません」と素っ気なかった。

○……秋の味覚、サンマ。目黒区と品川区では、落語「目黒のさんま」にちなんで、毎年、秋になるとさんま祭が開かれる。

目黒に鷹狩にきた将軍が脂ののったサンマを食べ、おいしかったので、城に戻ってサンマが食べたいというと、脂も骨も抜いたサンマが出てきておいしくない。「さんまは目黒に限る」と言ったというのが、その落語。

品川区でも行われているのは、JR目黒駅が品川区にあるから。目黒駅前商店街が横のつながりが希薄になったことから、地域に人情と温かさを呼び戻そうと、1996年から始めたという。

両地域とも新鮮な焼きたてサンマを無料配布。香り高いスダチやカボスを添えて、秋の風物詩となっている。

○……区保健所長会の新型インフルエンザ講演会で、先駆的な民間のBCPが紹介される中、目からウロコだったのが「罹患者の登録管理」の考えだ。

一度、インフルエンザに感染した人は抗体ができるため、その後、重篤な症状にはならない。こうした考えを含めて人事管理をするというのだ。発症後、治癒して就業が可能となる考えは、7月30日に国が示した新型インフルエンザ対策ガイドラインにも盛り込まれた。

「『抗体保持者は一生働け』とは言わないが、事業を継続するにはそうした管理も必要」と担当者。鳥インフルエンザは死亡率60%以上といわれるが、それでも現在の医療をもってすれば御役御免とはいかないようだ。

"自治体キャラ"が人気

「なみすけ」事業を本格化

杉並区

杉並区は今年度、区のキャラクター「なみすけ」に関して事業化に本格的に着手した。コンビニエンスストア大手のセブン－イレブンと提携し、関連グッズの販売委託などを進めている。なみすけは、2006年、公募で選出した。東京芸大の学生の作品で、「妖精」という設定。「妹」などの"脇役"も設けている。自治体のキャラクター活用は、従来はイベントなど単発的な事業が主流だったが、杉並区は、なみすけを区政全体の統一キャラクターに位置づけており、全国の自治体からも注目を集めている。

◆区政全体で活用

杉並区は「なみすけ」を、広報紙やホームページのほか、職員の名刺、庁舎内の案内板、区の関連施設などで幅広く活用している。今年度から、区立小学校の1年生対象のランドセルカバーに、なみすけを用いている。

区のキャラクター事業を担当する産業経済課アニメ係は「区政のさまざまな場所に登場させるなどして、区民と一緒に、なみすけを育てたい」という。

区内には、歴史的にアニメ制作会社などが集積。区は「杉並アニメーションミュージアム」を05年に開館するなど、"アニメ産業の街"としてアピールしている。なみすけは、こうした取り組みを発信する役割も担う。

◆知財権事業に着手

区では当初、20歳代の女性や子育て世代などを、キャラクター支持層の中心として想定。ぬいぐるみ、文具、携帯電話のストラップなどを区独自に製作して、幅広い層の認知度の向上と、人気の獲得に注力した。

なみすけに関して、区側は著作権のほか、商標権を登録。こうした知的財産権に基づくライツビジネス（権利化事業）の展開を、事業目標の一つに掲げている。

昨年度、民間企業のファンワークス（渋谷区）を公募選定し、なみすけ関連の権利使用許諾（ライセンス）に関する事業を委託。文具やケーキなどでライセンス実績を挙げている。区担当者によると「原則は、公序良俗に反しない製品や事業が対象。判断の難しい場合は区側も協議に加わる」という。

区独自の取り組みとしては、福祉事業への活用を今年度から開始した。障害者が働く作業所などで製作するクッキー等の菓子類、しおりなどに、なみすけのデザインなどを使う場合、申請のみで無償使用を認めている。

上段左から「なみすけ」、妹の「ナミー」、「なみきおじさん」。環境、教育などの区政場面を想定した定型図版（下段）を用意（提供＝杉並区広報課）

◆価値向上と維持が課題

なみすけの展開に並行して、杉並区はキャラクター事業のあり方を模索している。

課題の一つは、キャラクターと杉並区の「関係性」。区側はファンワークスに、インターネット上でのブログ運営も委託。「なみすけが区内のイベント参加や名所巡りをする」設定で、間接的な広報機能を担いつつ、区政となみすけの関連づけを図っている。

今後の課題について、区担当者は「ブランド価値の向上と維持が大切だ」と指摘する。

庁内では各部署に利用を促す一方、色の指定や数十種類の場面（表情）設定などを定めており、統一感の維持に努める。

また、既存のキャラクターの"整理"にも、着手しているという。区には、なみすけ以外にも数十種類のキャラクターが存在。一元的な管理を進めつつ、「乱造を避けるため、できるだけ新たな"誕生"は控えてもらう方針」という。

◆各区も多様な取り組み

23区で、自治体全体での統一的なキャラクター設定は杉並区だけだが、特定分野での活用は①児童向け事業②リサイクル関連事業③観光事業を中心に、ほぼ全区で進んでいる。

「アンパンマン」で有名なやなせたかし氏が新宿区に寄贈した「新宿シンちゃん」のように、プロが手がけた事例もある。

このほかにも、文京区は経済課が「文京戦隊BUNレンジャー」を設定。足立区は昨年、文化振興を目的に、犬（チン種）をモデルにした「アダチン」を設定した。

板橋区は1月、観光キャラクターとして「りんりんちゃん」を公募選定。区担当者は「あくまで観光キャラだが、人気が出て、板橋区の顔のような存在になってほしい」と話し、今後の"昇格"に期待を寄せる。

活用の目的意識が鍵

【解説】　多くの自治体では、各種イベント、啓発活動、地域振興など、キャラクターの活用機会は従来からある。親しみやすさの強調に加え、「公募などで選出する場合、選定段階から広く関心を持ってもらえる」など、広報手法としてのうまみもあるという。

最近はいわゆる「ゆるキャラ」ブームで、全国区の人気キャラクターも登場し、「自治体キャラ」に注目が集まっている。

しかし、事業単発で限定されたキャラクターが大半で、その管理や活用は事業の所管部署が担うケースが多いという。そのため、「庁内でも知られていないキャラクターや、不人気で休眠状態のものも少なくない」（自治体関係者）との指摘もある。

杉並区のように、自治体全域での統一的なキャラクター設定は、注目を集める一方、実例はわずかだ。市章などと同様、自治体のアイデンティティーを反映することが重要になるため、1キャラクターへの集約は、合意の形成など難問も多い。

さらに、知的財産権の取得や管理などの専門的なノウハウも必要になる。

活用に関して、自治体キャラクターは、見た目ほど「ゆるくない」のが実情のようだ。（河）

地方税3年連続で増加

07年度市町村決算

経常収支比率は悪化

都行政部は4日、07年度東京都市町村普通会計決算を発表した。39市町村全体の決算規模は、歳入が1兆3470億200万円（対前年度比2・3%増）、歳出が1兆3135億4300万円（同2・7%増）で、歳入歳出ともに4年連続して増加した。実質収支は10・6%減で黒字幅は縮小したが、全団体が30年連続で黒字に。経常収支比率は91・3%で、前年度を2・6ポイント上回り悪化した。地方税の3年連続増加などにより歳入が増加しているが、退職金など義務的経費が増加するなど、市町村財政は依然として厳しい状況が続いている。

歳入

一般財源のうち、歳入の根幹を成す地方税は6・3%増の7286億9900万円で、3年連続で増加した。地方税の約5割を占める市町村民税は、個人住民税率のフラット化や定率減税廃止など、税制改正の影響などで10・5%の増となっている。三位一体改革で本格的な税源移譲を行うまでの間の措置として04年度に創設された所得譲与税が廃止されたことで、地方譲与税は72・2%の減に。地方特例交付金等も減税補てん特例交付金の廃止により、78・4%の減となっている。また、地方交付税は、普通交付税、特別交付税がそれぞれ減となり、全体で9・4%減少した。

特定財源では、国庫支出金と普通建設事業費支出金が4・6%減となったが、生活保護費負担金、児童保護費等負担金の増などにより、全体で2・0%増となった。都支出金は、障害者自立支援給付費等負担金増などで10・1%の増。地方債は減税補てん債の廃止のほか、一般単独事業債、臨時財政対策債がそれぞれ減となり、全体として20・9%減となっている。

歳出

性質別では、義務的経費が3・7%増となり、歳出全体に占める割合が47・8%になった。人件費では、人員削減などによる職員給が1・4%減となったものの、退職金が22・8%増となり2・2%増になった。退職金については、ほぼピークを迎えており、2010年度まで高水準で推移していく見込みだ。また、児童手当の制度改正、生活保護費増などにより、扶助費が5・9%増となっている。

投資的経費では、普通建設事業費で単独事業費が1・5%減となったが、補助事業費が公共施設建設用地購入などにより13・4%増となったことなどで、全体で2・1%増に。

その他の経費では、物件費で委託料の増加などにより5・2%増となったほか、積立金は財政調整基金積立額が増となったものの、減債基金積立額や特定目的基金積立額の減などにより20・3%減。繰出金は、医療費の増加などによる国民健康保険事業会計への繰り出し増などで4・3%増となった。その他経費が歳出全体に占める割合は、0・4ポイント減の40・9%だった。

財政指標

3〜5%程度の黒字が適正水準とされる実質収支比率は、前年度を0・7ポイント下回る3・7%となった。07年度決算から算定式の分母に臨時財政対策債発行可能額を算入するよう変更になっているが、それを除いて算出すると3・9%になる。

財政構造の弾力性を判断し、比率が高いほどその硬直化が進んでいることを表す経常収支比率は、前年度を2・6ポイント上回る91・3%と悪化した。これは地方譲与税、地方特例交付金などが減となることで分母の構成比率が1・1%減になり、人件費などの義務的経費や繰出金などの増加で分子となる構成比率が1・9%増加したことによる。

経常収支比率は70〜80%が適正水準とされているが、07年度は青ヶ島村が人件費削減などで18・4ポイント改善し、77・6%だったほかは、該当する市町村はなかった。武蔵野市は06年度75・9%で適正水準を保っていたが、07年度は86・4%に悪化。これは、住民税のフラット化により、高額所得者の個人市民税が減となったことや、06年度に出ていた企業の特別利益がなくなったことなどによる。一方、100%を超えたのは、日の出町とあきる野市。あきる野市は公債費・扶助費、繰出金などで平均を上回ったことや、旧地域総合整備事業債の償還開始などが悪化の要因となった。

公債費比率は、前年度を0・5ポイント下回る8・3%だった。

また、将来にわたる財政負担では、積立金現在高が減少したものの、地方債現在高や債務負担行為の翌年度以降支出予定額がそれを上回る減少となっているため、4・3%減と軽減している。

財政指標の推移　（単位：%）

区分	03年度	04年度	05年度	06年度	07年度
実質収支比率 ※1					(3.9)
	3.5	3.7	3.9	4.4	3.7
経常収支比率 ※2	(96.8)	(96.9)	(93.3)	(91.9)	(93.6)
	89.6	91.2	89.1	88.7	91.3
公債費比率 ※3	(10.8)	(10.8)	(9.8)	(9.3)	(8.7)
	9.7	10.0	9.3	8.8	8.3

全市町村の加重平均。※1のかっこ内は臨財債発行可能額を、※2のかっこ内は減税補てん債（03〜06年度）、臨財債（03〜07年度）減収補てん債（07年度特例分）を、※3のかっこ内は臨財債発行可能額を、それぞれ分母に加えない率

2007年度市町村普通会計決算　（単位：千円、%）

市町村名	歳入総額 A	歳出総額 B	歳入歳出差引額 A−B＝C	翌年度に繰り越すべき財源 D	実質収支 C−D	実質収支比率 ※1		経常収支比率 ※2		公債費比率
八王子市	164,936,049	162,866,736	2,069,313	736,696	1,332,617	1.3	(1.4)	86.8	(86.8)	11.0
立川市	63,133,197	61,422,553	1,710,644	36,565	1,674,079	4.2	(4.3)	86.8	(90.0)	8.6
武蔵野市	59,917,141	56,938,182	2,978,959	77,250	2,901,709	7.5	(7.7)	86.4	(86.4)	3.5
三鷹市	57,326,178	55,879,349	1,446,829	102,909	1,343,920	3.6	(3.7)	89.8	(92.3)	9.1
青梅市	48,193,894	46,936,222	1,257,672	443,400	814,272	3.2	(3.3)	87.5	(91.2)	4.1
府中市	81,620,133	79,978,115	1,642,018	0	1,642,018	3.0	(3.2)	86.3	(87.0)	5.2
昭島市	36,970,283	36,525,545	444,738	83,418	361,320	1.6	(1.7)	95.3	(97.6)	8.9
調布市	75,062,015	72,298,892	2,763,123	246,683	2,516,440	5.4	(5.6)	90.4	(92.4)	7.9
町田市	121,488,591	117,691,242	3,797,349	606,457	3,190,892	4.2	(4.3)	88.9	(91.0)	6.6
小金井市	36,556,606	35,324,474	1,232,132	214,958	1,017,174	4.7	(4.9)	92.3	(96.5)	8.7
小平市	49,840,042	48,766,732	1,073,310	12,120	1,061,190	3.2	(3.4)	92.7	(93.6)	10.4
日野市	58,198,645	56,802,453	1,396,192	61,459	1,334,733	4.0	(4.2)	94.0	(97.0)	5.6
東村山市	43,264,751	42,880,886	383,865	60,244	323,621	1.3	(1.3)	99.2	(104.3)	11.5
国分寺市	40,454,771	38,821,049	1,633,722	0	1,633,722	6.9	(7.3)	99.8	(99.8)	11.4
国立市	25,190,845	24,885,377	305,468	407	305,061	2.0	(2.1)	96.9	(101.2)	7.5
福生市	22,759,902	22,443,766	316,136	6,142	309,994	2.7	(2.9)	98.0	(100.5)	6.9
狛江市	22,463,779	21,881,086	582,693	0	582,693	4.2	(4.4)	97.9	(103.4)	15.4
東大和市	24,622,903	23,922,066	700,837	0	700,837	4.8	(5.1)	98.6	(103.8)	10.1
清瀬市	23,706,665	22,981,335	725,330	16,400	708,930	5.2	(5.5)	95.8	(100.9)	10.1
東久留米市	32,935,750	31,940,565	995,185	40,370	954,815	4.7	(5.0)	99.8	(105.1)	11.9
武蔵村山市	22,392,676	21,650,348	742,328	34,290	708,038	5.6	(5.9)	95.7	(100.2)	6.4
多摩市	46,250,086	45,242,803	1,007,283	1,460	1,005,823	3.2	(3.3)	93.0	(93.0)	6.9
稲城市	26,382,997	25,558,895	824,102	204,256	619,846	4.1	(4.3)	87.7	(90.8)	7.3
羽村市	19,355,370	18,952,943	402,427	41,371	361,056	2.9	(3.0)	95.5	(97.1)	6.3
あきる野市	23,839,168	23,528,549	310,619	0	310,619	2.0	(2.1)	102.1	(107.3)	13.4
西東京市	58,674,072	57,473,777	1,200,295	4,779	1,195,516	3.4	(3.6)	92.1	(96.9)	7.3
市計	1,285,536,509	1,253,593,940	31,942,569	3,031,634	28,910,935	3.7	(3.8)	91.4	(93.6)	8.3
瑞穂町	12,139,068	11,724,163	414,905	55,370	359,535	4.9	(5.1)	84.1	(84.1)	2.9
日の出町	8,396,394	8,193,921	202,473	41,473	161,000	4.6	(4.8)	114.1	(120.9)	13.4
檜原村	2,769,887	2,689,308	80,579	0	80,579	6.9	(7.4)	85.2	(91.3)	3.8
奥多摩町	5,564,451	5,485,792	78,659	0	78,659	3.4	(3.6)	91.6	(97.7)	16.0
大島町	7,151,052	7,039,537	111,515	0	111,515	3.9	(4.2)	89.8	(94.8)	17.1
利島村	1,037,759	1,017,536	20,223	0	20,223	7.2	(7.8)	86.6	(93.3)	17.2
新島村	3,677,997	3,550,459	127,538	6,005	121,533	8.9	(9.4)	84.1	(88.8)	7.5
神津島村	2,685,444	2,641,717	43,727	0	43,727	4.6	(4.9)	86.1	(91.2)	5.2
三宅村	4,330,550	4,197,276	133,274	0	133,274	8.6	(9.1)	86.3	(91.2)	16.3
御蔵島村	1,054,118	1,018,549	35,569	0	35,569	13.9	(15.4)	92.1	(102.6)	10.4
八丈町	7,297,396	7,041,740	255,656	63,653	192,003	6.3	(6.6)	87.4	(91.9)	9.9
青ケ島村	1,251,870	1,251,044	826	0	826	0.3	(0.3)	77.6	(77.6)	6.4
小笠原村	4,109,057	4,097,837	11,220	0	11,220	0.8	(0.8)	85.2	(89.6)	18.4
島しょ計	32,595,243	31,855,695	739,548	69,658	669,890	5.6	(5.9)	86.9	(91.7)	12.9
町村計	61,465,043	59,948,879	1,516,164	166,501	1,349,663	5.1	(5.4)	90.0	(93.7)	9.9
市町村計	1,347,001,552	1,313,542,819	33,458,733	3,198,135	30,260,598	3.7	(3.9)	91.3	(93.6)	8.3

※1のかっこ内は、臨時財政対策債発行可能額を分母に加えない率
※2のかっこ内は、減収補てん債（特例分）・臨時財政対策債を分母に加えない率

問われる自治体の姿勢

取り組み二分の容リプラ

容リ法　26市の選択　下

■死活問題

これまでに法に定められる容器包装プラスチック類をマテリアルリサイクルしていない5市のうち、昭島、町田、狛江、稲城の4市は、燃やせるごみとして収集し、焼却処分でサーマルリサイクルを実施。焼却灰はエコセメントにするなどして、ごみの排出を抑制している。

あきる野市では現在、容リプラは燃やせないごみとして収集。集めたものを破袋機にかけたあと、軽いものは燃やせるごみとして焼却処分し、残りは埋め立て処分している。

プラスチック廃棄物については、東京都でも「埋め立て量ゼロを目指していくべき」「マテリアルリサイクルを一層徹底すべき」のほか、「資源保全、環境負荷、経済性でマテリアルリサイクルに適さない場合は、サーマルリサイクルを進めていくべき」としている。

あきる野市では、日の出町と檜原村とで構成する西秋川衛生組合で、清掃センターの焼却炉建て替えを予定しており、新しい炉が完成する2012年に合わせてサーマルリサイクルに移行することを検討していく考えだ。

5市については、現状、マテリアルリサイクルを進めていく予定はない。

そのもっとも大きな理由はコストだ。集めたプラスチック類を、容リ協に引き取ってもらうためには、収集して高品質のプラスチックを分別・保管する必要があるが、市民への周知や業者による収集と徹底した分別などにかかる費用負担は重い。また、中間処理施設もないために、マテリアルリサイクルをするためには、施設建設の必要も出てくる。

町田市は、過去に数回、中間処理施設を建設しようとしたが、市民の反対で断念した経緯があるほか、稲城市は「施設も建てる場所もない。莫大な経費と時間をかけてマテリアルリサイクルをしても、そこにかかるエネルギーは、燃やすのと同等のエネルギーを使うとも言われている。焼却でCO_2の発生はあるが、容リプラのために市全域に収集車を新たに回せば、そこでもCO_2が発生する。市民感情も含め、サーマルリサイクルで行く考え」。狛江市でも「焼却処分が最も低コスト。リサイクルにかかるコストは、規模の小さい自治体にとって死活問題」とし、「容リ協に持ち込むとしても、評価が悪く、受け入れてもらえなければ民間業者に処理を頼まなければならなくなる。そうなればコストも環境負荷も二重の負担となり本末転倒」と話す。

■不公平感

容リプラに対する取り組み方の違いは、一方で自治体の間に不公平感も生んでいる。容リプラの分別収集を行っている自治体の中には「法があっても罰則規定があるわけではなく、コストを考えれば焼却処分したいくらいだ」と話す担当者もいる。

こうした状況に対して環境省は「容リ法に基づく分別収集の取り組みを推進し、容リプラの質を上げている自治体に対しては、優遇措置を設けている」と話す。

具体的には、①容リ協に持ち込んだ容リプラベールの品質調査で、汚れたものや異物混入が5%未満の場合と、前年度Aランク（90%以上の適合容リプラ）から2%以上品質がアップした場合②分別の徹底により、分別収集の委託単価が下がっている場合——には、リサイクル義務のある特定事業者が、市町村に資金を拠出するというもの。4月に施行し、該当する自治体には来年9月に支払いが行われる。国は30〜60億円の拠出金を見込んでおり、人口が100万人規模の自治体では、拠出金が億単位で配分されるという。

容リプラのリサイクルについて環境省リサイクル推進室は「『低コストだからサーマル』というのではなく、市町村の考え方や姿勢が問われるもの。環境負荷の分析なども公表しており、そうしたものを住民にも示した上で、自治体としての判断をしてほしい」と話し、マテリアルリサイクルの推進を促す。

しかしマテリアルリサイクルを行っている自治体の多くは「現状でも分別徹底の努力はしている」という中で品質アップは厳しく、優遇措置を受けられる状況にはない。また、優遇措置を受けても、焼却処分の方が低コストということにも変わりはない。

そうした中、取り組みを進めていくために必要なのは、やはり最初に排出する市民の徹底的な分別。羽村市の例のように、行政側がルール厳守を貫き、市民の意識を変えることができれば、優遇措置でコストを削減しながら、理想のリサイクルの流れを作ることへの可能性も開けてくる。

＝おわり

犯人逮捕で学校再開

国立市の児童殺害予告

国立市の市立第五小学校は、同校の全児童（538人）を「全員殺害する」などの殺害予告の手紙が警視庁に届けられたことを受け、4、5日を休校としていたが、4日夜に犯人が逮捕され、8日からは通常通り学校を再開した。

つかまったのは同市の無職、岡部和子容疑者（60）で、警視庁あてに「児童が自転車に乗っていた自分とぶつかった」などとして、「全児童を殺害する」という内容の手紙を郵送していた。筆跡などから、同小に対する苦情を以前から訴えていた岡部容疑者の犯行と断定した。

学校側は3日夜に手紙についての連絡を受け、市教委と協議して4日を休校に。逮捕が4日夜だったことから、給食の手配の都合や連絡網が行き渡らない可能性などから、5日も休校としていた。

手紙の内容がショッキングだったため、8日から1週間は、中休みと昼休みに市のスクールカウンセラーを同小に派遣して、児童や保護者の心のケアにあたる。

「タマケン」で多摩の魅力再発見

「ご当地検定」が話題となる中、社団法人学術・文化・産業ネットワーク多摩（以下ネットワーク多摩）は、10月26日に、日本発の地域づくり検定「知のミュージアム多摩・武蔵野検定（愛称タマケン）」を初めて実施する。検定を通して多摩の魅力を再発見してもらうほか、地域への愛着や誇りを培い、楽しみながらまちづくりに活躍してもらうことが狙いだ。

タマケンでは、多摩・武蔵野に関する理解を深めてもらおうと、自然、地形、歴史、文化遺産、産業、教育など、多摩に関する様々な事柄を出題。3級の場合、択一式、100問以内の出題で、制限時間は90分。正解率70%以上で合格となる。

合格すると、多摩・武蔵野地域の大学図書館の利用や、多摩地域の美術館、博物館、アミューズメントパークなどの入館・入園料の優遇があるほか、観光ガイドやタマケン講師など、地域デビューのきっかけ作りにつなげることもできる。

ネットワーク多摩では、ほかに、民間企業の社員研修や営業・サービス業などでの話題づくりなどもできるとPR。地域活性化につなげる人材育成に期待する。

出題は主に多摩・武蔵野検定公式テキスト（ダイヤモンド社・2100円）から。申し込み締め切りは19日（当日消印有効）。詳しくは公式HP（http://www.tamakentei.jp/）まで。

申し込み締め切りは19日

週刊 たま手箱

学校の耐震化率最下位を返上へ　あきる野市

耐震化率が東京都で最下位となっているあきる野市は、2011年度までに、小中学校の校舎と体育館の耐震化率を100%完了させる計画を明らかにした。

第3回定例市議会には、耐震診断と実施計画を補正予算化していたが、3日に質問に立った村木英幸議員の質問に答え、臼井市長は「2次診断で耐震化が必要と判断されたものについては、11年度までに耐震化工事を完了させる計画」と答弁。遅れていた耐震化が一気に進むことになる。

同市は厳しい財政事情から、07年度までの耐震化率は29・2%と都内最下位だったが、姉妹都市の栗原市が被災した岩手・宮城内陸地震の被害の甚大さや、国の耐震化工事の補助率引き上げなどから、他の事業に優先して耐震化事業に取り組むべきと決断。

未整備の校舎9校と体育館17校すべての耐震2次診断と実施計画委託費3866万円を補正予算で計上した。すべての耐震工事完了までの総事業費は、23億円程度を見込んでいる。

市役所本庁舎大規模改修へ　八王子市

八王子市は建設から24年が経過した市役所本庁舎について、各種施設機器の劣化が進んでいることなどから、空調設備を中心とした大規模改修工事を10月から開始する。

空調設備は個別空調システムを導入し、照明はセンサー制御による省エネ化を図るなどで、ランニングコストを年間約2900万円抑制。また、改修に合わせ、市民の利便性を考慮した庁舎内のレイアウトも大幅に変更する。本庁舎東側広場にプレハブ平屋建ての仮庁舎を建設し、本庁舎内の一部の配置を4カ月単位で変更しながら、上層階から工事を行う。空調設備などの建築工事契約金額は約35億円、施設改修等工事費は、3カ年で総額40億6500万円を見込んだ。工事完了は2011年3月の予定。

防災計画行動マニュアル作成　羽村市

羽村市はこのほど、災害発生時の初動期に、職員が取る行動について、時系列にするべき行動を部署ごとにまとめた防災計画行動マニュアルを作成した。

災害時の行動マニュアルは各自治体で作成しているところは多いが、それを時系列にまとめているのは珍しいという。マニュアルは、発災から1時間以内の行動、被害が明確化しつつある12時間以内の行動、被害と復興を視野に入れた48時間以内に行うべき行動をまとめた。

例えば職員課では、発災後1時間以内には職員の参集状況把握の準備を行うとし、「庁舎1階ロビーに名簿等を準備」や、12時間以内の行動として職員や本部要員の給食や仮眠所の準備、48時間以内の行動として職員の被災状況の把握や不在幹部職員への連絡など、具体的な行動を明記している。

マニュアルは文庫サイズで全職員がいつでも携帯し、災害時に即応できるようにした。

また、自主防災組織編も作成。39町会すべての防災組織のリーダーに配布し、発災直後から行政の手が届くまで、それぞれが防災活動を行えるよう指南している。

区管試　受験率は74・0％
過去最高の前年度と同率に

今年度の特別区管理職選考が6日、青山学院大学で行われた。I・II類合わせた受験者数は、前年度を14人上回る897人だった。受験率は74・0％で、過去最高を更新した昨年度と同率で、引き続き70％台を記録した。口頭試問受験者への通知は10月14日に行い、10月25日及び26日の指定する1日で口頭試問を実施する。最終合格発表は11月10日を予定している。

I類事務は2年連続で70％台

08年度の特別区管理職選考の実施状況をみると、減少傾向にあった申込者数は、I・II類合計で14年ぶりに増加し、前年度比18人増の1212人だった。受験者数についても、06年度から増加に転じており、今年度も全体では引き続き増加した。ただし、I類は前年度比3人の微減で684人、II類が同17人増の213人だった。

一昨年度、昨年度と過去最高を更新した受験率は、今回、I・II類全体で74・0％となり、07年度と同率で過去最高を記録し、2年連続して70％台という高い水準を確保した。

選考区分別では、I類事務の受験率は71・0％で、前年度から3ポイント減となったが、引き続き70％の大台を維持した。I類技術は、全体で144人が受験し、受験率は72・7％だった。とくに技術Iは、79年に管試が実施されて以降、初めて70％台を超える78・7％で、昨年度から16・8ポイントも大幅に伸びている。

II類の受験者数に関しては、事務で前年度より17人多い180人、技術は前年度と同数となった。受験率も事務が前年度比2・6ポイント増の84・5％。技術は前年度と同じく82・5％で、全体では2・2ポイント増の84・2％だった。

区管試の実施に向けては、区人事委から各区に有資格者への受験喚起や申込者に筆記考査の出席を促すなど取り組みを求める一方、各区の人事担当課でも、有資格者への説明会実施や所属長からの呼びかけ強化などに努めてきた。

実施状況を受けて、区人事委では「こうした取り組みを強化することで、申込者数・受験率を維持している状況にあり、いまだ厳しい状況が続いているものと認識している」と話している。

受験者の感想では、I類択一問題について「全体的に、出題はオードソックスで、設問も奇をてらったものはなかった」としており、分野別では「地方公務員法や行政法は基本書を勉強していれば解答できるが、地方自治法は細かい部分を問うものもあった」「訴訟・損害賠償が例年より多く、時事問題・都政事情は昨年12月近辺のものが多く、昨年とは異なっていた」との声が聞かれた。

記述問題は、交通事故の発生状況や都政モニターアンケート、自転車事故や環境改善に向けた自転車利用などの新聞記事を基に、区政課題を設定し、具体的施策を立案する出題だった。受験者からは「例年通りの提案型であり、テーマもとっつきやすかったのではないか」「平易に感じたが、今年は事件・事故がくるかと思っていた」などの感想があった。

I類論文は「自治制度の変革と特別区政」「組織目標の達成と管理職員の役割」の中から1題を選択するものだったが、「分権改革の流れを汲んだ出題で、比較的答えやすいテーマだった」とする一方で、「区民生活を題材に準備していたので面食らった。制度ものは珍しく感じた」など意外性を挙げる受験者も多かった。

II類の事例式論文では、「特別区における公共施設の有効活用のあり方」に関するテーマが出題された。事例の概要は、利用率が低く、有効活用を検討していた地区センターについて、消防団詰所として利用するとの案が町会長や区議、地域住民から反対されるというもの。

受験者からは「事例の課題設定は、係長間の意見対立、地域住民との調整不足など、例年と同様で予想の範囲内。今回、マスコミ対応という新しい要素が含まれていた点で戸惑った。関連人物が多く、整理に時間がかかった。例年より難易度が高いのかも知れない」「テーマについては、昨年度が『公共施設の民営化の進め方』で、地域のまちづくりや地域コミュニティーなどを想定したが、外れた。特別難しい訳ではないが、簡単にできるものでもなかった」との感想もあった。

受験率は高い水準で安定してきたようだ＝I類事務の試験会場で

08年度　特別区管理職選考実施状況（速報値）

（単位：人、％）

選考区分		申込者数	受験者数	受験率
I類	事務	761(768)	540(568)	71.0(74.0)
	技術I	94(97)	74(60)	78.7(61.9)
	技術II	61(56)	37(32)	60.7(57.1)
	技術III	43(34)	33(27)	76.7(79.4)
	技術計	198(187)	144(119)	72.7(63.6)
	小計	959(955)	684(687)	71.3(71.9)
II類	事務	213(199)	180(163)	84.5(81.9)
	技術	40(40)	33(33)	82.5(82.5)
	小計	253(239)	213(196)	84.2(82.0)
合計		1212(1194)	897(883)	74.0(74.0)

※かっこ内は07年度の数値

都人事委　教員給与見直しに言及
「重大な問題」と都労連反発

都労連は4日、都人事委員会に対する要請を行い、今年の勧告作業にかかわる要求事項への回答を求めた。人事委員会は、現時点での検討状況を説明するとともに、教員給与では、新たな職務の級の設置、小中学校と高等学校の教員給料表の一本化を含め、「見直しを行う方向で検討を進めている」と言明した。都労連は「到底容認できない重大な問題」として強く反発している。

教員給与を巡っては、昨年の勧告で、国の見直し内容や、小中学校と高等学校の教員給料表のあり方、新たな職の設置等、様々な要素を考慮に入れ、多角的かつ総合的に検討を行う必要があるとし、「都の行政職給料表（一）との対応を基本とする方向で、来年の勧告を目途に検討を進めていく」と見送られた経緯がある。

また今年7月には、都教委が公立学校教員の給与制度に関して、「主任教諭」設置に伴う新たな職務の級の設定、都行政職を基礎に職務の特殊性を踏まえたメリハリある給与、小中学校と高等学校の教員給料表の一本化の3点を人事委に要望している。

一方、都労連は「教員の職の分化は必要ない」との立場で、教員給料表の一本化にも、主任教諭の設置に伴い、一般教諭の役割が現行の教員と比べて、職務内容や職責が相対的に軽減されると都側が主張していることから、「給料表の水準引き下げを意図するもので断固反対である」と表明していた。

同日の都労連要請に対して人事委は、主任教諭など新たな職の位置づけ、選考方法や任用計画などを、任命権者である都教委に確認した結果を受けて、「新たな職務の級の設置や、小中学校教育職員給料表と高等学校等教育職員給料表の一本化を含む、教員給与の見直しを行う方向で、現在、検討を進めている」と明らかにした。

都労連では、人事委の示した具体的な検討状況は、都教委の要望に沿ったものと指摘。都労連と任命権者の双方からの要請・要望を受けながら、「当局サイドに偏った検討しかしない態度は断じて容認できない」「第三者機関として中立・公正な立場ではなく、当事者の一方の主張を偏重する立場は、人事委員会の役割と責任を放棄するもの」などと厳しく批判した。

人事委ではこのほか、民間給与実態調査の状況も説明した。この中では、公民較差・特別給は民間調査結果を集計中としながら、「民間事業所の賃金を巡る状況について、昨年と際立った違いは認められない」などと述べている。

また人事院勧告で短縮が打ち出された所定内労働時間では、民間事業所の平均時間の集計に加えて、所定内労働時間の設定状況などを分析。これら調査結果を基に、国や他団体の動向を見極め、検討する考えを改めて示した。

机で学ぶ「情報セキュリティー」
都建設局　eラーニングをスタート

都建設局は、全職員を対象にTAIMS端末を使って行う「情報セキュリティーeラーニング」を16日からスタートする。情報漏えいに対する危機意識が高まる中、手軽に自分のペースでセキュリティー対策を習得してもらおうというもの。また、学んだ内容を確認するテストも盛り込んでおり、所属長は職員の受講状況や得点状況のチェックが可能だ。

eラーニングは、職員研修所でも教材を提供する形で実施しているが、受講状況の確認などは行っておらず、局の全職員を対象にした規模での同様の実施は都庁で初。ITを活用した先駆的な取り組みは、他局にも影響を与えそうだ。

所属長が受講状況をチェック

建設局の情報セキュリティーeラーニングは、非常勤なども含め、TAIMS端末が配備されている全職員約2500人が対象となる。

コンテンツは全5章からなり、情報セキュリティーの概論や情報漏えい等の事故例、ウイルス感染の仕組み、TAIMS端末使用の留意点などを学ぶ。各章は30分程度で受講が可能となるよう設定。全体では3時間程度で修了することが可能だ。

このほか計15問程度のテストも掲載。学習内容の習得状況を確認することができる。

さらにeラーニングの特徴となるのが、職員の研修受講状況やテストの得点状況を各所属長が把握できる点だ。これにより、未受講者への働きかけのほか、テストの得点状況を基に職員らの弱い部分を把握し、部内での研修につなげることも可能となる。

全職員が一斉に研修を行うとサーバーがパンクする恐れがあるため、部署ごとに実施時期をずらし、概ね1カ月間で実施してもらう。

自己啓発の一環として行い、職員は仕事の合間などを見ながら取り組む。9月16日から総務部などを皮切りにスタートし、来年2月中旬までに全部署で行う予定だ。

eラーニングの製作は技術管理課のシステム調整係が担当。一般企業などが使う既存のコンテンツをベースに、都のセキュリティーポリシーとの整合性を取りながら一月ほどかけて建設局版にカスタマイズした。

コンテンツにはイラストを多く盛り込んだほか、画面をゆっくりとスクロールさせるなど、理解しやすい内容となるよう工夫したという。

すべてを外注すると1千万円程度かかることもあるが、多くを手作りで行うことにより費用を縮減。300万円程度で完成することができた。

◆　◆

都は昨年9月にセキュリティーポリシーを改定するなど、情報保護対策を強化しているが、USBメモリーの紛失に代表されるように、情報漏えいに対する脅威は払拭できていないのが現状だ。

建設局では、これまで大きな情報漏えいなどは起きていないが、用地買収に絡む個人情報や入札に関する機密情報など、多くの重要資料を扱っており、ひとたび漏えい事故が起きれば大問題に発展する可能性が高い。

こうした危機感から、局は今年度から全職員を対象に「情報セキュリティーと個人情報研修」に着手。今回のeラーニングは、これを補完するものとなる。特にパソコンなどの情報機器が局業務に欠かせないツールとなる中、IT機器類の適正な利用と、情報漏えいの事故防止を目指したという。

情報化推進担当の脇坂義術副参事は「セキュリティー対策には物理的、技術的分野もあるが、もっとも重要なのは人的な部分。情報に対する理解を深める一助にしてほしい。人的セキュリティー対策に終わりはなく、さらなる研修の充実につなげたい」と話す。

仕事の合間など、職場で手軽に実施できる

民間企業のBCPなど報告
新型インフルで講演会
特別区保健所長会

特別区の保健所長会は4日、今年度4回目となる新型インフルエンザ講演会を東京区政会館で開催した＝写真。都と区の保健所関係者および、防災関係者ら約130人が参加。民間企業のBCP（事業継続計画）をテーマに、民間での先駆的な取り組みについての報告などが行われた。

いつ起きてもおかしくないと言われる新型インフルエンザのパンデミック（世界的流行）に備え、各区では対策マニュアルの整備などが進んでいる。しかし、パンデミックが起これば区の業務が増大する一方、感染等により業務に従事できる職員が少なくなるといった状況を踏まえた事業継続の考え（BCP）は明確になっていないのが実情だ。

講演会では、民間の先駆的な取り組みなどを参考に、各区でのBCPのあり方について考えてもらうのがねらい。

パンデミックに対応するには、どの業務を継続し、どの業務を停止するかなど業務の取捨選択が必要となる。また、資金や人的に余裕のある大企業と違い、区内の中小企業はBCP策定を進めづらい実態もあり、こうした対応も課題となる。参加者からは、「企業の倒産や解雇といった問題をどう考えていくか」「企業からは、インフルエンザ薬や災害物資を備蓄するスペースがないという声も聞かれた」など、具体的な質問も出された。

保健所長会会長の中西好子練馬区保健所長は、「BCPは保健部局だけでなく、区民生活に密着する部署がそれぞれ考えなければならない。先行する事例をいち早く共有化することで、23区が足並みをそろえて対応することが大切」と話す。

都営住宅の指定管理者
住宅供給公社を選定

都都市整備局はこのほど、3地域で公募していた都営住宅の指定管理者について、いずれも都住宅供給公社を候補者に選定した。今月18日に開会する第3回都議会定例会の議決を得て、指定する。

指定管理者の公募は、現行の管理期間の満了に伴って、北区、港区、武蔵野市・三鷹市・西東京市の3地域で実施。管理戸数は、全体で約3万1千戸にのぼる。今回の公募では、約5500戸と比較的小規模な地域（港区）を対象に加えたほか、指定期間についても3年間から5年間とするなど、応募しやすい仕組みとしている。

公募の結果、北区に3事業者、港区に3事業者、武蔵野市・三鷹市・西東京市に2事業者の応募があり、外部委員を中心とする指定管理者選定委員会で審査した結果、いずれも都住宅供給公社を候補者とした。このうち港区では次点者との得点差は17・4点だった。また北区では、次点者の提案価格が同公社を下回っていたという。

選定理由については、同公社の事業計画が、夜間・休日等の緊急対応を含めて、適正管理に必要な業務実施体制を確保していることを挙げる。さらに入居者への配慮や個人情報保護の徹底、設備の保守点検等の面も評価された。

前回の公募では、北区、武蔵野市・三鷹市・西東京市の2地域で、同公社が指定を受けている。

容器包装ダイエット大賞の投票始まる
八都県市で

都環境局は、八都県市の容器包装ダイエット大賞の投票を7日から開始した。新たに開設した特設サイトなどで投票を受け付ける。投票期間は11月15日まで。結果発表は12月中旬を予定している。

八都県市の廃棄物担当部局長で構成する廃棄物問題検討委員会では、商品化や流通・販売等の段階で容器包装を簡略化し、ごみ減量を図る事業者の自主的な取り組みを支援するため、容器包装ダイエット宣言を実施。現在、宣言企業は58社にのぼっており、ウェブサイト上などで取り組みが公表されている。

具体的には、飲料メーカーでは、PETボトルの軽量化やラベルの使用量削減といった取り組みを推進。また小売部門では、マイバッグ・マイバスケットの使用拡大のほか、野菜や果物のばら売り・量り売りによるトレイ等の削減事例も報告されている。

今回のキャンペーンでは、宣言企業のうち56社について、特に積極的な取り組みを進める事業者を「小売」（19社）と「製造・その他」（37社）の各部門から投票で選ぶ。八都県市に在住・在勤・在学する人であれば応募可能で、特設サイト（www.youki-taishou.jp）のほか、八都県市で開催される各種イベント会場での直接投票、宣言企業活動報告書のとじ込みハガキでも受け付ける。

菊地　勇男さん（きくち・いさお＝元都出納長）6日死去、78歳。

高木　令子さん（たかぎ・れいこ＝高木真一・都総務局大島支庁長の母）3日死去、78歳。

20年度 主任試験講座 —46—

都政事情 ③

引き続き、実際に問題にあたっていきます。

問　題

【問題 7】
本年1月に都が発表した「第2次都立病院改革実行プログラム」に関する記述として、妥当なのはどれか。

① 医療をめぐる環境の変化を踏まえ、「都立病院改革マスタープラン（平成13年12月公表）」に代わる新たな病院改革の方向性を示すものとして作成し、計画期間を10年程度としている。

② 実行プログラムの基本的な考え方として、ハード面の整備を着実に進めるとともに、ソフト面にも重点を置いた「都立病院改革」を進めるとして、三つの視点と五つの戦略から構成されている。

③ 都立病院の再編整備と医療機能の強化について、都立豊島病院を平成22年度を目途に板橋区へ事業移管するとしている。

④ ソフト面の核となる医療人材の育成と資質の向上を図るため「東京医師アカデミー」の開設により質の高い医師の養成を図るとしている。

⑤ 都立病院の新たな経営形態の検討として、平成22年度を目途に地方独立行政法人に運営形態を移行することを目指し外部有識者を含めた検討を開始するとしている。

【問題 8】
昨年11月に都が発表した「都民生活に関する世論調査」に関する記述として、妥当なのはどれか。

① 暮らしむきの変化について平成18年と比較すると、「苦しくなった」は36%と2ポイント増加し、その主な理由として「税金や保険料の支払いが増えた」が50%でトップとなっている。

② 生活程度について、不透明な景気の先行きを反映して、「中の上」「中の中」及び「中の下」を合わせた「中」と回答した都民が減少し、「下」と回答した都民が大幅に増加した。

③ 東京の住みよさについて、東京に住みたくない理由については、「緑や公園などの自然が少ないから」が最も多く挙げられ、次いで「生活費が高いから」とされている。

④ 都政への要望について、「治安対策」とする回答が半数を超え、4年連続して都政への要望第1位となり、前回調査で5位だった「環境対策」が2位となった。

⑤ 地域活動への参加状況について、ボランティア活動やNPOによる市民活動への参加率は14%であり、参加していない理由として、「特に興味がない」が最も多く挙げられている。

【問題 9】
2016年（平成28年）オリンピック・パラリンピック招致に関する記述として、妥当なのはどれか。

① 2008年（平成20年）6月にアテネで開催されたIOC理事会で、東京、シカゴ、マドリード、ドーハの4都市が2016年オリンピック・パラリンピックの立候補都市として選出された。

② 競技会場について、大会計画においては、東京の都心全体をオリンピック「パーク」とし、半径40キロメートルの範囲にすべての競技会場を配置することにより過去最高のコンパクトなオリンピックを目指すとしている。

③ オリンピック関連施設については、ストックの有効活用を図ることとし、新たな用地取得は行わず、既存競技施設の有効活用を図ることを基本としている。

④ パラリンピックをオリンピックと理念を共有するものと位置づけ、関連施設等のバリアフリーを徹底するとともに、施設の改築や新築に当たっては、ノーマライゼーションの考え方に基づいて整備する。

⑤ 今後の主な日程として、年内にIOCに立候補ファイルを提出し、2010年（平成22年）7月にコペンハーゲンIOC総会で開催都市が選定される。

【問題 10】
本年6月に都が発表した行財政改革実行プログラム実施状況報告（平成19年度）に関する記述として、妥当なのはどれか。

① 実行プログラムに掲げた214の実施計画について、平成19年度はすべて計画どおり実施しており、その内約半数を計画終了としている。

② 執行体制の見直しについて、実行プログラムの目標である6千人程度の定数削減に向けて、平成19年度は2102人の削減を行った。

③ 多様な経営改革手法の導入として、すべての都立公園について、平成20年4月から指定管理者制度を導入した。

④ 若手医師の確保・育成を図るため、都独自の専門臨床研修システムである「東京医師アカデミー」を平成20年4月に開講し、第1期生は112人となった。

⑤ 都区のあり方の検討について、主に「都区の事務配分」「特別区の区域のあり方」について検討し、平成20年4月に都区のあり方の基本的方向性として取りまとめた。

【問題 11】
本年2月に都が発表した「緑の東京10年プロジェクト」の施策化状況に関する記述として、妥当なのはどれか。

① 「緑のムーブメント」の展開として、海の森の苗木作りを推進するとともに、海の森募金を開始し、平成20年2月20日現在で約3千万円の募金が集まっている。

② 緑のネットワークの充実を図るため、街路樹倍増のモデル事業を実施するとともに、校庭の芝生化を31校実施した。

③ あらゆる工夫による緑の創出と保全を図るため、都庁の率先行動として各事業所等の緑化を推進する一方、屋上の緑化について、CO_2削減の有効性に関する検証を行っている。

④ 平成20年度の取り組みのポイントとして、都市公園の新設を核とした地域における緑の拠点づくりなど、3点の方針を掲げている。

⑤ 平成20年度の具体的取り組みとして海の森に9万本の植樹を行うとともに、新たに街路樹を2万本植栽する。

【問題 12】
本年2月に都が発表した「ひきこもり実態調査結果速報」に関する記述として、妥当なのはどれか。

① 都内のひきこもりの若者は約2万5千人で男女比は、男性71%、女性29%と男性のひきこもりの割合が高い。

② ひきこもりのきっかけとして、病気や不登校をきっかけとしたものが最も多く、職場不適応や就職活動の不調は大きな原因となっていない。

③ 「ひきこもり」とは学校及び予備校などに通学しておらず、配偶者のいない独身者で、収入を伴う仕事をしていない個人のことをいう。

④ ひきこもりは、学校の友人や職場の同僚関係が大きく影響しており、家族関係が希薄であるかどうかは特に関係がない。

⑤ ひきこもり状態になった時期として、「13〜15歳」が最も多く、ひきこもり状態の継続期間としては7年以上が全体の約半数を占めている。

解　説

【解説 7】　正答 ④

① 誤り。医療をめぐる環境の変化やこれまでの成果を踏まえ、都立病院改革を次のステージへ推し進めていくための事業計画として、計画期間を5年間（平成20年〜平成24年）としている。

② 誤り。四つの視点と七つの戦略から構成されている。

③ 誤り。都立豊島病院は平成21年度を目途に東京都保健医療公社へ運営移管するための準備を進めるとしている。

④ 正しい。

⑤ 誤り。制度的には最も柔軟な経営形態である一般地方独立行政法人（非公務員型）について、そのメリット・デメリットを都立病院の運営実態を踏まえて検討するとしている。

【解説 8】　正答 ①

① 正しい。

② 生活程度について、「中」は82%と昨年より2ポイント減少し、「下」は11%と昨年とほぼ同様である。

③ 東京に住みたくない理由については、「人や車が多すぎるから」が52%でトップであり、次いで「生活費が高いから」が49%である。

④ 前段は正しいが、「環境対策」は前回調査同様5位であり、2位は2年連続で「高齢者対策」となった。

⑤ 地域活動へ参加していない理由として、「時間的余裕がない」が最も多く挙げられている。

【解説 9】　正答 ③

① 誤り。東京、シカゴ、マドリード、リオデジャネイロの4都市が立候補都市として選出され、東京は一番高い評価を得た。

② 誤り。競技会場について、半径8キロメートルの範囲にほぼすべての競技会場を配置する世界一コンパクトなオリンピックを目指すとしている。

③ 正しい。

④ 誤り。施設の改築や新築に当たっては、ユニバーサルデザインに基づいて整備する。

⑤ 2009年（平成21年）7月にコペンハーゲンIOC総会で開催都市が選定される予定である。

【解説 10】　正答 ④

① 誤り。214の実施計画について、計画どおり実施は187件、一部実施は27件、未実施は0件であり、この内計画終了は25件である。

② 誤り。執行体制の見直しについて、実行プログラムの目標である4千人程度の定数削減に向けて、平成19年度は1102人の定数削減を行った。

③ 誤り。新たに四つの直営公園と二つの自然公園施設について、平成20年4月より指定管理者制度の導入を拡大した。

④ 正しい。

⑤ 誤り。都区のあり方の基本的方向性について、平成20年度末を目途に取りまとめる予定である。

【解説 11】　正答 ②

① 誤り。海の森募金は昨年10月に統合され、緑の東京募金として、平成20年2月20日現在で約6420万円の募金が集まっている。

② 正しい。

③ 誤り。既存建築物における屋上緑化の先導的なモデル事業や屋上緑化促進に向けた都独自の政策的な税制の検討を図るとしている。

④ 誤り。校庭芝生化を核とした地域における緑の拠点づくりなど、4点の方針を掲げている。

⑤ 平成20年度の具体的取り組みとして海の森に0・9万本の植樹を行うとともに、新たに街路樹を4万本植栽する。

【解説 12】　正答 ①

① 正しい。

② ひきこもりのきっかけとして、職場不適応や就職活動の不調が39%と最も多い。

③ 「ひきこもり」とはさまざまな要因によって、社会的な参加の場面がせばまり、就労や就学などの自宅以外での生活の場が長期にわたって失われている状態。本文はニートに関するもの。

④ ひきこもり群は、家族関係が希薄な傾向にあるという調査結果が出ている。

⑤ ひきこもり状態になった時期として、「25〜27歳」が最も多く（29%）、ひきこもり状態の継続期間として「7年以上」は21%と高い数字になっている。

20年度 主任・係長 論文講座 ★ 46 ★

都主任選考 直前対策 ③

論文を精査する

今回は、都の基本姿勢や主要課題について、都議会本会議での知事の施政方針表明、所信表明を確認します。

今日の都政の役割や今後の取り組みの姿勢を読み取り、論文の精査に役立ててください。特に、所属局の施策、自分の職務に関わる記述は必ず確認してください。

なお、紙面の都合上、概要の掲載となりますので、気になる個所はホームページなどを活用して必ず原文を確認するようにしてください。

平成20年第1回都議会定例会知事施政方針表明

1 危機に挑む東京

【新しい文明秩序への道を東京から切り拓く】
○東京は成長から安定の段階を経て成熟へと至る過程で、多くの課題を克服してきた／東京ならではの複合的な政策を展開し、21世紀の都市モデルとして世界に示していく。

2 21世紀の都市モデルへと飛躍する第一歩を

【低炭素型都市への転換】
○一昨年、都は国に先んじて2020年までに2000年比でCO_2を25%削減する目標を打ち出した／昨年、気候変動対策方針を策定した。

（実行ある省エネ・節電対策）
○都市レベルでは世界初となる大規模事業所への排出総量の削減義務化と削減量取引制度の導入を実現する／「地球温暖化防止活動推進センター」を設置する。

【低炭素型都市への転換】
○3年間で海の森に7万本の植樹を行い、街路樹を現在の48万本から70万本へ増加させる／サッカー場500面分相当の新しい緑を創出する。

【交通渋滞の解消と環境負荷の軽減】
○昨年暮れに外環道が基本計画路線に格上げされ、平成21年度に事業着工することを国に強く要求していく／骨格幹線道路については、平成22年度までに区部の環状道路の整備率を9割に、多摩南北道路は8割にまで高める／環境負荷の少ない、最新技術を活用した交通の姿を先駆的に実現する。

【地域と技術で支える超高齢社会】
○東京の強みである企業やNPOなどの集積を活かして、介護、医療、見守りなどを地域で提供するネットワークの構築を進めていく／高齢者を見守り生活を支えるロボット等の活用についての新たな研究会を設置する。

【社会全体で子育てを応援する】
○「子育て応援とうきょう会議」を核に社会全体で子育てを応援する／待機児童の多い0歳から2歳を中心に保育サービスを確保する／都独自の助成制度により、中小企業を支援する。

【障害者の自立を支援】
○障害者就労支援事業を全区市町村に拡大する／特別支援学校での職業教育と就業支援の充実を図る／都独自に養成した「東京ジョブコーチ」を企業に訪問させ、障害者の職場定着をサポートする／障害者を採用しようとする中小企業へ一定期間、賃金の一部を助成する。

【東京発医療改革のさらなる推進】
○都立病院を活用した東京アカデミーの開講など、高度な専門能力を有する医師の養成に取り組む／病院勤務医の過重労働を緩和するため、医療クラーク制度の導入を支援する／地域の医療機関のネットワーク化により周産期医療の充実を図る／周産期母子センターの活用により緊急搬送体制を強化していく。

【危機に強い都市への脱皮】
○今年度実施した沿道建築物の耐震化モデル事業を、来年度から緊急輸送道路の全路線に拡大し、災害時の道路寸断を防止する／すべての消防署、警察署、都立病院等を3カ年で耐震化し、小中学校の耐震化の取り組みと合わせて、防災上特に重要な建築物の安全性を向上させる。

○国や民間事業者等と連携したテロ警戒対応訓練を実施する。

○都内に流通する冷凍加工食品への農薬検査等を緊急実施した／原料原産地名の表示の充実等について検討を開始した。

【東京の成熟を支える産業の振興】
○世界に類を見ない企業・大学・研究機関の集積を活かし、先進的プロジェクトを継続的に支援していく／「下請取引紛争解決センター（仮称）」を設置し、中小企業の受注機会の確保や下請取引の適正化を図る。

【東京の魅力発信】
○外国人旅行者を現在の約480万人から平成23年度までに700万人へ増加させる／東京芸術文化評議会の提言を基に、様々な分野にわたる大規模な文化プロジェクトを展開する。

○昨年策定した新たな景観計画に基づき、規制対象となっている屋上広告物のほぼ全数を3年間で撤去する。

【学校・家庭・地域の連携で子供の「生きる力」を育む】
○新たに策定する「新・東京都教育ビジョン」により、学校、家庭、地域が連携しながら、子供の「生きる力」を育んでいく。

【実践的な産業人材の育成】
○産業界が求める能力の指標を策定することで、学生が産業界のニーズに合った、より実践的な能力を身に着けることができるようにする。

【職業的自立・生活安定に向けた緊急総合対策】
○全区市町村と連携した相談窓口を創設する／新たに設けるサポートセンターがインターネット等で生活している方々を対象に生活・就労相談や巡回相談を行う／居・就職のための無利子貸付や職業訓練に取り組む。

【アジアの将来を担う高度な人材の育成】
○来年度、「アジア人材育英基金」を創設し、アジアの優秀な人材を受け入れ、アジアの発展に資する高度先端的な研究を支援する。

【多摩・島しょ地域の発展】
○平成21年度、多摩の産業支援拠点を昭島市に再編整備する／今後、八王子市に産業交流拠点を整備していく。

○今年で返還40周年を迎える小笠原諸島では、豊かな自然の保護を目指し、世界自然遺産登録に向けた準備を進める／島しょ地域の自然を活かした観光振興に取り組む。

3 オリンピック招致の成功に向けて

○実行プログラム2008を着実に実行することで、東京オリンピックの開催理念を具現化する決意を内外に示す／国際大会等の場を活用して東京開催の意義や魅力を発信していく／来年2月には、立候補ファイルをIOCに提出する／国の全面的な支援を強く求め、国際競技団体等とも十分に調整して質の高い大会計画を作成する。

○「東京都競技力向上基本方針」に基づき、ジュニア世代の競技力向上やスポーツ医学のサポート体制の充実などを進める。

4 行財政運営について

【国との徹底的な交渉】
○昨年12月に国が決めた法人事業税の一部国税化を暫定措置に止めさせ、都の重要施策に対して国が最大限の協力をするとの約束を取り付けた／徹底した交渉により、都から突きつけた13項目を国に実行させる。

【平成20年度当初予算等】
○予算案では、都民のために「攻め」の姿勢で施策を展開するとともに、将来への「備え」にも十分に目配りする／国や他の自治体に先駆けて導入した公会計制度を本格的に活用し、予算案に反映した／職員が首都公務員として、東京からこの国を牽引する覚悟を持つよう意識改革を図る。

5 この国の再生のために

○東京に集積した多彩な人材や企業、地域での様々な活動と手を携え、区市町村ともスクラムを組んで、「10年後の東京」の実現のための広範なムーブメントを展開していく／東京が一丸となってCO_2削減に挑み、また、社会全体で介護や子育て、教育を支えていくことなどを縁として、この国に人間同士の連帯や価値の基軸を再生する新しいうねりを興していく。

平成20年第2回都議会定例会知事所信表明

1 オリンピック招致活動は国際舞台へ

○IOC理事会において、東京は2016年オリンピック・パラリンピック大会の立候補都市に決定された／来年のIOC総会を目指し、都議会と手を携え、都民・国民の力を結集して、是が非でも勝ち抜いていく／国際的なイベントで東京と日本の魅力を世界に余すところ無くアピールしていく。

2 東京から「政治のあるべき姿」を取り戻す

○日本の頭脳部・心臓部でありダイナモである東京から、自らの未来を自らの手で切り拓いていくという政治のあるべき姿を体現し、この国を覚醒させていく。

3 東京の総力を挙げた地球温暖化対策が地球の未来を拓く

○東京の持つ英知と力を結集して、世界の目標となるような魅力溢れる都市の姿を実践的に示すことで、日本と世界の環境政策をリードしていく。

【子や孫たちへの責任を果たすための先進的な施策】
○大規模排出事業所に削減義務を課すとともに、排出量取引制度を導入するため、「環境保護条例」の改正を本定例会に提案した／削減義務の水準を設定し、罰則も整備して、東京のCO_2の排出を着実に削減していく／金融面や技術面での支援などを複合的に講じて、中小企業の取り組みを後押ししていく。

○太陽光発電では、初期投資を10年程度で回収できる仕組みを構築し、普及を拡大する／大規模開発において未利用エネルギーや再生可能エネルギーの活用などを積極的に誘導する。

【東京から世界に変革の輪を広げるために】
○東京から変革の輪を地球全体に広げ、人類が地球温暖化を阻止するための足場を固めていく。

4 都民・国民のため、常に先を見通し積極果敢に行動する

【羽田空港の国際化】
○国は、これまでの都の主張に沿って航空政策を転換し、羽田空港の国際線発着枠を倍増することや就航距離制限を外して東南アジア諸都市への就航を可能とした／昼間の国際線の増加など、さらなる国際化の進展を国に求める。

【道路整備の着実な前進】
○昨年、中央道と関越道が圏央道により結ばれ、中央環状線の池袋から新宿までの区間も開通し、渋滞の緩和に効果が表れている／外環道は、平成21年度に事業着工するべく、国の速やかな対応を求めていく。

【都民の生命・健康のために】
○新型インフルエンザの発生を想定し、ワクチンの確保や社会活動を制限するための法整備などを関東各県の知事と共同して国に要求する。

○来年度から、東京で医師が不足する分野を志望する医学生のための奨学金制度を開始する。

○4月、東京駅周辺で、国や民間事業者と連携したテロ警戒対応訓練を実施した／「東京都テロ警戒推進本部」を中心に、官と民とが密接に連携して、警戒警備を強化していく。

○国に先駆けて、調理冷凍食品について原料原産地表示を義務づけた。

【産業力の強化】
○下請取引に関する裁判外の紛争解決機関である「下請取引紛争解決センター」を地方自治体で初めて設置した／都の空き庁舎を利用したインキュベーション施設を中野と浜松町に新たに開設する。

【低所得者対策】
○相談窓口を区市町村に順次開設し、就業相談専用窓口も都内4カ所に設置する。

【新たな都教育ビジョン】
○社会全体で子供の生きる力を育むことを柱とする「東京都教育ビジョン（第2次）」を策定した。

【多摩・島しょの振興】
○多摩の産業支援拠点を昭島市に来年度、整備する。

○平成25年に多摩・島しょ地域を中心として開催する東京国体の準備も着々と進んでいる／基本構想で新たな国体像を提示する。

5 地球と人類の未来に繋げるために

○東京は、様々な課題の解決に向けて現実を直視して取り組み、成熟した魅力溢れる都市へと変貌を遂げていく。

○世界に範を示すことのできる21世紀の都市モデルを実現し、地球と人類の未来に対する我々の責任を果たしていく。

生徒が自信を取り戻すために

人権教育への取り組み

都立竹台高等学校教諭　桐畑善次

今、都立竹台高校では「私は生まれたときから片目の視力が全くありません。……そのことでいろんなことを考えられるようになりました」「小学4年で韓国から日本に来ていじめにあった。……名前を中学では日本名に変えた。……でもこの学校に来て、また本名を取り戻せて本当に良かったと思う」「自分の弟は障害を持っている。そのことを今まで誰にも言えなかった。これからは障害者の問題をもっと深く考えていきたい」などの発言をする生徒たちの姿が、全校講演会や学年全体の場などでよく見られるようになってきた。

私は4年前に本校に転勤してきた。その頃の生徒たちは自分の家のことや生い立ちを互いに隠しながら生きていた。それは言ってしまえば、どこの学校にもあるごく一般的な当たり前の状況でもある。しかし、それがどうして今のような学校に変化してきたのか。そのことを振り返ることで、都立高校あるいは学校そのものの課題を明らかにしていきたい。

自らのことを語り始めた生徒たち

外国文化研究部の結成

私が転勤してきてまず行ったことは、外国文化研究部の結成（2005年11月）であった。外文研は外国にルーツを持つ生徒たちがありのままの自分でいられる場であり、厳しく互いを励まし合う場でもある。なぜそこから始めたのか。それは生い立ちはもちろん、親のこと、そして自分の本当の名前すら「隠す」生き方をしている生徒たちが、その中にはたくさんいるからである。

外文研の生徒の多くは最初は、「自分は差別は受けたことがない」と言う。しかしながら丁寧に話を聞いていくと、「いじめにあってきた」「本名だけは絶対に名乗りたくない」「家から一歩外に出るだけでも緊張する」「中国語はなるべく使わないようにしている」「親に授業参観に来ないでほしいと言ってしまった」「アルバイトの面接をしてもらえなかった」等々の話が出てくる。

特に「本名を名乗りたくない」「ルーツを言えない」という状況は、何十年にわたり変わることのない日本社会の現実だ。生徒たちが就職や結婚に対する不安も常に付きまといながら過ごしていることも見えてくる。

毎回、言葉の壁や文化の壁、さらに恋愛や結婚、そして就職などの進路を巡って、多くの共通する問題を丁寧に論議している生徒たち。そしてその活動を通して、力を得て、生き方を変えていく生徒たちが生まれてくる。

昨年4月、進級をきっかけに2年生の一人の朝鮮人生徒が通称名の日本名から本名に変えた。入学後、途中で本名に変えた生徒は本校67年の歴史の中で初めてのことだった。入学前の面談で、「本名入学を勧める」作業は容易ではないが、そのような生徒たちが具体的に先輩としている学校となってきたことで、入学時、あるいは途中で本名に変えていく生徒が少しずつ増えてきている。

学校全体の取り組みへ

そういった生徒たちの事実から、学校全体の人権教育（同和教育）の取り組みは大きく進んできている。全教職員対象の「人権教育推進協議会（校内研修会）」や実践報告を中心に据えた「生徒の事実に学ぶ学習会」などの教員研修、全校生徒対象の全校同和教育講演会、学年ごとの特設授業「同和教育講座」などの実践は、内容も回数もより充実してきたと言える。

生活指導部の取り組みも少しずつ「同和教育の視点」を取り入れたものになってきている。教員間の論議の中で「この生徒は絶対に更生できない」と言われてきた生徒が、今は確かに「変わった」と多くの教員たちから認められている。当時、ほとんどの教員が行っていなかった家庭訪問も、そういう生徒たちとの関わりの中から始まっていった。生徒を学校の中だけで捉えるのではなく、生い立ちや生活の背景も含めて捉え直していく。そういうことが生活指導の中でも大事にされてきている。

進路保障の取り組みも大きく進んできている。東京では全日制高校が違反した企業を追及する取り組みはあまりなかったが、本校はこの3年間、事件が起こる度に学校として原則的に取り組んできている。またその取り組みと並行して、生徒たちが進路保障について学ぶことも絶対に必要なことだと考えてきた。そのため現在は、1年生の最初の同和教育講座で「統一応募用紙の歴史について」の授業を行い、すべての生徒が進路保障について学ぶ機会をつくってきている。

◇

どこの学校にも、自分自身の生い立ちや家庭環境について「マイナス」に捉え、生きている生徒たちがいる。そういう生徒たちと丁寧に向き合うことから始めること。そしてそれらの生徒たちが自分自身に自信を持ち、夢が持てるように育てていくこと。それが人権教育そのものであり、すべての学校に求められていることなのだと、私は本校の生徒たちの変容から確信する。

職場で怒るは覚悟して

43

文とマンガ　鈴木武征

職場の人間模様は実に面白い。

何かというと怒鳴る人もいれば、怒ったところを見たことが無いという人もいる。

入都当初や転勤間もない頃は職場内で大声を出す人にびっくりしたものだが、どうってことはない。よく吠える犬には皆も慣れっこになっていて大概の場合「またかよ」で済んでしまう。

年中怒り口調の人の本心は、結構あっけらかんとしていて他意は無い。

私はそれなりに後輩を指導する年代に入ってからは、「バカヤロ、そんなことも知らないのか」が口癖だったようだ。

今でも後輩に会うと、「よく言われました」と言われ赤面するが、怒鳴り口調では無かったことがせめての救いだ。

それでも人間年を取ると怒りやすくなるというのは本当のようで、40代後半頃からは5年に1回位の周期で大声を出して怒るようになってしまった。

組織改正に関し「前提が違う」と総務局で机を叩き、委託調査に関して「内容を全然理解していない」と担当者を怒鳴った。

冷静、粛々をモットーとする公務員職場の中で大声で怒るのはどう考えても正当化できない。

ただ、敢えて言い訳をさせて貰えれば、決して目先の一事だけで怒った訳ではない。その件にからむあのこと、このことなど日頃からの積もり積もった不満、不信感がある瞬間に一気に爆発したのだ。

怒鳴られた相手は、すぐに思い当たらぬ諸々まで混じっていたのでは、たまったもんじゃない。（ごめんね！）

大声で怒鳴った後は、「しまった、やってしもうた……」という反省感に襲われるが、覆水盆に返らずだ。

一気に冷静に戻り「すみません、ご迷惑をかけました」と周囲に頭を下げるが、謝るぐらいなら最初から怒らないように自制するのが一番だ。

しかし、大声をあげるということは全くのマイナス要因ばかりではない。

怒鳴った後は積もり積もったもやもやが吹き飛ぶし、相手に本心をさらけ出したという妙な開放感がある。

あまり若い時からや大した理由もなく大声で怒るのは単なるバカだが、冷静に対応しても分かって貰えぬ時はたまには本気で怒ることも必要だ。

ただし怒りの大義名分は、あくまでも「仕事に関すること」で、決して「相手が気に食わない」「単に怒りやすいだけ」などという理由であってはならない。

真偽は明らかでないが我が職場には通常の業績評価、人物評価の他に、「裏評価」というものがあるという。

そこで一旦素行不良、浪費家、キレやすいなどと評価されると修復困難で、昇進してもある線止まりになるという。

つまり職場で大声で怒鳴るためには一生無頼のそこそこポストでいくか、局長になってから一気に怒鳴るかの覚悟が必要だ。

どちらを取るかは各人の自由だが、私は迷わずそこそこポストで行く。

子供の頃を振り返るとすぐ思い出せるのは悪ガキだ。学校の先生も印象に残るのはやんちゃ坊主か超優等生だと言う。

超優等生は望むべきも無く、中庸はイヤとなると、残る道は一つしかない。

自分流の成功を認識する

本屋のお勧め本

「これであなたも億万長者！」「絶対、資格が取れる勉強法！！」「幸運の勝ち取り方、伝授します！！！」

書店に足を運ぶと、POPや帯に、このような夢に満ち溢れたフレーズが無数に並んでいて、私たちは希望に胸を膨らませる。「夢は必ず叶う」と小さい頃から叩き込まれた私たちは、これら成功本を進んで手に取り、理想の自分に酔いしれるのだ。だが、結果は空しく、多くの人にとって夢は所詮、夢に終わる。

しばらくすると、夢に挫折した私達は、そんなことなど露忘れ、また書店の成功本をかじりつくように読み返している。これは、どういうことなのだろう？

要するに、世間では成功した人が絶対で、彼らが書く本に間違いはない。もし、それを読んで失敗でもしたなら、これを実現できなかった読者に原因があるという風潮が強い。

これに甘んじてきた敗者のモヤモヤ感を打ち破ってくれるのが、『成功本はムチャを言う!?』（新田義治著、青春出版社刊）だ。

成功本を書く人は、困難に打ち勝てるほど明確な目標の持ち主で、かつそれを実行に移せる人達が多い。反対に、一般人の持つ目標ときたら漠然としたもので、茨の道はできるだけ避けたいというのが大多数の意見だ。

著者は、成功本の書き手が、その事に疎いと指摘する。すなわち、成功者の提示するハードルが高すぎるのだ。

ただし、著者は成功本を真っ向から批判しているわけではない。むしろ、内容自体は成功のエッセンスが詰まっていると言及している。

このような成功者と一般人の溝を埋めるには、読者が成功本を自分流に置き換えることが必要だという。大きな目標を掲げるのではなく、あくまで自分自身に合った内容で。そして、世間で言う成功と自分が合った内容とを混同しないことが大事なのだと説く。

「勝ち組」と「負け組み」を分けたがる現代で今までの成功本は、ある種の強迫観念を含んでいた。「自分自身の成功を明確に認識する」。それを声高々に言明するこの本は、タイトルと裏腹に新感覚の成功本なのかもしれない。

（三省堂書店都庁店　飯田紀男）

■都庁ベスト5

三省堂書店都庁店
2008/8/28～9/2

①時事問題総まとめ2008（都政新報社刊、2940円）
②東京都主任試験ハンドブック（都政新報社刊、2730円）
③さあ、才能に目覚めよう（マーカス・バッキンガム著、日本経済新聞出版社刊、1680円）
④O型自分の説明書（Jamais Jamais著、文芸社刊、1050円）
⑤主任試験精選問題集（都政新報社刊、2730円）

みにがいど

◆小金井市・市政施行50周年記念事業タイムレター「25年後のわたしへ」手紙募集　▽テーマ「25年後のわたしへ」▽字数　800字以内▽対象　市内在住で、25歳以下の方（4月1日現在）▽募集期間　9月30日（火）まで▽応募方法　手紙を入れた封筒に「25年後のわたしへ」・住所・氏名を明記し、直接広報秘書課広聴係（市役所第二庁舎1階）へ▽問い合わせ先　小金井市広報秘書課☎042・387・9803

◆親子ふれあいコンサート「フルートといっしょ♪」▽日時　9月20日（土）午前の部11時開演、午後の部2時開演▽会場　ルネこだいらレセプションホール▽プログラム　主よ人の望みの喜びよ、愛の挨拶、別れの歌、ジブリ・メドレーほか▽出演者　カルテット　ペピモン▽料金　大人1500円（中学生以上）、小人千円※午前の部は、未就学児入場可能、乳幼児同伴大歓迎。午後の部は、4歳未満入場不可▽前売　ルネこだいら▽主催・問い合わせ先　(財)小平市文化振興財団☎042・345・5111

◆「動物愛護標語」入選作品の発表と表彰式　▽動物愛護週間（9月20～26日）に向けて標語を募集（応募807点）▽優秀作　「きりんならわたしのいえがみえるかな」畔上愛怜（8歳）、「ミーアキャット　赤ちゃんまもって　みはりばん」田口空（8歳）、「どうぶつは　こころはこぶ　ゆうびんや」田中理子（9歳）、「イリエワニ　エサをねらって1直線!!」中村天香（9歳）、「どうぶつえん　そっくりさんを　み～つけた！」上中直樹（9歳）▽表彰式　9月21日（日）午後2時30分～3時30分、恩賜上野動物園ステージ▽問い合わせ先　上野動物園☎3822・5811

新型インフルエンザの発生に備えよう②

よく分かる公衆衛生　3

やっかいな「飛沫感染」

対策を立てるためには、敵のことを知らなければなりません。

インフルエンザはインフルエンザウィルスの感染でおこり、「かぜ」のような「のどが痛む」「鼻がむずむずする」「水のような鼻汁が出る」「くしゃみや咳が出る」といった局所症状とともに「39度C以上の高熱」「頭痛」「関節痛」「筋肉痛」などの全身症状が表れ、さらに「気管支炎」「肺炎」など、細菌による二次感染を併発して重症化することがあります。

ちなみに、「インフルエンザ」と「かぜ」は違う病気です。過去のインフルエンザの大流行で「スペインかぜ」「香港かぜ」などと呼ばれていたので、勘違いしている方も多いようです。普通の「かぜ」はライノウィルスやコロナウィルスなどの感染によっておこり、局所症状が表れますが、全身症状は出ませんし、重症化することもあまりありません。

インフルエンザの感染のしかたは、感染者のくしゃみや咳の飛沫やつばきに含まれるインフルエンザウィルスを吸い込んだり、口にして体に取り込む「飛沫感染」です。くしゃみや咳によって口から飛び出した「飛沫」は1㍍位の範囲に飛散落下するので、その範囲にいる人はその飛沫を直接吸い込んで感染します。また、感染者の飛沫やつばきが手につき、それを口にするなどして感染することがあります。また、インフルエンザウィルスは目の粘膜から侵入する可能性もあります。

新型インフルエンザが実際に出現したときの症状や感染の仕方がどのようなものになるかを正確に予測することはできませんが、従来のインフルエンザと同様「全身症状」「重症化」「飛沫感染」といった特徴は新型インフルエンザにも表れるでしょう。また、新型インフルエンザに変化するのではと恐れられている高病原性鳥インフルエンザウィルス（H5N1）に人が感染した例では、「下痢」「嘔吐」「腹痛」「胸痛」「鼻出血」「歯肉出血」などの症状も表れたことから、新型インフルエンザについても感染者の体液（血液、尿、便、喀痰、唾液等、ただし汗は除く）の衛生的な取り扱いに関する注意が必要です。

とにかくやっかいなのは、「飛沫感染」という感染の仕方です。社会で集団生活を営む動物である人間にとっても感染しやすい方法といえます。しかも、新型インフルエンザの出現の時点においては新しいウィルスに対する免疫をもった人間は地上に1人もいませんので、みな容易に感染していってしまいます。

また、現代は交通手段が高度に発達しています。1918年の「スペインかぜ」は世界中に広まるのに7～11カ月かかりました。新型インフルエンザは出現後1週間で世界中に広まり、1カ月後には世界同時に多数の患者が発生すると言われています。

（元大田区保健所　伊東利和）

都政新報

発行所　都政新報社
〒160-0023 東京都新宿区西新宿7-23-1 TSビル
〈総務・読者〉03-5330-8781
〈企画広告〉03-5330-8784
〈編　　集〉03-5330-8786
〈出　　版〉03-5330-8788
〈セミナー事業部〉03-5330-9977
〈ファクス〉03-5330-8808
購読料　月1,680円(税込)
毎週火・金曜日発行
但し、祝祭日は休刊

紙面から

施設を転々とする「難民」

障害者の地域移行

障害者の「自立」に舵を切る法施行から2年余り。入所施設から地域生活への移行を進める都は、グループホームやケアホームなどの整備を進めてきた。ただ、計画の見込み量を達成しつつある一方、家庭からの移行が半数を占めるなど、必ずしも「施設から地域」への移行が進んでいない現状がある。東京都障害者施策推進協議会（会長＝高橋紘士・立教大教授）は9日、障害者の地域生活を進めるための提言をまとめた。都も今年度中に「障害福祉計画」（第2期）を策定する予定だが、地域で居住できる環境整備が大きな課題になっている。

期限切れで別施設に

1日中、部屋に閉じこもり、ぼんやりと廊下を眺めている。食事や入浴以外は出てこない――。施設に短期入所する重度障害者は、こんな状態が1カ月ほど続く。

「実態が初めて分かった。本当に気の毒だ」。07年度、都から運営を移譲された「日の出福祉園」の柴田洋弥園長は、こう胸中を語る。

定員80人の同園では、長期入所者以外に、地域移行を念頭に置いた「地域枠」と、都独自のミドル・ステイ（1年間）の入所者を計3人受け入れている。その他、別枠でショート・ステイ（3カ月）利用者が5人いる。

利用者を割り振るのは、都の「心身障害者福祉センター」。重症度が高く、両親がいない人が優先されるが、期限が来ると「地域生活」に移行しなければならない。

同園では昨年、ようやく1人がケアホームに移った。だが、「実際に移行できるのはごく僅か。期限が来ても帰る所がなく、別の施設へ移らざるを得ない」（同園）。重度障害者は、簡単に施設の環境に馴染むことが難しく、次の施設でも「引きこもり」を繰り返すという。

障害者自立支援法を巡っては、利用者の負担増など批判が噴出しているが、都内の問題の一つが、地域で障害者を支える資源がないために、施設を転々とする「難民」だ。

都のグループホームやケアホームの利用実績は約3500人分。現行の「障害福祉計画」の見込み量をほぼ達成した。だが、家庭からの移行が過半数を占め、事実上の「終の住みか」になるケースも少なくない。

少ない「居住の場」

「1年ごとに都立施設を漂っている方がいる。果たして地域で生きていかれるのか、疑問に思っている」

6日、文京区内で開かれた「障害者自立支援法の抜本的見直しを求める東京大集会」。集まった800人を前に、保護者会代表の一人がこう訴えた。背景には、「身近な地域での居住の場が絶対的に少ない」現状がある。

08年4月現在、都の施設の入所定員は7619人で、約1千人の施設入所待機者がいる。都は施設の入所定員を「7344人（05年10月定員）を超えない」という目標を掲げ、超過状態だ。そのため、今後は受け入れを重度心身障害児に限るなどして、定員を適正化する方向だ。

ただ、施設のニーズは依然高い。日の出福祉園を運営する社会福祉法人は現在、ケアホーム設立を検討中だ。しかし、利用者の経済的負担は大きく、「病気になったらどうするのか」など、不安感も根強いという。柴田園長は、「病気になったら福祉園に戻ってもらうなど、一体的な運営がないと厳しい」と話す。

「東京大集会」では障害者自立支援法の抜本見直しを求めるアピール文を採択した＝6日、文京学院大で

障害者施策推進協議会は9日、施設入所者がグループホームやアパートに入居する仕組みが必要と提言。また、なぜ地域で暮らせないのか、調査が必要と指摘した。そのほか、区市町村の「地域生活支援事業」で約12億円の超過負担が生じているとして、国に財源確保を働きかけるよう求めた。

都は今年度中に、11年度までの障害福祉計画を策定する予定だ。地域移行を掲げる以上、地域で暮らす資源を確保することが責務になる。

都政の東西

囲われた街

ゲーテッドタウンなどと呼ばれる居住環境が増えてきている。とりわけ日本では近年、壁と門で敷地を囲い、外界と遮断したマンションを指すことが多いが、分譲宅地の地域全体が囲われた街もある。

その意図するところは、セキュリティーだ。二重三重のセキュリティーゾーンを設け、防犯カメラやガードマンを配置する。子どもが犯罪に巻き込まれる事態が進む中、子育て世代を中心にニーズが高まっている。

一方で、こうした遮断型コミュニティーには、旧来からの地元住民の反発も見られる。その不満のひとつは、通り抜けができなくなることだ。このため地元住民への配慮から、建設計画を変更し、時間限定ながら、敷地内の通り抜けを可能にした物件もある。

地域コミュニティーが分断されるという批判も必ずと言っていい程、つきまとう。だが、実態はどうだろうか。「ゲーテッド」と称される大型マンションの周辺では、小さな祭りや行事の賑わいが増した。子どもをきっかけに、運営に参加する住民も現れた。思いは様々だろうが、表面的には逆に活性化の様相も見られるようになってきている。

そもそも地域コミュニティーの再生が言われて久しいが、昭和の時代のように、きちんと成立している例は、住民の流出入が少ない一部の地域を除いて、ほとんど見られなくなってきているというのが実感ではないか。

「ゲーテッド」の賛否が議論になることは致し方ないだろう。しかし防犯対策として、地域で子どもを見守ろうと声高に叫ばれたものの、取り組みが遅々として進んでいない現状が不安を醸成し、「ゲーテッド」なコミュニティーを生み出していることも忘れてはならない。冷静に見つめ、新たな地域コミュニティーのあり方を探る必要がある。

調査データ改ざん疑惑
「調査・分析は適正」
中央卸売市場

中央卸売市場は9日、7月26日の豊洲専門家会議で傍聴者から「土壌・地下水調査で、データの改ざんが行われている」と指摘された問題で、内部調査結果を明らかにした。調査受託会社から事実関係を確認した結果、「調査・分析は適正に行われ、分析データは信頼できる」（市場建設課）としている。

専門家会議で指摘された内容は「4月4日」の日付が入ったボードを立て、6月28日に調査受託会社の社員が豊洲新市場予定地で汚染地下水を採取していたというもの。この指摘を受け、都は、いつ、どこで、誰が何の作業をしていたのか、社員の出勤表などを提示させて聞き取り調査した。また、調査データの分析結果が都に提出されるまでの経過についても改めて検証した。

6月28日に写真を撮影していたのは事実だが、これは資料集に使う写真を間違って消去してしまい、撮り直していたためという。汚染地下水の分析データは、計量証明書が付されて4月に都に提出されている。

中央卸売市場では「今回の行為は、誤解を招くもので、厳正に実務を実施するよう、厳重に注意した」としている。

地下空間浸水対策
減災に向けガイドライン策定
2方向以上の避難路確保など

都市整備局は9日、07年8月に策定した「豪雨対策基本方針」を踏まえ「地下空間浸水対策ガイドライン」をまとめた。都市化の進展により、地下空間の活用が年々増えているが、それに伴って集中豪雨があった時のリスクも高まっているのが実情。そこで地下空間の浸水被害を軽減する目的で、具体的な方策を示した。今後、区市町村や都民、事業者が地下空間で浸水対策を行う際の指針となる。

ハード面では、浸水に強い構造物にするため、防水ポンプの設置、出入り口の階段をかさ上げして周囲より高くすることで地下空間への浸水を防ぐマウンドアップの整備、2方向以上の避難路の確保などを例示した。

また通常、室内では床上30センチ程度の位置にコンセントを設けるが、地下室の場合は、浸水に備えてわざと高い場所に設置したり、分電盤を地階と地上階で分けるなどの工夫を示した。

ソフト面では、建設局は過去20年にわたる「浸水実績図」を区市町村別にインターネットで公表している。2000年9月に起きた東海豪雨（総雨量589㍉、1時間最大雨量114㍉）をもとに「浸水予想区域図」なども明らかにしている。区市で作成した「洪水ハザードマップ」などと合わせて参考にし、都民、事業者などの自助も求めている。

都内には、不特定多数の人が利用する地下街、地下鉄、商業ビルなどが約2万3千棟あり、八重洲、新宿、池袋、新橋といった8カ所の大規模地下街は、延べ床面積で約21㌶に上る。このほか約2万5千棟の事務所等、約1万4700棟の共同住宅などがある。都が調査した地下室のうち、約4割は東海豪雨と同程度を想定した浸水危険性の高い区域に立地している。

減災に挑む
検証・ゲリラ豪雨対策 2

想定外
従来型の気象予報に限界

■一滴ルール

事故が起きたのは、8月5日昼頃。豊島区雑司ヶ谷の下水管内で補修工事を行っていた作業員5人が、突然の増水に流されて死亡した。増水の原因は、豊島区を襲ったゲリラ豪雨だった。

当時、現場には、気象担当者が配置されていた。下水道局の担当監督員が「雨が降りそうなので気をつけるように」と注意喚起をしており、11時半頃、気象担当者は携帯電話のインターネットで、注意報・警報の発令がないことを確認している。

現場から北に150㍍離れた下水道局豊島出張所の雨量計は、11時50分にわずか0・5㍉の雨しか観測していなかったが、その3分後からの1時間で最大降雨量57・5㍉を記録した。

大雨洪水注意報が発令されたのは、11時35分で、事故はその5分後に起きている。同警報が発令されたのは、事故から約50分も過ぎた12時33分だった。

下水道局がまとめた事故調査報告書では、従来の雨天対策は「突発的な局所的集中豪雨による急激な水位上昇を想定したものとなっていない」と指摘。「気象情報による作業の中止基準では、対応しきれなかった」とし、再発防止策として、一滴の雨でも工事を中断するという厳しい基準を設けることを決めた。

同局は、新赤坂の幹線工事で作業員が死亡した事故（04年）を契機に、「警報」に加えて「注意報」も工事中止の基準にした経緯があるが、局地豪雨の発生は「想定外」。同局計画調整部によると、「一滴の雨」という中止基準は、全国的にも最も厳しいという。

■増える「予想外」

「滝のように降る」「傘は全く役に立たない」とされる1時間50㍉以上の降雨は、年々増加している。台風による大規模な浸水被害はなくなったものの、2千棟を超える浸水被害が数年に一度発生している。

05年9月4日の豪雨では、中野区・杉並区を中心に1時間100㍉を超える集中豪雨となり、都内の浸水被害は5827棟に及んだ。

この日午後、杉並区では、大雨雷洪水注意報の発令に伴い情報連絡体制をとっていたが、降雨は少なく、警報が発令されたのは豪雨の直前で、警報発令に伴う要員が参集したのは、すでに豪雨の最盛期だった。

同区に限らず、それまで自治体が策定した防災計画は、台風による風水害を想定したものだった。台風の場合、相手もハッキリしていて、進路もほぼ特定できるので、気象情報を見ながら適切な態勢を組めばよい。しかし、9・4水害では、一気に豪雨が降り、一気に川があふれた。

区が編成した都市型水害緊急部隊は、この教訓を生かしたもので、天気が不安定なときに早めの参集を心がけている。しかし、いつ来るか分からないゲリラ豪雨を待つのは、負担が重い。

気象庁の注意報・警報は、都内（島嶼除く）を5分割して出されるため、局地的なゲリラ豪雨には全く対応できない。下水道局が運用する「東京アメッシュ」も、10分間隔でデータを表示するだけで、予測はできない。

■五感が頼り

9月2日、下水道局が工事の請負業者を対象に気象講習を開いた。

講演した㈶日本気象協会の富沢勝氏は、「現場で働く方は、雰囲気というか、肌で感じる雨の降り方、周囲の状況……そういう感覚を大事にしていただきたい」と訴えた。

豊島区の事故や9・4水害は、注意報・警報といった従来型の気象情報が、現実の異常気象に対応できなくなっていることを示している。

気象庁は2010年度から、短時間豪雨や雷などを解析し、10分刻みで1時間先まで予測したり、注意報・警報の発表地域を区市町村単位に細分化するなど、気象予報システムを見直す方向だ。ただ、上流域をピンポイントで襲う「想定外」の豪雨にどこまで対応できるかは不透明だ。

防災担当者や現場の責任者は、「想定外」の気象現象を目の前にし、冷静で的確な判断を迫られる。命が関わることで、人間の五感を頼りにしなければならないというのは、果たして現実的なのだろうか。

ゲリラ豪雨という自然の驚異を前にして、気象予報と防災が、大きな転換を迫られている。

5人の犠牲者を出した現場付近＝豊島区雑司ヶ谷2丁目

ダガーナイフなど販売・譲渡を規制
秋葉原事件受け

都青少年・治安対策本部は8日、「都青少年健全育成条例」の施行規則を一部改正し、ダガーナイフなど5種類の刃物を「不健全刃物」に指定した。12日から、18歳未満の青少年に販売・譲渡できなくなり、違反した業者には30万円以下の罰金が科される。秋葉原での無差別殺傷事件以降、刃物を使った犯罪が相次いだため。

警視庁によると、7月現在、都内でナイフなどを販売していた店舗は117件。同本部が7月下旬に刃物専門店20店舗を実態調査したところ、5店舗でダガーナイフなどが販売されていた。

新たに不健全刃物に指定されたのは、先端が鋭く、諸刃で6㌢以上のナイフ。都は05年、ペンナイフ、バタフライナイフを不健全刃物に指定している。

多摩産材の普及PRに一部助成
都産業労働局

都産業労働局は、「多摩産材」の利用拡大を図る普及PRに関する提案を募集し、9日に実施事業と事業者を決定した。施設展示タイプには2事業、普及啓発タイプには3事業を選定。経費の一部を都が助成する。

冗句ジョーク

住基ネット不参加の国立市に是正勧告書交付

市職員「今どき都庁まで行かなきゃダメですか？ネットで送って下さいよ」

14区が原油高対策

融資、助成で経営支援

国の対応遅れに危惧も

原油高や原材料の価格高騰が直撃し、影響を受けている中小企業などを対象に、融資の拡充・助成などを緊急対策として決めたり、一部で実施しているのは10日現在で、23区のうち14区であることがわかった。企業への融資以外に、社会福祉法人、公衆浴場などへの助成を打ち出す区もある。施策の中身はやや新味に乏しいが、厳しい経営環境に置かれている中小企業などに資金供給することで、経営安定化を図る考えだ。

区独自の中小企業向けの融資あっせんは、今年に入ってから申し込みが急増している。足立区を例に取ると、今年4～7月の融資あっせん件数が838件と、前年同月比の約1・5倍増になったという。区の担当者は「融資の否決件数は毎月1桁台。実感として銀行の貸し渋りがあって、事業者が区の融資制度に流れているわけではない」と分析する。

現在の原油価格は、1年半前と比べ約2倍であるため、ある事業者は「原油の上昇分を商品に上乗せできず、企業努力でやっているため、資金繰りが厳しい」と嘆く。

原油高の影響で、14区は緊急対策として現行の制度の拡充や新制度により融資あっせんを行ったり、助成することを明らかにした。一部では、すでに実施済みだ。

港区は夏のボーナス前の今年5月、融資限度額500万円とする緊急融資あっせんを実施した。中小企業庁が指定する不況業種以外も対象に加え、約20日間の受付で66件の申し込みがあった。区の担当者は「仕入れ価格の高騰で利益を圧迫しているので、減益も要件に加えて、毎年実施している年末特別あっせん融資を行う」と述べた。

各区では、限度額が450万円、800万円などと差があるものの、利子補給も拡充され、有利な条件で融資が受けられる。また、板橋区は都の公衆浴場の補助事業に上乗せする形で助成した。

一方、第3回定例区議会で補正予算を組まない北区は現在、対策を検討中だ。「基本的に原油高の影響の範囲が大きすぎ、区が支援できる範囲は限られるので、国の対策を見極める必要がある」という。だが、福田首相が政権を投げ出し、補正予算などの編成作業に大きな影響を与えることになったため、原油高対策を打ち出すタイミングの遅れを危惧する。

【原油高の緊急対策を明らかにした14区】
千代田、中央、港、新宿、墨田、江東、品川、目黒、渋谷、杉並、荒川、板橋、練馬、足立

支援対象の拡大を

【解説】これまで、日銀の超低金利政策が中小企業の借り入れを容易にし、資金繰りがあまり問題にならなかった。だが、日本経済が景気後退局面に入ったことを政府は事実上認めている中で、現在の原油価格、原材料の高騰というダブルパンチを受け、中小企業は資金繰りに困っている。

企業の業績が急激に悪化すると、金融機関の金利引き上げ、追加融資の中止など貸し渋り懸念がいっそう強まる。年末のボーナス時期には資金需要が高まるため、「支援をやった方がいい」という意見がある。

今回の緊急対策では中小企業への融資に重点が置かれたが、社会福祉法人への助成を明らかにしたのは新宿区のみ。高齢者らを送迎する車の燃料費がかさんでいるため、1施設あたり100万円を上限に影響額を助成する。区民生活を守る目的なら、区が助成する正当性はある。中小企業の融資限度額の引き上げは、想定外の原油高で、やむを得ないが、社会福祉法人など支援対象の拡大は必要だ。

緊急対策は各区ともに期間限定だが、今後も中長期的に原油高が続いた場合、今回の緊急対策が固定化する懸念もある。原油価格がどの程度下がったら、通常の融資制度に戻すか決めておく必要がある。バラマキと批判されないよう、適切な運用が課題に挙がっている。（石）

報告する井出隆安教育長（右から2人目）

杉並区

十分な引継ぎ行われず

転落事故 調査委

安全対策を策定

区立杉並第十小学校で6月18日に起きた小6児童の校舎天窓からの転落死亡事故で、杉並区は事故調査報告書をまとめ、10日の教育委員会で報告した。

報告書によると、天窓は1986年の移転改築時に設置。建築基準法、小学校整備指針などには抵触していなかった。当初、「屋上は児童が使用しない」として当時の校長、教育委員会などで申し合わせていた。しかし、同校長などの異動時に申し合わせが引き継がれておらず、1989年ごろから授業などで使われ始めたことが分かった。

屋上の施錠管理について、本来は校長と副校長のみが管理すべきマスターキーを、第十小では教務主幹なども所持していたことが判明した。

屋上使用に関する教職員の認識について、報告書では「一部の教員は、屋上や天窓の危険性を感じ、注意を払っていたが、教員同士の意思疎通や職員会議等において問題は共有されなかった」と指摘。しかし、校長、副校長は危険性を認識しておらず、特に指導を行っていなかったという。

今後の事故再発防止策として区側は、6項目の安全対策を策定。区立小中全校を対象に、各校で「学校安全計画」の作成と「学校安全委員会」の設置を義務づけるなどとした。同委員会は、校長を委員長とし、保護者代表、児童・生徒で運営する。また、教職員向けの校務ITシステムで全区的な情報共有を図る方針。

杉並区は、事故事例などの共有システム構築費に800万円、区施設の改修・改良工事費として3千万円を補正予算に計上することを決定した。

報告書を取りまとめた「杉並第十小学校児童転落事故調査委員会」は、区教委内に設置された内部組織で、委員（5人）はすべて区教委職員。委員長を務めた小林英雄・区教委事務局次長は「第三者を委員会に含むことも検討したが、事故内容に専門性を要しない点などから、庁内で追究すべきと判断した。報告書の内容については、事前に第三者の意見を聴いた」と説明した。また、報告を行った井出隆安教育長は「今回の事故で、責任者を明確にするのは困難」との見解を示した。

杉並第十小は10日夕方、保護者報告会を開催した。事故発生後、同校では天窓を排除し、転落現場となった多目的スペースは改修中という。

各区の防災

課題は「要援護者対策」

一般市民、若年層啓発も

9月1日の「防災の日」を前後にした各区の防災訓練が概ね終了した。首都圏直下型地震にどう対応するのか。訓練では、職員の初動態勢を中心に行った区も。各区に訓練を通じて見えた課題を聞いたところ、「一般市民や若い人の取り込み」と答えた区が多かった。また、今後、力を入れたい防災上の重要課題としては、高齢者や障害者などの要援護者対策を挙げた区が目立った。

◆事業所参加も必要

今年は、8月31日を中心に、9月上旬までに防災訓練を終えた区が過半数に上った。

各区に訓練を通じて見えてきた課題を尋ねたところ、「一般市民や若い人をいかに取り込むか」などと答えた区が最も多く、5区（新宿・墨田・品川・目黒・杉並区）あった。訓練への参加者が町会や自治会のいつもと同じ関係者であることが多く、「一般市民が少ない」「高齢者ばかりで若い人が少ない」などの答えが多かった。

目黒区では「町会や各団体からの参加者は多いが、サラリーマンや小さい子がいる家庭などの参加が少ない。今まで以上に広報に力を入れたい」と話す。

「事業所の参加を増やしたい」と答えたのは、台東区。同区は中小の事業所が多い。「訓練はどうしても町会が中心。事業所も一緒にやっていかないと難しい面もあるので今後、積極的に参加を呼びかけたい」という。

◆実戦型で対処

港区や世田谷区は、職員の初動態勢を中心に訓練を実施した。

港区は、区内に住む職員を中心に初動態勢の確保を訓練した。避難所となる小学校や中学校に参集した職員はカギで施設内に入り、備蓄倉庫や体育館の状況などをチェック。避難所の開設を準備するなど実戦に即した内容にした。「それぞれの役割は明確になったが、具体的に誰がリーダーになるかなど課題もある。職員アンケートを行って、そうした課題の整理をしていく」という。

世田谷区は、震度6以上でないと参集の指令がかからない遠隔地在住の職員を対象に、災害発生時の初動期の役割を再認識してもらう図上訓練を実施した。同区は、災害時には、通常の組織を16部に再編して動くことになっている。「各部ごとに初動期の職員マニュアル整備が課題」という。

災害発生時には職員の初動態勢も重要だ＝8月31日実施の港区総合防災訓練で

◆支援者の確保

今後の防災上の重要課題を各区に挙げてもらったところ、訓練と連動する形で「若い世代の防災意識を高めて、救援に参加してもらう」とした区が複数みられた。杉並区は、中学生によるレスキュー隊の結成を全区へ広げつつあるほか、葛飾区は「中学生くらいからは地域防災の主役だとの認識を持ってほしい」、墨田区は「新潟県中越沖地震では中高生がボランティアをしていた。その意識を高めたい」など若い力に期待する。

また、課題としての指摘が最も多かったのが「要援護者対策」で、8区（千代田・江東・世田谷・渋谷・豊島・北・練馬・足立区）が挙げた。

高齢化率が高い北区では、災害時に要援護者としての救助を願って手を挙げた人が約1万3千人に上っている。同区は「23区内でも多い数だと思う。自主防災組織の役員だけでは救援し切れない」と話す。しかも「助ける側も同じような高齢世代。自分は今は元気だけど、そのとき果たして元気かどうか分からない」という。老老で支援する状況」といい、「足りない支援者をどうまかなっていくかが今の重要課題」ととらえている。

千代田区は「本人の同意をとった上でリストを作り、民生委員や警察、町会長などに渡している。だが、同意者以外の人の対策が残されている」と話す。

江東区は個人情報保護の観点から、要援護者リストを警察と消防にしか渡していない。自主防災組織にあたる災害協力隊が独自の「防災カルテ」として救援が必要な人を手挙げ方式で集約しているが、時間がかかり、なかなか進んでいないという。

そのほか、「高層マンション住民への対策」（中央・港・練馬区）、「重症患者対応の医療拠点の整備と訓練での検証」（豊島区）、「観光客や外国人対策」（台東区）なども挙げられた。「課題は多くてどれもが重要。最重要課題は決められない」との声もあった。

板橋区

医師会がシンポ開催

特定健診・特定保健指導

板橋区医師会は、7日に区内で公開講座を実施し、メタボリックシンドローム（内臓脂肪症候群）対策をテーマにしたシンポジウムを開催した。医師など専門家に加え、黒岩京子・板橋区保健所長が登壇。今年度に開始された特定健診・特定保健指導に関して、同区の取り組みを説明した。

板橋区医師会は毎年、区民向けの公開講座を開催しており、13回目。生活習慣病を予防するため、特定健康診査・特定保健指導が4月にスタートしたこともあり、「メタボ」への関心は一段と高まっている。同事業は40歳以上74歳以下が対象で、約200人の聴講者の中には、該当する世代の人の姿が多く、すでに特定健診を受診した人も参加していた。

黒岩保健所長は、板橋区における同事業の実施状況を説明。同区は独自に、35歳以上39歳以下の人も健診を受けることができる。また、予防対策として「健康力アップ事業」を推進しており、参加を呼びかけた。

板橋区医師会主催のシンポ。会場参加者からの質疑応答も行われた

板橋区医師会の齋藤英治理事は、喫煙や内臓脂肪の蓄積が動脈硬化を起こしやすくなることを指摘。若年時から生活習慣をコントロールすることの必要性を指摘した。

愛媛大学大学院の檜垣實男教授は「〝メタバコ〟と言われるように、喫煙者は非喫煙者に比べてメタボになりやすい」と禁煙の重要性を解説した。

特定健診・特定保健指導は、高齢者医療確保法に基づく事業。改善結果に応じて、健康保険組合など、保険者に対する給付額が増減する。健診で該当者や予備群を判定。該当者には運動や栄養摂取に関する保健指導を実施する。

金属疲労が原因

公園の遊具事故

江東区

江東区は10日、7月に起きた公園での遊具事故の調査結果を発表した。専門機関の調査の結果、遊具の破損は金属疲労が原因と分かった。疲労が起こりやすい構造であったこと、直前の点検で不具合を発見できなかったことから、メーカーと区の双方に責任があるとしている。

事故は、7月2日に区立竪川河川敷公園の水上アスレチックで発生。人力で移動する遊具のロープを支えている取付金具と鋼管の溶接部が破損し、つりかごに乗っていた小学校5年生の女児3人がけがをした。

区では、㈳日本建設機械化協会施工技術総合研究所に遊具が破損した原因について調査を依頼。同研究所では、肉眼や電子顕微鏡での破断面の観察や現地での再現実験を実施した。

その結果、疲労により破断した断面の特徴である段差状の模様や貝殻模様を確認した。再現実験では、子ども一人の体重の約3倍の重量をかけると、鋼管の金具との溶接部に強い力が集中することが判明。そうした過重な力がかかった状態で遊具が何回も使われると、疲労損傷につながることが分かった。

また、通常は上下の鋼管の間にはさむような形で取付金具が溶接されるが、事故があった遊具では一本の鋼管に垂直に取付金具を溶接しただけで疲労が起こりやすい構造だった。

区では「メーカーと、直前の点検で不具合を発見できなかった設置者である区の責任」とした上で、▽国が定めた遊具の安全確保に関する指針などを参考に詳細な点検マニュアルを作成する▽特注品の遊具を導入するときには疲労に強い構造にする▽現地には利用定員や対象年齢を明示する――など再発防止に向けて取り組むとした。

記者席

意見の認め合いは、いつ？

○……「東京都の行事の中で、一番楽しくて嬉しい」との知事のフレーズが、恒例となった感もある東京スピリット賞表彰式。

南硫黄島の関連では「小笠原を基点に、日米あわせて観光資源として開発できないか」と話し、南島の植生回復には「自然保護につながった大事な仕事」としながら「8割5分修復したが、まだまだだな」と笑った。

C型肝炎については「患者に喜ばれたが、他県から引っ越してきた人もいる。ほかでもやればいい」と話したが、一方で「財政の余裕を踏まえて制度を作った」とも。その意味でも、東京ならではの仕事なのだろう。

○……練馬区では、鉄部塗装（予定価格10万円）など小規模な工事に細分化して、入札をかけている。地元の零細企業が落札し、活性化するのを狙う。

現在、大手ゼネコンが公共工事などを落札すると、傘下のグループ会社に仕事を回すため、地元の零細企業が請け負うことはまずないという。零細企業は、ジリ貧になり、いずれは倒産にまで追い詰められていく。

工事を細分化するのは、区にとって骨が折れるという。区の苦労は、公共工事で景気が浮揚した時代へのノスタルジーと一般的に思われるかもしれないが、零細企業にとってはありがたいだろう。

○……都立三鷹高校の校長が、都教育委員会による職員会議の「挙手」「採決」禁止の通知に抗議している問題で、校長を支援するグループが27日、「学校に言論の自由を求めて！」と題したパネルディスカッションを武蔵野公会堂で開催する。

大学教授や教育評論家など有識者をパネラーにして、都教委の「問題点」を追及する予定だが、先の都教委では竹花豊委員が「都教委が閉鎖的で、権力の権化みたいに見られるのは心外」と発言。

「対立するのではなく、お互いの意見を認識し合うことが大切である。本人の説明を改めて求めたい」と述べた。だが、事務局はこの間、2回にわたって説明要請したが、校長は応じず、庁内から「この問題、なんかこじれそうだね」の声も。

区市町村へ財政支援

補正予算で27.9億円

公立小中の耐震化対策

東京都は第3回定例都議会に提案する一般会計補正予算案の中に、総額27・9億円の公立小中学校等にかかる耐震化対策費を盛り込んだ。国の地震防災対策特別措置法改正に基づく国庫補助率引き上げなどを受けたもので、補正予算案が可決すれば、都として年度内に区市町村への財政支援と技術系職員の確保支援に乗り出す。教育庁では、各区市町村が策定している小中学校の耐震化促進計画の前倒し執行を要請し、向こう5年間で全公立小中学校の耐震化を完了させる方針である。

技術系職員の確保支援も

国は今年6月に地震防災対策特別措置法を改正し、今年度から3年間の時限措置で国庫補助率を2分の1から3分の2に引き上げ、公立学校施設の耐震化を促進する方針を打ち出した。

これを受け、都としても「大地震から児童・生徒を守るため、国の緊急対策を踏まえて、公立小中学校等の耐震化をさらに加速させる」ことを決め、一般会計補正予算案の中に教育庁所管分として27・9億円の予算を計上した。

とくに危険度を示すIs値が0・3未満の倒壊の危険性の高い学校施設については、今後3年間のうちに解消を図る方針。基準値以上の施設も含めた全体の耐震化の前倒しも5年間で完了させることを目指し、区市町村に対して耐震化促進計画の前倒しを要請する考えである。

補正予算に盛り込んだ都の支援策は、区市町村への財政支援と人材（技術者）の確保支援の2本柱からなっている。

財政支援では、国庫補助金（66・7%）と起債可能額（30%）を除く設置者の負担額（3・3%）を補助するため、4億4千万円の予算を組んだ。Is値にかかわらず、耐震性のない建物すべてを対象とする。ただし、特別区についてはすでに都区財政調整で措置されていることから、対象外となる。

さらに、財政支援では、鉄材など資材の高騰により、国庫補助単価と実勢単価の乖離が拡大していることから、単価差の一部補助に乗り出す。倒壊などの危険性が高いIs値0・3未満の建物が対象で、該当する区市町村すべてを補助対象とする考えである。予算額は22億9千万円。

人材（技術者）の確保支援については、耐震化工事の集中で技術者が不足する事態などを想定したもので、区市町村の技術系職員の確保を支援するため、人材を確保できない区市町村に対し、都が人材をあっせんし、雇用経費を補助する。都では技術系職員OBを活用するほか、東京都建築士協会の協力を得て、人材あっせんを行う予定。9千万円の予算を計上している。

文部科学省の調べによると、都内公立小中学校等は4月1日現在、7467棟あり、このうち耐震化された建物は5742棟で耐震化率は76・9%。残りの1725棟のうち、Is値0・3未満の建物は360棟、その他耐震性のない建物は1365棟となっている。

区市町村別に小中学校の耐震化率をみると、23区では中野区（58・8%）が6割を切っているが、100%耐震化している区が中央、新宿、台東、目黒、大田、荒川の6区に達し、90%台も4区にのぼるなど、順調に耐震化が進んでいる。これに対し、26市の場合は、100%達成が福生、羽村、西東京の3市にとどまる一方、50%以下が6市にのぼるなど、耐震化の遅れが目立つ。

23区・26市立小中学校の耐震化率の状況

区市名	全棟数	耐震化率（%）
千代田区	31	74.2
中央区	40	100.0
港区	126	90.5
新宿区	135	100.0
文京区	105	90.5
台東区	67	100.0
墨田区	138	64.5
江東区	161	77.0
品川区	177	61.0
目黒区	131	100.0
大田区	334	100.0
世田谷区	347	75.8
渋谷区	103	78.6
中野区	136	58.8
杉並区	250	86.8
豊島区	116	98.3
北区	154	88.3
荒川区	88	100.0
板橋区	411	63.7
練馬区	369	64.0
足立区	378	69.6
葛飾区	257	94.6
江戸川区	469	88.7
八王子市	418	58.6
立川市	104	66.3
武蔵野市	59	78.0
三鷹市	79	68.4
青梅市	121	41.3
府中市	165	62.4
昭島市	63	39.7
調布市	100	73.0
町田市	274	85.0
小金井市	54	88.9
小平市	111	83.8
日野市	109	85.3
東村山市	85	45.9
国分寺市	62	85.5
国立市	34	64.7
福生市	64	100.0
狛江市	41	65.9
東大和市	36	30.6
清瀬市	60	40.0
東久留米市	73	65.8
武蔵村山市	46	52.2
多摩市	107	76.6
稲城市	88	94.3
羽村市	46	100.0
あきる野市	48	29.2
西東京市	92	100.0

文部科学省調べ（2008年4月1日現在）

ルポ　総合防災訓練

都立晴海総合高校

女子サッカー部が大活躍

地域への貢献活動の一環

9月1日の「防災の日」の前日にあたる8月31日、東京都と中央区・江東区合同の総合防災訓練が実施され、都立晴海総合高校グラウンドが八都県市の支援物資集積拠点として活用された。同校の齋藤光一校長は、「万が一の緊急事態に際し地域住民の方々のために、少しでも当校のグラウンドを有効活用することができれば」と、地域活動の一環として訓練参加を決めた。その背景には、合同訓練に一緒に参加した同校女子サッカー部の存在が大きい。

■地域住民に恩返し

女子サッカー部には現在、3年生を中心とした総勢35人の部員がいる。今年、大滝靖監督の指導のもと、念願だった全日本高等学校女子サッカー選手権大会出場を手にした。創部から11年、2005年関東大会出場から着実に成果を残し、昨年秋には関東大会準優勝を果たした。

女子サッカーは、先日の北京オリンピックでの日本代表チームの活躍が記憶に新しいが、近年その人気とともに競技人口も増加傾向。都の高校女子サッカーは現在、全30校が3部リーグ制でしのぎを削る激戦区となっている。しかし、実はまだ高体連の正式種目としては認可されていない。そのため、競技環境の不整備や遠征費用等の活動資金についてはまだまだ大きな問題を抱えているのが現状だ。

そんな中、今回の全国大会出場に際して、晴海総合女子サッカー部は、保護者会だけでなく周辺地域住民からの温かい声援と資金援助を受けた。それが何よりの喜びであり励みだったと話す彼女たちにとって、今回の訓練参加は、そうした地域住民の人々への感謝の恩返しであり、各自が居住する地元とは違う、学校近隣地域とのつながりをより一層深めるきっかけとしたい思いがあったようだ。

陸上自衛隊とともに調理補助の作業も

■炊き出しが大人気

訓練に参加した部員たちは、グラウンドでの支援物資の受け入れや配分訓練と、メーン会場である晴海埠頭会場での炊き出しや応急手当て、住民避難誘導訓練に分かれ、各活動団体と主に訓練にあたった。グラウンドでは、㈳東京都トラック協会の職員とともに、埼玉・川崎・横浜からトラックで輸送されてくる非常用食品、生活物資の搬出を行った。

また、晴海会場では、陸上自衛隊と日本赤十字団体との合同で、炊き出しの調理補助、配布等を実施した。カレー、五目めし、深川めしが用意されたが、わずか15分足らずで無くなってしまったほどの人気ぶり。

生徒たちと一緒に、炊き出しの現場で配布順序の指示にあたっていた大滝監督は、「訓練にもかかわらず、多くの人が食事の配布を求めて一斉にやってきて大変だった。実際に災害が発生した際は、もっと大きな混乱が起きるだろう。迅速かつ的確な指示系統と、ボランティアたちの連携が一番求められるのではないだろうか。生徒たちも、実際のところ災害に対する危機意識はほとんどなかったと思うが、今回のこうした訓練活動への参加が、ひとつのきっかけになればと思う」と話していた。

訓練活動を視察した大原正行教育長も、「万が一災害が発生した時、その被災地域で今回の訓練での成果が何らかの形で発揮されることに意義がある」と強調した。

搬出の作業を手伝う女子サッカー部員

■総合高だからこそ

彼女たちの活動ぶりは、訓練活動に参加していた職員たちからも好評だ。暑い日差しの中、元気に明るくてきぱきと動く行動力は、さすが日々炎天下のグラウンドで練習に励んでいる現役運動部の高校生。チームとしての連携が試合時同様に訓練でも十分発揮された。

それだけではない。炊き出しの持ち場から離れることができない部員を気遣って別の部員が人数分の飲み物を用意して持ってきたり、その時々の状況に応じて職員のもとに駆け寄って手伝いに入ったり、自ら職員全員へ炊き出しの配布にまわったりと、常に周りの状況を判断しながら行動する自主性には目を見張るものがあった。

永森比人美副校長は、「それが晴海総合の生徒たちの素晴らしいところ」としたうえで、「女子サッカー部に限らず、みなが常に周りの空気を読んで行動することができる。言われたことだけをする受け身な態度ではなく、自分から何かを見つけ実践しようとする積極性、自主性が高いのは、総合学科としての晴海の教育方針が十分根付いているからではないか」と力説する。

13年前、都立で初めて総合高校として創立された晴海総合。進学を目的とする普通科と、就職を見据えた技能習得を目指す専門科とは違う、新しい教育方針として打ち出された総合学科は、多様な進路選択に適応できる体制を整えている。文化・スポーツ・ボランティアといった様々な活動実績を重視する選抜方法のほか、生徒一人ひとりが自分の将来設計に合わせて、自由に科目を履修する単位制の導入などが特徴的だ。

今回の訓練参加も、それらの総合的な教育活動の一環として、晴海総合だからこそ実現できたと言える。こうした教育活動に対する保護者や生徒たちの関心がより一層高まっていくことで、今後の都立高校の新しいあり方が確立されていくのではないか。

教職員のキーワード　71

高校用教科書の採択

東京都教育委員会は、8月28日の定例教育委員会で、都立高校等の2009年度使用教科書の採択を行いました。

教科書の定義については、教科書の発行に関する臨時措置法第2条に、「小学校、中学校、高等学校、中等教育学校及びこれらに準ずる学校において、教育課程の構成に応じて組織配列された教科の主たる教材として、教授の用に供せられる児童又は生徒用教科書であって、文部科学大臣の検定を経たもの又は文部科学省が著作の名義を有するものをいう」と示されています。

教科書の使用については、学校教育法第34条に、「小学校においては、文部科学大臣の検定を経た教科用図書又は文部科学省が著作の名義を有する教科用図書を使用しなければならない」と定められています。他の校種でもこの規定が準用されます。また、同条第2項では、「前項の教科用図書以外の図書その他の教材で、有益適切なものは、これを使用することができる」としています。例えば授業で新聞記事を活用する場合などがこれに当たります。

教科書の採択は教育委員会が行います。地方教育行政の組織及び運営に関する法律第23条には教育委員会の職務権限が列記されていますが、第6号に「教科書その他の教材の取扱に関すること」と示されています。

高校の教育では、それぞれの高校が、学科、課程、生徒の状況などに応じて、特色ある教育課程を編成・実施しています。

義務教育では、採択地区ごとに教科書を採択し、同一の採択地区の学校では同一の教科書を使用します。一方、高校については、学校ごとに教科書を採択します。このため、教育委員会で採択する前に、各高校において、自校に最も適切な教科書を選定するために、十分な調査研究を行います。

なお、高校の教科書では、一つの教科書会社が同じ科目に複数の教科書を発行している場合があります。この場合には、用語などの名辞が多い教科書、写真や図を多く用いた教科書など、様々な工夫をこらして、それぞれの教科書に違いを出しています。

各都立高校での調査研究は次のような手順になります。まず、校内に校長を委員長とする「教科書選定委員会」を設けます。そして、都教育委員会が作成した「高等学校用教科書調査研究資料」を活用して、教科書の調査研究を行います。校長は、学校での教科書の調査研究の結果及び生徒の実態等を踏まえて最も適切な教科書を選定し、所定の様式に具体的な選定理由等を明記して都教育庁指導部に報告します。

教育庁指導部では、各学校の選定結果等について審査を行います。審査では、選定理由が抽象的で具体性に欠ける場合等について該当校に指導を行います。

こうした段階を経て、教育委員会に議案として提出されたわけです。教育委員会では、各学校の選定結果をすべて妥当と判断し、学校ごとに2009年度使用教科書を採択しました。

「伝え、広め、深めよう」

教職員研修センター　教育実践発表会を開催

東京都教職員研修センターは10月1日、「東京都教育の日」の関連事業として、「東京都教育実践発表会」を同センターで開催する。今回のスローガンは「『伝えよう』『広げよう』『深めよう』価値ある実践」。文部科学省や大学院教授を講師に招いて全体会を行うほか、体験・発見・創造コース、特色ある教育活動などを紹介する「ドキドキわくわく展示」を予定している。

教育実践発表会は、都公立学校での優れた授業実践や特色ある教育活動を都内の公立学校に普及・啓発するとともに、広く都民に紹介し、都の教育の充実に生かすことを目的としている。対象は都内の公立学校教職員、保護者、教員を目指す大学生、都民。

全体会の午前の部では、児童・生徒による合唱や吹奏楽部の演奏、相撲部の活動と指導方法の解説が行われ、このあと公開授業「小学校の外国語活動」、「小学校における外国語活動の充実をめざして」をテーマにした公開研究協議会を予定。午後の部では、東京大学大学院の市川伸一教授を講師に、「新教育課程で育てる学力と人間力」について特別講演を開く。

体験・発見・創造コースでは、それぞれゼミを設け、自由に見学や参加できる東京教師道場の体験コース、各学校の教育実践の発表と討論を行うテーマ別討論会コース、情報機器を活用した授業実践の「授業の秘けつ」コースなど五つのコースを設定。「ドキドキわくわく展示」でも、学校の特色ある教育活動・自慢コーナー、自作の教材・教具コーナー、PTA活動の特色ある取り組みコーナーなど五つのコーナーを用意する。

参加申し込みは19日までに、インターネットまたは往復はがきで、東京都教職員研修センター企画部企画課☎5802・0268まで。

昨年度の教育実践発表会での「国語」の模擬授業

大学等への進学率過去最高

児童数8年連続で増加

08学校基本調査速報

都総務局は8日、都内の大学・短大・高等専門学校を除く学校の生徒数や進路状況などを調べた2008年度の学校基本調査速報をまとめ、公表した。

それによると、小学校の児童数は59万2717人（対前年度比0・7%増）で、8年連続で増加した。中学校の生徒数についても30万7538人（同1・0%増）と4年連続で増加したが、幼稚園の園児数については17万5951人（同1・0%減）と落ち込んだ。

また、高等学校卒業者の進路状況をみると、卒業者の総数は9万6560人で、前年より4578人（4・5%）減少したものの、大学等への進学者は6万1582人にのぼり、進学率は63・8%（前年比2・4ポイント上昇）とアップ、過去最高を記録した。就業者の総数は7254人で、就職率は7・5%となり、前年より0・1%低下した。

06年度間に30日以上欠席した長期欠席者については、小学生が4329人で前年度間より54人減少。欠席理由では不登校、その他が増加し、病気、経済的理由が減った。逆に、中学生は9789人で54人増え、不登校が増加、病気、経済的理由、その他が減少していることが分かった。

毎週金曜3面は　教育オンライン

指定管理者 07年度評価結果を公表

20施設が「優良」、「良好」は181施設

都総務局は10日、07年度の指定管理者管理運営状況に関する評価結果をまとめ、公表した。指定管理者制度は06年度に導入され、評価結果の公表は今回が2回目。07年度については、事業者の優良な取り組みを積極的に評価する観点から、評価方法の見直しを行った。この結果、評価を実施した全201施設（都営住宅等は1施設扱い）のうち、「優良」は20施設、「良好」は181施設だった。「一部良好ではない」との評価を受けた施設はなかった。

今回から評価方法見直し

■見直し

管理運営評価は、指定管理者制度を導入した06年度から実施された。評価方法は、施設所管局が履行確認書や利用者アンケート、ヒアリング、実地調査等による1次評価を実施。各局が設置した評価委員会での2次評価を踏まえて、局ごとに評価結果を決定する仕組みとなっている。

ただし、昨年9月に公表された06年度評価結果をみると、全201施設中1施設を除く200施設が「概ね適切な状況」（A評価）に入るなど、A評価の中での違いが分からないといった問題もあった。

この背景には、指定管理者制度が導入直後であり、評価の主眼がサービス水準の維持を目的とした「不適切」事業者の抽出にあったことが挙げられる。このため新たなサービス向上の取り組みに、評価の面で応えることができていなかったとの指摘もあった。

07年度評価では、指定管理者制度の定着に伴って、こうした問題点を解消し、制度本来の目的でもあるサービスの競い合いを促すため、事業者独自の優れた取り組みなどをポジティブチェックする方向で評価方法を見直した。この結果、1次・2次ともに、評価区分は「優良」「良好」「一部良好でない」の3区分に設定された。

また局の1次評価は「指定管理者が果たすべき業務の水準」に基づいて、達成度を客観的に判断する仕組みとし、評価委員会による2次評価も専門的視点を強め、「優良」に位置づける場合には、都民が見て「特筆すべき実績・成果」であるか検証するなど厳格化した。

■積極評価

今回の管理運営状況評価で「優良」と評価された施設は、都歴史文化財団が指定管理者になっている都写真美術館及び都現代美術館、都住宅供給公社が管理運営する都営住宅、都道路整備保全公社の駐車場、都公園協会による庭園・霊園、東京動物園協会の動物園。都監理団体以外では、日比谷花壇グループ（青山葬儀所）、西武・狭山丘陵パートナーズ（野山北・六道山公園）が「優良」の評価を受けた。

写真美術館・現代美術館に関しては、積極的な教育普及事業、助成金や協賛金など外部資金の拡大を図った点などが評価された。写真美術館では、賛助会員制度で目標を大きく上回る207法人を獲得、特別支援会員枠も新設している。

都住宅供給公社は「北区」「武蔵野市等」「その他」の都営住宅について、使用料収納率の向上を図るとともに、滞納額を5・9％～11・4％縮減した。全体の縮減額は、1億9100万円に上るという。

民間事業者の関連では、青山葬儀所について、葬儀形態の多様化や小規模化に対応した結果、利用料金収入が大幅に増加したことを高く評価した。

また野山北・六道山公園では、イベントや里山学校プログラムなどを通じて公園ボランティアの参加人数が前年度から倍増した点などが評価につながった。

一方、「良好」と評価された施設は181施設にのぼるが、この中には、トイレの閉じ込め事故が発生した江戸東京博物館、友の会会員の個人情報紛失があった東京文化会館（いずれも歴史文化財団が指定管理者）の2施設も含まれる。

評価結果について、生活文化局では「事故について再発防止策を講じるなど対応しており、外部委員による2次評価でも、事業面で実績を挙げているも含めて、総合的に判断された」と話している。

■各局設置

07年度評価での評価方法見直しで、1次評価については、客観的な情報を基に、ある程度機械的に評価が定まる仕組みとなった。

だが、2次評価は原則として外部委員を半数以上含む評価委員会で専門的な評価を行うことになっているものの、委員会は施設特性に応じて各局が設置するため、局ごとに評価に「強弱」があることも想定される。実際に優良評価が集中している例も見られ、全庁統一的に評価結果を比較することは困難な状況だ。

評価制度を所管する行政改革推進部では「個々の施設について、専門的評価を加える以上、異なる局の評価を単純に比較することは難しい面がある。評価結果は各施設が業務に反映させながら、一層の都民サービスの向上につなげる形で、活用してもらいたい」と説明している。

区管理職選考 Ⅰ類択一正答

事務は平均17・8題

特別区人事委員会は、6日に行われた管理職選考筆記考査のⅠ類択一問題の正答を10日に発表した。平均正答数は、事務、技術とも前年度を下回る結果となった。

このうちⅠ類事務の平均正答数は40題中17・8題となり、前年度より1・3題下回った。最高正答数は36題で、こちらも前年度より2題低くなっている。

今年度の事務の管理職需要数は、人事委員会が8月に再調査を行った結果、Ⅰ類事務が豊島と練馬で各2人増、大田で1人増となり、全体では当初より5人増の105人となった。Ⅱ類事務も大田と板橋で各2人増、千代田、中野、北、荒川で各1人増となり、全体で当初より8人増の計71人となった。技術の合格予定者数は当初通り、Ⅰ類33人、Ⅱ類11人となっている。

口頭試問への進出は、Ⅰ・Ⅱ類事務が合格予定者数の2倍程度、Ⅰ類技術が1・5倍程度、Ⅱ類技術が合格相当数となるため、今年度の進出者数は、Ⅰ類事務210人程度、Ⅰ類技術（Ⅰ、Ⅱ、Ⅲ合計）が50人程度、Ⅱ類事務は140人程度、Ⅱ類技術は11人程度となる模様。

これを今年度の受験者数と照らし合わせると、口頭試問への進出倍率は、Ⅰ類事務が2・6倍程度（昨年度2・8倍程度）、Ⅰ類技術が2・9倍程度（同3・3倍程度）、Ⅱ類事務が1・3倍程度（同1・3倍）、Ⅱ類技術が3・0倍程度（同4・1倍）となり、昨年に比べて全体的に低い倍率となる見通しだ。

口頭試問進出者への通知は10月14日に任命権者を通じて発表する予定。口頭試問は、10月25日と26日のうち指定する1日で行い、最終合格発表は11月10日の午前を予定している。

Ⅰ類筆記考査択一式問題正答数

選考区分	択一式問題 40題	
	最　高	平　均
事　務	36題（38題）	17.8題（19.1題）
技術Ⅰ	24題（30題）	14.7題（18.8題）
技術Ⅱ	24題（23題）	13.3題（15.8題）
技術Ⅲ	28題（29題）	15.4題（17.3題）

※かっこ内は07年度

事務・技術共通

No.	正答	No.	正答
1	2	15	3
2	4	16	1
3	1	17	1
4	2	18	4
5	1	19	5
6	1	20	3
7	3	21	3
8	3	22	1
9	5	23	4
10	4	24	5
11	5	25	4
12	5	26	5
13	2	27	2
14	3	28	2

事務専門

No.	正答
29	3
30	1
31	2
32	4
33	2
34	4
35	3
36	3
37	1
38	5
39	5
40	4

技術専門

No.	技Ⅰ	技Ⅱ	技Ⅲ選1	技Ⅲ選2	技Ⅲ選3
	正答	正答	正答	正答	正答
29	2	3	3	2	3
30	5	2	3	4	5
31	3	3	2	3	2
32	4	5	4	1	4
33	1	2	5	2	4
34	2	1	4	2	3
35	1	4	2	3	2
36	5	1	4	1	5
37	3	4	3	5	1
38	2	5	2	5	5
39	4	5	3	4	1
40	3	5	1	3	3

東京スピリット賞 3チームの計35人が受賞

民間からの寄附をもとに創設された東京スピリット賞の表彰式が9日、都庁第一本庁舎7階ホールで行われ＝写真＝、南硫黄島自然環境調査チーム、南島植生保護・回復事業実施チーム、C型肝炎インターフェロン治療の医療費助成制度創設チームの3チーム計35人が受賞した。同賞は今回で13回目となる。

受賞理由によると、環境局と首都大学東京の南硫黄島自然環境調査チームは、新種を発見し、映像に収録するなど、小笠原諸島の世界自然遺産登録に向けて、価値の証明に大きな成果を上げた。

環境局、総務局、建設局で構成する南島植生保護・回復事業実施チームは、希少な自然の保護のため、東京都版エコツーリズムを導入し、あわせて失われた植生の回復にも取り組んだ。

福祉保健局のC型肝炎インターフェロン治療の医療費助成制度創設チームでは、専門医療機関制度を創設して、国に先駆けた都独自の肝炎対策を実現した点が高く評価された。

石原知事「都民を代表して感謝、今後も期待」

表彰状の授与後、石原知事は「現場で頑張っている人がいて、現場を踏まえた創意がない訳がない。全く新しい思い付きがないと世の中は変わらない」と強調。受賞者に対して「東京ならではの仕事をしてくれて、誇りに思う。都民を代表して感謝し、今後も期待します」と語った。

都管試

択一、記述の免除を通知

免除基準は標準点50点

都人事委員会は8日、08年度管理職選考の成績告知と、09年度以降の択一、記述の免除について、所属を通じて受験者本人に通知した。

択一、記述の免除基準は、前年度と同じく、各選考区分における標準点50点とした。基準に達していれば、09年度から11年度までの3年間について、択一、記述が免除される。ただし、種別A・Bとも受験資格を有する期間を限度とする。

エコドライブ講習会を開催

都と荒川区が10月から

エコドライブの普及に取り組む都環境局と荒川区は、10月から共同でエコドライブ講習会を開催する。都と区が連携して講習会を行うのは初の試みで、都ではこれを皮切りに都内全域で講習会を展開させたい考えだ。

講習会は、都と荒川区がそれぞれ養成したエコドライブインストラクターが講師となる。運転技術の講義のほか、実際に運転して技術を習得してもらう。10月4日を初弾に2月間で計6日間実施し、延べ180人の荒川区民が参加する予定だ。

都は今年6月に教習会を開き、㈳東京指定自動車教習所協会に加盟する全自動車教習所の代表教官56人を東京都エコドライブインストラクターとして養成。同じく荒川区も、東京都トラック協会や区内タクシー事業者などを対象に、区民・事業者向けのエコドライブ推進の核となるインストラクターを15人程度養成している。

急にアクセルを踏まないなどのエコドライブ技術は、頭では理解している人も多いが、実際に行うのは意外と難しい。都のインストラクター養成の際も、講習前と後では燃費が平均で25％程度改善されたという。環境局自動車公害対策部では「講義を受ける前と受けた後の違いを実際に体感してもらい、体で学んでもらいたい」と話す。

都は、今回の講習会をモデル事業として実施。講習方法や実技のコース設定、マニュアルの作成などを検証し、これを基に広く全都で展開したい考えだ。

就職応援フェスタ 多摩を10月開催

しごとセンター多摩

東京しごとセンター多摩は、地元金融機関の多摩信用金庫とともに、就職に関する総合イベント「就職応援フェスタIN多摩」を10月[illegible]日に開催する。

合同就職面接会のほか、面接や社会人のマナー講座、就活のためのスキルアップセミナーなどを行う。また、女性としては日本初の航空会社社長となったエアトランセの江村林香社長を招き、トークショーも行う。

時間は午前10時から午後4時半まで。立川グランドホテル（JR立川駅北口徒歩[illegible]）で。セミナーは要予約[illegible]各セミナー[illegible]受け付ける。問い合わせは東京しごとセンター多摩☎042・329・4524。

特区連定期大会

「賃金闘争の礎を築く闘いを」

執行部16人→8人体制に

特区連の第31回定期大会が9日、東京区政会館で行われ、今年度の活動方針や、特区連の要請を反映した勧告を求める大会決議などを満場の拍手で確認した。また、今大会では執行体制の見直しが図られ、執行委員を12人から4人に削減した。新三役には副委員長に瀬下小太郎・前執行委員と中條貴仁・前書記長が、書記長には佐藤義彦氏が新たに就任した。三役とあわせた執行部がこれまでの半減となる8人体制となる中で、西川雅春委員長は全組合員の一層の協力と団結を求めた。

新書記長に佐藤義彦氏（練馬）

瀬下副委員長

中條副委員長

佐藤書記長

今年の確定闘争で、最大の課題となるのが技能・業務系職員の賃金改善や人事制度の見直しだ。技能・業務職給料表は、昨年の交渉では現給保障されたものの、平均9％の引き下げとなった。今年の確定闘争では、この「失われたものを取り返す闘い」が最大の目標になる。

また、区長会からは今確定交渉期の課題として、成績率の強化や準定年退職の見直し、病気休職者の給与保障期間の削減見直し等の考えが示されており、これらも含めた厳しいやり取りが予想される。

西川委員長は「現業と非現業が一体で闘えるよう、賃金闘争の礎を築くのが今年の確定闘争の最大の眼目。保障額表の勧告との連動を勝ち取り、1日当たりの時間短縮の早期実施を目指すなど、職場からの切実な要求実現、前進を目指して闘っていかねばならない」と決意を示した。

さらに今大会では、時間内組合活動の制約や組合員数減などの状況を踏まえ、これまで12人だった執行委員を4人に削減した。西川委員長は「これまでの水準を下げずに闘いを推進するには、とりわけ拡大闘争委員会、書記長会議の定期的開催と運営が一層重要になる」と訴え、組合員の協力と団結を強く求めた。

さらに西川委員長は、地方自治制度の改正に向けた動きに触れながら、「およそ4、5年後には、この対応が迫られる。将来は交渉組織としての特区連は存在しないかもしれず、その後の闘いと組織をどうするか、組織的な検討も進めていかなければならない」との考えも示した。

■　■

活動方針では、区長会要求の柱となる賃金改善について、特に技能・業務系職員の現給保障のために適用されている保障額表の給料額の引き上げを重点に掲げた。

昇任・昇格しても給料表が現給保障額を超えず、昇給がないケースが多く発生するため、保障額表の適用者や最高号給を超える者も含め、昇任・昇格の時点で実際の昇給が発生する「昇給メリット」の改善を強く求めていく。

今年度の確定交渉期に結論が得られるよう交渉を進めている技能・業務系人事制度については、技能主任職以上の職責や設置基準の廃止、技能主任と技能長昇任選考の複線型の任用制度などの要求実現を目指す。

大会代議員からは、削減された技能・業務職給料表について、「今年4月に新たな評価制度が反省されたが、現業は誰一人、賃金が上がっていない」（杉並）、「年配は今後昇給がない。若い人も生涯賃金が上がらない」（世田谷）など不満の声が上がり、改善に向けて強く取り組むよう要望が相次いだ。

また、8月11日の人事院勧告では、1日15分程度の勤務時間短縮が示された。昨年4月に休息時間が廃止となった大田区の代議員からは「この勧告を一日千秋の思いで待っていた。何としても獲得しなければならない」と強い求めが寄せられた。

区長会から示された病休者の給与保障期間の削減見直しや、勤勉手当の成績率強化については、「長時間過密労働が蔓延する一方で評価制度を強めた結果、職員一人ひとりが孤立し、職場の士気は明らかに低下している。まさに、職場をどう守るかの課題だ」（文京）など、改悪阻止を求める訴えが示された。

最後に、特別区統一交渉の自主的・主体的な解決を目指すことなどを盛り込んだ大会スローガンなどを全員で確認した。

▽新三役は以下の通り。【執行委員長】西川雅春（世田谷）【副執行委員長】瀬下小太郎（品川）、中條貴仁（葛飾）【書記長】佐藤義彦（練馬）

新たな体制で臨む確定闘争に向け、決意を語る西川委員長

21年度 職員教養講座［12］

経営に関する知識 ①

はじめに

平成20年度の管理職選考の結果が発表されてから2週間が経ち、来年度の管理職選考に向けて試験勉強を始める方もいらっしゃると思います。平成19年度から、択一試験について標準点（およそ平均点）以上を獲得できれば、管理職選考に合格できなかったとしても、次回以降の受験において、最高3年間択一試験が免除されます。日々の仕事で忙しい方も、受験しやすい仕組みになりましたので、計画的かつ効率的な学習を進めれば、よい結果が得られると思います。

さて、今回から3回にわたって、「経営に関する知識」について解説を行っていきます。1回目の今回は、出題傾向、学習方法、参考図書、キーワードについて説明します。次回以降は、実際の出題形式に沿った演習問題を用いて解答方法などを解説していきます。

人事委員会によると、「経営に関する知識」は、経営戦略、マーケティング戦略、最近の企業における経営事例、企業形態、経営人事・経営労務等、企業経営に関する知識を検証する科目です。出題数は、平成19年度選考から8題となっています。これは、種別A事務の択一全40問中、2割を占めていることになり、先ほど述べた標準点以上を獲得するには、当科目を避けて通ることは得策ではありません。「経営に関する知識」は管理職選考合格後も勉強を重ねることになり、都政の政策立案や課題解決に資するものとなりますので、十分な対策を行い、得点源にしていただきたいと思います。

出題傾向

過去5年間の出題内容は、次のとおりです。なお、当科目は、平成16年度から導入され、平成19年度には出題数が3題から8題に変更されています。

【平成16年度】
①コーポレート・ガバナンス（企業統治）②ポーターの競争戦略③企業形態

【平成17年度】
①経営の多角化②コンプライアンス経営③人的資源管理

【平成18年度】
①組織形態②企業買収③マーケティング

【平成19年度】
①アンゾフの経営戦略論②戦略的提携③リーダーシップ④マズローの欲求階層説⑤CDP（キャリア・ディベロップメント・プログラム）⑥ナレッジマネジメント⑦マーケティングにおけるプロモーション⑧企業の社会的責任

【平成20年度】
①PPM（プロダクト・ポートフォリオ・マネジメント）②組織間関係論③サイモンの意思決定論④X理論・Y理論、動機付け—衛生理論⑤人事制度・人事評価⑥能力開発⑦マーケティング・コンセプト⑧コーポレート・ガバナンス

過去の出題内容を見ますと難易度は全体的に高いわけではなく、基本的な知識を身に着けていれば一定の解答ができます。

出題分野は、平成19年度から経営戦略から経営人事・経営労務まで各テーマ満遍なく出題されています。また、ライブドア事件が話題となった平成18年度には「企業買収」の出題があり、食品偽装等、企業の不祥事が社会問題化した平成19年度には「企業の社会的責任」が出題されるなど話題となった社会事象に絡んだ問題が出題されることもあります。

学習方法

前述のとおり、難易度はそれほど高くなく、幅広い分野から問題が出題されていることから、広く浅く勉強していく必要があります。したがって、分厚い専門書に手を出したり、特定の分野にヤマを張って勉強したりするよりも、基本的事項を幅広くコンパクトにまとめた参考書を使って学習することが効率的で効果的です。また、日ごろから新聞やインターネット等で社会情勢にアンテナを張り、話題となった経営用語などを調べて身に着けていくことも肝要です。これは、他科目の「政治経済事情等」を勉強する上でも役立ちます。

具体的な勉強方法ですが、経営学を勉強するのが初めてで、時間に余裕のある方は、後述する参考図書などを使って一通りの知識を身に着けた後、問題集を解いていく方法をお勧めします。問題集は、同じものをできれば3回こなし、各社で掲載されている予想問題なども解いておくとよいでしょう。言うまでもないことですが、問題集を解くに当たっては、漫然と正誤を当てるのではなく、誤りの選択肢がなぜ間違っているのか理解することが肝要です。知識の定着が図れるとともに、多少、変化球のある問題が出題されても対応することができます。なお、経営学の学習経験がある方や、勉強する時間に余裕のない方は、予想問題を含め問題集を解くことから始め、頻出事項、重要事項を中心に学習するとよいでしょう。

参考図書等

出題のすべてをカバーするわけではありませんが、基本的な知識を身に着けるのに役立つと思われる参考書等を掲げます。それぞれの特徴も挙げますので、自分に合ったものを選ぶとよいでしょう。

①『実戦シリーズ　行政管理・経営・会計　民間経営に学ぶ』（都政新報社）
基本事項がコンパクトにまとまった参考書です。問題も付いているので、時間のない人に向いています。出題範囲をカバーし切れていないので各種予想問題や過去問などにも取り組むとよいでしょう。

②『要点シリーズ　経営・組織・人事・情報管理の要点』（学陽書房）
①より出題範囲を広くカバーした基本書です。東京都職員が主に執筆しています。内容的にやや古いので、最新の経営用語について別途勉強する必要があります。

③『経営用語・キーワード』（中央経済社）
経営学検定試験用の公式テキストであり、内容も比較的新しく、出題範囲をほぼカバーしています。アカウンティングなどの分野も掲載されており、会計学についても学べます。300ページ（うち会計学関係が約60ページ）ほどあり、やや分量が多いのですが、一冊こなせば高得点が期待できます。

④『経営用語の基礎知識（第3版）』野村総合研究所編著（ダイヤモンド社）
③と同様、出題範囲を広くカバーしています。平成20年4月に第3版が刊行されたので、新しい内容にも対応できます。こちらも300ページ弱と分量が多めです。

以上4点のほか、公務員試験用（地方上級、国家Ⅱ種試験など）のテキストや過去問なども有効です。

キーワード

出題が予想される項目別にキーワードを掲載します。平成20年度に出題された項目は出題の可能性が低いのですが念のため掲載しておきます。学習の参考にしてください。

(1) 経営戦略
○アンゾフの成長ベクトル○垂直統合戦略○水平統合戦略○多角化戦略○チャンドラー命題○シナジー効果○コングロマリット○コア・コンピタンス○PPM（プロダクト・ポートフォリオ・マネジメント）○GEグリッド○ポーターの競争戦略○コストリーダーシップ戦略○差別化戦略○集中戦略○ニッチ戦略○組織間関係戦略○M&A○TOB○LBO○MBO○リストラクチュアリング○リエンジニアリング○戦略的提携○R&D○クロス・ライセンス○OEM○EMS○SCM○アウトソーシング○ファブレス企業○デファクト・スタンダード○デジュール・スタンダード○ドミナント戦略○グローバル企業○マルチナショナル企業○インターナショナル企業○トランスナショナル企業○イノベーション○トヨタ生産方式○セル生産方式○フォード・システム○QCサークル○バランス・スコアカード○KPI（重要業績評価指標）○ベンチマーキング○ドメイン（事業領域）○ナレッジ・マネジメント○バリューチェーン（価値連鎖）

(2) マーケティング
○マーケティング・コンセプト○マーケティング・ミックス○マーケティングの4P○マーチャンダイジング○プロダクト・ミックス○製品差別化戦略○市場細分化戦略○プル戦略○プッシュ戦略○上層吸収価格戦略○浸透価格戦略○ストア・ロイヤルティ○ブランド・ロイヤルティ○ロジスティックス○サプライチェーン・マネジメント○フランチャイズ・チェーン○ボランタリー・チェーン○リレーションシップ・マネジメント○CRM（顧客関係管理）

(3) 企業形態・組織
○ライン組織○ファンクショナル組織○ライン・アンド・スタッフ組織○フラット組織○ネットワーク組織○プロジェクトチーム○職能部門制組織○事業部制組織○マトリックス組織○カンパニー制○SBU（戦略的事業範囲）○分社化○持株会社○委員会等設置会社○ベンチャー企業○社内ベンチャー○コーポレート・ガバナンス○スピンアウト○会社分割制度○学習する組織○企業文化○コミットメント○コラボレーション

(4) 経営人事・経営労務
○伝統的管理論○ファヨールの管理過程論○人間関係論○行動科学的管理論○マグレガーのX理論・Y理論○マズローの欲求階層説○ハーズバーグの動機づけ—衛生理論○期待理論○近代管理論○コンティンジェンシー理論○バーナードの組織論○サイモンの意思決定論○意思決定のごみ箱モデル○アンゾフの意思決定分類○リーダーシップ特性論○行動科学的リーダーシップ○マネジリアルグリッド○リーダーシップのコンティンジェンシー理論○SL理論○制度的リーダーシップ論○職務拡大○職務充実○OJT○職務給○職能給○エンパワーメント○コンピテンシー○コーチング○ファシリテーション○フレックス・タイム制○裁量労働制○人的資源管理○成果主義○選抜型人事○専門職制度○CDP○HPI（ハイパフォーマンス・インディビジュアル）○エンプロイヤビリティ

(5) その他
○アカウンタビリティ○インサイダー取引○コーポレート・シチズン○アントレプレナー○コンプライアンス○サーベンス・オクスレー法○私的整理○SRI（社会的責任投資）○ステークホルダー○独占禁止法○リサイクル関連法○倫理規定○CSR○PL法○新会社法○会社更生法○民事再生法○企業再生・企業再生ファンド○デューディリジェンス○マッチングギフト制度○エコファンド

次回の講座からは、問題演習を取り上げます。

昇任試験対策のページ

21年度 教育管理職への道しるべ ▶2◀

A 論文 ①

はじめに

筆答試験対策として、今回から3回にわたり、A選考の論文試験の概要、勉強方法などについて説明します。

論文試験については、試験直前の勉強だけで合格水準の論文を書くことは極めて困難です。したがって、事前の取り組みの差がそのまま論文の出来不出来となって表れやすく、選考の合否そのものにも大きく影響すると言われています。試験対策の早期の段階から計画を立て、それに沿った取り組みを行うことが必要です。来年の試験までには、時間はまだ十分ありますから、今回の講座をきっかけとして、まずは取り組みを開始するようにしてください。

さて、論文とは、自分の考えや意見を相手に伝えるために筋道を立てて論理的に書かれた文章ですが、選考論文の作成に当たっては、「出題」に対して「自分の考え」を述べることが重要です。出来栄えのよい文章であっても、出題の意図に応えていない（正対していない）文章は、高い評価は得られません。そのため、「出題者の意図」を把握することが選考論文作成の重要なポイントとなります。

出題者（採点者）は、論述された文章を通じて受験者の教育管理職としての資質を見極めることとなります。ですから、受験者がどんなにすばらしい考えをもっていようと、また、日々すぐれた実践をしていようと、それを文章によって伝えることができなければ、意味がありません。選考論文の論述に当たっては、出題の意図を踏まえ、採点者が分かりやすいように論述を展開する必要があります。

では、こうした点に留意した上で、論文の勉強を進めていくにはどうしたらよいか説明します。

A選考論文の概要をつかむ

試験ではどのような論文が求められているのでしょうか。「平成20年度東京都公立学校教育管理職選考実施要綱」によれば、A選考は、「教科指導等に関する高い専門的能力を有する指導主事の育成（任用）及び教育管理職の育成を図ることを目的とする」とされており、他の選考と比べてみると違いが明らかとなります（B選考は「学校現場における教育管理職の育成を図ること」、C選考は「学校現場における豊富な経験に基づき、即戦力の教育管理職として任用すること」を目的としている）。A選考においては、受験者に対して、学校における現場感覚はもちろんですが、教育行政全般にわたる広い知識・識見といった点も問われることとなります。

次に、同要綱におけるA選考論文試験の選考方法を見てみると、出題形式は2題出題、1題を選択して2時間で1500字から2千字で論述するとされ、「教育全般に関する一般的事項について出題し、表現力、理解力、判断力、論理性、問題意識等について評定する」とされています。

出題の分野（領域）は、「教育全般に関する一般的事項について」となっていますが、過去の論文問題をみると、現在の教育が抱える大きな課題、教育に対する都民や社会のニーズに関する調査などが題材となっています。

また、論文の評価については、「表現力、理解力、判断力、論理性、問題意識等」が検証されることとなります。これらは職場において、当事者として問題解決に携わる教育管理職に必要とされる能力であり、実践力や行動力なども含め、これから様々な改善や改革を行っていくための強いリーダーシップを持った人材が求められていると考えてよいでしょう。

以上のことから、A選考の筆答試験においては、単なる教育論や意見ではなく、与えられたテーマに対して、教育行政全般にわたる広い視点から分析し、教育管理職という立場で、問題の解決にあたって実行すべき具体的な取り組み内容を的確に述べていかなくてはなりません。

出題の傾向を把握する

平成20年8月4日に教育庁人事部試験室が公表した「平成20年度東京都公立学校教育管理職選考筆答試験問題について」では、A選考論文問題について、「選択A問題ではグラフ等の資料、選択B問題では文章資料を提示し、これらの資料をもとに、受験者が今日の学校教育や社会の現状を踏まえて、大局的に課題を把握・分析し、行政における教育管理職としてどのようなことを行うのか、課題解決のための具体的な方策など、自らの考えを述べるもの」とされています。

このことから、A選考では社会情勢の変化や国民・都民の価値観の変化がどのようにこれからの学校教育に影響を及ぼすのか、それに対応するには学校はどのようにあるべきかなどに常に注意を払い、勉強を進めていくことが重要だと考えられます。出題される統計やデータ、文章そのものは毎年変わりますが、どのような資料が出ても、以上に述べた論文を記述する際のポイントを忘れずに取り組んでください。

資料を収集する

論文の勉強を始めるにあたって、まず資料の収集を行うことが必要です。収集する資料としては、A選考が教科指導等に関する高い専門的能力を有する指導主事の育成（任用）及び教育管理職の育成を目指していることから、教育に関する文部科学省や東京都教育委員会の各種審議会等の報告、計画等に関するものが必要とされます。また、東京都教育委員会のホームページや教育庁報、都政新報の記事からも教育に関する様々な最新の動向を知ることができます。さらに教育や子供に関する国民（都民）の意識調査なども収集しておくとよいでしょう。これらの資料は、【児童・生徒への指導】【教員の資質の向上】【地域との連携】など、課題の分野ごとに分類・整理しておくと、レジュメを作成するうえで非常に効率的です。

日々の実践こそ論文内容の中核となることは言うまでもありませんが、与えられたテーマを教育行政全般にわたる広い視点から分析し、教育管理職という立場で問題の解決を図ることから考えて、都や国の取り組みや都民の意識動向を知ることは、合格論文を記述するにあたって必要不可欠です。

テーマを設定する

合格するための論文を書く力をつけるためには、実際に論文を書いてみることが必要です。ここでは先に収集した資料全般から、自分なりに課題をとらえて設定してみましょう。課題の設定にあたっては、過去の出題例を参考にして、受験者間や合格者、管理職の意見も採り入れ、いくつか複数のテーマを設定してみるとよいでしょう。

テーマを設定したら、いよいよ論文の記述に入りますが、最初から文章として書き始めるのではなく、まずは論文の全体構想を固めるためのレジュメを作成します。

レジュメを作成する

レジュメは全体構想図であり、論文の骨組みとなるものです。レジュメを作成しないまま文章を書き始めると、後になって章ごとの字数のバランスが悪かったり、論理的に整合しなかったりなどの事態が生じてしまいます。レジュメを作成することで、問題点の把握やそれに対する解決策を整理することができ、論文の流れも論理的になり、構成の整ったものに仕上げることができます。レジュメの作成がいかにうまくいくかで、合格論文に達するか否かが決するといっても過言ではありません。

レジュメの作成は基本的に、論文を書くときと同様に、四段構成（または三段構成）にしておくと文章の流れを整えやすく、効率的です。このレジュメの作成を含む論文の書き方については、次回の講座で詳述します。

カレントトピックス 20年度 48

都政事情

■都政のBCP（東京都事業継続計画）〈地震編〉の素案（8月7日）

総務局は、首都直下地震が発生した場合を想定した初めての事業継続計画である都政のBCPの素案を発表した。

事業継続計画とは、災害発生時に優先的に取り組むべき重要な業務を継続し、最短で事業の復旧を図るために事前に必要な資源の準備や対応方針・手段を定める計画である。

策定にあたっては、通常業務を含む全業務の洗い出しを行い、災害時に優先すべき業務を「非常時優先業務」として選定し、それぞれの業務について目標復旧時間を設定した。たとえば、発災後ただちに行う業務としては、入院患者や児童・生徒の安全確保などがあり、1時間以内では東京DMATの派遣調整などがある。

■平成20年度都区財政調整算定結果（8月8日）

平成20年度の特別区に対する普通交付金総額は、約9452億円と過去最高額となった。交付金の額が多い特別区は、足立区、江戸川区、練馬区、葛飾区、大田区の順である。港区は、財源不足額が生じないため、平成15年から6年連続の不交付区となった。

基準財政収入額は1兆237億円と前年度比で389億円、4・0％の増となった。基準財政需要額は、1兆9596億円と前年度比で595億円、3・1％の増となった。特別区の実態を踏まえ、4項目の新規算定、6項目の臨時的算定のほか、19項目の算定改善などを行った。

■東京都消費生活基本計画の改定（8月29日）

生活文化スポーツ局は、消費者被害の多発・深刻化など消費生活を取り巻く状況の変化や国の消費者行政の動向を踏まえ、「東京都消費生活基本計画」を10年ぶりに改定した。東京都の消費生活関連施策を計画的・総合的に推進する基本指針であり、計画期間は平成20年度から24年度までの5年間となっている。

計画では、現場主義の視点から緊急に取り組む対策として、「高齢者・若者等を狙う悪質商法の撲滅」「『待ち』から『攻め』の情報収集・情報発信」「東京都消費生活総合センターの強化」「国に対する法制度上の問題点改善の働きかけ」の四つを挙げている。

20年度 特別区管理職選考 正答と解説 ①

■地方自治制度

地方自治制度は、今年も9問の出題で、項目としては、例年と同様に、議会と執行機関にかかわるものが多く出されました。その他、やや複雑な条文構成になっている住民訴訟、外部監査契約に基づく監査および職員の賠償責任にかかわる問題も出題されました。なお、今回とここ数年の出題を比較すると、行政実例からの引用は、少なくなっています。いずれの問題についても、条文をよく読み込み、正確に理解していれば正答できるものでした。

【問題1】
住民訴訟に関する問題。
① 誤り。法第242条の2第1項。不当な行為については請求できない。
② 正しい。法第242条の2第12項。
③ 誤り。法第242条の2第5項。地方裁判所の管轄に専属する。
④ 誤り。法第242条の2第6項。執行機関または職員に対する当該行為の差し止め請求である。
⑤ 誤り。法第242条の2第4項。別訴をもって同一請求をすることはできない。

【問題2】
外部監査契約に基づく監査に関する問題。
① 誤り。法第252条の28第1項。国の行政機関での会計検査事務従事者または地方公共団体での監査、財務事務従事者で、監査実務に精通している者として政令で定める者を含む。
② 誤り。法第252条の36第1項。あらかじめ監査委員の意見を聴くとともに、議会の議決を要する。
③ 誤り。法第252条の27第3項、法第252条の37第1項。包括外部監査人である。
④ 正しい。法第252条の38第1項。
⑤ 誤り。法第252条の35第2項。監査委員の意見を聴くとともに、その意見を付けて議会の同意を得なければならない。

【問題3】
議会運営委員会に関する問題。
① 誤り。法第109条の2第1項。すべての普通地方公共団体の議会において任意に置くことができる。
② 正しい。法第109条の2第2項。
③ 正しい。法第109条の2第4項。
④ 正しい。法第109条の2第5項、法第109条第9項。
⑤ 正しい。法第109条の2第5項、法第109条第6項。

【問題4】
普通地方公共団体の議会の議決事件に関する問題。
① 誤り。法第96条第1項第10号。昭和28年3月19日行実。権利の放棄として議会の議決を要する。
② 正しい。法第96条第1項第13号。昭和36年11月27日行実。
③ 誤り。法第96条第1項第5号。昭和37年9月10日行実。
④ 誤り。法第96条第1項第6号。昭和38年12月23日行実。
⑤ 誤り。法第96条第2項。法定受託事務に係るものを除く。

【問題5】
普通地方公共団体の議会の検査または監査の請求に関する問題。
① 正しい。法第98条第1項。
② 誤り。法第98条第1項。労働委員会および収用委員会の権限に属する事務で政令で定めるものについては、検査することができない。
③ 誤り。法第98条第1項。出納を検査することができる。
④ 誤り。法第98条第1項。議会による実地検査はできない。
⑤ 誤り。法第98条第2項。自治事務にも法定受託事務にも、一定の制約がある。

【問題6】
会計管理者に関する問題。
① 正しい。法第169条第1項。
② 誤り。法第233条第2項。監査委員の審査に付すのは普通地方公共団体の長である。
③ 誤り。法第168条第1項。会計管理者は必置機関である。
④ 誤り。法第168条第2項。平成19年4月から一般職の補助機関となった。
⑤ 誤り。法第170条第3項。代理させることができるのは、事故がある場合において必要があるときである。

【問題7】
地域自治区に関する問題。
① 誤り。法第202条の4第2項。事務所の位置、名称および所管区域を条例で定める。
② 誤り。法第202条の4第3項。当該普通地方公共団体の長の補助機関である職員をもって充てる。
③ 正しい。法第202条の5第3項。
④ 誤り。法第202条の7第2項。地域協議会の意見を聴かなければならない。
⑤ 誤り。法第202条の5第5項。報酬を支給しないこととすることができる。

【問題8】
職員の賠償責任に関する問題。
① 誤り。法第243条の2第3項。監査委員は賠償責任の有無および賠償額を決定する。
② 誤り。法第243条の2第4項。
③ 正しい。法第243条の2第8項。
④ 誤り。法第243条の2第3項。昭和45年10月5日行実。
⑤ 誤り。法第243条の2第14項。

【問題9】
広域連合に関する問題。
① 誤り。法第291条の2第4項、第5項。
② 誤り。法第291条の3第1項。総務大臣の許可が必要である。
③ 誤り。法第291条の2第3項、法第252条の17の2第2項。
④ 誤り。法第291条の5第2項。住民の直接選挙または広域連合を組織する地方公共団体の長の投票により選挙する。
⑤ 正しい。法第291条の7第8項。

■地方公務員制度

地方公務員制度からの出題は、今年も5問でした。条文と基本的な行政実例を理解していれば正答することが可能でしたが、罰則規定と関連させた出題が含まれており、日ごろの確実な要点の整理が問われるものでした。

【問題10】
一般職または特別職に関する問題。
① 誤り。法第3条第3項第4号。昭和26年3月13日行政実例。一般職を退職する必要がある。
② 誤り。法第4条。昭和26年5月10日行政実例。地方公務員法の適用を受ける。
③ 誤り。法第3条第3項第1号。長の同意ではなく、議会の同意によることを必要とする職である。
④ 正しい。昭和26年3月13日行政実例。
⑤ 誤り。法第3条第3項第3号。昭和35年9月19日行政実例。特別職の地方公務員である。

【問題11】
欠格条項に関する問題。
① 誤り。法第16条第4号。欠格条項に該当する。
② 誤り。法第16条第2号。執行猶予中は「その執行を受けることがなくなるまでの者」に含まれる。
③ 誤り。法第16条第3号。懲戒免職の規定である。
④ 誤り。法第16条第1号。被補助人ではなく被保佐人。
⑤ 正しい。法第28条第4項。

【問題12】
罰則に関する問題。
① 誤り。法第37条第1号。争議行為の実行行為には、罰則規定は適用されない。
② 誤り。法第38条第1号。違反に対する制裁は服務規律違反にあたり、懲戒規定の適用に限られる。
③ 誤り。法第29条第1項第3号。信用失墜行為の禁止にあたり、懲戒規定が適用され、罰則規定の適用はない。
④ 誤り。法第16条第5号。欠格条項に該当する。
⑤ 正しい。法第60条第2号、第62条。

【問題13】
政治的行為の制限に関する問題。
① 誤り。法第36条第2項第3号。区域外では関与できる。
② 正しい。法第36条第2項第1号。
③ 誤り。法第36条第1項。区域の内外を問わず禁止されている。
④ 誤り。法第36条第2項第2号。昭和27年7月29日行政実例。単に法律の制定自体に反対する目的ならば、第2項に抵触しない。
⑤ 誤り。法第36条第2項第4号。区域の内外を問わず禁止されている。

【問題14】
公務災害補償に関する問題で、妥当な組み合わせを問うもの。
A 正しい。法第45条第2項。
B 誤り。法第45条第3項。通勤途上の災害については、明文の規定はない。
C 誤り。法第45条第1項。公務による死亡は、公務災害補償の対象である。
D 正しい。法第45条第4項。適当な考慮が払われなければならない。
妥当な組み合わせの選択肢は3。

すみだがわ アレコレ

「和船」について

現在、東京湾を通航する船は、タンカーなどの鋼船やFRP（ガラス繊維強化プラスチック）製の船、洋式構造の木造船などで、我が国伝統の「和船（わせん）」はほとんど見られなくなった。「和船」というと、とりあえず広辞苑などでも、「わが国在来型の木造船」ぐらいの記述しかない。もちろん「和船」という名称も、明治以来の西洋型帆船に対して、日本型帆船を区別するために、その総称として使ったものという。しかし、「和船」の船型・構造にも歴史的な変遷があり、刳り舟の丸木舟の時代から、現在の構造船の時代へと変わって来たものである。

江戸が100万都市へと発展し、物品や酒類の流通が大阪からの廻船に頼るようになると、千石船である弁財船が使われ、積荷を菱垣で積み囲った「菱垣廻船」、酒を中心に搬ぶ「樽廻船」などがあった。これらの積荷は大阪からの「下り物」で、江戸近辺物である「下らぬ物」より高級品で、「下らぬ物」級は江戸とその近郊、さらには利根川流域一帯の産物のことであった。

隅田川上流を行く船（明治時代の『東京百景』より）＝墨田区立緑図書館提供

この輸送に使われた船は、江戸湾沿岸及び相模・房総の沿岸では、「五大力船」や「押送り船」が、利根川流域では「高瀬舟」等が使われた。「五大力船」は米500俵を積むことが出来、大正時代まで房総・京浜間の輸送の中心として活躍し、「木更津船」とも呼ばれた。「押送り船」は鮮魚類を水揚げした漁場（漁村）より消費地の市場へ急送するために使われた船で、7丁の櫓と帆もつけられ、名のとおり「押送（急送）」で走った。葛飾北斎の『神奈川沖浪裏』富嶽の絵中の船が、「押送り船」と思われる。

河川舟運は中世以来、利根川が内陸水運の動脈として利用され、江戸と沿岸の各地や信越地方とを結ぶ水路として利用され、沿岸（河港）が整備されていた。北海道・東北からの海路物資は銚子港で、底の平らな浅瀬につよい高瀬舟に積み替えられ、利根川を遡航して関宿で迂回し、江戸川を下り江戸に輸送された。

隅田川では物資を運ぶ船は、「伝馬船」や蒸気船に曳かれる「だるま船」があった。遊び舟は大・小の「荷足」で、釣りや投網、潮干狩、花見、花火見物等に使われた。また、「うろうろ舟」と云われる小荷足やベカ舟で、水上生活者に青物・魚類・日用品を売る舟も見られたものである。

（元墨田区立緑図書館長　小島惟孝）

夕張レポート②

夕張に求められたもの　これから求められるもの

夕張市市民課市民保険グループ　鈴木直道

「3カ月で目は見えなくなる」

東京都から夕張市へ派遣されて3カ月が経った4月。藤倉肇夕張市長から言われた言葉である。何も本当に目が見えなくなるわけではない。初めて見て新鮮に感じたことでも、時が流れるにつれ、その衝撃は薄れ、日常と化してしまう。人は慣れることで新鮮な感覚を失ってしまうというのである。

夕張市に派遣され1カ月が経った時、「1カ月間で何を感じたのか」をテーマに、テレビや新聞等の取材を受けた。

その中で私は、財政再建計画を実行することがいかに困難であるか。そして、その計画を実行することが夕張市の未来にとってプラスになるのかは疑問であると語った。

あれから更に時は流れ、夕張市での生活も7カ月が経った。今振り返り、私が夕張市を初めて訪れ、生活する中で感じたこと。あの頃の目で夕張市を見て感じたことは間違いではなかったと、今では確信している。

派遣職員の3人。左から愛知県春日井市の神戸洋史さん、東京都の百澤俊平さん、筆者

「見せしめ」としての役割

「最高の負担、最低の行政サービス」と、夕張の財政再建計画については言われる。

「最高の負担」とは法令の上限の税率等、文字通り最高の負担を住民に求めることであるが、「最低の行政サービス」とはどのようなものであるか明確な形はない。私が考える「最低の行政サービス」とは、ここまでの範囲は行政でやらなければならないという最低限度のラインである。

本来、最低限度のラインは、その地域にとって何が必要とされる行政サービスであるのかを個々徹底的に議論し、決定されることが必要である。しかし、財政再建計画では借金の返済ありきで、徹底的な議論を経ずに計画が策定された。そのことによって、住民は大きな不安の中で生活することとなった一方で、夕張市は求められた一つの役割を果たすこととなった。「見せしめ」としての。

夕張のような巨額な赤字を抱え、財政再建団体へ移行する自治体は無くとも、財政破たんの一歩手前で踏ん張っている自治体が多く存在する中で、夕張の財政再建計画は衝撃であった。多くの自治体は「第二の夕張とならないために」を合言葉に、徹底した内部努力に動き出した。それこそが夕張に求められた「見せしめ」としての役割が果たした、大きな成果であると言える。

更に2007年6月、「地方公共団体の財政の健全化に関する法律」（以下「自治体財政健全化法」）が成立した。財政再建制度の52年ぶりの改正である。自治体財政健全化法は、今後、夕張のような巨額の赤字を抱え破たんする自治体が発生しないようにする予防措置であり、この法律の成立においても夕張の果たした役割は大きいと言える。

行政のスタンダードをどこに置くか

私は、夕張へ派遣されるにあたり、大幅な人員及び予算の削減により、夕張では、もっとも合理化した自治体の姿が見られるのではないかという思いがあった。しかし、実体は前述のとおりであった。

自治体は最も合理化した時、どのような姿となるのか。それは借金の返済ありきではなく、その地域の住民にとって、最も必要であり、最も不必要なものはどのようなものであるかを改めて整理し、個々の事業を展開していくとともに、それを実行する行政体制においても、計画的に合理化された組織が必要不可欠である。

更には、実施主体が市であって、道や国が補助金を支出する補助事業が多々あるが、実体として実施を判断する力は市にはなく、地域のスタンダードとなっている事業も多い。

このような補助事業もどこまで地域一律で実施していくのかという議論は、まさに日本における行政のスタンダードをどこに置くのかという議論にほかならない。

「財政再生計画」策定に向けて

財政再建計画は短い期間の中、道及び国の指導の下に夕張市が策定したものである

夕張市は09年度中に、現行の地方財政再建法における「財政再建団体」から、自治体財政健全化法に基づく「財政再生団体」へと移行する。その際、「財政再建計画」に替わり、新たに「財政再生計画」を策定することとなる。

財政再生計画の策定は、旧産炭地である夕張市の特性を鑑みた行政サービスのスタンダードをどこに置くのかという議論をベースに、夕張市自らが主体的に策定することが求められる。そして、それは将来の日本の行政サービスのスタンダードを議論する際においても重要な意味を持つことになるだろう。

財政破たんで注目を集めた夕張市であるが、真に注目されるべきは財政再生計画を策定するにあたり、どのような議論が今後展開されていくかということにある。そして、その議論は、どの自治体においても行政運営のヒントとなることに間違いない。

それこそが「日本の縮図」とも言われる夕張市にこれから求められるものなのである。

提案を強制しない提案

がんばれ！公務員 44

文とマンガ　鈴木武征

「サラリーマンは気楽な稼業ときたもんだ～」という歌が流行ってからかれこれ一昔が経つ。

50年前の東京には零細な町工場や住居兼商店などがそちこちに見受けられ、油や汗にまみれながら日銭を何とかしようという人達が大勢いた。

そういう人から見れば、真っ白なYシャツに背広姿で過ごせるサラリーマン生活は天国に見えたことであろう。

しかし、今や官民を問わずサラリーマンにそういう特権的なところは無く、むしろ過酷な職業へと変わりつつある。

その原因の一つは厳しいノルマや管理体制の強化が生む雑務の増加だ。内部打ち合わせ、業務報告書作成、資料整理などに追われるなか、上司が寄ってきて「職員提案制度に何か考えてよ」と言う。

石原知事は就任以来、「君らには創意工夫とスピードを求める」というのが口癖だ。

確かに明治2年の太政官制度から連綿と続く官僚制度、続く公務員制度を改革するためには、本気の自己啓発と仕事の改善が必要だ。

しかし、公務員職場自体は改革に次ぐ改革で相当変わってきている。アイデアを出せ出せと言われても、オナラじゃあるまいし、そう簡単には出ない。

一方、「変わった、変わった」と喧伝される都政の目玉施策の多くは他の真似っこも多く、必ずしも創意工夫の賜物とは言い難い。

銀行外形標準課税やディーゼル車排ガス対策など目を見張るものがある反面、ワンダーサイト（現代芸術奨励）、ヘブンアーティスト（大道芸）、シティマラソン、オートバイレースなどはいずれも外国の先例を拝借したものだ。

良いものを真似ること自体は悪い事ではないが、続くカジノ構想やオリンピック招致などに思いを馳せると、「創意に溢れた東京」という観点からは程遠い。

なかには真似はしたものの、とても定着しているとは言い難いものもある。

以下は私の主観に過ぎないが、都議会の通路を飾るワンダーウォールの絵画等でいまだに感銘を受ける作品にお目にかかったことが無い。

都営地下鉄の構内などで見るヘブンアーティストも人の寄りの少なさに気の毒が先立ってしまう。パリのメトロ通路でロシアから来たという老バイオリストの音色に、1時間近くも足を止めた時の感動とは程遠い。

送り手である芸術家に問題があるのか受け手側（東京という街の風土）に問題があるのかは定かでないが、折角始めたものなのだから真に根付いたものに育て上げていくところにこそ創意工夫が必要ではなかろうか。

その工夫が無いと、知事が変わった途端廃止などというのが一番怖い。

職員提案制度や東京スピリッツ賞は、業務改善や職員の励みという点から賛同する。

特に提案制度にはここ数年、1400から2千件、提案者数で2500件から5千人に近い実績がある。

5千人という数には驚くと同時に若干の？も感じざるを得ない。提案は職員が多忙な時間を割いて真摯かつ自発的に行うものであり、決して局のノルマや売り込みのためであってはならない。

みにがいど

◆「第2回東京水辺百景フォトコンテスト」▽応募資格　アマチュアに限る▽応募作品規定　①水上バス船上の写真、水上バスから見た水辺風景写真、隅田川岸、荒川岸、東京湾からの水上バス写真であること②フィルム、デジタルカメラ作品いずれも可▽A4または6つ切りサイズでカラープリントしたもの▽未発表のもの③合成加工の作品は不可④肖像権は応募者の責任において処理⑤応募は1人3点まで▽締め切り　10月20日(月)消印有効▽応募方法　東京水辺ライン船内及び両国・お台場海浜公園・浜離宮・葛西臨海公園発着場で配布の応募用紙に必要事項を記入し、申し込む。写真裏に住所、氏名、電話番号、写真タイトル、撮影場所・日時を記入▽応募先　㈶東京都公園協会水辺事業課「東京水辺百景フォトコンテスト」係（〒130―0015墨田区横網1の2の15）▽問い合わせ先　☎5608・8869

◆企画展「ビューティフル装丁」▽日時　～9月24日（水）▽場所　江戸川区立東葛西図書館▽内容　職員が選んだ美しい装丁の本約180冊を展示▽問い合わせ先　☎5658・4008

◆「あなたからできること～50代からの国際協力～」特別企画セミナー　○第1回　9月29日（月）午後5時～7時「50代からの国際協力の魅力」パネリスト＝羽賀慧・㈶日本シルバーボランティアズ、鈴木智子・技能ボランティア海外派遣教会、田村和久・（特活）いきいきフォーラム草の根支援○第2回　9月30日（火）午後6時30分～8時30分「NGOのためのシニアボランティアの受け入れ方」羽賀慧氏▽要申込・参加費無料▽申込方法　参加日・氏名・連絡先・所属を☎5213・1734、FAX5213・1740、メールinternational_cooperation@plaza-clair.jpで連絡○展示会　▽日時　9月22日（月）～10月3日（金）午前10時～午後6時（祝・土・日は休み）▽場所　㈶自治体国際化協会市民交流プラザ（千代田区麹町1の7相互半蔵門ビル1F）▽問い合わせ先　市民交流プラザ・町井☎5213・1734

◆三鷹市美術ギャラリー開館15周年記念「スナップショットの時間　三浦和人&関口正夫展」▽会期　～10月19日（日）午前10時～午後8時※月曜休館（祝日は開館、翌日休館）▽三鷹市美術ギャラリー▽観覧料　一般600円、65歳以上と高・大生300円、中学生以下無料▽問い合わせ先　☎0422・79・0033

◆第43回青梅マラソン　▽開催日　09年2月15日（日）▽参加受付期間　～12月1日（月）▽10キロの部　先着5千人▽30キロの部　先着1万5千人▽問い合わせ先　青梅マラソン大会事務局☎0428・24・6311

都政新報

発行所 都政新報社
〒160-0023 東京都新宿区西新宿7-23-1 TSビル
〈総務・読者〉03-5330-8781
〈企画広告〉03-5330-8784
〈編集〉03-5330-8786
〈出版〉03-5330-8788
〈セミナー事業部〉03-5330-9977
〈ファクス〉03-5330-8808
購読料 月1,680円(税込)
毎週火・金曜日発行
但し、祝祭日は休刊

紙面から

羽田空港⇔成田空港

国交省、都営地下鉄浅草線にバイパス構想

採算性、需要に疑問の声も

「新線建設、ペイできぬ」

国土交通省は09年度、羽田、成田の両空港を1時間程度で結ぶため、都営浅草線に関する建設事業の調査を始める。両空港のアクセスを改善し、首都圏で空港を一体的に活用するのが狙い。具体的には、浅草線に「追い抜き線」を設けて特急列車を通過させる案や、押上～泉岳寺駅間を新たなバイパスで結ぶ案が浮上している。都でも01年度から浅草線に追い抜き線を新設する案が検討されたが、計画が宙に浮いている経緯があり、国の方針によっては再び動き出す可能性も出てきそうだ。

羽田空港行きの浅草線。バイパス建設で羽田・成田間を50分台に短縮できるが、課題も多い

現在、羽田～成田間の移動には、電車で1時間46分、リムジンバスで1時間15分程度かかる。都営浅草線に追い抜き線を作れば1時間程度に、バイパスを新設すれば50分台にまで短縮できる。国交省は09年度予算の概算要求に、調査費を盛り込んだ。

両空港のアクセスを改善する構想は、都でも01年度から検討されていた。03年度、複数の案から中央区の八重洲地区再開発と同時に浅草線を東京駅につなげ、蔵前駅に追い抜き線を新設する案が「有力」とされていた。

だが、同地区の再開発が進まないことを理由に、構想は停滞。現在は「地権者が勉強会を重ねている状況」（中央区）という。

国主導の路線

浅草線の東京駅接着と追い抜き線の新設は、国の「運輸政策審議会答申第18号」（00年）で「2015年度までに整備着手するのが妥当」とされた路線だ。

しかし、都営浅草線に追い抜き線を新設し、特急を通過させる案には、デメリットも多い。上野・日暮里を発着するスカイライナーの本数が減ることや、浅草線普通列車の待ち時間の増加が見込まれるからだ。

こうした中、突如として押上と泉岳寺をバイパスで結ぶ案が浮上。都市整備局は「国から何も聞いていないので、何とも言えない」（交通企画課）としているが、建設費は最低でも3千億円に上るとみられ、自治体が簡単に飲める計画ではなくなっている。

地下鉄の建設費は、国が35%、自治体が35%、事業者が30%を負担する現行のスキームとなっている。バイパスの建設がどういった扱いになるかは不透明だが、都幹部の一人は「利払いや減価償却を考えるとペイできない。国策として進められるかどうか」と見ている。

費用対効果の見極めを

【解説】成田空港の最大の弱点は、アクセスの悪さ。都心への所要時間は、10年度に成田新高速鉄道が開業しても最短36分。ヒースロー空港（ロンドン）の16分、シャルル・ドゴール空港（パリ）の29分に比べると見劣りする。国交省は今夏、羽田空港への国際定期便を認めたばかりで、成田の相対的な地盤沈下は避けられない情勢だ。

そのため、都幹部の一人は「羽田の発着枠は増やすが、成田と合わせて、首都圏の空港というストーリーを書かなければならなかったのでは」と推察する。

一方、3千億円以上という莫大な建設費が、採算ベースに見合うかについては懐疑的な見方も多い。ある都幹部は「羽田～成田間の乗り換えが大変とは、聞いたことがない」と話す。仮に着工となれば、都の関与は決して小さくない。都としても費用対効果を見極める必要がある。（祐）

民主党の海外調査報告書

日記部分も「丸写し」

「盗作の意図ない」と釈明

視察費は返還せず

本会議で謝罪せず

「違う人間が書けば、文章構成も、表現も、句読点も違うはず。これだけ同じだと、丸写しではないのか」――都議会民主党の4都議が06年10月にサンパウロなど3都市を視察した「海外調査報告書」の日記部分にも、新たな盗作疑惑が11日に明るみになった。田中良幹事長は「引用したことは認めるが、丸写しではない。配慮が足りなかった」と釈明した。

問題の個所は、06年10月19日、サンパウロの東山農場を視察した時の記述。調査報告書の日記部分を書いた猪爪まさみ都議によると、東山農場を実質的に取り仕切っている役員から1時間ほど説明を聞き、その時のメモとICレコーダーの録音記録、役員から提供された資料をもとに自分で書いたという。

しかし共産党は、日本ブラジル中央協会発行の「ブラジル特報」に掲載された東山農場・岩崎透社長の文章から盗用したと指摘。これに対し、猪爪都議は「ブラジル特報を見たことがない」と全面否定した。

11日午後5時から開かれた緊急記者会見では、孫びきで起きる典型的なミスを報道陣から指摘され、田中幹事長は「（岩崎社長が書いた文章と）酷似した資料、あるいは同じものが現地で提供されたのかもしれない」と半ば認めた。

「猪爪日記」と岩崎社長の文章には、農場の歴史が共通して記述され、そこには「地方豪族が、1798年にポルトガル皇帝よりセズマリアのタイトルで6400㌶の農地所有を認められた」と書かれている。報道陣から「このポルトガル皇帝とは、誰なのか」「そもそも、ポルトガルに帝政時代はあったのか」と畳み掛けられた。

岩崎社長の文章を除けば、東山農場に関する文章はすべて「ポルトガル政府」もしくは「国王」から農地所有を認められたと記述されているという。「同じ間違いをしているのは、なぜか」と追及され、猪爪都議も岩崎社長の文章に近いものが提供された可能性を認めた。しかし「盗作しようという意図はなかった」としている。

11日の議会運営委員会では、田中幹事長が06年度海外調査報告書に関して経過を説明し、謝罪した。本会議では、謝罪しない考え。視察で使った765万円は都に返還せず、当面、同党の海外視察は延期するものの、中止はしない考えを記者会見で明らかにした。議会局ホームページに載せている海外調査報告に正誤表をつける手続きを議会局としている。

調査団の大沢昇団長に対しては、会派総会で厳重注意処分とした。田中幹事長は「都民の税金で視察という機会をいただいている。その重みを踏まえ、報告書を作るべき。猛省を促し、今後の活動に生かしていきたい」と話した。

（左から）猪爪まさみ氏、田中良幹事長、大沢昇政調会長

都政の東西

死んだ本人なら

市長会が行った防災をテーマにした合同研修会がこのほど行われ、目黒公郎東大教授が、耐震化の重要性について語った。阪神・淡路大震災で、倒壊した建物の下敷きになるなどで亡くなった人が、全体の8割以上に上ったことを説明し、その後、それを如実に示す圧死の真実を紹介。手足の黒ずみという圧死の特徴をショッキングなスライドで見ることで、耐震化が遅れている現状を変えなければという認識を新たにした市長も多かったようだ。

その研修会の中で、目黒教授が言った「声なき声を聞く」という言葉が印象に残っている。少数意見を大事にするという意味で、よく「声なき声を聞く」という言葉を耳にするが、防災の場合、その声とは何なのか。

自治体が行う「震災への備え」に関するアンケートでは、水や食料の備蓄、簡易トイレの必要性などが市民から寄せられる。確かにそれは必要だ。しかし、目黒教授は「それは命に別状のない人たちの声だ」という。

目黒教授が指す「声なき声」とは、文字通り「死んだ本人」だ。「死んだ本人なら、何が震災の備えとして最重要だと言うと思うか。家具の下敷きになった人なら『家具止めをすること』であり、倒壊した家の下敷きになった人なら『家がつぶれないような方策』と言うだろう」。家族を持つ父親が建物の倒壊で圧死すれば、その父親はこの先、家族を震災から守るために必要なことが「耐震化」だと訴えるに違いない。

「生き残った人の中で、乾パンや水がなくて死んだ人はいない。大事なのは『見えなかった事実を見る』『声なき声を聞く』こと」。震災犠牲者の一人ひとりに、きっと守りたい人がいたはずだ。私たちは想像力をフルに働かせ、死者のメッセージを防災に生かしていく必要がある。

減災に挑む

検証・ゲリラ豪雨対策 3

アナログ 気象「感測」に秘めた可能性

■監視体制始動

気温が30度を超える真夏日、都内のある主婦のケータイに、「隊長」からの1通のメールが届いた。

〝監視体制始動。隊員のエリアでは、本日ゲリラ雷雨の可能性がある。空に注目して、監視&報告を〟

空は晴れているが、ところどころに白い雲が浮かんでいる。彼女は、ケータイを片手に庭に出て、空を見渡す。

すると、西の空にひときわ背の高い雲が見えた。

「積乱雲かな?」

ケータイのカメラを使い、雲を撮影し、専用のサイトから「現在の天気」「雲のある方角」「雷鳴の有無」などの情報を入力して、画像を送信する。

これらの情報を受け取るのは、千葉県幕張にある民間の気象予報会社・ウェザーニューズ。「隊員」からの情報をもとに、ゲリラ雷雨がいつどこで降るのかを解析する。

彼女が見つけた雲は、数十分後には巨大な入道雲に発達した。別の場所の「隊員」も同じ雲をキャッチしていた。

ゲリラ雷雨発生の可能性があると判断されると、登録したエリアの会員に「ゲリラ雷雨メール」が送信される。

ウェザーニューズが提供している「ゲリラ雷雨メール」は、市町村単位で任意の場所を登録するだけで、ゲリラ雷雨が発生する可能性がある場合、携帯電話にメールで知らせるサービスだ。

「可能性がある」という判断材料となるのは、全国で1万人を超える「ゲリラ雷雨防衛隊員」からの情報だ。彼らは、ゲリラ雷雨メールの受け手であると同時に、事前に情報を知らせる発信者の役割を担っている。

■きっかけを探す

数十分前までは晴れていたにもかかわらず、その後に土砂降りの雨に遭遇する。今年の夏は、そんな経験が多かったのではないだろうか。

従来の気象予測では、局地的な積乱雲の発生・発達を捉えることは難しい。気象庁のアメダスでは雨雲を捉えていないのに、実際には局地的に雨が降っているというケースもあるという。

ウェザーニューズ防災・チームリーダーの宇野沢達也氏は、「ゲリラ雷雨は、物理方程式の限界を超えている。ある程度の範囲でゲリラ雷雨が降る可能性を予測することはできても、具体的にどの場所に雷雨が降るのかというきっかけがつかみにくい」と指摘する。

実際、気象庁が発表する注意報・警報では、対象とする範囲や発表のタイミングが、ゲリラ雷雨の現状とマッチしていない。ゲリラ雷雨は局地的なので、警報が発令されていても、雨はまったく降っていない〝空警報〟もある。

従来の気象予報の限界を越えられないか。ウェザーニューズ社の答えは、人の五感だった。

〝雲の色が灰色になった〟〝冷たい風が吹き始めた〟〝遠くで雷鳴が聞こえる〟〝大雨で道路が冠水した〟――これらは、機械が測る数値では決して分からないアナログの情報だが、ゲリラ雷雨をつかまえる重要な材料となる。

「私たちは、観測ではなく、感じたありのままの情報、つまり『感測』と呼んでいます」（同）

■身近な減災情報

9・4水害を経験した杉並区防災課でも、区民が水害につながる情報を区役所に連絡する「水防監視団」を検討したことがあった。

区危機管理室の高橋光明防災課長は、「危険な場所に行って、もしも事故があったらと思うと、職員ならともかく、区民にはお願いできない」と打ち明ける。

住民に身近な情報を減災に役立てる取り組みは、自治体でも増えている。最近多いのは、災害や防犯の情報をメールで知らせるサービスだ。例えば杉並区は、河川の水位などの情報をメールで知らせるサービスがある。だが、住民はあくまで受け手でしかない。

ウェザーニューズの宇野沢氏は、「公助の側は、自助のために何かを提供してあげようと考える。自助というのは、自分で何かを見つけ、コミュニティーを広げていくことではないか」と語る。

神出鬼没のゲリラ豪雨に挑む新しい気象予報の挑戦は、単に気象予報の精度というだけでなく、これからの自助・共助の新しい可能性も秘めている。

隊長からの「指令」が届く=実際のメールの画面

単品スライド条項 受注者負担を軽減

10月初旬に説明会

都は12日、工事請負契約の単品スライド条項の運用について発表した。6月に鋼材類と燃料油の2品目を対象資材とすることを決めたが、そのほか価格上昇要因が明確な資材も12日から対象に追加する。契約変更の条件は、品目ごとの資材価格の変動額が対象工事金額の1%を超えた場合としている。

受注者の負担は、当初1%としていたが、都庁の工事は中小企業が多く、下請けへの支払い効果を考慮して、対象工事金額の0・5%相当に軽くした。都は、業界団体と区市町村に対し、10月初旬に説明会を開く。

冗句ジョーク

5人に1人、都の高齢者人口過去最高

物知り老人「総理大臣も5人に1人の時代ですから」

民主が3次公認を発表

都議選候補者

民主党は12日、都議選第3次公認で練馬区の野上幸絵氏（現1）、南多摩選挙区で新人の篠塚元氏の2人を決めた。これで都議選に立候補の意欲を持つ現職33人のうち、大田区の名取憲彦氏を除く32人を公認したことになる。元職は1人、新人が10人。

揺れる「公的な医療」

23区の「地域医療」《上》 ―都市部の医療の方向性

病院存続を求め住民運動

「地域医療」の危機が全国的に指摘される中、都市部の医療体制は充実していると思われがちだ。しかし、23区の医療行政も、救急医療の受け入れ態勢不足、産科、小児科の減少などに直面している。土地代、人件費の高騰といった都市部特有の問題も生じている。従来は「二次医療圏」など医療制度の枠組み内での取り組みが主だったが、区を単位とする取り組みも進展している。特徴的な各区の状況を取り上げ、23区の「地域医療」のあり方を考える。

◆運営主体不在の社保病院

社会保険庁の"解体"で今年10月に「全国健康保険協会」が発足し、10月1日以降、国による健康保険関連の福祉施設の運営が停止する。社会保険病院、厚生年金病院の運営については、㈳全国社会保険協会連合会などへの委託が失効する。政府与党は3月、「年金・健康保険福祉施設整理機構（RFO）」への移管に合意。2010年までに売却、委託、整理・統合などを行う方針だ。

全国の社保病院の地元では、病院の存続をめぐり、地域住民が不安を募らせている。23区には現在、社会保険蒲田総合病院（大田区）、城東社会保険病院（江東区）、東京北社会保険病院（北区）、社会保険中央総合病院（新宿区）が存在する。

北区の東京北社保病院は、04年に開院した「全国最後の社保病院」。国立王子病院の廃止に伴い、住民が10年以上にわたって強く要望し、設置が決定した経緯がある。

同病院の運営は、自治医科大学系の㈳地域医療振興協会が担っており、「公設民営型」の社保病院として期待も大きかった。伊豆七島など離島への医療支援を行っており、出産や健診などで病院を利用している患者も多いという。

病院の不透明な今後の状況に、不安を募らせた住民が「北社保病院を拡充させる会」を今年2月に発足。東京北社保病院と介護老人保健施設の存続と拡充を求めて活動している。署名運動や厚生労働省への意見書提出などを行っている。今月7日開催の住民集会には、約150人が参加。民主党、共産党、社民党の国会議員が出席して、公的病院としての存続支持を明言した。

◆地元医療者も危惧

北区、豊島区、板橋区、練馬区で構成する「区西北部医療圏」では、02年以降の5年間で589病床が減少。このうち北区は3年間で530床が減っており、4区で突出している。区西北部医療圏は「人口10万人対病床数」で都の平均値を下回っており、状況は深刻だ。

住民団体では病床数の減少以上に、地域内の医療機能の低下を危惧する。「北社保病院を拡充させる会」代表の一人の石山義益氏は「一般病床が特に減っており、救急搬送の受け入れ先の病院も減少した」と話す。

東京北社会保険病院。小児30床、ICU5床を含む全280床

東京北社保病院は「救急診療科」を有しており、救急指定病院として24時間の救急対応を行う。公益性を重視した病院として、産科、小児科医療などで地域医療の中核的な役割を担っており、病院の存続は、他の医療機関からも強い要請がある。

「北社保病院は、北区内の地域医療網の基幹病院。存続はもとより、診療科の削減などで医療機能が低下しても、地域医療に与えるダメージは大きい」（医療関係者）

◆「公的な病院」が必要

住民団体は、あくまで「公的な病院」としての病院存続を求めていく方針だ。さらに、区周辺の複数の公的病院でも民営化が取りざたされており、公的医療をめぐる状況は、流動的だ。

北区では昨年10月、区内の東十条病院（当時350床）が突然閉院した「事件」が起きている。同病院の経営は民間企業グループが深く関わっていたといわれ、こうした背景も影響している。

北区議会は昨年12月、東京北社会保険病院の存続を求める意見書を全会一致で採択している。

◆問われる行政対応

全国の社会保険病院（53カ所）、厚生年金病院（10カ所）の年間患者数は、延べ1200万人。地方医療の中核を担っている病院は少なくない。

今後、各病院の譲渡先については、民間を主に自治体も対象に含むが、2010年までに決定できるかは疑問が残る。この間、「整理対象」という経営の不透明性から、各病院では医療人材の流出なども懸念される。

社会保険病院は、1962年に社会保険庁に業務移管されるまで、厚生省（当時）が監督していた。

石山氏は「産科や救急医療など採算性だけで判断できない領域は、公的な医療が欠かせない。社保庁解体とは別個に、行政は原則に立ち返り、地域住民や患者の声に耳を傾けて欲しい」と話す。

記者席

2度目の盗作疑惑で激しい応酬

○……「ホントに都民をバカにしていますよ。（視察団長の）大沢さんを呼んで下さい」。11日の議会運営委員会直後、2度目の盗作疑惑が浮上した民主党の海外調査報告書について、報道陣が説明を求めた際、大沢都議らが応じなかったことから、田中幹事長と報道陣の間で激しい応酬になった。

当初、田中氏が会見を開いて「盗作ではない」と説明し、執筆者が誰か問われても「私の責任で説明する」と譲らなかった。

報道陣からの申し入れもあり、夕方、執筆者の猪爪まさみ都議が事情を説明。海外視察賛成派が多数を占める議運理事会では、共産党だけが批判の急先鋒だったため、「その調子でプレス対応したのでは」との見方も。

○……自民党総裁選には、都連所属の国会議員から与謝野馨氏、小池百合子氏、石原伸晃氏の3人が立候補した。都議会自民党の控室では「誰が総理・総裁なら、次の衆議院選挙を勝てるか」が話題だった。小泉元首相は小池氏という考え。

ちょっと先だが、もう一つの注目は、次の都知事候補。以前から石原伸晃氏の名前が噂された。自民党幹部には「都知事候補がいなくなりましたね」と水を向けると、「本人は、いま生きてる国政の世界でどう生きるかを考えるから、しょうがないよ」という返事。総裁選出馬の余波か？

○……㈶荒川区地域振興公社の元職員の不正経理問題で、公社は9日、区側に再度、報告書を提出。元職員を告訴すると発表した。

立件の場合、「業務上横領罪」「窃盗罪」などが適用されると見られるが、本来、非親告罪で、告訴に関係なく捜査は実施できる。荒川区は4年前の前区長の収賄逮捕事件で、職員の不正問題に敏感になっている。「刑事告訴」は、区民へのインパクトも十分だろう。

だが、事件とは直接関係ない一連の流れから、区と公社双方の「自律性」の問題点が浮き彫りなった。区側は「公社の独立性を尊重する」とした当初姿勢を翻した。公社側も、区の「要望」に応じて、理事会決定を覆した。この点は、双方に自己検証を求めたい。

ゼロメートル都市サミット開催

江戸川区で12月に　ベネチアなど参加

荒川に沿って設けられた堤防。水害から民家を守っている＝江戸川区松島で

世界の海抜ゼロメートル都市の首長が集まるサミットが12月に江戸川区で開催される。国、都、同区が主催。イタリアのベネチアや米国のニューオーリンズなど世界の6都市のほか、国内からは千葉県浦安市や愛知県弥富市などが参加する見込み。地球温暖化が進むなか、世界中で大規模な水害が深刻化している。サミットでは、ゼロメートル都市が集結し、世界に向けて緊急事態をアピールするとともに対応策を議論する。

江戸川区は、周囲を荒川や江戸川の大河川と東京湾に囲まれ、7割がゼロメートル地帯。人口67万人のうち約50万人がそこに住んでいる。これは、日本のゼロメートル地帯にある区市町村のなかでも最大の居住人口という。過去には水害も多く、区は、現在、幅広で高めのスーパー堤防の整備を進めている。

一方、国内外では地球温暖化に伴う気候変動で大水害が頻発している状況がある。区では「ゼロメートル都市が集まって、危機的状況や対策などを話し合う場を」と、国や都との話し合いの中からサミットを企画した。

開催期間は12月15日から17日までで、江戸川区のタワーホール船堀で行う。現在のところ、世界からは、イタリアのベネチア、タイのバンコク、オランダの南フォラント州と北フォラント州、米国のニューオーリンズ、イギリスのロンドンの参加が予定されている。国内では、江戸川区のほか、千葉県浦安市、愛知県弥富市、兵庫県尼崎市などが参加予定。

プログラムは、気候変動に関する政府間パネル（IPCC）4次報告の執筆者の一人である東京大学の沖大幹教授、ハリケーン「カトリーナ」によるニューオーリンズの水害時に工兵隊隊長として復興支援に携わったウィリアム・マキューソン氏の緊急報告のほか、参加都市からの報告、共通課題に関する意見交換、緊急事態宣言の採択などが予定されている。

同区では第3回定例区議会に提出の一般会計補正予算で、サミット関連として約1500万円を計上。「水関連災害においては、国、世界レベルでの発信はすでにあるが、自治体レベルから、どう取り組んでいくかを発信していきたい」と話している。

すべてのプラ回収へ　港区

港区は11日、10月から、すべてのプラスチックを資源として回収すると発表した。すべてのプラスチックを資源ごみとして回収するのは、23区でも初めて。

リサイクルのルートは二つあり、一つは、収集、中間処理の後、㈶容器包装リサイクル協会の指定企業に引き渡される、いわゆる「容器包装リサイクル」ルート。溶かすなどして再びプラスチック製品に再生するマテリアルリサイクルや、元の原料などに戻してから再生利用するケミカルリサイクルにつなげる。

もう一つは、区独自のルート。容器包装リサイクルルート以外のプラスチックについて、中間処理後、昭和電工のガス化プラントに搬入し、アンモニアなどの化学原料化する。キロ当たり65円を区が支払って処理してもらう。

不燃ごみの約5割を占めるプラスチックをすべて資源回収することで、不燃ごみの減量を図るのが狙い。

現在、23区では10区が廃プラスチックを燃やすサーマルリサイクルを実施している。港区清掃リサイクル課は「熱回収を目的としたサーマルリサイクルは基本的にはやらない。ただ、汚れているプラスチックについては、やむをえないので可燃に回す。その結果、熱エネルギー回収につながることは出てくるだろう」と話す。同日の定例記者会見で武井雅昭区長は「港区は資源循環型社会のためにお金を出す。ごみの減量化、再資源化に大きく踏み出すことにした」と述べた。

23区一体で「東京市」を

東商が提言　「都区制度は廃止」

東京商工会議所は11日、都区制度を廃止し、23区を一体とする新たな「東京市」を設けることが必要との提言を発表した。東京23区部において自己責任を果たすにふさわしい自主自立の基礎自治体を実現するには、都区財政調整制度への依存が弊害などの考えを示した。また、地方分権を推進するため、道州制を導入し、「東京は1都3県をひとつの州に」などとしている。東商の政治・行政改革推進委員会（委員長＝渡辺佳英・大崎電気工業社長）が「道州制と大都市制度のあり方」として取りまとめ、同日、福田首相、増田道州制担当大臣、石原知事などに送付した。

区側「特別区否定は残念」

提言は、現行の都区制度の問題点として、「23区は都区財政調整制度に依存しており、自己決定と自己責任を果たすことは困難」と指摘。「東京23区域は、旧東京市から都区制度に変わったが、日常生活のつながり、歴史、地理、行政、住民意識などで一体感がある」とし、「業務機能と住機能が一体となった市街地が、23区全域と一致する形で連なっており、23区が個々に独立した市町村になる必然性は低い」との見解を示した。また、東京にふさわしい基礎自治体、広域自治体のあり方について「行政だけでなく、住民、企業を含めた検討の場を設けることが望ましい」と提案した。

提言は道州制にも触れた。「地方分権を推進し、生活圏や経済圏の広域化に伴う問題を解決するには、現在の都道府県制は廃止し、道州制を導入することが望ましい」とし、東京、神奈川、千葉、埼玉の1都3県を一つの州にすべきとした。

日本商工会議所は1970年から「現在の都道府県制度は明治時代の古いもの」として、道州制導入の立場を表明。昨年2月にも日商と東商が連名で道州制を提言した。今年11月に経団連が道州制の2次提言を出すのを前に、「地元経済界として、東京のあるべき姿を発信するため、改めて考え方を示した」という。

さらに「都心3区の国直轄化などの議論が出るなか、危機感を持ち、地元の経済団体として考えを示す必要があると考えた」と話す。昨年3月ごろから政治・行政改革推進委員会のテーマとして道州制と大都市制度のあり方を取り上げ、これまでに15回、勉強会や会合をもってきた。

同委員会は、東商会員から選挙で選ばれた議員のほか、23区の支部代表ら30人余りで構成。首都大学東京の大杉覚教授も学識委員として参加している。そこでの議論を踏まえ、東商は、「23区の一部を直轄化するのは、東京の活力を奪うことになる。財調の存在が住民に明示されていないことも問題」と語る。

また「区域を変えることによって特需的なものを期待しているわけではない」といい、東京市になった時の出先機関の必要性など組織体制や財政的問題、具体的な経済波及効果などについては、今後の検討課題という。約850万人という巨大な人口規模となる点については「世界ではニューヨーク市が800万人規模で面積も近い。参考になる」と話す。

■石原知事は「無理」

こうした東商の見解に対し、都は「都区制度は都区双方が役割を担い、大都市機能の維持を図ろうというもの。東京の自治制度を検討する上で、にわかに廃止するのはいかがなものか。東京市については、道州制が導入されて広域自治体のエリアが拡大されたら、一つの選択肢になるかもしれないが、現実的には難しい課題だ」とコメント。

区側は「特別区を否定し、東京市に集約する発想は住民自治の観点に欠けるもので残念」と話し、「半世紀にわたる自治権拡充の取り組みの歴史とそれによって確立した身近な自治を否定するばかりでなく、東京都が特別区の区域を一体で管理しきれなくなった歴史的事実を無視している」と反論する。

財調制度については、「現行制度のままがよいかは別として、自治体の役割を果たすために必要な財源を保障するものであって、自己決定と自己責任の問題を導くことは適当でない」と指摘した。ただ、今後、東京大都市地域において、どのような制度を構築すべきかはさらに対応策を検討していく必要があり、「今回の提言は今後の議論に向けた問題提起として意味を持つ」とした。

石原知事は12日の定例記者会見で「かつての東京市のころと違って予算規模など膨大。まあ、無理だと思います」と述べた。

東商は昨年9月、会員企業を対象に行った東京圏における広域行政に関するアンケート調査結果を発表した。そこでは、23区再編について「区の数を少なくまとめるべき」との意見が3分の2を超えた。「行政との関係で困ったことは」との問いには、6割を超える企業が「許認可、納税、各種手続きなどが都県ごとに書式や申請方法が異なること」と答えた。

三セク経営から撤退へ　足立区

足立区は、文化芸術施設「シアター1010」を管理・運営するため、区が出資して設立した第三セクターの経営から撤退する方針を11日に打ち出した。

第三セクターは、足立コミュニティ・アーツ。足立区が持ち株比率56・5％の筆頭株主で、02年に設立された。03年から指定管理者制度が始まり、足立コミュニティ・アーツが04年からシアター1010の指定管理者に選定された。経営の効率化などが評価され、09年度以降も指定管理者の継投を区議会で議決された。

だが、区が決めた指定管理者は、筆頭株主である区に配当金を分配するため、区民に利益が還元されていない問題点などが指摘されていた。公益法人の統廃合などの検討を始めた今年6月から、足立コミュニティ・アーツの見直しを行い、区は経営から撤退することを決めた。

銀行支店長ら14人でつくる財産価格審議会が同社の株価を評価した後、区は他の株主から株を買い取り、100％の取得を目指す。区政策経営部は「株は財産として残る。区が全面的に株を引き取って、解散をスムーズに進めてもらう」と話す。

09年度から、指定管理者選定審査会で2位のジョイントベンチャー（3社）がシアター1010の管理・運営にあたる。

「命の危機」への備えは

補助率アップでも進まぬ耐震化

診断から改修への流れがカギに

防災の日に合わせ、8月下旬から9月初旬にかけて、多くの自治体が大規模な防災訓練を行った。それに先立ち、市長会でも「防災」をテーマにした合同研修会を実施。都市震災軽減工学を専門とする目黒公郎東大教授を講師に迎え、都市防災において、自治体ができることは何かについて学んだ。その中で、市民の命を守るもっとも重要なこととしてあげられたのは、建物の耐震化。各市は、都が3月に出した耐震改修促進計画に準じて、2015年までに住宅の耐震化率を90%に上げることを目標に掲げるが、自治体も市民も大きな財政的負担を伴う耐震化は、なかなか進まないのが現状だ。各市はどんな施策で耐震化を促進するのか、目標達成に向けた取り組みを聞いた。

■83・3%が建物で死亡

市長会の研修会で目黒教授が行った講演のテーマは「間違いだらけの地震対策〜防災対策のあるべき姿　事前と事後、公と私〜」。阪神・淡路大震災では、83・3%もの人が圧死や窒息死など、建物の問題で亡くなっていることを指摘し、水や食料など事後に起こる問題よりも、自治体は事前の耐震化に力を入れることの重要性を示唆した。

その例として、年代別に見た死亡者のデータでは、最も体力があり、生存率が高いと思われる20〜25歳に死亡者が多いというデータを紹介。学生や、就職で神戸に働きにきていた若者などが、耐震化されていない古く安いアパートなどに住んでいたため、建物が倒壊し、その下敷きになった人たちだという。目黒教授は「現状では、大規模な震災で次世代の若者が先に死んでしまう状況。耐震に少し配慮した建物に住むだけで、命が助かる人も多かったはずだ」と話した。

また、命が助かった市民は、その後、倒壊した建物の中から人を助け出すことに必死になり、火事の初期消火が遅れた。それがさらなる被害の拡大を招いたと指摘する。

こうした状況について「家の耐震化がきちんとしていれば、多くの人が助かり、火事を出すこともなく、被害を相当程度減らすことができた」という。そして、「いくら事後対応戦略があっても、抑止力がなければ意味がない」とし、今後必ず起きると言われているマグニチュード8クラスの地震の事後対応で見込まれる支出と、地震が起きる前に建物を耐震化しておく支出とを比較しても、事前の対応がコスト削減にも有効と指摘。「行政が最大効果をあげられる防災は、建物の耐震化」として、早期の対策を促した。

■診断から改修へ

建物の耐震化については、26市それぞれが耐震改修促進計画を策定して取り組みを行っているところで、17市が策定済み、昭島、小平、日野、東村山、清瀬、東久留米、武蔵村山、稲城、あきる野の9市が策定を検討または策定作業中だ。年度は統一されていないが、各市が計画にのせている一般住宅の耐震化率（推計値＝木造、非木造の合算）の平均は、75・6%。都内全体の平均76%をやや下回っている。

目標値は2015年度までに耐震化率90%のため、各市ともに対応策が求められるが、共通の悩みは財政負担。個人の住まいに対してどこまで助成するか、また、これまでの助成制度を拡充する場合には、すでに耐震化を済ませた市民との間に不公平感も生まれてしまうため、担当課では慎重な検討を進めるところも多い。

武蔵野市では、無料の簡易診断を02年度から実施しているが、6年間のトータルで利用者は360件と伸び悩む。改修費用は平均で270万円程度かかり、対象となる世帯は高齢者が多いため「耐震診断で悪い結果だと分かったとしても、市民が日常の衣食住に先立って改修工事を考えるのは難しい」と話す。また、福生市でも「昨年から実施している有料診断は、助成があってもこれまで3件で、今年度手続きに入っている人も2件」と話し、改修に結びついた例はまだないという。

日野市でも無料簡易診断を行っているが、「関心のある人はすでに済ませていて、申し込みが減っている状況」という。担当課では今後、対象となる世帯に対して個別訪問を行うローラー作戦を検討。耐震化率アップを目指し、早期に開始したい考えだ。

そうした中、町田市は住宅所有者の高齢化や費用が高額で進まない世帯に向け、制度を充実。診断から改修につなげるため、新たに無料簡易耐震診断と、診断から改修工事までサポートする耐震アドバイザーを無料で派遣する制度を設置した。無料で行う簡易耐震診断と耐震アドバイザーの派遣を同じ組織に委託することで、途切れることなく改修に向けた流れを作り、耐震化に結び付けていく考えだ。ほかに、費用の問題等で改修できない世帯には、八王子市に続き耐震シェルターや防災ベッドの設置費の助成も実施する。

また、多摩市では一般診断まで無料にする取り組みを今年度から始めたところ、当初100件を見込んでいた件数をすでにオーバー。担当課では「実際に改修に結びつくかは分からないが、診断をしなければ改修もできない」と話し、第3回定例市議会には、倍の200件（1050万円）とする補正予算を計上し、市民の要望に応える考えだ。ほかに、7月から耐震化の助成制度を始めた国分寺市では申し込みが70件を超え、月に1度、無料簡易診断も行っている耐震に関する相談会は、毎回定員を超える申し込みがあるという。

こうした数字からも、市民の耐震に対する関心は高いものの、やはりネックになっているのは費用の問題。各市の財政事情が厳しい中、防災に対する「事前の備え」をどこまで優先できるか、「事後のコスト」と比較した取り組みが求められている。

一般住宅耐震化率と施策の有無

市名	耐震化率（推計値）	無料簡易診断	耐震診断助成	改修助成
八王子	81.1	○	○	○
立川	64.1	○	○	—
武蔵野	78.0	○	○	○
三鷹	79.8	—	○	○
青梅	62.1	—	—	—
府中	79.5	—	○	○
昭島	—	—	○	—
調布	77.2	—	○	○
町田	81.3	○	○	○
小金井	78.2	○	○	○
小平	—	—	○	—
日野	76.0	○	○	○
東村山	83.2	—	—	—
国分寺	63.0	○	○	○
国立	79.6	—	○	—
福生	69.7	○	○	○
狛江	76.0	—	○	—
東大和	78.4	—	○	—
清瀬	—	—	○	—
東久留米	—	○	—	—
武蔵村山	—	—	○	○
多摩	81.4	○	無料	○
稲城	—	—	○	—
羽村	70.2	—	○	○
あきる野	—	—	○	○
西東京	77.2	○	○	○

※耐震化率は各市の耐震改修促進計画の数値

市有地をエコ街区へ

日野市　土地価格値引きも

日野市は二酸化炭素削減の取り組みを進めるため、エコ住宅を建てることを条件に優遇措置を受けられる市有地の宅地分譲を開始した。市の指定する仕様でエコ住宅を建設する場合、土地価格を市の負担で値引きなどするもので、戸建ての住宅に条件をつけて土地を売却するのは珍しい取り組み。完成後はモデル街区として市民にPRし、広く市内にエコ住宅の普及を図りたい考えだ。

事業はエコロジーとエコノミーの両立を目指した「エコひいきな街づくり」としてアピール。市営住宅跡地（栄町3丁目）の1600平方㍍に12戸を分譲する計画で、1日から案内書の配布を開始している。

日野市が示すエコ住宅仕様は、断熱層の設置と複層ガラスの使用や国産材（中低温乾燥）や自然素材の使用、化学物質を極力扱わないこと、敷地内緑化や雨水浸透施設の設置などが条件。建築確認を受ける時点でそれらの条件に合致していれば、土地価格の3%値引き（80万円程度）や住宅ローン金利の優遇のほか、東京都から2分の1の補助がある太陽光パネルを、残りの2分の1を市が負担することで、無料設置できるという三つの特典が受けられる。

太陽光パネルについては、標準家庭で電気代が60〜70%節減可能としており、モニター制度として省エネ状況を市に報告してもらうほか、生ごみを回収して堆肥化するなどの取り組みにも参加してもらうことを検討。街区としての取り組み成果を市民に公表して関心を高め、市内のエコ住宅化を促進したい考えだ。

分譲するのは多摩川沿いにある市有地。エコ住宅モデル街区として注目を浴びそうだ

市は、1街区をまるごとエコ住宅にすることで、「自分の家だけでなく、周辺の住宅もエコ仕様になるため、建材の化学物質などで苦しむ人などにも効果があるはず」とする。また、太陽光パネルが全住宅の屋根に設置される景観が、市民へのPRにも有効だと考える。

環境保全課は「通常の住宅を建てるより値段は高くなるが、エコ住宅にすることで高熱水費は2割程度減らすことが可能」と話しており、今後は市の開発事業などの中でもエコ建築を取り入れてもらえるような展開を期待。取り組みがなかなか進みにくい市民レベルでの二酸化炭素削減効果を高め、市全体の環境保全に努めていきたいとしている。

同事業の申し込み案内と受付は10月13日まで。抽選は10月14日。

独自評価で格差是正　総合評価方式を導入

日野市

日野市は今月から、公共工事における品質確保の取り組みとして、総合評価方式入札を導入した。市町村向け簡易型の一般的評価項目に加え、日野市独自の評価として、格差是正や環境への取り組みなども盛り込んだ。12日には、同方式を取り入れた最初の下水道工事の公表を行った。

公共工事については、公共投資の減少で価格競争の激化により、工事の品質低下を招くことが懸念されており、同市は建設業者の技術力を適切に審査して、総合的に優れた工事の実現を目指そうと、総合評価方式を導入した。市はこれに、①格差是正②環境への取り組み③地域貢献——を独自評価として加味。

市の主要施策にもなっている「格差是正」の取り組みについては「建設労働者の適正な労務単価確保」があり、国が地域別に示した設計の労務単価の80%以上を確保していることが評価対象となっているほか、市内企業への下請け状況や、法定外労働災害補償制度への加入、退職金制度、障害者雇用、男女共同参画推進の6項目も審査される。

また、環境への取り組みでは、市が行っている環境施策として、二酸化炭素削減の目標などを宣言・実行する「ふだん着でCO_2をへらそう」宣言への参加や、地域貢献では、災害対策協力会の加入状況やボランティア活動などが評価される仕組み。

市では包括的なセーフティネット事業なども本格化させる中で、「総合評価方式では建設関連の労働条件に焦点をあて、安心して働ける市にしていこうと考えた」と話し、格差是正を具現化していく考えだ。

コピー機の料金盗難

町田市

町田市の「なるせ駅前市民センター」で9日、市民が利用できる10円コピー機の料金が、料金箱ごと盗まれる事件があった。被害金額は、つり専用硬貨と売上金を合わせ、1万2300円。

市によると、5日午後3時頃、収納金を回収して施錠確認したのち、9日午後2時10分頃に、市民から「お金を投入してもエラーのままになっている」と連絡があった。確認したところ、料金箱がなくなっており、施錠付近はゆがんでこじ開けられた形跡があったという。

コピー機は同センターの1階談話室にあり、警備員からも死角になる場所にあったため、目撃情報などはない。コピー機はその後、警備員から見える場所に移動するなど対策を取った。

同市は10日に被害届を提出しているが、12日現在、犯人は捕まっていない。

住基ネット不参加で勧告

国立市長「切断継続」を表明

都総務局は9日、住民基本台帳ネットワークシステムの不参加団体である国立市に、地方自治法に基づく是正勧告を行った。7月には住基ネット訴訟の最高裁判決で段階的参加方式（横浜方式）を求めた杉並区が敗訴し、来年1月からの参加を表明。不参加団体は都内で唯一、全国でも矢祭町との2団体のみとなる中、関口博市長は「市民の生命財産を守る観点から住基ネットを切断しており、今後も継続する」との見解を示した。

国立市に対する勧告は、03年5月にも都から是正勧告が出されており、今回が2度目。

内容は、国立市が「住民基本台帳法に規定する事務について、法に違反して未だ執行していない」とし、「住基ネットの利用範囲が拡大する中で、国立市の違法行為により市民はこれらのサービスが受けられず、国税電子申告・納税システム（e—Tax）を利用した税額控除の機会も事実上奪われている」ほか「転入出の手続きでも住基ネットの専用回線を利用した通知を行えないため、全国の区市町村で別途書類による対応が必要になるなど、他団体における行政の効率化を阻害する事態が生じている」とし、住基法に規定する事務を速やかに執行するよう、勧告している。

関口市長は「勧告は勧告として受け止める」とした上で「日本全国のデータが一カ所に集まり、万が一漏洩すれば、女性の一人暮らしや高齢者だけの世帯などがすぐに抽出され、犯罪に結びつきやすいというリスクがある」とし、「DVやストーカーへの対処も、自治事務だからできること。住基上に乗れば削除することができず、人の命を考えたときに、管理できていないシステム」と住基ネットの欠陥を指摘。

住基カードの普及率が都内で07年度末2・6%という現状も含め「利便性よりリスクの方が大きい」として、今後も住基ネットの切断を継続する考えを明らかにした。

しかし、市民の中には接続を希望する声もある。市は今年6月の市議会で、住基ネット関連のアンケート調査やシンポジウムで市民の意向を聞くことを計画していたが、住基ネット関連補正予算を削除した修正案が可決されたために断念。住基ネット切断継続の判断については「市民の意識がどう変わったかを知る必要があると思ったが、それができなかったため、市長として判断した」と話している。

住基ネットへの接続は自治体の判断のため、都は「お願いするしかない」としている。しかし、地方自治法の規定の中には、国が市町村の事務について「適正を欠いている」と判断した場合、都道府県を通して「是正の要求」ができ、その場合、市町村には「改善措置義務」が課せられることになる。

これに市町村が不服の場合、国の地方係争処理委員会に審査の申し入れをすることができるが、同委員会の勧告にもさらに不服の場合には、高等裁判所に訴えることができる。

国は杉並区の裁判の後、不参加の自治体について「自主的に判断して参加することが望ましい」とする見解を示すなど、地方分権の時代の中で自治体の判断を尊重する姿勢も見せている。

「住基ネットの安全性」が具体的に担保されない中で、国立市の方向性が変わる要素はなく、国や都と国立市との間では膠着状態が続きそうだ。

小金井市議会

「過去を反省」で決議

新ごみ処理施設建設問題で

小金井市議会は9日、第3回定例市議会に上程されていた「新ごみ処理施設に関し、過去の反省と建設に向けての決議」を賛成多数で可決した。

「二枚橋焼却場跡地」で国分寺市との新ごみ処理施設建設を進めたい小金井市だが、来年2月までに建設場所を決定することが共同処理の条件。しかし同地をめぐっては、共に衛生組合を構成していた調布市や府中市の理解を得なければ話を進めることができないため、過去の対応についての謝罪と今後の真摯な対応への決意を明らかにし、両市に理解を求めている。

決議はまず、二枚橋焼却場の操業停止から、広域支援でごみを受け入れている関係団体に対して感謝の意を表し、市民らによる検討委員会が1年3カ月かけて「二枚橋焼却場跡地」を新ごみ処理施設として選定し、稲葉市長に答申した経過を説明。

調布市と府中市の市域を含む場所が答申されたことで、「大変無理なお願いをすることになる」とし、「市議会としては答申を尊重していく立場から、両市の理解を得られるよう最大限の対応をしていく」と姿勢をアピール。

二枚橋での施設更新をめぐる混乱の原因が、1985年当時の小金井市議会が一方的に反対の決議を可決したことや、その後の小金井市行政の対応に問題があり、両市に大きな不信感をもたせることになったと謝罪し、「小金井市議会は両市の指摘を真摯に受け止め、理解をいただくために、様々な方策を真剣に検討する」としている。

一方、同決議に反対した共産党市議団は、「このまま推移すれば来年2月までの建設場所の決定に支障をきたすことが予想される」と懸念。「調布市、府中市の意向を早急に確認し、二枚橋跡地の次に評価の高かった都立公園内にごみ処理施設の候補地を求める交渉を開始するべき」との考えを示している。

自然災害67%が未経験

外国人への防災緊急アンケート

武蔵野市国際交流協会

武蔵野市国際交流協会はこのほど、外国人に対する防災緊急アンケートを実施した。地震や洪水など、大きな自然災害を経験したことがあるという人はわずか32%だった。

アンケートに回答したのは、24カ国75人の外国人。質問は「自然災害を体験したことがあるか」「災害に備えて何かしているか」など15項目で、災害への備えについては、60%に備えがなかった。

また、情報収集の仕方では「テレビ」が70・6%だったが、日本語のニュースなどを正確に把握できている場合は少ない。友人（52%）、インターネット（45・3%）などから情報を得ているという声も多かった。

消防車や救急車などの緊急車両を電話で、日本語で呼べるかどうかについては、54・6%が「呼べる」、45・3%が「呼べない」と回答。緊急時に助けを求めることができない状況の外国人が、半数近くに上ることも分かった。

ほかに、必要な情報としてあげられたのは、安否情報や食料、水、電気やガスなどのライフラインのほか、パスポートや外国人登録証を紛失した場合など。

同協会では、外国人のための防災マニュアル作成や、3カ月に1度の会報などで防災の備えについて紹介するなどしているが、地震のない国から来た外国人などにとっては、「震災への備え」が具体的にイメージできない場合も多い。今回のアンケートの結果を、災害時の外国人への効果的な情報提供や収集方法の確立や防災の備えなどに生かすとともに、市の防災訓練などへの参加を促して市民との連携・協働も深めていきたい考えだ。

特別区、I類採用試験を改正

事務の専門試験　記述を廃止、択一のみに

過度の受験負担軽減へ

技術系の確保も視野

特別区人事委員会は、来年度の職員I類採用試験を改正する。目指したのは、得意科目でチャレンジできる試験だ。一般教養の択一問題の選択解答枠を拡大し、自然科学分野の出題数も増やす。また、事務の専門試験は記述を廃止して択一式に一本化した。幅広い受験者層に受験してもらうのが狙いで、特に、他自治体や民間との獲得競争が激化する技術職種の受験者を増やしたいという思惑もあるようだ。

■一般教養

改正の特徴は、過度の受験対策を行わなくても、受験に取り組みやすい制度とした点だ。

I類採用の筆記試験は、▽一般教養（知能分野と知識分野、五枝択一）▽専門試験▽課題式論文からなるが、今回の改正では、まず一般教養の知識分野の選択解答枠を拡大。これまで26題から21題（必須解答割合8割）を選択解答としていたが、これを30題中18題（同6割）に改めた。選択枠を拡大することで、受験に取り組みやすくするという。

特に、技術等職種の受験者に配慮して自然科学分野の出題数を拡大。これまでは8題程度の出題だったが12題に増やした。明らかにしていなかった分野ごとの出題数を明示するのも特徴だ。また、新たに「社会事情」（6題）分野を設けた。

この見直しで目指したのが「得意科目で勝負できる試験」という。

例えば、技術職種で受験する際、ハードルとなっていたのが一般教養の知識分野だった。現在、公務員志望者は、ほとんどが予備校や大学の専門講義を受けているが、文系に比べ、理系の学生がそこまでしているケースは少なく、過度な勉強をしなければ難しい一般教養問題に、二の足を踏む学生も多かった。

今回の改正で増やした自然科学分野（12題）と、新聞などで情報が得られる社会事情（6題）を選択すれば、必須解答数の18題をクリアでき、理系の学生も受験しやすくなる。

人事委員会事務局任用課では「予備校に通うなど、過度な受験対策を必要としないよう、公務に必要な基礎的学力の検証を主眼とした」と話す。

■専門・論文

専門試験も大幅に見直した。事務職種では択一と記述試験を行っていたが、記述を廃止し、択一のみ実施。科目数も12科目から11科目に削減し、各科目5題ずつ出題する。これまでは50題中40題選択だったが、55題中40題選択とした。「公務を担う上で重要となる分野のみに絞った」（任用課）という。

8月に示された都の新規採用試験の見直しでは、大学卒対象のI類Bは、事務の専門試験で択一を廃止し、記述を充実させた。区の見直しはこれと逆になるが、任用課では、「公務員として求められる専門知識の理解度を確認する点では同じ」と話す。

なお、技術職種も記述式や語群選択式などで行っていた専門試験I、IIを一本化し、出題範囲を絞った。

一般教養や専門試験が基礎的な力を検証するのに対し、思考力や応用力は論文試験で検証する。

基本的に変更点はないが、最近の話題から出題することを明示。新聞などで話題の社会事象に常に関心を持ち、自分なりの考えを論述してもらうことで、力を検証するという。

■多様な人材の確保

特別区の採用試験は、完成された能力よりも、将来の発揮可能性の見極めを重視して見直しを図ってきた。こうした中、昨年度は人物重視の観点から、口述試験にコンピテンシー型面接を導入。過去の成功事例や失敗事例などの体験を今後の行動に生かす力や、コミュニケーション能力などを重視するよう見直した。

今回の筆記試験の見直しでは、基礎的な学力・専門知識の検証を主眼としており、これにより、基礎的な能力と人物を検証する仕組みが整ったといえる。

他方、昨今の公務職場の人材獲得状況は厳しさを増している。団塊世代の大量退職に伴い、採用予定者数が増える中、民間との激しい人材獲得競争が続いているからだ。特に技術系が顕著で、例えば土木の合格倍率は05年度に6・4倍だったが、今年度は2・1倍にまで低下している。

また、近年の公務員試験は、予備校等に通わなければ受からないのが実態で、例えば記述式問題の解答には、例題を丸暗記したようなものも多く見られるという。様々な公務に求められる多種多様な人材を確保する面で課題だった。新たな試験制度は丸暗記型の課題を解消し、明日の区政を担う有為な人材を確保できるのか、今後の採用状況が注目される。

都小委交渉

現業給与　国均衡では15%引下げ

都労連は激しく抗議

都と都労連による小委員会交渉が12日に開かれ、現業の任用給与制度、教員給与などを巡る協議が行われた。小委では、都側が現業系職員の給与引き下げ水準について「平均15%程度」と具体的な数字を示したほか、教員給与でも新たな職務の級の設置や給料表の一本化を基本に、今後、協議する考えを明らかにした。これに対して都労連は強く反発しており、給与改定交渉がすでに本格化する中、緊張が高まっている。

現業系職員の給与に関しては、8月5日、都側が業務職給料表見直しの方向性を提示。少なくとも国行（二）の給与水準と均衡させた場合、ラス指数を100（07年度は122・3）とする必要があるとした。

同日の小委では、見直しの方向性を踏まえて、都側が具体的な給料月額に落とし込んだ場合、「平均15%程度引き下げることになる」との見通しを明らかにした。また現業調整額も「現行の支給範囲において、業務職給料表の引き下げ水準に応じた改定をすべき」と主張した。

現業の任用制度では、都労連が要求する「職能」に基づく新たな制度について、職務給の原則から逸脱する恐れがあると指摘したほか、技能長を設置している大規模職場の減少、技能主任の比率の上昇といった状況を説明し、職能に基づく任用制度の導入や上位級への任用の大幅な拡大は「極めて困難」と述べた。

一方、教員給与を巡っては、人事委が今月4日の都労連要請を受けて「新たな職務の級の設置、小中学校と高等学校の教員給料表の一本化も含め、教員給与の見直しを行う方向で、現在、検討を進めている」と言及。都労連では、都教委の要望に沿った内容として「到底容認できない」と表明している。

小委で都側は、人事委の検討状況に関して「重く受け止めている」とした上で「今後は教員給与について、新たな職務の級の設置や給料表の一本化を基本に、協議を重ねていきたい」との姿勢を打ち出した。

これに対して都労連は、まず現業の給与制度で、都側が国との均衡として15%引き下げる考え方を示したことに「一方的に踏み込み、数字を明らかにしたことに断固として抗議する」と強く反発。任用制度に関しても「職務と職能の組み合わせなど、現業系職種にあった任用制度を作ることは可能」として、改めて都側に検討を求めた。

教員給与では、新たな職務の級の設置や給料表の一本化を基本とする協議には到底応じられないとの立場を鮮明にし、「集団で教育労働にあたっている教員の協力・協働の体制を分断する主任教諭の導入を断念すべき」「給料表の一本化も低きに合わせる改悪には断固反対」などと訴えた。

みんなでTOKYO体操♪

誰もが踊れる体操を開発

都は、2016年のオリンピック・パラリンピック招致を健康増進の絶好の機会ととらえ、みんなで楽しく踊れる体操「TOKYO体操」を発表した。12日に都庁第一本庁舎7階ホールで行われた記者発表には、中高年を代表して漫画家の蛭子能収さん、若手を代表してアイドルユニットAKB48のメンバー5人がモデルとなり、体操を披露した。

TOKYO体操は、子どもの体力不足や働く世代のメタボリックシンドローム、高齢者の健康維持などが話題となる中、どの年齢層でも踊れる体操を、と企画したもの。

主に若手をターゲットにしたダンス風の「アクティブバージョン」と、幅広い年代ができるよう、いすに座ってゆっくりとした動きで構成する「シッティングバージョン」の2パターンを用意した。

事前にPR用の映像を見ていた石原知事が「蛭子さん一人だけ似合わなかったね。私も人のことは言えないが……」と感想を漏らすと、スポーツ音痴を自称する蛭子さんも「簡単に見えそうだが、途中で追いつかなくなる。自分だけかもしれないけれど……」と自嘲気味に語った。

一方、AKB48の大島優子さんは「難しそうに見えると思うが、ずっと踊ってみると、体に入ってくる。すごく楽しく踊れます」と元気に話した。

指定事業者を対象に定期的な講習会開催

都水道局

都水道局は11日、東京都指定給水装置工事事業者を対象にした講習会を都庁第一庁舎5階の大会議場で行った＝写真。当日は4346人（8月末現在）いる指定事業者のうち、420人が参加。今後、概ね3年間で全事業者に講習を行う予定だ。

講習会は今年3月の厚生労働省の通知に基づいて初めて行ったもの。

96年の水道法改正により、指定事業者制度が発足し、これまで各水道事業者が定めていた指定事業者の要件が、国家資格の「給水装置工事主任技術者」のいる事業所などに統一されて現在に至っている。しかし、同省がこの間の課題などを検証した結果、事業者の順守事項に的確な対応がなされていない事例等があったため、各水道事業者に対し、指定事業者への定期的な講習・研修に努めるよう求めていた。

講習会では、局の担当者が、指定事業者制度と各種届け出事項についてや、給水装置の工事施工の留意事項などについて講義を行った。

また、「失敗から学ぶお客様対応」をテーマに外部講師を招いた講演も実施。都民から説明不足や電話対応などのクレームが多く寄せられていることを紹介しながら、「お客様は請求書に『一式』などと書くことに不信感を持っている。事実を列挙したり、明確に答えることが大切」などと説明した。

水道局の吉田永給水部長は、「都が進めている直結給水管の推進のためにも皆さんの役割は大きい。ここで得た情報を工事に携わる人に一人でも多く周知してほしい」などと話した。講習会は定期的に開催し、指定事業者は今後も3年に1回程度受講することになる。

児玉　昭太郎さん（こだま・しょうたろう＝東京都立大学名誉教授）9日死去、78歳

ひと

国際交流で日本文化を守りたい

NPO法人日本文化体験交流塾理事長
米原（よねはら）　亮三（りょうぞう）さん

定年まで4年を残し都庁を退職。8月8日にNPO法人日本文化体験交流塾の理事長に就任した。「本当の意味の国際化をしないと日本は駄目になる」との危機感から、昨年7月に仲間と研究会を立ち上げたが、中途半端な活動のまま、ジリ貧になるか、自らが中心を担うしかないと決意したという。

「人生を三つに区切ると、第1の人生は親に大きくしてもらう。第2の人生は、自分が子どもを育てる。第3の人生こそ、本当の自由な人生だと思う」

阪神・淡路大震災を契機にボランティアが評価され、トップの国際交流中心から国際協力の視点の導入や、地域・市民団体支援へとシフトした時代に課長として過ごした。

「持続的な市民活動には適切な対価が不可欠であり、行政の補助ではなく、人々の自主的な取り組みが鍵」という信念は、この間に培われたものだ。

日本の伝統に根ざした芸能、美術、武道などは外国人にとって魅力的だが、東京にはそれを体験できる場がほとんどない。一方、通訳案内士の資格を取得しても、大半は仕事に就けない現状だ。通訳案内士自らが、適切な対価で日本文化を教えるなど、NPOの会員とともに、新しいスキームづくりを進めている。その活動は、ホームページに掲載されているが、ヤフーなどの検索でも上位にある。

「築地で食材を買って、家庭で外国人に寿司づくりを指導する」という事業を大手旅行代理店と企画した。30人を超える北欧の経営指導者の受け入れも準備中。「書道や茶道、風呂敷包みなど、まるでカルチャーセンターみたいですよ」と笑うが、ポータルサイト「やまとごころ」、民家リサイクル協会など、連携の幅も広がる一方だ。

日本文化の継承・発展・創造が目標だが、「慣例を守るだけでは、伝統文化は守れない。海外で評価されることで、国内でも評価されるものは多い。外国人や若者など裾野を広げることが大切」と考える。

都庁では、株式会社、財団法人など多くの団体に出向しただけに経営感覚も豊かだ。それを生かし、「消化不良のままで死にたくはない」と、第三の人生を生きぬく覚悟だ。（門）

香川県生まれ。76年東大経済卒。同年、都に。知事秘書、海外駐在、ビッグサイトなど多様な経験をさせてくれた都庁には感謝していると話す。趣味は登山・旅行。妻と社会人の一男一女。57歳。

引き続き実際に問題にあたっていきます。

問題

【問題13】本年3月に都が公表した「東京都保健医療計画（平成20年3月改定）」に関する記述として、妥当なのはどれか。

① 都民中心の保健医療体制の構築を基本理念とし、平成20年度から29年度の10年間を計画期間としている。

② 患者中心の医療体制を構築するため、都民の視点に立った医療情報を提供する他、医療連携を支える仕組みの構築として、入院患者数の受け入れを拡大していく。

③ 近年、社会問題化する糖尿病・メタボリックシンドローム対策と自殺対策を重点課題とし、がん対策は一般的な課題とされた。

④ 健康危機管理体制の構築として、平成22年度を目途に「健康長寿医療センター」を開設する。

⑤ 食品の安全確保として、大規模な食中毒の発生時等の緊急時において、的確な被害の拡大防止、再発防止を図るとともに、事業者の自主的な取り組みを推進するため、「食品衛生自主管理認証制度」の普及を図るとしている。

【問題14】昨年10月に都が公表した「都市と地方の共倒れを招く法人2税の格差是正策に反論する」に関する記述として、妥当なのはどれか。

① 現在の地方財政の困窮は、国がバブル経済崩壊のツケを地方に押し付けた結果であるが、「国庫補助負担金改革」による税源移譲は、地方の権限拡大につながったとした。

② 都財政の再建は、定数削減などの行財政改革を国に先駆けて取り組んだ結果によるものであり、その成果は都民に還元されるべきであるとした。

③ 法人2税を国税化し、地方に分配するという制度見直しは、税制の原則を崩すものであり認められないが、法人2税と消費税の税目交換は、長期的で安定的な税収確保につながるため望ましいとした。

④ 法人2税の制度見直しが実行されれば、都は約5千億円程度の減収となるが、財政再建団体への転落の懸念は無いとした。

⑤ 地域を活性化し、地方が自立することこそが目指すべき方向として、消費税率の引き上げなど、主に3点の提案を国に対して行った。

【問題15】本年3月に都が公表した「東京都環境基本計画のあり方について（答申）」に関する記述として、妥当なのはどれか。

① 東京が直面する環境問題についての新たな認識として、「気候変動の危機の顕在化」「環境汚染に関する負の遺産の解消」「より質の高い都市環境の形成による都市の魅力の向上」の3点をあげている。

② 東京が目指すべき都市の姿と果たすべき役割として、少ないエネルギー消費で快適に活動・生活できる都市を目指し、東京の先進的取り組みにより日本を牽引するべきであるとしている。

③ 人類・生物の生存基盤の確保として、2020年までに、東京の温室効果ガス排出量を2000年比で25%削減するべきであるとしている。

④ 健康で安全な生活環境の確保として、光化学スモッグ注意報発令日を、2016年までに半減させるべきであるとしている。

⑤ より快適で質の高い都市環境の創出として、2016年に向けて、新たに100㌶の緑を創出し、街路樹を50万本に倍増するべきであるとしている。

【問題16】本年3月に都が発表した、「東京都健康推進プラン21新後期5カ年戦略」に関する記述として、妥当なのはどれか。

① 都民の健康課題である「糖尿病・メタボリックシンドロームの予防」「脳卒中の予防」「こころの健康づくり」について、アフターケアを中心とした取り組みを推進する。

② 20代から40代成人男性の糖尿病・メタボリックシンドローム有病者・予備群の減少目標として、平成24年度目標までに対平成20年度比で、80%以上減少させるとする。

③ 「がん死亡率」については、最新のがん専門医療機関を新たに設立するなどの取り組みにより、平成24年度にがん死亡率を減少させるとしている。

④ 「こころのゆとりがある人を増やす」として、「上手な休養をとることができる人を増やす」「ストレスに対処できる人を増やす」「うつを予防する」などの目標を設定し、平成24年度までに増やしていく。

⑤ メタボリックシンドロームに着目した特定健康診査によって得られたデータについて、個人情報保護の観点から一切利用しないことを医療保険者に義務付けた。

【問題17】本年3月に都が公表したeモニターアンケート結果「配偶者暴力」に関する記述として、妥当なのはどれか。

① 配偶者暴力防止法（DV法）について、「知らない」が82・8%と高く、DVに対する認知度がいまだに低いことが分かった。

② 配偶者暴力のイメージとして、「もとは夫婦げんかなので、警察や役所が介入することではない」という問いに対して「そのとおりだと思う」が86%となった。

③ 配偶者等からの暴力について「暴力を受けたと感じたことがある」は「ある」と回答した人は女性19%、男性21%となり、男性が配偶者等から暴力を受けるケースが増えていることが分かった。

④ 今後の配偶者暴力対策に求められる取り組みについて、「人権意識の啓発」が68%と最も高かった。

⑤ 都においては、東京ウィメンズプラザと東京都女性相談センターの2カ所が配偶者暴力相談支援センターとしての機能を果たしていることについて、「まったく知らなかった」が42・7%という結果となった。

【問題18】本年6月に都議会で可決された都民の健康と安全を確保する環境に関する条例（環境確保条例）に関する記述として、妥当なのはどれか。

① 温室効果ガスの排出量が相当程度大きい事業所に対して、排出総量の削減を義務付けたが、削減義務未達成の場合の罰則については特に定められていない。

② 温室効果ガス排出削減の履行手段として、省エネなど、自らの事業所で削減対策を実施するほか、他者が実施した削減対策による削減量の取得を認める「排出量取引制度」を国に先駆けて導入した。

③ 中小規模事業所に対する温暖化対策として、「地球温暖化対策報告書」制度を創設し、すべての中小企業事業者に提出を義務付けた。

④ 2020年までの温室効果ガスの削減義務率を30%と設定し、平成21年度から制度を施行するとしている。

⑤ 温室効果ガス削減計画期間を10年とし、事業者は、5年に一度、温室効果ガス排出量を知事に報告するとしている。

解説

【解説13】正答⑤

① 誤り。平成20年度から24年度の5年間を計画期間としている。

② 医療連携を支える仕組みの構築として、在宅医療やリハビリテーション医療を推進する。

③ 糖尿病・メタボリックシンドローム対策、がん対策、こころの健康づくりを3重点課題としている。

④ 現行の食品安全研究センターを見直し、健康危機管理センター（仮称）を整備するとしている。

⑤ 正しい。

【解説14】正答②

① 誤り。「国庫補助負担金改革」による税源移譲を行っても、結局は地方の財源が1兆円も削減されたうえ、地方の権限拡大につながらなかったとした。

② 正しい。

③ 誤り。都市から地方へ税を再配分する小手先の手法は、国が地方全体の財源を召し上げるものであり、都市・地方双方にとってメリットはないと指摘した。

④ 国の見直しが実行された場合、東京都は財政再建団体への転落も想定され、都民サービスの大幅な低下と大幅な歳出削減を迫られることとなる。

⑤ 地域を活性化し、地方が自立することこそが目指すべき方向として、国の二重行政の廃止など、主に5点の提案を行った。

【解説15】正答③

① 誤り。「環境汚染に関する負の遺産の解消」が誤り。NO_2や光化学オキシダントなど、いまだ未解決の課題や今後顕在化が懸念される環境問題について、予見的・継続的な対応が必要であるとしている。

② 誤り。東京から世界の諸都市の"範"となる持続可能な都市モデルを発信していくべきであるとしている。

③ 正しい。

④ 誤り。2016年までに光化学スモッグ注意報発令日を0日にするべきであるとしている。

⑤ 誤り。2016年に向けて、新たに1千㌶の緑を創出し、街路樹を100万本に倍増するべきであるとしている。

【解説16】正答④

① 誤り。「糖尿病・メタボリックシンドロームの予防」「がんの予防」「こころの健康づくり」について、予防の一層の推進を中心とした取り組みを実施する。

② 誤り。40代から70代の糖尿病・メタボリックシンドローム有病者・予備群の減少目標として、平成24年度までに10%以上減少させる。

③ 誤り。「がん死亡率」については、「たばこによる健康影響の防止」や「がん検診受診率の向上」などにより、平成24年度にがん死亡率を減少させる。

④ 正しい。

⑤ 誤り。科学的根拠に基づく健康づくり施策の推進として、特定健診等のデータを収集・分析し、施策等に反映していく。

【解説17】正答⑤

① 誤り。配偶者暴力防止法（DV法）について、「知っていた」が82・8%と高い認知度だった。

② 「そう思わない」が86%となった。

③ 「暴力を受けたと感じたことがある」は「ある」と回答した人は女性19%、男性11%であった。

④ 今後の配偶者暴力対策について、「被害者を一時的に保護する施設の増設」が56%と最も高く、次いで「相談窓口の増加」53%だった。

⑤ 正しい。

【解説18】正答②

① 削減義務を未達成で不足量を削減すべき措置命令に反する場合、罰金（上限50万円）や氏名公表などの罰則措置がとられる。

② 正しい。

③ 中小企業事業者による地球温暖化対策報告書の提出は「任意」である。

④ 削減義務率は、CO_2対策に知見を有する専門家等による第三者検討を踏まえて、知事が決定する。

⑤ 温室効果ガス削減計画期間を5年とし、事業者は、毎年度、前年度の温室効果ガス排出量を知事に報告する。

最後に

4回にわたって「都政事情」を勉強してきましたが、いよいよ試験まであとわずかとなりました。これからラストスパートですが、焦ることなく、体調に気をつけて頑張ってください。試験当日、これまでの学習の成果を存分に発揮されるよう、皆さんのご健闘をお祈りしております。

＝おわり

都政事情 ④

20年度 主任・係長 論文講座 ★47★

直前対策 ④

都主任選考

勝負は試験当日

主任試験まで、あとわずかとなりました。今回は、試験前1週間の過ごし方や試験当日の注意点をお示しします。

この時期、油断と慢心は禁物です。これまで、どんなに順調に準備を進めてきていても、直前の対策を怠ったがために、試験当日、思うように書ききれないこともあります。また、体調不良のため、実力を出し切れないこともあります。

一方で、それまでの準備が遅れていても、最後の追い込みで、一気に合格レベルにまで達することができたという話も聞きます。

試験に合格するためには、自分を信じて、最後まで諦めずに準備をすることが大切です。勝負は試験当日までわかりません。特に、論文試験のみを受験される方は、集中して準備ができますので、最後まであきらめずに頑張りましょう。

繰り返し考える

論文やレジュメが完成したら、それが自分のものとなるよう、繰り返し考える習慣を付けてください。完成した論文やレジュメなどを見ながら、自問自答すると、論理展開に必要なキーワードが自ずと身に着いていきます。同時に、どのような出題テーマにでも対応できる力も養われていきます。

また、論文は、「自分の考えを自分の言葉で書く」ように心がけましょう。一般的に都庁内で使われている言葉でもかまいません。自分なりに考え続けることで、自分の職場に合った言葉で論述できるようになります。仕事の合間、通勤電車の中など、細切れの時間を上手く使って論文の精度を高めていきましょう。

手で書いてみる

論文はパソコンで作成している方がほとんどだと思います。すぐに修正ができ、修正個所やコメントなども記載することができるので大変便利です。しかし、この時期からは、必ず一度は自分の「手」で論文を書いてみましょう。

よく言われることですが、手書きをしないまま試験当日を迎えると、漢字の忘却、誤字、脱字などのミスをしがちです。このようなミスを防ぐためにも、時間を計りながら、実際に紙に書いてみましょう。

また、「手」で書くことは、論文の暗記にも効果的です。読むだけでは、なかなか頭に入らない文言も、「手」で書くと比較的容易に頭に入るものです。

「手」で書いてみると、自分なりに何度も考えたテーマであるにも拘わらず、予想以上に再現できないことを実感できるはずです。同時に、すべてを書き終えるには思っていた以上に時間が掛かることにも気づくでしょう。普段から多くの文字を書くことに慣れていなければ、いきなり手書きで2千字程度を書き上げるのは、結構疲れるものです。

さらに、事前に手書きでの、おおよその時間を体に染み込ませておくことも重要です。

試験当日は、出題されたテーマについて、全体の構成を検討する時間も必要になります。試験時間のすべてを書くことのみに使うことはできません。自分がどのくらいの時間で書き上げることができるのかを把握していると、試験の本番でも焦ることなく、落ち着いて論述することができます。

また、「手」で書くことにより、自分の論述の癖が見えてきます。実際に考えながら書き進めると、完成論文に比べて、誰しも冗長な論述になりがちです。ついつい文章が長くなってしまう方は、常に短文に心がけて論述するようにしましょう。書こうかどうか迷ったら要点だけを書くくらいの気持ちの方が、論理の明快な読みやすい文章になります。

また、漢字と漢字を「の」で何度も繋げてしまうと、読み手（採点者）に意図が伝わりにくくなる場合もありますので注意しましょう。

論文では、読み手に、自分の考えを正確に分かりやすく伝えることを意識してください。

試験前一週間の過ごし方

試験まで、一週間を切ると誰しも焦ってくるものです。焦りから、あれもこれもとつい手を広げたくなります。しかし、そのためにこれまで準備してきたことが中途半端になってしまっては、本末転倒です。この時期に重要なことは、これまで準備してきたことを繰り返し復習し、確実に自分のものにすることです。

仕事の面では、試験直前に過度の負担が掛からないように調整することが大切です。試験後でも間に合う業務は、職場の了解を得た上で、翌週に回すといった割り切りも必要です。

試験前日は、緊張して眠りが浅かったという話もよく聞きます。言うまでもなく、試験当日は緊張の上、試験時間は2時間から2時間30分の長丁場になります。せっかく準備をしてきたにも拘わらず、頭がすっきりせず、実力を出せなかったのでは、悔やんでも悔やみきれません。体調管理をしっかりと行い、事前に十分な睡眠をとる方法を考えておきましょう。ここまで来れば、あれもやっていない、これもやっていないとくよくよ考えるのではなく、「自分が合格しないで誰が合格するんだ!」くらいの前向きな姿勢で試験に臨みましょう。

試験当日

交通機関

事前に、試験会場への所要時間や経路を休日用時刻表で確認しておきましょう。駅から試験会場まで歩いて行く場合には、その経路と所要時間も合わせて確認しましょう。集合時間は、試験開始の30分前になってはいますが、余裕を持って試験会場に到着するよう心がけてください。また、当日の朝は、電車が通常運行しているか確認してください。

昼食

昼食を持参する場合は、試験会場付近のコンビニなどが混雑することを考えて、朝、地元のコンビニなどで調達するほうがよいでしょう。午後の試験に影響しないように、消化の良いものを適量持参します。

昼食時は、暗記資料を読む人、友人と談笑してリラックスする人など様々です。択一試験を受験する方は、試験直後は疲れで少しでも休んでいたいところでしょうが、もう一頑張りして、準備した完成論文は必ず読み返すようにしましょう。

筆記用具

本番は時間との勝負です。書き慣れた鉛筆数本（HBまたはB）またはシャープペンシル、よく消える消しゴムは必須です。汚い消しゴムでは、論文用紙が黒く汚れてしまい、試験後、採点者に配布されるコピーの文字がはっきりと読めない可能性があります。

服装

服装はもちろん自由です。長時間いすに座ることを考えて、普段から着なれたものを着用するのがよいでしょう。また、9月下旬という季節の変わり目であること、大学等を借りて試験が実施されることなどから、試験会場内の温度は、当日でないとわかりません。暑いときは脱いだり、寒いときは重ねて着たりするなど、温度変化に柔軟に対応できる服装で臨みましょう

試験本番

今までの努力を十分に生かせるよう、試験本番での注意事項を再確認します。

時間配分

大体の目安の時間配分をお示しします。実際の試験では、時間配分どおりに行かないこともあるでしょうが、冷静に、落ち着いて、柔軟に対応しましょう。

2時間30分の場合

○課題の選択＝5分程度
○構成の検討＝20分程度
○論文の作成＝110分程度
○論文の推敲＝15分程度

2時間の場合

○課題の選択＝5分程度
○構成の検討＝15分程度
○論文の作成＝90分程度
○論文の推敲＝10分程度

課題の選択

主任Aでは、自分の職務・職場との関連での出題となっています。また、主任Bでは、出題数が5題になっています。したがって、予想が全くはずれて書けないという可能性は低くなりました。

試験が始まったら、まず、自分が用意したテーマと実際の出題が同じかどうか、問題文を冷静に読んで確認しましょう。準備した論文を漫然と書き始めるのは危険です。

仮に、全く予想外の出題であったとしても、決して焦らず、自分の土俵に引き込んで論述できるのか、出題テーマを落ち着いて読み込んでください。その上で、どのテーマがきちんと書けるのか慎重に判断しましょう。なお、余程のことが無い限り、一度選択した後は、他の課題のことは完全に忘れてください。本番では、後戻りしている時間的余裕はありません。

構成の検討

試験本番では、論文用紙のほかに、下書き用の紙が配られます。論文を書き始める前に、下書き用の紙に、簡単なレジュメを書き出してください。論文の構成、見出し、問題点や課題、解決策などのポイントをキーワードで書き出せば十分でしょう。準備してきた論文の修正が必要な場合は、この段階である程度、構成を組み直します。

構成を検討する時間は、論文を書くのにかかる時間と推敲の時間を考慮して配分しましょう。

論文の作成

採点者に読んでもらうための論文ですから、丁寧にはっきりと書いてください。提出後の論文はコピーされて採点者に配付されますので、コピーされてもはっきりと読みやすい字となるよう心がけて書きましょう。

論文は、論理矛盾を起こさないように、レジュメを確認しながら書いてください。

また、時間配分が上手く行かず、論文が未完成で終わってしまうことのないよう注意してください。時間との闘いになった場合は、体裁を気にせず、たとえ論旨が通っていなくても、とにかく最後まで完成するようにしましょう。

論文の推敲

論文を書き終えたら、一通り読み返して、誤字、脱字、主語と述語の関係などを推敲します。わずかな字数であれば論文用紙の欄外に追加・修正することも可能です。きれいに仕上げたいがために、消しゴムを使う場合には、残り時間や消す際に力が入りすぎて紙が破けることなどにも十分留意して行ってください。

論文終了を告げるベル

試験会場では、制限時間前に諦めて帰ってしまう人も見受けられます。しかし、ここまで頑張ってきたのですから、諦めずに最後の一文まで書き上げてください。構成が多少アンバランスになっても、論文を完成させることが重要です。論文は、最後まで書き終えた受験生の間での戦いとも言えるからです。

勝負は、論文試験終了を告げるベルが鳴るまでわかりません。諦めずに最善を尽くして頑張ってください。

皆さんのご健闘を心より祈念します。

＝おわり

Gallery

飯田橋庁舎界隈
―昼休みの小散歩 ⑥

絵と文　大瀧安良

今回は「昼休み時間の制約でぎりぎりで行ける範囲」シリーズの2回目、有楽町線飯田橋駅から一つ目の江戸川橋駅で下車します。進行方向前のほうで地上に出ると、そこは「江戸川橋」交差点、真下を神田川が流れます。かつてこの一帯は指折りの桜の名所でした。

川を渡るとすぐ左に上っていくのが目白坂、坂の途中にいくつかの寺社があり、上りきった所に関口台小、独協中高、椿山荘などがあります。私自身何度も通った道ですが、今日はそちらに行かず、目白坂の反対側、文京区小日向方面に私としては初めて足を踏み入れます。小日向、地名を聞いただけで歴史やある種の落ち着きを感じさせます。地名は地域の人にとって無形の財産だと思いませんか。

当てずっぽうに道を選びましたが、はなから面白い場所に出会いました。音羽通りからその道の入り口に立つとまっすぐ上り坂になっているのが分かりますが、途中で途切れているように見えます。道が曲がっているのだと察しをつけ、実際そこまで行って曲がり方の角度に驚きました。家に帰ってから地図上で分度器（使うのは中学で幾何の勉強をして以来か……）を当ててみると、60度しかありません。坂の途中の鍵型になった場所から、左手の坂下、右手の坂上を両睨みしたのが今回の絵です。

これを描いているとき、現在東京都美術館で開催されているフェルメール展に出品されている、カレル・ファブリティウスの『楽器商のいるデルフトの眺望』を思い出しました。ロンドンのナショナルギャラリーで初めて実物を見たとき、この小品にして、この伝わってくる迫力！とびっくりしたことが思い出されます。

坂を上りきったところは小日向の台地で、低地の方に比べてゆとりのある住宅地が広がっています。文京第5中の坂を下り古川橋を渡って江戸川橋駅に到着すると、もう時間一杯。本当はひと駅先まで足を延ばし、群林堂の豆餅と豆大福を買って帰りたかったのですが……。

名前を鷺坂といいます。江戸時代からの名称かと思いきや、昭和の初期に命名されたもののようです。現在でも手摺を備え付け、路面に滑り止めの溝を刻んでいる位ですから、昔はさぞかし上り下りに苦労したことでしょう。

楽しく活かす趣味特技

がんばれ！公務員 45

文とマンガ　鈴木武征

以前、公立校の教師が休日のアルバイトに結婚式場の司会者を務めていたことが判明し処分された旨の新聞記事を見た。

ブライダルショップの社長が「礼儀正しく話し方にも誠実さがにじみ、新郎新婦の評判も良かった」と話しているから余程上手だったのだろう。

教育委員会は兼職申請があっても認められないケースで、地公法の信用失墜行為に該当する恐れもあるとカンカンだという。

確かに無届けでかつ長期間にわたり行っていたことは問題だ。

しかし、私は個人の才能をいかに評価しかつ有効に活用するかという観点から、単に公務員だからいけない、禁止規程があるからダメというだけでは割り切れない思いがしてならない。

アルバイトに精を出し過ぎて本来業務に支障が出るような例は別として、プロ並みと評価される趣味・特技を持つ職員を擁するのも人材豊富の証し、組織の誇りという見方も成り立つのではなかろうか。

もともと規則の解釈や運用は、時代背景に大きな影響を受ける。

私の小中学生時代には学校の先生、実はお寺の和尚さんという例も少なくなく、「今日は先生、お葬式でお休みです」なんてことがままあった。

高校時代の担任は『寒雷』という俳句誌の主宰者で、これまた句会や旅行でお休みが多かった。

しかし、私も級友もこれを不満に思うことは無かった。むしろ先生はお坊さんや俳句の先生であるという二面性、人間としての奥の深さに誇りさえ感じていた。

最近は相次ぐ公務員批判を恐れてか管理規程類の詳細化、厳密化が著しいが、ある意味単なる責任回避と思えなくもない。

仕事内容や雇用形態に関し官民の相違が縮小されつつある現在、職員の得意分野の活用をより柔軟に捉えていくことも今日的な課題ではなかろうか。

思い起こせば職場はいろんな趣味を持つ人の集まりでもあった。

なかには、「趣味？　酒を呑むことだけだ」なんて人もいたが、案外そういう人に限って敬服するような趣味を持っていたりした。

趣味は好きなこと、興味あることからスタートし、やがて人間の幅を広げ人生の大きな潤いとなる。

やはり新聞でJR東海の松本社長が「私は仕事と釣りの2レール方式、仕事のみの1レール方式では行き詰まるが、2レールなら余裕をもって臨める」と話していたが、まさにその通りだ。

職場の仲間の趣味で感じたことがもう一つ。それは生け花、茶道、武道などに関して先生、師範などその道を極める人が結構多いという点だ。

公務員という道を選んだ人らしい真面目さが伺えるが、趣味もここまで来ると特技となり、外の世界で活用する可能性も拡がる。

最近では職場内の語学堪能者などを事前登録し人材バンク的なものを作る自治体も増えたが、活用の場や報酬などの制約を嫌ってか名乗り出る人は少ないと聞く。

趣味や特技は職務で得たものは別として基本的に個人財産だ。それを内部では都合よく利用したがり、外部活用には時として信用失墜まで持ち出すのはちょいと虫が良すぎる。

キミ これ翻訳して本場のプレイボーイ

あっキミ柔道強いんだって そのロッカー移動して

危機に対する事前の準備を

よく分かる公衆衛生 4

新型インフルエンザの発生に備えよう③

インフルエンザ予防で最も有効な手段はワクチンです。ワクチン接種によってあらかじめ体の中に抗体をつくっておけば、感染を防ぐことができます。ところが、新型インフルエンザのウイルスは、「今のところまだどこにもいない」ので、ワクチンも作れないのです。ワクチンが作られ始めるのは、新型インフルエンザウイルスが出現し発見されてからのことです。また、ワクチンの完成には6カ月を要し、大量生産を行って社会全体に普及するまでにはさらに時間を要します。

理想としては、新型インフルエンザの第一号の患者が発見されるのとともに、完璧な感染予防措置がとられ、他に一人も患者が出ないうちにワクチンが完成・普及しましたとか、ひとつの町やひとつの国で感染が封じ込められているうちにワクチンが普及・完成しましたというのが望ましいのです。しかし、新型インフルエンザウイルスの感染力のすさまじさ、交通機関が高度に発達した今日の世界情勢では、なかなかむずかしいと思われます。

新型インフルエンザ対策として現実的で最も重要なのは、このワクチンが完成・普及するまでの間に感染の拡大を極力おさえ、患者が短期間に多数発生することを防ぐことです。

インフルエンザに感染してしまった場合、抗インフルエンザウイルス薬（タミフル）により重症化を防ぎ、肺炎などの細菌の二次感染に対しては抗生物質を使うといった対症療法を行います。インフルエンザ自体を直接治療する方法はないのです。つまり患者が自分自身の治癒能力で体内のインフルエンザウイルスと闘っている間、医療体制が患者を応援するというイメージです。

現在、国や自治体では抗インフルエンザ薬の備蓄や医療資材の確保などを行っています。しかし、実際の流行時に国や自治体が準備している医療体制を超えて短期間に多数の患者が発生すれば、十分な医療が受けられずに重症化したり死亡する患者がそれだけ増えてしまいます。

2005年10月の東京都新興感染症対策会議による「東京都の新型ウイルス対策について（報告）」によれば、東京都の患者数は378万5千人で、患者発生ピーク前後の8週間には予想患者数の62％、約236万人が医療機関を受診すると予想しています。これだけでも大変な状態です。予想を超えるようなら、さらに医療現場は大混乱となるでしょう。

このことから、なにより大切なのは私たち個々人が「うつらない」「うつさない」という感染予防に努めることです。そのためには、今からインフルエンザの予防方法を十分に理解し、手洗いやマスクの使用などに習熟し、食料等の備蓄をしておくなど、危機に対する事前の準備をしておくことが絶対に必要です。

（元大田区保健所　伊東利和）

発症患者数
医療体制の限界線
A
B
ここの患者数分の医療が不足する（重症化・死亡の危険が増大）実際には、医療体制全体が崩壊する可能性も出てくる
1回目の流行時に感染を免れた人達には、ワクチンが間に合う可能性がある
1回目の流行の終焉
時間
感染第1号の発生
6カ月以上
ワクチンの完成・普及

●Aの経過をとると患者個々人への医療対応が不十分となり、重症化・死亡が増大する。
●Bの経過をとると患者個々人への医療対応が十分に行え、重症化・死亡を抑制でき、またワクチンの開発・普及によって、より多くの人が感染を免れることができる。

みにがいど

◆TOKYOファミリー体験広場08〜みんなであそぼうげんきよく〜▽日時　9月28日（日）午前10時30分〜午後3時30分▽会場　都庁都民広場▽体験コーナー　茶道体験、着付け体験、マジック体験、ミニ防火衣体験、クラフト体験、体力テストほか▽ステージ　鼓笛隊演奏、保育園児のダンス、和太鼓演奏、ジャズダンス、マジックショー他▽問い合わせ先　都青少年・治安対策本部総合対策部青少年課☎5388・3063

◆義理と人情の食べ歩き「隣りの晩ごはん」〜笑いが一番〜　▽日時　10月9日（木）午後2時30分▽会場　江戸東京博物館ホール▽講師　ヨネスケ▽定員　450名▽参加費　無料（都民なら可、受講者には入場券送付）▽申込方法　往復ハガキまたはホームページで、住所、氏名、年齢、性別、電話、参加人数（2人まで）を記入し、〒164−0001中野区中野4の6の15㈶東京税務協会、http://www.zeikyo.or.jpまで※9月26日必着▽問い合わせ先☎3228・7994

◆パリ−ニューヨーク20世紀絵画の流れ「フランシス・リーマン・ロフト・アート・センター所蔵品展」　▽会期　〜11月3日（月・祝）午前10時〜午後5時※月曜休館（祝日は開館、翌火曜休館）▽会場　府中市美術館▽観覧料　一般800円、高・大学生400円、小・中学生200円※10月5日（日）は開館記念無料観覧日▽内容　バルビゾン派からポップ・アートまで▽問い合わせ先　ハローダイヤル☎03・5777・8600

◆おしゃべりな美術館その2「版画がわかる53日間」　▽会期　〜11月3日（月・祝）午前9時〜午後5時※月曜休館（祝日は開館、翌火曜休館）▽会場　青梅市立美術館　青梅市立小島善太郎美術館▽観覧料　大人200円、小・中学生50円▽版画約60点を展示▽問い合わせ先　☎0428・24・1195

◆「梅うふふ」発売開始　▽東久留米産の梅を使った梅ワイン▽甘口・辛口とも500ミリリットル880円▽問い合わせ先　東久留米市産業振興課☎042・470・7743

都政新報

発行所　都政新報社
〒160-0023 東京都新宿区西新宿7-23-1 TSビル
〈総務・読者〉03-5330-8781
〈企画広告〉03-5330-8784
〈編　　集〉03-5330-8786
〈出　　版〉03-5330-8788
〈セミナー事業部〉03-5330-9977
〈ファクス〉03-5330-8808
講読料　月1,680円(税込)
毎週火・金曜日発行
但し、祝祭日は休刊

紙面から

政務調査費の領収書添付
1円以上すべて公開
今定例会に条例改正案　第三者機関がチェック

政務調査費の領収書公開に向けて検討を進めてきた「都議会のあり方検討委員会」は17日、領収書の添付基準を1円以上などとする最終報告を、共産党を除く4会派の賛成多数で了承した。22日の議会運営委員会に報告し、正式に発表される。これを受け、4会派は新たな基準に基づく条例改正案を第3回定例都議会に提出。可決されれば、09年4月1日分から領収書が公開される。共産党は、「08年度分の領収書公開が義務化されていない」として、独自に条例案を提出する構え。

共産は独自提案へ

最終報告では、議員の職務を明確化し、政務調査の内容を条例に盛り込むよう提起した。

地方自治法では、政務調査費について、「議員の調査研究に資するため必要な経費」としか定めていない。このため、あり方検討委員会では、今年3月の中間報告で、政務調査活動の定義として、▽調査研究▽情報収集▽政策立案▽広報・公聴▽その他——の五つの活動を挙げていた。

収支報告書は、領収書を添付した上で公表する。その範囲は、1円以上のすべての支出とする。

公開の範囲をめぐっては、少額の交通費やコピー代なども含めた領収書添付に難色を示す意見などもあり、一定額以上とするか、1円以上とするかが議論となった。

全国の道府県では、事務所費や人件費などを除く規定を設けているケースもあるが、都議会は除外規定を設けない。

公表方法は、請求に基づき閲覧できるようにし、個人情報などのマスキングは、都議会情報公開条例の非開示情報に基づいて行う。

政務調査費が使途基準に従って適正に使用されたかどうかをチェックするため、専門家や外部の有識者で構成する第三者機関を設置し、四半期ごとにチェックを行う。

実施時期は、09年4月1日。領収書は、年度終了後に1年分を公開するが、09年は夏に都議会の改選を迎えることから、09年4月から改選前までの領収書を先に公開。残りの領収書は、年度終了後に公開される。

また、都議会ではすでに今年4月1日から、あり方検討委員会の検討結果に基づき、新しい使途基準を試行しており、領収書の添付を行っている。ただし、今回の条例案では、08年度分の領収書公開は義務化しない模様で、公開するかどうかの判断は各会派に委ねたかたちだ。

共産党の曽根肇政調会長は、最終報告について、「都議会として都民に理解できる半分までは来た」と一定の評価をしながらも、「前回の都議選から3年も過ぎており、少なくとも次回の都議選では領収書が公開されているべき。08年度分の公開を義務化する規定が必要」と主張している。

これに対し、川井重勇委員長は「何とか5会派をまとめたいという思いで努力してきたが、委員長の力不足で共産党には同意していただけなかった。『1円以上』も『除外規定を設けない』も、すべて共産党の主張どおりの内容だ。なぜ反対するのか分からない」と強く批判した。

年次財務報告

正味財産は21・7兆円
都債残高は7%減に

都財務局は16日、複式簿記・発生主義による07年度の年次財務報告書を発表した。都の資産に対する負債の割合は28・9%で、前年度より1・9ポイント減少。都の正味財産は前年比約1・2兆増の21・7兆円となった。

都債の償還に加え、都債の発行を抑制したことで、都債残高は7・0%減。負債は3千億円減少し、基金積立などで資産が9千億円増加した。

一方、08年度第1四半期の法人2税は653億円で、昨年同期比で5・6%減。さらに、法人事業税3千億円程度が国税化されるなど、都税の減収は避けられない見通しとなっている。

こうした中で一層重要になるのが都債のコントロールだ。現在、都債残高は約7兆4千億円（07年度末）。07年度以降もこの程度で推移すると、2030年には生産年齢人口1人あたりの都債残高が10万円程度増えると推計されている。過去には、税収減少時に最大1兆円程度の都債を発行して社会資本整備に充てた時期もあるが、仮にその調子で対応すると、将来世代の負担が増える恐れがある。償還を担う生産年齢人口は、2010年頃をピークに減少に転じると予測され、都財務局では「都債の発行額を適切に管理することが必要」としている。

また、総務省が「地方財政健全化法」に基づき、07年度決算から公表を義務づけている4指標のうち、財政規模に対してどれだけ一般財源が借金返済に充てられているかを示す「実質公債費比率」は8・7%、公社や3セクなどを含めた負債が財政に占める割合を示す「将来負担比率」は82・9%で、都財政の健全性を改めて示した。都道府県の場合、実質公債費比率で25%、将来負担比率で400%を上回ると、「早期健全化団体」に移行し、財政健全化計画の策定が義務づけられる。

各局工事で豪雨対策 整備をペースアップ
都技術会議が提言

第69回東京都技術会議（座長＝菅原秀夫副知事）は17日、「局地豪雨対策特別部会」を設置し、降雨の影響を受ける工事について、所管局が豪雨に対する安全対策を講じるよう求める緊急提言を行った。

建設、都市整備、港湾、交通、水道、下水道の6局が所管する工事が対象。各局が工事の内容により、気象情報の把握・活用や工事中止の判断を施工計画書に記載するよう請負者に義務づけるなどの対策を検討する。

都では、都内全域で時間50ミリの降雨に対応できるよう河川や下水道などの整備を進めているが、整備水準を超える豪雨が頻発していることから、整備のペースを上げたい考え。また、浸水被害や降雨特性を踏まえ、エリアによっては治水施設の整備水準のレベルアップも検討する。都建設局によると、流域全体で時間50ミリの降雨を想定して整備しているため、「50ミリ対応を終わらせることで、ピンポイントで降る100ミリの局地豪雨には対応できる」（河川部）という。

同部会では、09年1〜2月を目途に開く都技術会議で最終報告を行う予定。

知事所信表明

豊洲問題「確実でコストの優れた対策を選択」
雇用や温暖化など 緊急4対策実施へ

18日の本会議で石原知事が所信表明を行い、都民に広がる不安を解消していくため、①中小零細企業向け支援・雇用対策②地球温暖化対策③新型インフルエンザ対策④震災対策——を緊急対策として実施すると述べた。

中小企業支援では、納品単価の切り下げなどの下請け叩きを「下請センター東京」を核にして防止する考え。「自治体で唯一、東京が下請取引紛争を裁判外で解決できる機関を持っているメリットを生かし、中小零細を支援する」という。

地球温暖化対策では、CO_2排出量が増加している家庭での取り組みを強化するため、太陽エネルギー利用機器の補助制度を作り、普及を図る。

新型インフルエンザ対策では、抗インフルエンザ薬の備蓄を800万人分まで拡充し、地域医療体制も整備するという。

震災対策では、倒壊の危険性が高い公立学校の耐震化を3カ年以内に完了させるため、「補助制度の創設、人材面の支援などで区市町村をバックアップする」とした。

焦眉の課題となっている豊洲新市場予定地の土壌汚染対策では、「技術会議を設置し、新技術や新工法を民間等から公募した上で、確実でコスト面も優れた土壌汚染対策を選択する」と語った。技術会議の検討結果に基づいて早期に土壌汚染対策計画をまとめ、万全の対策を講じるという。

石原知事が1期目から公約に掲げる横田問題では、25日から横田空域の一部が日本に返還される。飛行ルートが改善され、燃料削減などの経済効果は約98億円、CO_2削減効果も一般家庭1万5千世帯の年間排出量に相当するという。「一部返還を一里塚とし、共用化の実現に向けた交渉を重ね、米軍の閉ざされた扉をこじ開ける」と決意を話した。

社説

新銀行、築地問題
「正常化の偏見」を危惧

自民党総裁選とその先にある総選挙の帰趨に国民の関心が集まる中、都議会第3回定例会が18日から始まった。国政の「政治空白」で都議会議員も腰が落ち着かず、他方、世界経済に目を転じれば、米国の大手証券会社が破綻して日本経済への影響が懸念されるなど、一段と不透明さが増す中での開会となった。

石原知事としては初めて、年度途中のこの時期に一般会計935億円の補正予算案を出した。このうち540億円が新銀行東京の減資対応である。400億円の追加出資のように激しくぶつかる対決議案にはならないだろうが、火種であることには間違いない。

開業3年間で1016億円の累積赤字を生み、このすべてを資本金で帳消しにした。当初出資の都の1千億円のうち、700億円が都債だったため、この償還に備えて540億円を減債基金に積み立てるという。財務局では「義務的経費の計上」と説明するが、生き金ではない。

知事は、新銀行東京の行く末に相変わらず楽観的な見通しを語っているが、都議会の要請に基づいて四半期決算が公表される仕組みになった以上、定例会でも経営監視を深める素材の一つにすべきである。

■本当に想定内か

「うまくいっていると思う。9月の定例会には、ある形の報告をして、年内にもさらに進んだ展開の報告をしたい」。新銀行東京の経営について、知事はこんな認識を8月末の記者会見で明らかにした。4月から6月までの第1四半期決算は、再建計画初年度の想定内というのが都と銀行側の説明。これを受けての知事発言である。だが、本当に想定内なのか。

08年度の不良債権処理関連費用は、再建計画で19億円と見込み、第1四半期は43億円というのが実績値だった。確かに、再建計画とかい離していないのは事実である。しかし、前年同期と比べると、21億円が43億円に倍増しており、依然として貸し倒れは沈静化の兆しがない。デフォルト率は12%台で、高い水準が今も続いている。

要するに再建計画を作った時、企業の倒産比率を高く見込んで貸倒引当金を手厚く積んだのが功を奏し、今回はその範囲内にうまく収まったというのが真相である。それをもって想定内というのは、身びいきというものだ。

たとえば、金融再生法開示債権を見ると、3月末より20億円増えて325億円に増大するなど、すでに不安要素は顔をのぞかせている。今後、景気が後退し、これが銀行経営にどう影響するか、ますます注視が必要な事態になっている。

しかも最大の想定外は、何といっても人材の流出である。希望退職を募り、派遣社員を含めて450人いる体制を4年後に120人にリストラする計画を立てた。少数精鋭で立て直すというのが、再建計画のうたい文句だった。ところが、優秀な行員が次々と見切りをつけ、組織を担うキーパーソンをどう引き止めるか、これが銀行の命運をかけた課題になっている。

銀行経営陣から知事がどのような報告を受け、自信を深めたか知らないが、大事なのは表面的な数字より中身である。「想定内」と安堵できる状況ではないし、セカンドステージの妄想を語っている場合ではないのである。

■判断の先送り

もう一つ、定例会の論戦で主要テーマとなるのは、豊洲専門家会議が7月にまとめた土壌汚染対策と築地市場の移転問題である。提言のコンセプトは、70年間にわたって人が豊洲新市場予定地で生活しても、健康影響が生じない対策を講じるとした点だ。処理基準の4万3千倍という高濃度のベンゼンが検出された事実を踏まえ、この汚染を見逃すことなく処理するには土壌を掘削し、タール溜りを直接確認しながら処理を進めるとした。

これに対し「工法は絵に描いた餅」「地下水管理は容易でない」など反対意見が寄せられ、議論は平行線となっている。

思い起こすと、07年4月の都知事選で石原知事が専門家による調査を約束したのがきっかけで専門家会議の設置となった。その後、調査をすればするほど深刻な汚染が明らかになり、土壌汚染対策費も膨らんでいった。現在、技術・工法を民間から公募し、学識者による技術会議で評価・検証して11月に土壌汚染対策計画を作るという。

移転に賛成・反対は別にして、今の築地市場のままで良いと考える人はいない。都民、市場業界にとって一番困るのは、ズルズルといつまでもこの問題が決着せず、市場整備が遅れていくことである。総選挙、そして都議選と政局に巻き込まれて、都政が判断を先送りすることはないようにすべきである。

◇　◇

災害心理学の分野では、非常事態に陥っても現実から目をそむけ、自分に都合のいいように楽観視することで、心的なバランスを取ることを「正常化の偏見」と呼ぶ。知事から新銀行東京などの話を聞くと、この心理特性の怖さをつくづく実感する。

石原都政3期目に入って1年半、ほとんど実績らしいものがない。都政のガバナンスが機能しないようになっているとしたら、都庁の組織執行力に頼るほかない。

「しっかり票固めを」
東京五輪招致で 麻生氏がエール

「選挙と同じで、あまり甘い期待をしない方がいい。自分できっちり票を固めなければならないというのは、IOCの選挙においても同じ」——。自民党の総裁選に立候補している麻生太郎幹事長が16日、都議会自民党を訪れ、2016年のオリンピック招致を目指す東京都にこんなエールを送った。

麻生氏は「五輪が仮に取れたら、内需だけでもすごい。いろいろな影響を与えるがゆえに、東京五輪は値打ちがある」と述べた上で、国内開催候補地を決める投票では麻生氏の地元・福岡市が東京に敗れたことを引き合いに、「僕は福岡で負けた方だからね。東京を応援する義理など全然ない。だけど、決まった以上は、やらねばならんと思っている」と都議らを笑わせた。

「まず景気対策をやるべき」と公約する麻生氏に対し、都議会自民党の高島直樹幹事長は「都議会自民党も、第一の政策は景気対策。その意味では麻生幹事長と同じ思い。しっかり支援させて頂きたい」とエールを送り返していた。

冗句ジョーク

国政、世界経済混乱のなか、範となるべき都議会開会

ご当地ソング議員
「ドブ板といってもウチの場合、ベイブリッジだからね！」

シリーズ「減災に挑む〜検証・ゲリラ豪雨対策」は休みます。

休刊のお知らせ
来週23日は祭日のため、新聞発行はお休みさせていただきます。ご了承ください。

大杉覚・首都大学東京大学院教授インタビュー

改革論議へのアンチテーゼ

道州制へ疑義も浮き彫り

東商の「東京市」構想

東京商工会議所が11日、都区制度を廃止し、23区部を「東京市」とする提言を発表した。有識者として、提言の過程でかかわった首都大学東京大学院の大杉覚教授に、提言のいきさつや意義、残された課題などを聞いた。

おおすぎ・さとる　東京大学教養学部卒業、同大学大学院総合文化研究科修了。ジョージタウン大学客員研究員、東京都立大学法学部助教授などを経て、05年より現職。専門は行政学、都市行政論。

東商が今回の提言をとりまとめるにあたり、最終段階でコメントするかたちで参画の機会を得た。都区制度改革論議に対する強烈なアンチテーゼだな、というのが第一印象であった。

私個人は、特別区は自治権をさらに拡充し、さらなる自主自立に向かうべきと考えており、それがどうしても果たせない限りで、あくまでも再編はオプションの一つとする立場だ。仮に一部の区同士を合併するにしても、23区全部をひとつにして「東京市」とする発想はなかっただけに、提言案には虚をつかれたといってよい。

「平成十二年改革」を経て、特別区はそれぞれ程度の差はあれ、実績を築き上げつつある。まだまだ発揮し切れていない潜在的な能力もありそうだ。他方、都も大都市経営への指向性を強めている。現行の都区制度にさまざまな課題があるのは確かだ。しかし、都区制度を廃止するにしても、一足飛びに「東京市」とは、いかなる了見か。都のミニチュア版ともなりかねない提言をする意味はあるのか。さまざまな疑問が渦巻いたのが率直な感想であった。

しかしながら、「都区のあり方検討委員会」での遅々たる検討状況ぶりに対するいらだちが相当なものであったことは、東商内での議論の端々に感じられていた。それがゆえの経済界からの〝仕打ち〟がこの「東京市」構想であるとすれば、その限りで納得できなくはない。この提言は、都区双方の当事者能力に関する厳しい批判として、まずは受けとめられるべきだろう。

「東京市」構想そのものへの賛否を別として、本提言が大都市制度や道州制における東京圏のあり方をどう考えるかについて、一石を投じる可能性もまた認めるべきであろう。

ただ、それは多義的といえる。大都市制度について言えば、例えば、横浜、大阪、名古屋のいわゆるビッグ3が新たな大都市制度の創設を求めて問題提起を行うなど新たな動向が見受けられる。「東京市」構想は、大都市制度論議の先導役になるのか、これら大都市とタッグを組むなど、新たな改革潮流を創出することになるのか。それとも「東京例外主義」を助長するだけなのか。いずれにせよ、国政では必ずしも十分な議論が尽くされていない、大都市制度に関する状況を突き動かす可能性を期待したい。

道州制について言えば、1都3県への道州制導入をはっきりと打ち出した点が特徴的だ。「東京市」構想が打ち出されたのも、「道州制のもとで23区のままでいいのか」という強い問題意識に裏打ちされていたからにほかならない。

しかし、本当に「東京市」でなければ道州制の下で自主自立的な基礎自治体が実現しないのか。だとすれば、東商の提言は、その意図とは逆に、東京圏における道州制そのものの疑義を浮き彫りにする。すなわち、「東京市」を前提にしなければならないのなら、東京圏の道州制自体がリアリティーを欠くのではないかと。

あるいは、「東京市」の単位をもって道州とし、一種の〝直轄地〟として、自治権全般が制限されるかどうかはともかく、税制上は特例的に集権的な措置がとられかねなくなるのではないか。そうした議論を呼び込まないよう、十分警戒が必要だ。

最後に。これまで都区制度改革論議は、インナーサークルとも言うべき都区行政関係者内に閉ざされてきた。そのことが都民不在、区民不在の議論にさせてきたのではないか。仮に荒削りなところがあっても、さまざまな立場からの議論をまずは歓迎すべきだろう。指摘すべき事項は尽きないが、東商が都区制度に関心を抱き、果敢なる提言を今回打ち出したことは、評価されるべきと考える。

ベンチャーとの協定消滅

新宿区　契約違反発覚が原因

携帯電話で読み取るとサイトにアクセスできるバーコード（QRコード）を使って、公共情報などを提供していた新宿区とベンチャー企業の共同事業で、区は協定を8月末で消滅させていたことがわかった。ベンチャー企業の協定違反の発覚が原因となった。

このベンチャー企業は、キュービット。東京電力の社内ベンチャーとして、01年に設立された。05年12月、区が地域情報配信システムの社会実験を行った際、専用端末をかざすと地域情報が提供されるキュービット製のICチップ内臓情報プレートを活用した。

キュービットは06年、飲料メーカーの協力を得て、自動販売機にQRコードなどを印刷した情報プレートの貼付を可能にした。区側から公共情報などをQRコードのサイトに提供してもらおうと、同年11月に区と協定を結んだ。キュービットが、サイトの製作、運営を担当。だが、昨年12月中旬、キュービットは「新規サービス体制の整備」と「情報配信システムの増強」を理由にサービスを一時的に停止したいというメールを区側に送りつけた。区側は応じなかったが、同社は一時的なサービス停止を求めた。その後、同社の南部耕社長と音信不通となったという。キュービットが東電から独立した後、「おかしくなった」と区側は振り返る。

区側は今年8月、QRコードを携帯電話で読み取ると、サイトには区政情報が掲載されていなかったため、契約違反を確認。その後、区は先月末で協定を消滅させた。

09年度は、区内にある全103カ所の避難場所案内図にQRコードを印刷した情報プレートを貼付して、区政情報を提供していく予定だ。

新宿区区政情報課は「今回は残念。1歩後退したけど、今後はいろいろな方法を考えて、2歩前進していく」と話している。

障害者専用乗車券を発行

荒川区「コミュニティバス」

荒川区はこのほど、区が運行するコミュニティバス（地域バス）で無料の障害者専用乗車券を発行することを決定した。発行見込数は約1千件。

身体・知的障害者と精神障害者が対象。区の障害者福祉窓口で申請に基づいて発行する。地域バス事業で同様の乗車券発行は、23区では港区に続き2区目。

荒川区は「専用乗車券」は通し番号で管理し、写真を添付する。不正利用や譲渡した場合は回収し、以後再発行はしない」としている。利用開始は10月1日から。

荒川区の地域バスでは従来、障害者手帳を運転手に提示すれば、乗車運賃を無料としていた。

同バスを利用する区内の障害者団体や知的障害者の保護者などから「障害内容が分かったり、手帳を紛失してしまったりすることがあるので、専用乗車券を発行してほしい」との要望があり、区民には専用乗車券を発行することにした。

専用乗車券の発行に際して荒川区は、運行事業者の京成バスと協議してきており、このほど了承を得た。区担当者は「乗車券の発行で、利用者の利便性を向上し、手帳紛失の防止などを目指す」としている。

区民以外の障害者は、従来どおり、障害者手帳を提示すれば、無料で乗車できる。

23区の「地域医療」《中》

―都市部の医療の方向性

病床確保で各区に格差

東京都の保健医療計画では、入院医療などを担う「二次保健医療圏」で都全域を13圏に区分。このうち、23区は7圏に分かれている。各医療圏では、人口構成比などから算定した「基準病床数」を定めている。

都全体の基準病床数は2007年4月の時点で9万5744床、既存病床は10万4433床で〝過剰〟状態にある。23区でも全体では7千床以上の過剰病床が存在する一方、五つの医療圏は基準病床数を下回る状況が起きている。さらに、各医療圏内では、区ごとの不均衡も生じている。

ある区の担当者は「地域医療の実情を見ると、現在の医療圏は住民の〝生活圏〟にそぐわない場合も多い」と指摘する。

◆区平均の3分の1の病床数

練馬区は近年の人口増などを受けて、病床数不足が続いている。練馬区は「区西北部保健医療圏」（豊島、北、板橋、練馬）に属するが、10万人当たりの病床数（302床）は4区で最も少なく、圏内最大の板橋区（1506床）の5分の1、23区の平均病床数（856床）と比べても、約3分の1という状態だ。

練馬区は1991年に日本大学医学部付属練馬光が丘病院（344床）、2005年に順天堂大学医学部附属練馬病院（400床）を誘致。病床確保と、医療機能の強化を図ってきたが、追いついていないのが現状だ。また、過去に西北部医療圏で病床過剰の時期には、区としての病床確保が思うように進められなかったこともあるという。

区は今年度、「練馬区病床確保対策庁内検討委員会」を設置し、▽既存の民間病院の増築・増床 ▽日大付属病院、順天堂大附属病院の増築・増床 ▽誘致を含む新病院の確保――について検討している。今年度中にも区内の医療資源に関する基礎調査を実施し、今後の施策の方向性を具体化する。区民の医療ニーズも調査する方針で、健康部地域医療課は「回復期リハビリや療養型など、高齢者向け医療に関する要望も分析したい」としている。

療養病床に関して、都は独自に増床の方向性を示しており、国の削減策も見直しが進んでおり、こうした周辺状況も注視するという。

練馬区内では今年4月以降に2病院が廃院し、合計150床弱がなくなるという。2病院とも救急対応をしており、地域医療への打撃は大きい。こうした状況もあり、区では今後、既存病床の維持で各病院への支援も視野に入れる。区担当者は「看護師や医師の確保などで、間接的に支援策を講じたい」としている。

◆区初の区立病院

台東区は「区中央部保健医療圏」（千代田、中央、港、文京、台東）に属する。同医療圏内には大学付属病院など大規模な医療機関が多数あり、基準病床数（6208床）を大幅に超える1万4394床がある。

だが、台東区の10万人当たりの病床数は568床で、23区平均を下回っている。同医療圏全体は病床過剰のため、増床や医療機関の新設などは難しく、区には頭の痛い状況だ。

台東区では来年4月、23区で初めて区立の「台東病院」を開設する。1996年に閉院した旧都立台東病院を受け継ぐ形で設立を決定したが、旧病院と同数の120床の「新設」の認可を受け、病床数の減少に歯止めをかける狙いもある。

新病院について、台東区は「高齢者など慢性期医療の拠点病院」と位置づける。内科、整形外科、リハビリテーション科を中心に、療養病床（80床）も設ける。区の地域医療課は「高齢者医療などは、地域完結型の医療システムや地元に病院が必要だ」と指摘する。このほか、特に区民の要望の強い小児救急について「総合医が初期医療を行える体制を整える」としている。

医療機能面では、区内最大の永寿総合病院（400床）を基幹とした地域医療網を補完。区内の診療所などと連携して、訪問看護、リハビリサービスも提供するという。

病院の運営は、㈳地域医療振興協会に委託の予定で、公設民営型を目指す。老人保健施設を併設の病棟を建設中で、職員の募集も開始した。

初の区立病院のため、費用面など未知数の部分も多い。市町村の公立病院は、国などの補助金も見込まれるが、特別区の場合、現時点では難しいという。区担当者は「高齢者率の高い区の状況に鑑みて、老健施設との連携など経営努力を図りたい」と意気込みを語る。

建設中の区立台東病院。上層階には老人保健施設を設置する（写真＝台東区提供）

今村眞弓氏が出馬表明

荒川区長選

11月2日告示の荒川区長選挙で、元荒川区議の今村眞弓氏（54）が12日、立候補を表明した。今村氏は立候補に先立ち、政治団体「チェンジ！」の新設を都の選挙管理委員会に申請し、受理された。

今村眞弓氏

今村氏は「現在の区政には区民の目線が欠けている。医療・福祉・介護を中心に、区民が元気に生きられ、豊かに暮らせる区政をつくりたい」としている。

今村氏は1954年2月生まれ。東京大学医学部付属看護学校卒。

1995年に「地域政治団体あらかわ元気クラブ」の事務局長として、荒川区議に初当選。2期務めた。看護師資格を有しており、現在は訪問看護会社の経営などに従事する。

荒川区長選は、現職の西川太一郎氏が無所属での立候補を表明。自民党、公明党、民主党とそれぞれ政策協定を締結している。

暴力団の組長に生活保護費支給

新宿区

暴力団組長の身分を隠して生活保護費を新宿区から不正受給した極東会松山連合会系暴力団組長、亀田英雄容疑者（63）を警視庁新宿署はこのほど、詐欺容疑で逮捕した。生活保護法に基づく厚労省の通知では、暴力団員への保護費支給を禁止している。

亀田容疑者は、2005年9月、新宿区福祉事務所に組長であることを隠して、生活保護費を申請した。区は「病気で、収入はなく、審査して保護要件を満たしていた」として、同10月～08年6月、生活保護費約411万円、医療費約300万円を支給した。

区は「（亀田容疑者が）威かくすることはなく、ごく普通だった」ため、組長であることを見抜けなかった。「今回は警察の捜査に協力した。疑わしいケースがあったら、情報交換を密にしてやっていきたい」と話した。今後、だまし取られた約711万円の返還命令を行っていくという。

職員らに賭博の疑い

練馬区

練馬区公園緑地課の課長や職員に賭博開帳図利の疑いがあるとして、警視庁練馬署が捜査を継続していると、区は17日に発表した。

06年1月、区公園緑地課が親睦を深めるためにボウリング大会を開催し、33人が参加した。競馬のように参加者は各枠に約3人配置され、上位1位、2位の枠の組み合わせを予想したという。1口200円で、計94口、1万8800円を集めており、予想が的中した職員3人に一人あたり6200円を配分した。残りの200円は、ボウリング大会後の新年会に回されたという。

04年1月にも金銭を伴うボウリング大会の実施が確認されたが、06年1月を最後に金銭を伴わない大会に変更しているという。

練馬署は今年7月から捜査を始め、同課長ら8人を事情聴取した。捜査結果が出たら、区職員課は「処分しない選択肢はない」と話している。

記者席

うらやましいサポーター

○……ゲリラ豪雨対策の取材で、幕張新都心にある民間の気象予報会社・ウェザーニューズ社を訪れた。

東京から快速電車で30分もかかり、お世辞にも便利とは言えない場所。取材のアポを取る際、広報担当者は、少し申し訳なさそうに「ちょっと遠いですが……」と苦笑した。

同社の携帯サイトの会員数は160万人。サポーターと呼ばれる彼らが刻々とリポートを寄せて、同社の予報を支えている。人集めに苦労する自治体からすれば、何ともうらやましい話だ。

○……「負担の公平」による、使用料・手数料の見直しが全国の自治体で行われているが、一般の市民には「負担」というところだけが認識され、「公平」という観点は、いまだに認識されていない場合が多いようだ。

実際、子育て中の専業主婦が「ついこの前まで、体育館や公園で無料だった駐車場が有料になった」とぼやいていたが、そうなった流れと理由をかいつまんで説明すると、不満はなくならないものの「仕方ない」と納得。

自分中心で物事を見れば、負担増は納得できないことだらけだが、全体を捉える見方ができれば、「公平」の意味が見えてくる。市報やホームページでの周知はもちろんのことだが、自治体がきめ細かにそれをきちんと説明できるかどうかで、住民の信頼度は大きく変わってくる。

○……練馬区議会は17日、岩波三郎前区長ら5人を名誉区民にする議案を賛成多数で可決した。だが、岩波前区長の議決の際、反対8人、退場6人を出す異例の事態となった。

議決の前には反対討論が行われた。土屋俊測区議は公用車で温泉旅行に行ったり、負債を膨らませたことなどを理由に反対し、池尻成二区議は名誉区民の選定が「密室で行われた」ことに触れ、「区民と共に選ぶのが筋」と話した。さらに、共産党区議団6人は議会と区民の支持の判断が分かれていることを理由に、退場を決めた。

名誉区民にする基準はないため、個々の判断に委ねられることになる。それでも、全会一致で選定されるのが理想の形だろう。

キャリア教育推進フォーラム開催

子供の勤労観育てる工夫

都教育庁は、公立学校のキャリア教育の取り組みや成果を発表し、広く都民にキャリア教育について理解を深めてもらおうと、「東京都キャリア教育推進フォーラム」を10月4日、都庁の大会議室で開催する。3回目を迎える今回は、公立小中高・特別支援の5校の児童生徒が、職場体験やインターンシップなどで学んだ実践を紹介したうえで、家庭・学校・地域・社会が連携して、子供たちの勤労観、職業観を育てる意義や連携の工夫についてパネルディスカッションする予定。都立高校では現在、学校ごとにキャリア教育全体計画を策定し、教科や特別活動などを活用してキャリア教育に取り組んでいるが、教育庁ではフォーラム開催を契機に、さらにキャリア教育を推進していく考えである。

家庭・学校・地域等の連携へ

将来に対する不安や勤労意欲の低下、ニート・フリーターの問題などを背景に、児童生徒へのキャリア教育の充実が課題になっているが、都教育委員会は2004年4月に策定した東京都教育ビジョンの中で、系統的なキャリア教育の必要性を提示。これを踏まえ、都教委は、生徒一人ひとりが勤労観や職業観を身に着け、進路を主体的に選択できる能力や態度を育むために、系統的・計画的にキャリア教育を推進していく方針を示し、05年度から各種事業に取り組んできた。

具体的には、各学校でキャリア教育を推進するリーダー（教員）で「キャリア教育研究協議会」を立ち上げる一方、キャリアアドバイザー派遣事業を開始。卒業生らがキャリアアドバイザーとして各学校に出向き、生徒が主体的に進路選択できるよう支援した。また、都立高校におけるインターンシップ応援事業にも力を入れ、推進校として本所、小平、松原、足立西、練馬工業など10校を指定した。

06年度には東京都キャリア教育推進検討委員会を設置し、小中高などのキャリア教育のあり方を検討して報告書を作成した。07年度には、都立高校キャリア教育指導者連絡協議会や高等学校教育開発委員会（キャリア教育部会）などを設け、国際ロータリーとの連携によるインターンシップ事業を開始した。今年度は引き続き、都立高校キャリア教育実践連絡協議会、キャリア教育のあり方に関する調査研究などに取り組む計画である。

一方、各都立高校では、都教委のキャリア教育推進計画を踏まえ、学校ごとのキャリア教育全体計画を策定している。この中では、学校の教育目標や育てたい生徒像、キャリア教育の目標を定めたうえで、学年ごとの進路指導の重点を記述。さらに、キャリア教育で求められる人間関係形成能力、情報活用能力、将来設計能力、意思決定能力の4項目にそって、教科、特別活動、総合的な学習の時間それぞれで取り組む内容を盛り込んでいる。

たとえば、教科では家庭科、英語科、情報科、保健体育科などで保育実習や消費者教育、オーラルコミュニケーションにおけるスピーチのあり方、パソコンによる情報検索・データ分析、労働と健康についての学習など幅広く行っている。また、総合的な学習の時間では、インターンシップに向けたマナー指導やキャリアガイダンス、職業・職種等の調べ学習など、各学校が工夫をこらした教育を展開している。

こうした都立学校の取り組みの成果が、10月4日開かれる「東京都キャリア教育推進フォーラム」で発表される。今回は都立足立西高校、都立多摩高校、都立府中朝日特別支援学校の都立3校と、新宿区立江戸川小学校、豊島区立西池袋中学校が実践紹介を行う。児童・生徒が、職場体験やインターンシップなどを通して学んできたことや、保護者や地域の人たちと一緒に活動した喜びについて発表する予定。

このあと、「家庭・学校・地域・社会が連携してキャリア教育を進めよう！」と題したパネルディスカッションが行われ、大学教授や企業経営者、保護者、学校関係者らが出席。子供たちの勤労観・職業観を育てる意義や連携の工夫について話し合う。

教育庁指導部高等学校教育指導課では「本フォーラムを契機に、各学校が家庭・地域・社会とネットワークを構築してキャリア教育の充実を図り、キャリア教育の意義について広く都民に理解していただくことを期待している」と話している。

昨年のフォーラムでは小学校の実践報告が行われた

小学生は減少傾向に

教育人口推計・速報値　中学生は緩やかに増加

都教育委員会は18日、2009年度から5年間の公立小中学校の児童・生徒数を推計した「教育人口等推計」の概要（速報値）をまとめ、発表した。この推計は、学校の施設計画や統廃合など、教育行政上の諸施策を企画立案するために必要な基礎数値となるもので、1956年度から実施している。

推計概要によると、公立小学校の児童数は、10年度には今年度に比べて2791人増の56万4074人となり、ピークを迎える。その後は、緩やかな減少傾向をたどり、13年度は今年度に比べ、2485人減の55万8798人となると推計している。

これを区・市町村別にみると、区部は10年度に35万2507人（今年度比0・5％増）となり、その後減少するが、13年度にはやや増加。今年度に比べて535人増の35万1116人となると見込んでいる。

一方、市町村部は09年度に21万1612人（今年度比0・4％増）となるものの、その後は減少傾向となり、13年度は今年度に比べて3029人減の20万7682人となると推計している。

公立中学校の生徒数については、05年度に21万6664人となり、1956年度以降最低を記録したが、06年度から増加。13年度には今年度に比べて9378人増の23万3890人となると見込んでいる。区・市町村別では、いずれも増加する見通しで、13年度には区部が今年度比5484人増の13万9155人、市町村部が同3894人増の9万4735人と推計している。

教育人口等推計では、小学1年生と中学3年生の児童・生徒数を推計しており、小学1年生は12年度まで減少するが、13年度は今年度比660人増の9万4294人と見込んでいる。また、中学3年生については増減を繰り返しながらも増加傾向をたどり、13年度は今年度比4629人増の7万8502人となると推計している。

公立小学校児童数の推計

	2008年度	2009年度	2010年度	2011年度	2012年度	2013年度	増減率（%）
全都計	561,283	563,921	564,074	562,511	558,802	558,708	△0.4
区部計	350,581	351,409	352,507	352,192	350,154	351,116	0.2
市町村部計	210,702	211,612	211,567	210,319	208,648	207,682	△1.4

公立中学校生徒数の推計

	2008年度	2009年度	2010年度	2011年度	2012年度	2013年度	増減率（%）
全都計	224,512	227,510	226,817	230,606	232,119	233,890	4.2
区部計	133,671	135,449	134,535	136,876	137,900	139,155	4.1
市町村部計	90,841	92,061	92,282	93,730	94,219	94,735	4.3

※上下の増減率は08年度と13年度の比較

管理運営の評価は「良好」

埋蔵文化財調査センター

都教育庁は10日、2007年度の指定管理者（都立埋蔵文化財調査センター）の管理運営状況評価結果を発表した。同センターにおけるサービスの質の向上や安全管理の徹底などについて検証したもので、指定管理者は㈶東京都スポーツ文化事業団。

評価結果によると、センターの評価は、管理運営が良好であった施設としての「良好」評価だった。評価内容では①施設管理計画に基づき適切に管理を実施。事故や苦情はない②施設利用者増に取り組み、新たなPR活動や新規事業に取り組んでいる③今後とも埋蔵文化財調査の成果を生かした積極的な事業の実施が望まれる——の3点を挙げている。

評価は、学識経験者3人、公認会計士1人、職員3人の計7人からなる都立埋蔵文化財調査センター指定管理者評価委員会によって行われ、適切な管理の履行や法令順守、安全性の確保、財務・財産状況、利用状況、サービス向上について評価を加えた。

企画展「雑誌の魅力を探る」

10月1日まで開催

都立多摩図書館

都立多摩図書館では、来年度の「東京マガジンバンク」の創設に向けて、「雑誌の魅力を探る」をテーマにした企画展を開催している。

シリーズ展示第二弾の今回は、「アートは踊る」と題して、アーティストたちの技と才能が繰り出す多彩なアートを扱う雑誌を展示。美術やデザイン、写真、建築、音楽、演劇、伝統芸と様々なジャンルを紹介している。

場所は、立川市の多摩教育センター内の都立多摩図書館で、10月1日まで開催している。問い合わせは、都立多摩図書館（担当・大塚）☎042・524・6426まで。

毎週金曜3面は　教育オンライン

寄稿

東京都公立高等学校長協会創立50周年

感謝される学校の基盤づくりを

東京都公立高等学校長協会・前会長　佐治恒孝

東京都公立高等学校長協会は、今回50周年を迎えました。このことは、これまで支えてこられた歴代協会長、先輩校長先生方、事務局の方々の努力の賜物と敬意を払うと同時に、校長先生方の皆様に、深く感謝申し上げます。

さて、「10年ひと昔」という言葉がありますが、10年目という節目にあたって、創立時の精神の原点を見つめ直すとともに、これまでの経験を生かし、さらなる将来の発展を誓い合う年であるという意味を含んだ言葉であります。

私が会長を務めていた2005、2006年度は、校長協会が会長の公選制を取り入れての2回目で、甲田会長の後を受けて着任いたしました。

05年は、東京都の都立学校改革の仕上げに入る最中で、行政からの指示、通知のメールが雨、あられのごとく、パソコンの校長端末に送られ、校長の多くは、メールを読み取るだけでも大変で、それを学校現場にいかに反映させるか苦心惨たんの思いをしておりました。

その時の私自身の選挙所信は、校長協会と行政が車の両輪に、校長協会が教育施策への提言を行う、校長協会を研究・情報交換の場にするなど、行政と校長の協力体制を構築し、校長を元気にしていくと、訴えたと記憶しております。

当時は、都立学校改革推進計画をはじめとする社会の変化に対応する教育改革の最重要事項として、従来にない校長のリーダーシップ、組織マネジメント、説明責任、法令順守を形だけでなく実として求められた時でした。

東京都は、その具体的な施策として、従来にない人材育成、能力開発を目指し、学校経営計画に基づく、自己申告、授業観察・面接を行い、昇給昇任を視野に入れた業績評価を行う人事考課、主幹制度や校長を支援する学校経営支援センターを実現しました。

特に、協会長として、校長の意思決定を明確にした人事の決定、職員会議のあり方等詳細を定めた管理運営規則の改正や国旗・国歌等の学習指導要領、都立学校改革推進計画の定着のため、奔走しました。

新たな教育施策が示されるたびに、協会として現場の意見を集約し、教育庁に出向き様々な要望・提言を行ってまいりました。行政の教育改革の手法は、都民のアンケートの結果や学校現場での事故、事件を取り上げての改善策が提示されました。

協会としては、現場の校長として、改善のための制度改革であると説得しつつ代案を教育庁に幾度か出したり、施行までの期間の猶予等を迫りました。

しかし、おりしも学校現場での生徒のいじめや未履修問題、教員の不祥事などが発覚し、学校の経営能力が問われている時と重なりました。そのため、対応部局から不祥事の実態を示され、その改善のため従来にない改革の具体的な施策の必要性を説かれ、言い返せない悔しい思いもいたしました。

そんな中でも、都PTA等と連携し、全都立高校の冷房化がかなったこと、土曜授業が実施できたことや部活動が教員の本務に位置づけられたこと等は、嬉しいことでありました。

都立学校は変わった、良くなったとの批評は聞きますが、今考えると、行政からの施策の多くが何年も前からの用意周到に練られた策であったと回想します。

近年、東京都の教育改革は進み、「かたちは整い、あとは魂を入れるだけ」と叫ばれる時に、私は現職を退きました。

現在は、教育界を外から見る立場となり、世間は、「都立学校は変わった、学校の姿勢が見える」「生徒のための学校の視点を感じる」との声を聞く一方、「校長はじめ多くの先生方は疲弊している」「学校は行政の言いなり」など、様々な意見も聞きます。これらの施策の評価は、後の社会や教育界での検証結果を待ちたいと思っております。

最後に、校長協会は教育の専門職の校長集団です。これからの教育は行政職と教育職が連携・協力することにより、実り多い教育が出来ると思います。ぜひとも校長協会がオール校長の集まりであるよう願い、次代を担う子供たちが輝き、入学して良かった、卒業して良かったと感謝される学校の基盤づくりを行い、東京都だけではなく、日本の教育へのリーダーシップを発揮されることを、祈念いたします。

東京都公立高等学校長協会　創立50周年記念式典

記念式典であいさつする現・斉藤光一会長

教育支援の現場から　1

シリーズの始めに

次の一歩は踏み出せる

今回から『教育支援の現場から』という視点でシリーズを担当することになったNPO教育支援協会連合会東京支部理事の杉浦です。現在の高等学校のあり方、現状、公教育の抱える課題などに対して、様々な角度から言及出来ればと考えています。初回の今稿では、簡単に私自身のプロフィールと教育支援協会の活動を紹介させていただきます。

私は小学生の頃、体が弱かったせいもあり何事にも自信がなく、勉強も出来ませんでした。毎日のように保健室登校を重ね（今でいう適応指導教室に在籍）、友達や女の子からも泣かされていましたが、小学校4年の時に竹岡健康学園に入園し、規則正しい生活を送ることを覚え、そこにいる先生方の励ましで自信がつきました。それまでの通知票は5段階で1と2ばかりでしたが、人並みに勉強もできるようになりました。

入園当初は慣れない環境に落ち込むことも多くありました。多くの他の生徒と違う学園生活を送っている自分に不安を覚え、元の生活に本当に戻れるのか心配になったことも少なくありません。しかし、最後には先生方のおかげでたくましく成長できたと思います。

後から考えると、私が経験したこのような学生時代のつまずきというのは実はたいしたことではなく、逆に良い経験になったとすら思えます。もちろん、その渦中では大きな不安感に飲み込まれそうになりますが、本人の自覚と学校生活を送る環境、そして先生方の励ましでそういった不安は払拭され、心境は大きく好転するのだと今では理解しています。

この経験から、勉強ができなかったり自分に自信の持てない子どもに対して、励まし、その子どもにとって次のステップに進むにはどのような環境が一番適しているのかを一緒に考えることが使命と考え、日々教育支援の活動をしています。この活動を通して思うことは、高校卒業資格取得のための道が以前より増え、中学・高校生が自分の生活を〝選ぶことが出来る〟ようになってきたということです。

そして、さらに強く感じていることは、高校中退者と中学不登校生の数が年々増えてきていることです。大人の社会が多様化してきていることを受け、進学高校選択の幅の広がりを含む、子どもの社会も様々に形を変えてきています。学校や家庭、友達との学校生活の中で、周りと歩調を合わせることに疑問を持ち、孤立してしまう。一歩踏みとどまり、自分を見つめ直そうとしている生徒も多いのではないでしょうか。

そんな子ども達が現状から踏み出そうとした時にこそ、手を差し伸べ導いてあげる存在が必要だと思うのです。具体的には、転校、つまり学校を変わりたいという相談が多い状況です。公立が不合格で私立の高校に進学したのはいいが、校則が厳しくすぐに嫌になってしまった。スポーツ推薦で進学したが、ケガや部員とのトラブルで退部したい。スポーツ推薦での進学の場合、退部はすなわち退学という私立は多くあります。

考えてみれば、14～15歳の子どもが、これから進む3年間を決定するというのは、かなり難しいことです。このような相談が多いのは頷けます。そのような子どもに、高校卒業資格取得さらにはその後の進学も含め、進路についてもっとも適切なアドバイスをするようにしています。

一度つまずいたことのある相談員が、「自分の意志があれば次の一歩は踏み出せるんだ」ということをモットーに日々相談を受けています。

問い合わせ先　NPO法人教育支援協会連合会東京支部☎6806・8366

（杉浦孝宣）

都定例監査報告

出資団体含め 37件の改善求める

特命随意契約を重点監査

都監査委員は18日、08年の各会計定例監査報告書を第3回都議会定例会に提出した。本庁137部、事業所346所で監査を実施し、98件の指摘および7件の意見・要望を行った。また、今回は「特命随意契約」を重点監査事項としてチェック。全体の指摘等のうち、特命随意契約に関わる指摘等は37件だった。このうち出資団体等に関わるものも8件あり、改善を求めた。

■重点監査

重点監査事項となった特命随意契約については、04年の行政監査でも実施している。今回は、その後3年が経過したことを踏まえ、監査結果に基づいて各局が行った自己点検後の状況を検証した。特に、都の出資団体等との随意契約について、特命理由の妥当性を重点検証した。

監査対象となったのは、07年度に契約した特命随意契約のうち、工事・修繕契約および、契約金額30万円未満の契約を除く8639件で、そのうち3968件を抽出して実施。この結果、37件に指摘および意見・要望を行った。このうち出資団体等に関わるものは8件だった。

指摘等を受けた理由で最も多いのが「特命理由が妥当でなかったもの」。専門性は一定認められるものの、他にも履行できる事業者がいるものなどが多く見られ、37件のうち半数となる18件がこれにあたった。出資団体等に関わるものも6件あった。

建設局公園緑地部では、スポーツ施設の予約センターの運営を特命で㈶東京都公園協会と締結したが、特命理由とした「円滑な業務運営に必要な都市公園法などの関連法令を熟知していること」などは業務マニュアル等で対応可能であり、他の業者でも業務が履行できるなどとして見直しを求めた。

生活文化スポーツ局都民生活部では、旅券の作成業務を特命で委託したが、特命理由とした「外務省が行った旅券作成機の操作研修を受講している」事業者は他にもあることなどから、委託契約のあり方について検討するよう求めた。

また、出資団体に関わる指摘のうち、下水道局は、宅地内の配水設備の接続状況の調査作業を東京都下水道サービス㈱と特命随意契約したが、宅地内の排水設備の構造に精通している業者であれば遂行できるため、特命契約は不適切と指摘された。

■事務・事業監査

重点監査事項以外の事務・事業監査では、指摘事項が65件、意見・要望等が3件だった。

都市整備局は、都営住宅退去者に保証金などの返還金がある場合、ゆうちょ銀行の払出証書を送付しており、退去者が6カ月内にゆうちょ銀行や郵便局で現金と交換しなければならないが、07年度に還付した保証金5381件のうち、現金に交換されないものが213件もあった。返還方法として口座への振込を選択できるようにすれば利便性が向上するため、見直しを求めた。

さらに今回の監査では、監査委員が局長等と面談・意見交換を行う「トップインタビュー」も初めて実施した。各局の事業環境や事業運営に対するトップの認識や、内部統制の整備運用状況について把握しようとする試みで、引き続き今後も行うという。

お粗末な契約に厳しい指摘

当初開発費9600万円 ▼▼▼ 改善に1億3900万円

病院経営本部の財務会計システムで

当初開発費を上回る費用で財務会計システムを改善！――。18日に報告された定例監査では、こんなお粗末な契約を行ったとして、厳しい指摘が出された。

指摘を受けたのは、病院経営本部の経営企画部とサービス推進部。両部は、それまでの病院事業財務会計システムが稼働してから12年が経過したため、06年度に新たなシステム構築を9597万円で業者と結んだ。しかし、旧システムに備わっていた機能を新システムに盛り込まなかったため、運用開始後に未収金の計上が正しくできないなどの不具合が頻発。改善のため、当初の開発費用を上回る1億3947万円で追加開発する羽目になった。

しかも、監査日現在（5月21日）も、各病院から60件を超える改善要望があり、今後は、さらなる追加開発の検討を行わざるを得ない状態という。

監査報告では、「合意確認時の仕様調整で盛り込み、新システムの動作検証などを十分に行っていれば当初の委託で開発できた」などと指摘。病院経営本部に対し、効果的、効率的なシステム開発に取り組むよう苦言を呈した。

都職員共済組合

湯河原荘を3月末で廃止

耐震診断結果踏まえて判断

都職員共済組合は12日に組合会を開催し、「直営保養施設湯河原荘の廃止について」を報告、了承された。同施設は11年度までに廃止することが決まっていたが、耐震診断結果等を踏まえて、廃止時期を09年3月末と明確に示した。営業は今年12月29日までとなる。

共済組合の保養・会館施設では、民間事業者に運営を委託している箱根路開雲、ブランヴェール那須、アジュール竹芝のほか、直営による湯河原荘の4施設がある。

このうち、69年3月にリニューアルオープンした湯河原荘では、施設の老朽化に加え、組合員の利用減少、経常的な赤字などを理由に、04年2月の福祉事業等検討委員会で「遅くとも11年度までに廃止」「建て替えや大規模改修は行わない」ことが決定された。

たとえば、施設利用者一人当たりの収入は、02年度以降、8500円前後で推移する一方、一人当たりの経費は、経営努力で縮小傾向にあるものの、02年度の1万8821円から06年度も1万3022円にのぼり、利用料金だけで運営できず、保健経理からの繰り入れが行われている現状だ。湯河原荘への繰入額は、06年度決算ベースで7983万6千円という。

今回、施設の廃止時期を前倒しする形で明確にした背景には、今年2月に判明した耐震診断結果が挙げられる。構造耐震判定指標値（Ｉｓ値）は0・34となり、都財務局と都市整備局が策定した「東京都が所有する防災上重要な公共建築物の耐震性に係るリスト」によると、「十分な耐震性が確保されていない」というレベルだった。

ただし、客室と廊下の壁を厚い耐震壁とする工法で最小規模の改修工事を選択した場合でも、約6千万円の経費と3カ月の休業が必要で、さらに建物劣化診断結果から、厨房施設やボイラー設備等で早期改修が必要とされ、耐震改修とは別に約1億2千万円の経費がかかることが分かった。

このため共済組合では、工事を実施した場合でも、今後、利用者の急激な増加が見込めず、投資効果も極めて低いこと、福祉事業全体の財政状況を踏まえて、これ以上、改修経費等で保健経理からの繰入金に依存することは困難として、今年度末での廃止を判断した。

営業終了に関しては、すでに3カ月先の宿泊予約を受け付けているため、今年12月29日の宿泊までとし、年末年始の営業は行わないこととしている。湯河原荘は鉄筋コンクリート造6階建の32室。定員は101人。

電気自動車の急速充電器を試験設置

道路整備保全公社

道路整備保全公社は、09年の市場投入が想定されている電気自動車向けの急速充電器を、試験的に10月上旬から直営の丸ノ内鍛冶橋駐車場に設置する。

充電器は、東京電力が開発したもの。通常の家庭用のコンセント（100ボルト）で100％の充電を行うと、8時間～14時間程度かかるが、同充電器では1時間10分～20分程度で充電できるという。使用は無料で、駐車料金のみ徴収する。駐車料金も低公害車の割引があり、最初の1時間は無料となる。

同公社では、今後も電気自動車の普及状況を見ながら、23区内の9カ所程度に急速充電器を設置するよう検討するという。

今年も都庁舎ライトアップ

ピンクリボン運動

都は10月の乳がん月間に合わせて、早期発見や検診受診を啓発するピンクリボン運動を展開する。イベントや都庁舎ライトアップ、ハローキティをデザインしたバス共通カードの販売、都庁前通りのバナー掲出など、都庁各局や民間と協働した取り組みが予定されている。

都民広場で開催するイベント「ピンクリボンin東京2008」では、トークショーやコンサートのほか、検診の大切さを伝えるポストカードの送付、都庁舎をピンク一色にライトアップする際のカウントダウンも行われる。

ライトアップは1日から3日間行われ、環境への配慮からバイオマス電力を使用する。

このほか期間中には、都庁内職員食堂等でのピンクリボンランチメニューの提供、JR中央線や都営大江戸線での電車広告ジャックなど様々な取り組みを通して、関心を高めたい考えだ。

SPM環境基準初めて全局達成

八都県市

都環境局はこのほど、07年度の八都県市内の大気環境測定の結果、一般環境大気測定局と自動車排出ガス測定局の全測定局（393カ所）で、初めてSPM（浮遊粒子状物質）の環境基準を達成したと発表した。

今回の達成状況に関して、八都県市では1都3県のディーゼル車運行規制など、首都圏での自動車排出ガスへの取り組みが貢献したと見ている。

ただし、二酸化窒素については、自排局で未達成局があり、引き続き取り組みを進める考えだ。

地方独立行政法人

07年度業務実績評価まとまる

産技研は「優れた進捗状況」

都が設立した地方独立行政法人の07年度業務実績評価結果が17日までに、都地方独立行政法人評価委員会（委員長＝原島文雄東京電機大学教授）から知事に報告された。評価対象となったのは、産業技術研究センターと首都大学東京の2法人。全体評価では「優れた進捗状況」（産業技術研究センター）、「年度計画を概ね順調に実施」（首都大学東京）としている。

首都大学「概ね順調」と評価

業務実績評価は、法人の事業の進捗状況や成果を年度計画の項目ごとに評価する「項目別評価」と「全体評価」で実施する仕組みとなっている。

独法化後、今回が2度目の評価となる産業技術研究センターについては、積極的な取り組みを〝特出し〟で評価するため、07年度から項目別評価を従来の4段階から5段階（S～D）に変更した。

16日の都議会経済・港湾委員会に報告された産業技術研究センターの07年度評価では、項目別評価を行った28項目のうち、「デザインセンター」「機器利用サービス」「依頼試験」「外部資金導入研究・調査」の4項目が、最も高い評定S（年度計画を大きく上回って実施）とされた。このほか評定A（順調）は10項目、評定B（概ね順調）は14項目、下位にあたる評定C及びDはなかった。

評定Sの中でも、06年9月に開設したデザインセンターに関しては、公設試験研究機関で唯一の高速造型機を活用し、中小企業の製品開発作業の迅速化を図るなど、製品化支援に結びついた点を高く評価した。

また自社内に十分な試験研究設備等を持てない中小企業向けの機器利用サービス、製品の品質・性能評価に活用される依頼試験は、ともに中期計画の目標値を大幅に上回る実績を上げたことが認められ、評定Sとなった。

このほか外部資金導入の面では、提案公募型研究、受託研究・調査、地域結集型研究などを積極的に実施し、約4億円の外部資金を獲得、計画目標額（年間1億円）を大幅に超える成果を得たことが評価につながった。

全体評価では「ポジティブな方向に変化してきており、機動性、柔軟性を発揮した運営を行っている」とし、最上位から2番目にあたる「計画達成に向けて、業務全体が優れた進捗状況にある」と判断している。

一方で、環境負荷を低減する社会の実現や危機管理などの観点から、環境・福祉・安全安心といった社会的課題に対応した技術の育成が必要と指摘。また人材確保のため、役割に応じた職員の雇用といった多様な採用体系を検討するよう求めるなど課題も挙げている。

■■■

首都大学東京の07年度評価は、17日の都議会総務委員会に報告があった。4段階で実施された項目別評価では、計43項目について、学修に関する支援、就職支援、研究実施体制等の整備など8項目で最上位の評定1（順調）、評定2（概ね順調）は35項目、評定3と4は前年度に引き続きなかった。

全体評価では「年度計画を概ね順調に実施している」としながらも、07年度が第1期中期計画期間の中間年度にあたるため、「離陸」の時期から「成果」が求められる段階に入ったと総評。大学のアイデンティティーとブランド形成に向けた一層の改革努力を期待するなど、問題意識も含めた内容となっている。

法人に対する要望としては、組織運営上の課題を挙げた。この中では、08年度に都立産業技術高等専門学校が法人に移管され、複雑な組織運営が要請される中、戦略立案と実行のすべてを理事長と学長に集中させることは困難と述べたほか、経営側と教学側の双方向の情報伝達や意思疎通の確保の重要性にも言及した。

その上で「基本方針は経営トップが責任と権限を駆使する一方、経営と教学の運営については多様な人材から知見を求めることが望ましい」との考えを打ち出し、学識と見識を備えた人物を副学長として複数設置するなど、体制を整備することも強く求めた。

このほか「法人化と4大学の融合という2大課題のマネジメントで的確な成果を上げる」との中期計画期間前半の主目標に関しては、最終的な達成度を測る年と位置づけた07年度に「総じて満足すべき結果が得られた」と評価。一方で、11年度からの次期中期目標を見据えながら、現計画の進捗状況や新たな数値指標の設定も含めて、計画の策定に向けた準備を早急に準備するよう要望している。

青山学院大学で行われた2級職事務の試験会場の様子

区経験者採用試験

平均倍率は17・9倍

3級職（主任主事Ⅱ）事務は97倍

今年2年目となる特別区の経験者採用試験が15日、都内の3大学を会場に行われた。全区分で計6170人が申し込み、当日は4088人が受験。全体の受験率は66・3%となり、前年度（58・8%）に比べ7・5ポイント上昇した。全体の合格倍率は17・9倍となる。

事務の試験区分ごとの受験者数は、28歳～31歳が対象となる2級職が891人（採用予定数100人）で、受験率は前年度比11・1ポイントアップの63・7%となった。合格倍率は8・9倍。

同じく32歳～37歳が対象の3級職（主任主事Ⅰ）は1411人（同50人）が受験し、受験率は前年度比6・6ポイントアップの67・5%となった。合格倍率は28・2倍。

37歳～45歳を対象とする3級職（主任主事Ⅱ）は、今年度初めて実施。事務は、13人の採用予定数に1265人が受験し、合格倍率は97・3倍となった。受験率は66・4%。

1次試験の合格発表は10月20日に行い、2次試験は11月1日～30日の土、日、祝日に実施。最終合格発表は12月5日となる。

また15日にはⅢ類の採用試験も行われ、3102人の申し込みに対し2504人が受験した。受験率は80・7%で前年度より4・3ポイント上昇。合格倍率も15・7倍で、同5・2ポイント上がった。第1次試験の合格発表は10月20日で、最終合格発表は11月11日となる。

都専門人材（主任）採用

全体の受験率は87・8%

都人事委員会は17日、08年度の東京都職員専門人材（主任）採用試験等の実施状況を発表した。

専門人材（主任）採用試験では、1次試験免除者を除く278人のうち244人が受験、受験率は87・8%で前回を2・7ポイント上回った。

専門人材（主任）採用試験では、採用予定者数を前年度よりも18人増やし、44人程度としたが、申込者数は土木区分を中心に減少し、全体では56人減の321人にとどまった。

試験区分別の受験率をみると、事務では資金運用が88・9%、財務が92・3%、不動産が90・0%で前年度から上昇。システムは3・4ポイント減の84・9%だった。土木は4ポイント増の88・6%、申込者全員が免除資格者で、前回は1次試験が行われなかった建築構造は、対象となる2人が受験した。

高島　正雄さん（たかしま・まさお＝高島直樹・都議会自民党幹事長の父）16日死去、90歳。通夜は21日午後6時～7時、告別式は22日午前10時半～12時。場所は、赤門勝専寺（足立区千住2丁目11番地）。

小林　進さん（こばやし・すすむ＝文京区議）13日死去、58歳。

昇任試験対策のページ

㉑年度 職員教養講座 [13]

経営に関する知識 ②

今回から2回にわたって演習問題を掲載します。

問　題

【問題 1】
経営学説に関する記述として、妥当なのはどれか。

① 管理過程論は、計画の作成、組織の編成、活動の統制が相互に関連しながら一定の順序に従って継続的、反復的に行われるプロセスを主な考え方とし、ファヨールは、管理過程を予測、組織、命令、統制という四つの要素からなるとした。

② メイヨーは、ホーソン実験により、作業部屋の照度など、物的な作業条件が最も作業能率に影響を及ぼすことを発見し、従業員のモラールといった心理的条件は、作業能率の向上に無関係であることを証明した。

③ バーナードは、組織の評価基準として、目的達成の観点である「組織の能率」と組織維持の観点である「組織の有用性」が重要であることを説き、経営者には高い道徳性と責任能力が必要であることを主張した。

④ ドラッカーは社会構造の変化について、商業社会、産業社会、組織社会、知識社会の順で変遷していくことを示し、次の社会への変化の前にまず経済レベルでの変化があり、それが社会レベルへ影響を及ぼすことを主張した。

⑤ コンティンジェンシー理論は、状況適合理論とも言われ、あらゆる環境に対して唯一最善の組織を構築していくことが、組織に直面する諸環境の不確実性を取り除き、高い業績をもたらすとしている。

【問題 2】
シナジー効果に関する記述として、妥当なのはどれか。

① シナジー効果は、日々の仕事を通じて得られる経験が蓄積されるにつれて、コストが低下する現象のことであり、販売拡大戦略において最も明確に表れる。

② シナジー効果は、経営資源の共有や相互の補完性により、「2+2=5」となるような単に足し合わせる以上の効果だけでなく、「2+2=1」となるようなマイナスの効果もある。

③ 経営管理シナジーは、新製品市場と旧製品市場とがその経営管理において密接な関連を持って生じるもので、新製品市場に対して旧製品と共通の流通チャネルが利用できる場合がこれに該当する。

④ 投資シナジーは、製造間接部門や生産施設、人材の共通利用によって、間接費の分散、原材料の一括大量購入による価格割引などから、経費を削減できる場合をいう。

⑤ 多角化戦略は、製品分野、市場分野ともに全く新しい分野への進出により、成長を図る戦略なので、シナジー効果を期待することはできない。

【問題 3】
経営戦略に関する記述として、妥当なのはどれか。

① ポーターは、「戦略ターゲット」を業界全体、特定セグメントに分け、「戦略的優位性」を低コスト、差別化に分け、その組み合わせから四つの競争戦略を提示した。

② コストリーダーシップ戦略は、特定のセグメントをターゲットにしており、競合他社より低いコストで生産・販売を行うことによって優位に立つ戦略である。

③ 差別化戦略は、業界全体をターゲットにしており、競合他社とは製品、サービス、価格、流通チャネルなどの差別化を図ることによって優位に立つ戦略である。

④ ニッチ戦略は、業界全体をターゲットにして、コストの優位または差別化の優位のいずれかを目指す戦略であるので、この戦略では、コストと差別化共に競合他社より優位に立つことはできない。

⑤ ポーターは業界の競争構造を決定する要因として、新規参入の脅威、代替製品の脅威、顧客の交渉力、供給業者の交渉力、の四つを提示した。

【問題 4】
IT時代の経営に関する記述として妥当なのはどれか。

① カスタマー・リレーションシップ・マネジメント（CRM）は、新規顧客の開拓を行って、顧客との関係強化を目指した手法であり、最近ではインターネットやモバイル機器との連携を図ったものも登場している。

② ソリューション・セリングは、単に製品だけを顧客に販売するのではなく、顧客の問題解決プロセスを理解し解決策を販売、提供するものである。

③ コア・コンピタンスは自社の持つ経営能力の企業内部の強みと弱み、外部環境における自社の機会と脅威を分析することにより、企業の強みを活かしていく経営手法である。

④ ナレッジ・マネジメントは、企業の経営活動から生まれた経験、ノウハウ、アイデアなどの形式知を、暗黙知として共有化し、活用していく手法で、ITの進展とともに生み出された概念である。

⑤ クリック・アンド・モルタルは、オンラインストアにより、顧客から直接受注を受けて生産し、販売する手法であり、卸売業者や小売業者を使用しないことに特徴がある。

【問題 5】
クロス・ファンクショナル・チームに関する記述として妥当なのはどれか。

① クロス・ファンクショナル・チームは、プロジェクト・チームと異なり、常設的に設置される。

② クロス・ファンクショナル・チームのメンバーは、社内の各部門から選抜された者であり、社外の取引先やコンサルタントがメンバーに加わることはない。

③ クロス・ファンクショナル・チームは、職能部門組織と事業部制組織のそれぞれのメリットを生かした組織形態であり、多元的な命令系統が特徴である。

④ クロス・ファンクショナル・チームには、優秀なリーダーシップが求められ、メンバーは自部門のみならず全体的な視野をもって課題解決にあたる必要がある。

⑤ 日本では、トヨタがリバイバルプランの策定に当たり、クロス・ファンクショナル・チームを活用した。

解　説

【問題 1】　正答 ④

① ファヨールは管理過程を、予測、組織、命令、調整、統制という五つの要素から成立していることを主張し、管理過程を遂行するに当たっての指針として、14の管理原則を示した。

② メイヨーによるホーソン工場での実験結果は、物的作業条件よりも心理的条件の方が作業能率に重要な影響を与えることを示し、非公式組織の存在が明らかになった。これらの研究成果は「人間関係論」としてまとめられた。

③ バーナードは目的達成の観点を「組織の有効性」、組織維持の観点を「組織の能率」と呼び、組織の評価基準として重要な指針であることを主張した。

④ 正しい。

⑤ コンティンジェンシー理論では、あらゆる環境に対して唯一最善の組織は考えられず、環境ごとに適した組織は異なるものであり、組織と環境との適合関係が良好なときに高い業績をもたらすとしている。

【問題 2】　正答 ②

① 設問の内容は、「経験効果」の説明である。「経験効果」は、生産労働者の技術の習熟度、職務の専門化と作業方法の改善による効率、設備の改善、技術革新などが原因で発生する。

② 正しい。既存事業の成功要因と、新事業の成功のために不可欠な要因が著しく異なる場合に、シナジー効果がマイナスになることがある。

③ 後段は「販売シナジー」の内容なので誤りである。「販売シナジー」の例として設問の場合のほか、新製品市場と旧製品市場において、販売管理、倉庫、広告、販売促進、評判などを共通に利用できる場合が挙げられる。

④ 設問の内容は、「生産シナジー」の説明である。「投資シナジー」は、共通の部品の利用による在庫投資の節約、工場や機械、工具の共通利用による追加投資の節約や類似製品の研究による研究開発費の節約など、投資を節約できるときに生じる効果である。

⑤ 後段が誤りである。多角化戦略は「関連型多角化」と「非関連型多角化」があり前者の場合にシナジー効果が期待できる。

【問題 3】　正答 ③

① 後段が誤り。他の選択肢にもあるとおり、ポーターは、コストリーダーシップ戦略、差別化戦略、ニッチ戦略の三つを提示した。

② 前段が誤り。特定のセグメントではなく、業界全体をターゲットにしている。セグメントとは、特定の顧客グループ、特定の製品種類、特定の地域市場などを指す単位のことである。

③ 正しい。価格において、コストリーダーシップ戦略をとらなくても、ブランドイメージ、品質などを勘案して、高価に設定することにより、競合他社との差別化を図ることができる。

④ ニッチ戦略は、特定のセグメントをターゲットにして、競争相手が発見できないような隙間を見つけて創業者利益をねらう戦略である。また、コスト優位と差別化優位を同時に達成することもできる。

⑤ 新規参入の脅威、代替製品の脅威、顧客の交渉力、供給業者の交渉力と競争業者間の敵対関係（ポジション争い）の五つを提示している。

【問題 4】　正答 ②

① 新規顧客の開拓は、不確実性に加え、既存顧客を維持するよりコストがかかる。したがって、CRMは既存顧客を維持し、関係強化を図って顧客戦略上の優位性をねらうことを目的としている。

② 正しい。

③ 設問の内容は、「SWOT分析」の説明である。コア・コンピタンスは、他社にはまねができない核となる能力（技術、システム等）のことで、自社の競争優位を生み出す根源となるものである。

④ 形式知と暗黙知が逆である。

⑤ 設問の内容は、「デル・ダイレクト・モデル」の説明である。クリック・アンド・モルタルは、インターネットショッピングと実在する小売店舗を統合的に運用し、両者の相乗効果を図るビジネスモデルである。

【問題 5】　正答 ④

① クロス・ファンクショナル・チームは、プロジェクト・チームの一形態であり、一時的にも常設的にも編成される。

② クロス・ファンクショナル・チームは、外部の人材もメンバーに加えることができる柔軟な組織形態である。

③ 設問の内容は、マトリックス組織の説明である。

④ 正しい。

⑤ トヨタではなく日産である。

21年度 教育管理職への道しるべ ▶3◀

A 論文 ②

論文の骨組みを考える

前回は、A選考論文試験の出題の傾向を踏まえて、準備段階としてやるべきことを中心に説明しました。今回は、まず論文の骨組みとなるレジュメについて説明します。

レジュメは前回でも述べたように、全体構想図であり、論文の骨組みとなるものです。レジュメの出来が論文の出来不出来に大きく関係しますので、準備の最初の段階からしっかりと時間をかけて作成するようにしてください。四角囲みの論文構成を参考にして、はじめは個条書き程度で書いてみて、その後、自分なりの考え方を挿入し、文章を肉付けしていきます。その際、課題や問題点と解決策が相互に対応しているか、盛り込む内容のバランスを欠いていないか、などに注意しながら作成しましょう。

レジュメが出来上がったら、管理職や合格者に見てもらうとよいでしょう。指導を受けることでテーマに対する理解不足がカバーされ、押さえるべきポイントが明らかになります。出題テーマの予想は困難ですが、幅広い分野から事項を選択し、それに対応できるようにしておきます。作成したレジュメは分野別に整理し、繰り返し何回も読んで、少なくとも骨子程度は覚えておくようにします。

論文を作成する

レジュメが完成したら、これをもとに論文を書き始めます。骨組みであるレジュメに肉付けしていくイメージで書いていきましょう。最初は字数にとらわれる必要はありません。論文作成を重ねていくことによって表現力も向上し、適切な文章表現ができるようになり、一定の字数に落ち着いていきます。

論文を書き上げた後は、必ず管理職や合格者に見てもらい、指導を受けるようにしましょう。出題者（採点者）は、書かれた文章を通して、受験者の日ごろの実践や教育管理職としての資質を見極めようとします。自分の意図が果たして正しく伝わっているかどうか、練習を通して得られた指導・助言は、論文を合格レベルに引き上げるために極めて重要です。

論文の形式を整える

次に、論文作成の具体的方法について述べていきます。

まず、平成20年度の試験問題を見てみましょう。字数は1500〜2千字と指定されています。限られた字数と試験時間（2時間）の中で、受験者は設問に対する自分の考えを明確かつ分かりやすく表現しなければなりません。

管理職選考での論文の形式としては、三段構成、四段構成があります。三段構成は、序・破・急型であり、それぞれ導入、展開、結論に対応した形をとります。四段構成は、起・承・転・結の四つの章からなります。この場合は、（起）導入、（承）問題点の指摘、（転）解決策の提案、（結）まとめ、という形になります。このような構成を意識せずに書き流した論文は、採点する側にとっては読みづらく、受験者の論旨や主張も把握しにくくなります。記述された内容が素晴らしいものであっても、「相手に分かりやすく理解させる」ことができなければ、合格水準に達する論文にはなりません。

A選考論文試験の特徴

平成20年8月4日に人事部試験室が公表した「平成20年度東京都公立学校教育管理職選考筆答試験問題について」によれば、A選考論文問題について「選択A問題ではグラフ等の資料、選択B問題は文章資料を提示し、これらの資料をもとに、受験者が今日の学校教育や社会の現状を踏まえて、大局的に課題を把握・分析し、行政における教育管理職としてどのようなことを行うか、課題解決のための具体的な方策など、自らの考えを述べるもの」としています。

20年度の試験問題を見ると、選択A問題、選択B問題ともにそれぞれ二つの設問があります。設問1では、提示されたグラフ等の資料（A問題）や文章資料（B問題）をもとに、学校教育の課題や学校における課題について400字程度で考えを述べるよう指示されています。設問2では、設問1で述べた考えに立って、行政における教育管理職としてどのようなことを行うかを具体的に述べるよう指示されています。

各設問で求められているのは、およそ次のような点です。

【設問1】（ア）資料を読み込み、課題を把握すること、（イ）課題を分析し、今の学校教育・学校経営に何が求められているのかを明らかにすること、（ウ）それを踏まえて、将来を展望した教育活動の改善や教育改革の方向性について自らの考えを述べること、つまり、ビジョンを示すということ。いずれの点についても、今日の学校教育や社会の現状を踏まえて、幅広い視点から考える必要があります。課題は三つ程度挙げます。ただし、この課題に対応した解決策を後に論述しますので、解決策が見当たらないような指摘は避けます。

言い換えれば、設問1は、課題の把握を基本としつつ、論文の全体像をコンパクトにまとめたものと言ってもよいでしょう。四段構成で言えば、「承」の中の特に核となる部分を中心に、今後のビジョンを示す部分（「転」の一部）を加えたものと考えられます。これを400字程度で表現しなければなりませんから、簡潔に記述する必要があります。試験当日に初めて見る資料から、限られた時間と字数でこれだけの内容を盛り込んだ記述をするのは容易なことではありません。日ごろから資料収集や資料分析をするなど事前の準備を十分にしておく必要があります。

【設問2】設問1で示した課題とビジョンに基づいて、実際に受験者が行政における教育管理職として何をしていくのかを論述していきます。四段構成で言えば、起・転・結の部分を1100字から1600字程度で述べることとなります。ここで重要なのは、先に挙げた課題に対応するよう問題点を顕在化させることです。設問1の関係で「承」の核となる部分を先に述べる必要があるため、通常の四段構成の文章とは若干異なる点に注意が必要です。

また、これに続く解決策の記述は、問題点として挙げた順に提示することとなります。ここで最も注意しなければならないのが、理念や理想を記述するのではなく、その解決策を実現するに当たって、具体的にどのようなことに取り組むかを記述することです。教育管理職として何をするのかが問われているのですから、ここで示す取り組みについては、実現可能なものでなければなりません。説得力をもたせるために抽象的な記述ではなく、できる限り具体的に記述します。さらに、取り組み内容に加え、その効果や解決策を実施するにあたって工夫すべきことまで踏み込んで記述します。

記述の際の留意点

最後に、各章を記述する際のポイントを挙げておきます。

ア　教育管理職としての視点で記述すること。管理職選考の論文ですから、管理職としてどう問題点を把握し、解決策を講じるかが記述されていなければなりません。

イ　評論家的な文章表現をしないこと。「〜であるといえよう」「〜かもしれない」等の表現は、評論家的であり、採点者側によい印象を与えません。学校教育に携わる当事者としての記述が求められます。

ウ　各章の章立てと小見出しを付けること。各章の題に番号を付けたり、見出しを付けることによって整理された論文になり、受験者の主張が採点者に伝わります。また、受験者にとっても記述する際の整理ができます。

エ　誤字・脱字などをしないこと。書き終わったら必ずチェックをしましょう。

〔参考〕論文構成（各章ごとの記述内容）

1　課題の把握と改革の方向性・ビジョン　（400字）
- ・資料から読み取れる特徴
- ・課題1、課題2、課題3
- ・課題の分析
- ・将来に向けた改革の方向性

2　課題解決のための具体的方策

(1)導入　（300字）
- ・テーマの背景と分析
- ・テーマの重要性と解決の必要性

(2)解決策の提示　（800〜1000字）
- ・問題点1〜3（課題1〜3の原因、弊害等を掘り下げて記述する）
- ・解決策1〜3（問題点1〜3に対応した解決策を記述する。具体的内容、期待される効果、取り組む際の工夫なども盛り込む）

(3)まとめ　（300字）
- ・解決策を実現するための教育の在り方、今後の教育の理想像
- ・受験者が今後の教育に臨む姿勢

カレントトピックス 20年度 49

政治事情

■地球温暖化対策実行計画―環境省調査　（9月2日）

環境省は、毎年、地球温暖化対策の推進に関する法律に基づく地方公共団体の実行計画及び地域推進計画の策定状況等について調査を公表した。

調査結果としては、都道府県の策定率は100%となっているが、東京23区を含む全1821自治体のうち、策定済みは849自治体（47%）にとどまった。

前回調査（06年4月1日現在）時は36%（1843自治体中663自治体）で、大幅に増加したものの、まだ半数に届かなかった。

都道府県別では、大阪府内の策定率が最も高く88%。最も低いのは沖縄県の10%だった。なお、市区町村のうち、政令指定都市、中核市、特例市に限ると策定率は100%となっている。

■防衛白書　（9月5日）

2008年版防衛白書が9月5日の閣議で了承を得た。中国について対人工衛星兵器の開発やサイバー戦専門部隊の編成など軍備近代化に触れながら「地域情勢や日本の安全保障にいかなる影響を与えていくかが懸念される」と強調。

ロシア軍に関しては航空機を中心に「活発化の傾向がみられる」と指摘し、動向を注視する姿勢を示した。北朝鮮の核開発計画についても「比較的短期間のうちに小型化・弾頭化の実現に至る可能性も排除できない」と強い警戒感を表明。

中国、ロシア、北朝鮮など日本を取り巻く北東アジア地域の安全保障環境の不透明感を強く意識した内容となった。

■浜松・区画整理訴訟―最高裁が判例変更　（9月10日）

自治体の土地区画整理事業がどの段階まで進めば行政訴訟で取り消しを求められるかが争われた訴訟の上告審判決で、最高裁大法廷は9月10日、「事業計画の段階では行政訴訟を起こせない」とする判例を42年ぶりに変更し、原告住民側の提訴を認めた。従来の判例では、区画整理後の各宅地の位置や範囲を決める「仮換地指定」段階に進まなければ訴訟を起こせず、批判が高まっていた。

問題となったのは、遠州鉄道上島（かみじま）駅（浜松市）の高架化に伴う土地区画整理事業。同様訴訟での66年の最高裁判決は「事業計画は土地区画整理の『青写真』にすぎず、特定の個人に影響を与えるものではなく、取り消しを求められる行政処分に当たらない」と判断。1、2審はこの判例に従い、実質審理に入らずに訴えを門前払いしていた。

これに対し大法廷は「事業計画決定により、地権者は宅地を再配置する換地処分を当然に受けることになり、建築も制限され、法的地位に直接的な影響が生じる」と指摘。さらに「工事が進んでから計画の違法性が認められても、公共の福祉を理由に救済されない可能性が相当あり、実効的な救済を図るには事業計画段階で提訴を認めるのが合理的だ」と判断した。

20年度 特別区管理職選考 正答と解説 ②

■都区政事情

都区政事情は、昨年12月から本年5月までに出された報告や勧告などから4題出題されました。

【問題 15】
第2次特別区制度調査会の報告に関する問題。
A 正しい。
B 誤り。「大東京市」ではない。「東京○○市」の実現。
C 誤り。「基礎自治体連合」の議決ではなく、各議会の議決。
D 正しい。
よって、正答は3。

【問題 16】
平成20年度都区財政調整に関する問題。
① 正しい。
② 誤り。3・9%の増。
③ 誤り。「予防接種費」ではなく「指定道路台帳整備事業費」
④ 誤り。これらは都区間の認識の相違から解決しきれない課題。
⑤ 誤り。単位費用化を図った。

【問題 17】
地方分権改革推進委員会の第1次勧告に関する問題。
① 正しい。
② 誤り。「市町村」ではなく「中核市」。
③ 誤り。国との協議を廃止。
④ 誤り。1級河川については、原則として都道府県に移管。
⑤ 誤り。全国的視点に立った事業に限定。

【問題 18】
「『10年後の東京』への実行プログラム2008」に関する問題。
① 正しい。
② 正しい。
③ 正しい。
④ 誤り。小中学校の耐震化は85%。
⑤ 正しい。

■時事問題

政治・社会・経済・労働分野から、6題が出題されました。範囲は、昨年11月、今年の4月、5月が各1題、6月から2題、労働事情が1題となっています。今年は、災害国際援助に関する出題がありました。

【問題 19】
「国家公務員制度改革基本法」に関する問題
A 誤り。内閣総理大臣を本部長とする。
B 正しい。
C 誤り。内閣人事局。
D 正しい。
したがって、正答は⑤

【問題 20】
日韓共同プレス発表に関する問題。
A 正しい。
B 2009年に現在の倍の年間7200人に、2012年までに1万人に拡大。
C 日米韓3カ国で国際問題について意見交換し一層協力
D 正しい。
したがって、正答は③

【問題 21】
ミャンマーサイクロン、または四川大地震被害に対する国際支援に関する問題。
① 誤り。地震発生の3日後、外国からの救助隊受け入れを表明。ちなみにロシア、韓国は、日本の救助隊のあと現地入り。
② 誤り。フランスは緊急会合で国連人道問題調整事務所から情勢説明を受けることを提案。設問の趣旨の会合は見送られた。
③ 正しい。
④ 誤り。会談は、実現した。
⑤ 誤り。民間機を派遣した。

【問題 22】
政府税制調査会答申に関する問題。
① 正しい。
② 誤り。各種控除の見直し。
③ 誤り。納税者番号制度の導入推進。
④ 誤り。税率は単一が望ましいとした。
⑤ 誤り。証券優遇税制の廃止を提言。

【問題 23】
G8財務大臣会合の声明に関する問題。
① 誤り。インフレ圧力の増大に懸念。
② 誤り。投機に関しては、商品先物市場調査の強化。
③ 誤り。食料価格高騰は、途上国の貧困層に打撃。
④ 正しい。
⑤ 誤り。産油国の増産などを求めた。

【問題 24】
最近の日本の労働情勢に関する問題。
① 誤り。3年ぶりに減少。
② 誤り。4・2%の増。
③ 誤り。3・9%となり、10年ぶりに3%台に低下。
④ 誤り。昨年並みの水準。
⑤ 正しい。

■資料解釈

出題は、昨年と同じ4問です。「構成比」「指数」「増加率」の推移を求めるグラフ2問、表2問でした。4問とも解法のポイントさえ理解していれば、概数計算で済み、比較的時間のかからない問題でした。

【問題 25】
このグラフには実数と構成比の記載があります。上位2〜3桁の概数計算で正解できます。
① 平成13年度の土木費は約18・6兆円。18年度は約13・8兆円で指数は74。誤り。
② 13年度の民生費は約14兆円。18年度は約16・2兆円で増加額は約2・2兆円。18年度の衛生費は約5・5兆円で下回っている。誤り。
③ 総務費の減少額は約0・3兆円。教育費の減少額は約1・5兆円で大きい。誤り。
④ 13年度の衛生費は約6・7兆円。18年度は約5・5兆円で減少率は約18%。正しい。
⑤ 決算額合計の減少額は約8・2兆円。土木費の減少額は約4・8兆円で60%を超えていない。誤り。

【問題 26】
指数グラフです。量の比較はできませんが、増加率、減少率の比較は可能です。
① 石炭の増加率は約12%で小さい。誤り。
② 1996年の天然ガスと水力の国内供給の差は求められない。誤り。
③ 石油の減少率は7・6%。原子力は6・9%。誤り。
④ 2006年は指数120で上回っている。誤り。
⑤ 2006年の指数の差が44。2001年が23。正しい。

【問題 27】
基準となる年度を100として計算します。
① 地盤沈下の増加率は33・8%。土壌汚染は18・1%で2倍より小さい。誤り。
② 平成14年度を基準として、15年度の増加率は4・6%。16年度は0・7%。17年度は8・4%で上回っている。正しい。
③ 17年度の増加率は12%で小さい。誤り。
④ 公害の種類別件数の比較はできない。誤り。
⑤ 18年度の増加率の和は97・9で上回っている。誤り。

【問題 28】
このグラフは実数と構成比がわかっています。
① 平成15年から18年は10%以下で下回っている。14年は約1万6千人。誤り。
② 18年は約1354人。14年は約567人で2倍を上回っている。正しい。
③ 5年間の概数計算が必要です。平均は約366人。誤り。
④ 窃盗犯の減少率は約18%。凶悪犯は約30%。誤り。
⑤ 15年の窃盗犯は約8万2千人。17年は7万1千人で下回っている。15年の知能犯は約870人。17年は約1100人で上回っている。誤り。

北海道発 自治体改革最前線ルポ

栗山町と夕張市から

板橋区福祉部長　松浦勉

自治体改革の現場を訪ねて

北京オリンピックに沸き、豪雨に見舞われた8月、「いたばし政策塾」有志7名（内訳は、大学関係4名、議員2名、それに筆者）による北海道自治体視察調査を敢行した。同塾は、板橋区と大東文化大との連携の実績をベースに今春から活動を開始した産学公民の研究会で、地域の政策づくりを通した自治力のアップと、その担い手たる区民・職員等の人材育成を大きな柱にしており、正会員は現在約30名。5月に行った公開講座で、講師の福嶋前我孫子市長が北海道栗山町の議会改革を取り上げたことから、今回の企画が生まれた。

小さな町の大きな挑戦

8月28日、人口1万4千人の町に、全国から8団体53名が栗山町議会改革の話を聴きに集まった。熱気のこもった会場で、冒頭、橋場利勝議長は「我々が議会基本条例で目指したのは、町民と議会が手作りで進めてきた改革の灯を継続発展させ、住民に信頼される議会をつくることでした。現在、三重県を始め20団体での条例化実現をみましたが、ぜひこの動きをさらに広めていただきたい」と、力強くあいさつした。

㊤栗山町議会にて＝前列左から2人目が中尾局長、後列中央が筆者　㊧視察資料＝イラスト中央が橋場議長

自治体の栗山視察は、条例制定の2006年から約2年で250団体2千人を超えている。県や市がこの小さな町に学ぼうと次々に訪れているのはなぜか？　それは、地方議会の現状・地域の行く末に危機感を覚える議会・行政関係者が少なくないことの証左であろう。若者を中心とした政治離れや行政不信は、地方選の投票率の低迷などに明確に示されている。

栗山町は、「自分たちのまちは自分たちがつくる」という気概に満ちた町政の実現には、二元代表制の一端を担う議会が本来の権能を十二分に発揮するなかで、住民により身近な存在になることが急務であるとして、02年のインターネットによる議会中継を手始めに、議会報告会実施などの改革を重ねてきた。特に、議会報告会は、3月定例会終了後町内12カ所を会場に、全議員が抽選により組分けして議会の審議結果を町民に報告し、質疑を受けるというユニークなもので、議員にとっては大変だが、またとない勉強の機会となる。

また、総合計画基本構想、基本計画を議決事項に加え、議会案（対案）を提出していること、理事者に反問権を付与したこと、テーマ別に町民と議会が論議する一般会議の実施など、同町議会の大胆な改革は、理事者側にも大きな意識改革をもたらした。

中尾修事務局長は、「地方議会の抱える大きな問題は、政策づくりを執行機関の行政に独占されていることだ。地域の多様な意見を吸収する機能は、住民と身近に接する機会の多い議員の集う議会が行政より優っている。住民の後押しで議会がよりレベルの高い地域の政策論議・課題討議を重ねていくことが、行政と議会の切磋琢磨、住民のまちづくり参画促進につながる」と指摘する。

局長以下わずか3名の体制で、改革トップランナーの議会を支える事務局を、議長始め議員全員は信頼し、視察対応などの支援も買って出る。時には町長と厳しく対峙することもある栗山町議会。その改革に対し、「小さな町だから」あるいは「会派がないから」出来るのだと軽く受け流すのか、「志のあるなしだ」「できることを探ろう」と心に刻み一歩を踏み出すのか、議員・自治体の覚悟が問われている。

夕張市役所で百澤・鈴木両氏から話を聞くメンバー

夕張再生への重さと曙光

続いて我々は、栗山から足を伸ばし、夕張再生の支援のため派遣されている都職員の百澤・鈴木両氏を訪ね、半年余の夕張市での経験を聞く機会を得た。

炭鉱閉鎖からリゾート失敗を経て財政破綻し、18年間で約350億もの借金を返済する重さについて、百澤氏は「歴史・風土・体質が現在の状況を招いた。市政・議会の責任、国・道の地域政策の影響も大きい。市民に全責任を負わせるのは酷と感じる。職員は、少ない人数、4割カットの給与でも市再生に向け頑張っている。都をはじめ道・国などから応援部隊が来ているが、どこまで支援が続くか。市民の高齢化・流出の中、再生の道のりは遠く、厳しい。都庁マンとしてそうした現場に身を置けた機会を生かし、何かを持ち帰りたい」と語る。

一方、休日の市民活動にも力を入れる鈴木氏は「市民は、サービス削減と負担の増大という理不尽な状況に置かれている。職員・議員もぎりぎりの削減を余儀なくされた。そうした中、『ゆうばり再生市民会議』という組織ができ、我々も参加し、『ゆうばり桜マッププロジェクト』など夕張の美しい自然を守り育てようとの市民活動が盛んになってきた。それは、観光を企画するNPO活動にもつながっている」と、一条の曙光を見出しつつ市民に溶け込む意欲をにじませた。

地域の歴史に学び、新たな歴史をつくる

今回、隣接した二つの対照的な自治体を訪問し改めて痛感したことは、「地域のあり様はその歴史に負うところが大きく、そして歴史をつくるのはそこに住む人々である」ということだった。

栗山町の改革スピリットは、北海道開拓史に通ずる。明治の開拓者たちが大自然と向き合い、協力して集落運営を行った自主自律の精神は、平成のいま立派に受け継がれているのである。一方、夕張市破綻には日本経済史の光と影が見え隠れし、都を始め派遣自治体と職員は市民とともに再生の歴史を刻みゆく。

これからの住民と政治・行政のあり様についても、この二つの自治体は我々に多くのテーマを提示する。新たな地域史創造は、住民の意識・行動のゆくえにかかっている。

そのことを強く感じた今夏の北の旅だった。

（大東文化大学非常勤講師）

ともに生きる 35

教育の新たな道を開いた人たち

1932（昭和7）年、体の不自由な児童・生徒が学ぶ「東京市立光明学校」（現・光明特別支援学校）が設立されました。その後、現在まで都立校は14校に増えています。

私が障害児教育に携わった昭和40年代前半は、養護学校は4校。入学試験をして子どもを選ぶ時代でした。

そのため、障害の重い子どもは就学猶予・免除をせざるを得ない状況でした。就学猶予・免除は、親には教育を受けさせる義務がありますので、その義務を果たすことができない事由を書いて、親から願い出る制度です。

今でも忘れられないのは、わが子に教育を受けさせたいとの熱い願いが叶わなかった落胆と、「自分の子どもは教育の対象ではない」と親自身が烙印を押す悔しさを、涙ながらに話した保護者の姿です。就学の願いが叶わなかった保護者の流した一つひとつの涙は、多くの方々のご尽力によって、やがて1974年度に東京都では希望者全員就学制度となり、79年度には養護学校義務制という大きな流れになりました。参考までに、盲学校・聾学校の義務制は1948年度です。

当時のことで、もう一つ忘れられないのは、Yさんきょうだい二人をリヤカーに乗せて登校していたお母さんの姿です。雨の日も風の日も工夫を重ねて登校してくるその姿に、「車いすごと乗れるスクールバスがあれば！」と、教員同士も夢を描いていました。その夢が叶い、リフト付きスクールバスの配車が始まったのは73年度です。残念ながら、Yさんきょうだいが卒業するまでには間に合いませんでした。今、「○○特別支援学校」と書いたリフト付きスクールバスは、町の中を走り、子どもたちの学びと育ちへの願いを支え、自立への夢を運ぶ担い手となっています。

体の不自由な子どもへの教育の道程には、夢を阻む多くのバリアがありました。しかし、その夢は、時を経て、一つひとつ実現し、充実してきています。その一方で、制度などが実現した時には卒業を迎え、その恩恵にあずかれなかった人たちもいます。保護者を始めとして、歴史の道を開くために尽力してきた方々は、「無名の碑」にその名が銘記されていると考えています。

（元都立村山養護学校長　飯野順子）

がんばれ！公務員 46

文とマンガ　鈴木武征

子育て職員を大切に

ほんの60年程前の戦時中を過ごした人達なら、この日本が軍事政権下にあり、「産めよ増やせよ」の大号令のもと、一家に4、5人の子供がいるのはざらだったことを思い出すであろう。

戦地へ送る兵糧米も莫大な量となり、食料事情が逼迫する中で大勢の子供を育てる親の苦労は並大抵でない。

ただ、その頃の親には子を育て慈しむという普遍的な喜びに加え、それなりの誇りと育て甲斐もあった。

ここで良し悪しを論議するのは別として、「お国のために」という誇りであり、子の方にも長ずれば身を粉にしても親を助け、孝行を尽くすという風習が根強かったことだ。

ところが、今はどうであろうか？

少子化社会が着実に進行する一方で、家庭の内外を問わず説明のつかないような悲惨、無差別な殺傷事件も少なくない。

大罪を犯しながら子らには余り反省の色が無く、世間からも「どう育てたのかしら？」と噂されては親も浮かばれない。

何よりも悪いのは犯行そのものであり、それを実行してしまった本人であるはずなのに、ともすれば社会的背景や家庭環境などがうんぬんされ焦点が曖昧となる。

苦労して子供を育てても何らの感謝も報いもなく、ただ子育ての責任だけを問われては親としてはたまったものでない。

犯罪を多様な視点から分析し未然防止に努めるのは必要だが、それがいかほどの効果を上げてきたかということを考えると、この手の事件に関しては正直改善されているとは言い難い。

少し前の某新聞の「あなたはなぜ子供を産みたくないか」というアンケート回答の中で、最も多かったのは「子供を産んで育てるのはお金がかかる」、次いで「子育てに自信が持てない」だった。

これを反映してか、最近の少子化対策の基本は「経済的支援」と「相談窓口増設などの不安解消対策」が中心だ。

しかし経済的な面では子供を一人前に育てるまでには、少なく見積もっても一人につき2千万円の出費が必要と言われている。

長じて子が親の面倒を見るという習慣が廃れ、国民全体による相互扶助が主流になりつつある現在、子育て期間のみに限った支援では心もとない。

育てた子供の人数に応じ年金の支給額を加減するといったような長期の支援も考えるべきではなかろうか。

次いで子育てに関する不安への対応だが、決して目の前の個としての母子だけの問題では無いと思う。

子育ての苦労と負担に耐えてきた親が「子を育てる、育てた」という一件に関し、社会から尊敬の念と温かい目をもって迎えられる風潮が醸成されなければならない。

「お国のため」という言い方には抵抗があるが、人口が国を支える基本要因であることは間違いない。

政治や行政は親が子育てに誇りが持て、周りもその誇りを共有できるという土壌づくりにもっと光を当てるべきだ。

職場に子育て職員がいて、それがあなたの仕事をより忙しくしていることもあるかも知れない。

しかし、ここは単純に「子はみんなの宝」と割り切るのが良い職員であり国民だ。

coffee break

義父の思い出

義父が他界した。あまりにあっけなく旅立った感じがした。娘からのメールで都立府中病院に担ぎ込まれたことを知ったが、病院側の懸命の看護にも関わらず2日後に息を引き取った。その死に様は「もうこの世には未練はない」という、私にはある種の潔ささすら感じられた。

我が夫婦の出会った頃の義父はK市の課長職として勤務していたが、会うといつも笑顔で迎えてくれた。その頃は話題といえば議会のことばかりであった。「そろそろ秋の議会が始まるけど、味彦くんのところはいつからかな」と聞かれ、「うちは20日過ぎからですね」「そうか、大変だな」というやり取りをよくしていた。

当時は、年輩の課長職というと関心は議会のことになってしまうのかな？などと思っていたが、娘と付き合っている奴のことを把握しようと、オヤジ殿も必死だった？に違いない。

やがて私は所帯を持ち、休みの時はそれこそ妻の実家に昼過ぎに行って夕飯を食べて帰るという生活が続いた。酒が大好きであった義父は私が訪ねると「新しい酒が手に入った」といっては二人で酒を酌み交わした。

ある時、「味彦君は多摩自慢と澤乃井はどちらが好きかな？」と聞くので、私は「辛口の澤乃井がどちらかといえば得手です」と答えたところ、「もらい物だけども少しばかりあるから5～6本もって帰りなさい」と言う。「日本酒を5～6本って！　お義父さん！」と言う私の脇で義母が渋い顔をしていたのを見て、「何かあるかな」と思ってはいたのだけど……。やがて妻が「志」と書かれた酒のビン、ほとんどがワンカップを抱えて戻ってきた。「本当に飲むの？」と妻に聞かれ、「そうだよ。煮物にも使えるぞ」と言っていたのだが……。「葬式でもらった」とかいうことだった。

義父は78歳で他界したが、まだまだいろいろなことを教えてもらいたかった。懐の深さと人あたりのよさ、やさしい人柄を示すように多くの人々に葬儀には参列いただいた。

名残は尽きないが、長い間苦しまないで逝けたのが何よりだったかと考えている。

（山田味彦）

都政新報

発行所　都政新報社
〒160-0023 東京都新宿区西新宿7-23-1 TSビル
〈総務・読者〉03-5330-8781
〈企画広告〉03-5330-8784
〈編　　集〉03-5330-8786
〈出　　版〉03-5330-8788
〈セミナー事業部〉03-5330-9977
〈ファクス〉03-5330-8808
購読料　月1,680円(税込)
毎週火・金曜日発行
但し、祝祭日は休刊

紙面から

京浜3港の広域連携

一港化の行程表策定へ

11月に連携推進会議設置

東京、横浜、川崎の京浜3港の広域連携を具体化させるため、都と横浜、川崎市は11月に「京浜港広域連携推進会議」（座長＝森地茂・政策研究大学院大学教授）を設置する。石原知事、中田宏横浜市長、阿部孝夫川崎市長が18日、合意した。はしけ輸送の拡大やコンテナ船の入港料一元化を実施。今後、「京浜港共同ビジョン」を策定し、京浜港の整備方針や管理・運営の一体化に向けた組織体制について検討を本格化させる。

京浜港の広域連携に合意し、握手する3首長。都議らで作る推進議連も発足した＝帝国ホテルで

「国がやるべきことをやらないから、私たちがやっただけ」。首脳会談を終えた石原知事はこう話し、国の「無策」をしきりに強調した。また、中田宏横浜市長も「実質的な3港の一体化をまず達成し、延長線上には組織的なポートオーソリティーも含めた形態を考えていきたい」と述べ、将来的な経営一元化について示唆した。

アジア・欧米間の国際基幹航路数は増加しているのに、東京港に寄港する航路は微減。直行便がなくなることで、香港や釜山などで積み替え、支線で輸送しなければならず、日数は2～3日、コストは3～6割増えてしまう。自動車メーカーであれば北米の工場に部品を輸送するのに、在庫を2～3日分、余分に抱えなければならず、ダメージは大きい。

一方、日本の高い陸上輸送コストを尻目に、日本海側の諸港から海を渡り、釜山に荷物が集積する。韓国は日本海側の諸港から荷物を集めるため、国を挙げてセールス攻勢を展開。こうした中、津軽海峡を超え、太平洋側にも韓国の食指が伸びてきているという。都港湾局幹部は「日本海側は地理的にもやむを得ない部分がある。だが、太平洋側の貨物まで集められると、京浜港の集荷力が減少する」と危機感を募らせる。

3首長は18日、はしけ輸送の拡大（08年11月）を皮切りに、09年2月には荷主企業500社を集めたセールスを実施すると合意。また、4月にコンテナ船入港料を一元化する。対象船舶は3700隻で、約1億2千万円の港湾コストが削減されるという。

ただ、民間企業には「ターミナルの貸付料が安くならなければ、メリットは少ない」との指摘もある。

アンバランス

他方、3港の広域連携には、性格の違う各港の機能を効率化させる狙いもある。

東京港の外貿コンテナ貨物取扱量（05年）は、輸入2万5千㌧に対し輸出1万7千㌧で、輸入超過だ。貨物を一時的に保管・集積するヤードがひっ迫。また、陸上で渋滞を引き起こす事態も生じている。

一方、東京、横浜港に大きく水をあけられているのが川崎港だ。工場の機能の一環として民間企業が自前でターミナルを保有するが、コンテナターミナルは「閑散としている」という。同市としては、総合物流拠点として開発中の「東扇島地区」を活用したい思惑もある。

そこで、東京港が輸入した空コンテナを海上で川崎港に融通するなど輸送の効率化が進めば、3港のアンバランスの解消にもつながる。

東京海洋大学の渡邉豊教授（商船学）は「港湾は多くの行政が関わり、放っておくといろいろな非効率が起きる。各港に強み・弱みがあるので、互いが補完し合う関係になることが必要」と話している。

政務調査費の領収書添付

第三者機関が抽出検査

外部有識者のみで構成

政務調査費の見直しについて、自民、民主、公明、共産、生ネの5会派が議論してきた「都議会のあり方検討委員会」（委員長＝川井重勇都議）は22日の議会運営委員会理事会に検討結果を報告し、了承された。

検討結果では、議員の職務内容と政務調査活動の内容を明確にする規定を、「政務調査費の交付に関する条例」に盛り込むよう提言。収支報告書に領収書を添付し、公表することとし、領収書添付と公表範囲は、1円以上すべての支出とする。

公表方法については、請求に基づき閲覧できることとし、マスキングを領収書の公表時に議会局が行う。マスキングの基準は、都議会情報公開条例の非開示事項を基準とすることを決めた。

中立的な立場からチェックに関与する第三者機関については、外部の有識者のみで構成する。外部の有識者は、弁護士、公認会計士、税理士など専門性を有し、法により守秘義務が課せられた者とする。必要に応じて会派・議員から意見を聴く機会を設ける。全件チェックは日程的に困難なため、第三者機関による検査は抽出検査とする。

チェックは四半期ごとの収支状況報告書の提出時に議会局がチェックを行い、第三者機関による指導・助言を行う。年度当初に第4四半期分とともに、前年度1年分のチェックも行う。

領収書等の添付・公表、第三者機関の運営等を規定した改正条例は、09年4月1日から実施する。ただし、08年度分の領収書等は、改正された交付条例にのっとり、収支報告書に添付・公表することができる。

同委員会は、09年12月18日に設置され、設置期間を「概ね1年」と定めている。現在「試行」している政務調査費の使途基準や、政務調査費以外の事項などの課題も残されており、委員からは「議論する場を閉じてしまってはいけない」とする意見も出ている。

耐震化促進で独自税制

3年間、固定資産税等を全額減免

主税局は、09年度から都独自の耐震化促進税制をスタートさせ、旧建築基準法に基づいて建てられた住宅の「建て替え」と「耐震改修」を税制面から支援する。対象は、1982年1月以前から23区内に所在する住宅で、国の制度に上乗せして固定資産税・都市計画税を全額減免する。

国の制度は建て替えは対象外で、耐震改修だけが減免の対象。要件は、①耐震改修費が30万円以上②2015年12月末までに改修を完了③床面積120平方㍍相当分までの固定資産税額を2分の1減額——という制度設計になっている。減額期間は、早期に改修を促進する観点から、09年12月までに改修が完了したら3年度分、10年1月から12年12月までなら2年度分、13年1月から15年12月なら1年度分と差を設けている。

都の耐震改修税制は、この国制度をベースにして、床面積120平方㍍相当分までなら固定資産税・都市計画税を全額減免する内容。期間や減額の年度は、国と同様にしている。

また、建て替えは都独自制度で、09年1月から15年12月までに工事が終わった場合、床面積にかかわらず、住宅部分の固定資産税・都市計画税を全額減免する。10年度課税分から3年度分が減免になる。

「10年後の東京」では2015年度末の住宅耐震化率を90%に引き上げる目標を掲げた。そのためには24万戸の耐震改修が必要になり、建て替えでは26万戸を想定している。1戸当たりの税負担の軽減額は、耐震改修で1・7万円、建て替えで7・5万円という。都の減収見込みは、平年度ベースで約60億円から70億円程度。

2000年1月から23区内で新築された住宅に対し、都は固定資産税・都市計画税の減免を実施してきた（平年度ベースで210億円の減収）。この減免措置は、耐震化促進税制の創設に伴い廃止する。

減災に挑む

検証・ゲリラ豪雨対策　4

新しい価値

負の連鎖断つ「自助・共助」

■61答申

都には、ほこりを被った治水計画がある。1986年（昭和61年）に策定されたため、「61答申」と呼ばれている。

「61答申」が目指す目標は、「基本計画」「長期計画」「既定計画」「暫定計画」の四つあり、このうち「基本計画」は、時間100㍉の水準を目指す壮大なものだ。都は、最も水準の低い「暫定計画」（時間50㍉）ですら完成していない。

07年8月策定の「豪雨対策基本方針」で、ようやく10年後に50㍉に対応する方針を掲げたが、対象エリアを豪雨や浸水被害の発生頻度が高いエリアに絞った。

現実には時間100㍉を超す豪雨は頻繁に起きており、目標と現実とのギャップが激しい。

都都市整備局都市基盤部の片岡正造施設計画課長は、「行政がやれることには限界がある。公助・自助・共助で、都民とともに減災につなげていくのが基本になる」と話す。

今年3月、環7の地下に巨大なトンネル型の地下貯水池の第2期工事が完成した。突発的なゲリラ豪雨の被害軽減に期待がかかる。

ただ、杉並区の高橋光明防災課長は、「環7の地下貯水池は、あくまで下流対策。根本的に浸水被害を減らすには、川の上流の負担を軽くする必要がある」と指摘する。

区は、区立学校の校庭などの地下に貯水槽の設置を進めている。河川や下水の治水能力を超えた豪雨が降った場合、雨水が一気に川に流れ込むのを防ぐのが狙いだ。

環7地下貯水池には、東京湾まで伸ばす構想があるが、膨大な経費がネックだ。治水整備は水害の特効薬だが、効果が表れるには莫大な予算と時間がかかる。それ以前にハード面でできることから始めなければ、目前の脅威には間に合わない。

■きっかけを共有

民間の気象予報会社・ウェザーニューズ社が提供する「ゲリラ雷雨メール」は、市民が空を「感測」することでゲリラ雷雨の〝きっかけ〟を探し出し、他の市民と共有する取り組みだった。

最大のメリットは、「きっかけをみんなで共有できる。共有することで新しい価値が生まれる」（同社）ことだという。新しい価値とは、「自助・共助」による減災だ。

気象「感測」を身近な減災につなげようという試みは、新潟県新潟市で始まっている。

市が設置した23カ所の気象観測データを市民と共有し、個人や地域での減災について、市や市民といっしょに考える取り組みだ。ウェザーニューズは、専用の携帯サイトを提供する。

気象庁や行政が独自に集める気象観測データは、住民が活用できていないことが多い。機械が測る観測データは、専門知識がなければ理解できないからだ。

市民自らが「時間50㍉の豪雨」（観測）を、「自宅前の道路が冠水」（感測）と結びつけることができなければ、減災にはつながらない。

この取り組みでは、「水溜りができた」「風で植木鉢が倒れた」など、気象が原因で起きた身近な現象や被害を市民が携帯電話で投稿し、ネット上で公開。これらの情報を図上に記録し、「減災マップ」を作成する。

行政が観測データを公開する。民間は場所（コミュニティー）を提供する。市民は、それらを活用して減災につなげる。似たような取り組みは、千葉県柏市でもNPOを中心に行われている。

■市民自身が知る

8月末豪雨では、洪水ハザードマップが想定していない場所でも浸水が起きた。浸水予想は、雨の降り方によって異なる被害を出すことがある。ゲリラ豪雨の場合、予想が外れることは覚悟する必要がある。

浸水予想は、あくまでも「観測」に基づく予想に過ぎない。ほとんどの場合、浸水するか、しないかという単純な指標としてしか利用されていない。自宅や我が町は、どれだけの雨が降ればどうなるのか、市民自身が知らなければ、減災につなげることはできない。

いつ完成するか分からない治水整備をひたすら待ち続け、都市型水害に対して、ただ茫然と自らの財産が水に浸かるのを待つ。膨大な被害を嘆き悲しみ、役所に怒りの電話をかけまくる。

そんなゲリラ豪雨がもたらす負の連鎖を断ち切るには、行政と民間が、減災につながる取り組みを総動員し、それらを市民自らが「自助・共助」の新しいコミュニティーづくりに活用していく以外にない。（おわり）

ハード事業には予算と時間がかかる＝環7地下貯水池

都政の東西

町内会への誘い

団塊世代の大量退職期に入り、東京は2015年以降、4人に1人が65歳以上となる超高齢化社会を迎える。そこで注目されるのが高齢者の社会参加だ。気力・体力とも満ち溢れた高齢者をリタイアさせるのは惜しい。これまで培ってきたノウハウや経験を、地域活動の場で存分に発揮してもらうことが期待される。

都生活文化スポーツ局が「元気な高齢者と地域社会」をテーマに行ったアンケート調査では、実に81%の人が、自分の高齢期に地域活動や社会貢献活動に参加したいと答えた。多くの人が地域とのつながりの中で暮らしたいと考えている表れだろう。

ただ、周りが期待する社会活動と本人たちの意識にはギャップもあるようだ。高齢者に期待する活動では「町内会・自治会活動」（48%）や「清掃やリサイクル・環境保護活動」（44%）、「地域のまちづくり」（44%）が多かった。これに対し、本人たちが興味あると答えた活動で最も多かったのは「文化・スポーツ・レクリエーション活動」（47%）で、いわば趣味の域を超えない世界に目が向いている。期待される「町内会・自治体活動」に興味を示したのは25%で、10項目中5位にとどまった。

高齢者に地域社会の担い手となってもらうには、まず期待される活動に目を向けてもらうことが大切だ。情報提供はもとより、金銭面で余裕がない人も参加しやすいよう、有償で行うボランティア活動の構築や、町内会や企業と連携した活動の場の提供など、活動に参加しやすい仕組み作りが必要だろう。

他方、高齢化社会の進展は「孤独死」など社会問題の深刻化も危惧される。高齢者の社会参加は、地域社会の担い手としての人的資源面だけでなく、社会問題の改善という観点からも積極的な取り組みが求められる。

冗句ジョーク

麻生新内閣発足や汚染米流通など材料豊富な都議会3定

質問時間切れ議員
「タイムリーな話題に汚染されちゃったよ」

チーン　そこまで

新産業創出で支援　プロジェクト募集

都産業労働局

都内の中小企業による新産業の創出、産業規模の拡大につながるプロジェクトを支援するため、都産業労働局は18日、08年度の支援対象事業の募集を始めた。環境や医療など「社会的課題対応型産業」か、情報家電や航空機など「都市機能活用型産業」に関連することが要件。年度5千万円を上限に、2分の1以内で経費を助成する。

昨年度は、健康分野で「MRIなどの医療用画像情報の送受信による遠隔診断を効率化する支援システム」、環境分野で「自動車用軽量モーターにも応用が期待される高性能炭素被膜」の開発2件が対象になっている。

訂正　9月19日付1面、都議会政務調査費の領収書添付の記事中、「改選期09年度分の領収書の公開については、「改選前までの領収書を先に公開」は、「すべて年度終了後に公開される」の誤りでした。お詫びして訂正します。

議員報酬見直し

議長会が区長会に要望

「報酬審議会で説明したい」

「政治的、経済的な活動基盤の強化も不可欠」と、特別区議会議長会はこのほど、議員報酬の見直しを特別区長会に求めた。地方自治法が今年6月に改正され、地方議員の活動領域が拡大したことなどで、要望に踏み切った。昨年に引き続き、今回で2回目となる要望は、区議の報酬額は適正な水準なのかどうか、改めて疑問を投げかけた。

地方自治法改正を足がかりに、昨年度からの申し送り事項だった議員報酬の見直しが、7月の議長会総会で提案された。翌月の総会で、区長会に要望することも決めた。

議長会の要望によると、地方自治法で定める議員活動は「本会議、委員会」に限られていたが、同法改正で「幹事長会、議会広報」なども含まれたため、「議員活動を支える議員報酬とはいかにあるべきか、住民、行政とともに正面から議論する時期にきている」と指摘する。さらに、真の地方分権の担い手を「地方議員」とし、議員報酬が活動に見合わなければ人材不足に陥るという可能性に触れ、「報酬等の経済的基盤を中心とした基盤整備」を求めた。

各区長が諮問する「特別職報酬等審議会」が、議員報酬の引き上げなどを審議する。議員報酬の見直しを提案した議長会の市川稔副会長（中野区議会議長）は、生活費、交際費などがあり、選挙資金を貯めると、議員報酬が「なくなるのではないか」と指摘し、区長会に要望した理由を説明する。

また、各議長が各区の同審議会で、議員報酬の実態などを説明することで、議長会は報酬見直しへの理解を委員に高めてもらおうと、考えている。

区議の報酬は、足立区を例に取ると、1997年以降、1度も改正されていないという。さらに、区では政務調査費の領収書を添付する額が引き下げられ、区議の事務作業が増えた。市川議長は議員報酬の見直しについて、「時期尚早でも結構。まずは、見直しの理由や背景を理解してもらいたい」と話している。

議員活動の質的向上を

【解説】議員報酬引き上げは、市民から理解を得られにくいため、タブー視されてきた感がある。しかし、昨年度から区議の報酬が据え置かれたままだと、今年度は実質減額になる。平成の大合併により、全国の自治体数は約1800まで減り、議員定数も削減され、地方議員年金の負担金は、月額報酬の16・5%と前年度比で1ポイント増加したからだ。

23区より、政令市の議員報酬の方が高額である上に、区議が月額約60万円、都議が約100万円、国会議員が約130万円と、規模の大きさに伴い、額面に違いがある。格差に、不満を募らせる区議が大勢だ。

景気が減速している中、議長会の要望はタイミングが悪い。だが、議長会は「今回がダメなら、来年度。来年度がダメなら、再来年度」と性急な報酬見直しを考えていない。

今年5月の地方分権改革推進委員会の第1次勧告では、「討論する議会、行動する議会」など地方議会改革の方向性が示された。「地方議会が今よりも主体性を発揮した時に、報酬引き上げになるのでは」という意見もある。報酬見直しの働きかけをする以上、これを機に、議員活動の質的向上なども自ら顧みる必要があるだろう。（石）

待機児解消に緊急対策

文京区　目黒区

保育園の待機児童の増加を受けて、文京区と目黒区は待機児解消のための緊急対策を行う。

文京区は、今年4月で待機児数が124人に上った。区では緊急対策会議を設置し、対応策を検討してきた。緊急対策は、今年度は定員30人の認証保育所1カ所の開設支援を行う。また来年4月以降に向けて、区立保育園の定員増、認証保育所1カ所の開設支援、事業者公募による誘致（60人）などを行う。

そのほか、23区初の取り組みとして、区立後楽幼稚園の1室を使った0歳児と1歳児の無認可保育室を来年4月から設置する。区では「退職した園長などベテラン職員を再任用保育士として登用する」と話す。

目黒区は、今年4月の待機児数が106人と、昨年の倍以上になった。区では増加の要因を「区内での出生数の増加と共働き世帯の増加による」と話す。緊急対策として、区独自補助で認証保育所3カ所の整備に乗り出す。定員は30人から60人規模。下目黒や碑文谷など、待機児童の多い地域を重点とし、10月10日から17日まで事業者をプロポーザル方式で公募する。0歳児から就学前までの児童20人から120人を対象とする認証保育所A型では、駅から徒歩5分以内という基準要件があるが、下目黒や碑文谷は該当しないので「駅前」の要件は補助基準からはずすことにした。

区は「区立保育園の整備も進めているが時間がかかるので、民間の力を借りて整備を促進するのが狙い」という。

待機児数の多いところでは、江東区が昨年4月に352人と都内最多で、全国でも7位の多さだった。しかし、同区では昨年度、認可保育園を4カ所、認証保育園を11カ所増やし、今年4月の待機児数は219人に減少。都内でワースト7位、全国でも23位になり、133人の削減率は都内で1位、全国でも那覇市に次いで2位を記録した。

同区では、今年度は都から2億3千万円で用地を取得。2010年度開園予定の区立の認可保育園（定員100人）を整備していく。一方で、来年4月の開設を目指し、認可保育園4カ所、認証保育園5カ所の整備を進めている。

今年4月現在の都内の待機児数は、多い順に世田谷区335人、八王子市331人、練馬区254人。

大型商業施設にPRコーナー

江東区　パネルと大型モニターで

江東区は17日、大型商業施設「アーバンドックららぽーと豊洲」内に、区のPRコーナーを設けると発表した。パネルと大型モニターを用いて、豊洲を訪れる人たちに区の魅力を知ってもらうことを目指す。大型商業施設内に区がPRコーナーを設けるのは、23区でも初。

PRコーナーが設置されるのは、「ららぽーと豊洲」1階フロアの北側広場の柱。柱の4面を囲む形で、パネルと大型モニター2台を使い、区の基本情報や歴史、観光案内や季節ごとの映像などを紹介する。開設時期は、今年12月を予定している。

江東区は高層マンションが増えており、人口は45万人を突破。とくに豊洲地区は人口急増地域となっている。オフィスビルなどの建設ラッシュにより、区内に流入する在勤、在学者、観光で訪れる人も増加している。そのため、区では、来訪者に向けて区の魅力を伝える方法を検討してきた。そこへ、「ららぽーと豊洲」の設置者である三井不動産㈱と、ららぽーとマネジメント㈱から地域貢献をしたいとの申し出があり、施設の一角を無償で提供してもらうことにした。

「ららぽーと豊洲」を訪れる人は、年間2千万人以上。区では「この10年ほどで近代的な街へと変貌した豊洲の移り変わりや、古い人情、歴史を持つ深川、城東地域の紹介などもしていきたい」と話している。

23区の「地域医療」《下》

―都市部の医療の方向性

「区主導型」への転換

◆「予防」と「在宅」が趨勢

東京都が4月に改定した保健医療計画では「疾病の発症予防から早期の発見や治療、さらにリハビリテーション、介護に至るまでの連携した保健医療サービスが必要」としている。

近年、がんや糖尿病など生活習慣病が国民の主な疾病になり、予防重視の医療体系へと転換しつつある。

少子高齢化の社会構造が拡大する中、高齢者医療の再編が急務となっている。都の試算では、都内の65歳以上が全人口に占める割合は、2015年に24・2%、2035年には30%超と見込まれ、高齢者医療の占める割合の上昇も必至だ。

厚生労働省が推進中の医療制度改革では、「予防医療」と「在宅医療」が一連の施策の柱とされている。医療費抑制の観点も含めて、従来の、入院中心の医療体制の見直しを図る狙いがある。

都の保健医療計画も「地域における在宅医療の基盤強化」を目標の一つに掲げており、区市町村における在宅医療の相談事業や人材育成事業などを支援し、在宅中心の地域医療網の整備方針を打ち出している。

今後は、区市町村を単位とする「一次保健医療圏」の役割が重要になる。入院医療を中心とする「二次保健医療圏」の補完的な位置づけを超えて、健康相談や健康管理、疾病予防事業、介護と一体化した福祉サービス提供などで主体的な役割が各区に求められる。

◆地域連携の推進役

地域医療網の構築では、医療機関同士の「病病」「病診」連携が、基盤になる。公益性の面では、地域内で医療機能の分化を効率的に進める必要もあるため、病院・診療所などと行政の連携も、不可欠の要素となっている。

しかし、都内病院関係者の一人は「市民病院などを運営してきた市部などに比べると、特別区は行政に医療連携の実績やノウハウ蓄積が少ない。一昔前までは、地域医療そのものへの関心が薄い行政担当者も少なくなかった」と話し、各区が地域医療の牽引役を担うことは容易でないと指摘する。

また近年は、区部の医療機関に顕著な状況が発生している。人件費や土地代などのコスト高、さらに、医師、看護師など人材不足の影響で、中小規模の病院を中心に、廃院などのケースが目立っており、助成策など新たな課題が浮上している。

「中小病院が減り、国レベルの専門的な大規模な医療機関と、開業医などの診療所に二極化している。中間的な病院が欠けることは、医療連携上の"切れ目"になる場合が多い」（同関係者）

◆区部唯一の医師会立病院

区中心の地域医療網の構築と連携の推進において、公益性を担保しつつ、主体的に機能する組織として、「地区医師会」には、注目が集まっている。

現在、都全体で57の地区医師会があり、23区内では31医師会が活動している。

㈳板橋区医師会は23区唯一の医師会立病院「板橋区医師会病院」（199床）を1966年に設立するなど、区を単位とする地域医療網の構築などに定評がある。

同院は都指定の二次救急医療機関で、夜間・休日の救急対応を行っている。内科、外科、脳神経外科、リハビリテーション科のほか、小児科と産婦人科を設置。地元で有数の「出産できる病院」として長年親しまれている。また、日曜日、祝日には、小児科で急病診療も行う。

医師会病院の医師は、全員が専属勤務。医師会所属の開業医も、治療状況に応じて同院の施設で治療できるように、「開放型病床」を備えている。

泉裕之院長は「医師会所属の医師らとは定期的に情報交換を行うなどの連携体制がある」と説明する。また、脳卒中など緊急性を要する重大な疾病では、救命救急センターを有する日本大学医学部附属板橋病院などと連携。同院は重篤な症状を脱した「亜急性期」以降の治療を行う。こうした高次の医療機関と地元診療所を結ぶ機能も担う。

医師会立という病院の性質から、板橋区との共同事業も多く、区立校や区民向けの健康診断を同院で行う場合が多い。医師会と区が共同で展開している平日夜間の小児救急事業にも同院は協力。小児科医師の泉院長は自ら、運営企画などに従事している。

板橋区医師会は現在、訪問看護ステーション（2カ所）、居宅介護支援事業所、医療連携センターなどを運営。「こうした施設や行政と共に、高齢者などの在宅医療にも注力する方針だ」と述べ、区全体の医療の方向性を示している。

＝おわり

板橋区医師会病院。指定臨床研修病院で、小児科など研修医を受け入れる

竹内氏が出馬表明

荒川区長選

11月2日告示の荒川区長選挙で、18日、竹内一浩氏（47）が無所属での立候補を表明した。共産党などで構成する「明るい革新区政をつくる会」が擁立、推薦する。

竹内一浩氏

竹内氏は区内在住で、2001年5月の荒川区長選に共産党推薦で立候補し、藤沢志光氏（自民党推薦）に敗れた。現在は共産党中央委員会で勤務している。立候補に当たって「後期高齢者医療制度の廃止を中心に、医療・介護など区民生活を重視した区政を目指す」としている。

1961年生まれ。東京経済大学卒。99年まで荒川区内の金属機器メーカーに勤務し、参議院議員秘書などを経て、04年に現職。

荒川区長選は11月9日に投票、翌日に開票。現職の西川太一郎氏（無所属）、今村眞弓氏（政治団体「チェンジ！」代表）がすでに立候補を表明している。

迷惑な餌やりに刑事罰

荒川区　全国初の禁止条例案

荒川区は19日、野生動物に餌を与えて周辺住民に迷惑をかける行為を罰則で禁止する「（仮称）荒川区良好な生活環境の確保に関する条例」の素案を発表した。区側は「罰則付きの餌やり禁止条例は全国初」としている。

23区では、杉並区が2005年に飼い主のいない猫を対象に、同様の条例化を検討。飼い猫の登録制度とともに、罰則付きの餌やり禁止案を盛り込んだ報告書を有識者の懇談会が策定。しかし、住民の強い反対で、罰則の導入は見送られている。

荒川区の条例素案によると、禁止されるのは、区内での「自分で飼っていない動物に餌を与え、鳴き声、糞害、臭気などで周辺の住民に被害を与える」などの行為。区民、区外者を問わず、区内での迷惑行為が対象。荒川区外での行為には適用されない。

区は複数の住民からの苦情申請に基づき、有識者による「審査会」に諮問。その答申に応じて、区長は、迷惑行為を行った者に、立ち入り調査などを実施した上で、是正の勧告や命令を下す。

区の調査を拒んだ場合、あるいは、区の命令に従わない場合、区は警察、検察に告発し、罰金を科す。立ち入り調査を拒んだ場合は10万円以下の罰金、命令に従わない場合は、5万円以下の罰金を科す。

罰則について荒川区の素案は、「過料」ではなく、刑事罰として罰金を科すとしており、適用の場合は前科となる。また、氏名の公表も行える。いわゆる「ごみ屋敷」にも同様の罰則を科す方針。

立案の背景について区側は、「区内で早朝から100羽以上のカラスに餌を与えている人がいて、数年前から住民から多数の苦情が寄せられている。区職員が話し合いをしようと試みてきたが、男性が応じなかった」と説明。住民側の怒りも激しく、当事者間の民事訴訟も辞さない状況だという。区では、東京都の迷惑行為禁止条例、軽犯罪法や器物損壊など、既存法制の適用を検討したが、断念。検察と約1カ月半の協議を重ね、素案をまとめた。

区担当者は「餌やり行為すべてを禁ずるのではない。迷惑行為の抑止力にしたい」と強調。「地域猫」などは対象外と説明した。しかし、素案では「複数の住民による苦情申し立て」などの基準が漠然としており、違反の認定範囲や方法についても、実務上「未定」という。条例化に並行して、実務対応を要綱などで定めるという。来年4月の施行を目指している。

新議長に池田氏

葛飾区議会

葛飾区議会は18日、秋本公太郎議長の死去に伴い、自民党の池田久義氏（58）を新議長に選出した。

池田久義氏

池田氏は、1991年に初当選し、現在5期目。文教委員会委員長、行財政改革特別委員会委員長などを歴任した。

記者席

不満たらたら、改善誓う

○……都職員共済組合の直営保養施設である湯河原荘の来年3月末での廃止が決まった。「十分な耐震性が確保されていない」との耐震診断結果を踏まえた判断だが、共済組合では、かりに耐震補強や大規模改修を行う場合の具体的な工事案も検討してきた。

耐震補強では一般的に、外付けブレースといった筋交いを思い浮かべるが、保養施設という性質から、見た目で除外されたという。

いずれにしても、69年に現在の姿で営業を開始した湯河原荘は、リニューアルから数えても40年近くにわたる歴史に幕を下ろすことになる。

○……都の監査報告で指摘等を受けた局に取材すると、ほぼ100%不満そうな顔をする。取材には丁寧に応じてくれるのだが、明らかに指摘等を受けたこと自体に納得がいっていない様子だ。

例えば、物品納入に関して改善を求められた局の場合、「改善しないといっているわけではない。慎重に検討しようとしているときに監査を受けた」と不満を述べる。また、事業執行について見直しを指摘された局も、「実際に都民を前に事業を行う中では、これ以上の改善は厳しい面もある」と苦しい胸の内を吐露する。

最後は皆、「きちんと受け止めて改善する」と口をそろえる。「都民の目線」での監査の前には無力か。

○……来年度も都立高校入学で文化・スポーツ等の入学者選抜を実施する。来年度は入学者選抜校を65校から172校（募集人員812人）に拡大する方針だが、都教育委員会の議論の中では、こんな声も出ている。

「同じ条件で受験を乗り切ることが大切だ。試験を受けずに入学するのはどうか」「スポーツは分かるが、ボランティアや起業家育成などの特別推薦というのが分からない」「選抜の範囲を広げすぎるのは問題。考え直したらどうか」

都教委は結局、「推薦入学者の動向などのデータをもとに、一度話し合う」ことにした。都立高の個性化を追求するあまり、安易に推薦枠を拡大しないよう警告したと言えそうだ。

全国初の学校問題実態調査

公立校の約9%でトラブル

専門家派遣など支援策検討

都立高は15・5%と高率

保護者や地域住民による理不尽な要望について、学校だけでは解決困難なケースが昨年度1年間で全公立学校の約9%、326件発生していたことが、教育庁が18日にまとめた「公立学校における学校問題解決策の検討に関する実態調査」で明らかになった。おおよそ10校に1校の割合でトラブルが発生していた計算で、中でも都立高校の発生率が約15%と高かった。これを受け、都教育委員会は、区市町村教育委員会や都立学校の要望を踏まえて、弁護士など専門家の派遣やトラブル対応マニュアルの作成、具体的な事例に基づく教職員研修など、学校問題解決に向けた支援策を検討し、来年度予算要求に反映していく方針。社会問題化している学校のクレイマー対応で実態調査を実施したのは全国で初めて。

学校に理不尽な要求を突きつける保護者や地域住民の問題に対応するため、都教委は6月、教育庁の関係部長級や区市教委代表、小中高・特別支援の学校長代表で構成する「公立学校における学校問題検討委員会」を設置。保護者や地域住民からの多様化、複雑化する要望についての諸課題や今後の施策の方向性などの検討を開始した。この中で、保護者らの理不尽な要望にかかわる問題が、各学校でどの程度あるのか、その実態を調査する必要があると判断、全国で初めて「公立学校における学校問題解決策の検討に関する実態調査」に乗り出した。

調査対象は、幼・小・中学校を抱える62区市町村教委と分校を除く都立高校(課程別)201校、都立高校附属中学校3校、都立中等教育学校3校、都立特別支援学校53校の計2418校(405課程・学部)。調査内容は①保護者や地域住民等との対応で、学校だけでは解決が困難なケースが、昨年度1年間に発生した学校数及び件数②情報提供が可能な件数③区市町村独自の支援策(区市町村教委のみ)④都教委に求める支援策——の4点で、学校だけでは解決困難なケースとは「①理不尽な要求等が繰り返し行われ、かつ②学校での対応には時間的・精神的に限界がある」という状況を想定している。

調査結果によると、昨年度1年間で学校だけでは解決困難なケースが発生した学校数及び件数は別表の通り。幼稚園の発生率は3・3%と低いが、高校(課程及び学部でカウント)は15・5%と高く、特別支援学校(同)も12・9%と高率。全体では約9%、ほぼ10校に1校の割合でトラブルが発生していた。教育庁指導部では「調査は解決困難なケースに絞っているので、軽度なものを含めるとトラブル件数はもっと増えるだろう」と見ている。

校種ごとの具体的な事例をみると、幼・小中学校では「いじめ加害児童を指導したところ、その保護者が学級担任に対し、恐喝や脅しなどの言動を繰り返す」、高校では「授業料などの徴収に際し、脅しまがいの言葉で徴収を逃れる」、特別支援学校では「保護者からスクールバスのバス停やルートの変更の要望が、繰り返し何度も行われた」などの事例が報告された。

全体的には、幼・小中学校では児童虐待や離婚調停など家庭内トラブルへの対応が多く、高校では施設・設備に対する地域住民からの苦情が目立つ。特別支援学校では医療・福祉・労働など関係機関との調整を必要とすることが多く、学校だけでは対応が難しいケースがあった。

その反面、学校側の対応に問題があり、保護者や地域住民の要求が理不尽になっていく事例もあった。たとえば、いじめの被害にあった児童の保護者が担任に相談したところ、「お宅のお子さんにも問題がある」と言われ、これに腹を立てた保護者が学校や教育委員会に執拗にメールやファクスを送信するなどの事例が報告されている。

一部の区市町村教委ではすでに、弁護士による学校法律相談制度の設立や区市の顧問弁護士の活用、相談機関の設置、保護者対応・接遇の研修会など、独自の支援策を実施しているが、都教委に期待する支援策としては①弁護士・医師など専門家の派遣②都教委の直接的な対応、都の指導主事の派遣③手引の作成及び配布④具体的な事例に基づく苦情等対応の研修実施——の4点を挙げた。

これを受け、都教委は今後の施策の方向性として、▽トラブルを未然に防ぐための教職員の対応能力の向上▽早期解決に向けた学校組織としての対応力の強化▽トラブル解決に向けた支援策の構築の3点を示した。都教委に対する区市町村教委や学校の要望を踏まえて支援策の中身を具体化し、来年度予算要求の中に盛り込む方針。弁護士など専門家の人件費や手引作成費などの費用を予算要求するとみられる。

2007年度に学校だけでは解決困難なケースが発生した学校数及び件数

校種	幼稚園	小学校	中学校	高等学校	特別支援学校	総計
学校数	215園	1316校	633校	201校 ※140課程	53校 ※140学部	2418校 ※405課程・学部
発生校数	7園	113校	55校	41校	18校	234校
発生件数	8件	126件	66件	70件	56件	326件

※高等学校、特別支援学校については、課程及び学部別でカウント

国宝の正福寺地蔵堂を公開

東京文化財ウィーク 区市町村との連携事業も

「文化の日」を中心に都内全域の文化財を公開する「東京文化財ウィーク2008」を、11月1日から9日間の日程で開催する。公開する件数は昨年より23件多い432件で、このうち特別公開は8件増の73件。また、10月1日から11月30日までの2カ月間、区市町村や民間団体などが「文化財めぐり」や「講演会」など、200件の企画事業を展開する。

今年は、日本最大のギリシャ正教の聖堂であるニコライ堂や都内唯一の国宝建造物・正福寺地蔵堂、徳川家康が寄進してお経を収めた増上寺経蔵など、通常は一般公開していない建物内部をウィーク期間中のみ特別公開する。区市町村との連携企画では、千代田・港・新宿区による江戸城外堀ウォークラリー、府中・調布市による武蔵国衙から深大寺への文化財ウォーク、世田谷・北区による古民家見学などを企画している。

公開される文化財やイベント情報を盛り込んだガイドブックでは、上野公園周辺にスポットをあてた特集を掲載。「上野公園で再発見する近代建築の傑作たち」と銘打って、国立西洋美術館や東京文化会館、東京国立博物館などの重要文化財を紹介している。

教育庁主催の企画としては、「江戸を体感する〜江戸の町人の暮らしと遊び」をテーマに、講演と落語を10月26日、江東区の清澄庭園・大正記念館で開く。「江戸町人の暮らしと知恵」と題した講演は、都立高校教諭の河合敦氏が講師を務め、落語は柳亭燕路、柳亭こみちの両氏を招いて、落語の世界の解説、体験コーナーを交えた落語会を行う予定。

文化財の保存と公開活用の観点から、特に優秀な参加事業に対し、東京都知事賞、東京都教育委員会賞として表彰する。

なお、東京の文化財や推進事業をPRする特命大使「文化財ウィークアンバサダー」として、海老名香葉子、松本零士、刈谷俊介の3氏が就任した。

室町時代の代表的な禅宗建築である正福寺地蔵堂(東村山市)

教職員のキーワード 72

学力調査結果の公表

文部科学省が実施する「全国学力・学習状況調査」の結果について、これを各区市町村が公表するかどうかが注目を浴びています。

この調査は、2007年度から実施されています。その目的は、国が全国的な義務教育の機会均等とその水準維持の観点から、各地域における児童・生徒の学力・学習状況をきめ細かく把握・分析することにより、教育及び教育施策の成果と課題を検証し、その改善を図ることです。合わせて、各教育委員会、学校には継続的な検証・改善のサイクルを確立することが求められ、児童・生徒への教育指導などの改善に役立てることが期待されています。

調査の対象としているのは小学校6年生と中学校3年生です。なお、私立学校は、参加は任意となっています。調査を行う内容は、国語と算数・数学の2教科です。

文部科学省は、実施要領において、調査結果を公表するのは、①国全体の状況及び国・公・私立学校別の状況②都道府県ごとの公立学校全体の状況③地域の規模に応じたまとまり(大都市、中核市、その他の市、町村、へき地)における公立学校全体の状況——としています。

そして、配慮事項として、都道府県教育委員会には個々の市町村名・学校名を明らかにした公表は行わないこと、市町村教育委員会には個々の学校名を明らかにした公表は行わないことを示しています。

一方で、市町村教育委員会が当該域内の公立学校全体の結果を公表すること、学校が自校の結果を公表することは、それぞれの判断によるとしています。

東京都の公立学校の結果は、小学校6年生では国語、算数とも全国公立学校の平均正答率を上回っています。中学校3年生では、国語、数学ともほぼ全国公立学校の平均正答率とほぼ同じ水準になっています。

東京都教育委員会では、すでに03年度(中2)、04年度(小5)から国に先駆けて学力調査を実施してきました。07年度からは国が調査を実施するようになったため、「問題解決能力等に関する調査」を小5、中2の全員を対象に、「基礎的・基本的な事項に関する調査」を小4、中1を対象に抽出で、それぞれ実施しています。

都の調査の結果の公表については、悉皆で実施している「問題解決能力等に関する調査」について区市ごとの平均正答率を公表しています。なお、公表する自治体の規模について基準を定め、学校数または児童・生徒数の少ない自治体については公表を行わないため、町村についての公表は行っていません。

文部科学省は、実施要領において、「調査結果については、本調査により測定できるのは学力の特定の一部分であることや、学校における教育活動の一側面に過ぎないことなどを踏まえるとともに、序列化や過度の競争につながらないよう十分配慮して、適切に取り扱うものとする」と述べた上で、配慮事項を示しています。

かお

都立新宿山吹高等学校教諭(専任カウンセラー)
菊地 まりさん

組織的な相談体制で生徒を支援

都立初の単位制・無学年制の高校として、1991年に開校した新宿山吹高校。ここでは授業を持たない二人の教師が専任カウンセラーとなって、朝の1校時から夜の12校時まで常駐し、生徒の様々な相談に応じている。

「学年進行でなく、時間割も生徒が自由に組めるため、同じクラスでも個々に時間割が異なる。担任の仕事を補うのも役割の一つなんです」菊地さん。開校の翌年、カウンセラーを二人体制にする時に、自ら手を上げた。

そもそもは数学が専門。最初の職場の忍岡高校で、相談に取り組む教師を手伝ったのが相談を知るきっかけとなり、次の新設校で担任をしていた生徒がリストカットを繰り返していたことに関わったのが転機となった。

「衝撃的な経験でした。ただ授業をしていればよいわけではない。生徒は皆、色々なものを抱えて、学校に通ってきているんだなと思い至ったんです。ゆったりと生徒と向き合うことも大切だと思うようになりました」

ちょうど当時、都立教育研究所で教員をスクールカウンセラーにとイメージした研修があり、その3期生として1年間の内地留学をすることができた。

「本来は人と関わることがぶきっちょ」と笑うが、頭の中で考えるより、人と関わる方が楽しいと思うようになったとか。心がけていることは常にアンテナを敏感にしておくこと。「あれっと思ったら、どんなことでもそのままにしておかないで、本人に働きかけたり周りに聞くようにしています。また、周囲の人も一緒に考えてもらえるように、隙間を埋めていくのも仕事。人と人をつなぐ役目なので、元気でいなくちゃいけないんです」

97年から毎年作成している『危機予防・介入プログラム』は、校内で問題を共有するための有効なツールとなっている。保健室・生活指導部などと一緒に持つ「作戦会議」も、生徒一人ひとりに目を向けた支援を全体で取り組むためのものだ。

9月は都の自殺対策強化月間。都教育委員会が4月に小中高の全教職員に配布したリーフレット『子供の命を守ろう〜子供の自殺予防に向けて』の作成にも関わった。現在も、文部科学省の「児童生徒の自殺予防に向けた取り組みに関する検討会」のメンバーとして資料作成に関わる。

「自殺というと引いてしまうかもしれないが、子供たちは、自分のこととして、周囲の友だちなどの問題として考えていないわけではない。総合学習の一環としてチェックリストを始めました。子供の段階からの自殺予防教育は、周囲の人の自殺予防に役立ったり、自らが大人になった時の自殺予防にも意味があると思います」

文部科学省ではスクールカウンセラーの導入を進めているが、専任体制にはなっていない。都立でも常駐の教諭のカウンセラーが置かれているのは、新宿山吹、桐ケ丘、世田谷泉高校だけだ。

「相談のために来るわけじゃなくても、いつでもカウンセラーがいて、様子見ができるのは大きいと思う。学校の相談室は、普段日常の関わりの中にある相談室なので、専門機関とは異なり、いつでも開いていないと意味がないと思うんです」

専門機関と連携して支援しなくてはいけない生徒がここ数年増えてきて、つなぎ役としても忙殺される日々だが、ゆっくりと6年をかけて卒業することができるのは、新宿山吹高校の大きな強みだ。

「果たしてきた役割は大きいと思います」

東京都生まれ。1973年お茶の水女子大数学科卒。都立忍岡高校へ。保谷高校から大泉学園高校を経て、92年から現職。土日は日本教育心理学会や日本学校心理学会等での研究に追われ、バードウオッチングや水泳の趣味もご無沙汰とか。同業の夫と一男。

「本との幸せな出会い」

子供読書フォーラム開催

11月7日、都多摩教育センターで

都立図書館は、10月27日の「文字・活字文化の日」と11月1日の「東京都教育の日」にちなみ、「子供読書フォーラム」を11月7日、立川市の都多摩教育センターで開催する。

「『本を読むこと』との幸せな出会いを」をテーマに、第1部では「読む力は生きる力」と題した講演を、ノートルダム清心女子大学の脇明子教授が行う。子供時代に本との幸せな出会いをしたご自身が、「読むことはなぜ必要なのか」という原点を踏まえ、子供の成長と読書の大切さについて話す予定。

第2部では、子供読書活動報告会が開かれ、新宿区立こども図書館や小平市中央図書館、都立大塚ろう学校が、学校と公立図書館の連携による読書への興味を引き出す工夫や、子供にとって魅力ある読書環境づくりなどの実践報告を行う。また、(財)東京子ども図書館の小関知子理事をコーディネーターに招き、実践報告3団体の報告者がパネリストになってディスカッションを行うことになっている。

募集人数は300人で、入場は無料。申し込みは往復はがきまたはEメールで、都立多摩図書館児童青少年資料係まで。締め切りは10月29日(消印有効)。Eメールは Kouen@library.metro.tokyo.jp

教育活動発表会・フリーマーケット

都多摩教育センターで

東京都西部学校経営支援センターと同支所は10月25日、多摩地区の都立高校のPR活動と特別支援学校の取り組みを支援することを目的とした「教育活動発表会・フリーマーケット」を、立川市の東京都多摩教育センターで開催する。

教育活動発表会は、都立高校と特別支援学校に学ぶ生徒たちが、日頃から学校で練習を積み重ねてきた成果を舞台発表するもので、立川国際中等教育学校(吹奏楽)、八王子工業高校(和太鼓)、昭和高校(合唱)、小川高校(ダンス)、田無特別支援学校(ダンスパフォーマンス)など12校が特色ある活動を披露する。

フリーマーケットでは、特別支援学校の児童・生徒が作業学習などで生産した物品を展示・販売するほか、農業系高校や工業系高校の生徒によるたまごやクッキー、工芸品など実習生産品の販売も行われる。また、八王子盲学校によるあん摩・マッサージ無料体験、立川ろう学校によるミニ電車・無料乗車体験など実演も予定されている。

中学生、保護者のほか誰でも参加でき、予約不要、入場無料。問い合わせは西部学校経営支援センター☎042・527・6980、または同支所☎042・466・6093まで。

毎週金曜 3面は 教育オンライン

監理団体経営目標

全38団体が70%以上達成

95%以上達成も16団体に

役員報酬 4団体が増額可、削減は9団体

都総務局はこのほど、07年度の都監理団体経営目標の達成状況と経営実績を公表した。経営目標の達成率は、対象となった全38団体が70%以上、うち95%以上は16団体だった。70%未満達成の団体は該当がなかった。経営目標の達成状況に局長評価を加味した結果、08年度の役員報酬5%増が可能とされた団体は4団体。反対に5%削減となった団体は9団体に上った。経営実績では、公益法人25団体で正味財産が17億円減少、株式会社13団体では、65億円の当期利益を計上し、純資産合計が1808億円となった。

都監理団体の経営目標の達成状況に関しては、監理団体改革の一環として、01年度に団体自らが経営目標を設定し、達成度を評価する仕組みを導入した。さらに06年度には、各団体が策定する中期経営計画を踏まえて、三つの視点からの経営目標設定を制度化し、また役員業績評価に局長評価を加えるなど、充実・見直しを図っている。

今回、対象となったのは38団体だが、前年度と比較すると、㈱ゆりかもめが臨海ホールディングスに参加する一方、報告団体であった㈱PUCが新たに監理団体に指定されている。

07年度の経営目標については、全団体で「都民・利用者」「財務」「内部管理」の視点から、合計381指標を設定している。このうち経営目標95%以上を達成した団体は16団体、90%以上95%未満の「ほぼ達成」レベルは11団体、70%以上90%未満で「概ね達成」は11団体、70%未満の「達成不十分」の団体はなかった。

前年度と比較した場合、「達成不十分」の団体がなくなる一方で、「達成」の団体が6団体増加するなど、全体的に上位区分にシフトした。監理団体指導課では「中期計画も2年目に入り、順調に目標達成が進んでいる」とみている。

常勤トップの役員報酬は、経営目標を95%以上達成し、かつ5段階の所管局長の評価が、局側の望むレベルであるB評価を超えるA評価あるいはS評価で初めて5%増が可能となる。最終的に5%増とするかどうかは、各団体の判断に委ねられる。反対に経営目標の達成率や局長評価が一定基準に達しなかった団体の常勤トップは、役員報酬を5%～10%削減しなくてはならない。

今回、経営目標を95%以上達成した16団体のうち、5%増が可能な団体は、㈶東京税務協会、㈶東京都中小企業振興公社、㈶東京動物園協会、㈶東京港埠頭公社の4団体。

5%削減となる団体は、経営目標の達成率が70%以上90%未満だった11団体のうち、常勤トップのいない2団体を除く9団体が該当した。10%削減の団体はなかった。

役員報酬の増減では、前年度に5%増が可能とされた団体が6団体、5%削減の団体は3団体あった。この点に関しては「そもそもS評価やA評価は、非常に高いレベルが求められる。厳密・厳格な局長評価を各局に依頼した結果」（監理団体指導課）と説明する。

5%増が可能な団体のうち、東京税務協会では、インターネットを活用した地方自治体職員向けの滞納整理業務支援サービス「徴収力の知恵袋」について、トップセールスで7団体34機関の会員を獲得。中小企業振興公社は「裁判外紛争解決手続きの利用の促進に関する法律」に基づく、紛争解決事業者の認証を自治体関係機関として全国で初めて取得したことが高く評価された。

東京動物園協会は、多摩動物公園で、佐渡トキ保護センターから移送されたトキを飼育し、同センター以外で初のヒナ誕生につなげた。東京埠頭公社は今年4月、新会社に事業継承し、全国初となる埠頭業務の民営化を図った。

一方、5%削減となる団体では、㈶東京都保健医療公社が、病床利用率や自己収支比率、外来患者数をはじめ、いくつかの経営指標で実績が低迷。また㈶東京観光財団では、外国人を対象とした飯田橋の東京国際ホステルの利益が目標値の半分以下にとどまったことが影響した。

このほか5%削減となった団体は、㈶東京都人権啓発センター、㈶城北労働・福祉センター、東京都道路公社、多摩都市モノレール㈱、東京臨海高速鉄道㈱、㈱多摩ニュータウン開発センター、㈱東京スタジアム。

07年度経営実績については、公益法人全体（25団体）の資産合計1兆6957億円から負債合計1兆2177億円を差し引いた正味財産が4780億円で、当期正味財産は17億円の減少。監理団体指導課では「概ね堅調な実績だが、正味財産については、一部有料道路事業の終了などが影響した」と話す。

株式会社（13団体）では、当期利益で多摩都市モノレール、東京臨海高速鉄道の2社がマイナスとなった。鉄軌道事業に特有の初期投資に伴う借入金の支払利息が要因に挙げられる。07年度時点で債務超過となっていた多摩都市モノレールは、今年4月の経営安定化策による都出資等の結果、債務超過が解消した。

このほか08年度の経営目標については、新たに「環境配慮行動」の視点が試行的に追加設定されたが、「建て替え時の環境負荷低減への取り組み促進」（東京都住宅供給公社）、「駐車場の緑化推進、パーク&ライドやカーシェアリング支援」（㈶東京都道路整備保全公社）といった団体の特質を生かした取り組みのほか、緑の東京募金への賛同を挙げる団体もみられた。

08確定闘争

都労連が1日行動展開

現業、教員、時短を課題に

都人事委員会勧告に向けた作業が進む中、都労連は19日、単組代表による対都要請や対人事委要請、第2波総決起集会などの1日行動を展開した。現業給与や教員給与を巡る労使協議が、すでに激しさを増す中、今年は勤務時間短縮についても、都人勧での扱いが注目されている。

都庁第二本庁舎前で行われた総決起集会＝写真＝では、武藤委員長が、最大の課題である現業と教員の給与について「現業給与では都側が15%削減の考えに言及しており、容認できない。教員給与も教育現場を全く無視したもの」と厳しく批判した。

さらに総人件費削減の攻撃に対しては、「公務員の労働条件や賃金を政治闘争の道具にしており、断固抗議する」とした上で「今年の闘争は解散・総選挙の最中となり、自民党が公務員への攻撃を強める厳しい状況になるが、存在感を示しながら、闘っていかなくてはいけない」と決意を表明した。

同日の総決起集会では、この後、西川書記長がこれまでの経過を報告。「都側は相当の決意でやってくるが、現業・教員の改悪を許さない取り組みをしていく。（時短については）この勧告で決断すべき。何としても出させる」などと訴えた。

また各単組の書記長からは、連帯して、秋の確定闘争を闘い抜く決意も示された。

都技術会議

局地的豪雨対策

整備水準アップを検討

河川、地下街の安全対策も

新体制後の1回目となる第69回東京都技術会議が17日、都庁第一本庁舎7階の大会議室で行われた。今年度の検討テーマには、昨年度からの継続となる「技術職員の育成・技術力の維持向上」や「ICT（情報通信技術）を活用した都市基盤施設の管理」に加え、新たに「局地豪雨による災害等の防止」を掲げた。技術会議では例年、翌年の1～2月頃に行う2回目の会議で中間まとめを行い、6～7月頃に行う最終会議で最終まとめを行うが、局地豪雨に関しては喫緊の課題のため、短期間で集中的・重点的に検討し、2回目の会議で最終報告を行う考えだ。

新たなテーマとなる「局地豪雨による災害等の防止」では、近年頻発する局地豪雨に対し、局横断的に取り組むべき施策を提言する。検討項目は「洪水・浸水対策」「水難事故防止」「工事事故防止」の3本柱で、このうち特に軸足を据えて検討するのが洪水・浸水対策だ。

近年は都内で1時間に100ミリを超す局地豪雨が多発しており、05年9月には区部西部を中心に6千棟に及ぶ浸水被害が、今年8月末には町田市など多摩地域を中心に大きな被害が発生した。しかし、都内の中小河川や下水道の整備は現在、1時間あたり50ミリの降雨を想定しているのが現状で、技術会議では整備水準のレベルアップを検討する。

都内で過去最大の浸水被害をもたらした58年の狩野川台風では、1時間に76ミリの雨量を記録しており、検討はこの水準を視野に進める考えだ。

また、都内は地下鉄や地下街が張り巡らされているほか、病院などの施設では地下に電気設備などを設けるところも多い。大水害が発生すれば人命や経済活動に多大な影響を及ぼすため、こうした特性なども踏まえて、対策を促進するエリアや整備水準を検討する。

他方、避難体制の強化は、主にソフト面の対策が中心で、都民に降雨や河川水位などを伝える情報サイトの周知や、気象情報サービスの向上策などを検討する。

また、今年7月28日に神戸市の都賀川で起きた水難事故では、豪雨により水位が急激に上昇し、川辺にいた5人が流されて死亡した。こうした被害を教訓に、親水河川での警報装置の設置なども検討する。

工事事故防止に向けては、8月5日の豪雨により豊島区内の下水道工事現場で作業員5人が流され死亡する事故を受け、下水道局では「一滴でも雨が降れば即刻作業を中断」などの作業基準を設けた。また建設局も、請負事業者に対し、気象情報等の取得体制や作業中止の判断基準などを工事設計書の特記仕様書に記載するよう見直しを図った。こうした動きを踏まえ、技術会議では他の関係局にも、降雨の影響を受ける工事での対策をとるよう求めた。

人材確保・育成

技術職の必要性を庁内でPR

資格取得の支援も実施へ

継続テーマとなる「技術職員の育成、技術力の維持向上」は、人材確保と育成の両面から検討を行う。

人材確保については、退職者に対し、採用する技術職員数が極端に少ないのが現状だ。技術職員採用の必要性が都庁内で十分に理解されていない実態もあり、庁内での技術職員の重要性や採用増の必要性のPRについて検討する。

また、採用試験応募者が減少している背景には、人物重視の民間試験に対し、都の試験負担が重いことや、試験実施時期が民間や国家Ⅰ種に比べて遅いといった課題があり、改善策を人事委員会とともに検討する。

さらに、高い合格辞退率についても、採用試験合格後のフォローが十分でないことや、採用後の配属や仕事内容が直前まで伝えられないといった実態があり、改善策を探る。

一方、人材育成面は、ベテラン職員の退職が進む中で技術の継承や職員の技術力向上が課題となる。この打開に向けて検討するのが、資格取得支援研修の実施だ。

技術士など公的資格について、必要性が高いものをピックアップするとともに、各局、各職場でどの程度の保有者が必要かを精査した上で、実施規模を検討する。現在も局独自に公的資格の支援を行う例はあるが、全庁的な支援を検討するのは初となる。

また昨年度の技術会議では、各局の技術系職員を育成するため、建設局の土木技術センターを活用する考えが示された。引き続き今年度は具体的な活用策を詰めていく。

同じく昨年度からの継続テーマとなる「ICTを活用した都市基盤施設管理」は、道路施設や公園遊具などのメンテナンス情報などを、ICTを用いて施設に組み込むことで、現場で情報入手を可能にするなど効率的な施設管理を図ろうとするもの。今年度は道路と公園で実証実験を行い、課題の洗い出しなどを進めていく。

来年の東京マラソン

約26万人が申し込み

定員の7・5倍に

東京マラソン事務局は24日、「東京マラソン2009」参加者の申込状況を発表した。マラソンと10キロレースあわせた申込者数は、定員の約7・5倍となる26万1981人に上った。前回と比べて68%増となる。

マラソンについては、今大会から定員を5千人増員して3万人となったが、今月22日の締め切りまでに22万6378人が申し込んだ。定員5千人の10キロレースでは、申込者は3万5603人だった。抽選結果については11月中旬に申込者全員に通知する。

■都人事異動

10月1日付　◎印昇任

【課長級】▽総務局行政部副参事＝㈶全国市町村研修財団派遣（総務局行政部副参事＝㈶全国市町村振興協会派遣）増永恭子

■医師・研究・特別選考職

【専門理事等】▽神経病院長（神経病院副院長）高橋宏▽神経病院副院長（神経病院神経内科部長）◎松原四郎

【専門参事等】▽神経病院神経内科部長（神経病院神経内科医長）◎磯崎英治

【専門副参事等・課長級】▽広尾病院泌尿器科医長（昭和大学病院泌尿器科学専任講師）直江道夫▽大塚病院内科医長（大塚病院内科非常勤医師）水森美佐▽豊島病院内科医長（日本大学医学部内科学系神経内科学分野助教）吉橋廣一▽墨東病院整形外科医長（日本赤十字社医療センター脊椎整形外科）小林篤樹

◆退職　9月30日付

【専門理事等】▽神経病院長　林秀明

【専門副参事等・課長級】▽豊島病院産婦人科医長　松見泰宇▽墨東病院内科医長　田中良明

■局長級昇任者略歴

松原四郎氏　昭和22年9月19日生まれ、慶大医卒。49虎の門病院神経内科、50金沢大学医学部附属病院医員、57金沢大学医学部附属病院助手、60金沢大学医学部附属病院講師、6神経病院神経内科部長

小原　八枝子さん（こはら・やえこ＝小原茂・都総務局情報システム部情報システム課長の母）20日死去、73歳。

渡邉　オアサさん（わたなべ・おあさ＝渡邉昇一・台東区西部区民事務所長の母）23日死去、83歳。

昇任試験対策のページ

21年度 職員教養講座 [14]

経営に関する知識③

前回に引き続き、演習問題を掲載します。

問題

【問題6】

市場細分化に関する記述として、妥当なのはどれか。

① マス・マーケティングは、競争相手が多く、市場が成熟しているときに製品を大量生産、大量流通させる政策で、あらゆる顧客を対象としている。

② 行動セグメンテーションは、製品に対する顧客の反応、使用頻度、信奉性やライフスタイルなどによって市場や顧客をグループ分けする方法である。

③ 人口統計的セグメンテーションは、性別、年齢、職業、所得、国籍、地域などによって市場や顧客をグループ分けする方法で、市場細分化の中で最も利用しやすい基準である。

④ 複合属性セグメンテーションは、複数の基準を用いて複雑な現代市場をグループ分けする方法であるが、人口統計的セグメンテーションより客観性に乏しいため、有用性が低い。

⑤ インディビジュアル・マーケティングは、顧客を一人ひとりに分けて対象とする「ワン・トゥ・ワン・マーケティング」と呼ばれる政策であり、マス・マーケティングとは対極的にマーケティングが展開される。

【問題7】

製品ライフサイクルに関する記述として、妥当なのはどれか。

① 「製品ライフサイクル」は、時間の経過と売上高及び利益の推移を示したものであり、一般的には、製品が開発されてから消滅するまでの過程を4段階に分けている。

② 「導入期」は、新製品を市場に導入しているが競合他社がいない状態なので、創業者利益を狙いやすく、利益が最も高い時期である。

③ 「成長期」は、売上高が急速に伸びるが、競合他者の出現により、支出も大きくなって利益が伸びなくなるので、企業は、マーケット・シェアを確実に確保する戦略が求められる

④ 「成熟期」は、売上高の伸びがあまりなく、他社との競争が激しい時期なので、企業は、製品を改良したり価格を下げたりするなど、顧客のロイヤルティーを確保して利益の減少を食い止める戦略が求められる。

⑤ 「衰退期」は、売上高が急速に減少していく時期であり、企業は、製品に対するプロモーション活動、新規投資、価格変更を行わず、速やかにその製品を市場から撤退させる戦略が求められる。

【問題8】

企業の経営破たん、企業再生に関する記述として、妥当なのはどれか。

① 「債務超過」は、経営状況が悪化したときや資産の時価評価により評価損を計上したときに、負債が資本を上回って、経営が破綻している状態をいう。

② 「民事再生法」においては、すべての法人、自然人を適用対象としており、現経営陣は退任することなく引き続き経営にあたることができる。

③ 「会社更生法」においては、同法が適用される企業に対して、当該債権者が担保権を行使することができ、また、同企業は租税も随時納付しなければならない。

④ 「企業再生ファンド」は、債務超過に陥っている企業を、再度利益が出るように再生するもので、整理回収機構や中小企業再生支援協議会などの公的機関が企業再生ファンドに該当する。

⑤ 「ステークホルダー」は、企業の再生を請け負う経営者のことで、財務、事業、組織など幅広く高度な知見や再生に伴う激しい抵抗を排する強いリーダーシップを必要とする。

【問題9】

組織及び人材の能力開発に関する記述として妥当なのはどれか。

① ピーター・センゲは、「学習する組織」について、あらゆるレベルのスタッフの意欲と学習能力を活かす術を見いだした組織とし、その実現方法として、五つの学習領域を示した。

② 「アクションラーニング」は、座学による単なる知識の習得ではなく、行動と学習を織り交ぜて実際に行動を起こすことにより、個人の能力を高める学習手法であり、組織力強化を目的とした「チームビルディング」には活用しにくい手法である。

③ 「コーポレート・ユニバーシティ」は、本社の一組織が社員のキャリアアップやリーダー育成を目指して教育プログラムを企画し、運営する「企業内大学」のことであるが、まだ日本には存在しない。

④ 「ハイパフォーマー」は、いかなる状況であっても安定して成果を出せる人材のことであり、たとえ企業が期待する行動に反しても、短期間で優れた業績を上げることが求められる。

⑤ 「サクセッション・プラン」は、企業にとって有用な技術を持った専門職を早期に選抜して育成する計画のことであり、通常の人材育成計画とは異なった特別の研修プログラムが組まれる。

【問題10】

人的資源の管理に関する記述として妥当なのはどれか。

① 「インターンシップ制度」は、企業が学生に就業体験を提供する制度であるが、当制度を採用プロセスに組み込んで実施する場合は、法令上、インターンシップに給与を支払わなければならない。

② 「社内公募制度」は、社員が自分の異動したい部門や仕事に応募する制度で、社員の意欲や主体性を高め、組織を活性化させるのに有効な人事手段である。

③ 「請負」は請負契約に基づき、発注した事業主が自己の責任の下で請負労働者を直接指揮監督するのに対し、「派遣」は派遣契約に基づき、派遣元の事業主が派遣労働者を直接指揮監督する。

④ 「ダイバーシティ・マネジメント」は、人材の多様性を価値としてとらえ、その活用によって企業価値の向上を目指す戦略であり、その実践に当たっては、それぞれ能力、属性の異なる人材を尊重し合う企業風土を定着させることが重要である。

⑤ 非正規雇用者（短時間労働者）が正規雇用者（当該企業の通常の労働者）と就業実態が同等である場合は、事業者は必ず非正規雇用者を正規雇用の形態に転換する義務がある。

解説

【問題6】　正答⑤

① マス・マーケティングは、市場が未成熟で競争相手が少ないときに成功しやすい政策である。なお、マーケティングの活動レベルには、マス・マーケティングのほかに「セグメント・マーケティング」「ニッチ・マーケティング」「ローカル・マーケティング」「インディビジュアル・マーケティング」がある。

② 「ライフスタイル」は「心理的セグメンテーション」の変数である。なお、市場を区分するためのセグメンテーション基準は、「地理的セグメンテーション」「人口統計的セグメンテーション」「心理的セグメンテーション」「行動セグメンテーション」「複合属性セグメンテーション」の五つである。

③ 「地域」は「地理的セグメンテーション」の変数である。

④ 複合属性セグメンテーションは、複数の変数をクロスさせた形で用いて、顧客をより小さく的確に区分けするので、単純な人口統計より有用性が高い。

⑤ 正しい。

【問題7】　正答④

① 製品ライフサイクルは、開発された製品が市場に導入されてから消滅するまでの過程を説明したものであり、市場導入前の開発段階は含まれない。

② 導入期は、競合他社だけでなく消費者も当該製品をあまり認知していないので、利益はほとんどない時期である。

③ 成長期は、売上高が急速に伸び、支出も増えるが、売上高の伸びが支出の伸びを上回るため、利益が最大化する時期である。また、企業は自社の製品を、より市場に浸透させる戦略をとって利益の拡大を図っていく。

④ 正しい。

⑤ 導入期においても、企業は価格変更を行って、少しでも利益を確保しつつ、当該製品を市場から撤退させるタイミングを見極めていかなければならない。

【問題8】　正答②

① 「債務超過」は、「負債」が「資産」を上回り、「資本」がマイナスになっている状態をいう。

② 正しい。

③ 会社更生法では、民事再生法とは異なり、担保権のついている債権も債務軽減の対象となり、また、租税も更正手続が始まったら納付してはならない。

④ 企業再生ファンドは、公的機関ではなく、機関投資家や金融機関などの民間企業が組成したものである。

⑤ 設問の内容は、「ターンアラウンドマネージャー」の説明である。「ステークホルダー」は、顧客、銀行など企業の利害関係者を指す用語である。

【問題9】　正答①

① 正しい。

② アクションラーニングは、チームとして活動する学習過程もあるので、チームワークが促進され、チームビルディングにおいても活用される。

③ 日本においても、東芝ソリューション㈱などが、コーポレート・ユニバーシティを設置している。

④ いくら短期的に業績を上げていたとしても、企業の期待に反するものはハイパフォーマーに該当しない。

⑤ サクセッション・プランは、専門職の育成ではなく次世代の経営者候補を育成する計画である。

【問題10】　正答④

① 法令上、インターンシップに給与を支払う義務はない。

② 設問の内容は「社内FA（フリーエージェント）制度の説明である。社内公募制は求人型であるのに対し、社内FA制度は求職型の人事制度である。

③ 「請負」は請負事業主が自己の責任の下で請負労働者を直接指揮監督するのに対し、「派遣」は派遣先の事業主が派遣労働者を直接指揮監督する。

④ 正しい。

⑤ 平成20年4月1日に改正された「短時間労働者の雇用管理の改善等に関する法律」において、事業主は、短時間労働者の就業実態等を考慮して、通常の労働者へ転換するなどの努力義務が課せられたが、必ず転換しなければならないわけではない。なお、通常の労働者と同視しうる短時間労働者について、短時間労働者であることを理由に、賃金の決定等で差別的な取り扱いをすることは禁じられている。

おわりに

前回と今回を合わせた10題の演習問題は、やや難易度が高くなっています。本番の問題はより基本的な内容を問うものが多いので、ぜひこの科目を得点源にしていただけたらと思います。皆様のご健闘をお祈りしております。

21年度 教育管理職への道しるべ ▶4◀

A論文③

論文作成演習

これまでの2回、A選考論文試験の概要を含め準備段階としてやるべきことや論文の形式、記述の際の留意点等について説明してきました。これまでも触れましたが、試験論文において求められているのは、「課題解決型」の論文です。特にA選考は「行政における教育管理職」としてどのようなことを行うのかが問われるのですから、教育の前に立ちはだかる様々な課題を解決していく能力が求められています。今回は特に、課題把握と解決策の提示の対応関係に注意しながら、実際の論文の「型」の習得に努めてください。

【例題】

設問1

資料をもとに、学校教育の課題について、あなたの考えを400字程度で述べなさい。

設問2

1で述べた考えに立って、あなたは行政における教育管理職としてどのようなことを行うか、具体的に述べなさい。

〈地域、保護者の教育に対する期待と、学校における取り組みについて考えさせる資料〉

資料1　教員の指導力に関する資料

資料2　校長の学校経営におけるリーダーシップに関する資料

（このような資料が示されているものとします）

【記述例】

設問1

資料1からは、教員によって指導力に差が見られ、学校に対する不満や不信感の原因となっていること、それを学校全体の問題として把握し解決する取り組みが不足していることが読み取れる。資料2では、校長のリーダーシップについて「教育的ニーズを踏まえた学校経営」が最も期待され、次いで「柔軟な発想と企画力」「保護者や地域と連携した学校経営」が挙げられている。これらのことから、都民の期待に応え、信頼される学校づくりを進めるためには、次の3点が学校経営に求められている。第一に、学校に対する子供や保護者の願い、期待を的確に把握すること、第二に、教員一人ひとりの指導力の向上を図り、学校全体の教育力を高めること、第三に、保護者や地域に信頼される学校の実現に努め、教員一人ひとりの意識改革を進めることである。そのためにも学校が組織的に機能し、教員相互が指導力を向上させる取り組み、それを可能とする企画力が教育管理職に求められている。

設問2

（1）求められる教員の指導力と学校の教育力の向上

現在、社会状況の変化や都民のニーズの多様化に対応して、特色ある学校づくりや学校選択制の導入など、保護者や地域の視点を重視した施策が推進されている。これらの施策の実効性を高めていくためには、一人ひとりの児童・生徒に対するきめ細かな、そしてより質の高い指導を行うことが何よりも重要となる。学校は、いかに個々の教員の指導力と学校全体の教育力を向上させ、都民の信頼を高めていくことができるかが、今、まさに問われている。

（2）都民の信頼の獲得に向けて

現在、都民は、学校の教育の質に十分満足しているとは言えない。その要因の第一は、保護者や地域の教育に対する願いや期待についての把握が十分に行われていないことである。自校の教育課題と改善のための方策についての共通理解が図られず、個々の教員の単発的、対処的な取り組みに終始し組織的な取り組みが進められていない。第二に、組織的に教員の指導力を向上させる取り組みが不十分なことである。各教員の研修等の成果が個人内で完結してしまい、学校全体に還元されず、学校全体の教育力を高めることができていない。第三に、学校の閉鎖性に起因する教員の意識の低さである。地域との連携が弱いことから、地域住民からの肯定的、建設的な評価に出会う機会を失っている。このため教員の自信や自覚が高まらない。これらの問題点を解決するため、以下に挙げる方法を即座に実行する。

第一に、学校評価を通した子供や保護者、地域のニーズの把握である。年度末のみの評価を改め、学校経営方針に則して学級や教科、分掌の目標と取り組み内容を重点化し具体化を図り実施する。そして、PDCAのマネジメントサイクルにより進行状況を把握して、全教員に指導の改善への視点を明確にさせる。さらに、平成19年の法改正により規定された学校関係者評価の分析を行い、次の学校改善へとつなげていく。

第二に、教員一人ひとりの指導力の向上を図るための組織的な取り組みを行う。各自のキャリアプランに沿って受講した研修の伝達の場をつくり、それを教員間で相互に評価、検討する組織をつくりあげていく。また、研究指定校等を積極的に受け、教科研究や教材研究などの機会を通して教員相互の検討や議論の場をつくる。そこでは教科や学年といった枠組みを超えて指導方法や効果測定に関する検討を行い、学校全体で共通の課題認識や改善意識を醸成し、学校全体の教育力を高めていく。

第三に、地域の声が確実に届く環境整備と取り組みを推進する。授業公開を一層進めるとともに、学校評議員の制度を積極的に活用し、学校が努力している姿や教育活動の成果を常に発信していく。そして、そこで得られた意見や評価を学校全体で共有し、各教員に教育活動に対する自信を持たせるとともに、今後、教育活動の一層の改善のためにすべきことは何かを自覚させる。また、地域住民との交流を通して「地域の視点」を獲得することにより、教員一人ひとりの視野を広げ、教育活動の更なる改善へとつなげていく。

（3）子供たち一人ひとりの未来のために

学校は、地域や家庭と連携した取り組みを一層進めるとともに、教員一人ひとりの指導力と学校全体の教育力を高め、学校の担う責務を果たす必要がある。そのために教育管理職は、学校の責任者としての立場はもとより、常に行政サービスを行う立場から広い視野をもち、地域や教育委員会との連携のもと、リーダーシップを十分に発揮して学校経営にあたっていかなければならない。

まとめ

論文は択一問題と異なり、受験者によって大きく差がつく試験で、選考の合否を左右する極めて重要なものです。これまで述べてきたように、合格論文を書くためには事前の準備と練習が欠かせません。実際に、何本か書いてみて、管理職や合格者の指導・助言を受け、完成度の高い論文を目指してください。

最初は、指摘されたポイントが多く、不安になることもあると思いますが、繰り返し指導を受けていくうちに次第に論文作成のコツがつかめるようになってきます。過去の合格者や他の受験者の論文を読み、自分にはない論文の切り口や表現を見つけたら、それらを自分の論文に生かすことも大切です。しかし、最も重要なのは、この練習を通して、自分の考えや行動を明確にしていくことであることを忘れてはいけません。

短期間のうちに論文作成能力を向上させることは、困難ですが、時間はまだ十分あります。論文は努力した成果が着実に表れますから、根気強く勉強を続けてください。

カレントトピックス 20年度 50

経済事情

■米証券リーマン・ブラザーズ連邦破産法申請　（9月15日）

リーマン・ブラザーズは、サブプライム関連の損失から今年度第2、第3四半期連続で大幅赤字となり、資金調達をめぐる懸念で株価が急落、金融機関との売却交渉が不調に終わったため、15日、連邦破産法第11条に基づく会社更生手続きの適用を裁判所に申請した。負債総額は米史上最大の6130億ドルで、日本国内主要銀行の債権総額（16日現在）約3200億円のうち、4割超の約1400億円が保全されていないとされる。

15日のニューヨーク株式市場は、リーマン・ブラザーズの経営破綻を契機とする金融不安から急落、ダウ工業株30種平均は1万0917・51ドルまで下落し、約2年2カ月ぶりの安値で取引を終えた。東京株式市場も全面安となり、16日の日経平均株価は約半年ぶりに1万2千円を割り込み、終値は1万1609円72銭と約3年2カ月ぶりの安値水準となった。

■平成20年都道府県地価調査（基準地価）公表　（9月18日）

国土交通省は18日、平成20年都道府県地価調査（7月1日時点）に基づく地価動向を公表した。平成19年7月以降の1年間の地価は、全国平均では住宅地・商業地とも下落した。住宅地は前年を1・2%下回り下落幅も拡大し、昨年上昇に転じた商業地もマイナス0・8%と再び下落に転じた。

三大都市圏においては、3年連続しての上昇となったものの上昇幅が大幅に縮小し、地方圏においては、下落幅はわずかに縮小したものの、依然として下落が継続した。

また、三大都市圏・地方ブロック中心都市の都心部でこれまで高い上昇を示していた地点においても、一部で下落に転じ上昇基調の鈍化が顕著となるなど、地価の持ち直し傾向に陰りが見られるとしている。

■新経済成長戦略の改訂を閣議決定　（9月19日）

経済産業省が平成18年6月に策定した「新経済成長戦略」について環境変化を踏まえて強化・加速すべき施策をとりまとめた改訂案が19日に閣議決定された。策定時からの最大の環境変化は資源価格の高騰等に伴う交易条件の悪化で、平成19年の交易損失は21兆円に上るとしている。

改訂では、基本戦略に「資源生産性向上によりコスト負担増を克服し資源高時代の勝者となる」「製品・サービスの高付加価値化を図り世界市場を獲得する」を掲げ、「ピンチ」を「チャンス」に変える成長の道を切り拓くとしている。具体的にはコンテナターミナル24時間稼働等の物流改革、住宅用太陽光発電設置支援、新興国・資源国との経済連携加速、国産農林水産品の輸出強化なども盛り込んだ。

また、改訂に盛り込んだ施策を実施することで策定当初の経済成長率達成を見込む。＝おわり

20年度 特別区管理職選考 正答と解説③

■行政法

行政法からの出題は、今年も8問でした。出題項目も、行政行為や行政救済法に関するものが出されるなど、例年の傾向と変わっていません。いずれの問題も、行政法学上の基本的な用語と理念、主要な判例のほか、行政手続法、行政事件訴訟法および行政代執行法の条文について正確に理解していれば正答できるものでした。

【問題29】

行政法学上の法規命令に関する問題。

① 誤り。国民の権利義務の設定等を行うものである。

② 誤り。法規命令は国民の権利義務に関するもので、一般的、仮言的な定めをする行政立法の一つである。

③ 正しい。

④ 誤り。委任命令への一般的授権は認められず、執行命令へは認められる。

⑤ 誤り。命令の形式を指定することが必要である。

【問題30】

行政法学上の行政行為の撤回に関する問題。

① 正しい。

② 誤り。法令の定めがない限り撤回権を持たない。

③ 誤り。公益上の要請が既得権益の保護の要請を上回るときでなければできない。

④ 誤り。補償の規定がなくても補償を求めうる。

⑤ 撤回の効果は将来に向かってのみ発生する。

【問題31】

行政法学上の法律行為的行政行為または準法律行為的行政行為に関する問題。

① 誤り。準法律行為的行政行為に関する記述である。

② 正しい。

③ 誤り。法律行為的行政行為に関する記述である。

④ 誤り。命令的行為は法律行為的行政行為に含まれる。

⑤ 誤り。準法律行為的行政行為は行政行為としての意思表示がないため、附款を付すことはできない。

【問題32】

行政代執行法に規定する代執行に関する問題。

① 誤り。条例を含む（行政代執行法第2条）。

② 誤り。他の手段によってその履行を確保することが困難でなくてはならない（行政代執行法第2条）。

③ 誤り。非常の場合または危険切迫の場合は、戒告および執行令書の手続きを経ないで行うことができる（行政代執行法第3条第3項）。

④ 正しい。

⑤ 誤り。国税滞納処分の例により徴収することができる（行政代執行法第6条第1項）。

【問題33】

行政法学上の行政刑罰に関する問題。

A 正しい。

B 誤り。行政刑罰に当たる。

C 正しい。

D 誤り。行政上の秩序罰に関する記述である。

よって、正答は②。

【問題34】

国家賠償法に規定する公の営造物の設置または管理の瑕疵に基づく損害賠償責任に関する問題。

A 誤り。被害者自身の通常予測し得ない異常な用法に起因する場合には、国家賠償法第2条第1項の責任を負わない（最判、平成5年3月30日）。

B 正しい（最判平7年7月7日）。

C 正しい（最判昭和50年6月26日）。

D 誤り。未改修部分につき水害発生の危険性が特に顕著となり、早期の改修工事を施行しなければならないと認めるべき特段の事由が生じない限り管理の瑕疵はない（最判昭59年1月26日）。

よって、正答は④。

【問題35】

行政事件訴訟法に規定する抗告訴訟に関する問題。

① 誤り。審査請求を前置しなければならない場合を除き、直ちに提起することを妨げない（行政事件訴訟法第8条第1項）。

② 誤り。無効の確認を求めるものであり、出訴期間は存在しない。

③ 正しい（行政事件訴訟法第37条）。

④ 誤り。一定の処分がされないことにより重大な損害を生ずるおそれがあり、かつ、その損害を避けるため他に適当な方法がないときに限る（行政事件訴訟法第37条の2第1項）。

⑤ 誤り。他に適当な方法があるときは提起することができない（行政事件訴訟法第37条の4第1項）。

【問題36】

行政手続法に規定する行政指導に関する問題。

① 誤り。処分に該当しない（行政手続法第2条第6号）。

② 誤り。書面の提出をした場合に限られない（行政手続法第33条）。

③ 正しい（行政手続法第34条）。

④ 誤り。行政上特別の支障がない限り交付しなければならない（行政手続法第35条）。

⑤ 誤り。行政上特別の支障がない限り公表しなければならない（行政手続法第36条）。

■財政学・地方財政制度

財政学・地方財政制度は4問です。内容は、昨年同様、財政学及び地方財政学から2問ずつ出題されました。いずれも基礎的な問題が出題されています。

【問題37】

正答は①

問題の説はピーコックとワイズマンが指摘した「転移効果」である。国民の多数が望ましいと思っている財政支出水準と受任しうる課税水準の間には、通常隔たりがあるが、戦争などに直面すると経費の支出も税負担も増大し、戦争が終わっても元に戻らず、経費は不連続的に階段状に膨張する。

【問題38】

① 誤り。説明は「統一性の原則」である。

② 誤り。特定の収入と特定の支出が結びついた予算編成はしてはならないという原則である。

③ 誤り。予算の編成過程や執行過程には及ばないとはされていない。

④ 誤り。説明は「厳密性の原則」である。

⑤ 正しい。

【問題39】

① 誤り。説明は「国庫委託金」についてである。

② 誤り。国庫負担金、補助金の支出金の額が、国が合理的に算定した額であることの問題点が指摘されている。

③ 誤り。説明は「国庫負担金」についてである。

④ 誤り。説明は「裏負担」についてである。

⑤ 正しい。

【問題40】

① 誤り。経常収支比率は、毎年度経常的に支出される経費に充当された「自主財源」ではなく、「一般財源」の額が、経常的に収入される額に占める割合をいう。

② 誤り。公債費負担比率は、比率が高いほど財政構造が硬直化していることを指す。

③ 誤り。指数が一定の値を下回ると地方債の起債が制限されるのは、起債制限比率と実質公債費比率である。

④ 正しい

⑤ 誤り。一定の率を上回ると普通交付税の不交付団体となるのは、財政力指数である。

＝おわり

いつくしみ育てる自然

元東久留米市教育長　千葉政美

自然は心を人を育てる

秋田の田舎生まれ。中学校卒業まで、自然にどっぷり浸かって育った。学校以外の所では勉強もしない劣等生。だが、人生に必要なことは自然から学んだ。

人間は本来、自然を体感したいという欲望がある。だが、現代人にはそれが不足している。時には苦戦して山道にへたり込んでも、他人に頼らず足を運ぶ勇気が欲しい。

東京にも素晴らしい山や自然がたくさんある。

東京の最高峰は雲取山（2017㍍）。でも、ルビを振らなければ読めない人さえいる。奥多摩や奥武蔵、奥秩父の山域も愉しい。都会の雑踏から逃れて心が和む。若い頃は金欠病で遠くには行けず、近場の山々を歩いたものだ。

先頃、しばらくぶりで自書を出版した。書名は『頂に立つ　百一名山を愉しむ』（日本評論社刊）で、作家の故深田久弥氏の著書『日本百名山』に依拠した。加えたもう一座は、氏が登頂を目前にして果たせなかった終焉の山・茅ヶ岳。

現役の頃は、仕事が忙しくて山どころの話ではなかった。それでも合間を縫って約30年かけて完登した。退職後、それまでの記録をもとに不備があれば登り直しての執筆。同社会長の大石進氏とのご縁で出版、5年を費やした。

山頂からの雄大なパノラマは誰でも脳裏に焼き付くが、苦労して登った山は、たとえ雨でも山頂に立てば達成感は格別。晴れればなお良し。花々が咲き乱れる花園風景や植生をあしらった池塘（ちとう）など、絶景には絶句した。また、動物たちとの出会いや見知らぬ人たちとの触れ合いなど、山旅からの収穫は、人生の財産だった。

日本の子どもたちに、今一番不足しているのは、自然との触れ合いだ。自然の中で、驚きや感動を実感して、豊かな感性を育むことが大切だ。たくましく生きる無数の生き物や植物にも、助け合いがある。どんな小さな虫にも草木にも、人間と変わらない再生不能の命のあることを、子どもたちに驚きや感動の中で伝えたい。自然は子どもたちの心を育ててくれる。

衝撃的な少年事件が相次ぐ中、ゲームなどで非現実的な死が蔓延し、子どもたちは死というものに慣れっこになって、子どもの世界から、命の尊さや掛け替えのなさが失われかけている。社会全体がもっと耳目を集めた教育的配慮が必要ではないか。

朝の雲取山荘から望む

ベルリンで舞う日本の子どもたち

緑が育むベルリン

先般、ドイツの首都ベルリンに滞在した。1991年東西統一した日以来になる。

ベルリンは統一後の首都として歴史は浅いが、あらためて緑の豊かさを実感した。統一した頃のベルリンの一人当たりの公園面積は26・1平方㍍あった。これは、全体として計算すれば東京23区の12倍強に当たる。ベルリン近郊のあのポツダム会議で有名なポツダムは、まるで街全体が公園を思わせた。

日本人学校はベルリンのクーダム（中心部）から電車で約30分余り。先頃、文部科学省の調査によると、日本では不登校が増えているという。同じ日本人の子どもでありながら、ここでは不登校に縁がない。

ベルリンで独日協会主催の夏祭りがあった。折しも北海道洞爺湖サミットが3日後に迫っていた。日本人学校からも子どもたちが参加して、歌や踊りを披露していた。

中庭の池の辺りで子どもたちを交えて保護者やドイツの人たちが和やかにひと時を過ごしていた。緑に覆われた大きな池には、防護柵などはなく、そこには管理という言葉はなかった。日本との違いを見せつけられる思いがした。

出席された高野紀元大使は、真っ先に洞爺湖サミットに関してあいさつされた。会場の玄関先では、環境団体のグリーンピースが「日本は真実を示せ」と横断幕を掲げて、静かに抗議をしていた。大使が会場を去ると、彼らは即座に立ち去った。

ドイツは、自然や環境問題には熱心な国だ。学校教育でも環境教育は重視されている。

今回のサミットでは、地球環境が重要なテーマだったはず。なのに、いろんな思惑絡みでギクシャク。地球は人間だけのものではない。地球温暖化の進行で、いくつもの国が消滅の危機に晒されている。

世界的な異常気象も要因だ。大気は人間の活動から放出されている有毒ガスを拡散し、濃度を薄める役割を果たしている。植物も酸素をはき出して努力している。だが、もう息切れの状態だ。

人間の心を浄化して地球を清めなければ、私たちの明日はない。

開園50周年　まるごと多摩動物公園　■5■

小さな動物〝昆虫〟の飼育展示

「小さい」「隠れる」「寿命が短い」……。昆虫園とは、このように展示には向きそうにもない特徴をもった〝昆虫〟という動物のありのままの姿を見せるという難しい課題に取り組んでいる所です。

展示ケースには様々な工夫を凝らしています。昆虫園本館2階の外国産昆虫展示コーナーにいるハキリアリの展示では、透明なアクリルケースを使い、給餌箱と巣箱を離して設置し、その間は内径5㌢のパイプでつなぐことによって、小さなアリが葉を運ぶ姿や、自然界では観ることの出来ない巣の中の菌園の様子の観察を可能にすることが出来ました。

本来の生息環境を再現することにもこだわっています。本館1階のグローワーム展示室は、温度と湿度を調節した擬似洞窟です。真っ暗な天井には50匹以上ものグローワーム（ヒカリキノコバエの幼虫）がそれぞれ、クモの巣のような網を張り、粘液のついたたくさんの糸をたらし、ほのかな光を放って餌となる小さな虫をおびき寄せています。

この青白くて幻想的な光を見ていると、本来の生息地であるオーストラリアの洞窟にいるような気分になれますが、展示場には小さな虫は飛んでいません。餌は、飼育員が死んだショウジョウバエを1匹ずつ巣の糸につけてあげなくてはならないのです。

職員の指導でチョウの幼虫を触る子どもたち＝昆虫ふれあいイベントで

実は、展示室の裏側には、さらに400～500匹ものグローワームがいます。昆虫は寿命が短いので、展示場にいる昆虫だけでは繁殖や次世代育成がとても間に合わないのです。1千匹以上ものたくさんのチョウが飛び交う大温室の中を人が歩く施設・昆虫生態園でも、裏側にいるチョウの幼虫たちの世話は大変です。しかも、幼虫は種類が違えば食べる植物もみんな違っています。たくさんの種類の食草を育てるための食草温室の管理の大変さもまた、容易に想像していただけるのではないかと思います。

清潔で臭いのない部屋で生活している現代人にとって、虫は身近な存在ではなくなりつつあるようです。虫はきらい、気持ちが悪いという人も多く、昆虫を理解してもらうことは、以前よりも難しく、かつ重要な課題となってきているように思います。生きた昆虫を展示する昆虫園は、今後、より一層飼育技術の向上に努め、より良質の展示の実現に向けて邁進していきたいと思います。

（多摩動物公園飼育展示課昆虫園飼育展示係　松本徹郎）

せめていい人で過ごす

がんばれ！公務員 47

文とマンガ　鈴木武征

「今日も元気だタバコが美味い」は昔の専売公社のキャッチフレーズだが、こう嫌煙運動が高まってはタバコ吸いは肩身が狭い。

私が入都した頃は机上喫煙当たり前、煙を嫌がる女子職員が自分の机の周りにボール紙などを立てて自衛する様が変わり者として笑われる時代だった。

よく人の成功は努力と運と言われるが、どういう時代に身を置くかも運の内である。

公務員としてサラリーマンとして処世する人々の望みは各人各様であるが、比較的共通する思いは、「仕事が出来る人」「いい人」と言われつつ退職までたどり着くことではなかろうか。

ところがどっこい天は二物を与えずで、この両立は結構難しい。

仕事が出来る人というのは仕事故に他人と衝突することもあれば、時として職員の恨みを買うような仕事も敢行しなければならない。

いい人というのは往々にして、「いい人なんだけれど、考えてみれば何にもしなかったな－」など揶揄されやすい。

両立は課長、部長、局長と上へ行くほど難しくなるが、不可能というわけではない。私も両立する立派な先輩を何人も見送った。

その人達に共通するのは、「他人の痛みを知る心根」と「運」にほかならない。

宮仕えとは辛いもので、所属組織を自らの手で整理したり、朝令暮改のような仕事に取り組まなければならないことも少なくない。

そういう仕事を指揮する上司もさぞかし辛かろうと思う。辛いからこそぶっきらぼうに、「命令だから仕方ないだろ！」と押し付けるタイプもいるが、それではお話にならない。

例え胸中はその通りだとしても、部下には命令の背景や必要性をよく説明し、事後には作業を慰労し、さらには新たな展開の途を語りあうなどの心根が大切だ。

納得のいかない部下の尻を叩き事後はお酒でごまかすのが得意という上司もいたが、それは単に「人使いがうまい」というだけで「仕事が出来る人」とはちょいと違う。

部長、局長へと昇進し、より大きな視野から仕事を所掌するのはさぞかし痛快なことだと思う。

反面、それは首長や議員の意をより体することでもあり、無理難題をそつなくこなす能力が必要となる。

無理難題が組織や仕事に及ぼす影響によっては「いい人」で終えることは無理ということもあるが、在任中に何が起きるかはその人の運次第だ。

部屋の前を座り込みで占拠されたり、「こんな上に弱い人見たことない」と非難されるのも運次第というのは寂しいが、大きな要素であることは間違いない。

考えてみれば採用試験や昇任試験、配属先や人との出会いも運が大きく左右する。

時代の流れや運には抗し難いものがあるが、他人の痛みを知る優しい心根は今すぐにでも実行できる。

多くの公務員に仕事の出来る人、いい人で過ごしてもらいたいが、二兎を追えない人もいる。

仕事が上手くいかない、偉くなれないのは時代や運のせいにしても、せめて「いい人」でいたいと努力している人に出会うとホッとする。

みにがいど

◆九条の会東京連絡会「10・24発足集会」▽日時　10月24日（金）午後6時30分～8時45分▽場所　豊島公会堂（みらい座いけぶくろ）▽会費　千円▽内容　東京にある800余の九条の会がネットワークでつながることで、互いの「草の根」力を強めることを目指す▽プログラム　①賛同あいさつ＝伊藤真（伊藤塾塾長・法学館憲法研究所所長）、アーサー・ビナード氏（詩人）、小森陽一（九条の会事務局長）②東京の九条運動の現在と未来③九条の会東京連絡会発足式▽問い合わせ先　☎3239・6716、http://www.9jo-tokyo.jp

◆高齢者の食を考える～食は体を表す～▽日時　10月8日（水）午後1時15分～4時30分▽場所　調布市グリーンホール大ホール▽入場無料・申込不要▽内容　①「食がつくる健康長寿」新開昇二・都老人総合研究所社会参加とヘルスプロモーション研究チーム研究部長②「食がささえる高齢者医療」荒木厚・都老人医療センター内分泌科部長③「食を科学する～老化と食べ物の深い関係～」清水孝彦・都老人総合研究所老化ゲノムバイオマーカー研究チーム▽問い合わせ先　東京都老人総合研究所研究調整部☎3964・3241（内線3004）

◆自殺防止につながる標語募集　▽内容　自殺防止につながるメッセージ・標語（40字以内）※優秀作品は「自殺防止！東京キャンペーン」等で幅広く活用▽締め切り　10月31日（金）▽応募資格　都内在住、在勤または在学の方▽応募方法　①はがきに住所、氏名、年齢、電話番号、標語を記入し、〒163－8001東京都庁第一本庁舎22階　福祉保健局保健政策部保健政策課事業調整担当まで郵送②自殺総合対策東京会議ホームページの専用入力フォームから、住所、氏名、年齢、電話番号、標語を記入して送信▽問い合わせ先　☎5320・4310

都政新報

発行所 都政新報社
〒160-0023 東京都新宿区西新宿7-23-1 TSビル
〈総務・読者〉03-5330-8781
〈企画広告〉03-5330-8784
〈編集〉03-5330-8786
〈出版〉03-5330-8788
〈セミナー事業部〉03-5330-9977
〈ファクス〉03-5330-8808
購読料 月1,680円(税込)
毎週火・金曜日発行
但し、祝祭日は休刊

紙面から

築地市場 豊洲移転に異論

公明 高度利用で豊洲以外も
民・共 現在地再整備の検討を

第3回定例都議会は25日に代表質問が行われ、高島直樹（自民）、酒井大史（民主）、鈴木貫太郎（公明）、村松みえ子（共産）の4氏が質問に立った。築地市場の移転問題については、高島氏が推進の立場で工期短縮や経費縮減を要求。一方、酒井氏、村松氏は築地での現在地再整備を主張。鈴木氏は、「土地を高度利用するならば、豊洲以外にも候補地は存在する」と指摘した。石原知事は、現在地再整備は「不可能」と断言し、早期に「土壌汚染対策計画」をまとめる考えを示した。26日には一般質問が行われた。

高島氏は、土壌汚染対策の具体化に向けて、「約40㌶もの敷地全体にわたる汚染土壌の掘削や処理を行うとなれば、工期が長期間に及び、対策経費が増加することも予想される」と懸念を示し、「工期短縮や経費の縮減を図ることが、より一層都民や市場関係者の理解にもつながり、豊洲への移転整備を着実に進める上で不可欠」と指摘した。

酒井氏は、「都が、市場の移転を前提として検討している以上、どのような専門家、どのような技術者が判を押したとしても、いつまでたっても都民の理解を得ることはできない」と主張。第三者的な立場の技術者や専門家によって、現在地再整備を改めて検討するよう知事に求めた。

鈴木氏は、「都には、水産卸・仲卸売場の一体配置が可能であり、土壌の地歴から土壌汚染がなく、すでに都有地であり異なる会計間の所管換えにより用地が取得でき、あわせて公有財産規則の第十条但し書きにより取得価格が無償または軽減可能となる土地が存在する」と指摘。40㌶を下回っても、高度利用することによって移転候補地になり得るとの考え方を示した。

村松氏は、「都は技術会議で、『低価格でしかも短期間で実施できる新技術、工法』なるものを選定している。しかし、現在このような新技術は実用化されていない。最も安全であるべき市場を、未確立の技術の巨大な実験場にしようというのか」と批判し、現在地再整備に立ち返るべきと主張した。

石原知事は、「豊洲地区への移転は、長い年月をかけて、関係者間で再整備を含めて様々な案を検討し、議論を尽くして決定した。現在地再整備は、種地がなく、営業を続けながらの工事が困難なことや、市場に求められる新たなニーズに対応できないことなどから不可能」と答えた。

また、技術会議が、「確実で、コスト面でも優れた土壌汚染対策」を検討していることから、この結果に基づき、都として早期に「土壌汚染対策計画」をとりまとめる考えを示し、「どうかひとつ、日本の先進技術の水準を信じて、この問題に取り組む」と表明した。

豊洲以外の候補地について、比留間中央卸売市場長は、「築地市場の移転先は、少なくとも卸売場、仲卸売場の平面配置を可能とする観点からも、約40㌶の面積を確保する必要があり、併せて良好な交通アクセス、築地の商圏との継続性なども考慮し、改めて移転候補地となりうる用地を、都内全域にわたり調べてみたが、これらの条件を満たす場所は豊洲新市場予定地以外に見出し得ない状況にある」と答弁した。

「日本の技術水準を信じる」と答弁する石原知事＝25日

自民 行革「振り過ぎた振り子は戻すべき」 事業遂行能力の低下を危惧

高島氏は、代表質問のトップに「都政改革」を据え、都庁組織の事業遂行能力や企画力の低下、民間委託後の進行管理能力などが落ちている点を危惧。「置かれている状況を踏まえると、行革のあり方はターニングポイントを迎えている。質にウエートを置いた視点での再構築が求められている」とただした。

特に指定管理者制度に対して、監理団体を活用すべきケースと民間の競争原理に委ねるべきケースの再整理と再検証を迫り、「振り過ぎた振り子を戻すことがあってしかるべき」と語った。また「都庁の執行力を維持する視点で正規職員の確保が必要。現在の再任用、非正規職員の活用だけでは、執行力の維持にはならない」と話した。

これに対し、中田総務局長は「効率性のみならず、都民ニーズを捉えた施策やサービスを展開できるよう、事業遂行能力を高めるための仕組みづくりについて今後検討する」と答えた。

第1四半期決算を公表した新銀行東京については「純損失が37億円で見込みどおりだったが、融資実績は低調だった」と指摘。「中小企業を取り巻く環境が厳しさを増す中、新銀行本来の役割が期待される」と語った。佐藤産業労働局長は「中小企業支援に軸足を置きながら、新銀行東京の再建に向けた支援を続ける」と答えた。

このほか来年は、固定資産税等の土地の評価替えの年にあたるため、「都内全域で地価が上昇している。何らかの緩和措置を講ずるべき」と提案。熊野主税局長は「土地の評価額が大幅に上昇する場合、国に負担緩和措置を要望する」とした。

また、中学3年生までの医療費助成の実施、シルバーパスの09年度以降の経過措置の継続、福祉施設の耐震化などで都側から前向きな答弁を引き出した。

民主 新銀行東京、もはやお荷物 地方法人特別税の恒久化を危惧

国会では前日に、麻生太郎首相が誕生。酒井氏は、「麻生首相の下では、石原知事と福田前首相との合意で導入され、暫定措置とされた地方法人特別税の恒久化が危惧される」と懸念を示した。

石原知事は、麻生首相について、「自分の政治理念を自分のレトリックで語る資質を備えた政治家」と評価。「一国の総理大臣と都知事との約束であり、同じ政党の総理が変わっても、これが本質的に変わることはあってはならない」と述べた。

新銀行東京について、酒井氏は、「何ら用を足すことなく、むしろ、減資に伴い540億円もの積み立てを余儀なくされるのであっては、その存在意義は完全に失われたという以上に、もはやお荷物」と述べ、「知事は、自らの責任を早急に示す必要がある」と追及した。

石原知事は、「新銀行東京が、この経営の失敗により多額の損失を計上し、都の出資を含む資本を毀損したことについては重く受け止めている」と述べた。また、金融庁の検査結果によって、決算や再建計画の見直しがあるのかを問われると、「金融機関は、その監督官庁の検査結果に従う必要がある」と、一般論を述べるにとどまった。

これに対し、酒井氏は再質問で、「新銀行の再建を着実に進めていこうとするなら、少なくとも新銀行には早急に金融庁の検査結果を公表するように求めるべき」と迫ったが、佐藤産業労働局長が、「個別の金融機関に対する検査の内容は非開示とされている」と答弁した。

この他、自殺防止対策について、区市町村で早急に地域特性に対応した施策が進むよう都として支援を求めた。安藤福祉保健局長は、今年度の足立区でのモデル事業の取り組み状況を踏まえ、区市町村への支援のあり方を検討する考えを示した。

公明 中3までの医療費助成 10月に具体案 新銀行 調達コスト下回る低率融資

鈴木氏は、今年度で行財政改革実行プログラムの計画期間が切れるため、今後の基本方針を明確にした上で、新たな実行プログラムを策定するよう求めた。その際、大事な視点として、①都立病院の行政的医療の存続など、都民サービスの向上や不安解消といった都民の目線に立った改革②職員の大量退職が見込まれる中で、技術・ノウハウの継承と都が引き続き責任を担うべき業務とは何かの再検証――という二つを示した。

中田総務局長は「都が責任を持つ業務の明確化、人材の確保・育成、職員の技術・ノウハウの継承、意識改革などの観点を踏まえ、行財政改革の基本的考え方を明らかにする」とした。

子育て支援では、07年10月から都が中学3年生までの医療費の1割助成を開始。その結果、23区10町村で独自に入院・通院ともに自己負担分を全額助成し、中学3年生までの医療費ゼロが実現した。ところが、これが区部と市町村との新たな格差になっているとして、都制度で中学3年生までの医療費ゼロを実施するよう迫った。

これに対し、安藤福祉保健局長は「現行の所得制限を前提に助成内容の拡大を図る方向で検討している。10月早々には、具体案を取りまとめる」と答弁した。

新銀行東京に関しては「資金調達コストを1・5%から1・7%で行っていたにもかかわらず、大企業50社には1000億円の貸し出しを1%で行っていた。不良債権問題以前に、あり得ない銀行経営だ」と旧経営陣を批判。「金融庁検査で貸倒引当金の積み増しが必要という情報もあるが、どうか」とただした。佐藤産業労働局長は「第1四半期決算には、金融庁検査の過程で計上すべきと判断したものは、反映している」と答えた。

共産 市場原理主義、知事がお先棒 シルバーパス対象拡大を要望

村松氏は、新聞等で報道されている新銀行東京への都議や特別秘書の融資口利きについて、「新銀行は民間銀行と違って、都が最大株主となった自治体設立銀行だ。都の幹部や都議が口利きすることとは、それ自体が大きな圧力となり、無理な融資に応じる原因となる」と知事の姿勢を問題にした。

石原知事は、「新銀行では、紹介の有無に関わらず、すべての申し込みについて、厳正な審査を行い、融資の可否を判断している」と述べ、村松氏の主張を否定した。

また、400億円を「手土産」に、外資系ファンドなどへの売却が本音ではないかとの指摘に対しては、「まったく考えていない」と完全否定。「都民の皆さんのお役に立つ銀行として立て直すため、あらゆる努力を今後もしていく」と決意した。

都民生活へも深刻な影響がある原油・物価高騰について、村松氏は、知事が会見で「アメリカの資本主義は間違っている」と発言したことに触れ、「知事は、都市再生の名による再開発に、破綻したリーマン・ブラザーズなどが大株主となった外資系ファンドを引き入れるなど、自らがアメリカ資本主義と市場原理主義のお先棒を担いできた」と批判した。

これに対して、石原知事は、「国を牽引する東京の活力をさらに高める都市再生と、市場原理主義による過激な投機マネーの暴走という比較にならないものを、ことさら同列に論ずることは、経済の道理をまったく無視し、事の本質を見誤った的を射ないもの」と反論した。

この他、村松氏は、生活保護基準程度の低所得世帯に対する緊急生活応援手当ての支給、シルバーパスの対象拡大、多摩地域での中学三年生までの医療費無料化、都の臨時職員の時給アップ、都市計画公園の倍増計画などを求めた。

生活者ネット

都議選1次公認を発表 2現職1新人を擁立

東京・生活者ネットワークは27日に新宿区内で開かれた集会で、09年都議選の第1次公認候補と政策を発表した。

第1次公認は、現職2人と新人1人の計3人。現職は、南多摩の原田恭子(61)、世田谷区の西崎光子(54)の2氏。北多摩第二の大西由紀子氏の後継として、新人の山内玲子氏(52)を擁立する。この他に、練馬区で2期目の山口文江氏が調整中の他、杉並区、八王子市で擁立を目指しており、計6人を擁立する方針。

都議選第1次政策は、『衣食住』から『住・食・医』へ」と題し、「すべての施策は子ども基準で見直す」としている。具体的には、「住まいの確保は生活の最低条件」「東京から食の安全をつくる」「誰もが安心して地域で暮らす」などを掲げている。

選対委員長の山口文江都議は、「国政では2代も首相が途中で投げ出し、その無責任さ、力のなさを痛感する。あきらめムードが漂っているが、そんなときこそ気持ちを引き締めて、都政に取り組まなければならない。選挙は大変厳しい状況。何としても6人の議席を回復するよう、皆さんと戦っていきたい」と語った。

都政の東西 調査能力の真価

病気や障害、失業などで生活が困窮した人々の命綱である生活保護。[illegible]不正受給する輩が絶えない。

都内の不正受給は05年度で522件（総額6億6143万円）、06年度は666件（7億6131万円）で、件数ベースでは3割近く増えている。都福祉保健局によると、これは福祉事務所が生保受給者の課税調査に力を入れて不正を見抜いた結果で、「一概に不正受給が増えているとは言えない」という。

不正受給のケースを見ると、収入の無申告や過少申告が多い。そのほか、新宿区では、暴力団組長の身分を隠して福祉事務所から[illegible]た。現場のケースワーカーに任せきりだと不正防止には限界がある。支給対象ではない暴力団員対策は、警察との連携が欠かせない。都内で生保受給者が最も多い足立区の場合、審査終了後に銀行への資産調査依頼、社会保険庁OBによる年金調査などを行い、不正調査に力を注ぐ。

どんな理由であろうとも不正受給は、税金を食い物にしているのだから、許されるはずがない。厳正なチェック体制が必要だろう。ただし、不正防止強化に努めるあまり審査を厳格化し過ぎると、福岡県北九州市のように申請書をもらえず孤独死が起き、批判の的になってしまう。

都内の生活保護は、07年11月現在で約15万2400世帯と96年度比でほぼ倍増している。高齢化、経済格差が進む中、生保受給者の増加が今後も予想されるため、不正が起きないよう目を光らせ、制度の信頼を損なわないよう、きめ細かな対応が求められている。同時に生活保護は、生活困窮者にとって最後のセーフティーネットだ。行政の調査能力の真価が問われている。

3つの新講座がスタート

都区の職場で主任・係長選考は、任用の登竜門となるものです。本号から「主任試験講座」「主任・係長論文講座」「カレント・トピックス」をリニューアルします。

また、択一試験の「事情もの」は、出題分野が選考によってそれぞれ異なりますが、都管理職選考、都主任選考で出題されます。これに対応して社会、都政、政治、経済の4分野でカレント・トピックスを掲載します。

寸句ジョーク

争点が基地跡地利用から年金、国保に拡大 国政前哨戦の様相で熱い昭島市長選

市職員「市長と対等と思える貴重な一週間です」

個人の思い出のせい？ 回収率半減

使用済み携帯電話

都と3区で回収実験

使用済み携帯電話の回収実験が10月2日から、荒川、練馬、足立の3区、都庁などで始まる。希少金属（レアメタル）の宝庫である携帯電話の回収率が低迷しているため、都が業界団体などと安定的な回収につなげる取り組みを検討してきた。庁舎での携帯電話回収量は流動的だが、官民一体の回収実験に注目が集まっている。

携帯電話には、金や銀、インジウムなどのレアメタルが宝庫で、うまく回収できれば鉱床となる。ところが、使用済み携帯電話の回収量は、2000年度の1361万台をピークに減少し、07年度が644万台と過去最低を記録した。

携帯会社などでつくる電気通信事業者協会（TCA）と、家電メーカーなどでつくる情報通信ネットワーク産業協会（CIAJ）の調査によると、携帯電話などの利用者2千人のうち、「ごみとして捨てた人」が14％だった。

携帯電話の回収が低迷し、業界の実態を知った都環境局は「携帯電話などを有効活用すれば、最終処分場の延命化になる」として、TCA、CIAJ、区市町村などに呼びかけて、今年3月に協議会を発足させた。

協議会では、使用済み携帯電話のリサイクルの認知度が低いため、PRなどの必要性を求める声が上がった。PRの一環として、区などの広報紙に携帯電話のリサイクルシステムを掲載。回収率の低迷を打開するため、都庁、区市の庁舎、大学、地下鉄駅で携帯電話を実験的に回収する。

使用済み携帯電話の回収ボックス（縦40ｾﾝﾁ×横40ｾﾝﾁ×高さ100ｾﾝﾁ）は、荒川、練馬、足立の3区などに10～11月の2カ月間設置される。回収業務は、区などではなくTCAなどが行う。

庁舎に設置することで、住民のリサイクル意識の向上に期待を寄せている。回収量の見込みは流動的で、都環境局は「回収よりも、まず周知が目的」と述べる。

回収実験と併せて、アンケート調査を実施する。携帯電話や資源の回収量、意識調査の結果を基に、望ましい回収方法を検討していく考えだ。

▼インセンティブ

TCAなどの調査によると、2千人のうち使用済み携帯電話の回収率が低迷している理由として、個人利用者が「コレクション・思い出」（59％）として手元に残していたり、「目覚まし時計」（23％）、「デジカメ」（12％）など多機能を使っていることなどが挙げられる。

行政などが対策に乗り出しても、個人利用者の協力なくして、回収率アップはない。携帯電話を手放してもらうには、インセンティブも必要。携帯会社が発行するポイントの加算、携帯電話の回収後に預かり金を返すデポジット制の導入など、個人利用者が関心を持つ回収方法が検討課題になっている。

▼次のターゲット

都、TCA、CIAJ、区市などでつくる協議会は、使用済み携帯電話以外の家電もターゲットにしている。家電リサイクル法などで回収が義務づけられていないが、レアメタルを含む使用済みデジカメ、ゲーム機、iPodなどの携帯音楽プレーヤーなどだ。レアメタルの用途が広がり、世界的な需要増で価格は高騰している。だが、資源回収ルートが確立されていないと、「最終処分場に埋め立てられてしまう」（都環境局）と、行政担当者は頭を悩ます。

デジカメ、ゲーム機などが不燃ごみに占める割合を、都などは把握していないため、実態調査に乗り出す考えだ。また、都環境局は「どういうルートで資源を回収するかが大きな課題」と話している。

携帯電話は希少金属が埋蔵する"都市鉱山"

人口11万人を突破

中央区

中央区の人口が17日、11万人を突破した。1972年以来、36年ぶりの11万人台回復となった。

同区によると、区が誕生した1947年当時は11万6940人。その後、復員や戦災復興とともに急速に人口が伸び、53年には17万2183人のピークを迎えた。

しかし、その後、高度経済成長と都市化の進行に伴い減少し、97年には戦後最低の7万1806人に。都心の空洞化が深刻になった。

区では、定住人口回復を区政の最重要課題と位置づけ、人口の維持、回復に取り組んだ結果、2006年に長年の目標だった10万人を達成。その後も人口は増え続けており、30歳代を中心とした若い層の転入も多い。

矢田美英区長は「10万人を達成後、2年5カ月という短期間で1万人も増えたことは、遊・職・住三拍子そろった都心中央区に多くの方が魅力を持たれていることの証で大変うれしい。歴史と伝統を誇りに、基本構想が目指す『生涯躍動へ 都心再生―個性がいきる『ひとまち』の実現にこれからも全力を尽くす」とコメントした。

記者席

本音を言われ、苦笑い？

○……「こんな（衆院選）候補者より、自分の方がいいじゃないか、と思われる方が半分以上いると思いますが、いろんなルールの中で民主的に決めたことですから」

25日、民主党の菅直人代表代行が都議会民主党の総会に出席し、迫っている衆院選への協力を求めた。菅氏はあいさつの中で、思わず都議らの「本音」をおしはかって、さらりと触れたため、苦笑いとともに微妙な空気が総会室に流れた。

党本部によると情勢は厳しく「新人候補を含め、まだ地に足の着いた活動ができていない候補者がたくさんいる」と菅氏。都議選もにらんで尻を叩く意味もあったのだろうか？

○……「皇太子」と敬称を付けないのは、石原知事と共産党機関紙――。26日の一般質問で民主党の土屋敬之都議は、石原知事が公式の場で「皇太子」と呼び捨てにしている問題を取り上げた。土屋氏は「知事と共産党が同じ皇室観であるとは考えられないが」とした上で、「常に皇太子と書く新聞は赤旗のみ」と述べ、「礼を逸した行為」と石原知事を批判した。

これに対し、石原知事は「敬意を欠いているはずがない」と反論。ただ、さすがに皇室観が対極の共産党と並べられたことを意識してか、「あなたの情念としてはよく分かる」と述べ、発言の形は再度考える意向を示した。

○……JR新小岩駅から江戸川区役所に行くバス通り沿いに、若いカツラの街路樹が植わっているのを見かけた。ハート型の明るい緑色の葉が重なりあって、小さな木陰をつくっている。道路を管理する都第五建設事務所に聞くと、カツラは春の新芽や秋の黄葉が美しいという。これからの季節が楽しみだ。

カツラがある区間は葛飾区だが、お隣、江戸川区も街路樹の本数では23区でナンバーワン。「ゆたかな心 地にみどり」を合言葉に1972年には245本だったのを、今では5万7千本にまで増やしてきた。高木で最も多いのが区の樹であるクスノキ。中木ではベニカナメモチとか。親水緑道も整備され、歩けば心豊かな思いになれる。

民間の指定管理者導入へ

文京区　スポーツ施設で公募

文京区は来年度、区立総合体育館などスポーツ施設6カ所について、公募による指定管理者を導入することを明らかにした。6施設の運営を一括で民間に委託する考え。区は11月下旬をめどに事業者を選定し、来年4月から運営を開始する。

文京区は2006年度、文化、スポーツ関連の区立施設で、施設運営などに指定管理者を導入。区が全額出資の㈶文京アカデミーを非公募で指定管理者に選定し、管理期間3年で、運営を委託してきた。

文京アカデミーは06年、旧文京区地域・文化振興公社を改編して設置。▽響きの森文京公会堂（文京シビックホール）▽区民センター▽生涯学習施設（6カ所）▽スポーツ施設（総合体育館、スポーツセンター、六義公園運動場、小石川運動場、後楽公園少年野球場、竹早テニスコート）――を運営している。

今年度、指定管理期間が終了するため、区は次期管理者の選定に着手。6月以降、文京アカデミー側が提出した実績報告に基づき、区民を含む検討会による第一次評価、学識経験者などで構成する「評価検討委員会」の第二次評価を経て、事業性などを検討してきた。

その結果、スポーツ施設については「公募による指定管理者の導入が適当」と判断。理由について区側は「民間の多様なサービス提供が期待できる。スポーツ施設は施設自体が独立しており、民間事業者の管理・運営になじむ」などを挙げた。

指定管理期間は5年。管理委託費用に関して、事業者側に経営努力を求めるため、利用者数に応じた「利用料金制」を採用する。各施設の利用（使用）料は、条例で上限設定しており、値上げは不可。事業者の独自事業は「区の行事を最優先する」など条件付きで認める。

文京公会堂、区民センター、生涯学習施設については、従来同様、非公募で文京アカデミーを指定管理者にする方針。区側は「公会堂は区役所内の施設。開館10周年記念事業など、すでに計画中の行事が多数あること」などを理由としている。

今年12月施行の公益法人制度改革などに鑑み、文京アカデミー自体の今後のあり方を区側で検討していくため、指定管理期間は「2年」とする。

区側は、文京アカデミーに従来委託していた文化、スポーツ関連事業についても、再編する方針で、学校プールの開放事業など、一部の運営については来年度から区側に戻すという。

足立区公社が逆転勝訴

足立区土地開発公社が91年に購入した土地から当時無害だったが12年後に有害物質として法規制されたフッ素が検出され、同公社が売り主に汚染除去費を求めた訴訟の控訴審判決が25日、東京高裁であった。渡辺等裁判長は同公社の訴えを退けた東京地裁判決を変更し、売り主に約4億9千万円の支払いを命じた。

同公社は91年、区内の土地約3600平方㍍を約23億円で旭硝子の子会社「AGCセイミケミカル」から購入した。03年、土壌汚染対策法が施行され、フッ素を有害として規制したため、同公社が05年に調査したところ、基準値を上回るフッ素を検出した。

最高裁の判例によると欠陥の責任を問える期間を10年間としている。土地引き渡しから10年以上が経過していたが、同公社は06年、東京地裁に損害賠償を求める訴訟を起こした。1審判決は、土地の引き渡し時点で都条例がなかったので、欠陥はなかったとし、原告の主張を退けた。だが、控訴審の判決では、取り引き後でも売り主に除去費を負担すべきとし、逆転勝訴を言い渡した。

"婚活"応援します

「少子化対策につながれば」

品川区

いまや就活ならぬ"婚活"（結婚活動の略）がブーム。そんななか、品川区は結婚サポート事業に乗り出した。23日には、独身男女の出会いのためのセミナーと交流会を初開催。「結婚サポートは行政の仕事なのか」という根本的な疑問もあるなか、「全国平均に比べて著しく高い未婚率を改善し、少子化対策につながれば」とカップル誕生に期待を寄せている。

男女別に分かれて行われたセミナーでは、自己分析や自分にあったコミュニケーションの方法について受講

この事業は「しながわマリッジサポート」。今年度160万円の予算をつけた。真剣に結婚を考えている区内在住、在勤の独身男女とその親に対し、出会いから結婚に関する相談などの機会を提供する。結婚サービス情報会社のオーネットに委託している。

事業説明を受けた議員からは「行政がやるような仕事だろうか」と疑問の声も上がったが、担当する区民課では「少子化対策を考えたとき、区ができることとして出てきたこと」と説明する。

未婚率の高さもある。同区では、2005年の調査で30歳から34歳までの男性の未婚率は61・7％（全国平均47・1％）、女性は50・0％（同32・0％）という高さ。また、国立の研究機関のある調査では独身者の9割が結婚を希望しているが、出会いが少ないとの調査結果もあり、区は「出会いのきっかけ」づくりに踏み出した。

23日には、渋谷区にある「青山こどもの城」を会場に、独身男女を対象に出会いのためのセミナーと交流会を初開催。男女各20人の枠に男性22人、女性45人の応募があり、抽選で参加者を選んだ。20代後半から女性は40代後半、男性は50代後半までの参加があった。

参加者は、まずは男女に分かれて、自己分析と自分に合ったコミュニケーション方法などのセミナーを受講。それから男女一緒になり、ばらばらの英語のアルファベットを「マリッジ」という単語に並べ替えるゲームや異性全員と各3分間ずつ向き合って自己紹介、立食パーティでのフリートーキングを行った。品川区在住または在勤という共通項があるため、互いに会話しやすく、和やかな雰囲気で進み、気の合うカップルも生まれたという。

当日は、事前アンケートの分析結果を参考に、相性のよさそうな人の名前を教えておくほか、会場で十分話せなかった人には、後日の取り次ぎを行うというサービスも。次回のセミナーと交流会は、来年2月に「しながわ水族館」で行う予定。そのほか、今年度末まで毎月2回の無料結婚相談も開いている。

区民課によると、25年ほど前までは区にも結婚相談所や結婚式場があったが、時代の流れでいずれも廃止された。今、このような形で再開されたのは、地域での人間関係のつながりの薄さを補完する意味もあるという。「かつては縁談を紹介するような機能が地域にあったが、失われてしまったから」という。また、「インターネットやメールでの対話は得意でも、対面してのコミュニケーションが苦手な人が増えているなかで、コミュニケーションのとり方を教わったり、いい人と出会える場を提供できれば」と話している。

庁舎手狭でビル賃借

大田区

大田区は本庁舎が手狭になったとして、徒歩5分の距離にあるビルの4階部分の賃借契約を結んだ。10月初旬にも使用を開始する。

賃借スペースは、JR蒲田駅や同駅隣りにある区役所から歩いて5分ほどの距離の大田区蒲田5丁目の蒲田TKビル4階フロア。面積は254・55平方㍍で、月当たり122万円で5年間賃借する。㈱GRSホールディングスと契約を結んだ。

賃借の理由は、本庁1階の戸籍住民課の窓口混雑解消などのためと話す。「窓口スペースが狭いので、混んでいるときには1時間待ちになることもある」という。

議員からは「職員数は減っており、現在ある施設も含めて機能検討をした上で借りるかの判断をすべきではなかったか」など疑問の声も上がった。しかし、区では「職員数は現在地に庁舎移転した10年前と比べて150人減ったとはいえ、一方ではIT化が進み、機器類が増えている。また、介護保険制度や後期高齢者医療制度、住民基本台帳ネットワークなど制度改正による業務も増えている。3、4階は待合スペースがなく、廊下にいすを置いて対応している」と理解を求める。新しいスペースには交通事業対策部が移ることになっているが、それに伴うほかの執務室の再配置についても、現在、詰めの検討中だという。

電話での納付案内を民間委託で10月開始

杉並区

杉並区は区税や保険料の徴収率向上のため、電話での自主納付の案内などを行う「納付センター」を10月1日に開設する。

同センターは、本庁舎2階の納税課内に設置。電話業務は㈱ベルシステム24（豊島区）に委託し、同社の専門オペレーター6人ほどが常駐して業務を行う。住民税・軽自動車税、国民健康保険料、介護保険料、保育料を納め忘れている区民などが対象。納付の催告、各種納付書の再発行、口座振替依頼書の郵送業務を担う。

納付センターの運営について杉並区は、個人情報保護の観点から、㈶日本情報処理開発協会の「プライバシーマーク」認定事業者を選定。区では「滞納整理など補助的業務を委託し、区職員は納付相談や滞納処分などの業務に専念して効率化を図る」としている。

「福祉移動支援センター」開設

板橋区

板橋区は、歩行困難な高齢者、障害者の移動や外出を支援するために「福祉移動支援センター」を10月1日に開設する。世田谷、杉並に続き3区目。板橋区社会福祉協議会に運営委託する。

福祉車両の予約を取り次ぐサービスでは、利用者の要望に沿った車両の空車状況を同センターで確認して利用者に通知。利用者が予約を希望する場合、センター側から福祉車両の事業者に連絡し、予約を取り持つ。

また、福祉車両を運行するタクシー事業者、NPOなどを事前に登録。各事業者の所有車両、料金体系などの情報を収集し、利用者側に提供する。

高齢者に緊急時連絡カード配布

目黒区

目黒区は今月から、高齢者を対象に緊急時の連絡先を書き込めるカードを配布している。

カードはほぼ名刺大。表に自分の名前、住所、血液型、裏面に緊急時の連絡先の人の名前、電話番号、続柄と、かかりつけ医の記入欄がある。

目黒区の65歳以上の高齢者は9月現在、4万6926人で人口の18・54％。区ではカード2万枚を用意。区役所高齢福祉課や保健福祉サービス事務所、地域包括支援センターなどに置いている。

区高齢福祉課では「認知症対策所管の包括支援調整課と話し、区民の声にも応えて発行した」と話す。「外出時に体調不良や緊急事態が起きたときに備えて、携帯してほしい」としている。

昭島市長選

「市民参画」で三つどもえの舌戦

争点は医療刑務所計画の是非

任期満了に伴う昭島市長選挙は28日告示され、新人で福祉施設職員の鈴木和枝氏(54)＝共産推薦＝、新人で会社役員の元市議、南雲栄一氏(75)、現職の北川穣一氏(65)＝自民、公明、国民新党推薦＝の3人が、いずれも無所属で立候補を届け出た(届け出順)。鈴木氏、南雲氏はともに、立川基地跡地利用として市が受け入れを表明した国際法務総合センターについて、同計画の白紙撤回と市民参画による計画再考を主張。これを市民がどう判断するかが争点だ。投票日は10月5日。即日開票される。

鈴木陣営は午後2時、東中神駅前で第一声を行った。共産党の笠井亮衆議院議員や市議らが応援に駆けつけ、解散・総選挙が間近の国政の状況と重ねて「今回の市長選挙は市政と国政を変える二重の重みを持っている」と投票を呼びかけた。鈴木氏は、10年前より市民の所得が平均10万円も低くなったことに触れ、「苦しい暮らしの中で、温かい手を差し伸べるのが本来の市政の役割」とし、「5つの安全安心プラン」として学校耐震化の2年短縮や国保料引き下げ、中学3年までの医療費無料化などを公約にあげた。また、立川基地跡地について、2万7千筆もの反対署名に市長が耳を傾けなかったことを批判。「計画の凍結・見直しをし、市民参加で新たな計画を作っていく」ことに加え、市民が主人公の市政のため、棚上げになっている自治基本条例の早期策定を約束した。

南雲陣営は午前9時、立川基地跡地の道路沿いにある事務所前で、医療刑務所に反対する支持者らを集めて出陣式を開いた。応援には民主党の長島昭久衆議院議員が登壇。「市民の生活がすべてかかった選挙。今回の選挙で民主主義の基本が何なのかを発信しよう」とエールを送った。

南雲氏は「100年先の展望の中で、『刑務所がある街にするのかしないのか』の岐路」とし、「国の土地は間接的に市民の財産。諦めるものではない」とし、市民と対話してこなかったとして北川市長の手法を「独善的」と批判。「市民を無視した刑務所を中心にまちづくりする考えを白紙に戻し、住みよい街に」と訴えた。市長の給料3割カット、退職金辞退で浮いたお金を子育て支援や高齢者支援に使うほか、市長室を1階ロビーに移すなどを公約とした。

北川陣営は午後6時、昭島駅北口で第一声。自民、公明の国会議員や都議、近隣市長、市議は自民、公明のほか民主、社民、生活者ネットからも16人が応援に駆けつけ、ロータリーは約300人の支持者で埋まった。

4期目を目指す北川氏は、3期12年の思い切った行財政改革で市財政を健全化に導いたことや、福祉や教育施策の充実などの実績を強調。「まちづくりの面で課題が多く残っており、これを推進させなければならない」とし「立川基地跡地整備は喫緊の課題。6月に土地利用計画は出したが、反対運動もある中で、ここで立候補しなければ逃げたということになる」と4期目を目指した理由を説明。市議会との安定した関係と都や国の強固なパイプを武器に、「さらなる行財政改革と福利厚生の充実を進め、市の向上のために全身全霊で戦う」と決意を述べた。

27日現在の有権者数は9万1182人（男4万5879、女4万5303）。

鈴木和枝氏　南雲栄一氏　北川穣一氏

過去の昭島市長選結果

〈2004年10月17日〉投票率35.07%

当	北川　穣一	現（自民、公明、民主推薦）	21271
	鈴木　和枝	新（共産推薦）	8788

〈2000年10月15日〉投票率40.29%

当	北川　穣一	現（自民、公明、民主、自由推薦）	22501
	鈴木　和枝	新（共産推薦）	10546

75歳以上の医療費を来年度から無料化へ

日の出町

日の出町は2009年度から、75歳以上の高齢者について、原則1割を支払う医療費の窓口での自己負担分について、全額無料にする方針を発表した。75歳になる人間ドックも対象で、町は「日本一お年寄りに優しいまちづくり」を推進するとしている。

15日に開かれた敬老福祉大会で、青木國太郎町長があいさつの中で医療費無料化の構想を明かし、翌16日の第3回定例町議会の一般質問の答弁で明らかにしたもの。対象になる高齢者は、8月1日現在1830人で、所得制限はなし。通院や入院の医療費、薬剤費などを含め、年間約8500万円の新たな歳出が見込まれている。

財源は他の自治体が排出する広域一般廃棄物処分場でのごみの受け入れの際に発生する地域振興費（年間約11億円）のほか、大型ショッピングセンターの進出による固定資産税収入約3億円などを充てていく考えで、12月議会に条例案を提出する予定だ。

町では、70歳以上の高齢者に敬老金として2万円分の商品券の配布（年間約6千万円）や、おおむね60歳以上の高齢者などが無料で利用できる福祉バスの運行など、高齢者に手厚い施策を数多く打っているが、町議会の中には「バラマキ」として批判的な意見もある。医療費無料化については、条例が町議会で可決されれば、来年4月から実施されることになる。

学校給食で事故米玉子焼き

あきる野市　07年度に1万食提供

残留農薬やカビ米など、食用に適さない三笠フーズの事故米の影響が全国で広がる中、あきる野市教育委員会は22日、事故米が混入した食用でんぷんを使用した玉子焼きが、07年度の学校給食で1万食提供されていたことが分かったと発表した。

1年間保管することになっている献食簿で確認できたもので、06年度以前のものについても可能性は否定できない状況だ。今のところ健康被害は、報告されていないという。

同市の学校給食として提供されたのは、「島田化学工業」（新潟県長岡市）が製造した事故米混入の食用でんぷんを使用し、「すぐる食品」（東京都目黒区）が製造した「手づくり厚焼き玉子」と「五目厚焼き玉子」。

全18小中学校の給食は3カ所の給食センターから提供されており、センターごとにメニューは違うが、問題の玉子焼きについては、すべての学校で提供されていた。

市は17日に都が出した学校給食の安全についての通知を受けて、関連する業者すべてに安全確認を要請し、19日に業者から説明を受けたという。

22日には臨時の校長会を開催して事情を説明し、保護者への文書を児童・生徒を通じて配布した。市教委は「学校給食で使用する食材については、これまでも安全を最優先に配慮してきたにもかかわらず、このような問題が起きたことに憤りを感じている」と話し、当面の対策として、玉子焼きを予定していたメニューについては、ほかのものに変更するという。

三鷹市でも、あきる野市と同様、島田化学工業㈱のでん粉を使用し、すぐる食品㈱が製造した「手巻き寿司用　玉子焼」を、同市立小学校1校で7月に約600食使用していた。健康被害は出ていないが、当該商品は使用停止とした。

清瀬商工会　「にんじん焼酎」を回収

「清瀬ブランド」として好評を得ている『清瀬にんじん焼酎～君暮らす街』について、清瀬商工会は「『三笠フーズから事故米購入社』として農林水産省が発表した中に、醸造元の光酒造（福岡県）が入っていた」として9日から販売在庫の全量回収を行っている。

PRなどでバックアップしてきた清瀬市も、15日付の市報で呼びかけるなど対応。光酒造が福岡県粕屋保健福祉環境事務所衛生課に依頼した調査では、清瀬にんじん焼酎を含め、商品に「残留農薬は検出されなかった」と結果が出ているほか、納品業者からは「事故米は納入していない」と報告もあったが、「三笠フーズの事故米が混入している可能性が、現状ではゼロとは言い切れない」として、自主回収を進めている。

清瀬にんじん焼酎は、商工会が地域ブランドとして昨年初めて醸造。限定3千本は完売する人気で、第2弾の今年はラベルのデザインを一新し、5千本を限定醸造。すでに完売していた。

昨年発売したものについては、醸造元が違い、三笠フーズ関連会社から原料の購入がないことなどから問題はないが、今年の焼酎については、購入者が所有する未開封や飲みかけのボトルについても回収して代金を返金。

今後の対応について同商工会は「ブランドイメージが下がり、風評被害も含めて今後の販売をどうするかについて、この件が一段落してから慎重に検討したい」などと話している。

「10年後の東京」にも影響？

市長会、町村会が遺憾の意

耐震化促進税制

都が18日に打ち出した「耐震化促進税制」について、「突然の発表」として市長会、町村会が反発している。税制は、固定資産税・都市計画税の国の減免措置を手厚くしたものだが、都が課税権限を有する23区に対してのみ適用されるため、各市町村が足並みをそろえるためには独自減免が必要になる。「10年後の東京」の一環として、都の耐震改修促進計画では、都内の一般家屋の耐震化率を2015年度までに90%に引き上げるとしているが、市町村からは「『10年後の東京』が指す『東京』とは特別区だけなのか」という憤りの声も聞こえてくる。

■突然の発表

耐震化促進税制は、1982年以前の旧耐震基準で建てられた住宅について、建て替えた場合は床面積にかかわらず全額、耐震改修した場合は一戸あたり120平方㍍の床面積相当分まで全額を、それぞれ国の耐震減額制度の適用後に減免するもの。建て替えの場合、国が固定資産税の2分の1を減免する制度があり、都が残りの2分の1を減額することで、対象者の税額はゼロになる。

都は、減免措置の影響を約60～70億円程度の減収と見込んでいる。適用されるのは、都の課税権限が及ぶ23区だけだ。

これに対して、黒須隆一市長会会長（八王子市長）、青木國太郎町村会会長（日の出町長）が、それぞれ同日付でコメントを発表した。

「減免措置は特別区民を対象に行うもので、多摩の住民の減免措置につながるものではないが、『都の税制』としているため、多摩の住民も特別区民と同様の減免措置が享受できると期待されることになりかねない」とし、「都と同様の減免措置を行った場合、税収減を補填する財源余力がないのが実情。にもかかわらず、事前の相談や十分な調整なしに突然の発表となったことは誠に遺憾」と市町村の立場を強調。市長会、町村会ともにそれぞれの構成自治体の意見を集約して対応を決めていくとしている。

■億単位の減収も

都主税局は「心情的には理解できるが、耐震化90%に向けた施策は様々にあり、都税でできることはないかと検討して打ち出した制度。23区だけの減免は、制度的な枠組みで仕方なかった」と話す。

しかし、市町村にとってみれば、2015年までに90%という耐震化の目標だけが都内一律で求められているにもかかわらず、事前に何も知らされないまま、23区だけが減免措置を受けられる制度の唐突な発表。しかも、多摩地域にはない都の独自減免制度は他にもあるが、耐震化率という都の計画目標の網掛けが前提にある中で、特別区と格差の出るような税制はほかにはないという。

都の計画に足並みをそろえようと取り組んできた市町村にとっては、「多摩地域だけが取り残された」という思いを強める状況だ。

都と同様の減免制度を独自に実施した場合、平年度ベースで数千万円から、多いところで1億5千万円程度の減収になるという試算を出している市もある。

各市の担当課からは「減免に取り組めば、実質的に市町村の税収減。都内全体の耐震化率を高めるために、税とは別の形で補償するというのであれば考えようもあるが、都としてそれを補填するものがないのであれば、事前に相談くらいあっても良かったのでは」「固定資産税は市民税と比べて安定的な財源。一定程度見込める歳入確保が大前提の中で、都と同様の減免は厳しい」「誰にも等しく、公平公正な税制度にすべきだが、各市の財政状況が違う中で、多摩地域が足並みをそろえていくことは不可能」など、戸惑いと不満の声が膨らんでいる。

同じ都民でありながら、23区と隣接する市では、道を一本挟んで減免措置を受けられる住民と受けられない住民が出ることにもなる。10月には市長会や町村会に対して都主税局から同税制に対する説明が予定されており、両会としての対応を検討していく。

国立市議会　「住基ネット参加」で決議

国立市議会は19日に開かれた定例会最終本会議で、都から是正勧告を受けていた住民基本台帳ネットワークへの参加について、関口博市長に参加を求める決議を賛成多数で可決した。

決議は2度にわたる是正勧告を受けたにもかかわらず、住基ネットに参加していないことについて「市議会として違法状態をこのまま放置しておけない」などとして、速やかに住基ネットに接続するよう求めている。

住基ネットへの接続については、個人情報漏洩などの安全上の問題などで反対の討論もあったが、公明党議員ら3人の動議で、議長を除く議員23人中、自民（4人）、公明（4人）のほか、無所属（4人）の12人が賛成し、可決した。

決議について市側は、市民を代表する市議の過半数の意見として重く受け止める考えを示した。しかし、DVやストーカー被害からの保護など、命に関わるような個人情報の漏洩の懸念など、安全性が明確に担保されていないシステムである以上、切断している状況を変えられるものではなく、「明確に安全上の問題がクリアされれば、ただちに着手できる準備はある」としている。

男女共同参画フォーラム開催

福生市

福生市で乳幼児の子育てをしている母親らが立ち上げた「ふっさ男女共同参画フォーラム実行委員会」が10月5日、早稲田大学非常勤講師の辻智子氏を講師に、公民館本館でフォーラムを開催する。

午前10時～午後12時半まで、先着100人。手話通訳有り。入場無料。

都主任選考

分割受験の傾向が鮮明に

AI類「教養のみ」受験率は90%台

08年度の東京都主任級職選考が28日、立教大学（池袋キャンパス）で実施された。教養のみの受験を除く主任級職選考の受験者数は、A・B合計で2382人となり、申込者に対する受験率は85・4%だった。教養のみの受験率は、I類事務が90・9%、4大技術は全体で91・1%と前年度を上回る水準で、分割受験の傾向がより鮮明になった。

合否に関係する受験率アップ

主任級職選考の受験状況では、A・B合わせた申込者数は、教養のみ受験を除き、前年度比で197人減の2788人、受験者数は2382人だった。受験率は主任Aで86・6%、主任Bは81・9%と前年度から微増となっている。

一方で06年度の制度改正により、可能となった教養試験のみの受験については、主任級職選考のI類とII類合わせて603人が受験した。受験率では、I類事務と4大技術がともに伸び、いずれも90%台に達した。

また、II類の教養のみの受験率も93・0%と前年度を上回っており、受験者の間で制度定着が進んでいることがうかがえる結果となった。

運輸系主任級職選考には、A・B合わせて254人が申し込み、241人が受験した。全体の受験率は94・9%だった。

主任選考等の受験状況について、都人事委員会試験室の三代川義明試験課長は「合否に関係する受験者の受験率が、昨年度に比べ、主任級職選考で1・1（AI類で0・6）ポイントのアップ、運輸系を含めた全体で0・9ポイントのアップとなった。幸い天候にも恵まれて受験者の出足も良く、受験者の皆さんが意欲的に受験していただいたものと思う」と話している。

教養試験では、主任級職選考AI類事務で出題数55問、分野別出題数は今年度も特に変更はなく、統計資料の見方が5問、憲法が3問、行政法が7問、地方自治制度と地方公務員制度が各10問、都政実務が15問、都政事情が5問だった。

分野別では、まず資料解釈について「計算が必要な肢が少なく易しかった」「グラフ以外では分散が出題されたが、昨年標準偏差が出ていたので意外だった」などの感想が受験者からあった。

法律系科目では「条文と判例を参照しながら勉強しないと対応できない問題が多かった」「全体的に難易度は標準的だが、行政手続法に関する出題は想定外」「地方自治では国との関係や道州制ではなく、市町村合併の出題で時期的に違和感があった」との声も聞かれた。

都政実務や都政事情に関しては「食品偽装やワークライフバランスは話題になっており、出題は予想通り」「外部監査の設問以外は想定できた」とする一方で、「10年後の東京やオリンピックに関する出題がまったくなかった」と意外性を訴える受験者もいた。

今回の「都政もの」の論文では「東京の魅力の向上」「都民サービスの向上」の二つのテーマが挙げられた。このうち一つ選び、「そのテーマとあなたの所属局の施策または職場や職務との関連、及びそのテーマに関する課題について、簡潔に述べてください」（300字以上500字程度）、「（1）で述べた課題について分析し、それに対する解決策を具体的に述べてください」（1200字以上1500字程度）という出題だった。「職場もの」は例年通りの出題だった。

「都政もの」のテーマに関しては「都民サービスの向上など、幅広く書けるテーマではなかったか」との意見が出された。

また、「職場もの」を選択した受験者からは「自分の職務における課題を抽出して、それに対する解決策を考えておくという準備さえしておけば、十分に対応可能だと思う」などの指摘も多く挙げられた。

制度改正後3度目となる主任選考＝池袋の立教大学で

08年度 主任級職選考等 受験状況（速報値）

主任級職選考（教養のみの受験者は除く）

種別・選考区分			申込者数 A	受験者数 B	受験率（%） B／A
A	I類	事務I	937	770	82.2
		土木	165	129	78.2
		建築	32	23	71.9
		機械	122	110	90.2
		電気	179	164	91.6
		小計	1,435	1,196	83.3
	II類	事務II	9	6	66.7
		福祉I	27	26	96.3
		福祉II	20	18	90.0
		産業技術I	77	72	93.5
		産業技術II	37	32	86.5
		産業技術III	20	19	95.0
		医療技術I	63	57	90.5
		医療技術II	89	83	93.3
		看護	303	293	96.7
		小計	645	606	94.0
	計		2,080	1,802	86.6
B	事務系		312	244	78.2
	一般技術系		195	157	80.5
	医療福祉系		201	179	89.1
	小計		708	580	81.9
合計			2,788	2,382	85.4

教養のみ受験者

種別・選考区分			申込者数 A	受験者数 B	受験率（%） B／A
主任級職選考	I類	事務I	419	381	90.9
		土木	54	49	90.7
		建築	12	9	75.0
		機械	19	18	94.7
		電気	27	27	100.0
		小計	531	484	91.1
	II類	事務II	2	2	100.0
		福祉I	8	8	100.0
		福祉II	1	1	100.0
		産業技術I	23	21	91.3
		産業技術II	5	5	100.0
		産業技術III	7	6	85.7
		医療技術I	28	27	96.4
		医療技術II	10	10	100.0
		看護	44	39	88.6
		小計	128	119	93.0
	計		659	603	91.5
運輸系	高速		12	12	100.0
	路面		11	11	100.0
	交通技術		8	8	100.0
	計		31	31	100.0

精神障害の病気休暇

393人で引き続き増加

30～40歳台前半が全体の6割

知事部局等の職員のうち、「精神障害」を理由とする30日以上の病気休暇者等の人数が、昨年1年間で393人に達することが、このほど開催された08年度の第1回東京都安全衛生委員会で明らかになった。精神障害による病気休暇は、前年に初めて構成比で50%を超えたが、依然として増加傾向に歯止めがかかっていない状況だ。

07年度の安全衛生管理の状況によると、調査対象となる知事部局等の職員2万5630人のうち、07年1月から12月までの間に、15日以上の病気休暇者等となった人数は946人で、前年と比べて50人増加した。このうち30日以上の病気休暇者等は737人にのぼり、対千人比のり患率は28・8パーミルだった。

30日以上の病気休暇等を理由別にみると、精神障害が最も多く、前年から36人増の393人、全体に占める割合は53・3%だった。このほか新生物（100人）、循環器系（44人）と続いている。

精神障害の年齢別り患者数では、引き続き「35歳から39歳」が101人と最多で、千人あたりのり患率は22・4パーミルに達した。また「40歳から44歳」では、り患者数が73人、り患率は19・9パーミル、「30歳から34歳」でも66人、19・1パーミルとなり、この3区分で全体の61%を占めた。

都のメンタルヘルスケア対策では、06年度に「精神保健相談員制度」を導入。07年度の精神保健相談員による相談件数は306件、面接回数は延べ1076回に上り、いずれも前年度から数字を伸ばした。さらに今年度からは、一般任期付職員の常勤職員により、体制充実を図るなど、取り組みを強化している。

また若手職員への働きかけとして、今年度に予防的見地から入都3年目の職員を対象とした「こころの健康診断」を開始。現在、対象職員に配布したチェックリスト（問診票）の回収が進んでいる。

メンタルヘルス対策を巡っては、同委員会で職員団体側委員から「早期発見、早期対応に加え、職場や組織の改善」「主治医との連携体制」などの検討が要望事項として出されている。

また精神保健相談員からは「各局安全衛生担当者や人事担当者へのメンタルヘルスに関する研修制度の新設」「都としてのメンタルヘルス対策に関する方針の例示」といった要望もあるという。

このほか都職員の死亡原因に関しては、前年と同様、悪性新生物（ガン）が23人、脳血管疾患が4人、心臓疾患と自殺・自傷がともに2人で、全体では前年比2人減の35人となった。

08年度の安全衛生委員会では、今回から設置規程を改め、衛生管理者の有資格者が新たに委員に加わり、これに伴って総務部長が1人外れた。委員会の議長は、総務局労務担当部長が務めた。

調査対象者に占める割合（右目盛り＝千人比）
精神障害による病気休暇人数（左目盛り＝人）
98 99 00 01 02 03 04 05 06 07 年

区労使交渉

区長会 準定年制度の廃止を提案
組合側「格差拡大」などと猛反発

病気休職の給与支給「1年に短縮」示す

区長会は特区連、東京清掃労組と団体交渉を行い、準定年制度の廃止や勧奨退職制度の見直し、病気休職時の給与の支給期間の見直しなどを提案した。いずれも職員に深く関わる事項であり、今後の交渉では厳しい局面も見込まれる。

■準定年制度

準定年制度は、58歳以上であれば、自己都合で退職する場合でも定年退職と同様に退職手当等を支給する制度。85年に定年制を導入した際、職員の新陳代謝促進や組織活性化を目的に制度化した。しかし区長会は、団塊世代の大量退職に伴い、高齢者の活用が叫ばれる中で「定年退職と同様に取り扱う意義は薄れた」と判断し、廃止を提案した。

併せて、勧奨退職要件に該当し、退職を申し出た者を勧奨退職に準ずるとして任命権者が認める、いわゆる「勧奨退職扱い」も、退職の要件を明確にするため廃止するとした。

一方で、勧奨退職制度を改正。現在の年齢要件は、退職日の属する年度末現在で50歳以上58歳未満が対象だが、09年度より、58歳以上（在職期間の制限なし）を加える。なお、医師など定年が65歳の場合は、60歳以上を加える。見直しの時期は、いずれも今年度末とした。

さらに、勧奨退職時の手当支給率に上乗せして支給する勧奨退職特例措置については、支給率と年齢要件を統一交渉で決定しているが、区長会は05年の交渉で各区事項化を提案。引き続き協議事項となっており、これも併せて協議する考えを示した。

準定年制度で対象としていた「58歳以上」は、勧奨退職制度本体に組み込んでフォローされるが、勧奨退職制度は実施していない区が1区あり、準定年制度が廃止されれば当該区では支給率の引き下げとなる。

こうした点を特区連が厳しく指摘。「単一の人事委員会の下で統一選考、統一採用を行う中、基本的労働条件に大きな格差を生じさせることは不適切。廃止は格差拡大につながる」と訴え、提案を批判した。

他方、清掃労組は、制度導入以降の環境変化などに一定の理解を示しつつも、「劣悪な労働環境の下、過酷な肉体労働の限界を感じて定年退職日を前に退職を決断する職員もいる」などと述べ、十分な協議を求めた。

■病休時の給与支給

「病気休職者にかかわる給与支給期間の見直し」の提案は、休職中に給料、扶養手当、地域手当、住居手当、寒冷地手当のそれぞれ8割相当額を支給する期間を、現行の2年から1年に短縮するもの。国も1年間としているほか、都も昨年度、1年に見直しており、これらとの均衡を図る。

施行日は来年4月1日だが、施行日以前から病気休職にかかわる支給を受け、施行日後も支給を受ける場合は、これまで通り2年間支給する。

この提案に対しても、組合側は反発する。特区連は、メンタルによる病気休職者が増えているとの認識を示しながら、「制度的保障の切り詰めよりも、病気にならない、病気になっても早期に復職できるための対策の充実が先行して取り組む課題」と指摘。清掃労組も「心の病は長期になる場合がほとんどで、現行制度でも十分とは言えない」と批判し、メンタルヘルスケア制度を十分に充実させ、休職に至る前段での対策が必要と訴えた。

なお、昨年の都の見直しでは、病気休職発令前の病気休暇期間も180日から90日に短縮したが、特別区では各区事項となっている。すでに1区が90日に見直しを図ったほか、複数区で組合に提案するなど見直しの動きが見られる。

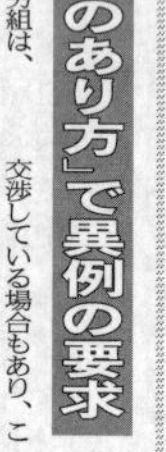

「労使交渉のあり方」で異例の要求

特区連と清掃労組

特区連と東京清掃労組は、総務省が設置した研究会の「中間とりまとめ」について、問題がある旨を区長会が同省に申し入れるよう異例の要求を行った。

組合が指摘するのは、同省が4月に設置した「技能労務職員の給与にかかわる基本的考え方に関する研究会」が8月22日に示したもの。この中で「現業職員が、交渉を職員団体と一体的・同時並行的に交渉している場合もあり、これが技能労務職員の給与決定に影響を与えているとの指摘もある」などと言及し、特別区を含む地方自治体の労使交渉のあり方を問題視していた。

これに対し、特区連は研究会が労働側の意見を聞かずに進められたとしながら、「現業職員の仕事内容や業務実態も理解せず、一方的に給料表の級構成などに言及することは許されない」などと厳しく批判した。

また、清掃労組も「地方行政では、行政系と技能・労務系職員が協力し、一体で業務を遂行している」などと主張し、区長会に要求書を提出。言及に問題がある旨を総務省に申し入れるとともに、これまでの労使関係・交渉方法を尊重するよう求めた。

これに対し区長会は、昨年の交渉で給与水準を見直したことに触れ、「今後も法律に従い、国、他団体の動向を注視しながら適切に対処したい」などと述べるにとどまった。

清掃労組定期大会

「事業交渉項目の増を」

09年度運動方針を確立

東京清掃労働組合の第77回定期大会が28日、千代田区の全電通会館ホールで行われ、09年度の運動方針などを確認した。職員の身分が都から特別区に切り替わり、単一の労働組合となって3年目となる確定交渉に向け、意思統一を図った。

昨年度の交渉では、現業職給料表の平均9%削減となる厳しい内容の一方、身分切り替え以降の最大の課題だった事業執行にかかわる統一交渉を確立することで妥結に至った。

冒頭、西川卓吾委員長＝写真＝は、「これでやっとスタートラインに立った」と述べる一方、交渉項目が「不燃ごみ中継所廃止に伴う職員身分取扱」の1項目に限られている点に触れ、「清掃事業は区民生活と密着し、1日も欠くことのできない大切な作業だ。労働環境を守るためにも、必要な交渉項目を勝ち取っていかねばならない」と力強く訴えた。

また、現給保障となったものの、平均9%の削減となったため、多くの職員が昇給しても給与が増えないことになり、確定交渉では、この改善が至上命題となる。西川委員長は「確定交渉は、任用と給与制度を総合的にみて決着しなければならない」と述べ、技能主任の合格率向上や、設置基準の見直しなどに全力で取り組む決意を示した。

消費者物価指数が11カ月連続で上昇

航空運賃などの値上がり影響

都総務局は22日、08年8月分の東京都区部消費者物価指数を公表した。05年を100とした総合指数は、101・6となり、前年同月比で11カ月連続して上昇した。

光熱・水道、交通・通信、教養娯楽、諸雑費が上昇した。航空運賃やガソリン等の値上がりが影響したものとみられる。

永井 伍良蔵さん（ながい・ごろぞう＝永井裕次・都下水道局葛西水再生センター設備工事担当係長の父）25日死去、88歳。

21年度 主任試験講座【1】

はじめに

開講にあたって

今年度の主任試験も一昨日実施され、いよいよ21年度の試験に向けた勉強をスタートさせることになります。主任試験までは1年間もあるじゃないか、と考えている方もいらっしゃるでしょうし、認識はあるけれどもどうしていいか分からない方もいるでしょう。

もちろん、今この時期に焦る必要など全くありません。しかし、試験に対する意識だけは今のうちから持つ必要があります。

皆さんが勉強するために作り出せる時間は限られています。また、その時間は基本的には皆同じです。では、合否はどこで分かれるのでしょうか。それは、限られた時間のマネジメントなのではないでしょうか。

そのような意味で、本講座は、主任試験合格を目指す皆さんのよきペースメーカーとなるよう、筆記考査のうち教養問題（択一）について、今後1年間にわたり基本的な勉強方法や問題例を掲載していきます。この講座をうまく活用していただき、試験勉強の効率化を図ってください。

カリキュラム

これから約1年間、46回にわたり、次の内容で掲載していく予定です。

《10月》
20年度試験問題解説①②③

《11月》
20年度試験問題解説④⑤、統計資料の見方①②

《12月》
統計資料の見方③④、合格体験記

《1月》
憲法①②③、地方自治制度①

《2月》
地方自治制度②③、地方公務員制度①②

《3月》
地方公務員制度③、都政実務①②③④

《4月》
都政実務⑤、行政法①②③

《5月》
行政法④⑤、地方自治制度④

《6月》
地方自治制度⑤⑥⑦、地方公務員制度④⑤

《7月》
地方公務員制度⑥⑦、都政実務⑥⑦

《8月》
都政実務⑧⑨、都政事情①

《9月》
都政事情②③④

主任とは

すでに主任を目指している皆さんには、何を今さらということかもしれませんが、再度整理したいと思います。

「主任制度」は昭和61年度に導入され、すでに22年目になります。主任職員は各職場における中核を担う職員として、なくてはならない存在となっています。

現行人事制度上、主任とは「特に高度な知識または経験を必要とする係員の職」となっています。具体的には、他の部署との折衝や調整、係内における円滑なコミュニケーションの確保、他の係員の指導などを通じ、係長を補佐することが主任の職責と言えます。

主任級職選考Aは、従前は係長予備的選考とも言われていましたが、主任選考の制度改正及び係長選考の制度改正（本人申込制）により、必ずしも「係長予備的選考」ではなくなりました。もちろん、係長選考の対象者は主任ですし、管理職選考も主任になってからとなります。したがって、将来、係長や管理職として都政運営に携わっていきたいと考えている皆さんには、どうしても越えなければならない関門であるわけです。また、「係長になりたいわけではないが……」という方も、「主任」として都政運営に関わっていくことができる制度になっています。

主任試験に合格するためには、資料を読みこなす能力や基礎的法令、地方自治、地方公務員制度や都政に関する知識、そして論文として自分の考えをまとめ上げる力など、広範囲の知識や能力が要求されます。

これらは、都政人として仕事をしていくにあたり必要不可欠な、最低限の知識や能力です。単なる試験のための勉強ではなく、これを機に都政人としての自分のキャリアアップを図るのだ、というような前向きな姿勢で取り組むことが、合格への早道と言えるのではないでしょうか。

勉強のポイント

仕事をしながら限られた時間の中で、効率的に勉強を進めるためには、次の点がポイントとなってきます。常に意識しておくことが大切です。

(1)相手(試験)を知ること

当たり前だ、と思うかもしれませんが、実は、これをやらずに勉強に取りかかってしまう人が結構います。しかし、効率的な勉強を目指すためには望ましくはありません。そんなことに時間をかけるぐらいなら少しでも勉強を進めたい、という気持ちも分かりますが、そこをぐっとこらえ、過去問題の分析を行ってください。よく出題される分野や問題のレベルなどが見えてきます。なるほど、それほど難しい試験ではないなとか、今の自分の知識からするとかなり勉強が必要だ、など、現段階での各分野の感触がつかめれば十分です。これは、今後の対策やスケジュールを的確に立てるためにも必要です。

(2)スケジュールを立て、まずやってみること

勉強を始めるというのは、なかなか気の進まないものです。始めてしまえば意外と進んでいくものですが。つまり、何とかして早く勉強に取り掛かることです。ここが、合否を分ける第1ポイントといっても過言ではありません。そして、順調に勉強を進めるためにも、前節で述べた過去問題分析を踏まえ、スケジュールを立てましょう。また、勉強を進めていく過程で、各科目にかかる時間を意識し、スケジュールを修正していくようにしましょう。

(3)勉強仲間をつくること

皆さんにも経験があると思いますが、ひとりで計画的に勉強を進めることはなかなか難しいものです。仕事の忙しさから勉強が遅れたり、やる気がなくなったり、また、いろいろな不安におそわれたりするものです。そのようなときは仲間がいると本当に救われます。同期や職場の仲間など、気心の知れた受験生同士でグループを作ることをお勧めします。お互い切磋琢磨しながら励まし合うことにより、精神的にプラスになるほか、勉強意欲も湧いてきます。

さらに、お互い出題予想をしたり、情報交換をするなど、効率的な勉強を進める上でも大いに役立ちます。ぜひ、勉強仲間を作ってください。

(4)短期決戦を目指すこと

受験する以上は今回で合格する、という強い信念を持って取り組むことです。

勉強を続けていくというのはなかなか大変なことです。思うように進まなかったりすると、仕事も忙しいことからあきらめにも近い気持ちが生まれることもあります。しかし考えてみてください。今年が忙しければ来年も忙しいのではないでしょうか。このような苦しい勉強を来年も繰り返すのですか。そうです、逃げの気持ちが芽生えたら、このことを思い出してください。そしてなんとしても頑張って一気にケリをつけましょう。

試験というハードルを早く乗り越え、主任として新たなフィールドで活躍しようではありませんか。

(5)常に問題意識を持って仕事に取り組むこと

そして最後に、常に問題意識を持ちながら仕事に取り組んでいくことです。程度の差こそあれ、主任試験の問題は必ず都政に関わっています。職務を遂行する上で、その事務の根拠は何か、なぜこのような事務が必要なのかを考えたり、国や社会の動向が自分の仕事にどう関わってくるのかなど、常に考えをめぐらせていることが肝要です。択一問題はもちろん、都政や職場運営についての問題意識を問う論文試験においても必ず役に立ってきます。

当然のことですが、仕事をおろそかにして、試験勉強に没頭するなどということは、もってのほかです。都職員として仕事を進めていく過程に主任試験はあります。合否は、日頃の勤務態度などを含めた評価で決まります。それを忘れないようにしてください。

択一式問題

平成18年度の制度改正により、Ⅰ類の教養問題A、つまり択一式問題の出題が出題数・出題分野とも変更になりました。問題数が増えた分、分野ごとに幅広く知識を問われることになりますので、択一式問題もしっかりと勉強しておく必要があります。

ここでは出題分野について勉強方法の概論を述べます。

【統計資料の見方】

知識というよりも出題形式や解き方に慣れることが必要になります。よって、日々コツコツと問題練習を積み重ねていくことが大切です。まずは過去問題から始めてみてください。

【基礎的法令】

Ⅰ類のみ、憲法と行政法について出題されます。この分野は知識がものをいいます。コンパクトにまとまった参考書等で知識を整理し、過去問題や問題集を数多くこなしましょう。その際、条文にあたることも忘れずにしましょう。

【地方自治制度】

これもⅠ類のみの出題です。この分野もやはり知識がものを言いますのでコンパクトにまとまった参考書等で知識を整理し、過去問題や問題集を数多くこなすこと、不明な点は、地方自治法の条文にあたること、が得点への近道となります。

【地方公務員制度】

Ⅰ類、Ⅱ類とも出題されます。この分野もやはり知識がものを言います。コンパクトにまとまった参考書等で知識を整理し、過去問題や問題集を数多くこなすこと、不明な点は地方公務員法の条文にあたること、が得点への近道となります。法律分野は、数多くの問題をこなすことによって、知識が確実なものとなっていきます。

【都政実務】

これも知識がものをいいます。職員ハンドブックの精読と数多くの問題演習をしてください。われわれの業務に密接に結びついた分野であり、得点源と言えるでしょう。

【都政事情】

この分野は、直前に集中的に取り組むことをお勧めします。ただ、直前は覚えることも多くなります。そのため、日頃から新聞や「都政新報」「とちょう-i」などに目を通しておき、都政の動向を把握しておくことが、直前の労力軽減のために重要であるのはいうまでもありません。

論文試験

本講座では取り上げませんが、論文試験では、2時間30分で1500〜2千字程度の論文を作成します。この試験では、問題意識・論理性・表現力等が問われます。

対策としては、模範論文などを読んで書き方を掴み、テーマを選んで実際に自分自身の言葉で書いてみることです。そして、先輩や上司の方に見てもらい指導を受けてください。他の人に見てもらうというのはなかなか気がすすまないかもしれませんが、必ず力がつきます。

◇

さて、いろいろ心構えなどについて述べてきました。この講座は試験直前まで1年間掲載されます。みなさんの勉強の一助となるよう執筆していきますので、皆さん一緒に頑張りましょう。

21年度 主任・係長 論文講座 ◇1◇

はじめに

論文試験とは

9月28日に平成20年度の都主任級職選考（試験）が実施されました。

特別区においては、まだ今年度の試験が終わっていないところもありますが、平成21年度の都区主任職選考・係長選考に向けて、1年間の論文対策講座をスタートします。

本講座では、「昇任試験の論文とはどういうものか」ということからスタートし、論文作成上の具体的なポイント、論文を書くための課題の整理、さらに実際の論文例をもとにした添削指導など、初めて論文試験に挑戦する皆さんにも理解しやすいように学習を進める予定です。

最初に、現在、都と区で行われている選考試験の概要について紹介しましょう。

【都主任選考A】

年齢40歳未満（本則）の職員を対象とします。例年、9月下旬の日曜日に試験が実施されます。事務Ⅰの試験科目は、教養問題（択一式）と論文です。さらに、Ⅰ類（土木、建築、機械、電気）には、教養問題（記述式・語句説明）が加わります。

論文は、2題のうち1題を選択し、1500字以上2千字程度の解答を2時間30分で作成します。出題は、①都政全体の課題と職務等との関連（二つのテーマから一つ選択）と②職務・職場等における課題となっており、どちらかを選択します。

【都主任選考B】

職務経験を積んだ中堅職員を対象とします。主任選考Aと同日に試験が実施されます。試験科目は論文のみです。職務等に関して5題が出題され、1題を選択し、1千字以上1500字程度の解答を2時間で作成します。

【区主任選考】

特別区では、主任主事選考が毎年9月から12月にかけて実施されています。

区によって選考方式が異なりますが、多くの区で択一式問題か論文のいずれかを課しています。一部にはレポートの作成によるところもあります。論文・レポートの字数は様々で、600字から1200字程度が多く、試験は8月から11月にかけて実施されます。

【区係長選考】

主任主事選考同様、毎年9月から12月にかけて実施されています。区ごとに独自の選考方式がとられていますが、内容としては論文と面接（個別あるいは集団）がすべての区で課されているほか、択一式が課されている区もあります。

論文の字数は概ね1千字から1500字程度で、時間は2時間といった区が多いようです。問題は、区政の課題や職場の課題から出題され、2題あるいは3題の中から1題選択します。

講座の構成

これから約1年間にわたり、47回の予定で以下のテーマで掲載します。

《10月》
○都A（論文の書き方のポイント）
○区係長（課題整理）

《11月》
○区係長（課題整理）
○都A・区係長（傾向と対策）

《12月》
○区係長（傾向と対策）
○都A（課題整理）

《1月》
○都A（課題整理）
○区係長（論文添削）

《2月》
○都A（論文添削）
○区係長（論文の書き方）

《3月》
○区主任・都A（課題整理）

《4月》
○区主任・都A（論文添削）

《5月》
○都A（論文添削）
○都A（論文の書き方）
○区主任（傾向と対策）

《6月》
○区主任（傾向と対策）
○都B（論文の書き方）
○都B（模範論文）
○区主任（課題整理）

《7月》
○区主任・区係長（直前対策）
○区係長（論文の書き方の整理）

《8月》
○区係長・都A（直前対策）

《9月》
○都A（直前対策）

「論文」とは何か

論文試験の勉強を始めるにあたり、どのように準備を進めていけばいいのか、論文の構成・内容はどうすればいいのか等、不安に思う人も多いのではないでしょうか。

本講座では、約1年間にわたって、合格レベル論文を書くために必要な情報を提供しますので、安心してください。

それではまず、そもそも論文とはどのような文章をいうのか確認しておきましょう。

論文とは、あるテーマについて論理的（合理的）な筋道をたてて、筆者の意見を読み手に説明しようとする文章をいいます。課題について論理的に書くという点で、感想文や随筆と異なり、筆者の考えや意見を積極的に表明するという点で、レポートや報告書と異なります。

したがって、論文作成には、与えられたテーマについての知識や問題意識、分析力、さらには、ものごとを順序立てて考え、整理し、表現する能力が必要となってきます。

試験論文に求められるもの

主任（係長）選考は、受験者が主任（係長）にふさわしい能力を持っているかを検証する目的で行われます。論文に取り組むにあたって、まず、検証される能力とは何かを確認しておく必要があります。

平成20年度都主任級職選考実施要綱には、論文試験について「問題意識、問題解決力、論理性、表現力等について評定」とあります。つまり論文試験は、これらの能力について評定する筆記考査ということです。

では、「問題意識、問題解決力、論理性、表現力」は、論文試験においてどのような視点で検証されるのでしょうか。評価のポイントとなる点を整理してみましょう。

(一)問題意識、問題解決力

①この課題が出題された理由を正しく認識しているか。

②課題の背景や現状について、正しく理解し、的確な分析をしているか。

③課題にどう対応すべきかについて、自分なりの意見、考え方を持っているか。

④第三者的な視点ではなく、自分の経験等に基づく、具体的かつ実現性の高い問題解決策について論述しているか。

といったことが評価のポイントとなります。

(二)論理性

①出題された課題に真正面から応える内容となっているか。的外れや、こじつけになっていないか。

②必要な論点や内容がきちんと整理され、順序立った形式で述べられているか。

③問題点と解決策が対応しているか。

④文章全体を通して、論理の飛躍や矛盾がなく、主張が首尾一貫しているか。

⑤採点者が一読で納得でき、説得力のある論理の流れになっているか。

⑥内容に思い違いや認識の誤りがないか。

といったところがポイントとなります。

(三)表現力

①読みやすく、分かりやすい表現となっているか。

②採点者に正確に内容が伝わるように、適切な用語と表現が使われているか。

③制限字数や文章表現の基本的なルールが守られているか。

④誤字脱字はないか。

といったところがポイントとなります。なお、直接採点に影響するとはいえませんが、答案は丁寧な読みやすい文字で書くよう心がけましょう。雑な文字は誤字と判断される可能性があります。

(四)その他

（一）～（三）に述べた以外で考慮しておく必要があることを3点ほど述べます。

まず、積極性や仕事への意欲が感じられるような文章であることが重要です。行政に携わる者として、問題の解決に主体的に関わっていく熱意、新しい課題や困難にも果敢に挑戦していく「チャレンジ精神」が問われます。

次に、昇任試験の一環としての論文ですので、学術論文のように第三者的な論述になってはいけません。評論家的なものや現状批判に終始した論文では、筆者の日常の仕事に対する姿勢が問われます。

それから、主任（係長）選考という性格から、知事（区長）や管理職の視点からではなく、都（区）政や職場における自分の立場や役割を踏まえて、地に足のついた論述をすることが大事です。

平成18年度、都主任選考における論文試験の内容が改正された際、その趣旨について人事委員会は、「より職務との関連を重視し、問題意識や具体的な解決策を論述しているかを検証するため」としています。試験内容が、自己の職務・職場の課題に取り組む能力をより重視するものにシフトしているといえます。

まとめ

最後に、主任（係長）選考における論文試験で問われていることをまとめます。

試験で問われていることは、「主任（係長）にふさわしい基礎的な知識・経験を持ち、都（区）政の方向や職場の現状を考慮しながら、課題に対する的確な分析や課題解決に向けた方策の考案を行い、それを関係者に的確に説明し理解を得ることができる」かどうかという、実務能力の実証そのものであるということができます。

論文試験は一般に、準備に時間がかかるといわれています。論文作成自体大変なことはもちろんですが、試験勉強だけでなく、日常の職務に向かう姿勢がいかに重要かお分かりいただけたと思います。

論文作成にあたって求められる知識・経験は一朝一夕で身に着くものではありません。また、的確な問題分析と課題解決の方策を文章にできるかは、日頃から問題意識をもって仕事をしているかが大きく影響します。逆にいえば、日頃から問題意識をもって仕事をすれば、試験勉強はスムーズに進むはずです。

来年度の試験までに、十分時間があります。論文試験対策の取り組みを通じて、都（区）政や職場運営に関する見識を深め、主任（係長）の視点で職務にあたりましょう。

それでは、次回から具体的な講義に入っていきます。

21年度 カレントトピックス 1

社会事情

■公的な教育支出に関するOECD調査結果（9月9日）

平成17年の日本の国内総生産（GDP）に占める公的な教育支出額の割合[illegible]の3・4%となり、[illegible]開発機構（OECD）の中で統計がある28カ国[illegible]たことが9日、OECDの調査でわかった。

この調査によると、GDPに占める教育支出の割合は、日本が前年比0・1ポイント減の3・4%で、統計がないルクセンブルクとトルコを除く28カ国の中で最下位だった。トップはアイスランドの7・2%。2位以下はデンマーク、スウェーデンと続き、米国は16位だった。

OECD教育局は「各国が教育予算を増やす傾向にあり、日本と差が開きつつある」と指摘している。なお、この調査は、平成17年の1年間に幼稚園から大学までにかかった教育費などを調べた。

■平成19年国民生活基礎調査結果（9月9日）

家族間で介護する世帯のうち、高齢者が高齢者を世話する70歳以上の「老老介護」世帯の割合が初めて3割を超えたことが、厚生労働省が9月9日公表した平成19年国民生活基礎調査で分かった。

[illegible]代を介護している44%が同じ70代だった。介護時間は「ほぼ終日」が22%、「半日」が10%で、6割以上の介護者が「悩みやストレスがある」と答えた。

■高齢者人口推計値（9月14日）

総務省は9月14日、65歳以上の高齢者人口の推計値を発表した。平成20年度に始まった「後期高齢者医療制度」の対象となる75歳以上の人口は、前年比53万人増の1321万人で、総人口の10・3%を占め、現行の統計方式が始まった昭和25年以来初めて1割を超えた。

また、70歳以上の人口は2017万人と初めて2千万人を超え、総人口の6人に1人が70歳以上となった。65歳以上の高齢者は前年比76万人増の2819万人と22・1%を[illegible]

区政潮流

総選挙で問われるべきは地方政府の役割と規制緩和の程度

■総選挙で問われるのは21世紀モデル

小泉内閣で加速した「規制緩和・民営化」は、「行政改革・公務員改革」とセットになって構造改革路線の根幹をなしていたが、麻生首相の登場で今後はどうなるのか。宮沢・小渕時代にあれほど赤字公債を出して公共事業にばら撒きまくった経験が頭をよぎる。総選挙で問われるべきは政権交代かどうかと、21世紀の国の形であろう。地方自治体をめぐる改革、特に民営化とセットとなった行政改革の潮流がいますぐ変わるとは見えない。規制緩和により地方政府が多くのメリットを受けたことは明らかだからである。

区ごとに民営化などへのスタンス・考え方は、微妙に異なるが、①サービス改善②納得のいく経費――の両面から民営化施策は支持されている。非正規化、民間委託（指定管理者、市場化テスト）など、ここ数年特別区を駆け抜けた手法の課題を追ってみたい。

■人件費削減を支えた非常勤職員化

人件費増嵩の問題は、役職を問わず給料があがる給与システム、誰もが定年前には800万円・900万円の年収に到達する構造、つまり、生産性を無視した悪平等の構造にある。1千万でも見合った仕事ならば問題はない。この構造を改正することなく総人件費を抑制しようとすれば、非正規化（民間委託化と非常勤化）が最初のステップであったといえよう。

警備、調理、学童擁護、用務、作業などの労務業務の民間委託にはじまり、保育士、児童指導などの保育業務、保健師、消費者相談、レセプト点検、図書館司書などの専門的業務の非常勤職員化と続く。非常勤職員の人件費は正規のそれの半分以下で、しかも正規の職務能力水準と同等以上とくれば、これ以上の合理化は望めない。

それゆえ全国の自治体で非正規化（臨時・非常勤などへの雇用形態の切り替え）が進み、その構成率は、本年度104自治体（47都道府県、17政令市、23特別区、県庁所在市）平均で25・4%（読売新聞調べ）に達する。市と区に限れば実に30・9%（同）だ。

この数字からは非常勤職員や臨時職員が担う業務量は相当に大きいことが分かる。週約30時間労働の非常勤職員は勤務時間こそ短いが職務遂行能率は高く、非正規と呼ぶには躊躇を覚える。であるからこそ実費弁償はもとより昇給や一時金などのインセンティブ制度の導入が検討されてよいのである。勤勉で専門性の高い非常勤職員を雇用し続けること、その結果長期雇用となることは全く条理に適う。荒川区の非常勤制度に総務省が異議を唱えることの意味が理解できない。

■ハコモノと指定管理者制度

指定管理者制度は、管理代行といって公の施設の管理全般を受任する者をいう。管理委託時代からの「しがらみ」をひき継ぐ場合も多く、民（指定管理者）の創意と工夫が100%生かされる十分な仕組みとはまだいえない。指定管理の委任期間は3年か5年が多い。2009年、10年に管理者のローリングを迎える区が多い。制度運営の要諦は、民間のプロポーザル内容が事業運営にそのまま生かされる枠組みを明確にすることである。経営資源のどこからどこまでを指定管理者に委ねるのか。既得権益は撤廃するのか、縮小して指定管理者と「棲み分けるルール」を公明正大にするのか、難しい問題だ。

保育園と図書館も課題が多い。保育園の委託化は、指定管理のみならず運営委託も認められている。経営者は裁量権限の大きい指定管理制度を選ぶと考えるが、リスクを負いたくない経営者は逆に委託を希望する。保育園経営に要する収入（指定管理料など）が経営努力に連動しなければ民営化の意味がない。運営委託でも人件費が増嵩すれば委託費が増え、外部化のメリットは削がれる。

図書館を指定管理者に委ねる場合には、運営経費を区が指定管理料として払う。コンペにすれば経費が下がるが、経費減による財政効果ばかりでもない。千代田区図書館のように財政効果よりは企業イメージによるサービスアップを狙う例が増えている。しかし、参入企業の能力を遺憾なく発揮してもらうには、利益が出る経営構造とボーナスなどインセンティブの仕組みを用意しなければならない。タダで利用できる公立図書館では、非常勤主体の管理体制へ向けた効率化を図る区の方が多い。病気になった職員の異動先としての機能も見逃せないからか。

■市場化テストの新たな展開（足立・中野）

公共サービス改革法（06年7月）では、特定公共サービスとして窓口6業務（住民票の写しの交付請求の受付・引き渡しほか5業務）については民間に委ねることが可能となった。足立区では全国に先駆けて条例化し（「足立区における公共サービス改革の推進に関する条例」06年9月）、区民事務所の窓口6業務について市場化テストの本格実施を目指した。しかし、住民票などの写しの交付申請にかかる受付と引き渡しだけ（つまり窓口のフロントラインだけ）を委託することが「業務の真の効率化につながるか」との疑問が出され、ストップした。

しかし、国は改めて区民事務所の業務分析を行い、新たに「公共サービス改革基本方針」（07年12月24日）を閣議決定し、実をとる解釈運用基準を示した。すなわち、「職員の適正な管理の下」であれば、受付と引き渡しだけでなくその他の作業（判断・意思決定を除く）も含めた一連の業務を委託できると。また、扱える業務を6業務に限らず24業務にまで拡大し、現行の委託の範囲内で実施できることとした（「出張所……委託業務の範囲等について」08年1月17日）。重要な判断（大きな苦情処理や法令解釈など）は区の職員が行うが、定型・軽微なものについては事後の決裁など区と委託先とで協議できる体制を作っておけば、一連の窓口業務をそのまま委託することが可能となったわけだ。

足立区は佐賀県の協働化テストなどを参考に制度の運用再開を視野に入れることだろう。中野区の市場化テストも復活するか。区民事務所ばかりでなく国民健康保険の窓口業務にも民間委託が検討されよう。客の多寡が読めない窓口に常時職員（800万円）を何人も配置することは無駄・非効率以外のなにものでもなかろう。住民票1通、戸籍謄本1通は本来いくらなのか業務分析とあわせ詳しく算定してみるとよい。足立区等の動きが注目だ。

（特別区自治問題研究会）

エッセー

喜んでほしくてそっと差し出すもの

未来バンク事業組合理事長　田中優

今年も「ap bank fes」が、静岡の掛川にある「つま恋」で開催された。「ap bank」は音楽プロデューサーの小林武史さん、Mr・Childrenの櫻井和寿さん、音楽家の坂本龍一さんの三人が出資して立ち上げた非営利のバンクで、環境とエネルギーへの融資を普通の個人または団体に1%の金利で提供している。私はそのバンクの原型となった「未来バンク」の代表として、設立時から監事として参加させてもらっている。

Mr・Childrenの桜井さんは「Gift」という言葉を、「ap bank」のキーワードとして活動している。その「Gift」という言葉は、「ギブアンドテイク」という言葉を裏返したものかもしれない。「ギブアンドテイク」は「やるからよこせ」の関係だが、相手に喜んでほしくてそっと差し出す贈り物と、その善意をかみしめるようにして受け容れる関係だってある。対価を期待しない善意のつながりの中に身を置くほうが、ずっと心地よいのだ。

☆

私は現在、月に20回を超える講演会をし、月に数本の原稿を書き、三つの大学で非常勤講師をし、本も年に数冊出し続けているが、実はこの3月末まで江戸川区の職員をしていた。今ではどうしてこれまで仕事をしながら出来ていたのか思い出せないほどだが、これまで20年来の活動は地方公務員を兼ねながらしていた。毎月たくさんの兼業届を出すので庶務担当には迷惑をかけ、毎年海外調査に行く休暇でも周りに迷惑をかけ、一方の仕事でも信念を曲げないので迷惑をかけた。

仕事を持つ一方で、自分の活動である環境活動を時間外に続けてきた。しかし、いよいよ忙しくなり、仕事をしながらでは追いつかなくなったのが退職の理由だった。職場の仲間の何人かは、本気で辞めないでほしいと言ってくれた。それはうれしいのだが、自分の想いとしては手遅れになりかねない環境の問題に、微力であれ全力投入したかった。

今もたくさんの活動をしているが、中でも力を注いでいるのが環境に良い住宅の建築だ。中間法人天然住宅という、非営利の住宅会社を立ち上げた。日本は世界中の森を破壊しながら木材輸入を続ける一方で、国内の森林に手を入れずに荒廃させている。しかも30年に満たない期間で住宅を壊していく。住宅の素材には燃やすことすらできないほど毒性のある物質が使われ、住んでいる人の健康すら蝕んでいる。地方の林産地では人々は十分な収入も得られず、山を持ちながら出稼ぎを余儀なくされる。

その逆の住宅を作っていくのが天然住宅の使命だ。木材の加工度を高め、加工を林産地ですることで林産地の人たちが生活できる収入と、再度植林するだけの支払いを確保する。伝統的な工法を応用することで300年使える住宅をめざし、健康に悪影響のある素材を使わない。その最高の住宅を、プレハブ住宅並みの価格で供給すべく、「アンビエックス」代表の建築士・相根昭典氏と共に進めている。今やっと、建築希望者が数件出てきた段階で、ここから山側の人たちの期待に応えられるほどの受注を始めるところだ。経営のリスクはあるが、それでもこの事業は社会に必要なモデルだと思っている。

fes会場の風景

☆

私が公務員の仕事を選んだのは、人より多くの仕事をしたときに、その利益は社長でなく住民のためになるからだった。中卒で働きはじめた頃、仕事は丁稚奉公のようなものだった。昼休みも時間外もなく言われるとおり働き、しかしその利益は社長の利益になるだけだった。一方で自分の取り分の多い仕事もしたが、そうなると仕事は単なる金稼ぎにしか思えなかった。

人の一生の中で、最も活動的で能力の高い時期をささげるには、金儲けや社長の利益だけの労働ではさびしすぎる。そのときどんな仕事であれ、公務員の仕事にはやりがいを感じることができた。しかし、落胆させられたことも多い。もちろん上司たちの住民無視の姿勢や態度にもだが、それよりつらかったのは一生懸命仕事をしているのに、住民から「税金泥棒」などと罵られるときだった。もちろん中には仕事をろくにしない職員がいるのも事実だ。しかしほとんどの職員は一生懸命仕事をし、人に親切にすることに喜びを感じる人たちだ。それなのに努力する対象である住民から罵られたのでは、もはや「給与や出世のために働くのだ」としか言えなくなってしまう。

私がイメージするのは桜井さんのいう「Gift」の関係でできた社会だ。私が働くのは金のためではない。相手に喜んでもらえるものを、そっと差し出したいのだ。公務員の仕事はそれができる場だった。しかし今、妬みを利用して公務員バッシングが続いている。私は多くのまじめに働く人たちに、外から支援したいと思う。それでも人々のために必要な仕事なのだから。

お断わり　「がんばれ！公務員」は休みます。

Book

夢を跳ぶ――パラリンピック・アスリートの挑戦

佐藤真海著、岩波ジュニア新書

著者の佐藤さんは、北京パラリンピック陸上走り幅跳び日本代表。早稲田大学在学中に骨肉腫を発症、右足を失うことに。突然の病魔と、抗がん剤治療、ないはずの足に痛みを感じる「幻肢痛（げんしつう）」の辛さ、最初は自分の体とは思えなかった義足の感触。夢も希望も失い、何のために生きているのか分からなくなったという。

それでも彼女は、「スポーツ」を通じて立ち上がった。都の障害者スポーツセンターでの水泳に始まり、義肢装具士・臼井二美男さんとの出会いによって、義足で「走った」という感覚を取り戻す。走ることを楽しみに感じるようになった彼女の新しい夢と目標はアテネ、北京でのパラリンピックへとつながる。

その間にも、仕事と競技環境の両立、がんの再発の不安、一緒に闘病していた仲間たちとの別れなど、幾多の困難に直面。しかし、パラリンピック出場という大きな夢を自身の努力と周りの温かな協力者によって実現した。

がんという病気を患ったこと、足を失ったことは、彼女を社会的な活動にもいざなう。学校での講演、小児がん患者を支援する「ゴールドリボン推進活動」への取り組みなど、社会人としての活動の幅も着々と広げている。

そんな佐藤さん曰く、（東京でのオリンピック開催を目指す）組織の名称が「東京オリンピック・パラリンピック招致委員会」となった。これからは、オリンピックとパラリンピックの名称が並び、両者一体となった招致活動が展開されることになっている。これは、「大きなチャンスだ」と。

オリンピック、そしてパラリンピックを2016年、健常者も障害者も隔てのない日本で開催したい、と思う。

（東京オリンピック・パラリンピック招致委員会 総務部門ディレクター　中嶋初史）

協力：（財）日本ファッション協会

シネマ夢倶楽部 オススメ シネマ

Japan Fashion Association

夢のまにまに

90歳の新人監督・木村威夫が織り成す過去・現在・未来をつなぐ人間絵巻―

NK学院の学院長に就任した木室創（長門裕之）は、その中で、一人の学生・村上大輔（井上芳雄）を何かと気にかけていた。大輔は、60年前の戦時中に自分達のような若者がたくさん死んでいったことの不条理さに苛立ちを感じ、戦時中を生きた木室にその思いをぶつける。また木室の妻・エミ子（有馬稲子）も、60年前に大切な人を亡くし、生き残ってしまったという思いから未だに抜け出せずにいた。過去を背負ったまま、老いて死を迎えようとしていた木室だったが、精神病を患い自殺をほのめかす大輔を何とか思いとどまらせようと手を尽くすのだが…。

本作は、監督自身の決定的体験となった戦争を見据えながら、老いと若さ、男と女、生と死を、象徴的にめくるめく映像美で描いた、映画美術界の巨匠・木村威夫の長編劇映画デビュー作。

◆推薦委員コメント

後藤昭次（立教大学名誉教授）

一本のコブだらけの老木。その場面からこの映画は始まる。この老木はその後も何度か映し出されて、戦争の影を引きずりながら死んだ者たちとの別れの辛さを抱え込んだままに生きている人々の象徴のようだ。生き残りであることが、なぜ、こんなにも辛いのか。それは日本人の心の暗部だと言っているようにも見える。その先にどんな希望があるのか、映画は語らない。しかしこの傷が出発点なのだ、と言っているようだ。

三沢秀介（俳人）

これまで、かたくなに口を閉ざしてきた広島の原爆被害の人たちが、最近はその体験を語りはじめているという。老境に入った覚悟の発言といえようが、それは遅々としている平和への道のプロテストでもあろう。美術監督として数々の名作に関与してきた90歳の木村威夫監督の思いも、この初監督映画を見ていると広島の被爆者の思いに通じていることは疑いあるまい。

この映画は、若い世代への共鳴と応援、妻とともに生き永らえて今の老いを見据える心情、そして何より、多くの知己を戦争で亡くした青春への慟哭等が交差して、さまざまな態様の生と死の意味を織りあげている。映像的にも、見るべきシュールなカットがあり、木村監督入魂の作品である。

【2008年／日本／106分　配給：パル企画　10月18日より、岩波ホールほか全国順次ロードショー】

◇

シネマ夢倶楽部　10月7日（火）午後6時30分～「ニッショーホール」で上映。※この上映会に10組20名様を抽選でご招待します。Eメールで件名を「上映会招待希望」とし、住所・氏名を明記の上、henshu@toseishimpo.co.jpまでお申し込み下さい（10月3日必着）＝招待状を郵送します。

㈶日本ファッション協会では、「シネマ夢倶楽部」の会員を募集しています。各界の著名な推薦委員がお薦めする映画の先行上映会に年18本ご招待など様々な特典があります。
詳しくは同事務局（☎3242・1674　http://www.cine-culture.jp/）まで。

とうきょうと川柳会

●9月の宿題1「不発」

ギャグうけず浮いて冷たい空気知る　谷村洋一
健診のわが身に潜む不発弾　中武　繁明
不発弾投げ出し総理自爆する　高松　孝子
☆全能の神不発弾混ぜる趣味　松尾　仙影

●9月の宿題2「染める」

国技までついに麻薬に手を染める　杉田やすし
ぼく色に染まりたがらぬ妻の意地　加藤　富清
ハイキングシャツに染まった陽の匂い　伊藤嘉枝子
☆通り魔は無言で街を血に染める　大戸　和興

（☆は選者の句）

とうきょうと川柳会のご協力で本紙読者からも川柳を募集します。10月の宿題は「縁日」と「パスワード」で、それぞれ2句を作句し、Eメールで、henshu@toseishimpo.co.jpあてか、ハガキで編集部あてにご応募下さい。10月14日必着。

都政新報

発行所　都政新報社
〒160-0023 東京都新宿区西新宿7-23-1 TSビル
(総務・読者) 03-5330-8781
(企画広告) 03-5330-8784
(編　集) 03-5330-8786
(出　版) 03-5330-8788
(ファクス) 03-5330-8808
購読料 月1,680円(税込)
毎週火・金曜日発行
但し、祝祭日は休刊
©都政新報社 2008

紙面から

第3回都議会定例会　常任委員会で論戦

第3回定例都議会は、9月29日と30日に常任委員会が開かれた。29日の経済・港湾委員会では、再建中の新銀行東京について質疑が行われた。都側は、08年度第1四半期決算について「想定の範囲」と評価しつつも新銀行東京のさらなる努力を求めた。豊洲新市場予定地の土壌汚染問題については、30日の同委員会で論戦が繰り広げられた。財政委員会は30日に開かれ、入札制度改革や補正予算案について、各党が都側の姿勢をただした。都議会は、6日に最終本会議を迎える。

新銀行東京
金融検査の結果、開示求めず
「行政処分なくても把握すべき」

9月29日の経済・港湾委員会では、08年度第1四半期決算が明らかになった新銀行東京をめぐって、各党が都側の姿勢をただした。

08年度第1四半期決算について、自民党の神林茂氏が「実行額が低調だった要因は何か」と質問したのに対し、都側は、「再建への過程にある新銀行東京にとって、不良債権につながりかねない融資は、抑制せざるを得なかったという事情がある」と説明。また、店舗の統合や人員削減、執行体制の見直しなど、体制整備に力を入れたことも背景にあると答弁した。

神林氏は、「再生に向け速やかに体力を回復し、効率的に業務を行っていくことが重要」と述べた。

金融庁の立ち入り検査について、民主党の山口拓氏は、「行政処分の結果にかかわらず、都は検査の結果を把握したいと考えているのか」と質問した。都側は、「金融検査の結果は、非開示とされている。金融検査の結果の開示を新銀行東京に求めるのは、国の金融政策に照らして適切ではない」と述べた。

山口氏は、「仮に行政処分でないなら、通知内容はまったくうかがい知れない。都は把握するつもりはないのか」と批判した。都側は、「新銀行東京が、どこがどのように改善されたのか、適切に把握していく」と答えるにとどまった。

公明党の木内良明氏は、「いまだに減資について疑問視する声がある。減資がどんなものなのか、正しく理解されていないと感じる」と語り、減資の意義と効果を聞いた。

都側は、「追加出資に加え、過去の負の遺産である累積損失を解消することで、財務体質の改善を図ることができる」と答弁。また、税負担の軽減、将来の株主への配当可能時期が前倒しになることなどのメリットがあるという。

共産党の清水秀子氏は、都議や都幹部の口利き問題を取り上げ、「自治体立設立銀行には限界がある。口利きにより、もし銀行をこのような状態に陥れたとしたなら、きちんと調査する必要がある」と追及した。

生活者ネットの大西由紀子氏は、「肝心の減債基金の積み立てについては、ほとんど説明がない。都の体質は問題だ」と批判した。

豊洲の土壌汚染対策
新技術・新工法　120事業者が応募
「半月で審査、あまりに不適切」

7月に出された豊洲専門家会議の土壌汚染対策に対し、30日の経済・港湾委員会で各党が都の認識と対応をただした。

中央卸売市場は「汚染は、部分的に点在している状況にある。地上から深さ4・5メートルまでの土壌を入れ替え、建物建設地の下は環境基準以下に浄化する。建設地以外では地下水を処理基準の10倍以下にし、気化した場合でも飲用水の基準以下なので健康に影響がない」と説明。これを受けて神林茂氏(自民)は「最善最強の対策。事実上の安全宣言だ」と述べ、豊洲地区への移転に自民党は全面的に協力する考えを表明した。

民主党の馬場裕子氏は「PFI手法で行う事業計画を延期しているが、2012年度開場はどうなっているのか」とただした。移転時期が不明確になっているため、市場関係者から設備投資や営業不安の声が出ているという。都側は「土壌汚染対策計画をまとめた後、PFI事業者の募集時期、設計、建設期間などを定めていく」と答えるにとどまり、どの程度、開場が延びるか、明らかにしなかった。

都は8月に技術会議を設置し、豊洲新市場予定地の土壌汚染対策について、8月18日から9月26日まで民間から新技術・新工法を公募した。その結果、120事業者から応募があり、現在、内容を精査中という。

上野和彦氏(公明)は「既存の技術は、施工データが積み重ねられているが、新技術はデータが乏しい。半月あまりで審査するのは不適切だ。短期間で焦って結論を出すべきでない」とした。しかし、都は「技術会議で合議して決める前に各委員があらかじめ評価を行い、効率的な会議運営をしていく」と理解を求めた。

共産党の小竹紘子氏は、汚染の広がりが限定的としている点や、環境基準の1千倍で線を引いて高濃度汚染が少ないとしている点を問題にした。「1千倍というのは異常なこと。深刻な汚染と考えるべきだ」と追及したが、都側は「一つの目安として1千倍を境にして説明した。安全か否かを述べたものではない」と語った。

生活者ネットの大西由紀子氏は「経費と対策が納得がいくかどうかだ。なぜ、ここまで豊洲にこだわるのか、疑問だ」と話した。

豊洲移転計画の白紙撤回を求める陳情の趣旨採択に賛成したのは、共産党と生活者ネットの計3人だけで、否決された。

入札契約制度
自民「PT報告書、参考に」
補正予算　民・共が組み替え動議

財政委員会では、高木啓(自民)、高倉良生(公明)、曽根肇(共産)の各氏が入札契約制度改革について取り上げ、与党からも厳しい指摘が相次いだ。

高木氏は、工事請負契約の単品スライド条項が、受注者負担を対象工事金額の0・5%としたのに、対象工事金額の1%を超えないと適用されない点について、「俎上に上げるのも0・5%にした方が分かりやすい」と主張した。

また、「入札契約制度改革研究会」の第一次提言について、「目前の課題だけにとらわれ過ぎている」と指摘。都議会自民党のPTがまとめた報告書を参考にしつつ、改善するよう要求。村山寛司財務局長は「指摘にも、しっかりと耳を傾けながら、実のある、次の時代を切り開けるような入札契約制度の改革に取り組んでいきたい」と答弁した。

他方、新銀行東京の原資に伴って540億円を減債基金として積み立てる補正予算案を巡り、民主党と共産党は2日の財政委員会でそれぞれ、予算案の組み替え動議を提出した。民主党の西岡真一郎氏は9月30日の財政委員会で、「(540億円は)財調に積み立てることが望ましい」との認識を表明。共産党は福祉施策を充実させるよう求めたが、動議は否決された。

都政の東西
見えない壁

1車線が3車線に拡張で渋滞が緩和――。といっても、道路の話ではない。9月25日、横田空域の一部が返還された。それに伴い、羽田空港から西方面に出発する空の経路が追加、変更された。

横田空域は、東京都から新潟県、伊豆半島など1都8県に広がる「見えない壁」だ。米軍の管制下にあり、許可を得れば民間機でも飛行できるが、大半は東京湾で大きく旋回し、高度を上げてこの「見えない壁」を越えていた。

06年10月の日米両政府の交渉で、空域の容積の40%が返還されることが決定。今回の返還は、92年に空域の一部が返還されて以来となる。日本航空のあるパイロットは、「経路が変わったから、最初は少し大変だが」としつつ、「制限がなくなったから、パイロットとしては神経質にならなくて済む」と効果を実感しているようだ。

国土交通省航空局によると、経路の短縮により、平均約3分間短縮されるほか、燃料費の削減などで約98億円の経済効果があるという。

とはいえ、国交省が設定した経路は、羽田空港の再拡張までだ。同省では、羽田、成田、横田の「関東空域」再編を、離着陸経路を含めて改めて検討するという。

離着陸の仕方を工夫することで発着枠が増やせる可能性もあるため、都としては「関東空域が一体化できれば、空港機能がさらによくなる」との立場。

その意味で、横田空域の返還は空域再編のハードルであり、日米両政府は09年度までに横田空域の返還に必要な検討を完了させる予定だが、両政府とも間近に総選挙・大統領選を控え、政権が変わる可能性もある。都としても、国のスタンスが変わらないよう注視し、引き続き国に働きかけていくべきだ。

手分けして書類をねつ造
東京都と世田谷区　立入調査で不正見抜けず
認証保育所で虚偽申請

㈱小田急ライフアソシエ(神奈川県川崎市)が運営する認証保育所「小田急ムック成城園」(世田谷区)が保育士の数を虚偽申請し、都の認証を不正に受けていたことが分かった。共産党都議団が9月29日に指摘した。同社は本紙の取材に対し、「5人は成城園での勤務実態がなかった」と認め、同社が経営する他園の保育士がシフト制で対応していたと回答した。同園には都が1回、世田谷区が計6回の立ち入り調査を行っていたが、不正を把握できず、実態を証言した元職員は行政の指導体制に疑問を呈している。

＝2面に関係記事

同園は06年10月に開園。申請書に記載した保育士8人のうち、5人は親会社だった小田急商事の保育士で、07年3月まで勤務実態がない状態が続いたと指摘されている。都では現在、事実を確認中。

同園には06〜07年度、都と世田谷区から計4260万円の補助金が出されており、同社では「返還については誠意を持って対応したい」としている。現在は専属の保育士8人が配置され、運営状況は改善しているという。

元職員の証言によると、07年3月まで保育士の有資格者は2人だけで、残りは無資格のパート勤務。同園はほぼ素人の状態で開園し、短時間勤務のパートを「つなぎ合わせるようなシフト」だったという。また、「責任者に電話があった場合、たまたま席を外したことにして、かけ直す」と指示するマニュアルが張られていたとしている。

同園では当時、0歳児9人を保育していたが、無資格の職員だけで保育を行う時間帯も多く、同一の0歳児が2度、ボール状の玩具を誤飲し、息を詰まらせる事故が起きたという。

世田谷区では06年度に2回、07年度に4回、抜き打ちの巡回指導を実施。職員の名簿を持参して「職員が来ていないのは、どういう理由か」などと尋ねたが、「おおむね良好な保育」(保育課)との評価だった。

都も07年10月、定期立ち入り調査を行ったが、日程が事前に連絡されることから、同園では書類のねつ造に奔走。同園では「保育指導計画」が作られていなかったため、専門の職員が各園を回り、数カ月分の計画を作るよう命じたという。

都は07年度、225カ所の認証保育所に立ち入り調査を実施したが、元職員は「書類がそろっていれば、通ると思う」と指摘。指導監査は人員面で限界もあり、保育所の増加に伴って体制の強化が急務になっている。

小田急ライフアソシエは小田急電鉄の子会社。同園のほか、狛江市、町田市などで9園を運営しているが、その他の園については、「事実を確認中」(広報)としている。

職員の虚偽申請は認証取り消しの対象になる。今年3月には、荒川区の認証保育所「じゃんぐる保育園」が架空の保育士の名前を使って申請したとして、認証を取り消された。

09▼▼▼都議選

自民党
47人を第一次公認
北多摩第二などは保留

自民党都連は1日、現職40人、元職2人、新人5人の計47人の都議選第一次公認を発表した。9月8日締め切りで各総支部に公認申請するよう要請し、地元で調整がついたところは、ほぼすべて網羅したという。北多摩第二選挙区(国立、国分寺)をはじめ、都連として一考の余地があると判断した選挙区は、保留になっている。

地元で調整している選挙区や、複数擁立で立候補予定者がまだ決まっていない選挙区は、10月中を目途にさらに公認作業を進める考えだ。

記者会見で都連の石原伸晃会長は「公認候補の全員当選をめざす。都議会において比較第一党を占め、都民の負託に応えていく」と話し、都議会の高島直樹幹事長も「第一党を堅持し、安定した都政を提供していく」と語った。

現在のところ、引退の意向を明らかにしている都議は、桜井武氏(墨田区)、米沢正和氏(江東区)、佐藤裕彦氏(品川区)、新藤義彦氏(昭島)、倉林辰雄氏(北多摩第一)、遠藤衛氏(北多摩第三)の6人。

元議長の三田敏哉氏は第一次公認から外れたが、立候補の意欲を持っている。80歳定年制という公認選考基準や、国立総支部が三田氏、国分寺総支部は高椙健一市議を公認申請している事情があり、都連では保留になった。豊島区の矢島千秋氏は、地域に対する貢献等について総支部で議論しており、第一次公認に入らなかった。

共産党
中央区選挙区で新人候補を公認

共産党都委員会は9月30日、都議選第三次公認候補として、中央区選挙区に、党地区役員で新人の桑名文彦氏(37)を擁立すると発表した。

今回の決定で、同党の公認は20選挙区21人となる。

温泉施設の安全対策で指針改正
改正法施行受け

都環境局は10月1日から、可燃性天然ガスに係る温泉施設安全対策暫定指針を改正し、施行した。国の改正温泉法の施行に伴うもの。

昨年6月に渋谷区松涛の温泉施設で可燃性天然ガスの爆発事故が発生したことから、都は昨年10月、事業者に対して事故の再発防止を促すため、暫定指針を策定し、安全指導を行ってきた。国は、昨年11月に温泉法の改正を行い、可燃性天然ガスの安全対策の規定を追加し、今年10月1日から施行。この法改正により、暫定指針の多くの規定が法令に盛り込まれたことから、暫定指針を改正した。

具体的には、噴出防止装置の設置や、掘削・採取時の技術上基準など、法・省令と重複する規定を削除。都は、可燃性天然ガスの噴出の恐れがある地域を指定し、法規定のないハード・ソフト両面からの対策を指導していく。

都は今後、爆発事故の原因究明を待って、最終的な指針を策定する。

冗句ジョーク

都、巧妙化する振り込め詐欺の対策強化へ

減らない土壌

「あーオレオレ、この前の飲み会の残金返すから今夜つき合え」

横田と厚木で環境基準超過
航空機騒音調査

都環境局は29日、07年度の羽田空港、横田基地の周辺地域、厚木基地に近接する町田市の一部地域での航空機騒音の調査結果をまとめた。

羽田空港については、固定調査・分布調査とも、すべての測定地点で環境基準に適合した。

横田基地については、固定調査は、滑走路延長線上に位置する昭島市役所、瑞穂町農畜産物直売所の2地点で環境基準に適合しなかった。この2地点は、環境基準の地域の指定を行った1978年4月以降、環境基準に適合していない。分布調査は、12地点のうち2地点で環境基準に適合しなかった。この2地点は、いずれも滑走路延長線上に位置している。

厚木基地については、町田市役所での固定調査が環境基準に適合した。過去5年では、03年度、04年度、06年度に環境基準を超過している。分布調査は、6地点のうち4地点で環境基準に適合しなかった。

中小企業向けの融資受付を延長
都産業労働局

都産業労働局は、原油・原材料高対策特別融資の申し込み受付期間を、10月1日から09年3月31日まで延長した。同融資は、今年4月から受付を開始し、9月30日で終了する予定だった。

同融資は、原油・原材料価格の高騰を受けている都内の中小企業等を対象に金融面から支援するもの。

建築関連中小企業者支援融資については、同融資に統合する。

「資源ごみ買い取ります」 民間業者が実験開始

足立区 行政コスト削減に期待

廃棄物処理業者が古紙などの資源ごみを現金で買い取る実験を足立区内で始めている。資源ごみを買い取ってもらおうと区外からも駆けつける人もおり、人気は上々だ。今後は需要の伸びなどを見て、継続していくかどうかを判断するという。ビジネスモデルとして確立した場合、足立区は行政回収を減らし、節約した税金を新たなリサイクルに投入したい考えだ。官民の新たなすみ分けで効率的なリサイクルが実現するかどうかは、資源ごみの回収量に成否がかかっている。

車のトランクから、大量の古紙などが矢継ぎ早に荷台に降ろされていく。作業員が計りにのせると、総重量は約212㌔。資源ごみが窃盗でないことを確認するため、男性が住所、氏名などを文書に記入し、身分証を提示してから、3800円が手渡された。

古紙などの資源ごみを買い取るのは、廃棄物処理業者「白井グループ」。米国・ロサンゼルスで日常的に行われている資源ごみの買い取りを参考に、同社の滝口千明社長は「日本でどのくらいの需要があるのか確認したかった」と実験を始めた。

実験は8月末、足立区にある子会社の敷地の一角でスタート。9月28日の今回は、区内外から39人が持ち込み、前回よりも3人増えた。

足立区内の70代女性は、自転車の前かごと後部の荷台に古紙を乗せ、少しふらつきながら来た。「家の表に出していた古紙が持ち去られるんだよ。いい気がしないよ、本当に」と愚痴をこぼして、家路についた。

板橋区に住む70代男性は「リサイクルに協力したい」と、近隣住民の古紙などをかき集めた。「僕が持っていくから、今後も続けてほしい」と述べた。

▼高値で取り引き

白井グループでは、1㌔あたり、古紙が15円、ペットボトルが40円、スチール缶が50円、アルミ缶が100円、廃食油が1㍑あたり100円で換金される。住民に資源ごみを持参してもらい、業者の回収コストがかからないため、同社は「限りなく資源価値に近い価格で買い取れる」（滝口社長）と胸を張る。

10月にも1回、住民が持参した資源ごみを買い取るが、今後も回収量に季節変動があるか確かめたいという。住民から継続を望む声が強ければ、続けていく考えだ。

また、回収拠点が好立地であれば、資源ごみが集まりやすくなる。23区内には余った土地がほぼないため、場所の確保が課題だ。「企業でも区有施設でも、場所だけ開放してほしい」と支援を呼びかける。さらに、「回収量などの情報を行政にフィードバックする。リサイクル計画を立てる時の参考になるのでは」と話している。

▼区の構想

足立区は、白井グループの資源ごみ買い取りを「非常に面白いアイデア」と絶賛し、区は税の有効利用、区民は利益還元、業者は回収コストの削減という構想を描く。

同社が資源ごみ買い取りを本格的に始めれば、行政回収を減らすことも可能だ。定野司環境部長は「行政回収は、ごみのある日もない日も定期的に行うので、ムダが多い。行政回収に使う税金を節約できれば、リサイクル品目を増やすことに税金を投入することが可能になる」と、ペットボトル、白色トレー以外の廃プラのリサイクルもできると言及した。

ビジネスモデルとして確立するには、需要の問題があるが、騒音、渋滞問題など周辺住民からの苦情が出ないことが必要だ。また、90年代、古紙相場が暴落し、ちり紙交換の廃業が相次ぎ、行政回収が全面展開された経緯がある。「現在のように古紙などの相場が上がったら、民間に仕事を戻さないといけない。しかし、役人が一度始めると慣性の法則が働いて、行政回収をやめられない」という指摘がある。

区は、区有施設を貸し出したり、行政回収を減らして、買い取りを増やすというコーディネートの役割を担っていく考えだ。白井グループの資源ごみ買い取りは、現行よりも経済的なリサイクルシステムの確立に一石を投じそうだ。

回収品目の中で、人気の高い古紙を計量中＝足立区内で

「トトロの樹」保護へ

杉並区 区側が土地買い取り

杉並区は、近隣住民から「トトロの樹」の愛称で親しまれているケヤキの巨木について、伐採を防ぐために、木のある民有地を所有者から買い取る方針を決定した。㈶杉並区土地開発公社が今年中に買収する見通しで、来年度以降、区が国の補助制度などを活用して公園として整備する予定。

通称「トトロの樹」は西荻窪4丁目の民有地にあり、高さ約20㍍、推定樹齢は200年以上とされる＝写真。杉並区のみどり条例に基づき、4月まで「貴重木」として保護の対象とされていた。

今年3月、この土地について相続が行われ、区内の事業者に売却。事業者側は宅地開発のため、4月に土地用途の変更とともに、貴重木の指定について、解除の申請を区に届け出た。

こうした動きに対して、周辺住民が樹木の伐採中止と保護を求める署名活動などを展開。6月には、8648人分の署名を山田宏杉並区長に手渡して保護を訴えた。

その後、杉並区、土地所有者、地域住民の間で話し合いの場を設けるなど、保護に向けた合意の形成を図ってきた。区のみどり公園課によると「事業者側で地域住民の要望を前向きに検討してもらい、最終的に、区側が土地を買い取ることで合意した」という。

杉並区の貴重木制度は、環境保全事業の一つとして2000年に開始。現在まで約50本の指定樹木があり、約半数が民間の所有という。区側は樹木の所有者と協定を締結し、10年間以上で指定された樹木について、管理経費の一部補助、樹木医派遣、定期的な訪問調査など援助を行う。

貴重木の指定は、あくまで、所有者側の理解と協力が前提。そのため、相続などで所有者が変更となり、指定解除の上で伐採された樹木も、複数本があるという。区側は「地域の共有財産として保護する趣旨だが、突き詰めると所有者個人の財産。さらに相続などこみ入った個別の事情が絡む場合、行政の対応はより難しくなる」と説明する。

今回は区側の買い取りが実施されるが、今後、同様のケースが生じた場合の対応については定型化などが必要になるという。ボランティア団体など民間の活用を含めて、区側は「各種の条例見直しも視野に入れて検討したい」としている。

認証保育所 「巡回指導は監査にあらず」

世田谷区 保育士数の偽装問題

認証保育所の保育士数の虚偽申請が、世田谷区でも起きた。23区では珍しい巡回指導を行ってきたが、なぜ区は不正を見抜くことをできなかったのか。

＝1面参照

認証保育所の巡回指導は、法律などで義務づけられておらず、各区の判断に委ねられている。世田谷区は、ノウハウを職員が身に着け、05年4月から巡回指導を本格的に始めた。

区では、保育士、看護師などが二人一組で、区内の認証保育所29カ所（9月末現在）を年3～4回、巡回指導する。区保育課は「利用者と同じ目線で助言指導に入っていく」という。

看護師は乳幼児の健康管理や感染症対策、保育内容などが適切かどうかを評価する。また、保育士は発達援助、保育環境などの評価のほか、認証保育所の保育士が実在するかどうかもチェックする。その際、区は「あの人は誰ですか」と一部の保育士に質問し、名簿にその名前があるかどうかを確認するという。

小田急ムック成城園が、保育士数を偽装していたとされる06年10月から翌3月まで、区は06年11月に事前予告した巡回指導、翌3月には抜き打ちも実施した。保育士と看護師ペアがチェックしたが、区保育課は「職員構成を確認している」と、問題はなかったという。

だが、認証保育所から提出される名簿には顔写真などが掲載されていない。また、巡回指導の際、保育士のチェックで身分証を提示してもらうこともない。そのため、実在しない人物になりすまされても、不正を見抜くことは不可能という。

区の巡回指導は、保育の質の維持を目的にしているため、不正を見抜くことに主眼が置かれていない。監査ではない巡回指導で、どこまで不正防止を強化すべきかが課題となっている。区保育課は、チェック体制の見直しをするかどうかを検討していくという。

事故米、中国乳製品使用

品川区 林間学園や老人ホームで

品川区は9月30日、区立施設や区内福祉法人での事故米とメラミン混入の疑いのある中国乳製品の使用状況を調査した結果を発表した。

事故米を混ぜた米でんぷん粉を使用した可能性がある「ブレーン半月オムレツ」は、区立日光林間学園で小学生などに提供されていた。

また、メラミン混入の可能性のある中国産乳製品を使用した「クリームパンダ」も、区立の特別養護老人ホームなど区内六つの高齢者福祉施設での提供が確認された。いずれも健康に悪影響を与えるレベルではなく、健康被害の届け出はないという。

区立学校、保育園の給食では使用はなかった。

世田谷区議会

阿部区議に辞職勧告

女性へのわいせつ行為で

選挙運動員の女性がわいせつ行為を受けたとして東京地裁に起こした民事訴訟で、世田谷区の阿部力也区議に損害賠償を命じた地裁一審判決を受け、同区議会は1日、辞職勧告決議を全会派一致で可決した。本会議終了後、阿部区議はマスコミの取材を振り切り、逃げるようにして区庁舎を後にした。

辞職勧告決議では、区民の不安感を増長させ、「議会の品位と権威を著しく低下させた」として社会的、道義的責任を取り、辞職するよう求めた。

決議可決前、阿部区議は弁明で「裁判は不当。私の身の潔白が証明されるまで闘っていく」と述べ、辞職する考えがないことを明らかにした。9月30日付で東京高裁に控訴している。

各会派の賛成討論では、今年2月まで阿部区議が所属していた民主党・無所属連合は、わいせつ行為に加え、2月から6月末まで病気療養を理由に本会議などを欠席していた間に、国会議員の政策秘書を受験していたことを問題視し、決議に賛成した。阿部区議は、受験したことを認めているという。

また公明党は、欠席しても議員報酬をもらうことが、阿部区議の著書のタイトルにも使われている「『議員特権』なのか」と厳しく批判。さらに、昨年4月の世田谷区議選でルクセンブルク大使館一等書記官と経歴詐称してトップ当選した森学前区議に続き、1年半で2度の辞職勧告決議を民主党・無所属連合の区議に出したことに「慚愧に耐えない。猛省を促す」と指弾した。

阿部区議は、1989年から91年まで民主党の小沢一郎代表の秘書を務めた。99年に世田谷区議選に民主党から立候補、初当選した。現在3期目。

八潮学園の施設利用計画案策定

品川区

品川区の小中一貫校「八潮学園」が来年8月、現在の仮校舎である旧八潮南小・旧八潮南中から移転する。区はこのほど、移転に伴い空き施設となる両校舎の施設利用計画案をまとめた。今月10日までパブリックコメントを募集している。利用計画案は、地元住民らでつくる「八潮まちづくり検討委員会」の提言などを踏まえてつくられた。

子どもから高齢者まで幅広い世代に対応した生涯学習、スポーツ活動の拠点、多様な地域活動やボランティア活動などを通した地域コミュニティー推進のための拠点②特別養護老人ホームや認知症高齢者グループホーム、ショートステイ、介護予防拠点など多様化する高齢者福祉ニーズへの対応③地域における防災拠点（避難所）としての機能の維持――を柱としている。

両校とも校舎の耐用年数が大幅に残っているため、体育館を含む既存校舎を改修の上、活用する。

区では、年内に利用計画案を決定し、基本設計などを委託する予定。その後、実施設計を行い、来年度8月に「八潮学園」が移転後、工事に着工したいとしている。

リユース傘袋スタート

江戸川区

江戸川区役所で9月29日、塩化ビニール製のリユース傘袋の使用が始まった。

同区役所では、これまで、来庁者向けにポリエチレン製の傘袋を提供していた。しかし、一度使い終わると、ごみとなり、一日雨が降ると400枚から500枚、年間で約3万3千枚が使い捨てになっていた。本庁舎だけでも、一日分で90㍑のごみ袋2袋分になっていたという。

今回、リユース傘袋に切り替えられたのは、本庁舎と、それに隣接している北棟庁舎、第二庁舎、第三庁舎。黄緑色の塩化ビニール製で長さは68㌢。「江戸川区役所」の文字の上に区のオリジナルエコマークが入っている。2千枚を制作した。

使い捨ての傘袋にかかる費用は単価3・8円で年間13万1670円のほか、使用後の処分費用がかかる。リユース傘袋は単価238円の2千枚分で49万9800円。

区総務課では「今回は試験的導入で、耐久性や紛失枚数、来庁者の意見などを聞きながら今後の導入を考えていく」としている。

児童見守りを強化

荒川区

全国で児童や幼児への凶悪事件が相次いでいる状況を受け、荒川区は区内の児童施設および周辺地域での安全パトロール活動の強化を決定した。

児童の見守り活動を呼びかける「のぼり旗」約1500本を作成。町会、小中学校、通学路、幼稚園、保育園、公園、文化・スポーツ施設などに設置する。荒川区と区内の3警察署の連名で「子ども安全パトロール中」などと記載する。

また、区職員、各小学校区のボランティア団体等を対象に、「児童見守りサポーター」などと書かれた「腕章」を作成。区職員分350個を9月に配布し、一般向けの650個を1日から順次配布する。

11日の全国的な「安全・安心なまちづくりの日」にあわせて、荒川区も同日、町会や学校関係者、青少年団体、ボランティア団体などが参加する「荒川スーパー防犯パトロール」を実施する。

荒川区は、2006年に「児童見守り条例」を施行。区長、区内警察署長、消防署長、青少年団体等の代表で構成する「児童安全対策協議会」を設置しており、今回の強化策は、同協議会の議論を経て決定した。

記者席

小平市長が抱いた「？」

○……東商が、都区制度を廃止して、23区を「東京市」に――との提言を出した。これに納得がいかない区の関係者は多い。特別区には、自治権拡充のために腐心してきた歴史があるからだ。

話は飛ぶが、品川区役所3階ロビーには、名誉区民の写真が掲げられている。文化功労、区政功労などに混じって、故・辻清明氏が「自治功労」として1987年に顕彰されている。事績を読むと行政学者であり、特別区調査会会長、品川区調査会会長として、特別区の自治権確立などに尽力したとある。

同区の濱野区長は、東商の提言に「現実的ではない」と否定的見解を示した。自治権拡充の長い歴史を振り返れば、多くの首長の胸中もさもありなん、と思う。

○……台東区は9月26日、区内の警察署、防犯協会と連携した「台東区振り込め詐欺撲滅緊急会議」を開催した。同会議には、台東区内の銀行、信用金庫など70店以上の担当者もメンバーとして出席した。

台東区では消費者相談や広報紙などによる注意喚起のほか、高齢者向けの集会などで犯行手口を紹介する取り組みを実施。いわゆる「オレオレ詐欺」などの防止が進んだ一方、公的機関を装った還付金詐欺が急増。同区では8月時点で37件、約4950万円の被害が発生。前年比で、11件、約520万円の被害増となった。

○……教育委員の任命について、小平市の小林市長が組織の矛盾に首をひねった。任期は1期4年。しかし、3期12年の「身分保障」が市の慣例となっていたため、これを改めようと市長が2期務めた委員を任期満了とし、新たな教育委員の任命を提案。ところが、野党議員からは反対の声があがったという。

長は教育委員の任命権者であり、予算執行者。しかしながら、任命には議会の同意が必要な上、長から独立した教育委員会の管理下にある教育委員。戦後、教育への政治介入を危惧したことは分かるが、責任の所在の曖昧さも際立つ仕組みに、素朴なクエスチョンが浮かぶのは、市長だけではなさそうだ。

5区が全小中学校で実施

相次ぐ夏休みの短縮

夏休みを短縮し、授業時間を確保する区立小中学校が増えてきた。児童・生徒の「確かな学力」の育成などを目的としたもので、本紙の調べによると、新宿、目黒、豊島、足立、葛飾の5区が全小中学校で夏休みの短縮に踏み切った。

また、千代田、世田谷、杉並、渋谷の4区では小中学校の一部で実施しており、墨田、江東などでは前期、後期の2学期制への移行に伴い、夏休みを短縮している。小中学校の授業時間が大幅に増加する新学習指導要領の試行が来年度から始まるが、各小中学校では授業時間の確保に向けて、夏休みの短縮を含めたさらなる対策が今後の課題になってくる。

学力低下に授業時間確保

新学習指導要領へ対応も

学校週5日制により授業時間が減少し、学習内容や教科の指導時間が削減された。このため、学力低下への不安が高まり、国際的な学力調査でも「学ぶ意欲や学習習慣、家庭教育に課題がある」と指摘される状況だ。

そこで、各学校では授業時間数をなんとか確保しようと、週当たりの授業時間を増やしたり行事の内容を見直したりと様々な工夫をこらしている。しかし、年間の指導計画の中では余裕はなく、教科によっては基準の授業時間数も確保できないケースも生じている。

このため、都内23区の公立小中学校では、夏休みを短縮して、年間の授業時間数を増やす動きが強まってきた。

新宿区は、2006年度から小学校29校、中学校11校の全校で夏休みを5日間短縮し、年間の授業時間数を増やしている。区教委によると、夏休みを短縮することによって、年間を通しての「ゆとり教育」推進に役立っているとし、児童・生徒や保護者の反応も悪くないという。

前期、後期の2学期制をとっている目黒区の小中学校では、来年度からの新学習指導要領もにらみながら、今年から夏休みを短縮。2学期制の「秋休み」も返上して、年間約20時間の授業時間を確保する対策に乗り出した。

夏休みの宿題を見せ合う子どもたち＝葛飾区内の小学校で

豊島区では、06年度から小中学校一斉に夏休みの短縮に踏み切った。一時は2学期制導入を検討したが、授業日数等の関係から見送り、従来通りの3学期制をとりながら夏休み短縮で授業時間数を増やした。ただ、小学校と中学校とでは短縮期間が異なり、小学校の場合は2日間の短縮と短くなっている。

足立区でも、授業時間の確保と「ゆとり教育」への取り組みから、学校の冷房完備を条件に、全小中学校で1週間の夏休み短縮を昨年度から実施した。

葛飾区では、年間25時間程度の授業時間を確保するため、05年度から中学校、06年度から小学校で夏休みを1週間縮減した。「増加した授業時数を有効に使い、通常授業のほか、学校行事や体験活動の充実などにあて、今まで以上にきめ細かい指導が可能になった」（区教委）としている。

小中学校の一部で夏休みの短縮を実施している区もある。千代田区では中等教育学校で1週間短縮を昨年から始めた。ただ、「現在の段階では他の小中学校への拡大は考えていない」（区教委）という。2学期制をとる墨田区でも、中学校を対象に夏休みを短縮した。江東区や渋谷区でも小中学校全校で実施しているが、いずれも2学期制による秋休みとの関係から大幅な授業時間の確保にはつながっていない。

世田谷区では、中学校を対象に実施し、平均25時間の授業時数を確保している。また、杉並区では、小学校3校、中学校9校で、夏休みの開始を遅めるなど、「弾力的に運営」するやり方で短縮をはかっている。

いずれの区でも「学校の管理運営に関する規則」を改正し、夏季休業期間及び第2学期の期間を変更しているが、新学習指導要領では、児童・生徒の基礎・基本の知識や技能などを身に着けるため、国語や算数・数学、社会、理科、英語の授業時数を大幅に増やす方針。例えば、数学では年間70時間、理科では95時間も増えることになる。

このため、各区では新学習指導要領の来年度からの試行期間、その後の本格実施に向けて、授業時数の確保策を検討している。板橋区では来年度から夏休みの短縮を実施する方針を決めているが、大幅な授業時数増となると、夏休みのさらなる短縮、週1時間の授業時数の確保、土曜日の活用などの対策を講じなければならないという。

教育支援の現場から ②

受け皿としての公立高校

中退者に転・編入枠拡大を

今回から、改めて教育のあり方について考えていこうと思います。今回のテーマは、公立高校の『受け皿』的役目についてです。都立高校では、毎年5千人以上の中退者が出ているそうです。これだけ聞いても相当数であることが実感できますが、第一に私立高校の中退者データが含まれていないこと、第二に都立高校補欠募集合格者が300人程度ということを加味すると、由々しき事態が浮かび上がります。

私立高校で毎年どのくらいの生徒が中退してしまっているかという明確なデータはありません。私立高校はそのようなデータを公表しないからです。このことから考えると、もしかすると都立高校の中退者数だけを見ることは氷山の一角に過ぎないと言えるかもしれません。

中途退学した生徒の進学先は、これから述べる「転校の難しさ」からして、私立の通信制高校など一部に限られてしまいます。先に挙げた都立高校補欠募集合格者の数からすると、残りの多くの生徒はどこの高校にも在籍していないことになります。私立高校のことも含めると、もしかしたら五桁に達する数の生徒が毎年「学校」に行かなくなっているのかもしれません。

経験上、中退や不登校といった出来事は、突然やってきます。高校生の子どもを持つ親として、この問題は他人事ではありません。このような状況にある日本の高校教育に、何かしらの救いの手はないのだろうか。そこで常日頃、私が思っていることは、「中退してしまった生徒にもう一回チャレンジさせてあげることは出来ないのか」ということです。例えば、都立高校の転・編入の枠をもう少し広げられないのか、ということです。

前稿でも述べましたが、NPO教育支援の活動を通してよく都立高校への転学について相談を受けます。多いのは「私立から都立」への転校希望です。「都立に進学するつもりでいたが落ちてしまった。滑り止めの私立には行きたくなかった。通ってみたら案の定、自分には合わなくて都立に転校したい」。こういった場合、夏期の都立補欠募集を受験することが一番の近道かもしれません。

しかし、現行の制度ではかなり難しい転校であるというのが現状です。自分の偏差値相当の学校に進学するのは難しいでしょう。その都立高校にとってその生徒が本当に必要かどうかを学校側は試験でみてきます。その学校が『欲しい』生徒しか合格はしないでしょう。募集数だけ必ず合格者が出るわけではないのです。チャンスも夏期・冬期・春期の三度のみです。かなりの対策も必要です。その結果が先のデータに如実に出ています。

私立の側にも問題がある場合もあります。「（子どもが）私立高校から都立高校への転校を考えている。転学照会を書いてもらうように担任に頼んだが、『転学照会は1枚しか書かない、もし不合格になったら編入して下さい』と言われた」。編入とは一度高校を辞めることで、その学年の単位が無くなるので、確実に半年もしくは1年、同級生との卒業が遅れてしまいます。その生徒が転学に成功すれば問題がないように思えますが、失敗すると中退者がひとり生まれてしまいます。

このようなケースを見ても、公立高校は中退者を転入させる枠をもっときちんと設けて、少しでも多くの教育機会を与えて欲しいと思っています。

問い合わせ先　NPO法人教育支援協会連合会東京支部☎6806・8366

（杉浦孝宣）

奉仕体験活動フォーラム開催

教職員研修センター　高校生が体験活動を紹介

東京都教育委員会は11月15日、「高校生の力で社会をより良く変えよう！」と題した奉仕体験活動フォーラムを、都教職員研修センター視聴覚ホールで開く。2007年度からすべての都立高校で教科「奉仕」が必修化され、都立高校生が社会に役立つ喜びを体験的に学ぶ奉仕体験活動に取り組んでいるが、この奉仕体験活動を保護者、連携先の関係者、さらに一般都民にも知ってもらおうと、初めてフォーラムを開催する。

第1部では「よくわかる『奉仕』～奉仕体験活動の1年」をテーマに、様々な奉仕体験活動について、体験した5校30人の高校生が活動内容の紹介を行う。第2部では「高校生の力で社会をより良く変えよう！～『奉仕』の成果」と題して、都立高校生3校9人と奉仕体験活動先の関係者、学校と活動先を結ぶ教育支援コーディネーター及び都立高校教員が、「奉仕」の成果などについてパネルディスカッションを行う。

フォーラムは当日の午後2時から4時15分まで、申し込みは東京都電子申請または往復はがきで、〒163－8001都庁第二本庁舎29階・教育庁指導部高等学校教育指導課「奉仕体験フォーラム」係まで。

木村教育委員が再任

都議会が同意

都議会は9月26日、東京都教育委員会委員の木村孟氏（70）を再任することに同意した。木村氏は10月19日に任期満了となるが、再任によって2012年10月19日まで教育委員を務めることになる。

木村氏は、東京工業大学教授、同大学学長などを経て、1998年に文部省学位授与機構長に就任。現在は独立行政法人大学評価・学位授与機構長を務めている。

都議会代表・一般質問

教員確保で新たな選考へ

教職大修了者を対象に

都議会代表・一般質問戦の中で、大原教育長は、大量退職に伴う優秀な教員確保への取り組みとして、都教育委員会と連携している教職大学院の修了者を対象に、新たな選考方法の導入を検討する考えを明らかにした。また、全国的な採用活動を強化するとともに、地方での選考実施を検討する方針を打ち出した。一方、学校裏サイトなど有害情報から児童・生徒を守るための対策については、専門家の協力を得ることも視野に入れ、学校裏サイトの監視や内容把握など、具体的に被害やトラブルを防ぐ対策を検討していくと述べた。

教員確保

団塊世代の大量退職に伴う教員の大量採用時期を迎え、教員の資質低下が懸念されているが、鈴木貫太郎氏（公）は、「教員採用に向けて、地方からの採用や教職大学院との連携など、既存の仕組みにとらわれない様々な取り組みを行うべきだ」と主張して、教育長の見解を求めた。

都教委はこれまでも、年齢制限を緩和するとともに、民間企業経験者や他県現職教員、臨時的任用教員など、社会経験や実践的指導力に富んだ人を積極的に採用するよう努めてきた。これに加え、大原教育長は、学校現場での実習をカリキュラムに大幅に取り入れた教職大学院の修了者が、初めて採用選考の対象となることから、「その実習実績に着目した新たな選考方法の導入を検討していく」と答弁。

さらに、大都市圏以外では教員志望者が多い一方、採用数が少ない県も多数ある実態などを踏まえ、「全国的な採用活動を強化し、地方説明会の拡充を図るとともに、地方での選考実施を検討するなど、優秀な教員の確保に万全を期していく」と述べた。

有害情報

インターネットや携帯サイトなど有害情報から児童・生徒を守るため、鈴木氏は「学校裏サイトを的確に把握し、抹消する仕組みを作り、子どもたちが被害にあわないための実効性ある対策」を求めた。

これに対し、大原教育長は、7月に実施した子供のインターネット・携帯電話利用についての実態調査に触れ、「現在詳細を分析中だが、ネットによる被害やトラブルの状況は極めて深刻であり、保護者や学校も被害状況を十分には把握していない」という実態を明らかにした。また、学校は児童・生徒や保護者から訴えのあったトラブルについて、その対応に苦慮しているという現状について説明した。

今後は、情報モラル教育をさらに充実させ、児童・生徒が被害者にも加害者にもなることなく、安全に生活するための能力を身に着けさせていくと答弁。また、実態調査を踏まえ、ネットの被害状況を広く都民に周知し、児童・生徒や保護者、教員、関係業者それぞれに対して、子供の携帯電話利用についての考え方をまとめてアピールしていく方針を示した。さらに、大原教育長は「専門家の協力を得ることも視野に入れ、学校裏サイトの監視や内容把握など、具体的に被害やトラブルを防ぐ対策を検討していく」と述べた。

代表質問で答弁する大原教育長

学校問題

学校に理不尽な要求を突きつける「クレイマー」や「モンスター・ペアレント」の存在が社会問題化しているが、鈴木氏は、学校事例の問題解決の研修を積み重ねてきた行政書士や司法書士、弁護士など専門家を活用して対処できる仕組みを構築するよう求めた。

大原教育長は、6月に設置した「公立学校における学校問題検討委員会」による実態調査について説明。昨年度の1年間に、理不尽な要求などの事例が約9％の公立学校で発生し、学校だけでは解決が困難であるという実態を示した。今後は、教員研修により教員個々の対応能力を強化していくとともに、行政書士や司法書士、弁護士などを活用した支援策を検討。「学校側からだけではなく、保護者等からの要望にも公平・中立な立場から相談に応じて解決に当たる」とした。

学校の耐震化

都は、都議会に提案した一般会計補正予算案の中に、総額27・9億円の公立小中学校等にかかる耐震化対策費を盛り込んだが、高島直樹氏（自）は、耐震化の今後の目標と主な具体的支援策について質問。また、早坂義弘氏（自）は、学校における震災対策の取り組み状況について、教育長の見解をただした。

耐震化の今後の目標について、大原教育長は「構造耐震指標Is値が0・3未満の建物、すなわち倒壊等の危険性の高い建物については平成22年度までに、Is値は0・3以上だが倒壊の危険性のある建物については、現行計画を3年前倒しして24年度までに、耐震化を完了することを目標とする」と述べた。

この目標を達成するために、都教委は区市町村に対し、財政支援と人的支援を行うとし、財政支援については「資材等の高騰により、実勢単価と国庫補助単価の乖離が拡大し、区市町村の負担が増えていることから、Is値0・3未満の建物を対象に、単価差補助を行う」と答弁。また、Is値0・7値未満の建物を対象に、国庫補助金と起債可能額を除く設置者負担を補助する考えも示した。人的支援では、技術職の雇用経費の補助やあっせんを行うとしている。

さらに、建物の耐震化に加え、校内の家具類の転倒・落下防止策も重要であるとし、今後は東京消防庁と連携し、専門家を講師とする講習会を開催するなど、区市町村教委に対し、転倒・落下防止策の重要性を周知するとともに、技術的な支援を行っていくと述べた。

学校給食費

食材費高騰による学校給食費値上げ問題で、村松みえ子氏（共）は、「父母の負担軽減のために、公費で支援する自治体が29区市に広がろうとしている。都としても都立学校での負担軽減と区市町村への支援が求められている」とし、教育長の見解を求めた。

学校給食法などによると、学校給食は学校の設置者が実施し、給食費は生徒の保護者が負担することになっている。ただ、学校設置者の判断により、保護者の負担軽減策を実施することは可能で、大原教育長は「都立学校では特別支援学校の児童・生徒の就学奨励費により、夜間定時制高校の就業生徒については夜食費補助により、保護者の負担軽減を図っている」と答弁。小中学校の給食費については「学校設置者の区市町村が地域の実情や特性を踏まえた上で、それぞれが決定しているもので、給食費の改定や保護者負担の軽減策についても、その判断により行われている」と述べるにとどまった。

副校長支援

教育改革への積極的な取り組みや、複雑化・多様化した教育課題への組織的な対応などが求められるなか、校長を補佐する副校長の処理する校務が多忙をきわめ、職への魅力が低下していると言われる。このため、鈴木章浩氏（自）は、副校長への支援策の必要性について、教育長の見解をただした。

都教委は、学校の組織的な課題解決能力を高めるため、主幹教諭制度を充実し、非常勤教員を副校長の補佐に積極活用するなど、具体的な対応方針をまとめている。大原教育長は、この方針に基づき、副校長を支える施策を着実に実施していくとし、都立高校の調査・報告書事務の縮減については、モデル校による実態調査の分析を踏まえて改善策の検討を開始。あわせて全都立学校から縮減に向けた改善提案を随時受け付け、対応する仕組みを設けたと答弁。今後は、「重複している調査・報告事務の整理や調査方法の改善を具体的に進め、都立学校ICT計画に基づき、資料データベース化を図るなど、効率化を一層推進していく」と述べた。

毎週金曜3面は　教育オンライン

6市がプラス較差も「据え置き」

大都市人勧

給料表 引き下げ勧告は4市に

全国17の政令指定都市のうち、1日現在で13市の人事委員会勧告が出された。月例給の公民較差は、6市で民間給与が公務員を上回るプラス較差となったが、いずれも給料表の引き上げを見送った。他方、公務員給与が民間を上回るマイナス較差となった7市のうち4市が給料表の引き下げを勧告した。残る3市は据え置き、もしくは手当等の引き下げで較差を解消する。このほか特別給は、全市が据え置きとしたほか、人事院勧告で出された勤務時間の短縮は、4市が「7時間45分」への短縮を示した。残る市のうち、7市はすでに7時間45分としており、2市も「見直すことが適当」などとしている。

勤務時間は7時間45分が標準へ

■引き上げは見送り

8月に出された国の人事院勧告では、月例給の公民較差について、民間が公務員を136円（0・04%）上回るプラス較差となったが、較差が小さく、給料表の改定を見送った。

これに対し、各政令市の勧告では、プラス較差とマイナス較差が、ほぼ二分された形だ。

国と同じプラス較差となった6市のうち、最も大きい較差が北九州市で、公務員給与が民間を1717円（0・41%）下回った。

北九州市人事委員会は、プラス較差の背景について、「今年4月から国に準拠して地域手当を4%から3%に引き下げており、その影響が多分に出た」と話す。仮に地域手当が4%のままだと、逆に職員給与が2285円（0・54%）上回っていたことになる。

同市では、過去に0・14%のプラス較差でも給料表の見直しを行った実績があるが、今回は改定を見送った。その一因として挙げるのが現給保障者の存在だ。

06年の改定で給料表カーブのフラット化を図ったが、その際に現給保障となった職員の約3割が、いまだに経過措置となっている。「給料表を見直しても影響が出ない」（人事委）ことなどから、改定を見送り、較差は扶養手当の改定で解消する。

同市の扶養手当は民間と概ね均衡しているが、少子高齢化対策に取り組んでいることを考慮し、子や父母等の手当額を1人につき、現行の6400円から7500円に改定する。

他にプラス較差となった都市は、較差が0・01%～0・05%と小さいことから、改定を見送った。

■地域手当との相関

他方、マイナス較差となった7市のうち、引き下げを勧告したのは静岡市、名古屋市、大阪市、広島市の4市で、率にして0・49～0・61%の較差があった。

引き下げ方法は「1級の初任給付近は改定なし」（静岡市）、「1、2級の初号付近は改定せず」（大阪市）など、若年部分に手をつけない市がある一方、名古屋市は「大きな額ではなく、級によって差をつけるほどではない」（人事委）との考えから、初任給も含む全級で引き下げを勧告した。

また、大阪市では較差解消のため、給料表の引き下げに加え、配偶者にかかる扶養手当も引き下げる。

マイナス較差と地域手当との相関を見ると、最も大きい較差となった名古屋市の地域手当が12%、次いで大きい大阪市が15%となり、地域手当の率が高い地域は較差が大きくなる傾向が見られた。ちなみに静岡市の地域手当は6%、広島市は5%となる。

マイナス較差となった残る3市のうち、札幌市と福岡市は較差が小さいことから改定を見送った。浜松市は給料表の改定を見送り、較差は住居手当の見直しで解消する。

このほか、人事院勧告で示された医師給与の改善については、名古屋市や京都市など複数の市で改定を勧告した。

■時短傾向が鮮明

人事院勧告で、現在の1日8時間勤務から7時間45分への短縮が示された勤務時間については、13市中、7市がすでに7時間45分としている。残る6市のうち、さいたま市や静岡市など4市が「7時間45分」への短縮を明確に示した。

残る2市のうち、広島市は「見直しが適当」としたものの、具体的な時間は示さず、民間（1日当たり7時間47分）や国・他都市の見直し状況を考慮して見直すよう任命権者に求めた。

浜松市は、職員の1日8時間勤務に対し、民間は7時間49分と短かったが、人事院勧告の水準には至らないため勧告はしなかった。その一方で、国や他都市、民間の動向等を見ながら検討する必要性を示した。

◆

都や特別区の人事委員会勧告は、ここ数年、10月10日前後に出されており、今年も10月中旬頃に示される見通しだ。

大都市人勧では、給与較差がプラスとマイナスに二分されたが、プラス較差でも引き上げ改定した都市はない。都や特別区も厳しい勧告が予想される。加えて、地域手当15%の大阪市や12%の名古屋市が軒並みマイナス較差となっており、同じく11%と高い横浜市を含め、都と特別区の勧告が注目される。

他方、勤務時間については、すでに7時間45分としている都市を含め、すべての市が改定や短縮の検討の必要性を示した。勤務時間「7時間45分」が標準化したとも言える。都や大田区は昨年度に休息時間15分を廃止し、原則として昼休みが休憩時間の45分のみとなった。職員からは勤務時間の短縮を切望する声が強く、都区の人事委員会の判断に期待が集まっている。

08年 政令指定都市の人事委員会勧告状況（10月1日現在）

団体名	勧告日	公民較差 額（円）	公民較差 率（%）	給料表改定	特別給	勤務時間に関する事項
札幌市	9/12	▲125	▲0.03	見送り	据え置き（4.45月）	据え置き（7時間45分）
さいたま市	9/11	46	0.01	見送り	据え置き（4.50月）	1日8時間→7時間45分に改定
千葉市	9/16	88 5,046	0.02 1.19	見送り	据え置き（4.50月）	据え置き（7時間45分）
静岡市	9/16	▲2,061	▲0.49	引き下げ	据え置き（4.50月）	1日8時間→7時間45分に改定
浜松市	9/26	▲1,377	▲0.36	見送り（較差は住居手当の廃止・引き下げで解消）	据え置き（4.50月）	1日8時間→見直しは言及しないが検討の必要性あり
名古屋市	9/10	▲2,673 ▲2,160	▲0.61 ▲0.50	引き下げ	据え置き（4.50月）	据え置き（7時間45分）
京都市	9/16	83	0.02	見送り	据え置き（4.50月）	据え置き（7時間45分）
大阪市	9/12	▲2,563	▲0.60	引き下げ	据え置き（4.50月）	据え置き（7時間45分）
堺市	9/16	207	0.05	見送り	据え置き（4.50月）	1日8時間→7時間45分に改定
神戸市	9/17	50 492	0.01 0.11	見送り	据え置き（4.50月）	据え置き（7時間45分）
広島市	9/10	▲2,563	▲0・58	引き下げ	据え置き（4.50月）	1日8時間→見直しを行うことが適当
北九州市	9/17	1,717	0・41	見送り（較差は扶養手当引き上げで解消）	据え置き（4.50月）	1日8時間→7時間45分に改定 休息時間（30分）を廃止
福岡市	9/11	▲26 244	▲0.01 0.06	見送り	据え置き（4.50月）	据え置き（7時間45分）
人事院	8/11	136	0.04	見送り	据え置き（4.50月）	1日8時間→7時間45分に改定

※ 千葉市、名古屋市、神戸市、福岡市の公民較差の上段は給与（手当）減額措置前、下段は減額措置後の数値。いずれも減額前が算定の基準

監査委員 「債権回収率16%」に苦言

都の各会計決算審査

住宅建設資金あっせん制度

「経費が必要最小限となるよう方策を検討されたし」——。都監査委員は、9月26日に公表した07年度の各会計決算審査結果の中で、債権回収率が16%にとどまっている都市整備局の「住宅建設資金あっせん制度」に苦言を呈した。一般会計および17の特別会計について審査した結果、事業執行で監査委員が意見を付したのは、この1件のみだった。

同制度は、資金が不足するために個人住宅を取得することが困難な者に対し、個人住宅の取得に必要な資金の融資を金融機関にあっせんするもの。72年から01年度まで実施し、8万人以上に対して計8412億円の融資をあっせんした。この償還が滞り、債権が回収困難となった場合、都は残元金や延滞後の利息などを損失補てんしており、07年度までに計51億円を補償した。

この損失補償実施後の債権の取り扱いについて、契約では、都から損失保証金の支払いを受けた金融機関が、その後も債権の回収等に努めると定めている。しかし、補てんを受けた金融機関が積極的に回収を行うとは考えづらい。この間、損失補償した51億円のうち、回収できたのは8億4千万円のみで、回収率は16・4%にとどまっている。

こうした実態に対し、監査委員は「損失補償実施後の債権は、局が努力しなければ回収できない仕組みだ」と指摘した上で、「局は金融機関から回収可能性にかかわる情報を取得しておらず、損失補償実施後も回収努力を行っていない」と苦言を述べ、対応策の検討を求めた。

このほか、一般会計および17の特別会計の決算審査全体では計数の誤りはなかったが、会計処理の一部について是正・改善を要する事項があったほか、財産に関する調書の一部に、建物や出資による権利の過大登載などが認められた。

都市整備局が都営住宅19棟分の2万9千平方㍍を財産として過大に登載していたり、産業労働局が出資による権利2億500万円を過大に登載するなど大きなミスも発覚。監査委員が適正な執行を求めた。

都庁のケータイ つながります

アンテナを850本増設

「つながりにくい」と悪評だった都庁本庁舎の携帯電話環境が改善された。NTTドコモとKDDI（au）が第一・第二本庁舎と議会棟にアンテナを増設し、1日から電話がつながりやすくなったのだ。またソフトバンクも今年度末を目途に整備を進める予定だ。

通常、高層ビルは電波が届きにくい。都庁でも来庁者から苦情が多く、これまでも食堂や展望室にアンテナを設置した経緯がある。しかし、執務室や廊下は依然としてつながりにくく、特に「上層階のドコモがつながりにくい」ことは都職員の常識ともなっていた。

今回設置したアンテナ数は2社で計850本あまり。民間のビルでアンテナを設置する場合は、ビルの管理者が費用の一部を負担するが、今回は通信事業者からの整備のため、都の費用負担はない。職員にも朗報となる今回の整備だが、総務局情報システム部では「あくまで来庁者の利便性向上のため」と話している。

都主任選考 択一得点状況を発表

I類事務の平均点32・6点

08年度主任選考等 択一問題得点状況

種別・選考区分		配点	最高	平均
I類	事務I	55点満点	53	32.6
	土木	45点満点	40	22.3
	建築		40	27.4
	機械		35	18.9
	電気		32	19.6
	計		40	21.0
II類	事務II	30点満点	19	14.8
	福祉I		25	14.6
	福祉II		26	19.5
	産業技術I		26	19.1
	産業技術II		22	13.3
	産業技術III		20	15.0
	医療技術I		27	17.0
	医療技術II		23	16.3
	看護		23	12.0
	計		27	14.3
運輸系	高速	40点満点	31	15.4
	路面		29	14.8
	交通技術		23	14.6
	計		31	15.1

都人事委員会は9月30日、08年度主任選考A、運輸系主任選考Aの択一問題の正答と得点状況を発表した（正答は5面に掲載）。

主任選考AのI類事務Iは55点満点で、最高点は53点、平均点は32・6点だった。06年度の制度改正後、今回が3回目の選考実施となるが、平均点は06年度が35・4点、07年度は31・6点と推移している。

択一問題に関しては、前年度の選考で受験者から「難易度が高い」との感想も聞かれたが、今年度は「標準的」との声が多かった。得点状況をみると、平均点でも前年度を1点上回る結果となっている。

またI類技術は45点満点で、全体の平均点は21・0点で、前年度から0・4点とわずかながら上がった。区分別の最高点では、機械と電気が前年度を下回っている。このほかII類は30点満点で、全体の平均点は前年度よりも1・5点上がって14・3点、運輸系は40点満点で平均点は前年度と同じ15・1点だった。

AEDの適正管理で講習会

大規模ビルの管理者を対象

都健康安全研究センターは2日、都内で初めて大規模ビルの管理者を対象に、AED（自動体外式除細動器）の適正管理を周知する講習会を開いた。

同センター医療機器監視課によると、23区内の大規模ビルの約5割がAEDを設置。ただ、AEDのバッテリーは製造後2～5年、電極パッドは2～3年の使用期限がある。バッテリーなどの動作確認ランプを毎日点検していた施設は約2割で、保守管理状況は十分とは言えないという。

同センターは3日にも「なかのZERO」（中野区）、10日に「アミュー立川」（立川市）で講習会を開く予定。

ひと

北京パラリンピックに参加した

㈶東京都私学財団 融資部

高砂（たかさご） 進（すすむ）さん

北京パラリンピックでは、シッティングバレーボール競技に、男子は都のこの人と港区の区職員の2人が、女子は3人の区職員がチームに加わった。結果は残せなかったが、「全力で戦ったので、清々しい気持ちです」と話す。

高さで上回る外国勢は技術にも優れ、「全体的にレベルが上がっていた」。「悔しい思いはあるが、燃え尽きたわけではない。皆で次を目指して頑張りたい」と、2年後のフェスピック、4年後のロンドンを見据える。

パラリンピックでのシッティングバレーのアジア枠は一つ。「予選会から進んできて、切符を取って参加したので、最高に気持ち良かった」。しかし、今回ホスト国として参加した中国が、今度は最大のライバルとなる。

大会に向け、チームで月一度の合宿を2年間続けてきたが、環境に恵まれる外国選手には、「月に1回!」と驚かれたと苦笑する。

北京はオリンピック後はパラリンピック一色に染まり、開・閉会式もスタジアム一杯に盛り上がった。「アスリートとして尊敬されて、写真を一緒に撮って下さいと言われ、びっくりしました。食事もこれまでで最高に美味しいと評判でした。ボランティアが皆、笑顔で世話してくれ、中国も頑張ったんだなと感謝の気持ちが大きいです」。日本からの応援団も力になった。

中学、高校とバレーボール部に所属。入都後にシッティングバレーに誘われたが、最初は難しかったと言う。「ラリーやアタックする感じも、迫力も全く変わりませんでした」

引退がないスポーツで、健常者と一緒にできるのも大きな特徴。ママさんバレーでヒザを傷めたからと転向する人も多く、皆、はまっていくのだとか。さらに、「どんなに障害の重い人でもルールを変えてあげれば可能なので、すごいスポーツだと思う。もっと広まって欲しいですね」。

「皆でお尻で床掃除してくるんです」と笑い、学校現場に出向くことも多いが、外見は変わらないだけに義足を外すとびっくりされる。「最初は抵抗があったが、義足を外してプレーするので、良いきっかけでした。障害者は可哀想とか大変そうとかのイメージがあるが、普通に生活しているんだというのを見てもらうことが一番だと思うんです」（門）

東京都生まれ。98年中央学院大商卒。在学中にバイク事故で左下肢切断。民間から00年生活文化局に。05年に現職に派遣。生活の一部となっているシッティングバレーを2歳の長男と一緒にやる日を夢みる。妻と。34歳。

JCSS校正証明書を発行

都立産技研センター

都立産業技術研究センターは、9月10日に温度（熱電対）の区分で計量法校正事業者登録制度（JCSS）の登録認定を受け、10月1日からJCSS校正証明書の発行を行う。

同制度は、独立行政法人製品評価技術基盤機構が、校正機関について、国際標準化機構と国際電気標準会議が定める基準に適合しているかを審査し、基準を満たしている機関を登録するもの。登録事業者はJCSSの校正証明を行うことが可能となる。

企業では、製品の品質向上や製造過程の生産効率の改善、省エネルギーなどを目的に温度測定を行っているが、この際、温度が国家標準に基づいているかが重要となる。同証明書は海外47の国と地域で通用するため、産技研が発行するJCSS校正証明を受けることで、中小企業の海外事業展開に役立つことが期待される。

産技研のJCSSの登録認定は、電気（直流抵抗器）に続くもの。

相談件数は508件に 東京モデル32件つなぐ

多重債務110番

都生活文化スポーツ局は9月29日、都内18区12市と初めて共同で実施した特別無料相談「多重債務110番」の実施結果を取りまとめ、公表した。相談実施結果によると、相談件数は合計508件にのぼった。

都では今年4月から、都や区市町村の消費生活相談員が、多重債務問題を抱える相談者を法律専門相談へつなげ、問題解決の道筋をつけるまでフォローする「東京モデル」を実施。今回の多重債務110番では、32件を同モデルにより専門窓口に確実につないだという。

■豊島区人事異動

10月1日付

【課長級】▽都市整備部都市再生プロジェクト担当課長（都市整備部副参事＝都市再生担当）高田秀和

■清掃一組人事異動

10月1日付

【部長級】▽清掃技術訓練センター長 伊東和憲 総務部長兼務

【課長級】▽清掃技術訓練センター次長 山本新 総務部参事＝技能・技術担当事務取扱

職員教養講座　21年度　［15］

B事務（教育・文化）記述

はじめに

今週と来週の2回にわたり、「B事務、教育・文化」の記述及び論文対策について解説します。

10月に入り、そろそろ来年度の管理職選考を意識されるようになられたかもしれません。

近年、管理職選考の受験率が低下していることが言われています。私の周りを見ても、管理職として十分にふさわしい資質を持ちながらも管理職選考を受験しない方がいます。各自様々な理由があるのでしょうが、このことは都の組織運営にとっても大きな損失であると考えています。日頃から職務に励み、職場で評価されている方が、管理職選考に合格され、都の組織を担う人材となることが求められています。

特に、「教育及び文化」の分野については、皆さんもかなりの期間、関連のあった分野であると考えます。熱意ある皆さんのチャレンジを望んでいます。

過去の出題と傾向の分析

過去10年間の出題を五つの法律分野と二つの時事問題に分類すると次のとおりです。
（○内の数字は出題年度）

1　法律分野

(1) 教育基本法

【過去の出題】
⑪教育基本法の性格⑫社会教育奨励の意義⑭教育の目的及び方針⑮義務教育⑰政治的中立性⑱教育の機会均等⑲昨年12月に改正された「教育基本法」の主な改正点とその説明⑳教育基本法に定める教育の目標

【出題傾向】
教育基本法からは、多くの問題が出題されています。特に、教育基本法が平成18年度に全面改正されたことから、今後も引き続き出題されることが十分予想されます。前文を含め、全18条のみからなる法律ですので、ポイントとなる条文をチェックし、要点を理解しておくことが望まれます。

(2) 学校教育法

【過去の出題】
⑪教育課程と学習指導要領⑫学校の設置者及び設置基準⑬特殊教育⑭13年6月法改正の主な改正点⑮中等教育学校⑯設置者管理主義及び負担主義⑱授業料及び授業料決定の法的な手続きと減免⑲特別支援教育

(3) 地方教育行政の組織及び運営に関する法律

【過去の出題】
⑪（時事問題の中で）学校等の管理に関して教育委員会が定める規則の意義及び内容⑪（時事問題の中で）教育委員会制度⑫教育長の職務・教育長の任命制度の改正の趣旨と内容⑯教育委員会の組織及び職務権限⑰学校等の管理に関して教育委員会が定める規則の意義及び内容⑳改正された「地方教育行政の組織及び運営に関する法律」の主な改正点とその説明

【出題の傾向】
ほぼ毎年度、出題されています。当該2法からの出題は、都の施策や時事と関連した出題が多くなっています。法律そのものを理解するに当たっては、都の施策や時事と併せて理解することが効果的であり、内容の濃い解答に結びつくと考えられます。

(4) 社会教育法

【過去の出題】
⑬社会教育主事の資格及び職務

【出題傾向】
ここしばらくは出題がありません。ただ、今年6月に教育基本法の改正等を踏まえた社会教育法、図書館法及び博物館法の改正がありましたので、その内容は押さえておく必要があると考えられます。特に、国や都の施策となっている「学校支援地域本部の取り組み」及び「放課後子どもプラン」関連で社会教育基本法に新たに追加された規定は必ず確認しておきましょう。

(5) その他の教育関連法令

【過去の出題】
⑬教育公務員の研修⑬（都の施策と時事を絡めて）教科書採択の権限、方法、教科書採択手続きの改善策⑮教育職員免許についての14年度改正の主な改正点⑯私立学校に対する助成の意義及び都における私立学校教育助成事業⑳（都の事業と絡めて）私立学校における助成の意義

【出題の傾向】
4年振りの出題となりましたが、これまでと同じく私立学校法及び教育公務員特例法からの出題となりました。当該分野からの出題も、都の施策や時事と関連した出題が多くなっています。

2　時事問題

(1) 国の施策・答申

【過去の出題】
⑪中央教育審議会答申「今後の地方教育制度の在り方について」の中の「教育委員会制度の在り方について」⑭中央教育審議会答申「大学等における社会人受け入れの推進方策について」⑮中央教育審議会答申「青少年の奉仕活動・体験活動の推進方策等について」⑮文化審議会答申「文化芸術の振興に関する基本的な方針について」⑮文化審議会答申「これからの時代に求められる国語力」⑱中央教育審議会答申「新しい時代の義務教育を創造する」の中の「義務教育費国庫負担制度に関する答申後の状況について」⑲中央教育審議会答申「次代を担う自立した青少年の育成に向けて」⑲文化審議会答申「文化芸術の振興に関する基本的な方針の見直しについて」

【出題の傾向】
今年度の出題はありませんでしたが、中央教育審議会及び文化審議会の答申は必ず押さえておかなければならない事項です。その他中央教育審議会で審議されている事項も同様に押さえておく必要があると考えられます。

(2) 都の施策・答申等

【過去の出題】
⑪「東京都公立学校の管理運営に関する規則」の改正点⑪東京都生涯学習審議会答申「社会の変化に対応した今後の社会教育行政のあり方について」の中の「国・都道府県・市町村の取り組み」⑪「文化都市ビジョン」の中の「文化都市づくりの意義」⑫「都立高校改革推進計画第二次実施計画」の中の「特色ある学校づくり」⑫東京都観光事業審議会「東京の観光魅力の形成と活用の具体策について」⑬「当面の東京都文化政策手法の転換と取り組み」⑬東京都教育委員会の「教育目標」及び「基本方針」⑭主任制度に関する検討委員会「学校運営組織における新たな職『主幹』の設置に向けて」⑭都立図書館あり方検討委員会「今後の都立図書館のあり方」⑭「チャンス&サポート東京プラン2002」⑮東京都生涯学習審議会答申「地域における『新しい公共』を生み出す生涯学習の推進」⑯東京都心身障害教育改善検討委員会答申「これからの東京都の特別支援教育の在り方について」⑯東京都青少年健全育成条例の16年3月の主な改正点⑰非行防止、犯罪の防止教育の内容を考える委員会「非行防止教育及び犯罪防止教育に関する提言」⑰東京都スポーツ振興審議会「『東京スポーツビジョン』の実現に向けた今後の取り組みについて」⑰東京都生涯学習審議会答申「子ども・若者『次代を担う力』を育むための教育施策の在り方について」⑰「都立学校における健康づくり推進計画」⑱「東京都の文化施策を語る会」が行った「東京都への提言」⑱教員任用制度あり方検討委員会報告「これからの教員選考・任用制度について」⑱「東京都学校経営支援センター」⑲学校教育法に定める特別支援教育に関連して「東京都特別支援教育推進計画に基づく都の取り組みについて」⑲東京都生涯学習審議会建議「東京都におけるこれからの地域教育の具体的方策について」⑲「男女平等参画のための東京都行動計画について」⑳「ものづくり教育推進計画検討委員会（最終報告）」の中の「ものづくり産業を担う人材の育成」⑳教育管理職等の任用・育成のあり方検討委員会第1次報告の中の「新たな教育管理職等の選考・育成制度の基本的な考え方」⑳「東京都競技力向上基本方針・実施計画」

【出題の傾向】
例年と同じく、平成20年度の出題も、時事的に注目されている項目でした。昨年8月から本年3月までに発表された話題性のある報告等が出題されました。

ただ、3題中2題は、報告内容の一部を説明せよとの出題でした。従来よりも、深い理解が求められてきています。

また、近年の傾向として、教育庁及び生活文化スポーツ局の報告等がそれぞれ出題されています。

今年度も、「東京都教育ビジョン（第二次）」や「東京都スポーツ振興基本計画」等、重要な計画が策定されており、その他の重要な報告等とあわせ、押さえておく必要があります。

勉強方法

記述試験は、6題のうち2題を選択して、1時間で解答することから、1題当たり30分で600～800字程度の解答を書くことが求められます。そのため、得意分野を確実に解答できるよう準備を進めていく必要があります。

(1) 情報収集と問題予想

法令問題は、参考書や例規集などを活用して事前に解答を準備しておきましょう。特に、直近に改正された法令の内容は必ず押さえておきましょう。文部科学省及び文化庁のホームページをこまめにチェックし、情報を収集しておくことが必要です。

時事問題については、文部科学省、文化庁、教育委員会、生活文化スポーツ局及び青少年・治安対策本部のホームページをこまめにチェックし、情報を収集しましょう。

(2) キーワードと項目

記述は600～800字程度なので、キーワードを確実に覚えておく必要があります。キーワードは①意義・趣旨②背景③内容④関連する事項——など、基本的な項目をもとに作成すると理解しやすいようです。簡潔でわかりやすい解答を心がけてください。

おわりに

管理職選考B受験者は、職場や家庭でも多忙を極めている方が多いと思います。そのような中であっても、通勤時間を利用するなど、継続的に勉強する時間を設けることが重要であると考えます。ライフスタイルに合わせて、効率良く学習を進めてください。

皆さんのご健闘を心よりお祈りします。

21年度　教育管理職への道しるべ　▶5◀

B論文の書き方

はじめに

来年の教育管理職選考Bの論文を勉強するに当たり、論文試験で「求められている能力」と問題の「出題意図」について検討します。

(1) 求められる能力

まず論文試験ですので、論理力が中心になります。論理力とは、具体的には、筋道を立てて書く能力です。自分勝手な考え方や無理な筋道は、論理性がないと判断されてしまいます。また、分析力、理解力、判断力、表現力も求められます。

具体的には、問題に出された事例を的確に分析し、その中から主要な課題を把握・抽出し、だれもが受け入れることができる実効性のある解決策をわかりやすく書くことです。

(2) 出題意図

従来の「学校運営」から、今後は「学校経営」という観点に立った論述がポイントとなります。平成15年度から学校に主幹職が配置され、学校組織も、従来から言われている「鍋蓋組織」から「ピラミット組織」になり、以前とはかなり異なってきました。しかしながら、学校の組織運営の実態は、まだ旧態依然とした運営が行われ、前例踏襲型の経験則にのみに頼った運営もいまだ多く見受けられます。

こうした中で、教育管理職には、問題が起きたら対応するという消極的な「学校運営」から、組織を活用した課題解決型で積極的にマネジメント手法を取り入れた「学校経営」へと学校を移行させていくことが期待されています。言い換えれば、「組織力により、いかに改革していくか」という視点を持ち、具体的に課題に取り組んでいくことが求められています。

また、現在、教員には様々な課題を解決していく能力が必要なことから、教育管理職の重要な職務に、人材育成が位置付けられています。従前、教育管理職は、教員を十分に指導することなく、能力開発等について本人任せにしていた傾向があります。これからは、校内で組織的・計画的に人材育成を行うことがますます重要になってきます。

なお、論文の事例は、日々学校で起こり得るものが出題されています。この論文の勉強は試験対策だけのものではなく、事例に対して、具体的かつ実効性のある解決策を検討していくことは、教育管理職になったときにも、役に立つものです。

勉強方法

まず、実際に書いてみてください。問題を見て書けそうな気がしても実際に書くとかなり時間がかかり、分析もまとめも思うようにできないという声を耳にします。最も重要な論理力の向上のためには、レジュメの作成が有効です。下記の論文の書き方に示す構成に沿って思いつく事項を書き出し、繰り返し推敲を重ね、ぜい肉部分を削り、骨格を作っていきます。そして、レジュメを土台にして文章をつなぎ、文脈を整理し、論文に仕上げていきます。つまり筋道がわかるようにすることです。

作成し終わった論文は、すぐにではなく、二、三日後に必ず読み返してみてください。直さなければならない点が見えてくると思います。

また、他の人に読んでもらってください。直近の合格者や上司にはもちろんのこと、特に教育関係者以外の人に読んでもらうと、異なった角度からのアドバイスをもらえることがあります。できれば、行政系の管理職に読んでもらうと、論理性や組織・人事管理の視点から的確なアドバイスがあると思います。

常日頃から仕事の中で、問題が起こったとき、自分が教育管理職であればどう行動するか、また管理職はどう行動したかについて考えてみてください。教育管理職を積極的にサポートすることで、具体的な課題解決に向けた実践力が身に着くとともに、モラールの向上にも役立ちます。

参考文献

◎行政系の管理職試験対策講座（本紙「昇任試験対策のページ」）
◎事例式論文攻略法　増補版（都政新報社）
◎教育管理職選考手引き・問題集（都政新報社）
◎教職員ハンドブック（都政新報社）

論文を書くときの視点

組織活用の視点です。これまでは、教科指導等について一人で、あるいは同僚と協力しながら、仕事を進めてきたと思いますが、教育管理職になると、教職員を活用して組織的に仕事を進めていくことが重要となります。

また、いかに学校をよりよくしていくかという視点をもつことが重要です。こうした視点から、教育管理職として、積極的に課題を探し、その隘路となる問題点には、自らのリーダーシップの下に組織をあげて解決していくという強い意思がなければなりません。

さらに、社会の流れ、常識という視点が必要です。学校は相変わらず「閉鎖社会」だと言われています。「開かれた学校」を目指し、学校連絡協議会の設置や地域連携を行ってきましたが、教員の認識は学校の内を向いていることが多く、新しいことを取り入れることに消極的なこともあります。学校も社会の中にあるということを忘れず、大きな視点から、教育問題を考えることが重要です。つまり、社会は学校に何を望んでいるかを絶えず考えることです。

論文の書き方

論文では、論理性が重要視されます。論文を論理的に展開するためには、行政系の管理職選考では、四段構成（三課題をあげる）がとられています。この構成は、課題に対して論理的に考えることができ、読み手にも論理の流れがわかりやすく説明ができます。

従来、教員系の管理職選考では、三段構成（二課題をあげる）が多かったのですが、論理性という点では、四段構成の方がわかりやすく、課題も適切な数だと考えられます。そこで、四段構成（三課題をあげる）について説明していきます。

第一段では、事例の背景や状況を把握します。事例をよく読んで、十分に把握してください。この分析は的確に行わなければなりません。この分析を基に論理を展開していくことになるからです。

次に課題を探し出します。課題が複数あることもありますが、その中で重要な課題を設定します。そして、問題点について、教育管理職の立場で、解決するための方針や課題に対する問題意識を書くことになります。この段落がきちんと整理されていれば、後の展開がうまくいきますが、反対に整理されていないと、論理的展開が難しくなります。

第二段では、事例の登場人物の行動等から問題の起こる原因を明らかにします。問題点は三つをあげます。ここでは、次の段の解決策につなげるような書き方をする必要があります。また、特に重要な原因については、一番目に書いてください。

ここで特に注意したいのは、「問題点は三つ程度」とある場合には、必ず三つ書くことです。二つでもよいのではないかという考えもありますが、二つだと問題点の捉え方が狭くなってしまいます。例えば、問題点が組織、教員、外部と捉えるのと、その中の二つを選択するのでは、視点が狭いとされてしまう可能性があります。

第三段では、第二段にあげた問題点に対する原因を取り除くための解決策を書きます。解決策は、抽象的な教育理念ではなく、実践的で具体的なものでなければなりません。また、自分の体験だけに基づくものではなく、どこの学校でも一般的に受け入れることができ、予算関係を十分に考慮した実現可能な解決策を書く必要があります。さらに、前向きな取り組み事例等を通じて積極性を出せれば、メリハリのある論文になります。

解決策の内容は、教職員、組織的な対応等、学校内と地域等学校外からのアプローチというような整理で考えるとよいでしょう。

なお、ここで特に注意することは、書く順番にも留意しつつ、第二段の問題点に対応した解決策を書くことです。

第四段はまとめになります。ここでは、第一段を考慮して、これからの展望や問題解決に対する熱意を簡単に書くことになります。

なお、論文の最後に追記のように、決意や先人の「ことば」や格言を書くのは、必要不可欠な場合は別として、題意と合っていないと論理性を損なわせますので、書かない方がよいでしょう。

平成20年度　東京都主任級職選考　択一試験の正答

	種別A Ⅰ類 事務Ⅰ 全55問	種別A Ⅰ類 技術 全45問	種別A Ⅱ類 全30問	種別A 運輸系	試験問題の出題内容
問 1	3	3	3	3	新造船竣工量の国・地域別の構成比の推移
問 2	2	2	2	2	一次エネルギー国内供給量のエネルギー源別の構成比の推移
問 3	2	2	2	2	わが国における旅行業者の区分別の業者数の対前年増加率の推移
問 4	1	1	1	1	全国217都市における商業地および住宅地の市街地価格指数の推移
問 5	4	4	4	4	社員100人の貯蓄額
問 6	4	4		4	憲法に定める職業選択の自由
問 7	3	3		3	衆議院の解散
問 8	2	2		2	裁判官の身分保障
問 9	2	2			行政行為の附款
問 10	3				行政行為の効力
問 11	3	3			行政契約
問 12	4				公権力の行使に基づく損害賠償責任
問 13	2				行政事件訴訟法に定める抗告訴訟
問 14	4				行政立法
問 15	1	1			行政手続法に定める申請に対する処分
問 16	3	3		3	地方自治法に定める普通地方公共団体の事務
問 17	1	1		1	地方自治法に定める住民監査請求
問 18	4	4		4	地方独立行政法人
問 19	4	4		4	市町村の合併
問 20	4	4			地方自治法に定める条例制定権
問 21	1	1			地方自治法に定める普通地方公共団体の財産
問 22	5				地方自治法に定める分担金、使用料および手数料
問 23	3				地方自治法に定める普通地方公共団体の行政委員会
問 24	3				地方自治法に定める普通地方公共団体の議会
問 25	4				地方自治法に定める普通地方公共団体の附属機関または補助機関
問 26	4				地方公務員法に定める一般職および特別職
問 27	2	2			地方公務員法に定める任命権者
問 28	2	2	2		地方公務員法に定める成績主義の原則
Ⅱ類・運輸独自問題			1	1	地方公務員法に定める欠格条項
Ⅱ類・運輸独自問題			4	4	地方公務員法に定める分限
問 29	1				地方公務員法の給与
問 30	5				地方公務員法に定める懲戒
技術・Ⅱ類独自問題		2	2		地方公務員法に定める再任用
問 31	4	4	4	4	地方公務員法に定める法令等および上司の職務上の命令に従う義務
問 32	4	4	4		地方公務員法に定める信用失墜行為の禁止
問 33	1	1	1	1	地方公務員法に定める秘密を守る義務
問 34	3	3	3	3	地方公務員法に定める職務に専念する義務
問 35	5	5			地方公務員法に定める不服申立て
運輸　独自問題				1	労働基準法に定める労働時間
運輸　独自問題				1	地方公営企業法に定める企業管理規定
運輸　独自問題				1	地方公営企業等の労働関係に関する法律に定める労働委員会
問 36	3	3	3		都制度
問 37	5	5	5	5	都における定年制
問 38	3	3	3	3	都職員におけるセクシュアル・ハラスメントの禁止
問 39	3	3	3		都における研修
問 40	1	1	1		都における職員団体等
問 41	5	5	5	5	都文書管理規則に定める文書等の収受等
問 42	4	4			都文書管理規則に定める文書の管理
問 43	5	5	5	5	公営企業会計を含む都における特別会計
問 44	5	5			都の一般会計における収入および支出の事務
問 45	4	4		4	都における契約締結の手続
問 46	2	2	2		都における普通財産の管理
問 47	2	2	2	2	名刺の受け渡しマナー
問 48	4	4	4	4	職場内コミュニケーション
問 49	1	1	1	1	問題解決技法
問 50	1	1	1		平成19年度から都庁で実施しているＩＴ化の推進体制
問 51	1	1	1	1	平成19年度包括外部監査報告書
問 52	3	3	3	3	本年５月に都が発表した「仕事と生活の調和に関する世論調査」
問 53	3	3	3	3	都消費生活対策審議会答申「食品の原料原産地表示のあり方」
問 54	1	1	1	1	都民の健康と安全を確保する環境に関する条例の本年７月の改正内容
問 55	3	3	3	3	東京都耐震改修促進計画（平成20年３月変更）
運輸　独自問題				4	平成20年度交通局経営目標
				1	平成20年度の都営交通巡回モニター
				2	交通局の平成19年度運輸成績のあらまし
				5	交通局がホームページに掲載している「お得な乗車券」
				5	東京都地下鉄高速電車旅客営業規程または取扱要綱に定める旅客運賃
				4	地下高速電車の運転取扱心得における臨時信号機
				2	地下高速電車の運転取扱心得における伝令法
				4	従業員に対する指導監督のうち、運転者に対して行う特別な指導
				3	都営交通無料乗車券発行規程または乗合自動車条例施行規程
				2	交通局軌道運転取扱心得に定める事故の処置
				2	運輸安全マネジメント制度
				3	鉄道の線路のカント
				4	鉄道の線路のまくらぎ
				3	軌道の検査
				3	道路運送車両法
				3	鉄道車両のブレーキ装置
				2	バイオ燃料
				5	変圧器
				4	コンデンサ
				5	ガスタービン

日本地方自治研究学会記念大会に参加して

公会計改革の混乱浮き彫り

明治大学公共政策大学院教授　兼村高文

盛況に終わった記念大会

日本地方自治研究学会は"地方自治"の名が付いているが、財政学や会計学などの研究者、実務家、大学院生等を会員とする学際的で実際的な学会である。そのため、研究テーマはいささか雑多の感もあるが実践的な議論が中心で、専門家以外にも馴染みやすい学会である。8月30日と31日に開かれた全国大会は25周年という記念大会でもあり、多くの後援と協賛を得て一般にも広く参加を呼びかけた。統一テーマは「自治体経営と財政改革」で、2日間にわたって研究報告、記念セレモニー、記念シンポジウム、統一論題ディスカッションが行われた。

初日の午前中は、自由論題の研究報告が2つのセッションで行われ、地方行財政に関する本学会の中心的なテーマが報告された。フロアとの質疑も活発で、いずれも興味ある内容であった。午後は記念セレモニーとして、三枝修一東京都会計管理局長を来賓としてお招きし、「公会計改革のゆくえ」と題して東京都の取り組みについて20分程度語っていただいた。

続いて、本大会のハイライトの一つである記念シンポジウム「自治体経営と財政改革」が行われた。パネリストは、桑原敏武渋谷区長、青山佾明大教授（元東京都副知事）、浅野史郎慶大教授（元宮城県知事）、北川正恭早大教授（元宮城県知事）、磯道真日経編集委員、池宮城秀正明大教授、そして、司会は小松陽一関西大教授であった。現職、元職の首長によるプレゼンは、それぞれ個性豊かで実体験に基づいた話だけに興味深かった。しかし、政治家のプレゼンはややもすれば自慢話に終始するきらいがあり、もう少し議論の整理が望まれた。

最終日の午前には特別セッションと研究部会報告が行われた。特別セッションは、共通論題として「新・自治体経営」がテーマであったが、公有地信託の問題と会計情報の有効活用に関する報告がなされた。研究部会報告は、共同研究チームがシステム論から自治体経営等の諸問題に新たなアプローチを試みた報告を行った。会計情報を有効活用する議論は公会計改革へのステップとしても意義があり、こうしたテーマが今後も研究されることを期待したい。

午後には、本大会のもう一つのハイライトであるパネル・ディスカッションが「自治体経営と公会計改革」をテーマに行われた。パネリストは、高田寛文総務省自治財政局財務調査課長、神山智行東京都会計管理局管理部担当課長、末永洋之倉敷市総合政策局長、鈴木豊青山大教授、山本清国立大学財務経営センター教授、司会は本学会長の河野正男中大教授というメンバーであった。

自治体公会計改革の動向は関係者にはホットな問題であり、1日目の記念シンポジウムと同様に百数十名の参加があった（例年の参加者は数十名程度）。ここでの注目は、総務省が導入を勧める基準モデル（および簡易版の総務省改定モデル）と東京都が先行して導入した東京都方式の議論であった。フロアからそれぞれの問題点を指摘するなど鋭い質問も寄せられたが、予想された通り、それぞれの立場上からの議論に終始し、この点では学会としては物足りなさを感じた。

大会を振り返って、これほど多く参加者があったことは、記念大会で一般の参加を呼び掛けたこともあるが、地方自治を巡る問題がいかに関心をもたれているかの証左と受け止めた。今後ともこの問題に関わる者として、鋭意取り組むべきであることを知らされた大会であった。

どうなる今後の自治体公会計改革

公会計改革は、周知のように現行の官庁会計方式（単式簿記・現金主義）を企業会計方式（複式簿記・発生主義）に改めることである。公会計改革の必要性は、例えば夕張破綻でも明らかになったように、資産・債務のストックを明らかにし、年度を超えた会計処理（出納整理期間）を廃止することである。

しかし、改革の必要性は誰もが認めながら、個別の手続きとなると意見が分かれる。例えば、バランスシートの固定資産の評価については、総務省の基準モデルは時価（公正価値）としているのに対し、東京都方式は取得原価である。これでは自治体間の比較はできず、バランスシートの信頼性もなくなる。

こうした問題は、法改正をせず公会計原則もないまま総務省が任意にバランスシートの作成を自治体に勧めてきたからである。そのため、東京都は独自に公会計原則を定め、より実践的な公会計制度を整備してきた。今後も法改正がない限り、異なる手続きで作成されるバランスシートが住民に公表され続ける。それぞれが手続きの正当性を主張しても、住民は判断がつかない。

公会計改革が終わった英米では、第三者機関が公会計基準を定め自治体を指導しながら運用している。わが国も早急に法改正を終え、中立的な機関を設置して公会計制度を整備する必要がある。2009年度から財政健全化法が全面施行される。同法は外郭団体を含めて債務を指標の一つとしているので、この点からもより精確なストック情報が求められる。

公会計改革が早急に実施されることを望みながら、学会の報告を終えることにしたい。

がんばれ！公務員 48

も少しゆるゆるでいい

文とマンガ　鈴木武征

先日の本紙2面で面白い記事を見た。

正確にいえば、二つの記事の配列の妙で思わず笑ってしまった。

最初の記事は暴力団組長がS区から生活保護費等約700万円を不正受給し詐欺容疑で逮捕されたというもの、次の記事はN区の職員がボウリング大会の上位者を当てるゲームで賭博開帳図利容疑の捜査を受けているというのが上下に並んでいた。

本来なら賭博を得意とする人が弱者を装い福祉費を食い荒らし、お堅いはずの公務員が賭博容疑という組み合わせが何とも可笑しい。

事件の本質を考えれば笑い事では済まないのだろうが、その逆転ぶりや慌てぶりを想像すると可笑しくもあり、かつ疑問にも思う。

生活保護費の詐欺は許せないものの、N区の職員の件はある意味気の毒だ。

私も職場内のボウリングやゴルフ大会の出場者を競走馬になぞらえ、1位、2位を当てるゲームはよくやった。

メタボの職員をコニシキオー、何かとミスの多い職員をヒヤアセヒカリなど、名前を付ける段階からして楽しい。

予想者から僅かな金銭を頂戴することにより、参加者はもとより参加できなかった職員も楽しめた。

やってはいけないこと、犯罪だというのは百も承知していたが、果たして本格的な賭博と職場内のちょっとしたお遊びとを同列で判断するのが妥当なのだろうか。

私はむしろ内容を問わない法律の適用、現実の世の中を直視しないお上の姿勢、そして社会や人間をもっと大らかな目で見ることの出来ない風潮の方が問題に思えてならない。

現実を見てみよう。世にゴルフ、麻雀をする人は多いが、果たしてそこに一切賭け事はないのだろうか。

パチンコ屋の傍らにある換金コーナーは何なんだろう？　聞けばこの換金システムには多数の議員、官僚も関与しているというが、その方が問題なのではなかろうか。

賭博や度の過ぎたゲームを肯定するつもりは毛頭ないが、現実の世間でまかり通っている庶民の楽しみは堂々と適法とする工夫が必要だ。

世の中には指摘されればご尤もとしか言いようのない事柄も多い。

N区の事例でも、「税金を財源とするお役所内で」「しかも勤務時間中に」とか言われれば返す言葉に窮する。

管理する側の「勤務中はみだりに席を離れない」とか、「食事休憩時間をキチンと守れ」「私語禁止」などというお達しがますます跋扈する。

一方、ここでも現実には勤務時間中は一切無駄話をしない、隣の職員がオナラをしても笑わないなんて職員はいない。

いま世の中は非常にギスギスした感じがしてならない。

その原因は種々あろうが、人間や社会を大らかな気持ちで見ることの出来ない人達が増えたことも一因だ。

効率とそれを強化する評価主義だけでは、組織は潤っても多くの人の心は蝕まれる。

例え国際社会での経済的位置付けは下がっても、心の優しさや教育のレベルで上位の方が誇らしい。

民間の人も公務員も、もっとゆるゆると生きられる社会、皆が大らかな気持ちで接することの出来る日常こそが必要だ。

ともに生きる 36

教育の鍵は「自立と社会参加」

ある先生の結婚式のことです。祝辞を述べた大学教授は、「新婦は、○○養護学園という施設の先生です」と紹介しました。そのため、私は「養護学校は、学校教育法第1条にある小・中学校と同じ学校です」とスピーチに追加しました。養護学校を福祉施設と思っている同様な誤解には、よく出会います。また、養護学校は、肢体不自由、知的障害、病弱と3種類に概ね分かれています。このことから生ずる誤解もあります。

2007年度から学校教育法第1条は、「この法律で、学校とは、小学校、中学校、高等学校、中等教育学校、大学、高等専門学校、特別支援学校及び幼稚園とする」となりました。東京都では本年度から「○○養護学校」ではなく、「○○特別支援学校」と学校名を変更しています。今後は、名称の上からも誤解が少なくなっていくことと思います。「○○養護学校」と終盤に歌い上げている慣れ親しんだ校歌をどうするかは、課題の一つだそうです。

体の不自由な子どもを教育する学校には、多様な児童・生徒が在籍しています。例えば、①小・中・高等学校と同様の教育課程に準じて、教科書を使って学ぶ児童・生徒②知的障害児の教育課程に基づいて学ぶ児童・生徒③自立活動を主とした教育課程で学ぶ児童・生徒——です。通学して教育を受けることが困難な場合には、家庭などに教員が訪問していく「訪問教育」もあります。

自立活動とは、小・中学校の時間割にはない独自の専門的な指導です。その目的は、「障害に基づく種々の困難を主体的に改善・克服すること」です。内容は、「健康の保持」「体の動き」「コミュニケーション」などの改善・克服となっています。

入学式は、新たな学校生活への希望と喜びが溢れ、卒業式は、立派に成長して巣立つその晴れ姿に涙と感動で包まれます。運動会や文化祭には、持てる力を精一杯発揮して日頃の学習の成果を発表し、遠足や社会見学などの校外学習では、経験を深め視野を広げます。入学から卒業に至るまでに、生涯にわたって発揮できる生きる力を培い、地域で当たり前の生活が可能になるように、「自立と社会参加」を目指しています。

（元都立村山養護学校長　飯田順子）

みにがいど

◆反貧困「世直しイッキ！大集会」（2008年の米騒動　一気に！一揆だ！）▽日時　10月19日（日）午後1時～▽場所　明治公園※雨天決行・参加無料▽内容　①各種分科会（労働・子ども・社会保障・女性・ホームレス　居住・食の危機・多重債務など）開催②反貧困全国キャラバンゴール到着イベント（全国を回ったキャラバンカーが明治公園にゴール）③パレード出発＝午後5時～※個人参加・飛び入り大歓迎▽主催・問い合わせ先　反貧困ネットワーク☎03・6431・0390

『都庁俳句』作品抄

（10月1日発行）

我家にも蛇のゐること妻に言はず　北野耕兵
白夜光熊の足跡森に入る　内田香晴
花氷花あるところやや凹み　中鉢卓花
秋風や母の帰らぬ台所　神谷邦男
路地裏の痩せゆく町や星まつり　横坂けんじ
朗らかに蟬は死ぬまで啼いてゐる　伊達天
見下ろせば青木ケ原に富士の影　本田はじめ
借景の峰より風や夏座敷　大熊虚阿
刈り草にへくそかづらの混じりけり　阿部功
梅伴の忌塔の礎石の灼けてをり　鈴木征子
水打ちて本気の敷居高かりき　高野トミ子
倉敷や南風曲り来る海鼠壁　山本みつし
かなかなや御師の集落坂多し　植松ふみ
納経所黒き日傘の置かれあり　間中恵美子
原爆忌社会面下に旧師の名　奥田弘學
戒名は思ひ出さずに川施餓鬼　豊田眞佐子
天蓋花枯れて主亡き屋敷神　佐々木いつき

都政新報

発行所 都政新報社
〒160-0023 東京都新宿区西新宿7-23-1 TSビル
〈総務・読者〉03-5330-8781
〈企画広告〉03-5330-8784
〈編　　集〉03-5330-8786
〈出　　版〉03-5330-8788
〈ファクス〉03-5330-8808
購読料 月1,680円(税込)
毎週火・金曜日発行
但し、祝祭日は休刊

紙面から

都、入札契約で改善策

希望制指名競争 入札工事成績も考慮

都は10月から、積算単価の改正サイクルを短縮した予定価格の設定など入札契約の改善策を順次、導入する。「入札契約制度改革研究会」（会長＝郷原信郎・桐蔭横浜大学法科大学院教授）の第一次提言を受けたもので、背景には過度の低価格競争や入札不調の増加がある。一方、都議会自民党の「入札・契約制度改革プロジェクトチーム」も9月に報告書を作成。制度を所管する財政委員会では、「予定価格」を巡って与野党から厳しい指摘も挙がった。

受注者・発注者の責任明確化も

■入札不調

都は、希望制指名競争入札で指名者数を一律10者に制限するのではなく、「指名基準の範囲内で弾力的に対応する」と決定。施工が難しい工事などの追加指名は、工事成績の上位者から指名を行う。また、資材の積算単価では毎月価格調査を行い、改正サイクルを短縮する。

こうした見直しの背景にあるのは、入札不調の増加だ。04年度の入札不調は0・6%だったが、07年度は9・5%に急増。東京都立産業技術研究センター（北区）の移転工事では、鋼材の価格が起案から入札までに1割も急騰し、実勢価格と大きく乖離する結果になった。

都は、施工条件を変更する場合の責任負担を明確化するため、09年3月にガイドラインを作成する方針。今年11月、試行的に施工条件を明確化する。いずれも、「入札契約制度改革研究会」の提言を受けて施策化した形だ。

同研究会は、一般競争入札の適用範囲や総合評価方式の拡大についても検討。09年夏頃を目途に、最終提言をまとめる予定。

入札不調発生件数の推移
発生率（右目盛り）
不調件数（左目盛り）
04 05 06 07年度

■予定価格

同研究会は今後、予定価格の事前公表や、最低落札価格の上限拘束についても検討する方向だ。ただ、事前公表を巡っては、都議会から異論も出ている。

「公共工事に関わるすべての団体は、一つの漏れもなく、やめてほしいと言っている」

9月30日の財政委員会。自民PTメンバーでもある高木啓都議はこう述べ、都の考えをただした。同党が行った来年度予算のヒアリングでは、建設業など多くの団体が事前公表の廃止を求めているという。

事前公表は、予定価格を探る不正行為を防止し、官民談合を防ぐのが大きな狙い。だが、積算能力が乏しい業者の入札を許し、低価格競争に拍車をかける要因とも言われる。

都の研究会は「総合的な対策の効果の検証を踏まえて判断する」という方針。会長の郷原教授は「事前公表を応急措置的に改めれば、問題が解決するのではない」と説明する。

多くの自治体が事前公表の廃止に踏み切らない背景として、郷原教授は「議会などから情報を求められ、予定価格が漏れると犯罪の疑いがかけられる」という意識があると推測している。同時に「官民の交渉や透明なコミュニケーションがなければ、業者は『不利益を被るのでは』との懸念から、思い切った入札ができない」とも指摘。透明な官民の枠組みを作るため、▽業者に対応できる技術的基盤▽官民が癒着しないためのコンプライアンス面でのチェック――が不可欠だとしている。

都政の東西

トカゲのしっぽ切り

9月都議会が6日に閉会した。一言で振り返ると、石原与党に対する期待とささやかな失望、このコントラストの大きい19日間だった。まず失望から述べよう。古今東西、トカゲのしっぽ切りは、権力を掌握する側の特権である。しかし、それを目の当たりにさせられると、やはり後味の悪さを残すものである。

06年2月、自民、公明の9都議が米国を視察し、その時の海外調査報告に学者の論文が8ページにわたって丸写しで使われていた。ここまでは都議会民主党と同じ手口であり、「またか」という感じである。

決定的に違うのは、議会局のミスで「参考資料」の記載が抜け落ち、このミスがあったから盗用の誤解を生んだとした点である。あげて責任は議会局にあり「海外調査団には、全く問題はなかった」と自民党は言い切った。

しかし、それは違う。「参考資料」の記載があっても、8ページにわたって他人の論文を丸写しにして、その言い分は通用しない。自民党の記者会見は2日午後5時、その1時間前に議会局幹部がまず謝罪会見し、地ならしをした上での登場だった。「トカゲのしっぽとして切られるのが役人の務め」と割り切れば、騒ぎ立てる話でないかもしれない。しかし、自公中軸で議会の権力を握る者として、あってはならぬ行為である。

7月に役員改選があり、自民党の新しい執行部の代表質問は「おっ、やるな」と期待を抱かせる内容だった。「都政改革」を先に持ってきて、行政執行能力の立て直しを急ぐべきと訴えた。知事は新銀行にしか関心がなく、東京に都政なしの時代が来た。代表質問には、知事にお付き合いしながらも、都職員は潮目の変化を意識して都政を展開しろというメッセージがあった。悠久の都政を論じた代表質問が泣く海外視察問題である。

五輪招致都市決定まで1年

反対都民向け冊子を作成

知事「オリンピックはもうかる」

1年前イベントで支持率低調を嘆く石原知事＝2日、東京ミッドタウンで

2016年オリンピック・パラリンピック開催都市は、09年10月2日にコペンハーゲンで開かれるIOC総会で決定される。

東京は、今年6月にアテネで開催されたIOC理事会で、立候補都市に選出され、総合点では最も高い評価を得た。ただ、都民の支持率が4都市の中で最も低いのが、大きなネック。招致委員会では、招致に反対する都民などを対象にしたメッセージブックを作成し、広く配布する。

開催都市決定まで1年前となった2日、都内で開かれたイベントに出席した石原知事は、「反対する人たちがいる。いてもいいんだけど。そんなことに金を使うなら福祉をやれとか。言いたくないんだけど、オリンピックはもうかる」と経済効果を強調した。

都の試算では、東京五輪開催による経済的波及効果は、全国で2兆8千億円、都内で1兆5千億円を見込む。石原知事は「みんな、力貸してくれよ。他の国にはできない五輪ができるから。形にはない心に残る遺産を子どもたちに残していこうじゃないか」と呼びかけた。

イベント後に定例記者会見を開いた招致委員会の河野一郎事務総長は、「ややもすると、お金を使うだけなんじゃないの？というトーンで反対されている方がいる。だが、それはまったく逆の捉え方」と、五輪招致の経済効果を強調。「東京以外の自治体のほうが、税収が出る。多角的にプランを説明して理解を賜りたい」と語った。

東京招致のグランドデザインを担当し、今回メッセージブックを作成した竹村真一氏（京都造形芸術大教授）は、「オリンピックを通じて、東京が世界にどうお役に立てるのかと議論を重ねてきたことが、都民にちゃんと伝わっていないのはもったいない」と話す。

メッセージブックは、今日の日本を取り巻く閉塞感に不安を抱える若者や「他にやることがある」と異議を唱える招致反対層を対象とし、シンポジウムやイベントなどで積極的に活用していく。

今後は、2009年2月までに立候補都市が立候補ファイルをIOCに提出。09年6月には、立候補都市によるプレゼンテーションが行われる。

米国の海外調査報告書

8ページがほぼ丸写し

自民党「議会局のミス」「全く問題ない」

民主党に続き、自民、公明の9都議の海外調査報告書にも8ページにわたって学者の論文の丸写しがあることが、共産党の調査で2日に明らかになった。問題になっているのは06年2月、危機管理や災害対策などを目的に米国のシカゴ、ニューオーリンズ、ニューヨークなどを視察した時の調査報告書。「ビジネス・インプルーブメント・ディストリクト（BID）」など、難解な専門用語を駆使してニューヨークの取り組みをレポートしていたが、原文を一部凝縮した以外は、学者の研究論文の丸写しだった。自民党の高島直樹幹事長は「参考資料を明記して原稿を提出したが、議会局のミスで欠落した。全く問題がない」と語った。しかし、8ページにわたる丸写しは、参考資料の引用というレベルを超えており、本質論から逃げた自民党の対応に記者会見で批判が集中した。

米国都市の海外調査には、総務局総合防災部、建設局、港湾局、警視庁、東京消防庁の職員も随行。団長は自民党の田代博嗣都議で、視察費は1275万円。

議会局ホームページに掲載された報告文には、末尾に「参考資料」の記載があるが、刊行物の方では抜けていた。このため、2日午後4時から議会局幹部が緊急に記者会見し「なぜ漏れたか、原因は不明。事務的なミスがあり、都民、都議会の関係者におわびする」と謝罪した。

しかし、午後5時からの自民党の記者会見を前に、あまりに手際の良い謝罪会見に「なぜ謝るべきという結論に達したのか」「仮に参考文献の記述があったとしても、中身をみると、文章を書き写している。このような状況が適切であると考えているのか。今後も同様のことを認めるのか」と報道陣から厳しい追及が相次いだ。

これに対し、議会局は「中身にはタッチしていないし、入り込める立場にない。正確に記録に載せることを果たせなかったので、おわびしている」と語った。

都議会自民党は、高島幹事長、三宅茂樹政調会長、鈴木一光総務会長が記者会見。「現地で資料を配られ、調査団はそれをもとに話を聞き、ディスカッションした。議会局の記者会見にあったように、参考資料の記載が報告書で欠落していた。全く問題がない」（高島幹事長）と言い切った。

視察した都議の感想や意見が一切なく、8ページが丸写しになっている点を指摘されても「日々の議会活動、地域活動の中で視察成果は反映させている」として、1時間にわたる会見の中で反省の弁はなかった。

「団長の責任のもと、きちっと調査する」と話す田代博嗣都議

田代都議は午後1時過ぎ、報道陣に囲まれ「盗作の疑いが指摘されているが、どうなのか」「団長として、責任があるはず」と質問され、「内容をもう一度精査し、早急に皆様方に団長としての責任をもって報告する」と話した。しかし、この日の会見には出席せず、高島幹事長は田代団長の記者会見開催について言葉を濁した。

また問題の部分は、坂本健板橋区長（当時、自民都議）が担当した個所だった。坂本区長は3日にコメントを発表し、「著作者に事前に電話などで了承を受けていれば、ご迷惑をかけることはなかった。著作権に関わる引用の仕方について、私の知識不足があった」としている。

冗句ジョーク

新銀行の再建策を含む補正予算案、反対あるも押し切って都議会3定終了

石原都知事
「ねじれでなくて良かった、会計は複式、議会は単式に限る！」

シンプル イズ ザ ベスト

羽田国際化

「需要側に立つべき」

特別セッションに猪瀬副知事

国際航空宇宙展

パネリストからは厳しい注文も＝2日、パシフィコ横浜で

2008年国際航空宇宙展（主催・社団法人日本航空宇宙工業会）での特別セッションに、猪瀬直樹副知事がパネリストとして登場し、「中小型機の需要を含めて、羽田空港の役割がこれからさらに増していく」と述べ、今後も羽田空港の国際化をさらに進めていく考えを示した。

パネルディスカッションには、東北大院教授の中橋和博氏をコーディネーターとして、猪瀬副知事の他に、航空アナリストの杉浦一機氏や、海外の専門家が出席した。

杉浦氏は、低迷している日本の航空需要に触れ、「世界の国々では、積極的な空港整備や航空自由化による開放政策により、航空が活況を呈している。ところが、日本はいずれも遅れている」と指摘し、羽田での早朝深夜の発着枠拡大などを求めた。

また、猪瀬副知事に対して、羽田空港のアクセスについて、京浜急行もモノレールも都心につながっておらず、「羽田は都心から16㌔という世界でもまれな近さでありながら、アクセスにかなりの時間を要する」と述べ、「蒲蒲線」の具体化や、地下鉄浅草線の東京接着、モノレール延伸の実現など、注文をつけた。

これに対し、猪瀬副知事は、「すぐに対応できるものとしては、深夜早朝の時間帯、バスがターミナルまで行けるかどうか。全部重要な問題だが、具体的な動きがない」と述べた。

羽田国際化の今後については、「役所が壁になる。供給サイドで考えるのではなく、需要側に立って考えていかないと、千葉県と東京都のバランスがどうとか、配慮が邪魔になる。この半年でだいぶ追いついてきたので、広い意味では楽観的に考えている」と語った。

セッション終了後、猪瀬副知事は、「（羽田空港のアクセスは）それほど不便ではないと思っている。深夜のバスや京急の最終を遅らせるなど、すぐに解決できることからやればいいのではないか」と語った。

メディカルスクール検討会でヒアリング

都知事本局

「メディカルスクール有識者検討会」（座長＝鴨下重彦・国立国際医療センター名誉総長）は3日、内閣特別顧問の黒川清氏から、都が同制度を検討する意義について、ヒアリングを行った。

黒川氏は、参加型の臨床実習を重視する仕組みが重要と強調。学士編入制度との差別化については、卒業時に「医学博士」を授与することで異なる仕組みにできると説明した。また、「新たな医師養成システムは、まず一部の大学で始め、約5年での移行が現実的」とした。

都側 区域再編の類型提出

区側は是非の言及せず

都区のあり方検討委幹事会

都から区への事務移管を議論している都区のあり方検討委員会幹事会（座長＝山﨑昇墨田区長）の16回目の会合が2日に開かれた。都側は区域再編の基本類型案を資料として提出。再編論議を進めたい積極的な姿勢を示したが、区側はそれら資料について、とくに触れずに終わった。事務移管では、旅券の申請受付・交付など9項目が、意見が分かれるなどで引き続き検討することになった。ほかの8項目は都に残す方向で検討すべき事務ということで一致した。都に残す方向で検討すべきであると一致した事務が出たのは、今回が初めて。

今回、都側は、区域の再編案の主な基本類型4点を資料として提出した。「都心部・中心部を統合する考え方」「中心部・周辺部を統合する考え方」「全区域を統合する考え方」「その他」という4点で、「その他」を除いた3点は、2002年4月の都議会行財政改革基本問題特別委員会に都側資料として出されている。

今回の幹事会では、4点の中から、「中心部・周辺部を統合する考え方」の例として㈶森記念財団の研究結果（1999年）を、また、「その他」の例として東京大学の浅見泰司教授らのグループの研究報告（2002年）を取り上げ、それぞれの概要を説明した。

森記念財団の報告は、23区を六つの『特別市』に分けている。「千代田市（千代田、文京、台東、荒川、北、足立区）」「城東市（中央、江東、江戸川、墨田、葛飾区および臨海副都心の範囲）」「城南市（港、品川、大田区、それらの臨海副都心を除く）」「渋谷市（渋谷、目黒、世田谷区）」「新宿市（新宿、中野、杉並区）」「池袋市（豊島、板橋、練馬区）」で、都心・副都心から放射状に広がる各鉄道沿線別の生活行動圏、区行政の歴史的継続性、各区の財政格差の解消などが配慮されているという。現在の特別区より規模が大きくなることから、市民と行政の距離をより近いものとするために、現在の特別区の支所単位程度に「自主区」を創設するとしている。

浅見教授らのグループは「千代田、文京、台東、荒川」「中央、墨田、江東」「港、目黒、渋谷」「新宿、中野」「豊島、北」「品川」「大田」「世田谷」「杉並」「板橋」「練馬」「足立」「葛飾」「江戸川」の14区に再編する案を提示している。自治体の形状と経常費用の最小化に着目して分けられている。

都側は「両案が示している6区とか14区に再編すべきとの意図で資料を出したわけではない」と説明する。しかし、「実際にこれらにのっとって再編すると、どういうメリット、デメリットがあるか、今後、具体的なシミュレーションを行っていきたい」と語る。

一方、再編についての区側の姿勢は極めて消極的。再編を進める特段の理由はなく、再編する、しないも「事務移管検討の先に必要があれば各区が考えること」などとして、そもそも再編の議論を始めること自体に難色を示している。今回、具体的な再編類型の資料が出されても、「これについてどうするというものではない」と割り切っており、是非について言及せずに終わった。

そのほか、この日、事務移管の検討で対象となったのは、「府県事務であるが、事務処理特例制度により市が処理している事務」の17項目。

そのうち、一般旅券の消印および還付に関する事務は、旅券法に基づく旅券の申請受付、交付などを指している。都側は「窓口業務を区に移管するとしても、旅券を作成するのは都。郵送が必要で、交付までの日数が長くなってしまう」などとして、現状のまま都が担うことを主張。一方、区側は「申請窓口などの一本化による区民の利便性向上が図れる」などとして区が担うべきとし、意見が分かれ、引き続き検討することになった。

特定非営利活動法人の設立の認証などについても、都は「都」、区は「区」が担うべきとして意見が食い違った。

【浅見案】
①〜⑭（地図）

【森記念財団案】
池袋市　千代田市　新宿市　城東市　渋谷市　城南市（地図）

【森記念財団案】
◆千代田市＝千代田、文京、台東、荒川、北、足立◆城東市＝中央、江東、江戸川、墨田、葛飾および臨海副都心◆城南市＝港、品川、大田、それらの臨海副都心の範囲を除く◆渋谷市：渋谷、目黒、世田谷◆新宿市＝新宿、中野、杉並◆池袋市＝豊島、板橋、練馬
※市名はいずれも仮称

【浅見案】
①千代田、文京、台東、荒川②中央、墨田、江東③港、目黒、渋谷④新宿、中野⑤豊島、北⑥品川⑦大田⑧世田谷⑨杉並⑩板橋⑪練馬⑫足立⑬葛飾⑭江戸川

◆17項目の方向性（中小企業、農水産業、獣医などの関連中心）

【引き続き検討する事務】組合の設立の認可など▽協業組合の事業転換認可など▽高度化事業計画の認定など▽診療簿および検案簿の検査および報告▽診療施設の使用制限の命令など▽指示に従わない販売業者の公表など▽標準価格等の表示等の指示など▽特定非営利活動法人の設立の認証など▽一般旅券の消印および還付

【都に残す方向で検討する事務】宅地等供給事業の承認など▽組合の事業に対する認可など▽ふ化業者の登録など▽畜産業者の管理基準違反に対する勧告など▽輸出水産物製造事業場の登録など▽就農計画の認定など▽基金の業務の受託者に対する立ち入り検査など▽導入計画の認定など

再編に都区の温度差

【解説】区域の再編をめぐる都と区の温度差は、ここにきてますます顕著になってきた。

都側が示す再編のメリット論は、これまでかなり抽象的だった。それが今回は、具体的な2案の概要を地図入りで提出。今後は、税財源の偏在解消や生活圏拡大への対応といった観点を含め、メリット、デメリットのシミュレーションを行っていくと思われ、積極姿勢をひときわ印象づけた。

一方、区側はこれまで同様、具体的な議論には消極的。切迫した再編の必要性を感じていない上、具体的な再編構想について23区全体でひとつの意思を示すのは困難を極めるからだ。今回の資料の提示も、ある区幹部は「都からの『問題提起』ではなく、『情報提供』ととらえている」と話す。

区の関係者が再編がらみの話をする際に、しばしば使うのが「区ごとにキャラクターが違う」「それぞれが積み重ねてきた歴史がある」などという言葉だ。1947年に、35区から現在の23区になってから、すでに60年余り。特別区の自治権拡充の運動と並行して、各区が異なる歩みを重ねてきた。それぞれの区が自負を持っている事実は簡単には動かしがたい。

このほか、今回の幹事会で特筆すべきことがあるとすれば、検討対象事務総括表の脚注が修正されたことだろう。これまでは「都の評価は、特別区が人口50万人以上の規模となった場合の評価」としていたのが、「都の評価は、特別区が人口50万人以上の規模となった場合を想定した評価である。ただし、これをもって移管の前提条件とするものではない」に修正された。これまでの脚注は、あたかも人口50万人で移管の是非が仕切られるかのようにとれると、区側から不満の声が強く、書き直しが要望されていた。

「これをもって移管の前提条件とするものではない」の一文が追加され、現行区域での事務移管を目指す区側としては言質をとったことになる。（糸）

災害時の緊急避難路整備へ

板橋区 区内全域に対象拡大

災害時、建物の倒壊など道路が使えなくなった際に、庭先や建物間の空間など個人の敷地を開放して通行路を確保する「緊急避難路」の整備で、板橋区は1日、区内全域へ事業の対象を拡大した。従来は、木造住宅の密集地域などに対象を限定していた。

「行き止まり道路の緊急避難路整備事業」は1997年に開始。板橋区と地権者の間で、緊急時に避難路として敷地を供与する協定を締結する。

協定を結んだ地権者は、敷地の一部で、塀を避難路用に改装したり、集合住宅の仕切り材を壊しやすいものに変更したりする。消火器ボックスを兼ねた表示板を設置して日常的に示す。設置後は、周辺住民に通知するという。

これらの費用は、全額を板橋区が負担する。災害が発生し、緊急避難路として利用された場合は、後日、修理費などを区側が負担する。

板橋区はこれまで、約59カ所、798世帯分の緊急避難路を確保。今年度は7カ所、約100世帯分を確保する予定。

従来、防災時の通行路確保は、主要な避難所周辺などで緊急時に優先的に修復する「啓開道路」確保が主になっている。東京都では、都が選定し、区市町村が幅員拡張などを整備する。

板橋区によると、地区住民の避難路として行き止まり道路を活用する事業は、23区で初めてという。同区では地域の自主防災組織の組織率がほぼ100％であるなど、住民主体の防災活動に注力。緊急避難路の確保事業でも、「地域住民の協力に期待したい」としている。

個人宅に設置された「緊急避難路」表示版

本庁舎南館を改築 事業費は約64億円

板橋区

板橋区は、老朽化が進んだ本庁舎南館の建て替えについて、基本方針を策定し、2日の区議会企画総務委員会に報告した。

同方針によると、新しい建物は、床面積が約1万2千平方㍍、建設費、移転費など総事業費は約64億円を想定している。

板橋区の本庁舎は現在、北館と南館で構成。改築対象の南館（6860平方㍍）は1962年に竣工した。区は当初、2000年に改築予定だったが、財源確保などの問題から延期していた。財源確保などにめどがついたことから専門部局を昨年11月に設置し、改築の基本方針を策定した。

南館は1987年に内外装の改修と耐震化工事を実施しているが、95年の阪神・淡路大震災クラスの耐震基準を満たしていなかった。板橋区では「防災拠点としても再整備が急務」としている。

区の計画では、来年度に設計を行い、2010年度から約3年間で解体・建設工事を実施。13年度に供用を開始する予定。改築中の仮庁舎については、区の施設と近隣の民間ビルの賃貸などを予定。今回の改築に際して板橋区は、庁舎全体で部署配置を再編するという。

統廃合4校の跡地活用計画案を策定

北区

北区は、統廃合した区立中学校4校の跡地利用などについて、活用の計画案をまとめ、区民からの意見公募を1日に開始した。

「北区学校施設跡地利活用計画（案）」の主な内容は、▽旧豊島北中跡地は既存施設を北区文化振興財団に貸与して文化事業拠点とする▽旧新町中跡地には特別養護老人ホームなど福祉施設を民間から誘致する▽旧清至中跡地は既存施設を貸し付ける▽旧富士見中跡地は防災まちづくり事業で活用する――など。このうち、旧豊島北中と旧富士見中の跡地施設は、新校舎の建築中の新設校が仮校舎として、それぞれ使用している。

旧清至中と旧富士見中の跡地については、近隣する国家公務員宿舎の跡地利用、十条駅周辺の再開発事業の動向などに合わせて、今後、具体的な計画を立案。また、旧富士見中の跡地の一部は板橋区の区有地のため、「返還などを含めて所有関係の整理で国や板橋区と協議を行う」としている。

北区は今年1月、学識経験者や区民代表で構成した「北区学校施設跡地利活用検討委員会」を設置。区の基本構想、総合計画に沿った跡地利用を検討してきた。同委員会が7月、区に検討結果を報告。これを受けて区側が計画案をまとめたものだ。

北区は今月末まで意見公募を実施し、寄せられた意見を検討の上、計画を最終決定する方針。また、各跡地の周辺で計画案に関する説明会を開催する。

2016年五輪招致

ムーブメント事業で機運醸成

開催予定地の見学など

2016年のオリンピック・パラリンピック招致を目指す都が今年度、機運醸成のため、各区市町村と進めているのが「オリンピックムーブメント共同推進事業」。各自治体に都から上限1千万円の委託金が出る。23区では9月上旬までに、20区・36事業が共同推進事業としての決定を得た。すでに行われたところでは、選手を招いての実技や講演会などのほか、屋形船で開催予定地を海から眺めるなどユニークな企画もあった。

◆菊祭りは五輪が起源

江東区は、これまでに7事業で決定を得た。五輪の東京招致が実現すれば、全26競技の半分を超える14競技の開催が見込まれる同区。総務部では「大勢の人に五輪の良さを分かってもらおうと、人が集まるときを狙ってムーブメントを連動させている」と話す。

「（シドニー五輪代表の）中田大輔氏によるトランポリンショーでは、模範演技に子どもたちが目を輝かせ、代表の子が実技指導をしてもらうなど、おおいに楽しんでいた」という。

文京区は、五輪メダリストらを招いたシンポジウムを11月10日に開催する。基調講演では、区立第十中学校出身で女子バレーボール銅メダリスト、ヨーコゼッターランド氏が登壇する。第二部では男子体操金メダリストの塚原光男氏、サッカー日本女子代表監督の佐々木則夫氏、シンクロナイズドスイミング銅メダリストの田中ウルヴェ京氏が加わり、日常生活におけるスポーツの重要性などをパネルディスカッションで論議する。

支援事業のテーマとして、文京区は「区と五輪のつながり」に重点を置いており、1964年の東京五輪開催時の記録を紹介する。区の五大祭りの一つ、11月の『菊祭り』（湯島天神）でも関連展示を実施する。区担当者は「菊祭りは、実は64年の東京五輪の際に、外国人向けに日本文化の紹介で開催したのが起源。こうした身近な出来事を通じて、五輪招致の機運を高めたい」と話す。

品川区は、毎年恒例の「まちづくり事業展」を共同推進事業と連携させた。屋形船で品川区を海からみる企画のなかに、オリンピック開催予定地を海から眺める要素を盛り込んだ。同区内では大井競馬場で近代五種、大井ふ頭中央海浜公園ではホッケーが競技会場計画に挙がっている。北品川を出発し、お台場なども巡るコースで、定員80人のところに267人の申し込みがあり、抽選した。区では「翌日には参加者から礼状も届くなど好評」と語る。

すでに区として計画済みだった事業と共同推進事業とを絡めた区が多いなか、目黒区は、オリンピックムーブメントの事業にあたって新規事業を立案した。同区は、2006年10月、23区で初めて区議会議員らがオリンピック・パラリンピック招致議員連盟を設立するなど招致に熱心。事業は題して「MEGURO音と光のページェント」。11月30日から12月25日まで、東急東横線自由が丘駅南口の緑道を使ったイルミネーション、オリンピックのトーチをかたどったミニパビリオンでの音楽や光の演出などが予定されている。

◆地域住民を主眼

共同推進事業は、都職員2人、東京オリンピック・パラリンピック招致委員会から2人、学識経験者1人の計5人で構成される事業選定委員会によって、現在も、選定作業が続けられている。

都の東京オリンピック・パラリンピック招致本部では「オリンピズムの普及、啓発につながるものを中心に選んでいる」と話す。

また、「（1千万円の委託は）バラマキといわれたりもするが、オリンピック精神のすばらしさ、国を超えた友情や連帯を知ってもらうための企画と理解してほしい」と語る。とくに、地域住民に喜んで受け入れられることを主眼にしている。税金を投入していることから、「特定の企業に利益が還元されるような商業性の強いものは受け付けない」という。

9月9日現在で決定された共同推進事業は、区市町村合わせて82事業（実施済み含む）。同本部では、最終的には120事業程度になると見込む。

事業の一部を終えた区の担当者からは「五輪招致ムーブメントは、行政関係者には浸透していても、一般区民となると実際にはなかなか難しい」との声も。区側の現実問題として、まずは、2013年に確実に行われる東京国体の準備が気がかりな面もある。

招致本部では「参加した人には喜ばれているが、まだ十分に浸透し切っていない部分もある。これから実施される事業もたくさんあるので、ぜひ多くの区民の方たちに参加してもらいたい」と話している。

区名	オリンピックムーブメント共同推進事業名
千代田	第46回千代田区民体育大会
港	スポーツと文化芸術の融合を目指して
文京	文の京オリンピック・パラリンピックムーブメント事業
台東	ジュニアスポーツ講習会、寿作品展示会、2008健康まつり
墨田	すみだまつり・こどもまつり
江東	江東こどもまつりでの中田大輔トランポリンショー、東京五輪音頭盆踊り講習会、第27回江東花火大会、オリンピック招致推進事業・東京アパッチスポーツ教室、第26回江東区民まつり中央まつりオリンピック招致事業、自悠大学講演会「オリンピックを日本に！」、第29回江東シーサイドマラソン大会オリンピック招致PR事業
品川	オリンピックムーブメント共同推進事業と連携した住民参加を軸とするまちづくり事業展の実施
目黒	MEGURO音と光のページェント
大田	OTAふれあいフェスタパンフレットなどによるムーブメント醸成
世田谷	たまがわ花火大会、招致フラワーモニュメントin世田谷公園、2016オリンピック・パラリンピック招致イベントinせたがや未来博
渋谷	しぶやニュー駅伝2009オリンピックムーブメント共同推進事業
中野	中野まつりにおけるオリンピックムーブメント推進事業
豊島	豊島区・2016年東京オリンピック招致in東京よさこい
北	ふるさと北区区民まつり×オリンピックムーブメント
荒川	第17回荒川リバーサイドマラソン前々夜祭イベントトークショー、ふれあいスポーツ教室・オリンピックデー、あらかわ遊園オリンピックデー
板橋	いたばし花火大会
練馬	練馬まつり、第61回練馬区民大会におけるオリンピックムーブメント招致PR事業
足立	日暮里・舎人ライナー開業記念イベントでのオリンピアンのトークショー
葛飾	2008かつしかスポーツフェスティバルにおける東京オリンピック招致記念イベント、バルセロナオリンピック金メダリスト岩崎恭子による健康スポーツ講座、陸上競技場リニューアルオープン記念式典東京オリンピック招致記念陸上競技教室・記録会
江戸川	江戸川花火大会と連動した機運高揚大作戦

※9月9日現在、実施済み含む

大江戸すみだ職人展 職人14人が共同作品

墨田区

墨田区は、区内の伝統工芸職人の技術や技能を紹介するため、「大江戸すみだ職人展」を8日から13日まで、江戸東京博物館で開催する。

同イベントでは、区内の伝統工芸職人14人が、今年7月に着工した新タワー「東京スカイツリー」をモチーフにした作品「技人大黒柱」を共同で制作・展示する。開催に先駆けて、1日、墨田区役所内で仮組み作業が行われた＝写真。

同作品のコンセプトは「職人と東京スカイツリーは、ともに、墨田区が世界に誇る〝大黒柱〟」。高さ約4㍍。区内在住で、成田空港第一旅客ターミナルビルの空間デザインなどを手がけた高橋正実氏がデザインした。

イベント開催について墨田区は「現代でも活躍する職人の技を、多くの人にPRしたい」としている。

インフルエンザ予防接種に子育て応援券

杉並区

杉並区は2日、区内の就学前の子どもを持つ家庭を対象に配布している「杉並子育て応援券」について、インフルエンザの予防接種に適用を拡大することを発表した。区内89カ所（9月時点）の登録医療機関で利用が可能。

区によると、インフルエンザ予防接種の費用は「1回あたり3千～4千円程度」という。

杉並区の子育て応援券は、昨年7月にスタート。就学前の児童1人あたり年間3万円相当の「利用券（バウチャー）」を配布する。対象者数は約2万1千人で、家族の所得制限などはない。家事援助、親子参加型のイベント事業など、区内事業者などが登録した有料の育児支援サービス約600件で利用できる。

区では「インフルエンザ予防接種について、応援券を利用できる医療機関はさらに増える見込み」としている。

訂正 10月3日付「『トトロの樹』の保護」の記事で、文中の西荻窪4丁目は西荻北4丁目の誤りでした。

記者席

体裁を変えても「？」

○……またもや発覚した都議の海外視察報告書の盗用疑惑。3日の会見で石原知事は「海外視察は、基本的に私は必要だと思う。それを論文調に体裁つけてまとめる必要が、果たしてあるのかどうか。国民・都民の代表である議員が自分の感性・関心で問題を捉えて帰ってきて、政治に反映するのは、大事だと思う」と語った。

都知事選で「豪華」海外出張を批判された知事に言われると、説得力を感じないが、仮に「参考資料」と記載があったとしても、ただでさえ一般人と比べて割高の海外視察。他人の研究論文を丸写しして、アリバイづくりをしているなら、費用対効果を疑う。

○……鈴木俊一元都知事が、久しぶりに元気な姿を見せた。9月28日に渋谷区内のホテルで行われた小倉基都選挙管理委員会委員長の春の叙勲受賞の祝賀会に、発起人の一人として参加したのだ。祝賀会には中川昭一財務・金融担当大臣をはじめとする衆参の国会議員や、多くの都議、さらには区議や地元の関係者など千人を超える出席があった。

鈴木元都知事は、祝賀会への出席者を小倉氏とともに笑顔で迎えた。さすがに知人も多く、懐かしい顔を見つけては手を差し出し、力強く握り締めていた。久しぶりに会った元知事は98歳とのことであるが、まだまだ健在であった。

○……来年度の高校の受け入れ枠を決める公私連絡協議会では、都立59・6、私立40・4とすることで合意した。中学卒業予定者が千人以上増えることもあって、公私とも受け入れ分が増加する見通し。

2日の都教育委員会では「経済的事情などで私立中学から都立高校へ進学する生徒が増えてくると思うが、その生徒数がわからない。これを外して計画化するのは、おかしいのではないか」と疑問を投げかける委員も。

また、「（生徒数の減少で）危機感を持つ私立と胸襟を開いて話し合い、できれば両者がともに勝利するように」との意見も出たが、庁内では「いまは都立離れを食い止めようと必死なのに……」のぼやきの声も。

昭島市長選

現職の北川氏が4選

得票率は過半数に　「品格ある街」へ意欲

任期満了に伴う昭島市長選挙は5日投開票され、現職の北川穣一氏（65）＝自民、公明、国民新党推薦＝が、新人で福祉施設職員の鈴木和枝氏（54）＝共産推薦＝、新人で会社役員の南雲栄一氏（75）を破り、4選を果たした。2人の新人が訴えた、米軍立川基地跡地に医療刑務所を含む法務センター建設計画の撤回と市民参加による再考が争点となったが、北川氏が得票率でも過半数を取る圧勝。今後、計画推進に伴い大きく変貌する街について、「品格あるまちづくり」への意欲を示した。

当日有権者数は8万9717人（男4万5094人、女4万4623人）で、投票率は39・67％。史上最低となった前回の35・07％を4・6ポイント上回った。各陣営の予想を下回る投票率だったが、立川基地跡地の利用計画を中心に、北川市政の市民参加のあり方や多選の是非などで、市民の関心を呼んだ。

北川陣営には早くから支持者が集まり、開票結果を見守った。

午後10時40分、次点の鈴木氏と1万票以上の差がつき、当確の連絡が入ると、事務所内には拍手と歓声が響いた。

直後に北川氏が現れ、祝勝会。事務所には入りきれないほどの支持者が集まり、だるまの目入れ、万歳三唱、花束贈呈などが、賑々しく行われた。

北川氏は「厳しい選挙だった」と振り返った上で、「職員の理解や協力があって成果を出すことができ、行財政運営に一定の評価を得られたと思っている」と勝因を分析。法務センターについて「議会でも了承され、国に対しても市の計画を提出しているので、これから具体的になっていくのでは。地元や市民の意見を拝聴しながら、周辺のまちづくりを進めていきたい」と語った。対立候補が「市民意見の反映なく法務センター計画を独断で決めた」としたことについては「批判は謙虚に受け止めたい。ただ、市民参加や協働については、これまでも様々な形で進めてきたが、市民参加のあり方は議論の分かれるところ。市民意見の反映として最終的には議会の判断が大切だと思っている。計画については今後も情報公開し、市民の意見を聞きながら進めていきたい」と話した。

3度目の挑戦となった鈴木氏は、主張してきた市民参加について「市長が『市民の声を聞いている』と言っても、市民が『聞いていない』と言っているのだから、真摯に受け止めるべき」と指摘。「（南雲氏の票と合わせて）1万5千人以上が、はっきりと北川市政に対してノーを突きつけた。投票しなかった5万5千の声が、北川市政に対して信託しているのか、諦めているのか、高齢などで投票したくても行けない人なのか、想像力を働かせて市政を運営してほしい」と語り、市民参加の基本となる「自治基本条例」の早期策定なども求めた。

南雲氏は、選挙まで20日足らずと出馬が出遅れ、浮動票の掘り起こしが不十分だったと分析。しかし「これまで無風状態の選挙が続いたが、医療刑務所の是非を問う今回の選挙で市民が目覚めたと思う」と語り、「市民と対話するプロセスが大事。市長ひとりで頭を悩まさず、11万市民の知恵を借りるつもりで、情報公開をしっかりし、市民の声を謙虚に聞いてほしい」などと話した。

＜開票結果＞

当	北川穣一	19321
	鈴木和枝	8456
	南雲栄一	7237

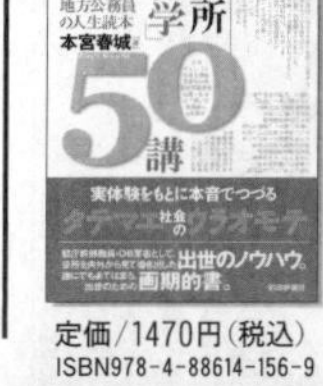

3期12年の実績を訴え、4選を果たした北川氏（右から2人目）

昭島市議再選

佐藤氏が当選

昨年4月の市議選で、定数24に対して24位の候補者が、法定得票率に満たずに落選し、欠員1をめぐって開かれた市議再選挙は、新人2人の戦いとなり、無所属で団体職員の佐藤正氏（71）＝自民推薦＝が2万1817票を獲得。共産党公認で社会福祉士技術講習講師の熊崎真智子氏（57）の1万1925票に大差をつけて当選した。

利島村議選

6人の新議員決まる

任期満了に伴う利島村議選（定数6）が5日投開票され、新議員が決まった。

当日の有権者数は245人で、投票率は94・69％。当選者は次の通り。

▽前田薫（60）＝無現・43票▽前田隆司（59）＝無元・42票▽前田隆夫（54）＝無現・35票▽寺田優（49）＝無現・34票▽井口保（60）＝無現・34票▽手塚保夫（67）＝無現・26票

羽村市

原油高騰で低金利融資

売り上げ1円減少でも対象に

羽村市は今月から、原油・原材料価格高騰の影響を受け、売り上げが減少している市内の中小企業者に、低利融資の金融支援を実施した。

対象は、東京信用保証協会の保証対象業種であることや市税完納など、基本的な五つの条件をクリアしているほか、原油・原材料の高騰で、最近3カ月間の売上高か売上総利益率が前年同期と比較して減少している企業。2・0％の利率に対し、市の利子補給率は10分の8で、都内でも最も高い利子補給率となっている。本人負担は0・4％の低利率で、15万円を上限に、保証料も全額補助する。運転資金の限度額は500万円で、返済期間は6カ月の措置を含めて7年以内。

東京都などによるセーフティーネット事業は、「最近3カ月の平均売上高が前年同期比から5％以上減少」などが認定基準となっているが、羽村市の場合は最近3カ月の売上高等が前年同期と比較して1円でも減少しており、原材料の上昇率については過去1年間から抽出した月と比較して10％程度の上昇があった場合が融資の対象となる。

福生市

「LAS－E」運用開始へ

環境負荷低減を進める

福生市は11月から、環境マネジメントシステム「LAS－E」の運用を開始する。目標設定や監査を市民参加で行うもので、都内では八王子市に次いで2番目の導入。市の施設を手始めに、段階的に市民とともに環境負荷低減の取り組みを進めていくことで、将来は、市民や事業者を含めた地域全体の環境配慮行動へと広げていく。

「LAS－E」は、環境政策に取り組む自治体のネットワーク「環境自治体会議」が開発を進めている環境自治体スタンダード。庁内の事務事業に対して取り組む第1ステージから、公共事業を含む事業活動を対象とした第2ステージ、地域全体の第3ステージまであり、エコアクション（環境活動）、エコマネジメント（環境経営）、エコガバナンス（環境自治）の3部門の取り組みに対して合否を評価する仕組みになっている。

国際規格の環境マネジメントシステムISOを導入している自治体も多いが、ISOが重視しているのがシステムが機能しているかどうかで、対象を施設単位でも定められるのに対し、LAS－Eは、目標と取り組み内容を重視し、その目標達成のためのシステムは独自で構築。すべての公共施設を対象とし、市民参加を必須としている。

具体的には、自治体が業務で使用する電気量や紙などの削減目標の設定を市民参加で行い、取り組み状況の監査も実施。監査では、市民がアトランダムに職員にインタビューする形も採用しているため、すべての職員がLAS－Eについて知っていなければ回答できない。そのため、必然的に環境に対する職員の意識が高揚し、具体的な取り組みに結びつくという。

06年12月から先駆的にLAS－Eに取り組んでいる八王子市では、監査に入った市民が、職員が取り組んでいることについて、どのように行っているかその場で実践を求めたり、定められた取り組み以外に、課として独自の取り組みがあるかどうかを聞かれることもあり、「各課がそれぞれに実施していることを競うように自主的な取り組みにも発展し、環境意識が非常に高まった」（環境政策課）と話す。

取り組みの効果として顕著なものでは、本庁舎のごみの排出量が、LAS－E導入後の06年度は前年度比25％減、07年度はさらに前年度比22％減となったほか、電気使用量も6％削減されたという。

同市ではすでに、第一ステージをクリアしており、09年度分の監査で第2ステージをクリアすることを目標にしている。

11月からLAS－Eの運用を開始する福生市では、初年度から学校を含む市の全施設を対象に、取り組みを実施。マイカー通勤している職員に対しては、毎月1回、自動車利用を自粛する「ノー・マイカー・デー」を設け、割り箸等の使い捨てを減らすため「マイはし」を推奨する。

環境課は「市民を巻き込んで広げていくからこそ、住民や事業者を含めた取り組み。数値目標だけでなく取り組み方や意識を評価されるので、職員のモチベーションを保ちながら進めていきたい」と語り、市の削減計画と合わせた取り組みとして期待している。

子育てママに人気

調布市

「授乳・おむつ交換できるところまっぷ」

調布市が毎年発行している子育て支援情報誌『元気に育て!! 調布っ子』に、今年度から新たに掲載を開始した「授乳・おむつ交換できるところまっぷ」が、市民から好評を得ている。

小さな子どもを持つ母親が出かける場合、出先で授乳やおむつ換えができる場所があるかどうかが外出の大前提。子育て支援課では、市内の事業者にも協力を呼びかけ、公民館や児童館などの公共施設を含め、39カ所をマップに落とし込んだ。

協力事業者の中には、スーパーや飲食店なども含まれるが、「授乳やおむつ交換のためだけの立ち寄りも歓迎」というところを掲載。今後は、個室としてスペースがなくても、仕切りをするなどで安心して授乳やおむつ換えができる場所を作れる事業者を随時募集し、マップを充実させていく予定だ。子育て推進課では、「親子で楽しくお出かけしてほしい」と話している。

町田市民病院

周産期医療センターオープン

拡充には医師等確保が課題に

町田市民病院で1日、周産期医療センターがオープンした。28週目からのハイリスクな出産と超低体重の新生児を24時間365日扱うセンターで、周産期医療を行う病院は多摩地域で4番目。高齢出産の増加に伴い、ハイリスクな出産も増える中、区部に比べて病床数で大幅な遅れを取っている多摩地域の周産期医療を支える一翼として期待がかかっている。

増加するハイリスク出産に対応

■周産期医療過疎

周産期医療を行う病院は4月現在、都内全体で24施設あり、新生児集中治療室（NICU）病床数は219、母体・胎児集中治療室（M－FICU）病床数は76となっている。

しかし、その多くは区部に集中しており、多摩地域では総合センターとして杏林大学医学部付属病院（三鷹市）があるほか、地域センターとして都立八王子小児病院、都立清瀬小児病院、武蔵野赤十字病院（武蔵野市）の4施設だけで、NICUで36床、M－FICUは12床しか整備されていない。

多摩地域で起きている実際の例として、早産などで病院に連絡が入っても、ベッドの空きや対応できる医師がいるかどうかなど、施設の確認で5分から10分の時間を要する上、数十カ所の確認が必要な場合もあり、通報から搬送まで数時間かかることもある。さらに、搬送先が多摩地域から離れた区部の病院になることもあり、母子ともに命の危険がついて回る状況だ。

そのため厚生労働省は「人口10万人に一つの総合母子医療センターの設置」を推奨しているが、人口400万人の多摩地域では需要に十分応えられる状況ではなく、特に南多摩地域は「周産期医療過疎」となっており、センターの設置を求める声は高まっていた。

■増床と医師確保

今回オープンした町田市民病院の周産期センター（仁志田博司所長）では、NICUに6床を設置し、新生児科として6人の専門の医師を配置。看護師は3床に1人が24時間常時配置されるため、15人体制を整えた。2500㌘以下の低体重出生児と呼吸器障害、重症の黄疸、奇形、そのほか重症な状態の新生児を対象に診療を行う。

また、八王子や清瀬の小児病院では受けられない母体搬送も可能にしているため、対応できる病院が限られる周産期医療を受ける際、母子が離れずに済むことや、住んでいる場所から近い病院で周産期医療が受けられるため、母親が退院した後、新生児のもとに毎日通う負担が軽減されるという大きなメリットもある。

同院によると、年間700～800件の分娩件数があり、そのうち緊急帝王切開などが行われるのは20～25％。NICUが必要な対象は月に4～5件だという。

現状では、周産期医療を行っている病院の病床はどこも満杯で、120％稼働という状況もある中、同院では実績に応じて、将来的に9床まで増やし、周産期医療の充実を図る考えだ。しかし一方で、周産期医療に関わるための、小児科医不足が深刻なため、物理的に病床数を増やすことができても拡充は厳しい。

1日のオープンに伴い、産科の未熟児室で管理していた37週未満の早産児4人については、早速NICUに移動。より適切な医療環境で発育を見守っているが、すぐに満床になることが予想され、早期の増床と医師確保が求められている。

命の危機に直面する新生児を24時間体制で支える（町田市民病院）

■人事異動

10月1日付　◎印昇任

武蔵野市

【部長級】▽教育部長（教育企画課長）◎萱場和裕

【課長級】▽児童青少年課長（生活福祉課兼総務係長）◎倉島公明▽教育企画課長（児童青少年課長）秋山真弘

調布市

【次長級】▽子ども生活部次長（子ども生活部次長兼子ども生活部児童青少年課長）木村明子▽都市整備部副参事調整担当兼都市整備部道路課長（都市整備部道路課長）◎足高俊文

【課長級】▽行政経営部政策企画課主幹兼行政経営部付主幹（行政経営部財政課長兼行政経営部付主幹）柏原公毅▽行政経営部財政課長兼行政経営部付主幹（行政経営部財政課主幹）八田主税▽行政経営部財政課主幹（㈶調布ゆうあい福祉公社副主幹）◎神戸聡▽総務部人事課付主幹（総務部人事課長）山本嘉秋▽総務部人事課長（行政経営部政策企画課主幹兼行政経営部付主幹）小杉茂▽総務部総合防災安全課主幹兼総務部総合防災安全課長補佐（総務部総合防災安全課副主幹）◎荻窪一之▽子ども生活部児童青少年課長（子ども生活部児童青少年課長補佐兼子ども生活部児童青少年課児童青少年係長）◎大島振一郎▽福祉健康部高齢者支援室介護保険担当課長（市民部納税課主幹）大木正勝▽福祉健康部保険年金課主幹（教育部教育総務課長）北山茂夫▽都市整備部付主幹（都市整備部街づくり推進課交通計画担当課長）小豆畑耕一▽都市整備部街づくり推進課中心市街地整備計画担当課長兼生活文化スポーツ部産業振興課主幹（都市整備部街づくり推進課主幹兼生活文化スポーツ部産業振興課主幹）伊藤伸久▽都市整備部街づくり推進課長兼都市政策担当課長兼交通計画担当課長（都市整備部街づくり推進課長兼都市政策担当課長）河西保人▽教育部教育総務課長（福祉健康部高齢者支援室介護保険担当課長）生野正毅▽議会事務局主幹兼議事係長（議会事務局副主幹兼議事係長）◎宮川節夫▽㈶調布ゆうあい福祉公社主幹（総務部総合防災安全課主幹兼課長補佐）涌田宏幸

町田市

【部長級】▽子ども生活部長兼大地沢青少年センター所長（子ども生活部長）浅野正▽学校教育部付参事（環境資源部付参事）小瀬村利男

日野市

【課長級】▽総務部主幹（ごみゼロ推進課長）原正明▽環境共生部主幹環境情報センター担当（環境保全課長）加藤勝康▽環境保全課長（子育て課長）坂田勉▽緑と清流課長兼水路清流係長（防災課長）福島敏幸▽ごみゼロ推進課長（緑と清流課長）小笠俊樹▽健康福祉部主幹福祉オンブズパーソン担当（健康福祉部主幹日野市福祉事業団派遣）安藤恒美▽病院総務課長兼総務係長（病院総務課長）中村和幸▽防災課長（防災課副主幹）◎佐々木正道▽セーフティネットコールセンターチームリーダー（企画調整課副主幹）◎石川初枝▽子育て課長（子育て課副主幹）◎木村真理▽保育課付主幹兼もぐさ台保育園長（保育課付副主幹兼もぐさ台保育園長）◎古溝章▽保育課付主幹兼たまだいら保育園長（保育課付副主幹兼たまだいら保育園長）◎名児耶みさを

国分寺市

【部長級】▽政策部長兼政策部庁舎計画担当部長（政策部長）樋口謙一▽都市計画担当部長（政策部政策経営課長）◎内藤達也

【課長級】▽政策部政策経営課長（政策部財政課長）根本裕之▽政策部財政課長（政策部庁舎計画担当課長）内野修宏

狛江市

【部長級】▽企画財政部長（企画財政部財政課長）◎水野穣

【課長級】▽企画財政部財政課長（企画財政部財政課長補佐兼財政係長）◎高橋良典

東大和市

【課長級】▽市民生活課長兼男女共同参画係長事務取扱（市民生[illegible]）吉沢寿子▽都市計画課長（都市計画課長補佐兼整備係長事務取扱）内藤峰雄

都人勧の焦点

教員の給料表一本化へ

公民較差「昨年同様厳しく」

今年の都人事委員会による勧告作業が終盤戦を迎える中、都労連は2日、都人事委に対する勧告直前の最終要請を行った。都人事委は「教員給与」「勤務時間」「技能系職員の給与」の3点を都労連の重点要請であると受け止めた上で、現時点までの各課題の検討状況や公民較差の見通しなどを明らかにした。また勧告日については、今月中旬となると説明した。

勧告日は今月中旬に

今年の勧告に関して、都人事委員会の中村晶晴事務局長は、公民較差について「昨年同様、厳しいものとなる」との予想を示した。国は0・04％でわずかながらプラス較差であったが、現時点までの各政令市の勧告を見ると、プラス較差とマイナス較差にほぼ二分され、プラス較差であっても国を下回る水準の団体が多い。昨年の都人勧では、0・35％プラスの国勧告とは異なる0・07％の引き下げ勧告を行っており、注目される。

また勧告日は「教員給与や勤務時間など、重要な課題について、精力的かつ慎重に検討を進めている関係もあり、今月中旬になると考えている」と述べ、例年と比べてずれ込む見通しを明らかにした。

教員給与

教員給与を巡っては今年7月、都教育委員会が公立学校教員の給与制度について「主任教諭設置に伴う新たな職務の級の設定」「メリハリある給与」「小中学校教育職員給料表と高等学校等教育職員給料表の一本化」を要望。これらの事項を含めて見直しを行う考えが、都人事委から示されていた。

同日の要請に対して、中村事務局長は「二本立ての現行給料表を廃止し、一本化することが適当」「新たな職務の級として主任教諭の級の設置について検討を進めている」「職責に応じた給与水準となるよう級間のバランスに配慮するとともに、年功的な要素を是正することが必要」と回答した。

給料表に関しては、教員の学歴や免許制度の違いから、高等学校等教員の給料表が小中学校教員の給料表よりも高い水準に設定されてきた経緯がある。

しかし、都人事委では、給料表一本化の理由として、校種間での学歴や初任給の差異がない上に、給料月額も一定の号給まで同額であり、中高一貫校の設置による校種を超えた人事交流もあるなど「給料表を区別する意義を認めることができなくなっている」とする。

また主任教諭については、新たな職の位置づけ、選考方法や任用計画などを確認した上で、都教委が「主任教諭を校務のリーダーとして、一般の教諭と区分し、新たな職務の級の設置を要望している」ことなどを踏まえた判断と説明した。

都人事委の回答を受けて、都労連は「理解と納得のない中で主任教諭を導入することは、学校に混乱を持ち込むだけ」として撤回を求めたほか、給料表の一本化についても「納得いかないものだが、やるのであれば高きに合わせることが当然」と反発している。

現業給与

教員給与と並んで、大きな課題となるのが技能系職員の給与だ。今年の勧告では、都人事委が追加的に実施した技能・労務関係職種の独自調査も含め、調査結果に注目が集まる。

追加調査では、従来の対象職種であった警備員・自動車運転手・用務員・電話交換のほか、調理員・ビル施設管理員にも拡大し、対象業務を本業とする企業等への調査も行った。

すでに人事委から職員団体と任命権者の双方に、調査結果の概要が説明されているが、全体として都の給与水準が民間を上回る状況となっているようだ。

都人事委は、労使協議で決定している技能系職員の給与に関して「都民の理解と納得が得られる適正なものとなるよう、調査結果も参考にしてほしい」と述べる。

一方、都労連は調査結果について「企業規模、経験年数など同種同等の比較となっていないもので到底納得がいかない」と批判するとともに「踏み込んだ意見など表明しないよう重ねて求める」などと牽制する。

勤務時間

人事院が1日15分の短縮を勧告した職員の勤務時間に関しては、政令市でも4市が時短を勧告し、すでに勤務時間を短縮している団体と合わせて「7時間45分」が大勢を占める。

都人事委では、民間での所定労働時間の状況について、06年の勧告で「1日あたり7時間38分」と初めて報告し、07年勧告でも「1日あたり7時間40分」としている。

こうした情勢の中、都人事委は、勤務時間に関する調査結果が「昨年と同様の結果となることが見込まれる」と説明。ただし、「国や他団体との制度的な均衡を図ることが必要」としつつ、「勤務時間の見直しによって、行政サービスの低下を来してはならず、こうした点も踏まえて最終判断を行う」と述べるにとどまった。

このほか都人事委からは、地域手当について、今年も支給割合の改定に合わせ、給料月額の引き下げ改定を行うこと、人事制度に関連して、管理職選考をはじめとする昇任制度のあり方などに言及すること、職員の働く環境整備について意見を述べる方向で検討していることが明らかにされた。

都小委交渉

都労連が7課題で要求書

都側　現業民調結果の概要に言及

都労連は3日の小委員会交渉で、人事給与制度、メンタルヘルスケア、高齢者雇用制度など7課題について、都側に要求書を提出した。都側からは今交渉期の重要課題である現業系職員及び教員の人事制度等に関する言及があった。

都労連から出された7課題のうち、08年度人事給与制度の改善要求では、人事考課制度を労使協議事項とすることをはじめ、地域手当の本給繰り入れ、教員給与の制度改善などを掲げている。

メンタルヘルスケアに関しては、07年に知事部局において30日以上の病気休暇理由で「精神障害」が53％と半数を超えたことを受けて「組織を挙げて解決に当たらなくてはいけない」と強調し、都労連要求の実現を訴えた。

さらに高齢者雇用制度では、希望者全員雇用を基本に、多様な選択が可能となるよう制度拡充を図るなど、一層の充実を求めている。

これら改善要求に対して都側は「現在検討中の現業賃金・給与制度に関する改善要求をはじめとする要求とも併せ、早速詳細な分析と検討に入る」と回答。そのうえで人事制度を見直す際の基本姿勢のほか、重要課題となる現業系職員の人事制度、教員の人事制度を取り上げ、都側の考えを改めて示した。

現業系職員の人事制度については、都側の「業務職給料表見直しの方向性」で、少なくとも国並みの給与水準と均衡させる場合、給料月額を平均15％程度引き下げることが必要としている。

同日の小委では、都人事委による技能労務系従業員の民間給与実態調査結果が「総じて、都の現業系職員の給与水準が、都内民間類似職種の従業員の給与水準を上回る状況となっている」と説明。詳細な調査結果が明らかになった段階で、早期に具体的な見直し案を示す考えを改めて表明した。

また教員の人事制度に関しては「給料表の一本化」や「主任教諭の級の設置」など、都人事委の現時点までの検討状況に関する説明を踏まえて、教員給与のあり方全般の見直しを進めていく必要性を訴えている。

一方、都労連は、現業系職員の給与水準にかかわる調査結果について、「比較対象企業の事業規模はどうか、真に同種同等となっているか、対象が正規従業員なのか非正規も入っているのか」などと指摘しながら、「均衡に値する企業と比較されたものとは到底認められない」と反発した。

さらに、教員の人事制度や給与でも「主幹制度導入後の総括や主任教諭の職の位置づけ、選考方法、任用計画など、納得のいく説明がいまだ行われていない」と強く批判した。

荒川区　新型インフル対策

業務対応マニュアル策定

全課の事務事業　「継続・中止」を選別

「可燃ごみは収集しますが、不燃ごみは収集しません」——。荒川区は新型インフルエンザが発生した際の事務事業の対応方針を取りまとめた。新型インフルエンザ発生時の対応策を決めている自治体は他にもあるが、全事務事業について事業継続計画（BCP）の考えを取り入れ、発生時に取り組む業務と一時停止する業務を明示したのは23区では初。全国的にも珍しいという。

■□3区分に分類

荒川区では、06年12月に新型インフルエンザ対策行動計画を策定。発生段階ごとに区が取り組む行動を決めたが、どの組織がどう取り組むかや、緊急的な業務に対応する一方で、どの業務を停止するかなど、具体的な中身は決まっていなかった。

今回の対応マニュアルは、全課の業務をすべて洗い出し、新型インフルエンザ発生時に「継続する事業」「取り扱い方法を変えて対応できる事業」「中断・中止する事業」——の3区分に分類した点が特徴だ。

新型インフルエンザが発生すれば、区役所業務はインフルエンザ対応が最重要となり、通常業務は感染拡大の可能性がなくなるまで原則的に中止することになる。

しかし、区民のライフラインにかかわる業務や、法的に停止できない業務などは継続しなければならない。

例えば、ごみの収集作業は、捨てられた使い古しのマスクなどから感染が広がる可能性もあるため停止することができない。清掃事務所では、可燃ごみの収集作業を「継続」とする一方で、不燃ごみや粗大ごみの収集、指導事務、環境学習に関する業務については緊急性を要せず、「中断・中止」とした。

また、職員の人事情報を集約している職員課の場合、業務継続のためにも職員の出退勤状況や罹患状況を把握しなければならず、これらの業務を「継続」とし、給与支給等のためのシステム処理を「取り扱いを変えて対応」、健康相談や研修は「中断・中止」とした。

中には、すべての事務を中断する課もあり、業務を一時停止することで生まれる人員については、区民対応などの業務に回ってもらうことを検討するという。

■□課題も山積

策定に向けた検討は、3月からスタートした。調整を担当した保健予防課の鷹箸右子課長は、「（新型インフルエンザ発生時には）できるだけ区民が来庁しないことを目指した」と話す。しかし、新型インフルエンザ発生時の業務停止には法的根拠が何もないのが現状で、作業は困難を極めたという。

もっとも大きな課題となったのが、法で定められた業務をどうするかだ。例えば、出生届は出生以後14日以内の提出が定められており、区の判断で業務をやめることはできないと判断した。ほかにも同様の業務を多く抱える戸籍住民課では、郵送請求による戸籍や住民票等の発行、死亡届による抹消手続き、外国人登録事務など、ほとんどの業務を「継続」とし、「中断・中止」は転入・転居届（14日以内の届け出期間があることを周知する）や閲覧など、ごく一部の業務のみにとどめた。

また、区立保育園も感染防止のため閉園としたが、福祉措置の対象となる子どもを預かる保育園を、区長権限で閉園することが可能かどうかは、国や他の自治体の動向等を見ながら、さらなる検討が必要だ。こうした点も踏まえ、今後は新型インフルエンザ発生に対応した法的整備の要望を国に強めていくことも課題となる。

また、今回のマニュアルは取り組み方針を決めたもので、実際の場面に対応できるかは未知数の部分も多い。例えば、可燃ごみの収集は従来通り行うが、限られた人員で作業を行う中、収集回数などは未定だ。仮に回数を減らすのであれば、周知やごみの減量化など、事前の取り組みも重要となる。

さらにマニュアルは「職員はプレパンデミックワクチンを摂取済み」「平日の昼間に発生」「ライフラインは問題なし」などの前提条件で策定した、いわば「最も良い条件での発生を想定したもの」（鷹箸課長）だ。しかも、新型インフルエンザ発生初期の「封じ込め期」を対象としたもので、その後のパンデミック（大流行）期の対応方針は手付かずの状況となっている。

鷹箸課長は「ここまでこぎつけたが、本当に実現できるのか、次を考えていかねばならない。今後は実現に向けた方策を詰めていくとともに、パンデミック期の対応についても検討することが必要」と話す。

メタボ対策　メニューで社会貢献

途上国の子供に学校給食を寄付

文京区で14日から

ヘルシーメニューを食べて社会貢献を——。文京区は14日から職員食堂で提供するメタボリック対策の昼食メニューに20円を上乗せし、そのお金で発展途上国の子供たちに学校給食を送る「TABLE FOR TWO」事業を始める。23区では初の試みだ。

事業名は「1回の食事を途上国の子供たちと分かち合う」との思いが込められている。ヘルシーメニューは野菜を多く含んだ栄養バランスのとれたもので、750㌔カロリー程度に抑える。価格はメニュー内容により550円～700円に設定。現時点で1日50食の提供を予定している。

一食につき20円寄付すると、月20日の営業で2万円の寄付ができる計算だ。これは途上国の給食1千食分にあたるという。

文京区では、今年度より始まった特定健康診断（40歳以上対象）で、特定保健指導対象者が約21％（240人程度）いると推定しており、ほかにも健診対象外の40歳以下に多くの予備軍がいると思われる。職員課では「昼食時の余分なカロリーを、途上国の子供たちと分け合おうというもの。社会貢献できるとともに、生活習慣病も予防できる。メタボが気になる人は、ぜひ試して欲しい」と話している。

都の若手職員　夕張市で研修

地域活動を通じて学ぶ

都総務局は、若手職員が北海道夕張市に赴き、地域での活動を通して広い視野を養う「地域での活動を通じて都政を考える」研修を9日から4日間の日程で行う。首都公務員として必要な複眼的な視点を養うことが目的で、30歳前後の主任級職員6人が参加する。

研修は、住民の考え方や生活に直接触れながら、地域実態を学ぼうとするもの。中央研修の中でも、今日的な課題をテーマに行うタイムリー研修の枠組みで行うもので、今年度初めて実施する。

今回は、財政再建中の夕張市で地方行政を取り巻く厳しい実態を知り、社会貢献活動を体感することが目的。市長との懇談や夕張市政の調査のほか、地域施設の清掃活動、地元市民団体との意見交換なども行う予定だ。9月下旬に参加者を募集した結果、全庁から14人の応募があったという。

引き続き来年1月には規模を拡大し、研修生10人で実施する予定。高齢者宅の除雪や、高齢者施設入居者との意見交換などを予定している。1月の研修参加は今月上旬に締め切る予定で、応募者は局の研修担当者を通じて申し込む。

榎本　正夫さん（えのもと・まさお＝都財務局経理部総務課輸送係主任）9月30日死去、61歳。

ひと

南硫黄島調査でスピリット賞

環境局自然環境部
緑環境課施設係長

中野（なかの）　秀人（ひでと）さん

南硫黄島自然環境調査チームを代表して、第13回スピリット賞を受賞した。昨年6月、戦前と戦後に2回しか実施されていない南硫黄島の自然環境調査を25年ぶりに敢行。自身にとっても積年の思いが叶った瞬間だった。

小笠原で仕事がしたいと入都。「絶滅危惧職種」と笑う造園職でポストも少なく、00年に待望の小笠原支庁自然公園係長に就いた。

01年には北硫黄島に入り、かつては人が住み、人手は入っていたが、無人島の素晴らしさに触れた。「人間の影響を全く受けていない南硫黄島の現状を調査したいという思いが強まったが、所管が環境局なので、都がやる理由がないと相手にされませんでした」

風向きが変わったのは、小笠原諸島が世界自然遺産の候補地になったこと。都に戻っていて、この機を逃すとチャンスはないと、半年がかりで予算要求。首都大学東京との連携が内部の評価を受け、調査に漕ぎ着けた。

父島から船で約17時間。皇居ほどの広さで東京タワー三つ分の高さの南硫黄島は、平均斜度45度の切り立った岩山。船からゴムボートに移り、さらに泳いで物資を運搬。いつもまき波があり、上陸できたのも奇跡に近い。

巨石だらけで、50度近くになる灼熱の浜。絶えず落石もあって、「けが人が出なかったのは幸運でした」と。頂上までのルート開拓と荷物の運搬は日本山岳会に頼んだが、各自で垂直の壁を登る訓練などを重ねてきた。

島では、お目当ての枝分かれする珍しいシダの仲間のエダウチムニンヘゴを見ることができ、白昼に悠々と飛んで地も這うオオコウモリや人を恐れることを知らない鳥類など、まさしく神秘の島を体感。隊員もそれぞれ大きな収穫があった。

「本当の自然の素晴らしさを知ってもらうことだと思う。緑でも違う緑を知ってしまっているかもしれない。もともとの自然を知らないと、守っていくこともできないので、それを伝えるのが行政の仕事だと思うんです」

今回のスピリット賞では、南島植生保護・回復事業実施チーム24人の一員としてもダブル受賞。「小笠原にいたが、メーンは担当係長で、私は調整や予算で付録です」と言うが、エコツーリズムも行政主導でなく地元の人からの動きが出ていると嬉しそう。（門）

東京都生まれ。85年筑波大農林学類卒。同年建設局に、八丈支庁から小笠原支庁、公園協会を経て06年現職。単身赴任した小笠原には、妻と2女が休みのたびに訪れたとか。45歳。

21年度 主任・係長論文講座

◇2◇

今回から2回にわたり、論文試験の勉強の進め方、試験論文特有のルール等、論文を書くに当たってのポイントを解説していきます。

論文試験では、限られた時間内に限られた字数で、出題された課題に的確に答えなければなりません。また、忙しい仕事の合間に試験勉強をするのですから、準備は効率的に行う必要があります。

ここでは、試験合格者が行っている一般的な勉強方法をご紹介します。

勉強の進め方

(一)論文を書く前の準備

(1) 合格水準の把握

試験では、まずどの程度のものを書けば合格できるのかを知ることが大事です。それには、試験合格者の再現論文や書店に並んでいる模範論文集等を入手して、読んでみるのがいいでしょう。

模範論文をいくつか読んでいくうちに、論文の構成や問題点の指摘・解決策の提示等のレベルがわかってきます。

集めた論文中に、優れた文章表現や課題の解決策等があれば自分が論文を書く際の参考になりますので、模範論文はなるべく多く集めておくことをお薦めします。

(2) 過去問の分析

過去数年分の出題について調べ、出題傾向を自分なりに分析します。都主任選考Aでは平成18年度に論文試験の内容が変更になっていますが、出題数が2題であること、その内訳が都政に関する出題（都政もの）と職務・職場に関する出題（職場もの）であること等、共通点もありますので、過去問の把握は意義のあることと考えます。

過去問の把握は、都政もの・職場もののどちらを重点的に取り組むかの検討や出題の予想に、不可欠な作業です。

(3) 課題設定

過去の出題状況等から翌年度の出題を予想します。都政ものの場合、「10年後の東京」への実行プログラム、答申や計画、議会での知事の所信表明等からテーマを抽出するとよいでしょう。

ただし、都主任選考Aの論文試験では、都政の課題と自己の職場または所属局の施策との関連性を述べる必要があるので、出題は、ある一つの局の施策や事業に関するものではなく、都政全体に関係するある程度広い分野の出題になると思われます。

職場ものの出題予想は、「行財政改革実行プログラム」等の業務改善に関する方針や計画のほか、市販の職場の課題に関する模範論文集等を参考にしてテーマを抽出するとよいでしょう。

試験本番までに準備できる論文は、通常2、3本程度です。完全に出題テーマをあてることは難しいので、どんな課題が出題されても対応できるように、何本かの課題について論文を用意しておく必要があります。

職場ものについてはある程度論点が絞られていますので、大きく予想が外れることがないという利点があります。このため、本番の試験でも職場ものの課題が選択されることが多いようです。

職場ものは①事務改善・事務の効率化②職員の人材育成・活用③組織の活性化④都民対応・都民との信頼関係――の四つのテーマについて論文を準備すればよいでしょう。

(4) 資料収集

設定した課題に関する資料収集をします。特に都政ものの論文を書くにあたっては、現在都が行っている施策をしっかりと把握しておく必要があるので、資料収集は重要な作業です。所属局の施策に関する資料収集はもちろんのこと、「とちょう―i」「東京都ホームページ」等から関連する他局の事業に関する情報収集も必要です。また、国の施策・他府県の取り組み等も調べておくとよいでしょう。論文の中で国や他府県の状況にも触れることができれば論文に幅がでます。

職場ものでは、事務の改善や効率化など、民間企業の取り組み等を調べておくと、解決策を考える際の参考になります。

論文の書き方のポイント ①

(二)論文作成

(1) レジュメの作成

論文を書くにあたり、レジュメを作成し、論文の内容を整理してから文章を書き始めることをお勧めします。レジュメは、①出題テーマに関する課題（都政ものは所属局の施策または自己の職務とテーマとの関連性も）②課題に対する問題意識(問題点)③問題点に対する解決策④まとめ、を個条書きで書いていきます。特に②問題点と③解決策は、思いつくままできるだけたくさん挙げましょう。

(2) 論文の作成

レジュメを基に論文を書いていきます。レジュメに書いた②問題点③解決策の組み合わせのうち、論文の課題に的確に対応しているものを三つ選んで文章にしていきます。

初めて論文を書くときは、千数百字の文章を書くことが大変なことに感じると思います。全く文章が書けないという人は、集めた模範論文の文章を一部借用し、組み合わせて論文を完成させるという手もあります。ただしこの場合は、文章全体で矛盾がないかチェックし、自己の職場・職務にあった内容に加工する必要があります。

なお、試験当日は手書きで論文を作成しなければなりませんが、勉強の最初の段階では、パソコンで文章を作成する方が効率的です。論文添削を受けると文章の入れ替えや訂正等が生じるので、完成論文ができるまではパソコンで文章作成を行う方がいいでしょう。

(3) 論文の添削

作成した論文は必ず添削を受けましょう。最初に論文を提出するときはちょっと勇気がいると思いますが、合格した先輩方も皆このプロセスを踏んでいますので心配しなくても大丈夫です。

初めての論文は直されることが多いと思いますが、何度も添削を受け、完成論文を作ることが大事です。

論文は、できるだけ複数の人に添削してもらってください。人によって指摘事項が違い戸惑うことがあるかもしれませんが、多くの意見を聞くことはとても参考になります。複数の人から指摘を受けた部分は必ず訂正しておきましょう。アドバイスは素直に受け止め、次の論文作成に生かしましょう。

都主任選考Aでは、自己の所属局の施策や自己の職務と関連づけて論文を書かなければなりません。

局の施策や職務内容が正しく記述されているかが重要になってきます。そこで、論文の内容を検証してもらうため、その施策や職務内容に精通している人に添削してもらうことをまずお勧めします。しかし同時に、論文は施策や職務内容を全く知らない人が読んでも、内容が理解できるものでなければなりません。

そこで、施策や職務内容に詳しくない人にも論文を読んでもらい、「内容がよくわからない」と指摘された個所については、わかりやすい言葉や表現に直すようにしましょう。

(4) 2本目以降の論文作成

完成論文が1本できたら、出題可能性の高いテーマ順に2～3本の論文を作成します。ただし、論文を書く時間がない場合は、テーマごとにレジュメまで作成しておく方法もあります。

2本目以降も1本目同様、レジュメの作成→論文作成→添削→論文修正→添削を繰り返し、完成論文を作ります。

なお、複数の論文作成は、あくまでも完成論文を1本作ってからにしてください。完成論文のできる前に他の論文作成にとりかかっても、書き直しの論文を増やすだけで効率のよい勉強方法とは言えないからです。

(5) 試験直前

試験前には、本番と同じ条件（制限時間など）で論文を書く練習を必ずしてください。

手書きで書く練習を一度もせずに試験に臨んだら、予想以上に字を書くのに時間がかかってあせってしまったという話をよく聞きます。また、時間配分がうまくいかなかったケースもよくあります。レジュメ作成の時間や各章を書く時間など、自分なりの目安をつけ、本番で慌てないようにしましょう。

その他の留意事項

(一)スケジュールについて

論文は試験直前の詰め込みでは対応できない科目ですので、早めに準備を行うことが重要です。年間の仕事の山が試験の時期と重なってしまう人は、特に早めに準備をしましょう。早めに準備を進めれば、添削も余裕を持って受けられます。

どんなに遅くても試験本番1カ月前には、完成論文が1本欲しいところです。

(二)勉強会の活用について

職場によっては試験対策の勉強会を実施しているところもあるようです。また、友人同士で自主的に勉強会を開いている人もいます。

勉強会のメリットは、共同作業が効率的に行えることです。例えば、論文を書くための資料収集や模範論文の収集、出題予想等、一人でやるよりも効率的と言えるでしょう。

また、勉強会をペースメーカーとして使えるメリットがあります。一人で勉強していると、くじけそうになることもあります。しかし、仲間がいることでがんばろうという気力がわき、期限までに論文を書こう、資料を集めようというように、勉強会についていくことで、自然に自分のスケジュールをコントロールできるというメリットもあります。

ただし、勉強会に参加するにはそれなりの義務が発生しますし、自分のペースで勉強できないという不自由さもあります。勉強会のメリット・デメリットを考えて、勉強会に参加するかどうかを決めればいいと思います。

◇

次回は、論文の構成方法について解説していきます。

21年度 カレントトピックス ②

都政事情

■平成19年度指定管理者制度運営状況評価を公表（9月10日）

指定管理者制度は、平成18年度に導入され、評価結果の公表は今回が2回目となる。

本制度は、東京都と指定管理者が協定で締結したサービスの履行確認、安全管理、法令順守等の指定管理者が守るべき事項についてチェックするとともに、業務実施状況や利用者満足度等を確認し、その結果を管理運営に反映していくことで、都民サービスの一層の向上を図っていくことを目的としている。

今回評価を実施した201施設（都営住宅等は1施設扱い）のうち、「優良」は20施設、「良好」は181施設、「一部良好ではない」との評価を受けた施設はなかった。

■新公会計制度による財務諸表を公表（9月16日）

会計管理局は、複式簿記・発生主義による平成19年度の財務諸表を公表した。財務諸表として、貸借対照表、行政コスト計算書、キャッシュ・フロー計算書、正味財産変動計算書の4表を作成している。

貸借対照表（一般会計）によると、平成19年度末の資産の総額は27兆8406億円で、うち9割以上が固定資産となっている。負債の総額は8兆591億円で、都債が流動負債及び固定負債合わせて8割以上を占めている。

一般会計の資産総額から負債総額を差し引いた正味財産は、前年度比1兆2253億円増の19兆7815億円となった。

■地方独立行政法人平成19年度業務実績評価結果（9月17日）

東京都が設立した地方独立行政法人の平成19年度業務実績評価結果が、東京都地方独立行政法人評価委員会から知事に報告された。委員会は原島文雄氏（東京電機大学教授）を委員長とし、計12名の外部有識者で構成されている。評価対象となったのは、産業技術研究センターと首都大学東京の2法人。

業務実績評価は、法人の事業の進捗状況や成果を年度計画の項目ごとに評価する「項目別評価」と「全体評価」で実施する仕組みとなっている。

全体評価では、産業技術研究センターが「優れた進捗状況にある」、首都大学東京が「年度計画を概ね順調に実施している」としている。

任用の登竜門となる都主任選考が、9月末に終わりました。これを受け、下記のスケジュールで今後1年間、主任試験、主任・係長論文の受験対策講座を掲載します。

21年度「主任試験講座」「主任・係長論文講座」日程表

回	掲載日	主任・係長論文講座
1	9月30日	はじめに
2	10月7日	論文の書き方のポイント ①
3	10月14日	論文の書き方のポイント ②
4	10月21日	区係長試験　課題整理 ①
5	10月28日	区係長試験　課題整理 ②
6	11月4日	区主任論文　課題整理 ①
7	11月11日	都主任短期　傾向と対策 ①
8	11月18日	都主任短期　傾向と対策 ②
9	11月25日	区係長論文　傾向と対策 ①
10	12月2日	区係長論文　傾向と対策 ②
11	12月9日	区係長論文　傾向と対策 ③
12	12月16日	都主任論文　課題整理（職場） ①
13	1月6日	都主任論文　課題整理（職場） ②
14	1月13日	都主任論文　課題整理（職場） ③
15	1月20日	区係長論文添削 ①
16	1月27日	区係長論文添削 ②
17	2月3日	区係長論文添削 ③
18	2月10日	都主任論文添削 ①
19	2月17日	都主任論文添削 ②
20	2月24日	都主任論文添削 ③
21	3月3日	区係長論文の書き方
22	3月10日	区主任論文　課題整理 ②
23	3月17日	都主任論文　課題整理（都政） ①
24	3月24日	都主任論文　課題整理（都政） ②
25	3月31日	都主任論文　課題整理（都政） ③
26	4月7日	区主任試験　論文添削 ①
27	4月14日	区主任試験　論文添削 ②
28	4月21日	区主任試験　論文添削 ③
29	4月28日	都論文添削 ①
30	5月12日	都論文添削 ②
31	5月19日	都論文の書き方
32	5月26日	区主任論文　傾向と対策 ①
33	6月2日	区主任論文　傾向と対策 ②
34	6月9日	都主任長期論文の書き方
35	6月16日	都主任長期　模範論文
36	6月23日	区主任論文　課題整理 ③
37	6月30日	区主任論文　直前対策 ①
38	7月7日	区主任論文　直前対策 ②
39	7月14日	区係長論文の書き方の整理
40	7月21日	区係長論文　直前対策 ①
41	7月28日	区係長論文　直前対策 ②
42	8月4日	区係長論文　直前対策 ③
43	8月11日	区係長論文　直前対策 ④
44	8月25日	都主任試験　直前対策 ①
45	9月1日	都主任試験　直前対策 ②
46	9月8日	都主任試験　直前対策 ③
47	9月15日	都主任試験　直前対策 ④

回	掲載日	主任試験講座
1	9月30日	はじめに
2	10月14日	20年度　試験問題解説 ①
3	10月21日	20年度　試験問題解説 ②
4	10月28日	20年度　試験問題解説 ③
5	11月4日	20年度　試験問題解説 ④
6	11月11日	20年度　試験問題解説 ⑤
7	11月18日	統計資料の見方 ①
8	11月25日	統計資料の見方 ②
9	12月2日	統計資料の見方 ③
10	12月9日	統計資料の見方 ④
11	12月16日	合格体験記
12	1月6日	憲　法 ①
13	1月13日	憲　法 ②
14	1月20日	憲　法 ③
15	1月27日	地方自治制度 ①
16	2月3日	地方自治制度 ②
17	2月10日	地方自治制度 ③
18	2月17日	地方公務員制度 ①
19	2月24日	地方公務員制度 ②
20	3月3日	地方公務員制度 ③
21	3月10日	都政実務 ①
22	3月17日	都政実務 ②
23	3月24日	都政実務 ③
24	3月31日	都政実務 ④
25	4月7日	都政実務 ⑤
26	4月14日	行政法 ①
27	4月21日	行政法 ②
28	4月28日	行政法 ③
29	5月12日	行政法 ④
30	5月19日	行政法 ⑤
31	5月26日	地方自治制度 ④
32	6月2日	地方自治制度 ⑤
33	6月9日	地方自治制度 ⑥
34	6月16日	地方自治制度 ⑦
35	6月23日	地方公務員制度 ④
36	6月30日	地方公務員制度 ⑤
37	7月7日	地方公務員制度 ⑥
38	7月14日	地方公務員制度 ⑦
39	7月21日	都政実務 ⑥
40	7月28日	都政実務 ⑦
41	8月4日	都政実務 ⑧
42	8月11日	都政実務 ⑨
43	8月25日	都政事情 ①
44	9月1日	都政事情 ②
45	9月8日	都政事情 ③
46	9月15日	都政事情 ④
	8月4日	直前対策

東京09アジアユースパラゲームズに向けて

北京パラリンピック訪問報告

福祉保健局参事（障害者国際スポーツ担当）別宮浩志

開会式

北京パラリンピック選手村の食堂

ご存知の通り、今年は世界のスポーツの祭典、オリンピック・パラリンピックが北京で開催されました。パラリンピックだけでも約150カ国、選手役員9千人が参加する大イベントです。私はこの北京パラリンピック開催にあわせ、9月5日から11日間、北京を訪問する機会を得ました。

到着早々から、空港や会場などのボランティア配置の多さ、開会式などのイベントに人が無尽蔵に投入されていることに驚かされました。また、最寄り駅からメーン会場入り口まで直線で20分以上も歩く広大な敷地に配置された競技施設など、そのスケールに少々圧倒されました。

日本選手団は選手162名、役員132名が参加し、競技では多くの選手が自己ベストを更新。成績は金メダル5個を含む27個のメダル獲得で、障害の違いによるクラス分けの統合などが影響したため、前回アテネ大会の獲得数には至らなかったものの大健闘し、数多くの選手の活躍が感動を与えてくれました。

一方、アクシデントや予想外の展開など、多くのドラマもありました。車いす等を使った競技種目が多く、転倒などのアクシデントには一層緊張しました。そうした中で各選手の障害等に応じたスタッフ陣のきめ細かい対応を目の当たりにしました。パラリンピックへの出場や成果は、もちろん選手自身の努力の結果ですが、競技環境などゼロからの土台づくりに奔走した各競技団体や、JPCなど国内外で選手を支えてきたスタッフの献身的支援の賜物でもあると言えるのでしょう。

☆

ところで、私の属する福祉保健局障害者国際スポーツ課は、JPC＝日本パラリンピック委員会、東京都障害者スポーツ協会と共に、来年9月東京開催の「東京2009アジアユースパラゲームズ」事務局でもあります。アジア地域の障害を持つユース選手を対象にした競技大会で、アジアパラリンピック委員会（APC）との共催です。ユース世代の総合国際競技大会としては日本初となります。

私たちは各国パラリンピック関係者が集まるこの機会に、大会周知を図り、各国の意見を大会運営に反映できるよう、北京を訪問しました。

大会PRのため、北京市内にPRブースを設けました。オープニングには、ザイナルAPC会長、北郷JPC委員長、山口副知事、荒川招致本部長のほか、来賓に、マレーシア国首相夫人、同国青年スポーツ大臣等もご参加を得ました。

また、9月13日夕刻には市内のホテルでレセプションを開催しました。世界の48カ国から約300人の出席を得、北郷委員長、ザイナル会長、JOC竹田会長、宮本大使などの出席を得て、大会紹介、オリ・パラ招致をめざす東京のPR、日本文化紹介等の機会となりました。各国の来場者から、東京が大変魅力ある都市と理解されていること、大会開催を大いに歓迎していること、障害者スポーツへの取り組みの一層の充実が大切なこと等が伝えられました。

今回の日程中、私たちは3日間にわたり、選手村内のアジア諸国選手団本部を訪問し、大会の紹介と参加への働きかけを行いました。

☆

北京大会で、パラリンピックとオリンピックの運営組織がBOCOGに一本化されたことからも理解できるように、パラリンピック大会は極めて高度なスポーツ競技大会として世界的に認識され、各国も熱心に取り組んでいます。閉会後のマスコミ報道にもあるように、現状、日本ではパラリンピック選手への支援がオリンピックに比べて弱く、民間からの協賛支援も脆弱な状況と言えます。そうした中、来年9月に東京でアジアユースパラゲームズが開催されることは、次代を担う若者を対象に、障害者スポーツの可能性を一層広げ、振興するとともに、各方面の理解を一層高めるひとつのきっかけになるものでしょう。今回の北京パラリンピック訪問で一層、そうした意義を体感できました。

投稿

ノンリケットのゆがみ

行政代執行法の改正を願う

元主税局荒川都税事務所長　弓野昇

『納付命令一部取り消し 日の出ごみ処分場 都代執行費で高裁』（2007年3月の新聞報道）。東京高裁はトラスト運動のシンボルであった風の塔の移転義務者の認定に誤りがあるとし、代執行に伴う撤去費用の納付命令額1060万円を取り消したのである。この行政代執行は、7年前に都（財務局）が実施した。収用が認められた多摩地域の二ツ塚廃棄物処分場建設用地が、収用委員会採決に従って起業者に引き渡されず、物件も撤去されなかったため執行されたのである。

「風の塔」は高さが8㍍もある大規模なモニュメントで、事業認定（収用開始の前提）後に、しかも都知事の許可を受けずに建設された。そのため起業者が収用開始時に作成した物件調書に登載されず、収用裁決の補償対象にもならなかった。これらは土地収用における不明裁決制度・当事者主義に則って処理されたものである。その結果、収用採決では、「風の塔」の移転義務者が明らかにならなかったのである。

行政代執行は収用裁決の実効性を担保する。従って不明裁決を補完する形で、移転義務者の認定が代執行庁の守備範囲に入ってくる。強制調査権も準司法的権能もない代執行庁が過酷な挙証責任を背負うことになる。ところが、その道の専門家は土地収用制度の欠陥を見透かしたように、移転義務者の認定をノンリケット（真偽不明）状態に追い込んでいく。代執行から7年後にやっと判決で確定した。代執行自体の正当性は死守されたが、納付命令は実質敗訴。そして、裁判で確定した移転義務者に対する代執行費用の請求権は除斥期間により消滅していた。

法制度に欠陥があるとはいえ、上告断念の報を忸怩たる思いで聞いた。代執行手続の段階になって、代執行庁が真の所有者を探しながら、強制収用と称される実力行使を法的にも社会的にも齟齬なく進めるのは並大抵のことではない。トラスト運動が激しく、訴訟が多発するに至ってはなおさらである。

代執行の過ちは許されない。代執行が法権力そのものだからである。本来、行政代執行にノンリケットは適さない。執行責任者を経験した私は、「所有権者等認定制度」の導入を提案する。①不明裁決等の対象物件について所有権を主張する者は証拠を添えて代執行庁に申告する②申告がない時は代執行令書処分等を行わずに物件を移転する③申告者が複数あった時は、代執行庁は申告された客観的証拠に基づいて所有者等を認定する④所有者等の認定に不服がある者は6カ月以内に限り抗告訴訟を提起できる⑤代執行庁は移転義務者に関する判決が確定するまで代執行を行わない。不明裁決等を是認しながら、裁判所が土地収用法第102条の占有者の解釈に「真の移転権限者＝所有権者」論を採る限り、執行不停止原則の例外を設けなくてはならない。

こうした所有権者等認定制度が導入できないならば、せめて除斥期間の特例を設け、確定判決で明らかになった真の移転義務者に対して、代執行費用の納付命令ができるよう措置すべきである。代執行庁が敗訴してしまえば、代執行費用は代執行庁に転嫁される。

この事態に対して、公共事業優先の制度が高じて、移転義務者の認定に誤りがあったのだから、代執行庁が負担するのはやむを得ないという意見があろう。あるいは立法政策の観点から、収用の最終段階で不経済な所有者探しを際限なく続けるよりは、代執行手続がノンリケット状態になることや、代執行庁の敗訴も想定し、裁判で白黒つけさせる方が合理的だとされるかもしれない。

しかし、土地収用の代執行に真偽不明があって良いものだろうか。この処分場の収用を契機に土地収用法の大改正が行われたが、不明裁決制度には手がつけられなかった。行政代執行法等の改正を願わずにはいられない。

土地収用や代執行は、公共事業を進展させるには避けられない道である。行政としては細心の注意をもってことにあたるわけだが、制度的限界があり、日の出の代執行では都が敗訴した結果、都民に1千万円の負担をかけてしまった。申し訳なく残念でならない。

トラストの要望どおり、反対のシンボル「風の塔」を壊さずに移転させたが、それがやぶへびになってしまった。今でも、反対のシンボル「風の塔」は、奥多摩の地に悠然と立っていると仄聞している。代執行に着手した10月10日がまためぐってくる。

がんばれ！公務員 49

継続は力なり誇りなり

文とマンガ　鈴木武征

よく議会と行政は車の両輪に例えられる。

立法機能を有する議会が民意を反映し法律や条例を制定、行政がそれを適切に運営し、国民生活という車が円滑に走るという図式だ。

そのためには両輪のサイズ、性能のバランスが取れていることが大切だが、私にはどう見ても議会側の車輪が大きすぎる気がしてならない。

現実に議員先生と役人の応対を見ていると、へいこらしているのはいつも役人の方だ。

議員が役人に注文をつける姿はイヤというほど見てきたが、その逆はついぞ見たことが無い。あったとしても地元議員などにヤラセ質問をお願いする位が精一杯で、それとて見返りがあっての相談だ。

この理由は種々あろうが議会、議員側には立法に加え行政の監視機能があり、さらには多数の国民住民に選ばれし者という強みがある。

この差は想像以上に大きなものがあり、行政側にミスなどがあると声高に改革、改善を迫り時には解体にまで追い込む。

攻撃は本来公正であるべき人勧制度等で守られた公務員の待遇にも及び、給与引き下げ、諸手当廃止、勤務条件の締め付けなど容赦ない。

これに首長が加わると、公務員はほとんど言われっ放し、やられっ放しだ。

しかし、以上はある意味議会制民主主義が正常に機能しているということでもあり、行政側にもミスの防止や時代に呼応した改善が必要なのは言うまでもない。

一方、議会や首長にも自戒して貰わなければならないことは多々ある。

いま国や自治体の最大の課題である赤字体質を生み出した原因には人気目当ての施策やご当地優遇事業が大いに関係している。しかし、ほとんどの人が「俺じゃない、前の人だ」と言って真剣に向き合おうとしない。

公務員の特勤手当を、「そういう仕事を承知で入ったんだから給料の内だ」と削減する一方で、自分達の事務所経費や広報経費は報酬とは別と言い張る。

一方、持続性を売りの一つにする行政側はとてもじゃないが、「私じゃない、前任者だ」とは言えない。ひたすら頭を低くして嵐が過ぎるのを待つ。

はたから見れば何ともカッコ悪い人生だが、卑屈になることは全くない。

多くの先達が築き上げ持続してきたシステムに今日的な改良を加えつつ持続していくのが、行政の大きな役割だ。

幸い我が国ではある日突然首相が辞任しても、大臣が5日で交代してもさしたる支障はない。

それもこれも社会のシステムが一定度合い成熟し継続的に機能しているからにほかならず、そのなかで行政システムが果たす役割は大きい。

日々、議会を首長を恐れ黙々と働く公務員が担うシステムの力は、あなたが想像する以上に社会に貢献している。

その車輪は見た目、議会の車輪と比べ小さいものの、頑固さと確実な回転という点では見劣りしない。

議員、住民、上司の声に威圧されつつも今日一日システムの維持、継続に努めたことを誇りにして欲しい。

某辞任大臣の教員の世襲うんぬんという見解も、最近の政治家の世襲ぶりには影を潜めてしまう昨今だ。

都政新報

発行所 都政新報社
〒160-0023 東京都新宿区西新宿7-23-1 TSビル
（総務・読者）03-5330-8781
（企画広告）03-5330-8784
（編集）03-5330-8786
（出版）03-5330-8788
（ファクス）03-5330-8808
購読料 月1,680円（税込）
毎週火・金曜日発行
但し、祝祭日は休刊

紙面から

新型インフル
来年度にBCP策定へ
社会活動規制で検討会も

新型インフルエンザの発生で、8週間のうちに都職員の4割が出勤不能に――。こうした予測のもと、都は09年度、都政の優先業務や人員確保の方策について定めた「事業継続計画（BCP）」を策定する。7日に開いた「新型インフルエンザ対策会議」（座長＝山口副知事）で、各局に優先業務を洗い出すよう通知した。また、感染を拡大させないため、社会活動の規制やライフラインの機能維持について検討する「社会活動のあり方検討連絡会」（仮称）を11月に設置する。

国の被害想定では、新型インフルエンザが流行した際は全人口の25%が罹患し、医療機関を受診する患者数は最大2500万人に上ると想定。ただ、感染力については未知数で、人口密度が高い地域では、より多くの感染者が出る可能性もある。

都は、新型インフルエンザにより、家族が罹患したケースも含め、4割程度の職員が勤務できないと予測。その上、都には通常業務のほか、医療や感染対策などの業務が発生することになる。

7日に都が示した案では、都政で優先する業務としては、上下水道や交通などライフラインの確保、道路・港湾施設の維持などがあり、逆に運転免許の更新や監査といった業務は縮小、延期する。また、学校は休校し、通信による学習など、代替策を検討する。

総務局総合防災部は、12月にBCPの策定方針を提示し、09年1～2月に各局のヒアリングを行う予定。09年度以降は、各局もBCPの策定に着手する。

感染拡大を防ぐため、都は民間事業者と社会活動の規制についても検討する。例えば、映画館のような興行施設、図書館や公共施設、飲食店など、縮小・休止が必要な事業について、規制内容について都の方針を09年3月にまとめ、09年度以降、関係事業者と調整する方向。また、電気・ガス・通信など、都内のライフライン機能の維持を目的に、11月以降、関係団体との意見交換を行う。

同会議では、BCPや社会活動の規制を検討する「危機管理部会」と、各地域の医療体制について検討する「保健医療部会」を設置。保健医療部会では、発熱センターの設置運営計画ガイドラインや、抗インフルエンザ薬の配布計画などを検討する。

また、BCP策定を視野に入れた対応策を検証するため、11月20日に全区市町村、保健所、民間など約300人が参加する図上訓練を行う予定。

都議会は抗インフルエンザ薬を独自に備蓄する補正予算案を可決。配布計画の策定も今後の課題になる。写真は都議に防護服を披露する都職員＝2日、都議会厚生委員会で

欠かせぬ危機意識の共有

【解説】総合防災部は11月中に、首都直下地震が発生した場合のBCPを策定する予定だ。例えば、福祉保健局では高齢者施設の安全確保や医療、建設局では河川管理施設、次いで道路の被害状況の把握が優先される。新型インフルエンザでも、同じ発想で策定されることになる。

ただ、新型インフルエンザが地震と異なるのは、発生時が被害のピークではない点だ。最低でも8週間の計画が必要になる。また、広範囲に発生する恐れもあり、他地域からの応援は期待できない。各区市町村でもBCPの準備は不可欠になる。

他方、「社会活動のあり方検討連絡会」（仮称）では、規制について民間との合意形成を行う予定だが、法に強制力がないため、規制は「要請」ベース。そのため、合意には相当の時間がかかるとみられる。官民による危機意識の共有が、対策のカギを握っている。（祐）

第3回定例都議会が閉会
新銀行関連補正予算を可決
自公「法の趣旨に基づく義務的なもの」
民共ネ「失政もみ消し」「緊急性なし」

第3回定例都議会は6日に最終本会議を開き、景気対策や新銀行東京の減資に伴う減債基金の積み立てなどの補正予算、政務調査費の領収書添付などを定める条例改正などを可決。共産党提案の条例案3件を賛成少数で否決した。討論では、減債基金積み立てについて、自民、公明が「法の趣旨に基づく義務的なもの」などと賛同。民主、共産、生ネが「法令上も急ぐ必要はない」と反対した。

討論では、5会派すべてが、新銀行東京の減資に伴う減債基金への積み立てを取り上げた。

自民党から崎山知尚氏が登壇。崎山氏は、減債基金の積み立てについて、「法の趣旨に基づく義務的なもので、早期に実施することが財政規律や財政効果からも望ましい」と述べた上で、減債基金への積み立てに反対する民主、共産に対して、「大局的な判断を欠いたまま、やるべきことを先送りする姿勢」と批判した。

民主党の初鹿明博氏は、補正予算について、「過半は新銀行東京の損失処理であり、その責任をうやむやにしようとする石原知事の失政もみ消し予算」と強く批判。「法令上も急ぐ必要がないことから、まずは、新銀行の失敗に対する知事の責任と旧経営陣の責任を明確にすることが先決」と指摘し、新銀行の損失処理の即時撤回を求めた。

公明党の吉倉正美氏は、減債基金への積み立てについて、「地方債の発行や基金の取り崩しはいっさい行わず、将来の財政運営の足かせとならないよう全額を剰余金でまかなった」と評価。組み替え動議で削除しようとした民主、共産に対して、「地方財政の仕組みを無視した暴論」と批判した。

共産党は、可知佳代子氏が討論に立ち、補正予算案について、「財源は繰越金のみで、540億円は、新銀行東京の減資に伴う減債基金の積み立てて。緊急性のない新銀行対応の減債基金積み立てをやめ、540億円を都民施策に使う方向こそ、自治体本来の姿」と主張した。

生活者ネットの西崎光子氏は、「新銀行には400億円の追加出資をしたばかりであり、その後の経過報告をすべきなのに、金融庁の検査結果は非公開とするなど、責任を感じているようには思えない」と指摘。「緊急性が認められず、他の補正予算と一括して出してくることには、ごまかしの意図が見え見え」と批判した。

◇　◇　◇

政務調査費の領収書添付などを定める条例改正をめぐっては、自民、民主、公明、生ネの4会派が、都議会のあり方検討委員会の報告に基づく改正案を共同で提出。これに対して共産は、独自案を提出して対抗した。

4会派は、「政務調査費に対する都民の期待にこたえ、かつ全国の地方議会の範となりえる」（自民）、「政務調査活動の透明化を大きく前進させるとともに、都民が今一番求めているもの」（民主）、「オンブズマンの一部には特定の政党の影が見え隠れする。第三者機関は必要」（公明）などと、共同提案の条例案に賛成。

共産党は、「実施時期は来年4月で、都議選前には公開されない。最大の汚点は、使途基準を改悪したこと」などと批判した。

この他に、「都民への司法サービス充実に向けた多摩地域における裁判所機能の強化に関する意見書」「地方消費者行政の充実・強化に関する意見書」「私学振興に関する意見書」「障害のある学齢児の放課後活動支援に関する意見書」「郵政3事業の一体的提供による地域住民へのサービス確保に関する意見書」を可決した。

MEMO　新銀行東京の減資対応　都は第3回定例都議会に、一般会計935億円の補正予算を提案した。このうち540億円は、新銀行東京の減資に伴う減債基金への積み立て。都はすでに新銀行東京に対して400億円の追加出資を行っている。さらに、新銀行東京が多額の累積損失（1016億円）を解消するため、資本金を取り崩して、減資を行う。しかし、資本金は減っても、都が新銀行東京に出資した際の都債は残るため、都は540億円を減債基金に積み立てる。

本会議終了後の会派まわりで、自民党幹部らと談笑する石原知事

中小企業への金融支援を拡充
環境配慮取組支援融資　評価に応じて優遇金利に
補正予算可決で

都産業労働局は、補正予算案の可決を踏まえ、7日から中小企業制度融資を拡充した。メニューは「経営支援融資」で、国や都が指定する不況業種が対象。融資目標額を300億円増の1500億円に引き上げ、設備資金や運転資金の調達をサポートする。

4月から7月までの4カ月間の融資実績をみると、国が指定した不況業種が対象の「経営セーフ」は、前年同期比で約7倍に増加。都指定の不況業種の「経営一般」も、原油・原材料価格の高騰の影響が中小企業を直撃し、融資額が伸びているという。

また「経営支援融資」の保証料補助の対象は、責任共有制度の対象である場合など、これまで一定の要件を設定していたが、すべての小規模企業に対象を拡大。補助割合も保証料率のうち0・2%とか、0・1%という低い水準だったが、これを保証料の2分の1に引き上げた。

第10回CLO（ローン担保証券）の参加企業募集も7日から開始した。今回は、融資期間を5年（据え置き2年）から6年（据え置き1年）に延ばし、利用限度額も最大1億円まで無担保とした。横浜市、大阪市との広域連携で行い、09年3月に債権を発行する。

また、省エネ設備や大気汚染防止設備、水質改善設備などの導入資金を提供するため、新たに中小企業環境配慮取組支援融資制度をつくり、20日から受け付けを始める。中小企業の環境配慮の取り組みを評価し、その結果に応じた優遇金利を設定する仕組み。融資した後も継続的なモニタリングや評価を行い、レベルアップに向けた支援を実施するという。日本政策投資銀行を中核金融機関とし、東京都民銀行、八千代銀行、多摩信用金庫のほか、新銀行東京も取扱金融機関に入っている。

各分野の専門家でシンポジウム開催
11月17日に

新型インフルエンザ対策について、都民に最新の情報を紹介するため、都は11月17日、都庁でシンポジウムを開催する。

尾身茂・WHO（世界保健機関）西太平洋地域事務局長が基調講演を行うほか、国立感染症研究所の岡部信彦・感染症情報センター長、国立国際医療センターの工藤宏一郎・国際疾病センター長が出席する予定。

顧問を増員　参与を新設
東京五輪招致委

東京オリンピック・パラリンピック招致委員会は7日、顧問の増員と参与の新設を行った。

顧問は、委員会の事業を進めるにあたり、招致活動の進め方や事業運営の方法などに関する重要事項について、理事会の求めに応じて意見を述べる。現在、内閣官房副長官・副大臣25人、地方公共団体代表者13人の計38人が在任中。今回、新たに経済団体代表14人、スポーツ界39人の計53人が加わる。

参与は、委員会の事業を進めるにあたって、運営上の諸課題について意見を述べる。今回、スポーツ界や地域経済界から261人が就任した。

顧問・参与とも、引き続き増員していく予定。

都政の東西
指定管理者の再編

2003年の地方自治法の改正で[illegible]、来年度にかけて契約の更新時期を迎え、指定管理者の変更などを行う自治体が多い。これまでを「第一期」とすれば、「第二期」の開始とも言えよう。

第一期で、制度運営上の課題や指定管理者が不適切な事業分野なども浮き彫りになっている。総務省は、6月の「全国都道府県財政課長・市町村担当課長合同会議」において、指定管理者制度の運用上の留意事項として①選定過程②評価③協定など④委託料など――4分野で確認項目を提示。指定管理者制度のあり方について、[illegible]提示された確認項目は、例えば「選定基準の設定にあたって事業計画書に沿った管理を安定して行うことが可能な人的能力・物的能力を具体的に反映しているか」「評価項目・配点等について客観性・透明性が確保されているか」など、一見、ごく当然の内容だ。しかし、総務省が改めてこうした基本事項の確認を指示しなくてはならないほど、自治体の現場では管理体制が不十分な場合が多いことの裏返しとも認識できる。

総務省は、指定管理者の選定基準を設定する際に、例えば「公共サービスの水準確保の観点が重要」「公共サービスについて専門的知見を有する外部有識者等の視点を導入すべき」としている。第一期の反省も含め、第二期では、効率性の追求以上に、公益性と質の担保が制度の運営で重視される。

来年度以降、指定管理者の運営から自治体直営に戻す事業が出てくる可能性もある。現在、指定管理者になっている自治体の監理団体の再編も含めて、今後、各自治体では、事業の性質との照合などを通じた指定管理者制度の見直しに迫られる。

盲ろう者支援策拡充を申し入れ
都議会公明党

都議会公明党は7日、盲ろう者支援策の拡充に関する申し入れを都に対して行った。

申し入れでは、盲ろう者の社会参加にはコミュニケーション手段である「指点字」が不可欠であり、高度な通訳技術や幅広い知識を持った通訳介助者の養成にさらに力を入れるよう要求。通訳介助者の派遣時間拡大や必要経費への財政支援、盲ろう者が社会復帰するための訓練・教育施設の設置、盲ろう者の社会参加、就業機会の確保など特段の支援策を求めた。

知事の「山谷発言」でNPOが公開質問状
17日までに回答求める

生活困窮者の自立生活を支援するNPO団体「自立生活サポートセンター・もやい」が6日、石原知事に対して、3日の定例会見での発言について、公開質問状を提出した。

知事は会見で、「山谷のドヤに行ってごらんなさいよ。200円、300円で泊まる宿はいっぱいあるんだよ」と発言した。質問状によると、「都内では山谷地域でも一泊1000円以下の簡易旅館は皆無に近く、1500円以下の宿泊先を見つけるのですら、困難な状況」と指摘している。

その上で、①都内で実際に「200円、300円で泊まる宿」についての具体的な情報提供②発言が事実誤認であったならば、記者会見の場で公式に発言撤回③ハウジングプアに対する総合的・包括的な支援策――の3点について、17日までに回答を求めている。

＝2面に関係記事

11月を非正規の「労働月間」に
都産業労働局

都産業労働局は、11月を「パート・派遣・契約社員等の労働月間」と定め、非正規労働者の雇用環境整備に向けて集中的な取り組みを行う。11月6・7日には電話総合相談会を実施。セミナーや労働相談、職場訪問による相談・助言などを行う。

冗句ジョーク

もう出来ますか？　TOKYO体操

中年職員の覚え方

「ⓣツカレタ、ⓞオー疲れた、ⓚ今日も疲れた、ⓨヤダヤダ、ⓞオシマイ！」

「迷惑餌やり禁止」条例

住民説明会で賛否噴出

荒川区

「飼い主のいない動物への迷惑な餌やり行為を罰する」とした条例の素案を公表した荒川区は3日、区民説明会を区役所で開催した。9月19日の西川太一郎区長らによる記者会見後、「野良猫なども含む」との報道から、区の内外から批判が続出。急きょ、説明会を開いた。説明会には区外からの参加者を含む約100人が出席。素案の契機になった東日暮里地区における迷惑行為の被害住民など「賛成派」と、区内外の愛猫家など「反対派」の双方が意見を主張し、対立する場面もあった。

3日夜に荒川区役所で開催された説明会には、区内外から約100人が参加。区側からは、環境部長、環境政策担当課長らが出席し、「（仮称）荒川区良好な生活環境の確保に関する条例」の素案の概要と、策定の経緯を説明した。

冒頭で区側は、策定の契機として、東日暮里地区での特定男性によるカラス、鳩への餌やり行為について説明。NHKのニュース番組映像を会場で映写し、地域住民の被害と苦情の実態を示した。

素案について区担当者は「餌やり行為すべてを規制する条例ではない」と、改めて強調。罰則として刑事罰の罰金を設けた点は「検察などの判断を仰ぐ。区の判断だけで罰則を乱発することはない」と説明した。

区側は動物愛護策として、8月に開始した「地域猫」制度も詳細に説明。住民活動による不妊・去勢施術などを支援しているとした。

住民説明会で条例素案を解説する区の担当者＝3日、荒川区役所で

■賛否両論に野次と拍手

説明会では、区側の説明に続いて、参加者と区側の間で質疑応答が行われた。

条例案への「賛成派」は、東日暮里地区の事例における"被害住民"が中心。餌やりの現場写真などを示しつつ、荒川区の条例案に賛意を示した。「区の素案は、まだ手ぬるい」「公序良俗に反する行為には、どんどん禁止条例をつくるべき」との発言もあり、会場から拍手と野次が出た。

「反対派」は、荒川区外からの参加者が多く、東久留米市、港区、品川区、足立区などで地域猫活動を行っている人たちも意見を述べた。東日暮里地区の状況に一定の理解を示しつつも、条例案への批判が相次いだ。

荒川区内に在住する男性は「カラスや鳩など野生の生き物と、猫を一緒にする条例はおかしい。条例を分けるべきだ」と強い口調で批判。別の参加者は「餌やりの禁止対象から猫を外すべきだ」と主張した。

条例の素案を策定する過程で、地域猫活動家など区民への意見聴取がなかったことについて、区側の対応を批判する参加者もいた。また、地域猫対策に関して、さらなる拡充を求める意見も出た。

■「条例規制は安易」

条例による規制に対しては、具体的な対応策の内容や効果を疑問視する意見が出た。

区内在住の女性は「迷惑行為だからといって、法律を作って罰するのは行政として安直ではないか。荒川は下町的な人情ある街だったのに、情けない。記者会見まで開いたと聞くが、こんなことで目立たなくても結構だ。区民の立場で取り組んで欲しい」と述べた。区側は「決して一個人の行為を取り締まることが条例の目的ではない」と、理解を求めた。

「賛否が出て当然の、住民感情を煽る中身の条例を、区は作るべきではない」との意見のほか、中には「都のカラス捕獲対策は効果がなかった」との都への批判も。賛成・反対の双方の意見が出るたびに、拍手と野次が入り交じるなど、会場内には不穏な雰囲気が漂った。

説明会終了後、賛成派の区民の一人は「迷惑行為の被害は深刻なのに、猫の話ばかりで、議論にならない」と吐き捨てるように話した。反対派の一人は「特定地区から苦情が出たといって条例を策定し、猫まで含めるのはおかしい」と真っ向から反対する意見を展開。両者の溝の深さを浮き彫りにした。

荒川区は、条例素案へのパブリックコメントを14日まで実施。結果を参考に最終案をまとめ、12月の定例区議会に提出する予定。

住民の合意形成が先決

【解説】荒川区の条例素案に対するパブリックコメントには、3日の時点で65件の意見が寄せられた。内訳は、賛成5件、反対60件。しかし、区民からの意見は4件だけで、61件は区外からの意見だった。区には電話・郵送・ファクスを通じた意見も142件（区民26件）が寄せられており、賛成は17件（区民3件）、反対は125件（区民23件）という。

東日暮里地区の住民被害に対して「何らかの対策を講じるべき」という点では、3日の説明会でも異論は特になかった。反対意見の主眼は、条例を解決策に用いることに置かれている。

特に、素案中で「迷惑な餌やり行為」の禁止対象に「飼い主のいない猫」を含めたことに、区内外を問わず、愛猫家などが猛反発。マスコミ報道が先行した結果、感情論に陥っている側面も否めないが、素案の策定段階で、住民らと合意形成を図ってこなかった区側の対応が問題視されている。

説明会で「今回のような意見交換の場を設けることが大事だ」との参加者からの発言に、賛否を問わず会場から拍手が起きた。まずは、住民感情に配慮した合意形成の場づくりが、区側に望まれている。（河）

都知事に抗議文提出

台東区　「山谷の200円宿」発言で

会見に出席した吉住弘区長（左）と木下悦希区議会議長＝7日、台東区役所で

石原知事の「山谷には200円、300円で泊まれる宿がある」旨の発言に対して、台東区は7日、都知事あての抗議文を、吉住弘区長と木下悦希区議会議長の名で提出したと発表した。区と区議会は、石原知事に対して「発言の訂正と謝罪を強く求める」としている。

石原知事は3日の定例会見で、大阪市で15人が死亡した個室ビデオ店放火事件に言及。いわゆる「ネットカフェ難民」などが生活の困窮ではなく、「ファッション的に」同種の施設を利用しているとの見解を示した。その際に「山谷のドヤに行ってごらんなさいよ。200円、300円で泊まれる宿はいっぱいあるんだよ」と発言した。

石原知事の発言について、山谷地区がある台東区は「実態を正確に把握したものではなく、重大な事実誤認があったと言わざるを得ない」と非難。近年は地域住民によって外国人観光客やビジネス客の利用も増えている状況などを挙げて「山谷のイメージも変化しつつある中、この発言で地域イメージが著しく損なわれ、区として誠に遺憾」として抗議した。

台東区議会は「『山谷問題』という都の重大な都市問題に関して、正確な実態を把握していない。速やかに実態を把握し、それに基づく行政運営を求める」とし、全会一致で抗議を決定した。

台東区と区議会の抗議文は、区職員が7日に都庁を訪問し、秘書課長に渡した。

山谷は、台東区内の旧地名で、都が指定する「山谷地区」は台東区と荒川区にまたがる一帯。歴史的に、日雇い労働者が集まる地区として、簡易宿泊施設などが多数存在している。

都は1968年、「山谷対策室（現在の山谷対策本部）」を設置。台東区などと共同で、居留者に対し、雇用や生活の安定化、保健衛生の向上などの事業を進めてきた。

近年は、日雇い労働者の減少や高齢化に伴って福祉中心の施策に変容。台東区も福祉関連施設を誘致するなどで、従来と異なるまちづくりを推進している。

山谷地区の簡易宿泊施設について、台東区によると「約150カ所あり、宿泊料は2000円前後が大半」という。最近は、外国人観光客らに人気があり、区は観光事業にも注力している。

緊急会見で吉住区長は「地域住民が新たなまちづくりに取り組む中、都のトップの『山谷だから』といった安易な発言は残念」とし、「車中からでも良いので、知事には一度、現地を見ていただきたい」と話した。

記者席

無視したくなるかも

○……自宅に「東京都市圏パーソントリップ調査」が届いた。「どんな人が、どんな目的で、どこに行くか」を調べるもので、国交省や東京都を含む首都圏自治体、首都高速道路などで作る「東京都市圏交通計画協議会」が10年ごとに実施している。新型インフルエンザの被害推計にも役立てるのだそうだ。調査内容は細かく、一日に行った場所と移動手段はもちろん、徒歩で何分かかったかも1分単位で書けという。「電車の所要時間くらい、そっちで分かるだろう」と愚痴りながら、筆を走らせた。無償でこの細かさ。無視する人も多いのでは…と心配になる。

○……昨年12月に死亡した新宿区内の女性が区に寄贈すると遺言した土地・建物の権利を、今度は区が放棄する議案を区議会に提出した。議案は10日の本会議で、可決される見通し。死亡した女性の家には、その長女が今も住んでおり、遺族は7月に区に権利放棄を要請する申立書を提出した。これを受け、区は長女の生活基盤を守るため、地方自治法に基づき権利放棄を決めたという。だが、野党区議は「区が遺贈を受けて、無償貸し付けを」と主張。しかし、個人の財産にかかわる問題だけに、この提案も、ちょっと無謀では。

○……気持ち悪いというか、何となく落ち着かない。10月1日から変更になったごみの出し方のことだ。これまで分別していたプラスチック類やゴム・皮革類が、可燃ごみへと変更された。マンションのごみ置き場には、「可燃」「不燃」のラベルが張られ、色分けされたコンテナが以前は同数あったが、現在では圧倒的に「可燃」のコンテナが増えている。随分と長い間、従来の分別に慣れていたので、プラスチック類の入ったごみ袋を「可燃」のコンテナに入れる際には、かすかな罪悪感すら持ってしまう。家の中を見回してみても、ごみ箱は4分割のタイプで、可燃、不燃、ビン・カン、その他と使い分けていた。いまは1カ所が「空き」状態だ。慣れるには時間がかかりそうだ。

区営レンタサイクルで明暗

世田谷区　人気上昇中

豊島区　6月で廃止

世田谷区のレンタサイクル事業が人気を呼んでいる。区内には現在、東西を結ぶ鉄道は5路線あるが、南北交通は必ずしも十分でないため、08年度中に鉄道3駅を南北に結ぶ貸し自転車のネットワーク化を目指す。一方、豊島区では、放置自転車対策の一環で始めたレンタサイクル事業を今年6月に中止しており、貸し自転車の貸し出し拠点での相互乗り捨てが可能かどうかが明暗を分けた形だ。

身近な交通ネットワーク

レンタサイクルに乗った若者、中高年が次々とやって来る。利用者は、入り口の端末に専用ICカードをかざして回転ドアを開け、駐輪してそそくさと駅に向かった。

世田谷区には現在、レンタサイクルの貸し出し拠点が5カ所あり、指定管理者のシルバー人材センターが管理、運営する。

ICカードをかざして、駐輪する利用者＝世田谷区桜上水で

京王線桜上水と小田急線経堂の両駅付近にある貸し出し拠点ではどちらでも、07年3月から自転車を乗り捨てることができるようになった。

1日の利用料は200円、月ぎめは2千円。専用ICカードと自転車に搭載されたICを使い、コンピューターに利用履歴を残している。そのため、1台借りると、2台目は借りられない仕組みだ。また、借りてから原則5日間を超えると、区側は月ぎめであってもレンタサイクルを一度返却するよう電話連絡し、台数を確保している。

9月末現在、桜上水には約420台、経堂には約160台が配車されている。利用目的では通勤や通学が大半を占め、高齢者の通院もあった。また、ガソリン高の影響を受け、マイカーからレンタサイクルに切り替える利用者もいたという。両拠点を合わせた9月の1日平均利用者は、830人と昨年同月比で101人増えている。区は月ぎめの新規申請を中止しているほど、「人気は上昇トレンド」（交通安全自転車課）だ。

だが、利用率が上がるにつれ、修理費の増加も悩みの種。貸し出し拠点では、故障した自転車に「ライト不良」「スタンド破損」などと張り紙がされ、委託業者が毎月出張して修理している。レンタサイクルは、撤去しても引き取られなかった放置自転車を再利用している上に、頻繁に使われるため、桜上水、経堂の両拠点で故障自転車は月平均50台。

修理費は、利用者の自己負担ではなく区が肩代わりするため、区内5カ所で年間約500万円という。これに対し、収入は約3300万円。事業総体の採算性は、人件費などを差し引くと実質的に赤字になるという。

08年度中に、田園都市線桜新町駅から徒歩1～2分の立地に土地を借りて、レンタサイクルの貸し出し拠点の新設を目指す。設置後、貸し出し拠点3カ所の利用実態などを把握した上で、区外の拠点設置も含めて拡大するかどうか検討していく考えだ。

一方、豊島区は今年6月末で、レンタサイクル事業を廃止した。池袋駅東口と目白駅付近の駐輪場の一角で、放置自転車を減らそうとレンタサイクルを00年に始めた。しかし、池袋駅東口で借りた場合、目白駅で返却できなかったり、隣駅まで歩ける距離だったため、利用率が低迷した。現在では、レンタサイクルスペースを駐輪場として活用している。

豊島区と隣接する文京区などにレンタサイクルの貸し出し拠点を設置し、ネットワーク化ができた場合、豊島区交通安全課は「再開の見込みはゼロでない」と話している。

江戸川区は来年秋に、地下鉄東西線葛西と西葛西の両駅の駐輪場で、レンタサイクルの実験事業を始めるという。

食育キャラ体操できたよ

運動会に向け園児が練習

江戸川区

江戸川区立南平井保育園（松木和子園長）では、11日の運動会を前に、食育キャラを使ったオリジナル体操の練習＝写真＝に熱が入っている。

この体操は、2006年度から同区の食育キャラクターである「ぱくどん」「あかべい」「きさく」「みどすけ」が歌詞に登場する「ぱくぱくあさごはん」。

同園では、子どもたちにしっかり朝ごはんを食べて元気に登園してもらおうと、松木園長と保育士らが協力。昨年8月に、食育キャラを使ったオリジナル食育ソング「ぱくぱくあさごはん」を完成させた。日ごろの保育のなかで歌い、園児にもおなじみになっている。

今年度は、さらに楽しんで食育に取り組もうと、昨年作った曲を体操バージョンに編曲し、保育士らが振り付けを考案した。腕をぐるぐる回したり、ジャンプや小走りなどの動作が盛り込まれ、約3分間弱のテンポのよい曲に仕上がった。

「ぱくどん」は子どもたちがよい食習慣を身に着けることを勧めるメーンキャラクター、「あかべえ」は血や肉になる食べ物を応援、「きさく」は体温や動く力になる食べ物を応援、「みどすけ」はビタミン・ミネラルを多く含み、体の調子を整える食べ物を応援するキャラクター。園児らは頭に食育キャラのお面をつけて、熱心に体操の練習を行っている。

松木園長は「子どもたちに朝ごはんを食べる大切さを知ってもらい、自発的に食べるようになってもらいたくて歌を作った。これからもおいしく食べる体験をどんどんさせたい」と話している。

副区長に鈴木氏

目黒区

目黒区議会は9月30日、鈴木勝氏（60）を副区長に選任する人事案件に同意した。鈴木氏は10月1日に就任し、任期は4年間。

鈴木勝氏

同氏は1948年3月生まれ。76年から目黒区役所に勤務。企画部副主幹、参事などを経て今年3月に退職。その後、社会福祉法人目黒区社会福祉事業団経営本部長を務めていた。

佐々木一男前副区長は任期満了で9月30日に退任した。

中学生4人に1人がトラブル

教員の7割が対応に苦慮

都教委、防止策を検討

インターネット・携帯電話利用実態調査

携帯電話を持っている小学生のおよそ10人に1人、中学生の4人に1人、高校生の10人に3人が、メールや携帯ネットで誹謗・中傷などのトラブルを経験していたことが、教育庁が9日まとめた「子どものインターネットや携帯電話利用についての実態調査」で明らかになった。学校側は、この問題への対応について「重要な課題」と受け止めつつも、教員の7割近くが対応に苦慮している実態も浮かび上がった。調査結果を踏まえ、都教育委員会は、児童・生徒、保護者、先生、関係業者に対し、携帯電話の慎重な利用を呼びかけるアピールを発信するとともに、専門家を活用した学校裏サイトのトラブル防止策など、具体的な対策の検討に乗り出すことを決めた。

携帯電話の普及拡大に伴い、子どもの携帯電話でのインターネット利用をめぐる様々な課題が指摘されている。メールによるいじめで、学校生活に支障をきたすばかりか、生命の危険や深い心の傷を受ける被害も発生。有害情報から児童・生徒を守る対策が大きな課題になっている。

このため、教育庁は7月、児童・生徒の携帯電話の所持率や使い方、インターネット利用によるトラブルなどの実態を把握するため、小中高・特別支援学校の児童・生徒1万1032人と保護者7300人、教員800人を対象に大規模な「子どものインターネットや携帯電話利用についての実態調査」を実施した。

調査結果によると、携帯電話の保有率は、小学校38・4％、中学校66・4％、高等学校96・2％、特別支援学校53・8％だった。この保有率は全国平均をやや上回るものの、大都市を抱える神奈川県などとほぼ同じ割合になっている。

保有している携帯電話のうち、有害情報に接続できなくする、いわゆるフィルタリングをかけている割合は、全体で30・7％と低かった。保有率を男女別にみると、男子50・8％、女子64・2％と女子の保有率が高く、また進学時に当たる中学校1年、高校1年で保有率が極端に増加する傾向にあることもわかった。

携帯を利用する際、メールの範囲やネット利用の制限など、家庭でルールを決めているのは、小学生67・6％、中学生45・6％、高校生21・5％だが、「ルールを決めて守っている」と回答した割合は保護者が多く、子どもとの意識の乖離が浮き彫りになった。たとえば、小学校の場合、「ルールを決めて守っている」と回答しているのが、保護者81・3％に対し小学生67・6％で、親子間に意識の開きがみられる。

学校非公式サイト（学校裏サイト）についての質問では、児童・生徒、保護者の半数以上が「よく分からない」と回答した。教員については「よく知らない」が20・5％と、児童・生徒や保護者に比べて認知度が高いが、「見たことがない」と回答した教員も多く、両方を合わせると約75％の教員が学校裏サイトを認知していなかった。

携帯電話や携帯ネットのトラブルについての質問では、携帯電話利用者のうち、およそ小学生の10人に1人、中学生の4人に1人、高校生の10人に3人、特別支援学校児童・生徒の5人に1人が、メールや携帯ネットでトラブルを経験していることがわかった。

このうち最も多いのが「チェーンメールを流された」で1007件。次いで「メールで悪口・個人攻撃を受けた」（346件）、「プロフィールサイトに誹謗・中傷、画像が掲載された」（207件）などとなっており、出会い系サイトで金額を振り込むよう脅された高校生もいた。アルバイト紹介サイトで風俗店を紹介された中学生もいる。

このようにトラブルの内容は多種多様だが、児童・生徒が「トラブルがあった」と回答した割合と、保護者が「相談を受けた」割合は、小学校で8・4ポイント、中学校で10・9ポイントなど乖離があった。また、トラブル対応について、教師の96・4％が「喫緊の課題」「重要な課題」と回答したが、その対応に66・8％が「困っている」としている。

この調査結果を受け、都教委は「子どもたちが携帯電話を利用することで、被害者になったり、加害者になったりすることがあってはならない」とし、児童・生徒、保護者、教員、関係業者に対してのアピール文を作成。「必要最低限の機能をもつ携帯電話を選ぶ」「必ずフィルタリングを付ける」「家族で話し合い、使い方のルールを作る」などと呼びかける。

さらに、携帯電話・携帯ネットのトラブルや被害への具体的な対応の仕方、適切な指導について、教員が指導できるよう対策を講じる必要があるとし、特に学校裏サイトにかかわるトラブル防止への学校の取り組みを支援する対策を検討する。今後は、学校裏サイトの監視や内容把握などを行うための専門業者への委託も含めて具体的な対策を検討し、来年度予算要求の中に必要経費を盛り込む予定である。

携帯電話の保有率

学年	保有率
小4	33.2%
小5	37.9%
小6	44.2%
中1	59.3%
中2	66.9%
中3	73.7%
高1	95.4%
高2	97.0%
高3	97.2%

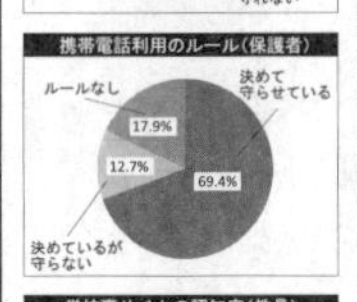

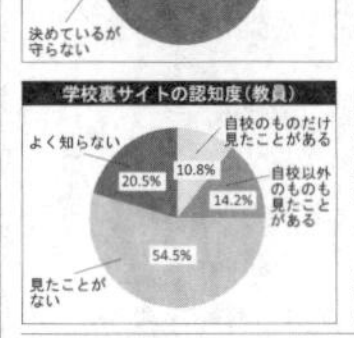

学校裏サイトの認知度（教員）

よく知らない 20.5%　自校のものだけ見たことがある 10.8%　自校以外のものも見たことがある 14.2%　見たことがない 54.5%

7300事業で全都展開

親子の絆コンサートなど

「教育の日」推進事業

今年も、「東京都教育の日」の推進事業が都内全域で展開される。期間は今月から11月までの約2カ月間で、都教育庁をはじめ学校や各局、区市町村を合わせて、約7300件の事業を繰り広げる。中でも今回は、11月1日の「教育の日」に記念行事を行い、東京都教育委員会が取り組む事業を集約する一方、学校活動支援団体に対する感謝状の贈呈式を新たに設けた。また、各局では130の推進事業を計画しており、都立高校でも全校で125事業に取り組む予定。教育庁では「これを契機に都民の教育に対する関心が高まることを期待したい」としている。

都教委は2004年2月、都民の教育への関心を高める契機にしようと、11月の第一土曜日を「東京都教育の日」と制定した。以後、毎年この日を中心に、学校や区市町村などで実施する様々な事業を「東京都教育の日」推進事業として取り組んでいる。今年は11月1日が「教育の日」となる。

今年度に展開する推進事業は、7300件程度で、前年度の約6800件を500件ほど上回った。推進事業は①教育への関心を高めるとともに、教育について考える機会を提供する事業②親子がふれあう取り組みや子どもの体験的な取り組みを提供する事業③今年度のテーマである「家庭のコミュニケーション」に関連する事業④その他、事業内容に教育的効果が認められる事業——の4項目に該当する事業で、10月から11月の2カ月間程度を事業期間としている。

たとえば、教育庁では、子どもたちの体験と学びを豊かにするための「地域教育フォーラム」（11月1日）や親子ふれあい将棋教室（同月2日）、「『本を読むこと』との幸せな出会いを」と銘打った子ども読書フォーラム（同月7日）などの事業を計画している。

都立高校でも文化祭や授業公開のほか、道徳授業地区公開講座、親子で学ぶ公開講座などの事業を行う予定。また、工業系高校では「ものづくりフェア」などを計画する一方、少年相撲教室や高校・小中学校との交流会などユニークな事業を企画する高校もある。

都庁各局では、妊娠中の母親や父親または子育てに関心のある人を対象にした「親子の絆コンサート」（青少年・治安対策本部）、都立野山北・六道山公園（里山体験エリア）での稲刈り体験（建設局）、都立東京港野鳥公園で親子が楽しむ「どんぐり拾いと工作」（港湾局）などの事業が行われる。

区市町村が主催する推進事業としては、区立学校の特色ある教育活動を展示・発表する会（中野区）や「むさしの教育フォーラム」（武蔵野市）、地域の教育力の活用について話し合う「教育シンポジウム」（調布市）、「中学生の主張大会」（東村山市）など、12区市町村で16の事業を計画している。

このほか、「大切です！家庭のコミュニケーション」をテーマに、小中高生からポスターを募集した。応募総数は作文140点、ポスター1197点で、最優秀、優秀作品を「教育の日」普及・啓発用ポスターなどに活用する。また、教育委員による推進事業視察として、学校の特色ある取り組みの視察や教職員、保護者、地域住民などとの懇談を予定している。

さらに、「教育の日」の記念行事を11月1日に設定し、これまで分散して取り組んできた関連事業を集約した。学校保健・学校給食などで優れた功績のある学校関係者や学校を表彰する都教育委員会表彰（健康づくり功労）表彰式、作文・ポスター優秀作品表彰式、学校と地域が連携した様々な活動事例の紹介やコーディネーターの役割などについて話し合う「地域教育フォーラム」、家庭のコミュニケーションの重要性を解説したテキスト内容や学校における実践事例などをパネル展示する「家庭のコミュニケーション」展示ブースを計画している。

これに加え、今回は学校活動支援団体に対する都教委感謝状の贈呈式を新設した。長期間にわたり学校活動支援を続けてきた団体に対して感謝状を贈呈するもので、教育活動支援部門と環境整備支援部門、学校安全支援部門の計56団体に感謝状を贈る予定。

昨年の「教育の日」関連事業で開催された「未来を拓く体験発表会」

都教委

キャリア教育でフォーラム

児童生徒が実践事例を発表

都教育委員会は4日、都庁大会議場で、「みんなで子供の未来を開こう！〜家庭・学校・地域・社会が連携したキャリア教育の推進〜」と題したフォーラムを開催し、都内公立小中高校・特別支援学校の児童・生徒、保護者、教職員や教育関係者、一般の都民などおよそ500人が参加した。

第1部「仕事について、一緒に学びました！」では、キャリア教育の優れた実践事例を発表した。新宿区立江戸川小学校は、児童たちが「弟子入り」と名付けた職場体験の様子を元気よく話し、協力した商店街の会長が児童の成長ぶりを語った。豊島区立西池袋中学校は、2年生全員による地域と連携した5日間の職場体験について、生徒と教員、事業所代表が協力して発表を行った。

今年初めて、特別支援学校から都立府中朝日特別支援学校高等部が参加。地元の味の素スタジアムなどとの連携によるインターンシップの取り組みを2年生の生徒と教員が発表し、会場から大きな拍手が沸いた。

高校からは、まず都立足立西高校の生徒が、約100事業所での1年生全員のインターンシップについて、地道な作業の苦労や喜びを語り、協力した農園主の真摯な話とともに会場の共感を得た。また、都立多摩高校は、「卒業生ホームルーム」「進路のお姉さん」など、同校が組織的に取り組んでいる特色あるキャリア教育や奉仕体験活動について、わかりやすいデータを示して成果を説明した。

第2部のパネルディスカッションでは、大学、企業、高校、保護者の代表が、家庭・学校・地域・社会が連携してキャリア教育を行うことの意義について熱く語り、会場から「今日のフォーラムのような会を地域でもたくさん実施してほしい」との声が挙がった。

都教委では、「フォーラムを通じて、東京都のキャリア教育への理解が深まり、連携への一層の協力が得られること期待する」としている。

キャリア教育推進フォーラムで実践事例を発表する児童・生徒たち

教職員のキーワード 73

公私連絡協議会

都教育委員会は9月19日、同日に開催された2008年度公私連絡協議会において、東京都と東京私立中学高等学校協会が、09年度における都立高校及び私立高校の受け入れ分担数並びに入学者選抜に関連する事項について合意したことを発表しました。

合意した内容ですが、まず、09年度の受け入れ分担について、計画進学率を96・0％とし、公私の受け入れ分担率を都立59・6対私立40・4としました。そして、受け入れ合計6万8千人について、公立が4万500人、私立が2万7500人をそれぞれ受け入れることとしました。そして、公私立高校は、募集人員に対して適切な合格者数を定め、過不足が生じないよう一層努力すること、定員未充足の場合は、追加募集を行うようにすることなどを申し合わせました。

また、入学者選抜についても次の内容の合意事項があります。①入学者選抜に関する公立中学校に対する説明会は10月1日以降を厳守する②入学者選抜には、業者テストによる偏差値等を資料として利用しない③私立高校が中学校との間で入学相談を実施する場合は、12月15日以降に実施することとし、合格の可能性を述べるにとどめ、確約、内定はしないものとする④公私立高校に入学手続きを終えた生徒には、以後の募集への出願を遠慮するよう指導し、趣旨の徹底を図る⑤私立高校は、都立高校を併願している者の入学金等の納入期限を保護者の経済的負担に留意し、各校で十分配慮する。ただし、推薦入試による合格者については、この限りでない。

公私連絡協議会は、公私が協調して一人でも多くの学ぶ意欲と熱意のある生徒を高校に受け入れることを目的として、設置されています。文部科学省も、これまでに、公私立高等学校協議会の設置、運営についての通知を出して、都道府県に適切に対処するように求めています。

児童・生徒数は、学年によって変動します。このため、公私連絡協議会では、5年間の中期計画を立てた上で、年度ごとに合意を行っています。

現在までは、04年9月13日に合意した中期計画に基づき毎年度の就学計画を協議してきましたが、09年度で計画期間が満了するため、今後は10年度から14年度までの次期中期計画の合意に向けて引き続き協議していくこととしています。

都内には私立学校が多く、高校については、学校数、生徒数とも私立高校が公立高校を上回っています。受け入れ枠が約4割なのに私立高校の生徒数が多いのは、私立高校には私立中学校から内部進学した生徒も在学しているからです。都内の中学生の約4分の1は私立中学校の生徒です。

都内公立中学校の卒業者は、これから急増していくことが予想されています。これから都内の公立中学校を卒業する生徒を、公私が協調して受け入れていくことが引き続き求められています。

雑誌シリーズ第3弾「暮らしの学び舎」

都立多摩図書館

都立多摩図書館は、来年度の「東京マガジンバンク」の創設に向けて、「雑誌の魅力を探る」をテーマとするシリーズ展示に取り組んでいるが、その第3弾「暮らしの学び舎」を11月5日まで、多摩教育センター内の同図書館で開催している。

今回は、関心の高い健康づくりや医療・介護、趣味・衣食住・スローライフなどライフスタイル、食の安全、育児・家庭教育・食育、さらに地球温暖化や地震・エコロジーなど、暮らしをめぐる様々なテーマを扱っている雑誌を展示する。

「緑の再生」企画展

都立図書館

都立図書館は、東京都の「緑の東京10年プロジェクト」の方針を踏まえ、都庁各局などと連携し、企画展「緑あふれる東京の再生をめざして」を31日から11月9日まで、東京芸術劇場の展示ギャラリーで開催する。また、11月3日には、同大会議室で講演会を開き、NPO団体などからの事例報告を予定している。

企画展は3章で構成され、第1章で「緑の象徴—森の力」を紹介。第2章の「江戸・東京における『緑の原風景』」では、江戸時代に発展した「緑」の文化など、「緑」の歴史を当時の資料でたどるとともに、本多静六など森づくりに寄与してきた先人たちを紹介する。

また、第3章の「緑のムーブメントを起こそう！」では、2016東京オリンピック・パラリンピック招致に向け、「緑のムーブメント」の機運を高めていくことを狙っている。

一方、講演会では、NPO法人オーシャンファミリー海洋自然体験センター代表の海野義明氏による基調講演「緑・海を豊かにするために『今できること』」、NPO法人園芸アグリセンター理事長の宗村秀夫氏と、都立園芸高校生徒代表による事例報告が行われる。

毎週金曜3面は　教育オンライン

インシデント・アクシデント

全都立病院で2万4590件

レポート制度の定着裏付け

都病院経営本部は、07年度の全都立病院におけるインシデント・アクシデント・レポートの集計結果を取りまとめ、6日の都立病院医療安全推進委員会に報告した。報告件数は、前年度よりも527件増の計2万4590件に達し、医療現場での潜在的リスクの把握に向けて、レポート制度が定着したことをうかがわせる結果となった。その一方で、今後は医療安全と患者への医療提供とのバランスが課題となることも想定される。

医療提供とのバランス課題に

■定着

都病院経営本部では、医療の全過程で発生したヒヤリ・ハットした事例（インシデント）、事の大小や過失の有無に関わらず患者に影響があった事例（アクシデント）について、全病院職員によるレポート制度を実施している。07年度は、従来よりもインシデントとアクシデントの内容区分を細分化して行われた。

集計結果によると、11都立病院から提出されたレポートの総数は2万4590件にのぼる。都立病院の総病床数が約5500床あることから、1床あたりでは約4・5件の報告があった計算だ。

レポート制度は、都立病院に限らず、民間病院でも全国的に取り組みが進んでいるが、都立病院の報告件数は「最大限に近い」との識者の指摘もあるという。この点について、サービス推進部では「レポートを書く文化が定着してきた」と受け止めている。

レポートの内訳をみると、インシデントが2万3831件、アクシデントは759件が報告され、総件数が増加する中、アクシデントの報告は件数・割合ともに減少している。病院経営本部では、最終的にインシデント・アクシデント・レポートに基づく対応・対策によって、報告件数の減少につながることが重要と説明する。

■改善

事象内訳では、3大事象と言われる「薬剤」「転倒・転落」「抜去」の報告数が多く、これら3項目で全体の約70%を占めるという傾向が続いている。

レポートでも「剤形よりも分量の記載に気を取られ、同一成分で形状の違う薬剤を調剤した」（薬剤）、「入浴中の患者がアコーディオンカーテンを開け、外を見ようとしたところ、足元が滑り転倒」（転倒・転落）、「体位交換時に三方活栓（コック）が看護師の手に引っかかった」（事故抜去）などの事例が報告されている。

病院経営本部は「投薬・与薬」「転倒・転落」「ライン類」などの事象別に、全都立病院に共通する予防対策をまとめたマニュアルを作成しており、報告されたレポート結果は、この医療事故予防マニュアルに反映される。3大事象に関するマニュアルも、近く改訂される見通しだ。

ただし、マニュアルに盛り込まれるのは、どの病院でも該当する、いわば最大公約数の予防対策だ。

11都立病院の中には、「救急」「がん診療」「小児」など特色の異なる病院があり、インシデント等の現れ方にも違いがあるため、基本的には各病院の現場での対応が重要となる。

このため各病院の医事や看護、薬剤などの部門ごとに配置した専任のリスクマネジャー等を経由しながら、検討・分析を進め、最終的には病院の実情に見合った対策が講じられている。

しかしながら、「薬剤」「転倒・転落」「抜去」といった事象別の件数や割合に大きな変化が見られず、「リスクや対応策が共有化されていない」といった報告もあるように、医療現場での改善には、一つでも多く事例を抽出・分析し、職員研修等を通じた予防活動の充実や定着を図るなど地道な作業しかなく、“特効薬”はないようだ。

■調和

00年8月に統一様式での報告が始まったインシデント・アクシデント・レポートだが、医療安全推進委員会では、職員への定着を裏付ける報告件数の増加傾向自体は、評価する意見が聞かれたという。

その一方で、レポート作成には自由記載欄も含めて、一定の作業時間がかかることから、今後は医療安全への取り組みと医療提供とのバランスが課題となることも考えられる。

レポート提出はもちろん重要だが、報告する内容次第では、記載に要する時間を患者サービスに費やすべきといった見方もできるためだ。

医療現場を取り巻く環境は日々、変化しており、医療安全への一層の取り組みが不可欠となる。同時に、より充実した患者への医療やサービスの提供も当然に期待され、都立病院には、両者の調和という難しい対応も求められることになりそうだ。

都・区・市町村共同研修を開催

地球環境問題テーマに

都と区および市町村職員研修所の共同研修が7日、中野区の「なかのZERO」本館大ホールで行われた。これまでも都と特別区が共催して研修を行う例はあったが、三者が共催するのは初の試み。

研修は、それぞれが共通して抱える課題をテーマに掲げ、職員の視野の拡大や、意識改革の動機付けを図ることが狙い。第1回となる今回は、地球環境問題をテーマに、地球が危機的状況にあることを意識し、都内自治体が取り組みをどう進めるべきかを考えた。

若手職員を中心に1千人を募集したところ、約1200人から応募があったという。内訳は、都が約800人、区が約260人、市町村が約140人（監理団体等の職員含む）。

東京大学の山本良一教授を講師に招いて行われた「都市のエコデザインと地球温暖化対策」と題した講演では、山本教授が最新の環境調査結果や研究などを紹介しながら、「地球は、がんだと言われている。それを治すか、治さないかの問題。手術すれば助かるが、その覚悟があるかが問われている」などと述べ、早急に環境革命が必要だと訴えた。

引き続き受講生は、地球環境をテーマにしたドキュメンタリー映画「アース　earth」を鑑賞した。

三者の共同研修は、来年度以降も定例化する考え。初回は都が事務局を担当し、今後は都・区・市町村が持ち回りで担当する。

最新データを基に地球の危機を語る山本教授

振り込め詐欺を撲滅せよ！

ATMの警戒、周知活動を展開

「振り込め詐欺撲滅月間」となる今月、過去最悪のペースで増え続ける被害を食い止めようと、都が取り組みを強めている。ポスターなどで都民への注意喚起を行うほか、イベントも開催し、巧妙化する手口を紹介するなどして注意を促している。また、被害現場となる銀行や街角のATMでは、警察官らが警戒を強めるなど、水際作戦も展開中だ。

職員が寸劇で注意喚起も

先日、コンビニエンスストアで預金を引き出そうとしたところ、ATM脇のウィンドー越しに、外からの視線が気になった。中年の男がじっとこちらを見ているような気がする。「怪しい奴か？」。警戒しながら預金を引き出し、店の外に出て男を見ると視線の理由が分かった。男性の腕には「警視庁」の腕章が巻かれている。振り込め詐欺の警戒に当たっていた警察官だったのだ。

振り込め詐欺の被害が拡大する中、警視庁は、こうしたATMでの警戒を強めている。特に振り込め詐欺撲滅月間となる今月は、都内1千～1500カ所の金融機関やATMに警察官や機動隊員を配置し、水際で被害を食い止めようと目を光らせている。

都内の振り込め詐欺被害は、04年に2033件（被害総額40億円）が発生し、さらに昨年は6割増となる3497件（同60億円）にまで膨らんだ。今年も8月末現在で2973件（同46億円）となり、昨年を倍増する勢いで増加している。

社会問題化して久しい振り込め詐欺。その存在は周知の事実だが、なぜ被害が膨らむのか。その理由が手口の巧妙化だ。「昨年の暮れから『オレオレ詐欺』は減ったが、新たに『還付金詐欺』が増えている」。都青少年・治安対策本部治安対策課の村元弘課長は、こう話す。

身内を装い、「会社の金を使い込んだ」「交通事故の示談金が必要」などの手口で現金を振り込ませるオレオレ詐欺に対し、還付金詐欺は税務署の職員などを装い、「お金を返します」と言って振り込ませる手口。電話が来ても、それが詐欺だとピンとこないという。

例えば、詐欺師が「医療費を超過徴収していたので還付したい。期日が今日までなので、急いでATMに行って欲しい。そこで折り返し電話すれば操作方法を教える」などと電話。被害者がATMから電話し、詐欺師の言う通りにATMを操作すると、いつの間にか逆に現金を振り込んでしまうというのだ。

途中で変だと気付かないのかとも感じるが、村元課長は「最初の電話でおかしいと気がつかないと、あとは催眠状態。途中で気がつくのは難しい」と指摘する。

振り込ませる場合も、詐欺師は「このATMで操作が可能か調べるので、確認のため残高照会のボタンを押してください」などと巧妙な話術で残高を確認。あとは入力する数字とボタンを説明するだけなので、本人も振り込んでいる意識がないという。

また、従来のオレオレ詐欺も、手口がどんどん巧妙化している。例えば、詐欺師が息子を装い、事前に「携帯の番号が変わったから控えておいて」などと電話し、後日、詐欺の話を持ち出す。被害者は、何の疑いもなく息子からの電話だと思い込んでしまうのだ。

こうした被害を食い止めるポイントとなるのが、詐欺の手口を知ってもらうこと。青少年・治安対策本部では、都民に直接注意喚起するイベントの中で、職員らが実際の詐欺の手口を再現した寸劇を行い、「こんな電話がきたら要注意」など留意点を説明する取り組みを行う。

イベントは、都内の警察署や区役所の主催で、今月末までに8回を予定。最大で1500人規模のイベントも予定している。

また、注意を喚起するポスターも、北京オリンピック柔道女子の金メダリスト・谷本歩実選手を広報大使に迎えて作成。この中に「『ATMで、医療費・税金を還付します』と電話がかかってきたら振り込め詐欺です」の文言を入れ、詐欺の手口をストレートに表現した。

村元課長は「『振り込め詐欺に注意』ということは知っているが、騙されてしまう。しかし実際に手口を見たり聞いたりすれば、かなり違う。実際の詐欺の手口を知ってもらい、電話がきたら『これは詐欺だ』と気が付いて欲しい」と話す。

振り込め詐欺にはコンビニや無人のATMが使われるケースが多い。コンビニの前で警戒する警察官

業界団体らと撲滅を宣言

広報大使に柔道・谷本選手

都は、振り込め詐欺撲滅月間となる今月7日、広報大使として北京オリンピック柔道女子63㌔級金メダリストの谷本歩実選手を任命するとともに、業界団体と振り込め詐欺撲滅を宣言した＝写真。

犯人からの電話の録音を聞いたという石原知事は、「（犯人の）演技力には本当に感心するが、これは日本人の情愛につけこんだ忌まわしい犯罪。これを食い止めるため、知恵を尽くして犯罪を減らしていきたい。素晴らしい大使を迎えたので、このキャンペーンが大きな成果を挙げることを期待している」とあいさつした。

また、「毎日のように家族と連絡をとっている」という谷本選手は、「広報大使として伝えたいのは、家族とのコミュニケーションの大切さ」と抱負を語った。

業界団体と結束して振り込め詐欺対策に取り組むため、都と警視庁、㈳東京銀行協会など3団体は、「社会を挙げた振り込め詐欺撲滅対策を展開する」と宣言。▽携帯電話や口座、ATMの悪用を見過ごさない▽高齢者に警戒を呼びかける――などを掲げた。

08年1月から8月までの振り込め詐欺の発生件数は2973件、前年同期比で5割近くも増えている。被害者の約8割が60歳以上という。

ネットに爆破予告

職員を懲戒免職に

都教育庁

都教育庁は、インターネットの掲示板に大阪の大学を爆破するなどと書き込み、逮捕された都立高校の男性職員を8日付で懲戒免職とした。

処分を受けたのは、上野高校の上川内幸・司書（43）。今年3月から4月にかけて、都内のネットカフェでインターネットの掲示板「2ちゃんねる」に複数回にわたり府内の学校や施設を爆破するなどと書き込み、爆発物の捜索など緊急措置を講じさせた。4月28日に威力業務妨害容疑で逮捕され、9月25日に懲役2年、執行猶予4年の判決を受けた。

社会的影響も大きく、重大な信用失墜行為にあたるため重い処分とした。教育庁では「名誉毀損の書き込みなどは過去にもあったが、こんな過激なものは初めて」とショックを隠せない様子だ。

また同日には、電車内で痴漢行為を働いた都立高校の男性事務員（28）を懲戒免職に、同じく書店で文庫本1冊を万引きした女性の高校教諭（34歳）を諭旨免職とした。

さらに、元同僚の女性教諭に復縁を迫る脅迫的なメールを送り、勤務先で待ち伏せるなどのストーカー行為を働いた高校の男性教諭（60）を停職3月とした。

他方、総務局も7日、出勤途中の電車内で痴漢行為を働いた病院経営本部の男性職員（35）を諭旨免職に、同じく居酒屋の女性トイレで、個室を使用中の女性を覗いた建設局の男性主事（36）を停職2月に、都内の居酒屋で同僚女性職員にセクハラ行為を行った産業労働局の男性主事（39）を減給10分の1（1カ月）などとする処分を発令した。

12月から採用説明会を開催

区人事委

特別区人事委員会は、2010年4月の採用に向けたPRを開始する。12月9日には事務職、同14日には技術職対象の説明会を開始する。大学生などが本格的に就職活動を開始する時期に合わせ、就職先を決定する前に特別区への関心を高めてもらおうと言うもの。この時期の説明会は3年目となる。

事務職採用フォーラムでは、講師に中邨章・明治大学政治経済学部教授を招き、「特別区の魅力～グローカル時代の職員に求められること」と題した基調講演や、区職員によるパネルディスカッションなどを予定している。定員は1400人程度。

技術職採用フォーラムは、現場で業務に携わる職員をパネラーに迎えたディスカッションや、個別説明会を行う。定員は200人程度。

申し込みは人事委員会ホームページか往復はがきにより11月19日まで。過去2回の開催では、いずれも定員を超える申し込みがあり、抽選を行っている。問い合わせは任用課採用係☎5210・9787まで。

土木技術職員対象に発表会

土木技術センター

都や区市町村の土木技術職員の知識向上などを目指した東京都土木技術センター発表会が今月29日、新宿区立角筈区民ホールで行われる。時間は午前9時55分から午後5時15分まで。

昨年度に同センターが実施した技術支援や調査・開発の成果から、都政の課題に照らし、タイムリーなものや、成果の活用を図ることができる6テーマを発表する。また、特別講演では首都大学東京大学院の宇治公隆教授を招き、「都市のコンクリート構造物の長寿命化を目指して」と題した講演を行う。

対象は、都区市町村の職員や一般都民など約230人で、聴講は無料。

申し込みは往復はがきに「土木技術センター発表会聴講希望」と明記の上、住所、氏名、年齢、電話番号を記入し、〒136−0075江東区新砂1の9の15東京都土木技術センター技術支援課まで。20日の消印有効。

■都人事異動

10月7日付　◎印昇任

【課長級】▽産業労働局商工部副参事＝㈶東京都中小企業振興公社派遣（主税局税制部税制課課長補佐）◎久保田直子

10月16日付

【課長級】▽教育庁都立学校教育部副参事＝学校経営指導担当（白鴎高等学校経営企画課長）藤井常光▽白鴎高等学校経営企画課長（教育庁都立学校教育部学校経営指導担当課長）小枝秀夫

■練馬区人事異動

10月1日付

【課長級】▽企画部企画課長　中村啓一（企画部長事務取扱）▽環境まちづくり事業本部土木部副参事＝区画整理工事担当（環境まちづくり事業本部土木部特定道路課長）高山文雄▽環境まちづくり事業本部土木部特定道路課長　平林明（環境まちづくり事業本部土木部土支田中央区画整理課長兼務）

21年度 職員教養講座 [16]

B事務(教育・文化)論文

はじめに

前回の記述に引き続き、今回は、「教育・文化」のB論文対策について解説します。

論文は、合格レベルのものを1本書き上げるまでが、試行錯誤の連続となります。しかし、書き方のパターンは決まっていますし、決して独創的な解決策を求められるものでもありません。書き方のコツを習得してしまえば、後は応用となります。基本的な形をしっかりと押さえておくことが、重要です。

勉強方法等

(一)情報収集

論文を書くに当たっては、教育・文化に関するプレス発表資料、各種審議会等答申、国での発表資料等や都(教育委員会)ホームページなどを活用し、資料を収集しましょう。その中で使えそうなキーワードを押さえておくと論文の作成に有効であると考えます。

(二)論文の評定等

平成20年度管理職選考実施要綱では、「課題式により出題し、問題意識、政策形成力、論理性、表現力等について評定」することとされています。

最初の「問題意識」については、出題の意図を正確に理解し、都の管理職の立場から論理構成し表現することが重要であると考えられます。

2番目の「政策形成力」については、問題点に対して、いかに現実的かつ具体性で実現可能な解決策を明瞭に述べているかが重要であると考えられます。

3番目の「論理性」については、問題点と解決策がきちんと対応し、論旨の展開に一貫性があるかが重要であると考えられます。

最後の「表現力」については、誰が読んでも分かるように、平易、簡潔に書かれているか、誤字、脱字、文法上の誤りなどがないかなどがポイントになると考えられます。

(三)論文の作成方法

一般的に管理職選考の論文は、起・承・転・結の四段構成で書かれることが多いと思います。字数の配分は起400字程度、承600字程度、転700字程度、結300字程度が一般的ではないかと思います。

また、一つの文章は短く簡潔にまとめてください。その際は、極力専門的な表現は避けて、一般的に使われている言葉で説明することが重要であると考えます。

出題傾向と分析

《平成10年度》

①地方分権の進展に対応した教育行政のあり方

②学校観の転換とこれからの学校のあり方

《平成11年度》

①キレる子現象や登校拒否、いじめなどの問題が依然として深刻な状況にありますが、児童・生徒の心の健康づくりのために教育行政をどのように進めていくか論じなさい。

②少子高齢化や労働時間の短縮など社会状況が変化する中で、地域社会に目を向ける人が増えています。今後、教育・文化行政が地域社会とどのようにかかわっていくかについて、あなたが重要であると考える課題を中心に論じなさい。

《平成12年度》

①学校の教育力低下は、家庭の教育力低下と相まって、学校崩壊や不登校などの現象の一因になっているともいわれています。学校の教育力を向上させるために教育行政をどのように進めていくかを論じなさい。

②文化についてあなたの認識を述べ、これまでにおける文化行政の取り組みを踏まえ、今後、文化行政をどのように進めていくかについて論じなさい。

《平成13年度》

①今日、個性豊かな創造性に富んだ人材を育成する教育が求められています。こうした観点から、これからの教育行政のあり方について、あなたの考えを論じなさい。

②東京では文化施設の整備が進み、さまざまな主体によって、多彩な文化事業や活動が展開されています。今後、東京の文化を創造・発信していくために文化行政をどのように展開していくか、あなたの考えを論じなさい。

《平成14年度》

①今日、子どもたちを取り巻く環境は、いじめや暴力行為、規範意識の欠如がみられるなど、深刻な状況にいます。このようななかで、家庭・学校・地域社会がそれぞれの役割を果たし、かつ連携していくことができるようにするために、教育行政をどのように進めていくか、あなたの考えを論じなさい。

②数多くの文化施設が整備されている東京において、今日、都立文化施設の当初の設立意義が問い直されています。自律的な文化事業を展開しつつ、東京がもつ豊かな文化のポテンシャルを引き出し、開花させていくために、今後、都立文化施設をどのように運営していくか、あなたの考えを具体的に論じなさい。

《平成15年度》

①今、都の教育行政には、一人ひとりの豊かな個性と創造性を伸ばす教育とともに、次代を担う人材を育成するという観点から、社会や産業界などの要請にこたえていくことが求められています。このような中で、都はどのように教育改革を進めていくべきか、福祉、医療、産業などの分野との連携協力にも言及しながら、あなたの考えを具体的に論じなさい。

②今、都の文化行政には、都民が文化を享受するだけではなく、自ら創造していくための環境づくりが求められています。都市における文化の意義についてあなたの認識を述べ、今後、都はどのように文化の創造を支援していくべきか、あなたの考えを具体的に論じなさい。

《平成16年度》

①現在、都立学校は、学校経営の仕組みの確立に向けて、人事考課制度や主幹制度を活用するとともに、学校経営計画の策定に取り組むなど、自主的・自律的な改革を進めています。都民に信頼され魅力ある学校づくりを進めるため、都はどのように学校経営に取り組むべきか、あなたの考えを論じなさい。

②都の文化施設では、利用料金制度の導入や文化施設の共通パスの発行など、施設の活性化に向けた取り組みが進められています。都の行財政の現状を踏まえ、今後、都の文化施設をどのように運営し、活用していくか、あなたの考えを論じなさい。

《平成17年度》

①社会のノーマライゼーションの進展や障害の重度・重複化や多様化の進行などにより、心身障害教育をめぐる環境は大きく変化しています。障害のある児童・生徒等の特別な教育ニーズに応え、一人ひとりの能力や可能性を最大限に伸長する多様な教育を展開していくため、都として取り組むべき施策について、あなたの考えを論じなさい。

②今日、青少年にとって有害な情報が氾濫し、とりわけインターネットや携帯電話の利用のなかで、犯罪に結びつくケースも生じています。青少年の健全な育成を阻害する情報氾濫から、青少年を守る取り組みを社会全体で進めるため、都として取り組むべき施策について、あなたの考えを論じなさい。

《平成18年度》

①今日の変化の激しい社会においては、子どもたち一人ひとりに自ら個性を発揮し未来を切り開いていく力が一層求められています。子どもが自ら学び自ら考える力などの確かな学力を身に着けられるようにするため、都として取り組むべき施策について、あなたの考えを論じなさい。

②近年、学校や通学路において子どもが被害者となる重大事件が発生しており、子どもを犯罪から守ることが求められています。学校や登下校時における子どもの安全を確保していくため、都として取り組むべき施策について、あなたの考えを論じなさい。

《平成19年度》

①体力は、人間が発達、成長し、創造的な活動を行っていくために必要不可欠なものですが、現在の子どもは、親の世代と比べて、体格は上回っているものの、体力については低下しているといわれています。子どもの体力を向上させるため、都として取り組むべき施策について、あなたの考えを論じなさい。

②都立文化施設を取り巻く環境は、近年、民間を含めて多様な文化施設が整備されるなど大きく変化しており、都立文化施設の役割や機能の見直しが求められています。こうした状況を踏まえ、都立文化施設のあり方について、あなたの考えを論じなさい。

《平成20年度》

①人間は、他者や社会などとのかかわりの中で生きていく存在であり、他者との人間関係を築く力は、国際競争の激しい時代を生きる子どもたちにとって必要不可欠な能力であるといわれています。子どもたちが、他者との人間関係を築く力を確実に身に着けられるようにするため、都として取り組むべき施策について、あなたの考えを論じなさい。

②東京には、江戸開府以来の歴史が育んだ豊かな伝統文化が息づいているとともに、東京は、アニメやゲーム、ファッションなどの分野を中心に新たな文化の拠点ともなっていますが、いまだ文化の発信は十分と言えない状況です。東京ならではの文化を創造・発信するため、芸術文化活動に対して都が取り組むべき支援のあり方について、あなたの考えを論じなさい。

◇

出題は基本的に「教育行政」と「文化行政」の分野から1題ずつ出題されています。いずれの分野においても、社会状況を反映した出題となっていますので、話題となっている時事問題をしっかりと踏まえて勉強に取り組む必要があります。

おわりに

論文においてレジュメは重要です。レジュメを作成し、論理的な矛盾がないことを確認した上で、論文の形にしてください。

論文を作成したら、必ず複数の方に添削をお願いし、何度も推敲してください。そして、その論文の重要なキーワードやフレーズを、自分なりの方法で、確実に覚えてください。最後は、試験と同じ条件で、手書きで論文を書くことが必要です。

また、時間はありますので計画的に進めてください。皆様のご健闘を心よりお祈りいたします。

昇任試験対策のページ

21年度 教育管理職への道しるべ ▶6◀

学校教育法 ①

はじめに

学校教育法は、学校教育制度の基本ともなるべき法律で、公立学校の教員が日常の職務を遂行する上で、たえず意識していなければならない法律です。関連法令は、学校教育法施行令、学校教育法施行規則、学校保健法及び教育職員免許法など多数あります。特に施行規則には様々な具体的事項が定められており、基礎的理解を問う設問が多く出されていることからも、ぜひ確認しておくべきです。

しかし、教育管理職選考では、各条文をそのまま記憶することが求められるのではなく、学校を管理運営するに当たっての基本的事項を正しく理解し、条文のポイントを正確におさえておくことが必要なのです。

学校における日常の職務を遂行していく上で、その法的理解を確実に理解していれば、身近な分だけ確実に得点を獲得できる分野でもあります。

出題傾向

最近は、30問の択一試験問題のうち、教育の分野からは20問程度出題され、中でも学校教育法関連法令については、かなりの出題数になっています。

過去5年間の出題分野は、以下のとおりです。今年度は、法改正にかかわる設問がありましたが、内容的には、学校運営の実務上必要な基礎的法令知識を問うものです。出題レベルは、制度の基本的な考え方を理解していれば、問題をじっくり読むことによって正答が導き出される基礎的、常識的なものといえます

《平成16年度》

①学校の管理②児童・生徒にかかわる学校の管理・運営③校長・教員の資格④教職員の組織・職務⑤児童・生徒の懲戒

《平成17年度》

①教職員の職務②指導要録③教科用図書④児童・生徒の懲戒

《平成18年度》

①中等教育学校②児童・生徒の懲戒③教育課程④学習指導要領⑤教科用図書・補助教材⑥校長の職務権限⑦就学⑧入学進級卒業⑨学校と地域

《平成19年度》

①管理職の職務規定②児童・生徒の就学③備付表簿④学校運営⑤学校と地域⑥教科書及び副教材⑦教育課程⑧学校保健法

《平成20年度》

①法改正の要点②副校長③児童・生徒に対する懲戒④児童・生徒の就学⑤児童・生徒の指導や在籍管理⑥教科用図書及び補助教材⑦教育課程の編成

勉強方法

日頃から職務を遂行する中で、「教育小六法」(学陽書房)などの法令集や「詳解教務必携」(ぎょうせい)などを身近に置き、こまめに根拠法令を確認し、疑問はすぐに解決しておくという意識を強く持っておくことが重要です。法的根拠を正しく持っていることで、日常業務を自信をもって遂行することができ、受験勉強にもつながります。特に、学校教育法関係法令は広範囲なため、効率的に勉強する必要があります。過去の問題を分析し、出題傾向を把握した上で、必ず押さえておくべき事項を重点的に勉強することです。

参考書としては、「教育管理職選考手引き・問題集」(都政新報社)、教育法規便覧(下村哲夫著 学陽書房)、「図表でわかる教育法令」(教育法令研究会編著 学陽書房)などがあります。自分に向く参考書を決めるべきです。

問題例

【問題 1】

学校教育法の改正の概要に関する記述で妥当なものは、次のうちどれか。

① 改正教育基本法の新しい教育理念を踏まえ、義務教育の目標が新たに設けられた。

② 学校における組織運営体制の確立を図るため、小、中学校等に副校長や主幹教諭を置くと規定された。

③ 保護者等との連携協力の推進のため、保護者等の求めに応じて、学校運営の状況に関する情報を提供しなければならないこととした。

④ 学校の内部及び外部評価を行い、学校運営の改善を図ることにより、教育水準の向上に努めることとした。

⑤ 学校種の規定順については、特別支援学校を最初に規定した。

【問題 2】

義務教育の目標に関する記述で妥当なものは、次のうちどれか。

① 義務教育の目標について12項目が新設された。

② 規範意識、公共の精神に基づき主体的に社会の形成に参画する態度を養うこと。

③ 生活を明るく豊かにする芸術及び運動について基礎的な理解と技能を養うこと。

④ 自らの生命及び自然を尊重する精神、環境の保全に寄与する態度を養うこと。

⑤ 伝統と文化を尊重し、それらをはぐくんできた我が国と他国を愛する態度を養うこと。

【問題 3】

情報の提供及び公開に関する記述で妥当なものは、次のうちどれか。

① 学校運営状況に関する情報の提供は、保護者等に学校運営を監視してもらうためのものである。

② 小、中、高等学校は、当該学校に関する保護者及び地域住民等からの求めに応じて、学校運営状況に関する情報を提供しなければならない。

③ 指導要録の公開によって、現在または将来の事務事業の公正または円滑な執行に支障が生ずるおそれがある場合は、部分的非開示は認められる。

④ 児童の健全な育成の推進のために特に必要がある場合でも、本人の同意がなければ、特定された利用目的のために必要な範囲を超えて、個人情報を取り扱えない。

⑤ 公文書開示条例に基づいて、指導要録の開示を請求された場合、数値等による段階評価、検査結果などは開示しなくてもよい。

解　説

【解説 1】

① 正しい。(学校教育法第20条)

② 誤り。副校長、主幹教論、指導教諭という職を置くことができるという任意設置の規定である。(同規則第44条)

③ 誤り。求めに応じての提供ではなく、積極的に提供するものとした。(同法第43条)

④ 誤り。学校による内部評価のみにつき定めたもので、外部評価については定められていない。(同法第42条)

⑤ 誤り。幼稚園を最初に、特別支援学校を大学の前に規定した。(同法第3、8章)

【解説 2】

① 誤り。10項目が規定され、能力・技能のほか子どもに求められる行動規範、道徳規範が列挙されている。(学校教育法第21条)

② 正しい。学校内外における社会的活動を促進し、主体的に社会の形成に参画し、その発展に寄与する態度を養うこととした。(同条第1号)

③ 誤り。運動は規定されていない。(同条第9号)

④ 誤り。自らの生命と限定していない。(同条第2号)

⑤ 誤り。我が国と郷土を愛する態度を養うこととした。(同条第3号)

【解説 3】

① 誤り。情報の提供は、保護者等の理解を深め、連携及び協力の推進に資するため行う。(学校教育法第43条)

② 誤り。積極的に提供する。(同)

③ 正しい。公開によって生ずる弊害に照らせば、指導要録の各教科の学習の記録、特別活動の記録、行動及び性格の記録等を公開しなくても適法である。(東京地判平6・1・31)

④ 誤り。本人の同意を得ることが困難であるときは、特定された利用目的のために必要な範囲を超えて、個人情報を取り扱うことができる。(個人情報の保護に関する法律第16条)

⑤ 誤り。数値等による段階評価、検査結果などは、非開示情報に該当しない。(最判平15・11・11)

フェルメールに惹かれる理由（わけ）

―都美術館フェルメール展に寄せて―

生活文化スポーツ局広報広聴部　大瀧安良

今、17世紀オランダの画家フェルメールの作品が一挙に7点も公開されている東京都美術館の特別展に注目が集まっています。

美術に余り関心のない人でも、最近、ホームで電車を待っているときに「真っ赤なドレスの女性がはにかむようにこちらに笑いかけている」大型の看板が目に入りませんでしたか。少し前であれば、某液晶テレビの新聞広告やテレビCMに吉永小百合さんとペアで登場した『青いターバンの女性』をご記憶のことでしょう。

中学1年の時に彼の作品に出会い、以後40数年フェルメールを追いかけ続けている私にとって、彼の作品がこれほど表舞台に出てくるとは思いもよりませんでした。

日本での特別展の開催状況（人気の高まりの度合い）は今回の展示カタログに詳しく紹介されていますが、2000年以降の様子は尋常ではありません。それぞれの所蔵美術館にとって宝中の宝である作品をよくもまぁ貸してくれるな、というのが実感です。しかも今回は7点を半年近くも……。この企画の立役者の財団の名前はチラシなどの隅に小さく載っていますが、ものすごい交渉力の持ち主なのでしょう。主催者側の朝日新聞、TBSはもちろん、一般の雑誌などでもこの「世紀の展示」を好意的に宣伝、紹介しているのですが、少々持ち上げ過ぎではないでしょうか。ステレオタイプ化しているとさえ、私には感じられます。

フェルメールについて、古くはM・プルーストが、A・マルローが、また日本では詩人の谷川俊太郎さんが、最近では作家の有吉玉青さんや生物学者の福岡伸一さんが、彼の作品を讃える名言を残しています。それらを目にすると私が何か書こうとしても空回りするだけのような気がします。しかし、そう言っては身も蓋もありませんね。

私が過去40数年フェルメールについて高揚感を持ち続けているのは、彼の幾つかの作品に限りない感銘を受け、それを再び味わいたい、果たしてそれ以上の感動の瞬間があるのだろうかという期待感を持ち、彼の作品と彼が活躍した地デルフトに自分の方から出向いていく、いわば「片思い状態」を保ち続けているからです。

その感銘の中身とは……人の姿、室内の情景、風景が、ある一瞬に封じ込められているように感じる（止、静）、しかしそれでいて、永遠に生き続けている、あるいは存在し続けているようにも感じる（永、動）、ある種のパラドックスのようなものを同時に感じる、と言ったら良いでしょうか。彼の作品以外に感じ取ることは出来ません。

掲載した絵はいずれも、フェルメールが作品『デルフトの眺望』（1660頃）を描いたと目される位置付近で、筆者自らが描いたものです。上は1981年12月、下は2004年6月。300年以上の時を経て、変わらないのは新旧両教会の尖塔のみです

1972年から2004年に至るまで、運良く海外に出かけたのが14回。そのうち11回は彼の作品に出会うか、彼の地デルフトを訪れるかの旅でした。「将来は、フェルメールの作品を見る旅の紀行文でも本にしようかな」などと友人に吹聴した時期もありましたが、それは残念ながら、朽木ゆり子さんや有吉玉青さんに先を越されてしまいました。しかし、フェルメールに関して何らかの形で記録を残したい、という希望は捨てていません。

◇

さて、私の「フェルメール体験」を皆さんに少しでも味わっていただけるように、今回の展示の実践的見方をご紹介いたしましょう。

①入場したら、まずは2階のフェルメールのコーナーを目指すべし

皆さん、入場してから律儀に順々とくまなくご覧になる方がほとんどです。しかし、それでは2階のフェルメールを見る前にくたびれてしまいます。特に午前中は、1階が混んでいても2階はまだ空いているという場合があるのです。先回りして少しでも良い条件の下で彼の作品の前に立ちましょう。

②解説のパネルを読むのは後回し、まずは作品そのものと対峙すべし

実際に会場を眺めてびっくりしました。作品の前より解説パネルの前の方が混んでいるのです。知識を仕込みたいという気持ちは分からないでもないですが、まずは滅多にお目にかかれない実物の前に出来るだけ長く立って下さい。専門的に見る必要はありません。作品と向かい合い、何か見えてくるものがあるかを探ってほしいのです。

③「フェルメール体験」を最も味わえるのは2点

今回の展示を紹介している多くの記事が「どれも素晴らしい、必見の価値あり」といったトーンで書かれていますが、私には疑問です。前の方で「幾つかの作品に限りない感銘」と書いた通り、フェルメールの作品（または彼のものと見なされる作品）であっても、「フェルメール体験」が出来るものは限られています。今回は彼の作品と最近認定された小品が話題を呼んでいます。それが仮に真作であるとしても、残念ながら私には「らしさ」を微塵も感じることが出来ません。展示の中で私のお奨めは、初めのコーナーでも後のコーナーでも3番目にある作品です（『小路』『リュートを調弦する女』）。

◇

絵を見るとはどういうことなのか、さまざま意見があろうかと思いますが、私は自分の姿を鏡に映して見るようなものだと思っています。自分の状態が良ければ絵からいろいろなものを引き出すことが出来る、見えないものが見えてきます。逆に自分が貧相であれば、薄っぺらな、人からの受け売りであるような感想しか出てきません。

企画展の有り難さは十分承知の上であえて申し上げますが、私の経験から言えば、心を揺さぶられるような感動は、それぞれの作品をその所蔵先でゆーっくりと眺める時にこそやってきます。今回の展示を見たことがきっかけで、現地での「フェルメール体験」にチャレンジする人が出ることを期待して（片思いの恋敵が増えるのもちょっと困りますが）、筆を置きます。

Book

歴史に学ぶ地域再生

童門冬二、嶋津隆文ら共著　吉備人出版刊

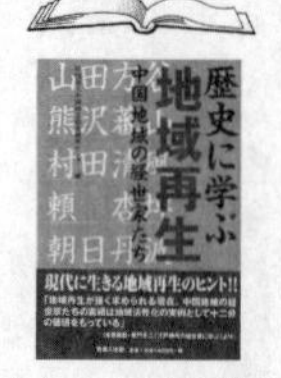

この夏の北京オリンピックで、数多くのアスリートの優れたパフォーマンスを見て感動した人は多かろう。特にそのアスリートが日本人ならば、「偏ったナショナリズムに陥ってはいけない」などと呟きつつも、感動を倍加させたものである。

『歴史に学ぶ地域再生』。この本を読むと、江戸時代の各藩に、実に優れた行財政改革に取り組んだ経世家がいたことを知ることができる。読んだ人は日本人として、このような先人を数多く持ったことを誇りに思い感動するに違いない。「ナショナリズム」に思いっきり浸りたくなるほど、わが国の経世家たちの挑戦ぶりは果敢であり艱難なのである。

村田清風（山口）、山田方谷（岡山）、熊沢蕃山（岡山）、頼杏坪（広島）、朝日丹波（島根）。この5人の功績が5人の筆者により紹介される。中で私が最も興味を持ったのが、長州藩の村田清風である。理由は二つある。

一つは、清風のスケールの大きさである。20歳の清風は萩から江戸に上る際に、「来て見れば聞くより低し富士の峯　釈迦も孔子もかくやあるらん」と詠んでいる。この人物が藩政改革に幾度も取り組み、しかもそのパフォーマンスに感化された若者たちが、後に回天維新の新しい日本を作っていくのだ。

もう一つは、村田清風の執筆者が、われら都庁の先輩である嶋津隆文氏であることだ。現在、松蔭大学教授として地域行政論を論じる。その一貫した幅広い活躍ぶりは、開明派といわれる清風に通じるものがあるといえようか。

定価　1470円。

（東京都総務局長　中田清己）

はむむろ貝の歌

がんばれ！公務員 [50]

文とマンガ　鈴木武征

あなたは「はむむろ貝」という生物を知っているだろうか？

日本列島の南から北まであまねく棲息し、その数400万とも500万ともいう。

性質温厚にして争いを好まず、他の魚貝類の預託する餌を加工し、その棲息支援や水中環境の整備に努めるとともに自らの餌ともなす。

見えにくい場所に棲む者のなかには往々にして惰眠をむさぼるグループもあって、餌ドロボーと非難の的となる。

通常は半身を砂中に埋めた状態で活動しているが、タコ首長、イカ議員の激しい攻撃に砂地を追われ海中を漂う仲間も増えてきた。

さらに最近はウツボクレーマーに噛みつかれたり、モンスターナマコにのしかかられるなど、棲息環境の悪化が著しい。

かかる状況下でも自らの意見を声高に主張しないのも特徴で、多くは必要以上に砂中に身を埋め嵐の過ぎるのを待つ。

あまたの魚貝類の中では極めて控えめの性格で、その前身は近所で「公務員です」と名乗ることに躊躇する人、電車の中で東京都管理職選考という文字を指で隠しつつ読書する人などではなかったかと推測される。

名前の由来は公という字がハとムに分解され、務がム、員が口と貝に分けられたものと言われている。

しかし、多くの魚貝類がより安全、快適に暮らせるための支援や整備が役割の「はむむろ貝」がその活動を停滞させては美しい海、美しい日本は実現しない。

砂地という職場環境がこれ以上荒らされる前に、仲間達が極端に排除される前に、己の職責を果たすことで他の魚貝類の理解と信頼を得るとともにその存在感を示すことが必要だ。

現代社会は複雑だ。人と人とを対立させて我が身を有利な立場に置く人もいる。

政治家や首長のなかには自分達の失政を省みることなく、積み重なる財政赤字の責任を目の前の公務員になすりつける。

公務員の不祥事がマスコミ等に厳しく批判されるのはやむを得ないものの、取り上げ方、伝え方によっては必要以上に公務員全体への不信感を増幅する。

このような事象の積み重ねが公務員対国民の対立構造に拍車をかけている時代に生きる「はむむろ貝」は肩身が狭い。

しかし、そういう時代だからこそ自分の選んだ道を信念と誇りを持って歩んで欲しい。

いま日本に必要なのは給料を安い方に標準化することでも、勤務条件を名ばかり管理職に引き寄せることでも無いはずだ。

標準に遠い人達の暮らしをもう少し引き上げ、すさんだ心の人達に温かい言葉をかけることで、つまらない対立構造を打破していくことが重要だ。

一人の「はむむろ貝」が30人に親切に接するのは不可能ではない。400、500万といわれる「はむむろ貝」が歌えば、その歌声は海全体に響き渡る。

仲間同士、弱い者同士を対立させるという構図には自らが行動することで歯止めをかけなければならない。

（筆者追記）本シリーズは今回でオシマイ。乱雑でジコチューな文章・漫画に我慢強くお付き合い戴きまして心から御礼申し上げます。（完）

みにがいど

◆第26回ナショナル・トラスト全国大会in東京　▽日時　10月18日（土）午後12時30分～5時30分（交流会＝午後6時～8時）▽会場　国立オリンピック記念青少年総合センター▽参加費　500円（交流会は別途4千円、食事・飲物つき）▽定員　250名※先着順▽内容　①日本ナショナル・トラスト協会の取り組み②各地のナショナル・トラスト活動報告③記念講演「美しき地球の記憶」ジョー奥田・ネイチャーサウンドアーティスト▽申込方法　①氏名②所属③電話④FAX⑤Eメール⑥交流会の参加の有無を明記し、FAX、Eメール、郵便のいずれかで▽主催・申込・問い合わせ先　社団法人日本ナショナル・トラスト協会（〒171－0021豊島区西池袋2の30の20）☎5979・8031、FAX5979・8032、hdart@ecosys.or.jp

◆市民活動きっかけづくり講座「今こそ、あなたの出番！新しい地域文化を創ろう」▽日時　10月21日（火）午後1時30分▽会場　国分寺Lホール（JR国分寺駅ビル8階）▽対象　市内在住・在勤・市内で活動している人▽定員　100名（先着順）▽参加費　無料▽主催・申込・問い合わせ先　こくぶんじ市民活動センター☎042・576・0190

◆水のふるさと　ぐんまフェアin新宿　▽日時　10月27日（月）、28日（火）午前10時～午後8時（28日は6時）▽場所　新宿駅西口地下広場イベントコーナー

都政新報

発行所　都政新報社
〒160-0023　東京都新宿区西新宿7-23-1　TSビル
（総務・読者）03-5330-8781
（企画広告）03-5330-8784
（編　　集）03-5330-8786
（出　　版）03-5330-8788
（ファクス）03-5330-8808
購読料　月1,680円（税込）
毎週火・金曜日発行
但し、祝祭日は休刊

紙面から

都政に翻弄され二転三転

体育・福祉専門学科高▼アスリート養成校▼白紙再検討

秋川高の跡地活用策

「地元市の意向も受け止めながら、新たな有効活用等を検討する」。石原知事は都議会第3回定例会で、都立秋川高校の跡地活用について、白紙で再検討する方針を明らかにした。06年12月、「10年後の東京」で秋川高校跡地に中高一貫のアスリート養成校をつくる計画を発表した都だが、施設整備や運営面のネックが多く、有識者報告から約1年で断念した。秋川高校の跡地活用を巡っては、04年にも計画が頓挫している経緯があり、二転三転して方向性が定まらない事態が続いている。

あきる野市「産業の拠点に」

「旧秋川高校跡地に中高一貫教育のアスリート養成施設実現に向けて取り組む」。07年10月、あきる野市長に当選した臼井孝氏のウェブサイトには、都の「スポーツ一貫校」構想を支持する政策が今も残る。

9月18日の都議会で、石原知事が計画断念を正式に発表すると、同26日、あきる野市も軌を一にして、市議会で都に追随する姿勢を明らかにした。臼井市長は「税収など、自主財源を安定確保したい」として、産業集積拠点にしたいとしている。

旧秋川高校の周辺には圏央道のインターチェンジがあり、物流の拠点として好立地であることから、市としてはもともと、産業系に活用したい考えだった。同市の基本構想「ヒューマン・グリーンあきる野」でも、基盤整備を行い、企業誘致する方針を提示。実際、市はJR五日市線・武蔵引田駅周辺に富士通の研究施設を誘致している。

ところが、オリンピック招致計画が浮上し、都が秋川高校跡地を「スポーツ一貫校」にする構想を打ち上げた。これを受け、市の計画も跡地の活用を「学校誘致」と明示。今回、再び振り出しに戻って産業集積拠点の検討になった。

閉校当時の都立秋川高校。白ワクで囲った部分が高校の敷地に当たる。現在は、周辺にイオンモールや富士通の研究施設がある

■断念

都がスポーツ一貫校を断念したのは、当初から危惧されていた運営形態、指導者の確保などの課題のクリアが難しかったからだ。知事本局では「アスリートの育成は、『スポーツ振興基本計画』の施策の中で進めるのが現実的と判断した」と話す。

秋川高校跡地の利用計画が白紙に戻ったのは、初めてではなく、99年10月、都教育庁が高校改革推進計画の第2次実施計画を策定。この中で06年に「体育・福祉に関する専門学科高校」を整備する方針を盛り込んだ。

しかし、都内の総合学科高校で体育・福祉の課程が増え、都は「単独の新設校を設置する必要性は薄れてきている」と方針転換。また、三宅島の災害対策で生徒を受け入れたこともあり、「スポーツ一貫校」構想が飛び出すまで、跡地活用の検討は宙に浮いていた。

■白紙

都政の流れに翻弄され活用策が決まらない中、あきる野市は09年1月に検討委を立ち上げ、来夏にも土地利用の方向性を示す予定だ。市は「財政的にも跡地を買収するのが難しい」（幹部）と語り、最終的には都に判断が委ねられる見通しだ。

都幹部は「都が市の検討委に噛むかどうかは別にして、地元市で考えをまとめるのは、あってしかるべき」と話す。ただ、都の構想は「白紙」の状況。今後、市の意向も踏まえ、知事本局や産業労働局などで検討されることになる。

臨海副都心の7.9ヘクタール　814億円で売却

都は、臨海副都心青海ST区画の7・9㌶を森ビル、トヨタ自動車に814億円で売却する。この土地は、99年3月から暫定利用され、2010年5月に原状回復して都に戻ってくる。その後、地上23階、地下2階、高さ最高100㍍の施設をつくり、オフィス、展示、商業、ホテル、コンベンションなどの機能を入れる。年間1千万人の集客を見込んでいる。

展示施設では、車の試乗やものづくりプログラムなど参加体験型にするほか、コンベンションとホテルの一体的運営によってビジネスマッチングの場にするという。

区人勤　月例給、特別給の改定見送り

「民間とほぼ均衡」　勤務時間は15分短縮

特別区人事委員会（西野善雄委員長）は10日、一般職の給与について勧告した。「職員給与と民間給与がほぼ均衡している」として月例給と一時金の改定を見送った。また勤務時間は、現行の1日8時間から15分短縮し、1日7時間45分、1週間あたり38時間45分に改定することが適当とした。合わせて休息時間の廃止を打ち出した。

＝4面に関係記事

給与の官民比較では、職員平均43万2612円に対して民間が43万2687円となり、民間が75円（0・02%）上回ったが、ほぼ均衡しているため改定を見送った。また特別給も職員が4・50月に対して民間が4・51月となり、概ね均衡しているため改定を見送った。

他方、地域手当は10年までに18%に段階的に引き上げる考えが示されているが、今年は1・5%引き上げて16%にするとした。この引き上げに合わせて給料表を同率程度引き下げるが、Ⅰ類初任給までの号給等は、国の初任給との均衡や人材確保の観点から据え置き、初任給付近の号給は引き下げを緩和する。

勤務時間は、人事院が現行の8時間から1日15分短縮して7時間45分とすることを勧告しており、他の政令市でも同様の勧告が示されていた。特別区では、ここ数年、民間事業所の平均所定労働時間が1日あたり7時間39分～40分となっており、今回、国や他団体との均衡を図るため、7時間45分に短縮するとした。

さらに、大田区を除く22区で設けられている15分の休息時間は、早急に廃止すべきとした。

このほか、幼稚園教諭の級構成の検討の必要性や、専門職制度の導入、管理職選考の改正、人事評価制度の精度向上などの考えを示した。

新銀行の経営監視

都「あくまで株主」「できる範囲で」

日銀考査・金融庁検査　「『非開示』を尊重」

400億円を追加出資して経営再建中の新銀行東京について、民主党の国会議員や都議で構成する「新銀行東京経営監視会議」（議長＝大塚耕平参院議員）が9日に都庁で会合を開き、都産業労働局金融監理室からのヒアリングを行った。

この会合で都側は、あくまで株主としての経営監視を行う姿勢を崩さず、日銀考査や金融庁の検査結果について、新銀行に開示を求める考えがないことを明らかにした。これに対して、大塚氏は「新銀行東京の再生に資するような情報開示は、金融庁にも日銀にもすべきだ」と述べ、都に対して日銀考査や金融庁検査の結果を熟知した上で再建に取り組むよう求めた。

都議会は、400億円の追加出資を決めた08年3月の補正予算案に対して、「都は、新銀行東京の再建計画が円滑かつ効果的に実行されるよう体制を整備すること。具体的には新銀行東京の経営の支援及び監視のための専門組織を設けること」とする付帯決議をつけた。金融監理室は、この付帯決議を受けて、産業労働局内に専管組織として設けられた。

ヒアリングで民主党側は、「株主として監視するにとどまるのか、それとも新銀行に出資した都庁が公的な立場として監視するのか、どちらなのか」などと追及。金融監理室は、「単なる株主ではなく、付帯決議がついているので、その中で、株主である立場において、できる範囲内の経営監視をしている」と、あくまで株主としての立場を強調した。

これに対して、「一般の株主は、金融庁に検査の日程を聞けない」「支配株主だから経営陣を更迭もできる。もっと深く関与できるのではないか」などと、都として踏み込んだ経営監視を求める声が相次いだ。

昨年行われた日銀の考査や、現在行われている金融庁の検査結果について、都は、「金融行政は公平であるべき。日銀や金融庁の方々も、金融機関の公共性に注目して非開示という決定をなさっているのだから、その意見を尊重する」と、開示を求めない考えを強調した。

日銀の考査をめぐっては、知事が08年3月の予算特別委員会で、「日銀による考査というのは、横から概略聞いておりました。私の耳に横から入ってきましたけれども、当然、都の幹部の人たちに伝わっていると思ったら、それは伝わっていなかったというのは、改めて驚き」と答弁している。

しかし、都はこれまで一貫して、日銀の考査や金融庁の検査について、知る立場にないとの考え方を繰り返している。

同党のヒアリングでは、日銀も金融庁も、「特別な立場にある支配株主たる東京都が望めば、それを新銀行東京からの申し出で検査結果を開示してほしいというのであれば、開示する」と答えているという。

大塚氏は、「もし金融庁や日銀が出す気がないという答弁をするなら、しかるべき方に国会の財政金融委員会においでいただき、日銀や金融庁と並んで、双方の意見に食い違いがないかどうか、確認をさせていただきたい」と述べた。

あいさつに立つ議長の大塚氏（右から3人目）＝9日、都庁内で

09年度事業着手へ予算の確保を

外環議連が要望

東京都議会外郭環状道路建設促進議員連盟（会長＝遠藤衛都議）は10日、外環の早期事業化に向け、金子国土交通大臣に対して要望活動を行った。

要望書は、「国は、その責任において、外環の09年度事業着手に向けて、必要な手続きをとるとともに、事業予算や執行体制の確保に注力すべき」と主張。新たな道路整備計画に外環を「必要な道路」と位置づけること、国土開発幹線自動車建設会議を早急に開催し、外環の整備計画を定めること、周辺まちづくりや関連道路の整備など、沿線の地元自治体の要望に十分配慮することなどを求めた。

金子国交相は、「都会も地方も道路は必要。できるだけ早く国幹会議を開催し、外環整備を進めていきたい」とコメントした。

冗句ジョーク

ノーベル賞受賞で感じた頭脳の海外流出
管理強化職場
「部屋にいるより現場へ出たい気持ちと同じだね」

三宅島モーターサイクルフェスタ

知事宿泊　施設改修に1億円

共産が中止を要望

10月17日から19日まで開かれる三宅島モーターサイクルフェスティバルについて、共産党都議団が9日、昨年のタレント出演料や、知事が宿泊する施設の改修に1億円が投入されたことを批判し、フェスタを中止し、災害復興支援に向けるよう求める要望書を石原知事に提出した。

昨年のモーターサイクルフェスティバルでは、出演タレントの岩城滉一氏に対して1千万円の出演料を支払っているほか、開催経費とは別に知事が宿泊する施設の改修に1億円が投入されている。この宿泊施設は、今年4月からの稼働率が3・9%と低いという。清水秀子都議は会見で、「三宅にふさわしいイベントを都が支援していく必要がある」と語った。

共産党の会見を受けて、三宅村の平野村長は、「共産党都議団の取った行動は、島の思いを踏みにじるものであり、私はもとより、村民も非常に憤りを感じている」とコメントした。

また、石原知事は10日の会見で、「かなりの台数を持ち込んで運搬費もあったので、実費もかなり入っている。彼が一人の芸能人として出演料だけで1千万円なんて、都が出されるべきでないし、通用しない」と弁明。実費を除く出演料は400万円とも報じられているが、「知らなかった。妥当なものだから、当局は支出したんでしょ」と語った。

23区の路上生活者　96年度以来最少に

都福祉保健局

08年夏期の23区の路上生活者数は2645人で、前年同期比で約500人減ったことが9日、都福祉保健局の概数調査で分かった。8月の調査を開始した96年度以来、最少という。

施設別で減少が顕著だったのは、都管理河川や都立公園。河川で240人、都立公園で約100人減少した。また、区別では、墨田区で224人減少している。

都区による地域生活移行事業などで、2千人弱（07年度末）の路上生活者がアパートに移行した成果だという。

都政の東西

子供の「闇社会」

都教育庁がまとめた子供のインターネット・携帯電話利用調査の結果を見て、都教委の内館牧子委員は「つくづく嫌な世の中になった」と嘆いた。携帯ネットやメールによる児童・生徒のトラブルが予想以上に多く、外からはうかがい知れない子供たちの「闇社会」が、不気味な広がりをみせていたからである。

被害はチェーンメールを筆頭に、メールによる悪口・個人攻撃、誹謗・中傷、わいせつ画像と多岐にわたり、中には出会い系サイトに登録して「金額を払わないと、法的手段を行う」と脅されたケースもあった。闇社会の典型は「学校裏サイト」だが、ある特定の学校の話題だけを扱うこの非公式の匿名掲示板がトラブルの温床になる。パスワード設定などで部外者からアクセスしにくく、文科省の調査では全国で3万8260のサイトが確認された。生徒同士の口コミで広がるケースが多いため、親や教師のほとんどがその存在すら知らない。

小学生で4割近くが、高校生にいたっては9割以上が携帯電話を所有する時代になった。携帯電話を持てば当然、通話だけでは済まず、メールや携帯サイトへと手が伸びる。すると、学校裏サイトでの被害に出くわす機会が増えるばかりか、サイトへの何気ない書き込みが他人を傷つけるなど、ネットの世界では子供たちが簡単に被害者にも、加害者になってしまう。

かといって今の時代に携帯電話を使うなとは言えない。やはり親子間で話し合い、携帯電話の機能を必要最小限にするか、フィルタリング機能を付けるか、またメールの範囲や使用制限など、家庭のルールを決めるべきだろう。インターネットリテラシー教育も欠かせない。特効薬がない中で、「闇社会」から子供を守るには、地道な取り組みを積み重ねるしかない。

育児支援など事業を多角化

国の「放課後事業」も影響

23区で児童館の再編

自治体などの児童館事業が近年、少子化などの影響もあり、そのあり方が問われている。従来の学童保育などの機能が「放課後子どもプラン」事業に移管される中、23区では、児童館活動を再編する動きが増えてきた。その一方で、約40年前から育児支援機能を充実してきた板橋区、中高生向け施設を設置した杉並区など、各区独自の取り組みも注目される。指定管理者制度を導入する区もあり、各区とも転換期を迎えた児童館の方向性を模索しているようだ。

児童館は、児童福祉法に基づき「18歳以下の児童に健全な遊びを与えて、健康を増進し、情操を豊かにする施設」として、自治体や民間事業者が設置・運営している。

文部科学省と厚生労働省は昨年度、「放課後子どもプラン」事業を共同で開始した。小学生が主な対象で、目的は「地域社会における、放課後や週末などの児童の遊び場や生活の場の確保」。基本方針では「余裕教室、公民館、児童館などを活用し、地域ボランティアなどの協力を得る」としている。

この指針に基づき、23区では、品川、世田谷、渋谷、中野、板橋、足立、葛飾、板橋区などが取り組みを進めている。

中野区は今月、区内の児童館のうち4カ所に「地域子ども家庭支援センター」を開設する。幼児の親からの相談対応や、親子の仲間づくりなどの場にする。また、中高生の活動に主眼を置く「U18プラザ事業」も開始。今後、9カ所の児童館で展開していく予定だ。小学生対象事業については、既存の児童館機能を活用しつつ、小学校への移管を図る方針。同区では「児童館のノウハウを生かして、両輪で新規事業を進める」としている。

板橋区立ゆりの木児童館が開催した「子育て支援コンサート」＝板橋区提供

児童館独自の活動も

児童館活動は今後、「乳幼児向け」「中高生向け」の二極化傾向が予測される。他方で、従来の活動の中で、すでにこうした事業を手がけてきた区もある。

板橋区は1970年に、児童館における育児支援活動を実施しており、各館が多様な活動に取り組んできた。

赤塚地区の区立ゆりの木児童館では、「子育て支援コンサート」を9月に開催。親子約250人が参加して大盛況となった。同館の竹谷幸子館長が、路上ライブ中心に活動するバンド『エンドルフィンマシーン』の演奏を偶然に聴いたことがきっかけで、自らバンドのメンバーにボランティアでの開催を依頼した。

竹谷館長は「育児で多忙な親はストレスがたまりがち。子連れで行けるコンサートも少ないため、身近な児童館で開催した」と説明する。参加した母親らは「昔、バンドの追っかけをしていた時期を思い出し、とても楽しかった」などの感想が寄せられたという。

同館では「母親教室」なども定期的に開催し、幼児の発達や教育をテーマに専門家を招くなど、気軽に参加できる場を提供している。竹谷館長は「育児を楽しいと感じられる環境づくりが大切。児童館は親同士の交流にもつながる」と話す。

板橋区ではこのほかにも、区立富士見台児童館が7月末に「赤ちゃんお世話し隊」イベントを開催。小学校4年生から6年生の児童10人と乳幼児の親子16組が参加して、実際に乳幼児の世話などを手伝い、育児を通じた世代間交流を行った。

杉並区は2006年に、中・高校生の活動に特化した「ゆう杉並」を開設した。体育室や完全防音のスタジオなどを設置。ダンスの練習などで施設予約が殺到しているという。同館は、児童の自主性を生かすために「中・高校生運営委員会」を置くなどしている。

中高生向けに特化した児童施設は、港、墨田区なども設置している。

指定管理者の導入も

児童館の運営では、指定管理者の導入も増えている。23区では、墨田、文京、台東の3区が導入。社会福祉法人、株式会社などが運営を担う。

指定管理者の導入に際しては、児童館の既存機能を慎重に検討する必要がある。

区立児童館の関係者は「学校では相談しにくい家庭問題や悩み事などを、地元で気軽に話せる場」として、児童館が機能してきたと指摘する。ある児童館で児童虐待が判明した事例では、職員が児童から相談を受け、行政内の1部署として教育員会や地域の民生委員と連携することで、早期に対応できたという。

「指定管理者の場合、行政内の連携が図りづらくなり、せっかくの直営拠点を失うことになりかねない」と懸念する。

「縦割り」の弊害を防げ

【解説】「放課後子どもプラン」事業は、文科省による「放課後子ども教室推進事業」と厚労省の「放課後児童健全育成事業」の既存2事業を一本化する狙いがある。あくまで両事業の連携をうたってはいるが、監督官庁の違いも影響して、教育関係者は「学校と児童館が協力するケースはまだ少ない」と明かす。

放課後対策で、23区を含めて各自治体では「小学生対象の事業は小学校、幼児と中高生を児童館」といったすみ分けが進んでいる。しかし、児童館関係者によると「幼児の頃に来館し始めて、小学生以降、継続的に来館する児童が大半」という。「縦割り行政」の弊害が、事業の継続性を損なう可能性もある。

児童館関係者が指摘するように、地域に密着した「窓口機能」が充実している施設もある。児童館の再編では、こうした児童館の行政機能にも考慮すべきだ。（河）

農地保全で組織発足へ

都と34区市町　法の見直しも要望

都内などで減少傾向にある都市農地を保全しようと、都と34区市町でつくる協議会が29日に発足する。都市農地保全の連携組織の発足は、全国で初めてという。

協議会を提案したのは練馬区。同区では、97年度の農地面積が368㌶でその後も減少が止まらず、07年度は270㌶まで落ち込んだ。同区に限らず、相続税を払えず切り売りされた農地に、マンションなどが建設されるため、農地減少に歯止めがかからないのが現状だ。

都市農地を守るため、結束が必要と考えた練馬区は、23区で農地が残る11区に呼びかけたところ、農業分野を担当する課長が4区から集まり、初めての課長会が05年11月に実施された。課長会、部長会、住民向けの農地保全フォーラムなどを実施していくうちに、農地保全に協力する自治体が増えていった。

この組織は、「都市農地保全推進自治体協議会（仮称）」で、10区、22市、2町で構成されている。同協議会は、都市農地保全の調査や研究、住民を対象にした講演会や研修会の開催などを実施する。また、農家が高額な相続税を払えない問題などもあるため、農業関連の法律の見直しの要望を国、関係団体に行っていくという。

協議会に参加する10区は、目黒、大田、世田谷、中野、杉並、板橋、練馬、足立、葛飾、江戸川。

中小企業振興公社と連携へ

品川区

品川区は3日、区内の地域産業活性化のため、㈶東京都中小企業振興公社と業務連携・協働に関する覚書を締結した。同財団との連携は23区では板橋区に続いて2区目。

これまでに取り組んできた区内製造業の支援に加え、公社が有する専門知識や情報、人材、経験を生かして、中小企業の発展を支援するのが狙い。

業務連携・協働を行うのは、海外取引、専門家による相談および相談員の派遣、販路開拓・取引拡大、創業、技術・技能の高度化など10事業。そのうち、海外取引、専門家による相談および相談員の派遣、販路開拓・取引拡大支援の3事業を重点的実施事業とした。

6月に区が実施した産業懇談会では、中小企業が、販路拡大と安価な労働力のために海外進出を検討しているものの、情報、人材、資金の3点が課題となっていることが判明。区では支援方法を探っていた。

業務連携により、同公社による専門家アドバイザー250人、販路拡大ナビゲーター60人の相談や派遣が可能となり、販路の情報や海外活動のアドバイスなどで国内外の情報を得ることができるようになる。

後期高齢者医療制度

国保と一体化を提示

各自治体、行方を注目

舛添厚労相が私案

後期高齢者医療制度で、舛添要一厚生労働相は7日、同制度と国民健康保険（国保）を一体化して、都道府県単位に再編する私案を明らかにした。現在、国保と後期高齢者医療制度は、いずれも区市町村の国保年金課が担当していることが多い。23区の各区も、中央で進む議論の行方を注目している。

■県単位のくくりで

制度の見直しに関し、舛添厚労相は麻生首相の考えに沿って、「75歳で区切る」「天引き」「世代間の争い」の3点の不満を解消する必要があると述べてきていた。

私案に添えられた資料には、バスに乗った人たちのイラストが描かれ、現行の「県単位75歳専用バス」（後期高齢者医療制度）の乗客は「料金も勝手に天引きされるし…」「行き先は姥捨て山かな」などと不満を述べている。

それとは別の各市町村が運営する「国保バス」に乗っている親子連れ、若年層や現役世代の乗客からは「せまくて小さいバスだわ」「このバスは料金が高いね」「おじいちゃんはどこ?」「おばあちゃんはどこ?」などの声が。

一方、新たな案に基づくイラストは、子どもから高齢者までみんなが乗り込んでいる「県単位の大型バス」。現役世代は高齢者に向かって「今まで通りに大切にするよ」。高齢者は「家族と一緒でよかったね」「料金も自分で入れてよいんだね」「料金も割引だね」など"納得"のセリフ。運転手は「だれもが乗れる安心安全の県単位のバスです」と説明する。

■一体化「ありうる」

この私案について現場は、どう受け止めているのか。国保との一体化は「考え方としてはありうる」と、ある区の課長は語る。区市町村単位の国保は財政基盤が弱く、以前から「広域化」の必要性が検討されていた。「国保の広域化は昔から言われていたことで、そこへ後期高齢者がのるということは、考え方としてはあると思う。今年4月から切り離されたが、もともとは一緒だった。そう悪いことではないのではないか」。

別の区の担当者も「突如出てきた話ではない。安定的な運営ということからすると、単位は広い方がリスクは減ってくる」と話す。

■中身はこれから

ただ、私案は具体的な中身が詰められているわけではない。舛添厚労相は、これを議論のたたき台に、与野党超えて納得のいく仕組みをこれから考えたいとの意向だ。

被用者保険からの財政調整がどれだけになるのかは不透明。また、私案を示された厚労相の私的諮問機関「高齢者医療制度に関する検討会」では、75歳で区切る、区切らないに賛否両論あったほか、運営主体が都道府県となることについては「保険料徴収の経験がないのでは」などの指摘もあった。

行方を見守る自治体関係者の間でも「現在、村など小さい単位の国保でうまく回っているところが、大きな単位に組み込まれる際に割を食って、現在よりも高い保険料になってしまうこともあるのではないか」などと、都道府県単位で統一保険料を設定する難しさを指摘する声もある。現在の後期高齢者医療制度と同様、低所得者への賦課を薄くした場合、賦課限度額のある高所得層はともかく、それ以外の中間所得層にきつい保険料設定となる懸念もある。

長寿医療制度と国民健康保険の一体化に関する舛添大臣の私案イメージ

<現行>
長寿医療制度(県単位の広域連合)
75歳
65歳
被用者保険からの財政調整
国保
被用者保険
市町村単位

<見直し後>
長寿医療(都道府県)
①両者を一体化し、都道府県が運営
75歳
65歳
②被用者保険からの財政調整
国保(都道府県)
被用者保険
県単位に再編

■究極は「一本化」

全国市長会と全国町村会、国保中央会は、国保の財源が厳しいことや、介護保険制度のスタートを前に、1999年から国に対して、すべての国民を対象にした医療保険制度への一本化を要求してきている。

特別区長会会長で、東京都後期高齢者医療広域連合の多田正見連合長（江戸川区長）は「一本化が実現されない段階で後期高齢者医療制度が開始され、（都内では）結局、62自治体が一緒になっただけであり、全国市長会の目的が達成されていない」と指摘する。

「私案の詳細は不明だが、全国市長会の主張が実現されていない段階での案であり、にわかに賛成できるものではない」とし、今後も高齢者が増えていくなか、「税の投入のあり方、介護保険や生活保護などの社会保障経費のすべてをにらみ、他の医療保険と合わせた負担の議論を十分に行っていくことが必要」と訴える。

厚生労働省高齢者医療課は「検討会から大臣に答申が出るなど動きがあれば、それにのっとってやっていくことになるだろうが、現段階では、現在ある法律や政府・与党からの運用改善に基づきやっていくしかない」と話す。制度廃止、あるいは制度改正となれば、自治体の現場は、あまりに短いスパンで大きな影響を受けることになる。

「事務作業が増えるし、高齢者も再び混乱するだろう」。担当者らからは、そんなため息ももれるなか、より良い制度への模索が続く。

富岡地区まちづくりプラン

江東区

江東区はこのほど、深川の富岡地区のまちづくりプランをまとめた。

富岡地区は、深川不動尊や富岡八幡宮があるなど、深川のなかでも観光の要素が強いまち。区では、同地区で、安全、防災、修景の観点から電線の地中化を進めている。

それと並行して、住民らと共にまちづくりの考えをまとめようと、ワークショップを開催。この3年間、深川観光協会、商店街代表者、町会代表者、公募区民、NPO法人江東区の水辺に親しむ会の計17人と共に、22回のワークショップでプランを練ってきた。

プランの対象は、東京メトロ東西線の門前仲町駅を中心としたエリア。

プランでは、まちの将来像としてゾーニングを行った。永代寺、深川不動尊、富岡八幡宮、三十三間堂跡など深川の歴史と文化の探索ゾーンをはじめ、門前仲町商店街を中心とした活気とにぎわい・お土産購買ゾーン、古石場親水公園や牡丹園などの水と牡丹に親しむゾーンなどを設けている。

リーディングプロジェクトとして、深川回遊促進整備プロジェクトと深川公園前情報エリア整備プロジェクトを示した。

深川回遊促進整備プロジェクトは、深川不動尊一帯で止まってしまう来訪者の流れを、より南に位置する牡丹園方面にまで回遊してもらえるようなイメージを描いた。

深川公園前情報エリア整備プロジェクトは、無電柱化を行う深川公園前の道路を中心に路面や案内板などを利用した情報発信基地をつくる計画を立てた。

また、日本地図の祖として知られる伊能忠敬が晩年に江戸深川黒江町（現在の江東区門前仲町）に住み、全国測量の旅に出るときには富岡八幡宮に参拝していたことから、名前を音読みして「チューケイさん」というイメージキャラクターも創作した。看板のイラストや立体模型として登場させ、まちの案内役を務めてもらうことにしている。

プランが掲げたスローガンは「みんなでわっしょい！わがまち深川とみおか」。江東区道路課では「区の観光拠点として、深川ブランドは大きな位置を占めている。プランをもとに、観光で訪れた人にも、そこに住んでいる人にも愛される富岡地区を目指していきたい」と話している。

中小企業支援で融資を無利子に

大田区

大田区は売上が減少している区内の中小企業者に対して緊急経済対策として、期間限定で無利子の融資あっせんを行う。第3回定例区議会に債務負担行為として議案を上程し、可決された。

対象となるのは、区内の中小企業者で売上が減少している者。区内に住所または主な事業所を1年3カ月以上有し、同一場所で引き続き1年3カ月以上営んでいること。

さらに、最近3カ月間または1年間の売上高が前年もしくは前々年と比較して10%以上減少し、事業経営のための運転資金を必要としていることが条件となる。

3年の間、区が利子の全額を負担し、本人負担はゼロ。4年目以降は、通常の区が行っている経営強化資金の本人負担率（責任共有制度の場合は0・4%、小規模企業の小口資金の場合は0・2%）となる。

融資限度額は1千万円だが、通常、同区が行っている経営強化資金と合わせて1千万円以内とする。返済期間は7年間。

申し込みの受付期間は11月4日から12月26日まで。区では120件程度の申し込みを見込んでいる。

記者席

職を辞すべきは石原知事

○……民主党本部が設置した「新銀行東京経営監視会議」の第2回会議が9日、都議会民主党の総会室で開かれた。都産業労働局金融監理室を呼んでヒアリングするというのが当日の議題だったが、雰囲気としては糾弾会のようだった。

たとえば「新銀行を再建できなかったら、あなたは責任をとって公務員を辞めるんですね」という念押しの質問は、ちょっといただけない。失敗の責任をとって辞任すべきは、石原知事であって都職員ではない。

経営監視会議のメンバーを見ると、日本銀行、三菱東京UFJ銀行など、そうそうたる経歴を持った参議院議員である。金融行政をリードする側と、生き馬の目を抜く金融市場に身を置いた人たちなのだから、攻め口もそれに見合う深みが欲しいところだ。

○……杉並区の山田宏区長は10月1日付の区民向け広報で、「リサイクル貧乏」のタイトルで、区のリサイクル施策を紹介した。

同区長は「都市鉱山」の話を交えつつ、リサイクル事業とコストの関係性に言及。4月に開始した廃プラの資源回収の費用を説明した。杉並区が収集や運搬で要する費用は年間約8億円。「今の制度では、リサイクルするほど自治体の負担が増え『リサイクル貧乏』になる」とし、メーカーに「拡大生産者責任」を求める法律改正が必要と結んだ。

レジ袋の有料化条例の施行などを進める同区だけに、区長の言葉に説得力がある。生産者責任と「リサイクル貧乏」は、各自治体でも施策のキーワードになりそうだ。

○……消費期限が迫った災害時用備蓄食料の活用を各市に尋ねると、意外にも多くの市が廃棄。水も、備蓄しているほとんどの市で廃棄していた。

調布市では、水の活用を庁内に呼びかけ、環境部が水まきに使用したが、使用されるまでの保管場所には苦慮したという。「スペースがあれば生活用水代わりに使えるが、保管場所や使用後のペットボトルの処理を考えると……」。「もったいない」を形にできない状況に、多くの担当者がジレンマを抱えていた。

更新物資の活用法を模索

災害時用備蓄食料

アルファ米、粉ミルク…全廃も

大規模な災害時を想定して、国や都道府県、他の自治体などから支援が届くまでの約3日間をしのぐため、各自治体ではそれぞれの規模に応じた災害時用備蓄食料を計画的に確保している。アルファ米や乾パン、粉ミルクなどがあるが、防災訓練や学校の防災教育などでの活用で、廃棄をゼロとしているところがある一方、業者引き取りなどで、数千から数万食分を全廃棄し、新たに更新しているところもある。更新時期を前倒しすることで、全廃棄から全活用できた例もある中、「ムダ減らし」促進に、備蓄食料の有効活用法を模索する市が増えてきた。

◆賞味期限で苦慮

小平市はこのほど、昨年度取り組んだ「一係一改善運動」の最優秀賞などを発表した。優秀賞に選ばれた一つは、防災安全係が取り組んだ災害時用備蓄品の活用だった。

活用の対象は粉ミルク。これまで同市は、更新の際に備蓄している粉ミルク約450缶をすべて廃棄していた。これを活用できないかと、更新時期を期限の3～4カ月前に前倒し。市立保育園全園に配布して、ケーキや給食調理などに利用してもらうことで、すべて有効利用できるようになったという。廃棄物の減量や保育事業の予算の低減にも結びつけることができた。

26市で回答を得られた市のうち、粉ミルクを備蓄していると回答したのは14市で、そのうち7市は更新時期に全廃棄していた。

理由は、粉ミルクは他の災害時用備蓄食料に比べ、未開封での賞味期限が1年半と短いことだ。賞味期限が残り1カ月ほどに迫った粉ミルクは、市立保育園などでの活用を打診しても、「乳幼児にはできるだけ新鮮なものを」と敬遠されがちで、園によっては銘柄を指定しているところもある。一般市民への配布も「期限内に消費してもらうという確約が取れない」という理由で、廃棄せざるを得ないのだという。

また、賞味期限が1年半のため、通常、更新は3年に2回で済む。そのため「予算上の問題もあり、賞味期限ぎりぎりまでひっぱっている。賞味期限の半年前くらいに入れ替えができれば活用も考えられるが、賞味期限に余裕があるものを『早出し』するのは難しい」と話す担当者もいた。

◆協定等でムダ減らし

小平市のほかに、備蓄している粉ミルクを「すべて活用している」と回答したのは町田市で、1年を過ぎて更新するときに、市内の乳児院に配布して役立てている。また、八王子市、狛江市、西東京市でも、市内の保育園で活用できているという。

八王子市の災害時の備蓄倉庫。大量の食料や毛布など、各市では保管場所の確保にも苦慮している

そのうち八王子市では、人口が多いものの、備蓄しているのは110缶。災害時の不足分は協定により、大規模店舗などから優先的に運んでもらうことになっているからだ。備蓄を必要最低限とすることができ、無駄に廃棄することもなくなった。

また、武蔵野市では、市の備蓄倉庫と保健センターで粉ミルクを備蓄。更新するもののうち、全量活用はできていないが、保健センターでは、倉庫の粉ミルクを使用するたびに新たに補充するランニングストック形式を採用しているため、廃棄はゼロ。市がストックしている分についても、約半年の賞味期限を残して毎年更新しているため、希望する市立保育園に配布して、約8割程度は活用できているという。

◆1万食分廃棄も

備蓄食料のうち、アルファ米やクラッカーなどは、賞味期限が5年間と長い。これらについては一度に備蓄した市や、計画的に備蓄を増やしている市など、備蓄の仕方は様々。そのため、特に一度に備蓄した市では、更新時期にも大量の備蓄食料を処分しなければならず、その活用方法に頭を悩ませているのが現状だ。

アルファ米などの備蓄食料について、「すべて廃棄」「ほとんど廃棄」と回答した市では、更新時に1万食から2万食が廃棄されていた。

「以前は海外に提供していた」という立川市では、提供先で配布されるまでに期限切れになるものは不可となって受け入れ先を失い、更新時期に当たった昨年度は、1万食が残った。そのため、更新が迫った備蓄食料の活用方法について、検討を始めたところだという。

また、日野市では、各小学校を中心にアルファ米などを備蓄。防災訓練などで利用する分もあるが、ほとんど活用できない状況だという。

その理由は管理方法。同市では5年に1度、アルファ米などの入れ替えを行っているが、その間、備蓄のある各小学校でいくつかのアルファ米を利用した場合、備蓄数確保のため、新しいものを補充しておく必要がある。すると、新しいものと古いものとが同じ倉庫に混在することになり、賞味期限の管理が煩雑になるためだ。

担当課では「更新するものを集中的に管理できれば活用もできるが、現状では難しい」と話す。

同市は、2010年に「（仮称）市民の森ふれあいホール」を完成させる予定だが、担当課では併せて備蓄倉庫を併設する要望を出し、備蓄食料の一括管理による有効活用を図りたい考えだ。

実際に武蔵野市では、5年を期限とした備蓄食料は4年間保存したのち、1年前のものを一カ所に集めて管理する手法をとることで、大半を活用できている。しかし、決まった倉庫があるわけではないため、保管場所を毎年検討しなければならないことが悩みの種だ。

また、「アルファ米の廃棄はゼロ」と回答した八王子市や町田市、羽村市では、防災教育の一環として給食などで活用。給食のため賞味期限の管理ができるほか、献立に掲載することで、保護者への啓発にも一役買っているという。

環境への関心の高まりにも伴い、備蓄食料を大量に廃棄している市の中には、市民や議会から指摘が出るところも増加。各市では、活用の検討が急がれている。

クレジットカード収納本格化

日野市　都内初の対面式を導入

日野市は今月から、市役所本庁舎の納税課で、クレジットカード専用端末機を使用した対面方式による収納を本格的に開始した。クレジットカード納付を取り入れる自治体は多いが、対面式は都内で初めて。システム化の必要がないため、導入コストをほとんどかけずに、収納の選択肢を広げることができ、市民の利便性向上に寄与している。

同市では07年12月から今年9月15日まで、クレジットカード収納を試行実施しており、その間、6649件、約5750万円の収納があった。利用者は20歳代から80歳までと幅広く、家計消費支出の約11％がクレジット決済という状況などから、本格導入を決定した。

決済は対面式のため、携帯電話の端末を使った通信機で行い、新たな収納方式を導入することでかかる経費は、毎月かかる通信費の4千円程度。

利用者は、市役所本庁舎まで来庁しなければならない手間はあるが、システム化した場合、納付場所は広がっても、見込まれるコストは約1千万円にもなる。そのため、今回は新たな導入コストなしに、収納方法を拡大した。

利用できる税目は市都民税、固定資産税・都市計画税、軽自動車税、国民健康保険税などで、分割払いも可能。

今後、個人情報などの仕組みが整備できれば、市内の支所で、同様の対面方式の導入を検討する考え。納付場所を増やすことで、より市民の利便性を高めたい考えだ。

納税課では「コンビニ収納など、多様な収納方式を採用しているので、市民それぞれが自分にあった収納方法を選んでほしい」と話している。

「情報弱者」に地デジ化促進

八王子市　放送受信機設置に補助

八王子市は今月から、26市で初めて地上デジタル放送受信機の設置等に補助金を交付する事業を始めた。都内でも千代田区に次いで2番目の取り組み。アナログ放送が終了する2011年6月末までに、約1万1900世帯の高齢者世帯を対象に地デジ化を図り、情報弱者対策に努めていく考えだ。

アナログテレビから地デジに移行するためには、各世帯の状況によりチューナーを変えたり、新たにアンテナを設置する必要があるが、平均的に3万5千円程度の個人負担が必要になっている。

同市は、特に高齢者はテレビから様々な情報を得ていることが多く、特に地震や大雨などの自然災害などの情報もテレビから得ていると指摘。地デジ移行が遅れれば、そうした情報を得られなくなり、高齢者の命にもかかわる可能性があるとして、補助事業を決めた。

対象者は、65歳以上で構成される世帯か、65歳以上の一人暮らし世帯で、生活保護受給世帯を除く08年度の市都民税が非課税の世帯。4月1日以降、各世帯で地デジ放送を視聴するために必要な最低限度の機器を購入したり、設置する場合にかかる費用のうち、5千円を限度に補助する。

市は、今年度分として全世帯の10％にあたる1190世帯、595万円分を事業費に計上。IT推進室では、「今後4カ年の間に、地デジ放送への円滑な移行をお手伝いしたい」と話している。

町田市　美術館に市民コンシェルジュ

町田市立国際版画美術館は、一般公募で募集した市民が、ボランティアで作家や作品についての説明などで美術館を案内する「美術館コンシェルジュ」を取り入れた。11月24日まで開催している「ピラネージ版画展」の期間中の土日祝日に行うもので、版画美術館のイメージアップや、来館者に満足感を味わってもらい、リピーターを増やすことで、来館者の増加も目指す。

コンシェルジュとして活動するのは、市内外から応募のあった20歳代から70歳代の23人。実施日には、4人体制で午前と午後の交代制で案内する。コンシェルジュは3日間の研修を受講して、案内に必要な知識を学習する。

来館者に対して、美術館の沿革や建物の概要など総合的なガイド、館内設備の案内、展示会の概要説明のほか、版画美術館周辺の案内や、帰り道に散歩できるコースの紹介、市のほかの文化施設等の情報提供などをきめ細かく行い、より多くの人に親しみやすい美術館を目指す。

版画美術館は1987年に開館。当初は15万人ほどの来館者があったが、関東一円に美術館が次々とできる中、現在では年間10万人ほどにとどまっている。

同館は、コンシェルジュが来館者の感想を聞くなど、意見を吸い上げる役割も期待。今回の2カ月間の試行を踏まえ、来年度も市民コンシェルジュを継続していく予定だ。平日も含めた常駐化も検討する。「サービスを強化して、多くの人に美術館を楽しんでほしい」としている。

学校支援ボランティアの調査結果を発表

町田市

町田市教育委員会はこのほど、学校支援ボランティアの活用状況について調査結果を発表した。

07年4月から08年7月までの活用状況をまとめたもので、学習に関するボランティアは小学校1206人、中学校120人、生活指導や読み聞かせ、特別支援教育などに関するボランティアは小学校399人、中学校53人、大学生ボランティアは小学校169人、中学校34人などだった。

07年度、小中学校に関わった地域人材数は、1校あたり約30人。市教委は「地域に開かれた学校づくりが進んでいる様子が伺える」と分析。今後は、地域の人材活用を推進するため、総合窓口として「学校支援センター」を設置。市民だけでなく広く都民からも支援者を募集して、効率的な登録・派遣のシステムを確立し、各学校の教育活動の充実を図りたいとしている。

第3回定例市議会

123本の意見書可決

消費者行政に高い関心

26市の第3回定例市議会は、07年度決算などを審議して10日までにすべて閉会した。昭島市と羽村市を除く24市から議員提出議案として160本の意見書と決議が提出され、123本の意見書と6本の決議を可決した。

様々な分野にわたる消費者被害に対し、法整備と財政措置を求める意見書や、雇用問題解決の一助として法制化の動きが高まっている「協同労働の協同組合法」制定などに関心が高かったほか、全国に問題が広がっている事故米関連では、国に事件の徹底解明と再発防止を求める意見書もあった。

事故米関連意見書も

今回、最も多くの市議会で可決された意見書は「地方消費者行政の抜本的拡充に必要な法制度の整備および財政措置を政府等に求める意見書」で、17市が可決した。

内容は、輸入冷凍ギョーザ毒物混入事件や英会話NOVA事件等のほか、多重債務、クレジット、投資詐欺商法、架空請求、振り込め詐欺など、多岐にわたる消費者被害が後を絶たず、地方自治体の消費者相談件数は、全国で約110万件（06年度）と95年度の約27万件から約4倍に増加している状況を指摘。

しかし、地方消費者行政予算は95年度の全国200億円（うち都道府県127億円）をピークに、07年度は全国108億円（うち都道府県46億円）まで削減。十分な相談態勢がとれず、消費者啓発も十分に行えないなど機能不全に陥っており、これを改善するには「地方消費者行政の充実強化が不可欠」として、「消費生活センターの権限を法的に位置づけ、消費者被害情報の集約体制を強化して、国と地方のネットワークを構築するなどの法整備」と「地方消費者行政の態勢や人員、予算を抜本的に拡充強化するための財政措置」を強く求めた。

次いで多くの市が提出したのが「（仮称）協同労働の協同組合法」の速やかな制定を求める意見書」で13市が可決した。

「ワーキングプア」や「ネットカフェ難民」「偽装請負」など社会問題となっている雇用格差や、障害を抱えていたり、社会とのつながりを作れない若者など、意欲はあっても働けない人が増大。これに対して、注目を集めているのが「働くことを通じて人と人とのつながりを取り戻し、コミュニティーの再生を目指す」活動を続ける「協同労働の協同組合」。しかし、同組合には法的根拠がなく社会的理解が不十分で、団体として入札や契約ができなかったり、社会保障の負担が働く個人にかかるなどの問題も浮上している。

各市議会は、「希望と誇りを持って働く」「人とのつながりや社会とのつながりを感じる」働き方を目指す協同労働の協同組合は「市民事業による市民主体のまちづくりを創造するものであり、働くこと・生きることに困難を抱える人々自身が、社会連帯の中で仕事を起こし、社会に参加する道を開くもの」とし、課題解決の有力な制度として法制化することを要請した。

ほかに、根本的な治療法が確立されていないヒトT細胞白血病ウイルス1型関連の疾患予防や感染拡大防止促進のために、潜在患者の実態調査や医療機関等への情報の周知徹底、発症者への支援や福祉対策の推進などを盛り込んだ「ヒトT細胞白血病ウイルス1型（HTLV—1）関連疾患に関する意見書」（10市議会）、全国標準となる公会計基準の作成を求めた「新たな地方公会計制度における会計基準の整備に関する意見書」（7市議会）、国庫補助や電力会社による買い取り枠の大幅な拡大などを求めた「太陽光発電システムのさらなる普及促進を求める意見書」（6市議会）などが注目された。

決議では、国立市議会が、2度の勧告を受けた「住民基本台帳ネットワークシステムへの接続を求める決議」を市に対して行っている。

また、9月25日から夜間休日の小児二次救急が休止となっている町田市民病院の状況を懸念し、町田市議会は9日の最終日に急きょ、「小児二次救急の正常化および医師の確保を積極的かつ早急に市を挙げて行うことを求める決議」を提出し、可決した。

2008年第3回定例会

複数の市が可決した主な意見書	可決した市
地方消費者行政の抜本的拡充に必要な法制度の整備及び財政措置を政府等に求める意見書	立川、三鷹、府中、調布、町田、日野、東村山、国分寺、国立、福生、狛江、東大和、清瀬、武蔵村山、稲城、あきる野、西東京
「（仮称）協同出資、協同経営で働く協同組合法」の制定を求める意見書	立川、三鷹、調布、町田、東村山、国分寺、福生、東大和、清瀬、東久留米、武蔵村山、多摩、あきる野
ヒトT細胞白血病ウイルス1型（HTLV-1）関連疾患に関する意見書	立川、三鷹、小金井、日野、東村山、東久留米、武蔵村山、多摩、西東京
新たな地方公会計制度における会計基準の整備に関する意見書	八王子、三鷹、調布、町田、東村山、東久留米、西東京
太陽光発電システムのさらなる普及促進を求める意見書	立川、調布、小金井、東村山、東久留米、武蔵村山
障害者自立支援法の「定時改正」における抜本的見直しを求める意見書	三鷹、府中、町田、日野、東村山、東大和、清瀬
東京法務局八王子支局（仮称）八王子地方合同庁舎への移転に伴う現行サービス水準の確保を求める意見書	八王子、青梅、東村山、武蔵村山、西東京
「障害者権利条約」批准へ向け国内法の見直しを求める意見書	清瀬、東久留米、武蔵村山
学校給食食材への国庫補助創設を求める意見書	清瀬、武蔵村山
事故米の食品市場流通の原因究明と再発防止策の早期実施を求める意見書	武蔵村山、西東京

事故米使用なし

三鷹市

事故米が混入したでんぷんを使った可能性のある玉子焼きを学校給食に提供していたとし、その後の調査結果を待っていた三鷹市はこのほど、「事故米はまったく使われていなかった」と発表した。

農林水産省の調査で明らかになったもの。同市教育委員会はこれを受け、保護者あてに説明とおわびの文書を送付している。

日野市長選、日程決まる

日野市選挙管理委員会は9日、来年4月26日に任期満了となる日野市長選について、投開票日を4月12日と決めた。また、同市議会議員補欠選挙（現時点で欠員1）を同時に執行する。

懲戒処分を発表

青梅市

青梅市は9月24日、今年6月11日から9月24日までにあった懲戒処分2件を発表した。

1件は、一般事務職主事女性が、07年10月から08年4月まで、窓口で受け取った公金31万8020円を自分の机の中に放置して会計処理を遅延させたとして、戒告処分とした。

もう1件は、一般事務職主事男性が、07年7月に窓口で受け付けた給付金申請書類を未処理のまま約1年間放置。今年3月に受け付けた別の給付金申請書類も数カ月間放置して、給付金支払を遅延させたもの。減給（10分の1）1カ月の処分としている。

特別区人事委員会勧告

月例給 2年連続で改定見送り

勤務時間15分短縮

「休息時間は早急に廃止」

専門職制度の導入にも言及

10日に出された特別区人事委員会勧告は、民間給与が職員を上回るプラス較差となったものの、その差は75円にとどまり、ほぼ均衡しているとして月例給の改定を見送った。据え置きは2年連続となるが、地域手当を1・5%引き上げるため、それに伴い給料表を同率程度引き下げる。また、特別給は、概ね均衡しているとして改定を見送った。給与関係は基本的に据え置きとなる一方、勤務時間は、国や多くの大都市人勧と同様に15分の短縮が示された。勤務時間の短縮は、92年の完全週休二日制導入以来となる。

＝1面参照

◆給与改定

民調結果では、民間の平均給与が43万2687円に対し、職員が43万2612円となり、昨年に比べると官民とも2千円程度落ち込んだ。

官民較差は、率にしてわずか0・02%。過去に遡ると04年も今年と同率となる0・02%(82円)のプラス較差となったが、較差が小さく改定を見送っている。

また、地域手当の支給割合は1・5%引き上げて16%としたが、この引き上げに伴い、原則として給料月額を同率程度引き下げる。

ただ、引き下げを行う場合も、Ⅰ類初任給までの号給は、国の初任給との均衡や厳しい人材確保状況などを踏まえて据え置き、初任給付近の号給は、引き下げを緩和する。

給与構造改革については、中高齢層職員の給与水準を抑制し、若年層との世代間配分を是正する「給与カーブのフラット化」を示すが、今年は月例給を改定しないため、初任給付近を据え置いたことによる若干のフラット化にとどまった。

特別給は昨年、0・05月分の引き上げを行ったが、今年は職員が4・50月に対し、民間は4・51月と較差が小さく、据え置きとした。その一方で、勤勉手当への成績率のさらなる反映を求めた。

勤勉手当の成績率制度は全職員に導入しているが、一律拠出については係長級で行っていない区もあり、運用は区によって異なる。こうした状況に対し、人事委員会は「必ずしも成績上位者に十分に配分される仕組みになっていない」などと述べ、成績率のさらなる反映を各区に求めた。

幼稚園教育職員の給料表は、現在は1～3級の構成だが、教頭と教諭が同じ2級に格付けされているため、「職務給の観点から適切ではない」と指摘。07年6月の学校教育法改正により、副園長や主幹教諭などの設置が可能となったことに触れ、職の必要性も含めて級構成を検討するよう求めた。

なお、調査の比較対象企業規模は06年に見直しを図り、それまでの「100人以上」から「50人以上」に拡大した。全事業所に占める小規模事業所の割合は年々高まっており、今年は前年比0・5ポイント増の19・3%となった。

◆人事制度

今回、人事制度関連で新たに示されたのが専門職制度の導入だ。法務や会計分野など、高度に専門的な職について、スタッフとして採用・昇任する新たな仕組みの必要性を示した。

また、管理職選考については、退職の増に伴い、各区の需要数が増加する中で、選考申込者が減少しており、「職員のライフスタイルの変化や、中堅職員層の多忙な職務実態を考慮しつつ早期の改正が必要」との考えを示した。

また大量退職に絡み、技術系職員の技術力の維持・向上にも言及。任命権者に対し、技術継承を意識した適材適所への配置やマニュアル整備、OJTの実施を求めた。

このほか人事評価制度については、「能力・業績、職責に基づく人事・給与制度の確立の根幹となる」として、精度の向上を求めている。

◆勤務時間

今勧告で、職員にとって直接的なプラス改定となるのが勤務時間の短縮だ。現在の1日8時間勤務を15分短縮し、1日7時間45分、週38時間45分とするとした。

特別区内の民間事業者の平均労働時間はここ数年、7時間40分程度で推移しており、人事委では民間との準拠を基本としつつ、国や他団体との均衡を図るため見直しを示した。その一方で、有給の休息時間を「早急に廃止すべき」と述べた。

休息時間は国が06年7月に廃止。総務省も地方自治体に同様の見直しを行うよう通知しており、23区では大田区が07年に廃止した。特別区では、休息時間が午前と午後に15分ずつ、休憩時間が45分となっており、昼休みは休憩時間に休息時間の15分を加えて1時間を確保している。大田区では休息時間を廃止したため昼休みが45分間となり、職員から不満の声が上がっていた。

勧告通りに1日15分の勤務時間短縮が行われた場合、休息時間30分を廃止する一方で、休憩時間を15分延長すれば、終業時間を延長することなく昼休みを1時間確保することが可能となる。

勧告式で概要を説明する西野人事委員会委員長

2008年　特別区人事委員会勧告の概要

公民較差			特別給
額	率	給料表改定	勧告
75円	0.02%	見送り。ただし、地域手当の引き上げ分と同率程度引き下げ	改定なし（4.50月）

◆給与改定、給与構造改革

項目	内容
・地域手当の支給割合	現行の14.5%→16%に引き上げ
・成績率のさらなる反映	各区で勤勉手当への反映に取り組む
・幼稚園の給与制度	職務給の観点から級構成を検討する必要あり

◆人事制度等

項目	内容
・技術職場の組織力向上	計画的な採用と技術継承を意識した配置
・専門職制度の導入	スタッフとしての採用等を検討
・管理職選考の改正	早期の改正が必要
・人事評価制度	不断の検証を行い、精度の向上が不可欠
・勤務時間の短縮	1日7時間45分に改定。休息時間を早急に廃止

多田会長「成績率制度の改善」を強調

10日に東京区政会館20階会議室で行われた勧告式では、西野善雄人事委員会委員長が勧告の概要を説明。23区議長会と区長を前に、勧告の速やかな実施を求めた。

これに対し、区長会の多田正見会長は、勤勉手当の成績率制度について、「成果を上げた職員を的確に処遇できるよう、成績率制度の改善など制度整備を図る」と強調。

また、専門職制度の導入について、「弁護士や公認会計士など、高度に専門的な知識を有する職員を採用する必要が生じている」と述べ、これらの職の設置を早急に検討するとした。

さらに、勤務時間の短縮については「区民サービスの提供に支障を生じさせない適切な勤務体制について研究するとともに、国・他団体の動向に留意して検討を行う」とする一方で、休息時間は「速やかに廃止するよう努める」考えを示した。

業務改善NEWSを配信

都庁標準ルールの定着・フォローへ

都総務局

都総務局はこのほど、各職場で効果をあげている先進事例等を紹介したメールマガジン『業務改善NEWS』をTAIMS端末に配信した。業務改善NEWSに取り上げられたのは、中央卸売市場北足立市場、福祉保健局児童相談センター、福祉保健局総務部総務課、産業労働局労働相談情報センター八王子事務所、教育庁中央ろう学校の計5カ所。

都のIT・業務改革会議では昨年度、管理職を対象に業務改善提案を募集し、約2千件にのぼる提案を受け付けた。業務改善NEWSは、提案内容を踏まえた実際の取り組みを紹介し、各職場での業務改善を促すことを狙いとしている。

児童相談センターでは、ベテラン職員の大量退職や児童虐待相談の急増、法改正等の環境変化を受けて、職務を効率的に進めていくためのツール作りに取り組んだ。

具体的には、グループワーク等を通じて児童福祉司自らが現状や課題を洗い出し、持続的に高い成果をあげるための行動特性を持つ児童福祉司の人材像（コンピテンシーモデル）を創出、あわせて自己評価リストを作成した。

ノウハウ継承の観点では、労働相談情報センター八王子事務所も、労働相談に関するベテランの経験や知識をまとめた職場内広報を作成し、問題解決手法を提示したほか、「解雇」「賃金不払い」「労働契約」の典型的事例について、職場研修で直接ベテランから重点的に学ぶ機会を設けるなど、職員の相談対応能力向上に努めた。

執務環境の改善に関しては、都で今年7月、異動に伴う引き継ぎ時期を利用して展開されたキャンペーンを受けて、北足立市場の事例が紹介されている。

同市場では、段ボール箱に入った書類を確認の上、廃棄あるいはキャビネットに収納。また組織改正を契機に、二つの係の職員を集約・再配置したことでコミュニケーションの改善につなげた。照明を常時点灯する場所が限定され、省エネにも役立ったという。

行革推進部では、今年4月に職場で共通して取り組むべき必要最低限のマネジメントノウハウをまとめた都庁標準ルールを策定。業務改善NEWSは、定着に向けた仕掛けや継続的なフォローアップを目的に発行している。

都単独で就職セミナー

来月22日に初開催　採用試験内定者も登場

都単独の就職セミナーとしては初となる「都庁セミナー2008」が来月22日、東京ドームプリズムホールで開催される。各局ブースでの事業紹介、採用試験内定者によるパネルディスカッションなども行われる予定。10日からは、職員採用のホームページで参加の事前登録も開始した。

大量退職や少子化といった状況を受け、官民含めた人材獲得が激しさを増す中、都は09年度の職員採用試験に向けたPR活動を民間事業者に業務委託し、都庁の魅力発信に努めている。今回の就職セミナーもこの一環として開催される。

都では、毎年2月頃に職員採用セミナーを実施してきたが、採用試験の受験希望者が対象となっている。今回の就職セミナーでは、09年度採用試験の受験層にあたる大学3年生や大学院1年生だけでなく、大学1・2年生も参加可能で、将来的に公務員という選択肢を持ってもらうため、幅広く学生の掘り起こしを図ることが狙いだ。

就職セミナーでは、局別事業説明エリアに行政委員会等を除く20局がブースを設置し、局ごとに「10年後の東京」関連の事業などをアピールする。また特別ブースでは、都技術系職員の仕事も紹介していく。

若手職員だけでなく、採用試験内定者による講演や直接話をする機会を設けた点も特徴。内定者によるパネルディスカッションは「How To 合格」をテーマに行われ、コミュニケーションエリアでは、受験希望者の関心の高い「採用試験の勉強方法」などの疑問にも答えるという。

11月にみちづくりフォーラムを開催

道路整備保全公社

㈶東京都道路整備保全公社は、「地域主導のみちづくりフォーラム」を11月13日に開催する。

道路の清掃や植栽の手入れなど、道路美化運動を行う「東京ふれあいロード・プログラム」参加団体をはじめ、都内でボランティア活動を行う団体の相互交流・連携を目的としたもの。

当日はキャスターの生島ヒロシ氏が「地球環境を考える、今、私たちにできること」と題した基調講演を行うほか、各団体が活動を紹介する。また、講演終了後は交流会も行う。

講演は定員200人で参加費は無料。交流会は同150人で参加費は1千円。申し込みは参加団体および代表者名、住所、電話番号、参加者全員の氏名を記入の上、ハガキまたはFAX5381・3355で11月5日までに申し込む。

偽サイトの削除をプロバイダに要請

STOP!架空請求!

都生活文化スポーツ局は8日、モバイル版「STOP!架空請求!」をかたる偽サイトについて、プロバイダに削除要請を行うとともに、同サイトに関する注意喚起を行った。

「STOP!架空請求!」は、架空請求に関する専用サイトとして05年3月、消費生活情報を提供する「東京くらしWEB」上に開設、架空請求業者の情報提供や架空請求手口の紹介を行うほか、都民からの架空請求メール通報窓口となっている。

偽サイトは「架空請求とは?」「架空請求撃退法」など都サイトに似せた構成で、アダルトサイトに誘導しようとするもの。架空請求通報受付窓口への通報から、今回の偽サイトが発覚、確認されたという。

ひと

動物の代弁者として活動

東京都多摩動物公園
飼育展示課長
成島（なるしま）　悦雄（えつお）さん

今年、東南アジア動物園協会総会に出席しチンパンジーの繁殖について講演する。一昨年も多摩に設置された野生生物保全センターの初代係長として、その取り組みを発表。日本動物園水族館協会では飼育繁殖を進めるため希少種の血統を管理しているが、チンパンジーの血統登録者を現在担当。サル類は輸入が禁止され、外国からの導入は困難で、07年末で国内55施設に343頭いるチンパンジーも減少の一途という。

「DNA鑑定で判明した四つの亜種に配慮した繁殖を進めてきた結果でもあるので、今は亜種にとらわれずに繁殖させる動きになっています。野生での本来の生活のように、飼育を群れで行うことも健康に飼育するうえで必要なんです」

アフリカのチンパンジーも生息地の開発や内戦、人間が持ち込んだ病気などで急激に減っている。「将来、野生に戻すことも意味があるが、飼育下の動物を野生に戻すことはものすごく大変。今いる動物を、アフリカの動物を守るための代表として役立ってもらう方が大切だと考えるようになっています」

「ドリトル先生みたいになれたら」と獣医に。幸運にも獣医が都に10人採用された中で一人だけ動物園に配属された。多摩にコアラ館が出来る時はシドニーの動物園への研修の機会を得た。「恵まれています」は実感だ。

入都の年にパンダが上野に。「飼育課長が24時間記録を取れというので、ビデオはないし、若い者が観察要員になって寝ずの番。最初は楽しかったが、夜間はほとんど動かないんですよ」と笑う。

少し前までの動物園はリクリエーションの場としての色彩が強く、動物との触れあいや素晴らしさを伝えることに組織として十分対応できていなかった。「楽しい場であるとともに、動物の代弁者となって、動物だけでなく彼らを取り巻く環境を守る大切さも併せて伝えていこうと変わってきています」

鳥インフルエンザのような人と動物の共通感染症が流行すると、学校からニワトリを引き取ってと要望を受けるとか。「命の大切さを教えるための飼育ですから、子供に接する先生には野鳥の侵入防止や手洗い励行など予防策をとることで動物と共存していくことを考えて欲しい」（門）

栃木県生まれ。72年東京農工大農卒。獣医職で上野動物園に。多摩の動物病院係長や教育普及課長などを経て、4月から現職。仕事が趣味で、いつかは海外で動物の保存に力を尽くしたいと。母と妻と一女一男。59歳。

学生起業家選手権で決勝8組がプレゼン

2組が優秀賞に

都と㈶東京都中小企業振興公社が主催する「08年度学生起業家選手権決勝大会」が9日に都民ホールで行われ、8組の決勝大会進出者がオープンプレゼンテーション形式で競い、2組が「優秀賞」に選ばれた。

選ばれたのは、「大学スポーツの動画配信サイト」（大学スポーツチャンネル）、「教育絵本のフリーマガジン発行」（てけほん）の2組。4人の審査員がプレゼンテーションの内容と質疑応答を通じ評価した。2組は、会社設立セミナーを経て、起業を目指す。

昇任試験対策のページ

21年度 主任試験講座【2】

20年度試験問題解説 ①

平成20年度の東京都主任級職選考の筆記考査は、例年同様、9月の最終日曜日の28日に行われました。

21年度に主任試験を受験しようと考えている皆さんのうち、試験対策として一体どこから手をつければいいのだろうかとお悩みの方、既に手を付け始めている方、色々いらっしゃるかと思いますが、過去に出題された問題に実際に取り組み、出題傾向や難易度、出題形式をつかむことは、試験対策を進めるにあたって重要なポイントです。

主任試験は、18年度に制度改正がありましたが、これまでは難易度は年によって若干の差が見られるものの、出題分野ごとの傾向は例年大差がありませんでした。これから本講座を通じて、20年度筆記考査について、出題分野別に詳細に解説を行っていきます。解説を参照しながら問題を実際に解いてみて、求められる知識の範囲・深さ、自己のレベルなどを把握することは、今後勉強を進めるにあたっての大きな指針となるはずです。

そこで、今回から5回にわたって、20年度の教養問題A（択一）の解説を行います。Ⅰ類（事務Ⅰ）の問題に沿って解いていきますので、Ⅰ類（土木、建築、機械、電気）・Ⅱ類を受験される方は、問題番号を読み替えて下さい（問題番号の下のカッコ内がⅠ類（土木、建築、機械、電気）の問題番号、カギカッコ内がⅡ類の問題番号になります）。

出題傾向

平成20年度の主任試験教養問題A（択一）は、出題数や出題分野、試験時間の変更などの大きな制度改正後3回目の実施となりました。

最初に、出題分野ごとの傾向を述べたいと思います。

まず「統計資料の見方」です。出題数5問のうち、「資料解釈」は4問で、表が1問、グラフが3問でした。それに、「統計の基礎知識」を問う問題が1問出題されました。この出題傾向は、これまでとほぼ同じです。「統計の基礎知識」については、「職員ハンドブック」の「統計」の章に記載されている、用語の定義や計算式を着実に身に着けることが求められます。

「法律分野」については、おおむね従来どおりの出題でしたが、地方自治法の分野で、「地方独立行政法人」や「市町村合併」など、地方公共団体を取り巻く新たな動きを踏まえた出題もなされています。法律知識だけでなく、「職員ハンドブック」などでそのような動向を確実に押さえておく必要があります。

「都政実務」については、おおむね「職員ハンドブック」に掲載されている範囲からの出題でした。疑問に思った点は規則等に直接あたり内容を確認するなど、知識を確実に自分のものにしていくことが求められるかと思います。

「都政事情」については、都の施策に関する計画や答申、調査もののほか、「包括外部監査報告書」や都庁の「IT化推進体制」など、様々な分野から出題がなされています。正答のためには、「とちょう−i」に取り上げられた重要発表事項等を中心に、都政に関するより幅広い知識を身に着けることが求められているように思います。

全体としては、ややこれまでと異なる傾向の問題や細かい選択肢も見られましたが、ほぼ従来どおりの出題傾向、難易度であったかと思います。

主任試験対策として、各自の担当職務の域を超え、広く周囲の事柄に目を向けることは、単なる試験対策にとどまらず、自己啓発の意味でも大変有意義なことです。これを、視野を広げる良い機会ととらえてみてはいかがでしょうか。

この講座をペースメーカーに、効率的に実力アップを図れるよう頑張ってください。

問題解説

NO・1（1）「1」

構成比の推移に関する表の問題です。各問題に共通しますが、まずは計算せずに判断できるか検証してみて、次に簡略化して計算し、微妙な結果になったもののみ、もう少し詳細に計算する、という手順を踏むことが、早めに問題を解く方法です。ただし、簡略化しすぎると間違ってしまうこともありえます。どこまで簡略化してよいかを正確に判断するためには、問題練習を繰り返して感覚をつかむことが大切です。また、選択肢の意味さえ理解できれば、時間をかけて落ち着いて計算することで正解にたどりつくことができます。

① この表の数字は、各年の新造船竣工量の国・地域別の構成比（%）を示しています。一方、この選択肢では、構成比ではなく竣工量を比較するものとなっています。表では、合計欄のカッコ内に各年の竣工量の合計のみが示されているので、その合計に各構成比を乗じて、それぞれの輸入量を求めることになります。本選択肢の場合は、韓国の2003年の竣工量が13680千総ト、06年の竣工量が18720千総トであり、増加量は5500千総トには満たないことが分かります。誤り。

なお、この場合、おおよその量が把握できれば良いので、竣工量は千単位、小数点は四捨五入して計算します。例えば、2003年は36×38、という具合です。微妙な結果になったもののみ、もう少し詳細に計算します。また、四捨五入する場合、切り上げまたは切り下げの、どちらか一方ばかりとなるときは、誤差が大きくなりますので注意してください。

② 2003年の竣工量は、全体の竣工量が少ないため、欧州諸国の竣工量も比較的少ないことが予想できます。そこで、全体の竣工量が最も多い07年と比較すると、03年は36000×9%≒3240千総ト、07年は56000×7%≒3920千総トであり、07年の方が竣工量は多いことが分かります。誤り。

③ 2004年が40170×11・6%≒4660千総ト、07年が56570×18・4%≒10409千総トで、10409÷4660≒2・23であり、指数210を上回ります。正しい。

④ 2005年も07年も、全体の竣工量は大きく増加しているのに、その他諸国の構成比はわずかにしか減少しておりません。06年が52000×8・5%≒4420千総ト、07年が56000×8・3%≒4648千総トであり、量が増加していることが分かります。誤り。

⑤ 2007年については、全体の竣工量が多いため、日本の竣工量も多いことが予想されます。そこで、07年の日本の竣工量を計算すると、56570×30・6%≒17310千総トであることが分かります。誤り。

正答 ③

NO・2（2）「2」

構成比の推移に関するグラフ問題です。表とグラフの相違はありますが、NO・1と類似した形式の問題です。

① 2002年度が22500×49%≒11025、04年度が22900×46%≒10534で、10534÷11025≒0・96であるため、0・9を下回らないことが分かります。誤り。

② 2003年度が22400×9%≒2016、04年度が22900×11%≒2519、05年度が22800×11%≒2508で、累計が7043となり、7000を上回ります。正しい。

③ 2003年度の石炭の構成比が上昇していますが、その他の構成比も同じ程度上昇しています。その他は石炭の3分の1程度の量しかないため、各分野別に占める増加率でいうと、その他の方が大きいことが分かります。誤り。

④ 2004年度が22890×14・7%≒3365、05年度が22700×16・5%≒3746であり、3746÷3365≒1・11であるため、110を上回ります。

⑤ 石炭について、2002年が22500×19・7%≒4433、06年が22700×21・2%≒4812で、増加量が379、その他について、02年が22500×6%≒1350、06年が22700×6・5%≒1476で、増加量が126であり、4倍を上回らないことが分かります。誤り。

正答 ②

NO・3（3）「3」

増加率のグラフ問題です。この問題では、細かい計算は必要ありません。対前年増加率の推移を示したグラフですので、各年の増加率を合計することで、求める結果の近似値が出ます。

① 2002年の増加率がプラスであり、02年は前年に比べて増加していることが分かります。誤り。

② 2003年に対する05年の業者数の比率ですので、03年から05年にかけての増加率を比較することになります。対前年増加率の概数は、04年、05年の順に、第一種は△7%、0%でトータル△7%、第二種は△1%、△1%でトータル△2%、第三種も△1%、△1%でトータル△2%。概数ではあっても、第一種が大きく減少していることが分かります。正しい。

③ 2006年は、前年に対し、第二種の業者数が増えている一方で、第三種の業者数は減っています。このため、第二種と第三種との関係でいうと、06年は、第三種の数がより小さくなっています。よって、第二種に対する第三種の業者数の比率は、前年の05年の方が大きいことが分かります。誤り。

④ 第一種における2004年から06年にかけての増加率の概数は、05年が0%、06年が5%で、トータル5%です。指数110を上回るためには、10%を超える増加率が必要であるため、それには大きく満たないことが分かります。誤り。

⑤ 第一種における2002年から06年にかけての増加率の概数は、03年が△2%、04年が△7%、05年が0%、06年が5%で、トータル△4%であるため、06年は02年に対し、減少していることが分かります。誤り。

正答 ②

NO・4（4）「4」

① 六大都市では、平成14年、15年、16年、17年において、商業地の指数が減少しており、各年とも、住宅地の指数も同様に減少しています。また、全国217都市では、14年から20年までの毎年、商業地・住宅地とも、指数が減少しています。正しい。

② 平成14年から19年の六大都市の商業地についていうと、19年が指数約90で最大、17年が指数約68で最小であることが分かります。誤り。

③ 平成17年は、商業地の指数約68に対し住宅地の指数約77、20年は、商業地の指数約100に対し住宅地の指数約88であり、商業地に対する住宅地の指数の比率は、20年の方が小さいことがわかります。誤り。

④ 平成16年は、商業地の指数約66、住宅地の指数約82であり、82÷66≒1・24で、1・3を上回らないことが分かります。誤り。

⑤ 全国217都市の住宅地の指数は、平成18年・19年とも、前年より減少しています。誤り。

正答 ①

NO・5（5）「5」

分散とは、データが平均値を中心にどの程度散らばっているかを示す値です。この表から計算すると、610000÷100−72×72≒916であり、正答は916万円となります。

正答 ④

21年度 主任・係長 論文講座 ◇3◇

試験論文には、試験論文特有の決まりがあります。今回は、試験論文の構成方法について解説します。なお、都主任選考Aについては出題が特殊なため、必要に応じてそれぞれの説明の後に【】書きで補足説明をしています。

論文構成の基本

論文の構成方法には、四段構成（起・承・転・結）と三段構成（序論・本論・結論）の2種類があります。三段構成は四段構成の承と転の部分を一つの章にしたものです。

四段構成の文章は、論文の中核である問題点と解決策を明確に整理でき、読み易いというメリットがあります。一方、三段構成の文章は、各章ごとの字数のロスが少なく、四段構成と比べて問題点と解決策の対応関係がバラバラになり難いというメリットがあります。特にどちらの構成が採点上有利ということはありませんので、どちらか書きやすい方を選んでください。

【都主任選考A】論文課題を（一）（二）の二つに分けて論述するようになっています。論文の起、序論の部分が（一）に独立したと考えれば良いでしょう。

以下、論文構成における留意点を三つあげます。

（一）四段構成か三段構成かを早い段階で決めること

試験本番直前での構成方法の変更は、避けましょう。構成方法変更のために試験直前に文章を直すのは時間の無駄ですし、勝手が違ってうまく書けなくなっては大変です。

準備の早い段階で構成方法を決め、なるべく途中で変更しないようにしましょう。

（二）字数配分の目安

1500字程度の論文では、各章の字数配分は次のとおりとなります。

四段構成の場合

第1章（導入部）300字程度

第2章（問題点の指摘）500字程度

第3章（解決策の提示）500字程度

第4章（決意表明）200字程度

三段構成の場合

第1章（導入部）300字程度

第2章（問題点の指摘と解決策の提示）900字程度

第3章（決意表明）300字程度

これはあくまでも目安となる字数ですが、論文の核となる解決策にかかる部分（四段構成では第3章、三段構成では第2章）の字数は、できるだけ目安の字数に近くなるようにしてください。

【都主任選考A】トータルの字数は2千字程度です。そのうち（一）は500字程度、（二）は1500字程度です。四段構成であれば、問題点の指摘600字程度、解決策の提示600字程度、決意表明300字程度が目安です。三段構成の場合、問題点の指摘と解決策の提示1200字程度、決意表明300字程度を目安にしましょう。

（三）章ごとの見出し

各章には、1、2、3、4の番号と共に、内容を端的に表現する見出しをつけます。読み手にPRするキャッチフレーズを考えてください。少なくとも、章の内容が想像できる見出しにします。

【都主任選考A】四段構成であれば、（二）の中で問題点の指摘の部分を1、解決策の提示の部分を2として見出しをつけます。三段構成の場合、問題点と解決策のペアごとに1、2、3と見出しをつけます。決意表明の部分も見出しをつけて書き、文章を締めましょう。

論文の書き方のポイント ②

それでは、これから各章の書き方について説明していきます。今回は、四段構成の論文について説明します。

第1章の書き方

第1章は、与えられた課題に対し、その背景や問題を自分がどのように捉えているかを表現する部分です。なぜ今、都（区）政においてそれが課題なのか（出題意図の把握）、都（区）政はどんな方向を目指すべきなのか（目標の提示）を整理することが求められています。そのため、第1章では次の三つの要素を盛り込んで書くことが一般的です。

① 課題が与えられた背景

（例）「近年の○○により、都（区）民生活は△△であり、◇◇を求める都（区）民の声は高まっている」

② 現状の分析（①との間のギャップを説明）

（例）「しかし現在、都（区）政は○○の現状にあり、都（区）民ニーズに十分応えていない」

③ ②のギャップを埋めるための行政の目指すべき方向性

（例）「今、◇◇の実現が、都（区）政の重要課題となっている」

試験では、予想した出題テーマがそのまま出ることはほとんどありません。予想問題と同じように見えても、微妙に違った角度から出題されているものです。事前に準備した論文をそのまま書いてしまうのではなく、題意の違いをくみ取って、微妙な修正ができるように、練習しておきましょう。

また、課題が与えられた背景や現状を論じるにあたっては、直近に発表された都（区）の答申や計画等を参考にして、論文で使えそうなフレーズやデータ等をストックしておくとよいでしょう。

【都主任選考A】第1章の記述内容については（一）の設問で指示されます。都政ものでは、自己の職場または所属局の施策と論文テーマとの関連について、職場ものでは、自己の職務と職務上の課題について記述が求められます。①②③を考慮しながら、設問で求められている内容をきちんと述べましょう。

第2章の書き方

第2章は具体的な問題点を指摘する章です。第1章の導入部との整合性に注意しながら、出題された問題について、目指すべき方向性を実現する上で障害となっている事項を指摘します。第2章における注意点は以下の3点です。

（一）問題点を三点あげる

指摘する問題の数は三つとするのが一般的です。数ある問題点の中から、優先順位をつけて三つ選択するという整理能力を示すことになります。

（二）解決可能な問題点とする

問題点をあげるときは、以下の点を考慮しましょう。

①広い視野から問題点を捉えているか。

②問題点が事実に基づき、タイムリーなものか。

③客観的に判断して指摘するだけの重要性があるか。

④解決可能な問題点か。

特に④は重要です。どんなに鋭い問題点を提示しても、具体的な解決策を示すことができなければ良い論文になりません。論文作成上のテクニックとして、論文の構成を練る際は、最初から問題点と解決策のセットで考えることが重要です。いくつか問題点をあげてみて、その中からより現実的かつ具体的な解決策を導き出せるものを選びましょう。

この作業に役に立つのが前回ご説明したレジュメです。是非、活用してください。

（三）典型的な書き方

まず、個々の問題点に入る前に「○○を実現するにあたって、次のような問題がある」という趣旨の総括的な一文を2行程度で書きます。

次に改行して、「第一に、○○である」と、2行程度で簡潔に問題点を指摘します。そして、その問題点の具体的な説明を1500程度の論文の場合は5行程度書きます。第二、第三の問題点も同様です。

この際、「○○が必要である」「○○しなければならない」と早まって解決策を示さないようにしてください。第2章はあくまで問題点の指摘を行う章だということを忘れないようにしましょう。

第3章の書き方

第2章で提示した問題点の解決策を書くのが第3章です。三つの問題点に対応する解決策を同じ順序で書いていきます。解決策を書く上での留意点を以下に述べます。

（一）問題点の裏返しにしない

解決策が問題点の裏返しになっていないか注意してください。例えば「職場内で情報の共有化が進んでいない」という問題点の指摘に対し、「職場内で情報の共有化を図る」と述べることです。このケースでは、職場内の情報の共有化のために何をするのかを具体的に論じなければならないのです。

（二）解決策の内容

試験論文なので、独創的な解決策を書かなければ不合格ということはありません。むしろ採点者は、受験者が、現在都（区）が取り組んでいるまたは取り組もうとしている施策をきちんと理解しているか、その上で論文を書いているかという視点で採点しています。

ですから、解決策を書くにあたっては、まず都（区）政の基本的な方向性、施策を押さえた上で、自分なりのアイデアや提言を加え、内容を充実させましょう。

（三）典型的な書き方

まず、「○○を実現するにあたり、次のような対策を講じる必要がある」という趣旨の総括的な一文を2行程度で書きます。

次に改行し、「第一に○○である」と2行程度で解決策を要約します。さらに、その具体的な内容を1500字程度の論文の場合、5行程度で書きます。第二、第三の解決策も同様です。

【都主任選考A】職場ものの場合、自己の取り組み、努力していることに言及しながら解決策を論じることが求められますので、注意してください。

第4章の書き方

第4章は、論文の総括及び書き手の決意表明を述べる部分です。第3章までの論述を簡単にまとめて、目指すべき都（区）政の将来像を大きな視点でまとめます。そして最後に書き手の決意表明で締めくくります。自分なりの表現で、積極的な姿勢を示し、採点者に熱意が伝わるような文章を考えてください。

◇

それでは、次回以降は、より実践的な勉強に進みます。

21年度 カレントトピックス ③

政治事情

■新型インフルエンザに対する行動計画策定（9月17日）

警察庁は9月17日、新型インフルエンザ発生時の警察官の出動態勢や交通規制などの行動計画をまとめた。住民のパニックへの対策や混乱に便乗した犯罪を予防するため、非常事態には機動隊を出動させるなどして混乱の収拾にあたる。

計画では、警察官が新型インフルエンザに感染することで警察官が不足し、治安維持に影響する危険性もあることから、マスクやゴーグルなど感染を防ぐ装備の配備を進める。感染した警察官の欠勤状況に応じ、業務に優先順位を付けて人員を配置。警察官が不足した地区には必要に応じて、被害発生地以外の都道府県警から警察官を応援派遣する。

■住基ネット2審も住民敗訴—福岡高裁（9月29日）

住民基本台帳ネットワーク（住基ネット）はプライバシーを侵害し違憲だとして、福岡県の住民24人が国と県、地方自治情報センター（東京）に運用の差し止めなどを求めた訴訟の控訴審判決で、福岡高裁は9月29日、請求を退けた1審福岡地裁判決を支持、住民側の控訴を棄却した。

判決理由では「住基ネットは住民サービス向上が目的。個人のプライバシー権が制限されるとしても、公共の福祉による合理的な制限で違憲ではない」と指摘。情報漏洩（ろうえい）や目的外利用についても「具体的危険は認められない」と述べ、住基ネットは合憲とした3月の最高裁判決の判断を踏襲した。住民側は上告する方針。

■観光庁が発足（10月1日）

観光行政の強化を目的に、国土交通省の関係6課を移した観光庁が10月1日発足した。外国人観光客の誘致を進め、2020年までに現在の2倍以上の2千万人に増やすのが目標。またこの日、同省航空・鉄道事故調査委員会と海難審判庁の調査部門を統合し、権限を強化した「運輸安全委員会」も発足した。

同庁は、発展の続く中国など東アジア地域からの観光客の誘致を重点課題に挙げている。外国人観光客が言葉の面で不便にならないように、街頭や観光名所にある標識を多言語で表示するなどの施策を取る方針。

日本人の国内旅行での宿泊数を現状の約2・8泊から2010年までに4泊に増やすことも目標にしている。

東京のセーフティーネット　生活保護の運用は？

東京生活保護福祉研究会事務局長　斎藤昭夫

■格差と差別意識

格差社会と言われるが、そもそも資本主義は弱肉強食で競争原理が当たり前のこととされ、「努力」したものが報われる社会です。そして、「努力不足」の者は落ちぶれて当然。また、個人の「怠惰」が貧困を生むとも言われます。さらには、「何でキリギリスの面倒をアリ社会が背負う必要があるのか」。このような論議が一般社会だけでなく、公務員や福祉専門課程の学生の中からさえも囁かれます。

しかしながら、失業、心身の疾病、高齢などが原因の貧困は、制度・体制の問題ではあっても個人の努力不足の問題ではありません。そこで、人間社会の英知は社会保障制度を生み出し、発展させてきました。

歴史は、個人の自助努力の限界や世代内の互助救済の限界を超えて、世代間の救済を作り上げてきました。租税を原資とする無差別な社会保障制度、その代表が現在の生活保護制度です。無差別とは、税金や保険料などを納付したかどうかを問わない、貧困に陥った原因を問わないとするものです。

そうはいっても現実には、生活保護制度にも限界があります。その問題点、限界とは、「申請主義」や「世帯保護の原則」などであり、あるいは、外国人、ホームレス、稼働能力があると見られる稼働年代層の人は保護が行われ難いということです。

「面接相談研修」のDVDに携わった新保美香明治学院大准教授の助言を受ける研究会幹事会＝9月26日、アカデミー文京で

■生活保護基準よりも低所得者がいる

生活保護基準を切り下げようとする国の論拠には、生活保護基準よりも扶養家族を抱える世帯の雇用保険給付額のほうが低い、地域最低賃金や基礎年金額が単身生活保護基準額よりも低い、生活保護受給者より低所得の人がいる。残念ながらこれらはすべて事実なのです。そして各種の調査でも生活保護基準以下の所得層のうちの20％の捕捉率しか生活保護を受けていないということです。

慢性的な不況で二重雇用、つまり正社員以外の人を雇用してパートや派遣労働者が増加しています。その結果、被雇用者の3割を占めるこれらの人々が年収200万円以下のワーキングプアであり、平均所得は130万円程度であると言われています。ここに格差と貧困があるのです。賃金や雇用、年金を改革しない限り、貧困はなくなりません。

■申請とサービス

福祉事務所に申請するのは生活に困窮する人の権利であり、それは憲法25条にうたう「誰でも国民は、健康で文化的な最低限度の生活を営むことができる」権利です。ところが、失業率の高い北九州市や大阪府内の福祉事務所では、何回も相談しないと申請を受理しないとか、申請前の相談段階で指導指示を出し、申請の権利を抑制して、マスコミに叩かれたり、裁判沙汰になったりしています。

東京都内においても、ホームレスの人が、生活保護申請と同時に地域定住を求めて敷金等の申請をしても、「地域生活ができるかどうか判断が必要」と理由付けをして転居費用の申請を受理しない不適切な事例があり、支援団体ともめたりするケースも出ています。この背景には、人事異動が激しく経験年数が3年以下になり、また人員も充足されず、相談援助を担当するケースワーカーの負担が増し、精神的に燃え尽きて事務処理を遅滞したり、困難事例に行き詰まり意欲をなくしたりする事実もあります。

あるテレビ局のコメンテーターが、北九州市の申請抑制と滝川市の通院費不正支給事件について「役所は申請を抑制しケース数を少なくし、申請を受けたらこまめには相談援助にかかわろうとしない。申請抑制と放任主義の同じ体質がある」と指摘しています。それだけケースワーカーに心身ともに負担が増しているとも言えます。

■援助活動の充実を

生活保護には、生活扶助、住宅扶助、医療扶助などの定例的な保護費の他にも、臨時的な保護である一時扶助というものがあります。これには、断酒会やAAの参加交通費、住宅維持費、転居の敷金等があります。また他の制度である福祉資金等の借り入れを承認し、勤労収入や年金収入から返済金を控除し結果的に保護費を上乗せし様々なニーズに応える方法もあります。生活保護制度の他にも、被保護者に国が認めた「自立支援プログラム」を策定し、就労支援の他にも、多重債務者への債務整理支援、日常生活習慣を確立する支援、精神障害者社会復帰支援、高校進学支援等を行うことができます。

東京都では、さらに、都独自の「自立促進事業」を実施し、福祉事務所が無認可保育料、精神障害者自助グループ参加交通費、高齢者見守り支援費、精神科カウンセリング受診料、高校進学の塾の受講料、クラブ活動費他の助成支援も行えるように予算を計上しています。

現実にこれらのプレミアの制度を適用する福祉事務所、ケースワーカーには温度差があり、東京都の自立促進事業の対予算執行率も区部と市部あわせても2割程度に過ぎません。高校進学支援は23区中5区しか実施していません。また、都内では、多くの区市福祉事務所が、自治体間あるいは福祉事務所間、係の間ですら生活保護受給者の転居承認には消極的です。これらは上意下達の機関委任事務から、地方分権により法定受託事務と自治事務に分化した結果、相談援助の自治事務で自治体間の格差が生まれていると言えます。

■資質向上

私たち東京生活保護福祉研究会は、都内で定例会を開催し、生活保護制度やケースワーカーの任用資格の研究、優れた自立支援プログラムなどの実践、事例を学習交流しています。また、公的扶助研究全国セミナーの運営と開催にも毎年参加しています。来年は東京での開催が期待されています。

生活者の視点に立ち、やる気のあるケースワーカーを育成する。いい仕事をし、利用者から感謝をされる。それが福祉の仕事に携わる者の醍醐味です。

援助活動の充実の活動の交流で良貨が悪貨を駆逐することを目指したいと思います。東京生活保護福祉研究会へのお問い合わせご意見は、検索サイトgoogleでsite:homepage3.nifty.com/Tokyo-seihoken/にアクセスするか、myuta@iotmail.co.jp宛てにご連絡下さい。

■第1話　知事を出せ

相談屋の場外乱闘 Part2

労働ジャーナリスト　金子雅臣

好評に応えて(?)続編

前回の連載は、脱線の連続で、しかも諸般の都合で突然連載を終えてしまったので、まさに場外乱闘のままだったような気がする。「それが面白かった」とお世辞を言ってくださる人もいたが、「もっと労働相談に関係ある話を期待していたのに……」という失望の声もたくさん聞かせてもらった。

そこで、今回は同じ場外乱闘でもなるべく労働相談からは余り離れない内容に心がけたいと思っている。とは言え連載である以上、途中で気が変わらないという保証はないので、とりあえずは「心がけたい」ということにとどめて連載を再開する。

キレる人たち

最近、とかく話題になるキレる人たち。確かにそんな人たちが周囲にも増えてきたような気がする。職場では上司が部下に切れるというパワハラが問題になり、叱責されてうつ病になって自殺して、労働災害に認定されるケースも増えてきた。

モンスターペアレンツ、モンスターペイシェンツ、という言い方は、相手をモンスター扱いをするという点で、いささか問題があるような気がするが、被害者から見ればまさにモンスターということになるのかもしれない。

また、暴走老人などなどという、自分自身も含まれる括り方にも、納得と反発を感じる妙な気持ちにさせられる。最近は何となく怒りっぽくなっているので、納得がいく部分もあるが、それを年のせいにして済まそうとすることには反発を感じる。

いずれにせよ、いわゆるキレる人たちが各方面で取り上げられて話題になっている。労働相談の窓口では、クレーマーということになるが、そんな人たちは昔からいた。30年も労働相談をやっていれば、そんな人たちにはゴマンと会ってきたし、苦労もさせられてきた。今回はそんな窓口に現れるクレーマーたちの話からはじめてみることにする。彼らが共通して切り札として発する言葉がある。それは、「知事を出せ」「知事に会わせろ」というものである。

「知事を出せ」

わが都庁を取り巻くビッグイベントは、何と言ってもトップの交代である。都知事の交代劇は、まさに都民にとって最も都政を身近に感じられるイベントであると言ってもいいだろう。

だから、時代の空気を反映し、時代に後押しされて当選を果たした、注目度の高い知事のカラーによる影響も当然に労働相談の内容に色濃く反映することにもなる。相談者の多くは時の知事をどこかで大きく意識しながら、相談窓口に現れてくることになる。

つまり、美濃部知事時代には、美濃部カラーを強く反映した相談が現れ、石原都知事には、石原都政に期待を込めた相談者がやってくる。いや、あたかも自らの抱えた困難は、こうした人たちなら、いとも簡単に解決してくれるだろうという期待を込めてやってくるのである。

だから、その思いが叶わないことがあれば彼らは直ちにクレーマーに変身するということである。そして、そうした人たちは異口同音に叫ぶ。「知事を出せ」と……。

それは、「あの知事なら解決してくれるはずだ」という期待から発声される言葉であるから大変だ。その真意は、「オマエは知事の意向を受けてキチンと相談をやっていないではないか」というクレームでもあるからだ。

時代を反映する相談

私たちが、そうした期待を込めてやってくる人たちの要望に応えられないようなことがあれば、彼らは一様に失望する。そして、「あなたたちの知事なら、こんな問題は簡単に解決してくれるはずだ」と言い、「知事に会わせろ」「知事を出せ」と叫ぶ。

あたかもスーパーマンの如く期待を集めるシンボルとしての知事は、彼らにとっては絶大である。しかし、何の権力もない我々は、知事の威光を示す印籠でもなければやっていられない状況をしばしば迎えてしまうことになる。

こうした場合の多くは、勘違いであり、思いこみであるのだが、そうした期待に込められた政治的なメッセージは、その時代の都政への期待であり、要望でもあるから無下にはできない。だからこそ、我々は、その叫びに戸惑い悩まされることにもなる。

私は、幸せなことに美濃部、鈴木、青島、石原という著名な4知事の下で労働相談屋をやらせてもらった。こうした誰もが知っている個性派知事であれば、相談者は、それぞれの思いをこうした知事像に重ねて次々とやってきた。

そんな、相談者たちの「知事を出せ」という主張を振り返りながら、その時代の風潮を思い出してみることにする。

よく分かる公衆衛生　5

新型インフルエンザの発生に備えよう④

備えあれば憂いなし

まだ、新型インフルエンザは出現していませんが、今からすぐに始めておいてほしい事柄があります。日頃から「うつらない」「うつさない」ための準備を整えて、実際に流行が始まった時にあわてないようにしましょう。

①うがい、手洗い、咳エチケットの習熟

「うがいと手洗い」は「うつらない」ために最も重要な措置です。外出後のうがいと手洗い、食事前の手洗いなど日頃から無意識に行えるくらいに習慣化しておきましょう。

また、「咳エチケット」は「（他人に）うつさない」ために重要な措置です。特にマスクは、咳をしている人が着用することでウィルスを含んだ飛沫の拡散を抑える効果があり、「飛沫感染」するインフルエンザ対策に有効です。

家族全員がこれらの措置に習熟しておきます。特にお子さんのいる家庭では今からこれらのことを十分にしつけておいてください。

【手洗いルール】
○帰宅後、トイレ後、食事前には必ず手を洗います
○必ず石鹸を使って洗います
○手のひらばかりでなく、手の甲や上腕の部分まで洗います
○タオルは共用しません、ペーパータオルで拭きます
○使ったペーパータオルは蓋付きのゴミ箱に捨てます
○アルコールスプレーでとどめをさせば完璧です（ただし、アルコールは濡れた手にかけても効果はありません。拭いたあとの乾いた手に使用します）

【咳エチケット】
○咳、くしゃみをする時はティッシュで口や鼻をおさえて、他の人から1㍍以上はなれてします
○鼻汁、痰などがついたティッシュを捨てるための蓋付きのゴミ箱を用意します
○咳をしている人にはマスクをつけるように言います
○マスクの着用は説明書をよく読んで正しく使用します

②食料等の備蓄

2週間分以上を目安に食品や日常品を備蓄しておきましょう。

新型インフルエンザが発生した場合は、なるべく買い物などの外出も避けたほうがよいですし、発生してから買いに行っても物流が停止していて手に入らなくなる可能性があります。また、万一のライフライン（ガス、水道など）の停止にも備えます。

備蓄するときの注意としては、「インフルエンザ発生時専用」として保管しないことです。ランニングストックを心がけましょう。家の中にある食品と日常品があり、それを日常的に消費し、消費した分を日々買い足しておくようにするのです。

「非常食といえば乾パン」とそればかり大量に買っておいても、結局食べずに古くなって捨てるだけでは、おむだというものです。日頃からよく食べていて保存の効くもの、よく使っているもの、非常時に役立つものを選んで備蓄しておくとよいでしょう。

震災とは違い、新型インフルエンザの場合は日本全国で同時多発的に被害が発生しますから、他の地域からの支援物資は期待できません。その点からも「備蓄」は大切です。

【備蓄リスト】
○新型インフルエンザ物品＝マスク、使い捨て手袋、ビニール袋、消毒薬（ハイター、ブリーチなどの塩素系、消毒用アルコール）、ゴーグル（花粉対策のものの眼鏡で代用可）
○非常食＝米、餅、乾麺、缶詰、レトルト食品、冷凍食品など保存の利く食品、飲料水
○常備薬＝持病の薬、胃腸薬、痛み止めなど
○解熱鎮痛剤　※ただし、インフルエンザにかかった場合には医師の処方に従います
○水枕、保冷用品
○日用品＝トイレットペーパー、キッチン用ラップ、石鹸、生理用品、ティッシュペーパー、使い捨てのペーパータオル、紙[illegible]
○災害用品＝カセットコンロ、乾電池、懐中電灯、携帯ラジオなど

（元大田区保健所　伊東利和）

みにがいど

◆甦る文明開化～日本橋・銀座・築地～　▽日時　10月18日（土）～11月30日（日）午前10時～午後7時※土・日曜、祝日は5時まで。月曜休館（祝日は開館、翌日休館）▽会場　タイムドーム明石（中央区郷土天文館）特別展示室▽入場無料▽内容　明治新政府が誕生して140年を数える節目の年に当たり、中央区の近代の基礎を築いた文明開化の諸相を振り返る▽問い合わせ先　☎3546・5537

◆しながわ水族館ハロウィーンフェスティバル　▽11月3日まで開催中　▽問い合わせ　☎3762・3433

都政新報
発行所 都政新報社
〒160-0023 東京都新宿区西新宿7-23-1 TSビル
〈総務・読者〉03-5330-8781
〈企画広告〉03-5330-8784
〈編集〉03-5330-8786
〈出版〉03-5330-8788
〈ファクス〉03-5330-8808
購読料 月1,680円(税込)
毎週火・金曜日発行
但し、祝祭日は休刊

紙面から

中3までの医療費助成

来年10月から実施へ

知事公約を一部修正　通院1回200円

都は、3期目の石原知事の選挙公約だった「中学3年生までの医療費負担ゼロ」を一部修正の上、27日の市長会に提案する。小中学生の医療費無料化は、すでに23区で実施しているが、26市3町村では患者の自己負担分が残っている。実現すれば、市町村全体で年間21億円の追加負担が生じることから、23区に比べて財政力の弱い市町村からは反発も出ている。都は09年10月から、新制度を実施する方針。

市町村 年間21億円の支出増

現行制度では、保険診療の自己負担分3割のうち、1割分を都と市町村が2分の1ずつ負担。患者の自己負担は2割となっている。見直し案では、3割分を都と市町村が折半するフレームになっている。

公約では「中学3年生までの医療費負担ゼロ」としていたが、「相互扶助の観点から、一定の負担は必要」（都福祉保健局）として、通院1回につき200円を自己負担とする。所得制限は児童手当に準拠する。

福祉保健局幹部は、「福祉施策として実施するが、少子化対策の一環でもある」と説明。また、通院200円の一部負担金については、「小児医療のコンビニ受診を防ぐため導入する。本当に必要な受診を抑制しない範囲にした」としている。

ただ、市の負担は軽くない。現行制度では、都と市町村の負担は年間12億円ずつ。だが、見直し後は、新たに21億円ずつの財政需要が発生することになる。八王子市では、「自己負担金の対象件数がどのくらいか、読めない」としつつ、08年度決算ベースで新たに1億3500万円程度の負担が発生すると見込む。

小中学生の医療費助成を巡っては、都が07年10月に助成制度を拡充し、自己負担分を2割に抑えた。市町村のうち、すでに無料化している10町村を除くと、全26市と瑞穂町、青ヶ島村、小笠原村の3町村が、現行制度で0・5割分を負担している。ある市幹部は「患者の1割負担軽減も、やっとのことだった。渋々、飲まされた」と振り返る。

特に、市の間には「実施主体が市町村なのに、都が制度の骨格を相談もなく決めている」という不満が根強い。東京都市長会（会長＝黒須隆一八王子市長）は、都の09年度予算要望で「本人負担割合の引き下げを行う場合には、市町村に事前相談の上、市町村財政に影響を及ぼさないように実施すること」と釘を刺していた。それだけに、都の提示するフレームに異論も出そうだ。

医療費助成の見直し案

現行
■入院・通院
医療保険（7割）｜自己負担（2割）｜市町村（0.5割）｜東京都（0.5割）

↓ 見直し案
■入院
医療保険（7割）｜市町村（1.5割）｜東京都（1.5割）
■通院
医療保険（7割）｜市町村｜東京都
→ 一部負担金（200円）

補助率引き上げ「困難」

【解説】今回の都提案に対し、「23区の財調とは違い、財政状況は各市まちまち。補助率を引き上げてもらうか、財源がないと厳しい」との声が出ている。ただ、都福祉保健局としても「予算要求で通るギリギリのライン」との判断がある。「特殊事情で（都の負担割合を）3分の2とか、10分の10にするのは、考えられない」（幹部）という。

前回の助成拡充では、市町村総合交付金の増額に落ち着いた経緯があり、「市側からそういった要望が出る可能性はある」という見方が出ている。

都内では23区以外に、日の出町など10町村がすでに小中学生の医療費無料化を実施。「持ち出しの負担が減る」とする自治体もある。こうした中で、都と市町村は協議を進めることになる。（祐）

C40気候変動東京会議を開催

温暖化の削減策・適応策を議論

都は、22日から24日まで「C40気候変動東京会議2008」を東京芸術劇場や都庁会議室で開催する。地球温暖化対策として各国で温室効果ガスの削減に取り組んでいるが、平均気温や海面水位の上昇、洪水、食糧危機など、温暖化の影響が顕在化していることから、削減策とあわせて、こうした被害を最小限にするための適応策の実行を急ぐ必要がある。

このため東京会議では、IPCC（気候変動に関する政府間パネル）で適応作業部会議長を務めるイギリスのマーティン・パリー教授による基調講演や『一秒の世界』などの著書がある山本良一東大教授らによるパネルディスカッションを行う。その上で地球温暖化の防止策に加え、温暖化から生態系や人間社会を守る適応策について重点的に議論する。

セッションでは「都市の気温上昇」「水不足」「自然災害」「食糧問題」「他の重要課題」の五つのテーマで、各都市の先進的な事例の発表、都市間で連携した共同の取り組みについて実務者で話し合う。

都としては、世界一安全でおいしい水道水の供給、世界最高水準の漏水防止技術などを伝え、環境先進都市としてリーダーシップを発揮したい考えだ。また、徹底した節電などによる二酸化炭素の削減、緑化の推進による温暖化への適応など、課題を共有する都市間で共同する取り組みを今後進めていくことを予定している。

温暖化の影響は、気候変動に脆弱な途上国で大きな被害をもたらしている。このため参加都市からは、東京会議に期待が寄せられているという。サンパウロ市は「漏水は、大きな課題の一つで、最も期待している」と話し、リオデジャネイロ市は「強い集中豪雨の頻度が高まっている。災害時の避難や情報伝達システムの改善が重要課題」という。ナイジェリアのラゴス州は「海面上昇による洪水が頻発する中にあって、適応策への取り組みを学びたい」とメッセージを寄せている。

C40は、世界5大陸の40都市で構成する世界大都市気候先導グループの略称。05年、当時のロンドン市長の提案で温室効果ガス排出削減に取り組むネットワークとしてスタートした。現在、正会員が40都市で、このほかに15の提携都市が加盟している。今回の東京会議には、36都市が参加を表明している。

都人事委

0.09%の引き下げ勧告

勤務時間は15分短縮

都人事委員会（内田公三委員長）は16日、民間との給与比較に基づいて、都職員の例月給を0・09%引き下げることを知事と都議会に勧告した。据え置きを勧告した国や特別区とは異なる結果となった。給料表のプラス改定なしは、00年以降、9年連続という。地域手当の支給割合引き上げに伴う給料月額の引き下げ分と合わせて、給料表の平均改定率はマイナス1・4%となる。特別給は民間の支給割合と概ね均衡していたため、改定しない。勤務時間は、1日当たり7時間45分とすることが適当との意見を述べた。

＝4面に関係記事

民間給与実態調査に基づく公民比較では、都職員の例月給42万6721円に対して、民間従業員は42万6349円で、金額にして372円（0・09%）、民間を上回った。特別給の支給月数は、いずれも4・50月で均衡していた。勧告通り実施した場合、08年度分の都の所要経費は約20億円の減と試算する。

例月給の公民較差相当分については、初任給付近を据え置き、若年層及び管理職層の引き下げを緩和する一方で、高齢層を強めに引き下げる。

地域手当に関しては、都の場合、10年度までに段階的に引き上げ、最終的に支給割合を18%とする予定だが、今年の勧告では1・5ポイント引き上げ、16%とした。

公民較差相当分と地域手当の引き上げに伴う給料月額の引き下げとを合わせ、職責による水準差を拡大するとともに、昇給カーブのフラット化を図ることで、初任給付近の0・0%から高齢層では1・8%減となる。

給与構造・制度の面では、行政職給料表の(一)の1級と2級を統合し、級構成を8級制から7級制に改正した。職務の級を区分する意義が乏しくなっていることを理由にあげる。

このほか教員給与では、現行の小中学校教員給料表と高等学校等教員給料表を一本化し、教育職給料表を新設。また主任教諭の設置に伴って、職務の級を分化する。

さらに現業給与を巡っては、都人事委員会が独自に実施した給与実態調査により、都職員が民間従業員の給与水準を上回る調査結果を提示。勧告では「調査結果を参考とし、見直しを行っていくことが必要」と言及した。

勤務時間に関しては、都内民間事業所の平均所定労働時間が1日当たり7時間40分、1週間当たり38時間27分で、報告を始めた06年以降、ほぼ同様の数値を示した。このため人事院勧告等を踏まえ、「1日当たり7時間45分、1週間当たり38時間45分とすることが適当」との意見を述べている。

東京五輪招致活動 メキシコでのプレゼンで自信

河野事務総長「我々は負けない」

東京オリンピック・パラリンピック招致委員会の河野一郎事務総長が14日、都庁大会議場で都の職員や都議を前に、招致レースの現状について講演し、「我々は負けません」と力強く語った。

招致委は現地時間11日、メキシコ・アカプルコで開かれたパン・アメリカン・スポーツ機構の総会で、IOC委員15人を含む約400人ほどの関係者を前に、プレゼンテーションを行った。プレゼンテーションでは、河野事務総長と、女子バレーボール金メダリストの荒木田裕子氏がアピールを行ったほか、招致委国際部門ディレクターの岩瀬裕子氏が、スペイン語でプレゼンテーションを行った。

河野氏は、「彼らは、計画も見ているが、人も見ている。品定めをされたようなもの。私たちは、友達がたくさんできた。この戦いは、嫌われなかったところが勝つ。何人かのIOC委員は、よし分かった、（東京に一票）入れようじゃないかという雰囲気はできた」と自信満々で語った。

東京の五輪招致に向けては、都民の支持率アップが課題。「今、なぜオリンピックなのか？」という声が聞かれる。河野氏も、事務総長を引き受けたとき、「負けるのが分かっているのに、なぜ？」と言われたという。

こうした疑問に対し、河野氏は、「我々は次世代の未来を託されている。石原知事も、今の日本はこのままでいいのかといったメッセージを持って、五輪招致に手を挙げたと思う」と、現状への危機感をあげた。

また、二つ目の理由として、「スポーツは人を動かす力がある。社会や国を変える力がある」と強調した。

さらに、「オリンピックは、開催したら得をするものになってきている」と指摘。「2016年は、地球や人類、日本、家族の未来を託せるかどうかがかかっている。日本には、そのための民度がある」と訴えた。

最後に、河野氏は、日本でのスポーツの位置づけを強化するよう釘を刺した上で、「確実に我々は勝てる。ただし、我々が縦横の枠を取っ払い、国民の支持率を上げれば」と締めくくった。

技術・工法の提案221件

豊洲汚染対策

中央卸売市場は14日、豊洲新市場予定地の土壌汚染対策工事の技術・工法を民間から公募した結果、221件の提案があったと発表した。内訳は、土壌・地下水汚染対策が174件、液状化対策は25件、市場施設完成後の地下水管理システムが14件、様々な対策を盛り込んだ総合的な提案は8件となっている。

技術会議は原島文雄座長のほか、環境、土木、情報処理、プロジェクトマネジメントの専門家6人で構成し、今回、提案された221件を各委員に割り振り、まず概括的に評価するやり方を採っている。10月中に技術会議で取りまとめ、11月に都として土壌汚染対策計画を策定するとしていたが、提案件数が多かったことから、後ろにズレ込む見通し。

120事業者のうち、大手事業者が15、中小事業者は94、研究所・研究者個人が11だった。

冷凍インゲン殺虫剤が混入

都福祉保健局が発表

都福祉保健局は15日未明、㈱ニチレイフーズ（中央区）が輸入した中国製の「冷凍いんげん」に、有機リン系の殺虫剤「ジクロルボス」が混入されていたと発表した。

13日、八王子市保健所に町田市の医療機関から「診察した患者より、毒物混入の疑いがある苦情品を病院で預っている」との連絡があり、都健康安全研究センターが同製品を調査したところ、ジクロルボスが検出されたという。

都は当該品を回収し、流通経路・販売状況について調査するよう、自治体を通じて輸入者・販売者に要請。同製品は㈱ニチレイフーズから㈱イトーヨーカ堂に約7万袋販売されたが、現在、店頭からはすべて撤去されているという。

東京マラソン09 個人情報を紛失

ボランティア128人分

都生活文化スポーツ局はこのほど、東京マラソン09のボランティアに関する128人分のデータを紛失したと発表した。

ボランティアセンターの管理・運営を行っている笹川スポーツ財団職員が3日、個人情報が含まれるノートパソコン1台を電車内に置き忘れたという。同財団は10日、東京マラソン事務局に報告した。担当者は「パソコンに入っている情報を精査するのに1週間かかった」としている。

同局は該当者に文書で謝罪し、同財団に個人情報の管理を徹底するよう厳重注意した。笹川スポーツ財団は文部科学省の所管団体。

冗句ジョーク

おまわりさんATMに付きっきり、振り込め詐欺防止キャンペーン
先輩職員の悩み
「そういうのがウチにも1台いてサ」

都政の東西

金融危機

世界的な金融不安や株価の暴落が、私たちの将来の子どもや孫の教科書に「平成の金融恐慌」として赤字で記されるかどうかは、今、日本の舵取りを任されている偽政者たちのさじ加減しだいだ。現在の麻生内閣にはそうした危機感など微塵もないし、現状を打開する処方箋も見出していないようだ。

皮肉なことだが、その金融情勢の変化を一番身近に感じていたのは、石原知事に違いない。都は、新銀行東京という爆弾を抱えているからだ。

10日の会見で知事は、金融不安の新銀行への影響を問われると、「これ以上言うと、またいろいろと憶測されるから言わないが、世界的に思いがけない交渉相手が、思いがけない事態になっているんでね。やっぱり困惑している」と本音を漏らした。

石原都政の強みは、首都・東京というポテンシャルを生かした産業政策だった。「労働経済局」という古めかしいネーミングが「産業労働局」に改まったのも、石原知事の時代だ。その産業政策の行き着く先に、新銀行東京があったはずだ。

これから何年かかるか分からないが、日本が金融危機から立ち直るには、経済発展を支える中小零細企業が活力を取り戻すことが大前提だ。その肝心なときに、再建途上にある銀行など、日本経済再生の足かせにしかならない。

首都東京が、そんなお荷物をぶら下げて、日本の経済を牽引できるのだろうか。東京は、金融危機から再生するための新たな処方箋を必要としている。産業政策の転換が求められているのだ。

新しい産業政策に、新銀行東京が必要だろうか。もちろん、銀行は金融の爆弾だから、着地点を間違えてはならないが、金融危機を乗り越え、都政が子どもたちに残すべき財産は、新銀行のレガシーではないはずだ。

景気後退で急増

台東、足立など生活保護世帯

年金受給者も生保に

原油高などで景気後退に歯止めがかからない中、23区のうち台東、荒川、板橋、足立などで生活保護世帯数が急増している。年金受給者が生活苦に陥ったり、20代、30代のワーキングプアが収入減になり、生保に流れ込んでいる。今後、不景気が加速すれば、中小企業の失業者が新たに生保受給者になるおそれも高まっている。区の担当者は「国に雇用対策を考えてほしい」などと求めている。

都福祉保健局の調べによると、今年3～8月の生活保護世帯の増加件数は、23区全体で1780世帯。前年同期の880世帯の倍のペースで急増している。「景気が悪くなると、生保は増える」（台東区）という指摘通り、景気後退が一因となっている模様だ。

台東区では、生保申請者の中心は山谷地区の日雇い労働者、ホームレスだったが、最近ではそれ以外の「一般区民」にシフトしている。区の担当者は「景気循環が悪くなると、まともに影響を受けるのは一般区民」と分析する。

単身の高齢者が多い同区では、年金を受給している自営業者らは景気後退で収入が減り、年金だけでは暮らせなくなって、生保を申請するケースが増えているという。基礎年金よりも多く支給される生活保護に流れ込んでいるのが実情だ。区の担当者は「年金より生保の方が多く支給される逆転を是正しなければ、生保は減らない。国が年金アップを図るべきだ」と指摘する。

足立区では、1996年ごろから失業など「収入不安定」を理由にした生保受給者が200世帯前後で増えたが、戦後最長の景気回復で昨年は100世帯の伸びで推移した。だが、この半年間で再び増え始めており、区担当者は「景気が今いちだから、区内の9割を占める下請け会社の収益に影響し、今後は収入不安定が増えていく」と懸念する。

荒川区では、今年7月の20代と30代の生保受給者は10年前と比べ、それぞれ2・1倍、3・3倍に増えている。ワーキングプア、病気などが原因とみられる。

厚生労働省の発表によると、都内の有効求人倍率（パートタイム含む）は今年1月が1・38倍だったが、7月が1・25倍に下がり、雇用情勢が冷え込んでいる。区の担当者からは、雇用対策の拡充を求める声が上がっている。

扶助費増で財政圧迫も

【解説】　今後、銀行の貸し渋りなどが強まれば、中小企業が倒産し、生保世帯の増加が懸念される。また、インフルエンザの流行も財政出動を伴う。23区で生保世帯が最も多い足立区では、インフルエンザが区内で一度猛威を振るうと、生保世帯の医療費として「経験則で2億円」（自立支援課）を負担することになるという。

区の財政状況を圧迫する不安材料があるほか、来年度は減収になる見方が強まっている。法人住民税などを原資にした都区財政調整交付金が過去最高額を記録した08年度より景気後退で落ち込み、交付金の依存度の高い区ほど打撃を受けることが予想される。今後の予算編成で、「扶助費を多く見込む事態になれば、財政運営に影響する」と指摘する区幹部もいる。

バブル崩壊後の平成の大不況では、扶助費などが増大し、行財政改革で職員数や経費を切り詰め、乗り切った過去がある。今回の景気後退でも、ムダな歳出を再点検した上、区政を停滞させない運営が求められている。（石）

農業経営者を支援へ

23区初　農業振興資金融資を新設

江戸川区

江戸川区は23区で初めて、農業経営者を支援する融資制度として、農業振興資金融資を新設する。

同区は小松菜の日本一の産地で都市農業が盛ん。小松菜のほか、花き類などもビニールハウスを活用して多く栽培されている。しかし、原材料高騰の影響で、トウモロコシを使った肥料やビニールハウスのビニール資材などが値上がりし、資金繰りが厳しくなっている。また、国の農業制度金融は、経営改善計画をつくるなどしている認定農業者などでないと使いにくく、区の都市農業育成事業費補助制度とは併用することができない。

そこで、農業経営の安定と生産環境の保全を図り、従来の区の補助制度とも併用できる新融資制度を設けることにした。

新融資制度は、江戸川、足立、葛飾区の農協が一本化されてできた東京スマイル農業協同組合へのあっせん融資で、利用対象者は区内農地で1年以上の営農者またはその承継者。区が2・3％の利子のうち1・8％の利子補給を行うほか、信用保証料の全額を補助する。

資金使途は、農業経営に関する設備資金や運転資金で、融資限度は1800万円（無担保の場合は500万円）。返済期間は運転資金が5年、設備資金が10年。区は年間5件程度の利用を見込んでおり、財政負担は年間95万円程度とみている。

受付開始は11月4日から。今年度以降も継続していく。

千代田区に移管

区は文化複合施設を構想

日比谷図書館

都教育庁と千代田区は14日、都立日比谷図書館を区に移管する覚書を交わした。区は文化関連のミュージアムなどを同館に新設する考えで、2010年度中の完成を目指す。

教育庁によると、都立図書館の主な役割は、区市町村立図書館の支援、専門的な情報サービスの提供としている。そのため、都は05年10月、個人貸し出しがメーンの日比谷図書館は、地元の千代田区に移管する方針を打ち出し、協議を重ねてきた。

覚書によると、都が同館の外壁、設備改修、トイレの増設など安全管理上必要なコストを負担し、区が工事を実施する。また、区は内装工事、インフラ整備などを自己負担で行う。日比谷図書館の名称は継承し、個人貸し出し業務なども継続する。

区は「図書館機能だけではなく、文化発信地として複合施設のイメージを持っている」と話している。建て替えはしない条件であるため、4階建て、地下1階の同館に、文化財などのミュージアムの併設を考えている。

今後は、有識者ら8人程でつくる検討会を立ち上げ、来年3月に検討結果をまとめてもらい、基本計画を策定する。来年度以降、設計、改修工事を行う。

同図書館は東京市立日比谷図書館として1908年に開館し、57年に現在の建物に建て替えられた。09年3月まで都が運営し、4月から休館する。同年7月、区に移管される。

若手経営者交流会

大田区の企業訪問

板橋区

板橋区内の中小企業の若手経営者や後継者らの交流会がこのほど、大田区を視察訪問し、企業見学と同区の経営者との情報交換などを行った。

板橋区は昨年度、50歳以下の区内企業の経営者、後継者を対象に「若手経営者交流会」を創設。50人弱の経営者が登録し、ベテラン経営者による講演会や勉強会などを通じた経営能力の向上に取り組む一方、参加企業間でのネットワーク構築を進めている。

10日の大田区への視察訪問には、板橋区内の製造業など中小企業の経営者7人が参加。大田区内で精密加工業など2社の工場を見学後、㈶大田区産業振興協会を訪れ、大田区内の企業経営者と意見交換などを行った。

板橋区によると、交流会での他地域への視察は、今回が初めてという。区では「23区で工場数、従業員数がともに1位の大田区の現場を知ってもらい、板橋区の中小企業振興につなげてほしい」としている。さらに、今回のような訪問視察が契機となり、新たな産業連携への発展も期待している。

板橋区は歴史的に、精密・光学機器製造業、印刷関連業などの集積地域で、中小企業が多数存在している。しかし、近年は、各企業で後継者不足などが顕在化。また、国際間競争などの影響もあり、技術力に加えて、財務会計、品質管理、市場調査力など経営能力の向上が経営者の課題になっているという。

予算編成を透明化

重点事業を区民に公表

文京区

文京区は来年度の予算案の策定に際して、区民向けに重点事業と施策の公表を開始した。企画課によると、予算案の策定段階での重点事業などの提示は今回が初めてという。「優先度の高い事業や施策について、メリハリをつけて区民に示し、区の姿勢を明確にする。さらに、予算編成の過程において、透明性を高めたい」としている。

文京区が提示した2009年度の重点事業は、「子育て支援」「高齢者対策」「温暖化対策」など、9分野の全43項目。

43事業のうち「他の自治体では実施していない事業」などを、文京区独自の「ファーストワン」事業として強調。具体的には▽グループ保育室運営▽区内企業向け中小企業障害者雇用助成金の創設▽グリーン電力の購入——などを挙げている。

ファーストワン事業の設定について、企画課は「単純に『最初に実施すること』だけでなく、既存の事業への応用や創意工夫なども、区民に評価してもらえるようにする。あわせて、職員側の意識改革やサービス向上につなげたい」としている。

文京区では今後、追加分の重点事業を区のウェブサイトを通じて随時公表していく方針。

杉並、大田で今月スタート

納付案内を民間委託

個人情報配慮が不可欠

住民税や軽自動車税、国民健康保険料などの納付案内の民間委託が今月から杉並区と大田区で始まった。住民税は、定率減税の全廃やフラット化の影響で低所得者層を中心に負担感が増し、収納率が落ちる傾向にある。大田区では、電話による呼びかけ後も納付されない場合には、訪問勧奨員が家を訪問するなどして、収納強化を図る。

大田区は、民間のテレマーケティング会社「ベルシステム24」（豊島区）に、住民税と軽自動車税、国保料の納付案内を委託した。電話勧奨員3人、訪問勧奨員3人が区役所内に設けられた「納付案内センター」に詰めている。滞納者に督促状を送って届いたころを見計らって電話をかけ、その呼びかけにも応じなかった場合には、1カ月後に催告状を出し、それが着いたころ訪問勧奨を行う。民間に訪問勧奨まで委託するのは、23区でも初めてという。

同区の住民税の現年分の収納率は、2006年度の97・72％から07年度には96・99％に落ちた。定率減税の廃止や所得税から住民税への税源移譲による住民税のフラット化などの影響で、低所得者層の負担が増大し、収納率の低下につながっている。そのほか、「納付書や督促状をさまざまなダイレクトメールと一緒に、どこかにやってしまう人も多い」（区収納課）という。「ご覧になりましたか」「お忘れでないですか」とソフトに納税を促すのが、勧奨員らの役割だ。

杉並区は、住民税、軽自動車税、国民健康保険料のほか、介護保険料、保育料も納付センターから納付案内する。区納税課は「行革の一環として、民間にできることとして考えた。個別外部監査で、徴収事務における電話催告の外部委託の可能性について検討が必要との指摘を受けたこともある」と導入のきっかけを話す。

今年7月から住民税の納付案内を民間委託した豊島区は、税務課の隣にブースを設けている。スタッフが対応に苦慮した場合、すぐに職員に相談しやすいようにとの配慮からという。初めて滞納が始まったような、現年分の軽微なものを対象としている。

昨年7月、23区で初めて納付案内の民間委託をスタートさせた練馬区では、07年7月から08年3月末までの電話総数は7万6288件。そのうち、納付案内に結びついたのが1万8807件、納付の約束をしたのが9184件。30日以内に実際に納付された金額は2億5860万3千円だった。「電話がつながらないと進まないが、いったん電話がつながると、納税方法をどうしたらよいかなど納税者からのリアクションがある。コールセンターを入れたことで滞納の掘り起こしが進み、職員の負担が増えた部分もあるが、うれしい悲鳴」（収納課）という。

国は地方税の徴収対策の一層の推進のため、徴収に関する民間事業者の活用を認めている。電話や臨戸訪問による自主的納付の呼びかけもその一例だ。

しかし、他方で、民間委託により、公務員以外が税などの個人情報に触れることを懸念する声もある。最近では、茨城県水戸市議会の総務環境委員会が、個人情報保護の観点から納税コールセンターの民間委託に反対の意向を表明した。

練馬区では、個人情報保護の観点から債権回収会社とスタッフの派遣契約を結んでいる。区収納課では「派遣の形をとれば職員の指揮監督のもとに置くことができ、管理が徹底できると考えている」と話す。大田区が契約を結んだ「ベルシステム24」はプライバシーマークの取得会社。区では「業者との契約で個人情報をしっかり守っていただくと誓約をいただいている。細心の注意を払っている」と話す。

町村などに比べて人口が多い区部の場合には、特定の顔見知りの個人情報悪用などのケースは起こりにくい側面もある。

とはいえ、納付案内の民間委託に踏み切っていない区からは慎重な声もある。「とくに導入予定はない」とするある区では「昼間の時間帯はシステムが動いているので問題ないが、システムが停止している夜間や休日に委託会社が作業をするときに、対象者のリストを紙で打ち出して渡す必要がある。そうした際の情報の流出が心配」と話し、実施済みの区の状況を様子見しているという。実施している区でも、個人情報保護へのさらなる配慮は不可欠だ。

大田区役所内の一室に設けられた民間委託による納付案内センター

「学生衛星」打ち上げ

産技高専に募金を贈呈

荒川区

都立産業技術高等専門学校の学生らによる「超小型衛星開発プロジェクト」に対して、荒川区や区内の商工会議所などがこのほど、集めた募金約213万円を贈呈した。

同校の衛星「KKS―1」は15センチ角の立方体型で、宇宙航空研究開発機構（JAXA）のH2Aロケットに搭載されて来年1月に種子島から打ち上げられる予定。一昨年の産技高専への統合前、航空工業高専で2004年に開発が始まった。

開発費用の一部は都が支援しているが、開発に参加中の学生15人全員の種子島への旅費などが不足していた。

東京商工会議所荒川支部が中心となり昨年10月、「荒川区から衛星打ち上げを応援する会」を結成。「学生全員を種子島でのロケット発射に立ち会わせよう」を目標に、区内の企業、町会、商店街などを対象に寄付金を募った。約1年間で、およそ800人から、合計213万5434円の募金が集まった。

産技高専の荒川キャンパスで7日開催の贈呈式には、「応援する会」の代表や荒川区の三嶋重信副区長らが出席。同校の荒金善裕校長に寄付金の目録を贈った。

今回の寄付について、衛星開発を指導する産技高専の石川智浩准教授は「旅費面での資金不足など、一時は計画の断念も考えたが、荒川区のみなさんのおかげでここまで来た」と話す。同校では「衛星のアルミ板に寄付者の名前やメッセージを書いたマイクロフィルムを張り、一緒に宇宙に行ってもらう」としている。

記者席

「大きな援軍」にご機嫌

○……五輪招致委・河野事務総長の講演会であいさつした石原知事。フランスのシラク元大統領と会食した際に、シラク氏から「各国の候補地それぞれが実力も欠点もある。総体的に日本は、最も優れている」と、お墨付き?をくれたそうだ。

親日派のシラク氏の言い分だけあって、石原知事は「妄信するわけにはいかないが」と前置きしながらも、「大きな援軍」とご機嫌だった。河野氏は講演で、「負けない」「勝てる」を連発。最近、暗い話題が多い都政だが、この日は景気の良い話ばかりだった。

○……子どもをめぐる環境が悪化している。家の外で連れ去られるほか、家庭内での虐待も後を絶たないようだ。

登下校時は危ないことが多いが、多少の近所の目はある。下校時にアナウンスをして見守りを促す学校も多い。一方、家庭内は外からの目が届かない。本来、子どもにとって最も安全な場所であるべきところが、密室化した虐待の場になっているとしたら、酷なことだ。

品川区は関係機関向けの子ども虐待防止対応マニュアル改訂版を作った。虐待を疑ったら関係機関に通告するのは国民の義務とある。隣近所の間柄では通告を迷うこともあるだろう。学校や児童館など公的な場でも、子どもの様子を見守りながら、きめ細かなフォローがあるとよい。

○……都庁本庁舎では、今月24日から緊急地震速報と連動した庁内一斉放送が始まる。しかし実際に地震が来る数秒前に知らされても、できることは限られる。

今年7月24日の午前0時すぎ、NHKを見ていると緊急地震速報が流れた。岩手県沿岸北部で最大震度6強を記録し、関東地方にも強い揺れが来る恐れがあるというのだ。それを聞いてまず思ったのは「本当に来るのか?」という疑念。その後、何もできずにいると20秒後に本当に地震が来た。幸い震度2程度だったので事なきを得たが、あの短時間で何もできないことがわかった今、せめて地震で机に積まれた資料が崩れないよう整理しておこう、とは思う。

優秀な教員確保へ

地方説明会を全国展開

7大学増の34大学に

「東京の先生になろう!」——教育庁は、来年度の教員選考に向けた取り組みを本格化させる。大学説明会を大幅に拡充し、北海道から沖縄県まで全国34大学で実施するほか、12月には社会人・大学生向けの説明会を都庁大会議室で開催。さらに、選考の申し込みを促進するための来春の説明会も、北海道と四国地方を新たに加えるなど、説明会の全国展開を目論んでいる。また、都教委と連携している教職大学院修了者を対象にした新たな選考方法を導入するほか、「地方選考」も検討中。団塊世代の大量退職などで教員の量と質の確保が大きな課題になっているなか、教育庁では今回の取り組みの強化で受験率アップと優秀な教員確保に期待を寄せている。

小学校の現職教員が採用選考について詳細に説明＝今年3月の教員採用選考の説明会で

「地方選考」も検討

団塊の世代が定年退職の時期を迎え、公立学校教員の退職者は2008年度をピークに、07年度から17年度にわたって2千人を超える規模が見込まれている。これに加え、児童・生徒数が増加する傾向もあり、今年度から5年間の採用見込み数は3千人前後となる。また、教員の年齢構成をみると、50歳代が多く、30歳代半ばの教員が少ないという年齢構成になっている。

このため、教員の大量採用(量の確保)や採用倍率の低下(質の低下)、いびつな年齢構成による学校運営への支障などが大きな課題となり、教育庁ではこの間、①受験者数の拡大②優秀な教員の確保③年齢構成の平準化——の3点を掲げ、様々な対策を講じてきた。

たとえば、受験者数を拡大するため、大学や説明会、メールマガジンなどPR活動を充実する一方、受験年齢の制限緩和、社会人を対象とした選考などに取り組んできた。優秀な教員確保でも、人物を重視した面接試験や大学推薦制による選考、他県の現職教員・教師養成塾生を対象とした選考などを実施している。

しかし、教員選考の競争倍率の低下傾向に歯止めがかからず、今年度は5年前の03年の9・6倍に対して、4・1倍まで落ち込んだ。いびつな年齢構成は、教育管理職試験など昇任試験にも影響を及ぼし、受験率低迷の要因にもなっている。

そこで、教育庁は教員選考の取り組みをさらに強めるため、来年度に向けて全国的な採用活動を強化するとともに、都教委と連携している教職大学院の修了者に対し、その実習実績に着目した新たな選考を実施する方針を決めた。

進路が未定の大学3年生などを対象にした大学説明会は、早期の段階で教職の実態や魅力を伝え、教員への志望意識を高めることが目的。当該校出身の現職教員による教職の魅力や、4年生の都採用選考合格者による合格体験などを話してもらう。昨年は都内13大学で説明会を開いたが、今回は2大学増やした。他県の大学生向け説明会についても、北海道、九州、沖縄など5大学増の19大学として、まさに全国展開する計画である。

また、来年3月に実施要綱が発表された以降に採用の詳細を説明するための春季説明会も、北海道と四国地方を加えて、全国を網羅する方針。さらに、今回は「地方選考」を検討している。地方選考は千葉県、埼玉県などでも実施しているが、人事部では「最初は1カ所程度で実施し、その成果を検討したい」と話している。

都教委と連携している教職大学院は現在、早稲田、創価など4大学院で、都内公立学校での実習を大幅にカリキュラム化している。来春の卒業予定者は60人程度だが、この実習実績に着目した新たな選考方法を来年3月までに固め、優秀な教員確保に結びつけたいとしている。

このほか、06年から実施している携帯電話によるメールマガジン「東京の先生になろう!」も引き続き取り組み、採用候補者選考の情報をはじめ、合格者の体験談、子どもたちの望む教員像、都の求める教師像などの情報を配信する予定である。

小学校は全国平均上回る

学力調査結果　中学校の基礎知識に課題も

都教育委員会は9日、文部科学省が今年4月に実施した全国学力・学習状況調査のうち、東京都の調査結果を報告書にまとめた。都内公立小学校の平均正答率は、国語、算数の四つの問題とも全国平均を上回ったものの、中学校については国語Bを除いて全国平均をわずかに下回った。

調査の対象は、都内公立小学校6年と特別支援学校小学部6年の計8万7874人、中学校3年と中等教育学校3年、特別支援学校中学部3年の計6万9199人。教科の調査と生活習慣や学習環境についての調査を行っており、教科調査では主に「知識」問題として国語Aと算数・数学A、主に「活用」問題として国語Bと算数・数学Bについて調査した。

この結果、小学校の平均正答率は国語A68・5%(全国平均65・4%)、国語B54・1%(同50・5%)、算数A74・4%(同72・2%)、算数B55・7%(同51・6%)で、いずれも全国平均を上回った。

一方、中学校の平均正答率は、国語Bが61・4%(同60・8%)とかろうじて全国平均を上回ったものの、あとの三つの問題については国語A73・5%(同73・6%)、数学A62・6%(同63・1%)、数学B48・9%(同49・2%)と全国平均を下回った。

生活習慣や学習環境についての調査では、学校の授業以外に、1日にどのくらい勉強しているかを質問。3時間以上と答えたのは小学校22・7%(全国11・4%)、中学校12・3%(同10・2%)で、小中学校とも全国平均を上回った。また勉強時間が増えるほど平均正答率がアップするという関係も明らかになった。

学校の決まり・規則を守っているかどうかの質問では、小学校が「当てはまる」「どちらかというと、当てはまる」を合わせて83・9%、中学校が86・3%で、いずれも全国平均をやや下回った。平均正答率との関係では、規則を守る児童・生徒の方が平均正答率が高い傾向を示している。

教育支援の現場から 3

再チャレンジ応援する都立高校

キャリア教育を実践

前回、都立高校への転校の難しさを述べました。NPO教育支援相談では、私立から都立への転校の相談が多いのですが、そのほとんどが「全日制普通科の都立高校」が対象です。しかし、都立高校は全日制普通科がすべてではありません。

「チャレンジスクール」は、三部制の定時制単位制総合学科の都立高校です。入試時に教科試験はなく面接と作文のみの受験です。願書提出時に志願申告書という自己PRのための書類が必要ですが、出席日数や評定などでの学力は問いません。転入の募集もあります。このチャレンジスクールを、前稿で言及した「受け皿としての都立高校」として、何校か紹介したいと思います。

まずは、草分けの開校10年目を迎える桐ヶ丘高校。10年の経験を活かし、今後を第二ステージと位置づけ、更なる発展を目指しています。「キャリア教育の充実」を柱に、入学から卒業までのサポート体制を一層充実させ、不透明な現代社会においても、生徒一人ひとりが力強く生きていけるようチャレンジさせていくという目標を立てています。

続いて世田谷泉高校。特色ある専門科目を「生活・福祉」「製作・技術」「創作・表現」の三つの系列に分け、全部で約100種類の科目を用意しています。部活動も盛んで、文化系では総合芸術祭に参加し、体育系では五つの部活が全国大会に参加しました。

六本木高校は、六本木ヒルズ近くに校舎を構え、生徒が学校生活になじみ、無理なく卒業できる仕組みを整えています。卒業に必要な単位のうちの半分以上を、多様な選択科目の中から自由に選ぶことが出来、たとえ前期・後期のどちらかしか通えなくても、通っていた分の単位が認められます。

大江戸高校は、二人担任制、手厚いカウンセリング体制、地域の職人さんに学ぶ羽子板作りなど100種類以上の多様な授業、玉入れを取り入れた参加しやすい体育祭など、生徒が楽しく学び、安心して集団生活ができる学校です。頭髪指導なども着実に行い、規律とマナーのある学校生活を支援しています。

また、八王子拓真高校はチャレンジスクールではありませんが、普通科・単位制・三部制の学校で、これまでの学校生活で自分の能力や個性を十分に発揮できなかった生徒に、学び直しと自分さがしの機会を提供しています。不登校を経験した生徒のために、チャレンジ枠というのがあり、学習に対しての敷居を低く設定し、日常の生活指導にも重点をおき、安心して通える学校を目指しています。

一番新しく開校した稔ヶ丘高校は、「勁(つよ)い心を育てます」という教育理念を掲げ、人間関係スキルや学習スキルを磨く独自の科目「コーピング」を設置しています。これを土台とし、科目の積み重ねやキャリア教育を実践し、安心してチャレンジできる生活環境を保障する生活指導を行い、生徒が自立できる力を育てています。

このように見ても、高校卒業資格取得という点では、「一般的な都立高校」よりも随分と幅が広がっているように思えます。全日制の高校とは違い、教科それぞれの単位を活かせるので、留年という考えもありません。より「高校生活」を身近なものに感じてもらいたいという気概も伝わってきます。しかしそれだけに、しっかりとした具体的な目標と意欲を持って入学し、学校生活を送らなければ3年間で卒業に辿り着くことは難しいかもしれません。キャリア教育に力を入れている学校も多くありますが、学校側も多様な生徒に対応し、進路の充実をもっと図っていく必要があるかもしれないと思います。

不登校・高校中退・転編入のお問い合わせは、NPO法人教育支援協会連合会東京支部☎6806・8366

(杉浦孝宣)

未来を拓く〈1〉

——キャリア教育の取り組み

西多摩地域のセンター校に

都内の公立学校では現在、児童・生徒の将来の目的意識や学ぶ意欲、必要な能力を育てるために「キャリア教育」を推進しており、保護者や企業関係者らはその取り組みと成果に強い関心を抱いている。そこで、東京都キャリア教育推進フォーラムに参加した公立小中高・特別支援学校に、キャリア教育の実践事例や成果などについて報告してもらった。

本校に着任した2006年度当時、中途退学や卒業時の進路未決定率の高さが課題であった。これを解決するためには、キャリア教育を充実させることが必要と考え、組織的な取り組みを進めるとともに、文部科学省のキャリア教育の在り方に関する調査研究校の指定を受けた。

キャリア教育の目的として、精神的・経済的に自立した社会に貢献する意欲と能力を持った人間の育成を掲げた。キャリア教育により、生徒と保護者に、進路の保障、学力の保障、生きる力の育成を約束した。未来への現実的で確かな希望を持つことが、就学意欲・学習意欲にも好影響を与えることをねらったのである。本校のキャリア教育の構造は左図に示した。

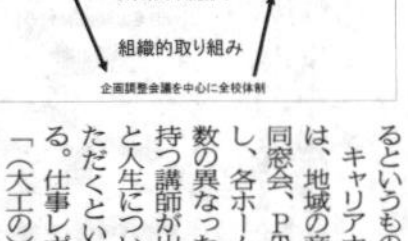

進路指導 → 空間的広がり(地域連携、全教育活動)／時間的広がり(入学時より卒業後まで)／組織的取り組み(企画調整会議を中心に全校体制) → キャリア教育

■仕事を知る

1学年では、仕事について知ることを目標として、仕事レポート、キャリアホームルーム、NPOによる仕事に関するワークショップ等を行った。仕事レポートとは、保護者をはじめ身近な人から仕事についての話を聞き、できれば見学・体験してレポートにまとめるというものである。

キャリアホームルームは、地域の商工会議所、同窓会、PTA等と連携し、各ホームルームに複数の異なったキャリアを持つ講師が出向き、仕事と人生について話していただくというものである。仕事レポートでは、「(大工の)父の働く姿を見てとてもすごいなあと思います。仕事をしてやりがいがあるという父を尊敬しています」「(配送業を体験して)頭も体力も使う大変な仕事をしているんだと思った。親はいつもこんな仕事をしているんだと思うと(自分は)もっと自立すべきだと思った」等の生徒の感想があり、保護者の方からも親子の会話のいいきっかけになったとの声が寄せられた。

■NPO等と連携

2学年では、勤労観・職業観を育成するため、キャリアガイダンスの授業を行うとともに、夏季休業期間中に体験活動を行っている。森林伐採業をはじめ、NPOや子育て支援施設、福祉施設、企業等と連携しての事業である。これがきっかけになり、進路を決定する生徒もいる。危険防止のため十分なコーディネートをすることなど、担当の教員の苦労は大きいが、生徒が得るものはそれに増して大きい。

3学年では、進路決定が最も大きな目標であるが、同時に、進路先への定着を図るため、進学者には基礎学力の補習を行い、就職者にはハローワークや「しごと財団」等と連携して早期離職防止のワークショップを行っている。

卒業生に向けては、卒業後の実態と本校の事業の評価を求める調査や卒業生ホームルームを行っている。調査により、卒業後6カ月あまりで離職・退学した者は約4分の1にも上ること、キャリア教育事業で役立ったのは2学年での体験活動であることなどが分かった。卒業生ホームルームは、進路指導部と該当学年の担任が担当となり、同窓会長の講話も含め、進路先での悩みを相談し合い互いに励まし合う会となった。必要に応じ、ハローワーク等へのつなぎも行った。

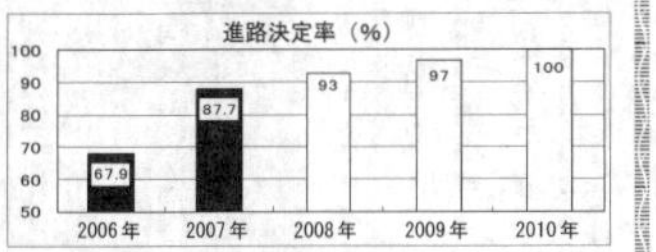

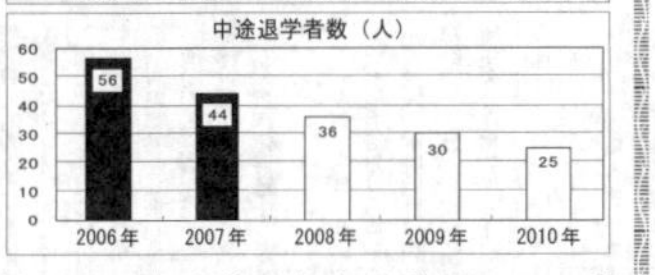

進路決定率(%)

2006年	2007年	2008年	2009年	2010年
67.9	87.7	93	97	100

中途退学者数(人)

2006年	2007年	2008年	2009年	2010年
56	44	36	30	25

■カウンセリングも

さらに、武蔵野大学と連携し、同大キャリア開発課長さんに本校キャリア教育推進委員会の委員をお願いしてご助言をいただき、同大心理学専攻の大学院生に「進路のお姉さん」として生徒のカウンセリングを行っていただいている。

進路決定(実現)率と中途退学者数への07年度での成果(黒)と今後の目標値(白)をグラフに示した。今後は、本校が西多摩地域のキャリア教育のセンター校となり、小・中学校と専門学校・大学・企業等を結び、キャリア教育を大いに進めていきたい。

(都立多摩高等学校長　大野弘)

子供の居場所づくりへ

地域教育フォーラム開催

学校や家庭、地域などと連携・協働しながら、子供たちの「体験」と「学び」を豊かなものにしようと、都教育委員会と地域教育推進ネットワーク東京都協議会は11月1日、都庁第一本庁舎の大会議場で、「地域教育フォーラム」を開催する。フォーラムでは、地域と学校が連携した様々な活動事例を紹介するとともに、地域で展開される子供の居場所づくりについてその意義と効果を改めて確認。今後のより豊かな活動に活かすための様々な方策について考える。

「多様な地域のアクターがつながりを活かしあう!」と題した第1部の事例報告では、①NPOが都立学校を支援する②大学が地域の子供サポーターを養成する③企業が学校を支援する④地域力が子供たちを育成するとして、都内で取り組んでいる実践事例をNPO法人や大学准教授、民間企業などが報告する。

第2部では「地域を舞台に子供を育てる」をテーマにパネルディスカッション。フリーアナウンサーの香月よう子さんをコーディネーターに、杉並第一小学校の放課後子供教室「すぎっ子くらぶ」拠点リーダーの伴野博美さん、北区立なでしこ小学校放課後子供教室コーディネーターの大川文子さん、日本青年奉仕協会調査研究員の村上徹也さんの3人がパネリストになって、子供との関わり方や親との接し方、学校との対応など子供の居場所づくりの課題などについて話し合う予定。

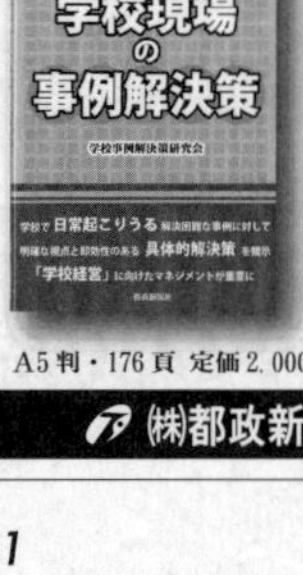

「未来を拓く体験発表会」

都庁大会議場で開催

都教育委員会は、「心の東京革命」の一環として、子供たちによる「未来を拓く体験発表会」を11月8日、都庁の大会議場で開催する。子供たちが取り組んできた奉仕活動や職場体験活動、伝統文化を受け継ぐ活動の様子や成果を紹介するもので、学校、家庭、地域社会での体験活動を一層推進することを目的としている。

発表会では、千代田区立九段中等教育学校の「地域へ発信する『CO_2削減』プロジェクト」、豊島区立駒込小学校の「日本の伝統・文化～藍を染める」、北区立神谷中学校の「豊かな心を育てる農業体験活動」、三鷹市立南浦小学校の「学校と地域をつなぐ鼓笛隊の演奏」、小平市立小平第五中学校の「心に残る本との出会いを目指して」、都立蒲田高校の「宿泊体験研修(青森県)における豊かな体験活動」、都立広尾高校の「Say so!活動～安全・防災・救護・清掃」、都立田園調布特別支援学校の「清掃活動や高齢者施設への訪問などによる地域交流」を予定。

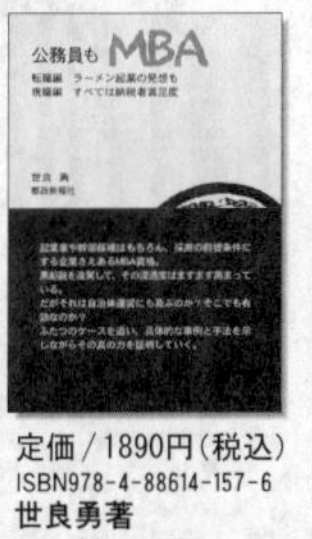

発表会後の講演会では、心の東京革命推進協議会会長で、(財)日本バレーボール協会名誉会長を務める松平康隆氏を講師に迎え、子供たちにメッセージを送ってもらうことにしている。

毎週金曜 3面は 教育オンライン

都人勧

4年連続のマイナス改定

教育職給料表を新設

現業給与の調査結果も提示

都人事委員会が16日に知事と都議会に行った「職員の給与に関する勧告と報告」は、公民較差0・09％（372円）を引き下げる内容となった。マイナス改定は、05年から4年連続。これに伴って給料月額も引き下げる。地域手当は支給割合を16％に変更し、勤務時間は国と同じく、15分短縮することが適当との意見が示された。今年の確定交渉で争点となる教員給与では、小中学校と高等学校等の教員給料表を一本化したほか、主任教諭に適用する職務の級も新設した。また技能系職員の給与では、都人事委の独自調査の結果も示されている。

＝1面参照

■08年都人事委員会勧告の概要■

公民較差	例月給	△0.09％
		△372円
	特別給	0.00月
		4.50月支給(改定なし)
地域手当		14.5％→16％
給与構造等	行(一)	1・2級を統合 級構成を7級制に改正
	教員	教育職給料表の新設
		主任教諭設置に伴う職務の級の新設
勤務時間		1日あたり7時間45分

■公民較差

今年の勧告では、民間給与実態調査の結果、都職員の例月給が民間従業員を0・09％、金額で372円上回ったとして、引き下げ改定とした。勧告通り実施した場合、年間賞与は平均で2千円の減、年収は平均7千円の減となる。

公民較差相当分の引き下げに関しては、昨年と同様、若年層・管理職層と高齢層で対応が異なる。初任給付近は据え置き、若年層・管理職層は引き下げを緩和し、逆に高齢層は引き下げを強めた。

この結果、公民較差相当分と地域手当の支給割合変更に伴う本給引き下げにより、改定率は0・0％から△1・8％となり、昇給カーブのフラット化や職責を反映した給与水準の確保を一層、推し進めたメリハリある給料表構造となっている。

■勤務時間

都人事委は、06年から民間での所定労働時間の状況の報告を行っているが、これまで「1日7時間38分」（06年）、「1日7時間40分」（07年）と推移し、今回も「1日7時間40分」とほぼ同様の数値であることが分かった。このため勧告では、職員の勤務時間は「1日当たり7時間45分、1週間当たり38時間45分とすることが適当」との意見を述べている。

ただし、実施時期については、法改正を含めた国の実施状況や他団体の動向を注視するほか、都民へのサービス低下を来さないことを見定めて、各任命権者が決定することが必要と指摘している。

■教員給与

教育職員の給料表では、「校種により給与水準を異にする合理的理由が認められない」として、現行、小中学校教員と高校等教員で二本立てとなっていた教育職員の給料表を廃止し、「教育職員給料表」を新設した。新給料表では、職責による水準差を拡大するとともに、これまで以上に昇給カーブをフラット化する。

都人事委事務局では、一本化の理由として、校種間での学歴や初任給の差異がなく、一定号給まで給料月額が同額で、中高一貫校設置などにより、校種を越えた人事交流があることもあげる。

また、主任教諭設置に伴い、従来の教諭の級を分化し、主任教諭に適用する新たな職務の級を設置した。

このほか諸手当についても、新たな給料表に対応した見直しを行うことが適当としており、教員給与を巡る今後の労使協議が注目される。

■現業給与

技能系職員の給与に関しては、都人事委が今年、従来の民間給与調査のほか、対象事業所及び職種を拡充した独自調査を実施しており、勧告ではこの調査結果が提示された。

独自調査では、民間給与調査の対象外である技能系の業務を専門的に行っている事業所についても調査に加えるとともに、対象職種を従来の4職種に加え、調理員やビル施設管理員まで広げた上で、調査を実施している。

この結果、今年4月の民間事業所における技能系従業員の平均給与月額は28万183円、平均年齢は45・4歳。専門サービス業を除いた場合では、平均給与月額が33万8915円、平均年齢は49・6歳だった。

また都行（二）適用職員の平均給与月額は38万9066円、平均年齢は46・1歳、国行（二）適用職員の平均給与月額は32万623円、平均年齢は48・9歳との結果を明らかにしている。

さらに勧告では「技能系職員の給与等についても、情勢適応の原則を踏まえ、調査結果も参考とし、都民の理解と納得が得られる水準となるよう、見直しを行っていくことが必要」と踏み込んで言及しており、今年の確定交渉での激しいやり取りが予想される。

内田委員長から説明を受ける石原知事＝16日

都09年度各局人員要求

知事部局等で886減

3桁減は2局、5局が増要求

人事部、小規模減に強い危機感

都総務局人事部は、09年度の局別所要人員要求をまとめ、15日の各局政策・総務担当部長会に報告した。知事部局全体では、1282増2168減の差引886減となった。昨年度の要求段階での差引84減に比べると削減規模は大きく見えるが、老人医療センターの独立行政法人化などの移管減を除けば、昨年同様の小規模な減にとどまる。来年度は「行財政改革実行プログラム」で掲げた4千人の定数削減の最終年度となるが、実質的に小規模となった減要求に人事部の危機感は強い。今後の査定では、かつてない厳しいやり取りが見込まれる。

公営企業局を除く24の知事部局等の要求状況を見ると、減要求は8局にとどまる一方、増要求が5局に上った。

減要求とした局のうち、3桁の減を掲げたのは福祉保健局（552減）と病院経営本部（306減）の2局。いずれも、老人医療センターの独法化や、豊島病院の保健医療公社への移管などに伴う減が中心となる。

このほか減要求とした局のうち、総務局は中央研修機能を見直す一方で、国体・障害者スポーツ大会の開催準備体制の拡充で差引17減。環境局は、廃棄物埋め立て作業等の委託を拡大する一方、CO_2の削減など気候変動対策の推進で増とし、差し引きで2減にとどまった。

他方、増要求となった5局を見ると、東京オリンピック・パラリンピック招致本部が、招致体制の強化で14増とした。生活文化スポーツ局は、スポーツ振興部で所管している国際交流大会の一部を東京都スポーツ文化事業団に移管するが、武蔵野の森総合スポーツ施設の建設準備の本格化に向けた業務増で差引9増を要求した。

さらに収用委員会事務局や労働委員会事務局、議会局も、業務量の増に対応するため体制拡充を要求している。

◆

06年から3カ年を計画期間とした行財政改革実行プログラムでは4千人の削減目標を掲げていたが、この2年間での削減数は2267人となり、達成率は57％にとどまっている。今年は残る1733人の削減を目指すが、知事部局等での要求が886人の減にとどまったことに人事部の危機感は強い。

特に、組織と定数の一体的な管理による執行体制の見直しなど、既存の枠にとらわれない抜本的な見直しを先送りしている局や、安易に増要求を行う局に対しては、「これまでにない厳しい姿勢で査定に臨み、確実な目標達成を目指す」（調査課）という。

人事部が危機感を強める背景にあるのが、マンパワーを取り巻く厳しい実情だ。職員の本格的な大量退職期を迎える中、人口減少社会の到来による労働市場の縮小に伴い、質・量ともに働き手の確保が困難になる。現実問題として、今年の採用試験では各区分とも軒並み申込倍率が低下するなど、人材確保の困難さが浮き彫りとなっている。

一方で、都政は「10年後の東京」に掲げた施策などを着実に実行する体制を整備することが緊急課題となっている。こうした中、人事部が7月に各局に示した来年度の組織定数方針で強調したのが、「最適な組み合わせによるスリムで機能的な執行体制の構築」だ。常勤職員や非常勤職員、人材派遣、任期付職員など、多様な雇用形態のマンパワーを確保することで、最適な組み合わせによるスリムで機能的な執行体制の構築を求めた。

さらに定数方針では、「管理部門や企画部門の抜本的な見直し」「人管ポストを含めたスタッフ職等の積極的な見直し」「類似事業の集約化や事業動向に応じた組織の見直し」などを求めており、今後の各局とのやり取りでは、こうした視点からも厳しい査定が行われることになる。

2009年度　局別所要人員要求の概要（知事部局等）

局	要求数 増	要求数 減	要求数 差引	主な要求内容 増員	主な要求内容 減員
知事本局	0	0	0		
総務局	66	▲83	▲17	国体・障害者スポーツ大会開催準備体制の拡充	中央研修機能の見直し
財務局	6	▲6	0		
主税局	207	▲207	0	固定資産税の評価替えに伴う業務増	法人調査体制の見直し
生活文化スポーツ局	15	▲6	9	武蔵野の森総合スポーツ施設建設準備に伴う業務増	国際交流大会等の東京都スポーツ文化事業団移管
都市整備局	97	▲98	▲1	マンション対策の推進	都営住宅スーパーリフォーム事業の業務減
環境局	127	▲129	▲2	気候変動対策の推進	廃棄物埋立作業等の委託拡大
福祉保健局	306	▲858	▲552	児童相談体制の強化	老人医療センターの独立行政法人化
産業労働局	119	▲119	0	非正規雇用者向け委託訓練の推進	職業訓練科目の見直し
建設局	26	▲60	▲34	環状第2号線の整備	代々木公園等への指定管理者制度の導入
港湾局	12	▲13	▲1	三港連携施策の推進	外貿コンテナふ頭管理業務への指定管理者制度の導入
会計管理局	1	▲1	0		
青少年・治安対策本部	12	▲12	0		
東京オリンピック・パラリンピック招致本部	57	▲43	14	東京オリンピック・パラリンピック招致体制の拡充	
病院経営本部	184	▲490	▲306	大塚病院総合周産期母子医療センターの整備	豊島病院の東京都保健医療公社移管
中央卸売市場	6	▲8	▲2	豊洲新市場建設業務の増	市場警備業務の委託拡大
収用委員会事務局	5	▲2	3	収用取扱件数の増	
労働委員会事務局	1	0	1	事件処理期間の短縮化の推進	
議会局	3	▲1	2	政務調査費対応事務の増	
人事委員会事務局	0	0	0		
選挙管理委員会事務局	0	0	0		
監査事務局	0	0	0		
教育庁	32	▲32	0	教員免許更新制度実施に伴う業務増	多摩教育事務所西多摩支所の廃止
海区漁業調整委員会事務局	0	0	0		
計	1,282	▲2,168	▲886		

区管試

口頭試問進出率は45・3％

進出者数 全区分で前年度比増

特別区管理職選考の口頭試問進出者が14日に決定し、所属長を通じて受験者に通知された。受験者数が前年度比でほぼ横ばいとなる中、管理職の需要数は増えており、口頭試問進出者数、進出率とも、全区分で前年度に比べて増加した。

口頭試問進出者は、I類とII類の事務が合格予定者の2倍程度、I類技術が1・5倍程度、II類技術が合格者相当数となる。

管理職選考の有資格者数は年々減少しており、全区分の合計では前年度比523人の減となった。その反面、団塊世代の大量退職に伴い、合格予定者数は増加傾向にあり、全区分で前年度比増となっている。こうした中、ここ数年減少が続いていた申込者数は、今年は合計で前年度比18人増となるなど、14年ぶりに増加に転じていた。当日の受験率は74％で、昨年度と同率の過去最高水準だった。

口頭試問は、特別区職員研修所および東京区政会館で10月25日、26日のいずれか1日で行う。最終合格発表は11月10日となる。

2008年度　特別区管理職選考実施状況（単位：人、％）

		有資格者数 A	申込者数 B	申込率 B/A	受験者数 C	受験率 C/B	口頭試問進出者数 D	口頭試問進出率 D/C
I類	事務	18,268 (▲409)	761 (▲7)	4.2 (0.1)	540 (▲28)	71.0 (▲3.0)	205 (2)	38.0 (2.3)
	技術I	775 (▲14)	94 (▲3)	12.1 (▲0.2)	74 (14)	78.7 (16.8)	21 (7)	28.4 (5.1)
	技術II	479 (▲15)	61 (5)	12.7 (1.4)	37 (5)	60.7 (3.6)	18 (4)	48.6 (4.8)
	技術III	1,352 (▲42)	43 (9)	3.2 (0.8)	33 (6)	76.7 (▲2.7)	11 (3)	33.3 (3.7)
	技術計	2,606 (▲71)	198 (11)	7.6 (0.6)	144 (25)	72.7 (9.1)	50 (14)	34.7 (4.4)
	計	20,874 (▲480)	959 (4)	4.6 (0.1)	684 (▲3)	71.3 (▲0.6)	255 (16)	37.3 (2.5)
II類	事務	981 (▲24)	213 (14)	21.7 (1.9)	180 (17)	84.5 (2.6)	140 (16)	77.8 (1.7)
	技術	192 (▲19)	40 (0)	20.8 (1.8)	33 (0)	82.5 (0.0)	11 (3)	33.3 (9.1)
	計	1,173 (▲43)	253 (14)	21.6 (1.9)	213 (17)	84.2 (2.2)	151 (19)	70.9 (3.6)
合計		22,047 (▲523)	1,212 (18)	5.5 (0.2)	897 (14)	74.0 (0.0)	406 (35)	45.3 (3.3)

※（　）内は対2007年度比増減

都庁舎でも24日から緊急地震速報が稼働

11月21日には訓練も

都庁本庁舎は、今月24日から緊急地震速報と連動した庁内一斉放送とエレベーターの管制運転を開始する。震度4以上の地震情報を受信すると、来庁者や職員の安全を確保するためアラーム音と音声メッセージを庁内放送で流すとともに、エレベーターを停止させる。

アラーム音と「緊急地震速報です。強い揺れに警戒してください」といった音声メッセージは、地震情報を受けると、人を介さず自動的に流れる仕組みだ。また走行中のエレベーターも自動的に最寄りの階に停止して、扉が開き、その後、かご内の照明が消灯し、15秒後に扉が閉まる。

都庁舎のエレベーターは、現在も大きな揺れを感じた際などには同様に停止する仕組みだが、今回、緊急地震速報と連動することで、実際の揺れを感知する前に停止することが可能となる。

緊急地震速報は、気象庁が昨年10月に運用を開始しているが、この時点では都民に地震速報が浸透していないことなどもあり、都庁舎では稼働を見送っていた。今回、運用開始後1年が経ち、周知も図られたことなどを受けて稼働に踏み切った。

また庁内では、11月21日に地震に伴う火事を想定した「総合自衛消防訓練」を行い、この中で緊急地震速報の庁内放送とエレベーター停止に伴う初動対応を検証する。

これに先立ち、総務局庁内利用管理課は、緊急地震速報が発せられた際の対応や、日ごろの備えなどをまとめた「都庁舎における緊急地震速報対応行動指針」を各局に示した。各局は今後、システムの運用開始前までに、フロアごとの対応行動内容を作ることになる。来月21日の訓練では、このフロアごとの対応行動に基づいた初動対応訓練を行う予定だ。

都交通局と南海電鉄共同イベントを開催

来月1、2日

都交通局は来月1日と2日の両日、南海電鉄（大阪市）との間で初めてとなる共同イベントを開催する。両者は現在、それぞれの沿線の魅力を相撲の東西対決になぞらえ、互いの電車内でPRする「東西駅前自慢相撲」キャンペーンを展開中だ。

都交通局と南海電鉄の間を取り持ったのは京浜急行電鉄という。南海と京急は、互いに空港直結（京急は羽田空港、南海は関西国際空港）しており、以前から相互キャンペーンを実施するなど関係が深い。一方、都交通局も、京急との間で相互乗り入れを行っている。

さらに都交通局と南海鉄道についても、空港へのアクセスや互いに「荒川線」「阪堺線」という路面電車を持つなど共通点があり、今回のキャンペーンが実現した。

「東西駅前自慢相撲　南海電鉄部屋　東京巡業」と題された共同イベントでは、都電荒川線「荒川車庫前」にある「都電おもいで広場」を会場に、大阪のたこ焼き実演や大阪ミナミや堺の名物・名産品のブースが出展。都交通局と南海電鉄のグッズ販売やPRなども行われる。

内田　喜久重さん（うちだ・きくえ＝内田茂・都議の母）12日死去、93歳。通夜は17日午後6時から7時まで、告別式は18日正午から1時30分まで、増上寺（港区芝公園4の7の35）で行われる。

中村　迪子さん（なかむら・みちこ＝中村明彦・都議の母）11日死去、87歳。告別式は17日午後1時から2時まで、寛永寺（台東区上野公園14の5）で行われる。

村田　太一さん（むらた・たいち＝村田和正・台東区教育委員会庶務課庶務係長の父）9日死去、85歳。

㉑年度 職員教養講座 [17]

昇任試験対策のページ

技術(建築)記述・論文

はじめに

東京都人事委員会が公表している「都職員の構成」によると、平成19年4月1日現在の建築職の職員数は695人で、そのうち59歳の方は45人となっています。これに対し、平成20年度の建築職種の採用試験合格者数は、Ⅰ類Aが6人、Bが10人、建築構造としての専門人材枠が2人(予定)です。

つまり、建築職に限って言えば、約59人の卒業に対し、入都される方は約18人という想定です。この傾向が推移すれば、平成22年度当初の建築職種の職員数は600人前後となると予測されています。

管理職だけに限って「都職員の構成」から推測すると、20年度末に退職する管理職は10人前後と予想できます。これに対し、20年度の管理職選考(一次選考)の合格者はAが1人、Bが3人の計4人です。

このように建築職の人数が減少するだけにとどまらず、既存建築物の維持管理や環境問題への対応等建築職種を取り巻く環境は変化し続けており、今後も専門的で複雑な仕事は増加の一途をたどると思われます。今後は一層、少数精鋭でこのような状況に臨むことが期待されているのです。

管理職試験を受けようとする皆さんは、業務も多忙を極め、試験勉強まで手が回らないのが実情ではないでしょうか。

しかし、限られた時間の中で効率的、集中的な勉強ができれば、それはそのまま職務遂行能力の向上につながります。また試験勉強ではあっても、その努力は必ず今後の職務効率を上げる糧となります。最後までやり抜くという強い意志を持って、勉強を続けていただきたいと思います。

A記述試験

都市計画、建築施工、建築構造、建築計画、建築法規、語句説明の分野から4題を選択して記述します。

(1)出題傾向

都市計画については「特定街区」が出題されました。都市計画では基本語句で、「建築基準法の規定に言及する」という条件がみそでした。昨年度は「住生活基本法」、一昨年は「都市計画区域の整備、開発及び保全の方針」で、それぞれ、試験1年以内に法が公布されたり、告示がされたことを受けて出題されました。1年以内の法改正など、アップツーデートな話題は要注意です。

建築構造については「鉄筋の継手工法の4種類」の説明、また昨年度は「RC造の建築物における柱梁の構造計算を行う際の留意点」でした。

基本的な内容なので、予想が立て難いのですが、地震対策が背景にあると考えてもよいと思います。

建築計画については、「ビル風についての強風発生パターンと計画設計におけるビル風対策」、昨年度は「設備スペースを計画する際の留意点」でした。

この分野は、対象が広範囲のため、今までは的が絞りにくかったのですが、近年は、設備関係の項目に関しては要注意だと思われます。設備設計1級建築士制度の創設により、今後は一層設備設計に詳しい人材が望まれるからです。設備に関する知識は「地球温暖化対策」に不可欠な環境配慮設計とも密接に関連しているため、今後、設備に関する項目の出題確立は高くなると思われます。

建築施工については今年度の出題はありませんでしたが、昨年度は「防水」、一昨年は「鉄骨の立て方、高力ボルト」でした。技術職としては基本なので、品質管理やタイムリーな項目については準備しておきましょう。

建築法規では「建築協定」。昨年度は「建築基準法改正」、一昨年は「建築物の耐震改修の促進に関する法律」でした。

建築法規はアップツーデートな法改正や計画が出題されやすいため、これを押さえておく必要があります。

その他の語句説明では「入札ボンド制度、構造計算適合性判定員」など、これもアップツーデートな項目や計画が出題されやすくなっています。語句5問を全答するのは難しいと思います。効率よく得点することを考えると、できれば、語句外で4題選べる体制を整えた方がよいでしょう。

(2)対策

1級建築士の参考書や建築専門誌、インターネットの情報収集が核となります。

ある程度、項目が一覧となったら、暗記する重要度をつけます。過去10年分の問題に加え、主任試験、建築A、土木ABの動向を参考にすることをお勧めします。タイムリーな項目が同じような視点から出題されていることもあるからです。

基本的な記述項目としては①内容説明②課題③東京都での位置づけを含めた今後の対応——を臨機応変に記述することが必要です。

法改正や東京都の計画のチェックは必須です。直前には有志で予想問題を出し合うのも多角的角度からチェックができて有効です。

B論文

基本的には論文の出来が試験結果を左右すると言われています。

Bの管理職試験の実施要綱では論文の評定項目が「表現力、論理性、問題意識等」と記述されています。これらのどれが欠けても完成度の高い論文には仕上がりません。しかしトータルで自分がどの点が弱いか、客観的に把握するのは難しいものです。論文対策はやはりこれはと思う上司や先輩に添削していただくのが、上達する一番の近道と思います。

(1)出題傾向

今年度の出題は「まちづくりにおける多様な主体との役割分担」「公共建築物の今後の整備方針」でした。両方とも、建築技術者としての問題意識や考え方、「10年後の東京　実行プログラム」を踏まえれば、書きやすかったと思います。その分、財政難・少子高齢化・環境への配慮など、的確な背景分析は不可欠だったと思われます。

ちなみに過去の出題の要旨は以下のとおり。

《平成19年度》

(1) 工場跡地でのマンション開発等における、周辺地域と調和した良好な都市空間の形成

(2) 災害に対する安全性・避難場所確保の役割をはたす公共建築物の整備方針について

《平成18年度》

(1) 良好な街並みについての認識と実現方策

(2) 公共建築物整備に伴う環境負荷低減方策

《平成17年度》

(1) 都市に求められる安全についての認識とその実現方策

(2) これからの技術職員に求められる技術力とその向上・継承方法について

《平成16年度》

(1) 東京における開発と保存・継承を両立させたまちづくりについて

(2) ユニバーサルデザインの考え方を導入した公共建築物整備の認識とその導入方法

(2)対策

まず、過去問の出題傾向を分析します。前提となるのは「10年後の東京」や実行プログラムです。プログラムは毎年リニューアルをすることになりましたので、2009年度版のアクションプランの中で特に強調されている項目については対策が必要です。

自分の場合は、「災害対策」や「美しいまち東京」など4本の論文を完成させました。

これを基に、例えば「少数精鋭体制での建築行政」など10テーマほどのレジュメを作成し、都政もの、組織ものの両方に対応できるようにしました。

基本的には、東京都が直面している課題に対して、現状(事実)と問題点(背景、原因、理由)と解決策をわかりやすく記述することです。

表現力や論理性を磨くには、先輩の合格論文に加え、「1定知事施政方針」「10年後の東京」「実行プログラム」の文章が参考になります。

また、他の受験者と差をつけるためには、いかに自分の言葉で訴えることができるかが重要です。これは言い換えれば、自分なりの問題意識を持って、自分ならどうするかを常に考えておくことだと思います。

10月1日に大阪の個室ビデオ店で15人が亡くなる火災事故が発生しましたが、社会経済状況が急激に変化する中で、排煙設備や避難に問題のある改修が増加していく現状に対して、都の建築行政として、あるいは担当課長として何ができるかが問われるのです。

問題点や解決策が思いついたらすぐメモを取ったり、そのような問題意識を持って資料収集にあたり、添削を受けながら完成度を高めていってください。

最後に必ずやっていただきたいのが、直前になったら、2時間という時間を決めて、実際に2千字程度の論文を書いてみるという作業です。普段、パソコンで文章作成作業をしているため、完成させるのが困難なことがわかります。時間配分や表現方法など、このトレーニングを通して仕上げてください。

おわりに

都の管理職試験のために、常に自分ならどのように課題を解決していくのか、という論点を整理することは、そのまま面接試験、ひいては日常業務の中でも生きてきます。

そして最後に合格する秘訣をひとつ。それは、試験勉強を楽しむことです。

都政は今、オリンピック開催を視野に入れ、久々の長期計画「10年後の東京」の実現に向け、ダイナミックに動いています。

もちろん難問も山積ですが、この機を千載一遇のチャンスと捉え、自分が建築職として、どのように都政に貢献できるか、あるいは課題解決の道筋をつけられるのか。考えることを楽しみながら、勉強していってください。たとえ時間は短くても、楽しみながらの努力は、成果がでるものです。

皆様のご健闘を心よりお祈りしております。

◇

21年度 教育管理職への道しるべ ▶7◀

学校教育法②

問題

【問題4】 学校に関する記述として妥当なものは、次のうちどれか。

① 学校を設置できるのは、国、地方公共団体、学校法人及び宗教法人のみである。

② 学校の管理は、学校の行う教育活動の事業主体としてその学校の運営に責任を持つ教育委員会が行う。

③ 学校は組織体として法人であり、学校自身が法律上の権利を持つことができるとともに、義務を負う。

④ 国・公立学校は公共的な事業として公の性質を持つが、私立学校は公共的事業とはいえないので、公の性質を持たない。

⑤ 教育委員会は、原則として校長を指示し監督することができるが、校長に授権した事務についても、指示や監督を行うことができる。

【問題5】 校長に関する記述として妥当なものは、次のうちどれか。

① 校長は、児童・生徒が正当な事由なく10日間出席しない場合は、速やかに教育委員会に通知しなければならない。

② 教育活動は、直接的には教諭が行うものであり、校長は教諭が行う教育について、指示や指導はできない。

③ 校長は、児童・生徒に対して、事実行為としての懲戒を行うことができない。

④ 教員の勤務時間外の行為について、校長が責任を問われることがある。

⑤ 校長は、国民の祝日に関する法律に規定する日、日曜日及び土曜日以外に、学校の休業日を定めることができる。

【問題6】 教頭及び副校長に関する記述として妥当なものは、次のうちどれか。

① 教頭は、原則として児童・生徒の教育を担当せず、児童・生徒の教育をつかさどることはない。

② 教頭は、校長に事故があるときは、校長の名により校長の職務を行いうる。

③ 教頭は、校長を助け、公務を整理する立場に過ぎないから、教員に対して職務上の命令を発することはできない。

④ 小中学校には教頭に代えて副校長を必ず置かなければならない。

⑤ 副校長は、校長を助け、命を受けて校務をつかさどる。

【問題7】 教諭等に関する記述で妥当なものは、次のうちどれか。

① 教諭の職務は児童・生徒の教育であり、教育以外の仕事は拒否することができる。

② 教諭は児童・生徒の教育をつかさどることを職務とするので、校長や教頭は教育への関与を行うことはできない。

③ 学校に児童・生徒の栄養の指導及び管理を行う栄養教諭を置かなければならない。

④ 指導教諭は、他の教諭等に対し、教育指導の改善・充実のため必要な指導・助言を行うことができる。

⑤ 主幹教諭は、校長及び教頭を助け、必要に応じ児童・生徒の教育をつかさどるが、校務を整理することはできない。

【問題8】 教育課程に関する記述で妥当なものは、次のうちどれか。

① 教育委員会は学習指導要領に準拠して、学校の教育課程を編成する。

② 教育委員会は、教育課程に関して、学校の校長に対し、具体的な指導・助言を行うことはできるが、教育課程の変更を命ずることはできない。

③ 教育課程とは、各教科における学習指導内容や指導方法、指導順序について定めた年間の学習指導計画であり、特別活動や学校行事は含まれない。

④ 教育課程に関し、その改善に資する研究を行うため特に必要があると教育委員会が認めるときは、学習指導要領に準拠しない教育課程を編成することができる。

⑤ 教育課程の基準として裁判所は法的な拘束力を認めている。

解説

【解説4】

① 誤り。宗教法人は、学校を設置することができない(学校教育法第2条)。

② 誤り。学校の管理は、設置者が行う(同法第5条)。

③ 誤り。学校が行う教育活動の事業主体は設置者であり(同法第5条)、公立学校に法人格は与えられていない。

④ 誤り。学校は「公の性質をもつもの」と規定され(教育基本法第6条)、その学校には私立学校も含まれる(学校教育法第2条)。

⑤ 正しい。教育委員会と校長は職務上の上下関係にあり、校長に授権した事務についても、一般的または具体的な指示、監督ができる。

【解説5】

① 誤り。7日間出席しない場合、通知しなければならない(学校教育法施行令第20条)。

② 誤り。校長がつかさどる校務とは、学校の行うべき仕事全体をいう(同法第37条)。

③ 誤り。事実行為としての懲戒は、校長及び教員が行うことができる(同法第11条)。

④ 正しい。教員の身分上の監督は、勤務時間外の行為についても対象となる。

⑤ 誤り。学校の休業日を定めることができるのは、教育委員会である(同法施行規則第61条第3号)。

【解説6】

① 誤り。必要に応じ児童・生徒の教育をつかさどる(学校教育法37条7項)。

② 誤り。校長に事故があるときは、教頭は自己の名において校長の職務を行いうる。

③ 誤り。教頭は、教員に職務命令を発することができる。

④ 誤り。副校長は、必置ではなく、置くことができる(同法第37条第2項)。

⑤ 正しい(同法第37条第5項)。

【解説7】

① 誤り。旧学校教育法第28条は教育活動を目的とする人的・物的要素の総合体である学校営造物の職員の主たる職務を例示した規定である(東京高判昭和42・9・29)。

② 誤り。教育は教員の専権事項ではなく、校長は学校を運営するうえで必要な一切の業務(校務)をつかさどる(学校教育法第37条第4項)。

③ 誤り。置くことができる(同法第37条第2項)。

④ 正しい(同法第37条第10項)。

⑤ 誤り。校務を整理する。(同法第37条第9項)。

【解説8】

① 誤り。教育課程は学校が編成する(小学校学習指導要領総則等)。

② 誤り。教育委員会は、必要な場合には変更を命ずることもできる。(初中局長同答昭36・7・6委初69)

③ 誤り。教育課程は、各教科、道徳、特別活動ならびに総合的な学習の時間によって編成される。(同法施行規則第50条第1項)

④ 誤り。特に必要があり、かつ、児童・生徒の教育上適切な配慮がなされていると文部科学大臣が認める場合に、学習指導要領によらないことができる(学校教育法施行規則第55条)。

⑤ 正しい(最判昭51・5・21)。

提言

「協働」という用語の持つ危険性

獨協大学地域総合研究所客員研究員　小口進一

近年、全国各地で自治体の憲法ともいえる「自治基本条例」づくりが盛んである。この基本条例は、自治体の政策・制度の開発・策定・実施の各段階における手法・手続き、さらにはその公開方法などについての基準を明確化した基本法という性格を担っている。

この基本条例に、今日、流行として「協働」という用語がよく使われているが、この協働という言葉の意味をめぐって、解釈と運用が議論の的になっている。

この背景は、協働という名のもとに自治会・町内会の役員が「自治会・町内会連絡会」などの名称で行政に集められ、職員による新規事業の説明や関係事業のパンフレットないしポスターの配布・回覧・掲示依頼、さらには事業の地元説明会の動員要請からごみ収集、福祉事業、安心・安全事業への参加・協力など、自治会・町内会を行政の下請け、ないしは便利組織として利用し、安上がり行政、ワンクッション行政を展開することに起因している。

このため、既成自治会・町内会の役員の中には、「忙しすぎる、疲れる、行政が直接住民に話をすべきではないか、納税者がなぜここまでしなければならないのか」などの行政不信が潜在的に拡大している。

辞書によると、協働とは「同じ目的のために2人以上が協力して働くこと」と解され、素直に解釈すれば市民は行政と程度の差はあれど協力して働かなければならないということになり、行政への参加・協力が一見美化された用語によって義務化され、個人の労働による対価を求めた経済活動は制約される可能性も含んでいると捉えることもできよう。

なぜ市民参加ではいけないのか

今日、日本の政治・行政の仕組みの原則は、松下圭一法政大学名誉教授が述べているように、市民は自分で出来るところは自分で行い、個人で対応出来ないところは向こう三軒両隣で対応し、地域で対応出来ない領域は市民税を支払って基礎自治体を設置してサービスを受け、基礎自治体で出来ないところは都道府県税を支払い広域自治体が担当し、広域自治体で出来ないところは所得税を払って中央政府が行っていると考えれば分かりやすい。また、中央政府で調整困難な問題等は、税の一部を負担金として支払い、国連で対応しているというのが極めて合理的な整理であろう。

しかし、協働は、税を支払っている市民が行政職員と一体となって仕事をするという義務と協力を押し付ける危険を抱えこむことになる。これでは納税の基本が崩れるだけでなく、政府を中央政府、広域政府（都道府県）、基礎政府（市町村）に区分し、不十分ではあるが役割分担を明確化して、行政サービスを実施する意味の根底が問われることになる。

今日、市民は自治体施策の開発および策定のすべてを行政に「負託」しているのではなく、むしろ施策の開発や策定により多くの市民の意見を反映させ、そのうえ十分な調整を行ったうえで事業として実施するよう「信託」していると解するべきであろう。このため、信託論を実践するため、「議会制民主主義の行使の基礎を意味する市民参加」（松下教授）によって、政策の形成過程から市民が参加して議論する市民参加システムが必要不可欠な装置となってきた。首長は市民参加によって策定した施策を、一定の庁内手続きを得て議案とし議会に提案し審議に付して決定する。今日の行政運営の基本はおおむねこのような手続きとなっている。

したがって、先行自治体の自治基本条例に記述されている協働の意味は、自治体政策を対等の立場に立って議論し、調整のうえ策定する市民参加としての協働作業のことを指している。ならば、すでに定着している市民参加でなく、なぜ、あえて定義のあいまいな協働を用いるのか。その意図がいまひとつ不透明となっているばかりか、見方を変えれば、行財政改革との関連でパブリシティーなどのコスト削減、あるいは行政目的のために、自治の原点を超えた地域の組織化という危うい発想が懸念されるのである。

自治基本条例等で明確化を

ゆえに、協働を市民参加の手法の意味で使用する場合には、自治基本条例等にその意味を明確化しておくことがとりあえず必要となってくる。でなければ、協働の意味を自治体施策の実践段階で市民とともに働くと解し、自治会・町内会を下請け的発想で利用する職員も出てこよう。用語の解釈とその運用が不透明な用語は、将来、政治争点になってくる危険も避けられないと認識しなければならない。

今日、行政は事務事業や財政運営を分かりやすくするため、共通のデータである地域の生活環境指標や施策原価、さらには事務事業別予算、施策評価、自治体計画、年度別事業の説明資料などを策定・公開し、透明性のある行政運営に全力をあげているのが一般となってきた。この流れと逆行し、将来禍根を残すことが懸念される用語の使用は避けることは当然ではないか。自治体は、担当者が数人代われば当初の意味は薄れていくことは過去の事例が物語っている。

なお、この指摘は、自治会・町内会が主体的に行政に協力することを否定することではない。地域の草刈り、生活道路整備、防災や防犯活動、さらにはお祭りを含めたイベント事業に自治会・町内会が歴史と伝統の上に立って活動していることは、むしろ地域の活力として評価されなければならない。しかし、今日争点となっている「協働」は、行政が音頭をとって自治会・町内会の活用を図ろうとしているところにその問題の本質が隠されている。

（自治体学会運営委員・公共政策学会会員）

ともに生きる 37

教育の原点見る特別支援学校

近年、教員の資質が問われています。そこで、免許状の有効期間を資格取得後10年とする制度が2009年度から発足します。それが「教員免許更新制」です。既に免許を取得している教員は、大学等が開設する30時間の免許状更新講習を受けることになります。

同じく教員免許制度に関しては、特別支援学校に関係する大きな制度改正が1998年度にありました。それは、小・中学校の教員免許を取得する場合は、全員が特別支援学校（2日）や社会福祉施設等（5日）で7日間「介護等体験」を行う制度です。この制度の趣旨は、「教員が個人の尊厳及び社会連帯の理念に関する認識を深めることの重要性にかんがみ、教員の資質の向上を図り、義務教育の一層の充実を期する観点から、（中略）障害者、高齢者等に対する介護、介助、これらの者との交流等の体験を講ずる」（「介護等体験特例法」）ことです。

肢体不自由特別支援学校での2日間は、車いす操作や介助方法の実習、授業見学、遠足などの校外学習での介助の体験等です。その介護等体験生を、300名程度も受け入れている学校もあります。その大変さの反面、2日間の体験後には、体の不自由な子どもの教育の理解を深め、子ども達から受けた感動を多くの学生が感想文に書いているなどの成果もあります。さらに、体験前の小学校等の志望を体験後には特別支援学校に変更し、実際に採用される教員も誕生しています。

特別支援教育は、特別支援学校だけで行う教育ではなく、小・中学校においても推進する教育です。介護等体験の制度は、体験先で得た知識やノウハウを小・中学校でも生かせるメリットもあります。感想は、「みんな明るく、楽しく勉強している」「先生は、一人ひとりの子どもをとても良く理解し、個性を伸ばしている」「先生は、優しくそして厳しい」「生命の大切さ、生きることの重さを感じた」「子どもは、自分の能力を精一杯出してがんばっている」「子どもの可能性をできる限り引き出すために、教材・教具を工夫している」等々です。このような教育の原点に基づいて、小学校、中学校等の教育が展開されることを、今、切に求められていると思っています。

（元都立村山養護学校長　飯野順子）

市民発！介護なんでも文化祭　25日に上智大で

介護者の目線から介護の文化を変えよう――。今月25日、上智大学四谷キャンパスで、介護者のためのイベント「市民発！介護なんでも文化祭」が開催される。

高齢者と二人きりの世界に陥りがちな介護。悩みを一人で抱えてしまう介護者に、少しでも外に出て交流してもらおうというのが、文化祭の目的の一つだ。事務局を務めるNPO法人介護者サポートネットワークセンター・アラジンでは、「特に男性の場合は仕事のように介護を行いがちで、『介護に縛られる』状態になることも少なくない。働きながら介護をする人も増えているので、介護者の声を集めて発信したい」と話す。

文化祭では「働く家族介護者サロン」を開催。基調講演は、樋口恵子東京家政大名誉教授で、テーマは「介護でつながる出会いの地域」。

文化祭は今年で4回目。もともと首都圏の家族会の間で「一緒に何かやりたい」と、03年に実行委員会が立ち上がった。担当者は「実行委はお金も時間も、知恵も体力もなかったが、持ち前の『火事場の介護者ヂカラ』で、半年で開催に持っていきました」と振り返る。昨年は800人が参加した。今回の2大テーマは、「福祉用具」と「若年認知症」。介護セミナーは「認知症介護のこれから」（㈱大起エンゼルヘルプ・和田行男氏）、「どうしたら増える？どうしたら続けられる？認知症ケアの切り札＝小規模多機能居宅介護」（NPO法人暮らしネットえん＝助言者・服部万里子氏）など5講座。

入場無料。セミナー受講は1講座500円、1日共通券千円。問い合わせは、NPO法人介護者サポートネットワークセンター・アラジン☎03・5368・1955

相談屋の場外乱闘 Part2

労働ジャーナリスト　金子雅臣

■第2話　美濃部知事を出せ①

福祉とは何か

美濃部知事は、改めて言うまでもなく〝福祉の美濃部〟であると同時に革新のスターでもあった。彼の当選のもつインパクトは多方面に及ぶもので、それだけに「美濃部さんならやってくれるはず……」という相談窓口への反応も、イヤというほどに感じさせられていた。

そんなある日、私はとある身障者の解雇事件で、やっかいな問題に巻き込まれはじめていた。それは、身障者雇用率（従業員規模に応じて一定数の身障者を雇用しなければならない）を達成するために身障者のAさん（28歳）を採用しようとしていた企業が翻意して、試用期間中の彼を解雇したという事件だった。

経営者側の主張は、

――会社としては身障者雇用率の達成ということもあり、採用に努力をしているのだが、なにせ、従業員から彼への反発が強く、周囲との関係がうまくいかない。会社としても困っているが、現状では彼に辞めてもらうしかない。

というものだった。これに対して、Aさんをサポートしている身障者団体の事務局長のBさんは次のような主張をしていた。

――あの企業の従業員たちがそんなことを言うはずがない。なぜなら、あの会社の労働組合は、私たちの団体に毎年寄付を寄せてくれている理解のある人たちだ。会社は、ウソをついているに違いない。だから、組合の人たちの力を借りてでも、何とか解雇をやめさせたい。

というものだった。こんな主張に意を強くした私は、早速、組合幹部に面会を求めて、協力を依頼してみることにした。

解雇はやむを得ない

予想に反して組合幹部の口は重かった。

――実は、組合としてもこの問題を取り上げて議論したんですが、会社のやり方に異議は申し立てないことにしたんです。

開口一番にこう宣言されてしまった。

――それでは、彼の解雇はやむを得ないということですか。それで、理由は何ですか。

という私の問いに彼は、

――組合の基本的な主張である生産性向上という考えと相容れない部分があって、解雇を了承するということです。

と、即座に断言されてしまった。

彼の言わんとすることを要約すれば、Aさんは組合の掲げる生産性向上運動に批判的で、反対意見を述べるだけでなく、そうした活動に一切参加しようとしないということだった。

――私たちも初めは同情的に対応していたのですが、その対応があまりにも頑なで強硬だったので、組合員から反発を受けてしまったという訳でして……。

そんな説明を一通り受けた上で、Aさんたちが再三言っていた「身障者に理解のある組合だ」という部分について触れた時に、予想もしない反応が返ってきた。

支援は止める

――ああ、それはきっと福祉団体へのカンパの取り組みをしていることを指しているのだと思いますよ。私どもの組合は、毎年、暮れのボーナスからカンパを集めて福祉団体に寄付をしているんですよ。確かに、彼の所属する団体にも寄付をしていましたね。でも、あれはあくまで本部の指示でやっていることで……。今回の事件で、その団体からAさん問題でクレームも入っているんで、本部にカンパの対象団体からはずすように要請しているところなんです。

――えっ、それでどうなるんですか。

私は、今回の事件を契機に支援活動を止めたいという思わぬ成り行きに驚いて、先のことを聞いてみた。

――ええ、本部も私どもの事情を了解してくれて、Bさんたちの団体を寄付団体の対象からはずすと言っていました。「これまでの善意を無視して友好関係を破壊するなら、こちらにも覚悟がある」とも言っていましたよ。「寄付を受ける立場にありながら、我々に文句を言ってくるなど信じられない」ということじゃないですか。

何か、今回の事件をきっかけに事態がとんでもない方向に動き出しているらしかった。

都～区トーク

現場力

年金の支給申請の関係で2カ所の社会保険事務所を回った。

一つ目の社会保険事務所には、年金の申請に行った。平日の午後であったが、20人弱の人が順番待ちをしていた。自分自身は相談ではなく申請なので、そんなに待つことなく受け付けてもらえると思っていた。ところが、受付に聞いたところ、申請でも相談票を書いて順番待ちをしてくれとの返事。どのくらいかかるのかと聞くと、2時間待ちだと。そこで、「自分は相談に来たのではなく申請に来た。そして書類については十分に準備してあるので、受付だけしてくれればいい」と言った。ところが、そのことは聞いてもらえず、とにかく順番待ちだと、硬い表情で繰り返すばかり。これだったら、近くの郵便局から送った方がいいと思い、早々に引き上げた。

2、3日たって、ほかの件で年金の加入記録が必要となった。これは地元の社会保険事務所で取れるというので、早速出かけた。時間は平日の5時過ぎ。やはり10人程度の人が順番待ちをしていた。受付の人にこういう書類が欲しいと申請。それでは、まず申請書を書いてくれという。申請書を書いている間、時々覗き見ては、それぞれ注意を促してくれた。出来上がった申請書を渡すと、今度は相談票を書いてくれとのこと。また、相談票か！と思って書くと、書きあがったと同時に加入記録が手渡された。

要するに、制度として相談票は必要なのだが、申請書を先に書かせることにより、その情報から先に発行の手続きをしておいたということだ。おかげでものの10分で用事が済んだ。

この二つの社会保険事務所を回って気がついたことは、現場力の有無である。同じ制度を運営しながら、まったく違う結果を相手に与えてしまう。自ら経験して、その組織が持っている現場力というのがいかに大事か改めて感じた。

現場力というのを考えてみると、必要な要素は〝笑顔〟と〝ことば〟、そして〝即応力〟だと思う。いいかえれば奉仕力といってもいいかもしれない。第一線で対応する職員にはぜひこの現場力を高める努力をお願いしたい。そして、管理者には、数字に頼る成果主義でこのような現場力の向上は望めるのか、考えて欲しいものだ。

（僕）

都政新報

発行所 都政新報社
〒160-0023 東京都新宿区西新宿7-23-1 TSビル
〈総務・読者〉03-5330-8781
〈企画広告〉03-5330-8784
〈編　　集〉03-5330-8786
〈出　　版〉03-5330-8788
〈ファクス〉03-5330-8808
購読料 月1,680円(税込)
毎週火・金曜日発行
但し、祝祭日は休刊

紙面から

設備工事 2割～3割が「くじ引き」

最低制限価格の適用上限 80%⇒85%に引き上げ

追跡

都は11月に契約事務規則を改正し、最低制限価格等の適用上限を予定価格の80%から85%に引き上げる。この背景には、設備工事の入札で同額によるくじ引きで落札者が決まる案件が2割から3割もあり、最低制限価格の設定の仕方に無理があると判断したからだ。財務局では「85%に引き上げれば、くじ引きが多い現状は改まるはず」と話す。過度の低価格競争が全国的に進み、入札契約制度の矛盾が噴き出す中で、都では価格とその周辺の問題まで含めて、有識者を入れた研究会で議論を深めていく考えだ。

都発注工事は、公営企業を含めると、年間で約5千件あり、落札率の分布を調べると、二つの山になっている。95%から100%の範囲で落札しているケースが1千件超と最も多く、次いで80%前後のところにもう一つの山がある＝グラフ参照。このトレンドは、予定価格を事前公表していない国の公共事業でも同じという。

また、同額によるくじ引きで落札者を決める案件は06年度に677件、07年度が565件あり、契約全体の1割強を占めた。土木・建築工事ではほとんど見られず、設備工事でくじ引きになる案件が目立つという。

こうした入札実態をどう評価するか、立場によって様々だが、業界団体は落札率が80%前後に集中している点に着目し、予定価格を事前公表しているやり方に矛先を向けている。自民党も「事前公表は問題が多く、廃止すべき」という考え方だ。

都が02年から事前公表に踏み切ったのは、業者が予定価格を探ろうと職員に接触を図り、汚職が起きたのがきっかけ。

最低制限価格の設定は、予定価格の「3分の2から10分の8の範囲」としているため、積算能力や施工能力のない不良不適格業者でも予定価格に0・8を掛け、公共工事に参入しやすいというのが業界団体の言い分だ。その結果、工事品質を悪くしたり、低価格競争に拍車をかけていると問題点を指摘している。

しかし、財務局は「過度の低価格競争になっているのは、制度的・構造的な要因が背景にあり、事前公表を止めるだけで問題は解決しない」という立場。「よくよく検討してみると、80%という最低制限価格の上限設定の仕方に根拠がない。たとえば、算出された基準額が予定価格の83%や85%であっても、一律に80%に切り下げる運用をしてきた。工事品質を価格面から担保するのが最低制限価格の目的なのに、その趣旨に合致しない」（財務局）という。

設備工事契約は、実態として基準額が予定価格の80%を超えている案件が相当数あり、これがくじ引きが多かった原因と総括している。

過去の契約を洗い直したところ、最低制限価格の適用上限を85%に引き上げると、すべての案件がこの範囲内に収まるため、都が不当に低いラインを設定して施工を求める例はなくなるはずとしている。また、積算能力のない業者が従来のように予定価格の0・8掛けで札を入れても、契約を取るのが困難になり、くじ引き多発の実態は解消されると見ている。

入札契約制度改革

根源的な問題も含めて議論へ

■技術評価能力の向上

財務局が6月に「入札契約制度改革研究会」を立ち上げたのは、この数年、官製談合が社会問題になり、06年12月、全国知事会が「1千万円以上の工事は、一般競争入札にする」と申し合わせたことがバックグラウンドにある。都は、一般競争入札を9億円以上としているため、遅れた制度に見られないかという問題意識があった。

公共工事の発注量が減っているもとで業者数はほとんど変わらず、そうした中で一般競争入札の適用範囲の拡大が進み、低価格の過当競争に拍車がかかった。その一方、業者側のコストに対する見方もシビアになり、利益が出ないと思えば手を出さず、入札不調になる発注工事も1割に達している。

都の研究会では、希望制指名競争入札の指名のあり方の見直し、入札不調の解消策など、ただちに実施すべき9項目を第一次提言としてまとめた。今回、規則改正する最低制限価格の適用上限の引き上げも、9項目の一つだった。

研究会の会長で桐蔭横浜大学の郷原信郎教授は「工事価格だけでなく、技術を含めた総合的な評価を充実させる必要がある」と話す。今後、09年夏の最終提言に向けて、競争入札のあり方と総合評価方式の拡充、発注者の技術評価能力の向上、組織体制の整備などについて検討する。入札契約制度もさることながら、制度の周辺にある課題の方が難題となっている。

落札率別の工事案件の分布

※07年度実績・公営企業局を除く

落札率	50%未満	50～55%	55～60%	60～65%	65～70%	70～75%	75～80%	80～85%	85～90%	90～95%	95～100%

（縦軸：件、0～1200）

自治体の入札契約制度改革を発進する「入札改革フォーラム」が16～17日、愛知県豊田市で開催された（写真は、立川市で開かれた昨年の会議）

農林・漁業振興対策審議会が答申

多摩の森林 荒廃進み花粉症の温床に

立地別に整備方針 林業再生に企業支援の仕組みを

「東京都農林・漁業振興対策審議会」（会長＝今村奈良臣・東大名誉教授）は17日の総会で、「豊かな都民生活に貢献する森林の整備と林業振興の方向」について石原知事に答申した。長引く木材価格の低迷や、シカ被害などにより、林業経営への意欲が低下している上、伐採が行われないことで林齢構成が偏り、森林が荒廃している。答申は、森林の立地などに応じた整備や、森林整備と木材利用の循環を促進することによる林業の再生、多摩産材の利用拡大などを提言している。

スギ人工林は、適正な林齢での伐採とその跡地への植栽という循環により、二酸化炭素の吸収を高いレベルで維持できる。多摩地域の人工林は、コスト高と木材価格の下落により林業が低迷し、伐採されずに林齢を重ねている。この結果、20年生以下の若い森林が全体の3%しかなく、偏った林齢構成となっている。

こうした伐採の停滞が、スギ花粉症患者の増加にも影響を及ぼしている。スギは、30年生を超えると多くの花粉を飛散するようになるため、こうした伐採の停滞が、花粉飛散量の増加の原因の一つとなっている。

また、多摩産材を取り扱う工務店が少なくなっており、知名度も低く、建築資材としての利用が伸びていない。

多摩の森林は総体的に荒廃が進んでいるものの、里地、中間地、奥地などの自然立地や林道などの生産基盤の有無によって、その状況が異なっている。このため答申では、地球温暖化防止効果などの森林が持つ多面的機能を高めるためには、現状をよく把握しながら、立地等に応じて、個々の森林の状況に対応した森林整備の実施が不可欠だと指摘している。

具体的には、奥地や標高が高いなど、スギやヒノキの生育条件が厳しい森林を「環境林」と位置づける。治山事業を活用した間伐、現地へのアクセス整理などにより、針広混交林や自然植生を生かした天然林に近い姿へと誘導する。

スギ・ヒノキの生育適地で、計画的かつ持続的に木材生産を優先して行う森林は、「循環林」と位置づける。ここでは、適正な木材生産目標を定め、適切な時期に伐採と植栽を実施し、林齢構成の平準化を図る。

アクセスが容易で教育・健康・森林レクリエーションなど、都民の体験学習や活動の場とすることを重視する森林は、「共生林」と位置づける。

健全な森林を保全する上で、林業の再生が大きな課題だ。答申は、今後の林業振興の促進には、スケールメリットを生かせる施業の集約化が不可欠とし、集約化のモデル地区を設定し、森林所有者に集約化のメリットを具体的に示すよう提言している。

さらに、森林の持つ地球温暖化対策や多面的機能の役割に賛同する企業などからの支援が、継続的に受けられる仕組みを検討する必要があると指摘した。

この他、多摩産材流通ルートの開拓支援、多摩産材の品質を保証する認証制度、地球温暖化防止効果の算定や評価の手法の検討などを要望した。

今村会長から佐藤産業労働局長へ答申文が手渡された＝17日

陸海空から監視強化

「不法投棄撲滅強化月間」を実施

産廃スクラム28

「産業廃棄物不適正処理防止広域連絡協議会」（産廃スクラム28）では、広域・悪質・巧妙化している産業廃棄物の不法投棄の撲滅を図るため、新たに不法投棄撲滅強化月間を設け、各種の取り組みを集中的に実施する。強化月間は、10月16日から12月末まで。

強化月間中、都は「陸・海・空」から不法投棄の監視活動を行う。特に、産業が集積し、物流のハブである東京港を中心としたパトロールを展開することで、東京圏に住み・働く人たちの貴重な財産である東京港を守っていくというメッセージを発信するという。

「陸」では、廃棄物の発生源への現場立ち入りや他県への追跡調査を強化。「海」では、都港湾局と連携し、環境局産廃Gメンが港湾局監視艇に乗船した港湾区域での不法投棄の合同パトロールや、港湾局清掃船への横断幕等の掲出などを実施する。「空」では、従来から実施していたヘリコプターによる多摩地域での監視活動に、さらに港湾区域も加え、より広域的に展開する。

この他、協議会に参加する全自治体が、産業廃棄物の収集運搬車両を対象に、積載物の確認や廃棄物処理業の許可の有無などについて、高速道路等の路上で一斉調査を行う。

参加自治体は、都の他に、福島県、茨城県、栃木県、群馬県、埼玉県、千葉県、神奈川県、新潟県、山梨県、長野県、静岡県、郡山市、いわき市、宇都宮市、さいたま市、川越市、千葉市、船橋市、柏市、横浜市、川崎市、横須賀市、相模原市、新潟市、長野市、静岡市、浜松市。

若年性認知症

都内に3000～4000人 66%が発症を機に離職

65歳未満で発症した「若年性認知症」は、都内に約3千～4千人程度に上ることが、都福祉保健局の推計で分かった。若年性認知症が人口10万人あたり24・5人～33・5人であるという厚生労働科学研究における茨城県・群馬県の調査から算出。16日に開かれた「東京都認知症対策推進会議・若年性認知症支援部会」（部会長＝斎藤正彦・医療法人社団翠会和光病院長）で報告された。

同局の調査によると、周囲が「認知症ではないか」と気付いた頃の本人の年齢は、平均56・3歳。発症を機に仕事を辞めた割合が約66%に上り、「介護以前に生活維持が切実な問題」（小野寺敦志・認知症介護研究・研修東京センター研究企画主幹）との指摘があった。

若年性認知症の場合、介護保険制度や障害者自立支援法によるサービスが考えられるが、9割以上が「障害者自立支援法によるサービス・支援を利用していない」と回答。その理由として過半数が「知らなかった」と答えた。また、介護保険制度では、通所介護（38%）や訪問介護（23%）などのサービスを受けているが、高齢者向けの介護サービスが合わないなど、制度上、十分な支援が受けられないケースも少なくないという。

他方、介護が長期間にわたるため、家族の負担は大きい。また、介護保険サービスには時間の制約があるため、在宅介護をしている家族は就労が困難になっている。

若年性認知症支援部会では08～09年度にかけて、必要な支援策を検討する予定。

22、23日にアジア危機管理会議開催

クアラルンプールで

アジア大都市ネットワーク21では、クアラルンプールの主催により、「第6回アジア危機管理会議」を22日から23日にかけて開催する。

今回のテーマは、「都市の持続可能な発展と調和した危機管理」。クアラルンプールにおける危機管理対策の講演や、「行政による被害の軽減化に向けた目標設定と管理」「災害・危機の軽減と防止における情報通信などの技術」「都市型災害への対策」の三つのサブテーマに基づき、各都市からの最新の取り組み事例を報告し、質疑応答、意見交換を行う。東京からは、総務局総合防災部、警視庁、東京消防庁が報告を行う。

また、クアラルンプールのスマートトンネル、交通情報ITIS管制センターなどの視察を行う予定。

参加予定都市は、東京の他に、バンコク、デリー、ハノイ、ジャカルタ、クアラルンプール、マニラ、シンガポール、台北。

冗句ジョーク

給料も減る、労働時間も減る今年の都人勧

日雇い派遣労働者「気をつけた方がいいですよ！」

都政の東西

虚心坦懐に

「後期高齢者医療制度」でインターネット検索をすると、940万件がヒットした。「後期高齢者医療制度」に「問題点」と加えて絞り込んでも230万件。課題の多さがうかがえる。

この15日から年金天引きが新たに始まった人がいることから、同制度のニュースがまたもマスコミをにぎわした。制度が発足した4月、保険料通知が届いた7月、軽減策を反映した保険料通知が再度なされた8月などと比べると、混乱の度合いは低かったようだ。

とはいえ、問題は終わったわけではない。この制度をこれからどうするのかという根本的な議論が残されている。

舛添厚労相は先ごろ、後期高齢者医療制度と国民健康保険を一体化するという私案を示した。運用変更のたびに振り回されてきた自治体の現場からは「非常に迷惑」と、苦笑とも、憤りとも、あきらめともつかないつぶやきがもれ聞こえるが、国民の目線に立ち返り、この悪評名高い制度を見直そうという姿勢についていえば一歩前進だ。

「今のこういう解散・総選挙という声が出ている時期ですから、どうしても政局とか政争の具になりがちですが（中略）与野党を超えて、何が国民のために良いかというのは虚心坦懐に議論をして、できれば皆で合意できるような案にしたいと思っております」と舛添氏は言う。この言葉通りに虚心坦懐に議論を重ねてほしい。そこで注目されるのが、大臣の諮問機関である「高齢者医療制度に関する検討会」の存在だ。大学教授、元新聞社論説委員、NPO理事長などメンバーの顔ぶれにも期待できる。

厚労省職員は「検討会の答申を受けて動くことになるだろう。官僚が勝手にするといわれてもいけないですから」。官僚でも政治家でも、人の心に寄り添った制度を目指すべきではないか。

広がる資源化の波

35年ぶりの転換　サーマルリサイクル実施（上）

23区では08年度から、廃プラの分別方法を不燃ごみから可燃ごみに順次変更している。不燃から可燃への転換は35年ぶり。10区が4月から本格実施し、10月から12区が後を追った。江東区が変更を予定している来年3月には、23区の足並みがそろう予定。大別すると、環境負荷を減らそうと廃プラを再資源化する区、費用対効果などを考えて廃プラを燃やすサーマルリサイクルを行う区に分かれている。23区の取り組みの現状をリポートし、35年ぶりの転換が何をもたらすかを探る。

残さ恐れて燃やす区も

「これは可燃だな」

練馬区の職員が半透明のごみ袋を凝視してつぶやいた。この日は、不燃ごみの回収日だったため、ごみ袋に警告シールを張り、置き去りにした。

9月末までに同区は、177回の説明会、私立幼稚園の送迎バスの車体広告、ティッシュ配りなどで、ごみ出し変更を知らせてきた。だが、区職員は「分別が定着するまで、もっとPRしないといけない」と、じっくり腰をすえている。

同区の別の集積場では、集合住宅の不燃ごみを回収していると、管理人が「あれ？　回収にくる時間が変わったの？」と職員に問いかけた。時間帯を気にするのは、カラスなどに荒らされないよう、管理人が回収直前にごみを出す習慣を維持したいためだ。

ある区の集積所では、朝から昼過ぎに回収時間帯が変わり、住民が「カラスに荒らされた」と苦情を寄せた。だが、その後、改善策がすぐに取られなかったため、住民は「区議、区長になんとかしてもらう」とまくしたてた。時間帯を元に戻してしまえば、住民の「ごね得」を許してしまい、回収ルートが崩れることになる。回収現場では悪戦苦闘が続く。

資源か、焼却か

10月現在で、ペットボトル、白色トレーを除く廃プラを資源回収しているのは15区、燃やしているのは8区。費用対効果、リサイクル技術のレベルなどで、回収方法に違いが出た。

23区のうち、廃プラをすべて回収しているのは港区のみ。プラマーク入りとその他のプラも混ぜて、住民にごみ袋を出してもらっている。区の担当者は「分別のわかりにくさを排除する要素もある」と説明した。家庭から排出された廃プラは、中間処理施設に運び込まれ、選別、圧縮、梱包される。現在、プラマーク入りは再資源化、その他プラはガス化される。港区は08年度の当初予算に、廃プラの回収、処理費などを合わせて約6億2千万円を計上した。

板橋、豊島両区は、独自に再資源化先を開拓し、プラマーク入りのボトルを回収している。板橋区の担当者は「回収品目の拡大が検討課題。だが、リサイクル技術の現状を十分勘案しないと残さになるため、ムダなお金を使うことになる」と指摘し、廃プラの一部を再資源化、残りを焼却している。

また、中間処理施設を確保できず、廃プラを燃やしているのは世田谷区。千葉県内に見つかった施設に年間1万2千トンの容器包装プラを直送すると、試算で年間32億円の負担になるため、断念した。しかし、廃プラの一部を集められないか検討し、今年度内に方向性を打ち出すという。

中間処理施設の確保

ごみ問題に取り組む住民の間で、中間処理施設の設置を求める声は根強い。23区プラスチック懇談会事務局の中井八千代さんは、中継所跡地に施設設置などを望んでいるが、「地域住民と話し合って対応を決めてほしい」と話している。

23区に現在10カ所ある不燃ごみ中継所は、今年度末までに5カ所廃止されるが、跡地利用はいずれも未定だ。清掃事業が2000年度に都から区に移管された際、20年度まで清掃関連施設として使うことが取り決められた。そのため、跡地利用は都側との協議が必要になるからだ。

港区では、区内の中継所の跡地利用は中間処理施設を含めて検討する。実現すれば、足立区の施設への運搬コストなどを削減できるという。

また、世田谷区も、まだ廃止時期が確定していない中継所の跡地をリサイクル関連施設として活用することに意欲的だ。

これまで、中間処理施設の確保に苦戦を強いられた過去がある。集積所5万5千カ所でペットボトル回収を10月から始めた区の担当者は「さぼっていたわけではない」と断言する通り、区外の施設に運ぶために地元自治体と協議し、合意を得るまで足かけ2年を費やした。ペットボトルの搬送車の出入りで騒音、排ガスが住民に迷惑をかけるため、地元自治体の理解を得にくかった。

出足が遅れると、確保が難しくなる中間処理施設。将来的にマテリアルリサイクルの技術が向上すれば、資源回収する区が増えるため、施設の確保がさらに困難を極める。今後は、各区が連携して、施設を共同設置することなど、広域化の視点も含めて考えていく必要がある。

23区の廃プラ回収状況

区名	分別変更	回収品目
千代田	10月	○
中央	4月	○
港	10月	◎
新宿	4月	○
文京	10月	予定なし
台東	10月	△
墨田	10月	△
江東	来年3月	○
品川	10月	○
目黒	10月	○
大田	昨年10月	検討中
世田谷	10月	検討中
渋谷	10月	予定なし
中野	10月	○
杉並	4月	○
豊島	10月	△
北	4月	検討中
荒川	4月	検討中
板橋	4月	△
練馬	10月	○
足立	4月	検討中
葛飾	4月	○
江戸川	4月	○

※1　「廃プラ」は、ペットボトル、白色トレーを除く。「◎」はすべてのプラ。「○」はプラマーク入り。「△」は廃プラの一部。
※2　豊島、板橋両区は、プラマーク入りボトル、台東区はCD、DVD、カセット、墨田区は色物トレーを回収。
※3　江東区は予定。中央区はモデル実施。

不燃ごみ回収日に出された可燃ごみに警告シールを張る職員＝練馬区内で

不燃ごみ中継所再編　5施設今年度で廃止

区長会

特別区長会は15日、23区内の不燃ごみ中継所10施設のうち、5施設について、今年度末の廃止を決定した。希望丘中継所（世田谷区）については、来年度以降に廃止時期を検討する。

区長会は昨年度、廃プラのサーマルリサイクル実施後に、不燃ごみ中継所を再編する方針を立てた。サーマルの本格開始後、不燃ごみ量が約30%に減少するとの見通しに基づき、08年度以降の中継所の段階的廃止を提起。陸上中継所3施設（板橋、杉並、世田谷区）、船舶中継所3施設（品川、港、荒川区）の廃止方針を固めていた。その後、雇上会社との協議などを経て、決定した。今後、陸上中継所2施設（新宿、葛飾区）と船舶中継所2施設（千代田、北区）などで23区の不燃ごみを処理していく。関係者の話では「23区のすべてのごみを処理しても、40%強の余剰能力がある」という。

在宅リハビリを無料支援

全国初の地域連携モデル

墨田区

墨田区は今年度、全国の自治体で初めてとなる在宅リハビリの無料支援制度を導入し、9月末から本格的な認定を開始した。脳卒中などの疾病や、けがが原因で入院し、医療リハビリを受けた人が主な対象。退院後のリハビリを最長1年間、無料で提供する。区内の医療機関、地区医師会と連携して支援体制を構築し、区独自の「在宅リハサポート医」も創設した。都が今後3年間、費用全額を補助するなど、地域医療連携のモデルとして、また「介護リハビリ」などと一体的な福祉提供に期待が寄せられている。

墨田区の「在宅リハビリテーション支援事業」は、▽在宅型の医療リハビリの無料提供▽退院前後の医療機関の連携▽「地域リハビリ活動」の促進──などを主な目的としている。

医療リハビリは、疾病やけがの程度、患者の容態、運動機能や「日常生活動作（ADL）」の回復状況に応じて、内容が区分されている。

一般には、病気発症・負傷の直後に入院した病院が行う「急性期リハビリ」から、退院後にADLの改善に重点を置く「回復期リハビリ」などへ移行していく。

在宅を前提にした通院・通所による「地域リハビリ活動」では、当初入院していた医療機関と、在宅リハビリを指導する地域の医療機関との連携が重要になる。墨田区の支援事業では、区内の「東京都リハビリテーション病院」、地元の「すみだ医師会」が連携して事業を推進する。

対象者数について、区保健計画課では「今年度は約50人、来年度以降は年間100人ほどを想定している」と話す。

> **MEMO　日常生活動作**　移動、食事、着替え、排泄、入浴などの日常生活上の基本的な行動を示す。日常生活活動、ADL（Activities of Daily Living）などともいわれる。各動作を指標化することで、リハビリの効果や回復度合い、生活の自立度などを表すことができる。医療保険の診療報酬、介護保険の介護報酬においては「ADL区分」が報酬額の算定基準に用いられている。

◆「サポート医」を認定

東京都リハビリテーション病院は、二次保健医療圏ごとに設置された「地域リハビリテーション支援センター」の一つ。今年度から区東部（墨田、江東、江戸川区）の地域リハビリ連絡協議会の事務局も担う。東京都医師会が指定管理者となっている。

墨田区の支援では、区が都リハ病院に事業を委託し、同院が主体となって活動する。具体的には①支援対象者の認定②個人別の日常のリハビリ・プログラム作成③医師会への認定者紹介──などを実施する。

支援の対象は「医療機関、介護老健などでリハビリを受け、退院・退所から1カ月以内の区内在住者」で、通院が可能なことが条件。退院・退所から1カ月以上が経過している人でも、再度、回復状況を確認の上で認定される場合がある。認定者に対して墨田区は「在宅リハビリ手帳」「在宅リハビリハンドブック」を提供する。

在宅リハビリの指導には、すみだ医師会が推薦した「在宅リハサポート医」が担当。サポート医は、①都リハ病院の作成プログラムに基づく個別指導②リハビリ手帳などを通じた相談対応③リハビリ効果の定期評価（年4回）──などを担う。

在宅リハサポート医の研修や認定は、都リハ病院が行い、指導1回ごとに同院がサポート医に指導料を支払う。

回復期リハビリのため、整形外科以外の医師も認定しており、今年度は区内病院と診療所の医師、36人が認定された。

墨田区の在宅リハビリ支援の「手帳」「ハンドブック」。在宅リハサポート医の指導でも用いる

◆区主導の医療提供

脳卒中医療などでは近年、医療連携の重要性が指摘されている。都の保健医療計画においても「患者の状態に応じて『急性期リハビリ』や『回復期リハビリ』の実施など切れ目のない医療提供体制を実現する」としている。だが、救急搬送など二次、三次保健医療圏レベルの連携が進む一方、退院後の「地域密着型」の医療提供の構築は、ほとんど進んでいないのが現状だ。

墨田区の保健計画課によると「地域リハビリ活動に対する自治体の支援策は、全国でも初めて」という。他の自治体での施策モデルとして注目される。在宅リハサポート医については「かかりつけ医」の普及につながる可能性も高い。

都も、墨田区の支援事業をモデル的に位置づけており、3年間は事業費用を全額、年間1千万円を上限に助成する。

区担当者は「区独自の事業化を念頭に、3年間で制度の熟成などを図っていく」と話す。また、区主導で提供する福祉サービスとしては、介護保険のリハビリや高齢者医療との連動などが今後の課題だという。

サラリーマンは区政に無関心

品川区　昼間区民に世論調査

品川区は、昼間区民に対する世論調査を行った。事業所と従業員に分けて、区政への参加意向などを尋ねたが、区の協力要請に応じられそうな事業所が4割ある一方で、一人ひとりの従業員の区政への参加意識は薄かった。

同区の昼間人口は、2000年の国勢調査で47万8529人だったのが、05年の同調査では50万6503人に増加。その後も大企業の進出などで伸びているとみられている。増え続ける昼間区民の意識を把握し、区政に反映させるために調査を実施した。

調査は、今年5月から6月にかけて行った。事業所アンケートと従業員アンケートを分けて実施。事業所は、区内に2万1555カ所ある中から約3千を抽出。回収数は1053、回収率は35・04%だった。従業員は32万1085人の中から事業所を通じて1万4880人に配布。4079人が回答し、回収率は27・41%だった。

事業所では、経営理念などに「地域や社会への貢献の趣旨がうたわれている」が約4割を占めた。しかし、実際の地域への貢献や交流の促進については「大切だと思うが、そのような余裕はなく、具体的な対応はしていない」が5割を超えた。

その一方で、品川区との連携や協力の可能性については「品川区のまちづくり全般について協力し、貢献することができると思う」「事業所周辺のまちづくりについてなら協力し、貢献できると思う」が合わせて4割以上に上った。防災活動についても、「事業所として救援、救助活動に協力できる」が29・8%、「事業所の一部を避難所として提供できる」が11・1%、「事業所の商品や備蓄品を避難者に提供できる」が9・6%あった（複数回答可）。

一方、従業員でみると、区政への参加意向を尋ねたところ、「積極的に参加したい」が1・1%、「機会があれば参加したい」が15・1%、「参加を意識したことがない」が66・0%、「参加したくない」が17・3%で無関心層が多数を占めた。

広域災害時の対応も「家族が心配なので居住区に戻ることを考えるだろう」が半数を占め、「職場にとどまり、地域の人に協力して救援活動などをするだろう」は17・5%だった。

同区企画部では「事業所では4割以上が何らかの貢献ができるとの回答で、可能性がみえてきた。従業員の方も災害時の自助などしっかりしていれば、それはそれでよい話」と話し、調査結果を策定中の長期基本計画にも生かしたいとしている。

潮見地区のまちづくり方針策定

江東区

江東区はこのほど、潮見地区のまちづくり方針を策定した。潮見地区は約51ha。これまでファミリータイプのマンションの受け入れは困難な地区とされていたが、昨年末で規制条例が消滅し、開発を見合わせていた土地も整備が可能となった。

方針策定にあたっては、地元町会、土地所有者や権利者、都港湾局、区などが検討を重ねてきた。JR京葉線潮見駅中心の「駅周辺複合機能ゾーン」や、東部や南部の運河沿いの環境を生かした「水辺生活ゾーン」、西部の「低中層住宅ゾーン」など七つにゾーニングした。現在、潮見地区には学校がないが、東部に新しく小学校を1校つくる。

東部には三陽商会の物流センターがあり、権利は不動産会社にわたっているが、土地の引き渡しは年末の予定となっている。東南部には都港湾局の所有地もある。東部の開発機運が高いエリアでは、事業者提案による地区計画を活用し、オープンスペースなどの確保を図ることを目指す。

地区全体の整備期間は概ね10年程度と見込む。現在5500人の居住人口はそのころには約1万1千人程度に倍増、就業人口は約8千人程度となる見込み。

記者席

交通局の大阪巡業は？

○……都交通局と南海電鉄が現在展開中のPRキャンペーン「東西駅前自慢相撲」は、両者沿線の観光地や名物等を車内ポスターで紹介するもので、12月6日まで行われる。交通局による都外の鉄道会社との相互キャンペーンは、初の試みだ。

あえて相撲に例えるならば、両者の間を取り持った京急が勧進元か相撲協会。行司は、もちろん乗客だろう。

来月開催される共同イベントは、南海電鉄部屋の東京巡業と銘打っている。ならば「交通局の大阪巡業は？」と気になったが、予算の関係から予定なしとのこと。他の鉄道各社とも連携して、九州巡業や北海道巡業などがあっても面白い。

○……23区のうち12区が10月から、プラごみの出し方を変更したため、住民から問い合わせの電話が殺到した。豊島区では、1日400件以上の電話が鳴り響いたが、中旬に差しかかると、100件を下回るようになった。他区も同じ状況だ。

廃プラを資源回収する区では、可燃や不燃ごみに廃プラが混入されていると、警告シールを張ったごみ袋を集積所に置き去りにする。その後、住民からの「なぜ、置いていくんだ」と怒りの電話を受けることもある。だが、職員がすぐに電話主のもとに駆けつけると、大概住民が穏やかに話を聞いてくれるという。住民の理不尽な怒りを鎮めるには、早期対応しかなさそうだ。

○……優秀な教員を確保しようと、教育庁が地方説明会の全国展開に乗り出した。「東京の先生になろう！」をキャッチフレーズに、説明会で地方出身の現職教員に「東京の魅力」を語ってもらい、受験者増につなげようという作戦。初めての試みとして、地方選考も考えている。人事部は「あらゆる手を尽くす」と必死だ。

ただ、この間、大学説明会やメールマガジンなどPR活動、さらに受験年齢の緩和、社会人選考など、様々な対策を講じてきたものの、教員選考の競争倍率の低下傾向に歯止めがかかっていない。今回の取り組みの強化が果たして、受験率アップに結びつくかどうか、今後の成り行きが注目されそうだ。

「ふるさと納税」実績は4市

外部へのPRに悩み

受け入れ態勢整備も課題

大都市部と地方の自治体との間で賛否がある中で始まった「ふるさと納税制度」がまもなく半年になろうとしている。全国では寄付をした人に特産品をプレゼントするなど、様々なPRで数百万から数千万円の寄付を集める自治体もあるが、15日現在、26市で同制度を利用した寄付の実績があったという市は4市。「大都市の自治体では、PRが逆効果になる場合もある」と懸念する担当者が多い中、「制度があるからには、PRして市外からの寄付を募りたい」と寄付金の使い道を明確にして、外部へ積極的なアピールを行おうと動き始めている市も出ている。

■減収に戦々恐々

地方税法の改正により、5月から5千円を超える寄付に対して、所得割の約1割を限度に、住民税・所得税から控除される「ふるさと納税制度」。地方では、「収入確保のチャンス到来」とプロジェクトチームを結成して対応にあたるなど、積極的なPR合戦が盛んに行われている。しかし、進学や就職で地方出身者が多い大都市部では、制度を積極的にPRすれば、かえって「ふるさと」への寄付が増え、減収につながるという懸念から、制度開始後、PRには消極的なところが多い。

PRのためにメニューの検討に入っている市は増えているものの、15日現在、ホームページで制度を周知していると回答した市は、26市のうち5市にとどまっていた。

また、半年の間の実績について「制度を活用した寄付があった」と回答したのは、武蔵野市、日野市、東村山市、東久留米市の4市。金額的には武蔵野市で、1件100万円がもっとも多かった。

■受け入れの仕組みから

制度の趣旨自体が、都市から地方へ財源を振り分けるもののため、都市部の自治体で取り組みに力が入らないのは当然とも言えるが、「寄付の対象者が全国にいる」ということを想定した受け入れ態勢ができていない市も多い。

これまで各市に寄せられた寄付は、直接持ち込まれることがほとんどだったため、遠方に住んでいて「制度を利用した寄付をしたい」という人がいた場合には、銀行振り込みやクレジットなどの納付方法が必要になってくる。

現状では「申し込み用紙を送って指定金融機関で納付してもらうか、現金書留で郵送してもらう」と回答した市が多かった。中には「寄付は市役所に来てもらって受け付けているだけ。ふるさと納税については、どこで所管するかも決まっていないため、今、遠方の寄付の希望者がいても、受け入れができない状況」「寄付の申し入れがあれば、急きょ、なんらかの対応をしなければならないと思うが、受け入れの仕組みはできていない」などと回答する市も3分の1程度あった。

そうした市では「今はまだ、制度を使った寄付がないため、『とらぬ狸の…』というところ。しかし、受け入れの仕組みがないために、寄付も希望者の気持ちも無駄にしてしまうことのないよう、きちんと対応できる流れを早急に決めたい」と話す。

■明確な使途で全国にアピール

制度は、どこの自治体に寄付をしても、在住市での控除が受けられるため、各市にとっては、他の自治体に住む人からの寄付が、もっとも効率のいい歳入になる。そのため、PRも「全国にどう発信するか」という視点で検討を始める市も出てきた。

清瀬市は、第3回定例市議会で「まちづくりの応援ツール」として寄付の使い道や、寄付を管理するための基金条例等を制定。今月1日から施行している。制度を利用した寄付はまだないが、「地方と違って『ふるさとを応援したい』という気持ちの表れの寄付は難しいのでは、という思いはある。そのため、市のまちづくりの姿勢に共感・賛同してくれる人からの資金面での応援を募りたい」と、積極的なPRを検討。「子育て」「将来の人づくり」「環境対策」「農業振興」などのメニューを示して、使途を明確にした。また、全国に向けたアピールをしようと、NPO法人が運営する「全国自治体　ふるさと納税応援サイト『ふたくす』」に登録。市の情報を全国に発信するための準備も進めており、まもなく開設される予定だという。

また、八王子市では税と混同しないよう、「ふるさと八王子応援寄付金」という名称で、制度をPR。「子育てナンバーワンのまちづくり」、国際チェロコンクールなどを支える「音楽のまちづくり」や、大学が多いことから、学生の地域活動に生かす「学園都市づくり」など、市の特色を生かした七つのメニューを提示して、市のホームページで支援を呼びかける。

「寄付金はもらった年度に、目に見える形で使うのが基本。『ふるさと納税』を前面に出すよりも、施策の実施を通じて存在を分かってもらい、協賛してもらえたら」と話す。

PRを検討課題とする市の中で、福生市は「ふるさと納税」を市の魅力発信の機会ととらえ、市民部長をトップにしたプロジェクトチームを結成。ホームページの中で、効果的なメッセージを伝えたい考えだ。

「ふるさと」というイメージが希薄な都心部には不利な制度ともとらえられるが、そこに生まれ育つ人も多い。いかに街への愛着を育てていくか、「ふるさと納税」を通した模索は続く。

安全な農産物育成もメニューに（清瀬市）

学生時代の第2の故郷をPR（八王子市）

住民側の請求を棄却

羽村駅西口　土地区画整理事業

JR羽村駅西口土地区画整理事業に反対する住民らが、並木心市長に対して、事業で支出した約15億円の返還と支出差し止めを求めた訴訟で、06年4月に最高裁判所から東京地方裁判所に差し戻された審判決が14日、東京地裁で開かれた。定塚誠裁判長は「公金支出差し止めに訴えの利益がなく、15億円の返還についても違法という理由がない」などの理由でいずれも、却下・棄却した。

原告の住民らは「住民の意見を反映していない」などとして、都市計画法違反などを訴えていた。住民らの請求は1審、2審とも却下・棄却されていた。今回は最高裁から東京地裁に差し戻されての審理だったが、訴えは退けられた。

判決を受けて並木市長は「同事業に関する支出に適法性が認められたことから、今後も事業の推進を図っていく」などとコメントしている。

同事業は市施行で、駅前広場の整備と既成市街地の再編整備として03年に都から事業認可がおり、22年の完成を目指して進められている。施行面積は42・4㌶。対象区域内には千棟以上の住宅があり、そのほとんどが移転対象となっていた。

今年2月には、市が換地設計案を作成・公表して個別説明も実施。説明に対し、住民からの意見・要望を踏まえた見直し作業を現在行っており、来年以降発表される予定。

3年間金利をゼロ

融資あっせん開始

府中市

原油、原材料の高騰で売上高が減少している市内中小企業に対し、融資・斡旋制度を新たに設ける自治体が増える中、府中市でも11月4日から新たな融資あっせん制度を開始する。金融機関や信用保証機関の審査を経て、金利2・2％の全額を、最長3年間にわたって無利子にするものだ。

申し込み期間は来年2月27日まで。

申し込み資格は、市内に事業所を有し、1年以上同一の事業を営んでいる中小企業で、最近3カ月間か、最近1年間の売上高が、前年同期と比較して10％以上減少していることなどのほか、市税の完納や、東京信用保証協会などからの信用保証を受けられること。運転資金として活用してもらい、500万円を融資限度額とした。

市内には約2千の中小企業があり、そのうち今回の融資制度の対象と考えているのは100件程度。市の負担分は3年間で1670万円程を見込んでいる。

市はこれまでも不況対策として金利1・65％を負担する制度を設けていたが、昨年10月の原油高以来、融資あっせん制度の充実を求める声が高まっており、今回は金利ゼロを決めた。厳しい経済状況が続く中、市経済観光課は「市内の中小企業に元気になってもらわないと」と話している。

広がる多摩の輪

多摩交流センター

広域的な活動支援事業募集

㈶東京市町村自治調査会多摩交流センターは11月5日から、広域的市民ネットワーク活動等助成対象事業の事前相談を実施する。市町村の枠を越えた市民活動を支援しようと毎年募集しているもので、多摩地区のひとづくり、まちづくりにつながる市民ネットワークや相互交流を推進し、多くの参加を呼びかけている。

助成の対象となるのは、多摩地域で2市以上にまたがる広域的な活動を行っている団体や西多摩林間地域の振興のための事業活動を行っている団体。本拠地が多摩地域内にあることや、過去の活動実績や将来性、特定の政党や宗教活動、営利活動を目的としないことなどが条件となる。

助成事業数は1団体につき2事業までで、助成額は対象となる事業費や申請年数などで異なるが、上限は1団体につき1年度120万円以内。これまで、事業を利用して、芸術文化、スポーツ、まちづくりなど、様々な分野での市民活動が行われてきた。

事前相談は11月5日から12月10日まで。これまで同センターの助成を受けたことのない団体や、新しい事業を申請する場合には、事前相談を受ける必要がある。助成申請期間は12月17日から来年1月5日まで。申請内容については、担当職員によるヒアリングも予定。同センターは、市民による、さらなる多摩の輪の広がりを期待している。

募集案内などは、同センターのホームページからもダウンロードできる。

違法建築リサイクル施設の撤去開始

苦しい二重投資も懸念

資源化施設の建設候補地

東大和市

東大和市のリサイクル施設で今年7月、都に建築確認申請していなかったことが分かった2棟の建物について、市は17日から解体工事を始めた。解体するのは、圧縮・梱包されたプラスチックやペットボトル等の置き場になっていた建物と、枝木のリサイクルを行う建物で、解体後、新たな建物が必要かどうかについて、現在検討を進めている。しかし、同リサイクル施設は、小平市と武蔵村山市とともに作る「小平・村山・大和衛生組合」の共同資源化を検討する中で、資源化機能を有する施設の候補地。いずれ更地とする場所での新施設は、二重投資になることにもなり、市は苦しい選択を迫られている。

同市のリサイクル施設は94年にオープン。4300平方㍍に、4棟の建物があり、びん・缶、ペットボトル、プラスチック、白色トレイ、枝木などを処理している。

市によると、そのうち建築確認申請していなかった2棟は04年に建設。仮設で壁面のない簡易なもので、当事「建築確認の必要はない」との判断で建てられた。

しかし、今年7月、北多摩西部消防署の調査により、「仮設的な建物でも建築確認申請が必要」「建築確認を取るためには、構造も適合したものにすることが必要」との結果が出たため、市は対応を検討していた。

今回、解体にかかる費用は95万5500円で、プラスチックやペットボトル等の置き場になっていた建物はすべて解体する。枝木のリサイクルを行っていた建物は、稼働している一次破砕機などを保護するため期限付きで残し、一部を解体。木屑など可燃物を貯蔵しているため、内壁を不燃材に変え、塩化ビニールが使われている屋根の一部を鉄板に替えるなどの応急処置を行う。だが、抜本的な対策の必要があるため、建替計画書を今月末までに作成。09年度中にはすべて撤去する。

解体後は当面、圧縮・梱包したペットボトルなどは野積みし、雨や汚れから保護するため、ビニールシートで覆って対応するという。プラスチック類についても同様だが、現在、一部モデル地域で業者委託による資源化を図っており、来年度からは市内全域に拡大。そのため、置き場を確保しておく必要はない。こうしたことから、各品目について施設が必要かを整理し、必要最小限の施設をにらみ、来年度の当初予算に計上していく考えだ。

解体されるリサイクル施設の1棟。解体後は必要最小限の施設を検討

一方、小平、武蔵村山、東大和の3市は現在、缶、びん、ペットボトル、容器包装プラスチック、乾電池、蛍光管の資源6品目の共同資源化を検討している。共同資源化施設は、現在の東大和市のリサイクル施設を用地候補とすることで、すでに3市長が合意。2011年度には3市資源化基準を統一し、共同資源化施設の整備を開始する計画のため、基本構想をまとめる時期も迫っている。いずれ更地とする可能性の高い東大和市のリサイクル施設での新たな施設建設は、二重投資にもつながることから、同市は慎重に検討を進めている。

横田飛行場

4地点で環境基準を超過

東京都　騒音防止対策で米軍に要請

横田飛行場での航空機の騒音について、毎年調査を行っている東京都は、「07年度の騒音調査結果で4地点で環境基準を超過している地域がある」として、16日、石原慎太郎都知事から在日米軍横田基地代374空輸航空団司令官にあて、調査結果を添えて「騒音防止対策の推進」を要請した。

要請書は、①訓練飛行等による地域住民の日常生活への影響の防止②航空機の低騒音化の推進③エンジン試運転及び調整作業に伴い発生する騒音の防止対策の強化④飛行に関する情報提供等の広報広聴活動の推進――の4点について、より一層の騒音防止の推進に取り組むよう、要請した。

調査は、横田基地周辺の福生市、昭島市、武蔵村山市、立川市、羽村市、瑞穂町の5市1町にまたがる環境基準指定地域内の16カ所で行われている。

測定開始以来、騒音発生回数は年々減ってきており、基準超過している地点も減少しているが、07年度の調査で環境基準に適合していなかったのは、瑞穂町の事業所や昭島市役所などで、1978年以来、環境基準に適合しない状況が続いている。

いずれも滑走路の延長線上に位置している場所だった。

市長選日程決まる

羽村市

羽村市選挙管理委員会は、来年4月25日任期満了による羽村市長選挙の選挙期日をこのほど決定した。

告示日は09年3月22日、投票日は同29日。即日開票される。立候補予定者説明会は2月9日午前10時から。

市長が国に要望書提出

八王子市　中国産冷凍インゲンで

八王子市のスーパーで販売された中国産の冷凍食品「いんげん」から、殺虫剤のジクロルボスが検出された問題で、黒須隆一八王子市長は17日、事件の原因究明と、予防・検疫体制や消費者保護の充実を求める要望書を、舛添要一厚生労働大臣と野田聖子消費者行政推進担当大臣に宛て、提出した。

要望書は、今回の事件が「被害者の命の大事に至らなかったことを不幸中の幸い」とした上で、「詳細は不明だが、人の手による意図的な汚染行為であることも推測され、加えて、汚染に気付かず喫食した場合は、命の危険も及ぶ高濃度であり、八王子市民はもとより日本国民の食の安全・安心に対する重大な脅威といわざるを得ない」と懸念。中国製ギョーザ事件に続き、再び食の安全が脅かされたことは、消費者の不安を一層募らせるとし、「本事件の早期の原因究明と、食に対する不安がこれ以上広がらないための消費者保護の充実を」と訴えた。

八王子市は事件発生後、13日に町田市内の医療機関から「都医療機関案内サービス（ひまわり）」を通じて、「毒物混入の疑いがある苦情品を病院であずかっており、取りに来て欲しい」と連絡を受け、保健所で検査。14日にはジクロルボスが最大6900ppm検出されたことから、市のホームページでも当該品について注意喚起を促している。

MEMO　ジクロルボス　殺虫剤（有機リン系）。農薬として野菜や果樹等に使用され、国際機関JMPRでは、毎日食べ続けても健康に悪影響が生じないと推定される量を0・004ミリグラムとしている。

都民生活を支える東京都トラック協会

（社）東京都トラック協会（星野良三会長）＝会員約4千社＝以下東ト協」は軽油高騰と不況で経営危機に直面し、多くの課題を抱えているが、道路特定財源を原資とする「運輸事業振興助成交付金」の必須財源の有効活用として①事故防止・安全対策②環境対策③輸送事業者の指導・教育――など重点的に取り組んでいる。概況を紹介する。

環境改善と事故防止に率先取り組む　防災対策でも献身的対応

道路特定財源の一つ「軽油引取税」の一部が都道府県を通じて各都道府県トラック協会・バス協会等に「運輸事業振興助成交付金」として交付され、トラック・バス事業の振興に不可欠の財源になっている。

1964年に創設された「軽油引取税」（15円／1㍑）は、76年の税制改正で「暫定」と称して19・5円／1㍑に増税され、引き上げ分（4・5円）の2分の1相当額が「運輸事業振興助成交付金」として制度化された。

この背景は73年からの度重なる国鉄ストで、物流が停滞・混乱したことから、政府がトラック輸送業界に対し「緊急輸送命令」を発動。国・国民も営業用トラック輸送の重要性を強く認識したことによるものであったが、当時、トラック運送業界は中小企業が多く、経営体質が弱く、近代化も遅れていた。

このため、国としても運送業界にテコ入れしていく必要があるとして、「運輸事業振興助成交付金制度」を創設したものだ。

ただ、東京都の場合はスンナリとは運ばなかった。というのはこの交付金は、地方交付税の不交付団体（いわゆる富裕団体）には国は交付しない、ことになっていたから、不交付団体の東京都は丸々持ち出しを迫られることになった。

当時、都財政は深刻な財政難に陥っていたから、取り扱いに苦慮し、実現が難航した。

東京都は「東京都運輸事業対策検討委員会」を設置、取り扱いを検討した結果、「東京都の意向に沿う事業内容にのみ交付金を認める」という基本方針を決め、次の三つの方向を定めた。

①東京の交通問題の解決と都民生活の利便性、安全性の向上に役立つ目的でバス・トラック事業者が行う事業に対し補助する。

②財源は貴重な一般財源を割愛する以上、都民が十分理解、納得し、公正に実施されなければならない。

③都は自治・運輸両省の通達趣旨を参考するにしても基本的には独自の立場で実施する。

この方針を都議会も承認し、東京都独自で78年度からようやく実現した。

また、この交付金事業を適正に行うため、全国に先駆けてチェック機関「東京都交付金事業審議委員会」を設置。メンバー（22人）は都民代表の学識経験者や行政・労働組合・トラック協会代表で構成、開かれた形で運営されている。

この委員会で交付金事業の計画や交付金基金の果実管理・運用など交付金事業全般について、審議、公正・適切な執行を確保している。

今年度の東ト協における交付金事業は、約22・5億円。このうち東京都の運輸事業振興助成交付金は約11・2億円だが、98年以降では134億円、年平均12・2億円になる。

使途（収支）は別表の通りだが、主に環境対策（PM減少装置の装着など）や交通安全対策（DRの装着や事故防止大会開催など）、トラック事業の近代化、さらに利用者サービスの推進施策等に活用している。

この中で社会的にも特筆される事業も多い。

例えば92、93年に完成した葛西物流施設。この施設の用地（江戸川区臨海町）は東ト協が都から約1万3800平方㍍を約45億円（交付金約24・7億円）で取得。コンテナ532個を収容できる「カードロッカー」や141台分の駐車場のほか、緊急輸送司令室と災害救助物資備蓄倉庫、緊急車両待機基地がある。

特に備蓄倉庫には東京都の委託を受け毛布（2万9千枚）、カーペット（約3万千枚）を保管。司令室には、100人程度が集結・出動できる体制が整備されている。

「運輸事業振興助成交付金」は発足以来、約30年になる。このように東ト協・トラック業界に定着し発展に寄与しているが、環境や安全・防災など社会的役割にも大きく貢献していることを重視する必要がある。

石原都知事と握手する星野東京都トラック協会長（左）＝07年12月14日

石原都知事が大賛辞

着実に拡がるDRの装着　5万台に装着し 事故半減目指す

交通事故。とりわけ人身事故は生命をも奪うだけに悲惨だ。

交通事故をなくせないものか。年々、暫減傾向にある。都内の交通事故は7月末で、3万5379件。前年同期に比べ4351件減っている。死傷者数も4万145人（内死者122人）で、死者27人、負傷者4746人とそれぞれ減少している。

このうち営業用トラックが関与した事故も減っている。7月末で2843件発生したが、昨年に比べ446件減少。死者数も20人で12人減となっている。

確かに営業用トラックによる交通事故（警視庁調査）は、02年の6571件から07年の5033件へと1538件も減少しているが、人身事故は依然、6313人（07年＝当事者含む）に上っている。

このため、東ト協ではかねてから「安全・交通事故防止」を最重要課題の一つに掲げ、東ト協・会員をあげて取り組んでいる。

この問題を「東ト協組織の存亡にかかわる課題」として重視している星野良三会長は、昨年1月の新年理事会で「会員の保有車両約10万台の半数の約5万台にDR（映像記録型ドライブレコーダー）を装着。これにより会員事業者の交通事故を3年で半減させる」との大方針を表明。昨年4月から「DR装着助成制度」を発足、会員へのDR装着を促進している。

機能は機種にもよるが、大別2点。一つは事故抑制と事故分析の資料になる。常時、走行中の車両前方を撮影・記録しているので、急発進・急停車等運転状況がわかり、ドライバーの反省資料になる。万一事故が起きた場合は因果関係等の分析資料になるから、事実関係の解明に役立つ。

もう一つの効能は「環境にやさしい運転」が期待できることから、省エネ・CO_2削減にもつながるとして、DR普及を加速させているわけだ。

東ト協会員への普及状況を見ると、東京都の補助制度利用分を含め助成の申請ベース（別表）で、07年は都の受付が11月となり導入が遅れたが、08年に入ってからは、急速に拡大。10月3日現在で、517社・8565台、解析ソフト468個、申請額では約4億3千万円に上っている。

07年から09年度までの3年計画に対しては、予算ベースで51・3％の予算執行率となっている。

星野会長は9月2日、都議会の自由民主党・民主党・公明党を訪ね「平成21年度東京都に対する要望書」を提出。その際、DRは交通事故防止と環境改善にも役立つとして、DR装着支援の継続と環境対策・交通事故撲滅支援の継続を求めた。

席上、星野会長は「DRは会員の自主的装着を含め約2万台につけているが、営業用トラックが関与した交通事故・死亡件数とも昨年比で減少。燃費も自社のケースで12・5％改善されているから、業界全体でCO_2削減が13％程度になるのではないか」とDR効果を強調、支援の継続を重ねて求めた。

「3年で交通事故半減を目指す」という目標の最終年は来年（09年度）。DR装着は順調に伸びているものの、目標（5万台）に対しては、なお道半ばの状況だ。

この目標達成のためには、東ト協・会員のDRの理解と協力が求められるが、むしろ東京都等の財政的支援の継続・拡充がカギといえそうだ。

ドライブレコーダー　申請台数・申請額　累計

（凡例：台数／申請額　縦軸：申請台数（0～9000）、申請額（千円）（0～350000）　横軸：2007年4月、7月、10月、2008年1月、4月、7月）

棒グラフ数値：139、205、278、565、745、1033、1375、3813、4949、5181、5548、6053、6727、7441、7910

燃費9.2%向上　事故も半減　グリーン・エコプロジェクト2年

東ト協が「安全・事故防止」対策、「自動車運送適正化」事業と並んで重視しているのは、環境対策である。

もともと環境問題への取り組みは早かった。東ト協の環境対策は「社会との共生」を理念に、厳しい国や東京都の法律・条例への対応に追われながらも、自主的な姿勢を基本に犠牲をはらいながらも、という姿勢で取り組んできた歴史、といえる。

さまざまな難題を克服し今日では「東京の空がきれいになった。東ト協の協力のお陰。神様、仏様、トラック協会様」（08年1月）と石原都知事も大賛辞を贈ってくれるほど成果を上げた。

知事はこれより先の07年4月にも東ト協の環境対策の取り組みに賛辞を贈っている。正副会長・支部長会議の席上「都民から空気がきれいになった、といわれる。業界の皆さんのお陰。改めて感謝します」と。しかし、東ト協・トラック業界の環境問題への取り組みには、ゴールはない。

そこで、東ト協では06年、CSR（企業の社会的責任）を果たすことによって、燃費向上・CO_2排出削減と事故防止・経営改善につなげる「グリーン・エコプロジェクト」を立ち上げた。

プロジェクトは着実に進行中だが、2年余を迎え大きな成果を上げつつある。

このプロジェクトのシステムは、まず車両ごとに走行距離と給油量などを記録する「走行管理表」をドライバー自ら作成する。これから燃費データを集計・分析し燃費データベースを作成する。

このデータベースから車両ごとの燃費データと運転等の取り組みが明らかになり、事業者・ドライバーにフィードバックされ、運転や経営改善につなげる仕組みだ。

07年度のプロジェクト参加事業所は190社・車両3千台。燃費データは約21万件にのぼるが、分析の結果、燃費が9・2%向上し、1台当たり704㍑、全体で211万9509㍑（ドラム缶1万597本）削減されたという。

これをCO_2削減効果に換算すると、車両1台当たり1844㌔㌘／㍑の削減になり、杉の木約131本分。全体で39万4048本程度の植樹効果に相当するという。

こうした成果が評価され、07年度の「地球温暖化防止活動環境大臣表彰」（対策活動実践部門）を受賞した。

また、グリーン・エコプロジェクトを実施した企業アンケートで、交通事故がほぼ半減（06、07年度累計＝44・2％）したことが分かった。

このプロジェクトへの参加企業は着実に増え、08年度9月末現在で、319社・5717台（うち都外ナンバー529台）。06年度以降のデータ数は延べ30万8458件になる。

全国の業界に先駆けて開始したグリーン・エコプロジェクトは、このように大きな成果を上げているだけに自動車メーカー等各方面から今後の推移が注目されている。

鴨下環境大臣（左）より賞状を授与される星野東ト協会長

「東京都運輸事業振興助成交付金」で首都東京と

都内輸送の99%を担う
軽油高騰を転嫁できず苦慮

国内輸送の90%を担うトラック。このトラック輸送がストップした場合、生活や企業・都市活動がどうなるか。1日ストップしただけでも、大変な混乱が起きることは、明らかであろう。

輸送機関別輸送トン数（06年度・国土交通省＝別表）をみると、全体の輸送量54億3100万㌧。このうちトラックが運んだのは、49億6200万㌧（91・4%）を占め、圧倒的だ。

次いで内航海運が4億2600万㌧（7・6%）で、鉄道が5200万㌧（1%）、国内航空100万㌧に止まる。かつての鉄道のイメージが強く残るが、いまやトラックが輸送の主役だ。

東京都内においても同様の傾向を示し、トラック輸送が99・4%（03年度）を担っている。

しかし、このように日本の経済社会の〝屋台骨〟を背負うトラック業界が、いま大変な経営危機に直面している。もともと中小企業が多く、脆弱な企業体質に加え、激しい原油・軽油高騰と景気の低迷が拍車をかけている。

このため、東ト協では関東トラック協会とともに8月末に「燃料高騰経営危機突破総決起大会」（別掲）を開き、国に6項目の対策を求めたが、展望はまだ開けていない。

トラック業界の実情は全国も東京もほぼ同様の傾向を示しているが、全国の事業者数（06年度）は6万2567社。車両数は141万台、従業員127万人。このうち資本金3億円・従業員300人以下の中小企業が99・9%を占め、10人以下という企業は47%に上る。

都ト協会員は約4千社で約10万台の車両が稼働している。平均では1社約25台（全国平均の1社約22台）になるが、10台以下の企業が42・7%、20台以下も28・5%に及ぶ。101台以上を持つ企業はわずか1・3%にとどまる。

このように日本の物流は、体力の弱い中小・零細企業の懸命な努力によって支えられていることがわかる。

その上、最近では高止まりの状況だが、原油・軽油高騰が業界の経営を圧迫し、このままでは、物流機能に支障が出かねないと危惧する声さえ聞かれる。

軽油価格が1円／1㍑上がると、トラック業界全体で160億円の負担増になるという。03年は平均64円であったが、07年は108円、今年7月には130円台に上昇、5年前の2倍以上になる。

このため、今年度は業界全体で約1兆2千億円の負担増になる計算だ。

この負担増分を運賃に転嫁できないのが実態である。

国土交通省も転嫁のためのガイドラインを策定し、産業界に協力を求めるなど指導に乗り出す一方、東ト協などトラック業界でも積極的に取り組んでいる。

しかし、中小企業が多く、交渉力が弱いため、全く転嫁できていない企業が今年8月時点で42・2%にのぼることが分かった。（㈳全日本トラック協会）。

ほぼ転嫁できた企業は3・4%、一部転嫁できた企業は52・5%というから、大半の企業は、軽油高騰の負担増を〝企業努力〟で吸収している形だが、体力が弱い企業が多いだけに「限界」との声が聞かれる。

とくに燃料高騰分を運賃に転嫁する「燃料サーチャージ制度」が、航空（国際）や外航海運では100%、内航海運で約70%実施されているのに比べトラック輸送では10%未満に止まっている状況の改善が急務といえそうだ。

【軽油価格の上昇にともなうトラック業界の負担増】

軽油価格の上昇に伴う費用負担の推計

2006年度輸送機関別輸送トン数

（単位：百万トン）

合計	トラック			鉄道	内航海運	国内航空
	営業用	自家用	計			
5,431	2,900(53.4)	2,062(38.0)	4,962(91.4)	52(1.0)	417(7.6)	1

（注）（　）内は構成比　　国土交通省調べ

自助努力も限界 事業存廃の危機
燃料高騰で 経営危機突破大会開く

「要望を実現するぞ！」とシュプレヒコール

真夏日の8月26日午後。自民党本部8階ホールは、外気を上回る熱気に包まれた。

会場は「燃料高騰経営危機突破」の鉢巻で白一色。「業界のピンチ打開」に燃える九州・首都圏から集まった約1500人で立錐の余地もない。

ひな壇には笹川尭（自民党総務会長）、谷垣禎一（国土交通相＝当時）、二階俊博（経産相）、菅原秀夫（東京都副知事）の各氏のほか首都圏1都7県選出の自民党国会議員、自民党トラック議連の都議・衆参両院議員（約130人出席）。さらに国交省幹部、全国・関東・東京のトラック協会幹部ら錚々たる人たちが顔を見せた。

「…危機突破」の鉢巻と同様の文面を記したタスキをかけて「燃料高騰経営危機突破総決起大会」の開会のあいさつに立った星野良三氏（関東トラック協会長＝東ト協会長）は、次のように語った。

「本年5月以降の急激、異常な燃料高騰（1㍑35円）は、経営を直撃。徹底した省エネなど必死の自助努力では、どうにもならない状況だ。いまや廃業や倒産が急増し、多くの事業者が事業存廃の危機に直面している」と業界の窮状を説明。

そして、「額に汗して働く者が報われる社会、縁の下で働く中小企業が報われる社会、その実現こそが政治の役割だと思う」と出席している大臣・国会議員・国交省幹部らに6項目の要望事項の実現（後掲）を強く求めた。

来賓としてあいさつに立った笹川、谷垣、二階、菅原の各氏は、それぞれ立場の違いはあったが、基本的にはトラック業界の厳しい実情に理解を示し、要望を前向きに受け止める姿勢を示した。

また、中西英一郎（全日本トラック協会長＝東ト協名誉会長）、浅井時郎（全日本トラック協会名誉会長＝東ト協名誉会長＝東京都各種団体協議会代表世話人）の各氏が強い調子で激励のあいさつを述べた。

次いで国への要望内容とほぼ同様の大会決議を満場の拍手で採択し、日比谷公園までのデモ行進に移った。約1200人が参加した。

デモ行進する参加者たち

この日はトラック業界の経営危機突破を目指す全国一斉行動日として、全国各地で決起大会が行われた。全国で約2万人が参加し、トラックも約2400台が出動。トラック業界の厳しい実情に理解を求め、要望事項の実現を訴えたが、各種メディアが取り上げインパクトのあるキャンペーンとなった。

「軽油価格高騰により危機に瀕するトラック運送業界からの要望」（骨子）

1　燃料高騰分の価格転嫁のための対策推進
2　世界一高い高速道路料金の思い切った引き下げ
3　税負担の軽減
4　省エネ及び脱石油に向けた代替エネルギー化に対する本格支援の実施
5　運輸事業振興助成交付金制度の維持拡充
6　マネーゲームによる異常な原油高の抑止と国内燃料の価格監視等の徹底強化

「トラックの日」イベントに約9千人

「トラックの日」イベント会場風景

1992年から始まった「トラックの日」（10月9日）のイベントが今月、全国的に行われている。

東京では5日、㈳東京都トラック協会の主催で、「〝トラックの日〟フェスタinラクーア」が東京ドームシティ「ラクーア」の屋外イベントスペースで行われた。今年のメーンテーマは「緑ナンバートラックは変わりつづけます。生活（くらし）と環境を守るために」。

星野良三会長は開会のあいさつで「経営環境は厳しいが、都民の生活物資を一生懸命運んでいる」と業界への理解を求め、石原都知事の激励のメッセージも紹介された。

来場者は約9千人にのぼり和太鼓・演舞ショーなど多彩なイベントを楽しんだ。

適正化事業で健全化進む
全国1万社が優良事業所に

東ト協が「安全・事故防止」「環境」対策とともに重視しているのは、会員の運送事業が公正・適正に行われるようにするための「適正化事業」である。

トラック輸送は国内物流の9割を担っているだけに、極めて公共性が高い。このため、貨物自動車運送事業法や関係法令で自動車の安全運行だけでなく、各事業者による車両管理や労務管理にいたるまで法令順守と公正・適正執行が厳しく要求されている。

このため、適正化事業が行われているものだが、1990年から施行された貨物自動車運送事業法で、適正化事業の実施機関は各都道府県トラック協会が当たることになった（全国レベルでは㈳全日本トラック協会）。

東京では東ト協が「貨物自動車運送適正化事業実施機関」に指定され、各種の適正化事業を行っている。

具体的には安全運行や輸送秩序の確立、白トラ・名義貸し、過積載・過労運転等の防止などが問題となり、①事業者に対する指導②白トラ等防止のための啓発③輸送秩序確立のための啓発・広報④苦情処理⑤行政に対する協力――等を行う。

適正化事業の中心は適正化事業指導員（08年度23人）による会員・事業者に対する過労運転や過積載運行等についての巡回調査指導だ。指導員は単なる「指導・チエックマン」ではなく、適切な事業経営の参考になる情報提供をするなど、事業者の良き「パートナー」「アドバイザー」の役割も担い、幅広い指導を行っている。

パトロール車（4台）による街頭指導では、過積載や速度超過、違法駐車など違反行為をしないよう直接ドライバー等に呼び掛けている。

03年から「貨物自動車運送事業安全性評価事業制度（Gマーク）」がスタートした。これは一定の条件をクリアしたトラック事業者を「安全性優良事業者」と認定、対外的に評価・信頼してもらう制度だ。

安全認定　安全性優良事業所

条件は「安全性に対する法令の順守状況」「事故や違反状況」「安全に対する取り組みの積極性」などを点数化し、基準を超えた事業所を「優良事業所」と認定するものだ。

全国では約1万社が認定されているが、東ト協会員では約600社が優良事業所として認定されている。

今年度の適正化事業予算は約1億4600万円（このうち運輸事業振興助成交付金からは約6443万円）。適正化事業を継続しトラック輸送事業を公正・安全化するためには、この交付金制度の継続は、不可欠である。

防災体制は万全に

備蓄倉庫から緊急物資を搬出訓練する東ト協会員

東ト協は災害対策基本法に基づき指定地方公共機関（防災機関）として、東京都から指定されている。

災害時にはトラック輸送の役割を担うため、東京都と「災害対策用貨物自動車供給契約」を締結。災害時の緊急物資の輸送や防災訓練への参加、情報連絡体制の整備等災害発生に備えている。

また、新宿区の「東京都トラック総合会館」内に緊急輸送指令室を備え、東京都からの要請・連絡や国・区市町村・防災機関からの連絡・情報収集のホットコーナーになる。

江戸川区に1993年に建設した「緊急輸送センター」（4面＝別掲）には緊急輸送司令室と緊急輸送要員の待機所、141台の緊急輸送車両が集結・出動できる施設も整備している。東ト協はこうした災害体制を整えている上に、緊急時には全国にわたって緊急物資輸送に出動している。

古くは86年、伊豆大島噴火災害で、緊急物資輸送に出動したほか、93年には北海道南西沖地震、95年には阪神・淡路大震災で出動。このときは1月17日～3月3日までの間に本部9回・トラック112台、支部が15支部・87台が出動した。

また、00年の三宅島雄山噴火災害時は、約2カ月の間に本部が13回・36台、支部1回・1台が支援した。

新潟県中越地震（04年）でも本部3回、支部18支部、延べ99台が生活物資や事務機器等を輸送した。

今年8月31日の「東京都・中央区・江東区合同総合防災訓練」と9月1日「8都県市合同防災訓練」では「緊急輸送センター」から東ト協輸送隊が訓練に参加した。

このように東ト協の震災・緊急時の活躍ぶりはめざましいし、平素からの心構えや準備・体制も都民にとっては心強い限りだ。

各単組に闘争体制の構築呼びかけ

08秋年闘方針を決定

都労連中央委員会

都労連は17日、中央委員会を開き、08年の秋季年末闘争方針を決めた。都人事委員会勧告では、例月給の引き下げ改定のほか、重要課題である教員と現業の給与に関しても、教育職給料表の新設、独自調査の結果を参考とした技能系職員の給与見直しへの言及も行っている。都労連は「勧告に基づく給与改定には応じられない」と表明し、賃金・労働条件改善等の要求実現に向けて闘い抜く考え。今年の確定交渉は、例年以上に厳しい構図となりそうだ。

中央委員会で武藤委員長は、都人勧について「ただただ不当であり、容認できない」とした上で、現時点まで県や政令市でベア改定がなく、6割を超える自治体で賃金カットが行われている実態を踏まえて「勧告制度は事実上、機能していない」と批判。また「不退転で決着」（現業賃金・任用）、「文字通り正念場」（教員給与）などと、重要課題への姿勢も強調した。

さらに、厳しい情勢が予想される今年の確定闘争に向けては「都側が要求を否定する立場を取り続けるならば、我々は激突を決意する。対決を望むなら全面的に対決するのみ」と決意を表明し、各単組に闘争体制の構築を呼びかけた。

確定闘争方針では、まず都人勧に関連して、給与水準引き下げに反対する闘いを挙げ、あくまでも労使交渉による自主決着をめざして闘い抜く考えを改めて示した。

昨年に引き続き中心となる課題のうち、現業賃金・任用制度を巡っては、都側が減額給料表の提案を示唆する中、都側の一方的な主張の押し付けに断固反対し、改善要求に基づく業務職給料表の水準、現業系職員の業務実態にふさわしい任用制度実現などを求める。

教員給与については、勧告で新たな教育職給料表の設置のほか、主任教諭に適用する職務の給が新設された。闘争方針では、職務の困難度や責任の度合いの違いに関して、都側から納得いく説明がなく、「主任教諭」の職務内容は、新たに職を設けて担当する必要性がないなどとして、主任教諭の導入断念と現行水準での給料表の適用などを要求している。

勤務時間短縮の面では「都においては昨年の12月まで実態として実施されていた勤務時間に戻るだけ」とし、国の扱いが不明確な中でも、都独自の判断で早期に実施することを訴えた。

質疑・討論では、各単組が執行部の方針を支持・賛成する立場から発言を行った。

現業給与等に関しては、都庁職が現業職場の実態調査等を踏まえて「都民サービスの第一線で必要な存在で、共に都政の一翼を担っている」と強調し、改悪阻止に向けた取り組みを訴えた。

また東水労は「現業職員に対する賃下げ攻撃は、公務職場に新たな身分制度を確立していくという攻撃にみえる」と警戒感を示した。

東交は、自らの経験を例に「作為的に較差が出るようにした不透明な部分が多い資料をもって交渉にあたることは、到底できない」と述べた。

教員給与の問題では、都高教が「2級の教員の削減幅は10%近くにも及ぶ。職の分化に名を借りた給与の大幅削減攻撃だ」と指摘し、都教組も「教員を職や給料で分断することは、絶対にあってはならない。非教育的であり、断固導入阻止のために闘う」とした。このほか大学は「官製ワーキングプアを都庁から一掃する意気込みで現業や教員の問題にあたってほしい」と訴えた。

「全面的に対決も」と決意表明する武藤委員長

「不当勧告」容認できず

都人勧で都労連声明

都労連は16日、人事委員会勧告を受けて、声明を発表した。要旨は以下の通り。

春闘の妥結状況は、平均賃上げ率1・88%（昨年比0・1%増）となっており、今回のマイナス勧告は、改悪された「公民比較方式」と相まって妥当性や納得性を欠く。また特別給の民間大手の支給月数は、年間4・98月で、これら民間の増加傾向が正確に反映されていない不当な内容だ。地域手当は、国の改定に合わせ1・5%引き上げとしており、島しょ・都外公署における矛盾を拡大するものだ。

政治的な勧告であることは明白であり、都職員の期待を裏切る極めて不当なもので、到底容認できるものではない。

人事委員会は、労働基本権制約の代償措置としての役割を放棄したことにとどまらず、もはや第三者機関としての存在意義さえ失したものと断じざるを得ない。とりわけ国の賃金削減路線に迎合し、島しょ・都外の格差を拡大し、さらに3年にわたり労使が協議してきた「主任教諭」給料表を勧告し、現業系職員の給与制度に昨年以上に踏み込むという暴挙を絶対に許さない。

「計量のひろば」を新宿駅西口で開催

都計量検定所

東京都の計量検定所は、都民に計量制度への理解を深めてもらおうと、計量記念日となる11月1日に「都民計量ひろば」を新宿駅西口広場イベントコーナーで開催する。健康や食品、環境など六つのコーナーを開設し、血圧測定や食品の糖分測定、環境測定器の展示などを行う。時間は午前10時30分から午後4時まで。

また港区の都計量検定所では、11月4日から28日まで計量資料室を公開し、歴史的な計量器の展示や計量感覚ゲームなどの体験コーナーを設ける。申し込みは不要。

都人勧を受けて団体交渉

都労連「期待裏切る不当勧告」

当局「課題多く厳しい交渉に」

都人事委員会勧告が16日に出されたことを受けて、都と都労連による団体交渉が同日、行われた。武藤委員長は、勧告について「職員の期待と要望を裏切る不当なもの」と反発。山口副知事は「都民の理解と納得が得られるよう全力で協議に取り組む」と述べた。

同日の団体交渉で都労連は、勧告に関して、国の総人件費削減方針に追随した上、教員に係る新たな給料表を勧告し、労使協議事項である現業給与に言及したことに「代償中立機関としての責任と役割を自ら放棄した」と都人事委を強く批判した。

今年の確定交渉では、現業給与と教員給与が重要課題となるが、勧告では、現業給与を巡り、人事委による独自調査の結果が提示され、結果を参考に見直すことが必要と踏み込んだ言及が行われた。また教員給与では、小中学校と高等学校等の給料表を一本化、新たに教育職給料表を設けたほか、主任教諭に適用する職務の級も新設した。

勧告内容を踏まえて、都労連は、まず現業給与について「今年度から級格付けが廃止になった現実において、現業賃金・給与制度改善要求の解決に向けた決断を強く申し入れる」と主張。また教員給与では「教育現場に混乱を引き起こすことがないよう都労連要求を受け止めること」を求めた。また勤務時間の短縮を即座に実施することも申し入れた。

一方、都側は、今年の勧告に関して、例月給の4年連続ベースダウン、若年層及び管理職層の引き下げ緩和、高齢層の引き下げを強めた点などに触れながら「年功的要素を見直す内容となっている」と説明。

また重要課題についても、それぞれ「職務・職責をより一層反映した給与制度を構築しようとするもの」（教員給与）、「情勢適応の原則を踏まえ、民間及び国・他団体の状況を十分に考慮し見直すことを求めている」（現業給与）と指摘した。

その上で、公務員の勤務条件に対する国民の視線が依然として厳しい状況にあること、都として活力ある効率的な体制づくりを進めていかなければならないことを挙げ、「職責・能力・業績をより一層処遇に反映させていく人事制度改革を推進していくことが必要」と訴えた。

今年の給与改定交渉に関しては、都側が「解決すべき課題が多く、厳しい労使交渉となることが予想される」としつつ、「これまで築き上げてきた労使の信頼関係をもとに、労使協議を尽くして解決を図るという姿勢に変わりはない」と改めて表明した。

現業と教員の給与を巡っては、重要課題として昨年から引き続き議論が行われてきたが、今回の勧告を機に、確定交渉が本格化する中、労使協議が激しさを増すことになる。

高圧ガス防災訓練を実施

事業者ら約800人が参加

都環境局

都環境局は17日、高圧ガスを取り扱う事業者協議会とともに、高圧ガス防災訓練を行った。調布市の「味の素スタジアム」西側の会場には、協議会加盟の約500事業所から800人が集まり、カセットコンロ用ガス缶の燃焼破裂実験や、地震時の事故措置訓練などが行われた。

訓練は、高圧ガス取り扱い事業者等の防災意識や、緊急措置技術を高めることなどが目的。72年から毎年この時期に実施しており、今年で37回目となる。

冒頭、環境局の有留武司局長は、「高圧ガスは都民生活の幅広い分野で利用されており、安全性の確保は欠かせない。関東では、いつ大規模地震が起きてもおかしくない状況だが、地震発生時の素早い対応は、日ごろの訓練により培われる」などと述べ、訓練への積極的な取り組みを求めた。

訓練では、家庭で使うカセットコンロ用のカートリッジ缶や、殺虫剤スプレー缶が加熱した場合の爆破訓練も実施。使用後の空き缶でも、火の中に入れると内部に残ったガスに引火し、大きな音とともに爆発を起こす様子が実験で披露された。9月には豊島区内の高校の文化祭で焼きそばを焼いていたカセットコンロが爆破し、15人が軽症を負う事故も起きており、事業者に保安活動の徹底を呼びかけている。

LPガスの火災を想定した消火訓練＝写真＝では、ガス管から漏れたガスに引火して火災が起きたことを想定。激しい火柱が上がる中、事業者らが消火器で消火活動を行った。

毎年、10月下旬の1週間は高圧ガス保安活動促進週間となっており、期間中は保安功労者等の表彰や事業所への重点立ち入り検査なども行う。

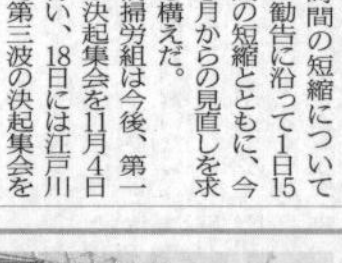
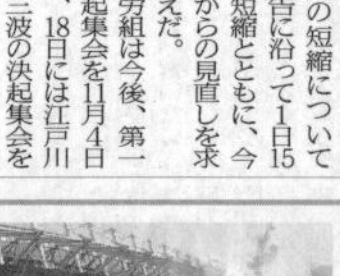

「奪い取られたもの、団結で取り返す」

清掃労組中央委員会

確定闘争要求を確認

東京清掃労働組合は17日、中央委員会を開催し、今期確定闘争の要求や闘争方針を確認した。西川卓吾委員長は、平均9%の給与削減で妥結した昨年の確定交渉を振り返りながら、「奪い取られたものは、何としてでも全体の団結で取り返すという立場で確定闘争に臨んでいく」と力強く訴えた。

前日の16日に出された都の人事委員会勧告では、都の技能系職員の給与が、民間や国の行（二）適用職員の給与額を上回るとして、見直しの必要性を示した。西川委員長は冒頭、こうした都の勧告内容に触れながら、「都の勧告が特別区に強い影響を与える中、清掃労組としても他人事ではない」と危機感を表し、今確定闘争では、都労連を全面的に支援する闘いを構築する考えを示した。

また、清掃職員の区への身分切り替え後、最大の課題だった事業執行にかかわる統一交渉問題では、今年4月、区長会と「中継所廃止に伴う身分の取り扱い」の一項目について交渉することを確認した。西川委員長は、交渉項目の上積みを目指す考えを引き続き強調する一方、区長会が15日の総会で、区部に10カ所ある中継所のうち、6カ所の廃止時期を明確にした点に言及。「中継所の職員の身分や処遇がどうなるのか、きちっとした対応を図らなければならない」と訴えた。

また、葛飾区以外の中継所では、他区の不燃ごみを受け入れている実情に触れながら、「廃止後に他区の受け入れがどうなるかの意思統一が図られているのか」と疑問を呈し、組合としても、統一交渉の中で今後の事業計画を確認していく考えを示した。

今後本格化する確定交渉での取り組みでは、業務職給料表の早急な提示を求めるとともに、人事・任用制度の見直しについて、▽統括技能長や技能長の設置基準の改善▽統括技能長、技能長の23区統一選考▽技能主任の設置基準の見直し——などを求めていく。

また、給与制度については、昨年度の交渉で平均9%の削減と現給保障の見直しを行ったことにより、今後、昇給が見込めないケースも生まれるため、昇任・昇格時のメリットが生じるよう新たな制度構築を要求する。

さらに級格付が廃止となったことを受け、その代替として技能長補佐職の新設とともに、職務能力を評価し、給与等に反映する制度の確立も強く求める。

人事委員会が示した勤務時間の短縮については、勧告に沿って1日15分間の短縮とともに、今年1月からの見直しを求める構えだ。

清掃労組は今後、第一波の決起集会を11月4日に行い、18日には江戸川区で第三波の決起集会を行う。

本格化する確定交渉を前に、組合員の団結を訴える西川委員長

21年度 主任試験講座 【3】

20年度試験問題解説 ②

NO・6(6)

① 職業選択の自由には、営業の自由も含まれると解されている。誤り。

② 規制が著しく不合理であることが明白な場合のみ違憲となるのは、積極目的規制である。消極目的規制については、規制の必要性・合理性および「同じ目的を達成できる、よりゆるやかな規制手段」の有無を審査される。誤り。

③ 小売市場の開設許可制について、合憲とした最高裁の判例がある（最大判昭和47年11月22日）。誤り。

④ 正しい（最大判昭和50年4月30日）。

⑤ 酒類販売の免許制について、合憲とした最高裁の判例がある（最判平成4年12月15日）。誤り。

正答 ④

NO・7(7)

① 衆議院が自律権により解散を決定できるとの明文の規定はない。誤り。

② 衆議院の解散は、内閣の助言と承認により行われる天皇の国事行為である（憲法第7条第3号）。誤り。

③ 正しい（憲法第54条第1項及び国会法第1条第3項）。

④ 参議院の緊急集会は、国に緊急の必要があるときに求めることができる（憲法第54条第2項）。誤り。

⑤ 信任の決議案を否決したときも同様に、10日以内に衆議院が解散されない限り内閣は総辞職しなければならない（憲法第69条）。誤り。

正答 ③

NO・8(8)

① 裁判官は、心身の故障のために職務を執ることができない場合には、裁判により罷免される（憲法78条）。誤り。

② 正しい。

③ 任命後初めて行われる衆議院議員選挙の際に国民審査に付され、その後10年経過ごとに同様の審査に付される（憲法第79条第2項）。誤り。

④ 前段は正しいが（憲法第80条第2項）、懲戒処分として過料を科すことはできると解されている。誤り。

⑤ 前段は正しいが（憲法第80条第1項）、最高裁判所の裁判官は、定年が70歳と定められている（憲法第79条第5項及び裁判所法第50条）。誤り。

正答 ②

NO・9(9)

① 法令に明記されている場合のほか、当該行政行為に行政庁の一定の裁量がある場合にも、附款を付すことができる。誤り。

② 正しい。

③ 期限の到来によってその効力を失う、「終期」としての期限も付加することができる。誤り。

④ 負担は、条件をつける場合と異なり、行政行為の効力の発生を不確定の状態におくものではなく、行政行為の効力は完全に発生し、これに付随して一定の義務を命ずるにとどまるものである。誤り。

⑤ 撤回権が留保されていたとしても、無条件にその撤回が認められるものではない。誤り。

正答 ②

NO・10

① 拘束力とは、処分した行政庁をも拘束する効力をいう。誤り。

② 公定力とは、当該行政行為に関する相手方だけでなく、第三者にまで効力が及ぶものをいう。誤り。

③ 正しい。

④ 不可変更力は、一般に、紛争を解決するための争訟裁断行為に認められる。紛争の裁断者がいったん下した判定を覆すのを認めると、問題があるからである。誤り。

⑤ 行政行為の執行力とは、私法行為とは異なり、裁判所の判断をまつまでもなく、自力で内容を実現できる効力をいう。誤り。

正答 ③

NO・11(10)

① 契約締結にあたり、明示の法律的根拠を必要とするものではない。誤り。

② 合同行為とは、複数の当事者の同一方向の意思表示の合致により成立するものであり、対等な当事者間の意思の合致により成立する行政契約とは、その性質が異なる。誤り。

③ 正しい。

④ 行政契約は、民法や商法などの私法上の規定の制限を受ける。誤り。

⑤ 行政契約も、無制限に行政庁の裁量が認められるものではないため、行政上の法の一般原則である比例原則（目的に対して、そのためにとられる手段が比例的に大きすぎないこと）には従う必要がある。誤り。

正答 ③

NO・12

① 公共団体の自己責任である旨、法には定められていない。もともと公務員個人が負っている責任を、公共団体が代位したものであると解されている。誤り。

② 権力的な行政の権能を委任されている者は、その権限を行使する限りにおいては、民間人であっても、公権力の行使に当たる公務員に含まれる。誤り。

③ 公務員に故意または重過失があったとき、当該公務員に対して求償権を有する。誤り。

④ 正しい。

⑤ 水俣病患者認定申請に関して、最高裁は、権限不行使による国の賠償責任を認めた（最判平成16年10月15日）。誤り。

正答 ④

NO・13

① 行政事件訴訟法に定める6種類の訴訟はあくまで例示であり、これら以外の訴訟形式が認められていないわけではない。誤り。

② 正しい。

③ 処分の取り消しの訴えと裁決の取り消しの訴えの双方を提起できる場合には、処分の取り消しの訴えにおいて、取り消しを求めることができる（行政事件訴訟法第10条第2項）。誤り。

④ 無効等確認の訴えに関しては、原告適格に制限があり、法律上の利益がある者のみ提起できる（同法第36条）。誤り。

⑤ 処分等の効果が、期間の経過等によりなくなった後でも、なお処分等の取り消しによって回復すべき法律上の利益を有する場合には、訴えを提起することができる（同法第9条第1項）。誤り。

正答 ②

NO・14

① 上位法令を執行するための細目的定めは執行命令である。また、特に法律で個別的・具体的に委任した場合を除いて、委任命令で罰則を設けることはできない。誤り。

② 執行命令は上位法令を執行するためのものであるため、その根拠となる法律が失効した場合、原則として、当該執行命令も失効する。誤り。

③ 政令、省令、告示とも、公布の対象である。誤り。

④ 正しい。

⑤ 通達は、あくまで行政機関内部の定めであり、それのみを根拠として住民の権利を直接制限できるものではない。誤り。

正答 ④

NO・15(11)

① 正しい（行政手続法第5条第3項）。

② 通常要すべき標準的な期間を定めたときは、これを公にしておかなければならない。（同法第6条）。誤り。

③ 形式上の要件に適合しない申請については、相当の期間を定めて申請の補正を求めるか、または申請により求められた許認可等を拒否しなければならない（同法第7条）。誤り。

④ 申請者の求めに応じ、申請に関する審査の進行状況及び申請に対する処分の時期の見通しを示すよう努めなければならない（同法第9条）。誤り。

⑤ 他の行政庁において同一の申請者からされた関連する申請が審査中であることをもって、自らの審査や判断をことさらに遅延させるようなことをしてはならない。そして、そのような関連する申請については、行政庁は、必要に応じ、相互に連絡し、共同して申請者から説明を聴取するなどして審査の促進に努めるものとされている（同法第11条）。誤り。

正答 ③

NO・16(12)

① 自治事務とは、地方公共団体が処理する事務のうち、法定受託事務を除いたすべての事務である（地方自治法第2条第8項）。地方自治法上、具体的な事務の種類は列挙されていない。誤り。

② 説明が逆である。第1号が本来国の役割に係るものであり、第2号が本来都道府県の役割に係るものである（同法第2条第9項）。誤り。

③ 正しい。

④ 法定受託事務について、各大臣は、都道府県が事務を処理するにあたりよるべき基準を定めることができる（同法第245条の9）。自治事務に関してはこのような規定はない。誤り。

⑤ 市町村が処理することとするには、都道府県の条例の定めるところにより、行う必要がある（同法第252条の17の2）。誤り。

正答 ③

NO・17(13)

① 住民監査請求は、法人・個人を問わず請求することができる。正しい。

② 住民監査請求においては、財産の管理を怠る事実など、作為だけでなく不作為も請求の対象となる（地方自治法第242条第1項）。誤り。

③ 住民監査請求は、当該行為のあった日または終わった日から1年を経過したときは、請求することができない（同法第242条第2項）。

④ 必要な措置を講じた議会、長等が通知する相手方は、監査委員である。通知を受けた監査委員は、当該通知に関する事項を請求人に通知しなければならない（同法第242条第9項）。誤り。

⑤ 訴訟の対象となるのは、監査の違法または不当ではなく、住民監査請求のもととなる違法な行為または違法な怠る事実である（同法第242条第21項）。誤り。

正答 ①

NO・18(14)

① 「指定管理者制度」に関する説明である。誤り。

② 「PFI」に関する説明である。誤り。

③ 地方独立行政法人制度の対象として、公立病院等の事務・事業も含まれる。誤り。

④ 正しい。

⑤ 設立団体の執行機関の附属機関である「地方独立行政法人評価委員会」が、定期的に客観的な評価を行うなど、法人の業務の実績については、中期目標等に照らし厳しく評価が行われる。誤り。

正答 ④

21年度 主任・係長 論文講座 ◇4◇

特別区係長選考

課題整理 ①

平成21年度の区係長論文講座がスタートします。今回は、選考のガイダンス的な内容として課題整理を行います。

はじめに、皆さんはなぜ係長試験を受験しようと思ったのでしょうか。「尊敬する係長に憧れて」「責任とやりがいのある係長の立場で仕事がしたい」あるいは「給料が増えるから」など、受験する動機は人それぞれ異なると思います。しかし、合格した後は、いかなる動機であれ係長としての職責を果たさなければなりません。「係長行政」という言葉が示すように、日々の区政の現場は係長が動かしていると言っても過言ではありません。優先的に取り組む施策は区によって異なりますが、課題を解決して、その施策を具体化していく原動力となるのが、皆さんが目指している係長なのです。

係長の役割とは

そもそも、係長の役割にはどのようなものがあるのでしょうか。組織のフラット化などにより、係長の役割も変化してきてはいますが、一般的には次の四つに分類されています。

(1)事業の遂行

区は事業の執行を通じて区民福祉の向上を実現させています。区の組織として最小単位である係が果たすべき最大の使命は、適切に事業を執行することです。

また、係全体の事業の進行管理はもとより、係長自身も仕事を抱えています。係員が仕事を進めやすいように条件整備や調整を行いながら、その一方で自分に割り当てられた仕事もこなしていかなければなりません。優れた判断力や実行力、バランス感覚が求められます。

(2)組織の運営

係は事業を執行し区民サービスを提供する、まさに区政の最前線です。係が十分に機能しなければ、区民サービスは低下し、区政課題を解決していくことはできません。

変化の速い現代にあって、柔軟かつ組織的に課題に立ち向かっていくためには、係長の強いリーダーシップが不可欠です。職員一人ひとりの力を束ね、組織の力で課題を解決していく係運営が求められます。

(3)職員の育成

コスト管理の徹底や職員定数の適正化が進む中、十分な予算や職員数の確保が難しいのが実情です。しかし、こうした状況下にあっても、区民福祉向上への歩みを止めることは許されません。そのため、職員に最も身近な上司である係長には、職員個々の能力・個性を見極め、指導・育成することにより、職員一人ひとりが最大限の能力を発揮できる活力ある組織づくりが求められます。

(4)課長の補佐

課長と職員とのパイプ役を果たすことで、直接・間接に課長を補佐するのも係長の役割の一つです。

課長が示した組織目標を実現させるため、実務レベルで組織目標の共有を図るとともに、必要な現場情報を迅速に報告し、時には新たな方策を提言するなど、課長をサポートする必要があります。

選考方法の概要

このように、係長は区政にとって非常に重要なポストですから、その選考は多面的かつ総合的な評価に基づいて行われます。区によって若干の違いはありますが、自己申告、論文、面接、勤務評定などが実施されるのが一般的です。論文については後で述べるとして、まずは他の評価項目について簡単に触れておきましょう。

自己申告は、職務経歴をはじめ、自分の担当業務に関する意見や希望する職務などを記入します。後に実施される面接での質問材料になることもありますから、様々な質問を想定しながら、自分の考えをしっかり整理しておくことが必要です。提出する前に、所属の管理職に目を通してもらうと良いでしょう。

面接は、概ね20分程度の時間で行われます。個別面接が多いですが、区によっては集団面接により行う場合もあります。面接では、係長としての資質を評価するため、受験する動機や理想の係長像といった内容から、過去の職場での経験や現在の区政課題に対する認識など様々な角度で質問されます。時には難しい質問や想定外の質問をされ、言葉に詰まってしまうこともあるかも知れませんが、肩の力を抜いて背筋を伸ばし、誠意を持って答えるよう心がけましょう。

勤務評定では、仕事の業績や勤務態度などが評価対象となります。最近では合否判定に際して勤務評定を重視する傾向にあるようです。択一や論文が高得点でも、日ごろの仕事ぶりに対する評価が低ければ合格することは難しいでしょう。やはり普段からまじめに仕事に取り組むことが大切です。

論文の評価項目とは

論文試験を行うことによって、およそ次のような観点から評価ができると言われています。いずれも実際に係長として職務を遂行する際に求められる能力です。

(1)問題の本質を的確に捉える能力

与えられた課題が出された理由や背景を的確に把握できなければ、課題に対する問題意識がずれてしまいます。つまり、出題者が何を問い、何を答えさせようとしているのかを見極めなければ、的外れな論文になってしまうということです。実際に仕事で抱える課題も、その本質を把握し、正しい問題意識を形成しなければ、適切な方策を立案できません。

(2)適切な方針や解決策を立案・実行する能力

課題に対する問題点をいくら鋭く指摘できたとしても、それらにどう対応していくかという方針や解決策を適切に提示できなければ、それは第三者としての単なる評論に過ぎず、区政の実務を担う係長としての姿勢が欠如していると判断されてしまいます。費用対効果や実現可能性を踏まえた問題解決能力が求められます。

(3)自区の方針や政策の理解度

それぞれの区では、個別の事情や特性を踏まえて独自の施策を打ち出している例が多数あります。組織の中で係長の職責を果たしていくためには、そうした区としての方針を十分に理解し、施策に反映していく必要があります。論文で展開する問題提起や解決策もこうした視点を踏まえて構成する必要があります。

(4)論理性

論文試験とは、与えられた課題に対して論点を整理し、自分の考えを順序立てて主張するものです。しかし、この主張が課題に対して真正面から答え、かつ論理的でなければ、読み手（採点者）を納得させることはできず、良い評価は得られません。

係長になると、まわりを説得して仕事を進める場面も少なくありません。しっかりとした根拠に裏打ちされた説得力が求められます。

(5)文章力・表現力

頭の中でどんなに論理的に順序立ててみても、それを的確に相手に伝えられなければ意味をなしません。もちろん、無理に難しい文章や格好良い文章を書く必要はありません。自分で分かっていることを、誰もが理解できる平易な言葉で表現した方が、より説得力のある文章になります。

(6)積極性・責任感

積極性や責任感をもって誠実に仕事に取り組むことは、係長に求められる必要最低限の条件です。論文では、業務への積極的な取り組みや責任感が伝わる内容にしなければなりません。そのためには、他人の借り物の言葉ではなく、自分の経験を基にした具体策などを自分の言葉を使って表現することが大切です。

実際の論文試験

では次に、実際の論文試験の出題形式や出題内容を見ていきましょう。

(1)出題形式

複数の課題から一つを選択し、概ね千字から1500字程度のボリュームで論じます。文字数の制限は区によって異なりますから、事前に確認してください。試験時間は2時間が一般的です。

論文試験では、まずは課題の選択を行い、それから主張の構成、解答用紙への記入、文章の推敲を行います。この論文講座をご覧の皆さんは、論文を事前に準備してから試験に挑むことと思いますが、暗記した1500字程度の論文を手書きで再現するだけでも、個人差はありますが、およそ50分前後の時間を要します。ということは、残りの1時間余りで課題の選択、主張の構成、文章の推敲を行わなければならないことになります。

暗記論文を課題にあわせて再構築する作業は、思ったより時間がかかります。そのため、想定外の課題が出題されても、限られた時間で論文を書き上げられるよう事前の準備が必要です。

(2)出題内容

出題されるテーマは「課題もの」と「役割もの」に大きく分類されます。出題内容は区によって異なりますので、事前に確認してください。

課題ものとは、区政が抱える政策課題について解決策を論じるものです。例えば、「公共サービスにおける民間活力の導入について」のような出題です。注意すべき点としては、あくまで係長試験論文ですので、単なる政策提言に終始するだけでなく、係長に与えられた権限の中で実行可能な具体策を記述する必要があるということです。

役割ものとは、まさに係長の役割そのものを論ずるテーマです。職員の育成や職場の活性化など、普遍的な課題と組み合わせて「……と係長の役割」という形で出題されることが一般的で、より実務的な内容になります。課題に対して比較的応用が利くテーマですので、しっかりと1本仕上げておくと良いでしょう。

いずれの形式を選ぶとしても、係長を選ぶための論文であることを常に念頭に置き、前述した係長の役割をしっかりと踏まえ、係のリーダーとして、一般職員よりも高い視点や広い視野で論ずることを心がけましょう。

◇　◇

論文や面接のテクニックだけで係長選考に合格することは難しいでしょう。やはり合格するためには係長としての資質を身に着ける必要があります。そのためには、日々の仕事において様々な課題に関心を持ち、課題解決のために自分の考えを掘り下げる努力が求められます。

また、皆さんが論文で書こうと思っていることや面接で発言しようと思っていることを普段の仕事の中で実践してみてください。そうすることで、少しずつではありますが、係長としての資質が身についていくことでしょう。

◇

次回は、区政を取り巻く課題について解説します。

21年度 カレントトピックス ④

経済事情

■ベトナム・スイスと経済連携協定（EPA）大筋合意（9月29日）

政府は9月29日、ベトナムとスイスとの間でそれぞれ、貿易の関税撤廃などを盛り込んだEPAの締結交渉で、大筋合意に達したと発表した。貿易の拡大や投資活動の促進などが期待される。日本はこれまで9カ国・地域とEPAを結んでおり、今回の合意で合計11カ国・地域となる。

ベトナムとのEPAは、往復貿易額の約92％を協定発効後、10年間で関税を撤廃。日本からの輸出では自動車部品や鉄鋼製品の多くで関税が撤廃され、輸入では鉱工業品のほぼすべての品目、農林水産品では、ドリアンやエビなどで即時関税を撤廃する。

一方、欧州諸国との間では初めての協定となるスイスとのEPAは、協定発効後10年以内に、往復貿易額の99％以上を占める物品の関税を撤廃。鉱工業品は、ほぼすべての品目、農林水産品も日本からの輸出では、清酒、盆栽や味噌など、輸入では、インスタントコーヒーやアロマオイルなどが即時関税を撤廃する。

■8月有効求人倍率低下・完全失業率悪化（9月30日）

厚生労働省が9月30日発表した8月の有効求人倍率（季節調整値）は0・86倍となり、前月を0・03ポイント下回った。8月の有効求人（同）は前月に比べ1・7％減となる一方、有効求職者（同）は1・0％増となったことが要因。

また、総務省が同日発表した労働力調査（平成20年8月分）によると、8月の完全失業率（季節調整値）は4・2％と前月に比べ0・2ポイント悪化。完全失業者数は前年比で23万人増加し、272万人となった（5カ月連続の増加）。なかでも、倒産やリストラなどによる「勤め先都合」が63万人と前年比で10万人増加している。

■企業の定年年齢「65歳以上」が1割に上昇（10月7日）

厚生労働省が10月7日発表した平成20年就労条件総合調査によると、定年年齢を「65歳以上」とする企業は、10・0％となり、前年度と比較して、0・9ポイント上昇した。企業に対して①定年の引き上げ②定年の廃止③継続雇用制度の導入――のいずれかを求める「改正高年齢者雇用安定法」（平成18年4月施行）による影響が考えられる。

■第3話　美濃部知事を出せ②

相談屋の場外乱闘 Part2

労働ジャーナリスト　金子雅臣

生産性向上とは

——ところで、そのAさんの生産性向上運動反対という問題とは、一体全体何だったんですか。

私は、事件の発端になっている問題の核心について、Aさんから聞くことにした。

——私たち身障者にとって、生産性向上運動というのはどうも苦手というか、無理なんですよ。生産性を強調することは、私たちを排除する理屈になるということなので……。

彼は少し遠慮がちに、話をはじめた。

——つまり、生産性向上というのは、早く正確に製品を仕上げることでしょう。ところが私たち身障者は仕事を早く仕上げることも困難だし、正確な仕事を求められることも苦痛なんですよ。

私たちは、それぞれが与えられた能力に応じて能力を発揮して、それぞれの個性を尊重していく社会を目指しています。そして、何よりも結果ではなく努力を評価しあえる社会が望ましい社会だと考えています。

生産性運動というのは、誰にも画一的な努力を求め、完璧な結果を求めようとしている点で受け入れられないんです。

共生の論理

そんな彼の説明の言葉をもどかしげに側で聞いていたB事務局長は、彼の言葉を遮るようにして

——例えば、4本の足のイスを作るとしたら、私たちにとって3本の足のバランスを取るイスを作ることは出来ても、4本のバランスを取るイスを作ることは難しい。そこで、3本のものを作る作業を分担させてもらって、共同作業ということならばいいのですが、生産性向上運動では、そうはいかなくなる。つまり、「そんな不効率なことはやっていられない」ということなんです。生産性運動の論理は、私たちの掲げる共生の論理とは相容れないものということなんですよ。

——なるほど、生産性の論理と、皆さんの運動の論理が相容れないということですか。

ようやく、わかりはじめた私に向かって、

——つまり、企業の論理と私たちの論理の衝突で、組合は会社の論理を取って我々を排除するという訳ですよ。それなのに、それに異議申し立てをした私たちの団体を非難しているというわけですよ。

善意の勘違い

彼は、吐き捨てるように言った。そして、付け加えるように

——相互批判はまだ許せるのですが、あの組合はその後、私たちの団体を過激だとして非難して寄付を止める決定までしているんですよ。福祉を掲げる美濃部都政の下でこんなことが起きてもいいのですか。

私は一瞬言葉を失っていた。そして、その組合幹部が私に説明していた時の言葉を思い出していた。

——私たちは善意で、あの人たちの社会参加のお手伝いをしている。それなのに、寄付をしてくれているいわばスポンサーである団体を批判するのだから話にならない。気の毒だと思って手を差し伸べているのに、何か勘違いしていい気になっているんじゃないの。

——でも、彼らは身障者団体として各方面に主張を展開している団体ですし、それぞれの立場からの色んな主張があってもいいんじゃないですか。

少し食い下がった私に対して

——それはもちろん、勝手だが、私たちと関係ないところでやってくれということだ。人様の情けを受けておいて、その情けを仇で返すことは許されない。こちらも寄付はしないということだ。大体、寄付を受けておいてその団体を批判するなどということはあってはならないことだよ。まして、我々の運動方針にケチをつけるなどはもってのほかだ。

善意か共生か

——でも、今回の件は解雇がらみでもあるし、組合的にも色々と問題はないんですか。

という私の問いに対し

——組合方針に反すれば、除名だってあるんだから……。

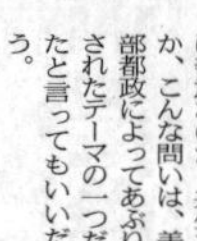

というのが、彼らの言い分だった。

正確に言えば、この労働組合は、美濃部福祉政策に異を唱える形でこうしたカンパを中心とする福祉政策を展開していたのだが、そんな説明はこの際どうでもいいことのように思えた。大きな意味では、美濃部福祉政策が投げかけたこれまでの恩恵的な福祉、つまり社会的弱者への救貧的福祉の見直しが投げかけた波紋の一つには違いなかったからだ。

そして、こんな都政の片隅で福祉のあり方をめぐって、「知事を出せ」という声が上がっていたという事実の方が大切なことかもしれない。福祉は善意なのか、共生なのか、こんな問いは、美濃部都政によってあぶり出されたテーマの一つだったと言ってもいいだろう。

すみだがわ アレコレ　汐入の里

「絵入東京御絵図」（大倉孫兵衛発行）に見る汐入の辺り＝墨田区立緑図書館提供

今回は隅田川西岸を千住大橋から少し下ってみよう。千住大橋北側前に小さく熊野神社がある。もと修験道の聖護院系統の円蔵院によって護持されていたので、紀州和歌山より勧請されたものであろう。前の川岸は古くは熊野河岸とよばれ、芭蕉も深川の芭蕉庵から舟でこの川岸にあがり、千住大橋を渡って、「奥の細道」に出発したとみえている。また、「川越夜舟」の発着の場所ともなっていて、よる寝ている間に川越に着けるので、その利用も多く、熊野社に川岸連中建立の「川岸」とみえる奉納燈篭もある。

日光街道（国道4号）を横切り、川下に進むとすぐに日枝神社があり、その道路端に「歯神」の小さな祠がある。「歯神」様とはめずらしく、由来額には「宝暦丙子六年（一七五六）の頃、此街道を主君のお供をして通りかかった清兵衛といわれた武者が、持病の歯痛で大切なお供が叶わないのに深い責任を感じ、御堂の前であらゆる難病に悩む諸人の救済を祈念して相果てた」とみえる。

この地域はかつての「汐入」（現・南千住）の北部にあたり、隅田川が大きくカーブし半島のようになっているところである。上杉謙信の家臣高田嘉左衛門等数名が、戦国時代に葭芦生い茂り、沼地で荒漠たる地に安住の地を求めて入植したと伝えている。「大六天」を祀っていたが、維新の神仏分離により「胡録神社」と改称した。現在も少し西に移転したが、本殿・水屋・神楽殿が、その面影を残している。

この汐入は尾久・金杉・三河島と続き、蛎がらの出土が多いところで、焼いて粉にする「胡粉」の製造が盛んであった。とりわけ汐入ものはキメ細かく良質であったから、「大極上面胡粉」（浅草橋場汐入村胡粉屋七兵衛）等の銘柄で、能面や人形に塗るために使われていた。「胡録神社」名も胡粉づくりが盛んなので、胡粉の「胡」と大六天の六を「禄」にあてて、「胡録」に改称したと伝えている。

昔は汐入の里ともいわれ、池波正太郎の小説に「かくれ里」の感もあったものであるが、明治・大正に入ると東京ガス・鐘紡・大日本紡績（ユニチカ）に占められていた。隅田川に水神神社・汐入大橋も架けられ、ここ10年ぐらいに、2、3回の再開発が行われ、高層ビル群の並ぶ郊外都市の観を呈している。

南千住駅につらなる隅田川貨物駅は汐留駅と並ぶ広い貨物駅で、かつては隅田川からの水路や堀割が幾本もあり、真冬の夜半汽笛を遠くまで響かせていた。

白鬚橋の石浜神社は神亀6年（724）の創建と伝え、頼朝も奥州征討の際、祈願している。ここは「伊勢物語」等の「隅田の渡」の武蔵国側であった。

（元墨田区立緑図書館長　小島惟孝）

サカナから見た大都市〝東京〟⑤　下水道は万能か

美しい多摩川産の天然アユ

水温の高い下水処理水

1992年に初めて神田川で天然アユを確認した後、数年にわたって、私たちはその産卵場を探してきました。アユは秋になって川の水温が15℃くらいよりも下がると成熟し、浅瀬に何百匹もの親魚が群れ集まって川底の砂利に卵を産み付けます。しかし、他の川で産卵が始まる10～11月頃になっても、神田川ではアユの産卵がみられませんでした。そして川の水温を測ってみると、なんと22℃以上もあったのです。これではアユは成熟・産卵するはずがありません。

下水処理場では、汚濁を分解する微生物を効率的に活動させるため、たくさんのモーターが回転して浄化槽に空気の泡を吹き込んでいます。また水を循環させる巨大なポンプが動き、場内の温度は真夏のように高く保たれています。ですから、処理水の水温も当然高くなります。神田川下流部の水は、その約8割が下水処理水です。そして木枯らしの吹く12月になっても水温は20℃を下回りませんでした。せっかく神田川に上ってきたアユも、こうした高水温の影響で産卵できないとしたら本当に残念なことです。今後は、処理水を川に放出する前に空中に曝気したり、あるいは長い水路を通過させて外気で水温を下げるなどの配慮も必要ではないかと思います。

水質を浄化する処理場

アユの香味改善

高度経済成長期に「死の川」「死の海」とまで呼ばれ、魚が姿を消してしまった大都市周辺の川や海に再び魚影が復活したのには、下水道の普及が大きな役割を果たしたと思います。しかし、東京の河川にアユやサクラマスが戻ってきた後も魚たちの調査を続けていると、現在の下水道の限界というものもまた感じざるをえないのです。

多摩川の河口から川を遡っていくと、そのことがよくわかります。大田区、世田谷区、狛江市、調布市と上流に向かって歩いていく間、川の水からは絶え間なく下水処理水（ドブ）の臭いが漂ってきます。そしてこの臭いが消えるのは、河口から45キロメートルあまり上流の昭島市まで遡った地点になります。

多摩川流域の区市町村から排出された下水は、沿岸の各所に建設された下水処理場で処理された後に多摩川へ放流されています。そして最上流の流域下水処理場の処理水が流れ込んでいるのがこの昭島市なのです。河口から絶え間なく続いていた河川のドブ臭は、この流入地点を境にして全く臭わなくなります。

アユは体からスイカのような香りを放つので、「香魚」の別名があります。かつての多摩川は、わが国有数の味の良いアユを産する川として知られていました。しかし現在の下流域に限っていえば、こうしたアユは望むべくもありません。いま私たちは「江戸前アユ復活事業」のテーマの一つとして、この香味改善の問題にも取り組んでいます。

窒素とリン除去目指し

もう一つ大切なのは下水処理水の中に含まれる窒素とリンの問題です。現在の下水処理法は下水の中の有機物を分解してから川に放流するやり方です。したがって、有機物の濃度を示すBODは下がるのですが、糞尿などに多く含まれる窒素やリンは残念ながらほとんど取り除かれていません。こうした窒素やリンは、東京湾に流れ込んで植物プランクトンを大繁殖させる栄養分となって赤潮を引き起こします。このため、環境省は新たな環境保全計画の策定にあたって、窒素やリンの総排出量の規制を打ち出しました。

たしかに、お金さえかければ下水処理場で窒素やリンの除去を行うことも可能でしょう。ただしそれをするためには、電力などさらなるエネルギーの消費が必要になります。当然のことながら下水道料金の値上げも避けられないでしょう。それでは、私たちはどうしたらよいのでしょうか。

江戸時代から世界一の人口を抱えていた大都市東京の糞尿は、その多くが農地に還元されていました。今でも都内には、「練馬大根」「金町小かぶ」「小松菜」など江戸の地名を冠した野菜が残っています。これからもわかるように江戸、東京の近郊にはかつて豊かな農地が広がっていました。都市の糞尿はこうした農地に運ばれ、撒かれて土中の微生物によって分解されます。そして、農作物に姿を変えて再び都市へ運ばれ、人々の食卓に上りました。この見事なまでの資源リサイクルの仕組み（今の言葉でいえばゼロエミッション）が無意識のうちに培われていたのです。

現在わが国では、食糧自給率の向上や二酸化炭素の削減あるいは都市の緑化などが大きな行政課題となっています。こうした中で、健全な農林水産業と商工業のバランスのとれた〝新しい都市づくり〟は、検討に値する大きなテーマではないかと考えています。

（東京都島しょ農林水産総合センター主任研究員　加藤憲司）

都政新報

発行所　都政新報社
〒160-0023 東京都新宿区西新宿7-23-1 TSビル
〈総務・読者〉03-5330-8781
〈企画広告〉03-5330-8784
〈編　　集〉03-5330-8786
〈出　　版〉03-5330-8788
〈ファクス〉03-5330-8808
購読料　月1,680円(税込)
毎週火・金曜日発行
但し、祝祭日は休刊

紙面から

「東京ER」で、なぜ？

7病院拒否、妊婦死亡

墨東病院も一度断る

脳内出血の疑いがある妊婦（36）が、かかりつけ医の病院から都立墨東病院ほか7医療機関に受け入れを断られた末、最終的に墨東病院で帝王切開と血腫摘出の手術を受け、3日後に死亡していた事案が22日、明らかになった。墨東病院では、7月から土日の救急受け入れを制限する状況が続いていたが、初動対応などのまずさを指摘する声も出ている。救急救命の東京ER、総合周産期母子医療センターとしての機能は、なぜ発揮できなかったのか――。

待合室で報道陣の質問に答える五の橋産婦人科の川嶋一成院長（中央）＝22日、江東区で

「これが産科医療の現実だ」

22日午後9時。妊婦のかかりつけ医だった五の橋産婦人科（江東区）の川嶋一成院長は報道陣を前に、力なく語った。

都によると、最初の受け入れ要請から墨東病院に到着するまでにかかった時間は約1時間20分。産科医が慢性的に不足し、どの周産期センターでも妊婦の受け入れが難航する中、搬送先が決まるまでに要した時間としては、決して長いとは言えない。胎児は無事生まれたものの、妊婦は脳内出血により死亡した。

妊婦の高血圧症は決して珍しくない。だが、産科と脳外科にまたがる事例に即応するのは難しく、ある都幹部は「脳内出血がこれだけのスピードで進むのは、まれではないか」と話している。

また、「東京ER」は全症例に対応できる救急救命の機能として整備されたはずだったが、対応できなかった。

■意思疎通

病院経営本部などによると、事案が発生したのは今月4日。五の橋産婦人科の担当医が墨東病院に「患者が激しい頭痛を訴えている」と電話で受け入れを要請した。だが、墨東病院の当直医は「土日は、基本的には母体搬送を受け入れていない」と回答。周産期母子医療センターの空床状況を確認できる「周産期医療情報ネットワーク」で、「受け入れ可能」のサインを示していた3カ所の総合周産期母子医療センターを伝達した。

しかし、リアルタイムに更新されることが少ないためか、この3カ所を含む7医療機関が受け入れを拒否。五の橋産婦人科が再度、墨東病院に要請すると、オンコールで待機していた産科部長が駆け付け、帝王切開と頭部の血腫除去手術が行われた。

五の橋産婦人科の担当医は会見で、「妊婦は尋常ではない頭痛で、七転八倒している状態を伝えた」と説明。一方、墨東病院側は、最初に受け入れを断った際には「脳内出血とは認識していなかった」と受け止め、医師疎通に齟齬が出ている。

会見に出席した五の橋産婦人科の産科医は、院長も含め、いずれも墨東病院出身。会見でも「初めて会う医師に電話しているわけではない」と、面識があることを強調した。病院間では連絡も多かったが、正確に病状が伝達されなかった。

■拠点機能

周産期医療は、妊婦の症状に合わせて、1次から3次の医療機関で分けて対応する。今回の事例は、合併症妊娠や切迫早産などハイリスク分娩を担当する総合周産期母子医療センターでなければ、対応できなかったケースだ。

しかし、墨東病院は6月30日に産科医1人が退職したため、7月からは土日の当直が1人体制になっていた。土日の救急受け入れは制限されていた。

都幹部の一人は、「こう言っては気の毒だが、運が悪かった。平日であれば…」と唇を噛んだ。慢性的な産科医不足が根底にあるとはいえ、総合周産期母子医療センターとしての機能が十全でなかったことは否定できない。基幹病院が機能を発揮できる状態にあるのか再検証する必要がある。

C40気候変動東京会議が開幕

深刻な温暖化、危機感を共有

世界32都市が参加

気候変動対策に取り組む世界の先進都市の代表を招いた「C40気候変動東京会議」が、22日から都内で開幕した。洪水や熱波、水不足など、地球温暖化が世界の諸都市で深刻な影響を与える中、世界的に活躍する専門家を招いて、科学的知見をもとに議論し、危機感を共有するのが狙いで、都が主催した。CO_2削減策のみならず、異常気象や自然災害、食糧問題などへの適応策についても話し合う。22日の基調講演・シンポジウムには、一般の都民も含め約1400人が参加した。

「50年後でなく今日の問題」

C40（世界大都市気候変動グループ）は、世界の大都市が連携して温室効果ガスの削減に取り組むためのネットワークで、ロンドン市長の提案により、05年に創設された。今回の会議には、日本の東京や横浜を含め32都市が参加した。

基調講演では、気候変動に関する政府間パネル（IPCC）適応作業部会議長のマーティン・パリー氏が、「気候変動が都市の将来に及ぼす影響」と題して講演した。

マーティン氏は、北極の海水の減少や、生態系の危機、食糧問題などの現状を説明した上で、「万が一は、もはやない。子どもや孫の問題ではなく、我々の問題だ」と指摘。最も脆弱な地域として、アフリカ、アジアで人口が密集した沿岸や、小さな島々、北極をあげた。また、「発展途上国だけでなく、所得の高い国でも、貧困層や若者、子ども、高齢者など脆弱な人がリスクにさらされる」と述べた。

続いて行われたシンポジウムでは、国連環境計画金融イニシアチブ特別顧問の末吉竹二郎氏をコーディネーターに、マーティン氏を含め、4人がパネリストとしてディスカッションに参加した。

バングラデシュ高等研究センターのディジェンドラ・ラル・マリック氏は、「ダッカの人口の40%がスラムに住んでおり、気候リスクに極めて脆弱である」と語り、貧困層の適応策の困難さを明かした。一方で、洪水を多く経験しており、「災害リスクの削減という形で社会資源が蓄積されており、先進国との共有が可能」とも話した。

東大生産技術研究所の山本良一教授は、人類が温暖化をコントロールできなくなる「地球温暖化の暴走」を懸念。環境に負荷を与えない「エコデザイン原則」を提案した。

末吉氏は、「気候変動は50年後ではなく、昨日、今日、明日の問題」と述べ、都民一人ひとりの行動を呼びかけた。

◇　◇　◇

午後からは、「都市の気温上昇」「水不足」の二つのテーマに分かれて、セッションが行われた。

このうち、「都市の気温上昇」では、三上岳彦・帝京大教授が、「大都市における都市気候変動とその緩和策」について講演した。三上氏は、東京のヒートアイランド現象の分析を解説。具体的なクールアイランド効果として、新宿御苑の冷気が周りの市街地に浸透していく事例を紹介した。

先行事例の発表では、ロンドン、トロント、シカゴ、パリ、東京の各都市が事例を紹介し、議論が行われた。

このうち、03年に熱波で数千人が死亡したフランスのパリは、死者の20%は、熱波に加えて、大気汚染が原因だったと説明。高齢者など、「最も脆弱な人が犠牲になる」と語った。また、「国は自動車交通量を減らそうとしなかった。それができていれば、死者の数を減らせたのではないか」と指摘。公共交通機関の優先、自動車の通行量の減、自転車利用の拡大などの成果を紹介した。

また、東京からも、環境局が都の取り組みを説明した。

「水不足」では、東京都水道局における気候変動への取り組みや、シンガポールでの統合的水資源管理など、5都市が先行事例を発表した。

会議は、23日に三つのセッションと全体会議を開催。今日24日には現場視察が行われる。

オープニングスピーチに立つ石原知事＝22日、東京芸術劇場で

都議会決算特別委員会
新銀行東京の経営監視
都「結果論だが、不十分」

都は、20日の都議会各会計決算特別委員会第3分科会で、新銀行東京の経営監視について、「結果論ではあるが、監視は十分であったとは言えない」と述べ、これまでの経営監視の不十分さを認めた。民主党の山口拓氏の質問に答えた。

新銀行東京は、07年6月に「新中期経営計画」を発表したが、11月末の中間決算では936億円の累積赤字が判明した。石原知事は同年12月の第4回定例都議会で、「追加出資は考えていない」と答弁したものの、08年2月に追加出資400億円を議会に提案した。山口氏は、追加出資に至った理由をただした。

都側は、「昨年12月の時点では、新銀行東京は新経営陣のもとで、都の出資を前提としない民間金融機関との提携による再生を目指していた。しかし、その後、提携の交渉が整うには至らなかったため、再建計画を取りまとめ、資本の増強を要請するに至った」と説明した。

山口氏は、「知事の言う提携話に振り回されていたのではないか。そもそも、見通しが甘かった」と指摘した。また、「結果として、400億円の追加出資に至っているのは、都がこれまでの経営監視が十分でなかったと認めざるを得ないではないか」と都側を追及した。

都側は、「主な原因は、旧経営陣の経営の誤りによるもの」としながらも、「新銀行東京の経営監視に努めてきたつもりだが、銀行法の制約はあったとはいえ、このような経営状態に陥ったことからすれば、結果論ではあるが、監視は十分であったとは言えない」と答えた。

共産党の河野百合恵氏は、新銀行東京の保証にかかわる審査の仕組みについて質問した。融資額の8割を保証する新銀行東京の保証について、河野氏は、利率が高く、一括前払いであることを指摘。「こんな中小企業に厳しい仕組みがなぜ作られたのか」と質問した。

これに都側は、「信用保証協会でも保証料は一括払い。利率については、金融機関にとってリスクが高ければ、通常より高くなるのは、金融の仕組みからすれば、やむを得ない」と説明した。

住宅供給公社も取り扱い対象に
公共工事代金債権信託

新銀行東京は、公共工事代金債権信託の取り扱いを21日から東京都住宅供給公社に拡大した。その結果、監理団体としては、新都市建設公社、道路整備保全公社、東京港埠頭株式会社に加え、4団体となった。取扱条件は、都発注工事と基本的に同じだが、請負工事金額は3千万円以上とする。新銀行東京では、引き続き都の監理団体を中心に対象を拡大していく考え。

基幹病院開設控え
小児医療セミナー
都病院経営本部

多摩メディカル・キャンパスに2010年3月、「小児総合医療センター（仮称）」が開設されるのを前に、都病院経営本部は医療関係者を対象に、「小児医療セミナー」を3カ月に1回程度、継続して開催していく方針を決めた。

16日には第1回セミナーが開催され、八王子、清瀬、梅ヶ丘の各都立病院の医師、看護師が今後の小児医療の方向性について講演。深津修・都立八王子小児病院長が、小児期から思春期にかけて、身体に慢性的な疾患を持つ子どもの心理問題に対応できる医師が必要と訴えた。また、小児総合医療センターに新設する「子ども・家庭支援部門」について、現状では「患者や家族が抱える病院への不安・生活問題などをサポートする部門がない」と指摘。「早期の社会復帰を目指すには、包括的な支援システムが必要」と強調した。

税源移譲後の取り組み報告
31日に徴収サミット

都主税局は、31日に徴収サミットを都庁第一本庁舎5階の大会議場で開く。07年度に税源移譲があり、全国的に個人住民税の徴収で苦労したことから、成果をあげた八王子市と香川県が取り組みを報告する。

八王子市は、平日は毎日夜7時、日曜日も午後5時まで開庁し、納付と相談の受け付けを行った。催告書もビジュアルに視覚に訴える様式にしたという。

また香川県は、中小企業主が従業員の給料から個人住民税を天引きする特別徴収を強力に推進。そのための方策として入札参加や補助金交付、制度融資などの際、特別徴収義務者になっているかどうかの確認を行った。今年5月時点で前年より約1500件も切り替えが進み、単年度で2・5億円の滞納整理効果があったと試算している。今後も従業員数の規模を段階的に30人、25人、20人と引き下げて、特別徴収を進めていく考えだ。都では、特別徴収推進と入札参加資格などをリンクさせた取り組みを行っていない。

冗句ジョーク

産科医不足、東京ER指定病院でも
オリンピック招致本部
「落書きされても怒れないよ」

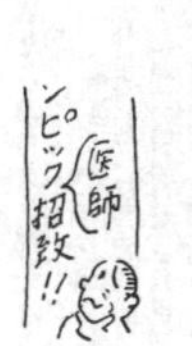

都政の東西
まわりに関心を

来月11月はオレンジリボンがシンボルの児童虐待防止推進月間だ。今から10年程前、児童相談センターを取材した時のこと、一時保護等を受けた未就学児や学齢児の生活は、施設の内外で際立った違いはなく、こちらが身構えていた分、拍子抜けしたのを思い出す。

当時、すでに児童虐待の件数は増加傾向にあったが、児童虐待防止法施行前といったこともあり、まだ急増前夜といった時期だった。その後、法施行を境に、社会的に関心が高まり、一般の認知度が上がったことで、件数も急速な伸びを示した。

家庭内の闇が顕在化したのか、そもそも闇が拡大しているのか、定かではないが、依然として、全国的に歯止めがかかっていない状況にある。痛ましい事件の報道も相変わらずだ。虐待による負の連鎖も指摘されている。際限のない増加傾向は、将来への不安要因に直結している。

あるシンポジウムで、家庭と仕事の両立に向け、ベビーシッターの活用を訴える発言者がいた。1人の人間が持つ子どもへの愛情には限りがある。両親だけでなく、ベビーシッターの愛情も受けて育つことは良い事だ。

そういった報[illegible]ベビーシッ[illegible]余裕があるか[illegible]て、人の愛情[illegible]る見方は、あ[illegible]児童虐待に[illegible]「真面目」で[illegible]が引き起こし[illegible]い。愛情の裏[illegible]抱え込みが、[illegible]うのだ。

逆に言えば[illegible]できるだけ多[illegible]ことで危険性[illegible]はないか。[illegible]「まわりの子[illegible]訴える。オレ[illegible]様々な子どもとの関わりを見つめ直す機会としたい。

中野区

生保の代理受領で不正発覚

5世帯分19万8千円が不明

中野区の生活援護分野の地区担当職員（ケースワーカー）が06年度からの2年間、被保護者に代理で受領した生活保護費を不正処理してきた実態が、区議会に提出された報告書から明らかになった。不正処理額は5世帯分、約19万8千円。中野区では、都が7月に実施した検査でもケースワーカー2人の不正な事務処理が判明しており、区側は2年度分の代理受領業務をすべて調査する事態に発展している。取材に対して中野区は「24日に区議会に報告後、公表する」としている。

区側「24日に公表予定」

中野区が17日の区議会総務委員会に提出した「生活保護費支給に関わる現金取扱い事件に関する調査報告書」によると、不正処理をしてきたのは、保健福祉部生活援護分野の地区担当の主事（4月1日付で別部署に異動）。異動の引き継ぎ中だった4月、事務を代行していた担当係長が、被保護者が入院中にもかかわらずアパートが賃貸されたままの支給事例を発見した。同係長が、アパートを管理する不動産業者に問い合わせると、家賃の支払いが滞り、引き払われていない実態が判明した。

庁内の事情聴取で主事は「家賃分の生活保護費を代理で受領して、庁内のキャビネットに入れていたが、どこにいったのか、わからなくなった」と説明。横領などの容疑については、強く否定しているという。

主事が在籍中の06、07年度の事務処理などを点検したところ、このほかにも不明金の発生が判明。6月に、経営室危機管理担当部長らが調査委員会を立ち上げ、本格的な調査を実施した。

同主事が2年間で担当した生活保護費支給業務（合計207件）のうち、06年度の1世帯（3万円）、07年度の4世帯（合計16万8089円）の代理受領に不明金の発生が判明した。主な状況は、▽入院中の被保護者の居宅の家賃▽入院中の被保護者のおむつ代など▽被保護者に本来送金すべき金額と実際の送金額の差額――など。他方、業務に必要な交通費や振込手数料を主事本人が立て替えていたケースもあり、自己所持金と生活保護費の預かり金を混同して管理したとみられる。

不明金の相当額については、主事が中野区に全額弁済したという。

同主事の業務には、生活保護費の代理受領以外にも不適切な処理が判明。「被保護者から収入申告があったにもかかわらず、事務処理を放置して生活保護の停止や減額処理が遅延」「過払い金の返還事務の放置」などが分かっている。中には、被保護者提出の出産時医療費の申請書を紛失し、再申請を受けたにもかかわらず再び紛失し、未処理で放置していた事例もあった。さらに、生活保護世帯への定期的な訪問を行っていないなど、ずさんな業務実態が明らかになっている。

中野区では、都が7月に実施した生活保護費支給事務の通常指導検査で2人のケースワーカーが不正な事務処理をしていたことが判明。都は8月に、この2人に関する特別指導検査を実施した。

ケースワーカーによる一連の不正処理を受けて、中野区は、独自に06、07年度にケースワーカーが生活保護費を代理受領した1029世帯分、約3018万円（8645件）を調査。不明金の発生は確認されなかったが、金銭の出入りの未記録や領収書などの未添付などが見つかったという。

区側は今後、生活保護費の代理受領などの事務を抜本的に見直す方針。「事務処理マニュアル」の策定、代理納付制度の活用により保護費の現金支払いを極力減らすことなどを検討する。また、今回の事件で「前担当課長、担当係長らが職務指導、改善を怠っていた」として、今後は査察指導員や経理担当者のチェックを厳格にするという。

今後の対応などについて中野区は「24日に区議会に報告し、公表する予定だ」としている。

受給世帯の急増も一因

【解説】中野区に限らず、各自治体において生活保護の地区担当員（ケースワーカー）は、「保護費などの現金を取り扱わない」ことが原則だ。だが、関係者によると「受給者が独居者や高齢者などの場合、やむを得ず代行するケースが増えており、中身も煩雑化している」という。

都の福祉局生活福祉部指導援護課は2003年3月に、ケースワーカーによる現金取り扱い時の留意点を各自治体に文書で通知。中野区も同通知に従い庁内対応を策定していたが、事実上、形骸化していた。特に、代理受領した受給費は法律上、公費扱いではなく、各職員によって管理方法がまちまちになっていた状況が指摘されている。

不正の背景には、最近の生保受給世帯数の急増に、行政側の現場整備が追いついていない状況もある。各自治体のケースワーカーの配置数は「1人につき80世帯」が標準だが、中野区は昨年8月時点で「84・4世帯」だった。同区は今後、業務内容や繁忙状況を精査して、体制整備を図るとしている。職員の個別問題に終わることなく、ケースワーカーの実務全体の見直しが肝要だ。（河）

「サンプラザ」運営 区に全面的移管へ

中野区

中野区役所に隣接する文化・宿泊施設「中野サンプラザ」の運営について、中野区は、民間企業と区が共同出資した第3セクター方式の運営会社から全面移管し、区主導で行う方針を決定した。運営会社の株式購入費用など13億7500万円を補正予算に計上、区議会で可決された。

中野サンプラザは「全国勤労青少年会館」として1973年に開業。2004年、独立行政法人雇用・能力開発機構が中野区などに対して約53億円で売却。民間企業5社（現在は個人含む9者）による運営会社㈱中野サンプラザ（NSP）と中野区が共同出資した㈱まちづくり中野21（中野21）が施設所有会社となった。

中野21は当初、区側が2億円、企業側が1億円を出資。04年11月に新株発行で24億2千万円を増資したが、その際に区議会へ事前報告がなく、増資で区の監査が実施できなくなったことに、厳しい批判が集中した。

一方、NSPでは出資者間の訴訟や取締役の再任問題、リース契約問題などが近年に発生。今年5月に「中野サンプラザに内紛」などの一部報道があり、施設運営に関して不適切な資金調達なども指摘されている。中野区は「NSPの中での協力関係が失われた」として、民間企業側と事業譲渡などを協議してきた。

今後、中野区は、NSPの保有する中野21の全株式を9億7千万円で取得し、議決権を100%確保。中野21に子会社を新設し、NSP側から運営体制を譲り受ける。資金として、区は中野21に4億5千万円を新たに出資する。区側は事業パートナーを2012年までに決定し、再整備計画を策定する方針。

子育て応援プラザ開設へ

港区

港区は30日、子育て応援プラザ「Pokke（ぽっけ）」を芝5丁目にオープンする。6泊7日まで預かるショートステイ、夜10時まで預かるトワイライトステイ、一時預かり、子育てひろばの4事業を1カ所で実施する。23区でも初の取り組み。近隣に新施設ができて閉館した芝児童館を改修しての開設。改修と運営は、NPO法人ワーカーズコープ（豊島区）への補助事業とした。今年度予算として、改修工事費のほか人件費などの運営費補助などで約4億円を計上している。

トワイライトステイの部屋の天井には三日月型のライトがあり、室内を優しく照らす

ショートステイは、保護者が出張や出産、入院などの際に6泊7日まで預かる。0歳から12歳までで定員10人。1泊2日で6千円、食事代500円。

トワイライトステイは、保護者が残業などの際に午後5時から同10時まで預かる。0歳から12歳まで定員10人。平日2千円、日・祝日2500円で食事代500円。

一時預かりは、保護者の通院や学校行事参加、リフレッシュなど理由を問わずに預かる。0歳から6歳までの定員20人。平日の午前8時から午後6時までは4時間まで区内在住者が2千円、区外の人が2500円で、早朝、夜間、時間を超えるごとに料金がかかる。

子育てひろばは、乳幼児の親子向け。子育ての仲間づくりや情報交換、子育て相談が無料でできる。0歳から3歳の子どもと保護者が対象で定員は常時25組まで。

子育てひろばが30日オープンで、そのほかは11月30日までに、順次、事業を開始する。

こうした事業は、同区内外でも単独では行われているが、4事業を合わせて行うのは例がない。

神田市郎・子育て支援計画担当課長は「港区は転入者が多いが、知り合いも少ない中、マンションで孤立して子育てしている例もある。主として在宅で子育てをする人の支援を考え、幅広いニーズに応える場として開設した」と話す。保育園利用者でもプラザの利用は可能。港区内のほとんどの区立保育園は、最大で午後8時15分までの預かりのため、育児サポート事業などに頼んで送迎さえ手配すれば、トワイライトステイの活用もできる。

正常化に向かうごみ分別

35年ぶりの転換　サーマルリサイクル実施（下）

減量傾向

サーマルリサイクルなどで残余年数が50年以上になるとされる最終処分場を延命するため、廃プラのサーマルリサイクルが05年の区長会総会で決定し、08年4月から順次導入されている。

分別変更のモデル実施では、不燃ごみが7割減になり、本格実施でも同じ結果が出ると予想された。ところが、4月にサーマルリサイクルを本格実施した10区では、今年4～9月の不燃ごみが前年同期比で79%減り、予想を超える結果となった＝別表。

ここからは、不燃に混入していたプラスチック、缶などが資源に回った実態が読み取れる。現在、中央防波堤の不燃ごみ処理センターでは、不燃ごみを固形化する「接着剤」の役割を果たしていた缶が激減し、不燃ごみの成形がしづらくなっているという皮肉な現象も起きている。

燃やす区

10区のうち、大田、北、荒川、足立の4区では、ペットボトルなどを除く廃プラを燃やしているが、不燃ごみの減量分が可燃ごみにほぼスライドしていることも別表から読み取れる。廃プラを燃やすことで、住民のリサイクル意識を低下させ、ペットボトルなどの回収量は減ってしまうのか。

しかし、ペットボトルの回収量の推移を見ると、そうした影響は見られない。

北区は、サーマルリサイクルのモデル地区でアンケート調査を行い、544人から回答を得た。資源の分別の変化を質問したところ、「今までよりも分別するようになった」が19・3%だった。本格実施後も、区の担当者は「廃プラの分別変更でペットボトルが相当増えている」と述べた。

大田区、荒川区などでも、ペットボトルなどの回収量が増加傾向だ。不燃ごみから廃プラが抜けたことで、分別方法が簡素化されて分けやすくなり、資源の回収量が増える効果が出ている。

10区のごみ量の推移（07年と08年4～9月）

区名	不燃ごみ 07年	不燃ごみ 08年	不燃ごみ 前年比	可燃ごみ 07年	可燃ごみ 08年	可燃ごみ 前年比
中央	4383	1249	△71.5	16303	18220	11.6
新宿	10415	3896	△62.6	33682	37305	10.8
大田	15699	3044	△80.6	60674	70385	16.0
杉並	12150	2524	△79.2	46996	51925	10.5
北	9104	2285	△74.9	29408	35206	19.7
荒川	6208	1827	△70.6	18790	22522	19.9
板橋	13920	2258	△83.8	45480	57154	25.7
足立	17426	2939	△83.1	59139	73716	24.6
葛飾	11065	1962	△82.3	39277	44362	12.9
江戸川	16052	2519	△84.3	58435	67481	15.5
合計	116422	24503	△79.0	408184	478276	17.2

※08年は速報値。　（単位＝トン、%）

資源回収の区

35年ぶりに廃プラが不燃から可燃ごみに変わり、資源回収する区の住民が新分別に慣れるには時間がかかる。廃プラを燃やす区より資源回収する区の方が、課題は多い。

廃プラの回収量が低迷しているのは新宿区で、一人あたりの廃プラ回収量はモデル実施で目標値の10㌔をほぼ達成したが、本格実施後は7㌔にとどまるという想定外の結果が出た。区担当者は「不燃ごみに廃プラが混じっている実態もある」と指摘した。

不燃ごみが減量した中、新宿区の不燃ごみの回収頻度は週1回だが、杉並区では、週1回から隔週に変更したところ、不燃ごみに混入していた缶が減った。区担当者は「家庭で2週間も持ちきれなくなって、缶が資源に回り、回収量が4割増えた」と、回収頻度を減らしたことで分別が徹底されたと分析する。

さらに葛飾区では、容器包装プラの回収量は計画の6～7割で推移し、洗えば資源として回収できる廃プラが可燃ごみに混入していると指摘する。洗うのが面倒であれば、サーマルリサイクルは廃プラを可燃ごみに捨てる抜け道になるため、区民の理解と協力が必要だ。

成果と課題

区ごとに独自の課題を抱えるが、不燃ごみが10区で減量し、資源回収が伸びる区が大半だった。35年ぶりの廃プラの分別変更がもたらしつつある成果は、中央防波堤の埋立処分場の延命、ごみ分別の正常化だ。

一方、10区の可燃ごみが17・2%も増加しており、二酸化炭素の排出量の増加が懸念される。再資源化に適さない汚れた廃プラなどを、やむをえず燃やすのが原因だろう。燃やすことに安住することなく、ごみの発生抑制の仕組みを構築し、二酸化炭素の削減にも努めたい。＝おわり

延命が図られている中央防波堤の埋立処分場＝東京都環境局提供

中央区が"最も若い区"に

中央区が、かつての高齢化率1位から、23区で一番若い区へと若返った。再開発による若い世代の流入が原因とみられる。

同区の65歳以上の高齢者人口の割合は、1981年には12・7%（23区平均8・5%、都平均7・9%）で、23区中で第1位。その後も2位や3位が続いてきたが、92年に4位となり、トップ3のランク外に。以後、5位、6位と順位を下げ続け、2005年には22位に。05、06、07年と江戸川区に続いて下から2番目だったが、今年の調査の結果、16・7%（23区平均19・5%、都平均19・4%）で、江戸川区を抜いて"最も若い区"になった。

同区は戦後の都心の空洞化に伴い人口減となったが、住宅整備など定住人口回復の対策を進めてきた。最近では、先月、人口11万人を突破するなど人口増が続いている。

同区企画部の高橋繁敏副参事（都心再生・計画担当）によると、中でも、30代、40代と0歳から4歳の人口の伸びが目立つ。この5年間で30代は約7600人、40代は約5600人、0歳から4歳は約1200人の増。合計特殊出生率は1・02と、94年以来久しぶりに1を超えた。

人口増が顕著なのは月島地区。大規模開発が進んで高層マンションが建ち、さまざまな階層の人たちの居住が可能となっている。同地区は見晴らしの良い運河沿いで、銀座へ自転車で行ける距離にあるほか、都心に通うサラリーマンにとっては、職住近接のメリットもあるなど若い世代を引き付けている。

区では、人口増はしばらく続き、2018年には13万人になると見込んでいる。企画部では「今後は小学校など区有施設の更新時期を迎える。将来的な人口推計をにらみながら、計画を立てていくことになるだろう」と話している。

23区の高齢化率（%）

順位	区	高齢化率
1	台東	23.82
2	北	23.69
3	荒川	22.54
4	墨田	21.25
5	葛飾	21.19
6	足立	21.07
7	豊島	20.25
8	新宿	20.13
9	千代田	19.75
10	板橋	19.63
11	大田	19.60
12	文京	19.57
13	中野	19.44
14	品川	19.26
15	杉並	18.93
16	江東	18.90
17	練馬	18.78
18	渋谷	18.48
19	目黒	18.39
20	世田谷	17.83
21	港	17.36
22	江戸川	17.01
23	中央	16.73
平均		19.49

（2008年1月1日現在）

記者席

都議たちのリスク管理は？

○……ここ2カ月、新銀行東京にまつわる都議、国会議員らの口利き融資が相次いで報道され、それに対し新銀行東京は「ニュースソースがどこにあるのか分からないが、顧客情報を漏らした事実はない」としている。

その一方、報じられた当の都議たちにも取材したが、その言い分は「会社が資金繰りで困っているようなので制度融資も含め、相談に乗ってやって欲しいと産業労働局に電話した」と話す。しかし、それ以上でも、それ以下でもないという。

新銀行東京や当の都議たちの説明をにわかに信じる人は少ないと思うが、それより一番不思議なのは、将来、口利き融資があったとマスコミで報じられ、わが身が渦中に置かれるおそれがあるから、慎重に振る舞おうというリスク管理を都議たちが怠っていた点である。想定していなかったのだろうか。

○……C40気候変動東京会議では、当たり前だが、ほとんどの参加者が日本語をしゃべってくれない。

日本語を話す人が登場するとホッとするが、午後のセッションで三上岳彦教授まで英語でプレゼンを始めたときには、さすがにガックリした。同時通訳を通すと、話し手の言葉が今ひとつピンとこない。「英語で聞けばいいじゃん」と都の幹部にさらりと言われて、自らの英語力を恨んだ。

○……「今後、子どもの顔を見ることのできない母親をつくってほしくはない」。都内の妊婦が7病院に受け入れを拒否された事案を受けて開かれた江東区の産科医による記者会見で、事態の一部始終を見守っていた遺族からのメッセージが読み上げられた。奈良県で妊婦の「たらい回し」が問題になってから1年余り。ある都幹部は「事態は全く改善されていない」と語った。

2時間半にわたった都幹部の会見でも、墨東病院の初動対応に質問が集中。かかりつけ医の会見でも「墨東病院にどう説明したか」が関心を集めた。記憶を搾り出しながら答える当日の当直医。院内に残って会見の様子を聞いていた女性職員が無言でうなずく姿が印象的だった。

全国学力調査の区平均正答率

港など4区がHPで公表

千代田など9区は非公表

文部科学省が今年4月に実施した全国学力・学習状況調査を受け、港、墨田、荒川、足立の4区が、区の平均正答率をホームページで公表した。また、大田、杉並、板橋などの区では公表に向けて本格的な準備に入っており、文京、渋谷などでは平均正答率を区議会に報告するなどの形をとっている。公表の流れは26市にも及び、八王子、武蔵野、三鷹など多くの市が公表もしくは公表予定で、今後も公表に踏み切る市が増えそうだ。その一方で、「数値だけが独り歩きして、学校の序列化につながる」と危惧する声も強く、23区では千代田、新宿、中野など9区が非公表を決定するなど、対応の仕方にバラツキがあることがわかった。

「序列化」危惧する声も

文科省は今年4月、全国の小学6年生と中学3年生を対象にした「全国学力・学習状況調査」を実施した。児童・生徒一人ひとりの学習改善や学習意欲の向上を目的としたもので、教科に関する調査では「知識」問題として国語A、算数・数学Aと、「活用」問題として国語B、算数・数学Bの4問題について調査している。

これを基に都教育委員会は、東京都の調査結果を報告書にまとめ、公表した。情報開示請求を受けて、大阪府が市町村別の平均正答率を一部開示したが、都教委は区市町村別平均正答率の公表については、「各区市町村教委が自主的に判断するもの」（指導部）との姿勢をとっている。

本紙の調べによると、すでにホームページで区の平均正答率を公表しているのは、港、墨田、荒川、足立の4区。港区は小学校の国語A・75・5、中学校の国語A・74・1などと示し、「小学校の特に各教科とも『B』の平均正答率が全国を大きく上回っており、考える力が育っている」と分析。その上で、結果をもとに、各学校で課題や重点指導などを検討し、授業改善プランに反映させることを求めている。

墨田区は、すみだ教育研究所が区の平均正答率を公表するとともに、調査結果を詳細に分析。小学校と中学校それぞれの「強み」と「弱み」、さらに今後の改善策を提示した。同区の場合、小学校は国語A・Bと算数Bが全国平均をかろうじて上回ったものの、算数Aは全国平均をわずかに下回った。中学校については4問題とも全国平均を下回っている。このため、今後は、「開発的学力向上プロジェクト」の推進、教育委員会チームによる学校訪問と授業改善、読解力育成に資する独自教材の開発などの施策に取り組むとしている。

荒川区では、小学校は全国平均をすべて上回ったものの、中学校は4問題とも全国平均を下回った。同区では「今後、調査結果を分析し、教委及び各小中学校で、児童・生徒の学力向上のために活用する」としている。

足立区も、区の平均正答率を都、国と比較する形で掲載すると同時に、特に正答率が低かった問題例を提示した。同区の場合、小学校の国語A・Bが都、全国とも下回り、算数A・Bが都、全国と同率。中学校は4問題すべてが都、全国の平均正答率を下回っている。

この4区はいずれも調査結果を授業改善プランなどに反映させ、児童・生徒の学力向上に結びつけたいとしているが、大田や杉並、板橋でも同様の目的で、区の平均正答率を公表する予定で準備しており、「学習指導や授業改善のデータとして使いたい」（板橋区教委）としている。

また、文京や江東、世田谷、渋谷、豊島、北の6区では、ホームページでの公表は見送ったものの、区議会文教委員会や小中学校長会、保護者会などで区平均正答率のデータを報告している。

「区民向けには公表しないが、学校ごとの授業改善プランの中で触れる可能性もある。その点は、各学校長の判断になる」（文京区教委）という。

一方、千代田、中央、新宿、台東、品川、目黒、中野、葛飾、江戸川の9区は、非公表の方針。「数値だけを示してプラスになるのか疑問。むしろ各学校の特徴を捉えて授業改善に取り組む姿勢が重要だ」（千代田区教委）「数学が独り歩きして、学校の序列化につながるのが恐い」（中央区教委）などと危惧する声が強い。品川や葛飾などの区では、独自に学力調査を実施しており、それで十分間に合うとの認識もある。

26市でも公表に踏み切る市が増えてきた。国立と狛江の2市はすでにホームページで市の平均正答率を公表。八王子や武蔵野、三鷹、昭島などでも市議会への報告を含めて公表または公表予定で、「税金を使っている以上、市民への説明責任がある」（昭島市教委）などと積極的な姿勢をみせている。今後も公表する市が増える見通しだが、学校ごとのデータ公表となると、区市によって取り組みが異なり、バラツキが出てきそうだ。

23区の平均正答率の公表状況

千代田	非公表
中　央	非公表
港	HPで公表
新　宿	非公表
文　京	議会等で報告
台　東	非公表
墨　田	HPで公表
江　東	議会等で報告
品　川	非公表
目　黒	非公表
大　田	公表の予定
世田谷	議会等で報告
渋　谷	議会等で報告
中　野	非公表
杉　並	公表の予定
豊　島	議会等で報告
北	議会等で報告
荒　川	HPで公表
板　橋	公表の予定
練　馬	検討中
足　立	HPで公表
葛　飾	非公表
江戸川	非公表

10月17日現在（本社調べ）

教職員のキーワード 74

都の学力調査結果

都教育庁は、10月9日に、2008年度全国学力・学習状況調査の結果について発表しました。この調査は、文部科学省が4月22日に実施し、全国の結果については8月29日に公表されています。

小学校調査は小学校第6学年、特別支援学校小学部第6学年、中学校調査は中学校第3学年、中等教育学校第3学年、特別支援学校中学部第3学年が対象です。都内公立学校では小学校調査は8万7874人、中学校調査は6万9199人が対象となりました。

調査の内容は、教科に関する調査として国語と算数・数学について、それぞれ主として「知識」に関するA問題と、主として「活用」に関するB問題が実施されました。また、生活習慣や学習環境に関する質問紙調査も実施されました。

教科に関する調査の結果は、小学校調査では平均正答率が国語A68・5％（全国の公立65・4％）、国語B54・1％（同50・5％）、算数A74・2％（同72・2％）、算数B55・7％（同51・6％）となっており、いずれも全国の公立学校の平均を大きく上回っています。中学校調査では、国語A73・5％（全国の公立73・6％）、国語B61・4％（同60・8％）、数学A62・6％（同63・1％）、数学B48・9％（同49・2％）で、ほぼ全国の公立学校の平均に近いものになっています。

調査からは、児童・生徒の学習状況について、例えば、中学校で変化の割合が一定ならばすべて比例と理解したり、単純に一定の割合で減るものを反比例と誤って理解したりしている生徒が多数いることなどが明らかになりました。

生活習慣や学習環境等に関する調査結果では、小学校、中学校とも学校の授業時間以外の平日一日あたりの勉強時間について、最も長い「3時間以上」と回答した児童・生徒の平均正答率が最も高くなっています。また、学校のきまりを守っているかという質問について、小学校、中学校とも「当てはまる」と回答した児童・生徒の平均正答率が最も高くなっています。

また、学校に対する質問紙調査も実施されました。この中で、「土曜日を利用した補充的な学習サポートを実施していますか」という設問に対し、都内の公立学校では小学校14・0％（全国の公立1・7％）、中学校21・6％（同3・4％）が「はい」と回答しています。「長期休業期間を利用した補充的な学習サポートを実施していますか」の設問には、都内の公立学校は小学校79・3％（全国の公立50・0％）、中学校95・2％（同77・0％）が「はい」と回答し、こうした取り組みをしている都内公立学校の割合が全国に比べて高いことが分かります。

都教育庁では、今後、報告書を送付して各学校の授業改善や区市町村教育委員会の施策に生かすこと、授業改善研究推進校や学力向上実践研究推進校の研究成果の普及を図ること、指導主事が学校を訪問して各学校の授業改善を助言することなどを行っていきます。

教育委員が園・学校を視察

「教育の日」推進事業

都教育委員会はこのほど、11月1日の「教育の日」を中心に展開される推進事業の視察日程を決めた。学校などの特色ある取り組みや授業を教育委員が視察し、教職員や保護者らと意見交換するなど、その取り組みの支援と都民へのアピールが目的。28日の港区立青山小学校を皮切りに、11月26日の世田谷区立船橋中学校まで計6回の視察が予定されている。

港区立青山小学校には、内館委員と大原教育長が訪れ、リーディングアドバイザリースタッフと地域住民による読み聞かせや、学芸会に向けたミュージカル劇団による2時間の「ワークショップ」を視察する。11月6日は千代田区立いずみこども園を木村委員長と瀬古委員が訪問。子供が考えた環境に関する「ISOクイズ」や、自分の使った部屋をきれいにする一斉清掃を見学する。

14日は大原教育長が、教科担任制の研究に取り組んでいる台東区立根岸小学校に足を運び、電子黒板を活用した「3年算数の授業」を視察。翌日の15日には、世田谷区立喜多見小学校を瀬古委員が訪れ、同区独自の「日本語」教育の一環として取り組んでいる授業を視察する。

高坂委員は22日に東村山市立南台と富士見小学校を訪れ、両校が合同して行う「土曜子ども講座」を視察。最終日の26日には、高坂委員と大原教育長が世田谷区立船橋中学校を訪問し、1年理科の授業「音の世界」を視察する。

「概ね着実に進捗」

事務管理等の点検・評価

東京都教育委員会はこのほど、2007年度の都教委の権限に属する事務管理と執行状況、点検・評価についての報告書をまとめた。地方教育行政の組織及び運営に関する法律に基づくもので、07年度主要施策の点検・評価の結果を報告するとともに、学識経験者の意見を添付した。

報告書によると、都教委は昨年度、定例会を21回開催（議案93件、報告事項76件、協議事項2件）した。また、知事への予算要望を行うとともに、区市町村教委や都立学校長との意見交換も実施。さらに、「東京都教育の日」をはじめとした学校訪問、教育目標を達成するための「基本方針」の一部改訂、「東京都教育ビジョン（第2次）」の策定作業などを手がけた。

教育事務管理や執行状況の点検・評価については、今年6月に決定した「基本方針」に基づき、「人権尊重の精神」と「社会貢献の精神」の育成など4本柱に沿って、38の主要施策について実施した。

たとえば、いじめや暴力行為、不登校・中途退学などへの対応では、「学校サポートチーム」を13区11市に設置。スクールカウンセラーについては公立中学校全校（639校）、高等学校60校に配置した。また、いじめ問題学校支援員は、22区26市3町1村の教育委員会に派遣するなどの取り組みを行った。

こうした点検・評価について、網野武博・東京家政大学教授、笹井宏益・国立教育政策研究所総括研究官、箕輪優子・横河電機CSR推進本部の3人の有識者が意見を述べ、「主要施策はおおむね着実な進捗が認められる」「教育活動の回数の目標設定より、生徒がどう成長したかが重要」「成果に至る過程を評価することが必要」「幼稚園、保育所と小学校が、子供たちの発達の連続性を踏まえた連携を行うことが必要」などと指摘した。

未来を拓く

――キャリア教育の取り組み　〈2〉

全員参加のインターンシップ

都立足立西高等学校は、1973年設立された各学年6クラスの部活動が盛んな普通高校で、生徒は朝早くから放課後遅くまで熱心に活動しています。

学校は、今年3月に開通した日暮里・舎人ライナー江北駅から徒歩10分のところにあります。また、学校から北東1㌔㍍のところに西新井大師があります。生徒の多くは足立区内からの自転車通学者で、近隣の他区からの通学者は10％位です。

■多様な進路に対応

卒業後の生徒の進路は、以前から大学進学者、専門学校進学者及び就職者が同じ位の比率でした。ここ数年大学進学者が増加傾向にありますが、強いていえば、「進路多様校」といえます。

そのため、本校のキャリア教育では、多様な進路選択に柔軟に対応した系統的な計画を立てています。1年生では職業に対する知識と経験を蓄積するのが目標です。ここで中心となるのが、生徒全員のインターンシップ参加ということになります。これらの指導は、総合的学習の時間を使って行い、単位認定しています。

インターンシップの概要ですが、1年生全員が11月に3日間行い、約100事業所に数人ずつ分散派遣します。2001年度から実施していますが、最初は学校行事で開始し、3年目から「総合的学習の時間」の授業として実施しています。

事業所開拓は、生徒数が多いので最初は大変だったと思います。受け入れてくれそうなところは、区役所やハローワークなどの援助なども もらい、学校と少しでも関わりのある事業所をほとんどすべてに依頼したそうです。

■成長した目で

インターンシップのメリットは、実際に社会で働いている大人を見習い、体験を通じて自分の足らない点、いま学校で学んでいることの将来への意味などを模索できることです。

中学校までにも、インターンシップを実施していると思いますが、それを義務教育が終わり、高校受験を体験した高校生として、もう少し成長した目で見てもらうのが趣旨です。

年間の実施計画ですが、意識付けを行うため、入学直後の4月には予備の希望調査を行います。実施1週間前には、生徒は派遣される事業所に事前学習も兼ねて、あいさつに行きますが、派遣先への電話連絡から生徒自身に行わせています。

また、高校へ入学して日が浅いので、派遣先に失礼がないように、電話のかけ方、大人との接し方、お礼やあいさつの仕方などのマナー指導・接遇の指導も行います。実施期間中は、学級担任と副担任（全員で12人）が、あいさつも兼ねて事業所を訪問します。

実施終了後は、12月に派遣先単位で体験発表会を開きます。これは、生徒の情報伝達力・自己表現力を育成するとともに、自分が体験した以外の職業の情報を、大人からの伝聞ではなく、同じ目線の同世代同士で共有するためでもあります。

■意欲形成に役立つ

最後に参加した生徒全員の感想文や意識アンケートなどをまとめた報告書を冊子の形で作成し、お世話になった各事業所にも贈呈して1年間の事業を終了します。

以上が本校のインターンシップ事業の概要ですが、入学直後の1年生秋での体験でもあることから、その後の生徒の学校生活における姿勢や意欲形成に大いに役立っていると思います。

（都立足立西高等学校長　酒井定克）

体験活動で園芸作業を行う生徒たち

受験者数5年連続増加

09年度教員採用選考

09年度の東京都公立学校教員採用候補者の選考結果がこのほどまとまり、受験者数は05年度から5年連続で増加した。

公立学校の教員採用候補者選考は7月に第1次の筆記試験、8月に第2次の面接試験と実技試験が行われた。受験者数は1万2457人で、今年度に比べて88人増加した。また、名簿登載者数は3415人と今年度より171人多かった。このうち小学校と社会人特別選考、東京教師養成塾特別選考の受験者数は合わせて4045人で、名簿登載者数は1615人となっている。

受験者数を登載者数で割った採用倍率は3・6倍で、今年度の4・7倍を大きく下回った。校種・教科・科目別にみると、倍率が最も高いのが特別支援学校中等部・高等部の社会で19・5倍。次いで高等学校の農業14・7倍、中・高等学校共通の公民11・2倍、同保健体育・柔道10・5倍となっている。

なお、年度途中の欠員に対応するため、07年度から導入した期限付き任用教員の名簿登載者数については、07年度・475人、08年度・1197人と増え続け、来年度は2499人となった。

シンポジウムと研究発表会開催

港区の研究奨励園・校

港区教育委員会の研究奨励園・奨励校となっている区立赤羽幼稚園と赤羽小学校の研究発表会とシンポジウムが11月21日、同園・同校で開催される。

研究主題は「学び合える子の育成」で、保育、生活科・総合的な学習の時間を通した「幼小連携」の教職員の取り組みを報告。具体的には、生活科や総合的な学習の時間のカリキュラムの工夫、学び合える資質・能力を伸ばす指導の工夫、発達段階に応じた指導の工夫などについて研究の成果を発表する。

当日は公開保育、公開授業が行われ、幼稚園児と小学5年生との交流や保護者がゲストティーチャーとなる「友達の仕事から学ぼう」、地域の豆腐店（栄養職員）を招いた「豆腐作りに挑戦」、手話体験、オーストラリア大使館職員による授業、慶応義塾大学応援指導部による「大学生から学ぼう」など、ユニークな学習活動を予定している。

シンポジウムでは、港区教委の岡村克志・統括指導主事がコーディネーターを務め、帝京短期大学講師の羽豆成二氏、聖心女子大学准教授の河邉貴子氏、文部科学省・国立教育政策研究所統括研究官の下田好行氏の3人が、研究発表の中身を中心にして議論を展開する予定である。

毎週金曜 3面は 教育オンライン

特別区確定交渉

組合が要求書を提出

区長会　成績率制度に問題意識

人事委員会勧告後、初となる特別区の団体交渉が20日に行われ、特区連と東京清掃労組が08年賃金確定交渉にかかわる要求書を提出した。組合側が大都市東京の生活実態にふさわしい賃金水準や、「昇格メリット」の改善、勤務時間の短縮などを求めたのに対し、区長会は現時点での認識として、勤勉手当の成績率制度の見直しの必要性や、勤務時間の改定には休息時間の廃止が必要などとする考えを示し、労使が火花を散らした。人事委員会勧告では、給与や一時金の改定を「据え置き」としたが、山積する諸課題をめぐり、今確定交渉でも激しいやり取りが行われることになる。

昇格メリット問題　号給決定方法を改正へ

■成績率

人事委員会が行った官民比較の結果、民間が給料月額で75円(0・02%)、特別給で0・01月上回ったが、較差が小さいとして、いずれも較差分の改定を見送った。

この勧告に対し、特区連は「00年度以降、マイナスや据え置き勧告が9年間も続いており、職員の生活実態からも到底納得できない」と批判。区長会に労使協議・合意に基づく賃金等の改善を申し入れた。清掃労組は、現業系職員に給料表の早期提示を求めた。

また、今確定交渉の争点の一つとなるのが成績率の拡大だ。人事委員会が「成績上位者へ必ずしも十分に配分される仕組みになっていない」などと言及したことを受け、団交では区長会が二つの問題意識を示した。その一つが勤勉手当の算定基礎に扶養手当を含む点だ。

国が算定基礎に扶養手当を含んでいない点に触れ、「勤勉手当は勤務成績に応じて支給される能率給で、勤務と直接関係ない扶養手当等を基礎にすることは適当ではない」との考えを示した。

もう一点が、対象者と、その拠出割合だ。特別区では現在、行政系の係長職以上に適用しているが、国は係長級以下を含む全職員に適用している。また拠出割合も1%以内の特別区に対し、国は年間0・06月分で4%拠出に相当することなどから、特別区も対象者と拠出割合を拡大すべきとの認識を示した。

これに対し、特区連は「勤勉手当の成績率は今年度から適用されたばかりで、評価制度や運用状況の検証を抜きに成績率の拡大など受け入れられない」と切り捨てた。

清掃労組も「国や地方自治体など、すべて独立した自治体であり、自治体間の違いが生じて当然。国に合わせる根拠が見当たらない」と批判する。

さらに、扶養手当を算定基礎から外す点についても、子育て世代への影響が大きいため、組合側が反発を強めている。

■昇格メリット

昨年度の確定交渉では、技能・労務職給料表を平均9%削減するとともに現給保障を行った。しかし昇任・昇格時や、人事評価でA評価を得た場合も賃金に反映されないケースが多数発生するため組合が反発。区長会は昨年の特区連との最終団交で、昇格時の号給決定方法を今確定交渉期までに検討する考えを示していた。

こうした背景もある中で、区長会側は団交で行政職も含めた号給決定方法の改正の考えを示した。職責に基づく人事・給与制度構築の考えのもと、現在の4号加算方式から、昇格後の級の最高間差額を基本とする方式に改めるという。

例えば、現在の4号加算方式では、4級から5級に昇格する場合、昇給額は最低で2400円程度、最高で1万円を超える額まで開きがある。これを一律、最高額とする考え方だ。

こうした見直しは、国も05年度に行っており、これに準じたものとなる。区長会は「昇格時に、職責に応じて等しく給与上のメリットを享受できることが、高齢層の昇任意欲を高める上で必要」と述べ、今後、具体的な改正案を示す。

こうした昇格メリットの考えは、組合としても受け入れられる内容である一方、昨年の最終妥結時には、区長会が級格付の資格基準などについても協議する考えを示していた。特区連はこうした経緯に触れながら、「業務職給料表の引き下げにいたる交渉経緯を踏まえた解決」を強く求めた。

また、清掃労組は制度構築にあたり、「実態として、給与処遇に反映するような、職員のやる気が沸きあがるような制度」を要求した。

■勤務時間

ここ数年の民調結果では、民間事業所の1日あたりの平均労働時間は7時間40分程度で推移しており、今年も7時間39分だった。人事委員会は1日あたり15分の短縮を示したが、特区連は「民間準拠を原則とする公務員の勤務時間からすると、遅きに失した報告だ」と指摘。清掃労組も「過酷な労働環境におかれた職員の勤務時間短縮に寄せる思いは強い」などと述べ、いずれも来年1月1日からの実施を求めた。

これに対し、区長会は、勤務時間の見直しは職場の勤務体制を十分検討する必要があるとの考えを示すとともに、見直しに当たっては「他団体の多くで、すでに廃止されている休息時間を廃止することが、必要欠くべからざる条件」との認識を示した。

だが、休息時間は各区事項であり、統一交渉の場で「前提条件として」言及したことに特区連が猛反発。「各区交渉事項と統一交渉事項とを混同して扱うのは誤りだ」と区長会の姿勢を厳しく批判した。

このほか団交では、技能長職の設置基準について、区長会が現在進めている技能系職場の実態調査結果の分析結果を踏まえて、必要があれば早期に見直す考えを改めて示した。また、見直しに当たっては、同一職種内の職務間異動の弾力化を併せて行う考えを改めて示した。技能系の設置基準は、技能主任等も含めて組合側が強く改善を求める課題であり、大きな争点の一つとなる。

特区連

中央委で闘争方針を確認

西川委員長「要求課題の前進を」

今年も山積する課題に向け、西川委員長が総団結を求めた

特区連の中央委員会が20日、水道橋の全水道会館で行われ、今年の秋季年末闘争方針を確認した。西川雅春委員長は「組合員から出された切実な要求課題を、一歩でも二歩でも前進させていく」と決意を述べた。

「今年の勧告の特徴は、何と言っても3年連続で『50人以上』の企業調査を行ったことだ」。冒頭、西川委員長は、こう切り出した。

民調での小規模事業所の比率は、初めて調査対象に加えた06年度の5%程度に対し、今年は16%と3倍以上になった。「75円の較差は、小規模事業所を入れたことによる数字のトリック。1千人以下の区役所がない中で、同種同等の比較が勧告の本旨ならば、是正させねばならない」と訴えた。

また、今年の勧告の特徴の一つとなる「労働時間の短縮」では、区長会が団交で「休息時間を廃止することが必要欠くべからざる条件」という認識を示したが、西川委員長は「休息時間は各区事項であり、統一交渉事項と混同させて、同じまな板の上での交渉はありえない。これは基本的なルールの問題だ」と述べ、区長会の対応を痛烈に批判した。

さらに団交では、今年の確定闘争の争点の一つとなる昇格時の号給決定方式について、区長会が現行の4号加算方式を改め、昇格後の最高間差額の加算を基本とする改善を行う考えを示した。西川委員長は、「昨年、業務職給料表の引き下げに伴って、私たちが交渉期限を延長して獲得した到達点。今年の交渉課題とは区別し、去年の約束として果たしてもらう」など決意を語った。

このほか、区の勧告から6日遅れで示された都の人事委員会勧告にも言及。「第四回定例都議会の2週間前に決着をつけるのが、これまでの労使の基本的な考えだが、1カ月もない中で多くの課題を決着できるか」と、人事委の姿勢を批判するとともに、現業の給料水準調査を行った点についても「本来、都人事委員会が関与してはならない。労使で結論を得るべき問題だ」とバッサリ。さらに「都の動向は、来年の特区連の確定闘争にも大きな影響を与える」との認識を示し、厳しい闘争に向けて組合員の団結を求めた。

確定交渉期の闘争方針では、賃金改善のほか、勤務時間短縮や成績率の改悪阻止、技能・業務系人事制度の改善、昇格メリットを享受できる制度の構築などを強く求めることを確認した。11月21日に統一実力行使を構え、区長会要請決起集会などに取り組みを強めていく。

都と都労連　都人勧後　初の小委

交渉期の協議事項を整理

現業・教員・時短等で主張対立

都と都労連による小委員会交渉が21日に開かれ、今年の給与改定交渉期における協議事項の整理を行った。この中で都側は、勧告の取り扱いに加え、重要課題となる教員給与や現業給与制度、勤務時間に関する考え方を述べた。一方、都労連は、勧告に基づく給与改定に応じることはできないとし、協議事項に対する基本的な立場等を示した。労使の主張は、重要課題を中心に厳しく対立しており、今後も困難な協議が予想される。

小委員会で都側は、勧告について「年功的な要素を見直すとともに、職務・職責をより一層反映した給与制度を構築しようとするもので、勧告の内容を重く受け止めている」と表明した。また勧告に関連して、教員給与のあり方も、教員の職務段階別加算や退職手当の調整額、旅費の日当や宿泊料などの項目を挙げ、具体的な見直し案を示す考えを打ち出した。

職務段階別加算は、職責に応じて加算する制度本来の趣旨から、経験年数に応じた区分設定や加算割合を見直す必要があると指摘。併せて退職手当の調整額も見直しを図るとした。

教員の旅費も、日当や宿泊料など号給別に支給額が定められ、年功的な要素を残しているとし、職務の級を踏まえた支給額への改正に言及した。

現業系職員の給与制度では、国との均衡の観点から、現行の給料月額を少なくとも15%程度引き下げる必要があると説明し、人事委の独自調査の結果も考慮しながら、都労連が主張する「行(一)水準の横引きは極めて困難」と言明した。

その上で「業務職給料表について、国との均衡や民間給与調査を考慮し、給料月額の引き下げを行うとともに、昇給カーブのフラット化を図っていく」との考えを明らかにした。都側は早急に具体的な見直し案を示すとしている。

勤務時間の短縮に関しては、国の実施状況や他団体の動向、都民サービス低下を来さないことに加え、行政コストの増大にもつながらないよう慎重に判断するとの姿勢を打ち出した。

これに対して、都労連は、まず勧告内容について「職員の誰もが予想もしなかったマイナス勧告。全く不当で、かつてなくひどい勧告」と批判。都労連要求実現に向けて労使協議を尽くす決意を表明した。

給料表構造では、年功的要素の見直しと職務・職責を反映した給与制度を「組織全体のやる気を削ぎ、組織全体の力を弱める」と強く否定し、教員の職務段階別加算に関しても、教員の職務の特性から現行制度を守ることが必要と訴えた。

現業系職員の給与制度では都人事の独自調査について、専門サービス業の平均勤続年数や一般事業所の職種別従業員数などを例に「同種同等の比較とは言えない」と非難。都側には、都の現業系職場と職員が果たしている役割をきちんと評価し、給与水準について現業系職員が納得するように説明する責任があるとしたほか、昇給カーブのフラット化も「言語道断」と反発している。時間短縮では、国はどうであれ、都として早急に決断すべきと求めている。

公募制人事

08年度の人材募集開始

気候変動対策推進など20分野で

都総務局は08年度の庁内一般職員公募制人事に基づく募集を20日から始めた。同制度は00年度から実施しており、今年度は安全・安心まちづくりの推進、危機管理、気候変動対策の推進など20分野で100人程度を募集する。

今年度の募集では、対内外的な対応を行う困難なポストに若手職員を配置する「若手チャレンジ」として、青少年・治安対策本部が人材を求めた。地域防犯モデル事業のほか、子ども自身の犯罪被害防止能力を高める「地域安全マップ」づくり、防犯ボランティアなどに取り組む。

大規模プロジェクトでは、新たに環境局が気候変動対策の推進にかかわる職員を募集する。同局はカーボンマイナス東京10年プロジェクトに加え、環境確保条例に基づくCO₂削減義務と排出量取引制度の導入、建築物環境計画書制度の強化等を図っており、これら業務に関連して、事務や機械、電気など計6人を公募する。

専門性の高い職務では、児童福祉司の分野で、福祉保健局が児童相談所業務に活用する。今回の公募では、従来とは異なり、児童福祉司任用資格要件以外に「児童福祉司任用資格取得のための指定講習会受講等により児童福祉司任用資格を取得する意欲と見込みのある者」も加えた点が特徴となっている。

生活文化スポーツ局では、今年12月に公益法人制度改革関連3法が施行されることから、公益法人の認定、一般財団法人の移行認可、公益認定等の業務を担う。

このほか情報化推進に関しては、主税局のほか、都庁総合ホームページ「とちょう」（生活文化スポーツ局）、財務会計システム（会計管理局）の改選に際してのLANの再構築などの業務が公募された。

総務局人事部によると、同制度の募集では、生活文化スポーツ局を除き、計24分野に人が応募し、70人が配置されたという。

08年度庁内一般職員公募制人事の主な公募職務

公募職務項目	公募局	事業・事務内容
安全・安心まちづくりの推進	青少年・治安対策本部	地域防犯モデル事業や地域安全マップづくりの推進等
危機管理	総務局	都民の生命・財産を守るための総合的な防災・危機管理業務
気候変動対策の推進	環境局	温室効果ガス排出削減に向けた事業展開や環境確保条例に基づく仕組みづくり等
情報化推進	主税局等	税務総合支援システムの次期システム機器に関する事務等
法務	総務局等	都を当事者とする行政・民事訴訟にかかる書面作成・法廷活動等
島しょ地域の振興	総務局等	各支庁・出張所での庶務・税務・福祉・観光・産業振興等の業務
公益法人認定等	生活文化スポーツ局	公益法人の認定、一般社団法人・一般財団法人の移行認可
事業者指導の強化	生活文化スポーツ局	消費生活行政に関わる立入検査・処分・緊急調査等
児童福祉司	福祉保健局	児童相談所での相談対応・調査・アドバイス等
医事事務	病院経営本部	診療報酬への対応や患者環境の整備、相談業務等
職業訓練指導	産業労働局	自動車整備関連科目や強電系科目の職業訓練指導

毒物劇物の管理徹底を通知

東大農場　水銀製剤農薬使用発端に

都福祉保健局

都福祉保健局はこのほど、都内の国公立・私立大学に対して、毒物劇物の管理徹底に関する通知を出した。この中では、毒物劇物の取り扱い状況の調査・把握、不適正管理があった場合の都への報告などを求めている。

また問題の発端となった東京大学への文書による指導も行った。

毒物劇物の管理を巡っては、西東京市にある東京大学大学院農学生命科学研究科附属農場で、水銀製剤農薬の使用が発覚。これを受けて、都が同農場内での毒物劇物の保管状況等の調査を指示したところ、特定毒物の不適正保管が判明。さらに農学部栄養化学研究室（文京区）でも、特定毒物が不適正に保管されているとの報告があった。

都では、両施設への立ち入り調査を実施し、特定毒物の不正所持を確認した上で、すでに使用・譲渡等の禁止、廃棄処分、廃棄までの厳重な管理を指示している。

東大農場で保管されていたパラチオン製剤は、殺虫剤として使用されていたが、71年以降、農薬としての使用を禁止。現在は残留農薬の分析用試薬としてのみ使用されている。また農学部研究室での保管が報告されたモノフルオール酢酸ナトリウムは、野ねずみの駆除や試薬として流通しているが、使用者や用途、使用方法など厳しい規制があるという。

福祉保健局では、11月28日に都内大学を対象とした講習会を開催するほか、大学の特定毒物研究者に対する適正管理指導、同局ホームページ上での情報掲載による注意喚起などを図っていく予定としている。

民間移譲に伴って運営事業者を公募

児童養護2施設

都福祉保健局は21日、都立児童養護施設の民間移譲に伴って、運営事業者の公募を始めた。事業者から計画書類を受け付け、運営事業者選定委員会で審査した後、来年1月下旬に事業者を決定する予定。

今回の公募対象となるのは、品川景徳学園（定員48人）、むさしが丘学園（定員64人）の2施設で、現在は、いずれも都社会福祉事業団を指定管理者に指定し、管理運営を行っている。

応募資格は、社会福祉法に基づき設立された社会福祉法人であること、児童福祉施設での良好な運営実績があること、施設の安定的運営が図れる能力、資力等を有することが挙げられている。

主任主事Ⅱの倍率は24・8倍

区経験者採用1次合格

特別区人事委員会は20日、今年度の経験者採用試験の第1次合格状況を発表した。37歳以上を対象とした3級職（主任主事Ⅱ）は、今年初めて実施。事務は13人の採用予定者に対して104人が応募、1次試験の合格倍率は24・8倍の狭き門となった。2次試験は11月1日から9日にかけて行い、最終合格は12月5日。

長者　志賀子さん（ちょうじゃ・しがこ＝都福祉保健局児童相談センター事業課庶務係）18日死去、55歳。

21年度 職員教養講座 ［18］

経済・財政に関する知識 ①

はじめに

今週から3回にわたり、「経済・財政に関する知識」を取り上げます。この分野は、平成19年度より、それまでの「経済一般」という科目から、経済学・財政学・経済政策で構成される科目に再編されました。出題数も8問に増え、試験全体のなかでも大きなウエートを占める分野となっています。

経済学は、消費者・企業等個々の経済主体の活動を分析するミクロ経済学と、一国といった経済全体を分析するマクロ経済学に区分されます。財政学は、主として租税理論や財政制度から構成されます。経済政策は、独立した学問というより、マクロ経済学と財政学の延長線上にある学問分野です。

これらを踏まえ、この講座では、ミクロ経済学・マクロ経済学・財政学という区分に基づき、演習と解説を行います。

過去の出題

過去5年間の出題内容は、次の通りです。（【】内は出題形式の分類）

《平成16年度》
〈ミクロ経済学〉
①独占的競争下の企業行動分析（短期・長期最適生産量）【グラフ】
〈マクロ経済学〉
②均衡国民所得決定（投資・消費・貯蓄性向）【グラフ】
③ライフサイクル仮説（限界・平均消費性向）【計算】
④ハロッド＝ドーマーの成長理論【計算】
〈財政学〉
⑤地方財政制度の用語（地方債、一般財源と特定財源、地方交付税、国庫支出金、地方譲与税）【知識】

《平成17年度》
〈ミクロ経済学〉
①需要関数の導出（2財の効用関数）【数式導出】
〈マクロ経済学〉
②フィリップス曲線【知識】
③減税後の国民所得決定【計算】
〈財政学〉
④地方財政計画【知識】
⑤公債（赤字国債、プライマリー・バランス）【知識】

《平成18年度》
〈ミクロ経済学〉
①費用逓減産業の社会的余剰【グラフ】
②くもの巣理論における価格調整過程【知識】
〈マクロ経済学〉
③総需要曲線の導出（国民所得計算式）【数式導出】
④増税後の国民所得決定【計算】
〈財政学〉
⑤フリードマン型の負の所得税【計算】

《平成19年度》
〈ミクロ経済学〉
①所得効果と代替効果【知識】
②需要の価格弾力性【計算】
③完全競争市場の操業停止点【計算】
〈マクロ経済学〉
④45度線分析とデフレギャップ【グラフ】
⑤IS－LM曲線の均衡利子率【計算】
〈財政学〉
⑥各国の財政事情【知識】
⑦財政投融資【知識】
⑧フィスカル・ポリシー【知識】

《平成20年度》
〈ミクロ経済学〉
①2財の効用関数【計算】
②完全競争市場下の企業行動分析【グラフ】
③外部効果（外部不経済）【グラフ】
〈マクロ経済学〉
④消費関数【知識】
⑤均衡国民所得【数式導出】
〈財政学〉
⑥公共財【知識】
⑦政府の税収と税の負担配分【計算】
⑧地方財政の財源【知識】

ミクロ経済学では、消費者行動分析、企業行動分析、市場理論からバランス良く出題されています。

マクロ経済学では、国民所得に関する問題が定番となっていますが、その他にも計算・グラフ・知識問題まで、一通り出題されています。

財政学では、公債や地方財政の財源など財政用語に関する知識問題だけではなく、主要国の財政事情や計算問題も見られ、出題範囲が広くなっています。

学習方法

〈経済学〉

経済学の学習経験がある人は、公務員試験対策の問題集で演習を繰り返し、感覚をつかみ直すことが重要です。理解度が低い部分は、参考書等で知識を補いましょう。

経済学の学習経験のない人は、基礎知識の学習から始める必要があります。しかし、専門書から始めると範囲が広く、理解も容易ではないため、まずはコンパクトにまとまった公務員試験対策の参考書から取り組むことをお勧めします。

そして、参考書で足りない部分を専門書で補い、基礎的事項が押さえられたら演習問題を繰り返し、知識を定着させていきましょう。

〈財政学〉

財政学についても、公務員試験対策の参考書等を活用しながら、専門書で用語や知識を確認しましょう。特に財政用語や地方財政に関して重点的に学習することをお勧めします。

また、都や国だけではなく、最近では主要国の財政事情に関する出題も見られますので、チェックしておきましょう。

参考図書

経済学・財政学の書籍は、専門書から公務員試験対策の参考書まで、多種多様なものが出版されています。

次に参考図書の一例を挙げますが、参考図書は、
○通常学習の教科書としての参考書
○実践演習のための問題集
○経済、財政用語の意味を確認するための辞典
の3種類となります。実際に内容や難易度等をチェックし、自分に合ったものを選んで下さい。

〈参考書・問題集〉
○「コア・テキスト　ミクロ経済学」新世社
○「コア・テキスト　マクロ経済学」新世社
○「コア・テキスト　財政学」新世社
○「入門ミクロ経済学」中央経済社
○「入門マクロ経済学」中央経済社
○「公務員Vテキスト　ミクロ経済学」TAC出版
○「公務員Vテキスト　マクロ経済学」TAC出版
○「公務員試験対策　最新版パスラインシリーズ　経済原論」河合塾ライセンススクール
○「公務員試験対策　最新版パスラインシリーズ　財政学・経済政策」河合塾ライセンススクール
○「新スーパー過去問ゼミ2ミクロ経済学」実務教育出版
○「新スーパー過去問ゼミ2マクロ経済学」実務教育出版
○「新スーパー過去問ゼミ2財政学」実務教育出版
○「基礎からステップ　経済学」実務教育出版
○「ゼミナール経済政策入門」日本経済新聞社
○「スタンダード財政学」中央経済社

〈辞典〉
○「経済辞典」有斐閣
○「地方財政小辞典」ぎょうせい

キーワード

頻出される事項に関するキーワードを挙げます。学習の参考にして下さい。

〈ミクロ経済学〉
①消費者行動の分析
効用関数、無差別曲線、限界効用、限界代替率、予算制約線、効用最大化、需要関数、上級財、下級財、需要の価格弾力性、代替財、補完財、ギッフェン財、所得効果、代替効果
②企業行動の分析
費用関数、平均費用、限界費用、損益分岐点、操業停止点、供給関数、生産関数
③市場均衡と厚生分析
完全競争市場、ワルラス的調整過程、マーシャル的調整過程、くもの巣理論、消費者余剰、生産者余剰、パレート最適
④不完全競争市場
限界収入、ラーナーの独占度、クールノー均衡、ゲーム理論
⑤市場の失敗
外部経済、外部不経済、ピグー的政策、コースの定理、費用逓減産業

〈マクロ経済学〉
①財市場・金融市場の分析
消費関数、貯蓄関数、45度線分析、乗数理論、均衡国民所得、インフレ・ギャップ、デフレ・ギャップ、IS－LM分析、流動性のわな、クラウディング・アウト
②消費と投資
ライフサイクル仮説、恒常所得仮説、相対所得仮説、加速度原理、トービンのq理論
③物価とインフレーション
AD－AS分析、フィリップス曲線、物価版フィリップス曲線、自然失業率仮説、マーシャルのk、フィッシャーの貨幣数量方程式
④経済成長理論
ハロッド＝ドーマーの成長理論、保証成長率、自然成長率、ソロー・スワンの新古典派成長理論

〈財政学〉
①国の財政
プライマリー・バランス、道路特定財源（一般財源化）、財政投融資、国税
②地方の財政
地方財政計画、地方債計画、フロー・ストック指標（将来負担比率、実質公債費比率、経常収支比率）、財源（地方交付税、国庫支出金、地方譲与税、地方税）
③公債
発行制度、管理政策、負担論
④租税原則
スミスの4原則、ワグナーの9原則、マスグレイブの7条件
⑤公共財
フリーライダー、リンダール均衡、サミュエルソン条件
⑥財政政策
フィスカル・ポリシー、ビルトイン・スタビライザー
⑦その他
負の所得税、主要国の財政事情

昇任試験対策のページ

21年度 教育管理職への道しるべ ▶8◀

B論文（小学校）

例題

A小学校は、各学年2学級編成での中規模校であり、比較的落ち着いた雰囲気の学校である。ここ数年、毎年のように初任者が配置され、新規採用から5年目までの比較的経験の浅い若手の教員が、教員全体の約半数に及んでいるという構成である。

このことから、校長は、若い力を期待して初任者であるE教諭を5年生の担任にするとともに、「今年度の本校の重点課題を教員の授業力の向上とし、特に若手教員の育成に組織的に取り組む」という経営方針を、年度当初、全教員に伝えた。これを受けて、今年度昇任して着任したB副校長は、今年度自校昇任した教務主任のC主幹教諭と着任3年目のD研究主任に対し、OJTの中で組織的、日常的に若手教員を育成するような校内研究のシステムの構築を行うように指示した。

4月半ばに行われた研究推進委員会で、D研究主任が、「教員全体の授業力を向上するために、教員同士が日常的に授業を見合い、情報交換・意見交換を通して相互研鑽できるように校内研究の方法を見直し、学校全体で組織的に取り組む方策を検討したいと思います」と提案した。これに対して、「それでなくても忙しいのに、日常的にお互いの授業を見合うのは無理である」という意見が続出し、結論が出ないまま散会した。

また、この頃、5年2組のG保護者から副校長に、「なぜ、高学年という大事な時期に、うちの子供の担任は初任者なのですか。子供の学力が低下するのではないかと心配です」という電話があった。この時は、「学校全体で態勢を整え、1組と変わりない指導を行うので、心配はいらない」と伝え、一応納得してもらった。

5月に入り、B副校長が5年2組の授業観察を行ったところ、子供たちは、授業中にもかかわらず立ち歩くなど、学級全体が学習態度に落ち着きのない状況が見られた。B副校長は、5年の学年主任であるF教諭を呼び、「学年全体で子供たちの指導を行ってください」と伝えた。これに対して、F教諭は、「自分の学級だけで手一杯です。空き時間もなく、余裕がありません」と答えた。

5月の終わりになり、保護者会の後、5年2組の一部の保護者がB副校長の元を訪れ、「1カ月、学級の様子を見てきましたが、子供がE先生の授業は、何をやっているのかぜんぜん分からないし、つまらないと言っています」「以前電話でもお願いしたにもかかわらず、1組のF先生は、2組にはかかわってくださらないようだし、学校は、何もしてくれないではないですか。学校としてどう考えているのか説明してください」という声が相次いだ。

あなたが、この事例のB副校長であったら、この状況をどう判断し、どのように対応するか、学校経営の視点も踏まえて具体的に述べなさい。

答案例

いわゆる団塊の世代の大量退職を迎え、各学校に毎年のように初任者が配置されている現在、学校において若手教員をいかに育成していくかが重要な課題の一つになっている。都や区市町村でライフステージに応じた研修会が充実されてきてはいるが、私は、人材育成の基本は学校のOJTの中で行うものであると考える。児童一人ひとりに確かな学力を育成し、保護者や地域から信頼ある学校づくりをするためには、毎日の授業を充実させることが何より大切である。しかし、本事例では、人材育成に対して学校が組織的に対応していると言い難い。私は、副校長として、本事例の課題を次のようにとらえる。

（1）教員同士による相互研鑽が授業力の向上につながるといった意識がもてず、一人ひとりの教員が互いに学び合うという組織的に教育活動を行う姿勢に欠けている。

（2）学校長の経営方針にある、若手の教員育成について、課題の共有化が図られていない。また、初任者の指導育成責任者である校長は、組織的な人材育成計画を作成していない。

（3）保護者の4月当初の不安に対する対応を十分に行っていないため、結果として不信感を与えてしまっている。また、保護者との連携や協力体制が整っていない。

1 授業力向上のための校内指導体制を確立する

学校は、何と言っても児童に確かな学力を身に着けさせることが重要であり、教員の授業力を向上させなければならない。したがって、全教員が組織として、相互に研鑽しながら日常的に「授業力」を高める具体的なシステムを構築する必要がある。そのために、私は副校長として、研究主任をリーダーとして、教員相互が日常的に授業を参観し合い、情報交換・意見交換を通して相互研鑽する土壌を、学校の中に定着させる。

まずは、校長及び副校長、主幹によるE教諭の授業観察と指導を徹底して行うことを短期的な対応として取り組む。また、週ごとの指導計画に基づいて、学年による授業検討や授業評価を充実させ指導に生かすようにしていく。学年合同授業や交換授業等を実施したり、複数の教員で学級を指導する体制を整えたりすることにより、互いに高め合う意識の基盤作りを行う。

さらに、全教員が主体的に研修を行うよう、指導力の高い教員を核としたテーマ別小グループを形成し、研究授業を年間一人2回行い、教員が切磋琢磨して授業改善に取り組む体制を整える。

2 学校全体で若手育成に取り組む指導体制づくり

学校の教育活動は、校長の学校経営方針の下に設定された教育目標を具現化するための組織的な活動である。全教職員に共通認識をもたせ、校長、副校長、主幹教諭、主任教諭、教員のラインを確立して組織的に若手教員を指導する体制を早期に立て直す必要がある。私は、副校長として、校長・副校長・主幹による打ち合わせを毎朝行い、校長からの指示・伝達の周知徹底を行うとともに、主幹からの報告や進言等を取り入れ、対応方針を決定していく。

主幹教諭と協力し、若手育成を推進できるOJTコーディネーターとしての資質を有する指導的な立場の教員を育成する。そして、主幹教諭及びコーディネーターが中心となり、学年主任や各分掌の指導力のある教員で組織する「若手教員育成プロジェクト」を立ち上げる。このプロジェクトでは、まず、若手教員の経験や能力の違いを最大限に生かすことのできる個別育成計画を4月当初に主幹及び学年主任に作成させる。その育成計画に基づき、教材研究や週ごとの指導計画の作成、模擬授業の実施や授業観察による授業評価等の具体的な指導を実施し、当該プロジェクトを展開する中で、全教員にその育成に関する共通理解を醸成していく。

このようにして、具体的な方策を示し、組織的な教育活動の成果を高めるという認識を一人ひとりの教員にもたせていく。

3 保護者、地域と連携した学校づくり

学校に寄せられる苦情、要望、相談の一つひとつを真摯に受け止め、迅速かつ組織的に、誠意ある対応をすることが、学校が信頼を得るためには大切なことである。

本事例では、まず、早急にE教諭の育成計画及び指導体制を整え、保護者会を開き、一人ひとりの児童を大切にした教育活動を展開していく学校の取り組みを説明する。

同時に、「保護者等への対応研修」を、全教員対象に行う。この研修では、保護者から寄せられた苦情を学校への期待としてとらえ、真摯に受け止め、速やかに対応するとともに、管理職や主幹教諭、学年主任とも相談し、組織として適切な対応を心がけることを、全教職員に指導・助言する。

さらに、今まで以上に、学校から詳しく正確な情報を発信していくこととし、学校の実態や教育活動の状況、指導方針等を家庭、地域に対して学校公開や学校通信、ホームページなどの様々な方法で知らせ、学年便りや、学級便りを充実させ、授業のねらいや様子について詳しく伝え、一人ひとりの児童を大切にした教育活動を展開していることを保護者に周知していく。

都民に信頼される学校づくりをするためには、教員の指導力の向上は欠かせない。教職員自らが指導する喜びを持ち、常に授業力の向上を図れる学校、そして、学ぶ喜びをもつ子供の姿こそが保護者・地域の信頼を得るという信念のもと、私は、副校長として、全力を尽くす所存である。

飯田橋庁舎界隈
—昼休みの小散歩 ⑦

絵と文　大瀧安良

神楽坂のメーンストリート、どんどん変化しています。

小綺麗にはなりましたが、その分、神楽坂にしかないもの、が失われたような気がします。

神楽坂界隈を背景としたテレビドラマがあったためか、女性のグループが闊歩している姿が目立ちます。立ち止まってはガイドブックに載っている情報と実際（ショップや観光ポイント）とを見比べ、また次の地点に行っては同じことを繰り返す。自分の目と興味とで街を眺めるのではなく、データのままに動いているようです。たまには本（事前情報）から離れ、自分の五感に頼った行動をしても良いのではないでしょうか。自分だけの発見をしましょうよ。

さて、今回絵でも取り上げたのは、そのような自分だけの発見、といえるか…けれど数多の神楽坂紹介本に載っていないことは間違いありません。神楽坂上交差点の少し手前の右側、「ブティックタカミ」と「auショップ」にはさまれた、立ち食いソバ屋の「青山」です。昼休み時間の大半を歩くことに費やしたいために食事時間を節約する、その一つとして飛び込んだのがこの店とのお付き合いの始まりです。

私は蕎麦好きです。が、蕎麦通ではありません。だからこの店をグルメの観点から紹介するのではありません。ガラス戸を開けると両側にカウンター、一番奥に4人がけのデコラテーブルという配置です。中年過ぎのだんなとおかみ（多分）が客を待ち受けます。だんなが受けた注文を反芻すると、続いておかみさんが注文を繰り返す。大したことではないのですが、聞いているこちらは何となく心地よい気分になります。私が注文するのは、かけ、昆布、若布、山菜のいずれか、丼を受け取って奥のテーブルを目指します。私の定位置。麺の茹で具合は柔らかめ（柔らかすぎる?）、しかし前夜暴飲したときなど助かります。汁は大変美味しく最後まで飲み干してもいい位です。

昼時の慌ただしい時間帯にしか行けないので、ご主人と会話する機会がありません。唯一、聞いたのは、店を始めて25年以上は経った、ということです。

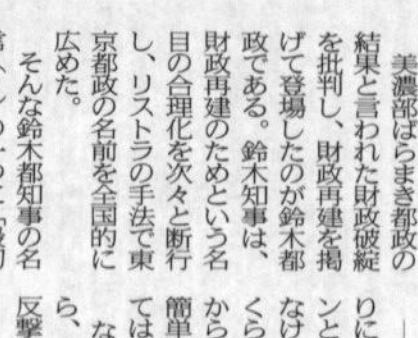

■第4話　鈴木知事を出せ①

労働ジャーナリスト　金子雅臣

知事の名言（?）

美濃部ばらまき都政の結果と言われた財政破綻を批判し、財政再建を掲げて登場したのが鈴木都政である。鈴木知事は、財政再建のためという名目の合理化を次々と断行し、リストラの手法で東京都政の名前を全国的に広めた。

そんな鈴木都知事の名言（?）の一つに「最初に数字を決めておいて、ドーンとやるんです。そうすれば必ず結果は出る」という首切りの手法が話題となった。どこの企業でも過剰人員を抱えて四苦八苦していた時代であるだけに、こうしたやり方や発言が面白おかしく週刊誌にも紹介されるなど、時の話題となった。

そんな風潮に、我々もしばしば相談現場で悩まされることになった。

——この首切りはあまりにも乱暴ですよ。キチンと法律は守ってもらわなければなりません。いくら、企業運営が大変だからといって、そんなに簡単に解雇をしてもらっては困ります。

などと言おうものなら、たちまち次のような反撃にあってしまう。

——おたくの知事も、「首切りは、断固たる決意をもってやれば出来る」と言っているじゃないか。東京都では、あれだけの人員整理をしておきながら、どうしてキミたちはたった1人の首切りで大騒ぎするんだ。

というわけである。

とかく公務員は

——いや、あれはあくまで比喩的な言い方で、実際は首を切っているわけではなくて、削減計画を立ててやっていくということなんです。つまり、公務員の場合には身分保障がありますから、採用を控えたり、退職者の補充をしないということで、将来的に生じる結果としての人員削減なんですよ。

などと、弁明でもしようものなら、

——なんだ、あれはみせかけなのか。実際は首を切らないというのか。それならインチキじゃないか。だから公務員はいい。

などと反論されて、延々と公務員批判を聞かされてしまうことにもなりかねない。

——皆さんも手法を真似るというなら、採用を控えたり、退職者の補充をしないとかの努力をされたらどうでしょうか。

などと言ってみても、

——何を寝ぼけたことを言っているんだ。民間ではそういう訳にはいかないんだ。民間の厳しさを知らない公務員からとやかく言われたくない。

と反論されるのがオチである。何で、私たちが、鈴木知事に代わって言い訳をしなければならないのか、という疑問はさておくとしても、これではとても解雇の相談にならない。

何とかならないか

そんな安直な解雇をめぐる相談の一つだった。

——景気が悪くなって利益が落ちてきたので、それに見合った人を解雇した。それで何が悪い。

というもので、経営者の主張は、

——解雇するしないは経営者の判断だ。行政からとやかく言われることではない。

というものだった。ただ、やっかいなことはその経営者が知事の後援会に入っていたことだった。

「ウチの従業員を解雇にしたら、東京都の労政事務所とかいうところに駆け込んでしまって困っている。何とかならないだろうか」などという苦情相談が後援会から某政党の議員に相談が行って、都側幹部に電話が入るという、ありがちなルートで話が一巡してしまった。

こんな場合には、幹部の姿勢いかんでその後の対応が大きく変わってくる。「調べて、後日返事をさせていただきます」という無難な対応の場合はまだいいのだが、「分かりました。何とかさせましょう」などと、調子よく善処を約束してしまうケースはやっかいなことになる。

現場の「それは無理というものです」という対応にも、往々にして「あの議員との関係は大事にしなければならないので、何とかしてやってくれ」とか、「今後のこともあるのでなんとかうまくやれないか」などという受け手の忖度が微妙にからんでくるからだ。まして、知事の後援会のメンバーともなると、腰が引けるのも無理はない。

「私も、引き受けた以上、立場があるから……」という幹部の言葉からはじまる、都側の伝言ゲームも微妙な違いで現場に伝わることになる。間に入る役人サイドの受け手の過剰な斟酌や忖度が加わったり、時にはシニカルな判断も入る。いずれにせよ、その伝言ゲームは、媒介者の姿勢によって伝わり方が大きく違ってくることになる。

©2008「252」製作委員会

協力：（財）日本ファッション協会

シネマ夢倶楽部　オススメシネマ

Japan Fashion Association

252　生存者あり

この冬、二つの想いが1億2千万人の感動となる

関東に直下型地震が発生してから数週間後の新橋、汐留。地震の影響で太平洋の海水温度が急上昇、発生した史上最大規模の巨大台風が臨海副都心に迫りくるなか、東京消防庁ハイパーレスキュー隊の隊長・篠原静馬（内野聖陽）のもと、必死の救助が行われていた。だが、いつ二次災害が起きてもおかしくない状況に捜索打ち切りの決定がされる。しかし、音波探索機が壊滅した新橋の地下にいる元ハイパーレスキュー隊員・篠原祐司（伊藤英明）からの「2・5・2（＝ハイパーレスキューが実際に使用している生存者ありの暗号）」の音を捉える。地下に残された生存者の命を救うため、救出可能時間18分の決死の作戦が始まろうとしていた…。

極限の自然災害に直面した人々の姿を通じ、人間の絆、愛や勇気といった様々な感情を描いたスペクタクル・ムービー。

◆推薦委員コメント

高橋映一（シネマファッション評論家）

この作品は、いわゆるパニック・ムービーの典型だが、ストーリーや背景が非常にリアルで迫力満点。ちなみに自然災害に対して、〝世界で最も危険な都市〟は何と、東京、横浜で、3位のサンフランシスコを大きく引き離しており、嫌な予感がするが、いずれにせよ非常に良く出来たスペクタクルであり、いざという時のためにも是非一見をおすすめしたい。

山形泰雄（元株式会社松屋副社長）

東京に巨大な台風が直撃し、強風と高潮で銀座、汐留地区が崩壊状態に陥るという恐ろしい設定。しかし、地震、台風といった都市災害が心配される昨今、真剣な気持ちで見入ることになる。銀座の街、地下鉄新橋駅を舞台とした街と人を巻き込んだ災害のシーンが、精巧なセットやCGを駆使し、現実さながらに描かれる。地下鉄新橋駅構内に閉じ込められた生存者の姿、レスキュー隊員の必至の救出作業、「生存者あり」の信号音「2・5・2」が作り出す感動の場面が一大スペクタクルで迫り来るのだ。特に都市生活者は必須。

【2008年／日本／133分　配給：ワーナー・ブラザース映画　12月6日より、サロンパス ルーブル丸の内ほか全国にてロードショー】

◇

シネマ夢倶楽部　11月13日（木）午後6時30分～「ニッショーホール」で上映。※この上映会に10組20名様を抽選でご招待します。Eメールで件名「上映会招待希望」とし、住所・氏名を明記の上、henshu@toseishimpo.co.jpまでお申し込み下さい（11月4日必着）＝招待状を郵送します。

㈶日本ファッション協会では、「シネマ夢倶楽部」の会員を募集しています。各界の著名な推薦委員がお薦めする映画の先行上映会に年18本ご招待など様々な特典があります。
詳しくは同事務局（☎3242・1674　http://www.cine-culture.jp/）まで。

よく分かる公衆衛生 6

新型インフルエンザの発生に備えよう⑤

「発熱センター」と「発熱外来」

予防

いよいよインフルエンザの季節が近づいてきました。今回は、もし不幸にして新型インフルエンザが出現、流行してしまった場合の対応についてお話しましょう。

①情報の収集に努める

日頃から新聞やテレビの新型インフルエンザに関する情報に注意してください。また、詳しいことが知りたい時には厚生労働省や国立感染症研究所情報センターのホームページや地域の保健所を利用しましょう。

②外出はさける

とにかく外出しないことが感染しないために最も有効です。旅行、人ごみや繁華街への外出は控えてください。

どうしても外出しなければならない場合は、ゴーグル（または眼鏡）とマスクを必ず着用します。そして、咳をしている人からは1メートル以上はなれて行動します。また、密閉している電車やタクシーの利用は極力控えましょう。帰宅後はマスクなど使い捨てのものはビニール袋に密封して捨て、ゴーグルはアルコールスプレーなどで消毒、着ていたものはすぐに洗濯します。そして、うがいと手洗いを必ず行いましょう。

学校では、新型インフルエンザの発生に伴い、出席停止等の措置を講じますので、指示に従ってください。

また、2007年3月に策定された東京都の「新型インフルエンザ対応マニュアル」によると、都は都内での感染拡大が予想された段階で、各種行事、集会などの社会活動、企業の事業活動の自粛、また公共交通機関の運行縮小などについて要請するとしています。

③発症したら、まず最初に保健所（発熱センター）に連絡

新型インフルエンザが都内で発生すると区市町村は保健所などに「発熱センター」を設置します。そして、通常の外来と切り離して新型インフルエンザの感染が疑われる発熱患者を専門に診る「発熱外来」という医療機関が指定されます。

新型インフルエンザの流行時に発熱、咳などの症状がでたら、最寄りの医療機関に直行せず、まず最初に「発熱センター」に電話で相談してください。「発熱センター」に相談すると、患者の交通の便などを考慮して、その地域の「発熱外来」の医療機関を紹介してくれますので、そこで受診してください。

これは、医療施設内で新型インフルエンザ患者と他の外来患者との間での感染を防ぐための措置です。必ず守ってください。

「発熱外来」での診察をうけて、新型インフルエンザの感染の疑いが強いと判断された患者については、「感染症指定医療機関」に搬入・入院することになります。

（元大田区保健所　伊東利和）

みにがいど

◆東京の自然公園展　▽10月25日（土）～31日（金）午前9時30分～午後5時30分▽都庁第一本庁舎45階南側展望室▽入場無料▽①巨樹やザトウクジラを写真等で実物大展示②自然公園の魅力紹介③都レンジャーが見どころ伝授④おすすめハイキングコースや森林セラピー紹介⑤南硫黄島の映像放映▽問い合わせ先　環境局自然環境部緑環境課☎5388・3538

◆10年後の東京に向けたまちづくりセミナー　▽10月31日（金）午前9時30分～▽都議会議事堂都民ホール▽入場無料▽①「都市の骨格を形成する道路整備」横井純夫・建設局道路環境担当課長②「都民の生命・暮らしを守る河川整備」野村隆・河川部土砂災害対策担当課長③「都市の憩いの場としての公園整備」細岡晃・公園緑地部公園建設課長④「緑あふれる東京の再生を目指して」砂田覚・公園緑地部副参事▽問い合わせ先☎5320・5373

都政新報

発行所　都政新報社
〒160-0023 東京都新宿区西新宿7-23-1 TSビル
（総務・読者）03-5330-8781
（企画広告）03-5330-8784
（編　集）03-5330-8786
（出　版）03-5330-8788
（ファクス）03-5330-8808
購読料 月1,680円（税込）
毎週火・金曜日発行
但し、祝祭日は休刊

紙面から

高度な医療に激務…難航する医師確保

周産期センターの搬送拒否

地元との協力、一層必要に

脳出血の疑いがある妊婦が都立墨東病院からいったん拒否され、3日後に死亡した事案は、首都圏においても周産期医療が崩壊の危機に瀕していることを改めて浮き彫りにした。「最後の砦」で、なぜこのような事態が起きたのか――。24日の都議会公営企業会計決算特別委員会では、都立病院の産科医不足について、各会派から早急に対策を求める声が相次いだ。都は現在、周産期医療機関の「役割分担」を進めているが、拠点病院の体制が十分でなければ、目論見通りに医療連携が進まない懸念がある。

追跡

「産科医を確保するために、都はどう取り組んできたのか」「墨東病院の産科医が定員割れしていた要因は」――。24日の公営企業会計決算特別委員会。07年度決算を質疑する場だったが、妊婦の搬送が難航した事案が分かった直後とあって、全会派が墨東病院の体制について質問した。

都立病院の産科医不足を、病院経営本部も傍観していたわけではない。豊島病院で常勤の産科医4人を確保し、分娩休止中の荏原病院でも、09年度中に分娩を再開する見込みだった。

しかし、06年から新規の予約分娩を休止している墨東病院は、医師確保の見通しがつかず、6月末に産科医1人が退職。都では「相当の頻度で大学医局を回った」「非常勤、夜だけでも手伝ってもらえないか、地域の産科医に声をかけた」と話すが、体制を維持できなかった。都立病院の産科医は、どこも定数割れの状況だが、墨東病院は定数9に対し現員4人と、特に厳しい。

なぜ、墨東病院で産科医を確保できないのか。同病院は、区東部ブロック（江東区・江戸川区・墨田区）の拠点病院。07年度に受け入れた母体搬送は199件で、総合周産期母子医療センター（9施設）平均の109件の倍近くに上る。都幹部は「墨東病院の忙しさは産科医も知っているので、敬遠されているのではないか」と話す。

■グループ化

拠点病院の体制が維持できないことで、都の周産期医療連携が思惑通りにいかない懸念も出ている。

福祉保健局の計画では、1次～3次の周産期医療機関を七つにグループ化。ハイリスク分娩は周産期母子医療センターが担い、妊婦健診や正常分娩は診療所などが担当することが想定されている。だが、グループの拠点になる総合周産期母子医療センターの体制次第では、3次医療を担えなくなる。

「都が何らかの条件で医師を確保すれば、どこかが困る」。病院経営本部幹部の一言は、都による医師確保策にも限界があることを物語る。石原知事は24日の記者会見で「都に任せられない」と発言した舛添要一厚労相に対し、「国に任せられない」と語気を強めた。医師の数を抑制してきたのは、他ならぬ厚労省だからだ。

病院経営本部によると、開業医でも非常勤として登録しておけば、緊急時に救急車で都立病院に駆けつけ、そのまま診療行為ができるという。ただ、地域の産科医も手を貸す余裕はないのが実情。また、簡単には専門医療に対応できず、墨東病院を補完するには至っていない。

■医療情報

他方、医療情報の把握体制について、不備を指摘する声もある。

各周産期医療センターは、福祉保健局の「周産期医療情報ネットワーク」により、搬送先を探す。ネットワークで結ばれた各医療機関は「○」「×」で受け入れの可否を意思表示。これをもとに、各医療機関は搬送先を探すことになる。

しかし、東京ERへ搬送するルートとは分かれている。医療政策部は「通常の救急搬送に妊婦を乗せると混乱する」と説明するが、「搬送先を探す段階で、東京ERに連携できなかったか」という指摘がある。

また、ネットワークでは、「○」と表示されていても、リアルタイムで更新することが難しいのが現状。今回の事案では、3病院がオンライン端末で「○」と表示していたが、「ICUが満床」などの理由で受け入れを拒否していた。ある都立病院の産科部長は「常時『×』状態が変わらない医療機関もある」と話す。どの程度の精度で実態を反映できているか、検証と改善の必要もありそうだ。

周産期医療情報ネットワークシステムのイメージ
ネットワーク医療機関（周産期母子医療センター等）
産科（22施設）
NICU（24施設）
都福祉保健局 救急災害医療課（周産期医療情報センター）
アプリケーションサーバー
東京消防庁
母体・新生児搬送受け入れ調整
搬送依頼
受け入れ依頼
地域の医療機関
インターネットによる照会
システム端末の表示画面

C40気候変動東京会議

13項目の共同行動で合意

「熱波対策計画の推進」など

気候変動対策に先進的に取り組む世界の32都市から専門家などを招いた「C40気象変動東京会議」が23日に、デービット・ミラーC40議長（トロント市長）と石原知事の共同声明を発表して閉幕した。23日の全体会議では、「都市における熱波対策」「感染症の原因となる媒介動物の調査と対策に関する情報交換」など、13の共同行動を行うことで合意。これまで培った技術や経験を分かち合い、課題を共有する都市が連携しながら進めていくことを共同声明で表明した。

13項目のうち、「都市におけるヒートウェーブ（熱波）対策計画の推進」は、ロンドンを幹事市として、ニューヨーク、ロッテルダム、トロント、香港、東京など、世界的な大都市が参加する。

03年にはパリで数千人の死者が出たほか、東京でも毎年のように熱中症の被害が起きている。共同行動では、熱中症を始めとするヒートウェーブによる死者や健康被害の軽減を目指し、ヒートウェーブへの迅速かつ効果的な対応に関する計画や取り組みを推進するというもの。

「感染症の原因となる媒介動物の調査と対策に関する情報交換」は、東京を幹事として、香港、メキシコシティ、トロントが参加する。

マラリア、デング熱を始めとする感染症の増加・拡大の抑制を目指し、蚊などの媒介動物に関する生息情報の共有化や雨水消毒を始めとした媒介動物対策を進める。

また、C40として初めて、食糧問題を取り上げた。

分科会では、NASAゴダート宇宙科学研究所上級研究員のシンシア・ローゼンヴァイク博士が、「気候変動と都市食糧問題」について講演。トロントの都市農業の取り組みや、イギリス、メキシコシティ、東京などの先進事例が報告された。

共同行動としては、「大量生産・大量廃棄など食生活の見直し」「中央政府へ食糧に関する提案要求を行う」「有機農業生産の推進と遺伝子組み換え作物の使用の監視」に取り組む。

この他、共同行動には、「都市を涼しく保つ―省エネ型、熱負荷を提言する都市づくりの推進」「冷暖房温度の抑制など都市住民の行動様式見直しの呼びかけ」「森林火災の遠方監視」「漏水防止対策の促進と技術情報の提供」「再生水等の利用拡大に向け、取り組み事例等の共有化」「気候変動の影響を踏まえた治水対策の取り組み」「災害時の避難体制・情報伝達の確立」「デルタ地帯の都市が連携した適応策の推進」が盛り込まれた。

これらの共同行動の進捗状況については、09年5月に開催されるC40ソウル・サミットで報告される。

共同記者会見に臨む石原知事（右）とデービット・ミラー議長（左）＝23日、都庁で

見失いがちな貧困問題

【解説】09年11月・12月にデンマークのコペンハーゲンで、気候変動枠組み条約・第5回締約国会議（COP）が開かれる。09年5月にソウルで開催されるC40のサミットは、コペンハーゲンでの国際交渉に大きなインパクトを与えるものでなければならない。

今回の東京会議は、各都市の専門家や実務者が集まっており、ソウルのC40サミットまでに気候変動の緩和策と適応策について、危機感を共有するだけではなく、どれだけの具体的行動を起こせるかが焦点だった。

分科会では、先進的な都市の具体的な事例が報告され、それに基づいたディスカッションが熱心に行われた。

とりわけ印象的だったのは、多くの都市で、気候変動の影響を最も受けやすいのが、貧困層や高齢者、子どもといった弱者であるという視点が明確だったことだ。

初日の基調講演で、IPCC作業部会議長のマーティン・パリー氏は、アメリカのハリケーン被害などを事例にあげながら、「発展途上国だけではなく、所得の高い国でも、貧困層や若者、子ども、高齢者が気象変動のリスクにさらされている」と指摘した。

また、ロンドンの参加者は、03年の熱波が最高気温ではなかったにもかかわらず多くの死者が出たことについて、大気汚染が原因で、特に高齢者にリスクが高いことを指摘していた。

ジャカルタの洪水対策では、貧困層が住む河川の不法住居が課題だと報告があった。

気象変動の影響への適応策に取り組む上で、貧困や災害弱者の問題は避けて通ることはできない。共同行動では、貧困問題が具体的にクローズアップされることはなかったが、具体的な適応策に取り組む際には、気候変動の影響がどこに先鋭的に表れるのかを意識する必要があるだろう。

もちろん、東京も例外ではなく、インパクトのある環境施策の陰に隠れて、見失われがちな視点だ。（地）

冗句ジョーク

C40気候変動東京会議、有意義に終了
参加中の課長からの電話
「急に降ってきたんだ、資料持ってきてくれ、持つところがついている」

都政の東西

超高齢者の声

昨今、都内で開かれる選挙で、30％台の投票率は珍しくなくなっている。低投票率の理由は「安定政権だから」「争点がないから」「若者の政治離れ」など様々。しかし将来は、これらの理由に加えて、「超高齢化」も低投票率の理由になってくるのではないだろうか。

選挙を行えば、どこでも中高年の投票率が高いのが一般的だ。それは、戦争を経て、政治が生活に与える影響を目の当たりにしてきたり、その政治を、民意の反映による1票が変えてきたということを、実感したことのある世代だと言える。

そして現在、そうした人たちの多くは社会保障制度への不信や不安などを抱え、政治の変革を強く求めている。しかし、政治に対する意識が高く、1票によって自分の声を届けたいと切実に思っている世代が、高齢から超高齢となることで、投票所に足を運ぶことさえ困難になっている現状もある。

現在の投票制度は、期日前投票をはじめ、在外選挙制度、不在者投票制度など、有権者が投票しやすいメニューを揃えている。その中には、おおむね50床以上の病院や特別養護老人ホームなどで、都道府県の指定を受けた施設であれば、その施設で投票できる仕組みもある。

そうした施設に入所している有権者は、投票所に行けないという理由で、自分の1票を無駄にすることはない。

しかし、街に暮らす多くの高齢者はどうか。歩けない状態でなくても、投票所が離れていて、そこまで行って帰ってくる体力や気力がないという人もいる。そうした人たちの投票率に及ぼす影響が、徐々に大きくなっているようにも思える。

集合住宅や町会・自治会単位で、指定施設と同じような仕組みを設けることができないか。「超高齢者」の声だ。

都交通局

馬込車両工場跡地に学校

事業予定者に立正大

都交通局は23日、馬込車両工場跡地開発事業（大田区西馬込二丁目地区プロジェクト）の事業予定者について、代表企業を立正大学学園とする「立正大学学園グループ」にすると発表した。

同事業は、民間プロジェクトの実施により、まちづくりを推進する「先行まちづくりプロジェクト」の地区指定を受けている。開発コンセプトは「環境と調和した魅力あるまちづくり」とし、優良な開発ノウハウを有する民間事業者を対象とした公募プロポーザル方式により、事業者を選定する。都は、車両工場跡地の約半分を譲渡し、残りの用地を定期借地権で貸し付ける。

提案の内容は、譲渡部分が校舎、貸付部分が部室棟。審査講評によると、「学校」という提案施設用途の特徴を十分に生かしつつ、「杜の学び舎」「杜の回廊」など「杜」をキーワードとしており、環境負荷の少ない「スーパーエコスクール」を目指すという。

選定委員会では、校庭の芝生化、校舎の壁面緑化、敷地外周の森の回廊など、高い水準の緑化に高い評価があった。また、「地域の連携する学校」づくりや、旧車両工場の記憶を残す提案なども高い評価を受けた。一方、地域への一般開放と学校のセキュリティーの確保の両立や、建築物についての景観上のデザインポリシーの明確化が今後の課題と評価された。

事業予定者の提案金額は、譲渡部分が67億5千万円。貸付部分が月額1375万円。

今後は、交通局と事業者は、11月に基本協定を締結し、12月以降に契約が行われる。10年度に工事に着手する予定。

自立支援法見直しなど申し入れ

共産党都議団

共産党都議団は23日、来年度に施行後3年目を迎える障害者自立支援法の見直しと、障害者福祉向上にかかわる申し入れを石原知事あてに行った。

申し入れでは、政府に要望すべき事項として、自立支援法の抜本見直しや、障害者の所得保障、国連障害者権利条約の批准と国内法の見直しを要望。都として具体化すべき事項としては、利用者負担の減免と経済的支援の拡充、サービス基盤整備、住まいの確保への支援、施設・事業所のサービス水準維持、人材の確保、処遇改善への支援などを要請した。

また、障害種別の要望も盛り込んだほか、高次脳機能障害者、若年性認知症などで障害者手帳の対象にならない人に対する福祉、就労などの支援策を都として整備・拡充するよう求めている。

11月に環境税制などで答申

都税調

東京都税制調査会（会長＝神野直彦東京大学教授）は、11月19日に「地方分権の推進と税制の抜本改革の方向」「東京の環境税制のあり方」の2点について答申する。

分権関係では、麻生首相が消費税率の引き上げを当面行わない考えを表明し、税制の抜本改革が先送りされる中で、都の従来の主張を再確認する内容になる見通し。

また、都独自の環境税制も景気後退の局面の下で新機軸を打ち出しにくい環境があり、答申がどこまで踏み込むかが焦点になる。

当面の主流は改訂モデル

新地方公会計制度
区「国の動向を見たい」
国「収斂するかは課題」

新地方公会計制度で、総務省は「総務省方式改訂モデル」と「基準モデル」の二つのモデルを示しているが、簡易さなどから改訂モデルを採用する自治体が多くなりそうだ。本紙の調べでは、23区中17区が「当面は改訂モデルにする見込み」などと回答。国が最終的にどのような公会計基準に収斂していくのか方向性が見えないなか、資産把握の手間やシステム導入費用のかかる基準モデルを初めから選ぶ区は、少数派になっている。

国は、2008年度決算から新しい地方公会計制度に基づく財務諸表4表の整備と公表を地方自治体に求めている。

08年度決算を発表する来年秋に向けて23区でも国が示した二つのモデルに沿って準備が進む。当面、改訂モデルでいくなどとしたのは17区。改訂モデルは「決算統計から の組み替えが手作業ででき る簡易さが特徴だ。固定資産の把握も、当初は売却可能資産だけ算定すればよく、固定資産情報は段階的に整備すればよいことになっている。

千代田区は当初、基準モデルの予定だったが、改訂モデルに変更した。「改訂モデルなら、基準モデルのようなシステム導入経費がいらない。人的、財政的負担が減る」と話す。墨田区も基準モデルでいく方針を改訂モデルへ変えた。「23区でも改訂モデルが大勢を占めており、他団体との比較を考えると、こちらがよい」とする。ただし、「将来的には精緻さに優る基準モデルを目指す」という。ほかの区でも「時期をとらえて基準モデルへの移行も考えている」という区は複数ある。

基準モデルを選んだのは、中野、杉並、足立の3区。同モデルは、現存する固定資産をすべてリストアップする必要がある。システム導入が必要だが、一度導入すれば自動的にデータが変換される。足立区は、財務会計システム全体を再構築するのと合わせるタイミングの面から基準モデルを導入するとしている。

基準モデルを見合わせて簡易型の改訂モデルを選ぶ区が多くなったのは、両モデルに賛否があり、将来的に統一する基準の方向性を国が明確に示せないことが背景にある。ある区の担当者は「基準モデルでいこうかと考えていたが、仮に別の基準が出てくるとなると、システム導入経費が二重にかさむ不安がある」と語る。別の担当者も「現時点で国からの情報がない。今後の動向を注視していかねば」。

地方公会計制度については、日本公認会計士協会が、比較可能性の点から統一した基準の必要性があるとの見解を示している。また、独自の公会計システムを持つ都も、総務省に対して全国標準的な公会計基準の必要性を訴えている。

そのほか、都内の区議会や市議会では、この秋の定例会で、地方自治体の広範な参画のもと、全国標準となりうる公会計基準を作成するよう求める意見書を可決したところがある。

意見書は、国から提示された二つのモデルについて、「我が国で一般的に用いられている企業会計基準や諸外国で準拠している国際会計基準の考え方とも異なるものであり、決して住民に分かりやすいものではない」などと指摘する。

一方、自治体職員からは「民間は売上、官庁は税収と、拠って立つところが違う」「単純に民間の国際基準に合わせてお金をかけてやればよいというものでもないだろう」との声もある。

さまざまな声が上がるなか、総務省自治財務局財務調査課では「二つのモデルに収斂するかは、今後の課題。まずは二つのうちのどちらかを用い、すべての団体が新公会計を整備している状況へともっていく普及が第一。仮に収斂するならば、二つのモデルが無駄にならない形でやるのも、ひとつの考えだろう」と話すにとどまっている。

新公会計制度モデルの採用状況

	改訂モデル	基準モデル	検討中
千代田	○		
中央	○		
港	○		
新宿	○		
文京	○		
台東			○
墨田	○		
江東	○		
品川	○		
目黒			○
大田	○		
世田谷	○		
渋谷	○		
中野		○	
杉並		○	
豊島	○		
北	○		
荒川	○		
板橋			○
練馬	○		
足立		○	
葛飾	○		
江戸川	○		

※○印は見込みや方向性、モデルへの準拠も含む

自治を考える集い
新宿、中野区　シンクタンクが開催

行政課題を調査、研究する新宿、中野両区の自治体シンクタンクが25日、それぞれフォーラムを開催した。

新宿区では、「自治」をテーマに基調講演、パネルディスカッションが行われ、区民ら112人が参加した。基調講演で、大森彌・東京大学名誉教授は23区再編問題について、「器を大きくするだけではない。自治も違う形になる」と指摘した。仮に各区が合併した場合、「人口規模では政令市であっても政令市になれない」と、府県事務を担う政令市になれば都区制度の廃止が必要と述べた。

パネルディスカッションでは、3人の大学教授らが議論。一人500円を来年4月から課税し、地域課題の解決資金にあてる宮崎市のように、「各地域で自治の仕組みを追究してきただろうか」と疑問を呈した。さらに、道路の舗装など行政が税金を出して住民が実労働する広島県高宮町の例から、「議論ではなく活動が地域コミュニティーのきずなを強める」とした。

中野区は「ガバナンスフォーラム2008」を開催。昨年に続き2回目で、約50人が参加した。

小池洋次・日経新聞論説副委員長の基調講演に続き、中野区、世田谷区、神奈川県相模原市の担当者が「自治体シンクタンクの役割と今後の課題」をテーマにパネルディスカッションを行った。

小野栄治・さがみはら都市みらい研究所副所長は「市民との交流の場にもなっている。設立から5年を経て、具体的な施策への反映を再評価している」と活動を紹介。渡邊祐治・せたがや自治政策研究所副所長は「区政への即効性、外部評価が課題」と話した。

司会を務めた澤井安勇・中野区政策研究機構所長は「研究活動の中立性と区政への貢献の両立が共通の課題だ。今後、自治体研究機関のネットワーク化も増えるだろう」とまとめた。

家庭ごみ有料化を提言
豊島区清掃審

有識者らでつくる豊島区リサイクル・清掃審議会（会長＝松波淳也法政大教授）はこのほど、家庭ごみの減量のため、回収有料化の導入などを盛り込んだ答申を区に提出した。

区清掃審は05年の答申で、埋立処分場の延命のため家庭ごみの回収有料化の導入を初めて提言した。回収有料化のモデル実施が必要としたが、区は地域の理解と協力が得られず断念。区は昨年9月、有料化を導入するための条件整備などを清掃審に諮問した。

今回の答申では、将来の有料化に向け、プラマーク入りの容器と包装の資源回収、家庭ごみの戸別回収の導入を前提条件とした。

現在、豊島区で排出されるごみに資源が2割混入しているため、改善策として資源回収の品目拡大が必要になる。また、戸別回収は、有料化導入で懸念される不法投棄の防止が目的だ。

一方、事業系ごみの回収の見直しにも言及。小規模事業者は現在、有料の処理券を張ったごみ袋を区に回収してもらっているが、処理券の貼付率は低迷している。小規模事業者は、ごみ回収業者に処理してもらうべきという。また、池袋駅周辺の繁華街の一部では、不燃も可燃ごみも毎日回収しており、資源回収の導入も含めた見直しが課題だ。

今後は、区の一般廃棄物処理基本計画を改定した上で、拡大すべき廃プラの回収品目、回収方法などを清掃審に諮問する考えだ。

早大との長期インターンシップで報告会
荒川区

荒川区と早稲田大学が共催した半年間のインターンシップ事業で、成果発表会がこのほど区内で開催された。学生4チームが、独自に考えた政策を、西川太一郎区長に「提案」した＝写真。

「行政ビジネス体感ワークショップ」は、荒川区職員課と早大の「キャリアセンター」が共同で運営。5月末の区内見学ツアーを皮切りに、5人ずつ4チームの計20人の学生が約半年間、「訪れたい街」「健康づくり」「子育て」などの施策テーマを研究。各グループに荒川区の中堅、若手の職員1～2人が指導役で加わり、ワークショップ形式で月1回程度、政策を考えてきたという。

18日開催の成果発表会では、区の現況や国の施策なども盛り込んで、自殺対策、食育、商店振興のポイントカード導入、観光イベント事業などを学生が提案。西川区長は閉会のあいさつで「お世辞抜きで、良いアイデアばかりだ。来年度の区の事業に何らかの形で盛り込みたい」と讃えた。

参加した学生は「コスト意識の重要性などを職員の方から聞けた。区政の現場を初めて知ることができた」などの感想を述べた。

荒川区職員課では「来年度以降も同様のインターンシップを開催したい」としている。

記者席
責任のなすり合い

○……8病院で受け入れを拒否され、妊婦が死亡した事件で「とてもじゃないけど、東京都には任せられない」と舛添要一厚生労働大臣から口撃を受けた石原知事。23日の記者会見で、「東京に任せてられないんじゃない。国に任せてられないんだ。厚労省が体たらくで、医者が足りない。反省してほしいのは、厚労省」と反論した。

厚労相も知事も、責任をなすり合っているだけで、根底に潜む課題は同じだ。優秀な大病院などがたくさんある東京で、たった一人を助けられなかったのは、なぜか。「レアケース」（知事）で片付けられる問題ではない。

○……自宅近くの都立公園のあちこちに大きなエノキがある。国蝶オオムラサキの幼虫が育つ木として知られている。傍らには「オオムラサキは都市化で姿が見られなくなりました。再び見られることを願い、周囲を丸太で囲い、エノキの落ち葉で幼虫の冬のベッドを用意しました」などと書いた掲示板がある。

ところが、丸太の内側は、さっぱりと清掃されてしまっている。幼虫は暖かい腐葉土の上に積もった落ち葉の裏で越冬するのだが。

今年の落ち葉はこれから。清掃は委託かもしれないが、エノキの落ち葉は、毎年、掃き捨てず残すように、掃除をする人にまで伝える配慮がほしい。そうした配慮がないと、せっかくの夢のある取組みも掲示板だけで終わってしまう。

○……仕事柄、資料として様々なタイプのエコバッグが集まってくる。コンパクトさにこだわったもの、作りがしっかりしていて重い荷物を入れても大丈夫なもの、色やデザインにこだわったもの…など試行錯誤の様子が伝わり、面白い。

都のオリンピックムーブメント事業にのって、エコバッグを作成した自治体もある中、日野市は実践女子大と共同。五輪にちなんだ5色のバッグは、これまでにないフェルト製で、若い女性をターゲットにしたカラフルでお洒落なデザインだ。

「レジ袋の代わり」には惜しいほどの出来栄えに、買い物利用が少なくなるのでは、というのは余計な心配か。

地域住民が猛反発
文京区　NTT高層ビル計画
風害、電磁波など問題視

文京区内で東日本電信電話㈱（NTT）が計画中の高層ビル建設で、地域住民が猛反発し、計画の見直しなどを求めている。建設計画では、高さ約49㍍、「電気通信事業用建物」として大型コンピューター、サーバーなどの設置施設になる予定という。今年2月の計画発表以降、地元住民らは地盤沈下、風害、電磁波問題などでNTT側に説明を求めてきたが、合意に至らず、建設反対運動に発展。背景には、近年の建築規制の緩和などが指摘される。周辺景観への影響も懸念される中、有効な解決策が見いだせないのが現状のようだ。

問題化しているNTTの高層ビルは、文京区千駄木の同社敷地の一角に建設予定。建物用途は「電機通信事業用建物」で、当初の予定では今年6月に着工だったという。

同敷地は不忍通りに面しており、通り側には現在、電話局施設の入る「NTT駒込第2ビル」（高さ約15㍍）がある。新ビルの予定地は裏手側で、同社体育館跡。建築計画上、新ビルは、既存のNTT駒込第2ビルの「増築」扱いとなっている。

NTT側は今年2月、最初の「ビル増築計画」の説明会を開催。以後、8月までの数回の説明会で、住民側からは▽地盤沈下▽風害、日照、電波障害▽大量の電子機器から発生する電磁波対策――などに、質問や不安視する声が出ている。

近隣住民でつくる「巨大NTTビル建設に反対する会」代表の相澤夏紀氏は、「形式上、地上8階、地下2階の施設というが、実際には、高さ約49㍍の高層ビルで、一般的なマンションだと16階建てに相当する」と話す。「地盤沈下や風害などの問題は、住民の質問にNTTが答える形で、ようやく明らかになったものもある」という。NTT側は住民の質問を個別で受け付けて、それぞれに返答する場合が多く、こうした姿勢に不信感を持った住民約20人を中心に「反対する会」が結成された。

◆建築主欠席で工事説明

住民側は「NTT側の回答は『問題はない』というばかりで、具体的な調査などは『建設後に行う』と答えていた」と批判。各種の問題が発生した場合の補償なども、詳細は決まっていない。

NTT側は、8月に開催の説明会の席上、終了を住民側に通知。9月9日、施工業者による工事説明会を強行した。この場にNTT担当者は姿を見せず、住民側が強く反発して紛糾。今月21日に仕切り直しの工事説明会が開催されたが、NTT担当者は、やはり欠席した。

相澤氏は「関連資料の提示や説明会の継続など、約束を守ってもらえない。調査も、建設後の実施では遅い」と怒りを募らせる。

現在の「NTT駒込第2ビル」。既存建物（手前）の後方にケーブルでつながった新ビルが建設予定

◆都「民間同士で対応を」

「反対する会」は、東京都や文京区へ数度にわたって陳情しているが、法令上の問題はないため、行政も対応できず、都担当者は相澤氏らに「あくまで民と民の話し合いで対応して欲しい」と話したという。地元の文京区も、都同様に静観の構えだ。

「反対する会」から相談を受けている文京区の浅田やすお区議（社民党）は「千駄木のNTTの高層ビル計画以外にも、区内では、東京大学横の本郷通り沿いの23階建て高層マンション建築計画や、春日・後楽地区の再開発計画などで、開発紛争が起きている」と話す。同区議は「『絶対高さ制限』設定や紛争予防などの対策が早急に必要だ。区議会でも、話題になっている」と説明する。

浅田区議は、建設者側に対し、地域との対話や説明責任の姿勢が不足しているという。

同区議は、NTTのビルの建築確認の詳細を請求して入手。それによると「延べ床面積約1万平方㍍のうち通信機械室が約46%、『その他』が約34%。事務室は0・8%しかない。主に機械の設置所で、ほぼ無人の施設になると聞く。ビルの全容が分かりづらいことも住民不安をあおっている」と指摘する。

住民側は、多数の機器設置や施設の職員配置予定、建築確認上の詳細な構造に鑑みて、同ビルは建物用途では「作業所」が実態だと判断。建築確認について、審査を請求中だ。建設予定地は土地用途上、「商業地域」「近隣商業地域」のため、「作業所」の場合は、延べ床面積は150平方㍍程度に制限される。ただし、審査の結果は早くても来年以降になる。NTT側は着工を延期しているが、住民側の不安感は解消されていない。

現状は規制緩和が優先

【解説】99年の建築基準法改正では、各種基準の見直しとともに、本来は複数の敷地を、つながった敷地とみなし、既存建物の余剰容積率を上乗せして建物を開発できる「連担建築物設計制度」などが導入された。

これらの規制緩和によって、土地開発が容易になった一方、みなし容積率などの適用で、従来は不可能だった建物の高層化も進み、周辺地域との紛争が増加。自治体の中には、地区の「絶対高さ」を設ける動きも広がり、23区では新宿、目黒、渋谷区が設定している。

NTTの高層ビル建設予定地の千駄木周辺は、隣接する台東区の谷中・根津地域とともに「谷根千（やねせん）」と呼ばれ、昔ながらの街並みが残る地区。高さ50㍍の高層ビルは近隣景観への影響も懸念されている。（河）

生保の不正処理で職員を停職1カ月
中野区

生活保護費の支給に関する担当職員（54）の不適切な事務処理で約19万8千円の不明金が発生した事件で、中野区は24日、この職員と当時の担当課長を懲戒処分にしたことを発表した。懲戒処分は15日付で、担当職員が停職1カ月、担当課長だった副参事（53）が戒告となった。

この事件の責任をとり、田中大輔区長と副区長3人は、減給10分の1（1カ月）とし、同内容の条例を24日開催の第3回定例区議会の本会議に提出し、可決された。

同事件は生活保護業務を担当していた職員が2年間、不正な事務処理を行い、今年4月、異動時の引き継ぎで不正が発覚。区側は調査委員会を設置し、事件の詳細を調べてきた。17日、区議会総務委員会へ調査報告書を提出した。

訂正　「『サンプラザ』の運営、区側へ全面的に移管」の記事中、「区議会で可決」は、17日に区議会総務委員会、24日に本会議で可決されました。

エコ、リサイクル、放置自転車解消の一石三鳥

レンタサイクルの有効性模索

学校、企業との連携カギに

東京都と区市町村が連携して毎年実施されている「駅前放置自転車クリーンキャンペーン」が今年も22日から一斉に始まった。放置自転車対策として各自治体はこれまでに、駐輪場の増設や撤去を強化。その結果、都内では放置自転車の台数は減少傾向にある。そうした中、さらなる対策として「レンタサイクル」を模索する市もある。メンテナンス費用やスペース確保などの課題に足踏み状態のところもあるが、活用の輪が広がれば、エコ、リサイクル、放置自転車解消の「一石三鳥」も期待でき、活用法や有効性を模索する市も出てきた。

■実証実験開始

東京都によると、レンタサイクルに関連した事業を行っている都内の自治体は10あり、市部では武蔵野、三鷹、調布、多摩の4市だ。

そのうち三鷹市では、JR三鷹駅近くにある「すずかけ駐輪場」の指定管理者・㈱まちづくり三鷹と共同で、今月2日からレンタサイクルの実証実験を開始した。

きっかけは、すずかけ駐輪場にある代替自転車の有効活用。同駐輪場は、1機180台を収容できる機械式の地下駐輪場を8機整備しており、機械のトラブルで地下に駐車している自転車が取り出せなくなった場合に備え、整備した放置自転車を代替自転車として40台用意している。

しかし、代替自転車が使われることは、これまでなかったため、そのうちの20台をレンタサイクルとして活用。主に観光利用を目的に、三鷹市のレンタサイクルの有効性を検証するものだ。

民間のレンタル業者が1日500円で自転車を貸し出していることから、同額の500円で実施。実験開始から22日までに18台がレンタルされ、観光のほか、ビジネスや買い物で利用されていた。

三鷹市では、「市内には太宰治文学館や関連する史跡、山本有三記念館、ジブリ、国立天文台など、観光地が点在している。太宰に関連する場所を散策するだけで2時間ほどかかるところを、自転車なら短時間で回ることができる」と話し、「環境にもやさしい」とアピール。放置自転車対策などでは「長期レンタルの検討も必要になるのでは」などと話した。

レンタサイクルは「観光利用」を手始めに、放置自転車対策などへの拡大も検討＝三鷹市で

■長期利用に学生の取り込み

武蔵野市は2000年に、放置自転車対策としてJR吉祥寺駅近くの自転車駐車場にレンタサイクルを導入した。市は撤去して整備した再生自転車を㈶自転車駐車場整備センターに貸し出し、同センターが管理を行っている。現在45台あり、利用料金は1日200円、1カ月2500円。

市は当初、自宅から駅を往復する利用者が増えれば、放置自転車対策に有効と考えていたが、実際には月決め定期利用者は少なく、現在は4人。一時利用がほとんどだ。同じ敷地内の自転車駐車場を借りる場合は、1カ月、一般で最高1200円のため、「それなら駐輪場を借りるほうがいい」と敬遠されている部分もある。

しかし、実際には吉祥寺駅近くの駐輪場に空きはない。月決めでレンタルすれば、駐輪場の確保はもちろん、自転車を購入する必要がないことや、契約が続いている間は、他の人に使い回されることなく、自分の自転車と同じように使うことができる。毎日利用する人は、サドルの高さを変えなくて済むよう、同じものを使いたいという希望が多いことにも配慮して、長期利用を後押しする。

市は将来、大学との連携を視野に、レンタサイクルの拡大の検討を考えている。武蔵境駅など市内の駅を利用する学生の多い大学には、国際基督教大学や亜細亜大学、武蔵野大学などがあるが、過去に行ったアンケートなどでは、学校側から「卒業時に学生が自転車を学校に捨てていき、困っている」という悩みが上がっていた。こうした学生たちがレンタサイクルを利用すれば、1大学で数百人から千人規模の利用も見込め「放置自転車対策に有効」と考えられている。

「JR武蔵境駅の高架化で駐輪場が設置されれば、そうした取り組みも期待できる。各駅の利用者の特性を生かし、レンタサイクルを拡大できれば」と交通対策課自転車対策係は話す。

■市部ほど有効

国立市では、レンタサイクルへの取り組みは行っていないが、昨年度からレンタサイクルの有用性などを研究する一橋大学の学生らが協力。駐輪場として55台分の場所を貸しているという。

同市の駅の利用者は学生が多いことから、各学校に声をかけてみたが、学生が自転車を通学に利用する場合、学校への届け出が必要だ。その際、学生が所有している自転車でなければ登録できないため、レンタサイクルの促進ができなかった。

市が受けている報告では現在、一つの企業と市民に利用される程度にとどまっているが、「他市からの乗り入れ台数も多いので、そうしたところでのレンタサイクルは有効では」と語り「将来検討の余地はある」と話す。

レンタサイクルについては、先行している区部で複数のステーションを設けて貸し出しや返却の利便性を高めたり、100台以上を保有してニーズに対応しているところもある。しかし、放置自転車対策としてレンタサイクルを実施してきた豊島区が、今年6月末には事業を休止。歳入に対して歳出が約5倍となっていたことや、利用率が平均56・3%と伸び悩んだことが主な要因で、交通手段の多様性と利便性が、レンタサイクルにはかえってあだになった。

しかし担当課は「交通手段に難があるところでは有効では」と話す。「近隣区も巻き込んで展開できたら」など、将来の展開については今後も検討していく考えだ。

放置自転車、環境、観光などの対応・対策に、脚光を浴びつつある自転車。交通網が区部に比べて発達していない市部ほど、その利用価値や効果は高いと考えられ、利用促進のアイデアが求められている。

八王子市

電動自転車など導入

CO_2削減と駐車場対策で

八王子市は20日、CO_2削減と駐車場対策を目的に電動自転車7台と、折りたたみ自転車を搭載できる軽自動車2台を導入した。

管財課によると、導入後は雨の日が多く、利用した職員はまだ少ないが、電動自転車は3段ギア付きで電気が切れても走行が苦にならないということで、利用した職員からは好評だという。

電動自転車7台の購入費が軽自動車1台分くらいの予算にあたるため、CO_2削減効果として年間で車1台分、約2千㌔の削減を見込んでいる。

また、駐車場対策として導入した軽自動車には、折りたたみ自転車2台が搭載できる。これまで、福祉関係の職員が住宅地などを回る際には、前もって連絡を取り、駐車スペースがあれば訪問先に置かせてもらうなどしていた。しかし、駐車スペースがない場所で、駐車禁止特別警戒地区など、取り締まりが厳しくなっている地域もあり、最寄りの市の施設に車を置いて歩いて訪問先に向かうことも多い。施設からの距離が離れていることもあり、車を置いた場所から自転車で移動できるよう、職員提案制度が採用されたものだ。

搭載する折りたたみ自転車は、放置自転車を整備して再登録してリサイクル。「良い天気が続けば、すべて貸し出されるのでは」（管財課）と利用に期待を寄せる。

東久留米市

小学校に違法建築

プレハブ倉庫撤去

東久留米市の市立第六小学校に9月に建てられたプレハブ倉庫が、建築確認を取らずに建てられ、都の指摘を受けて今月、自主的に撤去していたことが分かった。

市によると、プレハブ倉庫建築は、同小学校の芝生化と合わせて工事を発注していたもの。夏芝だったために植える時期が限定されており、時期を合わせて倉庫を建築していた。

プレハブ倉庫は建築確認が必要で、市の担当課が手続きについて都の建築事務所に確認したところ、周囲の建物との整合性などを調査する必要があった。しかし倉庫建築費65万円に対し、調査費に360万円かかることが分かり、担当課は芝生化の時期と財政難を理由に、建築確認を受けずに倉庫を建設したという。

同小の敷地内に学童保育施設を建設する計画があり、都の建築事務所に同様の手続きが必要だったため相談したところ、プレハブ倉庫の建築確認について指摘を受けた。

都は撤去は求めなかったが、「学童保育施設を建てるにあたり、許可していないものがあること自体がおかしい」（市都市建設部長）として、自主的に撤去を決めた。

プレハブ倉庫は芝生の維持管理の道具を入れるために必要で、解体した資材をそのまま利用して再建築することにしている。

調査費は学童保育施設の建設に関連して盛り込まれるため、プレハブ倉庫に関連して新たに発生する費用は、解体と再建築費の27万円となっている。

町田市

レジ袋廃止に足踏み

実験を6カ月延長へ

ごみゼロを目指し、町田市などが市内スーパーなどに呼びかけている「レジ袋廃止」の取り組みにブレーキがかかった。

今年3月から㈱三和小山田店で行っていたレジ袋廃止の実験を概ね6カ月間で終了し、その結果を踏まえて全市的にレジ袋ゼロの取り組みを行う予定だったが、実験を行っていた店舗でレジ袋廃止による客離れなどが表面化。他の店舗の賛同が得にくい状況となっている。市は実験結果をより効果的にしようと、来年3月末まで実験を延長することとした。

レジ袋については、7月から8月にかけて市内のスーパーなどを対象にアンケートを行った。回答を得られた約20社からは「レジ袋を廃止する計画がある」という店舗がゼロという結果で、計画を検討すると回答したのも4社程度にとどまったという。

レジ袋をなくすために、実験店舗ではマイバッグの代替品として、ポリプロエチレンの不織布製（容量17㍑）の「エコプクロ」を1枚50円で販売。使用済みのエコプクロを持ち込めば店舗で使えるポイントが5点つくなどの特典や、町田市のごみ収集袋（容量20㍑）を1枚40円で販売するなど工夫してきた。

石坂市長は22日の記者会見で「実績が上がれば先も考えられる。レジ袋の代替品については、実施している三和小山田店からクレームはなく、この方式を全市に広げたい」と話し、「担当課で各店舗に直接出向き、レジ袋廃止について相談やお願いに歩こうか検討している」と、実験延長でレジ袋ゼロの流れを軌道に乗せたい考えを示唆した。

「客離れを起こしている」という指摘については、「中には、条例化などで市内一斉に行うならば、協力できるという店舗もあった。そこの踏み切りが必要になるかもしれない」とし、「他がやらないのにリスクを取れないという、競合の不安を取り除かなければ、なかなか拡大しないのでは」と語った。

エコプクロや市の指定収集袋のばら売りなどについては、これまでも市内のほかの店舗に協力を呼びかけてきたが、現在までに取り組みを始めた店舗はまだない。しかし、小山田店でも8月中旬から始めた取り組みのため、他の店舗へのPRも十分ではない。実施当初は「なぜレジ袋を置かないのか」というクレームもあったが、現在ではそうした苦情が激減している状況もある。

担当のごみ減量課では、こうしたデータを参考に今後6カ月の間にレジ袋廃止への協力を市内の店舗に再度求めていくほか、レジ袋を利用しない客に対する新たなサービスについても検討。レジ袋廃止で売り上げが減少することを懸念する店舗が、協力しやすい環境を整えたいと話している。

町田市

4地点で不適合

厚木飛行場 騒音で都と要請へ

町田市は21日、東京都と共同で「厚木飛行場周辺における航空機騒音防止及び安全対策等の推進に関する要請」を在日米海軍厚木航空施設司令官あてに行った。07年度の同飛行場周辺の騒音調査で、環境基準指定地域内の7地点のうち、4地点で環境基準に適合しなかったことを受けたもの。騒音防止対策推進のほか、安全確保など4項目12点を要請した。

調査は毎年実施しているもので、環境基準に達しなかったのは第二中学校、第四小学校、町田市民病院、せりがや会館の4地点。

要請書は、こうした騒音被害について地域住民からも多くの苦情が寄せられていると述べ、航空機騒音や事故に対する地域住民の不安を解消するため、環境基準の達成や安全確保の徹底を要請。

騒音対策として、飛行回数を極力減少させることや、午後10時から午前6時までの飛行を行わないことを徹底し、午前6時から8時まで、正午から午後1時まで、午後6時から10時までの間も極力飛行しないこと、土日祝日や、盆・年末年始、入学試験など地元の特別な行事の際には全面的に飛行を中止することのほか、航空機の低騒音化の技術開発の促進と低騒音機の使用など、取り組み内容を具体的に示した。

また、操縦士の教育の徹底や広報広聴活動の推進などもあげ、「厚木飛行場に飛来する他基地所属の部隊の操縦士についても騒音問題や安全確保の徹底について教育を行うこと」「訓練などに関する地域住民からの問い合わせに対し、24時間対応可能な窓口の設置」なども要請した。

ネット被害に我が家のルールを

リーフレットで啓発

小金井市青少年問題協議会

小金井市青少年問題協議会はこのほど、インターネットの危険から子どもたちを守ろうと、リーフレットを作成した。特に携帯電話からのインターネット利用についての危険性を指摘し、「我が家のルール」を作ることを推奨。市内の小中学生に行ったアンケート調査の一部も抜粋し、子どもたちを取り巻くインターネットの利用状況も浮き彫りにしている。

リーフレットはまず「パソコンや携帯電話は、親の持ち物を一時的に子どもに貸している」という考えを持つことや、利用上のマナーやルールを教えるよう求め、「我が家のルール作り」の大切さを指摘。

インターネットがいじめやケンカの原因になることや、出会い系サイトによる犯罪、わいせつ・暴力等の有害情報につながることなどの認識を持ち、それらから子どもを守るための手立てを紹介している。

ひとつはフィルタリング機能を利用して、有害サイトへのアクセスを遮断。また、知らないメールに返信しない、自分の名前や住所などを書き込まないなどのほか、相談する窓口や関連サイトなども一覧で掲載した。

リーフレットには、市内の小学生263人と中学生279人に行ったアンケート結果も掲載。「自分用の携帯電話を持っている」のは小学生36%、中学生63%。「自分用のパソコンを持っている」のは小学生16%、中学生で25%に上った。

そのうち、中学生では「メールで知り合った人と会ったことがある」が1%あり、「自己紹介など自分のサイトを持っている」のは15%。「エッチなページにつながった」14%、「暴力などのページにつながった」4%などのほか、「覚えのない料金を請求された」は携帯を持つ中学生で7%、小学生で6%だった。

一方、「フィルタリングをかけている」のは、小中学生合わせて51・5%にとどまり、「知らないメールに返信したことがある」は、携帯を持つ中学生で25%、小学生は14%。友達の悪口を書き込んだことのある中学生は42%、小学生で36%に上った。

小金井市の市民団体

駅前庁舎で住民投票

1万人目指し署名活動開始

小金井市が武蔵小金井駅前の再開発エリアに計画している新庁舎計画（約4千平方㍍）に対し、反対する市民団体が27日から駅前庁舎の賛否を問う住民投票条例制定に向け、署名活動を開始した。庁舎建設予定地として買収済みの蛇の目ミシン工場跡地（約1万1千平方㍍）と、どちらが新庁舎建設地として有益か、市民の意思を明らかにすることが目的。1カ月の署名収集後、条例制定の請求を行い、市長が意見を付けて議会に議案を上程。可決すれば、住民投票が実現する。

住民投票を求めているのは「駅前庁舎の是非を問う住民投票を実現する会」（橋詰雅博共同代表）。

同会は、市が91年に庁舎建設予定地として、119億円で蛇の目跡地を購入しておきながら、それを売却し、新たに再開発エリアに92億円の市庁舎を建設する計画を「税金のムダ遣い」と指摘する。

新庁舎は、蛇の目跡地の売却益43億円と、そのほか、現在の本庁舎の処分や暫定集会所処分などで60億円の財源を作り、残りの32億円は起債して建設される計画。

橋詰共同代表は「市民の財産は消滅し、庁舎の敷地面積も大幅に減少する。防災の拠点としてもふさわしくない。現在、第二庁舎として使用しているビルは民間からリースしており、市は5年間延長を決めているが、賃借料はこれまでの分と合わせて約52億5千万円にも達する」と説明。「蛇の目ミシン工場跡地に市役所を建設すれば、リース庁舎の継続をストップし、市の財政難を立て直せる」と、現状を明らかにして、新庁舎建設地について市民の意思を住民投票で問いたい考えだ。

条例案に盛り込んだ投票方法は市民が分かりやすいよう、新庁舎建設地として「駅前再開発予定地」か「蛇の目ミシン工場跡地」の欄を設け、賛成する方に「〇」を記載する方式を採用した。

同会は、6月に発足して以来、573人の入会者を集め、署名活動ができる受任者は410人にまで広がっている。この活動に賛同する市議は11人に上った。法定署名数は1900人程度で、同会は、1万人の署名を目指し、市や市議会に強くアピールする考えだ。

都小委交渉
教員・現業等で具体的提案
主任教諭設置・一本化で制度改正
業務職給料表は15%引き下げ

都と都労連による小委員会交渉が24日に行われ、都側は今年の重要課題等に関連して、「教育職員人事制度の改正について（案）」「業務職給料表の見直しについて（案）」「行政系人事制度の改正について（案）」を提案した。教員の人事制度では、主任教諭の任用基準や新給料表に伴う給与制度の改正、職務段階別加算などの見直しを内容とする。また業務職給料表は、昇給カーブのフラット化と併せて、平均15%引き下げる。これに対して都労連は、業務職給料表の見直しについて、提案撤回を求めた。また教員の関連では、主任教諭導入反対の立場を明確にし、協議していくとした。重要課題である教員や現業等を巡って、今回、都側が行った具体的な提案に対して、都労連は反発を強めており、今後の労使交渉は一層、激しさを増すことになる。

都側が提案した「教育職員人事制度の改正について（案）」では、まず主任教諭等の任用上の取り扱いを提示。今年6月に教育庁がまとめた基本的な考え方に沿ったものだが、今回、選考方法についても「職務レポート及び勤務実績」とすることが明らかとなった。

新たな教育職給料表での昇格時の号給決定は、現行と同様、昇給前の給料月額に級別の一定額を加算した額に対応する給料月額に決定する方式を基本とする。

新給料表への切り替えは、基本的に対応する新級の同額か直近上位の号給とする。ただし、給料表の切り替え前後で、昇格者間の給料月額の逆転を防止するため、加算措置または昇給調整を行うこととしている。

期末手当及び勤勉手当に関わる職務段階別加算については、職責に応じて加算するとの制度趣旨を踏まえて、現行の経験年数による加算割合を見直す。

具体的には、現特2級（新4級）にあたる主幹教諭の加算割合は、現行と同じく6%だが、主任教諭である新3級適用者は、行政系職員との均衡も踏まえて3%の加算とする。分化後の教諭等の新2級適用者は、加算の対象外としている。

さらに職務段階別加算の見直しにあわせて、退職手当も、調整額区分（在職1月あたりの点数）を新3級職である主任教諭で第5号区分（3点）とする。分化後の教諭等は職務段階別加算と同様、対象外となる。

旅費に関しては、教員の場合、給料表の号給に応じて定められており、現行は2級の教員の一部が、行（一）の課長級に相当する支給区分となっている。このため改正（案）では、行政職と同じく、職務の級に応じた区分設定としている。

このほか教員独自の義務教育等教員特別手当も見直す。国は教員給与の優遇措置縮減の一環として、段階的に同手当への国庫負担金縮減を進めており、09年1月からは国庫負担金の取り扱いが給料月額の3・8%から3・0%に縮減される。改正（案）では、これに相当する割合で引き下げを行う。

教員の問題を巡って都労連は、主任教諭の導入について「なぜ主任教諭が必要なのかという大前提が解決しない限り、協議に成り得ない問題」と強調。改めて主任教諭の導入には反対の立場を明確にし、都側の見直し案に対する見解を明らかにしていくとした。

また教員の人事制度の改正に関しては「主任教諭・主任養護教諭に係る任用上の取り扱い」「給料の調整額」「義務教育等教員特別手当」の具体的な交渉を、教育職員特有の制度であることも考慮し、単組協議に委ねることが確認された。

業務職給料表の見直し案では、現行の給料表の水準について、昇給カーブのフラット化を行いつつ、平均15%引き下げる。見直しに当たっては、現行の給料表作成方針を基本としながら、行（一）の1・2級の統合を反映。ただし、初任給は国に準じた額とするため、引き下げを抑制する。

給料表切替　共に同額直近上位が基本

新給料表への切り替え方法は、職員が切り替え日の前日に受けていた号給の給料月額の同額または直近上位の号給に切り替えることとする。

同額または直近上位への切り替えは、昨年、業務職給料表の削減が決着した特別区とは異なるが、都側は小委員会で「現行の職員間の号給差を正確に反映した上で切り替えるには、現在の号給と同一号給に切り替えるべきだが、職員に対する影響も考慮に入れて検討を重ねた末」の判断と説明する。なお、切り替え前の職員間の号給差を切り替え後も一定程度反映させるため、現在の号給に応じて、昇給調整を行う。

このほか給料の調整額についても、給料表の水準引き下げに合わせて改定することとしている。

業務職給料表の見直しの実施時期は09年4月1日からで、勧告給料表の08年度末までの業務職給料表も、現行の作成方針に基づき、同日の小委員会で案が示された。

都労連は、現業給料表の見直し案に関して「比較論のみによる給与水準の引き下げで納得いかない」と批判。都側が果たしている役割や責任を評価するならば、給与水準について、都側の主張する「高い」とする根拠を明確にすべきなどと訴えた。

その上で「都側の提案は、現業系職員であるから、給与水準は低くすべきという論理であり、このような給与格差、身分格差は認められない」とし、提案撤回を求めた。

このほか同日の小委員会では、都側から行政系人事制度の改正（案）も示された。職務・職責が同質化している実態から、1・2級職を統合した上で新1級とするもの。

具体的には、職級の統合に伴い、任用制度での現行の2級職昇任選考を今年度から廃止する。主任級職選考も、現行の必要在職期間等と現行2級職昇任選考に必要な在職年数を合わせることで、新主任級職選考の選考資格とする。実施時期は09年選考から。現行の准看護師3級職選考も同様の考え方から改正する。

公益目的事業
判断基準（案）への意見集約
意見募集に法人等から28件

都生活文化スポーツ局は23日、公益法人制度改革に伴う「公益目的事業の判断基準（案）」への意見募集結果をまとめた。意見募集は今年6月に実施し、受け付けた意見は個人8件、法人20件の計28件だった。

公益法人制度改革では、今年12月に関連法が施行されるが、公益目的事業に関しては、法で定めた23事業であることに加え、国ガイドラインに示した17の事業区分ごとに掲げたチェックポイント等で判断される仕組みとなっている。

ただし、国所管の法人と都所管の法人では、規模や性質、活動等が異なるため、都の実情を踏まえた、きめ細かい目安にあたるものとして、都では今回の判断基準（案）を公表していた。

判断基準（案）に対する意見では、まず都の独自基準との誤った受け止めが見られ、「国と都の判断基準が異なることは制度崩壊につながる」「国税上の優遇措置が全国一律で講じられている大前提を失う」など危惧する意見があった。

こうした意見に対して都公益認定等審議会では、国ガイドラインのチェックポイントと同様、事実認定にあたっての留意点としての性格を持つと改めて説明しつつ、誤解を受けないよう、名称も含めて検討していくとの考えを示している。

また、事業の対象地域や規模についても「関連法令で事業の対象地域に関する制限を設けていない」「新たな要件を創設している」などの意見を踏まえて、削除する方向だ。

同審議会では、公益目的事業に対する考え方等で、事前に明らかにできるものがあれば公表し、法人と認識を共有することで、審議の透明性を高めることが重要とし、判断基準（案）の公表に至った経緯がある。

しかし、意見募集の結果では、案に対する受け止め方や理解の違いがうかがえる。これは公益法人制度改革が目前に迫る中、法人側の関心の高まりを反映したものとも言え、同審議会でも「より一層、丁寧な説明が必要だった」としている。今後は、意見を参考に、審議会としての考え方をまとめていく予定という。

高金利などで悪質な貸金業者を行政処分
都産業労働局

都産業労働局はこのほど、出資法違反や誇大広告などを行っていた悪質な貸金業者計22者に対して、登録取り消しの行政処分を行った。

行政処分の対象となった事例の中には、3回にわたり合計302万円の融資を行い、法定利息を大幅に超える利息（超過利息分667万1648円）を得ていた高金利のケースのほか、正当な理由がなく、登録を受けた日から6月以内に貸金業を開始してなかったケースが挙げられている。

貸金業不開始に関しては、昨年12月に施行された改正貸金業法で規定が新設されたもので、同規定に基づく処分は、都で初めて。

就職応援フェスタ　立川市内で開催
しごとセンター多摩

東京しごとセンター多摩は21日、地元金融機関の多摩信用金庫とともに、就職イベント「就職応援フェスタIN多摩」を立川市内のホテルで開催した。当日は多摩地域を中心に活動を行う企業など23社や、立川商工会議所の無料職業紹介所などが参加して合同就職面接会＝写真＝を行ったほか、個別の就職セミナーなども開催した。

多摩地域で行う就職面接会では通常、100人前後も来れば良いほうと言われているが、当日は延べ468人が参加し、担当者は嬉しい悲鳴を上げていた。特に周知活動に力を入れ、各市報のほか、地域FMやケーブルテレビなどにも積極的に売り込んだという。

しごとセンター多摩では、来年度以降も開催を検討する。

特別区確定交渉
成績率の見直しを提案
全職員対象、支給率を2%に

区長会は24日、特区連、東京清掃労組と団体交渉を行い、成績率制度の見直しや、昇格時の号給決定方式の改正などを提案した。このうち成績率制度の見直しでは、一律拠出割合の適用対象者を全職員に拡大するとともに、拠出割合を現行の1%から2%に高めることなどを提案。能力・業績の給与へのさらなる反映を目指すが、組合側は「乱暴極まりない提案」などと反発を強めている。

昇格メリット　一定額加算方式へ

区長会が問題意識を示していた成績率制度では、主に3点の見直しを提案した。1点目が勤勉手当の算定基礎からの扶養手当の除外だ。勤勉手当の基礎額は、給料と扶養手当および、これらに対する地域手当の月額の合計額などとなるが、このうち扶養手当を跳ね返り分も含めて除外し、その相当額を成績率の原資とするよう改める。国に準じた見直しとなる。

2点目が一律拠出の対象者の拡大だ。現在は係長以上から一律拠出し、最上位と上位に再配分しているが、これを主任主事以下、技能・業務系、幼稚園教育職員まで拡大し、すべての職員を一律拠出の対象とする。これも国に準じたものだ。3点目が拠出割合で、現行の「1%以内」から「2%以内」に拡大する。

区長会は「勤務成績によらず、扶養親族の有無によって支給額に差が生じている」「一律拠出は、国が4%相当であるのに比べて低率」などと説明し理解を求めた。

だが、組合側の反応は厳しい。勤勉手当への成績率制度は、05年の労使交渉で「当分の間、係長以上の職員に適用」することで妥結し、今年度の一時金から導入となったばかりだ。導入直後のさらなる見直しに、特区連は「必要な見直し協議も検証も抜きに提案する姿勢を容認できない」と批判。全職員からの一律拠出に対しては、「勤務成績が良好でも支給額が減らされる不合理な方式。一律拠出を若年層等に持ち込むのはモラールを下げ、組織力の低下をもたらす」などと切り捨てた。

さらに、扶養手当を算定基礎から外す点についても「試算すると、配偶者と子1人を扶養している場合、成績上位と判定されても支給額が減る」と主張。「生計費支出が一番多い世代を直撃する制度だ」と痛烈に批判した。

清掃労組も、この間主張してきた「真面目に精励している職員から一律拠出すること自体、納得できない制度」「成績優秀者に処遇するなら、使用者が原資を手当するのが当然」などの考えに変わりがないとして反発した。

◆

他方、昇格メリットの見直しは、職責に基づく給与制度の観点からの提案で、特に高齢層職員の昇任意欲を高めることがねらいだ。

職員が上位級に昇格する際、現在は昇格メリットとして4号給を加算しているが、給与カーブのフラット化などにより、高位号給者ほど昇格メリットが少なくなっている。例えば4級から5級に昇格した場合、現行の4号加算では最高で1万円を超えるケースがある一方、高位号給で最も低い場合は2400円程度にとどまり、大きな開きが生じている。

このため区長会は、昇格後の級の最高間差額の加算を基本とする方式を提案した。これは国が05年度に行った見直しに準じたものとなる。

ただし、現在昇格メリットを措置していない行政系2級昇格時と幼稚園教育職員は除く。

また、11年度まで級格付制度が残る技能・業務系については、行(二)2級格付および同3級格付で昇格した場合は2号を減じ、行（二）4級格付の場合は4号を減じる。すでに級格付によって昇格した職員が昇任した場合は、現在と同様に、級格付による昇格時に減じた号給を付与するとした。

施行日は来年4月1日としたが、現行方式での昇格者を改正後の昇格者が追い越さないよう、調整しながら昇格メリットを漸増し、4年で本則化する経過措置も示した。

昨年度の確定交渉では、業務職給料表の平均9%削減で妥結したが、現給保障したため、昇格しても給与に反映されないケースが多く発生するとして組合側が改善を求めていた。特区連は「これにより昇格メリットは改善される」との考えを示す一方、「枠外者や、現給保障された額と業務職給料表の額の差が大きい場合は、必ずしも改善につながらない」などと指摘し、枠外者等も昇格メリットが受けられる制度構築を求めた。

加えて、昨年の最終団交で区長会側が、級格付の資格基準や、技能長職等の設置基準の見直しを今交渉期に協議するとした点に触れ、早期の課題解決を求めた。

これに対し、区長会は、現給保障者について「昇格によって保障額に達するまでの期間を短縮することは可能」と理解を求めた。

また、清掃労組は「昇格時の号給決定方法は求めてきたもの」とする一方、経過措置のあり方に問題意識を示し、今後の十分な協議を求めた。

さらに区長会は、高い専門性を有する職員を活用するため、行政専門職制度の創設を提案。弁護士や公認会計士の有資格者を行政専門職として「専門参事」「専門副参事」に任用する考えを示した。

これに対し特区連は、「その職種が区政のどのような場で一般職として必要なのかなど、解明すべき」などと述べ、慎重な協議を求めた。

21年度 主任試験講座【4】

20年度試験問題解説 ③

NO・19 ⑮

① 平成17年度に、市町村の数は約1800まで減少している。町村を中心とした団体の財政が限界に近くなる中、「市町村の合併の特例に関する法律（合併特例法）」により、合併団体に対し、地方債や地方交付税に特例を設けるといった積極的な推進策が図られた影響が大きい。誤り。

② バブル崩壊後の地方財政が好転しない状況下、さらに地方交付税が抑制されるなど、団体の財政が限界に近くなったことが合併の背景としてある。誤り。

③ 「市町村の合併の特例等に関する法律（合併特例新法）」は、平成17年4月から施行された。都道府県及び知事に対して、合併推進のための新たな役割を付与する内容となっているが、合併特例法と異なり、財政支援策は少ない。誤り。

④ 正しい。

⑤ 合併協議会に関する設置勧告を行うのは、議会ではなく知事である。誤り。

正答 ④

NO・20 ⑯

① 本肢は横出し条例についての説明である。また、上乗せ条例は、個々の法令の規定の趣旨・目的等に照らし、違法かどうか判断される。すべて適法となるものではない。誤り。

② 本肢は上乗せ条例についての説明である。横出し条例も、適法か違法かは当該法令が定める内容等による。すべて違法ではない。誤り。

③ 市町村は当該都道府県の条例に違反してその事務を処理してはならない（地方自治法第2条第16号）ことから、都道府県の条例に違反する内容の条例を定めることはできない。誤り。

④ 正しい（同法第14条第2項）。

⑤ 議会への条例の提案権は、一般的には議会（議員及び委員会）と普通地方公共団体の長の双方にあり、特別の場合に、議会または長のいずれかに専属する。なお、行政組織に関する条例の提案権は、長に専属する。誤り。

正答 ④

NO・21 ⑰

① 正しい（地方自治法第238条第4項）。

② 普通財産についての説明である（同法第238条第4項）。誤り。

③ 物品には、不動産は含まれない（同法第239条第1項）。誤り。

④ 地方自治法第240条に定める債権には、物件の売払代金のほか、地方税などの公法上の収入金も含まれる。誤り。

⑤ 基金は、条例の定めるところにより設けることができる（同法第241条第1項）。誤り。

正答 ①

NO・22

① 本肢は「手数料」の説明である（地方自治法第227条）。また、学校の授業料は「使用料」である。誤り。

② 「使用料」は、行政財産の使用または公の施設の利用につき徴収されるものであり（同法第225条）、公有財産すべての利用に関するものではない。また、普通財産の貸付等に対して徴収される私法上の契約に基づく賃貸料は、「使用料」には含まれない。誤り。

③ 本肢は「分担金」の説明である（同法第224条）。なお、道路の工事に伴って徴収される負担金も、「分担金」である。誤り。

④ 前段は正しい。手数料に関しては、全国的に統一して定めることが特に必要と認められ、政令で定められた事務について、政令における金額を標準として条例を定めなければならない（同法第228条）。使用料に関してはこのような規定はない。誤り。

⑤ 正しい（同法第231条の3第3項）。

正答 ⑤

NO・23

① 行政委員会は、慎重で公平・中立な判断等が求められるため、複数の委員による合議制の形態をとっている。誤り。

② 委員の多くは議会の選挙または同意を経て選任されるが、すべての委員がそうであるわけではない（労働委員会委員など）。また、委員の任期はあらかじめ定められている。誤り。

③ 正しい（地方自治法第138条の4）。

④ 予算の調整及び執行、議案の提出並びに決算の提出に関する権限は、知事が有する。ただし、法律に特別の定めがある場合はこの限りではない（同法第180条の6）。誤り。

⑤ 委員会事務局の組織及び職員の身分取り扱いについて、長は、委員会または委員に対する勧告権等の総合調整権を有するが（同法第180条の4）、自ら決定を行うまでの権限はない。誤り。

正答 ③

NO・24

① 会期中に議決に至らなかった事件は後会に継続しないのが原則であるが（地方自治法第119条）、委員会に付議された議会閉会中の継続審査案件は、次の会期に継続する。誤り。

② 議会を開くには、原則として、「議員定数」の半数以上の議員の出席が必要である（同法第113条）。誤り。

③ 正しい（同法第115条第1項）。

④ 可否同数のときは、議長の決するところによる（同法第116条）。誤り。

⑤ 議会は会期ごとに独立の存在として活動を営むものであり、一度議決された事件でも、その後に招集される会議であれば再び審議の対象とすることができる。誤り。

正答 ③

NO・25

① 附属機関は、法律または条例に基づき設置される（地方自治法第138条の4第3項）。誤り。

② 副知事及び副市町村長は、長の補佐及び職員の担任事務の監督等を担う、補助機関である（同法第161条）。誤り。

③ 会計管理者は普通地方公共団体の会計事務をつかさどるが（同法第170条第1項）、長の会計監督権に服する補助機関である（同法第149条第5号及び第168条）。誤り。

④ 正しい（同法第174条）。

⑤ 自治紛争処理委員は附属機関である（同法第138条の4第3項）。誤り。

正答 ④

NO・26

① 警視正以上の警察官は、一般職の国家公務員である（警察法第56条第1項）。誤り。

② 再任用職員は一般職である（地方公務員法第3条第3項）。誤り。

③ 特定地方独立行政法人の職員は、一般職の地方公務員である（地方公務員法第3条）。誤り。

④ 正しい（地方公務員法第57条、地方公営企業等の労働関係に関する法律附則第5項、地方公営企業法第39条第1項）。

⑤ 教員は一般職の地方公務員である。教育公務員特例法により特例が定められてはいるが、それをもって特別職とするものではない。誤り。

正答 ④

NO・27 ⑱

① 教育委員会の委員長ではなく、教育委員会が任命権者である（地方公務員法第6条第1項）。その他は正しい。誤り。

② 正しい（同法第6条第1項）。

③ 教育長の任命権者は教育委員会である（地方教育行政の組織及び運営に関する法律第16条第2項）。その他は正しい。誤り。

④ 任命権者は、人事行政の運営状況を、地方公共団体の長に対し報告しなければならない（地方公務員法第58条の2第1号）。誤り。

⑤ 任命権の委任を受けた者は、法律に定めがある場合を除き、さらに別の者にその権限を委任することはできない。誤り。

正答 ②

NO・28 ⑲「6」

① 成績主義の原則は、スポイルズ・システムによる情実人事の弊害を排除するために導入されたものであり、メリット・システムとよばれる。誤り。

② 正しい。

③ 降任にも成績主義の原則は適用される（職務遂行能力を欠く場合に降任することができるなど）。誤り。

④ 免許を有することや一定の勤務実績を有することも、能力を実証する一つの方法である。誤り。

⑤ 成績主義の原則は任用における根本原則であることから、これに反して任用を行った者については罰則の規定がある（地方公務員法第61条第2号）。誤り。

正答 ②

NO・「7」

① 正しい（地方公務員法第16条第2号）。

② 懲戒免職の処分を受け、その処分の日から2年を経過しない者が、欠格条項に該当する（同法第16条第3号）。誤り。

③ 地方公務員法に違反し刑に処せられた人事委員会の委員は、欠格条項に該当する（同法第16条第4号）。誤り。

④ 政府を暴力で破壊する旨主張する政党等に加入した場合も、欠格条項に該当する（同法第16条第5号）。誤り。

⑤ 現に職員である者が欠格条項に該当した場合、当然にその職を失う（同法第28条第4項）。誤り。

正答 ①

NO・「8」

① 分限処分にあたっては公正の原則が求められ、他の処分との均衡も当然に考慮する必要がある。

② 地方公務員法で定める事由以外の事由により降任または免職を行うことはできない（地方公務員法第28条第1号）。誤り。

③ 一定の義務違反に対する制裁は、懲戒処分の停職である。誤り。

④ 正しい（同法第28条第2項第2号）。

⑤ 条件付採用期間中の職員には、地方公務員法の分限の規定の適用はない（同法第29条の2第1項第1号）。誤り。

正答 ④

NO・⑳「9」

① 再任用職員のうち、フルタイム勤務職員は常勤職員のため、条例で定数を定めなければならない（地方自治法第172条第3項）。なお、都では、短時間勤務職員についても、条例定数内職員として管理している。誤り。

② 正しい。

③ 再任用の任期は、1年以内とされている（地方公務員法第28条の4、第28条の5及び第28条の6）。誤り。

④ 常時勤務も短時間勤務も、定年に達している必要がある（同法第28条の4、第28条の5及び第28条の6）。誤り。

⑤ 再任用にあたっては本人同意が必要であるが、任期の更新も新たな再任用であるため、同様に本人同意が必要である。誤り。

正答 ②

NO・29

① 正しい（地方公務員法第24条第3項）。

② 教育公務員は、教育に関する他の職を兼ねた場合には、これに関し給与を受けることができる（教育公務員特例法第17条第1項）。誤り。

③ 本肢は「職務給の原則」に関する説明である。誤り。

④ 地方公営企業職員の給与に関する直接払いの原則については、他に法律で定める場合を除いては、特例を定めることは認められない（労働基準法第24条第1項）。誤り。

⑤ 労働基準法の賃金に関[…]する規定は、地方公[…]58条第3項により適[…]なっているものを除[…]公務員に適用される[…]

昇任試験対策のページ

21年度 主任・係長 論文講座 ◇5◇

特別区係長選考

係長選考は、今後の区政の中心的役割を担う係長を選考するために行います。そのため、係長論文では、実務に精通していることはもちろんですが、今、区が直面している課題をどれだけ理解しているかが問われます。課題を整理する前に、まずは、その背景にある社会や経済の流れを理解しておきましょう。

区政を取り巻く背景

近年のわが国の経済は、政府や企業の構造改革が進んだことなどにより、いざなぎ景気を超える長期間にわたる安定成長が続いていました。東京都においても、平成19年度の税収が初めて5兆円を超え、過去最高を更新しました。一方、サブプライム住宅ローン問題を背景とするアメリカの景気後退懸念や原油価格の高騰、原材料価格の値上げなどの影響により景気後退への不安が高まる中、8月の内閣府の月例経済報告では、4年8カ月ぶりに「回復」の文字が消え、政府は、景気が後退局面に入ったことを事実上認めました。国はもとより、地方自治体の行財政運営は今後新たな局面に入っていくものと考えられます。景気動向は、地方自治体の行財政運営に大きな影響を与えますので、十分に把握しておく必要があります。

また、民間企業の収益構造の改善による景気回復期には、都市部と地方での経済格差や雇用形態の変化による所得格差が拡大するといった新たな問題が発生しました。そのため、東京都では、就職支援や生活資金の貸し付けなどといった低所得者対策を実施しています。このように、社会・経済状況を踏まえ、時代に即した施策を実施していく必要があります。

さらに、人々の価値観や生活様式の変化にも注目しておく必要があります。食の安全に関する問題や地球温暖化をはじめとする環境問題などで人々の価値観が急速に変化しているほか、高齢者の一人暮らしの増加や、それに伴う地域コミュニティーの再構築など、生活様式も刻々と変化しています。そのため、旧態依然の行政では十分な区民満足を得ることができません。変化に敏感に反応し、柔軟に対応していくことが求められています。

このほか、特別区と東京都との関係ですが、平成11年の地方分権一括法により、特別区は、悲願であった「基礎的な地方公共団体」に位置づけられました。しかし、平成17年度末までの暫定期間内に解決することになっていた都区間の役割分担や財源配分については、平成18年2月に一定の決着を見たものの、今後の都区のあり方（事務配分や特別区の区域のあり方など）について、抜本的かつ発展的に検討することとなりました。現在も引き続き都区間で協議が進められています。今後の協議の動向によっては、各区の行財政運営に影響を及ぼす可能性がありますので、十分注視していく必要があります。

これから述べるように、区政には課題が山積しています。いかに厳しい財政状況下にあろうとも、私達は区民の暮らしに直結する多くの課題を解決していかなければなりません。そのため、区政における最前線の組織のリーダーとして、係長に寄せられる期待は今まで以上に高まっています。

区政の様々な課題

いくつかの課題を取り上げて概要をまとめます。区によって事情が異なる課題もありますから、ご自身の区がどのような課題に取り組んでいるか、確認してみてください。

課題整理②

(1)環境問題への取り組み

近年多発している集中豪雨による被害や、冷夏・暖冬といった異常気象は、効率性を優先した経済活動やエネルギーの大量消費に起因する地球温暖化が影響していると言われています。この地球温暖化は、人類の生活環境や生物の生息環境への深刻な影響が懸念されており、区民、行政、事業者それぞれが、地球温暖化の原因である温室効果ガスの排出量を減らす取り組みを行う必要があります。区は、自らの責任で果たしうる役割として、良好な環境形成に向けた身近にある緑の保全・創出などに努めるとともに、区民・事業者と連携して、ごみの発生・排出抑制など、環境負荷を減らす循環型社会への取り組みを進めることが求められています。

また、環境問題は、特定の経済活動に起因するものではありません。利便性や快適性を追求してきた我々の生活様式にも起因しています。そのため、これらの環境問題に対応していくためには、地球温暖化の防止、循環型社会の形成、自然との共生などについて、区民一人ひとりが、責任と役割について理解を深められるよう、環境学習を推進することが求められています。

(2)少子高齢・人口減少社会の到来

厚生労働省の人口動態統計によると、平成19年の合計特殊出生率は前年に比べてわずかに改善されたものの、死亡数が出生数を上回り、日本は人口減少社会を迎えています。都心回帰の動きから、人口増加に転じている区もありますが、全体的な流れは確実かつ加速度的に減少に向かっています。担税力を有する人口の減少や高齢者福祉コストの増大など、財政環境が今後ますます厳しいものになることが予想されています。

高齢社会の問題では、団塊の世代が一斉に退職する時期を迎えています。年金制度を始めとして、高齢人口の増加が社会に与える影響が懸念されていますが、団塊の世代が長年にわたり蓄積してきた知識や技能をいかに活用し、後進に伝承していくかが、企業にとどまらず社会全体の課題となっています。NPOやコミュニティービジネスなどの受け皿も充実してきており、社会活動の新たな主体としてその動向が注目を集めています。

また、健康管理や生きがい対策の施策によって、高齢者が元気に生活できる期間を少しでも延ばしつつ、社会参加の受け皿をさらに充実させていくことが求められるほか、少子化対策を進め、安心して子育てができる環境を整えていく必要があります。

(3)安全・安心なまちづくり

「安全・安心」と一口に言っても、その内容は多岐にわたります。地震や水害などの自然災害に対する安全、犯罪や事故に対する安全、場合によっては介護施設の充実など老後の暮らしについての安心を求める方もいるでしょう。

いずれにしても、区民が安全に安心して暮らせる環境を整えることは、区に課せられた使命です。徹底した予防策を講じること、そして何か起こった際に迅速に対応できる態勢を整えておくことが重要です。

また、各関係機関との連携を深めておくことも重要です。不幸にして何らかの原因で区民の安全や安心が脅かされた際、準備不足により迅速かつ適切な対応ができなければ、区民の信頼を大きく損なうこととなります。リスクは日常のあらゆる場面に潜んでいます。災害対策などの大きな視点はもちろん、小さなリスク要因も見逃さず、予防策や善後策を練るなど危機管理体制を強化する必要があります。

(4)区民との協働

現在は、ほとんどの区で基本的な行政計画等において区民との協働を掲げていることと思います。社会が成熟するのに伴い、区民ニーズや区を取り巻く環境は多様化しており、行政の一律的なサービスだけでは十分に応えられないことから、区民との協働を政策の柱として掲げる自治体が増えているのです。それゆえ、区民の区政参画意識が高まることは、区政にとって望ましいと言えます。

しかし、協働は、上下関係や依存関係ではなくパートナーとして対等な関係であり、相互に自立した関係の主体が協力しあいながら公共における課題解決を図るものです。区の事業の下請けとして住民組織が位置づけられているとすれば、それは協働ではありません。そのため、区民と行政が地域の望ましい将来像を共有し、対等・平等のパートナーとして認め、それぞれの得意分野を生かしあうことが必要です。さらに、誰もが容易に区政参画できるよう、協働のチャンネルを多様化するとともに、より一層の相互理解や強固な信頼関係を構築することが求められています。

(5)都市施設の大規模更新

区によって多少事情は異なりますが、区部は高度経済成長時代を中心にして、一気に都市化が進みました。こうした時期につくられた都市施設が一斉に更新時期を迎えています。皆さんの区でも、庁舎の耐震補強工事や区立学校の建て替え、もしくは橋梁の架け替えなどが話題にあがっていませんか。区民の安全を確保するためには、都市施設の老朽化を放置しておくことは許されません。

しかし、都市施設の更新には多額の経費を要します。限られた財源の中では、計画的に施設更新を進めていくのか、あるいは、耐震補強工事等により施設の延命を図るのか、区の舵取りが重要となってきます。

また、施設更新にあたっては、人口減少や利用実態を踏まえ、施設の廃止・統合も視野に入れた更新計画を策定することが求められています。

ここに述べたもの以外にもたくさんの課題があります。このような山積する課題に対し、係長に与えられた権限の中でどのように対処していくのか。これからの係長はどうあるべきなのか。こうした問いかけが、論文試験の根底にあることを理解しておきましょう。

情報を集め、様々な課題に対する自分の考えをとことん掘り下げることが大切なのは、前回のこの講座で触れたとおりです。どんな課題にも対応できるよう、今日から是非実践してみてください。

◇　◇

成長から成熟、そして縮小へと、わが国は他に例のないスピードで変化しています。

もはや、従前の手法に頼っているだけでは乗り切ることはできません。皆さんの新しい発想、新しい力が必要とされています。

こうした時代に係長の職責を果たしていくことは決して容易ではありませんが、その反面、やりがいや達[…]びが大きいのも事実[…]長になりたいという[…]ちを大切に、試験準[…]てください。自分自[…]させる意味でも、真[…]は決して無駄にはな[…]ずです。

21年度 カレントトピックス 5

社会事情

■大阪市個室ビデオ店放火事件　（10月1日）

10月1日午前2時55分頃、大阪市浪速区の雑居ビル1階の個室ビデオ店「試写室キャッツなんば店」から出火、約37平方㍍を焼失し午前8時18分ごろ鎮火した。この火災で男性客15人が一酸化炭素中毒や気道熱傷などで死亡したほか、上層階の住民らを含む10人（男性9人、女性1人）が病院に搬送された。大阪府警浪速署捜査本部は10月1日、火元の個室を使用していた無職、小川和弘容疑者（46）を殺人と殺人未遂、現住建造物等放火の疑いで逮捕した。

10月14日、意識不明で入院中の男性が死亡し事件の犠牲者は16人になった。

■ノーベル物理学賞・科学賞の日本人受賞　（10月7日・8日）

スウェーデン王立科学アカデミーは10月7日、2008年のノーベル物理学賞を高エネルギー加速器研究機構の小林誠名誉教授（64）、京都大名誉教授で京都産業大教授の益川敏英（68）米シカゴ大の南部陽一郎（87）の3氏に授与すると発表した。授賞理由は「小林・益川理論」と「対称性の自発的な破れ」による素粒子物理学への貢献。

また、同アカデミーは翌8日、2008年のノーベル化学賞を米ボストン大名誉教授の下村脩（80）に授与すると発表した。受賞理由は「緑色蛍光たんぱく質（G[…]発見と発光機構の解[…]日本人のノーベル[…]6年ぶり、一つの[…]の共同受賞は初めて[…]受賞者数4人は過去[…]

■平成19年度体力・運動能力調査結果　（10[…]

文部科学省は10月[…]成19年度体力・運動[…]の結果を発表した。[…]よると、中学生の体[…]10年間で向上してお[…]生も体力低下に歯止[…]ったことがわかった[…]

新しい方式で体力[…]始まった平成10年度[…]場合、中学生（13歳[…]ートル走では男子で[…]女子で0・03秒速く[…]男女とも各項目で記[…]した。また、小学生[…]ートル走やソフトボ[…]といった項目でほぼ[…]った。しかし、小中[…]に、ピーク時の昭和[…]体力水準を大きく下[…]る。

調査は平成19年5[…]6～79歳の男女約7[…]を対象に実施された[…]

よみがえる中世港湾都市・品川

品川区立品川歴史館副館長　柘植信行

中世の港町想像図

品川宿以前からの港町

品川の歴史と言うと多くの人は、江戸時代の品川宿を想起する。だが品川が、今から600年も前に港湾都市として繁栄していたことは余り知られていない。

室町時代のこと、京都で応仁の乱が始まった頃である。一人の高名な連歌師（歌人）が海路、品川を訪れている。清水寺に近い十住心院の住持心敬である。心敬を品川に招いたのは鈴木長敏という人物である。鈴木は太田道真・道灌父子の連歌の会に参加し、宗祇らの編集する『新撰莵玖波集』に入選するなど文化人として活躍した。宗祇、宗長の連歌師も品川に足跡を残している。

相前後して品川を訪れた京都の五山の僧・万里集九や鎌倉建長寺の僧・慕樵なども当時の様子を伝えている。江戸城から西方を眺めた慕樵は、寺社と人家が軒を連ねる品川を「東武之一都会」と評している。品川は、文化の上でもたいへん成熟した町であった。

登場した鈴木氏は、室町時代に活躍した有徳人（富裕人）の一族である。海運商人鈴木道胤が有名で、妙国寺（現、天妙国寺）の檀越（旦那）でお堂を建てたり、梵鐘を寄進したりした。鈴木氏は、品川を拠点に広範な経済活動を展開している。同時期の有徳人榎本道琳も海晏寺の檀越として活躍した。鈴木・榎本氏は紀伊半島の熊野地方の出身で、熊野権現に関わる氏族とされ、現在でも三重県御浜町に榎本氏の墓所が残されている。

太平洋海運の進展

室町時代、紀伊半島の人々が品川で活躍した背景には、太平洋海運の進展がある。

横浜市金沢区の称名寺に品川の湊の繁栄を彷彿させる文書がある。明徳3年（1392）に入港した船が書かれた「湊船帳」は、伊勢大湊との関わりを示唆している。品川と伊勢方面が太平洋の海の道で繋がっていた。

南北朝時代末から室町時代の初め、品川と神奈川の湊では、帆別銭という税金が徴収されていた。鎌倉府の下で、称名寺や円覚寺など鎌倉の寺院を修造する費用となった。当時の品川は、鎌倉の経済的基盤の一端を支える重要な湊であった。海運により品川には、西国と東国を連絡する船が行き交い、人の往来や関東への物資の流通が繰り広げられていた。

戦国時代、京都醍醐寺の僧堯雅が関東地方へ訪れた際の記録がある。伊勢から船に乗り品川をめざした堯雅は、3泊4日の日程で品川に航海している。堯雅は船を乗り替えて河川を遡って関東各地に向かっていることから、品川が太平洋海運の関東での到着点にあたる湊であることがわかる。

品川御殿山の常滑大甕

このような品川の湊の始まりは、武蔵国府（現、府中市）との縁から、古代に遡ることも想定される。

大國魂神社では汐汲みの神事

毎年5月の初め、府中市の大國魂神社の「くらやみ祭」が盛大に挙行される。祭に先立つ品川への浜おり行事がある。汐汲みとも呼ばれ、品川海上禊祓式として汐水を汲んで持ち帰る神事が今なお続いている。前九年の役の際、源頼義・義家が品川の浜辺で禊をして六所宮で祈願した故事によると伝えられる、府中と品川をつなぐ「品川道」が以前より注目されていたが、中世以前の道路遺構が府中市や調布市で相次いで発掘されている。

同じく近年の発掘調査で、知多半島の常滑大甕が多摩川沿いに点在して発見されている。河川交通の実態を詳らかにする史料は乏しいが、水陸交通の両面から府中と品川の距離が近づきつつある。品川が国府の湊であったという確証はないが、有力な候補地の一つと言える。

時代は鎌倉時代に入るが、漢字で書かれた真名本『曽我物語』を紐解くと、鎌倉時代の初めに品川宿が登場する。源頼朝が富士裾野の巻狩前後、道すがら品川宿を訪れている。すでに品川には宿と呼ばれる町の形成が始まっていたのである。当時は交通の要衝・大井を中心に広大な地域を御家人大井氏・品河氏が支配していた。ともに頼朝の家来として活躍をして『吾妻鏡』にその名を残している。この時代の品川宿は武士の居館を中心に開かれた町場である。後に両氏とも西国に移り、現在の品川にはその痕跡はない。

東国有数の都市に発展

太平洋海運の展開により、次第に海沿いの地域に町が開かれた。品川は宗教者にも着目される所となった。南北品川では、江戸時代に創建された寺院は、三代将軍徳川家光の東海寺など一部にすぎず、多くは港町の繁栄を背景に建てられた。室町時代には、武士や町衆による寺社への寄進が相次ぎ、南北品川には多くの寺社が所狭しとばかりに軒を連ね、街道と寺社の門前・境内をベースとした町が作られた。妙国寺のように、五重塔、七堂伽藍を擁する大寺院もあった。妙国寺は、鎌倉公方足利氏の祈願所となり、政治的にも重要な位置が与えられた。また鎌倉府や武士の庇護により建長寺系の海晏寺と清徳寺が要地を拠点とした。

さらに鎌倉光明寺縁の浄土宗の法禅寺・願行寺や、一遍の流れをくむ時衆が品川に足場を築いた。商人層を檀越とする法華の寺院も教線を進めている。品川は、関東の交通・流通の拠点として、東国有数の都市に発展したのである。品川では町衆が大きな力を持つようになった。江戸に先立つ港湾都市品川の出現である。

徳川家康が首都を江戸に選定したのは、江戸の地理的条件とともに、政治・経済両面から先んじていた品川と浅草・石浜・隅田という東西の流通拠点へ着目したことが要因の一つと考えられる。

◇

■品川歴史館では「東京湾と品川―よみがえる中世の港町―」を開催中。11月24日（月）までの午前9時〜午後5時。休館は月曜と11月4日（11月3日と24日は開館）。観覧料は一般300円など。問い合わせ先は同館☎3777・4060。

7

新型インフルエンザの発生に備えよう⑥

愚直なまでに感染防止策を

前回は、いよいよ新型インフルエンザが都内に発生しはじめた時のお話をしました。では、さらに患者数が爆発的に増大した場合にはどうなるのでしょう。

発生した患者数がまだ少ない時期には、「発熱外来」での診察で新型インフルエンザに感染あるいはその疑いのある患者は、「感染症指定医療機関」に搬送・入院することになります。これは、感染者が少ない時点では、患者を隔離することによってウィルスを封じ込めて、感染者の増大を抑制する効果があると考えられるからです。（この時期を東京都のマニュアルでは「封じ込め期」といっています）

しかし、さらに感染者数が急速に増大してしまうと、隔離によるウィルスの封じ込めの効果は低くなります。また、実際のところ患者を収容するための病床も不足してくるでしょう。この時点で患者の入院を必須とはせずに、軽症者には自宅療養、重症者には入院を勧めるという体制に切り替わります。（この時期を東京都のマニュアルでは「パンデミック期（封じ込め対策解除後）」といっています）

このようにして「自宅で看病」する状況になった時には、家族間での感染防止対策が必要になります。具体的な看護方法は医師の指示に従っていただくことになりますが、ここでは自宅で家族の看病をすることになった場合の環境面の対策について示します。

自宅で看病する際の注意点

○患者はできれば個室で療養させ、他の家族の居室と離す

○部屋は1時間に数回、各3分間ほどの窓開け換気をする

○部屋の空気の湿度を50〜60%に保つ

○患者は常にマスクを着用しているようにする

○看病する人は作業時にマスク、ゴーグル、手袋を必ず着用し、白衣や割烹着を着る

○患者が鼻をかんだティッシュペーパーなどはビニール袋に二重に密封し廃棄する

○患者の便や嘔吐物がついた衣類等は下洗い後、塩素剤（ハイターやブリーチなど）か熱湯（80℃以上）で消毒してから洗濯する

○患者が使用した食器類は塩素剤で消毒する。温水の出る食器洗い機での洗浄も有効

○看病する人は、患者や患者の体液がついたものを扱った後は必ず手洗いをする

新型インフルエンザの発生前、流行時、家族患者の発生時、自宅看護時の対応について順を追って紹介してきました。新型インフルエンザが出現してから、ワクチンが開発・普及するまでの数カ月間、これらの処置を愚直なまでに実行することが、自分と自分の家族の生命を守ることになり、ひいては社会全体の崩壊を食い止めることになります。

危機の巨大さにあきらめてはなりません。皆で力を合わせて、新型インフルエンザとの闘いに必ず勝利いたしましょう。

（元大田区保健所　伊東利和）

■第5話　鈴木知事を出せ②

相談屋の場外乱闘 Part2

労働ジャーナリスト　金子雅臣

伝言ゲーム

時には、「ダメなものは誰に何と言われようとダメ」という現場の逆ギレで、つまり最終的な受け手の姿勢によって逆流を起こすこともある。そうすると周囲から「上の判断なんか気にしなくっていいんだよ」などと囁かれることになったり、「相手が悪過ぎるからほどほどに」などと正反対の忠告されて、混乱することになる。

いずれもこの微妙なやり取りが役所的な伝言ゲームの面白さであり、そこには役人としての処世術が様々に表れる。日ごろ高邁な都政のあり方や、それに向けての志を語る人たちも、こうした場面では、「立場上仕方がない」ことの説明を連発する場合もある。

それはそれで気の毒な立場ではあるのだが、それぞれの志の低さを窺い合っているようで面白い。その微妙な言い訳のなかで、ある時は仲間意識を確かめ合い、かばい合いが生まれる。そして、逆に敵も嗅ぎ分けることになる。

役人の小さな貸し借り感情（？）はここに生まれて、仲間意識や一心同体の意識を育んでいくことになる。ただ、ここで対応を誤ると、取り返しのつかないことになることもある。だからこそ、こうした対応には神経を使うということなのかもしれない。

オーバービート

鈴木知事の時代は、知事が官僚出身であったこともあり、組織内での幹部への忖度が必要以上に働いていたような時代であった気がする。そんな時代の出来事であっただけに、内部では微妙な反応が表れた。

通常なら、私について「あいつには何を言ってもしょうがない。そういう忖度ができないヤツだから」ということで済まされてきたような気がするが、今回は違った。

最初の受け手の影響もあったのか、「何としても…」という強い意志を込めた伝言がやってきた。

例え、内部事情がどうあろうとも、不当な解雇を「何とか」出来る道理はない。「でも、そこを曲げて……」というメッセージが再三伝わってくる。「先生が……」「幹部が……」「上が……」いろいろと言葉を変えた指示が陰に陽に繰り返し伝わってくる。

こんな伝言ゲームが上から下へ、下から上へと行ったり来たりするうちに、電線がオーバーヒートしはじめてきていることが分かる。こうなると、どこかで誰かが貧乏くじを引かなければ収まりがつかなくなる。今回もそうしたケースの一つだった。

貧乏くじを引け

――ここは、誰かが貧乏くじを引かないと収まらないな。

それが当時の部長の判断だった。その理由は、「主張の是非はともかく相手が悪すぎる」ということだった。

――誰も貧乏くじを引きたくないだけでなく、舞台にも上がりたくないだろう。

これが、部長の最終判断だった。そして、額に皺を寄せて、

――キミが蒔いた種だから、自分で刈る覚悟はあるか。

と、唐突に聞いてきた。私は、一瞬何を言われているのか理解できずにいると、

――大先生をキミが直接説得してみるかということだよ。誰もやりたがらなければ、キミがやるしかないだろう。

部長の決断に一瞬たじろいだが、その正論に腹を決めた。

案ずるより産むが易し

――ダメなものはダメでしょう。「オマエの顔を見たくないから明日から来なくてもいい」などという解雇理由がまかり通ることになれば、無法状態ですよ。

私の、少し前のめりの説明を大先生は黙って聞いていた。

――だいたい自分で解決できない無理なことを、先生の力を借りて何とかしようという考え方も問題ですよ。

調子に乗って少し言い過ぎる私の顔を、部長は隣でハラハラしながら見ていた。そして、私の話が終わると、大先生がおもむろに口を開いた。

――分かった。つまり私の依頼者が無茶を言っているということだな。私も頼まれただけで、事情を詳しく知っているわけじゃないから、キミの言うことを信じよう。私の方からもよく言っておくよ。

まさに、案ずるより産むが易し、泰山鳴動ねずみ一匹である。むしろ、依頼者への今後の厳しい指導を逆に頼まれることになってしまった。

――部長はこうなることを予測して、私を連れてきたんですか。

私の質問に、部長はニヤリと笑って何も答えなかった。

本屋のお勧め本

狸が語る生き抜く知恵

「YMO」や「はっぴいえんど」のような日本の大衆音楽の歴史に、その名を堂々と刻み込めるグループを指導してきたにも拘わらず、細野晴臣は世間的にメーンストリートでは話題に上らない。

なぜなら、彼曰く「多くの人々に聞かせるような大きな音は好きじゃない」。

この一言で、なぜ彼が一般向けしないのかお分かりいただけると思う。しかし、ただのシャイとは違い、物事に対する洞察力に長けているから先に挙げた考えにいきつくのだ。

例えば、音楽のことだけでなく、大きな声で堂々と嘘をつく政治家を引き合いに出し、「本当のことは小さな声で語られる」と呟く。

世間の一般的な考えと細野さんの日常感じる事との「ズレ」が実に気持ち良い『分福茶釜』（細野晴臣・鈴木惣一郎著、平凡社刊）は、還暦を過ぎた彼の最新の語り下ろし。タイトルの「分福茶釜」とは、茶釜に化けた狸が人々に福を与えるという昔話。この本の狸とは、もちろん細野さん。

「福を与える」という大上段の考えは、彼自身嫌うかもしれないが、この本にはいろいろな意味で住みづらくなった現代を行き抜くための知恵がぎっしり詰まっている。

「自尊心」「オンリーワン」「アンチエイジング」。世間では、これらの言葉がもてはやされているが、細野さんはそんなものを信用しない。自分を大切にし過ぎるから他人と衝突が起きる。

「アンチエイジング」は、そのエネルギーを持続するためのもの。そこで、彼は「年をとるのは楽しいこと」だと主張する。

なぜなら、「脳が老化すると自意識も低下する」ので、いろいろな欲望に悩まされることもないからだ。これは御本人の経験談。死は誰でも怖いが、それに向き合えば、快感なことなのかもしれない。これもまた、彼独得の考え。

以上に挙げた死や老いのような重苦しい話題だけでなく、音楽や恋愛などの軽いテーマも狡猾な狐ではなく、間の抜けた狸として語られているのが嬉しい。

※余談ですが、彼の音楽は当店のBGMとして使用させていただいております。

（三省堂書店都庁店　飯田紀男）

都政新報
発行所　都政新報社
〒160-0023 東京都新宿区西新宿7-23-1 TSビル
〈総務・読者〉03-5330-8781
〈企画広告〉03-5330-8784
〈編　　集〉03-5330-8786
〈出　　版〉03-5330-8788
〈ファクス〉03-5330-8808
購読料　月1,680円（税込）
毎週火・金曜日発行
但し、祝祭日は休刊

紙面から

都立病院

医療クラークを拡大

勤務医の負担軽減へ

医師の事務補助を担う「医療クラーク」が今年度から診療報酬上の加算対象に位置づけられたことを受け、都立病院では医療クラークの増員に着手している。勤務医の過重労働が一因で、産科など診療科によっては慢性的な医師不足に陥っているため、都病院経営本部では勤務環境を改善し、医師確保に結び付けたい考えだ。救急の取り扱い件数が年間6万件を超える東京ERを抱える府中病院でも、医療クラーク3～4人の増員に着手。他の都立病院でも、医療クラークの活用を模索している。

一晩に約150人の急患が来院する府中病院の東京ER。午後5時には、医師や看護師が慌しく夜勤の準備に追われる。その裏方で、2人の女性職員がパソコンに向かい、データを手早く打ち込んでいた。東京ERに配置された医療クラークだ。

医師は通常の診療以外に、紹介状作成などの事務作業を抱える。また、IT化が進み、検査・処置の予約を医師自らがとることも多い。㈳全国社会保険協会連合会の調査では、医師の4割が「医師の業務ではない業務が10～20％ある」と回答。保険書類や紹介状の作成、伝票整理は、6～7割が負担を感じていた。

繁忙度の高い東京ERで勤務医の負担を軽減するため、府中病院は07年度から医療クラークを導入。現在、1日あたり2人の派遣職員が、急患の統計データや会議資料の作成を担う。医師1人が1日かけて行う仕事量の6分の1程度を軽減したという。

同病院では当初、医療クラークが電子カルテ上に患者のデータを「下書き」し、それを医師が診断書として修正・承認する形も想定していた。電子カルテ上の診断書作成は医師業務だが、付随する診察以外の患者情報の記入も必要だからだ。

しかし、医療法上、電子カルテに書き込めるのは医師のみ。そのため、今の業務は資料作りが中心だが、今後、電子カルテの改良や法改正が進めば、本格的なサポートになり、勤務環境の改善につながると見込む。

08年度の診療報酬改定で、患者100人に対して医療クラークを1人以上配置すれば、入院初日に限り加算される施設基準が設定された。これを受け、今まで医療クラークが1人だった大塚病院（500床）は4人増員し、府中病院（761床）でも増員する意向だ。

診療報酬は、最も手厚い「25対1」でも医療クラークの人件費を若干下回る程度の加算しかなく、基準を満たしても経営上のうまみはそれほどない。それでも、現場は「医師が診療に専念できる」と歓迎する。

MEMO　医師事務作業補助体制加算　勤務医の負担を軽減するため、診断書の作成補助、診療記録への代行入力、院内がん登録などの統計・調査、カンファレンスの準備作業などを担当する専従者の配置を評価するもの。他方、入院患者の費用負担は、「100対1」の場合、300円程度増える。

青木信彦・府中病院長の話　医療クラークが担う業務は、ボリュームとしてはまだ小さいが、勤務医の作業量が雪だるま式に増える中、社会が医療をサポートしてくれる兆候を歓迎したい。今まで1時間に6人の診察が限界とすると、7～8人は診られ、収益も上がるし、患者の待ち時間も少なくなり、十分ペイできる。今後は、東京ERだけでなく、繁忙度の高い各診療科に配置できるといいのではないか。医師補助事務は専門的な内容が多く、訓練を受けていても、すぐには仕事にならない。そのため、医師の指導が必要になるが、その仕事量も大きい。医療クラークを指導できる中核的な人材の育成も重要になる。

周産期ネットの更新業務も想定

妊婦搬送の受け入れ可否を「○」「×」で示し、空床状況などを検索できる「周産期医療情報ネットワーク」の精度を高めるため、都福祉保健局は専門知識を持った医療クラークを周産期母子医療センターに配置する検討を始めた。勤務環境改善策の一つで、更新業務も想定されている。

脳内出血にかかった妊婦が都内8病院に受け入れを断られた事案では、都立墨東病院の端末で3病院が「受け入れ可能」を示す「○」と表示していたが、実際には「母胎児集中治療室が満床」などの理由で搬送できなかった。

妊婦死亡問題

周産期医療充実で江東区長が要望

脳出血を起こした妊婦が総合周産期母子医療センターなど8医療機関に受け入れを断られ、3日後に死亡したことを受け、妊婦のかかりつけ医の産院がある江東区の山﨑孝明区長は28日、都庁を訪れ、石原知事に周産期医療体制の充実に関する要望書を提出した。

要望書では、「医師不足の解消など、周産期医療体制を支える施策は、国が自らの責任で実施すべき」として、都が区と連携し、国に対して産科医確保の抜本的な対策を講じるよう働きかけることを求めている。山﨑区長は石原知事との会談で、「産科医が少ない問題は、国にしっかり働きかけてもらいたい。一緒にやりましょう」と述べ、石原知事は「東京都も一生懸命やっているが、基本的には国の責任だ」と応じたという。

会談後、山﨑区長は記者団に「国も地方自治体も一緒になって努力しなければ、都民、国民は安心しない」と述べた。

また、特別区長会でも国に働きかけたい意向を表明。多田正見・特別区長会長にも電話で「区長会としても働きかけをしましょう」と伝えたという。

都議会各会派も提案やPTなど

周産期医療を巡っては、都議会からも提案やPT設置などの動きが相次いでいる。自民党は24日、都立病院で産科医、新生児科医を確保するよう要望。民主党は28日、休日・夜間の緊急受け入れ態勢を強化するため、「周産期母子搬送コーディネーター」を配置し、搬送先を選定する司令塔機能を検討するよう提案。中長期的には、研修医の産科転向や離職医師の現場復帰に努めるよう求めた。

公明党はPTを設置し、27日に初会合を開催。救急医療との連携や、満床が続くNICUと後方病床の連携などについて検討を進める方向という。共産党は、清瀬・八王子・梅ヶ丘の都立病院廃止を中止するよう求めている。

関東知事会議

京浜3港連携で財政措置など要望

妊婦死亡で緊急アピールも

08年度定例第2回関東知事会議（会長＝橋本昌・茨城県知事）が29日、千葉市内で開催され、「地方分権改革の推進について」「京浜3港の広域連携施策及び関東地方の主要港湾の整備促進等について」など、12項目の提案・要望を国に行うことで合意した。また、8病院で受け入れを拒否されて妊婦が死亡した事案を受け、国に対して医療体制の充実を求めるアピールを出すことや、地方分権改革推進委員会の勧告を全面実施するよう要望することも確認した。

「地方分権改革の推進について」は、1都8県の共同提案。国や都道府県が審査請求・再審査請求を受けて行う裁定的関与について、国民の権利・利益を迅速かつ公正に救済する仕組みにも配慮した上で、地方分権の観点から見直すよう要望。また、地方消費税の充実、地方交付税の復元・充実、国庫補助負担金改革、直轄事業負担金の廃止、「（仮）地方行財政会議」の設置などを国に求めている。

「京浜3港の広域連携施策及び関東地方の主要港湾の整備促進等について」も、共同提案。東京、川崎、横浜の3港は、港を一体的に管理するポートオーソリティーの設立を視野に入れて、広域連携を進めている。こうした動きを踏まえ、新規及び既存ふ頭の充実強化に係る財政措置や税制優遇、海上輸送に係る規制緩和、京浜3港間の道路網と内陸部を結ぶ幹線道路の整備、促進を求めている。

また、これらに加え、関東地方の主要港湾について、引き続き重点的な整備を求めるとともに、港湾施設の維持管理に関する制度を充実させるよう要望し、京浜3港以外の県にも配慮した。

石原知事は、「国はおそらく、ポートオーソリティーを握ろうとする。これは僭越というか、今までの経過からして出過ぎた話で、関東圏の知事の同意を得て、私たちのイニシアティブでポートオーソリティーを設立する」と説明した。

東京都からは、「米政権下における横田基地の軍民共用化等の早期実現について」を提案した。これは、大統領選後のアメリカの新政権に対して、横田基地の軍民共用化の実現に向けた協議に積極的に対処するよう求めている。

これらの要望事項に加え、埼玉県知事から、政府の地方分権改革推進委員会の勧告について、各省庁が全面的に受け入れるよう、関東知事会が特別アピールを出すという提案があり、緊急に行うことを決めた。

また、茨城県知事は、8病院で受け入れを拒否され、妊婦が死亡した事案を受けて、国に緊急アピールを行うことを提案。国に医師不足を招いた責任を反省し、医療体制の充実を行うよう求めることで合意した。

会長の橋本茨城県知事があいさつ＝29日、千葉市内のホテルで

新銀行東京

詐欺事件で元行員を逮捕

「司、司の責任」と知事

新銀行東京の元行員が融資をめぐる詐欺事件に関与し、27日に警視庁に逮捕された。開業後、短期間で急激に経営悪化した原因について新銀行東京でも社内調査し、元行員が逮捕された融資案件に関しては、今年3月、告訴を前提に警視庁に捜査依頼していたという。新銀行東京では、今後も過去の融資で疑義のある案件は、厳正に対処するとしている。

問題の約5千万円の融資は、06年9月に行われ、1年後の07年9月に債務不履行になった。捜査の過程で詐欺グループの存在が明らかになり、融資担当だった元行員もかかわっていたことが判明した。

逮捕を受け、都は「元行員の個人的行為ということで、銀行は被害者でもあるが、こうした事態を招いた旧経営陣の責任は重い」と知事コメントを発表。28日、記者団に囲まれた石原知事は「この銀行について提案した私の責任は当然ある。ただ、司、司の責任があるわけで、専門家の集団を集めたつもりだったが、これがまあ、ズサンな経営で、とんでもないことになってしまった」と語った。

新銀行マスタープランでは、開業3年後に地銀中位クラスの総資産1兆6千億円を想定し、スコアリングモデルに基づいた無担保・スピード融資を売りにしていた。このため都議会からは、過大な計画と現実無視の審査方式が経営悪化の根源と批判されている。

都政の東西

技術継承

日本社会全体が団塊世代の大量退職という転機を迎える中、どの組織も大なり小なり次世代への技術やノウハウの継承が課題となっている。公務職場も例外ではない。特に深刻なのが専門性の高い職務分野だ。

高度な専門知識やノウハウは、一人ひとりが鍛錬を積み重ねて培った成果でもあり、短期間では得られない。OJTで身に着く技術とも異なる。ならば時間をかけてじっくりと習得するしかないが、定数削減で厳しい組織事情の中では、人材育成に多くの時間を割く余裕がないのが実態だ。結果、技術継承や人材育成が思うように進まないマイナスのスパイラルに陥っている状況もある。

こうした状況を打開するには、組織が身を切って取り組むことが必要だ。危機感の表れからか、最近はそんな動きが目に付く。

例えば、都の主税局は来年度から6カ月にも及ぶ「長期専門科研修」に着手する。税政を担うために必要な幅広い税務知識を習得するため、職場から長期間離れて学ぶという。対象となるのは職場でバリバリ働く中堅職員。半年間も重要な戦力を失うのは組織的にも痛手だが、背に腹は変えられない。今後3年間で600人が退職する主税局では「教えられる人がいるうちに取り組むことが必要」（職員課）と危機感をあらわにする。

また、23区清掃一部事務組合も、専門の研修組織を設置。設備の運転や維持管理に必要な技術を習得するため、やはり若手・中堅職員を対象に最大で2カ月間にわたる研修を開始した。ここ数年で退職者がピークとなる中、「少しでも早く」と年度途中からの実施に踏み切った。

長年、組織が蓄積してきたノウハウは、一度失えば元には戻らない。技術継承が一朝一夕にはいかない中、高い危機意識で臨むことが重要だ。

裸足の知事、芝生化の校庭を視察

「幅広い情操教育になる」

石原知事が28日、校庭が芝生化された大田区立新宿小学校を視察し、子どもたちや地域の住民等と交流した。

知事は、休み時間に子どもたちが裸足で駆け回る校庭に姿を現し、田村校長や有留環境局長の説明を受けながら、緑の芝生の上を歩いた。同校で校庭の芝生の管理を支援する町会・保護者とも交流。最後は、子どもたちに囲まれながら校庭に腰を下ろし、芝生の生の感触を確かめていた＝写真。

都は、「緑の東京10年プロジェクト」の一環として校庭の芝生化を進めている。11月29日と30日には、「東京芝生フォーラム2008」を開催。物心両面から芝生化した学校を支援する「東京芝生応援団」の結団式も行われる。

子どもたちと同様、自らも裸足で芝生の感触を楽しんだ石原知事は「裸足の感触は、都会ではほとんどなくなった。人間にとっても大事。非常に幅の広い情操教育になる。何もスポーツだけでなく、何をするにも裸足はいいことだ」と語った。

石原知事がクアラルンプールに出張

アジネット総会出席で

石原知事は、アジア大都市ネットワーク21の第7回総会に出席するため、11月19日から22日までクアラルンプールに出張する。

総会の政策対話のテーマは「洪水対策」。出張するのは、知事のほか、儀典長、特別秘書など17人。経費は、総会関係が1800万円、展覧会関係は840万円。

冗句ジョーク

新銀行東京の不適正続々、上からの勧めで口座開設に協力した都職員が気の毒

バツの悪い上司
「ごめんね、おわびに仕事に利息つけてあげるよ」

いらねーヨ！

後期高齢者医療制度

3区はまず「お知らせ」で

督促状での混乱を回避

ソフトな納付促しを

後期高齢者医療制度で、督促状を送った自治体の高齢者からは困惑の声が上がったが、督促状をまだ送っていない品川、杉並、北区では、督促状を送る前に納付のお知らせを送ることにした。ソフトな呼びかけで、まずは納付の必要に気付いてもらうという。

23区では、後期高齢者医療制度の保険料徴収のやり方が二つに分かれた。4月から仮徴収で年金天引き（特別徴収）を始め、10月から本徴収での天引きを始めたのが9区。初めから本徴収にするために、保険料の確定を待って7月から納付書による徴収（普通徴収）を3カ月間実施し、その後、10月から天引きを始めたのが14区。

このうち、納付書による徴収で未納が出ると、督促状が行くことになる。7月の納付書の納付期限は7月31日。

督促状は、通常、期限から1カ月ほど後に送られる。各区では8月下旬から9月下旬ごろにかけて相次いで督促状の発送を行った。

高齢者は、先に送られた納付書の存在自体に気付いていないことも多かった。新宿区や台東区のように、「納め忘れはありませんか」などと促すお知らせを督促状に同封した区もあるが、大抵は「突然の」督促状に驚いたり、「国保は口座振替だったので、そのまま口座振替になっているかと思った」「年金天引きされていると思った」など勘違いも多かった。

そうした事態を避けるため、まだ督促状を送っていない品川、杉並、北区では、督促状の前に、まず「お知らせ」を送る予定をしている。

品川区は、7月、8月分の督促状を送るのを延期。納付のお知らせの文章と合わせて、再度、納付書を送り直すことにした。

同区高齢事業課では「気付きを促すのが目的。お年寄りは、まじめな方が多いので、滞納する意図はない。気付いていないので、お支払いをいただいていないことが多いと考えている」と話す。

お知らせの文面は、「保険料の通知書と納付書は、7月中旬と8月中旬にお送りしています。お気づきでないか、お忘れはないでしょうか」などと呼びかける内容。「今回、お送りした納付書で下記の納付場所でお支払いください」などと納付を促す。

今月は、10月から12月分までの新たな納付書を送る月であるほか、年金天引きもスタートした。ここでさらに通知を送ると混乱をきたしかねないことなどから、お知らせと再度の納付書を送るのは、来月上旬ごろになる見通しだ。

同課によると「テレビなどで10月からの年金天引きの話を知り、それがきっかけで納付書の存在に気づいて納めてくれる人もある」という。それらの人の納付の動きが収まって、金融機関から納付の集計がくるまで10日余りのタイムラグを待っていたいという理由もあるという。

杉並区は「いろいろ送りすぎているので、（これ以上送ると）お年寄りがパンクしてしまう」と話し、11月に勧奨の手紙を出し、督促は12月にする予定。北区も「督促状がいきなり行くと、お年寄りがびっくりしてしまう。今月15日に始まった年金天引きが一段落してから年内に催告のお知らせを送り、督促状は来年になるかも」と話す。

このほか、板橋区も「徐々に納付率が上がってきている。督促状はまだ早いのでは」と判断し、督促状はまだ送っていない。督促の前にお知らせを送るかを検討している。

すでに初回の督促状を送った区でも「督促状そのものは今後も出していかざるをえないが、その前にお知らせを出すことにするか、次回の方法を検討している」などと話している。

農地保全組織が発足

全国初　制度見直しを要望

年々減り続ける都市農地を保全しようと、34区市町と都でつくる都市農地保全推進自治体協議会が29日に発足した。農地保全の連携組織の誕生は、全国で初めて。

都が05年3月に相続税発生時の農業者の意識調査を行った結果、「納税のため大半の農地を売却せざるを得ず、経営困難になる」という回答が44%、「農業をやめざるを得ない」が11%だった。過半数が相続税支払いで、農地を売却することが明らかになった。

07年の都内の都市農地は4884㌶で、97年と比べ日比谷公園約80個分に相当する1316㌶が減少した。高額な相続税を払えず、切り売りされた農地に、マンションなどが建設され歯止めがかからない状況を示す。

農地減少に危機感を覚えた練馬区が、連携組織を発案。農地が残る自治体に参加を呼びかけ、設立まで3年かかった。

協議会は、農地の現状維持が目的だ。農地が切り売りされた場合、買収コストが莫大にかかるため、農地を増やすことは現実的でないという。

取り組みとしては、住民向けのフォーラム開催のほか、農業委員会や農業協同組合と連携し、農業振興を図っていく。

また、現行の生産緑地法によると、農地面積が500平方㍍以上ないと、相続税支払いの猶予などの特例が受けられる生産緑地に指定できないため、500平方㍍以下の農地でも指定できることなどを盛り込んだ要望書を農水相らに11月中に提出する予定だ。

志村豊志郎会長（練馬区長）は、都市農地保全の輪を中京圏、近畿圏などにも広げていく考えを示しているが、「まずは東京の農地保全を中心に肩を組んでやっていきたい」と話している。

ホームページで入院医療の現状紹介

大田区

大田区は、区内における入院医療の現状を紹介するコーナーをホームページの中に設けた。

同区では、地域医療の観点から、医療関係者も患者も安心して治療に専念できる仕組みづくりを目指している。

コーナーは、同区ホームページのトップページの中の生活情報「保健・衛生」のカテゴリーの中に設けられた。

2月に大森医師会、田園調布医師会、蒲田医師会と区内29の入院医療機関が中心となり、区も加わって立ち上げた大田区入院医療協議会を紹介。

さらに、よくある質問11項目について、回答を設けた。例えば「大田区の医療体制は大丈夫ですか」との質問には、「区南部保健医療圏（大田区・品川区）まで考えると、二つの大学病院や他の医療機関の充実ぶりは全国でも有数であるといえますが、現実は大変厳しい環境になりつつあります。（中略）ある調査によると、過去10年間で区南部保健医療圏ではすでに15の病院（全体の約27%）が廃院し、1200余りの病床が減少しています」などと回答。

こうした状況に対し、大田区入院医療協議会としては「地域完結型医療の実現を目指すために、医療機関の実態を把握し、診療科ごとの問題点の整理や課題の抽出を行います。そして大田区に相応しい連携方法の実現に向けて、具体的な方法を検討してまいります」として、様々な活動を展開していくという。今後も講演会開催や区報、ホームページなどで情報発信していきたいとしている。

また広報紙が盗難

足立区

足立区は27日、配達拠点に置かれていた広報紙千部余りが盗まれたと発表した。広報紙の盗難は4月に続き今回が2回目。配布委託先のずさんな管理実態が明らかになった。

配布委託先は、シルバー人材センター。区内54カ所の配達拠点に、印刷業者から広報紙が運び込まれ、同センターのスタッフが戸別配布する。

盗難された広報紙1050部は23日、綾瀬地区の配達責任者宅の駐車スペースに搬送された。責任者は旅行中だったため、広報紙は放置されたままだった。翌日帰宅した責任者は25日午前5時半、散歩に出かけた際、広報紙はあったが、帰宅した午前6時には見当たらなかったという。住民は「白い2㌧トラックが持ち去った」と証言し、午前9時に警察に被害届を提出した。

4月8日には、江北地区の拠点で施錠されていた物置から、約5千部の広報紙が盗まれた。盗難分の印刷代はいずれも、同センターが負担した。

区広報課は「シルバー人材センターとの契約解除を想定していないが、厳重に注意する」と話しており、人目につきにくい場所に置くことなどを呼びかける。

区庁舎ホールで2人が転落事故

足立区

足立区は26日、庁舎ホール内で女性（72）と男性（65）が落下する事故があったと発表した。

庁舎ホールのエントランスは、客席を水平に並べた場合が2階、機械で客席を持ち上げて階段状にした場合が3階になる。階段状の客席の下には、スペースができるため、2階の扉を施錠して封鎖する必要がある。

日本舞踊の発表会を見に来た女性は26日午後4時前ごろ、施錠されていなかった2階の扉から暗闇の中を進入し、約2㍍下に落ち、全治6週間の左足複雑骨折の重傷を負った。午後4時ごろ、男性も落下し、右足などを軽傷したが、自力で這い上がった。その後、女性は救助された。

扉の施錠は、ホール運営の委託業者か、機械室などの保守点検業者のいずれかが行っているため、区は事情聴取などで事故原因を調べている。

荒川区長選

現区政の是非が争点

11月2日告示　現新3氏が立候補へ

任期満了に伴う荒川区長選挙が11月2日に告示され、9日に投票、10日に開票される。29日時点で、出馬表明しているのは、現職の西川太一郎氏（66）＝自民、公明、民主支持＝、元区議の今村眞弓氏（54）＝政治団体代表＝、元政党職員の竹内一浩氏（47）＝共産推薦＝。3氏は、26日開催の地元商工会議所主催の候補者討論会に出席し、政策を訴えた。自公民3党と政策協定を締結するなど、盤石の体制を整える現職西川氏に、新人2氏が挑む格好だ。有権者は約15万人。

自公民が西川氏を支持

現職の西川氏は、都議4期、衆議院議員3期を経て、04年の区長選に無所属で当選。前区長らの収賄逮捕を受け、選挙公約だった「不正防止委員会」の設置など「580以上の新規施策の推進」と自負する施策実行力を押し出し、再選を目指す。

定例区議会での西川氏の立候補表明後、自民、公明、民主の3党が、同氏と相次いで政策協定を結び、選挙戦の支持を表明した。

荒川区は「保守王国」だが、過去2回の区長選では、保守分裂の様相を呈し、激しい選挙戦が繰り広げられた。04年区長選では、自民区議団は前都議の北条貞治氏（現・自民区議）を独自擁立。西川氏は公明党と政策協定を結び、区議会保守系会派の「尚志会」の区議が動いた。

西川氏の区長就任後、尚志会の区議は大半が自民区議団に「合流」。こうした過去の経緯もあり、今回の選挙に臨む自民党区議団は「西川支持」を早々に明言した。8月の政策協定の締結時に、記者会見を開くなど、西川氏支持を強調している。

民主党は、今回の区長選での西川氏支持を8月までに打ち出し、政策協定を結んだ。その後、国政で民主が自民との対決姿勢を強めたことで、区議会関係者の中には「決定が早過ぎた」との指摘も。しかし、西川氏の秘書経験がある元墨田区議が、次の衆議院選で東京14区（荒川、墨田区）から民主党公認で出馬予定のため、その関係から早々に支持を決定したとする見方もある。

竹内一浩氏　今村眞弓氏　西川太一郎氏

■勝機をうかがう2氏

西川氏を追う2候補は、自公民の「3党相乗り」を厳しく批判しつつ、西川区政を問う姿勢だ。

今村眞弓氏は、区議経験者（2期）。今回、出馬表明に際して政治団体「チェンジ!」を設立。区議時代に所属していた地域政治団体「あらかわ元気クラブ」などが同氏の応援を表明している。

今村氏は訪問看護関連会社を経営している経験から、医療介護、子育てなど福祉分野を中心に、新たな施策の必要性を訴える。西川区政について、正面から批判して「反西川票」を取り込んでいく戦略だ。同氏の支持者は「この4年間、区議会の大半が支持し、今回の選挙戦も相乗り。専制君主の区政ではない区民目線の施策を願う」と主張。さらに「過去2回の区長選での保守分裂の傷は深い。西川陣営は決して一枚岩でない」と話し、勝機をうかがう。

共産党推薦の竹内一浩氏は、党中央委員会の元職員。同氏は「後期高齢者医療制度」の完全廃止を主要な争点に掲げるほか、区内の福祉政策の充実、中小企業への支援実施などを訴える。

竹内氏は01年の区長選に立候補した際は4人中最下位で終わったが、04年の区長選で共産党系候補が約1万1千票を獲得し、3位に食い込む健闘を見せた。支持者は「最近の厳しい経済情勢もあり、区民の手応えを感じている」と話す。

■すでに前哨戦

衆議院の解散・総選挙で、一時は同日選の実施の可能性が浮上し、各陣営とも色めきたったが、解散の先送りで、現状は「平穏」。ある区議は「前2回の区長選に比べると楽な選挙だ」と本音を漏らす。

現職優位の情勢下、西川氏に近い関係者は勝利を前提に「投票総数のおよそ過半数、3万票を獲得できるかに注目している」と話し、水面下では激しい前哨戦も開始されている。ある町内会関係者は「特定の候補予定者を支持するグループが区内の全町内会に『推薦依頼状』を送付している」と実情を明かす。

荒川区では区長選と同時に、自民区議の死去に伴う区議会議員補欠選を実施。自民、民主、共産の各党が候補を擁立する見込みで、その動向も注目される。区民の関心をどこまで高められるか、各候補の戦いが間もなく始まる。

過去の荒川区長選結果

	氏名	党派	推薦・支持	得票
〈2004年11月14日〉	投票率43.72%			
当	西川太一郎	無新	（公明支持）	23865
	北城　貞治	無新	（自民推薦）	17541
	市村由喜子	無新	（共産支持）	11219
	上野　和彦	無新	（民主支持）	7691
	伊坂　勝泰	無新		1813
	関　　猛	無新		1350
〈2001年5月27日〉	投票率43.40%			
当	藤沢　志光	無新	（自民推薦）	27685
	荒井　靖夫	無新	（保守、公明支持）	17228
	春日井　明	無新	（民主、自由推薦）	8317
	竹内　一浩	無新	（共産推薦）	7806

荒川区

校舎で職員が転落死

事故調査委を設置

荒川区立諏訪台中学校で24日、校舎1階の玄関付近を清掃中の用務主事の男性職員（41）が、地下階から1階に続く、吹き抜け状のドライエリア（空堀り）で約5・5㍍下に転落し、死亡する事故が発生した。防犯カメラに残された映像などから、24日の午後4時16分頃に転落したと推測される。同校の教職員らは事故に気つかずに帰宅。25日朝、同僚の用務職員が、地下階の植え込みで男性職員を発見し、救急搬送したが、頭部強打などで、死亡が確認された。

荒川区教育委員会などによると、事故当日、同校では文化祭や創立10周年記念式典を控え、教職員やPTA役員らが準備作業をしていた。

事故発生の前後、教職員の会議があり、午後4時30分頃に校内放送で用務職員を呼び出した。姿を見せなかったことについては、「清掃中だと思った」という。同職員は通常、勤務終了時に副校長などに報告していたが、24日は副校長が所用で早期に退出していた。報告がないことを不審に思った教職員はおらず、午後9時半ごろに全員が帰宅。その後、夜間監視員が見回りをしたが、事故に気が付かなかった。

死因や死亡推定時刻は調査中で、区教委などは27日、「事故調査委員会」を設置した。区側は「亡くなった職員は児童から慕われていた。教職員も、同僚を救えなかったことで、ともにショックを受けている」といい、カウンセリングの実施などを検討中という。

献花台が置かれた荒川区立諏訪台中学校の玄関＝29日

記者席

おもてなしの心を醸成?

○……外国からの観光客とおぼしき人たちから、都庁展望室への行き方を聞かれることがある。大抵、執務室側の乗り換え階などでエレベーター待ちをしている時が多い。

考えてみると「業務用のため、展望室へは参りません」という庁舎内のアナウンスはあるが、英語バージョンはない。何回かに一度でも、英語での案内を放送すれば良いのではとも思う。

たどたどしいながらも、展望室行きエレベーターの場所を伝え、相手も理解してくれ、何とか乗り切ってきたが、我々の「おもてなしの心」を醸成するために仕組んでいるのだとしたら、恐るべし、東京都である。

○……「丸投げにしている自治体は今後、本当に怖いよ」。以前、清掃事業について取材している際、清掃工場の業務委託に話が及ぶと、担当者の口からそんな言葉が漏れた。委託化で人件費は抑えられるが、設備のメンテナンスにかかるコストなどが膨らみ、トータルではコスト高になる恐れがあるというのだ。今回、清掃工場を取材する中で、その言葉の意味を再確認した。

メンテナンスや施設更新の際、職員に高度な専門知識がないと、発注時にプラントメーカーの言いなりで過剰な修繕を余儀なくされることも懸念される。ノウハウを失うということは、そうしたリスクを多分に持つということだ。業務委託時には、目先のコストダウンだけにとらわれてはならない。

○……都立日比谷図書館の千代田区への移管に伴い、残された都立中央図書館と多摩図書館の果たすべき役割が、ますます重要になってきた。

そんな中、注目されているのが多摩図書館の「マガジンバンク」の開設。全国初の雑誌の集中的サービスを行う公共図書館とのふれこみで、都教育委員会でも「『公営の大宅壮一文庫』として大いにPRしたほうがいい」と後押しする発言が飛び出した。

その一方で、「大宅文庫に脅威を与えかねないので、宣伝を控えたほうがいいかも」の声もあって、教育庁の担当部署は「PRが難しい」と苦笑い。

区市町村と環境教育促進へ

大原教育長が首長に要請

深刻な地球温暖化問題を踏まえ、児童・生徒への環境教育のあり方が課題になっているが、大原正行都教育長は、10月に開かれた特別区長会と市・町村長会に相次いで出席。「次世代を担う子供たちへの環境教育を応援してほしい」と訴え、都と区市町村が連携して、児童・生徒に対する環境教育の充実・強化を求めた。都教育委員会では11月にCO₂削減の大切さを啓発するためのリーフレットを作成・配布する一方、来年6月の環境月間に合わせた行動計画を検討しており、これらを含めた「東京都版・環境教育カリキュラム」の開発・実践に乗り出す方針だ。

都版のカリキュラム開発も

京都議定書で約束したCO₂の6％削減を受け、都は今年3月、環境基本計画を策定し、「2020年までに、東京の温室効果ガス排出量を、00年比で25％削減する」との目標を提示。それを実現するための施策の方向性の一つとして、「東京の環境を引き継ぐ次世代の育成」を掲げた。

全国の小中学校では、02年度から総合的な学習時間が新たに導入され、それを活用して環境教育に積極的に取り組む学校が増えた。企業やNPO法人などが独自に環境教育プログラムを作成して、小中学校で出前授業を行うケースも出ている。

これらの取り組みを踏まえ、環境局では都環境基本計画の中で、環境教育の内容（分野）や使用している教材などが千差万別である点を指摘。今後は、年間を通した環境教育の体系づくりや、人間の社会活動にまで結びついた環境教育が求められるとし、各学校に対し、総合的な学習時間において各教科と連動した環境教育を実施するよう働きかけていくとしている。

また、都内のすべての児童が、より充実した環境教育を受けられる体制づくりとして、例えば、私立も含む全学校の教職員を対象とした体系的な「環境教育プログラム（指導書）」に関する研修会なども実施していく計画を示した。

石原知事は、今年4月に開かれた教育施策連絡会で、学校長に対し、環境保全への思いとCO₂削減への強い決意を語るとともに、環境教育を重視すると強調。また、当時の中村教育長も、環境教育の強化と省エネ・環境チェックシートの活用などを訴えた。

これまでも、都内の公立小中学校では、教科指導などの中で環境学習に取り組む一方、環境清掃活動、自然保護活動、CO₂削減・省エネチェックシート・キッズISOなど実践的な活動を行ってきた。また、12月には都内の62区市町村が共同で行う「省エネチャレンジ」事業が計画されている。

都教委では、CO₂削減の大切さを理解してもらうリーフレット（小学4年生が対象）を11月に配布し、環境教育の促進に役立ててもらう考えだ。リーフレットは公立だけでなく、国立、私立の小学校にも配布する予定である。

区長会と市・町村長会に出席した大原教育長は、「自分たちの生活を見直すことで、CO₂が削減できることを子供たちに知ってもらうことが大切」と、改めて環境教育の重要性を訴えた。あわせて、教育委員会だけでなく、区市町村の政策部門でも環境教育に力を入れてほしいと要請した。

各学校では、理科、社会科、家庭科、技術・家庭科等の教科や総合的な学習の時間で環境教育を行っている。教育庁では「環境にかかわる教科を関連させながら、環境問題がトータルに分かるように全体像を示したい」（指導部）と、「東京都版・環境教育カリキュラム」の開発に取り組む方針。

また、来年6月5日の「環境の日」を中心としたその月を「CO₂削減アクション月間」と位置づけ、国立と私立の小学校を巻き込んだ関連事業の展開を検討する予定である。

東京都の愛鳥モデル校として、20年以上も愛鳥活動に取り組んでいる福生市立福生第五小学校

昇任選考の正答を公表へ

都教委　採用の配点、面接基準も

大分県で発覚した教員採用・昇任選考をめぐる汚職事件を受け、緊急点検を行ってきた都教育委員会は23日、採用選考と昇任選考の公表の範囲を大幅に拡大することを決めた。採用選考については筆記試験の配点と面接の判定基準などを公表。昇任選考については正答と配点を公表することにした。

今年6月、大分県教育委員会で、教員採用と昇任選考をめぐる汚職事件が発覚。不正な選考方法による合格者が取り消されるなどの事態が発生した。このため、全国都道府県教育委員長・教育長協議会による宣言を受け、都教育庁は教員採用と昇任選考について緊急点検を行った。また、庁内に調査委員会を設け、外部からの働きかけの有無についても調査した。

この結果、現行の選考システム及び運用面での課題は発見されなかったものの、採用・昇任選考結果を正式発表する前に、外部に伝えていた事実が明らかになった。これを踏まえて、教育庁は採用・昇任選考の透明性を確保するため、選考システムとその運用の改善に取り組むことを決め、公表する範囲を広げることにした。

まず採用選考では、第一次選考の択一式試験について、新たに「配点」を公表。論文については「主な評価の観点」を実施要綱に掲載することにした。具体的には、択一式の教職教養と同専門教養がいずれも30問・100点満点で、正答及び各問あたりの配点をホームページで掲載。論文は1200字以上1600字以内・100点満点とし、評価の視点として①社会的背景と課題把握②教師としての実践的指導力③論理的表現力④表記（字数・誤字・脱字等）――の4点を挙げている。

第二次選考については、選考終了後に集団面接の課題を公表するとともに、主な評価の観点を実施要綱に掲載する。具体的には、面接は集団と個人を合わせて600点満点とし、集団面接（45分）では受験者5人に対して面接委員は3人。評価の観点としては「表現力」「説得力」「調整力」「協調性」が挙がっている。個人面接（35分）は受験者1人に面接委員3人が対応し、「教職への理解」「教科等の指導力」「対応力」などが評価の観点になっている。

実技についても、選考終了後に実施した課題等を公表するとともに、主な評価の観点を実施要綱に掲載する。実技は音楽、美術、保健体育、英語で、各教科150点満点。たとえば、音楽の場合だと、ピアノや声楽の初見テストで使用した楽譜を公表し、評価の観点として「演奏のよどみなさ」「リズム・拍子の正確さ」などを示している。

一方、昇任選考については、教育管理職選考の第一次選考・択一式問題を公表してきたが、今後は選考終了後に正答と配点を同時に公表する。校長選考の第二次選考についても、主な評価の観点を実施要綱に掲載することにした。

教育支援の現場から　4

「高校を卒業する」ということ

学ぶ意義や進路を考える

チャレンジスクールの存在は、都立高校の枠を広げ、高校卒業資格取得のためのアプローチが増えたという意味でも大きなものです。また、小学校や中学校で不登校を経験した生徒や、高校中退者を受け入れるという点でも、「高卒」をより身近なものにしていると言えます。就職をするにも、なにか資格を取得しようとするにも、高卒資格が必要で、高校はもはや義務教育化されているとも言えるでしょう。そういった意味で、チャレンジスクールが社会に対して果たす役割は多大であると言えます。

しかし、「受け皿」としてのチャレンジスクール受験には注意が必要です。NPOの相談を通してよく感じるのは、「高校も中学の延長で、入りさえすればどうにかなる」と考えてしまっている生徒と保護者が非常に多いということです。「都立は私立よりも校則などが緩く、厳しくない」というイメージがあるかもしれませんが、都立チャレンジスクールも「高校」です。義務教育ではありません。3年間在籍し、出席し、授業をしっかり受け、単位をそろえないと卒業できません。高校中退なんて他人事で、万が一、辞めてもすぐ転校すればいい。うちの子どもに限って中退なんてしない。NPOで相談を受けるのは、ほとんどがそういった思いでいた方々です。その「まさか」が起きてしまった時、「高卒の難しさ」を痛感することになってしまいます。

チャレンジスクールの受験には教科試験がないということで、安易に受験をする生徒も多いでしょう。しかし当然ながら、基礎学力のない生徒がレベルの高い高校の授業についていくのは容易なことではありません。入学は簡単でも卒業には努力が必要です。また、チャレンジスクールである桐ヶ丘高校の生徒の約7割は不登校経験者だそうです。不登校で、中学の出席がなく内申点がないので、チャレンジスクールを受験する。こういった生徒でも、今までの自分にさようならをし、一からきっちりとこれからの学校生活を全うしたいという気持ちがあれば、しっかりと自分の行き先を見据えて前進していくでしょう。

しかし、NPOの関連事業として運営している学力会には、勉強が苦手でチャレンジスクールを受験したいという生徒が多くやってきます。「勉強ができないから」「勉強をしなくても入れるから」という安易な気持ちで受験を希望する生徒には、高校の学習についていける基礎学力をつけてもらうとともに、「どのような高校生活を送りたいか」「卒業後はどういった進路に進みたいか」という高校の意義について、しっかり考えてもらうような指導を心がけています。全日制の高校で学ぶことは普及できることだと思いますが、自分に合った高校を選び、入学後も自分の意思を持って学校生活を送らないと、有意義な3年間にはならないのではないでしょうか。

チャレンジスクールは不登校・中退経験者が多く受験する学校であるが故に、自分の決意と裏腹に挫折してしまう生徒も多いと聞きます。あるチャレンジスクールでは、残念ながら約3割の生徒が中退するそうです。高卒認定試験（旧大検）でその後の進路を切り開く道もありますが、高認の取得は決して簡単なことではありません。また、高校側も多くの様々な生徒を抱えているだけに、「万人にとって正解」という指導方法がないのも、問題の根深さを物語っています。

不登校・高校中退・転編入のお問い合わせは、NPO法[illegible]会連合会東京支部☎6806・8366。（杉浦孝宣）

未来を拓く　――キャリア教育の取り組み　〈3〉

働く喜びと生きる喜びを

都立府中朝日特別支援学校は知的障害のある生徒が通う高等部単独の学校である。生徒一人ひとりが社会の一員として主体的な生き方のできるように、特色のある教育課程を編成している。2007年には、東京都教育委員会より「知的障害特別支援学校高等部普通科における職業教育の充実に関する研究・開発事業」の研究推進校に指定され、キャリア教育をふまえて教育課程の類型化ほか、体験的・実践的な職業教育を推進している。

■教育課程の類型化

教育課程の類型化とは、生徒一人ひとりのニーズに応じた教育を効果的に展開するために教育課程を複数の種類で編成することである。

本校では、1学年時に普通学級と重度重複学級を編成し、生徒の実態把握と集団づくりに努め、一人ひとりの適性を見極める。そして、2学年時と3学年時に普通学級を生徒それぞれの適性とニーズにより①社会職業類型②社会基礎類型③社会生活類型――の三つに分け、重度重複学級と併せた四つの教育課程を編成し、社会人として必要な力を培っている。

■系統的なインターンシップと現場実習

知的障害特別支援学校高等部では、これまで、卒業後の就職等に向けた産業現場における現場実習を行ってきた。近年、産業構造の変化並びに障害者雇用のニーズや広がりをふまえ、生徒が在学中から働くことをより身近に捉えられるような学習の場が求められてきた。

そこで、本校では、07年度より短期間の就業を体験するインターンシップを実施することにした。1学年時の作業学習や校内実習、インターンシップにより、自己を知り、職業への関心と理解を深める。2学年時では教科「職業」や作業学習のほか、3回のインターンシップと現場実習により、自己理解を深め職業への可能性を追求する。3学年時では2回の現場実習において自己の適性を見極め、進路の決定に結びつける。インターンシップは週1日2時間で3週間から4週間、現場実習は全日3週間をかけて行うことを基本としている。

■多様な職場体験

生徒が生活する身近な地域で、地元の方の協力を得てインターンシップを実施している。飛行場では飛行機の清掃、サッカースタジアムでは清掃作業、福祉施設では出前カフェサービス、大学では資料印刷と発送準備、市役所ではゴム印押しや市報の折り込み、スーパーマーケットでは袋詰めや店頭陳列、老人ホームでは花の手入れや話し相手、工場では部品のセッティング、保育所では清掃、ふとん敷き等々多様である。保育園のフロア清掃を経験した生徒は、「モップふきと掃除機での清掃は苦手だったが、やっているうちに上手にできるようになったことがよかった。わからないことは相談をして仕事を進めていく」と感想を述べていた。

■成果と今後の課題

在学中に複数回違う作業を経験することで、どんな職業があるかを知り、やり遂げる達成感を味わい、働くために必要なことを具体的に考えられるようになった。そして、進路決定に向けた3年次の現場実習に心構えと十分な準備ができることが大きな成果である。

現在に至るまでには、地域の方の理解や事業所等の方々の協力のたまものである。今後も一層の働く場の確保と地域における障害者への理解や支援の進展を図る。

また、働くことと同時に充実した私生活を営むことも重要である。本校では、部活動を振興し、「朝日カレッジ」と称した生涯学習事業も展開している。働く喜びと生きる喜びに満ちた生活を送れるように、地域と学校が連携して支援を続けていく。

（東京都立府中朝日特別支援学校長　葛岡裕）

市役所での職場体験でゴム印押しや市報の折り込みを行う生徒たち

千代田区への移管で条例改正

日比谷図書館　改修工事費は都が負担

都立日比谷図書館の千代田区への移管が決まったことで、都教育委員会は23日、12月に開かれる第4回定例都議会に都立図書館条例の一部改正案を提出することを決めた。条例が可決すれば都立日比谷図書館は来年3月末をもって閉館し、同区への無償譲渡などの手続きを経て、7月1日に移管。その後、区が改修工事などを行い、2010年度中に千代田区立日比谷図書館として開館する予定である。

都立日比谷図書館については、都立図書館のあり方の第一次報告と第二次報告を受けて、05年10月に都教委が移管方針を決定し、千代田区に協議を申し入れた。移管方針の中では「日比谷図書館は個人貸出サービスを中心に業務運営を行っており、区市町村図書館とサービス内容が重複しているため、都と区市町村との役割分担の観点から見て、都が運営を継続する必要性が薄い。しかし、年間約70万人（現在は約60万人）が利用しており、利用サービスを継続するため地元区への移管を図る」としている。

しかし、都区の移管協議はこの年の12月から凍結され、再開されたのは今年の5月。その後は協議が順調に進み、10月に移管に向けた都区の覚書が締結された。覚書の内容は①移管の時期は来年7月1日②必要な改修工事費用を都が負担し、工事は千代田区が実施する③建物を含む財産及び収蔵資料を無償で譲渡する④移管後の土地使用料は無償とする⑤日比谷図書館の名称を継承し、可能な限り現建物を活用する――などとなっている。

都が負担する改修工事は、屋上防水や外壁、屋外非常階段の改修など建築関係、冷温水発生機など設備関係、受変電設備や電話交換機の更新など電気関係。なお、条例改正に伴って、都立中央図書館と都立多摩図書館の機能分担・業務分担の変更が行われる。

「健康づくり功労」小中7校など受賞

児童・生徒の健康づくりについて、優れた功績や特色ある取り組みをする学校等を表彰する東京都教育委員会表彰「健康づくり功労」は、「教育の日」の11月1日、都庁大会議場で行われる。

今回受賞するのは、学校の部では学校保健・学校安全分野が4校、個人・団体の部では学校保健・学校安全分野が1人と1団体、学校給食分野が5人となっている。

訂正　24日付の全国学力調査区平均正答率の表中で、目黒区の「非公表」とあるのは「議会に報告」の誤りでした。

毎週金曜 3面は 教育オンライン

清掃一部事務組合

技術訓練センターが発足

ごみ中間処理の技術を継承

東京23区清掃一部事務組合は、技術系職員の能力向上を目的とした研修組織「清掃技術訓練センター」を新江東清掃工場内に設置し、20日から研修をスタートした。団塊世代の大量退職や、区からの派遣職員の入れ替わりなどにより、技術・技能の継承が課題となる中、実務体験と危機管理に焦点を当てた研修を行い、次世代を担う人材の育成を目指す。今年度は試行もかねて実施し、来年度から本格スタートとなる。清掃工場の人材育成を図る組織は日本では初の取り組みとなり、他の自治体からも注目を集めそうだ。

■実務体験と危機管理

収集・運搬から最終残さの埋め立てに至る一連のごみ処理過程の中で、焼却などの中間処理を担うのが23区清掃一部事務組合。清掃技術訓練センターが目指すのは、工場の運転や維持管理にかかわる技術・技能の継承だ。

清掃技術訓練センターは、新江東清掃工場のスペースを活用して設置した

研修の特徴の一つが実務体験を重視した点。講義は座学にとどまらず、訓練センターを設置している新江東清掃工場を中心に、その他の清掃工場の設備も活用して行う。

「学ぶ内容は専門性が高いため、座学だけでは十分ではない。知識と現場実践を合わせた取り組みが必要だ」。総務部経営改革担当の江部信夫副参事はそう話す。

もう一つの特徴が、危機管理に重点を置いた点だ。運転業務の民間委託を進める中、これまで以上に管理・監督責任が問われることとなる。工場の運転操作を疑似体験できるシミュレーターを用い、過去の事故事例などを題材に危機管理を学ぶ研修も行う。

訓練コースは5コース12科を設置。受講対象は、将来的に工場を担うことが期待される若手・中堅職員で、当面は所属長推薦を優先して決定する。講義は研修効果を高めるため、4～5人の少人数に抑えて実施する。

20日からスタートした「運転管理コース」では、工場設備の運転や事故発生時の対応などを学ぶ。一組従事歴3年以上の職員を対象に、2カ月間の長期研修となる。

また、設計・委託監理コースでは、工事や委託の設計積算等の実務を習得する。例えば、毎年行う焼却炉のオーバーホール時には、計画を立案し、億単位の契約を「百戦錬磨」のプラントメーカーと折衝することになる。プラントを「適正仕様・適正金額」で維持管理するには、高度な知識やノウハウを持つ職員の育成が欠かせない。研修は機械や電気職などで一組従事歴4年以上の職員が対象となる。

このほか、定期補修工事や中間点検時の工事監督、検査の実務などを学ぶ「整備実習コース」（対象＝機械・電気）、溶接や分解整備、電気工事等の技能を習得する「整備技能コース」（同設備管理）、ボイラー水質や排水・排ガスの分析技術等など、公害対策を学ぶ「分析コース」（同化学）を設けた。

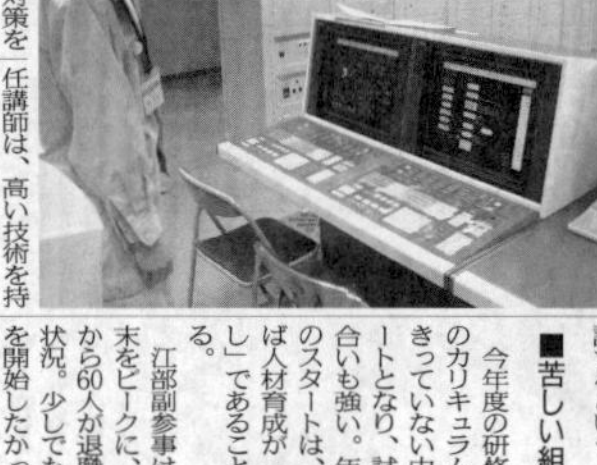

工場設備の操作を疑似体験できるシミュレーター。過去の事故事例もプログラムし、危機対応も学ぶ

センターは12人体制で発足。センター長を総務部長が兼務し、センター次長は総務部参事の事務取扱となる。係は庶務と訓練の2係で、3人の専任講師は、高い技術を持つベテランの再任用・再雇用職員が担う。今後は順次スタートする研修にあわせて専任講師を増やしていく。

このほか、現役のベテラン職員や、豊富な経験や知識を有する再任用職員などを非常勤講師として40人程度任命し、業務の傍らスポット的に講師を担ってもらう。さらに今後は外部の専門技術者などを活用することも検討するという。

■苦しい組織事情

今年度の研修は、全体のカリキュラムが固まりきっていない中でのスタートとなり、試行的な色合いも強い。年度途中でのスタートは、裏を返せば人材育成が「待ったなし」であることを意味する。

江部副参事は「来年度末をピークに、年間50人から60人が退職していく状況。少しでも早く研修を開始したかった」と思いを語る。

団塊世代の大量退職期を迎え、どの組織もベテラン職員の持つ技術の継承が課題となるが、それに加えて清掃一組特有の課題が、区派遣職員の入れ替わりだ。

清掃業務が都から区に移管となり、一組が発足した00年当初には、543人の技術系職員が都から派遣されていた。しかし、派遣終了や退職などで職員は減り続け、今年4月現在では当初の3割弱となる156人にまで減少している。

この穴を埋めるため、各区から職員の派遣を受けているが、ほとんどの職員は清掃工場の経験がない上、原則として3年間で区に戻ってしまう。経験が浅い職員の割合が増え、技術が蓄積されにくい状況にある。

固有職員の採用も進めているが、育成は一朝一夕とはいかない。例えば、一概に清掃工場といってもプラントはそれぞれ違い、操作やメンテナンス方法も異なる。焼却炉一つとっても、ストーカー炉や流動焼炉、ガス化溶融炉など様々な種類がある上、同じメーカーの同型の炉でも、製造した時代が異なれば別物になるという。

専門性の高い壁が立ちはだかる中、職員が一人前になるには10年近くかかると言われており、退職のスピードに追いついていないのが実態だ。

そうした厳しい組織事情とは裏腹に、清掃事業を取り巻く劇的な環境変化が、人材育成の必要性を一層加速させる。今月から廃プラスチックのサーマルリサイクルが本格開始となり、ごみ処理に対する区民の目線は厳しさを増す。一方で23区に21ある清掃工場のうち、06年度からの15年間で15工場の運転管理業務を外部委託する計画で、これまで以上に管理監督者としての危機管理責任が問われることになる。

他の組織以上に重くのしかかる人材育成の課題を乗り切ることができるのか。清掃技術訓練センターの取り組みに注目が集まる。

特別区労使交渉

技能・業務系の調査結果を公表

区長会「職務間異動が必要」
組合側「具体的な提案示せ」

区長会は27日、特区連、東京清掃労組と小委員会交渉を行い、技能・業務系人事制度に関する実態調査の集計結果を示した。区長会は結果を踏まえ、「同一職種内の職務間異動の必要性が増した」との考えを示し、今後、分析を基に技能・業務系の人事制度を検討する考えを示した。これに対し、組合側は、区長会が具体的な提案を示さなかったことに反発を強め、早急に改善策を示すよう求めた。

技能・業務系の職場実態調査の実施は、昨年の確定交渉に遡る。業務職の給料表の平均9％削減が行われる一方で現給保障となる中、昇任しなければ給与が上がらない状況となった。しかし清掃職場を除く区の現業職場では、07年4月時点で技能主任は15・6％、技能長は0・3％にとどまっており、特区連は「不十分な任用制度」と指摘。技能主任職以上の設置基準の廃止や、技能主任、技能長の複線型の昇任制度などを求めた。

また清掃労組も、以前から技能長を補佐する職の新設や、技能主任の「概ね4人に1人」となる設置基準を「2人に1人」に見直すよう求めていた。

これに対し、区長会は昨年の確定交渉妥結時に、来年4月1日までに全区で技能長を設置するとともに、技能主任等の設置基準について、「職場の実態調査を行い、必要があれば見直すよう努める」との考えを示していた。

今回、区長会が示した調査結果のポイントの一つが、技能系職場の規模別状況だ。再任用短時間職員等のみの職場などを除く技能系の全3908職場のうち、正規職員だけを見ると、技能主任の設置基準となる4人以上の職場は11％（419職場）、技能長の設置基準となる20人以上の職場は2％（65職場）にとどまった。

これに再任用短時間職員など正規職員以外を含めると、4人以上の職場は約24％（929職場）、20人以上の職場は2％（69職場）となる。

こうした調査結果を踏まえ、区長会は「同一職種内における職務間異動の柔軟な運用の必要性がさらに増した」との考えを示した。

だが組合側は、具体的な見直し提案が示されなかったことに反発を強める。特区連は、「同一職種内の職務間異動は、各区で適正に運用されている」との考えを示すとともに、区長会が具体的な見直し案を示さなかったことを批判。技能長職等の設置基準の廃止などを改めて求めた。

さらに不快感を示したのが清掃労組だ。職務間異動の必要性を示した区長会に対し、「調査結果から導き出される結論は、任用制度の設置基準の見直しだ」などと主張。今後検討するとの回答に対し、「（区長会の）態度は不誠実なもの」と述べ、早急に設置基準の見直しを提案するよう要求した。

都小委交渉

教員・現業の提案で説明

都労連は提案撤回等を主張

都と都労連の小委員会交渉が29日に開かれ、都側は、前回提案した教育職員の人事制度や業務職給料表の見直しに関する説明を行い、両課題について「今給与改定交渉期での解決が避けて通れない」と強調した。都労連は強く反発し、主任教諭導入の断固反対や業務職給料表の見直し案の撤回等を改めて訴えた。

新たな教育職給料表と業務職給料表の見直しに伴う切り替えは、いずれも同額または直近上位が基本となる。都側は教育職給料表の切り替えで、主任教諭と教諭の職責差を反映する考えに基づく加算措置や給料月額の逆転防止に必要な昇給調整について説明。業務職給料表の見直しでは、給料表の見直し直後でも昇給が可能となるよう同額直近上位にしたと述べた。

教育職員の職務段階別加算では、大卒12年以上の教諭や専修実習助手等への3％加算や大卒30年以上の教諭の5％加算を廃止するとの説明があったほか、退職手当も教諭期間の経験年数に基づくポイント付与の廃止、主任教諭以上の期間に職責ポイントを付与する仕組みが示された。

業務職給料表では、見直し案に基づく年齢別給与水準の月収と都人事委の標準生計費等を比較。見直し後の給料表について「生計費を十分考慮したもの」とした。時短では各局に影響調査し、検討していくと表明した。

一方、都労連は、教員の職務段階別加算や退職手当の見直しに関して「教員に対する重大な勤務条件の改悪であり、断固反対している主任教諭導入から生じるもの」と厳しく批判。業務職給料表に関しても「生計費を十分考慮したものと言い切る態度は断じて許せない」とし、改めて見直し案の撤回を主張した。

ひと

竹繊維の依頼試験を開始した

都立産業技術研究センター八王子支所主任研究員

池田（いけだ）　善光（よしみつ）さん

かつては日本の基幹産業だった繊維。入都した頃は繊維職の仲間も120人近くいた。「配属された繊維工業試験場の村山分場の辺りは、地場産業として絹織物を作っていて元気があった。その指導が主な仕事でした」

今日では原料も製品も中国からの輸入が多く、その品質検査に追われる日々。最近は新素材である竹繊維についての問い合わせも増えていたという。

「日本では衣料用の竹繊維は生産されていない。表示が適正かを知るため、自分で竹を切って繊維を取り出しました」。綿や麻と違い、幹全体に分散する竹繊維を取り出すのは試行錯誤の連続だったが、2年がかりでデータを蓄積。昨年度まで2年間をかけ、用途開発にも取り組んだ。

今月1日からは、こうして確立した技術を基に竹繊維鑑別の依頼試験受付を開始。「研究をしている時に竹繊維がブームになって、話題性はありました」

ところで、竹から直接繊維を取り出した開繊竹繊維は指定外繊維（竹繊維）と表示出来るが、竹繊維の長さは2ミリと短く、糸に紡げないので、衣料用としては不向き。数百本集まった繊維束も太くて硬いため、衣料用には適さない。竹を原料に化学的に処理して糸に再生したレーヨンが竹繊維として出回っているが、品質表示法では「レーヨン」としか表示出来ないという。

さらに、「みな抗菌性をうたっているが、竹に由来する性質ではなく、硫黄分のようなレーヨン化する際の薬品残留によるものではないかと思うんです。サラッとして湿気を吸いやすいと宣伝しているが、これもレーヨンが持つ特徴なんです」

遠赤外線やマイナスイオン効果をうたい、ブームになった繊維製品も実証されたものではない。「衣類にはイメージが先行してしまう怖さがあるんです」

一方、竹繊維は、カーボン・ガラス繊維に代わるプラスチックの補強材として、廃棄物処理の観点からは注目される素材でもある。

北京と友好都市の時代には、繊維職が技術指導に赴いたことも。その中国から、中には粗悪品も生まれる状況は残念だ。

研究に割ける時間は減少しているが、「製造技術を持つのが強みで、大抵の相談に対応できる」と自負も。後進のため、クレーム処理に関わった膨大なデータをまとめる作業にも余念がない。（門）

福岡県生まれ。74年農工大工卒。都立繊維工業試験場に。94年から現職。趣味は山歩き・バドミントン。妻と社会人の一女。57歳。

■都人事異動

11月1日付　◎印昇任

【課長級】▽主税局税務部歳入課長（主税局税制部税制改正担当課長）栗原哲治▽福祉保健局総務部副参事＝(財)東京都高齢者研究・福祉振興財団派遣（福祉保健局少子社会対策部副参事＝特命担当）松原かおり▽東京オリンピック・パラリンピック招致本部招致推進部副参事＝国際事業担当（福祉保健局総務部副参事＝(財)東京都高齢者研究・福祉振興財団派遣）伊藤和彦▽病院経営本部経営企画部副参事＝地域事業調整担当（府中病院事務局医事課長）大滝伸一▽府中病院事務局医事課長（知事本局外務部外務課課長補佐）◎下島[illegible]弓

◆退職　10月31日付

【部長級】主税局参事・税制部歳入課長　臼井浩

長島　榮吉さん（ながしま・えいきち＝長島[illegible]夫・都建設局東部公園緑地事務所管理課長の父）23日死去、93歳。

畑中　幸作さん（はたなか・こうさく＝畑中喜八・都立富士森高校副校長の父）24日死去、94歳。

職員参集と傷病者受け入れテーマに

府中病院

総合防災訓練を実施
DMAT出動訓練も

都立府中病院で25日、職員参集と多数の傷病者受け入れをテーマに、総合防災訓練が実施され、医師や看護師、事務、委託会社社員など約200人が参加した。さらに同病院では初のDMAT隊員出動訓練も同時に進められ、本番さながらの真剣な姿が見られた。

訓練は、早朝5時に東京湾北部を震源とするマグニチュード7・3の直下型地震が発生したとの想定で、主に当直の医師や看護師しかいない状況での病院の被災対応等を目的に行われた。

具体的には、災害時に同病院周辺で多数発生する傷病者等について、受け入れに伴うトリアージや応急措置・検査、院内収容など一連の災害医療を実施＝写真。医療救護活動、災害対策本部の設置、情報収集や連絡体制の確認等にも取り組んだ。また、DMAT出動訓練では、要請から災害現場での医療活動、患者搬送等にあたった。

同病院では、訓練の中で浮き彫りとなった職員参集のあり方や情報連絡の問題点等を検証し、院内全体へフィードバックすることで、今後の防災対策に生かしていく考えだ。

21年度 職員教養講座 [19]

経済・財政に関する知識 ②

演習問題

今回は、ミクロ経済学、マクロ経済学から、計算問題とグラフ問題を取り上げます。ここで取り上げる問題は基本的なもので、まだごく一部の例です。他にも頻出事項は数多くありますので、問題集等で可能な限り多くの問題に接し、応用力を身に着けましょう。

【問題 1】

ある消費者は所得のすべてを2財A、Bの購入に充てるとする。消費者の効用関数、所得、A財の価格、B財の価格が次のように与えられているとき、この消費者の効用を最大化するa、bはいくらになるか。

消費者の効用関数　$U=4ab$
（U：効用水準、a：A財の消費量、b：B財の消費量）
所得　240　A財の価格　5　B財の価格　10

《解説 1》

消費者行動分析に関する問題です。消費者は、予算制約線を満たす消費点の中で、最も効用水準が高い点を選択します。予算制約線とは、一定の所得で購入可能な2財の量的な組み合わせを示す直線です。

この問題は、いくつかの解法がありますが、ここでは①最適消費点が予算制約線上にくると仮定②その後効用関数に代入③Uを微分してイコール0、により算出します。

次のように、aは24、bは12となります。

予算制約式：$5a+10b=240$
$a=-2b+48$
これを効用関数$U=4ab$に代入する
$U=-8b_{2}+192b$
Uが最大化するのは、Uを微分した式
$U'=-16b+192=0$
$b=12$
これを$5a+10b=240$に代入する
$a=24$

【問題 2】

市場の需要曲線、価格が次のように与えられているとき、需要の価格弾力性はいくらになるか。

市場の需要曲線　$D=-2P+200$
（D：需要量、P：価格）
価格　50

《解説 2》

需要の価格弾力性に関する問題です。需要の価格弾力性とは、価格の変化率に対する需要量の変化率の比率で表されます。つまり、価格が何％上昇（下落）すると、需要量は何％減少（増加）するかの比率です。

需要の価格弾力性は、需要曲線の傾斜が緩やかなときは、価格の変化に対して需要量が大きく反応するので大きな値となり、逆に傾斜が急なときには小さくなります。また、同一の需要曲線上においても、それぞれの点で値が異なるのが一般的です。

需要の価格弾力性は次のような式で算出され、1となります。

需要の価格弾力性は、−（需要の変化分／価格の変化分）に価格／需要量を乗じたものである
価格50のときの需要量は
$D=-2\times 50+200$　$D=100$
需要の変化分／価格の変化分は
$D=-2P+200$より（需要曲線を微分）、-2
ゆえに　需要の価格弾力性$=-(-2)\times 50/100=1$

【問題 3】

完全競争市場において、ある商品の需要曲線、供給曲線が次のように与えられているとき、均衡における消費者余剰はいくらになるか。

需要曲線　$D=12-P$……………式ア
供給曲線　$S=2P$…………………式イ
（D：需要、S：供給、P：価格）

P, 12, A, 4, B, E, S, D, O, 8, 12, D. S

《解説 3》

完全競争市場における余剰分析に関する問題です。消費者余剰とは、消費者が実際に支払う価格と支払っても良いと思っている価格との差額を表したものです。生産者余剰とは、生産者が実際に受け取る価格と販売しても良いと思っている価格との差額を表したものです。消費者余剰と生産者余剰を合計したものが、（社会的）総余剰となります。

需要と供給の均衡する価格は、式アと式イを連立して4となります。また、均衡需給量は式アもしくは式イに均衡価格を代入して、8となります。次のグラフで、消費者余剰はABEですので、32となります。なお、この場合の生産者余剰はBEOとなり、（社会的）総余剰は消費者余剰と生産者余剰の合計であることから、AEOとなります。

【問題 4】

ある国のマクロ経済が次のように与えられている。このとき、来期の投資が今期より2増加する場合、来期の国民所得を10％増加させるためには、来期の政府支出をどれだけ増加させなければならないか。

$Y=C+I+G$　$C=0.8Y+10$
$I=20$　$G=10$
（Y：国民所得　C：消費　I：今期の投資
G：今期の政府支出）

《解説 4》

乗数理論に関する問題です。乗数理論とは、政府支出等の変化により国民所得がどれだけ変化するかを分析したものです。乗数効果が存在すれば、景気が低迷しているときには、政府支出等を増加させる財政政策をとることによって、国民所得を増加させることができます。

この問題は、まず今期の国民所得を算出し、次に来期の国民所得を増加させるための政府支出を算出します。

次のように、来期の政府支出は12となるため、今期よりも2増加させなければならないこととなります。

$Y=C+I+G$に変数を代入
$Y=0.8Y+10+20+10$
$Y=200$
来期の国民所得は10％増加させるため、220となる
これを$Y=C+I+G$に代入
$220=0.8\times 220+10+(20+2)+G$
$G=12$
ゆえに　来期の政府支出は今期より2増加

【問題 5】

ハロッド＝ドーマーの成長理論において、人口増加率（労働増加率）、技術進歩率、資本係数、平均貯蓄性向が次のように与えられているとき、保証成長率、自然成長率はいくらになるか。

人口増加率（労働増加率）　年4％
技術進歩率　年2％
資本係数　5
平均貯蓄性向　0.3

《解説 5》

経済成長理論から、ハロッド＝ドーマーの成長理論に関する問題です。ハロッド＝ドーマーの成長理論とは、投資が需要創出効果ばかりではなく、社会の生産能力を高める創出効果をも持っているという投資の二重効果に着目して、経済成長の分析を行ったものです。人口増加率（労働増加率）、資本係数、平均貯蓄性向を一定とし、現実の成長率、保証成長率、自然成長率の三つを定義しています。

保証成長率とは、資本の完全利用を実現する成長率です。平均貯蓄性向（貯蓄とGNPの比）を資本係数（資本ストックとGNPの比）で除して算出します。

自然成長率とは、労働の完全雇用を実現する成長率です。自然成長率は、人口増加率（労働増加率）と同じになりますが、技術進歩がある場合は、技術進歩率を加えて算出します。

表のように、保証成長率、自然成長率ともに6％となります。

保証成長率＝平均貯蓄性向／資本係数
保証成長率＝0.3／5　6％となる
自然成長率＝人口増加率（労働増加率）＋技術進歩率
自然成長率＝4％＋2％　6％となる

◇　◇

次回の講座では、ミクロ経済学、マクロ経済学、財政学から知識問題（文章問題）を取り上げます。

昇任試験対策のページ

21年度 教育管理職への道しるべ ▶9◀

はじめに

教育委員会が求める教育管理職は、わかりやすい授業や適切な生活指導を行うことができる、いわゆる「いい教師」のトップという「教育者の視点」を持つだけでは十分ではありません。

教育管理職に重要なことは、様々な場面で適切にリーダーシップを発揮し、学校経営を行っていくという「経営者の視点」を持つということです。リーダーシップが必要な場面としては、学校の課題を発見してその解決に向けた方策を提示する、あるいは、児童・生徒や保護者、地域の状況を把握して、分析・判断を行い、学校としての方針を打ち出していくことなどがあります。また、教員の人材育成も教育管理職として重要な役割です。

学校運営を行っていく上で「経営」という視点が強く求められている現在、「ヒト・カネ・モノ」という資源を最大限に有効活用していく能力は、教育管理職に求められている資質の中で最も重要なものではないでしょうか。そういう視点を持って、経営管理の分野に取り組んでいくことが大切だと思います。

忙しい日常業務の中で勉強する時間を作り出すのは、容易なことではないかも知れません。しかし、忙しいのは自分だけではなく、受験生全員です。限られた時間をいかに有効的に、そして効率的に使うかということは、管理職にとっては必要、かつ、重要な能力の一つです。この試験勉強も、管理職になるために必要な訓練の一つだと思って頑張って欲しいと思います。

経営管理 ①

傾向と対策

経営管理の分野では、学校経営を行っていく上で必要な経営管理の基礎的事項に対する理解の程度を問われ、出題数は2問程度となっています。過去3年間の出題は、次のとおりです。

《平成18年度》
組織原則、経営用語
《平成19年度》
組織形態、組織管理の基本的考え方、経営用語
《平成20年度》
組織管理、経営管理の基本的な考え方

傾向としては、組織原則、組織形態、経営管理の基本的考え方などが繰り返し出題されています。経営管理の分野は、普段はあまりなじみのない分野ですが、出題範囲が比較的限定されていることから、勉強は取り組みやすいのではないかと思います。

勉強方法ですが、参考書でひととおりの知識固めをした後に、問題集で実践力を養うという方法もありますし、先に問題集を解いていき、正答を確認する際に参考書等で知識を整理し覚えていくという方法もあります。効率的で自分にあった方法を早く見つけてください。

参考書や問題集は、本稿のほかに、「経営・組織・人事・情報管理の要点」（谷島明彦編著　学陽書房）、「要点演習5　経営管理」（経営管理研究会編　公職研）、「職員ハンドブック」（東京都職員研修所編）、「教職員ハンドブック」（東京都教職員研修センター監修　都政新報社）などが挙げられます。

また、日頃から、東京都や文部科学省の施策や動向にも注意し、ホームページや教育委員会からの通知文等にも目を通してください。この試験勉強は、試験に合格するためだけのものではなく、管理職となった後の実務の中で必要となってくるものである、という意識を持ち続けて欲しいと思います。

問　題

【問題 1】

組織原則に関する記述として妥当なものは、次のうちどれか。

① 権限委譲の原則とは、権限と責任は常につりあいが保たれなくてはならず、責任のあるところには、権限が配分されていなければならないという原則である。

② 監督範囲適正化の原則とは、命令が下部に到達するまでの時間を短縮し、正確に伝達するまでに、組織の管理階層は少ない方が望ましいという原則である。

③ 権限と責任の原則とは、組織においては、その階層に応じた権限が適切に配分され、または委譲されなければならないという原則である。

④ 命令一元化の原則とは、命令が錯綜するなどにより非効率な組織運営となるため、一人の部下に対する命令は、複数の上司から出されてはならないという原則である。

⑤ 階層短縮平準化の原則とは、一人の上司が直接、指導・監督を行える部下の人数には一定の制限があるという原則である。

【問題 2】

組織形態に関する記述として妥当なものは、次のうちどれか。

① プロジェクト組織は、各部門の代表者によって構成される常設の共同意思決定機関であり、階層の上位者の意思決定を代行するための組織である。

② ファンクショナル組織は、専門家を活用して高度の成果を実現することが可能となる反面、命令系統があやふやになったり、権限と責任が不明確になったりする。

③ インフォーマル組織は、組織の中の個人的な接触や相互作用を通して無意識、自然発生的に形成された集団のことで、フォーマル組織とは無関係である。

④ マトリックス組織は、縦割りの職能別組織と横割りの目的別組織の二つの基軸で編成される組織形態であり、新しい課題の解決だけを機動的に達成するためのものである。

⑤ 官僚制組織は、高度に構造化されており、環境が安定的・静的な状態から流動的で予測困難な状態に変化した場合でも、有機的システムにスムーズに移行できる。

解　説

【解説 1】　正答 ④

① 誤り。「権限と責任の原則」の説明

② 誤り。「階層短縮平準化の原則」の説明

③ 誤り。「権限委譲の原則」の説明

④ 正しい。

⑤ 誤り。「監督範囲適正化の原則」の説明

【解説 2】　正答 ②

① 誤り。プロジェクト組織は常設の組織ではなく、臨時的な組織である。

② 正しい。

③ 誤り。インフォーマル組織は、フォーマル組織の存続を前提としており、両者の関係は不可分である。

④ 誤り。マトリックス組織は、新しい課題解決だけではなく、定例的業務も同時に遂行する。

⑤ 誤り。官僚的組織は、流動的で予測困難な状態に変化した場合に、有機的システムにスムーズに移行できない。

区政潮流

特別区管理職選考 共通財産論はI類で維持すべき

■各区選考化の功罪

特別区人事委員会が設立され、特別区管理職選考を始めたのが1979年だった。当時I類事務は特別区全体でせいぜい30人から40人程度。第1回の試験合格者には元港区長の菅谷氏や現墨田区長の山崎氏の名前がある のは時代を物語る。職員が東京都管理職選考に合格し、部長・助役となり区長となる例も多かった。そういう意味では特別区管理職選考合格者の特別区区長の第一号が菅谷氏というわけだ。現職では中野の田中区長、港の武井区長がそうだ。特別区共通財産論の中で切磋琢磨されてきた逸材といえよう。

2004年以降、管理職選考が各区面接になったといえる。果たして何が起ころうとしているのか。

大きな変更点は口頭試問、つまり面接考査の委員3人のうち2人は当該区の管理職ということだ。また、択一式の問題が50問から40問に減り、人事組織に関する事例式について1200字程度の記述式から、上司に報告するレポート・立案ペーパー作成に変わった。一言でいえば「東京都追随型の改正」ではあるが、そこに特別区ならではの事情も潜む。

特別区に必要な管理職とはどんな職員なのか。どのような人を選抜し、どのように育成していくのか。なぜ筆記合格のバーを低くする必要があるのか。変更して5年目。口頭試問が25、26の両日に行われた。特別区の将来を担う逸材がこの中から輩出されるだろうか。

■筆記と面接が分離された背景

特別区管理職選考は、筆記（一次）と面接（二次）からなる。これを実施する特別区人事委員会が連合の人事委員会ということもあって、独立性は高いものの23区の任命権者の顔を立てながら運営せざるをえないというのも自然なことだった。それが隠れた背景ともいえる。

ことの発端は、平成に入って合格者を多く輩出する区としない区が出現し、区の管理職に区の生え抜きを充てることができない事例が生じたことにある。だが、それは制度として想定済みである。A区で多く受かりB区が不足すれば、B区が自弁で供給できるまでA区の管理職をB区へレンタルする制度＝「管理職交流制度」が組み込まれていた。この制度を活用し、若い新任の管理職を受け入れた区も多い。

しかし、一人二人の合格者増があれば自区内で昇任させたいというのが「特別区の人情」らしい。需要数を超えてうれしい合格者増が1名2名出れば自区で抱えてしまう。その結果、隣接区から供給されずに管理職に不足する区は、「兼務」「事務取扱」で凌がざるを得ない構造ができあがる。区間交流は理解のある区間でのみ行われることとなった。この需要と供給のミスマッチに加え、鎖国政策をとる区のわがままが原因で、特別区管理職共通財産論を放擲せざるを得なくなった。その結果の改正が合格者数決定権限の区への委譲である。

その結果、筆記考査は共通一次試験の様相を呈し、二次面接試験のための二段階選抜（足切り）と化した。一次試験のハードルは大幅に下がると共に面接重視の結果、実務能力（即戦力性）の高いものが選ばれることとなった。ただし、任命権者の評価（人物評価・勤務成績評価）が前面に出る結果、筆記試験の成績の低位のものが逆転する結果を生む。これがいいのか悪いのかの評価は簡単ではない。程度の問題もある。また、そもそも筆記の成績がよければ実務能力も高いとは必ずしもいえない。だがしかし、戦後の激烈な大学受験を経験してきた世代にとっては、違和感を禁じえない。

■口頭試問選考の悩み

口頭試問で一体、受験生の何が試されているのか。いうまでもなく管理職としての適性、潜在能力（将来性）であろう。係長や課長補佐としての能力を参考しながらも、将来管理職として組織や政策のマネジメントができるかという問いに答えを出さなければならない。「どんな管理職になりたいか」「自分の欠点をどのように分析し、どのように改めようとしてきたのか」「組織目標を共有化することがなぜ必要なのか」「良好なコミュニケーションはなぜ必要か」「いまの区に必要な専門性の育成とは具体的には何か」等、いろいろな質問が投げかけられる。

受験生のプレゼン能力が問われていることは当然だ。声が小さい。論旨不明。言語不明瞭などは論外といえよう。総じていえば、部分の利害（係長の主張）と全体（課の課題）の利害の調整をどのように図るか、そのための基本的な技量を備えているかどうかが試されなければなるまい。経営・マネジメントのマインドが問われるのでなければ、口頭試問ではなく、ただの面接ということになる。

筆記試験のハードルが低くなった結果、比較的優秀な受験生が多い区では重要数を遥かに超える一次合格者（口頭試問進出者）がでてしまう。区の職員課長にとってはうれしい悲鳴だ。しかし、実務能力は弱いが筆記ができる職員は、何年にもわたり口頭試問を受け続けることになる。受験回数制限を設けない限り、この事態は収まらない。職員課長が「悪いが、君には管理職としての適性がない」と諭すのが人情かもしれない。しかし、そのような考え方は非建設的と評価され、特別区では受け入れられない。

■I類の区主体面接はやめるべき

需要数の権限を委譲した結果、受験生に対する面接試験官は3人のうち2人までを当該区に割り振られる。これは面接評定結果、つまり最終合格者を区の上層部が決定することを意味する。それは本来もっともなこと、合理的なことといってしまえばそれまでである。しかし、受験生の中には建設的な異見（オブジェクション）を常々披露する「異才」もいるかもしれない。しかし、異才は面接で落ち続ける。また、面接官と人間関係を持つものと持たないものとの間で公平が担保されるかという問題もある。

この際、I類（短期）とII類（長期）の需要数をI対1ぐらいにすることが志向されてよい。I類は49歳まで（特別区の面接）、II類は50歳から56歳まで（区の面接）とするのはどうか。I類については異才・逸材の発掘の可能性など[illegible]論に復帰して[illegible]い。特別区の組[illegible]結力を高めるた[illegible]

（特別区自治問題研究会）

■第6話　青島知事を出せ①

相談屋の場外乱闘 Part2

労働ジャーナリスト　金子雅臣

予期せぬ出来事

青島知事時代は、まさに「よきに計らえ」という風潮の中、役人にとってはやりやすかった時代といえる。だから、さしたる「知事を出せ」のクレームもなかったのだが、思わぬところで「知事を出せ」コールが上がった。

それは、ヨロヨロしながらも、公約である世界都市博覧会の中止を決めたことのリアクションともいえるものだった。鈴木知事時代に基本路線を敷き、後継者である知事候補が仕上げることが予定されていた世界都市博覧会だった。後継者の当選を、まさに誰もが疑わない状況だったから既定路線ともいえた。

それが、反対・中止の公約を掲げた青島知事が突如立候補して当選してしまったことで既定路線が破綻した。それでも、当選してから、中止のための費用と継続することのメリットを突きつけられた青島知事は、悩みに悩んで中止を決めた。

この最後の腰砕け気味な決定は、賛成派、反対派を問わず不信感を残し、その優柔不断さに非難の声があがった。そんな一つとして、私が担当していた労働審議会（労働行政の施策についての諮問をする会議）も声を上げた。

キミたちは納得しているのか

――なぜ、あなたたちは、これまで苦労して作り上げてきた準備を無にするような知事の暴挙を容認するのか。あなたたちもこれまでは推進のために動いていたはずではないか。それなのに、急に中止ということに何も感じないのか。

審議会の事前打ち合わせに来ていた会長が、部長室で声を荒げた。温厚で知られるF会長だったが、この時だけは、少し興奮気味だった。

――私は、大袈裟な言い方をすれば、この世界都市博覧会事業は、東京が国際都市として世界に情報発信していくための第一歩だと思っている。それは、日本の情報産業の将来に向けた大切な第一歩であり、博覧会の中止は日本にとって自殺行為になりかねない。

中央労働委員会の要職を務め、常に穏和な雰囲気を漂わせていたF会長のこれまでは見せたことのない顔と厳しい発言に、居合わせた全員が凍りついた。

――ご指摘の点は個人的にはよく分かりますが、我々もトップが決断したこととなると、組織としては従わざるをえないということに……。

幹部たちは、汗をかきながら上意下達の役所のシステムを繰り返し説明していた。

――そんなことは分かっていますよ。そんなことではなく、個人としてはどう思っているのかということです。自分たちのこれまで努力してきたことを否定されて悔しくないのですか。キミたちは個人として納得しているんですか。

審議会の意思として

会長はあくまで個人としての見解を問いただし、幹部はそれを避けてタテマエで逃げようとしていた。

――個人的には、いろいろと思うところはありますが……。

――それなら、例え部下であろうと、自らの意見を述べて知事を諫めることも必要ではないのですか。

と問い詰めた。

――いや、それは公式的な場面ではお話することではないので……。

F会長の正論の前に反論や言い訳が難しくなり、気まずい沈黙が続いた。そんな雰囲気を察したF会長は、

――分かりました。あなたたちは、立場があって、何も言えないということですか。それなら、私が言いましょう。皆さんに代わって、審議会の会長として言う分には構いませんよね。

しびれを切らしたように言い切った。

それも困る

――いや、それは困ります。労働審議会で、そうした見解を出すとなると我々の立場もありますので……。

――あなたたちの同意を求めているわけではないんです。あくまで、皆さんにお伝えするのは礼儀として言っているだけで、皆さんとは関係なく審議会のメンバーに諮ってやりますから……。

会長は、キッパリと言い切った。

「そんなことをされたら、今度は局としての立場がなくなる」というのが幹部の共通の思いだった。「なんで、労働審議会にそんなことをさせたのか」が次の問題となることは明らかだからだ。

まるごと多摩動物公園　開園50周年　■6■

動物園の「何でも屋さん」

動物園の木々もすっかり秋色になり、落ち葉を踏むとサクサクと音を立てるようになる。「今日も良い天気、お客さんも沢山来るな……」と朝の気持ちの良い空気を満喫しながら職場に着くと……朝一番の電話。「チンパンジー舎だけど水が出ないんだ」。ヘルメットをかぶり、愛車?のスーパーカブに乗って、いざ出動。動物園施設係の一日の始まりだ。

多摩動物公園は有料区域、無料開放区域合わせて約60㌶。緊急対応が多いため、歩いてはとても仕事にならない。動物園ではバイクが貴重な仕事道具の一つである。

施設係の仕事とは？　一言で言うと「何でも屋さん」である。電気設備、給排水設備、空調設備、建築、修景施設、園路・広場、樹林（丘陵地なので）もろもろ、園内目に付くものはほとんど施設係の担当である。動物を飼育する獣舎の補修も沢山ある。園内の建築物は126棟。このうち動物舎は58棟である。

ライオンの獣舎に補修を頼まれて行った時のこと、ほとんどの仕事は休園日に行うため、どの獣舎にも動物がいることが多い。飼育員さんの後についてライオンの寝室に挟まれた通路を通り、補修する個所へ。ライオンたちは興味深げに見慣れない私たちを遠くから見ている。補修方法を検討しながらふと後ろを見ると、ライオンの大きな顔。直径3㌢もありそうなクリッとした大きな目がすぐ後ろで私を見ている。さっきまで寝室の隅に居たのに。さすがネコ科の動物だ。音も立てずに忍び寄る。「私は美味しくないよ」と言ってはみたものの、ちょっと怖かった。近くで見るライオンの迫力には圧倒される。

多摩動物公園の動物たちは野生に近い状態で飼育を行うため、どの動物にも注意をしないと思わぬ事故や怪我につながる。身をもって感じたものである。しかし、動物の習性をよく知った飼育員さんが居てくれれば大丈夫。獣舎に入るときは必ず飼育員さんと一緒だ。

ライオンの獣舎補修も仕事の一つ

「園路の上に枯れ枝があるので取ってください」「トイレのドアノブが取れてしまったんです」「動物舎の監視モニターが映らない」「加湿器が壊れて[illegible]ないと昆虫が死んじゃうんです」。毎日いろいろな依頼が飛び込んでくる。[illegible]来園者のために一[illegible]そんな園の皆さん[illegible]ながら365日、[illegible]係員は園内を走[illegible]る。

いろいろな獣舎[illegible]る事が多いため、[illegible]も仲良く？？なれ[illegible]今日この頃だ。た[illegible]を切って走るバイ[illegible]（園内20㌔以下走行厳守）[illegible]徒歩で巡回しなが[illegible]ウータン舎にでも[illegible]う。彼らの好きな[illegible]実をお土産に持っ[illegible]

（多摩動物公園施設係　市川雅代）

とうきょうと川柳会

●10月の宿題1「縁日」

売れ残る金魚と明日を語り合う　小坂恭一

夜更かしも大目にみてるご縁日　高松孝子

不動には縁日ごとにお会いする　松尾仙影

☆笑わせて買わせる縁日のバナナ　おかの蓉子

●10月の宿題2「パスワード」

声出して暗証番号押している　大戸和興

番号をニセの息子が聞いている　小坂恭一

日々変わる妻の心のパスワード　松園一寛

☆記憶にはないと言って切り抜ける　松尾仙影

（☆は選者の句）

とうきょうと川柳会のご協力で本紙読者からも川柳を募集します。11月の宿題は「冒険」と「あらあら」で、それぞれ2句を。Eメールで、henshu@toseishimpo.co.jp あてか、ハガキで編集部あてにご応募下さい。11月18日必着。

みにがいど

◆国内外・公募・PRK美術展　▽日時　11月10日（月）～20日（木）午前11時～午後6時（初日は12時から、最終日は5時まで）▽会場　東京都健康プラザハイジア1階正面ロビー▽問い合わせ先　新宿の街を描く会（佐野宣文会長）☎3203・6342

◆第31回聴覚障害児を育てたお母さんをたたえる会　▽日時　12月8日（月）午後1時開会▽場所　憲政記念館▽内容　①表彰②聴覚障害者の「母」童の太鼓演奏④全国聾学校作文コンクール入賞作品発表⑤ビデオ放映、絵画（全国コンクール入賞作品）など▽入場無料・FAXまたは電話で事前申し込み※11月18日締め切り▽主催・問い合わせ・申し込み先　[illegible]☎3203・4765（FAX兼用）

都政新報

発行所　都政新報社
〒160-0023　東京都新宿区西新宿7-23-1　TSビル
〈総務・読者〉03-5330-8781
〈企画広告〉03-5330-8784
〈編　　集〉03-5330-8786
〈出　　版〉03-5330-8788
〈ファクス〉03-5330-8808
購読料　月1,680円（税込）
毎週火・金曜日発行
但し、祝祭日は休刊

紙面から

新銀行東京にも公的資金？

民主が修正要求

金融機能強化法改正案

都が400億円の追加出資を行い、経営再建中の新銀行東京が、政府の金融機能強化法改正案の対象となるかどうかが、今国会で焦点となっている。同改正案は、金融機関に国が資本参加し、中小企業の貸し渋りを抑制するのが狙い。国は新銀行東京が対象となることを否定しておらず、制度上は可能だ。しかし、民主党は、与党との法案修正協議で、地方自治体が支配株主とする金融機関を対象としないよう要求した。石原知事は、「銀行が判断すること」と明言を避けている。

現行の金融機能強化法は、金融機関が国の資本参加を申請する場合、経営責任や株主責任を明確化した経営強化計画を提出しなければならない。今回の改正案では、それらを「制度上、一律には求めない」こととし、要件を緩和している。

これに対し民主党は、政府との法案修正協議で、「地方公共団体が支配株主となっている金融機関については、本法の対象としないことを明確にすることが必要である」と、事実上、新銀行東京を法の対象から排除するよう要求した。

10月29日の衆議院財務金融委員会で、民主党の階猛氏が、新銀行東京への公的資金注入が可能かどうかを質問。谷本龍哉財務副大臣は、「一般論」と前置きしながらも、「適用対象機関から公的資本参加の申請がなされた場合には、民間の有識者で構成される金融機能強化審査会の意見を聞きつつ、法令にのっとり厳正に審査し、国の資本参加の可否を判断することになる」と述べ、制度上は可能であることを否定しなかった。

階氏は、「総資産がどんどん減る金融機関に対して、法律上は申請が可能でも、現実には注入されることはないと思う。法の目的に照らしていかがか」と追及した。

中川昭財務大臣は、「現実に新銀行東京が、仮に資本注入したいと言ってきたときに、経営強化計画を出していただいて、審議会で専門の先生方にご判断いただいて、我々は我々のルールできちっとやって、そこで判断する」と答えた。

石原知事は、29日の関東知事会議終了後、記者団に「法律が成立したら申請するか」と問われると、「これは銀行が判断することでしょ」と明言を避けた。その上で、「再建計画をいろいろ考えていたけど、世界全体の金融事情がこんな状態になっちゃって、だいぶ番狂わせがあった。そういう中でまた新しい政策を考えなきゃいけない時に、こういう問題が起こった。大変結構なことだと思うし、何も新銀行東京のためだけでなく、小零細企業に対して呻吟している信金にしろ、信組にしろ、干天の慈雨だと思う」と、改正案を高く評価した。

麻生総理が解散・総選挙の先送りを表明したことで、民主党も対決姿勢を強めており、新銀行東京の問題が国政でも大きな争点となりつつある。

菅直人代表代行は、30日の定例会見で、新銀行東京について、「都議会でも、400億円の追加出資が自民、公明により強行された。今回また、国の政策の中で、自民、公明が強行するとなれば、次の総選挙での課題になると同時に、来年の都議選での大きな争点になる」と強く批判した。

改正案では、国の資本参加の基準の一つに、「地域における中小企業に対する金融の円滑化等」が盛り込まれている。しかし、バブル崩壊後の98年に成立した金融早期健全化法（02年3月まで）では、「貸し出し残高を増やせ」と明示し、銀行の破綻は減ったが、貸し出し残高は低調だった。

石原知事は、「小零細企業を相手に、バブルから立ち直って力をつけた大きな金融機関が融資した例があるか。一つもない」と息巻いたが、それらの金融機関も公的資金に頼って体力を回復し、中小企業を切り捨てた。現在、約2600億円ある融資・保証を11年度に700億円程度まで圧縮する再建計画を立てた新銀行東京が、公的資金に頼っても、同じ道を歩む可能性が高い。

MEMO

金融機能強化法等の一部改正　アメリカのサブプライムローンに端を発した世界的な金融危機により、地域経済、中小企業が厳しい局面に立たされている。このため、国の資本参加によって、金融機関等の資本基盤の強化を図り、金融機関等が適切な金融仲介機能を発揮し、地域における中小企業に対する金融の円滑化に資する政策を積極的に推進していくのが狙い。

第一に、現行法上、08年3月までとされていた国の資本参加及び組織再編成における手続きの特例等にかかわる申請期限について、12年3月末に延長する。第二に、国の資本参加の要件を、一部緩和。具体的には、金融機関等の経営責任等の明確化の要件や、抜本的な組織改変を伴わない場合に加重されていた要件を、制度上一律には求めないこととしている。

都政の東西

新銀行東京の融資をめぐる詐欺事件で、元行員と元暴力団組員らの逮捕者が出た。この背景には、妄想としか言いようがない融資拡大路線、それに輪をかけたずさんな審査体制など、不正が起きて当然の構造的な要因があった。石原知事は「元行員の個人的行為。旧経営陣の責任は重い」とコメントしたが、この下地をつくったのは東京都である。知事の責任は免れない。

また、金融機能強化法改正案に対し「干天の慈雨」（知事）と述べ、公的資金の投入を求めるかどうかは、新銀行東京の経営陣の判断と語った。救済の手を差し伸べてもらおうという期待があるのなら、恥を知るべきである。不良債権処理に追われた大手銀行や日本の金融行政を批判して作ったのが新銀行東京である。金融庁の軍門にくだるというなら、政治家として潔くけじめをつけるべきである。

見え隠れする影

新銀行東京が行き詰まるのと軌を一にするように、指定金融機関に対する自民党の目線が厳しくなっている。有力都議によると、昨年末、外国ファンドとの提携協議が合意寸前までいったという。交渉の最終段階で外国ファンドから「保証」を求められ、名ばかりでいいからと、みずほ銀行に保証を頼んだら断られたという。その結果、提携協議は破談になり、400億円の追加出資になったとのことだ。そして最近、透明性・競争性の観点から、指定金融機関に入札制度を導入したらどうかという案まで党内で出ている。

しかし、新銀行東京を保証するにはリスクが大きく、業務上背任、株主代表訴訟という展開にもなりかねない。みずほ銀行が固辞するのは自然な判断だ。看過できないのは、みずほ銀行対自民党のような構図が生まれる都政である。背後でその対立を演出している者こそ、本来は万死に値するのではないか。

東京緊急対策Ⅱを発表

第4回定例会に補正予算を提案

事業規模は2千億円程度　福祉施設の耐震化を促進

中小企業の資金繰りが悪化し、企業の倒産件数も前年同月比で1・5倍に増えているため、都は「東京緊急対策Ⅱ」を10月31日に発表した。12月2日開会の第4回定例会に補正予算を提案する。

緊急対策は「中小企業支援・雇用対策」「生活者支援」「都市インフラの整備」「国への緊急提案」の4本柱からなり、15項目で2千億円程度の事業規模を想定している。08年度と09年度の2年間の継続的対策として実施する。

緊急融資制度では、原油、原材料、仕入れ価格の高騰で影響を受けた中小企業を対象に、融資枠の拡大と信用保証料補助などを増額する。第3回定例会で融資枠を1500億円に拡大したが、今回、1950億円に増やす。09年度は、2500億円にするという。小規模企業の小口資金の融資に対しても信用保証料を補助する。

企業の連鎖倒産に備えて、国レベルで「中小企業倒産防止共済」があるが、掛け金負担が重く、加入率は5%と低い。このため新たに掛け金の一部補助を始める。

雇用対策では、労務作業の求人が減っているため、都と区市町村が連携して50万人分の公的雇用を創出する。作業内容としては、道路、公園、河川の樹木剪定や除草、福祉施設での社会奉仕活動、放置自転車対策などを予定している。

再就職をめざす離職者支援では、特に子育て世帯の優遇を新規に打ち出す考え。現在の離職者支援資金は、所得制限があり、年3%で融資額は240万円となっている。しかし、子育て世帯には所得制限を設けず、無利子で貸し付け、融資額も拡大する。再就職支援の仕組みも検討する。

福祉施設の耐震化では、1981年以前に建てられた約1300棟が基準をクリアしていないのが実情。そこで耐震診断の補助率を5分の4にかさ上げし、耐震化を促進する。また、福祉施設の経営改善のため、1団体あたり5千万円を無利子で融資する。

中小企業を活用したインフラ整備では、路面補修や維持工事、上下水道の年度内発注を増やす。

都緊急対策Ⅱの事業

中小企業支援・雇用確保対策
①経営困難者に対する緊急融資制度の拡大
②小規模企業者が借りやすい信用保証料補助の新設
③連鎖倒産に備える「共済」掛金補助の新設
④50万人分の公的雇用を生み出す緊急雇用対策を新規実施

都民の不安に応える生活者支援
⑤再就職を目指す離職者への緊急無利子融資の新設
⑥中小企業従業員融資の利率引き下げ
⑦福祉施設の耐震化対策
⑧福祉施設経営改善のための特別融資制度の新設

■周産期医療緊急対策

都立病院における緊急対策
⑨医療体制の充実
⑩産科医師確保対策の充実

地域で支える周産期医療体制の構築
⑪周産期母子医療センター機能の確保
⑫「周産期連携病院（休日・全夜間診療事業）」の新たな指定

中小企業活用による都市インフラの整備
⑬中小企業向け公共工事の年度内発注量の増大
⑭維持工事におけるゼロ都債の活用
⑮上下水道における公共工事の年度内発注量の増大

墨東病院の体制維持へ

地域の産科医を派遣

連携病院の指定も

脳内出血の妊婦が周産期センターなどに搬送できなかった問題を受け、都は10月31日、地域の産科医をあらかじめ臨時職員として登録してもらい、都立病院での出産に協力する制度の創設を発表した。（=2面に関係記事）

総合周産期母子医療センターでは、「複数の医師が24時間診療できることが望ましい」とされているが、墨東病院では6月末に産科医が退職し、体制が維持できなくなっていた。同病院では、これまでも大学医局などから派遣された産科医に非常勤職員として当直を担ってもらっているが、その体制を強化する。

ただ、地域の産科医との調整はこれからだ。総合周産期センターではハイリスク分娩を扱うため、開業医がどの程度対応できるかも課題になる。

墨東病院の産科医不足を巡っては、関係3区の医師会が、墨東病院の代わりに搬送を受け入れてくれる病院を五つ程度決め、ローテーションで回すなどの搬送システムを作るよう要請したが、実現していない。

また、総合周産期センターでのハイリスク患者の受け入れ・紹介機能を充実させるため、都は助産師などコーディネーターを配置する。休日・夜間のミドルリスク患者の緊急搬送に対応するため、「周産期連携病院」を新たに指定する。

2500㌘未満の低出生体重児童は、この15年間で約1・5倍に増加。墨東病院がある区東部保健医療圏の分娩数は月に約1千件で、増加傾向にある。このうち母体が重篤で生命が危険なケースは、毎月5～6件あるという。

「地域周産期センターもパンク状態」

江戸川区産婦人科医会の鈴木国興会長に、区東部ブロックの周産期医療の現状と対策について聞いた。

——7月から、都立墨東病院で土日当直が1人体制になりました。

墨東病院がダメになったときの受け皿は本来、地域周産期母子医療センターの賛育会病院（墨田区）が担うことになるが、墨東病院が外来の分娩を制限してから、妊婦の多くは賛育会病院に行くようになった。安全性を考える人は、診療所ではなく病院志向だからだ。賛育会の分娩数は、以前は月60～80件弱だったが、今は100件を超えている。

そうなると、地域周産期センターといっても、受け入れるキャパシティーがない。葛飾赤十字産院（葛飾区）も既に月100～150件くらい扱っており、対応できない。

——産科医を確保できないと、地域の周産期医療が崩壊する恐れがあります。

もちろん、都が責任を持って墨東病院の産科医を集め、体制を維持してもらいたい。都立病院で医師を融通するのも一つだ。

ただ、暫定的にでも総合周産期母子医療センターの体制を維持するため、墨東病院に搬送を受けてもらっている開業医は、原則、墨東に当直することを産科医会で提案している。ある程度、キャリアを積んだ、ブランクの少ない産科医でやればいい。

自院でアルバイトの産科の当直医を雇い、自分が墨東病院に行くなんてことは、本当はやってられない。だが、3区医師会の産科医の半数が協力すれば、4～6カ月に1回当直すれば済むはず。ある意味、ボランティアとして支えることも必要だ。

行政は周産期医療の医師数とか、適正な数字を持っているか疑問だ。すべて産科医不足が原因のように言われるが、なぜ少なくなったのか、原因を追求しないといけない。

冗句ジョーク

「お昼にしましょう」で偽装請負是正指導
都税事務所と派遣社員の微妙な関係

独身職員
「お昼は口実でホントは付き合って下さいと言いたかっただけなのに」

今年度の税収「厳しい状況」

主税局が見通し

都主税局は、5・5兆円と見込んだ今年度の都税収入について「現時点で確たることは言えないが、厳しい状況にある」という認識を10月30日の都議会財政委員会で明らかにした。税収規模の大きい3月決算法人の予定申告や中間申告、12月決算法人の確定申告などの状況が分からないため、10月末の段階では当初予算割れするかどうか、何とも言えないという。

また、来年度の都税収入については、企業業績の悪化が本格化することに加え、法人事業税の一部国税化で2800億円程度の減収が見込まれるため、より一層厳しい状況になるとしている。

メディアセンター候補地を計画変更

ビッグサイトの隣に

オリンピック招致の施設計画では、築地市場跡地にメディアセンターを建てる構想になっていたが、石原知事は10月31日の記者会見で、東京ビッグサイトに隣接する土地に計画変更することを明らかにした。豊洲新市場予定地の土壌汚染対策が長引くため、五輪招致と築地移転を切り離すことが不可欠になっていた。知事は「今の構想だと数階建てになる。平屋に近い大きな建物の方が機能として活用でき、アクセスもビッグサイトを使った方が便利」と語った。

出生数は年々増加

問われる安心な出産体制

墨東病院を有する区東部保健医療圏

安心はいつに 周産期の岐路

脳内出血を起こした妊婦が相次ぐ搬送拒否の末に死亡した。妊婦のかかりつけ医が所在する江東区、搬送先の都立墨東病院がある墨田区、そして江戸川区からなる区東部保健医療圏は、人口増から出生数も多いが、大学病院はなく、産科の大きな病院が少ない地域。産科をめぐる地元の状況はどうなのか。また、今後、安心な出産環境をつくるには、どうすればよいのか。診療所を所管する立場でもある区の担当者らに話を聞いた。

■3割が区内で出産

江東区内には分娩できる診療所が3カ所ある。中でも、妊婦のかかりつけ医だった「五の橋産婦人科」は人気が高く、3カ所の分娩件数の約6割を占めている現状があった。一方、区内で分娩を扱っている病院はない。

江東区保健所の井口ちよ所長は、「東京の場合は、ほかの地域にも病院がいろいろある。区民は、区外でもよいから、自分が産みたい病院を選んで出産しているように思う。区の内外という垣根を取り払い、好きなところでの出産が選択できればよいのではないか」と話す。06年度の調べでは、妊婦のおよそ3割が区内で出産し、7割は区外での出産だった。

ただ、一方で、区民の出産自体は増えているのも事実。同区の出生数は2005年度が3685人、06年度が3944人、07年度が4061人と年々増加。背景には高層マンション増による人口増加がある。23区の中には「お産難民」をなくし、地域完結型医療を目指すため、行政と医師会、医療機関が情報共有を図ろうという大田区などの試みも出始めている。井口所長も「区内でなんとか出産を完結できる手立ても必要」と考えている。

■ネットワークで情報交換

総合周産期母子医療センターの墨東病院がある墨田区は、江東区と同じくマンションが増え、05年度の出生数は1791人、06年度は1865人、07年度は1941人と伸びている。墨東病院以外にも分娩を扱える病院は複数ある。「最近、引っ越してきたのだけれど、産むところが分からない」などの区民の問い合わせには、これらの病院などを紹介する。

墨田区保健所の西田みちよ所長は「区の使命としては産科情報をしっかりもらい、区民にお知らせすることが大切」といい、「飛び込み出産などをなくし、母子の安全な出産を守るには、日ごろの母子保健の中で信頼できる医師のところに早い段階から通うように指導していくことしかない」と話す。

同区は3年前、乳児への虐待発見を目的にした周産期ネットワーク事業を立ち上げた。目的は虐待対策だったが、年2回の開催は貴重な情報交換の場にもなっている。区民の出産が多い六つの病院、診療所に集まってもらっており、メンバーの中には墨東病院と五の橋産婦人科も含まれている。

墨東病院は、06年11月からハイリスク以外の出産を扱っていない。「集まりの中で墨東病院は、ハイリスク以外の分娩を扱わなくなったことについて『そのために、ほかの病院の負担が増え、申し訳ない』と話していた。また、五の橋産婦人科は、来年4月まで予約がいっぱいとのことだった」と西田所長は振り返る。

■国と都の責任

「墨東病院とは日ごろから連絡を取っており、産科縮小の話も知っていた。同病院の医師らは仕事熱心。おそらく忸怩たる思いで勤務していることと思う」と語る江東区の井口所長は、次のような疑問を投げかける。

「墨東病院の医師不足は数年前から分かっているのに、対応ができていない。国や都はどう考えているのだろうか」「都は周産期医療のネットワーク構築などで効率的な医療環境を目指すが、医師に最も大切なのは、顔のみえる人と人との人脈」「今の日本の医療現場はゆとりがなく、医師が過酷な勤務の中で追い詰められ、自分の命との闘いにまでなってしまっている。そうした現状を国や都は、しっかり受け止めているのか」

区東部保健医療圏内で3次救急医療の高度な産科医療を担っているのは墨東病院のみ。

江戸川区健康推進課の丸山正教課長は「江戸川区内には7月現在で10カ所の分娩可能な産婦人科があるものの、（難しいケースでの）頼みの綱は墨東病院。3次医療機関としての墨東病院の充実を望みたい。そして、医師が過重労働で働きにくい状況を改善してほしい」と話している。

江戸川区の出生数も、05年度は6421人、06年度は6516人、07年度は6682人と増え続けている。

少子化対策より産科対策

【解説】　病院は都、診療所は保健所の所管で指導監督を行うということは、医療法に基づく東京のルールで定められている（23区と八王子市は保健所を区および市が担当、それ以外の地域では保健所は都が担当）。しかし、病院に対する権限はないからと区市町村が引いていたのでは、安全な出産ネットワークの構築は不可能だ。医師の業務改善を要望すると同時に、都区の役割分担を杓子定規にとらえずに、行政として何ができるかを模索する視点も求められている。

一方、出産する側にとってみれば、所管が都であろうと区であろうと、どちらでも同じことだ。妊婦やその家族が望むのは、母子共に健康な状態で産後を迎えることに尽きる。それだけに、産科だけでなく小児科も合わせた体制整備が望まれる。

お産は、昔も今も命がけであることに変わりはない。まず解決すべきは安全な出産の実現であるにもかかわらず、国は目に見えない少子化対策から手をつけようとしているが、優先順位が違うのではないか。（糸）

豊島区

図書館サミット開催へ

活字離れの対策を模索

読書離れなどで衰退している活字文化の復権を目指して、豊島区は、図書館サミットを11月12日と13日に開催する。最終日には、意見を集約したマニフェストを採択する。全自治体の中で、図書館サミットの開催は全国で初めてという。

図書館サミットには、全国から図書館関係者だけではなく、作家、出版社、書店、大学なども幅広く参加する。活字離れに歯止めがかからない中、参加者が危機感を共有し、公立図書館として何ができるかを模索するのが狙い。

12日には、国立国会図書館長の長尾真氏が「学問と情報」をテーマにした基調講演するのを皮切りに、「図書館は新しい時代をつくれるか」と題したシンポジウムなどを実施する。13日には、3分科会で「図書館の新しい役割」「図書館と地域社会とのつながり」などを議論する。交わされた意見、課題、解決策を盛り込んだマニフェストを作成し、全国の公立図書館に寄贈するという。

区は、マニフェストに基づいた取り組みを来年度以降に実施する予定だ。地域課題などを想定し、マニフェストの原案を策定している。それを基に、区は大学と区内の図書館のコンソーシアムを構想している。

構想によると、大学図書館に多い専門書を区立図書館で、区立図書館に充実している小説などを大学図書館で借りられるようにする。配達車両も手配する必要がある。また、区は大学側から選書のアドバイスを受け、専門性を高めていきたい考えだ。

差し押さえ財産のネット公売が好調

板橋区

板橋区はこのほど、10月から導入した区税滞納者の差し押さえ財産のインターネット公売について、第1回の結果を公表した。

出品した貴金属アクセサリー類10点のうち、9点が落札された。落札合計額は27万1352円で、板橋区の当初の合計見積額（10万7千円）の2倍以上となった。

区納税課によると、入札はヤフー㈱の「官公庁オークション（インターネット公売）」システムを利用し、10月22日午後1時から24日午後1時までの48時間で、せり売り形式で実施。約120人が参加したという。

主な落札品と落札額は、黒真珠様付18金様リング（9万1500円）、黒真珠様付プラチナ様一連ネックレス（6万1千円）など。落札者の所在地は、福岡県、岡山県、三重県、宮城県など、全国各地におよんだ。

区では従来、差し押さえ財産の公売は不動産が中心で、自動車、絵画、貴金属などの動産は「公売への参加者が少なく、買い手がつかない場合も多かった」と話す。また、公売には近隣地域からの参加が大半だった。

この結果について、区は「想定額を上回る落札結果となり、インターネット公売のメリットを実感した」と評価。来年1月下旬に2回目の出品を予定する。担当者は「絵画などの出品も検討中だ」としている。

ヤフーの官公庁オークションは、同社と東京都が04年に共同開発。差し押さえ財産の公売のほか、公有財産の売却もできる。自治体のほか、国税庁が利用している。23区での利用は板橋が9区目。官公庁オークションは今年度、全8回が開催される。

第3回定例区議会

意見書可決は88本

介護報酬関連で14区

23区の第3回定例区議会は、補正予算、2007年度決算などを審議し、10月31日までに22区で閉会した。板橋区は5日閉会だが、議案の採択は10月中に行った。杉並区と練馬区を除く21区で可決された意見書は88本。介護報酬の地域係数や介護従業者の待遇改善を求める意見書を決議したのは14区。江東区議会は、都立墨東病院での妊婦死亡事件を受けて、周産期医療体制の充実を求める意見書を急きょ、可決した。

江東区は周産期医療で

第3回定例区議会では、介護報酬など介護従事者の待遇改善を求める意見書の可決が最多で、14区におよんだ。千代田区は、介護職を含めて「社会福祉事業従事者の待遇改善を求める意見書」を可決した。

特に、介護報酬の地域係数の見直しに言及した意見書が多かった。

介護保険から支払われる報酬額（人件費）に関し、全国の地域別の係数（地域差）は、国家公務員給与の調整手当支給率に準じて設定されている。

基本の「1単位＝10円」に対し、23区の地域係数は、訪問看護・施設サービスなどで「1単位＝10・48円」（＋4・8％）、訪問介護などは「同10・72円」（＋7・2％）となっている。

国家公務員の調整手当は06年度に廃止され、物価などに連動した「地域手当」が新たに導入されているが、介護報酬の地域係数には物価の地域差などは反映されていない。そのため、土地代や建物賃料、食費など物価水準の高い23区では、介護報酬の相対的な低額化に結び付いている。さらに、他産業の職種との比較でも23区の介護職などの給与水準は低く、介護職の離職増や人材確保難の一因に挙げられる。

介護報酬の地域係数の見直しを求める意見書を可決した区の中には、「1級地の国家公務員の地域手当（18％）を適用するべき」とした豊島、墨田区など、引き上げ水準の具体値を盛り込むケースも見受けられた。

次に可決数が多かったのは、「協同労働の協同組合法（仮称）」の制定を求める意見書で、11区が可決した。「協同労働の協同組合」は「労働協働組合（ワーカーズコープ）」などとも言われ、労働者が出資し、主体的に経営責任を負う形態の協働組合。現在、根拠法を持たないことから、国会を含めて、法制化を求める動きが生じている。

ほかに、「地方消費者行政の抜本的拡充に必要な法制度の整備及び財政措置を求める意見書」（7区）、「地方公会計制度改革の推進に関する意見書」（6区）が続く。

6区が可決した「固定資産税・都市計画税の軽減措置の継続を求める意見書」は、都区で実施している「小規模住宅用地にかかる都市計画税の軽減措置」「小規模非住宅用地に対する固定資産税・都市計画税の減免措置」「負担水準が65％を超える商業地域等の固定資産税・都市計画税の軽減措置」について、来年度以降の継続実施を都に求める内容。

このほか、昨今の厳しい経済状況を反映し、都市再生機構（UR）の賃貸住宅の家賃改定や居住支援への意見書を3区が採択。渋谷区議会は、中小企業の経営基盤強化を求める意見書を可決した。

10月31日に閉会した江東区議会は、都立墨東病院における妊婦死亡事件で「妊婦が安心して出産できる周産期医療体制の充実を求める意見書」を可決し、国と都に対して抜本的対策を要請した。

主な意見書と可決した区

複数区が可決した主な意見書	可決した区
介護報酬など介護従事者の待遇改善を求める意見書	千代田、中央、新宿、墨田、江東、品川、目黒、中野、豊島、北、板橋、足立、葛飾、江戸川
「協同労働の協同組合法（仮称）」の制定を求める意見書	港、新宿、文京、墨田、品川、目黒、渋谷、中野、豊島、北、板橋
地方消費者行政の抜本的拡充に必要な法制度の整備及び財政措置を求める意見書	港、新宿、品川、渋谷、中野、北、板橋
固定資産税・都市計画税の軽減措置の継続を求める意見書	新宿、台東、江東、品川、板橋、足立
地方公会計制度改革の推進に関する意見書	千代田、品川、世田谷、豊島、葛飾、江戸川
太陽光発電システムのさらなる普及促進を求める意見書	文京、豊島、荒川、葛飾、江戸川
都市再生機構賃貸住宅の家賃改定、居住支援に関する意見書	江東、北、板橋

職員2人を懲戒処分

足立区

足立区は10月31日、個人的趣味でインターネット上のサイトを閲覧した区民部の課長級の男性（40）を停職1カ月、環境部の女性職員（28）を戒告の懲戒処分にした。

今年7月末、インターネット上のわいせつ画像を保存した福祉部の男性係長を、区が1カ月間の停職にした懲戒処分を受け、情報システム課が8月下旬～9月上旬にかけて全職員を対象にサイト履歴を点検した。

課長級職員は、旅行先で宿泊するホテルを検索したり、バイク関連のサイトなどにアクセスしていた。

一方、女性職員は、グルメや留学関連サイトなどを閲覧していた。課長級職員が昨年6月から計136時間に上り162万円、女性職員は今年4月から計82時間にわたり計35万円を区に返納させるという。

不適切な閲覧をしたことについて、課長級職員は「わいせつなサイトでなければ、閲覧してもいいと思った。判断が甘かった」と話している。

人事課は「インターネットの私的利用の禁止の周知に努めたい」という。

ガードパイプ破損 84歳の女性が負傷

中野区

中野区弥生5の区道で10月30日、区内女性（84）が寄りかかっていたガードパイプが突然外れて、女性が転倒する事故が発生した。女性は頭部を打ち、近くの病院へ搬送されて、約1カ月間の入院が必要と診断された。

中野区は同日、区内に設置した同型のガードパイプ（全長約250㍍）をすべて点検し、ボルトの締め直しなど補修を行った。

区の発表によると、事故の起きたガードパイプは、3本のビーム（横棒）を支柱（約2㍍間隔、高さ約80㌢）に取り付けたタイプで、最上部のビームの取り付けボルトが外れていたという。31日以降、事故の起きたガードパイプと異なる型のガードレールなども点検する方針。区は今後の対応について、事故原因の調査を行い、再発防止策などをまとめる予定。

田中大輔区長は「このような事故が発生して誠に遺憾だ。被害に遭われた方の早い快復をお祈りする」とコメントした。

清掃車の追突事故で運転職員を懲戒処分

中野区

中野区は10月30日、区の清掃車が2月に練馬区内を走行中に起こした追突事故に関して、清掃車を運転していた職員（34）に懲戒処分を行ったことを発表した。処分内容は給料額60分の1の減給（1カ月）で、10月30日に発令された。

中野区によると、区清掃車の事故は2月27日、練馬区内の目白通りで発生。清掃車の3台前方でオートバイが急停車し、後続車も相次いで停車した際に、清掃車は停止しきれず、直前を走行していた軽自動車の左後部に追突した。軽自動車は破損、運転者が後遺症障害の残るけがを負った。

職員の前方不注意と十分な車間距離をとっていなかったことが事故の原因として、中野区は被害者側に、治療費、慰謝料、車両修理費など合計250万4227円を支払っている。

記者席

安田銀行時代から92年

○……みずほ銀行は戦前の安田銀行の時代から東京都の指定金融機関だ。92年にわたって持ちつ持たれつの関係がある。この金庫事務の取り扱いを入札制度で決めたらどうかという自民党内の意見に対し、都庁内では困惑の声が聞かれる。

ある幹部いわく「銀行の業態は昔と変わっている。今や指定金融機関のうまみがない」という。入札不調にでもなって、指定金融機関を引き受けるところがなかったら、公金収納システムがストップするため、都政の混乱を危惧する。別の幹部は「自民党はブラフをかませて、自分たちへの財布のひもを緩めたいのでは」と見る。

指定金融機関を入札で決める時、新銀行東京の支援を暗黙の了解事項にすれば、起死回生の救済になるという見方を自民党都議から聞いたことがある。しかし、それこそ入札不調が心配だ。

○……脳内出血にかかった妊婦が死亡した問題で、江戸川区の産科医を取材したときのことだ。都営地下鉄の駅を降りるなり、団地や公園でインド人の家族連れや主婦を何人も見かけた。

墨東病院には、どんな症状でも24時間受け入れる「東京ER」があるが、同病院の関係者は、府中、広尾の両病院と比較して、全く様相が違うと話した。病院周辺に繁華街が広がり、この医療圏は外国人が多いエリアだからだ。

同医療圏の区医師会が墨東病院に対し、外国人労働者や未受診妊婦の分娩への対応について質問したことからも、この地域の特殊事情がうかがえる。地域における重要性を改めて痛感した。

○……10月に区民向けの公募債を発行したのは、23区で新宿区のみ。総額1億9千万円の5年債（利率1・54％）を同7日に発行し、1週間後に完売した。

公募債の利率は、23区指定金融機関のみずほ銀行が決める。発行月と償還期限が同じなら、23区では利率が同じになる。財政状況が悪化すると、自治体の信用力が低下し、利率は高くなる。金融不安は完全に払拭されていない中、ムダな事業を廃して、財政状況の悪化を回避したい。

北川穣一昭島市長インタビュー

身の丈にあった行財政運営へ

米軍立川基地跡地に医療刑務所を含む法務センター建設計画の是非と市民参加のあり方を争点にした昭島市長選挙は、現職の北川穣一市長が4選を果たした。北川市長が「市の戦後処理」と呼ぶ基地跡地は、今後、国が具体的な計画を提示していく中で、新たな昭島市の顔として変貌を遂げることになる。社会経済状況が厳しい時代が続く中、まちづくりや市政の発展に向けて、どのように取り組んでいくのか。課題と展望を聞いた。

1943年生まれ。慶大経卒。79年から昭島市議を5期17年務め、96年市長に初当選。趣味は野球、読書などで、歴史物や経済関係の伝記物が好きだという。尊敬する人物は徳川家康。座右の銘は「質実剛健」。「豊かな時代は、人としても行政としても、おごりがあっては、街のためにならない」と話す。65歳。

立川基地跡地「市の戦後にレール」

——市長選をどう分析していますか。

昭島新時代の構想を明らかにし、ソフト、ハードにわたる施策を推進してきた成果と、千人近くいた職員を250人削減し、事務事業の見直しで経費削減を徹底するなど行財政改革を推進し市財政を立て直したことが評価されたのではないか。

——前回票を2千票近く下回りました。

立川基地跡地の問題で地元の理解を得られず、そこからの候補者が同志の中から出たことが要因だと思うが、当選させてもらった以上は市民の期待に沿うよう、全力を傾注していきたい。

——基地跡地についての経過と今後の考えは。

米軍基地が返還されて30年以上が過ぎたが、広大な国有地で、購入にしても借りるにしても相当な財源が必要になる。数年前には米軍施設の遺物で火災が起きたが、消火活動に消防車も入れず、開発を急がなければならない土地だった。感情的には反対する人の気持ちは分かるが、「自分が決断しなければ、昭島市の戦後、進駐軍の時代は終わらない」という決意のもと、国の案を受け入れた。現在、国は開発の手法を検討中。ある程度、固まってくる中で今後のまちづくりについて、できるだけ話し合いをもって市民の理解を得られるように進めていきたい。

——「基地跡地計画は唐突」という声が聞かれました。

説明責任が不十分だったことは否めないが、市としては昨年9月に国の要請を受けてから、地元を中心に説明会を開き、パブリックコメントや広報紙、ホームページなど現実的な手続きを踏んで情報公開してきた。「聞いてない」とだけ言われるのは心外。

——市民参加や自治基本条例について。

自治基本条例は、市民検討委員会で出た案と職員から出た案を調整しながら検討している。市民参加のあり方と議会制民主主義との問題にもなってくるので、議会でも活発な議論が必要だ。市長への手紙や市政懇談会などで十分に市民の意見は聞いているとも思うが、市民参加や情報公開は今まで以上に進めていく。

——今後の課題と対応について。

一つ目は、「身の丈にあった行政運営」で、行革による徹底した歳出削減を考えていかなければならない。スクラップ・アンド・ビルドで事業を見直すとともに、自助・共助・公助のバランスの中で行政運営をしていくことや、最小の経費で最大の効果をあげるという基本に立ち返る必要もある。そうした中で、本当に必要な政策を見極め、市政運営をしていく。

二つ目はまちづくりの遅れ。基地跡地や昭島市側の拝島駅周辺で、戦後処理が済んでいない。整備へのレールが敷けたかなという中で、その上に機関車を少し惰性が付くまで引っ張っていかなければならない。引き続き市民の意見を聞きながら、全力で粛々とまちづくりを結実させたい。

三つ目は、声なき声の市政への反映。聴取しにくいのが現実だが、民主的な自治体に近づけるには、こうした意見を今まで以上に聞いていく必要がある。市民意識調査や地域懇談会など各種手続きをさらに充実させて、なるべく多くの意見を市政に反映させたい。

——100%地下水をどう守っていきますか。

都内で100%深層地下水は昭島だけ。マンション開発が行われる際は「昭島の地下水は宝」ということで、雨水を地下水に浸透させるなど、環境への配慮を主眼に開発指導を行っている。環境や節水活動を強化して、一日でも長く地下水のみによる給水が続けられるように努力していく。

——商業活性化は。

ハード面での整備。街の状況によって商売は発展していくもので、品格ある街をつくることで、いい市民が育って商売も育つ。一方、ものがあふれる時代の中で、事業者が特徴を生かすことも大事。目標を持って、希望、工夫、気迫の「3K」を考えてもらって、事業を進めてほしいし、行政としてはやる気のある事業者に対して、融資制度充実などのサポートをしていきたい。

——今後の意欲を。

人も市も自然も環境も、健康で健全で元気な町を目指して「人・まち・緑の共生都市昭島」を作り上げていきたい。市には膨大な計画があるが、実現していくには相当な財源が必要になる。激動の社会経済の中で行政としての体力をつけるには、さらなる行革や身の丈にあった行財政運営が必要だが、それが市民の幸せ、町の発展につながるという確固たる信念でまちづくりを進めていこうと決意している。

二枚橋衛生組合議会

小金井市の立場を明言

合意に反すると紛糾

更地解散に向けた話し合いを進めている二枚橋衛生組合（府中、調布、小金井の3市で構成）は27日、第2回定例議会を開き、敷地内の土壌汚染調査結果や施設解体等にかかる想定概算額等を公表。解散スケジュールは09年度末から11年度末に延期する方向性を確認した。しかし、解体に際して地下躯体の処理や、小金井市が二枚橋を新たなごみ処理施設の建設候補地とするための条件として「施設の無償譲渡」などを条件にあげたことが明るみとなったことで議会は紛糾。山積する課題が改めて浮き彫りになった。

組合の合意事項に対する小金井市の条件、地下躯体の処理など、新たな課題も浮上した（二枚橋衛生組合議会）

◆「配慮に欠けた」

小金井市は、将来、国分寺市と共同でごみ処理を行いたい考えで、そのためには建設地を小金井市が来年2月までに決定することが条件となっている。同市は新ごみ処理施設建設候補地として市民検討委員会で答申された「二枚橋焼却場跡地」を尊重し、建設地としたい考えだが、それには調布市と府中市の理解を得る必要があり、7月末から協議に入っていた。

その協議を進めるにあたり、同市は条件を設定。17日に開かれた小金井市議会ごみ処理特別委員会で、稲葉孝彦市長が委員の質問に答える形で明るみに出た。

条件は、①二枚橋焼却場の敷地を有償で譲り受ける②焼却場の建物について小金井市が無償で譲渡を受ける③施設解体費用や埋蔵物除去については、3分の1ずつの負担とする——の3点。

しかし、組合は「更地解散」で合意し、それに向けた話し合いを進めている最中。「焼却場施設を小金井市が無償で譲渡を受ける」という条件は、組合の合意事項と反する内容になる。

これについて27日の組合議会で、管理者報告を行った稲葉孝彦・小金井市長は「（組合で合意した）更地解散は従来どおり」として上で、「小金井市としての考え方を示したものだが、組合議会への配慮に欠けていた」と陳謝した。

◆二面性の困難

稲葉市長は、その後の組合委員とのやり取りの中で、組合の管理者の立場としてはこれまで通り「更地解散の方針に転換はない」としながら、小金井市長の立場としては「三つの条件について撤回の考えはない」と明言。

この相反する回答に質問が集中する中、稲葉市長は「管理者と小金井市長の立場の二面性があり難しいが、組合の合意はあっても、経過の中で3市それぞれの考えとしていろいろなアイデアも出てくるだろう。組合の理解がない中で（更地解散に）変更はないが、理解をもらいたい」と苦しい立場を説明した。

三つの条件について29日現在、正式に調布、府中両市の協議の場にはあげられていないが、稲葉市長は「条件が調布、府中の両市にとって十分とは考えていない。金銭的なものだけでなく、地域還元施設なども考える必要があると思っている」と理解を得るために、さらに努力する姿勢を示した。また施設を無償で受けるという条件についても、施設を解体して新たにごみ処理施設を建設する場合には国庫補助なども出るため「それを差し引いて施設解体や埋蔵物除去にかかる費用を3分の1にすれば、両市の費用負担軽減にもつながる」との考えを示した。

◆厚い壁

条件について府中市の担当課は、これまで協議の場で話を進展させる材料がなかったことから「（やり方も内容も）いいか悪いかは別として、やっと条件が出たという思い」と話す。「調布市の動向を勘案しながら判断する」ということが基本にあるが、府中市としては現在、二枚橋の土地の利用計画はなく、その観点だけで見れば、現在のところ、二枚橋の土地を小金井市が利用することに支障となるものはない。

しかし、二枚橋でのごみ処理を断念したことで多摩川衛生組合とごみ処理を行うことになった府中市は、その際、負担金とは別に、稲城市に対して迷惑料として8年間で15億円を支払うことになった。そうしたことも踏まえ、「小金井市が施設解体などにかかる費用負担を単純に3分の1とするのでは、市議会や地元の理解が得られない」とけん制する。さらに「更地解散という組合の合意事項があり、今回の条件は組合の方針転換が必要になるもの」と話し、今後、小金井市が組合と市を説得する働きかけをどのように行っていくのか注視する。

一方、調布市は、従来からの「調布市の土地に焼却炉を認めない」とする市議会と市の考えを堅持することに変わりはない。小金井市の条件が正式に提示された協議を前に、「条件を提案してもらうのが本来で、話し合いはするが、考え方は互いにある」とし、「議会の決めたことが基本にある。今後の話し合いの中で状況が変われば市として対応できるが、よほどの政治的な判断がなければ、方向性が変わる状況ではない」と厳しい見方を示している。

解散は2年延期へ

組合議会では、今後の施設解体に向け、解体費用の想定概算額や土壌汚染調査結果と必要な対策についても報告された。

施設解体経費約8億2400万円をはじめ、地下躯体埋め戻し経費、老人福祉センターとプール解体経費や、敷地内に埋設された焼却灰処分経費、土壌調査経費などを合わせ、約11億6300万円と試算。地下躯体については、地下水や下水道、水道、西武鉄道の鉄塔や高圧線などがあるため、手をつけると公共施設への影響が大きいことや、地盤の弱体化につながるとして、埋め戻しを前提にしている。しかし、「財産処分への影響があるのでは」「全撤去が原則では」などの委員の意見により、改めて検討される。

また、土壌調査では、16区画で深さ5㍍のボーリング調査の結果、3地点で調査が必要な基準を上回り、そのうち1カ所で環境基準を2・9倍上回る2900ピコ㌘が検出された。廃棄物処理法が制定される1970年までごみの焼却灰を敷地内に埋め立てていたことが原因と見られる。

これら3区画については施設解体後に土壌の撤去や追加調査等が必要になる。そのため設計や工事を進めながら解散する場合、「09年度までの解散を延期せざるを得ない」状況で、11年度末の解散を視野に入れたスケジュール方針を確認した。

市長会・町村会

震災時の命を守れ

全市町村 家具転倒防止器具助成

東京都市長会と東京都町村会は、来年度から3カ年計画で家具転倒防止器具助成事業を全市町村一体となって開始する。対象を高齢者や障害者に限定せず「設置を希望する世帯」としたことが大きな特徴で、人的被害の抑止を目的に広域的な取り組みを行うのは全国でも珍しい。3年間で市町村の全世帯（05年度国勢調査）の5%にあたる約8万6千世帯に、家具転倒防止器具を設置していく計画だ。

阪神・淡路大震災のデータでは、震災時に建物の倒壊や家具の転倒による死傷者が全体の8割以上に上っており、これらに対する対策が求められてきた。

各自治体への助成金の対象経費は、各世帯の状況に応じて必要な家具転倒防止器具の購入費と取り付け経費。対象者は各市町村に住所があり、設置を希望する世帯すべてで、1世帯あたり1万5千円程度を上限とする。

設置希望者のうち、高齢者のみの世帯に対しては、1世帯あたり6千円程度で、シルバー人材センターを活用して取り付けを実施。事業の財源は宝くじの歳入となる東京都区市町村振興協会基金から、3カ年総額で20億円（初年度6億8千万円）を充てる。

事業実施により、市町村全体で5%の世帯に家具転倒防止器具が設置される予定で（そのうち高齢夫婦・高齢者単身世帯は対象者の20%）、市部では全168万9131世帯中、8万4456世帯、町村部では全3万3445世帯中、1672世帯で実施される見込みだ。

高齢者世帯の取り付けにはシルバー人材センターを活用するが、設置に際しては専門的な知識の習得が必要なため、研修も実施。シルバー人材センターのない自治体もあるが、広域的な取り組みを生かし、近隣の自治体のシルバー人材センターからの派遣も可能になる。

各自治体では、いわゆる「家具止め」設置の助成事業を行っているところも増えているが、財政的な事情から実施していないところもあり、取り組みには大きな開きがあった。

助成事業を行っていても、対象者は高齢者や障害者などに限っているところがほとんどで、一般の世帯も対象にした取り組みは、都内でも港区だけだった。今回の市町村一体の取り組みは、人的被害の抑止に大きな効果が期待できると、各方面からも注目されている。

市長会では、設置に際してキャンペーンなども行い、家具転倒防止器具の普及をムーブメントにしたい考え。

週刊たま手箱

福生市 LAS－E導入でノーマイカーデー

福生市が今月からスタートした環境マネジメントシステム「LAS－E」で、市の環境配慮行動の取り組みの一環として、ノーマイカーデーを毎月実施することになった。通勤手段を公共交通や自転車、徒歩に切り替え、エコライフへの転換のきっかけとしたい考えだ。

「LAS－E」は「環境自治体会議」が開発を進めている環境自治体スタンダードで、目標と取り組み内容を重視し、目標達成のためのシステムは独自に構築。市民参加を必須としていることが特徴だ。

福生市は、「LAS－E」に定められた取り組みの一環で、毎月10日に実施される「福生市職員安全確認の日」にノーマイカーデーを設置。確認の日が公休日などにあたるときは、もっとも近い日に繰り上げて実施する。教職員を除く対象者は128人。対象者にはこれ以外にも、できるだけノーマイカー通勤を奨励していく。

西東京市 個人情報が含まれたUSBメモリー紛失

西東京市は10月30日、市立柳沢小学校の女性教諭が10月15日夜、児童9人の氏名など個人情報が含まれたUSBメモリーを紛失していたと発表した。27日に田無警察署へ紛失届を提出。31日現在、発見されていない。

メモリーには、個別指導計画や、学級の様子などの写真データが入っていた。女性教諭は15日、校内で個人所有のメモリーを使用して公務処理を行い、その後、黒い収納用ポーチに入れ、午後7時50分頃タクシーで帰宅。翌朝、紛失していることが分かったという。これまでに個人情報の流出は確認されていない。

同市では学校情報の持ち出しは原則禁止で、必要な場合は校長に許可申請を出すことになっているが、申請は出されていなかった。教育指導課は情報セキュリティーに対する管理体制の徹底と教職員の危機意識の醸成のため、年4回の研修を8回に増やし、再発防止に努めるとしている。

■人事異動

◎印昇任 11月1日付

三鷹市

【部長級】▽都市整備部調整担当部長＝緑と公園課長事務取扱（都市整備部調整担当部長）大石田久宗

【課長級】▽生活環境部安全安心課長（総務部土地対策課長）菊池利二▽都市整備部道路交通課長（生活環境部安全安心課長）福島照雄▽総務部土地対策課長（健康福祉部地域福祉課長補佐）◎吉村君夫

国立市

【部長級】▽健康福祉部長（福祉部長）雨宮和人▽健康福祉部参事（福祉部参事）奥村聖子▽健康福祉部参事（福祉部参事）大沼信一▽子ども家庭部長（市民部長）木藤博之▽生活環境部長（環境部長）山﨑順一▽都市振興部長（建設部長）田辺徹▽都市振興部国立駅周辺整備担当部長（建設部参事）小沢宏康

【課長級】▽企画部政策経営課長（企画部行政管理課長）薄井敏男▽企画部特命担当課長（企画部主幹）片岡章夫▽企画部課税課長（市民部税務課長）山本泉▽企画部収納課長（市民部主幹）青木稔▽総務部防災課長（総務部地域防災課長）加藤登志雄▽総務部総合防災計画担当課長（総務部主幹）松澤純一▽健康福祉部主幹（福祉部主幹）小林三枝夫▽健康福祉部高齢者支援課長（福祉部介護保険課長）高橋一成▽健康福祉部しょうがいしゃ支援課長（福祉部生活福祉課長）町田勝則▽子ども家庭部主幹（福祉部主幹）高木修一▽生活環境部市民協働推進課長（福祉部福祉計画課長）兼松忠雄▽都市振興部地域整備課長（建設部まちづくり推進課長）宮崎正史▽都市振興部地域振興担当課長（企画部政策推進室長）三田礼治▽都市振興部交通担当課長（総務部主幹）尾崎重明▽教育委員会事務局教育庶務課長（教育委員会事務局庶務課長）武川芳弘

都主税局
人材育成実施計画を策定
半年間の長期研修を実施

都主税局は、組織的な人材育成の推進を目指した「人材育成実施計画」を策定した。今年4月に取りまとめた「人材育成基本方針」に基づき、具体的な取り組みを盛り込んだもの。6カ月間におよび専門知識を学ぶ「長期専門科研修」や、再任用職員を活用した「税務指導員」の設置を盛り込んだ。来年度から順次、取り組みを進める予定だ。

再任用の活用 「税務指導員」を導入

◆缶詰めで集中研修

計画の目玉施策となる「長期専門科研修」は、将来、各部門の中核となって活躍する人材の育成を目指すもの。来年度から「資産税部門」を皮切りにスタートする。

一口に資産税部門といっても、その分野は「土地・家屋課税」「不動産取得税」「土地評価」「家屋評価」「償却資産」など多岐にわたる。研修では、これら全分野にわたる講義と事例研究を行う。

主任や担当係長を中心に年間5人から10人程度の受講を予定。業務を離れ、中野区にある主税局の研修所に通所して集中的に学ぶ。6カ月間、缶詰め状態での研修は長すぎるようにも感じるが、安藤敏朗職員課長は「ここまでやらなければ、知識やノウハウの継承は難しい」と話す。

例えば土地評価は、評価額を決定する3年に一度の基準年度に向けて調査を行うスパンの長い仕事となり、まとまったスキルを習得するには、少なくても2サイクル・6年以上の経験が求められる。しかも土地評価には、家屋評価など他分野のスキルも密接に絡むが、異動で実務を経験する機会がなければ体系的な知識は習得しづらい。実務に精通した団塊世代の大量退職期に入り、マンパワー不足が深刻化する中、これまでの考え方では育成が間に合わないのが実態だ。

講師には専門副参事やベテラン職員のほか、外部講師も活用。研修後は、現場での実務演習やレポートの作成なども課し、トータル1年程度で実践的な実務能力をつけてもらうという。今後は実施状況を踏まえ、法人2税や滞納整理部門での実施も検討する。

◆指導部門で活用

さらに、ノウハウ継承に向けては、業務に精通した再任用職員を「税務指導員」として設置する取り組みにも来年度から着手する。

ライン係長の経験があり、当該税目・業務経験が10年以上の再任用職員を税務指導員に位置づけ、本庁の指導部門やブロック所等に配置。税務知識や技能の継承、OJTの推進など、人材育成にかかわる業務を担ってもらう。

また、関連法令や基準の改正などで税制が複雑化する中、本庁の指導部門では、税務所からの質疑に対応する事務負担が増大している。税務指導員は、こうした質疑にも対応するほか、困難案件の共同・同行調査も行う予定だ。

処遇は他の再任用職員と変わらないが、通常の実務を行うラインとは別に位置付けるなど、インセンティブを与える仕組みをつくるという。

このほか、組織的なリーダー育成に向けては、将来のライン係長候補の指導力強化を目指し、来年度から係内チーム制を導入。概ね10人以上の多人数係において、担当係長や主任4年、5年目の職員に、組織の進行管理やライン係長の組織運営業務の一部を担ってもらう。

他方、局の任用管理の考え方も転換。これまで30歳代までは多様な経験を積ませ、50歳前後で専門分野に特化する人事管理を基本としていたが、より早い時期から専門性を高めてもらうよう見直す。具体的には、局歴が概ね10年未満の若手職員には、複数の分野や税目を経験させて自らの強みを発見してもらい、概ね10年以上の職員は、これまで培った経験を生かせる分野に配置する。

さらに、職員の専門性向上に向けて、人事当局にも制度改善を要望する。まず、行政専門職選考について、現行は10年以上となる専門職歴要件の短縮を要望。有資格者を拡大し、早期に専門分野で力を発揮できる仕組みづくりを求める。主任級職昇任時の他局異動も、業務経験の継続性を高めるため、一定数を対象外とするよう求める。また、2級職異動や主任級職員の再転入の活発化なども要望する。

主税局は、今年度末から3年間で職員の8・5%にあたる600人が定年退職となり、技術の継承が喫緊の課題となる。

その一方、税制が複雑化し、職員のさらなるスキルアップも求められる。高い専門知識の継承や人材育成は、組織全体で取り組まねばならない問題だ。

計画では、定数削減の中での長期研修の実施など、現場的に厳しい内容も含む。安藤課長は「ノウハウを持つベテラン職員が退職する前に、早く手を打たなければならない。今後もメンター制度の導入など、民間の事例も参考に、さらなる充実を検討する」と話す。

局間連携でPR効果アップ
広報用資料等で編集会議を設置

東京都は、各局が制作する広報用の映像やポスター、パンフレットについて、局間の連携を強める取り組みに乗り出した。知事本局や生活文化スポーツ局の広報担当部署、各局広報担当課長らをメンバーとする「広報用資料等編集会議」（編集会議）を設置し、「わかりやすく」「インパクトある」情報提供を目指して、PR効果の向上や、効果的なタイミング、広報効果の向上策などを検討するという。

都の広報物に良く見られるオリンピック招致のロゴ。これと同様の連携を他分野にも広げていく

DVDやポスター、リーフレットなどの各局の広報物は現在、事業を担当する各局がそれぞれ独自に制作している。今回の取り組みでは、PR効果を高めることなどを目指し、局をまたいだ広報物の連携などを強める。

例えば、A局が作るポスターや広報紙にB局の事業の告知を加えることで広報対象が広がり、これまで想定していなかった分野に広報できる可能性もある。

こうした他局との広報の連携は、現在でもオリンピック招致関連で先行しており、ロゴマークやスローガンなどを他局のポスターの一部に掲載している。今後はオリンピックに限らず、連携できるものを幅広く検討する考えだ。

編集会議は、知事本局広報担当副参事と生活文化スポーツ局広報課長、および各局の広報担当課長が構成メンバーとなり、そこに広報を行う当該事業の担当者が入る。また、特別秘書の助言も受ける。

検討時の視点は、①PR効果のより高い映像・ポスター等の制作②効果的なタイミングで公表③類似の事業や開催時期が近接する事業で広報効果が最大となるよう、各局の連携強化――の3点。

検討の進め方は、まず編集会議で、各局が近く予定している広報物を集約し、その中から連携が図れる広報物などを選定する。連携が可能な場合は、当該局が企画案を検討する。

都民に広く普及啓発する広報物や、都の重要施策を中心に、当面は年度内に発行する広報物のうち1割程度で連携を図りたい考えだ。

また、事業が多岐にわたる大きな局などは、これまでも局内で連携が図れていないケースもあったが、今後は局内の広報物を各局広報担当が連携という視点で取りまとめるため、局内連携の強化も期待できる。局間連携を図った広報物は、近くリリースされる予定だ。

都団体交渉
11月17日がヤマ場に
都労連が年末一時金要求

都と都労連による団体交渉が10月30日に行われ、都労連から年末一時金に関する要求書が提出された。回答指定日は、11月17日としている。団体交渉で、武藤委員長は「都労連は今次、進退をかけている」として闘う決意を表明。山口副知事は「限られた時間の中で精力的に協議を行っていきたい」と答えた。同日には、都労連の第4波総決起集会が開かれ、スト体制を構えるなど、ヤマ場に向けた戦術も報告され、今年の確定交渉を巡る緊張が一層、高まっている。

団体交渉で都労連は、この間の交渉経過に関連して「賃金・勤務条件は労使で自主的に解決する立場であり、現業、教員の賃金給与制度に係る提案を拒否せず、内容を検討したが、とても理解できない」と主張した。

さらに現業提案の撤回を求めたほか、「労使が紛争状態に入るようなことは、都政に重大な影響を及ぼす」と指摘し、都側に対して「提案ありき、自らの主張を押し付ける交渉態度を改め、都労連要求を受け止めて、解決を図ること」を強く申し入れた。

また速やかに時間短縮の実施の表明をすること、現業職員とその仕事、教員の努力についての見解を明らかにすることを求めた。

一方、都側は、年末一時金要求について、知事に報告し、検討に入るとした上で、すでに提案している教育職員と現業系職員の人事制度に関する基本的な認識を述べた。

このうち教育職員の人事制度では、勧告に示された新給料表に基づく見直し案について、年功的な要素を是正し、職務・職責をより一層重視した給与構造改革に向けたものであることを説明。諸手当に関しても「職務段階別加算や退職手当の調整額等について、職責に応じたものへ見直していくことが是非とも必要」とした。

また現業系職員の人事制度では、勧告意見で示された国の技能系職員及び民間事業者の技能系従業員の給料との比較を踏まえて「現行の給与水準を維持することは極めて困難」との立場を示し、「今交渉期において、何としても解決を図っていくことが、都民に対して説明していく上で不可欠」と強調した。

都税事務所が「偽装請負」
東京労働局が是正指導

都税事務所での作業の際、都が委託先の派遣労働者に対し、直接業務の指示を行っていたとして、東京労働局が是正指導を行っていたことが10月30日、明らかになった。

問題となったのは、都税事務所が個人事業税の課税計算を行う際、税務署の確定申告資料から必要な部分をコピーする作業。都は、この作業を東芝ビジネスアンドライフサービス（TBLS）と委託契約を結び、さらに同社が別の派遣会社と契約して労働者を派遣していた。

この場合、具体的なコピーの指示等はTBLS社の社員を通じて行わなければならなかったが、同社の現場責任者が常駐していなかったこともあり、都が派遣労働者に対し、直接業務遂行の指導を行っていた。

また、本来ならば時間管理も行ってはならないが、終業時刻や休憩時間に関する時間管理も行っており、東京労働局に是正を求められた。

都主税局は「業務遂行の指示をしたという認識はなかった」と話す一方、今後は、契約方法の見直しを行う考えを示す。

今回のケースは、「コピー業務を行う」という包括的な委託契約だったが、この契約を「労働者の派遣」「コピーの賃借」「用紙の購入」「成果物の配送」の4本に分けて発注するよう見直す。

例えば今回の契約では、特定の仕事を処理する契約を結んだため、都側は指揮命令をしてはならないが、派遣契約では、都側の指揮命令によって働いてもらうことが可能になる。

主税局は「昔からの契約方法を引きずっていた。指揮命令系統などが錯綜する環境となっており、数年前から改善を検討していた」と話す。

都職員の給与状況を公表
ラス指数104.4
人件費比率は23・7%

都総務局はこのほど、昨年1年間の「都職員の給与の状況」を公表した。給与の公表は81年10月以降、実施しており、今回で28回目となる。

都職員の給与水準をラスパイレス指数で見ると、国の職員の給与水準を100とした場合、一般行政職で104・4（07年4月1日現在）となり、都道府県及び政令指定都市の中で一番高い水準となっている。都内民間企業の賃金水準は、全国を100とした場合に、都道府県で最も高い水準にあたる123・4だった。

一般行政職の平均給料月額（平均年齢43歳4月）は、35万724円で前年に比べて1・9%減。技能労務系職員の平均給料月額は、平均年齢46歳8月で32万2550円（前年比2・5%減）となっている。

大卒の一般行政職の初任給は、国I種と同額の18万1200円、前年度からは2千円増加した。

一方、退職手当の平均支給額は、定年等退職（平均勤続年数36年2月）で、前年比10万円（0・4%）減の2580万円だった。

職員給与費は、07年度普通会計決算で1兆1877億円となり、前年度と比較した場合で110億円（0・9%）の減。

また歳出額全体に占める人件費の比率は、同じく07年度普通会計決算で23・7%となった。この水準は、前年度比で1・2ポイント減、給与の公表を始めた81年度と比べると、16・1ポイント減少したことになる。

このほか行財政改革実行プログラムによる職員定数の削減状況に関しては、07年度から09年度までの3年間で4千人程度の削減目標を掲げており、08年度は1102人を削減した。07年度からの2年間では、計2267人（約57%）に達している。

都への提言・要望 くらし関連が最多
9月分の月例報告

都生活文化スポーツ局は10月27日、「都への提言、要望等の状況」について、9月分の月例報告をまとめた。取り扱い件数は1281件で、昨年同期と比べて43件増となっている。年度累計では9878件に上る。

内容別では、くらしに関することが135件と最も多く、文化・スポーツ（124件）、治安・防犯（111件）、福祉（86件）、健康・病院（56件）と続いている。

ひと
篤姫のかごを里帰りさせた

江戸東京博物館 学芸員
齋藤 慎一さん

急な企画立案で思いついたのは、江戸博が4挺を収蔵しながら、まとめて展示されることがなかった「乗物」（輿）を中心に据えようという企画だった。

「2挺の購入を担当し、一つが本寿院の輿だと分かった。昨年までは誰も知らなかったでしょうが、今なら篤姫の義母の高畑淳子さんの顔がパッと思い浮かぶ。展示するなら今だと考えたんです」

そこに、篤姫が婚礼で使用した乗物も公開できるという僥倖が舞い込んだ。実は、97年に本寿院乗物を購入した後、スミソニアン協会のアーサー・M・サックラーギャラリーが84年のオークションで購入した二葉葵唐草乗物がそれに似ていると教示を受けていた。

「図版で比較検討をしたが、専門は中世史なので、執着心がなく放っておいたんです。今回は篤姫婚礼の際の調度品を記した『御用留』に『二葉葵唐草』の図案を確認し、篤姫の香炉や香道具にも同じ模様があることが分かり、二葉葵唐草乗物は篤姫のものに間違いないと思いました」

実際に確認するためアメリカへ。「コストがかかることなので、正式でなく、こそっと貸せるかどうか聞いて来いと言われた」と笑うが、ギャラリーでは所有者が分かったことを喜んで、前向きだった。共催の協力も得られ、「珠玉の輿～江戸と乗物」展で里帰りが実現することに。

珠玉は美しいという美称の意味だが、通俗的に捉えられてもネーミングとしては成功だと言う。現存する13挺の乗物が一堂に集まるので、「完成度の高い美術品として、美しさを堪能して欲しい」。

中学・高校時代、城跡を訪ねては、普請の跡から規模や濠跡、当時の地形、外敵への備えなどを読み取って地図を書き、想像も膨らませていった。大学では、城と古文書の研究に考古学も取り入れ、学際的に追究。昨年の江戸城築城550年を記念した「江戸城」展では、そんな自身の本領が発揮された。

研究は私的な時間に限られ、学芸員として表に出ない地味な作業に忙殺されるが、「文化財をよりよい状態で次代に伝えていくと同時に、歴史意識を持ってもらうための重要な役割を負っている責任感を感じています」。それだけに人材不足の上に流出も危惧され、文化財の海外流出にも悩みは深い。（門）

東京都生まれ。88年明大院文学研究科博士後期課程中退。史学博士。同年都文化振興会江戸東京博物館資料収集室。93年現職。趣味は旅と写真で、カタログ撮影も。妻と義母と3女と暮らす。47歳。

21年度 主任試験講座 【5】

20年度試験問題解説 ④

NO・30

① 懲戒処分の事由は地方公務員法で定められており、条例で定めることはできない（地方公務員法第27条）。誤り。

② 再任用職員に対しては、定年退職前の違法・違反行為について懲戒処分を行うことができる（同法第29条第3項）。誤り。

③ 条件付採用期間中の職員については、分限処分に関する適用除外規定は設けられているが、懲戒処分に関しては同様の規定はない（同法第29条の2）。誤り。

④ 懲戒処分にあたっては処分事由説明書を交付する必要があるが（同法第49条）、当該説明書の交付は、処分に関する効力発生の要件ではない。誤り。

⑤ 正しい（労働基準法第20条）。

正答 ⑤

NO・31 (21)「10」

① 職員は、地方公共団体の機関の定める規程にも従う義務がある（地方公務員法第32条）。誤り。

② 口頭で行われた職務上の命令も有効である。誤り。

③ 身分上の上司とは、職員の任用等の身分取り扱いについて権限を有する者であるが、その者の命令にも当然に従う義務がある。誤り。

④ 正しい。

⑤ 上司が発した職務命令に疑義がある職員は、上司に意見を具申することができる。誤り。

正答 ④

NO・32 (22)「11」

① 刑法に違反するような行為も信用失墜行為の対象となる。誤り。

② 職員の職全体の不名誉となるような行為も信用失墜行為に含まれる（地方公務員法第33条）。誤り。

③ 信用失墜行為は懲戒処分の対象となるが、それのみをもって罰則の適用があるものではない。誤り。

④ 正しい。

⑤ 地方公務員法上、信用失墜行為の対象となる行為は明記されていない。社会通念等に照らし、個々の場合について判断される。誤り。

正答 ④

NO・33 (23)「12」

① 正しい。

② 担当外の事項であっても、職務に関連して知ることができた秘密は、守る義務がある。誤り。

③ その職を退いた後も同様に、知り得た秘密を漏らしてはならない（地方公務員法第34条第1項）。誤り。

④ 証人等となるため、秘密の発表を許可する場合、法律に特別の定めがある場合を除き、拒むことはできない（同法第34条第3項）。誤り。

⑤ 秘密を守る義務に違反した職員は、懲戒処分の対象となるとともに、刑罰の対象となる(同法第60条第2号)。

正答 ①

NO・34 (24)「13」

① 他の地方公共団体から委託された事務に従事する場合も、職務専念義務の対象となる。誤り。

② 時間外勤務、週休日の勤務、休日勤務、宿日直を命じられてこれに服する時間も、職務専念義務の対象となる。誤り。

③ 正しい（地方公務員法第35条）。

④ 営利企業等への従事について許可を得た場合でも、当然に職務専念義務が免除されるわけではない。別途、職務専念義務免除に関する手続きが必要となる。誤り。

⑤ 在籍専従職員に対しては、いかなる場合も給与は支給されない（同法第55条の2第5項）。誤り。

正答 ③

NO・35 (25)

① 不服申し立ては、「懲戒その他その意に反すると認める不利益な処分」に対して行うことができ（地方公務員法第49条の2第1項）、職員の意に反する分限処分も、不服申し立ての対象となる。誤り。

② 不服申し立ては人事委員会または公平委員会に対してのみ行うことができる（同法第49条の2第1項）。誤り。

③ 不利益処分以外の職員に対する処分のほか、職員が行った申請に対する不作為についても、不服申し立ては行うことができない（同法第49条の2第2項）。誤り。

④ 不服申し立ては、処分があったことを知った日の翌日から起算して60日以内、処分があった日の翌日から起算して1年以内に、行わなければならない（同法第49条の3）。誤り。

⑤ 正しい（同法第50条第3項）。

正答 ⑤

NO・36 (26)「14」

① 都制度は、わが国では他に類をみない大都市地域である東京について、効果的かつ円滑な行政運営の確立の見地から、一般の府県・市町村との関係とは異なる特別な制度を設けているものである（職員ハンドブック154ページ）。誤り。

② 平成10年の制度改正により、特別区は基礎的な地方公共団体に位置づけられ、一般制度と同様の二層制をとっている（職員ハンドブック154ページ）。誤り。

③ 正しい（職員ハンドブック154ページ）。

④ 都が特別区にかわって処理している事務は、上水道、下水道のほか、消防や都市計画事務（一部）がある（職員ハンドブック155ページ）。誤り。

⑤ 都知事は、特別区に対し、都と特別区及び特別区相互の間の調整上、必要な助言または勧告をすることができる（職員ハンドブック168ページ）。誤り。

正答 ③

NO・37 (27)「15」

① 定年制は、本人の意思にかかわらず当然に退職させる制度である（職員ハンドブック266ページ）。誤り。

② 国家公務員に定年制を実施する法案が成立した後、都で定年制を実施する条例が定められた（職員ハンドブック267ページ）。誤り。

③ 都の職員は、定年に達した日以後の最初の3月31日に退職する（職員ハンドブック267ページ）。誤り。

④ 都の職員の定年は、勤務延長の場合を除き、従事する業務内容等により、60歳、63歳、65歳とされている(職員ハンドブック267ページ)。誤り。

⑤ 正しい（職員ハンドブック267ページ）。

正答 ⑤

NO・38 (28)「16」

① 当該行為を行った者の意図は、セクシュアル・ハラスメントの要件とはされていない（職員ハンドブック328ページ）。誤り。

② 局窓口のほか、上司、部所担当課、全庁窓口に、苦情や相談を行うことができる（セクシュアル・ハラスメントの防止に関する要綱第11条）。誤り。

③ 正しい（職員ハンドブック328ページ）。

④ 職場において職員以外の者に対して行う場合も、対象となる（職員ハンドブック328ページ）。誤り。

⑤ セクシュアル・ハラスメントはその対象となった人の尊厳や名誉を不当に傷つけるものであり、人権上の問題である。また、セクシュアル・ハラスメント防止月間は毎年12月である（職員ハンドブック328ページ）。誤り。

正答 ③

NO・39 (29)「17」

① 職員に対して研修を実施する責務は、任命権者に課されている（地方公務員法第39条第2項）。誤り。

② 20年度研修基本計画では、職場外研修、OJT、自己啓発を研修の3本柱と位置づけている（職員ハンドブック339ページ）。誤り。

③ 正しい（職員ハンドブック338ページ）。

④ 従来から、OJTを研修と位置づけている。誤り。

⑤ 自己啓発は研修の3本柱の一つである（職員ハンドブック339ページ）。誤り。

正答 ③

NO・40 (30)「18」

① 正しい（職員ハンドブック355ページ）。

② 地方公営企業職員を主たる構成員とするのは、地方公営企業労働関係法上の労働組合である（職員ハンドブック355ページ）。誤り。

③ 東京都労働組合連合会（都労連）は、東京都庁職員労働組合（都庁職）などの6組合で結成される中央連合体である（職員ハンドブック354ページ）。誤り。

④ 都労連は、地方公務員法上の登録を受けていない。また、加盟各組合の自主性を尊重しつつ、各任命権者間に共通する基本的労働条件についての交渉機能等を果たしている（職員ハンドブック354ページ）。誤り。

⑤ 都庁職は、知事部局のみではなく、行政委[illegible]局の職員等も構成員[illegible]いる。また、地方公[illegible]の登録を受けており[illegible]件に関して交渉権を[illegible]（職員ハンドブック354ページ）。誤り。

正答 ①

NO・41 (31)「19」

① 複数の局に関連する文書については、文書課長が、正本を最も関係の深い局の庶務主管課長に配布し、写しをその他の局の庶務主管課長に配布する（職員ハンドブック395ページ）。誤り。

② 局に到達した知事または副知事あての親展文書は、直ちに文書課長に回付する（職員ハンドブック395ページ）。誤り。

③ 保存期間が1年未満の文書は、主務課長が文書の余白に収受印を押し、事務担当者に引き渡す。文書総合管理システムに文書管理事項を記録する必要はない（職員ハンドブック396ページ）。誤り。

④ 電磁的記録のうち、収受の処理が必要なもののみ、文書総合管理システムに記録する。なお、一定の様式の画面から入力する電磁的記録であれば、複数の記録をまとめて1件として文書総合管理システムに記録することができる（職員ハンドブック3[illegible]・395ページ）。誤り。

⑤ 正しい（職員ハンドブック396ページ）。

正答 [illegible]

NO・42 (32)

① 総務局総務部文書課及び総務局を除く局の庶務主管課に文書主任を、その他の課に文書取扱主任を置いて[illegible]（職員ハンドブック39[illegible]ページ）。誤り。

② 課長は、課の文書事務に従事する職員のうちからファイル責任者を1人指名する（職員ハンドブック3[illegible]ページ）。誤り。

③ 保存期間が1年未満の資料文書は、事業遂行上必要な期間の終了する日をもって廃棄する（職員ハンドブック391ページ）。誤り。

④ 正しい（職員ハンドブック392ページ）。

⑤ 訴訟、工事、契約等に係る文書については、事案の発端となった文書の枝番[illegible]

NO・43 (33)「20」

① [illegible]

昇任試験対策のページ

21年度 主任・係長 論文講座 ◇6◇

特別区主任主事選考

課題整理 ①

平成20年度の主任主事選考が各区において実施され、ほぼ終了した時期だと思います。

この主任主事選考は、現在の特別区の人事制度において、係長昇任選考、管理職選考の受験資格を得るための最初のハードルとなっています。

このハードルをできるだけ早く確実に越えるためには、十分な事前準備が必要となります。本講座では、平成21年度の特別区主任主事選考に向けて、一年間にわたり論文対策を中心とした学習を進めていきたいと思います。

主任主事選考について

特別区の主任主事選考は、毎年9月から10月にかけて実施されます。選考方法は、各区によって異なりますが、択一式問題と論文による選考が多いようです。

択一式問題は、法律問題、区政問題、時事問題などから出題されます。

法律問題については、「特別区職員ハンドブック」の中から主任主事として知っておかなければならない事項を中心に出題されています。区政の問題については、区が発行している広報紙や職員報に掲載された記事から区政に関する内容が出題されています。

時事問題については、新聞等の記事からその時々の社会問題を中心に出題されています。

論文の出題傾向としては、「区政の課題に関するもの」と「主任主事の役割を問うもの」とに二分されています。

いずれにしても、自分の区の選考方法、出題範囲などについて、しっかりと把握して対策を立てる必要があります。

講座の構成

本講座は、今回を第1回として、合計10回にわたり特別区の主任主事試験対策を進める予定です。今後の予定は以下のとおりです。

《3月10日号》課題整理②
《4月7日号》論文添削①
《4月14日号》論文添削②
《4月21日号》論文添削③
《5月26日号》傾向と対策①
《6月2日号》傾向と対策②
《6月23日号》課題整理③
《6月30日号》直前対策①
《7月7日号》直前対策②

毎回、各号のテーマに沿って、主任主事選考論文のポイントを整理していきたいと思います。

主任主事について

論文対策に入る前に、まず「主任主事」について考えてみたいと思います。主任主事の立場や役割を整理し、しっかりと理解していなければ、読み手を説得する良い論文を書くことはできません。

始めに、主任主事の職場における立場を確認しておきましょう。

主任主事は、係長級ではありませんが、職務遂行の中心となる職員であるといえます。

また、係の職場内研修を実質的に行う職でもあり、職場の「中堅職員」に位置づけられています。

それでは、中堅職員である主任主事には、どのようなことが期待され、求められているか考えてみましょう。それは、主に、次の三つが挙げられると思います。

第一は、独立して仕事を任せられる職員であるということです。そのためには、職務に関する十分な知識が必要であると同時に、自分に与えられた仕事を最後までやり遂げるという責任感も必要です。

また、担当した職務の遂行に関しても、その仕事のプロセスや結果は、一般職員よりも優れたものでなくてはなりません。日頃の情報収集や各種研修への参加など、積極的に自己研鑽に取り組む姿勢が求められています。

第二は、係長の補佐役であるということです。係長と後輩職員のパイプ役として職場の潤滑油となることが大切です。そのためには、常日頃から、他の職員との良好なコミュニケーションを確保していかなければなりません。

また、係長に最も近い立場の職員として、係長から直接意見を求められることや他の職員から相談を受ける機会が多くなりますので、自分の意見をしっかりと持ち、相手に正しく伝えることができるよう、日頃から職務に関する課題等を整理しておく必要があります。

第三は、係の推進役を担い、他の職員を指導し、まとめていく能力が求められます。今までに培われた知識と経験を生かし、係全体を見通しながら、時には他の職員のサポートを行ったり、後輩職員の指導を行ったりすることが必要となります。

また、仕事面以外にも、勤務態度や出退勤状況の面で、他の職員の模範となるよう、職員としてのマナーや職場のルールを順守することが期待されています。もちろん、自分の考えと責任で仕事を進めていくことが期待されるからといっても、独創的な働きを意味するものではありません。他の職員から相談を受けた場合に、自分ひとりで解決しようと思う必要は決してありません。的確な状況判断ができるかということが大切になります。もちろん、係長の指示を受けなければならない場合もあります。ですから、「報告・連絡・相談」を怠らず、日々の仕事の中でコミュニケーションを活発に進め、活力ある良好なチームワーク作りに心掛けていくことが重要です。

論文の書き方

論文とは、あるテーマについて、「自分なりの考え、意見を論理的に展開し、読み手にわかりやすく、説得力を持って伝える」を目的としています。仮に、自分が持つ知識から正しいことだけを述べたとしても、それが一般的な考え方を書き並べるだけの論文では、読み手の心を動かすことはできません。また、個人的な思い込みによる意見では、読み手の共感を得ることはできません。

論文によって、読み手を説得するためには、与えられたテーマに対する十分な知識と出題意図を的確に把握し分析する力が必要となります。「問題点」を指摘し、「解決方法」を具体的に示し、それによる「効果」を論理的に主張していくことが大切です。

■普段の仕事から学ぶ

良い論文を書くための力を身に着けるには、日頃から「進め方はこれでいいのか」というような問題意識を持って仕事に取り組むことが大切になります。職場ごとに課題は異なっていても、解決に向けた具体的な方法を検討し、実践するという点では、どの職場も共通しています。

主任主事選考で求められる論文とは、課題の発見から解決に至るプロセスを論理的に展開して、自分の考えや意欲を盛り込みながらしっかりと書き上げなければならないものであると考えてください。

■資料の収集と整理

論文は、必ずしも知識を問うものではないと言われますが、基本的には知識がなければ問題意識や課題に対する的確な分析が曖昧なものになってしまいます。主任主事として必要な知識を身に着けるには、区の基本計画や実施計画等に日頃から関心を持ち、区政の動きを把握することが必要です。また、区長の定例会あいさつや議会の質問、答弁内容等に目を通しておくと、区政の課題を理解する上で役立ちます。さらに、新聞やインターネットを活用し、区政を取り巻く社会情勢の把握にも心掛けてください。

こうした知識は、短期間で習得できるものではありませんので、日々の情報収集と整理が大切です。

■主任主事の立場で

主任主事選考の論文を書く上で重要なことは、一般の職員としてではなく、もちろん課長や係長でもなく、「主任主事の視点で主張する」ということです。

論文というと、とかく評論家のような論評になりがちです。「問題点」を指摘し、「解決方法」を論じたとしても、それが第三者的なものでは意味がありません。自らの問題として捉えることが必要です。主任主事としての意欲や責任感が伝わるような、自分自身の主張を展開してください。

また、理想を高く持つことは大切ですが、実現不可能な理想論ではなく、主任主事として自らが行動に移すことを前提とした意見を述べるようにしてください。

日常の仕事において、今の自分の立場より一段階上の視点で物事を捉えていく姿勢は、とても大切なことです。

これから主任主事を目指す皆さんであれば、仕事で何か課題に遭遇したときには、「もし自分が主任主事として行動するとしたら」という視点から考えることを心掛けてください。こうした心掛けは、より広い視野で仕事を捉えることができるようになり、上司の考えを素早く理解する助けとなるはずですから、論文を書く上でも、とても有効なものになります。

■論文の出題例

次に、過去の主任主事選考の具体的な出題例を紹介します。主任主事という立場から各課題について考えてみてください。

まず「区政の課題に関するもの」の出題例としては、

①現在区が抱えている行政課題についてあげ、その解決策について述べなさい。

②開かれた区政のあり方について、あなたの考えを述べなさい。

などが挙げられます。

次に「主任主事の役割を問うもの」の出題例です。

①あなたが担当する職務を遂行していく上で、困難だった事例をあげ、その理由を述べなさい。

②[illegible]

おわりに

[illegible]

21年度 カレントトピックス 6

都政事情

■子供のインターネット・携帯電話利用についての実態調査報告 （10月9日）

教育庁は、児童・生徒の携帯電話の所持率や使い方、インターネット利用によるトラブル等の実態を把握するために調査を実施した。

調査結果によると、携帯[illegible]

■平成20年度東京都人事委員会勧告 （10月16日）

東京都人事委員会は、[illegible]

■東京都農林・漁業振興対策審議会答申 （10月17日）

[illegible]

ふるさと二題

堺田分水嶺と山刀伐峠と一刎と

東京食肉市場㈱代表取締役専務　押切重洋

東北地方を北に青森を望み、東に岩手・宮城、西に秋田・山形とに分けてそびえる奥羽脊梁山脈。それに連なる栗駒山を中心に、宮城・岩手を本年6月14日朝、大きな地震が襲った。M7・2という内陸直下型では最大級の地震で、山が崩れ、道が消え、宿泊客が生き埋めになった。被害が甚大で、我々の記憶にも新しい。馬の背のような奥羽山脈の、栗駒山系とは反対側の山合いに、我がふるさと最上町はある。

【堺田分水嶺】

ふるさとの町に堺田という地域がある。宮城の鳴子温泉にほど近く、県境に位置している。この地に、奥羽山脈に降った雨が北から流れてきて、東の太平洋に流れるか、西の日本海に流れるか、その分岐点になる分水嶺がある。水がみごとに二つに分かれる様を間近に見ることのできるものは、全国的にも珍しいそうだ。

東の水は、堺田分水嶺から、江合川や旧北上川を全長116・2キロメートルの旅をし、石巻市の河口から太平洋に。一方、西の水は、小国川や最上川の大河となって全長102・6キロメートルを流れ、酒田市の河口から日本海に注ぎ込む。そして別々の流路を辿ってきた水は、大海原において、いつの日か合流する。

堺田分水嶺を目の当たりに、この小川が分かれて流れ進み、やがて太平洋と日本海に大河として注ぎ込むことを思うとき、誰もが何がしかの感慨をおぼえるのではないかと思う。分水嶺での別れ、二つの旅路、そして大海原での再びの出会い。分水は我々一人ひとり。分水嶺は、我々に人生というものを考えさせてくれるようにも思う。

太平洋と日本海とに水が分かれる堺田分水嶺

【山刀伐峠と一刎】

分水嶺のある堺田には、近くに国の重要文化財「封人の家」（国境を守る役所と庄屋を兼ね、問屋と旅宿の機能を併有。旧有路家住宅）がある。芭蕉は、元禄2年（1689）、曽良を随えての奥の細道紀行において、尿前の関から尾花沢の句友鈴木清風宅に向かう途中、堺田にて日暮れを迎え、封人の家に宿を求めた。そこで3日間激しい風雨に会い、滞在を余儀なくされた。ここでの一句が、〝蚤虱　馬の尿する　枕もと〟である。

尾花沢に出るためには、最大の難所といわれる山刀伐峠を越えなければならない。紀行文『おくのほそ道』には、次のようなことが書かれている。宿の主人から「ここから出羽の国に行くには、途中に大きな山があって、道がはっきり分からないから、道案内の人を頼んで山越えをするのがよい」との助言を受け、反り脇差を腰にさし、樫の杖を持つ、いかにも力の強そうな若者＝絵＝に先導をお願いした（この若者は、道案内兼ボディーガードである）。芭蕉は「今日という今日は、きっと危険な目に遭いそうな日である」と心配つつ、樹木がうっそうと茂り深閑とした峠を越え、結果的には無事に最上の庄に出た。若者は、「この道では、いつもきまって乱暴なことが起こります。しかし今日は、無事にお送り申すことができて幸いでした」と言い、無事を喜んで別れて行った。後になって聞いてさえも、ただもう胸がどきどきする、と安堵の気持ちを記している。

蕪村筆による「山刀伐峠を越える芭蕉」

こうした記述から、山刀伐峠は、山賊が横行し、旅人には極めて物騒な峠であったことが窺える。

山刀伐峠の名称の由来については、地元の吉田武美氏による『富沢の歴史と伝説を探る』によれば「山賊が山刀を持って切りつけてくるからとか、いろいろの説がある」とのことである。いずれにしても、山刀伐峠は恐い所であったようだ。

堺田を出て赤倉温泉を通り、この峠に向かう地に、今でも一刎という集落がある。刎は、漢和辞典によれば、「はねる。首をはねる。首を切る」とある。先の吉田氏の著書によると、一刎については、「昔、山刀伐峠に盗賊が出るので、捕らえ次第に、見せしめにひと思いに首を切り刎ねてさらしものにしたといわれる」とある。

山に棲む盗賊には、旅人だけでなく、里人も苦しめられていたにちがいない。黒澤明監督の名画『七人の侍』の農民たちのように、この地の里人も、自警団のようなものを組織して山賊に対処していたかもしれないと勝手に想像を膨らませている。また一刎は、元は人刎という字ではなかったかとも想像している。地名というものには、我々の想像力をかきたてる面もあり、なかなか面白い。

❖　❖

この10月1日に〝奥の細道湯けむりライン〟の愛称で親しまれている陸羽東線（リクルート線？）に、窓の展望が拡がった新車両『リゾートみのり』がデビューした。堺田分水嶺や封人の家は、この路線の鳴子温泉駅から2つ目の、堺田駅近くにある。また山刀伐峠は、日本百名湯の一つ赤倉温泉から近く、今はトンネルが貫通し、そこを抜けると、芭蕉の句友鈴木清風の住んでいた尾花沢に出る。その尾花沢には、大正ロマン漂う銀山温泉がある。

紅葉の季節を迎え、温泉と芭蕉の歩んだ道を辿る旅はいかがであろうか。

6人の新進女性作家で展開

「オン・ユア・ボディ」

東京都写真美術館

東京都写真美術館が02年から展開している「日本の新進作家展」。7回目の今回は、6人の女性アーティストが、それぞれ「身体」をテーマに作品を発表している。

「オン・ユア・ボディ」と題された会場内の作品にはキャプションはなく、入り口でそれぞれの作者のプロフィールとコメントを記した薄い冊子を手渡されるだけ。ただ作品に向き合うしかないが、それぞれ思わず見入ってしまう存在感を示している。

高橋ジュンコの作品は、丸の内の交差点や高層ビルのロビーに立つ女性の映像などが映し出され、こちらをじっと見据える視線にたじろいでしまう。澤田知子の作品は、自らがミスコンテストの最終審査に並ぶ15人の女性に扮した新作と、50人のキャバクラ嬢に変装したもの。誰もが比較出来ないナンバーワンの美しさを持っているはずなのに、日本の比較をすることで決まる美しさへの違和感から生まれた作品という。

澤田は04年の木村伊兵衛写真賞を受賞し、日本を代表する若手写真家として評価されているが、志賀理江子も今年の木村伊兵衛写真賞を受賞。その受賞の写真集「カナリア」と「リリー」から出品。まだ20代の若さながら、流れていく先には死があり、時間を止めることはできないが、証拠品として残る写真にすがったり、カメラによって他者とのコミュニケーションを取ったといい、これまでにないカメラ表現に圧倒される。

塩崎由美子は、ロンドンで暮らすルナという元女優の高齢女性の日常を映し出す。横溝静も、70歳を超えた4人の女性ピアニストがそれぞれショパンのワルツを奏でる映像と、自宅の一部を定点で映した映像を対置させた作品で、老いを見つめさせるが、それは屹然とした佇まいを感じさせるものになっている。

朝海陽子《ホームアローン，東京》2007年

朝海陽子の作品は、自宅で好きな映画を選んでもらい、それを見る様子を写したもの。映画に没頭し、見られることを忘れた時に撮られる居住者の無防備な姿と、その生活も映し出される。

こんなにも多彩な女性作家がいたのかという驚きと、6人中4人は日本を離れて、海外で活躍している。残り1人もアメリカの大学を卒業しているという。そこに日本の女性の置かれた現実を見る思いもするが、それでも、6人が作品に託した思いは、今を生き抜く力になるはずだ。

「オン・ユア・ボディ」は12月7日（日）まで東京都写真美術館2階展示室で。観覧料700円。

「アメリカン・メガミックス」も開催中

同時に3階展示室で開催中の「ヴィジョンズ・オブ・アメリカ」第3部「アメリカン・メガミックス」は、珠玉の所蔵150作品を揃え、良くも悪くも日本人に大きな影響を与えた時代のアメリカをダイナミックに映し出し、必見の展覧会になっている。観覧料500円。問い合わせは☎3280・0099。

■第7話　青島知事を出せ②

相談屋の場外乱闘 Part2

労働ジャーナリスト　金子雅臣

本音はどっち

F会長は、すでに副会長とも話し合っていたらしく、

—今度の審議会で意見書を採択することにして、とりあえず諮問を受ける段階で私から知事に抗議をさせてもらいます。

と言って、全員の顔を見回した。

—組織としては、あまりないケースだと思いますし、知事から諮問を受けて審議する審議会という性格からはどうも……。出来れば、委員会とは別の形でやっていただければ……。

—もはや決定したことでもあり、あまり大袈裟にするのも……。

ここまでくると、正面切っての反対は難しくなったので、役人サイドからは何とか審議会とは切り離すやり方はないのかという提案をするしかなかった。ストレートな言い方をすれば、「どこか関係ないところでやってくれ」ということである。

こんな発言を異口同音に繰り返す役人たちの言葉を暫く黙って聞いていた会長は、

—私は、あなたたちの意思を後押しをしようと言っているつもりだったのだが、あなたたちは本音で言えば、それは迷惑だということですか……。分かりました。

少し軽蔑したような呆れたような言い方で、不機嫌そうな顔をしていた。

朝礼暮改への怒り

—いやー、驚いたな。そんなことをされたら、前代未聞の出来事になるところだった。

—局長の前で恥をかかされてしまうことになる。そうなれば責任問題は避けられないところだった。

—審議会なんだから諮問された以外のことをされるとこちらも迷惑だよな。今後は審議会のあり方について考えなければならないな。

—もし、あんなことを強行されていたら、後が大変だったよな。今後は、審議会を開けないということもあったかもしれない。

—こんなことがあるから、審議会の会長はOBにしておかなければダメなんだ。

等々、とりあえず、審議会での行動を諦めてもらったことで、ホッとした面々は饒舌だった。しかし、その内容はあくまで審議会乗り切り策の問題に終始して、肝心の会長が問題提起したかった世界博中止への議論に発展することはなかった。

そこには、「もはやすでに決まったこと」であり、「それに従うだけ」という何も考えようとしない役人世界の縮図があった。中止にしろ継続にしろ、そうした朝礼暮改に何の反省もない役人の姿勢こそが会長が問題にしたかったことだった。しかし、そのことに関心を示す者は皆無だった。

ところで、本音は

後日、審議会の打ち合わせを兼ねて、自宅に呼ばれた時に、その時の思いを再度聞かされることになった。

—私もこうした役職も含めて役人とのつき合いは決して少なくないので、まったく彼らのことが分からない訳ではないんだが……。都庁だけは、他の役所とは少し違うという期待を持っていたんだが、あれではダメだ。まったく期待はずれだったよ。

しみじみと言われてしまって、私は反論出来なかった。そんな私に会長は、

—ところで、金子さんは何も言わなかったようだが、あなたはどのように考えていたんですか。

と、問いかけてきた。

—私は、先生とは違って世界博中止は賛成ですから、あの場面では何も言う必要性はなかったんです。

と答えると、驚いたように

—そうか、キミたちは、本音では反対と思っていても、仕事として淡々とやっている人が多いということなのか。

役人の原点

—いや、個人的にそれぞれがどう思っているかは分かりませんが、どちらであれ、多くの人は仕事として割り切ってやっていると思います。

「なるほど」という感じで考え込んだ会長は、

—個人の考え方と役所の立場は使い分けるということになるのか。そこに抵抗は感じないの……。

と、逆の言い方で突っ込んできた。

—その矛盾は嫌と言うほど感じているんです。そこで葛藤しながら「これでいいのか」という疑問を感じながら仕事を進めていくことが我々の原点だと思うのですが……。

私は、少しかっこうをつけるように言った。

—なるほど、キミたちも大変だな。

会長は、同情するように言ったが、本当は「でもそんなことを感じていない人もいるんじゃないの」と言いたい、その言葉を飲み込んだようだった。

都政新報

発行所　都政新報社
〒160-0023 東京都新宿区
西新宿7-23-1 TSビル
〈総務・読者〉03-5330-8781
〈企画広告〉03-5330-8784
〈編　　集〉03-5330-8786
〈出　　版〉03-5330-8788
〈ファクス〉03-5330-8808
購読料　月1,680円(税込)
毎週火・金曜日発行
但し、祝祭日は休刊

紙面から

道路財源　1兆円巡り駆け引き

追跡

政府の追加経済対策

「道路特定財源の一般財源化に際し、1兆円を地方に移します」——麻生首相が10月30日に表明した追加の経済対策をめぐり、政府の地方分権改革推進委員会（委員長＝丹羽宇一郎・伊藤忠商事㈱取締役会長）が対応に苦慮している。政府は1兆円の配分方法を明らかにしていないが、仮に税源移譲するなら、それに相当する人や仕事も下ろさなければならない。しかし、国交省は直轄国道の15%程度しか地方に移す考えはなく、金額では600億円程度にしかならない見通し。1兆円分を地方にばらまくだけなのか、税源移譲を勝ち取るのかの正念場だ。

■難航する協議

麻生首相は10月30日の記者会見で、道路特定財源の一般財源化に際して1兆円を地方に移すと表明したが、具体的な内容については、「まだ詳細に決めているわけではない」と明言を避けた。

道路特定財源のうち、国は3・6兆円、地方が2・2兆円を徴税している。このうち、国は7千億円を地方道路整備臨時交付金として地方に交付している。地方は国直轄の道路事業に対して、6千億円の直轄負担金を国に〝上納〟している。

直轄国道の地方移管については、地方分権改革推進委員会が今年5月の一次勧告で、①同一都道府県内に起終点がある区間②バイパスが整備された旧道区間③一部が都府県管理となっている路線の区間④道路法施行規則の基準（原則都道府県庁所在地及び人口概ね30万人以上の市を基本）を厳格に適用した対象外の区間——の4種類を移管対象として示した。

国土交通省は当初、直轄国道（総延長2万1500キロ）のうち、15%程度を移管可能と試算。その後、①から③を精査した結果、110路線・3779キロ（17・7%）が移管候補となると回答した。④については、「30万人以上」という基準を一律に適用しない考えで、「人口密度等の地域の特性や連結する他路線を含めた道路ネットワークの実態等を踏まえつつ検討する」と説明している。

人口30万人未満の都市を連結している路線を機械的に抽出すると、全国で76路線。この中には、日本橋と塩尻を結ぶ甲州街道（国道20号）や、永田町と沼津を結ぶ国道246号といった大物も含まれる。

国と都道府県との協議では、①から③までですら難航している。さらに上乗せした移管に、国交省が簡単に同意するとは思えない状況だ。

■妙案なし

分権委では、年内に二次勧告で具体的な移管路線を提示する予定だが、仮に15%移管しても、移譲されるお金は600億円にしかならず、1兆円には遠く及ばない。

では、1兆円分、何を移譲するのか？

分権委　バラマキでなく税源移譲を
猪瀬副知事　直轄負担金の廃止提案

11月4日の分権委では、猪瀬副知事が、「直轄事業負担金には、明細も領収書もない。地方に権限を移譲し、自由度を高めるには、構造的に地方整備局を変えざるをえない」と、直轄事業負担金の廃止を提言した。

これに対して、西尾勝・㈶東京市政調査会理事長は、「整備と維持管理を区分けして考えるべき。整備の地元負担をなくすと、今後は全部国の直轄事業でやってもらう方が楽になる。地方はますます国に依存して、分権に反する」と異論を唱えた。

■道路特定財源と道路関係歳出のイメージ

(単位：兆円)
全体 5.8
国 3.6 ／ 地方 2.2
2.9 ／ 2.2
道路特定財源：0.7 ／ 1.6 ／ 0.6 ／ 0.7 ／ 0.6 ／ 1.6
（・一般財源 ・本四債務処理 ・使途拡大）
国その他の事業 0.4 ／ 地方単独事業の一部 0.4
道路関係歳出：0.4 ／ 1.2 ／ 0.6 ／ 0.6 ／ 0.6 ／ 0.7 ／ 0.6 ／ 0.4
国直轄事業 1.8 ／ 国庫補助事業 1.2 ／ 地方道路整備臨時交付金事業 1.3
国の道路事業 2.2 ／ 地方の道路事業 2.9
国が関わる道路事業 4.7（約92%）
道路特定財源のうち純粋地方分 0.4（約8%）

※猪瀬委員の提出資料から作成。2006年度決算等を用い、財源充当イメージを表したもの

ただ、西尾氏も、1兆円の税源移譲に何を充てるのか、妙案はない。他の委員からは、「1兆円を税体系の中に位置づけるべき」とする正論も出たが、あと1カ月と期限が限られているだけに限界がある。

国交省が回答した程度の直轄国道の移管では、地方整備局が手付かずになるかもしれない。「二重行政の解消」を旗印にした分権改革は、道半ばに終わる。

猪瀬氏は、「せっかく麻生首相が、空手形になるかもしれないが、1兆円の手形を振っている」と、直轄事業負担金にこだわりを見せた。

歯切れは良いが、中身が曖昧なのが麻生流で、政府・与党内でも「1兆円」の受け止め方は様々だ。道路特定財源1兆円をただ地方にばらまくのか、それとも、恒久的な税源移譲を勝ち取り、国と地方の関係を抜本的に改革するのか、国と地方、分権委の駆け引きは正念場を迎えている。

都政の東西　広がる綻び

「周産期医療体制が手薄」と指摘される地域で、相次いで綻びが表面化している。脳内出血の妊婦が8医療機関に搬送を断られ、都立墨東病院で手術を受けた3日後に死亡した事案からさかのぼること2週間。多摩地域でも9月、脳内出血で意識不明に陥った妊婦の搬送先探しが難航したケースが明らかになった。

多摩地域の分娩件数は、都全体の約35%を占め、杏林大病院は多摩地域唯一の総合周産期母子医療センター。同病院の勤務医は「母胎搬送の依頼は、いろいろな病院から受ける。区部に比べても状況は厳しい」と話す。都は、多摩地域の周産期医療を補完するため、区部の総合周産期センターが輪番制でカバーに当たることを決めている。今回のケースでは、当番だった墨東病院がフォローに回った。しかし、関係者は「輪番制で受け入れてもらえたケースは少ない」と漏らす。

背景には、産科医不足に加え、通常分娩が周産期センターに押し寄せている実態がある。「万一、容態が急変しても対応してもらえる」という安心感から、総合病院を選ぶ妊婦が少なくない。

都は、周産期医療機関を地域でグループ化し、役割分担や患者の積極的な紹介を行う「顔の見える連携」を進める。ただ、都の構想は、リスクのある妊娠に対応できる2次施設に十分余裕があるかどうかがカギだ。現在は、どの2次施設も通常分娩で手一杯の状況だ。東部医療圏でも当初、東京臨海病院（江戸川区）と同愛記念病院（墨田区）を二次施設に指定する案が出ていたが、余裕がないため断念された経緯がある。

現場に裏打ちされた仕組みを作ろうと、都の担当者は地域を回る。しかし、周産期医療の綻びは、対応が追いつかないほどの速さで広がっている。

自民が世田谷と中野で2次公認

都議選

自民党都連は5日、来年夏の都議選の2次公認候補として、世田谷区に前職の真鍋欣之氏(52)、中野区に新人の高橋一実氏(47)の擁立を決定した。これで、自民党の公認は、現職40人、前職3人、新人6人の計49人となった。

都バス収入好転　都心回帰が寄与

都交通局

都交通局はこのほど、07年度決算をまとめた。都営バスの乗車料収入は約330億円で、前年度比で0・6%増とプラスに転じた。

同局財務課によると、都心回帰の傾向が強まったほか、ハートアイランド（足立区）や晴海（中央区）などのマンション開発が需要を後押ししたという。ただ、今年度決算については、原油高に加えて、東京メトロ副都心線の開業に伴い、黒字幅が大きい路線バスの本数を減らすことから収支は悪化するとみられる。

昨年度、初めて黒字に転じた都営地下鉄は、乗車料収入が前年度比で6・2%増の約1200億円だった。

新銀行東京の処理・処分を申し入れ

共産党都議団

共産党都議団は4日、新銀行東京の速やかな処理と新金融機能強化法の撤回を求める申し入れを、中川昭一金融担当大臣に対して行った。申し入れでは①新銀行東京の処理・処分を速やかに行うこと②新金融機能強化法案の撤回③制度融資の抜本的拡充と信用保証制度の「全額保証」——を求めている。

都09年度予算の各局要求
一般歳出は4.6%増に
3173億円の財源不足

局別内訳（一般会計）　(単位：百万円、%)

区　分	09要求額	08予算額	増減額	増減率
知事本局	3,985	16,828	△12,843	△76.3
青少年・治安対策本部	2,381	2,324	57	2.5
東京オリンピック・パラリンピック招致本部	5,716	6,522	△806	△12.4
総務局	176,053	176,904	△851	△0.5
財務局	20,175	21,394	△1,219	△5.7
主税局	79,347	83,720	△4,373	△5.2
生活文化スポーツ局	175,224	162,852	12,372	7.6
都市整備局	277,859	279,722	△1,863	△0.7
環境局	49,631	33,613	16,018	47.7
福祉保健局	801,133	761,623	39,510	5.2
病院経営本部	29,049	16,619	12,430	74.8
産業労働局	357,715	279,376	78,339	28
建設局	483,887	473,760	10,127	2.1
港湾局	86,175	73,679	12,496	17
会計管理局	3,293	2,956	337	11.4
労働委員会事務局	671	675	△4	△0.6
収用委員会事務局	479	482	△3	△0.6
議会局	6,107	6,023	84	1.4
人事委員会事務局	921	934	△13	△1.4
監査事務局	974	985	△11	△1.1
選挙管理委員会事務局	12,174	442	11,732	著増
教育庁	793,555	790,875	2,680	0.3
警視庁	653,697	650,159	3,538	0.5
東京消防庁	256,921	255,028	1,893	0.7
公営企業会計支出金等	340,970	316,181	24,789	7.8
一般歳出	4,618,092	4,413,676	204,416	4.6
公債費・特別区財調会計繰出金	2,292,151	2,442,324	△150,173	△6.1
合　計	6,910,243	6,856,000	54,243	0.8

都財務局は6日、09年度予算の各局要求を発表した。要求総額は6兆9102億円で、今年度当初予算に比べて0・8%増（542億円）となっている。「今後の財政運営の指針」に基づき、ゼロシーリングを継続したほか、「10年後の東京」実行プログラムに入っている施策などを各局が要求したため、政策的経費である一般歳出は、4・6%増の4兆6181億円になった。

09年度税収は未確定だが、法人事業税の一部国税化に伴う2800億円の減収だけを見込んで、その他は08年度と同額と仮定した場合、歳入総額は6兆5929億円となり、3173億円の財源不足が発生する。

主計部では「都としてやるべきことをしっかりやる中で、要求内容についてはよく精査していく。予算編成過程では、事業検証や局との十分な議論を行い、施策の効率性を高めたり、事業の見直しなどの取り組みを進めていく必要があると考えている」と話す。

政府が発表した10月の「月例経済報告」や日銀の「展望リポート」では、金融危機の深刻化、景気の一層の下振れ懸念などから、今後、景況は厳しくなると見ている。その一方、来年は都議選のため、都議会からの歳出圧力が強い。減債基金を除いて約1・6兆円ある基金の取り崩しや、都債の積極的な活用などが避けられない状況だ。

局別に要求を見ていくと、病院経営本部が74・8%も伸びた。これは、豊島病院の保健医療公社への移管経費などが盛り込まれたことによる。また、環境局も47・7%と大きな伸びだが、太陽エネルギー利用拡大プロジェクトに90億円を要求している。産業労働局は、10月末の「東京緊急対策II」で制度融資の拡充が打ち出され、預託金の増などが要因。

ハード事業では、建設局が首都高速道路品川線で65億円増、都立公園で93億円増、橋梁長寿命化で8億円増を求めた。港湾局は、廃棄物処理場の建設で68億円増とした。

このほか、東京オリンピック招致本部は、来年10月のIOC総会で東京が開催都市に選ばれるという前提に基づき、東京オリンピック組織委員会への移行準備などの経費を要求。福祉保健局は、新型インフルエンザ対策で139億円を求め、後期高齢者医療制度や救急医療の充実も図る考え。教育庁は、小中学校の耐震化の促進で44億円を盛り込んだ。

知事本局は76・3%の大幅減となっているが、これは08年度当初予算に公害健康被害予防基金（60億円）やアジア人材育成基金（70億円）が盛り込まれていた特殊要因によるもの。

性質別予算では、人件費は退職手当を中心にマイナス基調。総務局が34億円、教育庁は44億円、警視庁が33億円、東京消防庁は16億円の減となっている。

都監査委員
国庫補助の事務費で随時監査
論外の話▼「カラ」「預け」
判断微妙▼「はり付け」

会計検査院の検査により、12道府県で不正経理が発覚したことから、都でも類似の不正経理がないか、都監査委員は「公共事業にかかる国庫補助金等の事務処理」について、随時監査に入ることを決めた。監査は10日から行い、結果はできるだけ速やかに公表したいとしている。

対象は、道路橋梁費と河川海岸費（建設局）、港湾費（港湾局）、農林水産費（産業労働局）の国庫補助対象事業にかかる事務費。これらの予算費目を調べれば、国庫補助の事務費は、実態としてほとんどをカバーできるという。

また、都から土木補助を受けている市町に対しても同様の調査をする。対象は、八王子、武蔵野、昭島、町田、瑞穂の5市町。自治体を絞り込んだ理由は、監査の人員体制や期間を考慮したためで、土木費補助額、地域等を考慮して選んだ。23区は、土木費補助を直接支出していないため、対象から外れている。

随時監査で留意する点は、国庫補助金が補助対象事業以外に流用されていないか（はり付け）、国庫補助金が架空の経費に充てられていないか（カラ）、納入業者に物品の納品なしに公金を支払って管理させていないか（預け）の3点。

このうち「カラ」と「預け」は、会計処理上、論外の話で、仮に見つかれば「都民に説明できない」（監査事務局）としている。しかし「はり付け」は、判断が微妙という。

たとえば、職員が出張した場合、国庫補助事業の調整のためだけに出かける事例は少なく、出張した時、ついでに都費事業などの打ち合わせも行ったりする。そうした場合、その旅費は「国庫補助金が補助対象事業以外に流用されている」として不正経理と言い切れるのか、国費と都費の支出区分をどうするのかという問題がある。この点は、会計検査院から不正経理と指摘された他の道府県でも、見解の相違が明らかになっている。

都では、07年の定例監査で全局を対象に宿泊を伴う近接地外の旅費や金券類の取り扱いを調べたことがある。その時は、事務処理上のミス等はあったが、不正は発見されていない。他の自治体では、役所の互助会などの口座を利用して裏金を保管していた問題が発覚した。今回の随時監査でも、疑わしい公金保管があれば、関係人調査を実施する方針。

都監査委員が随時監査に入った事例として、直近では、逮捕者が出た02年の「特養ホームの施設整備費等にかかる補助金」がある。この時は、当時の福祉局と社会福祉法人を対象に実施した。99年度には、2000年4月から清掃事業が区移管になるため、政策判断として清掃局の財務執行が適正かどうかの随時監査を行った。

なお、会計検査院は10月29日に「会計実地検査の実施及び関係書類の保存・提出等」について都道府県に通知した。都では、補助金の執行が適正に行われているか、会計管理局が各局に自主点検を依頼する。

冗句ジョーク

契約預け金など国費不正使用問題で都も関係局へ調査指示

気が利く職員
「一切ありません、念のため課長個人のボトルキープもカラにしてきました」

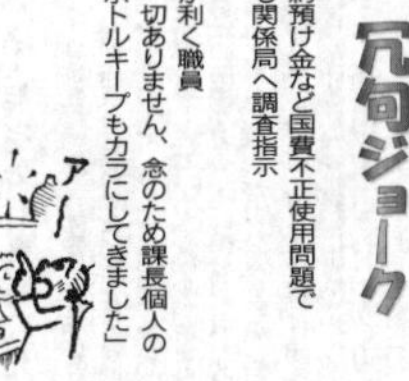

自公民が西川氏を推薦

区議補選は白熱化

荒川区長選

任期満了による荒川区長選は2日告示され、元政党職員の竹内一浩氏（47）＝共産推薦＝、元区議の今村眞弓氏（54）、現区長の西川太一郎氏（66）＝自民、民主、公明推薦＝の3人が立候補を届け出た。いずれも無所属だが、政党推薦を受けた候補者のもとには、各党の国会議員や都議会議員などが次々と応援に入った。衆院選、来年夏の都議選に向けた票の掘り起こしを行っている。同日実施の区議補欠選挙（定員1）には自民、民主、共産から3人が立候補し、白熱した戦いを繰り広げている。

竹内氏は2日の午後1時前から、町屋駅前で第一声を上げた。同氏は争点として、後期高齢者医療制度の廃止を第一に掲げた。また、「国政に異議を唱える首長として、中小企業対策、子育て支援の充実などの貧困・格差対策を実現していく」と主張した。支持者に加えて、高齢者を中心に、演説に耳を傾ける通行人が多かった。

今村氏は正午過ぎに、東尾久地区の商店街で支持者らを前に第一声。現在の区政を批判しつつ、介護や福祉の充実などの政策を訴えた。

現職の西川氏は午前11時に、荒川5丁目の選挙事務所に程近い寺院で出陣式を開いた。同氏を推薦する自公民からは多数の応援者が駆けつけた。

自民は地元の東京14区選出の松島みどり衆議院議員のほか、西川氏が衆議院議員時代に所属していた二階グループの泉信也参議院議員、荒川総支部長の崎山知尚都議、区議13人全員が顔をそろえた。

公明は、地元都議の鈴木貫太郎氏のほか、区議らが出席した。

民主は区議2人に加え、西川氏の元秘書で次期衆院選に東京14区から立候補を表明した木村剛司氏が出席した。

このほか、連合東京が西川氏を推薦。特別区長会第2ブロック（文京、台東、北）の各区長が支持を表明し、出陣式で成澤廣修・文京区長があいさつするなど、支持の幅広さをアピールした。

西川氏は「今回の選挙は、1期目の自分との戦いだと考えている」とあいさつし、2期目への強い意欲を表明。最後に「相乗り選挙も楽ではない」と支持者を笑わせつつ「選挙後は、党派などにかかわらず、みんなで良い荒川を目指そう」と呼びかけるなど、余裕を感じさせた。

■異例の区議補選

区長選と同時実施の区議補選は、鈴木堅之区議（自民）が7月に死去したことに伴うもの。立候補者は届け出順に、元会社員の中村有希氏（35）＝民主＝、政党地区役員の鈴木賢一氏（47）＝共産＝、元団体職員の明戸眞弓美氏（38）＝自民＝の新人3人。

各党とも、議席獲得に加えて、先送りされた衆院選、来年夏の都議選など「次の選挙」を見据えた選挙活動に力を注ぎ、総力戦を展開している。

民主は現在、区議会で3議席の第4党。しかし、昨年4月の区議選では、新人2人が得票数1、2位で当選を果たすなど勢いがあり、他陣営は警戒感を強める。中村氏は、衆院選に立候補予定の木村氏と共同で街宣活動を行い、知名度のアップに努めてきた。10月には、菅直人代表代行が荒川区内で応援演説を行った。

共産は現在6議席で、公明と同数の第2党。鈴木氏は2日の第一声で「当選して、単独第2党を目指す」と強調した。

自民陣営は「議席の死守」を掲げ、公募選出の明戸氏の当選を目指す。崎山都議が選対本部長を務め、自身の都議選も視野に入れた選挙戦を展開する。告示日には、中川雅治参議院議員、都連会長代行の保坂三藏氏らも訪れ、応援演説を行った。

自民は逆風の中での選挙戦だが、関係者が「区議団がこれほど強く団結したのは初めて」と話すように、挙党態勢で選挙運動を行っている。自民陣営では得票数の目標として、「2万票」を掲げている。

区長選で民主、自民は西川氏を推薦しているため、選挙期間中の合同演説会は西川氏、中村氏、明戸氏の3人一緒に行い、西川氏は両方を「平等に応援する」という異例の選挙戦になっている。

■「汐入地区」がカギ

今回の選挙戦で各陣営が「重点地域」に位置づけるのは、南千住駅南部を再開発した「汐入地区」。告示日の有権者数15万6903人は、04年の区長選時よりも約7千人増で、その大半は同地区の新住民が占めている。

汐入地区は、高層マンション群が建ち並び、住民はファミリー層が主流と言われているが、支持政党、投票行動には未知数の要素が多い。各陣営とも既存地区の地盤固めに並行して、汐入地区の有権者の動向に熱い視線を送っている。選挙関係者は「区長選、区議選の結果が今後の指標になる」とみる。

荒川区長選、区議補欠選挙は、ともに9日投票、翌10日に開票される。

候補者の演説に聴き入る区民＝2日、町屋駅前で

「積立運用で10%減税」

減税自治体構想で試算

杉並区

杉並区は4日、毎年度に一定額を積み立てて国債で運用し、住民税の減税などを図る「減税自治体構想」に関して、報告書案を公表した。有識者で構成する減税自治体構想研究会（会長＝黒川和美・法政大学大学院教授）が来年1月に最終報告書を区側に提出する。

同構想は、パナソニック創業者の松下幸之助氏が提唱した「無税国家」「ダム経営」理論を基本とし、松下政経塾出身の山田宏区長が昨年4月の区長選で公約に掲げた。杉並区は昨年7月に研究会を発足した。

報告書案の試算部分は、主に上村敏之・関西学院大学大学院准教授が担当。杉並区の現状の財政規模（約1500億円）に基づき、10%を毎年積み立てて年利1・5%での国債運用を想定。行政事業の水準を現状レベルで維持するとした場合、特別区民税（現行6%）は、一律で▽2018年度に5・4%（現行比10%減）▽28年度に5・1%（同15%減）——に引き下げられるとした。10%の減税規模について、報告書案では「約60億円」と試算している。

前書きで、減税自治体構想の意義として、①自治体財務の「使い切り予算」への挑戦と「財源のダム」構築②自治体政策の世代を超えた意思決定③資金積み立てによる災害などのリスク回避——の3点を提示。他方で「返済のめどがある区債の発行は可能」とするなど、財政の柔軟性を確保する必要性を指摘。積み立てありきに陥らず、「必要な支出を阻害しないこと」とした。

4日開催の研究会では、今後の検討課題を各委員が発言。「構想の意義、実現性を区民に十分説明すべき」「減税割合など数字が独り歩きしないようにすべき」などの意見のほか、試算上の「国債の年利1・5%運用」の現実性を検討する必要性も指摘された。また、定額・定率など減税方法の検討も課題とされた。山田区長は、最終報告書では積み立ての目的として『減税』を強調するように要望。「自治体の財政に時間軸を取り込むことで『低負担・高福祉』が実現できることを示したい」とコメントした。

1月の最終報告書の受け取り後、杉並区では、具体化に着手し、条例化などを検討する予定。

絶対高さ制限ほぼ全域に

都市計画変更案まとまる

目黒区

目黒区は良好な住環境を守るため、建築物の絶対高さ制限を区内のほぼ全域に拡大する都市計画変更案をまとめた。14日の都市計画審議会に付議する。認められれば、28日にも都市計画変更決定および施行となる。

変更案によると、制限値は容積率に応じて17㍍から60㍍。従来、30㍍や45㍍の規制だった第一種、第二種、第三種高度地区（容積率200%以下）が、今回、17㍍へと一段と制限される。

すでに建築基準法により、絶対高さが10㍍（一部12㍍）とされている第一種低層住居専用地域（一低層）と合わせると、区内の約8割の地域が17㍍以下になる。現在、制限が指定されていない工業系や商業系用途地域も対象となる。

ただし、東急東横線の中目黒駅前など2カ所の再開発地域と恵比寿ガーデンプレイスの区域は規制対象区域から除外する。

素案の段階で寄せられた意見の中には「絶対高さ制限の大規模敷地における特例の緩和係数を小さくするなど緩和の条件をもっと厳しくすべき」という声があった。区では、意見を踏まえて再検討した結果、「緩和した場合の周辺環境や景観に与える影響が大きい」と判断。「5千平方㍍以上の商業系用途地域では絶対高さ制限の値を2倍した規制値とする」としていた特例をなくした。

区では、この絶対高さ制限のほか、敷地面積の最低限度の都市計画変更案もまとめた。

敷地面積の最低限度は、一低層は建ぺい率に応じて70平方㍍、または80平方㍍とされている。しかし、それ以外の第一種住居地域や近隣商業地域ではミニ開発による敷地の細分化が進んでいる。防災上の問題や通風の確保などの観点から規制の必要があることから、一低層を除く住居系の地域、および一部防火地域を除く近隣商業地域、準工業地域では55平方㍍、または60平方㍍とした。

該当エリアは全区域の約55%になる。都の都市計画審議会を経て来年3月に決定する見込み。

「業者選定が説明不足」

区営住宅整備で特別委

千代田区議会

千代田区神田東松下町の小学校跡地に区営住宅などを整備する計画をめぐり、区議会がこのほど特別委員会を設置した。事前調査から実施設計までの4件の特命随意契約を同一業者と結び、業者選定の説明などが不十分として、経緯を究明するとしている。実施計画は中断しており、再開のめどは立っていない。

区の計画によると、旧千桜小学校と隣接する民有地を合わせた4870平方㍍に、区営住宅100戸と地権者らの共同住宅150戸の2棟を建設する。区営住宅は区が整備し、共同住宅は、地権者の自己負担が生じないように、定期借地で建設するという。

今年8月、周辺住民は「経過説明すらほとんどされていない」として、防災拠点などを設置し、計画を見直すよう、陳情を千代田区議会に提出。これを機に、区議会は地域住民の説明不足の追及を始め、業者選定の過程にも疑問があるとした。

区内の設計業者と結んだ契約は、06年11月の共同化検討基礎調査（105万円）、07年4月の共同化事業等の調査（199万円）、08年1月の基本設計（1189万円）、同年7月の実施設計（5579万円）。いずれも、4件の特命随意契約だ。

最初に委託した基礎調査では、開発担当課がこの設計業者と特命随意契約を結びたいと契約課に相談した。地権者らがすでに、この業者とコンサルタント委託を結んでいたので、一体整備するには同じ業者が適していると契約課も了承。翌年も調査の継続の必要があり、この業者に委託した。

基本設計では、良質な住宅の整備案を広く集めようと、プロポーザル方式を採用。その際、この設計会社の参加の是非について、庁内で議論になった。契約課は「提案を受けた場合、情報量が多いこの業者が有利になる」と指摘。一方、開発担当課は「調査を委託した業者を排除する規定が契約にない」と主張した。

規定がないのに、プロポーザルの参加を拒否すれば、業者の反発が予想される。参加業者の公平性を保つため、提出期間を1カ月間に延ばし、他の業者に基礎調査の資料を配布することを条件に、この業者の参加を認めた。その後、区の部課長が社名を伏せた8社の提案書を審査し、この設計業者を選定したという。

今回の基本設計の契約で、調査した業者の取り扱いが課題として浮上し、契約課は「今後は、適切な業者の選定方法を考えていく」と話している。

5日の特別委員会では、区議から指摘された問題点の調査を弁護士に依頼していたことがわかった。委員は「自浄能力もなくなったのか」「そんなに危ない話なの？」「弁護士に頼みに行くこと自体が疑念」と質問。区側は、区の調査と合わせて、第三者の目で問題点を調べるためと説明した。

傍聴していた地権者は「議論が1時間以上中断して、進展がなかった。議員は区をいじめるのではなく、実のある話をして、計画をよくしてほしい」と感想を述べた。

「論文盗用」の質問で混乱

区長執筆の海外報告書

板橋区議会

板橋区議会の決算調査特別委員会で10月31日、共産党区議が、坂本健区長が自民党都議時代に執筆した「海外調査報告書」問題で質問を行った。質問は約1時間におよんだが、答弁は総務部長が主に行い、坂本区長は一度も発言しなかった。質問中、与党区議らが共産区議に激しい野次や怒声を浴びせるなど、異様な雰囲気に包まれた。

包括質問に立った共産党の松崎いたる区議は最初に、板橋区における著作権管理などの状況を質問した後、坂本区長の報告書問題に言及。同区議は「博士号や1級建築士の資格を持つ区長が論文を盗用したならば、プロがプロの業績を盗むことになり、重大な問題だ」などと発言。著作権の侵害を認め、都議会ウェブサイトに公開中の報告書の訂正を要求した。

区側は、総務部長が区長に代わり答弁。「引用方法や参考資料の表記の方法に問題があったが、盗用ではない」と強調。10月9日付で同様の区長コメントを公表している。

足立区の三セク指定管理を辞退

足立区の文化芸術劇場「シアター1010」の指定管理者である第三セクター「足立コミュニティ・アーツ」（ACA）はこのほど、臨時株主総会で指定管理を辞退すると決めた。

ACAの持ち株比率が56・5%と筆頭株主である区は、公社改革の一環としてACAの見直しを議論し、9月に経営から撤退する方針を打ち出した。ACAから区などへの配当金はなかったという。区は他の株主から09年1月までに株を買い取り、100%の取得を目指す。同3月、ACAは解散する予定だ。

給食生ごみからバイオガソリン

江東区

江東区は、㈶東京都環境整備公社、東京ガスと共同で、小中学校の給食の生ごみからバイオエタノール混合ガソリンをつくることに成功した。

三者は、潮見1丁目に、給食の生ごみからバイオエタノールとバイオガスを同時に回収する実証試験施設を建設。施設は今年2月から稼働しており、一日あたり、小学校3校、中学校1校分の生ごみ200㌔㌘を処理してきた。一日あたりの回収量はバイオエタノールが5㍑、バイオガスが20立方㍍。バイオエタノールは学校教育用のアルコールランプに、バイオガスは同施設内の機器の運転などに使用されている。

今回は、バイオエタノールを、さらに、無色透明で懸濁物や浮遊物のないよう東京ガスが無水化。同公社がガソリンと混合し、ガソリン97%、エタノール3%の「E3ガソリン」を製造した。10月中旬に行われた江東区民まつりでは、区長車にE3ガソリンを給油し、走行した。

バイオエタノールとバイオガスを回収する実証試験は、東京ガスが環境省からの補助金を受け、区は生ごみと建物敷地を提供してきたが、実施は今年度まで。

同区環境対策課では「実用化するには難題が多い。生ごみが今の10倍は必要であるし、収集ルートや工場の建設場所なども問題」といい、費用対効果から実用化は難しいと話す。

このほかの同区の給食の生ごみは、今年度から全面的に飼料化を行っている。予算は運搬・処理の委託事業として小学校1200万円、中学校700万円。1日あたり3㌧余りを大田区城南島にあるスーパーエコタウン内の会社に持ち込んで、飼料化を図っている。

訂正 10月31日付2面の「荒川区長選、11月2日告示」の中で荒川区議の北城貞治氏の名前に誤りがありました。お詫びして訂正します。

記者席

効率・能率の行き着く先

○……妊婦死亡問題で区の保健所長らに話を聞いた。その中で、「国は根本のところで、日本の医療をどういう方向に持っていきたいのか、疑問に思う」との言葉が印象に残っている。医療や教育などは効率や能率などとは相容れないもの。だから本来はそうした部分に税金をしっかり投入して長いスパンで考えていくべきという。

文部科学省は大学の医学部定員を増やす計画を発表したが、単純に医学部の人数を増やせば済む話でもない。地方に比べて病院や医師が多いはずの都会で今回のような問題が起きた。多すぎるがゆえにかえって、最終的な引き受け手が決まりにくい部分もないだろうか。医師も妊婦も安心できる医療の仕組みを真剣に構築すべきだ。

○……日常では、1人では到底動かすことができないような家財道具も、震災時には凶器と化す。そうした危険から身を守るため、多摩地域全体が「家具止め」の設置助成を、足並みをそろえて開始する。画期的なのは、対象を限定せずに、一般の世帯も含めて助成すること。災害時に若い力が無傷なら、その後の人命救助や復旧時にも大きな力となることは間違いない。

それに加えてユニークなのは、高齢者世帯の場合、希望すればシルバー人材センターが設置を請け負う点だ。

広域的な取り組みのため、シルバー人材センターがない自治体もカバーすることができる上、高齢者の増加に伴い、仕事の開拓が必要なシルバー人材センターにとっても、新たな仕事に結びつく。多方面への効果に、大きな期待がかかっている。

○……温暖化防止対策の一環で自動車の「アイドリング・ストップ装置」導入の助成が広がっている。23区では杉並、荒川、北区などが今年度、新規導入者に費用の一部補助を開始している。

最近は、既存車両への「後付型」製品が増えており、各区の助成対象も「後付型」が主。市場価格は普通車用で5万円前後で、簡単に装着できるという。現状は、装置自体が知られていない場合が多く、担当者は「まず認知度を高めることが先決だ」。

都教委が指導基準を作成

学習のつまずきを防ぐ

児童・生徒に基礎的能力

教育庁「若手教員に活用を」

「基礎的・基本的な事項に関する調査」などで浮き彫りになった児童・生徒の課題を踏まえ、都教育委員会はこのほど、児童・生徒の学習のつまずきを防ぐための指導基準（東京ミニマム）を作成、区市町村教委と公立小中学校教員への説明会を開始した。指導基準は「学習の素地として確実に身に着けさせておく必要がある資質・能力」を明らかにしたもので、学習指導要領が掲げる目標の実現に向けて、児童・生徒の課題を国語科では「知識・理解・技能」「言葉を使いこなす力」、算数・数学科では「知識・理解」「考え方」に整理。その上で、教員が児童・生徒を指導しやすいよう「文のつくり」や「かけ算」など25の具体的な要素を示した。ここまで踏み込んだ指導基準は全国的にも珍しいという。

小学校4年生の繰り上がりのある足し算（上）と繰り下がりのある引き算（下）の正答率

問題	正答率
46＋39※	96.6%
64＋39	94.2%
178＋254※	91.3%

問題	正答率
782－34	87.7%
524－286※	84.2%
305－68	80.6%

都の学力調査から抜粋
※都教委実施　2003年度「基礎的・基本的な内容の定着に関する調査」より

都教委は昨年度、東京都の学力調査の中で「基礎的・基本的な事項に関する調査」を実施し、その調査結果を今年6月に発表。10月には全国学力調査について東京都の公立小中学校の概況をまとめた。これらの調査結果から児童・生徒の実態を把握し、学習のつまずきの傾向や原因を分析してきた。

指導基準はこれらの調査結果分析を踏まえて作成されたもので、児童・生徒の学習のつまずきを防ぐために「学習の素地として確実に身に着けさせておく必要がある資質・能力」を明示。あわせて、その資質・能力をどのように段階的に指導するかを明らかにした。

小中学校の学習指導要領では、学年ごとに示された内容を確実に身に着けておかなければ、その後の学習に影響を及ぼすとしている。例えば、小学1、2年生の国語の「主語と述語との関係」や小学2年生の算数の「かけ算九九」などを確実に身に着けておかなければ、それ以後の学習のつまずきの要因となる。

このため、教員はそれを十分認識した上で、意図的・計画的な指導を行うことが重要になる。

これまでの都の学力調査結果からは、例えば小学4年生を対象とした算数の問題で、繰り上がりのある足し算の正答率はおおむね高かったが、2回繰り下がりのある計算になると正答率は大きく低下した。また、中学1年生の修飾と被修飾との関係を問う問題で、少し長い文章になると被修飾の言葉を誤るケースが増えている。

こうした数々の課題等を踏まえて、指導基準では、学習指導要領が掲げる目標と内容の実現に向け、児童・生徒の課題として、国語科では「知識・理解・技能」「言葉を使いこなす力」、算数・数学科では「知識・理解」「考え方」と整理。さらに、それぞれの具体的な要素として、例えば、国語科の「知識・理解・技能」では、「文のつくり」「話し方」「言葉遣い」など6要素を提示。算数・数学科の「知能・技能」では、「繰り下がりの引き算」「作図」「式の計算の読み」など8要素を示すなど、国語科では11要素、算数・数学科では14要素のあわせて25要素を提示した。

要素ごとの具体的な基準としては、例えば「文のつくり」では、「主語と述語の関係」や「修飾と被修飾との関係」が分かる、「言葉遣い」では相手や場に応じて、丁寧な言葉遣いで話すことができる、「繰り下がりの引き算」では「繰り下がりのある3位数までの引き算ができる」などと細かく設定。この基準をもとに学年ごとの段階的な指導内容が示されている。

指導基準は公立小学校の全教員と、中学の国語・数学の担当教員に配布する予定。来年の5月頃にはリーフレットを保護者に配り、協力を呼びかける。一方、説明会は10月28日を皮切りに、今月28日まで計7回、多摩社会教育会館、都公文書館などで開催する計画である。

教育庁指導部では「各教員は指導基準の趣旨を理解して、できるだけ早くこの基準を活用して指導を行ってほしい。特に、初任教員、若手教員にはこの指導基準を大いに授業づくりに役立ててほしいと思っている」と話している。

教員人材育成基本方針を策定

都教委　OJTで能力高める

団塊世代を中心とする教員の大量退職時代を迎え、若手教員の計画的な人材育成などが大きな課題になるなか、都教育委員会はこのほど、教員として必要な力を身に着けさせるためのOJTガイドラインと校長・副校長等育成指針を盛り込んだ「東京都教員人材育成基本方針」を策定した。学習指導力や外部との連携・折衝力など、教員に求められる基本的な四つの力を示し、これを身に着けるための研修やOJTの効果的な手法、自己申告の活用策などを提示。さらに、育成の仕組みと推進体制を提案するなど、全国的にも例を見ない体系的な教員の人材育成基本方針となっている。

公立学校は今後、10年間は毎年2千人規模の退職者が見込まれ、それに伴って新規採用者も急激に増加。管理職も毎年400人以上が定年退職するが、管理職選考の受験年齢層が少ないという問題を抱えている。

このため、若手教員の計画的な人材育成と、主幹教諭や校長・副校長の育成が大きな課題となっている。しかし、現在の校内研修や集合研修などは、個人の意欲や自己研鑽という考え方が根強く、校内で人材育成を行うという発想が弱い。校長・副校長についても、人材育成が自己の職務であるという意識や取り組みの差が大きく、校内の人材育成状況も学校によってバラツキがあるのが現状だ。

そこで、都教委は人材育成を意図的・計画的に進めるため、「東京都教員人材育成基本方針」を策定した。方針では、教員に求められる基本的な力として、「学習指導力」「生活指導力・進路指導力」「外部との連携・折衝力」「学校運営力・組織貢献力」の4点を提示。この力を培う具体的手立てと道筋を示すため、「OJTガイドライン」を作成した。

また、人材育成の仕組みと推進体制として、採用・配置管理、校内人事、昇任、OJT、研修など仕組みごとの今後の方向性と、人材育成を組織的・継続的に支える体制の構築を求めている。

OJTガイドラインでは、学校内のOJTの場面と方法として、例えば①先輩や上司からの日常的な助言や仕事ぶりを学ばせる②新たな職務を経験させる③教員相互で学び合う場を活用する――などを例示。さらに、効果的にOJTを進めるための具体策として、▽PDCAを意識して計画的に進める▽OJT責任者を置き、具体的な計画、進行管理、評価を行う▽自己申告を活用し、OJTの計画・実施・検証を行う――などを求めた。

「校長・副校長等育成指針」では、校長や副校長として求められる能力として、「学校経営力」「外部折衝力」「人材育成力」「教育者としての高い見識」の4点を挙げ、管理職候補期間、副校長昇任時など経験や職層に応じた能力育成の内容を例示。例えば、管理職候補期間に求められる「学校経営力」では、身に着ける力として①学校経営目標の設定②所属職員管理③危機管理④情報管理――などを挙げ、「課題把握から解決まで計画書を作成させ、運営させる」など、それぞれの具体的な内容や方法を示した。

教育庁人事部では「OJTガイドラインは若手教員の育成がポイント。若手教員はこのガイドラインを基に、自己の能力開発に積極的に取り組んでほしい」と話し、年度内にOJTを中心とした一般教諭向けのリーフレットを作成し、配布していくとしている。

教職員のキーワード　75

教員採用・昇任選考の公表の範囲

10月23日の東京都教育委員会定例会において、東京都公立学校教員採用候補者選考及び昇任選考の点検結果を踏まえた今後の公表の範囲について報告されました。

今年の6月、大分県教育委員会で汚職事件が発覚しました。

都教育委員会では、7月の全国都道府県教育委員長・教育長協議会による宣言を受け、教員採用選考及び昇任選考に関し緊急点検を行いました。また、庁内に「東京都公立学校教員採用候補者選考及び昇任選考に関する調査委員会」を設置し、外部からの働きかけの有無についても調査を行いました。

点検の結果、現行の選考システム及び運用面での課題は発見されませんでしたが、採用及び昇任選考結果を正式発表前に外部に伝えていた事実が明らかになりました。また、採用選考等の透明性を確保するため、今後とも選考システムとその運用について一層の工夫改善に取り組んでいくこととしました。

今回、公表されたのは、採用選考と昇任選考についての「新たに公表する内容・時期等」と「平成21年度東京都公立学校教員採用候補者選考における選考内容と判定基準」です。以下はその概要です。

まず、「新たに公表する内容・時期等」ですが、採用選考の第一次選考では、教職及び専門教養試験について第一次選考終了後に配点等を公表、論文試験については主な評価の観点を実施要綱に掲載、判定基準について第一次選考合否発表後に公表することとしました。第二次選考では、面接について第二次選考終了後に集団面接の課題等を公表、実技試験について第二次選考終了後に実施した課題等を公表、判定基準について第二次選考合否発表後に公表することとしています。

昇任選考では、第一次選考終了後に正答及び配点を公表します。第二次選考では、校長選考について面接における主な評価の観点を実施要綱に掲載します。

次に、「平成21年度東京都公立学校教員採用候補者選考における選考内容と判定基準」ですが、第一次選考の出題数、満点及び配点は教職教養が30問、100点満点、専門教養が30問程度、100点満点、論文が1260字以上1600字以内、100点満点とし、教職教養及び専門教養の正答及び各問当たりの配点をホームページに掲載します。論文については、評価の観点を示しています。

判定基準は、「教職教養」「専門教養」「論文」ごとに合格最低基準点を設け、基準点以上を取得した者について合計点の高得点者の者から採用見込み数の2倍程度の人数を順次合格とします。

第二次選考では、面接は集団及び個人面接を合わせ600点満点とします。実技を課すものは150点満点とします。

判定基準は、募集する校種等・教科（科目等）別に、合格基準を満たした者のうちで、第二次選考で実施した試験の総得点が高い者から合格予定者数に達するまでを順次合格者とします。

かお

都立葛飾ろう学校教諭　加藤（かとう）以津子（いつこ）さん

通級による指導に力を尽くす

玄関を入った正面のいすに座って、いつも通級の子どもを待つ。「他の先生からも声をかけてもらえるのが楽しくて、通って来るみたいです」と笑う。

今年度から小・中学校の通常学級に在籍する視覚または聴覚に障害のある児童・生徒を対象に、通級による指導が制度化された。葛飾ろう学校は05年度、「通級による指導の教育課程の開発・研究事業に係る研究推進校」に指定されたが、それ以前に仮校舎での開校の02年、中学校の難聴学級から通級の教諭として異動してきた。

04年の新校舎完成で設けられた通級教室。壁一面にそれぞれの在籍校の行事予定が埋まる。「文化祭や体育祭に来て欲しいんですよ。皆が伸びてくれるので、本当に楽しい」

当初は、きこえの教室や難聴学級があるのに、ろう学校の通級に来る子がいるだろうかという声もあったが、「都内に難聴学級は12校しかない。子どもが可哀想です」と、指導を受けられないでいる子を支援したいという思いで、案内パンフの配布に努めてきた。

小さい子には聞き取りや発音を教え、悩むことも多い中学生には気持ちが整理できるように心がける。「聞き取りや発音がうまくないからと普段は黙っているのに、1時間しゃべりっぱなしの子もいます。聞こえにくいので勉強が分からなくなり、自信を失う子が多い。ここでは仲間もいるし、安心して自分を出せるので、力を出してくれるんだと思う」

校内で特別支援教育部を組織し、外部からのメール相談にも即日対応。「素晴らしい先生が多いんです」。不登校の相談には、土曜日に開く「文泉塾」に誘って、大学生ボランティアと学んだりスポーツをするうちに、ろう学校に転校してくる生徒もいるという。

聴覚管理も専任の教諭がいつでも応じる。

「聞こえにくくても、それが普通と思っていたり、高音だけが聞き取れないなど障害は様々。家族にも聞こえていないことが分からない場合もある。相談に来た女子中学生に『大変だったね』と言い、母親にも『とても可哀想なことなんですよ』と話したことがあるが、その子は補聴器を調整してもらい、『これで私の人生変わる』と言ってました」

聞こえないことを黙っていたり、知的障害とされる子もいたりして、実際はもっと難聴の子がいるはずだと。「辛いのは子どもなので、気軽にいつでも支援を受けられることを知って欲しいんです」

通級生徒の在籍学校を訪問して聴覚障害への注意などを話すが、皆、素直に受け入れてくれると嬉しそう。

難聴学級で教えていた時は、手話部を作った。「中学生は覚えるのがすごく早い。難聴学級の子は手話に抵抗があるが、将来働く時に必要だからと、サインダンスを手話部の子と一緒に文化祭でやったりしました」

さらに、要約筆記を見て感動した生徒が教えて欲しいというので、自ら学んで指導。今も入学式や卒業式で行われている。「聞こえないで困っている人の支援には、こんな方法もあるんだと知って欲しいんです」

校外学習の時に後ろ向きで歩く子がいて不思議に思ったら、難聴の子には口を見せて話すようにと教わったからだと言った。「大笑いでしたが、素敵な話でしょう」

難聴学級では、障害を乗り越えていけるから何でも出来ると大学進学を促し、鬼の加藤と言われていた。最近は優しくなりました」と笑う。

北海道生まれ。東北福祉大学卒。児童指導員などを経て、75年江戸川区立鹿本中の難聴学級教諭に。台東区立下谷中から鹿本を経て、02年現職。趣味は読書で、仲間と会報の『学楽多のおと』を25年も出し続けている。

高卒の進学率も過去最高

進学者の9割が大学へ

公立学校の進路状況

都教育庁はこのほど、2007年度の公立学校卒業者を対象に実施した進路状況調査の結果をまとめた。このうち中卒者の進路状況は7月の中間報告で公表しているが、高卒者の進学率については前年度を上回り、過去最高の49・3%を記録した。

今年3月の公立小学校卒業者は9万356人で、前年度より3473人減少した。このうち都内の公立中学校への進学者は7万2507人で進学率は80・2%、私立中学校への進学者は1万5925人で同17・6%となった。都外中学校への進学者は1426人、同1・6%。前年度と比較すると、都内中学校への進学率は0・2ポイント減少し、私立中学校への進学率は0・3ポイント増加した。

中卒者の進学率は97・3%となり、過去最高を記録したが、都立高校卒業者についても進学率は前年度を3・6ポイント上回り、49・3%となった。専修学校などへの入学者は1万4431人の26・1%で、前年度より2・5ポイント減少した。

進学先の内訳をみると、進学者の89・1%（前年度88・6%）が大学へ、10・7%（同11・2%）が短期大学へ進学していることが分かった。

4地区の中高一貫校の適性検査問題例を作成

教育庁は23日、2010年度に開校を予定している中野、練馬、八王子、三鷹の4地区の中高一貫6年制学校について、それぞれの学校の特色や求める生徒像を広く都民に周知するための「適性検査問題（例）」を作成した。今後は都教職員研修センターと都多摩教育センターで説明会を開くとともに、各校の開設準備室ホームページに適性検査問題（例）を掲載する。

都立富士見高校を改編した中野地区中高一貫6年制学校は、学校の特色として「確かな学力と知的探究心の育成」などの方針を掲げた。都立大泉高校を改編して開校する練馬地区中高一貫6年制学校は、「国際社会で活躍できる実践的なコミュニケーション能力を養う」などを学校の特色として示している。

また、都立南多摩高校を改編した八王子地区中高一貫6年制学校は、「心・知・体の調和」を基本理念とし、都立三鷹高校を改編した三鷹地区中高一貫6年制学校は、学校の方針として「思いやりの心をもった社会的リーダーを育成する」などを掲げた。

各学校の適性検査Ⅰでは、与えられた文章や資料等の内容を適切に把握し、自分の考えや意見を分かりやすく述べることなどを求め、適性検査Ⅱでは「与えられた資料や表などを筋道立てて考察し、自分の考えを分かりやすくまとめる」「自分の考えや意見を明確かつ論理的に表現する力をみる」などの問題例を示している。

毎週金曜3面は　教育オンライン

お断り　「未来を拓く―キャリア教育の取り組み」は休みます。

区長会と清掃労組

中継所廃止に伴い団交

職員身分「所在区で引き続き任用」基本に

区長会と東京清掃労組は4日、不燃ごみ中継所の廃止に伴う職員の身分取り扱いについての団体交渉を行い、区長会が「所在区で引き続き任用することを基本」とする考えを示した。職員の意向に伴い、清掃事務所など清掃関連施設への配置転換で対応する。今交渉は、清掃労組が事業執行にかかわる交渉として06年度の完全身分切り替え以降、実施を求めていたもので、今回が初となる。

清掃関連施設への配置転換で対応

清掃の事業執行にかかわる区長会と清掃労組との統一交渉は、事業が都から区に移管された00年4月から職員の身分が完全に切り替わる05年度末までの間、年間作業日など11項目について行っていた。しかし、区長会が06年度以降は統一交渉を行わない考えを示したのに対し、清掃労組は不当労働行為として東京都労働委員会に救済命令を申し立てるなど問題が深刻化。2年間に及ぶ協議の末、今年4月に「不燃ごみ中継所廃止に伴う職員の身分取り扱い」の1項目について、統一交渉を行うことで決着した。

一方で、区長会はサーマルリサイクルの本格開始以降、不燃ごみ量が現在の3割程度に減少するとの見通しに基づき、23区に10カ所ある不燃ごみ中継所を段階的に廃止する考えを示しており、今年10月の区長会で、杉並、御園、芝浦、東品川、尾竹橋の5中継所について、今年度末の廃止を決定していた。

事業関連交渉の初弾となる4日の団交では、中継所廃止に伴う職員の身分取り扱いについて、区長会側が二つの基本方針を提示。①廃止予定の中継所に勤務する職員については、当該中継所の所在区において、引き続き任用することを基本とする②やむを得ない事情があり、①により難い場合は、交渉委員会議で調整を行う――との考えを示した。

これに対し、清掃労組は提案を了承する中で、「職員の希望を尊重した対応」や、「新たな勤務先は清掃職域内であることが必要」などの考えを示した。

清掃労組が独自に職場調査を行った結果、引き続き同じ区での任用を希望する職員がいる一方、職務内容を優先したい考えを示す職員など、様々な希望が寄せられたという。

また、中継所以外での区の清掃職場は収集作業が中心となるが、清掃労組は「中継所には、収集作業で体を壊して配置された職員もおり、収集職場に戻れないものもいる」（大島誠書記長）などとして、本人希望を第一とする措置を求めた。

また、清掃事業の都からの移管に伴い、職員の身分が区に切り替わった経緯の中で、さらに中継所の廃止に伴い「職域」も変更されることは組合にとって受け入れ難い内容となる。職域が変更になれば、清掃事業にかかわる特殊勤務手当など処遇にも影響することにもなり、清掃労組は「新たな勤務先は清掃職域内であることが当然」と主張。

これに対し、区長会は「廃止中継所の所在区で職員の意向を確認しており、清掃事業所など清掃関連施設への配置転換で対応する」との考えを明らかにした。

さらに清掃労組は、存続の考えが示されている三崎、新宿、堀船、葛飾の各中継所についても言及。「中継所自体が存続しても、委託されれば職員の身分問題としては同じ」（大島書記長）などとして、区長会の考えをただした。これに対し、区長会は「存続する中継所の職員の身分取り扱いについては、存続中継所の所在区と協議」すべきとの考えを示した。

今後は、区長会が示した基本方針に基づき、当該中継所の所在区と清掃労組が交渉を行い、この協議結果を踏まえて区長会と統一交渉を行う予定。来年4月の任用に向け、区長会は「早期に結論が出るよう精力的に協議する」との考えを示した。

都庁職定期大会

09運動方針案を確認

現業問題や時短に発言相次ぐ

都庁職の第41回定期大会が10月31日、ベルサール西新宿（旧三省堂ホール）で開催され、09年度の運動方針案などを確認した。河野委員長は「職場から団結を固め、都民と連帯し、闘いの中で展望を切り開くことが求められる」と訴えた。定期大会では、代議員から、勤務時間の15分短縮への強い要求が出されたほか、現業給与・任用に関する発言も相次いだ。

冒頭、河野委員長は、都人勧の内容について「全くひどいもので、人事委員会は第三者機関としての役割・性格をかなぐり捨て、政府・財界、石原都政の代弁者と言わざるを得ない」と厳しく批判。また墨東病院での問題等に触れながら、「大きく見れば、医療を含む社会保障の改悪、都政の構造改革がもたらしたもの。都政の変質を許さず、都民本位の都政を確立するため、予算・人員闘争に一層奮闘しなくてはならない」と呼びかけた。

来賓のあいさつでは、武藤都労連委員長が公務員バッシング、公務員賃金や労働条件の引き下げ攻撃が強まる状況下で、都側の現業・教員賃金に関する提案、勤務時間短縮に否定的な態度が打ち出されていると指摘し、「闘争は決戦局面に突入した。都側も並々ならない決意を明らかにしており、我々も不退転の決意で闘い抜くのみ。自主決着での勝利を目指さなければならない」などと表明した。

運動方針案は、主な闘争課題に沿って説明され、08確定闘争については、①現業賃金水準維持、新たな任用制度を求める取り組み②地域手当引き上げに伴う島しょ在住職員の課題③高齢者雇用制度改善――などの課題を挙げた。

このうち現業の賃金・任用問題は、教員の人事給与問題とともに今次確定闘争の最大の課題とし、都民サービスの低下をもたらす退職不補充・委託化を阻止し、新規採用を求める闘いと連動した課題と位置づけた。また地域手当の関連では、この手当が支給されない島しょ長期在職者への本給引き下げ等の問題点を改めて強調した。

人事制度を巡っては、都庁職が求める一般職員への専門職制度の新設とそれに対応する専門職給料表の創設を掲げたほか、勤勉手当の成績率拡大阻止に加え、今年度が「見直し」の年にあたることから、特殊勤務手当への取り組みなども進めていく。

09年度予算・人員要求に関しては、行財政改革実行プログラムでの4千人の定数削減やNPM手法による都政リストラ・構造改革への反対、都立病院の地方独立法人化や公社化の反対、試験研究機関の直営堅持等を掲げる。

質疑・討論では、まず現業問題について「設備管理や監視業務など、安全航行に寄与している」とした港湾支部のほか、道路の維持補修（建設支部）など、各支部が職場の現状を説明した上で、提案の白紙撤回や職員体制の拡充、直営堅持、職能に基づく人事任用制度を求めた。現評の立場からも「なぜ現業だからと給料が下げられるのか、合点がいかない。役割の評価を明確にしてもらいたい」などの訴えがあった。

また勤務時間短縮については、「勧告意見としたことに職場では怒りの声が上がっている」（本庁支部）、「できうる限りの行動を提起して欲しい」（税務連合）とするなど、重点的な取り組みを求める声が多く聞かれた。

第41回都庁職定期大会

河野委員長は「闘いの中で展望を切り開く」と訴えた

首都大学東京

都市科学連携機構を設置

漠然とした依頼にも対応

産学公の連携を目指す首都大学東京は、行政機関との連携強化を視野に入れた組織「都市科学連携機構」を新たに設置した。行政から寄せられるニーズに対し、学部や研究科の枠組みを超えて分野横断型の総合窓口として対応する。これは、今後3年間の実行プラン「首都大学東京の将来像」に盛り込んだもので、他にも経営面や教育面の改革を打ち出している。

首都大では、現在でも「産学公連携センター」を窓口に、産業界や行政のニーズを受け止める仕組みを持っている。しかし、「産学」の連携は成果が出つつあるが、公との連携の弱さが課題となっていた。

例えば、都のA局が行政ニーズに対するサポートを大学に求めてきた場合、これまではニーズに合致した分野で活躍する研究室の教員に個別に打診していた。しかし、ニーズが漠然としていて、どの教員に依頼していいか分からないケースや、教員の研究分野を超える幅広いテーマの場合などは調整に時間がかかり、時には立ち消えになってしまうこともあったという。

今回設置した都市科学連携機構は、「都政等のシンクタンク機能」を目指す首都大として機能強化を図ったもの。

まず、総合的な窓口機能として、行政のニーズを一元的に受け止める。その上で、プロジェクトの推進に向けた研究体制のコーディネートも実施。学部・研究科の枠組みを超えたプロジェクトグループの立ち上げ等を行うとともに、研究をフォローする。

例えば、どこに相談してよいか分からない漠然としたテーマや、複数の分野にまたがるテーマなど、これまで受け止めるのが難しかったものについても、学内から集まった専門家が分野横断で調整し合い、プロジェクトグループの立ち上げにつなげるという。

◆

都市科学連携機構を盛り込んだ「首都大学東京の将来像」は、現行中期計画の残る3年間に取り組むべきプランを示したもの。11年度から5年間を目標にした次期中期計画の策定を念頭に10年後を展望した、いわば法人版「10年後の東京」という位置付けだ。

経営企画室では「05年4月に開学し、この4年間で地固めが終わった。これからはブランド力を打ち出すことが重要」と話す。

経営面では、財政基盤の強化やキャンパス整備とともに、人事制度改革を柱に据えた。このうち教員の人事制度では、「任期制」「年俸制」「教員評価」「柔軟な勤務体系」の4本柱の人事制度定着を図る。また、高齢者雇用安定法改正の動きとともに、教員の人材不足や若手教員の育成などに対応する観点から、高齢者雇用制度の構築を進める。

他方、法人職員は現在、約半数が都派遣職員だが、派遣解消が進む中、固有職員の育成が課題となる。このため、採用から配置管理、昇任選考、人事考課、研修などを有機的に連携させた職員育成計画「人材育成プログラム」を策定する。

また教育面では、「学生の確保」策として、指定校推薦入学の対象地域拡大や留学生の受け入れ拡大、博士後期課程の学生への経済的な支援、国際戦略・国際交流を行う「国際センター」の創設などを打ち出している。

恩賜庭園で大茶会 1万人以上が参加

「東京文化発信プロジェクト」の一環

都生活文化スポーツ局は10月25、26日、「東京文化発信プロジェクト」の一環として、浜離宮恩賜庭園で「東京大茶会」を開催した＝写真。当日はあいにくの曇り空だったが、2日間で1万1200人が参加（主催者発表）。東京華道茶道連盟の協力で、野点5カ所、茶席2カ所が設けられ、外国人グループや着物姿の参加者も多く見られた。文化振興部では「好評を頂いたので、来年も開催できるよう検討したい」としている。

子ども安全

ボランティアのマニュアル改訂

セサミのキャラが登場

都青少年・治安対策本部はこのほど、子どもの見守り活動等の支援に向けた「子ども安全ボランティアマニュアル」について、セサミストリートのキャラクターのイラストを使用した改訂版を作成した。

マニュアル改訂にあたっては、キャラクター使用のほか、保護者や地域の個人、仲間を誘い合っての活動、関係機関との連携など、段階別の取り組み方法を紹介。また学校や警察、都区市町村との連携方法なども説明し、呼びかける内容となっている。

マニュアルは8千部作成し、「子ども安全ボランティア推進月間」にあたる今月初旬に、都内全小学校、区市町村の教育委員会や安全安心まちづくり担当、警察署に配布する予定。

また、都は青色回転灯を装備した自動車（青パト）による自主防犯パトロール活動の普及に向けて、府中駅前のけやき並木通りで青パトが参加したパレードを実施。

さらに26日には、都庁第一本庁舎5階大会議室で「地域安全マップづくり」ボランティアの集いを開催する。

地域安全マップは、子どもの犯罪被害防止能力を高めるために、児童らが自らの通学路等の安全を点検し、地図に書き込むもので、都は現在、都内小学校への普及を目指している。

ボランティアの集いでは、地域安全マップコンクールの表彰式のほか、具体的な活動事例の紹介、学校での安全対策などの報告が行われる。

民生・児童委員で モニターアンケート

活動のあり方参考に

都福祉保健局は4日、「民生委員・児童委員」に関するインターネット福祉保健モニターのアンケート結果を取りまとめた。具体的な活動では「地域の子どもや一人暮らし高齢者等の見守り」に期待する回答が70％を超え、最も多かった。

都内では約1万人の民生委員・児童委員が委嘱を受け、地域の高齢者や子育て世帯、生活困難家庭などの相談や支援、福祉事務所や児童相談所といった関係機関との連絡調整等にあたっている。都は現在、「民政委員・児童委員制度検討会」を設置し、10年12月の一斉改選に向けて、今後の活動のあり方等の議論を進めているという。

アンケート結果によると、民生委員・児童委員の認知度は56・9％で、「兼務していることは知らなかった」との回答を合わせると、88・6％に達した。また民生委員・児童委員等の候補者として推薦された場合、60・5％が「やってみたい」と肯定的にとらえていることも分かった。

活動面では、「地域の子どもや一人暮らし高齢者等の見守り」「行政や福祉の専門機関との連絡・調整」「困った時に身近で相談にのる」などへの期待が多かった。

小池　清さん（こいけ・きよし＝元八王子市議）4日死去、64歳。

清水　なつ江さん（しみず・なつえ＝清水恒一郎・台東区議の妻）4日死去、58歳。

職員教養講座 ㉑年度 [20]

経済・財政に関する知識 ③

演習問題

今回は、ミクロ経済学、マクロ経済学、財政学から、知識問題（文章問題）を取り上げます。

【問題 6】

パレート最適及び市場の失敗に関する記述として、妥当なのはどれか。

① パレート最適は、資源の最適配分と所得分配の公平とを達成するための条件である。

② パレート最適では、ある経済主体の厚生を増加させると他の経済主体の厚生を減少させることとなる。

③ パレート最適は、社会的厚生を最大化するための条件であり、その状態は一時点に絞られる。

④ 市場の失敗を引き起こす要因として考えられるのは、市場の外在的欠陥ではなく、市場の内在的欠陥である。

⑤ 市場の失敗は、民間部門で解決可能であり、政府の介入はまったく必要ない。

《解説 6》

パレート最適とは、他の個人の厚生状態を悪化させることなく、一個人の厚生状態を改善することができない状態を指します。つまり、ある個人に利益をもたらすためには、他の個人に損害を与えなくてはできない極限状態です。

市場の失敗とは、市場の欠陥とも言われ、市場原理では資源の配分の最適化が図れないことを指します。その要因としては、独占、外部性、公共財などが挙げられます。

① 誤り。パレート最適は、最も効率的な資源配分を決定できるが、所得分配の公平を達成することはできない。

② 正しい。

③ 誤り。パレート最適の状態は多数存在する。これは、エッジワース・ボックスにおける契約曲線で示される。

④ 誤り。市場の外圧的欠陥である不公平な所得分配等も、市場の失敗の要因となる。所得分配は、本質的に市場で扱えない部分を含んでいる。

⑤ 誤り。市場の失敗は、民間部門では解決不可能であり、政府の何らかの介入が必要となる。

【問題 7】

フィリップス曲線に関する記述として、妥当なのはどれか。

① フィリップス曲線は、名目賃金上昇率と失業率との相関関係を示すもので、IS—LM曲線やAD—AS曲線のように理論的に導かれた関係である。

② フィリップス曲線は、フィリップスが、米国の過去約30年分のデータを用いて論文を発表したことが、名前の由来となっている。

③ フリードマンは自然失業率仮説を唱え、長期的にはフィリップス曲線は垂直となり、失業率を自然失業率よりも低くすることができないとした。

④ 物価版フィリップス曲線は、物価上昇率と失業率との相関関係を示すもので、失業率が低くなると物価上昇率も低くなることを示している。

⑤ 日本では、バブル景気の終焉以降、景気は低迷局面に入り、物価は低水準で推移したが、その後の景気回復により物価は上昇し、安定的な物価版フィリップス曲線が見られた。

《解説 7》

フィリップスにより、名目賃金上昇率と失業率との間には、トレードオフ（逆相関）の関係があることが発見されました。これがフィリップス曲線です。

名目賃金上昇率と物価上昇率には比例的な関係があるため、名目賃金上昇率を物価上昇率に置き換えた場合にも、同様に安定した失業率とのトレードオフの関係があります。これが物価版フィリップス曲線です。

一般にフィリップス曲線と言うときに、物価版フィリップス曲線を指すことがあるので、注意しましょう。

① 誤り。理論的ではなく、実証的（統計的）に導き出された関係である。

② 誤り。イギリスの過去約100年分のデータを用いた。

③ 正しい。

④ 誤り。トレードオフの関係であるため、失業率が低くなると物価上昇率は高くなる。

⑤ 誤り。景気回復期においても物価の上昇は見られず、物価版フィリップス曲線は極端に水平化した。

【問題 8】

フィスカル・ポリシー及びビルトイン・スタビライザーに関する記述として、妥当なのはどれか。

① フィスカル・ポリシーは、財政支出の変更や税制の変更を通して、総需要をコントロールし、経済の安定化を図ることを目的とする。

② フィスカル・ポリシーでは、完全雇用水準に対して、総需要が総供給を超過している場合には、財政支出の拡大や減税を行う。

③ フィスカル・ポリシーの例として、所得税率の増減、市場利子率や貨幣供給量の操作等が挙げられる。

④ ビルトイン・スタビライザーは、経済の状況に応じて景気を安定化させる方向に機能し、最終的には完全雇用を保証する制度である。

⑤ ビルトイン・スタビライザーとは、税制など歳入面で、自動的に景気変動を抑制する効果を発揮するもののことで、歳出面は関係ない。

《解説 8》

フィスカル・ポリシーは、政府が積極的に新たな財政的手段を打ち出すことにより、景気の安定化を図る点に特徴があります。例えば、不況期には国債発行による財政支出の拡大、減税などにより、景気の刺激を図り、景気が過熱しインフレなどが起こる恐れがある場合には、財政支出の抑制、増税などにより、有効需要の拡大を抑えます。

ビルトイン・スタビライザーは、財政の中にすでに制度的に組み込まれているもので、時期がくれば自動的に機能する点に特徴があります。

例えば、所得税の累進課税制度では、不況期には税収減により可処分所得の減少を緩和し、好況期には税収増により可処分所得の増加を抑え、個人の需要を抑制する効果があります。

① 正しい。

② 誤り。総供給が総需要を超過している場合には、財政支出の拡大や減税を行う。

③ 誤り。市場利子率や貨幣供給量の操作は、金融政策の例である。

④ 誤り。完全雇用を達成するだけの効果は期待できず、財政・金融政策等の活用も求められる。

⑤ 誤り。歳出面にも、ビルトイン・スタビライザーは存在する。雇用保険や生活保護などが挙げられる。

【問題 9】

公債に関する記述として、妥当なのはどれか。

① 建設国債とは、臨時例外的に毎年度の特例法によって発行される国債で、公共事業費、出資金、貸付金にあてられる。

② 地方債発行の許可制は、例外措置となっているが、実質公債費比率が20%以上の場合、許可を受けなければならない。

③ 地方財政計画の歳出歳入の見込額における地方債発行額は、地方債計画の普通会計債発行額と一致する。

④ 東京都は、平成20年3月末現在、都債の格付けをムーディーズ・インベスターズ・サービス、日本格付研究所の2社から取得している。

⑤ 公債の利子費用の最小化を目標とする公債管理政策としては、金利の低い時期には短期債を発行し、金利の高い時期には長期債を発行することが望ましい。

《解説 9》

公債に関しては、設問のような発行制度等の他、公債負担に関する主要な学説を押さえておきましょう。

① 誤り。臨時例外的に毎年度の特例法によって発行されるのは、特例国債（赤字国債）であり、政府の経常的な支出にあてられる。

② 誤り。実質公債費比率が18%以上の場合、許可を受けなければならない。

③ 正しい。

④ 誤り。日本格付研究所ではなく、スタンダード・アンド・プアーズである。

⑤ 誤り。金利の低い時期には長期債を発行し、金利の高い時期には短期債を発行することが望ましい。

【問題 10】

地方財政計画に関する記述として、妥当なのはどれか。

① 地方財政計画は、地方交付税法に基づき、内閣が毎年度作成し一般に公表するものであり、国会への提出は義務付けられていない。

② 地方財政計画は、翌年度の地方団体の財政規模の見通しを全体として把握するものであり、一般会計に限らず、公営企業会計を含むすべての特別会計を対象としている。

③ 地方財政計画では、歳出の内訳は機能で区分されており、規模の大きな費目として、一般行政経費、給与関係経費、投資的経費、公債費がある。

④ 平成20年度地方財政計画では、地方税の偏在是正により生じる財源を活用して、地方財政計画に地方が自主的・主体的に取り組む活性化施策に必要な財源を確保するため、前年度に引き続き、地方再生対策費が計上された。

⑤ 平成20年度地方財政計画では、地方交付税に臨時財政対策債を加えた実質的な地方交付税が、平成17年度以来の増加となった。

《解説 10》

地方財政計画とは、地方交付税法第7条により、内閣が作成し国会に提出する、すべての地方団体を一括した、翌年度の歳入歳出総額の見込額のことです。

来年の管理職試験時は、平成21年度地方財政計画が公表されているため、そのポイントを押さえておきましょう。

① 誤り。国会への提出が義務付けられている。

② 誤り。公営企業会計は含まれていない。

③ 正しい。

④ 誤り。地方再生対策費は、平成20年度に創設された。

⑤ 誤り。平成15年度以来の増加となった。

昇任試験対策のページ

21年度 教育管理職への道しるべ ▶10◀

経営管理 ②

問 題

【問題 3】

モチベーション理論に関する記述として妥当でないものは、次のうちどれか。

① 科学的管理法におけるモチベーション理論では、経済的観点から、労働者は命令や指示をされて作業を執行する機械的存在であるとの考えに基づき、仕事の標準化や職場環境等の物理的条件の整備が重視された。

② 人間関係論におけるモチベーション理論では、労働者は自分が属する組織、集団の中での人間的安定感や所属感の満足度が高いほどモラールが高く、生産性が向上するとしている。

③ 行動科学におけるモチベーション理論では、目標による管理にみられるように、従業員が組織目標に向かって努力をすることが、自己実現の欲求を満足させるものであるとしている。

④ ハーズバーグの理論における動機付け要因とは、仕事の達成感、達成の承認、責任の増大、昇進、能力、知識の成長、興味ある仕事であり、これらは精神的に成長する欲求であるが、これらがないと不満足感を招くとするものである。

⑤ 行動科学においては、モチベーションには動因と誘因の存在が必要であり、一時的な欲求充足に引き続いて次々と生起するものが動因として、賃金、昇進の機会、作業条件等が誘因として作用する。

【問題 4】

経営管理の基本的な考え方に関する記述として妥当なものは、次のうちどれか。

① マズローの欲求5段階説では、人間の欲求には、（1）生理的欲求（2）安全欲求（3）社会的欲求（4）自我の欲求（5）自己実現の欲求——の5段階があり、管理者は、従業員の欲求の段階として「自我の欲求」までを目標とすべきである。

② マクレガーのX理論・Y理論では、X理論は、人間は自発的で、自己実現の欲求等が充足すれば進んで努力し、Y理論は、人間は本来、怠け者で、仕事には指示・命令が必要であるとし、異なった人間観に立つが、管理者の役割としてY人間からX人間へ転換を促すことが必要である。

③ バーナードの組織均衡論では、「貢献」（労働力の提供）と「誘因」（報酬の支給等）とのバランスを評価し、個人が組織参加の適否を決定するとしており、誘因が貢献より大であるときに、組織は成長・存続することができる。

④ テーラーの科学的管理法の原理は、（1）作業の各要素には労働者の個人的判断に代わって科学を用いること（2）経営者は労働者を科学的に選択し、養成すること（3）作業が科学的原理に基づいて行われるよう経営者と労働者との間に親密な協働を確保すること——の3項目が示されている。

⑤ フェイヨルの管理論は、（1）組織の機能分析（2）管理の一般原則と管理方法の仮説（3）管理職のリーダーシップ——の三つの理論から構成されており、管理職能をよりよく遂行するために管理者として必要とされる資質を五つ提示している。

【問題 5】

リーダーシップに関する記述として妥当でないものは、次のうちどれか。

① 専制的リーダーシップにおいては、リーダーに対する潜在的不満が生じるとともに、依存性も高まり、また、メンバー相互間への攻撃性も高まる。

② PM理論においては、リーダーシップの機能を集団目標達成機能（P機能）と集団維持機能（M機能）とに分け、その強弱によりリーダーの行動類型に分類しており、両機能ともに平均値以上が望ましい。

③ PM理論でも、マネジリアル・グリッド理論においても、リーダーシップは、教育や訓練により開発され、発展するものであるとしている。

④ リーダーシップ状況論におけるリーダーシップの主な要因群は、（1）リーダーの特性（2）部下の態度、欲求その他個人的特性（3）組織の目標、構造、達成すべき仕事の性質など組織体の特性、の三つである。

⑤ SL理論によると、部下の成熟度が低いときには、指示的リーダーシップが有効であり、成熟度が高くなるにつれてリーダーシップのスタイルを変えていく必要があるとしている。

【問題 6】

教育訓練の技法に関する記述として妥当なものは、次のうちどれか。

① プロジェクト法とは、職場に発生する現実的な問題を課題として与え、解決させることを通して、問題解決能力、態度、及び必要な知識、技能等を学ばせるものである。

② ケプナートリゴー訓練とは、ケプナーとトリゴーによって開発されたもので、一般職員の合理的判断力を養うために、事例を用いて問題解決の14ステップを学ばせるものである。

③ イン・バスケット・トレーニングとは、参加者が4人のグループを作り、各人が管理者の役割を担って未決案件を処理し、その結果を全体会議で研究する意思決定訓練法であるが、決定の時間は限定されないのが特色である。

④ ロールプレイングとは、2人の人間に役割を与え、実験的対話場面を作り出し、自主的創造的に演技させる方法で、問題解決能力向上には有効ではないが、自己統制・感受性等対人関係の態度変容に役立つ。

⑤ ビジネスゲームとは、経営の意思決定のあり方を学ばせることを狙いとし、経営モデルを使い、受講者を経営幹部にしたててグループ別に営業成績を競わせる技法で、一般諸君に対する訓練に適するとされる。

解 説

【解説 3】 正答 ④

① 正しい。

② 正しい。

③ 正しい。

④ 誤り。昇進や知識の成長等の精神的欲求がなくても、不満足感は招かないとしている。

⑤ 正しい。

【解説 4】 正答 ③

① 誤り。管理者は、従業員との対話等を通じて、「自己実現の欲求」の段階まで持っていくことが肝要である。

② 誤り。X理論とY理論の説明が逆になっている。

③ 正しい。

④ 誤り。テーラーの科学的管理法の原理は、4項目である。「作業と責任が労働者と経営者の間で均等に区分され、経営者に適するものは経営者が引き受けること」が四つ目の項目。

⑤ 誤り。フェイヨルの管理論において示している管理者に必要とされる資質は（1）肉体的（2）知能的（3）精神的な特性（4）一般的（5）専門的な知識（6）経験——の6項目。

【解説 5】 正答 ④

① 正しい。

② 正しい。

③ 正しい。

④ 誤り。「社会的、経済的、政治的環境」も含めた4点としている。

⑤ 正しい。

【解説 6】 正答 ①

① 正しい。

② 誤り。一般職員の合理的判断力を養うためではなく、管理者のためのものである。

③ 誤り。未決案件の処理時間を限定しているのが特色である。

④ 誤り。ロールプレイングは、問題解決能力の向上にも有効である。

⑤ 誤り。ビジネスゲームは、幹部候補者に対する訓練に適したものである。

「都内市区唯一の公文書館　開かれた区政推進に役割」

前板橋区長　石塚輝雄

板橋区公文書館は2000年4月、区民自治の原点である「開かれた区政運営」を推進するため、都内市区町村で初めて設置されました。板橋区史の編さんに力を尽くされ、また自らの貴重な蔵書群を区に寄贈された櫻井徳太郎元駒沢大学学長にちなむ同文庫が併設されていることも、その特色の一つであります。

この公文書館の開設に深く関わった者として、設置から今日に至る経過等について記録にとどめ、読者の皆様のご参考に供したいと思い筆をとった次第です。

必要性をめぐる議論

石塚前区長

1994年12月の区議会決算特別委員会において、坂本清議員（故人。現板橋区長の父）は、当時進められていた板橋区史の編さん事業に関連して、「昭和29年発行の旧区史以来の本格的な区史編さんが進められており、区民にとって新しい時代に向けての道しるべとなる意義は大きい。ただ、編さんが終了したあと、その膨大で貴重な資料はどうなるのか」と初めて資料保存・公文書館の必要性に言及しました。

さらに2000年2月の本会議では、やはり同議員から「今議会に提案されている公文書館の設置条例案だが、公文書等の収集が進むにつれその保存スペース確保が課題になるがその対応は? また、櫻井徳太郎文庫が併設され、先生の偉大な業績が区民の前に広く公開されることを喜びたい。同文庫の活用方策についてもお尋ねする」との質問がありました。

これに対し私は、「①公文書館は、毎年発生する膨大な文書の中から区の歴史資料として重要なものを的確に選別し、整理・保存・公開していくことで、一層開かれた区政の実現をめざす②収集した貴重な資料を区民に積極的に公開していくと同時に、行政内部での活用を図っていく③資料収集の方針については、板橋区の特色ある事柄や区政発展に関する資料を保存する観点から、例えば議会での質疑、財政状況に関する文書等は重点的に収集保存する④櫻井徳太郎文庫の蔵書・資料は、学問的に貴重であり、なおかつ区民に愛される文庫となるように、また先生自身の原稿等も多くの皆様に公開していくなど、工夫を凝らしていく」との内容で答弁をいたしました。

設置への道のり

私は、早くから公文書館の必要性を感じておりました。当区は戦災による庁舎の消失等で戦前・戦中の資料残存状況が悪い中、区史編さんの先生方は都公文書館や区民の方々などから貴重な資料を数多く収集し、編さんに結びつけてこられました。これらの資料は、公文書館に引き継がれ、広く区民の共有財産として活用されています。

ここで、公文書館設立の経過（概要）を年表形式でお示しします。

――

1997年6月　庁内PT公文書館設置の検討開始

99年3月　板橋区公文書館開設懇談会（以下「懇談会」）設置。区長諮問

同4月　公文書館開設準備室（担当主査）設置

同10月　懇談会答申

2000年3月　板橋区公文書館条例可決成立

同4月　条例施行。板橋区公文書館開館

公文書館開設の理論的支柱を担ったのは、学識経験者や区民代表の参加により慎重かつ積極的な審議を重ねた「懇談会」でした。5回の審議を経てまとめられた答申は、概ね次のようなものでした。まず、公文書館設置の理念は、「より開かれた民主的区政を実現するため、公文書の保存活用等を通し、歴史に鑑み明日の板橋を区民とともに築く原点として、新しい地域文化を創造的に発展せしめることを可能とする」とのものです。

具体的内容として、責務と目的については、「区政の営みを地域住民のものとするうえで、公文書館は不可欠の存在である。さらに、公文書の諸記録保存は、行政事務全般の一貫性や継続性を確保し、行政の質の充実をも可能としてくれる」ものとしています。

運営については、「対象文書は刊行物や私文書等の諸記録も含む。公文書館へ引き継ぐための基準は、文書が組織に必要な知的遺産であるとの認識から、普遍的に作成されるべき」とされ、組織と職員については、「利用者のニーズに的確に対応できる組織編成を、啓発普及の視点などから検討すべき」としています。

施設のあり方では、「新設に拘泥することなく、既存の空き施設活用も検討すべき」との理解ある方向が示されました。

板橋区長としての16年間を記録した日記207冊

日記207冊を寄贈

現在の公文書館運営状況は、非現用の公文書をはじめ区の行政資料、地域資料が広く収集され、区民・研究者・企業・団体等の関係者に公開されており、また自治体や大学等関係者の視察も数多く、運営も順調に推移しています。

最近の文書等の主な収集状況は、公文書（非現用として移管されたもの）約1万7千点、行政資料約7500件、郷土関係資料約4万7千件、写真・マイクロフィルム約1300件、櫻井徳太郎文庫約3万5千件などとなっています。

なお、今年6月には、昨年逝去された櫻井先生の業績を顕彰する「櫻井徳太郎展」が開催され、多くの参観者でにぎわいました。

最後に、私ごとで恐縮ですが、1991年から4期16年の区長在職中の事務事業・行事・出来事を日記として207冊に記録してきたことを、たまたま前述の懇談会座長を務めた大濱徹也元筑波大教授に話したところ、それは退職後に是非区に寄贈すべきとの助言で、先頃、同日記を区公文書館に寄贈した次第ですので、紹介をさせていただきます。

第8話　石原知事を出せ①

相談屋の場外乱闘 Part2

労働ジャーナリスト　金子雅臣

ワンマン社長登場

カリスマ性という点では、これまで登場してもらった知事の中でも、石原知事はダントツだと言ってもいいだろう。まだ当選して間もない第一期の頃は、まさに飛ぶ鳥の勢いで、都民にとって都政イコール石原イメージ一色だった。その頃のことである。

事件は平凡な賃金不払い事件だったが、中小企業のワンマン社長にありがちな頑固さに苦労させられていた。

――労働基準法で、どのように決まっていようと、会社のカネだから、私が納得出来ないカネはビタ一文払うわけにはいかない。

というのが社長の主張だった。

まさに言いたい放題。

――私は裸一貫で会社を起こし、一代でここまで作り上げてきた。その間に色んなことがあったが、中小企業では法律など守っていてはやっていけないというのが、私の人生経験からくる教訓だ。法律を守っていたら、とっくに倒産していた。倒産しても東京都や法律が私の会社を守ってくれるのか、守ってくれないだろう。

という調子だった。

残業代は払えない

相談者である女性（46歳）は、この会社に20年以上勤務して経理事務を担当してきていた。

――これまでも、色んなことがありました。社長からセクハラまがいのことをされたこともありましたし、会社のための苦労話は言い出せば際限ないくらいにありますよ。それでも、我慢して社長と一緒に頑張ってきたんです。

経理一筋、この会社の社員が5人のころから社長を支えて、社員30人になるまで頑張ってきたのだと訴えていた。

――それがですよ。経営の近代化だかなんだか分かりませんが、コンピューターを導入して経理事務も簡素化を図ると言い出したんです。そこで、若い女性を採用して、連日の残業で事務引き継ぎを散々やらせておいて、「これまでの不効率な仕事の効率化を図るためにやった仕事で、単にムダを省いただけの仕事なんだから、残業代は払えない」ですから納得いきませんよ。

というまっとうな主張だった。

非効率の結果

社長の言い分は、

――これまで彼女のやっていた経理事務は、彼女の怠慢で非効率になっていた。その遅れを取り戻すためのコンピューター化作業なのだから、いわば、彼女の怠慢を埋める作業で、この作業が生じたのは彼女自身の責任だ。だから、残業は彼女自身の怠慢を取り戻すための時間で、会社はそこまで面倒は見られない。

という暴論に近いものだった。

――そんな「オマエの仕事のやり方が悪いから残業になる。そんなものに会社はカネを払えない」など言い出したら、残業手当などという考え方が成り立たなくなってしまう。

というこちらの言い分にも、

――残業などという考え方はなくなっても全然困らない。

等と開き直る有様だった。

法律違反も是認される

こんなやりとりの中から発せられた言葉が、矢張り「知事を出せ」だった。

――おたくらの知事なら私の言い分を分かってもらえるはずだ。彼は「嫌なものはイヤ」とはっきり言えと言っているじゃないか。「場合によっては国の法律に逆らってもやるべきことはやる」とまで言っている。「そういうやり方で、国と争って敗れても一つの範になる」とまで言っている。

というのが社長の主張だった。つまり、例え法律に違反していても、こうした我がままな労働者の言い分にはお灸をすえる必要があるというのが彼の主張のようだった。石原知事がチャレンジ精神について語った言葉の引用だったが、「少し趣旨がちがうのではないか」という反論はとても通じそうにもなかったので、説得を諦めた。

ともに生きる　38

医療的ケアの必要な子どもの教育

たんの吸引や経管による栄養摂取等の医療的ケアの必要な子どもが、特別支援学校で学んでいます。全国の特別支援学校に通学している児童生徒（9万9901名）の中、医療的ケアの必要な子どもは4497名（4%）、その中の448名（10%）が東京都の子どもです（文部科学省調査。07年5月1日現在）。参考までに、二番目は神奈川県の241名です。

東京都で医療的ケアの必要な子どもの課題が顕在化してきたのは1988年です。当時、多くの方々が、「そのような障害の重い子どもが、どうして病院ではなく学校に通ってきているの?」という疑問の声を寄せていました。このような状況は、医学・医療技術の進歩によって、在宅医療が推進されたことによるものです。

医療的ケアに関する第一の課題は、親が学校に付き添っていることです。第二は、学校におけるケアを誰が担うかです。例えば、教員が医療的ケアを実施する場合は、医師法第17条「医師でなければ、医業をなしてはならない」に違反しているのではないか、という法的な問題です。

そんな時、ある親の『いつまで待機していれば…』という手記は、関係者の心を揺さぶるものでした。「学校では、驚くほどの変化を見せ、生き生きと充実した毎日を送ることができるようになりました。しかし、学校では医療的ケアは、まだ、親が行うことになっています。親の都合の悪い時は子どもを欠席させるしかありません。私が疲労や病気などで横になっている時、娘の元気な顔を見て、『学校に行けなくてごめんね』と、心の中で何度も謝ります。学校へ行きたいと願う娘の気持ちに応えられないのが、とても情けなく、悔しいです」（2000年）

その後、文部科学省のモデル事業、厚生労働省の法律的整理に関する研究会などの歴史的経過を経て、04年に「盲・聾・養護学校におけるたんの吸引等の取扱いについて」（通知）が厚生労働省から出されました。この通知によって、たんの吸引や経管栄養等については、教員が限定的に実施することが許容されたのです。その条件として、「看護師が常駐すること」と示されたため、関係する全国の特別支援学校では看護師が配置されるようになりました。非常勤看護師は、現在でも都内の特別支援学校で募集しています。

生命輝く子どもたちの学校生活の充実のために、ご理解とご支援をお願いしたいと思っています。

（元都立村山養護学校長　飯野順子）

みにがいど

◆第11回東京の図書館を考える交流集会「委託・指定管理と図書館に働く人たち」　▽日時　11月16日（日）午前10時～午後4時▽会場　日本図書館協会研修室▽参加費　500円（資料代含む）▽内容　問題提起①「委託指定管理をめぐる全体状況」常世田良・日本図書館協会理事②「現場から1」民間会社③「現場から2」渡辺百合子・NPO法人げんきな図書館理事④論議▽主催・問い合わせ先　東京の図書館をもっとよくする会・大澤☎042・467・4716、池沢☎042・765・3382

◆博物館で見る「ぶんきょう食の文化展」　▽日時　12月7日（日）まで午前10時～午後5時※月曜休館（11月24日開館。25日休館）▽場所　文京ふるさと歴史館▽入館料　一般300円▽同時開催　八犬伝に見る食の風景▽問い合わせ先　☎3818・7221

◆シューレ大学公開イベント「つながる・世界を自分にとりもどす」　▽日時　11月9日（日）午後5時▽場所　早稲田奉仕園スコットホール▽参加費　当日2千円（18歳以下千円）、予約1800円（同900円）▽内容　①作家・高史明基調講演②学生研究発表③学生が語る映像制作④シンポジウム▽問い合わせ先　☎5155・9801

『都庁俳句』作品抄

（11月1日発行）

ふる里へ言問橋渡る木歩の忌　内田　香晴
青空の記憶ばかりや敗戦忌　和田しずえ
威銃畦の農夫のよろけをり　渋谷　はつ
水引草ひねくれ者で終りけり　鈴木　翠嵐
盆提灯たたみ彼の世に父母送る　植松　ふみ
すいっちよが一時帰宅の母迎ふ　阿部　功
霧晴れて草津白根の迫り来る　足立　和子
石仏のひしめきあへり蟬の穴　間中恵美子
地芝居に適ひし月の昇るなり　大熊　虎岡
鷺草やもし飛べるならどの空へ　伊　達　天
雨去りて穂草はねゐる旧街道　中鉢　卓花
梵鐘の微動は止まず原爆忌　奥田　弘學
定まらぬ雲の行方や震災忌　染谷栄都子
秋湿り句会で靴を間違へる　横坂けんじ
そぞろ寒似顔絵書きに猫の添ふ　鈴木　征子
屏風絵に山頭忌の山河あり　山崎三樹夫
赤とんぼ五七調の露風の詩　佐々木いつき

都政新報

発行所 都政新報社
〒160-0023 東京都新宿区西新宿7-23-1 TSビル
（総務・読者）03-5330-8781
（企画広告）03-5330-8784
（編集）03-5330-8786
（出版）03-5330-8788
（ファクス）03-5330-8808
購読料 月1,680円（税込）
毎週火・金曜日発行
但し、祝祭日は休刊

周産期・救急の連携検討

対応力に不安抱える地域も

周産期医療の救急搬送

妊婦の救急搬送が難航する事態が続いたことを受け、都は5日、「東京都周産期医療協議会」（会長＝岡井崇・昭和大医学部教授）を開いた。産科救急を巡っては、リスクの高い分娩を扱う専門医やNICUの不足、脳内出血を併発した妊婦への対応など、多くの課題が浮き彫りになっているが、当面の課題として搬送体制を検討する。国も同日、懇談会を発足させ、周産期・救急の連携について検討を開始。12月末に提言する方針を示した。

今回、母体搬送が難航したのは、かねてから体制が不十分と言われてきた地域だ。区東部（墨田・江東・江戸川）と区東北部（荒川・足立・葛飾）の総合周産期母子医療センターは、都立墨東病院1カ所だけ。総合周産期センターがない区東北部は、帝京大病院（板橋区）が搬送先の調整を担っている。

他方、9月に脳内出血の妊婦の搬送が難航した多摩地域では、分娩数は約3万5千件と都全体の35%を占める。しかし、総合周産期母子医療センターは杏林大病院（三鷹市）だけで、切迫早産などの母体搬送依頼の7割は、受け入れ不可能な状況という。

多摩地域の場合は、区部の周産期センターが交代でカバーする「輪番制」を敷いていたが、分娩数が増加傾向にある区東部医療圏では、墨東病院が孤軍奮闘する状況だった。そのため、協議会では緊急措置として、墨東病院も交代でカバーする方針が示された。

都は、都内を七つに分け、各グループ内での連携を目指しているが、資源が手薄な地域では対応しきれない実態もある。特に、多摩地域や区東部はその典型。杏林大病院の杉浦正俊准教授は、「地域を見直して、機能を再分配できる施設はそれほどない」と話す。

とはいえ、グループ内で役割を分担しなければ、通常分娩を抱えた周産期センターが機能不全に陥るのも事実。そのため、どういったケースを他グループの力を借りるかについて、一定の基準を検討する予定だ。

「都が頼みの綱」

「首都圏は、一つの医療圏で考えなければならない。都道府県単位では進まない」

同日、霞ケ関で開催された国の懇談会。埼玉医科大学総合医療センターの田村正徳・総合周産期母子医療センター長や北里大医学部の海野信也教授から、搬送体制の見直しを求める声が相次いだ。

人口700万人を抱える埼玉県には、総合周産期母子医療センターは1カ所だけ。機能を維持するため、搬送依頼の6割を断る状況だ。本来、県が受けるはずの母体搬送の3割は、都が受け入れているという。神奈川県も1割を県外に搬送している。

母子医療統計（04年）によると、都の周産期母子医療センターの入院患者のうち、4分の1は他県からだ。千葉県は今年6月、基幹病院に調整役を配置し、都内への搬送が激減したが、都の周産期センターは近隣県にとって頼みの綱だ。国の懇談会は、12月末を目途に対策を提言する予定だが、広域連携も論点の一つになっている。

安心はいつに　周産期の岐路

東京都周産期母子医療センターの利用者住所別内訳

●……1000人　●…100人

その他 119人（3%）
埼玉県 325人（9%）
神奈川県 218人（6%）
東京都 2779人（76%）
千葉県 214人（6%）

母子医療統計（2004年版、14施設の集計による）から作成

舛添厚労相

周産期医療情報システム

都医師会の鈴木聰男会長に協力要請する石原知事

都周産期医療協議会

実態に見合う基準と対策を

【解説】周産期医療の崩壊は、首都圏にとっても深刻な問題だ。全国的に産科医やNICUが不足していると言われるが、セーフティーネットとして周産期医療でどの程度の医療資源が必要なのか、肝心な点が不明瞭なままだ。

国は「出生数10万人に対し、NICU200床が必要」と基準を設けてきた。しかし、「NICUはあと100床必要」との指摘もあり、現場との乖離は大きい。

また、総合周産期母子医療センターの整備を進めるため、「常時、複数の医師が診療できることが望ましい」としてきたが、施設整備に伴う専門医・看護師などマンパワーの必要量と確保策も示していない。

緊急措置として、周産期・救急の医療連携を検討することは必要だが、国は責任を持って、現場の実態に見合う基準と対策を明らかにすべきだ。（祐）

金融機能強化法が衆院通過

新銀行東京への資本参加

付帯決議で「自治体に一義的責任」

金融機関へ公的資金の注入を可能とする新金融機能強化法案が6日の衆議院本会議で、原案を一部修正し、自民、公明などの賛成多数で可決し、参議院に送付された。同法案は、都が400億円を追加出資して経営再建中の新銀行東京に対して、制度上は国が公的資金を注入できる仕組みとなっており、民主党や共産党など野党側が反発。地方自治体が支配株主の銀行については、自己責任で資本を増強することと付帯決議が付けられた。参議院では与野党が逆転しており、民主党は法案を再修正する構え。

民主党、参院で法案再修正へ

与党が提出した新金融機能強化法案は、世界的な金融危機の中で、国が地域の金融機関に予防的に公的資金を注入し、資本参加することで、中小企業への融資を円滑化させるという内容。今年3月末に期限が切れた同法案を、一律には経営責任の明確化を求めないなど、公的資金注入の要件を緩和するなど、内容を見直している。

付帯決議は、「地方公共団体が支配株主である金融機関の資本充実は、その地方公共団体が一義的に責任を持つ」とするもの。与党との法案修正協議で、民主党は、地方公共団体が支配株主となっている金融機関について、法の対象としないよう、法案の修正を迫った。しかし与党側は、民主党の修正要求の一部を受け入れたものの、新銀行東京への資本参加については、付帯決議に盛り込むことで妥協を狙った。

民主党は、与党が提出した修正案には賛成し、修正部分を除いた政府原案に反対した。6日の定例会見で、菅直人代表代行は、新銀行東京について、「早晩、破綻が間違いないと、ほとんどの人が見ている。そういう銀行を、付帯決議をつけるからといって、国の税金で救済の対象にすることが適切なのかどうか議論が必要」と語った。

参議院では与野党が逆転しており、民主党は新銀行東京の問題をはじめ、修正協議で受け入れられなかった部分を参議院で再修正する構え。

共産党は、新銀行東京に限らず、金融機関への公的資金の注入自体に反対。4日に金融庁に対し、「乱脈経営や不正を犯して破綻した金融機関には、ルールにそって退場させるとともに、破綻処理や自己資本毀損への対応は、十分な対応能力を持っている金融機関の自己責任で対応させることが必要」と申し入れた。

社民党も、法案の衆院通過を受け、重野安正幹事長が、「税金を食いつぶし、放漫経営を反省することなく、無責任な経営を続けているこのような銀行にまで資本注入を行うことは、法の精神に照らしてもありえない」と批判した。

石原知事は、新銀行東京に対する金融機能強化法による国の資本参加について、「銀行が判断すること」と述べている。だが、与党側が付帯決議という形の妥協とはいえ、民主党の要求を受け入れたことで、新銀行東京への国の公的資金の注入は極めて難しくなった。

紙面から

水道管敷設工事で土砂崩れ2人けが

江東区若洲で

都水道局が発注した配水管の敷設工事で4日、掘削していた穴の中で土砂が崩れる事故が起き、作業員2人が病院に搬送された。そのうちの1人は全身骨折と肺損傷で危篤状態。同局は事故原因の調査を進めている。

事故が起きたのは4日午前11時30分頃で、工事現場は江東区若洲。口径400㍉の配水本管を敷設するため、作業員が深さ約2・6㍍の穴を掘っていたところ、土留めの一部が土砂とともに崩れたという。被災したのは、いずれも下請け会社の社員。

新たに100ヘクタールの緑を創出

環2・晴海通り地区　環境軸推進で計画書案

都市整備局は6日、臨海部から皇居にかけての「環2・晴海通り地区」の環境軸推進計画書をまとめた。今後、新たに100ヘクタールの緑を創出し、現在の約2倍に増やすとしている。東京オリンピック招致をめざす2016年までには、目標の9割の緑を創出する方針も明らかにした。

地区の環境軸のコンセプトは「海からの風を都心に呼び込むエリアの創造」「オリンピックの中心地にふさわしい先進都市づくり」など。地区内に日比谷公園や浜離宮、有明テニスの森など大規模な緑の拠点や公園があるため、現在整備を進めている環状2号線（2015年度完成）、晴海通り（2010年度完成）を中心軸にして、道路と沿道開発が一体になった厚みのある緑を形成していくとしている。

具体的には、道路整備にあわせて広幅員の歩道を整備し、植栽などを充実していく計画。また、地区内に予定されるまちづくりでは、有明・東雲・豊洲地区で東京臨海広域防災公園、護岸整備事業とそれに伴う上部の緑化、豊洲新市場の開設、オフィス・商業複合ビルなどの計画があり、晴海・勝どき地区では、晴海3丁目西地区再開発、勝どき駅前地区再開発などが進んでいる。築地地区では、メディアセンター構想は消えたが、築地市場移転跡地の開発もある。

これらのまちづくり事業では、総合設計などの都市計画諸制度と組み合わせることで地区広場をつくったり、壁面位置の制限などの網をかけて緑を生み出す考え。

都の景観形成基準では、高さ15㍍以上または延べ面積3千平方㍍以上の建築物などに対し、オープンスペースの確保や積極的な緑化を指導している。

都政の東西

廃プラの再利用として、プラスチック原料に戻すマテリアルリサイクルが理想的だ。相互に原料とプラスチックに生まれ変わる循環が半永久的に続くからだ。

マテリアルリサイクルに最適なのが、ペットボトルと白色トレー。単一素材で製造されているため、溶かせばプラスチック原料に戻る。ところが、その他の廃プラの大半は複合素材であるため、プラスチック原料だけを回収するのは、現在の技術力では難しい。こうしたことから、行政担当者の間では、再資源化を可能にするイノベーションが待望されている。

ギャップの拡大

しかし現実は、メーカーが再資源化の流れにブレーキをかけている。例えば豊島区は、プラマーク入りのボトルのマテリアルリサイクルを条件として、資源化先に搬送しているが、相手先からは資源化しづらくなっていると言われている。ボトルを軽量化するため、素材の複合化が進んでいるからだ。プラスチック原料の削減、原料の調達コストの抑制は、メーカーの至上命題となっており、軽量化が進む現実と自治体が描く理想のギャップが大きくなっている。

複合素材の廃プラは、住民が水洗いして行政が資源回収しても、建築資材、パレットなどに再商品化される。また、リサイクルの過程で汚れた廃プラは、燃やされる運命にある。

資源回収しない自治体からは、パレットなどを大量生産するリサイクルに空しさを覚え、回収しても焼却されるなら、最初から燃やした方が効率的という声も漏れ聞こえてくる。プラスチック原料に戻す究極のリサイクルができなければ、廃プラの資源回収に二の足を踏んでしまうのはやむをえない。国は、再資源化に適したプラスチックの開発を支援するなど、資源循環社会の構築を目指すべきだ。

産業廃棄物

路上調査で32台指導

不法投棄撲滅強化月間で

都環境局は6日、産業廃棄物不適正処理防止広域連絡協議会（産廃スクラム28）の不法投棄撲滅強化月間の取り組みとして行った産業廃棄物収集運搬車両の一斉路上調査の結果を明らかにした。

調査は、10月29日、首都高速道路湾岸線（東行き）大井本線料金所、東名高速道路の横浜町田IC、清水IC、浜松IC、東関東自動車道の習志野料金所（下り線）、関越自動車道の新座料金所（下り線）、上信越自動車道の信州中野IC、一般道3カ所などで行われた。

体制は、自治体205人、警視庁・県警80人、高速道路株式会社52人の計337人。187台を調査し、そのうち32台を指導した。具体的には、マニフェスト不携帯8件、マニフェスト記載不備6件、車両表示不備5件、書類携行不備13件、無許可の疑い1件。これらについて、改善指示書の交付などを行い、違反内容に応じて追跡調査も実施していく。

東京都担当個所である首都高速道路湾岸線東行き大井本線料金所では、自治体職員15人、警視庁職員13人、高速道路株式会社職員8人が参加した。調査台数は12台で、そのうち4台を指導した。違反内容は、マニフェスト不携帯2件、車両表示不備2件。

産廃スクラム28は、1都11県16保健所設置市の28自治体が参加し、強化月間などを取り組んでいる。

郵便事業㈱とエコ運転教習

都環境局

都環境局は10日から21日までの延べ10日間、郵便事業株式会社東京支社の都内すべての支店を対象に、エコドライブ教習会を実施している。

環境局は今年10月から、マイカードライバーを対象に、荒川区、㈳東京指定自動車教習所協会、㈶省エネルギーセンターと連携し、エコドライブ教習会を開始した。今回、都は新たに、対象を事業者にも拡大し、その第一歩として、郵便事業株式会社東京支社の都内すべての支店（89支店）と連携し、エコドライブ教習会モデル事業を行っている。

実施場所は、東京指定自動車教習所12所。対象者は、同社東京支社管轄の全支店延べ178人。座学でエコドライブ運転方法のポイント等を確認し、実技教習を通して、エコドライブ技術を習得する。

講師は、都内すべての指定自動車教習所の代表教官を対象に養成した東京都エコドライブインストラクター。

都は、この教習会終了後、同社東京支社が行うエコドライブの実績報告等を受け、実践的なエコドライブ推進モデルを確立。区市町村や指定自動車教習所と連携し、マイカードライバーや事業者へのエコドライブの普及拡大に取り組む。

冗句ジョーク

東京だからできる――マラソンに多額賞金

他府県
「オリンピックより、寄付金集めの方が素直に聞こえるね」

渋谷川・古川に調節池を整備へ

都建設局

都建設局は5日、渋谷川・古川の河川整備計画を策定した。今後20～30年で、水害を解消するため、トンネル式の調節池（貯留量約13万5千立方㍍）を古川の地下に整備するほか、狸橋から赤羽橋までの未整備区間約3㌔㍍で護岸整備を進める。また、水辺を楽しめる場所を10カ所整備する予定。

渋谷川・古川は、JR渋谷駅前の宮益橋を起点に、渋谷区、港区を流れる7㌔㍍の二級河川。

荒川区長選

現職の西川氏が再選

「安心の砦」実現へ抱負

任期満了に伴う荒川区長選は9日投票、10日に開票され、現職の西川太一郎氏(66)＝自民、民主、公明推薦＝が、竹内一浩氏（47）＝共産推薦＝と今村眞弓氏（54）の新人2人を破り、再選を果たした。自公民の推薦を受けて大差で勝利した西川氏は「1期目に高い評価をいただいた。慢心せず、みなさんの意見を聞きながら区政運営に努める」と意欲を示した。投票日の荒川区の有権者数は15万4131人。投票者数は5万3909人で、投票率は34・98％となり、前回の区長選（04年）を8・74ポイント下回った。

得票率は7割を超える

過去2回の荒川区長選は、保守分裂による熾烈な戦いとなったが、今回は自民、公明、民主が現職の西川氏を推薦し、落ち着いた雰囲気の戦いとなった。

10日の開票日、西川氏の選挙事務所には朝早くから支持者が集まり始め、午前8時45分の開票開始を待った。支持者は一様に勝利を確信した表情で、リラックスムードが漂っていた。午前10時30分、当選確定の連絡が伝わり、事務所内は歓声が響いた。

その後、西川氏が事務所に到着。支持者と万歳三唱などを行った後、「党派に関わらず応援してくれたみなさんに感謝する」と礼を述べた上で、「職員を今後はパートナーと呼び、区民生活の『安全・安心の砦』として区政を運営していく」と抱負を語った。

西川氏の事務所には、自民党の松島みどり衆議院議員、崎山知尚都議、公明党の鈴木貫太郎都議らが訪れ、勝利を祝った。

敗れた竹内氏は「投票率が低かった。後期高齢者医療制度廃止で、高齢者の反応はよかったが、投票に行っていない人に私たちの政策が届けられなかった」と述べ、「西川氏は区民の声に耳を傾けて、弱者に配慮した政策を」と注文を付けた。

今村氏は「有権者に主張を広める時間も、力も足りなかった上、自公民の組織票に勝てなかった」と敗因を述べた。

〈開票結果〉

当西川太一郎　38253
竹内一浩　7695
今村眞弓　7173

大差で再選を決めた西川太一郎氏（左から３人目）

「信任」を得た現区政

【解説】今回の選挙戦に臨むに際して、西川氏は「1期目の自分との戦いだ」と語った。西川陣営の関係者も「信任投票のようなものだ」と話し、「勝ち方」が重要だと指摘していた。

自民、公明、民主の推薦を獲得。選挙戦最終日の街頭演説には、自民の二階俊博経済産業大臣、公明党代表の太田昭宏衆議院議員、民主党副代表の円より子参議院議員などが応援に姿を見せた。

約71％の得票率は、3党推薦を差し引いても、西川区政に区民が一定の評価をした、と言えよう。

政党関係者は「西川氏は区の財政を再建し、約300億円の基金もできた。従来の『財政難の区』のイメージを払拭した」と指摘。選挙戦で新人候補2人は「後期高齢者医療制度の廃止」「介護・福祉の充実」などを争点としたが、「区政に結び付けるには、やや大き過ぎるテーマだったのではないか」と分析する。

ただし、昨今の世界的な金融不安、経済情勢の悪化などが進む中、今後の区政運営には困難も予測される。都議4期、衆議院議員3期、そして2期目を迎えた西川区長の手腕に、区民の注目が集まる。（河）

自民・明戸氏が初当選

荒川区議補選

今年7月の自民区議の死去に伴う荒川区議会補欠選挙は、区長選と同日程の9日投票、翌10日に開票され、新人の明戸眞弓美氏(38)＝自民＝が、中村有希氏（35）＝民主＝、鈴木賢一氏(47)＝共産＝を破って当選した。

明戸氏は1970年生まれ。国学院大学大学院博士後期課程を単位取得退学。NPO団体職員を経て、自民党荒川総支部が9月に実施した公募で選出された。自民都議や区議全員の支援活動を受けたほか、公明も支持。中村氏との接戦を制した。投票数は、5万3883票。

明戸氏の当選で、荒川区議会の会派別議席数は、自民14、公明6、民主・市民の会3、共産6、無所属3。

〈開票結果〉

当明戸眞弓美　22120
中村有希　18695
鈴木賢一　11247

区市町村の負担9千万円に

後期高齢者医療制度　広域連合協議会が了承

東京都後期高齢者医療広域連合協議会が4日、開かれた。東京都広域連合は、保険料の所得割軽減策では国の負担分があることから、都内区市町村の負担分は約9千万円で済むことを報告し、了承された。

同協議会は、東京都広域連合長を務める江戸川区、副連合長の新宿区、八王子市、日の出町の首長と、特別区、市、町村の代表首長ら計18人で構成されている。

この日は、国の新たな軽減対策による保険料の所得割減額分負担金の減少が議題となった。

同連合は保険料の所得割について独自の軽減策を予定し、その区市町村負担は約6億9千万円になるはずだった。ところが、国は、所得割が発生する年金収入153万円超から211万円までの被保険者について一律50％軽減する新たな軽減策を導入。その分については国が負担するとした。

このため、都内の場合には、同連合が予定していた6億9千万円のうち、国が約6億円を負担し、区市町村負担として残るのは、国の軽減策に含まれずに残った同連合の独自軽減策の部分の約9千万円で済むことになった。

該当するのは、年金収入153万円超から168万円の人についての100％軽減、168万円超から173万円の人についての75％軽減。約3万6千人が対象となる。

国の保険料軽減策についての2008年度補正予算案は、10月中旬に国会で可決されている。高齢者医療制度円滑運営事業費補助金として、所得割軽減では88億3千万円、均等割の7割軽減対象者を8・5割軽減とする分では297億9千万円が計上された。

介護保険事業者に融資

杉並区　無利子で300万円

杉並区は6日、区内に本社などを有する介護保険事業者に対し、無利子で300万円までを貸し付ける緊急融資対策を公表した。12月1日から今年度末まで介護保険課で申し込みを受け付ける。

介護保険事業の①通所系サービス（通所介護、通所リハビリテーション、小規模多機能型施設）②入所系サービス（特別養護老人ホーム、介護老人保健施設、療養型医療施設、グループホームなど）を実施している従業員300人以下の社会福祉法人、NPO法人などが対象。杉並区内で介護保険事業を行っていても、主な事務所（本社）などがない場合は、融資の対象外となる。

融資限度額は「300万円以下」か「介護報酬の3カ月分以内」で、貸付期間は6年以内。連帯保証人が必要で、介護報酬債権の譲渡予約を担保とする。

杉並区によると、介護保険事業者の収入源である介護報酬は定額制のため、事業者側は食料費や電気代などの価格上昇分をサービス価格に転嫁できていないという。同区は「運転資金の確保に苦労する社会福祉法人やNPO法人が増える一方、一般的な企業融資制度では対象外のケースが多いため、特化した融資制度を創設した」としている。

前児童館長が経費を水増し請求

江東区　3年間に700万円余

江東区は6日、東雲児童館長をしていた45歳の男性が学童クラブの受託経費を水増し請求し、金銭の一部を不正に搾取していたと発表した。

前館長は、東雲第二、第三学童クラブの運営を区から受託している㈶東京キリスト教青年会（YMCA）の職員だったが、昨年12月から今年9月までの間に9回にわたり、3人の部下に超過勤務手当を水増し請求させ、その一部約30万円余りを不正に搾取していた。

区の指示でYMCAが詳細な調査をしたところ、2005年度から07年度にわたり約700万円余りが水増し請求され、YMCAの銀行口座に預けられていた。

前館長は、10月23日付でYMCAを懲戒解雇させられている。

区では刑事告発も視野に入れており、YMCAに対しては金銭の返還命令と監査体制に対する見直しと再発防止策を求めていく方針。

家庭の太陽光を買い取り

葛飾区　エコ電力の地産地消も

葛飾区は、家庭向け太陽光発電の電力の環境付加価値を売買できるようにした証書を、区が1キロワット時10円で買い取る制度を始めた。太陽光パネルは高価格がネックとなり広まらないため、区の支援で普及を後押しする。同じ制度は佐賀、愛知両県などで、すでに実施されているが、都内での導入は初めて。

家庭の太陽光発電で余った電力は、東京電力が1キロワット時20円前後で買い取っている。一方、使用した電力にも、二酸化炭素を排出していないといった「環境付加価値」があるとみなされている。

例えば、家庭が消費した太陽光発電の電力100キロワット時の環境付加価値は、証書化して売買されている。企業がこの証書を購入した場合、社内で使ったエネルギーから同量が削減されたとみなされる。証書の売り手は市民団体や企業が中心で、家庭の太陽光発電は発電量が小さいため、これまで見過ごされていたのが実情だ。

そこで葛飾区は、家庭から証書を買えるようにした。太陽光発電の電力のうち、家庭の自家消費分の証書を、区が1キロワット時10円で買い取る。10月から来年3月までに太陽光パネルを新設した家庭が対象だ。区によると、3キロワットの太陽光発電を設置した家庭では、年間約3千キロワット時の発電が可能で、その半分が自家消費分に相当する。年間で最大1万5千円が支給される計算になる。2012年度までに、昨年度の区の使用電力296万キロワット時のうち、毎年最大で20万キロワット時をグリーン電力でまかなう計画だ。

グリーン電力証書の売買に対し不信に思う家庭もあるため、区がエコ価値を認めることで安心感を植えつける効果がある。

区は、今回の証書買い取りを足がかりに社会全体に仕組みを広げ、エコ電力の地産地消を狙う。区と同じように、家庭の太陽光発電の消費電力分を評価した証書を、企業に買い取ってもらいたいという。

現在、一般的な家庭向け太陽光パネルは3キロワットで約200万円と、10年以上前と比べ約3分の1に値下がりした。しかし、依然として高額のため普及は低迷しており、"ミニ発電所"である家庭の太陽光発電の評価はまだ低い。

区では05年から、太陽光パネルの新設時に1キロワットあたり3万円を助成し、これまでの支給実績は約200件。だが、電力の売り手となる家庭をさらに増やさない限り、買い手の企業にとって魅力的な市場にならない。

一方、都では09年度から、都内の家庭を対象に3キロワットの太陽光パネルを新設した場合、一括で30万円を補助している。1キロワットあたり10万円の助成となる。

区立幼稚園で預かり保育

文京区　来年度実施で条例改正

文京区は来年度から、すべての区立幼稚園で「預かり保育」を実施することを決定し、17日開会の第4回定例区議会に条例改正案を提出する。

文京区はこれまで、区立幼稚園3園で預かり保育を試行してきたが、区の「保育園待機児緊急対策」の一環として、全園での実施を決定した。

預かり保育は、居住地の周辺に幼稚園しかないような幼児などを、幼稚園の通常の開園時間の前後や、夏休みなどの長期休業中に保育するもの。文部科学省の統計調査では、実施している公立幼稚園は、全国で50％未満にとどまっている。

文京区の区立幼稚園の預かり保育は、祝祭日と幼稚園休業日を除く月曜から金曜日までの「教育課程修了後から午後4時30分まで」とし、夏休みなどは月曜から金曜日までの午前9時から午後4時30分までを想定している。

登録利用は、1園あたり15人以内の定員枠を設定。利用料金は月額6千円程度。

一時利用は、1日あたり10人程度までを受け入れるとして、その他の制限は設けない。利用者の公平を期するため、1カ月あたりの利用回数に上限を設ける予定。利用料金は、日額500円（長期休業中は千円）程度とする見込み。

「ミッフィー花壇」に球根植え付け

品川区の保育園児

品川区の区立東品川保育園の園児らがこのほど、区立東品川海上公園の「ミッフィー花壇」にチューリップの球根を植え付けた＝写真。

今年が日蘭修好通商条約の締結150周年を記念した「日本オランダ年」にあたることから、「オランダを身近に感じて」と、オランダ国際球根協会が企画し、無償で球根を提供。区の協力やディック・ブルーナ・ジャパン、オランダ大使館の後援で実現した。植え付けには同園の5歳児ら15人が参加。2歳児から4歳児らは周りで見守った。植え付けの指導は、園芸家の奥峰子さん。

園児らは、オランダ生まれの絵本の主人公ミッフィーがビオラで描かれている花壇に、白と黄色のチューリップの球根計460球を植え込んだ。子どもたちは、来年春にチューリップが咲くのを楽しみにしている。

通級指導学級で補正予算案提出

中央区

中央区は、中学校での通級指導学級の開設準備の今年度一般会計補正予算案をまとめた。通常の学級での学習に参加できるものの、軽度の障害があり、一部で特別な指導を必要とする生徒への支援を充実させる。20日に開会する第4回定例区議会に提出する。

通級指導学級は、晴海中学校にスペースを確保し、開設予定は来年4月1日。定員は10人を予定している。情緒障害や注意欠陥多動症、学習障害や自閉症などの生徒を対象とする。週1回程度通学し、指導を受けることができる。同区での通級指導学級は小学校ではすでにあるが、中学校での設置は初めて。

施設改修として2286万5千円、運営準備として346万9千円を計上する。

記者席

知事の大いなる勘違い

○……金融機能強化法が衆院を通過し、参院で審議入りした。次の焦点は参院での石原知事の参考人招致だ。

石原知事は7日の会見で、「民主党が政局にしようという節がある。国会で特定企業の名前を出して是非を問うのは異例」と苦言しながらも、「呼ばれたら出て行く」と語り、招致に応じる考えだ。

金融市場は、信組程度の規模しかない新銀行東京の行く末など眼中にない。その意味で、この問題は政局以上の意味はない。延々と新銀行東京の意義を語る知事を見ると、勘違いしていると感じる。

○……首都大学東京の今後3年間の行動計画「大学の将来像」では、寄付金を集めるため、OBのネットワークを強化する考えを打ち出した。運営費の7割を都からの交付金に依存するが、年間2・5％（約3億円）ずつ逓減するため外部資金の獲得が課題だ。企業や行政からの研究費や事業費とともに、OBからの寄付金などの確保が重要になる。

しかし、公立大学が母体の大学のためか、OBの愛校精神は強いとはいえないようだ。首都大の寄付金の受け入れ額は07年度実績で1億2千万円。そのほとんどが企業で、個人は皆無に近いという。医学部がある大学は寄付金も多く集まる傾向があるが、同じく医学部がない私立の明治や立教、法政が5億～10億円なのに比べると確かに少ない。行政の現場で活躍するOBの皆様も、ぜひご協力を。

○……核家族化などで、家庭や地域の教育力は落ちる一方。その分、本来は家庭や地域で解決すべき問題が学校に持ち込まれ、学校側はその加重負担にあえいでいる。家庭、学校、地域社会の三者連携が課題になって久しいが、なかなか解決策は見つからない。

そこで注目されているのが、都生涯学習審議会が目指す「地域教育行政」という新たな行政機能。これまでの学校教育行政と社会教育行政のすき間にある課題をつなげる役割を果たすもので、「来年に『地域教育課』を作ろうと思っている」（葛飾区・山崎教育長）の声も。審議会答申後は、教育行政に新たな動きが出てきそうだ。

景気減速で打撃

来年度予算編成方針

施策の廃止・縮小も

多摩26市の予算編成作業が進んでいる。世界的な金融危機が日本経済にも大きな影響を及ぼす中、09年度の歳入は、法人市民税の減や国からの交付金、補助金等の見直しなどで増要因はほとんどなく、歳出では人件費や扶助費の増大、施設の耐震化や更新などの工事コスト、市民ニーズの多様化などで、一層厳しい局面を迎える見通しだ。一般財源を補てんしてきた財政調整基金も底が見える状況にある市もあり、知恵と工夫に加え、施策の縮小・廃止を視野に入れた一段とシビアな予算編成が迫られている。

◆国や都の動き

国全体では、02年から続いてきた景気回復の流れが減速。米国の低所得者向け住宅融資「サブプライムローン」問題や、リーマン・ブラザーズの経営破たん等に端を発した金融危機の影響、エネルギー・原材料価格高騰などを背景に、先行きは不透明な状況になっている。

こうした中、国は歳出全般にわたる政策を徹底的に見直していく方向で、09年度地方財政収支の仮試算では、地方交付税で3・9%減、交付税に地方税などを加えた一般財源総額は前年度比0・6%減。一般歳出も0・4%減としており、地方もさらなる歳出抑制を強いられる状況にある。

東京都でも、09年度は6年ぶりの大幅な収入減を見込む財政環境で、市区町村に対する補助事業の廃止や統合・再構築による新たな包括補助制度の創設等が続く状況。しかし、「都民生活を脅かす課題に適切に対応していく予算とし、『10年後の東京』の実現に向けた取り組みを始め、将来の東京を見据えた施策の着実な実施と都民の税金を最大限効率的に活用するという認識の下、事業の有効性を検証した上で実効性の高い施策を構築する」との方針に、多摩地域では期待感もある。

◆厳しい財政の中で

これまでの景気回復基調により、ここ数年間、個人市民税や法人市民税の税収増が見られた市も、09年度は、固定資産税が評価替えや設備投資の減少、景気動向による法人市民税の減、地方譲与税や各種交付金減など、総じて減収を見込む厳しい状況だ。

八王子市では、市税収入が法人市民税を中心に08年度比11億円減を見込んでいるが、「市税減収は04年度以来のこと」で、減収調整にはこれまで備えてきた基金を最大限活用して対処。調布市も「総額で歳出が歳入を上回る」と見込み、不足財源は「各種基金の取り崩しのほか、臨時財政対策債の借り入れが不可避の状況」とする。しかし、「将来負担増と資産形成につながらない臨財債の借り入れは抑制を基本に取り組む」と予算編成への慎重な対応を呼びかける。

財源不足を補うため、基金の繰り入れで対応する市は多いが、その基金が危機的な状況を迎えている市もある。

東村山市は「貴重な一般財源となる地方交付税が04年度からの交付税改革の影響で連続して大幅削減され、基金等からの繰入金への依存が一層高まる傾向」とする中、財調基金は残り5億円程度で、特定目的基金を加えても基金残高は23億円程度。「枯渇寸前の基金への依存はもはや不可能」とし、すべての事務事業で手法の検証、業務の改廃・縮小を徹底。新規事業は原則見送り、「全額補助事業であっても慣例的な判断をせず、今後の経常経費の見通しなどから慎重に判断する」としたほか、予算要求後の査定作業に「財務部主導を踏襲しながらも、行財政改革の視点から政策室と協調して査定を行う新たな仕組みを導入する」考えだ。

また、多摩市も「財調基金が減少している現状では、年度間の財源調整という本来の機能が低下していることから、恒常的な基金繰り入れ体質から脱却し、将来への備えとして積み立てることへの道筋を立てなければならない」と方向性を示している。

◆徹底した見直しへ

厳しさを増す行財政運営の中、歳出抑制の取り組みがそれを上回る需要によって相殺され、各市は苦しい状況が続いている。そのため、09年度は施策の「選択と集中」「無駄をなくした財政の縮減」などに、各市とも徹底して取り組んでいく決意だ。

武蔵野市は枠配分方式をすべての部で実施し、08年度比1%減で試行。部全体で事業の見直しを再度行うことにより、その経費を他の事業や他の課の事業に配分することができるようにするほか、予算の持ち越し制度（財政課が示した額と実際の予算要求額の差額について2分の1を上限に翌年度の枠配分額に加算）を実施する。

府中市は、扶助費は原則前年度予算額の2%増を限度とすることに留意して積算を行い、査定方式で金額を決定する。三鷹市は、経費総額（一般財源ベース）で2・5%のマイナスシーリングを実施。小金井市は消耗品、燃料費、光熱水費、電話料等の需用費を原則5%減とした。また町田市では、特に委託料の見直しを徹底し、前年度予算比5%以上の削減額を目標とした。

また、各部局の裁量を重んじる枠配分方式での予算編成が主流となる中、調布市は、05年度から4年間取り組んだ同方式を改める。「一定の成果をあげることができたが、枠配分の達成額や達成率などに各部所間の不均衡が生じていることや、編成作業の重複・長期化・事務事業評価との連動性など、改善すべき課題もある」ことが理由だ。事務事業評価との連動性を高める方式に見直し、改善を図る「全835事務事業をゼロベースから総点検（棚卸し）」するため、事務事業評価結果と執行状況等を重ねた総合調整に取り組む。さらに、予算編成過程での予算要求額・調整後額等を公表することで、市民へのアカウンタビリティー向上を目指す考えだ。

基礎的自治体を取り巻く環境が激動する中、事業そのものの必要性と、行政、市民、事業者等の役割分担を見直し、どこまでスリム化できるか。「本当に市の職員が直接行わなければ遂行できない業務であるか」を徹底追求した予算編成が求められている。

ダストボックス廃止に賛成56%

府中市　収集方式転換でアンケート

ごみ行政の転換を検討している府中市はこのほど、9月に実施した「ごみ原料に関する市民アンケート調査」をまとめ、報告書を作成した。可燃、不燃ともに、基本的にいつでもごみを捨てられるダストボックス方式を採用しているのは、26市でも府中市だけとなっているが、外から見えないようになっている分、ごみの分別の不徹底も目立つ。「環境への配慮」が世界共通のキーワードとなる中、アンケートをふまえ、1万カ所以上あるダストボックスの是非を含めたごみ行政のあり方を見直し、今月中にも市の方向性を示す考えだ。

ごみ分別の不徹底が問題のダストボックス

今回行ったアンケートは、現行施策の効果検証やごみ50%削減に向けた計画立案のための基礎資料とすることが目的。20歳以上の2千人を無作為に抽出して郵送方式で実施した。設問も30と多かったものの、回答率は63・6%と高く、ごみ問題や、環境への関心の高さが伺えた。

ダストボックスについての設問では、「廃止に全面的に賛成」11・7%、「市の説明に納得できるなら廃止もやむを得ない」44・7%を合わせた56・4%が廃止賛成で、「廃止には絶対反対」の33・2%を大きく上回った。過去に行った調査では、ダストボックス方式に賛成する意見が8～9割を占めていたこともある中で、「廃止に全面的に賛成」が1割を超えたことについては担当課でも「予想以上」と話し、市民の意識の変化の表れとも受け取れる結果となっている。

一方で、ダストボックスでのごみや資源排出の頻度を尋ねた設問では、燃やすごみが週に「3～4回」が最も多い36・5%で、続いて「5回以上」が30・6%。プラスチック類の排出も週に「1～2回」（41・0%）、「3～4回」（34・4%）、「5回以上」（14・1%）と半数以上が3回以上排出していた。それぞれのごみ出し時間も、日中排出が6割強、夜間排出が3割5分程度となるなど、24時間を通して排出パターンが多様化。日にちや時間に制約のないダストボックスの利便性を活用し、定着している様子が伺えた。

また、家庭ごみの有料化では、「全面的に賛成」と「どちらかというと賛成」を合わせて52・5%で、「どちらかというと反対」「全面的に反対」は34・4%。一般的な傾向とは裏腹に、市民の意見は有料化に「賛成」寄りだった。

アンケートは、ダストボックスの利便性を保持したい思いと、環境意識の高まりとの間で揺れる市民意識を反映した結果となっている。

市民サービスとして40年間続くダストボックスは、府中市民にとっては「あって当たり前」のもので、地域によってはダストボックスを中心にコミュニティーができているところもあるが、07年度のごみの組成調査では違反ごみの混入が目立ち、26市のリサイクル率でも、資源として出された量は府中市が最下位で、施設で分別される量は1位と、分別の不徹底が如実に現れた結果も出ている。

ごみ減量推進課は「現状の収集方法は、市民ニーズには応えているが、循環型社会には対応しにくいシステム」と話す。

市では、廃棄物減量等推進審議会が答申した「ダストボックスを廃止し、家庭ごみを有料化し、戸別収集の速やかな実施」や、延べ74回実施した「ごみ減量に関する市民の声を聞く会」の意見なども勘案し、今月中にも市の方向性を決定していく。

都、5事業で施策見直し提案

東京都市町村協議会

市長会、町村会から緊急要望

東京都市町村協議会が7日に都庁で開かれ、市町村にかかわる施策見直しが都から正式に提案された。市長会と町村会は、防災対策や産科・小児科医確保など、来年度の都予算編成に対する重点要望事項を提出した。加えて「義務教育就学児医療費助成事業」と「耐震化促進税制の創設」に関する緊急要望も提出。市町村への影響に配慮した適切な対処を求めた＝写真。

都が施策の見直しにあげた5項目は、①義務教育就学時医療費助成事業②地域福祉推進区市町村包括補助事業（仮称）③子ども家庭支援区市町村包括補助事業（仮称）④障害者施策推進区市町村包括補助事業⑤福祉保健基盤等区市町村包括補助事業——で、義務教育就学児医療費助成については助成割合の見直し、その他は事業の再構築などを提案したもの。

このうち義務教育就学児医療費助成は、現行の自己負担分3割のうち1割を市町村と都で2分の1ずつ補助しているが、自己負担分3割を、市町村と都で2分の1ずつの補助に変更する内容。

これについては先に都議会自民党と公明党が、「市町村財政に支障をきたすことがないよう」石原都知事に緊急の申し入れをしているが、市長会も今回、緊急要望を提出した。「これまでの3倍の財政負担は事実上不可能」とし「今回の提案は財源問題に触れておらず、市財政窮状の認識を欠いたもの」と厳しく指摘。

市側との議論なく一方的に示されたことに遺憾を表明し、今後、相談や市の意見の尊重、市財政に支障をきたさない措置、適正な本人負担額への配慮などを求めた。

また、市長会、町村会の連名で「耐震化促進税制の創設に関する緊急要望」も実施。都が権限のある23区に対して固定資産税・都市計画税を減免措置する税制だが、これを各市町村が同様に独自減免した場合に生じる税収減で、市町村の財政に支障のない具体的な措置や、都の責任で等しく耐震改修が促進される措置を求めた。

09年度予算編成に対しては、市長会会長の黒須隆一八王子市長、町村会会長の青木國太郎日の出町長は、それぞれ景況感悪化や国庫補助負担率引き下げ、都の事務事業の見直しなどで厳しい状況の中、財政負担の増大に苦慮している現状を説明。市町村総合交付金の増額や、環境・福祉施策への財政支援強化、都市基盤整備、防災事業の充実や財政措置などに、特段の配慮を訴えた。

ほかに市長会は、国体を契機とした発展支援、産科・小児科・麻酔科医師・看護師確保、小児医療の確保での施策強化、町村会は「多摩リーディングプロジェクト」にある重点推進事業の着実な推進や、廃棄物処理施設の整備で技術・財政支援とともに、将来の維持管理費に対する補助制度の創設などを求めた。

市立小学校長がわいせつ行為

国分寺市　児童らに心のケアを

国分寺市は6日夕、市立第二小学校の長谷川一彦校長（54）が、神奈川県警少年捜査課に県青少年保護育成条例違反（わいせつ行為）と児童買春・児童ポルノ禁止法違反（児童買春）の疑いで逮捕されたと発表した。

長谷川容疑者は5月24日、携帯電話の出会い系サイトで知り合った茨城県稲敷郡の少女（17）に対し、川崎市で5月と6月に、わいせつな行為を見せた疑いと、同じ少女に現金1万2千円を渡して川崎区のホテルでわいせつ行為をした疑いがもたれている。本人は容疑を認めており、ほかにも余罪があるという。

これについて、6日には市教育委員会が第二小の教職員を集めて事件を伝え、「通常通り教育を行ってほしい」と指導。教員らは一様に驚きの様子だったという。また同日、臨時の校長会を開いて、服務厳正の指導徹底を図るよう伝えたほか、翌7日朝には、第二小の児童に対し、副校長が事情を説明した。

児童に具体的な内容は話していないが、報道などで知る情報も多いため、市教委は臨床心理士を3人派遣し、児童の心のケアに対応する。8日には、第二小の保護者を対象に臨時の保護者会を開いて、事件や市の今後の対応などを知らせた。

市教委は、神奈川県警に対して長谷川容疑者への接見を求めているが、7日現在、実現していない。事件の詳細を把握でき次第、報告書を都教委に提出し、処分を待つという。

長谷川容疑者は、1980年に教諭として採用され、05年4月から第二小の校長。今年4月からは、市内の10小学校で構成する校長会会長でもあった。

市教育委員会の松井敏夫教育長は「信頼を根底から崩すもので、弁解の余地はなく、許されるものではない。詳細を正確に把握し、信頼回復のためにしっかり対応していきたい」などとコメントしている。

市内業者を救済　融資制度を拡大

八王子市

八王子市は10日から、事業資金融資あっせん制度の融資枠を市独自に拡大し、利子補給額を引き上げた。信用保証協会の制度改正による不況業種に指定されなかった業種を含め、同協会が認定するすべての業種を対象とするもの。制度改正にあたり、市長専決処分による予算措置を講じ、市役所1階に緊急特別窓口を新設するなど、柔軟かつ迅速に対応している。

保証協会の「セーフティーネット保証制度」は、10月31日から対象を185業種から小売や飲食業などを含めて545業種に拡大している。しかし、全国には約900種の業種があり、今回の制度改正で指定されていない業種もある。市の取り組みは、融資取り扱い金融機関や保証協会と協力してこうした小規模事業者を救済するもの。

内容は、小口事業資金（利率2・8%）であっせん限度額を2千万円から3千万円に拡大し、小規模企業資金（利率2・4%）の利子補給を1年間に限り、1・2%から2・4%に拡大。実質本人負担はゼロになる。

専決処分による予算措置で、融資限度額引き上げ分は550万円、利子補給分で100万円をそれぞれ増額した。

また、緊急特別窓口では、臨時職員を配置するなど、体制を整えて対応に当たっている。

週刊 たま手箱

災害情報を24時間メールで配信開始

武蔵村山市

武蔵村山市は11月から、大雨、大雪等の警戒情報や建物火災について、24時間情報をメールで配信するサービスを開始した。現場や市役所に参集して、状況を把握した防災安全課の職員が配信するもので、多摩地区では珍しい取り組みだという。

同市では、これまでも携帯電話へのメール配信システムとして、登録した利用者に、不審者等に関する犯罪情報や、風水害、火災発生などの災害情報、市政情報などを市役所内のパソコンから配信していた。原則として平日の午前9時から午後5時で、火災の場合は防災行政無線を使い、午前7時から午後10時までは知らせることができていたが、深夜帯などは情報配信できる仕組みがなかった。今後、災害情報については、24時間配信されることになり、安心安全の一助としていく。

イメキャラの愛称は「こきんちゃん」

小金井市

㈱スタジオジブリの宮崎駿氏が制作した小金井市のイメージキャラクターがこのほど、「こきんちゃん」という愛称に決定した。

市政50周年を記念して、市が名誉市民である宮崎氏に依頼していたもの。全都道府県から3807人（市民1919人、市外1888人）の応募があり、決定愛称名に応募した人の中から抽選で受賞者を選定した。

©Studio Ghibli

市は「より良い市政運営、行財政改革に取り組む中で、このキャラクターと愛称を活用しながら市のイメージアップを図っていきたい」と話している。

「こきんちゃん」は、すでに市のホームページで登場しているほか、今後は市の刊行物、市報、市PRグッズの頒布なども視野に入れて、活用を検討していく。

特別区労使交渉

行(一)・業務職給料表を提案

特区連　成績率拡大提案に反発

清掃労組　一時金の要求書を提出

区長会と特区連、東京清掃労組は6日、団体交渉を行い、区長会が行政職給料表（一）と業務職給料表、および地域手当の取り扱いについて提案した。行（一）給料表は人事委員会勧告通り、月例給を地域手当引き上げ分と同率程度引き下げる。地域手当の支給割合を1・5%引き上げて16%とし、業務職給料表も同様の見直しを行う。これに対し組合側は、業務職給料表が例年に比べて早期に示されたことを評価する一方、特区連は、この間区長会が示した勤勉手当の成績率拡大提案などに強く反発し、対決姿勢を強めた。また清掃労組は年末一時金等に関する要望書を提出し、改善を求めた。

人事委員会勧告では、民間が月例給で75円（0・02%）上回るにとどまり、ほぼ均衡する中、地域手当の支給割合を1・5%引き上げて16%とし、これにあわせて給料月額を同等程度引き下げる考えが示された。また、I類初任給付近の号給等は、国との均衡や人材確保の観点から引き下げを緩和するとした。

区長会が示した行(一)給料表の改定方針は、この考えを踏襲したもので、適用日は来年1月1日からとした。

また、区長会は業務職給料表もあわせて提案。行(一)給料表に準じて、地域手当の引き上げ分と同率程度引き下げるとした。昨年の交渉で業務職給料表の平均9%削減を行った際、現給保障のために設けた保障額表についても、同様の引き下げを行う。なお、再任用職の給料月額は現行通りとした。

例年、業務職給料表は交渉の最終段階で示されており、組合側が早期提示を求めていた。今回、最終段階を迎える前の提案を両組合とも評価する一方、区長会がこれまでに示した提案も含め、要求を行った。

特区連は行（一）給料表について、民調がプラス較差となったことに言及。「小額とはいえ扶養手当の引き上げ等での較差解消が可能」などと指摘し、組合要求を受け止めるよう申し入れた。

業務職給料表についても、ほとんどの職員が保障額表の適用となる中、「それを抜きには実質的な議論にはならない」（佐藤義彦書記長）考えから、保障額表の扱いも含めた協議を求めた。

また、勤勉手当の成績率の拡大提案には、引き続き激しく反発。勤勉成績の判定期間が前年1月1日から12月31日となる中、その8割が過ぎた段階での見直し提案に、「野球で言えば8回を過ぎてからの、ルール違反もどき扱い」（佐藤義彦書記長）と切り捨てる。

しかも、勤勉手当の成績率は今年の一時金から導入し、経過措置の区もあるため、「乱暴かつ理不尽な提案」とバッサリ。扶養手当の除算提案についても「生計費支出が一番大きい層に大打撃を与える」と述べ、容認できないとの考えを示した。

また、今交渉の大きな争点になっている技能・業務系人事制度については、任用資格基準や級格付資格基準、技能長職等の設置基準の改善などを引き続き求めた。

さらに、人事委員会が1日15分短縮の考えを示した勤務時間については「もはや逡巡する時期ではない」と述べ、早期実施を求めた。

これに対し、区長会は成績率制度について、「勤勉手当に勤務成績を一層反映させるための制度が必要」と主張。組合要求と真っ向からぶつかった。

勤務時間については、「各特別区の様々な職場の勤務体制について、十分検討する必要がある」と述べる一方、「区民の理解を得るには、休息時間の廃止が不可欠」との考えを改めて示した。

他方、清掃労組は年末一時金等に関する要求書を提出。支給割合について、「昨年度の民間支給割合が4・52月で、この2年間を合算すれば0・03月もの較差が生じる」と主張し、較差分を改善するため3カ月分を支給するよう要求。20日までの回答を求めた。

特区連、清掃労組とも、今月21日に統一行動を構えており、特別区の確定交渉は20日がヤマ場となる見通しだ。

都小委交渉

現業・教員提案の影響示す

現業　約6割が最高号給切り替え

都と都労連の小委員会交渉が7日に行われ、都側は「業務職給料表の見直し」と「教育職員の人事制度」の二つの提案内容に関して、見直しの際の影響等を明らかにした。またメーデー職免の見直しにも言及した。これに対して都労連は、業務職給料表の見直し提案の即時撤回や教員の人事制度に関わる提案内容への反対姿勢を改めて明確にし、都労連諸要求に対する回答を早期に示すことが、協議促進や自主解決への前提であると強調した。

業務職給料表の見直しに関わる都提案では、見直し後の給料表への切り替え方法を「同額直近上位方式」としている。その理由として、都側は最高号給よりも下位の号給に切り替えられる職員について「昇給調整はあるものの、見直し直後から昇給が可能」と述べた。

同日の小委では、さらに最高号給に切り替えられる職員が、全体の約6割になることも明らかにした。その上で、現給保障の措置を講じていることを挙げながら「職員への影響を考慮して、可能な限りの配慮をした」とし、「給料表見直し案を何としても実現し、解決を図っていきたい」との考えを表明している。

新2級昇給調整　教諭等の約3割

教育職員の人事制度では、新たな教育職給料表への切り替えにあたって、追い越し防止や職責差反映等の観点から実施される加算措置や昇給調整の説明を行ったほか、今回、新2級適用者に対する昇給調整の対象者が、教諭等の約3割になることを明示した。

ただし、給料表の切り替え日において、主任教諭または主幹教諭に昇任した場合には、新2級適用者に対する昇給調整の対象外となり、実際はさらに少なくなるとの見通しも併せて示した。専修実習助手や主任寄宿舎指導員では、5割近くの職員が昇給調整の対象となると説明している。

このほか、都側がすでに廃止を提案しているメーデー職免に関しては、実際の承認者数の減少に加え、こうした休暇・職免制度が国になく、他の道府県でも2団体にとどまっている状況などに言及。「都民に説明する積極的な意義付けは、もはや持ちえず、到底理解を得ることはできない」として、速やかに解決を図ることが必要と訴えた。

一方、都労連は、これまでに提出している都労連諸要求に対する具体的な協議が行われていない状況について「事態は重大なこととなっている」とし、都側の責任を厳しく追及した。

さらに業務職給料表の見直し提案では、「現業系職員の役割と責任を正しく評価すれば、このような改悪案など提案できないはず」と強く反発して、引き続き、提案の即時撤回を求めた。

教育職員の人事制度では、「主任教諭」の必要性を巡って、納得のいく説明が行われていないことを指摘し、都労連との協議と並行して行われている任命権者と関係単組に関しても「様々な質問や疑問に対する見解を求めても明確な回答が示されていない。何のために任命権者との協議を設けたのか、その意義がない」と批判した。

また職務段階別加算や退職手当の調整額など、都労連要求と真っ向から対立する提案内容については、明確に反対であることを強調している。メーデー職免は、「制度的に問題ない」との認識を表明した。

同日の小委で、都側が「残された時間は少なくなってきた」と発言したが、今期確定交渉では、重要課題を中心に、協議は平行線をたどっている。こうした中、12日には都労連が、第1波のストを設定しており、ひとつの大きな局面を迎えることになりそうだ。

投稿

区管理職選考に思う

I類　23区全体での実施復活を

「そうだ、そうだ」

久しぶりに、そう思う意見に出会いました。10月31日号に掲載された「区政の潮流」です。

当区は、従来から管理職合格者を多く出す区であり、他区に派遣された同僚も少なくありません。私自身、昇任時には他所へ派遣されています。

5年前の管理職選考の制度改正に違和感を覚えつつ、その結果を概観していましたが、昨今の管理職選考の結果を見るにつれ、制度改正の負の部分がことさら目に付くようになりました。

合格者の多い区の現状

14人と9人、17人と10人。当区の去年と今年のI類II類事務の一次合格者数です。これが、最終的には去年が6人と3人、今年は6人と5人の合格予定者数となっています。一次合格者の数字だけを見れば、当区では、制度改正以前から、この程度の合格者数を出しており、特段の問題はないのですが、一次合格者の最終合格までの倍率を他区と比較すると、その差があまりにも大きく愕然とします。

他区では、制度改正以降、需要数が2人で一次合格者が2人ないしは3人のような区が少なくありません。制度改正以前は、I類の合格者が0～1人、II類の合格者が1人という区が散見されました。

聞くところによれば、そうした区では、管理職は組合や議会対応が大変だ、そもそも管理職は都から派遣されてくるものだ、との認識が少なくないとのことです。つまり職員相互に管理職になろうとする意欲が薄く、区全体に管理職を育成するという視点が弱かったのではないかということです。

当区では、最近少なくなったとはいえ、職員の自主的な勉強会が2グループ以上あり、前年の合格者が講師を務め、後輩に引き継ぐという良き伝統が残っています。しかし、こうした伝統も制度改正以降、二次選考となる面接からは、共に勉強した者同士の競争となることが明白になったことで、年々、参加者が減少しています。加えて、職員間に勤務評定等の内部評価に対する無用の不信感を生じさせるものとなっています。

I類の各区選考には無理がある

管理職選考の発表がある都度、当区のように一次合格者の多い区の受験者は「合格者の少ない区と比べると不利だなぁ」「いや、何か仕組みがおかしいのではないか」という思いに駆られます。

「潮流」で指摘していた通り、I類にあっては23区全体で選考するものとし、II類においては一定レベルをクリアした人を各区が個別選考するという制度にすれば、制度改正の折に課題になったと思われる任命権者の意向や実務能力を反映させることが可能となります。

また23区全体の管理職の水準を一定レベルで維持することも可能で、現状の制度よりは、一歩進んだ仕組みになると考えます。

加えて、「潮流」でも触れていましたが、各区で最終的な決定をするような制度では、I類II類ともに、いわゆる癖のある人材、異才ともいうべき人材の合格は、ほとんど不可能となるという危惧の解消にもつながります。

当区のような大規模な区でさえ、各区選考では一面的な評価のおそれを否定できないなか、中・小規模の区で、多才な人材の発掘や多様な評価が可能になるとは思えません。

幕末、吉田松陰が、自藩内では、それほど評価されていなかったものが、九州遊学以降、遊学先の有力者等から多大な評価を受けたことで、自藩内の評価が高まったという逸話があります（江戸遊学以前の話です）。狭い枠内の評価では、人材発掘に限界があることの一例です。

統括係長として、一定評価された人が受験するII類を各区選考とすることは、実務能力や任命権者の意向等を反映し、選考する制度と割り切れば、それほどに違和感は生じません。ただ、当区のように最終合格者の2～3倍の一次合格者が出るような状況では首を傾げたくなりますが。

一方、I類には、まだ評価の定まらない、これから多くの可能性を秘めた多才な人材が受験します。そのため、より多くの倍率の中で、多様な視点からの選考が必要となります。これをII類と同様に、各区選考で最終合格者を決定することによって合格しなかった人材を見るにつれ、もったいないな、と思うのです。

当区で最終合格しなかった人材が、他の区で同じ評価を受けるとは思えません。改正以前の制度であれば、合格したであろう人材が多くいます。たまたま、当区の需要数がそこまでいかなかっただけなのです。このような状況の区は、ほかにもあると思います。

逆に、一次合格者数と需要数が同一となる状況では、もはや選考とは言えず、そうした中での合格者の決定は避けなければならないはずです。実際、そうしたことが発生する区においては、良かれと思って、合格者を決定しているのでしょうか。止むを得ないと思っているのでしょうか。制度改正の負の部分が、最も表れる部分です。

全国に誇れる管理職選考

23区が一定水準を保ちつつ、多様な施策を展開するには、それを可能とする職員の存在が不可欠です。区長や議会の意向を受けつつ、区民等と様々な意見調整を行い事業展開する。それを担うのが管理職です。

その管理職に一定の知識と視野の広さを求めることは当然です。管理職になろうとする人材を、可能な限り、多面的な視点から評価し、育成していく。加えて言えば、適正な処遇をする。そのことが、結果として各区の発展につながると確信しています。

23区の管理職選考は、国家公務員や他の自治体のような採用区分と序列等による選考手法によって昇任が決定される仕組みとは異なり、学歴や採用区分を問わず、一定の条件に合う30歳代後半から40歳代の伸び盛りの人材を23区全体で選考し、育成していくものでした。この仕組みは、他の自治体には見られない、全国に誇り得るものです。

特別区人事委員会の委員の皆様、そして事務局の職員の方々、関係者各位、こうした声を各人が上げて、管理職選考のI類選考を23区全体で実施することを復活させようではありませんか。

（I類受験者OB）

会計管理局

平均残高3兆9434億円に

第2四半期の資金管理実績まとまる

都会計管理局は6日、08年度第2四半期（7月1日から9月30日まで）の資金管理実績を取りまとめた。この中では、公金の保管、運営実績及び金融機関種別の預金内訳等を明らかにしている。

第2四半期では、歳計現金等で法人2税の収入を反映、基金の積み立て、準公営企業会計での土地売却収入等の影響により、全体の平均残高は、対前期比6591億円増の3兆9434億円に上った。利回りは、前期からほぼ横ばいの0・738%、運用収入は73億3200万円だった。

具体的に資金の内訳でみると、まず歳計現金等では、6月上旬以降の法人2税等の税収が寄与したことで、平均残高は1兆540億円となった。前期と比べて3143億円増、前年同期比では835億円増えている。また08年度の資金管理計画にある運用期間の長期化や、90%以上の水準維持を上げた定期性預金の割合の増加に伴って、利回りも前期から0・049%上昇した。

基金については、6月末に実施した1千億円に上る東京オリンピック・パラリンピック開催準備基金の積み立て、また減債基金の積み立て等の影響を受けて、平均残高が3244億円増の2兆4438億円。利回りも債券や定期性預金の金利上昇が反映されて0・908%となり、運用収入は55億9200万円に達している。

病院事業、臨海地域開発事業、港湾事業、中央卸売市場事業、都市再開発事業の計5事業会計からなる準公営企業会計では、臨海地域開発事業会計での土地売却収入等があったことから、平均残高は対前期比203億円増の4456億円となった。定期性預金の占める割合が増加したことで、利回りも前期から0・797%に上昇している。

今後の資金管理を巡っては、10月31日に日銀が7年7カ月ぶりとなる利下げ（下げ幅は0・2%）を決めた。このため、09年度には利回りに影響が出る可能性もあると同局ではみている。

不適正取引で業務停止命令

埼玉県・岩手県と同時処分

都生活文化スポーツ局は6日、高齢者等に強引に高額な浄水器を契約させるなど、不適正な取り引きを行っていた事業者3社に対し、特定商取引法に基づく業務停止（3カ月）を命令した。このうち2社は、関連法人を含め、埼玉県及び岩手県と同時処分となった。今回のように、近接していない県と広域的に連携して同時処分した事例は、全国でも初めてという。

今回、処分を受けた3社は、いずれも高齢者宅等に浄水器の点検名目で訪問し、新しい浄水器の購入を勧誘。さらに勝手に浄水器を取り付け、購入を断っている消費者に対しても、大声で怒鳴るなど脅して、契約させるなど不適正な取り引きを行っていた。

都に寄せられた相談件数は、過去3年間で86件（3社合計）となっており、平均契約額は40万8千円から89万2千円、最高契約額が633万円に上ったケースもある。

明るい選挙ポスター展

入選作品など109点展示

都庁南展望室で開催中

都選挙管理委員会事務局は10日から、都庁第一本庁舎45階の南展望室で、明るい選挙ポスター展を開催している。将来の有権者である都内の児童・生徒から応募があった1万5131点のうち、入選作品など109点を展示する。

またポスター展では、昨年に引き続き、選挙を身近に感じてもらうため、投票箱や記載台といった選挙用具、選挙の歴史写真パネルなども設置される。都庁南展望室でのポスター展の開催は11月16日まで。12月には立川女性総合センター内の立川アイム・ギャラリーでも行われる予定となっている。

当選者を決定

倍率は7.5倍に

09東京マラソン

都生活文化スポーツ局は6日、来年3月22日に開催される「東京マラソン2009」の出場者抽選を行い、当選者3万5千人を決定した。当選倍率は約7・5倍で、前回よりも、さらに狭き門となった。抽選結果は申込者全員に電子メールまたは郵送で、順次通知する。

09大会では、マラソンの定員を5千人増の3万人としたこともあり、申込者数は、10㌔と合わせて全体で26万1981人に上った。前回大会と比べると68%増となる。このうちマラソン（一般の部）には、22万6378人が参加申し込みを行った。

東京マラソン事務局では、今回の当選者による参加料の振り込み状況次第で、今後、追加当選を出すこともあると説明している。

マラソン男女それぞれ1位800万円、2位400万円、3位200万円の賞金が出される。

地引　美枝さん（じびき・みえ＝地引正行・台東区文化観光部文化振興課文化振興担当係長の母）3日死去、80歳。

友利　とくさん（ともとし・とく＝ともとし春久・都議の母）6日死去、86歳。

21年度 主任試験講座 【6】

20年度試験問題解説 ⑤

NO・44 ㉞

① 歳入徴収者には、当該局または所の長をもって充てている（職員ハンドブック446ページ）。誤り。

② 滞納処分、強制執行、訴訟事務、私人に委託した徴収に関する事務は、歳入徴収者が所管する事務の範囲からは除かれている（職員ハンドブック446ページ）。誤り。

③ 収支命令者には、予算事務を主管する課長または課長相当職にある者を充てている（職員ハンドブック447ページ）。誤り。

④ 収支命令者は、故意または重過失（現金については故意または過失）があった場合、損害賠償責任を負う（地方自治法第243条の2第1項）。誤り。

⑤ 正しい（職員ハンドブック447ページ）。

正答 ⑤

NO・45 ㉟

① 昭和57年の政令により、制限付一般競争入札が追加された（地方自治法施行令第167条の5の2、職員ハンドブック463ページ）。誤り。

② 競争入札による工事または製造等の請負契約を締結しようとする場合で、履行確保のため特に必要があるときに、最低制限価格を設けることができる（職員ハンドブック467ページ）。誤り。

③ 指名競争入札においては、一定の場合に入札保証金を免除することができる（職員ハンドブック465・468ページ）。誤り。

④ 正しい（職員ハンドブック468ページ）。

⑤ 随意契約において、契約実績のある者のみを契約の相手方として限定する旨の規定はない。誤り。

正答 ④

NO・46 ㊱「21」

① 普通財産について、公用または公共に供する必要が生じた場合は当該貸付契約を解除できるが、その相手方は生じた損失の補償を求めることができる（地方自治法第238条の5第5項）。誤り。

② 正しい（財産の交換、譲与、無償貸付等に関する条例第4条）。

③ 条例上、時価を減額した額により、譲渡できる場合が定められている（同条例第3条）。誤り。

④ 買受人が指定の事項に違反したとき、都は当該売買契約を解除することができる（地方自治法第238条の5第7項）。誤り。

⑤ 条例上、普通財産を交換できる場合が定められている（同条例第2条）。目的・相手方を問わず交換できるものではない。誤り。

正答 ②

NO・47 ㊲「22」

① 名刺は、先方が読める向きに差し出す（職員ハンドブック622ページ）。誤り。

② 正しい（職員ハンドブック622ページ）。

③ 通常、訪問した側から名刺を渡す（職員ハンドブック622ページ）。誤り。

④ 上司と同席するときは、上司が先に名刺を交換する（職員ハンドブック622ページ）。誤り。

⑤ 打ち合わせを行うときには、覚えるまで、並んでいる順に机上に名刺をおき、タイミングを見計らってしまう（職員ハンドブック622ページ）。誤り。

正答 ②

NO・48 ㊳「23」

① 直接対面して行われない手紙や電話も、コミュニケーションに含まれる。誤り。

② フォーマル・コミュニケーションは、フォーマル組織における水平的関係の中で、横へも流れる（職員ハンドブック572ページ）。誤り。

③ インフォーマル・コミュニケーションは、自然発生的に生じるインフォーマルな組織の中で行われるコミュニケーションであり、職場内においても存在する（職員ハンドブック572ページ）。誤り。

④ 正しい（職員ハンドブック573ページ）。

⑤ 自然発生的に生じるのは、インフォーマル・コミュニケーションである（職員ハンドブック572・573ページ）。誤り。

正答 ④

NO・49 ㊴「24」

① 正しい（職員ハンドブック585ページ）。

② 特性要因図は、原因相互間の関係や、原因と結果との関係を一目でとらえることができるため、問題の原因追究のほか、解決案の検討にも活用できる（職員ハンドブック586ページ）。誤り。

③ SWOT分析では、内部環境要因として競合相手と比較した自社の強みと弱み、外部環境要因として自社を取り巻くビジネス環境の機会と脅威を整理し、目標を設定する（職員ハンドブック588ページ）。誤り。

④ ガント・チャートではスケジュールを一目で確認することができるため、担当者にとってスケジュールの把握がしやすいほか、計画と実績の差も明確に比較できる（職員ハンドブック589ページ）。誤り。

⑤ チェックリストは、業務の内容・実態にあったものを各職場であらかじめ作成・用意して活用し、使いながら改善していくことで定着していく（職員ハンドブック590ページ）。誤り。

正答 ①

NO・50 ㊵「25」

① 正しい（職員ハンドブック558ページ）。

② システム経験を有する人材を、現在も任期付職員として登用している。誤り。

③ システム評価実務研修は、各局の情報システム担当者等を対象にして行っている。誤り。

④ 職場ITリーダーは、各職場におけるIT化のけん引役としての役割を担っている（職員ハンドブック558ページ）。誤り。

⑤ 中央管理部門は、電子都庁の情報化施策の企画や、全庁的な基盤の構築・管理運用などを担っている（職員ハンドブック558ページ）。誤り。

正答 ①

NO・51 ㊶「26」

① 正しい。

② 平成18年度から引き続き選ばれているテーマはない。誤り。

③ 財政援助団体等も包括外部監査対象であり、報告書において東京都住宅供給公社について言及されている。誤り。

④ 「組織及び運営の合理化に努めているか」も、監査の視点として入っている。誤り。

⑤ 指摘・意見79件のうち、最も多かったのは、「都営住宅等に関する事業の管理及び財務状況の執行について」に関する内容である。誤り。

正答 ①

NO・52 ㊷「27」

① 調査は、ライフスタイルや仕事観、子育て・介護を取り巻く環境等に関する都民の意識や要望を把握し、今後の施策推進の参考とするため行われた。誤り。

② 「仕事優先」は男性40代が最も高く、7割を超えた。誤り。

③ 正しい。

④ ワーク・ライフ・バランスの実現度においてバランスが取れていると思う人は半数を超え、女性の30代と40代では9割以上がワーク・ライフ・バランスを進めるべきと回答した。誤り。

⑤ 行政による取り組みとしては、「柔軟な働き方が実現できる法令や雇用環境を整備する」が最も多く求められた。誤り。

正答 ③

NO・53 ㊸「28」

① 食品に対する安全・安心の揺らぎの原因となった加工食品が調理冷凍食品であること等から、原料原産地表示を義務づける加工食品は、当面、「調理冷凍食品」に限定するのが適切である、としている。誤り。

② 表示すべき原材料の種類について、生鮮食品及び生鮮食品に近い加工食品（JAS法で定められた20品目及び個別の品質表示基準で規定されている4品目）に限って表示するべきとの考え方は、妥当であるとしている。誤り。

③ 正しい。

④ 容器包装への表示を原則とするが、それが極めて困難な場合には、代替的な表示方法も考えるべきであるとしている。誤り。

⑤ 実施体制を整えるためには準備期間が必要であるとの意見があり、経過措置についても一定の配慮が必要であるとしている。誤り。

正答 ③

NO・54 ㊹「29」

① 正しい。

② 温室効果ガスの排出総量削減義務を平成22年度から開始し、規則に定める期間を計画期間とする、としている。誤り。

③ 排出量にかかる検証機関の登録は、知事が行う。誤り。

④ 温室効果ガス排出量が相当程度大きい事業所を対象に、計画書の提出は既に義務付けられている。誤り。

⑤ 指定区域内における一定規模を超える建築物の所有者等に、地域冷暖房からの熱供給の受け入れ検討を義務付けている。誤り。

正答 ①

NO・55 ㊺「30」

① 計画は、想定される被害を半減にすることを目指し、都内の住宅や特定建築物（学校等）の耐震化についての目標や施策化の方向性を定めている。誤り。

② 防災上重要な公共建築物は100%、民間特定建築物は90%（大規模な百貨店、ホテル等は100%）、耐震化するとしている。誤り。

③ 正しい。

④ 緊急輸送道[illegible]対象建築物につい[illegible]年度までに耐震化を[illegible]ているが、昭和56年[illegible]準改正の前後で対象[illegible]断されるわけではな[illegible]

⑤ 分譲マンショ[illegible]化を図るため、これ[illegible]震診断助成に加え、[illegible]助成を実施すると[illegible]誤り。

[illegible]

最後に

みなさん、実際に[illegible]出題を解いてみてど[illegible]でしょうか。もちろ[illegible]点で解けないから[illegible]配する必要はあり[illegible]れから、しっかり[illegible]

昇任試験対策のページ

21年度 主任・係長 論文講座 ◇7◇

過去の出題状況について

都主任選考

これまでの講座では、論文試験において何が求められているかを確認した上で、論文試験の勉強の進め方や、試験論文特有のルールなど、試験において合格水準の評価を得るために押さえておくべきポイントを解説してきました。

今回からは、過去の論文試験で実際に出題された課題を見ていくとともに、課題に対する論述に何を盛り込むかなど具体的な対策について述べていきます。

論文は、自分の抱く問題意識を自分自身の言葉で実際に書いてみて、推敲を重ね、添削を受けていくことで文章表現に磨きをかけていくものです。しかし、まず書き始める前に、過去に出題された課題を十分に分析して、その傾向を把握することが重要です。その傾向を把握しておくことは、都政課題か職場課題のどちらを重点的に取り組むかを判断する場合や出題予想を絞り込む上で不可欠な作業です。

そこで今回は、主任試験（A）における過去10年間に出題された課題を確認していきます。

都主任試験（A＝14年度までは短期、Ⅰ類、Ⅱ類）における論文試験は、課題式で「都政の課題」（都政もの）と「職務・職場の課題」（職場もの）の各分野から1題ずつ出題され、そのうち1題を選択し解答します。

過去10年間の出題状況は次のとおりですが、いずれの課題もその時々の都政を取り巻く状況を背景に出題されています。

【平成11年度】

〈短期Ⅰ類〉

1 都政の緊急課題と都政の再生について

2 時代に即した都政と職員の意識改革について

〈短期Ⅱ類〉

1 時代に即した都政と職員の意識改革について

2 良質な住民サービスの実現のための仕事の進め方について

【平成12年度】

〈短期Ⅰ類〉

1 東京を21世紀に誇れる都市とするためにどうすべきか、あなたの考えを述べてください。

2 経営感覚をもって仕事を進めていくことについて、あなたの考えを述べてください。

〈短期Ⅱ類〉

1 都政運営において情報技術をいかに活用していくかについて、あなたの考えを述べてください。

2 東京を21世紀に誇れる都市とするためにどうすべきか、あなたの考えを述べてください。

【平成13年度】

〈短期Ⅰ類〉

1 さまざまな分野で構造改革が求められています。こうした状況を踏まえ、これからの都政のあり方について、あなたの考えを述べてください。

2 チャレンジ精神をもって課題に取り組む職場をつくるためにどうしたらよいか、あなたの考えを述べてください。

〈短期Ⅱ類〉

1 チャレンジ精神をもって課題に取り組む職場をつくるためにどうしたらよいか、あなたの考えを述べてください。

2 利用者本位の行政サービスを提供するために、業務をどう改善したらよいか、あなたの考えを述べてください。

【平成14年度】

〈短期Ⅰ類〉

1 東京が先導的に取り組むべき課題をあげ、その解決に向けた方策について、あなたの考えを述べてください。

傾向と対策 ①

2 やりがいのある仕事とはどのようなものか、あなたが行っている工夫を交えて述べてください。

〈短期Ⅱ類〉

1 やりがいのある仕事とはどのようなものか、あなたが行っている工夫を交えて述べてください。

2 都民の視点にたった都政を推進するために職場はどうあるべきか、あなたの考えを述べてください。

【平成15年度】

〈AⅠ類〉

1 近隣の自治体と連携した対応が必要な都の課題をあげ、その解決に向けた取り組みについて、あなたの考え方を述べてください。

2 都民からの意見や評価を反映しながら行政サービスを改善していくことについて、あなたの考えを述べてください。

〈AⅡ類〉

1 都民からの意見や評価を反映しながら行政サービスを改善していくことについて、あなたの考えを述べてください。

2 職員の持つノウハウを最大限活用できる職場のあり方について、あなたの考えを経験を交えて述べてください。

【平成16年度】

〈AⅠ類〉

1 東京の活力を高めていくために、都が取り組むべき課題をあげ、その解決に向けた方策について、あなたの考えを述べてください。

2 職場において新たな課題に取り組むとき、様々な問題を解決しながらどのように仕事を進めていくべきか、あなたの考えを述べてください。

〈AⅡ類〉

1 職場において新たな課題に取り組むとき、様々な問題を解決しながらどのように仕事を進めていくべきか、あなたの考えを述べてください。

2 改革意識の高い職場をつくるためにはどうしたらよいか、あなたの考えを経験を交えて述べてください。

【平成17年度】

〈AⅠ類〉

1 少子高齢化が急速に進展する中、都が取り組むべき課題をあげ、その解決に向けた方策について、あなたの考えを述べてください。

2 一時期に集中して知識や経験豊富なベテラン職員の大量退職が見込まれる中、仕事のノウハウを継承していくためにはどうしたらよいか、あなたの考えを述べてください。

〈AⅡ類〉

1 一時期に集中して知識や経験豊富なベテラン職員の大量退職が見込まれる中、仕事のノウハウを継承していくためにはどうしたらよいか、あなたの考えを述べてください。

2 コスト意識をもって業務を改善していくためにはどうしたらよいか、あなたの考えを経験を交え述べてください。

【平成18年度】

1 都政全体の課題とあなたの職務等との関連について、次の（1）、（2）に分けて述べてください。

（1）都政に関する次の二つのテーマから一つを選び、あなたの所属局の施策または職場や職務との関連、及びテーマに関する課題について、簡潔に述べてください。

○都民生活の安全・安心の確保

○職員の人材育成

（2）（1）で述べた内容について、あなたの問題意識を述べ、解決策を具体的に述べてください。

2 あなたの職務経験に関して、次の（1）、（2）に分けて述べてください。

（1）あなたが現在携わっている職務と職務上の課題について、簡潔に述べてください。

（2）（1）で述べた内容について、あなたの問題意識を述べ、あなたが努力していることに言及しながら解決策を具体的に述べてください。

【平成19年度】

1 都の行政課題とあなたの職務等との関連について、次の（1）、（2）に分けて述べてください。

（1）都政に関する次の二つのテーマから一つを選び、あなたの所属局の施策または職場や職務との関連、及びテーマに関する課題について、簡潔に述べてください。

○環境負荷の少ない都市の実現

○効率的な行政運営

（2）（1）で述べた課題について分析し、それに対する解決策を具体的に述べてください。

2 あなたの職務に関して、次の（1）、（2）に分けて述べてください。

（1）あなたが現在携わっている職務及びその業務改善に関する課題について、簡潔に述べてください。

（2）（1）で述べた課題について分析し、それに対する解決策を具体的に述べてください。

【平成20年度】

1 都の行政課題とあなたの職務等との関連について、次の（1）、（2）に分けて述べてください。

（1）都政に関する次の二つのテーマから一つを選び、あなたの所属局の施策または職場や職務との関連、及びテーマに関する課題について、簡潔に述べてください。

○東京の魅力の向上

○都民サービスの向上

（2）（1）で述べた課題について分析し、それに対する解決策を具体的に述べてください。

2 あなたの職務に関して、次の（1）、（2）に分けて述べてください。

（1）あなたが現在携わっている職務の意義を述べ、職務上の課題について、簡潔に述べてください。

（2）（1）で述べた課題について分析し、それに対する解決策を具体的に述べてください。

◇　◇

このように、平成18年度から、試験の出題スタイルが大きく変わり、従前よりもさらに職務との関連を重視した出題内容となっています。これは、受験者が、都政全体とのかかわりを意識して職務・職場の課題を発見し、改善の提案ができる能力が備わっているか、検証するため[illegible]

一方で、出題スタ[illegible]わったとはいえ、論[illegible]て問われている課[illegible]まで出題された都[illegible]る課題や、職場にお[illegible]と、本質的に変わる[illegible]ありません。

21年度 カレントトピックス 7

政治事情

■日印首脳会談（10月22日）

麻生首相は10月22日、首相官邸でインドのシン首相と会談し、安全保障分野の協力を強化する日印安全保障協力共同宣言に署名した。両国の外相、防衛相間の対話や、海上自衛隊とインド海軍の交流、テロ対策の協議などを進め、具体的な行動計画を[illegible]定することで合意[illegible]が、米国以外に安全[illegible]でこうした協力関係[illegible]はオーストラリアに[illegible]例目となる。

会談で両首脳は、[illegible]2国間関係の前進[illegible]同声明にも署名し[illegible]「基本的価値と利[illegible]る」と位置づけ、イ[illegible]の高速貨物専用鉄[illegible]に、単一事業として[illegible]大級となる総額約4[illegible]円の円借款供与に[illegible]

このほか今回合意[illegible]った経済連携協定の[illegible]や、地球温暖化防止[illegible]取り組みの推進など[illegible]た。

■社会保障改革（10月23日）

政府は10月23日、[illegible]国民会議のサービス[illegible]会に、人手不足に対[illegible]タッフの増員など、[illegible]護を「あるべき姿」[illegible]た場合、2025年[illegible]税率換算で4%（1[illegible]円）程度増税する必[illegible]との試算を示した。

■犯罪被害者白書（10月24日）

[illegible]

■第9話　石原知事を出せ②

相談屋の場外乱闘 Part2

労働ジャーナリスト　金子雅臣

困った総務部長

何としても未払いの残業手当の支払に応じない社長の対応に頭を痛めていたのは、私だけではなかった。

――頑固一徹な子供じみた社長の言い分には度々泣かされているんですよ。今回の件だって、彼女の言い方が悪かった。社長の気に入らなかっただけなんですよ。馬鹿げているんですが、言い出したら社長は何と言っても引かない。

総務部長も困り果てていた。連日の残業続きで疲れていた彼女が、「機械のために残業させられているみたい」と不満を漏らし、それを聞いた社長が、「誰のためにこんなことになっている」と言い返したことがきっかけになっていたと言う。

――まあ、何とか説得してみますので、しばらく時間を下さい。

困り果てた部長に任せることにして様子を見るしかなかった。そしてしばらくして、総務部長から電話が入った。

知事が言っている

――お宅の知事が「払え」と言っているということになりませんか。

唐突な総務部長の言い分に、私は何を言われているのか理解出来なかった。

――いや、お宅は東京都だから、知事の石原さんが「払え」と言っているんだということになりますよね。

――まあ、理屈で言えば、我々は知事の下で働いていますから、知事の意思に基づいてということにはなるんですが、実際に知事に言わせるわけにはいかないし……。

困惑して答えると、

――いいんですよ。それで、形式的にそういう理屈になれば……。

いとも簡単に総務部長は言い放った。

――それに、何かもっともらしいものがあるといいんですがね。そちらの事務所と知事を結びつけるようなものが……。

――そう言われても……。私の身分証明には任命権者としての知事の名がありますが……。

――いや、知事の写真が入っているとか、説得力のあるものがいいと思うんです。

――それなら、私どもが今賃金の調査をやっていまして、調査依頼状には当所の名前と知事の署名、それに写真も入っていますが……。

効果てきめん

――いやー、予想通りでしたよ。先日、例の件で社長と話をしていた時に、社長が「石原さんが言っているなら考えないでもないがな……」と冗談めかして言ったんで、それをヒントにしたんです。効果てきめんでしたよ。例の依頼状も、額縁に入れて飾るとか言い出して大変ですよ。何せ「太陽の季節以来の熱烈な石原ファンだ」というのですから……。

驚かされたのはこちらの方だった。確かに、「石原知事の写真の入った調査の依頼状を出せば、間違いなく回収率が上がる」という時代ではあるが、予想を超える効果だった。

「間違いなく首相になる人からの依頼状を手にした社長が小躍りして喜んでいる」という場面は想像できたが、一体どんなことを総務部長が言って説得したのかは分からなかった。

ここだけの話

ここだけの話だが、こんな例だけでなく、石原知事の発言に相談現場はその後もたびたび泣かされた。女性への差別発言が問題になれば、相談者の女性からは、

――こんな簡単な、あからさまな女性差別事件なのに問題を解決できないのは、石原さんが知事になって東京都は女性の味方をしてくれないということなんですか。

などと、その取り組み姿勢を疑われ、身障者への「ああいう人は人格があるんだろうか」という発言の後では、

――どうせ、ああした知事のもとで働くお役人さんには、弱い者の立場など分からないんでしょう。

などと言われることもあった。まさに、知事のカリスマ性を現場はいやというほど思い知らされるのは、こんな時ということになる。

養育家庭制度普及啓発イベントを開催＝9月13日、都庁で

ほっとファミリーになりませんか？

家族を創って子どもの笑顔を

福祉保健局北児童相談所長　奥田晃久

ほっとファミリーって？

東京都では1973年以降、養子縁組を目的とせずに一定期間子どもを養育していただく家庭を「養育家庭」と呼び、制度普及に努めてきました。ほっとファミリーとは、この「養育家庭」の愛称です。児童福祉法で定めた満18歳未満の子を対象としており、子どもの状況によって年齢や養育期間は様々です。里親申請や子どもの紹介などは都内児童相談所（以下、児相）が窓口となり実施されています。

NHKの連続テレビドラマ小説「瞳」で半年間にわたり東京都の養育家庭制度が紹介されましたが、まだ知名度が高いとは言えません。11月が全国里親強化月間になっていることも含め、今回、正しい制度理解とともに、「私たちもほっとファミリー（里親）になってみようか」という方が読者の中から出ることを期待して、この原稿を執筆させてもらいました。

現在東京都には、なんらかの理由で親と暮らせない子どもが約4千人います。こうした子ども達を社会全体で支えていく仕組みを社会的養護と呼んでいます。養育家庭制度も、この中に位置づけられています。養育家庭制度の詳細は紙面の都合で割愛しますが、児相には、この里親を支えるため養育家庭専門員という専門職員を配置しています。今回、私はこの専門員との家庭訪問を通じて得た様々なエピソードの一端をご紹介したいと思います。

山あり谷ありの道の向こうに大陽（子ども）が輝いている日々

①ご近所デビュー

里子（里親宅に預けられる子の総称）候補の紹介を児相から受け、施設での面会・外出交流が順調にいくと、いよいよ里親宅での生活が始まります。ある日突然、家族の一員となる子が「ご近所デビュー」するわけです。

この時、乳児を預かったS宅では、「自分の子どもが生まれたつもりでお赤飯を地域の方々に配り、『これからよろしくお願いします』と紹介しました」と語っています。

里子が来る前に説明しておくことが良い場合が多いのですが、中にはWさん宅のように、「事前に説明しておいたのに、里子の目の前で『この子の親は今、どこにいるの？』とご近所の方に聞かれ、返答に困った」と苦笑されました。

②私の名前は？

さて、ここで里父母と里子にとって、一番大きな決断は「名前」をどうするかということです。養育家庭は養子縁組と違い里親の籍には入らないので、里子の戸籍名は変わりません。そこで子どもの本名を使用するか、里父母の苗字を用いるか、ということが出てきます。

T宅では、「自宅の表札も子どもの本名のものをつくり、子どもの本名で通しました」、K宅では「我が家ではKという私たちの苗字で小学校から高校まで通しました」と言われています。いずれがいいかは一概に判断できるものではありませんが、K宅では通称名でずっと過ごしていたのに中学校担任の先生の配慮ない行動で、困惑したと語っています。「クラス全員の保険証の写しを生徒が集めることとなり、本名がわかってしまった。以後、他児に里子であることがわかり、からかわれ、里子が随分荒れた時期が続いた」ということです。せっかく我が子同様に育て、学校にも里子であることを説明してきたのに、先生の思慮が不足していたのです。このようなことが二度とないことを望みます。

③真実告知について

現在、都で里親宅にお預けする時点の平均年齢は約5歳（08年2月現在）ですので、すでに多くの里子は、「本当の親でない家に行く」ことをそれなりにわかっていますが、本当の親がどこにいるのか等、様々な真実関係を理解するのに十分な年齢ではありません。

また、里子には自分のルーツを知る権利があり、それを守ってあげる必要もあります。

こうしたことから、里親には、里子の成長に応じた真実関係を告知していくことが求められています。里親は、子どもの成長に応じ、時間をかけて何回も真実を告知していくわけですが、②の例のように、子どもの真実関係が意図せぬ形で表出してしまうことに胸を痛める里親も少なくありません。

T宅では、保護者会後の三々五々の雑談時、他の保護者に里子だけがこっそり呼ばれ、「ねえねえ、君の本当のお父さんは誰？」と聞かれました。そのことを里親宅に帰ってから初めて里子から聞いたTさんはものすごいショックだったと回想しています。W宅では、「秋祭りの時に子ども用の供養物を自宅に配ってもらえなかったため、町内会役員に尋ねたら、『あなたの家の子は実子じゃないからあげなかった』と言われ悲しかった」と語られていました。

こうしたご苦労をされないよう、行政として、改めて地域の正しい理解に支えられた制度にしていく必要を感じました。

④満年齢で訪れる措置解除

さて、最初に述べたように18歳になると原則、満年齢措置解除となります。このため、「私、18歳になったらどうなるの？」と不安な気持ちを里親にぶつけて荒れる里子もいるのです。この時K宅は、「18歳を越えてもお父さん、お母さんに変わりはありませんよ。なにをそんなに荒れてるの。あなたはずっとうちの子に決まっているでしょ」と子どもの気持ちに向き合い、里子を安心させました。18歳満年齢を超えても、実の親のもとに帰らず（帰れず）、里親の近くのアパートを借りて生活している里子も多くいるのです。

⑤あなたもほっとファミリーに

こうした話をされる里親さんは、確かにご苦労はいっぱいされてきている、でも、お一人おひとり里子のことをどんなに慈しみ、育てていただいているかを、里子はちゃんとわかっていることを私は確信するのです。今、里親強化月間。実は、以上述べたような話が「体験発表会」として都内各地域で生で聞けるんですよ。お時間があればぜひ足を運んでください。

最後に、多くの里親さんたちがこれまでの日々を振り返って、「家族とは、与えられたものでなく創るものである」と語られている、この言葉で締めくくりたいと思います。子どもたちに、家庭のあたたかさを体験してもらう養育家庭制度。そして、そんな中で見守られて育つ子どもの笑顔をどうか、想像してみて下さい、その笑顔を作れるのは、あなたなのです。あなたも、「ほっとファミリー」になってみませんか？

地方公務員のための英会話学習法 ▶▶▶①

地方公務員と英語

英語って必要なの？

「日本人も、これからは英語力を身につけなければ世界の中で生き残っていけない」といった評論や、就職活動を意識した学生たちの「英語ぐらいできないとなぁ」といった会話をよく耳にします。では、私たち地方公務員に英語は必要なのでしょうか。地方公務員が仕事で英語を使う機会は限られています。殆どの職場では、英語なしでも問題がないでしょう。

しかし、仕事や留学・研修等のために来日し、英語でコミュニケーションをとろうとする外国人は確実に増えています。英語圏以外の人たち、例えば中国人・韓国人・ブラジル人・モンゴル人は、自分たちの母国語は使えないが、英語ならなんとか通じるようだ、という情報を持って来日します。役所の窓口や学校・保育園等で基礎的な英会話ができる職員がいれば、これらの外国人に円滑にサービスを提供することができます。

そこで、英語を仕事でも活用していきたいと考えている方に、「地方公務員のための英語学習法」を10回にわたって随時紹介します。気楽に読んでいただくために、2人の職員の対話の形で話を進めていきます。

登場するのは、拙著の公務員を対象としたMBA（経営学修士）ガイドブック『公務員もMBA』（注参照）の中で活躍した、英語がある程度できる先山さんと、これから挑戦しようと考えている守山さんです。

英語とダイエット

先山　英語学習は、ダイエットと共通点が多いわね。

守山　なんですか、いきなり……。

先山　つまり、こんな感じかな。

①達成できればいいな、かっこいいなと思っている人がたくさんいる

②本気で取り組めば、誰でも達成できる

③方法論、ハウツー本が、山ほどある

④いつでも始められる

⑤挫折する人がたくさんいる

守山　なるほど。多くの人は、英語を話せたらいいな、やせられたらいいなと思っている。「○○するだけでメキメキ効果が……」「1カ月ですっかり別人に……」「あなたでもできます。努力不要！」なんていうコマーシャルやハウツー本が、この気持ちを煽る。始めてみる。続けるのは思ったほど楽じゃない。結構な費用がかかることもある。なかなか効果が表れない。やめる。といったパターンだね。

先山　よく指摘されるのが、「日本人は、学校で英語を6〜8年勉強しているのに話せない」ということです。なぜでしょうか。犯人探しが盛んです。「文法重視の学校教育が悪い」「受験英語ばかり勉強しているからだ」「週数時間の授業のみでは、成果も限られている」「日本の社会では、そもそも英語を話す機会がないからだ」「英語と日本語は構造が全く違うんだ」なんてところでしょうか。

守山　どれも、一理ありそうだけど……。

先山　そうね。でも、英語ができる日本人もいるわよね。そうでない大部分の人たちとの差は、どこにあるんでしょうか？

（荒川区福祉部介護保険課長補佐　小山弘）

（注）……『公務員もMBA』（世良勇著、都政新報社発行）は、公務員向けのMBA（経営学修士）ガイドブックとしては日本で唯一のものです。MBAで学ぶ理論や発想が、物語形式でわかりやすく紹介されています。

みにがいど

◆50歳からはじめる！失敗しない人生講座　▽日時　11月27日（木）午後1時〜4時半▽会場　東京ウィメンズプラザ▽内容　「幸せなセカンドライフのためのプラン作り」「あなたの年金と公的医療保険の基礎知識」▽参加費（資料代）500円▽申込・問い合わせ先　NPO・えん☎3522・0302

◆活き活き女性経営者ワークライフバランスシンポジウム　▽日時　11月28日（金）午後6時〜8時50分▽会場　東京ウィメンズプラザ▽内容　ワークライフバランスを実践し効果を上げている女性経営者の事例報告▽参加費　500円（学生無料）▽問い合わせ先　東京中小企業家同友会女性部☎5953・5671

◆海外文化セミナー「パプアニューギニア」▽日時　11月30日（日）午後1時〜4時30分▽会場　杉並区産業商工会館▽内容　講演、スライドショー、ダンス、ワークショップ、交流会等▽定員　100人（要申込）▽参加費　500円▽申込・問い合わせ先　杉並区交流協会☎5378・8833。Eメールinfo@suginami-kouryu.org

◆全肝連・東京肝炎の会漢方講演会　▽日時　11月30日（日）午後2時15分〜4時15分▽会場　東京都障害者福祉会館2階教室▽内容　①講演「慢性肝炎・肝硬変の漢方治療」山内浩・山内クリニック院長・漢方専門医②質疑応答③「医原病肝炎とB型・C型肝炎インターフェロン治療医療費助成制度」「薬害肝炎、カルテがなくても投薬証明で、給付金を!!」▽定員　72人（申込不要・直接会場へ）▽資料代　500円（会員は不要。日本肝臓学会関連資料含む）▽問い合わせ先　東京肝炎の会☎080・1147・9037

◆特別展「新しき村90年〜人間らしく生きる」▽会期　〜11月30日（日）午前9時〜午後5時※月曜休館（24日は開館、25日休館）▽会場　調布市武者小路実篤記念館▽入場料　大人200円▽関連企画「新しき村美術展」（入場無料）＝11月22日（土）〜30日（日）午前10時〜午後5時、調布市文化会館「たづくり」2階南ギャラリー▽問い合わせ先☎03・3326・0648

◆子どもたちと弁護士がつくるお芝居・もがれた翼part15「リンク〜あなたが、立ち上がるまで〜」▽日時　11月29日（土）午後6時開演▽会場　ギャラクシティ西新井文化ホール▽入場無料・全席自由▽内容　東京弁護士会が運営する「子どもの人権110番」に寄せられる様々な問題を多くの人に知って欲しいと毎年、子どもたちと弁護士が一緒に作り上げて上演▽問い合わせ先　東京弁護士会人権課☎3581・2205

都政新報

発行所 都政新報社
〒160-0023 東京都新宿区
西新宿7-23-1 TSビル
〈総務・読者〉03-5330-8781
〈企画広告〉03-5330-8784
〈編　　集〉03-5330-8786
〈出　　版〉03-5330-8788
〈ファクス〉03-5330-8808
購読料 月1,680円(税込)
毎週火・金曜日発行
但し、祝祭日は休刊

紙面から

八都県市首脳会議、経済対策に緊急提言

定額給付金 事務手続きの簡素化を

周産期医療体制でも要望

八都県市首脳会議が12日に横浜市内で開かれ、政府の追加経済対策に対して、定額給付金の事務手続きの簡素化や、道路特定財源の一般財源化に伴う1兆円を、地方交付税ではなく、「交付金」として確保することなどを求めた緊急提言をまとめた。また、都内の医療機関での妊婦の受け入れ拒否を受け、周産期医療体制の充実や医師確保に向けた申し入れを、国に緊急に行うことも決めた。この他、「道州制」をめぐっては、首都圏連合フォーラムで議論を行うことでも合意した。

道州制 首都圏フォーラムで議論

定額給付金の是非では温度差＝12日、横浜市内のホテルで

麻生首相が10月30日に発表した追加経済対策では、総額2兆円の定額給付金が盛り込まれた。政府・与党は、給付金の配布対象となる所得制限を設けるかどうか、個々の市町村に委ねている。道路特定財源の一般財源化に伴う「1兆円」を地方にどう配分するのかも、決まっていない。また、住宅ローン減税については、住民税の減収につながる可能性がある。

首脳会議では、神奈川県の松沢成文知事が、定額給付金の「白紙撤回」などを求める緊急アピールを提案。各首脳の間では、定額給付金の是非について温度差があることから、八都県市としては制度の改善を国に求めることで合意した。

具体的には、定額給付金について、全国民に対し、一律定額給付の上、所得に加算する方式を検討するなど、実務を担う市町村に過重な事務負担をかけない方式にすべきと提言。道路特定財源の一般財源化により地方財源となる1兆円については、地方道路整備臨時交付金と別枠として地方への恒久的な税源移譲、または税源移譲を前提とする「交付金」として確保するよう求めた。

住宅ローン減税の延長・拡充については、国税である所得税で実施すべきとし、住民税に拡大して実施する場合には、地方の減収について、国の責任で地方特例交付金により確実な財源補てんを行うことを要望した。

周産期医療に関する国への緊急要望については、石原知事が提案し、了承された。

要望は、「現在の医療現場の混乱は、これまでの国の医師抑制策によるものであることを真摯に受け止め、国の責務として医師確保対策と周産期医療体制を整備充実し、国民の不安解消に努めるべき」と主張。総合周産期母子医療センターの診療体制の強化、具体的かつ実効ある医師育成方策を早期に講じること、医師の過酷な勤務環境の改善、女性医師が働き続けるための支援策などを求めた。

政治的立場の違い鮮明に

【解説】政府の追加経済対策に対する緊急提言をめぐっては、各首脳が置かれた政治的スタンスの違いが、温度差として鮮明に表れた。

松沢知事が当初提案した文案では、定額給付金について効果に疑問を呈し、いったん白紙に戻すよう求める内容だった。会議前日、テレビを観ていて思いついたという。

石原知事は定額給付金について、「国会で政局化している問題に、地方自治体が踏み込んでいいのかどうか」と首を傾げた。その他の首脳からも、「今のやり方は下手くそでどうにもならないけれど、そんなに悪い政策ではない」「ここまで来たら市町村が混乱しないやり方という具体的な提案にしぼったらどうか」など、慎重意見が相次いだ。

阿部孝夫川崎市長からは、いったん一律で定額給付をした上で、税金の算定の際に所得に加算する方式にすれば、税務署で事務処理ができるため、区市町村の手間が省けるという提案があった。この案に石原知事も賛同し、八都県市としては技術的課題を提言することにとどまった。

八都県市には、自民、公明の与党体制に支えられている首脳もいる。一方、松沢知事は、元民主党代議士で、政治的スタンスは明らかだ。松沢氏は会議後、記者団に対して、「国民としては、定額給付金の申請書ではなく、総選挙の投票所の入場券を望んでいる。国民の信任を得た政府が、しっかり経済対策すべき」と持論をぶちまけた。

ただ、この日の松沢知事は、「今日はいい議論ができた」と満足げに会場を後にした。次回の首都圏連合フォーラムで、「道州制」をテーマにした議論を行うことで合意したからだ。堂本千葉県知事が道州制の区割りが先行することに懸念を示したものの、かつては八都県市で議論することすらコンセンサスを得られなかったことを考えれば、自称「推進派」の松沢氏にとっては、一歩前進だろう。（地）

私立学校の耐震化助成拡充を

国への提案要求 特別事項5件、最重点64件

都知事本局は10日、09年度国の予算編成に対する都の提案要求をまとめた。

新規事項は2件。このうち、「私立学校の耐震化対策に係る助成の拡充」では、耐震化対策に係る補助率の引き上げ、校舎等の改築部分や木造校舎についても補助対象にすること、私立専修学校、私立各種学校及び学校法人立以外の私立幼稚園を対象とした助成制度を設けることを求めた。

現行の国の助成制度では、学校法人立の学校が設置している非木造の校舎等の耐震補強工事のみが対象となっており、補助率も3分の1にとどまっているという。

「地方消費者行政の充実・強化」は、必要な法制度の整備と財源措置を講じるよう求めている。

相次ぐ食品偽装表示事件や輸入食品への毒物混入、取り引き・契約に係るトラブルの急増などを背景に、国は、消費者行政の一元化の中で、地方消費者行政の強化を掲げている。

このため、地方自治体における消費生活センターの設置及びあっせん等の機能について法的に位置づけること、消費生活相談員の研修の充実など、消費生活センターの機能強化に必要な財源措置を講じることを要求。

また、不適正取り引きに対する行政処分等に関して、行政処分を受けた事業者の役員など個人に対しても、一定期間、同業態の会社役員への就任を制限するなど処分の効果が及ぶよう法整備を行うことを提案要求した。

特別に知事が国に働きかける「特別事項」は、「2016年東京オリンピック・パラリンピック競技大会への全面的支援」「地方分権改革の推進」「外郭環状道路の早期着工」「米軍基地対策の推進」「必要な道路・橋梁整備の計画的な推進」の5項目。特に強く国に働きかける「最重点事項」については、「地球温暖化防止対策の推進」「保育所制度の抜本的改革」「保健医療施策の推進（医師確保対策の充実）」「総合的な治水対策の推進」など、64件を盛り込んでいる。

京浜港の広域連携

推進会議が発足

運営形態、機能分担など検討 09年度に共同ビジョン

京浜3港の広域連携について検討する「京浜港広域連携推進会議」（座長＝森地茂・政策研究大学院大学教授）は10日、初会合を開き、3港の一体化に向けた検討を始めた。推進会議では、京浜港をいかに国内外の荷主・船主の要望に合う港湾に整備し、経営していくか検討する。09年度中に共同ビジョンを策定する予定。

京浜3港を巡っては今年3月、石原知事、中田宏横浜市長、阿部孝夫川崎市長の3首長が、国際競争力を高めるため、連携することで合意。コンテナ船入港料、申請書を一元化することになっている。ただ、現段階では、海運事業者にそれほど大きなメリットがあるわけではない。推進会議では、利用者や港湾事業者の共通利益にどう導くかがポイントになる。

また、京浜港の運営形態も白紙の状態。一口に「ポートオーソリティー」と言っても、ニューヨーク・ニュージャージー港（米国）のように、空港や世界貿易センタービルなどを経営していた公社もあれば、名古屋港のように地元自治体が設立した一部事務組合が管理する例もある。一港化をどう実現するかも検討課題になる。

会議では、3港の機能分担や施設配置についても検討する。例えば、東京港・横浜港はコンテナ貨物の割合が高いが、川崎港は民間企業が工場とセットで自前の港湾施設を保有し、原油・エネルギーなどの取り扱いが多い。

他方、東京港では公共施設での取扱量が85%を占めるが、川崎港は民間施設での取扱量が総貨物量の9割弱に上る。そのため、機能を再編するには、民間企業の協力も不可欠と言える。

課題も各港それぞれで、東京港は大井地区の交通混雑を抱える。横浜港は輸出用の自動車関連施設が不足。また、船舶の大型化に伴う施設整備も、両港には不可欠だ。他方、川崎港は東扇島地区の外内貿機能の充実を目指している。

北米・欧州との基幹航路は、95年に週60寄港だったが、08年には39寄港に減少。背景には、上海や釜山など、アジア諸港が拠点化し、集荷力を高めていることがある。

こうした中、国内の貨物をいかに京浜港に集めるかが課題になるが、そのためには港湾の整備だけでなく、臨海部の物流網整備も共通の課題になっている。

新銀行問題

参議院が19日に参考人質疑

知事には引き続き出席要請

参議院財政金融委員会は13日、改正金融機能強化法案の審議で参考人質疑を19日午後1時から行うことを決めた。呼ぶのは4人で、午前中の理事会では大塚俊郎氏（新銀行東京取締役会会長）、宮園雅敬氏（農林中金専務理事）、村本孜氏（成城大学教授）、井上裕之氏（東京商工会議所副会頭）の名前が挙がった。

法案審議では、農林中金とともに、地方公共団体が支配株主である金融機関を公的資金投入の対象とするかどうかが焦点になっている。当初、石原知事に出席要請する予定だったが、アジア大都市ネットワーク21の総会出席でクアラルンプールに出張するため、参考人として知事の出席を引き続き要請する。

19日に先立ち、13日の財政金融委員会にも佐藤広産業労働局長ら都幹部を参考人として出席要請していたが、公務を理由に実現しなかった。局長が無理な時は、副知事、金融監理室長、金融支援担当部長、監理課長に出席要請した。しかし、いずれも無理と回答した。

12日に記者会見した大塚耕平参議院議員（民主）は「全員ダメというのは残念。国会が要請する重みというものを、その方がどう判断するかだ」と語った。

12日夜7時頃、大塚参議院議員に産業労働局長と総務課長から電話があったという。大塚議員が「知事に止められたのか」「今後も参考人として出席要請する可能性があるので、対応願いたい」と伝えたところ、「知事には本日は相談していないし、指示も受けていない」「知事は『まず銀行関係者から』と述べているので、そういうことかと思う」という返答だったという。

大塚参議院議員が把握している新銀行東京の融資仲介件数は642件。都議・元都議が539件と最も多く、全体の85%を占める。都庁・新銀行東京関係者が61件、国会議員・元国会議員は21件などとなっている。

12日の都議会07年度各会計決算特別委員会でも山口拓都議（民主）が参考人招致について質問。佐藤広産業労働局長は「参議院事務局から私の日程の確認があった。今日、明日の話なので、公務予定が入っていると答えた」と説明。「参考人招致に優先し得る公務とは何か」と聞くと、07年度決算とは関係のない質問のため、遠藤衛委員長が「決算審査から逸脱しないように」と注意する場面があった。

冗句ジョーク

不適切発言「関東大震災は関西のチャンス」

「震源地はどこだ!?　俺か!」

――井戸兵庫県知事

都政の東西

減税自治体構想

杉並区が将来的な導入を目指して研究中の「減税自治体構想」。黒川和美・法政大学教授を会長とする研究会が年明けに区側に報告書を提出するため、このほど、原案を公表した。

「歳入の一部を積み立てて運用し、運用益で住民税を減税する」とした同構想は、賛否はともかく、自治体の財政、税制を考える上での示唆が含まれている。主な論点は二つに集約できる。

第一は、自治体による定期的な財源積み立ての是非を巡る議論である。現状の基金制度を拡大して「財源のダム」を構築することで、災害などのリスク、経済情勢、税収の増減などに左右されない経営の安定化を図れる。構想案は「財の独立」が「使いきり予算」などの慣習を変革する契機にもなると指摘している。

第二は、積み立ての原資と税金の関係性に関する議論である。杉並区の構想案に賛成か反対かで、意見が大きく分かれる点でもある。

積み立ての原資について、構想案は「行革の成果(果実)」で行革の進展で積立額も増える、とする。他方、反対意見は「行政サービスの切り捨てで浮かせた資金」とし、さらに「税金は行政サービスへの対価であり、積み立てるものではない」と主張する。何よりも「将来に減税するなら、今、減税すべきだ」との意見が根強い。両者の意見は並行線をたどり続けそうだ。

世界的な金融不安、経済低迷で、さらに厳しい財務状況に直面する自治体が多い中、「積み立て」「減税」などを提起する杉並区の構想は「机上の空論」に映るかもしれないが、議論の本質は意外に深い。逆説的ながら、財政難の進行が予測される今こそ、杉並区の提起した一連の議論に、各自治体は対峙するときではないだろうか。

配偶者の暴力防止で講演会

東京ウィメンズプラザ

10代、20代の若年層で交際相手による暴力が発生しているため、東京ウィメンズプラザは12月12日、配偶者暴力防止の講演会を開催する。川島志保弁護士が「交際相手からの暴力と法」をテーマに講演。精神科医の香山リカ氏とNPO法人全国女性シェルターネットの遠藤智子事務局長が交際相手からの暴力（デートDV）について対談する。

07年度、都に寄せられた配偶者暴力に関する相談は約8600件。交際相手からの暴力デートDVが配偶者暴力につながる恐れもあるという。04年の調査によると、配偶者からの暴力が始まった時期は「結婚1年未満」が42・8%と最も多い。

複数の対策案つくって議論

豊洲技術者会議

第6回豊洲新市場予定地の土壌汚染対策工事に関する技術会議が5日にあり、各委員が推奨する技術・工法を確認した。委員推奨の技術・工法をもとに汚染物質処理、液状化対策などを含む一貫した対策案を複数つくり、議論した。次回会議ではさらに具体化する。

災害時の使用で在日米軍と協定

赤坂ヘリポート

都は10日、赤坂プレスセンターヘリポートの災害時使用について、在日米陸軍との間で協定を締結したことを明らかにした。この協定は、日米合同委員会の合意に基づく災害時・防災訓練時の基地使用に関する全国初の取り組みという。

災害時は、傷病者、救助隊員、支援物資などを医療機関や災害支援現場などに搬送する際の中継地点としてヘリポートを使用する。細目はこれから協議して決め、運用を開始する。協定の有効期間は、2012年12月31日まで。

都議選4次公認に清瀬市議の畠山氏

共産党

共産党都委員会は10日、来年夏の都議選に向けた第4次公認候補として、北多摩4区に、清瀬市議の畠山真氏（54）を擁立すると発表した。畠山氏は市議2期目で、党市議団長を務めている。今回の発表で、共産党の公認候補は、21選挙区22人となる。

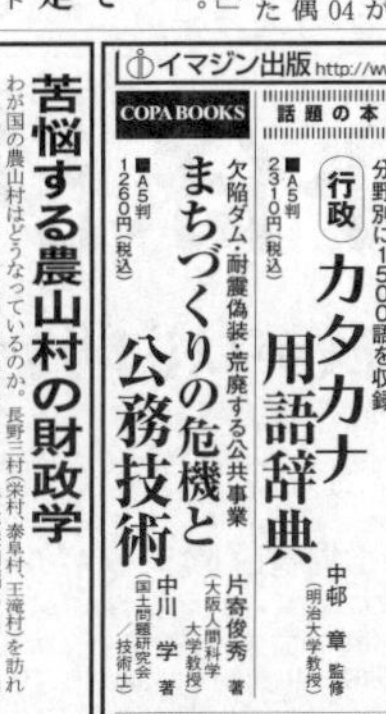

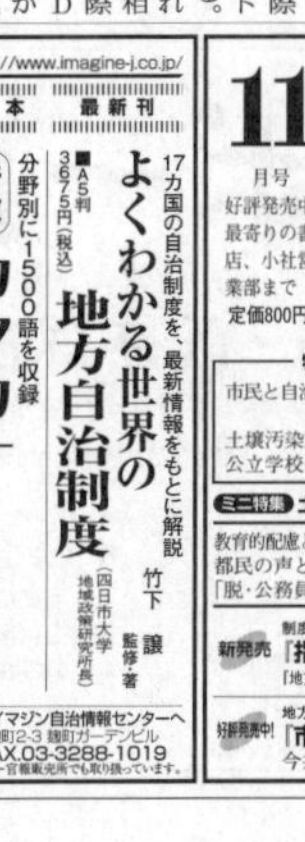

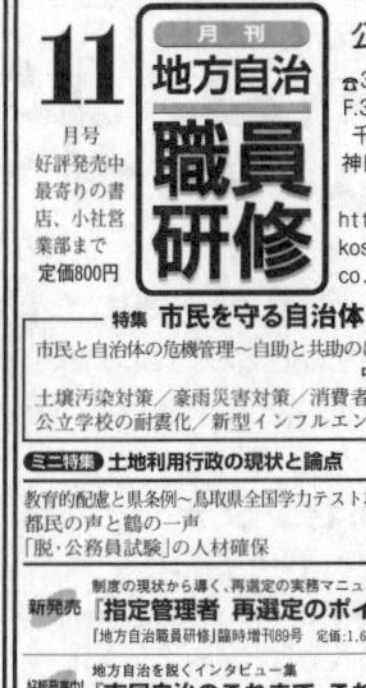

保育ママの女児虐待

世田谷区と両親が和解

孤立防ぐ心のケアも

世田谷区の保育ママ（傷害罪で実刑確定）が女児を虐待したとして、女児の両親が区などに約1600万円の損害賠償を求めた訴訟の和解が6日、東京高裁で成立した。事件発生から3年余りで解決した。今回の虐待事件を通して、区は保育ママの悩みの解消などを行い、孤立しないよう防止策を始めた。安心感のある託児所づくりに努めている。

虐待した保育ママは02年10月、世田谷区から保育ママに認定された。05年6～7月、預かっていた生後5カ月の女児が泣き止まないのに腹を立て、ベビーカーに乗せて強く揺さぶり、硬膜下血腫、眼底出血の重傷を負わせた。

女児の両親は06年1月、保育ママ、区、都に計約1600万円の損害賠償を求めた訴訟を東京地裁に起こした。03年にもこの保育ママが別の乳児にも虐待した疑いがあり、東京地裁は、区が当時調査を行っていれば「女児への虐待を防げた」とし、区の過失を認めた。07年11月の一審判決では、保育ママと区に計約740万円の支払いを命じた。

原告側は、保育ママの認定責任は区にもあると主張。判決は、区の補助金を受け取った保育ママが乳児の世話をみているため、民間事業であり、区の直接の認定責任はないと退けた。

区側も原告も、一審判決を不服として、東京高裁に控訴した。だが、東京高裁の勧告により、和解が成立。東京高裁の和解条項によると、保育ママが乳児に障害を与えたことへの遺憾の意の表明、和解金300万円の支払い、後遺症が残った際の再協議などが盛り込まれた。しかし、区の認定責任を認める項目は含まれなかった。

区は再発防止策として、保育園長が相談役となり、保育ママの心をケアする体制をつくった。独立事業者の保育ママの労力を減らすため、パートタイマーを雇い、乳児の世話をみることも可能で、補助金の雇用経費を増額し、負担軽減した。

◇

今回の虐待事件の発覚は05年7月、乳児がけいれんを起こし、保育ママが119番通報したのがきっかけとなった。また、前月には乳児がミルクを吐いていたこともわかった。保育ママ制度は在宅保育であるため、区職員の目が届きにくいという密室性が、今回の虐待事件で問題視された。

また、問題の保育ママは03年にも乳児に虐待した疑いがあった。ある保育園長が偶然見かけたこの乳児の顔のあざに気づいたが、保育のプロでも虐待を見抜けなかった。

密室では事故を起こすという性悪説をもって、保育ママを監視すべきという意見もある。だが、あまりにも厳格なチェックの下では、保育ママのなり手が減少する懸念もあり、福祉の世界では成り立ちにくい発想。性善説で接した時の正攻法として、世田谷区保育課は、「質の悪い保育ママは、3年に1度の更新制を取っている」と述べた。

保育ママ制度は、家庭的な雰囲気の中で託児ができる上、インフルエンザなどの集団感染の可能性が低く、待機児童の解消にも役立つという長所がある。今回の件を特異なケースと片づけず、保育ママ制度の安心感の向上、透明性の確保に努める教訓にしたい。

造形の講師の話に耳を傾ける園児ら

保育園でも〝幼児教育〟

品川区　造形、音楽、体育で

品川区は公立、私立、あるいは幼稚園、保育園の別なく幼児教育を受けることができる環境づくりを目指している。今年度は公立37保育園で、造形、音楽、体育の各分野の専門講師による指導を実施。保護者らからも好評を得ている。

同区は昨年度、乳幼児教育実践の手引き『のびのび育つ　しながわっこ』を策定した。幼稚園や保育園、幼保一体施設、認定こども園など、さまざまな施設で、どこに所属していようと質の高い幼児教育を受けることができることを目指している。「聞く、待つ、座る」など基本的な生活習慣をしっかり身に着けて小学校に入学し、無理なく教育環境になじんでいけるための就学前教育の意味も持つ。

今年度はその一環として、5月から公立保育園37園の5歳児を対象に、造形と、音楽または体育の専門講師による指導を行っている。

同区保育課は「これまで保育園の保育者たちは幼児教育の視点を持ってやっているとの自負があった。しかし、極めて家庭的な保育の中での実践であり、第三者からみると、教育の手法が体系化されておらず、成果も見えないとの声もあった」と話す。

講師が来るのは一分野あたり月2回。各園は「造形と音楽」か「造形と体育」を選ぶことになっているため、月に計4回、およそ一週間に一度は講師が来園していることになる。造形は絵画や粘土、音楽は楽器演奏や歌、体育はマット運動や体操などを行っている。保護者からは「子どもの動きにけじめがついてきた」「楽しかったと帰ってくる」と歓迎の声が上がっているという。

8日、9日には「こどもアートフェスタ」で造形と音楽の発表会を開催。日ごろの成果を披露した。

同区では今年度予算で、専任講師派遣事業に対して、講師の人件費として約1200万円、教材費として約1100万円を計上した。

同区保育課では「5歳児だけでなく、4歳児、3歳児にもノウハウを生かすことができないかなど、毎週1回という点の取り組みを面的に広げていくことを目指している」と話している。

区長会が厚労相に緊急要望

妊婦死亡問題　「医師不足の解消を」

脳内出血を起こした江東区の妊婦が死亡した問題を受け、特別区長会（会長＝多田正見江戸川区長）は10日、周産期医療体制の充実に関する緊急要望書を舛添要一厚労相に提出した。多田会長のほか、中央、文京、江東、中野、葛飾の5区長が厚労省を訪問した。

都内の医師数を1988年と2006年を比較すると、医師は26・3％増の3万3604人だが、産科医は20・6％減の1411人に落ち込んだため、要望書では「産科や救急科などの医師不足の解消」を強く求めた。舛添厚労相は「産科などで働くようにと医師に指示しても、体力が持たなかったり、公立病院の処遇が悪かったりするので、これじゃ、働かない。きちんと対応しないといけない」と述べた。

また、区長会は、女性医師などの勤務継続の支援、看護師などの早期離職の防止、再就業の支援などについても要望。現在、看護師の有資格者であっても働いていない人の数などの実態調査は行われていないため、舛添厚労相は日本看護協会の協力を得て、早急に調査する方針を打ち出した。

都内で起きた妊婦死亡問題では、妊婦の症状に応じて素早く治療するための産科と救急部門の連携強化が必要だったと、区長会は指摘。厚労省では、産科、救急部門の専門家、医師でつくる検討会が論議し、年末をめどに提案をまとめる考えだ。

区長会が周産期医療ネットワークの整備体制なども求めたのに対し、舛添厚労相は「総合周産期母子医療センターを一生懸命つくったけど、当直医が一人しかいない。これでは、この機能を担えない。単純化して言えば、看板を下ろすか、そうでなければ手当てをする。都も特別区も我々も協力して結果を出さないといけない」と協力を呼びかけた。

多田会長は「不安解消のために、最大限のお願いをした。舛添厚労相は誠実に応えてくれたので、やって下さると思う」と感想を述べた。

舛添厚労相に要望する多田会長（左）＝10日、厚生労働省で

ワンルーム税継続へ

豊島区　税制度調査検討会議　建築抑制に効果

豊島区の狭小住戸集合住宅税（ワンルームマンション税）のあり方を審議した「税制度調査検討会議」（会長＝池上岳彦・立教大教授）は10日、ワンルームマンションの建築抑制の効果があったとして、来年度以降も課税の継続を求める報告書を高野之夫区長に提出した。区は、ワンルームマンション税を今後も継続する方針だ。

◇

ワンルームマンション税は、29平方㍍未満の住戸が9戸以上ある集合住宅を新築、増築した場合、1戸あたり50万円を建築主に課している。5年に1度、税のあり方を見直す規定が条例に盛り込まれているため、同検討会議は今年5月から継続すべきかどうかを審議してきた。

税導入前の1999～2003年度のワンルームマンション着工数は平均1069戸から、導入後の04～07年度は平均737戸と31・3％減少した。報告書では、課税によるワンルームマンション建築抑制効果はあったと認めた。課税を廃止した場合、区内に多く残る木造賃貸アパートを壊して、ワンルームマンション建設に拍車がかかることが想定されるため、引き続き課税が必要という判断を示した。

一方、1戸あたり29平方㍍未満の住戸を課税対象にしているため、29平方㍍以上、35平方㍍未満の住戸が税導入後には846件と1・7倍に増えた。課税を免れるため、1戸あたりの面積を若干増やして、建築している実態が浮かび上がった。

29平方㍍未満は、国が定めた二人世帯の最低居住面積水準を根拠にしている。だが、この最低面積は06年に30平方㍍に変更され、区も歩調を合わせるかどうかの選択に迫られる。

30平方㍍未満に変更すると課税対象が増えるため、収益がひっ迫している建設会社の資金繰りに追い討ちをかけることになる。また、30平方㍍未満に変更する場合、法定外税のため総務相の同意、条例改正が必要になる。

「能力開発」に主眼

荒川区　職員研修体系を改定

荒川区はこのほど、全職員対象の研修制度を大幅に改定し、能力開発に主眼を置く体系を導入した。職員採用方法の多様化や必要な人材能力の細分化などを踏まえたもので、今年度中に一部の運用を開始するという。

同区では従来、昇任などの際に実施する職層研修が中心だったが、職員自身のキャリアデザインに主眼を置いた選択型のプログラム体系に転換。「コミュニケーション」「思考」「IT対応」「事務処理」などの大項目に分類されたプログラムを、各職員が自己の適性や将来の指向に応じて受講する。

新しい研修体系を通じて、新規採用後3年以内の「新人」や将来の「幹部候補」を重点的に育成していく方針。

新人育成では、公務に携わる上での基本知識、能力の向上を課題とし、「どの部署に配属されても対応できる基礎能力を醸成する」という。

「次世代リーダー育成」と命名された幹部候補の育成は、マネジメントの基本など、小集団レベルでのリーダーシップを養成する。対象には、20歳代後半から30歳代の主任主事クラスの職員を想定しており、5～7人に対して2年間の研修を行う予定。

新しい研修体系では、40～50歳代前半のキャリア後期の職員についても、これまで蓄積してきた経験や知識を庁内に伝承してもらいつつ、退職後には職員自身が再就職などに活用できるような方法を模索していく。

区担当者は「40～50歳代で昇任試験などを受けない職員の場合、従来の職層研修中心のカリキュラムでは、研修機会が皆無に等しかった」といい、昇任試験の受験率低下などを受け、こうした傾向は近年強まっていたと話す。

管理職、係長級職などを対象とする従来の職層研修も継続していくが、庁内研修に加えて、外部の民間研修機関なども活用して、区の独自性を出すという。

区では今後、新研修体系に連動して、人事異動や処遇を含む人事制度の見直しに着手する意向。今年度、第三者による人事評価検証を導入する。

一流ホテルの接遇術

新人職員向けに研修　文京区

文京区は4～14日、今年度の新規採用職員のうち63人を対象とした接遇研修を実施している。庁舎勤務職員に加えて、保育園や児童館に配属の職員も参加する。

同区では従来、接遇研修は座学での講習だけだったが、今年度から庁舎内での実践形式の研修も導入した。実践研修は、区役所1階の入り口での来庁者への案内などを行う。研修時間は1人あたり、1回2時間程度。

6日実施の研修では、区役所に近接する㈱東京ドームホテルの教育担当者を講師に招いて、ホテルにおける「コンシェルジュ」の案内指導のコツを伝授してもらった。

研修中の各職員は、接遇マナーのほかに、区の関連施設の所在地や交通経路も自主的に習得しているという。職員課の担当者は「今回の研修で、職員のホスピタリティー（もてなし）を向上していく機会にしたい」と話す。

地下駐車場開業へ

事業費156億円　台東区

台東区は、上野地区に建設中の地下駐車場について、来年3月16日に開業すると発表した。正式名称は「上野中央通り地下駐車場」で、収容車両数は300台、24時間営業で台東区が運営する。不忍通りと中央通りが交差する一帯の地下に建設された。

上野中央通り地下駐車場と地下歩道の建設は、02年に着工、06年度の完成を予定していた。当初、駐車場部分の総工費は約135億円とされており、このうちの99億円、設備費などをあわせた合計約126億円を、区が負担する予定だった。

しかし、台東区、都、施工業者の東京メトロは05年、地下水位上昇や地下鉄銀座線の補強、埋蔵遺跡の調査などのために、工期延長と工費の増額を決定。区は約35億円の負担増になった。

区民らが強く反発し、区への外部監査請求に発展。昨年実施された外部監査では、区側に対して情報開示などに関する改善が求められていた。駐車場部分の事業費について、区では「約156億円になる」としている。

地域バス3路線目

29日に運行開始へ　杉並区

杉並区は29日から、JR西荻窪駅と京王線の久我山駅を結ぶ地域バス（コミュニティーバス）の路線を開設する。

新路線の名称は「かえで路線」。阿佐ケ谷と浜田山間の「けやき路線」、浜田山・下高井戸間の「さくら路線」に続く3番目の地域バス路線となる。新路線の運行に対して、杉並区は約1200万円を助成する予定。

従来、西荻窪駅周辺と久我山駅周辺を往来する場合、吉祥寺方面に迂回しなければならなかった。新路線は、西荻窪駅と久我山駅を約20分で結ぶ。

杉並区の地域バス事業は、区内南北方向の交通充実と交通不便地域の解消を目指して2000年に開始。▽他の民間バスが運行していない地域▽最寄り駅から500㍍またはバス停から300㍍の円内から外れている地域――を条件として、路線を選定してきた。

最初に開通した「けやき路線」は、運行3年目で23区のコミュニティーバス初の黒字を達成。延べ乗客数は500万人を超える。杉並区の地域バス路線の整備は、「かえで路線」の開設でいったん完了するが、区内の公共施設などを巡る路線などの開設を検討するとしている。

記者席

今度はブルーにライトアップ

○……民間病院に比べて低い処遇と激務に敬遠されることも多い都立病院。勤務医の事務を手伝う医療クラークの導入は、勤務環境の改善に寄与しそうだ。今後、診療報酬上の加算が得られる体制をとる都立病院も増えるとみられる。

だが、人件費を要求する側には悩みもある。医療クラークの増員が、どのくらい収益アップにつながったか、どのくらい患者の待ち時間が減ったか――などの効果が検証しにくいからだ。ある都立病院職員は「勤務医の負担が減るのは間違いない」としつつ、「どこまで経営上のメリットがあるのか説明しにくいのも事実」と吐露している。

○……ピンク、オレンジ、レッド、オリンピックカラー、そして今日14日はブルーだそうだ。世界糖尿病デーに合わせて、都庁舎のライトアップが行われる。運動のシンボルマークである「ブルーサークル」にちなんだもので、都内では、東京タワーも同色にライトアップされる。

自覚症状に乏しいとされる糖尿病だが、世界では、糖尿病の引き起こす合併症などが原因で、10秒に1人の命が奪われていると言われる。

予防には、日常生活での活動量を増やすことが重要となるため、都は通勤や日常の移動時の階段利用などを呼びかけている。当日の都庁舎での階段利用状況も気になるところだが、可能な範囲で気長に継続させることが何より。

○……市民でつくる23区プラスチック製品の会は10日に集会を開催し、清掃一組、清掃労組などが出席した。

清掃労組の職員は、ここ最近の焼却炉の状況について、「排ガスに水銀が出るようになった」「灰の質が悪化している」「針金が多量に出ている」など、各清掃工場の職員から聞き取った報告を発表した。

この職員の現場感覚では、焼却炉に不燃物などが混入していることが一因とみる。各装置の異常は出ていないから、いいでは済まない。一部のごみ出しのずさんさで事故が起きても、行政責任は避けられない。大きな問題が生じないことを祈る。

都生涯審・起草委員会

「地域教育行政」の導入を

第2次答申案を報告

第7期東京都生涯学習審議会の起草委員会は、「東京都が展開する『地域教育行政』のあり方について」と題する第2次答申案をまとめ、7日開かれた同審議会に報告した。答申案は、ライフステージに応じた地域教育行政の課題を整理したうえで、行政として取り組むべき施策を提言。具体的には、都民の教育参加で進める地域教育プラットフォームづくりをベースに、「教育サポーター」の養成・活用、新たな教育支援モデル事業の構築、都立学校「教育支援プログラムバンク」などを盛り込んだ。19日の審議会でさらに審議を重ね、12月1日に第2次答申を提出する予定。

教育サポーター養成など

少子高齢化や高度情報化等の急速な進展、核家族化をはじめとする家族形態の変化、成熟社会に伴う価値観の多様化など、教育をとりまく環境は大きく変わり、時代に応じた新たな教育のあり方が求められている。このため、教育基本法が2006年に改正され、「生涯学習の理念」を新しく規定したほか、新たに「家庭教育」「幼児期教育」「学校、家庭及び地域住民等の連携協力」などの条文が盛り込まれた。

都生涯学習審議会はこの間、新しい教育基本法の考え方を先取りする形で、05年の第5期答申の中で、学校・家庭・地域の協働による子供たちの育成を目指す「地域教育プラットフォーム構想」を提案。これが国の社会施策にも反映され、「放課後子ども教室推進事業」や「学校支援地域本部事業」などに結びついた。

しかし、急激な都市化と核家族化、ライフスタイルの変化などで、家庭や地域社会の教育機能は著しく低下。子供たちの教育の多くが学校に依存するという実態にあるなど、社会全体で教育の向上に取り組むうえで克服すべき課題は多い。

こうした背景を踏まえ、第7期都生涯学習審議会の起草委員会は、社会全体で教育を向上させるには、様々な教育主体が連携することが不可欠との認識のもと、新しい教育行政の機能としての「地域教育行政」のあり方を検討してきた。

起草委員会が新たな行政機能として提言した「地域教育行政」は、学校教育行政と社会教育行政のすき間にある、例えば学校支援ボランティアの養成、家庭教育と学校教育の接続、放課後子供プランをはじめとした学校外教育と学校教育の連携、今年度から試験的に導入されたスクール・ソーシャル・ワーカーと学校との連携などの課題を有機的につなげ、ネットワーク化する役割を果たす行政機能をいう。

この地域教育行政の展開に向けて、答申案では、まず、家庭・学校・地域のそれぞれが抱える課題を整理したうえで、地域教育行政の役割として▽「地域教育」を活性化させるための条件整備▽地域教育の担い手の育成、支援——の2点を提言。具体的には、区市町村が「教育振興基本計画」を策定する際に、地域教育の計画化の視点を盛り込むことを要請した。さらに、団塊の世代を地域教育の担い手として育成・活用するとともに、教育支援コーディネーターの発掘、育成に取り組むことを求めている。

また、地域教育行政が取り組む施策課題として、①「横」の視点＝社会全体で教育を向上させる②「縦」の接続の視点＝生涯にわたる成長を支援する③地域教育行政が取り組むべき教育課題——の3点を提示。とくに地域教育行政の教育課題については、乳幼児期の子供への教育支援（人間形成の基礎づくり）や学校教育活動への支援、若者の自立支援、地域教育プラットフォームづくり、「地域」を基盤にすべての都民の教育参加を進めるための計画化などを提言している。

地域教育行政の実現に向けた都教委の果たすべき役割では、区市町村との役割分担を踏まえたうえで、地域教育の担い手となる学校教育支援人材、学校外教育支援人材、教育支援コーディネーターなどを総称した「教育サポーター」の養成・支援策に取り組むことを求めている。また、都立学校に「教育支援プログラムバンク」を設け、教育サポーターの養成講座終了者を登録。各学校の求めに応じてプログラムを提供していく新たな構想を提案した。

この教育サポーターの養成や教育支援プログラムバンク構想を進めていく上で重要な役割を果たす「地域教育推進ネットワーク東京都協議会」への期待として、学校など教育の場面に企業等の力がより効果的に発揮できる場面づくりを求めた。

この日の審議会では文言の修正などを求める意見が相次いだほか、「地域教育」の計画化などの課題が残されている。このため、次回の審議会でさらに審議したうえで、正式に第2次答申をまとめ、12月1日、大原教育長に提出する予定。

「ECO箸」でコラボ

六郷工科高と足立特別支援学校が共同で

くんせい機「六郷燻」も完成

都立六郷工科高校と都立足立特別支援学校とが共同で、携帯用の「ECO箸」を製作した。六郷工科高校が組み立て式の携帯箸「六郷箸」を作り、足立特別支援学校が和服柄の生地を使った「箸袋」を作った。また、六郷工科高校はコンパクトなくんせい機「六郷燻」を完成させた＝写真。「ECO箸」については29日に足立区勤労福祉会館で開かれる「キッズな（絆）フェスタ」に出品し、販売する予定。値段は「六郷箸と箸袋のセット」が千円、「六郷箸（ケース付）」が700円を予定しており、数量を限定しての販売となる。

「六郷箸」は、六郷工科高校プロダクト工学科2年の生徒2人が先生の指導を受けて製作した。材質はジュラルミン製で、先端部分（10㌘）と箸元（10㌘）のジョイントタイプ。一膳の重さは26㌘。月産は最大で30膳。箸袋を足立特別支援学校の生徒が製作した。

一方、一般のくんせい機よりもひと回り小さい「六郷燻」は、重さ2・85㌔と小型で、折り畳み式で持ち運びが簡単。チーズやハムはもちろん、網をはずしてフックをかければ魚のくんせいも可能であり、またキャンプでの簡易オーブンとしても利用できるという。販売にも応じており、月産は5台程度で値段は2500円。

教育庁都立学校教育部の初宿（しやけ）・都立高校改革推進担当課長は「このような都立学校の多様な取り組みを広く都民にアピールするとともに、社会的な応援をもらいながら教育現場の活性化につなげたい」と話している。問い合わせ先は、同部の初宿氏☎03・5320・6842まで。

未来を拓く

——キャリア教育の取り組み〈4〉

5日間の職場体験に挑戦

■味わう「勤労感」

豊島区立西池袋中学校は2005年に旧道和中学校と真和中学校が統合し、今年で4年目を迎えています。キャリア教育においては、03年に道和中学校において、3日間の職場体験を実施しました。それから昨年まで5年間、職場体験の実績を積んできました。

3日間の職場体験を通して、生徒から様々な感想を聞くことが出来ました。「未知の体験から職業感や勤労感を味わうことが出来た」という声がほとんどでしたが、同時に、「ようやく慣れた時に3日間が終わってしまった」「もう2、3日やってみたい」という意見もたくさんありました。

そこで今年度、豊島区がキャリア教育の推進地区に指定されたことと、一人1職場の職場体験の改善などを通して5日間への移行が比較的順調にいくのではないかという見通しを鑑み、本年度の5日間での取り組みに至りました。

■事業所確保に苦労

職場体験は9月23日から30日（26日、27日の土、日は除く）に実施しました。事前準備は4月中旬から始めました。以下事前指導の内容です。

《4月》職場体験の概要（学年集会と保護者会にて概要説明）

《5月》職業調べ

《6月》職場体験の希望職種と事業所のリストアップ

《7月》受け入れ事業所の決定・依頼書の送付

《8月》事前打ち合わせの指導・自己紹介カード作成

《9月》職業講話・接遇指導（民間会社の人事部教育室担当の方）・しおり作成・あいさつ訪問（事前打ち合わせ）・集団での事前指導

事前指導で苦労したのが事業所の確保です。4月の保護者会で保護者の方にも協力をお願いしました。また卒業生の保護者や豊島区法人会にも協力を依頼しました。

豊島区教育委員会では16事業所46人を手配していただきました。結果、2年生136人は102事業所にお世話になることになりました。

事前指導の特色は職業講話と接遇訓練です。地域の民間会社の人事部教育室の方を招聘し、職場体験を行うに当たっての心構えや礼儀・マナーについて指導していただきました。

■体験新聞の作成も

成果と課題については、職場体験が終了して2週間しか経過していませんので、詳細についてはこれから分析していくことになります。現在、職場体験新聞を生徒各自が作成中です。

この2週間の生徒の姿を見ていると、体験直後は少し疲れた様子でしたが、あいさつの声が前にもまして生き生きとしている。その後の生徒会活動等で、主体的に活動しようとする姿が見えます。

また、今後の課題については、①教育委員会との連携も含め、受け入れ事業所の確保をいかに改善していくか②他の学校と重なったため、今後どのように調整していくか③さらなる生徒の目的意識を高める指導をどのように工夫・改善していくか——などがあります。

（豊島区立西池袋中学校長　飯島光正）

「よろしくお願いします」と園児にあいさつする西池袋中の生徒＝幼稚園の職場体験で

教育支援の現場から 5

不登校にならないための高校

都立稔ヶ丘高校の取り組み

チャレンジスクールは、不登校・中退という問題を積極的に克服していこうという意志の下につくられていると言っても過言ではありません。実際、チャレンジスクールには多くの不登校経験者が在籍しています。そういった生徒が目標を持って次の一歩を踏み出すことができるように指導していくのも、チャレンジスクールの大きな役割でしょう。都立稔ヶ丘高校は、不登校を経験した生徒がその後の人生でまた「不登校」にならないようにすることに重点を置いた取り組みをしているチャレンジスクールです。今回は、坂井秀敏校長にお話を伺ってきました。

■倍率は低い方がよい

チャレンジスクールの募集は軒並み2倍から3倍、分割後期募集にはそれ以上の高倍率になりますが、私は倍率は低い方がよいと思います。稔ヶ丘は、あらかじめ募集する生徒の対象を明らかにしておいて、指導にフィットする生徒を集める。チャレンジスクールもたくさんありますし、多様な生徒をカバーするためにも、高校同士で受け入れる生徒の切り分けをし、せっかく学校に行こうとして高校受験をしたのに失敗してしまうという、高倍率による第二の挫折を生まないようにしたほうがいいと思います。

■最終的には生徒の自立が目標。「高校にもまれる」という考え方

そもそも総合学科の学校は、「好きな時に好きなように授業を選択出来る」というコンセプトがあり、それが売りでもありましたが、我々はやはり学習には順番があると考えています。最終的には生徒に自立してもらいたいので、細かく指導はしますが、何に対してもハードルを下げるということはしません。しっかりと「高校の授業」をしていきます。

「なんとなくを意図的に」を稔ヶ丘の教員の合言葉とし、順を追った指導と細かいステップの提供を心がけています。また、登校ストレスを軽減し不登校にさせないのではなく、それに負けないように育てることで不登校を生まないようにしたいと思っています。そうすることで、大学や社会に出て行くためのステップとしての高校の役割をもう一度浸透させ、チャレンジスクールではありますが、あえて「高校にもまれる」ことを通して「勁（つよ）い心」を育てていきます。

■「こうするとうまくいく」ということを教える

稔ヶ丘では「コーピング」という独自教材を使用し、確実に成果を上げるための科目の積み重ねやキャリア教育に力を入れています。例えば大学や社会に出ても、そこでついていける根本の土台となるのは人間関係だと私たちは考えています。一度不登校を経験してしまった生徒が、何度も何度も失敗を体験して、人との接し方を体得していくというような「トライアンドエラー」で人間関係を築くということには抵抗があるでしょう。また、何か失敗してしまうかもしれないという恐れが、次の一歩を踏み出すのを躊躇させてしまう。重なりますが最終的には生徒の自立が目標ですから、「どうやって相手と付き合うか」ということを教えてあげるのがいいと思います。そこで、学校不適応に対する取り組みとして、人間関係を円滑にするコツやストレスを乗り越えるコツを意図的に学んでいこうというわけです。

◇

創立2年目の稔ヶ丘高校。来年度には初めての卒業生が生まれます。坂井校長以下、教職員の熱く細やかな指導がどのように開花するか非常に楽しみです。

不登校・高校中退・転編入のお問い合わせは、NPO法人教育支援協会連合会東京支部☎6806・8366。

（杉浦孝宣）

新装オープンへ準備本格化

都立図書館　相次ぎ改修工事へ

都立中央図書館の改修工事が今月から開始され、来年1月4日にリニューアル開館する。一方、都立多摩図書館も来年1月から改修工事に入り、5月の「東京マガジンバンク」開設に向けて、準備作業を本格化させる。

中央図書館では改修工事中の今月末まで臨時閲覧室でサービスを行うが、12月はリニューアルオープン準備のため臨時閲覧室を閉室。来年1月4日にリニューアル開館し、①ワンストップサービスの開始②重点的情報サービスの充実③開架閲覧スペースの拡充④多様な情報発信のための設備の充実——などに取り組む。

このうちワンストップサービスは、書庫内にある図書の受け取りや返却、複写の申し込みなどのサービスすべてを1階で実施する。また、情報サービスでは新たに「都市・東京情報サービス」を開始し、産業や環境、文化などを切り口に首都東京の情報を横断的に提供する計画である。

多摩図書館は、来年1月から3月まで改修工事を行い、その間、教育センター内で閲覧などのサービスを通常どおり実施する。4月は開設準備期間となるが、1日～18日は新聞閲覧、視覚障害者サービス、16ミリフィルム団体への貸出の限定サービスを行い、19日以降は特別整理休館期間とし、館内のレイアウトを整備して、5月1日に「東京マガジンバンク」を開設する計画である。

東京マガジンバンクは、公共図書館として全国初の雑誌の集中的サービスを目指すもので、身近な話題から世界的なニュース、専門的領域の動向まで、都民の様々な雑誌情報の関心に応えるものとする。具体的には、一般雑誌から学術雑誌まで合計約1万6千誌を提供するほか、約300誌の1年間のバックナンバーの開架、創刊号コレクションの充実、展示エリアの新設に取り組む。

このほか、児童・青少年資料サービスとして、親子がゆったりと読書を楽しめる児童エリアを設置。さらに、青少年が利用しやすい魅力あるスペースを提供し、学校や区市町村立図書館のサービスを支援する事業などを計画している。

優秀な教員確保へ

地方説明会を開催

教育庁

都教育庁では、優秀な教員を確保しようと、地方説明会の全国展開に取り組んでいる。今月の5日には、まだ進路を決めていない東北福祉大学と宮城教育大学の3年生らを対象に、教員採用選考説明会を実施した＝写真。「早期の段階で教職の実態や魅力を伝え、教員の志望意識を高める」（人事部）ことが目的だ。

両大学の学生に、東京都の教職の魅力を伝えるとともに、今年度選考の概要及び来年度選考の見通しなどを説明。また、東北福祉大では同大出身の今年度の合格者が熱く語る合格体験談も取り入れて、「東京都の教職の魅力」などをアピールした。

教育庁では、優秀な教員確保に向けて、大学説明会を強化。昨年は都内13大学で説明会を開いたが、今回は2大学増やした。他県の大学説明会も、北海道、九州、沖縄など5大学増の19大学として、「東京の先生になろう！」と盛んに売り込んでいる。

毎週金曜 3面は 教育オンライン

特別区人事委員会

09年度から I類筆記考査を改正

択一式 範囲を厳選、免除資格も

特別区人事委員会は、09年度の管理職選考からI類の筆記考査を改正する。実践的能力の高い管理職を的確に選抜するとともに、多忙な職務実態の中、計画的な受験を可能にするのがねらい。択一式の出題分野を厳選する一方で、記述・論文式を重視した構成に見直す。また、前年の試験結果によって択一・短答式問題を免除する「免除資格」を導入する。区の管理職選考は、04年度に口頭試問を各区が実施し、I・II類事務の各区の需要数を明示するなどの制度改正を行ったが、出題内容の見直しは02年度以来、7年ぶりとなる。

記述を重視 知識から思考力に力点

択一問題

今回の見直しはI類のみで、II類は現行どおりとなる。主な改正点は、「筆記考査の出題内容」と「免除資格の導入」だ。

まず出題内容は、択一式の問題を「管理職として必要最低限の知識に厳選」（人事委員会任用課）。事務・技術系の共通問題の現行4分野のうち、「時事問題」と「資料解釈」を廃止し、「地方自治制度」と「地方公務員制度」の2分野のみとする。

出題数は、「地方自治制度」が現行（08年度）の9題→14題程度に、「地方公務員法」が5題→6題程度とし、トータルでは28題→20題に減らす。出題形式は五枝択一方式で変わらない。

他方、専門問題は、事務が「行政法」「財政学・地方財政制度」、技術が「選考区分別の専門問題」で変更はないが、事務の出題数を12問→20問に変更する。

また、技術の専門問題は、出題方式を「五枝択一式」から「短答式等」に変更し、5題中3題選択とする。「断片的な知識ではなく、体系的な基礎知識を持っているかを問う」（任用課）という。

記述・論文

記述式、論文式の枠組みに大きな変更はないが、出題内容を見直し、思考力や論理性、表現力等をより一層問う形式とする。

記述式は、白書、新聞記事等の資料を分析して施策を提案する現行方式から、問題分析、課題抽出、施策提案までを順番に解答する方式に見直す。これまでは施策の企画・立案能力など「発想力」に力点を置いていたが、今後は課題の抽出から分析、解決など一連の流れを重視した「論理性」を一層求める。

択一の事務・技術共通問題の出題分野から資料解釈を廃止するが、記述式でグラフや数値の読解力など「資料解釈」の基礎的な素養を求めることになる。

また論文は、現行の出題方式だと解答の切り口が画一化するとの指摘もあった。例えば今年のI類論文の「自治制度の変革と特別区政」「組織目標の達成と管理職員の役割」といった出題の場合、「区民との協働」や「人材育成」などから論じる解答が多く見受けられたという。

今回の見直しでは、様々な切り口から論述できるよう、話題となっている社会事象や行政課題などの幅広い範囲から出題する方式に変更する。択一式問題で「時事問題」を廃止するが、管理職に求められる日常的な社会、経済、政治状況等への関心と問題意識は論文で検証する。このため評論的な論述ではなく、管理職としての視点を踏まえた解答を求める。

免除資格

免除資格は、択一・短答式試験で受験した年に不合格であっても一定水準以上の者は、翌年度から3年間、択一・短答式試験を免除するもの。

頑張ればメリットが生じるということだけではなく、1年目は択一・短答式だけ受験し、免除資格を得てから記述式、論文式に取り組む分割受験等も可能になる。任用課では「職務多忙の中堅層職員が、計画的に受験に取り組めるしくみを導入した」と説明する。

また、受験資格発生1年前、主任主事歴5年目の者も、択一・短答式試験だけ受験できるようになる（前倒し受験）。これに該当する職員は係長選考の受験資格も同時に発生している。昇任意欲が高い時期にあわせて受験が可能となる。

資格取得基準は明らかになっていないが、「その年の最終合格者の基準よりも高い水準で設定する」（任用課）考えという。

さらなる改正も

見直しの背景にあるのが管理職選考を取り巻く厳しい状況だ。金澤眞二任用課長は、「申込率は5%以下で、有資格者の20人に1人しか申し込まない。逆に合格者数は年々増加し、合格率は10年前の約3倍も上昇している。資質、能力ともに優れた管理職を安定的に供給することが困難な危機的状況に、人事委員会として、できるところから見直した」と話す。

改正のねらいは「高度、複雑化する行政課題に的確に対応できる実践的能力の高い管理職を的確に選抜」すること。そのために、職員のライフスタイルの変化や多忙な職務実態を考慮し、「計画的な受験を促し、申し込みの底上げを図ること」の2点。特に択一問題の出題分野の厳選や資格化の導入は、将来の管理職を期待されながらも、多忙な業務の中で受験に二の足を踏む職員に受験を呼びかけるメッセージでもある。

金澤課長は「特に中堅係長層には、培った能力を生かし、管理職として職責を果たしてほしいという周囲の大きな期待がある。改正をきっかけに区政を主体的に担う気概をより一層強く持ってほしい。また、今後さらなる受験環境整備、大胆な制度見直しなども必要な時期に至っていると考えている」と話す。

人事委員会事務局では、「改正のあらまし」を作成し、各区人事担当課を通じて周知を図っている。09年度の管理職選考は、来年4月に要綱を発表し、9月に筆記考査を実施する予定。

			改正	現行
択一・短答式	事務系、技術系それぞれの管理職として必要な専門的能力	事務系	事務・技術共通問題 地方自治制度、地方公務員制度 事務専門問題 行政法、財政学・地方財政制度 （五枝択一式） 【1時間30分　40問】	●地方自治制度、地方公務員制度、時事問題（区政、地方自治、政治、社会、経済、労働）、資料解釈 ●事務専門問題（行政法、財政学・地方財政制度） （五枝択一式） 【1時間30分　40問】
		技術系	事務・技術共通問題 地方自治制度、地方公務員制度 （五枝択一式） 技術専門問題 技術専門問題（技I、II、III）（短答式等） 【1時間30分】	●地方自治制度、地方公務員制度、時事問題（区政、地方自治、政治、社会、経済、労働）、資料解釈 ●技術専門問題（技I、II、III） （五枝択一式） 【1時間30分　40問】
記述式	区政全般に幅広く対応できる一般的な管理職としての能力		●資料に基づく、報告書等の作成 ＊課題の抽出力、分析力、課題対応能力・問題解決能力の検証 【2時間　1題】 （A3判1枚以内で解答 形式自由）	●資料に基づく施策提案書等の作成 ＊企画立案能力・政策形成能力の検証 【2時間　1題】 （A3判1枚以内で解答 形式自由）
論文式			●社会状況課題と行政課題のうち1題選択 ＊問題意識、論理性の視点を重視する 【2時間　2〜3題出題し、1題選択】 （1500字〜2000字程度）	●行政課題と職場課題のうちいずれか1題選択 【2時間　2題出題し、1題選択】 （1500字〜2000字程度）

08区管試 I類130人、II類76人が合格

08年度の特別区管理職選考の合格者が10日に発表され、I類130人、II類76人の計206人が合格した。前年度比23人の増。受験者数に対する合格率は23・0%で、初めて20%を超えた昨年度（20・7%）を上回った。また管理職需要数は、I類事務で6区・団体、II類事務で4区・団体が満たせなかった。

高い合格率は、大量退職に伴い、各区の管理職需要が高まったため。合格率はI類事務が前年度比1・5ポイント増、I類技術が同2・7ポイント増、II類技術が同9・1ポイント増となった。

需要数に満たない区・団体と不足数は、I類事務が中央（2）、渋谷（1）、北（1）、板橋（2）、特競馬（1）、清掃一組（1）となり、II類事務は港（2）、台東（1）、渋谷（2）、清掃一組（1）となる。

08年度 特別区管理職選考実施状況（単位：人、%）

区分		有資格者数 A	受験者数 C	口頭試問 進出者数 D	口頭試問 進出率 D/C	合格者数 E	合格率 E/C
I類	事務	18,268 (18,677) ▲409	540 (568) ▲28	205 (203) 2	38.0 (35.7) 2.3	97 (94) 3	18.0 (16.5) 1.5
	技術I	775 (789) ▲14	74 (60) 14	21 (14) 7	28.4 (23.3) 5.1	13 (10) 3	17.6 (16.7) 0.9
	技術II	479 (494) ▲15	37 (32) 5	18 (14) 4	48.6 (43.8) 4.8	13 (10) 3	35.1 (31.3) 3.8
	技術III	1,352 (1,394) ▲42	33 (27) 6	11 (8) 3	33.3 (29.6) 3.7	7 (4) 3	21.2 (14.8) 6.4
	技術計	2,606 (2,677) ▲71	144 (119) 25	50 (36) 14	34.7 (30.3) 4.4	33 (24) 9	22.9 (20.2) 2.7
	計	20,874 (21,354) ▲480	684 (687) ▲3	255 (239) 16	37.3 (34.8) 2.5	130 (118) 12	19.0 (17.2) 1.8
II類	事務	981 (1,005) ▲24	180 (163) 17	140 (124) 16	77.8 (76.1) 1.7	65 (57) 8	36.1 (35.0) 1.1
	技術	192 (211) ▲19	33 (33) 0	11 (8) 3	33.3 (24.2) 9.1	11 (8) 3	33.3 (24.2) 9.1
	計	1,173 (1,216) ▲43	213 (196) 17	151 (132) 19	70.9 (67.3) 3.6	76 (65) 11	35.7 (33.2) 2.5
合計		22,047 (22,570) ▲523	897 (883) 14	406 (371) 35	45.3 (42.0) 3.3	206 (183) 23	23.0 (20.7) 2.3

※上段…08年度、中段かっこ…07年度、下段…増減

区別区分別合格者数

区名	I類 事務	I類 技術	I類 小計	II類 事務	II類 技術	II類 小計	合計
千代田	3	1	4	3	1	4	8
中央			0	2		2	2
港	7	3	10	3		3	13
新宿	5	1	6	2		2	8
文京	3	1	4	3	1	4	8
台東	5	2	7	4		4	11
墨田	3	4	7	2	1	3	10
江東	4	1	5	2		2	7
品川	4	2	6	1		1	7
目黒	3		3	3		3	6
大田	8	1	9	5		5	14
世田谷	6	4	10	5		5	15
渋谷	3	2	5			0	5
中野	3		3	3		3	6
杉並	5		5	3	1	4	9
豊島	5		5	1		1	6
北	3	4	7	3		3	10
荒川	2		2	4	2	6	8
板橋	3	1	4	4	1	5	9
練馬	5		5	1	1	2	7
足立	5	4	9	3		3	12
葛飾	6		6	2	1	3	9
江戸川	5	1	6	3	1	4	10
特人厚	1		1	2		2	3
特競馬			0	1		1	1
清掃		1	1		1	1	2
計	97	33	130	65	11	76	206

特別区管理職選考合格者

■I類

◆I類事務

【千代田】古田毅、山下律子、柳晃一【港】後藤邦正、星川邦昭、茂木英雄、野上宏、太田貴二、新宮弘章、山本隆司【新宿】関原陽子、遠山竜多、仙田隆、皆本真喜子、石井理【文京】鈴木裕佳、新名幸男、安藤彰啓【台東】原嶋伸夫、黒田治子、箱﨑正夫、前田幹生、松原秀樹【墨田】小倉孝弘、大竹恵介、宮本知幸【江東】岡田靖明、岩井健、藤田友子、梅村英明【品川】高山崇、中元康子、榎本芳美、今井裕美【目黒】斎藤秀一、落合勝、酒井圭子【大田】山田良司、張間秀成、武田守史、佐々木信久、堀恵子、秋山太郎、吉田春彦、原聡【世田谷】庄司秀人、和田康子、山田実、片桐誠、中里忍、安間信雄【渋谷】吉澤卓哉、冨井一慶、山中昌彦【中野】海老沢憲一、岩浅英樹、宇田川直子【杉並】伊藤宗敏、清水泰弘、寺井茂樹、松川泉、山﨑佳子【豊島】渡辺克己、木山弓子、猪飼敏夫、樋口友久、活田啓文【北】茅根薫、関根和孝、村野重成【荒川】東山忠史、平野興一、【板橋】田中光輝、水野博史、桑子早苗【練馬】近野建一、加藤信良、山﨑直子、杉本圭司、星野明久【足立】菊池正美、山根晃、近藤博昭、森太一、佐藤佳子【葛飾】新井秀成、鈴木雄祐、古本浩章、柴田賢司、倉地儀雄、鈴木茂晴【江戸川】近藤尚行、千葉孝、加藤英二、佐藤弥栄、岡﨑由紀夫【特人厚】山田幸男

◆I類技術I

【千代田】笛木哲也【台東】内田円【江東】大谷友彦【品川】多並知広【大田】久保輝幸【世田谷】吉武成寛、高橋良忠【渋谷】齊藤和夫【北】寺田雅夫、岩本憲文【板橋】宮津毅【足立】山中寛【江戸川】町山衛

◆I類技術II

【港】野口孝彦、村上利雄、大久保光正【新宿】児玉和也【文京】澤井英樹【台東】寺田茂【墨田】和田聖子、橋本正一、串原昭夫【品川】中村敏明【世田谷】佐々木康史、安間正伸【足立】稲本望

◆I類技術III

【墨田】渡辺吉章【渋谷】川﨑明良【北】小宮山恵美、鈴木静乃【足立】清水英樹、篠木頼光【清掃一組】飯田淳一

■II類

◆II類事務

【千代田】安田昌一、佐藤尚久、新治博【中央】園田典子、遠藤龍雄【港】西田京子、沼倉賢司、高嶋慶二【新宿】谷川省一、西方祐子【文京】石嶋大介、小池陽子、辻政博【台東】三田昭、菅谷健治、村田和正、柳川清一【墨田】長島孝、松田耕二【江東】和田猛、林良洋【品川】安井裕彦【目黒】篠崎省三、橋本知明、田辺俊子【大田】星光吉、白鳥信也、高橋知之、松橋幸博、室内正男【世田谷】平澤道男、安永もと子、上村隆、星正彦、笹部昭博【中野】石濱良行、田中謙一、朝井めぐみ【杉並】朝比奈愛郎、坂本浩、都筑公嗣【豊島】大須賀裕子【北】伊藤元司、菊池誠樹、伊豆孝【荒川】秦野泰嘉、長田七美、丹雅敏、佐藤泰祥【板橋】小林緑、猪俣正伸、高山勝也、赤松健宏【練馬】尾崎寛之【足立】嶋靖記、秋腰光信、山杉正治【葛飾】南郷一英、荻原康行【江戸川】吉澤尚志、弓場宏之、柴田靖弘【特人厚】大和久道夫、堀井一雄【特競馬】須藤良一

◆II類技術

【千代田】小川東【文京】佐野正【墨田】東海林幸雄【杉並】友金幸浩【荒川】飯田昌宏、川原宏一【板橋】荻野守【練馬】市川仁【葛飾】齊藤登【江戸川】加山均【清掃一組】塚越浩

鈴木 正昭さん（すずき・まさあき＝調布市議、元調布市議会議長）9日死去、68歳。

中嶋 政子さん（なかじま・まさこ＝中嶋治郎・品川区地域活動課品川第一地域センター所長の母）7日死去、90歳。

伊藤 基男さん（いとう・もとお＝伊藤勝俊・台東区都市づくり部土木課工事担当主査の父）11日死去、77歳。

都確定交渉

最終局面へ緊張高まる

現業・教員提案で隔たり大きく

都の確定交渉は、回答期限である17日が迫る中、緊張が高まっている。今交渉期で都側は「業務職給料表の見直し」と「教育職員の人事制度の改正」を提案。都労連は業務職給料表見直し案の即時撤回を求めたほか、教育職員の人事制度でも、主任教諭の導入反対、提案内容への反対を明確にしており、交渉は入り口の段階で行き詰まりをみせている。こうした状況下、事態打開に向けた動きも出ており、12日に予定されていたストは回避された。だが、両者の隔たりは依然として大きく、最終局面に向けて、ギリギリの交渉が続くことになる。

回答期限控えギリギリの協議

■現業

業務職給料表の見直し提案に至る都側のベースには、均衡の原則や情勢適応の原則がある。今年3月の「取り組み方針」の公表に始まり、8月には「見直しの方向性」を提示、さらに人事委員会の独自調査結果を踏まえる形で、10月24日の業務職給料表の見直しが提案された。

提案では、現行の給料表の水準を「少なくとも国並みの水準との均衡」にあたる平均15%程度引き下げ、昇給カーブのフラット化も盛り込んだ。

給料表の切り替えは、同額直近上位とするが、都側は「昇給調整はあるものの、給料表の見直し直後から昇給が可能」と説明し、一定の配慮を強調する。

都側は、10月29日の小委員会交渉で、新業務職給料表のイメージを示したが、高齢層の引き下げを強めるフラット化が行われている。

また都側の説明によると、見直し後の給料表への切り替えの際、最高号給に切り替えられる職員は、全体の約6割に達する。これら職員については、現給保障の措置は講じられるが、同一級での昇給は実質的に止まることになる。

さらに見直し提案では、給料の調整額も給料表の水準引き下げにあわせて改定することが打ち出されているが、この影響も極めて大きい。

都労連は「国や民間との均衡論のみを理由に、平均15%引き下げる極めて乱暴なあり得ない提案」として、即時撤回を要求。あわせて現業系職員が都政に果たしている役割と責任を正しく評価するよう、繰り返し訴えている。

都労連が提出している現業賃金・給与制度に関する改善要求では「給料表の水準は行政職（一）表の水準横引きとすべき」「業務職任用制度として、『職能』に基づく新たな制度導入」を掲げており、主張は真っ向からぶつかっている。

■教員

都側提案の「教育職員人事制度の改正について（案）」は、小中学校と高等学校等の教員給料表の一本化や主任教諭設置に伴って創設された教育職給料表を受けて、給与制度の改正や職務段階別加算制度の見直し、義務教育等教員特別手当の縮減等を内容としている。

小委員会交渉で、都側が示した制度改正に伴う年収や特別給の見直し後3年間のシミュレーションによると、主幹教諭の年収は上昇、主任昇任者の年収は35歳や45歳で上昇し、55歳で横ばい。一方、教諭の年収は、35歳で上昇、45歳がほぼ横ばい、55歳では若干減少となることが分かる。

また新給料表への切り替えは、業務職給料表の見直しと同様、同額直近上位だが、追い越し防止の観点から実施される切替日以降引き続き教諭となる職員（新2級適用者）への昇給調整は、教諭等の約3割に及ぶ。

さらに分化後の教諭については、期末・勤勉手当に関わる職務段階別加算の見直しで、加算なしとなる。退職手当の調整額区分も、同様に対象外となる。これにより、職務段階別加算は、現行での教諭（大卒30年以上）の5%、教諭・専修実習助手（大卒12年以上）の3%が廃止され、主幹教諭の6%、主任教諭の3%のみ。退職手当も教諭期間の経験年数ではなく、主任教諭以上の期間に職責ポイントが付与されることになる。

さらに義務教育等教員特別手当は、国庫負担金の縮減に相当する割合で引き下げ、旅費も職務の級に応じた区分設定へ見直すなど、給与・手当全般に及ぶ提案内容となっている。

教員問題を巡って、都労連が主張するのは、主任教諭の導入の是非だ。労使交渉でも「なぜ主任教諭導入が必要なのか、大前提が解決しない限り、協議になりえない」と訴え、断固導入反対の立場を鮮明にしてきた。具体的な提案内容についても、都労連要求と真っ向から対立し、明確に反対であるとしている。

「主任教諭・主任養護教諭に係る任用上の取扱い」「給料の調整額」「義務教育等教員特別手当」の具体的な交渉は、教育職員特有の制度であることも考慮して、単組協議に委ねられ、都労連と都当局との交渉と並行して、協議が進められている。しかし、都労連は「任命権者と関係単組との協議も、質問や疑問への明確な回答がない」としており、現時点まで進展はないとしている。

■時短

勤務時間の短縮では、都側は国や他団体の動向を注視する姿勢を示している。だが、この間の政治情勢から、新内閣発足後の給与関係閣僚会議が先月28日にようやく開かれたばかりで、人事院勧告の取り扱いは確定せず、法改正の時期も不透明な状況にある。

この間、都側からは、他の道府県の人事委員会勧告段階で、時短勧告は1団体、「見直しが適当」と報告した団体が21団体、残る団体が「今後検討」や「引き続き検討」との状況を説明し、また各局への影響調査実施も打ち出している。

これに対し都労連は、多くの政令市が7時間45分であることを背景に、休息・休憩時間見直し前の昨年12月以前に戻すだけであり、都独自に決断するよう求めている。

都小委員会交渉

都が提案内容の検討表明

都と都労連の小委員会交渉が12日に開かれた。都側は、前日に行われた総務局長と都労連委員長の会談を受けて、業務職給料表の見直し提案等について「都労連の意見を斟酌して、更に検討を進める」と表明し、都労連要求の検討状況に関しても「速やかに示したうえで精力的に協議をしていきたい」と述べた。

小委員会交渉は、前日の11日にも行われたが、この場では、都労連要求について「現在、鋭意検討中」とした都側に対して、都労連は「不誠実な態度は断じて許せない」と糾弾し、都側の責任で事態の打開を講じるよう強く求めていた。

同日の総務局長と都労連委員長の会談では、提案内容の検討等への言及があった模様で、12日のストは回避された。

12日の小委員会交渉では、都側が、局長・委員長会談の内容を改めて整理した形で、提案内容について更に検討を進めること、都労連要求に対する検討状況を速やかに示す考えであることなどを表明。労使協議で解決を図るという基本的立場で、これまで以上に踏み込んだ協議を求めた。

一方、都労連は、都側の見解を踏まえて、業務職給料表の見直し案について「提案を撤回したものと受け止める」と発言。さらに「労使で自主決着する立場を貫くなら、都政における役割などの評価に基づいた議論を行うことが不可欠で、譲ることのできない前提条件」と強調している。

ひと

子育て支援でまちづくり

NPO法人「ふれあいの家―おばちゃんち」代表理事

渡辺（わたなべ）　美恵子（みえこ）さん

中野区職員としての最後の職場は、乳幼児から高齢者まで地域の皆が触れ合える児童館「城山ふれあいの家」だった。「施設の管理人になっていないかと上司に言われたことがあって、待ちの姿勢でなく、地域をフィールドに地域の人たちが心地よく暮らせる環境整備をするのが仕事ではないかと思うようになったんです」

館長として、一つの理想型を作り上げたという思い入れも深く、「品川にもふれあいの家を」と退職後に立ち上げたNPO法人は、「ふれあいの家―おばちゃんち」。「拠点が必要とか言うけど、町が職場だと思っていたので、施設がなくてもやれる確信があった」と、まず日曜に区民に開放されていた北品川児童センターを、集いの場「ホットほっとHOT」の指定席に。4階で分かりにくいからと、今度は水も火も使える冒険広場・北浜公園に拠点を移した。

良質なお節介という「おばちゃんち」。保育サポーター養成講座を開講し、サポーター派遣、また区から一時保育を受託するなど、今では13ほどの事業を展開。「一つひとつは小さいですが、必要としている人に利用される身の丈に合ったシステムを作ろうと、それぞれに責任者がいて動いているんです」

在職中にカウンセリングの会で知り合った品川区児童センター職員など輪が広がっていき、事業に関わるスタッフは100人にも。

「周年行事が大好き」と、法人発足5周年を記念した本も『品川に100人のおばちゃん見〜っけ!』（丹羽洋子著）というタイトルに。これも、カナダの子育てテキスト『完璧な親なんていない!』のファシリテーターを務める縁で、ひとなる書房が出版を引き受けてくれたものだ。

「子育て支援も目指すのは、まちづくりなんです。赤ちゃんからお年寄りまでが心地よくいられること。この町が大好きという人が点から面に広がっていって欲しいんです」

公務員として、特に事業畑で予算から企画とオールマイティーを求められ、「本当に育ててもらって、その経験がとても生きています。住民という目線で、他の住民の置かれている立場も思いやって、税金を生きたものにする責任の一端を担っているんだと思っているんです」（門）

ソウル生まれ。都立高等保母学院卒。杉並区の学童保育指導員を経て、72年児童厚生職で中野区に。母親の介護で、02年退職。03年3月NPO法人発足。陶芸やテニスは今はお預け。母を6月に亡くし、一男二女は独立。

昇任試験対策のページ

㉑年度 職員教養講座 [21]

B事務(産業・労働・経済)記述

はじめに

記述対策に、特別な秘訣はありません。記述試験で求められているのは、関連分野の法制度、事業等の重要事項を的確に把握し、あらかじめ用意した答案を試験会場で完璧に再現(記述)することです。

ここで最も大事な点は、「試験会場で」という部分です。人間は忘れる生き物であり、日常業務と関係がない分野の知識は、一度覚えたつもりでも日がたつとすぐに忘れます。また、限られた時間内で覚えられる記憶容量には限界があります。次に大事な点は、完璧な答案を作成することです。択一試験がなくなって、記述のウエートは高まりました。2問完答でなければ合格はおぼつかないと思います。

これらを踏まえ、試験当日からさかのぼって、何日前から暗記を開始するのか、それまでに何をしておくべきか、といった逆算思考で、自分なりのスケジュールを立てることが合格への第一歩となります。

公私ともに多忙な日々を送られているBの受験者にとって、日々の勉強時間を確保することは容易ではありません。まずは大まかなスケジュールを作成し、現実的なプランを立てることです。

そして、このプランを着実に実行してください。多少の変更が生じても、焦らず、常にプランを適宜修正しながら、柔軟に進行を管理し、最低限やるべきことを確実につぶしていきましょう。

出題傾向

出題は、①労働関係法規②労働事情③中小企業・産業振興④農林水産⑤消費者対策⑥流通関係――の六つの分野からおおよそ各1問出題されます。各々、該当範囲も異なりますが、6題中2題の選択なので、ある程度絞り込むことも可能です。

なお、平成20年度は概要でなく部分的な出題がありました。今後要点を絞りつつ、細部にわたる暗記が必要です。

過去の出題傾向は、以下の通りです。

(○内数字は出題年度)

《労働関係法規》

⑩解雇の予告〔労基法〕
⑩争議行為における刑事上・民事上の免責〔労組法〕
⑪変形労働時間制(フレックスタイムを除く)〔労基法〕
⑪労働協約の規範的効力と債務的効力〔労組法〕
⑫不当労働行為として使用者に禁止している行為〔労組法〕
⑬裁量労働〔労基法〕
⑭解雇(解雇制限、解雇予告、整理解雇)〔労基法〕
⑮三六協定〔労基法〕
⑯労働協約の終了〔労組法〕
⑰労働組合法の主な改正点〔労組法〕
⑱労働基準法における女性労働者における規定〔労基法〕
⑲労働基準法に定める労働契約の契約期間〔労基法〕
⑳休憩及び休憩の特例〔労基法〕
⑳法の目的、労働契約の原則・継続及び終了〔労契法〕

平成12年以前は、労働基準法と労働組合法がそれぞれ各1題出題されていましたが、平成13年以降はいずれか1題、平成20年は労働基準法と労働契約法の計2題の出題になっています。

平成17年以降は、法律の一事項を聞く設問から、総合的な知識を問われる設問になっています。

《労働事情》

⑩男女雇用機会均等法の主な改正点
⑫緊急雇用対策に関する取り組み
⑬「東京構想2000」中の「雇用が流動化する社会を生き抜く労働者をサポートする」
⑭ワークシェアリング(最近のわが国の動向を含めて)
⑮個別労働関係紛争解決促進法
⑯東京都雇用・就業対策審議会答申の概要
⑰日本版デュアルシステム
⑱しごとセンター事業の意義と特色(民間事業者の活用を含む)
⑲第8次東京都職業能力開発計画の概要

各種計画、審議会答申、法令改正など大きな動きがあったものからの出題が中心であり、出題が予想しやすい分野といえます。

《中小企業・産業振興》

⑩中小企業の資金調達に関する都の支援策
⑪平成11年度予算に示された中小企業の経営の安定化
⑫中小企業基本法の改正点
⑬都の中小企業対策における製品技術の開発支援
⑬都の中小企業対策における資金調達の支援
⑭「東京都観光産業振興プラン」の概要
⑮東京都中小企業振興対策審議会の答申
⑯「中小企業の知的財産活用のための東京戦略」の概要
⑯「東京都債券市場」
⑰都における創業支援策
⑰中小企業再生ファンドの概要
⑱都の中小企業対策における技術支援
⑱東京都外客来訪促進計画の概要
⑲東京都観光産業振興プランの概要
⑳東京都産業振興指針「戦略2　技術・経営革新の促進と経営基盤の強化を図る」
⑳東京都産業科学技術振興指針(第2期)の「指針の位置づけ」「基本的考え方」

都の産業施策の基本である中小企業振興を中心に、各年度のトピックが出題されています。論文の基礎であり、十分な勉強を要する分野です。

《農林水産関係》

⑪循環型社会づくりに資する都の農林水産施策
⑬東京都農林漁業振興対策審議会の答申(農業)
⑭「東京農業振興プラン」で示された東京農業の振興方向と施策の展開
⑮東京都農林漁業振興対策審議会の答申(水産業)
⑲東京都畜産振興プランの概要

出たり出なかったりですが、計画・答申などは必ず押さえる必要があります。また、年度ごとにトピックもあり、注意が必要です。

《消費者対策》

⑩消費生活基本計画のうち循環型社会を目指した消費生活の推進への都の施策
⑪第15次東京都消費生活対策審議会答申の概要
⑫消費生活の安定と向上のための取引指導及び表示適正化に関する都の施策
⑬第16次東京都消費生活対策審議会答申の概要
⑭東京都消費生活条例の主な改正点
⑮グリーンコンシューマー(都の施策を含めて)
⑯消費者被害救済における行政と民間型相談・裁判外紛争解決(ADR)機関との連携
⑰「東京都消費生活条例に基づく保証表示のあり方及び指定する商品等の見直しに関する答申」の概要(品質等の保証表示の実施要領の改正を含めて)
⑱東京都消費生活対策審議会答申の概要(消費者基本法の内容を含む)
⑲消費者団体訴訟制度の概要
⑲貸金業の規制等に関する法律等の一部を改正する法律
⑳不当な表示の禁止(不当表示の3類型を含む)(不当景品類及び不当表示防止法)
⑳東京都消費者被害救済委員会

毎年必ず出題があります。消費生活審議会答申は頻出項目ですが、関連事項まで幅広く押さえることが必要です。

《流通分野》

⑩都が中央卸売市場で市場内業者に対して行う業務指導・監督事務
⑪市場財政白書(市場財政の健全化に向けた今後の課題)
⑫中央卸売市場における取引方法(卸売市場法及び都条例の最近の改正を含めて)
⑬東京都卸売市場審議会答申(卸売市場整備基本方針)
⑭第7次東京都卸売市場整備計画の概要
⑮全国中央卸売市場協会「市場システム改革七つの提言」の概要
⑯市場活動に伴う環境負荷を提言させるための都中央卸売市場の取り組み
⑰「豊洲新市場基本計画」の概要
⑱第8次東京都卸売市場整備計画の概要

この分野は、比較的トピックが少なく、得点しやすい分野ですが、該当する計画等がなかったため、出題されませんでした。

勉強方法

1試験概要

平成17年度から6題中2題の選択制になりました。1時間で2題解答ですから、1題30分で600字から800字を書くことになります。実際に試すと、30分でA4横書きの罫紙を埋めるには、考える余裕はありません。ひたすら覚えたことを書き続けることになります。

2出題予想作成と情報収集

まず、過去問をじっくり研究し、出題傾向を把握してください。そして、報道発表資料や重点事業などから出題可能性がある重要事項を選び出し、項目を整理してください。

そのうえで、項目を絞り込んで、自分なりに出題予想を作成してください。予想は、まずはオーソドックスな基本的事項を中心にまとめましょう。やみくもに覚えようとしても、模範答案の記憶は限界があります。限られた時間の中で、合格レベルにするためには、予想問題の出来が大きくものを言います。記述試験の最も重要なポイントといえます。

情報の収集は、審議会の答申、報道資料など必要な資料は、東京都及び局のホームページで入手できます。「とちょう―i」の報道発表なども便利です。また、国の動きや社会問題になっている事項など時事トピックなども注意が必要です。新聞などで日々チェックをしてください。特に、審議会答申などは読み込むだけでも時間がかかります。資料は減ることはありません。収集したら、すぐに目を通す習慣をつけてください。

3模範答案作成

次に、模範答案の作成です。答案の記載形式に決まりはありませんが、①意義(目的)②内容③関連事項(関連施策、国の動向、他との比較など)、といった標準的なフレームを基本に作成するのが便利です。文字数は多くても800字程度に収めましょう。

また今後、計画や答申等は、概要だけでなく、重要な部分に絞って答案を作成することもお勧めします。ポイントになるキーワードを確実に記載し、簡潔に書いてください。

また、作成した模範答案の内容が改正などの変化がないか、直前のチェックを忘れないようにしてください。

4暗記

よほど暗記が得意でない限り、すべての事項を完璧に覚えることは不可能です。出題確率が高そうなものから優先順位をつけて覚えてください。

暗記は、模範答案を漫然と読んでいるだけでは出来ません。文章力を問われているわけではありません。まずは、キーワードを確実に暗記してください。そして、試験会場で答案用紙に模範答案を再現できるレベルになるために、実際に制限時間内にどこまで再現できるか、繰り返し練習してください。

おわりに

試験は当日の出来がすべてのように思えますが、管理職試験は、いかに有効に時間をコントロールできるかが、問われています。管理職として、ある事業(試験合格)を、指定の時期(試験日)までに、必要な情報を収集し、資料にまとめ(模範答案をつくり)、関係者に説明または説得(問題に解答)出来るかが大切です。試験を通じて、業務遂行能力が試されています。

時間が無いのは、皆さん同じです。試験は「最後まであきらめないこと」、これに尽きます。きつい時もあるかと思いますが、合格を信じて最後の瞬間まで勉強をし、そして、一生懸命に仕事をしましょう。

試験勉強は大変ですが、管理職試験は勤務評定が大きな要素です。日常の業務に責任をもって取り組むことも合格の必須要件です。

21年度 教育管理職への道しるべ ▶11◀

憲法・教育基本法 ①

はじめに

20年度の東京都公立学校教育管理職選考実施要綱によれば、筆記試験における択一試験の出題分野として、「教育に関する基礎的法令」とあるだけで、憲法・教育基本法が具体的に出題分野として掲げてあるわけではありません。

しかし、憲法・教育基本法は、この筆記試験では当初からほとんど継続的に取り上げられてきました。憲法は、国内法体系における最高法規として法令の運用・解釈の指針となるものであり、また、教育基本法は、教育憲法とも称され、同様に教育法令の指針となるものであって、教育管理職にとって、これらの精神・理念を身に着けることは、その職責を果たす上で必須のものと言えることから、出題は、当然のことと考えられます。

今回は、この憲法及び教育基本法を取り扱います。

傾向と対策

試験対策に当たっては、試験の傾向を知ることが大切です。

憲法及び教育基本法の出題は、平成12年度から15年度まで合わせて各年1問でした。この間の憲法に関する選択肢は総じて、教育の問題では、学問の自由、義務教育の無償が、それ以外では国民の義務、基本的人権と公共の福祉、居住・移転、職業選択、国籍離脱の自由、勤労者の権利でした。また、この間の教育基本法に関する選択肢は、全条項から満遍なく出題されました。16年度は、憲法、教育基本法からの出題はほとんどありませんでした。

しかし、17～19年度は、憲法、教育基本法各1問の出題となりました。憲法の出題は、憲法前文(17年度)、基本的人権の総則的内容(17・18年度)、信教の自由(18年度)、教育に関連した条項(17・18年度)、国家賠償、財産権の保障、居住移転の自由、公務員選定罷免権、条例制定権(以上19年度)で、また、教育基本法(旧法)は前文、第3条、4条、8条、9条(以上17年度)、第3条、5条、6条、7条(以上18年度)、19年度は、教育基本法は改正内容に関する出題でした。昨年度は、憲法の出題は、基本的人権の総則的内容、生存権、公の財産の支出利用の制限、憲法の最高法規性の条文に関連したものでした。

また、教育基本法は、19年度と同じく改正内容に関する出題でした。

以上の出題傾向から、出題範囲として、憲法は、基本的人権に関することが主で(それ以外では、地方自治、最高法規性)、特に教育に関する条項は多く問われていること、教育基本法に関しては、各条項が満遍なく出題されていることが分かります。内容的には、条文そのものを問うものが大半を占めています。

したがって、試験対策としては、憲法は、基本的人権の条項は必ず当たり、判例については、第23条の「学問の自由」、26条の「教育を受ける権利」等は特に重要で、著名な判例の要旨にあたる必要があるでしょう。改正された教育基本法でも、わずか18条しかありませんので読み込みが必要です。

加えて、本講座や問題集(東京都教育管理職選考の手引き・問題集)等を活用して練習問題を解くということも実戦感覚を養う上で必要です。

問題

【問題1】

日本国憲法に関する記述として妥当なものは、次のうちどれか。

① すべての公務員は、全体の奉仕者であって、一部の奉仕者ではないことから、「選挙権の行使を除く外、政治的行為をしてはならない」との文言が条文に示されている。

② 憲法は、「何人も、公務員の不法行為により、損害を受けたときは、法律の定めるところにより、国または公共団体に、その賠償を求めることができる」と規定し、施設の瑕疵による損害賠償については規定していない。

③ 生命、自由及び幸福追求に関する国民の権利については、公共の福祉に反しない限り、立法その他の国政の上で、最大の尊重を必要とするものであることから、プライバシーの権利は保障されるとの文言が条文に示されている。

④ 集会、結社及び言論、出版その他一切の表現の自由は保障されるとし、「知る権利」についても、これを保障するとの文言が条文に示されている。

⑤ 学問の自由は、これを保障するとし、このため、大学の自治は認められなければならないとの文言が条文に示されている。

【問題2】

日本国憲法に関する記述として妥当なものは、次のうちのどれか。

① 日本国憲法第20条は信教の自由の保障を規定するが、これは明治憲法では認められていなかったものである。

② 日本国憲法第23条の「学問の自由」の内容である「教授の自由」は、大学の教授にのみ認められる権利であり、初等中等教育機関の教師の「教育の自由」は、認められていない。

③ 日本国憲法は、「表現の自由」を保障し、検閲を絶対的に禁止するので、教科書検定は違憲である。

④ 法律は、両議院で可決されたときに、成立するものであるが、参議院が否決した場合、衆議院の議決が優先されて、法律となる場合を認めている。

⑤ 日本国憲法を改正するには、各議院の総議員の4分の3以上の多数での議決を要し、これにも衆議院の優越を認めている。

【問題3】

改正教育基本法に関する記述として妥当なものは、次のうちのどれか。

① 教育の目的として、「教育は、人格の完成をめざし、平和的な国家及び社会の形成者として、真理と正義を愛し、個人の価値をたっとび、勤労と責任を重んじ、自主的精神に満ちた心身ともに健康な国民の育成を期して行わなければならない」と新たに規定された。

② 障害児教育については、学校教育法に規定があることから、教育基本法で条文に規定することは見送られた。

③ 男女共学については、改正前に引き続き条文に示されている。

④ 改正教育基本法には、新たに、家庭教育や幼児期の教育が新たに規定された。

⑤ 宗教教育において、「宗教に関する一般的な教養は、尊重されなければならない」との規定は、改正教育基本法でも維持された。

解説

【解説1】正解②

① 誤り。憲法第15条第2項。
② 正しい。憲法第17条。
③ 誤り。憲法第13条。プライバシー権は13条により認められるとされているが、条文に規定されているわけではない。
④ 誤り。憲法第21条。憲法上「知る権利」の文言はない。
⑤ 誤り。憲法第23条。解釈上認められているものである。

【解説2】正解④

① 誤り。明治憲法でも認められていた。
② 誤り。旭川学テ最高裁判決は、一定の範囲で認める(最判昭51・5・21)。
③ 誤り。教科書検定は検閲とはされていない(最判平5・3・16)。
④ 正しい。憲法第59条第2項は衆議院の再議決を規定する。
⑤ 誤り。衆議院の優越は認められていない。

【解説3】正解④

① 誤り。旧教育基本法第1条の規定である。
② 誤り。教育基本法第4条第2項。
③ 誤り。条文から削除された。
④正しい。教育基本法第10条、11条である。
⑤ 誤り。以前はなかった規定である。

「児童虐待防止ハンドブック」を出版

～携わった仕事への思いを形に～

「児童虐待問題研究会」事務局
（元東京都女性相談センター所長）岸信子

児童虐待防止法が施行された11月は、2004年度から「児童虐待防止推進月間」と定められ、全国的に広報・啓発活動など様々な取り組みが行われています。

児童虐待相談件数は2000年に法が制定されて以降ますます増加し、昨年度は4万件を超えました。虐待の報道が続くと、「昔はこんなことはなかったのに、なんて世の中になってしまったのか」と嘆く方がいます。「法」ができたために、より一層、虐待問題に光が当たるようになったのではないでしょうか。

DV支援の現場から

虐待が社会問題として深刻さを増す中、児童虐待問題研究会では、『Q&A 児童虐待防止ハンドブック』（ぎょうせい刊、1600円）を出版しました。本書は『Q&A DVハンドブック改訂版～被害者と向き合う方のために～』（ぎょうせい刊、06年）を作成したメンバーが、DV（ドメスティック・バイオレンス）の被害者支援に携わる中で、家族の問題、とりわけ児童虐待の問題に関心を広げてきたことからスタートしました。

DV被害者支援の現場では、母親とともに多くの子どもが保護されていますが、被害者である母親が子どもを虐待している事例も少なくありません。母親だけ、あるいは子どもだけを見据えた支援では不十分であるとの思いから、研究会では現場で実務に携わってきた視点から、子どもの支援の広がりを心から願い、児童虐待問題に関するQ&Aをまとめました。

（04年の法改正で、DVの目撃自体も児童虐待の事例の一つに該当すると定義されました）

児童虐待を防止するには、行政や専門家だけでなく地域社会全体の連携した取り組みが不可欠です。大きな書店では児童虐待の専門コーナーが設置されるほど関心も高まっていますが、非常に詳細であったり、あるいは特定の事例の紹介が多く、問題の全体が見渡せて、急所をつかみやすい情報が少ないと思いました。そのため研究会では、虐待されている子どもの気持ち、虐待する保護者の気持ち、虐待に気づいたときに支援する仕組みなどを、コンパクトに紹介し、より多くの方に理解していただきたいと意図しました（実現の程度は読者の判断によるのですが）。

改正虐待防止法に対応

06年8月から作業開始。執筆の手順は、はじめにメンバー自身が疑問に思うようなことを含め、とにかく約100問を作り、執筆を分担。「年末年始に執筆し、翌年2月原稿を持ち寄り、翌11月には出版しよう」との計画を立てました。ここまでは快調だったのですが、2月に再会してみるとほとんど白紙でした。サボって書けないのではなく、思いがあっても形になりません。

結局、議会答弁用の問答集づくりのノウハウを活用して、書けている原稿から先に、1問ずつ議論し、輪郭を固め、一定の数をこなしてから、前に戻ったり、先に進んだり、章立てを変えたり、重複する内容は統合したりしました。自分の原稿か他人の原稿かわからないほど朱が入り、次回までに書き直し、あるいは書き加えました。このようにして、全員の分担を一巡するのに約3カ月かかりました。ゲラができてから、また1問ずつ、全員でチェック。およそ月3回のペースで研究会を開催。最終的には、77問と資料編の構成になりました。

装丁については、テーマは重いが、前向きに取り組めば未来が開けることを表し、明るい色で、動きがあって、本屋さんの書棚で目立つような色と大きさの書体にしてほしい、等の注文をつけました。

予定より2カ月遅れの本年1月、「4月施行の改正児童虐待防止法対応版」の一番乗りとして出版にこぎつけました。

できるだけ感情的にならないように努めたつもりですが、現場を知る者の肉声が、あるいは何とかしなくてはという思いが、少し滲み出たかもしれません。それが評価されてか、8月には再版が出ました。

現場の肉声を伝える

研究会のメンバーは、児童相談の現場を直接経験していない者を含んでいます。それで「現場の肉声を伝える」とは、ずうずうしいと思われるかもしれません。メンバーの中では、そのためにこそ、QもAもわかりやすくなったのだと言ってもらえました。本書は、一般の方向けに解説している体裁をとりましたが、実は、メンバーからの質問に他のメンバーが必死で回答している個所が多数あります。なかには専門家にとっては当たり前のことや今更聞けない、と思うようなことも取り上げました。

メンバーはそれぞれに自分の得意な点を発揮し、カバーし合いました。誰一人欠けても完成できなかったでしょう。現役時代の経験を基に、自分達だからこそできた児童虐待防止の取り組みの一つとして位置づけています。

なお、本書について、元上司がこの欄に書評を書いてくださいました。この場を借りて、あらためて、御礼！

今後、本書が子どもの支援の広がりに役立てば幸いです。

※研究会メンバーは、女性相談センター所長経験者（木川幸子、田村初恵、筆者）に、女性相談センター及び児童相談所長経験者（真野由美子）、退職後も児童相談の第一線にいるベテランの元係長（猪俣武久）の5名。現在は全員、東京都を退職しています。

相談屋の場外乱闘 Part2

■第10話 現代解雇模様① ―クビになるような人たち

労働ジャーナリスト 金子雅臣

「クビになるような人たち」という見出しから、どのようなことを皆さんは想像しただろうか。恐らく、「クビになるのだから、何か悪いことをした人たちに違いない」と思った人が多いと思う。しかし、労働相談の現場では、実はそれが違うのである。

われわれ公務員の世界では、「悪いことをしなければクビにならない」のは常識であり、食糧費などを例に取れば、場合によっては悪いことをしてさえ、クビにならないこともある。まして政策判断の誤りがあったとしても、「あの時は仕方がなかった」という言い訳もあるし、異動をしてしまえば責任を逃れることもある。

こんな常識からすれば、「何か悪いことをしなければクビになるはずがない」と思うのも当然かもしれない。しかし、労働相談窓口に現れる解雇をめぐる相談は、「何も悪いことをしていないのにクビになった」というものが圧倒的に多いのである。

何故、悪いことをしていないのにクビになるのか？ その実情を読者の皆さんには分かってもらえるだろうか。

悪いことをしなくてもクビ

さて、少し言い方は変わるが、わざわざ役所に相談しに来るのだから、「悪いことをしてクビになりました」ということで来るだろうか。そちらから考えてもらうと理解しやすいかもしれない。

ただでさえ敷居の高い役所に、わざわざ相談に来るのだから、「私はコレでクビになりました」という話では洒落にもならない。だから、例え自分に落ち度があったにせよ、少なくとも「納得できない」のであり、場合によっては「許せない」からやってくる。

そして、もう少し付け加えるなら、「あまりにも理不尽で悔しい思いをしているが、自分の力ではどうしようもない」からやってくる人が多いのである。だから、そのほとんどが「何にも悪いことをしていない」「身に覚えのない理由でクビになりましたが、どうしましょう」という相談となるのである。

納得できない

時代は変わっても、わが労働相談の常にトップの座を占めているのは、この「解雇」である。つまり、解雇をめぐる相談が多いということは、いかに巷にクビの問題が多いかということを示すと同時に、いかに「悪いことをしていないのにクビになった」という人が多いかということも示している。

多くの場合、解雇されたがその理由に納得できず、その判断を求め、自分ではどうしようもない現状を「役所の力を借りて何とかしたい」と思ってやってくるのである。

さて、以上のような事情を理解してもらった上で改めて言うと、冒頭の「クビになるような人たち」というのは、「そのクビに納得できずに、異議申し立てをしたい人たち」ということになる。

究極の労働問題

労働相談のトップに君臨し続ける「解雇」という相談項目は、時代を反映していろいろな顔をもって現れる。当然のことながら、究極の労働問題でもある「解雇」は、当事者にとっては、まさに人生の一大事である。だから、そこでのやりとりを通して、相談者の生活はもちろん、その人の人生を垣間見せることも多い。

われわれ公務員は、身分保障がしっかりしていて、よほどのことがない限りクビになることはない。そんなわれわれが、クビになった人たちの相談を受けるというのは、ある種の矛盾なのだが、それだけに教えられることも多い。

それでは、一体どんな人たちが「クビになった」と言ってやってくるのか、次回以降、そんな悩みを抱えて労働相談窓口にやってくる「クビになるような人たち」の話をしてみたい。

本屋のお勧め本

異国の話と思えない

どの戦争にも大義なんてないのは百も承知だが、2003年のイラク戦争ほど、全世界の人々にそれを痛感せしめたものはない。アメリカ人以外は。そうでなければ04年の大統領選挙でブッシュが再選を果たすわけがないのだから。

ブッシュが大統領になった21世紀から、アメリカ人と他国の人たちとの認識のズレが甚だしい。そして、世界王者として君臨していたアメリカがいつの間にか裸の王様となってしまった。

『アメリカ人の半分はニューヨークの場所を知らない』（文藝春秋刊）の著者・町山智浩氏は、アメリカで生活し、このアメリカの迷走を分かりやすく説明してくれる。

この冗談っぽいタイトルは、ある意味、核心に近い。というのも、「ニューヨークの場所を知らない」のではないかと思われるほどの、アメリカ国民の無知ぶりが政府の暴走を許したからだ。

例えば、テロとは何も関係ないイラクを犯人に仕立て上げ、イラク戦争を正当化している国民が07年時点で41％。そして、そのイラクの場所を知らない成人が63％（まあ、ニューヨークの場所を知らない者が知っているわけないですね）。

そのような無知の国民が、どうして政治に口を挟めるというのか？ 実は、この否定せざるを得ない答えこそ政府の狙いだと著者は言う。

大手メディアは与党（共和党）に押さえられ、彼らの不利な情報は流さない。そして、国民の生活なんかよりも興味があるのは、自分達の票を勝ち取る事だそうだ。具体的には、票の重みがある田舎に多く存在するキリスト教福音派との癒着。「無知こそ善、聖書こそすべて」の宗派が暗躍しているという視点は、無宗教の多い日本人にとっては考えが回らない。

無知な政府によって無知な国民がつくられ、また無知な政府が出来る。そういう国は、無茶な戦争を起こし、経済を破綻させ、国民を地獄に陥れる。このような疲弊しきったアメリカを知るうえで、大統領が変わった今、アメリカ人にも読んでもらいたい1冊だ。

ところで、異国の話なのに、この国の事が身近に感じるのはどうしてだろう？

（三省堂書店都庁店 飯田紀男）

地方公務員のための 英会話学習法 ▶▶▶②

公務員生活の制約

力士と野球選手

守山 英語ができる人は、海外に住んでいたとか、留学したとか、仕事で使っていたとかいう経験があるんじゃないか。

先山 そういう場合が多いわね。では、こんな例はどうかしら。外国人力士が増えているけど、みんな、早い時期に流暢な日本語を話せるようになるわよね。でも、日本に来たアメリカ人のプロ野球選手は、日本語を話せないことが多いわ。

守山 確かにそうだ。なぜだろう？

先山 外国人力士は日本語を理解しないと、やっていけないのよ。いつまでも日本語を覚えないままでいると、先輩から意地悪をされたり、相撲の指導をしてくれなくなったりする。指導の意味がわからないと強くなれない。だから、一生懸命理解しようとするのね。それに、通訳がほとんどつかないから、24時間、日本語に浸かった生活ね。

それに引きかえ、野球選手は英語で生活や練習ができる環境が整えられているから、日本語を覚える必要性が低い。通訳がついていることも多いので、日本語に接する時間が限られている。

守山 つまり、必要性と、日常生活で使っているかどうかの差だね。

先山 そのとおり。だから、海外在住や留学をしたことがあるとか、仕事でよく使っているとかいう人たちは、英語を覚えるのよ。海外にいても、日本人と過ごす時間が多い人は、あまり上達しないわね。

国内留学

守山 では、本題の「公務員のための英語学習法」はどうしたらいいのかな。地方公務員の場合、長期海外派遣の機会や日常的に英語を使う職場なんて、ほとんどないよ。

先山 そうね。環境は英語学習には向いていないわね。

守山 「間違ってもいいから、とにかく話せ！」とか、「外国人を見たら話しかけましょう」なんて言うけど……。

先山 「とにかく話せ」説は、英会話ができるようになった人たちの一致した意見よ。でも、かなりの場数を踏まないと効果は表れないわ。地方公務員は英語を使う機会が殆どない。国際交流協会のイベント等は、交流としてはよい機会だけど、英会話をする時間はあまりない。英会話学校も、週数時間程度の授業だけでは、それなりの効果にとどまる。

守山 なにかいい方法はないのかな。

先山 効果保証付きの解決策があるわ。日本語を学んでいる在日外国人の知人・友人を作り、たくさんの会話をすることです。例えば、週4日会うことにして、2日は日本語、他の2日は英語で会話をするって決めるのよ。これは、ランゲエッジ・エクスチェンジ（言語の交換）という方法で、生きた会話・使える会話ができるようになる近道ね。国内留学って感じかしら。費用もかからないし、いい相手が見つかれば最高の方法よ。でも、相手選びは慎重にね。日本人でも外国人でも、下心を持って近づいてくる人がいるからね。

守山 すごい方法だな。学生時代だったらやってみたいと思うけど、職員にとって、仕事や家庭のことを考えると、週4日も会うって約束するのは難しいよ。

先山 では、地方公務員を続けながら、英語力を向上する方法を考えてみましょう。

（荒川区福祉部介護保険課課長補佐 小山弘）

都～区トーク

行政の技術力

行政が高い技術力を確保すべきとするのは論を待たないと思う。それを受けるように都では、副知事を座長にすえた東京都技術会議を設置している。

設置の位置づけは、「都政の重要かつ緊急な課題に対することと、技術水準の維持向上のあり方や技術職員の確保・育成・活用等のあり方などを調査検討し、都政に貢献するものです」としている。また、技術力向上のための研修や、経験者の中途採用等様々な手段を講じているようだ。

しかし、あるアンケート結果が気になった。日経コンストラクションという技術専門誌が行った「受発注者相互評価ランキング」である。この調査は、国土交通省、高速道路会社、都道府県、61機関を対象に行ったものだ。

この中で東京都の技術力は、ベスト10に及ばず平均点以下となっている。総合評価では22位、都道府県では9番目となっている。その中で特に気になる記事があった。「都とは『働きたくない』が多数」という見出しである。中を読むと「設計内容をまったく把握しておらず、設計変更の理由を説明しても納得してもらえない」とのコメントがある。他にも都を直接名指ししていないものの、「発注図面の不備」や「実施工事に基づく知識がない」などきつい指摘がなされている。

公共事業が直営工事から請負の時代に変わって半世紀がたとうという。そうした中で、発注者としては技術力の向上より、調整力のほうへ注目が移っていったと言える。また、指名競争入札が、受注者側への丸投げ的な体質を生み、発注者としての説明能力や責任感の欠如につながっているのではないか。

都市づくりにおいて、その主体である行政の技術力というのは、重要なファクターである。都市が先進性を増せば増すほど、最新の技術力を駆使する場面は増える。こうした中で契約の形態もコンペ方式などの提案型の採用が増加してきている。この提案型の契約に的確なる判断を下すには、単なる調整だけでは難しい。時代の流れに即した新たなる技術者の養成が急務である。東京の土台づくりを託せる技術者の登場を期待したい。

（木枯らし）

都政新報

発行所　都政新報社
〒160-0023 東京都新宿区西新宿7-23-1 TSビル
〈総務・読者〉03-5330-8781
〈企画広告〉03-5330-8784
〈編　　集〉03-5330-8786
〈出　　版〉03-5330-8788
〈ファクス〉03-5330-8808
購読料 月1,680円(税込)
毎週火・金曜日発行
但し、祝祭日は休刊

紙面から

金融庁、「決議尊重」と答弁

参院で金融機能強化法案の委員会質疑始まる

新銀行東京への公的資金投入

銀行へ予防的な公的資金の投入を可能にする金融機能強化法案をめぐり、金融庁は14日の参議院財政金融委員会で、「地方公共団体が主要株主の銀行については、地方公共団体が資本の充実に一義的責任を持つ」とする付帯決議を尊重する考えを明らかにした。同法案の質疑では、都が400億円を追加出資して経営再建中の新銀行東京が、公的資金注入の対象となるかどうかが議論となっていたが、衆院で金融庁は「新銀行東京から申請があれば、ルールに沿って対応する」と述べていた。

衆院での金融機能強化法案の可決にあたっては、与党と民主党との修正協議を経て、「地方公共団体が支配株主である金融機関の資本充実は、その地方公共団体が一義的に責任を持つ」との付帯決議が付された。

この付帯決議を受け、14日の参院財政金融委員会では、金融庁が、「地方公共団体が主要株主とする金融機関が国の資本参加の対象となることを、制度上当然に排除するものではない」としながらも、「衆議院における付帯決議を踏まえながら、制度の適切な運用に努めていく」との考えを示した。

これに対し、民主党の尾立源幸氏は、「付帯決議の後に認識が変わったのか、それ以前にそう考えていたのか」と質問すると、金融庁は、「法案を提案する際には、銀行法上の銀行については同列に扱うものと当然ながら考えていた」と述べた上で、「今後は付帯決議を配慮していく」と明言した。

尾立氏は、「今後、新銀行東京が追加出資をしなければならない事態になったときには、まず都が追加出資すべきだというスタンスでいいのか」と質問した。

金融庁は、「この付帯決議については、地方公共団体が支配株主である場合以外にも、いくつかの論点があり、付帯決議全体について、私どもとしては尊重し、配慮していきたい」と述べた。

日銀考査「例外的な開示なし」

また、尾立氏は、日銀考査の内容について、日銀と新銀行東京との間で守秘義務契約が交わされているにもかかわらず、石原知事が08年3月の都議会予算特別委員会で、「私の耳に横から入ってきた」と、日銀考査の結果を知っている旨の発言をしていたことを指摘した。

日銀は「考査の結果は、金融機関の経営陣以外の第三者には開示しないというのを原則としている。単に大株主であることだけを持って、例外的な取り扱いを行うことはない」と答弁。現時点で都から開示の要請がないことも明らかにした。

日銀によると、都議会での知事答弁が報道された当時、新銀行東京の考査結果を知りうる立場にあった日銀の役職員全員に対して、考査結果を第三者に伝えたことがなかったか、内部調査を行ったという。しかし、第三者に伝えた者はなく、「日銀の役職員には守秘義務違反はなかったものと認識している」と答えた。

尾立氏は、「水掛け論になる。石原知事にぜひこの場に来てもらい、事実があるかないか聞きたい」とし、石原知事の参考人招致を求めた。

同委員会では、19日に石原知事を参考人として招致する予定だったが、知事が海外出張で不在のため、後日に日程調整する予定。

民主党の菅直人代表代行は13日の定例会見で、「都知事は、堂々と国会に出てきて、自らの考え方を述べていただきたい。逃げることがないようにと申し上げておきたい」と、改めて参考人招致に応じるよう求めた。

■都議会予算特別委員会（08年3月25日）での知事答弁

「私、驚きましたが、話題になりました日銀による考査というのは、実は私は、都から報告を受けていましたが、横から聞いて、概略聞いておりました。それが私の耳に横から入ってきましたけれども、当然都の幹部の人たちに伝わっていると思ったら、それは伝わっていなかったというのは、改めて驚きであります」＝議事録より

搬送調整担当医を配置

救急医療で「東京ルール」

一時受け入れ・転送も

患者の救急搬送で受け入れ先探しが難航する事態を減らすため、都福祉保健局は09年度、地域内で搬送先を差配する「東京都地域救急センター」（仮称）を2次保健医療圏ごとに整備する。14日に開かれた「東京都救急医療対策協議会」（会長＝島崎修次杏林大医学部教授）で明らかにした。

また、東京消防庁司令室に「救急患者受入コーディネーター」を配置。受け入れ先が決まらない場合、救急医療機関で一時的に受け入れ、応急処置を施す「東京ルール」を運用する。

救急隊は通常、直近の救急医療機関を中心に搬送先を選定。重症や特殊疾病のケースでは、東京消防庁の司令室が都内の医療機関から搬送先を選定することになっている。「東京ルール」では、搬送先探しが難航する場合、地域救急センターが地域内で搬送先の調整を担当。地域内で受け入れが難しい場合は、東京消防庁のコーディネーターに地域間の調整を依頼し、他地域の地域救急センターに連絡し、搬送先を探す。

地域救急センターは、搬送先を調整する担当医がいることや、集中治療室の設置などが要件として想定されている。都は、同センターを各2次保健医療圏に2カ所ずつ、計24カ所整備する方向。ただ、地域内の医療資源について把握している必要があり、他の医療機関との連携が不可欠。搬送先探しが難航するケースでは、一時受け入れを積極的に行うことも求められ、負担は小さくない。

また、どのようなタイミングでコーディネーターに搬送先探しを依頼するか、具体的な調整方法を詰める必要がある。救急医療対策協議会では、搬送先の調整について分析・検証する会議を設置し、改善していくことを求めた。

他方、9月、10月に、脳内出血の妊婦の救急搬送が難航した事案が相次いだことを受け、同協議会は重度の合併症などリスクの高い分娩では周産期・救急医療の院内連携が重要と言及している。

救急搬送の患者数は98年から07年で約30%増加。特に65歳以上の高齢者は約67%増えている。その一方、「救急」の看板を返上する医療機関が増えており、救急医療機関は10年前より約2割減少している。

安心はいつに　周産期の岐路

猪瀬副知事トップにPT設置

周産期医療の機能を検証へ

妊婦死亡問題を受け、石原知事は14日の定例記者会見で、猪瀬副知事をトップとするプロジェクトチーム（PT）を設置し、周産期医療の機能を検証する方針を明らかにした。

石原知事は「庁内から上がってくる報告を聞き合わすだけでは、納得いかないところがある」と発言。妊婦の搬送が難航した事態について、総合周産期母子医療センターや地域の産科医などが「束ねられた形で機能する能力を欠いていた」との認識を示し、札幌市などが導入している搬送調整コーディネーターの例などを参考にした上で、「機能を検証し、建設していくPTのようなものを作って、都民の不安の解消に応えていきたい」と語った。

猪瀬副知事は本紙の取材に対して、「当事者は一生懸命やっているが、欠陥が生じたのは事実。縦に上がってくる情報は、それなりにきれいにまとまった形で上がってくる。社会保険庁に問題があったとき、監視等委員会を総務省に作った。学識者に諮問するのではなく、都庁内にPTを作り、違う視点・角度で見ることが必要だ」と話している。

都政の東西

登校支援

不登校児童・生徒数が高止まり傾向にある。学校復帰をうながす指導を繰り返しても、期待する成果は上がらない。むしろ小学生の復帰率は微減傾向にあることが、教育庁の問題行動実態調査で明らかになった。学校現場の多忙感が強まるなかで、従来のスクールカウンセラーを中心とする不登校対策だけでは、現状を改善することは難しいのかもしれない。

教育庁は来年度から、不登校対策として「登校支援員」活用事業に乗り出す方針を決めた。OBの教員や警察関係者、民生・児童委員などが登校支援員となって、家庭を訪問。児童・生徒の悩みや不安の相談、学習のつまずきへの支援などを行いながら、登校をうながすという作戦である。予算要求が通れば、モデル的に5地域を指定して調査研究を行い、さらに拡大していく考えだ。

不登校問題の難しさは、不登校の原因が本人、家族、学校などの問題が複雑に絡み合っている点にある。その究明をないがしろにして児童・生徒への「働きかけ」を強めると、当事者をただ追い詰めるだけとなり、事態をより一層悪化させかねない。不登校を不名誉と受け止める学校側が、不登校減少の数値目標にとらわれて、過度な圧力を加える傾向もみられる。

学校の指導的立場の延長で「働きかけ」を行うのではなく、なによりも児童・生徒の悩みや不安の声に耳を傾け、時には「当事者から学ぶ」謙虚な姿勢が必要だ。敬遠されがちなNPOやフリースクールなど外部団体との連携も欠かせない。「登校支援員」は、学校とは距離をおいた立場で、児童・生徒に寄り添いながらの相談や学習支援が可能となる。「最終目標は登校」にこだわらず、児童・生徒の心をときほぐす努力を優先にして、登校支援に取り組んでほしい。

メディアセンター計画を変更

五輪招致委

理事会で正式決定　築地からビッグサイトへ

「だんだん煮詰まってきた」とあいさつした石原知事＝14日

東京オリンピック・パラリンピック招致委員会の理事会が14日に都庁で開かれ、メディアセンターの会場計画を、築地市場跡地から東京ビッグサイトへと変更することを正式に決めた。

立候補都市の申請ファイルでは、取材・報道の拠点となるメディアセンターの会場計画について、築地市場跡地に計画していた。招致委員会では、「北京五輪における実地調査などを踏まえ、より優れた取材・報道環境を確保し、IOCからより高い評価が得られる計画を策定する」とし、江東区有明にある東京ビッグサイトに変更することを決めた。メディアセンターとして床面積が不足する部分は、恒久施設または仮施設を増設する。

東京ビッグサイトは、選手村やオリンピックスタジアム、水泳会場、体操会場など主要競技会場に近いこと、羽田・成田空港へのアクセスがより優れていること、主要幹線道路にアクセスしやすいことなど、立地面でのメリットを指摘。

東京ビッグサイトの展示ホールが、低層で天井が高い無柱の空間であることや、各階に車が直接乗り入れて、機材搬入することが可能で、既存施設を最大限活用できること、恒久施設として増設する部分は大会後、展示会場としての活用を十分に見込めるという。

この他、競技会場計画についても、各国際競技団体との協議をもとに、一部変更を行った。

具体的には、新体操の会場を東京体育館から、体操・トランポリンと同じ夢の島ユースプラザへと変更。予選のみ国立代々木競技場だったバスケットボールは、決勝を含めた全日程を夢の島ユース・プラザで行う。ハンドボールも、予選と決勝の会場が分かれていたが、全日程を国立代々木競技場とした。レスリングは、日本武道館から東京ビッグサイトへと変更された。また、自転車競技は、皇居外苑を起点・終点とし、多摩丘陵部を周回するコースとした。

12月補正で508億円

緊急対策Ⅱ

事業規模 2カ年で2140億円に

都は14日、「東京緊急対策Ⅱ」に必要な経費として、508億円の12月補正予算案を発表した。12月2日開会の第4回定例会に提案する。「東京緊急対策Ⅱ」は、08年度と09年度の継続的対策になっており、09年度分は約800億円の見通し。この予算は、09年度当初予算案に盛り込まれる。「東京緊急対策Ⅱ」の事業規模としては、2カ年で総額2140億円という。

経営困難者に対する緊急融資の拡大では、240億円を予算化した。国の緊急保証制度に対応した都融資メニューを創設し、中小企業の7割が借りられる融資の融資枠を1500億円から1950億円に拡大する。信用保証料補助も増額する。都と区市町村が連携して実施する50万人分の公的雇用の創出には、15億円を盛り込んだ。

周産期医療緊急対策では、地域の医師を登録し、都立病院の出産に協力してもらう産科診療協力医師登録制度の創設、二次救急医療機関を「周産期連携病院」に指定し、医療体制を充実することで周産期母子医療センターの重症患者受け入れを支援する取り組みなどを新規に行う。

中小企業向け公共工事の年度内発注量の増大では165億円を予算化し、路面補修、橋梁の塗装、道路維持工事など追加発注する。

社会福祉施設 耐震化で調査

都福祉保健局

保育所や高齢者施設などの社会福祉施設のうち、旧耐震基準で建築された約3千棟の半数弱に、耐震改修または診断が必要であることが、都の調査で分かった。都内の社会福祉施設の耐震化に関する調査は初めて。

福祉保健局によると、81年6月に新耐震基準が適用される前に建てられた建築物の約15%が改修を必要とし、約30%が耐震診断を行う必要があるという。また、9割以上が新基準で建築された認証保育所の耐震化率は96%だったが、認可保育所では65%だった。

「東京緊急対策Ⅱ」では、耐震診断費用の5分の4補助などを発表。また、社会福祉施設の耐震改修・診断費を補助するため、福祉保健局は09年度予算編成で約20億円を要求している。

公立小の直結給水 モデル事業を延長

都水道局

都水道局は、都内の公立小学校が水飲栓を直結給水方式に切り替える際、工事費用を補助する「学校フレッシュ水道」事業を2010年度までに延長する。また、従来は校舎の水飲栓が対象だったが、区市町が財政的に事業化しやすいよう、校庭だけの直結給水化も可能とする。

小学校では貯水槽を経由して給水する例が多いが、児童数の減少や土日に水を使わないことにより、貯水槽の中で水が滞留する場合がある。同局は07年度から2カ年で、都内の公立小学校約400校の水飲栓を直結給水化する予定だったが、各区市町は校舎の耐震化に優先して取り組んでいるため、実施校は約130校にとどまっていた。

費用は平均で700万円程度。配管状況などにより、300万円台から1千万円以上かかる場合もある。負担割合は直結化の方法によって異なるが、水道局が6～8割補助する。江東区では、改築中の2校を除く全41校で実施中という。

冗句ジョーク

五輪招致委、丘陵地のデコボコと自然環境を重視し、自転車競技の多摩地域利用を検討

都心偏向にむくれていた市長「少しは評価できる、そこのポスター、デコボコなところから平らな場所へ移してくれ」

「杉並病」の杉並中継所

跡地利用に地元が注目

区は活用策の検討へ

不燃ごみの中継所の再編で、特別区長会が5中継所の廃止を決定したことを受けて、地元では来年度以降の跡地利用に注目が集まっている。中継所が排出した化学物質を原因として、周辺住民が体調不良を起こした「杉並病」問題で揺れた杉並中継所の今後については、地域住民の関心が高く、また要望も多い。杉並区は、住民意見を尊重して活用策を検討していくという。

杉並中継所は1996年4月に操業を開始。地上1階、地下2階の施設には、ホッパー（じょうご状の落下装置）や圧縮装置などを装備した三つのラインがあり、1日平均180㌧の不燃ごみの積み替え機能を備える。環境対策では、粉塵・防臭処理、下水処理施設などを装備。施設関連の設置費は約66億円という。

当初は都が運営していたが、清掃事務の移管に伴い、2000年以降は杉並区が管理。杉並区のほか、練馬、中野区の一部で出た不燃ごみも処理しており、最近は区外からの搬入量がおよそ半分を占めていた。

昨年度は1日平均で約152・5㌧の不燃ごみが搬入されたが、同中継所によると、今年度は「10月以降の1日あたり搬入量は約31・2㌧、昨年比で約20％まで大幅に減少した」という。

搬入量の減少に伴い、積み替え後のコンテナを中防不燃ごみ処理センターへ運ぶ大型のアームロール車の運行台数と、その本数も減っている。中継所の職員は「従来、年末年始の繁忙期は3ラインをフル稼働していたが、今年度は2ラインで対応できるかもしれない」（担当者）と話す。

同中継所は、今年度いっぱいで操業を停止するが、来年4月以降の施設の利用については、未定だ。

◆住民に複雑な思い

跡地利用をめぐっては、区民側を含め、さまざまな意見が出ている。関係者によると「清掃関連の事務所」などのうわさもあるという。

プラスチックの資源回収推進派などは「跡地に中間処理施設を設けてはどうか」と主張するが、清掃施設の関係者は「中間処理に必要な機能は簡易で、中継所とはまったく異なる。従来の施設機能を転用できるなどのメリットはない」と説明する。またプラスチックの資源回収を導入している杉並区では、すでに区外の中間処理施設を利用しているという。

一連の動向を複雑なまなざしで見つめるのが、地域住民らだ。特に、「杉並病」に苦しんだ人々は、議論の推移を注視している。

杉並中継所の周辺では操業直後から、体調不良を訴える地域住民が相次いだ。国の公害等調整委員会は02年、一部の住民の体調不良を「中継所から排出された化学物質が原因」と認定。いわゆる「杉並病」として、大きな注目を集めた。

患者団体の「杉並病をなくす市民連絡会」のメンバーは「杉並中継所の操業停止は当然」と前置きした上で、「あくまで不燃ごみが減少したことによる再編の一環で、杉並病患者のための措置ではない」として、都や杉並区に対して健康被害の実態調査や原因追求などの継続を求める。

同会は「対象期間を操業当初だけとし、14人しか認定しないのは誤り。被害者はもっと多い」と主張。独自に健康被害調査などを実施している。

同会の活動に対しては、「杉並病はもう解決したこと」と否定的意見を寄せる地元住民もいるといい、被害者への誹謗中傷も少なくないという。同会のメンバーは「『中継所をなくしたい』との思いは地域で一致しているが、杉並病の問題まで『なかったこと』にしてはいけない」と、風化を危惧する。

◆「清掃関連」が条件

杉並区では中継所跡地について「地元の意見を聞きながら活用方法を検討していく」としている。本格的な議論は、操業停止の来年度以降になり、区側で計画案を策定後、区民に提示して意見を聴取する方針だ。

ただし、都からの事務移管時に、移管後の一定期間は「清掃・リサイクル施設として活用すること」とされているため、操業停止後の当面の用途は限定される。

杉並中継所の隣接地には「井草森公園」が設置されており、地域住民の憩いの場として親しまれている。散歩中の近くに住む女性に話を聞いたところ、「中継所建設前には、墓地の造成計画があり、住民は猛反対して署名活動をした。中継所ができた当時は、ほっとしたが、このようなことになるとは思わなかった」と当時を振り返った。

「体調が悪くなった人が出た原因も含めて、『分からない』ことが多く、余計に地域の不安をあおる。杉並区はできるだけ早く、跡地活用の方針を示して欲しい」

MEMO **杉並病** 杉並中継所周辺では、操業直後から、目、耳、鼻の痛み、皮膚病などを訴える住民が続出。健康不調の住民などが97年、国の「公害等調整委員会」に対し、東京都を被申請人とする「原因裁定」を申請した。公調委は02年、申請人18人中14人について、「96年4～8月頃に生じた健康不調の被害は、杉並中継所から排出された化学物質が原因」と認定。具体的な原因物質については特定せず、14人以外の申請は棄却した。裁定後、杉並区は、「一般廃棄物処理基本計画」を制定。12年度を目標に杉並中継所を廃止し、操業期間中は環境モニタリング調査を継続する方針を打ち出していた。

収集車が回収した不燃ごみを圧縮し、大型コンテナに移し変える（杉並中継所）

墨田区長

選挙車の賃借料を全額返還

「不適切な事務処理あった」

墨田区の山﨑昇区長は14日、昨年の区長選挙時に利用した選挙用車両の公費負担分について「不適切な事務処理があったため、選挙管理委員会に全額を返還した」と、報道関係者に説明した。

山﨑区長の説明によると、問題になったのは昨年4月の区長選挙時に使用した選挙用車両の「レンタル費用」。10月下旬、選管からの要請に基づいて精査した際に、不適切な請求が判明したという。

墨田区の条例では、選挙期間中（7日間）を対象に、スピーカーや看板などを除く「車両本体部分」に関する費用に限り、上限額10万7100円を公費負担すると定めている。山﨑区長の選挙陣営は、準備期間を含む16日分（合計15万7500円）を選管に申請し、上限額を受領していた。

山﨑区長は選管に申請の上、今月12日にレンタル費用を全額返還した。同区長は「7日分は適切に請求できるが、誤解を招かないように、全額を返還した」としている。

墨田区では昨年来、市民団体の指摘などを端緒に、選挙用車両の燃料費に不正請求の発覚が相次いだ。選管は今年10月下旬、昨年の統一地方選に立候補した候補者に選挙用車両のレンタル費用などで再確認を要請していた。

選挙における公費負担について、墨田区の条例は、総務省のガイドラインに基づいて規定。しかし、定義などが明示されておらず、今回も総務省に照会して不適切な処理が判明したという。

山﨑区長は「制度に詳しくないため、結果的に不適切な処理になってしまった。区民に迷惑をかけ、申し訳ない」とコメントした。

葛飾区職員が大麻所持

13日に逮捕　自宅で栽培も

厚労省の地方出先機関である近畿厚生局麻薬取締部は13日、自宅で大麻を所持していたとして葛飾区職員、森田洋司容疑者（30＝同区お花茶屋）を大麻取締法の容疑で逮捕した。

葛飾区職員課は13日午前9時45分ごろ、同麻薬取締部から「街路整備課の職員、森田容疑者を逮捕した」「午後、大阪地検に送致する」などと電話連絡を受けた。前日、森田容疑者の妻が「夫は体調が悪いので、12、13日に休みを取りたい」と区に連絡していただけに、逮捕は寝耳に水だった。

同取締部によると、森田容疑者は12日、葛飾区内の自宅トイレの裏側などに乾燥大麻6・5㌘と大麻樹脂約2・3㌘を隠し持っていたとして、現行犯逮捕された。また、大麻草2株を居間で栽培していたという。

区は森田容疑者と接見した上で、大麻所持の事実を確認できた場合、懲戒処分の指針に基づき免職にする。

だが、森田容疑者が大麻所持を否認した場合、裁判所で刑が確定するまで区職員の身分が残り、給与が支払われることになる。

森田容疑者は、大阪府の都市計画のコンサルタント会社から区役所に今年4月に経験者採用されて入庁。道路工事の現場監督などの業務を任されていた。区によると、「急に休むことはなく、まじめで仕事熱心だった」という。

青木勇区長は「採用後間もない職員が、反社会性の強い犯罪を犯すとは、誠に遺憾。今後、厳正に処分するとともに、根絶に努める」とコメントした。

都区のあり方検討委員会幹事会

引き続き検討は9項目

都「鳥獣捕獲は広域で」

都から区への事務移管を議論している都区のあり方検討委員会幹事会（座長＝山﨑昇墨田区長）の17回目の会合が13日に開かれた。16項目のうち、9項目が引き続き検討とされた。

この日、事務移管の検討の対象となったのは、主として「府県事務である」が、事務処理特例制度により市が処理している事務」などで、合わせて16項目。

区に移管する方向での検討で一致したのは4項目、都に残す方向で検討するとしたのは3項目。そのほか、9項目は引き続き検討することとされた。

引き続き検討となったもののうち、鳥獣の捕獲等の許可については、2001年に都から区への移管の提案があったことがある。当時、区としては、広域性のある事務ということで都とすべきではとの見解もあったが、分権の観点から引き続き協議をすることとしていた。今回、都は「鳥獣の移動の広域性を考えると鳥獣の保護や捕獲許可について権限が分散することは適切でない」「当該事務に密接に関連するカラス対策については、都が民間事業者に対し、都内全域もしくは特別区内といった広範囲の捕獲許可を与えることで効果を上げてきた」などとして、都に残す方向で検討すべきとした。区側は「都が広域的に対応しなければならないものを除いて、区が担う方向で検討すべき」として、「都・区」で担うべきとの考えを示した。

都に残す方向で検討するとしたものに、急傾斜地崩壊危険区域の崩落防止施設の維持修繕がある。区部では新宿、北、杉並の3区7カ所が危険区域（傾斜30度以上、崖高5㍍以上）に指定されている。7カ所のうち、5カ所が北区に集中している。これら崩落防止施設の設置は都が行っており、維持修繕も都が担う方向での検討で一致した。

そのほか、道州制の議論との兼ね合いをめぐり、区側は「都側で道州制をどう受け止め、都区のあり方検討にどう関係してくるのか、都としての見解が問われる」と指摘。都側は「東京のあるべき姿について、検討していく必要があると考えている」とした。

◆今回の会合で決まった16項目の方向性

【引き続き検討する事務】官庁または公署の嘱託による登記▽都市計画事業の施行の認可など▽第一種市街地再開発事業の施行の認可など▽管理協定の認可など▽国道および都道の土地にかかる境界確定など▽他人の占有する土地への立ち入りなど▽地下水採取の許可など▽排出量等の届け出経由及び意見付与など▽鳥獣の捕獲等の許可など

【区に移管する方向で検討する事務】賃貸住宅の建設・管理に関する計画認定など▽高齢者向け賃貸住宅整備計画認定など▽地域住宅計画に記載された配慮入居者への特定優良賃貸住宅の全部または一部の賃貸の承認など▽特定優良賃貸住宅を特定入居者に賃貸することの承認

【都に残す方向で検討する事務】急傾斜地崩壊防止施設の維持修繕など▽掘削工事場所等への立ち入り検査など▽浄化槽工事事業者に対する指示

川崎市長が「神奈川口構想」で大田区長訪問

川崎市の阿部孝夫市長が14日、大田区の松原忠義区長を訪ね、羽田空港再拡張と国際化に向けた神奈川口構想について説明をした。

阿部市長は、羽田空港と多摩川をはさんで対岸にあたる川崎市の塩浜周辺地区整備などの神奈川口構想について説明。空港島と川崎側を結ぶ多摩川連絡路としての3ルートの計画案などについても話し、大田区に理解を求めた。

一方、松原区長は、「すでに都市計画決定がなされている国道357号線の川崎方面への延伸を優先すべき。多摩川連絡路は大田区側の空港跡地利用の有効活用を阻害するもので、区としては受け入れられない」と、従来の区の主張を繰り返し述べた。

記者席

3月の約束も、ほごのまま

○……14日の記者会見で、25日の参議院財政金融委員会に参考人として石原知事が出席する意思があるのかどうかを質問され、「私にも公務があるので、折り合いがつけば」「参議院が何を聞きたいのか、それを斟酌して」などと煮え切らない態度だった。この期に及んで、知事の「公務があるので」という言葉は、現実から逃げたいという姿勢の表れとしか思えない。

そもそも3月の記者会見では、400億円の追加出資を都議会に認めてもらったら、新銀行東京がなぜこうなったか、今後のセカンドステージの事業展開も含めて、都民に自ら説明する機会を設けたいと語っていた。ところが、いまだにこうした場は実現していない。今回、参議院で陳述する機会は、自らが出るところに出て説明するとしていた知事発言の履行にもつながるはずなのだが。

○……板橋区は区内企業の製品や技術を集めた「いたばし産業見本市」を13日から15日に開催した。

今年で12回目だが、例年と異なり、経営者を対象にした「緊急中小企業相談コーナー」を設置し、各種相談に応じた。板橋区は「厳しい状況に直面している経営者の力添えになれば」。

いつもはお祭り色の強い見本市にも、経済不安の影響が影を落とした。

○……来年度予算編成作業の中で、市民生活にも大きな影響を及ぼす既存事業の縮小・廃止。その決断には慎重な議論が必要だ。

東村山市は危機的な財政状況の中で、1年かけて「本当に市でしかできない事業か」の観点から、第三次行革大綱の後期実施計画に見直す事業を盛り込んだ。来年度から、福祉や教育関連事業の廃止や縮小にも切り込んだ厳しい内容で、第三者から見ても苦しい決断だったことを伺わせる。

「これまでに見通せなかったか」と批判の声もあるが、「ない袖は振れない」のが現状。反省を今後に生かす必要はあるが、悲観や批判に費やす暇はない。市の未来をどのように手に入れるか。市民と議員と職員と市と、すべての知恵と工夫の結集にかかっている。

はじめまして　新副区長です

目黒区　鈴木勝氏

今年の3月に区役所を退職する前、最後の職は都市整備部長だった。部長に就任した時に部が取り組んでいたのが、まちづくり条例の制定。さらに、良好な住環境の保全を目指す「めぐろ住環境プロジェクト」を推進した。

目黒区の特徴は、都心への交通が便利で、かつ幹線道路から一歩入ると静かな住宅街がある点。「住環境への関心は区民だけでなく、職員の間でも高い」。建物の高さ制限にとどまらず、敷地面積、緑、自転車の放置防止などさまざまな角度から、より良い住環境への土台となる仕組みをつくった。

区役所に入庁以来、長かったのは職員課。健康管理係長当時は保健師と一緒に保育園を回り、保育士に腰痛体操を紹介するなどした。思い出深い現場で学んだのは、「相手の立場を考える大切さ。聞く耳を持ち、自分だけの思い込みにならないこと」だった。

職員には三つのメッセージを送る。会話があって、相談し合える職場づくり、役所の論理にとらわれない区民の目線、難しい役所言葉でなく、区民に分かりやすい言葉を使うこと。

区長からは「区民に恩返しをしてくれないか」と打診され、「ならばやるか」という気になって副区長を引き受けた。目黒区は25歳から45歳の層の人口が増えている。単身の女性も多い。ハードだけでなく、少子高齢社会を支えていくソフト面も重要と考える。「人事を尽くす」を目標に新たな職務に取り組む日々だ。

◇

1948年3月生まれ。明治大学政治経済学部卒業。76年に目黒区入庁。職員課、広報課長、新庁舎担当部長、総務部長、都市整備部長などを歴任。今年4月からは社会福祉法人目黒区社会福祉事業団経営本部長を務め、10月1日付で副区長に就任。趣味はスポーツ、タウンウオッチング、読書。自転車を走らせ、あちこちの街の自然や料理店などを楽しむ。

虚心坦懐

先入観を持たずに、何事にも素直な姿勢でいたいと常々思っています。年をとり、経験を重ねるにしたがって、心も頭も身体にも余計なものが詰まってきて、自由なスペースがなくなってきます。何を言っても、その人のなかでねじ曲げて解釈してしまう。こうした思い込みをいったん取り去り、心にスペースを空けて、素直に外からの風や意見を受け入れてみることにしています。

虚心の「虚」は心にスペースを空けることでしょうかね。「虚心坦懐」というのは、自分自身への自戒の言葉でもあるのです。

東村山市

人件費削減に大ナタ

地域手当削減で他市に影響も

東村山市は12日夕、記者会見を開き、第三次東村山行財政改革大綱の後期実施計画（09～11年度）を発表した。同市は早期健全化団体に転落する危機に直面しており、これまで不足する財源は財政調整基金を取り崩すことで黒字決算を出してきた。しかし、最近10年のうち8年間は実質単年度収支で赤字決算という状況で、財調基金も残り5億円。地域手当などの給与制度や、民間委託などに大ナタを振るう覚悟で、財政破綻の阻止と、財政の立て直しに道筋をつけていく考えだ。

交付税依存体質を脱却

■財政指標はクリアしても

東村山市の財政を財政健全化法による四つの財政指標でみると、実質赤字比率はマイナス1・27%、連結実質赤字比率はマイナス1・54%で、すべて黒字でクリア。実質公債費比率7・1%、将来負担比率は早期健全化比率の350%を大きく下回る96・5%などとなっている。しかし、これは基金の取り崩しによる財源調整の結果で、実質的には赤字決算を重ねている状況だ。

財調基金と特定目的基金を合わせた総基金残高は、ピーク時の97年度には67億円あったが、財源調整に充てた結果、現在は25億円程度にまで減少。07年度は最終的に土地開発基金を廃止して財源調整するという、極めて厳しい状況に陥った。

三位一体改革で地方交付税額が年々減少していることや、大企業が少ないなどで税収が乏しいことに加え、高齢化などに伴う扶助費増、1960年代半ばからの急激な人口増に伴い、大量採用した職員が定年を迎える時期と重なったことなどが主な要因。基金が枯渇状態にある現在、このままでは毎年20億円から30億円の財源が不足することにもなりかねないという。

■地域手当にメス

渡部市長は「（早期健全化団体として）イエローカードをもらうぎりぎりのところ」との認識を示し、「なんとかして早期健全化団体や財政再生団体に転落しないよう、道筋をつけたい」と後期計画を発表した。その中で踏み込んだ行革としてあげられたのが、給与制度の適正化だ。

一つは現行の給料表を都の給料表に移行することで、もう一つは、民間給与に合わせた地域手当を国基準に移行するというもの。

現行給料表を都制度に移行した場合、09年度約4億4600万円の削減となり、その後2013年度までの5年間で約24億4800万円削減できる試算だ。

そして、これまで26市では例のない地域手当の引き下げにも着手。現在、東村山市の地域手当は都の基準にあわせて、本給の14・5%を支給しているが、これを国のガイドラインに合わせ、上限額の10%にまでカットする考えだ。

地域手当は、その地域の民間給与に合わせて、市部は3%（武蔵村山市）から15%（武蔵野、町田、国分寺、国立、狛江、福生、多摩、稲城、清瀬、西東京の10市）の間で国が基準を示している。しかし、特別区は最高で18%。都内格差をなくそうと、ほとんどの市が将来的に18%を目指す形で地域手当を上げてきた。東村山市が国基準に合わせて10%にすれば、26市でもっとも低い水準になる。

危機的な財政状況の中、地域手当にメスを入れた目的は、歳出を抑えることだけではない。国基準を上回る地域手当を支給している場合、交付税額の減額対象となるためだ。今年度については、最大で7千万円の交付税カットの可能性があり、将来的には全額カットの懸念もある。

さらには、08、09年度にそれぞれ8億3千万円、10、11年度にそれぞれ13億1千万円の退職金が必要になるが、退職基金残高は2億7千万円と枯渇しており、退職手当債を視野に入れる必要がある。その場合、すべて国基準に準拠していないと、借金さえもできなくなってしまう状況だ。

26市では、10市が交付団体となっているが、東村山市の決断は、同様に厳しい財政状況にある各市に影響を与えそうだ。

■最大1人100万円削減

市によると、これらを実施することで、人件費ではトータル8%を削減できる見込みだという。しかし、その影響として最大で1人100万円の給与削減も出る可能性がある。

現在、第4回定例市議会での給与改定の提案に向け、職員組合との厳しい交渉が続いている。しかし、財政破綻も視野に入るような市財政の中、渡部市長は「財政が厳しい自治体ほど、目前にある課題に財源を振り分けなければならず、実質的に基金を積んでこられなかった。市単独で地域手当を削減するハードルは高いが、理解をいただきたい」と語った。

給与については06年1月から09年3月末までの臨時的措置として、理事者10%、管理職4・1%、一般職員2・1%をカットしているが、市長自身については「継続していくしかないだろう」と話している。

後期の実施計画はほかに、職員定数90人削減や、民間委託推進のほか、事業の廃止・縮小等を視野にいれた114項目を盛り込んだ。今後の歳入増の取り組みとして、企業誘致や広告収入などを検討し、受益者負担については、サービス提供に関わるすべてを基本に見直す。09年度予算に反映する緊急的なものとして、白州山の家の開館期間の縮小、互助会事業の見直しなど17項目をあげ、来年度は約11億9千万円の歳出削減と、収納率向上や市有地売却などで約3億2千万円の歳入増を目指していく。

財政再建が急務の中、第三次行革大綱の後期実施計画を説明する渡部市長

多摩市

受益者負担の公平へ

保育所の利用料金　0歳児区分を創設

来年度の保育所の利用申し込みが始まる中、多摩市は、これまで3区分だった保育所の利用料金について、0歳児を独立させた4区分に改定した。年齢が低いほど実際にかかっている保育料は高額になるため、区分の細分化は受益者負担の公平につながるものだが、利用料を4区分に分けるのは都内でも初めてだという。保育料の負担割合も変更し、実質保育料の値上げとなるものだが、市は保育にかかる費用負担が軽減された分で、新たな子育て支援へのニーズに応えていきたい考えだ。

同市の保育料は93年の改定以来変わっていない。その間に、保護者が負担する上限額として国が定める徴収基準額は5回改定されている。それに合わせて各自治体は、保育料の見直しや改定などを行っているため、現在では多摩市の保護者負担割合は41・7%と26市で最も低くなっていた。

これまでは財政的に市が負担することができたために、料金改定を見送ってきたが、財政維持や他の子育て支援のニーズにも応えていく必要があり、昨年11月の「多摩市使用料等審議会」の答申でも、保育料の改定はやむを得ないと判断していた。

見直しは、国徴収基準対比50%を保護者負担の目安の基本とし、応能負担と応益負担のバランスを調整。国徴収基準額は3歳未満と3歳以上の2区分だが、年齢によってかかる費用負担割合を考慮。同市ではこれまで生後2カ月からの0～2歳児、3歳、4歳以上の3区分で保育料を設定してきたが、保育料運営費では0歳時の単価平均は月額約18万円で、1～2歳児は10万円と大きな開きがある。そのため、今回の改定では、保育にかかる単価の高い0歳児を独立させることで、1～2歳児の負担を軽減した。

この改定により、最も影響が大きいのは0歳児だが、一方で1～2歳児の区分では負担増分は1割未満と見込まれ、受益者負担の公平と負担増に最大限配慮。市の負担分は07年度決算で試算した場合、4300万円程度軽減されるという。

市の負担割合が軽減された分は、他の子育て支援策に振り分け、多子世帯に対しては、新たな保育料を設定。認可保育所だけでなく、幼稚園や認定こども園、福祉施設への入所等の場合も多子軽減対象とし、すべての階層で、第2子が一律50%、第3子以降がこれまで10%負担だったのを、一律100%軽減する措置を実施する。

単価の高い0歳児の区分の扱いを検討している市は増えているが、0歳児の負担が急激に大きくなる懸念から、踏み切れていない市が多い。しかし、0歳児の場合はすべて新規入所。これまで支払っていた料金との比較がない分、周辺自治体間などで突出した料金でなければ理解を得やすいという面もある。

多摩市では、これまでに説明会などでも理解を求めてきたが、10日から始まった保育所入所申請受付以後、料金改定に関する混乱はないという。

施設命名権でスポンサー募集
市役所駐車場は有料時間貸し

新たな財源確保を

町田市

町田市は12日、新たな財源確保の取り組みとして町田市文化交流センター＝写真＝の施設命名権を売却することを発表し、13日からスポンサー企業の募集を開始した。多摩地域の自治体の施設では初めての取り組み。また市役所の3カ所の駐車場を、12月から有料時間貸駐車場としてオープン。あわせて1800万円以上の歳入となる予定で、市は安定的な経営基盤の一助として期待している。

命名権を売却する施設は、JR町田駅に隣接する旧「ぱ・る・るプラザ町田」で、日本郵政公社から市が、文化振興や市街地活性化を目的に昨年9月に約21億円で購入。地下1階、地上7階建ての建物で、5階から7階にホールや会議室、スタジオやギャラリーなどを備える文化交流センターとして活用している。

企業はセンターの愛称として、企業名、商品名、サービス名などをつけることができるため、石阪市長は「社会的に認知された公的なイメージを強め、メディアに露出することでブランドイメージも高まるのでは。市報など市の広報媒体にも名称が出るので、文化的なイメージアップも図れるのでは」とメリットをアピールする。

市が希望する契約は年間600万円以上で、5年間。選定には外部委員を含むスポンサー選定委員会で総合的に判断。2社以上の応募があった場合には、①提示契約金額②契約期間――の順で判断していく。2月中旬頃までには決定し、4月から愛称の使用を開始したい考えだ。

また、12月5日から、本庁舎駐車場、第2駐車場、中町第三庁舎駐車場を24時間有料時間貸駐車場としてオープンする。有料化により無用の駐車を減らし、来庁者の利便性向上を図るほか、駐車場として土地を貸し付けることで賃料が市の歳入になり、駐車場の管理費削減も見込める。賃料は平年で1200万円、管理費削減効果は約1千万円という。

管理運営は、提案書が出された6社から、パーク24㈱（中央区）に決定している。賃料設定のほか、場内の運営では、満車の場合に別の空いている駐車場に誘導表示する仕組みの提案があったことなどが決め手となった。

平日昼間（午前8時から午後6時）の利用は、民間の近隣駐車場と比較して最も高い30分200円、それ以外の時間帯と休日は30分100円などで設定。来庁者には無料駐車券を発行する。

この取り組みは、地方自治法の改正により行政財産の民間貸し付けが可能になったことを受けたもの。26市ではこれまでに、小平市が市民文化会館「ルネ小平」の駐車場を有料時間貸駐車場として開設している。

融資あっせん制度開始

日野市と東大和市　相次ぐ緊急経済対策

景気後退の影響にあえぐ市内小規模事業者を救済しようと、無利子融資を実施する自治体が相次ぐ中、日野市、東大和市でも融資あっせん制度を開始した。

日野市の新たな制度は、運転資金1千万円（返済期間5年以内）、設備資金1250万円（同7年以内）を上限に融資するもので、利子補給率は融資利率のうち1・5%以内としている。

ただし、来年3月末までの申請受付分で、直近3カ月の売上高が前年同期比3%以上減少している場合、利子補給率を当初2年間全額補助。保証料も2分の1を補助する。

制度対象者は、市制度融資の条件となる業歴、地域、納税に加え、①従業員20人以下（商業・サービス業は5人以下）②保証付き融資残高が1250万円以下の事業者――を対象とした。

また、東大和市は市小口事業資金融資条例に基づく「不況対策特別運転資金」（融資利率2・2%）で、融資決定を受けた事業者が融資決定から3年間に支払った利子の全額について、従来の補助率70%を来年1月5日から3月31日までの申し込み期間中は100%に引き上げる。

対象は、通常の融資条件を備えた上、直近3カ月または1年間の生産額・売上高が前年同期比10%以上減少している事業者などとした。

福祉理解の「きっかけ」に

ガイドブック作成　調布市

調布市はこのほど、市内の福祉を知ってもらい、誰もが気軽にかかわれるきっかけにしようと、年末に毎年実施している福祉まつりのガイドブック『きっかけ』を作成した。

イベントのプログラムのほかに、参加団体の紹介ページを設け、調布の福祉施設や作業所、ボランティアグループ、協賛企業等をカラーページで掲載。直接関わることの少ない施設同士や企業の情報が一冊にまとめられている保存版とした。関係者や広く福祉に関心のある人に、情報を発信している。

『きっかけ』は、総合福祉センターや市内公共施設などで無料配布。福祉まつりは調布市役所前庭などで、12月6日、7日の午前9時半から午後2時半まで開かれる。

「無保険の子ども」をなくす緊急申し入れ

町田市議会民主党・社民ネット会派

町田市議会の民主党・社民ネット会派（田中修一代表）は13日、国民健康保険の未納対策として行っている資格証明書交付について、その影響が子どもに及ばないよう、石阪市長に対して緊急の申し入れを行った。

町田市では納期限から1年以上未納した場合に、被保険者証を返還してもらい、代わりに資格証明書を交付している。07年度末の交付件数は2481件で、資格証を発行している世帯が3・05%と26市の中で最も高い割合だった。

この状況に対し、「悪質な保険料の未納に対しては厳格に臨むべきだが、その影響が世帯単位の制度として、被扶養者の子どもに及ぶことは許されない」などとし、多くの自治体では独自判断で、国保滞納世帯の子どもの保険適用を特例的に認めていることから、「町田市も速やかに必要な措置を」と申し入れた。

これに対し市は、無保険の子どもについての対応を今後どのようにするか、内部で検討を開始している。

来年4月5日投開票

小平市長選

小平市選挙管理委員会は10日、任期満了に伴う小平市長選挙を来年3月29日告示、4月5日投開票とすることを決めた。

同日程で市議補欠選挙も実施される。9月2日現在の選挙人名簿登録者数は14万6197人（男7万2436人、女7万3761人）。

週刊たま手箱

「鷹」を新常用漢字に　文化庁に要望書提出

三鷹市

三鷹市は7日、2010年に新常用漢字表に入る漢字から「鷹」の文字がはずされたことについて、文化庁などに、「鷹」を追加文字種候補とするよう、要望書を提出した。

新常用漢字は、文化庁に設置されている文化審議会に文部科学大臣が諮問し、同審議会の国語分科会漢字小委員会で2010年の答申を目指して審議されている。

5月に発表された第一次字種候補素案には「鷹」の字が含まれていたが、188字に候補を絞った第二次の候補素案では、固有名詞の使用例が多いとの理由で「鷹」の字が外された。

これについて、三鷹市では「明治22年に三鷹村として誕生以来、名称に『鷹』の字を使用する当市としては大変驚いている。市民からも常用漢字に『鷹』の字を含めるようにして動きかけてほしいと声が届いている」とし、同様に動物を表す「熊」「鹿」「虎」は候補となる中で、「鷹」だけが固有名詞の使用例が多いとする判断には再考の余地があると指摘。また、ことわざや格言、四字熟語などにも使用され、社会生活でも大変なじみ深く、教育面・文化面からも重要性が高い漢字といえるとし、「鷹」を追加字種候補とするよう、文化庁長官と文化審議会会長あてに要望した。

ひとり親家庭にしおりを発行

町田市

町田市はこのほど、ひとり親を対象に実施されている公的な支援をまとめた冊子を改訂。相談窓口や仕事、各種問い合わせ先を充実させ、関係機関等のホームページのURLも掲載している。

市は04年にしおりを発行して以来、改訂を重ねてきた。

事業の内容についてより深い理解が得られるよう、国、都、市で設けている制度を中心に情報を集約。冊子はA5版、62ページで、2千部を作成。市役所内の子どもに関連する各課や、子ども家庭支援センター、市民センターの窓口で、希望者に配布する。最新の冊子と同様の内容は、市のホームページにPDF形式でも掲載する。

安全・安心・快適な都営交通をめざして

都営地下鉄は1960年に浅草線の一部区間が開業して以来、三田線、新宿線、2000年には大江戸線が全線開業し、これら4路線で全長109㌔、駅数106駅に及ぶ交通ネットワークを形成し、昨年度は一日平均229万人が利用している。都交通局建設工務部では、都営地下鉄の「安全・安心・快適」を目指し、線路（軌道）や駅施設の日々の保守・点検を行うとともに、地下鉄施設の改良工事を推進している。特に近年は、バリアフリー施設の整備をはじめ、火災対策、耐震対策の強化が重要な課題となっている。そこで今回は、日々の改良工事や保守作業等について紹介する。

バリアフリー化を推進

2010年度までに全駅で1ルートを確保

交通局では現在、「高齢者・障害者等の移動等の円滑化の促進に関する法律（バリアフリー新法）」や「東京都福祉のまちづくり条例」等を踏まえ、駅のバリアフリー化を進めている。

都営地下鉄4路線のうち大江戸線（38駅）は、新しい路線のためバリアフリー化が実現しているが、残りの3線については、ホームから地上までエレベーターにより移動できるよう、いわゆる「1（ワン）ルート」の整備を進めている。

現在、1ルート確保駅は、106駅中84駅（約79％）で、今後も順次、計画的に駅のバリアフリー化を進め、誰もが利用しやすい駅を目指していく計画だ。

具体的には、10年度までに、全駅ホームから地上まで原則としてエレベーターによる1ルートの確保を目指している。また、乗換駅や利用者の多い駅については、エスカレーターの整備も進めている。

戸越駅

施工にあたっての課題

①スペースの確保

改良工事においては、既設駅構内のホームからコンコース、コンコースから地上と限られた範囲内のためスペースの確保が難しいのが現状となっている。

②都心道路下の工事

地下鉄駅の大部分は、都心の道路下に建設されているため、改良工事にあたっては、工事帯の確保や車線規制等が必要となる。このため、道路占用や道路使用の許可が必要となり、道路管理者や交通管理者と協議を行っている。また、掘削・覆工など仮設工法の検討や、車両・歩行者への周知等安全管理にも万全を期している。

③列車運行及び乗客の安全確保

ホーム階の工事は、基本的に終電後に施工しているが、工事範囲を囲って昼間に作業をすることもあり、列車の安全と定時運行の確保に努めている。また、乗客の安全確保はもちろん、不便をかけないよう配慮している。しかし、限られたスペース内での工事のため、一時的に迷惑をかける場合もあるため、協力を得ながら施工している。

今年度の工事

今年度の工事は新たにエレベーターが18駅27基、エスカレーターが5駅6基着工するところを含め、

板橋区役所前駅ＥＶ工事

中延駅

受託事業

東京都市計画道路環状第2号線の建設

浅草線及び三田線交差部を受託施工

交通局では、他の事業者による工事のうち都営地下鉄の施設に影響のある個所については、交通局自身が受託し工事を行っている。

浅草線新橋・大門間環状第2号線他交差部建設工事

港区東新橋2丁目地先において、環状第2号線地下トンネル築造工事を施工中である。

この工事は、建設局から受託して行っているものである。旧住友ビル跡地から国道15号線（第1京浜）の下を走る都営浅草線とJR線の交差部の道路下を掘削し、環状第2号線道路構築物等を建設するものだ。

工事は3分割で施工され、1期工事の構造物を完了している。現在、付帯施設である関連施設の構造物は完了し、2期工事の掘削作業を行っている。

浅草線環状第２号線工事

三田線御成門・内幸町間環状第2号線他交差部建設工事

この工事も浅草線新橋・大門間環状第2号線他交差部建設工事と同様に、建設局から受託して行っているものである。港区西新橋4丁目地先において、日比谷通りの下を走る都営三田線との交差部の道路下を掘削し、環状第2号線道路構築物を建設する。現在、路面覆工が完了し、掘削作業を行っている。

三田線環状第2号線工事

都交通局建設工務部 耐震対策やバリアフリーなど

都営地下鉄の軌道保守

都営地下鉄の「安全・安心」と「快適性」を維持するため、軌道保守の課題の一つにレール損傷防止があり、レール頭面を専用の大型機械で平滑にする「レール削正」を実施している。

レール削正車（写真1）

交通局では、05年度に写真1のレール削正車を導入し、レール削正を行っている。この削正車は、大江戸線でも利用できるよう小型化され、16個の砥石を装備し、通常の大型削正車と変わらぬ性能である。また、浅草線・大江戸線（軌間1435ミリメートル）、新宿線（軌間1372ミリメートル）の異なる路線でも使用可能な軌間可変装置も有している。

レール上を列車の車輪が通過すると時間の経過と共に、レール頭面に小さな傷が発生する。この小さな傷を放置すると徐々に傷が大きくなり、レールを交換しなければならない状態となる。定期的にレール頭面の傷、凹凸及び波状摩耗を削正することにより、レール寿命の延命化（軌道保守の軽減）、振動・騒音の低減、乗り心地の向上及び沿線の環境対策が図られる。

レール削正作業は、終電後から始発までの列車間合い（3～3・5時間）に行っているが、車庫から遠いところでは作業時間より回送時間の方が多くなってしまう場合がある。

浅草線では、車庫から離れた浅草橋駅の作業線に削正車の留置設備を整備し、作業後に浅草橋駅に留置するなどの工夫を行い、作業時間を確保している。

本年度は、浅草線23・3キロメートル、新宿線15・6キロメートル、大江戸線42・7キロメートルを削正する予定である。

なお、三田線は、外注により年間6～10キロメートルのレール削正を行っている。

都営地下鉄のトンネルの保守

地下鉄トンネルの換気方法は、列車走行時の風を利用する自然換気とファン等により風を送る強制換気が採用されている。都営浅草線と三田線が自然換気、新宿線と大江戸線が強制換気となっている。自然換気の場合は、風抜きのため、約200メートル毎にトンネルから地上まで煙突状に通風口とよばれる鉄筋コンクリートのダクトが設置されている。地上側の開口部は、歩道部分や中央分離帯に立ち上げているほか、浅草線の一部では専用の用地を確保し立ち上げている。強制換気の場合は、換気口を駅と駅の間に設けられた換気所または駅出入口の構築内に併設している。

通風口（写真2）

歩道部分の通風口は、写真2に示すとおり、歩道と段差が生じないように歩道の高さに合わせて水平に開口しており、大雨時にはトンネル内への浸水の恐れがある。このため、ハザードマップにより浸水の恐れの有無を判断し、浸水を防ぐ浸水防止機を設置している。浸水防止機は通常、防水蓋が垂直に垂れ下がった状態になっているが、大雨時に蓋が上がり、通風口を塞ぐ機器である。浸水防止機の開閉操作は、一般に気象情報等により事前に駅の監視盤で行うが、局所的な豪雨等に備えて浸水防止機が感知して自動的に閉じる機能がある。

今年の夏は、ゲリラ豪雨と呼ばれる局所的な大雨が何度か降ったが、浸水防止機によりトンネル内への雨水の流入、軌道の水没を防ぐことができ、地下鉄の安全運行を確保している。

都電荒川線の軌道保守

荒川線は、三ノ輪橋～早稲田間の12・2キロメートルを営業している。このうち1・6キロメートルは都電と自動車が共用する併用軌道区間である。自動車の交通量が多く、6車線の明治通りとの併用区間の王子駅前～飛鳥山間の取り組み状況を紹介する。

この区間の軌道は、王子駅前部分の軌道半径が18メートルの急曲線であり、途中の音無交差点付近の勾配は6・69％で荒川線の最急勾配個所である。

交通量が多く路面のアスファルト舗装の変状が生じ易いため、平成07年～08年度に王子駅前部分の63メートルの区間について、舗装を剛性が高くコンクリート製で変状が生じ難い「連接軌道」に改良している＝写真3。また、07年度に同区間の交通事故防止のため、写真4に示すとおり、路面の視認性向上を図るカラー舗装を道路管理者及び交通管理者の協力を得て延長657メートルを実施した。

王子駅前の荒川線（写真3）

カラー舗装された軌道（写真4）

安全・安心の地下鉄をめざし 防災改良工事を推進

防災改良工事

防災改良工事は、04年12月国土交通省通達「地下鉄道の火災対策の基準について」（新基準）に基づき、整備を進めている。

この工事は、地下鉄構内の火災に対して、利用者が安全に避難できるように排煙設備、二方向避難通路の確保、防火シャッター、屋内消火栓やスプリンクラー等の設備を設置するものである。

現在、浅草線の4駅（西馬込駅、馬込駅、高輪台駅、宝町駅）及び三田線の4駅（春日駅、板橋本町駅、本蓮沼駅、志村坂上駅）で工事中である。

今後、浅草線3駅（東銀座駅、日本橋駅、本所吾妻橋駅）及び三田線1駅（板橋区役所前駅）で早期の工事着手に向け、工事発注のための条件整備を行っているところである。

防火シャッター

駅のリニューアル及びトイレのリフレッシュ

浅草線と三田線は、建設後約30年以上経過し、利用者から駅のリニューアル及びトイレのリフレッシュについて多数の要望が寄せられており、関心の高い事業となっている。

そこで、防災改良工事にあわせて、駅施設を床・壁・天井等のリニューアルを行い、駅美化を推進している。また、トイレのリフレッシュは、バリアフリーや使い勝手に配慮し、明るく快適な空間づくりに取り組んでいる。

エスカレーターの自動運転化

交通局では、CO_2削減の一環として、乗降人数が少ない駅または特定の時間に集中している駅を中心にエスカレーターの自動運転化を進め、消費電力の削減に努めている。

現在、エスカレーターは761基保有しており、そのうち07年度以前に15基実施、09年度までに約105基と、全体の約14％を自動運転化する予定である。

エスカレーター自動運転化により、07年度実施した一基に電力計を取り付け実測したところ、約20％の電力を削減することができた。これは、電力削減約4200Kwh／年、CO_2削減約1・5トン／年に相当する。

自動運転化されたエスカレーター

鉄道構造物の耐震強化

95年の兵庫県南部地震を契機に、交通局では鉄道構造物の柱を中心とした耐震補強を実施してきた。06年度からは更なる耐震強化対策として、新宿線荒川・中川橋梁橋脚並びに三田線及び新宿線高架駅の耐震補強を実施している。

荒川・中川橋梁橋脚の耐震補強については、鋼板巻き立て工法とコンクリート巻き立て工法を併用している。また、中堤部の橋脚には鞘管構造により堤体との離隔を設け、振動の影響を抑える構造とした。工事は06年から渇水期に順次施工しており、来年夏には完了の予定である。

高架駅の耐震補強については、従来の鋼板巻立て工法に加え、新たに一面耐震補強工法を採用している。これは、柱に一面のみに鉄筋を挿入して補強鋼板を取り付ける工法で、高架下の駅施設や店舗等への影響を最小限に抑えることができる。

高島平駅については昨年度末に着工し、本年度末の完成に向け施工中である。他の駅でも順次工事を開始し、10年度までに完了の予定である。

一面耐震補強工法

鋼板巻き立て工法の工事

駅のプチバリア解消事業

バリアフリー対策として、エレベーター、エスカレーターの昇降設備や段差解消のためにスロープの整備等を推進している。

一方、地下駅の構造上の制約から、出入口やトイレの小段差、雨天時に床が滑りやすいなど小さなバリアが存在しているのも事実である。

そこで、プチバリア対策として、小段差解消・床の防滑処理・照明増設などを行い、事業費用に比べ効果的な成果が期待できる「プチバリア解消事業」を推進している。

年間15駅程度を抽出し、乗客が円滑かつ安全に利用できる駅舎の整備に取り組んでいる。

段差解消前

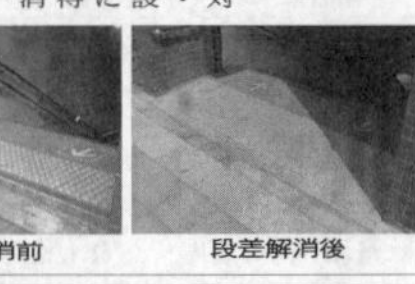

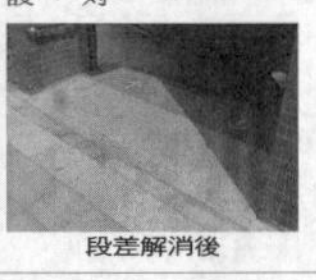

段差解消後

国庫支出金

経理状況を自主点検

「預け金」と「流用」をチェック

会計検査院が、12道府県での国庫補助事業の事務費等の経理が不当と指摘した問題に関連して、都会計管理局は11日、各局に対して、国庫支出金を財源とする事業の経理状況を自主点検するよう求めた。点検対象となるのは、03年度から07年度の5カ年分。当面、07年度分の点検結果の報告を12月中旬までに求めている。国庫補助金の会計処理を巡っては、都監査委員も10日から随時監査に入っている。

会計管理局が21局に依頼

会計検査院が任意で選んだ12道府県に対する検査では、土地改良や道路整備といった公共事業等を実施する自治体に交付する国庫補助金に関して、調査対象となった全道府県で不正経理が発覚した。不当支出額は06年度までの5年間で、総額約5億5千万円にのぼる。

会計検査院は、こうした状況を踏まえて、全都道府県に対する検査を実施する方向で、今回の都各局による自主点検は、同検査に備える意味もあるという。

都の国庫支出金は、決算ベースで06年度が約3310億円、07年度は3267億円に達する。ただし、工事費や事務費等を含めた総額で、今回の会計検査院による検査で、問題が指摘されている事務費等（需要費や賃金、旅費等の経費）の詳細や、国庫補助金を受け入れている事業数等は、会計管理局も把握できていないのが現状だ。

自主点検の対象となるのは、補助金や委託金、負担金を含む国庫支出金の受け入れ実績がある局としており、公営企業など含めて全体で21局にのぼる。対象期間は03年度から07年度までの5カ年分で、07年度分は来月中旬までに会計管理局に点検結果を報告するよう求めた。残る期間分についても、来年1月末までに結果が報告される予定。

具体的な点検作業では、まず各局が国庫支出金をすべて挙げた上で、事務費をあてている部分を選び出し、さらに「預け金」と「流用」の二つに大別して、経理状況をチェックすることになる。

「預け金」は、会計検査院からも不適正な経理処理として指摘された事項で、業者に架空取引を指示するなどして、納入業者に物品の納品なしに公金を支払い、預けて管理させるもの。このほか「一括払い」「差し替え」「翌年度納入」「前年度納入」といった不適正な処理も含めて、同様の事例がないか調べる。

一方の「流用」は、国庫補助金が当初想定された補助対象事業以外の事業に使われるもの。しかし、流用に関しては、旅費等を含めて、線引きが難しい面もあり、不適正処理が指摘された各自治体からも認識の違いとする声がある。

会計管理局では、各局からの自主点検の結果報告を受けた後、個別のヒアリング等を予定しており、「預け金」や「流用」など、具体的に不適正な会計処理にあたるかどうか、慎重に見極めていく考えだ。

若手職員がディスカッション

技術開発室20周年記念シンポを開催

都水道局は11日、局の技術開発を担う技術開発室が給水部漏水防止課に設置されて、今年8月で20周年を迎えたことを記念して「水道技術開発展とシンポジウム」を開催した。当日は水道局のほか、都の各局や周辺自治体の水道関連部署などから約200人が参加。若手職員によるディスカッション＝写真＝や、NHKの山岸秀樹ディレクターを招いた特別講演「『プロジェクトX』の制作秘話」などのほか、場内施設のデモンストレーションが行われた。

技術開発室は、各部署で個別に取り組んでいた研究開発業務を統合して88年8月に設置。その後、組織変更を経て、05年に研究・開発業務と研修業務を担う研究・開発センター開発課となり、現在に至っている。

当日行われた若手職員のパネルディスカッションでは、「これからの水道技術」をテーマに、6部署から7人の若手職員が意見を交わした。環境問題については、「年間1600件の工事を行う中、環境は無視できない。計画、設計、施工の各段階での取り組みが必要」「一番電力を使うのは水の輸送で、自然勾配を含めた大胆な施設配置など、100年先を見据えた取り組みが必要」などの意見が寄せられた。

また、技術継承の問題については、「若手も引き継いでくれるのを待つのではなく、積極的に取り組む気概が必要。若手の意識高揚が大切」「個々の技術力も必要だが、施策の提案力も大切。総合力が問われるので、幅広い知識を得る姿勢で臨みたい」など、活発な意見が交わされた。

区確定交渉が最終局面

成績率の拡大提案など平行線

20日にヤマ場

特別区の確定交渉が最終局面を迎えている。区長会は、6日の団交で行政職給料表(一)と業務職給料表を提案したほか、これに先立って勤勉手当の成績率の拡大や昇格メリットの改善などを提案している。しかし、特に成績率の見直しは組合の反発が強く、交渉は平行線をたどっている。

一方で、区長会が昨年の交渉時に「必要があれば見直す」と明言した技能・業務系人事制度や、人事委員会勧告で意見として示された勤務時間の1日15分の短縮は17日現在、具体的な提案が示されておらず、緊張が高まっている。21日の早朝には特区連が29分間の職場集会を、清掃労組が1時間のストライキを構えており、交渉は20日にヤマ場を迎える見通しだ。

◆成績率

今確定交渉で最大の争点となっているのが勤勉手当の成績率の見直しだ。区長会は成績率制度について、国制度との比較等から問題意識を示し、見直しを提案した。

現行制度は、勤勉手当の基礎額に扶養手当を含んでいるが、「勤勉手当は勤務成績に応じて支給される能率給」として、国と同様に扶養手当と跳ね返り分を基礎額から除算し、成績率の原資とする考えを示した。

また、係長級以上としている一律拠出の対象者も、国と同じく全職員に拡大。さらに、現行は「1%以内」の一律拠出割合も、国の4%相当と比べて低率として「2%以内」に拡大するとした。

だが、多くの職員がマイナスの影響を受ける提案は、組合側が納得できるものではない。扶養手当の除算について、特区連は、「配偶者と子1人を扶養する場合、成績上位と判定されても勤勉手当支給額が減ることになる」と指摘。生計支出が一番多くなる世代を直撃すると激しく反発する。

また、一律拠出自体についても、「勤務成績が良好な職員も支給額が減らされる不合理な方式」（特区連）、「まじめに精励している職員も含め全員から薄く剥ぎ取ること自体、納得がいかない」（清掃労組）と反発は強い。

そもそも、今年度から導入したばかりの成績率制度の見直し提案に対し、「検証も抜きに拡大など到底受け入れられない」（特区連）と厳しい意見が出ており、議論は平行線をたどっている。

◆昇格メリット

区長会提案は、職員が上位級に昇格する際に得られる昇格メリットを拡大するというもの。

現行は昇格時に4号給を加算しているが、給与カーブのフラット化などにより、4号加算で得られるメリットは高位号給者ほど少ない。例えば、4級から5級に昇格した場合、昇給幅は2400円程度から1万円以上まで開きがある。

昇格で職責が増しても、メリットがなければ昇任意欲は低下する。区長会は、「職責に基づく給与制度」として、昇格後の級の最高間差額の加算を基本とする方式を提案した。国も05年度に同様の見直しを行っている。現制度の昇格者を改正後の昇格者が追い越さないよう4年で本則化する経過措置も示した。

こうした昇格メリットの考えは、多くの職員にとってプラスとなり、組合要求にも沿う内容だ。

昨年の確定交渉では、現業職給料表が平均9%削減される一方、現給保障となり、多くの職員は昇格しても保障額を超えず、メリットが得られない。組合は「昇格しても職責が重くなるだけ。昇任制度の崩壊」（特区連）と批判を強めていた。

区長会の提案に、特区連は「これにより昇格メリットは改善される」との考えを示す一方、枠外者や現給保障額と給料表の差額が大きい場合は必ずしも改善につながらないとして、さらなる改善を要求。加えて、すでに昇格した職員もメリットが得られるよう在職者調整の範囲拡大や、経過措置期間の短縮を求めた。

清掃労組も「私どもが求めてきたもの」としながらも、経過措置のあり方に問題意識を示し、現業職員に経過措置は不要と主張する。最終局面では、区長会が更なる改善案を示すかが焦点となる。

◆技能・業務系人事制度

技能系・業務系人事制度の見直しや、勤務時間の短縮も争点となっているが、区長会は17日現在、具体案を示していない。

昨年の特区連との最終団交で、区長会は「技能長職等の設置基準は、必要があれば見直す」などの考えを明示。これに伴って実施した実態調査の結果、区長会は「同一職種内での職務間異動の柔軟な運用の必要性がさらに増した」との考えを示したが、引き続き検討するとして現在に至る。

だが、組合側は「同一職種内の職務間異動は適正に運用されている」（特区連）、「職務間異動は、組合として以前から対応している。これから検討という態度は不誠実」（清掃労組）と反発を強める。

また特区連は、併せて級格付の資格基準の改善等も求めており、勤務時間の短縮を含め、区長会が最終局面で見直しを提案するかが注目される。

区長会の提案・考え方と組合側の主張

	区長会	組合
勤勉手当の成績率拡大	・勤勉手当の基礎額から扶養手当と跳ね返りを除算し、相当額を成績率の原資に ・一律拠出対象者を係長以上→全職員に拡大。拠出割合の上限を1%以内→2%以内に拡大（国は4%相当）	・扶養手当の除算は生計費支出が一番多くなる世代を直撃。一律拠出は今年度から適用したばかりで検証されていない。不合理な制度で反対。成績判定期間の大方を過ぎてからの提案は認められない【特区連】 ・一律拠出自体に納得できない。国に合わせる根拠がない【清掃労組】
昇格メリット	・4号加算方式から一定額加算方式（昇格後の級の最高間差額の加算を基本）に変更	・最高号給付近者や枠外者等もメリットが享受できる改善、在職者調整の範囲拡大、経過措置期間の短縮を要求【特区連】 ・経過措置の在り方に問題意識【清掃労組】
技能・業務系人事制度	・技能長職の設置基準見直しは、同一職種内の職務間異動の弾力化の検討が不可欠 ・技能・業務系人事制度実態調査の分析結果に基づき検討	・交渉経緯を踏まえ、任用資格基準や級格付資格基準の改善、技能長等の設置基準廃止を要求【特区連】 ・技能長補佐職の新設、技能主任の設置基準の見直し（4人に1人→2人に1人）を要求【清掃労組】
勤務時間の短縮	・様々な職場の勤務体制を十分検討する必要あり。改定には、休息時間の廃止が不可欠	・逡巡することなく、自主的・主体的な立場で早期に実施を決断すべき【特区連】 ・国の動向に左右されることなく、早急に短縮を実現すべき【清掃労組】

08年度都主任級職選考合格発表

AⅠ類の合格率は27.8%

都人事委員会は14日、08年度主任級職選考と運輸系主任級職選考の実施状況を発表した。

合格者数は主任AⅠ類が、事務と4大技術合わせて計333人、主任AⅡ類は計79人。主任AⅠ類には、全体で1196人が受験しており、合格率は27・8%となっている。このうち事務Ⅰの合格率は32・6%で、前年度と同水準だった。

主任Bの合格者数は、事務系、一般技術系、医療福祉系全体で233人（合格率は40・2%）。このほか運輸系では、Aで計26人、Bは計20人が合格している。合格者は次の通り。

主任級職選考等　実施状況

主任級職選考　（単位：人）

種別	類	選考区分	申込者数 a	受験者数 b	受験率(%) b／a	合格者数 c	合格率(%) c／b
A	Ⅰ類	事務Ⅰ	937	770	82.2	251	32.6
		土木	165	129	78.2	36	27.9
		建築	32	23	71.9	7	30.4
		機械	122	110	90.2	19	17.3
		電気	179	164	91.6	20	12.2
		小計	1,435	1,196	83.3	333	27.8
	Ⅱ類	事務Ⅱ	9	6	66.7	2	33.3
		福祉Ⅰ	27	26	96.3	5	19.2
		福祉Ⅱ	20	18	90.0	2	11.1
		産業技術Ⅰ	77	72	93.5	11	15.3
		産業技術Ⅱ	37	32	86.5	9	28.1
		産業技術Ⅲ	20	19	95.0	3	15.8
		医療技術Ⅰ	63	57	90.5	8	14.0
		医療技術Ⅱ	89	83	93.3	8	9.6
		看護	303	293	96.7	31	10.6
		小計	645	606	94.0	79	13.0
	計		2,080	1,802	86.6	412	22.9
B		事務系	312	244	78.2	83	34.0
		一般技術系	195	157	80.5	63	40.1
		医療福祉系	201	179	89.1	87	48.6
		小計	708	580	81.9	233	40.2
合計			2,788	2,382	85.4	645	27.1

※種別Aにおける教養問題のみの受験者を除く

運輸系主任級職選考　（単位：人）

種別	選考区分	申込者数 a	受験者数 b	受験率(%) b／a	合格者数 c	合格率(%) c／b
A	高速	115	109	94.8	15	13.8
	路面	43	41	95.3	8	19.5
	交通技術	25	25	100.0	3	12.0
	小計	183	175	95.6	26	14.9
B	高速	29	29	100.0	9	31.0
	路面	36	34	94.4	10	29.4
	交通技術	6	3	50.0	1	33.3
	小計	71	66	93.0	20	30.3
合計		254	241	94.9	46	19.1

※種別Aにおける教養問題のみの受験者を除く

■主任AⅠ類

◆事務Ⅰ

【知事本局】坂井勝興、栗原大、宮崎悦子、吉岡志穂、吉田亮平、梶井宣行、奥田修

【総務局】北島明美、安雙圭之介、遠山一広、竹村昌彦、大橋昭宏、出田直子、大河原丈晴、中村満輝、澤田徹、末村奈穂、青木力哉、川﨑共子、柴田絢子、加藤謙太郎、栗田恵、古矢典子、鈴木康仁、小坂洋介、松﨑賢治

【財務局】滝嶋いづみ、工藤聡、野口真広、三宅敦

【主税局】海老沼香織、廣末伸之輔、藤原一美、柾木貴宏、杓谷司、森重樹、小野晃也、金子貴弘、神野大輔、足立学、椎名太郎、富山由衣、岡賀正、小林圭、山本泰輔、南友和、清水和代、斉藤啓、渡辺恒平、上條ちひろ、大坪真知子、金坂康子、伊藤里紗、渡辺彩、青野大地、平野健、渡辺陽子、小野睦之、阿部央、山川恵、北垣順子、丸山洋三、市川郁子、高橋謙輔、滝澤愛子、佐々木健、宮元裕子、根本美紀、伊藤真也、丸一真之、坂本将人、荒井尚美、新妻芳洋、峯村真、相川政美、佐藤久美子、大内享子、稲毛照久、鎌田妙子、山本祐子、真崎啓介、遠藤匡子、荻野勇、三島正樹、丸山奈美江、片山和美、杉田優人、神戸由紀子、卯月佳代

【生活文化スポーツ局】太田泰道、依光恭子、富田英代、加藤浩、長谷川弘

【都市整備局】早速友希、土居尚子、羽岡佐希子、鈴木邦和、松島美智子

【環境局】須藤千種、栗原毅

【福祉保健局】井上睦子、阿部将行、大塚聡子、長谷川学、畠山奈緒、鈴木芽衣子、柳沢拓、渡邉洋介、清水美那子、丹野亜矢子、藤原智佳子、伊良原志保、三好優、坂本理恵、江川公偉、入澤可奈、髙橋理江、山田晃生、岡田信寛、大賀佳代子、浅野法子

【産業労働局】小林達也、安藤裕飛、小林千紗、戸塚正美、佐藤重康、黒崎亜紀子、三田哲也、猪瀬綾子、岩渕敏子、下家昌美、庄司裕一、與儀さつき、岡本忠、藤井七恵、藤田正樹、早川貴之、米田綾子、大熊正浩、木村優也、大沼智也、久保田浩次、岡健一郎、馬渡めぐみ

【建設局】富永信生、岩澤一嘉、田谷拡之、山本英伸

【港湾局】坂本亮子、江田和紀、瀬戸亜利、野尻裕一、川島紫

【病院経営本部】林宗徳、永野裕介、和泉宏樹、櫻井亮子、鈴木里奈、嘉屋智樹、仲摩智、宇賀神壮平、富田徹、尾川光晴、佐藤真之、吉満貴史、根本和佳、鈴木ゆり

【会計管理局】福本卓也、加藤由紀子、仲澤学

【中央卸売市場】荒川良子、佐々木志津、牧野順、渡辺泰世、秋元弓調

【交通局】飯田聖子、成島康之、渡辺千絵、鈴木由佳、東広樹、岡島由佳、長瀬公延

【水道局】小林美恵、小林朋子、尾辻智明、石田由布子、中山良江、中原優子、宮川智行、東海林一基、丹羽真美、小宮学、伊丹佑介、土子梓、森田俊彦、星埜航、長谷川竜之、市川小百合、浅野恭平、小林宣章、坂谷知映、山本絢子、上家伸太郎、田中悠香、岡本広、宇部史乃、山林佑次、黒谷滋之、関川倫子、小谷野貴雄、中村清貴、黒川純、飯田修司、清水善行、粕谷保夫

【下水道局】森井憲司、清水祐一郎、長谷川悠希、加藤裕、小森賀代、松本隼介

【教育庁】加藤隆明、倉下佳子、瀬尾和孝、影浦佳子、富山千絵、佐藤信人、堤美知子、朝倉理恵、横田暢子、岩楯幸雄、藤崎真理子、楠本浩子、後藤秀子、勝又千枝、友田一枝、中根理恵、金野美和、野崎智恵、石切和美、鈴木英介、川口格、水野裕介

【人事委員会】梶田豊子

【議会局】坂本真紀子、竹内朋子、橋口麻美

【青少年・治安対策本部】金谷美佳

【東京オリンピック・パラリンピック招致本部】松坂智仁、松岡真希

◆土木

【総務局】半藤稔、曽根智和

【建設局】榎園義春、高橋文彦、金井康政、植山敬太、齋藤雅也、川東衛充、影山秀晴、渡邉幸輝、佐藤秀和、佐藤由幸、橋本剛志、安武博生、田中寛人、後藤淳

【水道局】石川智之、金築優、松尾崇宏、中西雅通、内藤実、青池大介、石田大三、三好裕、永田亮、田中久美子、佐々木克志

【下水道局】粟原崇晃、宮地創大、松岡義樹、佐々木庸平、向井義貴、田中亮子、西馬真一、鈴木誠、渡邉真人

◆建築

【都市整備局】望月美奈緒、荒川二朗、大嶋啓太、井上加奈子、尾關桂子、佐藤隆志

【建設局】星野康男

◆機械

【生活文化スポーツ局】小山弘美

【環境局】吉本康之

【産業労働局】山口嘉紹

【水道局】大嶋一乃、藤ケ崎泰孝、古川健太、長坂晋、小山勝弘、小松崎竜一、渕上繁己

【下水道局】境野祐毅、大塚洋佑、鈴木勝、安澤明行、津川和章、上原正樹、橋本圭、上保大二郎、水口洋

◆電気

【総務局】大熊修

【環境局】高柳温子

【中央卸売市場】高山慎太郎

【交通局】江崎匡光、灰田彰浩、秋葉貴久、江尻聡

【水道局】及川重徳、大塚匡英、大槻俊介、樋渡斎雄、兼田知文、鈴木啓文、真下孝夫

【下水道局】青木徹、山内一仁、田崎敏郎、齊藤正二、仲尾龍馬、秋山智宏

■主任AⅡ類

◆事務Ⅱ

【教育庁】余野桃子、増田加奈子

◆福祉Ⅰ

【福祉保健局】竹内智美、北原美穂、津川孝治、山崎芽久美

【病院経営本部】阿部和弘

◆福祉Ⅱ

【福祉保健局】河西宏実、大野和行

◆産業技術Ⅰ

【環境局】山田美穂子

【福祉保健局】待鳥美佳、佐藤弘和、小林葉子、千葉恵子、小坂めぐみ、大政真紀

【水道局】広木孝行

【下水道局】橋本旬也、村山康樹、松下文恵

◆産業技術Ⅱ

【総務局】近藤健

【産業労働局】田中優平、鵜沢玲子、小野剛、沼田洋子、深山恵、網野範子、山崎あゆみ

◆産業技術Ⅲ

【建設局】松浦光明

【産業労働局】山田一郎、神谷清太郎、久保田久和

◆医療技術Ⅰ

【福祉保健局】築島京子、渡邉りつ子

【病院経営本部】堀貴夫、君島美代子、松林麻里子、工藤洋子、鳥海彩子、針ヶ谷義久

◆医療技術Ⅱ

【福祉保健局】平川久美、小林千恵

【病院経営本部】宮岡雅人、海老澤香代

【教育庁】瀧文重、新村忍、小野寺陽子、平野忍

◆看護

【福祉保健局】石原史子、白井弓子、草深明子

【病院経営本部】河野由梨香、相田奈津美、牧野直美、足立知美、鎌田雅子、田中友和、森田直美、吉野祥子、澤田智映子、末吉康子、岸優子、中野渡勝子、関根啓子、池田香保子、穂積智子、畠山優子、木村記子、森明子、吉田麻紀子、石川祐香、原れい子、大友倫子、加藤妙子、羽田野晴美、西山貴子、中村寿実、佐藤宣子、浅野美枝子

■主任B

◆事務系

【総務局】中澤二朗、黒瀬康彦、木川田章子、小島学

【財務局】當間直幸

【主税局】長谷川孝子、鹿島木綿子、阿部礼子、河村渡、内野祥子、飯塚尚子、小沼美千子、小笠原祥子、伊藤剛、宮城幸子、江黒記子

【生活文化スポーツ局】渡辺栄子、日向洋一、村上美千代

【都市整備局】山﨑政和、廣瀬吉邦

【環境局】篠原信、岩田信三

【福祉保健局】浜松優子、高師友良、藤澤郁世、黒田由美子

【産業労働局】石川由美子、藤野秀幸、田代美智、山﨑幸枝

【建設局】志村卓哉、岡昌之、小川啓、片野浩

【病院経営本部】松崎泰子

【中央卸売市場】﨑田紀子、遠藤絹子

【交通局】松本哲也、植木洋、安達龍始

【水道局】吉原功一、山本稔、増田廣隆、加藤千賀子、松岡英之

【下水道局】北田秀行、小山圭子、平松武

【教育庁】西島明、相澤勢以子、菱山隆、安井弓子、武井佳代子、渡邉槙也、青木智津子、中西明子、安藤力、田中豊、見谷敦子、玉城亜津子、内野和美、平野由美、田畑直子、福島幸恵、平井富美、中島彰子、佐藤真美枝、須賀英行、近藤直美、朝倉渉、佐藤直美、荻原元、小熊智明、田村真生子、熊谷均、渡邉敏司、松岡敏鎮、小池一水、柳澤雅子、加藤里絵、岡良枝

【人事委員会】吉井あゆみ

◆一般技術系

【総務局】當麻健樹、谷藤家信

【生活文化スポーツ局】角田宏、粟林俊男

【都市整備局】西尾友作、嶽山厚志

【環境局】鎌滝裕輝、池田達明

【福祉保健局】伊藤則夫、成宮洋、田中豊人、河崎孝、宮﨑健志、岡島和枝

【産業労働局】宮崎巌、髙橋栄一、板橋秀樹、岩崎道義、河井良三、清水辰雄

【建設局】海老名誠、佐藤薫、兒玉雅章、中村浩司、新井潤一、小田桐皇仁、高内隆行、田中隆行

【港湾局】深野雅育

【中央卸売市場】柴田芳雄

【交通局】早川勝、平井久雄、五十嵐晃、前澤卓、小澤修一

【水道局】桜井智恵子、今谷秀治、福島祥光、高橋秀幸、中川浩一、十川啓弘、坂本勝人、髙橋浩、馬場公敏、鳥海通男、伊藤徳良、鈴木幸一、平島一賀、田中広和、阿部清一、鈴木昌弘、礒辺洋昌、北岡寛司、中川雄次

【下水道局】吉田弘樹、大竹政夫、金子裕彦、戸頃寛、植松陽博、吉田行、大谷泰央、野本康夫

【教育庁】松森智久

◆医療福祉系

【福祉保健局】廣岡道代、杉山千栄、帯刀信子、伊松尾雄毅、阿部幸一、伊東由賀、桜井清、長谷川美佳、安藤浩和、高林晃子、山崎幸子、岩田恵美、町田あかね、杉山暮理子、林政幸、熊谷晶子、石丸祐貴子、岡村琴、村松幸子、大塚和枝、青木奈保子、横坂優子、高橋由美、田邊雄彦、岡田恵子、福田和美、猪瀬理子、佐藤さをり、石原麻目黒由美、村田雅子、有山岡野敦子、紺野一芳、加藤康子、福田尚美、美、小川理恵、登倉ななえ、忠津裕子、望月恵子、岡田有子、[illegible]

【病院経営本部】[illegible]

【教育庁】[illegible]服部悦子、湯浅紀子、山本直美、小堀智賀子

■運輸系A

◆高速

【交通局】平塚竜司、都市雄介、石塚正夫、丹内貴之、池澤貴志、井元章博、田中広幸、金谷毅征、川田英夫、川島孝之、太田正比古、古谷真丈、緑川由尊、田熊崇志、町田誠史

◆路面

【交通局】佐々木裕司、小暮昌宏、山口有里、秋山一徳、大塚智明、田村清、矢沢政幸、佐藤一史

◆交通技術

【交通局】本郷聖享、上福一朗、五十嵐篤

■運輸系B

◆高速

【交通局】光澤正春、梶井泰宏、宮迫俊行、梶原日出夫、荻原健一、三上淳二、服部貴志、田野幸夫、伊藤和光

◆路面

【交通局】伊藤彰宏、佐藤嘉員、久冨木原康治、長崎勲、高橋岳、成田和久、本田秀行、豊島敏充、斉藤邦夫、定岡修二

◆交通技術

【交通局】横尾勇人

昇任試験対策のページ

21年度 主任試験講座【7】

統計資料の見方①

はじめに

今回から4回にわたり「統計資料の見方」の演習を行います。

「統計資料の見方」は、職務を遂行する上で必要となる各種統計資料を正しく理解できるかを問うものです。そのため、出題数も多く、択一試験の中で比較的大きなウエートを占めています。

平成18年度に主任試験制度の大改正があり、出題科目・全体の出題数などが大きく変わり、「統計資料の見方」の出題数も6問から5問程度に減りましたが、引き続きI類(事務I)で55問中5問程度(9・1%)、I類(土木、建築、機械、電気)で45問中5問程度(11・1%)、II類でも30問中5問程度(16・7%)出題されることになっています。

どの選考区分でも同じ出題数ですが、総出題数が異なるため、I類(土木、建築、機械、電気)やII類で相対的に比率が高くなっており、これらの区分で受験される方は、とくにしっかりと取り組む必要があると思います。20年度は5問出題され、うち4問が資料解釈で、1問は統計の基礎知識に関する出題で、18年度、19年度とほぼ同じ傾向でした。

「統計資料の見方」で高得点を挙げられるかどうかは、時間の制約をいかに克服するかどうかにかかっています。

「統計資料の見方」のうち、資料解釈については、桁数の大きな数字の四則演算や複雑な計算に時間をかければ、必ずみなさんが正答にたどりつくことができるものです。しかし、主任試験では、迅速かつ正確に理解する力が試されているのですから、より効率的に解答していかなければなりません。試験というものは、押し並べて時間との勝負という面を有しますが、この分野は特にその性格が強いと言えるでしょう。

このように、限られた時間内に解答しなければならないため、苦手意識を持っている方も多いようです。ところが、資料解釈は短期間での実力アップは難しくても、出題パターンは限られています。したがって、コツコツと演習を繰り返すことにより解法を習得すれば、比較的容易に得点することができる分野でもあるのです。出題数が少なくないことを考慮すると、択一試験における得点源にしてしまうことが肝要です。

出題傾向

「統計資料の見方」についての出題は資料解釈と統計の基礎知識に分けられます。

問題の大部分を占める資料解釈については、グラフ中心の主題傾向が顕著であり、12年度は6問すべてがグラフであり、13年度は統計表1問(構成比)、グラフ5問(実数値2問、増加率2問、指数と構成比の組み合わせ1問)、14年度は統計表1問(構成比)、グラフ4問(増加率2問、実数値1問、構成比1問)、図1問(実数値)といった出題状況でした。

また、出題数が減った平成15年度以降は、統計表1問、グラフ4問(実数値1問、増加率2問、構成比1問)でした。制度改正のあった18年度以降も統計表1問(構成比)、グラフ3問(構成比1問、増加率1問、指数1問)となり、20年度も同様でしたので、今後もグラフ中心の出題が続くことが予想されます。

出題の形態は、構成比、増加率、指数の関係を問う問題に集約されるといってもよいでしょう。構成比、増加率、指数を表す統計表やグラフから、表中に示されていない構成比、増加率、指数などを導き出し、大小を判定するというのが出題パターンです。

問題のパターンは三つしかありませんので、演習を繰り返し行うことで、出題パターンの把握とともに、効率的な解法パターンを身に着けることが重要です。

統計の基礎知識については、職員ハンドブックの第III編第8章から、統計上の用語や概念を問う問題が出されています。難易度はさほど高くないので、第3節を中心に熟読すれば、容易に正答を得ることができます。

当講座では、はじめに全般的な解法のポイントについて説明します。その次に、繰り返し演習の必要な「統計資料の見方」について、典型的な問題を出題パターン別に演習していきます。

解法のポイント

(1) 最後に解くこと

資料解釈は桁数の多い四則演算をする必要があるため、解答にどの程度の時間を要するのか判断が難しいものです。そこで、短時間で解答が可能な知識問題を先に解き、資料解釈は後回しにするのが定石です。精神的にも余裕をもって問題に取り組むことができます。

(2) まず、表やグラフの構造を把握すること

短時間で解答しようとするあまり、問題文、表またはグラフをよく見ずに、直接選択肢を読み始める方が多いようです。

しかし、問題文をしっかり読み、表やグラフをじっくり見ることが、短時間で解答を得るための近道です。

まず、その表やグラフが何を表しているのかを見極める必要があります。つまり、その表やグラフの数値が構成比なのか、増加率なのか、指数なのかを確認しなければなりません(これにより、出題パターンを推定することができます)。特に表題や注意書きには注意しましょう。選択肢の中には、表題や注意書きさえ読んでいれば、計算することなく正誤を判断できるものもあります。

次に、統計表であれば、表頭と表側は何か、グラフであれば、縦軸と横軸は何か、表やグラフ内の数値の単位は何かを必ず確認しましょう。表頭や表側の年度が飛んでいたり、小計や中計が含まれている場合があります。また、表中の単位と選択肢の中で使われる単位が異なることもあります。

最後に、表内の数値変化の傾向を大まかに把握しましょう。まず、数値が増加傾向にあるのか、減少傾向にあるのかを確認します。その上で、大きく変化している個所や全体の傾向から外れた動きをしている個所のチェックをしておきましょう。

以上のように、表やグラフが何を表しているのかを理解してしまえば、選択肢の問いにも短時間で対応することができます。

(3) なるべく計算しないこと

桁数の多い四則演算などはどうしても時間がかかります。選択肢によっては、計算をしなくても正誤を判断できるものも多くあります。常に、計算する前に、計算せずに解答できる方法がないかを考えながら選択肢を読むことが大切です。

(4) 計算は簡単にすること

どうしても計算をしなければならない場合でも、できるだけ簡単に計算できるように工夫することが大切です。桁数の多い数値を計算するときは、適当な桁で切り上げや切り捨てを行い、概数として計算したり、百分率で表された数字は分数で近似により計算する(24・6%をかけるより4で割る計算をしたほうが早い等)などの工夫により、計算スピードを速めることを心がけましょう。計算を簡単にすることで、計算ミスを防止でき、時間も短縮できます。

(5) 特に有効な計算の効率化

資料解釈では、例えば「国民医療費の3分の1を下回っている」といったように、実数値の計算を行う必要が生じます。この場合、全体値を直接、3で割ることを避け、まず10%の数値を暗算します。そして、その10%の数値を3倍または3回足します。この方法であれば暗算が可能となり、計算の効率化に大変有効です。

暗算が不得意な方でも、1%、10%または50%(2分の1)といった数値は容易に暗算できるはずです。こうした数値を基に計算することをお勧めします。

◇

それでは、次回からは出題パターン別に、具体的に問題を見ていきましょう。

21年度 主任・係長 論文講座 ◇8◇

都主任選考

前回は、主任試験(A)における過去10年間に出題された課題を確認しました。

今回は、平成19年度と20年度に出題された論文を参考に、課題に対する論述に何を盛り込むか、論文を書く上でのポイントを確認していきましょう。

出題のねらい

論文試験では、局・部・課の組織目標を理解した上で、担当職務において取り組むべき課題や果たすべき役割を認識しているか、この点が強く問われます。さらに、このような意識を持って職務に取り組んでいることを論理的で分かりやすく表現することが求められているのです。

論文のポイント

次に、出題される各課題についての論文作成のポイントを説明していきます。

(1)「都政の課題」

都政全体に関する出題においては、

①都政全体を視野に入れた問題意識を持っているか。

②課題について様々な角度から分析を行った上で、具体的かつ実現性の高い解決策を論述しているか。

③担当職務において取り組むべき課題や自らの果たす役割を理解しているか。特に、自己の組織が直面する状況を踏まえているか。

(2)「職務・職場の課題」

職務・職場に関する出題においては、

①職務遂行において常に自分なりの問題意識を持って改善努力を行っているか。

②課題について様々な角度から分析を行った上で、職務に即した具体的かつ実現性の高い解決策を論述しているか。

③自分の職務に言及しながら論述するため、読み手に状況や抱える課題を分かりやすく説明し、問題意識や改善努力を論理的に表現しているか。

このように、論文試験においては、第一に、職務における課題を発見する能力と、それに対する改善提案ができる能力の両方が備わっているかという点が問われています。

合格者は、主任そして将来は組織の中核を担う係長候補者として困難な課題に率先して取り組んでいく立場になるのですから、これまでの職場でどのような職務に携わってきたかよりも、今後直面する様々な課題に対して的確な対応を執ることができる能力を身に着けているかどうかが重要だとされています。

第二に、直面する課題に対して、単一方向からアプローチするだけではなく、様々な切り口から問題を捉え、分析を加え、実現可能性の高い解決策をより具体的に提案することができる能力が備わっているかどうかが問われています。論文作成に当たっては、通常の場合、出題に対して三つの方向からアプローチするという意味で問題点を3点掲げ、空理空論ではない現実的かつ具体的な解決策を示します。

第三に、都政全体の課題に関心を持つとともに、職場における課題に対して都政全体とのかかわりを常に意識しているかどうかが問われています。

主任試験受験者の中には、「都政の課題」よりも「職場の課題」を選択する方が多いようですが、「職場の課題」を選択した場合でも、常に「オール都庁」の発想や「首都公務員」としての立場、都民感覚といった視点を忘れてはならないということです。

傾向と対策②

21年度試験に向けて

19、20年度の出題を見ると、いずれも「都政の課題」と「職務・職場の課題」から一問を選択したうえで、論文を(1)と(2)に分けて論述する形式となっています。

19年度を例に挙げると、1問目の(1)では、「あなたの所属局の施策または職場職務との関連、及びテーマに関する課題について」記述を求めています。ここで求められている課題とは、この直後に掲げられている「環境負荷の少ない都市の実現」や「効率的な行政運営」という言葉そのものではありません。例えば「環境負荷の少ない都市の実現」であれば、そのような都市の実現が、なぜ今、求められているのか、その背景について述べた上で、所属する局において何を解決すべきかを明らかにすることが、課題を具体化する作業になります。

合わせて、20年度の出題内容を見ていくと、1問目の都政に関するテーマに「東京の魅力の向上」と「都民サービスの向上」が挙げられています。「あなたの所属局の施策または職場の職務との関連、及びそのテーマに関する課題について」記述を求める点は、19年度と同様です。ただし、「東京の魅力の向上」についていえば、その背景には、例えば、都市間競争の激化や2016年のオリンピック・パラリンピック招致の実現など、テーマごとに様々な背景を挙げることができます。

都民の立場から見れば、都は様々なアプローチによって、環境負荷の少ない都市の実現や東京の魅力向上を目指した施策を推進していくべきと考えます。そこで、実際に論文を作成するに当たっては、(1)で、局または職場として解決すべき課題を三つ列挙し、(2)では、それら三つの課題を掘り下げて、自分の問題意識に言及しつつ、具体的解決策を明示していきましょう。

2問目の「職務・職場の課題」については、実体験を織り交ぜ、どのように論を展開していくかが鍵となります。

「論文のポイント」にある通り、担当職務において取り組むべき課題や自らの果たす役割を理解しているか、自己の組織が直面する状況を踏まえているかどうか、また、課題について様々な角度から分析を行った上で、具体的かつ実現性の高い解決策を論述しているかどうかが問われています。このため、所属が目指している施策の方向性や職場の抱えている課題に対する自分自身の役割や認識について言及した上で、これまで仕事を進めていく中で工夫したことや職務上の経験から学んだことなどから、課題解決に結びついたものを具体的に明示するようにしましょう。

勉強の進め方

最後に、これから試験までの10カ月間、効率よく勉強を進める方法について言及しておきましょう。

(1)過去に出題された課題の分析及び傾向の把握

前回の論文講座において解説しましたが、出題傾向を把握しておくことは、都政課題か職場課題のどちらを重点的に取り組むかを判断する際や出題予想を絞り込む上で不可欠な作業となります。

(2)合格レベルの論文を読む

実際に論文を書く前に、主任試験論文がどのようなもので、合格水準がどのレベルなのかを把握します。特に「職務・職場の課題」については、職場の先輩の論文が非常に参考になるため、何本か入手しておくことをお勧めします。

(3)論文の作成

論文は早い段階でまず1本書いてみることをお勧めします。そのためには、まず現在の都政や職場を取り巻く状況を的確に捉えた上で、テーマを設定することが必要です。

○テーマの設定

テーマの設定に当たっては、都政の課題については、「とちょう—i」等を活用し情報を収集するほか、都議会各定例会における知事の所信表明や、「10年後の東京」への実行プログラムなど都の主要な計画に定められている柱をしっかり理解しましょう。

職場の課題についても、職場固有の問題を都庁全体が抱える課題にまで引き上げられるよう、「行財政改革実行プログラム」や「東京都職員人材育成基本方針」などで問題提起されている内容を確認しておくようにしましょう

論文のテーマが決まったら、次に論旨の流れをレジュメ(論文構成のためのメモ)として作成してみます。

○レジュメの作成

論理的に矛盾のないよう論述するためには、しっかりとしたレジュメを作成することが必要です。レジュメの作成例として、①出題テーマに関する課題(都政の課題については、所属局の施策や職務とテーマとの関連)②課題に対する問題点(問題意識)③問題点に対する解決策④まとめ、を個条書きで書いていきます。②の課題に対する問題点と③の問題点に対する解決策は、対応するように3組作成しておきます。

○論文の作成

レジュメができたら、それを文章化して規定の字数で書

21年度 カレントトピックス 8

経済事情

■賃金不払残業の是正結果 19年度は約272億円(10月24日)

厚生労働省は10月24日、残業代の支払いについて、労働基準監督署が企業に対して是正を指導した事案のうち、100万円以上の残業代が支払われた事案の状況を次の通りまとめた。

まとめでは、是正指導を受けた企業が1728企業(前年度比49企業増)、是正金額も272億4261万円(前年度比約45億円増)となり、それぞれ集計を開始した平成13年度以降最多となっている。

厚生労働省としては、労働者やその家族の方などから、各労働局、労働基準監督署に対して長時間労働、賃金不払残業に関する相談が多数寄せられており、これらに対して重点的に監督指導を実施した結果であると分析している。

今後とも、重点的な監督指導の実施や本年11月に「労働時間適正化キャンペーン」を実施することなどにより、賃金不払残業の解消を図ることとしている。

■日銀副総裁に同意 衆参両院(10月24日)

衆参両院は10月24日の本会議で、日銀副総裁に山口広秀日銀理事(57)を昇格させる政府の人事案を自民、公明両党や民主党などの賛成多数で同意。政府は27日、持ち回り閣議で同理事を同副総裁に任命した。

副総裁ポスト2人のうち1人が空席という異例の事態が約半年ぶりに解消され、正副総裁3人の執行部体制に戻る。

■日銀0・2%利下げ決定(10月31日)

日銀は10月31日、政策委員会・金融政策決定会合を開き、政策金利である短期金利(無担保コール翌日物)の誘導目標を現行の年0・5%から0・2%引き下げ、年0・3%前後とすることを決めた。米国発の金融危機による景気悪化の懸念を受け、景気下支えのために金融緩和が必要と判断し、利下げに踏み切った。

政策金利の引き下げは、平成13年3月に年0・15%からゼロ金利に誘導する量的緩和政策を導入して以来、約7年半ぶり。

今回の利下げは政策委員8人のうち賛成4人、反対4人の同数となり、最終的に議長の白川方明総裁が決めた。日銀は決定会合後の公表文で、国内経済の現状について「景気面では来年度半ば頃までは、停滞色が強い状態で続く」との認識を表明。

Gallery

飯田橋庁舎界隈
―昼休みの小散歩 ⑧

絵と文　大瀧安良

第3回（6月17日号）に登場した蔦と共存する家の前の道を北に向かうと直ぐ下り坂（「鐙（あぶみ）坂」という）となります。坂の途中、右手に人がやっとすれ違うことの出来る程度の小路が奥の方へと続いています。入り口には扉こそありませんが小さな屋根付きの門があるので、入る時にちょっと躊躇します。そうです、ここは地域の人が平穏に暮らしているところです。だから、おじゃまします、という気持ちで入らなくてはいけません。

小路の右手は大谷石の急壁、左手には長屋風の2階建てが連なり、日中でも直接太陽光が入りそうにありません。20㍍ほど進むと建物が途切れ、左折できる小路が現れます。そこに足を踏み入れると正面方向にパッと視界が開け、彼方に2階の屋根が自分の目線の高さで飛び込んできます。ここで、先ほど鐙坂から横道に逸れた位置が実は坂の中間で、まだ坂下まで降りていないんだ、ということに気付かされます。

階段に据え付けられた金属製の手すりを頼りに急な石段をそろり、10段少々の階段を降り切ると、左手に共同井戸が見えます。今自分が下りてきた階段を振り返り、その両側にそそり立つように見える2、3階建ての木造を眺めると、……昔の記憶が蘇ってきました。30年以上前にもここでスケッチをしたことを。その時は下から眺めただけで、石段を上ることはしませんでした。偶然入り込んだ小路が、ずっと昔に来たことのある場所に、反対方向から導いてくれたという訳です。

帰宅してから当時のスケッチを探したのですが見つかりません。どこかにしまい忘れたまま、最近そういうことばかりです。インターネットでこの辺りのことを調べてみると出てくる、出てくる。樋口一葉が暮らしていた場所ということで、彼女が5千円札に登場して以来、観光スポットとなっているようです。どのウェブサイトもお気軽に現地のデジカメ写真を張り付けています。観光地化している住宅街に住んでいる人にとっては迷惑なことが多いとお察しします。

石段を降りる寸前の位置からの眺め。ネットに載っている写真は、正面の自転車の位置辺りから井戸や石段を眺めたものがほとんどです。

相談屋の場外乱闘 Part2

労働ジャーナリスト　金子雅臣

■第11話　現代解雇模様②―"リストラ"って何だ❶

まさに、「あなたが悪いからクビになるわけではない」ことを世間に示したのは、リストラといわれる解雇手法だった。

つまり、リストラ解雇というのは、本当は「会社の都合による解雇」でありながら、「自己都合による退職」というねじれた現実を生みだすための解雇手法だったからだ。

リストラ解雇の幾つかの事例をみながら、"あなたが悪くなくとも解雇される"という現実を考えてみたい。

本社に凱旋

佐伯孝男（52歳）もそんな被害者の一人だった。彼も、「自分が退職しなければならない理由が理解できない」と悩んでやってきていた。

——会社の特命で、子会社の立て直しと別会社化をやり遂げて、本社に戻ったのに仕事を与えられず、「このままでは辞めてもらうしかない」と言われている。

と、彼は訴えていた。

確かに佐伯は、3年前赤字で採算の取れない子会社に出向させられた。意に沿わない出向でもあったので、「3年で採算の取れる会社にして切り離したら本社に戻る」という確約を取り付けて出向した。

そんな経緯から、子会社に行ってから彼は寝食を忘れて仕事に没頭し、念願の約束を2年足らずで果たしての本社凱旋だった。そして、そんな実績も評価されて、課長職から昇進して担当部長待遇を与えられ、新規部門開発を任された。

彼のためのポジション

そのセクションは、彼のために新設したポジションであり、「キミの子会社再建の功績と能力を買って作ったもので、今後の社運を賭けた使命を帯びたもの」と説明された。そして、そのポジションは文字どおり、会社の新規部門を開発するためのポジションだった。

しかし、少し理解できなかったのは、担当部長ということで、部下はつけられず個室を与えられたことだった。それでも、「急なポジションで予算がない。いずれ功績に応じて部下を配置して、予算もつける」と言われて納得していた。

彼は、そんなポジションを得て、実績をあげるべく張り切って仕事をした。

——前の子会社で成功した経験もあり、また以前から幾つかの新規事業の構想も持っていましたから、会社が今後手がけるべき仕事を幾つか提案しました。そして、それを具体化するためのアクションプログラムを作成して部長会にプレゼンをしたんです。

ところが、彼の予想に反して、この部長会は、佐伯に対する糾弾の場となったというのである。

何か変だ

——イヤー、驚きましたよ。「そんな空想めいた案は実現不可能だ」ということからはじまって、「その事務経費というのは具体的に何を指しているのか」とか、「人件費はどのような人間を想定しているのか」という細かい重箱の隅を突っつくような質問が出されて……。

はじめは、みんなに案を理解してもらうために必死に説明をしていたが、途中で「どうも違う」と感じはじめたという。

「まだ、そんなに細かいところまでは検討していない」という説明に、「それでは案といえない」とか「われわれの貴重な時間を無駄にするのか」などと言われ、その挙句、「たまたま子会社で成功していい気になっているんじゃないか」とか「そんな案をキミに作成させるために高い給料を払っているわけではない」などと言われて、ようやく「何か変だ」と感じたという。

書道部長が日展に入選

開催中の第40回日本美術展覧会、いわゆる『日展』の書（第5科）部門において、職員文化会書道部長の清水六朗（暁雪）さんが初入選しました。

詩文は、壺田花子の詩「海を憶ふ」木苺の実をさがしては食べた…

皆さんもご存じのとおり、日展に入選することは、各種公募展の中でも最も困難と言われる名誉な出来事です。この栄えある入選は都庁書道部にとって大変名誉であると同時に、趣味として仕事をしながら書道に励んでいる私たち部員にとって新しい希望を与えてくれた出来事です。

清水部長は1982年7月に庁内の書道サークルの門を叩き、昼休みや勤務終了後に職場の仲間と稽古を続けながら、会計や事務局長の作業を引き受け、サークルの運営にも貢献してきました。更に都庁書道部にも在籍し、書道部長として都庁の多くのサークルをまとめ、書道展や書道コンクール、初心者講習会などをリードしてきました。

職場においては現在、建設局北多摩北部建設事務所工事第二課の課長補佐として河川事業の重責を担い、明年3月、定年退職を迎えます。

近年、ワークライフバランス（仕事と生活の調和）ということが提唱されていますが、清水部長は仕事と家庭とそして趣味の「書」を自らのライフワークとして、早くから生涯学習に取り組んでおられました。

退職してから趣味を見つけようとしても簡単には手に入りません。現役時代にこそ生涯を見据え、自分に合った趣味を見つけることが肝要です。早くから趣味を見つけて仲間を作り、退職する時には多くの仲間と一緒に楽しい充実した第二の人生を踏み出しては如何でしょうか。是非、昨年オープンしたばかりの「国立新美術館」（六本木）へお運び頂き、栄えある入選作品をご高覧下さい。会期は12月7日までです。

（東京都土木技術センター技術支援課　和田美紀子＝都庁書道部副部長）

地方公務員のための 英会話学習法 ▶▶▶③

上達の3原則㊤

先山　上達のための原則は、3つね。

＜原則Ⅰ＞
集中力×量×質
＜原則Ⅱ＞
文法：単語：会話
＜原則Ⅲ＞
楽しむ。しかし楽はしない

まず、＜原則Ⅰ＞の「集中力×量×質」です。「集中力＋量＋質」ではありません。つまり、どれかがゼロに近いと、結果もゼロに近くなります。逆に、どれかを2倍にすれば、結果は2倍になるのです。すごいでしょう。

守山　十分な勉強時間を確保できない公務員でも、集中してやれば、大きな効果を上げられるということか。

先山　そのとおりです。でも、集中力を持続するのは難しいわ。テキストを見ていても、頭は別のことを考えているなんてこと、よくあるわよね。これでは、何時間かけても効果は出ない。たとえ15分でも集中したほうが効果があるわ。集中力を高めるひとつの方法としては、1年後の自分を想定して、それを目標にしてがんばることが有効よ。

「不純な動機のほうが効果がある」とも言われてるわ。たとえば、海外旅行に行ったとき、さりげなく英語を使って、家族や友人にいいところを見せようなんていうのも可よ。

次に、「量」です。会話のスピードや文章の流れについていくためには、慣れが必要です。ある程度の量をこなさないと、英語に慣れることができません。NHKラジオの「英語ニュース」を何とか聞き取れる、ジャパン・タイムズをさほどの苦痛なしに読める、といったレベルに達するには、毎日、少しずつでも聞き続けること、読み続けることで、量をこなす必要があります。よく、残業続きや家事で勉強する時間がない、という話を聞きますが、それは、言い訳です。英語を勉強する熱意が弱いだけです。海外駐在を命じられた民間企業の社員は、本来業務をこなしながら、慣れないトラブル続きの生活の中で、必死になって現地の言葉を習得していくんです。もしも、本当に英語をうまくなりたいと思っているなら、寸暇を惜しんで、トレーニングするはずです。

たとえば、通勤電車は一人になれる貴重な場所です。昼休み、料理の合間なんかの数分も活用できるわ。ためしに、1分間の空き時間がとれたとして、英語のテキストを真剣に読んで見ましょう。それだけでも、2〜3の文章が脳にインプットされたはずです。トイレの壁にテキストを張って復習、なんていうのも手です。電子辞書を常に持ち歩いて、ひらめいた言葉をチェックするのも効果的です。電車の中吊り広告を英訳してみるなんていうのも、面白いと思います。

最後に「質」ですが、自分にあったレベル、よく言われるのは、ちょっと難しいかなという程度のレベルの教材やクラスを選ぶことが大切です。いつまでも初心者コースにいては、そのレベルにとどまってしまいます。難しすぎるコースでは、やる気・集中力を持続するのが困難で、かえって効果があがりません。

（荒川区福祉部介護保険課課長補佐　小山弘）

都政新報

発行所 都政新報社
〒160-0023 東京都新宿区
西新宿7-23-1 TSビル
〈総務・読者〉03-5330-8781
〈企画広告〉03-5330-8784
〈編　　集〉03-5330-8786
〈出　　版〉03-5330-8788
〈ファクス〉03-5330-8808
購読料 月1,680円(税込)
毎週火・金曜日発行
但し、祝祭日は休刊

紙面から

道路特財の一般財源化

1兆3000億円以上を地方に配分

1兆円で交付税を復元

政府主催の全国都道府県知事会議が19日午後、首相官邸で行われた。麻生首相は、道路特定財源の一般財源化に伴い、現行の臨時交付金（約7千億円）と、国庫補助金（約6千億円）を合計した1兆3千億円以上を、「地方の取り分」として確保し、このうち1兆円を「地方が自由に使える金」として、地方に配分する考えを明らかにした。定額給付金については、「地域振興券は失敗だった」とする反対意見に対し、「当時とは経済情勢が違う」と述べ、景気対策としての効果に自信を見せた。

麻生首相は10月30日に表明した追加経済対策で、道路特定財源の一般財源化に際し、1兆円を地方に移す方針を明らかにした。しかし、1兆円の中身をめぐっては、地方道路整備臨時交付金として国から地方に交付されている7千億円を、1兆円の枠に入れるかどうかで、閣僚の間でも意見の相違があった。

会議では、石井隆一富山県知事が、「いろんな議論があって7千億円で相殺とか、いつの間にか訳の分からないことになると、失望感だけが残る」と述べ、1兆円を臨時交付金7千億円とは別枠で確保するよう求めた。

麻生首相は、「1兆円を地方の実情に応じて使えるよう、新たな仕組みをつくりたい。地方の主体的な道路整備に支障を来さないようにするのは当然」と述べ、「地方が自由に使える金が1兆円」とする認識を示した。

また、現在国から地方に交付されている地方道路整備臨時交付金と、地方の道路整備に使われる国庫補助金の合計1兆3千億円を上回る額を「地方の取り分」として確保することを明らかにした。

また、鳩山邦夫総務相は、「地方交付税として、（三位一体改革で削減された）5兆円のうちの1兆円の復活という考え方でもいいのではないか」と語り、1兆円を地方交付税として配分する考えを示した。

定額給付金については、松沢成文神奈川県知事が、「地域振興券は大失敗だったと、経済企画庁も結論づけている。どれだけの景気効果があるのか」と述べ、政府に撤回を求めた。

一方、古川康佐賀県知事は「地域振興券の課題をクリアしたもの」と指摘。飯泉嘉門徳島県知事は「大きな景気浮揚のきっかけをつくる」などと賛成意見を表明した。

麻生首相は、「いろいろな意見があって当然で、ありがたい」と述べ、「地域振興券のときとは経済情勢が全然違う。それなりの効果がある」と胸を張った。

知事会は国の出先機関の統廃合を求めた＝19日午前、都道府県会館で

国の直轄事業に切り込め

【解説】道路特定財源のうち、国は3・6兆円、地方は2・2兆円を持っている。このうち、国は7千億円を地方道路整備臨時交付金として、地方に交付。さらに6千億円を国庫補助金として、地方の道路事業に投入している。

1兆3千億円は、最初から「地方の取り分」で、地方に移したからといって、国直轄の道路事業には影響がない。逆に国直轄事業に対しては、地方が直轄事業負担金として6千億円を〝上納〟しているから、地方側の負担感は変わらない。今までは1兆3千億円のすべてを道路事業に使わなければならなかったが、そのうちの1兆円を一般財源化して地方に移せば、別の目的に使える。ただ、それだけのことである。

しかも、地方交付税として配分するというから、不交付団体の都は最初から蚊帳の外。実質、道路特定財源の削減となる。

国がいっさい腹を痛めずに、もともと地方の取り分だった1兆3千億円のうち、1兆円の使い勝手を良くしただけ。地方が廃止を求めている直轄事業負担金は、手をつけずに温存している。

これで1兆円問題が決着というなら、地方にとって経済対策どころか、制度の改悪でしかない。

道路特定財源を歳出面から見ると、地方の道路事業には2兆9千億円かかっており、前述の1兆3千億円はここに投入されている。仕事の実態に見合って税源移譲するのであれば、1兆3千億円は地方に配分されて当たり前の財源なのだ。

無駄遣いが多いと言われる国の直轄事業に切り込むには、地方がもう一歩攻め込む必要がある。麻生首相は、1兆3千億円にいくら積み増すのか、1兆円以外をどう交付するのかも明らかにしていない。

国の出先機関の見直しと二重行政の解消を目指すのであれば、地方枠とは別枠で1兆円確保しなければ、国は痛くもかゆくもない。（地）

交付税化

歳入のマイナス要素に

都「意図的な財政調整」と反対

交付税化が取りざたされている1兆円の原資は今ひとつ明瞭でないが、交付税化された場合、不交付団体の都にとってはどう転んでも打撃だ。法人事業税の一部国税化、景気後退に伴う税収減に加え、さらに歳入のマイナス要素になる。

08年度予算でみると、都には地方道路整備臨時交付金が650億円、国庫補助金は235億円、合計で885億円が道路特定財源から配分されている。仮に1兆円の中に地方道路整備臨時交付金7千億円が全部含まれる場合、都にくるお金はゼロになり、最も大きな影響を受ける。

麻生首相は、1・3兆円以上を地方に配分すると言っているため、残り3千億円超をどういうやり方で地方に配るのか、そのうち都にはどの程度配分されるのか、それによっても最終的な都財政への影響額は変わる。たとえば、地方に配分していた1・3兆円が0・3兆円に4分の1になったと単純に仮定すれば、都にくるお金は885億円が200億円程度になる計算だ。

麻生渡・全国知事会長は、どんな形でもいいから削減された地方交付税5兆円の穴埋めをしたい考えで、1兆円の交付税化に賛成の立場。こうした姿勢に対し、都幹部は「国が地方に配っていたお金を交付税に付け替えるだけで、全く筋違いの話。本来、国の財源を地方に渡さない限り、地方にとってプラスにならない」と語る。

今回の交付税化案は官邸主導で進み、この間、二転三転し、今後も流動的な要素がある。石原知事は「東京の道路整備に致命的な影響が生じるのは明らか。一般財源化に乗じて意図的な財政調整を行うのは、絶対に認められない」としている。「税源移譲するか、税源移譲を前提とする交付金とすべき」として、断固反対していく考えだ。

環境税制で政策減税を提言

都税調　消費税アップも求める

東京都税制調査会は19日、都独自の環境税制改革として、当面は課税に優先して省エネ促進等の政策減税から検討するよう答申した。この提言を受け、都主税局は様々な施策とのポリシーミックスの考え方に立って政策減税を検討し、できるだけ早く都議会に成案を提出する考えだ。今、都単独で課税を行うのは、厳しい経済環境のもと、道路特定財源の一般財源化に伴うエネルギー関係諸税の動向もはっきりしない中で得策でないと都税調で判断した。

都では、2020年までに温暖化ガス排出量を2000年比で25%削減する目標を掲げ、産業・業務部門のCO_2排出量の4割強を占める大規模事業所に対し、2010年度から削減義務化と排出量取引制度を導入する。しかし、CO_2排出量の6割を占める中小規模事業所の対策や、排出量が大幅に伸びている家庭部門をどうするかが課題だった。そこで税制面でインセンティブを付与し、省エネの推進、再生可能エネルギーの活用など、自主的な取り組みを促進する誘導策を行うことになる。

07年度都税調の中間報告では、環境税制の課税案として「自動車税の超過課税」など4案を示したが、本答申では「化石燃料の消費に対する課税」「電気やガスの使用に対する課税」の方が「自動車税の超過課税」などより望ましいという考えを明らかにした。

また日本には、エネルギー関係諸税として石油石炭税、揮発油税、地方道路税、軽油引取税、石油ガス税、航空機燃料税があり、特定財源となっている。これらの税は将来、環境税として再構築することが望ましいと述べ、環境税は地方税を主体とすべきとしている。

地方税財政制度に関しては、08年度から法人事業税の一部国税化が実施され、これは地方分権に逆行しているため、一刻も早く元に戻すよう求めた。麻生首相は、当面、景気回復に軸足を置き、3年間は消費税の税率引き上げを行わないとしている。都税調は、景気への配慮などを行いつつ、初めて「消費税率の引き上げを積極的に検討すべき」と答申。消費税の地方への配分割合を拡大するよう求めた。

第4回定例会提出予定案件

指定管理者導入で20議案

大学院派遣研修　費用の償還も条例化

都は、12月2日開会の第四回定例会に予算案4件、条例案28件、契約案6件、事件案28件の合計66件の議案を提出する。このほか、都教育委員の高坂節三氏の再任を求める人事案がある。

提出議案66件のうち、今回は指定管理者の指定に関するものが20件と多い。駒沢オリンピック公園総合運動場、児童福祉施設、都立公園、品川ふ頭・青海ふ頭、瑞江葬儀所などに指定管理者制度を導入する。

08年度補正予算案は、総額が508億円。一般会計496億円、病院、水道、下水道の3公営企業会計が16億円で、中小企業振興、周産期医療緊急対策、生活困難者の自立支援、福祉施設の安心・安全対策などを内容とする。

新設の条例案では、職員の大学院派遣研修費用の償還に関するものがある。これは、大学院派遣研修中や派遣終了後5年以内に退職した場合、都が支出した費用の全部または一部を返還させることができる規定を整備する条例。国も06年6月、国家公務員に対し、同様の内容の法制化を行っている。

都選管の手数料条例の改正は、これまで政治団体の収支報告書等は閲覧のみで、コピーができなかった。政治資金規正法が改正され、写しの交付請求ができるようになったことから、都条例で手数料を定めるもの。写しは1枚30円、11枚目から20円とする。

統計調査条例の改正では、前回の国勢調査時にニセの「かたり調査員」が横行したことから、禁止規定を新設する。調査票の二次利用についても規定する。

老人医療センターと老人総合研究所が09年4月から独立行政法人「健康長寿医療センター」に移行するのに伴い、中期目標を定める。「高齢者のための高度専門医療および研究の充実・発展、経営基盤の改善と確立」の考えに基づき、4年間、業務を行うとしている。

都人勧に従い、職員の給与条例等を改正し、公民較差の是正（0・09%引き下げ）、小中学校と高校の教育職員給料表の一本化などを行う。

都立日比谷図書館は、09年度から千代田区に移管するため、都立図書館条例を改正する。

冗句ジョーク

八都県市首脳会議、周産期医療体制の充実に関し舛添厚労大臣へ4項目の緊急要望提出

（追　伸）

5、大臣は知事へロゲンカを売らぬ事

都に責任が　カチーン！

低所得者支援で対象の要件緩和

都福祉保健局

低所得者を対象に職業訓練中の生活資金や学習塾の受講費用などを無利子で貸し付ける「生活安定化総合対策事業」について、都福祉保健局は12月から対象者の要件を見直す方針を決めた。

見直し後は、賃貸住宅に住む人は、収入から家賃代（最大84万円）を差し引いた額を所得として判定する。例えば、単身者は総収入が176万円以下であることが要件だが、総収入が200万円程度でも、家賃代を差し引いて176万円以下であれば対象になる。

土地・建物の所有者はこれまで対象から外れていたが、現在住んでいる物件については、所有に含まないこととする。また、世帯の生計中心者であることが要件だが、年金暮らしの高齢者と同居しているなど、世帯主でなくても実質的に世帯の生活を支えているケースがあるため、住民票の世帯主ではなく聞き取りで判断するよう改める。

同事業は、低所得者に対し、正社員への就職など生活安定化を支援する制度。具体的には、職業訓練中の生活資金として60万円、学習塾の受講費用や大学受験の受験料を無利子で貸し付ける。

しかし、土地・建物を所有しているなどの理由で、対象外になるケースが多数報告されたため、要件を緩和することにした。同局によると、8月から10月の3カ月間で、窓口に約2800人が来所したが、就職チャレンジ支援は435人、学習塾の受講費用貸し付けは102件、大学受験料貸し付けは18件にとどまっている。

「公務多忙のため」参考人質疑を欠席

新銀行の大塚会長

新銀行東京の大塚俊郎取締役会会長は、19日の参議院財政金融委員会の参考人出席要請に対し、「公務多忙のため出席できない」と答えた。回答は、17日付の文書で参議院議長、事務総長あてに行った。

これに対し、民主党新銀行東京経営監視会議の大塚耕平議長（参議院議員）は「改正金融機能強化法案や新銀行東京に関する有意義な審議を期待していた立場から大変残念。民間金融機関としての公務が何を意味するのか、不明瞭だ」と遺憾の意を表明した。

都営住宅工事で緊急経済対策を

自民党が要望

都議会自民党は18日、都営住宅の工事における緊急経済対策の実施を求める要望を石原知事に提出した。

都営住宅は都内に約26万戸あり、年間3200戸の建て替えをはじめ日常的な修繕、空家補修工事など、様々な工事が行われている。

要望は、都営住宅の工事を請け負う中小企業が昨今の経済状況に加え、建設資材の高騰も相まって、極めて厳しい経営環境にあると指摘。都営住宅の建て替えや小規模修繕の工事で追加や前倒し発注を図るなど、中小企業の受注機会の増加に向け、積極的な対策を講じるよう要請している。

都政の東西

麻生流の「迷走」

定額給付金の評判が悪い。マスコミは、麻生首相の「迷走」とか、「閣内不一致」などと論じているが、どの論調にもしっくりこない。歯切れは良いが、中身が曖昧なのが麻生流で、大昔から変わらない。今さら「迷走」と言っても、そもそも麻生首相自体、走るべき道も考えていなかったのではないだろうか。

今回、ハッキリしているのは、公明党が定額給付金を実現したがっているのに対し、自民党はその逆だということだ。その意味で、両者は始めから、実に筋が通っている。

麻生首相にとって、第2次補正予算案は、政権をできるだけ長く維持させるためのカードでしかなく、一方で「経済優先」などと解散論をけん制しながら、他方で「補正予算案はそのうち出す」と煙に巻いている。

仮に実現できなければ、「民主党のせいだ」と居直ればよい。最大野党の民主党に「定額給付金はバラマキだ」と言わせた時点で、麻生首相が主導権を握っていたのだ。

定額給付金をめぐる〝ドタバタ劇〟は、まるで政権が揺らいでいるように見えるが、麻生首相がのらりくらりと交わしたことで、逆に解散総選挙が遠のいてしまった。

生活困窮者にとっては、たった一度でも経済的給付を得られるのであれば、それに越したことはない。一人1万2千円あれば、年末年始、少し豪華な雑煮と美味しいおせち料理くらい食べられるだろう。ネットカフェで寝泊りしている若者が、実家に帰省する交通費くらいにはなるかもしれない。給付のあり方や手法には工夫が必要だが、一概に全面否定できるものではない。

バラマキ批判は、選挙を控えた野党、とりわけ民主党にとっては禁断の果実である。その点では、麻生首相の「迷走」は、確信犯かもしれない。

09年度予算編成方針

景気後退で財調減額へ

収支バランスに四苦八苦

2009年度予算編成方針は、文書化していない江戸川区を除く全区で出そろった。全国を金融不安の影が覆うなか、景気変動の影響を受けやすい都区財政調整交付金に歳入を頼っている区では、来年度の減額を想定し、予算編成に取り組んでいる。多くの区は、扶助費の増加や、学校・施設の改築・改修などの大きな財政需要を抱えており、中長期的なビジョンも考慮した上で、例年にも増して無駄を省いた予算編成が求められている。

■依存率4割

09年度予算編成方針で、千代田、中央、港の都心3区は、社会保障制度改革の区民への影響や景気動向による特別区民税の不安定要素を懸念しながらも、総じて各種事業への積極的な取り組みを掲げている。

中間区や周辺区では、財調交付金の減額を懸念する声が強い。文京・江東・品川・世田谷・杉並・豊島・北・板橋・練馬区などが指摘している。

財調交付金の主な原資の一つが市町村民税法人分。景気の減速で同税が減れば、財調交付金の額も減る。交付額は今年度をピークに、来年度は減るというのが大方の見方となっている。

今年度、23区の中で最も多額の1千億円を超える財調交付金を受け、歳入における割合も44%を占める足立区は、「来年度の交付は50億円くらい落ちるのではないか」と懸念する。「さらに落ちるかの見込みを立ててからでないと、来年度の当初予算の対策はつかない」とため息をつく。

北区も財調交付金への依存率が約4割。これまで財調交付金の伸びに合わせて投資的経費などを組んでいた。「今年は財政フレームを組むのが難しい。1事業あたりの単価抑制はもちろんだが、そもそも事業をやるかどうかの判断も必要」という。

■扶助費増加も

歳入の見通しが厳しいにもかかわらず、多くの区は大きな財政需要を抱えている。

文京・品川・荒川・板橋・足立区などは、学校の改築や耐震化などの必要性を挙げている。北区も「学校改築は昨年度から始まったところ」という。そのほか区有施設の建て替えや耐震化の必要性を挙げているのは、文京・墨田・品川・目黒・世田谷・北・練馬区など。

また、扶助費など社会保障経費の増加（文京、大田、世田谷、葛飾）、少子高齢化に伴う福祉関係費の増加（荒川）、退職手当の増加（目黒、大田、練馬）を挙げている区もある。

■基金取り崩し

財源はどうするのか。足立区は投資的経費など歳出を切り詰めるなどするが、一方で財政調整基金の取り崩しを行う。9月段階では、約90億円の財調基金を15億円程度取り崩す予定を立てたが、膨らむ可能性は高い。

北区は「単純に考えれば、財調基金と学校改築基金合わせて100億円余り取り崩せば足りるのだろうが」と頭を抱える。財調基金の今年度末の残高見込みは79億円、学校改築基金は77億円。「果たして巨額の取り崩しをしてよいものか」と担当者は話す。「事業をやる、やらないの選択肢をいくつか持ったまま、都区財調協議のある年末までいくだろう。財源対策としては、起債を活用していく以外にはない」。

積立金の現在高が昨年度末で約140億円と23区で最も少なく、財調交付金の依存率が4割を超える墨田区でも財源確保への悩みは同じ。

2012年春に開業予定の東京スカイツリー関連事業として、13年度までの向こう5年間に138億円、学校耐震化でも同時期に81億円の需要が待っている。

財政課は「一定程度は残高が減ることもやむをえない。その後、基金残高を増やしていくことになる」といい、難しい舵取りが要求されている。

各区財政課が予算編成に頭をひねるなか、江戸川区は、区長の裁量を生かした独自の方式で編成を進めている。

同区では、毎年10月に、政策段階で区長が各部にヒアリングを実施。その後、一定の方向性の出た政策に対し、金額を入れ込んでいく予算ヒアリングを同様に実施する。

政策段階でのヒアリングでは、区長が自ら政策の必要性にも言及。事業を廃止することもある。

■諸経費を精査

個別の事情を抱えながら、各区とも掲げるのはコスト意識の徹底や事務の効率化。新宿区は旅費や消耗品費などの需用費、郵便料や電信料の役務費、時間外勤務手当、講師謝礼などの報償費、施設管理委託料、維持修繕工事費などの経費について、「特に目的・必要性・規模などを厳しく精査した上で見積もること」とした。

「予算要求は本年度実施した行政評価の視点からすべての事務を対象に行い、整理統合などを推進すること。特に外部評価などの結果報告に十分留意すること」としているのは台東区。渋谷区は「昨今の建築資材の高騰をもって、単純に建設経費などが増加することのないよう、VE（バリュー・エンジニアリング）などの手法を十分活用し、経費見積もり額の低減に努めること」などとしている。

後期高齢者医療保険料

軽減後は4.2%安く

東京都広域連合が議会で説明

東京都後期高齢者医療広域連合議会の第2回定例会が17日、開かれた。一般質問では、保険料軽減分として用意するはずの費用のうち、国の負担が決まって浮いた分をさらに保険料軽減に回せないのかなどの質問が出たが、東京都広域連合は「実務を考慮すると保険料をさらに変えることは望ましくない」などとした。そのほか2007年度の歳入歳出決算を全会一致で可決した。

同連合は保険料軽減策として6億9千万円の区市町村負担を予定していたが、そのうち国から6億円が出ることになり、実際の負担は9千万円で済むことになった。

これを受けて佐藤洋子議員（町田市議会）は一般質問で「6億円をプールして保険料に還元することはできなかったのか」と質問。同連合は「すでに区市町村には100億円の負担をしてもらっている」とし、「国の軽減策で保険料は変更されており、さらに変えることは望ましくない。実務も考慮し、現行の保険料のままでいく」と答えた。

さらに「保険料が7割下がったと国がいう根拠を示してほしい」との同議員の質問に対しては「東京都広域連合としては根拠は示せない。しかし、都内の保険料は、4項目の特別対策と均等割軽減のときは9万1100円だったが、新たな軽減策なども踏まえると8万7318円で3782円、4・2%下がった」と説明した。都内の後期高齢者を対象とした各種軽減策後の現状は、均等割の軽減を受けた人が49万7千人で影響額は146億2500万円、所得割の軽減を受けた人が8万5100人で8億9700万円という。

次いで中村光雄議員（墨田区議会）は「制度の名称を変更しては」と質問。同連合は「名称は国が1年かけて行う検討のテーマにもなっている。（現時点では）保険証での表示も含め法律上決まっていることなのでご理解を」とした。

岩田康男議員（三鷹市議会）は「区市町村から意見を聞いているのはみなさん。国にものを直接言う場をつくるべく努力するか」とただし、同連合は「国に言う機会をとらえ、どんどん言っていきたい」と答えた。また、「保険料徴収猶予の実績は」との問いには、「（窓口での自己負担である）一部負担金の減免はゼロ、保険料の減免は19件」と報告した。同連合によると19件は火災などの災害や生活困窮などが理由という。

このほか、後期高齢者医療制度スタートまでの準備として、07年度一般会計の歳入決算額34億2574万6766円、歳出決算額33億2567万3562円、差引残額1億7万3204円を全会一致で可決した。

工場跡地に東京理大

葛飾区

葛飾区が取得した三菱製紙工場跡地（新宿6）に大学を誘致する計画で、東京理科大が区の誘致の公募に応募していたことが、17日の区議会総務委員会で明らかになった。区は12月、誘致を正式決定する見通し。

工場跡地は、都市再生機構（UR）が01年3月、住宅、商業施設用地として購入。この地区のまちづくりは、URが区との協議を経て、推進する取り決めになっていた。

区側は、工場跡地に商業施設がつくられた前例があり、URの構想では特色のないまち並みになるとして、大学誘致の考えを打ち出し、今年2月、URから11・2㌶を約146億円で購入した。

6月から公募を始め、名乗り出たのは東京理科大のみ。同大の構想によると、区から約3㌶を約138億円で購入し、4千人規模のキャンパスの開校を12年4月に目指す。大学を避難所として活用し、ホールなどを区民にも開放する地域貢献の代わりに、約53億円の補助を区に求めている。

区は、5～7㌶の公園を整備する予定だが、同大、区民も交え三者協議で公園の詳細を決める。区担当者は「ソフト面での連携が大切。うまくいけば、まちは元気になる」と期待を込めた。

保育士が個人情報紛失

足立区

足立区は18日、認可保育園である私立江北保育園の女性保育士(25)が4歳児19人分の氏名、電話番号などを記載した名簿を紛失したと発表した。

保育士3人が10月31日、園児15人を区立公園に引率した際、女性保育士が名簿、小銭30円、園児の着替えなどが入ったリュックサックをベンチに置き忘れた。園外保育があった1週間後の今月6日まで、リュックサックが紛失していることに気づかなかったという。

保育園は同日、西新井警察署に遺失届を提出し、1週間経過してもリュックサックが見つからなかった。紛失から2週間後の14日に、ようやく区へ連絡した。

名簿は、園児がけがをした際、保護者に緊急連絡するために常備していたが、区は今後持ち歩かないように指導した。

記者席

出るべき人が出なければ

○……18日の都議会経済港湾委員会では、各党から新銀行東京に関する質問が出たが、一言で言えば、ネタ切れといった感じだ。

「新聞にこう書いている」「新聞の憶測だ」「参議院で金融庁がこう言った」「参議院のことなので、答弁は差し控える」「ネットにこんな資料がある」「出所不明なのでコメントできない」「知事は参考人招致に出るのか」「会見で出ると言っている」

延々とそんなやりとりを聞いて、不覚にも寝息をたててしまった。攻める側も守る側も、決定打がない。参議院の参考人招致に、出るべき人が出なければ、事態は先に進まないのではないだろうか。

○……東京商工リサーチの調査による「大田区の景況（製造業）」は、172社に調査した業況の結果を、晴れ、曇り、雨マークで示している。

7月から9月期の今期、10月から12月の来期とも、最も不調を表す雨マーク。今期は「厳しさが大きく増した前期から、業況はさらに悪化幅を拡大して推移しています」。来期は「業況は引き続き悪化幅の拡大が予想されます」とあり、「在庫は今期並みの過剰感が続く見込み」という。

同区が区内の中小企業を対象に緊急経済対策として行っている無利子の融資あっせんには申込者が殺到。120件としていた見込みを大幅に上方修正する必要が出そうという。来年度の予算編成にも影響してきそうだ。

○……親の離婚や児童虐待などの理由で実の親と暮らせない子どもを他の家庭で迎え入れる里親制度。里親としても希望はあり、最も多く求められるのが小さい女の子だという。都はこれまで、里子は早くても2～3歳が中心だったが、社会的養護を必要とする子が増える中、今年から乳幼児を預ける取り組みも進めている。

ただ、小さい子どもは自分の親が誰か知らないことが多い。真実告知が必要で、里親にとっては大きな負担だ。増え続ける里子と伸び悩む里親の登録者。制度拡充には、技術的なアドバイスなど行政の支援体制がカギとなる。

緊急融資あっせん

対象拡大で需要が急増

窓口業務の拡充が課題

原材料価格の高騰や景気低迷で経営難に陥っている中小企業に対して、23区はそれぞれ、緊急融資のあっせん事業に取り組んでいる。国の緊急保証制度が10月31日に導入され、融資の対象業種が拡大。各区の窓口には、企業経営者らが殺到しているという。従業員の給与など、事業の根幹に必要な運転資金に困窮する企業も多く、年末に近づき、深刻化が進む。融資への需要はさらに高まりそうだ。

従来の中小企業向けの融資あっせん制度とは別に、原油高や原材料費の高騰、金融不安などを事由に緊急融資をあっせんしているのは、ほぼ全区におよぶ。既存の融資あっせん事業と併用できる場合が多い。

各区の緊急融資あっせん事業は、おおむね、▽融資対象は運転資金もしくは設備資金（未払い分）に限定▽あっせん限度額は300万～1千万円▽信用保証協会の保証設定が必要▽金利は0・1%～0・5%▽融資期間は1年～6年――などが主な内容。区が中小企業から申し込みを受け付け、審査の上、地元金融機関が貸し付ける。そのため、各企業への融資額は、金融機関の査定状況や他制度の借り入れ状況によって異なる。

各区の緊急融資あっせん制度は、借り入れ直後の一定期間を無利子にしたり、利子相当分を区が負担したりするのが特徴になっている。信用保証協会の保証は通常、数万～数十万円の保証料が必要になるが、費用を助成する区もある。

◆区独自の要件設定も

各区の緊急融資は、国の「セーフティーネット保証」制度の要件を基準に、融資対象の企業の業種、規模などを設定している場合が多い。

セーフティーネット保証は、無担保で8千万円、普通保証で2億円までを、信用保証協会が100%保証する。全額保証により、金融機関が「貸しやすい」状況をつくるのがねらいだ。保証枠は、区のあっせん融資だけでなく、金融機関が行う通常の融資にも適用される。

同制度の条件は▽直近3カ月間の平均売上高などが前年同期比でマイナス3%以上▽直近3カ月間の売上総利益率あるいは平均営業利益率が前年同期比でマイナス3%以上――など。

保証の対象業種（5号認定業種）は従来、製造業を中心に185業種だった。しかし、国は10月末に「原材料価格高騰対応等緊急保証」を開始し、小売業などを含む618業種に対象を拡大。対象業種が増えたことで、各区による緊急融資あっせん事業も、適用企業の幅が広まった。

各区の産業状況を反映する場合もある。中野区は情報通信業、サービス業、教育・学習支援業なども対象。杉並区は社会福祉法人、NPOなどの介護事業者を対象に、無利子の緊急融資あっせんを来月から実施する。

◆金融機関に要請

融資の対象業種が拡大したこと、年末に向けて運転資金の確保に迫られる企業が多いことを受け、各区の窓口には中小企業の経営者らが殺到。4日に受け付けを開始した大田区は、連日「パンク状態」。訪問者数が多いことに加え、従来の制度との併用などの説明にも時間を要しているという。

別の区の担当者は「区役所に申し込んだら上限額をすぐに貸してもらえると思って来る人も、少なくない」と話す。

他方、金融機関対策も必要になっている。板橋区は「金融機関連絡会議」を設置し、地元金融機関などに適正融資を要請していく方針。14日には坂本健区長が区内61店の金融機関の支店長に、融資の拡大と「貸し渋り・貸しはがし」などの防止を要請した。

制度の周知徹底も必要

【解説】全国における緊急保証制度の利用状況について、経済産業省は、13日までに約4千件、合計で約816億円の融資保証が決定したと発表した。相談件数はその数倍になり、年末が近づくにつれて増える見込みだ。各自治体は、窓口機能の拡充が急務になっている。窓口を訪れた利用者からは「書類作成や準備が一苦労な上、窓口が混雑していて煩雑だ」などの不満も出ているという。

緊急融資あっせん事業は、あくまで「仲介」が本質。区の融資紹介書や認定があっても、融資は金融機関が実行するため、関係者は「銀行などの審査次第で融資の減額や不認可の場合があることも周知しなくてはいけない」と話す。

何よりも、融資制度は「応急処置」。長期的には企業側の借入金が増えるため、経営リスクは継続する。企業活動自体を刺激し、活性化につなげる根本的な産業政策が早急に求められる。（河）

台東区などと意見交換

参議院財政金融委員会

参議院の財政金融委員会（委員長・峰崎直樹議員＝民主）は17日、台東区役所を訪問し、区や地元商工会、金融機関などとの意見交換を行った。

台東区からは、吉住弘区長、副区長、産業部長などが出席。東都製靴工業協同組合、地元信金の代表者、企業経営者らが同席した。

吉住区長によるあいさつの後、区担当者が中小企業対策や融資制度の現状を説明。緊急融資のあっせん事業に、企業経営者などの申し込みが集中していると報告した。

財政金融委員会の委員は、最近の景気低迷の影響や融資の実態などについて、区や企業に質問。

企業側は「最近に限らず、ここ数年は金融機関の融資審査は非常に厳しい。貸し出し基準も分かりづらい」「大手銀行は、なじみの支店が相次いで統廃合され、地域性が薄れている」などを指摘した。さらに、国などの融資制度については「仕組みを簡略化するなど、使い勝手の良いものにしてほしい」といった要望を委員に述べた。

同委員会はこの日、金融機能強化法案について民間意見を聴取するために、都内各所を視察。台東区のほか、墨田区の地元企業なども見学して意見を聴取した。

参議院財政金融委員会の委員（手前）にあいさつをする吉住弘・台東区長

0.3%増の7936億円

教育庁予算見積もり

29年ぶりの増員要求

ネット対策など盛り込む

都教育庁はこのほど、2009年度の所管事業予算見積もりをまとめ、13日開かれた都教育委員会に報告した。各局要求の一般歳出が4・6%増と伸びるなか、同庁の歳出予算見積もりは0・3%増にとどまった。ただ、第2次教育ビジョンの推進や都立学校の改築などに積極的に取り組むため、事業費については27・3%増と大きく伸ばした。一方、学校定数では、児童・生徒数の増加などを反映して、139人増と29年ぶりの増員要求となった。新規事業では、外部人材の教育活動への積極的な活用、インターネット・携帯ネットの適正利用の啓発・指導、不登校対策としての登校支援員の活用、モンスターペアレントなど学校問題解決事業などを盛り込んだ。

所管事業予算見積もりによると、来年度の教育費を前年度比26億8千万円増の7935億5500万円と見込んだ。ここ数年、団塊世代の大量退職と新入教職員採用による「給与単価の減少」が続いており、来年度もこれらの要因から給与関係費は152億4900万円減の7100億5700万円（前年度比2・1%減）となっている。

ただ、事業費については、今年5月に策定した第2次教育ビジョン推進計画の着実な推進、都立学校の改修・改築などを積極的に進めることから、179億2900万円増の834億9800万円（前年度比27・3%増）と大きく伸ばした。

一方、定数見積もりでは、学校定数で前年度より139人多い6万2117人を要求。増員要求は1980年度以来、29年ぶりとなる。内訳は、小学校が68人増の3万194人、中学校が45人増の1万5003人、高等学校が128人減の1万1399人、特別支援学校が154人増の5521人となっている。

小中学校とも増員の要因は、新設・廃止を含む児童・生徒数の増加と新しい学校づくり支援事業などだが、高校は高校開設があるものの、用務員定数の見直しなどがあり、大幅な減員となった。特別支援学校は児童・生徒数の増加と青峰学園、永福学園の開設などが増員要因となっている。

新規事業では、「10年後の東京」実行プログラム事業を中心に、教育人材バンク事業、外部人材の教育活動への積極的な活用、インターネット・携帯ネットの適正利用の啓発・指導などを盛り込んだ。

教育人材バンク事業は、都民参加による地域教育力の向上を目指すもので、退職教職員が地域社会の教育活動にボランティアとして積極的に参加できる仕組みを構築する。また、民間企業の退職者やスポーツ専門家、地域住民など多様な外部人材を活用しながら、地域教育力を高める取り組みを行う。

インターネット・携帯ネットの適正利用の啓発・指導ではまず、都内公立学校約2200校を対象に、最近問題となっている「学校裏サイト」など非公式サイトの実態を把握。その上で、不適切な書き込みやサイトを削除するとともに、インターネット・携帯ネットの適正利用について、啓発のためのリーフレットを作成する。非公式サイトの監視・削除などの業務は民間の専門業者に委託する予定。

また、不登校対策として、退職教員や警察OBなどを活用した「登校支援員」を、5地域・公立小中学校110校程度に配置する。登校時の家庭訪問や生徒の悩み・不安への相談、学習のつまずきへの支援などを行いながら、登校をうながす計画である。

最近話題になっているモンスターペアレントなど学校問題の解決に向けた取り組みも行う。PTAやおやじの会など関係団体と連携して啓発シンポジウムを開催する一方、弁護士や精神科医、臨床心理士、警察OBなど連携し、区市町村教育委員会を指導・助言。それだけでは解決困難なケースでは、学校や保護者などとも直接調整することも考えている。

このほか、若手教員育成のための新たなプログラム開発、中学校部活動の外部指導員導入促進、環境教育（CO_2削減）推進事業、新型インフルエンザ対策などの新規事業を盛り込んだ。

㊤ 歳入歳出予算（単位：百万円）

区分		2009年度予算見積額	2008年度当初予算額	増減	増減率(%)
歳出	教育費	793,555	790,875	2,680	0.3
	給与関係費	710,057	725,306	△15,249	△2.1
	事業費	83,498	65,569	17,929	27.3
歳入	歳入合計	140,093	136,815	3,278	2.4
	使用料及手数料	13,934	13,377	557	4.2
	国庫支出金	122,429	119,889	2,540	2.1
	その他歳入	3,730	3,549	181	5.1
差引一般財源充当額		653,462	654,060	△598	△0.1

㊦ 定数見積もり増減（単位：人）

区分		2009年度定数見積	2008年度定数	増減
学校定数	小学校	30,194	30,126	68
	中学校	15,003	14,958	45
	高等学校	11,399	11,527	△128
	特別支援学校	5,521	5,367	154
	計	62,117	61,978	139
事務局定数		713	713	0

職員会議で挙手採決はゼロ

教育庁　学校運営適正化で全校調査

都立三鷹高校の土肥信雄校長から提起された職員会議での挙手・採決問題を受け、都教育庁は今年5月から9月にかけて、全都立学校（260校）を対象に、都学校経営支援センターによる「学校経営の適正化」についてヒアリングと校長・副校長との意見交換を行い、その結果を13日の都教育委員会に報告した。

それによると、職員会議の案件で挙手などにより職員の意向を確認している学校はなく、規則改正や適正化通知で職員の発言が少なくなったとの指摘に対しては、88%の校長・副校長がこれを否定した。ただ、一部から「教員が自分たちでやっていくという姿勢がなくなった」などの意見が寄せられた。

職員会議で職員の挙手や多数決により採決を求めることがあるかとの質問では、98%の学校が「ない」と答えた。残りの「ある」や「その他」についても「2回求められたが、しなかった」「いまでもあるが、完全拒否」などと回答している。

学科主任以上で構成され、学校全体の業務に関する企画立案・連絡調整などを行っている企画調整会議について、「議論は活発に行われているか」と質問したところ、88%が「はい」と答え、「いいえ」は1%・3校だった。残りの11%は、「一般教員が理解しているか分からない」など、振り分けが難しい意見が多かった。

また、「意思決定は職員参加による職員会議において多数決で行うべきだという強い意識が残っているか」との質問に対しては、84%の学校が「いない」と回答したが、6%・18校が「一部に残っている」「三鷹校長みたくしろと言ってくる」などと答えている。

職員会議や企画調整会議の位置づけや運営で制度的見直しが必要かとの質問には、96%が見直しの必要はないと回答。ただ、3%・9校は「一方的な表現がある」「企画調整会議で決定することは変更すべき」などの意見を寄せている。

管理運営規則の改正や適正化の通知が、教員や校長の言論の自由に影響を与えているとの指摘に対して、95%が「影響がない」と答え、「影響がある」は0%だった。残り5%・15校は「その他」に分類され、その中では「言論の自由への影響は校長次第」「支障にならないが、プラスにもならない」などの意見が出ている。

今回の調査結果について、教育庁都立学校教育部では「ほとんどの学校で企画調整会議や分掌会議で建設的な意見が出され、適正な学校運営がなされていることが確認できた」「規則改正や適正化通知が学校現場の言論の自由を奪っているものではない」としている。

未来を拓く

―キャリア教育の取り組み 〈5〉

「弟子入り体験」実践報告

新宿区立江戸川小学校では、近くの商店街（地蔵通り商店組合＝島田幸勇理事長）の協力を得て職場体験を行っています。

小学生が本物のお店で実際に働きます。自分で切ったお肉や自分で包んだ花束を実際に商品として売ります。お客さんは身内ではなく普通のお客さんです。店員さんに世間に通用するあいさつの仕方や仕事のこつを教えてもらうこの活動を、本校では「弟子入り体験」と呼んでいます。

■思いが一致

この弟子入りは今年で9年目を迎えます。総合的な学習が始まり、地域と触れ合いながら地域から様々なことを学ぶ活動を模索していた本校と、これからもたくましく生き抜いていく商店街として利潤の追求だけではなく、地域に貢献し、地域と共に歩む道を目指していた商店街とのそれぞれの思いが一致し、この活動が始まり今日まで続いているのです。

この弟子入り体験学習は5年生が行います。期間は1週間程度です。午前11時から正午までが基本です。お店によっては午後もお世話になりますが、小学生には1日1時間程度がちょうど良いと考えます。弟子入りの活動は8時間程度ですが、この学習の全体指導時間は30時間を超えます。

弟子入り先は次のようにして決まります。まずはじめに、仕事への関心を高めるために家族の職業調べをします。初めて父や母の仕事の内容や仕事上の喜びや苦労などを知る児童も少なからずいます。そして、自分の好きなスポーツや小さい頃から抱いている夢なども合わせて、自分が将来つきたい職業を考えます。

次に、実際に商店街へ出かけ、弟子入りしたいお店を探します。もちろん児童の希望がそのまま通るわけではありません。安全面や衛生面などから小学生の受け入れは困難なお店もたくさんあります。また、当然ですが、弟子入りを理解して受け入れてくださるお店に限られます。

■信頼関係が大切

最後に、担任が児童の希望に近いお店を1軒1軒回り、改めて意義や日程、希望人数などを説明し、受け入れをお願いします。教師がお店の主人としっかりコンタクトをとり、学校と商店街の信頼関係を保っていくことが最も大切なことです。

ここ数年は、お肉屋さん、お花屋さん、パン屋さん、美容院、理髪店、手焼きせんべい屋さん、時計屋さんなどに弟子入りしています。他にも児童が希望するお店がたくさんあるのですが、大手デパートでの出張販売に当たっていたり、お店が代わってしまったりするために希望がかなわないこともあります。

弟子入りは、お店の日常の仕事の中にポンと入るわけですから、これまでの考えの甘さにいやでも気付かされます。初日は仕事には慣れず、お店の人やお客さんにも、ろくなあいさつもできずに、体も気持ちもくたくたになって帰ってきます。

■顔つきに変化

2日目、3日目と日がたつにつれ、仕事やお客さんにも少しずつ慣れてきます。4日目ごろになると周りもよく見え、見違えるほど仕事もよくこなし、あいさつもできるようになります。心に期するものができてくるのか、顔つきも少し変わってきているのが分かります。そして、あっという間に5日間が終わってしまいます。

この間、保護者が心配して看板や電柱の陰から心配そうにそっと様子を伺っている光景も見られます。弟子入りを終えて、それぞれがお世話になったお店にお礼に伺うと、どの子も「へーえ、声も小さく自信が全くなさそうだった最初の頃とは全く別人になったね。これからも頑張れよ」と励まされ、にこにこ顔で帰ってきます。

（新宿区立江戸川小学校長　志賀定一）
＝おわり

地元商店街に「弟子入り体験」する小学生

教職員のキーワード 76

都立図書館にかかわる規則改正

11月13日の東京都教育委員会定例会において、「東京都立図書館館則」（以下、「館則」といいます）及び「東京都立図書館処務規則」（以下、「規則」といいます）の一部を改正する規則の制定が決定されました（「処務」とは事務を処理するという意味です）。

現在、都立図書館は、中央図書館（港区南麻布）、日比谷図書館（千代田区日比谷公園）、多摩図書館（立川市錦町）の3館があります。

今回の規則改正は、都立日比谷図書館を千代田区に移管することに伴い同図書館が廃止されること、都立中央図書館及び都立多摩図書館のサービス向上を図るため、機能分担及び運営体制を整備することに伴い、関係する規則を改正したものです。

改正の具体的な内容では、まず、日比谷図書館にかかわる規定が、「館則」及び「規則」から削除されました。

中央図書館は、その運営体制の整備に関して「館則」が改正されました。

現行の「館則」では、入館者が利用できる開架閲覧室として、一般参考室、人文科学室、社会科学室、自然科学室、新聞雑誌室、特別文庫室、東京室、視聴覚室が示されています。

中央図書館では、今後、ワンストップサービス、重点的情報サービスの充実等に伴うサービスの向上を図っていこうとしていますが、「館則」を改正し、「閲覧場所等」として「中央図書館の入館者が図書資料の閲覧等に利用できる場所は、館長が別に定める」と規定しました。

多摩図書館は、その運営体制の整備に関して「館則」及び「規則」が改正されました。

多摩図書館では、東京マガジンバンクの開設及び中央図書館との機能分担により多摩図書館が実施する文学及び多摩地域の行政郷土資料の規定が整理されました。

これまで「館則」で事業における情報サービス、都内公立図書館等に対する協力支援の対象として、「主として児童資料、青少年資料、文学及び多摩地域の行政郷土資料」と示していたものが、「主として雑誌、児童資料及び青少年資料」と改められました。

また、「開架閲覧室等」として開架閲覧室と児童資料コーナーが示されていたのが、「閲覧場所等」として、「館長が別に定める」と改められました。

また、多摩図書館の事業に関して、日比谷図書館で実施していた視聴覚資料の利用サービスを多摩図書館が実施することについて規定を整理し、「館則」に「視聴覚資料の団体に対する館外貸し出し」が、「規則」に「多摩図書館の視聴覚資料の選定、収集、整理及び保存に関すること」「都内公立図書館等その他視聴覚関係機関に対する視聴覚資料にかかる館外貸し出しに関すること」がそれぞれ新規に規定されました。

この改正については、2009年4月1日に施行されますが、中央図書館のワンストップ化に伴う改正該当個所については公布の日から施行するものとされています。

「本との出会い」テーマに

子供読書フォーラム

講演と実践報告も

東京都立図書館（多摩図書館・中央図書館・日比谷図書館）が主催する「子供読書フォーラム」が11月7日に開かれ、秋の好天の下、398人の都民が参加した。

主催者を代表して、影山竹夫中央図書館長（都教育庁次長）が、「現在、『第2次東京都子供読書活動推進計画』を策定中である。また、11月の第1土曜日を『東京都教育の日』と定めて、次代を担う子供たちの教育を都民全体で推進し、東京都における教育の充実と発展を図っている。本フォーラムはその一環で、子供たちが『本を読むこと』と幸せに出会うことが大切だと考えた」とあいさつした。

第1部では、脇明子・ノートルダム清心女子大学教授が、「読む力は生きる力」と題する講演を行った。「現代の子供たちは自然体験や昔話などの言葉の実体験が大幅に減少しており、『質のいい読書』こそ実体験の不足を補い、メディアや仮想現実の誘惑から自分を守る力を育てる。物語の主人公への感情移入は感情体験のトレーニングとなり、特に不快感情の体験の積み重ねは自己コントロール力を培う基礎となる。大人たちは物語の読み聞かせを通して、『質のいい読書』へとサポートし、生きる力を身に着けるよう読書を導く責任がある」と提言した。

第2部では子供読書活動推進の実践報告が行われた。新宿区立こども図書館は、区の「推進計画」に基づき、2006年、中央図書館2階を新たに「こども図書館」として開設、お話会の開催や幼稚園・保育園への図書の団体貸し出しの充実を図っている。

小平市立図書館では、1971年に始まった公民館での「児童文学講座」や、その参加者が集う「小平子ども文庫連絡協議会」の歴史を踏まえて、85年からお話会や読み聞かせを行うとともに、研修として学習会を行っている。

87年から小・中学生向けに「夏休み図書館おすすめ本」を配布し、93年からは、「絵本のへや」と称して、学齢前の幼児や保護者を対象とする絵本の読み聞かせやわらべうたの会を実施。04年からは乳児健診のため健康センターに来場する保護者におすすめ絵本のブックリストを配布し、絵本の紹介を行っている。

都立大塚ろう学校は、各幼児・児童の聴覚障害の差異に合わせて、生活全般における日本語獲得のため、言語指導を行っている。一人で読むことの難しさ、読書に対する関心の育ちにくさを課題としながらも、都立多摩図書館の協力を得て学校図書館を整備し、読書活動年間指導計画を定め、各学級での読書活動に取り組んでいる。

参加者は、講師の話や実践活動の報告に熱心に聴き入っていた。また、休憩時間やフォーラム終了後には、同時開催の企画展「昔話の宝物」の展示絵本や貴重書に魅入る姿も見られた。

映像も活用した分かりやすい活動報告

毎週金曜3面は　教育オンライン

都確定交渉

18日未明に妥結

引き下げ水準平均8%に

現業と教員の人事給与制度を最大の争点とした今年の都確定闘争は、最終局面で都側が一定の譲歩を示し、都労連も「労使協議で自主解決を目指すギリギリの到達点」と判断して、18日未明に妥結した。今期確定交渉では、都側が「業務職給料表の見直し」と「教育職員の人事制度の改正」を提案。都労連は業務職給料表の見直し提案の即時撤回、教育職員に係る提案内容への反対を明確に打ち出し、交渉は難航を極めた。最終案で都側は、業務職給料表の引き下げ水準の修正や実施時期の1年先送り、教育職員の人事制度では職務段階別加算や退職手当見直しでの経過措置を盛り込んだ。勧告の取り扱いについては、例月給の0・09%引き下げ改定など、勧告通り実施する。勤務時間の短縮は、今交渉期以降、早期の実施に向けて、速やかに協議する。

現業給与

業務職給料表の見直しでは、都側が当初、均衡の原則や情勢適応の原則の観点から、少なくとも国並みの水準との均衡である平均15%程度の引き下げ、昇給カーブのフラット化を提案。一方、都労連は行（一）水準横引き、職能に基づく新たな任用制度の導入を要求に掲げ、提案の即時撤回とともに、現業系職員の役割と責任を正しく評価するよう都側に求めた。

最終案では、平均15%とした引き下げ水準を平均8%に修正した。その理由として、都側は、都の一般行政職のラスパイレス指数、今後の職員構成の変化及び給与構造改革の影響を踏まえたことを挙げる。実施時期は、10年4月1日とする。

交通局現業系職員に適用する給料表については、06年度の交渉経過を尊重し、現行どおりとしている。具体的にはバス部門は10%引き下げ、その他の部門は現行水準とする。

現業系職員に係る給料の調整額は、給料表水準の引き下げに合わせた改正が提案されていたが、最終案では従来どおり、人事委員会勧告による給料表の平均改定率を踏まえた改定とする。

また給料表の水準引き下げに伴って、当分の間、一定の号給増設を行う。1級及び2級で90号給程度、3級及び4級では60号給程度の号給増設とする。

給料表の切り替えでは、昇給調整を行うものの、同額直近上位としている。増設した号給への切り替えとなる場合は、原則として3年以内に昇給が可能となるよう、4号から11号の昇給調整を行うことになる。

このほか技能主任職昇任選考も見直す。選考種別AとBを統合し、受験資格を1級職歴16年以上とし、年齢は下限年齢を撤廃して58歳未満とした。来年度の昇任選考から実施し、09年度は1級職歴「18年以上」で下限年齢「39歳以上」、10年度は、それぞれ「17年以上」「36歳以上」とする経過措置を設ける。

都労連が強く求めていた、現業系職員が都政で果たしている役割と責任の評価に関しては、17日の副知事・委員長会談で、副知事が「現業系職員が第一線の現場で日夜、尽力し、都政の様々な分野で大きな役割を果たしている」とし、深い感謝を示すとともに、教員についても「困難な課題が多い学校現場で、児童・生徒の教育に日々、尽力していることも同様に考えている」と発言した。

職務段階別加算等に経過措置

教育職員

教育職員の人事制度の改正では、都側が給料表の一本化や新たな職の設置に対応するため、主任教諭等の任用制度、新給料表への切り替えや職務段階別加算、退職手当など給与制度の改正、義務教育等教員特別手当の見直し等を提案した。

期末・勤勉手当に関わる職務段階別加算、退職手当の調整額区分の見直しでは、分化後の教諭（新2級適用者）は、どちらも対象外となるが、最終案では経過措置を設けることとした。

職務段階別加算では、09年3月に支給される期末勤勉手当の加算割合が、5%となる大卒30年以上の教諭は、09年度に3%、10年度は1%となる。また加算割合が3%である大卒12年以上の教諭・専修実習助手では、09年度に2%、10年が1%とし、激変緩和が図られる。いずれも11年度以降は本則が適用され、加算なしとなる。

退職手当の調整額区分も、教諭期間の経験年数に基づくポイント付与が廃止となるが、最終案では経過措置として、09年度と10年度の退職者に限り、2級職の期間を、10年分を上限に「2点」に換算する。

義務教育等教員特別手当は、国庫負担金の取り扱いが給料月額の3・8%から3%に縮減されることを踏まえ、相当の引き下げを行う。ただし、実施時期は、新給料表の適用に伴う改定と併せて、09年4月1日からとしている。

主任教諭・主任養護教諭への任用では、本人申込制に基づく選考によるものとし、受験資格は年度末現在で年齢30歳以上60歳未満かつ国公私立学校教職経験8年以上（ただし都教職経験2年以上）となる。

選考方法は、職務レポート及び勤務実績とするが、経過措置として、08年度と09年度選考に限り、03年度以降に必置主任等の経験を2年以上有するなど、一定の有用な職務経験・実績があると認められる者については、職務レポートを免除する。

都側によると、主任教諭の任用数は、現行の教諭の約5割程度になるという。

早期実施へ継続協議

時間短縮

都労連が、都独自の決断を迫っていた勤務時間の短縮に関しては、都側が17日の小委員会で、人事委員会の勧告意見の趣旨を重視し、実施上の課題に対する検討を図りつつ、今交渉期以降に協議していく考えを表明。これに対して都労連は、明確な実施を前提とした協議を行うと明言するよう求めていた。

18日未明の小委員会では、都側が「早期の実現に向け、速やかに協議を行う」と発言している。

■　■　■

今期確定交渉の決着にあたって、都労連では、現業給与の水準引き下げについて「15%引き下げを8%に縮減し、号給を大幅に足伸ばししたとはいえ、引き下げ提案そのものを撤回するに至らなかった」とし、主任教諭の導入阻止ができなかったことなどと合わせて、「到達点は組合員に苦しい結果をもたらすこととなった」と位置づけている。ただし、全国的な公務員労働組合をめぐる厳しい状況の中で「労使協議で自主解決をめざすギリギリの到達点」と判断し、妥結に至ったとしている。

都確定交渉（その他の主な妥結内容）

◆行政系人事制度

1・2級職を統合し、新1級職とする。
現行の2級職昇任選考は廃止。

◆期末手当

在職期間の除算事由から部分休業を除外する。

◆昇給基準

介護休暇に係る欠勤等の日数の換算について、1日をもって1日と換算する取り扱いを1／2日換算とする。

◆旅費制度

島しょ赴任職員に係る帰住旅費の支給対象事由の追加

◆専修実習助手選考等の資格基準

◎専修実習助手選考（短期）
実習助手歴20年以上→18年以上
年齢44歳以上→42歳以上
（ただし、09年度選考では「19年以上」「43歳以上」の経過措置を設ける）

◎専修実習助手選考（長期）
実習助手歴24年以上→23年以上
年齢48歳以上→47歳以上

◎主任寄宿舎指導員選考
寄宿舎指導員歴21年以上→20年以上
年齢46歳以上→45歳以上

◆子どもの看護休暇

9歳に達する日以降の最初の3月31日までの間にある子が複数いる場合、6日以内で必要と認められる期間を取得できる。ただし子1人につき5日を限度とする。

◆病気休暇

時間を単位に病気休暇を承認することができる要件のうち、「がんに対する抗がん剤、放射線による治療及びこれに準ずるもの」で、概ね1月以上の期間にわたり2週に1回以上の頻度で治療を受ける場合に取得することができる。

◆再雇用・専務的非常勤介護欠勤

前年度を初年度として承認した、介護を必要とする一の継続する状態について、雇用更新時においても、介護欠勤を承認することができる。

庁内幹部職員公募制人事
「海外」と「島しょ」で募集

都総務局は現在、「海外」と「島しょ」での職務に関して、幹部職員を対象とした庁内公募制人事の募集を実施している。興味ある職務を自分の意志で選択できる制度であり、総務局人事部では、チャレンジ精神に富み、意欲あふれる職員の積極的な応募を呼びかけている。募集人員は若干名。応募受付期間は12月12日まで。

2年ぶりの募集となる知事本局外務部副参事のポストでは、㈶自治体国際化協会へ派遣となり、海外事務所で次長級等の職として勤務する。赴任先の海外事務所の業務運営に携わるほか、都と協会、赴任先海外都市等との連絡調整も行う。

海外都市との連絡調整や交渉を行う上で必要な語学力を有することが条件。具体的には「英語検定1級または同等以上」、「仏語検定1級または同等以上」のいずれかに該当することとした。

求める人材に関しては、都政全般に係る幅広い知識と社交的な場における調整力・交渉力とともに、海外事務所の運営を次長級職として統括する能力を挙げている。

島しょ振興の関連では、総務局各支庁の総務課長、産業課長等を募集する。産業振興のほか、税務、福祉、災害対策など町村との連絡調整にあたる。

総務局人事部では「各島の自立的な発展を支援するのが支庁の重要な役割」としており、積極的に施策に取り組む意欲と熱意を持ち、リーダーシップを発揮できる人材を求めている。

ただし、三宅島の火山ガスが減少傾向にあるものの、依然、発生が続いており、呼吸器系や循環器系の疾患がある場合は、赴任できないため、事前の健康診断が必要になるという。

応募対象となる職員は、09年4月1日現在、原則として現職在職1年以上の管理職（特別選考職、研究専門職、医療専門職及び行政専門職を除く）で、公募する職と同等の職級にある管理職としている。

09年4月1日以降、適時、公募した職に任用され、任用期間は2年間程度を予定している。書類選考の上、面[illegible]て選抜する。[illegible]は総務局人事[illegible]動I班まで。

里子を育む家庭求めて
フォロー体制など課題も

現場最前線　ほっとファミリー　都福祉保健局児童相談所

親の病気や離婚、児童虐待、育児放棄など、様々な事情により家庭で暮らせない子供たちを、実の親に代わって家庭的な環境で養育する里親制度。その中で「ほっとファミリー（養育家庭）」という仕組みがあるのをご存じだろうか。養子縁組を目的とせずに一定期間、子どもを養育する家庭のことで、里親制度の中でも都が独自に取り組む施策だ。都は全国的な「里親強化月間」となる10月と11月の2カ月を中心に、ほっとファミリーの拡充と理解促進に向けた取り組みを進めている。

■増える社会的養護

今年3月から9月にかけて放映されたNHKの連続ドラマ「瞳」。この中で描かれたのが「ほっとファミリー」だ。

様々な事情により家庭で暮らせない子供たちの多くは、乳児院や児童養護施設で生活（施設養護）しているが、児童福祉法に基づき、より家庭に近い環境で育てようとするのが里親制度。この場合、通常は養子縁組し、里親と里子は同じ姓を名乗るのが基本だが、ドラマでは違う姓の親と子が共に暮らす姿が描かれた。これが「ほっとファミリー」の大きな特徴で、戸籍上は他人として子ども（里子）を家庭に迎え入れる。

都が、ほっとファミリーを独自に推進する背景にあるのが、社会的養護が必要な子どもの増加だ。03年度は都内で3586人だったが、07年度は3935人となり、5年で1割近く増加した。一人親の家庭で親が病気になるなど従来のケースに加え、最近では親からの虐待や育児放棄などの理由も多い。

一方で、受け入れる里親の数は圧倒的に足りていない。都内の里親登録数は増加傾向にあるものの、07年度で429家庭にとどまる。ここに里子として家庭に受け入れられているのは382人で、社会的養護対象の1割程度となる。

「なんといっても制度自体が知られていない。興味を持ってもらうことが必要だ」。福祉保健局少子社会対策部の松山祐一育成支援課長は、現状をそう捉える。

都の広報紙での告知やポスター、街頭でのビラ配りなどに取り組むが、都内での新たな里親登録数は年50人～60人程度で推移しており、社会的養護を必要とする子どもの増には追いついていない。NHKでのドラマ化は追い風だが、今のところ目立った効果はない。

「広く知ってもらうことは、単に里親としての協力を得るだけでなく、社会全体で里子を受け止める環境をつくることにもつながる」と松山課長は話す。

■支援体制も課題

「子どもと口論となり、『本当の親ではないんだから』と言われたときはショックだった。でも今は『いてくれてありがとう』と思う」――。

里親月間となる10月から11月にかけて、都内の各児童相談所では、ほっとファミリーへの理解を深めてもらう体験発表会を開いている。その一つ、10月上旬に北児童相談所が北区内で開いた発表会には約20人が参加し、里親の体験談に熱心に耳を傾ける姿が見られた。

自身の体験を紹介したA子さんは、実子が独立後に里親に登録。6歳の女の子を里子に迎え11年目に入った。「小さいときは夜中におねしょで起こされるなど、体力的にもきつかった」と振り返る。

この間、血のつながらない親子関係に葛藤もあったが、里子は今春、無事に都立高校に入学し、元気に通学している。「中学生になると、子どもは友達を通じて『親』が見えるようになる。里子には大人とのかかわりが大切。今は見守っている状態です」と語った。

体験発表は制度を知ってもらう最も良い機会だが、こうした既存の取り組み以外にも新たな挑戦が見られる。北児童相談所では、これまでの親へのアプローチだけでなく、新たに子どもへのアプローチを開始する。区立赤羽中学校（山口勉校長）に協力を求め、12月から総合的な学習のテーマに設定してもらっ[illegible]ば」と期待を込める。

また、PR以外にも課題は多い。里親の支援体制もその一つだ。子どもの育成や非行に対する相談のほか、児童虐待や育児放棄が社会問題化して事務量も増加。そうした中、養育家庭への技術的支援を行うなど、里親にとって一番身近な存在となる養育家庭専門員は、各所に非常勤として1人を配置するのみで、十分な体制とは言えない。

支援体制の充実は里親からも上がる。体験発表会で、ある里親からは「児童相談所に相談したくても土日は閉まっていたり、規則に縛られることが多い。里親は話を聞いてもらうだけで助かることが多いのに……」との不満が漏れた。

奥田所長は、「里親の協力を得るには、家庭訪問や支援を充実させることが必要。地道な取り組みを重ねたい」と語る。

さらに、里親からは制度の充実を求める声も上がる。「ほっとファミリー」も、里親手当や一般生活費などが支給されるが、18歳で措置解除となり養育関係が切れる。その後も家庭で受け入れる場合は、里親の負担となる。里親からは「経済的に厳しい。社会全体で支える体制が必要」という声が聞かれた。

松山課長は、「里親が一人で悩まないようフォローが必要。国の制度改正の動きをにらみながら、里親の不安を受け止められる体制づくりを目指したい」と話す。

北児童相談所が行った養育家庭体験発表会には、若い人から年配者まで幅広い年齢層の市民が参加した

「土木の日」で体験学習を実施
小学生が[illegible]

「土木の日」となる18日、都建設局の土木技術センターは、地元の小学生を招いた体験学習会を開催した。当日は、江東区立南砂小学校の5年生2クラス44人が参加。センター職員の指導の下、施設を使った様々な土木実験を行った。

体験学習は、[illegible]がら土木技術を身近に感じてもらうことを目的に[illegible]で、4年ぶりの実施。日付を漢字で書くと「土木」の字になることから定めた「土木の日」のイベントとして、前身の土木技術研究所時代は毎年実施していたが、センターとしては初となる。

アーチ橋の強度実験＝写真＝では、アーチ状に並べたレンガの隙間を埋め込むだけで、人が乗っても大丈夫な強度が生まれ、子どもたちは手際よ[illegible]と、歓声を上げながら次々とアーチ橋をわたり、その不思議さを体感した。

最も多い相談は「解雇」で1割超
労働相談

今年度上半期（4月～9月）に、都内6カ所の労働相談情報センターに寄せられた労働相談は2万5871件で、前年度同期（2万[illegible]件）より2・[illegible]%増えた。

最も多い相談は（4771件）[illegible]もので、全体の[illegible]を占めた。[illegible]率が高い年は[illegible]多く寄せられ[illegible]用情勢の悪化[illegible]につながった[illegible]。

また、高い[illegible]ったのが「職[illegible]せ」（33[illegible]件）[illegible]する相談で、[illegible]%の増。06年[illegible]談数が減少し[illegible]昨年度から再[illegible]じている。

㉑年度 職員教養講座 ［22］

B事務（産業・労働・経済）論文

はじめに

前回の記述に続き、今回は論文対策です。

管試論文では、誰も考えなかった独創的な解決策は必要はありません。設問に対する知識の有無や、問題点を論理的かつ明確に論じることが大切です。採点者が、全体を通じて一気に読めるような、読みやすい文章が理想的です。

また、論文には一定の形式があり、その形式に沿って文章を書くことが重要です。

出題傾向

論文の課題は、産業分野として「中小企業対策」、労働分野として「雇用・就業対策」、この二つが基本となります。観光や消費者行政など関連分野からも出題されていますが、2問中1問は、必ずこの二つのうちいずれかが出題されていますので、まず、この二つの分野で論文を準備してください。しかし、準備した内容は、そのまま試験で復元するのでなく、いかに出題に沿った形でアレンジするかが大事です。

では、過去10年の出題を確認してみます。

（○内数字は出題年度）

⑪雇用機会の拡大のために、あなたが緊急かつ重要であると考える方策

⑪くらしの国際化とこれからの消費生活について行政が果たすべき役割

⑫中小企業政策の転換のなか、中小企業の実態を踏まえた具体的な中小企業振興策

⑫雇用の流動化を円滑に行っていくための行政の役割について

⑬東京を活性化させる施策の一つとして、観光を産業の視点からとらえ、東京の観光資源を活用していくことが求められています。産業政策としての都における観光振興のあり方についてあなたの考えを論じなさい。

⑬若い世代で定職を持たない、いわゆるフリーターが増加しています。このような現象が、産業や労働に与える影響についてのあなたの考えを述べ、行政の役割について具体的に論じなさい。

⑭東京には多くの特色ある地域産業や地域商業があり、長引く不況下においてその活性化が求められています。これら地域経済が、現在抱える問題点をあげ、都として取り組むべき施策についてあなたの考えを論じなさい。

⑭急激な少子高齢化と深刻な経済情勢のなかで、社会の活力を維持し、都民の福祉を増進していくうえからも、中高年者の就業施策の充実が求められています。現在の中高年者を取り巻く就労環境を踏まえ、都として優先的かつ重点的に取り組むべき施策について、あなたの考えを論じなさい。

⑮不良債権等が進められる中で、中小企業を取り巻く環境はさらに厳しさを増すことが予想されます。今後、中小企業活性化のため、都として優先的かつ重点的に取り組むべき施策について、あなたの考えを論じなさい。

⑮深刻な経済情勢の中で、社会の活力を維持するために、雇用のミスマッチを解消し、雇用の創出と回復を図ることが強く求められています。雇用のミスマッチについての認識を示した上で、都として優先的かつ重点的に取り組むべき施策について、あなたの考えを論じなさい。

⑯東京の産業の中でも、観光は高い済波及効果が期待される分野であり、都は、産業政策の一環として観光振興を進めていくとしています。今後、都は東京の魅力を発掘する観光振興策にどのように取り組むべきか、商工振興策との連携にふれながら、あなたの考えを論じなさい。

⑯東京には、民間企業が集中し、特定の業種では旺盛な求人ニーズがあるにもかかわらず、都内の雇用情勢は依然として厳しい状況にあります。都が、東京の強みを生かした雇用就業対策を進めていくために、都として重点的に取り組むべき施策について、あなたの考えを論じなさい。

⑰東京のものづくり産業は、国際的な競争の激化や長引く不況など、厳しい状況に直面している一方で、ソフトなものづくりの台頭や異業種の連携による商品づくりなど新たな息吹も生まれています。東京の持つ強みを生かし、国際的競争力を維持・発展させながら、東京のものづくり産業を活性化するため、都として取り組むべき方策について、あなたの考えを論じなさい。

⑰近年、人々の価値観・ライフスタイルの変化や企業の経営戦略の転換等を背景にして、パートタイム労働者や契約社員、派遣労働者など雇用・就業の多様化が進みつつあります。働く人の意欲と才能が生かされ、多様な働き方の選択の可能性を拡大するため、都として取り組むべき施策について、あなたの考えを論じなさい。

⑱東京には、優れた人材や技術など多様な経営資源が集積しており、さらに東京の経済を活性化していくためには、東京の産業が持つ可能性を最大限に引き出していくことが求められています。新たな時代に対応した産業力の強化を進めていくため、都として取り組むべき方策について、あなたの考えを論じなさい。

⑱人口減少社会を迎え、労働力の量的、質的な不足が危惧される中、東京の産業の活力を維持、向上させていくには、都民の就業を促進し、その能力を最大限発揮していくことが求められています。東京の産業を支える人材の育成を進めるため、都として取り組むべき施策について、あなたの考えを論じなさい。

⑲東京の産業を更に発展させていくためには、新たな製品やサービスを生み出すイノベーションが必要です。東京の強みを最大限生かし、イノベーションを促進し、誘発していくため、都が取り組むべき施策について、あなたの考えを論じなさい。

⑲近年、消費者被害を生み出している事業者の手口等が、悪質化、巧妙化し、消費者被害は深刻化しています。こうした状況を踏まえ、消費者被害の未然防止及び拡大防止を図るため、都が取り組むべき事業者規制について、あなたの考えを論じなさい。

⑳近年、東京における企業の障害者雇用数は増加傾向にありますが、障害者の雇用率は、法定雇用率に達しておらず、全国平均も下回っているのが現状です。地域における障害者の自立した生活の実現に向け、障害者雇用を拡大していくために、都が取り組むべき施策について、あなたの考えを論じなさい。

⑳今後、世界的な成長産業として観光の重要性が一層高まり、旅行者の誘致・獲得をめぐる国際的な都市間競争が激化することが見込まれます。東京を訪れる外国人旅行者数をさらに増加させていくために、都が取り組むべき施策について、あなたの考えを論じなさい。

◇

20年度は、労働分野では障害者の自立に向けた社会的な潮流を踏まえ、都の雇用就業施策が具体的に問われています。観光分野は、3年ぶりの出題であり、平成19年3月に策定された観光産業振興プランに沿って具体的な施策内容が問われています。

また、出題形式として、平成13年以降、「あなたの考えを論じなさい」となっていますが、冒頭の通り、独創的な施策案が求められているわけではありません。これまでの都の施策を踏まえた上で、改善点を示す程度で十分です。課題に対し知識があるか、的確に問題点を抽出し、現実的な解決策を論理的に構成できるかが重要です。

勉強方法

1　試験概要

論文は、2題出題され、そのうち1題を選択して解答します。試験時間は2時間で1500字〜2千字程度と指定されています。解答用紙はA4横書きで1行20文字となっています。その他、レジュメ等のメモ用に、A4の白紙が1枚配布されます。

2　情報収集と出題予想

まず、過去の出題分野を予想します。次に、直近の審議会答申や計画などから、それらの社会的な背景や都が置かれた現状等を分析し、出題予想を作成してください。

3　論文作成

第一段階は、論旨のレジュメを作ることであり、これは、本番にも役立ちます。論理構成がしっかりとした論文とするために、論旨を論理的に組み立て、しっかりとしたレジュメを作りましょう。

レジュメが出来たら、次はそれを文章化して規定の字数をとにかく書いてみることが必要です。初めのうちは、合格者の論文を読んで、使えそうなフレーズや表現を借りることも方法の一つです。ただし、借用だけでは、全体的にちぐはぐな文章になってしまいがちなので、最後は自分で書き直し、論旨が一貫して流れるようにすることが必要です。国の白書、基本書等に目を通し、問題点と解決策について、自分なりの視点を持つようにしてください。

4　添削

とにかく第一稿が仕上がったら、早めに添削してもらいます。論文は、ひとりで書き直しても上達しません。上司や管理職候補など、複数の職層の人に添削を依頼してください。最初は、かなり厳しい指摘を受けると思いますが、複数の添削者から共通して指摘された点は素直に書き直してください。

合格レベルの論文が書けるようになれば、指摘内容が理解できるようになります。添削を繰り返し、一定レベルに達したら、次は、若手の本庁副参事・課長に見てもらうことも重要です。このクラスが、実際の採点者であると言われており、ここでOKを得るのが最終目標です。

5　暗記

論文は、完成した文章を漠然と読んでいるだけでは覚えられません。まずは、全体のストーリーをしっかりと頭に入れた上で、本番でのアドリブが利くよう、キーワードや重要なセンテンスを中心に、実際に書きながら、暗記することを心がけてください。

6　論文構成

論文の構成は、4章立てが基本です。

第1章は、設問に対する現状認識や背景等を述べた上で、なぜ都がその課題に取り組まねばならないかを明確に示します。採点者の印象を左右する重要な部分なので、表現や構成を丁寧に組み立ててください。分量は、300〜400字程度です。

第2章は、課題をめぐる具体的問題点を3点挙げて説明します。分量は、導入50字、1点200字程度、合計650字程度です。

第3章は、2章の問題点に対応した解決策を記述します。都のこれまでの取り組みを踏まえ、具体的かつ実現可能な施策を解決策として示してください。分量は2章と同様か、やや多い程度です。

第4章は結びです。これまでの論の展開を踏まえ、いかに解決策が東京都全体の活性化につながるかを論じましょう。分量は300字程度を目安にしてください。

おわりに

論文は、合格レベルの論文を最初に1本書き上げるまでが非常に大変です。しかし、1本書き上げた後は、コツがつかめ、意外なほど2本目は簡単に書くことができます。

身に着けた論文の技術は、今後の仕事にも生かすことができます。試験対策ということだけでなく、皆さんのスキルアップのためにも頑張ってください。

皆さんのご健闘をお祈りいたします。

昇任試験対策のページ

21年度 教育管理職への道しるべ ▶12◀

憲法・教育基本法 ②

【問題 4】

日本国憲法に関する記述として妥当なものは、次のうちどれか。

① 憲法第16条は、請願権を規定しているが、請願権は権利であるから、直接自己の利害に関係しない事柄については、請願をすることができない。

② 憲法第32条は、裁判を受ける権利を保障しているが、これは、日本国民にのみ認められるものであって、外国人には認められない。

③ 市町村が、通常の使用料を徴収して、公民館を特定の宗教団体に使用させることは、憲法第20条第1項後段、第89条に違反する。

④ 憲法第28条は、「勤労者の団結する権利及び団体交渉その他の団体行動をする権利は、これを保障する」としているので、正当な争議行為については、刑事上、民事上の責任を負わない。

⑤ 憲法第19条は、「思想・良心の自由」を保障しているので、公務員の採用に関し、「憲法を尊重し擁護する」旨の宣誓を課すことはこの条項に違反する。

【問題 5】

日本国憲法に関する記述として妥当でないものは、次のうちどれか。

① 判例は、普通教育における教師の教育の自由については、憲法第23条の「学問の自由」から保障されるとしている。

② 判例は、教育に対する国家的介入は、すべて政治的影響をもたらすことから禁止されるとする。

③ 判例は、家庭教育等学校外の教育や学校選択の自由から、親の教育の自由を認めている。

④ 判例は、憲法第26条第2項の「義務教育は、これを無償とする」との規定は、授業料についての規定であって、教科書の無償まで含まないとしている。

⑤ 憲法第23条の「学問の自由」には、学問研究の自由、学問研究結果の発表の自由、大学における教授の自由が含まれるが、学問研究の自由は、憲法第19条から、学問研究結果の発表の自由は、憲法第21条からも導くことができる。

【問題 6】

教育基本法に関する記述として妥当なものは、次のうちどれか。

① 改正教育基本法前文は、「個人の尊厳を重んじ、真理と正義を希求し、公共の精神を尊び、豊かな人間性と創造性を備えた人間の育成を期するとともに、伝統を継承し、新しい文化の創造を目指す教育を推進する」としているが、個人の「尊厳を重んじ」と「伝統を継承し」は、改正前にも同様に規定されていた。

② 改正教育基本法第6条第2項は、学校においては、体系的な教育が組織的に行われなければならないとしているが、これは改正前からの規定を引き継いだものである。

③ 改正教育基本法第2条は、従来、教育の方針として規定していたものを「教育の目標」として、「幅広い知識と教養を身に着け」「正義と責任を重んじ」などを目標として掲げている。

④ 改正教育基本法は、道徳心を培うとの文言は議論をすえ、時期尚早として見送られた。

⑤ 教育基本法は、学校教育を中心に規定されているため、生涯学習については、規定を置いていない。

【問題 7】

教育基本法に関する記述として妥当なものは、次のうちのどれか。

① 教育基本法第5条第3項は、国または地方公共団体の設置する学校における義務教育については、授業料及び教科書は無償と規定している。

② 改正教育基本法は、いわゆる国・公立学校のほか私立学校を含め、これらの学校は「公の性質」を持つとの新たな規定をおいた。

③ 改正教育基本法には、国及び地方公共団体の義務教育の機会の保障及びその水準の確保に関し、適切な役割分担及び相互の協力の下、その実施について責任を負うとの規定がなされた。

④ 私立学校について、改正教育基本法第8条は、その自主性尊重の趣旨、及び憲法第89条から、助成についての規定を置いていない

⑤ 教育基本法は、教員に「自己の崇高な使命を深く自覚し、絶えず研究と修養に励みその職責の遂行に努めなければならない」と規定するが、これは、国・公立学校の教員に対するものである。

【問題 8】

教育基本法に関する記述として妥当なものは、次のうちのどれか。

① 教育基本法は、宗教に関する一般的な教養に関し、国・公立学校が教えることは、憲法第20条第3項及び憲法第89条に反することになるからこれを禁止している。

② 私立学校法では、独自の校風・校是に基づく私学教育の自由から、特定の政党のための政治教育その他の政治活動は許される。

③ 教育基本法では、教育の機会均等に関し奨学の措置を定めるが、現在、市町村が学齢児童・生徒に対して行っている就学援助の制度は、この例である。

④ 改正教育基本法は、教育行政は、「教育の目的を遂行するに必要な諸条件の整備確立を目標として行わなければならない」としている。

⑤ 判例は、教育行政の目標は、教育目的の遂行に必要な諸条件の整備であるから、その許容される目的のために必要かつ合理的と認められるものであっても、教育内容及び方法にわたるときは不当な支配にあたるとしている。

解説

【解説 4】 正解 ④

① 誤り。何ら制限はない。

② 誤り。外国人にも認められる。

③ 誤り。通常の使用料を徴収している以上、第20条第1項後段の特権付与、第89条違反にはならない。

④ 正しい。この規定の趣旨は、正当な争議行為は、業務妨害罪などの刑事責任、債務不履行など民事上の損害賠償責任を負わないとするものである。

⑤ 誤り。憲法第99条は、公務員に憲法尊重・擁護義務を負わせているので、違憲ではない。

【解説 5】 正解 ②

① 正しい。憲法第26条でなく23条の「学問の自由」から導く（最判昭51・5・21）。

② 誤り。一定の範囲において認められるとする（最判昭51・5・21）。

③ 正しい（最判昭51・5・21）。

④ 正しい（最判昭39・2・26）。

⑤ 正しい。

【解説 6】 正解 ③

① 誤り。「伝統を継承し」は、改正前法律にはなかったものである。

② 誤り。新設されたものである。

③ 正しい。

④ 誤り。道徳心を培うとの文言は第2条第1号に規定されている。

⑤ 誤り。改正教育基本法第3条に新設された規定である。

【解説 7】 正解 ③

① 誤り。授業料は無償とするとの規定である。

② 誤り。旧法も同様の規定があった。

③ 正しい。改正教育基本法第5条第3項。

④ 誤り。改正教育基本法第8条は、助成その他の方法によって私立学校教育の振興に努めなければならないとしている。

⑤ 誤り。改正第9条第1項は私立学校も対象としている。

【解説 8】 正解 ③

① 誤り。教育基本法第15条第2項。

② 誤り。教育基本法第14条第2項に反する。

③ 正しい。教育基本法第3条第3項。

④ 誤り。旧法第10条第2項の規定である。

⑤ 誤り（最判昭51・5・21）。

「生きる力」育む図工教育

創立60周年を迎えた都図研

東京都図画工作研究会会長（文京区立誠之小学校）　辻　政博

図画工作教育をリード

東京都図画工作研究会（略称・都図研）は、東京都の小学校の図画工作教育にかかわる先生方が所属する研究会です。今年で創立60周年を迎えました。

1948年創立ですから、まだ戦後の焼け跡のにおいが残る時代に立ち上がりました。47年に「学習指導要領試案」が出ていますので、戦後の日本の教育の流れと歩みを重ねています。

東京都には、約1300の小学校があります。ほぼどの小学校にも「図工の先生」がいます。日本全国の専科の図工教員が、約1800名と言われていますので、その多くが東京都に在職しています。これは、東京都の先進的な教育制度であり、世界的にみても類をみない充実したものです。

都図研は、教科研究団体として、これまで日本の図画工作教育をリードしてきました。さまざまな時代の変化のなかで、指導法や教材の開発研究や研修を行い、教師の指導力を高め、教室の子どもたちのよりよい育ちに寄与しようと活動してきました。いつの時代にも都図研では、「子どもをみる目」「図工の専門性」「自主的な精神」を大切にしながら活動してきました。

図工の現状

アンケート調査などによると80％の子どもたちは、図工が好きであると答えています。けれども、1998年の学習指導要領の改訂では、年間授業時数（35週×2時間＝70時間）が削減され、中学年（60時間）と高学年（50時間）では、週当たり2時間の継続した学習活動が保障できない状態となっています。

現代は「高度情報化社会」や「知識基盤社会」などと呼ばれる時代です。こうした社会状況においては、図工がもつ、子どもたちが自分自身の体と心を十分働かせて、感じ、考え、試行錯誤しながら、表現し、そして、伝え合うような活動が大切だと考えます。

こうした活動は、性急な答えを強いる「受験学力」などとは異なる人間の成長を根源的に支える体験や経験を含んでいます。子どもが、ゆっくりと自分を育む時間や空間が今、大切なのです。そこには効率や経済原則だけでは測れない人間の育ちがあります。また、「ヴィジュアルカルチャー」と言われる時代・文化に対応するためにも不可欠な学習です。

体と心を十分働かせて

「内」と「外」に向かう活動

都図研の活動は、「内」と「外」に向かう活動を意識して行っています。

「外」に向かう活動は、図工教育のよさを世間の皆様に伝えながら、図工教育の充実を図る活動です。

今年の2月に日本科学未来館（毛利衛館長）で「∞のこどもたち展」を開催しました。この展覧会は、東京大学工学部の先生方や東京藝術大学の先生方が、「図工の授業で培われる直観力、創造力は、科学の世界においても大切である」と、図工の時間に理解を示し、応援するなかで行われたものです。

また、国立西洋美術館、東京国立近代美術館・工芸館、東京都現代美術館と連携し、「鑑賞教育」も研究しています。本年で継続6年目を迎えました。11月29日には、詩人の谷川俊太郎さんと「子どもの絵と詩」のワークショップ（非公開）を行います。

このように図工教育の外部の方々と連携した活動を行いながら、図工教育のよさを広めるとともに、その可能性を探っています。

「内」に向かう活動は、図工の教科研究・研修活動が主となります。公開研究授業や研修会には、毎回100名を超える参加者があり、図工の指導法を熱心に研修しています。また、年一度「研究大会」を実施しています。本年度は、瑞穂町立瑞穂第一小学校で、12月12日に開催します。大会には、毎年700名前後の参加者があります。都内だけではなく全国からの参加者があります。

このように図工教育の充実に向かって、研究・研修活動を盛んに行っています。

その他、上野の都美術館で開催される東京都教育委員会主催の「東京都公立学校美術展覧会」の運営委員会にも参加しています。この展覧会は、「日展」に次ぐ1日の来館者数があり、多くの都民の皆様が鑑賞しています。また、「全国造形教育連盟」や「関東甲信越静地区造形教育連合」などの上部団体の運営に参加するなど、さまざまな活動を行っています。

子どもたちの未来を担うために

今、教育界は世代交代の時代を迎えています。「団塊の世代」の先生方が退職し、新人の先生方が増えています。5年後には、経験年数10年以下の図工教員が40％を占めると予想されます。教育の質の維持・向上は、教師の指導力の育成なくしてありえません。より一層、都図研の研究・研修活動が重要になってきます。

今年は「新学習指導要領」が改訂されました。そこで示された「生きる力」「知識・技能の習得」「思考力・判断力・表現力の育成」などを実現していくためには、それに関わる教師の育成が重要です。都図研は、創立60年の蓄積と成果を、次代を担う図工教師に引き継いでいきたいと思います。

「∞のこどもたち展」日本科学未来館

■「第47回東京都図画工作研究大会・西多摩大会」12月12日（金）午前9時受付。西多摩郡瑞穂町立瑞穂第一小学校（箱根ケ崎2287☎042・557・0045）で。13学級の公開授業や研究経過報告、講演会などが行われる。問い合わせ先は、西多摩大会事務局の青梅市立新町小学校内・金子博之氏☎0428・31・0268まで。

ともに生きる 39

「明日をつくる」施策の充実を

ある調査（※）の回答に記述された医療的ケアが必要な方の親御さんの〝叫び〟を聞いて下さい。「重度の障害児・者は世の中全体ではごく少数で、医療的ケアが必要となると更に少数である。介護している者は、その生活・体調の維持だけで精一杯で、なかなか声を上げることもできない。一般には子どもが成人した頃から、親世代は自由になってくるが、我々は自分の老化と子どもの重度化の中、それでも何とか自分たちで世話をしたいとがんばっている」。そして、「明日がない」と、最後に一言書き添えた方もいました。

前回、特別支援学校の医療的ケアの課題は、新たな段階を迎えたと書きました。しかし、ライフステージを通して、医療的ケアの課題を概観してみると、学校卒業後に課題が山積しています。

調査では、卒業後の望ましい生活の場として、①友とのふれあいや刺激があり、社会的な関係づくりができる②ケアやサービスが本人に合っていて、手厚く行き届いた配慮がある③本人を主体とした支援と適切な指導内容がある④生きがいがある⑤体調が安定し、生活リズムやメリハリのある生活ができる――ことをあげています。

しかし、現状では、医療的ケアへの対応のある通所施設は、数が限られています。また、ヘルパーへの強いニーズとして、▽医療的ケアへの対応ができること▽本人が入院した時に、親の代わりに付き添いができること――などがあがっています。「医療的ケアのある重症心身障害者は、手当や年金が多くても、サービスが少ないので、困っている。お金より、在宅で長く暮らせるように支援がもっとほしい」との調査に寄せられた声も切実です。

9月下旬、大阪で調査研究の報告会としてシンポジウムが開かれました。その際、出された宣言文の一部を紹介します。

1　医療的ケアを生活援助行為として認定し、家族以外の非医療者が医療的ケアのできる法整備をすること。

2　ホームヘルプサービス、デイケア、ショートステイや外出介助などの保健福祉サービスを確実に利用できるように、必要な人員と予算の確保をすること。

3　経験と技量の豊富な看護師による訪問看護を充実するとともに、ヘルパーの資質向上を図り、医療的ケアに積極的に取り組めるようにすること。

今、「明日がない」ではなく、「明日をつくる」施策の整備・充実が求められています。

※厚生労働省科学研究費補助金障害保健福祉総合研究事業「医療的ケアを必要とする障害者と家族への支援策に関する調査研究」

（元都立村山養護学校長　飯野順子）

■第12話　現代解雇模様③―“リストラ”って何だ❷

相談屋の場外乱闘 Part2

労働ジャーナリスト　金子雅臣

退職勧告

そんな屈辱的なプレゼンが終わって、意気消沈している佐伯に上司が追い討ちをかけた。

――あれは間違いなく退職勧告ですよ。あんなことがあったすぐ後に、上司である人が、「キミにはもう、この会社に居る場所はないよ」ですからね。私が、子会社で上げた実績について触れると、「キミは何か勘違いしているんじゃないのか」と言われて、私のこれまでの実績がまったく評価されていないことがわかりました。それどころか、「キミはもはや会社にとってお荷物なんだよ」とまで言われたんですから……。

佐伯の声は、怒りに震え、最後は涙声になっていた。

――さて、そこでどうしますか。解雇と言われているわけではないので、今の段階では勧奨退職ということになりますが、「クビということですか」と、もう一度上司に聞き直してみますか。

私のこんな問いかけに彼は言葉を失っていた。

リストラの筋書き

――あそこまで言われて、その上、「これは辞めろということですか」などという屈辱的なことを私の方から聞けますか。何で、こんなことになったのか理由を知りたい。そこのところを役所から聞いてもらえませんか。

数日悩んだ末の彼の結論は、「本当の理由を知りたい」というもので、「理由に納得できれば自分から辞める」というものだった。

彼の代わりに私が会社に乗り込んだことで、会社は大いに慌てた。そして、いろいろとやり取りの結果、観念して人事部長が沈痛な面持ちで話した理由は、

――実は、彼については子会社出向の段階で、子会社の廃止とともに辞めてもらうのが筋書きだったんです。それが、子会社を立て直してしまうという予想外の結果となり、筋書きが狂ったんですよ。

というものだった。

佐伯の勘違い

つまり、この会社は銀行から融資との交換条件で、①本社機能のスリム化②子会社の切り離し③不採算部門の縮小提案をされていた。そして、それの具体化の一環で佐伯の子会社出向が決まり、そのストーリーは、予定通り動き出していた。

ところが、ありえない佐伯の子会社再建でストーリーが狂った。狂っただけでなく、ありえないことが前提で約束した佐伯の本社復帰が決まり、しかも佐伯の新規事業提案は結果的にリストラ案の歯車を狂わせることになってしまったというわけである。

こんな佐伯の扱いに会社首脳部は頭を痛め、幹部たちは佐伯の勘違いともいえる行動に苛ついた。それが、部長会で爆発したというのが事実だった。

損をするのは誰

こんな話を聞かされた佐伯は、私が止めるのも聞かずに「辞めてやる」と啖呵を切って一方的に辞表を提出して、退職してしまった。これでは、会社の思う壺である。

――リストラというのは、プライドを傷つけて、自分のほうから「辞めてやる」と言わせることなんですよ。

こんな私の言葉の意味を佐伯が理解できたのは、3カ月ほど経ってからだった。

――雇用保険もすぐには出ないし、退職金も自己都合で少ない。踏んだり蹴ったりですよ。

と佐伯は言い出した。

それからが大変だったが、会社に「実質的な解雇なんだから」という因果を含めて、会社都合解雇扱いに半年近くをかけてようやく漕ぎ着けた。

自分に落ち度がなく、何にも悪いことをしていなくても解雇になることがあるし、しかも短気を起こせば損をすることを現実で知らされることになったケースである。

都～区トーク

給与明細書

20数年前、サラリーマンの給料が今のように銀行振込でなく、現金支給だったころ。給料日になると母は決まって「今日はテキにするよ」と言って買い物に出かけた。父は、どこで覚えたのか「テキ」をバターと醤油で食べるのが好きだった。

我が家の「テキ」は牛ではない。母が買って来るのは豚。やりくり上手の母もさすがに嘘まではつけなかったのだろう。だから「ビフテキ」ではなく「テキ」だった。それでも、熱い肉汁の落ちる「テキ」は我が家で最高のご馳走だった。いつもは帰りの遅い父も、そんな父を待つ母も、この日ばかりは家族全員で食卓を囲んだ。

やがて父の給料袋が厚みを増し、私が「テキ」とビフテキの違いを知ってからも、なお給料日の「テキ」は続いた。たまに、本当のビフテキの時もあった。これは後から聞いたのだが、父は他界するまで給料袋を開けずに母に渡していたそうである。

ところで、A区では給与明細書を来年1月に廃止するらしい。すでに廃止した区もあるという。紙の無駄、経費、時間の無駄。なるほど、たかが明細書なのかもしれない。電話会社や信販会社には、毎月の明細書の送付を断ると一定金額を割り引くサービスがある。明細書が見たければインターネットでどうぞというわけだ。A区では給与明細書を廃止しても、端末を叩けば見られるし、必要ならプリントアウトすることもできるそうだ。

しかし、給与明細書とそうした明細書を一緒に扱っていいものだろうか。

給料日の「テキ」は、母の父に対する感謝の印だった。現金支給から銀行振込になって、その「ありがたみ」は確実に減った。このうえ、給料配達人（？）の証である給与明細書までなくしてしまったら、「ありがたみ」はゼロだ。月一回の給料日は忘れられ、「テキ」も「ありがとう」という言葉さえなくなり、給料配達人にかわって銀行ATMが感謝される。これでは働く意欲を持てというほうが無理だ。

さらに、役人の給料は血税だ。つまり、給料日は自分や自分の家族が、その血税で生活していることを実感できる唯一の機会なのだ。給与明細書を廃止する前に、次の戒めをもう一度思い出して欲しい。

爾俸爾禄
民膏民脂
下民易虐
上天難欺
なんじのほう　なんじのろく
たみのこう　たみのしなり
かみんはしいたげやすきも
じょうてんはあざむきがたし
（国史跡「旧二本松藩戒石銘碑」）

（初霜）

都政新報
発行所 都政新報社
〒160-0023 東京都新宿区西新宿7-23-1 TSビル
〈総務・読者〉03-5330-8781
〈企画広告〉03-5330-8784
〈編　集〉03-5330-8786
〈出　版〉03-5330-8788
〈ファクス〉03-5330-8808
購読料 月1,680円（税込）
毎週火・金曜日発行
但し、祝祭日は休刊

紙面から

病院廃止後の受け皿は

中核病院の支援が課題に

八王子 清瀬 小児病院

多摩地域の広域基幹病院として、「多摩メディカル・キャンパス」が開設されるまで1年半を切る中、廃止される八王子、清瀬の両都立小児病院の医療機能をどう代替するかについて、都と地元市の間で協議が本格化している。小児科医が不足するため、今ある地域の中核病院をどうサポートしていくかが課題だ。また、移転後の跡地活用策についても、各市にはそれぞれ意向があり、都は清瀬小児病院の跡地活用について、庁内で検討する方針を決めた。

地域医療

都と八王子市は、八王子小児病院の廃止に伴う地域医療について、05年から協議を開始。市は今年9月、1次医療は医師会に協力を要請。リスクの高い分娩など3次医療は、多摩メディカル・キャンパスの「小児総合医療センター」が担う方針を打ち出した。

2次医療（入院医療）は、市内の大学病院が担う方向だが、マンパワーや小児総合医療センターとの連携が懸案になっている。同市には、2次医療を担う中核病院として、東京医科大と東海大の大学病院（計46床）があるが、現状のまま更に八王子小児病院の患者を受け入れるのは難しいからだ。

そこで、市は2病院に小児病床の拡充を要請し、都も都立病院の小児科医を当面、大学病院に派遣する方針を決めた。都職員として民間病院で診療するのは難しいが、指導医・研修医として派遣することで、診療に参加できるからだ。同市は「都立府中病院から専門医が応援に来てくれれば、人的つながりができる」と話す。

他方、八王子より影響が大きいと言われるのが、清瀬小児病院だ。周辺の各市では在宅当番医制を組んでいるものの、小児科の診療所自体、極めて少ない市もある。また、同病院の患者の約3割は埼玉県民という。

こうした中、周辺市医師会の協力で、多摩北部医療センターと佐々総合病院で、平日午後7時半から10時半の準夜間帯に小児救急診療を開始。現在、この2病院で週3回、周辺市の救急診療を支えている。

だが、清瀬小児病院の「穴」を埋める意味では、週5日の救急診療体制が周辺市の理想。都と関係市は11月上旬、診療体制の拡充について協議したが、小児科医の不足もあり、見通しは立っていない。今後、多摩北部医療センターの小児科医をいかに確保できるかが課題になる。

八王子小児病院はNICUを9床整備。休日・全夜間救急にも対応する

跡地活用

「緑地に」「譲渡を」地元の意向も

両都立病院の跡地は、どう活用していくのか。

八王子小児病院では、重症心身障害児の通所事業や、現在は保健センターで行っている準夜救急診療を行う方針が決まっている。市は「地域の医療を引き継ぐ」という観点から、都に無償譲渡を求めている。

他方、清瀬小児病院は、用途がまだ決まっていないが、地元市の意向も無視できない。都は、同病院の跡地活用について、庁内で検討する方針を決めた。純粋に資産化するのであれば、民間企業に売却するのが手っ取り早い。

しかし、同病院の敷地4・8㌶のうち、1・2㌶はアカマツが群生する緑地。売却後、住宅開発が進めば緑地を失う恐れもある。

地元の清瀬市は、長期計画で「移転後の都立清瀬小児病院跡地に残されるアカマツ林を保全する」とうたい、今年度に入って都環境局に「緑地保全地域に指定し、残してほしい」と要請。都立公園を持たない同市としては、緑地公園にしたい意向も強い。

清瀬小児病院の周辺にはかつて、都職員共済組合運動場や共済清瀬病院があり、緑の多い地区だった。しかし01年頃、民間による宅地開発が進行。3㌶ほどの緑地が失われた経緯があり、市には「二の舞いにはしたくない」（市幹部）という思いがある。

都議会で同病院の跡地活用について質問してきた野島善司都議（自民）は「敷地の4分の1に植生が残る」と緑地の貴重性を強調する。施設は、大規模ケアサービス施設として使う方法も考えられるという。

病院経営本部は今後、福祉保健局や都市整備局、総務局などと跡地活用について検討する予定で、「まだ白紙。各局と有効な活用方法を検討したい」と話している。

視点

道路特定財源の一般財源化

1兆円別枠は非現実的

政府主催の全国都道府県知事会議が19日に開かれ、麻生首相が道路特定財源の1兆円を「地方が使いやすい金」として、地方に交付することを明らかにした。また、現在地方道路整備臨時交付金や国庫補助金で地方に配分されている1兆3千億円を上回る額を、地方に配分する考えも示した。

麻生首相の追加経済対策で、「道路特定財源の一般財源化に際し、1兆円を地方に移す」とした中身は、地方道路整備臨時交付金約7千億円を含めるかどうかで、政府の見解が迷走している。今回も、麻生首相はそこを明言しなかったが、現在の道路財源のスキームを冷静に見ると、1兆円に7千億円が含まれていると見るほうが現実的だ。

◇　◇　◇

道路特定財源は、国が3兆6千億円、地方が2兆2千億円を徴税している。道路事業などに使われているのは、使途拡大などオーバーフロー分を除くと5兆円強。道路事業に対して国が使えるお金は、2兆9千億円となる。

これをさらに細かく見ると、7千億円を地方道路整備臨時交付金として、地方に交付。6千億円を国庫補助金として地方の道路事業に使っている。これらの合計1兆3千億円は、国が徴税した道路財源のうちの地方の取り分となる。

すると、純粋に国が道路事業に使えるお金は、地方の取り分である1兆3千億円を除く1兆6千億円程度しかない。

政府の理屈はこうだ。

道路特定財源を一般財源化した時点で、地方道路整備臨時交付金や国庫補助金という枠は消えてしまい、ゼロベースから予算を積み上げることになる。つまり、地方に交付する1兆3千億円は、いったんなくなるというのである。

麻生首相が追加経済対策で表明した地方へ移すお金は、1兆円。これでは地方の取り分が3千億円減る。だから1兆円は従来通りの方針として地方に配分するとして、少なくとも1兆3千億円は地方の取り分として確保しようというわけだ。

仮に現行の地方の取り分である1兆3千億円とは別枠で1兆円を確保すると、どうなるのか。

国に残された道路財源は、実質1兆6千億円しかない。この内訳は、直轄事業が1兆2千億円、その他の国の事業が4千億円だ。1兆円を地方に移してしまうと、残りは6千億円しかない。これでは、「必要な道路は着実に整備する」とした政府方針とは矛盾する。

◇　◇　◇

1兆円が地方交付税なのか、交付金なのかは、現在のところ政府内で見解がまとまっていない。仮に7千億円とは別枠でないにせよ、使い勝手の良い1兆円が国から地方に下りてくること自体は、地方にとって悪い話ではない。問題は配り方だ。

地方の道路事業に使うお金は、国の補助金や交付金を含めると、実質2兆9千億円ある。このうち地方単独事業は、4千億円しかない。仮に1兆円を、地方の自由度の高い交付金として配分するなら、地方が主体となる道路整備の裁量が広がる。

地方交付税として配分することは、交付税が削減された経緯からしても論外だ。三位一体改革で削減された5兆円の地方交付税は、国の責任で復元すべきだ。これを道路財源の中で解決しようとすれば、都をはじめ不交付団体に配分されていた道路財源を、地方交付税に変えて交付団体に配るという地方の格差是正にしかならない。

新銀行の中間決算

不良債権349億円に拡大

初めて業務純益は黒字に

新銀行東京は21日、08年度の中間決算を発表した。純利益は70億円の赤字で、今年度の通期見通しも126億円の赤字としている。これは、2月に策定した再建計画の想定と同水準という。

損益状況をみると、業務粗利益は31億円、人件費や物件費など営業経費が37億円で、差し引き6億円の赤字。しかし、一般貸倒引当金繰入額が35億円あったため、本業のもうけを示す業務純益は開業以来、初めて29億円の黒字となった。

また行員の削減、店舗の統廃合により、営業経費は前年度の101億円から74億円（通期）に縮減された点が特徴。こうした好材料の一方、業務粗利益31億円の中身をみると、国債等債券償還益が20億円含まれ、この一時的な収益がなければ決算はさらに悪くなった。新銀行東京では「リスクの高い有価証券等は処分した」と説明するが、見方を変えれば、決算対策を行ったように解釈できる内容になっている。

高金利のキャンペーン定期で集めた預金が今も銀行経営の重荷になり、資金調達利回り1・22%に対し、貸出金・有価証券の運用利回りは1・09%と逆ざや状態が続いている。

金融再生法開示債権は3月期より43億円増の349億円に拡大。不良債権比率は17・08%と高い水準だ。景況悪化や金融庁検査を反映させ、個別貸倒引当金は96億円増の281億円と保守的に見込む措置もしている。

9月期の預金残高は3444億円、貸出金が1632億円、保証残高は406億円。中小企業向け貸し出しが4割で、それ以外は中堅・大企業となっている。再建計画では、新規融資実行として成長が期待されるニュービジネスへの重点的支援を打ち出したが、計画の23億円に対し、7億円にとどまった。

新銀行東京では、参議院の参考人招致について「その時の状況で考える」と話し、改正金融機能強化法案に基づいて将来、公的資金注入を求めるかどうかは「法案審議中のため、コメントできない」としている。

都政の東西

東京の大気

都心では、空気がおいしいと思ったことがない。東京の大気汚染は昔ほどひどくはなくとも、まだまだ改善の余地がある。

中央区役所の1階ロビーには、「本日の大気汚染状況」が掲示されている。光化学オキシダントと二酸化窒素の二つについて、9時と13時の値のほか、環境基準が示されている。基準を上回った数字は見たことがないが、区によると光化学オキシダントは年間286時間、二酸化窒素は年間3日、基準を超えた一定のポイントがあるという。

夏場に出る光化学オキシダントは、自動車や工場などからの排出物が紫外線と反応して生じる。中央区内は、車は多いが工場は少ない。他地域から流れてきていることも考えられる。

二酸化窒素は、石原知事の呼びかけで始まった2003年からのディーゼル車規制の効果で徐々に減ってきているというが、完全にきれいになったわけではない。都内全域でみると、都のホームページに載っている大気汚染地図情報が分かりやすい。1立方㍍中に含まれる二酸化窒素の量を1時間ごとに色別に示しており、少ない方から順に青、水色、黄緑、オレンジ、赤色へと移り変わっていく。日中は東京のほぼ全体が水色から黄緑色。都心部ではオレンジ色の帯もあちこちでみられる。さまざまな活動が停止する深夜から明け方にかけては、西の奥多摩地域から青いエリアが広がってくる。

地図からは、東京の日々の活動の陰で、大気の汚染と回復が繰り返されていることが読み取れる。深夜から明け方の青い地域の広がりには、東京も捨てたものではないと思う。だが、昼になると、それを帳消しするかのような赤みを帯びた色の広がり。日中も青い東京でいるために、低公害車への切り替えなどの施策の一層の推進に期待したい。

障害者就労支援で8団体が行動宣言

20の行動示す

都は20日、障害者就労を進める上で各団体が実施する20の行動を示した「首都TOKYO障害者就労支援行動宣言」を策定した。東京労働局や東京経営者協会など8団体が賛同。例えば、福祉施設は障害者のキャリアカウンセリングを行い、就労支援機関につなぐことや、東京経営者協会は毎月、企業の状況に合わせた個別相談を行うことなどを盛り込んだ。

都における障害者の実雇用率は1・51%で、法定雇用率1・8%に達していない。身体障害者の雇用が進む一方、重度の知的・精神障害者の就労が課題となっている。企業の採用担当者からは「就職できる障害者が少なくなっている」との声も出ている。また、福祉施設から企業に就職するのは、全国平均で1～2%という。

都は「10年後の東京」で、障害者の3万人雇用を目指し、「障害者就労協議会」（座長＝今野浩一郎・学習院大教授）で協議していた。都障害者施策推進部では、職業教育や企業の支援体制を充実させ、障害者と企業側の距離を縮めたい考え。

石原知事、公務を理由に出席拒否

参議院の参考人要請

参議院は、25日の財政金融委員会に石原知事の参考人出席を要請したが、都は19日付の公文書で「公務のため出席できない」と回答した。改正金融機能強化法案の審議のため、参議院では引き続き知事に参考人出席を求める考えだ。

「交付金化」で国に緊急提言

都は21日、政府が10月30日に発表した「新たな経済対策」について、交付金による財源措置を講じるよう、麻生首相や関係閣僚に緊急提言を行った。減税に伴う地方の減収分は、地方特例交付金で財源補てんするよう求めている。

道路特定財源の一般財源化では、1兆円を地方に配分することが盛り込まれたが、地方交付税化されると東京の道路整備に支障が出るため、恒久的な税源移譲か、税源移譲を前提とする交付金として配分するよう提言。

また、首都高の高速道路料金施策の財源については、首都高などに重点配分するよう求め、外かく環状道路は09年度事業着手を確実にするよう要望した。

横田基地共用化や周産期医療で要望

八都県市首脳会議

八都県市首脳会議は、11月12日に開かれた第54回首脳会議の結果を受け、「米新政権下における横田基地の軍民共用化等の早期実現を求める要望」など、四つの要望を国に提出した。

軍民共用化等の早期実現を求める要望は、18日に国に提出。具体的には、日米新政権に対して、日米協議を確実に引き継ぎ、その実現に向けた協議に積極的に対処するよう、改めて強く働きかけることなどを求めている。

19日の「周産期医療体制の充実及び医師確保に向けた緊急要望」は、厚生労働省に対し、総合周産期母子医療センターが母体の安全も含めてリスクの高い妊婦に対応できるよう、診療体制の強化を図るとともに、中程度のリスクを持つ妊婦に対応する医療機関の確保を図ることができるよう必要な措置を講じることなどを強く要望している。

冗句ジョーク

勤労感謝の日明けも職場全体に「働けど働けど……」の啄木モード

ため息職員「長生きだけはするよ、残業も飲み会も減ったし宅配便も来ないんだから」

旧元町小跡地を順天堂へ

文京区は来年度、旧元町小学校跡地(本郷1丁目)を、区内の学校法人順天堂に貸与する方針を固めた。期間は09年度から6年間になると見られ、順天堂側は改修後、大学の仮校舎を置く予定。敷地内に文京区の病後児保育施設を併設し、運営面で順天堂側が協力する。今後、文京区と順天堂で賃料や費用負担などの詳細を交渉した上、今年度中に契約を締結する。区側は現在開催中の第4回定例区議会において「検討の途中経過を報告する」としている。

文京区 大学の仮校舎に貸与

病後児保育所を併設予定

順天堂への貸与方針について、文京区は「遊休施設の有効活用と、子育て支援のための施設を確保する観点から、交渉を進める方針を決定した」としている。

順天堂大学は、2013年度に創立175周年を迎えるにあたって、記念事業として本郷キャンパスの建て替えと医学部附属病院の再整備を行う。同事業の工事中、旧元町小跡地施設を借り受けることを、文京区に要請した。

順天堂は葛飾区内に新キャンパス建設を検討していたが、費用など条件面で葛飾区側と折り合わず、10月20日、計画の撤回を区に申し出ていた。

旧元町小の跡地には、3階建ての校舎施設があるが、築80年を超えており、老朽化対策、最新基準の耐震化対応などを要する。来年1月以降、仮校舎として使用するための改修工事の際に、耐震化工事を実施する。文京区は「貸与に先立って、校舎の耐震性などを調査し、耐震化に必要な工事内容や費用を確定する」としている。

順天堂の仮校舎設置に合わせて、文京区が実施する病後児保育事業のための施設を新設する。病気から回復中のため集団保育が難しい保育所児童を一定期間、預かる施設で、文京区には現在、区内の病院に委託した「施設内保育所」1カ所がある。

1日平均6人ほどの児童を預かっているが、満員の場合が多いという。

文京区と順天堂大学附属病院は05年に相互協力協定を結び、病後児保育の施設開設を検討していた。

体育館移設案で注目

旧元町小は、1927年に開校。関東大震災後に建設された「復興小学校」の一校で、学校の隣には元町公園(32年開園)を併設しており、「公園併設型」の復興小学校としては、唯一、現存する施設となっている。

98年の閉校後、校舎施設は、近隣の学校や都内の服飾専門学校に貸し出されるなどしてきた。周辺地区の緊急避難場所にも指定されている。

区は06年、学校跡地について、元町公園との一体的な整備計画案を策定。校舎建物の一部などを建て壊し、区立の総合体育館を移設する案をまとめた。

公園併設型の復興小学校としては唯一、現存する旧元町小学校

しかし、歴史的な文化遺産として保存を訴える市民団体、建築・造園関連の学会などが整備計画案に強く反発。昨年4月の区長選時には、争点の一つとなり、成澤廣修区長は、計画の見直しを公約に掲げていた。

区長の諮問機関である都市計画審議会は昨年8月、区側に計画案の事実上の見直しを要請。その後、区民や有識者を交えた協議会が、総合体育館の移設地を改めて検討し、旧第四中学校跡地(本郷7丁目)が適当であると答申し、区側が最終決定した。

あくまで「暫定活用」

旧元町小の跡地を順天堂へ貸与するという今回の文京区の方針について、総合体育館の移設案に反対してきた市民団体などからは、当面は現状が維持されることに肯定的な意見が聞かれるが、老朽化が進む旧校舎の保存対策など、長期的な対応の検討を求める声も根強い。

文京区側も、順天堂への貸与については「暫定活用」と位置づけており、長期的な対応については、別途、検討していくとみられる。

70歳就労社会目指す

中央区 フルタイムも無料紹介

中央区は「70歳就労社会の実現」を目指している。独立行政法人高齢・障害者雇用支援機構が実施する「中小企業定年引上げ等奨励金」に対し、今年4月から23区では珍しい独自の上乗せを行っているほか、10月1日からは無料職業紹介所「シルバーワーク中央」の事業内容を拡充。これまで行っていた60歳以上の臨時的、短期的、軽易な仕事の紹介に加え、55歳以上を対象とした週40時間のフルタイムの仕事まで紹介できるようにした。

この結果、これまでの月平均の約4倍にあたる月40人を超える求職者が訪れているという。

中央区は、高齢になっても働き続けている区民が多い。05年の国勢調査では、70歳から74歳までの就業者率が全国平均で24・5%、23区平均で29・3%だったのに対し、中央区は40・1%と非常に高かった。区高齢者福祉課では「区内には中小の自営業者が多く、高齢者が働く場が多いといえる」と話す。

70歳就労社会の実現は、矢田美英区長のマニフェストの一つ。高齢社会が進むなか、一人ひとりの高齢者が自らの意欲と能力、価値観などに応じて、住み慣れた地域でいくつになってもいきいきと働き、健康で生きがいを持って暮らし続けられることを目指している。

高齢・障害者雇用支援機構による「中小企業定年引上げ等奨励金」は、65歳以上への定年の引き上げなどを行った中小企業を対象に、企業規模などにより40万円から160万円を支給するもので、区ではそれに加え、区内に事業所を持つ事業主に対して、独自の奨励金として10万円を支給している。

また、シルバーワーク中央は、これまで中央区シルバー人材センターのなかにあった。シルバー人材センターは、単に仕事を与えるだけでなく、生きがいづくりも含めて運営されている。高年齢者等の雇用の安定等に関する法律の縛りもあるため、シルバーワーク中央での仕事紹介も、対象は60歳以上で週20時間程度の臨時的、短期的、軽易な仕事の紹介に限られていた。そこで、今回、シルバーワークをシルバー人材センターから切り離して、運営を中央区社会福祉協議会に移すことで縛りをなくし、55歳以上、週40時間のフルタイムの仕事まで紹介できるようにした。

区高齢者福祉課は「今後、老後にも経済的に安定した生活を送るため、一定の収入を確保したい人が増えてくることが想定される。高齢者の技術や能力を生かす場も必要となる。ハローワークや東京しごと財団と連携し、高齢者の就労環境づくりに努めたい」と話している。

高齢者のための無料職業紹介所は、現在、都内の13区市のうち、シルバー人材センターで担っているのが3区市で、そのほか社会福祉協議会やNPOが担っているところが中央区も含めて10区市となっている。

千代田区 たばこのポイ捨て激減

「喫煙難民」は公園に流入

路上喫煙などに過料を科す千代田区の生活環境条例が施行して6年を迎えた。定点観測している地区では、たばこのポイ捨てが施行前と比べ、約330分の1に激減し、路上の浄化が進んでいる。一方、路上で吸えない反動で、規制対象外の公園などでの喫煙が顕著になっている。憩いの場である公園が、喫煙者のたまり場に一転しつつある実態が浮き彫りになった。

喫煙所が設置された区立俎橋公園

6年間で過料7700万円

千代田区では、非常勤職員の指導員や係長級、課長級が02年11月から禁煙地区10カ所を巡回し、路上喫煙、ポイ捨ての違反者から過料2千円を徴収。指導員の人件費は、年間約6千万円という。

施行した月には、違反が749件で、その後は月約300件~700件の間を増減した。05年8月のつくばエクスプレスの開通をきっかけに、06年2月は過去最高の千件に達したが、現在は約500件~670件で推移している。今年10月末までで、約4万7千件の違反があり、過料は累計約7700万円を徴収し、一般会計に繰り入れられている。

定点観測している秋葉原地区の4カ所では、施行前にたばこポイ捨てが約1千本あったが、今年9月末には3本に激減した。ポイ捨てを禁止した条例は目に見える形で効果が出ている。

しかし、区は喫煙を路上のみで禁止しているため、吸う場所がなくなった「喫煙難民」は、企業の敷地内など徴収を免れる安全地帯で吸っている。特に、区立公園での喫煙が目立つという。

だが、区は公園での喫煙禁止には二の足を踏んでいる。規制強化すると、路地裏などで吸い、火の不始末で火事を誘発するおそれがある。これ以上、喫煙者に肩身の狭い思いをさせるのではなく、公園内で嫌煙家と愛煙家を共存する分煙策を考えた。

昨年7月、九段南の俎橋公園(約247平方㍍)に約24平方㍍の喫煙所を区内で初めて設置。日本たばこ産業(JT)の設置基準を参考に、一人あたりの喫煙スペースを1・5平方㍍に設定し、5台の灰皿を置き、12人前後が喫煙できるようにした。しかし、定員をオーバーし、喫煙所外でも吸う大人が出ている。それでも、区担当者は「設置前には公園全体に喫煙者がいたが、現状は改善している」と分析する。

区内には、57カ所の区立公園があり、喫煙所の設置に対しては、区民から「公園の1カ所にまとまって吸ってもらえれば、他の場所での喫煙がなくなる」「設置しても愛煙家のたまり場になる」などと賛否両論の意見が寄せられている。区は、両者の主張の板ばさみになり、第2号の喫煙所を整備できずにいる。喫煙所の必要の有無を見極めていく考えだ。

JTによると、08年5月現在の喫煙率は男女平均で25・7%。千代田区の昼間人口約85万人で、この喫煙率をかけ合わせると、約21万8千人。区担当者は「喫煙人口が減らない限り、喫煙が減らないのが悩みの種」と打ち明けた。

繊維街が服飾ショー開催

荒川区

日暮里地区の繊維街の活性化を目的に、荒川区や経済産業省が後援したファッションショーが19日、区内のホールで開催された。全国の服飾専門学生などが対象のデザイン・コンテストと、荒川区の友好都市で中国随一のファッション産業集積地である大連市による「大連コレクション」の2部構成で、今回が3回目。

「ニポカジ」が人気

日暮里地区は、繊維卸問屋などが以前から集積。近年は小売りも行い、既製服の激安店の進出などもあり、一般客で賑わう。最近は「ニポカジ(ニッポリとニッポンのカジュアルを掛けた造語)」の街として、若者の注目も集めている。

地元商店などで構成した実行委員会は「繊維・ファッション産業界を目指す若者の支援も目的」としている。コンテストには、全国から約1200点のデザイン画の応募があり、入選作品40点をショー形式で最終審査。優秀作品には、グランプリ(経済産業大臣賞)、荒川区長賞などが贈られた。

ショーのモデルは、ファッションモデルを目指す日中両国の学生で、中国初のモデル養成校「大連模特藝術学校」の学生も舞台に立った=写真。ヘアメイクは地元の理美容専門学校の学生が担当。学生が主体とは思えない本格的なステージ構成に、観客は一様に魅了された様子だった。

高額療養費で遅延や過不足

後期高齢者医療

東京都後期高齢者医療広域連合は20日、国から提供されているシステムの不具合などにより、後期高齢者医療高額療養費で支払いの遅延や過不足が生じていると発表した。お詫びするとともに、支払いの準備を進めている。

同連合によると、国から提供されている電算処理システムの不具合やそのほか作業の遅れなどにより、一部の人について当初予定通りの支払いができていなかったり、支払い金額に誤りがあった。

支払いが保留されていたのは制度が始まった4月から6月分までで、該当するのは約1万9千人。総額は約1億9千万円、1人あたりの未払い最高額は約33万円。同連合は同日付でおわび文書を送付し、12月初旬までに支払うとしている。

支払い金額に過不足があったのは、同期間で約9600人。不足していたのがほとんどで、総額は約6700万円。不足していた人には、年内に差額分を支払う。過払いとなっていた人には、今後の高額療養費で調整をする予定。

同様の問題は、他の地域の広域連合でも起きている。

広報紙中づり 庁舎内に設置

足立区

足立区はこのほど、電車の車内広告に見立てて、広報紙の記事を紹介する中づりを庁舎内に設置した。区では、シルバー人材センターが毎月2回発行の広報紙を全戸配布している。区担当者は「なかなか広報紙を手に取って、読んでもらえていない。来庁者に注意喚起するために、広報紙の中づりを設置した」と説明する。

広報紙の中づりは、「シリーズ現場 区内の児童虐待 2年間で倍増」などと目玉記事からタイトルのみを抜粋している。今後は、コミュニティーバス、区有施設などにも中づりを設置していく考えだ。

前金払い対象工事 緊急景気策で拡大

北区

北区は、区の発注工事において請負業者が着工に要する経費の負担を軽減するため、前金払いの対象工事を拡大することを決めた。

17日以降に実施された入札に基づく発注工事のすべてを対象とする。前払い額は「契約額の40%」とし、1億円が限度額。北区では当面、拡大適用していく方針。

北区が発注する工事の経費以外に、前払い金を流用することは不可。前払金を請求する際には、事業者側で保証事業会社と保証契約を締結することが条件になる。

前金払いの適用拡大について、北区は「緊急景気対策の一環」としており、業者側の資金調達を支援していく。入札への参加を促す一方、区の発注事業が業者の経営難などで不履行になるリスクの低減も図る。

記者席

外国人の目にどう映る?

○……重い課題を中心に難航を極めた今年の都確定交渉が、18日未明に妥結した。最終の団体交渉が始まったのは、午前4時15分だった。

これをさかのぼること12時間余り。ヤマ場を控え、都労連の第5波総決起集会が、都庁第一庁舎と第二庁舎の間にある中央モールで行われていた。

中央モールは道路に面しており、そこには時折、外国からの観光客を乗せたバスが到着する。数多くの組合員が結集し、熱気溢れる集会の様子が気になるのか、中には、腕組みをして見つめたり、写真を撮る姿もあった。

振り返ってみれば、この確定交渉の間、そうした場面を何度も目にした。彼らの目には日本的な光景と映るのか、少し聞いてみたい気がした。

○……都立三鷹高校長の指摘を受け、教育庁は全都立学校を対象に「学校経営の適正化」調査を実施した。その結果、職員会議で挙手採決している学校はなく、規則改正が「言論の自由」に影響を与えていると答えた学校もゼロだった。

この結果をみて、都教委も「おおむね目標を達成している」とひと安心の様子。議論の中では「出来すぎというぐらいの現状肯定の数字」「イエスとノーの差がありすぎる」との声もあったが、学校経営支援センター職員が各学校を回って「学校経営の適正化」を肌で感じて、調査結果を裏付けているとか。

○……千代田区が路上喫煙などで過料を取り始めた結果、「喫煙難民」が公園になだれ込むため、喫煙所を設置した俎橋公園では、昼食後に一服しようという人たちで定員オーバーしている状態。先日も12時50分ごろ、喫煙スペース以外で、約10人の喫煙者がたばこを吸っていた。時間帯によって、区立公園が喫煙者に“占拠”されている。嫌煙家が肩身の狭い思いをするどころか、公園に入るのをためらってしまう。

千代田区が6年前に先行的に始めたたばこポイ捨てと路上喫煙の過料処分は、ほかの自治体でも導入されている。時がたてば同じ問題に直面するはず。今から、対応策を検討すべきでは。

目指すリサイクル率日本一
ダストボックス廃止決定
府中市

全国で唯一、ダストボックスでのごみ収集を行っていた府中市は21日、42年間続いたボックス廃止と、家庭ごみ有料化、戸別収集の三つの内容で収集方法を見直す方針を決定した。また、可燃ごみの5割を占める生ごみについては、調布市と資源化施設実現に向けた共同研究を行うことを発表。循環型社会への取り組みを早急に進め、2011年までに多摩地域でのリサイクル率1位を目指していく。

野口忠直市長は、前々回の市長選で、ダストボックス継続を公約に掲げていたが、社会情勢の変化などから方針を転換。中身が見えないことから資源として出される量が26市でも最下位となるなど、「ごみの分別が徹底されず、ダストボックス方式を続けながら、ごみ減量を行うのは限界に来ている」として、今回、市が示した三つの内容に関して、市民説明会や市民、事業所などへのアンケートを実施していた。

これに対して、6割以上の賛同が得られるという結果が出たことや、資源循環型社会構築に向けて、収集方法の見直しを求める緊急アピールが市内4団体から提出されたことなども受け、市の方針を決定。今後、有料化の具体的な内容や市民への説明を経て、2010年2月を収集方式の見直し時期と決めた。

収集方法の変更に伴い、これまでダストボックスでの収集で使用していたクレーン車の廃止や、市内5千カ所、約1万5千個のダストボックス撤去などの予算計上が必要になるほか、戸別収集などによる経費増で、現状で約8億円かかっている経費が4億円ほど膨らむ予定だ。合わせて行うごみの有料化については、近隣市を参考に、指定袋40㍑80円程度での販売を目途としており、高齢者世帯などには無料配布なども検討している。

また、可燃ごみとして捨てられる生ごみは、焼却効率や資源化などの点から新たな課題となっているが、府中市でも可燃ごみの5割が生ごみ。家庭ごみの収集方式を戸別収集に変更することで、生ごみを別に出してもらうことも可能になるため、これについて資源化を図ろうと、18日には調布市と生ごみの資源化施設実現に向けて、共同研究を進める覚書を交わした。

行政枠を超えた共同研究は、多摩地区でも初めて。具体的な資源化の方法についてはこれから検討していくが、採算性を考慮すると、1日に20㌧以上の生ごみが集まらなければ生ごみによる電力化などはできず、1市での資源化は難しかったという。具体的な施設建設地の選定や資源化の方法については、来年度に専門家を交えた市民参加の協議会を発足させ、施設の具体像を固めていく考えだ。

市はこれらの取り組みを進めることで、ごみ50%削減を実現して「循環型社会」を構築し、多摩地域でのリサイクル率1位を目指していく。

販路開拓を海外へ
上海市徐匯区と協定
羽村市

協定で海外への販路開拓を後押し（中央右が並木市長）

羽村市はこのほど、中国上海市の徐匯（じょかい）区工商業聯合会と、産業振興に関する協定（覚書）を結んだ。地域の産業振興で、海外と協定を結ぶのは珍しい。中国への販路開拓に関心の高まりが見られることから、国内から海外に販路を広げようと考えている市内企業の側面支援を行うことで、広く多摩地域の企業のより広いビジネスチャンスに結び付けたい考えだ。

羽村市は現在、㈳首都圏産業活性化協会の理事を務めており、販路開拓を担当している。同協会では上海との交流事業を一昨年から実施しており、昨年、世界の市場として注目が集まる上海への販路開拓に向けて「上海―TAMAビジネスマッチング会」を実施。羽村市は市内企業の参加に際して市職員を参加・同行させ、販路開拓の支援を行ってきた。

市内企業には、すでに上海に進出して成功を収めている企業もあるほか、市が約80社を対象に行ったヒアリングでは、「中国に営業法人を作りたい」と回答する企業も複数あり、関心の高まりが見られていた。一方で、「中国に進出したものの、雇用した中国人が辞めてしまった」など課題もあることから、市ではそうした企業をどう支援するかを検討。「国内市場が縮小していく中で、課題も解決できる仕組みの中での海外進出のきっかけ作りが必要では」と、上海出身で日本に帰化し、上海に健康食品の輸出業などを行っている事業者を介し、徐匯区工商業聯合会との協定へと結びつけた。

徐匯区は上海の13行政区の中の中心部にあり、ハイテク産業が盛んな都市で、日本の高い技術との連携に興味を示していたという。

協定は、11月4日から9日まで上海で開かれた「ビジネスマッチング会」に、羽村市の並木心市長が団長として参加した際に締結。

内容は、両地域の産業振興と友好親善を促進するため、①産業経済、企業活動の分野で可能な限りの情報交換を通じ、地域経済、地域産業発展のため、相互協力を行う②産業交流、人材交流を通して相互理解を促進し、地域社会の発展に相互協力する――などとした。

協定締結の際、並木市長は「人材交流や産業振興での発展を期待している。これをきっかけに、羽村市だけではなく、広く多摩地域との交流が盛んになれば」などと話した。

市産業活性化推進室商工業振興係は「企業のニーズに合わせた個別のコーディネートを考えており、特徴ある産業や企業を積極的に売り込んでいくほか、中国の優秀な人材を紹介してもらうなどで、要望に応えていきたい」などと語り、今後の広がりに期待を示している。

資格証明書の交付基準見直し
国保滞納世帯減も期待
町田市

町田市は21日、国民健康保険税の滞納世帯における子どもの資格証明書について、交付基準の見直しを行ったと発表した。滞納分を分納で支払うなど、誓約書を提出した世帯の中学生以下の子どもに対しては、短期被保険証の交付を行う。これをきっかけに、子どものいる滞納世帯への納付相談などもきめ細かく行えることで、納税率のアップも期待されている。

窓口で10割を支払い、後の申請で7割を返還する資格証を交付している17市のうち（表＝6月1日現在）、子どもについても同様の措置を行っているのは、町田、青梅、清瀬、多摩、立川の5市のみ。町田市は6月30日現在、資格証を交付している2250世帯のうち、子どものいる世帯は201世帯、中学生以下は320人で、都内で最も多くなっていた。

そうした子どもの救済について、今年10月30日付で厚生労働省の通知があったこともあり、基準を見直した。対象は、義務教育終了までの子どもとし、例外として心身障害者医療費助成制度とひとり親家庭等の医療費助成制度の対象者は18歳以下とした。

資格証の交付世帯については、誓約書などで納付の確約ができた場合に子どもに対してのみ、1年間の短期被保険者証を発行。また、子どもが医療を受ける場合に診察費が支払えない場合には、緊急的に1カ月の短期証を交付する。相談のない世帯には、電話や戸別相談も実施する。

施行は12月1日から。

国保被保険者資格証明書・短期被保険者証交付件数

	加入世帯数	資格証明書	短期証
八王子	90063	659	2799
立川	30931	51	775
武蔵野	24026	―	405
三鷹	30347	4	169
青梅	22109	31	1783
府中	38589	17	680
昭島	19431	138	1799
調布	36559	478	2239
町田	67719	2481	3509
小金井	17883	―	907
小平	29058	155	1592
日野	27617	―	1746
東村山	25409	25	1287
国分寺	18334	―	209
国立	12527	23	300
福生	11909	22	1150
狛江	14397	9	320
東大和	14199	―	810
清瀬	13133	12	683
東久留米	20648	―	972
武蔵村山	12774	―	446
多摩	24645	134	608
稲城	11769	83	728
羽村	9546	21	707
あきる野	13297	―	2138
西東京	33423	―	2137

清瀬にんじんレシピコンテスト
「人人（にんじん）」の輪広げよう！
清瀬商工会

にんじん作付面積、収穫量とも都内1位の清瀬市で、清瀬商工会がにんじんレシピコンテストを初めて開き、16日に表彰式を行った。愛知県や新潟県から69点の応募があり、にんじんレシピ大賞には、岐阜県から応募のあった「爆弾にんじんのおすまし」を選出。入賞したレシピのうち、準優勝にあたる商工会賞を受賞した「にんじんのレアチーズケーキ」は、翌日から出品者により市内で売り出されており、同商工会では、そのほかの入賞レシピも惣菜や飲食店等のメニューとして売り出し、PRに努めたい考えだ。

コンテストは、清瀬産のにんじんを使った創作レシピで、にんじんの新たな調理法を広め、にんじんを通じて全国との交流の輪を広げていくことを目的に開催。1次書類審査通過者は15日に実演と審査があり、ドーナツやビスケットなど、にんじんの色や風味を生かし、作りやすさを考慮して、8品が受賞レシピに輝いた。

平塚久敏商工会会長は「入選作などをプロの手を借りながらレベルアップさせ、清瀬の新しい特産品・名物として販売できるよう、努力していく」と語り、「今回生まれた人人（にんじん）の輪を大切にしながら、清瀬を全国に向けて、発信していこう」と呼びかけた。

清瀬市内にはにんじんを作付けしている畑が44㌶あり、にんじん収穫量は約2千㌧。都内収穫量の48・4%を占めている。これまで、にんじんジャムやにんじん焼酎などを特産として売り出し、好評を博してきた。

また今年からは、ベータカロチンが通常の2倍あるという新品種「ベーターキャロット」の作付けも開始。清瀬ブランドの発信にさらに、力を入れていく。

事故米の混入なし

また、清瀬産のにんじんを使った特産品として人気を博していた「清瀬にんじん焼酎～君暮らす街」の醸造元が、「三笠フーズから事故米購入社」として農林水産省の発表リストに乗ったため、同商工会では自主回収を実施していたが、事故米の混入が一切なかったことが判明。11月14日で回収を終了したが、その数は1017本に上った。

にんじん焼酎は毎回完売する人気だったが、商工会では、焼酎の風評被害が今回のコンテストの応募にも影響があったと見ており、来年度の販売については、商工関係者の集まりなどでヒアリングを行うなどして、検討していきたいとしている。

都市建設部課長ら2人を懲戒処分に
東久留米市

東久留米市は20日、2件の懲戒処分を発表した。

問題は、東久留米市立第六小学校の芝生化に伴う倉庫設置工事で、建築確認をとらずに倉庫を設置するよう指示し、その後、倉庫の解体や再築にかかわる費用が発生した件。市に損害を与えたとして、都市建設部課長を給料月額10分の1（2カ月）、課長補佐を同（1カ月）の減給処分にしたと公表した。

また、野崎重弥市長は「不適切な事務執行により、市政に対する信頼を損ねた」とし、「信頼回復のため、法令順守を徹底し、公正な職務遂行に努めていく」などとコメントした。

広域連携で雨を生かす
8市長サミット　50年間継承を宣言

小金井市は15日、東京学芸大学芸術館ホールで「雨を活かすまちづくり50年の継承」をテーマに、8市市長サミットとシンポジウムを開催した。小金井市と、隣接する武蔵野、三鷹、府中、調布、小平、国分寺、西東京の市長が一堂に会し、今後50年間、雨を生かす取り組みを継承していくことを宣言した。地域に残る湧水の保全や復活、集中豪雨の被害を軽減するためにも、地中に雨を返す取り組みを促進する。長期的な視野を持った広域的な取り組みの効果が期待されている。

■1市の限界

サミットは小金井市制50周年を記念した事業の一環で開かれた。

小金井市では、市内を流れる野川の源流となる湧水が枯渇し、その湧水復活の一助として、雨水浸透ますの設置を20年前から実施してきた。1988年には、建築基準法を補完する市独自の技術指導基準を設け、新築する際の雨水浸透ます施設設置を義務付けたこともあり、10月末現在、その設置率は51%（1万2433軒、5万6040個）に上っている。

しかし、20年継続して取り組んだ環境面での効果は「湧水が枯れなくなった程度で、野川の水源確保とまでは至っていない」（稲葉市長）と、1市で取り組むことの限界も痛感。貯留や浸透を促す施策を一歩進め、まち全体で雨を資源として捉えて生かすシステムを構築し、行政枠のない雨水や地下水こそ、行政間のネットワークによる取り組みの拡大が不可欠として、今後50年間の取り組みを広域的に行っていくため、協力を呼びかけた。

■各市の取り組み

近隣7市の雨水浸透ますの設置は、武蔵野市2万1千、三鷹市4万5千、府中3万5千、調布3万4千、小平2万2200、国分寺2万2600、西東京1800などとなっている。しかし、雨を下水に流さず生かしていく取り組みは、一般家屋への浸透ます設置だけではない。道路下や公共施設への貯留槽設置や、田畑、緑の保全など幅広く、各市はそれぞれが取り組みを推進してきた。

武蔵野市は、18校ある学校の校庭に2011年度までに貯留浸透施設を設置する取り組みを進めており、今年度は6校に配置。1校で家庭用浸透ます8千戸分にあたる500㌧クラスの施設で、集中豪雨の浸水対策と地下水涵養への寄与が期待されている。

三鷹市は、生活道路下に貯留施設を入れていく取り組みを02年度から試験的に行い、05年度から本格実施。将来的には、三鷹市の道路面積の10%程度に貯留施設を設置したい考えだという。

府中市は、開発業者などには雨水浸透ますの設置を強力にお願いしているほか、湧水保全に積極的な取り組みを実施。過去三つあった湧水の一つは枯渇し、さらにもう一つ、枯渇が懸念される地域がある。そのため湧水上部の民間家屋100軒に協力を要請し、市が工事費など1千万円を全負担して、今年度中に100基の雨水浸透ますを設置する計画だ。

調布市は毎年、かつて湧水があった場所も含めて54ポイントで湧水の調査を行っており、湧水の上部には、雨水浸透ますを重点的に設置するなど取り組みを進めている。

小平市は、緑を多く残すことに重点を置き、今年度から庁内にプロジェクトチームを立ち上げた。公共施設や公園、農地など、課を超えた連携で緑の保全に取り組むという。

また、国分寺市も、開発業者への雨水浸透施設設置を義務付けるなどしているが、過去30カ所以上を数えた湧水が、現在は7カ所となり、それも渇水によって、時期によっては枯れるものもあるという。そのため、湧水や地下水を守る条例作りの準備が始まっている。来年1月から庁内に準備会を立ち上げ、1年かけて検討する予定で、2010年の条例制定を目指して取り組む考えだ。

西東京市は市内に防災井戸が多くあり、それらを活用できる状況にするためにも地下水を守る必要があり、農地保全や雨水浸透ますの設置を促進していく。

8市長が雨を生かす広域連携の意義を確認した

■さらなる広がりを期待

また小金井市の稲葉市長は、「雨水を下水に流さない取り組みは、水を再生処理する際にかかる維持管理負担金の削減にもつながる」と話している。今年は特に雨が多かったため、各市とも例年に比べて負担金の割合は、10月末現在で3割から5割程度アップしており、小金井市ではすでに例年より2億円以上も負担金額が増えているという。同市下水道課によると、維持管理負担金は、流入水量1立方㍍あたり38円なので、市内に設置した雨水浸透ますで得られる約100万㌧の効果で換算すれば、3800万円の削減効果があることになる。雨を生かす取り組みは、経費削減にもつながるとしてPRしている。

「雨を活かすまちづくりサミット宣言」は、「人の営みに、まちとまちを結ぶ行政の連携は必要で、雨を活かすまちづくりも行政の連携が不可欠」「行政の連携だけでなく、地域が一体となって雨を生かすまちづくりを考え、行動し、次世代のために50年間継承することが重要」などの内容で、各市長がサインした。

今回の宣言は、各市の取り組みや協力などに拘束力や強制力があるものではないが、各市とも、雨を生かす取り組みの継承に賛同。8市にとどまらず、より広い取り組みになることに期待を寄せる声もあった。今後50年間、各市が取り組みを行っていく宣言の証に、今年中にも、報告書と8市長名を刻んだモニュメントを作成する予定だ。

圏央道で初の行政代執行
関係首長が「当然の対応」

国土交通省相武国道事務所は、18日から行政代執行により、八王子市高尾町地内の圏央道高尾山トンネル南口付近に自然保護団体が設置した木造デッキの撤去作業を行っていたが、翌19日に作業を終了したと発表した。

これに対し、首都圏中央連絡道路建設促進協議会（会長＝黒須隆一・八王子市長）を構成する5市3町1村などが「法を順守する行政機関としては当然の対応」などのコメントを発表した。

圏央道に関係する行政代執行が行われたのは、今回が初めて。

国交省と自然保護団体との間では、土地区画の所有権をめぐって東京高裁で係争中で、デッキは圏央道建設に反対する自然保護団体が、今年2月に設置していたもの。

18日、デッキには建設の反対運動を行ってきた自然保護団体のメンバーが前日から泊り込み、行政代執行の阻止に臨んだが、国交省側が行政代執行宣言を行い、撤去作業に着手。19日午前には作業が終了した。

これに対し、圏央道促進協議会の会長市である八王子市をはじめ、青梅、福生、羽村、あきる野の5市、瑞穂、日の出、奥多摩の3町、桧原村の各首長や、圏央道を促進する議員ネットワークほか、圏央道促進を望む市町民などがコメントを発表。

八王子市の黒須市長は「今回の代執行は明らかに法を逸脱した行為に対して行われるもの」とし、「ごく一部の人たちによる不法行為により、圏央道の整備がこれ以上遅れることはあってはならないため、関係者には毅然とした態度で手続きを進めてもらい、1日も早い圏央道の完成に結びつくことを強く望む」などとし、他も圏央道促進を望み、同様のコメントを出した。

横浜市から千葉県木更津市を約300㌔で結ぶ環状道路「圏央道」は、現在約70㌔が完成しており、行政代執行のあった場所は、八王子ジャンクションから八王子南インターチェンジ（仮称）間で、同区間は2011年度に開通が予定されている。

特別区労使交渉が決着

成績率の拡大に経過措置
技能長等の資格基準を拡大

成績率の拡大や技能・業務系人事制度の見直しなどを争点に、激しいやり取りが続いていた特別区の確定交渉が21日の未明に妥結した。20日深夜に行われた最終団交では、区長会が先に提案していた成績率の拡大について、経過措置の延長や、一部提案を撤回するなどの修正案を示した。また、この間、具体案を示していなかった技能・業務系人事制度の見直しでは、技能長職等の設置基準の拡大案を示し、勤務時間も1日15分の短縮を提案した。給料表は、地域手当を14・5%から16%に引き上げ、これと同率程度、給料月額を引き下げる当初提案での決着となった。

■成績率

最終団交には、特区連が21日早朝の29分の職場集会、清掃労組が同1時間のストライキを構えて臨んだ。

交渉の大きな争点となっていた勤勉手当の成績率の拡大提案では、労使の主張が大きく隔たる中、区長会が最終団交で大幅な修正案を示した。

まず、扶養手当と、その跳ね返り分を算定基礎から除算し、成績率の原資とする提案については、経過措置として実施を当初より3年先延ばし、12年6月の支給分から適用するとした。

また、係長級以上となっている一律拠出の対象者を全職員に拡大する提案については、内容自体は当初通りとしたものの、当分の間は、職務段階別加算がない行政系1・2級職や技能・業務系1級職などに適用しないとした。実施時期も当初より1年先延ばしして10年6月からとした。

さらに、拠出割合を現在の1%以内から2%以内に拡大する提案は、拠出対象者の拡大が図られたことなどを踏まえて事実上撤回した。

■昇格メリット

昨年の確定交渉から引き続き課題となっていたのが昇格メリット問題だ。技能・業務系の平均9%の給料表削減とともに現給保障を行う中、多くの職員は昇格しても保障額を超えず、メリットが得られない状況となっている。

当初、区長会が示した見直し案は、現行の4号給加算方式を見直し、昇格後の級の最高間差額の加算を基本とするもの。例えば行政職の4級から5級に昇格した場合、4号加算で得られる額は2400円程度から1万円以上まで開きがあるが、これを一番高い昇給額に合わせる内容だ。

多くの職員にとってメリットが大きく、組合側も一定の評価を示す一方、特区連は「枠外者などは、必ずしも改善につながらない」として、さらなる改善を要求。清掃労組も4年で本則化する経過措置を「不要」と主張していた。

これに対し、区長会は最終団交で、当初4年間としていた経過措置を1年短縮し、3年とする修正案を示した。これにより、経過措置期間の1年間の昇格メリットが、さらに大きくなる。

■技能・業務系人事制度

技能・業務系人事制度の見直しも、昨年の確定交渉からの課題だ。区長会は昨年の団交で、「技能長職等の設置基準について、必要があれば見直す」などの考えを示していたが、この間、具体案を明示していなかった。

こうした中、区長会が最終団交で示した改正案では、まず技能長の設置基準について、現行の「集団的に職務を遂行する職場で、概ね20人程度に1人」のほかに、「任命権者が必要と認める場合」を加えた。

区の現業職場は清掃などを除いて小規模職場が多いが、これにより、小規模職場でも必要に応じて技能長を設置することが可能となる。

さらに、技能長と技能主任の設置基準の人数算定をする際、各区の判断により、関連する職務に従事する再任用短時間職員などを含めることを可能とした。

例えば清掃の収集作業は再任用職員なども多く、清掃労組は技能主任の設置基準を現行の「4人に1人」から「2人に1人」に見直すよう求めていた。今回の見直しにより、要求内容で得られる効果に近づくことになる。

勤務時間は15分短縮へ

■勤務時間

最終局面まで具体案を示さなかった点では、勤務時間の短縮も同じだ。区人事委員会勧告では、勤務時間を1日あたり15分短縮し、「7時間45分とすることが適当」との意見を示していたが、区長会はこの間、「見直しには休息時間の廃止が不可欠」などの考えを示すにとどまっていた。

先に決着した都の労使交渉でも時短は継続協議となり、区長会の判断に注目が集まる中、最終団交では、来年4月1日から、1日あたり15分を短縮する考えを示した。

また改定に当たっては、区民へのサービス提供に支障を生じさせない勤務体制の整備や、休息時間の廃止なども求めた。今後は、各区で条例改正を行うことになる。

■病休者の給与など

特別区では、病気休職者に対して2年間、休職中の給料、扶養手当、地域手当、住宅手当、寒冷地手当のそれぞれ8割相当額を支給している。これについて、区長会は「ノーワーク・ノーペイ」の原則などから、国や都と同様に「1年間」に短縮する考えを示し、最終団交でも当初提案の内容で妥結となった。

さらに、58歳以上で定年退職日前の退職を定年に準じて扱う「準定年制度」の廃止と、勧奨退職制度の見直しについても、当初の提案内容で妥結となった。

勧奨退職制度の見直しは、現行の「50歳以上～58歳未満」の年齢要件に、「58歳以上」を加えるもの。準定年制度の対象となる「58歳以上」は勧奨退職制度でフォローすることになる。

組合は勧奨退職制度を実施していない区がある中で「格差拡大につながる」などと反発していたが、この対応に向け、当該区で一定の合意が得られたことなどを踏まえて判断した。

このほか、3級から5級職に「法務」と「会計」の専門職種を新設する提案も、当初の内容で妥結した。

◆

「最終回答はギリギリの内容となっている。また解決時期も来年4月から勤務時間の短縮や昇格メリットを実施するためにはギリギリだ」——。特区連の西川雅春委員長は、最終回答を受け取った後の中央委員会でこう語り、中央委員の判断を求めた。

区長会が一連の提案について「相互に関連するもので、一体として解決を図る」との考えを示す中、その姿勢を崩すことはできなかったが、時短の実施や勤勉手当の前進回答などを引き出し、最終判断に至った。

また清掃労組も、最終回答に対し、中央委員から厳しい意見が出され、大議論となったが、技能・業務系人事制度の見直し提案や昇格メリットの経過措置の改善などを受けて妥結を決断した。

こうした中、両組合が指摘したのが、都の妥結内容とのかかわりだ。

都の労使交渉では、業務職給料表の平均15%の引き下げ提案に対し、最終的には、昨年の特別区の見直しより低い平均8%の引き下げで決着した。清掃労組は、この結果に触れながら、「昨年の区の決着とは様々な違いがある」との認識を示し、区で適用できるものがあれば改めて協議するよう求めた。

特区連も、昨年の業務職給料表の平均9%の引き下げについて、「都などにも先行して、苦慮の上判断した」と述べ、業務職給料表の組み立て等について交渉を求めた。

来年度の確定交渉では、都の妥結内容を睨みながらの協議も予想される。

特別区確定交渉　主な妥結内容

◆勤勉手当の成績率拡大
- 勤勉手当の基礎額から扶養手当と跳ね返り分を除算し、相当額を成績率の原資に
- ※ 経過措置を設け、12年6月分の勤勉手当から適用
- 一律拠出対象者を係長以上→全職員に拡大
- ※ 当分の間、行政系1・2級職、現業系1級職等には適用しない

◆昇格メリット
- 4号加算方式から一定額加算方式（昇格後の級の最高間差額の加算を基本）に変更
- ※ 経過措置を4年→3年に短縮

◆技能・業務系人事制度
- 技能長職の設置基準に「その他、職務内容に応じて任命権者が必要と認める場合」を追加
- 技能長職、技能主任職の設置基準の人員算定は、各区の判断で、関連する職務に従事する再任用短時間職員等を含めることができる
- 職務を超えて技能長等を設置する場合は、必要に応じ、各区で職務間異動を実施

◆勤務時間の短縮
- 1日当たり15分短縮し、7時間45分に変更

◆準定年制度の廃止・勧奨退職制度の見直し
- 準定年制度を廃止する
- 勧奨退職制度の年齢要件（50歳以上58歳未満）に「58歳以上」を加える

◆病休者の給与支給期間の見直し
- 病気休職者の給与（8割）支給期間を2年間→1年間に短縮

◆法務・会計職種の新設
- 専門職種として法務と会計を3級～5級職に設置

※は最終団交での修正部分

指定管理者

09年度導入の候補者決定
新規・継続など5局34施設で

都各局が所管する施設等に09年度から導入される指定管理者候補者が、19日までに公表された。指定管理者の指定では、生活文化スポーツ局、福祉保健局、港湾局、環境局、建設局に関連する事件案20件が、12月2日開会の第4回都議会定例会に提出される。

現在、6施設で指定管理者制度を導入している環境局では、都立大島公園海のふるさと村をはじめ、06年度に制度導入した5施設で、指定期間の満了に伴う候補者の選定を行った。いずれも06・07年度の管理運営実績評価が「良好」であることから、引き続き、地元自治体を選定した。

建設局は日比谷公園、代々木公園、水元公園で新規に指定管理者制度を導入する一方、駒沢オリンピック公園と瑞江葬儀所の2施設では、指定期間満了による継続となる。

新規導入となる3カ所の都立公園では、すでに制度を導入している公園と指定期間の終了時期を一致させるため、指定期間は2年間となっている。

駒沢オリンピック公園は、生活文化スポーツ局が所管する駒沢オリンピック公園総合運動場との間で、現場管理を一体的に行うため、引き続き同一の指定管理者を選定。

また瑞江葬儀所については、都と地元関係4区（墨田、江東、葛飾、江戸川）の間で検討会を設置し、あり方の見直しを検討しており、09年度以降も引き続き具体化に向けた検討を行うため、指定期間を2年間とした。

06年度から客船ターミナルや船舶給水施設等で制度を導入している港湾局は、公共外貿コンテナふ頭施設（岸壁・桟橋）を対象に東京港埠頭株式会社を内定した。

このほか福祉保健局関連では、児童養護施設など計19施設に上るが、このうち品川景徳学園とむさしが丘学園、聴覚障害者生活支援センターの3施設については、民間移譲が予定されており、指定期間は2年間となっている。

管理職向け

ノーツ活用実践講座を実施

ITを活用した業務改善に向けて、都総務局情報システム部は現在、管理職対象のノーツ活用実践講座を開催している。基本操作や様々な機能を身に着け、グループワークや情報共有による各職場での業務の効率化につなげることが狙い。

都では、原則1人1台のTAIMS端末が配備されているが、グループウェアであるノーツ等の機能が十分に活用できていない実態がある。

情報システム部の調査によると、ノーツの基礎的な操作に対する研修ニーズは、一般ユーザーで48・7%と非常に高い。また管理職では、職場マネジメントや情報共有のツールとして、ノーツ機能の習得や活用が求められるものの、職場マネジメントの視点に立った管理職向けIT研修が、ほとんど提供されていないなどの問題もあった。

今回の活用実践講座は、こうした現状を踏まえて、IT人材育成実行プログラムの中間まとめに盛り込まれた具体的な方策を前倒しする形で実施。基本操作のほか、ワークスペースの利用、データベースの文書の操作、メールの基本操作と機能、カレンダーとスケジューリング、文書の編集等を内容としている。

新型インフルで対策訓練
事業の継続・休止を洗い出し

「4割欠勤」を想定

都は20日、新型インフルエンザの大流行（パンデミック）を想定した初の訓練を、都庁第一本庁舎9階の東京都防災センターで実施した。この中では、職員の約40%が感染などにより欠勤することを想定した対応訓練も行った。

訓練には都庁全局のほか、都内の全区市町村やライフライン事業者など約300人が参加。新型インフルエンザが海外で流行し、都内で感染の疑いがある患者が発生した段階と、その3日後に患者が急増するパンデミック期を想定し、各段階の対応力などを検証した。

パンデミック期には、職員自身や家族の感染で欠勤が増えることが予想される。限られた人数での業務執行が迫られるため、継続する業務と休止する業務を明確にすることが必要となる。訓練では、国が示したパンデミック期に見込まれる欠勤率と同じ40%の職員が欠勤することを想定し、各局が業務の洗い出しを行った。

パンデミック期には、他人との接触で拡大する感染を阻止するため、事業を継続する場合も、都民が来庁しなくてもよい執行体制の確立や、そのための事前周知が求められる。都は今後、リストアップした事業について、優先する業務の人員配置や、業務を継続する際の工夫のあり方などを検討し、来年度中の事業継続計画（BCP）策定を目指す。

区市町村に連絡を取る訓練＝20日

大森麦わら細工を伝えたい

元大田区立郷土博物館管理係長
中野（なかの）　朝司（ともじ）さん

大田区立郷土博物館で1999年に開催した特別展「麦わら細工の輝き」。最後は図書館か博物館で仕事をという希望が叶い、当時同館の管理係長を務めていたが、その図録用の写真を見て、「大田区にこんな素晴らしいものがあったのか」とびっくりしたという。

文字通り、つややかで輝きのある麦わらの特色を生かし、動物の姿を愛らしく編んだ編み細工や、木箱に絵模様を麦わらで描いた張り細工。かつては「大森麦わら細工」と呼ばれ、東海道を行き来する旅人への土産物として、大森村で商われ、往時の店の賑いは、1836年刊行の『江戸名所図会』にも描かれているほど。それが、60年以上も前に最後の職人が途絶え、すっかりその存在も忘れ去られてしまっていた。

「博物館で復元するのが使命だと思いました。学芸員は忙しいので、私がやってみることにしたんです」と決意したが、兵庫県城崎に今も伝わるものの、編み細工は現存するものも少なく、編み方も伝承されてこなかった。

「出来るとは思わなかった。でも、出来ないとも思わなかった」と笑い、機械いじりが好きというだけに、特別展の会期中、編み方の解明に明け暮れた。展示替えで「ほおづき籠」の裏を観察でき、また、わらは折れやすいという先入観で、当初は「折る」発想がなかったが、よるのでなく折って「大森編み細工」の特徴の菱形を作り出すことを発見。2カ月半ほどを費やして復元に成功した。

「籠から亀、蛙、鼠などを復元しました。編み方を解明するのに興味があるんです。今は親の介護に追われ、新たなものに挑戦できないが、基本的な編み方が分かったので、編む人の造形に対するセンスで色々なものが出来ると思います」

00年に博物館で「大森麦わら細工の会」が発足。会費も規則もない自由参加の会だが、近くの畑で麦の栽培などを会員で担う。月に一度、会の指導に当たる日は楽しみであり、息抜きでもあるとか。

担当した藤塚悦司学芸員と、編み細工を観光資源にとか、授産所で扱えないかなど夢をいっぱい語り合った。その芽は、区内の小学校で授業に取り入れられ、昨年も小学生の作品と麦わら細工の歴史を紹介する展覧会を開催するなど、大きく育っている。（門）

東京都生まれ。中大商卒。59年大田区に。大森福祉事務所地区主査などを経て、00年退職。04年まで土地開発公社に。趣味はスキーと囲碁。69歳。

■都人事異動

12月1日付、◎印昇任

【課長級】▽知事本局外務部副参事＝国際共同事業担当（台東都税事務所徴収課長）渡邉貴史▽主税局税制部副参事＝税制改正担当（主税局税制部副参事＝システム改善担当）木下誠▽主税局税制部副参事＝システム改善担当（八王子都税事務所事業税課長）小笠原徹▽台東都税事務所徴収課長（知事本局地方分権推進室課長補佐）◎藤井達男▽墨田都税事務所徴収課長（品川都税事務所総務課課長補佐）◎米山美恵子▽八王子都税事務所事業税課長（墨田都税事務所徴収課長）南敏郎▽福祉保健局指導監査部指導第一課長（福祉保健局保健政策部副参事＝保健所調整担当）平山信夫▽福祉保健局保健政策部副参事＝保健所調整担当（児童会館長）梶野京子▽児童会館長（副監察員）岩本弘明▽中央卸売市場築地市場水産農産品課長（知事本局計画調整部計画調整課課長補佐）◎小坂勉

◆退職

【課長級】▽中央卸売市場築地市場水産農産品課長　江島博

21年度 主任試験講座【8】

統計資料の見方②

問題

【問題1】

次の表から正しくいえるのはどれか。

① 2002年から2005年までのタイからのポリエチレン袋輸入量についてみると、最も多い年の輸入量は、最も少ない年の輸入量の1・4倍を上回っている。

② 2002年から2006年までのポリエチレン袋輸入量を各年についてみると、中国に対するその他の比率は、いずれの年も0・4を下回っている。

③ 2003年に対する2005年のポリエチレン袋輸入量の比率についてみると、マレーシアは0・9を下回っている。

④ 2004年におけるポリエチレン袋輸入量の対前年増加率を国別にみると、最も大きいのはインドネシアである。

⑤ 2006年のポリエチレン袋輸入量について国別にみると、2004年に比べて輸入量が増加したのは、中国だけである。

【問題2】

次の表から正しくいえるのはどれか。

① 1997年に対する2000年の研究者数の比率について組織別にみると、最も大きいのは企業等であり、最も小さいのは大学等である。

② 1997年から2001年までの各年についてみると、公的機関及び非営利団体の研究者数の合計は、いずれの年も企業等の研究者数の10分の1を下回っている。

③ 1997年から2001年までの各年についてみると、非営利団体の研究者数は、いずれの年も2万人を下回っている。

④ 1997年から2001年までのうち、大学等の研究者数が最も多いのは1998年であり、最も少ないのは2000年である。

⑤ 1999年及び2000年の公的機関の研究者数の対前年増加率は、いずれの年も3%を上回っている。

【問題3】

次の図から正しくいえるのはどれか。

① 平成13年度に対する15年度の製造業の売上高の比率について業種別にみると、最も大きいのは食料品であり、次に大きいのは化学である。

② 平成13年度から16年度までの各年度の製造業の売上高についてみると、食料品に対する金属製品の比率が最も大きいのは16年度である。

③ 平成13年度から17年度までのうち、金属製品の売上高が前年度に比べて減少した年度は、いずれの年度も化学の売上高は前年度に比べて増加している。

④ 平成14年度から17年度までのうち、金属製品の売上高が最も大きいのは16年度であり、次に大きいのは15年度である。

⑤ 平成14年度の食料品の売上高を指数100としたとき、17年度の指数は90を上回っている。

【問題1】

わが国におけるポリエチレン袋輸入量の国別の構成比の推移

（単位：%）

	2002年	2003年	2004年	2005年	2006年
中国	39.2	43.1	44.8	49.1	53.0
タイ	16.7	17.0	16.9	16.3	15.4
インドネシア	15.8	15.9	16.9	14.9	13.5
マレーシア	9.3	8.2	7.9	7.3	7.5
その他	19.0	15.8	13.5	12.4	10.6
合計	100.0 (344.0)	100.0 (383.0)	100.0 (420.2)	100.0 (442.7)	100.0 (479.8)

注）カッコ内はポリエチレン袋輸入量の合計（単位：千トン）を示す

【問題2】

わが国における組織別研究者数の構成比の推移

（単位：%）

	1997年	1998年	1999年	2000年	2001年
企業等	55.6	55.3	56.7	56.9	56.1
公的機関	4.2	4.1	4.1	4.1	4.2
非営利団体	2.3	2.3	2.1	2.1	2.1
大学等	37.9	38.3	37.1	36.9	37.6
合計	100.0 (720,560)	100.0 (731,017)	100.0 (757,244)	100.0 (761,857)	100.0 (750,739)

注）カッコ内は組織別研究者数の合計（単位：人）を示す

【問題3】

製造業の3つの業種の売上高の対前年度増加率の推移

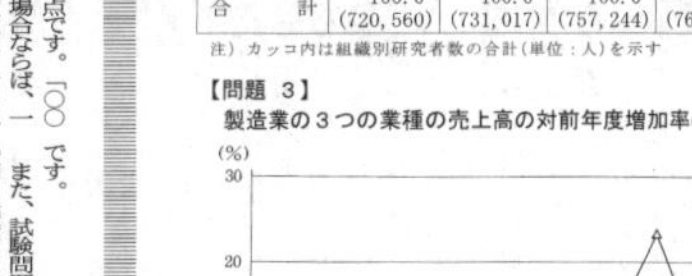

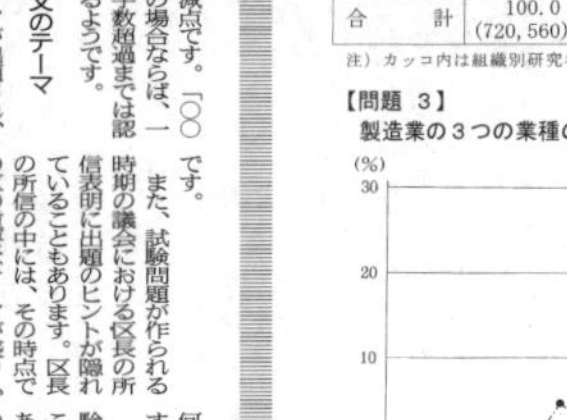

解説

【解説1】　正答④

構成比の推移に関する表の問題です。各問題に共通しますが、まずは計算せずに判断できるか検証してみて、次に簡略化して計算し、微妙な結果になったものだけをもう少し詳細に計算するという手順を踏むことが、問題を速く解く方法です。ただし、簡略化しすぎると間違ってしまうこともありえます。どこまで簡略化してよいかを正確に判断するためには、問題練習を繰り返し行って感覚をつかむことが大切です。

① この表の数字は、各年の輸入量の国別の構成比(%)を示しています。一方、この選択肢では、構成比ではなく数量を比較するものとなっています。表では、合計欄のカッコ内に各年の輸入量の数量の合計のみが示されていますので、その合計に各構成比を乗じて、それぞれの輸入量を求めることになります。計算する場合でも、数量は千トン単位以下を四捨五入して計算すれば十分でしょう。本選択肢の場合は、各年のタイの構成比は大きく変わっていないので、輸入量合計から考えて、最も少ないと思われる2002年と、最も多いと思われる2005年を比較すると、1・4倍を下回っていることがわかります。誤り。

なお、構成比も四捨五入して計算する場合は、切り上げまたは切り下げのどちらか一方ばかりになるときは誤差が大きくなりますので、注意してください。

② 中国とその他の比率が最も接近している2002年を計算すると、その他（19・0）は、中国の構成比×0・4（39・2×0・4＝15・7）を上回っていることがわかります。誤り。

③ 2003年と2005年のマレーシアの構成比を比較すると約0・9倍になっています。しかし、合計輸入量は大きく（1・11倍以上）増加しており、マレーシアの輸入量は増加している（比率は1以上）ことがわかります。誤り。

④ 2004年において前年から構成比が増加しているのは、中国とインドネシアだけです。それぞれの輸入量は合計輸入量×構成比により算出しますが、合計輸入量は同じなので、両者の構成比の対前年度増加率を比較します。中国が約5%（45÷43）の伸びなのに対して、インドネシアは約6%（17÷16）伸びています。正しい。

⑤ 最も構成比の減少が少ないマレーシアで計算してみます。2004年の420×7・9%≒33・18千トンに対して、2006年は480×7・5%≒36千トンであり、輸入量は増加しています。誤り。

【解説2】　正答③

同じく、構成比の推移に関する表の問題です。

① 問題1の④と同様に、1997年の構成比に対する2000年の構成比の比率を比較します。大学等が約0・97（37÷38）なのに対し、非営利団体は約0・91（2・1÷2・3）であり、最も小さくなっています。誤り。

② 公的機関の構成比と非営利団体の構成比の和が、企業等の構成比の10分の1を下回っているかどうかみてみます。1997年では、公的機関4・2＋非営利団体2・3＝6・5となり企業等の55・6の10分の1を上回っています。誤り。

③ 各年の非営利団体の構成比は約2%となっています。合計欄のカッコ内の研究者数合計に非営利団体の構成比0・02をかけてみると、どの年も2万人を超えないことがわかります。正しい。

④ 構成比の大小と比較すると2000年が最も小さいですが、研究者数は、構成比×研究者数合計で求められるので、研究者数合計も含めた比較が必要となります。研究者数合計は2000年が最も多く、各年の構成比の差があまりないことから、1997年よりは2000年の方が研究者数は多いと推測できます。計算してみると、1997年は約27万人、2000年は約28万人となります。誤り。

⑤ 構成比は、1999年、2000年ともに4・1%なので、研究者数合計の対前年増加率に着目します。2000年の対前年増加率は、約0・6%です。誤り。

【解説3】　正答⑤

増加率のグラフ問題です。この問題では、細かい計算は必要ありません。対前年度増加率の推移を示したグラフなので、各年度の増加率を合計することで、求める結果の近似値が算出できます。

① 平成13年度に対する15年度の売上高の比率なので、13年度から15年度にかけての増加率を比較します。対前年度増加率の概数は、14年度、15年度の順で、化学はプラス1%、プラス4%でトータルはプラス5%、食料品はプラス5%、マイナス6%でトータルはマイナス1%、金属製品はマイナス14%、マイナス5%でトータルはマイナス19%。概数であっても、最も大きいのは化学で、次に大きいのは食料品であるとわかります。誤り。

② このグラフでは各業種の売上高がわからないため、各業種間の売上高の比率はわかりません。誤り。

③ 13年度は金属製品、化学ともに対前年度増加率がマイナスになっています。誤り。

④ 14年度、15年度は減少しつづけているので、15年度より14年度のほうが売上高が大きい。誤り。

⑤ 食料品の対前年度増加率の概数は、15年度マイナス7%、16年度プラス8%、17年度プラスマイナス0%で、トータルはプラス1%であるので、14年度を指数100とした場合、17年度は指数90を上回っているとわかります。正しい。

21年度 カレントトピックス 9

社会事情

■平成20年版犯罪被害者白書（10月24日）

内閣府は10月24日、平成20年版犯罪被害者白書を公表した。犯罪被害者が刑事裁判で被告に質問できる「被害者参加制度」が12月に始まるのを控え、「被害者に最も身近な区市町村では、認識が十分でなく取り組みが低調」と指摘している。

白書によると、犯罪被害者からの相談窓口を設置し、または設置を決めたのは都道府県で約8割、政令指定都市で約5割だったのに対し、区市町村では約2割にとどまる。

また、白書は、被害者に対する民間支援団体の存在が不可欠と位置づけたが、都道府県公安委員会から指定を受ける「早期援助団体」は平成20年10月現在で20都道府県にあり、25県で設立をめざす動きがあるという。

■鳥取県、全国学力調査結果開示へ（10月30日）

鳥取県教育委員会は10月30日、平成21年度以降の全国学力・学習状況調査の結果について、情報公開請求があれば、原則として市町村別・学校別で開示する方針を決めた。学力テストの結果を学校別で開示するのは都道府県で初めてである。県は調査結果の開示のため、情報公開条例改正案を11月県議会に提案する。

鳥取教育委員会では、平成19・20年度分の全国学力調査結果について非開示を決めたところ、平井伸治鳥取県知事や県議会が開示を求めたことから、平成21年度以降分の開示について協議していた。

■平成20年版犯罪白書（11月7日）

法務省は11月7日、平成20年版犯罪白書を公表した。今年の白書は高齢者犯罪に焦点を当てた内容となっている。

白書によると、平成19年に交通事故による業務上過失致死傷などを除く刑法犯で検挙された65歳以上の高齢者は4万8605人で、「65歳以上」の各種統計がそろった昭和63年以来、最多となった。

刑法犯全体に占める高齢者の割合も昭和63年の2・5%から13・3%と大幅に上昇した。人口当たりの犯罪率は各年代で前年を下回ったが、70歳以上だけが上昇した。これに伴い、新たな受刑者に占める高齢者の割合も昭和63年の1・1%から、平成19年は6・2%に上昇した。

高齢者の犯罪別内訳は、万引きなどの窃盗犯が65%と最多で、次いで自転車泥棒などの横領が22%。

21年度 主任・係長 論文講座 ◇9◇

特別区係長選考 傾向と対策①

今回から3回にわたり、論文の構成を中心に、特別区係長選考の傾向と対策について解説していきます。

出題形式の確認から

以下に一般的な例をまとめます。区によって違いがありますから、ご自身の区の出題形式や過去の出題テーマを確認しておいてください。

（1）試験時間

おおむね2時間程度で実施されます。論文の骨子を作るのに1時間、論文の記述に50分、誤字等のチェックに10分程度というのが一応の目安になると思いますが、ここで重要なことは、実際に当日の試験と同じ条件で書いてみて、何にどれくらいの時間がかかるか事前に把握しておくことです。自らの時間配分を決めておきましょう。

また、予想した問題が出た場合とそうでない場合等、いくつかのパターンに分けて時間配分を考えておくことも有効です。

（2）字数制限

試験論文には、1千文字から1500文字以内の字数制限が課されます。「○○文字以内」なのか、「○○文字程度」なのかで、意味合いが少し異なります。「○○文字以内」とあれば、指定の文字数を超えると減点です。「○○文字程度」の場合ならば、一割程度の文字数超過までは認められているようです。

（3）論文のテーマ

複数のテーマが出題され、そのうちから一つを選ぶ形式が一般的です。出題されるテーマには、区の政策課題に対する係長の取り組みを問う「課題もの」、日頃の実務の中で果たすべき係長の役割を問う「役割もの」、与えられた事例について係長としての解決策を問う「事例もの」などがあります。一般的には「課題もの」や「役割もの」が選ばれることが多いようです。

出題傾向を探る

選択される頻度が高い「課題もの」と「役割もの」について、出題傾向を探ります。

（1）課題もの

新たに策定もしくは改定された全庁的な計画や方針、またクローズアップされている政策課題があれば、出題される可能性は十分にあります。その際、なぜそうした動きが出てきたのか、その背景や理由を整理しておくことが大切です。

また、試験問題が作られる時期の議会における区長の所信表明に出題のヒントが隠れていることもあります。区長の所信の中には、その時点での区の重要なテーマが盛り込まれているからです。

最近、あなたの区には大きな動きはありましたか。新たに打ち出された政策はありますか。ぜひ、チェックしておきましょう。

（2）役割もの

役割ものは、普遍的なテーマで出題されることが多いようですが、タイムリーな課題と絡めて書くと印象の良い論文になります。係長の役割についてまとめられた参考図書もありますから、一度目を通しておくことも良いでしょう。

役割ものについて大切なことは、筆者の前向きな気持ちが伝わるように書くことです。「職員に○○をさせる」という論調ばかりではなく、そのためにあなたが主体的に何をするかを論じることです。

理論も大切ですが、実務経験や人生観から導かれる主張こそが重要になってきます。あなたが目標とする係長はどのように行動していましたか。また、これまであなたは同僚や後輩職員とどのように接してきましたか。

何をどう書くのか

以下に述べることは、論文づくりにおいて最も基本となる部分です。論文を書き始めるに当たり、きちんと理解しておいてください。

（1）何を書くか

政策課題ものでも、係長の役割ものでも、与えられた課題に対して、自分が係長であればこのように解決していくのだという主張を、採点者の賛同を得るために根拠を示しながら述べるのが係長選考論文です。

あなたが、何をどれだけ知っているかではなく、そうした知識や経験を踏まえてあなたが何を考え、どのように行動しようとしているかが試されるのです。このことを常に念頭において、論文を完成させてください。

（2）どのように書くか

試験論文を書くに当たっては「型」も大切です。型を意識することで文章の流れが整理されるからです。

パターンとしては、3章構成か、4章構成が一般的です。1300文字程度までなら、3章構成の方がまとめやすいと思います。このボリュームで4章構成にすると、個々の章に十分な字数を割くことが難しくなり、上滑りした論文になる恐れがあるからです。1500文字以上に伸ばせるなら、4章構成でも良いかも知れません。これまでの合格論文を参考に自分にあった型を研究してみましょう。

この講座では、3章構成を中心に解説し、補足的に4章構成に触れていきます。

（3）3章構成とは

序論・本論・結論の三つの章で主張を構成します。序論を受けて本論があり、やがて結論へと帰着する流れを意識してください。それぞれの章で書くべき内容は次のとおりです。

序論である第1章は、問題提起を行うとともに、今後のあるべき方向性を示す章です。与えられたテーマにかかる社会的背景から区の現状や課題を分析し、そうした課題を踏まえて今後の区、または係長はどうあるべきかという方向性を述べて締めくくります。

また、ここで示す方向性は以後に述べる具体策を貫く背景になります。総論から各論へと上手く話をつなぎ、自分の土俵に無理なく引き込んでいくことが大切です。必要な題材を吟味して取捨選択するとともに、論のつながりに気をつけて構成しましょう。大切なことは、与えられたテーマに対して、設定する方向性に論理的な飛躍がないことです。論理を無視して、自らが用意した論文に強引に引き込もうとしても評価されません。

本論となる第2章は、序論の最後に示した「今後のあるべき方向性」を実現するための方策を述べる章です。あなたが、係長として実行する具体策を三つに整理し、なぜその方策が必要なのかという「根拠」、何をどのように行うかという「内容」、何が期待できるかという「成果」などを述べます。その際の方策は、係長に与えられている権限を逸脱しないこと、三つの具体策の視点のレベルをそろえること、各々の具体策が同じような内容にならないように注意してください。また、三つの方策の並び順も大切になりますので、よく考えて構成する必要があります。

結論の第3章は、これまで述べてきたことを総括して論文を締めくくる章です。自らが主張する方針・方策を実施することでどのような区政が実現できるのか、そのためにどんな決意で仕事に臨むのかを、自信を持って表明します。

（4）4章構成とする場合

4章構成とは、3章構成の第2章を「問題点」と「解決策」の二つの章に分けて書く「起承転結」でまとめるスタイルです。第2章で述べる三つの問題点と、第3章で述べる三つの解決策は、必ず対応していなければなりません。

また、特に4章構成で注意すべきことは、問題点と解決策を単純な裏返しの関係に整理しないようにすることです。これは、掘り下げの甘さや苦し紛れの印象を採点者に与えかねません。

良い論文とは

試験論文のあらましが見えてきたところで、良い論文とはどんなものかを考えてみましょう。

論文は複数の採点者によって評価されます。択一試験のように明確に点数化できるわけではありませんが、論文の良し悪しで採点者の意見が大きく割れることはほとんどありません。良い論文として評価されるものには、いくつかの共通要素があるからです。

（1）テーマに対して正確に答えていること

問われていることに正確に答えている論文が良い論文です。テーマから逸脱してしまったり、遠まわしな表現で結論を考えさせるような迂回式の論文では良い評価を得ることはできません。

（2）主題や主張が明確であること

筆者の首尾一貫した主張が明確に打ち出されていることも良い論文の条件の一つと言えますが、あれこれといろいろ書いていながら、結局何が言いたいのか判断に困る論文がたくさんあります。知識が豊富な方が陥りやすい落とし穴のようですので注意してください。

（3）根拠と主張のバランスがよいこと

適切な根拠も示さずに、突然「○○しなければならない」と主張されても、採点者は納得できません。逆に、状況や事実関係が延々と述べられているだけでは、「いったい何を伝えたいのか」と言いたくなります。根拠と主張のバランスが大切です。

（4）係長の立場で主体的に書かれていること

係長の立場でできることを書く必要があります。係長に与えられている権限を逸脱した政策論を述べてはいけません。また、批判ばかりで建設的な主張のない論文や「○○をした方が良いと思う」式の他人事のような論調も、主体性や当事者意識の欠如を感じさせてしまい、良い論文とは言えません。

（5）論理的に破綻のないこと

端的に言えば、最初から最後まで、しっかりと話がつながって、論理的であるということです。突然飛躍したり個条書き的な文章になってしまうと、採点者はストレスを感じます。前の文章を受けて次の文章が展開するという流れに気を付けながら、論理的に破綻しないようにします。

（6）わかりやすいこと

採点者は、限られた時間の中で大量の論文を読んで評価します。一つの論文を何度も読み返すことはありません。良い論文とは、すんなりと[illegible]め、一読しただけで理解できる論文です。修飾語ばかりで実質的な内容が希薄なものや、専門用語が多用されているもの、文語調で読みにくいものなどは、良い評価を得ることはできません。

◇

今回は、論文試験の実施形態や論文の構成、良い論文に求められる条件などをまとめました。

次回も、引き続き傾向と対策についての解説を続けます。

よく分かる公衆衛生　番外編

新型インフル発生時の行政の事業継続計画

元大田区保健所　伊東利和

■非常事態に備えて

新型インフルエンザの発生に備えて、区市町村においても検討しておかなければならないことに、事業継続計画（BCP＝Business Continuity Plan）があります。

事業継続計画とは、地震、テロなどの非常事態の発生時を想定して、職員の安否確認、最低限継続すべき重要業務の選定、バックアップのシステム、オフィスや人員の確保についてあらかじめ計画しておき、非常時においても重要業務は継続しながら、迅速に通常体制に復旧するまでの手順をまとめたものです。

新型インフルエンザの流行も非常事態ですので、それに対する事業継続計画を策定しておく必要があります。

行政の最低限継続すべき重要業務として、上下水道、清掃事業といったライフラインに関する業務はすぐにピンとくると思います。実際に厚生労働省健康局水道課から2007年10月に「水道事業者等における新型インフルエンザ対策ガイドライン」が出されています。

また、荒川区では今年3月から、流行時における清掃事務等の区の業務について、事業継続計画の考えを取り入れた検討を行っています。東京都も10月に「新型インフルエンザ対策会議」において各局に優先業務を洗い出すように通知し、11月に「新型インフルエンザ対策事業活動のあり方検討連絡会」を設置し、医療対策、上下水道、交通、道路、港湾施設、学校などの流行時の業務のあり方について検討するとしています。

■一体での取り組みを

では、区市町村は国や都の検討結果を待っていればよいかといえば、そうではありません。新型インフルエンザの発生に伴い新たに生じる業務もあります。また、ライフラインの維持や、行政手続き上継続しなければならない業務もあります。

逆に、通常通り業務を継続すると感染を拡大してしまう恐れのある業務もあるでしょう。

あらかじめ自治体の全業務を区分し、新型インフルエンザ発生時にどのように運営するか業務ごとに検討して、縮小・中止する業務から継続する業務への職員の応援態勢を確保しておくことが必要です。また、継続する業務に従事する職員への感染予防対策も講じなければなりません。

検討が自治体の業務全体に及ぶことから、事業継続計画は保健衛生部局や防災部局だけで策定することは不可能です。区市町村のトップがリーダーシップを執り、部・課あるいは係単位での緻密な業務検討を行い、自治体全体が一体となって取り組むことが必要です。

また、新型インフルエンザは全国を同時に襲います。そのため、他の自治体からの応援は見込めません。各自治体の事業継続計画にかかる責任は重大です。

【業務区分の例】

①インフルエンザ発生に伴い、立ち上げ・強化する業務

対策本部、発熱相談センター、患者の移送、独居高齢者等の安否確認・生活支援、全家族感染家庭の生活支援、遺体処理……など

・「非常時体制」への移行を行う時期と方法を明確に定める
・新たに発生する業務の担当部署を明確にしておく
・職員の応援要員の確保、事務室や電話回線の増設方法等を定めておく
・業務のマニュアルの策定など、応援要員に対する教育方法を定める（次の②も同様）
・職員の感染予防措置、マスク等備品の備蓄を行う（②も同様）

②通常または縮小して継続する業務

ライフラインの稼働業務、各種申請や手続きの窓口業務、高齢者入所施設など

・手続きや更新許可申請等に期限延長についての但し書き規定がないか十分に確認する（延期可能な業務をあえて継続しないこと）
・サービスの縮小規模を、問題が生じないレベルに設定する（例＝ゴミ回収は生ゴミだけは必ず実施する）
・住民が来庁せずに済むような形での手続き方法がとれないか検討する
・職員と来庁者、来庁者間の感染防止措置を検討する。（屋外での対応、窓口レイアウトの変更、来庁者間の距離の確保、入所施設への訪問の制限など）

③中止・延期する業務

保育園、図書館、文化センター、市民ホール、老人いこいの家、健康診断、訪問事業、展示会などキャンペーン事業など

・中止・延期する業務について根拠や理由を明確にして住民の理解を得る（根拠＝法令・規則、国のガイドライン、都道府県のマニュアル、市町村の対応指針など。理由＝感染拡大防止）
・当該業務の職員への自宅待機の指示
・当該業務の職員に対する、強化・継続する業務への応援要請

※本紙で掲載の「インフルエンザの発生に備えよう」に加筆したブックレットを近日発行します。

協力：（財）日本ファッション協会

シネマ夢倶楽部 Japan Fashion Association　オススメシネマ

ティンカー・ベル

©Disney Enterprises, Inc. All rights reserved.

それは、世界で一番有名な妖精の、誰も知らない秘密の物語…。

物語の舞台は、ネバーランドにある妖精の谷〝ピクシー・ホロウ〟。春が来て、花が開き、鳥のヒナが初めて飛び立つ…そんな自然界に起こる〝すばらしい事〟は、すべて特別な〈才能〉を持った妖精たちの仕事です。そしてまた一人、とびきり可愛らしい妖精が誕生しました。名前は、ティンカー・ベル。自分がどんな〈才能〉を持って生まれてきたのか、彼女はまだ知りません。そして、人間の世界の運命が、やがて自分の小さな手に委ねられることも…。

ディズニー・クラシックへの限りない愛情と、最新の映像テクノロジーにより、これまで映像化不可能だった妖精たちの世界の扉を開き、ティンカー・ベル誕生秘話を描いた本作。ネバーランドにある妖精の谷〝ピクシー・ホロウ〟で繰り広げられる四季の物語が、美しいCGアニメーションとして今スクリーンに甦ります。

◆推薦委員コメント

瓜生孝（映像アナリスト）

タフで元気いっぱいの女の子、せっかちで頑固なところもあるが、そのチャーミングな愛すべき妖精の大奮闘だ。スクリーンという大きなキャンバスに自由自在に空想を思いめぐらせる宮崎アニメ手描きの「ぬくもり」に対して、美しさが得意の最新CGは奥行きに向かって表現の質を変える逆の味わい。アニメーションの作業形態を3DCG化した動きは、まさにミュージカル。1時間19分のスピード感もいい。

白鳥哲（俳優／声優、映画監督）

夢のある美しい作品である。「自分の才能を誇りに思う」人はなかなか自信が持てない事がある。この映画はそんな人達に勇気を与える。子どもから大人まで様々な世代に見せたい作品である。

【2008年／アメリカ／79分　配給：ウォルト ディズニー スタジオ モーション ピクチャーズ ジャパン　12月23日より、全国にてロードショー】

◇

シネマ夢倶楽部　12月1日（月）午後6時30分「ニッショーホール」で上映。※この上映会に10組20名様を抽選でご招待します。Eメールで件名「上映会希望」とし、住所・氏名を明記の上、henshu@toseishimpo.co.jpまでお申し込み下さい（28日午後3時必着）＝メールで結果をお知らせします。

㈶日本ファッション協会では、「シネマ夢倶楽部」の会員を募集しています。各界の著名な推薦委員がお薦めする映画の先行上映会に年18本ご招待など様々な特典があります。
詳しくは同事務局（☎3242・1674　http://www.cine-culture.jp/）まで。

Book

『基礎からわかる政治学』

中村昭雄著、芦書房刊

かつての政治学は、地方自治を「政治」から隔離すべきと考えてきた。しかし、政策領域が日常生活に広がれば広がるほど、また分権改革が進み、自治体が政府として自立化すればするほど、地方自治は政治化せざるをえない。決められたことを「執行」するだけではなく、何をすべきかを「決定」することが求められるからである。言い換えると、自治体は「行政」体であるとともに、「政治」体としての機能を深めていく。

しかし、役所とその職員は必ずしもその流れを理解しているとはいえない。たとえば、市民参加や市民協働をめぐる市民とのズレは、市民が「政治」を求めているのに対して、役所が「行政」の枠内で対処せざるを得ないからであろう。

大東文化大学の中村昭雄さんは、現在も板橋区役所の「自治力UP」推進協議会に参加されているほか、これまで、大学でのゼミ活動を含めて、多くの地域課題に挑戦されてきた。政治学の基礎的な教科書である本書の深層にも、その成果が反映されている。おそらく、政治化を始めた自治体に従事する職員が本書を読み進めていくと、肌身で感じた自らの体験が、政治学での言辞と結びついていく快感を味わうことができるのではないかと思う。そういう意味で「役に立つ」政治学教科書の登場である。

定価は、2900円＋税。

（福島大学教授　今井照）

■第13話　現代解雇模様④―"リストラ"って何だ❸

相談屋の場外乱闘 Part2

労働ジャーナリスト　金子雅臣

リストラ名簿に載った

リストラによる解雇の場合、自分が悪くないのに解雇され、生活の基盤を根こそぎ奪われるのだから、これほど理不尽なことはない。リストラに遭った多くの人たちは、その納得できない思いを胸に秘め、怒りを抱えてやってくる。

そんなケースがほとんどだったが、金原久夫（54歳）の場合は少し違っていた。もちろん性格的なこともあるのだろうが、比較的冷静に事態を受け止めているように見えた。

――上司から内々に、自分がリストラの候補者名簿に載っていると聞かされましてね。それで、こんな場合にはどのように対処したらいいのか、あらかじめ予備知識を得ておこうと思いまして……。

彼は、穏やかに落ち着いた口調で話を始めた。こんな場合に冷静でいられるはずもないことから、私は彼が冷静さを装っているのか、それとも事態を受け止めきれずに戸惑っているのか、見極めがつかないまま話を続けた。

リストラの対象者名簿に載っているということなら、死刑執行を待つに等しい状態で、とても冷静でいられるはずがない。怒りを表面に表さないまでも、言葉の端はしに会社への恨み節が出てきてもおかしくないはずだった。

家族に伝える

――いやー、私だって、この話を聞いた時はとても冷静ではいられませんでしたよ。その日の夜は一睡もできませんでした。これからの生活の不安で、絶望的にもなりました。でも、家族会議で相談をして考え方が変わったんです。

――すぐに家族に、話したんですか。

――ええ、一晩考えて、翌日に話しました。だって、私の問題ではあるに違いないですけど、家族にとっても一大事ですからね。

彼はサラリと言った。確かに金原の言う通りなのだが、そこで、多くの人たちは逡巡する。「まだ、なんとかなるかもしれない」「余計な不安を家族に与えたくない」「次の対策を考えてから……」など、思いは様々だが、そこには確実に躊躇が生まれる。

――いえ、躊躇はなかったですね。どこかに覚悟があったのかもしれません。別に、確たる理由や根拠があるわけではないのですが……。「人生なんだから、何時かこんなこともある」という程度のことですが……。

一般論や他人事としては、こうした言い方は出来るが、自分のことでこのようにサラリということはなかなか出来るものではない。

妻の一言

金原の言う家族会議は、妻の次の一言から始まったという。

――お父さん、ご苦労様。これまで長い間働いてきたんだし、この辺で一休みということですよ。まだ、人生の先はあるのだし、折り返し地点だと思って皆で何とかしましょうよ。私もまだ、パートで働くぐらいはできるし……。

こんな言葉から、高校生の二人の子供もアルバイトを始めると言い出し、「自分のことは自分で何とかする」とまで言ってくれたという。

――イヤー、その時は涙が出ましたよ。滅茶苦茶嬉しかったですからね。

その時のことを思い出して金原は苦笑いをする。

――何か、ホッとしたというか、何とかしなければという気負いが取れましたね。よし、皆が応援してくれるなら、この会社との人生のケジメをキチンとつけてから辞めようということでしょうか。

ここから、金原の言う「会社とのケジメ」が始まることになったのだが、この原点がぶれることは一度もなかった。

都政新報

発行所　都政新報社
〒160-0023 東京都新宿区西新宿7-23-1 TSビル
(総務・読者) 03-5330-8781
(企画広告) 03-5330-8784
(編集) 03-5330-8786
(出版) 03-5330-8788
(ファクス) 03-5330-8808
購読料 月1,680円(税込)
毎週火・金曜日発行
但し、祝祭日は休刊

紙面から

5千m²以上で緑化基準引き上げ

既存樹木の保全検討を義務づけ

自然保護条例改正へ

都は、自然保護条例を改正し、緑化基準の強化や、既存樹木の保全検討の義務化を行う。「10年後の東京」では「1千㌶の新たな緑を創出」を打ち出しているが、緑地の減少に歯止めがかかっていないのが現状。このため今回の改正では、敷地面積5千平方㍍以上の大規模な案件で基準を強化。マンションなど共同住宅の開発で、緑化計画書制度と同等以上の緑地面積を確保できるよう、基準を引き上げる。自然環境保全審議会の答申を経て、早ければ第1回定例都議会に条例改正案を提案する見通し。

共同住宅開発の規制強化

現行の緑化計画書制度では、1千平方㍍以上の敷地（公共施設は250平方㍍以上）で、建築物の新築や増改築を行う事業者に対して、緑化計画書の届け出を義務付け。事業者は、都が定める基準以上の緑化を行うことが規定されている。

緑化計画書の届け出状況を見ると、敷地面積が5千平方㍍を超える大規模な案件は、面積ベースで全体の9割近くを占めている。この区分を強化することで、緑化の大幅な底上げが期待できる。

このため、現行では、敷地面積の規模にかかわらず一律の緑化基準が設定されているが、5千平方㍍以上の大規模な案件（公共施設は1千平方㍍以上）について、現行の基準を強化する。

開発許可制度については、敷地内に樹林地や農地、草地等の自然を含む土地で、一定規模以上の敷地に住宅や墓地、駐車場などを建設する際に、事業者に許可の申請を義務付けている。また、開発行為にあたって、都が定める基準以上の緑地を確保することが規定されており、確保すべき緑地面積の割合は、対象行為・地域ごとに規則で設定されている。

2000年の条例改正により、住宅系開発を除く開発行為に対しては、申請地の樹木や樹林を現状を損なわずに残すよう規定されたため、一定規模の既存樹木が保全されている。しかし、住宅系開発では、この規定がないため、開発の際に伐採されるケースが少なくない。

また、住宅系開発では、公共的緑地の確保に主眼が置かれ、緑化率が他の開発行為より低く設定された。このため、特にマンションなどの共同住宅系開発では、確保される緑地が不十分だという。

これらの点を踏まえ、住宅系開発で、良好な既存樹木等の保全について検討することを義務づけ、保全計画書の作成を求める。また、共同住宅系の開発では、緑化計画書制度と同等以上の緑地面積を確保できるよう、基準を引き上げる。

条例改正の内容については、自然環境保全審議会の計画部会（部会長＝油井正昭・桐蔭横浜大客員教授）が検討しており、現在、中間報告のパブリックコメントを募集している。都は、審議会の答申を受け、早ければ来年の第1回定例都議会で条例改正を行いたい考えだ。

「残される緑」のギャップ

【解説】　東京のみどり率は、03年の暫定値である区部24%、多摩部72%から比較して、区部が1ポイント、多摩が2ポイント減少しており、減少傾向は変わらない。

都の開発許可制度に基づき許可された開発行為のうち、住宅系とそれ以外では、緑化率に大きな差がある。住宅系開発では、緑化率が10%に満たない案件が全体の約6割を占めているという。計画部会の中間報告では、マンションなど共同住宅系の開発に対する規制強化に力点が置かれている。

都心回帰の傾向で、豊かな自然が残る多摩地域でも、大型のマンションが建設されるケースが多い。そのたびに、開発業者と近隣住民との間では、緑の保全をめぐって紛争も絶えない。

これは、制度上残されるべき緑と、地元に住む人たちがイメージする「残される緑」とのギャップが激しいからだ。開発業者からすれば、一定の条件を守って市街化区域を開発するのは当然の権利だし、地元住民にとっては、数字としての緑化ではなく、あるがままの風景こそ守られるべきものなのだ。

今回の条例改正は、東京の緑を守り、増やす意味では効果のあるものだが、規制はあくまで最低限に過ぎない。

大小を問わず開発行為が多い東京都内で、劇的に緑を増やそうとするならば、開発計画の規制により緑の減少を抑えるとか、屋上緑化や壁面緑化で緑を増やすという程度の消極的なものでは、らちが明かない。

区市町村とも連携しながら、業者による開発計画が地元で浮上する以前に、守るべき緑を守るための施策を強化していく必要がある。（地）

参議院宿舎 緑化率60%で変更案

議運委員長 28日にも知事と会談

都建設局は、千代田区紀尾井町に計画されている参議院新清水谷議員宿舎の建築計画変更案を21日に受理し、風致地区条例に基づく審査手続きに入った。07年5月に参議院から計画案が提出され、今回の変更案は緑化率を52%から60%に増やし、高さも16階から14階（49㍍）に引き下げる内容となっている。部屋の間取りは当初、80戸すべてを3LDKとしていたが、単身者用の1LDKも入れることによって、高さに配慮した計画に修正している。

21日に開かれた「参議院議員宿舎に関するプロジェクトチーム」（座長＝西岡武夫議運委員長）では、26日を都側の回答期限と設定し、期限までに回答が得られなかった場合、計画を白紙撤回するとしていた。しかし、その後の調整で石原知事と西岡議運委員長の会談を28日に行うことを申し入れたため、議運理事会では回答期限の延期を各会派で了承した。

都条例では、風致地区内で企業が建築、宅地造成などをしようとした場合、知事の許可が必要になり、国や都が行う場合は許可でなく「協議」となっている。新清水谷議員宿舎は、弁慶橋風致地区内に計画され、ここは第2種風致地区のため、高さ制限が15㍍以下となっている。しかし、建築物等に公共性、公益性があり、当該位置以外ではその機能を十分に果たせないと知事が判断した時は、高さ制限を緩和できるとしている。

猪瀬直樹氏が07年6月に副知事に就任し、「議員宿舎の建設に公益性があるのか」「都心の貴重な緑を残すべき」と反対の論陣を展開。それに伴って石原知事のスタンスも猫の目のように変化し、この問題に対する知事、建設局所管の菅原副知事、国との調整を担当する猪瀬副知事の三者間の意思疎通がどのようになっているのか、知事の真意はどこにあるのか、事務レベルでは推し量ることができず、変更案の取り扱いにあたっても慎重に身構えて知事の判断を待っている。

一方、紀尾井町まちづくり協議会は「議員宿舎が建たなかったら、財務省が民間デベロッパーに土地を売却し、緑が残らない」と懸念し、建設推進を要望。地元選出の内田茂都議も計画変更で決着を図るよう都に求めている。

都議会第2回定例会では、自民党が猪瀬副知事にイエローカードを突きつける異例の事態になったが、その一因は副知事という公的な立場でありながら、議員宿舎問題で賛成の意見に耳を貸さず、反対運動したことがある。

都政の東西

新技術のリスク

無料の地図情報サービスである「グーグルマップ」で、児童・生徒の名前や自宅の位置といった個人情報が閲覧可能になるケースが報じられた。家庭訪問等に便利だとして、自分用の地図を作成したところ、設定ミスで漏えいしてしまったのだ。

情報漏えいの問題は、個人情報保護の意識の高まりとともに、クローズアップされてきたとの指摘がある。

90年代半ばに都内自治体で個人情報が流出した。漏えいした内容も、機密度やプライバシー度が高いセンシティブ情報で、件数も数万人分に上った。ところが、損害賠償を求める動きはなかった。個人情報保護法が成立・公布されたのが03年5月、全面施行は05年4月で、当時は個人情報という視点が、さほど強くなく、現在ほど大事には至らなかったのだろう。

しかし、現在の視点から、このケースを振り返ると、「当時は大らかだった」などと、のんびりしてもいられない。あるセミナーで、損害額を試算したところ、数百億円にも達した。軽く組織が傾く金額だ。それ以上に、行政にとっては、信頼の失墜という大きなダメージを被ることになってしまう。

冒頭のマイマップのケースは、仕事上、便利な機能だと思って利用したことが考えられる。現在でも、時折みられるUSBメモリーやパソコン本体の紛失等も、仕事への熱心さや効率化を図ろうという当事者の意識が透けてみえなくもない。

ただし、新たな技術は、別の新しいリスクを背負うことになる。私物USBメモリーやPC等の持ち込みは、すでに禁止されているが、マイマップのような新技術は、これからも次々に出てくる。熱心さゆえに新技術に飛び付くことなく、リスクを十分認識する。当たり前のことだが、難しい。

視点

高度周産期医療

NICU「後」の整備を

都立墨東病院と杏林大病院で妊婦の搬送が難航した問題を受け、行政は急ピッチで周産期医療対策に乗り出した。都は「東京緊急対策Ⅱ」で、搬送先を調整するコーディネーターや、産科医の勤務環境改善策を表明。また、周産期医療対策協議会（会長＝岡井崇・昭和大医学部教授）は、年内に対策をまとめる予定だ。

議論の中身は、産科医、新生児科医が不足する中、病院の連携や搬送先の調整をどう進めるかに重点が置かれている。一から専門医を養成するには、長期間を要するからだ。

中でも不足が深刻な産科医は、他の診療科に比べて女性医師の割合が大きく、30歳代で4割弱、20歳代では66%に上る。その一方、自らの出産や結婚を機にパート医師に転じる医師も多く、10年目前後で分娩を扱う割合が半数程度に落ちるのが実情だ。女性医師の復職支援は、今後の産科医確保対策の要になる。

◇　◇　◇

では、産科医が確保できれば周産期医療は盤石かというと、そうではない。

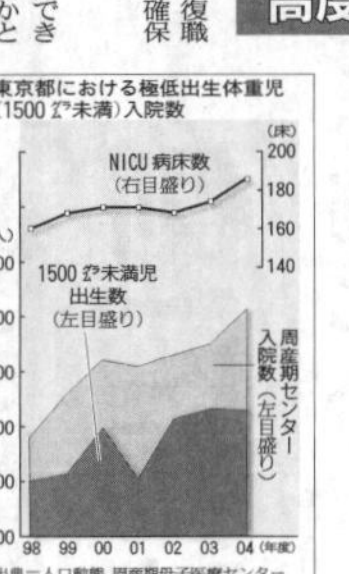

東京都における極低出生体重児（1500㌘未満）入院数

出典＝人口動態、周産期母子医療センター患者取り扱い実績

搬送が難航する主因は、NICU（新生児集中治療室）不足だ。墨東病院のケースでも、3病院が「NICU満床」を理由に搬送を拒否。厚生労働省の調査によると、母体搬送を受け入れられなかったケースがある周産期センターは53カ所。そのうち49センターがNICU、31センターがM－FICU（母体胎児集中治療管理室）の満床を理由に挙げている。

NICU満床の背景には、低出生体重児の増加がある。とりわけ多いのが1千㌘未満の極・超低体重児で、05年の入院数は約3千人。少子化にもかかわらず、90年比で1・5倍に増えた。不妊治療による多胎出産や、高齢出産による早産が原因という。

都もNICU整備を進め、現在は都内に200床ある。出生数500件に対し、1床を確保した計算だ。ただ、厚労省研究班の試算では、現時点で出生数1千件あたり、約3床のNICUが必要とし、緊急的には全国で200床～500床の増床が必須としている。しかし、多くの周産期センターがNICUを増やしたい意向にもかかわらず、新生児科医や看護師の不足がネックとなり、増床は思うように進んでいない。

産科と同じく、新生児科も勤務環境は過酷だ。1カ月の平均当直回数は平日で4・2回、休日は1・8回で、当直明けも8割以上が通常勤務を行っている。厚労省はようやく医師を増やす方向に舵を切ったが、現状では周産期センター勤務医を確保できる保証は全くない。勤務環境の改善や処遇で差をつけることも必要だろう。

◇　◇　◇

日本の新生児死亡率（05年）は1・4%と、OECD（経済協力開発機構）30カ国の中で最も少ない。その一方、NICUを3カ月以上退院できない長期入院児は、厚労省研究班の調査（06年）によると18・3%に上る。

NICUを退院しても、人工呼吸などの医療的ケアが必要な新生児は、療育施設への移行が必要。都内には、重症心身障害児施設が9カ所（定員約1300人）あるが、待機児は05年度末で約670人に上る。府中療育センターの場合、15年以上の長期入所者が7割を占める。都は今後、在宅療養の基盤整備を進め、施設は民間サービスや人材確保などを踏まえ、あり方を検討するとしている。

NICUで一命を取り留める新生児がいる一方、退院のメドがつかないまま治療を続けるケースもある。それは、別の母子が救われない可能性にもつながる。

周産期医療の高度化に伴い、NICUだけでなく後方病床や療育の体制整備も喫緊の課題だ。受け皿を確保しなければ、NICUの「滞留」は解消できない。周産期医療の機能不全を防ぐには、「入り口」だけでなく、全体の流れを見据えた対策が必要になる。

冗句ジョーク

元厚生次官宅襲撃の容疑者、保健所の所管違いを指摘され絶句

仕事がキツくなってきた職員「えーっ！私あなたの部下でしたっけ？」

アジア大都市ネットワーク総会

新型インフル対策で連携

アジア大都市ネットワーク21第7回総会が19日から22日まで、クアラルンプールで開催され、21日にはクアラルンプール宣言を採択した。

会議では、昨年実施した再評価を踏まえ、新たに中期計画を決定し、「中小型ジェット旅客機の開発促進」や「アジア感染症対策プロジェクト」などの共同事業の一層の充実と発展を目指すこと、特に新型インフルエンザの大流行が喫緊の脅威となる中、あらためて危機感を共有し、参加都市が連携した取り組みを行っていくことで合意した。

気候変動による局地的な集中豪雨の発生などの水害の脅威に対し、各都市の経験、施策に関する情報交換や技術・人材の交流を通じて、災害発生時の市民への迅速な情報提供体制や避難体制を確保するなど、会員都市全体の洪水対策を向上させ、アジアの都市を気候変動に適応した、より安全で住みやすいものとしていくことを宣言した。

会議には石原知事も出席し、五輪招致への支援を要請。各都市が支援をすることで合意した。

第8回総会は、09年の適切な時期にバンコクで開催される予定。

帰宅困難者 支援で協定

八都県市

八都県市は21日、シェーキーズ等のレストランを運営するアールアンドケーフードサービス株式会社と、災害時における帰宅困難者支援に関する協定を締結した。

支援内容は、大規模災害時で交通途絶の場合、徒歩帰宅者に対して、水道水やトイレの提供、地図等による道路情報、ラジオ等で知り得た通行可能な道路、近隣の避難場所に関する情報提供、一時的な休憩の場の提供など。

協定に基づくサービス提供店舗を「災害時帰宅支援ステーション」とし、ステッカーを店舗入り口等に掲出する。店舗はシェーキーズなど東京都と神奈川県の計12店舗。

八都県市では、コンビニエンスストア、ファミリーレストランなど18社と帰宅困難者支援協定を締結している。

7割が建築基準法違反

都内の個室ビデオ店

10月に大阪市で発生した個室ビデオ店火災を受け、都と23区、9市が個室ビデオ店、カラオケボックス、漫画喫茶、インターネットカフェ、テレフォンクラブの合計113件を緊急点検したところ、46%が建築基準法に違反していることが分かった。

主な違反内容は、非常用照明装置の未設置や不点灯、排煙設備の開放装置の隠ぺい、階段室の防火戸の閉鎖不良など。特に個室ビデオ店での違反は69%と他の用途に比べて違反割合が高かった。都市整備局では、是正指導するとともに、個室ビデオ店等の防火安全対策を検討する考え。

集合住宅から暴力団排除
オーナー側に要請
契約解除を条例化へ
豊島区

豊島区は、公共住宅や民間の集合住宅を暴力団員に売却、賃貸しないよう、オーナー側に求める区生活安全条例改正案を28日開会の第4回定例区議会に提出する。条例がオーナー側の後ろ盾になり、反社会的存在の排除の機運を盛り上げたい考えだ。公営住宅から暴力団を締め出す条例は、すでに他の自治体でも制定されているが、民間を対象にした条例が成立すれば、全国初となる。12月15日の最終本会議で可決される見通しで、来年1月の施行を目指す。

豊島区が抱える繁華街・池袋では、暴力団事務所が二十数カ所あるとされ、区内に暴力団員が多く暮らしている。団員が禁止地域で風俗店を営業するなど、池袋が暴力団の資金源になる現状を区として改善したいという思いが根底にあった。

一方、集合住宅のオーナー側も、暴力団対策に悩まされてきた。現行の民法では、オーナーが暴力団と集合住宅を賃貸、売却しないという契約を締結できるが、一般に周知されておらず、契約に排除規定を設けていないためだ。

そこでオーナーが、集合住宅などの契約時に暴力団員とわかった場合や、契約後に暴力団員が入居していたと判明した場合も、契約を解除できることをオーナー側の努力義務として、区は条例改正案に盛り込んだ。

区は、オーナー側に暴力団に売却、賃貸しないという契約内容に改定するよう呼びかけ、「条例を後ろ盾にしてほしい」（治安対策担当課）と期待を込める。

改正暴力団対策法（暴対法）が今年8月に施行され、「自治体の責務」として暴力団排除活動の促進がうたわれたため、条例案には「区の責務」を明記した。区は公営住宅の入居者が暴力団員とわかれば、退去を要請するという。

さらに、区発注の公共工事でも、暴力団関連の業者を排除するため、区は08年度内に警視庁との協定を結ぶ予定だ。暴力団関連業者が工事に携わると、税金が暴力団の資金源になるため、公共事業全般で排除していく。

地域社会の連携を

【解説】暴力団対策は、資金源を断ち、根絶していくしか方法はない。

豊島区の条例改正案は、公営住宅、集合住宅、公共工事から排除しようという内容で、区として最大限できることを盛り込んだ。

しかし改定案では、公営住宅の入居者が暴力団員と判明しても、退去要請しかできない。実効性の不安が残るため、これを有効に機能させるには自治体、警察、事業者など、社会が一つになることが必要だ。

公営住宅からの暴力団排除を、他の自治体はすでに取り組んでいる。都は07年6月の都営住宅条例改正以降、入居審査の段階で2人を今年7月までに失格にした。都は警視庁と連携して、身元を確認してもらっているのが功を奏している。また、入居者5人が暴力団員と判明し、弁護士に立ち退きの折衝を依頼し、4人がすでに退去した。1人は家賃滞納の返還を求めて、係争中という。

一方、集合住宅から暴力団員を排除するには、オーナー側の情報提供が不足している。豊島区が警察とオーナーの橋渡し役となり、情報交換を促して欲しい。さらに、暴力団の関連企業などが公共工事に不当介入した場合、建設会社などの通報義務が必要だろう。

23区で、公営住宅、集合住宅、公共工事からの暴力団排除がうまく機能すれば、先駆的な事例になる。暴力団対策に悩む行政は多いため、自治体間でも情報を共有し、反社会的勢力の排除を強化すべきである。（石）

「実施しない」が18団体
後期高齢者医療　健診後の保健指導

後期高齢者の健診事業について話し合われた後期高齢者医療懇談会＝区政会館で

都内の被保険者や有識者、医療関係者らでつくる後期高齢者医療懇談会（会長＝井藤英喜・都老人医療センター院長）が25日、開かれた。

東京都後期高齢者医療広域連合が健診事業の状況について報告。4月に行ったアンケート調査の結果、都内62区市町村のうち、54団体が個人で医療機関を受診して健診を受ける「個人健診」、8団体が自治体などが主体となって多数の住民を対象に実施する「集団健診」を選んだことを説明した。集団健診は島しょ部が多い。実施時期は誕生月とした団体が最も多く、10団体あった。

医療懇談会の委員からは健診率を尋ねる問いがあった。同連合は「健診実施後、都国民健康保険団体連合会のデータ管理システムに登録された人数は、目標としている57万1千人の5%強にとどまっている」と説明。ただ「健診は終わっていても、データに登録されていない人もいる。期間はあと半年分を残しており、今後、数字は伸びてくると考えている」という。

そのほか、健診後の保健指導は「実施する」と答えたのが44団体、「実施しない」と答えたのが18団体だった。委員からは「健診後の保健指導は大切。実施しない18団体の理由は何か」と質問があった。同連合は「理由は聞いていない」とした上で、「実施していない団体は保健指導を事業としては行っていないが、被保険者から相談などがあれば個別の求めに応じている」と話す。

同連合が後期高齢者向けに定めた基本的な健診の必須14項目に追加して、独自の上乗せ健診項目を設けたのは52団体で、実施しないのは10団体。上乗せ項目としては血清アルブミン、血色素などの血液検査に加えて、糖尿病や動脈硬化の進行度をみる眼底検査、腎機能検査などを実施する自治体が多い。

また、同連合は報告として、「保健事業検討委員会を別途、立ち上げるとしていたが、国が1年をかけて制度の見直しをすることとなった。ここで検討しても国の見直し後の制度との整合性がとれないこともあるため、今年度は設置を見送ることにした」と述べた。

D・キーン氏と塩野七生氏が対談
異文化をテーマに
「北区ゆかり」で実現

北区は24日、日本文学研究者で区内在住のドナルド・キーン氏と、作家で同区出身の塩野七生氏の対談を区内で開催した＝写真。北区にゆかりのある2人が「異文化に身を置いて感じること、見えてくること」をテーマに、エピソードなどを交えて話した。定員130人に対して500人超の聴講希望があり、北区は急きょ、ライブ映像による聴講会場を設営した。

キーン氏は米国出身で、コロンビア大学名誉教授。第2次世界大戦中に日本語を学び、日本文学に傾倒。1953年に京都大学大学院に留学後、日米間を往来して研究を続けてきた。今年、文化勲章を受賞。北区には約30年前から居住し、名誉区民のほか、区の知名度や文化的イメージの向上を担う「北区アンバサダー（大使）」にも任命されている。対談では「日本文化に違和感はない。逆に、簡単な漢字にふり仮名を付してもらうなど『外国人扱い』に違和感がある」などと話し、会場を笑わせた。

古代から中世のヨーロッパを扱った歴史作品を執筆し、全15巻の『ローマ人の物語』などベストセラーがある塩野氏は、イタリア永住権を持ち、ローマを活動拠点にしている経験から、「異国の人間ゆえに、見えたり感じたりできる文化がある。そうした感覚を大切にしたい」などと語った。

西川太一郎荒川区長インタビュー
「地道で堅実な区政運営を」
景気低迷「中長期の財務重視」

9日投票の荒川区長選挙で、自民・公明・民主の推薦を受けた西川太一郎区長が、大差で再選を果たした。16年ぶりに区の財政を黒字に戻すなど1期目の実績が評価された結果だが、2期目は、社会経済情勢の不安定な状況など、厳しい局面下での区政運営が予測される。難局を乗り切りつつ、「人口20万人」への復帰や地域産業の振興など発展の継続に、どのように取り組むのか、展望を聞いた。

――区長選をどう振り返りますか。

1期目への評価と、2期目への期待をこめて7割超の高い支持をいただいたと考える。慢心することなく、区民の幅広い声に耳を傾けて、真摯な姿勢で区長の重責を果たしたい。

――2期目となる区政運営で、要点は何でしょうか。

米国発の金融危機に伴う経済低迷は3年～5年間、続く恐れがあり、日本社会への影響も懸念される。最も身近な行政として、区役所は区民の「安心の砦」になるべきだ。そのために、派手な政策ではなく、地道で堅実な区政を重視する。区の財務面では、「メゾ（マクロとミクロの中間）レベル」の財政運営をカギと考える。荒川区は自主財源基盤が強くなく、都区財調制度への依存度が高い。区の独自歳入の推移だけでなく、都の財政状況も注視しなくてはならない。都における法人税収の大幅減の可能性が指摘される中、都区財調への影響も避けられないだろう。

1942年、荒川区生まれ。早大商卒、同大学院商学研究科単位取得中退。都議（4期）、衆議院議員（3期）。04年に荒川区長就任。現在、早大客員教授。経産省の中小企業政策審議会委員、同商業部会委員に就任予定。66歳。

――約273億円の基金の活用を含め、財政運営の方針は。

高齢者、子育て世帯、障害を持った人など、弱い立場にある区民を対象とした施策を最優先する。約273億円の基金があるとはいえ、効率的な財務運営は不可欠だ。福祉や教育への支出に合わせて、中小企業の基盤強化や産業振興など、将来への投資も継続していく。そのためには、「選択と集中」が重要になる。

――来年度予算の編成には、どう反映しますか。

来年度の予算編成は、先に挙げた経済不安の長期化などを織り込みつつ、慎重に臨む。まず、今年度の残り4カ月間、緊急経済対策など喫緊の課題に全力で対応する。

――区長選で自公民などの推薦を受けました。今後の議会運営への影響は。

区政運営では、自公民だけでなく、区議会の全会派の意見を尊重する。各党とも、衆院選、来年の都議選などを控えているが、区長としては「政局を区政に持ち込まない」を基本姿勢とする。

――庁内運営では、どのような点に注力しますか。

職員の人材育成は、継続して取り組む課題だ。特に、マネジメント（経営）能力に長けた人材養成に力を入れる。1期目に、庁内の育成機関「荒川区職員ビジネスカレッジ」の立ち上げなど、人事研修体系を改編した。今後は、評価制度の見直しなどを進める。もう一つの課題は、団塊世代の職員の有効活用策だ。荒川区だけで根本的な制度改革はできないが、60歳を超えても経験とやる気を生かせる組織づくりを検討したい。人件費や育成への投資は、単純なコストとは考えていない。職員は「消耗品」ではなく、「人財」として、付加価値を高める方針だ。

――区長会など対外活動への抱負は。

私自身の国政や都政に従事してきた経験・人脈を生かす機会があれば、惜しまずに協力していく。

――特別区の将来像をどう描かれますか。

地域の実情に即した行政機関として、区が果たす役割は大きい。それゆえ、「区域再編ありき」の意見にはくみしない。現状の仕組みでも、隣接区同士による共同事業など、広域連携の可能性は十分にあり、各区の組織や職員にも相応の能力が備わっていると思う。私自身の経験から国・都の職員と比べても、区職員の能力は遜色ないと感じる。都と区の関係については、双方が協調を強めて一緒に「東京」を盛り立てていく姿が理想だ。区側の立場からは、「区を育てる」といった姿勢を都に、さらに強く望みたい。事務移管などの議論が長引けば、「漁夫の利」のごとく、国による「東京直轄化」のような動きが出てくる恐れもある。

――職員へのメッセージをお願いします。

1期目では「行政はサービス業」ということを改めて認識した。「高品質の行政サービスを区民に提供する」ことを、職員と共に心がけていきたい。ただ、それは「へつらい」ではいけない。区民にも、上司にも、公正で毅然とした態度で対峙する姿勢が大切だ。その意味で、2期目にあたり、職員を「パートナー」と呼ぶことにした。各職員には、自分自身の達成感や取り組みへの意欲なども意識しつつ、能動的な区政運営に専念して欲しい。

豊洲地区に病院誘致へ
江東区　妊婦死亡問題も契機に

江東区の山﨑孝明区長は26日の定例記者会見で、同区南部の豊洲地区に産科や小児科などを兼ね備えた総合病院を誘致する意向を表明した。区への土地提供を都に要望し、都からは「早急に検討する」と前向きな回答を得ているという。山﨑区長は「従来から病院の必要性を感じていたが、妊婦さんの死亡した問題もあり、一刻も早く整備する必要があると考えた」と話した。

同区の豊洲を含む南部地域は臨海部を中心に人口が急増しているが、北部と比べて救命救急医療や周産期医療など必要な医療資源が不足している。区内全域でみても分娩できる診療所は3カ所あるが、分娩できる病院はないのが実情だ。

候補地は豊洲5丁目の文化・レクリエーション等拠点予定地の約1・5ha。誘致には東京港第7次改訂港湾計画や豊洲・晴海開発整備計画などの改正を行う必要がある。

山﨑区長は「運営する事業者を決めるのはこれから。なるべくお金のかからないようにしないと」としつつも、「財政的にお金をつぎこんでも1年でも早く実現にこぎつけたい」と述べた。

工場敷地から有害物質
足立区

足立区は26日、塗料メーカーの大日精化工業（堀之内1）の敷地内で、地下水と土壌から基準値の2～3900倍のヒ素、亜鉛など有害物質を検出したと発表した。

同社は05年7月から、自主的に敷地内の地下水と土壌を調査し、水質汚濁防止法や土壌汚染対策法の基準値の140倍のベンゼン、最大3900倍の亜鉛などを検出した。同社は今月25日、敷地内はアスファルトなどで舗装されているため、有害物質の飛散はないなど、都と区に報告した。

区は26日現在、工場から半径1キロ以内にある井戸の重金属などの含有量を調査し、周辺住民1万8千世帯に注意喚起のビラを配布している。都は井戸水のダイオキシン類を調べる。

記者席
回答期限が表に出た理由

○……「なぜ11月26日と回答期限を区切ったのだろう?」。参議院が宿舎建設計画の変更案を都に提出した際、わざわざ回答期限を報道機関に公表したことに、都庁内では疑問の声が聞かれた。「すみやかに回答して欲しいと言えば済むのに不思議だ」というのが一般的な受け止め方だ。その辺の事情を探ってみると、西岡武夫議運委員長のサービス精神が原因だった。

有力都議によると、議員宿舎PTには、いろんな会派が参加しているため「都が変更案を了承しない場合」という想定外のケースも含めた間口の広い内容でないと、PTのまとめにならない。回答期限というのも内々の話だったが、西岡委員長が報道機関の求めに応じてオープンにしないはずの資料まで公表してしまい、そこに記載されていたという。

議員宿舎問題は、とにかく事務レベルで想定外が多い案件だ。

○……都福祉保健局は、認知症のポータルサイトを新設する方針。現在は福祉保健局のサイト内に「認知症について知ってください」というページがあるが、たどり着くのが難しい場所にある。認知症の症状を有する高齢者は、都内に約23万人いるにもかかわらず、アクセス数は月平均6千強。高齢者分野全体（約17万アクセス）の4%に過ぎず、コンテンツが「埋没」している状態だ。

確かに、福祉・保健分野の情報量は膨大だが、認知症の情報量は今後も増え続けるとみられるだけに、かゆい所に手が届くサイトにしてほしい。

○……文京区の地場産業は医療機器・器具産業。東大周辺、本郷かいわいを中心に企業が集積している。試験管などを店頭で小売りしている業者が健在な一方、医療機器のデジタル化を受けて、電子機器、ソフト関連企業も増えているという。

文京区は区内の大学病院などと連携して医師などのニーズを企業側に紹介し、技術力など企業側のシーズ（種）に結びつけ、新たな事業化を促す方針だ。第1弾の日本医科大との連携事業が26日に始まった。偶然の出会いから大ヒット製品が生まれるかもしれない。

教育の現場
都立篠崎高校

地域に根ざした高校を
主幹が経営改革の主体に

地域との「共生」を目標に掲げて、学校経営改革を実践している都立高校がある。江戸川のほとりにある都立篠崎高校。10年ほど前までの評判は決して良いとは言えず、近隣住民からも都立高校としての存在を敬遠されていた。事実、都教育委員会も、学校経営不適切校22校のうちのひとつに挙げている。その篠崎高校が、学校経営改革を通して、大きく飛躍しようとしている。

中高連携で進学率アップ

篠崎高校が重点支援校の指定を受けたのは2004年。3年続けて指定され、06年2月、現在校長を務める茂泉吉則校長が同校に赴任した。「学校行事を含めすべての教育活動を地域に開き、地域や保護者から理解と協力を得られる学校となるように努めている。地域の活性化に寄与することこそ都立高校に求められる意義」と語る茂泉校長は、かつての教職経験から、地域社会との理解・共生が都立高校としての経営に大きく影響することを実感してきた。

その実現に向けて最初に取り組んだのは、今までの事務室を改変して設立された経営企画室の開設。06年度からの3カ年計画の中で打ち出された。この改革の実質的な中枢機能を果たしているのは、毎週月曜日に定期的に開かれている主幹経営会議である。

地域社会の理解と共生が学校経営に重要

◆初の冠大会

その中から将来的な業務の分掌化を目的とし、予算会議・修学旅行・中高連携・高大連携の四つのプロジェクトチームを編成した。例えば、修学旅行PTは、学校経営計画に基づく修学旅行のあり方として、今までは生徒の要望で決定していた行き先から、活動内容、目的に至るまでをゼロから見直し、計画立案を実践。実施後の再検証を徹底することで将来的な体系作りを目指している。

また、地域社会との連携を目的として、現在最も活動が盛んなのは、中高連携活動である。この事業は03年度から実施されているが、特に06年度以降は、連携の近隣中学校を当初の3校から最終的には6校にまで増やし、高校教員が中学校で実施する出前授業も、回数・内容共に充実を図ってきた。

それに加え、中学生を高校に招いての体験授業や中学校での進路講演会の実施、和太鼓やダンス部といった部活動の地域行事への参加など、単なる授業交換にとどまらない、あらゆる分野へと活動内容の幅を広げている。

その結果、近隣中学からの進学率が約28%にまで上昇。08年度からは、新しく遅刻などの生活指導について意見交換と指導内容の統一化を図る生活指導連絡会も開催された。11月29日には、長年輝かしい成績を収めている剣道部を主体に、篠高杯の開催が開かれる。

これは、名前の通り篠崎高校が主催し、都の中学生の剣道部員が試合を行う大会で、審判は篠崎高校の剣道部員が務めるというもの。ひとつの高校の冠を持って学校及び生徒が主体となって実施する大会は、都内では初めての試みである。

◆主幹に主導権

これらの改革の中で、何よりも注目すべきは、その主体が主幹であるという点だ。かつては、学校経営といえばトップである校長の手腕にかかるところが大きかったが、現在の篠崎高校では、校長・副校長、経営企画室長の監督のもとで、実質的には5人の主幹に各プロジェクトの主導権を委ねている。積極的に経営参画する主幹の存在は、経営側と教員側との間にあった溝を埋めつつあり、受け身がちであった教職員の中にも徐々に主幹に賛同・協力する体制が浸透し始めた。

このシステムは、校長にとって最高戦略機関として経営の方向性をまとめやすくなるメリットがあるだけではない。主幹にとっても、実践的に経営を学び習得する絶好の機会を得ることで自身の向上意識を高め、互いにスキルを切磋琢磨しあうことができるというメリットがある。

また、そのほかの教員たちの意識向上にもつながり、今年は篠崎高校の教員からも2人の主幹受験者がでた。まさに、学校という現場が生徒のみならず、主幹教育の場としても大いに生かされている。「うちで学校経営を学んだ主幹たちが、この経験をいかに生かしていくのか、そして今後の都教育全体の中で活躍の場を広げていくことを見届けるのは、一緒に学校経営に携わってきた私にとっても大きな喜びであり、楽しみなことだ」と茂泉校長は笑顔で語る。

学校経営改革の中枢機能を担う経営企画室

◆呪縛から脱皮

生徒たちの期待や要望、それぞれの家庭事情、地域住民からのニーズは実にさまざまだ。

規律ある学校生活実現のために、毎日校門に立ち遅刻・早退指導を実施し、目に見える形で生徒たちを激励すること。学校行事については、あらゆる家庭の経済事情を鑑みて平等に実施されるよう何度も検討を重ねること。そして、生徒自身が望んでいる将来設計に基づいた進路実現のため、高大連携事業の拡大と専門学校への進学及び就職支援の充実を図ること。

学校に求められている課題は尽きないが、今後も篠崎高校では、10年前の呪縛からの脱皮を果たし、この3年間を経て、更なる飛躍に向けての活動が実践されていくにちがいない。

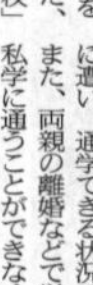

教育支援の現場から 6
～首都圏の転学事情～
高校転学を身近にする

そろそろ受験勉強も本番といったシーズンになりました。受験生にとっては正念場ですが、新しい環境を求めている高校生にとってもまた、大切な時期です。今回は、「高校転校」をテーマにお話ししたいと思います。

NPO教育支援協会の窓口では、私立高校から公立高校への転校を希望する方からの相談が多く寄せられています。東京都以外からも様々な相談が寄せられていますが、高校のシステムはその都道府県で異なり、転・編入の状況も様々です。そこで、首都圏の埼玉・千葉・神奈川県の教育委員会に、高校中退の危機にある転学希望者に対して受け皿となりうる公立高校があるかどうか問い合わせてみたところ、東京都とは違った実態が浮かび上がってきました。

この3県の公立高校では、転入に関していくつかのはっきりとした基準が設けられていました。親の転勤などによる一家転住、深刻ないじめなどの有無、そして経済的理由などです。帰国子女や転勤などで、転学せざるを得ない。元の高校でいじめに遭い、通学できる状況ではない。また、両親の離婚などで学費の高い私学に通うことができなくなってしまった。こういった、ほぼやむにやまれないといった理由がなければ転学はできないということでした。

NPOで相談を受けた多くの方々は、このようなケースでの転学ではありません。部活で自分は一生懸命頑張りたいのに、顧問の先生がやる気がなく反りがあわない。吹奏楽部が魅力的で学校を選んだが、あまりにも授業のレベルが低く周りとなじめなかった。部活推薦で入学したが、怪我をしてしまい私学を辞めざるを得なくなった。こういった理由で転学を希望している生徒がいるのに、一家転住・いじめ・経済的事由でしか転学が認められないというのは、あまりにも封建的な制度なのではないのでしょうか。

それに比べると東京都では、そういった事由がなくても学期の終わりごとに転学試験があり、転校のチャンスが与えられています。私の経験からすると、転校を希望している生徒は、学校全体に何か決定的な不満があるのではなく、大きな学校生活の中のごくごく小さな部分に理由があるようです。こういった場合、学校という環境が変われば不登校といった問題も自然と解消されるケースが多く、実際にそういった生徒をたくさん見てきました。

NPOでは、首都圏を対象とした教育相談を受けていますが、それは、都内に住んでいなくても首都圏近郊に住んでいれば、東京都の教育事情でもって相談に答えられるからです。東京都以外に住まいのある方でも、都内に引っ越したり、また都内で働いていれば、都立高校を受験することができます。公立高校は中退者のための受け皿という役割もあるはずです。本来ならば、地元の公立高校に転校して、その高校で豊かな友情や感性を育む。そして、その地域全体で次代の人材を育成していくというのが、理想の公立高校のあり方なのではないでしょうか。

東京都が先陣を切って高校中退問題、ひいてはニート・フリーター対策として高校転学をより身近なものにしていることには、大変な意義があると思います。首都圏だけでなく全国的な規模で、このような教育支援が行われていくことを望んでいます。

不登校・高校中退・転編入のお問い合わせは、NPO法人教育支援協会連合会東京支部☎6806・8366。

（杉浦孝宣）

「奉仕」理解でフォーラム
都立高生がすべてを運営

都教育委員会は15日、2007年度から必修化された教科「奉仕」に対する都民の理解と協力を得るため、「奉仕体験活動フォーラム」を東京都教職員研修センター視聴覚ホールで開催した＝写真。奉仕体験活動を広く都立高校生、保護者、教職員及び連携先関係者などに紹介するとともに、都立高校生が都民から直接評価される機会を設け、社会貢献意識を一層高めることを目的としている。運営はすべて都立高校生が行っており、ポスターやパンフレットの原画は荒川商業高校の生徒が制作した。

フォーラムの第1部「よくわかる『奉仕』―奉仕体験活動の一年」では、教育庁の高野敬三指導部長が「教科『奉仕』の必修化は教育基本法の改正と軌を一にしたもので、都立高校生に公共の精神や社会貢献の精神が広がることを期待している」とあいさつ。司会の晴海総合高校の生徒から「奉仕」の授業について説明があり、続いて都立高校5校が、学校の特色を生かした活動や地域の求めに応じた取り組みを紹介した。

小学生のための吹奏楽演奏等の活動（杉並高校）、国技館で開催された「わんぱく相撲全国大会」スタッフとしての活動（本所高校）、小・中学生向け「ものづくり教室」での活動（町田工業高校）、地域団体と連携した薬物乱用防止キャンペーン等の活動（江東商業高校）、民話等を音読したテープを高齢者へ贈呈する活動（五日市高校定時制）を、一部実演も交えながら紹介。

生徒は「誘導やごみの分別を守らない人に注意するのは勇気がいったが、感謝の言葉をかけてもらい、とてもうれしかった」などと、体験活動の感想も紹介した。

第2部パネルディスカッション「高校生の力で社会をより良く変えよう!『奉仕』の成果」では、都立高校の教諭をコーディネーターとして、工芸高校生徒と連携先の環境NPO代表、文京高校生徒と連携先のふくろ祭り実行委員長、武蔵高校生徒と連携先の武蔵野消防署員が、パネリストとして出席した。都立高校生からは、森林保全活動（工芸高校）、「東京よさこい」祭りの運営（文京高校）、消防署主催の住民防災訓練での活動（武蔵高校）の感想や成果が紹介され、連携先関係者からも都立高校生の活動の様子や感想が紹介され、今後の活動や都立高校生に期待することなどについて意見が交わされた。

生徒からは「授業で出会った方々のように、地域の問題に真剣に向き合っていきたい」「日常生活の中で、あいさつや声かけのできる大人になりたい」などの意見が出された。また連携先関係者からは「人のために何かをしようという時に、挑戦する気持ちをもってもらいたい」などの意見があった。

終了後のアンケートでは「2年目でこんなに多くの奉仕体験活動が広がっていることを知り、大変驚き、かつ喜んでいる」（保護者）、「他校の奉仕活動について知ることができてよかった」（都立高校生）、「奉仕の活動を通して、勇気の一声、勇気の一歩を出せる人に成長してほしい」（都民）などの感想が寄せられたという。

教員を育てる ①
――人材育成基本方針
意図的・計画的な人材育成

学校教育の多様化・複雑化する課題や団塊世代の大量退職などを踏まえ、都教育委員会は、教員のこれまでの人材育成を意図的・計画的なものへと転換する必要があるとし、新たに「東京都教員人材育成基本方針」を策定した。求められる教師像や経験、職層に応じて身に着けるべき力を明らかにした上で、研修やOJTなど、人事の仕組みや制度を人材育成の観点から体系化した。そこで今回から4回にわたり、基本方針のポイントを解説する。

■指導方法の見直し

社会状況や子供の変化などを背景に、学校教育における課題は一層複雑化・多様化している。学校現場においては、学力の向上、規範意識の醸成、地域との連携、保護者の要望・苦情などに関して、今までの経験や方法では対応しきれない状況が生まれてきている。

これからの教員には、今までの指導方法を見直し、工夫・改善していくことが求められているとともに、保護者や地域、関係機関など外部と連携・協働する力の育成が必要である。さらに、学校全体の組織的取り組みを強化していくことが大きな課題である。

しかし、教員には、教科指導や生活指導など、直接児童・生徒の教育指導にかかわること以外は、教員の本来の業務ではないとする考え方が強いため、地域や保護者など外部と連携・協働したり、学校全体として組織的に課題の解決に当たるという意識が希薄であった。

今後は、大量退職に伴う若手教員の急激な増加を踏まえ、採用した教員が、経験や職層の段階を経て着実に成長し、教員一人ひとりの能力を十分発揮させ、学校全体を活性化させるとともに、その組織力を発揮していくことが求められる。そのため、初任者の段階から職層に応じた意図的・計画的な人材育成の仕組みを構築し、教員一人ひとりが経験や職層に応じた自らの役割と責任を自覚し、確実に職責を果たす力を身に着けることが重要である。

■方針策定の視点

《視点1》 初任者から管理職までの経験や職層に応じて身に着けるべき力を提示することにより、人材育成の目標と道筋を明確化する。具体的な育成方法については、「OJTガイドライン」及び「校長・副校長等育成指針」において例示した。

《視点2》 配置管理、昇任、OJT、研修、人事考課制度などを人材育成の仕組みとして体系化し、今後の方向性を示す。

《視点3》 人材育成は管理職の最も重要な責務であることを明らかにし、各学校において校長の責任の下、人材育成の推進体制を確立する。

《視点4》 教員は、自らのキャリアについて将来展望をもち、身に着けるべき能力を自覚し、職務遂行等を通じて積極的に能力開発を行っていく。

《視点5》 特に、初任者から組織人としての意識を啓発し、組織的課題解決ができる人材育成を重視する。

採用選考の更なる改善・充実、育成に視点を置いた異動や校内人事、職の分化・職の複線化、OJTの必要性と意義、研修体系の再編整備、自己申告書・キャリアプランの工夫改善、大学との連携など、多岐にわたって、現在の人材育成にかかわる制度や仕組みの現状・課題及び今後の方向性を示した。

■推進体制の構築

個々の教員の人材育成については、各学校に任されている実態があった。校長・副校長の意識

東京都公立学校教員年齢分布（2003年5月1日）
（人）0～3000　20～60（歳）
全体／小学校／中学校／特別支援学校／高等学校

東京都公立学校教員年齢分布（2008年5月1日）
（人）0～3000　20～60（歳）
全体／小学校／中学校／特別支援学校／高等学校

教育庁内で現場実習
特別支援学校生

実際の職場での仕事や生活を通じて職業生活を体験し、社会に通用する力を身に着けてもらおうと、都教育庁は12月5日まで、特別支援学校生徒の現場実習を同庁各部、都教職員研修センター、都立中央図書館などで実施している。

都は2006年策定の「10年後の東京」の中で、今後10年間で障害者雇用を3万人以上増加させる方針を打ち出した。また、都教育委員会も、07年に都特別支援教育推進計画を策定し、特別支援学校生徒の自立と社会参加を目指して、職業生活や社会生活に必要な知識や技能を育成する職業教育を実施するなど、企業ニーズなどに適切に応える人材育成に取り組んでいる。

今回の特別支援学校生徒の現場実習もその一環で、教育庁内の各職場を現場実習の場として提供し、様々な経験を積ませて卒業時に企業などへの就労促進に役立ててもらおうというもの。対象は特別支援学校高等部1・2年生で、卒業後に企業等への就労を希望する生徒42人。会議の受け付けや郵便・書類の整理、資料の印刷・袋詰めなどの作業を行ってもらう。

毎週金曜 3面は 教育オンライン

着工以来8年ぶりに来春3月開業へ

上野・浅草活性化のカンフル剤に

JR・京成・メトロ・都営線8駅間にネットワーク

上野・浅草地区が来春3月から大きく変貌する。

国・都の「都市再生」政策による丸の内・大手町の都心や品川・大崎、六本木・赤坂地区などの目ざましいビルラッシュと近代化に比べ、この両地区は遅れ気味の感があったが、着工以来、8年ぶりに来年3月にオープンする「上野地下歩行者専用道」と「上野広小路駐車場」によって、両地区の活性化と賑いが見込まれる。

上野地区は浅草地区と合わせ東京の副都心の一つに位置づけられている。既存の商業集積や観光・文化施設を活かしながら、業務・商業・文化・観光・レクリエーション施設等の立地を備えた新しい街への発展が期待されている。

この地区はJR、京成電鉄、東京メトロ銀座線・日比谷線、さらに都営地下鉄大江戸線など鉄道路線の結節点になっている。また、上野公園や美術館など文化施設も多いことから、この間を結ぶ歩行者ネットワークの充実を図る必要性の高い地域である。

他方、この地区は駐車場不足による路上駐車が曼延化し、防災機能の低下や都市環境の悪化が副都心にふさわしい街づくりの大きな課題となっている。

このような状況から両地区を〝再生〟、活性化するため、東京都と台東区は、道路（中央通り）地下空間を有効利用することにより、歩行者の安全性と利便性の向上を図ると同時に駐車場も確保することとしたものだ。

地下歩行者専用道は既存の地下通路と都営大江戸線のコンコースを結ぶもので、延長約320メートル。幅員約8～21メートル。

これにより日比谷線仲御徒町駅、JR御徒町駅、大江戸線上野御徒町、銀座線上野広小路駅、京成線、JR・銀座線及び日比谷線上野駅の8駅が接続する地下歩行者ネットワークが形成され、大幅に利便性・安全性が高まる。

また、地下二層の機械式駐車場（約300台収容）もできる。これで路上駐車が減少するから、道路交通が円滑化し、来街者の利便性も大きく向上する。

このように来春3月にオープンする歩行者の地下ネットワークと地下駐車場は、上野・浅草地区活性化の有力な〝カンフル剤〟になると期待されている。

東京メトロ銀座線
上野地下歩行者専用道
上野地下駐車場
5.0m
21.4m
40.7m

駐車場・歩行者専用道（B―B断面）

地元要望から38年ぶりの竣工

地下2層300台を収容 違法駐車解消へ

上野中央通り地下駐車場

施設の概要

面積

敷地面積は、約5400平方メートル、延床面積は、約1万4310平方メートル。

車両収容台数区分

収容台数300台で、ハイルーフ車やミドルハイルーフ車の利用も可能。

ハイルーフ車＝96台、ミドルハイルーフ車＝100台、普通車＝104台

機械式駐車場

地下2層、鉄筋コンクリート造の機械式駐車場で入庫や出庫の際の機械操作は、係員が行う。

駅への接続

すべての利用者が利用しやすいよう、駐車場からJR上野駅、京成上野駅、大江戸線上野御徒町駅、東京メトロ上野広小路駅などにも地下通路で結ばれており、大変便利になっている。駐車場から地上へは、エレベーターや直通階段3個所を設置している。

安全対策

駐車場の入出庫ロビー階や階段、入出庫ゲートなどに防犯カメラを備え、防災センターで常時、防犯カメラのモニター監視を行うと共に、駐車場内の定期的な巡回も行う。

駐車場計画の経緯

上野地区は、東京の副都心の一つとして位置付けられており、業務、商業、情報、交通などを複合的に備えた新しい街への発展が期待されているが、駐車場の不足による路上駐車（違法駐車）の蔓延から、道路交通機能が阻害され、都市環境の悪化や防災機能の低下を招き、まちづくりを進めていくうえでの課題となっていた。

また、地元からも長年にわたり、駐車場整備の強い要望を受け、台東区では1987年度より調査検討を重ね、97年7月11日に東京都市計画駐車場第48号「上野広小路駐車場」として都市計画決定を行い、道路地下空間（中央通り地下）の有効利用による公共駐車場の整備を進めている。

（1）駐車場計画地の選定

上野・浅草地区に公共駐車場の設置を検討するにあたっては、道路下や公園下といった公共用地への立地を想定し、87年度に「上野・浅草地区駐車場整備計画調査」を行い駐車場の立地選定を行った。

引き続き、88年度に実施した「上野・浅草地区駐車場整備計画比較案検討調査」では、公共駐車場の整備にあたり、①誘致圏に早急に対応すべき需要を持つ地区が含まれているか②早期の整備が可能であるか③地域改善等に貢献するか――の点を中心に比較評価を行い、候補地の絞り込みを行った。

検討の結果、需要にかかわる優先度の高い地区として、上野地区は御徒町・広小路を中心とした地区、浅草地区は雷門通り周辺の地区であった。

上野地区の調査では、駐車需要が最も大きく整備が急がれている上野駅から中央通りにかけての、乗用車と大型バスの整備台数を算定している。しかし、大型バスの駐車場確保は、構造上の問題から地下での整備が困難であることから断念し、乗用車のみの整備とした。

以上の調査結果を踏まえ、地下空間の有効利用を勘案し、中央通り下に東京都が施行する地下歩行者道ネットワークの整備と併せて、地下駐車場を整備することとした。

入出庫口は、中央通り、不忍通りにおける地下空間の利用状況及び将来計画、一般交通流への影響等を検討した結果、中央通り導流島附近に入庫口、不忍通り南側に出庫口を設置することとなり、97年に都市計画決定したものである。

（2）東京地下鉄㈱への委託経緯について

上野中央通り地下駐車場は、東京都が施行する歩行者専用道と一体構造物として道路下に合築で施行するものである。

道路下には、地下鉄銀座線（30年開業）があり、この直下に一体構造物を築造するため、銀座線を下受防護しながらの施工となる。工事に際しては、鉄道の安全確保が最優先となるため、東京都と台東区は、東京地下鉄㈱に施行を委託することとした。

2000年11月17日付けで受委託に関する基本協定を東京都・台東区・東京地下鉄㈱の3者で締結した後、02年10月25日付けで施行協定を、06年3月1日付けで変更協定を締結した。

地元との協議

71年に本駐車場建設促進の陳情が地元から議会に提出されて以来、38年もの歳月を経て、現在、駐車場の完成を09年3月に控えている。

本事業を進めるに際して、地元との意思疎通を密にするため、上野地区町会連合会・上野観光連盟・上野地区の商店会など地域の代表者と、事業者の東京都・台東区及び、工事受託者の東京地下鉄㈱で3者連絡協議会を設置し、毎月、工程の説明や地元要望などについて協議を重ねている。

さらに、工事の影響を最も受ける沿道の地元商店会とも、まちづくり委員会を設立し、3者連絡協議会と併行して協議を進めてきた。

まちづくり委員会では、工事の工程説明にとどまらず、階段やエレベーター塔といった地上施設のデザインについても、地元意見の集約に大きな役割を担って頂いた。

このように、地元の熱意と協力により、事業も円滑に進めることができ、改めて、関係者に感謝申し上げたい。

駐車場完成後は、交通渋滞を解消し、地域の環境を改善するとともに、地元商店街をはじめ地域の活性化に資するものと確信している。

今後も、09年3月16日の開業に向け、関係機関と連携を図りながら安全性を最優先にしつつ事業の推進に努めていきたい。

経過

▽1997年7月　都市計画決定
▽00年～02年　準備工事
▽03年　工事着手
▽09年　工事完成・開業予定

入出庫各々3バースを備えた300台収容の機械式駐車場

アメ横商店街に沿った中央通りの地下に歩行者専用道

地下1階平面図
歩行者専用道横断部
駐車場エレベーター
駐車場直通階段－3
入庫スロープ
出入階段－3
上野二丁目
不忍通り
上野公園
既存地下通路
東京メトロ銀座線
都営大江戸線コンコース
エレベーター－1
駐車場直通階段－1
出入階段－1
駐車場直通階段－2
上野四丁目
出入階段－2
エレベーター－2
延長　約320m

上野地下歩行者専用道・上野広小路駐車場

中央通り地下に歩行者専用道路
全長320メ、EV2基で地上と接続

単独部建設土木工事

上野地下歩行者専用道は、中央通りの地下に位置して、現在施工中の上野広小路駐車場を経由して都営大江戸線上野御徒町駅コンコースと京成上野駅に繋がる既存地下通路とを結ぶ、全長320メの地下通路であり、地上との接続は出入階段3カ所、エレベータ2基による。

歩行者専用道は全線にわたり東京メトロ銀座線に近接しており、最も近い場所での離隔は2メ程度である。

当初はこの全線を開削工法で施工する計画であったが、交通量の多い中央通りでの作業であり、夜間作業を主に施工することになるため工期の延伸を余儀なくされる懸念があった。

さらに、地元からは路上交通への影響を極力小さくしてほしいとの強い要望があり、上野広小路駐車場から都営大江戸線上野御徒町駅コンコースまでの区間についてはシールド工法にて通路の築造を行うこととなった。シールド工法の出入口部分と上野広小路駐車場から既存地下通路までの区間は当初計画通りに開削工法にて施工した＝全体の平面図（下）。

シールド区間のトンネル断面形状を決定するにあたっては、当初計画の躯体内空を包含する形状、建築限界を確保する形状を考慮して、掘削断面が最小となるように3心円からなる複合円形断面とした。

シールド工法には伸縮カッターを使用した複合円形断面シールド工法（EX－MAC〈イー・マック〉工法）を採用した。真円のシールド工法に比べて掘削土量を6・9％削減できることから、合理的かつ環境にも配慮した工法である＝写真1。

また、今回の工事は、掘進距離が短い工事であるため工事費におけるシールドマシンの製作費のウエートが非常に大きい。このため、シールドマシンの製作費の低減を図るため他現場で使用した機器を転用してコスト低減を図った。

シールド掘進に当たっては、発進部の土被りが4・5メと低土被りであり、銀座線との最小離隔が2・6メと近接していることから、土圧計による切羽圧管理、土圧変動抑止装置の装備などによる綿密な管理を行った＝写真2。

また、シールド区間の途中にある開削部との接続個所では、シールドの側部を延長50メ以上にわたり開削工法により掘削することから、シールドに偏土圧を掛けないように掘削、土留支保工を施工した。

接続個所ではシールド工事完了後にセグメントを撤去して開削部分との接続を行った。また、開削部で開口を設置する必要のない部分については将来の躯体形状に合わせた形状のセグメントを使用した。

現在、構築工事まで完了したが、銀座線及びシールドに影響を与えることなく、工事を完了している。

一方、既設通路側の開削工事においても、銀座線と土留杭との離隔が1・5メと近接していたが、銀座線に影響を与えることなく、道路復旧を除く工事を完了している。

写真1＝シールドマシン

写真2＝地下歩行者専用道となるシールド内全景

約5年で予定通り工事完了
幅40～60メ、深度26メを掘削

合築部建設土木工事

合築部の築造工事は、掘削延長105メ×掘削幅約40～60メ×掘削深度約26メ（掘削量：約11万立方メ）の開削工法で施工した。

主な開削工法の仕様については、1次山留め壁はSMW壁（φ850、高さ約21メ）、2次山留めは駐車場本体利用の路下施工地下連続壁（壁厚1・2メ、壁高約54メ）、7段の鋼製切梁支保工（主にH500を使用）、逆巻き工法によるB1F中床スラブ（銀座線直下の中床スラブ）の先行築造などがあげられる。

また、開削範囲内には、Dφ1000・Gφ600・E3条4段・NTT3条3段・Wφ300などの多くの重要な各種埋設物が幅輳しており、それらの埋設物は、掘削外への仮切り廻し・掘削内での切り廻し（主に構築築造に支障する埋設物）・掘削内でのつり防護（総延長約1千メ以上）などの様々な処理を行いながら掘削を進めた。

掘削内の各種埋設物は、約3年半の長期間にわたって地下の空中でつられた状態だったが、地震や台風の発生に対しても何事もなく、無事維持管理を行ってきた。

また、東京メトロ銀座線が掘削延長105メの範囲全域に位置しており、下受桁により受け替えしながら地下鉄の運行を止めることなく掘削を進めた。なお、この銀座線は築造後約80年という日本で最初にできた古い地下鉄であり、受け替えの施工に先立って、地下鉄構内の柱の追加築造及び既設地下鉄構築と一体化した鉄筋コンクリート構造物築造による既設地下鉄構築の補強工事を行うと共に、万が一駐車場掘削内が大雨で冠水した場合に、地下鉄の構築が浮き上らないよう浮き上がり防止対策も行った。

また、受け替え用の桁は、長さ12メ（ボルト継手による3分割、ボルトも最大のもので1本約3キロの重量）・最大桁高900ミリ・鉄板の最大厚み80ミリ・1本あたりの重量約10トンというHの形をした大型の桁材を工場で製作し、全96本を約1メ間隔に設置し、地下鉄銀座線を受け替えた。

土木工事の経緯について、2003年6月に埋設物試掘工事等の準備工事に着手した後、同年10月から路上からの杭打工事に着手し、05年2月に路面覆工架設を完了した。

その後、掘削・埋設物の掘削内切り廻し及びつり防護・銀座線構築補強などを進め、05年8月～06年4月の間で路下施工地下連続壁の施工、06年5月～同8月の間で銀座線構築の受け替え、06年9月～07年2月の間で逆巻き工法によるB1F中床スラブの先行築造を施工した。

なお、この時点での掘削深度は約13～14メと、最終掘削深度の約半分だが、03年6月の準備工事着手から約4年近くを要した。B1F中床スラブの先行築造完了後は、急ピッチで工事は進み、07年5月には掘削を完了し、08年2月にはB3F及びB2F部分の構築築造を完了し、建築設備業者に引き継いだ。

その後、順次構築築造完了部より建築設備業者に引き継ぎ、08年10月現在は、路面覆工撤去もほぼ完了し、09年3月開業へ向けて、道路の復旧工事を進めている。

掘削工法断面図

桁受桁　覆工桁　覆工板　支保工コンクリート（厚300）　銀座線防護コンクリート　下受桁　切梁　銀座線　溝壁崩壊防止（SMW壁（芯材なし））　流動化処理埋戻し　土留杭（SMW φ850）　路下柱列式連続壁　銀座線下受杭　中間杭　逆巻スラブ受杭　基礎コンクリート（厚300mm）　路下地下連続壁 h=約54m　路下地盤改良特殊セメント　35.51m～48.90m　掘削深 26.42m　約27m　1200

平面図

シールド区間　開削区間

基礎力、専門性を検証

受けやすい管試へ　区Ⅰ類筆記考査を改正　▶▶上

来年度から特別区のⅠ類管理職選考が改正となる。筆記考査は択一式の出題範囲を厳選する一方で、記述・論文を重視した構成に見直す。また免除資格も導入し、試験結果によって次年度以降3年間の択一・短答式問題を免除する仕組みも導入する。こうした改正は、実践的能力の高い管理職を的確に選抜するとともに、職員のライフスタイルの変化などを考慮して計画的な受験を促し、申し込みの底上げを図るのが狙いだ。区の管理職選考は具体的にどう変わるのか。改正点や背景、ねらいを3回に分けて掲載する。

◆択一・短答式

今回の改正で具体的に見直した部分が、筆記考査と免除資格の導入の2点だ。このうち筆記考査の改正は、管理職として必要な専門性と基礎力の検証が狙いとなる。択一・短答式問題を改正するとともに、実務に即した課題への対応能力の検証を重視し、記述式・論文式問題を見直した。

択一・短答式の知識問題は、管理職になってからも必要な知識を中心に構成を見直したという。基本的な問題が出題されるので、受験を機会に勉強し直し、しっかり習得することが求められる。

事務系・技術系共通問題は「時事問題」「資料解釈」を廃止し、「地方自治制度」「地方公務員制度」のみとなる。出題数は計20問で、「地方自治制度」が14問程度、「地方公務員制度」が6問程度となる。これまでは9問と5問程度の割合だったので、「地方自治制度」の出題数が大幅増となった。

地方自治法は条文数も多く、改正も頻繁に行われる傾向にある。必ず条文にあたり、関連法令、行政実例や判例に目を通し、知識を確実に身につけることが必要だろう。

記述・論文は論理性重視

事務系専門問題は、出題分野の変更はないが、「行政法」の出題数が従前の8問程度から16問程度へと倍増する。管理職として身につけるべき必須知識という位置づけから出題数を増加したもので、これまで同様に基本的な知識を問う出題傾向に変わりはない。出題数が増加した分だけ念入りに知識を習得する必要がある。

「財政学・地方財政制度」の出題数は、従前通り4問程度となる。財政に関する知識習得は管理職にとって必須であるため、基本書で内容をしっかり押さえることが求められる。

他方、技術系専門問題は択一式から短答式に変更し、5題中3題の選択となる。出題領域は従前から変更はなく、技術領域の管理職として必要な専門的知識について、基本的な内容を問うというもの。ただし、短答式になるため、断片的ではなく体系的な知識として習得することが必要となる。

また、管理職としては法令知識が欠かせないため、関係法令知識に関する出題も予定されている。出題領域は、昨年度の実施要綱を参照するとよいだろう。

◆記述・論文式

記述式問題は、従来通り白書、新聞記事、各種統計等の与えられた資料に基づき、解答を導き出す形式に変わりはない。ただ、これまでは企画立案能力、政策形成能力の検証に重点を置いていたが、今後はその基礎となる問題分析、課題抽出、施策提案に至る課題解決能力の検証を重視するよう見直した。このため解答は、これまで以上に論理性が求められることになる。

また、資料の点数もこれまでより増える。資料を読み込み、問題点の分析、課題の抽出、特別区の課長として課題解決のための具体的な方策（施策）の提示までを順番に解答する方式となる。

これまでは、対応策を想定してから資料を分析、整理したような解答が多く見受けられたが、今後はこうした解答ができない。様々な関連資料から課題を的確にまとめる訓練や、管理職の視点で課題解決できるよう幅広い視野を養うことが必要となるだろう。

解答用紙はA3版1枚で、縦横の使い方は従前通り自由。これまでのように「施策提案書」といった指定はなくなるので、見やすさ、読みやすさの工夫はもちろん必要だが、表現に奇をてらう必要はないという。出題はこれまでと同様に1題で、解答時間は2時間となる。

論文式問題は、2題のうちから1題を選択。字数は1500～2千字程度、解答時間は2時間など枠組みに大きな変更点はないが、論題がこれまでと異なり、話題となっている社会事象や行政課題などを題材とする幅広い範囲からとなる。

このため受験者には、常に特別区管理職の視点で、社会事象等に関して関心や問題意識を持つことが求められ、受験者の日ごろの問題意識に基づいた様々な切り口での論述が期待されている。

論文は、特別区の管理職としての視点を踏まえた論述が必要となり、評論や知識の多寡を問うものではない。問題の背景の把握、課題認識、受験者なりの考え方など、論理的で表現力豊かな論述が求められるだろう。

試験開始を待つ受験生＝区管試会場で

記述式の見直し

■択一・短答式の改正点

現行

出題分野	形式	出題数
【事務系・技術系共通】	五枝択一	28問
・地方自治制度		(9問)
・地方公務員制度		(5問)
・時事問題（区政、地方自治、政治、社会、経済、労働）		(10問)
・資料解釈		(4問)
【事務系専門】		12問
・行政法		(8問)
・財政学・地方財政制度		(4問)
【技術系専門】		12問
・選考区分別の専門問題		
1時間30分		

改正

出題分野	形式	出題数
【事務系・技術系共通】	五枝択一	20問
・地方自治制度		(14問)
・地方公務員制度		(6問)
・時事問題（区政、地方自治、政治、社会、経済、労働）		廃止
・資料解釈		廃止
【事務系】（事務専門問題）		20問
・行政法		(16問)
・財政学・地方財政制度		(4問)
【技術系】（技術専門問題）	短答式等	5題中3題選択
・選考区分別の専門問題		
1時間30分		

※現行の分野別出題数は08年度の出題数。改正後の分野別出題数は出題目安
※技術系専門問題の出題領域は従来通り

都庁セミナー単独で初開催

入場者2千人超える盛況

各局とも工夫凝らした出展

東京都の就職セミナー「都庁セミナー」が22日、東京ドームプリズムホールで開催された。都単独での就職セミナー実施は初めて。当日は総入場者数が2千人を超え、地方自治体単独のセミナーとしては異例の多さで、ブースを出展した各局職員、参加者ともに熱気あふれる1日となった。

都では、大量退職や少子化等の状況を踏まえ、少数精鋭の体制に向けた有為な人材の確保を目指しており、09年度職員採用試験のPR活動から民間事業者に業務委託し、民間のノウハウを活かした取り組みが進められている。今回の都単独での就職セミナーも、PR活動の一環として、もともと公務員を目指すコア層以外に、受験者のすそ野を広げる観点から開催された。

セミナー会場では、行政委員会を除く20局がブース形式で出展。それぞれのブースでは、花や果物での飾りつけ（中央卸売市場）、職種別腕章の用意（下水道局）のほか、クイズ形式、ひざ詰めのセミナー方式など、各局が工夫を凝らして仕事内容を説明した。

講演プログラムでは、とくに試験勉強の開始時期や勉強方法、面接への対応、民間との併願等をテーマに行われた内定者によるパネルディスカッションが人気を集めた。事前に配布した整理券（300枚）がすべてなくなり、立ち見席も用意される盛況ぶりだった。

また技術系の希望者に向けては、土木以外の職種では、具体的な仕事をイメージすることが難しいとの指摘もあるため、増子水道局浄水部長をコーディネーターに4大技術と福祉職の若手職員5人が、技術系職員の魅力を語った。

今回のセミナーには、1500人が参加の事前登録を行ったが、東京以外にも大阪や京都から申し込みがあり、当日も北海道や名古屋といった地域からの参加者があった。また都では、09年度から年齢制限を撤廃したキャリア採用選考を実施することから、会場内では比較的年齢の高い参加者の姿も見られた。

当日のセミナー参加者からは「具体的な都の仕事内容が分かった」「職員が熱い思いを語ってくれ、公務員のイメージが変わった」などの感想が聞かれた。

コミュニケーションエリアでは、若手職員や内定者が参加者の疑問や質問に応じた

都主任選考

教養問題の免除基準を公表

各選考区分の標準点50点に

都人事委員会は26日、08年度主任級職選考等の成績告知について、所属長を通じて本人に通知した。主任級職選考Aと運輸系主任級職選考Aの翌年度以降の教養問題免除の基準も明らかにした。

教養問題の免除基準は、前回同様、各選考区分における標準点（偏差値）50点とした。基準に達していれば、09年度から11年度までの3年間、教養問題が免除される。ただし、主任級職選考Aの受験資格を有する期間を限度とする。

Ⅰ類事務Ⅰでは、出題数55問のうち、33問以上正答した場合に、択一試験が免除される。Ⅰ類技術（土木、建築、機械、電気）に関しては、教養問題A（択一）の基準を満たしているほか、教養問題B（記述）でも標準点50点以上の場合に免除となる。このため技術の各選考区分の標準点50点の正答数は、参考の形で公表されている。

教養問題の免除基準と、主任級職選考の合格者決定のための通過基準は、受験者の得点状況等を踏まえた上で、異なる基準を設定している。

具体的には、合格者の決定は、教養問題の成績が一定の基準に達した人について、論文、専門知識評定（Ⅱ類のみ）及び勤務評定の成績を総合して決める仕組みとなっていることから、標準点50点を下回る場合でも、合格者決定にあたっての通過基準を満たしていれば、論文と勤務評定などの成績によって合格することもある。

08年度 教養問題（択一式）免除基準

選考区分	出題数	択一免除基準
事務Ⅰ	55問	33問以上正答
事務Ⅱ		15問以上正答
福祉Ⅰ		15 〃
福祉Ⅱ		20 〃
産業技術Ⅰ		20 〃
産業技術Ⅱ	30問	14 〃
産業技術Ⅲ		15 〃
医療技術Ⅰ		18 〃
医療技術Ⅱ		17 〃
看護		13 〃
高速		16問以上正答
路面	40問	16 〃
交通技術		16 〃

【参考】
土木、建築、機械、電気の択一標準点50点

選考区分	出題数	標準点50点
土木		23問
建築	45問	28問
機械		19問
電気		20問

※土木、建築、機械、電気の各選考区分については、択一の基準を満たしているほか、記述についても標準点50点以上である必要がある

省庁幹部職員の住所録

都立図書館で閲覧制限

厚生省の元事務次官らが襲われて死傷した事件を受け、都立図書館は、省庁の幹部職員の住所録などの閲覧を26日から制限している。同事件では容疑者が図書館から個人情報を入手したとの報道もあり、模倣犯など社会的影響を踏まえた措置。

厚生労働省の職員名簿は、国立国会図書館でも同省の要請により閲覧を休止している。

都立図書館の閲覧制限では、厚生労働省の職員の住所・電話番号など個人情報が記載されている資料について、年内は閲覧を休止する。また、他の省庁の職員名簿や、その他の職員録、人事興信録、日本紳士録など個人情報が記載された資料についても閉架とし、閲覧時には個人情報の取り扱いの注意を喚起するとともに閲覧席を指定し、コピーも禁止とする。

さらに、個人情報についてレファレンス請求を受けた場合は提供せず、これら資料の協力貸し出しも行わないという。

今回の措置は都民の「知る権利」と「個人情報保護」「人命尊重」の観点から緊急的な措置として総合的に決定したもの。今後の取り扱いについては来年1月4日までに検討する。

都立図書館での閲覧禁止措置は過去にも数例あり、最近では雑誌『新潮』に掲載された柳美里さんの『石に泳ぐ魚』がプライバシーを侵害していると提訴され、最高裁がこれを認めたため、雑誌を閲覧禁止とした例などがあるが、職員名簿等の閲覧制限は初めてのケースとなる。

周産期医療や救急搬送等へ136件

10月分の月例報告

都生活文化スポーツ局は25日、「都への提言、要望等の状況」の10月分の月例報告を取りまとめた。全体の件数は154件で、前年同月を35件上回った。10月下旬に明らかとなった妊婦の死亡事案を受けて、健康・病院に関する提言や意見が266件と数多く寄せられ、とりわけ周産期医療や救急患者搬送に関するものが136件に達している。

周産期センターの搬送拒否問題では、墨東病院がある江東区在住の妊婦から「大変ショックを受けた。産科医や小児科医や救命救急などの医師の確保に都独自の待遇改善を」との声のほか、医療体制の改善に向けたトップの決断を求める意見もあった。これらの意見への対応として、福祉保健局と病院経営本部からは、周産期医療の緊急対策の取り組み、周産期医療体制の課題への対応策の検討といった現状が説明されている。

このほかの提言や意見では、五輪招致（98件）、新銀行への追加出資（53件）、山谷の宿泊料金（65件）などが目立っている。

上野　泰彦さん（うえの・やすひこ＝上野和彦・都議の父）26日死去、90歳。

行財政改革への協力求める

新公益法人制度への対応説明

監理団体連絡会

08年度の東京都監理団体連絡会が25日、新宿区内のハイアットリージェンシーで開かれ、34団体の役員や所管局長が出席した。株式会社を除く各監理団体にとっては、公益法人制度改革を目前に控え、より高い公益性と都民サービスの充実が求められる状況にある。連絡会では、山口副知事もこうした現状に触れながら「行財政改革を引き続き進めていく」として協力を求めた＝写真。

各団体に対しては、総務局行政改革推進部が、新たな公益法人制度への具体的な対応を説明。新制度では、関連3法が12月1日に施行され、5年間以内に一般財団法人から公益財団法人への移行が求められることになる。

すでに都では、都施策と密接な関わりを持つ業務を遂行し、高い公益性を有しているといった監理団体の性格や公益財団法人のメリット等を考慮し、今年8月、各団体に「原則として、早期に公益財団法人への移行を目指す」との基本的な考え方を通知している。

同日の連絡会では、収支相償や遊休財産の保有制限、役員に関わる規制など、公益認定にあたっての留意点等が改めて示された。

また、監理団体の契約見直しに関しても言及があった。契約事務を巡っては、総点検の結果を受けて、今年3月には新たな指導監督方針が定められたが、この中では1億円以上の契約について、件名・契約方法・相手方等の情報を公表するなど、透明性や適正性を確保することがポイントとなっている。すでに公表に至っている団体もあるが、行政改革推進部では、団体の一層の取り組みを促した。

このほか連絡会では、社団法人日本ホテル協会会長の中村裕氏による「顧客サービスと企業経営」をテーマにした講演も行われた。同氏は、現在の顧客満足度がCS（カスタマー・サティスファクション）ではなく、CD（カスタマー・ディライト＝客に歓喜・感動を与えること）に変わってきているなどと強調したほか、接客やコミュニケーションで重要な役割を担う人材の教育、中間管理職の役割、差別化等について、自らの経験を踏まえながら、団体役員に語った。

㉑年度 職員教養講座 [23]

技術（機械）記述・論文

はじめに

平成18年7月に発表された「行財政改革実行プログラム」の管理職制度の構築の項目のなかで、次のような管理職像が示されました。

○幅広い視野と行政分野・職務分野に関する知見により政策提起する能力。

○対外的に政策を発信し、複雑な利害関係において合意形成を行う能力。

○職員の意欲を引き出すため、業務配分や進行管理などを通じて適切に組織管理を行う能力。

この三つの能力を有して国や民間団体と伍して政策論争ができる、都庁の次世代のリーダーとなる管理職の確保・育成をすると記載されています。この2年間の試験の出題傾向はそれらを端的に表していると思われます。

21年度の選考方針として、将来の都政を担う意欲と資質を有する人材を適切に確保する観点から出題されると思われます。「管理職選考種別B」を受験される皆様は、職場においては中心的に業務を進める立場であり、指導的立場の方がほとんどだと思われます。求められる効率的な執行、少数精鋭の中での技術継承、多様化する都民ニーズへ適切に対応をしながらの業務のなかで、受験準備を進めていくことになります。そのため、受験に当たっては相当な覚悟と決意が必要になります。このため、今まで以上に有効に時間を使い、効率的な資料の収集・分析、それらの消化等、密度の高い取り組みが求められ、来年の受験日までの長丁場を辛抱強く計画的に努力を続けることが必要になります。

選考種別Bは、記述の成績が一定の基準に達した人について、論文、勤務評定、口頭試問及び適正評定の成績を総合して合格者を決定します。また、平成20年度選考において不合格であった受験者及び記述のみの受験者のうち、記述の成績が一定の基準に達した人について、3年間、記述を免除する要綱となっています。

次に試験内容についてです。来年度以降も記述試験と論文の筆記考査ですので、基本的な出題傾向に大きな変動はないので、記述、論文への取り組みで大丈夫だと思われます。

また、機械Bの場合、指定された国家資格の技術士資格を有する人は記述試験が免除されることで、職務に関する部門での技術士資格取得が評価されています。

しかしながら、重要なのは日頃からの業務へ取り組む姿勢です。勤務評定の成績は総合評価に加算され重要度が高いとされていますので、仕事への真摯な取り組みイコール管理職試験合格への道だと考えるべきです。

記述試験について平成20年度も10問の出題でした。前半の4題が機械工学の基礎的知識を問う問題が出され、その中から1問を選択解答します。後半の6題は、業務で必要な技術全般的な知識やニュース等で話題となっている事故や技術等について幅広く出題され、ここから3題を選択解答します。

続いてB論文についても例年どおり、二つの課題のどちらかを選択して、あなたの考えを論ずる出題でした。

つぎに記述とB論文の傾向と対策について述べていきます。

記述の傾向と対策

平成20年度の出題は、例年どおり、前半4題は機械工学の基礎を問う問題で、正確に解答するには、教科書や参考書により基本的内容を再度勉強し直すことが必要です。分野としては材料力学、金属工学、流体力学、熱力学が大きな比重を占めています。特に材料力学は極めて重要です。機械工学を学ぶ上では基本的な学問ですから十分履修してください。必ず出題されます。

後半6題の問題は、機械技術職員が、設計・維持管理業務でかかわることの多いプラント施設、水処理技術、環境技術、関係法令などの分野から出題されています。

出題の傾向としては業務に密着したものが多く見られ、局によっての特性はありますが、主任交流が定着した今日では、複数局の経験があることを前提に、問題が作成されていると思われます。

各職場で携わった業務の経験は大変重要なものになり、業務で培った知識、記憶は資料として整理しておくと、より身に着くと思われます。

また、知識の広さを問う問題として「科学技術白書」から出題される傾向がはっきり表れています。毎年新しいものが出るので、中身を読んでおかないと全く対応できませんので、必ずチェックしておいてください。

過去5年間の問題を紹介します。

《平成16年度》

①中実丸棒のねじりモーメントと最大せん断応力②塑性変形と応力−ひずみ線図、冷間加工の加工硬化と転移の移動③亜鉛の含有量による黄銅の分類、特殊黄銅の特徴④強制循環ボイラ⑤ステンレス鋼の不働態化、腐食の形態⑥リミットロード特性と遠心式送風機の羽根車形状、サージングとその防止方法⑦PM減少装置、低硫黄軽油、環境確保条例とディーゼル車⑧「空気調和設備または機械換気設備の維持管理基準」改正⑨「科学技術白書」と人材の育成・確保⑩水素ステーション、CVT、断熱フィルム、耐用年数、東京都入札監視委員会

《平成17年度》

①トラスの各部材における軸力および変位②管オリフィスを用いた流量測定の原理、留意点③往復動式内燃機関サイクルの熱効率、熱勘定④アルミニウムの耐食性、アルミニウム合金の時効硬化⑤光弾性実験法の原理、Brewsterの法則⑥衝動水車と反動水車⑦ヒートポンプの構成・成績係数、空調設備の加湿方式⑧SO_2ガスの除去装置の特徴⑨「科学技術白書」と科学技術に関する国民意識の醸成⑩スロッシング現象、GTL燃料、排出権取引、SSL（Secure Socket Layer）、減価償却費

《平成18年度》

①フックの法則②ポンプのキャビテーション③熱交換器④炭素鋼と脆性⑤流体継ぎ手⑥脱臭装置⑦許容応力、安全率⑧クレーン安全規則⑨科学技術白書⑩MEMS、膜ろ過、クリーン開発メカニズム、フィンガープリント、地域冷暖房

《平成19年度》

①肉円筒に関する応力・肉厚の求め方②うず巻・軸流ポンプのトルク特性と吐出量調節弁の構造及び特徴③発電用ガスタービンの特徴とディーゼル機関との比較④鋼の表面硬化処理⑤油圧回路の目的、油圧作動油の性質、変化の原因と対策⑥すべり軸受の利点及び欠点、ころがり軸受けとの比較等⑦腐食または防食⑧「エネルギーの使用の合理化に関する法律」⑨「科学技術白書」⑩安全管理者・暗騒音・Ajax・バイオ燃料・マシナブルセラミックス

《平成20年度》

①I形断面の単純支持はり（断面二次モーメント、断面係数、最大曲げ応力）②水撃（水撃現象の説明、水撃対策）③配管用鋼管（スケジュール番号、炭素鋼鋼管の種類・用途）④蒸気サイクル（ランキンサイクルの図、蒸気サイクルの説明）⑤ベルト伝動またはチェーン伝動（すべりの説明、ローラーチェーン・サイレントチェーンの説明）⑥軸流圧縮機（軸流圧縮機の説明、旋回失速の説明）⑦集じん装置（電気集じん装置、ろ過集じん装置）⑧消防法⑨科学技術（高速増殖炉サイクル技術、ITER計画）⑩語句説明（環境適応型高性能小型航空機、機械遺産、グリーン経営認証制度、バイワイヤ、PPS樹脂）

◇

記述試験の傾向は、前半は基本的知識の広さ、深さを試すもので、後半はより業務との関連、専門職としての情報量、知識の広さ、深さを試しているように思われます。主任試験とは異なり、より具体的に、設備への造詣、応用、経験等が必要とされ、中途半端な知識、経験程度では通用しません。前にも述べたように、自分の経験を再確認し、これまでの業務で得た知識を最大限に活用できるようにしましょう。

機械工学の基礎問題は、表面上の知識、記憶では答えきれない問題が多く、教科書、参考書等を活用し、丁寧に読み直し、習得する必要があります。しかし、業務等により勉強時間を効率的に活用するには、得意分野に絞り込む、あるいは、出題傾向が高い材料力学に絞り勉強することも方法の一つと思われます。記述式の場合の解答のポイントとして、公式、関連理論、図等を使うことです。一つのキーワードごとに100字程度に整理し記憶することで、文章の書き出しがスムーズになります。また、論文等への適用も行うことができるので大変便利です。

資料の活用方法として、インターネットがあります。簡単に収集、編集ができますので、機器メーカー、各種団体で発行・公表されている維持管理手法、整備手法、機器の計算方式など。また、職場にある設計、維持管理等の指針なども活用してください。

さらに、東京都が進めている施策のなかで、機械技術者に関連するものは必ず勉強してください。特に、環境問題（省エネルギー技術、再生可能エネルギー技術、CO_2削減技術、エコ製品、大規模排出者等）について答えられなければ、機械技術者としての存在の意義が立ちません。機械技術者としてどのような対策案、活用案があるか、問題点はどこかなど、問題意識を持って、知識を習得する必要があります。くわえて、社会的に話題となっている技術用語、国や世界の動向等、機械技術者としての基礎的教養知識も求められているので、日頃より十分に情報を収集し、精通しておく必要もあります。

試験に際して、解答は極力採点者に読みやすい、丁寧で簡潔な文書で、図、公式、事例などを織り交ぜた解答にすると、採点者にも理解されやすく高い得点が得られます。

B論文の傾向と対策

従来の定型論文（組織問題、職場もの）と異なり、現在の論文は、都政が抱える大きな課題そのものが出題される傾向が強く、どれだけ問題、危機意識を持ち、機械技術の管理職として都政・都民に貢献できるかが問われる内容になっています。そのため、事例的なものを暗記するような勉強方法ではまったく役に立ちません。

最初に述べたように、現在求められている管理職は政策立案能力、交渉能力、組織管理能力に優れた人物です。機械技術者として、都政の課題を自分の専門に当てはめて論ずるような勉強方法が必要だと思います。

最近の出題は以下の通りです。

《平成17年度》

①多くの都の施設が耐用年数を迎え、施設管理の重要性が高まっています。財政状況が厳しい中、施設の機能確保とともに、新しいニーズに対応していくにはどのように取り組むべきか。設備の維持管理・更新の観点から論じなさい。

②近年大きな自然災害が発生し、東京でも直下型地震の発生が危惧され、多大な被害が予想される。震災に備え、ライフライン機能の確保をどのように図っていくべきか。

《平成18年度》

①都の業務の外部委託化が進んでいく中で少数精鋭で効率的に設備の整備・管理を行うにはどうすべきか。

②都が発注する設備の点検や施工で労働災害を防止するにはどうすればよいか

《平成19年度》

①都市機能や都民サービスの向上を図りつつカーボンマイナスの都市づくりを確実に進めるためにはどのようにすればよいか。

②都の施設における設備の故障等の影響を最小限にとどめるため、設備の信頼性を高め、都の施設において、設備の信頼性を更に高めていくためにはどうすべきか。

《平成20年度》

①都では、環境対策や省エネルギーなどを推進するため、先端技術を効果的に活用することが求められています。こうした状況を踏まえ、先端技術の活用において、機械技術者に求められる能力をあげ、その能力を高めていくにはどうすべきか。

②都では、ベテラン職員の大量退職に伴い、ノウハウの確実な継承と少数精鋭での効率的な業務の遂行が求められています。こうした状況の中、都が都民に質の高いサービスを安定して供給していくには、機械技術者としてどうすべきか。

◇

ここ4年の出題傾向は、都の現状の課題を明確に示した内容となっています。少数精鋭での機能維持、環境対策を図りながらの都市づくり、省エネ対策など地球温暖化対策での技術者の役割等。もう一方は、危機管理、労務災害、設備の信頼性、人材育成、技術の継承等でした。小手先の改善ではなく、施策推進のため、機械技術職として、課題解決に対し明確な意思を述べることを求めています。

これらは、現在の都の機械技術者が実感し、対応を迫られている問題であり、機械技術の管理職としてストレートにその対策、考え方を求めています。このことは従来の論文とは大きく異なるもので、この傾向は今後も続くものと思われます。

択一試験が廃止され、記述と論文だけの構成になり、論文の重要度は必然的に大きくなると予想できます。論文の対象がより実務に関連した傾向が高まる今日では、日常直面する業務や、都政にかかわる機械技術に関して、問題意識を強く持つことが必要です。より具体的な施策、解決策を提案するとともに、管理職として広い視野での考えを示さなければなりません。

論文の書き方としては、従来からの手法ですが、レジュメを作ることが有効です。長い文章を暗記し、正確に書くことは大変困難です。一つのキーワードに対して、100～200字程度に簡潔明瞭にまとめてください。これらは自分の知識の引き出しになり、記述、論文を書く時に大変有効になります。これに機械技術者としての自分の言葉、経験、問題意識を加え、作成してください。

もう一つ、2時間以内で2千字を書きあげるには、日頃から字を書く練習が必要になります。パソコンに慣れすぎると、なかなか漢字も出てこなくなり、丁寧な字が書けませんので、ぜひ2千字の論文を書きあげるスタミナをつけてください。

おわりに

平成20年度で選考種別Cが最後となりました。管理職C合格者は文字通り、即戦力を期待されていた管理職であり、今後は管理職B合格者が、その分を補うことになると思われます。全庁的な視野に加え、技術系管理職として迅速な対応を求められるようになり、ますます重責を負うことになると思われます。

管理職B受験者は、係長級以上の職員が対象であり、職務上最も忙しく、かつ、家庭等でも大変忙しく、責任の重い立場の人が多いと思います。そのような日常の中で管理職試験の勉強を続けることは大変な困難が伴うと思いますが、論文の傾向などは、機械技術に特化したもので、日頃の業務で培った知識、経験、技術がより反映できると思われます。日常のわずかな時間を有効活用（通勤時間、ながら勉強等）することなどで継続的な勉強時間を確保することが重要になります。

試験制度の改正により、普段の業務評定の比重が高まっていると言われています。多忙で重責を担ってきた人が合格することが、今の時代、最も相応しい管理職だと思います。大きな決意を持って、この難関を突破していただきたいと思います。

受験者の皆様のご健闘を心からお祈り申し上げます。

21年度 教育管理職への道しるべ ▶13◀

B論文（中学校）

例題

A中学校は、学区域にはここ数年で新たな大規模集合住宅が建てられ、新しい住民が増加傾向にある。学級数は全学年10学級、教員の年齢構成は二極化の傾向にある。

B副校長は4月にA中学校に着任した。着任当初から保護者からの電話等の相談に対して、教員の高圧的な対応が見られ、違和感を覚えていた。

6月上旬、4年目のC教諭から、1年生の自分の学級の生徒Dの母親が、入学当初から何かと学級経営の不備を指摘してくるので困っている、と相談があった。ベテランのE学年主任からは「あの母親は文句を言って学校を困らせたいだけだ」との発言があった。

6月下旬になって、C教諭がB副校長の所に報告に来た。生徒Dの母親が昨晩興奮してC教諭に電話をしてきた。電話の内容は、教室に掲示してある遠足などのスナップ写真の生徒Dの顔に落書きがされていた、と生徒が母親に訴えたとのこと。落書きした生徒を見つけて謝罪させろ、という趣旨である。E学年主任から「私から今日中に母親に電話します」と申し出があり、B副校長は了解した。

翌朝、生徒Dの父親から校長に電話が入り、「E学年主任から昨日、我が家を誹謗する電話があった。これから学校へ行く。訴訟も辞さない」との内容であった。E学年主任に昨日の対応について確認したところ、「あまりにも理不尽な要求ばかりするので、親がこういう状態だからトラブルに巻き込まれたのでは、と言ってやりました」と答えた。

9時過ぎに生徒Dの両親が来校した。校長室で校長とB副校長で対応したが、父親からはE学年主任の謝罪及び処分、緊急保護者会の開催と他の保護者への事情説明、という一方的な要求で話し合える状況ではなかった。

◇

あなたが、この事例のB副校長であったとして、この状況をどう判断し、どう対応するか、学校経営の視点も踏まえて具体的に述べなさい。

解答例

社会の価値観が多様化し、既成のシステムに対して変革の機運が高まっている。学校に対する保護者や地域社会（以下、保護者等）からの要望も多様化してきており、学校は「不易と流行」を踏まえて教育活動を展開していかなければならない。保護者等からの学校への要望の中には、学校の閉鎖性への疑念が根底にある場合も多く、「任せてください」という信頼を前提とした対応では、説明責任を果たしたとは言えない。

A中学校の副校長として、学校を取り巻く外部環境の変化を的確に把握し、組織的な学校経営の視点に立って、保護者等から信頼される学校となるための課題と改善に向けての方策について考えを述べる。

1 事例に見られる課題

(1) 問題把握の欠如

本事例においては、着任当初から教職員の保護者等へ電話等への対応の不十分さは認識されていながら、先送りになっている。実際に保護者との関係がこじれた際にも、配慮等の指示が管理職から出されていない。また、本事例においては、いじめ問題のサインも見受けられ、いじめに対する学校の姿勢が問われている。我が子を心配する母親の心情を勘案した場合、単に「文句を言う」というレベルでの対応では、学校に対する不信感は一層増大する。

(2) 保護者等への不十分な説明

保護者等からの様々な要望に対して、学校の方針を踏まえて、十分な説明を果たしていくことは組織として当然である。両親が来校したことは、説明不足から不信感を招いたものである。また校長室で話し合われている内容が、子供の成長のために教育活動を推進するという学校教育のねらいからも乖離しており、話し合いを継続しても、相互不信のさらなる拡大が予想される。

(3) 危機管理の視点からの学校体制の未整備

対応による不手際が懸念される状況でありながら、想定されるリスク等を組織的に検討し、シミュレーションするといった準備がなされていない。感情的なもつれが予想される中で、E学年主任へ業務の委譲に際して、十分な検討が必要である。この事例に限らず、同様のケースにおいても担当者任せになってしまう対症療法的な学校体制の状況が看取できる。

2 改善に向けての具体的な方策

(1) 問題把握と迅速な解決策提示

組織は様々な問題を抱えている。問題を発見し、解決に向けた迅速な対応こそ、危機管理の根幹である。副校長として着任後、認識された問題については整理し、それぞれの解決案を校長に提示していく。本事例では、保護者等との対応の不十分さに起因した問題であり、主幹教諭レベルを通じた意識変革と若手教員への支援が必要である。具体的には、これまでの保護者等からの要望の分析とその対応の成否、成功・失敗事例の共有化などが考えられる。

(2) 保護者等への十分な説明責任

本事例においては、いじめの相談を受けた段階で事実確認をし、その経過を逐一保護者へ伝えていくべきである。保護者等からの要望を受け止め、その解決に向けて、学校としてできることとできないことを明確にし、了解を得ながら進めていく。また処分や緊急保護者会の要求も、学校への不信感が端緒となっており、不十分な対応については真摯に謝罪していく。十分な説明責任を果たすことが、保護者の不安を軽減し、「子供の成長のため」という共通の目的意識が、学校と家庭の連携につながっていくものと考えている。

(3) ミドルリーダーを中核とした学校体制構築

本事例においては、生活指導主幹教諭等のミドルリーダーに対応策を提示させ、校長・副校長の指示の下に、担当者へ業務を委譲する。人間関係のこじれ等が見られる場合は、当事者を担当からはずし主幹教諭が対応するなどの柔軟性も必要である。副校長はその差配を行い、各段階に応じて報告・連絡・相談を義務付け、判断を要する場合は校長と協議の上、意思決定を行う。なお、解決困難なケースについては、対策チームを立ち上げ、全校体制で継続的な情報共有も進めていくことも視野に入れる。

都民に信頼される学校づくりを目指すために、学校教育の担い手である教員の意識改革と資質向上が図られなければならない。教育管理職として、危機に対する予防的措置の視点に立った学校経営に取り組んでいきたい。

区政潮流

金融危機と特別区改革
～自治基本条例の真価が試されるとき

■好景気から一転、100年ぶりの金融危機

サブプライムローン問題に端を発する不景気の到来には1年以上も前から警鐘をならしてきた。特別区の改革は緒についたばかりであり、改革はこれからが本番と。米国発の金融危機は世界中をうねり、中国景気の失速に原油高、円高と鋭いパンチが日本経済を相次いでヒットしている。

日本経済はすでにマイナス成長に転落している可能性がある中で、特別区の財政は「余裕がある」といわねばなるまい。好景気のお陰で区民税や都区財政調整交付金の大幅な増分を受けとり、行革もほどほどに借金を返し基金を積み増すなど、余裕の財政運営を可能にしてきたからである。区の財政課長はここ3～4年、左うちわで仕事ができたはずである。しかし猛烈な台風が上陸寸前だ。

■NPM革手法と自治基本条例

景気の急速な後退によりNPMの改革手法は再び注目を浴びることになろう。ちょっと景気がよくなれば、「格差社会」「ワーキングプア」と騒ぎたて、「民営化は悪」と騒がれたりもした。風向きに敏感な政治家ならいざ知らず、区の部課長までもが「やりすぎでした」では情けない。

実態を良く知る実務官僚は事の善悪を冷静にそして長い目で判断する。民営化も成功もあれば失敗もある。試行錯誤は改革につきものだ。それを承知の上で区の構造改革に必要な民営化を組み込んできたのである。正規職員があぐらをかいてふんぞり返っているような職場なら、全部委託（市場化テスト）を検討してよいはずだ。

その前提をなすのが評価だ。部下の勤勉と怠惰を区別できないような管理者は、その存在自体が「悪」であろう。「コラッ」と叱り飛ばすこともできず、頑張らない者にも平気で「優」「良」の評価を乱発するような、緊張感のない管理職が組織（特別区）を溶かすのである。改革には現状の評価と強いリーダーシップが不可欠である。

改革を志向する首長は自治の改革を目指す自治基本条例と親和性がある。自治基本条例とは自治体の憲法ともいうべき条例をいう。自治体の運営方法は地方自治法に定めがある。自治基本条例には自治体経営の基本方針とともに首長や議会、区民、職員などの権利と義務、担うべき役割と行政経営システムとしての財政や監査などが多彩に盛り込まれている。地方分権改革により国と地方が政府間関係（対等の関係）に移行し、自治体の自己責任をどのように果たしていくかの「具体的な手法」や「固有のルール」を掲げようとの機運の高まりを背景にできたものだ。それゆえ、自治の再定義を目指し、自治体経営の基本方針はもとより首長・議員・区民・職員などの行動基準が盛り込まれる条例となったのである。「自治の新しい姿」がおぼろげに見えるものであることは間違いない。

特別区の自治基本条例をみると2003年の杉並区を嚆矢として、文京区、中野区、足立区(07)と続く。興味深いのは、自治基本条例をもつ区ではいずれもNPM（ニュー・パブリック・マネジメント）の改革に熱心なことである。2000年の分権改革と前後して改革を標榜してきた区とすれば、改革が挫折しないよう「制度」として固める必要があったともいえる。行政評価や組織のフラット化（中野区）や包括予算制度（足立区）の導入など、分権時代の自律に向けたツール（道具）の導入や諸々の営みをさらに実効あらしめるには、法（条例）の力を借りるのが効果的だったともいえる。自治体間競争という言葉がいわれたのもこの頃だ。「新公共経営担当課長」というポストができたりしたが画期的だった。

■住民投票が東京を変えるかも

どの区の自治基本条例も、区に係る重要事項について「直接区民の意思を確認するため」（文京・足立区）、「広く区民の総意を把握するため」（杉並・中野区）、住民投票の実施の可能性を規定している。代表民主制をとる以上、住民投票のような直接民主主義をどこまで入れるかで論点は増える。①投票結果に拘束力を認めるか②二者択一式（賛成・反対）か条件付賛成・条件付反対もいれた四肢択一式か③発議に住民の一定数を要するか、それとも首長や議会の判断で足りるか④最低投票率が必要か（20%程度なら不成立にする?）⑤当該自治体に決定権限がない事案の有権者の範囲を広げるか狭めるか—など取り扱いはさまざまになる。住民が直接参加できる制度は意義深い。議会はそれほど住民から遠い存在なのかという素朴な疑問が浮かぶ。住民は選挙のときだけ主役という揶揄がその間の事情を物語る。

「どこの区と合併するのがよいか」「東京市を復活させるべきか」のようなテーマで4年ごとに住民投票があれば興味深い。民主主義の学校としての地方自治にもっと実験的取り組みがあってよい。裁判員制度以上に、「市民意識」を高める効果が期待できる住民投票を馴染みやすくすることが東京の自治の姿を一変させるかもしれない。

■協働は試行錯誤の実践から

自治基本条例には協働を掲げる区が多い。杉並区（2条・3条）、文京区（1条～3条）、足立区（2条～9条）に見られる。中野区は「協力」（2条）をうたうものの「協働」は使わない。「まちづくり」（附則）や「区民の自治の活動」（1条）のなかに同様の意義を残しつつあえて使わない。

協働推進計画や協働推進条例をつくろうとする自治体も多い。協働を町会や自治会の再活性化モデルの中核概念に据えている区もある。コミュニティーのあり方を新しくしようとする政策意図だろうか。協働を「公民連携」と言い換え、さらに「PPP」と理解する区の管理職も多い。民営化と域内分権（権限委譲）をセットにして協働を考えるのが本筋のように見える。

いずれにしても協働を区政改革の柱とするのであれば、台風（大不景気）が来る前にセットしておく必要がありそうである。協働は、まず斬新で工夫のある提案を集めること。そして、それを皆でイメージできる場（ひと）があること。これに尽きる観は否めない。

（特別区自治問題研究会）

開園50周年

まるごと多摩動物公園 ■7■

台所から動物園を支える～陰の仕事人

多摩動物公園では、約350種、2万8千点余りの動物・昆虫を飼育しています。飼育員たちは、来園者の方々が生き生きとした動物たちの様子を見られるように、毎日、動物たちの世話をし、展示の工夫や繁殖の取り組みをしています。しかし、飼育員ではないけれども、動物園を支える大事な仕事をしている仲間がいます。その仕事は、「動物園の台所」を担っていることです。

「アリからゾウまで出会えるところ　TAMA　ZOO」というキャッチフレーズのとおり、動物の種類が多いことと同様に、使用している餌の種類も多岐にわたっています。種類にして軽く100種類以上にもなります。

ニンジン、小松菜などの野菜や、リンゴなどの果物、馬肉、アジ、ドジョウなど動物性の食物、その他、ペレットと呼ばれる固形飼料各種、青草、乾草、竹など……。チンパンジーやオランウータンにヨーグルト、ゾウに豆乳、クマにクマ用ソーセージなどというようなものもあります。特殊な餌では、コアラのユーカリもあります。

ほとんどの野菜や果物は生のまま使いますが、動物によっては、ゆで卵や煮たサツマイモも使います。そのため、台所をあずかる私たちは、まとまった量の卵をゆで、サツマイモを煮て、飼育員が必要な量だけすぐに使えるように準備もします。

動物の健康に配慮した品質を保ちながら、必要な種類・量の餌を毎日欠かさないように手配しなければなりません。人が食べられない品質のものは、もちろん動物に与えることもできませんが、先日は、「イベントで販売用に仕入れたキャベツを寄付したい」という申し出があり、有り難く使わせていただきました。

また、循環型社会への取り組みとして、リサイクル野菜（新鮮なもの）の利用も始めています。そして、それらを食べた動物たちの排泄物は堆肥化されて利用され、再び有機野菜となって動物園へ戻ってくるのです。

開園50周年を迎えた多摩動物公園で、動物と出会いながら、50年間動物たちを支えてきた「台所」のことを、ちょっぴり思い出していただけたらうれしいです。

（多摩動物公園飼育展示課調整係長　矢部知子）

リサイクル野菜の品質を厳しくチェック

三鷹に生きた太宰
没後60年記念展

太宰治没後60年の今年から3年間にわたって、太宰治顕彰事業を展開し「太宰が生きたまち・三鷹」を発信する三鷹市。22日からは三鷹駅前の市美術ギャラリーで、「太宰治　三鷹からのメッセージ—没後60年記念展—」を開催している。

21日の内覧会では、同展監修に当たった安藤宏東大准教授が「太宰治と三鷹との濃密な関係は、亡くなった後も、その土地の文化として育まれていった」と、3月に開設した「太宰治文学サロン」が4カ月足らずで1万人もの来場者というのは驚きだとしながら、「社会現象のように、太宰は三鷹の人だという空気が盛り上がってきている。太宰を表象として、この土地・風土が育んできた」などと解説＝写真。

構成は、第一部で39年の生涯と創作活動を振り返り、第二部が「太宰の歩み・三鷹の歩み」として、三鷹と太宰の関わりに焦点を当てた。第三部では「読まれ続けた60年」として、太宰文学がどう読み継がれてきたかを明らかにしている。

実物を目にする機会のない、太宰が描いた油彩画や書、書簡、原稿など自筆資料が52点も出品されているのが特徴で、総資料は約200点。サインや似顔絵を落書きしている英語の教科書からは「作家になることしか考えていない」と安藤氏。芥川賞の選考委員だった川端康成にめんめんと芥川賞を与えてくれとつづる「泣訴状」も必見だ。

筑摩書房から全集が11回も刊行され、『人間失格』は総計1千万部となるという太宰。「ある時代の記憶にとどまらず、時代と共に変容していった作家」が感じられる展覧会だ。12月21日まで。入場は無料。月曜休館。問い合わせ先は☎0422・79・0033。

■第14話　現代解雇模様⑤—“リストラ”って何だ❹

相談屋の場外乱闘 Part2

労働ジャーナリスト　金子雅臣

仲間との連携

—不思議ですね。それまでは自分のことで精一杯で、他人のことは見えなかったんですが、自分の覚悟が出来たとたんに「同じ立場にいる人たちはどうするんだろう」と思い始めたんです。

私と相談をした後、金原は直ちに管理職仲間と連絡を取り合った。その連絡の中から、「リストラ名簿への登載」という話は、広範に進められており、しかも経営陣が計画的にやっているらしいことが判明してきた。

—経営陣は、広範に肩たたきのように「名簿登載」を使ったらしく、しかも様子を見ながら、そのうちの何人かにターゲットを絞ることを考えていたらしいんです。

こんな経営陣の手の内が見えることで、金原は更に、肩たたきを受けている管理職をまとめて、「集団交渉に持ち込む」ことを決意した。こうした事態の進行は、会社にとっては広範な声かけが裏目に出ることになった。

—こんなに多くの管理職が本当に辞めたら、会社は仕事を継続していけないはず……。

という金原の読みどおりで、多くの声をかけられて不安を抱えた管理職が金原の呼びかけに呼応したからだ。

主導権を握る

管理職の多数を組織した金原たちのそれからは、完全に主導権を握ることになった。

—集まった管理職の半数は会社にとって必要なんですから、こちらの要求を飲まざるを得なくなったんです。だから、「残りたい人」と、「この際条件がよければ辞める人」との区分けも、こちらでやることになってしまって……。

と、金原は頭を掻く。その理由は、会社のこうした仕打ちに怒った多くの人たちは「この際辞める」に走って、残留希望が少なくなってしまったからだ。

—一部の人たちにはこちらが会社に代わって残留を説得する場面もあったくらいでした。

こんな経緯でほとんどの人たちは、それぞれの希望に沿った解決ができた。

—私は言い出しっぺですし、ケジメもある。会社は、「この際まとめ役もやってもらったんだし、何とか残ってもらえないか」ということだったんですが、それでは、私の言うケジメにはならない。そんなことをすれば、会社のために騒いだ出来レースになってしまいかねませんからね。

彼は、事を起こす時からすでに残らない決心は固く、周囲の勧めにも一切耳を傾けなかった。

問われる生き方

同じ解雇でも、その場に立たされた人たちの、それぞれの生き方や人生を様々に問う。まして、リストラのように、突然の予期せぬ事態であり、そのことでその後の人生がまったく変わってしまうことであれば、うろたえて、取り乱してもおかしくない。

だからこそ、金原のケースは印象的な事件だった。そしてこんな違いは、その決着についてのとらえ方にも個人差を生み出す。

ここで取り上げた佐伯と金原にも大きな違いがあった。佐伯は解決金として、5千万円に近い退職金を手にしたが、解決内容に不満で、生活の不安を再三口にしていた。

—こんな金額で会社を追い出され、これからだって、この年ではどう生きていけばいいか分からない。いまさら、守衛やタクシー運転手も出来ないし……。

一方の金原は、3千万円に満たない解決金だったが、

—思いの外まとまった金額を手にしたので、少し一休みして、今後の人生を考えてみますよ。

と言う。

労働相談を通して、こんな人たちの生き様に関わりながら、彼らの人生に重ねて、わが身を振り返させられる。そして、あらためて金銭的な余裕だけでは語りきれない人生の価値を考えさせられることも多い。

とうきょうと川柳会

●11月の宿題1「保険」

恐ろしや保険欲しさで鬼と化す　山田　田山
拡大をしても約款まだ難儀　斎藤　弘美
知らぬ間に満期の保険やせてゆく　菊池美知子
☆インフレで掛けた保険が骨抜かれ　堂本　保

●11月の宿題2「あらあら」

米国はあらあら先に民主党　杉田やすし
飛ぶ鳥のビッグスリーも地に落ちる　新井　良夫
食汚染あらあら次はどの会社　金森チイ子
☆氷河溶け賞味期限に病む地球　松尾　仙影

（☆印は選者の句）

とうきょうと川柳会のご協力で本紙読者からも川柳を募集します。12月の宿題は「奥の手」と「ぼろぼろ」で、それぞれ2句を作句し、Eメールで、henshu@toseishimpo.co.jpあてか、ハガキで編集部あてにご応募下さい。12月15日必着。

都政新報

発行所 都政新報社
〒160-0023 東京都新宿区西新宿7-23-1 TSビル
〈総務・読者〉03-5330-8781
〈企画広告〉03-5330-8784
〈編　　集〉03-5330-8786
〈出　　版〉03-5330-8788
〈ファクス〉03-5330-8808
購読料 月1,680円(税込)
毎週火・金曜日発行
但し、祝祭日は休刊

紙面から

分権委2次勧告に向け、都が提言

「出先機関は廃止・縮小を」

道路・河川は地方へ移管

国の関与は原則廃止

国の地方分権改革推進委員会（委員長＝丹羽宇一郎・伊藤忠商事㈱取締役会長）が12月上旬に予定している第2次勧告について、都は11月27日、国の出先機関の廃止・縮小、自治事務に対する関与の原則廃止などを求める提言を、同委員会に提出した。同委員会は国の出先機関の大幅な見直しを求め、具体的な中身を審議しているが、各省庁は見直しに消極的で、事実上、ゼロ回答もある。知事本局では、「省庁は抵抗しているが、委員会には大胆な勧告を出してもらいたい」と話している。

提言は、国の出先機関について、住民監視機能が働かないなど構造的欠陥があると指摘。これまで国の出先機関が行ってきた事務を、財源とともに地方に移管することにより、東京では現場を預かる都が都議会での議論と住民監視の下、東京のニーズに合わせて、より効果的にこれを実施すると表明している。

廃止・縮小が必要な出先機関については、地方整備局、地方農政局、都道府県労働局・公共職業安定所、経済産業局、地方運輸局の5局について、具体的な事例をあげて廃止・縮小を求めた。

地方整備局では、直轄国道について、広域ネットワークを形成する幹線国道を除いて、地方に移管。都道府県が道路需要等を勘案して優先順位をつけ、一元的に整備・管理すれば効率的だと指摘している。河川については、氾濫した場合に流域に甚大な被害が想定される大規模な水系を除き、都道府県が管理すべきと主張している。

地方農政局では、農業経営支援、土地改良事業等の農業振興に関する事務は地方に移管するよう求めた。

都道府県労働局・公共職業安定所では、無料職業紹介事業や雇用保険の適用・認定・給付等の事務について、地方に移管を提案。労働相談業務は、都道府県労働局と地方で重複して行っており、廃止・縮小を求めている。

経済産業局では、中小企業・ベンチャー企業支援策が、国と地方で類似事業があることから、国の出先機関で行う支援策を地方に移管することを提言した。

地方運輸局では、首都圏等の域内公共交通網について、地域交通の実情を把握している都道府県への移管を検討すべきと要求した。

自治事務に係る法令による義務づけ・枠付け、いわゆる国の関与については、原則廃止を提言。国庫補助金も原則廃止を求めた。また、国の基準を地方の実情に合わせた施策展開が可能な「標準」への変更も要望した。

【解説】国の出先機関の廃止・縮小による二重行政の解消は、言葉では分かるが、具体的に東京にどんなメリットがあるのか、今ひとつピンと来ないという人は少なくないだろう。

例えば、直轄国道の中山道と、都道の環7や環8とは、交通量、大型車混入率でほぼ同じだという。実質的な道路需要は、直轄国道か都道かという区分けとは直接関係していない。国が豊富な道路財源で、国道を一律に維持管理するより、東京都が全体の道路需要のバランスを考えて、優先順位をつけたほうが、結果としては無駄を省くことにもつながる。

また、都の労働相談窓口は、全6カ所のうち5カ所で東京労働局の窓口と近接しており、亀戸の窓口に至っては、同じビルの上下階にある。

提言では、こうした具体的な事例も挙げながら、出先機関の見直しを求めている。

これらの事例は氷山の一角。日本と東京の中心・皇居では、皇居東苑は宮内庁が管理しているが、皇居外苑は環境省の管理。皇居を取り囲む内堀通りは、都道と国道。千鳥が淵緑道は千代田区。それぞれに歴史的な経緯があるから一概に否定できないが、誰が皇居の貴重な景観に責任を持っているのだろうか。

地方も問われる責任

折しも、北海道開発局での談合事件など、国の出先機関の存在価値が問われており、住民や議会の監視の目が届きやすい地方が担ったほうが、汚職や無駄遣いがチェックしやすいのではないかという発想もある。

ただし、地方自治体でも、例えば大分県教委の不正採用のような事件は皆無ではない。国に対して厳しいアンチテーゼを突きつけて、権限移譲を求めるのであれば、地方にもそれなりの責任が問われることになる。

権限や人員と財源が下りてくればそれで良いというのではなく、誰のための改革なのか、地方側は常に自らに問い直す必要がある。（地）

新銀行東京

国の公的資金注入「申請せず」と回答

改正金融機能強化法案の審議で参議院から参考人出席を要請されていた問題について、新銀行東京は11月26日、法に基づく公的資金注入の申請をしないこと、従って参考人出席にも応じないことを岡田至執行役が電話で参議院に回答した。これを受けて、財政金融委員会理事会の非公式の打ち合わせ会では、石原知事の参考人出席も含めて現在要請しているので、今後、改めて検討することにした。

参議院によると、11月19日の財政金融委員会に新銀行東京の大塚俊郎取締役会会長を参考人招致することを決め、出席要請した結果、「公務多忙」を理由に出席できないと17日に文書で回答があった。そこで大塚俊郎会長の都合のつく日程はいつなのか、もっと幅を広げて新銀行東京と調整することを決定。やり取りしている中で、岡田執行役から電話回答があったという。

回答では、①日程の都合という問題だけでなく、新銀行東京が自己資本比率を毀損しておらず、公的資金注入の申請をする状況にないこと②衆議院の付帯決議で「地方公共団体が主要株主の銀行については、地方公共団体が資本の充実に一義的責任を持つ」と決議され、これを踏まえると申請を行う前提がないこと③そうした中で参考人として出席し、意見を述べる立場にないこと――を理由にあげたという。

この回答について財政金融委員会理事は、ただちに了とせず、新銀行東京の回答を聞き置くという判断をした。

また都議会民主党は、石原知事が11月25日の参考人招致に対し「公務があって出席できない」としたことについて、「逃げ回っているとしか思えない。都民・国民に対する説明責任を果たしているとは言い難い」と田中良幹事長が25日に談話を発表した。談話では、「25日の唯一の公務は、30分の産業交流展の式典しかなく、時間の折り合いをつけることができなかったのは、極めて疑問」としている。

設備リース事業の保証機関に新銀行

都が100億円の基金を東京都中小企業振興公社に設置し、公社が工作機械などを購入して中小企業に貸し出す設備リース事業の保証機関に新銀行東京を指定した。指定期間は11年3月まで。

中小企業は、公社から生産設備等の機械を借りるにあたり、新銀行東京に保証料を支払い、その保証料は都が全額負担する。170件程度のリース利用があると想定し、都が支出する保証料は年10億円とみている。企業が倒産等の事情でリース契約を続けられない場合は、新銀行東京が保証する。中小企業にとっては、資金調達コストを抑制できるメリットがあり、新銀行東京には最大で数億円の収益があるという。

満床、手術中でも受け入れへ

周産期医療協議会が方針

拠点病院3～4カ所指定

都立墨東病院などで妊婦の救急搬送が難航した問題で、東京都周産期医療協議会（会長＝岡井崇・昭和大医学部教授）は11月28日、妊婦が重症の場合には、必ず受け入れる拠点病院を3～4カ所指定する方針を決めた。

拠点病院は、比較的余裕のある総合周産期母子医療センターから選ぶ方針。搬送の対象になるのは、意識消失や激しい頭痛・腹痛など妊婦の救命が必要とみられるケースや、常位胎盤早期剥離など産科に関わる疾患のうち重症なケースで、年間70件程度を想定している。

現状では、総合周産期母子医療センターでも余裕がないことから、担当医が「別の医療機関の方が適切な処置ができる」と判断し、受け入れを断る例が少なくない。拠点病院では、ベッド満床や手術中にかかわらず、必ず受け入れる。窓口では産科医が対応し、救急救命センターやNICUに連絡。その後、状況に応じて妊婦を他院に転送したり、新生児だけを搬送したりする。ただ、重症に該当するかどうか判断に迷うケースもあるとみられ、大まかなガイドラインを作る必要もありそうだ。

他方、搬送コーディネーターについては、都立大塚病院や東京消防庁司令室に配置する案が出た。

他自治体では、札幌市が夜間急病センター内に助産師など2人を配置。あらかじめ各病院に当日の応需情報を確認し、受け入れ可能病院を確保しているという。また、神奈川県では県医師会に委託し、事務系職員が基幹病院の指示を受け、搬送先の選定作業を行っている。07年度実績で590件の紹介があり、約66%を案内。難航事例は、都などに搬送されている。

周産期の当直体制 年末年始は2人に

都立墨東病院

都病院経営本部は11月27日、都立墨東病院の周産期センターにおける年末年始の当直について、12月1日から来年1月4日まで、夜間・休日を含む全日程で2人体制を組むと発表した。

大学医局から派遣してもらっている非常勤の医師や、福祉保健局所属で都立病院と兼務している産科医、他の都立病院からの応援で墨東病院に入っている勤務医に少しずつ当直のコマ数を増やしてもらい、休日の多い年末年始に対応する。

Dr.コトー募集中　離島などに医師派遣

09年度から地域医療支援ドクター事業開始

離島の診療所に「Dr.コトー」を派遣します――。都福祉保健局は09年度から島しょ地域の公立診療所や多摩地域の公立病院に医師を派遣し、僻地医療を支える「地域医療支援ドクター事業」を始める。

同局では、医歴が5年以上あり、地域医療に従事する意思のある医師を都職員として採用し、都内の市町村公立病院に派遣。僻地医療や周産期医療などを担ってもらう考え。給与は都給与条例に基づき、医歴6年目の医師の場合、年収約1千万円。派遣先の市町村または公立医療機関が支給する。これとは別に、派遣先の規定に基づいて派遣手当約300万円（1日につき上限1万円）、離島勤務の場合は初任給調整手当を約160万円増額して支給する。

勤務期間は原則6年以上。6年間のうち、通算2年間は地域医療に従事し、4年間は専門医・指導医へのキャリアを積むため、都立病院や都内民間病院で勤務することになる。派遣中の身分は、都職員と派遣先市町村職員の併任。

採用予定数は10人程度。制度は都立病院勤務医とも意見交換して設計したが、自治体病院で医師確保が難しい中、どれだけの応募があるかは不透明。同局医療政策部は、「熱意のある医師が一人でも多く応募してくれれば」としている。初回の募集期間は12月26日まで。

都政の東西

研修の費用対効果

団塊世代の大量退職や、少子化社会の到来で人材確保が困難となる中、官民を問わず、人材育成が組織課題となって久しい。厳しい採用選考を通じて優秀な人材を確保しても、その能力を磨き上げる努力をしなければ宝の持ち腐れとなる。

そこで出番となる人材育成には、どの組織も力を入れて取り組んでいるが、最も大切なのは、その効果を最大限生かすことができるかという点だ。しかし、研修結果の業務などへの活用状況は、官民で大きく異なっている。

社団法人日本経営協会が発表した「人材白書2009」によると、民間では「人事考課に活用」が24・6%と最も多く、次いで「管理職登用に活用」（18・5%）、「人事異動に活用」（16・9%）と続く。

これに対し、行政では「人事異動に活用」が29・4%となり、民間を上回ったが、それに次ぐ「人事考課に活用」は16・7%にとどまる。さらに、それ以外の選択肢はすべて10%以下で、「新規事業展開に活用」「事業再構築に活用」「賃金処遇に活用」など、いずれの項目も民間より低い結果となった。

適材・適所の考えの下、研修結果を人事異動に活用することは大切だが、それ以外の取り組みが民間に比べて弱いといえる。

管理職登用への活用については、行政が統一選考などを行っているため低くなる傾向はある。しかし、これについても研修結果をもとに一定のインセンティブを与える仕組みがあっても良いのではないか。管理職のなり手不足が叫ばれる中、やり方次第では、管理職の質と量を確保することも期待できそうだ。

いずれにしろ、時間と手間、そして税金という費用をかけて研修などを行う以上、その効果を最大限に活用する方策を検討する必要があるだろう。

都立高入試で点数操作

教育長が文教委で陳謝

都教育委員会は11月28日、06年度の都立日本橋高校の入試で不正があり、合格圏内にあった受験者2人が不合格になっていたと発表した。大原正行教育長は文教委員会で「都立高校入学者選抜制度の根幹に関わることで、断じてあってはならない」と述べ、受験者などに陳謝。都教委は不正が公文書偽造に当たるかどうかも含めて検討している。

都教委によると、05年度に暴力事件などで退学した男子生徒2人が06年度に同校を再受験。得点上は合格圏内にあったが、苗村深校長（当時）は「生活指導上の課題が再発する」と懸念し、武田富雄副校長（当時）に点数操作を指示。合格候補者は、学力検査（600点満点）と調査書（400点満点）、自己PRカード（100点満点）の総合成績で決定していたが、2人の自己PRカードを0点に、調査書をオール1にするなどして不合格とした。

不正は告発を受けて発覚。都教委は全都立高校を対象に、05～08年度の4年間の入学者選抜について調査し、他の都立高校では不正は確認されていない。都教委は今後、既卒受験者の調査書や学力検査得点を通知する方法、面談で意欲を確認するなど、再発防止策を検討する。都教委は、苗村校長らを1日付で都教職員研修センターに異動させた。

東京五輪招致大使 間寛平さんが就任

大使は9人目

東京オリンピック・パラリンピック招致委員会は26日、お笑いタレントでマラソンランナーの間寛平さんが招致大使に就任したと発表した。

間寛平さんは、今年12月から芸能活動を休止し、大阪を起点に約2年かけて地球一周を目指すマラソンに挑戦している。この途上で、招致活動を応援するため、2016年の開催都市を決定するIOCの総会が10月2日に開かれるコペンハーゲンを目指す。

間さんは、今年12月17日に大阪を出発。来年の元旦には千葉県の鴨川からヨットで日本を離れて太平洋を横断する。ロサンゼルス到着後はランニングで、立候補都市の一つであるシカゴを経由して、アメリカ大陸東海岸から再びヨットで大西洋を横断。ヨーロッパに上陸後、立候補都市のマドリードを通過し、その後、コペンハーゲンを目指す計画。

また、08年のJOCのオリンピックデーラン・アンバサダー・特別応援メンバーも務めており、今回の地球一周の挑戦に、東京五輪実現の夢を重ね合わせたという。

招致大使は、9人目。

現職警視の飲酒運転で陳謝

警消委理事会で

道交法違反（酒酔い運転）の現行犯で、警視庁警視が逮捕されたことを受け、同庁幹部は11月28日の都議会警察・消防委員会の理事会で「遺憾の極み。お詫び申し上げる」と陳謝した。同庁幹部は「規律を正し、信頼を回復したい」という趣旨の発言をし、再発防止を指示したという。委員会では、この問題を巡る質疑は行われなかった。

警視が逮捕されたのは11月18日、茨城県内。酒酔い運転で接触事故を起こした疑い。都青少年・治安対策本部に派遣され、交通安全対策担当課長も務めた経歴もあった。警視庁は11月25日に懲戒免職とした。

冗句ジョーク

オリンピックいらっしゃいの陰で老人医療センター、老人総研、日比谷図書館などの切り離し

都職員

「体育専門学校へ勤めているようなもんです」

自民の現・元区議が出馬へ
9人が乱立する混戦
09▼▼▼都議選

足立区（定数6）

現職の自民区議の市川伯登氏（40）、元自民区議の浅古充久氏（39）が本紙の取材に対し、来年夏の都議選に出馬する考えを明らかにした。自民、民主、公明、共産の4党からすでに計7人の公認候補が出ており、現時点では6議席をめぐり9人が乱立する模様だ。現職の自民都議2人と市川氏、浅古氏の間で保守票が分散する可能性があり、国政で勢いのある民主党は複数議席の確保を目指す。浮動票の行方が勝敗を分けるカギとなる。

保守票の分散も

区議1期目の市川氏は、自民党足立総支部に2次公認の申請を出したが、受け入れられなかった。「自民党から出ることを考えている」と、3次公認に再申請する考えだ。「できる限り、無所属ではない方がいい。都議選に出るという気持ちは変わらない」と腹をすえている。

一方、浅古氏も「出る」と言明した。自民党区議を3期務め、昨年4月の都議補選で自民党の候補者選定に反発し、出馬したが落選。党を除名されたが、浅古氏を応援する自民支持者もいるという。「今後、万単位で戸別訪問する」とドブ板選挙で票固めを図る考えだ。

自民党では、現職の高島直樹氏（58）、三原將嗣氏（65）を公認したが、新人2人の出馬表明で保守票を食い合う選挙になる様相をはらんでいる。

この間、自民党は、足立区で公認候補を3人擁立してきた。自民党関係者は「民主党が強くなったから公認を2人にするのでは、党勢を縮小することになる。自民党は、人気度で左右される情けない政党になる」と危惧する。他党の区議は「今回は票が分散するため、3人目はないのでは」とみている。

自民党都連は、公認候補者数については、地元の意向を尊重する方針。足立総支部では、今回、公認候補を絞り込んで、2人で戦う考えだ。

民主党では、現職の大西智氏（47）、元会社員で新人の鈴木勝博氏（51）を公認。96年に民主党が誕生して以降、97年都議選では内藤正光氏が次点に泣き、01年でも大西氏が次点で惜敗。05年都議選で初めて、大西氏が1議席を奪取した。

民主党は、足立区など下町で党の支持基盤は弱く、「浮動票頼み」の域を抜け出せていない。共倒れの懸念があるため、3人目は「ありえない」（民主）という。2人の当選を目指す。

勝敗のカギを握るのが、3万～4万あるとされる浮動票だ。足立区では、小泉旋風が吹き荒れた01年都議選で自民の候補者3人が当選を果たしたが、05年都議選では三原氏が民主の大西氏に破れ落選する波乱もあった。昨年の都議補選で三原氏は返り咲いた。

公明党は、現職の友利春久氏（63）、中山信行氏（50）を擁立。一方、共産党は、現職の渡辺康信氏（71）が「高齢と体調」を理由に勇退し、区議7期の大島芳江氏（59）を立てた。05年都議選で、両党の候補は、それぞれ3万5千票前後を獲得し、上位での当選を果たしている。

千代田区長選　石川氏が3選出馬

石川雅己氏

石川雅己千代田区長は11月27日の区議会本会議で、来年2月1日投開票の千代田区長選に3選を目指して出馬する考えを表明した。代表質問で、戸張孝次郎区議（自民）の質問に答えた。

石川区長は、「共生社会への実現の土壌は確実に芽生えてきている」と2期8年間を振り返り、「区民と共に植えられた種から花が咲き、実がなるような社会づくりに、引き続き努力を傾注する」と述べた。

1941年2月生まれ。63年3月、都立大法学部卒。翌月入都し、千代田区企画課長、都港湾局長、福祉局長などを歴任し、99年5月に退職。01年2月、区長選に初当選した。

五輪グッズを展示
江東区

江東区は東京オリンピックの招致機運を高めようと、区役所内で東京オリンピック招致応援グッズの展示を始めた＝写真。

展示の場所は、区役所2階の「こうとう情報ステーション」。五輪カラーののぼり旗5本に囲まれたケースの中に、水引をモチーフにし、「TOKYO 2016」と書かれたピンバッジやストラップ、Tシャツ、タオルなどの公式グッズが並ぶ。東京オリンピック・パラリンピック招致委員会や都の協力を得た。

この場所では、昨年から東京オリンピック招致応援コーナーを設置して、写真やパネルなどで招致活動の紹介をしてきた。グッズは、コーナーの入り口付近に展示されている。

区役所内ではグッズの販売は行っていないが、東京ビッグサイトのサービスコーナーや都庁第一本庁舎の1階のTOKYO地域特産品売店、同北塔45階の博品館TOYPARKなどで売られている。

記者席

同じ「確信犯」にエール

○……放言暴言でマスコミや野党から袋叩きにあっている麻生首相について、石原知事が11月28日の会見で、「彼は彼なりのキャラクターで話をしている」と擁護した。

知事は、「前の総理大臣みたいに、気の抜けた炭酸みたいな人では困るんだけど、それと比べたらはるかに存在感あっていいよ。言いたいこと、言ったらいい。彼の表現があるんだから」とエールをおくった。

「失言」が確信犯なのは、2人とも共通している。マスコミが面白がって叩いているうちに、解散・総選挙がどんどん遠のいていく。

○……江東区が区の南部地域の豊洲に産科や小児科も備えた総合病院を誘致する方針を固めた。場所としては、都有地が区に提供される可能性が高い。

同地域は医療機関が少なく、対策が課題と認識されていたようだ。ここへ来て一気に話が進んでいるのは、脳内出血を起こした同区の妊婦が搬送拒否で死亡した問題もあったためだ。

現在、同区内で分娩できるのは診療所だけ。山﨑区長は「若いご夫婦が子どもを産むことをためらってしまうことを考えると、安心してお産できる体制づくりは行政がやるべき責任」と話した。

ハードルは多いが「一日も早く区民が安心して暮らせる医療の構築を」と、庁内のほか関係団体ともチームをつくりたいという。

○……来春に行われる市長選で、各市長が出馬への考えを述べ始めた。西東京市、小平市は、それぞれ再選を目指して、出馬の意思を表明している。

3月29日投開票の羽村市長選と4月12日投開票の日野市長選については、日野市の馬場市長が3日、羽村市の並木市長が4日、それぞれ12月定例市議会の一般質問に答えて進退を明らかにする。

慣例的に、出馬がほぼ確実な3選までの現職の場合、他の候補者が出そろった後に表明することが多いが、定例会のタイミング上、市議から質問が出るのは当然だ。ただ、対立候補がない中では争点もなく、話題性には乏しい。投票率を上げるためにも、今後の盛り上げに期待したい。

景観条例制定が加速
杉並区など成立目指す

杉並区は開会中の第4回定例区議会に景観条例案を提出し、可決と09年度からの条例施行を目指している。港、品川、墨田区など未制定の区でも、景観条例や景観計画の素案などを相次いで公表しており、制定を視野に入れている。景観条例には、無秩序な開発などの抑止策として期待する声がある一方、実情は理念的な内容にとどまっている場合が多い。背景には、実行力の発揮に必要な「景観行政団体」への移行が進んでいない現状と、行政内に根強い慎重論などが存在するようだ。

杉並区は従来、1973年制定の「みどりの条例」と2003年制定の「まちづくり条例」などを通じて、景観行政に対応してきた。景観条例の制定後は、景観行政団体への移行認定を受けた上で、「景観計画」「景観形成指針」の策定や景観審議会の設置に着手する予定で、区担当者は「既存の条例などと連動を図りつつ、区独自の景観施策を進めたい」と話す。

新たな条例の役割については「景観行政にかかわる組織や手続きなどの制度的な枠組みと、理念を示すのが条例の役割。詳細な規制の範囲や基準は、景観計画と形成指針の中で規定する」（担当者）と説明。具体的には、景観計画で「景観計画区域」「景観重点地区」や規制行為などを設定し、建物の規模や外観の色彩など詳細な基準値を、景観形成基準の中で示すという。

景観審議会は、区長付属の第三者機関として運営し、区の景観施策の一部について審議し、区に意見を提案。学識経験者と区民からの公募委員で組織するという。

このほか条例案には、地域住民で締結する「景観協定」の支援のほか、高さ10㍍以上または敷地面積1千平方㍍以上の建物を建築する際の届け出の義務化、延べ床面積3千平方㍍以上の「大規模建築物」については区と事業者間の事前協議を行うことなどが盛り込まれた。

◆景観行政団体がカギ

各自治体の景観条例などには、最近の高層化建物の建設や大規模な都市再開発計画などに絡む地域住民と事業者間の紛争解決策として、また開発への一定の歯止めとして、期待する住民も少なくない。

しかし、景観保護に関して、各区が独自に具体的な規制を制定するには、都の認定に基づく「景観行政団体」への移行が必要になる。杉並区では現在、景観行政団体への移行を都と協議しており、条例施行に合わせて移行を図り、景観計画や形成方針などの策定に着手していく考えだ。

23区で景観条例などを制定している区は十数区にのぼるが、景観行政団体の認定は、世田谷、新宿と、12月15日に移行する江東の、わずか3区。複数の区は将来的な移行を検討中というが、移行の前提として、区独自の規制内容を都の景観条例や景観計画の規制と整合を図らねばならず、そのために要する作業や手間に鑑みて、消極的になる一面もあるという。

◆行政規制に慎重論も

さらに、自治体関係者の中には「建築違反などと違い、景観は、行政が積極的に規制するべき領域なのか」といった疑問がある。別の関係者は「条例には理念的な面もあり、漠然としたイメージで『景観』が取り上げられるが、細かい規制を作っていく段階では、明確な定義を迫られる。合意の形成も容易ではない」と話すように、慎重論も根強い。

そもそも「景観」の考え方は各個人や各地域住民の感性や通念に依拠する部分が大きい。それゆえ、行政規制よりも、地域紛争を未然に防止するための当事者間の話し合いの仕組みや、住民主体による地域ルール策定、住民との協働促進などを重視すべきだという考え方が主流になっている。

私債権放棄を報告
江戸川区

江戸川区の多田正見区長は11月20日、私債権の放棄について、第4回定例区議会に報告した。全部で91件、総額で1億3800万円の私債権を放棄した。いずれも貸付金で、内訳は、金額で最も多かったのが、中小企業の緊急特別対策資金で26件、7700万円。バブル崩壊後、銀行の貸し渋りが進行し、融資が受けられなくなった中小企業を対象にしたもので1998年分。

次いで景気対策の特別資金融資で12件、3千万円、地場産業の振興資金10件、1700万円と続く。

件数で多かったのは生活一時資金の38件で450万円。そのほかは、まちづくり推進に伴う移転資金貸付金が1件、80万円、台風被災者応急資金が1件、38万円などとなっている。

今回の放棄の理由は、破産、時効の完成など。

同区では、私債権の未回収額が2006年度に49億円に達した。昨年度からは、06年4月1日施行の「私債権の管理に関する条例」により、放棄も含めた整理を進め、昨年度は174件、5億5千万円を放棄。24件で訴訟を起こし、分納などの対応により約1600万円を回収できた。

今後も、整理を続け、向こう5年間で整理を終える予定だ。

教育リーフレット作成
江戸川区教委　教員や児童・生徒らに配布

江戸川区教育委員会はこのほど、幼稚園、小中学校での教育内容を一覧にしたリーフレットを作成した＝写真。

リーフレットは、B4判サイズを四つ折りにしたもの。学校の先生たちが週ごとの指導計画を記入するために持っている週案簿に挟める大きさにして、いつでも持ち歩きができるようにした。

表面には、学校、地域、家庭が果たす役割がイラストとともに描かれている。

中面には、目指す子ども像として、幼稚園は「お友だちや地域の人たちにあいさつできる子ども」、小学校は「えどがわをよく知り、自分の街が大好きな子ども」、中学校は「えどがわのために自分が何ができるかを考え、実行できる子ども」という目標が書かれている。そのほか、▽確かな学力▽豊かな心▽健康な心と体▽地域で学ぶ▽学校改革の推進――という5項目ごとに、幼稚園、小中学校のそれぞれの段階で行われているカリキュラムの内容が一覧表になっている。

リーフレットは7万部作成。幼稚園、小中学校の教員、児童・生徒やPTA関係者、各地域の学校評議委員などに配布した。

区教委指導室では「先生方も教育改革のなかでいろいろな仕事が出てきていると思う。今、自分がやっている仕事がどんな位置付けになっているかをはっきり認識して、意欲を持って取り組んでもらえたら」と話している。

港区の「ちぃバス」400万人を突破

港区のコミュニティバス「ちぃばす」の利用者がこのほど400万人を突破した。

同区では2004年10月から「田町ルート（田町駅東口から六本木ヒルズ）」と「赤坂ルート（六本木ヒルズから赤坂方面循環）」の2ルートで、コミバスの運行を開始した。07年4月からは芝浦車庫までの回送車を有効活用し、田町ルートに直結する車庫発着便（芝浦車庫前から田町駅東口）を運行させている。

愛称の「ちぃばす」は区民公募で決定したもの。「小さいバス」「地域に愛されるバス」という意味が込められている。昨年度は、年間で約115万人が利用した。

利用料金は、小学生以上が一乗車100円。定員は33人で、環境に配慮した圧縮天然ガス（CNG）を使用している。

児童がCO_2削減へ

23区と39市町村でつくるオール東京62は11月28日、小学校135校（約1万人）を対象に省エネチャレンジを始めると発表した。児童が普段通りに生活する12月と、省エネに取り組む翌1月を比べ、CO_2削減量をシートに記入。各校で集計し、削減率の高い上位3校などに賞品が贈られる。

クリスマス商品を販売
障害者週間事業で

杉並区内の障害者作業所や授産施設など14施設の会員組織「すぎなみ仕事ねっと」は、手作り製品を販売する「クリスマスフェスタ」を11月27、28日に区役所ロビーで開催した＝写真。

杉並区の障害者週間事業の一環で、施設ごとの販売コーナーでは、クリスマス用のドア飾りやしめ縄、干支を模したストラップ、カレンダーといった季節限定品や菓子類など手作りの品々を施設利用者が販売。精米作業を導入した職業訓練所からは、福島県産の新米が出品されるなど、ユニークな品ぞろえが好評で、早々に売り切れる人気商品もあった。

杉並区内には約40カ所の授産施設や作業所があり、1千人が働いているという。従来、ほとんどの施設は製品の受注や材料発注を施設単位で行い、経営効率が悪く、施設利用者の工賃は月額2万円を下回っていた。区は、工賃・給料アップを図るため、各施設を会員にした「すぎなみ仕事ねっと」を06年に設立。企業からの共同受注や、付加価値の高い自主製品の開発などに取り組んでいる。直販にも注力し、区役所ロビーに定期販売コーナーを設置。11月からはインターネット上の通販サイト「楽天市場」に独自のネット店舗をオープンし、全国規模での販路拡大を目指している。

「すぎなみ仕事ねっと」

小児科にチーム医療体制を

日野市立病院改革プラン

日野市は11月27日、2002年のオープン以来、医師の定員割れと赤字経営が続いている市立病院について、改革プラン（経営健全化計画）を発表した。慶応大学医学部の協力を得て医師を確保し、現在の39人から5年間で52人とするほか、常勤医師が1人しかいない小児科については、チーム医療による体制構築などを盛り込んでいる。医師増に伴い、07年度実績で67・1％の病床利用率を12年度までに88・4％に高める計画で、来年度からは経営黒字化を目指す内容だ。

来年度の黒字目指す

昨年度末に発表された総務省の「公立病院改革ガイドライン」には、今年度中に「公立病院改革プラン」の策定が求められており、市と市立病院はプロジェクトチームを作り、計画策定に着手してきた。

これまで慢性的な医師不足で、病床利用率が伸び悩んでいたほか、新生児担当の小児科常勤医師の退職で、今年6月から分娩を休止。小児科常勤医師1人の確保と複数の非常勤医師で、11月4日から暫定的な再開ができたものの、不安定な状況が続いていた。

今回の改革プランでは、「慶応大学医学部の関連病院として、支援を受ける確約を取り付けることができた」としており、来年度は11人の大幅な医師の増員を図る。小児科には慶応大学医学部から5人程度の医師が派遣され、チーム医療体制を整えるほか、内科や循環器科などで医師を増員。市側は「常勤医が増える中で、分娩の全面再開に向けた体制を整えたい」と話している。

また、300床ある病床を、医師や看護師の不足から稼働させることができず、医業収益が上がらなかったことについても、医師の確保により改善の見込みが立った。開院時、18億円あった赤字は徐々に減らしており、07年度で約6億9400万円の赤字があるが、これを09年度は現金ベースでの黒字化を目指す。12年度までに経常収支比率103・0％、医業収支比率97・3％、職員給与費対医業比率39・4％を目指し、ほかに紹介率50％などとする目標値を設定している。

また、「努力する中で経営が計画通りに行かず難しくなる場合もある」として、計画には病院の再編・ネットワーク化や経営形態の見直しなどについても方向性を示しており、「経営改善の状況を検証しつつ、地方公営企業法の全部適用、地方独立行政法人化、指定管理者制度の導入等について、09年度から準備検討し、12年までに必要な措置をとる」という内容も盛り込んだ。

病院運営の基本的な方針として、このほかに市民に必要とされる地域の中核病院として、地域医療連携の推進・拡充、（仮称）健康増進センターの併設、災害医療拠点病院の指定などのほか、「市立病院を支援する市民応援団の発足」を明記。市民病院を必要とする市民の意識高揚で、地域とともに歩む病院を目指すとしている。

西東京市　坂口光治市長が出馬表明

坂口光治氏

西東京市の坂口光治市長（61）は、11月26日に記者会見を開き、任期満了に伴い来年2月8日に投開票される同市長選に、再選を目指して立候補する意向を発表した。

坂口市長は、合併市における行政改革の取り組みや、合併から7年間の累計で約97億円もの経費削減効果を実現したこれまでの市の取り組みをあげ、「旧市の歴史と伝統を受け継ぎ、マニフェストと市の基本計画との整合を図りながら、その実現に全力で取り組んできた」と自らの政策を振り返った。その上で「合併から8年が経ち、合併の総仕上げの時期を迎えようとしている。マニフェスト43項目中、34項目はすでに取り組んでおり、後期基本計画を着実に進め、持続可能な市政実現のための財政基盤確立などに全力で取り組み、夢や希望が育めるまちづくりをさらに推し進めたい」と意欲を語った。

具体的な内容としては、子育て・高齢者・障害者支援の充実や、緑の創造とリサイクルの推進、教育・スポーツ・文化芸術活動の充実、産業振興・NPO活動の支援など。

前回選挙は民主、共産、社民、生活者ネットが支持。政策協定を結んで戦い、自民、公明が支持する前市長を破って当選した。今回も同様に支持を得たい考えで、今後、働きかけていくという。

市長選には、市議会の前生活者ネット代表だった保谷七緒美氏（46）も出馬の意向を示している。

小平市　小林市長も出馬へ

小林正則氏

来年3月29日告示、4月5日投開票の小平市長選に小林正則市長（56）が11月26日、再選出馬の意向を表明した。

第4回定例市議会で26日の一般質問に立った常松フォーラム小平の常松大介議員が「新たな課題に取り組む市長の決意について」を質問。課題解決に向けた取り組みのため、出馬を要請する内容で、それに応える形で明らかにしたもの。

小林市長は「これまで公約に掲げた事業を中心に、限られた財源の範囲の中で、事業を取捨選択しながら実施し、おおむね順調に推移している」と分析。臨時財政対策債の借入抑制や基金確保、土地開発公社所有地の計画的取得など、将来を見据えた財政健全化への着実な取り組みなどを行ってきたが、今後の様々な市の課題を克服するためには、「総合的な判断力とリーダーシップが必要で、市民と共に歩む市政運営をすすめていかねばならない」との思いを表明。「市長選に立候補し、緑と住みやすさを大切に、さらに自立し、『躍動を形に進化するこだいら』のさらなる実現をめざし、引き続き市政運営に取り組んでいきたい」と出馬の決意を明らかにした。

前回選挙では、民主、共産、社民、生活者ネットが支持。今回も同様の構図が予想されている。

防災無線をデジタルへ

福生市　双方向にも対応

福生駅前広場に設置されたデジタル式防災行政無線の文字表示板

福生市はこのほど、老朽化したアナログ防災行政無線を、デジタル方式へと移行した。市内の4駅には、災害情報を文字表示板に流せるようにしており、聴覚障害者にも対応。双方向システムにも対応するため、有事の際に避難所などからの情報収集にも役立つと期待されている。

防災行政無線は、総務省がデジタル化を推進しているが、システムそのものの変更やスピーカーなど関連するすべての機材を更新する必要があるため、財政負担が大きく、なかなか進んでいないのが現状だ。

福生市の防災行政無線は、1986年に設置してから22年が経過し、老朽化していた。スピーカーからの音声が聞きづらいなどもあり、デジタル方式への変更に伴い、スピーカーも10カ所増設。特定防衛施設周辺整備調整交付金を活用して、総工費1億6千万円で設置した。

福生駅西口、東口、牛浜駅、拝島駅の各駅前広場には、文字表示板も設置。市によると、文字表示板の設置は全国でも珍しいという。防災行政無線で流す情報は、定時チャイムや防火防犯の確認放送、火災発生、児童の見守りのほか、新たに市の行事等も流していくという。「人が多く集まる場所で、一定時間情報を表示できることは、大きなメリット」と話し、聴覚障害者には戸別に受信機も設置し、災害時には同様の情報を文字で表示できるようにしている。

駅前4カ所に加え、広域避難所などになっている学校など16カ所も無線局とし、システムを利用すれば双方向で情報のやり取りをすることができる。その活用については今後検討していくとしているが、安全安心まちづくり課は、「避難所などでは被害情報や、必要な物資などの情報を収集できるほか、駅前のシステムを利用すれば、職員が参集する際の情報収集も可能」などとして、効果的な活用方法を模索したい考えだ。1月17、18日に予定している防災展では、デジタル防災行政無線を目玉とし、広く市民にもPRしていく。

三鷹市　家庭ごみを有料化

来年10月から　市議の一部に反発も

三鷹市は2日開会の第4回定例市議会に、家庭系ごみの有料化に伴う条例改正案を提案する。26市では、17市が家庭ごみ有料化を実施して効果をあげているとし、より一層のごみ減量と資源化を推進していきたい考え。有料化による歳入は、ごみ処理施策や環境施策の拡充に活用するほか、ごみに対する意識を高め、循環型社会への転換のきっかけにしていく。

有料化は来年10月の施行を目指し、ごみ袋の大きさは4種類で、1枚あたり9円（5ﾘｯﾄﾙ）から75円（40ﾘｯﾄﾙ）で価格を設定。これまで、市民の協力によりごみの分別や減量に努力してきたことから、周辺自治体より1円から5円程度、割安にした。今後、調布市とごみの共同処理を行う計画のため、調布市の水準と同等にしたという。

公的扶助受給者に配慮した減免措置も実施し、剪定枝や落ち葉、清掃活動によるボランティアごみ、紙おむつについては無料にするなど、他の自治体で行っている救済措置はすべて盛り込んだとし、「救えるものはできるだけ救うようにして対象者を広げ、多摩では最も手厚い減免措置になっている」としている。

有料化により、家庭系ごみ、不燃ごみの収集量で、07年度収集量と比較して2832ﾄﾝ、9・9％の削減が期待できるという。有料化による歳入は、集団回収事業の拡充、生ごみリサイクルの推進、ごみ処理施設の充実のほか、環境保全のための各種助成金の拡充など、積極的な運用を図る。

景気の悪化などを背景に、市民からは「なぜ今」など一部反対の声も届いているが、清原慶子市長は「他の時期に比べて、ふさわしくない時期とは思わない。むしろ、今だからこそ、（有料化の効果として）不要物を減らすライフスタイルに転換し、徹底して不況の時期を乗り越えたい」と語った。

これに対して共産党と「にじ色のつばさ」の2会派（7人）が反対を表明。ごみの減量について有料化以外の方策の模索や議論の徹底を求めた。

市長会が政策提言発表

市民力・地域力を向上

自治体間人事交流も視野に

東京都市長会（会長＝黒須隆一八王子市長）は11月25日、「地域力の向上に向けて」と題した今年度の政策提言を発表した。市民のニーズが多様化し、行政だけで様々な課題を解決することが困難になっている中、活力ある社会・地域づくりには、多摩地域の自主自立の気風と適度な連携意識の共有を生かした「地域力」の向上推進が重要と指摘。地域力における現状と課題、社会的な背景などを分析し、全国の自治体の課題解決に向けた取り組みを例に挙げながら、市民力を結集・支援する行政のかかわり方を示している。

地域における他者との結びつきが希薄になる中、健康で安全安心、しなやかなまちづくりや、自立した地方政府の実現のために、市長会では地域力の向上を「重要かつ緊急的な政策課題」として位置づけている。

市長会は「地域力」を、自治会・町会等の地縁組織、NPO等の市民団体や企業、これらの核となる市民及び行政が相互に連携し、総合力を持って主体的に地域課題を発見・解決する力と定義。地域力の担い手の現状や課題を洗い出し、全国の先進事例や多摩地域の事例など全88事例を考察する「地域力の向上に関する基礎調査」を1年間かけて実施し、現状分析と取り組むべき施策や方向性についてまとめている。

地域力は多様な行政分野の課題解決と、良好なまちづくりを推進する手段として活用が期待されている一方、自治会・町会加入率の低下や商店街の衰退、人間関係の希薄さや個人情報保護など、地域力向上に立ちはだかる障壁が大きい。

そうした全体の課題をとらえた上で、特に、偏った個人主義や、地域との接点を持つことができない住民の存在など、住民同士の結びつきが希薄となった「原子（アトム）化社会」の進展を、「地域力向上を目指す上で解決すべき問題」と指摘。

解決の決定打はないが、担い手不足解消のための仕組みづくりや地域の課題解決に自ら行動しようという意欲の喚起、市民の自助努力への支援などを必要な取り組みとしてあげ、「個々の課題に対処するときに、合わせて地域力を向上させるような働きかけを行い続けることが大切」と行政の果たすべき役割を確認している。

考察の結果、行政として支援が望まれる事項として、①気軽に語り合い、活動できる場の提供②地域力向上の担い手確保③人材発掘・育成④地域力向上のための財政支援――の四つの柱を提案。

「活動場所の提供」では、「行政目線で用意するスペースは、地域への押し付けになりかねない」として、人々が行き交う遊歩道へのベンチやスポット的な公園の設置のほか、グラウンドや公共施設などの行政財産の柔軟な活用を認めるなど、「日常生活の流れの中で、ごく自然に人々が集える場所」に主眼を置いた取り組みを推奨。また、担い手確保のためには、団塊世代市民の地域デビュー支援、参加の仕組みづくり、自治会など担い手に対する費用弁償の検討、多摩地域全域にまたがる人材登録制度など、市域を越えた人材情報の共有化をあげている。

人材発掘・育成には、多摩地域というスケールメリットを生かしながら、市民に対して多様なニーズに応じた研修会や講演会など学びの場の提供や、課題共有化のための積極的な情報公開を行うことのほか、地域の活動団体の連携強化のため、担当者会議の開催などを提案。自治体の職員同士についても、広い視野での他の自治体のまちづくりの取り組みを学ぶことを目的に、自治体間人事交流の実施や、人材育成制度の確立などをあげた。

さらに市民や団体、自治体、学校、事業所など、地域の担い手の活動の実践には、柔軟な資金運用が必要だとして、「多摩・島しょ広域連携活動助成金」「広域的市民ネットワーク活動等事業助成」の対象、金額の見直しや、新たな制度の構築などによる支援を提唱している。

黒須会長は「地域の課題は個々それぞれだが、共通課題にはまとまって取り組んでいく」と語り、多摩らしい地域力の向上に向け、各関係機関の取り組み強化に期待を寄せた。

■日野市人事異動

12月1日付　◎印昇任

【課長級】▽子ども部主幹＝児童館・学童クラブ担当（子ども部副主幹）◎小林正明

TAIMS 適正利用へ

セミナー開催や利用心得を規定

現在、都職員一人1台の割合で整備されているTAIMS（東京都高度情報化推進システム）端末。メールやデータベース、インターネット、業務システム等に活用され、日常業務に必須のツールとなっている。一方、国や自治体を巡っては、目的外使用や業務と無関係なサイトの閲覧といったケースが発覚し、業務用PCの不適正利用問題がクローズアップされている。こうした中、都総務局はセミナーの開催や、利用心得の規定化など、TAIMSの不適正利用防止に向けた取り組みを進めている。

セミナーでは不適正利用による様々な事故事例なども紹介された

ユーザー意識の重要性訴え

アクティブディレクトリ研究も

■意識

3053万人分で2兆2711億円——。昨年度に公表された情報漏えいの被害人数と想定損害額の数字だ。総務局情報システム部が11月20日に開催した「TAIMSの不適正利用防止セミナー」で講師を務めた専門家が明らかにした。

情報漏えいは、紛失や置き忘れ、管理や操作のミスが主な原因と言われる。ただし、ウイルス感染による情報の漏えいも増えており、不適正利用はその原因となり得る危険性が高い。

不適正利用には、職務に関係のないサイトの閲覧やダウンロード、無許可ソフトのインストール、私物のPCやUSBメモリーの持ち込み・接続等が挙げられる。

都では、昨年8月に情報セキュリティーポリシーを改正し、業務以外の目的での使用の禁止等を掲げた。かりに違反し、重大な事故を発生させた場合には、地方公務員法による懲戒処分の対象となり、コンピューターの不適正利用は停職、減給または戒告とされる。明文化は、抑止効果の意味合いも強い。

当然、具体的な対策として、都でもシステム管理の面から、フィルタリングにより、ゲームやアダルトサイト等を遮断する措置を講じている。しかしフィルタリングでは、制限のかかるブラックリストに載るまでタイムラグが生じ、万全とは言えないことも事実だ。

セミナーでは、不適正利用による事故事例や危険性を紹介する一方、システム管理者側が対策を講じても、最終的にはユーザーである個々の職員の意識が重要になると改めて指摘する。

■心得

情報システム部は今年9月、TAIMS利用心得を規定化した。利用心得は従来からあったものだが、今回、決定を取って規定化したことで、重み付けした格好だ。

利用心得では「毎日電源を入れ、庁内ポータルサイトの掲示板を見る」「離席時にはフタを閉め、画面ロック等を行う」など7項目の実施事項のほか、禁止事項に「職務に関係ないサイトの閲覧や私的なメールの使用を行わない」「怪しいメールを開かない、リンク先を開かない」「無許可で環境設定を変更しない」など10項目を掲げる。

利用心得に盛り込まれたUSBメモリーをはじめとする外部記録媒体の利用も、システムにとって脅威となる。セミナーでは、一人分の個人情報を1キロバイトとし、情報流出の際の損害額は約2万円と試算した。1メガで2千万円、1ギガでは200億円もの損害につながることになる。

小型・大容量化により、管理が難しくなったことに加え、USBメモリーを介したウイルス感染も報告され、外部記録媒体の扱いには、官民問わず、敏感になっている。都でも総務局行政改革推進部長と生活文化スポーツ局広報広聴部長の連名で、私物USBメモリーの庁舎内への持ち込み使用禁止等を通知している。

■研究

都には、一般的に不適正とされるサイトのチェック等を業務とする部署もあり、一律の制限や解除に馴染まない側面もある。

こうした中、TAIMS端末を集中管理する上で、アクティブディレクトリの研究も進んでいる。業務上の必要性に応じて、組織単位等で設定が可能となるなど、不適正利用防止には効果的だが、導入時のコスト面や職員の異動等に伴う運用面の課題も多いという。

セキュリティー確保では、各職員の意識とシステム上の対策が連動して、はじめて効果がある。適正利用はその第一歩となるだけに、総務局では引き続き、重要性を訴えていく考えだ。

多様な受験方法で後押し

受けやすい管試へ　中

区Ⅰ類筆記考査を改正

「分割・前倒し」も可能に

免除資格の導入

特別区管理職選考の具体的な改正点の二点目が免除資格の導入だ。択一・短答式試験の成績が一定基準に達すれば、次年度以降の連続する3年間、択一・短答式試験が免除になる。筆記考査の改正がレベルの高い管理職の選抜を目指すものであるのに対し、免除資格の導入は、職務多忙でも管理職選考にチャレンジしやすいように受験環境を整備したものといえる。人事委員会では「責任ある立場で区政を担おうという強い意志と意欲を持つ、多くの職員に配慮した仕組み」と話す。

◆努力が報われる

複雑・高度化する多くの行政課題を抱え、多忙な状況にある職場実態の中で、管理職選考受験に意欲があっても、なかなか時間が取れないとの思いを持つ職員は多い。一方で、キャリアデザインを意識しながら職務でのステップアップを考える職員も少なくない。人材育成の観点からも、昇任をキャリアアップの節目として捉え、計画的な受験に取り組んでもらうことが期待されている。

免除資格の導入は、こうした背景の中で受験に取り組みやすくチャレンジしやすい仕組みとして導入するもの。

受験した年が不合格でも、択一・短答式試験の成績が一定水準以上だった場合、翌年度から連続した3年間、択一・短答式試験を免除し、記述・論文式試験のみで受験することが可能となる。択一・短答式試験の準備を十分に行っていれば、努力の結果が無駄にならず、次年度以降の試験につながる。受験の負担感もかなり軽減されるだろう。

ただ、免除資格導入により、択一・短答式試験は足きり基準として使われることになり、最終合格に関して得点は総合化されない。このため、択一・短答式試験は、最低合格ラインをクリアすればよいという考え方も成り立つが、免除資格を得るには択一・短答式試験で高得点を取ることが必須となる。

免除資格の基準は公表されていないが、当該年度の合格基準より高く設定されることも予想される。このため択一・短答式試験を侮ることなく準備することが必要だ。

また、当該年度の合格を目指して受験を申し込んだ場合、免除資格を得るには記述式・論文式試験を含め試験すべてを受けることが必要となる。記述式・論文式試験を受験しないで途中で帰ってしまった場合は、免除資格の対象とならないので注意が必要だ。

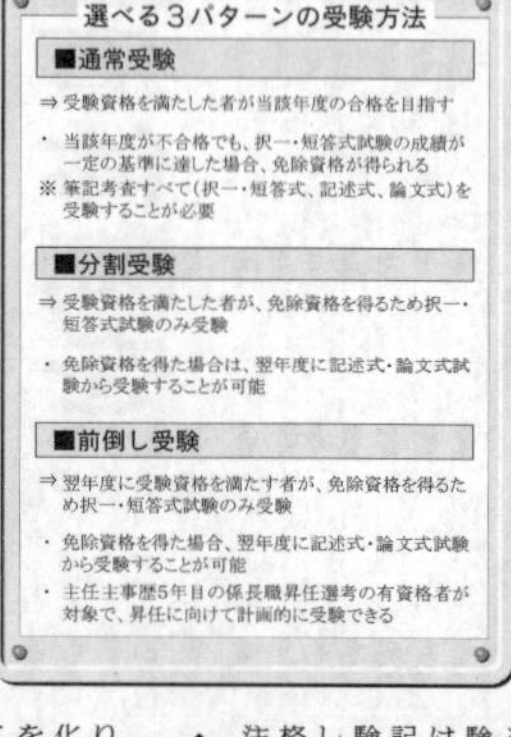

選べる3パターンの受験方法

■通常受験
⇒ 受験資格を満たした者が当該年度の合格を目指す
・ 当該年度が不合格でも、択一・短答式試験の成績が一定の基準に達した場合、免除資格が得られる
※ 筆記考査すべて（択一・短答式、記述式、論文式）を受験することが必要

■分割受験
⇒ 受験資格を満たした者が、免除資格を得るため択一・短答式試験のみ受験
・ 免除資格を得た場合は、翌年度に記述式・論文式試験から受験することが可能

■前倒し受験
⇒ 翌年度に受験資格を満たす者が、免除資格を得るため択一・短答式試験のみ受験
・ 免除資格を得た場合、翌年度に記述式・論文式試験から受験することが可能
・ 主任主事歴5年目の係長職昇任選考の有資格者が対象で、昇任に向けて計画的に受験できる

◆3つの受験方法

免除資格の導入により、受験パターンも多様化する。当該年度の合格を目指す従来の受験方法に加え、計画的に受験に取り組める二つの方法として「分割受験」と「前倒し受験」が可能となる。

「分割受験」は、受験資格を満たしている者が、択一・短答式試験のみを受験し、まず免除資格を取得する方法。免除資格を得れば、翌年度から3年間は記述式と論文式試験に専念して合格を目指せばよい。職務多忙で、記述式と論文まで一気に手が回らないという中堅層職員には、特にお勧めのコースといえるだろう。

ただし、このコースを選択する場合は、申し込み時に申し出ることが必要となる。前述の通り、当該年度の合格を目指した場合は、択一・短答式試験だけ受験しても免除資格の対象にならない。

他方、「前倒し受験」は、翌年度に受験資格を満たす者（主任主事歴5年目）だけが可能な方法だ。まだ正式な管理職選考の受験資格はないが、択一・短答式試験だけ受験することが可能となる。

この主任主事歴5年目は、ちょうど係長選考の受験資格が生じる年にあたるので、択一・短答式試験の準備をしておけば、係長選考と管理職選考の両方の準備ができ、一粒で二度おいしい受験方法といえる。

免除資格が取得できれば、受験資格発生初年度（1年目）から、記述式と論文式試験のみでエントリーすることが可能となり、受験への取り組み意欲も高まるだろう。

免除期間は連続する3年なので、免除資格を得た場合は毎年チャレンジすることも肝心となる。

昇任を大きなステップアップの機会ととらえ、主体的に能力開発を行う中、管理職選考についても計画的に受験準備を行うことが期待されている。

特別区

行政専門職制度を導入

弁護士、公認会計士を任用

特別区では、高度に専門的な知識を有する人材を各区の必要に応じて活用できる行政専門職制度を創設する。弁護士と公認会計士の有資格者を対象に「専門参事」と「副参事」に任用する。併せて3級職（主任主事）～5級職（総括係長）には「法務」「会計」の専門職種を新設する。区人事委員会の決定日以降に、必要とする区が導入する。

行政専門職制度は、特定分野での専門知識や能力を持つ人材を専門参事、専門副参事として設置するもの。任用管理はスタッフ職を基本に、専門分野の職務内容に応じて一般管理職として位置付けることも可能とする。

また主事には、「法務」の職種を4級職と5級職に、「会計」の職種を3級職～5級職に新設する。

採用の資格基準は、法務が「司法修習を修了した者や弁護士となる資格を有する者」、会計が「公認会計士の資格を有するもの」で、大卒後の年数によって任用する職務級が異なる。専門参事（8級）は大学卒業後19年以上、専門副参事の統括課長（7級）が同17年以上、課長級（6級）が同11年以上となる。

主事も基本的に同じ考えだが、最も低い級は大卒後の年数を問わず、法務の4級職は48歳未満、会計の3級職が同46歳未満となる。

昇任選考は昇任前の職層に2年以上（7級職のみ6年以上）在職し、大学卒業後の年数要件を満たすものが対象。昇任年次は行政系より早いペースとなるよう優遇措置を講じる。例えば、行政系の課長昇任の年齢要件が36歳以上なのに対し、専門職種は33歳となる。

採用・昇任選考は、各任命権者が対象者を選定し、人事委員会が選考を行う。

給与は、大卒で入区した行政系に比べてデメリットが生じないよう措置する。初任給は法務が4級6号給、会計が3級2号給を基礎とし、資格基準に定める必要な経験年数を超える年数を経験年数として号給に加算することができる。法務の職種の場合は、法科大学院に在学した期間も経験年数に換算し、資格取得が給与面で不利にならないよう配慮する。

行政専門職や、新たな専門職種を設置する理由の一つが現場でのニーズだ。例えば施策を打ち出す際には、法的根拠を駆使して立案する場面も多く、また最近では住民訴訟など、行政が訴えられるケースも少なくない。

専門職種の新設にかかわる特区連との交渉で、区長会は設置する理由について、「訴訟内容の多様化や件数の増加等への対応、新たな施策を構築する上での法的検証など、区政の場面で高い法務知識が求められている」「公会計制度改革への的確な対応や、財務諸表等の整備など、必要性が増している」などと説明した。

もう一つの理由となるが、優秀な人材の確保だ。これは外部からの人材獲得という側面のほか、内部からの流出を食い止める狙いがある。

例えば、現役職員が司法試験に合格した場合、司法修習生になるには一度退職しなければならないが、その後、区に戻る場合は改めて採用試験を受けることになる。Ⅰ類採用は満27歳が上限となるが、大卒後、最短で合格しても司法修習生を終えるのは26歳となり、ほとんどが資格基準を超えてしまう。経験者採用でも公務の職歴はカウントされないため、一度退職した後の復帰は難しいのが現状となっている。

一方で、特別区は今年度から自己啓発等休業を導入。3年以内で大学課程の履修などが可能となり、実際に制度を利用して法科大学院に通う職員もいる。しかし、こうした制度を活用して司法試験に合格しても、その後、司法修習生となれば同様に区に戻ることは難しくなり、新たな制度構築が必要となっていた。

大学院派遣研修者の早期退職

費用返還を義務づけ

4定に条例案

都は、公費で大学院の研修を受けた職員が早期退職した場合、その費用の返還を義務付ける条例案を都議会第4回定例会に提案する。

この条例は「職員の大学院派遣研修費用の償還に関する条例」。職員が国内外の大学院派遣研修中に離職した場合は、都が支出した授業料や入学金、旅費などの研修費用の全額を、また、終了後5年以内に離職した場合は期間に応じて逓減した額の返還を義務付ける。

条例は、国家公務員に同様の返還を義務付ける法律が06年6月に施行されたことを受けたもの。この中では、地方公共団体でも条例で定めれば、同様に返還させることができるとしていた。

対象となるのは、学位を取得する研修。都では中央研修で、政策研究大学院大学に1年間派遣する研修を00年から行っているほか、今年度から教員を教職大学院に派遣する研修をスタートしており、これらが該当する。

他方、今年度から管理職や管理職候補者を米国のジョージタウン大学公共政策大学院に3カ月間、派遣する大学院派遣プログラムを実施しているが、これは学位を取得する研修ではないので対象外となる。

総務局人事部では「研修受講者は確実に都に貢献して欲しいが、万が一の場合にも都民の理解が得られるよう、研修費用をきちんと返還できる仕組みを整備する」と話す。

都では、これまで条例案の返還対象に該当する職員はいないが、今年度から始まった教職大学院への派遣研修では15人を派遣するなど、大学院への派遣研修の規模が大きくなっていることなどを勘案し、条例化に踏み切った。同様の条例は14道県がすでに制定している。

都行政専門職選考で合格者発表

都人事委員会は10月28日、08年度行政専門職選考の合格者を発表した。合格者は以下の通り。

■用地▽三浦法興（建設局用地部）

■税務（資産評価）▽岡島茂（主税局総務部）▽風間久枝（主税局杉並都税事務所）

■税務（滞納整理）▽垣内はるみ（主税局徴収部）▽川口克彦（主税局千代田都税事務所）▽佐藤三知子（主税局徴収部）▽野口純一（主税局徴収部）

■税務（法人調査）▽菱田明（主税局中央都税事務所）

■橋梁構造▽紅林章央（建設局道路建設部）

■都人事異動

12月1日付

【課長級】▽福祉保健局総務部副参事＝事業調整担当（福祉保健局総務部副参事＝研修担当）田中徹▽福祉保健局総務部副参事＝研修担当（福祉保健局総務部副参事＝事業調整担当）渋谷恵美

都と石油連盟・石油商業組合

全国初の防災協定を締結

都は、このほど石油連盟（天坊昭彦会長）・東京都石油商業組合（飯田金廣理事長）と「大規模災害時における石油燃料の安定供給に関する協定」を結んだ。11月26日には、山口一久副知事と天坊会長、飯田理事長ら出席のもと締結式が行われた＝写真・左から飯田、山口、天坊の各氏。

大震災時には、停電が広範囲に発生することが想定される。このため、重要施設では非常用発電機を備え、そのための燃料も備蓄しているが、都庁第一本庁舎でも3日分しかない。このほか重要施設では、ガソリンスタンド等と個別協定を結び備蓄しているが、これも限界があるという。

そこで、今回の協定は大災害時に防災上、重要施設に石油燃料を安定的に供給することを目的としている。これにより、災害時の燃料切れという事態は回避できるわけで、画期的な意義がある。同種の協定は全国で初めてだが、他の大都市でも共通の課題だけに波及することも予想される。

小松　一郎さん（こまつ・いちろう＝小松修司・台東区議会事務局議会担当係長の父）23日死去、79歳。

千葉　コヨシさん（ちば・こよし＝高橋登喜子・品川区立伊藤幼稚園園長の母）25日死去、93歳。

佐々木はつ子さん（ささき・はつこ＝佐々木保・本社常務取締役の母）27日死去、87歳。

21年度 主任試験講座 【9】

統計資料の見方 ③

問題

【問題 4】 次の図から正しくいえるのはどれか。

① 全世帯についてみると、1996年から2000年までのうち、貯蓄現在高が最も大きいのは1999年である。

② 全世帯についてみると、1996年から2000年までのうち、年間収入に対する貯蓄現在高の比率が最も大きいのは2000年である。

③ 勤労者世帯についてみると、1996年から2000年までのうち、年間収入が前年に比べて減少した年は、いずれの年も貯蓄現在高は前年に比べて減少している。

④ 全世帯の年間収入に対する勤労者世帯の年間収入の比率は、2000年が1999年を下回っている。

⑤ 1996年から2000年までのうち、勤労者世帯の貯蓄現在高が前年に比べて減少した年は、いずれの年も全世帯の貯蓄現在高は前年に比べて減少している。

【問題 5】 次の図から正しくいえるのはどれか。

① 2000年から2005年までのうち、二輪の軽自動車の生産台数が最も多いのは2005年である。

② 2000年から2005年までのうち、二輪の小型自動車の生産台数が80万台を下回っているのは2002年及び2003年の2カ年だけである。

③ 2000年における第一種原動機付自転車の生産台数を指数100としたとき、2005年における第一種原動機付自転車の指数は、60を上回っている。

④ 2001年から2005年までの各年についてみると、第二種原動機付自転車の生産台数は、いずれの年も前年に比べて10万台以上減少している。

⑤ 2002年の生産台数について区分別にみると、前年に比べて生産台数が増加したのは、第一種原動機付自転車及び二輪の軽自動車の2区分だけである。

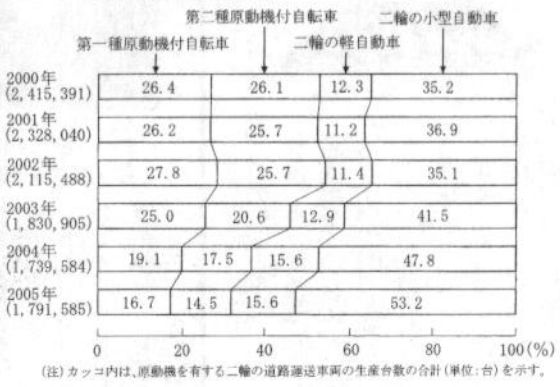

【問題 6】 次の図から正しくいえるのはどれか。

① 1996年から2000年までのうち、日本の新造船受注量が最も大きいのは2000年であり、次に大きいのは1997年である。

② 1996年から2000年までの各年についてみると、日本及び韓国の新造船受注量の合計は、いずれの年も18000千総トンを上回っている。

③ 1997年から2000年までの各年についてみると、韓国の新造船受注量は、いずれの年も中国、ドイツ及びその他の新造船受注量の合計の2倍以上である。

④ 1997年から2000年までの各年についてみると、ポーランドの新造船受注量はいずれの年も前年に比べて増加している。

⑤ 1998年に対する2000年の新造船受注量の増加率についてみると、中国は日本の10倍を上回っている。

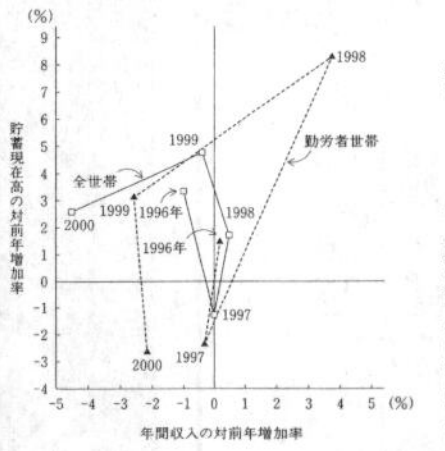

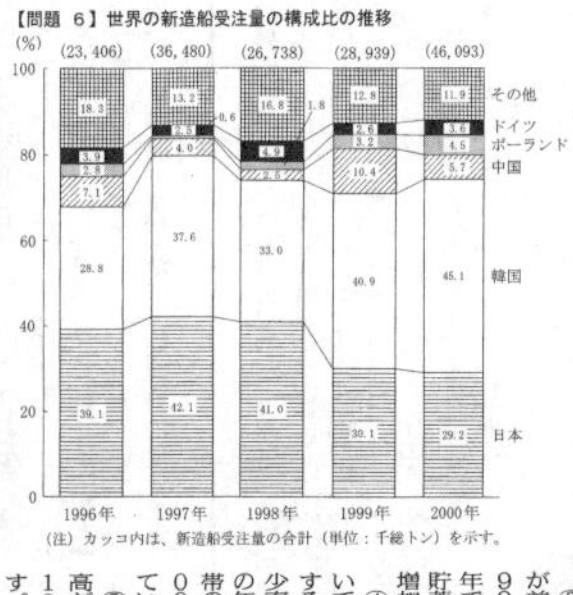

【問題 4】全世帯及び勤労者世帯の年間収入と貯蓄現在高の対前年増加率の推移

【問題 5】原動機を有する二輪の道路運送車両の生産台数の区分別の構成比の推移

年(生産台数の合計)	第一種原動機付自転車	第二種原動機付自転車	二輪の軽自動車	二輪の小型自動車
2000年 (2,415,391)	26.4	26.1	12.3	35.2
2001年 (2,328,040)	26.2	25.7	11.2	36.9
2002年 (2,115,488)	27.8	25.7	11.4	35.1
2003年 (1,830,905)	25.0	20.6	12.9	41.5
2004年 (1,739,584)	19.1	17.5	15.6	47.8
2005年 (1,791,585)	16.7	14.5	15.6	53.2

(注) カッコ内は、原動機を有する二輪の道路運送車両の生産台数の合計(単位:台)を示す。

【問題 6】世界の新造船受注量の構成比の推移

(%)	1996年	1997年	1998年	1999年	2000年
合計	(23,406)	(36,480)	(26,738)	(28,939)	(46,093)
その他	18.3	13.2	16.8	12.8	11.9
ドイツ	3.9	2.5	4.9	2.6	3.6
ポーランド	2.8	0.6	1.8	3.2	4.5
中国	7.1	4.0	2.5	10.4	5.7
韓国	28.8	37.6	33.0	40.9	45.1
日本	39.1	42.1	41.0	30.1	29.2

(注) カッコ内は、新造船受注量の合計(単位:千総トン)を示す。

解説

【解説 4】 正答②

先週の問題3と同じく、増加率のグラフ問題です。

① 全世帯の貯蓄現在高の対前年増加率は、2000年においても2・5%程度増加しているので、1999年の貯蓄現在高は2000年より小さいと考えられます。誤り。

② 正しい。

③ 勤労者世帯の年間収入が前年比で減少した年は、1997、1999、2000年で、そのうち1999年は貯蓄現在高が前年比で約3%増加しています。誤り。

④ 全世帯の年間収入について、2000年の前年に対する減少率は勤労者世帯の減少率より大きいため、全世帯の年間収入に対する勤労者世帯の年間収入の比率は、2000年が1999年を上回っています。誤り。

⑤ 勤労者世帯の貯蓄現在高が前年比で減少したのは、1997年と2000年です。しかし、2000年は勤労者世帯の貯蓄現在高が約3%減少していますが、全世帯の貯蓄現在高は約2・5%増加しています。誤り。

【解説 5】 正答②

構成比の推移に関するグラフ問題です。表とグラフの相違はありますが、前回(11月25日号)解説した問題1や問題2と類似した形式の問題です。

① 2005年の生産台数は179万台×15・6%=約27・9万台となります。これより多い年が一つでもあれば選択肢は誤りとなりますので、生産台数・構成比等から見て最も多そうな年をまず計算します。2000年は241万台×12・3%=約29・6万台となります。誤り。

② 順次各年の小型自動車の生産台数を概数で算出します。2000年から順に84・8万台、85・6万台、74・1万台、75・9万台、82・7万台、95・2万台となります。正しい。

③ 2005年の生産台数は179万台×16・7%=約29・9万台となります。2000年の生産台数は241万台×26・4%=約63・6万台となり、0・6をかけた約38・2万台は2005年の生産台数を上回ります。誤り。

④ 目視で構成比の減少が少ないところをまず計算してみます。2002年と2001年は構成比も同じなので、その差は(232万台−211万台)×25・7%=約5・4万台となります。誤り。

⑤ 合計台数が減少している中で構成比が減少または同じである第二種原動機付自転車と二輪の小型自動車は、いずれも生産台数が減少していることがわかります。つぎに、構成比の増加が少ない二輪の軽自動車を計算してみます。2001年は232万台×11・2%=約26・0万台、2002年は211万台×11・4%=約24・1万台となり、生産台数が減少していることがわかります。誤り。

【解説 6】 正答⑤

同じく、構成比の推移に関するグラフ問題です。

① 1997年の日本の新造船受注量は36百万総トン×42・1%=約15・2百万総トン、2000年は46百万総トン×29・2%=約13・4百万総トンとなり、2000年より1997年の方が大きくなります。誤り。

② 最も新造船受注量の合計が少なく、日本と韓国の構成比の合計が少ない1996年で検討します。新造船受注量の合計(約23百万総トン)に日本と韓国の構成比の合計(67・9%)をかけると、23百万総トン×67・9%=約15・6百万総トンとなり、18百万総トンを下回ります。誤り。

③ 構成比を比較します。韓国の構成比が低い1998年を見てみると、韓国の構成比が33・0%であるのに対して、中国、ドイツ及びその他の構成比の合計は24・2%となっています。よって、2倍以上にならないことがわかります。誤り。

④ 1997年のポーランドの構成比(0・6%)は、1996年の構成比(2・8%)の4分の1以下ですが、1997年の新造船受注量の合計(約36百万総トン)は1996年の新造船受注量の合計(約23百万総トン)の4倍にならず、1・5倍となっています。そのため、ポーランドの1997年の新造船受注量は、前年に比べて増えていないことがわかります。誤り。

⑤ 日本の1998年に対する2000年の新造船受注量の増加率は約23%、中国の受注量の増加率は約290%であり、中国は日本の10倍以上となります。正しい。

昇任試験対策のページ

21年度 主任・係長 論文講座 ◇10◇

特別区係長選考

傾向と対策 ②

はじめに

前号の「傾向と対策①」では、論文試験の出題形式、出題傾向、論文の書き方などを解説しました。

論文に序論・本論・結論とある場合、当たり前のことですが、本論で論じられている内容が重要視されます。しかし、試験論文においては、本論と同等もしくはそれ以上に序論の部分が重要だということを、今回は確認していきたいと思います。

なぜ序論が重要なのか?

論文の導入部であり、問題提起をする序論が、なぜそれほどまでに重要となるのでしょうか。

その理由の第一は、採点者が論文を読み進めていく中で、その論文に対する印象や期待度を決定するのが序論の部分であるということです。

採点者は短時間にたくさんの論文を読んで評価・比較し採点します。じっくりと考えながら読み込んでいく時間はありませんから、最初の章での印象が評価・採点に大きく影響します。そして、採点者が一番知りたいのは、課題を受けた筆者が、その課題をどのように捉え、何を主張しているのか、ということです。序論でこれらをしっかりと書き込むことによって、採点者をあなたの論文に引きつけ、期待を持って読み進めてもらうことができるようになるのです。

第二に、論文の本論では、他の受験者と差が付きづらいということです。

本論は、あなたのこれまでの経験や知識を踏まえて、係長として何を考え、どのように行動しようとしているのか、具体的に述べる部分です。したがって、抽象的や観念的な内容では減点の対象となりますから、実効性や実現可能性を踏まえた具体策を突き詰め、係長としての行動を示すのですが、その内容はそれほど大きな差がつかないのが実態となるのです。また、本論の具体策を、課題に対する現実的な解決策として採点者に納得してもらうのも、序論での問題提起の出来にかかっているのです。

それでは、重要となる序論を書き進めていく上での参考として、序論の中をさらに四つのパートに分けてみたいと思います。序論の構成は、いくつかのパターンが考えられますが、ここでは二つのパターンを紹介します。いずれにしても、次に示す四つのパートが1本の線でつながっている論文が優れた論文といえます。各パートがバラバラであるとか、考えながら読み進めないといけないようなつながりとかは、避けなければいけません。

【パターン1】
① 課題が出題された背景
② 区の現状や課題
③ 今後のあるべき方向性
④ 係長としての方針・戦略

【パターン2】
① 事案Aとそれに対する考察
② 一方、事案Bとそれに対する考察
③ ①と②を踏まえた今後のあるべき方向性
④ 係長としての方針・戦略

以下、パターン1の場合を解説していきます。

課題が出題された背景を捉える

係長試験論文の課題では、複数の課題が出題され、そのうちから一つを選ぶ形が一般的です。区政の課題に対する「課題もの」や、日頃の実務の中で係長の果たすべき役割を論じる「役割もの」、また、与えられた課題事例について係長としての解決策を論じる「事例もの」などがありますが、いずれの場合にも共通しているのは、課題が出題された背景を的確に捉えるのが重要だということです。

今、あなたの区で大きく取り上げられている政策や問題、または新たな方針や計画などはありませんか。今の社会情勢はどんな状況でしょうか。課題に関するこれらの背景を的確に捉えて、論文を書き出してください。

よく「区の財政状況は極めて厳しい」という書き出しの論文を見かけます。確かに現在の区政が盤石な財政状況にあるとは言い切れませんが、20年度予算ではバブル経済崩壊直後の厳しい財政状況とはかなり違っているのではないでしょうか。一方、この数カ月の経済動向を見ると、来年度の財政状況は、一転して厳しい状況になるのは明らかな情勢です。税財源の見直しや減税政策など、国の行う経済対策が区財政にどのような影響を与えるか、個人所得や企業収益の減がどの程度税収に影響してくるか、予断を許さない状況になっています。同じ厳しさを論じるにしても、タイムリーな話題をしっかりと頭に入れて、現状に合った問題認識を示す必要があります。

過去においては合格論文であっても、時期を逸した背景を論じていては、疑問を持たれてしまいます。当然、区を取り巻く状況は財政状況だけではありません。課題によって、これから論じようとする主題と関連がなければいけません。

現状や問題を捉える

次に、出題された課題の持つ背景から、あなたの区の現状や区政の抱える課題・問題をしっかりと捉え、本論で論じようとする主題につなげる必要があります。ここで注意したいのは、係長試験はあくまであなたの区が実施するもので、あなたの区の区政を担う係長を選考するものだということです。それぞれの区政の課題・問題、区のおかれている状況を反映しない論文では、合格は難しいということです。

係長である以上、区政事情に深い理解が必要です。あなたの区では、今何が問題となっているのか、どのような状況にあるのか、それらに対してあなたはどのように対処しようとしているのか。常に問題意識を持っていることが大切です。

言うまでもなく、区政は様々な課題を抱えています。例えば、世界的な景気の後退は、区民生活に大きな影響を与えています。経営環境の悪化や収入減などにより、区民の求めるサービスも変化してきているのではないでしょうか。区民は、税金の使い方を厳しく監視しています。後期高齢者医療制度の導入による負担感の増や頻発する公務員不祥事による役所に対する不信感など、区民の目線は一層厳しいものとなっているのです。

一方、新型インフルエンザの大流行が予測されたり、子どもの安全が脅かされたりなど、安心・安全に関する分野や、地球温暖化対策をはじめとする地球規模での環境問題など、区政に対する期待も相当高いと言えます。現在、区は、地域の様々な団体との協働や連携を進め、大量退職期を迎え地域に戻った団塊の世代の方々が活力を最大限発揮できるような施策を求められています。

少子高齢化への対応も、引き続き重要な課題です。さらに、福祉、産業政策、教育など区民生活を支える施策も緊急の課題でしょう。

ここで挙げた例は、区政の抱える課題のほんの一部でしかありません。あなたの区の、あなたの職務に関連した、重要課題や緊急課題が必ずあるはずです。出題された課題に対応した、今まさに直面している問題を明確にすることで、鮮度の高い論文が期待できるのです。

主張を明確にする

先に述べたように序論は、背景を受けて、現状や課題・問題を提起し、そしてその解決策として本論であるあなたの主張につなげていく部分となります。序論の最終部分では、あなたが提起した課題・問題のあるべき方向性とそのために係長として取り組む戦略を明確にする必要があります。この戦略を実現するために、本論の具体策を実現することとなるのです。

したがって、この部分でいくつものあるべき方向性を示してしまうと、本論の論点がぶれてしまうこととなります。係長としては、広い視野で多くのことに取り組み、やらなければならないことがたくさんありますが、論文の中では、あなたが最も主張したいこと一つに、明確に絞ってください。

今、区政に求められている係長とは、どんな係長なのでしょうか。時代と区民のニーズは刻々と変化しています。これまでのやり方だけでは対応できないでしょう。役所の常識は、世間では通用しないのです。変化をいち早く察知し、具体的な実務として的確に対応していかなければならないのが係長です。常に、何をすべきかを考え、問題提起し、解決策を提案・実行していかなければなりません。事務事業や執行体制の見直しを行う場合でも、関係者との調整を行い職員の納得を得るなど、積極的な働きかけが不可欠です。

仕事の目標による管理が導入されてきた昨今では、係の目標に一丸となって向かうよう、職員の力を最大限引き出していくことも重要です。係長は、職員を育成していく能力、職員や区民と良好なコミュニケーションを図る能力、政策形成能力など多くの能力を発揮しなければなりません。区政の課題・問題に係長として直面したあなたは、あるべき方向性に向けて、どのような戦略を持って取り組むのでしょうか。

あなたは係長として何をしたいのか、何をしようとしているのか。あなたは係長としてどのように仕事を進め、どのような信念を持っているのか。もう一度じっくり考えてみてはいかがでしょうか。

◇

次号では、論文の主題となる本論の構成について説明を続けます。

21年度 カレントトピックス ⑩

都政事情

■東京緊急対策II(2千億円規模の補正予算を4定に提案予定) (10月31日)

緊急対策は「中小企業支援・雇用確保対策」「都民の不安に応える生活者支援」「中小企業活用による都市インフラの整備」「国への緊急提案」の4本柱からなり、15項目で2千億円程度の規模を想定している。平成20年度から21年度の2年間の継続的対策として実施する。都議会第3回定例会で可決された補正予算(935億円)の東京緊急対策Iに続き、第4回定例会に補正予算を提案する予定。

生活者支援では「生活困難者への緊急自立支援」「福祉施設における安心安全対策」「周産期医療緊急対策」を挙げ、福祉施設の耐震化対策においては、耐震診断の補助率を5分の4にかさ上げし耐震化を促進する。

■平成21年度国の予算編成に対する東京都の提案要求 (11月10日)

今年度の要求事項は、昨年同期と比べて3件増え、今年度前期より5件少ない64件である。前期に引き続き、地方分権改革の実現、「10年後の東京」及び「10年後の東京への実行プログラム2008」の実現に資する取り組み、国と都の実務者協議会に係る協議事項を重点事項とした。

重点事項のうち、特別に知事が国に働きかける事項を特別事項とし、特に重要で強く国に働きかける事項を最重点事項としている。

新規事項は「私立学校の耐震化対策にかかる助成の拡充」と「地方消費者行政の充実・強化」の2件である。

■平成20年度東京都税制調査会答申 (11月19日)

東京都税制調査会は、平成12年に創設され、毎年度答申を取りまとめてきたが、18年度から発足した今期の調査会は委員の任期に合わせ、長期的視点から3年間の熟議を重ねて答申をまとめた。答申は「分権と環境を基軸とする税制の構築を」というサブタイトルのとおり、従来の地方分権の推進に加え、環境に配慮した地方税の税制改革等について述べられている。

ガソリンなどの化石燃料の消費に対する環境税の導入については、他地域の住民との公平性などの課題のほか、アメリカ発金融危機の影響を受けた企業収益の悪化等に配慮し、答申では「導入に至る道程などについて、更に検討を進めていく」としている。

1930年代・東京

アール・デコの館（朝香宮邸）が生まれた時代

東京都庭園美術館25周年記念

その同時代性と特異性

東京都庭園美術館学芸担当課長　高波眞知子

大震災と戦争の狭間

現東京都庭園美術館・旧朝香宮邸が完成したのは、1933（昭和8）年5月のことであった。現在はアール・デコの館とも呼ばれ、数ある美術館のなかでも憩いの場所として親しまれている。だが、竣工当時はアール・デコという名称はなく（1960年代後半よりの呼称）、「モダーン」で「奇抜」な建物と称される、時代の最先端をいく建築であった。

「1930年代・東京――アール・デコの館（朝香宮邸）の生まれた時代」展は、この新奇な建物が建てられた昭和初期の東京に遡り、時代の様相を検証することにより、アール・デコの館の特異性と同時代性を浮き彫りにしようと試みた。

1930年代の東京は、1931年に満州事変、32年に五・一五事件、36年に二・二六事件が起こり、37年には日中戦争が勃発し、徐々に軍靴の足音が響いてきた時代である。経済面でも29年のニューヨーク株式市場大暴落を発端とした世界恐慌の余波が日本経済にも影響を及ぼしていた。

しかし、暗い出来事ばかりではなかった。東京市は32年に隣接82市町村を合併して35区の「大東京」となり、人口も倍増し497万人余と、世界第2位の大都市となる発展を遂げていた。25（大正14）年のラジオ放送開始、27年地下鉄開通（上野・浅草間）など、1930年代にはさらに通信・交通がめざましい発達を遂げ、出版産業も隆盛を迎え、『キング』をはじめ『モダン日本』など多くの娯楽雑誌が発行され、「大衆文化」といわれる現象が生じた。まさしく現在につながる近代生活の枠組みができた時代なのだ。

1930年代はじめには関東大震災からの復興祭も華々しく催され、近代的建築の建設もさらに拍車がかかった。羽田飛行場や中央郵便局、永代橋なども、この時代に造られた構造物である。当時、繁華街となった銀座を時代の先鋭を標榜する「モボ・モガ」が闊歩し、ジャズやレヴューが流行し、カフェ、ダンスホールが賑わった。大震災（1923年）と太平洋戦争勃発（1941年）の狭間で迫り来る戦争の暗雲のもと、一時の享楽を追い求めた時代といえよう。

G.L.マニュエ兄弟「朝香宮允子妃殿下像（洋装）」写真、パステル（1925年）東京都庭園美術館蔵

和洋混在したモダンの花

こうした時代に、朝香宮邸は、建築主である朝香宮夫妻がパリで目にしたアール・デコ様式で、アンリ・ラパン、ルネ・ラリックらフランス人装飾美術家たちと、宮内省内匠寮（くないしょうたくみりょう）の技師たちの手により、東京・白金台の地に建設された。現在では、日本における完全な形で残る唯一の本格的アール・デコ様式の邸宅建築であると、海外の研究者からも高い評価を得ている。

この大きな特徴は、1925年にパリで開催されたアール・デコ博覧会のパビリオンがそのまま日本に再現されたかのような1階接客部分、一方で和風アール・デコの意匠で飾られた2階住居部分と、その違いを明確にしつつ意匠の饗宴を繰り広げていることである。

皇族の邸宅や国の重要な建物を数多く手がけたエリート建築家集団である宮内省内匠寮にとっても、宮家自らが建築に関わる朝香宮邸は特異な例であった。宮邸建築に中心となって携わった技師権藤要吉は、大震災からの復興も見据えた博物館建築・宮殿建築の研究のために、朝香宮と同時期である1925年に、ヨーロッパに1年間留学した。渡航日記によれば、アール・デコ博覧会も少なくとも5回にわたり実際に見学している。

宮内省内匠寮が手がけた館内の意匠をみると、アール・デコを十分に研究した上での仕事ぶりが見て取れる。権藤技師がヨーロッパから持ち帰った資料や国内外の建築雑誌等を参考としたのだろう。展覧会準備の過程でどの雑誌を参考としたか、具体例も探し出すことができた。こうした資料から、朝香宮とともに夢の邸宅実現に向けた技師たちの意気込みを感じとることができる。

特に家具調度品、照明器具、金工装飾などにおいて創出した「モダーン」（「和風アール・デコ様式」）の卓越した仕事は見どころといえよう。本場アール・デコから学びつつ、単なる模倣から脱却し、日本人ならではの感性を加え、アール・デコにおける見事な和風様式を確立している。「新奇な建築」にも「大東京」にも、和洋混在した多種多様の「モダンの花」が咲いていた時代だ。

宮家の暮らしも調査

ところで朝香宮邸は現在、美術館として使用しているが、元々は「住まい」であった。今回は宮家の暮らしにも着目し、93歳になる元侍女の方にインタビューし、この建物で過ごした宮家の生活をうかがった。70数年も前の時代だ。年々関係者も減っており、こうした調査も最後の機会であろう。住まい方がわかると建築に対する理解も深まる。また宮家時代に使用されていた輸入家具も発見し、現所有者の協力により展示をすることができた。本展覧会では絵画、写真、家具、工芸品などの出品作品を通して、朝香宮邸の生まれた時代である「1930年代・東京」の空気感・気分をも感じ取っていただきたい。

◇

翻って今日を見てみると、アメリカ発の世界的不況の兆候は29年の世界恐慌を連想させ、また日本を取り巻く状況も30年代と酷似してはいまいか。歴史に学ぶという観点からも本展にアプローチしていただければ幸いである。

1930年代・東京の空気が醸し出された館内

◇◇◇◇◇◇◇

■本展は東京都庭園美術館で09年1月12日（月・祝）まで開催中（12月10・24日、12月28日～1月3日は休館）。入館料は一般千円。問い合わせ先は☎3443・0201。この展覧会の招待券を抽選で5組10名様にプレゼントします。Eメールで件名を「1930年代・東京展希望」とし、henshu@toseishipo.co.jp までお申し込み下さい（8日必着）。

■第15話　現代解雇模様⑥―協調性のない人たち❶

相談屋の場外乱闘 Part2

労働ジャーナリスト　金子雅臣

「能力なし」ではクビにならない

解雇の理由の一つとして何となく信じられていることに、「能力がないから、解雇される」ということがある。つまり、「仕事が出来ないのだから、解雇されても仕方がないのではないか」と当たり前のように言われていることだ。

ところが、私の長年の経験で言えば、「能力がないから解雇」というのは、本当はかなり少ないような気がしている。だいたい、日本の職場では能力などというものを測る物差しは職場ごとで違う。まして集団主義的な仕事の進め方のなかで、個人の能力をランクづけすることは難しい。

能力評価をはっきりさせるには、簿記や算盤、もしくは英語検定のように試験などによるクラス分けをしなければ、客観的なものにならない。日本では、一人が多岐にわたる仕事をするのが常だから、仕事で能力を測定することなど至難の技としかいえない。

「能力主義」の「能力」の判断は難しいが、「成果主義」の「成果」は「結果」だから判断しやすい。それが、「『能力主義』から『成果主義』に宗旨がえを図った理由だ」と陰口をたたかれるほどに、日本の職場では、能力測定は難しい。

だから、「能力がない」などというような理由がもっともらしく言われていても、それは疑ってみる必要があるということである。

協調性とは

それでは、解雇にはどんな理由が一番多いのかといえば、それは「協調性を疑われたケース」である。例え表面上は違う理由であったとしても、圧倒的に多い理由がこれである。しかし、協調性という理由は、実は分かっているようで、これもよく分からない概念だ。

今風に言えば、KYな人も協調性がないと言われるかもしれないし、個性的な人や独創的な人なども「協調性がない」と言われれば、そういうことになりそうである。そんな広い概念のある「協調性」であれば、それが理由で解雇というのは、時として乱暴なものになりかねない。

だからこそ、表面上の解雇理由ではなく、隠れた解雇理由ということになるのである。こんな分かり難い概念ではありながらも、日本の職場では「協調性のない」ことは嫌われ、例えどんなに仕事の能力があっても、協調性がなければ解雇されることがあるというのが現実である。

中小企業の社長室などには、判で押したように額縁入りの「和」の字が掲げてあったり、和を尊ぶ精神訓話が張り出してある。まさに「出る杭は打たれる」のであり、「和を乱す者は排除される」のが日本の企業の解雇の実態とも言える。

そこで、「協調性がない」などと言われて解雇される人たちとは、一体どんな人たちなのか、具体的なケースで見ていきたい。

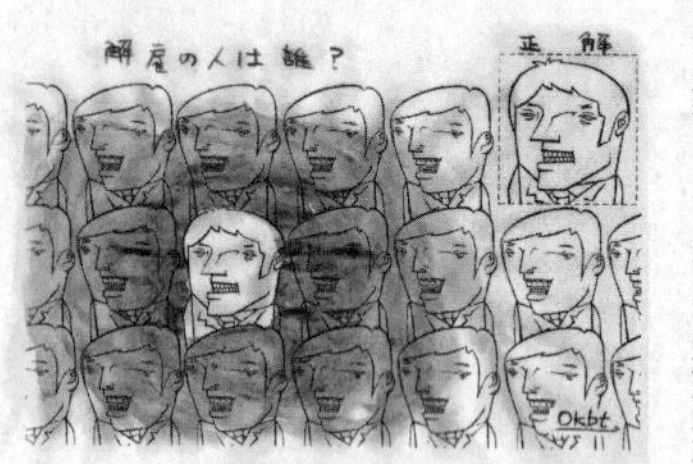

あの人を辞めさせて欲しい

「あの人とはとても一緒に仕事はできない」などという気持ちにさせられることは、誰しもが一度は経験することかもしれない。それは性格的なものが原因であることもあるし、仕事の進め方についての意見の不一致や、何かの拍子で起きた人間関係のトラブルが理由かもしれない。

我々公務員には異動という逃げ道がある。まさに「3年我慢すれば」いいのである。しかし、民間職場で、しかも少人数職場では、そうはいかない。だから、人間関係は、時として決定的なものとなりかねない。

それが発展して「あの人を辞めさせなければ、私が辞める」になったり、場合によっては「あの人を辞めさせなければ全員で辞めます」などということになる。この高齢者向け介護つきマンションでのケースも、調理場の全員が三田和子（38歳）を嫌って、「全員が三田解雇に向けた署名」を集めて騒動になった。

『都庁俳句』作品抄

（12月1日発行）

追伸に猫の名があり秋がくる　横坂けんじ

桐一葉己れの影に落ちにけり　間中恵美子

虫の夜やとろりともせぬ介護の手　土井湧輔

啄木鳥の一心不乱や空青し　岩井恵子

一流も二流もなくて鉦叩　奥田弘學

道絶えし栗駒山も紅葉して　伊東宏

富士仰ぐ晩稲刈る腰伸ばしては　染谷栄都子

上つ世の古墳に似合ふ曼珠沙華　土田和美

秋日傘一つの影を拾ひゆく　伊達天

悪相の猫が隠れて萩も末　大熊虚阿

夕日濃し初かなかなを聴きたる日　和田しずえ

疎開児の日々をつつみし銀木犀　内田香晴

病院の消灯時間残る虫　豊田眞佐子

敬老会名簿の母に線引かる　阿部功

雨もよふ訃のまたひとつ菊の花　早津満子

ぼく三才迷子の涙秋祭　神山俶江

燈火親し仰臥漫録離れ宿　佐々木いつき

みにがいど

◆映画『西の魔女が死んだ』の上映と講演会　▽日時　12月6日（土）午後1時～4時▽会場　成増アクトホール▽講演「映画の原作本や映画から学んだ女性として、人間としての自立について」北川容子・板橋区教育長▽定員　300人（申込順）▽費用　500円▽申込・問い合わせ先　板橋区男女社会参画課男女平等推進係☎3579・2486

◆12月3日から9日までは障害者週間「あおい空、心をつなぐ、夢の橋」○「ふれあいフェスティバル」▽日時　12月5日（金）午後1時▽会場　都庁第一本庁舎5階大会議場▽入場無料、申込不要▽内容　①記念式典、障害者の作文朗読など②「こころをつなぐハートフルコンサート」ボニージャックスなど○障害者の福祉電話相談　▽12月8・9日午前10時～午後4時▽☎5261・0729、☎3268・7184○「障害者スポーツ」の番組放映　▽テレビ東京「東京サイト」～5日毎日午後1時55分～1時59分○啓発ポスター掲示など▽問い合わせ先　福祉保健局障害者施策推進部自立生活支援課☎5320・4145

共済企画センター感謝フェアを開催

百数十名が参加

共済企画センター（特別区職員互助組合指定代理店）は11月22日午後、日本青年館で特別区職員などへの貢献活動の一環として、「お客様感謝フェア」を開催、百数十名が参加した。

この日は、まず伊藤宏一千葉大大学院教授が「人生のピークを70代以降に」と題して講演を行い、続いて三遊亭円丈師匠が「笑いは健康の源」として落語を披露。文字通り、参加者の笑いを誘っていた。

また、共済企画センター や損保ジャパン、東京海上日動、三井住友海上などが相談コーナーも開設し、参加者からの保険相談に応じていた。

同センターの石塚代表は、「今後もこうした催物を継続したい」と話していた。

都政新報

発行所 都政新報社
〒160-0023 東京都新宿区西新宿7-23-1 TSビル
〈総務・読者〉03-5330-8781
〈企画広告〉03-5330-8784
〈編　集〉03-5330-8786
〈出　版〉03-5330-8788
〈ファクス〉03-5330-8808
購読料 月1,680円(税込)
毎週火・金曜日発行
但し、祝祭日は休刊

紙面から

第4回定例都議会が開会

知事所信表明

産科医不足「間違いなく国の失政」

09予算 都税の大幅減を想定

第4回都議会定例会が2日に開会し、石原知事が所信表明を行った。世界的な金融危機、機能不全に陥っている周産期医療、逮捕者が出た新銀行東京の経営再建、来年度予算編成で予想される大幅な税収減など、都政は様々な危機に直面している。知事は、「問われているのは、自らを信じて確固たる意志を持ち、主体的・戦略的に行動できるか否かだ」と述べ、国の危機感の欠如を憂いた。では、都政が「漂流する難破船」とならない処方箋は見いだせているのか。所信表明の発言を振り返る。

周産期医療

8病院で妊婦が受け入れを拒否され死亡した問題を、これまで知事は「レアケース」とし、医師不足に対する国の無策を批判してきた。所信表明では、「亡くなられた方のご冥福を心からお祈り申し上げます」と、問題が起きてから初めて故人と遺族に対するメッセージを発した。

「現場では、日々医師たちが限られた人員で、まさに骨身を削りながらがんばっている。しかし、産科・小児科の深刻な医師不足が問題の根底にあるのは間違いなく、これは国の失政に他ならない」

今回の事態を受けて、都は、都立病院の医師と地域の開業医や民間病院が協力する「産科診療協力医師登録制度」の創設、周産期母子医療センターでの搬送調整業務や休日診療体制の強化、「周産期連携病院」の指定などに取り組む。

この問題では、厚労相も都を批判しており、国と都で責任をなすりあっているようにも見える。都は、周産期医療協議会や庁内PTでも対策を検討しているが、誰が悪いかではなく、都民が安心して受けられる医療を再構築する必要がある。

道路特定財源

麻生首相が追加経済対策で、道路特定財源の一般財源化に際して、1兆円を地方に移す方針を表明。その中身が、交付税なのか交付金なのか決まらず、政府は迷走を続けてきた。

「道路特定財源が地方交付税化されれば、不交付団体である東京の道路は頓挫し、致命的な悪影響が生じて、この国の再生は到底あり得ない。地方全体にとっては、従来も地方に交付されていた道路特定財源が、無定見な削減の続いた地方交付税の穴埋めにまわされるに過ぎない」

知事は、道路特定財源の交付税化には「断固反対」を表明した。

同じ日、自民党のPTが1兆円を交付金とすることを決めたが、公共事業に限定するものとなった。「一般財源化」という言葉からは程遠いが、交付税化という最悪の道は閉ざされたようだ。

都財政

09年度予算編成では、大幅な税収減が予想されている。知事は、具体的な減収額は明らかにしなかったが、「現下の経済危機により、再び都税収入の大幅な減が想定される」と述べた。

「こうした時こそ改革により蓄えた力を生かし、都民・国民にとって真に必要な施策を機動的に実行し、未来への積極的な布石を打っていきたい」

空前の税収増は、08年度が頂点。バブル崩壊後、都民や区市町村の激しい抵抗にあいながらも、財政再建を果たした教訓は、今回どう生かされるのか。09年度は試金石となりそうだ。

新銀行東京

元行員逮捕「過去の膿出し切る」

新銀行東京の元行員が融資をめぐる詐欺事件に関与し、逮捕された。知事は「元行員の個人的行為。旧経営陣の責任は重い」とコメントしている。背景には、過大な融資拡大路線とずさんな審査体制があるが、所信表明で知事から出た言葉は、「再建計画の着実な達成に向け、経営の監視と支援を行っていく」という従来方針だった。

「新銀行東京に期待したすべての皆様を裏切る事態が起きたことは、極めて遺憾。新銀行東京には、これまでの経営を徹底して見直し、過去の膿をすべて出し切るよう、株主として求めていく」

株主としてではなく、1400億円という血税をつぎ込んだ知事としての責任が問われている。

所信表明に立つ石原知事＝2日、本会議場で

参議院宿舎

三者協議会を設置へ 千代田区は寝耳に水

紀尾井町の新清水谷参議員宿舎の建て替えをめぐり、石原知事と参議院の西岡武夫議運委員長が1日に都道府県会館で会談した。参議院としては、14階建て、緑化率60％に変更した案で宮内庁宿舎跡地に当初方針どおり建てたい考え。トップ会談の結果、参議院、都、千代田区の三者による協議会を設置し、話し合うことを確認した。

会談後、知事は「地区計画も、この時点で周りの大きな状況が変わりつつあるので、見直す必要があるのではないか」と語った。この話について千代田区は寝耳に水で、三者協議会の設置も事前に知らされていなかった。区まちづくり推進部では「地区計画を見直す必要性を感じていない」としている。

知事は、これまで記者会見等で「現在地で参議院宿舎を建て替えればいい」と再三にわたって発言。しかし、現在地は紀尾井町通りに面しているため、地区計画の網がかかっている。1階・2階に文化・交流施設や商業施設を入れることが地区計画で義務づけられ、参議院側はセキュリティーの関係上、難色を示していた。

また、議員宿舎の工事を受注していたJVは、07年9月から一時中止が続いているため、1日付で契約解除を参議院に通告した。一時中止の期間が6カ月を超える場合、解除通告できるとなっている。参議院では改めて入札にかけ、工事は進めるとしている。

羽田国際化

英仏に定期便就航へ

実務者会議 開設合意を報告

「国と東京都の実務者協議会」が1日に開かれ、首都東京の重要施策13項目について、進捗状況が報告された。今回、実際に各省庁の概算要求に反映されたのは、認証保育所への国庫補助や国道357号東京港トンネルの早期着工などだ。

都は、外かく環状道路の早期着工や2016年東京オリンピック招致への政府保証、認証保育所制度の承認などを改めて要求。外環については、国は「首都圏の道路体系の確立に必要不可欠な幹線道路。今後、コスト縮減、地元の話し合いなど必要な検討を行いたい」と回答。

五輪招致では、IOC評価委が09年4月に東京を訪問し、立候補ファイルについて説明する予定となっている。国は「高い評価が得られるよう、関係省庁と連絡・協力しながら最大限の協力をしたい」と応じた。

羽田空港の国際化を巡っては、再拡張後に昼夜で年間約6万回の国際定期便の開設に合意しているが、今夏から各国との航空交渉が本格化。昼間には韓国、また深夜・早朝にはマレーシア、韓国、シンガポール、フランス、英国との間で国際定期便の開設に合意したことが報告された。米国、中国とは合意に至らず、来年に向けて協議を続けるという。

猪瀬副知事は、国内線の需要動向から国際便を増やし、バンコクなど東アジア諸都市への就航を検討するよう要求。これに対し、国土交通省側は「（再拡張後の）国際線と国内線の需要の伸びを勘案して対応したい」と答えた。

厚生労働省の概算要求では、休日・夜間の保育、家庭的保育、一時預かりへの国庫補助は認証保育所も対象にすることが盛り込まれた。

社説

「政局より政策」と言うけれど

政権が内部崩壊する前に

ここ3カ月ほどの短い期間に、潜在的な問題が一気に噴き出した感がある。とりわけ米国発の金融危機は、日本に深刻な影響を及ぼし、多くの中小企業が年を越せるかどうかの厳しい状況に立たされている。

そうした中で麻生首相は「政局よりも政策」「衆議院の解散より景気対策」と声高に言いながら、補正予算案の提出を年明けの通常国会に先送りした。これでは、首相のポストにしがみついていると言われても仕方あるまい。2日の所信表明で石原知事は「時流に翻弄されることなく、未来を見すえ、活路を見いだしてこそ政治」と言い切った。これは、けだし至言である。しかし、この言葉とは裏腹に、今の都政はそれに見合う行動が少ないのが残念である。

政局と政策――。この判断の見極めを誤ると、かつて308万票を集めた強固な政権であっても内部崩壊を始める。そのいい例が新銀行東京なのである。

■都政のアキレス腱

知事は「民主党が都議選、衆議院選の政局にしようとしている」と不快感をあらわにして、参議院の参考人招致に応じなかった。しかし、この主張は一面的で、問題の本質から外れている。なぜ、新銀行東京が都政のアキレス腱になったのか。それは創設した間違いに加え、どう立て直すかという政策優先の判断ではなく、どう当座をしのぐかという政局重視で対応してきたからにほかならない。

05年9月の中間決算で18億円、06年3月期で302億円、06年9月の中間決算で456億円、さらに07年3月期では849億円と累積損失が雪だるま式に増えていった。健全な支配株主なら、どんなに遅くとも資本金の4割を毀損した06年9月の時点で抜本的な手を打ったはずである。

ところが、翌年4月に都知事選を控え、豪華海外出張、都知事四男の公私混同などで世論の批判にさらされていた石原知事。そこへ火に油を注ぐように新銀行東京の経営失敗がプラスされれば、新たな政局になるのは必至だ。このため経営陣の刷新も、再建に向けた方策も、すべて都知事選後に先送りされた。

その結果、1年以上のタイムラグが生まれ、傷口は抜き差しならぬところまで拡大。累積損失は1016億円まで膨らみ、都民の税金から400億円を追加出資しなければ、新銀行東京が破綻する事態に至ったのである。

大株主としての東京都の対応は、まさに無責任の極みである。旧経営陣の犯した過ちは多々あるが、政局に軸足を置いた行政判断がいかに都民・国民の利益に反するか。この間の事実経過をたどれば、明らかである。国に対し「危機への対処がもたついている」などと石原知事の口からは言って欲しくない。

「必ず2年で立て直す。その策もある」と都知事選の公約で豪語したが、最近は口をつぐんだままだ。新銀行東京の支援策は、産業労働局によると「今なお検討中」という。切り札として期待した外資との業務提携も、折からの金融危機で交渉相手が逃げ、未来が見えなくなっているのである。

■施策のほころび

3期目に入って防戦一方となり、都政は精彩に欠いている。しかし、未曾有のこの事態に対し、果断な政策の実施で活路を見いだしていかなければ、都政に明日はない。

江東区や多摩地域で9月から10月に妊婦の救急搬送が難航するケースが相次いだ。日本で一番整備されているはずの東京で産科・小児科の医療体制のほころびは全国に衝撃を与え、都は周産期母子医療センターでの搬送調整業務や休日診療体制の強化など、12月補正予算案に緊急対策を盛り込んだ。この機会にもっと予算をつけるべきである。

しかし、江東区などの事案で浮かび上がった主要な問題点というのは、07年8月、奈良県で妊婦が受け入れを断られ、亡くなった時にも指摘された内容である。ここにも1年以上のタイムラグがある。都立墨東病院は東京ERの看板を背負い、これは石原知事の肝いりのはずである。

周産期医療は、医師不足という構造的な問題が背景にあったにせよ、それを突破しようという積極姿勢が昔はあった。ところが、最近は、医療でも福祉でも、そのほかの行政分野でも、東京都がどうしていくかの発信がない。

また、一部で不祥事が明るみになった認証保育所制度を例にとっても、民間を参入させるということは、それだけ評価・検証など行政の役割が重要になるという自覚が必要だ。職員の執行力が落ちている。

庁内的には、特別職を中心に知事本局がどうリードしていくかが一つのポイントになる。たとえば、瑣末な話かもしれないが、9月に続いて2度も財務局が「東京緊急対策」をまとめ、複数年度予算としている中で、第4回定例会閉会後に「10年後の東京」実行プログラムの改定版を出しても、知事本局の存在感は希薄にならないのか。

これからの都政は、五輪招致や税収減の中での財政運営、危機が深刻化する新銀行東京など、幕引きに向けて政策と政治センスが一段と問われる時期を迎える。手綱の締め直しが急務である。

冗句ジョーク

身近にいるかも？　来年5月実施に向け裁判員候補者に通知書届く

バレバレ課長
「それでは委員会対策会議を始めます、○×君、冒頭陳述を……」

医療費助成で条例案を提出

共産党都議団

共産党都議団は第4回都議会定例会に、高齢者と障害者の医療費助成に関する条例を提案する。65歳以上の高齢者の医療費を74歳までは1割（70～74歳は、自己負担が2割になった場合）、75歳以上は0・5割、全額都が負担し、助成するという内容。70歳以上の「現役並所得」で3割負担の人は、対象外という。70～74歳の医療費が2割になったとすると、09年度ベースで210万人が対象になり、必要経費（平年度）は850億円と試算している。

また、心身障害者医療費助成改正案は、00年度に65歳以上の高齢者の新規申請が停止されたが、これを再開する内容。

生活者ネットが練馬と昭島で新人

都議選2次公認

東京・生活者ネットワークは2日、都議選の第2次公認候補として、練馬区で、現職の山口文江氏の後継として、元区議の中井八千代氏(57)、昭島市で昭島・生活者ネット代表の星裕子氏(51)を擁立すると発表した。山口氏は2期で勇退となる。生活者ネットでは3期制を採用しているが、練馬区のみ議員年金に反対する立場から2期で引退としている。これにより生活者ネットの公認候補は、現職2人、新人3人の計5人。

一貫対策や地下水の管理システムを議論

新市場の技術会議

第7回豊洲新市場予定地の土壌汚染対策工事に関する技術会議（原島文雄座長）が11月27日に開催され、汚染物質処理や液状化対策などを含む一貫した対策、市場施設が供用された後の地下水管理システムなどが議論された。

一貫した対策では、汚染物質の処理・処分方法や経費の試算の考え方などを確認。地下水上昇防止のための砕石層設置など、地下水管理の課題を今後整理する。

また、地下水管理システムでは、水質の検査対象物質、測定頻度などの課題をこれから整理するという。

普通交付金で見解の相違

都「区の事情だけではない」
区「自主・自立的な配分を」

09年度都区財調協議

2009年度都区財政調整協議会が2日に開かれた。都が徴収した法人住民税などのうち、配分割合を区55％、都45％に変更した07年度協議以降、区の自主財源である普通交付金の配分方法で都区の見解のくい違いが表面化している。08年度協議では、中学3年生までの医療費無料化事業に普通交付金を配分するよう区側は提案したが、受け入れられなかった。都区の溝を埋めようと、09年度協議で区側はガイドラインづくりを都側に求めていく考えだ。

2日の協議会では、普通交付金で配分される事業などを区側が47項目、都側が6項目を提案した。

区側は、11年7月開始の地デジ放送対応のテレビなどの経費、前立腺がん検診費、小中学校の改築費、所得制限を撤廃した中学3年生までの医療費無料化事業などに、普通交付金を配分するよう求めた。

これに対し、都側は不燃ごみ中継所が08年度末までに5区で廃止されるため、配分の見直しが必要と主張。さらに、都は中学3年生までが通院1回あたり200円で診療される医療費助成を都内の市町村で来年10月から始める方針で、都の事業を基にして普通交付金を区側に配分したい考えだ。

都側は「市町村より多く区に財源保障したら、市町村からおかしいという話になる。区の事情だけを見ているのではない」と、都基準の医療費助成事業に合わせて配分する根拠を述べた。

一方、区側は「所得制限を撤廃した医療費無料化は区の事業だから、区基準で配分すべき」と指摘し、区の自主・自立的な配分を目指す。区側は、都区双方の溝を埋めるために、普通交付金配分などのガイドラインづくりを進めていきたい考えを示した。

さらに、都が特殊な事情に応じて各区に配分する特別交付金は、財調交付金の5％を占める。そのうちの1％分（約100億円）は、住民税の一律10％化で減収になった港、渋谷両区に救済措置として配分されている。06年度決算の区民税を超えた時点で、交付は終了する。07年度財調協議会で、都区は両区の08年度決算見込みなどを踏まえて、特別交付金について再協議すると合意した通り、今後話し合いを進めていく。

■合理的な水準とは

区側が、普通交付金配分のガイドラインを構想したのは、08年度都区財調協議会が端緒だった。都側は同交付金の配分の考え方に区側と格差があることに「大変残念」とコメントしたからだ。

地方自治法の逐条解釈によると、普通交付金は「合理的かつ妥当な水準」の事業に配分されるという。区側は「この水準は抽象的な表現。都が指摘したように、認識の差を縮めていきたい」と前向きだ。一方、都側は「地方自治法の解釈は越えられない」とし、「共通認識は協議しないといけない」と述べるにとどまった。

普通交付金は、どの事業に配分されるべきか。都側は、都下の市町村との財源保障の兼ね合い、地方交付税の交付対象の有無などを見ながら配分を考えていかないと、格差が生じた場合は合理的な説明ができないという。一方、区側は国庫補助金、地方交付税などの基準に合わせれば、「すべて片づくのかといったら、片づかない。地方交付税では、大都市需要を見ていないからだ。あるべき需要とは何か、という根本的な話にもなる」と語った。

都区の溝を埋めるのは一朝一夕にいかないため、区側は時間をかけて、ガイドラインを策定したい考えだ。

改築が決まった文京区立第六中。現在の校舎は1933年に完成

第六中の改築を前倒し

文京区　統廃合計画の廃案で

文京区は、耐震基準を満たしていない区立第六中学校（向丘1丁目）の校舎について、区全体の学校配置計画の策定に先がけて2011年度に改築する方針を決定した。教育委員会が11月28日、区議会・文教委員会に報告して明らかになった。

文京区は「区立小・中学校将来ビジョン」の素案を06年に策定し、その中で区内の学校統廃合と施設改修方針をまとめた「学校配置計画（年次計画）」案を提示していたが、区民から反発が強く、今年6月、年次計画について一部を除き廃案とした。そのため、校舎耐震化の工事計画なども白紙という事態となった。

第六中の校舎は鉄筋3階建てで、1933年に完成。当初は尋常小学校などに使用していた。これまで数度にわたって改修されてきたが、81年以前の旧耐震基準（Cランク）の建物で、近年は雨漏りなど老朽化も進んでいる。このため、当初案は「第六中を第八中、文林中と併合し、現校舎の利用を停止する」としていた。

年次計画の廃案に伴い、第六中の校舎が当面は必要になったことで、区側は「中国・四川の大地震なども鑑みて、早急に改築する必要がある」との意向を表明していた。

新たな将来ビジョン案については、区民や学校関係者を含む検討協議会で議論中だが、今回明らかになった第六中の校舎改築計画は、別途に進められるという。

改築計画に関して、区教委、第六中の校長・副校長、PTA会長、地元自治会代表者などで構成する「文京区立第六中学校改築基本構想検討委員会」が10月に設置されており、11月末までに2回の会合を開催している。

これまで▽09～10年度に基本設計などを実施して11年度中に着工する▽体育館を除く校舎部分を建て直す▽工事期間中は同校の敷地内の仮校舎で授業を実施する▽新校舎に区の関連施設などを併設する――などを議論。

このほか、同中の入学者を新規募集する際に、改築計画を周知する必要性などが指摘されている。検討委員会では、今年度末に報告書を提出する予定という。

第六中は1947年に開校。隣接する東京大学との連携事業などに特色があり、文京区内の区立中でも人気が高いという。在籍生徒数は304人、各学年3クラスで、生徒数の最も多い区立中学校となっている。

記者席

人材育成面にもIT化の弊害

○……監理団体連絡会で、ホテル協会の会長による講演では、「七五三のお祝いをホテルで行うようになった」「控えられてきた法事も増えた」など、社用から個人利用へというホテル業界の変化を垣間見た気がした。とはいえ、顧客ニーズを把握するためのコミュニケーションの重要性やその方策、人材教育のあり方など、一般的に通じる話が多かったように感じた。「いかにお客と接点を持つか。手間ひまかけたコミュニケーションでしか、顧客を獲得できない」と語る経験の重みは、経営目標の達成や成果が問われる監理団体側にも響いたのではないだろうか。

○……都総務局が文書・政策法務分野の人材育成方針を策定した。背景の一つには、基礎的な法令の知識不足や、それに伴う手続きなどの誤りの多さがあるが、これにはIT化が助長している側面もあるようだ。例えば、以前は起案時に係長のところまで出向いて提出し、顔を合わせた際に「関係部局と調整を図ったか」「関係法令にきちんと当たったか」など、アドバイスを受けることも多かったという。しかし昨今ではメールでのやり取りも多い。組織のスリム化や行政のスピード化が進む中、効率化に資するツールではあるが、その反面、人材育成を図る機会を失った。IT化が進む中、文書・政策法務分野に限らず、その弊害を踏まえたルール作りが必要だろう。

○……10月末の「不登校フォーラム」の開催状況が、都教育委員会に報告された。2時間半という時間枠の中で、基調講演、不登校克服の体験報告、パネルディスカッションが行われたことから、委員からは「盛り込みすぎ。もっと整理すべきだ」の苦情も。また、11月の「奉仕体験活動フォーラム」も含めて、その内容をホームページに載せるべきだとの意見が出た。ただ、「役所のHPは面白くない。プロのデザイナーに頼むなど、都民がアクセスしやすいHPづくりを」の注文がつき、教育庁は「HPの載せ方をさらに工夫したい」と答弁。また一つ課題を抱える形になった。

粗大ごみの家電買い取り

委託業者が初めて実施

足立区

行政回収の削減狙う

足立区では、住民が粗大ごみを委託業者に持ち込んだ場合、無料回収を実施している。中古品として使えるのに処分されている粗大ごみをリユースしようと、電化製品の買い取り実験が11月30日に同区内で初めて実施され、20個弱の家電を引き取った。買い取りが増えれば行政回収が減るため、区には経費削減のメリットがある。

買い取った電化製品は17個＝11月30日、白井エコセンターで

足立区は2003年5月から、白井グループなど指定業者2社に住民が粗大ごみを持ち込めば無料で回収してもらう委託事業を始めた。回収コストの削減が主な目的だ。委託前の経費は年約2億1千万円だったが、委託後の06年度は約7千万円に圧縮できたという。

所期の目的を達成したが、中古品として売れる粗大ごみが処分されている問題が横たわっていた。リサイクルは進んでいても、リユースが遅れているという反省に立ち、区は粗大ごみの一部の買い取りが必要と判断。区から買い取り実験を依頼された白井グループは了承した。

買い取り品目は電化製品で、白井グループが、中古家電買い取り業者「浜屋」に転売する。浜屋は、ナイジェリア、アフガニスタンなど途上国48カ国にある修理業者などの発注に応じて出荷。

白井グループは、途上国で需要の高い蛇の目ミシンなどのローテク家電は最高5660円の高値で買い取るが、DVDプレーヤー、デジカメなどハイテク家電は100円でしか買い取れない。

同グループでは、故障していても部品がそろっていれば買い取るという。家電リサイクル法で処理が義務づけられているテレビ、洗濯機などは、買い取りの対象外。

11月30日、白井エコセンター（足立区鹿浜3）で電化製品買い取りの初実験を行い、17個を引き取った。同じ敷地内で、粗大ごみの持ち込み回収も行われており、同日に483個を回収したうち40～50個が買い取れる電化製品だったため、今後は買い取りを呼びかけていく。

現在、足立区では粗大ごみの持ち込みが4割、行政回収が6割という。持ち込みが増えれば、行政回収を減らすことが可能になるため、今後は家電に限らず、家具などのリユースなど買い取り品目の拡大を目指す。

さらに、行政回収の中にはリユース可能な粗大ごみが混入している。だが、粗大ごみシールを張った家電などを、区が勝手に売りさばくのは問題だ。このため、区環境部の定野司部長は「横流しで売ることはやりたくない。条例で売ることを定めるか、粗大ごみシールに住民がリユースしても構わないというサインをする方法もあるだろう」と話している。

ごみからバイオガス

江東区などが実証試験

江東区は、㈶東京都環境整備公社、東京ガスと共同して、オフィスビルや商業ビルの生ごみや紙ごみからバイオガスを回収する実証試験を行う。飲食店や事務所などから出される調理くずや食べ残し、リサイクルされない紙類などの活用を目指す。

実証試験施設は約189平方㍍。同区潮見にある江東区環境学習情報館「えこっくる江東」の敷地内に建設する。来年2月下旬に完成する予定。

実証試験は、ベルギーなど欧州などで実用化が進んでいる乾式メタン発酵法を用いる。水分の少ない状態でバイオマスからメタンを生成する技術で、紙ごみと厨芥を合わせて処理することができる。試験では、生ごみと紙類一日あたり300㌔㌘を発酵させ、発生したバイオガスから有害な硫化水素を除去、都市ガスと混合して使用する。発生した蒸気は、実証試験施設内で消費する。

回収量は、ごみ1㌧あたり150立方㍍以上を目標としている。

三者は来年度から2年間試験を行う。試験が成功すれば、地域冷暖房など大規模な熱利用施設への導入を提案する。2016年招致を目指す東京オリンピックの選手村に、この都市型バイオエネルギーシステムを用いて、給湯用や冷房用の熱を供給することも提案していきたいとしている。

訓練用の緊急地震速報配信

江戸川区　都内で初の試験放送

気象庁は1日、訓練用の緊急地震速報を配信した。23区では、江戸川区で、都内で初めてとなる試験放送が行われ、総務省消防庁のJ―ALERT（全国瞬時警報システム）を通じた速報が、屋外の防災行政無線のスピーカーから放送された。

同区では、緊急地震速報の運用を今年10月1日から開始している。都内では唯一、情報の流れを2系統設けており、一つは、気象庁から業者の中継サーバーなどを経て、保育園や小中学校、図書館、福祉施設など244の公共施設の室内への情報発信。もう一つが、総務省消防庁が運営するJ―ALERTを経由するもので、気象庁から消防庁に流れた情報を、通信衛星を使って自治体に送り、そこから防災行政無線のスピーカーで屋外へと情報発信する。現在、同区には、254基のスピーカーが設置され、半径250㍍の範囲で聞こえるようになっている。

この日のJ―ALERTの試験放送は、午前10時15分に行われた。午前9時と10時に事前放送を行い、終了後には事後放送を実施したため、大きな混乱はなく無事終了した。

J―ALERTのほか、公共施設内への情報発信の訓練も、江戸川区立二之江第二小学校で行われた。児童らは、外から聞こえる防災無線と校内に流れる放送に耳を傾け、教室の前後のドアや窓を開けて出口を確保してから、防災頭巾を被って机の下に身を隠した＝写真。

同区災害対策課では「区民に広く緊急地震速報を知ってもらいたいと訓練に参加した。今日の体験を今後生かしてほしい」と話す。一部で放送が聞こえにくいなどの声があったことから「聞こえ方に関する貴重なご意見を生かし、今後、検証して改善を図りたい」としている。

政調費返還で住民監査請求

渋谷区

渋谷区民でつくる「渋谷オンブズマン」（久保田正尚代表）は1日、区議26人と4会派が07年度に使用した政務調査費で、不適切に支出したとされる計1235万円を返還するよう、区監査委員に住民監査請求を行った。

区議26人の内訳は、自民9人、公明6人、民主6人、真自由政経フォーラム2人、無所属3人。政調費の使途基準で認められていないタクシー代、1本1万8千円の高級ボールペン、世界陸上の観戦などにも使われていた。

また、会派の視察旅行では、報告書の提出がなかったり、アルバイト代として支出しているが、勤務実績などの資料が添付されていないケースもあった。

久保田代表は「許しがたい状況になっている。区議は襟を正すべき」と話している。

住民税の電子申告 23区で初の導入へ

墨田区

墨田区は15日から、区内在住者の特別徴収の個人住民税に関して、23区で初めて、電子申告サービスを開始する。㈳地方税電子化協議会が無料配布している会計用ソフトウエアなどを利用。企業の従業員など給与所得者が墨田区在住の場合、企業側は、「給与支払報告書」などについて、インターネット回線で申告や、各種の手続きを行える。

墨田区は従来、紙の書類に出力し、郵送や持参で申告を受け付けていた。同区に提出される支払報告書は例年平均で、およそ19万件。同区は「電子申告によって納税者側の利便性が向上するとともに、庁内の事務処理の効率化にもつながる」としている。

区は、郵送や持参による申告も、従来と同様に受け付ける。

地方税電子化協議会などの調査によると、従来、地方税の電子申告サービスを実施してきた自治体は、47都道府県のほか、18市1町のみだった。しかし、墨田区を含む全国239の地方自治体が12月以降に新規に導入するという。

全国自治体において、地方税の電子申告の利用実績は、06年度に約4万7千件だったが、昨年度は約42万4千件に急増。今年度は、9月末の時点で約40万5千件にのぼっている。

都生涯学習審議会が第2次答申

「地域教育」の振興を

教育基本法の理念を具体化

第7期東京都生涯学習審議会（会長＝大橋謙策・日本社会事業大学学長）は1日、「東京都における『地域教育』を振興するための教育行政の在り方について」と題する第2次答申をまとめ、都教育委員会に提出した。答申では、社会全体で教育を向上させるために、「地域教育」という新たな概念を打ち出し、それを振興するための施策を提言。具体的には、地域教育の担い手となる「教育サポーター」の養成・活用、新たな教育支援モデル事業の構築、都立学校「教育支援プログラムバンク」などを盛り込んだ。「地域教育」は改正教育基本法の理念を具体化したもので、これを受けた都教育委員会の今後の施策展開が注目される。

多くの都民を「教育サポーター」に

都教育委員会が取り組む「教育サポーター」の養成について

企業
大学
NPO
文化・芸術団体等
地域教育推進ネットワーク東京都協議会（事務局：都教育委員会）
企業・大学・NPO等と連携した教育活動支援
区市町村が取り組む学校内外を通じた教育活動への支援
企業・大学・NPOと連携し、区市町村支援（専門的立場から、教育支援人材育成）
区市町村教育委員会
学校教育支援
学校外教育支援
教育支援コーディネーター
例）学校支援ボランティア推進協議会
例）放課後子供教室
都立学校における教育活動への支援
都立学校版「教育サポーター」養成（都立学校のニーズに応じた支援）
都立学校「教育支援プログラムバンク（仮称）」
都立高校
都立特別支援学校
地域づくりの多様な担い手（住民、地域組織、グループ、NPO、企業等）

第2次答申は①社会全体で教育の向上に取り組むために②「地域教育」を振興する行政の必要性③「地域教育」を振興するための施策課題④「地域教育」の活性化に向けて都教育委員会が果たすべき役割――の4章からなっている。

2006年の改正教育基本法では「生涯学習の理念」を新しく規定したほか、「家庭教育」「幼児期教育」「学校、家庭及び地域住民等の相互の連携協力」などの条文を新設。今年6月の改正社会教育法では、学校・家庭・地域の連携・協力を進めることが、国や地方公共団体の任務であると明確に位置づけた。これらは、社会全体で教育を向上させることが、今後の教育にとって重要であるとの認識を示したものと言える。

これを踏まえ、答申では、これまでの「学社連携・学社融合論」の課題を挙げ、学校教育と社会教育をただ単純に並置させ、連携・融合を図るという従来の方法では、社会全体で教育の向上を図ることは難しいと指摘。また、生産機能と生活機能が分離した現在、「地域の教育力」が低下している点にも言及した。

このため、地域の人々のつながりを通じて「安心・信頼・支えあいのネットワーク」を一定の地理的な範囲で創り出すことが必要であるとし、子供たちがその交流の輪の中に入ることにより「学び」を深め、自律的な育ち（規範意識や責任感の形成）につなげていく取り組みとして「地域教育」を提言している。

この「地域教育」を振興する行政の機能と役割については、学校教育行政と社会教育行政といった従来の教育行政の枠組みでは対応が困難な課題を「つなげ、ネットワーク化する」機能が必要であるとし、区市町村に対しては「教育振興基本計画」を策定する際に、▽「地域教育」の視点▽「学校は地域づくりの拠点」という考え方――を盛り込むことを要請した。

「地域教育」振興の施策課題では、「地域」を舞台に施策展開することを求め、行政の基本スタンスとして「子供から大人・高齢者まであらゆる層の都民の教育参加を通じて、課題解決に取り組む」ことを挙げた。

そのうえで、今後の課題として①乳幼児期の子供への支援②学校教育活動への支援③青少年に対する体験活動への支援④若者の自立支援⑤地域教育の担い手づくり⑥地域教育プラットフォームづくり⑦地域教育を推進するための計画づくり――などを挙げ、とくに地域教育推進計画づくりではイメージ（案）を提示。区市町村レベルの地域教育指針作成委員会の役割、学校区レベルの教育支援コーディネーターの役割などを例示した。

「地域教育」の活性化に向けて都教委が果たすべき役割では、地域教育支援部が行政内部のコーディネート機能を発揮することが期待されると強調。具体的な施策として、多くの都民が地域教育の担い手となる「教育サポーター」になってもらうよう、区市町村教委やPTAをはじめとした関係団体と連携し、都民への普及、啓発に取り組むことを求めている。

また、都教委が取り組む「教育サポーター養成」の考え方＝図＝も示され、この中では都立高校の「教育支援プログラムバンク」というユニークな施策を提言。これは教育支援を受ける側のニーズに的確に対応した教育プログラムを提供するもので、教育支援人材情報、提供できるプログラムの内容、使用する教材や器材などの情報提供を求めている。

都生涯審の大橋会長は「答申は全国に先駆けて問題提起する内容になっている。都の財政状況は厳しいが、全国に発信できるよう、答申に盛り込まれた施策を予算化して、具体化するよう努力してほしい」とあいさつ。大原教育長の代理で答申を受け取った影山次長は「提言を受けて、今後は都の『実行プログラム2009』に反映させるなど、具体化に向けて取り組んでいきたい」と述べた。

大橋会長（右）から答申を受け取る影山次長

教員を育てる ②

――人材育成基本方針

学校におけるＯＪＴの実践

東京都教育委員会では、人材育成基本方針を受け、ＯＪＴガイドラインを作成した。若手教員の急速な増加や学校が抱える今日的な課題の解決にあたって、ＯＪＴによる教員の人材育成が急務であると考えたからである。ＯＪＴとは、「日常的な職務を通して、教員として必要な知識や技能、意欲、態度などを、意識的、計画的、継続的に高めていく取り組み」を言う。

■多くの利点

ＯＪＴには、育成手段として多くの利点がある。

①職務を遂行する中で育成するため、新たな場所や時間の確保を必要としない。

②一人ひとりの教員の課題に応じた具体的な取り組みができる。成果の有無によって方法を適宜改善できる。

③ＯＪＴを受ける側だけでなく行う側のＯＪＴにもなる。受ける側もいずれは育成に携わることで、学校内に育成機能の連続性が確立する。

■目標設定が重要

実際に校内でＯＪＴを進める上で重要なのは目標設定である。教員の経験や能力、職層に応じて身に着けるべき四つの力ごとに、ＯＪＴの目標を設定する。

四つの力とは、人材育成基本方針で提示した「学習指導力」「生活指導力・進路指導力」「外部との連携・折衝力」「学校運営力・組織貢献力」。

特徴的なのは、従来から育成の機会が多く設けられてきた「学習指導力」「生活指導力・進路指導力」という教育指導に関する力に加え、教員が身に着けるべき力として「外部との連携・折衝力」「学校運営力・組織貢献力」を新たに位置付けたことである。

理由は、学校が、保護者や地域、外部機関とこれまで以上に密接な連携関係を築き、協働して教育課題を解決していくことや、学校の自主性や自律性を確立するためにより組織的な運営を行うことを求められているからである。初任者から主幹教諭にいたるまで、これら二つの力についても、教育指導に関する力と同様に身に着けさせることが大切である。

■場面や方法

学校内にあるＯＪＴの場面や方法は、大きく分けて三つある。

第一は、管理職や先輩教員が職務の中で様々な機会をとらえて行う指導や助言から学ぶ方法である。教育活動や校務のあらゆる機会をとらえ、手順や方法を伝えたり、手本を見せたり、指摘や評価をしたりしながら、指導技術や実践的知識を身に着けさせる。

第二は、新たな職務を経験させる方法である。新たな分掌を経験させる、研究授業を行わせる、外部との折衝の場に参加させる、会議で提案させるなど、内容は多岐にわたる。同じ分掌の中で、徐々に難易度の高い職務を経験させることも有効である。

第三は、教員同士が顔を合わせ、情報交換したり学び合ったりする方法である。校内研究や校内研修の場はもちろん、日常的に行われている学年会や分掌部会等を通して、児童・生徒への指導や問題への対応について発見や理解を深めることができる。

■共通認識がカギ

管理職は、教員構成や教員一人ひとりの実態に応じて、ＯＪＴを進めていく上で最善の方法を考える。

目標と方法については、管理職が一方的に決めるのではなく、教員自身にも考えさせ自覚を促すことが大切である。ＯＪＴを行う側と受ける側が共通認識を十分もって進めていくことが、ＯＪＴの成功の鍵と言える。

ＯＪＴ実施体制や自己申告の活用方法などについては、次号で紹介する。

小学校教諭・主任教諭　基礎形成期　ＯＪＴの具体例

ＯＪＴの目標	ＯＪＴの方法
学習指導力	
児童の実態に応じた指導計画を立て授業を行うことができる。	（1）指導力の高い教員が定期的に授業観察し指導案に沿い振り返りをさせる。 （2）幾つかの単元の指導計画を作らせ、学年会で提案させる。 （3）研究授業では事前に学習指導案に目を通し、授業を参観させる。
他の教員の指導から学び、自分の指導を改善できる。	（1）授業を見るポイントや自己の改善計画を立てさせ、助言する。 （2）定期的に指導力の高い教員の授業を参観させ、自己の課題を整理させる。 （3）校内研究の授業者を経験させ、授業の改善点をまとめさせる。
生活指導力・進路指導力	
自分の受け持つ範囲の児童の実態を把握できるとともに、伸ばすべき個性・能力を見付けられる。	（1）問題は学年主任に報告させ、合わせて、その日のうちに連絡帳や電話で保護者に報告させる。 （2）保護者会で話す内容について事前にまとめさせ、学年主任からの助言を受けさせる。 （3）保護者対応の課題について、研修会で積極的に質問させる。
自分の直面する生活指導・進路指導上の問題に気付き、課題としてとらえるとともに、他の教員に相談し解決できる。	（1）保護者等とのやりとりを校長・副校長に報告させ指導を受けさせる。 （2）学年だよりや学級だよりが家庭と学校の双方向のやりとりになるように内容を工夫させる。 （3）研修会で苦情対応や教育相談の手法を学ばせ、実践させる。
外部との連携・折衝力	
保護者・地域・外部機関に、必要な連絡を適時・適切にとることができる。	（1）担当した仕事について進ちょく状況を学年・分掌主任に報告させる。 （2）締切の数日前に分掌主任や主幹教諭のチェックを受けられるように提出させる。 （3）分掌部会等の終わりに、次回までの計画を確認させる。
保護者・地域・外部機関の思いを受け止め、誠意をもって対応できる。	（1）担当する学年・学校行事について助言を受けながら文書を作成させる。 （2）学年行事を担当させ、前任者や前年度のアンケート等から課題についての情報収集をさせる。 （3）研修会・研究会で提案の仕方について学ばせる。
学校運営力・組織貢献力	
決められた内容を期日までに終えることができる。	（1）学年主任に児童の状況や指導上の悩みについて報告させる。 （2）児童の支援シートを作成させ、校内委員会で報告させる。 （3）研究授業の際に視点を決めて観察させ、児童理解を深めさせる。
前年度の資料や前任者からの情報を基に、提案文書を作成できる。	（1）先輩教員からの助言を基に、対応策を立て週ごとの指導計画に記載させる。 （2）校内委員会で得た助言を基に実践した事例を、学年会で報告させる。 （3）生活指導研修会で事例を提案させ、様々な対応策を集めさせる。

主任選考実施要綱

レポートと勤務実績で選考

有用経験者はレポート免除

来年4月1日から任用開始となる東京都公立学校主任教諭・主任養護教諭の選考実施要綱がこのほどまとまった。選考対象者は約3万人。2年間の経過措置として、職務レポートを来年1月8日に提出してもらい、これに勤務実績を加えて選考する。ただし、必置主任歴や初任者指導教員、教育研究員など職務経験・実績のある区分Ｉ（有用経験者）については、職務レポートを免除する。

合格者（区分Ｉ・Ⅱ合わせて約1万3500人）は、2月下旬に発表する予定。

実施要綱によると、受験資格は①12月1日現在、都公立学校の教諭・養護教諭として任用されている者②来年3月31日現在、国公私立学校（大学、高専などを除く）の正規任用職員として教職経験年数が通算8年以上ある者。ただし、都教職経験が継続して2年以上あること③年齢は来年3月31日現在、満30歳以上60歳未満の者――となっている。

選考区分の区分Ｉ（有用経験者）は、▽区市町村教委で必ず置くと定めている主任を経験している者▽都立学校の管理運営規則に規定する主任を経験している者▽小学校の初任者指導教員、中学校の初任者指導教員・教科指導員、高等学校・中等教育学校・特別支援学校が規定する主任――などを経験している者が対象。また、東京教師道場で指導する立場の助言者や東京都教職員研修センターでの教育研究員、「東京の教育21」研究開発委員なども、区分Ｉの有用経験者として職務レポートが免除される。

区分Ⅱ（一般受験者）対象の職務レポートは、これまでの教員としての取り組みや経験・実績、これからの主任教諭としての取り組み姿勢や熱意などを検証するもので、受験者が作成した職務レポートを基に所属長（校長）と個人面談を行い、これまでの取り組みや主任教諭としての姿勢、考え方などを確認する。

今年度の職務レポート実施要領で提示した課題では、教員一人ひとりの資質・能力及び学校の組織的な課題解決能力の一層の向上を図るためには▽校務分掌などにおける学校運営の重要な役割▽指導・監督層である主幹教諭の補佐▽同僚や若手教員への助言・支援などの指導的役割を担う教諭や養護教諭が必要であるとし、「勤務する学校の課題を組織的に解決するために、あなたはどのような取り組みをしていますか、校長の経営方針にも触れながら、千字～1500字で具体的に述べなさい」としている。

職務レポート作成上の留意事項として、①勤務校における教員として、担当職務で取り組んでいることを具体的に記述する②課題文にある三つの役割のいずれかを担っていることが分かるように記述する③学校には様々な課題があるが、網羅的に取り上げるのではなく受験者の取り組みと関係の深い課題を記述する――の3点を提示した。

教育庁人事部選考課では、職務レポートについて「一般論や抽象論ではなく、自分自身の職務実践を具体的に書き込むことが求められる」とし、「力のある教員を育成する学校の文化、土壌をつくるためにも、多くの教員の受験を期待したい」と呼びかけている。

教職員のキーワード 77

特別支援教育の理解啓発事業

都教育委員会は、このほど、今年度の「障害のある児童・生徒等の理解啓発推進事業　夢に向かって共に進もう」を来年1月24日（土）に開催することを発表しました。

当日は、第Ｉ部でバイオリニスト川畠成道氏の「小コンサート」、第Ⅱ部では各障害種別（視覚障害・聴覚障害・知的障害・肢体不自由・病弱）の都立特別支援学校の代表生徒の「生徒体験発表」、川畠成道氏、柔道選手の内柴正人氏（予定）、歌手・女優の今井絵理子氏、フリーアナウンサーの相沢早苗氏（司会・コーディネーター）による「シンポジウム」、今井絵理子氏が作詞・作曲した「ゆりかご」を参加者全員で合唱する「全員合唱」が予定されています。

この事業は、障害のある児童・生徒等が地域の人々に働きかけ、情報を発信し、自らの考えを発表し、主張する場を設定することを通じて、一人ひとりが地域社会で自立できる力を培うとともに、広く都民に対して特別支援教育の理解啓発を行うことを目的としています。

特別支援教育に関する理解啓発活動の充実を図ることは、都教育委員会が2007年11月に策定した「東京都特別支援教育推進計画第2次実施計画」の中に示されています。第2次実施計画には、04年度から07年度までの第1次実施計画の成果を踏まえ、08年度から10年度に展開する施策が示されています。

この中で、共生社会を実現させるためには、学校教育において、障害のある幼児・児童・生徒と障害のない幼児・児童・生徒相互の理解を促進していくことが重要であり、そのためには、日常的に地域における障害のある幼児・児童・生徒の理解教育を一層積極的に行っていくことが必要であるとしています。

そして、都教育委員会ではこれまでに発達障害に関するリーフレットの作成、理解啓発講習会等の実施、総合文化祭等に理解啓発行事の開催等に取り組んできましたが、今後もこうした取り組みを充実させていくとしています。

また、社会全体が発達障害を含む障害児（者）に対して適切な支援ができるようにすることが大切であるとし、今後も都及び区市町村、関係機関・団体、保護者等が密接な連絡をとり、発達障害を含む障害や特別支援教育に関する理解啓発を図っていくことが必要であるとしています。

第2次計画では、「改善の方向及び計画」として「理解啓発資料等の作成」と「理解啓発行事の実施等」の2点を示しています。後者については、08年度からの第2次実施計画の具体的な内容として「理解推進シンポジウム」や「弁論大会」の開催、都立特別支援学校の児童・生徒による「フリーマーケット」などの理解啓発行事を拡大していくことが、年次計画で実施する事業として示されています。

今回の事業は、この第2次実施計画に基づいて実施されるものです。

環境教育リーフレットを作成

都内全小学4年生に配布

都教委

都教育委員会はこのほど、CO_2削減に向けた環境教育の充実を図る一環として、小学生向け環境教育リーフレット『みんなの地球』を作成、都内全小学校（1426校）の小学4年生に11万5000部を配布した。

各学校では学習指導要領に基づき、廃棄物や水、資源・エネルギー、消費生活などについて学ぶとともに、自然環境や地球保全など多様な環境教育に取り組んでいる。また、東京都が策定した環境基本計画を踏まえ、CO_2削減に向けた環境配慮行動を子供が身に着けることが喫緊の課題となっていることから、地球温暖化防止の学習資料として環境教育リーフレットを作成した。

リーフレットでは、地球温暖化とは何かを図解入りで分かりやすく説明しており、その原因やCO_2削減の行動についても小学生でも分かるように解説している。さらに、都教委が来年6月を「CO_2削減　アクション月間」と位置づけている点に触れているほか、地球温暖化防止行動の大切さを訴えた保護者へのメッセージも盛り込んだ。

環境教育の今後の取り組みとしては、12日に「環境教育フォーラム」を都立戸山高校で開催。実践発表とシンポジウムを行い、環境教育の今後の方向性を明らかにする。また、来年6月には「CO_2削減　アクション月間」として、家庭を巻き込んだCO_2削減のための環境配慮行動を実践するよう、都内の全小学校に呼びかけを行う予定である。

毎週金曜3面は　教育オンライン

都総務局

文書・政策法務で育成方針

オール都庁を横串で

都総務局は、文書・政策法務の能力を高めるための人材育成方針を策定した。全庁や局ごとに作成している人材育成方針とは異なり、「文書・政策法務」の機能に着目し、オール都庁で横串的に育成するのが特徴だ。業務内容等に応じて習得すべき4段階の育成ビジョンを示すとともに、局などでバラバラだった研修カリキュラムの整理やOJTの支援策などを示した。文書・政策法務機能に特化した育成方針の作成は、政策法務の重要性の高まりに対応するとともに、文書ルールや法令の軽視、基礎的な法令の知識不足などに対する危機感の表れでもある。

レベル低下に強い危機感

■局研修をフォロー

文書・政策法務の人材育成方針では、職員一人ひとりに求められる文書・政策法務の能力を4段階で明確に示した。育成する側とされる側が具体的な到達段階のイメージを共有することで、着実な育成を図るのが狙いだ。

もっとも基礎的な知識となる「ステップ1」は、新規採用職員でも必要な能力として位置づけ、起案や公文作成の仕方、文書の管理方法などを学ぶ。

続く「ステップ2」は、すべての職員が必要な能力として、根拠法令や事実確認の重要性など、政策法務の基礎的要素の理解などを目指す。

その上の段階は、職務を通じて向上させる力として位置づけており、プロとしての基礎となる「ステップ3」では、所管事業に関連した法規を使いこなせる能力を、また「ステップ4」では、困難案件について法的課題に対応できる能力の習得を目指す。

文書・政策法務の育成ビジョン

新採職員にも必要	ステップ1【基礎知識の習得】	■指導に基づき着実に業務をこなす （例）起案、公文作成のやり方を学ぶ 文書管理のやり方を学ぶ 「法律による行政」を知識として知っている
すべての職員に必要	ステップ2【基礎固め】	■意義を理解し自律的に学ぶ （例）「文書主義」「法律による行政」の意義・背景・留意点を理解 根拠法令や事実確認の重要性など政策法務の基礎的要素を理解 所管事業に関連した法規の体系を理解
それぞれの職務を通じて向上	ステップ3【プロとしての基礎】	■所管事業について法規を使いこなせる （例）所管事業に関連した法規の解釈・運用 法的課題に対して基礎的な対応ができる 所管事業との関連の中から各種の主要法規を理解
	ステップ4【プロとしての使いこなし】	■法規を使いこなし庁内をリードできる （例）幅広く各種の法規を理解 政策課題を解決するため法規を使いこなし、条例案を作成 争訟対応で事実や論点を整理し事業執行の適法性を主張できる

また、これら能力を育成するための支援方法も示した。まず、これまで文書・政策法務に関する研修は、各局研修や中央研修所などでバラバラに行っていたが、これを整理し、切れ目なく確実に行うようカリキュラムを編成した。

新採職員が身につけるべき基礎的な力は、中央研修や各局の研修で確実に実施する。また、主任級や中堅職員向けの研修は、行う局が一部にとどまるなど温度差がある上、内容的にもレベル差がある。このため、総務局文書課が標準的な研修テキストを作成・提供するとともに、職員を派遣する「出前研修」にも対応するなどして確実な実施をバックアップする。

さらに、専門的な法令や法制執務については、中央研修や文書課で「政策法務研修」や「法制執務研修」などを実施しているが、知識付与的な要素が強かった。これについても、例えば文書課の職員が講師となって都庁の政策法務の現状や、実際の職務上で気をつける部分や具体的な問題点を具体的に示すなど、より実践的な内容に見直した。

集合研修とともに重要なのがOJTだ。職員に対する職場での動機付けには係長や文書取扱主任などの役割が重要となるが、係長等が文書をチェックする場合も、「ポイントとして、どこを押さえてよいかわからない」という声は多い。

こうした疑問に応えるため、文書課では審査のポイントをまとめたマニュアルを作成。また、各課で育成の中心的な役割を担う文書取扱主任向けに「心得」も作成し、説明会を実施するなど、きめ細かくフォローする。

さらに文書課では、自己学習のきっかけにもなる「文書事務の手引き」を、より実践的なものとなるよう7年ぶりに改訂するほか、政策法務の考え方や、法的課題の解決事例をまとめた「政策法務事例集」も作成する。

このほか、文書・政策法務の能力は様々な職務を経験することで向上する側面も大きく、計画的な育成に向け、人事配置を上手く活用してもらうなど理解を求めていく。

■揺らぐ足下

文書・政策法務分野の人材育成に乗り出す背景にあるのが環境の変化と危機意識だ。「政策法務の重要性が高まる一方で、足下が揺らいでいる」。文書課の中村倫治課長は、理由をこう話す。

2000年の地方分権一括法により「機関委任事務」が廃止され、大部分の事務が自治事務となるなど、地方自治体が独自に制度設計できる余地が大幅に拡大した。また、行政手続法の改正や、改正行政訴訟法などにより、法規の正しい理解と実践、訴訟対応も視野に入れた法令執行など、政策法務の重要性はますます高まっている。

だが、こうした流れとは裏腹に文書や政策法務を軽視しているとも取られかねない事態が目に付くようになった。

例えば、起案時に関連セクションとの協議の手続きを踏まなかったり、決定区分を誤るなど、単純なミスが見受けられるという。行政行為が無効となったり、誤った効力が発生するなど、信用失墜につながることも懸念される。

また、行政処分や許認可を行う際、国の通知やガイドライン頼みで法律や政省令、判例などに当たらなければ、誤った解釈や運用につながり、争訟に耐えられない事態になりかねない。

中村課長は「今はベテランの文書取扱者など、誰かが気付いて歯止めがかかっているが、軽視していると重大な事故につながりかねない。危機意識を高めて取り組むことが必要」と気を引き締める。

文書課では、11月28日に、文書係長会に対する説明会を実施した。引き続き、1月には管理職候補者向けの研修を実施し、3月中に『文書事務の手引き』を改訂。来年度から新たな体制での研修が本格化する。

管理監督者向けに講習会

07年度相談受付は計46件

セクハラ防止月間

12月のセクシュアル・ハラスメント防止月間に入り、都は1日、管理監督者等を対象とした講習会を開催した。講習会の実施は3年振り。またTAIMS上に啓発用資料を掲載するなど、職員への啓発活動にも取り組んでいる。

都では、セクシュアル・ハラスメントに関して、全庁窓口（総務局人事部）、局窓口（各局の人事主管課）のほか、㈶東京都福利厚生事業団相談室で、相談を受け付けており、07年度の相談件数は計46件にのぼる。具体的な内容面では、性的な関心によるものが計24件、不快な職場環境など、その他が計22件あった。

06年度と比較すると、21件の増加となるが、これは07年度に配布したPRカードによる効果が大きいとみられる。なお今年度の上半期については、全庁窓口の新規相談者が3人、事業団相談室は9人となっている。

こうした状況を踏まえて、今年度の防止月間では「セクシュアル・ハラスメント対策における管理監督者の役割」をテーマに講習会を実施。この中では、管理監督者に対して「上司の権限がどれほど強大であるか自覚が必要」と訴えながら、ハラスメントによる具体的な被害や対応、就業環境の保持に向けた課題等が説明された。

とくに職場での発生要因に関しては、上意下達の指揮命令関係のある職場や緊張・敵対を強いられる職場などの類型が示され、構造的に発生要因をなくしていく必要のあることが強調された。

このほか総務局では、TAIMSの人事部掲示板を使って、セクシュアル・ハラスメントの防止に関する基本方針や要綱、都職員服務規定や懲戒処分の指針、各局相談窓口の一覧、アンケート調査結果など資料を通年掲示している。

また11月の全庁汚職等非行防止月間には、懲戒処分の代表的事例チラシを配布し、この中でも同僚職員へのセクハラのケースを紹介するなど、あらゆる機会を通じて取り組みの強化を図っている。

08年度都職員表彰

発明・発見など計30件

知事「人類に大きく貢献」

08年度の東京都職員表彰式が2日、都庁第一本庁舎7階ホールで行われ、家族や関係者が見守る中、知事から受賞者に表彰状が授与された＝写真。今年度は「研究、発明・発見」分野で8件、「成績顕著」分野で1件、「職務精励」分野で13人、「善行」分野で8件の計30件が表彰を受けた。

研究、発明・発見分野では、福祉保健局から「難治性てんかんに伴う学習・記憶障害の病態メカニズムの解明」ほか4件、建設局、港湾局、水道局、下水道局から各1件が選ばれた。また成績顕著分野では、適正な駅ナカ課税を実現したとして、主税局の担当グループが表彰された。

表彰式で知事は「新しい発想と技術で、物事は合理化し、発展していく。都民のためだけでなく、人類にも大きく貢献した。人類の進歩のため、新しい技術の開発に努めて欲しい」と言葉をかけた。また人命救助の善行等に対しては「見も知らない人のため、非常に勇気のいることで、互いに信頼できる関係になる」などと語った。

都職員表彰は、職務に関して有益な研究・発明等を行った職員、職務遂行に当たって特に顕著な成果を上げた職員等を対象に行われるもの。

受けやすい管試へ ▶▶下

区I類筆記考査を改正

実践力の高い管理職を選抜

多忙な中でも受験意欲を喚起

今回の特別区管理職選考の改正は、出題内容としては実に7年ぶりの見直しとなる。今、なぜ改正なのか。管試制度の変遷を振り返りながら、背景と狙いを探る。

なぜ今、改正か

◆時代の変遷の中で

特別区の管理職選考は、特別区人事委員会発足の翌年、79年度から実施され、すでに30年の歴史を持つ。

区長公選制の復活、都職員配属制度から特別区の人事制度の確立といった大きな流れの中、管理職についても、特別区の区政を担うに足る資質、能力、意欲を兼ね備えた人材を自らが選考するという使命を担って実施したのがスタートだ。

発足当時から管理職はジェネラリスト、そして23区どこの区政運営でも任せられる、いわゆる共通財産の位置づけだった。

2000年改革での、地方自治法改正（特別区が基礎的な地方公共団体と明文規定）、都区制度改革を経て、各区がさらに自主性、独自性を発揮することとなる。管理職に求められる能力として、企画立案・政策形成能力が重視され、02年度から現在の記述式問題が導入された。

また管理職についても、23区共通財産論から各区の意向重視が強まり、04年度には事務系で「各区需要数の明示」「口頭試問進出者は合格予定数の2倍」「口頭試問に各区の試問委員が参画する」などの改正が行われた。

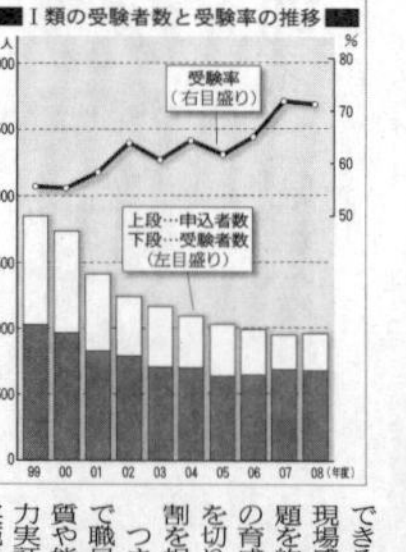

■I類の受験者数と受験率の推移■

◆変えてはならないこと

管理職選考制度が時代の要請にあわせて変遷する中で、実施当初から現在まで一貫して変化していない点がある。それは、①申込制であること②合格基準は23区統一基準であるということ③人事行政の専門機関である特別区人事委員会が責任を持って、公正に筆記考査、口頭試問等の選考を実施し最終合格までを決定（管理職昇任候補者の決定）していること──の3点だ。

特別区の管理職選考は、職員に対して区政を担う意志や意欲を自らが持つことを求め、職員はその気概を必ず持っているという大きな期待の上に制度が成り立っている。

一方、人事委員会には、特別区の管理職として活躍し得る高い水準の資質、能力、意欲を備えた人材を的確に選抜することが常に求められている。特別区の管理職は、国のキャリア、都・他県・他市管理職員と政策論議ができる能力を持ち、かつ現場感覚で複雑な区政課題を的確に処理し、職員の育成を図りながら組織を切り盛りする重要な役割を担う存在だからだ。

つまり、志願することで職員自らが主体的に資質や能力を高め、その能力実証が公正かつ適正に実施されることにより、自他ともに認められた管理職として自信を持って第一歩を踏み出すという、きわめて公平で開かれた仕組みが堅持されている。

また、今回の改正は職員自らが意欲と能力を高め、職責を担う職員を適切に処遇する、能力・業績及び職責に基づく総合的な人事給与制度の確立の中に位置づけられるものだ。

◆2つのねらい

管理職選考の申込者は減少傾向にあり、I類では有資格者の5%しか申し込まない状況は、職員の昇任に対する意識の変化が大きく影響している。

また、団塊世代の退職などの影響を受け、近年は補充すべき管理職の需要が拡大している。この傾向は今後もまだ続き、比較的合格しやすい状況になっている。少ない受験者から一定の合格水準を維持しながら、安定的に管理職候補者を選抜することは極めて厳しい。

他方、行政課題は多様化から複雑、高度化している。現在、管理職に求められているのは、課題に対する的確な分析、論理的な判断能力であり、「頭でっかち」でない、現場感覚に富む、課題解決に関して実践的能力といえる。

また、職場で多くの課題を抱える中、職員は公私ともに多忙で、意欲があっても時間が取れないとの思いを持つ職員も多い。一方、キャリアデザインを意識して昇任選考をステップアップと考えている職員も多く存在する。昇任をキャリアアップの節目として捉え、計画的な受験に取り組んでもらう必要がある。

今回の改正のねらいには、実践的能力の高い管理職の選抜を的確に行うこと、そして、職員のライフスタイルの変化等に対応して申し込みの底上げを図ることにあるのだ。

これから来年度に向けて準備を始める職員も多いだろう。特別区の管理職選考はチャレンジする者に開かれた仕組みであり、管理職として必要となる知識や能力等を身につけているかどうかを確認するためのもの。これから始める勉強は、合格の手段ではなく、今後も必ず役に立つものを身につけるためのものと考え、前向きに取り組むことが肝心となる。

実施要綱は09年4月上旬に発表される予定で、筆記考査は例年どおり9月上旬の予定だ。

（おわり）

都専門人材

最終合格者を発表

来年度からキャリア活用採用に

都人事委員会はこのほど、08年度の専門人材（主任）採用試験の最終合格者を発表した。採用予定者数44人程度に対して、全体の合格者数は42人だった。これは資金運用の合格者数が採用予定者数を下回ったため。

専門人材採用試験では、試験区分ごとに1次試験の免除資格を設定。財務では公認会計士、不動産では不動産鑑定士、土木では技術士、建築構造では1級建築士がそれぞれ免除資格とされる。最終合格者では、財務で1人、土木で10人、不動産と建築構造は全員が有資格者だった。

専門人材採用試験は、従来の経験者採用を改め、専門性や経験へのニーズが高い分野ごとに採用区分を設けて、07年度から実施された。初年度の実績を踏まえて、08年度は採用予定者数を18人増やしたが、申込者数は土木を中心に減少した。

導入後2回目の実施となった同試験だが、今年8月の職員採用試験制度の改正では、09年度から受験資格の年齢制限を撤廃したキャリア活用採用選考としてリニューアルすることが打ち出されている。

雇用対策法の改正に対応した見直しで、現行の専門人材試験での29歳以上37歳未満とした年齢制限は撤廃され、「年齢60歳未満」とした。任用面では、現行と同じく主任級職での採用となるが、職務経験や能力に応じて係長級職での採用も可能な制度としている。

■都専門人材採用試験

試験区分		採用予定者	申込者	第1次試験			第2次試験		第3次試験（最終）	
				対象者※	受験者	合格者	受験者	合格者	受験者	合格者
事務	資金運用	4名程度	9	9	8	6	6	2	2	2
	財務	15名程度	54	52	48	27	26	19	18	15
	システム	10名程度	126	126	107	44	42	20	20	10
	不動産	1名程度	11	10	9	5	6	2	2	1
土木	土木	12名程度	110	79	70	19	43	25	25	12
建築	建築構造	2名程度	11	2	2	1	7	2	2	2

※…1次試験対象者数は、1次試験免除者を除いた数

■北区人事異動

12月1日付

【部長級】▽地域振興部長（会計管理室長）越阪部和彦▽会計管理室長（健康福祉部参事＝北区社会福祉協議会派遣）石井博▽教育委員会事務局次長（地域振興部長）内田隆

【課長級】▽健康福祉部副参事＝北区社会福祉協議会派遣（地域振興部副参事＝北区文化振興財団派遣）高橋成克

◆退職　11月30日付

【部長級】▽教育委員会事務局次長　伊与部輝雄

佐藤　啓さん（さとう・ひらく＝中島さゑ子・品川区荏原保育園園長の父）1日死去、79歳。

昇任試験対策のページ

㉑年度 職員教養講座 ［24］

B事務（財政・税務）記述

はじめに

12月に入り、試験まであと6カ月となりました。クリスマスが近づき、仕事納めの時期が見えてくると、思うように準備が進まず、焦燥感に駆られる方もいらっしゃるかと思います。

特に管理職試験Bを受験される皆さんは、都政の第一線で活躍されている課長補佐級・係長級の皆さんですので、公私ともに多忙を極め、まとまった勉強時間をとれないというのが実情だと思います。しかし、これは他の受験者も同じです。既に準備を始めている方も、これから始めようとしている方も、ここからの期間が勝負です。与えられている時間は同じですので、いかに時間を密度濃く、効率的に使っていくかが大切なところだと思います。通勤電車内や昼休みなどの細切れの時間を利用したり、土日に図書館で集中して勉強するなど、自分のライフスタイルに合わせて、効率良く準備を進めてください。

今年は、税制改正で、消費税を含む税体系の抜本的改革が行われるまでの間の暫定措置として、法人事業税の税率引き下げ、地方法人特別税の創設等が行われ、都は、来年度以降約3千億円の減収が見込まれています。また、道路特定財源の一般財源化に伴う地方への配分方法などが議論されています。これらを踏まえ、今後、地方分権の理念に即した抜本的な地方税財政制度改革を推進していくことが課題となっています。

また、東京都税制調査会は、地方税制のあり方について3年に一度の答申を行い、都財政においては、来年度予算はゼロシーリングを基本としつつ、「東京緊急対策」として二度の補正予算を講じるなど、緊急経済対策的な動きも行われています。

これらの動きは、単に記述の時事問題としてだけでなく、論文試験について対策を立てる上でも参考になります。国や都の動向をホームページなどで確認し、全体の流れを把握した上で、関連情報を整理し、着実に準備を進めてください。

勉強方法

1 記述試験について

記述試験は、知識がないと全く何も書けないという意味で、学習の成果が最も結果に反映される厳しいものです。

出題形式は、6題中2題選択して解答するもので、得意分野に絞って勉強できる反面、2題とも取りこぼすことが出来ず、選択した問題については、ほぼ完全に答えられる準備が必要です。解答時間は1時間、解答字数は、1題当たりおおむね600字とされています。このことから、試験当日は、覚えたことをただひたすら書いていくことになり、その場で解答を考える余裕はあまりありません。

以上を踏まえると、記述試験の対策としては、いかに①予想問題を絞り込み②その問題について効率良く解答例を作成し③最終的に多くの解答例を覚えることができるか、ということが、ポイントになります。

2 過去の出題例

財政・税務の出題分野は、分類にもよりますが、おおむね4分野に区分できます。各分野の平成9年度以降の出題は次のとおりです（○数字は出題年度）。

【地方自治法（財務）】
⑨予算の編成・執行等⑨⑲債務負担行為⑨私人の公金取り扱いの制限⑩支出負担行為⑩⑰行政財産の意義・管理・処分⑪指定金融機関⑪一般競争入札と指名競争入札・入札手続き改善の動き⑫⑳分担金と負担金、使用料・手数料⑬なし⑭歳出経費不足の対応（流用・予備費充当・補正予算）⑭決算の調製、認定及び翌年度歳入の繰上げ充用の意義⑮契約方式（四つ）及び都における契約制度の最近の動向⑮東京都会計事務規則に定める特例出納員⑯基金の設置・管理及び処分、都における基金の状況⑰資金前途及び概算払い⑱なし

【地方税法（総則）、国税徴収法】
⑨賦課権の除斥期間⑨地方税の保全措置⑩⑲第2次納税義務⑩⑰過誤納金還付・充当・還付加算金⑪⑰「超過課税」及び「公益等による不均一課税」⑪質問検査権⑫地方税に由来した独自の租税原則⑫⑲加算金（三つ）⑬連帯納税義務⑬法定外普通税及び法定外目的税の設置の手続き及び要件⑭⑳地方税の徴収方法（四つ）⑮地方税優先の原則及び地方税と他の債権との調整⑯滞納処分における財産の差し押さえの要件、効力及び差し押さえ財産の処分方法⑱応能原則と応益原則の意義及び地方税における応益原則の適用⑱徴収猶予の要件及び効果⑳滞納処分の執行停止

【地方財政法】
⑨なし⑩⑳国と地方の経費負担区分⑪⑲地方財政運営の基本⑫年度間の財政運営の考慮及び年度間の財政調整⑫地方債及び地方分権一括法により改正された点⑬都道府県と市町村との間の財政秩序⑬地方交付税制度の目的・機能及び算定の基本的な仕組みと都区合算規定⑭国庫支出金（3種）の意義と弊害（二つ）⑮地方公共団体における行政評価制度の意義及び地方財政への活用⑯歳出予算分類方法及び財政分析上の意義⑱地方債の意義、発行の制限

【時事的問題】（平成13年度以前は省略）
⑭「都財政の収支見通し」⑭「都におけるペイオフ解禁後の新たな公金管理に向けて」⑮「東京再生都債」及び従来発行してきた都債及び個人向け国債との相違点⑮政府・平成15年度税制改正大綱及び地方財政に及ぼす影響⑯「第2次財産利活用総合計画」⑯政府「平成16年度地方税制改正」⑯新銀行マスタープラン⑰「今後の都財政を考える」⑰東京都税制調査会答申⑱「都財政が直面する課題」の概要及び都区財政協議における「五項目の課題」に関する合意⑱東京都の新たな公会計制度⑲東京都の機能するバランスシート（平成17年度決算版）⑲鉄軌道用地にかかる固定資産評価の見直し⑳「今後の財産利活用の指針」⑳「平成18年度東京都年次財務報告書」

3 出題予想

過去の出題例を見ると、法律分野については、基本的な重要事項が繰り返し出題されていることが分かります。このため、過去に出題された事項を中心に、来年出そうな部分を自分なりに整理し、出題予想をたてることが重要になります。

一方、時事問題については、前年度の審議会・委員会の答申・報告書等の概要や、都の計画・構想の中の財政・税務に関する部分が出題されています。年度により、内容の一部や語句について問う細かい出題もされていますが、直近では、答申・報告書等の概要を説明させる出題が多くなっています。このため、都や局のホームページ等から、財政・税務に関する施策、答申等について網羅的に把握し、出題予想をたてることが重要です。

4 解答例の作成

記述試験の解答の作成形式には決まりがありません。暗記のしやすさ、採点者の理解しやすさを考え、ポイントとなるキーワードを中心に、できるだけ簡潔に分かりやすくまとめるよう心がけてください。「意義」「要件」「効果」「現状」「問題点」「国の動向」「都の動向」等の見出しをつけ、段落を分けて概要をまとめてください。

記述試験の解答作成のポイントは、「論文試験」のように上手な文章を作ることではなく、必要な内容を、もらさず盛り込むことに尽きると思います。

また、解答例のすべてを一人で作成するのは負担が大きいので、合格者から解答例を入手したり、勉強会で分担して作成するなど、情報収集を効率的に行うことも有効な手段となります。他者の解答例を活用する場合には、その中から自分になじむものを選び、自分が覚えやすいよう修正して使用することをお勧めします。また、最新のデータ、情報等を盛り込むよう心がけてください。

5 暗記

仕上げは、暗記です。せっかく準備したのに、それを試験当日に再現できなければ、何の意味もありません。いかに効率良く多くの解答例を覚えるかが勝負になります。出題される可能性の高いものから重点的に覚えるなどメリハリをつけて覚えてください。

また、解答例を記載したペーパーを常に持ち歩き、細切れの時間を利用して覚えるなど、あらゆる機会を活用してください。

覚える際には、文章を丸暗記するより、できるだけ重要語句等をキーワードとして覚えておくと良いと思います。

おわりに

管理職試験の筆記考査では、試験という形で、"組織から要求されたことにいかに確実に応えることができるか"という業務遂行能力が試されているのだと思います。

また、そのために、時間を有効にコントロールする力も問われていると思います。B受験者の皆さんは、多忙であり、勉強時間を捻出するのは至難の業だと思います。しかし、ここでもう一度、"管理職になりたい"と思った動機を思い出してください。人それぞれですから、どのようなきっかけや理由でも構わないと思います。そして、試験に合格し、管理職として華々しく活躍している自分の姿を想像してみてください。自ら強い「こころざし」を持って取り組めば、道は必ず開けると思います。

また、合否は、筆記考査、勤務評定、口頭試問及び適正評定の結果を総合して決定されることを肝に銘じ、日常業務にも責任を持って取り組んでください。

皆さんのご健闘を心からお祈りしています。

21年度 教育管理職への道しるべ ▶14◀

教特法 ①

はじめに

今年度の教育管理職選考に関する結果を耳にする時期になりました。皆さんが来年の合格発表を喜びで迎えられるよう、計画的に準備を進めましょう。

択一試験問題の分野の一つである教育公務員特例法（以下「教特法」という）は、教育を通じて国民全体に奉仕する教育公務員の職務とその責任の特殊性に基づき、教育公務員の任免、給与、分限、懲戒、服務及び研修等について規定しています。また、教特法は、国家公務員法附則第13条及び地方公務員法第57条の規定に基づく両公務員法の特例です。なお、教特法の規定が国家公務員法及び地方公務員法の規定に優先します。

傾向と対策

教特法は、出題数が少ないのですが、出題される内容も的を絞りやすい傾向にあります。また、問題を丁寧に読むことによって正解を導くことができるように、基礎的・常識的な出題内容となっています。条文をよく読み、理解すれば確実に得点できます。

(1)過去の出題状況

教特法は、独立した設問として出題されない年度（平成18年度）もありましたが、おおむね1～2問の出題となっています。

出題内容は、「教育公務員の研修」（12～13年度、15～17年度、19～20年度）、「教育公務員の政治的行為の制限」（14年度）、「教員の兼職・兼業」（16年度）、「公立学校の職員の任用」（17、20年度）となっています。

なお、18年度及び19年度に、服務に関する出題において、教特法第3章の服務（18、19年度）、第5章の大学院修学休業（19年度）に関する基礎的知識が必要な選択肢が出題されています。また、17、20年度選考で出題された公立学校の職員の任用に関する問題及び20年度の「指導力不足等教員の取り扱いに関する規則」に関する問題は、教特法、学校教育法、地方教育行政の組織及び運営に関する混合問題でした。

(2)今後の出題傾向

「教育公務員の研修」は、14年度及び18年度を除いて毎年出題されていることから、今後も出題が予想されます。

また、服務に関する出題のように、他の教育に関する基本的法令との混合問題による出題も予想されます。

勉強の方法

教特法は、35条（附則を除く）の短い法律です。大学に関する規定を除くと、出題範囲は更に絞られます。条文を精読し、出題が予想される重要な条文については、教育小六法などで判例及び行政実例等を読み、理解を深めておくと良いでしょう。特に第4章の研修は、地方公務員法との違いを意識しながら勉強を進め理解を深めてください。

出題予想問題

【問題 1】

教特法の趣旨及び定義に関する記述として、妥当なものは次のうちどれか。

① 教特法は、「地方教育行政の組織及び運営に関する法律」に基づき、同法の特例法として定められたものである。

② 教育公務員という特殊な身分であることから、教特法は、公務員に関する他の法令の精神とは異なる特別な規定となっている。

③ 教特法の規定が国家公務員法及び地方公務員法の規定に優先する。

④ 教特法は、教育を通じて国民全体に奉仕する教育公務員の職務の特殊性に基づき、教育公務員の任免、給与、分限、懲戒、服務及び研修等について規定する。

⑤ 教特法で「専門的教育職員」とは、社会教育主事をいう。

【問題 2】

教育公務員の採用及び昇任の方法等に関する記述として、妥当なものは次のうちどれか。

① 公立の小学校等の校長または教員で、正式任用になっている者が、引き続き同一都道府県内の公立の小学校等の校長または教員に任用された場合は、必要により条件付任用期間が付与される。

② 区市町村立学校の校長の採用については選考によるものとし、その選考は、当該区市町村教育委員会の推薦を経て、その校長の任命権者である教育委員会の教育長が行う。

③ 公立の小学校、中学校、高等学校等の教諭、助教諭及び講師にかかる条件付任用期間については、6月である。

④ 採用とは、地方公務員法にいう採用のみならず、現に教育公務員でない者を教育公務員とすること及び校長、教員、教育長、専門的教育職員のいずれかの職にある教育公務員が他の職の教育公務員となることをいう。

⑤ 公立の小学校等の校長及び教員の給与は、これらの者の職務と責任の特殊性に基づき規則で定めるものとする。

【問題 3】

教育公務員の研修に関する記述として、妥当なものは次のうちどれか。

① 教育公務員は、任命権者の定めるところにより、現職のままで、長期にわたる研修を受けることができる。

② 10年経験者研修においては、教員自身が、興味・関心や希望に応じて研修等を受講するために、研修計画を作成する。

③ 教頭は、初任者研修を受ける者の所属する学校の教諭の中から、初任者に対して教諭の職務の遂行に必要な事項について指導及び助言を行う指導教員を命ずる。

④ 教育公務員は、その職責を遂行するために、絶えず研修と修養に努めなければならず、校長は授業に支障が及ばない限り教員の研修の申請に対して、承認しなければならない。

⑤ 都道府県教育委員会は、任命権者として、地方公務員法の定めにより、県費負担教職員の研修のすべてを単独で行わなければならない。

解説

【解説 1】 正解 ③

① 地方公務員法第57条に基づく特例法である。

② 地方公務員法第1条の精神に反するものであってはならない（地方公務員法第57条）。

③ 正しい。文部省次官通達昭和26・6・15。

④ 教特法第1条。教育公務員の職務とその責任の特殊性に基づく。

⑤ 教特法第2条第5項。指導主事及び社会指導主事をいう。

【解説 2】 正解 ④

① 教特法第12条第2項。条件付任用期間は不要。

② 教特法第11条。区市町村教育委員会の推薦は必要としない。

③ 教特法第12条第1項。条件付任用期間は1年である。

④ 正しい。文部省初等中等局長通達。昭和28・2・26。

⑤ 教特法第13条第1項。条例で定める。

【解説 3】 正解 ①

① 正しい。教特法第22条第3項。

② 教特法第22条第2項。任命権者は、10年研修を受ける者の能力、適性等について評価を行い、その結果に基づき当該者ごとに計画書を作成する。

③ 教特法第23条第2項。任命権者が教頭、教諭または講師のうちから命じる。

④ 校長が教特法第22条第2項による承認を与えるにあたっては、服務監督権者の立場で授業以外の諸影響をも比較考量する裁量判断権を有する（平成5・11・2最高裁判例）。

⑤ 服務監督権者である市町村教委も職務命令として研修を命ずることができるものとされており、その研修方法、内容、態様等に格別の制限はない（平成9・2・10高松地裁）。

今戸あたり

すみだがわ アレコレ

明治初期の石浜神社や真崎稲荷の写真をみると、大木の茂るちょっとした森で、隅田川に面して船つき場にもなっていた。

「義経記」や「源平盛衰記」に、石浜に浮橋を架けたことも記されている。また後北条時代の「小田原衆所領役帳」にも、「木内宮内少輔　拾弐貫四百八拾文　江戸石浜今津」との記載もある。天文19年（一五九一）の朱印状に、橋場の名もみられているという。

石浜も港であったが、さきの「小田原衆所領役帳」にみられる「……江戸石浜今津」をみると、石浜の地域が拡がったのか、「今津」とは「新しい港」を意味するので、「今津港」が出来たものであろう。「津」は「水戸」「鴻戸」と同じく、「水の出入」を示す言葉であり、「戸」と同様に用いられていたと考えられる。「寛文江戸図」の正保（1644～1647）の改めに、「今津」から「今戸」に言い方が変わってみえている。

今戸で忘れられないものは、「今戸焼」である。享保年間、白井半七が楽焼を始めたもので、「今戸焼」を名乗り、人形や土風炉・瓦灯などを焼いていた。現在も浅草みやげとして人形や狐などが焼かれている。

石神井川につながる山谷堀の今戸橋を渡ると、待乳山の聖天宮がある。小高い岡になっていて、一説では「真土山」ともいい、人工的に築いた岡ではないといっている。

さらに隅田川を下ると、「花川戸」である。「桜並木なる川端通りなるをもって、花川戸という」と諸著にのっている。歌舞伎などでも「花川戸の助六」としても有名である。しかし、松戸の「猪之鼻」の地名のように、突端を意味するが、また「川端」「河口」なども意味し、「花川戸」はこちらの意味の方が相応しいものと思える。

（元墨田区緑図書館長　小島惟孝）

墨堤・花月花壇（西洋料理）を隅田川より見る。現在の白鬚橋上手に真崎稲荷があり、その隅田川対岸にあたる。緑がつらなり、一銭蒸気船ものどかに往来している（明治33年）＝墨田区立緑図書館提供

■第16話　現代解雇模様⑦―協調性のない人たち❷

相談屋の場外乱闘 Part2

労働ジャーナリスト　金子雅臣

全員署名で排斥

――全員の排斥署名とは、また随分と嫌われたものですね。

私の軽口にニコリともせずに、三田は、その署名の顛末について話をはじめた。

――辞めることはいいんです。でも、私が辞めた後のことが心配で……。

彼女の関心は、自分のことよりも自分が辞めた後のことにあるようだった。

――だって、あまりにもひどいんですよ。あのままにしておけば、お年寄りの人たちが可哀想ですよ。

彼女は真剣な顔で訴え続けていた。その訴えの内容というのは、彼女の排斥署名にも深く関連していた。

――とにかく、調理場が不衛生きわまりないんです。料理長も調理中にトイレに行っても手を洗わずに調理を続けるし、盛り付けの最中に床に落としたおかずでも、平気で拾って皿にのせるんですからね。

驚いている私に、三田は視線をそらさずに、キッパリと言った。

――そのことを指摘したことから、すべてがはじまったんです。

不衛生な調理場

――あまりにも調理場に目にあまる行動が多いので、料理長に苦情を言ったんですよ。すると料理長は、「どうせ、死に損ないに食べさせる料理だから問題ないよ」と言ったんです。そんなことって信じられますか。

三田は、私の目をじーっと覗き込むようにして、同意を待たずに、更に続けた。

――調理場にある布巾だって、なかなか洗わないんです。調理台の汚れを落とした布巾でお皿をふいたり、場合によっては額の汗をぬぐったりするんですから……。それを指摘すれば、「気になるやつが勝手に洗えばいい」という返事ですよ。

三田は、その時を思い出したように怒っていた。

――私が、事あるごとにそんなことを言うのが煙たかったんです。それで、料理長が音頭を取って署名を集めて、私の追い出しにかかったというわけです。

一気にここまで話すと、三田はホッとしたのか、幾分穏やかな顔になった。

――それでは、あなたが辞めるのはスジ違いということですよね。

私の同情的な言い方に三田はクビを振った。

――いいんです。いくら料理長の音頭であれ、皆さんは署名したんですから、それぞれ立場があると思うんです。だから、そんな人たちと一緒に仕事はしたくないので、辞めることは了解しています。

三田には辞めることに迷いはないようだった。

オーナーへの直訴

子育てを終えた三田は昔からの夢だった福祉関係の仕事につくことと、以前に取っていた調理関係の免許を生かした仕事をしたかった。そんな二つの目標に合致する求人が、この高齢者向けケアつきマンションの仕事だったというわけである。

――家からも近いし、福祉関係に関心を持っていたので、願ったりかなったりということだったんですけどね。こうした施設はピンキリという話は聞いてはいましたが、ここまでひどいとは……。

三田の持ち前の正義感と福祉への思い入れは、こうした実情をとうてい受け入れることができなかったということだった。「ここまでくれば仕方がないので、役所に実情を訴えて辞める」という三田をなだめて、「そうした決意も含めてダメ元ということで、オーナーへの直訴という手もある」と勧めてみた。

サカナから見た大都会〝東京〟⑥

希少魚を守ろう

放流で魚は復活するか

もうすでに何度か述べてきましたが、高度経済成長期に東京から姿を消した魚には、川のタナゴ類やムサシトミヨ、東京湾のアオギスやシラウオなどが挙げられます。そして現在、東京の川では、イワナ、ホトケドジョウ、ギバチ、スナヤツメなどの魚類が絶滅の危機に瀕しています。「絶滅したなら、他所から持ってきて放流すればいいじゃないか」とお考えの方がいるかもしれません。しかし、事はそう簡単ではないのです。

20年ほど前、私たちはイワナの人工ふ化・養殖の研究に取り組んでいました。イワナの棲む奥多摩では、森林伐採用の林道が山奥へ延び、工事のブルドーザーが緑の山肌を削って大量の土砂を谷へ落としていました。また、この林道を使ってたくさんの釣り人が車で山奥にまで入ってくるようになりました。生息環境が破壊され、釣り人の数が増えればイワナが減るのは当然のことです。私たちは、環境の保全を呼びかけると同時に、水産技術者としてイワナの人工ふ化技術の開発も進めなければなりませんでした。そして親魚を集めるため、数年にわたり多摩川支流の日原川源流へと出かけていったのです。

川によって異なるイワナ

では、なぜ私たちは親魚採集のために、わざわざ奥多摩の山奥にまで出かけていったのでしょうか。当時、新潟、山形などでは、すでにイワナの人工ふ化に成功し、たくさんのイワナを飼育していました。何も苦労して東京の川からイワナを集めてくることはありません。他県の養殖イワナを生かしたまま運んできて、人工採卵・ふ化した稚魚を放流してもよかったのです。また、そうしたやり方が当時の主流でした。しかし、私たちは「東京の川には東京のイワナを放流しなければならない」という〝こだわり〟を持っていました。

異なる川でイワナを釣ったことのある方ならよくご存じなのですが、イワナは川によって色や模様が違います。体色が明るかったり暗かったり、赤い斑点があったりなかったりと様々な変異がみられます。このようなイワナの姿の違いは、見る人によっては別種にも見えてしまいます。これは何千年もの長い間、別々の河川に分離されて代を重ねてきたイワナが、河川ごとに独自の遺伝子集団を形成してきたからだと考えられるのです。

放流による遺伝子汚染

つまり新潟の信濃川水系のイワナと東京の多摩川水系のイワナは、長い歴史の中で別々の遺伝子集団に分化してきたと考えるのが妥当なのです。逆にいえば、新潟からとってきたイワナを人工ふ化させ、多摩川に放流すれば、これらの放流魚は、もとから多摩川にすんでいたイワナと交雑し、多摩川のイワナ遺伝子を「汚染」することにもなりかねません。

このような「生物の移入に伴う遺伝子レベルでの汚染が自然の破壊行為である」という認識が一般的になったのは、まだこの十数年のことです。ですから、都内ですでに絶滅してしまったムサシトミヨを、埼玉県の生息地から持ってきて放流したとしても、それは真の復活とはいえないのです。

昭和50年代、このような考え方を持っている研究者はまだごく少数でした。私なども、会議でこうした見解を披瀝したところ、「現に魚は減っており、何県産の魚であれ、放流をしなければ釣れなくなってしまう」と一蹴されたものです。しかし、東京都水産試験場（現島しょ農林水産総合センター）では地元産イワナからの養殖方針を貫き、今日までその子孫しか放流してきませんでした。これは私たちが誇れる大きな研究成果だと思います。

河川のゾーニング

ただし、地元産養殖魚の放流にはまったく問題がないかというと、そうでもありません。代々池の中で人工ふ化を続けていけば、子孫のイワナは徐々に近親交配が進み、劣性形質が顕在化してくる恐れがあります。このため私たちは、現在「種川（たねかわ）」の設置と保全を提唱しています。種川というのは、地域固有の遺伝子集団を保護するための川のことです。ここには全く放流を行わず、禁漁にして魚を遺伝子レベルで守ってやります。そのかわりに、たくさんの養殖魚を放流して、釣り人に楽しんでもらう別区間をつくることなども必要となるでしょう。このように、今後は川をいくつかの目的別区間に分けて管理すること（ゾーニング）が必要になっていくと考えます。

冒頭述べたように、現在東京の川では、イワナをはじめ、スナヤツメ、ギバチ、ホトケドジョウなどの魚が、多摩地域のごく限られた場所にかろうじて命脈を保っている状況です。一刻も早く、かれらの生息地を「種川」として保護していくことが求められているのだと思います。

（東京都島しょ農林水産総合センター主任研究員　加藤憲司）

イワナ

ギバチ

スナヤツメ

ホトケドジョウ

ともに生きる 40

誰かとつながっていることを実感

画家の星野富弘さんは、絵筆を口に持って、やすらぎのある精緻な絵を描いています。更に、そこに添えられている詩には、感動と勇気を呼び起こす言葉が溢れています。星野さんは作品を仕上げるまでの様子を、「数個ある花を一日に一つずつ、ゆっくりていねいに、のみで刻み込むように描いていきました。～中略～バックを埋める線の中から、花が一つずつ浮き上がってくるのは、絵というより、希望でした」（『かぎりなくやさしい花々』偕成社刊）と書いています。絵に夢や希望を託し、吹き込んだ生命を結実させているから人の心を動かすのでしょう。

そこで、東京芸術劇場で12月7日まで開催されている「第27回肢体不自由児・者の美術展」についてご案内します。絵画、書、コンピューターアートなどの作品展です。この美術展の歴史の中で、今はコンピューターアートに席を譲りましたが、タイプアートが多くの人の目を惹きつけた時期がありました。

タイプアートは、星野さんの絵と同様に、電動タイプのキーボードを一打ち一打ちし、何十時間、何カ月と時を刻みながら仕上げていきます。タイプリボンの8色を組み合わせて、色合い、濃淡、形などを表現していきます。電動タイプの生産打ち切りや要する労力の大変さなどにより、現在は制作する人が、ほとんどいなくなりました。

タイプアートもコンピューターアートも、その表現活動を可能にしているのは、スイッチ（入力装置）です。スイッチは、手、足、呼気、舌、目（まばたき）などによって、入力できるように工夫されています。

このような工夫にも、試行錯誤の歴史があります。マイクロスイッチの入手から始めて、少しの手の動きでも入力可能にするために、3・5インチフロッピーディスクのケースを活用したこと等々です。

「東京都障害者ITサポートセンター」（新宿区戸山3の17の3☎3208・0471）には、最新のIT（情報技術）を駆使した支援機器（ハード）や支援ソフトが展示されています。その案内には、「ITは、すべての人にとって人生を豊かにしてくれる道具です。中でも自分が自分以外の人と確かにつながっていることを実感させてくれるところが、この道具の最高にステキなところでしょう」とあります。一度訪ねてみてはいかがでしょうか。

（元都立村山養護学校長　飯野順子）

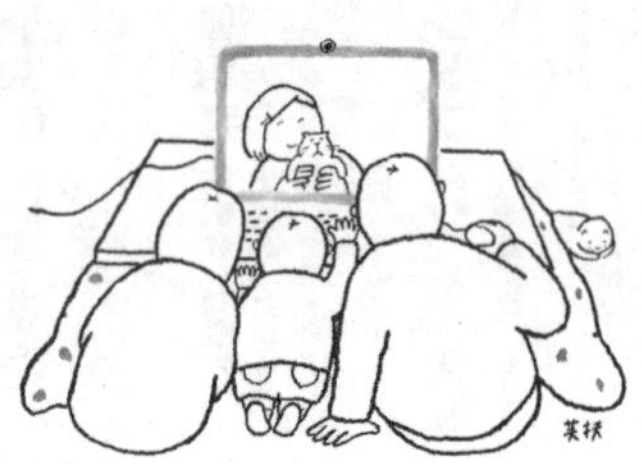

都政新報

発行所 都政新報社
〒160-0023 東京都新宿区西新宿7-23-1 TSビル
〈総務・読者〉03-5330-8781
〈企画広告〉03-5330-8784
〈編　　集〉03-5330-8786
〈出　　版〉03-5330-8788
〈ファクス〉03-5330-8808
購読料 月1,680円(税込)
毎週火・金曜日発行
但し、祝祭日は休刊

紙面から

都側 現在地再整備「不可能」

新市場建設協議会

営業活動への影響大 種地確保は困難

都や業界の市場関係者で構成する新市場建設協議会(会長=比留間英人・中央卸売市場長)が4日、築地市場で開かれた。築地移転をめぐっては、豊洲の移転予定地で高濃度の土壌汚染が見つかり、都は専門家会議や技術会議で技術・工法を検討してきた。しかし、築地移転に反対する関係者の間では、今も築地現在地再整備を支持する声は根強い。都は改めて、過去の再整備工事中断の経緯を振り返り、工事期間、営業活動への支障などの問題点を指摘し、理解を求めた。比留間中央卸売市場長は、「築地現在地再整備は不可能」と語った。

あいさつに立つ比留間中央卸売市場長=4日、築地市場で

築地現在地再整備は、様々な紆余曲折を経て、1986年に当時の東京都首脳部会議が決定した。最大の課題は、種地の確保だった。

敷地内にローリング工事用の種地となるまとまった空き地がないことから、施設の仮移転を繰返しながら、建設等のスペースを生み出すことが必要だった。種地の条件は、築地市場の敷地の約2割、4・5㌶の広さが必要で、売り場や荷さばき場などが分断されないよう、場内か隣接地に必要だった。

過去の再整備工事では、買荷保管所や冷蔵庫の移転など業界調整が難航し、工事は遅々として進まなかった。都は、工期の短縮、建設コスト縮減を図るため、立体配置を平面配置に変更するなど、整備計画を見直した。

98年、業界6団体は、臨海部への移転の可能性について調査・検討するよう要望。しかし、業界は移転派と現在地再整備派に分かれ、意思が一致せず、現在地再整備が再検討されることになった。

移転論議が再び浮上したのは、99年。築地市場再整備推進協議会で、業界委員の要望を受けて、現在地再整備と移転の比較検討を行った結果、業界委員と「現在地再整備は困難であり、移転整備へと方向転換すべき」と意見集約。01年、第七次都卸売市場整備計画で、「現行計画を改め、築地市場を豊洲地区に移転」と明記された。

4日の協議会で、都は改めてこうした経緯を説明。再整備実施における主な問題点を提示した。

都が最も大きな問題点として指摘したのは、営業活動への影響。店舗位置や荷の搬送経路が頻繁に変更され、運用が混乱すること、場内物流動線が長期間制約され、出荷者、買い出し人の築地市場離れの心配、整備時期による新・旧店舗の格差や、不利な立地の店舗が発生する懸念がある。

工事期間は、完成まで最低でも20年程度は必要。全体の建設費用も割高になる。

この他、アスベスト対策で工事期間が延びること、完成後の市場機能が基幹市場としての機能配備が不十分、市場会計が保有する資金では不足することなどを問題点として指摘した。

また、工事の進捗に影響を及ぼす要因として、環境確保条例に基づく調査、環状2号線の建設工事、隅田川のスーパー堤防整備事業、都営地下鉄大江戸線のトンネルが敷地地下にあること、場内排水本管や場内共同溝等の地下構造物の存在などを挙げた。

移転反対は将来への不安の裏返し

【解説】都営地下鉄大江戸線のトンネルが現在地再整備の工事の進捗に影響を及ぼすというのは、さすがに吹っかけすぎではないだろうか。地下鉄の営業運転を行いながら、直下・直上で工事を行うことは、普通に行われている。

財源問題については、豊洲新市場予定地の土壌汚染対策を検討している技術会議が結論を出していない現段階では、移転と現在地再整備を比較しても、あまり意味がない。当初の予定より工事費が割高になっているのは事実だが、豊洲新市場予定地での土壌汚染対策経費が確定した段階で比較しても遅くはないだろう。

豊洲新市場建設をめぐっては、高濃度の汚染が見つかり、専門家会議によって土壌汚染対策も検討された。東京の物流環境も変わりつつあり、巨大な市場の存在意義が問われている。

情勢が大きく変化しているときに、現在地再整備のデメリットだけをことさらに声高に叫んでみても、移転ありきの議論として反発を受けるだけではないだろうか。

とはいえ、現在の築地市場が劣悪な環境にあり、現在地再整備が極めて困難であることは、間違いないだろう。

スーパーが産地から直接新鮮な野菜や魚介を仕入れたり、ネットで簡単に買い物ができる時代だ。卸売市場を介した取り引きが尻つぼみで、市場関係者の経営状況はますます厳しくなっている。

豊洲へ移転すれば、将来は安泰というわけではないし、展望が見えるわけでもない。築地ブランドが消える懸念もあるだろう。築地移転への反発は、こうした不安の裏返しでもある。

しかも、移転時期が不透明なことで、卸業者が当面の施設整備にいくら投資したらよいのか分からず、悩みの種になっている。協議会では、業者からそうした不安や悩みはいっさい出ず、淡々と都の報告を受けただけだった。

都は、豊洲移転の具体的な動きが見えないこの時期に汚染問題と移転論議に隠された問題点を洗い出し、業者や市場関係者の不安の払拭に取り組むべきだろう。(地)

都政の東西

今年の漢字

一年を振り返る季節になった。議会定例会真っ最中の自治体職員や議員からは「今、そんな余裕はない」という声が聞こえてきそうだが、今年を象徴する流行語大賞が決まり、世相を表す「今年の漢字」も12日の発表を目前に控えている。08年を総括して、来年の展望に思いを馳せるのも悪くない。

とは言うものの、いざ振り返ると、自治体、特に市町村にとっては、明るい話題に乏しい1年だった。三宅島空港が約8年ぶりに再開したことが明るいニュースとして印象に残っているが、そのほかはなかなか浮かんでこない。

4月、新年度早々、不透明な道路特定財源では多くの自治体が大型事業の一時休止などに翻弄され、中国冷凍ギョーザ、偽装米などでは、酒類などの特産品や学校給食などへの影響もあった。社会経済が急激に減速して迎える年の瀬の今、急きょ、中小企業救済や産業活性化への対応も迫られている。

取り巻く社会状況の変化が市民生活に多大な影響を及ぼす場合、予定していない事業や仕事にもすばやく柔軟に対応しなければならないのは、自治体の責務でもある。しかし、今年は例年以上に、突発的な状況への対応が求められる事態が連続した1年だったと感じる。

しかも、景気減退の今、そうした事態への対応に必要なのは単純に財政力で、「知恵や工夫の余地がない」という嘆きも聞こえてくる。現状を打開しようという気持ちさえ奪う状況だ。

そんな中である職員は「今年の漢字」を「変」と予想した。「アメリカではオバマが『チェンジ(変化)』を叫んだが、日本は、いろいろな歯車がくるって『変(へん)』なことばかりだ。来年はこの状況が『変わって』くれないと…」。切実な思いが込められた言葉に、同意するばかりだった。

未知の脅威 ―新型インフルに備えて 上

4割欠勤、そのとき自治体は

「法的根拠ない」戸惑いも

「いつ発生してもおかしくない」と言われる新型インフルエンザ。人口が集中する首都圏では、感染者が爆発的に広がるリスクが他自治体に比べても高い。厚生労働省は人口の4分の1が罹患し、全国で最大64万人が死亡すると予測。一旦、封じ込めに失敗すれば、水道や電気、通信などライフライン機能を失う恐れもある。国の指針整備は遅れ、備蓄している抗インフルエンザ薬が効く保証もない。姿の見えない「未知の脅威」に、自治体はどう挑むのか。

X国に渡航していた練馬区在住の会社員男性(53)が、新型インフルエンザに感染した疑い――11月20日、「新型」を想定した初の訓練が都庁で行われた。

練馬区は、会社員の家族と会社の同僚15人の健康調査を行い、外出の自粛を要請。都立高校は臨時休校、都立駒込病院など感染症指定医療機関は、患者の受け入れ準備に入ることが確認された。

国立感染症研究所は、東京都に住む日本人1人が海外で新型インフルエンザに感染して帰国すると、2週間で感染者は36万人に広がると試算。厚生労働省によると、都内の死者数は6万人以上に上る恐れもある。

X国から「上陸」後、「封じ込め」が最初のハードルになるが、人口が集中し、交通機関が縦横に入り乱れる首都圏では、感染拡大のリスクが高い。

■何を「止める」?

上下水道の機能維持や健康相談などの業務が増える一方、学校や保育所は閉鎖、自宅で看護が必要な患者も増えることから、都庁でも約4割の職員が欠勤すると想定されている。その時、どんな業務を「止める」のか。その選定作業が今、庁内で進んでいる。総務局は12月中に、BCP(事業継続計画)の策定方針を各局に通達する予定だ。

都では、首都直下地震に備えたBCPをまとめたばかり。非常時に優先する業務を3分の1程度に絞り込み、被災直後に「入院患者、児童の安全確保」、24時間以内に「救護班を派遣」「応急給水活動」など、復旧までの目標時間を定めた。

だが、地震と違い、感染症は複数の地域に拡大する。国の専門家会議の委員を務める押谷仁・東北大学院教授は「他地域からの応援は期待できない。各自治体で対策が必要になる」と指摘。都内では、荒川区が「可燃ごみは回収するが、不燃ごみは回収しない」など、23区初となるBCPを作ったが、パンデミック(大流行)時の対策はこれからという。

1918年のスペインインフルエンザ流行時の死亡率比較

	人口	死亡者	死亡率
フィラデルフィア	1,761371	15,785	89.7
セントルイス	779,951	3,691	47.5

(1918年9月8日～1919年3月15日、死亡率は人口10万対)

■「大流行」念頭に

厚労省の専門家会議は11月20日、新型インフルエンザ対策の指針改定案で、患者が確認され次第、都道府県が学校を閉鎖する方針を示した。感染拡大を防ぐには、人の接触を絶つことが有効だからだ。

よく紹介される実例がある。全世界で4千万人以上が死亡した1918年のスペイン風邪で、米国のセントルイス市が映画館や学校を閉鎖。対策が遅れたフィラデルフィア市に比べて、死亡率が2分の1、流行のピークも2カ月遅かった=図参照。

ただ、学校や興行施設の閉鎖だけで解決できるわけでない。厚労省のシミュレーションによると、流行は約8週間続く。休校中の自宅学習など、代替策の検討も今後は必要になってくる。

とりわけ道筋が見えないのが、民間事業者への補償だ。震災では、公共施設の復旧に対する国庫補助や、中小企業への金融支援などが規定されている。しかし、新型インフルエンザに適用できるのは感染症法だけで、震災時に復旧を支援する融資のような規定は未整備の状況だ。

これまで、「水際で食い止める」ことに主眼が置かれてきた新型インフルエンザ対策。「パンデミック」を念頭にした対策に切り替える時期が来ている。

メディアセンター

増設部分は都が整備

大会後は展示ホールに

東京オリンピック・パラリンピック招致本部は4日の五輪招致特別委員会で、東京ビッグサイトに開設する予定のメディアセンターについて、増設する部分は都立の恒久施設として整備し、大会終了後はビッグサイトの展示会場として使う方針を示した。大会期間中のみ使う仮設施設は、招致決定後に設立される東京オリンピック組織委員会が整備主体になる。

メディアセンターは当初、築地市場跡地に開設する予定だったが、豊洲新市場予定地の土壌汚染対策が長期化し、2012年度開場が後ろにずれ込む見通し。このため、東京ビッグサイト西展示棟に隣接する屋外駐車場(約2・2㌶)に増築することを検討している。

東京ビッグサイトに開設する理由は、北京五輪の視察時に現地調査をしたところ、国際放送センターは地下一階・地上一階の低層大空間で構成され、報道陣が各階に車両を乗り入れ、機材を搬入できる構造になっていたため。また、報道関係者へのヒアリングも行い、判断したとしている。

また、IOCに提出した申請ファイルの策定経費は当初予算で2億8千万円だったが、約7億4700万円かかったことを明らかにした。

地方分権改革断行求め緊急アピール

関東地方知事会

関東地方知事会(会長=橋本昌茨城県知事)は4日、「『地方政府』の確立に向けた地方分権改革の断行を求める緊急アピール」を、内閣府や総務省など関係府省に提出した。

アピールは、国の出先機関の見直しについて、「各府省は、ほとんどの事務・権限を引き続き国の出先機関で処理せざるを得ないとするなど、地方分権改革に対する姿勢は、まったく後ろ向き」と指摘。麻生首相自身が所信表明で、出先機関を地方自治体に移すと明言しているにもかかわらず、これに公然と反する各府省の姿勢に対して、「不信と憂慮の念を抱くとともに、強い憤りを感じざるを得ない」と怒りをあらわにしている。

その上で、政府の地方分権改革推進委員会に対して、地方の意見を十分に取り入れながら、第2次勧告を果断に行うことを要望。政府に対しては、「地方分権改革の意義や重要性を再認識し、同委員会の勧告を最大限尊重」し、麻生首相の強いリーダーシップのもと、地方分権改革に総力を挙げて取り組むよう強く求めた。

冗句ジョーク

都庁舎、東京タワー、オリンピック招致カラーでライトアップ

都民周知度
「そうなの?忘年会シーズンの縄のれんかと思っていたよ」

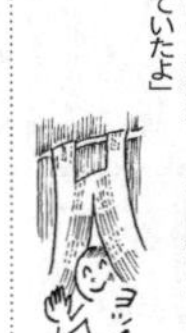

児童福祉法改正
「保育ママ」明文化
制度再構築の動きも

児童福祉法改正案が国会で可決され、家庭福祉員（保育ママ）が法律に明文化されることになった。待機児童解消への決め手にはならないまでも、家庭的な環境の中での保育への柔軟な対応が期待されている。改正では、保育ママの資格要件を現状より緩和できる含みも持たされており、こうした動きを契機に休眠状態だった制度を再構築しようという区も出てきている。

保育ママ登録数（単位：人）

千代田	0
中央	2
港	0
新宿	5
文京	10
台東	4
墨田	16
江東	8
品川	0
目黒	14
大田	16
世田谷	34
渋谷	0
中野	8
杉並	7
豊島	5
北	2
荒川	7
板橋	40
練馬	42
足立	85
葛飾	23
江戸川	191
区部計	519

※9月現在

保育ママは、自宅を利用した家庭的な環境の中で、保育士の資格を持つなどの要件を満たす者が3人（補助者がいる場合は5人）までの子どもを保育する制度。保育ママの認定は区市町村が行う。23区では、千代田、港、品川、渋谷を除く19区に保育ママがいる。

来年4月施行の改正児童福祉法は、これまで法律の中で位置づけられていなかった保育ママを明文化。第24条に「市町村は（中略）保育に対する需要の増大、児童の数の減少等やむを得ない事由があるときは、家庭的保育事業による保育を行うこと、その他の適切な保護をしなければならない」と盛り込んだ。

また、第6条では保育ママの資格要件を「市町村長が行う研修を修了した保育士その他の厚生労働省令で定める者」としており、現行の要綱の「保育士または看護師の資格を持つ者」という限定を拡充させる含みも持たせている。厚生労働省は「都市部で3歳未満の保育需要が高まっている。一方、離島などでは、子どもが減って保育が困難な状況がある。地域の実情に応じて柔軟に対応する必要があることから、今回の位置付けとなった」と話す。

23区内では、保育ママの浸透度は、地域によってまちまちだ。保育ママの人数の分布を見ると、周辺区で多い傾向がうかがえる。

ゼロ歳児全般を公立保育園ではなく、保育ママ制度でみている江戸川区は、12月現在217人の保育ママを擁している。「赤ちゃんは豊かな愛情の中でスキンシップをしながら保育されるのが望ましい」との観点から、ゼロ歳児での利用を積極的に推進してきた。特徴的なのは、個々の保護者に対し、預け先となる保育ママの紹介まで責任を持って行うことだ。また、保育ママの資格としては、保育士、幼稚園教諭などの資格がなくても、子育ての経験があればよい。保育ママの問題として密室性がいわれることがあるが、「そうならないように公園など地域の中を連れ歩いて、地域の中で育てるようにしている」という。区による研修や巡回なども充実させ、質の確保に気を配る。国も法改正にあたり、同区を参考にした。

家庭的な環境で子どもを預かる保育ママ制度に期待がかかる＝江戸川区内で

一方、浸透していない区の現状はどうなのか。港区は、保育ママに関する要綱はあるが、実質、休眠状態。保育する場所を「建物1階とする」などの要件が、高層マンションが急増している同区の住宅事情と合わないことなどから、保育ママに手を上げる人がいないためだ。しかし、最近、「保育ママになりたい」という問い合わせがちらほらくるようになった。そこへ今回の法改正。同区では、保育ママの資格要件が緩和される動きもにらみながら、来年スタートする基本計画には「保育ママ制度の再構築」を入れる方向で要綱の改正も考えている。

品川区でも住宅事情からなり手が出てこず、制度は休眠状態になっている。ただ、自宅以外という条件であれば保育ママのなり手として希望する声があることなどから、公的な保育施設に1室を設けて、そこへ保育ママが出向く方式ができないか検討している。

そのほか、千代田区も都心部の住宅事情から、なり手がおらず、制度自体を廃止している。渋谷区も昨年度まで2人いた保育ママが高齢などを理由に相次いで辞め、現在、休止状態。ある区の担当者は「保育ママはなかなか休みがとれず、仕事のハードさが、なり手が増えない一因」と話す。人の子を預かるという責任を伴うことも二の足を踏ませているようだ。

保育ママが孤立して保育を行わないために、国は、近隣の保育所との連携の考えを推奨している。区部では同様の仕組みを文京区と葛飾区が実施。保育所の行事への参加や保育ママが休みのときには保育所でみるなどのネットワーク化を図っている。葛飾区子育て支援課では「集団の中に入っていくことも、子どもの将来に役立つ」と話す。

江戸川区などの例を除けば、保育ママは、認可保育園に入れなかった場合の代替と考えられがちだ。しかし、文京区でも葛飾区でも「上の子が保育ママのお世話になったので、下の子もそうしたい」という積極的な利用を望む声はあるという。待機児解消の十分な受け皿とまではならなくとも、乳幼児の保育環境整備の一環として、充実した制度設計が望まれている。

09年度の着工方針を発表
中野区　警察大跡地の再開発事業

中野区は4日、警察大学校跡地（中野4丁目）の再開発事業について、09年度に着工する考えを発表した。明治大学、帝京平成大学、早稲田大学の教育施設と「中野駅前開発特定目的会社」による複合施設などが建設される予定で、区は事業者側の建築計画案に基づいた都市計画の変更手続きに入った。都が審議の上、変更を承認すれば、着工の予定だが、事業者側の計画案には、高さ100㍍前後の高層ビル群の建設案などが含まれていることが判明し、跡地周辺の住民が反発を強めている。

警察大学校跡地（左側）と杉並区高円寺北1丁目の街並み

反対住民「計画は凍結を」

警察大学校跡地は中野駅北口側の区役所に隣接する一帯で、かつては陸軍中野学校などの敷地だった。警察大が01年に府中市へ移転し、中野区が主体の地区再開発事業が開始された。

区は07年3月、「中野駅周辺まちづくりガイドライン」を策定。同ガイドラインの整備方針に基づき、都が「中野四丁目地区地区計画」をまとめて、「再開発等促進区」の適用、地区整備計画などの一部を決定した。

警察大跡地の活用には、明治大学と帝京平成大学が参画の名乗りを上げた。また、跡地の管理者でもある東京建物㈱を窓口とした「中野駅前開発特定目的会社（SPC）」が設立されて、商業施設、住宅、区施設など複合施設を建築することになった。3事業者は財務省から土地を買収後、建築計画案を策定。今回、区側は各事業者の計画案を了承し、連携の覚書を3者と結んで、都市計画変更の手続きを開始した。

都市計画変更の原案によると、3事業者の施設は、いずれも高層ビルを予定。明大の施設は地上16階（高さ約70㍍）、帝京平成大の施設は地上12階（同約55㍍）。複合施設は地上22階（同約100㍍）などで、周囲には都市計画公園やオープンスペースなどの設置が予定されている。

早稲田大学も進出を表明しているが、決定が遅れたため、現在、施設の建築計画を策定中。先行する3事業者とは別途、手続きを進めるという。

◆ガイドラインを逸脱

警察大跡地の再開発計画が具体化する一方、周辺住民からは反発の声が高まっている。中野区に加え、計画地区に接する杉並区高円寺北1丁目などでも、反対する住民団体が結成されている。

今回の都市計画変更の手続き開始に際して、「警察大学校等跡地に緑と青空の公園をつくる会」「中野・杉並みどりフォーラム」「高円寺の環境を守る会」が11月27日、都の都市整備局長に対して「事業者側による企画提案書の説明会の開催」「住民との合意形成とその間の手続き凍結」などを要望する文書を連名で送付した。

「中野・杉並みどりフォーラム」の三好亜矢子事務局長は「事業者側の建築案は、中野区のガイドラインから大きく逸脱している」と指摘。特に、警察大跡地側と杉並区の住宅側の間を走る道路設置について問題視している。都に対しては、建築案の見直しを含め、ガイドライン順守の指導を強く求めていく方針を掲げる。

住民団体によると「当初の計画案では、道路幅は16㍍で、緑の緩衝帯を設けた上で、大学施設は壁面後退させて建てるはずだった。ところが、現在の計画案は12㍍幅に縮小されており、緩衝帯の設置も不明瞭になっている」という。杉並区側は第1種低層住宅地域（高さ10㍍以下）だが、12㍍道路を挟んだすぐ隣に、2大学の高層ビルが建つことになり、日照障害や風害を危惧する声が大きくなっている。

これまで、3事業者主催の建築案説明会は「一度もない」（関係者）といい、中野区が地区開発の概要に関する説明会を開催してきたという。区側は、日照や風の流れのシミュレーション結果について「事業者から報告を受けている」としているが「詳細な結果の数値などは『事業者側のプライバシー保護』を理由に開示されていない」（住民団体メンバー）という。

複合施設についても「当初案は約1千戸の住宅を想定していたが、事業者案は商業利用が大半で、住宅利用は1％ほど」（三好氏）といい、住民側は「ガイドラインなどが恣意的に解釈されている」と強く批判する。

◆「区は調整役を」

「中野四丁目地区地区計画」の都市計画変更について、都は5日から原案の縦覧を開始。今後は都市計画審議会へ諮問・答申などの手続きを経ていくが、中野区は「09年度前半に決定される見込み」としている。

地域住民の反発について、区側は「説明会など、一定の周知を図り理解を得てきたが、さまざまな意見があると認識している。今後は事業者と区民の話し合いで対応して欲しい」としている。

事業者側は4日、初めての説明会を16日に開催すると通知。しかし、住民の中から「変更手続きの開始後に開催するのは本末転倒だ」との不満の声も出ている。三好事務局長は「建築紛争条例での対応では、地区計画内容の決定後になってしまい、遅過ぎる。事業者と対話しつつ、中野区には両者の間に立つコーディネーター的な役割を望みたい」と話す。

MEMO　再開発等促進区　土地活用で、合理的な高度利用と都市機能の増進を図るため、地区計画において定める「一体的かつ総合的な市街地の再開発または開発整備を実施すべき区域」として設定される区域。地区内の公共施設の整備と合わせて、建築物の用途、容積率などの制限を緩和する。2002年に創設。

アニメ産業振興を本格化へ
練馬区　企業の海外進出も支援

検討会議で意見を述べる松本零士氏

アニメ制作関連会社が全国最多の94社ある練馬区はこのほど、戦略的にアニメ産業を活性化させるため、計画の素案をまとめた。日本のアニメ産業は国内市場での需要が伸び悩み、曲がり角を迎えている中、区は新年度から産業振興に本格的に乗り出す。

日本のアニメ業界は現在、有力な新キャラクターの不在、少子化によるアニメ視聴率の低下で、かつての作れば売れるというアニメブームに陰りが出ている。未開拓の海外市場への進出で活路を求める方法もある。

区は、欧州のアニメ中核都市を目指す仏・アヌシー市と協定を結び、クリエーターらの交流、アニメイベントの相互開催などを通じて、産業発展を目指す。区では、制作会社が国際見本市の出展支援も図る。

また、神奈川県などではアニメスタジオ整備の支援事業を展開しており、同県のバックアップが現行よりも手厚くなれば、練馬区内からスタジオが流失し、アニメ産業の空洞化が懸念される。区は、他の自治体から制作会社誘致の手法を研究したり、公共施設の跡地をアニメスタジオに転用したりする事業などを想定。

その他、ヒット作を生み出すためにも、クリエーターの育成が必要だ。区は、クリエーター発掘のコンテストの開催、アニメ専門学校の区内誘致などを構想している。

現在実施中のパブリックコメントを経て、アニメ制作会社の顧問、漫画家の松本零士氏らでつくる検討会議が来年1月末、計画を策定する予定だ。将来的に国や都と連携して、区を日本のアニメ産業の中核都市に発展させたいと考えている。

文京区　「森鴎外記念館」を新設
12年度にオープン予定

文京区は、区内に在住していた明治時代の代表的作家で歌人の森鴎外を顕彰する記念館について、12年度に開館することとし、来年度に建築・展示設計を開始する方針を決定した。着工は10年度中を予定。

同区は現在、約1万点の森鴎外に関連する資料を収蔵。従来は、鴎外の旧居宅跡に建てられた区立本郷図書館（千駄木1丁目）の「鴎外記念室」で展示してきた。

しかし、同施設は、鴎外の生誕100周年にあたる1962年に建てられた施設で、老朽化などで貴重資料の展示・保存が困難になっており、今年4月以降は休館している。

区では「（仮称）森鴎外記念館」整備検討委員会を7月に設置し、施設の建て替えや改修などの方策を検討。その結果、本郷図書館の敷地内に、新たな施設の建設を決めた。このほか、資料などデータベースの充実などの方針を決めて、11月28日の第4回定例区議会、文教委員会に新設の方針を報告した。

森鴎外は1892年、現在の千駄木1丁目23番4号に移り住んだ。旧居宅からは、東京湾を眺められたことから「観潮楼」と命名。1922年に同所で永眠した。この間、『青年』『ヰタ・セクスアリス』『阿部一族』『山椒大夫』『渋江抽斎』などの代表作を発表している。

教育長に伊与部氏　北区

伊与部輝雄氏

北区教育委員会は1日開催の臨時会で、伊与部輝雄氏を教育長に選任した。伊与部氏は1950年5月生まれ。早大卒。73年、東京都に採用され、北区建設部管理課に勤務。産業文化振興部副参事、企画課長、職員課長、福祉部長、健康福祉部長、総務部長など経て、北区教育委員会事務局次長。11月30日付で退職した。58歳。

教育長に石崎氏　新宿区

石崎洋子氏

新宿区教委は8日の教育委員会で、教育長に前福祉部長の石崎洋子氏を選任した。任期は、2012年12月7日まで。

石崎氏は、1948年8月生まれ。71年3月、京都大学教育学部卒。同年、新宿区に入区。障害者福祉センター館長、平和・国際交流等担当課長、商工課長、教育委員会事務局次長、健康部長などを歴任した。60歳。

危機管理の訓練実施　中央区

中央区は3日、防災危機管理センターで図上訓練を行った。センターの初動対応能力の向上が目的。

訓練は、「平日の昼間、地下鉄日比谷線の築地駅で電車火災が発生。多数の乗客が負傷または死亡し、一部で逃げ遅れた人もいる模様」との想定で行われた。危機管理室から3人、防災課から11人が参加。

訓練会場となったセンターでは、関係機関との情報のやりとりを想定し、本番さながらの緊迫した雰囲気に。災害発生直後の区役所の状況がリアルに再現された。

同区では「今回の訓練の結果を、今後の防災や国民保護施策に反映させたい」としている。

五輪でくすぶる知事批判

○……石原知事が前言を翻すのは、今や日常茶飯事化しているため驚かないが、あれだけ「呼ばれたら出て行きます」と公言していたのに、参議院の参考人出席を拒否したのには、少し呆れていた。しかし、有力都議の話を聞いて納得した。

知事から相談され、その都議は「参議院で言いたいことはあるだろうが、面白く報道されるだけ」と助言したという。要するに風評被害が拡大するだけで利点はないという判断だ。また「年内を目途に仁司泰正氏ら新銀行の旧経営陣を訴えることを検討する」としているが、泥仕合になるから止めた方が良いと助言しているという。

○……「知事がしっかりやらないからだ」。4日の都議会オリンピック招致特別委員会。オバマ氏が米大統領に当選し、ケニアを始めとするアフリカ票がシカゴに流れるのではという憶測も飛び交う中、与党都議からもこんな野次が飛び出した。6月に超党派の招致推進議連が結成され、石原知事が発起人会に出席して以来、知事の姿が見えないからだ。

質問に立った民主都議も「それ（議連設立）以降は、あまり知事の積極的な姿勢が見られない。衆議院・参議院で状況が違っているから、私どもも協力するところは協力するが、都知事の姿勢も問われてくる」と意見を付した。言い出しっぺの関心は、もはや新銀行東京だけ？

○……明治時代の文豪、夏目漱石が死去するまで10年間住み続けた自宅「漱石山房」を復元しようと、新宿区議38人全員で議員連盟を9日に結成する。漱石が新宿区で生まれ死去した事実は、区民ですらほとんど知られていない。街の振興に漱石をフル活用している松山市などと比べ、新宿区は遅れを取っている。この現状を改善しようと、区議が立ち上がった。

空襲で焼けた漱石山房の跡地には、区営住宅などがあるが、議員連盟が山房を復元するよう区に働きかける。これで、連盟の役割が終わりでは寂しい。漱石を活用したまちづくりの手法を提案し、区を支援していくべきでは。

移転の回答期限迫る

立川市清掃工場

日野市との共同処理模索

老朽化した立川市の清掃工場(若葉町4丁目)が、移転を迫られている。地元の若葉自治会と交わした協定により、移転の回答期限が今年中となっているためだ。市は97年から工場移転先となる候補地を探してきたが、検討を尽くした結果、市内に新施設を建設することを断念。東京都の仲介により、2015年までに清掃工場を建て替える計画がある日野市との共同処理を模索しているが、日野市側の地元住民の了解は得られておらず、日野市側の回答を見守っている。

■協定期限は今年中

立川市の清掃工場は1979年に焼却能力90トンの2炉で稼働し、97年には100トンの焼却炉1炉を増設している。初期から運転している炉は30年が経過し、一般的な耐用年数を超えている。

現在地で清掃工場の建て替えが可能であれば、焼却能力的には問題はない。しかし、100トンの炉を増設する際、条件として、地元自治会と「08年度までに工場を移転する」という協定を交わしており、その期限は1カ月を切った。

協定を結んでからこれまでの11年間、立川市は、基地跡地に新庁舎と合わせて清掃工場を建設する計画や、近隣の清掃工場への編入、周辺市との広域化などを検討。しかし、基地跡地での建設計画は、高さ制限やダイオキシン類対策に必要な炉、それにかかるコストの問題、編入では相手側の受け入れ態勢や負担金、広域化では各市の施設更新時期が合わないなどの問題を前に具体化できるものがなく、04年度には、地元自治会を中心に08年までの移転が間に合わないと報告していた。

■共同処理の可能性

市内の土地確保が困難で、ダイオキシン類対策や熱回収の点からも大型の焼却炉の方が効率がよく、国の交付金が下りるなどの点から、市は共同処理を希望し、今年2月に東京都に相談。隣接する日野市が現在の清掃工場「市クリーンセンター」(石田1丁目)に新ごみ焼却施設を建設し、2015年に稼働する計画を持っていたため、都が共同処理を要請していた。

日野市側は7月に周辺住民に都からの要請内容を伝えているが、住民側の了解は得られていない。同市は「地元の意向が最優先。地元が受け入れの意思を示さなければ、共同処理について協議のテーブルに着くことはない」としており、現在のところ、12月中に地元と市とで共同処理の問題について話し合いの場を持つ予定はないという。

日野市が計画している新焼却場の焼却能力は146トン。ごみの減量などにより、これまで220トンだったものを縮小する内容だ。仮に共同処理することになれば、処理するごみ量が大幅に変わるため、施設全体の計画の見直しも急ぐ必要が出てくる。一方で、共同処理は単独処理に比べてコスト削減というメリットも考えられるが、共同処理した場合のコストについて、具体的な試算はないという。

■ごみ減量でアピール

立川市はごみの有料化を実施していないことや、事業系のごみが多いため、人口規模は日野市と同等でも、07年度実績でごみ量は日野市が4万9920トンなのに比べ、立川市は6万1844トンと多い。06年度実績では、一人当たりの1日のごみ量が1千グラムを超え、26市でも武蔵野市と並んで最も多いなど、共同処理する場合には、ごみ減量を迫られることは必至だ。

立川市のごみ処理の行方は、東京都を介して日野市の回答待ちで、直接交渉できる状況ではない。しかし、「日野市並みにはごみを減量しなければ」と有料化と戸別収集を検討する考えを示しており、地元住民との協定通り「年内には移転の方向性を示したい」としている。

年内にも移転先の決定が必要な立川清掃工場

ポイントカードのIC化で集客作戦

調布市

調布市は商業活性化を目的に、仙川商店街協同組合で発行しているポイントカード「ハーモニーカード」をIC化し、商店街でのポイントをスイカやパスモにチャージできる補助事業について、第4回定例市議会に補正予算100万円を計上した。カードのIC化により、顧客情報を集約できるため、幅広い営業展開で集客を強化しようというもの。市によると多摩地域では立川市に次ぐ取り組みで、厳しい社会経済状況の中で、買い物客の足を取り戻したい考えだ。

同商店街がこれまで発行していた商店街ハーモニーカードは、100円で1ポイント、320ポイントで500円分の買い物や指定金融機関での預金ができるなどのサービスを展開してきたが、取り扱い店舗は当初約70店舗から現在は52店舗に減少し、利用者の年齢層も高齢者が多いなど固定化。96年に導入した機器は耐用年数が8年で、老朽化して更新時期を過ぎていたことから、ICカードに切り替え、ポイントを日常的に利用できるパスモやスイカにチャージできるシステムへの切り替えを検討してきた。

市はシステム導入にかかる費用などを補助。加盟店舗には端末機を無料で貸し出す。新システムの移行により、若年層の利用者増や顧客情報集約による営業強化を狙っており、加盟店舗は100店舗を目指す。

署名1万1千人超に

小金井市　駅前庁舎の是非を問う

市民団体が署名の束を市選挙管理委員会に提出

小金井市の市民団体「駅前庁舎の是非を問う住民投票を実現する会」は2日夕、住民投票条例の直接請求を行うための1万1123人の署名を市選挙管理委員会に提出した。市がJR武蔵小金井駅南口地区再開発事業第2地区に市庁舎を建設する方針を打ち出していることに反対する住民らが10月27日から1カ月間で集めたもので、署名提出には20人以上の会員が同席した。最短のスケジュールでは、来年1月5日に本請求したのち、市議会は25日までに臨時議会を開催。条例制定の可否を議決することになる。

直接請求には、有権者の50分の1以上の署名が必要で、小金井市では1800人程度だったが、同会は「市長と市議会を動かすために」1万人の署名を目指して運動してきた。

共同代表の村岸三代子さん(63)は、「『絶対実現させてください』という声が若い人からも上がっていた。活動後半は署名活動の趣旨が浸透したためか、署名数の伸びが大きかった」などと話し、「なんとしても実現したい」と語った。

同市議会は3月29日に市議選を控えているため、1万1千余の署名に対してどのような態度を取るかによって、「当落に影響するのでは」と懸念する声もある。

署名が1万人を超えたことについて稲葉市長は「市役所は30年、50年と使う施設。歴史の評価に耐えられるものにと思っている。市役所を市民が訪れやすく、憩いの場所にすることができれば」と話し、「(署名数は)要件を達成しているが、市民や将来の小金井を考えて政策を進めていきたい」と語った。

自治基本条例制定

国分寺市

国分寺市議会は2日、市の最高規範となる自治基本条例について全員賛成で可決した。

条例は、①自治の基本理念②参加、協働、情報の共有等の仕組み③市政運営の基本原則を定めること——を掲げ、市民主権を基本とする自治の実現を図るもの。独立して教育委員会の役割と責務なども盛り込んだ。

同市の条例は、02年7月の職員による検討委員会の設置にはじまり、同年8月には市民参加による検討会を設置。04年5月からは市民と職員とが合同で検討を重ね、市長に提出された内容については、市長を本部長に全部長で構成する自治基本条例推進部を立ち上げ、条文について1条ずつ議論。議会でも、議長を除くすべての議員で構成する自治基本条例審査特別委員会を設置して議論したほか、議会の責務については議会自らが条文を検討するなどし、延べ6年かけて条例案を作り上げてきた。

政策法務課は「これまでの市民参加の手法だけに限らず、今後、社会状況に応じた新たな手法も出てくる可能性がある。自治基本条例ができたことで、広く市民参加の仕組みが明確になった」として、条例をよりどころに、今後一層の市民自治の実現を目指していく。

みだらな行為で中学校教諭逮捕

西東京市

西東京市は2日、市立中学校の男性教諭(29)が教え子にみだらな行為をし、都青少年健全育成条例違反容疑で逮捕されていたことを発表した。

今年7月、男性教諭が教え子の女子生徒(当時13)に対し、自宅でみだらな行為をした疑い。11月25日に女子生徒がスクールカウンセラーに相談したため、学校側が事実関係を教諭に確認。内容を認めたため、田無署に届け出た。現在、男性教諭は拘留中で、市側は接見できていないが、今後調査を行い、東京都教育委員会へ処分を要請する。

市教委は、当該生徒やその保護者の要望もあり、学校や本人が特定されるような公表は行っていないという。逮捕の報道後、一部保護者などから説明を求める声も市教委に届いているが、他の生徒のケアや保護者に対する説明についての対応については、臨床心理士を含めて慎重に検討している。

財政難で市民ホール建設休止

日野市　市長等は給与減額

日野市は28日、今年度から2010年度までの事業として予定していた「(仮称)市民の森ふれあいホール」(総事業費25億円)建設工事について、大幅な税収減などを理由に事業を休止すると発表した。合わせて来年1月から約4カ月間、市長で20%など、3役の給料月額を減額することも発表。市は「税収が好転するまでで、計画そのものが中止になることはない」としているが、事業再開の目途は立っていない。

同ホールは区画整理事業の一部になっており、これまでの計画では市民が利用できるホールやラウンジ、集会室のほか、福祉センターや公民館などを入れた複合施設を予定していた。敷地面積1万2千平方㍍、鉄筋コンクリート造2階建てで、延べ床面積は7284平方㍍。

入札については、10月24日に案件を公表して審査などもあり、12月1日の開札を目前に控えていたが、同ホール建築工事(予定価格約14億8700万円)、換気空調設備工事(同3億4600万円)、電気設備工事(同2億1400万円)など、予定していた入札すべてを中止とした。

同ホールは長年の懸案となっており、同じ場所で1988年には総合体育館を整備する構想があった。しかし、バブル崩壊後の財政難で92年には計画を中止。その後、02年には建設地を含めた調査を行い、公設民営で体育館を建てる方向性を決定。市民が利用する体育施設や集会施設が飽和状態となっていたこともあり、市民アンケートでも、新たな施設を望む声は大きく、04年にはまちづくり交付金の対象事業とし、スポーツ施設としてだけではなく、多目的に使える交流施設としての機能を追加して建設しようと準備を進めてきた。

総事業費25億円は、国や都からの交付金などで11億円、体育施設整備基金約6億7千万円のほか、起債などで賄う予定だった。しかし、昨今の金融危機や不況を背景にした財政難により、08年度当初予算で22億円の法人市民税が、来年度以降は約12億円まで落ち込む見通しで、さらに扶助費増が予想される。そのため、ホール建設への予算確保が難しいと判断。急きょ事業休止を決めた。

事業休止に合わせて市長、副市長、収入役、教育長が、来年1月1日から市長の任期満了日となる4月26日までの間、給与減額を発表。月額で市長は20%減(99万円から79万円)、副市長は10%減(76万500円)、収入役と教育長はそれぞれ4%減(75万3600円)とする内容で、開会中の市議会に条例案を提案していく。

日野市長選　馬場市長が4選出馬へ

馬場弘融氏

日野市の馬場弘融市長(63)は1日の市議会定例会で、来年4月5日告示、同12日投開票の市長選に4選を目指して立候補する意向を表明した。

次期市長選への意欲を問われた3日の一般質問では、4選出馬について「11月まで決断しかねていた」ことを明かした上で、「(赤字経営の)市民病院の現状は非常に厳しく、これをよりよいものにしていく責務がある」としたほか「まちづくりの関係では、国道に絡めてやらなければいけないところがまだある。財源や暫定税率がどうなるか分からない今、身を引くことが果たして良いことかどうか」と投げかけた。「第3次行財政改革では厳しい切り込みをしなければならず、厳しいときこそ逃げずに対応するのが自分の役割では」と、「議会や市民の支援があれば、4期目に出馬する決意」と答弁した。

馬場市長は、市議2期、市観光協会会長を経て、97年に初当選した。

羽村市長選　並木市長も3選出馬表明

並木心氏

羽村市の並木心市長(64)は4日、市議会定例会初日の一般質問に答え、来年3月22日告示、同29日投開票の市長選に、3選を目指して出馬する決意を表明した。

並木市長は、川崎明夫議員(市民クラブ)の「来期の市政担当への決意を問う」に対し、初当選以来、市の課題となっていた長期計画などの事業についておおむね実施や取り組みに着手できたが「残された課題への責任の重さを感じている」と、これまでの2期8年を振り返った。

07年度から11年度までの長期総合計画・基本構想の後期基本計画を実行していくため「来年度からの3年間は、計画の総仕上げとして極めて重要。年明けからは第3次生涯学習推進基本計画にも着手し、市民の生涯学習に全市をあげて取り組みたい」とし、厳しい社会情勢の中で計画を実現し、次の計画に結びつけて市の新時代を切り開くため「市政をさらに前進させなければならず、引き続き市政を担当させていただきたい」と決意を述べた。

羽村市長は市議を3期務め、01年初当選。前回選挙は無投票で当選している。

メンタルタフネスへ 3年目に心の健診

面接指導参加も呼びかけ

データ蓄積による解析重要に

心の病の問題が職場で増加傾向にある。とりわけ30歳代の若い世代の状況が悪化しているという。都でもメンタルヘルス対策が進む一方、「精神障害」による病気休暇者数が、依然として上昇を続けるなど、歯止めのかかる気配がない。今年度からは、従来の対策に加えて、入都3年目の職員を対象にセルフチェックやアドバイスなどを実施。予防的見地からのメンタルタフネス確立も含めた取り組みが進んでいる。

30歳代

「精神障害」を理由とする30日以上の病気休暇者等の人数は、07年に知事部局等の職員（2万5630人）で393人に上った。01年までは、増減はあったものの、200人前後にとどまっていたが、とくに03年以降の伸びが顕著だ。06年には初めて構成比で50％を超える水準（52・0％）となり、昨年は53・3％に達した。人数、構成比ともに上昇を続けている。

なかでも、30歳代から40歳代前半の職員が、大きな割合を占めている点が注目される。昨年の実態でみると、「35歳から39歳」が101人と最多で、前後を挟む「30歳から34歳」が66人、「40歳から44歳」が73人。この3区分で全体の61％を占める計算だ。

こうした傾向は、一般的に結婚や子どもの誕生といったライフステージの影響もあり、民間企業でも同様と言われる。だが、30歳代というのは、都の「主任」の時期に重なる。全員に当てはまる訳ではないが、局間異動による新しい環境や仕事、あるいは主任としての気負い。こうした公私にわたる複合的な要因が、ストレスにつながることは容易に想像できる。

3年目

今年度から都では、入都3年目の若手職員を対象とした「こころの健康診断・面接指導事業」を開始した。自らの心の特性やストレス対処法を早期に身に着けてもらうことが狙いで、問診票のセルフチェック、チェックリストを基にした専門機関による分析とアドバイス、希望者に対する面接指導を組み合わせて行われる。

入都3年目にターゲットを絞った理由には、採用直後では職場への適用といった異なるストレス要因があり、通常のストレス判定が難しいことが挙げられる。

対象者は知事部局のほか、水道局、教育庁（本庁）の委託分を合わせて895人。交通局と下水道局は、同様の「入都3年目」「チェックリスト方式」の事業について契約済みで、今年度は別々での実施となった。

問診票では、仕事や自身の状態、周囲との関係など、66項目を自ら点検する。9月には今年3年目を迎える06年度新規採用者などに送付し、対象者からのチェックリストの提出は12月1日現在で690、提出率は77％に上る。

このうち685件には、すでにアドバイスシートが返却されている。

アドバイスシートでは、おもに仕事に関する個人別の「ストレス因子」や「心身の反応」などを5段階評価で判定し、レーダーチャートによって表示するほか、現時点のストレスの状態とそれに対応したアドバイスが掲載されている。

再募集

「こころの健康診断・面接指導事業」は、チェックリスト、アドバイスシート、面接指導までを一体的に実施するものだ。しかし、面接希望者は78人にとどまっている。逆に、面接を「希望しない」が453人、「未回答」は94人だった（1日現在）。

フォローアップにあたる面接指導は、1人につき30分程度行われ、精神科医やカウンセラー、臨床心理士、精神保健福祉士が担当する。

健康な職員には、日常のストレス対処法を指導し、注意が必要な職員への面接相談やカウンセリング、さらに要医療の職員のスクリーニングや専門医療機関での治療指導など、職員の状態に応じた内容となっている。

しかし、現時点までの申し込み状況をみると、心の特性やストレス耐性の把握など、予防的見地からの指導に対する認識は薄く、「専門家によるメンタルヘルスの面接指導」というイメージへの抵抗感が強くあるようだ。

このため都総務局人事部では、今月19日を締切期限に設定し、改めてストレス対策や予防に役立つ方法などアドバイス面を強調しながら、面接の再募集を実施している。

■□■□■

都では、こうしたセルフチェックの集計・分析結果等から、職場ごとの職員のストレス状態や要因を把握したいとの意向をもっている。いずれはチェックリストの分析結果から、うかがい知ることができる問題点等を職場解析報告の形で取りまとめたい考えだ。

ただし、初年度では対象者数も局ごとに偏りがあり、極端に人数の少ない局もある。プライバシーの関係からも、即、解析可能と言う訳にはいかない。現時点では、新たに始まった3年目診断と面接指導の取り組みを定着させ、データの蓄積を進めることが重要になる。

メンタルヘルスを巡っては、こうした蓄積を通じたきめ細かなストレス要因の把握と並行して現行の対策を進めるほか、状態の見極めやケアのあり方、職場環境や配置など、様々な面からの有機的な取り組みが一層、求められることになりそうだ。

悩みや相談の事例集を作成

東京都福利厚生事業団

5分野に分類、アドバイスや意見も

㈶東京都福利厚生事業団はこのほど、会員及びその家族からの悩みや相談を取りまとめた事例集『相談室からのメッセージ　勇気をもって相談を』を作成し、職場に配布した。相談事例集の作成は、2000年3月以来となる。

事業団では、新宿区にある東京都健康プラザ「ハイジア」内に相談室を開設し、一般相談のほか、専門相談、セクシュアル・ハラスメント、公益通報等を受け付けている。相談件数は05年度に4633件、06年度が4120件、07年度では4870件に上る。

今回の相談事例集では、一般相談で受け付けた相談のうち、「人事」「服務」「仕事上の悩み」「精神保健」「その他」の5分野に分類し、比較的よくみられる相談を取り上げ、相談要旨や解説、相談室からのアドバイスや意見等を掲載している。

このうち相談要旨は、プライバシーの関係から個人を特定できないよう内容を一部変更。解説では問題点や解決の方向の考え方を示し、アドバイス・意見には、相談者向けはもちろん、管理監督者への視点に立った対応なども盛り込んだ。

たとえば、家庭の事情による年度途中での異動希望に関する相談事例では、家庭で可能な対応を考えた上で、毎日の残業につながらないような仕事の方法や配分などを上司と相談し、周囲の職員にも理解と協力を求めるよう相談者に助言。一方、管理監督者には、こうした取り組みに加えて、組織としての仕事の方法や分担の調整、年度切り替え時期の分担の変更などの対策も挙げている。

このほか事例集には「職場でのセクシュアル・ハラスメント」(服務)、「ベテラン職員の言動に振り回される職場」（仕事上の悩み）、「学級の立て直しへの努力が理解されず自信喪失」（精神保健）など、代表的な全25ケースを取り上げている。

また、その他の分野では「上司からの人格を傷つけるような発言」や「再三サラ金に手を出す職員の家族の悩み」など、パワー・ハラスメントや自己破産といった今日的な課題を連想させるような相談事例やその対応等についても紹介している。

東京労働局と都が連携

緊急雇用対策本部を設置

雇い止め、内定取り消しに対応

景気の後退局面で非正規雇用労働者の雇い止めや新卒者の内定取り消しが社会問題となる中、都産業労働局は4日、国の東京労働局と連携して東京緊急雇用対策本部を設置した。都内事業所の雇用に関する情報収集や離職者への再就職支援、採用内定取り消し等の発生防止に向けた事業主指導や就職支援を行う。

具体的な取り組みでは、まず、都内の主要な経済団体等に対し、連名で労働者の雇用維持や新卒者の採用内定取り消しの回避、求人の提出、雇用調整にかかわる情報収集への協力などを求めていく。

また、非正規労働者の雇用安定化に向け、ハローワークや東京しごとセンターで再就職支援を行う。東京しごとセンターでは11月27日からネクストジョブ事業に着手しており、パートやアルバイト、派遣社員など非正規雇用歴が長い30歳代で、正社員としての就職希望者に対し、職業紹介等を支援する窓口を設置した。ここで離職を余儀なくされた非正規労働者に対する再就職支援も行う。

他方、新卒者の採用内定取り消しなどに対しては、東京労働局が事業者への指導を行うほか、特別相談窓口を設置。情報収集や実態調査を行う。また、内定を取り消された学生などに対しても、東京労働局の相談窓口や東京都労働相談情報センターで相談を受け、就職支援につなげる。

世界的な金融危機を背景に企業には雇用過剰感が広まり、期間従業員や派遣労働者など、非正規労働者の契約打ち切りが増加している。東京管内でも、ハローワークを通じた調べでは11月25日時点で約1千人が雇用調整により契約を打ち切られた結果が出ており、今後も増加することが予想される。

また、大学生の内定取り消しも、昨年同期には同様の事例がなかったが、厚生労働省によると今年は全国で331人が内定を取り消されており、東京管内では11月25日現在で30人という数字が出ている。本社機能が集中し、かつ大学も集積する東京では、今後さらに雇用調整や内定取り消し事案が増加することも懸念される。

本部長の東明洋東京労働局長＝写真＝は「厳しい雇用情勢の中、関係機関が緊密に連携をとって対応することが必要。予断を許さない状況だが、この対策本部を皮切りに打てる手はどんどん打っていくことが必要だ」などと話した。

長期未入居住宅を解消

監査結果に基づく措置

都監査委員は、04年以降の定例監査等での指摘や意見・要望に基づき、執行機関が134件の改善を行ったことを第4回定例会に報告した。監査委員が改善を求めた681件のうち、すでに426件が改善されており、今回の改善と合わせて約82％にあたる560件が改善済みとなった。残る121件についても改善を進めている。

今回、改善となった事例のうち、都市整備局では、再開発事業に伴って住宅に困窮する住民が入居するための再開発住宅で、6年以上も空き家になっている長期未入居住宅が17戸あり、中には17年間も空き家となっている住宅があるとして、今年9月の定例監査で改善を求められた。局は17戸のうち、再開発事業用としての利用予定がない14戸を都営住宅として利用するよう見直し、残る3戸は利用予定があることを確認した。

下水道局は、エアシャワー等の機器を再リース契約した際、減価償却を考慮しなかったため、当初契約金額の約87％となる79万円の割高な契約を結んだとして改善を求められた。今年度の再リース契約では見積内容等を精査し、18万円で契約。当初契約の約2割程度に収めた。

環境局は、中防合同庁舎分室の所管する研究テーマや職員数が減少し、06年度には常駐職員がいなくなったにもかかわらず、執務スペースの見直しを行わず、機材類が放置されているなどとしてスペースの有効活用を求められた。07年4月1日付けで㈶東京都環境整備公社に環境科学研究所の業務を委託後、廃棄物にかかわる民間企業の実証研究事業の実施場所として位置づけ、利用事業者を公募、決定した。

自主保安の取り組み強化求める

高圧ガス等安全対策会議

「東京都高圧ガス等安全対策会議」（議長＝松木稔久・高圧ガス保安協会高圧ガス部長）がこのほど、検討報告をまとめた。

報告は、規制緩和によって事業者に委ねられた「自主保安」への取り組みが、実際には十分機能していないことから、「自主保安」として取り組むべき事項を提言。大都市東京の特性を踏まえ、事故の防止をより確実なものとするための効果的な取り組みを求めた。また、人的資源などの面で厳しい状況にある中小の事業者も含め、すべての事業者が「自主保安」に取り組めるよう具体的な内容を提言している。

今後、都はこの報告をもとに指針を策定する。

5℃下げると室内環境・省エネに効果

商品テスト結果

都生活文化スポーツ局は3日、石油ファンヒーター等の開放型暖房機器及び缶詰容器の商品テスト結果を公表した。

石油ファンヒーターとガスファンヒーターでは、燃焼状態が良好でも、短時間で室内の二酸化窒素濃度が健康保護の指針値を上回るなど、室内汚染の発生が判明した。ただし、設定温度を5度下げた場合、室内の二酸化窒素濃度と燃料使用量がいずれも約2割減少し、室内環境と省エネの両面で効果があることも分かった。

一方、缶詰容器の商品テストでは、缶切の要らないイージーオープン缶について、切り口の鋭さのテストや開缶試験等を実施。

ケガの予防に向けて、缶の開口部・ふたともに切り口が鋭利にならないダブルセーフティー缶の選択や開缶時の注意点などを消費者に呼びかけている。

ひと

野球を通して人づくり

都立総合工科高校教諭（硬式野球部部長）

千葉（ちば）　智久（ともひさ）さん

来春、初の卒業生を送り出す開校3年目の総合工科高校。全生徒504人のうち、何と98人が野球部員だ。

部活動を新設校の特色に打ち出したいと、教員公募に自ら手を挙げ、開校前年に赴任。開設準備の仕事が5時に終わると、あちこちの中学の練習を見に行って監督に声をかけ、土日は各団体を回り、PR活動を展開した。

その甲斐あって、2回の体験入部に130人が集まり、スポーツ推薦では、都立高最多の10人の枠を得られ、33人もが応募。「一般推薦、スポーツ推薦、学力検査とチャンスは3回ある。それを生かして欲しいと話しました。入部してしまえば横一線ですからね」

合格発表の日にも入部説明会を知らせる手紙を置き、42人もが入部。春休み前には練習を開始し、野球部員が自らの入学式の準備も担うことになった。

一人ではとても無理だったが、それらには世田谷工業や前任の四商の野球部OBの応援があった。「世田谷工業の火を消さないという思いがある。新しい学校だが、OBがバックアップしてくれる面白い学校なんだと話しました」と嬉しそう。

昨年から日体大野球部の1年先輩で都立城東を甲子園に送った有馬信夫氏が助っ人に。部長となって監督とタッグを組んだが、この秋から有馬氏が監督となり、自身は部長に。

「大事なお子さんをお預かりしているので、単位を修得させ、大学で野球をやるなど夢を実現させたい。赤点を取った子の勉強を見ているんですが、英語や数学を教えるのはきついです」と苦笑。練習と勉強の班に分けて、きっちり勉強の時間も取るという。

レギュラーでなくても活動できるように、練習試合は年間300試合もあり、6人の指導員で手分けする。

「勝つことも大事だが、70年、80年の人生で、野球部の活動は2年半しかない。甲子園も人生の通過点で、行けるに越したことはないが、それより強い人になって欲しい。人生の糧になるように指導しているんです。甲子園に行くことは目標であって目的ではない。目的は人づくりです」

他にも優れた指導者は大勢いると、都立全体の活躍を期待する。レギュラーとして活躍した都立大泉に、いつか監督として帰る日も夢見ている。（門）

東京都生まれ。85年日体大卒。民間に勤めながら教職を目指し、87年都立練馬工業に。05年開設準備から06年現職。高野連理事。趣味も野球で「教員になれて野球に携われ、幸せですよね」。母と妻と1女と暮らす。46歳。

昇任試験対策のページ

21年度 主任・係長 論文講座 ◇11◇

傾向と対策③

特別区係長選考

はじめに

これまでの「傾向と対策①、②」では、係長論文の一般的な構成として、序論、本論、結論の中で、特に序論の部分について解説してきました。

今回は、論文の主題となる本論の構成について解説します。前回述べたように、本論は、序論の最終段階で述べる「今後のあるべき方向性」と「係長としての方針・戦略」を受けて、あなたが係長としてこれまで得た知識や経験を生かして、具体的にどのように行動するかを論じる部分です。あなたが実行しようとする行動を具体的に3点ほど挙げて、それによって得られる効果などを書き進めていきます。

一番注意したい点は、あなたが挙げる解決策に実効性があり、実現可能な方策であるかという点です。例えば「係のコミュニケーションをよくする」など解決策が抽象的であったり、「前例踏襲に陥らないようにする」など観念的であったりすると論文としては失格です。また、この具体策を実行することによって、求められている課題の解決に結びついていく内容でなければなりません。

本論の構成

まず、序論で示した「係長としての方針・戦略」を実現していく上で、障害となっている点を3点ほど「問題点」として整理します。3章構成の場合は、その問題点に対する解決策を順に述べていきます。それぞれの解決策では、問題となっている事柄に対する係長としての具体的な行動、そして、実行することにより期待される効果などを中心に書き進めていきます。

論文を4章構成で書く場合には、問題点と解決策をそれぞれの章に分けて記述することになります。問題点とその解決策がきちんと対応している必要があることは言うまでもありません。

求められているのは係長としての行動です。政策を大きく論じたり、また、一般職員としての対応でもありません。係のまとめ役の係長としての役割を十分に踏まえて、係長として実行しなければならない現実的な方策をまとめてください。

問題点を明確にする

論文を書く場合、問題点を明確にする必要があります。問題点とは、望ましい状態と現実のギャップです。その問題を引き起こしている具体的な事実や原因となっている事柄が明確になっていないと具体的な解決策が導き出されません。

解決策を考える

実際に論文課題を想定して解決策を考えてみましょう。

ここではあなたが係長として「効率的な行政を進めるために係員一人ひとりを育成する」ための解決策をあげていくと仮定します。

効率的な行政を進める職員を育成していくうえでの具体的な問題点を挙げ、それに対する解決策を考えていきましょう。

第1の問題点

①現状の仕事の仕方を是として何の疑問も抱かず、今までどおりに仕事をこなしている②社会状況や区民の要望は変化しているにも関わらず対応しようとしない③限られた人員と予算の中でどうしても前例に倣って仕事を進めざるを得ない。

望ましい状態として、「前例踏襲での仕事の進め方を打破していく」こととします。具体的な係長の行動として、「自らが職務に精通し、現状の仕事の進め方が最善か常にチェックする。そして、現状のどこに無駄があるのか、より効率的な執行方法はないかなど、係内において積極的な問題提起に努め、係員も常に問題意識を持って職務にあたるよう誘導する」という内容を論じていきます。さらに、「小さなことでも、やり方を変えようとするには大きなエネルギーを使うが、改革に取り組む努力を惜しまない姿を見せることで、係内に模範を示すとともに改革意識を徹底することができる」というような具体的な行動によって期待される効果を述べていきます。

第2の問題点

①係員が自分に与えられた職務以外には無関心で、日々の自分の分担のみを無難にこなす②係というチーム全体の目標を意識しない。

望ましい状態として、「全体で職務に取り組む環境をつくる」とします。係長の行動として「事務的な打ち合わせのほか、定期的に職場の問題点や改善方法などを話し合う場を設定する。仕事の進捗状況の確認や課題を検討する場を持つことで、ミスを防ぐと同時に目標の再確認と共同意識を育てる。また、制度改正などの資料を回覧する際は、ポイントをメモしたり、マークをするなどの配慮を行い、係内の情報の共有化を図る」とします。さらに、「これらによって、係員全員が同じ目標に向かうことができ、お互いに切磋琢磨し、個々の効力を向上させることができる」というように期待される効果をまとめます。

各種の研修や職場内研修によって、職員の能力を育成していくことも重要ですが、係長が率先してよりよい職場環境を構築し、日々の職務をこなしながら能力を向上させていくといったことも重要ではないでしょうか。

第3の問題点

係内の職員が係の仕事全体を理解していなく、区民に対する説明責任を果たすことができていない。

係長として、若手職員にも仕事に責任を持たせる取り組みをします。具体的な行動として「職員個々の持つ能力を見極めながら、『企画』から『実施』『評価』まですべての過程に参画させ、目標実現までのプロセスを経験させる。そして、係員の仕事に細かく目を配り、仕事の進捗状況を常に把握する。また、係員からの意見に十分耳を傾け、その良いところを実践に生かせるよう助言する」とします。更に「目標を実現することにより、その達成感が自信となり、さらに高いレベルの職務をこなせることが期待できます」。今後の区政を担っていく若手職員の育成は、係長に課せられた大きな役割の一つです。

ここで挙げた例は、ほんの一例です。ここでは序論を省略していますが、序論と本論の三つのパートが1本につながっていることを常に意識してください。

レジュメをつくる

論理的な論文を書くためには、レジュメをつくることが大切です。きちんとしたレジュメが出来れば論文の8割は完成です。レジュメの書式は自由ですが、本論の課題と解決策をきちんと対応させるような書式にすると論旨がぶれません。

しっかりしたレジュメを作り、課題と解決策のセットをいくつか用意しておけば、様々なテーマの論文に対応できます。

読みやすさを意識する

繰り返しになりますが、試験論文は採点者にわかりやすいことが重要です。わかりやすく読んでもらえるように仕上げる工夫が必要です。

(1)見出しをつける

序論、本論、結論のそれぞれに見出しをつけます。見出しは、各部分の内容を端的に表したものにします。的確な見出しがつけられた論文は、読み手の理解を助けます。

(2)段落をつける

段落のない文章は、見た目がよくないだけでなく、読み手も疲れてしまいます。論じる内容が次に移るときに段落をつけて、すっきりした文章にします。

(3)文章はできるだけ簡潔に

文章が長くなってくると、途中で内容がねじれてわかりにくくなります。一つひとつの文章を短くまとめることで、テンポのよい文章になります。一つの文章は50字から60字でまとめるようにしてください。

(4)主語と述語を対応させる

主語と述語がきちんと対応している事が重要です。論文には、係長がすること、係員にさせること等が書かれると思いますが、主語と述語が対応していないと解決策は誰が実行することなのか不明確になります。主語をきちんと記述し述語と対応させましょう。

(5)字は丁寧に

論文は時間との闘いです。しかし、読みづらい字は読み手の意欲を失わせます。きれいな字でなくても丁寧な字を書くように心がけましょう。

(6)誤字脱字に注意する

誤字脱字は禁物です。わからないときは無理をせずに平仮名で書くことも必要です。しかし、平仮名ばかりの文章は読みづらいものです。日頃からパソコンで文章を書いていると、意外に字を忘れています。最終的には自分の手で書いた漢字も正確に書けているか確認をしましょう。脱字があってもあせる必要はありません。欄外を使っても構いませんので、きちんと直してください。

(7)文章を圧縮する

最初に論文を書くときは、制限字数の2割増しくらいの字数で書いてみます。読みなおして見ると、まわりくどい表現やいいまわしが必ずあります。そのような文章を言い換えて圧縮することで論文全体が締まった印象になってきます。

最後に

論文が完成したら実際に書いてみて、書くためにどのくらいの時間が必要かを把握してください。また、与えられた字数は、論旨を展開するために必要な字数です。制限字数いっぱいを使って論旨を展開してください。

21年度 主任試験講座【10】

統計資料の見方④

問題

【問題 7】

次の図から正しくいえるのはどれか。

① 生産の指数についてみると、平成15年は、13年から17年までの5カ年の平均を上回っている。

② 在庫の指数についてみると、平成16年に対する18年の増加率は3%を下回っている。

③ 平成13年から17年までのうち、生産の指数が前年に比べて増加した年は、いずれの年も在庫の指数は、前年に比べて減少している。

④ 平成14年から18年までのうち、生産の指数に対する在庫の指数の比率が最も大きいのは14年である。

⑤ 平成13年から18年までの在庫の指数についてみると、最も大きい年は、最も小さい年の1・2倍を上回っている。

【問題 7】鉱工業における生産の指数及び在庫の指数の推移

（縦軸：在庫の指数　横軸：生産の指数　平成13年～平成18年）

（注）（1）生産の指数及び在庫の指数は、それぞれ平成12年の生産及び在庫を100とした指数である
（2）生産は付加価値額であり、在庫は年の平均である

【問題 8】

次の図から正しくいえるのはどれか。

① 平成14年から17年までの各年の新聞巻取紙についてみると、国内出荷高の指数に対する輸出高の指数の比率が最も大きいのは16年である。

② 平成15年の輸出高について品種別にみると、14年の輸出高と比べて減少しているのは包装用紙だけである。

③ 平成15年から17年までの各年の板紙の輸出高の指数についてみると、最も大きいのは17年であり、最も小さいのは15年である。

④ 平成16年の国内出荷高について品種別にみると、対前年増加率が最も大きいのは雑種紙である。

⑤ 平成17年の雑種紙についてみると、国内出荷高の指数に対する輸出高の指数の比率は、1・2を上回っている。

【問題 8】紙の品種別の国内出荷高の指数及び輸出高の指数の推移

（縦軸：輸出高の指数　横軸：国内出荷高の指数　凡例：雑種紙、新聞巻取紙、包装用紙、板紙）

（注）国内出荷高の指数及び輸出高の指数は、それぞれ平成14年の国内出荷高及び輸出高を100とした指数である

【問題 9】

統計計算に関する次の文の[A]～[D]にあてはまる語句の組み合わせとして、妥当なのはどれか。

変数x、yの間に、y=f(x)の量的関係があり、方程式y=a+bxで示される場合、a、bを[A]、特にbを[B]といい、この方程式が描く線を回帰直線という。[C]は、観察されたデータに最もよくあてはまる回帰直線を定める方法として用いられ、求めた回帰直線の実際のデータへのあてはまりの良さの尺度を[D]という。

	A	B	C	D
①	回帰母数	回帰係数	重回帰分析	従属変数
②	回帰母数	回帰係数	最小二乗法	相関係数
③	回帰母数	決定係数	最小二乗法	回帰係数
④	回帰係数	決定係数	重回帰分析	相関係数
⑤	回帰係数	相関係数	重回帰分析	従属変数

解説

【解説 7】　正答④

指数の推移に関するグラフ問題です。

① 生産の指数の5カ年の平均は、100を基準にすると、(△7+△8+△5+0+1)÷5=△3・8となり、平成15年(△5)はこれを下回っています。誤り。

② 90×1・03=92・7であり、18年(95)はこれを上回っています。誤り。

③ 17年は、前年に比べて生産が増加しており、在庫も増加しています。誤り。

④ 14年から18年までのうち、在庫の指数が生産の指数を上回っているのは、14年だけなので、計算しなくても指数がプラスになるのはこの年だけであることがわかります。正しい。

⑤ 最も大きい年は13年ですが、最も小さい年である16年の1・2倍(90×1・2=108)を下回っています。誤り。

【解説 8】　正答⑤

同じく、指数の推移に関するグラフ問題です。

① 平成15年、16年、17年のいずれも国内出荷高指数よりも輸出高指数が小さくなっています。14年度は国内出荷高指数、輸出高指数ともに100であることから、国内出荷高の指数に対する輸出高の指数の比率が最も大きいことがわかります。誤り。

② 15年の輸出高指数は、新聞巻取紙、包装用紙、板紙で100未満となっており、14年の輸出高と比べて減少しています。誤り。

③ 板紙の輸出高指数は15年から17年まで減少し続けています。誤り。

④ 15年から16年の国内出荷高指数をみると、雑種紙よりも新聞巻取紙のほうが大きく増加しています。誤り。

⑤ 17年の雑種紙の国内出荷高指数は93、輸出高指数は150であるので、国内出荷高指数に対する輸出高指数の割合は150÷93=1・6となり、1・2を大きく上回っています。正しい。

【解説 9】　正答②

この問題は、回帰分析に関する説明です。記述は順に、回帰方程式、最小二乗法、相関係数について説明しています。

〔回帰方程式〕

二つの変数x(独立変数)、y(従属変数)の間にy=f(x)の量的関係がある場合で、最も簡単な式で表現できるのが、y=a+bxという直線の式です。

係数a、bを回帰母数と呼び、特にbを回帰係数といいます。このような変数間の関係を示す方程式を回帰方程式といい、この方程式の描く線を回帰線といいます。

なお、独立変数が一つの回帰分析を単回帰分析といい、独立変数が二つ以上の回帰分析を重回帰分析といいます。

〔最小二乗法〕

変数x、yの観察値は、直線回帰の場合もグラフの上で必ずしも正確に一直線上に配置されないで、回帰線に対して多少のばらつきを示します。観察されたデータに最もよくあてはまる直線を回帰線に定めるとすれば、このばらつきが全体としてできるだけ小さくなるような直線を考えるのが自然でしょう。回帰線のあてはめの方法として使われている最小二乗法は、測定値とモデル関数から得られる理論値の差の二乗和が最小となるようなモデルの回帰母数を決定する手法です。

〔相関係数〕

相関係数rは、求めた回帰直線の実際のデータへのあてはまりの良さの尺度です。相関係数の絶対値が1に近いほど、あてはまりが良いということになります。

以上により、A～Dは回帰母数、回帰係数、最小二乗法、相関係数となります。

21年度 カレントトピックス ⑪

政治事情

■改正児童福祉法成立（11月26日）

児童福祉施設での虐待対応策や新たな養育制度などを盛り込んだ改正児童福祉法が11月26日、参院本会議で全会一致により可決・成立した。

改正は、さまざまな事情から家庭で暮らせない子供が生活する児童福祉施設内での虐待の発見者に通告を義務づけた。通告した職員らに対する解雇などの不利益な扱いは禁じられる。子供同士の暴力の放置も虐待とみなし、子供本人も直接訴えられるとした。

また、6人程度の子供を養育者の住居で育てる事業（ファミリーホーム）を制度化し、従来の施設や里親に加えた新たな養育の仕組みを位置づけた。資格をもつ人が自宅で子供を預かる「保育ママ」事業も制度化する。

■交通需要推計（11月26日）

国土交通省は11月26日、将来の車の交通量を予測した交通需要推計を正式に発表した。

2020年、30年の見通しをいずれも前回予測（02年）から約13%下方修正。02年の従来推計は交通量を、00年の7760億台キロから20年に8680億台キロまで増え、その後緩やかに減るとしていた。しかし、国会審議などで「近年の交通量減少を反映しておらず、数値が大きすぎる」と指摘されたため、05年の道路交通センサスなど新しいデータを使い計算し直した。この結果、①人口の減少ペースが従来推計より速い②利用距離の短い軽自動車の割合が増えている③貨物輸送量が減少傾向にある――などの減少要因が加わり、従来推計より低い数値が出る見通しになった。

■ムダ・ゼロ会議提言（12月1日）

行政の無駄な経費を削減するための政府の有識者会議「行政支出総点検会議」は12月1日、国や独立行政法人などから公益法人への支出を2006年度（約9400億円）比で37%、約3500億円削減できることなどを提言としてまとめた。公益法人への支出は①事務事業の廃止・縮小②競争性のある契約方式③委託見直し――を通じて約4100億円を削減、新規事業分約600億円を踏まえても09年度では約5900億円まで圧縮できるとしている。

行政コスト削減では、「居酒屋タクシー」で問題となったタクシー代の20年度比25%以上の削減、レクリエーション費の原則廃止を打ち出した。公共事業と政府開発援助（ODA）へも08年度から5年間で07年度比15%の縮減を求めた。

■第17話　現代解雇模様⑧―協調性のない人たち❸

相談屋の場外乱闘 Part2

労働ジャーナリスト　金子雅臣

直訴の手紙

三田は、散々悩んだ挙句、ようやく決心してオーナーに直訴の手紙を書いた。そして数日後、料理長から別室へ呼び出された。

―お前は、俺たちのことを社長にチクッたんだってな。予想していた通り、お前はとんでもないヤツだ。仲間はカンカンに怒っている。あんなことをやって、これから仲間と一緒にやっていけると思っているのか

顔を赤くして、いきなり怒鳴りだした料理長の握りしめた拳は怒りで震えていた。

―本当に殴られるのかと思いました。それで、ようやくの思いで「チクッたのではなく、職場を変えたかったんです」というのが精一杯で、いろいろ思い込んでいたこともあって涙が出てきて止まらなくなりました。

と、三田はその時のことを振り返る。

―イヤなら勝手に辞めればいいんで、余計なことはするな。自分で辞めないならオレにも考えがある。

料理長は、そういい捨てて部屋から出て行った。

儲かればいい

そんなことがあって数日後、今度は職場にやってきた社長から三田は呼び出された。

―あなたについての全員署名の退職嘆願書が以前から出ている。私が言わなくても分かると思うが、キミは皆から嫌われているらしい。あなたが辞めなければ他の全員が辞めると言っているんだから、私には選択の余地はない。

―それは、解雇ということですか。私がこの前出したお手紙は見ていただけましたよね。私は、会社のためを思ってやったんです。それでも私がクビなんですか。

三田は社長に食い下がったが、社長の次の一言で、気力がなくなった。

―ショックでした。「私は経営としてこの仕事をやっている。慈善事業としてやっているわけではない。だから判断基準は、儲かるかどうかにある。多少の不衛生なことは目をつぶっても経費節減をしてもらった方がいい」と断言したんですよ。私も利益を度外視しろなどと言っているわけではないし、最低限度の責任のことを言っているつもりだったんですが…。

協調性がない

―解雇の理由はみんなとうまくやっていけない。つまり、協調性がないということだ。

社長は三田にダメを押すように言った。その一言で、彼女はその日のうちに職場を去った。そして、あらかじめ用意していた告発文書を関係する役所に送りつけた。

―すぐに保健所から問い合わせがありました。驚いたことにマンションの住人からもすでに複数の投書があったんです。住人が体調を壊したケースで、保健所もすでにマークしていたらしく、調査が入ることになって大騒ぎだったそうです。残業未払いもあって、こちらにも告発があったらしく、火がついて従業員たちの不満も噴出したんです。

そんな彼女のところへ、「例の署名は料理長に強制されて、仕方がなく書いた」という謝罪の電話も同僚から寄せられたという。

協調性の壁

―私が引き金を引いたようで、どうもスッキリはしないのですが、それでもこれでよかったのだと思っています。あの場合は他に手段はなかったと思うし、あのままでよかったとは思えないから……。

と三田は振り返る。

―でも、強制されていた署名にしても、全員から排除されたという気持ちにさせられた心の傷は消えませんよ。「オマエは協調性がない」と言われて、皆から後ろ指を差されたときは、自分が間違ったことをやっているのではないかと悩み落ち込みました。あの時の孤立感と、感じた絶望感は言葉では言い表せません。本当に、協調性というのは何なんでしょう。

三田は〝協調性〟という言葉の裏側にある、逆らい難い拒絶の壁を感じてしまったようだった。

湯河原荘物語

お客様の声でつづる湯河原荘のあゆみ　そして、湯河原荘へ贈る言葉…

39年間の歴史を刻んだ湯河原荘

東京都職員共済組合の湯河原荘は本年12月29日の宿泊をもって、その歴史を閉じることになりました。長年にわたり、数々のお客様にご愛顧いただきまして誠にありがとうございました。閉館にあたり、ご挨拶に代えまして、数多あるお客様の声の中から幾つかをご紹介させていただきながら、改めて職員一同感謝申し上げます。

お客様の声から

◎主人の現役時代から退職後も四季を問わず湯河原荘の麻雀部屋を利用させていただき、楽しい一夜を主人の雀友、兄弟、私どもの家族と共に過ごさせていただきました。移り変わりは世のならい、いたし方の無い事かもしれませんが、あの一時期の思い出は心の中に残しておきたいと思います。家庭麻雀のおかげで難しい年頃の子供たちとのコミュニケーションもスムーズに、親子の絆も深くなっていけたのでは……と思っています。（お名前不詳）

◎小学生の頃、両親とよく来た湯河原荘。あれから随分と月日は流れ、私は現在、小学校教員として働いております。（中略）父は7年前に亡くなったので、今回は母を連れて2人で来ました。懐かしい佇まい、おいしい食事、温かくきれいなお風呂、そして従業員の方のお心遣いにとても癒されました。いつまでも、心にその思い出は残り続けるでしょう。（西東京　白石様）

◎何回となくお世話になりましたが、いつも嬉しく楽しく記憶しております。

50年以前のことですが、とびうおの唐揚が優れて美味であったことを思い出します。

細かい注文によく応えてくれました。御礼申しあげます。ほんとうにご苦労様でした。これまでのご精励を深謝申し上げます。（元局長3名様）

◎20年前、夫婦で来て大喧嘩となり別々の電車で帰った。今は仲良く宿泊している。20年間夫婦でいろいろあったが、重苦しい日々を楽にしてくれた。（H・A生様）

夏休みの8月1日から20日まで「ちびっ子縁日」を開催

◎湯河原荘はいつ閉館になるのかと思っていましたが、やはり寿命はあったようです。長い間ありがとう。酒、ビールありがとう　みかん狩りありがとう　残念、残念です。（元中央区　鈴木様）

◎昭和20年代時、木造の湯河原荘を思い出します。

部屋の窓から、通りに売りに来た納豆屋さんを呼び止め、帯をつなぎ納豆を買ったこと。

また、時間制限（門限）を超え、裏から屋根をつたい部屋に入ったこと。いろいろと思い出はつきないことで一杯です。20代の良い悪いといろいろでした。この保養所がなくなるということは本当に残念です。（元建設局　境田様）

◎湯河原荘は3回目です。とても楽しかったです。とくにお風呂が気持ちよかったです。もうすぐなくなっちゃうのが残念です。ありがとうございました。（小学校5年生　三宅様）

ゲーム機に興じる子ども

◎私と同じ年の湯河原荘。親子四代にわたり利用させて頂きました。幼い頃、胸躍らせて新幹線を眺めたこと。（当時は）真っ白な石のプールみたいに広いお風呂に感激したこと。

宿泊したときにしかさせてもらえないゲーム機を心待ちにしたこと…。楽しい家族との思い出がたくさん詰まった湯河原荘。閉館すると聞いて我が家がなくなるように寂しい限りですが、39年間ありがとうございました。湯河原の街もまた訪れたいです。（30代　お名前不詳）

◎とってもホッとし、自分の自然体でいられのんびりできるとてもよい宿泊施設でした。

それは、スタッフ全員でつくりあげてきた内容だと思います。無くなるのはとても残念です。長い間、私たちのために素晴らしいやすらぎを与えて頂き感謝いたします。ご苦労様でした。ありがとう……ありがとう……（M・N）

◎下の娘が3歳位のとき、父母と娘2人で湯河原荘に来ました。

その父も90歳で他界し、今日は89歳の母と下の娘と来ました。

この間、父母の健康も湯河原荘のお陰だと思い、いつも感謝しております。（川崎市　荒川様）

◎昭和28年に初めてお世話になり、その後は夏季に抽選に当たった時などはうれしく、家族一同で来ました。当時、海まで出かけ、夜は花火もあったと想います。（80〜70代　お名前不詳）

◇

いつまでも湯河原荘が皆様の思い出の中に残ってくだされば幸いです。（都職員共済組合事務局事業部厚生課保養係長　丸山弘之）

地方公務員のための英会話学習法 ▶▶▶④

上達の3原則㊦

先山　△原則Ⅱ▽は、文法‥単語‥会話の能力を、バランスよく高めていくことです。あなたの語学力は、この三つの要素のうち、最も劣っているもので決まります。

「文法にこだわっているからだめなんだ。とにかく話せ」という方法が、よく推奨されます。でも、中学・高校で文法の授業時間を減らして、その分を会話に振り替えても会話力が高まるとは限りません。なぜなら、初心者が話せない主な理由は、文法力・単語力の不足だからです。

たとえば、「昨日は大雨だったので、一日中家にいました」と言いたい場合、基本的な文法力、単語力がないと苦労するでしょう。「とにかく話す」という考えによれば、「yesterday big rain a day I am home」なんて形でもよいことになる。英会話学校の講師とのマンツーマンの対話なら、「Nice job!（よくできました）」なんて励ましてくれるかもしれませんが、実社会では通用しないでしょう。

「とにかく話す」のではなく、じっくり考えて、「天候は、主語がitで、過去形だからrained、『いた』はstayedになるかな。『大雨』『一日中』は、辞書で調べてみるか。似たような例文はないかな?」と丁寧に文章を作る努力を続けたほうが、結果として上達が早いと思います。今日は話せなかったとしても、次回の大雨の翌日には必ず話してやる、とリベンジを誓うことです。

たしかに、文法や単語のみを勉強するのは退屈です。しかし、幸いなことに、今の英会話教材は物語や会話をベースにして、ついでに文法や単語の知識を深めていこうとするものが主流です。これらの教材を活用すれば、丸暗記する学習法で苦労する必要はありませんので、御安心下さい。

最後に、△原則Ⅲ▽の「楽しむ、しかし楽はしない」です。つまらないことは、なかなか続けられないものです。面白い、楽しいと思えることを見つけましょう。そして、その楽しいことを「てこ」にして、総合的に語学力を高めていくことです。

英語の歌、映画、新聞、観光情報、エッセー等、素材はいろいろあります。若い人は、英語の歌や映画に接する機会が多いので、初心者でも原音に近い「かっこいい」発音ができる人がいます。英語版観光パンフレットはやさしい英語で書かれているので、中級者にとって無料の教材として活用できます。英語学習のテキストや日本で発行される英字新聞には、日本と西洋の文化の違い等についてのエッセーがよく掲載されています。「ニホンジン、ココガオカシイデース」といったノリです。文化の違いに気づき、外国人との会話に生かせる内容です。日本人読者を意識してやさしい英語で書かれていますので、ぜひ、読んでみて下さい。

しかし、楽をしていては上達はありません。とくに初級レベルの方はわからないことだらけで、その度に辞書を引くのが苦痛だと思います。でも、スポーツでも学習でも、初心者には基礎をマスターするための単調な練習が必須なのです。頑張って少しずつ上のレベルに挑戦してみて下さい。たとえば映画のDVDなら、最初は日本語字幕で意味をつかみ、次に英語字幕でチェックしてみるのが有効です。英字新聞なら、最初は興味のある記事だけ読むこととして、慣れてきたら少しずつ別のセクションにも目を向けてみましょう。

（荒川区福祉部介護保険課課長補佐　小山弘）

本屋のお勧め本

相手を理解し自分の欠点を知る

一歩街へ繰り出すと、「スヌーピー」を見ない日は「ない」と言うのはオーバーな話だろうか? 意識してみると、私達の生活の中で、至るところにスヌーピーが出てくることに気づくはず。それは、道ですれ違う人の服の絵柄であったり、暇つぶしに書いたとしか思われない便所の落書きにまで登場したりする。要するに、あらゆるところでスヌーピーは私達の目の前に姿を現し、生活の一部となっているのだ。

スヌーピーが登場する漫画『ピーナッツ』は、著者のシュルツが亡くなるまで、50年間連載が続いた。こんなに長く人々に読まれ今でも愛されているのは、スヌーピーの愛くるしいキャラクターはもちろんのこと、それ以上に、この漫画に登場する人物一人ひとりが、私達現実の世界の人たちと近いものを持っているからだと、『スヌーピーたちの性格心理分析』（講談社プラスアルファ文庫）の著者A・J・ツワルスキーは説明する。

いつも自分に自信のない「チャーリー・ブラウン」、すぐ人のせいにする「ペパーミント・パティ」、不機嫌で怒りっぽい「ルーシー・ヴァンペルト」、そして夢想家の「スヌーピー」。

実際、自分の周りを見渡せば、このような困った人たちは数多くいるし、もしかしたら、それは自分のことであるかもしれない。だからこそ、『ピーナッツ』は読者に親近感を与えるのだ。

心理学者の著者ツワルスキーは、これらの好ましくない特徴を持った登場人物の性格を一人ひとり分析し、現実に出くわすかもしれない前述の特徴を持った人達への対処法や、自分がこのような欠陥を持っていないかをチェックする指標を、実際に漫画を使いながら説明してくれる。

相手がどうも心を開いてくれなかったり、少しでも人間関係に圧力を感じているのなら、この本を手にとって見て損はない。

自分とは反りが合わない人間を嫌う前に相手を理解する努力と、自分を理解してくれない人に腹を立てる前に自分の欠点を知る努力、その二つを実行してこそ、よりよい人間関係を構築できるとこの本は教えてくれる。

（三省堂書店都庁店　飯田紀男）

■都庁ベスト5

三省堂書店都庁店
2008／11／21〜28

①ミシュランガイド東京（日本ミシュランタイヤ刊、2415円）
②家庭医学大事典（小学館刊、6825円）
②歴史手帳（吉川弘文館刊、900円）
④るるぶ東京都バスで散歩（JTBパブリッシング刊、940円）
⑤竹中式マトリクス勉強法（竹中平蔵著、幻冬舎刊、998円）

みにがいど

◆中山寛文・三津山喜久雄「魅惑な風景Ⅱ」写真展　▽日時　12月21日（日）〜27日（土）午前10時30分〜午後7時※初日は午後1時まで▽会場　東京交通会館2Fギャラリー（☎3215・7962）▽入場無料

◆青梅市平和事業・水越武写真展「知床・残された原始」　▽会期　12月10日（水）〜21日（日）午前9時〜午後5時※月曜休館・最終日は3時まで▽会場　青梅市立美術館市民ギャラリー▽入場無料▽主催　青梅市、世界連邦運動協会青梅支部▽問い合わせ先　☎0428・24・1195

◆日本文化体験塾セミナー（事業説明会）　▽通訳案内士や日本文化講師、会員・ボランティア・スタッフ等を募集▽会費　千円▽日時・会場　①12月10日（水）午前9時30分〜12時・ちよだプラットフォームスクエア（☎5259・8400）506号室②12月19日（金）午後6時30分〜9時・同501号室③09年1月21日（水）午後1時30分〜4時・同500号室▽米原亮三理事長が活動や参加方法等を説明▽問い合わせ先　☎090・1607・5099、メールアドレスinfo@ijce.com

◆東京国際フォーラム・クリスタルイルミネーション　▽〜09年1月4日（日）午後4時30分〜11時30分▽東京屋外広告コンクール等数々の賞に輝いたイルミネーションが今冬も夜空を彩る

都政新報

発行所 都政新報社
〒160-0023 東京都新宿区西新宿7-23-1 TSビル
〈総務・読者〉03-5330-8781
〈企画広告〉03-5330-8784
〈編集〉03-5330-8786
〈出版〉03-5330-8788
〈ファクス〉03-5330-8808
購読料 月1,680円(税込)
毎週火・金曜日発行
但し、祝祭日は休刊

紙面から

周産期医療めぐり各党論戦

NICU増床求める声相次ぐ

都議会代表・一般質問

都「連携病院」で病床確保

墨東・大塚病院で各3床増

都議会第4回定例会は9日に代表質問、10日に一般質問が行われた。代表質問には、三宅茂樹（自民）、大沢昇（民主）、藤井一（公明）、可知佳代子（共産）の4氏が立った。妊婦が病院の受け入れを拒否されて死亡した問題では、各党が取り上げて、周産期医療の充実を求めた。石原知事は、「問題の根底にあるのは、医師の不足」と述べ、国の対応を批判した上で、都立病院での産科医確保に向けた処遇改善や、NICUの増床など、周産期医療体制の強化を図る考えを明らかにした。

＝3面に関係記事

三宅氏は、「産科や小児科の医師が減り、現場の医師たちが限界ぎりぎりの激務に耐えながらがんばっている中、現場の工夫だけでは解決策を見いだし得ない」と現場の状況に理解を示した上で、「今回の事態は、産科医不足等の影響が周産期母子医療センターにも及び、最後の砦としての機能を十分発揮できない状況が招いたもの」と述べ、周産期医療施設の整備や医療人材の確保を都に求めた。

大沢氏は、「病院の経営上も、NICUが常に満床の現在でさえ、周産期医療は赤字といわれ、医師と病床がそろった確実な受け入れ態勢を整備していくきっかけとするには、やはり空床確保とその補償が必要」と述べ、本来は国がやるべきこととしながらも、「国がやらないのなら、都が行うべき」と指摘した。

藤井氏は、「ブロックごとの出生数に対するNICUの病床数には大きな格差がある。特に23区の東部や多摩地域では病床数が少ないなど、NICUの不均衡があるため、ブロック単位の対応を原則としている周産期救急医療体制の機能が十分生かされていない」と、実態を明らかにした。その上で、NICU病床数の少ないブロックを中心として、予算や人員確保などに積極的に支援すべきと都側に迫った。

可知氏は、「石原知事は国に責任を押し付けているが、知事はこの間、『医師はダブついている』などと暴言を重ね、国と同じ立場に立ってきた」と、知事の姿勢や「都立病院マスタープラン」を厳しく批判。「都立病院の現場が激務と人手不足で疲弊し、本来の役割を果たせない事態を招いた責任をどう考えているか」と答弁を求めた。

石原知事は、「ようやく国は養成定員を増やすこととしたが、現下の課題に対して即効性ある対応が必要だ」と述べ、周産期医療協議会や東京都医師会に現場の実情を踏まえた対策のとりまとめを依頼しているほか、庁内横断組織でも都民の視点から検証を行っていることを明らかにした。

また、都立病院では、産科医確保に向けた処遇改善に取り組むとともに、NICUの増床など周産期医療体制の強化を図る考えを示した。

安藤立美福祉保健局長は、「NICUの増床は急務」との認識を示した上で、施設・設備の整備補助を引き続き行うことや、新たに指定する「周産期連携病院」に医師や病床の確保に対する支援を行うと答弁した。

中井敬三病院経営本部長は、来年1月から墨東病院で3床増床すると答え、10日の一般質問でも大塚病院で09年度中に3床増やすと答弁した。09年度末に開設する都立小児総合医療センターには24床整備する予定のため、都立病院全体としては54床に増えるという。

三宅茂樹氏

大沢昇氏

藤井一氏

可知佳代子氏

答弁する石原知事

代表質問・主な質疑

【新銀行東京】 新銀行東京への資本注入も取り沙汰された金融機能強化法改正を巡り、大沢昇氏（民）は石原知事が参考人招致に応じない理由を追及。また、同行の経営者に参考人として出席を求めないのか質問した。これに対し、石原知事は「国会であれどこであれ、私は逃げも隠れもしない」と強弁。同行の経営者が参考人としての出席を拒否した点については、「銀行自らが判断することで、私が働きかけをする筋合いのものではない」と述べた。

他方、藤井一氏（公）は旧経営陣の責任について質問。石原知事は「外部の弁護士に委託して、新銀行東京が調査を進めている。都民の理解が得られるよう、厳正に対処していく」と答えた。年内を目途に調査結果が分かる見通し。

【認証保育所】 ㈱エムケイグループの認証保育所「ハッピースマイル東中野駅前園」が開園後2カ月で閉鎖した問題を、可知佳代子氏（共）が取り上げた。石原知事は「極めて遺憾だが、一部の事業者の不正をもって制度の根幹が揺らぐものではない」と強調。安藤立美福祉保健局長は、設置申請手続きで職員の雇用関係を確認できる書類の提出を求め、審査会メンバーに公認会計士を加えるなどして、審査を強化していると答えた。

同局は8日、保護者や関係自治体に何の説明もなく閉鎖したとして、同園の認証を取り消している。

【多摩のスポーツ振興】 東京国体を5年後に控え、三宅茂樹氏は味の素スタジアム西側の都有地に整備を予定している「武蔵野の森総合スポーツ施設」について質問した。秋山俊行生活文化スポーツ局長は、地元3市の意向を踏まえた上で基本構想をまとめ、09年度には基本計画の策定に着手する方針を示した。

【都営住宅】 国の法令改正に伴う都営住宅の家賃引き上げについて、只腰憲久都市整備局長は1年間延ばす方針を示した。また、国の経過措置を講じても負担の大きい世帯については7年間延長し、建て替えを伴う場合は最長11年間の経過措置期間を設ける方針。さらに、母子世帯などを対象とする特別減額についても、収入基準ごとに減額率を5年間かけて段階的に引き下げる考えを示した。

未知の脅威 ―新型インフルに備えて 中

体育館も特設の診療所に

医師・病床確保が難題

23区内に住む会社員男性が新型インフルエンザに感染。区内の感染症指定医療機関で入院治療を受けていた。間もなく区保健所の疫学調査で、立川市などのエリアを担当していた営業マンだったことが判明。JR中央線と多摩都市モノレールを使い、区部と多摩を往復していた――。

こんなとき、周辺市や保健所は、どう医療体制を組むのか。まず保健所は、感染者の家族や同僚など、接触者に疫学調査を実施。外出自粛を要請する。各市は、市医師会にスタッフの派遣を要請。「発熱した人は、まず電話相談を」。テレビを通じた広報などが繰り返し流される中、市内の保健センターや体育館に設営された新型インフルエンザ専用の診療所では、発熱の症状を訴える患者が、感染の有無を判定されていく……。

こうした想定をもとにした訓練が今、都内保健所を中心に行われている。狙いは、新型インフルエンザの患者を集約し、感染者を分散させないことにある。区市町村の「発熱センター」や医療機関の「発熱外来」が専従で、感染の疑いのある患者を診療する。感染が爆発的に拡大していない段階では、感染者は強制入院させ、「封じ込め」を徹底するという。

■想定の蓄積を

国内で、ヒト同士の感染が確認される段階になると、こうした特設の診療所が都内に何カ所も設置される。切り盛りするのは、防護服を身にまとった医師や看護師たち。さながら「即席」診療所の風景だ。

しかし、医療資源の確保は難題だ。一般的な発熱センターでは、1カ所につき医師2人、看護師6人で診療を行うシミュレーションだが、都民の3割が罹患すると言われる中で、医師等を確保できるかどうか。

パンデミック（大流行）期には、医療資源の確保はさらに深刻になる。都の流行予測などによると大規模流行期の1日の最大入院患者数は3万人弱で、都は半分を既存の医療機関、残りを体育館や駐車場などに設けた診療所で対応する考えだ。

しかし、実際に既存の医療機関のベッドをフル活用できるかは不透明だ。都内の既存病床は約8万7千床で、病床利用率は約8割のため、理論的には1万8千床程度の空きがある計算。しかし、病床利用率100％というのは、実際の病院経営ではあり得ず、その他の疾病もあることから、新型インフルエンザのために割ける入院ベッドは1万床程度ではないかと見られる。

また、妊婦や人工透析者などは、新型インフルエンザ感染者から隔離して治療を続ける必要があるが、現場には「妊婦が感染した場合など、完全に隔離するのは難しい」という不安がある。

国立病院機構仙台医療センターの西村秀一・ウイルスセンター長は「大流行期には、普通の医療機関も感染者を診療しなければならない。病床数が不足する事態に備え、学校や公民館での診療も想定し、各医療機関の役割を決めておく必要がある」と話す。

都は今年度内に、医療体制の確保策について、医師会などと協議を始める。「A病院は、新型インフルの患者を○人受け入れる」「B産院は、新型インフルの患者を受けない代わりに、他の病院の妊婦も診る」「新型インフル専用のフロアを作る」「呼吸困難を訴える患者が殺到したら」――。相手にするのは「新型」で、致死性も感染力も分からないウイルスだけに、想定外の事態が起きる可能性が高い。それでも今は想定を蓄積し、セーフティーネットを二重三重に張り巡らしていく以外にない。

新型インフル発生時には都立の感染症指定病院も総動員される＝11月20日、都庁の図上訓練で

地方分権

改革推進委員会が第2次勧告

国の出先機関で3万5千人削減

政府の地方分権改革推進委員会（委員長＝丹羽宇一郎・伊藤忠商事㈱取締役会長）は8日、国の義務付け・枠付けの見直しと条例制定権の拡大、国の出先機関の廃止による3万5千人程度の出先機関職員の削減を求めた第2次勧告をまとめ、麻生首相に提出した。

義務付け・枠付けについては、約500法律・約1万条項のうち、委員会として国に義務づけ・枠付けを残すか否かを判断。約4千条項について、地方自治体の条例制定権の拡大を図る方向で見直しが必要と整理した。

出先機関の廃止については、地方農政局、経済産業局、地方整備局、北海道開発局、地方運輸局、地方環境事務所を廃止。地方に移管せず国に残す事務・権限を処理する組織として、公共事業の実施機能以外を「地域振興局（仮称）」、公共事業の実施機能を「地域工務局（仮称）」に統合する。都道府県労働局は廃止して、ブロック単位機関に集約し、地方厚生局と統合。中央労働委員会地方事務所は廃止する。

「地域振興局（仮称）」と「地域工務局（仮称）」には、地域との連携やガバナンスの確保の仕組みとして、管轄区域内の関係地方自治体から成り、法律上明確に位置づけた「地域振興委員会（仮称）」を設置する。

これらの改革を通じて、国の総人件費改革などによる約7700人の人員削減に加え、直轄国道や一級河川の地方への移管、農林統計等の農政関係の事務の見直しを中心に1万人程度を地方へ移管する。将来的には、国のハローワークや公共事業関係の職員の地方移管を行うことなどにより、出先機関職員約9万5千人のうち、合計3万5千人程度の削減を目指す。

人員の地方移管などに向けた準備期間は、3年程度。同委員会では、勧告の方向に沿って、改革の実現に向けた工程表となる計画を08年度内に策定するよう政府に要請した。

麻生首相の身の丈に合った勧告

【解説】「3万5千人」という数字は、第2次勧告の文案を議論する最終日の土壇場で、丹羽委員長からの提案で盛り込まれた。ボリューム感を明確にした意味でも重要だが、その数字の意味するものは奥深い。

例えば、直轄国道の移管については、国交省の思惑通りに人員を算定すれば1300人だが、人口30万人未満の都市やそれらを連絡する指定区間を移管すれば、加えて1300人削減となる。整備が概成した直轄国道も対象とするよう求めており、それらを移管すると、さらに1100人。

3万5千人という数字は、これらをすべて達成しないと計算が合わなくなるよう試算されている。出先職員は全体で9万5千人しかいないから、政府が工程表を策定する際に全体の数字にこだわれば、踏み込むべきところに踏み込むしかない。

分権委や全国知事会の要求に対して、省庁側はゼロ回答で抵抗した。今回の勧告は、抵抗の傷跡がくっきりと浮かんだものとなった。だが、分権委としてのギリギリのこだわりは残した。

石原知事は代表質問に答え、「見直しの基本的な考え方は、妥当な踏み込んだものとなっている。今後、霞が関の激しい抵抗が予想されるが、真の地方の自立に向けて、具体的な改革が進められなければならない」と評価した。現在も直轄国道と一級河川の移管について、国交省と都道府県が協議している。具体論はこれからだ。そして、政治の力が大きな鍵を握る。

丹羽委員長は「実現性、実行可能性を勘案した」と語った。政局が不安定な麻生政権の身の丈にあった勧告かもしれない。逆に言えば、この程度の勧告が省庁の抵抗で頓挫するのであれば、首相のリーダーシップが問われるばかりか、現政府の政権担当能力を疑う。（地）

都政の東西

緑化の切り札

市街地で消えていく緑の創出は、都市部の自治体の共通の課題。このため、最近注目されているのが緑化地域制度だ。04年の都市緑地法改正で創設された。

自治体が都市計画で緑化地域を指定し、その地域内で一定規模の工場、事業所を新増築する場合、建物の高さや容積率と同様に、緑の量にも規制を設けることができる。建築確認の際、緑が足りなかったら、建築に「待った」をかけられる画期的な制度だ。現在、名古屋、横浜両市が導入しており、都内では世田谷区が10年度の導入を目指している。

世田谷区は、緑化地域を区内ほぼ全域と定め、300平方メートル以上の敷地につくる建物を対象に、区への届け出を義務づける。住宅地である同区がこの制度を導入するのは、今もマンション建設が盛んで、2032年までに区内に緑や公園などが占める「みどり率」33％の達成が危ぶまれているからだ。

区内に緑が占める緑被率で見ても、世田谷区は73年が33・85％、06年は24・01％で1割も減少。緑創出が宅地化を上回らない限り、増加傾向に転じるのは無理だが、この制度が緑喪失に歯止めをかけられるのは確かだ。

名古屋、横浜両市の規制と比べると、世田谷区の方が厳しい。これまで区では、みどり基本条例で企業などに緑の創出、保全に努めるよう求めてきたが、強制力はなかった。喫緊の課題への対策に実効性を持たせるため、お願いごとでしかない条例では成果を上げられないと判断した。

緑化地域制度は、他区でも積極的に導入を検討すべき制度の一つだ。都市部で緑の果たす役割は、「最後の公害」と呼ばれるヒートアイランド現象の緩和など大きい。失われる緑を残すため、使える手法はすべて使って、まちづくりを進めていく時だ。

冗句ジョーク

何とかボーナスも出て、そろそろ忘年会モードへ

日取りを変更した幹事
「弱ったな、連絡すると文句をいわれそうなメンバーが1人いるんだ」

内定取消し相談員

3区で将来負担比率がプラス

健全化判断比率 借金多く、基金少なめ

都総務局は11月28日、2007年度決算にもとづく都内区市町村の健全化判断比率を発表した。区部では、将来負担比率で、墨田、目黒、豊島の3区がプラスとなり、地方債残高が多く、その一方で基金は少ない傾向がうかがえる結果となった。学校改築や公園用地の買い取りなどが借金負担として残っている。

健全化判断比率は07年度決算から公表が義務付けられた。都内区市町村では、四つの指標のうち、「実質赤字比率」と「連結実質赤字比率」は、全団体とも赤字額がないため、ハイフン表示。「実質公債費比率」も早期健全化基準25%以上の団体はなかった。ただ、借金や将来負担する金額と基金とのバランスを示す「将来負担比率」では、3区28市町村がプラスとなり、地方債残高が多い一方で基金は少ない傾向が明らかになった。

3区のうちでは、豊島区が最も高く8・9%、次いで、墨田区が7・7%、目黒区が2・8%。将来負担比率の早期健全化基準は350%以上なので、それに比べればかなり低い数値にとどまっているとはいえる。

3区にプラスになった要因や対策を聞いた。

豊島区は、土地開発公社に対する債務保証が残っている。昨年度末で約125億円の未償還金がある。内容は公園や児童遊園の用地取得が主なもの。同区は他区と比較して公園が少ない。土地開発公社が用地の先行取得をしたが、区の財政状況が厳しく、思うように買い戻すことができずにきた。しかし、高野之夫区長は「未償還金は負の遺産」との認識だ。未償還金の返済は、当初計画では、02年度から元金3年据え置きで21年度までの20年償還の予定だったが、高野区長は、今年の第1回定例区議会の予算特別委員会で「今後、3年間で返済を終えたい」との方針を示した。

墨田区は、地方債残高が335億円、退職金支給予定額が221億円である一方、積立金と定額運用基金の総額が154億円しかない。起債の主な要因は、学校の改築経費51億円、錦糸町北口再開発45億円など。同区では今後、12年春に開業予定の東京スカイツリー関連事業や学校耐震化などへの費用もかさみ、「ここ何年間かは財政運営が厳しくなる」とみている。基金残高は一時的に低くなる。しかし、昨年度末で53億円の財政調整基金を15年度までには100億円にする目標だ。

目黒区は、1997年から3年間で碑文谷公園などの公園の取得に300億円弱かかった。それが現在も後を引いている。昨年度末の地方債残高は607億円。区では「これから数年で償還が終わる。今後は大きな起債がないように努力している」と話す。

都総務局区政課によると、07年度決算において、特別区債現在高に債務負担行為の翌年度以降支出予定額を加えた額から積立金現在高を差し引いた将来にわたる財政負担は、23区全体では対前年度で96・6%減少し、89億9300万円だった。ここでは、台東、墨田、目黒、世田谷、中野、杉並、豊島、北、荒川、板橋、練馬、足立、葛飾の13区で将来的な財政負担額がプラスになっている。高い方から順に、目黒区の約441億7千万円、世田谷区の約428億6千万円、練馬区の約411億5千万円。

区政課では「（区の主要な財源となっている）都区財調交付金は、今後、減る傾向にある。財政運営に慎重を期すためにも、今回の結果を分析して、今後の運営に生かすことが必要」と話している。

係をグループ選択制

来年度から 課長判断で導入可能へ

豊島区

豊島区は来年度から、各課の係をグループに変更可能にする制度を本格実施する。グループ制の導入は、23区のうち6区目となる。

現行の係制度では、課内の係により業務量のアンバランスなどがあるにもかかわらず、縦割りのため解消が難しく、65%の職員が問題視していた。そこで、区は06年度からグループ制を試験的に始めた。同制度は、年度途中でもグループの新設や廃止が可能で、臨機応変に編成すれば、職員削減が進む中でも効率的な運営ができるという。

07年度に試行した30課の課長にアンケートを行った結果、業務分担で「メリットがある」が43%、「どちらともいえない」が43%だった。毎年、業務内容が変わる文化商工部などの事業系がメリットを実感し、少人数の係ほど判断がつきにくいという傾向が出た。

例えば、広報課では今年10月にホームページをリニューアルした際、ノウハウのある職員をホームページグループに約1カ月間配置し、やや難航していた状態が改善し、予定通りに開設した。

一方、「デメリットがある」は13%だった。特定の職員に業務が集中したり、複数から指示される職員が業務の優先順位をつけられなかったり、職員にグループ制への理解が高まっていないなどの問題点を指摘した。課長のマネジメント能力の向上、職員の意識改革などが求められている。

さらに、09年度以降の導入について68課を対象にしたアンケート調査では、「各課長の判断で導入する」が7割を超えた。そこで区は、課長判断による導入を決めた。

低炭素社会へ踏み出そう

来年2月に環境フォーラム

特別区協議会

特別区協議会は9日、環境フォーラム「低炭素社会の実現」を来年2月13日に九段会館で開催すると発表した。

政府が今年7月末に閣議決定した低炭素社会づくり行動計画では、2050年までに温室効果ガスを現状より60〜80%削減する目標などを示した。同協議会の入澤幸事業推進課長は「低炭素社会実現に向け、具体的に何ができるか。今回のフォーラムがそのきっかけづくりになれば」と期待する。

フォーラムでは、小宮山宏東京大学総長の基調講演、国立環境研究所の西岡秀三特別客員研究員の提言、枝廣淳子環境ジャーナリストや足立区の定野司環境部長らがパネリストになり、私たちに何ができるのかをディスカッションする。ホームページ（http://www.research.tokyo-23city.or.jp/）などから参加申し込みが可能。

庁議室が災害対策本部に

葛飾区 老朽化庁舎の課題山積

葛飾区は4日、老朽化した庁舎の課題を区議会総務委員会で明らかにした。大震災が起きた場合、区の機能の不安要素が浮き彫りになり、庁舎整備の検討が急務となっている。

庁舎本館と議会棟は1962年、新館は75年に建設され、それぞれ築46年、33年になる。98〜00年に耐震補強工事を3棟で実施し、新耐震基準をクリアしている。だが、コンクリートの寿命が50年とも60年とも指摘されている中で、築46年の建物の老朽化は着実に進んでいる。そこで、部課長らでつくる総合庁舎整備検討委員会が6月に設置され、防災上、機能上の課題などをまとめた。

防災上では、災害対策本部が庁議室で代用されているため、被害状況を把握するシステムを備えた専用部屋が確保されていない問題点がある。また、空調機器、外壁、天井、床などの老朽化や耐震性能にも懸念があるという。

機能上では、廊下の幅が狭く通行しにくいため、ユニバーサルデザイン上の課題がある。また、職場スペースはIT機器などの設置で手狭になり、書庫スペースの不足で物品などが机の横などを占領し、狭さに拍車をかけている。

さらに、老朽化している庁舎では、太陽光パネルの設置なども困難と指摘している。

抜本的な全面改修が必要で、現在実施中の劣化診断を経て、改修と建て替えの比較など、今後の庁舎整備の方針を検討していく。

選挙カーの燃料代請求

伝票控添付など義務化へ

公選法規則の見直しで

総務省が10月3日付で公職選挙法の施行規則の一部を改正し、選挙用自動車（選挙カー）の燃料代の公費負担分について、実費支出を証明する伝票の写しの提出や関連書類への選挙カーの登録番号（ナンバー）の記載を義務づけた。この改正を受けて、都は11月に選挙執行規程を改正。各区も規程の見直しを進めている。従来、燃料代の不正請求の実態がうやむやになってきた面があるが、規程の改正は、不正の予防に加えて、責任追及の厳格化も期待される。

選挙カーの燃料代に関する公費負担制度は、1975年に導入された。これは、候補者側が燃料供給業者と事前に契約し、選挙期間中に自動車を使用する旨と合わせて選挙管理委員会に報告。選挙後に▽給油日▽給油量▽金額――を記載した「使用証明書」を作成して、業者が同証明書などを添付して国や自治体に代金を請求する仕組みだった。しかし、「伴走車両の燃料代を加えた」「上限額分を毎日給油した」など、不正請求が判明するケースが全国で続出したため、総務省は、公職選挙法の施行規則を10月3日付で改正した。施行規則の改正は、燃料代の公費負担制度の導入以来、初めてという。

改正後は、給油対象の車両を明確にするために、請求に関連する書類には対象車両のナンバーを記載し、使用証明書や請求書などには、給油日、選挙カーのナンバー、給油量、金額などを明記した、給油時ごとの伝票の写しの添付が、義務化された。

◆都選管も規程改正

総務省の施行規則の改正に則して、都の選挙管理委員会は11月11日付で、都知事選や都議選に関する選挙執行規程の一部を改正した。給油伝票の写しの添付などに加えて、使用証明書の様式を変更し、選挙カーのナンバー記入欄を設けた。新しい規程は、来年の都議選などから適用される。

05年の都議選では各候補者に燃料費の水増し請求の疑いが生じ、07年に60人が返還に至った。都選管は07年12月27日に、業者側が提出する「請求内訳書」について、選挙カーのナンバー記入を義務化していた。

◆千代田区が11月改正

区部では、墨田、豊島、練馬、世田谷の4区で、区議選候補者などの水増し請求疑惑に住民監査請求が起こされ、候補者側からの返還が相次いだことなどから、各区の選管は燃料代の取り扱いに慎重になっていた。公職選挙法の施行規則の改正などについて、区部選管の関係者は「23区で統一的な取り扱いを検討中だ」としており、国や都の規程に則した改正が見込まれる。

来年2月に区長選の実施を控えた千代田区は、11月25日付で区の選挙執行規程を改正。改正内容は「都の執行規程の内容に即した」（選管担当者）といい、立候補予定者への事前説明では、変更点について、詳細に説明を加えたいとしている。

来年11月に区長選を実施する葛飾区は「他の区など動向を調査しつつ、今年度中の規程改正を目指す」とする。選管事務局で素案を策定後、選挙管理委員会の承認を得て公表を予定している。

11月9日に区長選と区議補選を実施した荒川区は、区の選挙執行規程の改正前だったため、従来の規程内容に基づき実施したという。選管では「立候補者への事前説明では、公選法施行規則の改正内容を伝えた。先々で確認などを行う場合もあるため、伝票の厳重保管を要請している」としている。同区は今後、執行規程の改正を実施する方針という。

規定の見直しで燃料代の不正請求は撲滅できるか（写真は本文と関係ありません）

小学校跡地活用 大学など誘致へ

板橋区

板橋区は8日、旧区立若葉小学校（若木3丁目）の跡地利用で、大学などの学校法人に貸与する方針を決定した。8日開催の区議会公共用地等活用調査特別委員会で区側が報告した。

旧若葉小は05年に廃校。最寄り駅は都営三田線志村三丁目駅。板橋区が貸し付ける跡地は、敷地面積が約1万平方㍍で、4階建ての校舎2棟、3階建て校舎1棟などがある。定期借地権方式による貸し付けで、期間は50年間。借地料は月額約139万円とする。

区は16日に応募要領を発表して公募。提案に基づいて事業者を今年度中に選定。来年8月以降、事業者側に土地建物を引き渡す予定。応募資格は学校法人などに限定しており、「防災、地域活性化、緑化促進に協力してもらえる大学などを誘致したい」としている。学校跡地の活用で、プロポーザル方式の事業者選定は、同区では初。

「グーグルマップ」から 特養利用者の情報漏れ

足立区

足立区は9日、特別養護老人ホーム「プレミア扇」（扇1丁目）の利用者92人の個人情報がインターネット検索大手の無料地図サービス「グーグルマップ」で07年9月から閲覧できる状態になっていたと発表した。

プレミア扇は、ショートステイ利用者を送迎するために、グーグルマップ上に目印、氏名などを保存できる機能を使い、荒川、足立、葛飾3区の利用者の氏名と住所を書き込んでいた。だが、これらの個人情報を「公開」で登録していたため、一般公開されたという。区は8日に、区民から個人情報が漏えいしているという通報を受け、プレミア扇が削除した。

区は10日、介護保険事業者に注意喚起の文書を送り、グーグルマップを使っていた場合は報告を求めている。

レジ袋削減を 懇談会が提言

北区

北区の消費者と事業者、区担当者で構成する「東京都北区3R懇談会」（座長＝飯高義明・前㈳全国都市清掃会議調査普及部課長）が10日、レジ袋削減策などを提言した最終報告書をまとめ、区に提出した。

提言の主な内容は、▽選択制のレジ袋有料化を含む「レジ袋削減店登録制度」創設▽中小規模の小売店などへの補助事業の実施▽レジ袋NO宣言の実施――など。報告書を受け取った生活環境部は「提言に基づき、来年度から本格的な事業展開を目指す」としている。

児童名簿入り メモリー紛失

江東区立小学校

江東区教委は、区立第一亀戸小学校の女性教諭（58）が担任する6年生37人分の児童名簿（氏名、住所など）を保存したUSBメモリーを紛失したと9日に発表した。10日現在、まだ見つかっていないという。

女性教諭は今月2日の始業前、USBメモリーを使った後、かばんに入れたつもりが、4日夜に自宅で入っていないことに気づいた。翌日、小学校、研修会の開催地などを探したが、見つからなかった。8日、区教委などに報告し、児童37人の保護者に謝罪文を配布した。

個人情報の入ったUSBメモリーを持ち帰る場合、校長の承認が必要だが、今回は得ていなかったという。

区教委は10日、区立幼稚園や小中学校に、再発防止を徹底するため、文書を配布した。

建物の色彩制限開始

千代田区

千代田区は10日、地区計画で指定された麹町地区などで建物や広告の色彩、用途、高さなどの制限を始めた。

皇居に近い麹町地区では、高さ45㍍を超える建物の外壁に原色に近い赤、黄などの使用、屋外広告は皇居付近で原色、商業用を禁止した。

指定地区で、区の認定を受けずに着工した場合は50万円、違反が見つかっても施工停止や是正勧告に従わない場合は30万円の罰金が科される。

記者席

恩師を前にみせる新成人

○……品川区は、子どもたちによる公園づくりのワークショップをスタートさせた。今年4月に品川区基本構想が策定されたことを記念して、子どもの自由な発想を取り入れて公園をつくろうというもので、全国的にも珍しい取り組みという。ワークショップには3倍を超える応募があった。抽選で、小学校3年生から5年生までの男女各15人が選ばれ、このほど初顔合わせがあった。区職員や学生が子ども役となり、5年生がお父さん、お母さん、3年生、4年生がおじいちゃん、おばあちゃんになった「あべこべ家族」を構成。次回からは街に出て、商店街や街の人へのインタビュー、障害者から話を聞いて、バリアフリーの考えを学んでいく予定だ。

○……文京区が2011年に改築を決定した区立第六中学校は、民主党の小沢一郎代表や荒川区の西川太一郎区長などの母校。英語教育者で東京外国語大名誉教授の故若林俊輔氏が教鞭を執った時期もある。東大本郷キャンパスに近く、連携教育事業もあり、人気公立校になっている。しかし、1947年の開校時は現校舎（当時は区立誠之小学校）の一部を借用してスタート。その後も近隣各校に間借りした分校を置くなど施設確保に苦労し、全校がまとまれたのは61年以降だった。それゆえ、当時を知る関係者は、校舎への愛着も強いという。ただ、築75年の校舎は耐震基準に問題があり、老朽化が進む。改築決定に、「ようやく」と思う人の一方、「ついに」と感慨に浸る人も多いようだ。

○……来年の成人式の案内が、各市の広報紙に踊っている。新成人式研究会から3年連続優秀賞の調布市は、新成人たちの中学時代の教師を招いているという。「立派になったなぁ」などと肩をたたかれる元生徒たちは、恩師を前に、自然とその言葉を裏切らない行動をとるそうだ。その様子を知る市の職員も「本当にいい式なんです」と誇らしげ。実行委員会形式で創意工夫にあふれた式は、各自治体が競う新たなイベントだ。

東京ミニマムで研究校

都議会代表質問

全小中校に成果を提供

大原正行教育長は、9日の都議会代表質問で、児童・生徒の学習のつまずきを防ぐ指導基準（東京ミニマム）について、実践的な研究を行う「確かな学力向上実践研究推進校」を指定する一方、指導事例集を作成して活用を図ると答弁。また、来年度からスタートする新学習指導要領と児童・生徒の実態を踏まえ、「東京ミニマム」を改訂していく方針を明らかにした。いわゆる「小1問題」対策については、就学前教育プログラムの作成と幼稚園・保育所のカリキュラム開発に取り組んでいく考えを示した。

就学前教育プログラムも

都教育委員会は、2003年度から実施してきた学力調査結果をもとに、学習に遅れがちな児童・生徒の実態を分析。その結果、学習のつまずきの原因は「かけ算と引き算の理解が不十分」「主語と述語の関係など文のつくりが分からない」など、基礎的な事項が身に着いていないことであることが分かった。

このため、学習のつまずきを防ぐための指導基準「東京ミニマム」を作成。当該学年で確実に身に着けないと、その後の学習でつまずく事項を明らかにするとともに、つまずきを防ぐ指導のポイントや段階的な指導内容・方法などを示した。

これを踏まえ、三宅茂樹氏（自民）は、「東京ミニマム」を活用した取り組みを推進するには「教員の理解」と「家庭の協力」が重要だと指摘。大沢昇氏（民主）も、「一年一年着実に教育内容が定着するような取り組み、遅れてしまった子どもが追いつけるような対策が必要」と強調し、つまずき防止への取り組みを求めた。

これに対し、大原教育長は「東京ミニマム」を活用した授業改善の実践的研究を行う「確かな学力向上実践研究推進校」を指定し、その研究成果を全公立小中学校に提供するとともに、指導事例集を作成・配布して、「東京ミニマム」を一層活用していくと答弁。あわせて保護者向けのパンフレットを作成・配布して理解を求めるとし、「学校と保護者が連携して児童・生徒の学力向上に取り組めるよう積極的に働きかけていく」とした。

また、大沢氏は「小1問題」を取り上げ、「小学校と円滑に接続できるような就学前教育の充実に取り組むべきだ」と主張した。

大原教育長は、現在取り組んでいる幼稚園の教員や保育士を対象とした研修、小学校と幼稚園の教員による指導内容・方法の効果的な連携の研究開発の成果を踏まえ、就学前教育プログラムを作成し、小学校と幼稚園との具体的な連携の方策を明らかにすると答弁。さらに、小学校への接続を踏まえた幼稚園・保育所におけるカリキュラムを開発するなど、就学前教育の充実に向けて具体的な対策を講じていくと述べた。

都議会の代表質問で答弁する大原教育長

ルノアールの巨大貼り絵

昭島市役所に展示

拝島高校生が共同制作

昭島市役所で現在、印象派の巨匠ルノアールの「ムーラン・ド・ラ・ギャレット」が3階まで吹き抜けのロビーいっぱいに展示されている。

これは、都立拝島高校の文化祭での伝統行事となっている「巨大貼り絵」。一滴の絵の具も使わず、小指大の紙をちぎって張り付けたもので、制作には美術部を中心に美術選択者や有志、そして卒業生の応援も含めて200人が携わった。

文化祭では横12㍍、高さは9㍍もの大きさだったが、今回は市役所に合わせ、左右を縮小。それでも圧倒的な存在感は変わっていない。訪れる人の目を惹いていた。

巨大貼り絵も今年で10回目。市役所での展示も7年目になった。また今年は、10月1日に東京都教職員研修センターで開催された「東京都教育実践発表会」でも展示された。市役所での展示は19日（金）まで。

教員免許更新制で連絡会

講習数確保などを大学に要請

都教育委員会は3日、教員免許更新制にかかる大学等との連絡会を、都教職員研修センターで開催した。講習の開設者となる大学等の更新講習に役立ててもらおうと、都教委が策定した教員人材育成基本方針や教員研修の内容を説明するとともに、同部選考課が調査した都内の更新講習受講見込み数などを示し、大学や独立行政法人などに協力を呼びかけた。

調査によると、更新講習受講見込み数は毎年7700人前後で推移。一方、受け皿となる講座数は、子供の変化や教育政策などの理解に関する事項である「教育の最新事情」が約1万7800人分、教科指導に関する事項が約2万人分と見込んでおり、対応できるとみている。ただ、通信講座による全国の受講者や過去に教員だった人の受講者など、把握しきれない増要因もあることから、実際の更新講習受講者はもっと増えそうだ。

2007年6月に改正教育職員免許法が成立し、来年4月1日から教員免許更新制を導入することが決まった。教員として必要な資質能力が保持できるよう、定期的に最新の知識技能を身に着けることが目的。来年4月1日以降に授与した教員免許状は10年間有効だが、有効期間が切れる前の2年間で30時間以上の免許状更新講習の受講・修了が必要となる。来年3月31日以前に免許状を取得した人も、更新制の基本的な枠組みが適用され、更新講習修了確認が必要な「修了確認期限」が付される。

更新講習を受講する人は、更新対象年となる2011年から20年までの累計で7万6052人と予想。その内訳は、免除対象を除く公立学校教員が3万7303人、公立学校の非常勤講師が2189人、私立学校教員が1万3560人、私立学校の非常勤講師が2千人、他県からの流入分が2万1千人となっている。

教育庁人事部選考課によると、一部近県で講習数の大幅な不足が指摘されていたが、それは解消されたという。また、私立学校の動向は不明のため、非常勤講師を公立学校と同数と仮定して全体数を推測した。過去に教員であった人らの受講対象者は把握できていない。さらに、急な採用に対応するため、講師採用候補者名簿の登載数を可能な限り増やす可能性があるという。

更新講習の受講を義務付けられている人の年齢構成をみると、小学校は全体的に55歳の年齢が多いが、14年以降は圧倒的に若年層が増加する傾向を示している。中高校については55歳層が多い傾向が続き、校種に関係なく年齢をみた場合は35歳層・31%、45歳層・29%、55歳層・40%の割合となっている。

このため、小中高同一の講習であれば、若干ベテラン向けの内容が、また学校種ごとに実施するのであれば、小は若年向け、中高はベテラン向けという講習内容が考えられる。

連絡会では、こうした分析データの他、教科ごとの受講見込み数や教員アンケート結果による希望する講習内容などを示すとともに、教員人材育成基本方針、都教職員研修センターで行っている教職員研修の内容を紹介。出席した大学等（約90団体・約150人）に対し、更新講習数の確保と教員の質の向上に結びつく講習の実施などについて、協力を求めた。

教員免許更新制で大学と都教委が連絡会＝教職員研修センターで

教員を育てる ③

――人材育成基本方針

学校におけるOJTの実践Ⅱ

■PDCAで推進

OJTは、日々の職務を通じて行う育成である。担当する職務のすべてが育成の機会となるため、いつでも取り組めるという利点がある。

しかし、その時々で必要な指導を行うにとどまり、3年後、5年後など、将来あるべき教員像を描き、必要な力を身に着けさせるという計画的な育成になりにくいという面も併せ持つ。

OJTを人材育成の有効な手段とするためには、次のP・D・C・Aをサイクルとして意識的・計画的・継続的にOJTを進める必要がある。

P（Plan＝計画）

一人ひとりの教員のOJTの目標と方法、育成担当者を明確にする

D（Do＝実施）

実施状況の確認をしながら進める

C（Check＝検証）

成果と問題点の検証を行う

A（Action＝改善）

次の計画に向けてOJTを改善する

このサイクルは、職務内容により、1年単位のものもあれば、短期間で終わるものもある。

■実施体制が重要

教員の育成は管理職の責務である。しかし、全教員のOJTを管理職だけが行うのは現実的ではない。校内におけるOJTを活発化させるためには、様々なノウハウを持つ教員一人ひとりの能力をいかに最大限活用するかにかかっている。実施体制の構築及び整備が重要となる。

実施体制をつくるポイントは2点ある。

1点目は、育成する者とされる者を明確にすることである。例えば、教諭の育成を主任教諭が、主任教諭のそれを主幹教諭が、主幹教諭のそれを副校長が担当するといったように、OJTの責任者を明らかにし、具体的な計画、進行管理及び評価を行わせる。責任者は、常にマン・ツー・マンで育成に当たるのではなく、被育成者の能力開発に当たり、もっとも適した者を人選し指導を依頼することも行う。

2点目は、校内の随所で展開されるOJTを調整し、管理職が常に進捗状況を把握できる場を設定することだ。OJTの責任者が一堂に会し、情報交換等を通じ、それぞれの行うOJTをより質の高いものにしていくと同時に、管理職が指導・助言を行う場とする。

都教育委員会は、主幹教諭はもとより、来年4月より任用を開始する主任教諭を、OJT推進のキーマンとして位置付けている。

詳細は、OJTガイドラインを参照されたい。

■自己申告を活用

OJTの成否は、それを受ける教員が、自己のOJTの目標をどのようにとらえて実行するか、実施後にどう振り返り事後の改善に生かすかが重要となる。

そこで、能力開発の場としてすでに行われている自己申告を活用する。管理職は、OJTの目標や評価について、教員と共通認識を図るとともに、OJTの責任者からの報告を参考にしながら、一人ひとりの教員に対し、OJTが適切に実施されるよう直接指導・助言する。

都教育委員会では、OJTの計画や実施・評価などを記入できるよう、現在、自己申告書の様式変更を検討している。

また、教員自身が必要性を実感し意欲的にOJTに取り組めるようにするためには、一人ひとりの教員にOJTについての理解と意識啓発を図る必要もある。そこで管理職には、学校経営方針（計画）の中でOJTについて明らかにしたり、職員会議等で説明したりするなどの機会を設けることを期待したい。

学校が、組織的に人材を育成をどこまで図ることができるかが、今後の学校教育のあり方に大きくかかわっていく。都教委は、OJTガイドラインが積極的に活用され、人材育成がより一層推進されるよう、今後も様々な支援を行っていく。

ＯＪＴの実施体制例

- 校長 ← ＯＪＴの全体責任者
- 副校長 ← ＯＪＴの推進責任者／主幹教諭のＯＪＴ責任者
- 主幹教諭　主幹教諭 ← 主任教諭のＯＪＴ責任者
- 主任教諭　主任教諭　主任教諭　主任教諭 ← 教諭のＯＪＴ責任者
- 教諭　教諭　教諭　教諭　教諭　教諭　教諭　教諭

主任教諭 ← 教諭のＯＪＴ責任者
教諭一人のＯＪＴを進めるに当たっての責任者。校長が指名する
◇　ＯＪＴの具体的な計画、進行管理及び評価を行う
◇　ＯＪＴ担当者や指導内容について立案する

教諭
学習指導……同じ教科担当のＡ教諭
生活指導・進路指導……生活指導部のＢ主任教諭
外部との連携・折衝……同学年のＣ主任教諭
学校運営・組織貢献……同じ分掌のＤ主任教諭

教諭のＯＪＴ担当者（例）
４つの力の育成について、実際の指導に当たる教員
◇　ＯＪＴ責任者が原則として主任教諭の中から人選し、副校長及び主幹教諭が校内調整を図った上で決定する

○　基礎形成期の教員に対しては必ず、伸長期の教員に対しても可能な限り、ＯＪＴ責任者・ＯＪＴ担当者を置くこととする
○　初任者にＯＪＴを実施する際は、指導教員をＯＪＴ責任者とする

教育支援の現場から ⑦

スポーツ推薦制度の課題

部活動を続けられなくなったら

今回は高校受験におけるスポーツ推薦について話したいと思います。そろそろこの時期になると、私立高校の推薦試験で高校の進学先を決めたという声が聞かれます。特にスポーツ推薦の場合、早いケースでは10月に、遅くても12月中には続々と合格者が発表されます。しかし、NPOの窓口には、私立スポーツ推薦で高校に進学した生徒の親御さんからの相談が頻繁に寄せられます。

部活動の盛んな私立校は、1学年に何十人という単位でスポーツ推薦による生徒を募集します。どのスポーツでもそうですが、実力のある者はピラミッドの頂点に上りますが、当然その結果、多くの部員がレギュラーになれないことになります。中途半端に運動能力があったために、自分の偏差値以上の高校にスポーツ推薦で進学した生徒は、勉強でも苦戦を強いられ、部活動でも実力者には勝てないという二重の壁に突き当たります。

合格した当時はスポーツのおかげで偏差値の高い高校に入れたと、嬉しい気持ちでいっぱいですから、こうした厳しい現実を想像することは難しいのです。部活動がうまくいっていれば問題ありませんが、なかなかレギュラーを取れない現実に気持ちが折れたり、最悪の場合、怪我などで復帰が絶望的になってしまうと、これは問題です。私どもが相談を受けた方は、口を揃えて「学校に居辛くなってしまった」と言います。スポーツ推薦で進学すると、部活動がうまくいかない限り、退学の危険性が非常に高くなってしまいます。

NPOでは関連事業として通信高校を併設していますが、その高校にも、スポーツ推薦で入学後、部活動で怪我をしてしまい、退学することになってしまった生徒が転入してきました。彼は全寮制の高校で野球をしていて、野球が生活のほとんどすべてでした。もともと足首が弱く、何度も怪我を繰り返した結果、ついに野球を断念することにしたそうです。野球漬けだった高校生活からのドロップアウトは、彼を学校に居辛くさせました。多くの通信高校はほぼいつでも転入を受け入れていますので、そういった生徒の受け皿となりえます。しかし、スポーツ推薦で入学を決めた生徒は、中学3年生の秋から実質勉強をしなくなってしまうので、都立などの全日制に転校したくても学力が足りないという事態に陥るケースも多くあります。

もう一つの関連事業で、不登校・再受験・転入希望者のための学習塾も運営していますが、そちらには、こうした全日制への転学を希望する生徒がやってきます。彼らの多くもやはり部活漬けの日々を過ごしており、学力は低く、小学校の範囲からやり直す生徒も少なくありません。当然ながら転学の道は険しいものになります。青春時代をスポーツに費やし、仲間とのかけがえのない絆を育むのは素晴らしいことだと思います。しかし、これからの長い一生を左右する大切な時期に、弱冠15歳ほどの若者がたくましい覚悟を持って進路を決定することは、とても難しいことなのだと痛感しています。

スポーツ推薦制度に関しては、高校側にも問題はありますが受験者も注意しなければなりません。スポーツ推薦での高校進学は、よくよく考えて決定しないと、多くの中退者を作ってしまうことにもなるのです。

不登校・高校中退・転編入のお問い合わせは、NPO法人教育支援協会連合会東京支部☎6806・8366。

（杉浦孝宣）

合格倍率の低下傾向続く

教育管理職選考　08年度合格者を発表

都教育庁人事部は5日、2008年度の校長選考・教育管理職選考・主幹教諭選考の合格者を発表した。＝4、5面に合格者名簿

校長選考は257人で倍率3・6倍、教育管理職選考は520人で1・4倍、主幹選考は614人で1・1倍となっている。前年度に比べて、校長選考の倍率はやや上昇したものの、教育管理職は低下。主幹教諭選考の倍率は前年度と同率だった。

校長選考の受験者数は926人で、第1次合格者数は554人、最終合格者数は257人となっている。これを校種別にみると、小学校が合格者数119人、倍率4・6倍、中学校が同84人、2・3倍、高等学校が同46人、3・4倍、特別支援学校が同8人、3・5倍で、小学校と特別支援学校の倍率が前年度をやや上回った。

教育管理職選考の受験者数は750人で、第1次合格者数は549人、最終合格者数は520人。選考別ではA選考の合格者数が92人、1・3倍、B選考が378人、1・5倍、C選考が50人となっている。B選考の校種別を含めて、教育管理職選考の受験者数は毎年度落ち込んでおり、倍率も低下傾向に歯止めがかかっていない。

主幹教諭選考については、受験者数が653人、合格者数が614人で、倍率は1・1倍。これを区分別にみると、区分Aは合格者数172人、倍率1・2倍、区分Bは同442人、1・0倍となっている。主幹選考の受験者数は2年前から増える傾向にあり、今年度は前年度に比べて12人増となった。

和田中テーマに合同研修

定通PTA連東部地区　保護者、OBら30人参加

都公立学校定通PTA連合会東部地区合同研修会がこのほど、都立蔵前工業高校で開かれ、約30人の保護者やOB、副校長らが参加した。この研修会は、都立向島工業高校定時制の奈良井潔副校長（同会事務局長・東部第2地区理事）と蔵前工業高校定時制の難波伸一副校長（東部第1地区理事）が企画・主催した。

講師は、マスコミ等で話題になっている杉並区立和田中学校地域本部副会長の高木弘子氏と同中学校保護者の会会長の内室和美氏。テーマは、▽地域本部の活動内容▽学校と地域本部及び保護者との連携・協力――の2点。和田中地域本部はリクルート出身の藤原前校長の提唱する「よのなか科」「夜スペ」など様々な先進的試みを地域・ボランティア等が学校を支援する形で行っている組織で、「土曜寺小屋」（土テラ）、環境整備、放課後図書館運営など幅広い活動を展開している。

まず高木副会長が地域本部発足のきっかけを話した。それによると、多忙な先生はなかなか生徒と接する時間がとれず、それをカバーする発想から地域本部が生み出された。生徒は授業が終わると、いったん自宅に帰り、また学校へ来てクラブ活動をする。その間、先生が責任を持てないためだが、その対策として図書室の居場所作りからスタートしたという。

杉並区も「子供の居場所事業」として予算化した。不登校の生徒も地域ボランティアと話すのが楽しくて学校に来るようになった。その後、土曜学校を作り、そこで教員免許を持つ保護者や教員を目指す大学生らが生徒の学習指導を行い、それが「土テラ」につながったという。

「夜スペ」では私塾と連携し、「もっと学びたい」と希望する生徒に対して多様な学びを提供。英語特別コースとして、英検3級と準2級の合格を目指し学校の授業と合わせて週7コマの英語教育も行っている。これらはいずれも実行委員会等を設け地域本部で支援・運営をしている。6年目を経過し、今後はこれらをいかに定着・継続させていくかが課題になる。

和田中保護者の会会長の内室氏は、地域本部と保護者の会との協力・連携関係を模索中で、今は「土テラ」だけに協力しているが、今後は運営・参加も含めてどのような支援体制を築いていくか話し合っていくという。講演を聞いた関係者は「学校への支援・協力体制のあり方や方法の具体的な手がかりを得ることができた」と感想を述べた。

地域本部の活動内容などを説明する本部副会長と和田中学校保護者の会会長

毎週金曜 3面は 教育オンライン

東京都公立学校校長選考合格者

【小学校】▽小駒俊(千代田区立千代田小学校)▽小林佳世(中央区教育委員会指導室)▽余郷和敏(中央区立阪本小学校)▽保坂登(中央区立豊海小学校)▽本田幸彦(港区教育委員会事務局庶務課教育政策担当)▽坂戸英樹(港区立芝浦小学校)▽勝沼康夫(新宿区立愛日小学校)▽堀江昌代(新宿区立戸山小学校)▽川島隆宏(文京区教育委員会教育推進部教育指導課)▽折本周二(文京区立小日向台町小学校)▽畑中秀夫(文京区立根津小学校)▽石井二郎(台東区立平成小学校)▽村山哲哉(墨田区教育委員会事務局指導室)▽田村満(墨田区立小梅小学校)▽平林久美子(墨田区立押上小学校)▽早坂ひとみ(江東区立砂町小学校)▽齋藤等(品川区教育委員会事務局指導課)▽守田由紀子(品川区立品川小学校)▽勝進亮次(品川区立第二日野小学校)▽沼田操(品川区立芳水小学校)▽立石敬三(品川区立大井第一小学校)▽小川純子(品川区立台場小学校)▽土屋勉(大田区立池上第二小学校)▽甲斐裕子(大田区立千鳥小学校)▽村尾勝利(大田区立洗足池小学校)▽金子尚子(大田区立都南小学校)▽鳥居洋子(大田区立仲六郷小学校)▽飯島俊之(大田区立矢口小学校)▽岩切洋一(大田区立南蒲小学校)▽後藤真司(世田谷区立桜小学校)▽萩野三智子(世田谷区立三軒茶屋小学校)▽宮崎倉太郎(世田谷区立松丘小学校)▽寺村尚彦(世田谷区立東玉川小学校)▽長谷豊(世田谷区立給田小学校)▽大字弘一郎(渋谷区立本町小学校)▽長田眞理子(渋谷区立鳩森小学校)▽伊野啓子(中野区立野方小学校)▽石出好範(中野区立中野昭和小学校)▽上田悦子(中野区立桃花小学校)▽筒井鉄也(杉並区教育委員会事務局教育改革推進課)▽塩澤由美子(杉並区立方南小学校)▽川田忠(杉並区立三谷小学校)▽坂田悦郎(豊島区立池袋第三小学校)▽海老原誠(豊島区立千早小学校)▽平松有理子(豊島区立池袋小学校)▽平田英司(荒川区教育委員会事務局指導室)▽志村光雄(板橋区立志村第六小学校)▽小関哲之(板橋区立板橋第四小学校)▽川合一紀(板橋区立上板橋小学校)▽田山幸子(板橋区立赤塚小学校)▽喜多好一(練馬区教育委員会)▽岸久雄(練馬区立田柄第二小学校)▽山口義一(練馬区立石神井小学校)▽岩本義廣(練馬区立南田中小学校)▽稲葉孝之(練馬区立練馬第三小学校)▽小幡育代(足立区立興本小学校)▽金泉隆一(足立区立扇小学校)▽亀澤羊子(足立区立鹿浜第一小学校)▽野田紀道(足立区立島根小学校)▽多門裕之(足立区立東伊興小学校)▽木内克明(足立区立青井小学校)▽金指真澄(足立区立古千谷小学校)▽篠崎厚子(足立区立皿沼小学校)▽相澤貞恵(足立区立桜花小学校)▽清水晶子(足立区立千寿小学校)▽岡本勝宏(葛飾区立川端小学校)▽牧野昭太郎(葛飾区立東綾瀬小学校)▽笹本一生(葛飾区立東金町小学校)▽山口祐一(江戸川区立船堀第二小学校)▽市原俊司(江戸川区立下鎌田西小学校)▽山下靖雄(江戸川区立平井第二小学校)▽宇都宮聡(八王子市教育委員会事務局学校教育部指導室)▽吉澤淳(八王子市立第八小学校)▽中込順子(八王子市立大和田小学校)▽富田清(立川市立第一小学校)▽小池慎一郎(立川市立第五小学校)▽記野邦彦(立川市立第四小学校)▽榎並隆博(立川市立松中小学校)▽深井薫(立川市立大山小学校)▽竹内浩子(武蔵野市立桜野小学校)▽萩野幹夫(三鷹市立羽沢小学校)▽中村敏(府中市立府中第二小学校)▽森真二(昭島市立拝島第三小学校)▽岡部操(昭島市立武蔵野小学校)▽堀聡明(昭島市立つつじが丘南小学校)▽嶋田晶子(調布市教育委員会指導室)▽小出紀子(町田市立南第四小学校)▽内田隆佳(町田市立小山ヶ丘小学校)▽加納一好(小金井市教育委員会指導室)▽鈴木栄子(小金井市立小金井第四小学校)▽村松守夫(小平市立小平第六小学校)▽遠藤武司(小平市立小平第七小学校)▽石田恒久(日野市立日野第八小学校)▽中村匠(東村山市立萩山小学校)▽田中佳夫(福生市立福生第三小学校)▽井上潔(福生市立福生第七小学校)▽辻博明(狛江市立狛江第一小学校)▽石丸靖治(狛江市立狛江第五小学校)▽榛原紀子(狛江市立狛江第六小学校)▽菅野仁一(東大和市立第五小学校)▽澤﨑彰一(東大和市立第十小学校)▽西脇裕高(清瀬市立清瀬第十小学校)▽吉田正行(多摩市立多摩第二小学校)▽山﨑俊英(多摩市立東寺方小学校)▽二階堂すみ子(多摩市立南豊ヶ丘小学校)▽鈴木純一郎(多摩市立諏訪小学校)▽海東朝美(羽村市立羽村西小学校)▽石井卓之(西東京市教育委員会教育部教育指導課)▽幸内悦夫(西東京市立保谷小学校)▽中岡盛一(西東京市立本町小学校)▽伊藤誠治(瑞穂町立瑞穂第三小学校)▽小原正弘(日の出町立大久野小学校)▽牧一彦(奥多摩町立古里小学校)▽立木功(大島町立さくら小学校)▽富岡雅裕(三宅村立三宅小学校)▽中村和弘(御蔵島村立御蔵島小学校)▽永井勝巳(八丈町立末吉小学校)▽須藤太郎(東京都教職員研修センター研修部教育開発課)▽岡部君夫(東京都教育相談センター)

【中学校】▽北村康子(千代田区立九段中等教育学校)▽熊谷晴弘(中央区立銀座中学校)▽松本光正(港区立朝日中学校)▽石村康代(新宿区教育委員会教育指導課)▽大友照典(新宿区立西新宿中学校)▽蜂屋隆子(文京区立第六中学校)▽愛川睦(文京区立第九中学校)▽平塚嘉宏(文京区立本郷台中学校)▽松井慎一(台東区立駒形中学校)▽永久保佳孝(台東区立御徒町台東中学校)▽五関浩二(江東区立深川第三中学校)▽春名秀夫(江東区立第四砂町中学校)▽宮澤一則(品川区教育委員会事務局指導課)▽西村均(品川区立城南中学校)▽吉村雄二(品川区立浜川中学校)▽羽鳥紀子(品川区立伊藤中学校)▽村上昭夫(目黒区教育委員会事務局指導課)▽堀利光(目黒区立第三中学校)▽齋藤淳(目黒区立第十中学校)▽仲野繁(目黒区立東山中学校)▽工藤勇一(目黒区立目黒中央中学校)▽菅野哲郎(大田区教育委員会指導室)▽渡邊美和子(世田谷区立砧中学校)▽百武政信(渋谷区立鉢山中学校)▽田代雅規(中野区立第一中学校)▽前田光男(中野区立第五中学校)▽山口博之(中野区立緑野中学校)▽田中稔(杉並区教育委員会事務局済美教育センター)▽伊藤聡保(杉並区立富士見丘中学校)▽難波浩明(北区教育委員会指導室)▽島津睦雄(北区立赤羽中学校)▽稲垣達也(荒川区教育委員会事務局指導室)▽髙橋亨(荒川区立尾久八幡中学校)▽髙橋宏(荒川区立南千住第二中学校)▽新妻茂(板橋区立西台中学校)▽新飯田潤一(板橋区立赤塚第三中学校)▽清水龍治(板橋区立高島第三中学校)▽長谷川幸次(練馬区立上石神井中学校)▽片倉義博(練馬区立大泉第二中学校)▽山谷安雄(練馬区立谷原中学校)▽原浩三(足立区立第五中学校)▽本田博文(足立区立第十中学校)▽鈴木崇夫(足立区立新田中学校)▽惣田修一(足立区立鹿浜中学校)▽山﨑要(足立区立扇中学校)▽堀井安伸(足立区立加賀中学校)▽加藤隆司(足立区立千寿青葉中学校)▽清野正(葛飾区立新宿中学校)▽田尻隆文(葛飾区立四ツ木中学校)▽小林英俊(江戸川区立松江第三中学校)▽石川仁(江戸川区立松江第五中学校)▽福迫潮(江戸川区立小岩第二中学校)▽本郷徳司(江戸川区立小岩第四中学校)▽新村紀昭(八王子市立第一中学校)▽石田重久(八王子市立川口中学校)▽源田佐知子(八王子市立中山中学校)▽野崎暢博(八王子市立陵南中学校)▽門馬弘(八王子市立宮上中学校)▽赤荻千恵子(三鷹市立第四中学校)▽藪野勝久(青梅市立第一中学校)▽高岡麻美(府中市立府中第二中学校)▽堀江朋子(府中市立府中第三中学校)▽泉澤太(府中市立府中第八中学校)▽平岡盛仁(調布市立神代中学校)▽麻生豊(町田市立山崎中学校)▽枝村晶子(日野市立日野第四中学校)▽栗林昭彦(福生市教育委員会)▽肝付俊朗(狛江市立狛江第三中学校)▽布宮英明(東大和市教育委員会学校教育部)▽首藤盛治(東大和市立第三中学校)▽髙橋洋文(多摩市立多摩中学校)▽萩原正巳(多摩市立聖ヶ丘中学校)▽杉浦真史(多摩市立青陵中学校)▽鈴木祐介(稲城市立稲城第三中学校)▽渡辺暁(あきる野市立秋多中学校)▽曽我有二(あきる野市立五日市中学校)▽田中正(西東京市立保谷中学校)▽矢野尊久(西東京市立柳沢中学校)▽守屋和広(檜原村立檜原中学校)▽山田三正(大島町立第二中学校)▽紅床直也(利島村立利島中学校)▽武田真男(八丈町立三原中学校)▽中村宏(東京都立立川国際中等教育学校)▽増田稔(東京都立江東特別支援学校)

【高等学校】▽内藤千春(千代田区教育委員会育成・指導課)▽鳥屋尾史郎(東京都立白鷗高等学校附属中学校)▽大川登喜彦(東京都立新宿山吹高等学校)▽岡島まどか(東京都立淵江高等学校)▽髙橋一信(東京都立足立東高等学校)▽加藤秀次(東京都立蔵前工業高等学校)▽藤川清一(東京都立南葛飾高等学校)▽荒川洋(東京都立大森高等学校)▽近藤剛(東京都立六郷工科高等学校)▽高坂仁(東京都立葛西南高等学校)▽浦部利明(東京都立大江戸高等学校)▽佐々木哲(東京都立科学技術高等学校)▽庄司一也(東京都立橘高等学校)▽金澤利明(東京都立大崎高等学校)▽高木亀介(東京都立松原高等学校)▽小宮山英明(東京都立松原高等学校)▽須貝徳成(東京都立桜町高等学校)▽青木修(東京都立千歳丘高等学校)▽東保明(東京都立芦花高等学校)▽宮下義弘(東京都立総合工科高等学校)▽佐藤芳教(東京都立国際高等学校)▽本多浩一(東京都立荻窪高等学校)▽小野村浩(東京都立豊多摩高等学校)▽礒部篤(東京都立杉並高等学校)▽栗原幸一(東京都立狛江高等学校)▽中洋一(東京都立稔ヶ丘高等学校)▽大本勝利(東京都立四谷商業高等学校)▽林秀吉(東京都立北園高等学校)▽神能精一(東京都立板橋有徳高等学校)▽礒上辰雄(東京都立北豊島工業高等学校)▽荻野勉(東京都立立川高等学校)▽平池徳見(東京都立昭和高等学校)▽佐藤修(東京都立調布南高等学校)▽戸塚吉彦(東京都立府中東高等学校)▽瀧澤勝(東京都立第五商業高等学校)▽大西修(東京都立府中工業高等学校)▽久保田弘(東京都立農業高等学校)▽下田賢明(東京都立武蔵村山高等学校)▽清水政義(東京都立多摩工業高等学校)▽山口久(東京都立東村山高等学校)▽北川英一(東京都立国分寺高等学校)▽矢作俊郎(東京都立東久留米総合高等学校)▽藤井大輔(東京都立小金井地区科学技術高等学校(開設準備室))▽増田正弘(指導部高等学校教育指導課)▽大林誠(東京都教職員研修センター研修部教育経営課)▽野村公郎(中部学校経営支援センター経営支援室)

【特別支援学校】▽馬場信明(東京都立葛飾特別支援学校)▽山本和弘(東京都立矢口特別支援学校)▽竹淵正人(東京都立江東特別支援学校)▽堀江浩子(東京都立しいの木特別支援学校)▽伏見明(東京都立永福学園)▽鈴木晃(東京都立南大沢学園特別支援学校)▽坂口昇平(東京都立清瀬特別支援学校)▽山中ともえ(指導部義務教育特別支援教育指導課)

教育管理職選考合格者

■A選考

▽細山貴信(中央区立泰明小学校)▽松塚智加子(中央区立日本橋中学校)▽西川幸延(港区立芝浦小学校)▽大久保和彦(港区立高陵中学校)▽小林力(新宿区立早稲田小学校)▽栗本元子(文京区立柳町小学校)▽小林繁(文京区立小日向台町小学校)▽荒井友香(文京区立本郷台中学校)▽井上大輔(江東区立東陽小学校)▽谷合みやこ(江東区立扇橋小学校)▽吉川正(江東区立第四大島小学校)▽石井謙次(江東区立深川第四中学校)▽山本修史(品川区立芳水小学校)▽工藤和志(品川区立伊藤中学校)▽村松良臣(目黒区立烏森小学校)▽八尋崇(目黒区立烏森小学校)▽尾上佐智子(目黒区立田道小学校)▽岡崎奈緒子(大田区立大森第四小学校)▽石井武士(大田区立入新井第一小学校)▽篠塚幸次(世田谷区立太子堂小学校)▽栗林大輔(世田谷区立松沢小学校)▽細谷俊太郎(世田谷区立赤堤小学校)▽平山和良(世田谷区立笹原小学校)▽塚本桂子(世田谷区立喜多見中学校)▽筧田貴之(渋谷区立幡代小学校)▽毛利元一(渋谷区立本町東小学校)▽阿部貴之(中野区立塔山小学校)▽大島晃(杉並区立杉並第八小学校)▽佐藤正明(杉並区立馬橋小学校)▽滝上俊恵(豊島区立目白小学校)▽小野隆一(豊島区立千登世橋中学校)▽太巻美青(北区立王子第三小学校)▽富永大優(北区立赤羽小学校)▽金子陽子(北区立谷端小学校)▽宮本達也(荒川区立瑞光小学校)▽関口達紀(板橋区立板橋第六小学校)▽野崎徳道(板橋区立高島第一小学校)▽川島直人(練馬区立北町西小学校)▽佐藤勝也(練馬区立練馬中学校)▽伊藤聡(練馬区立大泉中学校)▽前田文子(足立区立関原小学校)▽鈴木厚子(足立区立中川小学校)▽飯塚雅之(足立区立東綾瀬小学校)▽坂下眞人(足立区立第十中学校)▽田子森好房(葛飾区立細田小学校)▽小林祐一(葛飾区立小松南小学校)▽板垣繁(葛飾区立水元中学校)▽白倉重信(葛飾区立東金町中学校)▽土屋秀人(江戸川区立西小松川小学校)▽領家渉(江戸川区立船堀小学校)▽中西孝(江戸川区立春江中学校)▽田中大吾(八王子市立館小学校)▽桐井裕美(立川市立第一小学校)▽拝原茂行(立川市立第一小学校)▽田村亜紀子(武蔵野市立桜野小学校)▽上松久美子(三鷹市立第二小学校)▽田村砂弥香(府中市立本宿小学校)▽乙幡英剛(昭島市立清泉中学校)▽長田猛(町田市立高ヶ坂小学校)▽窪田香(町田市立忠生中学校)▽小坂力(町田市立成瀬台中学校)▽小林宏(東村山市立南台小学校)▽高崎浩行(狛江市立狛江第六小学校)▽高橋良友(武蔵村山市立第十小学校)▽中谷愛(多摩市立東愛宕中学校)▽市川晃司(あきる野市立前田小学校)▽浅野あい子(西東京市立柳沢小学校)▽河津力(新島村立新島小学校)▽青木薫(都立美原高等学校)▽田中妙美(都立世田谷泉高等学校)▽松永今日子(都立新宿山吹高等学校)▽竹内藤夫(都立杉並工業高等学校)▽神谷画歩(都立工芸高等学校)▽穂積振司(都立荒川商業高等学校)▽山崎秀樹(都立荒川商業高等学校)▽片桐あかね(都立南葛飾高等学校)▽小山多香子(都立科学技術高等学校)▽久保田聡(都立片倉高等学校)▽金貫広明(都立上水高等学校)▽山本勇(都立農林高等学校)▽平柳伸幸(都立瑞穂農芸高等学校)▽樋山憲彦(都立武蔵高等学校)▽石田和仁(都立武蔵高等学校荻窪分校)▽太田達宏(都立葛飾ろう学校)▽原島広樹(都立八王子特別支援学校)▽井原優(都立町田の丘学園)▽野口幹人(都立羽村特別支援学校)▽泉田巧人(都立小金井特別支援学校)▽冨樫忠(都立墨田特別支援学校)▽深谷純一(都立中野特別支援学校)▽渡辺裕介(都立南大沢学園特別支援学校)▽中島由美子(都立田園調布特別支援学校)

■B選考

【小学校】▽星崎誠(千代田区立麹町小学校)▽伊勢明子(千代田区立番町小学校)▽片寄玲子(中央区立久松小学校)▽小林浩二(中央区立久松小学校)▽小川優(中央区立月島第二小学校)▽照井淳(港区立赤羽小学校)▽古島真幸(新宿区立愛日小学校)▽野口恵美子(新宿区立大久保小学校)▽森村聡彦(新宿区立花園小学校)▽高山直也(新宿区立四谷小学校)▽大野理恵子(文京区立林町小学校)▽鈴木忍(文京区立青柳小学校)▽青野裕行(文京区立小日向台町小学校)▽中村精一(文京区立窪町小学校)▽松野薫子(文京区立窪町小学校)▽郡司美恵子(文京区立湯島小学校)▽加納和彦(台東区立根岸小学校)▽鰐渕賢治(台東区立金竜小学校)▽佐藤貴生(墨田区立横川小学校)▽栗林貴子(江東区立毛利小学校)▽小野春彦(江東区立豊洲小学校)▽安田照雄(江東区立水神小学校)▽鈴木哲哉(江東区立砂町小学校)▽則岡小織(江東区立北砂小学校)▽櫛田光治(江東区立大島南央小学校)▽入山祐豪(品川区立三木小学校)▽佐藤康隆(品川区立芳水小学校)▽宮崎朋子(品川区立伊藤小学校)▽関修一(目黒区立八雲小学校)▽新井雅俊(目黒区立碑小学校)▽清水吏(目黒区立碑小学校)▽橋本雅史(目黒区立大岡山小学校)▽荘司るみ(目黒区立駒場小学校)▽庄司哲也(目黒区立不動小学校)▽鈴木稔(目黒区立中根小学校)▽望月伸悟(大田区立山王小学校)▽細井鏡子(大田区立池上第二小学校)▽北澤弘幸(大田区立徳持小学校)▽窪寺雄一郎(大田区立松仙小学校)▽佐々木宏之(大田区立雪谷小学校)▽伊藤均(大田区立矢口西小学校)▽芳賀和彦(大田区立蒲田小学校)▽藤咲考臣(世田谷区立代沢小学校)▽菊原寛之(世田谷区立旭小学校)▽奥山圭一(世田谷区立中里小学校)▽井手口理恵(世田谷区立中丸小学校)▽峯岸敦子(世田谷区立三軒茶屋小学校)▽梨岡基雅(世田谷区立赤堤小学校)▽川嶋正昭(世田谷区立深沢小学校)▽堀内典子(世田谷区立奥沢小学校)▽山崎省吾(世田谷区立中町小学校)▽高橋浩平(世田谷区立烏山小学校)▽五十嵐一嘉(世田谷区立烏山北小学校)▽西村実(渋谷区立長谷戸小学校)▽横山公一(渋谷区立本町小学校)▽悴田隆良(渋谷区立西原小学校)▽笹原天平(渋谷区立富谷小学校)▽長沼正城(中野区立桃園小学校)▽池田吉弘(中野区立桃園小学校)▽羽賀祐一(中野区立桃園第二小学校)▽新井保志(中野区立新井小学校)▽岩井一雄(中野区立多田小学校)▽小野勝政(中野区立新山小学校)▽菅原このみ(中野区立武蔵台小学校)▽小山元(中野区立桃花小学校)▽松井敏(中野区立桃花小学校)▽山下裕司(杉並区立杉並第三小学校)▽黒須正吾(杉並区立西田小学校)▽実森浩明(杉並区立三谷小学校)▽浅野正臣(杉並区立天沼小学校)▽庖刀由利子(豊島区立巣鴨小学校)▽蛭田江麻(豊島区立池袋小学校)▽守矢俊樹(北区立稲田小学校)▽大塚勉(北区立八幡小学校)▽高橋真一(荒川区立大門小学校)▽鯉沼哲(荒川区立第三日暮里小学校)▽飯田秀男(荒川区立第六日暮里小学校)▽岩崎昇(荒川区立汐入小学校)▽栗本広明(板橋区立志村第五小学校)▽野村佳男(板橋区立前野小学校)▽山下穣(板橋区立志村坂下小学校)▽三浦忠夫(板橋区立大山小学校)▽小宮孝之(板橋区立紅梅小学校)▽原田英孝(板橋区立高島第六小学校)▽越山宗治(練馬区立豊玉小学校)▽小高敏男(練馬区立開進第四小学校)▽清水宣宏(練馬区立高松小学校)▽小林千恵子(練馬区立石神井西小学校)▽田邊新一(練馬区立上石神井小学校)▽松島康明(練馬区立泉新小学校)▽松井貴子(練馬区立富士見台小学校)▽熊倉勝(練馬区立練馬第三小学校)▽原沢伸一(練馬区立南が丘小学校)▽鈴木徹(練馬区立光が丘第一小学校)▽小池智彦(練馬区立光が丘第七小学校)▽白井一之(練馬区立光が丘第二小学校)▽山下雄三(足立区立興本小学校)▽太田始(足立区立梅島小学校)▽村田悦子(足立区立梅島第二小学校)▽田口陽子(足立区立亀田小学校)▽落合由美子(足立区立栗原小学校)▽上原悟(足立区立弘道小学校)▽大塚信明(足立区立東加平小学校)▽佐々木秀明(足立区立北三谷小学校)▽土屋和弘(足立区立北鹿浜小学校)▽折本昭一(葛飾区立高砂小学校)▽竹花正徳(葛飾区立金町小学校)▽矢島洋(葛飾区立松上小学校)▽斉藤尊久(葛飾区立松上小学校)▽加賀美学(葛飾区立松上小学校)▽土田恵美子(葛飾区立中青戸小学校)▽岡和弘(葛飾区立西亀有小学校)▽高須賀俊秀(江戸川区立松江小学校)▽山本浩一(江戸川区立西小松川小学校)▽姉崎英夫(江戸川区立二之江小学校)▽木村紀朗(江戸川区立第五葛西小学校)▽井上こずえ(江戸川区立小岩小学校)▽工藤洋巳(江戸川区立東小岩小学校)▽金田耕一(江戸川区立北小岩小学校)▽原弘義(江戸川区立大杉第二小学校)▽岡田伸一(江戸川区立鹿骨東小学校)▽石田恭子(江戸川区立平井第二小学校)▽後藤慎司(江戸川区立清新第二小学校)▽本庄聡(江戸川区立臨海小学校)▽市川俊哉(八王子市立小宮小学校)▽佐藤浩(八王子市立宇津木台小学校)▽土屋栄二(八王子市立下柚木小学校)▽篠原養一(八王子市立みなみ野小学校)▽佐藤邦彦(立川市立第一小学校)▽松久保雅和(立川市立第十小学校)▽赤羽幸子(武蔵野市立第一小学校)▽池戸龍一(武蔵野市立第一小学校)▽丸木英美(武蔵野市立第三小学校)▽阿部智明(武蔵野市立第三小学校)▽藤野美由紀(武蔵野市立第五小学校)▽境野宏樹(武蔵野市立境南小学校)▽太田黒範子(武蔵野市立本宿小学校)▽鈴木恒雄(武蔵野市立井之頭小学校)▽青木俊哉(武蔵野市立関前南小学校)▽吉原勇(三鷹市立第二小学校)▽勝俣佳子(三鷹市立大沢台小学校)▽安藤臣一(青梅市立第五小学校)▽川合孝征(府中市立府中第六小学校)▽上田祥市(昭島市立玉川小学校)▽宮冨拓也(昭島市立光華小学校)▽武下正弘(昭島市立拝島第二小学校)▽山口裕(調布市立八雲台小学校)▽藤本直子(調布市立北ノ台小学校)▽田畠敏道(調布市立調和小学校)▽田中光晴(町田市立南第一小学校)▽大場寿子(町田市立金井小学校)▽大賀優子(町田市立高ヶ坂小学校)▽土田昇(町田市立小山ヶ丘小学校)▽稲川亨(小平市立小平第十四小学校)▽高木健示(日野市立平山小学校)▽南條吉男(日野市立夢が丘小学校)▽田幡浩一(東村山市立秋津東小学校)▽大宝院清孝(国分寺市立第二小学校)▽大野寿久(国分寺市立第十小学校)▽高野博文(東大和市立第十小学校)▽野口知義(東久留米市立第七小学校)▽伊藤栄司(稲城市立長峰小学校)▽榎戸記宏(羽村市立羽村東小学校)▽鈴木貴(あきる野市立屋城小学校)▽吉成かおる(西東京市立谷戸小学校)▽塩田勝(西東京市立保谷小学校)▽高見沢正(西東京市立中原小学校)▽石坂隆文(西多摩郡瑞穂町立瑞穂第五小学校)▽乙津秀敏(西多摩郡瑞穂町立瑞穂第五小学校)▽染谷武志(新島村立新島小学校)

【中学校】▽田中広行(中央区立日本橋中学校)▽松村進(中央区立銀座中学校)▽飯塚靖(港区立高陵中学校)▽大田黒憲一(新宿区立西新宿中学校)▽長崎秀一(新宿区立四谷中学校)▽桑原利治(新宿区立新宿中学校)▽青柳美由紀(文京区立第一中学校)▽杉浦芳則(文京区立第一中学校)▽三田晴美(文京区立第八中学校)▽岸川孝(文京区立茗台中学校)▽櫻井滋(台東区立忍岡中学校)▽川中子登志雄(台東区立浅草中学校)▽矢部直意(台東区立桜橋中学校)▽吉岡大司(墨田区立本所中学校)▽福田克彦(江東区立深川第七中学校)▽佐藤隆弘(江東区立第三亀戸中学校)▽藤原啓芳(江東区立第二大島中学校)▽伊藤裕一(江東区立砂町中学校)▽鈴木陽一(江東区立南砂中学校)▽二宮淳(品川区立城南中学校)▽濱川一彦(大田区立大森第二中学校)▽佐藤正敏(大田区立馬込東中学校)▽阿部仁明(大田区立馬込東中学校)▽中野敏英(大田区立東調布中学校)▽大川博(大田区立田園調布中学校)▽久須美章(大田区立雪谷中学校)▽藤井茂雄(大田区立大森第十中学校)▽田口正宏(大田区立石川台中学校)▽五十嵐弘毅(大田区糀谷中学校)▽山本裕幸(大田区立志茂田中学校)▽鈴木聡(大田区立安方中学校)▽鈴木憲(世田谷区立太子堂中学校)▽障子幹(世田谷区立奥沢中学校)▽賀屋寛(世田谷区立尾山台中学校)▽成清敏治(世田谷区立烏山中学校)▽本田仁(世田谷区立烏山中学校)▽奥長英樹(世田谷区立船橋中学校)▽小川拓哉(中野区立第九中学校)▽木名瀬伸博(中野区立緑野中学校)▽鳥居克己(杉並区立松溪中学校)▽那珂通明(杉並区立宮前中学校)▽南俊彦(杉並区立大宮中学校)▽佐藤俊治(豊島区立駒込中学校)▽関根淳之(豊島区立巣鴨北中学校)▽金子哲朗(豊島区立明豊中学校)▽岡泉美和子(豊島区立明豊中学校)▽加瀬康夫(豊島区立西池袋中学校)▽水木淳司(北区立堀船中学校)▽山本修(北区立岩淵中学校)▽宮崎史隆(北区立紅葉中学校)▽亀島正良(北区立田端中学校)▽吉川浩司(荒川区立第三中学校)▽石津祐次(板橋区立板橋第二中学校)▽渡辺浩一(板橋区立板橋第五中学校)▽中田和直(板橋区立上板橋第二中学校)▽吉村達也(板橋区立上板橋第二中学校)▽小林勝巳(板橋区立赤塚第一中学校)▽古江英美(板橋区立赤塚第一中学校)▽柴田道夫(板橋区立赤塚第二中学校)▽鈴木格也(板橋区立高島第一中学校)▽野田博之(板橋区立高島第三中学校)▽小林正樹(練馬区立開進第一中学校)▽藤岡均(練馬区立開進第四中学校)▽若澤直樹(練馬区立石神井南中学校)▽今本由美子(練馬区立大泉中学校)▽山田美鈴(練馬区立大泉中学校)▽三澤昇(練馬区立八坂中学校)▽佐藤康二(練馬区立光が丘第三中学校)▽大倉康之(足立区立第十二中学校)▽高田祐一(足立区立第十二中学校)▽塚原洋(足立区立第十三中学校)▽大谷雅也(足立区立鹿浜中学校)▽齋藤直樹(足立区立東綾瀬中学校)▽増子誠(足立区立花畑中学校)▽富永光一(足立区立蒲原中学校)▽田鹿時子(足立区立花保中学校)▽江熊秀昭(足立区立六月中学校)▽東原貴行(葛飾区立小松中学校)▽末永正儀(葛飾区立亀有中学校)▽新井幸雄(江戸川区立松江第四中学校)▽加藤善一(江戸川区立小岩第一中学校)▽清水寿之(江戸川区立小岩第三中学校)▽齋藤正富(江戸川区立葛西第三中学校)▽武末潤(江戸川区立葛西第三中学校)▽青山昭広(江戸川区立葛西第三中学校)▽福沢俊之(江戸川区立東葛西中学校)▽片庭正裕(江戸川区立清新第一中学校)▽中村真一(八王子市立第五中学校)▽木暮恵一郎(八王子市立第七中学校)▽鶴崎靖二(八王子市立川口中学校)▽猪野貴文(八王子市立別所中学校)▽鈴木英顕(八王子市立松木中学校)▽渡辺恭秀(八王子市立みなみ野中学校)▽横山勝行(立川市立立川第三中学校)▽小沢進(立川市立立川第五中学校)▽唐亀康司(立川市立立川第七中学校)▽中嶋昭江(武蔵野市立第五中学校)▽林英隆(青梅市立第三中学校)▽小林孝夫(青梅市立新町中学校)▽佐藤光宏(府中市立府中第五中学校)▽木下英典(府中市立府中第八中学校)▽小島千恵(府中市立府中第八中学校)▽井上春好(昭島市立拝島中学校)▽香取武雄(昭島市立多摩辺中学校)▽坂本聖二(昭島市立瑞雲中学校)▽井出芳江(調布市立第六中学校)▽福田哲治(町田市立町田第二中学校)▽金子哲也(町田市立南中学校)▽隈部博(町田市立南成瀬中学校)▽延毅彦(小金井市立東中学校)▽沢野久(小平市立小平第一中学校)▽宮原久仁夫(日野市立七生中学校)▽早川祐二(日野市立日野第三中学校)▽中山洋(東村山市立東村山第二中学校)▽山上真哉(東村山市立東村山第四中学校)▽曾田均(東村山市立東村山第五中学校)▽安藤環(東村山市立東村山第六中学校)▽武田憲明(東村山市立東村山第七中学校)▽堀健一(国分寺市立第二中学校)▽榎本圭志(国分寺市立第三中学校)▽立川裕(国分寺市立第三中学校)▽野口大介(国分寺市立第四中学校)▽木住野隆(国立市立国立第二中学校)▽古怒田幸一(福生市立福生第一中学校)▽青木久敏(福生市立福生第三中学校)▽工藤聡(狛江市立狛江第二中学校)▽野口裕恭(東大和市立第五中学校)▽加藤順子(東久留米市立下里中学校)▽竹田和彦(多摩市立和田中学校)▽剣持明正(多摩市立諏訪中学校)▽稲葉喜久雄(多摩市立聖ヶ丘中学校)▽猪瀬政幸(稲城市立稲城第二中学校)▽生田目将(稲城市立稲城第三中学校)▽増田功司(羽村市立羽村第三中学校)▽伴太牧(西東京市立田無第三中学校)▽加島良一(西東京市立田無第四中学校)▽藤井和重(西東京市立柳沢中学校)▽齋藤雅人(西東京市立明保中学校)▽遠藤弘(西多摩郡瑞穂町立瑞穂中学校)▽大須義久(西多摩郡瑞穂町立瑞穂第二中学校)▽平岡直実(西多摩郡日の出町立大久野中学校)▽大澤秀吉(西多摩郡日の出町立平井中学校)▽若林秀一(西多摩郡檜原村立檜原中学校)▽石川淳之介(西多摩郡奥多摩町立古里中学校)▽小林昌浩(西多摩郡奥多摩町立氷川中学校)▽松島睦磨(大島町立第一中学校)▽萩原洋明(小笠原村立母島中学校)▽西田友幸(都立桜修館中等教育学校)

【高等学校】▽造作聡美(千代田区立九段中等教育学校)▽高山庸子(都立九段高等学校)▽矢吹健治(都立大崎高等学校)▽小城原友子(都立八潮高等学校)▽近藤安彦(都立つばさ総合高等学校)▽齊藤聡(都立六郷工科高等学校)▽浅見浩一郎(都立戸山高等学校)▽池田伸彦(都立深沢高等学校)▽博田英明(都立芦花高等学校)▽橋本広明(都立総合工科高等学校)▽早川忠憲(都立総合工科高等学校)▽三木一成(都立園芸高等学校)▽水本香(都立豊多摩高等学校)▽外川裕一(都立光丘高等学校)▽新船孝(都立大泉桜高等学校)▽皆川貢治郎(都立第四商業高等学校)▽中里真一(都立中野工業高等学校)▽中村祐二(都立農芸高等学校)▽神谷晶平(都立農芸高等学校)▽太田斗志夫(都立北園高等学校)▽佐々木義文(都立板橋高等学校)▽勝嶋秀行(都立飛鳥高等学校)▽米村珠子(都立飛鳥高等学校)▽喜入克(都立千早高等学校)▽桐野勝利(都立蔵前工業高等学校)▽沼井利枝(都立墨田川高等学校)▽横井雅一(都立江戸川高等学校)▽馬場智生(都立葛西南高等学校)▽高山幹人(都立紅葉川高等学校)▽冨岡教之(都立葛飾商業高等学校)▽高山昭彦(都立江東商業高等学校)▽小堀隆(都立科学技術高等学校)▽門馬誠(都立忠生高等学校)▽川端由美子(都立山崎高等学校)▽佐藤信雄(都立武蔵村山高等学校)▽倉本晃(都立青梅総合高等学校)▽松浦明博(都立小金井工業高等学校)▽豊岡耕一郎(都立狛江高等学校)▽牧野明久(都立府中東高等学校)▽鈴木光俊(都立大島海洋国際高等学校)

【特別支援学校】▽小林弘明(江東区立砂町中学校)▽松田和彦(荒川区立第一中学校)▽山崎幸宏(都立葛飾盲学校)▽長沼健一(都立大塚ろう学校)▽星野光宏(都立葛飾ろう学校)▽草間みどり(都立中央ろう学校)▽高嶋淳子(都立青鳥特別支援学校)▽宮本光司(都立王子特別支援学校)▽伴光明(都立七生特別支援学校)▽佐藤るり子(都立七生特別支援学校)▽永島崇子(都立小岩特別支援学校)▽鷹野泰男(都立町田の丘学園)▽安住幸彦(都立町田の丘学園)▽柳澤由香(都立王子第二特別支援学校)▽坂口しおり(都立府中特別支援学校)▽川上尊志(都立中野特別支援学校)▽渡邉泰治(都立清瀬特別支援学校)▽村山大介(都立港特別支援学校)▽綿島雅俊(都立白鷺特別支援学校)▽井上一仁(都立府中朝日特別支援学校)

(5面につづく)

■校長選考

校種	受験者数A	1次合格者数	最終合格者数B	倍率A/B
小学校	551人	271人	119人	4.6倍
中学校	191人	172人	84人	2.3倍
高等学校	156人	94人	46人	3.4倍
特別支援学校	28人	17人	8人	3.5倍
合計	926人	554人	257人	3.6倍

■教育管理職選考

選考区分・校種		受験者数A	1次合格者数	最終合格者数B	倍率A/B
A選考	一般区分	47人	41人	30人	1.6倍
	推薦区分	68人		62人	1.1倍
	小計	115人	41人	92人	1.3倍
B選考	小学校	193人	177人	170人	1.1倍
	中学校	224人	190人	148人	1.5倍
	高等学校	131人	110人	40人	3.3倍
	特別支援学校	36人	31人	20人	1.8倍
	小計	584人	508人	378人	1.5倍
C選考	小学校	23人		23人	1.0倍
	中学校	18人		17人	1.1倍
	高等学校	8人		8人	1.0倍
	特別支援学校	2人		2人	1.0倍
	小計	51人		50人	1.0倍
合計		750人	549人	520人	1.4倍

■主幹級職選考

校種		受験者数A	合格者数B	倍率A/B
区分A	小学校	93人	81人	1.1倍
	中学校	63人	54人	1.2倍
	高等学校	28人	24人	1.2倍
	特別支援学校	17人	13人	1.3倍
	小計	201人	172人	1.2倍
区分B	小学校	202人	198人	1.0倍
	中学校	134人	130人	1.0倍
	高等学校	96人	94人	1.0倍
	特別支援学校	20人	20人	1.0倍
	小計	452人	442人	1.0倍
合計		653人	614人	1.1倍

（4面からつづく）

■C選考

【小学校】▽原田哲（中央区立明正小学校）▽江口徹（墨田区立外手小学校）▽佐藤彰（江東区立東雲小学校）▽香月義治（目黒区立下目黒小学校）▽細入正江（目黒区立田道小学校）▽内田聡司（大田区立小池小学校）▽原留美（世田谷区立烏山小学校）▽及川邦子（渋谷区立臨川小学校）▽朝倉深太郎（杉並区立大宮小学校）▽高田健作（板橋区立蓮根第二小学校）▽長田幸子（練馬区立旭町小学校）▽石崎忠男（足立区立五反野小学校）▽宮崎悦子（足立区立西伊興小学校）▽浅野千鶴子（葛飾区立鎌倉小学校）▽菊地初美（八王子市立第四小学校）▽小崎仁（立川市立第五小学校）▽古川恵一郎（青梅市立霞台小学校）▽岩崎英夫（日野市立滝合小学校）▽坂本亙（狛江市立狛江第三小学校）▽鬼村哲志（狛江市立和泉小学校）▽金村宏吉（清瀬市立清瀬第八小学校）▽鳥海眞由美（東久留米市立南町小学校）▽大西敏美（御蔵島村立御蔵島小学校）

【中学校】▽富田正幸（文京区立第三中学校）▽田野正晴（墨田区立両国中学校）▽八木秀明（江東区立砂町中学校）▽平塚芳則（江東区立東陽中学校）▽名執智（世田谷区立松沢中学校）▽竹内恵子（荒川区立第一中学校）▽岡四朗（練馬区立石神井東中学校）▽黒田一三（練馬区立上石神井中学校）▽早乙女雄一郎（足立区立第九中学校）▽高橋健一（江戸川区立瑞江中学校）▽加藤益弘（江戸川区立鹿骨中学校）▽中山剛輝（青梅市立第一中学校）▽早坂忠雄（府中市立府中第六中学校）▽冨永立人（小金井市立小金井第一中学校）▽櫻井英夫（小平市立上水中学校）▽山口宗孝（武蔵村山市立第二中学校）▽上地正人（御蔵島村立御蔵島中学校）

【高等学校】▽大川潤一（都立日比谷高等学校）▽佐藤昭二（都立青山高等学校）▽森茂（都立豊島高等学校）▽清水健一（都立赤羽商業高等学校）▽佐藤元則（都立墨田工業高等学校）▽遠山裕之（都立上水高等学校）▽益子義明（都立多摩工業高等学校）▽中村直治（都立小金井北高等学校）

【特別支援学校】▽磯部淳子（都立江東特別支援学校）▽大和田邦彦（都立府中朝日特別支援学校）

主幹級職選考合格者

■区分A

【小学校】▽佐分利規雄（千代田区立富士見小学校）▽茅野克俊（千代田区立富士見小学校）▽森直美（千代田区立千代田小学校）▽中村隆之（中央区立城東小学校）▽新井民枝（中央区立城東小学校）▽細山貴信（中央区立泰明小学校）▽柴崎康和（中央区立有馬小学校）▽三浦百合子（中央区立中央小学校）▽井上一彦（港区立芝浦小学校）▽西川幸延（港区立芝浦小学校）▽岩澤肇（新宿区立富久小学校）▽唐澤伸郎（新宿区立戸山小学校）▽三田暢夫（新宿区立戸山小学校）▽伊藤祐子（新宿区立淀橋第四小学校）▽小澤恵智子（新宿区立花園小学校）▽福田豊（文京区立青柳小学校）▽荒木憲秀（文京区立青柳小学校）▽由良隆（台東区立東泉小学校）▽松田正昭（台東区立石浜小学校）▽石塚秀行（台東区立蔵前小学校）▽田中武史（墨田区立小梅小学校）▽樋口直人（墨田区立隅田小学校）▽山口祐美子（品川区立第一日野小学校）▽三田智（品川区立第三日野小学校）▽八木貴広（品川区立第二延山小学校）▽三井英明（品川区立上神明小学校）▽杉山太郎（大田区立入新井第一小学校）▽増田恭久（大田区立馬込第二小学校）▽風林尚子（大田区立池上第二小学校）▽小澤義成（大田区立池雪小学校）▽横山みどり（大田区立小池小学校）▽北原令子（大田区立六郷小学校）▽中村淳子（世田谷区立塚戸小学校）▽野田和敬（渋谷区立臨川小学校）▽今野暁子（中野区立桃園第二小学校）▽藤島正人（中野区立塔山小学校）▽阿部貴之（中野区立塔山小学校）▽橋本誠之（中野区立鷺宮小学校）▽天野正子（中野区立丸山小学校）▽博多正勝（中野区立上鷺宮小学校）▽半田勝（杉並区立桃井第一小学校）▽伊東典子（杉並区立済美小学校）▽榎本純子（杉並区立済美小学校）▽野尻史子（豊島区立千早小学校）▽久慈良智（北区立なでしこ小学校）▽初谷京子（荒川区立第二日暮里小学校）▽中西賢（荒川区立ひぐらし小学校）▽齋木義仁（板橋区立前野小学校）▽本田祐吾（板橋区立前野小学校）▽大峰勝浩（足立区立加平小学校）▽田中琢也（足立区立弘道小学校）▽武藤浩司（足立区立花畑西小学校）▽榎本勇夫（足立区立西伊興小学校）▽池野正信（足立区立北鹿浜小学校）▽小林功明（葛飾区立葛飾小学校）▽国分靖（葛飾区立二上小学校）▽扇元結加（葛飾区立平田小学校）▽矢野敦（葛飾区立青戸小学校）▽大舘宗人（江戸川区立松江小学校）▽高藤松美（江戸川区立鹿本小学校）▽糸久喜美夫（江戸川区立西小岩小学校）▽細川文恵（江戸川区立松本小学校）▽根本芳美（江戸川区立南篠崎小学校）▽山崎裕子（江戸川区立新堀小学校）▽日高宏政（武蔵野市立第三小学校）▽河野芳浩（府中市立小柳小学校）▽長谷川都（調布市立飛田給小学校）▽安東深雪（町田市立町田第二小学校）▽富川克子（町田市立三輪小学校）▽松下寛壮夫（町田市立三輪小学校）▽山中慈子（町田市立小山田南小学校）▽楠元一郎（日野市立日野第六小学校）▽大河原博（日野市立旭が丘小学校）▽前田葉子（国分寺市立第九小学校）▽萱谷美子（清瀬市立清瀬第八小学校）▽石井清隆（多摩市立南鶴牧小学校）▽野崎幹生（羽村市立富士見小学校）▽磯部茂（新島村立新島小学校）▽河津力（新島村立新島小学校）▽前田澄子（新島村立式根島小学校）▽星野典靖（府中市立本宿小学校）

【中学校】▽木村奈津子（港区立高陵中学校）▽荒井友香（文京区立本郷台中学校）▽仲江徹（台東区立浅草中学校）▽塚田聡（墨田区立墨田中学校）▽臼田治夫（品川区立日野中学校）▽加藤ユカ（品川区立荏原第五中学校）▽十一真（目黒区立第八中学校）▽沓掛太郎（大田区立大森東中学校）▽伊藤良子（世田谷区立希望丘中学校）▽新田匡（渋谷区立上原中学校）▽本田英則（渋谷区立上原中学校）▽伊藤一弘（渋谷区立上原中学校）▽瀧口紀美代（渋谷区立上原中学校）▽飯塚祐子（渋谷区立上原中学校）▽桑原健一（中野区立中野富士見中学校）▽岩本伸一（杉並区立荻窪中学校）▽岡田憲和（杉並区立高井戸中学校）▽吉野茂（杉並区立高井戸中学校）▽佐藤あつ子（豊島区立巣鴨北中学校）▽村山厚二（北区立稲付中学校）▽高橋勝彦（荒川区立原中学校）▽小西清一（板橋区立志村第一中学校）▽千葉貴（板橋区立西台中学校）▽鈴木格也（板橋区立高島第一中学校）▽森下法樹（足立区立第八中学校）▽細谷晋一（足立区立第十三中学校）▽阿部大介（足立区立鹿浜中学校）▽渡邊英晴（足立区立鹿浜中学校）▽高橋信幸（足立区立鹿浜中学校）▽千葉千登勢（足立区立六月中学校）▽井上智（葛飾区立新小岩中学校）▽鶴澤伸一（江戸川区立小松川第二中学校）▽宮地豊（江戸川区立松江第五中学校）▽前瀧大吾（江戸川区立瑞江中学校）▽各務友二（江戸川区立瑞江第三中学校）▽高樫昌利（江戸川区立瑞江第三中学校）▽中村正二（江戸川区立二之江中学校）▽鍋島宏司（八王子市立第六中学校）▽眞鍋昭（八王子市立由井中学校）▽秋山真一（八王子市立椚田中学校）▽佐藤正和（八王子市立横川中学校）▽市原一（武蔵野市立第六中学校）▽菅野直博（府中市立府中第一中学校）▽佐藤昭範（府中市立府中第五中学校）▽太田恵（府中市立府中第七中学校）▽浅原昇（府中市立府中第八中学校）▽中島隆一（町田市立つくし野中学校）▽中澤浩晃（町田市立つくし野中学校）▽中谷聡子（町田市立木曽中学校）▽堀井賢治（小平市立小平第一中学校）▽井上弘之（日野市立七生中学校）▽野村みのり（清瀬市立清瀬中学校）▽吉川彩子（東久留米市立久留米中学校）▽飯星健司（西東京市立明保中学校）

【高等学校】▽小山寿子（都立一橋高等学校）▽橋本道雄（都立日比谷高等学校）▽中山昌之（都立戸山高等学校）▽飛田牧弘（都立新宿高等学校）▽吉田武（都立松原高等学校）▽大月正（都立大山高等学校）▽新妻春菜（都立桐ヶ丘高等学校）▽古猩敏行（都立飛鳥高等学校）▽小林政彦（都立飛鳥高等学校）▽大平勝之（都立足立新田高等学校）▽老田哲二（都立蔵前工業高等学校）▽小幡芳枝（都立小松川高等学校）▽野口智広（都立葛西南高等学校）▽神田哲雄（都立篠崎高等学校）▽鈴木信一（都立篠崎高等学校）▽藤本欣丈（都立片倉高等学校）▽佐藤浩司（都立八王子東高等学校）▽濱脇紀充（都立野津田高等学校）▽村社徳（都立八王子拓真高等学校）▽高柳勝彦（都立八王子桑志高等学校）▽一ノ瀬淳（都立青梅総合高等学校）▽西村和美（都立上水高等学校）▽長井寿之（都立調布南高等学校）▽畑克彦（都立農業高等学校）

【特別支援学校】▽山中由美子（都立大塚ろう学校）▽古川龍夫（都立立川ろう学校）▽桐生昭文（都立八王子特別支援学校）▽落合隆一（都立八王子特別支援学校）▽大沼健司（都立七生特別支援学校）▽神保幸次郎（都立高島特別支援学校）▽田村貴代美（都立羽村特別支援学校）▽大津嘉則（都立羽村特別支援学校）▽明石則雄（都立石神井特別支援学校）▽高橋昌樹（都立石神井特別支援学校）▽井上啓一（都立武蔵台特別支援学校）▽濱辺清（都立永福学園）▽武井純子（新宿区立新宿養護学校）

■区分B

【小学校】▽大島史絵（千代田区立富士見小学校）▽平山尚彦（中央区立有馬小学校）▽佐久間比呂美（中央区立月島第三小学校）▽紺野一恵（中央区立日本橋小学校）▽柄澤武志（港区立港南小学校）▽三上晶子（港区立赤坂小学校）▽明田川輝美（港区立赤坂小学校）▽上野桂子（新宿区立早稲田小学校）▽岩田環（新宿区立早稲田小学校）▽藤田等（新宿区立牛込仲之小学校）▽西田隆（新宿区立落合第二小学校）▽横内克之（新宿区立花園小学校）▽船田京子（文京区立関口台町小学校）▽岩本忠雄（文京区立関口台町小学校）▽飯塚壽子（文京区立根津小学校）▽瀬谷智代（文京区立千駄木小学校）▽佐藤美和（文京区立千駄木小学校）▽吉見美奈子（文京区立駕籠町小学校）▽新城真里（文京区立本郷小学校）▽安倍啓斎（台東区立平成小学校）▽青山美和子（台東区立台東育英小学校）▽平野正弘（墨田区立二葉小学校）▽荒堀崇子（墨田区立錦糸小学校）▽風間小夜子（墨田区立錦糸小学校）▽谷本泉（江東区立平久小学校）▽峯岸里美（江東区立扇橋小学校）▽谷合みやこ（江東区立扇橋小学校）▽千葉達也（江東区立東川小学校）▽金岡香恵（江東区立辰巳小学校）▽井上光広（江東区立香取小学校）▽吉川正（江東区立第四大島小学校）▽田中真弥子（江東区立第四砂町小学校）▽小高信江（江東区立第二辰巳小学校）▽会田幸司（江東区立東砂小学校）▽飯川浩二（江東区立越中島小学校）▽宮川範子（江東区立第二砂町小学校）▽中野健児（江東区立南砂小学校）▽川辺章絵（江東区立豊洲北小学校）▽有働大悟郎（江東区立豊洲北小学校）▽高木圭一（品川区立御殿山小学校）▽吉川信次（品川区立第二日野小学校）▽山本佳子（品川区立芳水小学校）▽山本修史（品川区立芳水小学校）▽松崎行雄（品川区立原小学校）▽工藤統（品川区立浜川小学校）▽鈴木宏志（品川区立平塚小学校）▽衣非まさ子（目黒区立菅刈小学校）▽吉川啓子（目黒区立烏森小学校）▽村松良臣（目黒区立烏森小学校）▽尾上佐智子（目黒区立田道小学校）▽前田幸子（目黒区立月光原小学校）▽野口直樹（目黒区立駒場小学校）▽柳田勝司（目黒区立宮前小学校）▽杉本智加子（大田区立入新井第四小学校）▽北尾晶子（大田区立調布大塚小学校）▽西田香（大田区立洗足池小学校）▽齋藤義彦（大田区立志茂田小学校）▽尾山路（大田区立矢口東小学校）▽相磯幸之朗（大田区立道塚小学校）▽杉谷努（世田谷区立多聞小学校）▽高野正之（世田谷区立多聞小学校）▽山口美知代（世田谷区立中里小学校）▽山中将一（世田谷区立駒繋小学校）▽森島健次（世田谷区立弦巻小学校）▽三雲知子（世田谷区立山崎小学校）▽石黒眞史（世田谷区立奥沢小学校）▽寺崎晶子（世田谷区立尾山台小学校）▽松倉淳之介（世田谷区立尾山台小学校）▽福澤誠（世田谷区立船橋小学校）▽諸田哲（世田谷区立千歳台小学校）▽毛利元一（渋谷区立本町東小学校）▽三澤裕子（渋谷区立西原小学校）▽鈴木優子（渋谷区立富谷小学校）▽薄井智美（渋谷区立富谷小学校）▽石井展子（中野区立塔山小学校）▽畠山慶（中野区立上高田小学校）▽松崎雅恵（中野区立啓明小学校）▽由木正浩（中野区立大和小学校）▽松本竜太郎（中野区立武蔵台小学校）▽鍛治田恵（杉並区立桃井第四小学校）▽松川厚雄（杉並区立荻窪小学校）▽猪刈恵美子（杉並区立井荻小学校）▽小澤伸生（杉並区立高井戸第三小学校）▽會田聡（杉並区立和田小学校）▽小林正枝（杉並区立永福南小学校）▽竹内明子（杉並区立天沼小学校）▽大川彰（豊島区立巣鴨小学校）▽滝上俊恵（豊島区立目白小学校）▽福田真由美（豊島区立南池袋小学校）▽伊藤はるみ（豊島区立さくら小学校）▽前田しのぶ（豊島区立朋有小学校）▽関根朋子（北区立王子第二小学校）▽市川由紀絵（北区立神谷小学校）▽佐藤眞理子（北区立滝野川第三小学校）▽染谷美由紀（荒川区立瑞光小学校）▽和田仁（板橋区立志村小学校）▽大熊美結紀（板橋区立志村第二小学校）▽三井真（板橋区立富士見台小学校）▽冨田和己（板橋区立板橋第五小学校）▽田中薫子（板橋区立常盤台小学校）▽原田英孝（板橋区立高島第六小学校）▽武石俊一（練馬区立中村小学校）▽小松田早苗（練馬区立旭町小学校）▽鈴木祥（練馬区立八坂小学校）▽佐久間晃司（練馬区立谷原小学校）▽徳留美恵子（練馬区立南田中小学校）▽関根幸男（練馬区立泉新小学校）▽大西一緒（練馬区立大泉西小学校）▽冨野井敏（練馬区立早宮小学校）▽磯崎信浩（練馬区立田柄第三小学校）▽太田徳子（練馬区立光が丘第一小学校）▽大島茂樹（練馬区立光が丘第三小学校）▽黒澤加代子（足立区立西新井小学校）▽船田典靖（足立区立江北小学校）▽岩崎公慈（足立区立宮城小学校）▽荒木克之（足立区立五反野小学校）▽山村カズ江（葛飾区立梅田小学校）▽丸山清（葛飾区立南綾瀬小学校）▽長堀祐子（葛飾区立住吉小学校）▽原田英徳（葛飾区立川端小学校）▽根岸由美子（葛飾区立白鳥小学校）▽木野治喜（葛飾区立松上小学校）▽澤剛一郎（葛飾区立柴原小学校）▽村山貞則（葛飾区立飯塚小学校）▽川崎一範（江戸川区立小松川第二小学校）▽高田大（江戸川区立西小松川小学校）▽山中友子（江戸川区立葛西小学校）▽宮沢英輔（江戸川区立江戸川小学校）▽山本富士美（江戸川区立中小岩小学校）▽小林浩司（江戸川区立下鎌田東小学校）▽関口直人（八王子市立由木中央小学校）▽山田研二（八王子市立由木中央小学校）▽鈴木明子（八王子市立長池小学校）▽秋田和代（八王子市立鑓水小学校）▽引間環（八王子市立鑓水小学校）▽志村安（立川市立西砂小学校）▽橋本弥記（武蔵野市立境南小学校）▽酒井康子（武蔵野市立井之頭小学校）▽小澤香子（武蔵野市立井之頭小学校）▽森賀槇一（三鷹市立第五小学校）▽清水直子（青梅市立第一小学校）▽桃井務（青梅市立第二小学校）▽金子博之（青梅市立新町小学校）▽並木一郎（青梅市立霞台小学校）▽米田節子（青梅市立藤橋小学校）▽赤松恵子（昭島市立玉川小学校）▽安孫子佐都子（昭島市立中神小学校）▽太田哲子（昭島市立中神小学校）▽長谷部はるみ（昭島市立中神小学校）▽鵜川雅行（昭島市立拝島第四小学校）▽山室誠也（昭島市立共成小学校）▽轟勝人（昭島市立田中小学校）▽野村洋介（町田市立町田第三小学校）▽野末直美（町田市立七国山小学校）▽沢畑英介（小平市立小平第四小学校）▽柿崎洋一（小平市立小平第六小学校）▽植田卓（小平市立小平第六小学校）▽半田大樹（小平市立小平第九小学校）▽岡庭雅子（小平市立小平第十小学校）▽井出寿雄（日野市立日野第三小学校）▽佐藤基久乃（日野市立滝合小学校）▽遠田毅（日野市立七生緑小学校）▽小関真澄（東村山市立化成小学校）▽安間和夫（東村山市立回田小学校）▽岡内知子（東村山市立久米川東小学校）▽塩野裕一（東村山市立富士見小学校）▽中根敏子（国分寺市立第二小学校）▽諏訪伊都子（国分寺市立第四小学校）▽渡邉妙子（国分寺市立第五小学校）▽鈴木淳（国立市立国立第二小学校）▽藤田史朗（福生市立福生第三小学校）▽伊藤修久（狛江市立狛江第六小学校）▽鷲見真太郎（狛江市立和泉小学校）▽田久保靖宏（東大和市立第一小学校）▽斉藤境栄（東大和市立第七小学校）▽今野しのぶ（東大和市立第九小学校）▽三島誠（東大和市立第九小学校）▽宮林伸之（清瀬市立清瀬第三小学校）▽福地留合子（清瀬市立清瀬第四小学校）▽山本真美（東久留米市立第五小学校）▽小西勝也（東久留米市立神宝小学校）▽山本若美（東久留米市立南町小学校）▽堀越隆子（多摩市立連光寺小学校）▽吉尾真理子（多摩市立北諏訪小学校）▽森谷亨（多摩市立南豊ヶ丘小学校）▽長谷川千尋（多摩市立聖ヶ丘小学校）▽松田隆（多摩市立諏訪小学校）▽村田奈緒美（稲城市立稲城第一小学校）▽松本実（あきる野市立多西小学校）▽川原玄路（あきる野市立屋城小学校）▽石井幸恵（あきる野市立一の谷小学校）▽吉原剛（あきる野市立五日市小学校）▽菱田吉克（あきる野市立小宮小学校）▽寺井俊敬（西東京市立田無小学校）▽相田隆久（西東京市立保谷小学校）▽清水治彦（西多摩郡瑞穂町立瑞穂第五小学校）▽広瀬京子（御蔵島村立御蔵島小学校）▽秋田まり子（八丈町立三根小学校）

【中学校】▽小林強一（港区立赤坂中学校）▽鈴木健二（港区立青山中学校）▽田中久美子（文京区立第九中学校）▽神戸昇（文京区立文林中学校）▽原田昌男（台東区立忍岡中学校）▽沼本謙一（台東区立駒形中学校）▽小杉英夫（墨田区立両国中学校）▽榊廣之（墨田区立竪川中学校）▽太田黒知武（墨田区立寺島中学校）▽内田敏幸（江東区立深川第七中学校）▽牧野亙（江東区立第四砂町中学校）▽清塚慎也（江東区立第四砂町中学校）▽渡部英司（品川区立東海中学校）▽久保誠（品川区立日野中学校）▽水谷美穂子（品川区立大崎中学校）▽大川孝博（品川区立浜川中学校）▽篠塚史哉（品川区立冨士見台中学校）▽栗村和弥（品川区立荏原第三中学校）▽松山浩行（品川区立荏原平塚中学校）▽本村志磨（品川区立八潮学園中学校）▽長岡誠（目黒区立第一中学校）▽志田美江子（大田区立大森第四中学校）▽藤澤多嘉央（大田区立田園調布中学校）▽稲澤緑（大田区立大森第七中学校）▽野口芳一（大田区立雪谷中学校）▽柴崎裕子（大田区立大森第六中学校）▽千々岩由美子（大田区立石川台中学校）▽鈴木斉（世田谷区立松沢中学校）▽草開宣昌（世田谷区立駒沢中学校）▽室橋清志（世田谷区立駒沢中学校）▽松本啓子（世田谷区立梅丘中学校）▽吉田裕行（世田谷区立砧中学校）▽成清敏治（世田谷区立烏山中学校）▽鳴嶋明美（杉並区立高円寺中学校）▽松村洋（杉並区立天沼中学校）▽渡邉泰祐（杉並区立東原中学校）▽青木久美子（杉並区立和田中学校）▽田中すみ子（豊島区立西巣鴨中学校）▽吉原ちより（豊島区立西巣鴨中学校）▽小野隆一（豊島区立千登世橋中学校）▽栗田隆之（豊島区立西池袋中学校）▽木下か枝（北区立稲付中学校）▽藤本卓（北区立紅葉中学校）▽土屋恵津子（荒川区立第一中学校）▽菊地哲朗（荒川区立第四中学校）▽飯島和弘（荒川区立第五中学校）▽町田廣泉（板橋区立中台中学校）▽木下千津子（板橋区立上板橋第三中学校）▽長田洋幸（板橋区立赤塚第一中学校）▽椿正明（板橋区立赤塚第二中学校）▽平沼清司（板橋区立高島第二中学校）▽山下慎吾（練馬区立豊玉中学校）▽溝口千里（練馬区立中村中学校）▽菊池知裕（練馬区立開進第二中学校）▽沖山房人（練馬区立石神井東中学校）▽中村哲也（練馬区立石神井西中学校）▽竹之内勝（練馬区立上石神井中学校）▽伊藤聡（練馬区立大泉中学校）▽生貝治（練馬区立大泉西中学校）▽廣岡匡（練馬区立関中学校）▽石坂恵理（練馬区立南が丘中学校）▽松村一人（練馬区立光が丘第三中学校）▽山本康子（足立区立第一中学校）▽相澤則之（足立区立第四中学校）▽塩野恵（足立区立第四中学校）▽室岡典雄（足立区立第七中学校）▽西川政良（足立区立第十中学校）▽檜森誠（足立区立東島根中学校）▽高橋明（足立区立蒲原中学校）▽椎橋秀行（足立区立青井中学校）▽齋藤由美子（足立区立加賀中学校）▽五月女隆（足立区立千寿青葉中学校）▽夏目隆（足立区立千寿桜堤中学校）▽金田育代（葛飾区立本田中学校）▽菊間路人（葛飾区立桜道中学校）▽植草潤一（葛飾区立四ツ木中学校）▽中澤徹也（葛飾区立四ツ木中学校）▽関谷恵子（葛飾区立小松中学校）▽長塚陽子（葛飾区立小松中学校）▽太田幸司（葛飾区立石中学校）▽山本明子（葛飾区立常盤中学校）▽川上弘文（江戸川区立小岩第三中学校）▽山口陽二郎（江戸川区立松江第六中学校）▽西野和之（江戸川区立東葛西中学校）▽高橋光仁（江戸川区立南葛西第二中学校）▽星野祥司（八王子市立浅川中学校）▽井上恵子（八王子市立四谷中学校）▽宮下茂樹（八王子市立楢原中学校）▽横溝照美（八王子市立松が谷中学校）▽安藤昌明（八王子市立中山中学校）▽中村達也（八王子市立石川中学校）▽竹本葉子（八王子市立城山中学校）▽小澤正和（八王子市立宮上中学校）▽内藤克也（八王子市立鑓水中学校）▽白石利枝子（八王子市立七国中学校）▽岡田博（立川市立立川第二中学校）▽境野亜希子（立川市立立川第五中学校）▽小野博之（武蔵野市立第一中学校）▽中嶋昭江（武蔵野市立第五中学校）▽秋山剛徳（青梅市立吹上中学校）▽森通政（青梅市立新町中学校）▽岸知聡（昭島市立清泉中学校）▽宇佐見将（昭島市立拝島中学校）▽森清治（町田市立町田第三中学校）▽左川学（町田市立町田第三中学校）▽伊地知俊二（町田市立鶴川中学校）▽鈴木はるみ（小金井市立小金井第一中学校）▽高瀬浩二（小金井市立小金井第一中学校）▽篠田徹（小平市立小平第二中学校）▽吉田功（小平市立小平第三中学校）▽横川欣男（日野市立日野第二中学校）▽脇本達也（日野市立三沢中学校）▽中村行善（東村山市立東村山第一中学校）▽武田一教（東村山市立東村山第三中学校萩山分校）▽高柳正信（国分寺市立第一中学校）▽関山一樹（国分寺市立第二中学校）▽宮脇聡（国立市立国立第一中学校）▽井上竜太（国立市立国立第二中学校）▽岩瀬敏郎（狛江市立狛江第二中学校）▽平山公紀（東大和市立第四中学校）▽荒井小太郎（清瀬市立清瀬第五中学校）▽横林泰介（清瀬市立清瀬第五中学校）▽藤原巌（東久留米市立東中学校）▽土田貢司（東久留米市立大門中学校）▽田中伸子（東久留米市立下里中学校）▽中谷愛（多摩市立東愛宕中学校）▽山口幸裕（あきる野市立増戸中学校）▽西村元一（あきる野市立五日市中学校）▽遠藤正樹（西東京市立青嵐中学校）▽高木孝裕（御蔵島村立御蔵島中学校）

【高等学校】▽会田睦晃（千代田区立九段中等教育学校）▽後藤啓子（千代田区立九段中等教育学校）▽近藤直子（千代田区立九段中等教育学校）▽森田常次（千代田区立九段中等教育学校）▽藤森克悦（千代田区立九段中等教育学校）▽黒澤一晃（都立日比谷高等学校）▽内記昭彦（都立三田高等学校）▽松木丈浩（都立小山台高等学校）▽真柴晶彦（都立小山台高等学校）▽渡辺富士夫（都立六郷工科高等学校）▽高橋徹（都立六郷工科高等学校）▽富塚昇（都立青山高等学校）▽小松史幸（都立松原高等学校）▽戸川点（都立松原高等学校）▽中村力（都立世田谷泉高等学校）▽山田智美（都立世田谷泉高等学校）▽大島昭夫（都立新宿山吹高等学校）▽稲葉大輔（都立第一商業高等学校）▽並木邦弘（都立第一商業高等学校）▽伊藤嘉記（都立園芸高等学校）▽岩﨑昇一（都立国際高等学校）▽川上賢一郎（都立国際高等学校）▽古溝紀也（都立国際高等学校）▽小林正人（都立鷺宮高等学校）▽三品佳子（都立西高等学校）▽柿原亨（都立豊多摩高等学校）▽佐野良子（都立豊多摩高等学校）▽佐伯昌俊（都立杉並高等学校）▽鵜澤裕（都立井草高等学校）▽渡邊毅（都立大泉高等学校）▽田中良和（都立大泉高等学校）▽田村豊（都立練馬高等学校）▽秋山淳（都立第四商業高等学校）▽佐富久美（都立第四商業高等学校）▽山縣文嗣（都立第四商業高等学校）▽萬葉清司（都立中野工業高等学校）▽加子雅夫（都立中野工業高等学校）▽黒田光男（都立豊島高等学校）▽中村直樹（都立高島高等学校）▽柏木信幸（都立高島高等学校）▽谷津雄亮（都立工芸高等学校）▽森田昭彦（都立北豊島工業高等学校）▽福代裕（都立上野高等学校）▽小野陽子（都立足立高等学校）▽留目俊彦（都立足立高等学校）▽元木史昭（都立江北高等学校）▽鈴木宏治（都立江北高等学校）▽福田朱美（都立浅草高等学校）▽高見節夫（都立荒川商業高等学校）▽荒繁勝（都立荒川工業高等学校）▽野坂正史（都立両国高等学校）▽桑原博文（都立墨田川高等学校）▽石井温（都立墨田川高等学校）▽山浦敏之（都立本所高等学校）▽竹石満（都立東高等学校）▽州山徹（都立城東高等学校）▽藤井弘行（都立小岩高等学校）▽田丸雅夫（都立科学技術高等学校）▽星野達哉（都立科学技術高等学校）▽平澤正規（都立富士森高等学校）▽川幡理（都立八王子東高等学校）▽遠藤彰（都立八王子東高等学校）▽采野有紀（都立南平高等学校）▽佐藤茂雄（都立小川高等学校）▽立花知子（都立小川高等学校）▽増山茂樹（都立翔陽高等学校）▽松岡保雄（都立東大和高等学校）▽岡本鋭和（都立東大和高等学校）▽中島和夫（都立東大和南高等学校）▽道祖土富士夫（都立羽村高等学校）▽大森忠（都立羽村高等学校）▽関根隆（都立五日市高等学校）▽宮本弘（都立五日市高等学校）▽岡村初美（都立瑞穂農芸高等学校）▽小原康則（都立武蔵高等学校）▽飯田昭子（都立小金井北高等学校）▽唐牛靖彦（都立小平西高等学校）▽菱田新（都立小平西高等学校）▽渡邊常雄（都立清瀬高等学校）▽高橋剛（都立東久留米総合高等学校）▽小暮民夫（都立小金井工業高等学校）▽松尾孝昭（都立小金井工業高等学校）▽新田輝（都立小金井工業高等学校）▽山田雅行（都立田無工業高等学校）▽奥脇次郎（都立田無工業高等学校）▽安井弘明（都立狛江高等学校）▽大平健二（都立国立高等学校）▽馬場桂（都立永山高等学校）▽丸山朗（都立若葉総合高等学校）▽柴田一也（都立大島高等学校）▽大西裕（都立大島高等学校）▽森伸二郎（都立八丈高等学校）▽矢島定章（都立八丈高等学校）▽久保剛（都立小石川中等教育学校）

【特別支援学校】▽石沢直子（都立八王子盲学校）▽山江直子（都立葛飾ろう学校）▽橋本修（都立中央ろう学校）▽櫻井淳一（都立小平特別支援学校）▽西村孝法（都立村山特別支援学校）▽小坂忠正（都立大泉特別支援学校）▽小澤信幸（都立青峰学園）▽古山尚秀（都立青峰学園）▽景山陽子（都立小岩特別支援学校）▽赤荻浩之（都立矢口特別支援学校）▽石井基裕（都立矢口特別支援学校）▽花田妙子（都立王子第二特別支援学校）▽斉藤弘子（都立墨田特別支援学校）▽森田明美（都立墨田特別支援学校）▽宮田守（都立港特別支援学校）▽岡田光章（都立白鷺特別支援学校）▽遠藤輝雄（都立南大沢学園特別支援学校）▽近藤美紀（都立南花畑特別支援学校）▽勝田陽子（都立田園調布特別支援学校）▽豊田栄治（葛飾区立保田しおさい学校）

都庁職の闘争が本格化

定数削減目標を許さず

行革実行プログラム　最大の課題に

09年度東京都予算・人員査定が詰めの作業に入る中、都庁職は最重点要求を提出し、今後、総務局長要請のほか、18日には要求実現に向けた各支部交流決起集会を予定するなど、闘争を本格化させている。最大の課題となるのは、最終年度にあたる行財政改革実行プログラムでの職員定数削減だ。来年度は老人医療センターの地方独立法人化と豊島病院の公社移管が挙げられ、3年間で4千人の削減目標に向けた人事当局の厳しい査定も予想される。都庁職では定数削減目標を許さず、業務量に見合う定数配置等の訴えを強めている。

09予算・人員要求

09年度予算・人員要求に際して、都庁職は重点項目として「都政リストラ・職員定数削減反対」「都民要望に応える予算編成、業務量に見合う定数配置」「現業職の退職不補充方針の撤回」などを掲げる。

最重点要求で都庁職は、度重なる人員削減で業務量に比して人員配置が少なく、超過勤務の増大やメンタルヘルス不全の増加を招いていること、また指定管理者制度や公社化、地方独立行政法人化、民間委託等が質やサービスの低下をもたらしたことを指摘。一方で、医師・看護師、現業職など、必要な人員を必要な職場に配置することを強く求めている。

来年度の予算・人員要求で、とりわけ大きな課題となるのは、行財政改革実行プログラムに基づく定数削減だ。

09年度は、行財政改革実行プログラムの最終年度にあたる。3カ年で4千人の定数削減目標を掲げた同プログラムだが、これまで2年間の削減数は2267人、達成率は57%で、当局側としては、〝目標達成〟に向けて1700人余りのさらなる削減が必要となる。

10月に明らかとなった局別所要人員要求では、知事部局等で886減だったが、中心となるのは老人医療センターの独法化と豊島病院の保健医療公社への移管に伴う執行体制の見直しによるもの。都人事当局は「確実な目標の達成」を掲げるが、独法化と公社化があっても、数字上の隔たりは大きい。

このため都庁職は「独法化並びに公社化をやめ、直営で堅持すること」を重点に挙げると同時に、削減目標の数字をにらみながら、人事当局の査定作業にも強い警戒感を抱く。たとえば主税局では、ここ数年、局要求段階とは大きく異なる3けたの削減が続いており、同様の事態拡大を懸念する声も聞かれる。

老人医療センターと老人総合研究所の独法化に関して、当該の養育院支部では、老人総合研究所を含めた福祉・医療施設の直営による連携システムの維持を訴える。また、病院支部は豊島病院の公社化反対と合わせて、都立病院の統廃合・公社化の撤廃を要求している。

民間委託や指定管理者制度では、このほか廃棄物埋め立て作業等の委託拡大、公園の指定管理者制度拡大、市場警備業務の委託拡大なども盛り込まれているが、各支部は「廃棄物埋立管理事務所の民間委託では、作業上の指揮命令が複雑になり、現場が混乱する。直営で責任を持って管理運営すべき」（都市整備環境支部）、「公園管理所の委託を行わず、直営管理継続を」（建設支部）、「都職員の市場巡視の代わりにはならず、単年度契約で毎年変わる問題もあり、委託拡大には反対」（中央市場支部）などと反論している。

一方、都庁職では、現業職や医師・看護師などの人員配置を強く打ち出している。とくに現業職に関しては、技術・技能の継承や都民サービスの維持・向上の観点から、退職不補充方針の撤回に加えて、新規採用を含めた人員補充を目指す考えだ。また賃金水準が全国の自治体病院で中レベルとされる都立病院医師や看護師についても、処遇改善や確保・増員を訴える。

このほか、予算の面では、大企業本位のオリンピック招致に向けた財政支出シフトを止め、福祉・医療・教育・雇用・住宅など都民要望に応える編成を求めたほか、老朽化した庁舎や職員住宅等の改築・改善も挙げる。

行革を巡っては、第3回都議会定例会で自民党から「振り過ぎた振り子は戻すべき」「都庁の執行力を維持する視点で、正規職員を確保することが必要」などの発言が出ており、来年度の予算・人員闘争の行方が注目される。

43%の大学が「取り消しあり」

共産党　採用内定取り消しで調査

景気が下降局面に入り、大学生の採用内定取り消しが社会問題化する中、共産党都議団は8日、都内の大学を対象にした内定取り消しの実態調査結果を公表した。都内の4年制大学のうち、医大を除く120大学に対し、今月3日から5日に電話で聞き取り調査を実施。内定取り消しの有無を回答した90大学のうち、実際に内定取り消しがあると回答したのは、39大学で43%にのぼったという。このうち人数を明らかにした大学は、36大学で82人となった。

中には「今分かるのは1人だが、調査中」とした大学や、具体的な学生数を明らかにしなかった大学もあり、共産党都議団は「実際に内定を取り消された学生数は、これを上回るだろう」と話す。

中には、内定式を10月に行い、研修も行っていた事例や、学生からの問い合わせに「大丈夫」といい続けていながら取り消しとなったケースもあったという。

大学からは、「従来の取り消しは、企業がぎりぎりまで頑張ったが、ダメだったというケースが多かった。今回は早い時期に取り消されたのが特徴。安易な形で取り消された気持ちがある」といった声が聞かれた。

共産党は同日、東京労働局と都に対して要請を行い、企業の身勝手なリストラや解雇、採用内定取り消しをやめさせることや、リストラ計画、内定取り消し情報などの掌握・公表などを求めた。

拉致問題でシンポ

写真パネル展　13日まで開催

都（知事本局・総務局共催）は、今月10日から16日までの「北朝鮮人権侵害問題啓発週間」に合わせて、現在、「拉致被害者救出運動」の写真パネル展を開催している。また、7日には都民ホールでシンポジウムも行われた。写真パネル展は今回が3回目。シンポジウムは初開催という。

都議会議事堂1階の都民ホールで7日に開催されたシンポジウムでは、内閣官房拉致問題対策本部事務局の河内隆総合調整室長が「すべての拉致被害者の帰国を目指して」をテーマに講演。続いて特定失踪者問題調査会代表の荒[illegible]を司会に、元東[illegible]の鈴木壮治氏、[illegible]飯塚繁雄代表、[illegible]西岡力会長代行[illegible]パネリストが参[illegible]拉致問題を巡る[illegible]況や自らの思い[illegible]ど、問題解決に[illegible]

19日に中高年向け就職面接会を開催

しごとセンター多摩

東京しごとセンター多摩は、中高年者のための就職面接会を19日に開催する。概ね30歳[illegible]人が対象。場所[illegible]労働相談センタ[illegible]事務所2階の事[illegible]時間は午後1時[illegible]まで。

当日は事務職[illegible]

ひと

横浜市から派遣研修に

足立区政策経営部
広報課広報係
會田（かいだ）　巨享（まさゆき）さん

4月から『あだち広報』が、「より見やすく、身近な紙面」にリニューアル。四つの新コーナーも誕生した。

その一つが「シリーズ『現場』」。区の事業を紹介する企画で、4月1日に異動職員を交えての飲み会の席上、1回目の生物園の記事が話題に。そこで「無料招待券が付いていたら面白いですね」と発言したのが、この日、横浜市から派遣されたばかりのこの人。10日付号と日にちもない中、各部署と調整して、招待券が実現。「皆さん、フットワークが軽い。良いと思ったら、実行に移すエネルギーを持っているんです」は実感だ。

今年度から一般職員を対象に、人事交流制度を開始した横浜市。29人もの職員が民間・行政を問わず全国に派遣されている。

「違う視点を経験したい」と手を挙げたのは、入庁するに当たり「民間の視点を持ちたい」と思ったことと重なる。「市で仕事をしたかったが、大学生の時に役所の窓口の応対にムッとして、こんな職場なのかとがっかりした。不祥事も騒がれていて、社会経験がないまま公務員になるのは不安だったんです」

公務員も究極のサービス業なら、サービスの真髄を学べる百貨店にと、そこで2年間[illegible]めてから、今の道に[illegible]

海が埋め立てられ[illegible]横浜博が開かれたの[illegible]目の当たりにし、人[illegible]呼べる仕事がしたか[illegible]た。来年市制150[illegible]年を迎える横浜市。[illegible]らに世界に向けて認[illegible]度を広げていきたい[illegible]他自治体がどう魅力[illegible]発信しているのかを[illegible]びたいのだと話す。

「現場」ではライ[illegible]ーの腕も発揮。児童[illegible]待が多い現状を明ら[illegible]にし、「地域包括支[illegible]センター」は自らも[illegible]識がない中、区民目[illegible]で取材をしたのだと[illegible]

「どの部署でも、[illegible]人ひとりが広報パー[illegible]ンとなり、住民に分[illegible]りやすく説明責任を[illegible]たしていくという意[illegible]でやっていけば、自[illegible] 32歳。

■新宿区人事異動　8日付

【部長級】▽福祉部長＝社会福祉協議会派遣（福祉部参事）[illegible]▽会計管理者（地域文化部参事）河野[illegible]

【統括課長】▽地域文化部[illegible]課長　酒井[illegible]

■葛飾区人事異動　16日付

【課長級】▽地域振興部[illegible]課長（環境部[illegible]）[illegible]▽環境部ごみ減量担当課長（[illegible]）[illegible]

後藤　マンさん（ごとう・まん＝元職員）3日死去、94歳。

北野　まんさん（きたの・まん＝[illegible]）[illegible]死去、82歳。

三好　輝夫さん（みよし・てるお＝都下水道局東部第二下水道事務所小岩ポンプ所）7日死去、49歳。

発災後3時間は人員不足

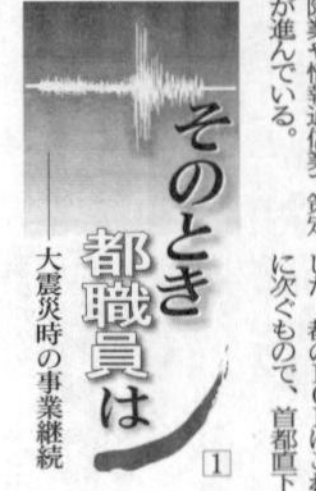

通常業務　9割停止もさらなる精査

都は先月、首都直下地震を想定した事業継続計画（BCP）を発表した。これに基づき、各局では災害時の対処方針を定めた危機管理マニュアルを見直しており、具体的な人員体制や作業手順を年度内に取りまとめる予定だ。大地震が起きた際、職員はどう動くことになるのか。

居住地を基本に配置

BCPは、災害発生時に優先的に取り組むべき重要な業務を継続し、最短で事業を復旧させるための対応策などを定めたもの。民間では金融・保険業や情報通信業で策定が進んでいる。

行政機関では、07年6月に内閣府が中央省庁のBCP策定のガイドラインを示し、同月、国土交通省が策定するなど取り組みが進む。また地方自治体では、徳島県が今年3月に先陣を切って策定した。都のBCPはこれに次ぐもので、首都直下型地震を想定したものとしては初となる。

未曽有の大災害が起き、首都機能が壊滅的なダメージを受けた場合、行政機関の業務はガラリと変わる。通常時に行っている業務の9割は停止し、新たに応急復旧業務が加わることになる。発災時に優先的に行う通常業務に携わる職員はもちろんのこと、停止する9割の業務に携わる職員も新たな役割を担い、行動することになる。

では、具体的にどう動くのか。まず参集体制については、居住地と勤務先の距離を基本に配備体制を組んでいる。

参集体制

居住地から職場までの直線距離が10㌔以内で、固有の応急対策業務のある「第1配備職員」（1万9400人）は、勤務地に駆けつけ、非常時の優先業務を行う。また10㌔以上20㌔以内で、固有の応急対策業務がある「第2配備職員」（1万4500人）も第1配備職員とともに非常時優先業務に従事する。

さらに、これより遠い場所に住む職員のうち、自局の非常時優先業務に従事する職員は「特例配備職員」（1万5300人）として職場に向かう。

これら以外で固有の業務がない職員は「現地機動班」（5千人）の要員として都内26カ所に設けた現地拠点で活動する。発災後3日目以降は所属勤務地に戻り、応急・復旧業務を行う。この職員配備体制は、すでに局で割り振りを終えている。

人が足りない！

通常業務のうち、非常時に優先的に行う業務は局ごとに精査した。都が通常時に行う2047業務のうち、非常時に優先する業務は、入院患者の安全確保や上下水道の維持管理など10分の1にあたる224業務。これに医療救護や緊急道路障害物除去、応急給水など、被災時の応急復旧業務837業務を加えた1061業務が非常時優先業務となる。

ただ、これで優先業務が確定したわけではない。限られた人員で作業を行うには、さらなる業務の精査が必要となる。これは発災当初に参集できる職員の頭数を見ても明らかだ。

1時間以内に勤務職場へ参集できる職員は、直線距離で2㌔圏内に住む職員で、全職員（5万5560人）の7・5%にあたる4270人。同じく3時間以内で参集できるのは同6㌔圏内に住む職員で、22・5%にあたる1万2818人となるが、総合防災部では「計算上では、いずれも必要な人員に足りていない」と話す。

参集可能時間で計算すると、必要な職員数は24時間後にやっと必要数（3万4782人）を上回る見込みで、初動時の職員数の不足が課題となる。このため総合防災部では非常時優先業務の精査や、効率的な業務執行ができる仕組み・手順などの準備を局に求めている。

災害時の業務量が増え、迅速な初期対応が求められる組織の代表格である福祉保健局も、局の危機管理マニュアルに反映するために精査を進めるが、さらなる優先業務の洗い出しなどに頭を悩ませる。

例えば、負傷者への医療救護対策では、東京DMATや民間病院等の医師で組織する都医療救護班などの派遣体制をすでに構築しており、医療物資の運搬や医療機器の提供などの後方支援についても業界団体らと協定を結んでいる。

だが、新たな業務が増えれば、それをフォローする業務も増える。局では「業務をさらに精査し、優先順位をつけるとともに、何人がどれくらいの時間で参集できるかも探りながら、他局との応援体制なども視野に入れて検討している」と話す。

普段と違う顔ぶれ

他方、発災時に自局の優先業務や固有の応急対策業務に割り当てられていない職員は、現地機動班となる。例えば主税局では、発災後3日以内に行う優先業務がなく、職員は基本的に現地機動班として活動する。

現地拠点は、都税事務所や都立公園の管理事務所など都内26カ所に設置し、自宅からの距離が近い拠点に参集する割り振りがすでに決[illegible]る。1拠点は概[illegible]人程度を配置[illegible]（10人前後）と[illegible]配備する。

ここで行う業[illegible]時の応急活動[illegible]らかじめ拠点[illegible]範囲を決めてお[illegible]倉庫や急送拠点[illegible]き、災害拠点[illegible]者受け入れ業務[illegible]う。大まかな[illegible]が行うが、具体[illegible]の割り振りな[illegible]の判断となる。

現地機動班の[illegible]集は職場単位で[illegible]で、普段は顔を[illegible]機会が少ない職[illegible]仕事をすること[illegible]昨年から現地機[illegible]集訓練を実施[illegible]が、現地機動班[illegible]具体的な訓練に[illegible]っていない。実[illegible]めるためにも、[illegible]点での応急活動[illegible]要となりそうだ。

通常業務がストップした職員は、緊急業務のサポートに回る（写真は東京都総合防災訓練の様子）

㉑年度 職員教養講座 [25]

B事務（財政・税務）論文

はじめに

年末年始の時期が近づいてまいりました。多忙な生活を送るB受験者の皆さんには、この年末年始の休みが、まとまった時間のとれる貴重な機会になるかと思います。気持ちを新たに準備に取りかかって下さい。

さて、前回に引き続き、今回は論文対策について説明します。論文は、日頃の情報収集から、書き方、スタイルの完成まで大変時間のかかる科目です。しかし、1本目の合格論文を完成させれば、2本目からは楽に書けるようになります。論文対策には、十分に時間をかけて、準備を進めてください。

ここでは、「財政・税務」の管理職試験論文を書くコツを中心に紹介していきます。

勉強方法

1　論文試験の概要

論文試験は、課題式で2題出題され、1題選択の上、解答するものです。解答時間は2時間、解答字数は、1500字以上2千字程度とされています。評定は、問題意識、政策形成力、論理性、表現力等について問うものです。論文対策は、大きく①出題傾向の分析②情報収集と出題予想③論文の作成④添削⑤暗記―等がポイントになります。

2　過去の出題例

過去の出題は、次のとおりです（○数字は出題年度）。

【行財政運営】

⑯都政を取り巻く環境が激しく変化する中で、都民が納得しうる行政を展開していくために、行財政運営を様々な角度から分析し、都民に対するアカウンタビリティーを向上させていくことが求められています。都におけるこれからの公会計制度のあり方について、あなたの考えを論じなさい。

⑰景気の回復を反映して、都税収入は伸びたものの、都の財政は依然として厳しい状況にあります。こうした中で、都民が必要とするサービスを安定して提供していくため、財政再建の確実な推進と都財政の体力回復に努めることが求められています。都は、今後、どのように行財政運営の一層の改革を進めていくべきか、あなたの考えを具体的に論じなさい。

⑱人口減少社会の到来により、長期的な都税収入の伸びが見込めない中で、必要な施策を確実に実施するために、財政運営の手法にまで踏み込んだ財政構造改革が求められています。今後の都財政の課題について述べた上で、都は、新たな財政運営の手法という観点からどのような取り組みを進めていくべきか、あなたの考えを論じなさい。

⑲都は、これまでの様々な取り組みなどにより、財政再建に一つの区切りをつけることができました。今後は、新たな財政需要に積極的に対応できる強固で弾力的な財政基盤を確立していくことが求められています。このために、都は、どのような取り組みを進めていくべきか、あなたの考えを論じなさい。

⑳都は、将来の東京を見据えた施策を積極的に推進するとともに、都民生活が直面する課題に適切に対応することを求められていますが、都税収入は景気の動向に左右されやすく、また、法人事業税が一部国税化されるなど歳入面には不透明な要素があります。こうした状況を踏まえ、今後、都は、どのような行財政運営を行っていくべきか、あなたの考えを論じなさい。

【税財政制度】

⑯厳しい財政状況が続く中で、大都市特有の財政需要にこたえ、東京を再生していくために、より安定した財源の確保が求められています。国における地方税財政制度の改革の動向を踏まえ、大都市における税制のあり方について、論じなさい。

⑰今日、様々な取り組みの結果、都税の徴収率は向上していますが、依然として都財政の状況は厳しく、地方への税財源移譲が道半ばにある中、更なる税収の確保が求められています。納税の公平性を確保し、行政の理解と信頼を得ながら、更に徴収率を向上させるための方策について、あなたの考えを論じなさい。

⑱三位一体改革の一環として、所得税から個人住民税への税源移譲は実現しましたが、真の地方分権の確立に向けて、更なる地方税財政制度の改革が求められています。地域の財政需要に見合った財源を確保するための税制について、税源偏在の問題にも言及しながら、あなたの考えを論じなさい。

⑲東京をはじめとする大都市の財源を、地方自治体間の財源調整の手段として用いるべきとの議論があります。こうした議論を踏まえ、地方法人課税の課題について述べた上で、今後の地方法人課税のあり方について、あなたの考えを論じなさい。

⑳都は、世界で最も環境負荷の少ない都市を実現することを目標として掲げています。この目標を税制面から推進するために環境税を導入することの意義と、地方税として望ましい環境税制のあり方について、あなたの考えを論じなさい。

3　出題傾向

財政税務の論文は、「行財政運営」と「税財政制度」の2分野から1題ずつ出題されています。出題傾向は、一方で一般的・抽象的な出題がされれば、他方で個別的な出題がされる傾向があります。個別的な出題の例としては、平成16年度の運営論で公会計制度、平成17年度の制度論で徴収率の向上、平成19年度の制度論で地方法人課税のあり方、平成20年度の制度論で環境税制のあり方などがあります。

4　情報収集と出題予想

論文作成前に、合格者の書いた論文を複数集め、全体の構成や、文章の簡潔さなどを確認してください。合格論文を読み込むことが、ポイントをつかむ近道となります。

そして、論文のネタの収集と合わせ、来年度の出題予想を立てるため、時間をかけて情報収集に取り組んでください。新聞やホームページ等で、都や国の財政・税務に関する最新の情報を収集する必要があります。その際、情報や気のきいた表現等を付箋やマーカー等で整理し、自分なりに使いこなせるようにしておくことが大切です。

5　論文の作成

管理職試験の論文は、起承転結の4段構成で、それぞれ300、600、800、300程度の字数配分にするのが一般的です。文章はできるだけ短文（3行、60字以内）にし、各章の最初に、内容を端的に示す小見出しを付けてください。

作成の際は、まず、題意を十分に検討した上で主題を明確にし、問題点と解決策を整理しながら、レジュメを作成します。そして、最初から最後まで論旨を一貫させ、全体としてまとまりのあるよう論文を書き上げてください。論旨に説得力をつけるためには、それを裏付ける数字や具体例を盛り込むことがポイントです。

第1章では、設問の背景や課題に対する現状認識などを論述します。与えられた課題に対し、なぜそれが重要かを広い視点からまとめて下さい。採点者は大量の文章を読みますので、こちらの分析力を見せつけるぐらいの意気込みで書きましょう。あるべき姿、現状、課題の抽出等の順序で3段論法等で書くとまとまりがつきます。

第2章では、第1章の課題提起を受け、問題点を三つ提起します。問題点の提示が浅かったり、都の問題意識とずれていたりすると採点者に与える論文全体のイメージもそのようになります。多角的な視点で問題点を深くえぐり、確かな方向性を描くよう努めてください。ただし、先人の政策を全面否定しないよう留意する必要があります。また、字数は、三つの問題点にバランス良く配分されるよう努めてください。

第3章では、第2章で掲げた問題点に対し解決策を三つ提示します。第3章は論文全体の核心であり、最も熱が入る部分です。いかに現実的で具体的かつ実現可能な解決策を出せるかが勝負になります。都の方針等を基礎に具体的・現実的な解決方法を提示してください。また、解決後の効果まで書き込むと説得力が増します。字数は、三つの解決策にバランス良く配分し、各解決策が第2章のどの問題点よりも多くなるよう配分するとバランスが良くなります。

第4章は、まとめの部分です。第3章までに展開した解決策について、一段高い視点、広い観点から、熱意、品位を持って論述してください。また、都政の将来ビジョンに即して決意表明を行うと、論文全体にまとまりがつきます。ただし、第1章の繰り返しや新たな問題点を持ち出さないよう留意してください。

6　添削

論文作成後に、管理職や合格者に添削を依頼してください。添削は、先人達のノウハウを学ぶ絶好のチャンスです。添削個所が多いと気持ちが萎えることもありますが、これを客観的に受け止め、論文全体をブラッシュアップしてください。

7　暗記

仕上げは、暗記です。試験当日は、内容を考える時間的余裕はあまりありません。出題予想に基づき、論文を複数作成したり、論文中の各章ごとに複数のパーツを用意したりして暗記し、応用できるようにしておくのが理想的です。

おわりに

合格論文を書くまでには、何度も悩み、厳しい道のりを歩むことになるかと思います。しかし、身に着けた技術は、仕事を行う上でも生かせる"使える"テクニックになります。また、常に問題意識を持って情報を収集し、解決策を整理する作業は、自分のスタンスや考えを深める良い機会になります。ぜひ、積極的に取り組んでください。

皆さんのご健闘をお祈りします。

昇任試験対策のページ

21年度 教育管理職への道しるべ ▶15◀

教特法②

問題

【問題4】教育公務員の政治的行為の制限に関する記述として、妥当なものは次のうちどれか。

① 教育公務員の政治的行為の制限は、臨時的任用として勤務する者及び条件付任用期間中の者には適用するが、休暇、休職及び停職中の者には適用しない。

② 教育公務員の政治的行為の制限は、勤務時間外において行う場合においては、適用されることはない。

③ 政治的行為の制限の規定は、教育公務員が政党の構成員にならないように勧誘することは禁止していない。

④ 特定の政党を支持することは、政治的目的に含まれるが、特定の政治的団体を支持または反対することは政治的目的に含まれない。

⑤ 公立学校の教育公務員の政治的行為の制限については、他の地方公務員と異なり、当分の間、国家公務員法が適用される。

【問題5】教育公務員の初任者研修に関する記述として、妥当なものは次のうちどれか。

① 小学校等に臨時的あるいは期限付きで任用された教諭等も初任者研修の対象とする。

② 教員として国立または私立学校において、1年以上の勤務経験を有する者は、任用者の判断により、初任者研修の対象外とすることができる。

③ 公立学校等の事務職員として引き続き1年以上の勤務経験を有する者が新たに小学校等の教諭になった場合は、初任者研修の対象とはならない。

④ 区市町村立学校教員の初任者研修は、東京都教育委員会がすべての学校の年間研修計画を作成し実施している。

⑤ 市町村が設置する高等学校に勤務する教諭等に対しても、都道府県教育委員会が初任者研修を実施する義務を負う。

【問題6】教育公務員の10年経験者研修に関する記述として、妥当なものは次のうちどれか。

① 校長は、10年研修対象者の能力、適正等について評価を行い、その結果に基づき、当該者ごとに研修計画書を作成し、研修を実施しなければならない。

② 10年経験者研修の対象は、在職10年目の小・中・高等学校、盲・ろう・養護学校の教諭等である。

③ 養護教諭、養護助教諭及び講師も10年経験者研修の対象である。

④ 国立、私立学校等における経験は、在職期間に含まないものとする。

⑤ 初任者研修及び10年経験者研修に関する計画は、教員の経験に応じて実施する体系的な研修の一貫として位置づけられている。

【問題7】教育公務員の兼職及び他の事業等の従事に関する記述として、妥当なものは次のうちどれか。

① 教員等が営利企業を営むことを目的とする会社その他の団体の役員を兼務するときは、任命権者の許可を受けなければならないが、役員以外の職に就くときは、この限りではない。

② 教育公務員は、教育に関する他の事業に従事することが本務に支障が無いと任命権者において認める場合は、給与を受けてその事業に従事することができる。

③ 都立学校の教員が、営利を目的としない人格のない社団等の役員等の職に無償で就き、かつ従事する時間が勤務時間外に限られていれば、兼業及び教育に関する兼職等に該当しない。

④ 教員が勤務校以外の学校で非常勤講師の職に就く場合、国公立学校でなければならず、私立学校については兼職が認められない。

⑤ 教員が不動産の賃貸を行う場合は、その規模に関わらず、本務の遂行に支障が無いので兼業には当たらず、任命権者の許可は必要としない。

解説

【解説4】正解⑤

① 理由を問わず適用する（人事院規則14―7）。

② 勤務時間外において行う場合においても適用される（人事院規則14―7）。

③ 政党の構成員になるようまたはならないように勧誘することは、政治的行為に当たる（人事院規則14―7第7項第6項）。

④ 特定の政治的団体を支持または反対することも政治的に含まれる（人事院規則14―7第5項第3項）。

⑤ 正しい。教特法第18条第1項。

【解説5】正解②

① 誤り。初任者研修の対象としない（昭和63・6次官通達）。

② 正しい（昭和63・6次官通達）。

③ 誤り。教員以外の職種の公務員から教諭等に採用された場合には、初任者研修の対象となる（昭和63・6次官通達）。

④ 誤り。実施については、東京都教育委員会が区市町村へ委任している（教特法第23条第1項）。

⑤ 誤り。市町村が設置する高等学校に勤務する教諭等に対しては、市町村教育委員会が初任者研修を実施する義務を負う（昭和63・6次官通達）。

【解説6】正解⑤

① 誤り。校長ではなく、任命権者である（教特法第24条第2項）。

② 誤り。「小学校等」には、中等教育学校、幼稚園の教諭等も含まれる（教特法第12条）。また、在職期間が10年に達した者(在職11年目)を対象とする(教特法第24条)。

③ 誤り。養護教諭・養護助教諭は研修対象外、講師は研修対象（教特法第12条、第24条）。

④ 誤り。国立、私立学校等における経験は、在職期間に含まれる(教特法第24条)。

⑤ 正しい（教特法第25条）。

【解説7】正解②

① 誤り。営利企業等に従事することを制限される地位には、役員以外に顧問、評議員、その他これに準ずるものがある(地方公務員法第38条、営利企業等の従事制限に関する規則第2条)。

② 正しい（教特法第17条第1項）。

③ 誤り。兼職等に該当しないとは言えない（学校職員の兼業等及び教育公務員の教育に関する兼職等に関する事務取扱規程の運用上の留意事項等について）。

④ 誤り。任命権者が認める場合は、私立学校でも可能である（学校職員の兼業等及び教育公務員の教育に関する兼職等に関する事務取扱規程第2条第2項）。

⑤ 誤り。兼業に該当する（学校職員の兼業等及び教育公務員の教育に関する兼職等に関する事務取扱規程第2条）。

10年間で障害者雇用3万人増へ

「行動宣言」を策定

東京経営者協会など8団体が賛同！

福祉保健局障害者施策推進部長　松浦和利

■障害者雇用率って？

突然ですが、〝障害者雇用率〟をご存知ですか。「障害者雇用促進法」では、民間企業1・8％、地方自治体2・1％、教育委員会2・0％と法定雇用率が定められており、これを上回る障害者を雇用する義務があります。

しかし、今年6月1日現在の東京都内の民間企業の実雇用率は1・51％で、全体では法定雇用率を達成していません。

■「協議会」で活発な議論

昨年10月、行政、企業、経済団体、ハローワーク、就労支援機関、学識経験者などから構成される「東京都障害者就労支援協議会」（座長・今野浩一郎学習院大学教授）が設置されました。

「各委員がどんどん発言し、この場が混乱し、収拾がつかなくなったら、大成功」という座長の発言から、協議会は始まりました。

まず、経営トップの方針。㈱ユニクロは、「全店舗に最低一人、障害を持った方を雇用する」というトップの明確な方針により、全国に700以上ある店舗で、783人の障害者が商品確認、仕分け、補整、清掃等で働いています。

求人と応募のミスマッチ。企業から、名刺作成やホームページ更新のために障害者を求人すると、ハローワークの求人票には、「一般事務」とだけ表示されるため、求める人材を得られない。

行政への批判。行政は、企業に知的障害者を雇用してほしいと要請するが、自らも雇用主として採用すべきではないか、などなどの発言。

こうした活発な議論の中から、四つの行動宣言（表）がまとまりました。

障害者が働く大門駅前のパン屋さん

障害者雇用に積極的な横河電機

首都TOKYO障害者就労支援行動宣言
（宣言1）社会全体で支援します！
　～障害者一人ひとりの雇用と就労～
（宣言2）就労移行を推進します！
　～障害者一人ひとりの雇用と就労～
（宣言3）雇用機会を拡大します！
　～障害特性に応じて～
（宣言4）ミスマッチを解消します！
　～「働きたい」と「雇いたい」～

■障害者雇用・就労推進TOKYOプランの策定

この四つの行動宣言に、8団体（東京経営者協会、東京商工会議所、東京都中小企業団体中央会、東京労働局、東京障害者職業センター、東京都社会福祉協議会、東京都教育委員会、東京都）が賛同しました。

そこで、各団体の行動指針として「障害者雇用・就労推進TOKYOプラン」が策定されました。

プランでは具体的な取り組みを10の視点、20の行動として示しています。広く社会全体へのメッセージを発信し、関係団体が一丸となって障害者の雇用・就労を推進していきます。

プランの内容の一部を紹介します。

○東京都教育委員会

知的障害が軽い生徒全員の企業就労を目指す新しいタイプの特別支援学校を設置していきます。

○福祉施設、就労支援機関

先駆的な就労支援ノウハウを普及し、支援員の人材育成を図ります。また、障害者のキャリア形成に関する悩みを解決する相談やサポートする「キャリアカウンセリング」を実施します。

○東京しごと財団など

障害者のニーズ、企業のニーズに対応した科目開発、訓練内容の見直し等を進めるとともに、企業での実習の場を拡充します。

○就労支援機関・東京障害者職業センター

精神障害者の方は、通院が必要であり、心身が疲れやすい場合が多いので、当初は労働時間を短くする必要があります。そこで、グループ就労や医療連携の仕組みを作り、職場復帰の支援に取り組みます。

○東京経営者協会

障害者雇用に関心があるけれど、はじめの一歩が踏み出せない企業に対しては、セミナーを実施し、コンサルティングを行います。

○各機関の連携の強化

都内全域を6ブロックに分け、ハローワーク、就労支援センター、特別支援学校、地元の商工機関による就労支援のネットワークを強化します。また、中途退職した障害者の再就職も支援するなど、ライフステージを通じた就労を支援します。

特別支援学校で生徒一人ひとり作成したキャリア形成シート（個別支援計画）を、就労支援機関や企業に引き継ぎ、本人の就労の目標や希望、キャリア形成上の課題が就職に活かされるようにします。

■都庁のチャレンジ雇用

福祉保健局・産業労働局では、知的障害、精神障害のある方の臨時雇用を始めました。このチャレンジ雇用は、障害者が企業就職をめざすためのステップであり、今年度12名が雇用されました。

事業者への通知文の発送、宛名ラベル作成、パソコンへのデータ入力など、各職場の事務補助や軽作業を業務としています。もちろん、このチャレンジ雇用は職場の支援があって成り立ちます。

しかし、これにより、障害のある方とのワークシェアリングが実現することは、大きな意義があります。庁内の皆様、チャレンジ雇用に挑戦してみませんか。

相談屋の場外乱闘 Part2

■第18話　現代解雇模様⑨―協調性のない人たち❹

労働ジャーナリスト　金子雅臣

「協調性がない」と言われて解雇される事件に一つのパターンがある。それは、ある種の女性たちが繰り返し現れることである。使用者が「あんな女はとても使えない」と感情的になり、上司も「目をかけてきたのに、とんでもない女だ」と怒りをあらわにする。

そんな時に発せられる言葉にも、ある種のパターンがある。それは「女のくせに」「女なんだから」という呪文に似た言葉である。なぜ、彼女たちは使用者や上司をそのように怒らせてしまうのか。

こんな繰り返される事件の一つを取り上げる。

笑顔がない

――解雇理由ですか、それはいくらでもあります。反抗的で協調性がないし、一々指図しなければ仕事をしない。きつく言えばそっぽを向いてしまうし、何よりも愛想がない。受付は笑顔が大切なのに笑顔がないんですから話にならない。

個人経営の病院長は、少し怒気をこめて説明した。この医院の看護婦だった片桐康子（21歳）が例によって「協調性がない」ことを理由に解雇されたという事件である。院長はその理由に「笑顔がない」ことを繰り返していた。

――確かに、病院の受付ですから笑顔があったにこしたことはないでしょうが、それが解雇理由にはならないでしょう。考えてみてくださいよ。あまりにも明るくて賑やかな人が受付にいたら、病院という職業柄、それも困るんではないですか。

一方的に主張する院長に反論するために、少しへ理屈のようなことを言ってみた。

――確かに、病院ですからあまりにも明るすぎるのも困るけど……。

オンナのくせに

――それもあるが、何せ反抗的で困る。

院長は気を取り直すようにして言って来た。

――反抗的というのも相互のコミュニケーションの問題ですから、微妙な問題ですよね。何か暴言を吐くとか、反抗して指示した仕事をやらないとか具体的なものがあるんですか。

――いや、そんなことをすればその場で怒鳴り飛ばしますが、返事がはっきりしなかったり、嫌そうな雰囲気を感じたりということですよ。そうしたことは、何となく態度で分かるじゃないですか。

――そんな風に言われても、私はその場に居たわけではないですから理解しろと言われても難しいですね。もっと分かりやすく言ってもらえませんかね。

私は、あえて物分かりの悪さに徹底することにして、意地悪なことを言ってみた。

――書類を投げ捨てるように置いたり、動作が男のようになったり、とにかく身体全体で拒絶を示すような仕草をするじゃないですか。あなたも周囲のオンナどもに感じたことはないですか。

院長は鈍感な私に、少し苛立ったように言い始める。

実は、院長がセクハラを……

――でも、それはあなただって、イライラしている時に少し乱暴になったり、返事が無愛想になったりということはあるでしょう。

――それは、ありますよ。人間だから……でも、オンナのくせに乱暴な口調で言ったりするのはどうなんですか。それは、やはり問題じゃないですか。しかも、注意をしているのに「オンナだから男だからというのは関係ない」という口答えですからね。

――オンナなんだから、もっと丁寧に、もっとおしとやかに……ですか。それが出来なければ協調性がないと……。

この事件は、実は院長からセクハラ行為をされた片桐から、「その後、毅然とした対応をしたらクビになりそうだ」という相談からはじまっていた。「協調性のないオンナ」とは、男たちによって限りなく生み出される幻のような気がするが、どうだろう。

お断り　次回は1月13日号に続きます。

地方公務員のための英会話学習法 ▶▶▶⑤

どうする発音

カタカナ英語で十分?

守山　人前で英語を話すのって、結構勇気いるよ。「英語らしい」発音をしなくちゃ恥ずかしいって感じで……。それに、自分の発音で外国人に通じるのかなって不安もあるし……。

先山　たしかに、英語の発音は、日本人にとって大きな壁ね。逆に、日本語を学習する欧米人にとっては、漢字がすごく難しいみたいよ。

守山　役所の窓口の案内程度なら、カタカナ英語の発音でも問題ないって考えたらだめだろうか。「発音は気にするな」「英語の発音はカタカナで十分」なんて意見もあるよね。

「マクドナルド」では通じない

先山　その人のレベルによるわね。初級者のうちは、黙っているよりはカタカナ英語でもとにかく話したほうがいいわ。単純な内容なら通じることも多いと思います。でも、それに満足していたのでは、いつまでも初級者のままで、それ以上の円滑なコミュニケーションは期待できません。たとえば、日本に来た欧米人が聞き取れないカタカナ英語の代表例が「マクドナルド」です。

守山　マクドナルドはマクドナルドだろう?

先山　違います。出身国や会話の状況によって異なるけど、あえてカタカナで表現すると、「マクダナ・」「・クドナ・」「・・ダナ・」てな感じかしら。日本人の発音と決定的に違うのは、「ダ(ド)」にアクセントがあることと、最後の「ルド」はほとんど発音しないこと。最初の「マク」は発音しないか、したとしてもかなり弱い音となります。日本人は、必ず「母音＋子音」で発音しようとするから、「マクドナルド」という6音節になってしまうんです。また、「ド」は、「ダ」に近い音になることが多いようです。

守山　そんな解説をされても、初級者には難しすぎるよ。それに、「マクドナルド」で通じたこともあったと思うけど……。

先山　日本に滞在している外国人で、「マクドナルド」という発音を聞き慣れている人なら理解できるわ。英会話学校の講師には、「マクドナルド」でもOKよ。でも、役所の窓口に来る外国人に通じるとは限らないわ。

守山　発音も大切なのはわかったけど、苦手意識が先行するな。

先山　たしかに、英語らしい「音」を出すのは難しい。初級者はとりあえずアクセントを意識してみて。それだけでも、通じやすくなるわ。「ド」に力をこめて「マクドナルド」といえば、わかってもらえるかもしれません。逆に言えば、日本語の発音は、平板でアクセントが弱いのが特徴なんです。

守山　では、発音についてまとめると、どんな点に力をいれたらいいのかな?

先山　こんな感じかしら……。

①初級者はカタカナ英語でも可。ただし、最後の子音は発音しないこととアクセントを意識して発音すること

②中級者以上は、欧米人の実際の発音を繰り返し聞き、辞書で発音記号を確認し、なるべく「英語らしい」発音をするよう心がけること

守山　英語を勉強し続ければ、欧米人と同じような発音ができるようになるかな?

先山　なりません。現地に長期定住しない限り、やはり「日本人英語」のクセは残ります。でも、欧米人と全く同じ発音をする必要はありません。ポイントは、自己流を押し通すのではなくて、相手の立場に立って、なるべく聞き取りやすい発音となるように、努力することです。

（荒川区福祉部介護保険課課長補佐　小山弘）

都政新報

発行所 都政新報社
〒160-0023 東京都新宿区西新宿7-23-1 TSビル
（総務・読者）03-5330-8781
（企画広告）03-5330-8784
（編集）03-5330-8786
（出版）03-5330-8788
（ファクス）03-5330-8808
購読料 月1,680円（税込）
毎週火・金曜日発行 但し、祝祭日は休刊

紙面から

知事同意せず、計画白紙に

参院宿舎の建て替え

自民との間で新たな火種

弁慶橋風致地区に建て替えが計画されていた参議院宿舎について、石原知事と西岡武夫参議院議運委員長、石川雅己千代田区長が12日に会談し、計画を白紙に戻すことで合意した。知事は「都が『10年後の東京』で緑を増やす努力をしている時に、都心の貴重な森をつぶすのは反対だ。公園にすべき」と記者会見で発言してきたが、この姿勢を三者会談でも変えず、参議院側が折れる形になった。しかし、国有地4500平方㍍の緑を残す手法については、今も議論されていない。また自民党には、参議院の計画を了承する意向を知事が伝えていたため、火種をつくる事態になった。

会談を終えて会見する知事と石川区長

知事によると「都は、参議院の出した案を飲めない。ほかの代案もそろえたが、それを考慮しないか」と提案すると、西岡議運委員長は「東京都が、参議院の案を飲むか飲まないかの話」と退けたという。「飲めない」という回答に対し、西岡委員長は「それで結構。白紙還元しましょう」と応じたという。今後の展開については「あとは参議院がどう考えるかで、私たちがタッチできないこと」（知事）と述べ、この一件は片付いたという認識を示した。

議員宿舎の建て替え計画は07年5月、風致地区条例に基づく協議の申請が都に出され、その後、知事や猪瀬副知事の反対表明で同年9月から工事が中断。08年11月、高さ49㍍（14階）、緑地率60％に引き上げる変更案が参議院から正式に再提出され、都建設局で審査に入っていた。

知事は、変更案が提出される前に都と参議院の間でやり取りがあったことを記者会見で認めているが、「最終的に出てきたのは、間違いなく11月下旬になってからだ」と強調。「その前に事務方でどんな話があったのか、いっさい知らない」としている。

しかし、都議会自民党幹部は「事務レベルの話をきちんと積み上げ、08年7月頃、知事に会って説明した時、知事は参議院の変更案を了解している」と主張する。このため白紙撤回という結論に対しても「知事との約束を信じてきたが、信義則に反することをするなら、今後は協力しない」と苛立っている。

また、知事は「千代田区の地区計画を見直した上で、現在地に宿舎を建て替えればいい」という代案を明らかにしてきた。この点について三者会談後、石川区長は「それは難しいと知事も分かったようだ」と語った。

建て替え計画が具体化する前、財務省は約4500平方㍍の売却を発表し、地元町会が千代田区に公園として公有地化を打診したことがある。数十億円かかるので無理と言われ、断念した経緯がある。都幹部からは「都が公園として購入するのも難しい」という声が出ている。

再議決であいまい決着

金融機能強化法が成立

新銀行東京の公的資金注入

都が400億円の追加出資を行い、経営再建中の新銀行東京が公的資金注入の対象となるかどうかが焦点となった金融機能強化法が、12日の衆院本会議で可決・成立した。参院では民主党が、地方公共団体が主要株主の銀行を対象から外す修正を行ったものの、衆院では与党が3分の2以上の再議決を行い、修正を元に戻した。新銀行東京は公的資金の申請を行わない方針だが、政府・与党は特定銀行を狙い撃ちした修正には、最後まで難色を示し、付帯決議で触れるにとどまった。

◇　◇

金融機能強化法案に対する参院での民主党修正案は、地方公共団体が総株主の100分の50を超える議決権を保有する銀行については、金融機能強化法における「金融機関等」に該当する「銀行」から除き、同法を適用しないという内容。地方公共団体が主要株主の銀行は、現在、新銀行東京しかない。

11日の参院財政金融委員会で、円より子氏（民主）は、「新銀行東京が公的資金を申請しないと言っているのだから、無条件に修正案に賛成できるのではないか」と政府の見解をただした。

これに対して、中川昭一財務相は、「一般論として、どの銀行を最初からするしないとは、行政の公平性からいって、できない」と答弁。麻生太郎首相も、「個別の金融機関の政策を理由にして、特定の金融機関を国の資本参加の対象から、あらかじめ制度上除外することは適当ではない」と否定的な見方をした。

大塚耕平氏（同）は、「現行の銀行法の枠組みでも、国が監督上必要な措置を行う対象から、地方公共団体は外れている。新銀行東京だけを対象外とすると言っているのではなく、地方公共団体が主要株主の銀行を対象外とし、結果として該当するのは新銀行東京しかないだけだ」と述べ、法論理的に矛盾はないと主張した。

麻生首相は、「今の理屈をパッと言われて理解できるほど、頭が良くない」とはぐらかしながらも、「銀行法に基づいてできた新しい銀行。銀行法上の制約を受けるという理解は正しい」と述べた。だが、修正案に対しては、「特定の銀行を排除することは趣旨としていない」と答えた。

これに対して、大塚氏は、「結果として、新銀行東京を対象とするためだけに、（衆院で）3分の2の再議決という憲法上重要な権能を行使することになる」と批判した。

また、石原知事が9日の都議会本会議で民主党の代表質問に、参院の参考人招致について、「どんな参考人招致をするのか、人民裁判をやるのか知りませんが」と答弁したことも話題に上った。

円氏は、「国会を、まるで参議院の財政金融委員会を『人民裁判』になぞらえるのは、誹謗中傷、軽視しているようで、大変遺憾」と述べた。尾立源幸氏（同）も、「仮にも国会議員をされていた方で、参考人招致の意味はよく分かっていると思う」と、委員長から石原知事に抗議するよう求めた。峰崎直樹委員長は、「議事録を取り寄せて、理事会で協議の上、しかるべき措置をとりたい」と述べた。

ライフライン維持を

欠かせぬ民間との協調

未知の脅威―新型インフルに備えて　下

新型インフルエンザのパンデミック・ワクチンの量産に要する時間は、約6カ月と言われる。誰も免疫を持たないウイルスが猛威を振るい、社会不安が増大しているこの期間、いかに都民生活を安定させ、感染拡大を防ぐかは、行政の危機対応能力そのものが問われることになる。

個人の権利と公共の福祉（社会防衛）とのバランス、刻々と変化する非常事態の中で迅速な意思決定、そして公衆衛生面では接触機会を最小化することがポイントになる。特に東京のように高密度に集積した都市では、公共交通機関をはじめとするライフライン事業者を巻き込んだ取り組みが生命線となる。

■鉄道運行の自粛

国土交通政策研究所がパンデミック期を想定して、首都圏の鉄道の輸送力を試算したところ、咳やくしゃみによる飛沫感染を防ぐには、隣人との間隔を1～2㍍空ける必要があることから、通勤ラッシュ時の輸送人員は現在の2割程度に落ちるという。この試算は、JR東海道線の「品川～川崎駅」間をモデルにシミュレーションしたもので、平日午前8時台の乗客数（上り）は6万人超。定員150人の1車両を40人に制限すると、1万人余りしか輸送できないという計算だ。

しかし、首都圏の鉄道は、通勤時間帯に乗車率200％にも上るため、2割程度に落ちるというのは低めの見込みだが、いずれにしろ大幅な輸送能力の減は避けられない。都民の足として鉄道のニーズが高ければ高いほど、ターミナル駅を中心に乗降客が長時間滞留する事態になる。

では、感染拡大ルートにもなりかねない鉄道運行を社会防衛の観点から制限できるのか。国土交通省では、都営交通やJR東日本など運行自粛の検討をしているが、協議はまだ整っていない。都営交通だけ運行を制限しても、JR、東京メトロとの乗り換えもあれば、相互直通運転をしている路線もある。都交通局幹部の一人は「鉄道事業者が歩調を合わせないと、かえって混乱する」と危惧する。

平常通りに電車を運行させれば、感染のリスクが高まり、かといって交通機関を止めれば、別の社会問題が派生する。

「社会経済活動を破綻させないことと、感染を拡大させないこと。矛盾する二つのことをやろうとしている」と交通局幹部は調整の難しさを語る。

㊤今年3月19日に厚生労働省が作成したカードゲーム「Pandemic Flu」
㊨都が50万セットを購入する防護服（10月2日、都議会厚生委員会で）
㊦1日平均の乗車人員78万6000人は日本一のJR新宿駅で

■危機感の共有を

新型インフルエンザの発生では、都民が身の回りの生活を当面維持できるかどうかが、民生安定でカギになる。銀行、コンビニといった身近な企業は、鉄道と同じように感染拡大源になる恐れもあるため、独自のリスク管理が要求される。

こうした中、いち早く対策に乗り出した企業も出始めており、小売業大手のイオン・グループ（千葉県）もその一つ。新型インフルエンザが発生すると、子供服や玩具売り場などから順次閉鎖し、感染が本格化した場合は、屋外で食料品や日用品に限定して販売するという。顧客や従業員の接触感染を防ぐため、セルフレジによる清算も計画している。

民間の取り組みを後押しするため、都も協議を開始。09年度から、電気、ガス、交通、通信などのライフライン機能を確保するため、民間事業者との調整を始める。

致死性や感染力が分からない未知のウイルスに対し、都民がどう行動するかは予測できない。予算を投入してワクチンの備蓄を進め、医療体制を整備した上で、官民一体の連携がなければ、パニックを防ぐことはできない。感染拡大を食い止めながら社会経済活動を維持するため、民間と危機感を共有できるか、自治体の本気度が試されているのだ。

（おわり）

都政の東西

産科医療補償

分娩が原因で赤ちゃんに重度脳性まひが残った場合、家族に補償金を支払う「産科医療補償制度」が09年1月からスタートする。目的は、家族の経済的補償とケース検証による再発防止だ。産科医療が危機に瀕する中、改善策の一つとして動向が注目されている。

運営するのは、㈶日本医療機能評価機構。掛け金は1分娩につき3万円で、対象になれば民間の保険会社を通じて3千万円が補償される。全国の分娩機関の99％が加入し、分娩を扱う全都立病院や保健医療公社病院が加入済み。あとは船出を待つだけとなっている。

しかし、問題点も多い。例えば、年間の分娩件数は約100万件で約300億円の収入となるが、厚労省の推計によると、補償の対象者は年間500～800件。莫大な余剰金が発生する可能性が指摘されている。

また、産科医の関心事は、訴訟リスクがどうなるかだ。補償の前提になるのは、分娩が長時間にわたり、低酸素状態が続くなど、医療的には無過失で分娩に起因した重度脳性まひ。先天的なものは対象外という。

審査をするのは、運営組織内の委員会だ。原因や、妊婦や家族への報告も担う。ところが、制度開始まで1カ月を切っているのに、対象者をどう審査し、報告をフィードバックするか、肝心の中身は全く明らかになっていない。

「医療的には無過失だが、我が子が重度脳性まひを背負った」という事実を、果たして母親は納得できるのか――。説明が不十分なら、訴訟リスクが増える可能性すらある。原因分析・再発防止委員会がどういったメンバーで構成されるかは、注目の的だ。総論は賛成でも、急ごしらえの印象は強い。妊婦や家族、産科医が納得できる制度にすることが求められている。

内定取り消しや派遣切りで特別相談窓口

都産業労働局

企業による大学生らの採用内定取り消しや期間従業員、派遣労働者の雇い止めが社会問題化する中、都産業労働局は、これら問題に特化した緊急特別相談会を実施している。専門相談員がフリーダイヤルによる電話相談と来所での相談に応じるもので期間は19日まで。

今月4日に東京労働局と設置した「東京緊急雇用対策本部」の取り組みの一貫として実施するもの。相談には東京都労働相談情報センター職員のほか、弁護士や社会保険労務士、東京労働局の職員など常時10人程度が対応する。

労働相談情報センターには4月以降、採用内定関連で94件、非正規社員関連で2325件の相談が寄せられているという。緊急特別相談会の電話は0120・191・887。

財政措置求める国家要望を提出

ホームレス議連

東京都ホームレス議員連盟は8日、大阪府のホームレス対策団体と共同で、自立支援策の拡充や財政措置を求める要望書を舛添要一厚生労働相らに提出した＝写真。

また、いわゆる「ネットカフェ難民」がホームレス化しないよう、生活・就労・居住支援の拡充を要望。そのほか、公園や道路、河川敷などの管理の強化が必要であるとして、再整備に取り組むための財政措置を求めている。

同議連会長の服部征夫都議は「景気の悪化でホームレスには厳しい雇用情勢が続いている。また、ネットカフェに寝泊まりする若者の対策も必要」と話している。

港区で新人の大塚氏を擁立

共産党が5次公認

共産党都委員会は12日、09年夏の都議選に向けた第5次公認として、港区に、党港地区雇用・福祉の相談室長で社会福祉士の大塚未来氏（30）を擁立すると発表した。今回の発表で、共産党の公認候補は22選挙区の23人となる。

川句ジョーク

今年の漢字一文字は変化、チェンジの「変」

校長選考合格者のお祝い会
「最初のうちこそ学校が変わるという祝辞、最後は全員いつもの変なオジサン！」

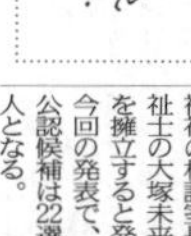

議会基本条例

23区は策定に消極的

住民に「開かれた議会」をつくり、議会運営の活性化を図るために、「議会基本条例」を制定する自治体が全国で増えている。議会・議員の役割や責任範囲を明確化し、住民参加の促進を基本理念とする。都内では、多摩市が来年度中に制定する見込みだが、23区では文京区が検討中のほかは目立った動きがない。議会や議員側にとっては、権限を強化できるが、責務も増える「もろ刃の剣」のために、関心が高い一方、慎重論も根強いという。住民側からは、議会改革の指標として注目されている。

議会活性化で注目

全国では、3県8市10町の自治体が議会基本条例を制定し、40以上の自治体が「検討中」という。

議会基本条例の骨子は、「議会・議員の役割と責務」「住民参加の推進」「議会と首長・執行部の関係」などを明文化し、議会運営の基本原則を定めることにある。そのため、「地方議会の憲法」と言われ、二元代表制の議論では「自治基本条例」と対に位置づけられる。

各自治体の条例を概観すると、骨子を具体化する仕組みとして▽全会議の原則公開▽参考人・公聴会の制度化▽住民向け「議会報告会」「意見交換会」の開催▽議会における一問一答方式▽「反問権」の付与――などが盛り込まれている。

文京区議会が検討

都内では、多摩市議会が07年に「議会改革特別委員会」を設置し、現在、条例の骨子案の策定を進めている。市議会事務局によると、来年度前半までに制定の見込みという。

23区では、文京区議会が今年度、議会運営委員会で制定の検討を本格化させた。11月27日、早稲田大学マニフェスト研究所の草間剛研究員を招き、研究会を開催。委員に加えて、区議のほぼ全員が傍聴した。

議会基本条例の普及状況について、草間氏は「2000年制定の地方分権一括法で機関委任事務が廃止されたことが大きい。自治体事務のほぼ全域に議会権限が及ぶため、規定が必要になっている」と説明。昨年制定の自治体財政健全化法で、自治体の破綻時には議会の責任も問われるため、あらかじめ権限を規定しておくことを目的とした同条例制定の動きも出ている。

ただし、自治体ごとに温度差があり、他の自治体の条例を焼き直しただけのものや、具体的な仕組みを設けない「美文条例」色の強いものも散見されるという。

文京区では当初、来年度中の条例化を想定していたが、議会運営委員会では、「慎重に検討すべき」との意見も出されたため、議会基本条例の制定は、今後も継続的に議論していくことになった。

市民団体が独自採点

自治基本条例は、文京区のほか、杉並、足立、豊島区などが制定しており、新宿、練馬区が策定中。だが、議会基本条例については、各区とも、議員有志レベルの勉強会や一般質問時の言及などにとどまっているのが現状だ。そうした中、議会基本条例について、議会改革のメルクマールとして注目する動きがある。

地方議員や一般住民などでつくる「開かれた議会をめざす会」（代表＝吉川ひろし千葉県議）は今年、全国806の市区議会を対象に「議会活性化等に関するアンケート調査」を実施。反問権の有無、一問一答方式の実施などに加え、「会期中に質問しなかった議員数」「インターネットなど議会中継の状況」など40項目を採点し、議会評価ランキングとして11日に公表した。

回答した全国764自治体の上位には①伊賀市（三重県）②三鷹市③島原市（長崎県）が入った。議会基本条例との関連については「最上位グループは未策定の議会が大半だが、1位の伊賀市は制定している。同条例の有無は改革の指標の一つにはなると思う」（吉川県議）としている。

都内の区市議会（回答数＝47）だけでは、上位10位を市部が独占。区は12位の荒川、新宿区が最高（同点）。以下、渋谷、中野、世田谷区の順で続く。

この結果について、同会メンバーの豊島区議会の日野克彰氏（無所属）は「項目別に見た『開かれ度』は、ほとんど市部が区部を上回る。議員定数の平均は市26人に対して区40人。しかし、年間質問平均数（市81件、区47件）や無質問議員平均数（市1人、区7人）に、顕著な差がある。市部の議会の方が与野党が拮抗している状況などが、影響要素になっているかもしれない」と分析する。

議会基本条例を制定した地方議会

施行年	議会名
2005年	須賀川市議会（福島県）
2006年	栗山町議会（北海道）、三重県議会
2007年	湯河原町議会（神奈川県）、伊賀市議会（三重県）、今金町議会（北海道）、一関市議会（岩手県）、出雲市議会（島根県）、鉾田市議会（茨城県）、南部町議会（鳥取県）、邑南町議会（島根県）
2008年	京丹後市議会（京都府）、北名古屋市議会（愛知県）、松島町議会（宮城県）、庄内町議会（山形県）、ときがわ町議会（埼玉県）、知内町議会（北海道）、熊取町議会（大阪府）、会津若松市議会（福島県）、福島県議会
2009年	大井町議会（神奈川県）

※早稲田大学マニフェスト研究所の調査（08年11月10日時点）に基づき作成

江東区

水辺空間の魅力向上へ

23区で3番目 景観行政団体に

江東区は15日、景観行政団体になった。世田谷、新宿区に次いで23区で3番目。

景観行政団体になると都から関連事務が移行され、その区の個性を生かした景観計画を定めることができる。

同区の景観計画素案によると、計画対象区域は区全域とする。区の北部には、同区の特徴である内部河川や運河が縦横に走っている。水と緑のネットワークが形成され、水辺景観の誘導及び保全を図る地域として「下町水網地域」とした。東京湾に臨む南部は広大な「臨海景観基本軸」。

そのほか、西側の「隅田川景観基本軸」「深川萬年橋景観重点地区」「清澄庭園景観形成特別地区」に加え、臨海景観基本軸と隅田川景観基本軸の区域内で、新たに重点的な取り組みが必要な地域を「水辺景観形成特別地区」として、観光施策などと連携して水辺空間の魅力向上を図るとしている。

区域ごとに、色彩については、規制色と推奨色の基準を設ける。

素案は来年1月のパブリックコメントを経て、3月に計画として告示、縦覧され、4月から施行される予定。

同区は1990年度に都市景観懇談会を立ち上げて以来、都市景観ガイドラインの策定、江東区のまちなみ景観形成のための中高層建築物に関する要綱に基づく届出制度の創設、まちなみ景観色彩ガイドの策定などの景観行政に取り組んできた。

今回、景観行政団体になるのに伴い、従来の自主条例であった江東区都市景観条例は、景観法に基づく条例に改正された。改正都市景観条例は景観計画と同じく来年4月に施行予定。自主条例と異なり、命令違反や勧告違反には罰則があり、強制力や実効性が高まる点に特徴がある。

荒川区

餌やり禁止条例可決

荒川区議会は12日の本会議で、周辺住民に迷惑をかける餌やり行為を禁止する「荒川区良好な生活環境の確保に関する条例」を賛成多数で可決した。施行は来年4月。

条例案を審議した建設環境委員会から審議結果が報告された後、賛成と反対の双方の討論が実施された。

自民党区議団は茂木弘区議が代表し、賛意を表した。小坂英二区議（尚志会）は賛意を表した上で「迷惑行為について、地域猫を免罪符にしてはならない」などを主張。このほか、浅川喜文区議（あらかわ正論の会）も賛意を示した。

反対討論では、共産党区議団から小林行男区議が「拙速な議論は回避すべき」などを主張。瀬野喜代区議（市民の会）は「『猫にえさをやってはいけない』『ごみ屋敷は罰するもの』という風潮ができて、社会的排除の対象になりかねない」と反対した。斉藤ゆうこ区議（あらかわ元気クラブ）は「数人の迷惑行為にわざわざ条例を策定するのか、という基本的な問題がある」と反対。また、地域猫団体などが中川雅治参議院議員（自民）の仲介で各所へ陳情活動をしたことを指摘し、西川太一郎区長が苦笑して自民党区議団を見る場面もあった。

採決は自民、公明、諸派などの賛成多数で可決。可決直後、傍聴席にいた女性の愛猫家が議場に向かって突然、抗議し、退席を命じられる一幕があった＝写真。

条例の可決について、西川区長は「今後は慎重に運用面を検討する。いたずらに区民間の対立を煽るものではない。地域猫活動も、区として支援していく」とコメントした。

裁判員制度

一時保育、介護施設の無料化も

司法参加を区が独自支援

来年5月21日に始まる裁判員制度に向け、育児や介護を行う人が裁判員に選任された場合、一時保育、介護施設の無料化などに乗り出す区が出てきた。特別な理由がない限り、裁判員の辞退が許されない国民の義務となっている中で、司法参加のハードルを下げる取り組みになりそうだ。

裁判所から支払われる日当は1万円以内だが、保育料などは支給されない。また、裁判所には託児所もなく、法廷に子どもを同席させることは認められていない。

子育ての親世代が裁判員に選任された場合、一時保育料1日2千円を無料にすると全国で先陣を切ったのは品川区だ。同区では、裁判員の選任手続きと裁判当日、生後4カ月～就学前までの子どもを区立保育園30カ所で無料で預かる。通常、事前面接が必要になるが、これを省略し、申請書の記入のみで可能にした。裁判員の選任は審理の6週間前までに通知されるため、安心して司法参加できるようにした。

千代田区は、児童館1カ所で子どもを預かる時間を他より3時間延長しており、裁判員制度の開始後は区外の住民にも利用を広げる考えだ。裁判員が殺人など重大事件を審理する東京地裁があるため、誰でも利用できるのが望ましいと判断した。区民の利用料は1時間あたり500円で、区民以外への税投入は受益者負担の原則に反するため、割り増しにすべきかどうかが検討課題となっている。日当が子どもの一時保育料にほとんどが消えてしまう可能性もあるため、「補助対策は国で考えるのが筋」（千代田区）と指摘する。

足立区は、乳幼児以外にも、介護が必要な高齢者をデイサービス施設に無料で預かる方針を決めた。午後5時以降も延長しても預けられるかは、介護事業者に弾力的に運営してもらうよう協力が必要となる。

買い物や掃除など生活援助が必要な高齢者を介護する同居人がいる場合、ヘルパーの支援を受けられないのが現状だ。世田谷区では裁判員に選ばれた家族にこうした高齢者がいる場合、ヘルパーの支援を認めるとして、「要介護認定の申請をしてください」とPRを始めた。

板橋区は「他区の取り組みについて情報収集している最中で、具体的な検討はまだ始まっていない」という。

病児、要介護者の同居人が裁判員に選任された場合であっても、無条件で辞退することはできない。裁判所が辞退の可否を判断するためだ。辞退が認められなかった時の受け皿の整備が進まなければ、裁判員の負担が増えるだけだ。国は今年3月、一時保育の時間延長等の通知を出したが、これだけでは不十分。裁判員制度が国民の義務と位置づけられている以上、国も自治体も司法参加しやすい環境を整備することが求められている。

「障害者区議会」開催

杉並区

杉並区議会は11日、障害者が議員となって、区政への意見・要望を述べる「障害者区議会」を開催した。日頃、区政へ意見を表明する機会が少ない障害者の参画促進を目指す取り組みで、7回目。

出席した障害者議員は、区内在住者、区内の通所施設に通う人など45人。このうち13人が代表質問で登壇した。杉並区側は通常の議会開催時と同様、山田宏区長のほか幹部職員などが出席し、議員側の意見を聴いた。

代表質問では、周囲からは気付かれにくい高次機能障害への理解の促進、グループホームなど各種の福祉施設の整備への要望などが提案された。

特に多かったのは、公共交通や道路歩行の安全確保など、日常生活に関する意見・要望。また、障害者問題とは別個に、公園清掃に従事している人からは、公園のごみ箱への家庭ごみ持ち込みの問題など、区民の生活やマナーを問う内容の意見もあった。

山田区長は「障害者の方にとって住みやすい杉並は、すべての人にとっても住みやすい杉並であるはず」とあいさつし、区政への反映を約束した。

45人の議員が参加した杉並区の障害者区議会

緊急支援策を延長

大田区

大田区は12日、中小企業の緊急支援策の受付期間を1カ月間延長すると発表した。景況の悪化が一段と進み、資金需要が引き続き強いことから決定した。

同区では、厳しい経営環境にある中小企業を資金面で支援するために、緊急経済対策として、11月4日から12月26日までの間、融資限度額1千万円の無利子の融資あっせんを行っている。開始から12月5日までの間に受け付けた相談は2284件。そのうち緊急経営強化についてあっせんしたのは1074件にのぼった。あっせん金額は82億8800万円で1件平均は772万円。当初見込んでいた120件を大幅に上回る数字になっている。

羽澤ガーデンを守ろう

市民団体が訴え

満州鉄道総裁、東京市長などを歴任した故中村是公氏の私邸がある羽澤ガーデン（渋谷区広尾3丁目）を守ろうと、市民団体「羽澤ガーデンの文化財と景観を守る会」が12日、設立記念フォーラムを開いた。市民、作家ら約100人が参加した。

羽澤ガーデンは、1万平方㍍の敷地に高級料亭などがある。所有者と運営会社の契約が切れた05年、料亭などを営業停止。所有者はマンション建設を計画した後、都、渋谷区が開発を許可。これに反発した住民らが開発許可差し止めなどを求め東京地裁に提訴し係争中。

12日のフォーラムでは、羽澤ガーデンの価値や国の文化財登録などが議論された。西和夫神奈川大教授は、明治時代の文豪、夏目漱石と親友だった是公の私邸は「歴史的価値がある」と触れ、「緑が残っているので、緑の価値も大事」と述べた。

文化財登録について、元最高裁判事の園部逸夫さんは「文化財保護と私有財産の活用はぶつかるので、文化財にするのは難しい」と語った。西教授は「区、都が文化財にしてから国に働きかけないと難しい」と指摘したが、「区の建造物の文化財指定がゼロ」という。

「自分たちでやるしかない」と住民に呼びかけた。漱石の孫、半藤末利子さんは「守ることに賛同する」と語った。

訂正 12日付の特別区協議会の記事で、環境フォーラム開催日が「来年2月13日」とあるのは「来年2月3日」の誤りでした。

記者席

銀行に例外はあり得ない

○……中小企業に対する貸し渋りを抑制させるため、国が銀行に予防的に公的資金を注入できる金融機能強化法が成立した。石原知事は12日の会見で、「結局、大手の銀行が大手の会社を対象とした形でしか運用されないんじゃないの？」と評価した。

一方で新銀行東京については、「倒れるか倒れないか分からない零細企業に、相手によったら貸す必要があるかもしれないが、それはきちんと精査しないといけないし、精査すれば難しい問題も出てくる」とも語った。しかしそれは、大手銀行も同じ。銀行に例外などあり得ないのだ。

○……「東京証券取引所には、アジア圏から2銘柄しか上場していない」――。11日の都議会総務委員会で、職員の大学院派遣研修費用の償還に関する条例案に対して質問に立った伊藤ゆう副委員長が、こう指摘した。

例えばニューヨーク証券取引所では、中国企業が41銘柄、インド企業が12銘柄上場しているのに比べて少ない。東京にはアジア系金融機関が進出しておらず、活動がしにくいからだという。

こうした状況を説明しながら、今年度から再開した海外研修の拡充を求めた。その心は「現地のビジネスマンと意見交換を行うことで、こうした状況が分かる。人脈形成も大切」。世界の中での東京の地位を題材にした説明は、妙に説得力がある。研修生には、多くのカリキュラムが課せられそうだ。

○……東京都生涯学習審議会は、「地域教育」の振興策などを盛り込んだ第2次答申をまとめた。都教育委員会では「地域教育をボランティアや区市町村教委などに任せると言っても、主たる責任をはっきりさせないと、画に描いた餅になる」「都教委として、どう真剣に取り組んでいくのか、その指導の形が問われている」「学校やNGOなどで取り組んでいる成功例をメニューとして区市町村教委に提供すべきだ」などの注文が相次いだ。

「地域教育」に向けた施策展開を全国に発信するのが審議会の目標の一つ。このため、「厳しい注文は大歓迎」の声も。

地域手当　流れは国基準に準拠

8市が引き下げ提案

「都表に準拠できず」も9市

12月の多摩26市の定例市議会に提案されている地域手当に、変化が起こっている。本給とのバランスで、これまで据え置きはあっても引き下げられることのなかった地域手当。しかし国の基準に準拠していない場合、地方交付税減額などのペナルティーがあると言われて、今回初めて引き下げを提案した市が8市に上っている。各市では人事委員会を持っていないため、給与算定のよりどころは国か都。どこに標準を合わせるか、各市は苦渋の労使交渉に迫られた。

■ペナルティー重く

地域手当は、東京都が2010年までに18%へと段階的に引き上げる代わりに、本給の引き下げを行っている。今回は、地域手当を14・5%から16%に引き上げ、本給の平均改定率を1・4%引き下げる。

人事委員会を持たない多摩26市は、給与改定のよりどころを都に求めるところが多い。これまでは都からの指導もあったため、それぞれが徐々に改定。現在15市が都に完全準拠した給料表だ。それを根拠に、地域手当についても都と同様の14・5%としているところが多い。

一方、国は06年から給与構造改革を行い、調整手当（最大12%）を廃止して2010年完成の地域手当（最大18%）を創設。「官民格差の是正」を目的に、地域ごとに支給率を指定しているが、都と特別区は18%なのに対し、26市は3%から15%まで格差がある。隣接する市同士や、規模がほぼ同じ市同士でも、支給率に大きな開きがある場合もあり、どの市からも「算定根拠が不明瞭」という声が聞こえてくる。

そうした中、国基準に準拠しない自治体に対するペナルティーとして、国は地方交付税の減額などの可能性を示唆。それが実施されれば影響額が数億円に上る市もある。財政的に厳しい市は、そうしたペナルティーを避けることや、市民への説明の根拠を明確にするため、これまで都に準拠してきたところも地域手当を国基準に引き下げる動きが活発になった。

■ダブルパンチで交渉難航

26市で国基準を上回って地域手当を支給しているのは13市。

そのうち、すでに組合と妥結した市もあるが、11日現在、地域手当の引き下げを提案したのは8市。引き下げ率がもっとも大きいのは、東村山市、東大和市、あきる野市で、これまでは都の地域手当と同様14・5%を支給していたが、それを国基準に準拠して4・5ポイント減とする内容。

さらに、給料表を都に準拠すれば、地域手当が下がる上に、給与まで引き下げになる「ダブルパンチ」だが、東村山市と東大和市は給料表も都表に合わせる厳しい内容。「財政的に国に準拠せざるを得ない」と苦しい提案での交渉となった。あきる野市はこれまで都に準じてきた給料表については、独自表に移行して、引き下げの負担が軽くなるよう配慮した。

地域手当引き下げを提案した市のうち、武蔵村山市は、26市でも地域手当の割合が最も低い3%で、国基準との乖離は10%と最も大きい。「引き下げは国のペナルティーが大きな要因」というが、今回は3ポイント引き下げ、給料表も都表に準拠する提案で交渉が続いている。国基準を1・5ポイント上回っている青梅市は、そのままでは下水道事業費の償還金の低利での借り換え許可が下りないため、国基準に引き下げ。その影響額は6億7千万円にもなるという。

一方、地域手当を引き上げた市は12市。だが、もともと下回っていた国基準を引き上げたところや、都に準じて16%にしたいものの、ペナルティーを恐れて国基準の範囲内での引き上げにとどめる市が多い。

そうした中、都に準じて16%としたのは東久留米市と羽村市。東久留米市は06年に都表に給料表を合わせてから、条例上、都表に準じるとしたための措置。しかし、財政的な余裕はないため、ペナルティーについては「心配な部分はある。しかし給料表は都に合わせて下げているので、地域手当だけ国に合わせるというのは説明がつかない」と話す。羽村市も「都表から離れれば、給与の根拠がなくなる」ことや、不交付団体のためペナルティーの影響もないことなどから、都に準拠した数字を提案した。

また国基準が10%の三鷹市は「他市と比較してみても実情にあっていない」と15%への引き上げを提案。「今後は国や周辺の状況を見ながら考えていく」と話す。小金井市も国基準は10%だが、条例上の経過措置として09年度からは12%としているため、国基準に合わせるという議論は難しく、条例どおり引き上げている。

据え置きにした立川市は、「国基準の指導強化でペナルティーが強まるのではという話は去年からあったので、今回は国基準との乖離を避けて模様眺め」。稲城市も条例上の本則には、都準拠を前提とした「地域手当18%」が明記されているが、目標年はないため据え置きで妥結。「国基準を守る上では、いつかは（条例を）直さないといけない」と話す。

自治体間競争のハンディ

過去の経過の中で国と都の指導、国のペナルティーの可能性を背景に、各市がそれぞれ根拠を求めた結果、これまで以上にばらつきが出ている26市の給与制度。都に準拠しての18%は「現状を見る限り、もう、ありえない」と多くの担当者が語り、地域手当をきっかけに、国や都に対する不満も膨らんでいる。

担当者は一様に、「そもそも国の算定基準があいまい」と指摘。ある担当者は、「隣接市で生活圏が同じなのに、地域手当に大きな格差がある。給与や生涯賃金が変わってくるため、良い人材を確保しようにも大きな影響がある。それがゆくゆくサービス格差につながる。自治体間競争のハンディだ」と懸念。

また、「都も想定していなかったのでは」と擁護しつつも、「（給料表を）都の指導があったからこそ、少しずつ改定してきたのに、国の指導が強まった途端『国に合わせるのが当然』という態度。国に対する働きかけは何もしてくれず、はしごを外された気分」「都が多摩地域の給与水準や地域手当をどう考えているのか見えない」「『都に準拠』することで労使交渉がなくなると思っていたが、一層困難になった」など、苛立ちと嘆きの声が続々と寄せられる。

■多摩地域のよりどころ

「国が示す基準はバラバラ。23区と多摩地域の基準の違いが分かるように、国への働きかけをしてほしい」と都への要望もあがる。納得できない格差への不公平感がこれ以上募らないよう、「人事委員会を持たない多摩各市のよりどころを明確にしてほしい」というのが願いだ。

「よりどころ」については、かつて市長会でも26市の適正な給与水準や地域手当の割合について検討したが、各市の基準も運用も違う中で、26市統一の基準を決めることはできなかった。

しかし今回の地域手当の問題をきっかけに、そうした議論が再燃。昨年秋には、事務レベルで26市が連携する「人事給与制度研究会」が立ち上がっている。給与、採用、手当などを包括的に研究し、これまでなかった横の連携ができないかとの考えだ。「これから避けては通れない問題。都に申し入れをしても、1市ではどうにもならない。26市の一定の考え方を整理すべき」と期待する声があがり、「政令市なみの400万人規模の多摩地域に、人事委員会があってしかるべきなのでは」という考えはほぼ一致。一筋縄ではいかない難しい問題だが、模索は始まっている。

26市地域手当と給料表

	国基準	現在率	提案率（一部決着）	給料表 現状	給料表 提案（一部決着）
八王子	12.0%	12.0%	12.0%	独自表	独自表
立川	12.0%	13.0%	13.0%	独自表	都表
武蔵野	15.0%	12.0%	15.0%	独自表	独自表
三鷹	10.0%	13.5%	15.0%	独自表	独自表
青梅	10.0%	11.5%	10.0%	独自表	独自表
府中	12.0%	12.0%	12.0%	独自表	独自表
昭島	12.0%	10.5%	11.0%	独自表	独自表
調布	12.0%	14.5%	14.5%	都表	独自表
町田	15.0%	14.5%	15.0%	都表	独自表
小金井	10.0%	11.7%	12.0%	独自表	独自表
小平	12.0%	14.5%	12.0%	都表	都表
日野	12.0%	13.5%	12.0%	都表	独自表
東村山	10.0%	14.5%	10.0%	独自表	都表
国分寺	15.0%	13.5%	14.0%	独自表	独自表
国立	15.0%	12.0%	15.0%	独自表	都表
福生	15.0%	14.5%	15.0%	都表	都表
狛江	15.0%	12.5%	13%（1月～） 15%（4月～）	都表	独自表
東大和	10.0%	14.5%	10.0%	都表	都表
清瀬	15.0%	14.5%	—（※）	都表	都表
東久留米	6.0%	14.5%	16.0%	都表	都表
武蔵村山	3.0%	13.0%	10.0%	都表	都表
多摩	15.0%	14.5%	15.0%	都表	独自表
稲城	15.0%	14.5%	14.5%	都表	独自表
羽村	6.0%	14.5%	16.0%	都表	独自表
あきる野	10.0%	14.5%	10.0%	都表	独自表
西東京	15.0%	14.5%	15.0%	都表	独自表

※清瀬市は当局側が数字の提案をしていない　（12月11日現在）

多摩産材活用に弾み

都が東芝グループと全国初の包括協定

国産材の価格低迷などで人材が激減し、荒廃も目立っている多摩地域の森。この森林整備に関し、東京都と東芝グループがこのほど、「多摩における森林整備に関する基本協定」を結んだ。多摩の広域的な範囲を対象に包括的な協定が都道府県と民間企業との間で結ばれるのは全国で初めて。具体的な取り組みについては、都、東芝、都農林水産振興財団などをメンバーに、森林整備協議会を設置して協議していく予定で、森林整備と都が認定する多摩産材＝写真＝の活用に活路を見いだせるか、関係者の期待も高まっている。

東芝は2025年に創業150周年を迎えるにあたり、計150万本の森林整備に取り組む「150万本の森づくり」運動を07年から展開している。そのほか、「花粉の少ない森づくり」を進める「企業の森」でも、御岳（青梅市）で森林整備の費用を負担する代わりに森の利用ができるなどの協定を結んでいる。青梅市や府中市に同社の工場などがあることで、多摩地域ともかかわりが深いこともあり、今回の協定に結びついた。

内容は、①森林整備に関すること②森林を活用した都民への保健休養の場を整備すること③多摩産材の利用拡大に関すること④前記の実施に付帯する事項に関すること―で、現在、東芝だけで行っている「企業の森」事業に対し、50社以上あるグループとしての参加や、ボランティア活動による植栽や下刈りなどのほか、八王子市を中心に約240㌶の都の保健保安林で、都民の散策やレクリエーション等の場の整備を実施。多摩産材の利用拡大については、企業グループとして事業所などでの活用や、東芝の従業員などが家屋建築などで利用してもらうなどが期待されている。

都の森林面積は約7万9千㌶で、そのうち多摩の森林は約5万3千㌶。多摩の林業の現状は、木材価格が15年前の5分の1に下落しているほか、森林所有者の収入になる山元立木（立ち木）価格が、1980年の1万8千円／立方㍍から、07年には2千円／立方㍍と9分の1まで下落。機械化による作業の効率化もあるが、林業従事者は1970年の1184人から、05年には203人に激減している。

都産業労働局農林水産部森林課は、こうした状況を改善し、かつての豊かな森林を取り戻そうと、人材育成や安定雇用などの取り組みや、多摩産材について、公共事業や施設や民間での活用により、製材体積で07年度実績の5700立方㍍から2015年度3万立方㍍への需要拡大を目標とするなど取り組みを開始。「多摩産材は建材そのものもいいものだが、都民が利用すれば、地産地消になり環境にも優しい」。今回の協定をきっかけに、多摩産材についてのPRをさらに推進したい考えだ。

天窓転落防護柵を考案

「八王子式」で10校に設置

八王子市

今年6月に杉並区の小学校で発生した屋上転落死亡事故に伴い、抜本的対策を検討してきた八王子市は、市職員が独自に考案した転落防止柵を拓殖大学の協力で制作。11日から設置を開始した。転落防止柵は溶接技術を持つ職員の手作りで作られており、ローコストの上、割れたガラスが落下するという2次被害も防止できる優れものだ。

市は事件後、天窓が設置されている学校について、立ち入り禁止措置や安全に対する周知など緊急措置を行い、その後恒久措置について検討してきた。

ドーム状の天窓の多くは、その内側に転落防止用の網入りガラスが設置してあるが、天窓の設置してある学校を職員が現地確認したところ、網入りガラスの上に1㌢程度の余裕があることを発見。天窓と網入りガラスが割れた場合、下にいる児童・生徒にガラスなどが落下する2次被害も防ぐために、そこに転落防止柵を設置することを提案した。

拓殖大学工学部機械システム工学科の協力も得て、市は天窓制作検討委員会も立ち上げ、柵の制作を開始。網状の鉄の中央部分に2本のプレート「鉄の羽」を渡すことで、重さと衝撃が加わってもたわまない構造にした。同大の強度実験では、360㌔の重さにも耐えられたという。

また、柵の制作も職員が行ったことから、コストは基本的に材料費だけで、1枚あたり6480円。天窓の周囲を囲むフェンスで対策を講じた場合、1カ所につき約30万円程度かかることから、費用は46分の1までに抑えることができた。八王子市の場合、天窓設置校が10校で46カ所あることから、1千万円以上の削減効果が出たことになる。

転落防止柵は年度内には設置を完了する予定だ。

三宅島を元気に！

観光ポスターが会長賞

第50回全国カタログ・ポスター展

三宅島の観光ポスターが、第50回全国カタログ・ポスター展（㈳日本印刷産業連合会主催）のポスター部門で、日本印刷産業連合会会長賞を受賞した。10日の授賞式には、ポスターを撮影し、日々変化する三宅島の溶岩原の撮影をライフワークとしている、写真作家のリウ・ミセキ氏＝写真左＝も参加。島の関係者と喜びを分かち合った。

デザインは、三宅村役場職員の名刺や観光協会のホームページなどでも親しまれているもの。三宅島の「月の道」「完熟スイカ」「むろあじ」「尻高貝」「溶岩」にメッセージを込めた5枚組みで、三宅島の力強さを感じさせる印象深いポスターだ。

同席した島観光協会の横山知己事務局長＝写真右＝は「島の人たちにも好評だったが、受賞で島のPRが意識されるのでは」と笑顔。「ポスターを都内の多くの場所に張って島をPRしたい。また同じデザインを島民が名刺などに利用できるよう考えている」と様々な活用も検討。1月には、島民がテーマのヒューマンシリーズ5枚組も公開予定だ。

同じ部門で、2016年東京オリンピック・パラリンピック招致ポスターも、日本貿易振興機構理事長賞を受賞した。

都監理団体

環境配慮行動が広がる

建替時の 高断熱化や駐車場緑化

環境指標に割引制度導入も

都監理団体が設定する経営目標に08年度から「環境配慮行動」の視点が試行的に追加された。「10年後の東京」など都の環境施策の動向や、民間企業で広がっている環境面からの社会貢献などを背景に、環境に配慮した各団体の率先行動を促すものだ。ただし、環境や緑関連の施策に通じている団体がある一方、関係の薄い団体も少なくない。こうした中、08年度目標では、空調や照明など一般的な省エネ対策はもちろん、団体の特質を踏まえた新規取り組みや拡充も指標に掲げられている。

都監理団体の経営目標に関しては、01年度に団体自らが目標を設定し、達成度を評価する仕組みを導入。その後、06年度には中期経営計画とリンクさせて「都民・利用者」「財務」「内部管理」の視点から目標設定するなど、制度充実を図った。「環境配慮行動」の視点は、08年度の目標設定から追加したが、都では、今年度は試行実施のため点数化せず、評価には反映させない考えだ。

各団体が設定した環境配慮行動の指標をみると、環境や緑関連の施策を得意分野とする団体では、従来からの取り組みの着実な実施や拡充が中心となっている。

たとえば㈶東京都環境整備公社は、城南島エコプラントでの温室効果ガス総排出量の削減、全事業所で所有する車両でのエコドライブの徹底等を実施。㈶東京都公園協会も都市緑化基金の運用益で行ってきた民有地の緑化や公園内の剪定枝の堆肥化を進める。

東京都住宅供給公社は、家庭内でのCO_2排出量削減に向けて、建て替え時における環境負荷低減への取り組み促進を掲げた。従来の仕様に比べて断熱材を厚くするほか、断熱効果の高い複層ガラス、高効率型給湯器を採用するなど、高断熱化や高効率化を図る。

また共用部分に加えて、住戸内の照明器具も白熱灯から蛍光灯へと切り替え、建て替え時の既存樹木の保存や一部住宅での屋上緑化も進めていくなど、プラスアルファの取り組みを実践中だ。

㈶東京都道路整備保全公社は、都有地を活用した駐車場の緑化を引き続き推進する。土地の形状等からデッドスペースとなっていた部分以外にも、今年度は新たに車路について緑化実験を行う。さらに新宿西口エリアの駐車場では、パーク&レンタサイクルを新規実施する。同エリアでの営業活動に関して、車から自転車への乗り換えを促すことが狙いだ。

元々、環境負荷の少ない公共交通機関では、多摩都市モノレール㈱が、PASMOの利用率向上を掲げ、切符や磁気定期券に使われる紙やプラスチックの節約につなげる。同社では、輸送人員に占めるIC利用率の目標値を07年度末実績の56%から65%に設定。すでに現時点で目標値を上回る70%に達している状況にある。

また、08年度の経営目標には盛り込まれなかったが、11月下旬からはPASMO内に記録された乗車記録と時間貸駐車場の精算機システムと連動させ、駐車料金を優待するサービスを開始するなどパーク&ライドも試行している。公共交通機関では、このほか東京臨海高速鉄道㈱も鉄道信号のLED化などに取り組む。

本来、環境との関連が薄いと思われる団体でも、新たな仕組みを導入することで貢献を目指す。東京港埠頭㈱は今年4月から、環境面での事業者の取り組みに応じた貸付料の割引制度を始めた。04年度末からの事業者のCO_2削減率や、公道とは異なって規制のない埠頭内を走行するトラックについても、粒子状物質排出基準の適合車あるいはDPF装着車の所有率などを指標に料金を割り引く。割引制度は、これら事業者が環境対策を講じる上でのインセンティブにあたる。

㈶東京都医学研究機構も、新研究所の開設準備に合わせて、環境配慮行動を実践する。同機構では、現在、3カ所ある研究所を集約する計画だが、第一期での臨床医学総合研究所の移転にあたり、廃棄物を出さない一方、備品や研究資材の持ち込みを徹底する。

経営目標での環境配慮行動の視点導入にあたって、都総務局は事前の説明会等を開催し、各団体に具体的な省エネルギー対策を紹介するなど、理解に努めてきた。この結果、各団体とも手探りの状況の中、事務所の一斉消灯や空調温度の設定、紙資源の削減、節水対策、緑の東京募金など一定レベルの指標を設定するに至った。

ただし、環境配慮行動に関しては、08年度が試行的な設定と位置づけられたこともあり、団体の取り組み状況に濃淡もみられるのも事実だ。こうした環境面での社会貢献を根付かせるためにも、次年度以降の継続した取り組みが重要になる。

執務環境改善キャンペーン

保存年限超え文書は廃棄

紙文書の二重保管回避を

都庁標準ルールの柱の一つである執務環境改善に向けて、都総務局行政改革推進部は、年末の整理整頓の時期に合わせたキャンペーンを実施する。期間は15日から26日まで。執務環境改善キャンペーンは、異動に伴う引き継ぎ時期を利用して行われた今年7月に続いて2回目となる。

執務環境改善に関しては、会議運営、業務の視える化と並んで必要最低限守るべき五つの事項を都庁標準ルールに定めると同時に、情報管理の適正化の観点から全庁的な取り組みを進めている。今回は、前回キャンペーンで不十分だった点を中心に行う方針を掲げる。

職場の取り組みでは、キャビネットや倉庫内の点検・整理、重要書類の施錠収納、業務文書やその保存箱を通路等に放置しないといった事項のほか、チャレンジ目標として「保存年限を過ぎた文書等の適切な廃棄」「部門サーバー内の電子ファイルの整理整頓」を追加した。

一方、職員に向けては、資料の散逸や机上資料からの情報漏えいを防止する観点から、机周辺の整理整頓、退庁時に机上に業務文書を残さないことを引き続き求めた。

さらに追加事項として、TAIMS掲示板やメールを文書閲覧に活用し、紙文書を複写して個人保管するなど、二重保管を極力回避することを打ち出している。

五輪招致へ向け北島新党

「応援党」結成で世論盛り上げ

2016年五輪招致に向けた機運を盛り上げようと、「東京オリンピック・パラリンピック招致委員会」が12日に、PRイベントを国立代々木第一体育館で開催。金メダリストの北島康介選手を党首として、「2016東京招致応援党」結成を発表した。

東京は、申請ファイルに対する評価では、立候補都市の中で最高点を獲得しているが、世論の支持率が最も低い。石原知事は、「自分のためだけでなく、子どもたちのために大きな遺産を残しておこうというつもりで、もうちょっと、やろう、やろうと言ってほしい」と愚痴をこぼした。

対談する石原知事と北島選手

北島選手は、「今回、いろんな活動をさせてもらって、東京五輪招致応援党というのを作れないか」と提案。石原知事が、「ありがたい。党首になってくれる?」と党首就任を要請すると、北島選手は快諾した。

石原知事は、「これでもし、北島党首のおかげで東京にオリンピックが来るなら、次の選挙では自民党の党首を変えたほうがいいんじゃないか」と終始ご機嫌だった。

招致大使の古田敦也さんは、「オリンピックが来ないんじゃないかと誤解している人がいる」と語ると、支持率に言及。「日本国民ってオリンピックが好きなのに、来るまでは盛り上がりがないのは、日本人として恥ずかしい。何とか我々の力で呼ぶんだという気持ちを前面に出して、(来年)10月まで頑張っていけたらと思う」と呼びかけた。

各立候補都市は立候補ファイルを09年2月12日までにIOCへ提出。10月2日、デンマークのコペンハーゲンで開かれるIOC総会で、開催都市が決定する。

そのとき都職員は ②

――大震災時の事業継続

サポート体制

人員不足をいかに補うか

協力体制の確保

大規模地震が起きれば、行政の現場は初動対応時を中心に人員が不足する。都のBCPでは、この課題を解消するため発災時に効率的な業務遂行ができるような仕組みや手順の整備、業務の優先順位付け、応援体制の構築などを各局に求めた。

こうした取り組みは、普段から突発事故の対応などを想定している公営企業局やインフラを所管する局が進んでいる。

水道局では、発災時の優先業務として応急給水と水道施設の応急復旧の2点に絞り込んでいる。

応急給水は区市町村が主体となるが、浄水場や給水所等で応急給水を行うための資器材の設置は局が所管しており、概ね5㌔圏内に住む職員が対応するよう指定。また初動対応を行う本部も、指定待機管理職員が交代で宿泊場所に待機するなどの体制を確立している。

さらに他団体等との協力関係も、発災時には監理団体のほか、他都市が応援に駆けつける体制を構築。04年10月に起きた新潟県中越地震の際も、協力団体と復旧活動に取り組んだ実績があり、災害対策に自信を深める。

ただ、協力体制についていえば、発災時に実際に機能するかは未知数だ。

例えば水道局では、3日以内に最低限の水道施設を確保するため、応急復旧に必要な資器材を局で備蓄するが、現場での作業は民間事業者に頼らざるを得ない。民間事業者も被災者となる中、作業できる保障はない。

また協力関係を結ぶ場合は、当該事業者が都や国、区市町村と重なり合う場合も多く、この調整も必要となる。

こうした点について、都のBCPでは「協定締結をもって確実な執行が保障されるわけではない」と指摘。非常時優先業務が迅速に遂行できるか改めて検討し、確実な執行体制を確保するよう求めている。

しかし、協力団体に非常時の協力の担保をとることは難しい。業界団体と災害時の協定を結ぶある局からは「あくまで可能な範囲での協力で、紳士協定の意味合いが強い」との声が聞かれる。

同局では協定の実効力を高めるため、協力団体への防災訓練の参加呼びかけや、通常時も可能な限り協力関係を持つよう取り組むが、「災害の規模や被害状況によっても協力できるかは変わってくる。協定の中で、そこまでの担保をとるのは難しい」と話す。協力関係によってどこまで執行体制を確保できるのか、頭を悩ますところだ。

つきない課題

さらに、人員不足を補う手段の一つとしてBCPで求めるのが、OB職員やボランティアの活用だ。先行事例となる建設局では、災害時に応急復旧作業に協力してもらう組織として、東京都建設防災ボランティア協会を97年に設立。局経験者1339人が会員となり、局が毎年行う災害訓練への参加なども求めている。

こうしたOB職員やボランティアなど、非公務員に協力を求める際の課題の一つとなるのが行政情報の取り扱いや権力行使の問題。建設局の場合、特に技術職を中心に応急復旧業務に当たる職員の支援という位置付けで整理しているが、他局で同様の取り組みを検討する場合、行政機関を補う一員として活動してもらうため、きちんと業務を分担することが必要となりそうだ。

他方、職員以外の専門家に協力を依頼し、窮地をしのごうとする局もある。都市整備局では、震災で半壊した建物が使用できるかを診断する応急危険度判定を行うが、予想される35万棟の判定を1週間以内で終えるには、民間の建築士やゼネコン社員を判定員として登録している。

95年から養成講習会を開催しており、1万人の目標に対し、すでに8500人以上を登録した。

だが、人員を確保することで問題が解消されるわけではない。都外から応援に来た判定員の宿泊施設や、被災地までの移動手段の確保、判定員との連絡手段をどう確保するか――。解決すべき課題は溢れている。

さらに、大規模災害時の課題は人員不足だけにとどまらず、拠点施設の確保や情報通信手段の構築、資器材の調達、関係機関との役割分担など多岐にわたる。よく言われることだが、BCPは策定するだけでなく、絶えずブラッシュアップすることが必要だ。都のBCPでも、計画を管理・運用する事業継続マネジメント(BCM)の必要性を示す。

全職員が非常時優先業務の重要性を理解し、役割を確実に果たせるよう、教育や訓練を通じて確認し、そこで洗い出された課題と対策を検討して見直しに反映させる。非常時に、いかに計画が実効力を発揮できるか、普段からの検討が必要となる。

非常時の体制構築が進む局でも、より実効性を高める取り組みが求められる(写真は総合防災訓練で応急給水を行う水道局職員)

高度な研究者を支援

首都大が新奨学金制度

首都大学東京は、大学院博士後期課程の入学予定者に対し、1人年額180万円を最長3年間にわたり給付する新たな奨学金制度を創設した。来年度の入学者から実施する。経済的な理由で博士課程に進めない学生を支援するのがねらいだが、近年では就職のため博士課程に進まないケースも多く、より高度な研修者育成のインセンティブにもなりそうだ。同様の取り組みは、東大や東工大など国立大を中心に導入する動きがある。

奨学金の対象となるのは、日本学術振興会が博士課程在学者等の優れた研究者に奨励金を支給する特別研究員制度のDC1(博士後期課程1年次在籍者対象)申請者のうち、補欠・不採用者の中から選考し、学長が決定する。

奨学金は月額15万円で返還義務はない。採用人数は毎年度8人程度を予定している。

奨学生は毎年度、日本学術振興会特別研究員DC2(博士後期課程2年次以上に在籍する学生対象)に申請することが義務付けられ、これに採用された場合は奨学金の受給を停止する。

浅沼　正克さん(あさぬま・まさかつ=浅沼俊夫・都総務局八丈支庁港湾課管理係長の父)11日死去、81歳。

東京コール・フリーデ「第九」のラストコンサート

文京シビックホール大ホールで17日公演

都庁内で活躍を続けている東京コール・フリーデ(都・区職員第九を歌う会)が17日、「第九」のラストコンサートを迎える。

各地の自治体が設置したコンサートホールのこけら落としや周年記念行事に演奏されることの多い「ベートーヴェン交響曲第9番」。都・区職員を母体とする東京コール・フリーデは「第九」ブームが起きる前から歌ってきたが、第31回の今公演が最後となる。

同合唱団は1978年4月、故渡辺暁雄指揮のもと、常森寿子、志村年子、板橋勝、芳野靖夫ら4人のソリストと共に日比谷公会堂で1回目の第九公演を行った。このときは東京都職員労働組合(都職労)主催の名曲コンサートとして開催された。

この後、団員による自主運営として活動を続け、資金的に苦しい時期もあったが、東武鉄道主催の演奏会に出演して〝出演料〟を稼いだほか、団員が会費を前払いするなどして危機を乗り越えてきたという。

「故石葉初代団長は、『困ったときは団員に投げかければ、きっと知恵がわいてくる』と常に言っていました」と古くからの団員の大竹さんは当時を振り返る。

一流の指揮者の指導を得られること、一流のソリストやオーケストラと共演できることが人気で、団員は常に250人を超えていた。なかでも群馬交響楽団(群響)を共演オーケストラに選んだことは特筆され、群響としても東京に招聘されることは初めてのことだった。コール・フリーデは旅費と宿泊費を負担して、群響を9年にわたって呼んでいる。

ただし、最近では趣味が多様化し、また個人の価値観が変化したこともあって、実行委員を引き受けてくれる若手が入ってこないことが大きな悩み。今後は「第九」以外の曲で演奏を続けていくことになる。

30年の歴史を残し、団員は今、最後の第九練習に励んでいる。公演は12月17日(水)午後6時半開演、文京シビックホール大ホール。当日券は、ほとんど残っていない状況だ。問い合わせ先は☎090・2936・6307小原さんまで。

21年度 主任試験講座【11】

昇任試験対策のページ

合格体験記

毎朝の勉強時間を確保

事務

私は平成19年に択一試験を前倒しで受験し、平成20年に論文試験を受験しました。超過勤務の多い職場に勤務しているため、勉強時間を確保できるか心配もありましたが、無事試験を通過することができました。

まず、勉強時間についてです。択一試験は、かなり早い時期から準備する人もいますが、私が勉強を始めたのは、7月下旬になってからでした。帰宅時間が遅いため夜の勉強は諦め、毎朝1時間、職場近くのファストフード店で同期と待ち合わせして勉強しました。また、平日にはあまり勉強できない分、土日は終日、図書館で勉強しました。

次に、勉強方法です。あまり勉強時間が確保できないため、法令関係は「101問シリーズ」、都政実務は「主任試験精選問題集」に絞って勉強しました。その代わり、すべての肢について自信を持って説明できるよう、それぞれ3回を目標に解くとともに、解説を読み込みました。また、不明な点は「ポケット六法」や「職員ハンドブック」を参照し、関連する個所を中心にチェックしました。都政事情と資料解釈の対策は時間をかけても効果が薄いと考え、各局で行われる研修資料を入手し、例題をざっと解く程度にとどめました。

模擬試験や過去問を解いた経験から、試験時間にあまり余裕がないことがわかっていたため、試験当日は法令や都政実務等の問題を優先的に解き、資料解釈にじっくり取り組めるよう時間配分に気を付けました。

論文では、出題が予測しやすい「職場もの」を選択しました。択一試験を前倒しで通過したため、時間的には余裕がありましたが、なかなか論文を書き上げられず、ようやく所属管理職に提出したのは8月下旬でした。当初は、全く形になっていなかったのですが、2回の添削を経て、試験数日前に何とか完成論文を仕上げました。

試験直前には、時間を計りながら完成論文を何度か書き、論文内容を頭に入れると同時に、手書きの感覚をつかむようにしました。当日は、用意した論文を問題の趣旨にあわせて手直しするだけだったため、余裕を持って記述することができました。

論文の取り組み方は人それぞれだと思いますが、まずは実際の合格論文を読み、雰囲気をつかむことが必要です。また、自分で書いた論文はどうしても視野が狭く、独善的な内容となりがちです。必ず管理職の添削を受け、論文をブラッシュアップさせるようにしましょう。

主任試験を振り返ると、法令の知識や文章の書き方はもちろんですが、「いかに時間を作り、効率的に勉強するか」という点でも、仕事の進め方につながるトレーニングができたように思います。なかなか勉強時間が取れず、焦りやプレッシャーも感じましたが、そうした中で主任試験を通過したことは一つの自信になりました。

多忙な職場に勤務する対象者も多いと思いますが、この機会を少しでも前向きに捉え、挑戦して頂けたらと思います。

不得意な分野を把握

技術

私は、平成19年度の前倒し受験により教養試験免除となり、20年度に論文試験に合格しました。個人差もありますので、私の勉強方法がこれから受験される皆さんに役立つかは分かりませんが、少しでも参考になれば幸いです。

教養試験については、幅広い分野を限られた時間で勉強しなければならないことから、効率よく合格水準に達するためにはどうすれば良いか、ということを最初に考えました。そこでまず行ったのが、全く勉強しないで過年度の問題を解き、自分が不得意な分野を把握することと、各出題分野の配点を確認することです。不得意な分野や配点の多い分野を勉強するほど得点増につながると考え、重点的に取り組むこととしました。

択一問題の勉強は、問題集を解き、解説を読むことを繰り返しました。その後で参考書や「職員ハンドブック」を読み、知識の肉付けをしていきました。問題演習をある程度こなすと、出題傾向がつかめてきますので、出題個所を予想しながら参考書や「職員ハンドブック」を読むことができ、ポイントを絞って効率的に勉強を進められると思います。

私のような技術系の職種の場合、記述式の教養問題Bに対する対策も重要です。択一問題と違い、記述式の問題に十分対応した市販の参考書は見当たらなかったため、私は予想問題と解答例の資料を先輩職員からいただき、それを使って勉強しました。その際、過去の出題傾向などから出題されそうな語句を優先的に暗記し、その他の語句はキーワードのみを覚えることとしました。

また、試験本番で滞りなく解答を書けるよう、できるだけ自分が思い出しやすい言葉や文章構成に置き換えてから暗記をしました。文章の構成は、例えば、最初に語句の定義を説明、次に補足の説明、最後に事例等の紹介といった具合に、パターン化しておくと覚えやすいと思います。

論文試験の対策は、私は「職場もの」だけに絞り、何度か所属の上司に添削をしていただきました。私の場合は、上司からの指導もあり、論文の大まかな構成を個条書きにしたレジュメを最初に見ていただきました。そのおかげで、あいまいだった論文全体の流れが明確になり、その後の論文の作成、修正が比較的容易に進められたと思います。

しかしながら、上司への最初の提出が試験の1カ月ほど前と大変遅い時期だったことから、最終的には完成形に至らないまま本番を迎えることとなってしまいました。試験前には用意した論文を暗記するという作業もありますので、未完成のままだと不安や焦りにもつながります。できるだけ早くから添削を受けられるよう、準備を進めることをお勧めします。

今回の論文試験対策を通じて、「職場もの」の論文を書くためには、日頃の職務に対する課題意識やその解決に向けた取り組みの姿勢が重要であると感じました。これから受験される皆さんも、日常業務の中で何が問題で、どうすればより良くなるのかということを、これまで以上に深く考察しながら仕事を進めることで、良い論文が書けると思います。

論文対策で役立った助言

事務

私は、入都4年目に前倒しの択一試験に合格し、5年目に論文試験を受けて合格しました。択一試験の勉強を始めたのは6月でした。最初に前年度の試験を時間を計って解き、分野ごとの自分の出来具合をつかみました。効率的に勉強が進められるので、主任試験を目指すなら、まず最初に取り組むべきだと思います。

択一試験は、入都試験と近い雰囲気があるので、自分の入都時の勉強スタイルを思い出して、得意な（長続きする）勉強スタイルを意識しました。私の場合は、問題を解いてから解説書等を確認する方が頭に入るので、そういう順番で勉強しました。重要なところはノートを作りました。ノート作りは、時間がかかって大変でしたが、達成感があり、自分にとって、とても参考になったと思います。

問題集は、先輩から譲っていただいたもののほか、書店をチェックし、必要と思われるものは買いました。同じ問題集を何度も解くという人もいますが、私は2回解くことにしました。何度も同じ問題を見ていると理解した気になってしまいがちですが、本番では必ず新しい問題（選択肢）が出るので、それに対する対応力、瞬発力を養う事も大事だと思います。

私は、夏ごろが業務の繁忙期で、その時期は日付が変わってから帰ることもありましたが、1時間でも勉強するようにしました。可能な限り昼休みも勉強しました。この点は、もっと早めに始めれば、もう少し余裕が持てたかなと思います。

論文を最初に書いたのは、9月初旬に受験票をいただいた日でした。相当遅い方だと思います。ただ、その日は、ほぼ徹夜で書きましたが。

私は「職場もの」で書きました。まずは「自分の仕事で、自分が求められていること、それに対して自分が行っていること」を意識して書きました。時間がない中、同じ職場の係長や管理職3人に見ていただき、たくさんのアドバイスをいただきました。

「局や職場での事業方針と自分の仕事との関係、すなわち自分の仕事の組織における位置づけを出していくこと」や、「全庁的な計画に出てくる考え方や言葉に留意して、論文でも活用すること」「仕事における工夫は、それほど大したことでなくてもいいが、皆同じようなことを書く中で説得力が重要。文字数は決まっているから、書かなくてもわかるところ、書かないと伝わらないところを、少し離れた視点で考えてみなさい」などのアドバイスをいただきました。

こうしたアドバイスをもとに大幅に修正し、最終的に自分で納得できるものを完成させて、内容を暗記しました。当日の試験は手書きなので、練習の際はなるべく手で書くようにしましたが、内容を練りについて推敲をしたい時はパソコンを併用しました。直前期には、内容を1枚の紙にまとめたりして、とにかく頭に微妙な接続詞のニュアンスまで再現できるようにしました。試験当日は、問題用紙に全文を書いて確認してから答案用紙に清書しました。

21年度 主任・係長 論文講座 ◇12◇

課題整理・職場 ①

はじめに

今回から3回に分けて、論文試験で出題される「都政全体」と「職務・職場」のうち、「職務・職場」について、どのように論文を書けばよいのか、課題に対する解決策を提示していく方法について解説します。

論文試験には、人それぞれ取り組み方法があるかと思いますが、試験会場の緊張した空気の中で、2時間半という限られた時間内に2千字の論文を書くというのは、容易なことではありません。

しかし、「職務・職場」については、事前に出題を予想して、出題者の意図に沿った問題点を掲げ、的確な解決策を自分なりに準備しておけば、試験当日の負担を相当軽減することができます。出題予想や事前準備も含めて試験勉強だと思って取り組んでください。

主任試験は、決して資格試験でもなく、学術論文でもありません。技巧を凝らした文章を書く必要はありませんし、独り善がりの論文も不要です。職員誰もが共感できる内容、丁寧で読みやすい論文を心がけてください。

まず、先輩合格者の論文や参考書を読んで、到達すべきゴールの論文イメージをつかむことが大切です。

試験のねらい

論文試験で受験者に求めていることは、平成18年3月に都人事委員会が発表した「主任級職選考における新たな論文試験の概要」で示されています。

出題のねらいは、「都政全体とのかかわりを意識して職場の課題を発見し、改善を提案することができること」を検証することであり、さらに、出題の目的は「職務報告的な視点で自己の職務・職場について、問題意識や具体的な解決策を論述すること」とされています。その上で、論文のポイントは次の点だとしています。

○担当職務において取り組むべき課題や自らの果たす役割を理解しているか。特に、自己の組織が直面する状況を踏まえているか。

○職務遂行において常に自分なりの問題意識を持って改善努力を行っているか。特に、課題について様々な角度から分析を行った上で、職務に即した具体的かつ実現性の高い解決策を論述しているか。

これらのポイントを外して、次のような論文を書いてしまうと高い評価につながりません。

○都政が現在置かれている状況についての記述がない。

○評論家のような第三者的な表現で、自らが課題解決に取り組んでいくという姿勢が示されていない。

○課題に対する解決策がありきたりで、自分で懸命に考えた形跡が見られない。

「都政全体」であっても「職務・職場」であっても、一般論を展開するだけにとどまることなく、より具体的な問題意識と、解決策を導こうとする強い意欲を示すことが重要です。

なお、担当職務に関する課題や提案を論述する必要があるとはいえ、受験者の具体的な所属（部・課・係）を記載することはできませんので、注意が必要です。

課題の整理とは何か

私たちが、日常の仕事を行っているとき、常に何らかの課題と向き合っているはずです。

その課題は、地域社会全体が抱える問題であったり、ある住民サービスの提供方法に関する問題であったり、あるいは職場内での仕事のやり方に関する内容の問題であったりと、様々だと思います。

論文試験で、まず問われるのは、受験者がテーマに対してしっかりとした問題意識を持っているかどうかです。テーマを示した出題者が意図した内容と全く違う問題点を示してしまうと、仕事においても課題を見極める能力がまだ不十分との印象を与えてしまいます。

独創性は大切なことですが、これは内部試験ですから、無理に奇抜な課題を取り上げる必要はなく、各職場共通に抱える一般的な課題を掲げればよいのです。

論文試験では、（1）500字で課題について述べて、（2）1500字でその分析と解決策を論述するため、テーマに沿って課題を三つ取り上げ、それぞれについて解決策を提示するというのがオーソドックスです。すなわち、（2）の構成は、次のようなものになります。

①テーマにおける問題点をその要因や具体的影響にも言及しながら三つ提示（およそ3×180字）

②各問題点に対する解決策と解決に当たっての留意点（およそ3×240字）

③結びとして、主任として課題解決に取り組む決意（およそ240字）

論文の構成に工夫を凝らすより、オーソドックスな構成をしっかり組み立てて、三つの課題を取り上げた背景や、その解決策についての記述に、オリジナリティーを持たせるべきです。

課題の整理とは、テーマに沿って取り上げた問題点、それがもたらす弊害、その問題点の背後にある要因、問題点に対する解決策、解決策に当たっての留意点、これらを一連の流れに整理していくことです。

論文テーマの予想

具体的な課題整理に先だって必要なのは、出題される論文テーマの予想です。

平成18年度の制度改正がありましたが、改正以前のテーマも参考にしながら、自分でいくつか絞り込んで予想してみるようにしましょう。

過去5年間に出題されたテーマは次のとおりです。

《平成20年度》
現在携わっている職務の意義に関して

《平成19年度》
業務改善に関して

《平成18年度》
職務経験に関して

《平成17年度》
職員から仕事のノウハウの継承

《平成16年度》
新たな課題への取り組み

問題点の指摘と解決策の提示

出題テーマの予想が絞り込めたら、次に課題を整理していきます。

【問題点の指摘】

予想したテーマを念頭に置いて、自分なりの問題意識で自らの職場や職務を分析し、問題点を挙げます。課題の解決のために障害となっている、具体的な問題点を指摘しましょう。問題点が見えてきたら、弊害、要因を分析します。

今職場で不満に思っていることがあれば、それも職場の在り方を分析する上で一つのきっかけにはなるでしょう。

しかし、採点者の共感を得なければ、いくら事例が具体的であっても逆効果です。客観的に見て論文に書くべきか、具体的で現実的な解決策が導けるものかを、よく検討してみましょう。

また、これまで都が既に取り組んできたことを、直ちに全否定するのは感心しません。その場合、評価できるところと、できないところ、その部分をはっきりさせるべきです。

【解決策の提示】

挙げた問題点に対応する形で、解決策を提示します。対応とは言っても、たとえば「職員間の連携が不足している」という問題点に対して「職員間の連携を密にする」では、単なる言葉の裏返しであって解決策とは言えません。

連携が不足しているその背景にある「縦割りの事務分担」や「対応記録の不備」といった要因を踏まえた上で、より具体的な解決策に踏み込む必要があります。

解決策は、具体的であることに加え、現実的であることが重要です。主任として自らその解決に取り組める解決策、または組織としての取り組みの一翼を担うことができる解決策にすべきです。独創的なアイデアにこだわるばかりで、実現性の少ない解決策を提示しても逆効果です。

また、解決策の実現に当たって留意すべき反対意見や問題点を的確に指摘した上で、反対意見への反論等を示すことができれば、より説得力のある論文となります。

◇

次回は、課題の整理について、具体的事例も交え詳しくみていくこととします。

都主任選考

21年度 カレントトピックス 12

経済事情

■内定取り消し300人超え、雇い止めも3万人（11月28日）

金融危機に端を発した景気低迷による影響から、来春就職予定の大学生や高校生などで、内定が取り消されたのは全国で300人を超えることが28日、厚生労働省の調査で分かった。また、今年10月から来年3月までの半年間で契約更改をしないなど「雇い止め」が3万人を超えることも判明。

厚生労働省は同日付で迅速かつ的確にこれらの者の再就職の支援等を実施するため、緊急雇用対策本部を設置。同時に都道府県労働局に対して、派遣労働者、期間工等の非正規労働者にかかる雇用調整の状況や新規学卒者の採用内定取り消しにかかる状況の把握、離職を余儀なくされた方々の早期再就職支援の実施、雇用保険の手続きに関する適切な対応を図るよう指示した。

この調査結果では、内定を取り消された人数として、全国で大学生は75社で302人、高校生は15社で29人。一方、10月から来年3月までの期間で「雇い止め」で仕事を失う非正規労働者数は、3万67人。雇用形態別では、派遣社員が1万9775人と65・8%を占め、期間工など契約社員が5787人としている。

■街角景況感、過去最低を更新─11月（12月8日）

内閣府が8日発表した11月の景気ウオッチャー調査によると、景気の実感を示す街角景気の現状判断指数は前月比1・6ポイント低下の21・0となり、8カ月連続低下した。家計動向関連では、ガソリン価格は低下したものの、株安や雇用情勢の悪化等により消費者の購買態度がより慎重になったことなどから低下。企業動向関連では、世界的な金融危機の深刻化や景気後退、円高等の影響による受注の減少、減産の拡大、設備投資の見送り等から低下している。

内閣府は、街角景気は「引き続き厳しさを増している」とした。

■日比EPA発効　看護師等1千人受け入れへ（12月11日）

日本とフィリピンの経済連携協定（EPA）が11日、発効した。日本とフィリピン間の貿易総額の約94%で関税が撤廃されるほか、フィリピンから看護師・介護福祉士ら1千人を日本に受け入れるのが特徴で、来年度にも研修生が日本に派遣される見通し。

協定では発効後2年間でフィリピン人の介護福祉士600人、看護師400人を受け入れる予定となっている。

Gallery

飯田橋庁舎界隈

―昼休みの小散歩 ⑨

絵と文　大瀧安良

飯田橋庁舎のビルは、旧江戸城外堀のあった場所にほぼ南北に建っていますが、各階ともその一番南側には、外濠に向かって小さな窓が付いています。

今回の絵は、11階の窓からの眺めです。何故11階かというと、私が所属していた東京都私学財団の部屋がそこにあるからで、昼休みなど、お弁当を食べながら景色を楽しんだことが何回かあります。

色が付いていないので分かりにくいですが、これは秋の景色です。つまり、向かって右下に見える桜並木は赤く染まっています。桜は花の季節も勿論良いですが、秋の紅葉にも捨て難いものがあります。狭い見聞で申し訳ありませんが、秋の東京の街路樹では、1に桜、2に銀杏、34がなくて5に欅、が美しいと感じます（因みに、春は段トツで欅が好きです）。秋は歩いている途中、奇麗な葉っぱが落ちていると気になり、10㍍ほど行ったところで立ち止まり、戻って拾う、などと大人気ないことをしています。拾った葉は、本の栞や友人に宛てる手紙の中に潜ませる、といったことが出来たら格好いいなぁ、と家で新聞紙に挟み、乾かします、が、大抵はそのようにしまったことを忘れてしまいます。まるで、餌の隠し場所を忘れた犬のようです。

右手の大きなビルは東京理科大学で、創立125周年を記念する大きな壁画が描かれています。左手の陰になっている部分には、JR中央総武線が走っています。このときは、たまたま中央線の旧型（全体がカナリアオレンジ色）がすれ違っているところですが、それも色付きの原画をご覧頂かないと分かりにくいですね。

ここまできてお分かりのように、この絵は2年前の風景です。その直後に絵を描き始めたのですが中断し、最近ようやく「未完成のファイル」から救い出し、完成にこぎつけたものです。

この絵の桜の部分を桜色に着色すれば、立派に春の絵が出来上がるな、などと目論んでいたのですが、ちょっと絵にうるさい妻が「でも太陽光の当たる角度が違うんじゃない？」と一言。春は春で別に取材する必要があるようです。

見えているものと隠されているもの

―今年出た本に関連して

オバマ米次期大統領が決選投票日を前にした演説をテレビで見た。虚をつかれる思いがした。そこで彼は、悪賢くて無責任な企業ではなく、一生懸命働いている人々のための社会にしようと呼びかけていたのだった。耳を疑った。次のアメリカ、ということは明日の世界を左右する人物の発したのが、今の日本でならサヨクと排斥されかねない言葉だったからだ。

アメリカ発の経済危機が大きく報じられてから、日本でも自動車が売れない、不正規雇用労働者が非情な扱いを受けているとのニュースが出るようになった。それまでは、この種の報道はできなかった。（広告出稿量の多い）大企業のマイナスイメージになるニュースは、テレビも新聞も流せないというのである。

オバマ演説を紹介したのが民放でなくNHKだったことも、その噂を裏づけているようだった。大事なことが伝えられていない。ブラックホールになっているようなのだ。

「源氏物語」と「蟹工船」

今年の読書界最大の話題は『源氏物語』だろう。新しい現代語訳が3種、そのうち1種は英訳からの日本語訳。マンガ版も好調だという。世界初の超本格的心理小説！これぞ世界に誇る日本文化の至宝だと、衰退一途の出版界を中心に話題づくりがされた。

だが、そのブームの傍らで、小林多喜二の『蟹工船』が読まれていると聞いて、虚をつかれる思いがした。こちらは自然発生的である。半年間で50万部！　何という対照感……むしろ断絶感。『源氏』と違って、こちらには誰が何を求めて読み、何を感じているのかというフォローがない。かえって時代錯誤、不毛な自己逃避と、否定的コメントが見られるほど。ここでも、知らされなければならないことがブラックホールに押し込められている。

その深層に迫るメッセージのひとつが、数年前に発表された赤木智弘の論文『「丸山眞男」をひっぱたきたい。31歳フリーター、希望は、戦争』だろう。だが、小さな話題を執拗に追いまわすテレビも、これには触れなかった。またその種の議論の場になってきた『現代』『論座』『月刊プレイボーイ』ほかも廃刊になる。ここでも、知るため、知らせるための機会と媒体が失われていく。

代わりにベストセラー上位に君臨するのは類書ばかりの実用書、自己啓発書等である。地球環境が、日本の社会が、地域が、職場が、家庭が、個人の心身がと、至る所が病んでいるのに、血液型とかノートの取り方とか脳の一部の刺激とか、そこでの対処法はあくまで刹那的で局所的である。

同調圧力の深層

グローバリズムにあっては、企業も生き残らなければならない。だから国の枠組みを超えて活動する。国を超えているというのに、（大）企業は危機に陥ると国に救済を求める。低い税率で優遇もされている。そして血税を使われた国民に向けては、トヨタの販売台数が世界一になった、三菱東京UFJ銀行が世界有数の規模になったと、大本営的に報道される。それほど優遇され繁栄しているのなら、なぜ社会や人々に還元しないのか？

ノーマ・フィールドの『天皇の逝く国で』（みすず書房）を取り出してみた。昭和天皇逝去の時期に起こった、長崎市長銃撃事件、沖縄国体日章旗焼き捨て事件ほかに取材したものである。高校まで日本で育った日米混血の学者が、外と内からの視線で、事件の核心に丁寧に迫った名著である。これを初めて読んだとき、虚をつかれる思いがした。彼女が浮かび上がらせたのは、このときの抗議運動が天皇制回帰へ向けた威嚇ではなく、経済大国へのし上がっていくための日本人への方向付けだったというのである。要約するなら、騒ぎ立てるのをやめ、国の総力を挙げた生産ラインについて働け、ということ。15年も前に、今日の日本の姿がとらえられていたのである。

今はそれを同調圧力と言うらしい。だがその深部にあるのは生産活動であり、（大）企業である。政治家、官僚、企業の不祥事は水に落ちた犬のように叩きまくるマスコミも、この領域はアンタッチャブル、ブラックホールにしているのだ。

オバマを選んだ背景

今年終盤の読書で面白かったのは『アメリカ人の半分はニューヨークの場所を知らない』（町山智浩・文藝春秋）だった。笑わされたけど、暗澹たる思いもさせられた。アメリカ映画を題材にした短文が多いのだが、それが同時に今の日本、これからの日本の姿を透視しているからである。

たとえば筆者が住むのは首都圏でも有数の歴史を持つ都市である。だが市街空洞化の波はここにも押し寄せ、つぶれた店のシャッターが寒風に鳴る寂しい街になっている。それを招いたのは規制緩和によって郊外にできた大規模小売店である。それは、無知、蒙昧、狂信、破壊的欲望のうえに世界戦略として生まれ、アメリカの都市を、地域社会を、人々の生活を破壊した後に日本に来たものだと、この本は教えてくれる。時流便乗の担ぎ屋的経済学者の著作をはるかにしのぐ具体性と説得力がここにはある。日本の政財官界はこれらの手法を押しつけられ、あるいは進んで輸入、ないしは密輸入したのだろう。

だが、アメリカはオバマを選んだ。町山の本はその背景と根拠を教えている。怪しげな施策に対して、アメリカではそのつど批判や反対の声が上がり、それが映画や本のかたちで残っているのだ。そこから破綻を招いた原因をたどることができる。日本が絶望的なのは、そこがブラックホールになっていることだ。密輸入だから、原因を掘り返すこともできない。知らせない、知らない、考えない、疑わない、批判しない。そのことの積み重ね。だが大問題は、そのブラックホールから吹き出してくる。

昔の企業経営者は、従業員を、その家族を、地域を支え、それを誇りにし、世間の尊敬心も集めていた。だが今日、（大）企業と社会との関係は変化している。企業経営者が見ているのは株主である。そしてこの株主が、投資への見返りにしか興味のない、モンスターなのだ。地域が、家族が、個人が、（大）企業を問い直すときがきている。

だが、その前に知らねばならない。知らされていないことがたくさんある。2チャンネルの向こうに、世界で最も公正な報道を誇るBBCがある。インターナショナル・ヘラルド・トリビューンもある。アメリカならCNNもあるし、ウオール・ストリート・ジャーナルもある。映像付きでより理解しやすいホームページもある。語学に堪能なら、ほかの世界にもアクセスできるだろう。

正月休みには『カラマーゾフの兄弟』で人間の心の深淵をのぞいてみる傍ら、ネット上での情報散策をしてみてはいかがだろう。

（東京中流再生学会）

地方公務員のための英会話学習法 ⑥

リスニング・文法・単語

リスニング能力は気にしない

守山　テレビのニュースで、オバマやマケインの演説を聞いても、ほとんどわからなかった。学校で習った英語とは別の言葉みたいだよ。

先山　そうね、私も、街頭インタビューのシーンになると、聞き取れないことが多いわ。話し言葉には、独特の言い回し・言葉や発音の省略・方言等があり、早口なので、聞き取るのが難しいんです。

でも、役所の窓口対応なら、あまり心配しないでもいいわ。相手は、用件を済ませたいと真剣だから、なんとかコミュニケーションをとろうとして、ゆっくり、はっきりと話す。こちらが理解できなければ、辛抱強く説明を繰り返してくれるわ。外国人の言っている意味がわからなければ、「エクスキューズミー？」と何度でも聞き返しましょう。ただし、ソフトな表情を心がけること。「エクスキューズミー？」には、「無礼じゃないか？　言葉遣いに気をつけろ！」という意味もあるんです。筆談も併用すれば、リスニング能力の不足をカバーできます。

上達の早道は文法・単語

守山　「文法にこだわるから話せない」「受験のための英語を勉強しているから使えない」といった意見をよく聞くよね。やっぱり、実際の会話の練習をした方が上達が早いんじゃないか？

先山　相撲部屋の外国人力士みたいに、24時間ナマの会話の世界にいることが可能なら、そのとおりよ。でも、学校の週数回の授業で、「ドゥ　ユウ　ライク　ベースボール？」なんて会話を、日本人同士で繰り返してたって、たいした効果はあがらないんじゃない？　それよりも、文法を基礎から学んだ方が上達は早いわ。

守山　でも、子供は文法を勉強しなくても自然に話せるようになるよね。

先山　それは、子供が日常の会話で膨大な試行錯誤を重ねた成果なんです。外国人力士と同じよ。だから、親が音楽好きで、幼児をあやす間もヘッドホンをしていたため親子の会話ができず、その子の言葉の発達が遅れたなんて報告もあるわ。

守山　「公務員の英語学習には、子供のように豊富な試行錯誤の機会がない。だから、文法を勉強して、効率的に会話のスキルを高めたほうがいい」ってことか。ところで、単語をどの程度覚えたら、英会話が円滑にできるんだろうか？

先山　各自の到達目標によって異なるわね。海外旅行のトラベル英会話なら、中学校程度の単語力でもある程度はなんとかなるかもしれないわ。でも、「ホテルの部屋がタバコ臭いので変えて欲しい」「チェック・アウトの際に余分な請求をされた」なんて時に、それなりの単語力と文法力がないと、こちらの要求を説明するのは辛いと思います。不便・不都合があっても我慢するか、単語力・文法力を高めていざというときに備えるかは、あなた自身の選択です。

英字新聞、英語ニュースを理解しようとするには、それなりの単語力が必要となります。英語の映画を見る際は、基本的なスラング（会話で使う非正規の英語）は知っていたほうがよいでしょう。

役所の窓口なら、とりあえず、よく使いそうな単語、例えば国民健康保険課なら、「健康保険制度」「保険証」「保険料」「免除」「給付」「請求書（納付書）」なんかを整理しておくだけでも、かなり効果があると思います。

（荒川区福祉部介護保険課長補佐　小山弘）

都政新報

発行所　都政新報社
〒160-0023 東京都新宿区西新宿7-23-1 TSビル
（総務・読者）03-5330-8781
（企画広告）03-5330-8784
（編　　集）03-5330-8786
（出　　版）03-5330-8788
（ファクス）03-5330-8808
購読料　月1,680円(税込)
毎週火・金曜日発行
但し、祝祭日は休刊
©都政新報社 2008

紙面から

09年度都税収入

都政史上 最大の落ち幅

対前年度当初予算 7500億円の減収に

歳入歳出 急きょ洗い直し

今後の都税収入見込み（単位＝億円）

区　分	09年度当初予算案	対08年度当初予算	08年度補正後予算案	対08年度当初予算	08年度当初予算
都税総額	47,600	△7,500	53,400	△1,700	55,100
法人2税	17,800	△7,700	24,300	△1,200	25,500
その他税	29,800	200	29,100	△500	29,600

都主税局は17日、09年度都税収入が今年度当初予算に比べ、7500億円（13・6%）の減収になり、総額4兆7600億円になる見通しを明らかにした。率・額ともに都政史上、過去最大の落ち幅となる。米国発の金融危機の影響で今年度後半から急激に景気が悪化し、特に法人2税は7700億円、30・2%も大幅ダウンすると見込んでいる。また、今年度税収も1700億円の歳入予算割れとなり、09年第1回定例都議会に補正予算案を提案する。想定を超える大幅減収のため、都財務局は17日に計理部長会を緊急に召集し、新年明けの知事査定に間に合うよう、年内に経常事務事業費などの見直しを行うよう各局に求めた。

これまで都税収入が対前年度比で最も落ちたのは、バブル経済が崩壊した93年度の6458億円、13・1%減が最大だった。この時、法人2税は5279億円、22・4%のダウンだった。09年度税収は、これを大幅に超える減になる。

都税総額としては4兆7600億円で、今年度当初予算に比べて7500億円減。この主な要因を分析すると、09年度に固定資産税の評価替えなどがあり、200億円増となるが、法人2税で7700億円も落ちるのが影響している。

法人事業税7700億円の減には、一部国税化で東京都から吸い上げる2700億円が含まれる。残る5千億円の減は景気後退の影響だ。業種別では、金融・証券業、不動産業、製造業で大幅な減収になる見通し。法人事業税の一部国税化の場合、地方法人特別譲与税という形で国税から都に1千億円が配分されるため、この増要因を見込むと、今年度予算に比べ実質6500億円減という計算になる。

率・額ともに史上最大の減収となるが、都には財調基金5100億円、社会資本等整備基金4000億円、法人事業税国税化対策特別基金2200億円などがあり、財源補完で活用できる基金は少なくとも1兆1300億円ある。このため、ただちに財政危機に陥らない状況だ。

しかし、予想を上回る規模のため、石原知事は17日、今後の予算編成作業にあたり、①大幅な減収にあっても、都民が直面する危機への緊急的な取り組みや「10年後の東京」をはじめとする将来を見据えた施策展開については、着実に予算化する②培ってきた財政対応力を活用し、同時に今後想定される景気変動にも備え、財政対応力を維持する——という2点を財務局に指示した。

具体的には、基金の取り崩しは最小限にとどめ、必要な都民サービスには支障を生じさせない考えだ。また、年明けから始まる知事査定までに歳入・歳出をもう一度洗い直し、予算編成では都自らの努力で財源不足を解消する方針で臨む。

この指示を受け、財務局は計理部長会で3点を要請した。一つは、事務費、チラシやポスター・冊子などの印刷製本費、調査研究費、行事や普及啓発活動費など都民に直接関わりの少ない経常事務事業費などは、必要性と費用対効果などを検討し、見直しを求めた。

二つ目は、その他の事務事業でも、本来目的を達成する上で無駄がないかをチェックする。

三つ目は、各局が所管する歳入について増額の方法等がないか、検討を要請した。

財務局では、一律何%というシーリングを設けて経費を削減する方法はとらないが、一般会計全体で数百億円程度の新たな財源を確保したいとしている。

第4回定例都議会閉会
「緊急対策Ⅱ」補正予算が成立
民主、共産、生ネも賛成

本会議終了後、自民の控室を訪れた石原知事

第4回都議会定例会は17日に最終日を迎え、「東京緊急対策Ⅱ」を盛り込んだ補正予算案を自民、民主、公明、共産、生ネなどの賛成多数で可決し、閉会した。

討論で自民党は、緊急対策について、「年度途中のこの時期に、都民を守る緊急対策と、それに基づく補正予算を確実な財源の裏づけを持って、迅速に提案できたのは、ひとえに知事が我が党と手を携えて、厳しい財政再建に取り組み、都財政の体力強化に努めてきたからだ」（田中豪氏）と褒め称えた。

今回の補正予算では、国の緊急保証制度に対応して、都の融資メニューを創設し、融資目標額を拡大している。民主党は、「信用保証協会にはすでに保証の申し込みが殺到し、年末の資金繰りのための融資が年を越すような状況になっている。これでは、何のための緊急融資かが問われる」（熊木美奈子氏）と指摘。迅速な処理に向け、都として強力な支援を求めるとともに、制度融資について、預託金の活用により低金利への誘導を図るなど、中小企業の利用拡大に取り組むよう要望した。

公明党からは、上野和彦氏が登壇し、補正予算について、「単なる補助金ではなく、再就職支援とのセットや、閑散期の企業需要創出など、無定見なバラマキではなく、都民が自ら危機克服に向けた第一歩を踏み出すための支援策」と高く評価。「直面する危機から都民生活を守るための対策を、迅速かつ強力に実行することこそが、今、政治に求められている最大の課題」と指摘した。

共産党は、補正予算に盛り込まれた大型道路の用地買収費について、「年度内の中小企業の発注につながらない」と、委員会質疑で予算組み換え動議を出したが、他会派の賛同は得られなかった。しかし、村松美枝子氏は、「公的雇用の創出、離職者への無利子融資、信用保証料の半減助成など、我が党が繰り返し求めても都がやろうとしなかった都民要望が盛り込まれた。全体としては都民要望の実現に一歩踏み出すもの」と賛成した。

生活者ネットの原田恭子氏は、「短期的な救済だけでは解決できない。人への投資、能力開発への投資を社会全体で考える時代に入ったと行政が認識すべき」と指摘し、市区町村との連携によるきめ細かな対応を求めた。

第3回定例会で成立した補正予算では、中小企業支援などの緊急対策に、新銀行の減資対応を抱き合わせたことから、野党が「負の処理のもみ消し予算」と批判した。今回はこうした「負の処理」はなく、民主、共産など野党が内容を一定評価し、賛成に回った。

本会議終了後、石原知事は記者団の質問に、「当たり前でしょ。この時期に通さないバカはいない。みんな困ってるんだから」と答えた。

16年五輪 開催都市決定まで10カ月
東京の戦略は？
「嫌われない」が鉄則

「IOC委員が投票のボタンを押す直前までが大切」——。16日、東京オリンピック・パラリンピック招致委員会のアドバイザーを務めるジョン・ティブス氏とゲノルト・ライトナー氏が、五輪招致を勝ち取るための戦略について報道陣に解説した。二人は、五輪招致委にどんな指南をしているのか。戦略の一端をのぞいた。

■パリの教訓

○……2016年の夏季オリンピック開催都市は、来年10月にコペンハーゲン（デンマーク）で開かれるIOC総会で、委員による投票で決定する。五輪招致委のアドバイザーを務めるティブス氏は、14年冬季五輪でソチ（ロシア）の招致活動に携わった経験から、「五輪招致は、（委員が投票のボタンを押す）最後の1秒までが大切」と話す。事実、12年の夏季五輪招致でロンドンに敗れたパリは、招致活動は非常に優れていたが、最後の段階で手を抜き、敗因につながったという。

都は来年2月12日までに、IOCに「立候補ファイル」を提出。同4月にはIOC委員が現地調査のため東京を訪れ、6月にはローザンヌ（スイス）でテクニカル・プレゼンテーションを行うことになっている。

今年8月の北京五輪では、都幹部や議会関係者が現地を訪れ、IOCや国際競技団体の関係者と意見交換を行うなど、アプローチを続けた。投票日が近づくにつれ、招致計画の妥当性や信頼性を訴え、IOC委員への働きかけを強めていく必要がある。

■平昌の教訓

○……開催都市を決める投票は1回で終わるわけではなく、1都市が過半数を得票するまで続けられる。この場合、最初の投票で他都市に入った票を、いかに獲得できるかがカギだ。そのため、IOC委員の「お気に入り」になるのも大切だが、「嫌われない」ことがより重要となる。

過去の投票パターンを見ると、10年と14年の冬季五輪に立候補し、いずれも次点で敗れた平昌（韓国）は、1回目の投票でいずれも1位だったが、3位の票を決選投票で逃している。

ティブス氏によると、多くのIOC委員は、まだ投票先を決めていない。その一方、「投票しない都市」を決めた委員もいるという。東京は今のところ、このカテゴリーには入っていないと見られている。

■ソチの教訓

○……IOC委員の心をつかむために、IOC総会での最終プレゼンテーションは、極めて重要な意味を持つ。ソチは、プーチン大統領（当時）が自らプレゼンを行い、ロンドンはブレア首相（当時）が積極的なロビー活動を展開した。

来年10月のIOC総会では、東京は誰がプレゼンを行うのか。ティブス氏は、「ライバル都市に明かせないし、私の決断によるものではない」と断った上で、「石原知事にはカリスマ性があり、英語・仏語が話せる。ステージに立ってくれるといい」と述べた。

とはいえ、シカゴはオバマ大統領というように、大統領クラスがプレゼンに臨むことも想定される。それだけに、「日本の顔」が誰になるかは、最大のポイントになりそうだ。

オリンピック開催都市の招致戦略

開催都市と開催年	北京 2008年	バンクーバー 2010年	ロンドン 2012年	ソチ 2014年
招致の基本的考え方	世界最大人口の都市に五輪を	信頼できる、伝統的な冬季スポーツの都市で	若者にロンドンの魅力を発信	「新しいロシア」への玄関口に
実施計画の強み	力強い競技会場と交通網	「海から空まで」楽しめる五輪	象徴的な会場と、巨大な遺産の融合	ゼロから作る真新しい五輪、地域活性化
広報	中国初の西洋的な招致活動	控えめで従来通りの手法に終始	積極的PR、世界的な広告活動	積極的PR、世界的な広告活動
最終プレゼン	手堅いプレゼン、力強い映像	力強く、信頼感のあるメッセージを発信	ブレア首相らのロビー活動。世界クラスの映像	プーチン大統領が英語と仏語でプレゼン

※五輪招致委アドバイザーの資料から作成。肩書は当時

都議会海外視察
3年間で総額5864万円
共産が会見で指摘　観光地に寄り道も？

共産党都議団は16日に会見を開き、05年度から3年間の都議会海外視察の実態をまとめて、公表した。

都議会では、今期がスタートした05年8月以降、自民、民主、公明の3党によって6回の海外視察が行われた。内訳は、自民4回、民主2回、公明3回（このうち自民、公明合同は3回）。訪問先は、アメリカ、ブラジル、ギリシャ、アラブ首長国連邦、カタール、イギリス、ドイツ、エジプト、フランス、スペイン、デンマーク、アイスランド、フィンランド、ベルギー、スウェーデンなど15カ国23都市に及んだ。

3年間の海外視察に使われた都民の税金は総額約5864万円で、1人当たり約189万円。1人当たりの最高額は、民主党の北欧諸都市調査で、約270万円だった。前期の02年から04年に9回の海外調査が実施された際には、総額約5645万円、1人当たり148万円で、今期より少なかった。

また、都議会では3年間以上のブランクがあった場合、海外出張の「支度料」として、1人当たり5万3900円が支給されている。今期は6回で31人中29人が支給を受け、総額156万円が支払われている。

具体的な中身を見ると、07年の自民党のエジプト・スペイン・フランス調査の中では、パリからナントへの移動の際に、専用車を使い、調査目的に入っていない観光地、モン・サン・ミシェルを訪問していた。民主党のブラジル視察では、観光地であるイグアスとイタイプー発電所を訪問したものの、通訳もつけず、管理事務所を訪問して話を聞いた記述もなかった。

共産党都議団では、「現在の方式で実施して8年が経過し、現在のやり方について抜本的、全面的に再検討することは当然」として、現行方式での海外調査の中止と、全面的な再検討を求めている。

冗句ジョーク

机上もパソコン内も暮れの大掃除
処理しきれない職員「また自宅サーバーに持ち帰るか……」

都周産期医療協議会
母体搬送の周産期3センターを指定

都周産期医療協議会は17日、母体の救急搬送を断らない総合周産期母子医療センターとして、昭和大病院（品川区）、日赤医療センター（渋谷区）、日大板橋病院（板橋区）を指定する方針を決めた。来年2月頃を目途に開始したい考え。今後、対象症例や搬送方法など運営ガイドラインを策定する。

休刊のお知らせ

来週23日は祭日のため、新聞発行はお休みさせていただきます。ご了承ください。

都政の東西
扇動後に残るもの

「都心に小さいけど、樹齢の古い木がたくさんある。公園にすべきだ」「せっかくこれだけの自然、オアシスがあるわけだから、（千代田区立）清水谷公園の延長で利用できるようにしたい」。前者が石原知事、後者は猪瀬副知事の発言の一例である。

千代田区紀尾井町の国有地に参議院議員宿舎を建て替える問題は「国民の税金の無駄づかい」と世論の風当たりが強く、都政のトップに立つ二人の力によって、計画は撤回になった。しかし本件は、これで終わりではない。議員宿舎論とは別に、地域のまちづくりというもう一つの側面があり、こちらの方はこれからが再スタートだ。

なぜ、地元町会が議員宿舎をあの場所に誘致したか。それは03年に財務省が売却を明らかにし、区立公園として公有地化が難しい中で、できるだけ緑を多く残すための次善の策だった。

昔から関わった前町会長は「民間の手に開発を委ねるのではなく、紀尾井町の歴史を考えて文化的な香りがするものを持ってきたいと考えた。歴史背景を大事にする気持ちを関係者が持ってくれれば、こんな結末にならなかったのだが」と残念がる。

知事、副知事はそろって「10年後の東京」を持ち出し、「東京都が緑を増やす努力をしている時に」と語った。財務省が今から、国有地のまま放置しておくことは、あり得ない。都政の責任者として、この先のことをどう考えているのか。公園化は良いが、政策的な担保は何も示されていない。

議員宿舎建設反対の世論を煽るだけ煽って、石原・猪瀬退任後に残った国有地の姿が、民間開発による緑の消失というのでは、後世に汚点を残すことになる。第一、迷惑をこうむるのは地域の住民だ。予算編成権を含め、行政権限を持つ者の対応としては、非常に無責任である。

都区のあり方検討委員会幹事会

9項目の方向付けで合意

都から区への事務移管を検討している都区のあり方検討委員会幹事会（座長＝山﨑昇墨田区長）は17日、18回目の会合を開いた。14項目の検討対象のうち、区に移管する方向で検討する事務が6項目、都に残す方向で検討する事務が3項目、引き続き検討する事務が5項目だった。都側からは既存の特別区の再編案を現状と比較してメリットなどをシミュレーションした結果をまとめた資料が提示された。

都側が再編シミュレーション

今回、検討の対象となったのは、主として「府県事務であるが、事務処理特例制度により市が処理している事務」などで、計14項目。区に移管する方向で検討する事務として合意したのは6項目。

このうち、「有料老人ホームの設置者等に対する質問及び立ち入り検査などに関する事務」は、「地域の実情に応じて一連の事務を処理できるよう特別区が担う方向で検討すべき」（区）、「有料老人ホームは届け出事項が満たされていれば受理するものであり、特別区はすでに介護保険法に基づく老人福祉を広範に担っていることから、人材や専門性の観点から支障は生じない」（都）という点で一致した。

都に残すべき方向で検討する事務での合意3項目の一つは、「病院の開設の許可などに関する事務」。「広域的対応が必要なことから都が担う方向で検討すべき」（区）、「病院などの病床数に関し、都が保健医療計画において定める医療圏ごとの基準病床に留意する必要があり、特別区が一定規模以上になったとしても、都が広域的な調整を行う必要が想定されるなど、移管について解決すべき多くの課題が見込まれることから都に残す方向で検討する」（都）とされた。

引き続き検討の5項目のうち、「原子爆弾被爆者に対する援護に関する法律に基づく健康診断の実施などに関する事務」では、「区が実施している関連事務と合わせて、一連の事務を処理できるよう、特別区が担う方向で検討すべき」という区側と、「被爆者は、主治医の在籍する医療機関での健診を希望することが多いため、居住区以外の医療機関でも受診できるよう、都内全域の230カ所の医療機関と契約し、体制を整備している。被爆者の利便性などに配慮すると、被爆者援護にかかるそのほかの事務と合わせて都が一元的に処理することが必要」とする都側で見解が分かれた。

そのほか、区域の再編をめぐっては、都側がシミュレーション資料を提出。23区を六つに分ける森記念財団案、14に分ける東京大学の浅見泰司教授らのグループの案を、現状と比較した。昼夜間人口比率では千代田区と葛飾区の格差が現行では25・4倍あるのに対し、森記念財団案では1・8倍、浅見案では3・5倍に小さくなる。税収では特別区民税と調整税を合わせた額の格差が現行では11・3倍に対し、森記念財団案では2・1倍、浅見案では10・0倍に小さくなるという。

今回の会合で決まった14項目の方向性

【区に移管する方向で検討する事務】販売事業者に対する立ち入り検査など▽広告事項の許可など▽有料老人ホームの設置者等に対する質問および立ち入り検査など▽介護老人保健施設の開設の許可など▽指定障害福祉サービス事業者への勧告など▽発掘に関する指示および命令など

【都に残す方向で検討する事務】指定届け出機関の指定など▽病院の開設の許可など▽高度管理医療機器等の販売業許可など

【引き続き検討する事務】食品衛生法に基づく公衆衛生上の措置基準策定▽認定製造業者等への立ち入り検査など▽原子爆弾被爆者に対する援護に関する法律に基づく健康診断の実施など▽特定毒物研究者の許可など▽受胎調節実地指導員の指定など

都と区に埋まらぬ溝

09年度財調協議 中3医療費助成で激論

2009年度都区財調協議幹事会が18日までに2回開かれた。区の自主財源である普通交付金の配分方法をめぐり、中学3年生までの医療費助成事業の提案内容が都区双方で異なり、一部で溝が埋まらない状態が続いている。

今回の財調協議で焦点である中3までの医療費助成事業では、区側が所得制限を撤廃して、普通交付金を配分するよう提案している。都側は「所得制限撤廃まで広げることに、他の自治体からどう見られているのかを考えた方がいい」と反論し、東京富裕論の再燃で東京の税収が吸い取られる可能性を懸念する。「所得制限なしで配分することは、東京の税収を取られてもいいという主張になる」と指摘する。

一方、区側は「今後の協議で決めていけばいい」という立場。国や地方から、財調交付金が補助金と誤解されやすく東京バッシングの対象になりやすいとして、「財調の算定権者の都が財調の仕組みをPRする必要がある。区を批判して解決する話ではない」とけん制する。

都側は、中学3年生までを通院1回あたり200円で診療可能にする医療費助成を都内の市町村で来年10月から始める方針で、この事業をベースにして区にも配分したい考えだ。

07年度財調協議では、都の乳幼児や小中学生の医療費助成など八つの事業を区の自主事業とし、その財源を財調交付金に繰り入れた。区側は「都の事業を区の自主事業に振り替えてやっており、都が特別区に補助金を出している実態はないから、200円の自己負担という都基準を財調協議に持ち込むのはおかしい」と力説する。

これに対し、都側は「都民の福祉の均衡という観点から、区への配分にも自己負担を設けるのは適切と判断した。所得制限撤廃までやるかどうかは、区の政策判断だ」という考えを示した。

08年度都区財調協議で、都側は普通交付金を配分する考え方に都区双方で違いがあると言及した。区側はガイドラインづくりを今回の財調協議で提案したが、都側は「つくる必要を感じていない。地方自治法の逐条解説に沿って、総合的に判断していく」と述べた。

一方、区側は「一般論を振りかざしても協議はまとまらない。都は区側に対案を出すべき」と主張し、平行線になっている。

各区が発注工事を見直し

練馬「新規発注創出」 世田谷「前倒しで発注」

世界的な株安や金融不安で、景気が急速に悪化する状況下で、各区では区内企業の支援が急務になっている。緊急融資のあっせんの拡充などに加え、景気対策の一環として発注工事の見直しを図る動きがある。

緊急景気対策

新規事業の創出や前倒し発注、前払金の対象拡大、零細事業者向けの小規模発注の促進など方策は多様だが、「歳出の拡大を最小限に抑えつつ、いかに企業の経営支援につなげるか」という難題に、各区とも苦慮している。

零細企業向け対策も

北区は11月、区の「緊急景気対策」を発表し、区発注工事に関する前払金制度の要件を緩和した。前払金は、工事着手に必要な資材購入費や人件費として支払うもので、従来は一部の事業に対象を限定していたが、11月17日以降に実施した入札による発注工事のすべてを対象に、「契約額40％以内、限度額1億円」の前払金の申請を受け付けることにした。

板橋区は11月7日公表の「緊急経済対策」で、区の工事請負契約に「中間前金払制度」を設定した。一定の要件を満たす事業者は、簡易な書類申請だけで、工事費の20％以下の前払いを受けられる。同区は支払い手続きの迅速化も打ち出し、「業者側の負担軽減を目指す」としている。

練馬区は5日、区発注工事の入札契約を対象とした緊急対策を発表した。請負業者への前払金制度について、支払いの限度額（1億円以内）を「2億円以内」に緩和したほか、入札時の「最低制限価格」を引き上げた。同区では「予定価格1億円未満の工事は区内事業者に発注する」とした方針についても、今回、基準額を「1億5千万円未満の工事」に変えた。同区は9月の補正予算に「土木・営繕等景気対策工事」として6億6千万円を計上。塗装や改修工事など1千万円未満の案件32件を含む合計44件の新規の事業発注を決めていた。区では「9月補正の景気対策工事と合わせて、事業者支援につなげたい」としている。

世田谷区は15日、09年度4月以降に発注予定だった事業について、前倒しで来年1月～4月に発注することを発表した。対象は、路面改良工事など約20件で、発注総額は約11億1千万円。請負業者への前払金制度についても要件を拡大し、今月16日以降は、工事費50万円以上の事業すべてを申請対象に含めた。

◆修繕工事など発注増

入札資格のある事業者は、比較的規模の大きい企業が大半のため、別途に、零細事業者などを対象とした対策を講じる区がある。

北区は、区内の小規模事業者向けに、修繕工事などの発注について、募集登録を9日から26日まで実施している。区は「区民センターや保育園、児童館などの修繕や塗装、畳替え、換気扇の取り付け、洗面台の修理などを発注する予定」としている。

同区では工事費130万円未満の案件について、従来から各部署で対応しており、入札資格のない事業者も「簡易工事登録」だけで受注できる。今回の募集登録はこの仕組みに沿うもので、区担当者は「新規の取り組みとして、施工可能な工事内容や実績など業者情報をリスト化して各部署に配布する。区側の発注予定も共有し、重複など避けて発注機会を増やす」と話す。

見積もりの精査などの選定は通常どおりで、「登録が即座に受注につながるものではないと丁寧に説明する」（区担当者）としている。

板橋区は、各部署に決裁権のある印刷、文房具の購入、修繕工事など、30万円以下の「小規模事業」について、「区内企業への発注を例年比で20％程度増やす」ことを区の緊急経済対策に明記した。同区も既存の登録制度を活用しており、「登録済みの事業者に仕事が回るように努める。後日、施策効果も検証したい」（区担当者）としている。

台東区は保育園の安全化工事など約2千万円分の前倒し発注を、大田区も学校の強化ガラス化工事などを補正計上した。

◆他区も「前向きに検討」

北、板橋の2区と同様に、小規模事業者向けの発注の促進に取り組む区は多い。

文京区は経済課に設置した「景気対策本部」が11月17日、各部署における30万円以下の事業の発注について、区内の小規模事業者の積極的な活用を文書で呼びかけた。

台東区は緊急経済対策で、既存の「小規模事業者登録制度」の利用増を明記。「区内事業者の登録名簿を各部署で活用し、発注機会の拡大に努めたい」としている。

ただし、関係者の中には「各部署では、なじみの業者に頼みがちで、促進は、あくまで『努力目標』だ」とする声もある。また、「パイ（事業）全体が増えない対策では、1社の取り分もわずか。本格的な対応は、来年度予算の編成以降になるのではないか」との見方も強い。

二世対決で激戦か

候補者乱立の様相

09都議選 江東区（定数4）

来年夏の都議会議員選挙で、江東区（定数4）が候補乱立の激戦になりそうな気配をみせている。

自民党江東総支部は16日、都議の米沢正和氏の二男で区議の米沢和裕氏（48）、山﨑孝明区長の長男で区長の私設秘書の山﨑一輝氏（36）の新人2人の擁立を決定。近く自民党都連に公認申請をする予定。また、昨年の都議補選の際に自民党を除名になって出馬した元区議の鈴木清人氏（53）が無所属で出る意思を固めているほか、元衆院議員秘書（43）も再出馬への動きをみせている。

自民は、山﨑孝明氏の区長選出馬に伴う昨年4月の都議補選で、選挙時に80歳という高齢の米沢正和氏の公認の是非をめぐって党内が分裂。鈴木氏と元衆院議員秘書が党を割って出馬し、除名となっている。今回、両者からは復党の願いが出ていたが、江東総支部では見合わせている。

自民党都連では、擁立は2人の方針で、昨年の都議補選でもめた時とは異なり、米沢和裕氏、山﨑一輝氏の擁立には大きな異論は出なかった。

05年都議選では、民主2、自民、公明が各1で議席を獲得した。

民主は都議2期目の大澤昇氏（43）を公認したが、そのほかに現職や元職の区議の名前も挙がっている。また、飲酒運転で辞職した元民主党都議の柿沢未途氏（37）も活動を行っている。柿沢氏の実父は柿沢弘治元代議士。柿沢氏が「けじめ」が済んだとして無所属で出る場合、民主党の2人目の公認候補は見送られる公算がある。

公明は現職の木内良明氏（64）、共産は畔上三和子氏（53）を公認した。公明の過去の得票をみても盤石だが、残る3議席を自民2人と保守系無所属、民主、共産などで争う構図になっている。

名主屋敷で〝すす払い〟

江戸川区

都指定史跡と区登録史跡に指定されている江戸川区の一之江名主屋敷で15日、1年のほこりを払う〝すす払い〟が行われた＝写真。

一之江名主屋敷は江戸時代初頭に一之江新田を開墾し、代々名主を務めてきた田島家の屋敷で敷地面積約6270平方㍍。

屋敷の主屋には昔ながらの囲炉裏端があり、湿気や害虫からかやぶき屋根を守るために、1年を通して火が起こされている。梁や屋根裏に大量のすすやほこりがたまるため、区職員らが年末に屋内外の清掃をしている。

この日は区職員3人とボランティア5人が一日がかりで作業を行った。先端に笹の葉をつけた約4㍍の特製はたきを使って、屋根裏の柱や梁についたすすやほこりを払ったり、雑巾で床や畳などを拭いた。

記者席

自治体の〝非正規〟職員は

○……大分キヤノンと関連会社の減産に伴い、非正規社員の雇用契約が解除される問題で、地元市が臨時職員として採用すると報じられた。県も社員寮等からの退去を防ぐため、企業に対する非正規雇用者の家賃助成を行う。退去問題では、全国のハローワークも相談受け付けを開始した。

非正規雇用の不安定さを改めて浮き彫りにした格好だが、翻って「パブリックセクター」といえば、多数の自治体で〝非正規〟が広がっており、こうした事態と全く無関係とも言い切れない。効率化一辺倒で多様な雇用形態を進めた結果、雇い止めとなったA市の非正規職員をB市が臨時職員として受け入れるというのでは、悪い冗談でしかない。

○……「ラスト5カ月、5週間、5日間、そして5時間、5分。そして、ラスト5秒さえも重要だ」——。五輪招致委員会のアドバイザーは、こんな文句を紹介し、開催都市が決まる瞬間までが重要と強調した。IOC委員長が「皆さん、投票して下さい」と言い、委員が投票のボタンを押すまで、勝負は分からないという。委員が決断を変えるかもしれないし、投票先を間違えるかもしれないからだ。

土壇場で支持をどれだけ集められるか。早い段階から招致活動が熱心でも、最後に手を抜いたら委員の心が変わりかねない。そう考えると、活動のピークを徐々に高める必要があるのは納得できる。

○……認証保育所の小田急ムック成城園の保育士数の偽装問題が、都と世田谷区の調査で確認された。同園の運営会社は06年8月、都に設置申請した際、他園で働く保育士ら6人を載せた名簿を提出。同10月に開設した当時、保育士は3人しか確保できず、名簿に記載された4人は他園の職員だった。2カ月間の準備で保育士を確保するのは拙速だった。

現在は保育士不足の状態だから、確保には準備が必要になる。また、育児などで離職している保育士に復帰してもらえるよう、自治体が支援する取り組みも不可欠だろう。

認証保育所に補助金返還を

世田谷区

世田谷区は、保育士数などを虚偽申請した認証保育所「小田急ムック成城園」を運営する小田急ライフアソシエ（神奈川県川崎市）に、区、都などの補助金、違約金を合わせた2900万円の返還を求めたと17日に発表した。

同園では06年10月～07年5月、他園で働く保育士、要綱の勤務時間に満たない職員などを名簿に載せた不正が、都、区の調査で分かった。都は当面、同社の施設設置を認めない。区は事業者指導を総括する課を設置する考えだ。

各区で緊急経済対策を

特別区長会

特別区長会（会長＝多田正見江戸川区長）は16日の総会で、23区が緊急経済対策に取り組むことを確認した。

米国発の金融・経済危機が世界に広がり、企業の内定取り消しや正規・非正規社員の削減問題で雇用情勢が急激に冷え込んでいる。このため区長会は「雇用対策にもつながる経済対策に緊急に取り組むことを申し合わせた」という。

各区の地域特性を踏まえると、23区共通の対策を打ち出しにくいが、08年度補正予算、来年度の当初予算に対策を盛り込むことで一致した。

訂正 16日付3面の地域手当関連の記事で、あきる野市と羽村市の提案が独自表となっているのは都表の誤りでした。また、あきる野市のコメントはすべて削除します。

都教委

アレルギー対策に本腰

ガイドライン活用策を提示

気管支ぜん息やアトピー性皮膚炎など、児童・生徒のアレルギー疾患が多いことから、文部科学省は今年4月、学校の取り組みを促すためのガイドラインを作成し、全国の小中高校等に配布した。しかし、食物アレルギーなどで血圧が下がり、意識障害を起こす「アナフィラキシーショック」への対応に不安を抱く教職員がいるのも事実。また、医師の指示で学校生活の留意点を示した「学校生活管理指導表」活用への体制整備も課題になっている。このため、都教育委員会は、東京都医師会や学校関係者等からなる連絡会を設置し、ガイドラインの定着に本腰を入れることを決めた。

教職員に対する研修も

文科省が07年4月に発表した「アレルギー疾患に関する調査研究報告書」によると、公立小中高の児童・生徒（約1277万人）のアレルギー疾患の有病者数と有病率は、ぜん息が約73万人（5・7％）、アトピー性皮膚炎が約70万人（5・5％）、食物アレルギーが約33万人（2・6％）、アナフィラキシーが約1万8千人（0・14％）、アレルギー性鼻炎が約118万人（9・2％）、アレルギー性結膜炎が約44万人（3・5％）となっている。

このため、報告書では「アレルギー疾患はまれな疾患ではなく、学校保健を考える上で、すでに学校、クラスに各種のアレルギー疾患の子どもたちが多数在籍しているということを前提としなければならない」との認識を示し、今後の方策として、主治医が記載し、保護者が学校に届けるアレルギー版の「学校生活管理指導表」の仕組みを提言した。

アレルギー版の「学校生活管理指導表」活用の背景には、既に、主に運動制限を要する疾患（心臓疾患、腎臓疾患等）に対しては、運動制限に関する医師の指示が確実に学校に伝わることを目的に、「学校生活管理指導表」という媒体を通じた対応がなされ、効果を上げている事実がある。

これを受け、(財)日本学校保健会は「指導表」の円滑な活用を目的に、文科省監修の学校向けアレルギー疾患取り組みガイドラインを作成し、全国の小中高校等に配布。アレルギー疾患のある児童・生徒が安心して学校生活が送れるための取り組みを求めた。

指導表では、気管支ぜん息やアトピー性皮膚炎、アレルギー性鼻炎、アレルギー性結膜炎、食物アレルギー・アナフィラキシーの5疾患について、病型・治療、学校生活上の留意点、緊急連絡先などが分かるようになっている。たとえば、気管支ぜん息の場合だと、病型や治療状況とともに、学校生活上の留意点として運動は可能かどうか、動物との接触やホコリが舞う環境での活動ができるか、などのチェック項目が示されている。

しかし、円滑な定着が進まない要因の一つが「アナフィラキシーショック」への対応だ。アナフィラキシー症状はヒスタミンという物質などによって引き起こされる。血圧が下がり、意識障害などがみられ、患者の救命率はアドレナリンを30分以内に投与できるかどうかで大きく異なるといわれる。

アナフィラキシーショックは屋外で発生することが多く、すぐに医療機関で受診することが難しいことから、アドレナリン成分が充填された自己注射薬「エピペン」が開発された。エピペンは本人もしくは保護者が自ら注射する目的で作られたもので、法的には「医療行為」となるため、本人や保護者以外の人が使用すると医師法ばかりか、刑事・民事の責任も問われかねない。

しかし、学校内で意識障害を起こした児童・生徒が自ら注射できない場合が想定され、代わって教職員が注射したときの法的責任について不安を感じている人が少なくない。このため、都は国に対し、教職員が緊急避難的にアドレナリン注射をすることについて、法的な位置づけを明確にするよう要求。一方、人命救助の観点から、緊急避難としてアドレナリン注射をした場合には、医師法等の責任は問われない旨を確認した。

この国の見解を教職員に周知徹底するとともに、すべての教職員がアドレナリン注射薬を処方された児童・生徒を把握し、緊急時の対応方法を理解する必要がある。そこで、都教育委員会はこのほど、ガイドラインを活用していくための一助とするため、都内公立小中高・特別支援学校校長や区市教委代表、東京都医師会、PTA、教育庁関係者ら17人で構成する「学校のアレルギー疾患に対するガイドラインに関わる連絡会」を立ち上げた。

具体的には、①医師の診断書に該当する「指導表」の料金設定②個人情報の取り扱い・管理のあり方③アレルギー疾患のレベルと対象者の把握④エピペンの取り扱いと管理方法⑤教職員の研修内容——などについて検討し、年内を目途に検討結果をガイドラインの活用のための対応策として取りまとめる予定。

教育庁地域教育支援部では「アレルギーを持つ児童・生徒が、安全で安心な学校生活が送れるよう、周知していきたい」と話している。

主任教諭制度を説明

人事施策連絡会　小中校長1800人に

都教育庁は来年度から現在の教諭の職を分化し、新たに主任教諭を設置する。今回の教育職員人事制度の改正は主任教諭導入を柱として、メリハリのある任用・給与制度へと大きく変換をはかる極めて重要なものとなることから、同庁はこのほど、その制度と選考方法等を説明するため、全公立小中学校長を対象に「人事施策連絡会」を2回にわたって開催し、約1800人が出席した。

連絡会では、大原正行教育長があいさつに立ち、主任教諭導入の趣旨を説明＝写真。「学力向上、健全育成、地域との連携や保護者等の苦情対応など、複雑、多様化している教育課題解決のためには個々の教職員の対応だけで解決することは困難であり、学校全体での組織的な取り組みが不可欠」と強調するとともに、「これまでの組織体制の不備が副校長、主幹教諭への業務の集中、負担感の増大といった問題を生じさせている」との認識を示し、学校での課題解決のために主任教諭を設置したと述べた。

さらに、「各学校においては主任教諭へ職務を的確に割り振ることで学校の組織力向上、副校長や主幹教諭の業務集中の是正と、今後増加する経験の浅い若手教員の組織的な育成に活用してほしい」と校長に対する期待の言葉を続けた。特に教員の大量退職に伴って今後増加する若手教員の育成については、その中心的役割を主任教諭に担わせることを基本とし、学校が組織として行う仕組みの構築を求めた。教員全体の人材育成については10月に策定した「東京都教員人材育成基本方針」に基づく「OJTガイドライン」を活用した一層の推進を求めた。

この日の連絡会では担当課長、副参事がそれぞれ「主任教諭制度及び選考方法」「学校におけるOJTの推進」「服務事故防止」について説明した。　＝以下概要

■主任教諭制度

都の教職員全体の85％を占める教諭の給与は年功的に昇給し、非管理職の行政職員に比べて一律に高いレベルで上昇を続ける仕組みになっている。しかし実際には授業改善や生徒指導に熱心で学校運営にも積極的に取り組む教諭がいる一方、期待に十分応えられない教職員もおり、職務の困難度や責任の度合いに大きな違いがある。そこで教諭の資質能力の向上を図り学校の組織的課題解決能力を高めるため、2007年度に教育委員会規則を改正し、教諭の職を分化して主任教諭を設置した。

主任教諭は教諭に対し、職務上の助言を与え支援するとともに主幹教諭を補佐する役割を持つ。また、学校経営方針の教職員への浸透と具体化を図りながら、教諭から意見、情報を吸い上げて主幹教諭や管理職に伝える役割も持つので、学校内の双方向・組織内コミュニケーションの向上が期待できる。教育課題解決に向けた学校全体の取り組みに、これまで以上に主体的、積極的な役割を果たしていくことが主任教諭に期待されている。このため、教材研究に熱心で高い授業力を持っていても、▽その力を若手の育成に活用しない▽学習指導で悩む教員を支援しない——など、自分の能力を組織に還元しない教員は主任教諭としての評価が下がることもある。

一方、主任教諭は主幹教諭のように校種別に配置人数を決めるようなポスト管理は行わないので、学校ごとにその人数、割合が異なる。管理職にはこれまで以上に職層に応じた効果的な組織体制作りが求められる。

■OJTの推進

ここでのOJTとは学校内における人材育成の取り組みを意味している。これまでも各学校において、先輩教師の指導や校内研修等で経験の浅い教員に対する指導は行われていたが、教員の人材育成における意識は学校、あるいは管理職によって温度差が大きかった。今回策定したガイドラインにはOJTの具体例が示されている。それらを参考にして主体的かつ組織的にOJTに取り組むことが各学校に求められる。今後の東京の教育は年々増え続けている若手の教員の育成にかかっている。OJTを通じ、教員が身に着けるべき四つの力が段階に応じて備わるような指導、育成に力を注ぐことが重要になる。

■服務事故防止

教育庁人事部では体罰、交通事故、セクハラ・わいせつ行為を三大服務事故と呼んでいる。体罰事故に教育的意図があるとは思えない、障害を伴う暴力行為もしばしば発生する。交通事故は無許可での通勤中に発生することが多い。セクハラ・わいせつ行為も後を立たない。わいせつ事故を起こせば二度と教壇に立てないと思ってもらう必要がある。また、最近はUSBメモリーの普及に伴い、個人情報の紛失事故が大変多い。小さな媒体に大量の情報が記録できるため、ひとたび事故が起こると大きな問題となる。私物パソコンや記録媒体は持ち込まない、使用しない等、個人情報の厳密な管理の徹底が必要だ。

教員を育てる④

——人材育成基本方針

学校マネジメント能力を育成

現在の学校は、学力向上や健全育成、地域との連携や安全確保など、多様な課題を抱えている。校長・副校長には、学校や地域の実態・課題を把握したうえで、課題解決に向けた経営目標を設定。さらに所属職員一人ひとりの力を結集し、目標に基づく組織的な教育活動を実施するなどの学校マネジメント能力が強く求められている。

次代の学校経営を担う人材を育成していくため、教育委員会と校長・副校長が、管理職候補者から校長まで、計画的に育成していくための指針として、「校長・副校長等育成指針」を策定することとした。

■育成指針作成の視点

教育に対する都民の期待を理解し、その職責の重大さを自覚して、充実した学校経営を推進するために求められる校長・副校長像は、①経営者として優れた人物②優秀な人材を育成できる人物③教育者として高い見識がある人物——の3点に集約できる。

この求められる校長・副校長像に近づくため、校内でのOJTを取り入れた体系的な育成を図る必要があり、次の3点を視点として、校長・副校長等育成指針を作成した。

①管理職に求められる能力を明確にして、育成内容を具体的に示した。

②人材育成の在り方についてOff—JTとOJTを効果的に組み合わせた明確かつ具体的な育成体系を示した。

③副校長及び管理職候補者の人材育成責任者を校長とした。また、学校経営支援センターや地区教育委員会は、校長の人材育成に取り組むとともに、副校長及び管理職候補者の育成について、校長を支援する。

■求められる能力

まず、校長・副校長には、学校や地域の実態・課題を踏まえて経営目標を設定し、校務を管理し、人事管理を行う学校経営力が重要である。この能力は、①学校経営目標の達成②所属職員管理③危機管理④情報管理⑤学校事務管理——の5点に整理した。

二つ目として、地域対応、学校広報、外部人材活用などの外部折衝力が重要である。この能力は、①保護者、地域対応②学校広報③外部人材活用・連携④関係諸機関との連携——の4点に整理した。

三つ目として、現在学校で急速に増加している若手教員を主任教諭昇任に向けて計画的に育成すること、さらに、次代のリーダーに育てる人材育成力が重要である。この能力は、①人材発掘②人材育成指導③人事考課④校内研修企画——の4点に整理した。

四つ目として、校長・副校長には、しっかりとした教育理念や使命感を持っているなどの教育者としての高い見識が求められる。この能力は、①使命感②教育施策への理解③教育理念——の3点に整理した。

■育成の方法・内容

職層や時期に応じて能力育成の重点を定めることにより、Off—JTやOJTで効果的な育成を図ることができる。

管理職候補期間には、主幹教諭として、自分が担当する分野の学校経営目標の達成、所属職員の掌握及び保護者・地域への対応についての能力育成を重視する。

副校長昇任時には、学校経営目標の達成の能力、危機管理力、地域人材を活用する力の育成を重視する。

校長任用前には、学校経営目標の達成の能力の育成を重視する。また、しっかりとした教育理念を身に着けさせておく。

校長昇任時には、人材育成指導や人材発掘などの人材育成能力の育成を重視する。

以上のように、育成すべき能力と育成期間、育成方法を明確にし、それに基づき育成をしていくことにより、優れた学校マネジメント能力を有する校長・副校長の育成が可能になると考える。　＝おわり

職層や時期に応じて育成する能力の内容（◎は重点育成項目）

時期	学校経営力	外部折衝力	人材育成力	教育者としての高い見識
管理職候補期間	◎経営目標達成 ▽課題設定・解決	◎保護者・地域対応 ▽要望把握・対処	○人事考課	◎教育施策の理解 ▽教育法規
	◎所属職員管理 ▽人事管理 ▽服務・労務管理 ▽メンタルヘルス	○学校広報 ▽学校説明・広報	○校内研修企画	
	○危機管理 ▽防災			
	○情報管理 ▽セキュリティー管理			
	○学校事務管理 ▽学籍管理 ▽文書事務管理			
副校長昇任時	◎経営目標達成 ▽課題設定 ▽課題解決	○保護者・地域対応 ▽要望把握・対処	○人材発掘	○教育施策の理解 ▽新たな教育課題
	○所属職員管理 ▽人事管理 ▽メンタルヘルス	◎地域人材活用	○人材育成指導	
	◎危機管理 ▽マニュアル作成	○関係諸機関連携 ▽外部機関連携 ▽教育委員会連携	◎人事考課 ▽面接 ▽業績評価 ▽授業観察	
	○情報管理 ▽セキュリティー			
	○学校事務管理 ▽財務管理 ▽服務・労務管理			
校長任用前	◎経営目標達成 ▽課題設定 ▽課題解決 ▽組織運営	○保護者・地域対応 ▽説明責任	○人材発掘	○使命感
	○所属職員管理 ▽人事管理 ▽服務・労務管理	○関係諸機関連携 ▽教育委員会連携	◎人材育成指導	○教育施策の理解 ▽都の施策
	○危機管理 ▽マスコミ対応			◎教育理念 ▽講話 ▽ニーズ把握
校長昇任時	○経営目標達成 ▽組織運営 ▽課題解決・実行		◎人材育成指導	○教育施策の理解 ▽都の施策
	○危機管理 ▽会計事故防止		◎人材発掘	○教育理念 ▽ニーズ把握

教職員のキーワード　78

「みんなの地球」

都教育委員会では、環境教育リーフレット「みんなの地球」を作成しました。

京都議定書の内容にかかわり、地球温暖化の防止のためCO_2削減に向けた環境配慮行動を身に着けるようにすることは、緊急かつ重要な課題となっています。

各学校では、学習指導要領に基づき、教科、総合的な学習の時間などに、廃棄物や水、資源・エネルギー、消費生活について学ぶとともに、自然保護、環境保全など多様な内容の環境教育を展開しています。このリーフレットは、地球温暖化防止の学習資料として都内の小学校4年生全員に配布されます。体裁は、A3版の用紙の両面に印刷したものを二つに折り、A4版で4ページになっています。

内容ですが、1ページ目では、「南極や氷河の氷がとけて、海面が高くなり、海にしずんでしまうところがでるのでしょうか」など五つの問いかけを示し、「上のようなことが心配されている理由として、地球温暖化が原因だといわれています。地球温暖化とは、どのようなことなのでしょう？」と課題を設定しています。

2ページ目では、「地球温暖化とは？」というテーマで、石油や石炭を燃やすこと、ゴミを処理する際に燃やすことなどでCO_2が発生することを示し、「ごみの量や電気・水の使用などを少なくすることが、CO_2をへらすことになりますね」とまとめています。

3ページ目では、「みんなにもできることがある」というテーマで、四つの取り組みの例を示しています。例えば、「エアコンの冷房の温度を1度高く、暖房の温度を1度低くする」と「1世帯あたり、年間約33㌔㌘のCO_2をへらせます」と効果を示しています。そして、「できることからはじめてみませんか」として「ごみはなるべくへらして、決められたとおりに分けて捨てる」といった取り組みを提案しています。

4ページ目では、2009年6月を「CO_2削減アクション月間」とすることを予告するとともに、保護者向けのメッセージを載せています。保護者に対しては、地球温暖化等の環境問題については様々な意見や考え方があるが、「大切なことは、大人も子供も環境問題に関心をもち、自らの問題として行動していくことによって、次の世代によい環境を残していくことです」とし、このリーフレットが「子供たちと一緒に取り組んでいただく機会になることを願っております」としています。

環境教育に関する取り組みとしては、12月13日（土）に「環境教育フォーラム」が開催され、小学校2校、中学校1校、高校1校による実践発表と、環境教育NPO、保護者代表、環境教育研究会、環境行政担当者によるシンポジウムが行われました。

リーフレットで予告している「CO_2削減アクション月間」では、都内のすべての小学校5年生が、6月の任意の7日間について、チェックシートを活用して行動実践することが計画されています。

問題意識の持続を

拉致問題を考える集い　戸山高生41人が参加

北朝鮮人権侵害問題啓発週間（10日～16日）にあわせて、「拉致問題を考えるみんなの集い」が13日、都内で開催された＝写真。北朝鮮によるすべての拉致被害者の救出に向けて、広範な国民各層に問題の深刻さと解決の必要性・緊急性について理解を深めることを趣旨とし、今回は特に、中高生を中心とした若年層への啓発を目的として、今年3月に作成された短編アニメーション映画「めぐみ」も上映された。

それを受け、都では14の都立高校生徒及び保護者など約100人が参加。そのうち戸山高校では、現代社会における人権問題授業の一環として1年E組の生徒41人がフォーラムに参加し、その実態と現状理解、今後の取り組みにおける課題について見識を深めた。

毎年、文化祭等ではクラス単位で生命倫理や国境問題などあらゆる社会問題を研究テーマとしている戸山高校だが、こうしたフォーラムに生徒が参加したのは今回が初めて。以前からテレビやメディアを通して知っている事実も、被害者の生の声を直接聞くことで、より問題の深刻性を考えるきっかけになっただろうと揚村校長は語る。

両国高校の大平校長と一緒に参加していた保護者も、「ドキュメンタリー映画を観て、同じく娘を持つ一人の親の立場として悲惨な現実と苦悩について考えさせられた。一人ができることは限られているが、各学校でも是非こうした問題に対する理解を深める教育カリキュラムを導入し、解決に至るまで引き続き問題意識を持ち続けて欲しい」と感想を述べた。

今回上映されたドキュメンタリー映画は、一人でも多くの人々への問題理解を目的に、ホームページからの無料ダウンロード、及び各学校への無料貸し出しが行われている。

日本の伝統・文化で指導資料を作成

教育庁

都教育庁指導部はこのほど、「日本の伝統・文化理解教育」についての指導資料を作成し、都内全公立学校の教員に配布した。幼稚園から高等学校までの実践事例や推進にかかわる主なQ&Aなどが盛り込まれており、指導部では「日本の伝統・文化理解教育の一層の理解と推進に役立ててほしい」としている。

教育庁では2007年度の重点事業として、都立学校の「日本の伝統・文化」開設校への支援事業、カリキュラム開発事業、モデル地域事業、教員研修事業、普及・啓発事業の五つの事業に取り組んでいる。今回の指導資料は普及・啓発事業の一環として作成したもので、①「日本の伝統・文化理解教育」とは②今、なぜ「日本の伝統・文化」なのか③伝統や文化に関する教育と関係法令等④目標と指導の機会⑤推進のための基本的な視点⑥実践事例⑦推進にかかわる主なQ&A——の7項目で構成されている。

実践事例では校種別に活動のねらい、主な活動内容、期待される成果などが写真付きで分かりやすく解説され、幼稚園は「七夕祭り」（環境・人間関係）、小学校は「百人一首に親しもう」（特別活動・文化的行事）、中学校は「三味線で『さくらさくら』を演奏しよう」（音楽）、特別支援学校は「手話狂言」（学校設定教科・科目＝日本の伝統・文化）、高等学校は「句会」（ホームルーム活動）と「茶道」（学校設定教科・科目＝日本の伝統・文化）が取り上げている。

また、推進にかかわる主なQ&Aでは、推進する意義や、各教科などで扱う場合の留意点、外部講師や教材の活用などについて説明している。

毎週金曜 3面は 教育オンライン

2020年まで東京の温暖化ガス排出量25%(2000年比)削減へ

約1300事業所に排出削減を義務化
新たな環境基本計画を策定

「世界で最も環境負荷の少ない都市を実現する」。東京都は昨年12月に策定した「10年後の東京・実行プログラム」の中で、高らかにうたい上げている。そして「その成果をアジアなど世界に発信・還元していく」とも強調している。問題は具体化だ。方策は多様にあるが、その中で最近、注目されている自然エネルギー、とりわけ太陽エネルギーの活用と産業廃棄物の処理問題の2点を中心に取り上げた。

温暖化対策の新たなステップへ

東京都は、2020年までに東京の温暖化ガス排出量を2000年比で25%削減するという中期目標を掲げ、国に先駆け様々な先進的取り組みを実施している。また世界に向けて東京都の取り組みを発信するなど、気候変動対策の分野で積極的に国際貢献を果たそうとしている。

都は昨年6月に「東京都気候変動対策方針」を発表し、今後10年間の気候変動対策の基本姿勢を明確化して、さらに今年3月には都が直面する現状を踏まえた新たな「東京都環境基本計画」を策定した。

都ではこうした戦略を基礎とした施策の具体化として、大規模事業所対策、中小企業対策、運輸部門対策、家庭部門対策のそれぞれの分野における取り組みを一層推進するとともに、再生可能エネルギーの普及拡大、世界の大都市との連携強化を図っている。

新計画で部門別削減目標を明示

02年1月の環境基本計画の策定から6年が経過し、この間東京都はディーゼル車排ガス規制をはじめとする大気汚染対策等の環境施策で大きな成果を上げてきた。

しかしながら、地球温暖化の顕在化など東京都をめぐる状況に大きな変化が生じていることから、国や世界を先導する目標と施策を提起すべく、今年3月に新たな基本計画を策定した。

この中では気候変動の危機がまさに「今そこにある危機」であり、そのために都は新たな都市モデルの創出として、エネルギー消費の大幅な削減と再生可能エネルギーの拡大による低炭素型社会への転換を図るとしている。そして、中期目標を踏まえた具体的目標として、20年までの産業・業務部門(△十数%程度)、家庭部門(△20%程度)、運輸部門(△40%程度)など部門別削減目標と再生可能エネルギー利用目標(東京のエネルギー消費に占める割合を20%程度)を掲げている。

またディーゼル車規制以後いまだ課題となっている微小粒子などの大気汚染や土壌汚染など負の遺産を残さない取り組みを進め、健康で安全な生活環境の確保を図っていく。

さらに東京の緑が減少傾向にあることから、既存の緑を保全しつつ、あらゆる都市空間での積極的な緑の創出のため、緑化計画書制度等の強化や、街路樹の倍増、校庭の芝生化、緑のムーブメントの推進を図るとしている。

大規模事業所への排出量削減義務の導入

都は、大規模事業所を対象として、02年より地球温暖化計画書制度を導入し、事業者に5カ年の計画期間の中で温室効果ガス削減に向けた取り組みを義務付け、取り組み状況を評価・公表することでその取り組みを促してきた。

しかし、今後の更なる削減に向けては自主的取り組みだけでは限界もあることから、今年6月の定例都議会において条例を改正し、日本国内はもちろん、世界の都市レベルとしては初めて温室効果ガス排出総量の削減義務と排出量取引制度を導入した。

とりわけ、制度の対象となる約1300事業所のうち、約8割はオフィスビルなどの業務部門であり、これはEUをはじめ世界的には発電所や製鉄所などCO2の直接排出者を対象としている先行例と比較して世界で初めての試みである。

今年度中に削減義務率等の詳細を決定した上で10年度より施行となるが、東京ひいてはわが国における温室効果ガスの大幅な削減に向けて大きな一歩となることは間違いない。

地球温暖化防止活動推進センターの発足

温室効果ガスの削減のためには大規模事業所ばかりでなく、家庭や中小企業における取り組みの強化が必要である。

都では、都民や中小企業事業者が行う地球温暖化防止活動や省エネ対策を支援するため、「地球温暖化対策の推進に関する法律」に基づき、今年4月に(財)東京都環境整備公社が運営する「東京都地球温暖化防止活動推進センター」を都庁第二本庁舎9階に開設した。

同センターは、省エネ等に関する様々な普及啓発を行うとともに、温暖化防止相談窓口を設け、事業所や家庭において省エネを進めるための相談に応じるほか、東京都や区市町村等と連携し、無料の省エネ診断事業や省エネルギー技術研修会を開催するなど様々な活動を行っており、家庭部門、中小企業事業者向けの地球温暖化防止活動の拠点としての役割が期待されている。

クール・ネット東京
東京都地球温暖化防止活動推進センター

省エネ診断の現場風景

C40気候変動東京会議を開催
大都市が世界の「温暖化防止を牽引」

世界の人口の半数以上は都市に住んでおり、国における取り組みが十分に進まない中、都市における対策が地球温暖化防止の鍵を握っていると言っても過言ではない。05年に当時のロンドン市長の提唱により、気候変動に取り組む世界大都市のネットワーク(C40)が発足したが、3年目を迎えた本年10月にC40気候変動東京会議を開催した。

ここでは温暖化により想定される被害への「適応策」をテーマとして世界で初めて本格的に議論した。

すでに東京はまちづくりの観点から進める総合的なヒートアイランド対策や、世界に誇る漏水防止技術や下水再生技術、地下調節池などの水害対策など、この分野での先進的な取り組みを行っている。

会議においては、環境関連やエネルギー関係の民間企業の協力により技術展示なども行い、東京の持つ技術やノウハウを積極的に発信した。そして、大都市が世界の取り組みを牽引していくとの認識を共有化し、太陽エネルギーの拡大や熱負荷型生活スタイルの見直し、水不足対策への技術提供、食糧の安定供給に向けた各国政府への要求など13の共同行動を採択して、東京が気候変動対策の分野で世界に向けてリーダーシップを発揮していく意欲と能力を示した。

C40の参加者代表

都が補助制度を始動、区市とも連携
太陽エネルギーの利用拡大に向けて

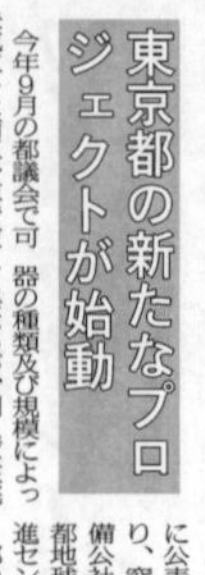

東京都の新たなプロジェクトが始動

今年9月の都議会で可決成立した補正予算で東京都は、09年度から太陽光発電装置や太陽熱利用機器の導入に対して補助を行うことが既に決まっている。

補助額は導入される機器の種類及び規模によって異なるが、例えば住宅用太陽光発電装置の標準的な大きさである3キロワットのものの場合、導入時の補助金は30万円になる。補助要綱など補助制度の詳細については12月18日に公表されたところであり、窓口は東京都環境整備公社が運営する「東京都地球温暖化防止活動推進センター」に置かれる。

都の動きが一つの要因となって、国も05年度までで一度廃止した太陽光発電導入時の補助金を復活することを決めた。

標準的(3キロワット)な場合、都からの補助金に加えて21万円の補助金が支給される見通しとなっている。また、国と都の補助金申請手続きについては、ワンストップで両方の手続きが可能となるよう、現在調整が進んでいる。

また、都内では現在20区市において太陽光発電への導入補助事業が行われており、来年度さらに増加する見込みだが、都はこれらの補助事業とも極力協調して補助を出来るように、来年4月からの事業実施に向けた準備を現在進めているところであり、地域によるが、国・都・地元区市の三者から合計で70万円を超える補助が得られる場合も出てこようとしている。

(5面につづく)

気候変動の危機で新たな「都市モデル」の創出に向けた都の取り組み

廃棄物の発生抑制・再利用を促進
循環型社会の形成をめざして

都内廃棄物の現状

読者の皆さんは、東京でどれくらいのごみが排出されているかご存じだろうか。主に一般家庭から出るごみ（いわゆる一般廃棄物）は約500万トンである。

また、主に建設工事や上下水道事業など事業活動に伴って排出される廃棄物（産業廃棄物）は、都内で年間約2400万トンにのぼっている。

これら廃棄物の排出量は、ここ数年横ばい状態を続けており、埋め立て処分場確保の困難さ、資源の枯渇、環境に与える影響などを考えると、ごみ減量化・リサイクルを積極的に進めていくことが不可欠となっている。

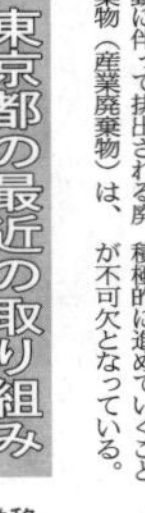

東京都の最近の取り組み

(1)3Rの推進

ものの生産、流通、消費の過程では、多かれ少なかれ廃棄物が発生する。限りある資源やエネルギーの利用を少なくするには、この廃棄物を最小化する工夫が必要である。

そのためには、廃棄物を出さない＝リデュース（発生抑制＝Reduce）と、発生した廃棄物をもう一度資源として使う＝リユース(再使用＝Reuse)・リサイクル（再利用＝Recycle）を行う、いわゆる3R施策を進めていくことが大事だ。

00年以降、容器包装、建設、食品、家電、自動車などの分野において、事業者に一定の義務を課すことにより、リサイクルの促進が進められてきた。

その成果として、埋め立て処分される廃棄物の量は、着実に減り、リサイクル率は上昇してきている。

都は、さらに3R施策を推し進めていくため、以下のような施策を展開している。

①埋め立て処分量の多い廃プラスチックや建設泥土、都市鉱山とよばれる希少金属を含む小型電子機器のリサイクルを促進していく。

②区市町村によるリサイクルが一層進むよう広域自治体としての区市町村への支援の充実を図っていく。

③スーパーエコタウンの成果を広く発信し、廃棄物処理・リサイクル施設の整備を促進していく。

④廃棄物処理やリサイクルなどの技術開発を支援するセンター機能を整備し、処理事業者の技術の高度化促進を図っている。

地域別リサイクル率の推移

リサイクル率（％）

年度	1997	98	99	2000	01	02	03	04	05	06
区部	7.7	8.2	11.8	14.3	14.5	14.1	13.6	14.2	14.5	16.4
多摩地域	20.5	22.8	23.1	24.7	25.4	25.7	25.9	27.7	29.4	35.3
島しょ地域	0.9	1.3	2.6	2.8	4.4	4.1	5.1	4.8	6.1	5.0

不要携帯電話リサイクル回収BOX

(2)適正処理の推進

もう一つの重要な課題が廃棄物の適正処理の推進である。廃棄物処理の管理が十分に行われないと、不適正な処理や不法投棄が増えてしまう。これを未然に防止することが、環境への負荷を少なくするためには重要である。

都は、不法投棄の未然防止対策等を強化するため、ICタグを利用した感染性廃棄物の追跡システムなどの新しい仕組みづくりや、不適正処理・不法投棄の発生が多い解体工事の現場立ち入り指導の重点的実施、近隣の28自治体との連携による不法投棄防止の監視・指導強化(産廃スクラム28)などを進めている。

また、排出事業者が廃棄物処理を委託する際、適正な処理を行う処理業者を容易に選定できるようになるなど、優良な取り組みを行っている処理業者を評価する仕組みを構築し、事業者の育成を行っていくこととしている。

このように、都は、持続可能な社会を実現し、10年後の東京を環境に配慮した世界に誇れる都市とするため、今後とも、区市町村や処理事業者と連携を深めながら、廃棄物対策を強化し、循環型社会・低炭素型社会の実現をめざしていくこととしている。

技術開発支援センター機能

- 実証研究（2008年度から実施）
- 相談事業（2008年度から実施）（8月5日報道発表済）
- 情報発信（2009年度以降）（予定）

個々の容器にICタグを貼付

病院 → 収集運搬業者（読取装置：収集時に読取） → 中間処理施設（読取装置：処理時に読取）
管理サーバ　＊焼却直前にも読取
電子マニフェストに連動 → 結果通知

不法投棄防止の監視・指導の現場風景

企業・区市町村と連携した取り組み

今回、都が補助事業の実施を決めたのは、昨年12月に発表された「『10年後の東京』への実行プログラム2008」において、2009年、2010年度に4万世帯への太陽エネルギー導入を図るプロジェクトの実施が盛り込まれ、これを具体化したもの。

しかし、この支援策立案の背景には、昨年3月から今年の2月まで開催された、東京都の「太陽エネルギー利用拡大会議」における、関連事業者や専門家を交えた検討の積み重ねがあった。

そこでは、初期投資の負担が重いことが太陽光発電機器の普及に向けてのネックであり、10年間で初期投資を回収できるように関連事業者と行政がコスト低減や支援を行うべき、と普及策のあり方について提言がなされている。

この提言にのっとって、機器メーカーや機器装着事業者、販売店、金融機関など関連する幅広い業種の事業者において、既に来年4月からの補助事業の開始に向けて、コスト低減や品質確保といった、それぞれが担うべき役割を果たすための準備が進められている。

さる8月29日に都庁第一本庁舎5階大会議場において開催された「太陽エネルギー利用拡大連携プロジェクト・キックオフ大会」には、関連業種の約150社・50団体から450人が集まり、それぞれが自社の取り組み・準備状況などを発表して、現状の年間4千世帯という導入実績から5倍増となる年間2万世帯への爆発的普及に向けたキックオフが行われた。

当日は、既に独自の補助事業を実施して実績を上げている足立区、墨田区、府中市の代表も出席し、区市と都との連携に向けたアピールがあったが、来年度からの都の補助事業実施にあわせて、各地域の住民イベントと連動した「太陽エネルギー見本市」を連続開催することについての発表も同時にあり、太陽光発電装置や太陽熱利用機器の実物に都民が触れる機会も大幅に拡大する見通しとなっている。

8月に開かれた太陽エネルギー利用拡大連携キックオフ大会

太陽「熱」の効果的な利用に向けて

今回の都のプロジェクトにおいては、太陽熱利用機器の普及策に力を入れているところも大きな特徴となっている。

太陽熱利用機器は小さい面積で効率よく太陽のエネルギーを利用できることから、機器設置スペースに余裕のない場合が多い東京の地域性にかなった再生可能エネルギー利用機器として大きく期待されている。

特に、標準的な家庭におけるエネルギー需要の約3分の1は給湯用途であり、暖房用途も合わせれば、太陽熱利用機器の活用できる分野は家庭のエネルギー利用の約半分に該当する。

このように、生活の豊かさを維持しながら大幅に家庭部門のCO_2削減を進めるために、太陽熱利用機器は今後大幅な普及拡大が期待されている。

東京都は、その優れた環境性能を分かりやすく示すとともに、太陽光発電におけるグリーン電力証書のように、導入した人が経済的メリットを得やすくすることで、普及に弾みをつける目的で、新たに「太陽熱利用にかかるグリーン熱証書」の具体化にも取り組んでいる。

今年の6月から8月にかけて集中的に実施されたグリーン熱証書の導入に向けた検討会では、来年度からの補助事業実施に合わせてグリーン熱証書制度を具体化すべく、論点整理が行われており、今後、証書の第三者認証機関との協議調整を経て、世界でもまれな太陽熱利用にかかるグリーン熱証書が実現しようとしている。

これらの取り組みにより、東京から太陽熱の利用も大きく飛躍する可能性が高まっている。

家庭部門の用途別エネルギー消費構成比（東京都、2005年度）

用途	構成比
暖房用	20%
冷房用	2%
給湯	32%
厨房用	9%
冷蔵庫、照明、その他	37%

都の事業スキーム

- 東京都 →①出えん金 90億円（2年分）→ (財)東京都環境整備公社（東京都地球温暖化防止活動推進センター）［環境価値／基金］
- 太陽光発電等の設置：都民等 →②補助金申請→ 公社；公社 →③補助金の交付→ 都民等；都民等 →④環境価値の譲渡（10年分）→ 公社
- 検針機関：検針（都民等）、報告（公社）
- 公社 →⑤環境価値→ グリーンエネルギー認証センター；認証センター →⑥環境価値→ 公社
- 公社 →⑦グリーン電力熱証書→ 企業等；企業等 →⑧購入費用→ 公社

ココに注目 巷のニュース

医療費376万円横領事件

少数職場、チェック体制の不備

都立梅ヶ丘病院に勤務していた職員が376万円を横領する事件が起きた。事故者の鹿田弘美元主事（55）は当初、事件を否認していたが、警察の捜査で事実を認め、今月8日付で懲戒免職処分となった。横領金は本人が全額返済するという。横領は一にも二にも個人の罪であり、属人性の強い犯罪だが、組織的に防ぐことはできなかったのか――。

事件の発覚は04年に遡る。都監査委員が行った定例監査で、都立病院が使用する二つの会計システム間で金額の不一致を指摘された。医療費収入を管理する医事会計では収入済みとなっていたが、財務会計では処理されていなかった。その額は1千万円に上った。

こうしたズレは通常、病院と医療業務受託業者との連絡調整の不徹底による修正ミスなどが考えられるが、病院経営本部が調べを進めていくと病院で保管している経理書類に改ざんされた痕跡が見つかった。額は約87万円。これは00年2月から3月に患者が病院の窓口で支払った医療費だった。

さらに調査では、01年5月から同年12月までの間、同病院の普通預金口座に医療費が振り込まれた記録はあるが、都へ納付された記録がないなどの不正処理も発覚した。

同本部では、日々の収入をまとめる日報や領収書などの照合作業を実施。膨大な量を丸2年かけて行った結果、作為的な作業が加わったと断定し、関係者に対して、07年の1月と3月に事情聴取を行った。

特に関係が深いと思われた当該事故者には2回の事情聴取を行ったが、本人は否認を貫く。同本部も状況証拠しかない中で、これ以上の追及は難しいと判断し、3月に警察へ捜査を依頼。この中で今年10月30日に本人が横領の事実を認めた。横領金は生活費や住宅ローンの支払いに使ったという。

下された処分は最も重い懲戒免職。事件当時は処分指針がなかったが、総務局人事部では、現在の処分指針や過去の処分事例と照らして判断したという。

◆

なぜ事件が起こったのか。振り返ると、事件には二つの局面があることが分かる。

まず一つ目が、経理書類の改ざんが見つかった00年2月から同年3月までの間。事故者が所属していた医事係は、係長と事故者の2人職場だったが、係長は前年の1月頃から体調不良のため休みがちとなり、6月中旬から病気休職となったため、事故者一人で業務を行っていた。人員を補充できる状況になく、事故者の業務をチェックする体制もとっていなかった。

事故者は、横領の理由として「一人で仕事をする中で、ストレスが溜まっていた」などと話しているという。同本部では「病欠という特殊事情だったとはいえ、組織全体でカバーできる体制があればよかったのだが…」と悔やむ。

二つ目の局面が、01年5月から12月までの間の不正処理だ。このときは上司となる係長がいたが、患者から振り込まれた医療費を都に納付する作業を事故者一人が行っており、チェック機能が働いていなかった。

この不正処理は最初の横領後、1年を経過しての犯罪だ。以前の改ざんが明るみになっていない中で、甘いチェック体制が事件を誘発してしまった点は否めない。

監査委員の指摘以降、同本部は改善を進めている。まず、入出金手続きについては、経理係が月に一度、通帳のチェックを行うよう改めた。また07年には医事会計システムを改修。これまでシステム上で処理できたのは外来患者の医療費のみで、入院医療費などを窓口で支払った場合などは手で記入する処理を行っており、不正な修正があっても気付きにくかった。現在は、すべてシステム上で処理するため修正液などで改ざんすれば、おかしいということがすぐにわかるという。

管理・監督責任も焦点に

今回の事件について、人事部では「様々な条件が重なった」と話す。事件があった梅ヶ丘病院は職員数205人で、都立病院では八王子小児病院に次いで規模が小さい。2人職場では一人が欠員となれば1人職場にならざるを得ない実態もあった。だが、公金を扱う重みは組織の大小にかかわらず同じだ。

公的機関の横領事件としては、01年に発覚した青森県住宅供給公社職員が約14億5千万円を横領した事件や、今年発覚した茨城県国民健康保険団体連合会職員が約11億円を横領した事件などが記憶に新しい。今回の事件とは額の違いはあるものの、組織のチェック機能が働いていなかった点では通底する部分は多いと言えそうだ。

人事部では現在、管理監督責任についても調べを進めている。

横領が行われた都立梅ヶ丘病院。監査で明るみになったという組織のチェック体制も課題だ

健康長寿医療センター

独法化で中期目標決定

医療・研究一体化の利点強調

新設される地方独立行政法人東京都健康長寿医療センターの中期目標が、17日の都議会第4回定例会で可決された。

都老人医療センターと都老人総合研究所を一体化させ、「高齢者のための高度専門医療及び研究の充実・発展と経営基盤の改善と確立」にあたる。中期目標の期間は4年間。

中期目標の策定は地方独立行政法人法第25条に定められており、中期目標の期間、住民に対して提供するサービスや業務の質の向上に関する事項、業務運営の改善及び効率化に関する事項、財務内容の改善に関する事項、その他業務運営に関する重要事項を盛り込むことになっている。

健康長寿医療センターの中期目標では、まず第1期期間について、09年4月1日から13年3月31日までの4年間と定めた。地方独立行政法人法では「3年以上5年以下の期間」としているが、同センターは建て替え整備後、12年度中の新施設完成を目指しており、このスケジュールをにらみながら現施設での運営期間に合わせた。

サービスや業務面では血管病、高齢者がん、認知症の三つを重点医療に掲げ、医療と研究の一体化の利点を生かしながら、高齢者の体への負担の少ない低侵襲医療や急性期医療を提供する。また地域の医療機関や福祉施設との連携などを図る。

さらに老化メカニズムや重点医療のほか、健康長寿といった日常支援の研究にも取り組み、臨床への実用化等を推進。研究テーマも外部評価に基づき設定するなど、適正な研究評価体制を確立していく。

人材面では、高齢者疾病特性に精通した医師、看護師、医療技術者等を育成するとともに、臨床研修医や看護実習生、連携大学院の学生を積極的に受け入れる。こうした取り組みにより、人材育成の成果を蓄積し、カリキュラム開発にもつなげる考えだ。

このほか業務運営に関しては、診療・研究体制の弾力的な運用、人事・給与制度の整備などを挙げた。中期目標の承認を受けて、今後、協議が本格化することになる。

今回の中期目標を踏まえて、同センターは同じ期間の具体的な取り組みを示した中期計画を作成。さらに年度計画を定め、事業年度ごとに、都地方独立行政法人評価委員会による業務実績の評価を受ける仕組みとなる。

教員特別手当

区長会が見直しを提案

特区連 人事制度の見直しをけん制

区長会は16日、特区連と団体交渉を行い、義務教育等教員特別手当の見直しを提案した。特別区では幼稚園教員に対し、人材確保法の趣旨を踏まえ、同手当として都の小・中学校教育職員の手当額の概ね2分の1を支給しているが、同手当にかかわる国庫負担金が縮減されることに伴い、引き下げを行うもの。

義務教育等教員特別手当にかかわる国庫負担金は、来年1月に給料月額の3・8%から同3・0%に縮減される。これに伴い、都は今年の確定交渉で、来年4月から相当額の引き下げを行うことを労使合意した。

今回の提案はこれを受けたもの。現行は概ね都の2分の1で月額9800円を超えない範囲（平均1・94%）を職務級や号給に応じて支給しているが、提案では都の引き下げ後の支給額の2分の1で7900円を超えない範囲内とした。平均支給率は1・54%となり、現行と比べて概ね2割程度の減となる。施行日は来年4月1日から。

義務教育等教員手当は75年に国が設置し、幼稚園教職員には78年から小・中学校教育職員の2分の1を支給している。全国17の政令指定都市では12市が手当を支給しているが、国庫負担金の縮減に伴い、10市が引き下げを行うなど見直しの動きが進んでいる。

提案に対し、特区連は持ち帰って検討するとした上で、幼稚園教職員の人事制度について言及。都では小・中学校教育職員の人事制度について、教頭と教諭が同じ級に格付けられていることなどから級構成を検討する必要性を示していた。特区連はこうした動きに触れながら「幼稚園教育職員の人事制度については、少人数の職場実態等から見て、今まで通りの運用が望ましい」などと述べ、少人数職場の幼稚園に複雑な職制を持ち込むような見直しをけん制した。

区長会は人事委の意見等を踏まえて今後検討するとした。

ひと

同じ職場から2人が善行表彰

水道局水運用センター
施設管理課荒川給水管理所

倉留（くらとめ）　和仁（かずひと）さん
池内（いけうち）　博行（ひろゆき）さん

今年度の東京都職員表彰で、わずか職員15人の荒川給水管理所から2人が善行部門で表彰状を授与された。

今年2月、千住大橋を渡っていて、隅田川に飛び込んだ人を素早い通報で救出に結びつけたのが倉留さん。「柵から川面を覗く人を、死ぬ気だと直感した。声をかけると刺激すると思い、近くの交番に走ったんです。擦れ違った同僚に『見張っていて』と言い、警官と戻る途中、同僚が『飛び込んだ』と血相を変えて来たんです」

すでに顔が沈み、まずいと思ったが、同時に寒さで脳の酸素が少なくて済むので助かるかもと思った。警察と消防の連携で、救助船もすぐに到着、一命を取りとめたという。

池内さんは昨年12月、日暮里駅で常磐線ホームに落ちたおばあさんを助けた。「一瞬飛び込もうと思ったが思い止まり、緊急停止ボタンを探した。工事中で見えなくて、駅員を探して知らせたが、慌てるだけなんです。現場に戻ってみると、よろよろホームの方に近寄ってきたので、助け上げたんです」

こちらは救急車の到着まで15分位かかり、その間、ふらつくおばあさんを支える池内さんの腕をどかすようにする人がいて、「家族かなと思ったら、携帯で写真を撮っていく。何を考えているのか。周りに2、300人はいたが、遠巻きにみているだけでしたね」

表彰式で、石原知事は2人に「飛び込んだのか」と同じ質問を。「寒い時で死んでしまいます」と倉留さん。死相が出ていたからと言うと「占いに転職すればいい」と話したとか。池内さんは「引き上げたんです」と答えたが、その体格を見て「だよな。その手なら引き上げられるな」と笑いを誘ったとか。

消防庁からも表彰されたが、今回は知事から手渡されることも、家族席があることも知らなかった。倉留さんは「かみさんに苛められてるから、ざまあみろと言えたのに」と笑い、池内さんも「両親は石原知事が好きなので、喜んだと思いますね」と残念がる。

普段は蛇口に直結する3カ所の給水所を管理。「安定して、24時間給水が出来ること」に加え、「都水道局とメーカーも含めて、世界に負けない水道技術を持っている」と自負する2人だ。（門）

倉留さんは東京都生まれ。70年機械職で都水道局に。07年から現職。少年サッカーのコーチを務め、日本サッカー協会のオーバー50で選手も。妻と2男1女。57歳。池内さんは千葉県育ち。91年電気職で都水道局に。06年現職。テニス・水泳など多趣味。38歳。

そのとき都職員は

――大震災時の事業継続　3

専門家に聞く

「目標と現実のギャップ開示を」

首都直下型地震を想定したものとしては初となる都のBCPを専門家はどうみているのか。防災やリスクマネジメントを専門にしている野村総合研究所上級システムコンサルタントの浅野憲周氏と、同副主任コンサルタントの佐藤将史氏に意見を聞いた。

◇　◇　◇

――都のBCPの印象は。

浅野「まず思ったのが、誰に向けて作ったのかが曖昧という点。都が頑張っていることを都民にアピールしている印象だ。そして何よりも、都が今の災害対応力でどこまで守れるのか、目標に対し、どのレベルまで達していて、ギャップがあるのかが示されていない。都で対処できないものを、都民や事業者と協力してやりましょうという明確な宣言が決定的に欠けている。言葉で『自助、共助』と言っても、これを示さなければ目標設定ができない。さらに、都には国の中枢機能が集積しているが、その機能をどう守るかが見えず、大きな違和感を持つ」

佐藤「これだけの業務数がある中で、行政が優先順位をつけたことは評価して良い。ただ、具体性と戦略が見えない。課題と対策を示しているが、これは防災計画でも示していた。例えばギャップがあれば、それを埋める具体的な目標とスケジュールを示すのがBCPだ。ともすると、何でもできるような夢物語に見えてしまう。都民の目に触れることを意識しているのであればリップサービス的な印象が強い」

――非常時に行う161の業務数については。

浅野「多いと思う。首都直下地震が起こったときに、通常時の半分の業務はできない。業務数しか出ていないので踏み込んだコメントはできないが、絞り込みが足りないのではないか」

――職員の参集体制については。

佐藤「居住地で参集時間を出しているが、例えば橋が落ちたらどうなるのか、細かいレベルで検証しているのか不明だ」

浅野「都は以前から徒歩圏に災害対策要員などを配置する体制を取っているが、それとBCPとの違いが見えない。初動は被害の軽減や救助、救急が目的で、それ以外に都民や事業者に損失が及ぶ業務があるというのがBCP。別の体制が必要ではないか」

――人員不足を補う応援体制については。

佐藤「発災時は民間やボランティアも参集することになるが、それも含めて参集の限界を見極めた上で、様々な主体との連携を宣言すべきだ。応援体制を整備するという文言は地域防災計画のレベルと変わらず、BCPでは具体的にどう提携し、地域の人に参加してもらうのかを示すべきだ」

浅野「阪神・淡路大震災のときも、行政ができることは限られる中で精一杯行ったが、『どうして助けてくれなかったのか』と批判される。事前にできないことを明言して理解を図り、自助努力をうながすことが大切だ」

――どうすれば協定の実効性を高められるか。

浅野「まず、都だけでは対処できないことをきちんと示すこと。必要性を感じてもらわなければ協力関係も結べず、協力しないと都民がどんな損失を被るのかがわからない。事業者は社会的責任を感じており、必要性さえ示せばドライではない。そして連携する場合には、互いの問題を出し合い、要望も受けながら相手を理解することも必要。都は現場から遠く、現場のことを理解してない印象もある」

佐藤「シナリオをきちんと作れば、都だけでは対処できないことがわかる。連携がうまくいかない場合のシナリオも必要。提携が形骸化していたり、意思が共有できていないなどの課題に対し、どんな提携や契約が必要かを議論することに意味がある。例えば、協力が得られなければ死傷者が拡大するというシナリオの場合、責任問題になる。それに目をつぶると契約を結んだことで安穏としてしまい、実効性が高まらない」

――責任問題は民間も及び腰にならないか。

佐藤「人の命を目の前に、責任問題に及び腰でよいのかという問題だ。社会的責任が問われる世の中で、ある程度、理解は得られる。企業にも責任を負ってもらいながら合意形成を図ることが大切だ」

――BCPでは目標復旧時間も定めています。

浅野「BCPを作るときに失敗しやすいのが、復旧目標時間を決めてしまうこと。例えば、備蓄物資の搬送などは3日目以内に着手としているが、3日目から対処すればよいと先入観を持たせるのは危険。徐々に体制を強化する場合でも、地震直後にすべての体制を立ち上げ、被害状況などを現場で感じながら目標を設定する必要がある」

――職員一人ひとりに求められることは。

浅野「普段からどんなことが起こり、どう対処するか考えることで判断力が養われる。組織としても、お決まりの訓練でなく考える機会を与える工夫が必要だ」

佐藤「一人ひとりが持つ責任や属人的な分野の代替措置も必要。知事や局長レベルでは考えているが、末端の職員も同じ。例えば、備蓄倉庫の鍵は誰が管理し、どうやって持ってくるかを考えた場合、単純にその人が鍵を持っていればよいということにはならない」

――区市町村でBCPを策定する際の留意点は。

佐藤「住民と近い区市町村は、合意形成がより重要になる。いかに各主体と同じフィールドに立てるかが問われる。また基礎的自治体は、『区民が怖い』という意識が強いように感じるが、究極的には住民の命にかかわる話。波風を立てるのを恐れて、なあなあにすれば損するのは市民。現実的な危険性やリスクを周知することが必要だ」

（シリーズおわり）

㊨あさの・かずちか＝野村総合研究所社会システムコンサルティング部上級コンサルタント。一橋大学国際・公共政策大学院客員教授。専門は防災、リスクマネジメントなど。㊧さとう・まさし＝野村総合研究所社会システムコンサルティング部副主任コンサルタント。専門はリスクマネジメント、地球環境問題など。

特別区

採用フォーラムが大盛況

技術系PRを優先課題に

来年度の採用試験に向けてPR活動を始動した特別区人事委員会事務局の採用フォーラムが盛況だ。9日に練馬文化センターで行った事務職対象のフォーラムでは、参加予定者を大幅に上回る2250人が応募し、抽選で1400人が参加。また、14日に東京区政会館で行った技術職のフォーラムも200人の参加予定に400人が応募し、抽選となった。

特別区がこの時期に募集のPR活動を行うのは3年目。民間企業の採用動向に対応して早期化したものだが、今年は学生の目の色が違う。景気が急激に失速する中、民間企業等では採用規模を縮小する動きが顕著となり、学生の多くが来年度の就職活動に厳しさを感じている様子だ。

近年は第2次就職バブルの影響もあり、公務員人気が低落していたが、来年度以降は応募者数が上昇に転ずるとの楽観的な見方もある。だが、人事委員会の危機感は強い。特に課題となるのが技術系職員の確保だ。応募者増に向けた対策を講じているが、採用予定数の増加の影響もあり、2倍前後の最終合格率しか確保できていない。

これまでも民間企業志望者は公務になかなか目を向けない傾向があり、事務局では景気動向で楽観視せず、技術系PRを優先課題として引き続き対応を強化する考えだ。

具体的には、来年度からI類採用試験の見直し、技術系大学等への訪問説明会を拡大（4校→17校予定）する。また、特に力を入れている採用フォーラムも、新たな試みとして4大技術職をすべてカバーするよう、パネルディスカッションを2回実施した。

土木、建築職を中心としたパネルディスカッション＝写真＝では、「東京スカイツリーによるまちづくり」と題し、墨田区の技術職員3人が東京スカイツリーを起爆剤とした墨田区のまちづくりを具体的に説明。特別区のまちづくりは地域密着型であり、地元とのかかわりを大切にした区民の顔の見える仕事であること、苦労も多いが、やりがいも大きく、この仕事を選んでよかったなどと実感のこもった説明を行った。

また、職種別の説明会と個別相談会でも熱心な参加者が多く、予定時間を過ぎても個別説明が終わらなかった。

区人事委員会では、フォーラムにあわせて募集案内パンフレットを例年より2カ月早く作成。参加者に配布した。来年2月8日には、23区合同説明会を開催する予定だ。

菅野　すみよさん（かんの・すみよ＝菅野康夫・品川区区民生活事業部地域活動課荏原第二地域センター所長の母）16日死去、88歳。

職員教養講座 21年度 [26]

技術(電気)記述・論文

はじめに

今年も残すところあと少しとなり、次年度管理職試験を受験する方におかれましても年末に向けて何かと忙しい時期を迎えていることと思います。

時間の経過は早いもので前回の管理職試験から、ほぼ半年が経過しました。残りの期間で十分な対策を講じていただければと思います。本稿では専門記述とB論文対策を中心にお話していきます。

平成20年度管理職試験の結果をみると昨年度より若干合格率は上昇したものの、電気職においては選考種別A、B共に合格率が3・4%と非常に厳しい状況でした。今後も同様に推移すると想定されますので、困難な試験であると気持ちを引き締める必要があります。また、選考種別Cについては、管理職選考実施要綱にもあるとおり、今年度(平成20年度)で制度が終了となっており、次年度の受験に際してはそれらの影響も考慮したほうが良いでしょう。

専門記述対策

電気の専門記述試験は、電気理論(電子回路を含む)、配電・変電、法規、電気応用及び電気に関する技術情勢、技術判断の分野から8題(Aは7題)出題され、4題を選択する形式が通例となっています。次年度についても管理職選考実施要綱が変更となることがなければ同様の出題数、内容構成になると想定されます。

平成20年度の専門記述で出題されたテーマはA、B共通では、①受電方式(ループ方式の構成、スポットネットワーク方式におけるネットワークプロテクタの役割)②かご形誘導電動機と始動特性③ネットワークにおけるアドレス解決(ARP)④多重化方式の種類⑤特定規模電気事業者

A単独では、①電気用品安全法の一部を改正する法律②瞬時電圧低下が需要家側に及ぼす影響と対策

B単独では、①電力系統における保護協調、過電流継電器の整定・限時特性②LEDの発光原理と白色LEDの種類③用語説明(電力負荷平準化、DLNA、フラッシュメモリ、スコット結線変圧器、省エネ東京仕様2007)となっておりました。

専門記述の問題は、電力の分野から通信技術、時事問題と幅広い分野から出題されており、すべての範囲をカバーして学習するのは非常に困難です。そこで、最近話題の技術情勢や関連法規については、日常業務に関連する事柄などから情報収集に努め、概要程度は広い範囲で押さえておくとともに、配電・変電の問題のように同様のテーマが繰り返し出題されている分野は、出題傾向の分析を十分に行い、事前に解答を準備すると良いでしょう。専門記述は、自分自身の得意な分野で得点につながるよう対策方法に緩急をつけ、要点を絞った対応が有効です。

また、専門記述試験対策としては、記述試験免除となる国家資格(技術士や電気主任技術者(第一種・第二種)取得への取り組みも有効です。これらは、資格取得した際に記述試験免除になるという利点だけではなく、電気技術者としての資質を高めるという観点から見ても非常に有用です。特に管理職試験における配電・変電の分野の出題内容は、電気主任技術者試験や技術士試験で取り扱われる内容と重複している部分があり、上記資格取得の取り組みを通して専門記述試験に必要となる十分な知識が得られるでしょう。

専門記述試験対策を行う上で一つ注意しておくべきこととして、専門記述試験の成績は、一定の基準に達していればその成績を合否に反映させない仕組みとなっています。そのため、専門記述試験対策に偏重しすぎることなく論文対策とあわせてバランスよく学習する必要があります。どの程度の試験対策を実施するかについては、毎年、人事委員会事務局から発表されている「記述の免除基準」が参考となるでしょう。

論文対策

管理職試験においても論文試験対策は非常に重要です。論文試験は、実施要領にもあるとおり、課題式の出題により、問題意識、政策形成力、論理性、表現力等について評定することとなっています。

当日出題されたテーマについて、試験会場ですべてを構成するのは非常に困難だと思いますので、受験するに際しては事前に幾つかのテーマについて想定論文を用意しておき、当日出題された内容に沿って文章を構成していくというのが一般的かと思います。そのため、事前にどのようなテーマで論文を準備するかが重要となります。

論文試験は記述可能な文字数が限られており、出題されたテーマについて受験者が主張したいと考えるすべての内容を詳細に説明するのは字数的に困難です。そのため、出題の意図に沿って最も適切と思える事柄について、ポイントを絞って記述することが求められます。その際には、論文の各構成(起承転結)やそれぞれの文字分量についてバランス良いものとしなければなりません。また、課題とその対策における内容についても、特定の部分に偏ることなく都政全般に対して広い視野で考えを述べる必要があります。特に技術的な内容に記述が及ぶときは、専門的な説明に、文字数を割きがちとなるので十分注意しましょう。自分の考えを伝えつつ、バランスよく主張を展開するのは、案外難しく、想定論文を準備する際にはこれらについてもぜひ考慮してみてください。

管理職試験における論文記述対策としての取り組みは、上記のように過去にも経験している主任試験における論文対策が参考となりますが、管理職選考実施要綱では、主任試験においては「問題解決力」となっていた論文評価項目の一つが、管理職試験では「政策形成力」と置き換わっているなど違いが見られます。

試験の構成は主任試験と同様でも、管理職試験においては都の管理職を目指す者としてより高度な能力が求められているのは明らかです。そのため、評定のポイントをしっかりと意識し、論文を作成することが不可欠であり、またその際には管理職の視点で記述するよう注意を払ってください。それらの視点を身に着けるためにも、日常業務において常に都全体を見渡し、様々な事例に対して管理職であったらどのように接し、対応するべきか。また、都の技術者として何が求められ、どのように考えているのかを考える習慣をつけると良いでしょう。

B論文の傾向と対策

最近5年間の出題の概要は以下のとおりです。各出題の詳細については各年度の試験問題にて確認してください。

《平成16年度》

①施設の維持管理・更新において、いかにしてエネルギー使用の合理化を図っていくか。

②組織の技術力の維持・向上が求められているなかで、技術力の維持・向上にどのように取り組むか。

《平成17年度》

①ユビキタスネットワーク技術について、いかに都政で活用していくか。

②電気の使用においていかに環境負荷の低減を図るか、電力自由化の動向を考慮し論ぜよ。

《平成18年度》

①災害の発生に備え、公共施設の信頼性の向上をどのように図っていくべきか。

②公民の役割分担の見直しを進めている状況において、都の電気技術者に求められる能力とは何か。

《平成19年度》

①都の施設において、どのように自主保安体制の充実を図るか。

②限られた財源など様々な条件の制約がある中で、どのように設備更新に取り組むか。

《平成20年度》

①先端技術を活用し、どのようにして環境負荷の低減を図っていくか。

②汎用化技術を背景として、どのように設備の新設・更新に取り組んでいくか。

◇

過去の出題傾向からも推測できるように、論文試験ではその時期に都政で課題となっている重要な事柄と関連したテーマについて出題されることが多いようです。そのため想定論文を準備する際にも、最近都政において話題となっている事柄から課題を想定しテーマを選定するのが良いでしょう。またその際には都議会における知事所信表明などが参考となります。

上記では問題の概要のみ書き出していますが、特に近年の出題では問題文の中で、課題となっている事柄の例示とともに「都の電気技術者としてそれらの課題にどのように対応していくか」という言葉を含めて出題されることが多いようです。この出題形式からは、都政の状況を十分にふまえ、「都の管理職としてどのように課題に取り組むのか」という出題者からの強いメッセージが読み取れます。従って世の中で一般的に言われているような解決策を並べただけでは、都における課題への解決策としては不十分であり、論文試験としての十分な評価を得ることは困難でしょう。

論文試験における出題テーマは毎年異なっていますが、環境問題、危機管理、人材育成、施設の維持管理・老朽化に伴う再構築などの重要なテーマは都政の状況と組み合わせて、複合的に繰り返し出題されています。これらについては事前に準備しておくことが重要です。

論文試験においては出題された課題に対し対策案をきちんと主張することはもちろん必要ですが、それらに加え、受験者の熱意や情熱の感じられる論文は良い評価が得られるのではないかと思います。

最後に

管理職試験については、今回説明した筆記考査等を無事通過すると、その後は最後の難関である口頭試問が待ち構えています。そこでは面接形式で表現力、判断力、積極性等とともに日常業務へどのような姿勢で取り組んできたかについても問われることとなります。

特に組織の中でも中心的な存在となり活躍している種別B受験者にとって、管理職試験は日常の仕事や生活と折り合いをつけながらの取り組みとなり、かなりの負担となる面もありますが、択一の廃止や専門記述試験の資格化が行われるなど、受験者の負担軽減をするための制度変更も行われています。また、勤務評定が今まで以上に重視される試験制度となり、日常業務に忙殺されるなかで十分な試験対策が取れない場合でも、総合的な評価の中で合格するケースもあるようです。

都職員として都政に貢献する方法は人それぞれであり、管理職を目指すことだけがすべてではありません。ただ、複数の選択肢の中で有効な方法として管理職を目指すと決意したのであれば、最後まであきらめず栄冠を勝ち取って頂きたいと思います。頑張りましょう。

昇任試験対策のページ

21年度 教育管理職への道しるべ ▶16◀

B論文(高校)

例題

A高校は各学年6学級の普通科中堅校である。閑静な住宅地の一角ながら比較的交通の便利な地域に位置し、生徒の中途退学や不登校は少なく、部活動も平均して良く取り組んでいる。

教員の平均年齢は48歳で、主幹教諭の構成は、30歳代が3人、50歳代が2人の計5人で、年齢層にやや偏りのある状況である。

かつての授業公開時には、授業参観した中学生の保護者から、授業中の生徒の携帯電話の操作や居眠りに苦言をうける状況もあった。しかし、工夫された学習指導や組織的な生活指導が功を奏し、『生徒による授業評価』における満足度もわずかながら上昇するなど、生徒や保護者、地域からの信頼も回復してきており、保護者会に参加する人数も、学年全体で7割程度の出席となっている。

また、近年は応募者の増加傾向が表れ始めている。

校長はこうした現状を踏まえ、「更なる授業の充実と特色ある教育活動の実施」を学校経営方針として打ち出し、今年度昇任して着任したB副校長に、具体策のとりまとめとその実践を指示した。

B副校長はC教務主幹教諭に対し、授業の充実に向けた方策を質問したところ、「教科ごとに授業評価に基づく改善プランを提出させています。これ以上の取り組みは教員が負担を強く感じてしまいます」とのことであった。

第1学期が始まり、生徒の様子も落ち着いてきたころ、C主幹教諭は、第1学年の担任から、「実は、生徒の成績などの個人情報が記録されているUSBメモリーを紛失してしまった。どうすればよいか」と相談を受けた。C主幹教諭は、以前他校で起きた紛失事故について知っていたが、騒ぎが大きくなることを懸念し、「もう一度探してみてください」と指示するにとどまり、B副校長に報告することを怠った。

C主幹教諭は、2日後の同僚との会食時にその件を思い出して話題にした。

翌日、会食に同席していたD教諭が、所属する進路指導部のE主幹教諭に相談したところ、重大な過失であるとの認識から、E主幹教諭は直ちにB副校長に報告した。

報告を受けたB副校長は、報告を書面にまとめることに気をとられ、校長へ報告したのは3時間後であった。

書面を見た校長は、直ちに所轄の学校経営支援センターに事故報告の第一報を行い、B副校長には、当該教諭に再度探すように指示するとともに事情の聴き取りを命じた。

その後、A高校は教育委員会の指導助言により、個人情報の紛失から10日目に、臨時保護者会や全校集会、マスコミ対応などを行った。さらに校長は、危機管理マニュアルの見直しと定期的な校内研修計画の策定を副校長に命じた。

今回の事故後、教員全体が生徒への今までのような積極的な生活指導を行いにくく感じるようになった。また一方、一部の生徒は学校に対し不信感を抱くようにもなった。さらに、保護者からも今回の事故で情報の漏洩に対する不安や二次被害への対応について、苦情や問い合わせが度重なった。

◇

あなたが、この事例のB副校長であったら、この状況をどう判断し、どのように対応するか、学校経営の視点も踏まえて具体的に述べなさい。

答案例

1 今高等学校に求められるもの—危機管理と学校の組織的対応—

学校は、今日的課題に迅速に対応することが求められている。そのためには校長のリーダーシップの下、課題意識を副校長はじめ全教職員が共有し、組織的に課題の解決を図ることが重要である。

2 A高等学校における課題

(1) 学校全体の危機管理意識が希薄である

「更なる授業の充実と特色ある教育活動の実施」などの改善への積極的な取り組み推進には、十分な危機管理の下に実現を図ることが求められる。授業改善や、特色ある教育活動を実践するには、管理職主導による全教職員の危機管理についての不断の心構えが必要となる。本事例では、副校長をはじめ主幹教諭以下の教職員に、こうした危機意識が希薄である。

(2) 副校長のリーダーシップが発揮されず、教員への指導、助言が不十分である

事故に対する迅速な対応や教員への正確な指示は、管理職にとって重要な能力の一つである。

C主幹教諭の言動は、これまでの経験が十分に生かされていないばかりか、地方公務員法に抵触するもので、こうした対応は厳に慎まなければならない。副校長として日頃の指導が不足していたと考えられる。一方、E主幹教諭は適切な報告をしており、副校長はこの時点で、主幹教諭や当該教諭に指示・命令を行っていくことが必要であった。

主幹教諭を指導すべき副校長の対応が表面的で、全体を見て状況判断ができていない。事後の対応も副校長のリーダーシップが発揮されず、課題意識に問題がある。

(3) 生徒や保護者、地域への説明責任が十分果たせていない

事故発生時の生徒・保護者への迅速で丁寧な説明は、信頼の維持回復にとって必要不可欠である。せっかくの学校改善の努力が、一つの事故の不適切な対応で崩れてしまう例は、枚挙にいとまがない。生徒・保護者への迅速かつ誠実な対応が、こうした危機を最小限の被害にとどめることを常に意識する必要がある。

3 課題解決のために

(1) 全教職員への危機管理の意識を向上させ、具体的な対応策の周知と実践を促す

まず企画調整会議において自校の危機管理マニュアルの点検見直しを行い、危機管理意識の向上を図るための基本的事項を整理する。

校内研修では、事例研究などを通して個人情報が生徒等の生活に直接かかわる大切な財産であることを徹底して理解させ、教員に情報セキュリティー全般について危機管理意識の醸成を図るなど、事故を未然に防ぐ方策を怠らない工夫をする。

また、教員に対して定期的に情報管理をはじめとする危機管理についての自己点検を行わせ、教員の危機管理について啓発していく。さらに若手教員には、主幹教諭等によるOJTにおいて、個人情報の管理の他、教育活動中の生徒の安全や健康に十分配慮した教育活動を行っていく。

(2) 副校長としてリーダーシップを発揮し、教員の指導育成を図る

副校長の危機管理に対する姿勢は、教員の士気に大きく影響する。

副校長として正確に情報を収集し、迅速に状況把握を行い、教員等に適切な指示を行うために、管理職連絡会などの機会に得た情報を基に常に場面の想定を行い、危機管理意識を高める。主幹教諭の力量形成については、幅広い年齢層に応じた適切な対応により効果的な成果を得る。

また、連絡・報告・相談といった対応が常に実践されてこそ組織的な学校経営を行うことができる。

(3) 生徒や保護者、地域と常に連携し、課題の共有化と解決を図る

教育委員会と連携し、危機管理体制を直ちに確立させる。

また、その実施状況は定期的に生徒や保護者に知らせ、学校内外から管理体制を構築していく。

危機は、事故に限らず、様々なものが考えられる。生徒の問題行動や、保護者や地域の方からの苦情対応、教育課程の管理、さらには自然災害にも及ぶ。こうした危機を予見し回避してこそ健全な教育活動は実現する。

2008レビュー編　顧りみすれば区傾ぶきぬでは困る

区政潮流

■ゲーム感覚で特別区を危うくする？

特別区とは23区のことだ。都制度が1943年にできて以来65年、2008年はこの意味を考え直す節目の年だったかもしれない。区の独自性と23区の一体性（共通性）を理解しない区がゲーム感覚で「独自性ばかり」を主張すれば、特別区の自治権拡充運動は危険と映る。

本社無き事業部制の下でゲームをやりすぎると全体（23区）の調整力を失い崩壊の危機を招く。

2000年の分権改革の際、都区制度改革という大きな山を再認識したはずである。山ならぬ諸課題の解決に向けて特別区が一致団結しなければならないときに、区の特殊な事情（事案によるが）を持ち出すことには慎重であらねばならない。その長（事業部長）は、自らの裁量権を逸脱すれば「やっぱ特別区だな」と侮られかねない。

■潮流1　団塊世代が定年年齢に

団塊の世代が辞めはじめた。昭和22年組がこの3月に退職した。大きな現象といえよう。昭和23年組が来る3月に退職する。社会が大きくなるにつれ膨張した公務組織も、この「団塊の世代」の動きに合わせて諸制度を改正してきた。主任制度しかり、係長制度、総括係長制度しかりである。つまり、団塊の世代の全員にポストを用意することができないゆえに、「中二階的、あいまい、処遇的要素の強い」職を作らねばならなかった。

もちろん主任主事で高い専門性を発揮する者も多い。しかし、主任といっても係長を助けるわけでなく権利だけは主張するのでは、ポストをつくった甲斐もない。

団塊の世代の遺物ともいえる「主任主事」が安住の地では情けない話だ。主任の数の制限に取り掛かってもよい頃だ。東京都のように係長の予備軍と位置づけるなど職責を明確にする必要があろう。主任主事を昇任選考の基礎とすることにも無理が出てこよう。

団塊の世代が副区長や教育長など主要公務員に就任しだした。もちろん高業績者たちであって、競争好きの猛烈サラリーマンのようにもみえる。団塊の世代なきあとの制度構想にリーダーシップを発揮するかどうかは未知数だ。

階層の変動は特別区に新たな問題を呼ぶに違いない。

■潮流2　成績率がもたらす管理職のモラールダウン

特別区の成績率制度は、東京都の後追いであるが独自のものでもある。一般職員のそれは今年ようやく妥結した。しかし、実施はなお先だ。いずれにしても人事評価の時代を迎えたことだけは確実である。成績率は信賞必罰の要請つまり悪平等にならぬよう、頑張るものが報われる制度として給与配分に差をつけるものだ。しかし、本来は業績を正当に評価され納得すること、目標を適切に捉えるプロセスを確保し働く意欲を失わせないようにするためのものだ。経済的インセンティブとしては微々たるものであるが、名誉、プライド、昇進に関わるインセンティブ（誘因）ともなれば大問題だ。そこの認識を誤ると制度設計が根本から崩れる。

仕事の評価には、本来目標に対しどれだけの専門性や「カン」を働かせたかなど技量の評価が大きな比重を占める。業績には偶然的な要素が絡むこと、他者との協働は不可避で成果配分の問題があること、年度を越えて出現するものがあるなど、成果の認定自体が難しい。要するに「いくら儲かった」などのシンプルな指標で決することができないのが公務だ。それゆえ、①仕事の成果②能力③態度――をオムニバス方式で（バラバラで）評定しているようでは大雑把過ぎて、コアの力を評価しきれない。

管理職の場合には、もっと業務ごとの課題の困難性を設定し、その都度評価（査定）を積み上げる方式があってもよい。その重要性への再認識が必要だ。

評価そのものはやむをえないとすれば、もっと気持ちよく働けるインセンティブがほしい。たとえば、海外研修出張であるとか夏季研修期間が1カ月とか、成績率によるインセンティブ効果の出し方に工夫があってもよいはずだ。特別区はマージャン方式、つまり全員から拠出分を少しずつ取って勝者に配分する方式である。わずかな金額を奪い合う姿はあまり感心できない。

■潮流3　幹部職員への広き門

特別区管理職選考の方法が改正された。税理士試験のように複数年にわたって課題科目の合格を積み上げれば資格（面接受験資格）が得られるというのに近い。特別区の職員に女性が多いこと（事務に限っても）に着目し、晩婚化に伴う結婚や出産・育児と試験が重なることを考えれば改正目的には合理性はある。その意味で面白い改正であり、「さすが」と評価しなければならない。

しかし、本質的問題（公平性や合格者の質の確保）に対する改善効果は不明である。管理職合格者は各区の管理職が折り紙を付けた優れ者であるはずだ。しかし、きちっとした選抜方法を取らずに任用資格基準だけ23区共通では、やがて多くの職員に区の選択のみならず特別区を選択したことにも後悔の念を抱かせかねない。

今回の改正で惜しまれるのは、試験科目そのものが法律や財政にシフトしてしまい、行政学、経営学や会計学などが採用されなかったことだ。公共政策系大学院出身者を受け入れていく度量を示し、特別区職員のステータスを上げていく姿勢を示してもらいたかった（筆記免除の特例とか）。世界の大都市に劣後しない特別区管理職制度にして欲しい。

■2008は特別区シンクタンク元年

住民自治、団体自治の実践が展開され、時代に適合した政策を次々に打ち出すシンクタンク機能を備えれば、特別区が社会の持続的可能性（サステナビリティー）に貢献するイメージがさらに明確になろう。世田谷、中野、新宿の取り組みは時代の先を読んでいる。よもや不景気で活動縮小などという話はなかろうが。

いずれにしても人財が不可欠である。魅力ある区、職場、勤務条件を備えなければ人財の獲得など叶うはずがない。働き者が馬鹿をみるような特別区では社稷の臣は去り、区は傾いて「都」や「道州」の「行政区」となるだけであろう。

（特別区自治問題研究会）

ともに生きる　41

教育の壁乗り越え交流を

「全国重症心身障害児（者）を守る会」が障害のある人の兄弟（以下、兄弟）支援のシンポジウムを開催した際の作文の一部を紹介します。

①弟がニコニコにしていると、家の中が明るくなる。弟にも誰かのためになることができるんだと思った（高1）。

②姉は一生懸命生きていて、これまた人間の尊い姿なんだと思える。

③両親はよく、お姉ちゃんは自分の体で『命の大切さ、健康の大切さ、思いやる心の大切を教えているんだよ』と言います（中1）。

作文の多くには、障害のある兄弟がいることによって、価値観や人生観が変わった、家族の絆が強くなった等の肯定的な側面が表現されています。

その一方で、

①この前中学生に『うわ、きもっ』とこそこそ言われたので、すごく傷つきました（小4）。

②兄と出かけたりする時に距離をおいて歩いている自分がいた。「なんか恥ずかしい」「なんでみんな見ているの」正直にそう思った（高2）。

③母は弟につきっきりだし、父は仕事だし、話したいことがあっても聞いてくれなくて、すごく寂しい思いを心に抱いていた（中2）。

等と直面した体験や気持ちをありのままに表現しています。この作文から、二つのことを考えてみたいと思います。

一つは、家族支援としての兄弟支援の取り組みです。作文のように、兄弟は、社会生活上や友達関係・親子関係などに特別な体験をする場合があります。「ハンディキャップをもった人たちが住みよい社会を築いていけたらと思う。世界のみんなが、優しい心をもって生きてほしい（高3）」との兄弟の夢や願いが、社会的な背景の変化や兄弟支援の輪の広がりによって、一歩一歩そして時を刻みつつ実現するようにと思っています。

その二は、偏見の目や理解のない言動についてです。これまで特別支援学校では、小・中学校等との理解教育や交流教育を推進してきています。

更に、都では特別支援教育の基本理念であるノーマライゼーションの実現の一方策として、「副籍制度」を開始しました。都立特別支援学校の小・中学部に在籍する児童・生徒が、地域の小・中学校に副次的な籍（副籍）をもち、直接的な交流（小・中学校との学校行事における交流や学習活動への参加）や間接的な交流（学校・学級だよりの交換や作品・手紙の交換）を通じて、地域とのつながりの維持・継続を図る制度です。このような教育の壁を乗り越えた制度の実現を、関係者は長い間切望していました。始まったばかりの活動ですが、その発展充実によって、偏見の目等が取り除かれ、理解の輪が一層進むことを心から望んでいます。

（元都立村山養護学校長　飯野順子）

※肢体不自由のシリーズは今回で終わります。新年からは、知的・発達障害の方々と共に生きることを考えていきます。

川柳で詠むこの1年

■教育
学び舎がスポットライトで塾になる　荒川　育子

■初代新幹線引退
ゼロ系も後期高齢役目終え　加藤　富清

■蟹工船ブーム
気がつけば蟹工船に乗っている　加藤　富清

■産地偽装
うな重に生まれ育ちを聞いてみる　菊地　順風

■偽装蔓延
衣食住偽装はびこる日本国　貝田　誠作

■米偽装
偽装米食べて夫婦も偽装する　伊藤嘉枝子

■吉兆
先代の家訓が死んでいた老舗　斎藤　弘美

■無差別殺人
アキハバラメールの返事来ないまま　松尾　仙影

■大麻
学士さま大麻育てに精を出し　菊地　順風

■自殺の増加
自殺する年三万の平成史　松尾　仙影

■地震
四川万死岩手陥没地球崩し　松尾　仙影

■朱鷺復活
負の遺産背負いて朱鷺は空に舞う　横塚　隆志

■ノーベル賞
水族館オワンくらげをじっと見る　大戸　和興

■五輪招致
都庁内五輪を招くスローガン　山田　田山

■北京五輪
三連投応えたソフト燃えぬプロ　高松　孝子

■夕張応援
夕張の重さ抱えてメロン切る　横塚　隆志

■原油高騰
石油高孫に会えないじじとばば　加藤　勇

■原油高
原油高ネコもひもじい休漁日　斎藤　弘美

■金融危機
乱高下とは縁もなく蕪を食む　高松　孝子

■金融危機
ご破算の風吹き荒れるウオール街　清水　高明

■金融危機
株下落ゲームのつけをまわされる　杉田やすし

■省エネ
エコ極め蛍の光窓の雪　諏訪原　栄

■サミット
サミットの写真の僕がど真ん中　斎藤　弘美

■原子力空母
黒船が来たヨコスカに空母来る　貝田　誠作

■麻生総理
不景気の波が総理を担いでる　菊池美知子

■米国大統領選挙
小浜市が大統領をまっている　大戸　和興

■漢字
昨年は偽ことしは変にまとめられ　松尾　仙影

■給付金
江戸っ子のように使えと金をくれ　石川　旭

■緒方拳
名演技置いて拳さん逝ったらしい　諏訪原　栄

■大河ドラマ
篤姫は大入袋袂入れ　菊地　順風

■師走
子歳から不況はモーと牛を待つ　松本　宗善

みにがいど

◆"合格祈願"都営まるごときっぷ発売　▽デザインと発売場所　①湯島天神＝湯島出身のイラストレーター上野啓太氏による湯島天神境内のイラスト。大江戸線上野御徒町駅、本郷三丁目駅、浅草線、三田線各駅の自動券売機※押上・目黒・白金台・白金高輪駅除く　②勝どき＝大江戸線勝どき駅の駅名標をモチーフにした絵馬のイラスト。新宿線、大江戸線各駅の自動券売機※新宿線新宿・上野御徒町・本郷三丁目駅除く▽発売額　大人700円、小児350円　▽内容　1日に限り、都電、都バス、都営地下鉄、日暮里・舎人ライナーを何回でも乗り降りできる（発売当日の1日に限り有効）▽発売開始日　12月28日（日）▽発売枚数　各10万枚（売り切れ次第終了）▽問い合わせ先　交通局電車部営業課☎5320・6076

都～区トーク

大連立でいいのか

新聞、テレビのアンケートによると、今後の政局の将来像に対する国民の希望は、自由民主党単独政権でもなく、民主党の単独政権でもなく、与野党大連立が一番だそうだ。本当にそれでいいのだろうか。

大連立ということは、前に向かうときは一丸となって進む。しかし、後ろに向かうときに誰も止めないということでもある。そして、悪いことが発覚すれば、議員全員がかばいあうということである。

大政翼賛会だなどと、歴史がかったことを叫ぶつもりはない。しかし、今の政治家の素質を見れば、後者の危険は非常に高いと言わざるを得ない。

なぜそんな国政の話を言うのか。それは都議会第4回定例会の質問通告を見たときの疑問が離れないからである。

所管の局で答弁を作られる各位には誠に申し訳ないが、新銀行東京に関する質問の少なさ、あれは何であろうか。

つくるときから疑問の多かった政策が、明らかに失敗に終わった後でも何一つ追及されず、反省されない。失敗かどうかはわからないという方もいようが、議論しなくていい課題だと思う方はいないだろう。しかし、現実はかくの如しである。

一応、野党という存在がある都議会においても、いったん賛成した案件にはこういう対応となる。もし、国会が本当に与野党大連立になったら、この国の進路の責任は誰がとるのか。これも国民の自己責任ということになるのだろうか。

（舵）

都政新報

発行所　都政新報社
〒160-0023 東京都新宿区西新宿7-23-1 TSビル
(総務・読者)03-5330-8781
(企画広告)03-5330-8784
(編集)03-5330-8786
(出版)03-5330-8788
(ファクス)03-5330-8808
購読料 月1,680円(税込)
毎週火・金曜日発行
但し、祝祭日は休刊
©都政新報社 2008

お知らせ

新年明けは1月6日付からです

年内発行は本号で最終とさせていただきます。新年は1月6日付からの発行となります。

読者各位

都政新報社

「10年後の東京」への実行プログラムを改定

394事業で総額1.9兆円

加速化&見える化　効果実感できる取り組みに

都は19日、「『10年後の東京』への実行プログラム2009」を公表した。羽田国際化や医師不足、世界的な金融危機など、社会状況の変化を踏まえ、昨年の実行プログラムを改定し、先進的取り組みを「加速化」。事業規模は、44施策、394事業で、3カ年の事業費総額は1・9兆円、09年度の事業費は約5900億円にのぼった。大幅な税収減や知事の求心力低下など、都政の〝減速〟要因が目立つ中、「緑が確実に増えた」など、都民がその効果を実感できる取り組みができるかどうか、正念場を迎えている。

昨年策定した実行プログラム2008は、「10年後の東京」に掲げる目標の実現に向けた第一歩だった。実行プログラム2008では、全国初の大規模事業所のCO2総量削減義務化と排出量取引制度導入を決定するなど、先進的な施策を展開してきた。

08年6月には、東京が2016年五輪の立候補都市に選定。09年10月にコペンハーゲンで開かれるIOC総会で、招致都市が決定する。

今回の改定では、「各局連携のもと、21世紀の都市モデル実現に向けて、確かな歩みを進める姿を理解していただけるよう、スピード感にあふれた重点的プロジェクトを意識して盛り込んだ」(知事本局)という。

また、アメリカの金融危機に端を発する中小・零細企業の倒産拡大や、新規採用の内定取り消しなど経営環境・雇用情勢の変化、頻発する集中豪雨、医師不足による救急搬送受け入れ困難な事案など、この1年間で新たに発生した政策課題に対応している。

さらに、法人事業税の見直しに端を発した国と都の実務者協議会では、羽田空港の国際線発着枠の倍増、東京港トンネルの早期着工、認証保育所に対する国庫補助導入といった成果も出ており、実行プログラムにも現在の協議状況や成果を反映させている。

その他、今回の改定にあたっては、若手の柔軟な意見に耳を傾け、局の垣根を越えて検討を進め、計画に取り入れるようにとの知事の意向により、環境、若者対策、スポーツの三つの分野で、プロジェクトチームを設置し、検討を重ねた。

若手PTの検討は、今回の実行プログラムの「目玉」でもある「臨海部におけるアイドリングストップ」や「若年者総合相談窓口」「スポーツデイの実施」などに反映されている。

代表的な施策としては、2016年五輪開催予定地の中心となる臨海地域で、低炭素都市の実現に向けた先導的プロジェクトを展開する。

低炭素都市づくりは、ゲリラ豪雨など深刻な環境異変に直面する中、喫緊の課題だが、なかなか効果が見えづらい施策でもある。そこで、臨海地域で民間事業者と連携した太陽光発電設備の集中設置や、日の出地区における船舶のアイドリングストップなどパイロット事業、環境に優しいレンタサイクルの実証実験などを集中的に展開。施策の重要性、効果などを都民が実感できるよう、「見える化」を図る。

耐震化の総合的対策では、耐震化が進まない原因を分析し、相談の総合窓口、負担を軽減する低利融資、耐震化促進税制の導入、戸別訪問による普及啓発などを行う。

景気・雇用対策では、中小企業の経営基盤強化に向けた「経営力向上TOKYOプロジェクト」や、生産性を向上させるため、低利で設備を貸与するリース制度の創設などの対策を打つ。また、44歳までのきめ細かい正規雇用化に向けた訓練を実施。採用内定を取り消された新規学卒者も対象とした合同面接会を早急に実施する。

事業規模は、施策と事業の数、事業費のいずれも、実行プログラム2008を上回り、3カ年の事業費総額は0・2兆円増えている。

石原知事は19日の会見で、「今後、都財政も厳しい局面を迎えるが、これらの実行プログラムは、環境、安全、産業など、都民・国民のためにやり遂げなければならない取り組み」との認識を示し、「次世代に夢と財産をつないでいくためにも、都の総力を挙げて進めていく」と決意を示した。

事業費と3カ年の到達目標

(単位＝億円、かっこ内の数字は09年度)

8つの目標	09年度	3カ年
水と緑の回廊で包まれた、美しいまち東京を復活させる	460	1570
元気な子どもたちを育てる校庭の芝生化(38)、海の森や街路樹倍増による緑あふれる東京の実現(237)		
3環状道路により東京が生まれ変わる	2380	7930
空港・港湾機能の拡充に合わせた首都圏ネットワークの強化(418)、快適で安全な質の高い交通ネットワークの提供(37)		
世界で最も環境負荷の少ない都市を実現する	310	760
あらゆる主体と連携したCO_2排出削減の推進(152)、先進的な省エネ技術によるCO_2型都市づくり(133)		
災害に強い都市をつくり、首都東京の信用を高める	1390	4650
子どもたちを守る学校の耐震化のさらなる加速(129)、都民の生命を守る建物の耐震化の実現(181)		
世界に先駆けて超高齢社会の都市モデルを創造する	820	2310
「地域」と「技術」で支える超高齢社会の都市モデルの創造(170)、東京の強みを活かした障害者雇用3万人増の実現(50)		
都市の魅力や産業力で東京のプレゼンスを確立する	320	1080
東京から世界へ新たな文化の創造・発信(52)、外国人旅行者1000万人の誘致を実現する観光振興(61)		
意欲ある誰もがチャレンジできる社会を創出する	150	360
学校・家庭・地域の連携で21世紀を担う子どもを育成(39)、職業的自立・生活安定に向けた支援の展開(101)		
スポーツを通じて次代を担う子どもたちに夢を与える	80	250
オリンピック・国体につなげるスポーツの振興(96)、都民・国民全体で盛り上げるオリンピック・ムーブメント(23)		
総計	5900	18900

主な新規事業

認証保育所の補助要件緩和　区市町村のBCP策定を支援

【医療の介護の連携強化】　地域包括支援センターに看護師を配置するなどのモデル事業を実施する。また、医療・介護サービスを付加した高齢者専用住宅に整備費を補助するモデル事業を09年度から実施する。

【子育て支援サービスの充実】　保育所の整備や一時保育の実施など待機児解消に向けた区市町村の取り組みを柔軟に支援する補助制度を創設し、0～2歳児の定員拡充につながる取り組みを重点的に支援。認証保育所の「駅前徒歩5分以内」の補助要件を緩和し、区市町村の必要に応じた整備を可能にする。

【精神障害者の退院と地域生活の支援】　都内3カ所にある精神保健福祉センターに地域体制整備コーディネーターを配置し、退院促進や地域定着に必要な体制整備の総合調整を行う。地域活動支援センターに支援員を置き、入院していた病院やかかりつけ医等と連携し医療中断を防止するなど、地域に移行した精神障害者が安心して生活できる環境を整備する。

【新型インフルエンザ対策】　限られた人員の下で、新型インフルエンザの大流行期でも行うべき優先業務等を定める都政のBCPを09年度中に策定。11年度までに、全区市町村におけるBCP等の策定を支援する。また、事業者のBCP策定についても、講演会や研究会などを通じ支援する。10年度までに、タミフル・リエンザの2種類の抗インフルエンザウイルス薬を、都独自で大規模に備蓄する。

【頻発する局地的豪雨への対応力の向上】　気象庁と連携し、1時間先の河川水位を予測し、都民や区市町村へ氾濫警戒情報を提供する洪水予報システムを運用。河川利用者向けの安全対策として、雨量や河川水位などの注意喚起を促す情報を提供する。

【多摩地域の施策】　09年度に、研究開発機能の強化に向け、昭島市に多摩産業支援拠点を開設。11年度以降、産学・産産連携を促進する産業交流拠点を八王子市に整備する。また、航空機(部品)に引き続き、半導体・電子デバイス、計測・分析器、ロボットなど、三つの分野ごとのプロジェクトを立ち上げ、多摩シリコンバレーの形成を促進する。

東京五輪招致委理事会

競技会場配置計画を了承

パラリンピック　開催期間を延長

東京オリンピック・パラリンピック招致委員会理事会が18日に開かれ、パラリンピックも含めた競技会場配置計画の全体概要を了承した。

招致委では、競技会場の配置計画について、6月の立候補都市選定以降、より高い評価を得られる内容とするため、北京での現地調査に加え、各国際競技団体と個別に協議を行ってきた。11月14日には、自転車競技のコースを、皇居外苑を起終点とし、多摩丘陵部を周回するコースとするなど、オリンピック会場計画の一部を発表。今回は、来年2月にIOCに提出する競技会場と練習会場の配置計画の全体概要を決定した。

競技会場については、オリンピックスタジアムを中心とする半径8キロ圏内にほとんどすべての競技会場を配置する「世界一コンパクトな会場計画」という東京のアピールポイントはそのままとした。

例えば、水泳会場(競泳・シンクロ)については、申請ファイルでは「仮設」とされていたが、その一部を常設化し、2016年東京大会のレガシーとして残すことになった。

また、自転車競技(トラック・レース)は当初、東京ドームを予定していたが、選手村からより近く、隣接する大井ホッケー競技場等と一体となった効率的な大会運営が可能で、大会開催時における広告規制やテナントの営業制限等の課題があることから、会場を変更。大井埠頭中央海浜公園内に、自転車競技場を仮設する。

練習会場については、公立の体育館をはじめ民間施設や大学など、都内にあるスポーツ施設の広範な協力を得て、ほとんどの練習会場を選手村から30分圏内に配置した。

パラリンピック競技会場については、ボッチャなどパラリンピック独自の競技も含めて、パラリンピックの競技会場はすべてオリンピックで使用した会場を使用し、効率的な大会運営だけでなく、オリンピックの会場をパラリンピックに引き継ぐことを可能とする会場計画とした。

また、パラリンピックの開催期間は、当初8月31日から9月11日までの12日間としていたが、よりゆとりある競技日程を確保するため、8月30日からの開催とし、13日間に変更した。

IOC委員や事務局スタッフが宿泊するIOCの活動拠点となるIOCホテルには、ホテルオークラ東京、ANAインターコンチネンタルホテル東京、グランドプリンスホテル赤坂の三つのホテルを選定している。

理事会であいさつする石原知事＝18日、都庁で

都政の東西

「自己責任」の終焉?

米国発の金融市場の破綻から始まった不況は、世界規模で拡大し、先行きの不透明さは深刻だ。一連の混乱からは、新自由主義の「限界」と公的介入の「意義」に焦点があたっている。そして、安易に振りかざされてきた感のある「自己責任」が否定され始めた。

第一の理由は、新自由主義経済において「銀行や企業の破綻は当事者に帰する」という自己責任原則が貫徹されなかった点だ。「官から民へ」などと言っていても、結局、責任は「公」にゆり戻される。新自由主義経済の「お手本」とされてきた米国で、大企業の経営者が議会の席上、議員の皮肉にさらされながら、公的資金の投入を要請する姿は、象徴的だった。

第二は、現代の重層的に連関した社会システムの下では「企業なり個人なりが自己で責任を負える問題は限られている」という点だ。破綻の連鎖を回避するには、公も、第三者も、救済せざるを得ない状況が生じる。逆に、自己完結できる責任は、ほとんどないとも言える。

11月の米国大統領選で当選した民主党のバラク・オバマ氏は、「CHANGE(変革)」のスローガンが注目されたが、政策の特徴は「積極的な公的介入」だった。特に、ブッシュ政権時代は自己責任の押しつけばかりだったとして、サブプライムローンの返済に苦しむ人への救済策などで共和党を強く批判した。

オバマ氏当選は、「大きな政府」への逆行と警戒する向きもあるが、米国民が支持したという事実は、パラダイムシフトの表象といえよう。

日本においても、来年は大きな政局を迎える。国政や地方自治において、各党が「自己責任」や「公」の果たすべき役割をどのように認識し、具体的な争点に盛り込んでいくか、注目したい。

09予算への各党要望

都民生活の不安解消を　周産期、中小企業支援も

都議会各会派は18日、09年度予算編成について要望を行った。来年度の都税収入は7500億円の減収が見込まれ、米国発の金融危機が都内の中小・零細企業に打撃を与える中、都民生活に焦点を当てた施策の要望が目立った。

■自民党

中小・零細企業が資金繰りに困らないよう、制度融資や信用保証料補助の充実を要望。また、設備投資のための資金調達の負担を軽減する施策に踏み切れない中小企業には、資金調達の負担が軽減される施策を求めた。

周産期医療では、新生児集中治療室(NICU)の増床を要望。来年10月の開催都市決定に向けて正念場の五輪招致は、国や五輪招致委、JOCなどと総力を上げて取り組むよう求めた。

■民主党

派遣社員の途中解約や内定取り消しなど「なりふり構わぬ人員削減が進んでいる」として、若者の就業支援や、内定を取り消された若者を学校や東京労働局と連携して支援するよう要望した。また、パートや派遣社員などの雇用環境改善に取り組む企業を支援するよう求めた。

周産期医療では、NICUや後方病床の増床、空きベッドへの補償など、都独自の支援を求めた。

■公明党

原材料価格の高騰で中小企業の倒産が増えているため、円滑に資金調達できる施策を求めた。下請取引で代金未払いや支払い遅延が問題になっているため、裁判外紛争解決手続(ADR)による相談・調停など、取引の適正化を進めるよう要望。

福祉分野では、高齢者・障害者のサービス基盤整備や第三者評価による情報提供を進める必要があるとしている。

■共産党

五輪をテコにした開発を抑え、中小企業や低所得者層、少子高齢化対策などに重点配分するよう求めている。

米国発の金融危機でリストラや派遣労働者の雇い止めが相次いでいるため、都が失業者を雇用することや、民間賃貸住宅の借り上げにより、解雇で寮・アパートを追われた人の住宅を確保するなどの施策を提案した。

■生活者ネット

五輪招致や新銀行東京にけじめをつけ、福祉や環境、教育に優先的に配分するよう求めた。診療所と助産所の連携、地域での出産を促進し、訪問看護ステーションや在宅医療サービスを充実するよう要望した。

冗句ジョーク

好調都財政、一転耐乏モード予兆の年末へ

労働相談職員の心意気

「金はなく、職はなくとも良い年を」

「種子も規制を」

大麻対策で要望

都福祉保健局

大学生による大麻の違法栽培が相次いでいることを受け、都福祉保健局は18日、大麻の種子も大麻取締法の規制対象とするよう、厚生労働省に緊急提案を行った。大麻の栽培や所持は禁じられているが、種子の所持や譲渡は規制の対象となっている。同局は「大麻種子のインターネット販売などを引き起こす大きな原因となっている」と指摘している。

2008年を振り返る

課題と展望

あと79億円余で400億円毀損　強弁でしのぐ知事

08年は、石原都政のツケが一気に噴き出した年である。都庁内の反対世論を無視して創設した新銀行東京は、案の定、破綻の危機に陥り、400億円の追加出資という泥沼に足を踏み入れた。築地市場の移転問題も豊洲新市場予定地から高濃度の汚染が見つかり、莫大な土壌汚染対策費を投入せざるを得ない局面を迎えている。その一方、周産期医療、ゲリラ豪雨対策など行政の基盤となる部分では、脆弱さが浮き彫りになった。政治的には、猪瀬副知事と自民党の軋轢が深刻化し、一触即発の状態で09年を迎えることになる。＝3面に区市町村の主な動き、4面に職員を取り巻く動き

新銀行東京

「水平飛行から少し上昇の兆しが見えてきた」。08年9月中間決算が出て、石原知事は新銀行東京についてこう語った。しかし、これは強弁以外の何物でもない。

今年2月に策定した再建計画では、中間純利益を73億円の赤字と見込んでいたが、想定より3億円少ない70億円だったに過ぎない。しかも、業務収益の中には、国債等債券償還益20億円が含まれている。この臨時的な収益によって、かろうじて再建計画の範囲内に収まっただけである。

金融再生法開示債権を見ると、3月末より43億円増えて349億円に膨らみ、不良債権比率は17・08%と異常な高さである。収益構造に展望がないのに、自己流の理屈をつけて「上昇の兆しが見えてきた」と言うのは、見方を変えると、そこまで追い詰められているという証左である。

1016億円という累積損失の額にも驚くが、それ以上にびっくりするのは、わずか3年で作ったという事実である。新銀行東京は、ほぼ真っ直ぐに落ちていった。旧経営陣の無能さ、知事の友人が入っている取締役会の無策、そして大株主として手をこまねいていた行政の不作為、これらがすべて重なって今日の悲惨な状況を招いた。

第1回定例都議会では、自民、公明の賛成で400億円の追加出資を認めた。その際の付帯決議では「さらなる追加出資は許されない。都は、400億円の資本を毀損させないよう適切な監視に努めること」とした。ここで言う「毀損させない400億円」の意味は、株主資本の額ではなく、純資産を指す。9月中間決算で479億5千万円のため、すでに首の皮一枚のところに来ている。

知事は、12月初めの会見で「ちょっとここで申せませんけども、ある手だてを考えている」と語った。思わせぶりの発言で、いつまでもしのげる状況にはない。（吉）

追加出資を巡る予特質疑で疲れを見せる知事

激しさ増す摩擦、衝突　すきま風が強風に

猪瀬氏VS自民党

「国と対等にケンカできる人」として、猪瀬直樹氏が58年ぶりに民間人から都副知事に就任し、1年半が過ぎた。この間、政府の地方分権改革推進委員会で勧告作業に携わり、国と都の実務者協議会でも羽田空港の国際化等で交渉にあたった。

メディアへの露出度は今も昔も変わらず、都庁組織に入る前、自らの役割を「すき間風を吹き込むこと」と語った。その言葉どおり、最大会派の自民党との間には終始、冷たいすき間風が吹き続ける1年半だった。

それが強風に変わったのは、調布飛行場の問題がきっかけ。4月に視察した際、都と地元市（三鷹、調布、府中）との協定がある中で「今どき、ジェットがダメなどとない」と発言。これが原因で計器飛行導入に向けた都と地元市の協議は、現在も中断したままだ。自民党は、第2回定例都議会で猪瀬副知事にイエローカードを突きつけ、「副知事として公平性を欠いた言動をしている」と糾弾した。与党としては、異例の行動である。

また、参議院宿舎問題でも、都庁内で建設反対の論陣を張り、推進を求める自民党の反発を買った。12月12日、知事が風致地区条例に基づく協議に同意しなかったため、宿舎建設計画は消えた。しかし「10年後の東京」というお題目を掲げていれば、千代田区紀尾井町の国有地4500平方㍍が緑地として保存されるわけではない。都政のトップとして、先々のことを何も考えないで行動しているとしたら、地域住民に対し無責任である。

知事は、民間人から副知事を招へいする際、次期知事選で自らの後継含みとする考えを表明。自民党内から「都知事候補は、党本部事項だ」と異論が出ていた。都庁内では、猪瀬副知事が知事選に意欲があると見られているため、都議会サイドとの摩擦、衝突は09年度以降、さらに先鋭化するのは必至だ。（田）

「暫定税率」「1兆円」で揺れる　来年は地方移譲が焦点に

道路特定財源

きっかけは、不安定な政治が巻き起こした珍事でしかなかった。

4月に参院で多数を占める野党の抵抗で、道路特定財源の暫定税率が失効すると、原油高騰で値上げを続けたガソリンが値下げされた。ガソリンスタンドには自動車が行列をつくり、テレビのワイドショーが面白おかしく騒動を盛り上げた。

頭を抱えたのは、新年度予算で暫定税率を前提に道路特定財源を見込んだ地方自治体だった。

石原知事は4月4日の会見で、暫定税率を復元しないなら揮発油税を都独自に法定外税として課税すると表明。しかし、都県境にあるガソリンスタンドで、課税していない店に客が集中するなど、施策としての詰めの甘さを露呈し、翌週には「全国でやらなきゃだめ」と撤回した。

5月に衆院再議決で暫定税率が復活し、そのうち原油高騰に歯止めがかかると、暫定税率の論議は冷めてしまった。

道路特定財源が再び脚光を浴びたのは、10月に発表した政府の追加経済対策。麻生首相は、道路特定財源の一般財源化の際に1兆円を地方に移すと表明した。

地方では1兆円を三位一体改革で削減された地方交付税の復元にあてるよう求める声が強かったが、石原知事は「交付税は国の責任で復元すべき」と反対。自民党のPTも、公共事業に限定した交付金とする方針を打ち出した。

政府の地方分権改革推進委員会は、第2次勧告で出先機関の見直しを打ち出し、直轄国道の地方移管を議論している。分権委では、道路特定財源が無駄遣いの温床となっているという認識で一致しており、来年の第3次勧告では、直轄国道の地方移管に伴う道路財源の移譲が議論になりそうだ。

地方分権改革により直轄国道の移管や税源移譲があれば、都にとっては東京全体の道路事業のあり方を見直す契機となりそうだ。（地）

妊婦の受け入れが難航　拠点病院も「綱渡り」

周産期医療

9月～10月に都立墨東病院（墨田区）や杏林大病院（三鷹市）など総合周産期母子医療センターで、脳内出血の妊婦の受け入れが難航した問題は、医療資源が豊富な首都圏でも、お産の現状が危機に瀕しているという現実を改めて突き付けた。

都は補正予算で、搬送先を調整するコーディネーターや、勤務環境の改善策を発表。東京都周産期医療協議会（会長＝岡井崇・昭和大医学部教授）は、受け入れを断らない拠点病院を、総合周産期母子医療センターの中から3カ所指定する方針だ。

ただ、この緊急対策は、現場の負担増を強いるもので、根本的な解決にはならないとの指摘もある。墨東病院でも、産科医の当直回数を増やすなどして乗り切っているのが実情だ。

特に状況が厳しいとされるのが、墨東病院のある23区東部や、多摩地域だ。お産を取り扱う医療機関の減少に伴い、総合病院にも通常分娩が押し寄せている。都内では、昨年度にも妊婦の救急搬送が難航したケースがあったが、事態は改善していない。

背景には、産科医の絶対的不足がある。国は医学部の定員増に舵を切ったが、遅きに失したと言うべきだろう。また、診療科間の偏在を残したままでは、解決には至らない。医師数が少ない診療科への誘導策も検討が必要だ。また、新生児集中治療室（NICU）の満床や療育施設の不足など、問題は多岐にわたる。長期入院児の滞留を防ぐことも課題になる。

都の対策の方向性は、各圏域で産科医が「顔の見える関係」を作り、リスクの高い分娩は周産期母子医療センター、妊婦健診や正常分娩は診療所などで担う役割分担だ。その分、圏域ごとの綿密な協議は欠かせない。人員や予算の重点配分が求められている。（一）

満床が続くNICUの増床も必要に

都の主な動き

治水、気象情報に限界も　減災の視点、都民と共有を

ゲリラ豪雨

積乱雲が現れたかと思うと、雷雨が滝のように降り、あっという間に去っていく――。こうした「ゲリラ豪雨」が今夏、頻発した。都が発注した呑川（大田区）の河床整備工事、豊島区雑司ヶ谷の下水管補修工事で作業員が死亡。また、八王子市でも観測史上最高の1時間63㍉を記録した。従来の気象情報では「ゲリラ豪雨」に対応できず、気象庁も予報に苦慮しているという。

こうした中、都下水道局は「1滴の雨で工事中止」という新基準を設定。東京都技術会議でも、関係局が所管する工事の豪雨対策を検討中だ。また、治水整備のレベルアップも検討している。

ただ、工事の中止基準の厳格化は、請負業者には痛手。ある民間企業は「途中で工事を中止したら、材料が無駄になる。作業員の日当など、経費も余分にかかる」と漏らす。

都は時間50㍉降雨に対応する治水整備を進めているが、護岸の整備率は調整池の効果を見込んでも75%。河川整備には時間がかかる上、短時間に集中的に降る豪雨への費用対効果に疑問符もつく。

こうした中、民間の気象予報会社が、住民から携帯メールを通して積乱雲などの気象データを集め、ゲリラ豪雨の予報サービスを開始するなど、新たな取り組みも始まっている。

都下水道局が開催した気象講習会で、㈶日本気象協会の富沢勝氏は、気象データの確認が重要とした上で、「現場で働く方は、雰囲気というか、肌で感じる雨の降り方、周囲の状況、そういう感覚を大事にして頂きたい」と語った。現状の気象データや治水整備では、ゲリラ豪雨への対応に限界も見えてきている。都民と「減災」の視点を共有することが必要になっている。（祐）

下水道工事中の作業員が流された事故現場

基準の4万3000倍に愕然　五輪メディアセンターも変更

築地移転と土壌汚染

まさに腰を抜かすほど桁違いの数値だった。今年5月、「豊洲新市場予定地における土壌汚染対策等に関する専門家会議」（座長＝平田健正・和歌山大システム工学部教授）は、豊洲新市場予定地の土壌で基準の4万3千倍を超えるベンゼンなどの有害物質が見つかったことを公表した。

同会議は、7月に最終提言をまとめた。具体的には、旧地盤面から地下2㍍まで土壌を掘削・入れ替えを行い、さらに2・5㍍の盛土を実施。地下水も環境基準の達成を目指すという内容。土壌の掘削量は、国内最大規模になる。

都は、提言を踏まえた技術・工法を民間事業者から広く公募。8月に設置した「豊洲新市場予定地の土壌汚染対策工事に関する技術会議」（座長＝原島文雄・東京電機大教授）が、それらの評価・検証している。公募には120業者から221件の提案があった。当初、都は、11月にも都として土壌汚染対策計画を策定する予定だったが、提案件数が多かったことから、後ずれ込んでいる。

移転後の築地市場跡地では、2016年東京五輪招致が実現すればメディアセンターが建設される計画があったが、10月14日の招致委員会理事会で、東京ビッグサイトへ変更された。

築地市場の現在地再整備は、種地の確保や関係団体の調整など困難を極める。都は、現在地再整備は「不可能」と断じているが、築地市場の関係者の間では、流通環境の変化や豊洲新市場予定地での土壌汚染問題の発覚により先行き不透明感が高まり、現在地再整備を求める声が根強い。

都議会では民主、共産など野党が移転に反対を唱えており、都議選のみならず、総選挙でも争点となりそうだ。（地）

記者席

自民が八戸市議に恋文

○……都議会自民党は、都議選42選挙区のうち、唯一、連戦連敗が続いている小金井選挙区に青森県八戸市の藤川ゆり市議（28）に立候補を打診する方向で動いていることが分かった。小金井選挙区は、1989年に北多摩第二選挙区から分かれ、1人区として独立したが、自民党は一度も勝っていない。

藤川市議はDVDや写真集を発売し、「美人過ぎる議員」として話題性があり、浮動票を取り込めることや、都議選戦略上、自民党のイメージチェンジにもなる。川島忠一都議の発案で白羽の矢が立った。まず、三鷹選挙区の吉野利明前幹事長が藤川市議に手紙を書き、出馬の感触を探る。藤川市議が受ければ、民主党の西岡真一郎都議にとって最強の刺客になりそうだ。

○……来年夏の都議選の公認がほぼ固まる中、まだ公認が決まっていない選挙区では慌ただしい動きが続いており、すでに分裂模様のところもある。

都議選出馬を決めている候補者にとっては、公認を得られることが当選の一番の近道。しかし、周囲の期待を裏切らないために、たとえ公認がなくても出馬を決意している候補者もいる。さらに、政治家としての思いを貫こうと無所属での出馬を決めるものもいる。

あちこちで起きているつむじ風。やがては台風の目となるか。

○……杉並区立杉並第十小学校で6月に起きた6年生男子の天窓転落死事故で警視庁は17日、校長と当時児童に引率していた教諭を業務上過失致死で書類送検した。在籍中の校長と教諭への処分については、厳しい内容だ。

事故発生後、同校は今年度の「学校経営方針」を校長名で公表しているが、その中で「安全」の文字は「目指す学校像」の一つ、「家庭・地域との相互理解と協力による安全で心開かれた学校」など、2カ所しかない。それは全5項目の最後に記されている。無論、「安全」という言葉を羅列しておけば良い訳ではないが、「安全」が後回しにされてきた表れとも思える。学校側は、果たすべき役割の本質を見直し、新たな方針を築いてもらいたい。

移管の方向で48項目検討
再編論議は"門前払い"

都区のあり方検討委幹事会

昨年度から始まった都区のあり方検討委員会の幹事会は、今年も都から区への事務移管などについて議論した。今年度中に一定の方向付けを行うと予定していた444項目のうち、48項目について、区に移管する方向で検討することに合意。また、都に残す方向で検討することに合意したのは14項目。71項目は引き続き検討することになった。区に移管する方向で検討することに合意した中には、児童相談所の設置や教職員の人事権などもあり、今後、方向付けを決定する過程で、移管に伴う具体的な課題を踏まえた議論が待たれる。

事務移管の議論が一定程度進んだ一方で、区域の再編の議論は進まなかった。都区双方の立場は相変わらず異なっている。都は、自治制度全般の見直しが進むなかで区域の再編は避けては通れないという見解を強調する。生活圏に比べて区域が狭くなっており、行政サービスの受益と負担が一致しないと主張。23区を六つの「特別市」に分ける森記念財団の案や、14に分ける東京大学の浅見泰司教授らのグループの案などの例を示して、区側に議論を促した。

しかし、区側は「区民から再編を求める声はない」「23区全体でひとつの見解を示すことは困難」などとして、取り合っていない。

都区双方の当事者以外では、9月に東京商工会議所が都区制度を廃止し、23区を一体とするという「東京市」構想を提示。政府や経済界では、道州制をにらんだ動きもある。そうしたことも念頭に置きながら、将来の東京の望ましい自治のあり方を探る必要がある。

進んだかにみえる事務移管の議論だが、上下水道や消防は後回し。税財源の問題にも立ち入っておらず、落としどころが肝心となる。（信）

区域のあり方をめぐっては都区の温度差が顕著になった＝第4回都区のあり方検討委員会

スタートから不満と怒り
医療保険制度全体の見直しを

後期高齢者医療制度

75歳以上を対象とした後期高齢者医療制度は、4月のスタートから混乱した。周知徹底が不十分で、中身が分かるにつれて、高齢者からの批判の声も日を追うごとに大きくなった。

まず問題となったのは、保険証の未着問題だった。高齢者は、入院中だったり、子どもの家に身を寄せているなどで住所地にいないこともあり、手元に保険証を届けるという第一段階から手間取った。その後、「後期高齢者」という呼称への抵抗感、本人の同意もないままの保険料の天引きなどに不満と怒りの声が殺到した。

しかも、国民健康保険と比べて保険料が上がるケースも多かったことから憤りは静まらず、制度の説明が分かりにくいことも手伝って、混乱は政府・与党がさらなる保険料軽減策を決めた後の夏を過ぎるころまで続いた。秋には、保険料未納で督促状が届いて驚く人がいるなど、混乱のくすぶりは現在まで尾を引いている。

東京都後期高齢者医療広域連合では、保険料の独自軽減策を決めていたが、そこに政府・与党の軽減策が加わったことで改めての周知に腐心した。国レベルでは、舛添厚労相が1年以内の制度の見直しを指示するなどの動きもあった。保険料徴収の窓口となる区市町村は、先行き不透明な制度に悩まされ、煩雑な事務に振り回された一年となった。

この制度は医療費抑制と、現役世代と高齢者の負担の公平という極めて事務的な観念から生まれたもので、75歳での線引きは多くの課題も含んでいる。

全国市長会と全国町村会、国保中央会は従前から、すべての国民を対象にした医療保険制度への一本化を要求してきていた。多くの問題点が浮き彫りになったのを契機に、医療保険制度全体の問題として考え直すチャンスととらえるべきだろう。（糸）

窓口には高齢者が次々に訪れた

「大流行」対策に移行
BCP策定など新課題

新型インフルエンザ

「新型インフルエンザ」の大流行（パンデミック）の発生が現実味を帯びてきた中、対応策の重点は、初期の「封じこめ」策から、大流行時の社会機能の維持などへシフトしている。

国レベルでは、医療従事者などへのワクチンの事前接種が8月に始まり、今後は警察官やライフライン関連の従業者など1千万人規模に拡大される。都では、抗インフルエンザ薬の備蓄増や、感染症指定医療機関での患者の受け入れ態勢の強化を図っている。

各区市町村の独自対策としては、感染者を診察する陰圧テントの増設＝写真＝などに加え、一般市民向けの予防用マスクの備蓄などに着手するケースが増えており、補正予算で新型インフルエンザ対策費を計上した自治体も多い。今年度に区民向けのリーフレットを発行した荒川区など、広報活動に力を入れる自治体も増えてきた。関係者は「いたずらに恐怖心を煽らないように正確な情報の伝達が大切だ」としている。

大流行期対策では自治体の活動継続も課題の一つ。都は来年度にBCP（事業継続計画）策定を予定しており、各区も今後取り組むと見られる。発生初期の庁内用の業務対応マニュアルを今年度に作成した荒川区も「大流行期などの対応を検討していく」という。同区や文京区などは、区内事業者向けにBCPの講習会なども開催している。

大流行期は都と区市町村、関係機関の連携が重要なため、特別区保健所長会が4月に対策検討会を設置するなどの動きがあった。都が11月20日に実施した対策訓練には、全区市町村の関係者が参加したほか、警視庁や東京消防庁、東京ガスやNTTなどライフライン事業者も加わり、連携体制を確認した。（河）

23区ごみ戦争が終結
減量化で負担の公平を

ごみ負担金

23区では可燃ごみ負担金の導入で、1970年代から一部の区で対立してきたごみ戦争が終結することになる。

ごみ戦争は、江東区夢の島にごみが埋められ、ハエの大量発生などの問題が表面化したことで勃発。当時の美濃部亮吉知事が清掃工場建設を各区に求めたが、住民の反対で実現できなかった杉並区のごみを、江東区が搬入拒否する非常事態に発展。その後も、ごみは江東区などに集まる状況が続き、清掃工場がある区とない区のアンバランスを是正する検討が必要と、特別区長会は03年11月に確認した。

例えば、清掃工場のある区の方が、工場への派遣職員数が多いという問題があった。区別のごみ量を正確に把握するため精度を高めて、各区のごみ量に応じて派遣人数を決めるようにした。

最後に残った懸案が、清掃工場へのごみ搬入量などの負担の公平だった。

区長会は今年3月、可燃ごみを自区内で処理しきれない区が1トンあたり1500円を、ごみを受け入れる区に支払う制度に合意した。区民に負担意識を持ってもらうよう、負担金の財源は自主財源が望ましいと判断。08年度のごみ量が来年度内に判明するため、10年度から実施する。

だが、杉並、練馬両区の清掃工場は建て替えを控えており、工事中は可燃ごみを他区に持ち込むため、負担金をもらう立場から支払う側に転じる。両区は反発し、負担金の財源などで折り合いがついていない状況だ。

しこりを残すことなく、完全決着を目指して、各区は足並みをそろえることが必要だ。ごみ戦争終結後の課題であるごみ減量化を進めなければ、国内最大規模の焼却炉がある江東区の負担は変わらない。23区が協力して減量化に取り組み、負担を公平にすべきだ。（石）

さらなるごみの減量化が課題だ＝練馬区内で

区市町村の主な動き

全選挙区で政権存続
有権者離れ、区部で深刻に

区市町村選挙

区市町村選挙は、区部で目黒、港、荒川の3区、多摩・島しょは八王子、府中、福生、狛江、昭島の5市と、奥多摩町、三宅村、利島村の1町2村で、いずれも任期満了の首長選挙が行われた。

区部では3区すべてで、現職が圧勝。目黒区は青木英二氏が、港区は武井雅昭氏が、荒川区は西川太一郎氏が、それぞれ勝利した。いずれも、自民、公明、民主の3党が現職に相乗り推薦。対立候補は共産党系のみで、国政における与野党の対決ムードは反映されなかった。

選挙前から現職優位の雰囲気が漂い、また各区とも対立案件などが乏しいことも影響し、有権者側にはややしらけたムードも見られた。投票率は、目黒区が27・27％、港区が25・75、荒川区が34・96％と軒並み低く、有権者離れの深刻化が改めて浮き彫りになった。

市町村でも、福生市を除き、いずれも現職が勝利した。各選挙の争点は、再開発の是非や環境保護（八王子市）、ダストボックス廃止などのごみ問題（府中市）、市政継承か否か（福生市）、「共産党市政」への審判（狛江市）、米軍立川基地跡地への法務センター計画の是非（昭島市）、島の復興への取り組み（三宅村）、「都立奥多摩湖畔公園・山のふるさと村」公金流用事件（奥多摩町）。利島村は2期連続無投票だった。

そのうち、無風選挙が続いた福生市では、野澤前市長の引退で分裂選挙に。選挙戦を制したのは後継指名を受けた自民推薦の加藤育男氏だが、自民党員の市商工会長や、野澤市政を支えてきた前市総務部長が民主推薦で出馬するなど、対共産で一丸となってきた保守王国の方程式が崩れた。

また、「共産党市長」として4選の審判に注目が集まったのは狛江市。自公推薦の前市議と、民主、国民新党、新党日本、生活者ネットワーク推薦の映画プロデューサーとの三つどもえの戦いとなったが、市民を核とした選挙戦で現職の矢野裕氏が圧勝。「共産党市政」のイメージに新風を起こした。（加）

共産党のイメージを「市民の力」が変えた狛江市長選

激しい変化に対応苦慮
来年度予算編成の焦点に

原材料費高騰

上半期は物価高騰、下半期は景気後退が進む中、区市町村は緊急対策に追われる1年となった。

物価高騰では、中国の需要拡大で鋼材価格などが急上昇した。建設物価調査会によると、1月のH形鋼が1トンあたり約8万円から8月は約13万円と1・6倍増となった。

自治体が値上がり分の一部を負担する単品スライド条項を発動したのは、第2次オイルショックの1979年～80年以来だ。杉並区などでは、区立杉並芸術会館の建築工事で、1390万円余りが業者に支払われた。

だが、鋼材価格は11月で11万5千円と下落傾向で、契約額を減額する逆スライド条項の適用もありうる状況だ。景気後退が進む中、発注工事の減少、業者の低価格受注などの懸念があるだけに、品質確保が大きな課題になりそうだ。

原材料費の高騰問題では、学校給食費の対策にも区市町村は追われた。補正予算の計上や米代の立て替えなどを行った。

中小企業支援では、各自治体では10月以降、緊急融資のあっせん事業を実施している。国のセーフティーネット融資制度で対象業種が大幅に拡大。区市町村の窓口には経営者らが殺到した。各自治体は緊急の相談窓口も設置。その一つ、台東区では、不況の深刻化で、年末にかけて来訪者が増えているという。

各自治体では発注工事を見直す動きなどあり、練馬区などが新規事業を補正計上。世田谷、台東区など一部工事の前倒し発注に踏み切った自治体もある。また、小売業者と消費者の支援を兼ねた「プレミア付き商品券」を発行する区や市も相次いだ。

先行きの不透明さが増す中で、中小企業保護や雇用促進などは、09年度の予算編成でも重点施策になることは必至だ。自治体側も今後の税収減が不可避の状況で、難しい舵取りが要求される。（河）

サミットで関心高まる
環境負荷低減策で各市が競う

環境施策

世界的な関心事となっている地球環境問題。7月には、環境を主要テーマにした北海道洞爺湖サミットが開かれたこともあり、動きの鈍かった市民や企業の関心が一気に高まった。同時に、行政の環境施策も、広く市民を巻き込んだものが目立った。

サミット前後には、各市で市民参加の環境イベントが多く行われた。打ち水大作戦や一斉消灯を促すキャンドルナイト、緑のカーテン、環境家計簿など、様々な取り組みがあったほか、各自治体が年間を通じてユニークな取り組みを実施。

「市民の行動を促すには職員から」と全庁的な取り組みを行う市も増え、たとえば八王子市では、マイカップ、マイ箸など、日常業務の中で一人ひとりができる取り組みを推奨。またサミット期間には、1人1キログラム、合計9千キログラムのCO_2削減を目指した「チャレンジ9000」を実施。目標にこそ届かなかったが、7704キログラムが削減でき、一人ひとりの取り組みの重要性を実証して見せた。

日野市では、全市民、団体、事業者を対象にした「ふだん着でCO_2を減らそう宣言」を実施。市民などが自ら「宣言」することで、日常でできるCO_2削減の取り組みを推進している。

今や環境施策の象徴にもなっているマイバッグ推進では、町田市が市内スーパーなどと協力してレジ袋廃止実験を実施。安価で複数回使用できるマイバッグの代替品「エコフクロ」作成や、市の指定収集袋のばら売りなど、様々な取り組みによって「レジ袋ゼロ」を目指した。

東京都内の全区市町村が共同で取り組んでいる「みどり東京・温暖化防止プロジェクト」は、昨年秋の共同宣言から、今年度は具体的な普及・啓発活動に発展した。家庭での環境負荷低減活動を小学校単位で実践する省エネチャレンジ実施や、5月には環境保全アニメ『かれんと不思議の森』を制作。この作品は「アースビジョン第17回地球環境映画祭・こどものための環境映像部門」で入賞した。（絵）

職員を取り巻く動き

質の確保と受験率アップ

合格後の育成も課題に

特別区管試の見直し

23%――。これは今年度の区管理職選考の合格率だ。昨年度に初めて受験者の5人に1人が合格する状況となり、今年度も「管理職の門」は広がった。

特別区の管理職需要数は、団塊世代の大量退職に伴い年々増加傾向にある。一方で受験者数は減少の一途をたどり、有資格者の4%にとどまる。この結果、合格率は当然高くなり、そして当然のように「質の確保」を危惧する声が上がる。

実際に区の先輩管理職からは、議会や住民対応、組織マネジメントなどの場面で、最近の管理職の「質の低下」を嘆く声が聞かれる。本当に低下したかはさておき、懸念の背景には「広き門」となった昨今の管試事情が大きく影響しているのは確かだ。

議会・区民対応が厳しさを増す中、選抜のレベルを落とすことはできない。受験率を高めながら優秀な人材をいかに確保するか。区人事委員会が出した結論が選考の見直しだ。

来年度からI類の選考を改正。択一問題の出題範囲を狭めたほか、不合格でも択一・短答式が一定水準以上であれば翌年度から3年間、択一・短答式を免除する仕組みも導入する。

受験率の低下でよく指摘されるのがライフスタイルの変化。価値観が多様化する中で、管理職の魅力は必ずしも高くない。公私ともに多忙な時間を試験対策に割くことは難しい。見直しはこうした課題に一定応えたものとなる。

一方で「質の低下」の懸念を払拭することは難しい。厳しい管理職選考を通過してきた先輩管理職には、今回の改正はハードルを下げたと映るかもしれない。しかし管理職選考は一つの通過点にすぎない。真に組織にとって有益な人材を確保するためにも、合格後の人材育成がますます重要となる。（貴）

試験制度の見直しは受験生にどう響くか。写真は今年の管理職選考会場の様子

居酒屋タクシーで都調査

事件・事故の検証必要

公務員の不祥事

08年の流行語大賞トップテンにも入った居酒屋タクシー。中央省庁の職員が、深夜にチケットを使ってタクシーで帰宅する際、特定の運転手が缶ビールやおつまみなどをサービスしていたことが発覚して問題となった。現金や商品券、プリペイドカードなどが提供されたケースもあり、国では調査の結果、17省庁の計1402人についてビールや金品の授受が判明した。

こうした事態を受けて、都総務局も6月、チケットによるタクシー利用者に調査票を配布し、自己申告の形で調査に乗り出した。この結果、都職員29人が缶ビールの提供を受けていたことが分かり、訓告や口頭注意等の処分が行われた。なかには特定の運転手からおおむね30回以上のビール等の提供を受けたケースもあったという。

居酒屋タクシー問題では、中央省庁での現金や商品券の授受は論外として、ビール等の提供を受けたケースについても、職員の倫理観・自覚の欠如は非難されてしかるべきだろう。

ただし、問題の別の側面として、中央省庁や都を問わず、タクシーでの帰宅に頼らなければならないほど、深夜残業が恒常化している職場の存在に、改めて目が向けられることは少ない。実効性ある超勤縮減の取り組みにつなげ、健全化を図る必要がある。

このほかにも自治体職員の不祥事では、都区市町村問わず、数多くの事件・事故が報じられた。中身も横領や暴力・わいせつ行為、個人情報の流出など様々だ。

当事者個人の資質の問題と片付けるのは簡単だが、事件・事故を未然に防ぐためにも、チェック体制の不備はもちろん、職場の人間関係の希薄さ、業務増に伴うストレスの増大等が背景にないだろうか。検証が求められる。（大）

交通局駅係員による事件も大きく報じられた。資質だけでなく、背景に目を向ける必要もある

入り口段階で膠着

現業・教員の人事給与争点に

都確定交渉

今年の都労使交渉は、人事部・勤労部の統合後、都労連も6月の定期大会で役員改選を行い、新執行部が始動するなど、新たな構図となった。確定交渉では、現業と教員の人事給与制度という重い2課題を最大の争点に、最終局面まで予断を許さない状況が続いた。

現業給与を巡る都側の主張は、均衡の原則や情勢適応の原則だった。8月には業務職給料表の見直しの方向性を提示。これを踏まえて「国行(二)水準との均衡」にあたる平均15%程度の引き下げ、昇給カーブのフラット化を提案した。

都労連は提案の即時撤回を要求。併せて現業系職員が都政に果たす役割と責任を正しく評価するよう主張した。都側は給料表の切り替え方式など「一定の配慮」を強調したが、交渉は終盤まで入り口段階で行き詰まりをみせた。

最終的には、一般行政職のラス指数等を考慮した結果、引き下げ水準の縮小という決着となったが、水準はもちろん、実施時期の1年先送り、号級の足伸ばし、技能主任職昇任選考の見直しなど都側が譲歩するとともに、副知事による現業系職員の役割に言及があった一方、都労連も提案撤回には至らず、また「密接不可分」として改善を求めた任用制度も引き続き協議となった。

教員の人事給与制度に関しては、昨年見送られた教育職員給料表について、小中学校と高等学校等の教員給料表を一本化した教育職員給料表を新設、都労連が導入の断固反対を鮮明にしていた主任教諭でも、職務の級の新設が勧告された。

交渉では、都提案の職務段階別加算や退職手当の調整額区分といった給与制度の改正について、分化後の教諭等を念頭に経過措置が設けられるなど修正もあり、妥結に至ったが、教員関連では勧告自体が大きなポイントだったと言えそうだ。（雄）

17日午前には都側から一定の回答も示されたが、都労連は再考を求め、決起集会で団結を固めた

「失われたもの取り戻す闘い」続く

勤務時間は15分短縮

特別区確定交渉

特別区労使交渉の最終局面が近づいた11月18日、区の労使に衝撃が走った。同日未明に都の労使交渉が決着。業務職給料表の平均15%引き下げを提案する中で、最終的に平均8%の引き下げとなった妥結結果が労使を驚かせた。

今年の特別区の確定交渉は、勤勉手当の成績率の削減や技能・業務系人事制度、勤務時間の短縮などを主な争点に厳しい交渉が続いていた。他方、技能・業務職給与制度は昨年、都に先駆けて平均9%の削減を行ったため「ひと段落」の状況にあった。そこに示された都労使の妥結結果。組合側からは、今確定期に改めて給料表を改善するよう話し合いを求める声も上がったという。

しかし、交渉が最終局面を迎える中で、新たな課題に浮上させる時間はない。最終団交では特区連、清掃労組とも、都の妥結結果に触れながら今後の交渉を求めるにとどまった。

最大の争点となった成績率の拡大は、経過措置を当初提案より3年先伸ばしして適用。係長級以上だった一律拠出の適用範囲は当初提案通り全職員に拡大するが、当分は行政系1級職・2級職などに適用せず、実施時期も当初より1年先伸ばしして妥結となった。

また、昨年の技能・業務職給料表の引き下げに伴い、今期の課題となっていた昇格メリットや技能・業務系人事制度にかかわる技能長職等の設置基準なども、組合要求を一定踏まえた内容で妥結。さらに今年の人事委員会勧告の意見でも触れられた勤務時間の短縮は、来年4月から1日あたり15分短縮することで決着した。

昨年の技能・業務職給料表の引き下げを受け、組合はこの1年、「失われたものを取り戻す闘い」を進めてきた。その視線は早くも来年の確定交渉に向けられている。（貴）

18日に行われた特区連の総決起集会。妥結前に来年の火ぶたが早くも切って落とされた

大量退職背景に危機感

職員選抜の研修も

人材育成

団塊世代の大量退職期に入り、どの組織でも課題となる人材育成。今年、最も本紙の職員面を飾ったテーマであり、関連記事はざっと30近くを数えた。

象徴的なものの一つが都のOJT推進責任者研修だ。昨年12月に「都職員OJT指針」を策定。今年を「OJT推進元年」と位置づけて中央研修のメニューに盛り込み、全庁を挙げた取り組みを展開している。

局レベルでも、主税局が職員一人ひとりの技量を示す「スキルマップ」を作成して人材育成につなげる取り組みや、総務局文書課が文書・政策法務の能力向上に向けた人材育成方針を策定する動きなどが見られた。

特別区も同様に、文京区が管理職候補者などを対象に、政策法務や企画力の向上を図る研修「政策創生塾」をスタート。中野区は求められる行動パターンを明示するコンピテンシーモデルを導入する取り組みも開始した。

技術の継承を明確に位置づけたものでは、水道局がベテラン職員を活用した「水道技術エキスパート制度」を導入。特別区でも、清掃一組が清掃工場の人材育成組織としては日本初となる技術訓練センターを発足した。

これまで研修は、職層や経験年数での横並び的なものが多かったが、近年は職員を選抜するものも増えている。都は財政難で休止していた海外研修を12年ぶりに復活。米国の大学院プログラムへの派遣などを行った。

ただ、研修を強化しても、それを生かす仕組みがなければ効果も半減する。㈳日本経営協会の調査によると、民間では研修結果を人事考課や管理職登用に活用するケースが多いが、行政での活用は「人事異動」が主で、民間に比べて弱いというデータもある。研修だけでなく、その効果を高める取り組みも課題となる。（智）

研修は組織を救うか？ グループ討議なども取り入れた都のOJT推進責任者研修で

受験者の負担軽減狙う

経済情勢激変で不透明感も

採用試験改正

都・特別区ともに職員採用試験を改正した。好景気に支えられた官民を含む人材獲得競争を背景に、受験者層を拡大することが狙いだったが、今年後半の世界的な金融危機に伴う景気の急減速で、採用を取り巻く状況が一変することも予想される。

都の改正内容で、中心となるのは、中途採用での年齢制限撤廃だ。雇用対策法の改正に対応したもので、都定年に合わせて「年齢60歳未満」とし、学歴に応じた職務経験を要件に追加した。任用面も主任級職で採用するほか、条件が整った場合には係長級職での採用も可能とする。

年齢制限の撤廃は、他団体での先行例もあり、組織の活性化につながるなど効果がある一方、処遇面を含めて課題も指摘されており、導入後の検証が必要になるだろう。

新規学卒採用では、年齢要件の上限引き上げのほか、試験内容もI類Bで択一式を廃止し、記述式の専門試験の充実を図る。予備校等の受験対策ではなく、思考力や応用力、説明能力を重視した。

特別区も受験者の負担軽減を目的に、I類採用試験の改正を行う。一般教養での知識分野の選択解答枠を拡大するほか、自然科学分野の出題数を増やす。過度な受験対策を必要としないよう、とくに技術系職種の受験者に配慮した中身だ。

また事務職種で記述試験を廃止し、択一式に一本化。併せて科目数を削減する。技術職種も専門試験の一本化や出題範囲を絞り込む。思考力、応用力は論文試験で検証するという。改正手法や重点の違いはあるが、都・区いずれも受験者の負担軽減が共通する。

経済状況の激変による公務員人気の高まりが予想されるが、景気に左右されない公務員志望者層の掘り起こしは大きな課題だ。継続的な取り組みが求められる。（大）

11月に初開催された都単独の就職セミナー。ブースでは各局が工夫を凝らして事業説明

産業労働局で不適正な契約

随時監査で指摘

会計検査院が12道府県の不正経理を指摘した問題を受け、都監査委員が一般需用費等を調査した結果、産業労働局で契約よりも納入品目が多い不適正契約が見つかった。

監査は国土交通省と農林水産省の補助事業を行う産業労働局、建設局、港湾局の3局で実施。

このうち産業労働局の森林課では、消耗品購入の際、契約書類上は名刺ホルダーやトナーカートリッジなど8品目としていたが、実際にはデジタルカメラなど25品目を納入していた。局では事務の効率化のため納入品目を書類上で割愛し、納入数を増やすなどして金額を調整していたと説明する。物品は、すべて契約原義上と同じ消耗品として購入可能なもの。局では今後、小口現金制度を活用した物品購入などを徹底する。

監査委員は、来年度の定例監査の重点監査事項に消耗品等の購入契約を掲げ、関係人調査を実施して契約事務を検証する予定。

昇任試験対策のページ

職員教養講座 ㉑年度 [27]

B事務（環境）記述

はじめに

平成19年度から試験制度は大きく変わりました。受験者の負担もかなり軽減されたと思われます。管理職試験まで残り5カ月ですが、これから試験勉強を始める方も十二分に間に合います。私自身は、年明けから少しずつ資料収集を行い、本格的な準備に取りかかったのは、3月ごろからでした。5月はかなりハードでしたが、4月の異動がなかったため、なんとか間に合ったという感じです。

勉強する時間が十分にとれない方も多いと思いますが、限られた時間の中でいかに効率的に準備を進めるかが、合格するための第一のポイントです。大願成就に向けて、着実に準備を進めていってください。

出題傾向

平成20年度の管理職選考実施要領を見ると、環境職群の出題領域は、「環境基本法・廃棄物の処理及び清掃に関する法律・水道法・下水道法に関連する基礎的法令知識、生活環境及び自然環境に関する基礎的知識、環境に関連する時事的問題」となっています。この傾向は、今後も変わらないと思われます。

出題数は6題で、うち2題を選択して解答する方式です（試験時間は1時間）。出題は、法令の内容を直接問う問題よりも時事的な問題が多い傾向にあります。法令の改廃があった場合は必ずその内容を確認しておくとともに、都の計画や主要事業については漏れのないよう調べることが必要です。

各分野の過去の出題と傾向は次のとおりです。（数字は出題年度）

《環境基本法》

1　過去の出題

⑧環境審議会⑨環境基準⑩事業者の責務⑪費用負担⑫環境影響評価の推進⑬環境基本計画⑭出題なし⑮地方公共団体の施策⑯環境への負荷の低減に資する製品等の利用の促進⑰環境の保全上の支障を防止するための経済的措置⑱環境影響評価の推進⑲環境の保全に関する教育、学習⑳環境基本計画

2　ポイント

今年度出題された「環境基本計画」は過去にも出題されています。環境基本法は条文が少ないので、出題予想の絞り込みにそれほど時間は必要ないでしょう。参考図書としては、環境省総合環境政策局編著の『環境基本法の解説』（発行＝ぎょうせい）は法律制定の背景や逐条解説があり、分かりやすいと思います。

今後注意したほうがよい事項を次に示します。

○環境への負荷の少ない持続的発展が可能な社会の構築等○各主体（国・自治体・事業者・国民）の責務○環境基準○環境の保全上の支障を防止するための規制○地球環境保全等に関する国際協力等○原因者負担

《環境一般》

1　過去の出題

⑧環境白書に示す環境行政の課題と新たな方向⑨自動車排気ガス（交通量対策の推進）⑩ダイオキシン類対策取り組み方針⑪地球温暖化対策の推進に関する法律の概要⑫ダイオキシン類対策特別措置法の要旨、ディーゼル車NO作戦⑬環境確保条例に定める自動車公害対策⑭東京都環境基本計画、都税制調査会答申の環境税制、都環境影響評価審議会答申の計画段階環境影響評価制度⑮都市と地球の温暖化阻止に関する基本方針、第7次東京地域公害防止計画⑯ヒートアイランド対策、土壌汚染対策⑰環境マネジメントシステム、地球温暖化対策⑱都が推進する化学物質の適正管理（リスクコミュニケーション）、東京都シカ保護管理計画⑲揮発性有機化合物の排出規制・発生の現状及び削減対策、自動車排出ガス対策⑳10年後の東京への実行プログラム2008「都民・企業と協働して低CO_2型自動車社会を実現」

2　ポイント

都議会定例会での知事所信演説や環境局等のホームページで重要施策、計画策定などをチェックしてください。また「10年後の東京」に関連する事項については、要注意です。過去の出題傾向を見ると、地球温暖化対策は毎年のように出題されていますので、今後もこのテーマは重要でしょう。

《廃棄物処理等》

1　過去の出題

⑧法に定める産業廃棄物の定義と都の排出状況の特徴⑨法に定める産業廃棄物処理計画と第5次東京都産業廃棄物処理計画策定の要旨、ごみ減量化の基本的考え方と具体的施策⑩廃棄物処理法の主な改正点⑪循環型社会づくり推進本部資源・リサイクル部門専門家会議報告「循環型社会システムへのアプローチ」の概要⑫産業廃棄物公共関与構想検討委員会報告「東京都における産業廃棄物の新たな公共関与に関する報告書」⑬廃棄物処理法の主な改正点⑭東京都廃棄物処理計画の概要⑮出題なし⑯スーパーエコタウン事業⑰使用済み自動車の再資源化等に関する法律（自動車リサイクル法）⑱産業廃棄物対策の概要⑲出題なし⑳「食品循環資源の再生利用等の促進に関する法律」に基づくリサイクルの仕組み

2　ポイント

法律の改正や計画策定の動きに注意が必要です。広域自治体としての都の廃棄物行政に関する事項を問うものが多く出題されています。関連する法律が改正された場合、改正点について確認しておくとよいでしょう。

《水道関係》

1　過去の出題

⑧法に定める水質基準⑨都の安定供給対策⑩都の震災対策⑪都の水道需要と水資源の確保⑫水道事業経営プラン2000⑬水道水源林⑭法に定める地方公共団体の責務、水道事業における第三者への業務委託⑮水道局が取り組むPFI事業⑯水道局環境計画⑰東京水道経営プラン2004⑱安全でおいしい水プロジェクト⑲東京水道長期構想STEPⅡ⑳東京都水道局環境計画（2007―2009）

2　ポイント

水道局の中期計画や施策等をホームページなどでチェックし、予想問題を推測してください。法令についても、水道事業に必要な基礎的事項を押さえておくことが大切です。法令関係で予想される事項は次のとおりです。

○法に定める水質基準○法に定める供給規程○法に定める給水義務○水道用水供給事業の認可基準

《下水道関係》

1　過去の出題

⑧区部下水道施設の再構築⑨高度処理の推進の必要性と課題⑩合流式下水道の改善、下水道施設の情報通信網利用⑪下水の熱利用、下水道汚泥の資源化⑫流域下水道の意義と都における現状⑬下水道局環境会計⑭都の下水道事業における合流式下水道の改善及び都市型水害対策と下水道局行政評価制度での位置付け⑮下水道局の環境マネジメントシステム⑯区部下水道事業経営計画2004⑰下水道事業における地球温暖化防止計画「アースプラン2004」⑱区部公共下水道事業及び流域下水道事業のそれぞれの財政の仕組み⑲下水道事業「経営計画2007」⑳東京都豪雨対策基本方針

2　ポイント

今年度出題された「東京都豪雨対策基本方針」は都市づくりの職群でも出題されているように、都市整備・建設・下水道局に関連する総合治水対策としての出題でした。

平成8年度以降、下水道局の事業に関する出題が続いています。水道局と同様、ホームページ等で施策等をチェックする作業が基本となります。下水道事業の体系や施策の方向など、事業内容の細部まで踏み込んで解答を求める出題の可能性があるので、資料収集は念入りに行う必要があります。

《生活環境・自然環境》

1　過去の出題

⑨出題なし⑩都の食品保健における許認可・監視指導⑪都の環境衛生行政における生活環境確保施策⑫出題なし⑬緑の東京計画の目標と施策の方向⑭出題なし⑮東京都自然環境保全審議会答申「多摩の森林再生を推進するために」の概要⑯～⑱出題なし⑲小笠原諸島の世界自然遺産の登録に向けた取り組み⑳緑の東京10年プロジェクト基本方針

2　ポイント

緑化事業については、知事の関心が特に高いと思われます。「10年後の東京」や都政新報の記事などを参考に、主要事項をチェックしておいてください。

勉強方法

環境職群の出題領域は幅広く、資料収集だけでもかなりの時間が必要となります。また、模範解答の作成や暗記の時間を考慮し、できるだけ早くから受験準備にとりかかることをお勧めします。

勉強の進め方について学習手順に従って次に記しますので、参考にしてください。

(1)資料収集

法令に関しては、条文だけでは模範解答を作れません。条文の背景及び当該規定の目的や効果は、市販の逐条解説等を入手するなどして調べ、解答を補うようにして下さい。

時事問題に関しては、7月ごろから当該年度の3月ごろまでの事項を中心に収集します。重要施策が出た場合は、4月ごろまで範囲が広がる可能性もあります。関係各局のホームページが体系的に整理されており、効率的に収集できると思います。プレス発表資料は、内容がコンパクトになっているので、模範解答作成に大変役立ちます。

その他、審議会の動きや法令改正の動向もチェックしておきます。私の場合、都のホームページの報道発表資料から出題予測をし、関係各局のホームページを参照して、予想問題を作成するためのデータを収集していました。

(2)出題予想

過去の出題傾向を考慮しながら、予想を10題程度に絞り込みます。予想を多く準備すればそれに越したことはないのですが、1題あたりの文字数が多いので、解答作成や暗記の作業を考えると、この程度が適度な分量だと思います。

(3)模範解答の作成

模範解答は700字前後で作成し、見出しをつけて個条書きにします。また、キーワードや基本となる数字は必ず記述するようにします。「目的（意義）」「現状（説明）」の2段構成がまとめやすいと思います。

模範解答の作成は、思いのほか時間がかかります。グループで学習するのであれば、作成を分担して行うと、短い期間で準備ができます。初めて記述問題に取り組む方は、書き出しや全体のまとめなどに戸惑うかもしれません。今年度の合格者から模範解答を譲り受け、参考にするとよいでしょう。

(4)暗記

自分にあった方法で、忍耐強く取り組むしかありません。「700字前後」という文字数を長期間記憶し続けることは難しいので、試験直前には復習を兼ねて再度確認をすることをお勧めします。私自身は、予想問題のキーワードやポイントとなる事項を一覧表にして毎日通勤電車の中で眺めるようにしていました。

(5)試験前日まで

当然のことですが、当日の解答は手書きになります。普段からパソコンでの文章作成が当たり前になっている昨今、いざ手書き文章を書いたとき漢字が思い出せなかったり、指や腕が張ってしまったり、という経験をされたことはありませんか。

試験当日は、記述と論文を合わせておおむね3時間、ひたすら文字を書き続けることになります。この作業に耐えられるよう、「書く」訓練は重要です。また、試験前日は、早めに就寝し、翌日の試験本番に備えてください。

最後に

管理職試験Bを受験する皆さんは、係長級として組織の要として多忙を極めておられると思います。受験対象となる年齢時期は、子育てや身内の介護など、試験勉強を継続するために家族の理解が必要な場合もあるかもしれません。集中して学習する時間をとるのが難しい場合は、通勤時間を利用するなど、日常の生活のちょっとした時間を上手に使って学習してください。

合格を目指す皆さんのご健闘を、心よりお祈りしております。

21年度　教育管理職への道しるべ ▶17◀

地方公務員法①

はじめに

地方公務員法（以下、地公法）は、総則、人事機関、職員に適用される基準、補則、罰則の全5章からなり、その目的は、人事行政に関する根本基準の確立により、地方公共団体の行政の民主的・能率的運営等を通じ、地方自治の本旨を実現することにあります。地方自治の本旨とは、憲法に基づく住民自治と団体自治です。地公法は、この憲法の地方自治の規定に即して、地方公務員の基本的制度を定めた法律です。

昭和25年制定のこの法は、国家公務員法の規定にかなり準拠しています。しかし、地公法では、地方分権の観点から条例に多くを委ねていること、国家公務員法には適用のない労働基準法が原則適用であることなど、いくつかの違いがあります。

出題状況

教育管理職選考択一問題で、地公法の出題は、この数年は40問中4問程度で推移しています。教育公務員特例法や都政・教育事情など他の分野の中で地公法の知識が問われることもあるので、注意が必要です。

今年度は、○服務全般○休暇等○分限・懲戒○職員団体、の4問が出題されました。

過去の出題状況は次の通り。

《平成19年度》
○服務○職務命令○分限・懲戒○職員団体

《平成18年度》
○服務○勤務時間○職員団体○分限・懲戒

《平成17年度》
○勤務条件○人事考課○勤務時間○分限・懲戒○職員団体

《平成16年度》
○教職員の服務○職員団体○分限・懲戒

《平成15年度》
○職員団体○職員の服務（懲戒）○教職員の勤務時間等

◇

一見して明らかな特徴があり、職員団体（地公法第3章第9節）、服務（同第6節）、分限・懲戒（同第5節）、（勤務時間等の）勤務条件（同第4節）から、ほぼ毎年出題されていることが分かります。

地公法の出題では、その全般を網羅するのではなく、問われるのは限定された範囲の知識です。管理職となり、人事管理を実践する上で不可欠な服務、懲戒・分限、職員団体等に関する知識が問われているというわけです。より効率的に学習を進めるために、最初にこの点を確認しておいてください。

勉強法

地公法の出題数は4題程度ですが、基本的な知識を問うものがほとんどであり、確実に得点源としたい分野です。

まず、人事制度関係の法令について基本的知識が乏しい場合には、『職員ハンドブック』（東京都職員研修所）の人事の項の精読を勧めます。この冊子は、都庁第一本庁舎3階の都民情報ルームや都内主要書店で購入できます。

このほか、『教育小六法』（学陽書房、三省堂など）を常に手元に置き、参照してください。重要条文には参考となる判例や行政実例の要点が掲載されているので、頻出個所を中心によく読み込むことです。

なお、市販の刊行物では、『自治体職員ハンドブック』（公職研）や『地方公務員法律キーワード事典』（学陽書房）に、地公法等の要点が分かりやすく整理して解説されています。本格的に学ぶには専門の参考書を利用するのも良いでしょうが、時間をかけるより要点を確実に押さえる勉強を心がける方が効率的です。

問題

【問題 1】

職員団体に関する記述として妥当なものは、次のうちどれか。

① 職員団体の目的は、勤務条件の維持改善及び職員の福利厚生の増進である。

② 職員団体と地方公共団体当局は適法な交渉に基づき、書面による協定を結ぶことができる。

③ 登録を受けた職員団体は、法人となる旨を地方公共団体当局に申し出ることにより法人になることができる。

④ 職員団体と地方公共団体当局との交渉には、団体協約を締結する権利も含まれる。

⑤ 非登録の職員団体は、適法な交渉であっても勤務時間中に行うことはできない。

【問題 2】

分限処分に関する記述として妥当なものは、次のうちどれか。

① 職員がその職に必要な適格性を欠く場合においては、その意に反して、任命権者はこれに対し戒告の処分をすることができる。

② 職員が勤務実績が良くない場合においては、その意に反して、任命権者はこれに対し減給の処分をすることができる。

③ 職員が心身の故障のため職務の遂行に支障がある場合においては、その意に反して、任命権者はこれを免職することができる。

④ 職員が地方公務員法またはこれに基づく条例、規則若しくは規程に違反した場合においては、その意に反して、任命権者はこれに対し降給の処分をすることができる。

⑤ 職員が刑事事件に関し起訴された場合においては、任命権者はその意に反して、これに対し停職の処分をすることができる。

【問題 3】

懲戒処分に関する記述として妥当なものは、次のうちどれか。

① 懲戒処分には、免職、停職、減給及び戒告の四つがあるが、このほかに懲戒的な実質を持った処分を設けることができる。

② 懲戒処分の事由は、地方公務員法に定める事由のほか、必要に応じ条例により独自の懲戒事由を設けることができる。

③ 任命権者は、懲戒処分を行った後であっても、その職員の情状により処分を取り消して、より軽い処分にすることができる。

④ 職員に懲戒処分事由のみが存在する場合であっても、任命権者は、その職員の情状により分限処分とすることができる。

⑤ 任命権者は、公務災害による療養のために職務に従事しない期間及びその後30日間は、原則として、懲戒免職とすることはできない。

解説

【解説 1】　正答②

① 誤り。目的は勤務条件の維持改善のみである。

② 正しい。

③ 誤り。地方公共団体当局ではなく人事委員会等が正しい。

④ 誤り。団体協約を締結する権利は含まれない。

⑤ 誤り。非登録の職員団体は、地公法第55条第1項の適用はないが、第55条第8項については差別されない。

【解説 2】　正答③

① 誤り。その職に必要な適格性を欠く場合には、分限処分として降任または免職とすることができる。

② 誤り。勤務実績が良くない場合は、分限処分として降任または免職となる。

③ 正しい。

④ 誤り。法規違反は懲戒処分であり、戒告・減給・停職・免職のいずれかである。降給は分限処分であり、その事由は条例で定める。

⑤ 誤り。刑事事件で起訴された場合は、分限処分として休職することができる。停職は懲戒処分である。

【解説 3】　正答⑤

① 誤り。懲戒的な実質を備えた処分は、地公法に定める4種類以外は定めることができない。

② 誤り。職員は、地公法に定める事由による場合でなければ、懲戒処分を受けることはない。

③ 誤り。懲戒処分は処分時点で完結する行政処分であるから、処分権者であってもこれを取り消し、または撤回することはできない。

④ 誤り。懲戒処分と分限処分はその趣旨を異にする制度であるから、懲戒処分事由しかないのに分限処分をすることはできない。

⑤ 正しい。

年表で見る2008年の主な動き

1月

東京都
8日　杉並区立和田中の有料夜間塾「夜スペ」で、都教委が区教委を指導
10日　五輪招致委がIOCに申請ファイル提出
15日　築地市場移転で水産仲卸業者と意見交換会
18日　08年度予算原案発表。3・8％増の6兆8560億円
・知事公館売却を発表
22日　都職員共済組合が共済事業プラン08策定
23日　道路特財の暫定税率堅持求める総決起大会
24日　「夜スペ」を都教委が容認
28日　中杉通りで自転車道の社会実験を開始
31日　第2次都立病院改革実行プログラムを策定
・中国製冷凍ギョーザ食中毒事件で、各保健所に自主回収の確認を要請

特別区
1日　千代田区が地球温暖化対策条例を施行
12日　豊島区が中学1、2年対象の土曜補習を実施
16日　特別区長会が08年度国保料率を了承
・板橋区が路上生活者緊急一時保護センターを特養に整備すると発表
18日　特別区長会が08年度都区財調協議結果を了承
・世田谷区が共働き家庭の子どもを優先的に預かる保育所に助成すると発表
・足立区と都は震災時の駅滞留者の避難訓練を実施
25日　板橋区がハイブリッド型清掃車を導入
26日　杉並区立和田中が塾講師による夜間授業「夜スペ」をスタート
28日　杉並区減税自治体構想研究会が10年後10％の減税可能と明示

市町村
6日　府中市中央図書館の入館者数が10万人に
15日　八王子市がJR八王子駅南口の再開発ビル着工
16日　小平市が丸型ポストのモニュメントを市庁舎広場に設置
18日　市長会と町村会が08年度都予算原案で関連予算復活要望書を提出
19日　町田市が「リサイクル広場」開設
23日　青梅市長交際費支出をめぐる住民訴訟で、原告の訴えを棄却
・町田市が地震想定で抜き打ちの緊急参集訓練
25日　市長会が道路特定財源の暫定税率維持を求めて緊急決議
27日　府中市長選挙で現職の野口忠直氏が3選
28日　八王子市長選挙で現職の黒須隆一氏が3選

2月

東京都
2日　緑の東京募金で街頭キャンペーン
4日　200億円の復活予算案を発表
7日　君が代不起立訴訟で、東京地裁が都に賠償命令
8日　気候変動対策で国際協力銀行と連携の覚書
12日　民主・柿沢未途都議が議員辞職
13日　新銀行東京に追加出資する考えを表明
15日　参院宿舎問題で石原知事が再協議に柔軟姿勢
17日　東京マラソン2008を開催
20日　新銀行東京が再建計画を発表。黒字化を2011年度に先延ばし
22日　地域医療対策協議会が医師確保で提言
25日　大規模施設などの改築・改修に関する実施方針を策定

特別区
1日　特別区長会が道路特定財源の暫定税率維持で自民、公明両党に要望
・杉並区が土日開庁準備担当課長を設置
6日　中央区が来年9月に独自の観光検定を実施すると発表
10日　新宿区が長野県伊那市と森林整備の協定締結
12日　東京都後期高齢者医療広域連合議会が保険料軽減の条例改正案などを可決
13日　渋谷区がクリーニング店に最大で年20万円助成すると発表
14日　港区が震災時の支援物資輸送訓練を実施
23日　荒川区あらかわ遊園で遊具事故が発生
27日　千代田、港、新宿3区の委嘱を受けた委員会が江戸城外堀の保存・復元の計画書を提出

市町村
1日　武蔵村山市が三宅村のペンションと市民保養施設契約結ぶ
6日　小笠原村と都が「小笠原航空路協議会」設置
10日　三宅村村長選挙で現職の平野祐康氏が再選
12日　武蔵野市が小中学校に対し予算編成に裁量権
13日　多摩市が多摩ニュータウン再生へ整備計画策定を発表
20日　町田市が民営福祉施設職員に海外研修費の全額補助を発表
21日　昭島市が米軍立川基地跡地に「国際法務総合センター」受け入れを表明
・国立市が市内全域で建物の高さ制限をする「絶対高さ高度地区」の導入を発表
26日　八王子など9市町村などが圏央道活かす街づくりでフォーラム

3月

東京都
10日　新銀行東京が内部調査委の報告を公表
13日　新銀行東京への追加出資巡り、予特質疑が午前4時まで紛糾
21日　荒川区の認証保育所が初の認証取り消し
・京浜3港の広域連携を発表
26日　予算特別委が新銀行への追加出資を可決。付帯決議で監視強化を要請
・アスリートの競技力向上で基本方針
27日　冷凍食品の原料原産地表示を消費生活対策審議会に諮問
・都議会のあり方検討委が政調費使途で新基準を提起
28日　都議会が新銀行東京への追加出資を可決
30日　日暮里・舎人ライナーが開通

特別区
4日　板橋区が金融機関など創業支援で協定締結
5日　世田谷区が産後ケアセンター桜新町を開設
10日　東京都後期高齢者医療広域連合が問い合わせセンターを開設
11日　台東区などが国立西洋美術館世界遺産登録推進会議を発足
13日　目黒区が温暖化対策のパンフレットを全戸配布
14日　特別区長会が可燃ごみ処理の負担金導入を了承
・杉並区議会がレジ袋条例案を可決
15日　中央区が平和祈念バーチャルミュージアム開設
17日　練馬区と区議会が石綿対策強化を国交省などに要望
29日　大田区アスベスト対策専門委員会が10人に曝露の可能性があると発表

市町村
1日　青梅市中央図書館がオープン
・三鷹市が太宰治の没後60周年と生誕100年を記念し文学サロンを開設
3日　八王子市が給食廃油利用燃料でゴミ収集車運行
14日　町田市が市内スーパーのレジ袋撤廃実験で支援
17日　構成8市組合の撤退で京王閣競輪が損害賠償を求めた訴訟で和解が成立
19日　町田市が熱中症事故防止対策を発表
22日　多摩市が廃校舎を活用した図書館オープン
24日　小平市がコミュニティータクシーの運行実証実験開始
・東村山市が淵の森対岸の取得契約を締結
26日　明け渡し期限で圏央道高尾山トンネル周辺のトラスト地の権利が国へ

4月

東京都
1日　東京医師アカデミーが開講
・猪瀬副知事の調布飛行場ジェット化発言で関係市に波紋
17日　都庁舎に全国観光PRコーナーを開設
21日　八都県市首脳会議を開催
24日　羽田空港の国際化で都が発着枠拡大を提案
・都庁舎でテロ警戒対応の訓練
25日　金融庁が新銀行東京の検査に入ると通知
・新型インフルの医療体制で国に緊急提案
28日　硫化水素の自殺者多発で注意喚起
30日　消費生活対策審議会が、冷凍食品の原料原産地表示義務化を答申
・08年度資金管理計画を策定

特別区
1日　葛飾区が情報システム導入ガイドラインに沿った契約を開始
3日　足立区が第2次環境基本計画を策定したと発表
・世田谷区が庁舎計画担当部を新設
6日　大田区が大森海苔のふるさと館を開館
10日　世田谷清掃工場の落成式が開催
14日　練馬区が平日夜間や休日に公金収納できるコーナーを設置
15日　江東区が子どもの復帰を目指す学校支援室を設置したと発表
17日　荒川区が後期高齢者医療対策本部を設置
18日　中野区の超党派の期成同盟が暫定税率復活求める決起大会開催
20日　目黒区長選で現職の青木英二氏が再選

市町村
1日　八王子、府中、調布、町田、日野、多摩、稲城の京王沿線7市で、図書館の相互利用をスタート
・羽村市で保護者の「申込書」提出による学校給食費未納対策開始
4日　奥多摩町が都内初の森林セラピー基地に認定
6日　三鷹市が「地域SNS」システムを活用したサービスを開始
9日　東村山市に「ハンセン病問題基本法」制定に向けた千人分の署名
24日　立川市が競輪事業で「ケイリンくじ」発売開始
25日　市長会新会長に黒須隆一八王子市長
・「多摩花博」の誘致検討準備会が開催断念
26日　三宅島空港再開
27日　福生市で新庁舎完成式

5月

東京都
12日　参院宿舎の建て替えに反対の住民らが猪瀬副知事に陳情
・硫化水素による自殺多発で、若者の自殺防止対策に関する検討会
13日　道路整備財源特例法成立。暫定税率失効期間の都財政への影響は約70億円
15日　中国・四川省大地震で5万ドルの見舞金
・1都5県議で八ッ場ダム考える会発足
22日　東京都教育ビジョン（第2次）を策定
・近畿産業信組が新銀行東京の支援を表明
29日　関東知事会が地方分権委第1次勧告で議論
30日　洞爺湖サミット控えテロ警戒推進本部を設置
31日　豊洲新市場予定地の土壌汚染問題で専門家会議が基本方針

特別区
13日　特別区長会が可燃ごみ処理に負担金を払う制度について自主財源の支出で合意
14日　江東区が豊洲土壌汚染問題で都への説明要求を表明
20日　千代田区が飯田橋駅西口再開発でCO_2排出量削減の地区計画案を発表
・杉並区立和田中がPTA廃止で「保護者の会」を設置
・豊島区が26年ぶりに人口が26万人を超える
28日　荒川区が茨城県つくば市と友好都市提携を締結
29日　都区のあり方検討委幹事会が7事務で区移管の方向での検討に合意
・板橋区が区立中の修学旅行費など約2300万円の横領事件で元職員を提訴
・中野区が都市再生機構と整備事業で連携協力締結

市町村
1日　三鷹市で新納付システム「マルチペイメント」導入
・福生市福祉バス運行
10日　小平市民が自治基本条例案を市長に提出
・会期半年の八王子市子ども議会が始動
11日　福生市長選で新人の加藤育男氏が初当選
16日　全国市長会関東支部長に八王子市長が選任
18日　奥多摩町長選挙で現職河村文夫氏が再選
・調布市で不発弾撤去1万6千人に退去命令
20日　福生市の野澤久人市長が引退
22日　立川市が新庁舎建設施行業者と「暴力団排除協議会」発足
30日　府中市廃棄物減量等推進審議会がダストボックス廃止などを答申

6月

東京都
2日　新銀行東京が165億円赤字の07年度決算発表
4日　IOC理事会が東京を立候補都市に承認
11日　災害時の帰宅困難者支援で八都県市が協定締結
14日　東京メトロ副都心線が開通
16日　東京マラソン09の定員を5千人増やすと発表
・工事請負契約で単品スライドを適用開始
17日　新銀行東京の減資容認を表明
25日　CO_2削減義務化を全会派一致で可決
・ネットカフェ難民対策で巡回相談を開始
26日　部活動中の事故防止でガイドライン策定
30日　新銀行東京の取締役会長に大塚俊郎氏を選任
・入札契約制度改革研究会を設置

特別区
3日　文京区教委が統廃合計画など学校配置計画を廃案
9日　豊島区が国民健康保険料の支払い滞納者宅を捜索
10日　豊島区が池袋駅周辺のまちづくり構想を発表
15日　港区長選で現職の武井雅昭氏が再選
18日　特別区議長会が会長に桑原公平新宿区議長を選出
・杉並区立第十小で小6児童が校舎天窓から転落死
21日　足立区が環境サミットin足立を開催
25日　葛飾区が総合庁舎整備検討委員会を設置
26日　都区のあり方検討委幹事会が児童相談所設置など区移管の方向での検討に合意
28日　北区が中央図書館をリニューアルオープン
30日　渋谷区などでつくる委員会が渋谷駅街区基盤整備方針を公表

市町村
1日　八王子市中央図書館に「法律情報コーナー」設置
5日　羽村市が滞納税回収に「過払い金」返還求め消費者金融業者提訴の方針発表
7日　立川市が旧米軍立川基地跡地で新市庁舎起工式
15日　あきる野市が岩手・宮城内陸地震で栗原市の応援要請で職員派遣
17日　瑞穂町議会が49年ぶりに議員定数2減を可決
22日　狛江市長選挙で現職の矢野裕氏が4選
26日　6月以降出産取りやめの日野市立病院を、舛添要一厚労相が視察
28日　小金井市の新ごみ処理施設建設場所で、市民検討委員会が「二枚橋焼却場跡地」を候補地に答申
30日　昭島市が国際法務総合センターの計画案を国に提出

7月

東京都
1日　東京都住宅政策審議会を開催
14日　債権管理調整会議が発足
17日　全国知事会で地方消費税の充実を提言
24日　豊洲新市場予定地土壌汚染問題で専門家会議が最終提言
・教育管理職等の任用・育成のあり方検討委員会が最終報告
・港湾審議会が大水深岸壁の整備を提言
・国と都の実務者協議会を開催
31日　予算見積もり、「10年後の東京」で依命通達
・東京都スポーツ振興基本計画を策定
・第68回国民体育大会開催基本構想を策定
・4都県市首長が羽田空港の再拡張事業視察

特別区
1日　品川区が資源持ち去り行為の禁止条例を施行
3日　文京区が保育士採用試験で23区初の事前説明会を開催
8日　杉並区の住基ネット訴訟で最高裁が上告を棄却
10日　特別区長会が都に予算要望
・新宿区共産党区議団が政調費190万円を返還
14日　墨田区の押上・業平橋地区で東京スカイツリー着工
15日　東京二十三区清掃一部事務組合が大田清掃工場で塩酸流出と発表
18日　新宿区が景観行政団体に
22日　千代田区が環境モデル候補都市に選出
28日　東京都後期高齢者医療広域連合議会が厚労相に負担軽減対策など緊急要望

市町村
1日　武蔵野、三鷹、小金井、府中、調布、狛江の病院が構成する「脳卒中ネットワーク研究会」が地域連携開始
・あきる野市中央図書館の来館者が30万人突破
4日　行政財産活用で小平市が文化会館駐車場を貸付
・小笠原諸島の父島で返還40周年記念式典
10日　奥多摩町営「もえぎの湯」が開設10周年
14日　あきる野市が学校給食費滞納者に支払い督促の法的措置の実施を発表
18日　西多摩地区4市1町が、差し押さえ物件の合同展示会を実施
22日　三宅村議会が坪田高濃度地区で9月から住民の一時滞在許可を可決
26日　町田市が市事業外部評価「事業仕分け」を公開協議

8月

東京都
5日　豊島区の下水道工事で局地豪雨による死亡事故
18日　豊洲新市場の土壌汚染対策で、新技術を公募開始
22日　グリーン熱証書検討会が制度創設で最終報告
23日　2016年五輪立候補4都市が北京市で座談会
25日　都庁舎と都営大江戸線の連絡通路を再開
・都内で販売される調理冷凍食品の原料原産地表示の義務づけを開始
26日　燃料高騰で運送事業者が全国一斉行動
・東京都道路工事調整協議会が路上工事対策5カ年計画
・耐震化推進都民会議を開催
29日　消費生活基本計画を改定
31日　都・中央区・江東区が合同総合防災訓練

特別区
1日　荒川区が外国人旅行者を受け入れる宿泊施設に助成開始
・品川区が総合庁舎の耐震化工事を開始
4日　特別区議長会が都に予算要望
5日　ゲリラ豪雨に見舞われた千代田、新宿、文京、豊島の4区48戸が浸水被害
8日　都総務局が08年度都区財調の区別算定を発表
18日　特別区議長会が国に予算要望
20日　特別区制度研究会が発足
21日　港区ミュージアムネットワークが発足
22日　中野区が家庭ごみ回収の有料化を検討すると発表
・大田区が羽田跡地の基本プラン素案を公表
29日　練馬区が子育てタクシーの民間委託構想を発表

市町村
1日　八王子市とあきる野市が図書館の相互利用開始
・日野市がCO_2削減で市民との協定を開始
9日　小平市が地元団体と「ブルーベリー協議会」設立
15日　普通交付税算定で、青梅市が不交付団体に
19日　米軍横田基地と立川飛行場の周辺5市1町「基地関係税務協議会」が基地交付金等増額で要望書を提出
20日　国分寺駅北口地区代一種市街地再開発事業の事業協力者が野村不動産㈱に
23日　三鷹市が「無作為抽出型市民討議」方式で、外環道三鷹地区検討会開始
26日　三鷹市が自転車道のモデル指定路線を自治体として全国で初めて整備することを発表
28日　08年8月末豪雨で多摩地域に甚大な被害

9月

東京都
1日　下水道工事死亡事故で事故調査委が報告書
2日　交通局職員が強姦未遂で逮捕
3日　振り込め詐欺官民緊急対策会議を開催
4日　民主党都議の海外視察報告書で盗作の指摘
8日　秋葉原の無差別殺傷事件受け、ダガーナイフの販売・譲渡を規制
・地下空間浸水対策ガイドライン策定
12日　TOKYO体操発表
16日　東京都年次財務報告書を作成
17日　都議会のあり方検討委の最終報告を了承
18日　京浜港の広域連携で3首長が会談
・景気対策など935億円の補正予算案を提出
・事故米転用問題で中小企業特別相談窓口設置

特別区
1日　文京区が区民、区内勤務者などを対象に防災用の電子メール配信を開始
・江戸川区がO157で85歳男性が死亡と発表
3日　都区のあり方検討委幹事会が教職員人事権を区に移管の方向での検討に合意
4日　都行政部が07年度特別区普通会計決算を発表
7日　板橋区医師会がメタボリックシンドロームの公開講座を開催
11日　東京商工会議所が23区を一体とする「東京市」構想の提言を発表
・港区が10月からすべてのプラスチックを資源ごみとして回収すると発表
17日　中央区の人口が11万人を突破
19日　荒川区が野生動物への餌やりを禁止する条例案を発表

市町村
2日　東大和市の福祉センター建設延期で、市議会が調査・設計費の減額補正予算案を可決
3日　あきる野市が2011年度までに全小中学校の耐震化工事の計画を発表
7日　武蔵野市クリーンセンター建て替えでフォーラム
9日　住基ネット不参加の国立市に、都総務局が是正勧告
・小金井市議会が「新ごみ処理施設に関し「過去の反省と建設に向けての決議」を可決
15日　日の出町長が09年度から75歳以上の医療費無料化を発表
19日　国立市議会が市長に「住基ネット参加を求める決議」を賛成多数で可決
25日　町田市民病院が小児科二次夜間救急を休止

10月

東京都
1日　温泉施設の安全対策で指針改正
2日　自民党元都議の海外視察報告書で丸写しの指摘
4日　脳内出血の妊婦の搬送が難航。3日後に死亡
7日　都と業界団体が振り込め詐欺撲滅を宣言
・東京都新型インフルエンザ対策会議を開催
17日　三宅島でモーターサイクルフェスティバル
22日　C40気候変動会議2008を開催
25日　浜離宮恩賜庭園で東京大茶会開催
27日　新銀行東京の元行員が融資巡る詐欺事件で逮捕
29日　関東知事会が妊婦死亡で緊急アピール
31日　東京緊急対策Ⅱ発表
・メディアセンター候補地を東京ビッグサイトに変更と発表

特別区
1日　北区が統廃合した区立中学校4校の跡地利用計画案の意見公募を開始
2日　杉並区が杉並子育て応援券のインフルエンザ予防接種への適用拡大を発表
3日　荒川区が餌やり禁止条例の住民説明会を開催
・品川区が東京都中小企業振興公社と業務連携の覚書を締結
14日　都教育庁と千代田区が都立日比谷図書館を区に移管する覚書を締結
15日　特別区長会が23区内の不燃ごみ中継所5施設の年度末廃止を決定
25日　新宿区と中野区の自治体シンクタンクがそれぞれフォーラムを開催
29日　34区市町による都市農地保全の協議会が発足
30日　港区が子育て応援プラザをオープン

市町村
1日　町田市民病院で周産期医療センターオープン
・日野市が対面式のクレジットカード収納と低所得者支援で包括的なセーフティーネット事業を開始
・八王子市が26市初地デジ放送で補助事業
5日　昭島市長選挙で現職の北川穰一氏が4選
・利島村長選で現職の梅田和久氏が無投票で再選
17日　八王子市長が中国産冷凍インゲンに殺虫剤が混入した事件で国に原因究明や消費者保護を求める要望書
26日　ネットワーク多摩が、「知のミュージアム多摩・武蔵野検定（愛称タマケン）」を実施
27日　小金井市の駅前庁舎建設計画で反対する市民団体が計画の賛否を問う住民投票条例制定で署名活動開始

11月

東京都
6日　09年度予算の各局要求発表。一般歳出は4・6％増
7日　04年の女性監禁殺害事件で、東京地裁が警視庁の捜査怠慢認め賠償命令
10日　京浜港の広域連携で推進会議が発足
14日　五輪招致委がメディアセンター会場計画を東京ビッグサイトに変更
・救急医療対策協議会が「東京ルール」提言
19日　政府主催の全国知事会で道路特定財源の一般財源化を議論
・都税調が環境税制で政策減税を提言
20日　障害者就労支援行動宣言を策定
21日　新銀行東京が中間決算発表
・参院宿舎の建築計画の変更案を受理

特別区
4日　杉並区が減税自治体構想の報告書案を公表
6日　杉並区が介護保険事業者への緊急融資対策を公表
・江東区が児童館長が学童クラブ受託金を水増し請求していたと発表
10日　荒川区長選で現職の西川太一郎氏が再選
・特別区長会が舛添厚労相に周産期医療の充実を求める緊急要望を提出
13日　近畿厚生局が葛飾区職員を大麻取締法違反の容疑で逮捕
14日　川崎市の阿部孝夫市長が大田区の松原忠義区長に神奈川口構想を説明
17日　参議院の財政金融委員会が台東区訪問で融資の実態などを意見交換
20日　東京都後期高齢者広域連合が高額療養費支払いで遅延などがあったと発表

市町村
1日　武蔵村山市が災害情報の24時間配信開始
7日　市町村協議会が「義務教育就学児医療費助成事業」「耐震化促進税制の創設」に関連し緊急要望を提出
・羽村市が上海市徐匯区工商業連合会と産業協定
12日　町田市が文化交流センターの命名件売却発表
・東村山市が行財政改革大綱後期実施計画を発表
15日　小金井市が隣接7市と「雨を活かすまちづくり」サミット
18日　圏央道の木製デッキ強制撤去で国が行政代執行
・調布市と府中市が生ごみ資源化共同研究で覚書
25日　市長会が08年度の政策提言「地域力の向上に向けて」を発表
・府中市がダストボックス廃止の方針を決定

12月

東京都
1日　国との実務者協議会を開催
4日　新市場建設協議会を開催
8日　採用内定取り消しなどで緊急特別相談室
・高層建物や大規模集合住宅へ直結給水を拡大
・認証保育所「ハッピースマイル東中野駅前園」の認証取り消し
12日　参院宿舎建て替え計画が白紙に
・東京五輪招致でサポーター大集会開催
17日　来年度の都税収入見込みを発表。3年ぶりに5兆円割れに
・東京都周産期医療協議会を開催
18日　五輪招致委理事会で配置計画等の全体概要を決定
19日　「10年後の東京」実行プログラムを改定

特別区
1日　江戸川区が訓練用の緊急地震速報を試験放送
・渋谷オンブズマンが不適切な政務調査費の返還を求めて住民監査請求
2日　09年度都区財政調整協議会で普通交付金の配分をめぐり、都区の見解が相違
3日　中央区が防災危機管理センターでの図上訓練を実施
4日　中野区が警察大学校跡地の再開発を09年度に着工すると発表
8日　板橋区が旧区立若葉小学校の跡地利用で学校法人への貸与方針を決定
12日　荒川区議会が餌やり禁止条例を可決
15日　江東区が世田谷、新宿区に次ぐ景観行政団体に
17日　特別区長会が23区の各区が緊急経済対策に取り組むことを確認

市町村
2日　国分寺市で自治基本条例制定
6日　三鷹市が地デジ・電話サポートセンター開設
10日　三宅島観光ポスターが日本印刷産業連合会長賞
11日　八王子市職員が独自考案した天窓落下防止柵の設置開始
15日　三鷹・狛江・東久留米市が国保収納率上昇幅で都内トップスリーに
・八王子市が『8月末豪雨の記録』を発行
16日　東大和市議会が国保税引き上げ条例改正案否決
17日　府中市議会がダストボックス廃止など、市の方針を賛成多数で了承
19日　西東京市で不登校ひきこもり相談室を開設
26日　レジ袋有料化実証実験で八王子市が市民、事業者と協定締結

定価：本体10,000円＋税

2008(平成20年)
都政新報縮刷版
(5385号～5481号)

2009(平成21)年2月5日発行
編著者　都政新報社編集部
発　行　株式会社　都政新報社
東京都新宿区西新宿7-23-1
電話　03-5330-8781(代)
印　刷　株式会社　廣済堂

ISBN 978-4-88614-179-8 C3000